（修订版）

朗氏德汉双解大词典

Langenscheidt

Großwörterbuch

Deutsch als Fremdsprache (Deutsch - Chinesisch)

外语教学与研究出版社
北 京

京权图字：01-2010-0370

图书在版编目(CIP)数据

朗氏德汉双解大词典/叶本度主编. — 修订本. — 北京：外语教学与研究出版社，2009.8（2012.8 重印）
ISBN 978-7-5600-8943-0

Ⅰ. ①朗… Ⅱ. ①叶… Ⅲ. ①德语—双解词典 ②双解词典—德、汉 Ⅳ. ①H336

中国版本图书馆 CIP 数据核字（2009）第 154550 号

出 版 人：蔡剑峰
策划编辑：崔 岚
责任编辑：李 妍 王 潇
责任校对：邱袁炜 李 彬 吴 毅
封面设计：刘 冬
出版发行：外语教学与研究出版社
社 址：北京市西三环北路 19 号（100089）
网 址：http://www.fltrp.com
印 刷：北京京师印务有限公司
开 本：850×1168 1/32
印 张：70.75
版 次：2010 年 5 月第 1 版 2012 年 8 月第 4 次印刷
书 号：ISBN 978-7-5600-8943-0
定 价：118.00 元
* * *
购书咨询：(010)88819929 电子邮箱：club@fltrp.com
如有印刷、装订质量问题，请与出版社联系
联系电话：(010)61207896 电子邮箱：zhijian@fltrp.com
制售盗版必究 举报查实奖励
版权保护办公室举报电话：(010)88817519
物料号：189430001

第一版工作人员

主 编 译 叶本度
副 主 编 译 刘暭星
编 译 人 员 刘暭星 刘芳本
叶本度 郭铭华
俞宝泉 钟力平
孙海莲 王 芳
责 任 编 辑 王 芳

修订版工作人员

编译人员 叶本度 刘暭星
策划编辑 崔 岚
责任编辑 李 妍 王 潇
其他编校人员 邱袁炜 李 彬 吴 毅

Herausgeber

Professor Dr. Dieter Götz
Professor Dr. Günther Haensch
Professor Dr. Hans Wellmann

Redaktionsbüro Augsburg

Leitung:

Dr. Günther Jehle
Susanne Billes, M. A.

Mitarbeiter:

Manfred Dickersbach

Dr. Sabine Freund

Dr. Nicoline Hortzitz-Ernst

Elisabeth Leube

Dr. Christine Mayr

Dr. Elmar Schafroth

Langenscheidt-Redaktion München

Projektleitung:

Dr. Vincent J. Docherty
Eveline Ohneis, M. A.

Mitarbeiter:

Martin Fellermayer

Dr. Wolfgang Walther

Info-Fenster:

Sabine Arcas
Wolfgang Worsch

Neue deutsche Rechtschreibung
nach DUDEN-Empfehlungen
(Stand 1. 8. 2006):
Susanne Billes M. A.

Ergänzende Hinweise, für die wir jederzeit dankbar sind,
bitten wir zu richten an:
Langenscheidt Verlag, Postfach 40 11 20, 80711 München
redaktion. wb@langenscheidt. de

Inhalt 目录

编译者的话(一)

1993年《朗氏对外德语大词典》问世以来，它在德国国内外读者和学者中引起极大反响，因为它是目前德国乃至世界上第一本突出教学法功能的外国人学德语的工具书：简明、实用。

母语读者查词典是为了阅读理解，外语读者查词典不仅仅是阅读理解，他们更想学会遣词造句写文章。因此他们对规范的、系统的语言知识，即语义、构词、语法等信息以及反映这一语言国家变化的文化、社会等信息尤为关注。《朗氏对外德语大词典》在这方面的努力确实是开创性的，令人瞩目。

《朗氏对外德语大词典》收录词目约66 000条，选词广泛，此外反映时代发展、社会变革、青年行为等等的新词语、新概念在词典中也有较明显的体现。尤其值得一提的是，该词典从教学法角度考虑对30 000余条复合词的精选安插，对主要构词要素的立目释义独具匠心的编排，能激发读者扩充词汇的求知欲望和举一反三的构词能力，同时也给读者敞开了一扇去感受和探索德语词库浩瀚和深湛的大门。

学会正确遣词造句是每个学习外语的人所期望的。《朗氏对外德语大词典》对动词、名词、形容词刻意设计的结构格式，2100余条语法疑难的说明，对介词的支配关系和形容词的句法功能等等的点拨，确实起到了教与学各得其所的作用。

《朗氏对外德语大词典》对词目的释义通俗，浅显易懂，避免用词深奥怪僻、句型复杂冗长，这大大有助于读者战胜阅读时的畏惧心理。为了使外语读者能深化理解词义、吸收运用新知，《朗氏对外德语大词典》对词目还配有实用的搭配、例句，加注语义说明及插图，用同义词、反义词、文化社会知识作为语义对照以及对语词修辞色彩、专业领域、区域特点进行注释——这一切又将有效地提高读者对词目释义的总体理解以及驾驭生产、吸收语言的能力。

为了给中国读者提供一部学习德语的新型工具书和教学参考书，我们以《朗氏对外德语大词典》为蓝本，编译了《朗氏德汉双解大词典》。我们把《朗氏对外德语大词典》的所有说明、词目、释义、举例、插图、表格全部保留下来，未作任何删削和改动，只是加上了相应的汉语说明和释义，并且把所举的语词搭配和例句译成汉语。不过，汉语释义并不是原文的逐句的直译，而是对原文释义提供尽可能恰当的汉语表达，使读者德语词目的真切含义。为了让读者直接从德语原文去学习和理解词目，我们仍然保留了原文释义，这样，读者可以比较和辨析，获得相得益彰的效果。词典编纂者精选了三万多个复合词和派生词，目的是让读者举一反三，触类旁通，自己去领会其词义，扩大自己的德语词库。因此，同时也由于篇幅所限，我们没有对复合词和派生词加上中文释义。在本书即将刊印之际，我们收到了正字法改革后出版的《朗氏对外德语大词典》新版本，我们来不及采用改革后的正字法新规则，不过我们把新版中的正字法改革实例附于书后，望读者注意。

《朗氏对外德语大词典》对个别语言现象有自己独特的说明，对此我们不作任何更动。

对外德语是一门新型学科，非德语国家的人学德语与德语国家的人学德语是有很大差别的。实践证明，将德语简单地移植到国外是不合适的。如何跨越国与国之间的文化差异正是学术界研究的课题。《朗氏对外德语大词典》着眼于外国人学德语，着眼于外国人用德语，着眼于德语的实践性和跨地域文化的特点，这确实是词典编纂工作中一次可资借鉴的有益尝试。

我们全体编译人员能有机会把《朗氏对外德语大词典》介绍给中国读者，为中德文化交流贡献绵薄力量深感欣慰。我们衷心欢迎读者对本书的错误和缺点批评指正。

编译者

2000年于北京

编译者的话(二)

《朗氏德汉双解大词典》自2000年由“外语教学与研究出版社”向社会推出以来，在十年中已十五次印刷，达十余万册，深受国内外读者欢迎。我们感谢广大读者的认可，特别感谢那些积极为本词典提供宝贵意见的读者。

社会飞速发展推动了语言变革。德语正字法的改革，德语新词语的涌现，促使《朗氏对外德语大词典》于2003年和2008年先后两次推出了修订版。新版采用了新正字法体系，词目套色编排，面目一新；内容增添了大量创新词语，实用词语，常用词语，充实了搭配，词组，例句，说明，改进了插图及注释，全书66 000条词目，63 000个例句、搭配，30 000多个复合词，2 100余条语用说明，尤其值得注意的是：修订版创建了120个语言信息窗和国情信息窗，专门向读者介绍德语语用国家及地区；德国的政体、历史、文化、宗教、传统；社会的风俗习惯、礼仪道德；公民的衣食住行，休闲娱乐乃至历史文化名人等等。这些交际文化和知识文化的融入确实是词典学与时俱进的一大创新，使《朗氏对外德语大词典》更臻科学完善。

现在我们重新按《朗氏对外德语大词典》创新型增订版对《朗氏德汉双解大词典》作了全面修订增订，更正了旧版的差错，及时以崭新面貌奉献给广大读者，深感欣慰。

但愿这部词典的修订版成为读者“学习如何学习”德语的最得力助手，我们衷心希望读者批评指正。

编译者

2009年于北京

Vorwort

Das **Langenscheidt Großwörterbuch Deutsch als Fremdsprache** ist ein einsprachiges Lernerwörterbuch, das gezielt auf die Bedürfnisse all derjenigen zugeschnitten ist, die Deutsch lernen. Dieses speziell konzipierte Nachschlagewerk liefert nicht nur einfache, leicht verständliche Definitionen zu rund 66.000 aktuellen Stichwörtern und Wendungen aus allen Bereichen des deutschen Wortschatzes. Es gibt den Wörterbuchbenutzern darüber hinaus alle wesentlichen Hilfestellungen zum Gebrauch dieser Wörter und Wendungen, sodass sie sicher mit der deutschen Sprache umzugehen lernen. Dies gilt gleichermaßen für das Sprechen, Schreiben und Übersetzen sowie für das Hör- und Leseverständnis.

Die Schreibung des Deutschen folgt den gültigen amtlichen Regelungen sowie den DUDEN-Empfehlungen (Stand 1. 8. 2006).

Erstmals 1993 als völlige Neuentwicklung erschienen, stellte das **Großwörterbuch Deutsch als Fremdsprache** damals eine bahnbrechende Neuerung im Bereich Deutsch als Fremdsprache dar. Innerhalb weniger Jahre etablierte es sich als Standardwerk, dessen Nutzen inzwischen zahlreiche Schüler, Studenten und Lehrer, aber auch allgemein an der deutschen Sprache Interessierte schätzen.

In der vorliegenden **Neubearbeitung** dieses Nachschlagewerks verbindet der Verlag einmal mehr Bewährtes mit innovativen Entwicklungen und bietet auf diese Weise den Benutzern hohe inhaltliche Qualität und moderne Gestaltung zugleich. So sorgen jetzt blaue Stichwörter für gute Übersichtlichkeit und schnelle Orientierung im Wörterbuch, und zahlreiche Info-Fenster zur deutschen Landeskunde und Grammatik runden das Gesamtwerk ab.

Das **Großwörterbuch Deutsch als Fremdsprache** ist in erster Linie ein Wörterbuch der modernen deutschen Standardsprache. Da für die Lernenden aber der lebendige Sprachgebrauch ebenso wichtig ist, finden sie hier auch umfangreichen Wortschatz der Umgangssprache. Stilangaben helfen dabei, das jeweilige Wort richtig zu verwenden. Neben dem aktuellen Wortschatz der deutschen Allgemeinsprache enthält das Werk gebräuchliche Ausdrücke verschiedener Fachbereiche. Um den Lernenden ein möglichst breites Spektrum zu bieten, werden die wichtigsten Besonderheiten des österreichischen und schweizerischen Sprachgebrauchs berücksichtigt.

Besonderer Wert wird im **Großwörterbuch Deutsch als Fremdsprache** auf das Lernen im sprachlichen Zusammenhang gelegt. Dies ermöglichen über 63.000 Beispielsätze und Kollokationen sowie zahlreiche Muster der Wort- und Satzbildung. Rund 30.000 Wortzusammensetzungen fördern die aktive Wortschatzerweiterung der Lernenden. Dort, wo es sinnvoll ist, werden zudem Synonyme und Antonyme zu den Stichwörtern angegeben, ebenso ausführliche Grammatikhilfen sowie über 2.100 Extra-Hinweise zum richtigen Sprachgebrauch. Zahlreiche Abbildungen illustrieren auf anschauliche Weise die Worterklärungen.

Das **Langenscheidt Großwörterbuch Deutsch als Fremdsprache** ermöglicht den Lernenden auf vielfältige Weise, ihre Deutschkenntnisse entscheidend zu verbessern. Es ist daher ein unentbehrliches Hilfsmittel für Schule, Studium und Beruf.

Herausgeber und Verlag

前　言

朗氏对外德语大词典是一本单语学生词典，它是针对学习德语者的需要而编写的。这本专门为此编写的工具书不仅对德语词汇各领域的66 000 条时代性词目和词组提供简明易懂的释义，此外，为了便于读者使用这些词目、词组，它还增添了重要的辅助内容，使读者学会准确运用德语。

德语书写遵循现行官方规则以及杜登的推荐书写规则（2006 年 8 月 1 日制定）。

1993 年**对外德语大词典**全新版问世，当时它是对外德语领域中一个开拓性的创新。短短几年内它已循名定位为标准词典，受到众多大中学生、老师以及对德语普遍感兴趣者的好评。

在这本工具书的**修订版**中，出版社将更可靠实用的语词与创新发展相结合，并借此向读者提供高质量的内容，同时展示新颖的编排。如本词典中的蓝色词目，层次分明，一览无余，便于快速查阅，大量有关德国国情和语法知识的信息窗使整本词典更充实完美。

对外德语大词典首先是一本现代德语的标准语言词典。对学习者来说，灵活生动的运用语言同样很重要，因此他们在本词典中也可查到广博的口语词汇，修辞说明有助于运用相关词语。本词典除整合规范德语的时代性词汇外，同时也涵盖各专业领域的常用语词。为了向学习者提供尽量丰富的语言知识，本词典对奥地利和瑞士的最主要的语言特点同样予以关注。

对外德语大词典特别重视在语境中学习语言，而 63000 多个例句和搭配以及大量词组、组句模式使这种学习成为可能，足有 30000 条复合词促进学习者积极扩充词汇，在有必要的地方还对词目增添了同义词和反义词、详细的语法说明以及 2100 余条正确语用的特殊提示，大批插图对词汇作了生动形象的注释。

朗氏对外德语大词典使学习者有可能采用多种多样的方法去大大提高自己的语言知识，因此它是中学、大学、工作中不可缺少的辅助工具。

出版者和出版社

Lexikographische Vorbemerkungen

Das **Langenscheidt Großwörterbuch Deutsch als Fremdsprache** ist ein Lern- und Nachschlagewerk für Schüler, Studenten, Lehrer und alle, die ihre Kenntnisse im Schreiben, Lesen, Sprechen und Hören deutscher Texte vertiefen und erweitern wollen. Es widmet denjenigen sprachlichen Erscheinungen besondere Aufmerksamkeit, die dem Lernenden erfahrungsgemäß erklärt werden müssen. Dies gilt z.B. für explizite Kasusangaben in syntaktischen Einheiten, wenn die Präposition entweder den Akkusativ oder den Dativ verlangen kann.

Umfang und Struktur der Einträge orientieren sich an den Erfahrungen, die in der Forschung wie auch in der Vermittlung von Fremdsprachen über Jahrzehnte hinweg gesammelt wurden. Die Erklärungen der Stichwörter sind so einfach, verständlich und präzise wie möglich. Kollokationen und Beispielsätze erhellen den Gebrauch des Wortes im sprachlichen Kontext. Semantische Angaben zu Bedeutungsvarianten, Synonyme, Antonyme und charakteristische Beispiele ergänzen die Erklärungen. Hinweise zur Worttrennung, Betonung und Aussprache sowie Strukturformeln als Anleitung zur Bildung syntaktisch und semantisch richtiger Sätze bieten dem Benutzer nützliche Hilfen für den sicheren Sprachgebrauch. Typische Komposita, idiomatische Ausdrücke und zusätzliche Hinweise vervollständigen diese Einträge. Die Illustrationen veranschaulichen Bedeutungsunterschiede und semantische Zusammenhänge.

Alle diese wichtigen Angaben vermitteln in ihrer Gesamtheit ein klares Bild von Inhalt und Umfang der Bedeutungen eines Stichworts und tragen zu einer „integrativen Bedeutungsbeschreibung" bei. Somit ist dieses einsprachige Lern- und Nachschlagewerk die ideale Ergänzung zum zweisprachigen Wörterbuch.

Das **Langenscheidt Großwörterbuch Deutsch als Fremdsprache** ist Nachschlagewerk, Leitfaden für den richtigen produktiven wie rezeptiven Sprachgebrauch und Unterrichtsmittel zugleich. Welche Dienste das Wörterbuch dem Benutzer leistet, wenn er korrekte deutsche Sätze bilden will, kann z.B. anhand der Strukturformeln oder Satzbaumuster erläutert werden, die nicht nur bei Verben, sondern auch bei Substantiven und Adjektiven angegeben werden:

> **fah·ren**; ... **2.** *j-n/etw.* (*mit etw.*) *irgendwohin f.* (*hat*) j-n/etw. mit e-m Fahrzeug an e-n bestimmten Ort bringen, transportieren: *e-n Schwerverletzten* (*mit dem Krankenwagen*) *ins Krankenhaus f.*; *Ziegelsteine* (*mit e-m Lastwagen*) *zur Baustelle f.*

Mit der Formel ***j-n/etw.*** **(*mit etw.*)** ***irgendwohin f.*** (die Abkürzung *f.* steht für das Stichwort *fahren*) wird dem Benutzer das Muster genannt, nach dem er richtige Sätze oder Teilsätze bilden kann. Die Strukturformel wird dann erklärt und durch Beispiele mit konkretem Inhalt gefüllt. Dies befähigt den Benutzer, das Stichwort im richtigen sprachlichen Kontext selbständig zu verwenden. Die obige Formel sagt aus, dass ‚jemand eine andere Person oder ein Ding mit einem Fahrzeug an einen bestimmten Ort transportiert'.

Moderne einsprachige Lernerwörterbücher beschränken sich nicht darauf, grammatisch korrekten, semantisch präzisen und stilistisch angemessenen Sprachgebrauch darzustellen. Sie verstehen sich auch als Quelle und Vermittler kultureller und sozialer Besonderheiten, deren Kenntnis für den Zweck der Kommunikation notwendig ist:

> **hoch·ach·tungs·voll** *Adv*; *veraltend*; verwendet als Formel am Schluss e-s offiziellen Briefes (z. B. an e-e Behörde od. e-e Firma) ‖ NB: Heute verwendet man eher: *Mit freundlichen Grüßen*

Natürlich können Hinweise auf kulturelle und gesellschaftliche Zusammenhänge in einem handlichen Wörterbuch des vorliegenden Typs nur punktuell gegeben werden. Bewusst wurde aus Platzgründen auch auf etymologische Angaben, sehr fachspezifische oder wenig bekannte Wörter und Bedeutungen verzichtet. Das Hauptaugenmerk lag vielmehr auf der „modernen deutschen Standardsprache" als überregionaler Variante des Deutschen. Auf Unterschiede im Sprachgebrauch in Österreich und in der Schweiz wird gesondert hingewiesen, ebenso auf weitverbreitete regionale Besonderheiten des Sprachgebrauchs innerhalb Deutschlands. Einbezogen werden auch Fachwörter, die zur Alltagssprache gehören. Weitere Kriterien sind die Häufigkeit des Gebrauchs und die Zugehörigkeit zum Standard. Als Quelle und Orientierungshilfe dienten Textsammlungen und Befragungen von Muttersprachlern und Lernenden des Deutschen. Aktuelle Wörter und Neuwörter sind daher in gebührender Weise berücksichtigt. Jüngsten politischen und gesellschaftlichen Entwicklungen, die z.B. in veränderten Eigennamen (siehe dazu Anhang 1) ihren Niederschlag finden, wird ebenso Rechnung getragen.

In vielen Fällen gehören Beispiele zu den festen Bestandteilen der Einträge. Beispiele erfüllen je nach Typ eines Wörterbuchs unterschiedliche Funktionen. In manchen Wörterbüchern dienen sie beispielsweise als Nachweis oder Beleg für Bedeutungen, in anderen sollen sie alles repräsentieren, was nicht systematisch dargestellt werden kann, und in wieder anderen haben sie eine vorwiegend illustrierende und didaktische Funktion. Die derzeitige lexikographische Diskussion hat sich auf eine Auseinandersetzung zugespitzt, die mit „echte Beispiele gegen erfundene Beispiele" beschrieben werden kann. Natürlich ist ein umfangreiches Korpus eine ergiebige Quelle für authentische

Beispiele. Aber auch echte Beispiele müssen danach ausgewählt werden, wie typisch sie sind, und müssen gegebenenfalls abgewandelt werden. In diesem Wörterbuch wird die didaktische Funktion des Beispiels als die wichtigste angesehen. Deshalb wurde darauf verzichtet, nur solche Beispiele anzuführen, die einem Korpus entstammen.

Mit dem erfassten Wortschatz soll dem Lernenden der Zugang zu Textarten geebnet werden, auf die er selbst stößt, wenn er nicht mehr nur Lehrbücher des Deutschen benutzt, sondern z.B. Zeitungen und Zeitschriften, Fachtexte oder moderne Literatur liest.

Das **Langenscheidt Großwörterbuch Deutsch als Fremdsprache** ist ein Nachschlagewerk zur Rechtschreibung, zur Grammatik und zur Bedeutung eines Wortes sowie ein Leitfaden zum richtigen Sprachgebrauch. Die Angaben zur Bedeutung und die Hinweise zu sozialen und kulturellen Besonderheiten bieten dem Benutzer ein Höchstmaß an Verständlichkeit und führen ihn Schritt für Schritt zu der erstrebten sprachlichen Sicherheit. Somit ist dieses Wörterbuch nicht nur eine wichtige Quelle für die Textproduktion und Textrezeption, sondern auch eine unerlässliche Stütze für das selbständige Arbeiten außerhalb des Unterrichts.

Die Herausgeber und die Redaktion sind allen Benutzern dankbar, die dem Verlag Vorschläge zur weiteren Verbesserung des Wörterbuchs mitteilen, denn „so eine Arbeit wird eigentlich nie fertig, man muss sie für fertig erklären, wenn man nach Zeit und Umständen das Mögliche getan hat“ (J. W. von Goethe).

Die Herausgeber

词典编纂序文

《朗氏对外德语大词典》是供大、中学生、教师以及要在写、读、说、听德语语篇方面加深和扩展自己知识的所有人员使用的一本学习参考书和工具书。本书对那些必须凭经验来给学习者讲解的语言现象尤为关注。譬如：当介词既能支配四格又能支配三格的时候，本书在句法系统内对格所作的精确说明体现出了这一点。

词目的范围和结构是以几十年来在外语研究和外语传授中所积累的经验为基准的。词目释义尽可能简明、易懂、精确；搭配和例句在语境中阐明单词的运用；词义变异的语义说明、同义词、反义词和典型例句用以补充释义；对分字节、重读、发音以及指导组成句法、语义正确句子的结构格式的说明为使用者准确使用语言提供有益帮助；典型的复合词、惯用语以及补充说明使条目更为完善；插图使词义区别和语义关系更为直观。

所有这些重要说明从总体上清晰阐明了词目的词义内容与范围并对"完整的词义描述"有所贡献。因此，这本单语学习参考书和工具书是对双语词典的理想补充。

《朗氏对外德语大词典》是参考工具书，是真正产能性的和接收性的语用入门，同时也是教学手段。倘若使用者想组合正确的德语语句，本词典为他提供哪些帮助呢？这一点可借助结构格式或造句模式来加以阐明，这种格式或模式的说明不仅动词有，而且名词、形容词也有。

fah·ren; . . . **2.** ***j-n/etw.*** (***mit etw.***) ***irgendwohin f.*** (*hat*) j-n/etw. mit e-m Fahrzeug an e-n bestimmten Ort bringen, transportieren: *e-n Schwerverletzten* (*mit dem Krankenwagen*) *ins Krankenhaus f.*; *Ziegelsteine* (*mit e-m Lastwagen*) *zur Baustelle f.*

以 ***jn/etw.*** (***mit etw.***) ***irgendwohin f.***（缩略字母 *f.* 替代词目 *fahren*）这一格式告诉使用者按此模式能正确造句，然后对这种结构格式加以释义，并用内容具体的例句加以充实，这让使用者有能力将词目独立运用到正确的语境中去。上述格式表达的意思是："某人将另一个人或物体用机动车送或运往某一指定地点"。

现代单语学生词典不是局限于阐明语法上正确的、语义上精确的和修辞上得体的语用习惯，它们也是不言而喻地成为实现交际意向所必需获知的文化和社会特点的源泉和媒介：

hoch·ach·tungs·voll *Adv*; *veraltend*; verwendet als Formel am Schluss e-s offiziellen Briefes (z.B. an e-e Behörde od. e-e Firma) ‖ NB: Heute verwendet man eher: *Mit freundlichen Grüßen*

当然,在这本使用方便的词典中,对文化和社会的相互关系只能作些点滴说明。鉴于篇幅有限,对词源说明、专业性强的或生僻的单词和词义也被有意识地舍弃了,而把主要精力更多地放在作为德语的跨区域变体的"现代标准德语"上。对奥地利和瑞士语用的区别,以及对在德国境内广泛流行的区域性语用特点作了单独说明。收入本词典的还有已成为日常语言的专业语汇。词目的选择首要是考虑学习者的需要,其他标准则是:使用频率和标准属性。编写的源泉和依据则是收集语篇和征询使用母语者和德语学习者的意见,因此也适当选录时尚词和新词,对反映最新政治和社会发展动态的词语如:更名的专有名词(见附录1)同样得到考虑。

在许多场合,例句是词目的固定组成部分。例句各自根据词典的类型完成不同的功能。在有些词典中,例句用作词义的证明或例证,在另一些词典中,例句是体现一切无法系统阐明的事物,而又在另外一些词典中,例句主要具有演示的功能和教学法的功能。当前词典编纂的争论激烈,这种争论可以用"真实例句反对杜撰例句"来描述。当然,一本包罗万象的辞书是提供真实可信例句的富饶源泉。但是即使真实例句也要精选,看其是否典型,有时也得略加修改。本词典将例句的教学法功能作为最主要的功能,故摈弃只举辞书中摘录的例句。

如果学习者不再只是使用教科书,而是阅读报刊杂志、专业文献或现代文学,那么他所掌握的词汇就能为他铺平通往理解之路,去阅读自己接触到的语篇。

《朗氏对外德语大词典》是一本正字法、语法、词义的参考工具书,也是正确使用语言的入门,它对词义及社会、文化特点的说明让使用者一目了然,并一步步引导他提高驾驭语言的能力。可见本词典不仅是语篇生产和语篇吸收的重要源泉,也是课外独立工作的良师益友。

因为"这样一项工程如果人们根据时间和情况已作了最大努力,那么就必须宣告结束它,要不它将永远完不成"(约·沃·冯·歌德),所以出版者和编辑部感谢所有给出版社提出进一步改进本词典建议的使用者表示感谢。

出版者

Im Wörterbuch verwendete Abkürzungen und Bezeichnungen
本词典使用的缩写及名称

			汉语略语
Ⓐ	Österreich, österreichischer Sprachgebrauch	奥地利、奥地利语用习惯	［奥］
↑ Abb.	siehe Abbildung	见图	
Abk/Abk.	Abkürzung	缩写	
Adj./Adj.	*Wortart*: Adjektiv	词类:形容词	（形）
ADM	*Sachgebiet*: Verwaltung	专业领域:管理	【管理】
Adv/Adv.	*Wortart*: Adverb	词类:副词	（副）
adv	adverbiell verwendet	用作状语	（用作状语）
Akk/Akk.	Akkusativ	四格	（四格）
ARCH	*Sachgebiet*: Architektur	专业领域:建筑学	【建】
Artikel	*Wortart*: Artikel	词类:冠词	（冠）
ASTR	*Sachgebiet*: Astronomie	专业领域:天文学	【天】
attr	attributiv verwendet	用作定语	（用作定语）
AUT	*Sachgebiet*: Kraftfahrzeuge	专业领域:汽车	【汽】
bes	besonders	尤指,尤用于	
BIOL	*Sachgebiet*: Biologie	专业领域:生物学	【生】
BOT	*Sachgebiet*: Botanik	专业领域:植物学	【植】
bzw.	beziehungsweise	或,和	
Ⓒⓗ	Schweiz, schweizerischer Sprachgebrauch	瑞士,瑞士语用习惯	［瑞］
CHEM	*Sachgebiet*: Chemie	专业领域:化学	【化】
Ⓓ	in der Bundesrepublik Deutschland gebräuchlich oder auf Deutschland bezogen	在德意志联邦共和国使用或与德国有关	［德］
Dat/Dat.	Dativ	三格	（三格）
Demonstrativpronomen	*Wortart*: Demonstrativpronomen	词类:指示代词	（指示代词）
e-e/e-e	eine		
e-m/e-m	einem		
e-n/e-n	einen		
e-r/e-r	einer		
e-s/e-s	eines		
ELEK	*Sachgebiet*: Elektrizität, Elektrotechnik	专业领域:电气,电子技术	【电】
etw./etw.	etwas	某物,某事	
euph	*Sprachgebrauch*: euphemistisch, beschönigend	语用:委婉,美化	［婉］
FILM	*Sachgebiet*: Film	专业领域:电影	【电影】
FIN	*Sachgebiet*: Finanzen, Bankwesen	专业领域:金融,银行业	【金融】
FLUG	*Sachgebiet*: Luftfahrt	专业领域:航空	【航空】
FOT	*Sachgebiet*: Fotografie	专业领域:摄影	【摄影】
Gen/Gen.	Genitiv	二格	（二格）
GEOG	*Sachgebiet*: Geografie	专业领域:地理学	【地】
GEOL	*Sachgebiet*: Geologie	专业领域:地质学	【质】
GEOM	*Sachgebiet*: Geometrie	专业领域:几何学	【几】
geschr	*Sachgebiet*: geschriebene Sprache, förmlich	修辞:书面语言,规范的	［书］
gespr	*Stilebene*: gesprochene Sprache, umgangssprachlich	修辞:口语,口头使用的	［口］
gespr!	*Stilebene*: sehr salopp	修辞:很粗俗	［粗］
hist	bezeichnet einen histo-	指历史事物或事态	［历］

	rischen Gegenstand oder Sachverhalt		
hist(*DDR*)	auf die ehemalige DDR bezogen	原民德有关的	[历(民德)]
hum	*Sprachgebrauch*: humorvoll	语用:诙谐	[诙]
ID	idiomatische Wendung(en)	习语,俗语,谚语,成语	[谚]
Indefinitpronomen	*Wortart* Indefinitpronomen	词类:不定代词	(不定代词)
indeklinabel	kann nicht flektiert werden	词形不变	(词形不变)
Infinitiv	*Grammatik*: Infinitiv, Grundform	语法:不定式,动词原形	(不定式)
INFORM	*Sachgebiet*: Informatik	专业领域:信息学	【信息】
Interjektion	*Wortart*: Interjektion, Ausruf	词类:感叹词,惊叹	(叹)
Interrogativpronomen	*Wortart*: Interrogativpronomen, Fragewort	词类:疑问代词	(疑问代词)
iron	*Sprachgebrauch*: ironisch	语用:讽刺	[讽]
j-d/j-d	jemand		
j-m/j-m	jemandem		
j-n/j-n	jemanden		
j-s/j-s	jemandes		
JUR	*Sachgebiet*: Recht	专业领域:法律	【法】
K-:	Kompositum; der erste Bestandteil ist das Stichwort	复合词;词目是该词的第一组成部分	(复合)
-K:	Kompositum; der zweite Bestandteil ist das Stichwort	复合词;词目是该词的第二组成部分	(复合)
KATH	*Sachgebiet*: katholische Religion	专业领域:天主教宗教信仰	【天主】
Kollekt	Kollektivbegriff	集合概念	(集合)
Konjunktion	*Wortart*: Konjunktion	词类:连词	(连)
KUNST	*Sachgebiet*: Kunst	专业领域:艺术	【艺】
Kurzw	Kurzwort	缩略词	(略)
LING	*Sachgebiet*: Linguistik, Sprachwissenschaft	专业领域:语言学	【语】
lit	*Stilebene*: literarisch	修辞:文学的	[文]
LIT	*Sachgebiet*: Literaturwissenschaft	专业领域:文学	【文学】
MATH	*Sachgebiet*: Mathematik	专业领域:数学	【数】
MED	*Sachgebiet*: Medizin	专业领域:医学	【医】
MET	*Sachgebiet*: Meteorologie	专业领域:气象学	【气】
MIL	*Sachgebiet*: Militär	专业领域:军事	【军】
Modalverb	*Grammatik*: Modalverb	语法:情态动词	(情态动词)
mst	meist	多作,多用,多指	
MUS	*Sachgebiet*: Musik	专业领域:音乐	【音】
NAUT	*Sachgebiet*: Seefahrt	专业领域:航海	【航海】
NB	Wichtige Zusatzinformation!	重要的附加信息	(注意)
neg!	*Stilebene*: wird oft als beleidigend empfunden!	修辞:常常觉得对人是伤害侮辱	[侮]
Nom/Nom.	Nominativ	一格	(一格)
nordd	norddeutscher Sprachgebrauch	北德语用习惯	[北德]
o. Ä.	oder Ähnliche(s)	或类似的,等	
od/od.	oder	或	
ohne Steigerung	es ist kein Komparativ und kein Superlativ möglich	无比较级、无最高级	(无变级)
ostd	ostdeutscher Sprachgebrauch	东德语用习惯	[东德]
Partikel	Partikel	小品词	(小品词)
Partizip Perfekt	Partizip Perfekt	过去分词	(过去分词)
Partizip Präsens	Partizip Präsens	现在分词	(现在分词)
pej	*Sprachgebrauch*: pejorativ,	语用:贬义,贬低,蔑视	[贬]

	abwertend, verächtlich		
PHIL	*Sachgebiet*: Philosophie	专业领域:哲学	【哲】
PHYS	*Sachgebiet*: Physik	专业领域:物理学	【物】
Pl/Pl.	*Grammatik*: Plural	语法:复数	(复)
POL	*Sachgebiet*: Politik	专业领域:政治	【政】
Possessivpronomen	*Wortart*: Possessivpronomen	词类:物主代词	(物主代词)
Pronomen	*Wortart*: Pronomen	词类:代词	(代)
präd	prädikativ verwendet	用作表语	(用作表语)
Präp/Präp.	*Wortart*: Präposition	词类:介词	(介)
PROT	*Sachgebiet*: protestantische Religion	专业领域:基督教宗教信仰	【新教】
PSYCH	*Sachgebiet*: Psychologie	专业领域:心理学	【心】
®	eingetragene Marke	注册商标	
RAD	*Sachgebiet*: Rundfunk	专业领域:广播	【广播】
Reflexivpronomen	*Wortart*: Reflexivpronomen	词类:反身代词	(反身代词)
REL	*Sachgebiet*: Religion (allgemein)	专业领域:宗教(普通的)	【宗】
Relativpronomen	*Wortart*: Relativpronomen	词类:关系代词	(关系代词)
reziprokes Pronomen	*Wortart*: reziprokes Pronomen	词类:相关代词	(相关代词)
Sg/Sg.	*Grammatik*: Singular	语法:单数	(单)
SPORT	*Sachgebiet*: Sport	专业领域:体育	【体】
Subst/Subst.	*Wortart*: Substantiv	词类:名词	(名)
südd	süddeutscher Sprachgebrauch	南德语用习惯	[南德]
TECH	*Sachgebiet*: Technik, Technologie	专业领域:技术,工艺学	【技】
TEL	*Sachgebiet*: Telekommunikation	专业领域:电信	【电信】
THEA	*Sachgebiet*: Theater	专业领域:戏剧	【剧】
TV	*Sachgebiet*: Fernsehen	专业领域:电视	【电视】
u./u.	und	和,及	
usw	und so weiter	等等	
veraltend	veraltender Sprachgebrauch	日趋陈旧的语用习惯	[渐旧]
veraltet	veralteter Sprachgebrauch	业已陈旧的语用习惯	[旧]
[Vi] / *Vi*	*Grammatik*: intransitives Verb	语法:不及物动词	(不及物)
[Vimp] / Vimp	*Grammatik*: unpersönlich gebrauchtes Verb	语法:无人称动词	(无人称)
[Vr] / *Vr*	*Grammatik*: reflexives Verb	语法:反身动词	(反身)
[Vt] / Vt	*Grammatik*: transitives Verb	语法:及物动词	(及物)
[Vt/i] / *Vt/i*	*Grammatik*: transitives Verb, das auch intransitiv verwendet werden kann	语法:及物动词,也可用作不及物动词	(及物/不及物)
vulg	*Stilebene*: vulgär	修辞:庸俗	[俗]
WIRTCH	*Sachgebiet*: Wirtschaft	专业领域:经济	【经】
z.B.	zum Beispiel	举例,如	
Zahladj	*Wortart*: Zahladjektiv	词类:数字形容词	(数形)
Zahlwort	*Wortart* Zahlwort	词类:数词	(数词)
ZOOL	*Sachgebiet*: Zoologie	专业领域:动物学	【动】
▶	Hinweis auf Wortfamilie	对词族的提示	
≈	Synonym	同义词	
↔	Antonym	反义词	

Hinweise für die Benutzer 使用说明

Mit den folgenden Hinweisen soll den Benutzern Einblick in die Struktur des ***Langenscheidt Großwörterbuches Deutsch als Fremdsprache*** gegeben werden.

下列说明将使读者了解朗氏对外德语大词典的结构。

Damit wird einerseits das Ziel verfolgt, den Aufbau der Stichwortartikel deutlich zu machen. Andererseits soll vor allem den Lernenden erklärt werden, wie man ein Maximum an Information aus der kompakten Struktur der Einträge herauslesen kann.

为此,我们一方面力求简明立项,另一方面着重要向读者说明如何才能从严密的词目结构中获取尽可能多的信息。

Durch aufmerksames Lesen der folgenden Seiten wird es Ihnen noch leichter fallen, dieses Wörterbuch sicher zu handhaben. Sie werden spezielle Informationen schneller finden, und die regelmäßige Benutzung des Wörterbuchs wird Ihnen auch bei der *aktiven* Anwendung des Deutschen größere Sicherheit geben.

只要认真阅读说明,您一定能较轻松自如地使用这本词典,您会较快地找到专门的信息,而经常使用本词典也一定能使您在积极运用德语时得心应手。

1. Wo findet man was?

1. 哪里找? 找什么?

1.1. Alphabetische Ordnung

1.1. 字母顺序

Die Stichwörter sind alphabetisch geordnet. Die so genannten Umlaute *ä*, *ö*, *ü* werden alphabetisch nicht als *ae*, *oe*, *ue*, sondern wie die Vokale *a*, *o*, *u* behandelt. Dies gilt auch für *äu*, das wie *au* behandelt wird. Die Wörter, die z. B. mit *Mä-* beginnen, stehen also nicht zusammen nach *m-a-d*, sondern werden wie die Wörter mit *Ma-* eingeordnet:

词目是按字母顺序排列的,变音 ä,ö,ü 不是以 ae, oe, ue 顺序排列,而是按元音字母 a, o, u 顺序处理。同样 äu 按 au 处理。譬如以 Mä-为首的单词不排在 m-a-d 之后,而是与 Ma- 为首的单词一样排列:

Marathon – Märchen – märchenhaft –
Marder; Mahlzeit – Mähne – mahnen.

Der Buchstabe *ß* wird als Variante von *ss* behandelt und genauso ein-

字母 *ß* 作 *ss* 的变体处理,并用相同的办法排列顺序,譬如:

geordnet, z. B.:

Maßarbeit – Masse – Maßeinheit – Massel – Maßen

1.2. Abkürzungen, Abkürzungswörter

In den Hauptteil des Wörterbuches wurden wichtige Abkürzungswörter aufgenommen, die in dieser Form in der gesprochenen Sprache verwendet werden, z.B. *IHK*, *EU*, *NATO*. Auch geläufige Abkürzungen wie *v. Chr.*, *MwSt.* usw. werden als eigene Stichwörter behandelt. Die Abkürzungen, die in den Definitionen usw. verwendet werden, sind auf der ersten Innenseite des Buches zu finden.

1.2. 缩写,缩写词

本词典正文只吸收口语中运用的缩写词,如 *IHK*, *EU*, *NATO*。常用的缩写如 *v. Chr.*, *MwSt.* 等也作为独立词目处理。在释义等中使用的缩写可在本书第17—19页查阅。

1.3. Zusammengesetzte Wörter: Komposita und abgeleitete Wörter

1.3.1. Komposita: ‖-K: und ‖K-:

Die Zahl der Komposita im Deutschen ist theoretisch unbegrenzt, denn die meisten Substantive können von der Wortbildung her an andere Substantive (oder an ein schon bestehendes Kompositum) angehängt werden und so ein neues Wort bilden (*Wohnung* – *Wohnungstür* – *Wohnungstürschlüssel* usw.). Es würde natürlich den Rahmen dieses Wörterbuchs sprengen, wenn alle diese Zusammensetzungen in voller Länge definiert würden. Aber die Bedeutungen vieler dieser Zusammensetzungen sind anhand der einzelnen Bestandteile der Wörter zu erschließen. Deshalb erscheinen viele solcher „transparenten“ Komposita in diesem Wörterbuch unter der entsprechenden Bedeutung des Stichworts (oder beider Stichwörter), und zwar als Komposita ohne eigene De-

1.3. 合成词:复合词和派生词

1.3.1. 复合词:‖-K(复合):和 ‖K-(复合):

德语中复合词的数量,从理论上讲是无限的,因为大多数名词从构词角度分析都可以与另一个名词(或另一个复合词)相结合并构成新词(*Wohnung* – *Wohnungstür* – *Wohnungstürschlüssel* 等等)。要是所有复合词鳞此栉比,无休止地添词加义,那么这本词典无疑会突破框框,漫无边际。许多复合词的意义根据单词和各个组成部分是可以推敲出来的。因此,本词典中许多此类“透明的”复合词均编排在词目相应的义项之中(或两个词目的相应义项之中),不再为此另作独立释义,这样可以为获取其他信息留出余地,仍然不影响对大量典型复合词的理解。

finition. Dadurch konnte Platz für andere Informationen gewonnen und dennoch eine Vielzahl typischer Komposita erfasst werden.

Das Symbol ‖ -K: gibt an, dass das Stichwort den letzten Teil des Kompositums bildet:

符号‖-K:表示词目是复合词的后置部分:

Mo·nat *der*; . . . **1**. . . . ‖ -K(复合): ***Ernte-*, *Frühlings-*, *Herbst-*, *Kalender-*, *Sommer-*, *Winter-***

Das bedeutet, dass die angegebenen Wörter alle mit *-monat* verbunden werden (*Erntemonat*, *Frühlingsmonat*, usw.).

这意味着所列单词全都可以和 *-monat* 合成复合词(*Erntemonat*, *Frühlingsmonat*,等等)。

Die Angabe ‖ K-: gibt an, dass das Stichwort den ersten Teil des Kompositums bildet. In diesem Fall wird das Stichwort selbst auch wiederholt, da oft Änderungen seiner Form (z.B. Anhängen von *-s-* oder *-n-*) zu beachten sind:

符号‖K-:表示词目是复合词的前置部分。这时候词目本身重复标出,因为务必经常注意其形式(如:连接字符 *-s-* 或 *-n-*)的变化:

Mo·nat *der*; . . . ‖ K-(复合): ***Monats-*, *-anfang*, *-beginn*, *-ende*, *-hälfte*, *-lohn*, *-mitte*, *-name*; *monate-*, *-lang***

Das bedeutet, dass man folgende Wörter bilden kann: *Monatsanfang*, *Monatsbeginn*, *Monatsende* usw. Auch das Adjektiv *monatelang* wird hier als Kompositum angegeben (und *monate-* dementsprechend kleingeschrieben).

这意味着可以构成下列单词: *Monatsanfang*, *Monatsbeginn*, *Monatsende* 等等,连形容词 *monatelang* 也作为复合词在此列出,(而 *monate-* 则相应小写)。

Diese Angaben dienen insbesondere der Wortschatzerweiterung (s. auch 1.5. – Elemente der Wortbildung). Es gibt aber auch Zusammensetzungen, deren Bedeutung nicht zu erschließen ist. So ist *Hausmeister* nicht unter dem Stichwort *Haus* zu finden, weil die Bedeutung nicht ohne Weiteres aus den Bestandteilen *Haus-* + *Meister* erkennbar ist. *Hausmeister* ist daher ein eigenes Stichwort.

这些说明特别有助于扩充词汇(见 1.5.——构词要素)。然而不是所有复合词的意义能一看就懂的,譬如 Hausmeister 就没有列在词目 Haus 之中,因为从 Haus- + Meister 两个成分中难以识别其意义。故 Hausmeister 是独立词目。

1. 3. 2. Abgeleitete Wörter: ‖ *hierzu*

Wenn ein Wort sich direkt (ohne Bedeutungswandel) von einem angegebenen Stichwort ableitet, wird dieses abgeleitete Wort ohne eigene Definition am Ende des Eintrags aufgeführt:

1. 3. 2. 派生词：‖ *hierzu*（派生）

倘若一个单词(不改变意义)直接由所列词目派生而来,那么,这个派生词在条目后不加独立释义：

ạb·stam·men... ‖ *hierzu*（派生）**Ạb·stam·mung** *die*

Die Bedeutung des abgeleiteten Wortes ergibt sich aus der Definition, die für das Stichwort angegeben ist.

这个派生词的意义由词目所注的释义中产生。

Bezieht sich die Ableitung nicht auf alle aufgeführten Bedeutungen (**1**, **2**, **3** usw.), wird dies auch angegeben:

倘若派生词并不涉及全部所列义项(**1.**, **2.**, **3.**,等),那么,这一点也要标明：

ạb·stau·ben... ‖ *zu*（义项）**2. Ạb·stau·ber** *der*; *-s*; -

Das bedeutet, dass sich hier *Abstauber* nur auf die zweite Bedeutung des Stichworts bezieht.

这意味着 *Abstauber* 在这里只与词目的第二个义项有关。

Bei Substantiven, die auf *-tion*, *-ung*, *-heit* oder *-keit* enden, werden die Formen des Genitivs Singular und des Nominativs Plural nicht angegeben (vgl. 5. 1.), da bei diesen weiblichen Substantiven die Genitivform mit dem Nominativ identisch ist und da alle diese Substantive den Nominativ Plural auf *-en* bilden.

以 *-tion*, *-ung*, *-heit* 或 *-keit* 结尾的名词,其单数二格及复数一格不复标出(见 5.1),因为这些阴性名词的二格形式与一格是一致的,其复数一格均为 *-en*。

Verben, die als Ableitungen aufgeführt werden, erscheinen mit einer Angabe zum Hilfsverb für zusammengesetzte Vergangenheitsformen (vgl. 5. 2.) und der Bezeichnung *Vt*, *Vi* usw. (vgl. 8.).

作为派生的动词标出过去时、现在完成时(见 5.2.)及符号 *Vt*, *Vi* 等。(见 8.)

Eis·lauf *der*; ... ‖ *hierzu*（派生）**eis lau·fen** (*ist*) *Vi*; ...

1.4. Homonyme und Homografe

Homonyme sind Wörter, die gleich ausgesprochen und geschrieben werden, aber ganz unterschiedliche Bedeutungen haben, z. B. der *Band* (= Buch), das *Band* (= ein schmaler Streifen Stoff o. Ä.). Homografe sind Wörter, die gleich geschrieben werden, aber unterschiedlich in der Aussprache (und Bedeutung) sind (z. B. das *Band* [bant] und die *Band* [bɛnt]).

Homonyme werden als separate Einträge behandelt und durch hochgestellte Zahlen voneinander getrennt:

Bank[1] *die* ... ein länglicher Sitz...
Bank[2] *die*... ein Unternehmen, das gespartes Geld verwahrt ...
Bank[3] *die* ... die Kasse (e-r Spielbank), die während e-s Glücksspiels ... von e-m Angestellten verwaltet wird ...

Auch Homografe werden durch hochgestellte Zahlen markiert:

Te·nor[1] *der* ... **3.** ... die höchste Singstimme bei Männern
Te·nor[2] *der* ... die allgemeine Einstellung, die in etw. zum Ausdruck kommt

1.5. Elemente der Wortbildung

Um dem Benutzer Einblick in die Mechanismen der Wortbildung in der deutschen Sprache zu gewähren, werden viele Wortbildungselemente als eigene Stichwörter behandelt. Zu diesen gehören sowohl Substantive und Adjektive (z. B. *Rahmen-*, *-muffel*; *wohl-*, *-bereit*) als auch Präfixe und Suffixe (z. B. *auf-*, *be-*, *-heit*). Es werden typische Bedeutungen, Funktionen und Verbindungen erläutert.

1.4. 同音(字)异义词和同字异音(义)词

同音(字)异义词是指一些词的发音与书写相同，但意义截然不同，如：der *Band*（卷、本、册、书），das *Band*（带子）。同字异音(义)词是指一些词的书写相同，但发音(及意义)不尽相同(如 das *Band* [bant] 和 die *Band* [bɛnt]（乐队))。

同音(字)异义词单独立目，并标有角码以示区别：

Bank[1] *die* ... 长凳
Bank[2] *die*... 银行
Bank[3] *die* ...（赌场操控的)钱庄

同字异音(义)词也用角码标出：

Te·nor[1] *der* **3.** ... 男高音
Te·nor[2] *der* ... 基本态度(观点、内容)

1.5. 构词要素

为使读者洞晓德语构词法的机制，许多构词要素作为独立词目处理，它既有名词、形容词(如：*Rahmen-*, *-muffel*; *wohl-*, *-bereit*)，也有前缀、后缀(如 *auf-*, *be-*, *-heit*)。在这些条目中对典型意义、典型功能及典型词组均作了阐明。

Bei Präfixverben werden auch zusätzliche Strukturformeln zum Wortgebrauch angegeben (vgl. auch 9.4.1.).

关于前缀动词还注明词汇使用的补充结构格式。(见9.4.1.)

Darüber hinaus gibt die Angabe *nicht (mehr) produktiv*, *wenig/begrenzt/sehr produktiv* Aufschluss über die Wahrscheinlichkeit weiterer Verbindungen, in denen diese Wortbildungselemente vorkommen können:

此外,对词汇构词能力的说明 *nicht (mehr) produktiv*(不再构词), *wenig/begrenzt/sehr produktiv*(构词弱/有限/强)启示读者可采用这种构词要素去继续构成新词的可能性

-fach *im Adj*, *begrenzt produktiv*(构成形容词,构词有限), *nur attr od adv*(只作定语或状语); ... ***zweifach***, ***dreifach***, ***vierfach*** *usw*; ***mehrfach***, ***vielfach***

voll[1] [f-] *im Verb*, *betont u. trennbar*, *begrenzt produktiv*; (构成动词,重读并可分,构词有限)... ***etw. vollfüllen***, ***etw. vollgießen***, ***etw. vollpacken***, ...

1.6. Idiomatische Wendungen, Redensarten, Sprichwörter: ‖ ID

1.6. 俗语、惯用语、谚语: ‖ ID [谚]

Feste Wendungen, die aus mehreren Wörtern bestehen (wie z. B. *nicht auf den Mund gefallen sein*; *Wer zuletzt lacht, lacht am besten*), werden in diesem Wörterbuch nach dem Zeichen ‖ ID aufgeführt. Bestimmend für die alphabetische Einordnung ist dabei im Allgemeinen das erste Substantiv in der Wendung: *nicht auf den Mund gefallen sein* steht daher nach ‖ ID im Eintrag zu *Mund*; *Das ist schon die halbe Miete* steht unter *Miete*. Wenn die Wendung kein Substantiv enthält, wird nach dem ersten Adjektiv bzw. Verb eingeordnet: *Wer zuletzt lacht, lacht am besten* steht daher nach ‖ ID im Stichwortartikel *lachen*.

由几个单词组成的固定词组(如 *nicht auf den Mund gefallen sein*; *Wer zuletzt lacht, lacht am besten*)在本词典中列举在符号 ‖ ID之后。一般词组中的第一个名词作为按字母排列词序的依据:故 *nicht auf den Mund gefallen sein* 列入 *Mund* 词目的 ‖ ID之后, *Das ist schon die halbe Miete* 位于 *Miete* 词目中。倘若词组中无名词,则按第一个形容词或动词排列:故 *Wer zuletzt lacht, lacht am besten* 位于词目 *lachen* 中的 ‖ ID之后。

Ausnahmen in dieser Zuordnung sind in begründeten Fällen möglich.

如果理由充分,这种编排出现例外是可能的。

Sprichwörter werden in ihrer üblichen Form angegeben (also meist als ganze Sätze). Idiome und Redensarten werden entweder mit dem Verb im Infinitiv angegeben (z. B. *j-m auf*

谚语以其惯用的形式(即经常是完整的句子)列出。俗语、惯用语或是以不定式动词列出(如: *j-m auf die Pelle rücken*),或是(如果成语通常是以某种特定形式出现的话)以特定形式列出(*mst die Pelle rücken*) oder, falls die Wendung normalerweise in einer ganz bestimmten Form auftritt, in dieser Form (*mst Jeder hat sein Päckchen zu tragen*). Die Einschränkung durch *mst* (= meist) deutet darauf hin, dass auch andere Formen der Wendung möglich sind (z.B. *Auch ich habe mein Päckchen zu tragen*).

Jeder hat sein Päckchen zu tragen)。通过 *mst*（多用）一词的限制表明该词组还可以构成其他形式（如：*Auch ich habe mein Päckchen zu tragen*）。

2. Die Schreibung der Wörter

2. 词的书写

2.1. Orthografie

2.1. 正字法

Die Orthographie der Wörter entspricht der Rechtschreibung, wie sie in *DUDEN Band 1: Die deutsche Rechtschreibung* (24. Auflage, 2006) verwendet wird.

词目的正字法与杜登第一卷:《德语正字法》(2006 年第 24 版)中使用的正字法一致。

Bei Wörtern mit unterschiedlicher Schreibweise wird von der selteneren Form auf die üblichere Form verwiesen:

倘若一个词有不同的写法，那么将较罕见的形式参照较常见的形式：

Re·cor·der *der*; ↑ ***Rekorder***

In den Fällen, wo die Auffindbarkeit eines Stichwortes gefährdet ist, bringen wir an alphabetischer Stelle einen Verweis von der alten auf die neue Schreibung:

如果某一词目难以查找，我们按字母顺序将旧的写法参照新的写法。

Wäch·te *die*; ↑ ***Wechte***
Sten·gel *der*; ↑ ***Stängel***

2.2. Trennung der Wörter

2.2. 词的分音节

Jedes Stichwort wird mit den möglichen Trennungen angegeben:

每一个词目尽可能标明音节的划分：

Fo·to·ap·pa·rat

Die Punkte zeigen, wo das Wort (am Zeilenende) getrennt werden kann.

圆点表示单词(在字行末尾时)在哪个音位可以分音。*Fotoapparat* 的分音

Fotoapparat kann so wie folgt getrennt werden:

如下：

Fo-toapparat
Foto-apparat
Fotoap-parat
Fotoappa-rat

Bei Komposita, die aus mehr als zwei Wörtern bestehen, ersetzt ein senkrechter Strich einen der Punkte an der Trennstelle:

遇到由两个以上词组成的复合词，则用竖线替代分音位置上的圆点：

Fạch | ober • schu • le, *Fẹrn • sprech | an • sa • ge • dienst*.

Dieser Strich gibt an, aus welchen größeren Einheiten das gesamte Wort aufgebaut ist. Das Wort kann natürlich auch an der Stelle des Striches getrennt werden, also:

这条竖线表示该复合词是由哪些较大的词要素构成的。该词自然也可以在竖线处分音：

Fach • oberschule

Der Strich wird auch verwendet, um Verwechslungen in der Aussprache vorzubeugen:

竖线也用来防止发音错位：

Lạch | er • folg, *be | ịn • hal • ten*

3. Die Aussprache der Wörter

3. 词的发音

Um dem Benutzer die korrekte Betonung zu erleichtern, finden sich beim Stichwort entsprechende Angaben. In manchen Fällen wird auch die phonetische Umschrift in eckigen Klammern nach dem Stichwort aufgeführt.

为便于读者找到正确重音，在词目中标出相应的符号，有时在词目后的方括号内写上音标。

3.1. Angaben beim Stichwort

3.1. 词目说明

Die Silben, die den Hauptton tragen, sind in der Regel schon bei jedem

每个词目的主重音音节一般在元音或双元音下用圆点或横道标出，较长的

Stichwort durch einen Punkt oder einen Strich unter dem Vokal bzw. Diphthong gekennzeichnet. Längere Wörter haben häufig *zwei* Silben, die betont werden.

词通常有两个音节重读。

Ein Punkt unter einem Vokal zeigt an, dass es sich um einen kurzen Laut handelt:

元音下面的圆点表示该音为短音：

Fẹns·ter, Rạt·te, Tịsch, Mụ̈t·ze

Ein Strich unter einem Vokal zeigt an, dass hier ein langer Laut vorliegt. Dabei ist ie wie [i:] auszusprechen:

元音下面的横道表示该音为长音。ie 该发成[i:]：

Tag, Rah·men, Mie·te, Bee·re, Se·gen, Mehl

Betonte Diphthonge erhalten ebenfalls diesen Strich:

重读双元音也用横道表示：

Gleis, Haus, Leu·te

Bei zwei verschiedenen Betonungsmöglichkeiten wird das Stichwort wiederholt:

如果词目有两种不同的重读可能性，则重复标出：

ụnheimlich, unheimlich; Republik, Republịk

Hinweis: Länge oder Kürze wird nur für den betonten Vokal bzw. Diphthong angegeben: *Früh·lings·tag*, *Ko·pi·lot*. Hier wird also das lange [a:] von *-tag* (*Tag*) bzw. das lange [o:] von *-pilot* (*Pi·lot*) nicht besonders gekennzeichnet.

注意：长音或短音是指重读的元音或双元音：*Früh·lings·tag*，*Ko·pi·lot*。这里对 *-tag*（*Tag*）长音[a:]和 *-pilot*（*Pi·lot*）的长音[o:]未作特别标志。

3.2. Angaben in eckigen Klammern nach dem Stichwort

3.2. 在词目后的方括号内的说明

Nicht bei jedem deutschen Wort ist die Aussprache ohne Weiteres aus der Schreibung ersichtlich. In solchen Fällen wurde dem Stichwort die

并不是每一个德文词通过书写就能不假思索地拼读出音来的。遇上这类情况对词目要（用方括号）补充音标，这特别适用于外来语词和借用语词，采用的

Lautschrift (in eckigen Klammern) hinzugefügt. Das gilt insbesondere für Fremd- und Lehnwörter. Verwendet wurden die Symbole der phonetischen Umschrift der *International Phonetic Association / Association Phonétique Internationale*. Grundlage für unsere Umschrift war das Standardwerk: *DUDEN Band 6: Das Aussprachewörterbuch* (3. Auflage, 1990).

是国际音标。标准词典《杜登第 6 卷语音词典》(第三版,1990)是本词典音标的依据。

Dort, wo mit der Lautschrift die Silbenbetonung angegeben wird, wird auf die Betonungsangabe beim Stichwort verzichtet.

用音标标明音节重音的地方,词目则不标重音。

Wo sich Ausspracheprobleme nur bei einzelnen Lauten oder bei Teilen eines Wortes ergeben, wurden nur die betreffenden Laute oder Wortteile in der Lautschrift hinzugefügt:

倘若只是个别音素或一个词的部分发音有问题,那么,有关音素及词的有关部分用音标补充标出:

cẹn•ba•lo[tʃ-]; **ent • lạr • ven**[*-f-*]

Das Wort *Cembalo* beginnt mit einem [tʃ], nicht mit einem [k] oder einem [ts], und der Buchstabe *v* in *entlarven* wird [f] gesprochen, nicht [v].

单词 *Cembalo* 第一个字母发[tʃ],不发[k]或[ts], *entlarven* 中的字母 *v* 发[f],而不是[v]。

3. 3. Die verwendeten Lautschrift-Symbole
本词典使用的音标符号表

Symbol 音标	*Beispiel* 例词	*Beispiel in Lautschrift* 标音的例词	*Symbol* 音标	*Beispiel* 例词	*Beispiel in Lautschrift* 标音的例词
a	**hat**	hat	n̩	**reden**	ˈreːdn̩
aː	**Tag**	taːk	ŋ	**lang, Mangan**	laŋ, maŋˈgaːn
ɐ	**Theater**	teˈaːtɐ	o	**Poesie**	poeˈziː
ɐ̯	**leer**	leːɐ̯	oː	**rot**	roːt
ã	**balancieren**	balãˈsiːrən	o̯	**Toilette**	to̯aˈlɛtə
ãː	**Balance**	baˈlãːs(ə)	õ	**Fondue**	fõˈdyː
a̯i	**steil**	ʃta̯il	õː	**Fonds**	fõː
aɪ	**Midlife-Crisis**	ˈmɪdlaɪfˈkraɪsɪs	ɔ	**toll**	tɔl
a̯u	**Laut**	la̯ut	ø	**ökonomisch**	økoˈnoːmɪʃ
aʊ	**Tower**	ˈtaʊə	øː	**hören**	ˈhøːrən
b	**Ball**	bal	œ	**spöttisch**	ˈʃpœtɪʃ
ç	**ich**	ɪç	œ̃ː	**Parfum**	parˈfœ̃ː
d	**du**	duː	o̯u	**Know-how**	no̯uˈha̯u
ʤ	**Gin**	ʤɪn	oʊ	**Show**	ʃoʊ
e	**Tenor**	teˈnoːɐ̯	ɔ̯y	**heute**	ˈhɔ̯ytə
eː	**sehen**	ˈzeːən	ɔɪ	**Joint**	ʤɔɪnt
ɛ	**hätte**	ˈhɛtə	p	**Pelz**	pɛlʦ
ɛː	**wählen**	ˈvɛːlən	r	**Ring**	rɪŋ
ɛ̃	**Interieur**	ɛ̃teˈri̯øːɐ̯	s	**Nest, Ruß, besser**	nɛst, ruːs, ˈbɛsɐ
ɛ̃ː	**Satin**	zaˈtɛ̃ː	ʃ	**Schotte**	ˈʃɔtə
ɛə	**Jobsharing**	ˈʤɔbʃɛərɪŋ	t	**Tag**	taːk
eɪ	**Aids**	eɪdz	ʦ	**Zunge,**	ˈʦʊŋə,
ə	**Affe**	ˈafə		**Benzin**	bɛnˈʦiːn
f	**Fenster, Vater**	ˈfɛnstɐ, ˈfaːtɐ	ʧ	**Putsch**	pʊʧ
g	**gern**	gɛrn	θ	**Thriller**	ˈθrɪlɐ
h	**Hut**	huːt	u	**kulant**	kuˈlant
i	**Triumph**	triˈʊmf	uː	**Schuhe**	ˈʃuːə
iː	**viel**	fiːl	u̯	**aktuell**	akˈtu̯ɛl
i̯	**Podium**	ˈpoːdi̯ʊm	ʊ	**null**	nʊl
ɪ	**bitte**	ˈbɪtə	v	**Wasser, Vase**	ˈvasə, ˈvaːzə
j	**ja**	jaː	x	**achten**	ˈaxtn̩
k	**Kunst**	kʊnst	y	**dynamisch**	dyˈnaːmɪʃ
l	**Lust**	lʊst	yː	**über, Mühe**	ˈyːbɐ, ˈmyːə
l̩	**Nebel**	ˈneːbl̩	y̆	**Nuance**	ˈny̆ãːsə
m	**Moment**	moˈmɛnt	ʏ	**synchron**	zʏnˈkroːn
m̩	**großem**	ˈgroːsm̩	z	**sagen, Reise**	ˈzaːgn̩, ˈra̯izə
n	**nett**	nɛt	ʒ	**Manege**	maˈneːʒə

Sonderzeichen

特殊符号表

ˈ Betonungsakzent; steht vor der betonten Silbe.

ˈ 重音符号；位于重读音节前

ː Längenzeichen; drückt aus, dass der davor stehende Vokal lang gesprochen wird.

ː 长音符号；表示前面的元音发长音

~ Zeichen für nasalierte Vokale; steht über dem betreffenden Laut.

~ 鼻元音符号；位于相关音素之上

‿ Bindebogen; verbindet zusammengehörige Laute, wie z. B. Diphthonge.

‿ 连音弧；连接同属音，如：双元音

̯ kleiner Halbkreis unter einem Vokal; bezeichnet unsilbische Vokale, also solche Vokale, die innerhalb einer Silbe nur mitklingen, aber nicht besonders hervorgehoben werden.

̯ 元音下面的小半圆，表示非音节元音，此类元音在音节内只伴随发音，不单独突出发音

̩ Zeichen für die silbischen Konsonanten l̩, m̩ und n̩, also Konsonanten, die einen ə-Laut in sich aufsaugen und dadurch eine eigene Silbe bilden können.

̩ 音节辅音符l̩，m̩和n̩，即本身包含一个ə音素，并由此而能构成一个独立音节的辅音。

| Knacklaut vor Vokalen. In Wörtern wie *beachten* [bəˈ|axtn̩] entsteht, bevor der betonte Vokal (hier das *a*) gesprochen wird, eine Art kleiner Pause, und es wird für das *a* neu angesetzt. Dieser Vorgang wird durch den senkrechten Strich verdeutlicht.

| 元音前的声门塞音。如：*beachten* [bəˈ|axtn̩] 在重读元音(ɑ)发音之前，产生一个小的间隙，然后再开始发 ɑ，这一过程用竖线标明。

4. Abkürzungen und Konventionen bei den Definitionen

4. 缩写及释义规则

4.1. Die Abkürzung des Stichworts

4.1. 词目缩写

Das Stichwort erscheint in den Strukturformeln (vgl. 9.1.), den Kollokationen (vgl. 7.4.) und den Beispielen (vgl. 7.5.) in abgekürzter Form (Anfangsbuchstabe plus Punkt), sofern es im jeweiligen Kontext nicht verändert wird:

词目只要在上下文中没有变化，在结构格式(见9.1.)、搭配(见7.4.)及例句(见7.5.)中以缩写形式出现(第一个词母加点)：

Fi·gur *die* ... **1.** ... 〈e-e gute, schlanke, tolle F. haben〉: *Als Mannequin muss sie sehr auf ihre F. achten u. lebt deshalb nur von Diätkost*

Stichwörter bis zu drei Buchstaben werden voll ausgeschrieben. Das gilt auch für Stichwörter, die aus zwei (oder mehr) Wörtern bestehen (z.B. *fifty-fifty*).

三个字母的词目要写全，这也适用于由两个(或两个以上)单词所组成的词目(如：*fifty-fifty*)。

Flektierte Formen und Pluralformen werden ebenfalls in voller Länge geschrieben (auch wenn sie formgleich mit der Singularform sind). Das Verb erscheint nur im Infinitiv in der abgekürzten Form (also auch nicht in der dritten Person Plural Präsens oder im Partizip Perfekt, selbst wenn diese die gleiche Form haben wie der Infinitiv).

变化了的形式和复数形式同样要写全(即使形式上与单数形式相吻合)。动词不定式只以缩写形式出现(即使现在时复数第三人称或过去分词与不定式相同，也不用缩写形式)。

4.2. Die Abkürzung von „und“

4.2. “und”的缩写

Das Wort „und“ wird in abgekürzter Form als „u.“ verwendet. Nur beim Buchstaben „U“ wird *und* voll ausgeschrieben, um Verwechslungen mit dem abgekürzten Stichwort zu vermeiden:

“und”一词采用缩写形式“u.”，只有在字母“U”的词目中 *und* 才要写全，以避免与缩写词目混淆：

un·ge·fähr ... *u.* + *Angabe der Länge, der Menge, der Zeit o.Ä.* drückt aus, dass die Angabe nicht genau zutrifft und dass es vielleicht ein bisschen mehr od. ein bisschen weniger sein kann ... *Die Strecke ist u. 10 Kilometer lang*

4.3. Die Abkürzung von „etwas“

4.3. “etwas”的缩写

Das Wort „etwas“ wird als „etw“ abgekürzt, wenn es durch ein Substantiv ersetzt werden kann (vgl. 9.1.). Wo dies nicht der Fall ist, wird „etwas“ voll ausgeschrieben:

倘若“etwas”一词可以由名词替代的话，则缩写成“etw.”(见 9.1.)，倘若不能替代，则“etwas”要写全：

zu·schul·den ... *sich* (*Dat* 三格) *etwas/nichts z. kommen lassen*

Ebenfalls voll ausgeschrieben wird „etwas“ im Sinne von „ ein bisschen“.

“etwas”用作“ein bisschen”的时候，同样要写全。

4.4. Die Abkürzung des unbestimmten Artikels

4.4. 不定冠词的缩写

Der unbestimmte Artikel wird in der Regel in abgekürzter Form verwendet:

不定冠词一般采用下列缩写形式：

e-e = eine
e-m = einem
e-n = einen
e-r = einer
e-s = eines

Die Form „ein“ wird jedoch nicht abgekürzt.

但“ein”不再缩写。

Ebenfalls nicht abgekürzt werden „eine“, „einer“, „eines“ usw., wenn sie als Zahladjektiv gebraucht werden, und „einen“ bzw. „einem“ als Akkusativ- bzw. Dativformen von „man“:

倘若“eine”、“einer”、“eines”等作数词用时，“einen”及“einem”作为“man”的四格或三格形式用时，同样不缩写：

Fi·lia·le *die*; . . . **2.** eines von mehreren Büros od. Geschäften *mst* e-r Bank od. e-r Versicherung, . . .
Ra·che *die*; . . . e-e Handlung, mit der man j-n (außerhalb des Gesetzes) bestraft, der einem selbst od. e-m Freund etw. Böses getan hat

4.5. Komposita in Klammern

4.5. 括号内的复合词

Damit der Wortschatz in den Definitionen möglichst leicht verständlich bleibt, werden präzisierende Elemente von Komposita gelegentlich in Klammern angegeben:

为了使词汇释义更易理解，复合词的限定词素有时用括号标明：

Fichte *die*; . . . **1.** ein (Nadel)Baum mit . . .

Wer das Kompositum *Nadelbaum* kennt, bekommt dadurch eine genauere Definition, aber die Er-

谁了解复合词 *Nadelbaum*，谁就能获悉较精确的释义，但是不加“Nadel”的解说也已足够了。这种说明不加添连音

klärung ohne ,Nadel' reicht auch aus. Die Angaben erfolgen ohne Bindestrich, damit der Lernende nicht in Versuchung kommt, das zusammengesetzte Wort selbst mit einem Bindestrich zu schreiben.

符,目的是不让学习德语的人误解,以为合成词的书写都要加连音符。

5. Wortart und Morphologie

5. 词类和词法

5.1. Substantive

5.1. 名词

Substantive werden nach folgendem Muster angegeben:

名词按下列模式表示:

Au·to *das* ; *-s* , *-s* ; . . .

Nach dem Stichwort erscheint also die Genusangabe (*der*, *die*, *das*), dann die Form des Genitivs Singular, wobei der Strich das Stichwort ersetzt: *-s* (also: *des Autos*), und schließlich die Pluralform: *-s* (also: *die Autos*). Erscheint der Strich allein als Angabe, bedeutet dies, dass das Stichwort in seiner Form unverändert bleibt:

在词目后注明名词的性(der, die, das),然后是单数第二格的形式,短线代替词目:-s(即 *des Autos*),接着是复数:-s(即 *die Autos*),倘若短线单独出现,这意味着词目在其形式上不变:

Ar·bei·ter *der* ; *-s* , *-* ; . . . [= Genitiv二格: *des Arbeiters*, Plural(复数): *die Arbeiter*]

Eingeklammerte Teile der Form können auch weggelassen werden:

该形式括号内的部分也可以省略:

Ring *der* ; *-(e)s* , *-e* ; . . . [= Genitiv(二格): *des Rings*, oder *des Ringes*; Plural(复数): *die Ringe*]

Gibt es mehrere Pluralformen, so werden diese aufgeführt und durch einen Schrägstrich voneinander getrennt:

倘若词目有若干个复数,则逐一列出,之间用斜线分割开:

Wort *das* ; *-(e)s* , *Worte / Wörter* ; . . .

Doch kann man nicht immer zwischen den Pluralformen beliebig wählen. Die jeweils zutreffende Plu-

但是复数形式不能随心所欲地选用,故有关的复数形式将在相应的义项中专门注明。

ralform wird deshalb bei der entsprechenden Unterbedeutung eigens angegeben：

Wort ... **1.**（*Pl*（复）*Wörter*）... **2.**（*Pl*（复）*Worte*）...

Bei Komposita wird aus Platzgründen im Allgemeinen auf die oben beschriebenen Angaben verzichtet：

鉴于篇幅的缘故，复合词一般不作上述说明。

Mahn·ge·bühr *die*；...

Fehlen also die Angaben beim Kompositum，so lassen sich die Genitiv- und Pluralformen vom Grundwort（hier *Gebühr*）ableiten.

倘若复合词不标明格与数，则其二格形式与复数形式可参照基本词（*Gebühr*）。

Bei Substantiven，die ihre Form z. B. auch im Akkusativ oder im Dativ Singular ändern，wird in einer eigenen Rubrik zusätzlich darauf hingewiesen：

倘若一些名词的四格或三格单数形式变化特殊，则另辟一栏补充说明：

Mensch *der*；*-en*，*-en*；... ‖ NB(注意)：*der Mensch*；*den*，*dem*，*des Menschen*

Diese Angaben stehen，wie in vielen modernen Lehrbüchern，in der Reihenfolge Nominativ，Akkusativ，Dativ，Genitiv.

这类说明的排列次序与现代教科书中的顺序相同，即一格、四格、三格、二格。

Wenn sich der Plural vom Singular nicht nur durch die Endung，sondern auch durch Veränderung des Wortstammes unterscheidet，wird dies angegeben：

倘若复数不仅词尾有别于单数，且词干也发生变化，那么这一点应作说明：

Maus *die*；*-*，*Mäu·se*；...

Andere Unterschiede zwischen den Formen des Singulars und des Plurals werden ebenfalls verzeichnet – so z. B. wenn sich im Plural die Betonung ändert oder wenn bei einem Fremd- oder Lehnwort die Pluralform fürs Deutsche untypisch ist：

其他单复数方面的形式区别同样标出。譬如：倘若复数重音转移，或倘若外来词或借用词的复数形式在德语中并不规范：

Di·rẹk·tor *der*；*-s*，*Di·rek·to̲·ren*［Wechsel der betonten Silbe 音节重音转移］
Cel·lo［'tʃɛlo］*das*；*-s*，*Cel·li*；...

Wenn das Substantiv nur im Singular gebraucht wird，ist dies nach der Angabe der Genitivform vermerkt：

倘若名词只用单数，那么只标二格形式：

Mu̲t *der*；*-(e)s*；*nur Sg*（只用单数）...

Bei Substantiven，die nur im Plural verwendet werden，erscheint ebenfalls ein entsprechender Hinweis：

倘若名词只用复数，同样有相应的提示：

Mạ·chen·schaf·ten *die*；*Pl*（复）...

Die Angaben *mst Sg* und *mst Pl* nach dem Substantiv beziehen sich darauf，dass das betreffende Wort normalerweise im Singular bzw. im Plural verwendet wird.

名词后的说明 *mst Sg* 或 *mst Pl*，表示相关单词常用单数或常用复数。

5.2. Verben

5.2. 动词

Die Wortart „Verb" wird nach folgendem Muster behandelt：

动词按下列模式处理：

mị·schen；*mischte*，*hat gemischt*；...

Nach dem Infinitiv erscheinen also die 3. Person Singular des Imperfekts（hier：*mischte*）und des Perfekts（hier：*hat gemischt*）.

不定式后注明过去时单数第三人称（*mischte*）和现在完成时单数第三人称（*hat gemischt*）。

Bei unregelmäßigen Verben wird auch die Form der 3. Person Singular des Präsens angegeben，wenn sie vom Stamm des Infinitivs abweicht：

倘若不规则动词现在时单数第三人称与不定式词干有区别，则也要注明：

ge̲·ben；*gibt*，*gab*，*hat gegeben*；...

Wenn das Verb in den zusammengesetzten Zeiten mit *sein* konstruiert wird，lautet die Angabe beim Perfekt *ist*：

倘若构成动词复合时态是用 *sein*，则现在完成时中用 *ist* 注明：

rẹn·nen; *rannte*, *ist gerannt*; ...

Bei nur reflexiv gebrauchten Verben wird *sich* angegeben:

倘若动词只用反身，则用 *sich* 注明：

be·trịn·ken, sich; *betrank sich, hat sich betrunken*; ...

Einige Verben werden im Perfekt im süddeutschen und österreichischen Sprachgebrauch mit *ist* konstruiert. Diese regionale Variante steht nach der Form mit *hat*:

一些动词的现在完成时在南德和奥地利语用习惯中用 *ist*，这种地区变体在 *hat* 之后加以注明：

schwịm·men; *schwamm*, *hat/bes südd* Ⓐ 尤用于［南德］［奥］ ist geschwommen; ...

Bei Verben, die mit einem Präfix beginnen (z. B. *an-*, *auf-*, *ein-*, *hinter-*, *unter-* usw.), wird aus Platzgründen anstelle der vollen Morphologie nur das Hilfsverb genannt, das in den zusammengesetzten Zeiten gebraucht wird (*hat/ist* bzw. bei Pluralsubjekt *haben/sind*):

鉴于篇幅的缘故，带前缀动词（如 *an-*, *auf-*, *ein-*, *hinter-*, *unter-* 等）只注复合时态的助动词（*hat/ist* 或主语复数时 *haben/sind*），省略词法的全貌：

ạn·ma·len (*hat*) ...

Im Eintrag zum Präfix selbst (hier *an-*) wird ein Muster für die Formen des Imperfekts und des Perfekts aufgeführt:

倘若前缀本身立目者（*an-*），其过去时和现在完成时的形式要列举模式表示：

an-[1] ... Die Verben mit *an-* werden nach folgendem Muster gebildet: *anschreiben – schrieb an – angeschrieben*

ạn-[1] ...（an- 动词的模式如下）：*anschreiben – schrieb an – angeschrieben*

Analog dazu bildet man also die Formen *anmalen – malte an – hat angemalt*.

由此类推，*anmalen* 的形式是：*anmalen – malte an – hat angemalt*。

In Ausnahmefällen werden jedoch auch bei Präfixverben die Vergangenheitsformen angegeben, besonders wenn das Verb untrennbar ist oder wenn das Perfekt ohne -ge- gebildet wird:

若情况例外，前缀动词也可注明过去时形式，特别是当动词不可分割或现在完成时不加-ge-的时候：

um·ge·ben; *umgibt*, *umgab*, *hat umgeben*; ...
auf·mar·schie·ren; *marschierte auf*, *ist aufmarschiert*; ...

Im Übrigen wird die Wortart „Verb" auch durch die Angaben Vt, Vt/i, Vi, Vr, Vimp gekennzeichnet. Diese Kategorien werden in 8. näher erläutert.

此外，动词要用Vt（及物），Vt/i（及物/不及物），Vi（不及物），Vr（反身），Vimp（无人称）等符号加以注明，这些类目在8.节里作进一步说明。

5. 3. Adjektive und Adverbien

5.3. 形容词和副词

5. 3. 1. Die Formen des Adjektivs

5.3.1. 形容词的形式

Adjektive werden mit der Kurzform *Adj* gekennzeichnet. Sie erscheinen in ihrer Grundform ohne Endung (so wie in einem Satz nach einer Form von *sein*):

形容词以 *Adj* 的缩略形式表示，其基本形式无词尾（正如 *sein* 构成的句型中那样）：

schlẹcht *Adj*（形）; ...（also: *Der Film war schlecht*）

Eine Reihe von Adjektiven wird nie in der unflektierten Form (also ohne Endung) verwendet. Auf solche Fälle verweist ein Strich am Ende des Wortes:

一些形容词使用时总带词形（即带词尾）变化，故词尾加添短横道：

näch·s·t- *Adj*（形）; ...

Einige andere Adjektive können überhaupt nicht flektiert werden. Diese werden mit der Angabe *indeklinabel* bezeichnet:

另一些形容词完全无词形变化，这些词用 *indeklinabel*（词形不变）表示：

ro·sa *Adj*（形）; *indeklinabel*（词形不变）; ...（also: *ein rosa Kleid*, *eine rosa Blüte*）

Wenn das Adjektiv in der flektierten Form Änderungen gegenüber der Grundform erfährt, wird darauf am Ende des Eintrags in einer Angabe nach ‖ NB: eigens hingewiesen:

倘若形容词词形变化时与其基本形式有别，则在 ‖ *NB*: 后的词条结尾处用说明专门提示：

ma·ka·ber *Adj*(形)；... ‖ NB(注意)：*makaber→ein makabrer Scherz*

Wo es sinnvoll ist, werden auch die Formen des Komparativs und des Superlativs angegeben：

比较级和最高级形式，必要时也要注明：

arm, *ärmer*, *ärmst-*；*Adj*(形)；...

Nach dem gleichen Prinzip wird – wo nötig – die Angabe *ohne Steigerung* ergänzt, wenn das jeweilige Adjektiv nicht im Komparativ oder im Superlativ verwendet wird：

按同样的原则，倘若形容词不用比较级或最高级，必要时应补充注明 *ohne Steigerung*（无变级）：

be·son·de·r- *Adj*(形)；*nur attr*, *ohne Steigerung*, *nicht adv*(只作定语，无变级，不作状语)；...

Dieser Hinweis fehlt aber, wenn die Adjektive schon von ihrer Bedeutung her nicht (oder höchstens im humorvollen oder ironischen Sprachgebrauch) gesteigert werden (z.B. *tot*, *schwarz*).

倘若形容词就其意义而言无等级概念(或最多也只是在诙谐或讥讽时用)，那么，这一说明则无须标出，(如：*tot*, *schwarz*)。

5.3.2 Die Verwendung von Adjektiven und Adverbien

5.3.2. 形容词和副词的使用

Die Abkürzung *Adj* kennzeichnet die Wortart „Adjektiv"：

缩写形式 *Adj* 表示"形容词"：

schlecht *Adj*(形)；...

Mit dieser Markierung ist zugleich schon gesagt, dass dieses Adjektiv sowohl attributiv (vor einem Substantiv, z.B. *ein schlechter Film*) als auch prädikativ (wie in *Der Film war schlecht*) verwendet werden kann. Darüber hinaus zeigt die Markierung an, dass auch eine adverbielle Verwendung möglich ist (z.B. *Er hat schlecht gearbeitet*).

这一标志同时已说明该形容词既可用作定语(位于名词前，如 *ein schlechter Film*)也可用作表语(如：*Der Film war schlecht*)，此外，这一标志表示它也可用作状语(如：*Er hat schlecht gearbeitet*)。

Allerdings lässt nicht jedes Adjektiv alle drei Verwendungsmöglichkeiten

但是，并不是每一个形容词都有三个使用功能，故必要时，形容词 *Adj* 后可

zu. Dann wird – wenn nötig – die Bezeichnung *Adj* durch eine einschränkende Markierung ergänzt. Die Bezeichnung *nur attr* bedeutet, dass das Wort nur attributiv (also nur vor einem Substantiv) verwendet werden kann, während *nur präd* angibt, dass das Adjektiv nur als Bestandteil eines Prädikats vorkommt. Die Bezeichnung *nicht adv* bedeutet, dass das Wort nicht adverbiell verwendet wird. Diese Hinweise können sich auch nur auf eine der Unterbedeutungen des Adjektivs beziehen.

以补充一个限定标志。标志符号 *nur attr* 意思是该词只能(只在名词之前)用作定语,*nur präd* 表示该形容词只能作谓语的一个组成部分(作表语),标志符号 *nicht adv* 说明该词不作状语用。这些标志也可只用来说明形容词多义项中的一个义项。

Reine Adverbien (als Wortart) werden mit der Kurzform *Adv* gekennzeichnet:

(作为词类的)纯副词用缩写形式 *Adv* 来表示:

hier *Adv*(副); . . .

5.4. Weitere Wortarten

Die anderen Wortarten sind entweder mit ihrer vollständigen Bezeichnung oder als leicht verständliche Abkürzungen markiert: *Artikel*, *Demonstrativpronomen*, *Fragewort*, *Indefinitpronomen*, *Interjektion*, *Konjunktion*, *Partikel*, *Personalpronomen*, *Possessivpronomen*, *Relativpronomen*, *Zahladj(ektiv)*.

5.4. 其他词类

其他词类或用全称,或用简易明了的缩写形式:*Artikel*(冠词),*Demonstrativpronomen*(指示代词),*Fragewort*(疑问词),*Indefinitpronomen*(不定代词),*Interjektion*(感叹词),*Konjunktion*(连词),*Partikel*(小品词),*Personalpronomen*(人称代词),*Possessivpronomen*(物主代词),*Relativpronomen*(关系代词),Zahladj(ektiv)(数字形容词)。

6. Stilistische Hinweise

6.1. Allgemeine Erläuterung

Es gibt in jeder Sprache Wörter, die nur in ganz bestimmten Sprech- oder Schreibsituationen verwendet werden. Ihr Gebrauch hängt von einer Reihe von Faktoren ab, auf die in diesem Wörterbuch durch verschiedene Markierungen verwiesen wird. Manche Wörter gelten z. B. als unhöflich oder als vulgär, andere werden nur von oder im Gespräch mit Kindern gebraucht, wiederum

6. 修辞说明

6.1. 一般解释

每种语言都有一些语词只能在特定的语境中说和写,其使用受一系列因素所制约,本词典将采用各种标志对此予以说明。譬如某些语词表示不礼貌或粗俗,另一些只能与孩子交谈时用,而又有一些是属于专业语汇或德语某一地区的变体。下面阐明修辞或使用层面上的标志符号说明。

andere gehören zu einem Fachwortschatz oder zu einer regionalen Variante des Deutschen. Im Folgenden werden die Angaben zur Stil- oder Gebrauchsebene erläutert.

6.2. Stilebene

6.2.1. Markierung der umgangssprachlichen und gehobenen Stilebenen: *gespr*, (ADM) *geschr*, *lit*

Eine Reihe von Wörtern oder Wortverbindungen wird – normalerweise – nur in der gesprochenen Sprache verwendet, z.B. *durchdrehen* (= ,sehr nervös werden, die Nerven verlieren') oder *echt* (= ,wirklich' – *Das hast du echt toll gemacht!*). Solche Wörter kann man verwenden, wenn man mit Freunden und Bekannten spricht, also in einer privaten, alltäglichen Unterhaltung. Sie werden mit *gespr* (= „gesprochen") gekennzeichnet. Natürlich kann man sie auch schreiben, etwa in privaten Briefen; man findet sie sicherlich auch in Romanen, Theaterstücken usw., wenn gesprochene Sprache wiedergegeben wird (etwa in Dialogen). Man wird sie aber nur selten im Nachrichtenteil einer Zeitung lesen oder in Aufsätzen verwenden.

Im Gegensatz zu diesem „gesprochenen" Wortschatz gibt es auch Wörter, die man normalerweise eher in der geschriebenen Sprache verwendet, z.B. *Misshelligkeiten* (= ,Streit') oder *Argwohn* (= ,Misstrauen'). Solche Wörter werden in diesem Wörterbuch mit *geschr* (= „geschrieben") gekennzeichnet. Die meisten dieser Ausdrücke könnte man auch als „förmlich" oder „gehoben" bezeichnen. Natürlich kann man sie auch in der gesprochenen Sprache (z.B. in einer Rede) benutzen, sie gehören aber nicht zur allgemein üblichen Alltagssprache.

6.2. 修辞层面

6.2.1. 口语的和文雅的修辞层面的标志 *gespr*［口］，（ADM）*geschr*【管理】［书］，*lit*［文］

一些语词或词组通常只在口头语言中运用，如 *durchdrehen*（= ,sehr nervös werden, die Nerven verlieren'神经受不了了，要发疯了，）或 *echt*（= ,wirklich'真的 – *Das hast du echt toll gemacht!* 这你干得真棒！）。这类词与朋友、熟人交谈时或在私人日常交谈中使用，用 *gespr*（= „gesprochen"口头语）来表示。无疑，它们也可以用于书面，譬如在私人信件中，当然在小说、话剧里的口语对话也常用。但在报纸新闻栏中或作文中是罕见的，不常使用。

与"口头"用词相反，有些词一般多用于书面语言中，如：*Misshelligkeiten*（= ,Streit'争吵）或 *Argwohn*（= ,Misstrauen'不信任）。这类词在本词典中用 *geschr*（= „geschrieben"书面语）来表示。大多数此类词语也可用„förmlich"（规范的）或„gehoben"（文雅的）来表示，当然在口头语言中（如在报告中）也可使用，但它们不属于惯用的日常语言。

Einige Wörter werden fast ausschließlich in Geschäftsbriefen, im administrativen Bereich, in offiziellen Anordnungen usw. gebraucht. Wörter dieser Art werden hier mit *ADM geschr* (= gehört zur Schriftsprache der Verwaltung/Administration) gekennzeichnet:

一些词只能在商务信函、机关文书、正式规章制度等方面使用，这类词用 ADM *geschr* (= gehört zur Schriftsprache der Verwaltung/Administration 属于机关/行政管理的书面语言）表示：

Fahr·zeug·hal·ter *der*; ADM *geschr*【管理】（书）; ...

Die Markierung *lit* (= literarischer Sprachgebrauch) kennzeichnet Wörter, die meist in literarischen Texten vorkommen (z.B. *der Dämmer*).

大多在文学性语篇中出现的词用标志 *lit* (= literarischer Sprachgebrauch 文学语用习惯）来表示（如：*der Dämmer*）。

6.2.2. Markierung der saloppen bzw. vulgären Umgangssprache: *gespr!*; *neg!*; *vulg*

6.2.2. 粗俗或庸俗的口语的标志：*gespr!*［粗］；*neg!*［侮］；*vulg*［俗］

Um die Sprachwirklichkeit annähernd abzudecken, wurden auch Wörter und Ausdrücke aufgenommen, die normalerweise in Sprachlehrwerken nicht behandelt werden. Es handelt sich dabei um Schimpfwörter, Kraftausdrücke und Wörter aus dem sexuellen Bereich, die als vulgär, ordinär oder verletzend gelten.

为了更好地考虑语言的现实性，本词典也收录了通常语言教材中不处理的词和词组，诸如骂人的词语，不文雅的词语以及性方面的词语，这些词语是粗俗的、下流的或伤人的。

Benutzen sollte der Lernende diese Wörter möglichst nicht. Er soll aber andererseits umfassend über die gesamte Sprachrealität informiert werden.

学习者尽量别使用这类语词，但全面了解总的语言现实是必要的。

Die Bezeichnungen *gespr!* (= untere Schicht der gesprochenen Sprache) bzw. *vulg* (= „vulgär") zeigen an, dass es sich um einen Sprachgebrauch handelt, bei dem Vorsicht geboten ist.

符号 *gespr!* (= untere Schicht der gesprochenen Sprache 下层口语）或 *vulg* (= „vulgär" 庸俗的）表示在语言使用时要小心。

Wörter, die mit *neg!* gekennzeichnet sind, sollten unbedingt vermieden werden, da sie oft als sehr verletzend empfunden werden.

标有 *neg!* 的语词一定不要使用，因为它们的语义很伤人。

6.3. Markierung der Einstellung des Sprechers: *euph*, *pej*, *hum*, *iron*

Um auf einige besondere Sprechabsichten hinzudeuten, die mit dem Gebrauch bestimmter Wörter verbunden sind, werden folgende Markierungen verwendet:

euph für den „euphemistischen" Sprachgebrauch. Mit Wörtern, die so gekennzeichnet sind, wird etwas Unangenehmes, Schockierendes oder Trauriges ausgedrückt, ohne dass das übliche „direkte" Wort dafür genannt wird (da dieses zu drastisch klingt). Mit *euph* wird z.B. das Wort *entschlafen* bezeichnet, das anstelle von *sterben* verwendet wird.

pej für den „pejorativen" oder abwertenden Sprachgebrauch. Mit so gekennzeichneten Wörtern ist eine negative Wertung durch den Sprecher verbunden (z.B. wenn man ein relativ großes Mietshaus als *Mietskaserne* bezeichnet).

hum für den humorigen oder humorvollen Sprachgebrauch (z.B. *meine bessere Hälfte* = meine Frau/mein Mann).

iron für den ironischen Sprachgebrauch (z.B. *Du hast mir gerade noch gefehlt* = dich kann ich in dieser Situation nicht gebrauchen).

Natürlich können im Deutschen – wie in anderen Sprachen auch – viele Wörter auch ironisch verwendet und damit ihr ursprünglicher Sinn genau ins Gegenteil verkehrt werden. Das hängt vom Kontext ab. So bedeutet „großartig" bei ironischem Gebrauch ‚sehr schlecht'. Auf diese weitverbreiteten sprachlichen Phänomene wird aber (besonders aus Platz-

6.3. 说话者语用态度的标志 *euph*［婉］，*pej*［贬］，*hum*［诙］，*iron*［讽］

为了强调指出与运用某些语词相关的说话意向，采用下列标志：

euph 表示婉转的语用习惯。用这一标志的词语是表达一些不愉快的、使人震惊的或悲痛的事情，而避免直接使用常用词语（因为那些词语听起来太露骨、不入耳）。譬如用 *euph* 注解 *entschlafen*（长眠）代替 *sterben*（死）的使用。

pej 表示贬低或轻蔑的语用习惯。用这一标志的词语，表达说话者的否定评价（如：将相当大的 Mietshaus（出租的公寓）说成是 *Miestkaserne*（出租的营房））。

hum 表示诙谐或幽默的语用习惯（如：*meine bessere Hälfte*（我更好的一半）= meine Frau（我的夫人）/mein Mann（我的男人））。

iron 表示讽刺的语用习惯（如 *Du hast mir gerade noch gefehlt* = dich kann ich in dieser Situation nicht gebrauchen）．早不来晚不来，你偏偏在这个时刻来了或你来得可真是时候！（言下之意：不欢迎））。

当然，德语像其他语言一样，很多词语也是用其原义的反义来表达讽刺意义，这取决于上下文，譬如“großartig”（真了不起，真棒）表示讽刺意义时等于“sehr schlecht”（太差，太糟）。但鉴于篇幅的缘故，对这种使用广泛的语言现象并未处处作详细说明，总而言之，尤其是那些“正面”形容词常常可以用来表示讽刺，以此表示某种反面的事情。

gründen) nicht immer ausdrücklich hingewiesen. Ganz allgemein gilt, dass insbesondere „positive“ Adjektive oft ironisch verwendet werden, um etwas Negatives zu bezeichnen.

6.4. Sprache und Zeitbezug: *veraltet* – *veraltend* – *hist*

Die Sprache verändert sich im Lauf der Zeit. Sie ist einem dauernden Wandel unterworfen und entwickelt sich mit den Lebensformen der Menschen und dem Fortschritt der Technik. Manche Wörter verlieren dabei an Aktualität, neue kommen hinzu. Es gibt eine Reihe von Wörtern, die nur noch relativ selten gebraucht werden. Den meisten Sprechern erscheinen sie dann als „altmodisch“, wenn sie besonders von der älteren Generation verwendet werden. Solche Wörter (wie z.B. *Mentor*, *Missetat*, *geziemend*) werden hier mit *veraltend* gekennzeichnet.

Andere Wörter und Konstruktionen, die früher üblich waren, werden heute nicht mehr oder nur mit einem besonderen Effekt gebraucht. Die (stilistische) Kennzeichnung solcher Begriffe lautet: *veraltet* (z.B. *Backfisch*, *Pestilenz*).

Oft hat die Entwicklung der Gesellschaft bestimmte Gegenstände aus dem Alltag verdrängt. Wenn man über solche Dinge spricht, die es früher gegeben hat, dann sind – genau genommen – nicht die Wörter dafür veraltet, sondern die Sachen selbst, z.B. *Postkutsche*, *Guillotine*. Solche Wörter werden mit *hist* (= „historisch“) gekennzeichnet und in der Vergangenheitsform definiert:

6.4. 语言和时间：*veraltet*［旧］– *veraltend*［渐旧］– *hist*［历］

时间在消逝，语言在变化，随着人们生活方式的改变和技术的进步，语言经历了持续的演变。其间，一些词失去了活用价值，新词不断涌现，有些词使用率很低，特别是当这些词语被年长的一代使用的时候，大多数人把它们看作是“过时”的，这类词语（譬如 *Mentor*（良师益友）*Missetat*（罪孽），*geziemend*（彬彬有礼地））本词典用 veraltend（渐旧）来表示。

从前常用的另一些词语和结构，今天已不复使用，即使使用，是带有特殊的色彩，这类概念的（修辞）标志是 *veraltet*（旧）（如：*Backfisch*（妙龄少女），*Pestilenz*（瘟疫））

社会的发展常常把某些事情挤出了日常生活，当人们谈起这些以前存在的事情（物）时，说得精确些，不是所用词汇旧了，而是事情（物）本身已旧了，如：*Postkutsche*（邮车），*Guillotine*（断头台）。这类词语用 *hist*（=„historisch“（历））来表示，并用过去时形式释义：

Rüs·tung *die*; 1. ... 2. *hist*［历］; e-e Kleidung aus Metall, die die Ritter im Kampf trugen

Die Markierung *hist* (*DDR*) be-

hist（*DDR*）是用来表示 1990 年德

zeichnet Sachverhalte, Institutionen usw. aus der ehemaligen DDR, die es seit der Wiedervereinigung Deutschlands im Jahre 1990 nicht mehr gibt.

国统一以来不再存在的过去民德的事情、机构等名称

6.5. Sprache und Region: Ⓐ, ⒸⒽ, Ⓓ, *nordd*, *südd*, *ostd*

In dieses Wörterbuch wurden in gewissem Umfang auch Wörter aufgenommen, die vorwiegend in bestimmten Regionen des deutschen Sprachgebietes gebraucht werden. Die Kennzeichnungen hierfür sind:

Ⓐ für den Sprachgebrauch in Österreich;
ⒸⒽ für den Sprachgebrauch in der deutschsprachigen Schweiz;

nordd, *südd*, *ostd für* den Sprachgebrauch im nördlichen, südlichen oder östlichen Teil Deutschlands.

Die Staaten, in denen Deutsch gesprochen wird – Deutschland, Österreich und die Schweiz – haben zum Teil unterschiedliche politische, rechtliche usw. Systeme und Institutionen. Diese Unterschiede drücken sich auch im Wortschatz aus. In den meisten Bundesländern Deutschlands wird der Regierungschef der Landesregierung als *Ministerpräsident* bezeichnet, in Österreich dagegen als *Landeshauptmann*. Der *Bundespräsident* hat in der Schweiz eine andere Funktion als der deutsche *Bundespräsident*. Auf solche landeskundlichen Besonderheiten wird mit den internationalen Autokennzeichen hingewiesen:

Ⓐ für Österreich
ⒸⒽ für die Schweiz
Ⓓ für Deutschland

6.5. 语言和地区: Ⓐ[奥], ⒸⒽ[瑞], Ⓓ[德], *nordd*[北德], *südd*[南德], *ostd*[东德]

本词典也适量收录在某些德语语言区内使用的词语,其标志是:

Ⓐ 奥地利的语用习惯
ⒸⒽ 瑞士德语区的语用习惯

nordd, *südd*, *ostd* 表示德国北部、南部或东部的语用习惯。

说德语的国家——德国、奥地利和瑞士,其政治、法律等制度和机构部分有所不同,这种差异也反映在词汇上。在德国大多联邦州州政府的政府首脑称 *Ministerpräsident*(总理),奥地利称 *Landeshauptmann*(州长)。*Bundespräsident*(总统)在瑞士的职能与德国的不同。对这些国情差异用国际车牌符号来表示:

Ⓐ 奥地利
ⒸⒽ 瑞士
Ⓓ 德国

6.6. Wort und Sachgebiet: Fachwortschatz

In dieses Wörterbuch wurden auch Bezeichnungen aus Fachsprachen aufgenommen, die in die Allgemeinsprache eingedrungen sind. Des besseren Verständnisses wegen wurden sie mit leicht verständlichen Abkürzungen gekennzeichnet, die auf das jeweilige Fachgebiet hinweisen, z. B. ARCH für „Architektur", GEOL für „Geologie", INFORM für „Informatik". Eine ausführliche Liste dieser Bezeichnungen finden Sie im Abkürzungsverzeichnis (auf der Seite 17—19.)

6.6. 词和专业领域:专业词汇

本词典也收录了专业语言中渗透入通用语言的名称,为了便于理解,本词典采用简明易懂的缩写表明有关专业领域,如:ARCH(建筑学),GEOL(地理学),INFORM(信息)这些名称的详细目录见17—19页上的缩写表。

7. Bedeutungsangaben

7. 词义说明

7.1. Allgemeine Erläuterungen

Die Bedeutungen der Stichwörter werden, so weit es geht, durch einen einfachen und verständlichen Wortschatz beschrieben.
Die Einträge beschränken sich jedoch nicht auf diese Umschreibungen allein. Vielmehr erschließt sich die tatsächliche Bedeutung der Stichwörter dem Benutzer aus den Definitionen und den ergänzenden Angaben. Dazu gehören insbesondere Synonyme (Wörter mit ähnlicher Bedeutung), Antonyme (Gegenwörter), Kollokationen (typische Verbindungen), Anwendungsbeispiele und Komposita (Zusammensetzungen). Diese Fülle an Informationen bettet das Stichwort sozusagen in sein lexikalisches Umfeld ein, zeigt es in seinem üblichen sprachlichen Kontext.

7.1. 一般解释

词目的含义尽量用简明易懂的词汇来描述。

但是这些条目并不仅仅局限于这种换词改写上。词目的真实含义对读者来说更多地是要从释义和补充说明中去演绎得出,为此配有Synonyme(同义词),Antonyme(反义词),Kollokationen(搭配),Anwendungsbeispiele(用例)和Komposita(复合词)。这些大量信息使词目融合在词汇的环境之中,并使词目在其常用的语境中表达出来。

7.2. Synonyme: ≈

Ein Synonym ist ein Wort, das eine ganz ähnliche Bedeutung wie ein

7.2. 同义词:≈

同义词是与另一个词有非常相似含义的词,本词典通常在该词目释义之后

anderes Wort hat. Synonyme werden hier gegebenenfalls nach der Definition der jeweiligen Bedeutung des Stichworts angegeben, entweder als eine Art Zusammenfassung dieser Definition oder als Ergänzung dazu. Sie stehen nach dem Zeichen ≈:

注出,或作为该释义的归纳或作为补充,位于符号≈之后:

Ma·ga·zin[2] . . . **1.** (*bes* in Geschäften, Bibliotheken u. Museen) ein großer Raum, in dem die Dinge gelagert werden, die man im Moment nicht braucht od. zeigt ≈ Lager(raum) . . .

Das Wort *Lager* bzw. *Lagerraum* hat hier in etwa die gleiche Bedeutung wie *Magazin* und kann in vielen Fällen anstelle von *Magazin* verwendet werden.

Lager 或 *Lagerraum* 在这里与 *Magazin* 含义几乎相同,在很多场合下可以作替换词。

Es darf jedoch nicht vergessen werden, dass es kaum ein Synonympaar gibt, bei dem man immer das eine Wort für das andere nehmen kann. Nicht zuletzt aus diesem Grund wird nur in Ausnahmefällen ein Synonym statt einer vollständigen Definition angegeben:

但千万别忘记,语言中几乎没有孪生同义词可供人随意互换,故只有在例外情况下才注明同义词,以替代详细释义。

fies . . . *Adj*(形); *gespr pej*[口][贬]≈gemein[1](1)

Bei Synonymangaben zu Verben wird die Strukturformel (vgl. 9.4.1.) nicht wiederholt, wenn sie für das Synonym auch unverändert gilt:

如果用同义词说明动词,动词的结构格式(见9.4.1.)无须重复,即使这种格式也适用于同义词:

kom·pil·zie·ren . . . [Vt](及物) ***etw. k.*** . . . ≈erschweren [Das „etw." als Akkusativobjekt gilt also auch für, erschweren'("etw."作四格宾语也适用于erschweren)]

Darüber hinaus finden sich Synonyme auch in der Worterklärung (Definition), wo es zweckmäßig war, diese so knapp wie möglich zu halten:

此外,同义词也出现在释义中,只要实用,尽量简练。

Eck *das*; . . . **2.** ***über E.*** *gespr*[口]≈diagonal

7.3. Antonyme: ↔

Ein Antonym ist ein Wort, das auf der gleichen Bezugsebene eine Art Gegenpol zum betreffenden Stichwort bildet. Antonyme stehen nach dem Zeichen ↔:

7.3. 反义词:↔

反义词是在同样的相关层面上构成与另一个词目相对的词,位于符号↔之后:

alt . . . **1**. . . . schon seit vielen Jahren lebend . . . ↔ jung . . . **5**. . . . lange gebraucht ↔ neu . . . **6**. schon lange vorhanden, vor langer Zeit hergestellt od. erworben ↔ frisch . . . **12**. . . . aus dem Altertum . . . ↔ modern . . .

Die Angabe des Antonyms dient also der Bedeutungsdifferenzierung und gleichzeitig auch der Wortschatzerweiterung.

反义词的说明有助于区别词义,同时也有助于扩展语汇。

In einigen Fällen stehen nach dem Zeichen ↔ Wörter, die im strengen Sinne keine Antonyme sind, sondern Angaben, die helfen, das Stichwort systematisch einzuordnen:

有时符号↔后的词,从严格意义上讲并非反义词,而是说明词,它有助于词目的系统化。

UKW . . . ↔ Kurzwelle, Mittelwelle, Langwelle
Fuß·gän·ger . . . ↔ Radfahrer, Autofahrer
Halb·schuh . . . ↔ Stiefel, Sandale

7.4. Kollokationen: 〈〉

Kollokationen sind typische Verbindungen aus mehreren Wörtern, die eine syntaktische Einheit bilden. Sie sind für den Lernenden von besonderer Bedeutung, denn sie zeigen ihm „Partner", mit denen das Stichwort häufig zu finden ist. Das ist wichtig für die Sprachproduktion, bei der es ja besonders darauf ankommt, die Wörter unterschiedlicher Wortarten (Adjektiv + Substantiv, Verb + Objekt usw.) so zu verknüpfen, dass sie zusammenpassen (kompatibel sind).

7.4. 搭配:〈〉

搭配即由若干词构成的具有句法单位的典型词组,对学习者很重要,因为它给学习者指出经常与词目结交的"伙伴",这对语言生产(语言的举一反三)很重要,尤为重要的是如何把不同词类的词(形容词 + 名词,动词 + 宾语等)连结在一起使之相互配合(相互兼容)。

Der Begriff Kollokation wird in diesem Wörterbuch relativ weit gefasst, sodass dazu auch durchaus lose Kombinationen zählen, die aufgrund ihrer semantischen Verträglichkeit eine Einheit bilden und somit für den Benutzer relevant sind. Die Kollokationen erscheinen hier in spitzen Klammern 〈〉:

搭配这一概念本词典理解得比较宽广，列入此范畴的也包括一些完全松散的组合，这些组合按其语义的相融性可构成一个整体，因此对读者很重要。

本词典中的搭配用尖括号表示〈〉：

Meer ...〈das weite, glatte, raue, offene M.; auf das M. hinausfahren; über das M. fahren; ans M. fahren, am M. sein, im M. baden〉

Weitere typische Verbindungen werden oft in den Beispielsätzen angegeben.

其他典型词组常常在例句中注出。

Wenn das Stichwort in der Regel nur mit einem bestimmten Wort oder mit nur wenigen anderen Wörtern verbunden werden kann, wird dies durch den Hinweis *mst* (= meist, meistens) innerhalb der spitzen Klammern verzeichnet:

倘若词目通常只能与某一个或某一些单词连用，那么这些词语将用 *mst*（= meist, meistens）在尖括号内标出：

auf•zie•hen[4] ... [Vi]（不及物）1. *etw. zieht auf* ...〈*mst* Nebel, ein Gewitter〉

7.5. Beispiele

7.5. 例句

Um die Kontextualisierung des Stichworts abzurunden, werden gegebenenfalls auch Beispiele für den Gebrauch angegeben. Diese Beispiele bzw. Beispielsätze stehen nach dem Zeichen: und sind in *kursiver* Schrift gedruckt. Am Ende des Beispielsatzes steht in der Regel kein Punkt:

为了让词目在上下文中体现其含义，有时也提供如何使用的例句，这些例句位于符号：之后，并用斜体表示，例句末尾一般不加句号：

kri•tisch ... 2. ...: *Er äußerte sich k. zu den neuen Beschlüssen der Regierung* 3. ...: *Der Kranke befindet sich in e-m äußerst kritischen Zustand, es ist fraglich, ob er die Nacht überlebt*

In manchen Fällen erscheinen innerhalb der Beispielsätze

有时例句中出现“dass”、“ob”或“zu”等词不用斜体，而用正白体。这类情况是因为

Wörter wie „dass“, „ob“ oder „zu“, die nicht kursiv gedruckt sind, sondern in normaler Schrift stehen. Es handelt sich hier um Fälle, in denen das „etw.“ als Akkusativobjekt aus der angegebenen Strukturformel (vgl. Abschnitt 9.) durch einen Nebensatz (als „nichtnominale Ergänzung“) ersetzt wird. Der Gebrauch der normalen Schriftart in Beispielsätzen deutet also auf Konstruktionen hin, in denen statt eines Substantivs ein Satzteil steht:

义项内结构格式所注明的四格宾语“*etw.*”(见第9节)可用从句(非名词补足语)替代,在例句中使用正白体说明这种结构不用名词,而是用句子成分:

be·haup·ten... Vt (及物) **1.** *etw. b.* ... *Er behauptet, gestern krank gewesen zu sein; Seine Frau behauptet, er sei nicht zu Hause*/dass *er nicht zu Hause sei*

glau·ben ... Vt (及物) **3.** (*j-m*) *etw. g.* ...: *Ich kann einfach nicht g.*, dass *er das machen wollte*

fest·ste·hen ... Vi (不及物) *etw. steht fest* ...: *Steht schon fest*, wann *sie heiraten?*

7.6. Sonstige Angaben

7.6. 其他说明

Zusätzlich zu den bereits erläuterten „Bausteinen“ der einzelnen Einträge erscheinen gegebenenfalls auch Komposita – typische Zusammensetzungen, in denen das Stichwort am Anfang oder am Ende steht. Diese Komposita werden nach dem Symbol ‖ -K: bzw. ‖ K-: aufgeführt (Näheres dazu unter 1.3.1.).

对各单项词目的“构件”已作说明,除此之外,一旦必要,还增添复合词,在这些典型的复合词中,词目置于首位或末位以符号‖-K:和‖K-:表示(详见1.3.1.)

Wörter, die vom Stichwort abgeleitet sind und ohne eigene Definition verstanden werden können, werden nach der Bezeichnung ‖ *hierzu* bzw. ‖ *zu* **1.**, **2.** usw. angegeben (Näheres dazu unter 1.3.2.).

由词目派生来的,无须释义即可理解的词,则用标志 ‖ *hierzu* 或 ‖ *zu* **1.**, **2.** 等表示(详见1.3.2.)

Um dem Benutzer einen Hinweis auf etymologische Zusammenhänge zu geben, die ohne historisches

为了使读者在缺乏历史基础知识的情况下也能领悟词目的词源关系,有时在词目末尾也标出亲缘概念,用符号 ‖ ▶:表示:

Vorwissen nachvollzogen werden können, sind gegebenenfalls auch verwandte Begriffe am Ende des Eintrags verzeichnet, und zwar nach dem Symbol ‖ ▶:

bre·chen ... ‖ ▶ **Bruch**
mah·len... ‖ ▶ **Mühle**

Diese „Mitglieder derselben Wortfamilie" werden an der entsprechenden alphabetischen Stelle vollständig definiert.

这种“同一词族的成员”将在相应的词目中作全面释义。

8. Die Klassifizierung der Verben

8. 动词分类

Die Verben werden je nach Gebrauch in verschiedene Kategorien eingeteilt.

动词按其不同使用情况分成不同的类别。

8.1. Vi / *Vi*

8.1. Vi / *Vi*(不及物)

„intransitives Verb". Solche Verben (wie z.B. *schlafen* oder *lachen*) werden ohne Akkusativobjekt gebraucht:

“不及物动词”。这类动词(如 *schlafen* 或 *lachen*)使用时不带四格宾语:

Er schläft; Sie lachte.

Auch Fälle wie *eine Stunde warten* oder *die Nacht durcharbeiten* werden in diesem Werk als „intransitiv" gekennzeichnet. *Eine Stunde* oder *die Nacht* werden hier als freie adverbiale Bestimmung (der Zeit) verstanden.

连 *eine Stunde warten* 或 *die Nacht durcharbeiten* 本词典也作为“不及物”看待。*Eine Stunde* 或 *die Nacht* 理解为自由(时间)状语。

8.2. Vt / *Vt*

8.2. Vt / *Vt*(及物)

„transitives Verb". Solche Verben

“及物动词”。这类动词(如 *bearbei-*

(wie z. B. *bearbeiten* oder *riskieren*) werden immer mit einem Akkusativobjekt gebraucht:

ten 或 *riskieren*）使用时总是带四格宾语：

Sie bearbeitet den Fall;
Er riskierte e-n Blick.

Die meisten der Verben, die mit *Vt* bezeichnet werden, können auch im Passiv stehen. Wenn dies nicht der Fall ist, wird das durch den Hinweis „kein Passiv!" angezeigt:

大多用 *Vt* 表示的动词可以构成被动语态，倘若不成，则用“kein Passiv!”表示：

be·kom·men ... Vt（及物）kein Passiv（不用被动语态）! ...

8.3. Vt/i / *Vt/i*

8.3. Vt/i / *Vt/i*（及物/不及物）

Einige transitive Verben können auch ohne Akkusativobjekt verwendet werden (z. B. *malen*, *lesen*):

一些及物动词使用时也可不带四格宾语（如：*malen*，*lesen*）：

Ich möchte jetzt lesen;
Ich möchte jetzt die Zeitung lesen.

Solche Verben werden mit *Vt/i* gekennzeichnet, und das „etw." in der Strukturformel (vgl. Abschnitt 9.) wird eingeklammert (weil das Akkusativobjekt weggelassen werden kann):

这类动词用 *Vt/i* 来表示，“etw.”在结构格式中（见第 9 节）用括号括起来（因为四格宾语可以省略）：

ma·len ... Vt/i（及物/不及物）1.（*etw.*）*m.* ...

8.4. Vr / *Vr*

8.4. Vr / *Vr*（反身）

„reflexives Verb". Diese Verben werden mit dem Reflexivpronomen im Akkusativ konstruiert:

“反身动词”。这类动词是与四格反身代词一起构成：

seh·nen, sich ... Vr（反身）*sich nach j-m/etw.*
s. ... *Er sehnte sich nach seiner Frau.*

Verben, die ein Reflexivpronomen im Dativ verlangen, werden im Allgemeinen mit einem Akkusativobjekt verbunden und dann mit *Vt* gekennzeichnet:

要求三格反身代词的动词一般支配一个四格宾语,并以 *Vt* 表示:

bre·chen ... [Vt](及物) ... **2.** ***sich***(*Dat*三格)***etw. b.*** ...

Er hat sich beim Skifahren das Bein gebrochen.

Wenn das „sich" ein direktes Objekt ist und durch „j-n" (vgl. 9.3.) ersetzt werden kann, wird das Verb ebenfalls mit *Vt* gekennzeichnet:

倘若"sich"是直接宾语,可用"j-n"(见 9.3.)替代,那么该动词仍然用 *Vt* 表示:

hal·ten ... [Vt](及物)... **18.** ***j-n / sich / etw. für etw. h.*** ...

j-n für mutig, sich für e-n Helden h.

8.5. [Vimp] / *Vimp*

8.5. [Vimp] / *Vimp*(无人称)

Diese Abkürzung steht für: „unpersönlich konstruiertes Verb". Beispiele hierfür:

这一缩写表示"无人称动词"。

举例如下:

Es schneit; Es regnet.

Wenn das „es" am Anfang einer Konstruktion dagegen als Pronomen fungiert, das den Inhalt eines vorangehenden/folgenden (Neben) Satzes aufnimmt, kann man nicht von einem *Vimp* sprechen:

反之,倘若句首的 *es* 是指前面/后面从句的内容,那就不能说它是 *Vimp*(无人称动词)了:

vor·kom·men ... [Vi] (不及物) ... **2.** ***etw. kommt (j-m) vor*** ...: Es *kann schon mal v.*, dass *man keine Lust zum Arbeiten hat*

Die Besonderheit der Konstruktion wird hier dadurch gekennzeichnet, dass „es" und „dass" in normaler

这种结构的特点在本词典中是将 es 和 dass 用正白体表示,而不用斜体(见 7.5.)。

statt in kursiver Schrift erscheinen (vgl. dazu auch Abschnitt 7.5.).

Noch ein Beispiel：

再举一例：

las·sen...**10.** ***es lässt sich*** + *Adv*（副）+ *Infinitiv*（不定式）...：*Es lässt sich schwer sagen, was er jetzt vorhat; Bei dir lässt sichs (gut) leben*

Das „es“ erscheint hier in kursiver Schrift, weil es auch in der Strukturformel vorkommt.

“*es*”在这里是斜体，因它出现在结构格式中。

8.6. Die Reihenfolge bei der Verbklassifizierung

8.6. 动词分类的排列顺序

Wenn ein Verb mehrere der obengenannten Verwendungen hat – also z.B. sowohl transitiv als auch intransitiv und auch reflexiv konstruiert werden kann –, erscheinen die unterschiedlichen Verwendungen in der Regel in folgender Reihenfolge：*Vt*, *Vt/i*, *Vi*, *Vr*, *Vimp*. Ein Beispiel für ein Verb mit mehreren Konstruktionen：

倘若动词有上述多种使用功能，譬如既可作及物，也可作不及物及反身，那么，各种使用功能一般按下列顺序排列：*Vt*（及物），*Vt/i*（及物/不及物），*Vi*（不及物），*Vr*（反身），*Vimp*（无人称）。以一个多结构动词为例：

füh·len... [Vt]（及物）**1.** ***etw. f.*** ...；[Vi]（不及物）**4.** ***nach etw. f.***... [Vr]（反身）**5.** ***sich irgendwie f.***...

Demnach wird *fühlen* in den ersten drei aufgeführten Verwendungen transitiv konstruiert, in der vierten intransitiv und ab der fünften reflexiv. Abweichungen von der angegebenen Reihenfolge sind auf die Gebrauchshäufigkeit einzelner Unterbedeutungen zurückzuführen.

根据上面的例子可以得知，*fühlen* 前三个义项的使用功能是及物，第四个使用功能是不及物，从第五个使用功能开始是反身。所注顺序交错，是由于个别义项的使用频率所致。

8.7. Hilfsverben: *haben* bzw. *sein*

Wenn verschiedene Unterbedeutungen mit unterschiedlichen Hilfsverben (*haben* oder *sein*) konstruiert werden, steht der Zusatzhinweis (*hat*) bzw. (*ist*). Bezieht sich dieser Hinweis auf nur eine Unterbedeutung, dann steht er nach der entsprechenden Ziffer:

8.7. 助动词:*haben* 或 *sein*

倘若各个义项(分项释义)由不同的助动词(*haben* 或 *sein*)所构成,则应补充注明(*hat*)或(*ist*)。倘若这种说明只涉及一个义项,那么它应位于相应的号码之后:

ab·lau·fen Vi (不及物)(*ist*)**1**. . . **2** . . . [Die Angabe *ist* bezieht sich auf alle intransitiven Verwendungen. (“*ist*”涉及所有不及物的使用功能)]

ab·le·gen(*hat*) Vt/i (及物/不及物)**1**. . . ; Vt (及物) **2**. . . **3**. . . **4**. . . **5**. . . **6**. . . ; Vi (不及物)**7**. . .
[Die Angabe *hat* bezieht sich auf alle Unterbedeutungen. (“*hat*” 涉及所有的分义项)]

ab·fah·ren Vi (及物) **1**. *etw. a.* (*hat*) . . . **2**. *etw. a.* (*hat/ist*) . . . **3**. *etw. a.* (*hat*) . . . **4**. *j-m etw. a.* (*hat*) . . . ; Vi (不及物) (*ist*) **5**. . . . **6**. . . . **7**. . . .
[Die Angabe *hat* bezieht sich auf die Bedeutungen **1**., **3**. und **4**., Bedeutung **2**. kann mit *hat* oder *ist* konstruiert werden, und alle intransitiven Verwendungen (**5**. —**7**.) werden mit *ist* verbunden. (“*hat*”涉及义项 *1*., *3*. 和 *4*.,义项 *2*. *hat* 或 *ist* 都可用,*5*.—*7*. 为不及物使用功能,均用 *ist*。)]

9. Der Gebrauch des Stichworts: syntaktische Angaben

9.1. Vorbemerkung

Um dem Benutzer den grammatikalisch richtigen Gebrauch des Stichworts im Satzgefüge zu erleichtern, gibt es – wo angebracht – auch entsprechende Strukturformeln. Diese Formeln zeigen sozusagen im Kleinformat – in verkürzter Form und mit Ersatzformen wie „j-d“ oder „etw.“ für Subjekt und Objekt –,

9. 词目的使用:句法说明

9.1. 引言

为使读者能正确遣词造句,一旦需要,本词典也提供相应的结构格式。这些格式简明扼要,即用缩略形式及主语和宾语的替代形式“j-d”或“etw.”来表示有关结构是如何合成的。

wie die jeweilige Konstruktion zusammengesetzt wird.

Die Strukturformeln erscheinen vor der jeweiligen Definition und stehen in kursiver, fett gedruckter Schrift. Wie bei den Beispielsätzen wird auch hier das Stichwort in abgekürzter Form wiedergegeben (vgl. 4.1.):

结构格式置于有关释义之前，用斜粗体。如同在例句中一样，词目在这里也以缩略形式再现（见 4.1.）：

er·ịn·nern ... [Vt] （及物） **1.** ***j-n an etw.*** （*Akk* 四格） ***e.***

Diese Strukturformel steht also für:

这一结构格式的完整形式为：

jemanden an etwas （*Akkusativ* 四格） ***erinnern***

Die folgende Darstellung beschreibt im Einzelnen, wie die Strukturformeln zu verstehen sind. Zunächst wird eine Einführung zum Aufbau der Formeln gegeben, dann folgen Beispiele mit Erklärungen zu den einzelnen Wortarten.

下面的说明将逐一描述如何理解结构格式，首先谈谈格式的构建，然后对各词类举例说明。

9. 2. Einführung in die Strukturformeln

9.2. 结构格式导言

Die Formeln sollen für den Benutzer eine wertvolle Hilfe bei der Textproduktion sein. Aus diesem Grund geben diese Strukturmuster – insbesondere bei Verbverbindungen – an, ob ein (direktes oder indirektes) Objekt notwendig (obligatorisch) ist, mit welchen Präpositionen das Stichwort verbunden wird, in welchem Kasus die Ergänzung steht (besonders nach der Präposition) usw.:

格式对读者生产语篇是一个极大的帮助，因此，这些结构模式——尤其是动词词组的结构模式——说明（直接或间接的）宾语是否是必要的（不可缺少的），词目与哪些介词连用，补足语是什么格（尤其是介词的支配格）等等：

emp·fịn·den ... [Vt] （及物） **1.** ***etw. e.*** ...

Die vollständige Form der Formel wäre „etwas empfinden“, und die anschließende Definition sowie die Kollokationen zeigen, was mit „etwas“ gemeint ist：

格式完整的形式理应是“etwas empfinden”，随后的释义及搭配表示“etwas”所指是什么：

... ein bestimmtes（körperliches od. seelisches）Gefühl...〈Durst，Hitze，Schmerzene.；Liebe，Angst，Trauer，Hass e.〉

Das „etwas“ drückt hier gleichzeitig aus，dass das Verb *empfinden* in diesem Sinne mit einem direkten Objekt（einem Akkusativobjekt）verbunden werden muss.

“etwas”在这里同时也表示动词empfinden在这个意义上应支配一个直接宾语(四格宾语)。

In anderen Fällen sind die Ergänzungen zum Stichwort nicht obligatorisch，sondern „fakultativ“（d.h. sie können auch weggelassen werden）. Diese Angaben stehen dann in Klammern（...）：

在另一些情况下，词目的补足语不是必需的，而是可选择的(即：它们也可以省略)，这时候，这种可省略成分置于圆括号内：

ta̩·deln... [Vt]（及物）***j-n*（*wegen etw.*）*t.***

In diesem Fall kann man sagen：*Sie hat ihn getadelt* oder aber：*Sie hat ihn wegen seiner Bemerkungen getadelt*.

这种情况下，可以说：*Sie hat ihn getadelt* 或说：*Sie hat ihn wegen seiner Bemerkungen getadelt*.

Noch ein Beispiel：

再举一例：

füh·ren... [Vt]（及物）... **17.** ***ein Gespräch*（*mit j-m*）*f*....**

Auch hier gibt es zwei Möglichkeiten：*Wir haben ein Gespräch geführt* oder aber：*Ich habe mit ihm ein Gespräch geführt*.

这里也有两种可能：*Wir haben ein Gespräch geführt* 或 *Ich habe mit ihm ein Gespräch geführt*.

Wenn in der Formel ein Schrägstrich（/）zwischen zwei Angaben erscheint，dann heißt dies，dass beide

倘若格式中有一道竖斜线(/)位于两个说明成分之间，那就是说两个成分可互换，两者必选其一：

(austauschbare) Alternativen zur Wahl stehen:

kẹn·nen... [Vt] (及物)... **3.** ***j-n/etw. k.***

Man kann also sagen: *Ich kenne ihn* oder: *Ich kenne seinen Namen*.

意思是我们可以说:*Ich kenne ihn* 或 *Ich kenne seinen Namen*.

9.3. Der Kasus in den Strukturformeln

9.3. 结构格式中的格

Für den Lernenden ist es natürlich ganz wichtig zu wissen, in welchem Kasus die Ergänzung zum Stichwort steht (besonders nach Präpositionen). In allen Zweifelsfällen wird deshalb der Kasus immer eigens angegeben:

对学习者来说,知道词目的补足语是什么格(尤其是介词支配什么格)是很重要的,因此凡遇到疑难情况,格总是要专门注出:

fei̱·len... [Vi] (不及物) **2.** ***an etw.*** (*Dat* 三格) ***f***....:
Er feilt schon seit Tagen an seiner Rede
er·i̱n·nern... [Vt] (及物) **1.** ***j-n an etw.*** (*Akk* 四格) ***e***....:
j-n an e-n Termin, *an sein Versprechen e.*
ạn·bin·den... [Vt] (及物) ***j-n/etw.*** (***anetw.*** (*Dat*, *Akk* 三,四格)) ***a***. ...: *den Hund am/an den Zaun a.*

Eine zweite Möglichkeit, den Kasus zu erkennen, ist die jeweilige (abgekürzte) Form von „jemand":

识别格的第二种可能性是"jemand"的各种(缩写)形式:

j-d = jemand (Nominativ)(一格)
j-n = jemanden (Akkusativ)(四格)
j-m = jemandem (Dativ)(三格)
j-s = jemandes (Genitiv)(二格)

Steht nach der Form von „jemand" auch „etwas", dann bezieht sich der Kasus von „jemand" analog auch auf „etwas": ***j-n/etw.*** (= Akkusativ), ***j-m/etw.*** (= Dativ) usw. Ein Beispiel dafür:

倘若在"jemand"形式之后有"etwas",那么"etwas"与"jemand"的格是相同格:

j-n/etw. (= 四格), ***j-m/etw.*** (= 三格)等等。例如:

ei·fer·süch·tig *Adj*；(形) **e**.(*auf j-n / etw*.) . . .

Entsprechend der Formel kann man also sagen：

根据这一格式，我们可以说：

Sie war eifersüchtig. Sie war eifersüchtig auf ihn. Sie war eifersüchtig auf seinen Erfolg.

Bei Präpositionen, die nur einen Kasus regieren (z.B. *bei*, das immer den Dativ hat, oder *um*, das immer mit dem Akkusativ verbunden wird), wird der Kasus nicht eigens angegeben. Selbstverständlich ist aber die Kasusangabe unter dem entsprechenden Stichwort (*bei*, *um* usw.) zu finden.

只支配一个格的介词(如 *bei* 只用三格，*um* 只支配四格)其支配格不专门注出，但在(*bei*，*um* 等)相应的词目中当然能找到格的支配说明。

Das direkte Objekt von transitiven Verben steht grundsätzlich im Akkusativ. In Formeln wie der folgenden：

及物动词的直接宾语原则上是四格，其格式如下：

be·mer·ken. . . Vt (及物). . . **2.** ***etw*. b.**

ist dieses „etw." als Akkusativ zu verstehen, obwohl dies nicht eigens angegeben ist. Nur beim indirekten Objekt (im Dativ) oder bei einem Genitivobjekt erfolgt ein Zusatzhinweis：

这里的"etw."应理解成四格，虽然它并没有专门注出。只有在间接宾语(三格)或二格宾语时才作补充说明。

nach·ge·hen. . . Vi (不及物). . . **3.** ***etw*.**(*Dat* 三格) **n.**

Hier sagt man also：

意思是，我们可以说：

seinen Geschäften nachgehen.

In der Formel

在格式中，

flie·gen. . . Vt (及物) **3.** ***j-n / etw. irgendwohin f.***

bedeutet die Angabe *irgendwohin* etwa „an einen bestimmten Ort, in eine bestimmte Richtung". Ein Beispiel für eine solche Konstruktion wäre also:

说明成分 *irgendwohin* 指"到某一地方去"、"朝某一方向走",对这类结构可举例说明如下:

Das Rote Kreuz flog Medikamente in das Katastrophengebiet.

Weitere unbestimmte Angaben dieser Art sind:

irgendwann (bezeichnet eine Zeitangabe)
irgendwie (bezeichnet eine Beschreibung einer Art und Weise oder eines Zustands)
irgendwo (bezeichnet eine Ortsangabe)
irgendwoher (bezeichnet die Richtung von einem Ort aus zu einem Ziel hin)

与此类似的其他不定说明成分还有:

irgendwann (指时间说明语)
irgendwie (指描述方式方法或状态)
irgendwo (指地点说明语)
irgendwoher (指离开某一地点朝某一目的地而去的方向)

Andere Bestandteile der Strukturformeln sind im Allgemeinen anhand der Beispielsätze relativ leicht zu verstehen. In den folgenden Abschnitten werden außerdem zahlreiche Einzelbeispiele erläutert.

其他结构格式的组成部分一般根据例句内容是容易理解的。在下面的段落中对大量例句逐一进行说明。

9. 4. Beispiele für Strukturformeln

9.4. 结构格式的用例

Die folgenden Beispiele bilden eine repräsentative Auswahl aus den Angaben, die in den Strukturformeln häufig vorkommen. Die Beispiele beziehen sich in der Regel auf nur eine von mehreren Bedeutungen des jeweiligen Stichworts. Erläuterungen zu den Strukturformeln werden in eckigen Klammern [...] angegeben.

下述用例选自结构格式中常出现的说明成分,具有典范性。用例一般只涉及相关词目的多项释义中的一项,对结构格式的解释用方括号[…]表示。

9.4.1. Strukturformeln beim Verb

9.4.1.1. Vi (不及物)

lä·cheln ... Vi [keine Strukturformel. Beispiel für den Gebrauch(无结构格式。用例):*Als sie ihn sah, lächelte sie u. gab ihm die Hand.*]

tau·en ... Vi 1. ***etw. taut*** [Strukturformel mit „etw." als Subjekt, da ein menschliches Subjekt nicht möglich ist. Beispiel für den Gebrauch(结构格式为"etw."作主语,因为人不能作主语。用例):*Das Eis taut.*]

füh·ren ... Vi ... 23. ***etw. führt zu etw.*** [Auch hier „etw." als Subjekt; Anschluss mit *zu etw.* in dieser Bedeutung obligatorisch. Beispiel für den Gebrauch(结构格式也是"etw."作主语,支配 zu etw. 在这一意义上是必不可少的。用例):*Die Politik der Regierung hat zu Protesten der Bürger geführt.*]

füh·ren ... Vi ... 22. ***etw. führt irgendwohin*** [Wieder nur „etw." als Subjekt; Anschluss mit „irgendwohin" (= zu einem bestimmten Ort, in eine bestimmte Richtung) obligatorisch. Beispiel für den Gebrauch(结构格式仍然是"etw."作主语,支配"irgendwohin"(=去某地,朝某方向去)是必不可少的。用例):*Führt dieser Weg zum Bahnhof?*]

flir·ten ... Vi (***mit j-m***) ***f.*** [Anschluss mit „mit j-m" fakultativ. Beispiel für den Gebrauch(支配"mit j-m"供选用,用例):*Sie flirtete (mit ihm).*]

bli·cken ... Vi ... 2. ***irgendwie b.*** [„Irgendwie" beschreibt einen Zustand und ist ein obligatorischer Anschluss. Beispiel für den Gebrauch 描述一状态,是必不可少的支配关系。用例):Sie blickte finster.]

bren·nen ... Vi ... 9. ***darauf b.*** (+ ***zu*** + ***Infinitiv*** 不定式)[Anschluss mit „zu + Infinitiv" ist fakultativ. Beispiel für den Gebrauch(支配"zu + 不定式",供选用。用例):*Ich brenne darauf (, das nächste Spiel zu bestreiten).*]

ver·han·deln ... Vi 1. (***mit j-m / e-r Firma o. Ä.***) (***über etw.*** (*Akk* 四格)) ***v.*** [Beide Anschlüsse fakultativ. Beispiele für den Gebrauch(两种支配关系均供选用。用例):*Wir verhandeln noch; Wir verhandeln noch mit ihnen / mit der Firma; Wir verhandeln noch über die Termine; Wir verhandeln noch mit der Firma über die Termine.*]

zäh·len ... Vi ... 6. ***j-d zählt + Altersangabe***(年龄说明语)[Diese Konstruktion wird nicht als „transitiv", sondern als „intransitiv" betrachtet. Beispiel für den Gebrauch(这种结构不看作"及物",而看作"不及物"。用例):*Er zählt 80* Jahre.]

zäh·len ... Vi ... 7. ***etw. zählt + Mengenangabe***(数量说明语)[Menschliches Subjekt in dieser Konstruktion nicht möglich. Deshalb Angabe mit „etw." als Subjekt. Beispiel für den Gebrauch(此结构不能用人作主语,故"etw."作主语。用例):*Die Schule zählt 500 Schüler.*]

zu·sam·men·kom·men ... Vi ... 3. ***etw.*** (*Kollekt od Pl* (集合或复数)) ***kommt zusammen*** [Konstruktion nur mit einem Kollektivbegriff (z.B. *Geld*) oder einem Substantiv im Plural als Subjekt möglich. Beispiele für den Gebrauch(此结构只用集合概念词(如:钱)或复数名词作主语。用例):*Bei der Sammlung ist viel Geld / sind mehrere hundert Euro zusammengekommen.*]

zu·sam·men·flie·ßen ... Vi ... 2. 〈Farben, Klänge〉 ***fließen zusammen*** [Konstruktion mit menschlichem Subjekt nicht möglich. Nur Substantiv im Plural als Subjekt möglich. Substantive, die häufig als Subjekt verwendet werden, erscheinen in spitzen Klammern (als Kollokationen) vor dem Strukturmuster. Beispiel für den Gebrauch(此结构不能用人作主语,主语只用

复数名词，常作主语的名词置于结构模式的尖括号内（作搭配）。用例）：*Auf diesem Bild fießen die roten Farbtöne auf sehr interessante Weise zusammen*.〕

9.4.1.2. Vt（及物）

dụrch·füh·ren ... Vt *etw. d.*〔Das direkte Objekt kann nicht weggelassen werden. Beispiel für den Gebrauch（直接宾语不能省略。用例）：*Sie führte ihren Plan durch*.〕

ge·ben ... Vt **1.** *j-m etw. g.*〔Die Konstruktion verlangt ein direktes und ein indirektes Objekt. Beispiel für den Gebrauch（此结构支配一个直接宾语和一个间接宾语。用例）：*Sie gab mir das Geld*.〕

er·su·chen ... Vt *j-n/e-e Behörde o. Ä. um etw. e.*〔Auch hier sind ein direktes und ein indirektes Objekt obligatorisch. Beispiel für den Gebrauch（这里也支配一个直接宾语和一个间接宾语，是必不可少的。用例）：*Er ersuchte das Ministerium um e-e Auskunft*.〕

er·hạl·ten ... Vt **1.** *etw.* (*von j-m/e-r Behörde o. Ä.*) *e.*〔Anschluss fakultativ. Beispiel für den Gebrauch（支配关系供选用。用例）：*Ich habe noch keine Antwort* (*von ihm/von der Behörde*) *erhalten*.〕

er·kẹn·nen ... Vt ... **2.** *j-n/etw.* (*an etw.* (*Dat* 三格)) *e.*〔Anschluss fakultativ. Beispiel für den Gebrauch（支配关系供选用。用例）：*Ich habe ihn* (*an seiner Stimme*) *sofort erkannt*.〕

vor·stel·len ... Vt ... **3.** *sich* (*Dat* 三格) *j-n/etw.* (*irgendwie*) *v.*〔Das „sich" im Dativ wird nicht als „reflexiv" aufgefasst. „Irgendwie" beschreibt hier eine Art und Weise. Beispiele für den Gebrauch（三格“sich”不是反身，“Irgendwie”描述方式方法。用例）：*Das kann ich mir* (*lebhaft*) *vorstellen*; *Ich habe ihn mir/mir das Hotel anders vorgestellt*.〕

vor·stel·len ... Vt ... **1.** *j-n/sich* (*j-m*) *v.*〔Die Angaben „j-n" und „sich" sind austauschbar und bezeichnen ein Akkusativobjekt, deswegen ist „sich (jemandem) vorstellen" nicht unter Vr zu finden. Beispiele für den Gebrauch（说明语“j-n”和“sich”是可互换的，表示第四格宾语，因此“sich (jemandem) vorstellen”不列入反身动词内。用例）：*Er stellte mich* (*seiner Freundin*) *vor*. *Ich stellte mich/meinen Bruder* (*ihren Eltern*) *vor*.〕

ver·nạch·läs·si·gen ... Vt ... **2.** *etw. v. können*〔Diese Konstruktion verlangt die Anwendung einer Form von *können*, Beispiel für den Gebrauch（此结构要使用 können。用例）：*Diese kleinen Abweichungen von der Regel können wir vernachlässigen*.〕

be·kom·men ... Vt ... **16.** *etw.* + *Partizip Perfekt*（过去分词）+ *b.*〔Diese Konstruktion verlangt ein Partizip Perfekt. Beispiel für den Gebrauch（此结构要与过去分词连用。用例）：*Ich bekam Blumen geschenkt*.〕

9.4.1.3. Vt/i（及物/不及物）

un·ter·rịch·ten ... Vt/i **1.** (*etw.*) (*an etw.* (*Dat* 三格)) *u.*〔Das transitive Verb kann auch ohne Objekt verwendet werden. Auch der Anschluss mit „an etw." ist fakultativ. Beispiele für den Gebrauch（及物动词也可以不带宾语，即使支配“an etw.”也是供选用的。用例）：*Er unterrichtet. Er unterrichtet Englisch. Er unterrichtet an der Volkshochschule. Er unterrichtet Englisch an der Volkshochschule*.〕

9.4.1.4. Vr（反身）

er·käl·ten, sich ... Vr **1.** *sich e.*〔Verwendung ohne jeden Anschluss möglich. Beispiel für den Gebrauch（无须任何支配关系。用例）：*Sie hat sich erkältet*.〕

be·mü·hen ... Vr **2.** *sich* (*um etw.*) *b.*; *sich b.* + *zu* + *Infinitiv*（不定式）〔Anschluss mit „um etw." fakultativ. Konstruktion mit „zu + Infinitiv" in dieser Bedeutung auch möglich. Beispiele für den Gebrauch 支配的“um etw.”是供选用的，在这一个意义上也可用“zu + 不定式”的结构。用例）：*Er hat sich sehr bemüht. Er bemüht sich um eine Stelle bei der Post*; *Er hat sich sehr bemüht, bessere Noten zu bekommen*.〕

ver·ste·hen ... [Vr] **6.** ***j-d versteht sich*** （***irgendwie***） ***mit j-m***；〈Personen 人们〉 ***verstehen sich*** （***irgendwie***） ［Konstruktion ohne „mit" nur mit einem Subjekt im Plural möglich. Konstruktion mit „mit" kann ein Subjekt im Singular oder im Plural haben. Beispiele für den Gebrauch［不带 mit 的结构，主语为复数，带 mit 的结构，主语既可为单数，也可为复数，用例］：*Ich verstehe mich gut mit meiner Kollegin/meinen Kollegen*； *Wir verstehen uns gut mit unseren Nachbarn*； *Die beiden Kinder verstehen sich gut*.（Das „sich" im letzten Satz drückt eine Gegenseitigkeit aus und könnte durch „einander" ersetzt werden. 最后一句中的 sich 表示相互关系，可以用 einander 替代。）］

zer·schla·gen ... [Vt] **4.** ***etw. zerschlägt sich*** ［Menschliches Subjekt nicht möglich, also Konstruktion mit „etw." als Subjekt. Beispiel für den Gebrauch（人不能作主语，只可能用 etw. 的结构作主语，用例）：*Ihre Pläne haben sich zerschlagen*.］

9.4.1.5. [Vimp]（无人称）

reg·nen .... [Vimp] **1.** ***es regnet*** ［Konstruktion ohne Anschluss möglich. Beispiel für den Gebrauch（不带支配的结构，用例）：*Es regnet*（*in Strömen*）.］

reg·nen ... [Vimp] **3.** ***es regnet etw.***（*Pl* 复）［Objekt nur im Plural möglich. Beispiel für den Gebrauch（宾语只能用复数，用例）：*Es regnete Anfragen*.］

9.4.2. Strukturformeln beim Substantiv

Ab·wasch *der*；*-(e)s*；*nur Sg*（只用单数）；［Substantiv nur im Singular konstruiert, keine Pluralform möglich.（只能用单数造句的名词，不可能用复数）］

Va·ter·freu·den *die*；*Pl*（复）；［Substantiv ist eine Pluralform, eine Singularform des Wortes existiert nicht.（名词是复数形式，不存在该词的单数形式）］

Macht *die*；-，*Mäch·te*；**1.** *nur Sg*（只用单数）；... **2.** *nur Sg*；... **3.** *nur Sg*（只用单数）；... **4.** ... **5.** ... **6.** *mst Pl*（多用复数）；...［Die Unterbedeutungen **1.**－**3.** werden nur im Singular konstruiert, bei den Bedeutungen **4.** und **5.** kann *Macht* im Singular oder im Plural stehen, bei **6.** ist die Pluralform am geläufigsten（分义项 1—3 只用单数，义项 4 和 5 *Macht* 单复数均可，义项 6 常用复数）.］

Ide·al ... *das*；*-s*，*-e*；... **2.** *nur Sg*（只用单数）； *mst* ***das 1.*** ＋ *Gen Sg*；［Konstruktion nur im Singular möglich, meistens mit dem bestimmten Artikel（*das Ideal*）und einem Substantiv im Genitiv Singular. Beispiel für den Gebrauch：（只能用单数的结构，大多情况下用定冠词（*das Ideal*）和与二格单数名词连用。用例）：*Er war das Ideal eines Ehemanns und Vaters*.］

9.4.2. 名词的结构格式

Al·ter *das*；*-s*；*nur Sg*（只用单数）；... **6.** *Kollekt*：［Diese Unterbedeutung ist ein Kollektivbegriff（mit der Bedeutung „alte Menschen"）. Beispiel für den Gebrauch（这一分义项是一个集合概念（意即：老人）。用例）：*das Alter achten*.］

Lie·be *die*；-，*nur Sg*（只用单数）；**1.** ***die L.*** （***zu j-m***）［Anschluss mit „zu j-m" fakultativ. Beispiel für den Gebrauch（支配"zu j-m"是供选用的。用例）：*die Liebe der Eltern zu ihren Kindern*.］

Mut *der*；*-(e)s*；*nur Sg*（只用单数）；**1.** ***der Mut*** （***für/zu etw.***）［Anschluss mit „für/zu etw." fakultativ. Das „etwas" kann auch durch einen Satzteil ersetzt werden. Beispiele für den Gebrauch（支配"für/zu etw."是供选用的，"etw."也可用一个句子成分所替代。用例）：*Sie zeigte viel Mut*；*Er hatte nicht den Mut, ihr die Wahrheit* zu *sagen*.（Das „zu" erscheint in Normalschrift, um anzuzeigen, dass ein Objektsatz anstelle eines Substantivs steht; vgl. Abschnitt 7.5. "zu"用正白体，以此表示宾语从句替代名词。见 7.5 节）］

Berg *der*；*-(e)s*，*-e*；... **3.** ***ein B.*** ＋ *Gen Pl*（二格，复）；***ein B. von*** ＋ *Pl od nicht zählbares Subst*（复或不可计数名词）［*Berg* wird hier entweder mit einem Substantiv im Plural (im Genitiv oder mit *von* + Dativ) oder mit einem nicht zählbaren Substantiv (mit *von* + Dativ) verbunden. Beispiele für den Gebrauch. (Berg 在这里既可与复数名词连用(二格或 von + 三格),也可与一个不可计数的名词连用(von + 三格)。用例): *Er saß hinter einem Berg (alter) Bücher/von Büchern; ein Berg von Müll*.]

Be·stand *der*; -(*e*)*s*, *Be·stän·de*; ... **2.** ***der B.*** (***an etw.*** (*Dat* 三格) (*Kollekt od Pl* 集合或复数)) [Anschluss mit „an etw." fakultativ. Ergänzung nur mit einem Substantiv im Plural oder mit einem Kollektivbegriff möglich. Beispiele für den Gebrauch (支配"an etw."是供选用的,补足语只能与复数名词或集合概念词连用。用例): *der Bestand an Waren/an Vieh*.]

Er·schei·nung *die*; -, -*en*; ... **3. e-e** + *Adj* (形) + ***E. sein*** [Die Konstruktion verlangt ein Adjektiv. Beispiele für den Gebrauch (此结构要与一个形容词搭配。用例): *eine stattliche, elegante, sportliche Erscheinung sein*.]

9.4.3. Strukturformeln beim Adjektiv und beim Adverb

9.4.3. 形容词和副词的结构格式

freund·lich *Adj* (形); **1.** ***f.*** (***zu j-m***) [Anschluss mit „zu j-m" fakultativ. Beispiel für den Gebrauch (支配"zu j-m"是供选用的。用例): *Sie war immer sehr freundlich (zu mir)*.]

emp·feh·lens·wert *Adj* (形); ... **2.** ***es ist e.*** + ***zu*** + *Infinitiv* (不定式) [Konstruktion verlangt eine verbale Ergänzung mit „zu + Infinitiv". Beispiel für den Gebrauch 此结构要支配一个带不定式的动词补足语。用例): *Es ist empfehlenswert, einen Tisch vorher zu reservieren*.]

ent·schie·den ... **3.** *Adj* (形); *nur adv* (只作状语); ***e.*** + ***zu*** + *Adj* (形); [In dieser Bedeutung wird das Adjektiv *entschieden* nur adverbiell verwendet und auch mit „zu + Adjektiv" verbunden. Beispiel für den Gebrauch (在这个意义上该形容词 entschieden 只作状语用,也可与"zu + 形容词"连用。用例): *Das ist mir entschieden zu teuer*.]

Bei manchen Adjektiven oder einzelnen Bedeutungen von ihnen stehen anstelle einer Strukturformel typische „Partner" für Kollokationen (in spitzen Klammern) vor der Definition:

有些形容词或其个别义项,在释义前不用结构格式而用典型的搭配"伙伴",置于尖括号内:

> **pflicht·be·wusst** *Adj* (形); ... 〈ein Mensch〉 so, dass er genau weiß, was seine Pflicht ist, u. entsprechend handelt
>
> **schüch·tern** *Adj* (形); ... **2.** 〈ein Blick, ein Annäherungsversuch〉 so, dass sie die Unsicherheit des Betreffenden zeigen

Hierdurch wird von vornherein die Bezugsperson bzw. -sache eingegrenzt, aber gleichzeitig werden Partizipialkonstruktionen mit „wissend", „handelnd", „seiend" usw. vermieden, die sehr unnatürlich klingen.

在这种格式中,相关的人或事,从一开始就限定了,同时避免了将听起来很不自然的"wissend","handelnd","seiend"等分词结构。

Langenscheidt Großwörterbuch Deutsch als Fremdsprache auf einen Blick:
《朗氏对外德语大词典》一瞥：

(e-e) *reine E.* **4. e-e E. machen** etw. Neues erfinden (1)

Er·fọlg *der*; -(e)s, -e **1.** das positive Ergebnis (od. Ziel), das man haben wollte (u. erreicht hat) ↔ Misserfolg ⟨etw. ist ein großer, guter, schöner, voller, zweifelhafter E.; mit etw. E. haben, E. (bei j-m) haben; e-n E. mit etw. erzielen, etw. mit / ohne E. tun⟩: *Seine Bewerbung hat wenig Aussicht auf E.* || K-: **Erfolgs-, -aussichten, -chancen, -meldung, -quote** || -K: **Publikums-, Wahl- 2. etw. ist von E. gekrönt** etw. hat das gewünschte Ergebnis **3. E. versprechend** ⟨e-e Idee, ein Plan *o. Ä.*⟩ so, dass sie wahrscheinlich E. (1) bringen werden || NB: *großen Erfolg versprechend*; aber: *äußerst erfolgversprechend*

er·fọl·gen; *erfolgte, ist erfolgt*; Vi **1. etw. erfolgt (auf etw.** (Akk) **/ nach etw.)** etw. geschieht als Folge, Konsequenz von etw. ≈ etw. tritt ein ↔ etw. bleibt aus: *Auf sein Klopfen erfolgte keine Antwort; Auf den Skandal (hin) erfolgte der Rücktritt des Ministers* || NB: ↑ **folgen**[1] (5) **2. etw. erfolgt (irgendwann / irgendwo)** ADM *geschr*; etw. wird (irgendwann / irgendwo) getan ≈ etw. findet statt ↔ etw. unterbleibt: *Die Unterzeichnung des Vertrags erfolgte vor dem Notar* (= der Vertrag wurde vor dem Notar unterzeichnet); *Die Auszahlung des Geldes erfolgt später*

er·fọlg·los *Adj* **1.** ohne positives Ergebnis ≈ vergeblich ↔ erfolgreich: *ein erfolgloser Versuch* **2.** ohne Erfolg ↔ erfolgreich ⟨e. sein⟩: *ein erfolgloser Unternehmer* || *hierzu* **Er·fọlg·lo·sig·keit** *die*; *nur Sg*

er·fọlg·reich *Adj* **1.** mit positivem Ergebnis ↔ erfolglos: *ein erfolgreicher Versuch* **2.** mit häufigen Erfolgen ↔ erfolglos (2) ⟨e. sein, abschneiden, bestehen⟩: *ein erfolgreicher Sänger, Unternehmer*

Er·fọlgs·aus·sicht *die*; *mst Pl*; die Wahrscheinlichkeit, dass etw. Erfolg (1) haben wird ⟨geringe, große, gute, keine, schlechte Erfolgsaussichten haben⟩

Er·fọlgs·er·leb·nis *das*; ein Gefühl der Freude (u. Selbstbestätigung), das j-d empfindet, dem etw. Schwieriges gelungen ist ⟨*mst* ein E. haben, etw. ist ein E. für j-n⟩

Er·fọlgs·zwang *der*; die Notwendigkeit, mit etw. (oft in e-r bestimmten Zeit) Erfolg (1) zu haben ⟨unter E. stehen⟩

er·fọlg·ver·spre·chend ↑ **Erfolg** (3)

er·fọr·der·lich *Adj*; *nicht adv*; **e. (für etw.)** unbedingt nötig ≈ notwendig, unerlässlich ↔ überflüssig: *Für das Studium an e-r Universität ist in Deutschland das Abitur e.; die erforderlichen Maßnahmen treffen* || *hierzu* **er·fọr·der·li·chen·falls** *Adv*

er·fọr·dern; *erforderte, hat erfordert*; Vt **etw. erfordert** ⟨Geduld, Konzentration, Mut, viel Geld, Zeit *o. Ä.*⟩ *geschr*; für etw. ist Geduld, Konzentration *usw* unbedingt nötig ≈ etw. verlangt etw.: *Diese Aufgabe erfordert viel Sachkenntnis*

Er·fọr·der·nis *das*; *-ses, -se*; *geschr*; das, was notwendig ist ≈ Notwendigkeit, Anforderung

er·fọr·schen; *erforschte, hat erforscht*; Vt **etw. e.** etw. (*mst* wissenschaftlich) so genau untersuchen, dass man etw. Neues darüber lernt: *das All, fremde Länder, Ursachen u. Zusammenhänge e.* || *hierzu* **Er·fọr·schung** *die*; *nur Sg*

er·fra̲·gen; *erfragte, hat erfragt*; Vt **etw. (von j-m) e.** etw. durch (*mst* wiederholtes) Fragen herausfinden ⟨den Weg, j-s Meinung e.⟩

er·freu̲·en; *erfreute, hat erfreut*; Vt **1. j-n mit etw./ durch etw. e.** j-m (mit etw./durch etw.) e-e Freude machen: *Ich habe meine Mutter mit e-m kleinen Geschenk erfreut*; Vr **2. sich an j-m / etw. e.** Freu-

- Kompositum mit Stichwort am Anfang（词目前置的复合词）
- Kompositum mit Stichwort am Ende（词目后置的复合词）
- Hinweise auf sprachliche Besonderheiten（对语言特殊性的提示）
- Angabe des Kasus, hier: Akkusativ（词格说明：四格）
- Sachgebietsangaben, hier: Verwaltung（专业领域说明：管理）
- Synonym（同义词）
- Antonym（反义词）
- Angabe der Wortart, hier: Adjektiv（词类说明：形容词）
- Beispiele（例子）
- Substantiv wird meist im Plural verwendet（名词：多用复数）
- typische Verbindungen (Kollokationen)（典型词组（搭配））
- Angabe der entsprechenden Bedeutung von *Erfolg*（Erfolg 相关意义的说明）
- Satzbaumuster (Pattern)（句子结构模式）
- abgeleitetes Wort（派生词）
- Stilebenenangaben, hier: geschriebene Sprache（修辞层面说明：书面语）
- Genitiv Singular（二格，单数）
- Nominativ Plural（一格，复数）
- Substantiv wird nur im Singular verwendet（名词：只用单数）
- Angabe der Wortart, hier: transitives Verb（词类说明：及物动词）
- 3. Person Singular Imperfekt und Perfekt（过去时和现在完成时第三人称单数）
- Angabe der Wortart, hier: reflexives Verb（词类说明：反身动词）

Langenscheidt

Großwörterbuch Deutsch als Fremdsprache

Das einsprachige Wörterbuch für alle, die Deutsch lernen

A, a

A, a [aː] *das*; -, -/*gespr auch*[口]也用 *-s* **1.** der erste Buchstabe des Alphabets 字母表第一个字母 ‹ein großes A 大写 A; ein kleines a 小写 a› **2.** MUS【音】; der sechste Ton der C-Dur-Tonleiter C 大调音阶的第六个音 ‖ K-(复合): ***A-Dur, a-Moll*** ‖ ID[谚] ***das A und O*** + *Gen*(二格)/***von etw.*** das Wichtigste 核心,关键,根本,最重要的事; ***von A bis Z*** von Anfang bis Ende 始末,从头到尾,完完全全 ≈ gänzlich; ***Wer A sagt, muss auch B sagen*** wer e-e Sache beginnt, muss sie auch zu Ende bringen 凡事开了头,就得干到底,(做事要)有始有终

Ä, ä [ɛː] *das*; -, -/*gespr auch* [口]也用*-s*; der Umlaut des a 字母 a 的变音 ‹ein großes Ä 大写 Ä; ein kleines ä 小写 ä›

à [a] *Präp*(介); *mit Akk* (支配四格); verwendet (mit e-r Zahl), um den Preis, das Gewicht *o.Ä.* von etw. anzugeben(与数词连用,表示价格、重量等)每件: *Zwei Briefmarken à* 56 Cent 两张 56 分的邮票

a- *im Adj, wenig produktiv* (构成形容词,构词弱); drückt das Gegenteil des Adjektivs aus, dem es vorangestellt ist 不,非,反,异 ≈ un-; ***ahistorisch*** ‹e-e Betrachtungsweise 思考方法›, ***alogisch*** ‹das Denken 思维›, ***amusisch*** ‹ein Mensch 人›, ***anormal*** ‹Zustände 状况›, ***asymmetrisch*** ‹e-e Figur 身材› ‖ NB(注意): das Präfix lautet *ab-* in *abnorm* und *an-* in *anorganisch*(在 abnorm 和 anorganisch 中前缀用 ab 和 an)

Aa [aˈ|a] (*das*); -; *nur Sg, gespr* (只用单数) [口]; (verwendet von u. gegenüber Kindern)(小孩用语) ≈ Kot ‹Aa machen 拉屁屁,屙屎,拉屎›

Aal *der*; -(*e*)*s*, *-e*; ein (Speise)Fisch, der wie e-e Schlange aussieht 鳗鱼,鳗鲡 ‖ K-(复合): ***Aal-, -fang, -suppe*** ‖ -K (复合): ***Fluss-, Räucher-*** ‖ ID[谚] ***sich winden wie ein Aal*** versuchen, sich aus e-r unangenehmen Situation (*mst* mit Ausreden) zu befreien 想方设法摆脱困境

aa·len, sich; *aalte sich, hat sich geaalt*; **Vr** (反身) ***sich a.*** sich bequem ausstrecken u. ruhen 舒舒服服伸展四肢,懒散地躺着休息 ‹sich in der Sonne a. 在阳光下惬意地休憩›

aal·glatt *Adj* (形); *ohne Steigerung*, *pej* (无变级)[贬]; fähig, sich geschickt durch alle (unangenehmen) Situationen (hindurch) zu bewegen 油滑的,圆滑的,八面光的,八面玲珑的,见风使舵的: *ein aalglatter Politiker* 一位圆滑的政治家

Aas *das*; *-es*; *nur Sg* (只用单数) **1.** das Fleisch von e-m toten Tier 尸体,腐尸,死尸: *Geier u. Hyänen fressen Aas* 秃鹫和鬣狗吃死尸 ‖ K-(复合): ***Aas-, -fresser*** **2.** *gespr pej* [口][贬]; als Schimpfwort verwendet für e-n bösen, gemeinen Menschen(骂人用语)坏蛋,滑头,懒汉,卑鄙的人 **3.** ***kein Aas*** *gespr pej* [口][贬] ≈ niemand: *Das interessiert doch kein Aas!* 这事确实没人感兴趣!

aa·sen; *aaste, hat geaast*; **Vi** (不及物) (***mit etw.***) ***a.*** *gespr* [口]; etw. verschwenden 浪费,挥霍‹mit seinem Geld, seinen Kräften a. 挥霍钱财,浪费精力›

Aas·gei·er *der* **1.** ein Geier, der sich von Aas ernährt 鹰,鹫 **2.** *gespr pej* [口][贬]; j-d, der andere Menschen ausnutzt u. ausbeutet 诈骗者,江湖骗子

ab[1] *Präp*(介); *mit Dat* (支配三格) **1.** verwendet, um den Zeitpunkt zu bezeichnen, von dem an etw. zutrifft (表示时间)从…起,从…开始 ≈ von (5) ... an ↔ bis: *Ab dem 18. Lebensjahr ist man volljährig* 人从 18 岁开始就是成人; *Ab nächster Woche habe ich wieder mehr Zeit* 从下周起我又有空了; *ab nächstem/ nächsten Sonntag* 从下星期六开始 **2.** verwendet, um e-n örtlichen Ausgangspunkt zu bezeichnen(表示地点)从…起,从…出发 ≈ von (4) ... an ↔ bis ‹etw. ab Werk liefern 工厂交货›: *Ab dieser Stelle kannst du allein weitergehen* 从这里开始你可以独自往前走了 **3.** verwendet, um den Punkt zu bezeichnen, von dem aus etw. gerechnet wird 从…算起 ≈ von (3) ... an: *ein Stammbaum ab der zweiten Generation* 家谱从第二代算起 ‖ NB(注意): **a)** Gebrauch ↑ *Tabelle unter* 用法图表见 ***Präpositionen***; **b)** *ab* kann auch mit adverbiellen Ausdrücken verbunden werden(也可与副词连用): *ab hier* 从这里出发, *ab morgen* 从明天开始, *ab nächster Woche* 从下周开始

ab[2] *Adv* (副) **1.** ***von irgendwann/irgendwo ab*** verwendet, um e-n Punkt zu bezeichnen, an dem etw. beginnt 从(某时/某地)起、开始 ‹von heute, jetzt, hier, Mittwoch *usw* ab 从今天、现在、这里、星期三等起› **2.** verwendet in Fahrplänen, um e-n Ort od. Zeitpunkt zu nennen, von/an dem ein Zug *o.Ä.* abfährt (在运行时刻表中表示列车等)离站,驶出 ↔ an: *München ab 8.32 Uhr, Augsburg an 9.05 Uhr* 8:32 从慕尼黑发车,9:05 到奥格斯堡站 **3.** *gespr*[口]; verwendet, um j-m zu befehlen wegzugehen(命令)走开 ≈ fort: *Ab (ins Bett mit dir)!* 快走(上床去睡觉)! **4.** ***ab und zu***/ *nordd*[北德] ***ab und an*** ≈ manchmal **5.** verwendet in Bühnenanweisungen, um auszudrücken, dass j-d die Bühne verlässt（用于舞台说明）下场，离开舞台：*wütend ab* 气冲冲地走下台来 **6.** *mst* MIL 多用【军】；verwendet, um j-m zu befehlen, etw. zu senken od. abzusetzen（命令）摘下，放下：*Helm ab!* 把头盔（或安全帽）摘下！；*Gewehr ab!*（把）枪放下！ **7. etw. ist (von etw.) ab** etw. ist von der Stelle getrennt, wo es ursprünglich war（物作主语）（从…上）离开，脱落，掉了：*An meinem Mantel sind zwei Knöpfe ab* 我大衣上两个扣子掉了；*Der Ast ist ab* 树枝断了

ab- *im Verb, betont u. trennbar, sehr produktiv*（构成动词，重读，可分，构词强）；Die Verben mit *ab-* werden nach folgendem Muster gebildet（ab-动词的模式如下）：*abschreiben – schrieb ab – abgeschrieben*

1. *ab-* drückt aus, dass sich j-d/etw. von e-m Ort entfernt od. dass j-d/etw. von e-m Ort entfernt wird 从…离开或让…离去 ≈ weg-, fort- ↔ hin-；

abfahren：*Wir fuhren in Köln morgens um sieben ab* 早晨七点我们从科隆启程 ≈ Wir verließen Köln um sieben Uhr

ebenso（同类词有）：**abfliegen, etw. fließt ab, abmarschieren, abreisen, etw. abschicken, sich (von etw.) abschnellen, etw. absenden, sich (von etw.) abstoßen, j-n / ein Tier / etw. abtransportieren, (von etw.) abtreiben, (von / aus etw.) abziehen**

2. *ab-* drückt aus, dass etw. (*mst* mit e-m Werkzeug) von etw. getrennt wird（常用工具）将…分开，分离 ≈ los-, weg- ↔ an-¹(1)；

etw. (von etw.) absägen：*Er sägte den Ast ab* 他把树枝锯掉 ≈ Er trennte den Ast mit e-r Säge vom Baum

ebenso（同类词有）：**(etw.) (von etw.) abbeißen, etw. abbinden, etw. (von etw.) abbrechen, (j-m / sich) etw. abhacken, etw. abkappen, etw. abknipsen, etw. (von etw.) abknöpfen, etw. (von etw.) abkoppeln, etw. (von etw.) abschlagen, etw. (von etw.) abschneiden, etw. (von etw.) abschnippeln, etw. (von etw.) abtrennen, etw. (von etw.) abzupfen**

3. *ab-* drückt aus, dass etw. (*z.B.* Staub) von e-m Gegenstand entfernt wird (*mst* weil man es dort nicht haben will)（从一个物体上）除去，去掉（如：灰尘）≈ weg-；

etw. (von etw.) abwischen：*Sie wischte den Staub von den Regalen ab* 她擦掉书架上的灰尘 ≈ Sie entfernte den Staub mit dem Lappen von den Regalen

ebenso（同类词有）：**etw. (von etw.) abbeizen, etw. (von etw.) abblasen, etw. (von etw.) abbürsten, etw. (von etw.) abfegen, etw. (von etw.) abfeilen, etw. (von etw.) abhobeln, etw. (von etw.) abkehren, etw. (von etw.) abkratzen, etw. abmähen, etw. (von etw.) abpflücken, (j-m / sich) etw. abrasieren, etw. (von etw.) absaugen, etw. (von etw.) abschleifen**

4. *ab-* drückt aus, dass mit e-m Gegenstand (*z.B.* e-m Regal) etw. gemacht wird, um etw. davon zu entfernen 把…清除干净；

etw. abwischen：*die Regale abwischen* 把书架擦净 ≈ Staub *usw* von den Regalen mit e-m Lappen entfernen；

ebenso（同类词有）：**etw. abbeizen, etw. abbürsten, etw. abfegen, etw. abfeilen, etw. abhobeln, etw. abkehren, etw. abkratzen, etw. abmähen, etw. abpflücken, etw. absaugen, etw. abschleifen**

5. *ab-* drückt aus, dass die Funktion von etw. vorübergehend beendet wird 关，停，断，结束 ≈ aus-(3) ↔ ein-, an-；

etw. abdrehen：*Er drehte die Heizung ab* 他把暖气关了 ≈ Er drehte an der Heizung, sodass sie nicht mehr heizte；

ebenso（同类词有）：**etw. abdrosseln, etw. abschalten, etw. absperren, etw. abstellen**

6. *ab-* drückt aus, dass ein Vorbild od. ein Original imitiert wird 模仿，仿制，抄袭；

j-n / etw. abzeichnen：*Die Schüler zeichnen e-e Statue ab* 学生临摹塑像 ≈ Die Schüler zeichnen e-e Statue, die so aussieht wie die Statue, die vor ihnen steht

ebenso（同类词有）：**etw. abformen, j-n / etw. abfotografieren, (etw.) (von etw.) ablesen, etw. abmalen, etw. (von / aus etw.) abschreiben, etw. abtippen**

7. *ab-* drückt aus, dass das Gegenteil von dem geschieht, was das Verb ohne *ab-* bezeichnet（表示基本动词的反义）取消，注销，退掉，戒除；

j-n / etw. abbestellen：*Er bestellte die Zeitung ab* 他把订的报纸退了 ≈ Er teilte mit, dass er die Zeitung nicht mehr bekommen will

ebenso（同类词有）：**j-n (von etw.) abberufen, j-m / sich etw. abgewöhnen, j-n / sich (bei etw. / von etw.) abmelden, (j-m) (von etw.) abraten, j-n / sich / etw. abschminken**

ab·än·dern (*hat*) Vt（及物）**etw. a.** etw. ein wenig ändern 略作修改，稍微改动〈den Antrag a. 修改一下申请；den Rock, die Hose *o. Ä.* a. 稍微改一下裙子、裤子或类似的衣物〉‖ *hierzu*（派生）**Ab·än·de·rung** *die*

ab·ar·bei·ten (*hat*) Vt（及物）**1. etw. a.** etw. durch Arbeiten reduzieren u. schließlich beseitigen 打工偿还，用劳动补偿，清偿〈e-e Schuld, e-e Strafe a. 用劳动偿还债务、罚款〉；Vr（反身）**2. sich a.** sehr lange u. sehr schwer arbeiten, bis man völlig erschöpft ist 长时间地、劳累不堪地工作（干活）≈ sich abmühen：*Da arbeitet man sich tagelang ab, u. das ist nun der Dank* 你成天累死累活地干活，却没人感激 ‖ *zu*（义项）**1. Ab·ar·bei·tung** *die*；*nur Sg*（只用单数）

Ab·art *die*；**e-e A.** + *Artikel*（冠词）+ *Subst* (*im Gen*) 名词（二格）e-e Art², die sich nur wenig von e-r anderen Art unterscheidet 变种，亚种：*Der schwarze Panther ist e-e A. des Leoparden* 黑豹是豹的变种

ab·ar·tig *Adj*（形）；（*bes* im sexuellen Verhalten）vom Normalen krankhaft abweichend（尤指性行为）变态的，病态的 ≈ pervers〈a. veranlagt sein 天生病态(心理)的〉‖ ▶ ***Art²***

ab·bau·bar *Adj*（形）；*nicht adv*（不作状语）；so, dass es abgebaut (4) werden kann 可分解的〈ein Gift, Abfall 毒药，残渣；biologisch a. 按生物学是可分解的〉

ab·bau·en（*hat*）**Vt**（及物）**1.** ***etw. a.*** Bodenschätze aus der Erde holen 开采，回采 ≈ fördern〈Erz, Eisen, Kohle (im Tagebau, unter Tage) a.（露天、井下)开采矿石、铁、煤〉**2.** ***etw. a.*** etw. für den Transport in seine Teile zerlegen 拆除，拆卸 ≈ abbrechen (4) ↔ aufbauen〈e-e Baracke, ein Gerüst, e-n Stand, ein Zelt a. 拆除工棚、脚手架、展台、帐篷〉**3.** ***etw. a.*** etw. in der Zahl od. im Ausmaß verringern, reduzieren 裁减，减少，缩小，消除〈ein Defizit, Misstrauen, Personal, Privilegien, Vorurteile a. 减少赤字，消除怀疑，裁减人员，缩小特权，消除偏见〉**4.** ***etw. baut etw. ab*** CHEM【化】；etw. zerlegt etw. in einfachere Moleküle（物作主语）分解〈etw. baut Fett, Stärke, Schadstoffe ab 某物分解脂肪、淀粉、有害物质〉；**Vi**（不及物）**5.** ***j-d baut ab*** j-d wird schwächer u. kann nicht mehr so viel leisten（人作主语）体力衰退，衰老 ‖ *zu*（义项）**1.-4.** **Ab·bau** *der*；*nur Sg*（只用单数）

ab·bei·ßen（*hat*）**Vt/i**（及物/不及物）（***etw.***）（***von etw.***）***a.*** ein Stück von etw. beißen, mit den Zähnen von etw. trennen（从…上）咬掉，咬断，咬下：*ein Stück Brot a.* 咬下一块面包；*Willst du mal a.?* 想咬一口吗？

ab·bei·zen（*hat*）**Vt**（及物）**1.** ***etw.***（***von etw.***）***a.*** etw. mit Beize von etw. entfernen 用腐蚀剂（从…上）除掉〈Farbe, Rost a. 除去油漆、铁锈〉**2.** ***etw. a.*** Farbe *o.Ä.* von etw. mit Beize entfernen 用酸洗液洗掉…的颜色或类似物，洗净：*den alten Schrank a.* 洗干净旧柜子上的油漆

ab·be·kom·men；*bekam ab, hat abbekommen*；**Vt**（及物）**1.** ***etw.***（***von j-m/etw.***）***a.*** e-n Teil von etw. bekommen（从…处）分得，得到：*ein Stück Kuchen a.* 分得一块点心 **2.** ***etw. a.*** e-n Schaden erleiden 受到，遭受，挨：*Er hat bei dem Unfall ein paar Kratzer/nichts abbekommen* 在事故中他刮了几道伤痕/安然无恙(没有受损伤) **3.** ***etw. a.*** es schaffen, etw. von etw. zu entfernen od. abzumachen 弄掉，弄下来：*Wie bekomme ich nun diese Fettflecken von der Hose ab?* 现在我怎样才能把油渍从裤子上弄掉呢？

ab·be·ru·fen；*berief ab, hat abberufen*；**Vt**（及物）***j-n***（***von etw.***）***a.*** j-n aus seinem Amt entlassen od. ihm ein neues Amt geben 把…解除职务，调离，召回：*e-n Botschafter von seinem Posten a.* 召回大使 ‖ *hierzu*（派生）**Ab·be·ru·fung** *die*；*mst Sg*（多用单数）

ab·be·stel·len；*bestellte ab, hat abbestellt*；**Vt**（及物）**1.** ***etw. a.*** mitteilen, dass man etw., das man bestellt hat, nicht mehr haben will 退掉，取消(预订的东西)：*ein gebuchtes Hotelzimmer a.* 退掉预订的旅馆房间 ↔ bestellen (2) **2.** ***j-n a.*** j-n, den man zu sich bestellt hat, nicht kommen lassen 回掉(预约的人) ↔ bestellen (4)：*die Handwerker wieder a.* 回掉预约的工匠 ‖ *hierzu*（派生）**Ab·be·stel·lung** *die*

ab·bet·teln（*hat*）**Vt**（及物）***j-m etw. a.*** *gespr*［口］；so lange bitten, bis man von j-m das Gewünschte bekommt 向…苦苦央求得到：*Er bettelte seinem Vater ein Eis ab* 他央求爸爸买了支冰淇淋

ab·be·zah·len；*bezahlte ab, hat abbezahlt*；**Vt**（及物）**1.** ***etw. a.*** e-e Summe Geld so zurückzahlen, dass man in regelmäßigen Abständen (*z.B.* jeden Monat) e-n Teil davon bezahlt 分期偿还、清偿：*seine Schulden a.* 分期偿还债务 **2.** ***etw. a.*** für etw., das man gekauft hat, so zahlen, dass man in regelmäßigen Abständen (*z.B.* jeden Monat) e-n Teil des Preises bezahlt 分期支付货款：*das Auto, die Waschmaschine a.* 分期支付所购汽车、洗衣机的货款 ‖ *hierzu*（派生）**Ab·be·zah·lung** *die*

ab·bie·gen **Vt**（及物）（*hat*）**1.** ***etw. a.*** etw. in e-e andere Richtung biegen 使…变曲，弄弯 ≈ krümmen：*e-n Finger nach hinten a.* 把一只手指向后弯 **2.** ***etw. a.*** *gespr*［口］；etw. durch geschicktes Verhalten verhindern 巧妙地阻止：*Wir konnten die Durchführung des Plans nicht mehr a.* 我们已无法阻止计划的实行；**Vi**（不及物）（*ist*）**3.** ***j-d/etw. biegt ab*** j-d ändert (im Straßenverkehr) die Richtung, e-e Straße ändert die Richtung（人/物作主语）拐弯，拐道〈nach links/rechts a. 向左/右拐；vom Weg a. 拐道〉：*Die Straße biegt nach 50 Metern (nach) links ab* 过50米街道向左拐；*An der nächsten Kreuzung musst du (nach) rechts a.* 到下一个交叉口你得向右拐

Ab·bie·gung *die* ≈ Abzweigung

Ab·bild *das*；e-e genaue Wiedergabe, Reproduktion von j-m/etw. 真实写照，写真，映象 ≈ Ebenbild：*ein A. der Natur* 大自然的写照

ab·bil·den（*hat*）**Vt**（及物）***j-n/etw. a.*** j-n/etw. auf e-m Foto od. Bild zeigen, darstellen 将…画、拍、描摹、印制下来：*Auf der Titelseite der Zeitung war der neue Minister abgebildet* 报纸头版登的是新部长的照片

Ab·bil·dung *die*；-, -*en* **1.** *nur Sg*（只用单数）；das Abbilden **2.** ein Bild (*mst* e-e Zeichnung) *bes* in e-m Buch, das e-n Text ergänzt 书中的照片，插图，图片；*Abk* 缩写 Abb.：*ein Schulbuch mit vielen farbigen Abbildungen* 一本带许多彩色插图的教科书

ab·bin·den（*hat*）**Vt**（及物）**1.** ***etw. a.*** etw., das mit e-m Knoten irgendwo befestigt ist, lösen 解开，解下 ≈ losbinden〈ein Kopftuch, e-e Krawatte, e-e Schürze a. 解下头巾、领带、围裙〉**2.** ***etw. a.*** etw. so fest zusammenpressen, dass kein Blut mehr fließt 绑紧，扎住(防止流血) ≈ abschnüren〈die Adern, die Nabelschnur, e-e Wunde a. 结扎血管、脐带、伤口〉：*Die Schlagader ist verletzt, der Arm muss abgebunden werden* 动脉受伤，胳膊必须绑住 **3.**

etw*. *a*.** e-e Flüssigkeit mit Mehl *o.Ä.* vermischen 勾芡〈*mst* e-e Soße, e-e Suppe a. 多指给汁、汤勾芡〉; [Vi](不及物) **4. *etw. bindet ab etw. wird hart(物作主语)变硬,凝固〈ein Kleber, der Mörtel, der Zement 胶水,灰浆,水泥〉‖ *zu* (义项) **2.** u. **4. Ab·bin·dung** *die*

Ab·bit·te *die*; *mst Sg*, *veraltend*(多用单数)[渐旧]; e-e Bitte darum, dass j-d einem verzeiht 赔罪,赔礼道歉〈(j-m) A. leisten, schulden, tun(向某人)赔礼道歉,致歉〉

ab·bla·sen (*hat*) [Vt](及物) **1. *etw*. *a*.** *gespr* [口]; etw. nicht stattfinden lassen, obwohl es angekündigt war 取消,吹了 ≈ absagen〈ein Fest, e-n Streik, e-e Veranstaltung a. 取消节日、罢工、集会〉**2.** ↑ ***ab-*** (3)

ab·blät·tern (*ist*) [Vi](不及物) ***etw. blättert ab*** etw. löst sich in kleinen flachen Stücken u. fällt herunter(物作主语)剥落,脱落 ≈ etw. löst sich ab〈die Farbe 颜色; etw. blättert von der Wand ab 某物从墙上剥落〉

ab·blen·den (*hat*) [Vt](及物) **1. *etw*. *a*.** ein Licht (*z.B.* mit e-m Tuch) teilweise od. ganz verdecken (damit es nicht direkt in die Augen scheint)(用布)给…遮光,挡光; [Vi](不及物) **2.** bei e-m Auto *o.Ä.* das Fernlicht abschalten u. das Abblendlicht einschalten (weil Gegenverkehr kommt)(因对面来车)关远光,用近光 ↔ aufblenden

Ab·blend|licht *das*; *nur Sg*(只用单数); die Beleuchtung des Autos, die man benutzt, wenn nachts ein Auto entgegenkommt (weil so die anderen Fahrer nicht geblendet werden)(汽车夜间行驶时)近光灯 ↔ Standlicht, Fernlicht〈das A. einschalten 开近光灯〉

ab·blit·zen (*ist*) [Vi](不及物) *gespr*[口]; **1. *bei j-m* (*mit etw.*) *a*.** bei j-m (mit etw.) keinen Erfolg haben 遭拒绝,碰壁,碰钉子 ≈ von j-m abgewiesen werden〈bei j-m mit e-m Vorschlag, e-r Bitte a. 建议,请求在某人处碰了钉子〉**2. *j-n a. lassen*** nicht auf e-n Flirt eingehen 回绝,让…碰了一鼻子灰(指求情) **3. *j-n a. lassen*** j-s Forderung, Wunsch ablehnen 拒绝(某人的要求、请求),让…吃闭门羹

ab·blo·cken *blockte ab*, *hat abgeblockt*; [Vt](及物) ***j-n/etw*. *a*.** etw. tun, damit etw. nicht die gewünschte Wirkung hat 抵挡,制止,挡住〈e-n Angriff, j-s Kritik a. 抵挡进攻,制止某人批评〉

ab·bra·ten (*hat*) [Vt](及物) ***etw*. *a*.** Fleisch in der Pfanne braten 烤肉,煎肉: *ein Schnitzel a.* 煎肉排

ab·brau·sen[1] (*hat*) [Vt](及物) ***j-n/sich/etw*. *a*.** aus der Dusche Wasser über j-n/sich/etw. laufen lassen 淋洗/淋浴/喷水浇

ab·brau·sen[2] (*ist*) [Vi](不及物) *gespr* [口]; schnell u. mit lautem Geräusch von irgendwo wegfahren 呼啸着疾驶而去

ab·bre·chen [Vt](及物) (*hat*) **1. *etw*. (*von etw*.) *a*.** etw. von etw. durch Brechen entfernen 折断: *e-n dürren Ast a.* 折断一根干树枝 **2. *etw*. *a*.** etw. (plötzlich) beenden, bevor das gewünschte Ziel erreicht ist(突然)中断,断绝〈e-e Beziehung, ein Studium, e-e Verhandlung, e-e Veranstaltung a. 中断关系、学习、谈判、活动〉**3. *etw*. *a*.** ein Gebäude zerstören, weil es nicht mehr benutzt werden kann od. um Platz für etw. anderes zu schaffen 拆除 ≈ abreißen **4. *etw*. *a*.** ≈ abbauen (2); [Vi](不及物) **5. *etw. bricht ab*** (*ist*) etw. bricht u. löst sich dadurch von irgendwo(物作主语)断,折断: *Der Ast ist bei starkem Wind abgebrochen* 树枝刮大风吹断了 **6. *etw. bricht ab*** (*ist*) etw. bricht in zwei (od. mehr) Teile (u. wird so unbrauchbar) (物作主语)断,折断〈ein Bleistift, ein Messer 铅笔、刀子〉**7. *etw. bricht ab*** (*ist*) etw. hört plötzlich auf(物作主语)突然中断,中止: *Die Musik brach plötzlich ab* 音乐突然中断了 **8. *j-d bricht* (*mitten in* ...) *ab*** (*hat*) j-d hört plötzlich mit etw. auf(人作主语)突然停住: *Er brach mitten im Satz ab* 他话说了一半突然停住了 ‖ ID[谚] ***sich*** (*Dat* 三格) ***einen a*.** *gespr* [口]; sich sehr, übermäßig anstrengen (oft weil man etw. nicht geschickt genug macht)很费力,费劲

ab·brem·sen (*hat*) [Vt/i](及物/不及物) **(*etw*.) *a*.** die Geschwindigkeit reduzieren (bis man zum Stehen kommt) 刹住,制动 ↔ beschleunigen: *Er musste (das Auto) stark a.* 他不得不急刹车

ab·bren·nen [Vt](及物) (*hat*) **1. *etw*. *a*.** etw. durch Feuer zerstören 烧掉,烧毁 ≈ verbrennen (4): *e-e alte Hütte a.* 烧掉一间旧茅屋 **2. *ein Feuerwerk a*.** verschiedene Feuerwerkskörper anzünden u. explodieren od. in die Luft fliegen lassen 燃放焰火; [Vi](不及物) (*ist*) **3. *etw. brennt ab*** etw. wird durch Feuer völlig zerstört(物作主语)烧毁,烧光 ≈ etw. brennt nieder

ab·brin·gen (*hat*) [Vt](及物) ***j-n von etw*. *a*.** j-n dazu bringen od. überreden, etw. nicht zu tun 劝阻,使改变,使放弃〈j-n von e-m Gedanken, e-m Vorhaben a. 使某人改变想法、打算〉: *Der Polizist konnte den Mann im letzten Moment* davon *a.* zu *springen* 警察在最后一瞬间使那位男子放弃了跳下去的念头

ab·brö·ckeln (*ist*) [Vi](不及物) **1. *etw. bröckelt ab*** etw. löst sich in kleinen Teilen von irgendwo u. fällt herab(物作主语)剥落,脱落 ≈ etw. löst sich ab: *Der Putz bröckelt von der Mauer ab* 灰泥从墙上剥落 **2. *etw. bröckelt ab*** WIRTSCH【经】; etw. verliert allmählich an Wert(物作主语)(行情,价格)逐渐下跌,回落〈die Aktienkurse 股票〉

Ab·bruch *der*; -(*e*)*s*, *Ab·brü·che* **1.** das Abbrechen (3) (e-s Gebäudes)拆卸,拆除(一幢楼) ≈ Abriss ↔ Aufbau〈reif zum/für den A. sein 已具备拆除的条件〉‖ K-(复合): ***Abbruch-*, *-erlaubnis*, *-firma*, *-genehmigung*, *-unternehmen*** **2.** das Abbauen (2): *der A. des Zeltlagers* 拆除营地 **3.** das Abbrechen (2): *Nach dem A. der Friedensverhandlungen kam es zu neuen Kämpfen* 和平谈判中断后发生了新的战斗 **4. *etw. tut etw*.** (*Dat* 三格) **(*keinen*) *A*.**

etw. schadet e-r Sache (nicht)(物作主语)…对事情(没)造成损失 ‖ *zu*(义项)**1. ab·bruch·reif** *Adj*(形)

ab·brü·hen (*hat*) Vt (及物) ***etw. a.*** etw. (vor dem weiteren Verarbeiten) mit kochendem Wasser übergießen(用开水)泡,烫,焯: *Mandeln muss man a., dann lassen sie sich schälen* 杏仁必须用开水焯一焯,然后去皮

ab·brum·men (*hat*) Vt (及物) ***etw. a.*** *gespr* [口]; e-e Strafe im Gefängnis verbüßen 在监狱服刑,坐牢,蹲班房: *Er muss noch zwei Jahre a.* 他还得坐两年牢

ab·bu·chen (*hat*) Vt (及物) ***etw.*** (***von etw.***) ***a.*** Geld(beträge) von e-m Konto wegnehmen(从账户上)注销,转走,扣除: *Die Miete wird vom Konto abgebucht* 房租从账上扣除 ‖ *hierzu*(派生) **Ab·bu·chung** *die*

ab·bür·sten (*hat*) Vt (及物) **1.** ***etw.*** (***von etw.***) ***a.*** etw. mit e-r Bürste von etw. entfernen(用刷子)刷去,刷掉: *Haare von der Jacke a.* 刷掉外套上的头发 **2.** ***j-n/sich/etw. a.*** j-n/sich/etw. mit e-r Bürste reinigen 刷净: *e-n Mantel a.* 把大衣刷干净

ab·bü·ßen (*hat*) Vt (及物) ***etw. a.*** für etw. Böses, das man getan hat, büßen, es durch Buße wiedergutmachen 赎罪,抵罪〈e-e Schuld a. 赎罪〉

Abc [abeˈtseː] *das*; -, -; *mst Sg*(多用单数)**1.** das Alphabet 字母表 **2.** ***das Abc*** + *Gen*(二格) die Anfänge, die fundamentalen Kenntnisse入门,基础知识: *Er lernt gerade das Abc des Segelns* 他刚学习驾驶帆船的基础知识

ab·che·cken (*hat*) Vt (及物) ***etw. a.*** *gespr* [口]; (*bes* von Jugendlichen verwendet)(年轻人用语) ≈ überprüfen: *Hast du abgecheckt*, ob *der Boss damit einverstanden ist?* 你考察过没有,是否老板同意这一点?

Abc-Schüt·ze [abeˈtseː-] *der*; *hum* [诙]; ein Kind im ersten Schuljahr 刚上学的学生,一年级小学生 ≈ Erstklässler, Schulanfänger

ABC-Waf·fen [abeˈtseː-] *die*; *Pl*(复); atomare, biologische u. chemische Waffen 原子武器、生物武器和化学武器

ab·däm·men (*hat*) Vt (及物) **1.** ***etw. a.*** fließendes Wasser durch e-n Damm zurückhalten 筑坝拦水,挡水 ≈ stauen **2.** ***etw. a.*** etw. durch e-n Damm vor Wasser schützen 筑堤,筑坝防护〈ein Gebiet, e-e Wiese a. 为一个地区、一片草场筑坝防护〉‖ *hierzu*(派生) **Ab·däm·mung** *die*

ab·damp·fen (*ist*) Vi (不及物) *gespr* [口] ≈ abreisen, wegfahren

ab·dan·ken (*hat*) Vi (不及物) von e-r hohen Position zurücktreten 辞职,退职,卸任〈ein Herrscher, ein König, ein Präsident 统治者,国王,主席〉‖ *hierzu*(派生) **Ab·dan·kung** *die*

ab·de·cken (*hat*) Vt (及物) **1.** ***etw.*** (***mit etw.***) ***a.*** etw. *mst* Schützendes auf etw. legen (用…)盖上,盖住,把…遮盖住 ↔ aufdecken〈ein Beet, e-n Brunnen, den Fußboden a. 盖好苗床,盖上井口,铺上地板〉‖ K-(复合): ***Abdeck-, -haube, -plane*** **2.** ***etw. a.*** das Dach e-s Gebäudes entfernen 揭开,掀掉 ↔ decken〈ein Dach, ein Haus a. 掀去屋顶、屋子〉: *Der Sturm hat viele Häuser abgedeckt* 狂风掀掉了许多房屋 **3.** ***j-d/etw. deckt etw. ab*** j-d/etw. berücksichtigt etw. vollständig(人/物作主语)充分考虑,满足〈j-s Bedürfnisse, e-n Bedarf a. 认真考虑某人的需求,需要〉: *Diese Regel deckt sämtliche Fälle ab* 这一规则把所有情况都考虑到了; *Der Plan des Kanzlers deckt auch einige Forderungen der Opposition ab* 总理的计划也充分考虑到反对派的某些要求; Vt/i (及物/不及物) **4.** (***den Tisch***) ***a.*** (nach dem Essen) das Geschirr vom Tisch entfernen(饭后)收拾桌子,清理碗盘 ≈ abräumen

ab·dich·ten (*hat*) Vt (及物) ***etw. a.*** etw. für Wasser od. kalte Luft undurchlässig machen 填塞,堵缝,密封(防冷风,防漏) ≈ isolieren〈ein Fenster, e-e Tür a. 封窗,封门〉‖ *hierzu*(派生) **Ab·dich·tung** *die*

ab·drän·gen (*hat*) Vt (及物) ***j-n/etw.*** (***von etw.***) ***a.*** j-n/etw. von e-r Stelle (weg)drängen 挤开,挤走,挤掉 ≈ verdrängen: *j-n vom Weg/von der Straße a.* 把某人挤到道路一旁去/迫某人让路

ab·dre·hen Vt (及物) (*hat*) **1.** ***etw. a.*** *gespr* [口]; etw. stoppen, indem man e-n Hahn schließt od. e-n Schalter betätigt 拧上,关掉 ≈ abschalten, abstellen ↔ aufdrehen〈das Gas, den Strom, das Wasser a. 关上煤气、电、水〉**2.** ***etw. a.*** etw. durch e-e drehende Bewegung von etw. trennen, entfernen 拧下,拧开〈e-n Knopf, e-n Schraubverschluss a. 拧下扣子、螺纹盖〉**3.** ***etw. a.*** etw. vom Betrachter weg, in e-e andere Richtung drehen 将…避开、躲开(视线) ≈ abwenden ↔ zuwenden〈das Gesicht, den Oberkörper a. 把脸、上身转过去〉**4.** ***etw. a.*** etw. zu Ende filmen 拍摄完毕,停机,封镜〈e-n Film, e-e Szene a. 拍完一部电影,拍好一个场景〉; Vi (不及物) (*ist/hat*) **5.**〈*mst* ein Flugzeug, ein Schiff 多用飞机,轮船〉***dreht ab*** ein Flugzeug, ein Schiff ändert den Kurs, die Richtung 改变航向、航道; Vr (反身) (*hat*) **6.** ***sich a.*** sich vom Betrachter weg, in e-e andere Richtung drehen 转身避开视线 ≈ sich abwenden

ab·drif·ten (*ist*) Vi (不及物)〈*mst* ein Boot 多指小艇,小船〉***driftet ab*** ein Boot kann den Kurs nicht halten, wird (von der Strömung) weggetrieben 漂离航向,漂走 ≈ ein Boot treibt ab (3)

Ab·druck[1] *der*; -(*e*)*s*, -*e* **1.** die gedruckte Version e-s Gedichts, Romans, Vortrags *usw*(诗歌、小说、报告等)印刷本 **2.** das nochmalige Drucken e-s Textes 重印〈e-n A. genehmigen 批准重印〉

Ab·druck[2] *der*; -(*e*)*s*, *Ab·drü·cke*; die Form, die ein Körper durch festen Druck auf ein Material hinterlässt 印痕,痕迹,模(子)〈e-n A. (in Gips, in Wachs) von etw. machen 做石膏模,做蜡模〉‖ -K(复合): ***Finger-, Fuß-, Gebiss-; Gips-***

ab·dru·cken (*hat*) Vt (及物) ***etw. a.*** etw. *mst*

in e-r Zeitung od. Zeitschrift erscheinen lassen 刊登≈ drucken (1): *e-n Artikel in e-r Zeitung a.* 在报上刊登一篇文章

ab·drü·cken (*hat*) [Vt] (及物) **1.** (*j-m/sich*) *etw.* ***a.*** (j-m/sich) e-n Körperteil so stark drücken, dass kein Blut, keine Luft mehr hindurchgeht 挤压住,紧按住(身体某一部位): *sich e-e Ader a.* 压住自己的动脉 **2.** ***etw.*** (*in etw.* (*Dat* 三格)) ***a.*** e-n Abdruck² von etw. in e-m weichen Material machen 用…压制模型; [Vi] (不及物) **3.** bei e-r Waffe e-n Schuss auslösen 扣扳机,开枪 ≈ schießen; [Vr] (反身) **4.** ***sich*** (***von etw.***) ***a.*** sich von irgendwo wegdrücken 撑开,推开,蹬离 ≈ sich abstoßen: *Er drückte sich kraftvoll vom Sprungbrett ab* 他猛力地蹬离跳板 **5.** ***etw. drückt sich a.*** etw. ist sichtbar (物作主语) 留下印迹: *Seine Fußspuren hatten sich im Sand abgedrückt* 在沙里留下了他的脚印

ab·dun·keln (*hat*) [Vt] (及物) **1.** ***etw. a.*** das Licht schwächer machen, sodass es dunkler wird 让…光线暗淡,遮暗 ≈ verdunkeln (2): *ein Zimmer, e-e Lampe a.* 让房间、灯光变暗,遮暗房间、灯光 **2.** ***etw. a.*** *mst* e-e Farbe dunkler machen 加深(颜色),染成深色

ab·du·schen (*hat*) [Vt] (及物) ***j-n/sich/etw. a.*** ≈ duschen

ab·eb·ben; *ebbte ab, ist abgeebbt*; [Vi] (不及物) ***etw. ebbt ab*** etw. wird geringer, weniger, schwächer (物作主语) 减弱;退潮,落潮 ↔ etw. schwillt an 〈das Hochwasser, das Interesse, der Lärm 洪水退了,兴趣减了,喧扰声平息了〉 ‖ ▶ ***Ebbe***

-a·bel *im Adj nach bestimmten Verben* (*mst auf -ieren*), *betont, wenig produktiv* (多半由词尾-*ieren* 的动词构成的形容词,重读,构词弱); verwendet, um auszudrücken, dass etw. möglich od. j-d/etw. für etw. geeignet ist (表示可能或合适) 可…的,能…的 ≈ -bar; ***akzeptabel***, ***deklinabel*** ≈ deklinierbar ↔ indeklinabel 〈ein Wort 词〉, ***transportabel*** 〈ein Fernsehapparat 电视机〉, ***praktikabel*** 〈e-e Lösung, e-e Methode 解决办法,方法〉, ***reparabel*** ≈ reparierbar ↔ irreparabel 〈ein Schaden 损失〉 ‖ NB (注意): *der Schaden ist irreparabel* → *ein irreparabler Schaden*

A̱bend *der*; *-s, -e*; **1.** die (Tages)Zeit von Einbruch der Dämmerung bis ungefähr 24 Uhr 傍晚,夜晚,晚上 ↔ Morgen 〈am frühen, späten A. 夙夜,深夜; am A. 在晚上; gegen A. 傍晚〉 ‖ K-(复合): ***Abend-***, ***-dämmerung***, ***-essen***, ***-gebet***, ***-himmel***, ***-lied***, ***-mahlzeit***, ***-nachrichten***, ***-programm***, ***-sonne***, ***-spaziergang***, ***-stunde***, ***-veranstaltungen***, ***-zeit***, ***-zeitung*** ‖ -K (复合): ***Sommer-***, ***Winter-***; ***Sonntag-***, ***Montag-*** *usw* **2.** am A. (1) 晚上 ↔ Morgen 〈gestern, heute, morgen A. 昨天、今天、明天晚上〉 ‖ NB (注意): mit den Namen von Wochentagen zusammengeschrieben 与工作日名词连写: *Sie starb Montagabend* 他周一晚上死的 **3.** e-e gesellschaftliche Veranstaltung am A. (1) 晚会 〈ein musikalischer A. 音乐晚会〉 **4.** ***ein bunter A.*** Veranstaltung am A. (1) mit e-m abwechslungsreichen Programm 丰富多彩的晚会 **5.** ***Guten/guten A.!*** verwendet als Gruß, wenn man j-n am A. (1) trifft od. sich von ihm verabschiedet 晚上好或晚安! (晚间见面或告别时的问候语) 〈j-m e-n Guten/guten A. wünschen 祝某人晚安〉 **6.** ***der Heilige A.*** der 24 Dezember 平安夜,圣诞之夜(12 月 24 日) **7.** ***A. für A.*** an jedem A. (1) 每晚 **8.** ***zu A. essen*** die Abendmahlzeit essen 吃晚饭;用晚餐 ‖ *zu* (义项) **1.** ***abend·lich*** *Adj* (形); *nur attr od adv* (只作定语或状语)

A̱bend·brot *das*; *nur Sg, mst nordd* (只用单数) 多用于[北德]; ein (bescheidenes) Essen am Abend, *mst* mit Brot (简便的) 晚饭

A̱bend·es·sen *das*; die Mahlzeit, die man abends isst 晚饭,晚餐: *Was gibts heute zum A.?* 今天晚饭吃什么?

a̱bend·fül·lend *Adj* (形); *mst attr, nicht adv* (多作定语,不作状语); mehrere Stunden e-s Abends dauernd 整晚的,一晚上的 〈*mst* ein Film, ein Programm 多指电影,节目〉

A̱bend·gym·na·si·um *das*; e-e Schule, in der Erwachsene, die tagsüber arbeiten, am Abend auf das Abitur vorbereitet werden 业余高级文理中学

A̱bend·kas·se *die*; *mst in* 多用于 ***an der A.*** an der Kasse, die am Abend, direkt vor der Veranstaltung, geöffnet ist 夜场戏售票处 ↔ im Vorverkauf 〈Karten für e-n Ball, ein Konzert an der A. kaufen 在夜场售票处买舞会票、音乐会的票〉

A̱bend·kleid *das*; ein langes u. elegantes Kleid für e-e festliche Veranstaltung am Abend 女(晚会)礼服,女晚礼服

A̱bend·land *das*; *nur Sg, geschr* (只用单数)[书]; die europäischen Völker zusammen als kulturelle Einheit (im Gegensatz zu den Ländern des Ostens) 西方(指欧洲) ≈ Okzident ↔ Morgenland, Orient ‖ *hierzu* (派生) **abend·län·disch** *Adj* (形)

a̱bend·li·ch- *Adj* (形); *nur attr, nicht adv* (只作定语,不作状语); am Abend stattfindend, für den Abend typisch *o. Ä.* 晚间的,傍晚的,黄昏的 〈die Dämmerung, e-e Feierstunde, die Kühle 暮色,欢快的时刻,凉意〉

A̱bend·mahl *das*; *nur Sg*, REL (只用单数)【宗】 **1.** ***das letzte A.*** die Mahlzeit, die Christus mit seinen Jüngern in der Nacht einnahm, in der er gefangen genommen wurde 最后的晚餐 **2.** e-e religiöse Handlung in christlichen Kirchen, bei der durch das Essen der Hostie u. das Trinken von Wein an den Tod Christi erinnert wird 圣餐,晚餐 〈das A. empfangen 受圣餐〉 ‖ NB (注意): In der katholischen Kirche sagt man dafür *die (heilige) Kommunion* (在天主教教堂中用圣餐仪式,受圣餐说 *die (heilige) Kommunion*)

A̱bend·rot *das*; *nur Sg* (只用单数); die gelbrote Farbe, die der Himmel bei schönem Wetter am Abend hat, wenn die Sonne untergeht 晚霞 ↔ Morgenrot

abends *Adv*(副)；am Abend 晚上 ↔ morgens

A̲bend·schu·le *die*；e-e Schule, an der der Unterricht abends stattfindet u. die *bes* von Berufstätigen besucht wird(尤指在职员工上的)夜校

A̲bend·stern *der*；*nur Sg*(只用单数)；ein Stern (der Planet Venus), der abends sehr hell am Himmel leuchtet 昏星，金星，太白星

Aben·teu·er *das*；*-s*，- **1.** ein spannendes u. aufregendes Erlebnis od. Unternehmen (*mst* voller Gefahren)冒险，奇遇，惊险活动〈ein gefährliches A. bestehen, erleben 经受、经历一次危险的奇遇〉‖ K-(复合)：***Abenteuer-, -film, -geschichte, -roman, -urlaub*** **2.** e-e kurze sexuelle Beziehung zu j-m 偷情，风流韵事〈ein pikantes A. 桃色事件；ein A. suchen 寻找刺激，偷情〉‖ -K(复合)：***Liebes-*** ‖ ID[谚] ***sich in*** (***jedes***) ***A. stürzen*** (immer wieder) außergewöhnliche Erlebnisse suchen 总爱去冒险 ‖ *zu* (义项) **1. Aben·teu·rer** *der*；*-s*，-；**Aben·teu·re·rin** *die*；-，*-nen*；**a̲ben·teu·er·lich** *Adj*(形)

Aben·teu·er·lust *die*；*nur Sg*(只用单数)；der Wunsch, Abenteuer (1) zu erleben 富有历险精神，冒险精神 ‖ *hierzu*(派生) **a̲ben·teu·er·lus·tig** *Adj*(形)

a̲ber[1] *Konjunktion*(连) **1.** verwendet, um e-n Teilsatz einzuleiten, der e-n Gegensatz zum Vorausgegangenen ausdrückt(表示对比)但是，可是，而 ≈ jedoch：*Jetzt habe ich keine Zeit, a. morgen* 现在我没有空，但明天有空 **2.** verwendet, um e-e Behauptung einzuschränken(表示限定)但，却，然而，倒 ≈ allerdings：*teuer, a. gut* 贵，但很好；*Er ist alt, a. noch sehr rüstig* 他老了，倒还很硬朗；*Er ist zwar nicht reich, dafür a. gesund* 他虽不富有，却很健康 **3.** verwendet, um e-n Einwand vorzubringen od. um j-m zu widersprechen(表示异议)可是，真是：*A. nein!* 可不是这样的!；*A. warum denn?* 可究竟为什么?；*A. das kann doch nicht wahr sein!* 可是，这不可能是真的! ‖ NB(注意)：Bei *aber* steht das Verb (im Gegensatz zu *weil, dass, obwohl o.Ä.*) nicht am Ende des Satzes(与 weil, dass, obwohl 等连词相反，aber 句中的动词不在句尾)

a̲ber[2] *Partikel*(小品词)；*unbetont*(不重读)；**1.** verwendet, um auszudrücken, dass etw., das man feststellt, ungewöhnlich ist od. nicht so zu erwarten war(表示未曾料及，不寻常)想不到，真 ≈ vielleicht：*Das hast du a. fein gemacht!* (*mst* gegenüber Kindern verwendet)(对孩子用语)这你干得真棒!；*Ist das a. kalt!* 这真冷!；*Hast du a. viele Kleider!* 你的衣服真多! **2.** verwendet in Aufforderungen, um auszudrücken, dass man ungeduldig wird(表示不耐烦的请求)总该，总可以：*Jetzt sei a. endlich still!* 现在你总该安静一下了!；*Nun hör a. mal auf!* 现在你总该停一下了! **3.** verwendet, um Ärger auszudrücken(表示生气)哎呀，唉：*A.* (, *a.*)! 真是的!；*A. Kinder, was soll denn das?* 哎啊，孩子们哪，这究竟怎么回事?；*Wie kann man a. auch nur so dumm sein?* 唉，人怎么会如此笨呢? **4.** verwendet, um die Antwort auf e-e Entscheidungsfrage zu verstärken(强调对是非的回答)那：„*Kommst du mit?*" – „*A. ja / A. gern / A. sicher / A. natürlich!*" "你来吗?"——"那还用说/很愿意/那肯定的/那当然啰!"

A̲ber *das*；*-s*，-；*mst in* 多用于 ***ohne Wenn u. A.*** 毫不迟疑地，不推三阻四地，很痛快地

A̲ber·glau·be(n) *der*；*nur Sg*(只用单数)；der Glaube an Dinge, die Glück bringen od. schaden, wie Hexerei u. Zauberei, die man nicht mit der Vernunft erklären kann 迷信 ‖ *hierzu*(派生) **a̲ber·gläu·bisch** *Adj*(形)

A̲ber·hun·dert, a̲ber·hun·dert *Zahlwort*(数词)；*indeklinabel*(词形不变)；viele Hundert 数以百计：*A. wilde Bienen* 数以百计的野蜂

A̲ber·hun·der·te, a̲ber·hun·der·te *Zahlwort*(数词)；**A.** + *Gen*(二格)/(*von j-m / etw.*(*Pl* 复)) viele Hunderte 数以百计：*A. kleiner Insekten / von kleinen Insekten* 数以百计的小昆虫

a̲b|er·ken·nen；*erkannte ab / aberkannte, hat aberkannt*；[Vt](及物) (***j-m***) ***etw. a.*** durch e-n Beschluss etw. für ungültig erklären(经判决)剥夺，取消 ↔ zuerkennen〈j-m ein Recht, e-e Auszeichnung a. 剥夺某人的权利，取消对某人嘉奖〉：*Ihm wurde der Titel des Boxweltmeisters aberkannt* 他被剥夺了拳王称号；*Das Gericht erkannte ihm die Bürgerrechte ab* 法庭剥夺了他的公民权利 ‖ *hierzu*(派生) **A̲b|er·ken·nung** *die*；*mst Sg*(多用单数)

a̲ber·ma·li·g- *Adj*(形)；*nur attr, nicht adv, geschr*(只作定语，不作状语)[书]；noch einmal stattfindend 再一次的 ≈ wiederholt

a̲ber·mals *Adv*(副)；*geschr*[书]；noch einmal 再一次地 ≈ wiederum

a̲b·ern·ten (*hat*) [Vt](及物) **1.** ***etw. a.*** alle Früchte, das ganze Gemüse, das ganze Getreide *o.Ä.* ernten 把…收割完、摘光：*die Äpfel, den Weizen a.* 把苹果摘光，把小麦收割完 **2.** ***etw. a.*** durch Ernten der Früchte, des Gemüses, des Getreides *o.Ä.* etw. völlig leer machen 把…上的果、菜、粮全部收割完：*den Apfelbaum, das Feld a.* 摘掉树上的苹果，收割掉地里的庄稼

A̲ber·tau·send, a̲ber·tau·send, *Zahlwort*(数词)；*indeklinabel*(词形不变)；viele Tausend 数以千计，成千上万：*A. kleine Mücken* 成千上万只小蚊子

A̲ber·tau·sen·de, a̲ber·tau·sen·de, *Zahlwort*(数词)；**A.** + *Gen*(二格)/(***von j-m / etw.***(*Pl* 复)) viele Tausende 数以千计，成千上万：*Tausende u. A. von Flüchtlingen verlassen zurzeit das Land* 眼下成千上万的难民背井离乡

a̲ber·wit·zig *Adj*(形)；völlig unsinnig 荒唐的，愚蠢的〈e-e Vorstellung, ein Plan 想法，计划〉‖ *hierzu*(派生) **A̲ber·witz** *der*；*nur Sg*(只用单数)

a̲b|er·zie·hen；*erzog ab, hat aberzogen*；[Vt](及物) ***j-m etw. a.*** j-n durch Erziehung dazu bringen, schlechtes Verhalten abzulegen 让…戒掉，改掉 ≈ abgewöhnen ↔ anerziehen：

e-m Kind die schlechten Manieren a. 让孩子改掉坏习惯

ab·fah·ren Vt（及物）**1. etw. a.**（*hat*）etw. mit e-m Fahrzeug wegtransportieren 把…用车运走 **2. etw. a.**（*hat/ist*）e-e Strecke suchend entlangfahren 乘车巡视 **3. etw. a.**（*hat*）etw. durch häufiges Fahren abnutzen 因行驶而磨损〈e-n Reifen a. 磨坏车胎〉**4. j-m etw. a.**（*hat*）j-m e-n Körperteil durch Überfahren abtrennen 轧断，压断：*Ihm wurden bei dem Unfall beide Beine abgefahren* 在车祸中他的两条腿被压断了；Vi（不及物）（*ist*）**5.**（von Personen）≈ wegfahren **6. etw. fährt ab** ein Fahrzeug setzt sich in Bewegung od. verlässt e-n Ort（物作主语）开走，驶出 **7.**（**voll**）**auf j-n/etw. a.** *gespr*［口］；von j-m/etw. begeistert sein 对…倾心，神往，热衷于，钟情于：*auf ein Mädchen, auf Rockmusik a.* 对一个姑娘一往深情，热衷于摇滚乐 ‖ *zu*（义项）**5.** u. **6 ab·fahr·be·reit** *Adj*（形）

Ab·fahrt *die* **1.** das Abfahren (6) ↔ Ankunft：*die A. des Zuges* 火车离站 ‖ K-（复合）：***Abfahrts-, -ort, -signal, -termin, -zeit*** **2** e-e Fahrt auf Skiern vom Berg ins Tal 顺坡滑雪 ‖ K-（复合）：***Abfahrts-, -lauf, -rennen*** **3.** e-e Strecke (beim Skifahren), die vom Berg ins Tal führt 滑雪斜坡：*e-e anspruchsvolle A.* 难度很大的斜坡 **4.** die Straße, auf der man die Autobahn verlässt（驶离高速公路的）出口，岔口 ≈ Ausfahrt ↔ Auffahrt〈die A. verpassen 错过岔口〉‖ *zu*（义项）**1. ab·fahrt·be·reit** *Adj*（形）

Ab·fall *der* **1.** unbrauchbare Reste, Überreste 垃圾，残渣，废料，废物 ≈ Müll〈radioaktiver A. 放射性废料；A. wiederverwerten 重新利用废料〉‖ K-（复合）：***Abfall-, -beseitigung, -eimer, -haufen, -kübel, -tonne, -verbrennungsanlage*** ‖ -K（复合）：***Küchen-*** **2.** *nur Sg*（只用单数）；das Schwächerwerden 下降，下落〈*mst* e-r Leistung 多指成绩〉**3.** *nur Sg*（只用单数）；das Abfallen (4) von e-m Glauben 背离，背弃，脱离〈der A. vom Glauben, von Gott 背离信仰（离经叛道），背离上帝〉

ab·fal·len（*ist*）Vi（不及物）**1. etw. fällt ab** etw. löst sich von etw. u. fällt herunter（物作主语）落下，掉下：*Im Herbst fallen die Blätter der Bäume ab* 秋天树叶飘落下来 **2. etw. fällt ab** etw. verläuft schräg nach unten（物作主语）向下倾斜，下滑 ↔ etw. steigt an：*Die Straße fällt hier steil ab* 街道这里很陡 **3. etw. fällt**（**für j-n**）**ab** *gespr*［口］；j-d bekommt etw. nebenbei als Gewinn, Vorteil od. Anteil（物作主语）（好处等）落到（某人头上）：*„Was fällt für mich ab, wenn ich euch helfe?"* "要是我帮助你们，我得到什么回报？" **4. von j-m/etw. a.** e-r Person od. Sache allmählich untreu werden 脱离，背离，背叛 ≈ sich von j-m/etw. lossagen〈von e-r Partei, vom Glauben a. 脱离党，背离信仰〉**5.** schlechter werden 退步，下降〈in seinen Leistungen a. 他成绩退步了〉**6. j-d/etw. fällt**（**neben/gegenüber j-m/etw.; gegen j-n/etw.**）**ab** j-d/etw. ist im Vergleich zu j-m/etw. schwächer, schlechter（人/物作主语）比…显得逊色，不如…：*Neben dem ersten fällt sein zweiter Film stark ab* 与第一部片子相比，他的第二部影片大为逊色

ab·fäl·lig *Adj*（形）；mit Verachtung, ohne Respekt 轻蔑的，不尊重的，贬低的〈e-e Bemerkung 评论；sich a.（über j-n）äußern（对某人）发表贬低的看法〉

Ab·fall·pro·dukt *das* **1.** ein Produkt, das bei e-m Arbeitsprozess entsteht u. nicht mehr gebraucht wird 废品 ≈ Rest **2.** ein Produkt, das ungeplant bei der Arbeit an e-r neuen Erfindung entsteht 副产品 ≈ Nebenprodukt **3.** ein Produkt, das aus Abfällen (1) hergestellt wird 次品

ab·fäl·schen（*hat*）Vt（及物）**etw. a.** SPORT【体】；den Schuss e-s anderen durch e-e（*mst* unabsichtliche）Berührung in e-e andere Richtung lenken（打球时）做假动作，虚晃一招〈den Ball, e-n Schuss a. 做假动作把球引开，把射门引开〉

ab·fan·gen（*hat*）Vt（及物）**1. j-n/etw. a.** verhindern, dass j-d/etw. sein Ziel erreicht 截获，拦阻〈e-n Brief, e-n Spion a. 截取信件，捕获一名间谍〉**2. j-n a.** auf j-n warten, um ihn zu treffen 等候，等待，等到 ≈ abpassen (1)：*Ich fing ihn ab, um ihn zu warnen* 我等他来要提醒他 **3. j-n/etw. a.** j-n/etw. aufhalten, abwehren 阻挡，抵挡，拦击〈e-n Angriff, den Feind a. 拦击进攻，拦击敌人〉**4. etw. a.** etw. wieder unter Kontrolle bringen（重新）控制住，驾驭〈ein Flugzeug, ein Fahrzeug a. 重新把飞机、车辆控制住〉**5. etw. a.** etw. abschwächen, parieren 挡开，减缓〈e-n Stoß a. 减缓冲击〉**6. j-n a.** SPORT【体】；j-n überholen 超越，超过〈den Konkurrenten a. 超过竞争对手〉：*Er konnte den Gegner gerade noch vor dem Ziel a.* 他刚好在冲刺的一刹那超过了对手

Ab·fang·jä·ger *der*；MIL【军】；ein Flugzeug, das gegen angreifende Flugzeuge eingesetzt wird 截击机

ab·fär·ben（*hat*）Vi（不及物）**1. etw. färbt ab** etw. überträgt seine Farbe auf etw. anderes（物作主语）褪色，掉色：*Vorsicht – der Stoff färbt ab!* 小心，这料子褪色！**2. etw. färbt**（**auf j-n**）**ab** etw. wirkt sich auf j-d anderen（*mst* negativ）aus（物作主语）给…产生不好的影响：*Das schlechte Benehmen seines Freundes färbt auf ihn ab* 他朋友的不良行为影响了他

ab·fas·sen（*hat*）Vt（及物）**etw. a.** etw. schriftlich formulieren, verfassen 撰写，写〈e-n Artikel, ein Testament, e-n Brief *o.Ä.* a. 写文章，写遗嘱，写信等〉‖ *hierzu*（派生）**Ab·fas·sung** *die*；*mst Sg*（多用单数）

ab·fau·len（*ist*）Vi（不及物）**etw. fault ab** etw. fault u. löst sich dabei von etw.（物作主语）腐烂后脱落，烂掉〈die Blätter 树叶〉

ab·fei·ern（*hat*）Vt（及物）**etw. a.** *gespr*［口］；für Überstunden, die man gearbeitet hat, statt (mehr) Geld (mehr) Freizeit nehmen

补休〈Überstunden, Mehrarbeit a. 补休加班时间,补休加班工作〉

ab·fei·len (*hat*) Vt (及物) **1. *etw.* (*von etw.*) *a.*** etw. durch Feilen von etw. entfernen(从…上)锉掉,锉去: *Unebenheiten von e-m Schlüssel a.* 锉掉钥匙上的毛糙 **2. *etw. a.*** etw. durch Feilen kleiner od. schöner machen 锉平,锉干净: *sich die Fingernägel a.* 修指甲; Vt/i (及物/不及物) **3. (*etw.*) (*von j-m*) *a.*** *gespr* [口]; bei e-r Prüfung *o.Ä.* (etw.) von j-m abschreiben (u. so tun, als ob man es selbst gewusst hätte)(考试时)抄袭,偷看

ab·fer·ti·gen (*hat*) Vt (及物) **1. *j-n a.*** bestimmte Formalitäten für j-n erledigen, damit er seine Reise fortsetzen kann 办理(旅行必要的手续)〈Fluggäste am Schalter, bei der Passkontrolle a. 在窗口,在验证处办理乘机旅客的验证手续〉 **2. *j-n* (*mit etw.*) *a.*** *gespr* [口]; j-n unfreundlich behandeln 不友好地对待,打发〈j-n schroff, kurz, an der Tür a. 把某人生硬地、三言两语、在门口打发走了〉

Ab·fer·ti·gung *die*; -, *-en* **1.** *nur Sg* (只用单数); das Abfertigen, *mst* von Fluggästen od. Gepäck 办理(乘客或行李)手续 ‖ K-(复合): ***Abfertigungs-, -halle, -schalter*** ‖ -K(复合): ***Gepäck-*** **2.** Ⓐ[奥] ≈ Abfindung (2)

ab·feu·ern (*hat*) Vt (及物) **1. *etw. a.*** aus e-r Schusswaffe schießen 射击,开(枪,炮)〈e-n Schuss a. 开枪〉 **2. *etw. a.*** ≈ abschießen〈e-e Rakete a. 发射火箭〉

ab·fie·seln; *fieselte ab, hat abgefieselt*; Vt (及物) *südd* Ⓐ *gespr* [南德,奥][口] ≈ abnagen (1,2)

ab·fin·den (*hat*) Vt (及物) **1. *j-n* (*mit etw.*) *a.*** j-m für e-n Schaden od. für e-n Verlust Geld geben 给…赔偿或补偿 ≈ entschädigen〈j-n großzügig a. 慷慨地给某人赔偿〉; Vr (反身) **2. *sich mit j-m / etw. a.*** j-n/etw. akzeptieren (*mst* weil es nichts Besseres gibt) 接受,甘心于,容忍,满足于 ≈ sich zufriedengeben: *Er kann sich mit seiner Entlassung / seinem Schicksal nicht a.* 他接受不了对他的解雇/他不甘心自己的命运

Ab·fin·dung *die*; -, *-en* **1.** e-e einmalige Bezahlung an j-n, der e-n Schaden od. Verlust hat 一次性赔偿,补偿 ≈ Entschädigung **2.** das Geld, das j-d bekommt, wenn er e-e Arbeit geleistet od. auf ein Recht verzichtet hat 赔偿费,补偿费 ‖ K-(复合): ***Abfindungs-, -summe***

ab·fi·schen (*hat*) Vt (及物) ***etw. a.*** etw. leer fischen 捕光…中的鱼,把…中的鱼捕捞空〈e-n Teich, e-n Weiher a. 把池塘里的鱼捕捞完〉

ab·fla·chen; *flachte ab, hat/ist abgeflacht*; Vt (及物) (*hat*) **1. *etw. a.*** etw. flach(er) machen 使平坦,使成缓坡; Vi (不及物) (*ist*) **2. *etw. flacht ab*** etw. wird flacher(物作主语)变平坦,成缓坡〈ein Ufer 河岸〉 **3. *etw. flacht ab*** etw. wird (in der Qualität) schwächer od. schlechter(物作主语)下降,衰退,逊色,变弱〈Leistungen, die Konzentration 成绩,注意力; das Interesse 兴趣〉: *Die Diskussion ist schließlich stark abgeflacht* 讨论的质量最后大大下降 ‖ *hierzu* (派生) **Ab·fla·chung** *die*; *mst Sg* (多用单数)

ab·flau·en; *flaute ab, ist abgeflaut*; Vi (不及物) ***etw. flaut ab*** etw. wird allmählich schwächer(物作主语)逐渐减弱,缓和 ↔ etw. nimmt zu〈der Lärm, der Wind, die Leidenschaft 喧闹声,风声,热情〉

ab·flie·gen Vi (不及物) (*ist*) **1. *j-d/etw. fliegt ab*** ein Flugzeug (bzw. dessen Besatzung) startet u. fliegt weg(人/物作主语)起飞,飞走: *Unsere Maschine ist pünktlich abgeflogen* 我们的班机准时起飞了; Vt (及物) (*hat*)/*bes südd* 尤用于[南德] (*ist*) **2.** *mst* 多用 ***j-d fliegt etw.* (*nach etw.*) *ab*** j-d sucht e-e Strecke, ein Gebiet in e-m Flugzeug ab(人作主语)在…地方侦察飞行(寻找): *Der Pilot hat das Dschungelgebiet nach dem abgestürzten Hubschrauber abgeflogen* 飞行员在热带丛林地区上空寻找坠落的直升飞机 ‖ ▶ ***Abflug***

ab·flie·ßen (*ist*) Vi (不及物) **1. *etw. fließt ab*** etw. fließt an e-e andere Stelle (weg)(物作主语)流走,流出: *Das Wasser konnte nicht a., weil das Rohr verstopft war* 水管堵了,水流不出来了 **2. *etw. fließt ins Ausland ab*** 〈Geld, Kapital *o.Ä.* 钱、资金等〉 wird im Ausland u. nicht im Inland investiert(物作主语)外流

Ab·flug *der* ≈ der Start (e-s Flugzeuges) ‖ K-(复合): ***Abflugs-, -ort, -zeit*** ‖ *hierzu* (派生) **ab·flug·be·reit** *Adj* (形)

Ab·fluss *der* **1.** *nur Sg* (只用单数); das Abfließen (des Wassers)(水)流走,流出 **2.** e-e Stelle, an der e-e Flüssigkeit abfließt 出水口,排水沟,排水道: *Der A. des Waschbeckens ist verstopft* 盥洗池的排水道堵死了 ‖ K-(复合): ***Abfluss-, -graben, -rinne, -rohr***

Ab·fol·ge *die*; e-e Reihenfolge, e-e Sequenz 顺序,次序,序列〈in rascher, logischer A. 以快速的、逻辑的次序; die A. der Ereignisse 事件的先后顺序〉

ab·for·dern (*hat*) Vt (及物) ***j-m etw. a.*** von j-m etw. fordern, verlangen 要求(…作出、付出、拿出),索要 ≈ j-m etw. abverlangen〈j-m große Leistungen, ein Bekenntnis, ein Versprechen a. 要求某人作出巨大成绩、忏悔、承诺〉

ab·fra·gen (*hat*) Vt/i (及物/不及物) **1. (*j-n/j-m*) (*etw.*) *a.*** j-m Fragen über etw. stellen, um seine Kenntnisse zu prüfen 考问: *Der Lehrer fragte den / dem Schüler die Vokabeln ab* 老师考问学生单词; Vt (及物) **2. *etw. a.*** INFORM【信息】; sich Daten geben lassen 调阅,询问 ≈ abrufen (2)〈Informationen a. (从电脑里)调阅信息〉

ab·fres·sen (*hat*) Vt (及物) ***ein Tier frisst etw. ab*** ein Tier frisst etw. von irgendwo weg(动物作主语)把…吃掉,吞食光

ab·frie·ren Vt (及物) (*hat*) **1. *sich* (*Dat* 三格) *etw. a.*** *gespr* [口]; an e-m Körperteil solche Erfrierungen bekommen, dass dieser nicht mehr funktionieren kann u. *mst* amputiert wird 把…冻死,冻僵,冻坏,冻伤: *Sie hat sich im Gebirge e-n Zeh abgefroren* 她在山里把一个脚

趾冻坏了；[Vi]（不及物）（*ist*）**2. etw. friert ab** etw. stirbt durch die Einwirkung von Frost ab（物作主语）冻死〈Pflanzen 植物〉‖ ID［谚］**sich**（*Dat* 三格）**einen a.** *gespr hum*［口］［诙］；stark frieren 冻得够呛

Ab·fuhr *die*；-，*-en* **1.** *nur Sg*（只用单数）；das Abtransportieren 运走〈die A. der Waren 运走商品〉‖ -K（复合）：**Müll- 2.** *gespr*［口］；e-e Absage, e-e Zurückweisung 拒绝↔Zustimmung〈j-m e-e A. erteilen 拒绝某人；sich（*Dat* 三格）e-e A. holen 遭到拒绝，碰钉子〉**3.** SPORT【体】；e-e sehr hohe Niederlage 惨重失败〈e-e A. bekommen 惨遭失败，输得很惨〉

ab·füh·ren（*hat*）[Vt]（及物）**1. j-n a.** j-n, der festgenommen wurde, wegbringen 押走，带走：*Der Polizist führte den Verbrecher ab* 警察把罪犯押解走了 **2. etw.**（**an j-n**）**a.** an j-n Geld bezahlen（向…）缴纳，支付〈Steuern, Beiträge, Gelder a. 缴税，缴会费，缴钱〉；[Vi]（不及物）**3. etw. führt ab** etw. bewirkt, dass sich der Darm entleert（物作主语）通便，泻

Ab·führ|mit·tel *das*；ein Medikament od. Mittel, das e-e schnelle Entleerung des Darms bewirkt 泻药

ab·fül·len（*hat*）[Vt]（及物）**1. etw.**（**in etw.**（*Akk* 四格））**a.** e-e Flüssigkeit in kleinere Gefäße füllen 将（液体）灌入，装入〈Wein in Flaschen a. 将酒灌入瓶内〉‖ K-（复合）：**Abfüll-**，**-datum**，**-maschine 2. j-n a.** *gespr*［口］；j-n betrunken machen 灌醉

Ab·ga·be *die* **1.** *nur Sg*（只用单数）；das Übergeben e-r Sache an j-n 交出，交付，交存 ‖ K-（复合）：**Abgabe-**，**-termin 2.** *nur Sg*（只用单数）；**die A.**（**an j-n**）der Verkauf（e-r Ware）（an j-n）出售，出卖，售给↔Ankauf〈A. nur an Erwachsene 只售给成人〉‖ K-（复合）：**Abgabe-**，**-preis 3.** *nur Sg*（只用单数）；das Verkünden *z. B.* e-r Erklärung od. e-s Urteils 发表（声明），宣布（判决）**4.** SPORT【体】；das Zuspielen des Balls 传球 ‖ -K（复合）：**Ball- 5.** SPORT【体】；der Verlust *z. B.* e-s Punktes od. e-s Satzes 输一分或输一局 **6.** *nur Sg*（只用单数）；das Abgeben des Stimmzettels bei e-r Wahl 投（选）票 ‖ -K（复合）：**Stimm- 7.** *nur Sg*（只用单数）；das Abfeuern e-s Schusses 开枪，开炮 **8.** *mst Pl*（多用复数）；die Summe, die man an die Kommune od. an den Staat zahlen muss 税 ≈ Steuer〈Abgaben erheben, entrichten, zahlen 征税，纳税，付税〉‖ -K（复合）：**Sozial-**

ab·ga·ben·frei *Adj*（形）；（ADM）*geschr*（【管理】）［书］；so, dass man dafür keine Abgaben/Steuern zahlen muss 免税的↔abgabenpflichtig (2)

ab·ga·ben·pflich·tig, ab·ga·be·pflich·tig *Adj*（形）；（ADM）*geschr*（【管理】）［书］**1.** verpflichtet, Abgaben/Steuern zu zahlen 有纳税义务的 **2.** so, dass man dafür Abgaben/Steuern zahlen muss 应纳税的↔abgabenfrei〈e-e Tätigkeit 工作〉

Ab·gang *der* **1.** *nur Sg*（只用单数）；das Weg-, Fortgehen 开走，驶离，离开：*ein unbemerkter A.* 悄悄的离开 **2.** das Verlassen der Bühne 走下舞台，退场↔Auftritt〈ein glänzender A. 一次荣耀的退场〉**3.** *nur Sg*（只用单数）；das Ausscheiden aus e-r Schule 离校 ‖ K-（复合）：**Abgangs-**，**-zeugnis** ‖ -K（复合）：**Schul- 4.** ein Gang od. e-e Treppe, die nach unten führen 下坡阶梯，下坡通道↔Aufgang ‖ -K（复合）：**Treppen- 5.** SPORT【体】；das Abspringen von e-m Turngerät 从运动器械上跳下：*ein gelungener A. vom Reck* 从单杠上成功的跳下 **6.** MED【医】；der Prozess, bei dem sich etw. aus dem Körper entfernt 排出，分泌：*der A. von Nierensteinen* 排出肾结石 **7. e-n A. haben** e-e Fehlgeburt haben 流产，小产 ‖ ID［谚］**sich**（*Dat* 三格）**e-n guten A. verschaffen** sich so verhalten, dass andere e-n guten Eindruck von einem haben, wenn man weggeht 临走时给人留下一个美好的印象 ‖ *zu*（义项）**3. Ab·gän·ger** *der*；*-s*，*-*；**Ab·gän·ge·rin** *die*；*-*，*-nen*

ab·gän·gig *Adj*（形）；*nicht adv*，*südd* Ⓐ（不作状语）［南德］［奥］vermisst, verschwunden 失踪的，下落不明的：*Das Kind war drei Tage lang a.* 小孩已失踪三天了

Ab·gas *das*；*-es*，*-e*；*mst Pl*（多用复数）；Gase, die entstehen, wenn etw. verbrennt 废气，排泄气 ‖ K-（复合）：**Abgas-**，**-katalysator**，**-test**，**-turbine**，**-untersuchung** ‖ -K（复合）：**Auspuff-**，**Industrie-** ‖ *hierzu*（派生）**ab·gas·re·du·ziert** *Adj*（形）

ab·gas.arm *Adj*（形）；〈ein Fahrzeug, ein Auto 机动车，汽车〉so, dass sie wenig Abgase produzieren 排废气少的

ab·gau·nern；*gaunerte ab*，*hat abgegaunert*；[Vt]（及物）**j-m etw. a.** *gespr*［口］；von j-m etw. durch e-n Trick bekommen 骗取：*j-m sein ganzes Geld beim Kartenspiel a.* 在玩纸牌时把某人的全部钱骗走

ab·ge·ar·bei·tet 1. *Partizip Perfekt*（过去分词）；↑**abarbeiten 2.** *Adj*（形）；von langer u. anstrengender Arbeit sehr müde, erschöpft od. schwach（因长期劳累而）疲惫不堪的〈a. sein, aussehen 劳累过度，显得精疲力竭〉

ab·ge·ben（*hat*）[Vt]（及物）**1. etw.**（**bei j-m**）**a.** j-m etw.（über）geben 交给，交出：*die Schularbeiten beim Lehrer a.* 把作业交给老师 **2. etw. a.** e-e Ware verkaufen 出卖，出售 **3. etw. a.** ein Amt freiwillig nicht länger ausüben 移交（职务）↔übernehmen **4. etw. a.** etw. öffentlich verkünden 发表，宣布，公布〈e-e Erklärung, ein Gutachten, ein Urteil a. 发表声明，公布鉴定，宣布判决〉**5. etw. a.** etw. von sich auf etw. anderes übertragen 散发，放出，发射，传导〈Wärme, Energie, Strahlen a. 散发热量，放出能量，发射光束〉**6.**（**j-m**）**etw. a.** j-m e-n Teil von dem geben, was man besitzt 分给…一部分，出让：*Willst du mir nicht ein Stück von deiner Schokolade a.?* 你愿不愿意把你的巧克力分给我一块？**7. den Ball a.** SPORT【体】；den Ball e-m Mitspieler zuspielen 传（球）**8. etw. a.** SPORT【体】；etw. verlieren 失掉，输掉〈e-n Punkt, e-n

Satz a. 输一分，输一局〉 **9. *seine Stimme a.*** ≈ wählen[2] **10. *e-n Schuss a.*** ≈ schießen, e-n Schuss abfeuern **11. *j-d/etw. gibt etw. ab*** *gespr* [口]；j-d/etw. stellt etw. dar (5)（人/物作主语）是，体现，扮演〈j-d gibt e-e traurige Figur, ein gutes Vorbild ab 他扮演一个可怜的角色，是一个很好的榜样；etw. gibt ein schönes Motiv ab 这是一个非常好的题材〉：*Er wird e-n guten Ehemann a.* 他会是一个好丈夫；Vr（反身）**12. *sich mit j-m/etw. a.*** *gespr, mst pej* [口]多用[贬]；sich mit j-m/etw. beschäftigen 忙乎，忙于，打交道：*Mit solchen Kleinigkeiten gebe ich mich nicht ab* 我不搞这些琐事 **13. *sich mit j-m a.*** *gespr* [口]；enge Kontakte zu j-m haben, der als ungeeignete od. schlechte Gesellschaft angesehen wird 同…鬼混、来往密切：*Du solltest dich nicht mit so e-m Kerl a.!* 希望你别与这种人鬼混！‖ ▶ ***Abgabe***

ab·ge·brüht 1. *Partizip Perfekt*（过去分词）；↑ ***abbrühen*** 2. *Adj*（形）；*gespr pej* [口][贬]；(durch negative Erlebnisse) unempfindlich u. abgestumpft, ohne moralische Skrupel 冷漠无情的，狡猾的，世故圆滑的，不讲道德准则的 ≈ skrupellos〈ein Betrüger, ein Killer 骗子，杀人犯〉‖ *zu*（义项）2. **Ab·ge·brüht·heit** *die; nur Sg*（只用单数）

ab·ge·dro·schen *Adj*（形）；*gespr pej* [口][贬]；zu oft gebraucht u. abgenutzt 用烂了的，老一套的，陈腐的，空洞的 ≈ banal〈e-e Redensart, e-e Phrase, e-e Ausrede 套话，空话，托词〉‖ *hierzu*（派生）**Ab·ge·dro·schen·heit** *die; nur Sg*（只用单数）

ab·ge·feimt *Adj*（形）；*nicht adv, pej*（不作状语）[贬] ≈ raffiniert, durchtrieben〈ein Gauner, ein Schurke, ein Lügner 恶棍，流氓，骗子〉

ab·ge·fuckt [-fakt] *Adj*（形）；*vulg* [俗]；*bes* von Jugendlichen verwendet, um ein sehr negatives Urteil auszusprechen（青年用语）窝囊的：*ein total abgefuckter Typ* 一个十足的二五眼

ab·ge·grast 1. *Partizip Perfekt*（过去分词）；↑ ***abgrasen*** 2. *Adj*（形）；*nicht adv*（不作状语）；*gespr* [口]；keine Möglichkeiten mehr bietend, sich damit zu beschäftigen 无法深研的，无法探索的〈ein Bereich der Wissenschaft 科学领域〉

ab·ge·grif·fen *Adj*（形）；*nicht adv*（不作状语）1. durch häufiges Anfassen abgenutzt 用破了的，损坏了的〈ein Buch 书〉 2. *pej* [贬] ≈ abgedroschen〈e-e Phrase 陈词滥调〉

ab·ge·hackt 1. *Partizip Perfekt*（过去分词）；↑ ***abhacken*** 2. *Adj*（形）；nicht fließend u. harmonisch 不利索的，不连贯的，支离的 ≈ stockend〈e-e Äußerung, e-e Bewegung 表达，动作；a. sprechen 说话断断续续的〉

ab·ge·half·tert *Adj*（形）；*nicht adv, gespr, oft pej*（不作状语）[口]常用[贬]；〈ein Funktionär, ein Politiker 干部，政治家〉ohne den Einfluss u. die Position, die sie einmal gehabt haben 失去职权的，无职无权的

ab·ge·han·gen *Adj*（形）；*nicht adv*（不作状语）；durch langes Hängen weich u. zart geworden（悬挂后变得）细嫩的，酥软可口的〈Fleisch, Filet 肉，里脊肉；gut a. 非常鲜嫩的〉

ab·ge·härmt *Adj*（形）；*nicht adv, geschr*（不作状语）[书]；von Sorgen u. Kummer gezeichnet 憔悴的，忧愁的〈ein Gesicht 脸〉

ab·ge·hen (*ist*) Vi（不及物）**1. *von etw. a.*** e-e Schule *o. Ä.* verlassen 离校，离开〈von der Schule, Universität a. 离开学校，离开大学〉 **2. *etw. geht irgendwo ab*** etw. zweigt von e-m größeren Weg ab（物作主语）分岔 ↔ etw. mündet irgendwo ein：*Hier geht ein kleiner Weg ab* 从这里分出一条小道 **3. *etw. geht (von etw.) ab*** *gespr* [口]；etw. löst sich（物作主语）脱离，脱落，掉落：*Mir ist ein Knopf vom Mantel abgegangen* 我大衣上的一个扣子掉了 **4. *von etw. a.*** nicht mehr auf etw. bestehen 舍弃，放弃，摈弃，不固执坚持 ≈ aufgeben[2] (2)〈von seinen Forderungen, seinen Gewohnheiten, seinem Standpunkt a. 放弃自己的要求、习惯、观点〉 **5. *etw. geht ab*** etw. wird vom Körper mit den Exkrementen ausgeschieden（物作主语）排泄出，分泌出〈Blut, Gallensteine 血，肾结石〉 **6. *etw. geht (von etw.) ab*** etw. wird von etw. abgezogen（物作主语）（从…中）被扣除，被抽出：*Vom Preis gehen noch fünf Prozent ab* 从价格中又扣除 5% **7. *etw. geht irgendwie ab*** *gespr* [口] ≈ etw. geht irgendwie aus, endet irgendwie：*Der Unfall ist gut/glimpflich abgegangen* 事故没出事/损失不大 **8. *etw. geht j-m ab*** *gespr* [口]；etw. fehlt j-m（物作主语）短缺，缺少：*Mir gehen 10 Euro ab* 我缺十欧元；*Ihm geht jedes Verständnis für Kinder ab* 他对孩子缺乏任何理解 **9.** SPORT【体】；ein Gerät mit e-m Sprung verlassen u. damit die Übung beenden（从运动器械上做完动作后）跳下，落地 ‖ ▶ ***Abgang***

ab·ge·kämpft *Adj*（形）；sichtbar müde od. erschöpft 劳累的，精疲力尽的〈e-n abgekämpften Eindruck machen 给人一个疲惫不堪的印象〉

ab·ge·kar·tet *Adj*（形）；*nicht adv, pej*（不作状语）[贬]；*mst in* 多用于 ***ein abgekartetes Spiel/e-e abgekartete Sache*** e-e Angelegenheit/e-e Sache, die (zum Nachteil e-s anderen) heimlich vereinbart wurde 预设的圈套/秘密设置的陷阱

ab·ge·klärt 1. *Partizip Perfekt*（过去分词）；↑ ***abklären*** 2. *Adj*（形）；durch Erfahrung ausgeglichen, reif u. klug 有涵养的，谨慎的，老练稳健的 ≈ besonnen：*a. reagieren* 反应谨慎；*a. über etw. sprechen* 对某事说话老练 ‖ *zu*（义项）2. **Ab·ge·klärt·heit** *die; nur Sg*（只用单数）

ab·ge·le·gen *Adj*（形）；weit entfernt u. isoliert 边远的，偏僻的 ↔ nahe〈ein Dorf 村庄〉‖ *hierzu*（派生）**Ab·ge·le·gen·heit** *die; nur Sg*（只用单数）

ab·gel·ten (*hat*) Vt（及物）***etw. a.*** e-e Schuld bezahlen od. wiedergutmachen 付清，清偿（债务）‖ *hierzu*（派生）**Ab·gel·tung** *die; nur Sg*（只用单数）

ab·ge·macht 1. *Partizip Perfekt*（过去分词）；↑ ***abmachen*** 2. *Adj*（形）；verwendet, um auszudrücken, dass man e-n Vorschlag akzeptiert 已约定的，已商定的 ≈ o. k., in Ordnung：„*Wir treffen uns morgen, ja?*" – „*A.!*" "明天我们见面，好吗？"——"好(一言为定)!" ‖ ID［谚］*mst* 多用 ***Das war e-e abgemachte Sache!*** es war alles schon vorher verabredet (*mst* zum Nachteil des Sprechers) 这是已经商定好了的事!

ab·ge·mel·det 1. *Partizip Perfekt*（过去分词）；↑ ***abmelden*** 2. *Adj*（形）；*nicht adv*（不作状语）；*mst in* 多用于 ***bei j-m a. sein*** *gespr*［口］；von j-m verachtet werden, nicht mehr zu j-s Freunden zählen 不受某人欢迎的，不再受某人青睐

ab·ge·neigt *Adj*（形）；*mst präd*（多作表语）1. ***j-m / etw. a.*** (***sein***) j-m/etw. gegenüber negativ eingestellt (sein) 不感兴趣的，态度消极的 ↔ zugetan 2. *mst* 多用 ***nicht a. sein zu*** + *Infinitiv*（不定式）nichts dagegen haben, etw. zu tun 不反对，不是不乐意(干)

Ab·ge·ord·ne·te *der / die*；*-n*，*-n* 1. ein gewähltes Mitglied e-s Parlaments 人民代表，议员 ≈ Volksvertreter ‖ -K(复合)：***Bundes-tags-***，***Landtags-***，***Parlaments-***，***Volkskammer-*** 2. ein Beauftragter, Delegierter *z. B.* e-s Vereins(某一团体)被委派的人，代理人 ‖ NB(注意)：*ein Abgeordneter*；*der Abgeordnete*；*den*，*dem*，*des Abgeordneten*

Ab·ge·ord·ne·ten·haus *das* ≈ Parlament

ab·ge·ris·sen 1. *Partizip Perfekt*（过去分词）；↑ ***abreißen*** 2. *Adj*（形）；in schlechter Kleidung 衣衫褴褛的 ↔ gepflegt 3. *Adj*（形）；von vielen Pausen (beim Sprechen) unterbrochen, ohne Zusammenhang(说话)结结巴巴的，不成句的，不连贯的，颠三倒四的〈Äußerungen, e-e Sprechweise 表达，说话方式〉‖ *zu*（义项）2. u. 3. **Ab·ge·ris·sen·heit** *die*；*nur Sg*（只用单数）

Ab·ge·sand·te *der / die*；*-n*，*-n*；*veraltend*［渐旧］；j-d, der von e-m Herrscher mit e-r Botschaft od. e-m Auftrag zu j-m geschickt wird 特使，使者，特派代表 ‖ NB(注意)：*ein Abgesandter*；*der Abgesandte*；*den*，*dem*，*des Abgesandten*

ab·ge·schie·den *Adj*（形）1. weit entfernt von anderen 偏远的，遥远的〈ein Haus, ein Dorf 房屋，村落〉2. ohne Kontakt zu anderen 孤独的，幽独的，离群索居的：*ein abgeschiedenes Leben führen* 过着离群索居的生活 ‖ *hierzu*（派生）**Ab·ge·schie·den·heit** *die*；*nur Sg*（只用单数）

ab·ge·schlafft *Adj*（形）；*gespr*［口］；müde u. erschöpft 疲劳的，疲惫不堪的 ↔ frisch (5)〈ein abgeschlaffter Typ 一个没精打采的家伙；a. aussehen 显得精疲力尽〉

ab·ge·schla·gen 1. *Partizip Perfekt*（过去分词）；↑ ***abschlagen*** 2. *Adj*（形）≈ erschöpft, zerschlagen〈e-n abgeschlagenen Eindruck machen 给人一个精神不振的印象〉3. *Adj*（形）；SPORT【体】；klar geschlagen, besiegt 输，败(北)，负，失利：*Sie landete a. auf dem 14 Platz* 她输了，降到第 14 名

ab·ge·schlos·sen 1. *Partizip Perfekt*（过去分词）；↑ ***abschließen*** 2. *Adj*（形）；*nicht adv*（不作状语）；für sich e-e Einheit bildend 自成一体的，独门独户的〈e-e Wohnung 住房〉

ab·ge·schmackt *Adj*（形）；*nicht adv*，*pej*（不作状语）［贬］≈ geschmacklos, taktlos〈Redensarten, Späße 套话，笑话〉‖ *hierzu*（派生）**Ab·ge·schmackt·heit** *die*；*nur Sg*（只用单数）

ab·ge·se·hen 1. *Partizip Perfekt*（过去分词）；↑ ***absehen*** 2. ***a. von / von ... a.*** wenn man etw. nicht berücksichtigt 除…外，撇开…不谈 ≈ außer[1] (1)：*A. von der Fahrt / Von der Fahrt a. war der Urlaub sehr schön* 除旅途坐车外假期过得很好 3. ***a. davon*** außerdem, im Übrigen 除此以外，此外：*A. davon wissen wir gar nicht, wo er wohnt* 此外我们完全不知道他住哪里

ab·ge·spannt 1. *Partizip Perfekt*（过去分词）；↑ ***abspannen*** 2. *Adj*（形）；müde u. ohne Energie 疲劳的，没精神的 ↔ erholt〈a. aussehen, wirken 看上去很疲劳，样子没精神〉‖ *zu*（义项）2. **Ab·ge·spannt·heit** *die*；*nur Sg*（只用单数）

ab·ge·spielt 1. *Partizip Perfekt*（过去分词）；↑ ***abspielen*** 2. *Adj*（形）；durch häufigen Gebrauch abgenutzt 破损的，用坏了的〈e-e Schallplatte, ein Film, ein Tennisball 唱片，电影片，网球〉

ab·ge·stan·den 1. *Partizip Perfekt*（过去分词）；↑ ***abstehen*** 2. *Adj*（形）；nicht mehr frisch 不再新鲜的，变了味的〈Luft, ein Geruch, Wasser 空气，味道，水〉

ab·ge·ta·kelt *Adj*（形）；*gespr pej*［口］［贬］；drückt aus, dass j-d durch seinen Lebensstil alt u. verbraucht wirkt 老朽的，苍老的〈j-d sieht a. aus 某人显得老态龙钟〉

ab·ge·win·nen (*hat*) [Vt]（及物）1. ***j-m etw. a.*** von j-m etw. gewinnen 赢得：*Er hat ihm beim Pokern 2000 Euro abgewonnen* 玩扑克牌他赢了他 2000 欧元 2. ***j-m etw. a.*** erreichen, dass j-d etw. tut 博得，取得 ≈ entlocken〈j-m ein Lächeln, ein Versprechen a. 博得某人一笑，得到某人承诺〉3. ***etw.*** (*Dat* 三格) ***etw. a.*** etw. Gutes an etw. finden 从…中找出，发现(好的一面)：*Er kann der modernen Kunst nichts Faszinierendes a.* 从现代艺术中他找不到令人神往的东西；*Ich kann der Sache nichts Positives a.* 对这件事我丝毫看不出积极面

ab·ge·wöh·nen (*hat*)；[Vt]（及物）1. ***j-m / sich etw. a.*** j-n/sich dazu bringen, e-e schlechte Gewohnheit aufzugeben 使戒掉、戒除、改掉 ↔ j-m/sich etw. angewöhnen〈j-m/sich das Rauchen, das Trinken a. 让某人/自己戒烟、戒酒〉2. ***etw. ist zum Abgewöhnen*** etw. ist so, dass man nichts mehr davon haben möchte (物作主语)得舍掉，舍弃：*Das Fernsehprogramm ist mal wieder zum Abgewöhnen!* 又得舍弃这个电视节目!

ab·ge·zehrt *Adj*（形）；*nicht adv*（不作状语）；von Hunger, Krankheit od. großer Anstrengung sehr erschöpft u. mager 虚弱的，憔悴的，枯槁的，心力交瘁的：*Sie macht e-n abgezehrten Eindruck* 她形容枯槁

ab·gie·ßen (*hat*) [Vt] (及物) **1. etw. a.** e-e Flüssigkeit (aus e-m Gefäß, von etw.) weggießen 将(液体)滗掉、倒掉: *das Wasser von den Kartoffeln a.* 把土豆里的水滗掉 **2. etw. a.** etw. durch e-n Guss nachbilden 浇铸 ‹e-e Statue, e-e Büste a. 浇铸一座雕像、胸像› ‖ ▶ **Abguss**

Ab·glanz *der*; *nur Sg* (只用单数) **1.** der reflektierte Glanz *z.B.* des Mondscheins 反照, 回光, 反光(如: 月光) **2. ein A.** + *Gen* (二格); *geschr* [书]; ein Rest, an dem man die Spuren von etw. Vergangenem noch erkennt 痕迹, 余辉: *nur ein schwacher A. des vergangenen Reichtums* 只是昔日华贵的微弱余辉

ab·glei·ten (*ist*) [Vi] (不及物) (**von etw.**) **a.** (den Halt verlieren u. mit etw.) seitlich *mst* nach unten gleiten 滑脱, 滑下: *Er ist mit dem Messer abgeglitten u. hat sich geschnitten* 他没拿住刀, 滑下去割了手

Ab·gott *der* **1.** j-d, der sehr geliebt u. übertrieben verehrt wird 宠儿: *Er ist der A. seiner Eltern* 他是父母的宠儿 **2.** *veraltend* [渐旧]; ein heidnischer Gott 偶像 ≈ Götze

ab·göt·tisch *Adj* (形); *nur attr od adv* (只作定语或状语); sehr stark übertrieben 崇拜偶像的, 狂热的 ‹e-e Liebe 爱; j-n a. verehren, lieben 狂热地崇拜, 热恋某人›

ab·gra·ben (*hat*) [Vt] (及物) *mst in* 多用于 **j-m das Wasser a.** j-n beruflich od. geschäftlich so stark schädigen, dass seine Existenz gefährdet wird 破坏…的生存, 挖…墙脚, 使成釜底枯鱼

ab·gra·sen (*hat*) [Vt] (及物) **1. ein Tier grast etw. ab** ein Tier frisst das Gras von etw. weg(动物作主语)把…的草吃光: *Das Vieh graste die Weide ab* 牲畜把牧场的草都吃光了 **2. etw.** (**nach j-m/etw.**) **a.** *gespr* [口] ≈ absuchen: *ein Waldstück nach Pilzen a.* 为采集蘑菇而踏遍一块林地; *alle Läden a.* 找遍大小商场

ab·gren·zen (*hat*) [Vt] (及物) **1. etw. a.** etw. durch e-e Grenze von etw. trennen 划定界线(限), 将…隔开: *Die Schnur grenzt das Becken für Nichtschwimmer ab* 为了不会游泳的人, 用绳子把游泳池隔开 **2. etw.** (**gegen etw.**) **a.**; **etw.** (**von etw.**) **a.** zeigen, wo die Grenze zwischen zwei Dingen liegt 划清界线, 把…与…区分开 ≈ trennen (2): *die Rechte deutlich von den Pflichten a.* 把权利与义务区分得一清二楚; [Vr] (反身) **3. sich von j-m/etw. a.** sich von j-m/etw. distanzieren 与…划清界线: *Sie versuchte, sich von der Politik ihrer Partei abzugrenzen* 她试图与党的政策划清界限(保持距离) ‖ *hierzu* (派生) **Ab·gren·zung** *die*

Ab·grund *der* **1.** e-e sehr große, gefährliche Tiefe 深渊, 深谷 ‹ein tiefer A. 万丈深渊; in e-n A. stürzen 跌入深谷› **2.** *nur Sg* (只用单数) ≈ Verderben, Untergang ‹j-n an den Rand des Abgrunds bringen 把某人推向毁灭的边缘› **3.** ein Gegensatz, den man nicht überwinden kann 鸿沟 ≈ Kluft[1] (2): *Zwischen der Opposition u. der Regierung tun sich Abgründe auf* 在反对派与政府之间裂开深深的鸿沟 **4. ein gähnender A.** *geschr* [书]; ein tiefer, dunkler A. (1)深不可测的(黑洞洞的)万丈深渊

ab·grün·dig *Adj* (形) **1.** *geschr* [书] ≈ geheimnisvoll, rätselhaft ‹ein Geheimnis, ein Gedanke, ein Lächeln 秘密, 思想, 微笑; a. lächeln 神秘地微笑› **2.** *nur adv* (只作状语); verwendet, um Adjektive zu verstärken (强化形容词语义) 极, 很 ≈ sehr: *a. boshaft, gemein* 恶毒极了, 卑鄙透了

ab·grund·tief *Adj* (形); (auf negative Weise) enorm stark, intensiv 非常强烈的, 深深的, 极度的 ‹ein Hass, e-e Wut 恨, 怒火; j-n a. hassen, verachten 恨透某人, 非常鄙视某人›

ab·gu·cken (*hat*) [Vt] (及物) **1. etw.** (**bei j-m**) **a.**; (**j-m**) **etw. a.** *gespr* [口]; etw. nachahmen, nachmachen, nachdem man es bei j-m gesehen hat 看会: *Diesen Trick hat er* (*bei*) *seinem Vater abgeguckt* 这套绝招他是从他父亲那里看会的; [Vt/i] (及物/不及物) **2.** (**etw.**) (**bei j-m**) **a.** *gespr* [口]; (in der Schule) bei Prüfungen von j-m abschreiben (考试时)作弊, 抄(袭)

Ab·guss *der*; die Nachbildung e-s Originals 浇铸, 复制(品) ‹ein A. in Bronze, Gips, Wachs 青铜浇铸品, 石膏复制品, 蜡浇制品; der A. e-r Statue 雕像复制品›

ab·ha·ben (*hat*) [Vt] (及物) *gespr* [口] **1. etw.** (**von etw.**) **a.** e-n Teil von etw. bekommen (从…中)取得一份: *Willst du auch ein Stück von dem Kuchen a.?* 你也想来一块点心吗? ‖ NB (注意): *mst* im Infinitiv (多用不定式)! **2. etw. a.** etw. nicht (auf dem Kopf) tragen 没戴 ↔ aufhaben ‹den Hut, die Mütze, die Brille a. 没戴帽子、便帽、眼镜›

ab·ha·cken (*hat*) [Vt] (及物) (**j-m/sich**) **etw. a.** etw. mit e-r Hacke od. Axt von etw. anderem trennen 砍掉: *e-n abgestorbenen Ast a.* 把枯萎的树枝砍掉

ab·ha·ken (*hat*) [Vt] (及物) **1. etw. a.** etw. mit e-m Häkchen versehen als Zeichen, dass es erledigt ist 打钩(作记号): *die Namen auf e-r Liste a.* 在名单上打钩 **2. etw. a.** ein *mst* unangenehmes Erlebnis schnell vergessen 一笔勾销: *Unser Streit ist bereits abgehakt* 我们的争吵已一笔勾销 ‖ NB (注意): *zu* (义项) **2.**: *mst* im Perfekt (多用现在完成时)!

ab·hal·ten (*hat*) [Vt] (及物) **1. j-n von etw. a.** j-n daran hindern, etw. zu tun 挡住, 妨碍 ‹j-n von der Arbeit a. 妨碍某人工作›: *Sei ruhig u. halte mich nicht ständig vom Lernen ab!* 安静些, 别老妨碍我学习! **2. etw. a.** etw. veranstalten, stattfinden lassen 举行, 举办 ‹e-e Sitzung, e-n Kurs, Wahlen a. 举行会议、讲座、选举› **3. etw. hält etw. ab** etw. bewirkt, dass Schnee, Licht, Hitze *o.Ä.* nicht eindringt (物作主语) 挡, 防(雪、光、热等): *Laub auf Gemüsebeeten soll den Frost a.* 菜畦上的树叶可御寒 ‖ *zu* (义项) **2. Ab·hal·tung** *die*; *nur Sg* (只用单数)

ab·han·deln (*hat*) [Vt] (及物) **1. j-m etw. a.** so lange mit j-m handeln, bis er einem etw. zu e-m Preis verkauft, den man zu zahlen bereit ist(经讨价还价)买下 **2. etw. a.** etw. wissenschaftlich bearbeiten od. behandeln 科学地论述,研讨 ⟨ein Thema, e-e Frage, ein Kapitel a. 研讨一个题目、一个问题、一个章节⟩ ‖ *zu* (义项) **2. Ab·hand·lung** *die*

ab·han·den·kom·men; *kam abhanden, ist abhandengekommen*; Vi (不及物) ***etw. kommt (j-m) abhanden*** etw. geht verloren (物作主语)丢失了

Ab·hang *der*; e-e schräge Fläche zwischen e-m höher u. e-m tiefer gelegenen Gelände 斜坡,山坡 ⟨ein steiler, sanfter A. 陡坡,缓坡⟩ ‖ -K(复合): ***Berg-***

ab·hän·gen[1]; *hing ab, hat abgehangen*; Vi (不及物) **1. *etw. hängt von etw. ab*** etw. ist durch etw. bedingt od. bestimmt(物作主语)依赖于,取决于,视…而定 ⟨etw. hängt vom Zufall ab 某事取决于偶然机会⟩: *Es hängt vom Wetter ab, ob wir baden gehen können* 我们能否去游泳取决于天气 **2. *von etw. a.*** etw. unbedingt brauchen 依赖,需要 ≈ etw. benötigen: *vom Geld der Eltern a.* 需要父母的钱 **3. *von j-m a.*** *gespr* [口]; j-s Autorität, Macht unterworfen sein 由…摆布、左右 ⟨von seinem Vorgesetzten a. 看上司的脸色办事⟩

ab·hän·gen[2]; *hängte ab, hat abgehängt*; Vt (及物) **1. *etw. a.*** etw. von einem Haken od. Nagel (herunter) nehmen 取下,摘下 ↔ aufhängen ⟨ein Bild a. 取下画片⟩ **2. *etw. (von etw.) a.*** e-e Verbindung lösen 使脱钩,甩掉 ≈ abkuppeln ↔ anhängen[2] (1) ⟨e-n Wagen, e-n Waggon a. 甩掉挂车、车厢⟩ **3. *j-n a.*** *gespr* [口]; j-n hinter sich lassen, weil man schneller od. besser ist 把…抛在后头,甩掉 ≈ loswerden, abschütteln ⟨e-n Verfolger, e-n Konkurrenten a. 甩掉跟踪者,把竞争对手抛在后头⟩

ab·hän·gig *Adj* (形); *nicht adv* (不作状语) **1. *(von j-m/etw.) a. sein*** die Hilfe, Unterstützung *o.Ä.* von j-m/etw. brauchen 需要…帮助的,依赖于…的 ↔ selbständig sein ⟨von seinen Eltern a. sein 依赖于父母⟩ **2. *etw. ist a. von etw.*** etw. ist durch etw. bedingt(物作主语)取决于,视…而定 ⟨vom Erfolg, Wetter, Zufall a. 取决于成绩、天气、偶然机会⟩ **3. *etw. ist von etw. a.*** ein Staat *o.Ä.* ist politisch, WIRTSCHaftlich u. militärisch nicht selbständig(指国家等在政治、经济、军事等方面)依赖…的 **4. *a. (von etw.)*** süchtig nach etw. 对…有瘾的: *Ihr Freund ist (von Drogen u. Tabletten) a.* 她的男友(对毒品和药片)有瘾 **5. *etw. von etw. a. machen*** e-e bestimmte Bedingung stellen, unter der man etw. akzeptiert 使…依赖于 ‖ *zu* (义项) **1.-4. Ab·hän·gig·keit** *die*

-ab·hän·gig *im Adj nach Subst, begrenzt produktiv* (在名词后构成形容词,构词有限) **1.** sich mit der genannten Sache ändernd, durch sie bedingt 与…有关的,取决于…的 ↔ -unabhängig; ***altersabhängig*** ⟨e-e Besoldung 薪水⟩, ***leistungsabhängig*** ⟨e-e Bezahlung 付酬⟩, ***preisabhängig*** ⟨e-e Nachfrage 需求⟩, ***wetterabhängig*** ⟨ein Fahrplan 行驶时刻表⟩ **2.** nach etw. süchtig 对…有瘾的,有嗜好的 ≈ -süchtig; ***alkoholabhängig, drogenabhängig, heroinabhängig, tablettenabhängig***

ab·här·ten (*hat*) Vi (不及物) **1. *etw. härtet ab*** etw. macht den Körper od. die Seele weniger empfindlich(物作主语)得到磨炼,变强壮,变坚强; Vr (反身) **2. *sich (gegen etw.) a.*** seinen Körper durch bestimmte Maßnahmen (*z.B.* kalte Duschen *o.Ä.*) gegen Krankheiten unempfindlicher machen 锻炼身体,加强体质(抵御疾病) ‖ *hierzu* (派生) **Ab·här·tung** *die*; *nur Sg* (只用单数)

ab·hau·en[1]; *haute ab/geschr veraltend* [书][渐旧] *hieb ab, hat abgehauen*; Vt (及物) ***etw. a.*** etw. *mst* mit e-r Axt von etw. trennen 把…砍下: *Er haute den Ast mit e-m Schlag ab* 他一下就把树枝砍下了

ab·hau·en[2]; *haute ab, ist abgehauen*; Vi (不及物) *gespr* [口]; von irgendwo weggehen/verschwinden, wo es einem nicht gefällt od. wo man nicht erwünscht ist 溜走,逃走,走开: *Hau ab, ich kann dich nicht mehr sehen!* 走开,我不能再看见你!; *Als ihn sein Vater verprügelte, ist er von zu Hause abgehauen* 他父亲抽打他时,他就从家里逃跑了

ab·häu·ten (*hat*) Vt (及物) ***ein Tier a.*** e-m Tier die Haut, das Fell abziehen 剥去动物的皮 ≈ enthäuten

ab·he·ben (*hat*) Vt/i (及物/不及物) **1. *(etw.) a.*** etw. heben u. von etw. entfernen 揭下,拿下,提起, ↔ auflegen: *den Telefonhörer a.* 拿起电话(听筒); *Es hebt keiner ab* 没人揭牌; Vt (及物) **2. *etw. a.*** e-e Geldsumme vom Bankkonto *o.Ä.* nehmen(从账户)提取 ↔ einzahlen ⟨Geld a. 提款,取钱⟩: *500 Euro vom Sparbuch a.* 从存折上提取500欧元; Vi (不及物) **3. *etw. hebt ab*** etw. hebt sich beim Start in die Luft(物作主语)升空,飞离 ↔ etw. landet ⟨ein Flugzeug 飞机⟩ **4.** *gespr* [口]; sehr eingebildet werden 太傲,太自负,翘尾巴: *Hoffentlich hebt er nicht ab, wenn er den Job kriegt!* 希望他得到工作后不要翘尾巴!; Vr (反身) **5. *j-d/etw. hebt sich (von j-m/etw.) ab*** j-d/etw. unterscheidet sich deutlich von j-m/etw. (人/物作主语)与…相比显得突出,被…衬托出来: *Das Rot hebt sich deutlich vom Hintergrund ab* 红色被背景衬托得分外清晰; *Sie hebt sich in ihren Leistungen stark von ihrer Kollegin ab* 在成绩上,她与她的女同事相比显得分外突出

ab·hef·ten (*hat*) Vt (及物) ***etw. a.*** etw. in e-n Ordner od. Hefter einordnen 把…放入文件夹中 ⟨Rechnungen, Briefe a. 把账单、信件放进文件夹⟩

ab·hei·len (*ist*) Vi (不及物) ***etw. heilt ab*** etw. heilt vollständig(物作主语)完全治愈,治好: *Die Wunde ist ohne Narbe abgeheilt* 伤口完全愈合了,没留下疤

ab·hel·fen (*hat*) Vi (不及物) ***etw. (Dat* 三格) *a.*** etw. durch gezielte Maßnahmen beseitigen(有针对性地)革除，消除，解决，根治，改变〈der Not, dem Übel, e-r Krankheit a. 改变贫困，根治弊端，消除疾病〉

ab·het·zen, sich (*hat*) [Vr] (反身) **sich a.** *gespr* [口]; sich so beeilen, dass man erschöpft ist 疲于奔命，东奔西跑忙坏了，忙得上气不接下气

Ab·hil·fe *die*; *nur Sg*(只用单数); das Beseitigen e-s negativen Zustands 消除弊端，纠正错误，克服困难〈A. schaffen 设法消除弊端; für A. sorgen 关心(如何)克服困难〉‖ NB(注意): ein Anschluss mit Genitiv ist nicht möglich(不能与二格连用)

ab·ho·beln (*hat*) [Vt] (及物) **1. etw. a.** etw. mit e-m Hobel von etw. entfernen 刨去，刨掉 **2. etw. a.** etw. mit e-m Hobel glatt machen 刨光，刨平: *das Brett a.* 把木板刨平

ab·hold *Adj*(形); *nicht adv*(不作状语); *mst in* 多用于 **j-m/etw. a. sein** *veraltend* [渐旧]; j-n/etw. ablehnen, nicht mögen 厌恶，讨厌 ≈ j-m/etw. abgeneigt sein

ab·ho·len (*hat*) [Vt] (及物) **1. etw. a.** etw., das bereit liegt od. das bestellt wurde, mitnehmen 领取: *e-e Kinokarte an der Kasse a.* 在售票处取电影票; *beim Bäcker die bestellten Brötchen a.* 在面包师那里取预订的面包 **2. j-n a.** j-n an e-m vereinbarten Ort treffen u. mit ihm weggehen 接(人): *Ich hole dich vom/am Bahnhof ab* 我去火车站接你 ‖ *zu* (义项) **1. Ab·ho·lung** *die*; *mst Sg*(多用单数)

Ab·hol·markt *der*; ein Geschäft, in dem man bestimmte Waren (*mst* Getränke od. Möbel) für e-n günstigen Preis bekommt, wenn man sie selbst abholt (anstatt sie nach Hause liefern zu lassen) 自提商品市场(买方自己提货，如饮料、家具，价格优惠) ‖ -K(复合): **Getränke-, Möbel-**

Ab·hol·preis *der*; ein Preis, den man für bestimmte Waren (*z. B.* Möbel) zahlt, wenn man sie selbst im Geschäft abholt 自提商品价 ≈ Mitnahmepreis

ab·hol·zen; *holzte ab*, *hat abgeholzt*; [Vt] (及物) **etw. a.** Bäume e-s Waldes fällen 砍伐 ↔ aufforsten 〈e-n Wald a. 砍伐森林〉‖ *hierzu* (派生) **Ab·hol·zung** *die*

ab·hor·chen (*hat*) [Vt] (及物) **1. j-n/etw. a.** (als Arzt) j-s Oberkörper od. Organe auf bestimmte Geräusche prüfen, untersuchen (医生)听诊〈das Herz, die Lunge a. 听心脏，听肺部〉 **2. etw. a.** ≈ abhören (3)

ab·hö·ren (*hat*) [Vt] (及物) **1. j-m etw. a.; j-n a.** j-n durch Fragen prüfen 考问 ≈ abfragen: *e-m Schüler die Vokabeln a.* 考问学生单词; *Willst du mich abhören?* 你想考问我吗? **2. j-n/etw. a.** (als Arzt) j-n od. seine Organe auf bestimmte Geräusche prüfen, untersuchen (医生)对…听诊 ≈ abhorchen (1) **3. j-n/etw. a.** etw. heimlich mit anhören 偷听，窃听，监听 ≈ belauschen 〈Telefongespräche a. 监听电话谈话; j-d wird abgehört 某人被窃听〉‖ K-(复合): **Abhör-, -aktion, -gerät** ‖ *zu* (义项) **3. ab·hör·si·cher** *Adj* (形); *nicht adv*(不作状语)

ab·hun·gern (*hat*) [Vt] (及物) **1. sich** (*Dat* 三格) **etw. a.** (durch Hungern) Geld sparen, um sich etw. leisten zu können 省吃俭用积攒 ≈ absparen: *sich das Geld für die Autoreparatur a. müssen* 得饿肚子攒钱修车 **2.** (**sich** (*Dat* 三格)) **etw. a.** *gespr*[口]; durch Hungern Gewicht abnehmen 饥饿减肥: *In e-r Woche hat sie drei Kilo abgehungert* 一周内她饿瘦了3公斤

Abi *das*; *-s*, *-s*; *mst Sg*, *gespr*(多用单数)[口]; (*bes* von Schülern verwendet(学生用语)) *Kurzw*(略) ↑ **Abitur**

Abi·tur *das*; *-s*, *-e*; *mst Sg*(多用单数); die abschließende Prüfung an e-m Gymnasium, die Voraussetzung für ein Studium an der Universität ist 文理高中毕业考试 ≈ Hochschulreife ‖ K-(复合): **Abitur-, -klasse, -note, -prüfung, -zeugnis**

Abi·tu·ri·ent [abitu'ri̯ɛnt] *der*; *-en*, *-en*; ein Schüler der letzten Klasse des Gymnasiums kurz vor, im od. nach dem Abitur 文理高中毕业生 ‖ NB(注意): *der Abiturient*; *den*, *dem*, *des Abiturienten* ‖ *hierzu*(派生) **Abi·tu·ri·en·tin** *die*; *-*, *-nen*

ab·ja·gen (*hat*) [Vt] (及物) **1. j-m etw. a.** j-m etw. nach ziemlich langem Bemühen wegnehmen(经争夺)抢下，夺下: *dem gegnerischen Spieler den Ball a.* 从对方队员那里把球抢下; *j-m die Beute a.* 从某人手里夺得战利品; [Vr] (反身) **2. sich a.** *gespr*[口] ≈ sich abhetzen

ab·kan·zeln; *kanzelte ab*, *hat abgekanzelt*; [Vt] (及物) **j-n a.** *gespr*[口]; j-n scharf kritisieren u. dabei demütigen 斥责，严厉训斥: *Er hat mich vor allen Leuten abgekanzelt* 他当着众人的面训斥了我

ab·kap·seln, sich; *kapselte sich ab*, *hat sich abgekapselt*; [Vr] (反身) **sich** (**von j-m**) **a.** sich von seiner Umgebung od. von seinen Freunden isolieren(与…)隔离，隔绝 ‖ *hierzu* (派生) **Ab·kap·se·lung** *die*; *mst Sg*(多用单数)

ab·kas·sie·ren; *kassierte ab*, *hat abkassiert*; [Vt/i] (及物/不及物) (**j-n**) **a.** Geld von j-m kassieren(向…)收款，收钱〈Fahrgäste, Gäste e-s Restaurants a. 向乘客、饭店客人收钱〉: *Darf ich bitte a., ich habe jetzt Dienstschluss* 我现在要下班了，请允许我收款

ab·kau·en (*hat*) [Vt] (及物) **etw. a.** durch Kauen kleine Stücke von etw. entfernen 咬下，咬掉: *abgekaute Fingernägel* 咬下来的指甲

ab·kau·fen (*hat*) [Vt] (及物) **1.** (**j-m**) **etw. a.** von j-m etw. kaufen, erwerben (从…手中)买下，购得 ↔ (j-m) etw. verkaufen **2. j-m etw. a.** *gespr* [口]; j-m etw. glauben 相信，信: *Diese Geschichte kauft ihm doch keiner ab* 他的这个故事没人(相)信 ‖ ID[谚] ↑ **Schneid**

Ab·kehr *die*; *-*; *nur Sg*(只用单数); **die A.** (**von j-m/etw.**) das Aufgeben od. Ändern seiner früheren Ansichten, Gewohnheiten *usw* 背离，背弃，改变〈die A. vom Glauben, von Gott, von e-m Laster, von e-r politischen Überzeugung 背弃信仰、上帝，改变坏习惯、政治信念〉

ab·keh·ren[1] Vt (及物) (*hat*) **1. etw./sich** (**von j-m/etw.**) **a.** etw./sich von j-m/etw. wegdrehen 把…(从…)移开,转到一边 ≈ abwenden: *den Blick* (*von etw.*) *a.* 把视线(从…)移开; Vi (不及物) (*ist*) **2. von etw. a.** e-e Überzeugung od. Gewohnheit aufgeben od. ändern 背弃,改变,摒弃; Vr (反身) (*hat*) **3. sich von etw. a.** ≈ a. (2)

ab·keh·ren[2] (*hat*) Vt (及物) **1.** ↑ **ab-** (3) **2.** ↑ **ab-** (4)

ab·klap·pern (*hat*) Vt (及物) **j-n/etw.** (*Kollekt od Pl* 集合或复数) (**nach etw.**) **a.** *gespr* [口]; nacheinander zu e-r Anzahl von Personen od. Orten gehen, um etw. Bestimmtes zu finden 寻遍 ⟨die ganze Stadt, alle Geschäfte/Straßen a. 寻遍全市、所有商店/街道⟩

ab·klä·ren (*hat*) Vt (及物) **etw. a.** ein Problem lösen od. e-e Frage entscheiden 澄清,弄明白 ≈ klären (1)

Ab·klatsch *der*; *-(e)s*; *nur Sg*, *pej* (只用单数) [贬]; e-e Nachahmung, Imitation ohne großen Wert 拓本,复制品,仿制品,赝品: *der billige A. e-r griechischen Statue* 一件希腊雕像的廉价仿制品

ab·klem·men (*hat*) Vt (及物) **etw. a.** etw. mit e-r Klemme zusammenpressen(用摄子)夹住 ⟨ein Kabel a. 夹住导线⟩

ab·klin·gen (*ist*) Vi (不及物) **1. etw. klingt ab** etw. wird leiser(物作主语)声音渐轻、变小 ⟨der Lärm, die Lautstärke 喧闹声,音响强度⟩ **2. etw. klingt ab** etw. wird schwächer, weniger intensiv(物作主语)慢慢减缓,消退 ≈ etw. lässt nach ⟨das Fieber, e-e Krankheit 发烧,疾病⟩

ab·klop·fen (*hat*) Vt (及物) **1. etw.** (**von etw.**) **a.** etw. von etw. durch Klopfen entfernen 把…拍掉: *den Staub von der Jacke a* 从上衣上把灰尘拍掉(拍掉上衣上的灰尘). **2. etw. a.** etw. durch Klopfen sauber machen 把…拍干净: *die verstaubte Decke a.* 把积满灰尘的毯子拍干净 **3. j-n/etw. a.** j-n/etw. durch Klopfen untersuchen 叩诊,(通过叩听)检查 ⟨e-n Kranken, die Lunge a. 检查病人,肺部; e-e Mauer a. 叩墙检查⟩ **4. etw. auf etw.** (*Akk* 四格) (**hin**) **a.**; **etw. nach etw. a.** *gespr* [口]; etw. auf etw. hin untersuchen, prüfen 检查,检测,检验 ⟨etw. auf Fehler (hin) a. 检查某物的毛病; etw. nach Fehlern a. 检测某物哪里有缺陷⟩: *Wir werden seine Argumente auf ihre Stichhaltigkeit hin a.* 我们将检验他论点的可信程度

ab·knab·bern (*hat*) Vt (及物) *gespr* [口] **1. etw.** (**von etw.**) **a.** etw. in ganz kleinen Bissen von etw. abbeißen 啃下,咬下: *die Schokolade von dem Keks a.* 咬下饼干上的巧克力 **2. etw. a.** an etw. knabbern, bis nichts mehr daran ist 啃干净,咬掉: *e-n Knochen a.* 把骨头(上的肉)啃干净

ab·knal·len (*hat*) Vt (及物) **j-n/ein Tier a.** *gespr pej* [口][贬]; j-n/ein Tier ohne Mitleid, brutal durch Schüsse töten 乱枪打死

ab·kni·cken Vt (及物) (*hat*) **1. etw. a.** etw. durch Knicken nach unten biegen od. ganz abtrennen(向下)折断,扭断 ⟨e-n Stiel, e-e Blume a. 把梗、花折断⟩; Vi (不及物) (*ist*) **2. etw. knickt ab** etw. bildet e-n spitzen Winkel(物作主语)急转弯: *Dort knickt die Straße ab* 那儿街道拐急弯

ab·knip·sen (*hat*) Vt (及物) **etw. a.** das Ende, die Spitze e-s Gegenstandes (mit e-r Zange, den Zähnen, den Fingern) abtrennen 掐下,掐掉,咬下 ≈ abzwicken ⟨e-n Draht, die Zigarrenspitze a. 夹断铁丝,掐掉烟头⟩

ab·knöp·fen (*hat*) Vt (及物) **1.** ↑ **ab-** (2) **2. j-m etw. a.** *gespr* [口]; j-n dazu bringen, etw. (*mst* gegen seinen Willen) herzugeben 骗得,骗取 ≈ j-m etw. abnehmen (5) ⟨j-m Geld a. 把某人的钱骗出来⟩

ab·knut·schen (*hat*) Vt (及物) **j-n a.** *gespr, oft pej* [口] 常用 [贬]; j-n lange u. heftig küssen 一再狂吻

ab·ko·chen (*hat*) Vt (及物) **etw. a.** etw. durch Kochen von Bakterien befreien 煮沸消毒 ⟨Wasser, Milch, medizinische Instrumente a. 煮水、奶、医疗器械以消毒⟩

ab·kom·man·die·ren; *kommandierte ab*, *hat abkommandiert*; Vt (及物) **j-n** (**zu etw.**) **a.** *mst gespr hum* 多用 [口][诙]; j-n irgendwohin schicken, damit er dort e-e bestimmte Aufgabe erfüllt 支使,打发,差遣,派遣: *Meine Mutter hat mich zum Geschirrspülen abkommandiert* 我妈差我去洗餐具

ab·kom·men (*ist*) Vi (不及物) **1. von etw. a.** sich (ohne es zu wollen) von der Richtung entfernen, in die man sich bereits bewegt hat(无意中)偏离,离开(原定方向) ⟨vom Weg a. 迷路⟩ **2. von etw. a.** über etw. anderes sprechen, als eigentlich geplant war 偏离(原定的议题) ⟨vom Thema a. 离题⟩ **3. von etw. a.** etw. nicht mehr tun od. beibehalten wollen 放弃 ≈ etw. aufgeben ⟨von e-r Ansicht, e-m Plan, e-m Vorhaben a. 放弃意见、计划、打算⟩

Ab·kom·men *das*; *-s*, *-*; e-e Vereinbarung od. ein Vertrag *bes* zwischen Staaten od. (internationalen) Institutionen(国际间的)协定,协议 ⟨ein internationales A. 国际协议; ein A. treffen, schließen 达成、缔结协议⟩ ‖ -K(复合): **Handels-, Kultur-**

ab·kömm·lich *Adj* (形); *mst präd, ohne Steigerung, nicht adv*(多作表语,无变级,不作状语); frei für e-e andere Arbeit od. Aufgabe 可挪作别用的,可以脱身的,可腾出手的: *Keiner unserer Mitarbeiter ist zurzeit a.* 眼下我们的同事没人能腾出手来 ‖ NB(注意): *mst* verneint (多用于否定)!

Ab·kömm·ling *der*; *-s*, *-e*; *veraltend* [渐旧] ≈ Nachkomme ↔ Vorfahr: *Er ist ein A. e-r berühmten Familie* 他是名门之后

ab·kön·nen (*hat*) Vt (及物) **j-n/etw. nicht a.** *nordd gespr* [北德][口]; j-n/etw. nicht mögen od. nicht ertragen können 不喜欢,腻烦,嫌烦

ab·kop·peln (*hat*) Vt (及物) **etw.** (**von etw.**) **a.** die Verbindung zwischen zwei Fahrzeugen lösen[1] (1) 脱钩,甩掉,解开: *e-n Waggon von der Lokomotive a.* 甩掉列车一节车厢

ab·krat·zen[1] (*hat*) [Vt] (及物) **1. etw. (von etw.) a.** etw. von etw. durch Kratzen entfernen 刮掉: *Erde von den Schuhen a.* 刮掉鞋上的泥 **2. etw. a.** etw. durch Kratzen sauber machen 把…刮干净: *den Spachtel a.* 把炉身刮干净

abkratzen[1] (1)

ab·krat·zen[2] (*ist*) [Vi] (不及物) *vulg* [俗] ≈ sterben

ab·krie·gen (*hat*) [Vt] (及物) **etw. a.** *gespr* [口] ≈ abbekommen

ab·küh·len (*hat*) [Vt] (及物) **1. etw./sich a.** etw. kühler machen/sich erfrischen 让…凉快一下: *Ich habe meine Füße in kaltes Wasser gestellt, um sie abzukühlen* 我把脚泡在冷水里让它凉快一下; [Vi] (不及物) **2. etw. kühlt ab** etw. wird kühler (物作主语) 渐渐变凉,变冷 ↔ etw. erwärmt sich 〈das Wetter, e-e heiße Flüssigkeit, die Herdplatte 天气,热溶液,炉台〉; [Vimp] (无人称) **3. es kühlt (sich) ab** die Temperaturen sinken 降温,天变冷了: *Heute Nacht hat es (sich) merklich abgekühlt* 今夜明显降温了

Ab·kunft *die*; -; *nur Sg*, *veraltend* (只用单数) [渐旧] ≈ Abstammung

ab·kup·peln (*hat*) [Vt] (及物) **etw. (von etw.) a.** die Verbindung zwischen zwei Fahrzeugen lösen 使脱钩,甩掉,解开: *den Anhänger vom Traktor a.* 甩掉拖拉机的挂斗

ab·kür·zen (*hat*) [Vt] (及物) **1. etw. a.** zwischen zwei Orten e-n kürzeren Weg als den normalen finden 抄近道,找近路 〈e-n Weg a. 抄近路〉 **2. etw. a.** etw. zeitlich kürzer machen 缩短(指时间) 〈e-e Rede, e-n Vortrag a. 缩短报告、演讲的时间〉 **3. etw. a.** etw. kürzer machen 缩写,简化 ≈ kürzen 〈ein Wort, e-n Text a. 缩写一个词,简化一篇文章〉

Ab·kür·zung *die*; -, *-en* **1.** ein kürzerer Weg (zwischen zwei Orten) als der normale 近道 〈e-e A. gehen, nehmen 走近道,取近道〉 **2.** e-e zeitliche Verkürzung 缩短(指时间) **3.** ein abgekürztes Wort 缩写(词): *„Fa." ist die A. von „Firma"* "Fa."是"Firma"的缩写 ‖ K- (复合): ***Abkürzungs-, -verzeichnis***

ab·küs·sen (*hat*) [Vt] (及物) ***j-n a.*** j-n mehrere Male heftig küssen 一再狂吻

ab·la·den (*hat*) [Vt] (及物) **1. etw. (von etw.) a.** etw. *mst* von e-m Wagen heraus- od. herunternehmen (从…上) 卸下 ↔ aufladen: *Säcke mit Mehl vom Wagen a.* 从车上卸下面粉袋 **2. etw. a.** *mst* e-n Wagen leer machen, indem man die Ladung herunternimmt 把…的货物卸掉: *e-n Lastwagen a.* 把货车(上货物)卸空 **3. etw. auf j-n a.** *gespr* [口]; j-m etw. Unangenehmes weitergeben, j-n mit etw. Unangenehmem belasten 推卸,推给 ≈ j-m etw. aufbürden: *Er hat die ganze Verantwortung auf mich abgeladen* 他把全部责任推给了我 **4. etw. (bei j-m) a.** *gespr* [口]; j-m (zu seiner eigenen Erleichterung) von seinen Problemen od. Sorgen erzählen (向…) 倾吐,发泄: *seinen Kummer bei e-m Freund a.* 他向朋友倾吐自己的苦恼

Häufig benutzte Abkürzungen 常用缩写词	
AB	Anrufbeantworter 电话录音器
Abo	Abonnement 预订,订阅
ADAC	Allgemeiner Deutscher Automobilclub 全德汽车俱乐部
AIDS	Immunschwächekrankheit (aus dem Englischen: Acquired Immune Deficiency Syndrome) 艾滋病
EU	Europäische Union 欧盟
Info(s)	Information(en) 信息
K. o.	kaputt, erschöpft (ursprünglich Knockout beim Boxen 累垮了(原意:击倒)
Lkw	Lastkraftwagen 载重汽车
O-Saft	Orangensaft 橙汁
PC	Computer 计算机,电脑
Pkw	Personenkraftwagen 小轿车
Profi	Professioneller, Gegenteil von Amateur 职业运动员
Promi	Prominenter 知名人士
SMS	kurze Nachricht am Handy (aus dem Englischen: Short Message Service) 手机短信
TG	Tiefgarage 地下车库
TÜV	Technischer Überwachungsverein 技术监督协会
Uni	Universität 大学
WG	Wohngemeinschaft 共居集体

Ab·la·ge *die* **1.** ein Fach *o. Ä.* (im Büro) für Briefe u. Dokumente (办公室内存放信件及文件的) 存放处,档案格层或抽屉 ‖ K- (复合): ***Ablage-, -korb*** **2.** *nur Sg* (只用单数); das Ordnen von Akten 档案整理: *die A. machen* 对档案进行整理 **3.** ein Brett od. Fach, auf das man Kleider legen kann 架,格(放衣物) ‖ -K (复合): ***Hut-, Kleider-*** **4.** (CH) [瑞] ≈ Agentur, Zweigstelle

ab·la·gern (*hat*) [Vt] (及物) **1. j-d/etw. lagert etw. ab** j-d lässt etw. liegen u. sich ansammeln, etw. sammelt etw. an (人/物作主语) 淤积,沉积: *Hier lagert der Fluss Geröll ab* 河流在这里沉积乱石 **2. etw. a.** etw. lange lagern u. es dadurch in der Qualität verbessern (为提高质量) 长期存放,窖藏 〈Weine, Fleisch a. 窖藏酒、肉〉; [Vi] (不及物) **3. etw. lagert ab** etw. wird durch langes Lagern in der Qualität besser (物作主语) 窖藏,存放 〈Wein, Fleisch, Zigarren 酒,肉,雪茄〉; [Vr] (反身) **4. etw. lagert sich ab** etw. bleibt liegen u. sammelt sich an(物作主语)沉积,淤积:*In der Wasserleitung lagert sich Kalk ab* 水管里沉积石灰质 ‖ *hierzu*(派生) **Ab·la·ge·rung** *die*

Ab·lass *der*; *Ab·las·ses*, *Ab·läs·se*; KATH【天主】; ein Nachlass od. e-e Reduzierung der Strafe für begangene Sünden 赦罪 ‖ K-(复合): **Ablass-**, **-brief**, **-handel**

ab·las·sen (*hat*) [Vt] (及物) **1.** **etw. a.** e-e Flüssigkeit od. ein Gas aus etw. herausströmen lassen 排放,排出 **2.** **etw.** (**an j-m**) **a.** *gespr*[口]; durch Schimpfen od. Erzählen etw. loswerden (朝…)发泄、出气〈seinen Hass, Zorn an j-m a. 向某人发泄怨恨、愤怒; Dampf (= Wut) a. 发泄怒火(出气)〉; [Vi](不及物) **3.** **von etw. a.** etw. nicht mehr tun 放弃,停止 ≈ etw. aufgeben: *von e-m Plan, von e-r Gewohnheit a.* 放弃计划,改掉习惯

Ab·lauf *der* **1.** die (*mst* chronologische) Reihenfolge von etw.(多指年代学的)顺序〈der A. der Ereignisse, des Programms 事件的先后顺序,节目安排(的顺序)〉 ‖ -K(复合): **Tages-** **2.** die Art u. Weise, wie ein Geschehen od. e-e Handlung verläuft 进程,过程: *der reibungslose A. der Verhandlungen* 顺利的谈判进程 ‖ -K(复合): **Arbeits-**, **Handlungs-**, **Produktions-** **3.** das Enden e-r Frist 期满,到期: *nach A. der Wartezeit* 等待的时间过去后 **4.** ≈ Abfluss (2): *der A. im Waschbecken* 洗脸盆的排水口 ‖ K-(复合): **Ablauf-**, **-rohr**

ab·lau·fen [Vi] (不及物) (*ist*) **1.** **etw. läuft ab** etw. fließt in den Abfluss(物作主语)流走,流出 ↔ etw. läuft ein: *In der Dusche läuft das Wasser schlecht ab* 淋浴水流不畅 **2.** **etw. läuft ab** etw. rollt von e-r Spule ab(物作主语)转完,放完 ≈ etw. spult sich ab〈ein Film 电影〉 **3.** **etw. läuft irgendwie ab** etw. geschieht auf bestimmte Weise(物作主语)进行 ≈ etw. verläuft irgendwie, geht irgendwie vor sich: *Wie soll das Programm a.?* 节目怎么进行? **4.** **etw. läuft ab** etw. geht zu Ende(物作主语)即将结束,终止 ↔ etw. beginnt〈e-e Frist, e-e Wartezeit 限期,等待时间〉 **5.** **etw. läuft ab** etw. wird ungültig(物作主语)即将到期作废,过期 ≈ etw. läuft aus〈ein Pass, ein Visum, ein Vertrag 护照,签证,合同〉; [Vt] (及物) **6.** **etw. a.** (*hat/ist*) an e-r Stelle suchend, prüfend entlanggehen 巡视〈e-e Strecke, ein Gebiet a. 巡视一个地段,一个地区〉 **7.** **etw. a.** (*hat*) etw. durch häufiges Laufen abnutzen 跑坏,跑漏,跑穿〈die Schuhe, die Sohlen a. 跑坏鞋,跑穿鞋底〉

Ab·laut *der*; *mst Sg*, LING (多用单数)【语】; der Wechsel des Vokals in der betonten Silbe von (etymologisch) verwandten Wörtern 词根元音换音: *Bei „singen – sang – gesungen" liegt ein A. vor* 在"singen – sang – gesungen"中有元音换音 ‖ *hierzu*(派生) **ab·lau·ten** (*hat*) *Vi*(不及物)

Ab·le·ben *das*; *-s*; *nur Sg*, *geschr* (只用单数)[书]; der Tod e-s Menschen 逝世,故世 ‖ *hierzu*(派生) **ab·le·ben** (*ist*) *Vi*(不及物)

ab·le·cken (*hat*) [Vt](及物) **1.** **etw.** (**von etw.**) **a.** etw. von etw. durch Lecken entfernen (从…上)舔掉,舔去: *den Honig vom Löffel a.* 舔匙上的蜜 **2.** **etw. a.** etw. durch Lecken sauber machen 把…舔干净: *den Löffel a.* 把匙子舔干净

ab·le·gen (*hat*) [Vt/i] (及物/不及物) **1.** (**etw.**) **a.** ein Kleidungsstück vom Körper nehmen 脱下,宽衣 ≈ ausziehen ↔ anziehen〈den Mantel, die Jacke a. 脱大衣、上衣〉: *Wollen Sie nicht (den Mantel) a.?* 您不想脱大衣吗?(请宽衣!); [Vt] (及物) **2.** **etw. a.** e-e Prüfung machen 参加,进行〈ein Examen, e-e Prüfung a.(参加)国家考试、考试〉 **3.** **etw. a.** e-e negative Eigenart unterdrücken 改掉,克服,摈弃(不良特性): *seine Schüchternheit a.* 克服害羞 **4.** **etw. a.** etw. in e-n Ordner stecken (um es aufzubewahren)保存,收藏,存放〈e-n Brief, ein Dokument a. 将信、文件收起来〉 **5.** **e-n Eid a.** etw. (offiziell) schwören 宣誓,发誓 ≈ e-n Eid leisten **6.** **ein Geständnis a.** (vor Gericht od. vor der Polizei) zugeben, dass man ein Verbrechen begangen hat 供认,承认,坦白; [Vi] (不及物) **7.** 〈*mst* ein Schiff 多指轮船〉 **legt ab** ein Schiff fährt vom Ufer od. vom Kai weg 轮船离岸起航 ↔ ein Schiff *o.Ä.* legt an ‖ ▶ **Ablage**

Ab·le·ger *der*; *-s*, *-*; der Teil e-r Pflanze, den man abschneidet u. in Wasser od. in Erde steckt, damit er Wurzeln bildet u. zu e-r neuen Pflanze heranwächst 插枝,插条,压条,压枝

ab·leh·nen (*hat*) [Vt] (及物) **1.** **etw. a.** etw. nicht annehmen, weil man es nicht will od. kann 谢绝,不接受 ≈ ausschlagen (3)〈ein Amt, e-e Einladung, ein Geschenk *o.Ä.* a. 谢绝职位、邀请、礼物等〉 **2.** **etw. a.** etw. nicht akzeptieren, nicht erfüllen 否决,不接受,不履行〈e-e Bitte, ein Gesuch, e-e Forderung *o.Ä.* a. 不接受请求、申请、要求等〉 **3.** **etw. a.** sich weigern, etw. zu tun 拒绝(干某事) ≈ verweigern: *e-e Diskussion über etw. a.* 拒绝讨论某事; *es a., e-n Befehl auszuführen* 拒绝执行命令 **4.** **j-n/etw. a.** j-n/etw. schlecht finden u. für ungeeignet halten 不赞成,不同意,反对,否定,认为…不合适 ↔ gutheißen: *e-n Politiker, e-e Regierung, ein Theaterstück a.* 认为一位政治家、政府、剧本不好 ‖ *hierzu*(派生) **Ab·leh·nung** *die*; *mst Sg*(多用单数)

ab·leis·ten (*hat*) [Vt](及物) **etw. a.** als Soldat (*z.B.* 12 Monate lang) in der Armee arbeiten 服役〈den Wehrdienst a. 服兵役〉 ‖ NB(注意): Man sagt *den Wehrdienst ableisten*(服兵役), aber: *Zivildienst leisten*(服民役)

ab·lei·ten (*hat*) [Vt] (及物) **1.** **etw. a.** Gase od. Flüssigkeiten in e-e andere Richtung leiten, kanalisieren 排放,排出,引开,导出(气体或液体)〈Rauch, Dampf a. 排烟、气〉 **2.** **etw. von j-m/etw. a.** etw. auf seinen Ursprung zurückführen(从…中)引出,得出,推导,推演 ≈ herleiten (1); [Vr] (反身) **3.** **etw. leitet sich von etw. ab** etw. hat seinen Ursprung in etw.(物作主语)从…派生出,源于 ≈ etw.

stammt aus etw.: *Das Wort „Wein" leitet sich von dem lateinischen „vinum" ab* "Wein"一词是由拉丁语"vinum"派生来的

Ab·lei·tung *die*; -, *-en* **1.** *nur Sg*（只用单数）; das Ableiten *z.B.* e-r Flüssigkeit in e-e andere Richtung 排出，疏导 ‖ K-（复合）: ***Ableitungs-*, *-rohr*** **2.** *nur Sg*（只用单数）; das Zurückführen von etw. auf seinen Ursprung 推导，推演，演绎 **3.** LING【语】; ein Wort, das aus e-m anderen gebildet wurde 派生词: *„säubern" ist e-e A. von „sauber"* "säubern"是"sauber"的派生词

ab·len·ken (*hat*) [Vt]（及物）**1.** ***etw. a.*** etw. in e-e andere Richtung lenken 把…引开，使转移方向 ≈ ableiten (1); [Vt/i]（及物/不及物）**2.** **(*j-n*) (*von etw.*) *a.*** j-s Aufmerksamkeit auf etw. anderes lenken 转移对…的注意: *j-n von seiner Arbeit a.* 转移某人对工作的注意; *Lenk nicht ab!* 别转移视线! **3.** **(*j-n*) (*von etw.*) *a.*** j-n auf andere Gedanken bringen 分散、转移…的心思 ≈ j-n zerstreuen 〈j-n von seinen Sorgen, seinem Kummer a. 排解某人的忧虑、苦恼〉

Ab·len·kung *die* **1.** e-e Unterhaltung *o.Ä.*, die j-n von etw. ablenkt (3) 消遣，散心，轻松一下 ≈ Zerstreuung **2.** das Ablenken (2)

Ab·len·kungs·ma·nö·ver *das*; e-e Maßnahme, um j-n abzulenken (2) 声东击西，佯攻，调虎离山计

ab·le·sen (*hat*) [Vt/i]（及物/不及物）**1.** **(*etw.*) (*von etw.*) *a.*** etw. Geschriebenes laut vorlesen 照稿念，读 ↔ frei sprechen; [Vt]（及物）**2.** ***etw. a.*** den Messwert auf e-r Skala od. Anzeige anschauen 看或读测量值，看读数 ≈ feststellen: *die Temperatur vom Thermometer a.* 看温度计上的度数 **3.** ***etw.* (*aus etw.*) *a.*** e-e Information aus etw. entnehmen（从…中）读知，获得信息: *e-e Entwicklung aus e-r Statistik a.* 从统计中获知发展动态 **4.** ***j-m etw. von den Augen, vom Gesicht a.*** schon an j-s Gesichtsausdruck erkennen, was er denkt od. was er sich wünscht 从眼神、从脸部表情看出…，觉察到… 〈j-m die Wünsche, die Gedanken von den Augen a. 从眼神中看出某人的愿望、想法〉 ‖ *zu*（义项）**2.** u. **3.** **ab·les·bar** *Adj*（形）

ab·leug·nen (*hat*) [Vt]（及物）***etw. a.*** ≈ leugnen

ab·lich·ten; *lichtete ab, hat abgelichtet*; [Vt]（及物）**1.** ***etw. a.*** *geschr*[书] ≈ fotokopieren **2.** ***j-n/etw. a.*** *gespr*[口] ≈ fotografieren ‖ *hierzu*（派生）**Ab·lich·tung** *die*

ab·lie·fern (*hat*) [Vt]（及物）***etw.* (*bei j-m*) *a.*/ (*j-m*) *etw. a.*** etw. j-m (pflichtgemäß) liefern, bei j-m abgeben（向…）交付: *die bestellte Ware pünktlich, rechtzeitig a.* 准时、及时交付订货 ‖ *hierzu*（派生）**Ab·lie·fe·rung** *die*; *nur Sg*（只用单数）

ab·lo·cken (*hat*) [Vt]（及物）***j-m etw. a.*** etw. durch freundliches Benehmen u. Schmeicheln von j-m bekommen 引诱出，逗引，哄出〈j-m ein Geheimnis, ein Lächeln, ein Versprechen a. 哄出某人的秘密，逗引某人笑笑，引诱某人许诺〉

ab·lö·schen (*hat*) [Vt]（及物）**1.** ***etw. a.*** etw., das auf e-e Tafel geschrieben wurde, entfernen 拭，擦去 ≈ abwischen **2.** ***etw.* (*mit etw.*) *a.*** Flüssigkeit zu e-r kochenden od. bratenden Speise gießen 给…浇汁: *den Braten mit Weißwein a.* 烧烤上浇上白葡萄酒

Ab·lö·se *die*; -, *-n* **1.** *bes südd* Ⓐ尤用于[南德][奥] die Summe Geld, die man für Möbel *o.Ä.* zahlt, die man beim Einzug in e-e Wohnung vom bisherigen Mieter übernimmt 清偿费，抵偿费: *Der Vormieter hat e-e A. von 4000 Euro für die Küche verlangt* 前房客要一笔4000欧元的厨房抵偿费 **2.** SPORT【体】; die Summe Geld, die beim Wechsel e-s Sportlers von e-m Verein zum anderen bezahlt wird（运动员）转会费 ‖ K-（复合）: ***Ablöse-*, *-summe***

ab·lö·sen (*hat*) [Vt]（及物）**1.** ***etw.* (*von etw.*) *a.*** etw. vorsichtig von etw. entfernen 揭下，摘下 ≈ abmachen (1): *alte Tapeten von der Wand a.* 把旧墙纸从墙上揭下 **2.** ***j-n a.*** j-s Tätigkeit (für e-e bestimmte Zeit) übernehmen 接替，换…的班: *e-n Kollegen bei der Arbeit a.* 接替同事的工作 **3.** ***etw. a.*** etw. auf einmal bezahlen 付清，偿还〈e-e Hypothek, j-s Möbel a. 还清抵押、某人的家具款〉; [Vr]（反身）**4.** ***etw. löst sich* (*von etw.*) *ab*** ≈ etw. löst sich (von etw.), etw. geht (von etw.) ab (3) ‖ *hierzu*（派生）**Ab·lö·sung** *die*; *nur Sg*（只用单数）; *zu*（义项）**1.** u. **3.** **ab·lös·bar** *Adj*（形）

ab·luch·sen [-ks-]; *luchste ab, hat abgeluchst*; [Vt]（及物）***j-m etw. a.*** *gespr*[口]; von j-m etw. durch e-e Täuschung bekommen, erhalten 骗取，蒙骗到〈j-m ein Geheimnis, Geld a. 骗取某人的秘密、钱〉

ABM [a:be:ˈ|ɛm] *die*; Ⓓ[德] *Abk für* 缩写，全称为 Arbeitsbeschaffungsmaßnahme 劳动就业措施

ab·ma·chen (*hat*) [Vt]（及物）**1.** ***etw.* (*von etw.*) *a.*** *gespr*[口]; etw. von etw. lösen, entfernen（从…上）去掉，弄走，取下，拿掉，摘下，揭掉 ↔ anbringen: *ein Schild, ein Plakat a.* 取下牌子、标语牌 **2.** ***etw.* (*mit j-m*) *a.*** e-n Termin mit j-m besprechen 约定，商定，谈妥 ≈ vereinbaren, festlegen: *Wir müssen noch e-n Termin für unser nächstes Treffen a.* 我们还得为下一次碰面商定个日期 **3.** ***etw.* (*unter sich* (*Dat Pl* 三格，复数) *a.*** ein Problem im Gespräch klären（彼此）协商解决: *Wir wollen das lieber unter uns a.* 这最好由我们协商解决 **4.** ***etw. mit sich selbst a.*** selbst die Lösung zu e-m Problem finden, es bewältigen 自己设法解决，自己去克服 ‖ *zu*（义项）**2.** **Ab·ma·chung** *die*

ab·ma·gern; *magerte ab, ist abgemagert*; [Vi]（不及物）mager werden 变瘦，渐渐消瘦: *Sie sieht sehr abgemagert aus* 她看上去瘦多了 ‖ *hierzu*（派生）**Ab·ma·ge·rung** *die*; *nur Sg*（只用单数）

Ab·mah·nung *die*; ein Schreiben, in dem der

Chef e-n Angestellten auffordert, sein Verhalten zu ändern 书面警告 ‖ *hierzu*（派生）**ab·mah·nen** *Vi*（不及物）

ab·ma·len（*hat*）[Vt]（及物）***etw. a.*** etw. durch Malen genau kopieren 临摹，描绘，画得逼真：*e-e Landschaft a.* 把风景画得栩栩如生

ab·mar·schie·ren; *marschierte ab*, *hat/ist abmarschiert*; [Vi]（不及物）（*ist*）**1.** marschierend e-n Ort verlassen 开拔，列队离开 ≈ aufbrechen; [Vt]（及物）（*hat/ist*）**2.** ***etw. a.*** e-e Strecke marschierend entlanggehen 沿…列队行进〈e-e Straße, e-e Gegend a. 沿着一条街道、一个地区列队行进〉‖ *zu*（义项）**1. Ab·marsch** *der*; **ab·marsch·be·reit** *Adj*（形）

ab·mel·den（*hat*）[Vt]（及物）**1.** ***j-n/sich a.*** der zuständigen Institution mitteilen, dass j-d/man in e-e neue Wohnung zieht 销户口，注销 ↔ anmelden: *sich / die Familie beim Einwohnermeldeamt a.* 在居民户口登记处注销户口 **2.** ***j-n/sich*（*bei etw./von etw.*）*a.*** e-m Verantwortlichen mitteilen, dass j-d/man nicht mehr Mitglied（e-r Vereinigung, Schule）ist od. dass j-d/man nicht mehr an etw. teilnehmen will（向…）通知脱离、离开、不参加 ↔ anmelden: *j-n/sich bei e-m Sportclub a.* 通知某人要脱离体育俱乐部；*sich von e-m Lehrgang wieder a.* 通知又要不去上课 **3.** ***etw. a.*** der zuständigen Institution mitteilen, dass ein Fahrzeug, Telefon *o. Ä.*, nicht mehr benutzt wird 申报不再使用 ↔ anmelden: *sein Motorrad für den Winter a.* 申报今冬不使用摩托车；[Vr]（反身）**4.** ***sich*（*bei j-m*）*a.*** *bes* MIL 尤指【军】: e-m Vorgesetzten mitteilen, dass man an e-n anderen Ort od. in Urlaub geht（向…）打报告离队或休假 ↔ sich zurückmelden ‖ *hierzu*（派生）**Ab·mel·dung** *die*

ab·mes·sen（*hat*）[Vt]（及物）***etw. a.*** ≈ messen（1）〈die Entfernung, e-n Stoff a. 测定距离，量布〉

Ab·mes·sung *die* **1.** *nur Sg*（只用单数）; das Abmessen *z. B.* e-r Entfernung 测定距离 **2.** *mst Pl*, TECH（多用复数）【技】; die Maße, Dimensionen e-s Fahrzeugs 机动车规格、尺寸：*die Abmessungen e-r Lokomotive* 火车头的规格大小

ab·mil·dern（*hat*）[Vt]（及物）***etw. mildert etw. ab*** etw. macht etw. schwächer, geringer（物作主语）减弱，减缓〈etw. mildert den Lärm, den Druck ab 某物使噪音、压力减弱〉: *Der weiche Boden milderte den Sturz ab* 柔软的土地减轻了坠落的冲撞 ‖ *hierzu*（派生）**Ab·mil·de·rung** *die*; *nur Sg*（只用单数）

ABM-Kraft [aːbeːˈ|ɛm-] *die*; Ⓓ［德］j-d, dessen Lohn（größtenteils）nicht der Arbeitgeber, sondern das Arbeitsamt zahlt（从劳动局）领取"劳动就业措施"（待业）工资的人

ab·mon·tie·ren; *montierte ab*, *hat abmontiert*; [Vt]（及物）***etw.*（*von etw.*）*a.*** etw. von etw. entfernen（从…上）拆卸，拆除，拆下 ↔ montieren: *die Räder, den Kotflügel*（*von dem Auto*）*a.*（从汽车上）拆下轮子、挡泥板

ABM-Stel·le [aːbeːˈ|ɛm-] *die*; Ⓓ［德］e-e Arbeitsstelle, die das Arbeitsamt finanziert, um die Arbeitslosigkeit zu verringern 劳动就业（措施）的工作岗位

ab·mü·hen, sich（*hat*）[Vr]（反身）***sich*（*mit j-m/etw.*）*a.*** sich mit e-r（anstrengenden）Arbeit od. mit j-m große Mühe geben（*z. B.* um ihn etw. zu lehren）努力工作，尽心尽力帮、教某人

ab·murk·sen; *murkste ab*, *hat abgemurkst*; [Vt]（及物）***j-n a.*** *gespr!*［粗］≈ töten

ab·na·beln; *nabelte ab*, *hat abgenabelt*; [Vt]（及物）**1.** ***j-n a.*** ein neugeborenes Kind von der Nabelschnur trennen 剪断…的脐带; [Vr]（反身）**2.** ***sich*（*von j-m*）*a.*** *gespr*［口］; sich aus e-r sehr engen Bindung zu j-m lösen 摆脱，解脱（…的束缚）‖ *hierzu*（派生）**Ab·na·be·lung** *die*; *nur Sg*（只用单数）‖ ▶ ***Nabel***

ab·na·gen（*hat*）[Vt]（及物）**1.** ***j-d/ein Tier nagt etw.*（*von etw.*）*ab*** j-d/ein Tier entfernt etw. von etw. durch Nagen（人/动物作主语）啃掉，咬下来：*Der Hund nagte das Fleisch von den Knochen ab* 狗从骨头上啃肉（狗啃骨头）**2.** ***j-d/ein Tier nagt etw. ab*** j-d/ein Tier nagt an etw., bis nichts mehr daran ist（人/动物作主语）把…啃干净：*e-n Knochen a.* 啃干净骨头

Ab·nä·her *der*; *-s*, *-*; e-e zusätzliche Falte, die in ein Kleidungsstück genäht wird, um es enger zu machen 衣服褶子 ‖ *hierzu*（派生）**ab·nä·hen**（*hat*）*Vt*（及物）

Ab·nah·me *die*; *-*; *nur Sg*（只用单数）**1.** das Abnehmen（2）: *die A. der Prüfung* 接受检验，验收 **2.** das Abnehmen（3）≈ Kauf: *die A. großer Mengen Getreide* 购买大批粮食 **3.** das Abnehmen（9）↔ Zunahme: *E-e A. von 10 Pfund ist bei dieser Diät durchaus möglich* 按这个食谱减肥 10 磅是完全可能的 ‖ -K（复合）: ***Gewichts-*** **4.** das Abnehmen（11）↔ Zunahme: *die starke A. der Geburten* 出生率大大下降

ab·neh·men（*hat*）[Vt]（及物）**1.** ***etw. a.*** etw. von der bisherigen Position herunternehmen 摘下，取下，拿下，脱下，掀开 ↔ auflegen, aufsetzen, aufhängen〈den Telefonhörer, den Hut, e-n Deckel, die Wäsche, ein Bild *o. Ä.* a. 拿下电话听筒，摘下帽子，掀开盖子，收衣服，取下画等〉**2.** ***etw. a.*** e-e Leistung, den Zustand e-r Sache prüfen, kontrollieren 验收，检验〈e-e Prüfung, ein Fahrzeug a. 验收考核，检验机动车〉**3.**（***j-m***）***etw. a.*** e-m Händler Waren abkaufen 买下 **4.** ***j-m etw. a.*** e-n schweren Gegenstand od. e-e schwierige Aufgabe für j-n übernehmen 减轻，分担 ↔ übertragen: *j-m e-e Last, ein großes Problem a.* 减轻某人的负担，分担某人的重大疑难 **5.** ***j-m etw. a.*** *gespr*［口］≈ j-m etw.（weg）nehmen: *j-m wegen zu schnellen Fahrens den Führerschein a.* 因开车太快没收某人的驾驶证; *Wenn man da rein will, nehmen sie einem fünf Euro ab* 你想从这里进去，他们就收取你 5 个欧元 **6.** ***j-m etw. a.*** *gespr*［口］; j-m glauben, was er erzählt 信，相信: *Du glaubst doch nicht, dass ich dir diese Geschichte* *abnehme!* 你肯定不认为，我相信你讲的这个故事！；*Hat er dir abgenommen*, dass *du krank warst?* 他相信你病了吗？ **7.**（***j-m***）***etw. a.*** j-m e-n Körperteil entfernen, abtrennen 截肢，切除 ≈ amputieren ⟨j-m den Arm, e-n Finger *usw* a. 切除某人的胳臂、一只手指等⟩；Vt/i（及物/不及物）**8.**（***etw.***）***a.*** beim Stricken die Zahl der Maschen verringern（编织时）收针：*am Rand zwei Maschen a.* 边上收两针 **9.**（***etw.***）***a.*** an Gewicht verlieren 减少，减轻（体重）↔ zunehmen：*Ich habe schon drei Kilo abgenommen!* 我已经减肥三公斤！；Vi（不及物）**10.** ***etw. nimmt ab*** etw. wird in seiner Intensität schwächer（物作主语）减缓，减弱 ↔ etw. nimmt zu ⟨der Sturm, die Kälte 风暴，寒流；das Gehör *o.Ä.* 听觉等；das Leistungsvermögen 工作能力⟩ **11.** ***etw. nimmt ab*** etw. wird immer weniger, reduziert sich（物作主语）减少，减退，下降，缩小 ↔ etw. nimmt zu：*Die Zahl der Geburten nimmt ständig ab* 出生率不断下降 **12.** ***der Mond nimmt ab*** der Mond ist jede Nacht zu e-m kleineren Teil sichtbar als die Nacht davor 月（亮）渐亏 ↔ der Mond nimmt zu ‖ ▶ ***Abnahme***

Ab·neh·mer *der*; *-s*, *-*; j-d, der etw. kauft 购买者，买主：*Ich brauche e-n A. für meine zwei Konzertkarten* 我有两张音乐会的票，我需要买主（我要出手）‖ *hierzu*（派生）**Ab·neh·me·rin** *die*; *-*, *-nen*

Ab·nei·gung *die*; ***e-e A.***（***gegen j-n/etw.***）*mst Sg*（多用单数）；ein starkes Gefühl, dass man j-n/etw. nicht mag, nicht ausstehen kann 厌恶，嫌恶，反感 ≈ Aversion ↔ Zuneigung

ab·nib·beln; *nibbelte ab*, *ist abgenibbelt*; Vi（不及物）*nordd gespr!*［北德］［粗］≈ sterben

ab·norm *Adj*（形）**1.** anders als das, was allgemein als normal gilt 变态的，病态的 ≈ krankhaft ⟨e-e Veranlagung, j-s Verhalten 秉性，某人的行为⟩ **2.** über das Normale hinausgehend 异常的，不正常的 ↔ normal：*ein a. übergewichtiger Mann* 一位畸形大胖子 ‖ *hierzu*（派生）**Ab·nor·mi·tät** *die*; *-*, *-en*

ab·nor·mal *Adj*（形）≈ abnorm

ab·nö·ti·gen（*hat*）Vt（及物）***j-m/sich etw. a.*** j-n/sich dazu zwingen, gegen seinen Willen etw. zu tun 迫使…干（违背意愿的事）⟨j-m e-e Erklärung, ein Geständnis, ein Kompliment a. 迫使某人发表声明、供认、说恭维话⟩

ab·nut·zen（*hat*）Vt（及物）**1.** ***etw. a.*** etw. durch（häufigen）Gebrauch im Wert mindern od. in der Funktion schlechter machen 用旧，用坏，穿旧，穿坏，磨损 ⟨Kleider, Geräte, ein Sofa, e-n Stuhl *usw* a. 衣服，仪器，沙发，凳子等⟩；Vr（反身）**2.** ***etw. nutzt sich ab*** etw. verliert durch den Gebrauch an Wert, wird schlechter（物作主语）磨损，损耗，旧了，坏了 ‖ *hierzu*（派生）**Ab·nut·zung** *die*; *nur Sg*（只用单数）

ab·nüt·zen（*hat*）Vt *u.* Vr（及物）和（反身）*bes südd* Ⓐ 尤用于［南德］［奥］≈ abnutzen ‖ *hierzu*（派生）**Ab·nüt·zung** *die*; *nur Sg*（只用单数）

Abon·ne·ment [abɔn(ə)ˈmãː] *das*; *-s*, *-s*; ***ein A.***（***für etw.***）e-e Vereinbarung, mit der man sich verpflichtet, etw. regelmäßig u. über e-n längeren Zeitraum zu kaufen 预订，（定期、长期）订阅 ⟨ein A. für e-e Zeitung, e-e Zeitschrift, das Theater 订阅报纸、杂志，预订戏票；ein A. haben, nehmen, beziehen, erneuern, abbestellen（指报章，杂志，书刊等）已订，要订，订阅，续订，退掉；etw. im A. haben 已预订某物⟩

Abon·nent *der*; *-en*, *-en*; j-d, der ein Abonnement hat 订户，预订（书报）者 ‖ NB（注意）：*der Abonnent*; *den*, *dem*, *des Abonnenten* ‖ *hierzu*（派生）**Abon·nen·tin** *die*; *-*, *-nen*

abon·nie·ren; *abonnierte*, *hat abonniert*; Vt（及物）***etw. a.*** etw. für e-n längeren Zeitraum（u. daher *mst* zu e-m billigeren Preis）bestellen（长期）预订，订阅 ⟨e-e Zeitung, e-e Zeitschrift a. 预订报纸，杂志⟩ ‖ ID［谚］***auf etw.***（*Akk* 四格）***abonniert sein*** *gespr*［口］；immer wieder in e-e bestimmte Situation geraten 常遇（碰）到，常出事：*Ich bin zurzeit auf Autounfälle abonniert* 近来我开车老出事

ab·ord·nen（*hat*）Vt（及物）***j-n***（***zu/nach etw.***）***a.*** j-n offiziell beauftragen, irgendwohin zu gehen 委派，派遣（前往）≈ delegieren

Ab·ord·nung *die* **1.** *nur Sg*（只用单数）；das Abordnen 委派，派遣 **2.** e-e Gruppe von Personen, die offiziell zu e-r Veranstaltung geschickt wird 代表团 ≈ Delegation ⟨e-e A. entsenden 派出一个代表团⟩ ‖ -K（复合）：***Regierungs-***

Abort[1] *der* ≈ Toilette, WC ‖ NB（注意）：*A.* wird in der Hochsprache gemieden, ist aber in der Amtssprache noch gebräuchlich（在规范语言中"Abort"一词避免使用，但在文牍语言里仍还运用）

Abort[2] *der*; MED【医】≈ Fehlgeburt ⟨e-n A. haben 流产⟩

ab·pa·cken（*hat*）Vt（及物）***etw. a.*** e-e bestimmte Menge von etw. verpacken, um es zu verkaufen（按量）包装，分装：*Fleisch, Wurst u. Käse sind abgepackt* 肉、肠和奶酪已按量分装好 ‖ *hierzu*（派生）**Ab·pa·ckung** *die*

ab·pas·sen（*hat*）Vt（及物）**1.** ***j-n a.*** auf j-n warten, um sich dann（wegen e-s Wunsches）an ihn zu wenden（怀着愿望）等候，期待 ≈ abfangen (2)：*Die Journalisten passten den Minister am Eingang zum Bundestag ab* 记者在联邦议会入口处等候部长 **2.** ***etw. a.*** warten, bis der günstige Zeitpunkt für etw. gekommen ist 等待（时机，机遇）≈ abwarten ⟨den richtigen Augenblick, e-e günstige Gelegenheit a. 等待合适的时刻，等待有利时机⟩

ab·pau·sen（*hat*）Vt（及物）***etw. a.*** ≈ nachzeichnen (2)

ab·pel·len（*hat*）Vt（及物）***etw. a.*** *nordd*［北德］≈ pellen (1) ⟨Kartoffeln, die Wurst a. 切去土豆皮，剥掉肠衣⟩

ab·per·len（*ist*）Vi（不及物）***etw. perlt ab*** etw. kann in etw. nicht eindringen u. bildet deswegen an dessen Oberfläche Tropfen（物

作主语)像珍珠般地滚落下来：*Das Wasser perlt an den Federn der Ente ab* 水珠从鸭毛上滚落下来

ab·pfei·fen (*hat*) Vt/i (及物/不及物) (**etw.**) **a.** SPORT【体】; (als Schiedsrichter) ein Spiel durch e-n Pfiff beenden(裁判)吹哨停赛 ↔ anpfeifen ‖ *hierzu* (派生) **Ab·pfiff** *der*

ab·pla·cken, sich (*hat*) Vr (反身) **sich a.** *nordd gespr*[北德][口] ≈ sich abmühen

ab·pla·gen, sich (*hat*) Vr (反身) **sich** (**mit etw.**) **a.** ≈ sich abmühen

ab·plat·zen (*ist*) Vi (不及物) **etw. platzt** (**von etw.**) **ab** etw. löst sich als Schicht plötzlich von der Oberfläche e-s Gegenstandes(物作主语)表层破裂而脱落，剥落 ≈ etw. springt ab ⟨die Farbe, der Lack 颜色，油漆⟩

ab·pral·len (*ist*) Vi (不及物) **etw. prallt irgendwo ab** etw. wird beim Auftreffen auf e-n Gegenstand zurückgeworfen(物作主语)反弹，弹回，反跳：*Der Ball prallte vom Torpfosten ab* 球从门柱上弹了回来 ‖ *hierzu* (派生) **Ab·prall** *der*; *-(e)s*; *nur Sg* (只用单数)

ab·pum·pen (*hat*) Vt (及物) **etw. a.** etw. mit Hilfe e-r Pumpe von irgendwo entfernen 用泵抽掉 ≈ absaugen (1)：*Die Feuerwehr pumpte das Wasser ab, das im Keller stand* 消防队用泵抽掉地下室的水

ab·put·zen (*hat*) Vt (及物) **1. etw.** (**von etw.**) **a.** *mst* Schmutz von etw. entfernen (从…上)擦掉，蹭掉(多指：污泥尘土)：*die Erde von den Schuhen a.* 擦掉鞋上的土 **2. etw. a.** etw. durch Wischen od. Bürsten sauber machen 擦干净：*Putz dir die Schuhe ab, bevor du ins Haus gehst!* 进屋前把你的鞋擦干净!

ab·quä·len (*hat*) Vr (反身) **1. sich** (**mit j-m/etw.**) **a.** sich mit j-m/etw. so viel Mühe geben, dass es zur Qual wird 为…而劳累，劳心伤神，困恼，绞尽脑汁 ≈ sich abmühen; Vt (及物) **2. sich** (*Dat* 三格) **etw. a.** mit großer Mühe u. Anstrengung etw. hervorbringen 强作，勉强做出 ≈ sich (*Dat* 三格) etw. abzwingen ⟨sich ein Lächeln a. 勉强一笑⟩

ab·qua·li·fi·zie·ren; *qualifizierte ab, hat abqualifiziert*; Vt (及物) **j-n/etw. a.** j-n/etw. als sehr schlecht beurteilen 对…评价极坏，贬低：*e-n Kandidaten, e-n Film a.* 贬损候选人(声誉)，贬损电影(质量) ‖ *hierzu* (派生) **Ab·qua·li·fi·zie·rung** *die*; *nur Sg* (只用单数)

ab·ra·ckern, sich (*hat*) Vr (反身) **sich** (**mit etw.**) **a.** *gespr*[口] ≈ sich abmühen

Ab·ra·ka·dab·ra (*das*); *-s*; *nur Sg* (只用单数); verwendet (als Zauberformel) von Zauberkünstlern, bevor sie e-n Trick vorführen(魔术师要魔术之前的)咒语

ab·ra·sie·ren; *rasierte ab, hat abrasiert*; Vt (及物) **1.** (**j-m/sich**) **etw. a.** etw. durch Rasieren entfernen 剃去，刮掉 ≈ wegrasieren：*sich den Bart, die Haare a.* 刮掉胡子，剃掉头发 **2. etw. rasiert etw. ab** *gespr* [口]; e-e Explosion, ein Sturm *o. Ä.* entfernt etw. od. zerstört es völlig(物作主语)(爆炸，风暴等)把…摧毁、一扫而光

ab·ra·ten (*hat*) Vi (不及物) (**j-m**) (**von etw.**) **a.** j-m empfehlen, etw. nicht zu tun 劝阻，劝…别干 ↔ j-m zuraten: *j-m von e-r Reise, e-m Plan a.* 劝某人不要旅行，劝某人放弃一个计划; *Da kann ich nur a.* 那我只能劝你别干

ab·räu·men (*hat*) Vt/i (及物/不及物) **1.** (**etw.**) **a.** Gegenstände, die auf (der Oberfläche von) etw. stehen, von dort wegnehmen 收拾，清除，撤去：*das Geschirr a.* 收拾餐具 **2.** (**etw.**) **a.** etw. durch Wegräumen von Gegenständen leer machen 把…收拾干净 ⟨den Tisch a. 把桌子收拾干净⟩

ab·rau·schen (*ist*) Vi (不及物) *gespr*[口]; sich schnell entfernen 嗖嗖地飞快离去

ab·re·a·gie·ren; *reagierte ab, hat abreagiert*; Vt (及物) **1. etw.** (**an j-m/etw.**) **a.** (j-m/etw.) etw. tun, damit man seine Aggressionen *o. Ä.* los wird 发泄⟨seinen Ärger, seine Enttäuschung an j-m/etw. a. 对某人/某事发泄不快、失望情绪⟩: *Er reagiert seine schlechte Laune ständig an mir ab* 他情绪不好总朝我发泄; Vr (反身) **2. sich** (**an j-m/etw.**) **a.** (j-m/etw.) etw. tun, um sich wieder zu beruhigen(因…)冷静下来，稳住情绪，镇定：*Er reagiert sich ständig an seinen Kindern ab* 他常常为了孩子冷静下来; *Ich kann mich beim Sport toll a.* 运动时我能够非常镇定

ab·rech·nen (*hat*) Vt (及物) **1. etw.** (**von etw.**) **a.** etw. von e-r Summe, e-r Zahl abziehen/subtrahieren 扣除，减去：*die Unkosten vom Umsatz a.* 从销售额中扣除杂费; *die Steuern vom Lohn a.* 从工资中扣除税金; Vi (不及物) **2.** am Ende e-s bestimmten Zeitraums e-e Rechnung machen 结算，清账：*Die Kassiererin muss jeden Abend genau a.* 出纳员每晚务必认真结算一次账目; *Wir zahlen 300 Euro jeden Monat – abgerechnet wird am Ende des Jahres* 我们每月付 300 欧元——到年底结账 **3. mit j-m a.** sich an j-m für ein Unrecht rächen, das er einem getan hat 跟…算账、报仇、清算

Ab·rech·nung *die* **1.** die Rechnung, die alle Kosten e-r bestimmten Zeit/Arbeit enthält 结算，结账⟨die monatliche, jährliche A. machen 每月结账，每年结账⟩ ‖ K-(复合): **Abrechnungs-, -buch, -unterlagen** ‖ -K(复合): **Betriebs-, Jahres-, Lohn-, Gehalts- 2.** *nur Sg* (只用单数); **die A.** (**mit j-m**) das Abrechnen (3) mit j-m清算，算账，报仇: *Die Stunde der A. ist gekommen* 报仇时刻已到

Ab·re·de *die*; *mst* 多用 **etw. in A. stellen** *geschr*[书]; etw. heftig leugnen 否定，否认，对…提出异议 ≈ von sich weisen, abstreiten

ab·re·gen, sich (*hat*) Vr (反身) **sich** (**wieder**) **a.** *gespr*[口] ≈ sich beruhigen ↔ sich aufregen: *Komm, reg dich ab!* 过来，冷静点儿!

ab·rei·ben (*hat*) Vt (及物) **1. etw.** (**von etw.**) **a.** etw. von etw. durch Reiben entfernen 擦掉，磨掉，蹭掉：*den Rost von dem Blech a.* 把铁板上的锈擦掉 **2. etw. a.** etw. durch Reiben sauber machen 把…擦干净：*das Blech a.* 把铁皮擦干净 **3. j-n/sich/etw. a.** j-n/sich/etw.

(*mst* mit e-m Handtuch) trocknen(多用手帕)擦干; [Vr](反身) **4. etw. reibt sich ab** etw. nutzt sich durch starke Reibung mit der Unterlage ab, wird beschädigt(物作主语)磨损,磨坏〈ein Reifen, ein Stoff, ein Tuch 轮胎,衣料,布料〉‖ ▶ **Abrieb**

Ab·rei·bung *die* **1.** *gespr* [口]; Schläge, Prügel, die j-d als Strafe bekommt 殴打,拷打,痛打,揍〈j-m e-e gehörige, anständige A. verabreichen, verpassen 结结实实地、狠狠地揍了某人一顿〉**2.** das Einreiben der Haut *z. B.* mit Schnee (zu Heilzwecken)(为了保健用雪)摩擦,按摩

Ab·rei·se *die*; *mst Sg*(多用单数); der Beginn e-r Reise 出发,动身,启程 ≈ Abfahrt ↔ Anreise〈bei der A. 出发时〉‖ K-(复合): ***Abreise-, -tag, -termin***

ab·rei·sen (*ist*) [Vi](不及物) mit e-r Reise beginnen 启程,动身,出发 ≈ abfahren (5)

ab·rei·ßen (*hat*) [Vt](及物) **1. etw.** (**von etw.**) **a.** etw. durch Reißen von etw. trennen 撕下,扯下 ≈ wegreißen: *ein Blatt vom Kalender a.* 从日历上撕掉一页 ‖ K-(复合): ***Abreiß-, -block, -kalender*** **2. etw. a.** etw. niederreißen (1) od. auseinandernehmen 拆除,拆掉〈ein Gebäude, ein Gerüst a. 拆除楼房、脚手架(鹰架)〉; [Vi](不及物) (*ist*) **3. etw. reißt ab** etw. hört plötzlich auf od. wird unterbrochen(物作主语)突然中断〈die Telefonverbindung, der Kontakt 电话联系,联络〉**4. etw. reißt nicht ab** etw. hört nicht auf(物作主语)不间断地、接而连三地发生: *Die Kette der schlimmen Unfälle auf den Autobahnen reißt nicht ab* 高速公路上的恶性事故接而连三地发生

ab·rei·ten [Vt](及物) **1. etw. a.** (*hat/ist*) an e-r Strecke od. Fläche entlangreiten 沿…骑马巡视: *e-e Grenze, ein Gelände a.* 骑马巡视一处边境,一个地带(区) **2. ein Pferd a.** (*hat*) ein Pferd so lange reiten, bis es müde ist 把马跑累了; [Vi] (不及物) (*ist*) **3.** ≈ wegreiten

ab·rich·ten (*hat*) [Vt] (及物) **ein Tier a.** ein Tier erziehen 训练动物,训兽 ≈ dressieren ‖ *hierzu*(派生) **Ab·rich·tung** *die*; *nur Sg*(只用单数)

Ab·rieb *der*; -(*e*)*s*; *nur Sg*(只用单数) **1.** die Abnutzung durch Reibung 磨损,磨坏 ‖ -K(复合): ***Reifen-*** **2.** das abgeriebene Material 磨损材料 ‖ *hierzu*(派生) **ab·rieb·fest** *Adj*(形); *nicht adv*(不作状语)

ab·rie·geln; *riegelte ab*, *hat abgeriegelt*; [Vt] (及物) **1. etw. a.** etw. mit e-m Riegel versperren 闩上,闩住〈die Tür, das Tor, das Fenster a. 把门、大门、窗户闩上〉**2. etw. a.** ≈ absperren (1)〈ein Gebiet, die Unfallstelle (hermetisch) a.(严密地)封锁一个地区、出事地点〉‖ *hierzu*(派生) **Ab·rie·ge·lung** *die*; *nur Sg*(只用单数)

ab·rin·gen (*hat*) [Vt](及物) **1. j-m etw. a.** von j-m etw. nur mit großer Mühe bekommen 费力地从…争得,竭力向…夺取: *den Eltern e-e Erlaubnis a.* 好不容易争得父母的允许 **2. sich** (*Dat* 三格) **etw. a.** sich mühsam zwingen, etw. zu sagen od. zu tun 勉强作(某事): *sich ein Lächeln a.* 强作一笑

Ab·riss[1] *der*; *nur Sg*(只用单数); das Abreißen, das Niederreißen e-s Gebäudes 拆除(大楼) ‖ K-(复合): ***Abriss-, -arbeiten, -firma, -gebäude***

Ab·riss[2] *der*; e-e kurze Darstellung, ein Überblick über das Wichtigste 概要,概论: *ein A. der deutschen Geschichte* 德国史概论

ab·rol·len [Vt](及物) (*hat*) **1. etw.** (**von etw.**) **a.** etw. von e-r Rolle herunternehmen, indem man es abwickelt 把…卷开、展开〈ein Seil, ein Kabel a. 把钢索、电缆展开〉; [Vi](不及物) (*ist*) **2. etw. rollt ab** etw. läuft von e-r Rolle herunter(物作主语)展开,松开,卷开 ≈ etw. wickelt, spult sich ab〈ein Kabel, ein Seil, ein Film 电缆,钢索,胶片〉; [Vr] (反身) (*hat*) **3. sich a.** mit dem Körper e-e rollende Bewegung machen, um e-n Aufprall zu mindern 做翻滚动作: *Bei der Landung rollte sich der Fallschirmspringer geschickt ab* 降落时,跳伞运动员灵敏地做翻滚动作

ab·rub·beln (*hat*) [Vt](及物) **j-n/sich/etw. a.** *bes nordd gespr* 尤用于[北德][口]; j-n/sich/etw. kräftig abreiben, frottieren 用力摩擦

ab·rü·cken [Vt] (及物) (*hat*) **1. etw.** (**von etw.**) **a.** etw. von etw. ein Stückchen wegschieben 移开,挪开,搬开: *den Schrank von der Wand a.* 把衣橱从墙边移开; [Vi](不及物) (*ist*) **2. von j-m/etw. a.** sich von j-m/etw. ein Stückchen entfernen 让开,离…远一点儿 **3. von j-m/etw. a.** deutlich zeigen, dass man mit j-m/etw. nicht einverstanden ist 与…疏远,背离 ≈ sich von j-m/etw. distanzieren: *von seinen Parteifreunden, von seinen Anschauungen a.* 疏远自己的党内朋友,背离自己的观点 **4.** MIL【军】≈ abmarschieren (1)

Ab·ruf *der*; *mst Sg*(多用单数) **1. auf A.** bereit, sofort e-r Aufforderung zu folgen 随时待命: *sich auf A. bereithalten* 准备听候吩咐 **2.** WIRTSCH【经】; das Bestellen e-r Ware 供货要求,订货要求 **3.** INFORM【信息】; die Entnahme von Informationen aus dem Computer 取出(信息),调阅(数据) ↔ Eingabe

ab·ru·fen (*hat*) [Vt](及物) **1. etw. a.** bestellte Waren zu e-m bestimmten Zeitpunkt anfordern 要求交付(订货) **2. etw. a.** INFORM【信息】; Daten aus dem Speicher e-s Computers holen 调阅,取出(数据) ‖ K-(复合): ***Abruf-, -taste*** ‖ *hierzu*(派生) **ab·ruf·be·reit** *Adj*(形)

ab·run·den (*hat*) [Vt](及物) **1. etw. a.** etw. rund machen 使…成圆形,锉去棱角〈e-e Kante, e-e Ecke a. 把边、角锉圆〉**2. etw.** (**auf etw.** (*Akk* 四格)) **a.** e-e Zahl auf die nächste runde od. volle Zahl bringen, indem man etw. davon abzieht (od. seltener etw. hinzufügt)(以增减尾数的方法)使…成整数 ↔ aufrunden: *€ 10,35 auf € 10. a.* 把10.35欧元去掉尾数使成整数10欧元; *die Zahl 6.391 auf 6.39 a.* 把数字6.391去掉尾数使成6.39 **3. j-d/etw. rundet etw. ab** j-d/etw. verbessert, vervollständigt den Gesamteindruck e-r Sache(人/物作主语)使完美、完善,充实 〈etw. rundet ein Programm, e-n Bericht, den Geschmack ab 某物使节目完美、报告严谨、味道鲜美〉 ‖ *hierzu*(派生) **Ab·run·dung** *die*; *nur Sg*(只用单数)

ab·rup·fen (*hat*) [Vt] (及物) ***etw.*** (***von etw.***) ***a.*** *gespr*[口]; etw. von etw. abreißen(从…上)撕下,扯下〈Blätter a. 把纸扯下〉

ab·rupt *Adj* (形); plötzlich u. überraschend (eintretend)突如其来的,出乎意外的;蓦地,骤然 〈ein Ende 结束; etw. a. abbrechen, beenden 突然中断、结束〉

ab·rüs·ten (*hat*) [Vt/i] (及物/不及物) 〈ein Staat *o.Ä.* 国家等〉 ***rüstet*** (***etw.***) ***ab*** ein Staat *o.Ä.* reduziert die Zahl der Waffen (u. der Soldaten) 裁减军备 ↔ ein Staat *o.Ä.* rüstet auf

Ab·rüs·tung *die*; *nur Sg* (只用单数); das Abrüsten 裁军 ‖ K-(复合): ***Abrüstungs-***, ***-abkommen***, ***-verhandlungen***

ab·rut·schen (*ist*) [Vi] (不及物) **1.** (den Halt verlieren u.) seitwärts (nach unten) rutschen 滑倒,滑落 ≈ abgleiten **2.** *gespr*[口]; im Niveau sinken, schlechter werden(水平)下降,后退,走下坡 〈j-s Leistungen 某人的成绩〉: *Dieses Jahr ist er in Mathematik stark abgerutscht* 今年他的数学成绩大大下降了

ABS [aːbeːˈ|ɛs] *ohne Artikel*, *indeklinabel*(无冠词,词形不变); (*Abk für* 缩写,全称为 Antiblockiersystem) ein System, das verhindert, dass die Reifen e-s Autos blockieren, wenn man stark bremst(急刹车时防止轮胎卡塞的)防抱死系统,防楔死装置: *Der Wagen ist mit ABS ausgerüstet* 汽车装备了防抱死系统

ab·sä·beln (*hat*) [Vt](及物) ***etw. a.*** *gespr hum* [口][诙] ≈ abschneiden (1), abschnippeln

ab·sa·cken (*ist*) [Vi](不及物) *gespr*[口] **1.** ***etw. sackt ab*** etw. sinkt (plötzlich) nach unten (物作主语)突然下沉,下陷,下降 〈der Boden, das Fundament 土地,地基; das Flugzeug 飞机〉 **2.** ***j-d/etw. sackt ab*** j-d/etw. wird im Niveau schlechter(人/物作主语)走下坡,后退,下降,退步 〈j-s Leistungen 某人的成绩〉: *Er ist dieses Jahr in Chemie abgesackt* 今年他的化学成绩退步了

Ab·sa·ge *die* **1.** die Mitteilung, dass etw. abgelehnt ist 回绝,拒绝 ↔ Zusage 〈e-e A. erhalten 遭到拒绝; j-m e-e A. erteilen 回绝某人〉 **2.** ***e-e A. an j-n/etw.*** e-e Zurückweisung od. Ablehnung von etw. 对…的抵制,否定,驳斥: *Sein Austritt aus der Partei war e-e A. an diese Art der Politik* 他的退党是对这种政策的否定

ab·sa·gen (*hat*) [Vt] (及物) **1.** ***etw. a.*** mitteilen, dass etw. nicht stattfindet(通知)取消 ↔ ankündigen 〈ein Konzert, e-e Konferenz, seinen Besuch a. 取消音乐会、会议、访问〉; [Vi] (不及物) **2.** (***j-m***) ***a.*** j-m mitteilen, dass etw. Geplantes nicht stattfinden kann 回绝,谢绝 ↔ zusagen: *Sie wollte kommen, aber dann hat sie abgesagt* 她本想去,但后来她谢绝了

ab·sä·gen (*hat*) [Vt](及物) **1.** ***etw.*** (***von etw.***) ***a.*** etw. von etw. durch Sägen entfernen 锯掉,锯断: *e-n abgestorbenen Ast a.* 锯掉枯枝 **2.** ***j-n a.*** *gespr*[口]; j-n aus seiner Position entfernen, ihn entlassen 免去…职务,撤职,解职 〈e-n Politiker, e-n Trainer a. 免去一名政治家的职务,把教练免职〉

ab·sah·nen; *sahnte ab*, *hat abgesahnt*; [Vt/i] (及物/不及物) (***etw.***) ***a.*** *gespr* [口]; etw. Wertvolles (auf nicht ganz korrekte Weise) in seinen Besitz bringen 据为己有,窃取,捞取: *bei e-m Geschäft e-e Menge Geld a.* 从一家商店窃取大量钱财

Ab·satz *der* **1.** der Teil e-s geschriebenen Textes, der mit e-r neuen Zeile beginnt u. *mst* aus mehreren Sätzen zu e-m bestimmten Thema besteht(文章)段落 ≈ Abschnitt: *e-n/mit e-m neuen A. beginnen* 开始新的一段; *e-n A. lesen* 读一段文章 **2.** e-e Stelle in e-m geschriebenen Text, an der ein neuer A. (1) beginnt 新段落的起点 〈e-n A. machen 另起一段〉 **3.** *mst Sg*, WIRTSCH(多用单数)【经】; der Verkauf von Waren 销路 〈etw. findet großen, guten, reißenden A. 某物销路大、好、畅通; der A. stockt 销售渠道堵塞,滞销〉 ‖ K-(复合): ***Absatz-***, ***-flaute***, ***-gebiet***, ***-krise***, ***-markt*** **4.** e-e große, breite Stufe, die e-e Treppe unterbricht(楼梯层间的)平台,拐弯处: *auf dem A. stehen bleiben* 在楼梯拐弯处停住 **5.** der erhöhte Teil der Schuhsohle unter der Ferse 鞋后跟 〈flache/niedrige, hohe Absätze 平的/低的、高的鞋跟〉 ‖ -K(复合): ***Gummi-***, ***Stiefel-*** ‖ ↑ *Abb. unter* 图见 ***Schuhe*** ‖ ID[谚] ***auf dem A. kehrtmachen*** plötzlich umkehren 猛地转身,立刻掉头

ab·sau·fen (*ist*) [Vi] (不及物) *gespr*[口] **1.** ≈ untergehen, sinken 〈ein Schiff 轮船〉 **2.** ≈ ertrinken **3.** ***etw. säuft ab*** etw. funktioniert nicht mehr, weil die Zündkerzen nass sind (物作主语)熄火 〈ein Auto, ein Motor 汽车,马达〉

ab·sau·gen (*hat*) [Vt] (及物) **1.** ***etw.*** (***aus/von etw.***) ***a.*** etw. durch Saugen entfernen(从…中)吸掉,吸去,抽走: *das Regenwasser mit e-r Pumpe a.* 用泵把雨水(吸)抽掉 **2.** ***etw. a.*** etw. mit e-m Staubsauger von Schmutz u. Staub befreien(用吸尘器)把…吸掉灰尘,吸干净: *den Teppich a.* 把地毯(上的尘土)吸干净

ab·scha·ben (*hat*) [Vt] (及物) **1.** ***etw.*** (***von etw.***) ***a.*** etw. durch Kratzen von etw. entfernen(从…上)刮去,刮掉 ≈ abkratzen[1] (1) **2.** ***etw. a.*** etw. durch Kratzen von etw. frei machen 把…刮干净 ≈ abkratzen[1] (2)

ab·schaf·fen; *schaffte ab*, *hat abgeschafft*; [Vt] (及物) **1.** ***etw. a.*** Gesetze od. Regelungen außer Kraft setzen, beseitigen 废除,使失效 ↔ einführen 〈die Todesstrafe a. 废除死刑〉 **2.** ***etw. a.*** *gespr* [口]; etw. (das regelmäßig Geld kostet od. viel Mühe macht) aus seinem Besitz weggeben 撇弃,扔掉,舍弃(费力费钱的事) ↔ anschaffen 〈ein Haustier, ein Auto a. 舍弃家畜、汽车〉 **3.** ***etw. a.*** *gespr*[口]; etw.

für immer beseitigen 取缔，取消：*Diese langen Sitzungen sollte man a./gehören abgeschafft* 这些马拉松会议最好取缔/理应取缔 ‖ *hierzu*（派生）**Ab·schaf·fung** *die*；*nur Sg*（只用单数）

ab·schä·len（*hat*）Vt（及物）**1. etw.**（**von etw.**）**a.** die Schale, Rinde von etw. entfernen 削掉，剥掉（皮，壳）：*die Baumrinde a.* 剥去树皮 **2. etw. a.** etw. von seiner Schale od. Rinde befreien 把…剥干净，剥去、削去…的皮：*e-n Apfel, e-n Baum a.* 削苹果皮，剥树皮

ab·schal·ten（*hat*）Vt/i（及物/不及物）**1.**（**etw.**）**a.** ≈ abstellen (4) ↔ einschalten：*den Fernseher a.* 关上电视机；Vi（不及物）**2.** *gespr*［口］：aufhören, sich auf etw. zu konzentrieren 思想集中不了，开小差，走神：*Gegen Ende des Vortrages schaltete ich ab* 报告快结束时我思想开小差了 **3.** nicht mehr an seine Sorgen denken, sich entspannen 思想放松，松弛：*im Urlaub mal richtig a.* 假期好好放松放松

ab·schät·zen（*hat*）Vt（及物）**etw. a.** etw. (*bes* etw. Zukünftiges) schätzen[1] (1) 评估，评定，估价（尤指将来的事态）〈e-n Gewinn, ein Risiko a. 评估利润，估量危险程度〉：*a., wie lange etw. noch dauern wird* 估计事情还将持续多久 ‖ *hierzu*（派生）**Ab·schät·zung** *die*；*mst Sg*（多用单数）

ab·schät·zig *Adj*（形）；〈e-e Bemerkung, ein Blick 看法，眼神〉so, dass sie Verachtung ausdrücken 轻视的，鄙视的，鄙夷的，瞧不起的 ≈ abfällig, geringschätzig ↔ anerkennend：*j-n/etw. a. beurteilen* 轻蔑地评价某人/某事

ab·schau·en（*hat*）Vt（及物）**1. etw.**（**bei j-m**）**a.**；**j-m etw. a.** *gespr*［口］≈ abgucken (1)；Vt/i（及物/不及物）**2.**（**etw.**）（**bei j-m**）**a.** *südd*［南德］≈ abgucken (2)

Ab·schaum *der*；*nur Sg*，*pej*（只用单数）［贬］；die Menschen, die von anderen als moralisch verachtenswert od. minderwertig angesehen werden 废物，窝囊废，草包，渣滓〈der A. der Menschheit, der Gesellschaft 人类的、社会的渣滓〉

Ab·scheu *der*；*-s*；*seltener*（罕）：*die*；*-*；*nur Sg*（只用单数）；**A.**（**vor/gegenüber j-m/etw.**）〈haben, empfinden 有，感到〉ein physischer od. moralischer Ekel, ein heftiger Widerwille, e-e sehr starke Abneigung (empfinden)（对…）厌恶，憎恶，反感，作呕 ‖ ▶ **verabscheuen**

ab·scheu·ern（*hat*）Vt（及物）**1. etw.**（**von etw.**）**a.** etw. durch kräftiges Reiben (*mst* mit e-r Bürste) von etw. entfernen（用力从…上）擦掉，刷掉 **2. etw. a.** ≈ scheuern (1)：*den Fußboden, den Holztisch a.* 把地板、木桌擦干净；Vr（反身）**3. etw. scheuert sich ab** etw. nutzt sich durch Reiben ab（物作主语）擦破，磨坏〈ein Hemdkragen 衬衣领子〉

ab·scheu·er·re·gend, **Ab·scheu er·re·gend** *Adj*；so, dass man Abscheu empfindet 令人作呕的，令人反感的，令人厌恶的〈ein Anblick, ein Geruch 景象、味道〉

ab·scheu·lich *Adj*（形）**1.** aus moralischer Sicht verdammenswert 卑鄙的，丑恶的，可憎的〈ein Laster, ein Verbrechen, e-e Lüge 恶习，犯罪行为，谎言〉**2.** abscheuerregend 令人厌恶的，令人作呕的，恶心的 ≈ ekelhaft, eklig〈ein Gestank 臭味；a. aussehen, riechen 看着、闻着使人恶心〉**3.** *nur adv*，*gespr*（只作状语）［口］；verwendet, um Adjektive od. Verben negativ zu verstärken（强调形容词或动词的负面意义）极，很，非常 ≈ sehr, schrecklich：*Es ist a. kalt* 冷得要命；*Das tut a. weh* 这使人痛得受不了 ‖ *zu*（义项）**1.** u. **2. Ab·scheu·lich·keit** *die*

ab·schi·cken（*hat*）Vt（及物）**etw. a.** *mst* Post an j-n senden 寄出，发出（邮件）≈ absenden〈e-n Brief, ein Paket a. 寄信、包裹〉

ab·schie·ben Vt（及物）（*hat*）**1. etw. von etw. a.** etw. von etw. durch Schieben (ein Stückchen) entfernen 把…推开，挪开（点儿）≈ wegschieben **2. etw. auf j-n a.** etw., das man nicht haben will, auf j-d anderen übertragen 推卸，推脱，把…推给 ≈ abwälzen〈e-e Schuld, die Verantwortung auf j-n a. 把过错、责任推给某人〉**3. j-n a.** j-n, der in e-m Land Asyl sucht, nicht im Land bleiben lassen 遣送（出境）≈ ausweisen〈Asylanten, Flüchtlinge (über die Grenze) a. 遣送避难者、逃亡者（出境）〉‖ K-（复合）：**Abschiebe-, -haft** **4. j-n a.** j-n auffordern, das Land sofort zu verlassen, *mst* weil er etw. begangen hat, was der Staat nicht duldet 驱逐（出境），要求…离境〈unerwünschte Personen a. 驱逐不受欢迎的人〉**5. j-n a.** *gespr*［口］；j-m seine Macht nehmen, indem man ihn an e-m anderen Ort einsetzt 调离，打发走：*e-n Richter in die Provinz a.* 把法官调到省里；Vi（不及物）（*ist*）**6.** *gespr pej*［口］［贬］≈ weggehen：*Er schob beleidigt ab* 他受到侮辱走了；*Schieb ab!* 走开！‖ *zu*（义项）**3., 4.** u. **5. Ab·schie·bung** *die*；*mst Sg*（多用单数）

Ab·schied *der*；*-(e)s, -e*；*mst Sg*（多用单数）**1. der A.**（**von j-m/etw.**）die Situation, die Worte u. die Geste, wenn man selbst od. j-d anders weggeht 告别，离别 ≈ Trennung：*ein tränenreicher A.* 泪汪汪的告别 ‖ K-（复合）：**Abschieds-, -brief, -feier, -kuss, -schmerz, -wort** **2.**（**von j-m/etw.**）**A. nehmen** *geschr*［书］；sich von j-m/etw. verabschieden 与…告别 **3.** *geschr*［书］；die (Bitte um) Entlassung *mst* e-s hohen Beamten od. Offiziers 辞职，免职（多指高级官员或军人）〈seinen A. nehmen, einreichen 辞职，递交辞呈〉‖ K-（复合）：**Abschieds-, -gesuch**

ab·schie·ßen（*hat*）Vt（及物）**1. etw. a.** etw. (*z.B.* e-n Pfeil od. e-e Rakete) in Bewegung setzen 发射（如：箭、火箭）**2. etw. a.** e-e Schusswaffe benutzen 开，发射（枪）〈e-e Pistole, ein Gewehr *o.Ä.* a. 开手、步枪〉**3. ein Tier a.** ein wildes Tier mit e-m Schuss töten 击中、射死动物 **4. j-n/etw. a.** ein Fahrzeug od. Flugzeug (im Krieg) durch Schüsse zerstören 击中，击落〈ein Flugzeug, e-n Panzer a. 击落飞机，击中坦克〉：*Er wurde abgeschos-*

sen, *als er über feindliches Territorium flog* 当他飞越敌方领空时，被击落了 **5. *j-n a.*** *gespr*［口］; j-n, der e-e hohe Stellung hat, von seinem Posten absetzen 把…轰走，把…赶下台〈e-n Politiker, e-n Manager, e-n Trainer a. 把政治家、经理、教练轰下台〉 **6. *j-m etw. a.*** j-m mit e-m Schuss e-n Teil des Körpers abtrennen（枪炮）打断，打掉（一处肢体）‖ ▶ ***Abschuss***

ab·schin·den, sich (*hat*) **Vr**（反身）***sich*** (***mit etw.***) ***a.*** *gespr*［口］≈ sich abmühen

ab·schir·men; *schirmte ab*, *hat abgeschirmt*; **Vt**（及物）**1. *j-n/etw.*** (***gegen etw.***) ***a.*** j-n/etw. vor etw. schützen, etw. von j-m/etw. fernhalten 使避开，遮挡住，保护（防止，免遭）: *j-n gegen neugierige Blicke*, *gegen Gefahren a.* 使某人避开好奇的眼光，保护某人免遭危险 **2. *etw. a.*** die (unangenehme) Wirkung von etw. mithilfe e-r Schutzvorrichtung verringern 遮掩，遮隔，遮住〈Licht, Lärm a. 遮住光，隔离噪音〉‖ *hierzu*（派生）**Ab·schir·mung** *die*

ab·schir·ren (*hat*) **Vt/i**（及物/不及物）(***ein Tier***) ***a.*** e-m Zugtier das Geschirr[2] abnehmen 卸下（家畜身上的）挽具 ↔ anschirren〈e-n Esel, ein Pferd, e-n Ochsen a. 卸下驴、马、牛身上的套具〉

ab·schlach·ten (*hat*) **Vt**（及物）***j-n/ein Tier a.*** Menschen od. Tiere grausam (u. in großer Zahl) töten 屠杀，屠宰，屠戮: *Sie wurden mit Bajonetten regelrecht abgeschlachtet* 他们被刺刀活活捅死了

Ab·schlag *der* **1.** der erste Teil e-r Geldsumme, die gezahlt werden muss 预付款，第一批期款 ≈ Anzahlung ‖ K-（复合）: ***Abschlags-***, ***-summe***, ***-zahlung*** **2.** der Betrag, um den ein Preis reduziert wird 减价，折扣 ≈ Preisnachlass ↔ Aufschlag: *ein A. von zehn Prozent* 减价 10% **3.** SPORT【体】; das Abschlagen (3) des Balls（足球守门员）将球击出，击出射门球

ab·schla·gen (*hat*) **Vt**（及物）**1. *etw.*** (***von etw.***) ***a.*** etw. durch Schlagen von etw. trennen（从…上）击掉，打下，砍下: *e-n Ast a.* 砍下树枝 **2.** (***j-m***) ***etw. a.*** e-n Wunsch, den j-d geäußert hat, nicht erfüllen 拒绝 ≈ ablehnen〈j-m e-e Bitte, e-n Wunsch a. 拒绝某人的请求，拒不满足愿望〉; **Vt/i**（及物/不及物）**3.** (***den Ball***) ***a.*** SPORT【体】; (beim Fußball) den Ball (vom Tor aus) ins Spielfeld schießen 将球击离球门或将球踢入场地

ab·schlä·gig *Adj*（形）; *geschr*［书］; ablehnend 拒绝的〈e-e Antwort, ein Bescheid 回答，通知; etw. a. beantworten 回绝某事〉

ab·schle·cken (*hat*)（及物）*südd* Ⓐ［南德］［奥］≈ ablecken (1,2)

ab·schlei·fen (*hat*) **Vt**（及物）**1. *etw.*** (***von etw.***) ***a.*** etw. durch Schleifen von etw. entfernen（从…上）磨掉，磨擦掉: *die alte Farbe von dem Schrank a.* 磨掉柜上的旧颜色 **2. *etw. a.*** etw. durch Schleifen sauber (u. glatt) machen 把…磨干净或磨平: *das Brett a.* 磨平木板; **Vr**（反身）**3. *etw. schleift sich ab*** etw. wird durch Reibung glatt（物作主语）磨平，磨光

ab·schlep·pen (*hat*) **Vt**（及物）**1. *j-n/etw. a.*** ein kaputtes Fahrzeug mithilfe e-s anderen Fahrzeugs irgendwohin ziehen 将…拖运走，拉走，拖走，牵引走: *Er hat mich/mein Auto abgeschleppt* 他把我的车拖走了 ‖ K-（复合）: ***Abschlepp-***, ***-dienst***, ***-seil***, ***-stange*** **2. *j-n a.*** *gespr*［口］; j-n (*mst* mit sexuellen Absichten) zu sich nach Hause nehmen（多指色情意图）把…拉或扯到家里去; **Vr**（反身）**3. *sich*** (***mit etw.***) ***a.*** *gespr*［口］; große Mühe beim Tragen von etw. Schwerem haben 费力地搬、扛、提

Ab·schlepp|wa·gen *der*; ein kleiner Lastwagen mit e-r Art Kran, mit dem man Autos abtransportiert 小型拖运车（牵引车）

ab·schlie·ßen (*hat*) **Vt**（及物）**1. *etw. a.*** etw. mit e-m Schlüssel verschließen 锁上，锁住 ↔ aufschließen〈e-n Schrank, e-e Tür, e-e Wohnung a. 锁上柜子、房门、房屋〉 **2. *etw. a.*** etw. wie geplant beenden 结束，完成〈e-e Schule, ein Studium, e-e Untersuchung (erfolgreich) a.（顺利地）中学结业，大学毕业，结束调查〉: *Für diese Arbeit benötigen Sie e-e abgeschlossene Ausbildung* 干这个工作您得培训结业才行 **3. *j-n/etw. von etw. a.*** j-n/etw. durch ein Hindernis von der Umwelt trennen 使与…隔绝，隔开 ≈ abschneiden (2): *Das Dorf wurde durch die Lawine von der Umwelt abgeschlossen* 村庄因雪崩与周围世界隔开了 ‖ NB（注意）: *mst* im Passiv（多用于被动语态） **4. *etw. hermetisch/luftdicht a.*** e-n Raum so schließen, dass keine Luft herauskommen od. hineinkommen kann 封闭，密封，使不通空气 **5. *etw. a.*** sich mit j-m über etw. einigen od. etw. unterschreiben u. in Kraft setzen 签订，缔结，订立，成交 ≈ vereinbaren〈ein Abkommen, ein Bündnis, e-e Versicherung, e-n Vertrag, e-n Waffenstillstand, e-e Wette a. 签订协议，缔结联盟，签保险契约，签合同，缔结停火协定，打赌〉; **Vi**（不及物）**6. *mit etw. a.*** *geschr*［书］; mit etw. enden 以…告终、结束: *Die Geschichte schließt mit dem Tod des Helden ab* 故事以英雄之死而告终 **7. *mit etw. a.*** WIRTSCH【经】; etw. am Jahresende in der Bilanz ermitteln 年终结算有…〈mit Gewinn, Verlust a. 年终结算有盈余、亏损〉; **Vr**（反身）**8. *sich*** (***von j-m/gegen j-n***) ***a.*** *geschr*［书］; den Kontakt zu j-m aufgeben（与…）断绝往来，息交绝游 ≈ sich zurückziehen

Ab·schluss *der* **1.** das geplante (erfolgreiche) Ende von etw.（有成效的）结束，终结〈der A. des Studiums, der Arbeit, der Untersuchung, der Verhandlung 大学毕业，工作结束，调查结束，谈判结束; zu e-m A. gelangen/kommen 结束; etw. zum A. bringen 结束某事〉‖ K-（复合）: ***Abschluss-***, ***-bericht*** **2.** die Prüfung, mit der e-e Ausbildung endet 毕业考试〈e-n A. machen, keinen, e-n guten A. haben 参加毕业考试，没有毕业考试，毕业考试考得很好〉: *die Schule ohne A. verlassen* 没参加毕业考试就离开学校 ‖ -K（复合）: ***Abschluss-***, ***-ball***, ***-feier***; ***-prüfung***, ***-zeugnis*** ‖ -K（复合）:

Hauptschul-, ***Realschul-***, ***Schul-*** **3.** das Abschließen (5) von etw. 签订,缔结,订立,成交 ⟨der A. e-s Bündnisses, e-s Vertrags, e-r Versicherung 缔结联盟,签订条约,签订保险契约; kurz vor dem A. stehen 即将签约⟩ ‖ -K(复合): ***Geschäfts-***, ***Vertrags-*** **4.** WIRTSCH【经】; die Bilanz, die ein Geschäft aufstellt 结算 ⟨den A. machen 做结算⟩ ‖ -K(复合): ***Jahres-***

ab·schme·cken (*hat*) Vt/i (及物/不及物) (***etw.***) ***a.*** (während der Zubereitung) den Geschmack e-r Speise prüfen und sie dann entsprechend würzen 尝味,品味 ⟨die Soße a. 品尝调味汁⟩

ab·schmei·ßen (*hat*) Vt (及物) ***etw. a.*** *gespr* [口] ≈ abwerfen

ab·schmel·zen Vi (不及物) (*ist*) **1.** ***etw. schmilzt ab*** etw. schmilzt u. löst sich so von etw. (物作主语)融化;熔解 ⟨Eis, ein Metall 冰,金属⟩; Vt (及物) (*hat*) **2.** ***etw.*** (***von etw.***) ***a.*** etw. zum Schmelzen bringen u. dadurch von etw. anderem trennen(从…中)熔解而得,熔炼出

ab·schmet·tern (*hat*) Vt (及物) ***j-n/etw. a.*** *gespr* [口]; j-s Wunsch od. Plan sehr entschlossen (u. unerwartet) ablehnen 断然拒绝 ↔ annehmen, akzeptieren ⟨e-n Antrag, e-e Beschwerde a. 断然拒绝申请、申诉⟩

ab·schmie·ren Vt (及物) (*hat*) **1.** ***etw. a.*** Teile e-r Maschine, e-s Motors mit Fett, Schmiere versehen 给…上(润滑)油 ≈ schmieren (1) ⟨das Fahrgestell a. 给飞机起落架上油⟩; Vi (不及物) (*ist*) **2.** ⟨ein Flugzeug 飞机⟩ ***schmiert ab*** ein Flugzeug dreht sich zur Seite (u. stürzt dann *mst* ab)(飞机)坠落,坠毁

ab·schmin·ken (*hat*) Vt (及物) ***j-n/sich a.***; (***sich*** (*Dat* 三格)) ***etw. a.*** j-n/sich selbst von Schminke säubern 卸妆,擦去化妆涂色: *e-n Schauspieler/sich a.* 给演员/自己卸妆; *sich das Gesicht a.* 擦掉脸上的化妆油色,卸妆 ‖ ID [谚] *mst* 多用 ***Das kannst du dir a.!*** *gespr* [口]; das kommt absolut nicht infrage 这根本不予考虑!

ab·schnal·len (*hat*) Vt (及物) **1.** ***j-n/sich a.***; (***j-m/sich*** (*Dat* 三格)) ***etw. a.*** (j-m/sich) e-n Gurt *o.Ä.* abnehmen, indem man e-e Schnalle öffnet 给…解开扣带 ↔ anschnallen: *den Sicherheitsgurt a.* 解开安全带; Vi (不及物) **2.** *mst* 多用 ***Da schnallst du ab!*** *gespr* [口]; das ist kaum zu glauben 这不可信!: *Wenn du das siehst, (da) schnallst du ab!* 要是你见了这玩意儿,可别信!

ab·schnei·den (*hat*) Vt (及物) **1.** (***sich*** (*Dat* 三格)) ***etw. a.*** etw. durch Schneiden von etw. trennen 剪掉,剪下,切下,割断: *Blumen, ein Stück Kuchen a.* 剪花,切一块点心; *sich die Haare a.* 剪掉头发; *Er hat sich fast den Finger abgeschnitten* 他差点儿把指头割断了 **2.** ***etw. schneidet j-n/etw. von j-m/etw. ab*** etw. trennt j-n/etw. von j-m/etw. räumlich, etw. isoliert j-n/etw. (物作主语)把…与…隔开、切断,堵塞: *Der starke Schneefall schnitt das Dorf vom Umland ab* 大雪切断了村庄与外界的通道 **3.** ***j-m das Wort a.*** j-n im Gespräch unterbrechen 打断…说话 **4.** ***j-m den Weg a.*** vor j-m an e-m bestimmten Ort sein, indem man e-e Abkürzung benutzt 截断…的道; Vi (不及物) **5.** (***bei etw.***) ***irgendwie a.*** ein bestimmtes Ergebnis erzielen(在…方面)获得,取得 ⟨bei e-m Test gut, schlecht a. 在测试中成绩好、差⟩: *Er schnitt bei der Prüfung hervorragend ab* 这次考试他成绩出色

ab·schnel·len, sich (*hat*) Vr (反身) ***sich*** (***von etw.***) ***a.*** in die Höhe springen, indem man sich mit den Beinen kräftig abstößt(从…上)猛地跳出,跃出: *Er schnellte sich vom Sprungbrett ab* 他从跳板上用力弹跳了出去

ab·schnip·peln (*hat*) Vt (及物) ***etw. a.*** *gespr* [口] ≈ abschneiden (1)

Ab·schnitt *der* **1.** ein inhaltlich zusammengehöriger Teil e-s Texts 段落,章节: *Der Aufsatz gliedert sich in drei Abschnitte* 作文分三段 **2.** ein Teil e-s Formulars, e-r Eintrittskarte *o.Ä.*, den man abtrennen kann (表格,入场券等)副券: *Bewahren Sie diesen A. gut auf!* 请您保存好这张副券! **3.** ein bestimmter Zeitraum, e-e Periode 时期,阶段: *Nach seiner Entlassung aus dem Gefängnis begann ein neuer A. in seinem Leben* 从监狱出来后开始了他生活中的一个新阶段 ‖ -K(复合): ***Lebens-*** **4.** ein Teil e-s Gebietes, e-r Strecke 地段,路段 ⟨e-n A. abfahren, absuchen, überprüfen 巡视、搜查、检查路段⟩ ‖ -K(复合): ***Autobahn-***, ***Front-***, ***Strecken-*** ‖ *zu* (义项) **1.**, **3.** u. **4.** **ab·schnitt(s)·wei·se** *Adj* (形); *mst adv* (多作状语)

ab·schnü·ren (*hat*) Vt (及物) ***j-d/etw. schnürt*** (***j-m***) ***etw. ab*** j-d/etw. unterbricht das Strömen von etw. (*z.B.* des Bluts in den Adern) durch Druck von außen(人/物作主语)结扎,卡住,压住,勒住: *Der enge Kragen schnürt mir die Luft ab* 领子很紧,卡得我喘不过气来 ‖ *hierzu* (派生) **Ab·schnü·rung** *die*

ab·schöp·fen (*hat*) Vt (及物) **1.** ***etw.*** (***von etw.***) ***a.*** etw., das sich oben auf e-r Flüssigkeit befindet, mit e-m Löffel *o.Ä.* wegnehmen(从…上)撇去,撇出: *die Sahne von der Milch, das Fett von der Suppe a.* 撇去牛奶的乳脂,撇去汤的浮油 **2.** ***etw. a.*** WIRTSCH【经】; Gewinne einbehalten u. nicht neu investieren(利润)提留 ⟨Gewinne a. 提留利润⟩ ‖ *hierzu* (派生) **Ab·schöp·fung** *die*

ab·schot·ten; *schottete ab, hat abgeschottet*; Vt (及物) ***j-n/etw./sich a.*** dafür sorgen, dass j-d/etw./man keinen Kontakt mehr zu j-m/etw. hat 断绝与…联系,不与…往来: *ein Land während e-r Krise a.* 危机之际断绝与一国交往; *sich a., um in Ruhe arbeiten zu können* 息交绝游(闭门谢客)为了能安静地工作

ab·schrä·gen; *schrägte ab, hat abgeschrägt*; Vt (及物) ***etw. a.*** e-e Fläche schräg(er) machen 使成斜面,使倾斜 ⟨ein Dach a. 使屋顶有倾斜度⟩

ab·schrau·ben (*hat*) Vt (及物) **1.** ***etw.*** (***von etw.***) ***a.*** etw. durch e-e drehende Bewegung von etw. entfernen(从…上)拧掉,旋下,扭下:*den Deckel des Marmeladenglases a.* 把果酱瓶的盖子拧下来 **2. etw. a.** etw., das mit Schrauben irgendwo befestigt ist, (durch Lösen der Schrauben) von dort entfernen 把…(螺丝)拧开,旋开,(拧下螺丝)打开

ab·schre·cken (*hat*) [Vt] (及物) **1. j-n (von etw.) a.** j-n durch Androhen od. Zeigen von etw. Negativem dazu bringen, e-e (beabsichtigte) Handlung nicht auszuführen 吓退,吓倒,吓得不敢:*j-n durch hohe Strafen vom Stehlen a.* 用高额罚款吓得某人不敢偷窃;*abschreckende Maßnahmen ergreifen* 采取威慑措施;*ein abschreckendes Beispiel geben* 给予鉴戒,杀鸡给猴看 **2. etw. schreckt j-n (von etw.) ab** etw. hindert j-n an seiner Absicht (物作主语)吓得…不敢干或放弃打算:*Die extreme Kälte schreckt mich nicht davon ab, nach Sibirien zu fahren* 严寒没有使我放弃去西伯利亚的打算 **3. etw. a.** e-n heißen Gegenstand schnell mit kaltem Wasser abkühlen 使快速冷却,将…淬火〈gekochte Eier, Eisen a. 把煮鸡蛋放进冷水里激一激,把铁淬火〉

Ab·schre·ckung *die*; -, *-en*; *mst Sg*(多用单数); das Abschrecken (1) *z.B.* e-s Gegners od. Verbrechers 威慑;鉴戒〈j-m zur/als A. dienen 作为对某人的鉴戒〉‖ K-(复合):***Abschreckungs-***, ***-mittel***, ***-politik***, ***-strategie***, ***-waffe***

ab·schrei·ben (*hat*) [Vt/i] (及物/不及物) **1. (etw.) (von j-m) a.** den Text e-s anderen übernehmen, kopieren u. ihn als eigenes Werk ausgeben 抄袭,剽窃:*Er schrieb fast den ganzen Aufsatz vom Nachbarn ab* 他几乎整篇作文都是从邻座同学那里抄的;[Vt](及物) **2. etw. (von/aus etw.) a.** e-e handschriftliche Kopie von e-m Text machen, ihn noch einmal schreiben 抄写,誊写 **3. etw. a.** WIRTSCH【经】; den Preis von Gegenständen, die mit der Zeit an Wert verlieren, von der Bilanz e-s Geschäfts abziehen (u. deswegen weniger Steuern zahlen)扣除(折旧费)〈ein Auto, ein Haus, e-e Maschine a. 扣除汽车、房屋、机器折旧费〉**4. j-n (als etw.) a.** *gespr*[口]; j-n nicht mehr als Freund ansehen bzw. nicht mehr glauben, dass j-d noch lebt 别再把…看作(朋友),把…忘掉:*Diesen komischen Typ kannst du (als Freund) wohl a.* 这个古怪的家伙你可以把他忘掉 **5. etw. a.** *gespr*[口]; nicht mehr hoffen, etw. noch zu haben od. zu bekommen 别指望得到…:*Die zwanzig Euro, die du ihm geliehen hast, kannst du a.* 你借给他的 20 欧元别指望还能得到;[Vi](不及物) **6. j-m a.** e-e Einladung schriftlich absagen 书面谢绝(邀请) ‖ *zu* (义项) **3. Ab·schrei·bung** *die* ‖ ▶ ***Abschrift***

ab·schrei·ten (*hat/ist*) [Vt](及物) **1. etw. a.** e-e Strecke mit großen Schritten entlanggehen, um ihre Länge festzustellen 步测,用脚步测量 ≈ abmessen **2. die Front a.** (bei e-m Staatsbesuch) mit feierlichen u. langsamen Schritten an e-r Reihe von Soldaten entlanggehen 检阅仪仗队

Ab·schrift *die* ≈ Kopie ↔ Original: *e-e beglaubigte A. e-s Zeugnisses einreichen* 递交一份公证了的证书复印件

ab·schrub·ben (*hat*) [Vt](及物) ***j-n/sich/etw. a.*** *gespr*[口] ≈ abbürsten

ab·schuf·ten, sich (*hat*) [Vr](反身) ***sich a.*** *gespr*[口] ≈ sich abarbeiten (2)

ab·schup·pen (*hat*) [Vt](及物) **1. e-n Fisch a.** die Schuppen e-s Fisches entfernen 除鳞,刮去鱼鳞;[Vr](反身) **2. etw. schuppt sich ab** etw. löst sich in Schuppen von etw(物作主语)掉皮,鳞片般地脱落〈die Haut 皮肤〉

ab·schür·fen (*hat*) [Vt](及物) (**sich** (*Dat* 三格)) **etw. a.** die Haut durch starke Reibung verletzen 擦破,刮破(皮):*Er schürfte sich beim Sturz das Knie/am Knie die Haut ab* 跌下来时他擦破了膝盖/膝盖上的皮擦破了

Ab·schür·fung *die* **1.** e-e Wunde, die durch Abschürfen entstanden ist 擦伤,刮伤 ‖ -K(复合):***Haut-*** **2.** das Abschürfen der Haut 擦破皮

Ab·schuss *der* **1.** das Zünden u. Abfeuern *z.B.* e-r Rakete, e-r Kanone 发射,射击(如火箭,大炮)‖ K-(复合):***Abschuss-***, ***-basis***, ***-rampe*** **2.** das Abschießen (3), das Töten durch Schüsse 射死,射中,命中〈das Wild zum A. freigeben 开放打猎〉‖ K-(复合):***Abschuss-***, ***-quote***, ***-zahl***, ***-zeit*** ‖ ID[谚] ***Das ist der A.!*** *gespr*[口]; verwendet, um seine Verärgerung od. Empörung über etw. auszudrücken(表示愤慨)这该毙了! 真该死!

ab·schüs·sig *Adj*(形); *nicht adv*(不作状语); sich stark in e-e Richtung neigend 陡峭的,倾斜的,坡度大的 ≈ abfallend〈ein Hang, e-e Straße, ein Ufer 山坡,街道,河岸〉‖ *hierzu*(派生) **Ab·schüs·sig·keit** *die*; *nur Sg*(只用单数)

Ab·schuss·lis·te *die*; *mst in* 多用于 (***bei j-m***) ***auf der A. stehen*** *gespr*[口]; verwendet, um auszudrücken, dass j-d bei j-m sehr unbeliebt ist od. dass j-d bald seinen Arbeitsplatz verlieren soll 列入不受器重的或要被解雇的名单上,属于受挤对或被炒之列

ab·schüt·teln (*hat*) [Vt](及物) **1. etw. (von etw.) a.** etw. durch Schütteln von etw. entfernen 抖掉,抖落,抖搂:*das Mehl (von der Schürze) a.* 抖掉(围裙上的)面粉 **2. etw. a.** *gespr*[口]; sich von etw. Unangenehmem befreien 摆脱,解脱,克服,驱走 ≈ überwinden (2)〈die Müdigkeit a. 克服困倦,驱走倦意〉:*Ich kann meine Angst vor Spinnen einfach nicht a.* 我简直摆脱不了对蜘蛛的恐惧心理 **3. j-n a.** *gespr*[口]; schneller sein als die Verfolger u. sie deshalb loswerden 甩掉,逃脱(追捕):*Dem Verbrecher gelang es, die Polizei abzuschütteln* 罪犯甩掉了警察

ab·schwä·chen (*hat*) [Vt](及物) **1. etw. a.** etw. mildern, schwächer machen 使温和、减弱、平和〈seine Aussagen a. 使自己的意见变得温和些〉;[Vr](反身) **2. etw. schwächt sich ab** etw. wird milder, schwächer(物作主语)变弱,

变轻,减弱 ≈ etw. lässt nach ↔ etw. verstärkt sich 〈der Lärm, der Wind 噪音,风声〉 ‖ *hierzu* (派生) **Ab·schwä·chung** *die*; *nur Sg* (只用单数)

ab·schwat·zen (*hat*) [Vt] (及物) ***j-m etw. a.*** *gespr* [口]; j-n (durch langes Reden) dazu bringen, dass er einem etw. gibt 跟…磨嘴皮磨来的…: *seiner Mutter Geld a.* 钱是从他妈那里磨嘴皮磨出来的

ab·schwei·fen (*ist*) [Vi] (不及物) ***von etw. a.*** sich vom Thema entfernen (u. e-e Zeit lang von etw. anderem reden) 离题,离开,偏离(话题) ‖ *hierzu* (派生) **Ab·schwei·fung** *die*

ab·schwel·len; *schwillt ab*, *schwoll ab*, *ist abgeschwollen*; [Vi] (不及物) **1. *etw. schwillt ab*** etw. wird allmählich leiser od. weniger intensiv (物作主语) 减退,减弱,变小,渐渐平息 ↔ etw. schwillt an 〈der Lärm, das Dröhnen e-s Flugzeugs 噪音,飞机的轰隆声〉 **2. *etw. schwillt ab*** etw. wird nach dem Schwellen (*z.B.* wegen e-r Entzündung, e-r Verletzung) wieder normal (物作主语) 消肿 〈ein Gelenk, ein Muskel 关节,肌肉〉

ab·schwin·deln (*hat*) [Vt] (及物) ***j-m etw. a.*** von j-m etw. durch Schwindeln, durch e-e Täuschung erlangen 骗取,诈取: *e-r alten Frau Geld a.* 骗取一位老妇的钱财

ab·schwir·ren (*ist*) [Vi] (不及物) *gespr pej* [口] [贬] ≈ weggehen, abhauen, abzischen: *Schwirr ab!* 滚开!

ab·schwö·ren (*hat*) [Vi] (不及物) ***etw.*** (*Dat* 三格) ***a.*** *geschr* [书]; e-e schlechte Angewohnheit, e-e Einstellung aufgeben 发誓放弃(陋习,观点) ≈ sich von etw. lossagen 〈dem Alkohol, e-m Glauben a. 发誓戒酒,发誓放弃信仰〉

ab·seg·nen (*hat*) [Vt] (及物) ***etw. a.*** *gespr hum* [口] [谐]; (*mst* als Vorgesetzter) e-m Plan zustimmen (多指上司) 赞同,准许

ab·seh·bar *Adj* (形); **1.** so, dass man es früh erkennen kann 可预见的,可望的,指日可待的 ≈ vorhersehbar 〈e-e Entwicklung 发展〉 **2. *in absehbarer Zeit*** *geschr* [书] ≈ ziemlich bald

ab·se·hen (*hat*) [Vt] (及物) **1. *etw. a.*** etw. vorhersehen, ahnen 预见,预料到 〈die Folgen, den Ausgang e-r Sache a. 预见事情的后果、结局〉: *Das Ende des Streiks ist noch nicht abzusehen* 罢工结局尚难预见(预料); [Vi] (不及物) **2. *von etw. a.*** etw., das man geplant od. beabsichtigt hat, nicht durchführen/tun 不执行,不实行,放弃(原计划或打算) 〈von e-r Strafe a. 不采取惩罚〉 **3. *von etw. a.*** etw. nicht berücksichtigen 不考虑,不计及: *von j-s Fehlern a.* 不考虑某人的错误 ‖ NB (注意): Partizip Perfekt wie e-e Präposition verwendet (过去分词作介词用) ↑ ***abgesehen von*** **4. *es auf j-n/etw. abgesehen haben*** *gespr* [口]; das starke Verlangen haben, mit j-m in Kontakt zu treten od. etw. zu bekommen, zu erreichen 渴求,渴望,硬要,盯上,瞄准: *Er hat es auf seine hübsche Nachbarin abgesehen* 他盯上了他漂亮的女邻居; *Er hatte es längst auf dieses Auto abgesehen* 他早就盯上了这辆车; *Er hat es* darauf *abgesehen, mich zu ärgern* 他硬要气我 **5. *es auf j-n abgesehen haben*** *gespr* [口]; auf unfaire Weise j-m ständig zeigen, dass man Macht über ihn hat 冲…要威风,冲…使性子(发脾气): *Heute hat es der Meister auf den Lehrling abgesehen* 今天师傅冲徒弟发脾气了

ab·sei·fen; *seifte ab*, *hat abgeseift*; [Vt] (及物) (***j-m/sich***) ***etw. a.***; ***j-n/sich a.*** j-n/sich/etw. mit Seife waschen (用肥皂) 擦洗 〈j-m den Rücken a. 擦洗某人的背〉

ab·sei·hen (*hat*) [Vt] (及物) ***etw. a.*** e-e Flüssigkeit durch ein Sieb gießen, um sie zu reinigen od. um feste Bestandteile darin aufzufangen (用筛) 过滤净: *die Soße, die Brühe a.* 滤净调味汁、肉汁

ab·sei·len; *seilte ab*, *hat abgeseilt*; [Vt] (及物) **1. *j-n/sich/etw.*** (***von etw.***) ***a.*** j-n/sich/etw. an e-m Seil herunterlassen 用绳索把…吊下/攀索而下: *e-n Bergsteiger an e-m Strick vom Felsen a.* 将一名爬山运动员用绳索从岩石上吊下; [Vr] (反身) **2. *sich*** (***irgendwohin***) ***a.*** *gespr* [口]; sich schnell u. unauffällig entfernen 悄然离去,溜了 ≈ sich absetzen (13): *sich ins Ausland a.* 溜出国了

ab·seits[1] *Präp* (介); *mit Gen* (支配二格); seitlich von etw. entfernt 在离…不远的地方,在…一旁 〈a. des Weges, der Straße 离道路、街不远的地方〉 ‖ NB (注意): auch adverbiell verwendet mit *von* (与 *von* 连用作状语): *abseits vom Trubel* 离开喧闹的地方

ab·seits[2] *Adv* (副) **1.** in relativ großer Entfernung, weit entfernt (vom Standpunkt des Sprechers) 离得较远,在较远的地方 〈sich a. halten 坚决不参与,置身事外〉 **2. *a. sein*** SPORT 【体】; ≈ abseitsstehen (2)

Ab·seits *das*; -; *nur Sg* (只用单数) **1.** SPORT 【体】; (beim Fußball) die Situation, in der mindestens ein Spieler abseits[2] (2) ist 越位 〈im A. stehen, sein (处在) 越位(位置); ins A. laufen (跑到) 越位(位置上)〉: (*Das war*) *A.! – Das Tor gilt nicht* 越位! 进球不算 ‖ K-(复合): ***Abseits-***, ***-position***, ***-stellung*** **2.** *mst* 多用 ***ins A. geraten/im A. stehen*** vernachlässigt, nicht mehr beachtet werden 不受重视,不再受器重

ab·seits·lie·gen; *lag abseits*, *hat/südd* Ⓐ Ⓒⓗ [南德] [奥] [瑞] *ist abseitsgelegen*; [Vi] (不及物) ***etw. liegt abseits*** etw. befindet sich in relativ großer Entfernung, weit enrfernt (vom Standpunkt des Sprechers) 坐落、位于较远处: *ein abseitsgelegenes Haus* 一间坐落较远的房屋

ab·seits·ste·hen; *stand abseits*, *hat/südd* Ⓐ Ⓒⓗ [南德] [奥] [瑞] *ist abseitsgestanden*; [Vi] (不及物) **1. *j-d/etw. steht abseits*** j-d / etw. steht in relativ großer Entfernung, weit entfernt (vom Standpunkt des Sprechers) 站在较远处: *In den Pausen steht er immer abseits und spricht nicht mit den anderen* 休息时他总是站得远远的,不跟其他人说话 **2. *j-d steht***

abseits SPORT【体】j-d steht（beim Fußball）als Angreifer in e-r Position stehen, in der（bei der Ballabgabe）nur noch ein Spieler der gegnerischen Mannschaft zwischen ihm selbst u. dem gegnerischen Tor steht 越位

ab·sen·den; *sendete/sandte ab*, *hat abgesandt/abgesendet*; Vt（及物）***etw. a.*** ≈ abschicken ‖ K-(复合)：***Absende-***, ***-termin*** ‖ *hierzu*（派生）**Ab·sen·dung** *die*; *nur Sg*（只用单数）

Ab·sen·der *der*; *-s*, *-* **1.** die Person, die etw.（*bes* per Post）abschickt 寄信人，寄件人 ↔ Empfänger **2.** der Name u. die Adresse des Absenders（1），die auf dem Brief *o.Ä.* stehen（信封上的）寄信人姓名、地址；*Abk* 缩写 Abs. ‖ **Ab·sen·de·rin** *die*; *-*, *-nen*

ab·sen·ken（*hat*）Vt（及物）**1.** ***etw. a.*** etw. tiefer, niedriger legen 将…下沉 ≈ senken; Vr（反身）**2.** ***etw. senkt sich ab*** ≈ etw. senkt sich, neigt sich〈das Gelände 地带〉

Ab·senz *die*; *-*, *-en* **1.** *geschr*［书］；das Fehlen e-r Person an e-m Ort 缺席，不在场 ≈ Abwesenheit ↔ Anwesenheit **2.** *südd* Ⓐ Ⓒⓗ［南德］［奥］［瑞］das Fehlen e-s Schülers in der Schule 缺课，旷课 ‖ K-(复合)：***Absenzen-***, ***-heft***, ***-liste***

ab·ser·vie·ren; *servierte ab*, *hat abserviert*; Vt（及物）**1.** ***j-n a.*** *gespr*［口］；j-n aus seiner Stellung entlassen 免去…职务，撤掉…的职（废黜）〈e-n Angestellten, e-n Minister a. 免去一名职员、部长的职务〉**2.** ***j-n*（*mit etw.*）*a.*** *gespr*［口］≈ abspeisen

ab·set·zen（*hat*）Vt（及物）**1.** ***etw. a.*** *mst* etw., das man auf dem Kopf od. der Nase hat, herunternehmen 摘下，拿下 ≈ abnehmen ↔ aufsetzen〈den Hut, die Mütze, die Brille a. 摘下帽子、便帽、眼镜〉**2.** ***etw. a.*** etw. Schweres（vorübergehend）auf den Boden stellen 搁下，放下〈den Koffer a. 搁下箱子〉**3.** ***etw. setzt etw. ab*** etw. sammelt etw. am Boden an, lagert es dort ab（物作主语）使沉积、沉淀、淤积下来：*Der Fluss setzte Geröll ab* 河流沉积了碎石 **4.** ***etw. a.*** die Benutzung e-r Sache für e-n Augenblick unterbrechen 放下，搁下（暂停使用）↔ ansetzen：*die Feder, die Geige, das Glas a.* 搁笔，放下提琴，搁下杯子 **5.** ***j-n a.*** j-n aus seinem Amt entlassen 废黜，免去…的职务，撤职 ↔ einsetzen：*den Leiter e-r Behörde a.* 免去一个单位领导的职务 **6.** ***j-n irgendwo a.*** *gespr*［口］；j-n mit dem Auto irgendwohin bringen u. dort aussteigen lassen 把…撂下车，让…下车：*j-n am Flughafen a.* 让某人在机场下车 **7.** ***etw.*（*von etw.*）*a.*** ≈ streichen（6）：*ein Stück vom Spielplan a.* 将一个剧目从演出节目单中删掉（取消）**8.** ***etw.*（*von der Steuer*）*a.*** die Kosten von etw.（*z.B.* von Arbeitskleidung, von Fachbüchern *o.Ä.*）von der Summe des Einkommens abziehen, auf das man Steuern zahlen muss（从应纳税的收入额中）扣除，勾销（工作服、专业书籍等费用）：*seine Werbekosten*（*von der Steuer*）*a.*（从税收中）扣除广告费 **9.** ***etw. a.*** WIRTSCH【经】；etw. in großer Menge oder Zahl verkaufen 批发销售 **10.** ***etw.*（*von etw.*）*a.*** etw. deutlich von etw. abheben, mit etw. kontrastieren 使与…形成鲜明对比：*e-e Farbe deutlich vom Hintergrund a.* 使颜色与背景色彩分明 **11.** ***etw. a.*** ein Medikament（für längere Zeit）nicht mehr einnehmen 长期停服〈die Pille, die Tabletten a. 停服（避孕）药丸、药片〉；Vr（反身）**12.** ***etw. setzt sich ab*** etw. sammelt sich am Boden an, bleibt dort liegen（物作主语）沉积，淤积，沉淀〈Schlamm, Geröll 污泥，石块〉**13.** ***sich*（*irgendwohin*）*a.*** irgendwohin fliehen（weil man verfolgt od. von der Polizei gesucht wird）逃跑，溜掉〈sich ins Ausland a. 逃往国外〉**14.** ***sich von etw. a.*** deutlich zeigen, dass man mit etw. nicht einverstanden ist 背离，与…保持距离 ≈ sich von etw. distanzieren（1）**15.** ***j-d/etw. setzt sich von j-m/etw. ab*** j-d/etw. ist deutlich anders als j-d/etw.（人/物作主语）与…明显有别 ‖ *zu*（义项）**8. ab·setz·bar** *Adj*（形）；*nicht adv*（不作状语）；*zu*（义项）**5.**, **7.**, **8.**, **11.** u. **13. Ab·set·zung** *die* ‖ ▶ ***Absatz***

ab·si·chern（*hat*）Vt（及物）**1.** ***etw.*（*mit/durch etw.*）*a.*** durch gezielte Maßnahmen verhindern, dass für andere e-e Gefahr entsteht（采取措施）确保…安全，对…采取防护措施：*e-e Baugrube mit e-m Seil a.* 用绳把建筑工地的坑拦住以防发生危险；Vr（反身）**2.** ***sich*（*gegen etw.*）*a.*** durch gezielte Maßnahmen verhindern, dass etw. Unerwünschtes eintritt 确保（防止、免受）≈ sich（vor etw.）schützen〈sich vertraglich a. 以条约形式得以保障〉：*sich gegen unerwartete Reparaturkosten a.* 采取措施以防增加意外的维修费用 ‖ *hierzu*（派生）**Ab·si·che·rung** *die*

Ab·sicht *die*; *-*, *-en* **1.** ***die A.***（+ ***zu*** + *Infinitiv* 不定式）das, was j-d sich vorgenommen hat zu tun 意图，打算，企图，意愿，目的〈e-e A. haben/sich mit e-r A. tragen 有/怀有打算；etw. liegt（nicht）in j-s A. 某事（不）是他的意图〉：*Er hatte die A., nach Amerika auszuwandern* 他曾打算移居美国 ‖ K-(复合)：***Absichts-***, ***-erklärung*** **2.** ***etw. mit/ohne A. tun*** etw. ganz bewusst tun/etw. aus Versehen tun 故意/无意去干 **3.** ***ernste Absichten*（*auf j-n/mit j-m*）*haben*** j-n heiraten wollen 想（与…）结婚 **4.** ***in der besten A.*** ohne etw. Böses zu wollen 出于最良好的愿望，别无恶意 ‖ *zu*（义项）**1. ab·sichts·los** *Adj*（形）‖ ▶ ***beabsichtigen***

ab·sicht·lich *Adj*（形）；*ohne Steigerung*（无变级）；mit Absicht, mit festem Willen/Vorsatz 故意的，有意的，蓄意的 ≈ vorsätzlich〈e-e Beleidigung, ein Foul 伤害，犯规；j-n a. ärgern 故意让某人生气〉

ab·sin·ken（*ist*）Vi（不及物）**1.** ***j-d/etw. sinkt ab*** j-d/etw. sinkt nach unten（人/物作主语）下沉，沉没 **2.** ***etw. sinkt ab*** etw. wird schlechter, schwächer（物作主语）下降，降低〈j-s Leistungen, das Niveau 某人的成绩，水平〉

ab·sit·zen Vt（及物）（*hat*）*gespr*［口］**1.** ***etw. a.*** e-e Zeitspanne nur durch seine Anwesenheit, ohne sinnvolle Tätigkeit hinter sich bringen 坐着把时间泡掉,消磨掉: *Er sitzt jeden Tag seine acht Stunden im Büro ab* 他每天坐在办公室泡八个小时 **2. etw. a.** e-e Freiheitsstrafe verbüßen 蹲班房,坐牢,服刑: *e-e Strafe, zehn Jahre a.* 服刑,蹲十年班房; [Vi](不及物)(*ist*) **3.** (**von e-m Tier**) **a.** *mst* von e-m Pferd heruntersteigen 从动物背上下来,下马 ↔ aufsitzen **4.** (CH) [瑞] ≈ sich hinsetzen: *Sitz ab!* 坐下!

ab·so·lut *Adj*(形); *ohne Steigerung*(无变级) **1.** *nur attr od adv*, *gespr*(只作定语或状语)[口]; so, dass es e-e Grenze erreicht hat, die nicht mehr übertroffen wird 绝对的,完全的,十足的,彻头彻尾的 ≈ total (1) ⟨ein Dummkopf, ein Idiot, Quatsch, Spitze, Unsinn 傻瓜,白痴,废话,顶尖,胡思乱想; a. blödsinnig, unmöglich 完全胡闹,绝对不可能; etw. a. nicht wollen 绝对不愿意⟩ ‖ NB(注意): *mst* in Verbindung mit e-r negativen Aussage od. e-m Superlativ(多与贬义词或最高级连用) **2.** *mst attr*(多作定语); ohne Störung od. Einschränkung 绝对的,无限的,无干扰的 ↔ relativ ⟨Frieden, Konzentration, Ruhe, Stille 和平,集中,安静,宁静⟩ **3.** von niemandem in der Macht eingeschränkt, allein herrschend 独裁的,权力至高无上的 ≈ unumschränkt ⟨ein Herrscher, ein Monarch 统治者,君主⟩ ‖ NB (注意): ↑ **Gehör**, **Mehrheit**

Ab·so·lu·ti·on [-ˈtsio:n] *die*; -, *-en*; KATH【天主】; das Befreien von den Sünden, die gerade gebeichtet wurden 赦罪,赦免 ⟨j-m die A. erteilen 赦免某人⟩

Ab·so·lu·tis·mus *der*; -; *nur Sg*, *hist*(只用单数)[历] **1.** e-e Form der Monarchie, bei der der Kaiser/König alle Macht allein hatte, *bes* im Europa des 17 u. 18 Jahrhunderts(尤指17和18世纪在欧洲的)专制制度,专制君主制 ≈ Alleinherrschaft ‖ NB(注意): ↑ **Totalitarismus** **2.** die Epoche des A. (1) in Europa 在欧洲的专制君主制时代 ‖ *hierzu*(派生) **ab·so·lu·tis·tisch** *Adj*(形)

Ab·sol·vent [-v-] *der*; *-en*, *-en*; j-d, der e-e (höhere) Schule, e-n Kurs abgeschlossen hat(高级学校,培训班)毕业生 ‖ -K(复合): **Hochschul-** ‖ NB(注意): *der Absolvent; den, dem, des Absolventen* ‖ *hierzu*(派生) **Ab·sol·ven·tin** *die*; -, *-nen*

ab·sol·vie·ren [-v-]; *absolvierte*, *hat absolviert*; [Vt](及物) *geschr*[书] **1. etw. a.** e-e Schule od. e-n Kurs erfolgreich beenden 毕业,结业,修完,学完 ⟨e-e Fachschule, e-n Lehrgang a. 专科学校毕业,学完课程(结业)⟩ **2. etw. a.** e-e geforderte Leistung erfüllen 完成(规定的量) ⟨ein Pensum, das Training a. 完成作业、训练⟩ **3. etw. a.** e-e Prüfung ablegen u. bestehen 通过(考试) ⟨ein Examen a. 通过国家考试⟩

ab·son·der·lich *Adj*(形); *geschr*[书]; stark von e-r Norm, vom Üblichen abweichend 奇特的,古怪的,异乎寻常的,与众不同的 ≈ merkwürdig, eigenartig ⟨ein Verhalten, e-e Idee, ein Gedanke, ein Mensch 行为,思想,想法,人⟩ ‖ *hierzu*(派生) **Ab·son·der·lich·keit** *die*

ab·son·dern (*hat*) [Vt](及物) **1. j-n/etw.** (**von j-m/etw.**) **a.** j-n/etw. von e-r Gruppe trennen 把…(与…)隔离开,分离开 ≈ isolieren: *Jungtiere, kranke Tiere von der Herde a.* 把幼畜、病畜与畜群隔离开 **2. j-d/etw. sondert etw. ab** j-d/etw. gibt etw. durch die Haut od. e-e Wunde nach außen ab(人/物作主语)分泌出 ≈ j-d/etw. scheidet etw. aus ⟨Schweiß a. 分泌汗水⟩: *Die Wunde sondert Eiter ab* 伤口(分泌)出脓; [Vr](反身) **3. sich** (**von j-m/etw.**) **a.** den Kontakt zu j-m/etw. abbrechen 不与…往来,与…隔离 ≈ sich isolieren: *sich von der Umwelt, den Klassenkameraden a.* 与周围隔绝,与同班同学无往来

Ab·son·de·rung *die*; -, *-en* **1.** ein Stoff, der aus dem Körper ausgeschieden wird, *z. B.* Schweiß, Eiter 分泌物(如:汗、脓) ‖ -K(复合): **Drüsen-**, **Körper-** **2.** *nur Sg*(只用单数); das Absondern (2)

ab·sor·bie·ren; *absorbierte*, *hat absorbiert*; [Vt](及物) **1. etw. absorbiert etw.** TECH【技】; etw. nimmt etw. in sich auf(物作主语)吸收,吸入 ≈ etw. saugt etw. auf ⟨etw. absorbiert Dämpfe, Strahlen 某物吸收蒸气、光⟩ **2. etw. absorbiert j-n/etw.** *geschr*[书]; etw. nimmt j-n/etw. in Anspruch(物作主语)占用,占去,花费…精力 ≈ etw. beansprucht j-n/etw.: *Mein neuer Beruf absorbiert mich völlig* 我的新工作占用了我全部精力 ‖ *zu*(义项) **1. Absorp·ti·on** *die*; -; *nur Sg*(只用单数)

ab·spal·ten; *spaltete ab*, *hat abgespaltet/abgespalten*; [Vt](及物) **1. etw.** (**von etw.**) **a.** etw. durch Spalten von etw. trennen 将…(从…上)劈下来 ≈ abtrennen; [Vr](反身) **2. j-d/etw. spaltet sich** (**von j-m/etw.**) **ab** j-d/etw. trennt sich von j-m/etw. (u. bildet e-e eigene Einheit)(人/物作主语)(从…中)分裂出,分离出(自成一体): *E-e Gruppe hat sich von der Partei abgespalten* 一个团体从党内分裂出来 ‖ *hierzu*(派生) **Ab·spal·tung** *die*

ab·span·nen (*hat*) [Vt/i](及物/不及物) (**ein Tier**) **a.** ein Tier, das e-n Wagen zieht, vom Geschirr befreien(给牲口)卸套,卸下鞍具 ⟨ein Pferd a. 卸下马套⟩

ab·spa·ren (*hat*) [Vt](及物) **sich** (*Dat* 三格) **etw.** (**von etw.**) **a.** mit etw. so lange sparsam sein, bis man etw. Bestimmtes mit dem dadurch gesparten Geld kaufen kann(从…中)积攒钱,省下钱购置: *Er sparte sich das Geschenk vom Taschengeld ab* 这件礼物是他从零用钱里积攒下来买的

ab·spe·cken; *speckte ab*, *hat abgespeckt*; [Vt/i](及物/不及物) (**etw.**) **a.** *gespr*[口]; sein Gewicht reduzieren, indem man weniger isst 节食减肥 ≈ abnehmen (9): *zwei Kilo a.* 节食减肥两公斤

ab·spei·chern (*hat*) [Vt](及物) (**etw.**) **a.** INFORM【信息】; Daten, die man mithilfe e-s Computers bearbeitet hat, speichern, um sie später wieder abrufen zu können 存储(数据)〈e-e Grafik, e-n Text a. 存储一幅图表、一篇文章〉

ab·spei·sen (*hat*) [Vt](及物) ***j-n*** (***mit etw.***) ***a.*** j-m etw. versprechen od. etw. von geringem Wert geben, damit er aufhört zu bitten od. zu fordern(用…)敷衍,搪塞,把…打发走〈j-n mit leeren Versprechungen, mit ein paar Euro a. 用空洞的许诺敷衍某人,用几个欧元把某人打发走; sich nicht a. lassen 不容易打发〉

ab·spens·tig *Adj*(形); *nur präd, nicht adv*(只作表语,不作状语); *mst in* 多用于 ***j-m j-n a. machen*** j-n von j-m weglocken (damit er zu einem selbst kommt)挑拨…与…疏远,离间…与…的关系: *j-m den Freund a. machen* 挑拨某人与朋友疏远

ab·sper·ren (*hat*) [Vt](及物) **1.** ***etw. a.*** etw. für j-n unzugänglich machen (dadurch, dass e-e Sperre errichtet wird)封锁,隔离,关闭,截断 ≈ abriegeln (2)〈die Unglücksstelle a. 封锁出事地点〉; [Vt/i](及物/不及物) **2.** (***etw.***) ***a.*** *südd* Ⓐ [南德][奥] ≈ abschließen (1)〈e-e Tür, e-e Wohnung a. 锁上门、住房〉

Ab·sper·rung *die*; -, *-en* **1.** *nur Sg*(只用单数); das Absperren (1)〈die A. e-r Unfallstelle 封锁事故地点〉 **2.** e-e Barriere od. ein Hindernis, die den Zugang zu etw. verhindern 障碍物,路障〈e-e A. errichten, umgehen, niederreißen 建立、绕过、拆除路障〉

ab·spie·len (*hat*) [Vt](及物) **1.** ***etw. a.*** etw. von Anfang bis Ende spielen (9)让…从头演到底,把…放完〈e-e Schallplatte, ein Tonband a. 放唱片、录音带〉; [Vt/i](及物/不及物) **2.** (***etw.***) (***an j-n***) ***a.*** SPORT【体】; (etw.) an e-n Mitspieler weitergeben 传球 ≈ j-m (etw.) zuspielen〈den Ball, den Puck a. 传球,传冰球〉; [Vr](反身) **3.** ***etw. spielt sich ab*** etw. geschieht, ereignet sich(物作主语)发生,演变〈e-e Aktion, ein Vorgang 行动,事件〉: *Die Schießerei spielte sich auf offener Straße ab* 在大街上发生枪战 ‖ *zu* (义项) **2.** **Ab·spiel** *das*; *nur Sg*(只用单数)

ab·split·tern (*ist*) [Vi](不及物) ***etw. splittert*** (***von etw.***) ***ab*** etw. löst sich in Splittern von etw.(物作主语)裂成碎片脱落,剥落 ≈ etw. springt ab〈die Farbe 颜料〉 ‖ *hierzu*(派生) **Ab·split·te·rung** *die*

ab·spre·chen (*hat*) [Vt](及物) **1.** ***etw.*** (***mit j-m***) ***a.*** (mit j-m) über etw. sprechen u. es gemeinsam vereinbaren 商定,约定,谈妥 ≈ verabreden〈e-e Reise, e-n Termin a. 约定旅行,商定日期〉: *e-n Zeitplan mit e-m Kollegen a.* 与同事商定时间安排 **2.** ***j-m etw. a.*** ein Recht, ein Privileg, das j-d genießt, für ungültig erklären 剥夺 ≈ j-m etw. aberkennen **3.** ***j-m etw. a.*** *geschr*[书]; behaupten, dass j-d etw. nicht hat 认为…不具备,否认: *j-m den guten Willen a.* 认为某人不具有善良的愿望; *E-n gewissen Charme kann man ihm nicht a.* 无法否认他具备一定的魅力; [Vr](反身) **4.** ***j-d spricht sich mit j-m ab***; 〈Personen 人〉 ***sprechen sich ab*** zwei od. mehrere Personen gleichen ihre Pläne/Ziele an(人作主语)单:与…配合、协调;复:彼此配合,相辅相成 ‖ *zu* (义项) **1.** u. **4.** **Ab·spra·che** *die*

ab·sprei·zen (*hat*) [Vt](及物) ***etw. a.*** ein Glied vom Körper wegstrecken 伸展〈e-n Arm, ein Bein a. 伸胳臂、腿〉

ab·spren·gen (*hat*) [Vt](及物) ***etw.*** (***von etw.***) ***a.*** etw. von etw. durch Sprengen entfernen (从…上)炸开,炸掉: *e-n Felsvorsprung a.* 炸掉岩石的凸出部分

ab·sprin·gen (*ist*) [Vi](不及物) **1.** sich von der Unterlage (mit den Füßen u. Beinen) abdrücken u. springen 弹跳: *beim Hochsprung kräftig a.* 跳高时弹跳有力 **2.** (***von etw.***) ***a.*** von irgendwo herunterspringen 跳下〈vom Pferd a. 从马背上跳下〉: *Er ist mit dem Fallschirm abgesprungen* 他用降落伞跳下 **3.** ***etw. springt*** (***von etw.***) ***ab*** ≈ etw. platzt, splittert ab **4.** (***von etw.***) ***a.*** *gespr*[口]; bei etw. nicht mehr mitmachen 放弃,脱离,退出,不参与: *von e-r geplanten Reise a.* 放弃旅行计划; *Vier Teilnehmer sind vom Kurs bereits abgesprungen* 四位学员已退出培训班 ‖ *zu* (义项) **1** u. **2.** **Ab·sprung** *der*

ab·sprit·zen [Vt](及物) (*hat*) **1.** ***j-n/etw. a.*** j-n/etw. durch Bespritzen mit Wasser sauber machen 喷洗干净,冲洗干净〈das Auto a. 喷洗汽车〉; [Vi](不及物) (*ist*) **2.** ***etw. spritzt*** (***von etw.***) ***ab*** etw. wird in kleinen Tropfen vom Boden weggeschleudert(物作主语)溅起来,飞溅,向四处溅〈Matsch, Wasser 泥浆,水〉

ab·spu·len (*hat*) [Vt](及物) **1.** ***etw. a.*** etw. von e-r Spule od. Rolle ziehen(从轴上)卷出,拉出,放出,退出 ≈ abwickeln (1) ↔ aufspulen〈e-n Faden, e-n Film a. 放线,退胶卷〉 **2.** ***etw. a.*** *gespr*[口]; etw. immer wieder tun, erzählen *o.Ä.* 唠叨,叨叨: *alte Geschichten a.* 唠叨旧事

ab·spü·len (*hat*) [Vt/i](及物/不及物) **1.** (***etw.***) ***a.*** Geschirr durch Spülen reinigen 冲洗干净 ‖ K-(复合): ***Abspül-***, ***-mittel***; [Vt](及物) **2.** ***etw.*** (***von etw.***) ***a.*** etw. durch Spülen von etw. entfernen 冲洗掉 ≈ wegspülen: *den Schmutz mit Wasser a.* 用水冲洗掉脏东西

ab·stam·men; *stammte ab*, -; [Vi](不及物) **1.** ***von j-m/ etw. a.*** der Nachkomme von j-m/etw. sein 出身于〈von e-r guten Familie a. 出身名门〉 **2.** ***etw. stammt von etw. ab*** etw. hat seinen Ursprung in etw.(物作主语)源于,起源于: *Das Wort „Wein“ stammt vom lateinischen „vinum“ ab* “Wein”一词源于拉丁语“vinum” ‖ NB(注意): kein Perfekt!(不用现在完成时!) ‖ *hierzu* (派生) **Ab·stam·mung** *die*

Ab·stam·mungs·leh·re *die*; die Theorie, dass sich alle höheren Lebewesen aus anderen (einfacheren) Lebensformen entwickelt haben 进化论,物种起源学 ≈ Evolutionstheorie

Ab·stand *der* **1.** ***ein A.*** (***von/zu j-m/etw.***) e-e (relativ geringe) räumliche Entfernung zwischen zwei Dingen/Personen(空间)距离,间隔 ≈ Distanz, Zwischenraum: *Der A. von*

ihm zum Haus/sein A. vom/zum Haus beträgt zwei Meter 他离房子的间隔为两米；*beim Autofahren großen A. zum Vordermann halten* 开车时与前面的人保持大的距离 ‖ -K(复合)：**Achsen-**，**Rad-**，**Zeilen-** **2. ein A.** (**auf j-n/ etw.**)；**ein A.** (**zu j-m/ etw.**) e-e zeitliche Distanz(时间)间隔，差距〈in kurzen, (un) regelmäßigen Abständen aufeinanderfolgen, wiederkehren 短期地、(不)定期地相继出现，接踵而来〉：*Der zweite Läufer hat zehn Minuten A./e-n A. von zehn Minuten auf den/zum ersten* 第二个赛跑者与第一个之间时间相隔十分钟 ‖ -K(复合)：**Alters-**，**Zeit-** **3. A.** (**von/ zu j-m**) *nur Sg*(只用单数)；e-e Haltung gegenüber j-m, dem man wenig Gefühle zeigt u. mit dem man nur wenig Kontakt hat(感情)距离，克制态度 ≈ Zurückhaltung, Reserviertheit〈(gebührenden, großen) A. halten/wahren 保持(适当的、很大的)克制态度；j-m mit (e-m gewissen) A. begegnen 保持(某种)克制，应付某人〉**4. A.** (**von/ zu j-m/ etw.**) die Fähigkeit, j-n/ etw. nach e-r gewissen Zeit objektiv, ohne heftige Gefühle zu beurteilen(待人接物)审慎，冷静〈(nicht) genug A. haben(不)很冷静；A. gewinnen 懂得处世审慎〉：*Er hat noch nicht genug A. zu seiner Scheidung, um darüber zu sprechen* 对离婚他谈起来还不够冷静 **5.** *gespr*［口］≈ Ablöse (2), Abfindung ‖ K-(复合)：**Abstands-**，**-summe** **6. mit A.** + *Superlativ*(最高级) mit großem Vorsprung 大大地，远远地 ≈ bei Weitem：*Er war mit A. der Jüngste in der Klasse* 在班级里他比别人年轻得多 **7. von etw. A. nehmen** *geschr*［书］；etw., das man geplant od. beabsichtigt hat, nicht tun 放弃

ab·stat·ten；*stattete ab, hat abgestattet*；Vt (及物) *geschr*［书］**1. j-m e-n Besuch a.** j-n besuchen 访问某人 **2. j-m seinen Dank a.** j-m danken 感谢某人

ab·stau·ben (*hat*) Vt (及物) **1. etw. a.** den Staub von e-m Gegenstand entfernen 拂去…的灰尘，拂拭干净〈den Schrank a. 擦去柜子上的灰尘〉**2. etw.** (**irgendwo**) **a.** *gespr*［口］；j-m etw. abbetteln od. etw. stehlen 乞讨来，苦苦求得；偷来 ‖ *zu* (义项) **2. Ab·stau·ber** *der*；*-s*，-

ab·ste·chen (*hat*) Vt (及物) **1. etw. a.** etw. mit e-m Messer, Spaten *o. Ä.* aus etw. heraustrennen(用刀、铲)挖出，掘出：*das Gras, die Erde am Rand des Beets a.* 挖出苗圃边的草、土 **2. ein Tier a.** ein Tier töten, indem man ihm mit e-m Messer die Ader am Hals durchschneidet 宰杀动物 **3. j-n a.** *gespr*［口］；j-n *mst* mit e-m Messer od. Dolch töten 刺杀；Vi (不及物) **4. j-d/ etw. sticht von j-m/ etw. ab** j-d/etw. unterscheidet sich deutlich von j-m/etw(人/物作主语)与…形成鲜明对比. ≈ j-d/etw. hebt sich ab (5) ‖ NB(注意)：*zu* (义项) **4.**：nicht im Perfekt verwendet(不用现在完成时)！

Ab·ste·cher *der*；*-s*，-；ein kleiner Ausflug zu e-m Ort, der abseits der Reiseroute liegt(原旅游计划外的)绕道短途旅行：*e-n A. zu e-m See, nach Köln machen* 绕道到湖边、到科隆一游

ab·ste·cken (*hat*) Vt (及物) **1. etw. a.** e-e Fläche od. Strecke durch Markierungen kennzeichnen 给…标界，划界〈ein Grundstück a. 给一块地标界〉**2. etw. a.** etw. seinen Zielen entsprechend planen 划定，确定 ≈ festlegen **3. etw. a.** ein Kleidungsstück vor dem Nähen mit Stecknadeln dem Körper anpassen 用大头针别出衣服式样

ab·ste·hen (*hat/südd* Ⓐ Ⓒⓗ［南德］［奥］［瑞］(*ist*) Vi (不及物) **etw. steht** (**von etw.**) **ab** etw. liegt nicht an (1), sondern bildet e-n weiten Winkel mit etw. (物作主语)不顺，不平直，翘着〈Haare, Zöpfe, Ohren 头发(翘着)，辫子(散着)，耳朵(竖着)〉：*Er hat abstehende Ohren* 他是招风耳

Ab·stei·ge *die*；-，*-n*；*pej*［贬］；ein billiges, *mst* schmutziges Hotel *o. Ä.* 客栈

ab·stei·gen (*ist*) Vi (不及物) **1.** (**von etw.**) **a.** von etw. heruntersteigen(从…上)下来〈vom Fahrrad, vom Pferd a. 下车，下马〉**2. irgendwo a.** ein Zimmer in e-m Hotel. *o. Ä.* mieten 下榻，投宿，歇宿：*im Hotel „Europe" a.* 在"欧洲"旅馆下榻 **3.** *mst*〈e-e Mannschaft 球队〉**steigt ab** SPORT【体】；e-e Mannschaft muss am Ende der Saison in e-e tiefere Liga gehen(赛季结束时)降级 ↔ e-e Mannschaft steigt auf ‖ *zu* (义项) **3. Ab·stei·ger** *der*；*-s*，-

ab·stel·len (*hat*) Vt (及物) **1. etw. irgendwo a.** etw., das man (zurzeit) nicht braucht, an e-n geeigneten Platz bringen 存放，停放：*e-n alten Schrank auf dem Speicher a.* 把旧柜子存放在仓库里 ‖ K-(复合)：**Abstell-**，**-fläche**，**-kammer**，**-platz**，**-raum** **2. etw.** (**irgendwo**) **a.** etw. (Schweres) vorübergehend irgendwohin stellen 把…暂时搁置一旁〈ein Tablett, e-n Koffer a. 把盘、箱子暂时搁下〉**3. j-n** (**für etw.**) **a.** (ADM) *geschr*【管理】［书］；j-m befehlen, (*mst* für j-d anderen) e-e bestimmte Aufgabe zu erledigen 调派，派出：*nach e-r Überschwemmung Polizisten, Soldaten für Hilfsarbeiten a.* 发大水后调派警察、士兵去参加救援工作 **4. etw. a.** etw. mit e-m Schalter *o. Ä.* außer Betrieb setzen 关掉，把…关上 ≈ abschalten〈das Gas, das Licht, e-e Maschine, den Motor, den Strom, das Wasser a. 关掉煤气、灯、机器、马达、电源、水〉**5. etw. a.** *geschr*［书］；e-n schlechten Zustand beenden 革除，克服，排除，改掉 ≈ beseitigen〈Mängel, Missstände, j-s Unarten a. 克服缺点，革除弊端，改掉某人的陋习〉**6. etw. auf j-n/ etw. a.** etw. so gestalten, dass es sich für j-n, für e-n bestimmten Zweck eignet 调整，使…适应、针对、配合：*die Werbung auf bestimmte Verbraucher a.* 调整广告宣传以适应某些消费者的口味 ‖ *zu* (义项) **3.**, **5.** u. **6. Ab·stel·lung** *die*；*nur Sg*(只用单数)

Ab·stell·gleis *das*；ein Gleis, auf dem Eisenbahnwagen abgestellt werden, wenn sie nicht gebraucht werden(闲置火车)停车线 ‖

ID[谚] ***j-n aufs A. schieben*** *gespr*[口]; j-n in e-e Position bringen, in der er kaum mehr Einfluss hat 排挤某人,让某人靠边站(意即:剥夺某人的权限)

ab·stem·peln (*hat*) Vt (及物) **1. *etw. a.*** e-n Stempel auf etw. drücken 在…上盖章、打戳 ≈ stempeln ⟨e-n Brief, e-e Briefmarke, ein Dokument a. 在信、邮票上打邮戳,在文件上盖章⟩ **2. *j-n/etw. als etw. a.*** j-n/etw. als etw. (Negatives) bezeichnen 称…为(贬义),给…扣帽子: *j-n als Lügner a.* 称某人是骗子

ab·step·pen (*hat*) Vt (及物) ***etw. a.*** etw. mit e-r haltbaren Naht versehen 缝合,绗缝 ⟨e-e Decke, e-n Saum a. 绗被子,绗衣服边⟩

ab·ster·ben (*ist*) Vi (不及物) **1. *e-e Pflanze stirbt ab*** e-e Pflanze wird krank (und stirbt dann *mst*) 植物慢慢枯萎、枯死 **2. *etw. stirbt ab*** etw. wird so kalt od. so schlecht durchblutet, dass man dort nichts mehr fühlen kann, es nicht mehr bewegen kann(物作主语)慢慢地麻木、失去知觉 ⟨Zehen, Finger, Gliedmaßen 脚趾,手指,四肢⟩

Ab·stieg *der*; *-s, -e*; *mst Sg*(多用单数) **1.** das Gehen od. der Weg vom Berg ins Tal 下山; 下山的路 ↔ Aufstieg ⟨der A. vom Gipfel 从顶峰下来⟩ **2.** e-e Verschlechterung von j-s (Lebens) Verhältnissen (境况) 下降, 恶化 ⟨ein wirtschaftlicher, sozialer A. 经济状况、社会状况下降⟩ **3.** SPORT【体】; der Wechsel am Ende der Saison in e-e tiefere Division od. Liga(赛季结束时)降级 ⟨gegen den A. kämpfen 为不降级而拼搏⟩ ‖ K-(复合): ***Abstiegs-, -gefahr, -kandidat*** ‖ *zu* (义项) **3. ab·stiegs·ge·fähr·det** *Adj*(形)

ab·stim·men (*hat*) Vt (及物) **1. *etw. auf j-n/etw. a.*** etw. so handhaben, bearbeiten, dass es zu j-m/etw. passt 使协调一致,调整与…的关系,使符合 ⟨die Werbung auf den Verbraucher a. 调整广告与消费者的关系⟩ **2. *j-d stimmt etw. mit j-m ab***; ⟨Personen 人⟩ ***stimmen etw. ab*** *mst* zwei Personen sprechen über e-n Plan *o.Ä.* u. ändern diesen so, dass beide damit einverstanden sind(人作主语)单:与…商定;复:彼此商定; Vi (不及物) **3. *j-d*** (*Kollekt od Pl* 集合或复数) ***stimmt (über j-n/etw.) ab*** mehrere Personen beschließen etw. durch Abgabe ihrer Stimme[2] (2)(人作主语) 投票表决 ⟨geheim, offen, durch Handzeichen über e-n Antrag a. 对一项动议进行秘密、公开、举手表决⟩

Ab·stim·mung *die* **1. *die A.*** (***auf etw.*** (*Akk* 四格)/***mit etw.***) das Abstimmen (1) 协调,调整 ≈ Angleichung: *die A. der Vorträge auf das/mit dem Programm* 报告与节目相互协调 **2. *die A.*** (***über etw.***) das Abstimmen (3) 投票表决 ⟨e-e geheime, namentliche A. 一次秘密的、记名投票表决⟩ **3. *etw. zur A. bringen*** über etw. abstimmen (3) 对…投票表决 **4. *etw. kommt zur A.*** etw. wird durch A. (2) entschieden(物作主语)进入表决 ⟨ein Antrag, ein Gesetz 动议,法律⟩

abs·ti·nent *Adj*(形); *ohne Steigerung*(无变级); so, dass man auf bestimmte Genüsse (*bes* Alkohol) verzichtet 节制的,忌酒的,不图享受的 ≈ enthaltsam ⟨a. leben, sein 生活节制,不图享受⟩ ‖ *hierzu*(派生) **Abs·ti·nenz** *die*; *nur Sg* (只用单数); **Abs·ti·nenz·ler** *der*; *-s, -*; **Abs·ti·nenz·le·rin** *die*; *-, -nen*

ab·stop·pen (*hat*) Vt (及物) **1. *etw. a.*** ≈ stoppen, anhalten (1): *die Maschine a.* 停机 **2. *etw. a.*** die Zeit mit der (Stopp) Uhr messen 用跑表测定…时间; Vi (不及物) **3.** *mst* 多用 ***j-d stoppt ab*** j-d hält (mit einem Fahrzeug) an (人作主语)停住车 ⟨plötzlich a. 突然停住(车)⟩

Ab·stoß *der* **1.** ein Stoß, mit dem sich j-d von e-r Stelle wegbewegt 推开,撑开,蹬开 ⟨der A. vom Boden, vom Sprungbrett 推离地面,蹬离跳板⟩ **2.** SPORT【体】; ein Schuss, mit dem der Ball vom Torraum aus wieder ins Spiel gebracht wird(从球门区)开球,发球,球门球

ab·sto·ßen (*hat*) Vt (及物) **1. *etw. a.*** etw. von sich wegstoßen 推开,撑开,蹬开 **2. *etw. a.*** die Spitze e-s Gegenstandes (unabsichtlich) beschädigen(无意)碰坏,撞掉 ⟨Ecken a. 把角碰坏⟩ **3. *etw. a.*** etw. (billig) verkaufen, weil man es nicht mehr haben will od. weil man dringend Geld braucht 甩卖,廉价脱手; Vt/i (及物/不及物) **4. *etw. stößt (j-n) ab*** etw. ruft in j-m Ekel od. Widerwillen hervor(物作主语)使厌恶、恶心、讨厌 ↔ etw. zieht j-n an: *Sein Benehmen stößt mich ab* 他的举止使我恶心; Vr (反身) **5. *sich (von etw.) a.*** sich mit e-m kräftigen Stoß von etw. wegbewegen 猛力推开: *Der Schwimmer hat sich vom Beckenrand abgestoßen* 游泳运动员猛力一蹬,离开池边

ab·sto·ßend **1.** *Partizip Präsens*(现在分词); ↑ ***abstoßen*** **2.** *Adj*(形); so, dass bei j-m Ekel od. Widerwillen entsteht 令人恶心的,让人讨厌的,腻烦的 ⟨ein Anblick, ein Äußeres 景象,外观; ein Gedanke 想法; a. hässlich 下流得让人恶心⟩

ab·stot·tern (*hat*) Vt (及物) ***etw. a.*** *gespr* [口]; etw. in vielen (kleinen) Raten bezahlen 分期支付: *das Auto a.* 分期付款购买汽车

abs·tra·hie·ren [-ˈhiːrən]; *abstrahierte*, *hat abstrahiert*; Vi (不及物) **1.** aus dem Besonderen, aus den Details die allgemeinen Prinzipien entnehmen(从特殊的、具体的事物中)抽象出、概括出(普遍原理) ≈ verallgemeinern **2. *von etw. a.*** *geschr*[书]; etw. nicht berücksichtigen 不考虑,不顾及 ≈ von etw. absehen (3)

abs·trakt, *abstrakter*, *abstraktest-*; *Adj*(形) **1.** nur in der Theorie, ohne erkennbaren Bezug zur Wirklichkeit 抽象的,概念化的,不具体的,浮泛的,肤泛的 ↔ konkret, anschaulich ⟨e-e Darstellung, ein Vortrag, Wissen 描述,报告,知识⟩ **2.** so, dass sich darin ein allgemeines Prinzip zeigt 抽象的,一般原则性的 ⟨ein Begriff, e-e Denkweise 概念,思想方法⟩ **3.** keine Gegenstände darstellend 抽象的,无主题的 ↔ gegenständlich ⟨die Kunst, die Malerei, ein Gemälde 艺术,绘画,一幅油画⟩

Abs·trak·ti·on [-ˈtsi̯oːn] *die*; -, *-en* **1.** das Abstrahieren 抽象化 ‖ K-(复合): ***Abstraktions-***, ***-vermögen*** **2.** etw., das abstrakt (2) ist 抽象概念

ab·stram·peln, sich (*hat*) [Vr] (反身) ***sich a.*** *gespr*[口]; sich (*bes* beim Radfahren) sehr anstrengen(尤指骑自行车)过度疲劳,筋疲力尽

ab·strei·fen (*hat*) [Vt] (及物) **1.** ***etw. a.*** etw. von etw. herunterstreifen 脱掉,脱下,蜕: *Die Schlange streift die Haut ab* 蛇蜕皮 **2.** ***etw. a.*** sich von etw. befreien, etw. aufgeben 摆脱,抛掉≈ ablegen (3): *seine Schüchternheit a.* 克服羞怯 **3.** ***sich*** (*Dat* 三格) ***etw. a.*** die Sohlen der Schuhe sauber machen, bevor man in ein Haus geht 把…蹭干净〈*mst* sich die Füße, Schuhe a. 多指:蹭掉脚上、鞋上的泥土〉

ab·strei·ten (*hat*) [Vt] (及物) **1.** ***etw. a.*** (mit Nachdruck) sagen, dass etw., das ein anderer behauptet, nicht wahr ist 否认,不承认: *Er streitet ab, dass er der Schuldige ist* 他否认他是罪人; *Sie streitet ab, die Tat begangen zu haben* 她不承认干过这件事 **2.** ***j-m etw. a.*** behaupten, dass j-d etw. nicht hat 认为…没有(不具备) ≈ absprechen (3): *j-m den guten Willen a.* 认为某人没有善意(不怀好意)

Ab·strich *der* **1.** *nur Pl* (只用复数); e-e Kürzung e-r Geldsumme 削减(金额)〈Abstriche am Etat, am Haushaltsgeld hinnehmen müssen, machen 不得不削减预算,削减预算金额;对预算作削减〉 **2.** MED【医】; das Entnehmen von kleinen Teilen der Haut, Schleimhaut *o.Ä.*, um diese im Labor untersuchen zu können 取样,涂片(检验)〈e-n A. machen 作取样检查〉 **3.** MED【医】; der kleine Teil der Haut *o.Ä.*, der zur Untersuchung im Labor entnommen wurde 涂片,(抽取的)检样

abs·trus, *abstruser*, *abstrusest-*; *Adj* (形); nicht klar durchdacht u. deswegen unverständlich 混乱的,费解的,玄妙的 ≈ verworren 〈ein Gedanke, e-e Idee 思想,想法〉

ab·stu·fen (*hat*) [Vt] (及物) **1.** ***etw. a.*** etw. in e-e Skala gliedern 将…分等级、分层次 ≈ staffeln 〈Farben, Gehälter/Löhne a. 使颜色有层次,将工资分等级〉 **2.** ***etw. a.*** etw. in Stufen unterteilen 将…分成阶梯〈ein Gelände, e-n Hang a. 将地段、山坡修成梯田形〉 **3.** ***j-n/etw. a.*** j-s Gehalt reduzieren od. seine Position in e-r Hierarchie tiefer stellen 减薪或降级 ‖ *hierzu* (派生) **Ab·stu·fung** *die*

ab·stump·fen; *stumpfte ab*, *hat/ist abgestumpft*; [Vt] (及物) (*hat*) **1.** ***etw. a.*** etw. stumpf machen 使变钝,去掉…的棱角〈Ecken, Kanten a. 去掉角、棱角〉; [Vt/i] (及物/不及物) (*hat*) **2.** ***etw. stumpft*** (***j-n***) ***ab*** etw. macht j-n gefühllos u. apathisch(物作主语)使麻木不仁、冷漠无情: *Die Ereignisse haben ihn abgestumpft* 这些事情使他变得冷漠无情; [Vi] (不及物) (*ist*) **3.** ***etw. stumpft ab*** etw. wird stumpf (物作主语)变钝〈e-e Spitze, e-e Schere 刀尖,剪刀〉 **4.** ***j-d/etw. stumpft ab*** j-d/etw. wird gefühllos(人/物作主语)变得麻木、冷漠〈Menschen 人; j-s Gefühle, j-s Gewissen 某人的感情、良心〉 ‖ *zu* (义项) **2.** u. **4. Ab·ge·stumpft·heit** *die*; *nur Sg* (只用单数)

Ab·sturz *der* **1.** das Abstürzen (1), der Sturz aus großer Höhe 坠落,坠毁: *der A. e-s Hubschraubers* 直升机的坠落 ‖ K-(复合): ***Absturz-***, ***-stelle***, ***-ursache*** ‖ -K(复合): ***Flugzeug-*** **2.** das Abstürzen (3): *Ein Systemfehler hat den Computer zum A. gebracht* 死机

ab·stür·zen (*ist*) [Vi] (不及物) **1.** ***j-d/etw. stürzt ab*** j-d/etw. fällt aus großer Höhe hinunter(人/物作主语)(从高空)坠落〈ein Flugzeug 飞机〉 **2.** ***etw. stürzt ab*** etw. ist sehr steil(物作主语)陡降〈e-e Felswand 峭壁〉 **3.** ***etw. stürzt ab*** INFORM【信息】ein Computer reagiert auf keine Eingabe mehr u. muss abgeschaltet werden 死机,不运行〈ein Computer, ein Programm stürzt ab 电脑死机了,程序不运行〉

ab·stüt·zen (*hat*) [Vt] (及物) **1.** ***etw. a.*** etw. so stützen, dass es nicht einstürzen kann 支撑住,顶住〈e-e Brücke, ein Dach, e-e Mauer a. 支撑住桥、屋顶、墙〉; [Vr] (反身) **2.** ***sich*** (***von etw.***) ***a.*** sich durch Drücken mit Armen od. Beinen von etw. weghalten(用手或脚)撑离开,顶离开: *sich vom Boden a.* 撑离地面 ‖ *zu* (义项) **1. Ab·stüt·zung** *die*

ab·su·chen (*hat*) [Vt] (及物) ***etw.*** (***nach j-m/etw.***) ***a.*** suchend durch ein Gelände, e-e Gegend *o.Ä.* gehen 在…中搜索,搜寻,遍搜: *Die Polizei suchte den Wald nach der Vermissten ab* 警察在森林里搜寻失踪者

ab·surd, *absurder*, *absurdest-*; *Adj* (形); ohne Sinn, nicht logisch 无意义的,荒唐的,不逻辑的 ≈ unsinnig, sinnlos 〈e-e Idee, e-e Vorstellung 想法,设想; etw. klingt a. 某事听起来不符合逻辑; etw. a. finden 认为…毫无意义〉 ‖ *hierzu* (派生) **Ab·sur·di·tät** *die*; -, *-en*

Abs·zess [apsˈtsɛs] *der*/Ⓐ[奥] *auch* 也用 *das*; *Abs·zes·ses*, *Abs·zes·se*; MED【医】; e-e geschwollene Stelle am od. im Körper, die voll Eiter ist 脓肿,脓包

Abs·zis·se [apsˈtsɪsə] *die*; -, *-n*; MATH【数】; der Abstand, den ein Punkt von der senkrechten (y-) Achse e-s Koordinatensystems hat 横坐标 ↔ Ordinate ‖ K-(复合): ***Abszissen-***, ***-achse***

Abt *der*; *-(e)s*, *Äb·te*; KATH【天主】; verwendet bei bestimmten religiösen Orden als Bezeichnung für den Leiter e-s Klosters 修道院院长 ‖ *hierzu* (派生) **Äb·tis·sin** *die*; -, *-nen*

ab·tas·ten (*hat*) [Vt] (及物) ***j-n/etw. a.*** j-n/etw. mit den Händen vorsichtig anfassen, gründlich betasten (um nach etw. zu suchen) (小心、仔细)触摸,探测: *Der Arzt tastete den Bauch des Patienten ab* 医生仔细地摸病人的腹部

ab·tau·chen (*ist*) [Vi] (不及物)〈ein U-Boot 一艘潜艇〉 ***taucht ab*** ein U-Boot geht unter Wasser 潜入水下

ab·tau·en [Vt] (及物) (*hat*) **1.** ***etw. a.*** etw. von Eis befreien, indem man das Eis tauen lässt 把…的冰(霜)化掉,给…化冰(霜) 〈den Kühlschrank a. 给冰箱化霜〉 ‖ K-(复合): ***Abtau-, -automatik***; [Vi] (不及物) (*ist*) **2.** ***etw. taut ab*** etw. wird durch Tauen von Eis frei(物作主语)(指物体上的冰、霜)融化了,化了 **3.** ***etw. taut ab*** etw. löst sich von etw., indem es taut(物作主语)融化掉了 〈das Eis 冰〉

Ab·tei *die*; -, *-en*; KATH【天主】; ein Kloster, das von e-m Abt/e-r Äbtissin geleitet wird 修道院

Ab·teil *das* **1.** ein abgeteilter Raum für Personen in e-m Eisenbahnwagen 车厢 ‖ K-(复合): ***Abteil-, -tür*** ‖ -K(复合): ***Nichtraucher-, Raucher-, Schlafwagen-, Zug-*** **2.** ein kleiner Raum, der durch Wände von e-m größeren Raum getrennt ist 隔间,格: *ein A. e-s Kellers, e-s Schranks* 地下室的隔间,柜子的格层 ‖ -K(复合): ***Keller-, Schrank-*** ‖ NB(注意): ↑ ***Fach***

ab·tei·len (*hat*) [Vt] (及物) ***etw. a.*** *mst* 多指e-n Raum in zwei od. mehr Teile trennen 把…分割成几个小间

Ab·tei·lung[1] *die* **1.** ein relativ selbständiger Teil innerhalb e-s Unternehmens 部门,科,室,组,处 (e-s Kaufhauses, e-s Krankenhauses *usw* 商店、医院等) ‖ K-(复合): ***Abteilungs-, -chef, -leiter*** ‖ -K(复合): ***Export-, Import-, Verkaufs-, Versand-, Werbe-*** **2.** MIL【军】; e-e Gruppe von Soldaten, die e-e Einheit bilden 分队,支队 ‖ K-(复合): ***Abteilungs-, -führer, -kommandeur*** **3.** BIOL【生】; die höchste Kategorie im Reich (= System) der Pflanzen 门: *Jede A. ist in Klassen unterteilt* 每一门以下分纲

Ab·tei·lung[2] *die*; *mst Sg* (多用单数); das Abteilen od. Trennen 割开,划分

ab·tip·pen (*hat*) [Vt] (及物) ***etw. a.*** *gespr*[口]; e-n *mst* handschriftlichen Text auf der Schreibmaschine abschreiben 将…(在打字机上)打下来

Ab·tö·nung *die* ≈ Schattierung, Farbton

ab·tö·ten (*hat*) [Vt] (及物) **1.** ***etw. a.*** sehr kleine Lebewesen od. einzelne Körperzellen töten, zerstören 杀死,消灭(微生物或人体细胞) 〈Bakterien, Keime, Mikroorganismen a. 杀死细菌、病菌、微生物〉 **2.** 〈Horrorfilme *o. Ä.* 恐怖片等〉 ***töten die Gefühle ab*** Horrorfilme *o. Ä.* zerstören die Gefühle der Menschen 扼杀(摧残)人们的感情 ‖ *hierzu* (派生) **Ab·tö·tung** *die*; *nur Sg* (只用单数)

ab·tra·gen (*hat*) [Vt] (及物) **1.** ***etw. trägt etw. ab*** etw. beseitigt e-e Erhebung, macht ein Gelände flach(物作主语)把…夷为平地: *Wind, Wasser u. Eis können mit der Zeit ganze Gebirge a.* 随着时间流逝,风、水、冰能把整个山脉变为平地 **2.** ***etw. a.*** e-n Teil des Erdbodens wegnehmen 把…铲掉,使…平整: *mit dem Bagger e-e Schicht Erde a.* 用挖土机铲掉一层土 **3.** ***etw. a.*** ein altes Gebäude abreißen 拆除 〈ein Haus, e-e Mauer a. 拆除房屋、屋墙〉 **4.** ***etw. a.*** ein Kleidungsstück durch häufiges Tragen abnutzen 穿旧,穿破,穿坏: *abgetragene Schuhe* 穿坏了的鞋 **5.** ***etw. a.*** Schulden bezahlen 清偿 ≈ abzahlen 〈e-e Hypothek, Schulden a. 偿清抵押、债务〉; [Vt/i] (及物/不及物) **6.** (***etw.***) ***a.*** *geschr* [书]; etw. vom Tisch abräumen 将…从桌子上拿走,撤去… ↔ auftragen 〈Getränke, Speisen a. 撤去饮料、饭菜〉 ‖ *zu* (义项) **1., 2., 3.** u. **5. Ab·tra·gung** *die*

ab·träg·lich *Adj* (形); *mst präd* (多作表语); ***j-m/etw. a.*** schädlich, nachteilig für j-n/etw. 对…不利的、有害的: *Rauchen ist der Gesundheit a.* 吸烟有害健康 ‖ *hierzu* (派生) **Ab·träg·lich·keit** *die*; *nur Sg* (只用单数)

ab·trans·por·tie·ren; *transportierte ab, hat abtransportiert*; [Vt] (及物) ***j-n/etw. a.*** j-n/etw. mit e-m Fahrzeug von e-m Ort wegbringen 运走: *die Verletzten im Krankenwagen a.* 用救护车将伤员送走 ‖ *hierzu* (派生) **Ab·trans·port** *der*

ab·trei·ben [Vt] (及物) (*hat*) **1.** ***etw. treibt j-n/etw. ab*** etw. bewirkt, dass sich j-d/etw. in e-e andere als die gewünschte Richtung bewegt(物作主语)使…偏离既定的方向: *Der Wind hat den Ballon, das Schiff abgetrieben* 风把气球、轮船刮离了航向; [Vt/i] (及物/不及物) (*hat*) **2.** (***ein Kind***) ***a.*** e-e Schwangerschaft abbrechen (lassen) 打胎,堕胎; [Vi] (不及物) (*ist*) **3.** ***j-d/etw. treibt ab*** j-d/etw. wird abgetrieben (1)(人/物作主语)漂离,偏离航向: *Das Boot trieb vom Ufer ab* 小船漂离河岸

Ab·trei·bung *die*; -, *-en*; das Abtreiben (2) ≈ Schwangerschaftsabbruch: *e-e A. hinter sich* (*Dat* 三格) *haben* 做了一次人工流产 ‖ K-(复合): ***Abtreibungs-, -gesetz, -klinik, -verbot***

ab·tren·nen (*hat*) [Vt] (及物) ***etw.*** (***von etw.***) ***a.*** etw. (das mit etw. verbunden ist) von etw. trennen(从…上)拆下,(与…)分隔开: *die Knöpfe a.* 拆下纽扣; *e-n Teil des Kellers a.* 将地下室的一部分分隔开来

ab·tre·ten [Vt] (及物) (*hat*) **1.** (***j-m***) ***etw. a.***; ***etw.*** (***an j-n***) ***a.*** j-m etw. geben, das eigentlich einem selbst zusteht 让与,转让 ≈ j-m etw. überlassen 〈j-m ein Recht, sein Zimmer a. 把权利、自己的房间让给某人〉 **2.** ***etw. a.*** etw. durch häufiges Betreten abnutzen 踩坏,踏坏,(经常踩踏)磨损 〈e-n Teppich a. 踩坏地毯〉 **3.** ***etw. a.*** etw. durch Treten von etw. entfernen 踩掉,蹭掉 **4.** (***sich*** (*Dat* 三格)) ***etw. a.*** die Sohlen der Schuhe sauber machen, bevor man in ein Haus geht 把…踩干净、蹭干净 ≈ abstreifen (3), abputzen (2); [Vi] (不及物) (*ist*) **5.** den Bereich verlassen, in dem man gearbeitet hat 离职,下台 〈von der Bühne a. 从舞台上退下(下台)〉

Ab·tre·tung *die*; -, *-en* **1.** *nur Sg* (只用单数); das Abtreten (1) **2.** etw., das man an j-n abgetreten (1) hat 转让物

ab·trock·nen [Vt] (及物) (*hat*) **1.** ***j-n/sich/sich*** (*Dat* 三格) ***etw. a.*** e-n Körperteil mit e-m Tuch *o. Ä.* trocken machen 擦干,拭干(人体部

位)〈sich die Hände a. 把手擦干〉; Vt/i (及物/不及物) (*hat*) **2.** (**etw.**) **a.** Geschirr *o. Ä.* trocken machen 擦干,拭干(器皿); Vi (不及物) (*ist/auch hat*) **3. etw. trocknet ab** etw. wird trocken(物作主语)渐干,变干: *Die Straße ist nach dem Regen schnell wieder abgetrocknet* 雨后街道很快就干了

ab·trop·fen (*ist*) Vi (不及物) **1. etw. tropft** (**von etw.**) **ab** etw. fällt in Form von Tropfen herunter(物作主语)滴落: *Tau tropft von den Blättern ab* 露水从叶子上滴下来 **2. etw. tropft ab** etw. verliert Feuchtigkeit in Tropfen(物作主语)滴干,晾干〈das Geschirr a. lassen 让餐具晾干〉

ab·trot·zen (*hat*) Vt (及物) **j-m etw. a.** etw. (oft durch ständiges Fragen u. Bitten) gegen Widerstand von j-m bekommen 硬是从…处争取得到,硬说服…同意: *seinem Chef ein paar Tage Urlaub a.* 硬从头头那里争得几天假期

ab·trün·nig *Adj* (形); *ohne Steigerung, nicht adv, geschr, auch hist*(无变级,不作状语)[书]也[历] ≈ untreu〈Gefolgsleute, Vasallen 追随者,随从; e-m Glauben, e-m König, e-r Partei a. werden 背弃信仰,背叛国王,背离党〉‖ *hierzu* (派生) **Ab·trün·ni·ge** *der/die*; *-n, -n*

ab·tun (*hat*) Vt (及物) **1. etw.** (**als etw.**) **a.** (ohne viel Überlegung) etw. als unwichtig von sich weisen 将…撇开,把…搁置一旁,对…不予考虑〈e-n Einwand, ein Problem als unwichtig a. 对指摘、问题不屑置辩〉 **2. etw. a.** *gespr*[口]; ≈ abnehmen (1)〈die Brille, den Ring a. 摘下眼镜、戒指〉

ab·tup·fen (*hat*) Vt (及物) **1. etw.** (**von etw.**) **a.** etw. *z. B.* mit Watte od. e-m weichen Tuch tupfend von etw. entfernen 揩去,轻轻吸掉,擦掉: *das Blut vom Finger des Verletzten a.* 轻轻擦掉伤员手指上的血 **2. etw. a.** etw. durch Tupfen von e-r Flüssigkeit befreien 揩干,轻轻擦干: *die Stirn des Verletzten a.* 轻轻擦去伤员额头的汗水

ab·ur·tei·len (*hat*) Vt (及物) **1. j-n a.** ein (negatives) Urteil über j-n aussprechen 判决〈e-n Verbrecher a. 判决罪犯〉 **2. etw. a.** etw. sehr negativ beurteilen 贬责,指摘: *die moderne Kunst leichtfertig a.* 轻率地贬责现代艺术 ‖ *zu* (义项) **1. Ab·ur·tei·lung** *die*; *nur Sg* (只用单数)

ab|ver·lan·gen; *verlangte ab, hat abverlangt*; Vt (及物) **1. j-d/etw. verlangt j-m etw. ab** j-d/etw. fordert *mst* etw. Schwieriges od. Unangenehmes von j-m(人/物作主语)硬是要求…交出、付出、拿出〈etw. verlangt j-m alles ab 某事要求某人付出一切〉: *Diese Aufgabe verlangt mir höchste Konzentration ab* 这项任务要求我精神高度集中 **2. j-m etw. a.** von j-m relativ viel Geld für etw. verlangen 要求…为…付出许多钱

ab·wä·gen; *wog/wägte ab, hat abgewogen/selten* (罕) *abgewägt*; Vt (及物) **etw. a.** mehrere Möglichkeiten sorgfältig prüfen 权衡,审察,斟酌,仔细考虑〈seine Chancen, sein Urteil, seine Worte a. 斟酌机会、判断、词句〉: *die Vor- u. Nachteile e-r Sache sorgfältig gegeneinander a.* 仔细权衡事情的利弊 ‖ *hierzu* (派生) **Ab·wä·gung** *die*; *nur Sg* (只用单数)

ab·wäh·len (*hat*) Vt (及物) **j-d** (*Kollekt od Pl* 集合或复数) **wählt j-n ab** mehrere Personen stimmen dafür, dass j-d, der für e-n Posten gewählt wurde, diesen Posten wieder verliert(人作主语)不再选…,把…选下来 ‖ *hierzu* (派生) **Ab·wahl** *die*

ab·wäl·zen (*hat*) Vt (及物) **etw. auf j-n a.** etw. Unangenehmes auf j-d anderen übertragen, ihn damit belasten 把…推给、转嫁给〈die Schuld, die Verantwortung auf j-n a. 将罪责、责任推给某人〉

ab·wan·deln (*hat*) Vt (及物) **etw. a.** die Form od. den Inhalt e-r Sache (*mst* wenig) ändern 略加修改,改变〈ein Thema a. 对主题稍作修改〉‖ *hierzu* (派生) **Ab·wand·lung** *die*

ab·wan·dern (*ist*) Vi (不及物) an e-n anderen Ort, in e-n anderen Bereich wechseln 转向,流向: *Die ersten Zuschauer wandern bereits ab* (= gehen nach Hause) 第一批观众已离场回家; *Viele unserer Wähler sind zu anderen Parteien abgewandert* 我们许多选民倒向别的政党 ‖ *hierzu* (派生) **Ab·wan·de·rung** *die*

Ab·wart *der*; *-(e)s*; (CH) [瑞] ≈ Hausmeister

ab·war·ten (*hat*) Vt/i (及物/不及物) **1.** (**j-n/etw.**) **a.** warten, bis j-d kommt/bis etw. eintritt 等待…来临,等到〈e-e günstige Gelegenheit, j-s Ankunft, den weiteren Verlauf der Entwicklung a. 等待有利时机、某人到来、进一步的发展〉 **2.** (**etw.**) **a.** warten, bis etw. vorbei ist 等待…过去,等过去〈den Regen, das Unwetter a. 等雨、暴风雨过去〉‖ ID [谚] **a. u. Tee trinken** *gespr* [口]; Geduld haben u. warten, bis etw. eintritt 耐心等等吧(静观其变)

ab·wärts *Adv* (副); **1.** in Richtung nach unten 向下,往下 ≈ hinunter ↔ aufwärts: *Der Weg kam mir a. viel kürzer vor* 我觉得这路往下走短得多 ‖ K-(复合): **Abwärts-**, **-bewegung**, **-trend 2. von j-m** (**an**) **a.** (in e-r Hierarchie) alle außer denen, die e-e höhere Position als die genannte haben 从…以下: *Vom Unteroffizier (an) a. müssen alle im Kasernenhof antreten* 军士以下的全体士兵在兵营大院集合

ab·wärts- *im Verb, betont u. trennbar, begrenzt produktiv* (构成动词,重读并可分离,构词有限); die Verben mit *abwärts-* werden nach folgendem Muster gebildet (abwärts-动词的模式如下): *abwärtsgehen – ging abwärts – ist abwärtsgegangen*

abwärts- drückt eine Bewegung in Richtung nach unten aus (表示向下的运动) ≈ hinunter- ↔ aufwärts-;

etw. führt abwärts: *Der Weg führte steil abwärts* 道路陡峭,直上直下 ≈ der Weg führte steil nach unten

ebenso (同类词有): **abwärtsfahren**, **etw. fließt abwärts**, **abwärtsgehen**, **abwärtslaufen**; **etw. abwärtsrichten**

ab·wärts·ge·hen (*ist*) [Vimp] (无人称) **1. mit j-m/etw. geht es abwärts** j-s Situation/etw. wird schlechter… 每况愈下，走下坡路，变坏，衰落 ↔ mit j-m/etw. geht es aufwärts: *Mit ihrer Gesundheit geht es abwärts* 她的身体愈来愈坏; [Vi] (不及物) **2.** ↑ abwärts-

Ab·wasch *der*; -(*e*)*s*; *nur Sg* (只用单数) **1.** das schmutzige Geschirr, das abgewaschen werden muss 脏的碗碟，要洗的碗碟 **2.** das Abwaschen des Geschirrs 洗涤(碗碟) 〈den A. machen 洗碗碟〉 ‖ ID [谚] **Das geht in 'einem A.** *gespr* [口]: das kann man alles zusammen erledigen 这可以一起解决

ab·wa·schen (*hat*) [Vt] (及物) **1. etw.** (**von etw.**) **a.** etw. von etw. mit Wasser entfernen (从…上)洗掉，洗去: *die Soße vom Teller a.* 洗掉盘子上的酱汁; [Vt/i] (及物/不及物) **2.** (**etw.**) **a.** etw. mit Wasser reinigen 洗净，(把…)洗干净: *das Geschirr a.* 把碗碟洗干净 ‖ K-(复合): **Abwasch-**, **-becken**, **-lappen**, **-mittel**, **-wasser** ‖ *hierzu* (派生) **ab·wasch·bar** *Adj* (形); *nicht adv* (不作状语)

Ab·was·ser *das*; -*s*, *Ab·wäs·ser*; Wasser, das schmutzig ist, weil es in Haushalten od. in technischen Anlagen benutzt wurde 污水，废水，脏水: *Der Betrieb darf kein A. mehr in den Fluss leiten* 企业不准再往河里排放污水 ‖ K-(复合): **Abwasser-**, **-kanal**, **-kläranlage**, **-leitung**, **-reinigung**

ab·wech·seln [-ks-] (*hat*) [Vr] (反身) **1. j-d wechselt sich mit j-m** (**bei etw.**) **ab**; 〈Personen 人〉 **wechseln sich** (**bei etw.**) **ab** zwei od. mehrere Personen tun etw. im Wechsel (人作主语)单: 与…换班、轮流、交替; 复: 彼此轮流，替换: *Wir wechseln uns bei langen Fahrten immer ab* 长距离旅行时我们总是轮流开车 **2. etw. u. etw. wechseln** (**sich**) **ab**; **etw. wechselt sich mit etw. ab** etw. geschieht od. zeigt sich in regelmäßigem Wechsel mit etw. (*mst* Kontrastierendem) (物作主语)定期交替发生: *In seinem Leben wechselten* (*sich*) *Glück u. Unglück ständig ab* 在他的生活中时而幸运，时而不幸，两者经常交替发生

Ab·wechs·lung [-ks-] *die*; -, -*en* **1.** e-e unterhaltsame Unterbrechung des Alltags 消遣，调剂(生活情趣) ≈ Zerstreuung ↔ Eintönigkeit: *viel A. haben* 有很多闲趣 **2.** *nur Sg* (只用单数); e-e (interessante) Folge von verschiedenen Dingen 变换花样，更换口味，(内容)丰富多彩: *A. ins Programm bringen* 使节目丰富多彩 ‖ *hierzu* (派生) **ab·wechs·lungs·reich** *Adj* (形)

Ab·we·ge *die*; *Pl* (复); *mst in* 多用于 **auf A. geraten/kommen**; **auf Abwegen sein** ein Leben führen, das die meisten Menschen für unmoralisch halten 走上邪路，落入歧途

ab·we·gig *Adj* (形); nicht normal u. daher sonderbar od. nicht erwünscht 不正常的，不可理解的，怪僻的 ↔ naheliegend 〈ein Gedanke, ein Vergleich 思想，比较〉 ‖ *hierzu* (派生) **Ab·we·gig·keit** *die*; *nur Sg* (只用单数)

Ab·wehr *die*; -; *nur Sg* (只用单数) **1.** das Zurückschlagen e-s Gegners od. e-s feindlichen Angriffs 防御，抗击，击退 ≈ Verteidigung ‖ K-(复合): **Abwehr-**, **-bereitschaft** **2.** ein Verhalten, mit dem man e-e Person od. Sache, die man nicht mag, ablehnt od. abweist 拒绝，抵挡，挡开 ≈ Ablehnung 〈bei j-m auf A. stoßen 遭到某人拒绝〉 ‖ K-(复合): **Abwehr-**, **-haltung**, **-reaktion** **3.** *Kollekt*, SPORT (集合)【体】; die Gruppe der verteidigenden Spieler e-r Mannschaft 防守队(员) ‖ K-(复合): **Abwehr-**, **-reihe**, **-spieler** ‖ *zu* (义项) **3. ab·wehr·schwach** *Adj* (形); **ab·wehr·stark** *Adj* (形)

Ab·wehr|dienst *der*; ein Geheimdienst, der Spione entdecken soll 反间谍工作

ab·weh·ren (*hat*) [Vt] (及物) **1. j-n/etw. a.** verhindern, dass ein Gegner od. etw. Bedrohliches Erfolg hat 防御，防止 〈den Feind, e-e Attacke a. 防御敌人，防止进攻〉 **2. j-n/etw. a.** j-n/etw. von sich weisen 谢绝，拒绝，挡开，阻挡 〈Neugierige, Reporter, j-s Hilfe a. 挡开好奇者、记者，谢绝帮助〉; [Vt/i] (及物/不及物) **3.** (**etw.**) **a.** SPORT【体】; etw. erfolgreich zurückschlagen 击退，挡住; (将对方的球)击掉，踢开 〈e-n Ball a. 将球击掉(破坏); e-n Angriff a. 击退进攻〉

Ab·wehr|kraft *die*; *mst Pl* (多用复数); die Fähigkeit des Körpers, sich vor Krankheiten zu schützen 抵抗力

Ab·wehr|stoff *der*; *mst Pl* (多用复数) ≈ Antikörper

ab·wei·chen; *wich ab*, *ist abgewichen* [Vi] (不及物) **1. von etw. a.** e-e bestimmte Richtung verlassen 偏离，离开(方向) 〈vom Kurs, von der Route a. 偏离航向、旅行线路〉 **2. j-d/etw. weicht von etw. ab** j-d/etw. unterscheidet sich von etw. (人/物作主语)背离，与…不一致，与…有出入 〈von der Wahrheit a. 背离真理〉: *Sein Ergebnis weicht von unseren Erkenntnissen ab* 他的答案与我们的认识有出入 ‖ *hierzu* (派生) **Ab·wei·chung** *die*

ab·wei·sen (*hat*) [Vt] (及物) **1. j-n/etw. a.** j-n/etw. heftig, entschieden ablehnen 坚决拒绝 〈e-e Bitte, e-n Antrag a. 断然拒绝请求、申请〉 **2. j-n a.** j-n wegschicken, ohne mit ihm zu sprechen (不加理睬地)将…推走，支走 ↔ empfangen: *e-n Besucher, e-n Vertreter, e-n Bettler* (*an der Haustür*) *a.* 将来访者、代表、乞丐拒之门外 ‖ *hierzu* (派生) **Ab·wei·sung** *die*

ab·wei·send **1.** *Partizip Präsens* (现在分词); ↑ **abweisen** **2.** *Adj* (形); misstrauisch u. unfreundlich, ablehnend 不信任的，不友好的，拒绝的，推辞的 〈e-e Bewegung, e-e Geste 动作，手势; sich a. verhalten 采取推辞的态度〉

ab·wen·den; *wendete/wandte ab*, *hat abgewendet/abgewandt*; [Vt] (及物) **1. etw. a.** (*wendete/wandte ab*) etw. von etw. weg-, zur anderen Seite wenden 扭转，转移，把…转过去 〈den Blick, den Kopf a. 将视线、头转过去〉 **2. etw. a.** (*wendete ab*) verhindern, dass etw. wirksam wird 制止，防止 〈Schaden, e-e Gefahr von j-m a. 防止损失、某人遭到危险〉; [Vr]

（反身）**3. sich**（**von j-m/etw.**）**a.**（*wendete/wandte ab*）sich von j-m/etw. weg-, auf die andere Seite drehen 疏远，避开，不与…往来 ↔ sich j-m/etw. zuwenden ‖ *zu*（义项）**2.** u. **3. Ab·wen·dung** *die*；*nur Sg*（只用单数）

ab·wer·ben（*hat*）Vt（及物）（**j-m**）**j-n a.** j-n dazu bringen, nicht mehr für j-d anderen, sondern für einen selbst zu arbeiten *o.Ä.* 设法（从…）招徕，把…吸引过来：（*j-m*）*die Arbeitskräfte, Kunden, Leser, Mitglieder a.*（从…）把劳动力、顾客、读者、成员招引过来 ‖ *hierzu*（派生）**Ab·wer·bung** *die*

ab·wer·fen（*hat*）Vt（及物）**1. etw. a.** etw. aus der Höhe herunterwerfen, fallen lassen 掷下去，投下，使掉落：*Im Herbst werfen die Bäume ihr Laub ab* 秋天树掉叶子 **2. etw. wirft etw. ab** etw. bringt etw. als Gewinn（物作主语）生利，产生收益，获得利润〈ein Geschäft wirft hohe Gewinne, Profite ab 生意获得高额利润〉 ‖ *zu*（义项）**1. Ab·wurf** *der*

ab·wer·ten（*hat*）Vt（及物）**1. etw.**（**auf etw.**（*Akk* 四格））**a.** den Wert e-r Währung reduzieren 使（货币）贬值、降值 ↔ aufwerten **2. etw. a.** etw. in seinem Wert, seiner Bedeutung mindern 贬低（其价值及意义）：*abwertende Bemerkungen machen* 提出贬低的看法 ‖ *hierzu*（派生）**Ab·wer·tung** *die*

ab·we·send *Adj*（形）**1.** nicht da, wo man/es sein sollte 缺席的，不在场的 ↔ anwesend：*ohne Erlaubnis a. sein* 未经允许缺席 **2.** nicht（auf das Wesentliche）konzentriert 精神不集中的，心不在焉的 ↔ aufmerksam：*Sie sah mich a. an* 她心不在焉地看着我 ‖ *zu*（义项）**1. Ab·we·sen·de** *der/die*；*-n, -n*

Ab·we·sen·heit *die*；*-*；*nur Sg*（只用单数）**1.** das（körperliche）Abwesendsein 缺席，不在场 ↔ Anwesenheit〈während/in j-s A. 在某人缺席的时候〉**2.** der Zustand, in dem j-d nicht konzentriert ist 精神恍惚，心不在焉 ‖ ID［谚］**durch A. glänzen** *gespr iron*［口］［讽］：e-n schlechten Eindruck machen, weil man nicht da ist 因缺席，没有到场而丢人现眼

ab·wet·zen（*hat*）Vt（及物）**etw. a.** etw. durch Reibung abnutzen 磨损：*ein Polster, ein Sofa a.* 磨损座垫、沙发

ab·wi·ckeln（*hat*）Vt（及物）**1. etw. a.** etw. von e-r Spule od. Rolle abrollen（从轴上）卷开，展开，松开 ≈ abspulen (1)〈e-n Faden a. 把线卷开〉**2. etw. a.** etw. ordnungsgemäß erledigen, zu Ende bringen（按规章）了结，处理，办妥〈ein Geschäft reibungslos a. 顺利结束一项业务〉 ‖ *zu*（义项）**2. Ab·wick·lung** *die*；*nur Sg*（只用单数）

ab·wie·geln；*wiegelte ab, hat abgewiegelt*；Vt（及物）**1. j-n a.** j-n, der wütend ist, beruhigen 使平息、平静、平和 ≈ beschwichtigen ↔ aufwiegeln：*Demonstranten a.* 平息游行者；Vt/i（及物/不及物）**2.**（**etw.**）**a.** *oft pej* 常用［贬］：etw. harmloser darstellen, als es ist, um j-n, der wütend ist, zu beruhigen 淡化，化解

ab·wie·gen；*wog ab, hat abgewogen*；Vt（及物）**etw. a.** das Gewicht e-r Menge durch Wiegen feststellen 称出：*ein Pfund Äpfel a.* 称出一斤苹果

ab·wim·meln（*hat*）Vt（及物）**j-n/etw. a.** *gespr*［口］：j-n/etw. von sich weisen, fernhalten 疏远，摆脱，推却〈e-n lästigen Verehrer, e-n Auftrag a. 摆脱讨嫌的追求者，推掉订单〉

ab·win·ken（*hat*）Vi（不及物）（**j-m**）**a.** j-m zu verstehen geben, dass man etw. ablehnt（用手势、眼色）示意拒绝：*Ich wollte ihn trösten, aber er winkte ab* 我本想安慰他，他却表示拒绝

ab·wirt·schaf·ten（*hat*）Vi（不及物）*mst* 多用 **etw. hat abgewirtschaftet** etw. ist wirtschaftlich ruiniert（物作主语）破产，经济崩溃，倒闭：*Der Staat, der Betrieb, die Firma hat abgewirtschaftet* 国家经济崩溃了，企业、公司破产了

ab·wi·schen（*hat*）Vt（及物）**1. etw.**（**von etw.**）**a.** etw. durch Wischen von etw. entfernen（从…上）擦掉，拭掉：*den Staub vom Schrank a.* 擦去柜上的灰尘 **2. etw. a.** etw. durch Wischen reinigen 擦净，拭净：*den Tisch, den Schrank a.* 擦干净桌子、柜子

ab·wra·cken；*wrackte ab, hat abgewrackt*；Vt（及物）**etw. a.** ein Fahrzeug in seine Teile zerlegen u. zu Schrott machen 拆卸（废旧车辆）〈ein Auto, ein Schiff a. 拆汽车、轮船〉

ab·wür·gen（*hat*）Vt（及物）*gespr*［口］**1. etw. a.** etw. autoritär od. undemokratisch beenden 扼杀，压制，窒息〈e-e Diskussion, jede Kritik a. 压制讨论、批评〉**2. den Motor a.** den Motor e-s Autos zum Stillstand bringen, wenn man das Auto falsch bedient, *z.B.* zu wenig Gas gibt（因操作不当）使马达熄火

ab·zah·len（*hat*）Vt（及物）**etw. a.** etw.（in Raten）bezahlen（分期）付清，偿还〈ein Darlehen, e-n Kredit a., ein Auto in Raten a. 分期偿还贷款，分期还清购买小汽车的款项〉

ab·zäh·len（*hat*）Vt（及物）**1. j-n/etw.**（*Kollekt od Pl*（集合或复数））**a.** die genaue Zahl/Menge von Personen/Dingen feststellen 清点，清数〈die Schüler, das Geld a. 清点学生、钱〉**2. etw.**（*Pl* 复）**a.** e-e bestimmte Anzahl zählen u. diese von e-r größeren Menge wegnehmen 点出，数出：*Er zählte sieben Hunderteuroscheine ab* 他数出七张100欧元的钞票

Ab·zah·lung *die* **1.** *nur Sg*（只用单数）；das Abzahlen ‖ K-（复合）：**Abzahlungs-, -geschäft, -rate 2.** ein Teil der Geldsumme, die bezahlt werden muss 分期付款的额度 ≈ Rate **3. etw. auf A. kaufen** etw. kaufen u. jeden Monat e-n bestimmten Teil der gesamten Geldsumme bezahlen 分期付款购买

ab·zap·fen（*hat*）Vt（及物）**1. etw. a.** e-e Flüssigkeit aus e-m Behälter mithilfe e-s Hahns[2] entnehmen（打开塞子或龙头）让…流出，放出，抽取〈Bier, Wein a. 打开啤酒瓶盖、葡萄酒瓶塞〉**2. j-m Geld a.** *gespr*［口］：von j-m auf nicht ganz korrekte Weise Geld nehmen 讹诈…的钱，让…放血

Ab·zei·chen *das*; **1.** ein kleiner Gegenstand aus Metall od. Stoff, den man *mst* an der Kleidung befestigt, um zu zeigen, dass man Mitglied e-r Organisation ist od. zu e-r Gruppe gehört 徽章,标记: *ein A. an der Jacke tragen* 外衣上别一枚徽章 ‖ -K(复合): ***Partei-*** **2.** ein A. (1), das man aufgrund seines Rangs od. seiner Leistungen bekommt 奖章,肩章,勋章 ‖ -K(复合): ***Rang-***, ***Sport-***

ab·zeich·nen (*hat*) [Vt](及物) **1. *etw. a.*** etw. genau so zeichnen, wie es ist, e-e Vorlage in Form e-r Zeichnung kopieren 将…描下来,画下来 **2. *etw. a.*** etw. mit den Anfangsbuchstaben seines Namens versehen, um auszudrücken, dass man mit etw. einverstanden ist 以姓名缩写签字: *Der Chef muss den Bericht noch a.* 这份报告主任还得签个字; [Vr](反身) **3. *etw. zeichnet sich ab*** etw. wird in seinen Ausmaßen allmählich deutlich, erkennbar(物作主语)轮廓渐渐明显,映现,呈现 ≈ etw. deutet sich an 〈ein Trend, ein Umschwung, e-e Wende, e-e Gefahr 一种倾向,变化,变革,危险〉

ab·zie·hen [Vt](及物) (*hat*) **1. *etw.* (*von etw.*) *a.*** etw. von etw. durch Ziehen entfernen 摘下,脱下,拉下,拔下: *den Ring vom Finger a.* 从手指上摘下戒指 **2. *etw. a.*** e-e Hülle durch Ziehen von etw. entfernen 揭去,取下 ↔ beziehen: *die Betten, die Bettbezüge a.* 揭去被褥,取下被罩 **3. *etw. a.*** e-e (Foto)Kopie von etw. machen 复制,影印,洗印 ≈ kopieren **4. *j-n / etw.*** (*Kollekt od Pl*(集合或复数)) ***a.*** MIL【军】; Truppen aus e-m Gebiet zurückziehen 撤回、撤离、调离 **5. *etw.* (*von etw.*) *a.*** etw. von etw. subtrahieren 减去,扣除 〈die Unkosten vom Gewinn a. 从利润中扣除费用〉: *Wenn man zwei von fünf abzieht, bleibt ein Rest von drei* 5 减去 2 余 3(5－2＝3); [Vi](不及物) (*ist*) **6. *etw. zieht ab*** etw. bewegt sich von e-m Ort weg(物作主语)消散〈Nebel, Rauch 雾,烟〉 **7. *j-d*** (*Kollekt od Pl* (集合或复数)) ***zieht ab*** Soldaten verlassen ein Gebiet(人作主语)撤离,撤退,开拔 **8.** *gespr*[口] ≈ weggehen 〈strahlend, zufrieden a. 春风得意地、满意地走了〉 ‖ ▶ ***Abzug***

ab·zie·len (*hat*) [Vt](及物) ***j-d zielt mit etw. auf etw.*** (*Akk* 四格) ***ab / etw. zielt auf etw.*** (*Akk* 四格) ***ab*** j-d/etw. hat etw. als Ziel(人/物作主语)针对,目的是,以…为目标: *Seine Bemerkung zielte auf unser Mitleid ab* 他的话是为了博到我们的同情

ab·zi·schen (*ist*) [Vi](不及物) *gespr, oft pej* [口]常用[贬] ≈ weggehen: *„Zisch ab, du nervst mich!"* "滚开,你烦死我了!"

ab·zo·cken (*hat*) [Vt](及物) ***j-n a.*** *gespr* [口]; beim Kartenspiel od. bei e-m Geschäft viel Geld von j-m gewinnen (在牌局或买卖中)诈、捞…的钱财

Ab·zug *der* **1.** *mst Sg*(多用单数); das Abziehen (4), Wegziehen 撤退,开拔〈der A. des Heeres, der Soldaten 军队、战士撤退〉 **2.** e-e Anlage, durch die Gase od. Dämpfe abgeleitet werden 排气设备 ‖ K-(复合): ***Abzugs-***, ***-rohr***, ***-schacht*** ‖ -K(复合): ***Dampf-*** **3.** *mst Pl*(多用复数); das Geld, das vom Lohn jeden Monat abgezogen wird, um Steuern, Versicherungen *usw* zu zahlen(每月从工资中提出用来支付税金、保险费等所需的)扣除金额: *hohe monatliche Abzüge haben* 每月要扣除一笔可观的金额 ‖ -K(复合): ***Lohn-*** **4.** ein Hebel an e-r Schusswaffe, durch den der Schuss ausgelöst wird 扳机: *Er hat den Finger am A.* 他手指扣住扳机 ‖ K-(复合): ***Abzugs-***, ***-bügel*** **5.** e-e (Foto)Kopie e-r Vorlage, e-s Originals 影印件,照相复制品 **6.** ein Foto, das auf der Grundlage e-s Negativs hergestellt wurde 洗好的照片,拷贝片 ‖ -K(复合): ***Probe-*** ‖ *zu* (义项) **3. ab·zugs·frei** *Adj*(形)

ab·züg·lich *Präp*(介); *mit Gen*, (ADM) *geschr*(支配二格)(【管理】)[书]; unter Reduzierung der Summe um 扣除 ↔ zuzüglich: *die Miete a. der Nebenkosten* 房租扣除杂费; *ein Preis a. 3% Skonto* 现付货款折价 3%(打九七折) ‖ NB(注意): Gebrauch ↑ *Tabelle unter* 用法,图表见 ***Präpositionen***

ab·zugs·fä·hig *Adj*(形); *nicht adv*(不作状语); so, dass man deswegen weniger Steuern zahlen muss 能减税的〈Ausgaben 支出,开销〉

ab·zup·fen (*hat*) [Vt](及物) ***etw.* (*von etw.*) *a.*** etw. durch Zupfen von etw. trennen(从…上)揪、扯、摘下来,采摘: *Beeren (vom Strauch) a.* (从灌木上)采摘浆果

ab·zwa·cken (*hat*) [Vt](及物) ***etw.* (*von etw.*) *a.*** *gespr*[口]; von e-r (kleinen) Geldsumme noch etw. Geld für e-n anderen Zweck wegnehmen(从…中)挤出、扣出、省出(一点钱)

ab·zwei·gen [Vi](不及物) (*ist*) **1. *etw. zweigt*** (***irgendwohin***) ***ab*** e-e Straße, ein Weg *o. Ä.* geht weg von der bisherigen Richtung u. in e-e andere(物作主语)分岔拐入,(向…)拐弯 〈etw. zweigt nach links, rechts ab(分岔)向左、向右拐弯〉; [Vt](及物) (*hat*) **2.** (***sich*** (*Dat* 三格)) ***etw. a.*** etw. (*mst* auf nicht ganz korrekte Weise) zu e-m bestimmten Zweck beiseiteschaffen 把…(偷偷)留出来、留下来

Ab·zwei·gung *die*; -, *-en*; ein abzweigender Weg, e-e abzweigende Straße 分道,支线,岔路: *die rechte A. nehmen* 走右边的岔道

ab·zwi·cken (*hat*) [Vt](及物) ***etw. a.*** *gespr* [口]; etw. mit e-r Zange *o. Ä.* durchtrennen 钳断,剪断〈e-n Draht, ein Kabel, e-n Ast a. 剪断铁丝、电缆、树枝〉

ab·zwin·gen (*hat*) [Vt](及物) ***j-m / sich etw. a.*** j-n/sich selbst mit großer Mühe dazu bringen, die genannte Reaktion zu zeigen 迫使…作出,勉强让…作出: *j-m / sich ein Lächeln a.* 勉强让某人/自己微微一笑

Ac·ces·soire [aksɛˈsoaːɐ̯] *das*; *-s*, *-s*; *mst Pl*(多用复数); kleine, modische Dinge, die zu etw., *bes* zur Kleidung, dazugehören, *z. B.* Schmuck, Gürtel, Sonnenbrille 小型新潮饰物,如:首饰,饰带,太阳镜

ach! *Interjektion* **1.** verwendet, um Bedauern od. Schmerz auszudrücken(表示遗憾或痛苦)哎

哟，唉：*Ach Gott!* 哎哟，天哪！；*Ach, du lieber Himmel!* 哎哟，我的老天爷！；*Ach, das tut mir aber leid!* 唉，这真令人遗憾！ **2.** verwendet, um e-n Wunsch od. e-e Sehnsucht auszudrücken（表示愿望或渴望）但愿：*Ach, wäre die Prüfung doch schon vorbei!* 哈，但愿考试已经过去了！ **3.** verwendet, um Erstaunen od. Freude auszudrücken（表示惊讶或高兴）喔唷，啊，哎（呀），哈（哈）：*Ach, ist dieser Augenblick herrlich!* 啊，这一时刻真美！；*Ach, wie nett, Sie zu treffen!* 哈哈，见到您真好！ **4. ach ja** verwendet, um auszudrücken, dass man sich an etw. erinnert（表示记忆犹新）哦，噢：*Ach ja, jetzt weiß ich, wen du meinst!* 噢，现在我知道你说的是谁！ **5. ach ja?** verwendet, um Zweifel od. Überraschung auszudrücken（表示怀疑或意外）哦，是吗？真的？：„*Das war keine Absicht von mir.*" – „*Ach ja?*" "这不是我的意思"——"哦？是吗？"；„*Er sitzt schon wieder im Gefängnis.*" – „*Ach ja?*" "他又坐班房了"——"啊？真的？" **6. ach so** verwendet, um auszudrücken, dass man etw. plötzlich verstanden hat（表示恍然大悟）哦，原来如此：*Ach so, jetzt ist mir das klar!* 哦，原来如此，现

Ach so! 原来如此！

Im Deutschen gibt es eine Reihe kurzer Ausrufe, die je nach Zusammenhang und Intonation eine völlig unterschiedliche Bedeutung haben können. Auch sind sie oft leicht mit einem ähnlich klingenden Ausdruck zu verwechseln. 德语中有许多短促的突发的呼喊声，根据语境与语调其语义完全不同，它们经常可以与一个声响近似的语词互换。

So kann zum Beispiel „**ach**" sowohl Bedauern und Schmerz ausdrücken, als auch für einen Wunsch, eine Sehnsucht, Erstaunen oder Freude stehen 譬如"ach"，它既可以表示遗憾和疼痛，也可以表示愿望、渴望、惊奇或高兴：

Ach, das ist aber schade!（*Bedauern* 遗憾）
Ach, wie gerne würde ich jetzt zum Skifahren gehen!（*Wunsch* 愿望）
Ach, ist das schön hier!（*Freude* 高兴）

Hier einige weitere Beispiele und was sie ausdrücken 下面列举一些例词及其所表示的语义：

ach je	Bedauern, Erschrecken 遗憾，惊恐
ach so	wenn man etwas verstanden hat 对某事明白了
ah	Erstaunen, Bewunderung, Wohlbehagen oder wenn man etwas verstanden hat 惊奇，赞叹，舒适或对某事明白了
aha	wenn man etwas verstanden hat oder etwas geschieht, was man vorausgesehen hat 对某事明白了或预见的事发生了
ätsch	Schadenfreude 幸灾乐祸
au/aua/autsch	Schmerz 疼痛
au ja	Freude, Zustimmung 高兴，同意
au weh/au weia	wenn man etwas Unangenehmes bemerkt oder erfährt 发觉或获悉某件不愉快的事
hoppla	wenn man gestolpert ist oder sich ungeschickt verhalten hat 说话卡住了或处事不机灵
hu/huch	Erschrecken oder wenn man mit etwas Unangenehmem in Berührung kommt 惊恐或碰上了不愉快的事
i/igitt	Ekel 恶心
na	Ärger, Ungeduld oder um eine Frage oder Aufforderung einzuleiten 生气，不耐烦或为了提问或请求
na, na, na	Kritik 批评
nanu	Überraschung 惊喜
o weh	Bedauern, Erschrecken 遗憾，惊恐
oh	Freude, Überraschung, Entsetzen, Enttäuschung 高兴，惊喜，震惊，失望
oho	Erstaunen 惊奇
oje/ojemine	Bedauern 遗憾
pfui	wenn man etwas als schmutzig, eklig, unmoralisch empfindet 觉得某事肮脏、恶心、不道德
pst	um jemanden aufzufordern, still zu sein 让别人安静
puh	wenn man etwas als unangenehm empfindet 感到某事不愉快
tja	Zögern, Nachdenklichkeit, Verlegenheit, Resignation 疑惑、思索、羞怯、无可奈何
uff	Anstrengung, Erleichterung 奋力，轻松
ui	Überraschung 惊喜

在我明白了！**7. ach wo/ach woher/ach was** verwendet, um auszudrücken, dass man j-s Vermutung, Behauptung *o. Ä.* ablehnt（表示不同意,不赞同）暧,哪能呢？真的吗？怎么会呢？：*Ach wo, das stimmt doch überhaupt nicht!* 怎么会呢,这压根儿不是那么一回事！↑ *Tabelle Seite 41* 图表见 41 页

Ach *gespr*［口］*nur in* 只用于 **1. mit Ach und Krach** mit größter Mühe, gerade noch 勉勉强强,好不容易〈e-e Prüfung mit Ach u. Krach bestehen 勉强通过考试〉**2. Ach u. Weh schreien** laut jammern 大声诉苦,叫苦连天

Achil·les·fer·se *die*; der Bereich, in dem man j-n verletzen, beleidigen od. demütigen kann 致命弱点,痛处,伤疤,阿希里斯的脚后跟（希腊传说中的刀枪不入的英雄,唯独脚后跟是他的致命之处）≈ j-s schwacher Punkt

Achil·les·seh·ne *die*; e-e Sehne am Unterschenkel zwischen Wadenmuskel u. Ferse 跟腱

Ach·se [-ks-] *die*; -, *-n* **1.** e-e Stange, die als Teil e-s Fahrzeugs, Wagens zwei gegenüberliegende Räder verbindet 轴 ‖ K-（复合）：**Achs-, -abstand; Achsen-, -bruch** ‖ -K（复合）：**Antriebs-, Hinter-, Vorder- 2.** e-e gedachte Linie, um die ein Körper rotiert（物体）轴线〈sich um die eigene A. drehen 绕自己的轴线转〉‖ -K（复合）：**Erd-, Körper- 3.** MATH【数】; e-e gedachte od. fixierte Linie, die bei e-r Drehung ihre Lage nicht verändert 轴,轴线 ‖ -K（复合）：**Koordinaten-, Symmetrie-; x-Achse, y-Achse** ‖ ID［谚］**auf A. sein** *gespr*［口］; auf (Geschäfts) Reisen sein 出差,在外地办事

Ach·sel [-ks-] *die*; -, *-n* **1.** die Stelle, an der die Arme in den Körper übergehen 腋,肢窝；肩膀〈unter den Achseln schwitzen, die Achseln hochziehen 腋下出汗,耸肩膀〉‖ K-（复合）：**Achsel-, -haar, -höhle, -schweiß** ‖ *zu* **Achselhöhle** ↑ *Abb. unter* 图见 **Mensch 2. mit den Achseln zucken** beide Schultern hochziehen, um j-m zu zeigen, dass man keinen Rat, auf e-e Frage keine Antwort weiß od. dass einem etw. gleichgültig ist 耸耸肩膀（表示不知可否或无动于衷）‖ K-（复合）：**Achsel-, -zucken**

ach·sel·zu·ckend *Adj*（形）; *nur attr od adv, oft pej*（只作定语或状语）常用［贬］; keine Gefühle od. Interesse zeigend 无动于衷的,毫不在意的,淡然的,漫不经心的 ≈ gleichgültig: *Er nahm seine Entlassung a. zur Kenntnis* 他得知自己被解雇了,却毫不在乎

-ach·sig *im Adj, nicht produktiv*（构成形容词,非构词型）; mit der genannten Zahl von Achsen…轴的; **einachsig, zweiachsig**

acht¹ *Zahladj*（数形）;（als Ziffer）8 八,捌; ↑ **Anhang** (5) 附录（五）‖ NB(注意)：Gebrauch ↑ *Beispiele unter* 用法,用例见 **vier** ‖ ID［谚］**in/vor a. Tagen** *gespr*［口］; in/vor e-r Woche 一周后/一周前

acht² *nur in* 只用于 **zu a.** mit insgesamt 8 Personen 一起共八人,八人一起

Acht¹ *die*; -, *-en* **1.** die Zahl 8 八,捌 **2.** etw. mit der Form der Ziffer 8 ∞ 字形: *e-e A. auf dem Eis laufen* 在冰上滑 ∞ 字形 **3.** j-d/etw. mit der Ziffer/Nummer 8 (*z. B.* ein Spieler, ein Bus *o. Ä.*) 带数字 8 的人与物,如:8 号(球员),8 路(车)等等

Acht² *nur in* 只用于 **1. etw. außer A. lassen** e-n Umstand, e-e Bedingung nicht berücksichtigen, nicht beachten 不顾,不关心,不重视,忽视 **2. sich** (*Akk* 四格) (**vor j-m/etw.**) **in A. nehmen** aufpassen, dass einem nichts Unangenehmes passiert 提防,当心,留神 ≈ sich (vor j-m/etw.) hüten: *Nimm dich in A. vor Dieben!* 谨防小偷; *Nimm dich in A., dass du nicht krank wirst!* 多加小心,别病了！‖ NB(注意)：↑ **achtgeben, achthaben**

Acht³ *die*; -; *nur Sg, hist*（只用单数）［历］; ein Zustand, in dem j-d vom Schutz des geltenden Rechts ausgeschlossen ist 剥夺公权,逐出教门,不受法律保护 ≈ Bann, Ächtung〈die A. über j-n verhängen, aussprechen 宣判对某人剥夺公权,逐出教门; j-n in A. u. Bann erklären, tun 将某人逐出教会(不受法律保护)〉

ach·t- *Zahladj*（数形）; *nur attr, nicht adv*（只作定语,不作状语）**1.** in e-r Reihenfolge an der Stelle acht 第八的 ≈ 8. ‖ NB（注意）：Gebrauch ↑ *Beispiele unter* 用法,用例见 **viert- 2. der achte Teil (von etw.)** ≈ ⅛

acht·bar *Adj*(形)；〈ein Bürger 公民; ein Ergebnis, e-e Leistung 成果,成绩; a. handeln 办事受人尊重〉so, dass sie Respekt verdienen 受人尊敬的,值得重视的

Acht·eck *das*; *-s, -e*; e-e geometrische Figur, die acht Ecken hat(几何的)八边形,八角形 ‖ *hierzu*（派生）**acht·e·ckig** *Adj*（形）

ach·tel *Adj*（形）; *nur attr, indeklinabel, nicht adv*(只作定语,词形不变,不作状语); den 8 Teil von etw. bildend 八分之一的 ≈ ⅛: *ein a. Liter* 八分之一升,⅛升 ‖ ↑ **viertel**

Ach·tel *das*, (CH) *mst*［瑞］多用 *der*; *-s, -* **1.** der 8 Teil (⅛) von etw., *mst* e-r Menge od. Masse 八分之一(多指计量)：*ein A. e-s Liters* 一升的八分之一 **2.** MUS【音】≈ Achtelnote

Ach·tel·fi·na·le *das*; SPORT【体】; der Teil e-s Wettbewerbs, in dem die letzten 16 Spieler od. Mannschaften um das Weiterkommen kämpfen 1/8 决赛,八强争夺赛〈ins A. einziehen, kommen 进入八强; im A. ausscheiden 挤出八强〉

Ach·tel·no·te *die*; MUS【音】; die Note ♪, die den achten Teil e-r ganzen Note dauert 八分音符

ach·ten; *achtete, hat geachtet*; [Vt]（及物）**1. j-n a.** vor j-m (*z. B.* wegen seiner Persönlichkeit) großen Respekt haben, e-e hohe Meinung von ihm haben 尊敬,敬重,钦佩（品格）≈ (hoch) schätzen **2. j-n/etw. a.** e-r Person/Sache Respekt entgegenbringen (auch wenn man sie nicht mag) 对…表示尊重、重视(即使不喜欢)〈seine Mitmenschen, die Gefühle anderer a. 尊重周围的人,尊重别人的感情〉: *Er ist mir zwar unsympathisch, aber* *ich achte ihn wegen seiner Leistungen* 虽然他并不讨人喜欢，但我尊重他做出的成绩；[Vi]（不及物）**3. auf j-n/etw. a.** j-m Aufmerksamkeit schenken, j-n/etw. mit Interesse wahrnehmen 注意，关注 ≈ beachten: *Während seines Vortrags achtete er kaum auf seine Zuhörer* 他作报告时不注意自己的听众 **4. auf j-n/etw. a.** j-n/etw. beobachten, um zu verhindern, dass ihm etw. Unangenehmes passiert 照管，关照 ≈ aufpassen ⟨auf ein Kind a. 照管小孩⟩ ‖ *zu*（义项）**2. ach·tens·wert** *Adj*（形）

äch·ten; *ächtete*, *hat geächtet*; [Vt]（及物）**1. j-n ä.** *geschr*［书］; j-n nicht mehr in e-r Gemeinschaft sein lassen 放逐，逐出 ≈ verbannen **2. etw. ä.** *geschr*［书］; Handlungen od. Institutionen verdammen 谴责，唾弃 ⟨die Todesstrafe ä. 谴责死刑⟩ **3. j-n ä.** *hist*［历］; über j-n die Acht³ aussprechen 宣判…逐出教门 ≈ verbannen ‖ *hierzu*（派生）**Äch·tung** *die*

ach·tens *Adv*（副）; verwendet bei e-r Aufzählung, um anzuzeigen, dass etw. an 8 Stelle kommt 第八(点，项)

Ach·ter *der*; *-s*, *-* **1.** *gespr*［口］; die Ziffer 8, 八，捌 **2.** *gespr*［口］; etw., das mit der Zahl 8 bezeichnet wird, *mst* ein Bus od. e-e Straßenbahn 8 路（车）**3.** SPORT【体】; ein schmales u. schnelles Boot mit acht Ruderern 八人赛艇 ‖ -K（复合）: **Renn-** **4.** *gespr*［口］; e-e Verbiegung e-s Rades（*mst* bei Fahrrädern）轮子扭弯（多指：自行车轮子）隆了: *Das Fahrrad hat e-n A.（am/im Vorderrad）*自行车前轮隆了

Ach·ter·bahn *die*; e-e Bahn（auf e-m Rummelplatz）mit kleinen Wagen, die auf Schienen steil nach oben od. unten und scharfe Kurven fährt（游艺场上 8 字形回旋滑道）过山车 ⟨A. fahren 乘坐过山车⟩

ach·tern *Adv*（副）; NAUT【海】≈ hinten: *Der Wind kommt von a.* 风从船尾吹来

acht·ge·ben, Acht ge·ben; *gibt acht / Acht*, *gab acht / Acht*, *hat achtgegeben / Acht gegeben*; [Vi]（不及物）（**auf j-n/etw.**）**a.** j-m / etw. besondere Aufmerksamkeit geben, damit kein Schaden entsteht 注意，关注，留神，留意，照看 ≈ aufpassen ⟨auf ein kleines Kind, auf die Gesundheit, auf den Verkehr a. 注意小孩、健康、交通⟩: *Gib acht, damit du nicht stolperst*! 留神，别绊倒!

acht·ha·ben, Acht·ha·ben; *hat acht / Acht*, *hatte acht / Acht*, *hat achtgehabt / Acht gehabt*; [Vi]（不及物）*mst* 多用 **hab acht!**; **habt acht!** *gespr veraltend*［口］［渐旧］≈ Achtung!, Vorsicht!

acht·hun·dert *Zahladj*（数形）;（als Zahl）800，八百，捌佰

acht·los; *Adj*（形）; *mst adv*（多作状语）; ohne die nötige Sorgfalt, ohne über die Folgen nachzudenken 粗心大意的，不注意的，疏忽的，心不在焉的 ≈ unachtsam ↔ achtsam ⟨a. mit etw. umgeben 对待某事粗心大意⟩: *a. e-e brennende Zigarette im Wald wegwerfen* 漫不经心地把燃着的香烟扔在森林里 ‖ *hierzu*（派生）**Acht·lo·sig·keit** *die*; *nur Sg*（只用单数）

acht·sam *Adj*（形）; *geschr*［书］**1.** *mst adv*（多作状语）; mit großer Sorgfalt 很注意的，留心的，细心的，谨慎小心的 ≈ vorsichtig ↔ unachtsam, achtlos ⟨a. mit etw. umgehen 细心对待某事⟩ **2.** ≈ aufmerksam ⟨a. zuhören 注意倾听⟩ ‖ *hierzu*（派生）**Acht·sam·keit** *die*; *nur Sg*（只用单数）

Acht·stun·den|tag *der*; *mst Sg*（多用单数）; ein Tag mit e-r Arbeitszeit von acht Stunden 八小时工作日

acht·tä·gi·g- *Adj*（形）; *nur attr*, *nicht adv*（只作定语，不作状语）**1.** acht Tage dauernd（延续）八天之久的 **2.** *gespr*［口］; sieben Tage, eine Woche dauernd 持续一周的

acht·tau·send *Zahladj*（数形）;（als Zahl）8000 八千，捌仟

Acht·tau·sen·der *der*; *-s*, *-*; ein Berg, der（mehr als）8000 Meter hoch ist 八千多米高的山

Acht·und·sech·zi·ger *der*; *-s*, *-*; *gespr*［口］; j-d, der in der Zeit um 1968 in der Studentenbewegung aktiv war od. der ihre Ideen unterstützt hat 68 年积极参加或支持学生运动的人

Ach·tung *die*; *-*; *nur Sg*（只用单数）**1.** die gute Meinung, die man von j-m hat 尊敬，敬重，钦佩 ≈ Hochschätzung ⟨in j-s A. steigen, fallen 取得、失去某人的尊敬; sich allgemeiner A. erfreuen 受到普遍尊敬⟩ **2. die A.**（**vor j-m/etw.**）das Achten（2）, Respektieren von j-m/etw. 重视，尊重 ≈ Respekt ↔ Missachtung ‖ K-（复合）: **Achtungs-**, **-erfolg** ‖ -K（复合）: **Selbst-** **3. A.!** verwendet, um j-n vor e-r Gefahr zu warnen od. um j-n auf etw. aufmerksam zu machen（表示提醒对方）注意！小心！: *A., Stufe!* 小心，台阶！; *A., A., e-e wichtige Durchsage!* 大家注意，有重要（广播）通知！ ‖ ID［谚］**alle A.!** *gespr*［口］; verwendet, um Bewunderung auszudrücken（表示敬佩）真棒！真了不起！ ‖ *zu*（义项）**1.** u. **2. Achtung ge·bie·tend** *Adj*（形）; *nicht adv*（不作状语）; *zu*（义项）**1. ach·tungs·voll** *Adj*（形）附录（五）

acht·zehn ['axtse:n] *Zahladj*（数形）;（als Zahl）18 十八，拾捌; ↑ **Anhang**（5）附录（五）

acht·zehn·hun·dert ['axtse:n-] *Zahladj*（数形）;（als Zahl）1800 一千八百，壹仟捌佰 ‖ NB（注意）: als Jahreszahl verwendet man *a.* u. nicht eintausendachthundert（也用作年代读数）

acht·zehn·t- ['axtse:nt-] *Zahladj*（数形）; *nur attr*, *nicht adv*（只作定语，不作状语）**1.** in e-r Reihenfolge an der Stelle 18 第十八的 ≈ 18. **2. der achtzehnte Teil**（**von etw.**）≈ 1/18

acht·zig ['axtsɪç] *Zahladj*（数形）; **1.**（als Zahl）80 八十; ↑ **Anhang**（5）附录（五）**2. Anfang**, **Mitte**, **Ende a. sein** ungefähr 80 bis 83, 84 bis 86, 87 bis 89 Jahre alt sein 八十(岁)开外，八十五(岁)左右，八十大几(快九十了)

Acht·zig *die*; *-*, *-en*; *mst Sg*（多用单数）; **1.** die Zahl 80 八十，捌拾 **2.** j-d/etw. mit der Zahl/Nummer 80 指人或物：80 号，80 路车等

acht·zi·ger [ˈaxtsɪɡɐ] *Adj*（形）; *nur attr*, *indeklinabel*, *nicht adv*（只作定语，无变级，不作状语）; die zehn Jahre（e-s Jahrhunderts od. Menschenlebens）von 80 bis 89 betreffend（某一世纪的或人生的）80—89 年间的〈die a. Jahre 八十年代，80 年代〉〈j-d ist in den Achtzigern〉某人快九十了 ‖ K-: ***Achtziger-***, ***-jahre***

Acht·zi·ger *der*; *-s*, *-*; *gespr*［口］; j-d, der zwischen 80 u. 89 Jahre alt ist 八十多岁的人 ‖ *hierzu*（派生）**Acht·zi·ge·rin** *die*; *-*, *-nen*

Acht·zy·lin·der *der*; ein Auto, das e-n Motor mit acht Zylindern hat 八汽缸发动机的汽车

äch·zen; *ächzte*, *hat geächzt*; [Vi]（不及物）**1.** vor Schmerz od. Anstrengung stöhnend ausatmen 呻吟，唉声叹气〈sich ächzend bücken 弯腰呻吟着〉: *unter Ächzen u. Stöhnen e-n schweren Koffer tragen* 气喘吁吁地扛着个重箱子 **2.** ***etw. ächzt*** etw. gibt ein ächzendes (1) Geräusch von sich（物作主语）发出嘎吱声，咯吱作响 ≈ etw. knarrt〈das Gebälk, ein Stuhl, e-e Treppe 木构架，凳子，楼梯〉

Ạcker *der*; *-s*, *Äcker*; e-e große Fläche, auf der ein Bauer *z. B.* Getreide od. Kartoffeln anbaut 耕地，农田 ≈ Feld〈e-n A. bearbeiten, bebauen, bestellen, pflügen 整地，耕地，种地，犁地〉‖ K-（复合）: ***Acker-***, ***-boden***, ***-fläche***, ***-land*** ‖ -K（复合）: ***Kartoffel-***, ***Kraut-***, ***Rüben-***

Ạcker·bau *der*; *nur Sg*（只用单数）; das Bepflanzen u. Nutzen von Äckern in der Landwirtschaft（农作物）耕作〈A. treiben 从事农业; A. u. Viehzucht 农业和畜牧业〉

Ạcker·gaul *der*; ein großes, schweres Pferd, das Pflüge u. schwere Wagen zieht 耕畜

ạckern; *ackerte*, *hat geackert*; [Vt/i]（及物/不及物）**1.** (***etw.***) ***a.*** ≈ pflügen〈das Feld a. 耕地〉; [Vi]（不及物）**2.** *gespr*［口］; hart, schwer arbeiten 苦干，卖力干 ≈ schuften, sich abmühen: *Er musste ganz schön a., um die Prüfung zu bestehen* 他得好好用功才通得过考试

Ac·ryl [aˈkryːl] *das*; *-s*; *nur Sg*（只用单数）; ein Kunststoff, aus dem man *bes* Farben u. Textilien macht 丙烯酸 ‖ K-（复合）: ***Acryl-***, ***-faser***, ***-lack***

a.D. [aːˈdeː]（*Abk für* 缩写，全称为 außer Dienst）verwendet hinter der Berufsbezeichnung von Beamten od. Offizieren, die pensioniert od. aus anderen Gründen nicht mehr im Staatsdienst sind 退休，离职，退役（写在官员或军官职称之后）: *ein General a. D.* 退役将军

ad ab·sụr·dum *nur in* 只用于 ***j-n / etw. ad absurdum führen*** *geschr*［书］; Widersprüche aufdecken u. so beweisen, dass j-d unrecht hat od. dass etw. falsch, sinnlos ist 论证…是错的、荒谬的

ADAC [aːdeːǀaːˈtseː] *der*; *-(s)*; *nur Sg*（只用单数）;（*Abk für* 缩写，全称为 Allgemeiner Deutscher Automobil-Club）ein Verein für Autofahrer in Deutschland, der seinen Mitgliedern Pannenhilfe, Straßenkarten *usw* anbietet u. ihre Interessen vertritt 全德汽车俱乐部

ad ạc·ta [atˈakta] *nur in* 只用于 ***etw. ad acta legen*** *geschr*［书］**1.** etw. zu den Akten legen 将…存档 ≈ ablegen (4)〈ein Dokument ad acta legen 将文件存档〉**2.** e-e bestimmte Angelegenheit als erledigt ansehen 将…搁置一旁，认为…已作处理〈e-n Fall, ein lästiges Problem ad acta legen 将一宗案件、一个棘手的问题搁置起来〉

Ạdam (*der*); *-s*; *nur Sg*（只用单数）;（in der Bibel）der erste Mensch, der von Gott erschaffen wurde 亚当（圣经中：上帝创造的第一人）‖ ID［谚］***bei A. u. Eva anfangen***（bei e-m Vortrag）sehr lange reden, bevor man zum eigentlichen Thema kommt, u. damit die Zuhörer langweilen 从亚当、夏娃讲起，从开天辟地说起; ***nach A. Riese*** *gespr hum*［口］［诙］; wenn man richtig rechnet 按正确的计算: *Sieben u. sechs macht nach A. Riese dreizehn* 七加六正确答案是十三

Ạdams·ap·fel *der*; *nur Sg*（只用单数）; der Teil der Kehle, der sich sichtbar bewegt, wenn j-d (*bes* ein Mann) spricht od. schluckt 喉核，喉结，喉头

Ạdams·kos·tüm *das*; *nur Sg*（只用单数）; *mst* 多用 ***im A.*** *gespr hum*［口］［诙］;（als Mann）nackt, ohne Kleidung 赤裸裸，一丝不挂，赤身裸体（指男人）〈im A. herumlaufen 赤条条地到处乱跑〉

Adap·ta·ti·on [-ˈtsioːn] *die*; *-*, *-en* **1.** *geschr*［书］; die Abänderung e-s literarischen Werks für ein anderes Medium, e-e andere Gattung 改编，改写 ≈ Adaption: *die A. e-s Romans für den Film* 把小说改编成电影 ‖ -K（复合）: ***Film-***, ***Theater-*** **2.** *nur Sg*, BIOL（只用单数）【生】; die Anpassung von Organen an die jeweiligen Bedingungen der Umwelt（器官对周围条件的）适应（作用）**3.** *nur Sg*（只用单数）; die Anpassung des menschlichen Verhaltens an die gesellschaftlichen Konventionen（人的行为对社会风俗习惯的）适应 ‖ *hierzu*（派生）**adap·tie·ren** (*hat*) *Vt*（及物）

Adap̣·ter *der*; *-s*, *-*; ein kleines Gerät od. ein Zwischenstück, das man benutzt, um ein Gerät an e-e Stromquelle anzuschließen od. um zwei Geräte zu verbinden, die sonst nicht kompatibel wären 适配器，转接器，接续器，管接头

adä·quat *Adj*（形）; *geschr*［书］; den Umständen angemessen, entsprechend 合适的，适当的，相应的 ↔ inadäquat〈e-e Bezeichnung, e-e Bezahlung 名称，报酬〉: *e-n Ausdruck a. übersetzen* 相应地译出一个词组

ad·die·ren; *addierte*, *hat addiert*; [Vt/i]（及物/不及物）(***etw.*** (*Pl* 复)) ***a.***; (***etw. zu etw.***) ***a.*** die Summe errechnen 加，相加，加上 ≈ zusammenzählen ↔ subtrahieren〈Zahlen a. 把数加上〉‖ K-（复合）: ***Addier-***, ***-maschine*** ‖ *hierzu*（派生）**Ad·di·ti·on** *die*; *-*, *-en*

ade! [aˈdeː] *gespr*［口］; verwendet als Abschiedsgruß 再见（告别用语）≈ auf Wiedersehen, leb(t) wohl 〈j-m ade, Ade sagen 向某人道别〉

Ade·bar *der*; *-s*, *-e*; *oft* 常用 ***Meister A***. *bes nordd*, *hum* 尤用于[北德][诙]; verwendet als Bezeichnung für den Storch 仙鹤(比喻:福星)

Adel *der*; *-s*; *nur Sg*, *Kollekt* (只用单数,集合) **1.** (in bestimmten Ländern) die Gruppe von Leuten, die (durch ihre Herkunft) e-r sozialen Schicht angehören, die früher besondere Privilegien hatte 贵族,贵族阶层 ≈ Aristokratie: *A. u. Geistlichkeit waren die privilegierten Stände im Mittelalter* 贵族与僧侣在中世纪是特权阶层 **2.** *mst* 多用 ***von A. sein*** aus e-r aristokratischen Familie stammen 出身贵族

ade·lig *Adj* (形); ↑ ***adlig*** ‖ *hierzu* (派生) **Ade·li·ge** *der/die*; *-n*, *-n*

adeln; *adelte*, *hat geadelt*; [Vt] (及物) **1.** ***j-n a.*** j-n in den Adel (1) aufnehmen, ihm e-n Adelstitel geben 授予…贵族称号,封…为贵族 **2.** ***etw. adelt j-n*** *geschr* [书]; etw. lässt j-n würdig u. edel erscheinen (物作主语)使…具有贵族的风度,使…显得气质高贵: *Sein großzügiges Verhalten adelt ihn* 他大方豪爽的举止显示了他高贵的气质

Adels·prä·di·kat *das*; ein Teil des Namens von adligen Personen 贵族称谓: *„von" ist das häufigste A.* "冯"是最常用的贵族称谓

Adjektive 形容词

		Deklinationstyp 变格型 A			Deklinationstyp 变格型 B			Deklinationstyp 变格型 C		
Nominativ		一格								
Sg 单	*m* 阳	jener	jung**e**	Mann		frisch**er**	Wind	kein	jung**er**	Mann
	f 阴	jene	jung**e**	Frau		frisch**e**	Luft	keine	jung**e**	Frau
	n 中	jenes	jung**e**	Mädchen		frisch**es**	Wasser	kein	jung**es**	Mädchen
Pl 复		jene	jung**en**	Leute	(einige)	jung**e**	Leute	keine	jung**en**	Leute
Akkusativ		四格								
Sg 单	*m* 阳	jenen	jung**en**	Mann	(für)	frisch**en**	Wind	keinen	jung**en**	Mann
	f 阴	jene	jung**e**	Frau	(für)	frisch**e**	Luft	keine	jung**e**	Frau
	n 中	jenes	jung**e**	Mädchen	(für)	frisch**es**	Wasser	kein	jung**es**	Mädchen
Pl 复		jene	jung**en**	Leute	(einige)	jung**e**	Leute	keine	jung**en**	Leute
Dativ		三格								
Sg 单	*m* 阳	jenem	jung**en**	Mann	(mit)	frisch**em**	Wind	keinem	jung**en**	Mann
	f 阴	jener	jung**en**	Frau	(mit)	frisch**er**	Luft	keiner	jung**en**	Frau
	n 中	jenem	jung**en**	Mädchen	(mit)	frisch**em**	Wasser	keinem	jung**en**	Mädchen
Pl 复		jenen	jung**en**	Leuten	(einigen)	jung**en**	Leuten	keinen	jung**en**	Leuten
Genitiv		二格								
Sg 单	*m* 阳	jenes	jung**en**	Mannes	(trotz)	frisch**en**	Windes	keines	jung**en**	Mannes
	f 阴	jener	jung**en**	Frau	(trotz)	frisch**er**	Luft	keiner	jung**en**	Frau
	n 中	jenes	jung**en**	Mädchens	(trotz)	frisch**en**	Wassers	keines	jung**en**	Mädchens
Pl 复		jener	jung**en**	Leute	(einiger)	jung**er**	Leute	keiner	jung**en**	Leute
		Adjektive, die nach dem bestimmten Artikel *der* stehen (↑ Tabelle unter ***Artikel***), und Adjektive, die auf *derjenige*, *derselbe*, *dieser*, *jeder*, *mancher* und *welcher* folgen, werden ebenfalls nach diesem Muster flektiert. Dieser Typ der Flexion wird auch als „schwache Deklination" bezeichnet. 在定冠词 der(图表见 **Artikel**)后的形容词及 *derjenige*, *derselbe*, *dieser*, *jener*, *mancher* 和 *welcher* 后的形容词同样按此模式变化,这种变格型又称"弱变化"。			Adjektive, die nach den Indefinitpronomen *manch*, *solch*, *viel*, *welch* und *irgendein* stehen, werden ebenfalls nach diesem Muster flektiert. Adjektive, die auf *ein paar*, *einzelne*, *etliche*, *gewisse*, *lauter*, *mehrere*, *viele* und auf Zahlen ab *zwei* folgen, werden nach dem Muster *einige* gebildet. Dieser Typ der Flexion wird auch als „starke Deklination" bezeichnet. 在不定代词 *manch*, *solch*, *viel*, *welch* 和 *irgendein* 后的形容词同样按此模式变化。在 *ein paar*, *einzelne*, *etliche*, *gewisse*, *lauter*, *mehrere*, *viele* 和 *zwei* 以上的数字后的形容词按 *einige* 的模式变化。这种变格型又称"强变化"。			Adjektive, denen ein Possessivpronomen vorausgeht, werden ebenfalls nach diesem Muster flektiert (↑ Tabellen unter ***mein*** und unter ***Possessivpronomen***). Dieser Typ der Flexion wird auch als „gemischte Deklination" bezeichnet. 前面受物主代词限定的形容词同样按此模式变化(图表见 **mein** 和物主代词)。这种变格型又称"混合变化"。		

Adels·ti·tel *der*; ein Bestandteil des (adeligen) Namens, der auch als Titel gebraucht wird (*z.B. Graf, Herzog*) 贵族头衔(如伯爵,公爵) ‖ NB(注意): *mst* erkennbar an der Form „von"(大多可从"冯"识别): *Fürst Otto von Bismarck* 奥托·冯·俾斯麦侯爵

Ader *die*; -, -*n* **1.** e-e Art Rohr od. Leitung (Arterie od. Vene) im Körper von Menschen u. Tieren, in der das Blut fließt 血管(动脉或静脉) ≈ Blutgefäß ⟨e-e A. abbinden 结扎血管⟩ ‖ -K(复合): ***Puls-*** **2.** e-e sichtbare Linie auf e-m Blatt od. dem Flügel von Insekten(叶、翼上的)纹理,脉 ≈ Rippe ‖ -K(复合): ***Blatt-*** **3.** e-e Schicht unter der Erde od. in Felsen, in der Mineralien od. Erze liegen od. Wasser fließt 矿脉,岩脉,水脉: *Die Bergleute stießen auf e-e ergiebige A.* 矿工遇到一条丰富的矿脉 ‖ -K(复合): ***Gold-***, ***Wasser-*** **4.** ***e-e A.*** (***für etw.***) *nur Sg*, *gespr* (只用单数)[口]; die Begabung, das Talent für etw. 天赋,才华,才能 ⟨e-e dichterische, künstlerische A. haben 有诗歌、艺术才能⟩: *Er hat keine A. für technische Dinge* 他对技术方面的事不灵(没灵性) **5.** ***j-n zur A. lassen*** *gespr hum* [口][诙]; j-m (durch Betrug) viel Geld abnehmen 骗取…的钱,(用诈骗的办法)让…放血 **6.** ***j-n zur A. lassen*** *hist*[历]; (als Arzt) j-m Blut abnehmen(医生)给…抽血 ‖ ▶ ***geädert***

Ader·lass *der*; *Ader·las·ses*, *Ader·läs·se*; **1.** *hist*[历]; das Abnehmen e-r großen Menge Blut 大量放血 ⟨e-n A. vornehmen, veranlassen 进行、让大量放血⟩ **2.** *geschr*[书]; der große Verlust an Menschen durch Tod od. Flucht (*mst* im Krieg od. durch den Zusammenbruch e-s Regimes) 人口大量死亡或流失(多半在战争中或由于政权崩溃导致家破人亡,流离失所)

ad hoc [at'hɔk] *geschr*[书]; spontan, aus der Situation heraus 自发地,本能地,一时冲动地,不由自主地 ⟨etw. ad hoc entscheiden 本能地决定某事; e-n Ausdruck ad hoc bilden 临时构成语词⟩ ‖ K-(复合): ***Ad-hoc-Bildung***

adi·eu [a'diøː] *veraltend*[渐旧]; verwendet als Abschiedsgruß 再见 ≈ auf Wiedersehen, leb(t) wohl

Ad·jek·tiv [-f] *das*; -*s*, -*e*; LING【语】; ein Wort, das man deklinieren u. *mst* auch steigern kann, das im Deutschen entweder beim Verb (präd. od. adv.) od. vor dem Substantiv (attr.) steht u. das diesem e-e bestimmte Eigenschaft/ein Merkmal zuschreibt 形容词 ≈ Eigenschaftswort: *Der Satz „Das kleine Kind ist krank" enthält die Adjektive „klein" u. „krank"* "小孩有病"这一句包含形容词"klein" 和 "krank" ‖ *hierzu*(派生) **ad·jek·ti·visch** [-v-] *Adj*(形) ‖ NB(注意): *Tabelle Seite 45* 图表见 45 页

Ad·ju·tant *der*; -*en*, -*en*; MIL【军】; ein Offizier, der für e-n höheren Offizier bestimmte Tätigkeiten (*mst* Büroarbeiten) übernimmt(多半为上级军官干文秘工作的)副官 ‖ NB(注意): *der Adjutant*; *den*, *dem*, *des Adjutanten*

Ad·ler *der*; -*s*, - **1.** der größte Raubvogel in Europa 雕鹰 ‖ K-(复合): ***Adler-***, ***-horst*** **2.** der A. (1) als Symbol e-s Königs, e-s Landes *o.Ä.*, der auf Fahnen, Münzen u. Wappen abgebildet ist(旗帜、钱币和徽章上作为帝王、国家等象征的)雕: *der preußische A. u. der gallische Hahn* 普鲁士山鹰和法兰西雄鸡

Ad·ler·au·ge *das*; *mst in* 多用于 ***Adleraugen haben*** sehr gut sehen können 有一双像鹰一样的眼睛,能明察秋毫

Ad·ler·blick *der*; *nur Sg*(只用单数); ein scharfer, durchdringender Blick 锐利的目光 ⟨e-n A. haben 有锐利的目光⟩

Ad·ler·na·se *die*; e-e stark gekrümmte Nase 鹰钩鼻 ≈ Hakennase

ad·lig *Adj*(形); *nicht adv*(不作状语); zum Adel (1) gehörend 贵族(阶层)的 ‖ *hierzu*(派生) **Ad·li·ge** *der/die*; -*n*, -*n*

Ad·mi·nis·tra·ti·on [-'tsioːn] *die*; -, -*en*; *geschr*[书] ≈ Verwaltung ‖ *hierzu*(派生) **ad·mi·nis·tra·tiv** *Adj*(形)

Ad·mi·ral *der*; -*s*, -*e*/*Ad·mi·rä·le*; MIL【军】; ein General in der Marine 海军将军 ‖ K-(复合): ***Admirals-***, ***-stab*** ‖ *hierzu*(派生) **Ad·mi·ra·li·tät** *die*; -, -*en*

Ado·nis *der*; -, -*se*; *geschr*, *oft Sg*, *hum*[书](常用单数)[诙]; verwendet als Bezeichnung für e-n schönen jungen Mann 阿多尼斯(希腊神话中的美少年,深受阿佛洛狄忒女神的宠爱),美少年

adop·tie·ren; *adoptierte*, *hat adoptiert*; Vt (及物) ***j-n a.*** ein Kind, dessen Vater/Mutter man selbst nicht ist, als eigenes Kind annehmen 收养,认…为义子 ‖ *hierzu*(派生) **Adop·ti·on** *die*; -, -*en*

Adop·tiv·el·tern [-f-] *die*; die Eltern e-s (von ihnen) adoptierten Kindes 义父母,养父母

Adop·tiv·kind [-f-] *das*; ein Kind, das von j-m adoptiert wurde 养子,义子

Ad·res·sat *der*; -*en*, -*en*; j-d, an den e-e Sendung od. Botschaft gerichtet ist 收信人,收件人 ≈ Empfänger ↔ Absender ⟨der A. e-s Briefes 收信人⟩ ‖ NB(注意): *der Adressat*; *den*, *dem*, *des Adressaten* ‖ *hierzu*(派生) **Ad·res·sa·tin** *die*; -, -*nen*

Ad·ress·buch *das* **1.** ein Heft, in das man Adressen u. Telefonnummern von seinen Freunden u. Bekannten schreibt 通信录(簿) **2.** ein Buch mit den Adressen der Einwohner e-r Stadt od. Gemeinde 户口册

Ad·res·se *die*; -, -*n* **1.** die Angabe des Namens, der Straße u. des Wohnorts e-r Person 通信地址 ≈ Anschrift ⟨seine A. angeben, aufschreiben, hinterlassen 说明、记下、留下自己的通信地址; j-s A. lautet ... 某人的通信处是⟩: *Auf dem Brief fehlt noch die A. des Absenders* 信上还没写发信人的地址 ‖ K-(复合): ***Adressen-***, ***-verzeichnis*** **2.** *geschr*[书]; ein offizieller Brief od. e-e feierliche Rede, mit denen man j-n grüßt od. ihm dankt 正式的贺信,贺辞或感谢信,感谢辞 ‖ -K(复合): ***Dank-***, ***Gruß-*** **3.** INFORM【信息】; e-e Nummer od. ein Name, unter denen man Informationen im Speicher e-s Computers ablegt/findet 网址 **4**. INFORM【信息】; e-e Folge von Buchstaben u. Zeichen, die man in e-n Computer eingeben muss, um j-n über das Internet zu erreichen 电子信箱 ‖ -K: (复合) ***E-Mail-Adresse***; ***Web-*** ‖ ID[谚] ***bei j-m an die falsche/verkehrte A. kommen/geraten***; ***bei j-m an der falschen/verkehrten A. sein*** *gespr* [口]; sich mit e-r Bitte, e-m Wunsch *o.Ä.* an die falsche Person gewandt haben 求人找错了门; *mst* 多用 ***an der richtigen A. sein*** *gespr*[口]; sich an die richtige Person od. Stelle gewandt haben, die einem helfen kann 找对了人(或门): *Mit Ihrer Beschwerde sind Sie hier an der richtigen A.* 您有意见来这里反映算找对了门

ad·res·sie·ren; *adressierte*, *hat adressiert*; *Vt* (及物) **1**. ***etw. a.*** die Adresse des Empfängers auf etw. schreiben 将收件人的姓名地址写在…上,写上收件人的通信地址 ⟨e-n Brief, ein Paket, e-e Karte a. 在信上、包裹上、明信片上写上收件人地址⟩ ‖ K-(复合): ***Adressier-***, ***-maschine*** **2**. ***etw. an j-n a.*** etw. an j-n schicken, senden 把…寄给某人: *Der Brief war an mich adressiert* 这封信是寄给我的 **3**. ***etw. an j-n a.*** j-n zum Empfänger e-r Mitteilung bestimmen 将…针对 ≈ etw. an j-n richten: *Diese Beschwerde/Dieser Vorwurf war an dich adressiert* 这个意见/这个指责是冲你来的 ‖ NB (注意) *zu* (义项) **2**. u. **3**.: *mst* im Zustandspassiv(多用于状态被动)!

ad·rett, *adretter*, *adrettest-*; *Adj* (形); hübsch u. sehr gepflegt, aber nicht elegant 整洁的,雅致的,秀雅的,标致的 ≈ proper ⟨ein Mädchen 姑娘; a. angezogen sein 穿着雅致⟩

Ad·vent [-v-] *der*; *-(e)s*; *nur Sg*, REL (只用单数)【宗】**1**. die Zeit vom vierten Sonntag vor Weihnachten bis Weihnachten 基督降临节(圣诞节前第四个星期日开始至圣诞节为止) ⟨im A. 在基督降临节期内⟩ ‖ K-(复合): ***Advents-***, ***-sonntag***, ***-zeit*** **2**. ***erster/zweiter/dritter/vierter A.*** der erste/zweite/dritte/vierte Sonntag in der Adventszeit 第一个、第二个、第三个、第四个基督降临期间的星期日 ⟨am ersten *usw* A. 在第一个基督降临星期日等⟩

Ad·vents·ka·len·der *der*; ein Kalender für Kinder für die Zeit vom 1 bis zum 24 Dezember mit 24 geschlossenen Fenstern, von denen jeden Tag eines geöffnet werden darf. Dahinter ist ein Bild, Schokolade *o.Ä.* 基督降临节日历(这是儿童日历,共 24 天,从 12 月 1 日至 24 日,日历上带 24 扇小窗,每天孩子打开一扇,窗户后藏有画片、巧克力等)

Adventskranz

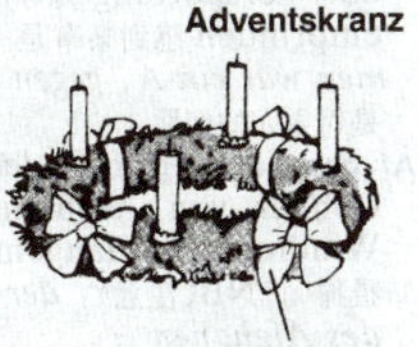

die Schleife 蝴蝶结

Ad·vents·kranz *der*; ein Kranz aus Tannenzweigen mit vier Kerzen, von denen man am ersten Adventssonntag eine anzündet, am zweiten zwei *usw* 基督降临节杉树枝花环(上面装饰四支蜡烛,第一个基督降临星期日点一支,第二个星期日点两支,直至圣诞节)

Advent 基督降临节

In Deutschland ist es Brauch, den Advent – die Zeit vom vierten Sonntag vor Weihnachten bis Weihnachten – zu feiern. Man stellt einen **Adventskranz** aus Tannenzweigen auf, auf dem vier Kerzen stecken. Am ersten Adventssonntag wird die erste Kerze angezündet, am zweiten Adventssonntag kommt die zweite dazu, bis dann am letzten Wochenende vor Weihnachten alle vier Kerzen brennen.

Für Kinder gibt es **Adventskalender**, die für jeden Tag vom 1. Dezember bis Weihnachten ein kleines Fenster haben, hinter dem ein Bild oder Schokolade verborgen ist.

In der Adventszeit werden auch die typischen Süßigkeiten für Weihnachten, wie zum Beispiel Stollen, Lebkuchen und Plätzchen, vorbereitet.

庆祝降临节——圣诞前第四个星期日至圣诞节为止——在德国是习俗。人们用冷杉树枝编扎**降临节花环**,上面插四支腊烛,把它挂起来。第一个降临节星期日点燃第一支腊烛,第二个星期日点第二支,直到圣诞前的最后一周周末,四支腊烛全部点燃发光。

为儿童制有**降临节日历**,这种日历上从 12 月 1 日到圣诞节每天设有一扇小窗,窗户后面藏有一幅画片或巧克力。

降临节期间还备有特制的圣诞甜点,如:干果蛋糕、胡椒饼和小饼干。

Ad·verb [-v-] *das*; *-s*, *Ad·ver·bi·en* [-iən]; LING【语】; ein Wort, das keine (Flexions)-Endungen hat u. das die Bedeutung e-s Verbs, e-s Adjektivs od. e-s anderen Adverbs in e-m Satz modifiziert, indem es angibt, unter welchen Umständen (Zeit, Ort, Art u. Weise, Grund) etw. geschieht 副词 ≈ Umstandswort: *Der Satz „Sie ist angeblich hier gewesen" enthält die Adverbien „angeblich" u. „hier"* "她显然来过这里"这一句中包含副词"angeblich"和 "hier" ‖ K-(复合): ***Adverbial-***, ***-satz*** ‖ -K (复合): ***Kausal-***, ***Lokal-***, ***Modal-***, ***Temporal-*** ‖ *hierzu* (派生) **ad·ver·bi·al** *Adj* (形); **ad·ver·bi·ell** *Adj* (形)

Ad·vo·kat [-v-] *der*; *-en*, *-en*; Ⓐ Ⓒⓗ, *sonst veraltend*[奥][瑞]通常[渐旧] ≈ Rechtsanwalt ‖ NB(注意): *der Advokat*; *den*, *dem*, *des Advokaten*

Ae·ro·bic [ɛ'ro:bɪk] (*das*); *-s*; *nur Sg* (只用单数); e-e Form der Gymnastik mit Musik 带音乐伴奏的一种体操形式

ae·ro·dy·na·misch ['ɛ:ro-] *Adj* (形); mit e-r Form, die der Luft wenig Widerstand entgegensetzt 气体动力学的,空气动力的 ⟨ein Auto, ein Flugzeug 汽车, 飞机⟩ ‖ *hierzu* (派生) **Ae·ro·dy·na·mik** *die*; *nur Sg* (只用单数)

Af·fä·re *die*; *-*, *-n* **1**. ein (unangenehmer) Vorfall, e-e (peinliche) Angelegenheit 纠

纷，不愉快的事件〈e-e peinliche A. 不愉快的事；e-e A. aus der Welt schaffen 排解不愉快的事；j-n in e-e A. hineinziehen, verwickeln 把某人牵连进、卷人不愉快的事〉‖ -K(复合)：**Bestechungs-** **2.** e-e Liebesbeziehung 桃色事件，男女关系 ≈ Verhältnis (3)：*Er hatte e-e A. mit seiner Nachbarin* 他和女邻居有男女关系 ‖ -K(复合)：**Liebes-** **3.** *gespr*[口] ≈ Sache (1), Angelegenheit：*Das Ganze war e-e A. von höchstens zehn Minuten* 所有这些最多是十分钟的事 ‖ ID[谚] ***sich aus der A. ziehen*** sich geschickt aus e-r unangenehmen Situation befreien 巧妙地摆脱不愉快的事

Af·fe *der*；*-n*, *-n* **1.** ein Säugetier, das dem Menschen ähnlich ist u. gerne (auf Bäume) klettert 猴 ‖ K-(复合)：***Affen-***, ***-käfig*** **2.** *gespr pej*[口][贬]；verwendet als Schimpfwort für j-n 笨蛋，无知之徒：*So ein eingebildeter A.!* 这样一位傲慢自负的蠢材！；*Du A.!* 你真是傻瓜！‖ ID [谚] *mst* 多用 (***Ich denk,***) ***mich laust der A.!*** *gespr* [口]；verwendet, um Überraschung auszudrücken 这使我感到意外！真不可思议！；***dem/seinem Affen Zucker geben*** *gespr hum*[口][诙]；seinen Wünschen nachgeben 恣情作乐，随心所欲；*mst* 多用 ***Du bist wohl vom (wilden) Affen gebissen?*** *gespr* [口]；du bist wohl verrückt? 你疯了吧？；***e-n Affen (sitzen) haben*** *gespr* [口]；betrunken sein 喝得醉醺醺的；***e-n Affen an j-m gefressen haben*** *gespr*[口]；j-n übertrieben gern haben 对某人爱得发疯，对某人喜欢得要命 ‖ NB(注意)：*der Affe*；*den*, *dem*, *des Affen*

Af·fekt *der*；*-(e)s*, *-e*；*mst in* 多用于 ***im A.*** in e-m so wütenden, erregten Zustand, dass man die Kontrolle über sich verliert 出于感情用事，出于感情冲动 ↔ vorsätzlich〈ein Mord, e-e Tötung im A. 因冲动而谋杀、杀害；im A. handeln 感情用事〉：*Er hatte seine Frau im A. geschlagen* 他因冲动而打了自己老婆 ‖ K-(复合)：***Affekt-***, ***-ausbruch***, ***-handlung***

af·fek·tiert, *affektierter*, *affektiertest-*；*Adj* (形)；*pej* [贬]；so unnatürlich u. übertrieben, dass es lächerlich od. unsympathisch wirkt 不自然的，装腔作势的，矫揉造作的 ≈ gekünstelt ↔ ungezwungen〈ein Benehmen, ein Getue, ein Lachen, ein Wesen 举止，做作，笑声，作风；sich a. benehmen, geben 装腔作势，故作姿态〉：*Sie fiel durch ihre affektierte Art unangenehm auf* 她矫揉造作的姿态使人感到不舒服 ‖ *hierzu*(派生) **Af·fek·tiert·heit** *die*；*nur Sg*(只用单数)

Af·fen- *im Subst*, *begrenzt produktiv*, *gespr* (构成名词，构词有限)[口]；sehr groß, sehr stark 非常，极，很；e-e ***Affengeschwindigkeit***, e-e ***Affenhitze***, e-e ***Affenkälte***, ein ***Affentempo***

af·fen·ar·tig *Adj*(形)；*gespr*[口] **1.** wie ein Affe 猴子似的〈ein Benehmen 举止〉 **2.** *nur attr*, *nicht adv*(只作定语，不作状语)；sehr groß 非常快的〈e-e Geschwindigkeit, ein Tempo 速度〉 **3.** ***a. schnell*** sehr schnell 非常快的，轻捷如飞的，矫捷的

af·fen·geil *Adj*(形)；*ohne Steigerung*, *gespr*(无变级)[口] ≈ affenstark

Af·fen·lie·be *die*；*nur Sg*, *gespr*, *mst pej*(只用单数)[口]多用[贬]；e-e übertriebene Liebe, bei der j-d die Fehler des anderen nicht beachtet 溺爱：*Sie hing mit e-r A. an ihrem Kind* 她溺爱自己的孩子

af·fen·stark *Adj*(形)；*ohne Steigerung*, *gespr* (无变级)[口]；*bes* von Jugendlichen verwendet, um etw. sehr Attraktives od. Beeindruckendes zu bezeichnen(年青人用语)很有魅力的，给人印象深刻的

Af·fen·thea·ter *das*；*nur Sg*, *gespr*(只用单数)[口]；verwendet, um e-e Situation, e-n Vorgang, ein Verhalten *o.Ä.* zu bezeichnen, die als lästig, übertrieben od. lächerlich empfunden werden 蠢事，闹剧〈ein A. machen, veranstalten 干蠢事，制造闹剧〉

Af·fen·zahn *der*；*gespr*[口]；e-e sehr hohe Geschwindigkeit 高速度〈e-n A. draufhaben (= sehr schnell fahren)开快车；mit e-m A. fahren 高速开车〉

af·fig *Adj*(形)；*gespr pej*[口][贬]；eitel u. affektiert 惺惺作态的，装模作样的，爱虚荣的 ≈ geziert〈ein Getue 做作〉

Af·fi·ni·tät *die*；*-*, *-en* **1.** ***e-e A. (zu j-m/etw.)***；***e-e A. (zwischen j-m/etw. u. j-m/etw.***；***zwischen***〈Personen/Dingen 人/物〉) *geschr*[书]；e-e Ähnlichkeit aufgrund formaler od. inhaltlicher Übereinstimmungen u. die Anziehung, die darauf beruht (与…有)相似性；(在…之间有)相似之处〈e-e beachtliche, erstaunliche, gewisse A. zu j-m/etw. aufweisen, besitzen, haben 对…显示出、有着极大的、惊人的、某种的相似之处〉：*Zwischen dem Werk Mozarts u. dem Haydns bestehen zahlreiche Affinitäten* 莫扎特与海顿的作品之间有许多相似之处 **2.** CHEM【化】；die Neigung e-r Substanz, sich mit e-r anderen zu verbinden 亲合性，亲合力

af·fir·ma·tiv [-f] *Adj*(形)；*ohne Steigerung*, *geschr*(无变级)[书]；mit e-r bestätigenden od. bejahenden Aussage 肯定的，确定的〈e-e Äußerung 意见〉

Af·fix *das*；*-es*, *-e*；LING【语】；ein (Wortbildungs) Element, das (als Präfix, Infix od. Suffix) mit dem Wortstamm verbunden wird u. damit ein neues Wort bildet 词缀(有前缀，中缀或后缀)

Af·front [aˈfrõː] *der*；*-s*, *-s*；***ein A. (gegen j-n/etw.)*** *geschr*[书]；e-e schwere Beleidigung od. Verspottung 侮辱，凌辱〈etw. als e-n A. empfinden 感到某事是一种侮辱〉：*Sein Benehmen war ein A. gegen den Gastgeber* 他的举止是对主人的侮辱

Af·gha·ne [afˈgaːnə] *der*；*-n*, *-n* **1.** ein Bewohner von Afghanistan 阿富汗人 **2.** ein Windhund mit langem, seidigem Fell 阿富汗猎狗 ‖ NB(注意)：*der Afghane*；*den*, *dem*, *des Afghanen*

Af·ri·ka (*das*)；*-s*；*nur Sg*(只作单数)；der drittgrößte Kontinent der Erde 非洲 ‖ ↑

NB(注意) *unter* 见 **Anhang** (1) ‖ K-(复合): ***Afrika-***, ***-forscher***, ***-reisende(r)*** ‖ *hierzu*(派生) **Af·ri·ka·ner** *der*; *-s*, *-*; **Af·ri·ka·ne·rin** *die*; *-*, *-nen*; **af·ri·ka·nisch** *Adj*(形)

Af·ter *der*; *-s*, *-*; der Ausgang des Darms, durch den die Exkremente ausgeschieden werden 肛门

AG [aˈgeː] *die*; *Abk* 缩写; ↑ ***Aktiengesellschaft***

Aga·ve [-v-] *die*; *-*, *-n*; e-e tropische Pflanze mit spitzen, fleischigen Blättern u. Dornen 龙舌兰属

Agent *der*; *-en*, *-en* **1.** j-d, der versucht (für e-e Regierung) geheime Informationen zu bekommen (*z. B.* über militärische Einrichtungen e-s anderen Landes) 特务,间谍 ≈ Spion ⟨e-n Agenten entlarven, enttarnen 揭露一名特务⟩ ‖ K-(复合): ***Agenten-***, ***-film***, ***-ring***, ***-tätigkeit***, ***-thriller***, ***-zentrale*** ‖ -K(复合): ***Geheim-*** **2.** j-d, dessen Beruf es ist, Künstlern Engagements zu vermitteln(艺术家受聘事宜之)经纪人 **3.** WIRTSCH *veraltend* 【经】[渐旧]; j-d, der im Auftrag e-r Firma Geschäfte vermittelt od. abschließt(商务)代理人 ≈ Vertreter ‖ -K(复合): ***Versicherungs-*** ‖ NB(注意): *der Agent*; *den*, *dem*, *des Agenten* ‖ *hierzu* (派生) **Agen·tin** *die*; *-*, *-nen*

Agen·tur *die*; *-*, *-en* **1.** e-e Geschäftsstelle e-s Unternehmens(商务)代理处,代办处 ≈ Vertretung (5) ‖ -K(复合): ***Immobilien-***, ***Versicherungs-*** **2.** *Kurzw*(略) ↑ ***Nachrichtenagentur*** ‖ K-(复合): ***Agentur-***, ***-bericht***, ***-meldung*** **3.** *Kurzw*(略) ↑ ***Werbeagentur*** **4.** ***A. für Arbeit*** Ⓓ [德] eine staatliche Behörde, deren Aufgabe es ist, Arbeitsplätze zu vermitteln u. sich um Leute zu kümmern, die einen Beruf haben wollen od. arbeitslos sind 职介部门,劳动介绍所

Ag·gre·gat *das*; *-(e)s*, *-e*; ELEK【电】; e-e Maschine od. ein Gerät, das aus mehreren (zusammenwirkenden) Einzelteilen besteht 机组,成套设备 ‖ -K(复合): ***Strom-***

Ag·gre·gat·zu·stand *der*; *mst Sg*, PHYS (多用单数)【物】; die Form, in der e-e Substanz auftritt 物态,聚集态 ⟨im festen, flüssigen, gasförmigen A. sein 物质的固、液、气态⟩: *Wasser wird durch Erhitzen vom flüssigen in den gasförmigen A. gebracht* 通过加热,水由液态变成气态

Ag·gres·si·on [-ˈsioːn] *die*; *-*, *-en* **1.** PSYCH 【心】; ein Verhalten von Tieren u. Menschen, mit dem sie Macht ausüben od. versuchen, Macht zu gewinnen, *bes* indem sie kämpfen od. Personen od. Dingen Schaden zufügen 进攻性行为,攻击行为 ⟨zu Aggressionen neigen 有进攻性行为的倾向,好攻击⟩ ‖ K-(复合): ***Aggressions-***, ***-hemmung***, ***-lust***, ***-stau***, ***-trieb***, ***-überschuss***; ***aggressions-***, ***-fördernd***, ***-hemmend*** **2.** ***Aggressionen*** (***gegen j-n / etw.***) ein Gefühl der Wut od. Ablehnung(对…的)怒火或敌视 ⟨(angestaute) Aggressionen abbauen 化解(积聚在心中的)怒火; (an j-m/ etw.) seine Aggressionen abreagieren(朝…)发泄愤怒; Aggressionen bekommen, haben 产生、有敌意⟩ **3.** ***e-e A.*** (***gegen etw.***) ein militärischer Angriff e-s Landes 侵略 ‖ K-(复合): ***Aggressions-***, ***-krieg***

ag·gres·siv [-f] *Adj*(形) **1.** mit der Neigung zu Aggressionen (2,3) 好动火的,有敌意的,好斗的 ≈ streitsüchtig ↔ friedfertig ⟨ein Mensch 人; ein Verhalten 行为; a. reagieren 反应有敌意; sich a. (gegenüber j-m) verhalten(对某人)表现好动火⟩ **2.** mit dem Ziel e-r Aggression (1) 侵略的: *e-e aggressive Politik betreiben* 奉行侵略政策 **3.** ≈ rücksichtslos ↔ defensiv (2) ⟨e-e Fahrweise 开车方式; a. fahren 野蛮开车⟩ **4.** energisch u. gezielt(目标)明确(行动)果断的: *e-e aggressive politische Werbung* 明确果断的政治宣传 **5.** SPORT【体】; mit dem (ständigen) Willen anzugreifen 进攻性的 ⟨ein Spieler, e-e Spielweise 球员,比赛方式; a. spielen 进攻性比赛⟩ ‖ *hierzu* (派生) **Ag·gres·si·vi·tät** *die*; *nur Sg*(只用单数)

Ag·gres·sor *der*; *-s*, *Ag·gres·so·ren*; ein Land, das ein anderes angreift 侵略国,侵略者

Ägi·de *die*; *nur in* 只用于 ***unter j-s Ä.*** (***stehen***) *geschr* [书]; unter j-s Leitung, Schutz (sein) 在某人领导下,在某人庇护下

agie·ren; *agierte*, *hat agiert*; [Vi] (不及物) **1.** ***irgendwie a.*** *geschr* [书]; irgendwie (*mst* überlegt) handeln(多用深思熟虑地)行动,举动 ⟨behutsam, selbstständig, vorsichtig a. 小心地、独立地、谨慎地行动⟩ **2.** ***gegen j-n a.*** *geschr* [书]; (heimlich) versuchen, j-n bewusst zu schädigen 对…故意伤害: *Viele seiner Kollegen agierten hinter seinem Rücken gegen ihn* 他的许多同事在背后有意伤害他 **3.** THEA *veraltend*【剧】[渐旧]; als Schauspieler auftreten 扮演角色,演出 ⟨auf der Bühne a. 在舞台上演出⟩

agil *Adj* (形); *geschr* [书] **1.** geistig u. körperlich in e-r sehr guten Verfassung(身体、精神状态)很好,甚佳: *Trotz seines hohen Alters war er immer noch sehr a.* 他虽已高龄,但(身体、精神状态)仍很好 **2.** aktiv u. beweglich 灵敏的,敏捷的 ⟨ein Fußballspieler 足球运动员⟩ ‖ *hierzu*(派生) **Agi·li·tät** *die*; *-*; *nur Sg*(只用单数)

Agi·ta·ti·on [-ˈtsioːn] *die*; *-*, *-en*; *mst Sg*(多用单数) **1.** *geschr pej* [书][贬]; die demagogische Aktivität e-r Person od. politischen Gruppe mit dem Ziel, die Bevölkerung zu beeinflussen u. politische Veränderungen herbeizuführen 煽动,宣传鼓动 ≈ Hetze ⟨A. (gegen j-n/etw.) betreiben 进行(反对…)宣传鼓动⟩ ‖ -K(复合): ***Wahl-*** **2.** ***A.*** (***für etw.***) *hist* (*DDR*) [历(民德)]; die Propaganda für bestimmte politische Ziele(为…的)政治宣传 ‖ K-(复合): ***Agitations-***, ***-arbeit***

agi·tie·ren; *agitierte*, *hat agitiert*; [Vi] (不及物) **1.** (***für***, ***gegen j-n / etw.***) ***a.*** *geschr pej* [书] [贬]; Agitation (1) betreiben 进行宣传鼓动,煽动(支持,反对) **2.** (***für***, ***gegen j-n / etw.***) ***a.*** *hist* (*DDR*) [历(民德)]; Agitation (2) betreiben 进行政治宣传(支持,反对) ‖ *hierzu*(派生) **Agi·ta·tor** *der*; *-s*, *-en*; **agi·ta·to·risch** *Adj*(形)

Ago·nie *die*; *-*, *-n* [-ˈniːən]; MED【医】; das Stadium, das unmittelbar vor dem Tod kommt 临死挣扎,濒死痛苦 ≈ Todeskampf 〈in A. liegen, verfallen 处于、陷于临死前的痛苦状态〉

Ag·rar·ge·sell·schaft *die*; e-e Gesellschaft[1] (1), die (hauptsächlich) von der Landwirtschaft lebt 农业社会

ag·ra·risch *Adj*(形); *mst attr*, *geschr*(多作定语)[书] ≈ landwirtschaftlich: *agrarische Erzeugnisse*, *Produkte* 农产品

Ag·rar·land *das* ≈ Agrarstaat

Ag·rar·markt *der*; ein Markt (3) für landwirtschaftliche Produkte 农产品市场

Ag·rar·po·li·tik *die*; e-e Politik, die die Gestaltung u. Förderung der Landwirtschaft zum Ziel hat 农业政策

Ag·rar·pro·dukt *das*; ein landwirtschaftliches Produkt 农业产品

Ag·rar·re·form *die*; e-e Reform der Landwirtschaft 农业改革

Ag·rar·staat *der*; ein Staat, in dem hauptsächlich Landwirtschaft (u. nur wenig Industrie) betrieben wird 农业国

Ag·ree·ment [əˈgriːmənt] *das*; *-s*, *-s*; POL【政】**1.** die Zustimmung e-r Regierung zur Entsendung e-s ausländischen diplomatischen Vertreters in ihr Land 同意(别国派驻外交人员) **2.** e-e formlose Vereinbarung *bes* im diplomatischen Verkehr 协定,协议,约定书

Ag·ro·nom *der*; *-en*, *-en*; ein Landwirt mit akademischer Ausbildung 农学家 ‖ NB(注意): *der Agronom*; *den*, *dem*, *des Agronomen*

Ag·ro·no·mie *die*; *-*; *nur Sg*(只用单数); die Wissenschaft, die sich mit dem Ackerbau beschäftigt 农业学,农艺学 ‖ *hierzu*(派生) **ag·ro·no·misch** *Adj*(形)

ah! *Interjektion*(叹) **1.** verwendet, um Erstaunen, (angenehme) Überraschung, Bewunderung auszudrücken(表示惊讶,惊喜,赞赏)哎呀,喔唷,什么,啊,哈,呃(句末): *Ah, du bist es!* 哎呀,是你呀!; *Ah, das war mir neu!* 啊,这对我真新鲜!; *Ah, wie interessant!* 呵,多有趣! **2.** verwendet, um Wohlbehagen od. Erleichterung auszudrücken(表示惬意或轻松)啊,哈(哈),嘿: *Ah, wie herrlich kühl es im Schatten ist!* 啊,在阴凉处真凉爽!; *Ah, tut das gut!* 哈,真舒服! **3.** verwendet, um auszudrücken, dass man etw. verstanden hat(表示明白)嗯,啊: *Ah, jetzt weiß ich, warum es vorher nicht funktionierte!* 哈,现在我知道为什么它早先不灵了!

äh *Interjektion*(叹); verwendet, um beim Reden e-e kleine Pause zu füllen, wenn man nicht (mehr) weiß, was man ursprünglich sagen wollte 嗯,啊(讲话时中途因措辞而停顿): *Äh, wo war ich stehen geblieben?* 嗯,我刚才说到哪里了?

aha! [aˈha(ː)] *Interjektion*(叹) **1.** verwendet, um auszudrücken, dass man etw. plötzlich verstanden hat(表示突然恍然大悟)啊哈,喔,噢: *Aha, jetzt ist mir alles klar!* 喔,现在我一切都明白了! **2.** verwendet, wenn man zufrieden feststellt, dass soeben etw. geschehen ist, was man schon vorausgesehen hat(对预料的事终于发生而表示满意)喔,很好,好极了 ≈ na bitte!: *Aha, das musste ja so kommen!* 喔,很好,这就该这样!

Aha-Ef·fekt *der*; *mst Sg*(多用单数); die Reaktion, die eintritt, wenn man über etw. sehr erstaunt ist od. etw. plötzlich verstanden hat 惊骇反应,如梦初醒之感: *Der A. war umso größer, als ich mich dann im Spiegel sah* 当我一照镜子惊骇之感更为强烈(或更加害怕了)

Aha-Er·leb·nis *das*; *mst Sg*(多用单数); das plötzliche Verstehen eines Sachverhaltes 恍然大悟,顿觉醒悟,如饮醍醐: *Als sie das erste Mal gemeinsam Urlaub machten, war es für beide ein richtiges A.* 当他们第一次一起度假时,两人才体验到这是一种真正的美感

Ahn *der*; *-s/-en*, *-en*; *mst Pl*(多用复数); j-d, der in früheren Zeiten gelebt hat u. von dem man abstammt 祖先,祖宗 ≈ Vorfahr: *Unsere Ahnen stammen aus Italien* 我们的祖先来自意大利 ‖ K-(复合): ***Ahnen-***, ***-bild***, ***-forschung***, ***-galerie***, ***-kult***; ***Ahn-***, ***-frau***, ***-herr*** ‖ NB(注意): *der Ahn*; *den*, *dem Ahn/Ahnen*; *des Ahns/Ahnen* ‖ *hierzu*(派生) **Ah·nin** *die*; *-*, *-nen*

ahn·den; *ahndete*, *hat geahndet*; [Vt](及物) ***etw.*** (***mit etw.***) ***a.*** *geschr*[书]; (*mst* von e-r Institution) etw. (streng) bestrafen 处罚,严惩,惩罚 〈ein Unrecht, ein Verbrechen, ein Vergehen (mit e-r Strafe) a. 惩罚不正当行为、犯罪行为、违法行为〉: *e-n Mord mit e-r Freiheitsstrafe a.* 谋杀处以监禁; *Das Foul des Verteidigers wurde mit e-m Platzverweis geahndet* 后卫犯规,被罚出场 ‖ *hierzu*(派生) **Ahn·dung** *die*; *nur Sg*(只用单数)

äh·neln; *ähnelte*, *hat geähnelt*; [Vi](不及物) ***j-d/etw. ähnelt j-m/etw.*** (***in etw.*** (*Dat* 三格)) *mst* zwei Personen/Dinge sind ähnlich od. sehen ähnlich aus (in Bezug auf etw.) (人/物作主语)与…相似,相像;酷似,神似,活像: *Ein Wolkenkratzer ähnelt dem anderen* 摩天大楼栋栋相似; *Sie ähnelt ihrer Mutter* 她像她妈; *Seine Gedichte ähneln sich alle (in ihrer Thematik)* 他的所有诗篇(在主题上)都相似; *Seine beiden Geschwister ähneln einander sehr* 他的俩姐妹十分相像

ah·nen; *ahnte*, *hat geahnt*; [Vt](及物) **1.** ***etw. a.*** von e-m (zukünftigen) Geschehen e-e vage Vorstellung od. Vermutung haben 预感,预知,猜到,料到 ≈ vermuten (1) 〈ein Geheimnis, die Wahrheit a. 猜到秘密、真情; etw. dunkel (= vage) a. 模糊地预感到〉: *Ich konnte doch nicht a., dass ihn das so kränken würde* 我的确没有料到,这会如此刺痛他 **2.** ***etw. a.*** das Gefühl haben, dass etw. Unangenehmes passieren wird 担心,预感(不

妙）〈ein Unglück, ein Unheil a. 预感不幸、不详; nichts Gutes, Böses a. 预感凶多吉少、凶兆〉‖ ID［谚］*mst* 多用（***Ach,*) du ahnst es nicht!*** *gespr*［口］; verwendet als Ausruf der unangenehmen Überraschung（表示不愉快的意外）啊，真没料到！

Ah·nen·ta·fel *die*; *geschr*［书］; e-e Übersicht, die zeigt, wie j-s Ahnen miteinander verwandt sind 家谱

ähn·lich[1] *Adj*（形）**1.** ***ä.*** （***wie j-d/etw.***）in charakteristischen Merkmalen übereinstimmend（特征）类似的，相像的 ↔ anders (als j-d/etw.)：*Ich hatte e-n ähnlichen Gedanken wie du* 我有和你类似的想法；*Mandarinen schmecken so ä. wie Orangen* 柑橘吃起来味道和橙子差不离 **2.** ***j-m/etw. ä. sein/sehen*** mit j-m/ etw. in Bezug auf charakteristische äußere Merkmale übereinstimmen 相似的，貌似的，形似的，酷肖〈j-m/etw. täuschend, verblüffend, zum Verwechseln ä. sein/sehen 与某人/某物像得难以分辨，像得惊人、像得真伪难辨〉：*Sie ist/sieht ihrer Mutter sehr ä.* 她很像/看起来真像她妈；*Seine beiden Geschwister sehen sich/einander sehr ä.* 他的俩姐妹长得彼此像极了 **3.** ***oder so ä.*** *gespr*［口］; verwendet, um auszudrücken, dass man etw., *mst* e-n Namen, nicht (mehr) genau weiß 记得（好像）是这样的：*Er heißt Naumann oder so ä.* 他叫诺曼，好像是这样的 **4.** ***und Ähnliches/oder Ähnliches*** verwendet nach e-r Aufzählung von Dingen vergleichbarer Art 诸如此类，及/或类似的，等等；*Abk* 缩写 u. Ä./o.Ä.：*Bücher, Zeitschriften und Ähnliches* 书、杂志之类的 ‖ *zu*（义项）**1.** u. **2. Ähn·lich·keit** *die*

ähn·lich[2] *Präp*（介）; *mit Dat*（支配三格）; ***j-m/etw. ä.; ä. j-m/etw.*** *geschr*［书］; ungefähr so wie j-d/etw., in der Art von j-m/etw. 相似，貌似，形似，神似：*er betrat das Lokal ä. einem Westernhelden* 他浑似一位西部英雄走进酒家

-ähn·lich *im Adj, ohne Steigerung, begrenzt produktiv*（构成形容词，无变级，构词有限）; in vielem so wie das im ersten Wortteil Genannte od. vergleichbar damit 像…的，犹如…的，同…一样的；***gottähnlich*** 〈ein Mensch 人〉, ***menschenähnlich*** 〈ein Affe 猴子〉, ***parkähnlich*** 〈ein Garten 花园〉, ***totenähnlich*** 〈ein Schlaf, e-e Starre 睡眠，僵硬〉, ***wasserähnlich*** 〈e-e Substanz 物质〉

ähn·lich·se·hen; *sieht ähnlich, sah ähnlich, hat ähnlichgesehen*; [Vi]（不及物）*mst in* 多用于 ***Das sieht dir / ihm / ihr ähnlich!*** *gespr*［口］, das ist typisch für dich / ihn / sie 这看来像是你/他/她干的（做的，说的）‖ NB（注意）: aber（但是）: *Es ist meist so, dass Kinder ihren Eltern ähnlich sehen* 常说，孩子看上去像父母（getrennt geschrieben 分写）

Ah·nung *die*; -, -*en* **1.** ein vages Gefühl von e-m bevorstehenden (unangenehmen) Ereignis 预感，猜想 ≈ Vorgefühl, Vermutung 〈e-e böse, dunkle, düstere A. 可怕的、模糊的、忧郁的预感; e-e A. befällt, überkommt j-n 某人突然有一种预感〉: *Meine Ahnungen haben nicht getrogen* (= waren richtig) 我的预感没有骗我 **2.** (***von etw.***) ***e-e A. haben*** etw. wissen (weil man es mitgeteilt bekam od. selbst erlebt hat) od. sich etw. vorstellen können 知道，知情，晓得〈von etw. nicht die entfernteste, geringste, leiseste, mindeste A. haben 对某事一点儿也不知道，没谱儿、一无所知〉: *Hast du e-e A., wie er heißt?* 你知道他叫什么名字吗?; *Ich hatte doch keine A., dass er längst tot war* 他早就死了，我却毫无所知; *Habt ihr e-e A., wie der Unfall passiert ist?* 你们知道事故是怎样发生的吗? ‖ NB（注意）: *mst* in verneinter od. fragender Form（多用于否定句式或疑问句式中）**3.** (***von etw.***) ***e-e A. haben*** in e-m bestimmten Bereich Kenntnisse haben, die man durch Lernen erworben hat 对…有所了解，略知一二 ≈ sich (in etw.) auskennen 〈von etw. nicht die geringste, leiseste A. haben 对某事一窍不通，毫无所知〉: *Er hat von Technik absolut keine A.* 他对技术一窍不通 ‖ ID［谚］***Hast 'du e-e A.!*** *gespr*［口］; da täuschst du dich aber! 你搞糊涂了！; ***Keine A.!*** *gespr*［口］; verwendet als Antwort, um auszudrücken, dass man etw. nicht weiß 不知道！不清楚！‖ *zu*（义项）**1. ah·nungs·los** *Adj*（形）; **Ah·nungs·lo·sig·keit** *die*; *nur Sg*（只用单数）; **ah·nungs·voll** *Adj*（形）

ahoi! *Interjektion*（叹）; *mst in* 多用于 ***Boot, Schiff a.!*** NAUT【航海】; verwendet als Ruf von Seeleuten, um andere Schiffe zu grüßen od. zu warnen（海员的致意或呼喊）喂！嘿！

Ahorn *der*; -(*e*)*s*, -*e*; *mst Sg*（多用单数）; **1.** ein Laubbaum, der *bes* in kühlen, nördlichen Ländern wächst 槭树 ‖ K-（复合）: ***Ahorn-, -blatt, -sirup*** **2.** *nur Sg*（只用单数）; das Holz des Ahorns (1) 槭木

Äh·re *die*; -, -*n* **1.** der oberste Teil e-s Getreidehalms, an dem sich die Körner befinden 穗 ‖ K-（复合）: ***Ähren-, -feld, -kranz, -lese*** ‖ -K（复合）: ***Getreide-*** **2.** BOT【植】; die Form der Blüte bestimmter Pflanzen, wie *z. B.* bei Getreidearten u. vielen Gräsern, bei der mehrere Blüten übereinander an e-m Stiel wachsen 穗状花序

Ähre

Aids [eɪdz] (*das*); -; *nur Sg*（只用单数）; (*Abk für* 缩写，全称为 Acquired Immune Deficiency Syndrome) e-e übertragbare Krankheit, die die Abwehrkräfte des Körpers so schwächt, dass man viele Krankheiten bekommt u. *mst* an e-r von ihnen stirbt 艾滋病 ‖ K-（复合）: ***Aids-, -infektion, -infizierte(r), -kampagne, -kranke(r), -patient(in), -test, -tote(r)***; ***-infiziert, -krank***

Air·bag [ˈɛːɐbɛk] *der*; *s*, *-s*; AUT【汽】; e-e Art großes Kissen vorne im Auto, das sich bei e-m Unfall sehr schnell mit Luft füllt, sodass man nicht nach vorne fallen kann(汽车内座位前方快速充气)安全气囊(以防事故时人员前冲)

Air·bus [ˈɛːɐbus] *der*; ein Flugzeug aus e-r Reihe modernster, unterschiedlich großer Flugzeugtypen, die alle in Europa entwickelt wurden u. sehr viele Passagiere transportieren können 空中客车,大型客机

Air-Con·di·tio·ning, **Air-con·di·tio·ning** [ˈɛːɐkɔndɪʃnɪŋ] *das*; *-s*, *-s* ≈ Klimaanlage

ais, **Ais** [ˈaːɪs] *das*; *-*, *-*; MUS【音】; der Halbton über dem a 升 a,升 A ‖ K-(复合): ***ais-Moll***

Aka·de·mie *die*; *-*, *-n* [-ˈmiːən] **1.** e-e Vereinigung von Gelehrten, die die Kunst, Literatur u. Wissenschaften fördert 学会,协会,研究院,研究所: *die A. der Künste / Wissenschaften* 艺院/科学院 ‖ K-(复合): ***Akademie-***, ***-mitglied*** ‖ -K(复合): ***Dichter-***, ***Sprach-*** **2.** e-e Fachhochschule od. Kunstschule 专科学院或艺术学院 ‖ -K(复合): ***Fach-***, ***Kunst-***, ***Musik-*** **3.** *hist* (*DDR*)[历(民德)]; e-e Einrichtung für die Weiterbildung von Erwachsenen 成人教育学院 **4.** das Gebäude, in dem sich e-e A. (1,2) befindet 研究院大楼或学院大楼

Aka·de·mi·ker *der*; *-s*, *-*; j-d, der ein Studium an e-r Universität (od. Hochschule) abgeschlossen hat 受过高等教育的人,大学毕业生 ‖ K-(复合): ***Akademiker-***, ***-arbeitslosigkeit***, ***-schwemme*** ‖ *hierzu*(派生) **Aka·de·mi·ke·rin** *die*; *-*, *-nen*

aka·de·misch *Adj*(形) **1.** *nur attr od adv*(只作定语或状语); an e-r Universität od. Hochschule (erworben) 高等教育的,大学的,学术的〈e-e Bildung, e-e Laufbahn, ein Grad, ein Titel 教育,生涯,等级,头衔〉 **2.** *pej*[贬]; wenig verständlich, zu theoretisch 学究式的,经院式的,高深莫测的,玄之又玄的〈e-e Auffassung, e-e Ausdrucksweise, ein Stil 见解,表达方式,文体〉: *Seine Äußerungen zur Kunst sind mir zu a.* 他对艺术的见解对我来说太玄

Aka·zie [-tsiə] *die*; *-*, *-n*; ein Baum od. Strauch, der in warmen Ländern wächst u. schmale, lange Blätter u. kleine, runde, gelbe Blüten hat 金合欢属

Ak·kla·ma·ti·on [-ˈtsioːn] *die*; *-*, *-en*; *bes geschr* 尤用于[奥][书] **1.** ≈ Zustimmung **2.** ***j-n durch A. wählen*** j-n wählen, indem man seinen Namen ruft 以呼叫名字的方式选举

ak·kli·ma·ti·sie·ren, sich; *akklimatisierte sich*, *hat sich akklimatisiert*; [Vr](反身) ***sich*** (***irgendwo***) ***a.*** sich an e-e neue Umgebung, an neue (klimatische) Verhältnisse gewöhnen 适应,习惯: *Hast du dich im neuen Job schon akklimatisiert?* 你已经适应新工作了吗?; *Sie konnte sich in der Großstadt leicht, schnell, nur schwer* (= mit Mühe) *a.* 她很容易、很快、很难适应大城市的生活 ‖ *hierzu*(派生) **Ak·kli·ma·ti·sie·rung** *die*; *nur Sg*(只用单数)

Ak·kord[1] *der*; *-(e)s*, *-e*; MUS【音】; das gleichzeitige Erklingen von drei od. mehr Tönen verschiedener Höhe 和音,和弦〈ein voller, dissonanter A. 完美的、不协调的和弦; e-n A. (auf dem Klavier, auf der Gitarre) spielen, anschlagen(在钢琴上,小提琴上)弹奏和弦〉 ‖ -K(复合): ***Dur-***, ***Moll-***

Ak·kord[2] *der*; *-s*; *nur Sg*(只用单数); e-e Bezahlung nach der Menge der geleisteten Arbeit, nicht nach der Zeit 计件工资〈im A. arbeiten 做计件工活〉 ‖ K-(复合): ***Akkord-***, ***-arbeit***, ***-lohn***

Ak·kor·de·on *das*; *-s*, *-s*; ein tragbares Musikinstrument mit Tasten u. Knöpfen, bei dem die Töne durch Ziehen u. Drücken des mittleren Teils erzeugt werden u. das *bes* für Volksmusik verwendet wird 手风琴 ≈ Ziehharmonika ‖ K-(复合): ***Akkordeon-***, ***-spieler***

Akkordeon

ak·kre·di·tie·ren; *akkreditierte*, *hat akkreditiert*; [Vt](及物) ***j-n a.*** POL【政】; j-n als offiziellen Vertreter seines Staates bzw. seiner Regierung anerkennen 委派,任命〈e-n Botschafter, e-n Diplomaten, e-n Gesandten, e-n Journalisten a. 委派大使、外交官、公使、记者〉 ‖ *hierzu*(派生) **Ak·kre·di·tie·rung** *die*; *nur Sg*(只用单数)

Ak·ku *der*; *-s*, *-s*; *Kurzw*(略) ↑ ***Akkumulator***

Ak·ku·mu·la·tor *der*; *-s*, *Ak·ku·mu·la·to·ren*; ELEK【电】; ein Gerät, mit dem man Strom speichert 蓄电池,电池〈e-n A. aufladen 给蓄电池充电〉

ak·ku·mu·lie·ren; *akkumulierte*, *hat akkumuliert*; [Vt](及物) **1.** ***etw. a.*** *geschr*[书] ≈ anhäufen, speichern: *Radioaktive Strahlen werden im Körper von Menschen u. Tieren akkumuliert* 在人和动物体内聚积着放射性射线; [Vr](反身) **2.** ***etw. akkumuliert sich*** *geschr*[书]; etw. wird immer mehr(物作主语)积累起来,堆积起来 ≈ etw. häuft sich: *Bei dem Forschungsprojekt akkumulierten sich die Schwierigkeiten* 在研究工程中困难越积越多 ‖ *hierzu*(派生) **Ak·ku·mu·la·ti·on** *die*; *-*, *-en*

ak·ku·rat[1], *akkurater*, *akkuratest-*; *Adj*(形) **1.** äußerst sorgfältig, ordentlich 非常仔细的,整洁的〈ein Mensch, e-e Handschrift 人,字体; a. gekleidet sein 穿得整洁〉 **2.** *mst adv*(多作状语); mit großer Genauigkeit, mit hoher

Präzision 非常细心，非常精确〈a. arbeiten 细心地工作〉

ak·ku·rat² *Adv*（副）；*südd* Ⓐ［南德］［奥］≈ genau¹(1), gerade¹(4)：*Es ist a. drei Uhr* 现在正好三点；*A. das habe ich gesagt!* 恰好这是我说的！

Ak·ku·sa·tiv [-f] *der*; *-s*, *-e*; LING【语】; der Kasus, in dem *bes* das Objekt e-s transitiven Verbs steht 四格（尤指及物动词的宾语）≈ Wenfall, vierter Fall〈etw. steht im A. 某词是四格〉：*Die Präposition „für" verlangt den A.* 介词“für”要求四格；In dem Satz „Ich habe sie gefragt" steht „sie" im A. “Ich habe sie gefragt”句中的“sie”是四格‖ K-(复合)：***Akkusativ-***, ***-objekt***

Ak·ne *die*; *-*; *nur Sg*（只用单数）；e-e Erkrankung der Haut in Form von eitrigen Pickeln *bes* im Gesicht, die *mst* bei Jugendlichen vorkommt 粉刺，痤疮，青春痘

Ak·ri·bie *die*; *-*; *nur Sg*（只用单数），*geschr*［书］；sehr große Genauigkeit u. Sorgfalt 缜密，精雕细刻：*mit wissenschaftlicher A. arbeiten* 以科学缜密的精神工作 ‖ *hierzu*（派生）**ak·ri·bisch** *Adj*（形）

Ak·ro·bat *der*; *-en*, *-en*; j-d, der *bes* in e-m Zirkus sehr schwierige Körperbewegungen u. Balanceakte macht, wie *z.B.* hoch über dem Boden auf e-m Seil gehen 杂技演员‖ NB(注意)：*der Akrobat*; *den*, *dem*, *des Akrobaten* ‖ *hierzu*（派生）**Ak·ro·ba·tin** *die*; *-*, *-nen*

Ak·ro·ba·tik *die*; *-*; *nur Sg*（只用单数）**1.** *Kollekt*（集合）；die Übungen e-s Akrobaten 杂技（艺术）**2.**（körperliche）Geschicklichkeit 灵巧，敏捷，机灵 ‖ -K(复合)：***Gedanken-*** ‖ *hierzu*（派生）**ak·ro·ba·tisch** *Adj* 形

Akt¹ *der*; *-(e)s*, *-e* **1.** *geschr*［书］≈ Handlung, Tat〈ein rechtswidriger Akt 违法行为；ein Akt der Empörung, Verzweiflung 愤怒、绝望的行动〉‖ -K(复合)：***Gnaden-***, ***Rache-***, ***Terror-*** **2.** ≈ Zeremonie〈ein denkwürdiger, feierlicher, festlicher Akt 一次值得纪念的、庄严的、隆重的活动（仪式）〉：*der Akt der Trauung* 结婚仪式，婚礼 ‖ -K(复合)：***Fest-*** **3.** ein größerer Abschnitt e-s Theaterstücks, der *mst* aus mehreren Szenen besteht 幕 ≈ Aufzug²(1)：*Ein klassisches Drama besteht aus fünf Akten* 古典剧目有五幕 ‖ -K(复合)：***Schluss-*** **4.** e-e einzelne Vorführung beim Zirkus（马戏）节目，表演：*ein akrobatischer Akt* 杂技节目 ‖ -K(复合)：***Balance-***, ***Dressur-***

Akt² *der*; *-(e)s*, *-e*; *Kunst*【艺】; ein Bild od. e-e Statue, die e-n nackten Menschen darstellen 裸体人像〈ein männlicher, weiblicher, liegender, sitzender Akt 一幅男性的、女性的、卧式的、坐姿的裸体像；e-n Akt malen, zeichnen 画一幅裸体像〉‖ K-(复合)：***Akt-***, ***-foto***, ***-malerei***, ***-modell***, ***-zeichnung***

Akt³ *der*; *-(e)s*, *-en*; *südd* Ⓐ［南德］［奥］≈ Akte

Ak·te *die*; *-*, *-n*; *mst Pl*（多用复数）；e-e（geordnete Sammlung von）Unterlagen zu e-m（gerichtlichen, administrativen）Fall od. Thema 卷宗，案卷，档案，文件〈e-e A. anlegen, bearbeiten, einsehen 编制、处理、查阅档案；(un)erledigte, geheime, vertrauliche Akten 已（未）办的、保密的、机密的案卷；ein Stoß Akten 一堆（一摞）卷宗；Akten ablegen 将卷宗分类存放；in den Akten blättern 翻阅档案〉：*Der Vorfall kommt in die Akten* 这一事件已（记录）归档（= wird als Notiz in den Akten registriert）‖ K-(复合)：***Akten-***, ***-notiz***, ***-ordner***, ***-schrank***, ***-vermerk***, ***-zeichen*** ‖ -K(复合)：***Gerichts-***, ***Polizei-***, ***Prozess-*** ‖ ID［谚］***etw. zu den Akten legen*** etw. als abgeschlossen od. erledigt ansehen 把…搁置起来不再过问，把…束之高阁；***über etw.***（*Akk* 四格）***die Akten schließen*** etw. für abgeschlossen erklären 宣布某事结案（了结），不再提（说）某事

Ak·ten·kof·fer *der*; ein（*mst* schmaler, eleganter）Koffer, in dem man Unterlagen für Sitzungen, Geschäfte *usw* transportiert 公文手提箱

ak·ten·kun·dig *Adj*（形）；*mst in* 多用于 ***j-d/etw. ist/wird a.*** j-d/etw. wird in offiziellen Akten, Schriften genannt u. ist also bekannt（人/物作主语）是有案可查的（见诸于文字的，有名有姓的）

Ak·ten·map·pe *die* **1.** ≈ Aktentasche **2.** ein Ordner, e-e Hülle *o.Ä.* aus ziemlich starkem Papier, in denen Akten aufbewahrt werden 文件（保管）夹

Ak·ten·ta·sche *die*; e-e Tasche mit Griff, in der man Dokumente, Bücher *o.Ä.* bei sich trägt 文件包

-ak·ter *der*; *-s*, *-*; *im Subst*, *wenig produktiv*（构成名词，构词弱）；ein Theaterstück mit der genannten Zahl von Akten¹(3)…幕剧：***Einakter***, ***Zweiakter***, ***Dreiakter***, ***Fünfakter***

Ak·teur [akˈtøːɐ] *der*; *-s*, *-e* **1.** *geschr*［书］; j-d, der aktiv an e-m Geschehen teilnimmt 活动家，活跃分子：*Die eigentlichen Akteure in dem Spionagefall wurden nie gefasst* 那些真正从事间谍活动的人从未被抓住过 **2.** ≈ Schauspieler **3.** SPORT【体】≈ Spieler, Wettkämpfer：*der beste A. auf dem Platz* 场上最佳运动员 ‖ *hierzu*（派生）**Ak·teu·rin** [akˈtøːrɪn] *die*; *-*, *-nen*

Ak·tie [ˈaktsi̯ə] *die*; *-*, *-n*; WIRTSCH【经】; e-e Art Urkunde über e-n bestimmten Anteil am Kapital u. am Gewinn e-r Aktiengesellschaft 股份，股票〈die Aktien steigen, fallen 股票上涨、下跌；sein Geld, Vermögen in Aktien anlegen 将钱、财产作股票投资〉：*Aktien abstoßen, bevor sie fallen* 股票下跌前抛出；*Die Firma gibt neue Aktien aus* 公司发行新股票 ‖ K-(复合)：***Aktien-***, ***-geschäft***, ***-inhaber***, ***-kapital***, ***-kauf***, ***-kurs***, ***-markt*** ‖ ID［谚］***j-s Aktien steigen*** *gespr*［口］；j-s Aussichten auf Erfolg werden besser 某人前景看好；***Wie stehen die Aktien?*** *gespr hum*［口］［诙］；wie gehts? 别来无恙？

Ak·ti·en·ge·sell·schaft *die*; WIRTSCH【经】; ein Unternehmen, das Aktien ausgibt, mit denen sich *mst* viele Menschen an dem Unternehmen finanziell beteiligen. Anteile e-r A. kann man an der Börse kaufen u. verkaufen 股份公司；*Abk* 缩写 AG

Ak·ti·on [-ˈtsi̯oːn] *die*；-，*-en* **1.** e-e (gemeinschaftlich) geplante Handlung, mit der ein bestimmtes Ziel erreicht werden soll (有计划,有目的的)行动,活动,举动〈e-e militärische, politische A. einleiten, starten, durchführen 采取、开始、进行一场军事、政治行动〉：*zu e-r A. für den Frieden aufrufen* 号召进行一场和平行动；*die A. „Brot für die Welt"* "给世界面包"的行动 ‖ K-(复合)：***Aktions-***，***-gemeinschaft***，***-programm***，***-woche*** ‖ -K(复合)：***Befreiungs-***，***Rettungs-***，***Spenden-*** **2.** *nur Pl*，*geschr* (只用复数)[书]≈ Tätigkeiten：*Seine Aktionen wurden immer weniger, beschränkten sich auf das Nötigste* 他的活动越来越少,局限在最必要办的事情上 **3.** SPORT【体】；e-e einzelne Handlung od. Leistung e-s Sportlers：*E-e tolle A. des Hamburger Torwarts!* 汉堡守门员的出色表演 ‖ -K(复合)：***Einzel-*** ‖ ID[谚]（***voll***）***in A. sein***；***sich in***（***voller***）***A. befinden*** gerade (intensiv) mit etw. beschäftigt sein 正在(充分)运行,正在(积极)活动；***in A. treten*** aktiv, wirksam werden 开始活动,着手行动

Ak·tio·när *der*；*-s*，*-e*；WIRTSCH【经】；j-d, der Aktien besitzt 股东,股票持有人 ‖ *hierzu* (派生) **Ak·ti·o·nä·rin** *die*；-，*-nen*

Ak·tio·nis·mus *der*；-；*nur Sg* (只用单数) **1.** der Versuch, *bes* das Bewusstsein u. die Einstellung der Menschen durch gezielte (oft provozierende) Aktionen zu verändern 行动主义,行为主义 **2.** *mst pej* 多用[贬]；der übertriebene Drang, etw. zu tun 欲望,奢望〈blinder, purer A. 盲目的、纯粹的奢望〉‖ *hierzu* (派生) **Ak·ti·o·nist** *der*；*-en*，*-en*；**Ak·ti·o·nis·tin** *die*；-，*-nen*

Ak·ti·ons·ra·di·us *der* **1.** *geschr*[书]；j-s Wirkungs- od. Einflussbereich 有效范围,活动范围 **2.** die Entfernung, die *z. B.* ein Flugzeug zurücklegen kann, ohne neu tanken zu müssen(不加油)续航航距,续航半径

ak·tiv [-f] *Adj* (形) **1.** so, dass man immer bereit ist, etw. zu tun u. sich zu engagieren, u. dies auch tut 积极的,活跃的,主动的 ≈ tätig〈gesellschaftlich, politisch, sexuell a. sein 社交上、政治上、性生活上积极；a. an etw. mitarbeiten 积极参与某事；sich a. an etw. beteiligen 积极参加某事；etw. a. unterstützen 积极支持某事〉**2.** ***a. sein*** mit Engagement, Interesse u. Tatkraft etw. tun od. ausführen (干事)积极主动,很活跃↔ passiv sein **3.** voller Energie u. Unternehmungslust 精力充沛的,有事业心的 ↔ inaktiv〈ein aktives Leben führen 过着精力充沛的生活〉：*Trotz seiner 70 Jahre ist er noch sehr a.* 尽管他年已古稀,但仍然精力充沛 **4.** *ohne Steigerung*(无变级)；als Mitglied e-s Sportvereins an Übungen u. Wettkämpfen teilnehmen 正式的(体育协会参赛成员)〈ein Mitglied, ein Sportler 成员,运动员〉：*sportlich a.* 体育活动中的正式成员；*ein aktiver Tennisspieler* 正式的网球运动员 **5.** ***irgendwo a. sein*** *ohne Steigerung*(无变级)；sich als Mitglied e-r Gruppe für deren Ziele engagieren 在…方面活动积极的,积极参与(某项活动)：*in der Frauenbewegung a. sein* 积极参与妇女运动 **6.** so, dass es e-e besondere Wirkung auf etw. ausübt 起特殊作用的〈biologisch, hygienisch a. 起生物、保健作用的〉：*Das Mittel wirkt a. auf Herz u. Kreislauf* 这种药对心脏和血液循环有特殊作用 **7.** *mst attr*, CHEM (多作定语)【化】；besonders reaktionsfähig 活性的,活化的〈Sauerstoff, Wasserstoff 氧,氢〉‖ K-(复合)：***Aktiv-***，***-kohle*** **8.** [ˈaktiːf] *ohne Steigerung*，LING (无变级)【语】；im Aktiv[1] (stehend) 主动语态的〈ein Verb 动词〉≈ aktivisch ‖ *zu* (义项) **1.**，**2.**，**3.**，**5.**，**6.** u. **7.** **Ak·ti·vi·tät** [-v-] *die*；-，*-en*；*zu* (义项) **4.** **Ak·ti·ve** *der/die*；*-n*，*-n*

-ak·tiv [-f] *im Adj nach Subst*，*wenig produktiv*(在名词后构成形容词,构词弱)；so, dass das im ersten Wortteil Genannte verstärkt od. aktiviert wird…积极的,…活化的,…活跃的,激活…的；***atmungsaktiv***，***oberflächenaktiv***〈ein Stoff 物质〉，***stoffwechselaktiv***〈Nahrung 食物〉

Ak·tiv[1] [-f] *das*；*-s*；*nur Sg*，LING (只用单数)【语】；die Form, in der das Verb steht, wenn das Subjekt des Verbs auch die Handlung ausführt 主动语态↔ Passiv：*In dem Satz „Er trinkt Bier" steht das Verb im A.* 在"Er trinkt Bier"这句中动词是主动语态 ‖ K-(复合)：***Aktiv-***，***-konstruktion***，***-satz*** ‖ *hierzu* (派生) **ak·ti·visch** [-v-] *Adj*(形)

Ak·tiv[2] [-f] *das*；*-s*，*-e/-s*；*hist* (*DDR*)[历(民德)]；e-e Arbeitsgruppe, deren Mitglieder zusammen eigene gesellschaftliche od. politische Aufgaben erfüllen mussten 小组,集体 ‖ -K(复合)：***Eltern-***，***Ernte-***，***Gewerkschafts-***，***Neuerer-***，***Partei-***；***FDJ-Aktiv***

Ak·ti·va [-v-] *die*；*Pl*，WIRTSCH (复)【经】；das Vermögen (*z. B.* an Geld od. Wertpapieren), das e-e Firma hat 资产,贷方 ↔ Passiva

Ak·tiv·bür·ger *der*；(CH) [瑞] ein Bürger mit aktivem Wahlrecht 有选举权和被选举权的公民 ‖ *hierzu* (派生) **Ak·tiv·bür·ge·rin** *die*；-，*-nen*

ak·ti·vie·ren [-v-]；*aktivierte*，*hat aktiviert*；Vt (及物) **1.** ***j-n*** (***zu etw.***) ***a.*** j-n dazu veranlassen, etw. zu tun, sich für etw. zu engagieren 发动,使积极参与,使活跃起来：*die Jugend zu politischer Mitarbeit a.* 发动青年积极参加政治活动 **2.** ***etw. a.*** *bes* MED 尤用于【医】；die Tätigkeit von etw. anregen 增强,促进：*Das Medikament aktiviert den Kreislauf* 药物增强血液循环 **3.** ***etw. a.*** CHEM【化】；etw. aktiv (7) machen 使活化,激活 ‖ *hierzu* (派生) **Ak·ti·vie·rung** *die*；*nur Sg* (只用单数)

Ak·ti·vis·mus [-v-] *der*；-；*nur Sg* (只用单数)；ein Handeln, das ganz genau an e-m Ziel orientiert ist, u. das engagierte Eintreten für dieses Ziel(有目的的)主动性

Ak·ti·vist [-v-] *der*; *-en*, *-en* **1.** j-d, der entschieden u. durch persönliches Handeln für e-e Sache eintritt (*bes* in der Politik) 活动分子,积极分子(尤指政治) **2.** *hist* (*DDR*)[历(民德)]; j-d, der für große Leistungen vom Staat *z.B.* mit dem Titel „A. der sozialistischen Arbeit" ausgezeichnet worden ist 积极分子(如社会主义劳动积极分子) ‖ K-(复合): ***Aktivisten-***, ***-ehrung***, ***-kommission*** ‖ NB(注意): *der Aktivist*; *den*, *dem*, *des Aktivisten*

Ak·tiv·ur·laub *der*; ein Urlaub, in dem man sich viel bewegt u. *bes* Sport treibt 积极休假

ak·tu·a·li·sie·ren; *aktualisierte*, *hat aktualisiert*; [Vt](及物) ***etw. a.*** etw. so bearbeiten u. verändern, dass es auf dem neuesten Stand ist u. wieder in die Gegenwart passt 使具有现实意义,使具有实用价值 ‹ein Wörterbuch, e-n Reiseführer a. 使词典、旅游手册具有实用价值› ‖ *hierzu*(派生) **Ak·tu·a·li·sie·rung** *die*; *nur Sg*(只用单数)

ak·tu·ell *Adj*(形) **1.** gegenwärtig vorhanden u. *mst* wichtig u./od. interessant 现实的,有现实意义的,与时势有关的,当前关注的 ‹ein Ereignis, ein Problem, ein Thema, ein Theaterstück 事件,问题,主题,剧目›: *Was gibt es Aktuelles* (= welche Neuigkeiten gibt es)? 有什么新消息吗? **2.** ≈ modisch, zeitgemäß ‹ein Trend 趋势›: *Krawatten sind wieder a. geworden* 领带又成新潮 ‖ *hierzu* (派生) **Ak·tu·a·li·tät** *die*; *-*; *nur Sg*(只用单数)

Aku·punk·tur *die*; *-*, *-en*; ein Verfahren, bei dem versucht wird, j-n durch Einstiche mit feinen (Metall)Nadeln in bestimmte Stellen der Haut von Schmerzen zu befreien od. von seiner Krankheit zu heilen 针刺,针刺术 ‖ *hierzu*(派生) **aku·punk·tie·ren** (*hat*) *Vt* (及物)

Akus·tik *die*; *-*; *nur Sg*(只用单数) **1.** PHYS【物】; die Lehre vom Schall 声乐 **2.** die Wirkung von Schall u. Klang bei Rede u. Musik in e-m geschlossenen Raum 音响效果: *Der Saal hat e-e gute A.* 大厅音响效果好 ‖ *hierzu*(派生) **akus·tisch** *Adj*(形)

akut, *akuter*, *akutest-*; *Adj*(形) **1.** im Augenblick sehr dringend 紧急的,急迫的,迫在眉睫的,刻不容缓的 ≈ vordringlich ‹e-e Frage, ein Problem 问题,难题; etw. ist/wird a. 事情紧迫/事情日趋紧迫›: *Die Umweltverschmutzung stellt e-e akute Bedrohung für uns dar* 环境污染对我们构成燃眉之威胁 **2.** MED【医】; ‹e-e Erkrankung 疾病› so, dass sie plötzlich ausgebrochen ist u. schnell u. heftig verläuft 急性的 ↔ chronisch

AKW [aka'veː] *das*; *-(s)*, *-s*; *gespr*, *Kurzw* [口][略]; ↑ ***Atomkraftwerk***

Ak·zent *der*; *-(e)s*, *-e* **1.** *nur Sg*(只用单数); die typische Art, die Laute e-r Sprache auszusprechen, die *mst* zeigt, aus welchem Land od. Gebiet j-d stammt 口音,腔调 ≈ Tonfall ‹mit hartem, starkem, ausländischem A. sprechen 说话口音重,带外国腔›: *Sein polnischer A. ist leicht zu erkennen* 他的波兰口音很容易听出来 **2.** der Schwerpunkt, der auf etw. gelegt wird 重点,强调 ≈ Nachdruck: *auf e-e Aussage besonderen A. legen* 特别强调一个证词 **3.** LING【语】; das Hervorheben e-s Vokals od. e-r Silbe (innerhalb e-s Wortes od. e-s Satzes), indem man sie (besonders) betont u./od. die Tonhöhe ändert 重音 ≈ Betonung: *Im Wort „Moral" liegt der A. auf der letzten Silbe* "Moral"一词的重音在最后一个音节上 ‖ -K(复合): ***Satz-***, ***Wort-*** **4.** LING【语】; ein geschriebenes Zeichen, das die betonte Silbe markiert (wie *z.B.* im Spanischen) od. die Vokalqualität angibt (wie *z.B.* im Französischen) 重音符号 ‖ ID [谚] (***neue***) ***Akzente setzen*** Anregungen (*mst* für etw. Neues) geben 弘扬,推动,倡导 ‖ *zu* (义项) **1.** **ak·zent·frei** *Adj*(形)

ak·zen·tu·ie·ren [-tu'iːrən]; *akzentuierte*, *hat akzentuiert*; *geschr*[书]; [Vt/i] (及物/不及物) **1.** (***etw.***) ***a.*** etw. *bes* deutlich aussprechen od. betonen 正确清晰地发音: ‹*die Wörter*› *genau a.* 正确地发(出词的)音; [Vt] (及物) **2.** ***etw.*** ***akzentuiert etw.*** etw. betont etw., hebt etw. hervor(物作主语)强调,突出: *Der dunkle Hintergrund akzentuiert die hellen Farben im Vordergrund des Bildes* 深色的背景衬托出画面前景中的鲜明色调 ‖ *hierzu* (派生) **Ak·zen·tu·ie·rung** *die*

ak·zep·ta·bel; *akzeptabler*, *akzeptabelst-*; *Adj*(形); ‹ein Angebot, ein Preis 报价,价格; e-e Leistung 款项› so, dass man sie akzeptieren od. mit ihnen zufrieden sein kann 可接受的 ≈ annehmbar, brauchbar ↔ inakzeptabel ‖ NB(注意): *akzeptabel* → *ein akzeptabler Vorschlag* ‖ *hierzu* (派生) **Ak·zep·ta·bi·li·tät** *die*; *-*; *nur Sg*(只用单数)

Ak·zep·tanz *die*; *nur Sg*(只用单数); die Bereitschaft, etw. Neues zu akzeptieren(准备)接纳,接受,认可

ak·zep·tie·ren; *akzeptierte*, *hat akzeptiert*; [Vt] (及物) **1.** ***etw. a.*** mit etw. einverstanden sein 接受,同意 ≈ annehmen (2) ↔ ablehnen ‹ein Angebot, e-n Vorschlag, e-e Bedingung a. 接受报价、建议、条件› **2.** ***etw. a.*** etw. als gegeben hinnehmen (weil man es nicht ändern kann) (无奈地)忍受,容忍 ≈ sich mit etw. abfinden ↔ sich gegen etw. auflehnen ‹sein Schicksal, seine Krankheit a. 忍受自己的命运、疾病›: *Du musst a.*, dass *man daran nichts ändern kann* 人们对此是不会有丝毫改变的,这你得认了 **3.** ***etw. a.*** etw. gelten lassen 认可,接受 ‹j-s Entschuldigungen, Gründe (für etw.) a. 接受某人的致歉,同意(对…的)理由› **4.** ***j-n*** (***als etw.***) ***a.*** mit j-m (in e-r Funktion) einverstanden sein 接纳,认可 ≈ anerkennen: *Er wurde von allen* (*als Partner*) *akzeptiert* 他被大家接纳(成伙伴)了 ‖ *zu* (义项) **1.** **ak·zep·tier·bar** *Adj*(形); *nicht adv* (不作状语) ‖ ▶ ***akzeptabel***

-al *im Adj*, *betont*, *wenig produktiv*（构成形容词，重读，构词弱）**1.** in der Art u. Weise von j-m/etw., wie j-d/etw. 具有…风格的，像…的，…式的 ≈ -artig, -haft; ***horizontal***, ***katastrophal***, ***normal***, ***triumphal*** **2.** *ohne Steigerung*（无变级）; von etw. ausgehend od. in Bezug auf etw. 与…有关的，涉及…的: ***formal***, ***hormonal***, ***kolonial***, ***national***, ***regional*** ‖ NB（注意）: ↑ ***-ell***

à la [ˈala] *Präp*（介）; *mit Nom*, *Akk*（支配一格，四格）**1.** in der typischen Art, dem Stil *bes* e-r Person 具有…独特风格的: *ein Hut à la Humphrey Bogart* 具有汉弗莱·博加特（美国著名电影演员）独特风格的小帽 **2.** so zubereitet, wie es für j-n, e-e Gegend typisch ist 具有…独特风味的: *Rinderbraten à la Esterhazy* 独具埃斯特哈齐（美）风味的烤牛肉 ‖ NB（注意）: beim Subst. steht kein Artikel（用名词时不带冠词）

Ala·bas·ter *der*; *-s*; *nur Sg*（只用单数）; ein weißer, leicht transparenter Stein, aus dem man *z.B.* Schmuck od. Vasen macht 雪花石膏

à la carte [alaˈkart] *mst in* 多用于 ***à la carte essen/bestellen*** nicht ein festes Menü essen, sondern Gerichte von der Speisekarte (aus-)wählen 按菜单点菜

Alarm *der*; *-(e)s*, *-e* **1.** ein Signal (*z.B.* das Heulen e-r Sirene od. das Läuten e-r Glocke), das vor e-r Gefahr warnen soll 警报〈A. auslösen, geben, läuten 拉、发、敲响警报〉‖ K-(复合): ***Alarm-***, ***-anlage***, ***-glocke*** ‖ -K(复合): ***Bomben-***, ***Feuer-***, ***Flieger-*** **2.** die Zeit, in der Gefahr besteht (u. in der *z.B.* Polizei, Feuerwehr od. Militär in Aktion sind) 警戒期间（如：警察搜捕、消防队灭火、军队战备等）: *Der A. dauerte mehrere Stunden* 警戒延续了几个小时 ‖ K-(复合): ***Alarm-***, ***-zustand*** **3.** ***blinder/falscher A.*** A. (1), der aus Versehen od. absichtlich ohne berechtigten Grund ausgelöst wurde, od. e-e grundlose Aufregung 虚传警报或虚惊 ‖ ID [谚] ***A. schlagen*** auf ein Problem od. e-e Gefahr aufmerksam machen 敲响警钟

Alarm·be·reit·schaft *die*; *nur Sg*（只用单数）; das Bereitsein (*z.B.* der Feuerwehr), im Notfall sofort Hilfe zu leisten 紧急救援准备（如消防队）〈in A. sein, j-n in A. versetzen 处于紧急准备状态，使某人投入紧急准备状态〉‖ *hierzu*（派生）**alarm·be·reit** *Adj*（形）

alar·mie·ren; *alarmierte*, *hat alarmiert*; Vt（及物）**1.** ***j-n a.*** j-n zum Einsatz, zu Hilfe rufen 向…报警，向…告急，向…呼救，向…求援〈die Feuerwehr, die Polizei, die Bergwacht, den Nachbarn a. 向消防队、警察、矿区护卫队、邻居呼救〉**2.** ***etw. alarmiert j-n*** etw. versetzt j-n in Aufregung, Unruhe od. Schrecken（物作主语）惊动，使不安或恐惧 ≈ etw. schreckt j-n auf: *Sein Schreien alarmierte die ganze Nachbarschaft* 他的惊叫使左邻右舍惊恐不安; *Sein Gesundheitszustand ist alarmierend* 他的健康情况令人不安（= sehr schlecht）

Alarm·sig·nal *das*; ein Zeichen, das vor e-r Gefahr warnt od. warnen sollte 警报信号，危险信号 ≈ Alarmzeichen: *Blut im Urin ist ein A.* 尿中有血是一个危险信号

Alarm·stu·fe *die*; eine von mehreren Stufen auf e-r Skala (*mst* von eins bis drei), die angeben, wie groß die Gefahr ist 警报等级: *Es wurde A. drei gegeben* 发出了三级警报

Al·bat·ros *der*; *-*, *-se*; ein sehr großer, *mst* weißer Vogel (im südlichen Teil der Erde), der sehr lange Strecken fliegen kann 信天翁（俗称"呆鸥"或"笨鸟"）

Alb·druck *der*; *nur Sg*（只用单数）; ein Gefühl der Angst od Beklemmung (im Schlaf), das *mst* durch e-n schlimmen Traum ausgelöst wird 梦魇

Alb·drü·cken *das*; *-s*; *nur Sg*（只用单数）; ≈ Albdruck

al·bern *Adj*（形）; *pej* [贬] **1.** nicht vernünftig, nicht passend 幼稚可笑的，愚蠢的，不明智的，不知分寸的 ≈ kindisch, töricht〈ein Kichern, ein Lachen, ein Witz 咯咯笑声，笑声，笑话; ein Benehmen, ein Getue 举止，做作; sich a. aufführen 举止幼稚可笑〉: *Es ist doch a., dass du dich nicht untersuchen lassen willst* 你不愿接受检查，实在太愚蠢了 **2.** *gespr* [口] ≈ unwichtig〈ein Fehler, Zeug 错误，胡言乱语〉: *Wegen so e-r albernen Erkältung gehst du nicht zur Arbeit?* 就因为这么一点儿无关紧要的感冒你不去上班了？‖ *zu*（义项）**1.** **Al·bern·heit** *die*; *nur Sg*（只用单数）

Al·bi·no *der*; *-s*, *-s*; ein Mensch od. Tier, dem natürlicher Farbstoff von Geburt an fehlt u. dessen Haut u. Haare daher ganz hell sind 白化病患者（人或动物）

Alb·traum *der*; **1.** eim Traum von schrecklichen Erlebnissen 恶梦，可怕的经历〈e-n A. haben 经历一场恶梦〉**2.** e-e schlimme Vorstellung 难以想象的事，伤脑筋的事: *Im Hochhaus wohnen zu müssen, ist ein A. für mich* 必须住高楼，这对我难以想象

Al·bum *das*; *-s*, *Al·ben/gespr auch* [口] 也用 *-s*; **1.** e-e Art Buch mit ziemlich dicken Blättern, in dem man *bes* Briefmarken od. Fotos sammelt（相）册，（集邮）簿: *Fotos in ein A. kleben* 把照片贴入相册 ‖ -K(复合): ***Briefmarken-***, ***Foto-*** **2.** e-e od. zwei zusammengehörende Langspielplatten 慢转密纹唱片: *Die Popgruppe hat ein neues A. herausgebracht* 这个流行乐组合发行了一张新的慢转密纹唱片 ‖ -K: ***Doppel-***, ***Platten-***

Al·chi·mie *die*; *-*; *nur Sg*, *hist*（只用单数）[历]; die mittelalterliche Chemie, die *bes* versuchte, Metalle in Gold zu verwandeln 中世纪化学，（尤指）炼金术 ‖ *hierzu*（派生）**Al·chi·mist** *der*; *-en*, *-en*; **al·chi·mis·tisch** *Adj*（形）

ALG-II-Empfänger [a|ɛlgeːˈtsv|ai-] *der*; Ⓓ [德] j-d, der in Not ist u. vom Staat mit Arbeitslosengeld II unterstützt wird 特殊失业补助金领取者 ≈ Hartz-IV-Empfänger

Al·ge *die*; *-*, *-n*; e-e einfache, *mst* sehr kleine Pflanze, die im Wasser schwimmt 藻

类；海藻 ‖ K-(复合)：**Algen-**，**-teppich**

Al·geb·ra *die*；-；*nur Sg*(只用单数)；ein Gebiet der Mathematik，in dem man Symbole u. Buchstaben *bes* zur Lösung von Gleichungen benutzt 代数(学) ‖ *hierzu*(派生) **al·geb·ra·isch** *Adj*(形)

Al·go·rith·mus *der*；-，*Al·go·rith·men*；MATH，INFORM【数】【信息】；e-e Reihe von Anweisungen，Befehlen *o.Ä.*，die in e-r festgelegten (wiederholten) Folge ausgeführt werden，um ein Problem zu lösen od. um etw. zu berechnen 算法，演算法，十进位计数法

ali·as *Präp*(介)；*mit Nom*，*Akk*(支配一格，四格) auch ... genannt，auch bekannt als ... 别名，化名：*Roger Moore a. James Bond* 罗杰·穆尔化名詹姆斯·邦德‖ NB(注意)：*a.* steht zwischen zwei Namen (a. 位于两个姓名之间)

Ali·bi *das*；-*s*，-*s* **1. ein A.** (**für etw.**) der Nachweis，dass j-d zur Zeit e-s Verbrechens nicht am Tatort war u. somit nicht der Täter sein kann 不在犯罪现场的证明〈ein lückenloses，glaubhaftes A. haben 有无懈可击的、可信的不在犯罪现场的证明；ein A. vorweisen 提供不在犯罪现场的证明；j-s A. bestätigen，anzweifeln 证实、怀疑某人的不在犯罪现场的证明〉：*Er hat für die Tatzeit kein A.* 他提供不出案发时间不在场的证明 **2. ein A.** (**für etw.**) e-e Ausrede od. Rechtfertigung (für ein Fehlverhalten)(为…)辩解的理由〈nach e-m A. suchen 寻找辩白的理由〉

Ali·bi- *im Subst*，*betont*，*wenig produktiv*(构成名词，重读，构词弱)；verwendet，um auszudrücken，dass etw. nur vorgetäuscht od. als Vorwand gebraucht wird(表示伪装、借口、遮人耳目)；die **Alibifrau** (die einzige Frau *z.B.* in e-m Komitee，das von Männern dominiert wird 在男人主宰的委员会中唯一的一位作点缀的女士)；die **Alibifunktion**：*Diese Maßnahmen haben nur e-e Alibifunktion* 这些措施只是一种障眼法(= sollen nur andere Missstände verbergen)；die **Alibifrage**：*Er kam mit e-r Alibifrage – eigentlich wollte er nur plaudern* 他是借口有问题来的——其实只是想聊聊天

Ali·men·te *die*；*Pl*(复)；das Geld，das ein Mann (monatlich) der Mutter seines unehelichen Kindes bezahlen muss，wenn er nicht mit ihr zusammenwohnt (每月给私生子母亲的)生活费，抚养费〈A. zahlen 支付生活费；e-n Mann auf A. verklagen 控告一位男子，要求他支付抚养费〉

Al·ka·li *das*；-*s*，*Al·ka·li·en* [-iən]；CHEM【化】；e-e bittere Substanz，die sich in Wasser löst u. die mit Säuren Salze (*z.B.* Soda) bildet 碱，强碱 ≈ Lauge，Base ‖ *hierzu*(派生) **al·ka·lisch** *Adj*(形)

Al·ko·hol [ˈalkohoːl] *der*；-*s*，-*e*；*mst Sg*(多用单数) **1.** e-e farblose，leicht brennbare Flüssigkeit，die *z.B.* in Bier u. Wein enthalten ist od. die zur Desinfizierung verwendet wird 酒精，乙醇〈reiner，destillierter A. 纯酒精，蒸馏酒精；e-e Wunde mit A. desinfizieren 用酒精消毒伤口〉：*Dieser Schnaps enthält 40% A.* 这种烈酒含40%的酒精 ‖ K-(复合)：**Alkohol-**，**-gehalt** **2.** *nur Sg*(只用单数)；verwendet als Bezeichnung für Getränke，die A. (1) enthalten u. von denen man betrunken werden kann 酒〈sich nichts aus A. machen 不爱喝酒；dem A. verfallen sein 有酒瘾，耽于饮酒；(stark) nach A. riechen 有强烈的酒气〉：*Wir haben keinen Tropfen A. im Haus* 我们家里一滴酒也没有 ‖ K-(复合)：**Alkohol-**，**-genuss**，**-konsum**，**-missbrauch**，**-sucht**，**-test**，**-verbot**，**-verbrauch**，**-vergiftung**；**alkohol-**，**-abhängig**，**-krank**，**-süchtig** ‖ ID [谚]〈seine Probleme 自己的疑难问题〉**in A. ertränken** sie durch Trinken von großen Mengen A. zu vergessen versuchen 饮酒解愁(酒解愁肠)；**j-n unter A. setzen** *gespr*[口]；j-n betrunken machen 灌醉某人；**unter A. stehen** angetrunken，betrunken sein 喝醉了；**A. löst die Zunge** A. (2) bewirkt，dass man mehr u. ungehemmter redet als sonst 酒入舌出 ‖ *hierzu*(派生) **al·ko·ho·lisch** *Adj*(形)；*zu*(义项) **1. al·ko·hol·frei** *Adj*(形)；*nicht adv*(不作状语)；**al·ko·hol·hal·tig** *Adj*(形)；*nicht adv*(不作状语)

Al·ko·ho·li·ka *die*；*Pl*，*geschr*，*Kollekt*(复)[书](集合)；alkoholische Getränke 含酒精饮料

Al·ko·ho·li·ker *der*；-*s*，- **1.** j-d，der viel u. oft Alkohol[2] trinkt u. danach süchtig ist 好喝酒的人，酒徒 ≈ Trinker：*Ihr Bruder ist A.* 她兄弟是个酒鬼 **2. Anonyme Alkoholiker** e-e Gruppe von (ehemaligen u. gegenwärtigen) Alkoholikern，die sich treffen，um gemeinsam zu versuchen，ohne Alkohol zu leben 戒酒之友，共勉戒酒之团体；*Abk* 缩写 AA ‖ *zu*(义项)**1. Al·ko·ho·li·ke·rin** *die*；-，-*nen*

al·ko·ho·li·siert *Adj*(形)；*geschr*[书] ≈ betrunken：*Der alkoholisierte Fahrer verursachte e-n Unfall* 喝醉酒的司机招来一场车祸

Al·ko·ho·lis·mus *der*；-；*nur Sg*，*geschr*(只用单数)[书]；das krankhafte Bedürfnis，Alkohol (in großen Mengen) zu trinken 喝酒成瘾，酒癖，酒精中毒 ≈ Trunksucht

Al·ko·hol·spie·gel *der*；die Konzentration von Alkohol im Blut 血醇浓度〈ein hoher，niedriger A. 血醇浓度高、低；der A. sinkt，steigt 血醇浓度下降、升高〉：*Sein A. betrug 1,2 Promille* 他的血醇浓度为千分之一点二

all *Indefinitpronomen*(不定代词) **1.** verwendet，um die maximale Menge，Größe，Stärke *o.Ä.* von etw. zu bezeichnen 所有，一切，全部，全体 ≈ ganz，gesamt：*alle Menschen dieser Welt* 这个世界的所有人；*trotz aller Bemühungen* 尽管作出了一切努力；*Er sagte es mit aller Deutlichkeit* 他这一点说得一清二楚；*all sein Geld* 他的全部钱财；*all die Jahre über* 所有的岁月；*Sind jetzt alle da?* 现在全体到齐了吗?；*Ist das alles，was du darüber weißt?* 这是你所知道的一切吗? ‖ NB(注意)：*all* hat keine Endung，wenn es bei nicht zählbaren Begriffen vor dem bestimmten Artikel，dem Possessivpronomen od. dem Demonstrativpronomen steht（如果 all 位于定冠词、物主代词或指示代词之前，名词是不可数的概念词，这时，all 无词尾变化）：*all das/mein/dieses Gepäck* 这/我的/这些全部行李 **2.** verwendet, um die einzelnen Teile e-r Menge zu betonen 每个，任何，人人，个个 ≈ jede(r), jedes *usw*：*Alle fünf waren wir todmüde* 我们五人个个累得要死；*Alle (Teilnehmer) bekommen e-n kleinen Preis* 每个人(参与者)得到一个小奖品 **3.** verwendet mit e-r Zeit- od. Maßangabe, um auszudrücken, dass etw. (in regelmäßigen Abständen) wiederkehrt od. wiederholt wird 每(隔)(指时间或度量) ≈ im Abstand von ...：*Wir treffen uns nur alle vier Jahre* 每隔四年我们见一次面；*Alle zehn Kilometer machten wir e-e kleine Pause* 每十公里，我们小歇一次 ‖ ID[谚] ***alles in allem*** im Ganzen (gesehen) 总而言之，总的来说，总之 ≈ insgesamt：*Alles in allem war ihre Leistung ganz gut* 总而言之，她的成绩很好；***vor allem*** verwendet, um etw. (besonders) hervorzuheben 首先，主要是≈ besonders, hauptsächlich；*Abk* 缩写 v. a.：*Vor allem ist es sehr anstrengend, e-e Bergtour zu machen* 主要是爬山旅行很累人 ‖ NB(注意)：wie ein Subst. od. ein attributives Adj. verwendet(可用作名词或定语形容词)

All *das*；*-s*；*nur Sg*（只用单数）≈ Kosmos, Weltraum ⟨das All erforschen, ins All vordringen 研究宇宙，探索宇宙⟩：*e-n Satelliten ins All schicken* 往宇宙发射卫星

all- *im Adj, ohne Steigerung, wenig produktiv*（构成形容词，无变级，构词弱）**1.** verwendet, um auszudrücken, dass etw. immer zu der genannten Zeit passiert 每…的；***allabendlich*** ⟨der Spaziergang 散步⟩，***alljährlich*** ⟨die Festspiele, ein Ereignis 节日，大事⟩，***allsonntäglich*** ⟨der Besuch 访问⟩，***alltäglich*** **2.** ganz, völlig 全部…的，所有…的；***allbekannt*** ⟨ein Politiker 政治家⟩，***allgewaltig*** ⟨ein Herrscher 统治者⟩，***allmächtig*** ⟨Gott 上帝⟩

all·abend·lich *Adj*(形)；*nur attr od adv*(只作定语或状语)；jeden Abend (geschehend od. stattfindend) 每晚的

all·be·kann·t- *Adj*(形)；*nur attr, nicht adv*(只作定语，不作状语)；überall, allgemein bekannt 众所周知的，举世瞩目的

all·dem ↑ ***alledem***

al·le[1] *Indefinitpronomen*(不定代词)；↑ ***all***

al·le[2] *Adv*(副)；*gespr*[口] **1.** ***etw. ist a.*** etw. ist aufgebraucht, zu Ende(物作主语)用尽，消耗完：*Das Benzin, das Geld, das Brot ist a.* 汽油、钱、面包用完了 **2.** ***etw. wird a.*** etw. geht zu Ende(物作主语)快结束，将尽：*Die Vorräte werden a.* 存货快完了 **3.** ***etw. a. machen*** etw. aufessen 把…吃光

al·le·dem ≈ all diesem ⟨trotz, von a. 尽管如此，所有这些(中)⟩：*Nichts von a. ist wahr* 所有这些都不是真的 ‖ NB(注意)：steht nur nach Präp. mit Dat.(位于支配三格的介词后)

Al·lee *die*；*-, -n* [a'le:(ə)n]；ein Weg od. e-e Straße mit Bäumen an beiden Seiten 林阴大道，林阴路 ‖ -K(复合)：***Birken-***，***Pappel-***

Allee

Al·le·go·rie *die*；*-, -n* [-'ri:ən]；die Darstellung e-s abstrakten Begriffs (*z. B.* des Todes, der Liebe) als Bild od. Person in der Malerei, Dichtung *usw* 比喻，讽喻，寓意 ‖ *hierzu*(派生) ***al·le·go·risch*** *Adj*(形)

al·lein[1] *Adj*(形)；*nur präd od adv*(只作表语或状语) **1.** ohne andere Personen 单独的，独自的(没有其他人)≈ für sich ⟨j-n a. lassen 把某人一个人留下(撇下)；a. sein wollen 想独自(一个人)呆一会儿⟩：*a. leben, reisen, in Urlaub fahren, ausgehen, wohnen* 独自地生活、旅行、去度假、外出、居住；*In diesem Wald sind wir ganz a.* 这片林子里就我们自己 ‖ NB (注意)：↑ ***alleinerziehend***, ***alleinstehend*** **2.** ≈ einsam ⟨sich (sehr) a. fühlen 感到非常孤独(孤单)⟩ **3.** *nur adv*(只作状语)；ohne dass j-d hilft 独力地，自己独立地(凭自己力量)⟨etw. a. erledigen, können, machen 独力完成、能干、做某事；a. mit etw. fertig werden 自己对付(或完成)某事⟩：*Unser Sohn konnte mit elf Monaten schon a. gehen* 我儿子 11 个月就会自己走路了 ‖ NB (注意)：↑ ***alleinlassen*** **4.** ***von a.*** ohne dass j-d aktiv wird, etw. dazu tut 自动，自己≈ von selbst：*Die Flasche ist ganz von a. umgefallen* 瓶子完全是自己翻倒的；*Ich weiß schon von a., was ich tun muss!* 我自己已经知道该干什么！‖ ID[谚] ***a. selig machend*** / ***a. seligmachend a)*** KATH【天主】；⟨die Kirche, der Glaube 教堂，信仰⟩ so, dass sie allein zum christlichen Heil führen 唯一能救世的，唯一通向极乐世界的 ***b)*** *gespr*[口]；einzig wahr od. richtig 唯一正确的，放之四海而皆准的：*Er hält seine Lebensauffassung für a. selig machend* 他认为自己的生活见解是不易之论

al·lein[2] *Partikel*(小品词)；*betont u. unbetont*(重读和非重读) **1.** ≈ nur, ausschließlich：*A. er/Er a. muss das entscheiden* 这必须由他一个人作决定；*Du a. kannst mir noch helfen* 只有你还能帮我 **2.** (***schon***) ***a.***；***a.*** (***schon***) verwendet, um e-e Aussage als besonders wichtig zu betonen(表示陈述的意见非常重要)光是，单是：*A. schon der Gesundheit zuliebe* *solltest du nicht rauchen, außerdem ist es teuer* 光是为了健康,你也不该抽烟了,更何况烟又贵; *Schon a. der Gedanke, das zu tun, ist abscheulich* 单凭想干这件事的想法就让人恶心

al·lein³ *Konjunktion* (连); *lit* [文] ≈ aber, doch: *Wir wollten uns seiner annehmen, a. er schickte uns fort* 我们本想关照他,可是他却把我们支走了

Al·lein- *im Subst, betont, begrenzt produktiv* (构成名词,重读,构词有限); verwendet, um auszudrücken, dass etw. nur auf eine Person zutrifft, j-d etw. als Einziger, ohne andere, tut od. hat(表示只与一人有关或一人所为)独自…,个人…,单独…,唯一…; der ***Alleinbesitz***, der ***Alleinerbe***, die ***Alleinherrschaft*** 〈ausüben 实行〉, der ***Alleinherrscher***, der ***Alleininhaber*** 〈e-s Geschäfts 商店的〉, die ***Alleinschuld*** 〈an etw. haben 对某事是一个人的错误〉

al·lei·ne *Adj* (形); *nur präd od adv, gespr* (只作表语或状语)[口] ≈ allein[1]

al·lein·er·zie·hend, al·lein er·zie·hend *Adj* (形); *nicht adv* (只作定语,不作状语); 〈ein Vater, e-e Mutter 父亲,母亲〉 ohne (Ehe)Partner 单身的,独身的 ‖ *hierzu* (派生) **Al·lein·er·zie·her** *der*; *-s*, *-*

Al·lein·gang *der* **1.** e-e Handlungsweise, bei der man sich nur auf sich selbst verlässt u. (bewusst) auf die Hilfe od. den Rat anderer verzichtet 单独行动(不求外援) 〈etw. im A. tun, unternehmen 单独去干、进行某事〉 **2.** SPORT【体】; e-e Aktion e-s Einzelnen ohne die Hilfe seiner Mannschaft 个人突破: *ein Tor im A. erzielen* 个人突破攻进一球

al·lei·nig *Adj* (形) **1.** *nur attr, nicht adv* (只作定语,不作状语) ≈ einzig 〈der Erbe, der Herrscher, der Grund 继承人,统治者,原因〉 **2.** *nicht adv* (不作状语), Ⓐ [奥] ≈ allein stehend: *ein alleiniger Herr* 一位独身的先生

al·lein·las·sen; *lässt allein, ließ allein, hat alleingelassen*; [Vt] (及物) ***j-n a.*** j-m in einer schwierigen Situation nicht helfen 对…置之不理,弃置不顾 ≈ j-n im Stich lassen: *Sie fühlt sich schrecklich alleingelassen* 她感到自己孤立无援 ‖ NB (注意): aber (但是): *Kannst du dein Kind schon so lange allein lassen?* 你能让你孩子就那么长时间一个人呆着吗? (getrennt geschrieben 分写)

Al·lein·sein *das*; *-s*; *nur Sg* (只作单数); das Leben ohne die Gesellschaft anderer Menschen 孤独,孤寂,幽独(生活) ≈ Einsamkeit: *Angst vor dem A. haben* 害怕孤独; *Die jungen Leute genossen das A. in der neuen Wohnung* 年轻人在新居享受幽独的生活

al·lein·ste·hend¹ *Adj* (形); *nicht adv* (不作状语); ohne Familie od. (Ehe)Partner 独身的,单身的,形单影只的: 〈e-e Frau, ein Mann, ein Herr 女人,男人,先生〉 ‖ *hierzu* (派生) **Al·lein·ste·hen·de** *der/die*; *-n -n*

al·lein·ste·hend², **al·lein ste·hend** *Adj* (形); *nur attr, nicht adv* (只作定语,不作状语); einzeln, für sich stehend 孤零零的,孤寂的 〈ein Haus, ein Baum 房屋,树〉

al·le·mal *Adv* (副); *gespr* [口] **1.** verwendet, um auszudrücken, dass man sehr sicher ist, dass etw. Zukünftiges eintritt od. gelingt(表示非常有把握,未来的事情一定成功)肯定,一定: *Das schaffen wir a.!* 这一点我们一定办成!; *Das bringe ich a. (noch) fertig* 这我肯定会办好 **2.** verwendet, um positiv auf e-e Frage zu antworten (表示肯定无疑的回答)行,没问题 ≈ ganz bestimmt: „*Wird es funktionieren?*" – „*A.!*" "会正常运转吗?"——"没问题!" **3.** *nordd* [北德] ≈ jedes Mal, (bisher) immer: *Es hat noch a. geklappt* 每次都还顺利 ‖ NB (注意): ↑ ***Mal¹***

al·len·falls *Adv* (副) **1.** im äußersten Fall 最多,必要时,万不得已时 ≈ höchstens: *Es kann a. noch zehn Minuten dauern* 最多还能延长 10 分钟 **2.** *gespr, oft iron* [口] 常用[诙]; im günstigsten Fall 最好,充其量 ≈ bestenfalls: *In diesem Anzug kannst du a. auf e-n Kostümball gehen, aber nicht zu e-m Empfang!* 穿上这件西装你充其量可以去参加化装舞会,可不能去参加招待会!

al·lent·hal·ben *Adv* (副); *geschr veraltend* [书][渐旧] ≈ überall

al·ler- *im Adj u. Adv, betont, sehr produktiv, gespr* (构成形容词和副词,重读,构词强)[口]; verwendet, um e-n Superlativ zu verstärken (表示强化最高级)最…; ***allerbest-***, ***allerhöchstens***, ***allerletzt-***, ***allerliebst-***, ***allerschlimmst-***, ***allerschönst-***, ***allerspätestens***

al·ler·dings *Adv* (副) **1.** *unbetont* (非重读); verwendet, um e-e (höfliche) Einschränkung od. ein zögerndes Zugeständnis zu machen(表示限制或让步语气)不过,然而,可 ≈ jedoch: *Ich muss a. zugeben, dass ich selbst nicht dabei war* 不过我必须承认,当时我并不在场; *Das Essen war gut, a. etwas teuer* 饭菜可口,可有点贵 **2.** *betont* (重读); verwendet, um e-e Frage mit Nachdruck zu bejahen, *bes* wenn der Gesprächspartner mit der Frage Zweifel, Verwunderung *o. Ä.* angedeutet hat(表示肯定语气,以解除对方的疑虑和惊奇)当然,那还用说: „*Tut es sehr weh?*" – „*A.!*" "很疼吗?"——"当然!"; „*Hast du das etwa gewusst?*" – „*A., auch wenn du es mir nicht glaubst!*" "这你知道了?"——"那还用说,即使你不相信我!"

Al·ler·gen *das*; *-s*, *-e*; MED【医】; e-e Substanz, die e-e Allergie auslösen kann 过敏源

Al·ler·gie *die*; *-*, *-n* [-ˈgiːən]; MED【医】; ***e-e A.*** (***gegen etw.***) e-e krankhafte (Über)-Empfindlichkeit gegenüber etw. (*bes* Lebensmitteln, Chemikalien, Insektengiften, Tierhaaren) (对…的)过敏反应 〈an e-r A. leiden 患过敏症〉: *Meine Mutter hat e-e A. gegen Hausstaub* 我妈对家里的灰尘过敏

Al·ler·gi·ker *der*; *-s*, *-*; j-d, der Allergien hat 患过敏症的人,有过敏反应的人 ‖ *hierzu* (派生) **Al·ler·gi·ke·rin** *die*; *-*, *-nen*

al·ler·gisch *Adj* (形) **1.** bedingt durch e-e Allergie 过敏性的 〈e-e Krankheit, e-e Reaktion 病,反应〉 **2.** ***a.*** (***gegen etw.***) an e-r Allergie leidend(对…)患过敏反应的，对…过敏的：*Ihre Haut ist a. gegen Haarspray* 她的皮肤对发胶过敏 **3. a. gegen etw. sein** *gespr*［口］；etw. hassen od. verabscheuen 对…厌恶的，讨厌的，恶心的，反感的：*Ich bin a. gegen solche Witze* 我对开这种玩笑反感 **4. a. auf j-n/etw. reagieren** *gespr*［口］；durch j-n/etw. gereizt werden und allzu energisch handeln 对…反应强烈、无法忍让：*Auf Faulheit reagiert sie a.* 她对懒惰无法容忍

al·ler·hand *Indefinitpronomen*(不定代词)；*indeklinabel, gespr*(词形不变)［口］；ziemlich viel, einiges 好多事，各种事情，种种≈ allerlei ⟨a. erleben 经历许多事情；sich a. gefallen lassen 对各种事情都满意⟩：*a. Ärger, Schwierigkeiten haben* 有种种烦恼、困难；*Ich war auf a. vorbereitet, nur darauf nicht* 我什么都准备了，就是没有准备这个 ‖ ID［谚］**Das ist (ja/doch/wirklich) a.!** *gespr*［口］；das geht zu weit, ist unverschämt 这(真、的确)太过分了！这(真、的确) 太无耻了！‖ NB(注意)：*a.* verwendet man wie ein attributives Adj.(作定语形容词)(*a. Probleme* 种种问题) od. wie ein Subst.(或作名词)(*Hier gibt es a. zu sehen* 这里有许多事可看)

Al·ler·hei·li·gen (*das*)；KATH【天主】；der Feiertag am 1. November (zum Gedenken an die Heiligen) 万圣节(11月1日，纪念一切圣徒)⟨an/zu A. 在万圣节(那天)⟩：*Morgen ist A.* 明天是万圣节 ‖ NB(注意)：↑ **Allerseelen**

al·ler·lei *Indefinitpronomen*(不定代词)；*indeklinabel*(词形不变)；viele (verschiedene) Dinge od. Arten von etw. 各种各样的，形形色色的事，种种 ⟨sich a. zu erzählen haben 有许多事讲；a. zu sehen bekommen 看到各种各样的事情⟩：*a. Ausreden, Ideen haben* 有种种借口、各种想法 ‖ ID［谚］⟨man erzählt sich, man hört 人们都在说，人们听说⟩ **so a.** *gespr*［口］；so einiges, so manches 这样的一些事 ‖ NB(注意)：*a.* verwendet man wie ein attributives Adj.(作定语形容词)(*a. Unsinn* 各种各样的胡思乱想) od. wie ein Subst.(或作名词)(*Du hast sicher a. zu erzählen* 你肯定有好多事要讲)

Al·ler·lei *das*；*-s*；*nur Sg*(只用单数)；e-e Zusammenstellung aus verschiedenen Sorten von Dingen 杂烩，混合物⟨buntes A. 大杂烩(= e-e vielfältige Mischung)⟩；*ein A. aus Käse, Wurst u. Gemüse* 奶酪、香肠和蔬菜什锦

al·ler·letz·t- *Adj*(形)；*ohne Steigerung*(无变级) **1.** ↑ **aller-** **2.** *nur attr, nicht adv, gespr*(只作定语，不作状语)［口］≈ geschmacklos, häßlich：*Du hast wieder mal die allerletzte Frisur!* 你又理了个特难看的发型！‖ ID［谚］*mst* 多用 **j-d/etw. ist (ja/wirklich) das Allerletzte** *gespr*［口］；verwendet, um j-n/etw. zu tadeln od. als sehr negativ zu bezeichnen 这(真，的确)太不像话(太卑劣)

al·ler·liebs·t- *Adj*(形)；*ohne Steigerung*(无变级) **1** ↑ **aller-** **2.** sehr hübsch 非常俊秀的，极可爱的，很漂亮的 ≈ niedlich ⟨ein Mädchen, ein Kleidchen 姑娘，小衣裙⟩

al·ler·orts *Adv*(副)；*geschr veraltend*［书］［渐旧］≈ überall

Al·ler·see·len (*das*)；KATH【天主】；der 2. November als Gedenktag für die Verstorbenen 万灵节(11月2日纪念亡灵)⟨an/zu A. 在万灵节(那天)⟩

al·ler·seits *Adv*(副)；*gespr*［口］；alle(n) (zusammen) 大家，各位：*Guten Morgen a.!* 各位，早晨好！；*Ich wünsche a. e-e gute Nacht!* 我祝大家晚安！

Al·ler·welts- *im Subst, begrenzt produktiv, gespr, mst pej*(构成名词，构词有限)［口］多用［贬］；ganz normal, allgemein bekannt u. deswegen nicht interessant 平凡的…，普普通通的… ≈ alltäglich, Durchschnitts-；der **Allerweltsgeschmack**, das **Allerweltsgesicht**, der **Allerweltsname**, das **Allerweltsthema**

Al·ler·wer·tes·te *der*；*-n*, *-n*；*gespr euph hum*［口］［婉］［诙］≈ Gesäß, Hintern ‖ NB(注意)：*mein Allerwertester*；*der Allerwerteste*；*den, dem, des Allerwertesten*

al·les *Indefinitpronomen*(不定代词)；↑ **all**

al·le·samt *Indefinitpronomen*(不定代词)；*gespr*［口］；alle zusammen, ohne Ausnahme 统统，全都(无一例外)：*Wir haben a. den Raum verlassen* 我们统统离开了房间

Al·les·fres·ser *der*；*-s*，*-*；ein Tier, das sowohl Fleisch als auch Pflanzen frisst 杂食动物：*Das Schwein ist ein A.* 猪是杂食动物

Al·les·kle·ber *der*；ein Klebstoff, der für viele verschiedene Materialien verwendet werden kann 万能胶

all·ge·gen·wär·tig *Adj*(形)；*nicht adv*(不作状语)；überall u. immer gegenwärtig 普遍存在的，无所不在的

all·ge·mein *Adj*(形) **1.** *nur attr, nicht adv*(只作定语，不作状语)；allen (od. den meisten) Leuten gemeinsam, von allen ausgehend 普遍的，共同的⟨das Interesse, die Meinung 利益，意见⟩；*auf allgemeinen Wunsch* 根据大家的愿望 **2.** *nur adv*(只作状语)；bei allen, von allen 各方，普遍，人人，处处 ≈ überall (3) ↔ nirgends ⟨a. bekannt, beliebt, üblich (sein) 众所周知的，受大家爱戴的，到处流行的；es wird a. berichtet, erzählt, gefordert, dass ... 人人都在说、讲、要求…⟩；*ein a. erwartetes Ergebnis* 人人盼望的结果 **3.** *nur attr od adv*(只作定语或状语)；alle od. alles betreffend, für alle bestimmt 与人人有关的，普遍的⟨e-e Bestimmung, e-e Verordnung 决定，规定；die (politische, wirtschaftliche) Lage, die Not (政治上的，经济上的)形势，贫困；die Geschäfts-, die Lieferbedingungen 经营条件，供货条件⟩：*das allgemeine Wahlrecht* 普选权 ‖ K-(复合)：**Allgemein-**, **-gültigkeit** **4.** nicht auf Details eingehend od. beschränkt 一般的，笼统的 ↔ speziell ⟨e-e Aussage, ein Begriff 意见，概念；ein Überblick 概貌⟩：*e-e a. gehaltene Definition* 公认的定义 ‖ K-(复合)：**Allgemein-**, **-wissen** **5.** *oft pej* 常用［贬］；ohne konkreten Inhalt 空洞的，空泛的≈ banal, oberflächlich ⟨e-e Formulierung 措辞；Redensarten 套话⟩：

Allgemeines Geschwätz hilft bei der Lösung e-s Problems nicht weiter 夸夸其谈无助于解决问题 **6.** ***im Allgemeinen*** in den meisten Fällen 总的来看,大体上,一般地 ≈ im Großen u. Ganzen **7.** ***a. verständlich*** für alle gut verständlich 人人都易理解的〈e-e Erklärung, e-e Erläuterung, e-e Anweisung 说明,解释,指示;sich a. verständlich. ausdrücken 表达得一清二楚,人人都懂〉‖ *hierzu*(派生)**all·ge·mein·gül·tig, all·ge·mein gül·tig** *Adj*(形); **all·ge·mein·ver·bind·lich, all·ge·mein ver·bind·lich** *Adj*(形)

All·ge·mein|arzt *der*; ein Arzt, der nicht auf die Behandlung ganz bestimmter Krankheiten/Organe spezialisiert ist 非专科大夫,门诊大夫 ≈ Allgemeinmediziner, praktischer Arzt ‖ *hierzu*(派生)**All·ge·mein|ärz·tin** *die*; -, -nen

All·ge·mein|bil·dung *die* **1.** e-e umfassende Bildung 普及教育 **2.** der Teil der Bildung, der nicht auf den eigenen Beruf bezogen ist 普通教育

All·ge·mein|gut *das*; *mst Sg*(多用单数); etw., das (fast) alle wissen 人所共知的事情: *Die Erkenntnis, dass die Erde sich um die Sonne dreht, gehört schon lange zum A.* 地球绕太阳转的认识早为人所共知

All·ge·mein·heit *die* **1.** *nur Sg*(只用单数); alle Leute 公众,大众,大家 ≈ die Öffentlichkeit 〈etw. für das Wohl der A., für die A. tun 为大众福利、为公众而干; etw. dient der A., ist für die A. bestimmt 某物为大众服务、(规定)供大众所用〉 **2.** *nur Sg*(只用单数) ≈ Vagheit: *e-e Definition von zu großer A.* 非常模糊的释义 **3.** *nur Pl*(只用复数); allgemeine od. triviale Bemerkungen 老生常谈,陈词滥调 ≈ Allgemeinplätze 〈sich in Allgemeinheiten ergehen 废话连篇,家常里短喋喋不休〉

All·ge·mein|me·di·zin *die*; der medizinische Bereich für die Behandlung *mst* leichterer Krankheiten, für die kein Spezialist notwendig ist 普通医学 ‖ *hierzu*(派生)**All·ge·mein·me·di·zi·ner** *der*; **All·ge·mein·me·di·zi·ne·rin** *die*

All·ge·mein|platz *der*; *mst Pl*, *pej*(多用复数)[贬] ≈ Gemeinplatz

all·ge·mein·ver·ständ·lich ↑ ***allgemein*** (7)

all·ge·wal·tig *Adj*(形); *geschr*[书]; absolute Gewalt ausübend 万能的,威力无比的 ≈ allmächtig

All|heil·mit·tel *das*; *mst pej od iron* 多用[贬]或[讽] **1.** e-e Medizin gegen viele Krankheiten (能治百病的)万灵药 **2.** ein Mittel zur Lösung aller Probleme(能解决所有问题的)万灵妙药: *Dieser Vorschlag ist auch kein A.* 这个建议也不是万灵妙药

Al·li·anz [aˈliants] *die*; -, -en **1.** POL, *hist* 【政】[历]; ein Bündnis zwischen Staaten od. deren Armeen 同盟,联盟 ‖ -K(复合): ***Militär-*** **2.** die NATO od. das NATO-Bündnis 北约或北约联盟〈ein Staat tritt der A. bei, verlässt die A. 一个国家参加北约、脱离北约〉

Al·li·ga·tor *der*; -s, *Al·li·ga·to·ren*; e-e Art Krokodil, das in Seen, Flüssen u. Sümpfen der warmen Gegenden Amerikas u. Chinas lebt 钝吻鳄

al·li·iert [aliˈiːɐt] *Adj*(形); *nicht adv*, POL(不作状语)【政】**1.** durch ein politisches Bündnis vereint 结盟的,同盟的 ≈ verbündet 〈die Truppen, die Soldaten 军队,战士〉 **2.** die Alliierten (2) betreffend, zu ihnen gehörend 协约国的,同盟国的〈die Truppen 军队〉

Al·li·ier·te *der*; -n, -n **1.** *mst Pl*, POL(多用复数)【政】; ein Mitgliedsstaat e-s Bündnisses 盟国; ein Verbündeter 同盟者 **2.** ***die Alliierten*** *nur Pl*, *hist*(只用复数)[历]; (im 1 Weltkrieg) die Staaten, die sich gegen das Deutsche Reich verbündeten, (im 2 Weltkrieg) *bes* die USA, Großbritannien, Frankreich u. die Sowjetunion, die sich gegen Deutschland u. Italien verbündeten(第一次世界大战期间反对德意志帝国的)协约国;(第二次世界大战期间反对德、意而结盟的美、英、法、苏)同盟国 ‖ NB(注意): *ein Alliierter*; *der Alliierte*; *den*, *dem*, *des Alliierten*

Al·li·te·ra·ti·on [-ˈtsioːn] *die*; -, -en; *geschr* [书]; die Wiederholung von gleichen od. ähnlichen Lauten am Anfang von aufeinander folgenden Wörtern, um e-n stilistischen Effekt zu erzeugen (押)头韵(法): *„Haus u. Hof" od. „wogende Wellen" sind Alliterationen* "Haus u. Hof" 或 "wogende Wellen"是押头韵法

all·jähr·lich *Adj*(形); *nur attr od adv*(只作定语或状语); jedes Jahr (geschehend od. stattfindend) 每年的,年年的,一年一度的

All·macht *die*; *nur Sg*(只用单数) **1.** die absolute, grenzenlose Macht über alle u. alles 万能,全能 ≈ Omnipotenz: *die A. Gottes* 上帝万能 **2.** *geschr*[书]; die absolute Ausübung von Macht (in e-m Bereich)(某一领域的)无限威力〈die A. der Natur, des Staates, der Partei, des Geldes 大自然的、国家的、党的、金钱的威力〉

all·mäch·tig *Adj*(形); *nicht adv*(不作状语); mit absoluter Macht über alles u. alle 万能的,全能的 ≈ allgewaltig: *der allmächtige Gott* 万能的上帝

All·mäch·ti·ge *der*; -n; *nur Sg*, *geschr*(只用单数)[书]; verwendet nur mit bestimmtem Artikel als Bezeichnung für den christlichen Gott(万能的)上帝(只能与定冠词连用): *bei Gott, dem Allmächtigen, schwören* 向上帝,万能的主发誓 ‖ NB(注意): *der Allmächtige*; *den*, *dem*, *des Allmächtigen*

all·mäh·lich *Adj*(形); *ohne Steigerung*(无变级); langsam u. kontinuierlich 渐渐的,慢慢的,逐步的 ≈ nach u. nach ↔ abrupt: *Es wird a. dunkel* 天渐渐黑了; *Es trat e-e allmähliche Besserung seines Gesundheitszustandes ein* 他的健康情况呈好转趋势

all·mo·nat·lich *Adj*(形); *nur attr od adv*(只作定语或状语); jeden Monat geschehend od. stattfindend 每月的,月月的,每月一次的

All·rad|an·trieb *der*; ein Antrieb, der auf alle

Räder e-s Autos wirkt 全轮驱动：*ein Geländewagen mit A.* 全轮驱动的越野车

All·round- [ɔːlˈraʊnd-] *im Subst, begrenzt produktiv*（构成名词，构词有限）；mit Fähigkeiten auf allen möglichen Gebieten 多才多艺的…，全能的…，多面手的…；das ***Allroundgenie***, der ***Allroundkünstler***, der ***Allroundmusiker***, der ***Allroundspieler*** 〈in e-r Mannschaft 在球队中〉，der ***Allroundsportler***, das ***Allroundtalent***

all·seits *Adv*（副）；bei, von allen 到处，普遍 ≈ überall 〈a. beliebt, bekannt (sein) 普遍受到欢迎的，到处闻名的〉：*Es wird a. gefordert, gewünscht, dass ...* 普遍要求、希望… ‖ *hierzu*（派生）**all·sei·tig** *Adj*（形）

All·tag *der*; *nur Sg*（只用单数）；**1.** der (*mst* monotone) Ablauf des Lebens, der ständig im gleichen Rhythmus geschieht u. wenig Abwechslung od. Freude mit sich bringt 平日，素日〈im A. 平日里；der graue, triste, monotone A. 灰色的、忧郁的、单调乏味的日常生活；dem A. entfliehen 逃离日常生活〉‖ K-（复合）：***Alltags-***, ***-beschäftigung***, ***-erfahrung***, ***-kleid***, ***-kleidung***, ***-leben***, ***-sorgen***, ***-sprache***, ***-trott*** ‖ -K（复合）：***Arbeits-*** **2.** der (normale) Arbeitstag od. Werktag (im Gegensatz zum Wochenende od. zu e-m Feiertag)（正常的）工作日，劳动日（非节假日）

all·täg·lich *Adj*（形）；**1.** ohne etw. Besonderes 平淡的，平常的，无特色的，乏味的 ≈ durchschnittlich, gewöhnlich ↔ außergewöhnlich：*Sie hatte ein alltägliches Gesicht* 她的脸蛋毫无特色；*Das Konzert war ein nicht alltägliches Erlebnis* 这次音乐会（是一次）不同寻常（的经历）（= war etw. Besonderes）**2.** *nur attr od adv*（只作定语或状语）；in Bezug auf od. für den Alltag (2) 平日的，日常的，每天的〈Kleidung 平日衣着〉‖ *zu*（义项）**1. All·täg·lich·keit** *die*; *nur Sg*（只用单数）

all·um·fas·send *Adj*（形）；*ohne Steigerung*, *geschr*（无变级）[书]；alles einschließend 万全的，包罗万象的，无所不包的，全方位的：*e-e allumfassende Erneuerung der Wirtschaft* 全面的经济改革

Al·lü·re *die*; -, *-n*; *mst Pl*（多用复数）；ein auffallendes, eigenwilliges, *mst* arrogantes Benehmen（惹人注目的、独特的）傲气，骄气，傲慢的派头〈Allüren annehmen, ablegen, haben, an den Tag legen 染上、摆脱、有、表露出傲气（= zeigen）〉；*ein Filmstar ohne Allüren* 温文尔雅的电影明星，不傲慢的电影明星 ‖ -K（复合）：***Star-***

all·wis·send *Adj*（形），*nicht adv*（不作状语）；mit e-m alles umfassenden Wissen 无所不知的，无所不晓的，博学的，博古通今的：*Gott ist a.* 上帝是无所不知的 ‖ *hierzu*（派生）**All·wis·sen·heit** *die*; *nur Sg*（只用单数）

all·wö·chent·lich *Adj*（形）；*nur attr od adv*（只作定语或状语）；jede Woche geschehend od. stattfindend 每周的，每周一次的

all·zu *Adv*（副）；in zu hohem Maße 太，过分 ≈ übertrieben, übermäßig 〈a. früh, gern, oft, sehr, viel, wenig usw. 太早，太喜欢，过于频繁，极其，过多，过少〉：*ein a. auffälliges Benehmen* 过分招眼的举止；*Er ist nicht a. intelligent* 他不算太聪明；*Es ist nicht a. weit von hier* 离这里不算太远 ‖ ID［谚］***nur a. gern*** sehr gern 很高兴：*Sie hat ihm nur a. gern geholfen* 她很高兴帮助他

All·zweck- *im Subst, begrenzt produktiv*（构成名词，构词有限）；für sehr viele verschiedene Zwecke verwendbar 多功能的…，多用途的…，通用的…；die ***Allzweckhalle***, ***Allzweckmöbel***, der ***Allzweckreiniger***, das ***Allzwecktuch*** ‖ NB（注意）：↑ ***Mehrzweck-***

Alm *die*; -, *-en*; e-e Wiese im Hochgebirge, auf der im Sommer das Vieh weidet 高山牧场〈das Vieh auf die Alm treiben, von der Alm abtreiben 上高山牧场放牧，从高山牧场赶牲畜下山〉‖ K-（复合）：***Alm-***, ***-abtrieb***, ***-auftrieb***, ***-hirt***, ***-hütte***

Al·ma Ma·ter *die*; -; *nur Sg*, *geschr veraltend*（只用单数）[书][渐旧]；verwendet als Bezeichnung für e-e Universität 学府，书院

Al·ma·nach *der*; *-s*, *-e* **1.** ein Katalog od. Buch, in dem ein Verlag einige der Bücher (in Form von Textproben) vorstellt, die innerhalb e-s Jahres bei ihm erschienen sind 出版社年鉴（介绍一年的新书）‖ -K（复合）：***Verlags-*** **2.** *veraltend*［渐旧］；ein Kalender mit e-r Sammlung von Geschichten zu bestimmten Themen (*z.B.* Reisen, Theater) 历书，年鉴（旅游编，戏剧编）

Al·mo·sen *das*; *-s*, - **1.** ein Lohn, den man als nicht ausreichend empfindet, od. ein wertloses Geschenk, das j-s Würde verletzt 救济（金钱或实物）〈nicht auf A. angewiesen sein 不靠救济过日子〉**2.** *veraltend*［渐旧］；etw. (*z.B.* Essen, Kleidung, Geld), das man armen Leuten schenkt 布施，施舍，恩赐 ≈ Spende 〈e-m Bettler ein A. geben 施舍一名乞丐；um (ein) A. bitten 乞求施舍〉‖ K-（复合）：***Almosen-***, ***-empfänger***

alo·gisch *Adj*（形）；*geschr*［书］；nicht logisch 不合逻辑的，无逻辑的 ≈ unlogisch

Alp *die*; -, *-en*; Ⓒⓗ［瑞］≈ Alm

Al·pa·ka *das*; *-s*, *-s* **1.** ein Lama, das in den südamerikanischen Anden lebt 羊驼（生长在南美安第斯山区）**2.** *nur Sg*（只用单数）；die Wolle des Alpakas (1) 羊驼毛

Alp·druck *der*; ↑ ***Albdruck***

Alp·drü·cken *das*; *-s* ↑ ***Albdrücken***

Al·pe *die*; -, *-n*; Ⓐ［奥］≈ Alm

Al·pen *die*; *Pl*（复）；verwendet als Bezeichnung für das höchste europäische Gebirge 阿尔卑斯山脉 ‖ K-（复合）：***Alpen-***, ***-flora***, ***-länder***, ***-salamander***, ***-verein***

Al·pen·glü·hen *das*; *-s*; *nur Sg*（只用单数）；das (rötliche) Leuchten der Gipfel der Alpen bei Sonnenuntergang 阿尔卑斯山夕照

Al·pen·ro·se *die*; e-e Pflanze mit roten Blüten, die *mst* als niedriger Strauch im Hochgebirge Europas u. Asiens vorkommt（欧、亚高山地区的）杜鹃花属 ‖ NB（注意）：↑ ***Rhododendron***

Al·pen·veil·chen *das*; e-e Blume mit roten bis weißen Blüten, die in den Voralpen wächst, im Winter blüht u. die viele Leute als Zimmerpflanze halten 仙客来

Al·pha [-f-] *das*; -(*s*), -*s*; der erste Buchstabe des griechischen Alphabets (A, α)希腊语第一个字母(A,α)

Al·pha·bet [-f-] *das*; -(*e*)*s*, -*e*; die feste Reihenfolge der Buchstaben e-r Sprache 字母表,字母顺序: *das lateinische, griechische, kyrillische A.* 拉丁语、希腊语、西里尔语字母表 ‖ *hierzu* (派生) **al·pha·be·tisch** *Adj* (形)

Das Alphabet 字母表

Das deutsche Alphabet besteht aus 26 Buchstaben, davon sind fünf **Vokale** oder Selbstlaute (**a,e,i,o,u**) und der Rest **Konsonanten** oder Mitlaute. Zusätzlich gibt es noch die **Umlaute ä, ö** und **ü** sowie den Buchstaben **ß** – das so genannte **scharfe S**. 德语字母有26个,其中5个**元音**(**a,e,i,o,u**),其余为**辅音**。另外还有**变音 ä,ö** 和 **ü** 以及字母 **ß**——俗称**擦音 s**。

al·pha·be·ti·sie·ren [-f-]; *alphabetisierte, hat alphabetisiert*; [Vt] (及物) **etw. a.** etw. nach dem Alphabet ordnen 按字母排列编排: *Karteikarten a.* 按字母顺序编排索引卡片

al·pha·nu·me·risch [-f-] *Adj* (形); INFORM【信息】〈ein Zeichen, ein Ausdruck 字符,显示方式〉so, dass sie sowohl Buchstaben als auch Zahlen enthalten od. verwenden 字母(兼)数字的

Al·pha·strah·len [-f-] *die*; *Pl*, PHYS (复)【物】; radioaktive Strahlen, die aus α-Teilchen bestehen α-射线; *Abk* (缩写) α-Strahlen

Al·pha·teil·chen [-f-] *das*; PHYS【物】; der (radioaktiv u. positiv geladene) Kern e-s (Helium)Atoms (der aus zwei Protonen u. zwei Neutronen besteht) α-粒子; *Abk* (缩写) α-Teilchen

Alp·horn *das*; ein sehr langes Blasinstrument aus Holz (das *bes* in der Schweiz verwendet wird)木号角〈das, auf dem A. blasen 吹木号角〉‖ K-(复合): ***Alphorn-, -bläser***

al·pin *Adj* (形) **1.** *nicht adv* (不作状语); im Hochgebirge gelegen, auf die Alpen bezogen 高山的,阿尔卑斯山的 ≈ Hochgebirgs-〈e-e Landschaft, Skigebiete 风景,滑雪区〉**2.** *nicht adv* (不作状语); im Hochgebirge vorkommend 高山地区的〈die Fauna, die Flora 动物区系,植物区系〉**3.** *nur attr, nicht adv* (只作定语,不作状语); zu den drei Skidisziplinen (Abfahrtslauf, Slalom u. Riesenslalom) gehörig 高山三项滑雪的(速降滑雪,回转和大回转)〈e-e Sportart, e-e Disziplin, ein Wettbewerb 运动项目,训练项目,比赛〉**4.** *nur attr, nicht adv* (只作定语,不作状语); für das Bergsteigen bestimmt 登山必备的〈e-e Ausrüstung 装备〉

Al·pi·nis·mus *der*; -; *nur Sg* (只作单数); *geschr* [书]; das Bergsteigen im (alpinen) Hochgebirge 在阿尔卑斯高山地区的登山运动 ‖ *hierzu* (派生) **Al·pi·nist** *der*; *-en, -en*; **Al·pi·nis·tin** *die*; *-, -nen*

Alp·traum *der*; ↑ ***Albtraum***

als[1] *Konjunktion* (连) **1.** verwendet, um auszudrücken, dass das Ereignis des Nebensatzes zur gleichen Zeit stattfindet wie das Ereignis des Hauptsatzes(表示从句与主句发生的事情是同时)当…的时候 ≈ während: *Als ich gehen wollte, (da) läutete das Telefon* 我正想走,电话铃响了 **2.** verwendet, um auszudrücken, dass das Ereignis des Nebensatzes nach dem Ereignis des Hauptsatzes stattfindet(表示从句发生的事情在主句之后发生)当…的时候: *Als er nach Hause kam, (da) war seine Frau bereits fort* 当他回家的时候,他夫人已经走了 **3.** verwendet (mit Plusquamperfekt), um auszudrücken, dass das Ereignis des Nebensatzes vor dem Ereignis des Hauptsatzes geschah (用过去完成时表示从句发生的事情在主句之前发生)在…之后 ≈ nachdem: *Als er gegangen war, (da) fing das Fest erst richtig an* 在他走之后,节日才真正开始 **4.** verwendet mit e-r Zeitangabe, um e-n Zeitpunkt anzugeben (表示时刻的瞬间,与时间说明语连用)当…的(时候): *Vor e-m Jahr, als ich noch in Amerika studierte, ...* 一年前,当我还在美国学习…; *in dem Augenblick, als plötzlich die Tür aufging* 当门突然打开的那一瞬间 ‖ NB(注意): In temporalen Nebensätzen mit *als* steht das Verb am Ende des Nebensatzes(在 *als* 时间从句中,动词位于从句末尾): *Als ich dich gestern anrief, warst du nicht da* 昨天我给你打电话(的时候),你不在

als[2] *Konjunktion* (连); verwendet, um e-n Kontrast herzustellen (表示比较) **1.** (bei Verschiedenheit) verwendet nach e-m Komparativ, um e-n Vergleich zu ziehen(表示不相同的比较,用于比较级之后): *Er ist größer als du* 他比你高; *Sie ist raffinierter, als du glaubst* 她比你想象的更油滑 ‖ NB(注意): In der gesprochenen Sprache wird beim Vergleich auch *wie* verwendet; aber das gilt als stilistisch unschön od. grammatikalisch falsch (在口语中也用 *wie* 表示比较,但修辞不美或语法有误) **2.** ***was / wer / wo usw sonst als*** + *Subst* 名 / *Pronomen* 代 verwendet, um auszudrücken, dass nur eine Person/Sache *usw* infrage kommt(表示只有一个人/一件事是合适的)不是…又是什么/又有谁/又会在哪里? 除了…又有什么/谁/哪里?: *Wo sonst als hier kann man so gut essen?* 除了这里还能有哪里可以吃得这样好?; *Wer sonst als dein Vater könnte das gesagt haben?* 不是你父亲又有谁可能说这件事呢? **3.** (oft in Verbindung mit *ob* od. *wenn*) verwendet, um auszudrücken, wie j-d od. etw. auf j-n wirkt (常与 *ob*, *wenn* 连用,表示对某人产生的印象)好像,好似,似乎〈(so) tun, als (ob, wenn)…做,好像…〉: *Er machte (auf mich) den Eindruck, als schliefe er / als ob er schliefe* 他给我的印象,好像他正在睡觉; *Es* *kam mir vor, als wenn er gerade erst aufgestanden wäre* 我觉得,他好像刚刚才起床 ‖ NB(注意): Wenn *als* ohne *ob* od. *wenn* gebraucht wird, folgt der Konjunktiv u. e-e Inversion von Verb u. Subjekt(如果 *als* 不与 *ob*, *wenn* 连用,则随后紧跟虚拟式,动词与主语倒置) **4.** verwendet, um e-n verkürzten Ausrufesatz einzuleiten, der das Gegenteil des Gesagten ausdrücken soll (auch mit *ob*, *wenn*)(引出缩短惊叹句,其意相反,也可与 *ob*, *wenn* 连用): *Als wäre es ein Verbrechen!* 好像这是犯罪似的!; *Als ob/wenn er nicht ganz genau Bescheid wüsste!* 好像他并不完全知道似的! **5.** verwendet in einigen festen Verbindungen(用于固定词组): ***nichts als*** (= nur), ***alles andere als*** (= überhaupt nicht), ***anders als*** (= nicht so, wie), ***niemand anders als***, ***kein anderer als*** + Personenbezeichnung (人称)(= genau, gerade, ausgerechnet): *Das ist ja alles andere als billig* 这确实一点也不便宜; *Sie redet doch nichts (anderes) als Unsinn* 他说的无非是胡言乱语 **6.** verwendet anstatt *wie* bei einigen festen Verbindungen(在一些固定搭配中替代 *wie*): *so bald/schnell als möglich* 尽快,尽可能快地 ‖ NB(注意): ↑ ***insofern***, ***sowohl***

als³ *Konjunktion*(连); verwendet, um ein Bezugswort od. e-e Aussage näher zu erläutern(表示对一个相关词或一个意见的进一步阐明) **1.** fest verbunden mit bestimmten Verben, verwendet vor e-m Subst. od. e-m Adj. (与某些动词连用,置于名词或形容词之前)是…⟨sich herausstellen als 证实(是); sich erweisen als 表明(是); etw. als etw. empfinden 感到…(是)⟩: *Die Behauptung hat sich als falsch herausgestellt* 这种论断证实是错误的; *Die neue Show erwies sich als Flop* 这种新的娱乐节目表明是失败的; *Ich habe seine Bemerkungen als (e-e) Frechheit empfunden* 我感到他的见解是无耻的 **2.** verwendet, um e-e adverbielle Bestimmung anzuschließen(连接状语)作,作为,当作: *e-n Raum als Esszimmer benutzen* 将房间用作餐室; *j-m etw. als Andenken schenken* 送某物给某人作纪念 **3.** verwendet, um e-e Apposition einzuleiten (die *mst* die Funktion od. Eigenschaft des Substantivs nach *als* ausdrückt)(引出同位语,表示功能,性质)身为,作为: *ich als Vorsitzender* 我作为主席,身为主席的我; *meine Aufgabe als Erzieher* 我作为教育工作者的任务 ‖ NB(注意): der Kasus des Substantivs nach *als* richtet sich nach dem Kasus des Substantivs od. Pronomens, auf das es sich bezieht (*als* 后的名词格以相关的名词或代词的格为准): *Ihm als erfahrenem Autofahrer hätte das nicht passieren dürfen* 身为有经验的司机,他本不该发生这类事; *Wir werden ihn als guten Menschen in Erinnerung behalten* 他是好人,我们将记着他; Anstatt e-s Genitivs steht aber *mst* der Nominativ(但多半是一格代替二格): *der Ruf meines Vaters als Arzt* 我父亲作为医生的名声 **4.** ***zu*** + *Adj* 形, ***als dass*** verwendet anstelle e-s Satzes mit *um ... zu*, drückt e-e irreale Folge aus(表示非现实结果,替代 *um ... zu*)太…,以致不: *Meine Zeit ist zu kostbar, als dass ich sie hier vergeude* 我的时间太宝贵,(以致)我不在这里浪费了; *Du bist viel zu klug, als dass du das nicht wüsstest* 你聪明过了,(以致)连这也知道 ‖ NB(注意): *mst* mit Konjunktiv (多与虚拟式连用) **5.** ***um so*** + *Komparativ* 比较级, ***als*** verwendet, um e-n Grund anzugeben(表示原因): *Das Ganze ist umso peinlicher, als wir uns dadurch selbst lächerlich machen* 整个事情之所以更加难堪,是因为我们自己戏弄了自己; *Das Argument ist umso wichtiger, als es zum ersten Mal den Kern der Frage trifft* 这个论点第一次切中问题的要害,所以更加重要;这个论点之所以更加重要,是因为它第一次切中问题的要害 **6.** ***als da sind*** *veraltend*[渐旧]; verwendet, um e-e Aufzählung einzuleiten (表示列举)例如,像,诸如 ≈ wie z. B.: *Prominente, als da sind Politiker, Schauspieler, Sänger* 社会名流,诸如政治家,演员,歌唱家

als·bald *Adv*(副); *veraltend*[渐旧]; kurz darauf, sogleich 立即,即刻,马上

als·bal·di·g- *Adj*(形); *nur attr, nicht adv, geschr*(只作定语,不作状语)[书]; umgehend, so schnell/bald wie möglich 尽快的,立即的: *Wir erwarten die alsbaldige Erledigung der Angelegenheit* 我们期待着事情立刻解决

als·dann *Adv*(副) **1.** *geschr veraltend*[书][渐旧] ≈ dann, sodann, als Nächstes: *A. wandte er sich seinem Besucher zu* 随后他面向客人 **2.** *südd* Ⓐ *gespr*[南德][奥][口]; verwendet, um j-n aufzufordern, etw. zu tun, od. um e-e abschließende Bemerkung einzuleiten(表示提出要求或引出结束语)那,那么,那么就 ≈ nun (dann), also dann: *A., reden Sie endlich!* 那您倒说呀!; *A., bis morgen!* 那么就明天见!

al·so¹ *Adv*(副) **1.** verwendet, um e-e logische Schlussfolgerung auszudrücken (表示逻辑的结论)因此,可见,所以 ≈ folglich: *Es brannte Licht – a. musste j-d da sein* 灯亮着呢,所以肯定有人在 **2.** *veraltet*[旧] ≈ so, auf diese Art: *A. sprach Zarathustra* 查拉图斯特拉如是说(约公元前628～551年,古代伊朗宗教改革家、先知、琐罗亚斯德教创始人)

al·so² *Adv*(副); verwendet, um etw. Gesagtes zusammenzufassen od. zu präzisieren(表示总结或阐明)那就是说,说得精确些 ≈ das heißt, mit anderen Worten: *Bier, Wein, Schnaps, a. alkoholische Getränke, gibt es nicht* 啤酒、葡萄酒、烈性酒,说得精确些含酒精的饮料统统没有; *Ihm gefällt die Musik der Wiener Klassik, a. Haydn, Mozart u. Beethoven* 他喜欢维也纳古典音乐,也就是说海顿、莫扎特和贝多芬

al·so³ *Partikel*(小品词) **1.** *betont u. unbetont* (重读和非重读); verwendet, um ein Gespräch *o. Ä.* zu beenden(表示谈话结束)那,那么,好吧: *A. dann, auf Wiedersehen u. viel Spaß!* 那么,再见,祝一切愉快!; *A., das wars für heute – tschüs!* 好吧,今天就到这里,再见! **2.** *unbe-*

tont（非重读）；verwendet，um e-e Aussage (noch einmal) zu bekräftigen od. um auszudrücken，dass man mit e-r（unausgesprochenen) Bestätigung od. Zustimmung rechnet(表示再次强调意见或表示证实、同意)那，那么，那好吧：*Ihr wisst jetzt a. Bescheid，oder?* 那么你们现在知道了，是吗？；*Wir treffen uns a. morgen!* 那好吧，我们明天碰头 **3.** *unbetont*（非重读）；verwendet，um e-n Gedanken nach e-r Unterbrechung wieder aufzunehmen(表示承接中断了的思想)就是说，是这样的：*Ich bin der Meinung ... a.，ich glaube，dass ...* 我的意见是…，就是说，我认为… **4.** *unbetont，gespr*（非重读）［口］；verwendet，um e-e plötzliche Erkenntnis auszudrücken(表示突然认识)居然，竟然，竟：*Aha，du hast mich a. angelogen!* 好哇，你居然对我撒谎 **5.** *betont u. unbetont，gespr*（重读和非重读）［口］；verwendet，um e-e positive Antwort einzuleiten，die man nach anfänglichem Zögern nun doch gibt（表示稍加迟疑后仍给予肯定的答复）那好，嗯，好吧〈a. gut!，a. schön! 那好吧！那很好！〉：*A.，in Ordnung，du bekommst die 50 Euro!* 嗯，妥！这 50 欧元给你！**6.** *betont，gespr*（重读）［口］；(ohne eigentliche Bedeutung) am Anfang des Satzes verwendet，*mst* bevor man etw. erklärt od. beschreibt(用在说明或描述情况的句子前，无本意)喔：*A.，Sie müssen jetzt Folgendes machen ...* 喔，您现在必须做下列工作… **7.** *betont u. unbetont，gespr*（重读和非重读）［口］；verwendet，um e-e Aufforderung，Aussage od. Frage einzuleiten(表示引出要求、意见或问题)那么，我说呀，你看(?)：*A.，kommt jetzt!* 那么，你们现在过来吧！；*A.，wenn sie nicht sofort damit aufhören，dann hole ich die Polizei!* 我说呀，他们要是不马上停下来，我就叫警察！；*A.，kann ich jetzt gehen oder nicht?* 你看，我现在能走还是不能走？；*A.，wenn Sie mich fragen，...* 嗯，要是您问我的话… **8.** ***na 'a.!*** *gespr*［口］；verwendet，um (mit Genugtuung) festzustellen，dass etw. entgegen j-s Erwartung doch funktioniert，eingetreten ist *o.Ä.*（表示出人意料的满意）你瞧，怎么样！嘿，不错吧！：*Na a.，warum nicht gleich so!* 瞧，怎么样，说干就干！**9.** ***a. 'bitte!*** *gespr*［口］；verwendet，um Empörung auszudrücken(表示愤怒)哼！再说一遍！放肆！大胆！：*A. bitte! – Hältst du mich vielleicht für blöd?* 大胆！—— 你把我看傻了吧？

alt，*älter，ältest-*；*Adj*（形）；**1.** *nicht adv*（不作状语）；schon seit vielen Jahren lebend od. vorhanden 老的，老年的↔ jung〈Menschen，Tiere，Pflanzen 人，动物，植物〉：*Er ist nicht sehr alt geworden* 他没变得很老；*Alte Leute sind nicht mehr so beweglich wie junge* 老年人不再像年轻人那样灵活了 **2.** *nicht adv*（不作状语）；mit Merkmalen des Alterns，mit Spuren e-s langen Lebens 年迈的，苍老的，上年纪的，老态龙钟的〈sich alt fühlen，vorkommen 感到自己老了〉：*Seine alten Hände zitterten* 他那双衰老的手颤抖着 **3.** *ohne Steigerung*（无变级）；（*mst* nach e-r Zeitangabe od. nach *wie*) in/mit e-m bestimmten Alter（位于时间说明语或 *wie* 之后，表示年龄、时间）…岁的，…之久的，…大的：*ein drei Monate altes Baby* 一个三个月大的婴儿；*Wie alt bist du?* 你几岁了？你多大了？；*Für wie alt schätzen sie ihn denn?* 他们究竟估计他多大年纪？；*Unser Auto ist erst ein Jahr alt* 我的车才开了一年 **4.** verwendet，um Menschen，aber auch Tiere u. Pflanzen in Bezug auf ihr Alter zu vergleichen(表示人、动物、植物在年龄上的比较)大的，年长的：*Sie ist erheblich älter als er* 她比他年纪大得多；*Ich bin doppelt so alt wie du* 我年纪比你大一倍；*seine um vier Jahre ältere Schwester* 他年长四岁的姐姐 **5.** *nicht adv*（不作状语）；lange gebraucht 旧的，用过的↔ neu〈Schuhe，Kleider，Möbel 鞋，衣服，家具〉：*Das alte Haus wurde abgerissen* 旧房拆除了 **6.** schon lange vorhanden，vor langer Zeit hergestellt od. erworben 陈的，不新鲜的 ↔ frisch〈Lebensmittel 食品；e-e Wunde，e-e Spur 伤口，痕迹；Blumen 花卉〉：*Das Brot schmeckt aber ziemlich alt* 面包(的味道)的确相当不新鲜 **7.** *nicht adv*（不作状语）；seit ziemlich langer Zeit vorhanden，vor ziemlich langer Zeit entstanden u. seither bewahrt 古老的，传统的，旧日的 ↔ neu〈e-e Erfahrung，e-e Tradition，e-e Gewohnheit，Rechte，ein Geschlecht，e-e Kirche，e-e Stadt 经验，传统，习惯，权利，宗族，教堂，城市〉**8.** *ohne Steigerung，nicht adv*（无变级，不作状语）；〈ein Fehler，ein Problem，Vorurteile，Erinnerungen 错误，问题，偏见，回忆〉so，dass sie sehr oft vorkommen 常出现的，经常的，老(的) **9.** *nur attr，ohne Steigerung，nicht adv*（只作定语，无变级，不作状语）≈ langjährig ↔ neu〈ein Kunde，ein Freund 顾客，朋友〉**10.** *ohne Steigerung，nicht adv*（无变级，不作状语）；schon lange u. überall bekannt (u. daher nicht mehr interessant)老八辈子的，老掉牙的，老一套的 ↔ neu〈ein Trick，ein Witz 伎俩，笑话〉**11.** *nur attr，nicht adv*（只作定语，不作状语）；aus e-r früheren Zeit，Epoche 古时候的，古代的〈Lieder，Sagen，Meister 歌曲，传说，工匠〉：*e-e Uniform aus der alten Zeit* 古代制服 **12.** *nur attr，ohne Steigerung，nicht adv*（只作定语，无变级，不作状语）；aus dem Altertum 古的，古典的 ≈ antik，klassisch ↔ modern〈Sprachen 语言；die Römer，die Griechen，die Germanen 罗马人，希腊人，日耳曼人〉**13.** *nur attr，ohne Steigerung，nicht adv*（只作定语，无变级，不作状语）；durch das Alter wertvoll geworden 古的，陈的〈Münzen，Porzellan，Wein 钱币，瓷器，葡萄酒〉**14.** *nur attr，ohne Steigerung，nicht adv*（只作定语，无变级，不作状语）；(von früher her) bekannt 自古有名的 ≈ vertraut，gewohnt：*Ihnen bot sich das alte Bild* 他们眼前呈现出一幅古代名画 **15.** *nur attr，ohne Steigerung，nicht adv*（只作定语，无变级，不作状语）；ehemalig，von früher 过去的，从前的，早先的〈ein Kollege，ein Schüler，ein Lehrer 同事，学生，老师；e-e Wohnung，e-e Rechnung 住房，账单〉**16.** *mst* 多用 ***Na，alter Junge/Freund/Knabe，wie gehts?*** *gespr*［口］；

verwendet, um j-n auf vertrauliche Weise anzureden（表示亲密的称呼）喂，老兄（老弟）/老朋友/老小子，好吗？‖ NB（注意）：nur von Männern gebraucht（只有男人使用）**17.** *nur attr, ohne Steigerung, nicht adv*（只作定语，无变级，不作状语）；*gespr pej*［口］［贬］；verwendet, um ein Schimpfwort, e-e negative Charakterisierung e-r Person zu intensivieren（表示加强粗俗、贬义的语气）老的，不折不扣的，十足的〈dieser alte Gauner, Geizkragen, Schwätzer, Egoist 这个老流氓，十足的守财奴，典型的牛皮大王、小气鬼；diese alte Hexe, Ziege, Schlampe! 这个老巫婆，十足的臭婆娘，典型的邋遢女人！〉‖ ID［谚］**(ganz schön) alt aussehen** *gespr*［口］；ziemlich große Probleme haben 形象不佳，给人印象不好，情况很糟 ≈ keine gute Figur machen；*mst* 多用 **Hier werde ich nicht alt!** *gespr*［口］；hier bleibe ich nicht lange 这里我不会久留；*mst* 多用 **etw. macht j-n alt** *gespr*［口］；etw. (*z.B.* e-e Frisur, ein Kleid) lässt j-n älter aussehen, als er in Wirklichkeit ist 某物（发型、连衣裙）使人老相；**Alt u. Jung** alte u. junge Menschen, alle 老老少少，人人：*Er ist beliebt bei Alt u. Jung* 人人都喜欢他；*mst* 多用 **Es bleibt alles beim Alten** nichts wird sich ändern 一切照旧，一切依然如故；**immer noch der / die Alte sein** *gespr*［口］；sich nicht verändert haben 还是老样子，没变样

alt- *im Adj, wenig produktiv, ohne Steigerung, nicht adv*（构成形容词，构词弱，无变级，不作状语）；seit Langem 早已…，很久以来…；**altbekannt**〈e-e Tatsache 事实〉，**altbewährt**〈ein Hausmittel, ein Prinzip 家备药物，原则〉，**alteingeführt**〈e-e Firma, Bräuche 公司，习俗〉，**alteingesessen**〈e-e Familie 家庭〉，**altgewohnt**〈die Umgebung 环境〉，**altvertraut**

Alt *der*; *-(e)s*; *nur Sg*, MUS（只用单数）【音】**1.** e-e tiefe Singstimme bei Frauen od. Jungen 女低音或童声低音（声部）〈Alt singen 唱女低音（或童声低音）〉**2.** die Gesamtheit der tiefen Frauen- od. Knabenstimmen e-s Chors 女或童（声）低音合唱：*Der A. setzte zu spät ein* 女或童（声）低音合唱开始太晚 **3.** e-e bestimmte, relativ hohe Stimme bei Blasinstrumenten 管乐中音 ‖ K-（复合）：**Alt-**, **-flöte**, **-klarinette**, **-posaune**, **-saxophon**

Alt- *im Subst, betont, begrenzt produktiv*（构成名词，重读，构词有限）**1.** verwendet, um auszudrücken, dass etw. bereits benutzt wurde u. jetzt Abfall ist, den man aber noch einmal für andere Zwecke bearbeiten od. verwenden kann 废旧的…，用旧的…；das **Alteisen**, das **Altglas**, die **Altkleider**, das **Altmetall**, das **Altöl**, das **Altpapier**, der **Altreifen**, die **Altwaren** **2.** ≈ ehemalig, Ex-; der **Altbundeskanzler**, der **Altbundespräsident**, der **Altbürgermeister**

alt·an·ge·stammt, alt·an·ge·stammt *Adj*（形）；*ohne Steigerung, nicht adv*（无变级，不作状语）；seit Langem existierend u. fest verwurzelt 祖传的，世袭的，世代相传的 ↔ neuerworben〈Rechte 权利〉

Al·tar *der*; *-(e)s, Al·tä·re* **1.** e-e Art Tisch (aus Holz od. Stein) in christlichen Kirchen, auf dem die Hostien u. der Wein für das Sakrament des Abendmahls vorbereitet werden 圣坛，圣餐台〈ein geschnitzter A. 雕刻的圣坛；an den, vor den, zum A. treten 走向圣坛〉‖ K-（复合）：**Altar-**, **-bild**, **-gemälde**, **-leuchter**, **-raum** **2.** e-e Art Tisch, auf dem e-m (heidnischen) Gott das Opfer dargebracht wird 祭坛〈j-n auf dem A. opfern 在祭坛上供奉某人〉：*der A. des Zeus* 宙斯（希腊神话中的主神）祭坛 ‖ ID［谚］**e-e Frau zum A. führen** *geschr*［书］；e-e Frau heiraten 娶妻，娶媳妇

alt·ba·cken *Adj*（形）**1.** *nicht adv*（不作状语）；nicht mehr frisch 不再新鲜的，陈的〈Brot, Plätzchen 面包，小糕点〉**2.** *pej*［贬］≈ altmodisch ↔ modern〈a. gekleidet sein 穿戴不时髦〉；*Seine Ansichten sind ein wenig a.* 他的看法有点过时（落后）

Alt·bau *der*; *-s, -ten*; ein Haus, das *mst* schon vor dem Zweiten Weltkrieg gebaut wurde（多指第二次世界大战前的）旧建筑，旧房子，旧住宅 ↔ Neubau ‖ K-（复合）：**Altbau-**, **-sanierung**, **-siedlung**, **-wohnung**

Al·te[1] *der*; *-n, -n* **1.** ein alter Mann 老汉，老翁 ≈ Greis **2.** *gespr pej*［口］［贬］；(von Jugendlichen verwendet)（年轻人用语）≈ Vater：*Mein Alter hat was dagegen* 我老爹有点不同意 **3.** *gespr pej*［口］［贬］≈ Ehemann：*Mein Alter sitzt dauernd vor dem Fernseher* 我老伴一直坐在电视机前 ‖ NB *zu*（注意，义项）**2.** u. **3**：*mst* mit e-m Possessivpronomen, nicht mit dem unbestimmten Artikel verwendet（多与物主代词连用，不与不定冠词连用）**4.** *gespr pej*［口］［贬］≈ Vorgesetzter, Chef：*Ist der A. schon da?* 头儿（上司）来了吗？‖ NB（注意）：*mst* mit dem bestimmten Artikel verwendet（多与定冠词连用）**5.** *mst* 多用 **wie ein Alter**〈reden 讲话〉wie ein Erwachsener 像一位大人 ‖ NB（注意）：*ein Alter; der Alte; den, dem, des Alten*

Al·te[2] *die*; *-n, -n* **1.** e-e alte Frau 老妇 ≈ Greisin **2.** *gespr pej*［口］［贬］；(von Jugendlichen verwendet)（年轻人用语）≈ Mutter：*Meine A. hat sich ganz schön aufgeregt* 我老妈很激动 **3.** *gespr pej*［口］［贬］≈ Ehefrau：*Meine A. sitzt schon wieder vor dem Spiegel* 我老婆（或那口子）又坐在镜子前了 ‖ NB（注意）*zu*（义项）**2.** u. **3**：*mst* mit e-m Possessivpronomen, nicht mit dem unbestimmten Artikel verwendet（多与物主代词连用，不与不定冠词连用）**4.** *gespr pej*［口］［贬］≈ Vorgesetzte, Chefin：*Hast du die A. heute schon gesehen?* 你今天看见头儿了吗？**5.** ZOOL【动】；das Muttertier 母兽：*Die A. säugt ihre Jungen* 母兽在给她的幼畜哺乳 ‖ NB（注意）*zu*（义项）**4.** u. **5.**：*mst* mit dem bestimmten Artikel verwendet（多与定冠词连用）

Al·te[3] *das*; *-n*; *nur Sg, Kollekt*（只用单数，集合）；Dinge, Gebräuche u. Gewohnheiten aus früheren Zeiten 旧事物，旧习俗，旧习惯〈am

Alten hängen 依恋旧习俗；dem Alten nachtrauern 缅怀旧的习俗〉‖ NB(注意)：*Altes*；*das Alte*；*dem*，*des Alten*

Al·ten *die*；*Pl*(复) **1.** alte Menschen 老人，老年人 ‖ K-(复合)：***Alten-***，***-betreuung***，***-club***，***-pflege***，***-pfleger***，***-tagesstätte***，***-wohnheim*** **2.** *gespr pej*［口］［贬］；(von Jugendlichen verwendet)(年轻人用语) ≈ Eltern **3.** ZOOL【动】；die Eltern e-s Tieres 公(畜)母畜：*Die A. füttern die Jungen* 公(畜)母畜喂养幼畜 ‖ NB(注意)*zu*（义项）**2.** u. **3**：*mst* mit e-m Possessivpronomen od. dem bestimmten Artikel verwendet(多与物主代词或定冠词连用)

Al·ten·heim *das*；ein Heim, in dem alte Menschen wohnen u. gepflegt u. betreut werden 敬老院，养老院

Al·ten·hil·fe *die*；ADM *geschr*【管理】［书］；die Unterstützung u. Betreuung alter u. *mst* kranker Menschen durch den Staat, die Kirche *o.Ä.*(由国家、教会对老年人的)养老救济

Al·ten·teil *das*；die Leistungen (*z.B.* Wohnrecht, Unterhalt, Geldrente), die *mst* ein Bauer laut Vertrag bis ans Ende seines Lebens von dem bekommt, dem er seinen Hof übergeben hat 终老财产(根据合同农民生前从其庄园继承人那里获得的住房权、赡养费、养老金) ‖ ID［谚］***sich aufs A. zurückziehen/setzen*** nicht mehr aktiv am öffentlichen Leben teilnehmen(因年迈离职)退下来了，功成身退

Al·ter *das*；*-s*；*nur Sg*(只用单数) **1.** die Anzahl der Jahre, die man/ein Tier bereits gelebt hat 年龄，年岁〈j-n nach seinem A. fragen 问某人的年龄；j-s A. schätzen 估计某人的年龄〉：*Er starb im A. von 60 Jahren* 他终年 60 岁；*im (zarten) A. von acht Jahren* 八岁时 ‖ K-(复合)：***Alters-***，***-gruppe***，***-stufe*** **2.** ein Stadium des Lebens, in dem man ein gewisses A. (1) erreicht hat 年龄期(指达到某一年龄的生命阶段)〈ins schulpflichtige, heiratsfähige A. kommen 进入或达到学龄、婚龄；ein schwieriges, gefährliches A. 更年期；im fortgeschrittenen, hohen, kritischen A. sein 上了年纪，高龄，发育期或更年期〉：*Mein Opa ist im hohen A. noch sehr rüstig* 我爷爷虽年事已高，却仍然很硬朗 ‖ -K(复合)：***Baby-***，***Erwachsenen-***，***Greisen-***，***Jugend-***，***Kindes-*** **3.** die Zeit, seit der e-e Sache existiert 年代，年份：*das A. e-s Kunstgegenstandes*，*e-r Handschrift schätzen*，*bestimmen* 估计、确定艺术品的年份、手迹的年份 **4.** der letzte Abschnitt des Lebens, in dem man bereits e-e hohe Anzahl von Lebensjahren hat 晚年，老年〈vom A. gebeugt sein 因年老而弯腰驼背〉：*Im A. lässt oft die Konzentration nach* 人老了，注意力常常集中不了 ‖ K-(复合)：***Alters-***，***-beschwerden***，***-erscheinungen***，***-fürsorge***，***-rente***，***-schwäche***，***-starrsinn*** **5.** das lange Bestehen e-r Sache 年久，年头久远〈etw. ist durch sein / durch das A. abgenutzt, brüchig, verblichen, vergilbt, zerfressen 某物因年久已用坏了、易脆裂、褪色了、发黄了、腐蚀了〉 **6.** *Kollekt*(集合)；alte Menschen 老人，老年人 ↔ Jugend〈das A. achten, ehren 尊重、尊敬老人〉 **7.** Menschen mit e-m bestimmten A. (1) 一定年龄层的人：*Jedes A. war auf dem Familienfest vertreten* 在家庭节日上每个年龄层都有代表 **8.** ***ein biblisches A.***〈erreichen, haben 达到，享有〉ein sehr hohes A. (1) 高龄，高寿 **9.** *mst* 多用 ***ein Mann im besten A.*** *euph*［婉］；ein Mann im A. (2) von etwa 40 bis 60 Jahren 壮年男子，精壮年 ‖ ID［谚］***A. schützt vor Torheit nicht*** auch wenn man alt ist, macht man oft noch Dummheiten 人老非圣贤，孰能无过 ‖ *zu*（义项）**2.** u. **4.** **al·ters·be·dingt** *Adj*(形)

äl·ter *Adj*(形)；**1.** *Komparativ*(比较级)；↑ **alt** **2.** *nicht adv*(不作状语)；ziemlich alt 年龄较大的：*ein älterer Mann* 一位年纪较大的男人；*Ihr Freund ist schon etwas ä.* 她朋友年龄大了点 **3.** *nicht adv*，*euph*(不作状语)［婉］≈ alt〈ein älterer Herr, e-e ältere Dame 一位年长的先生，一位年长的妇女；ältere Herrschaften 年长的男女宾客〉

Al·ter·chen (*das*)；*-s*；*nur Sg*，*hum od pej*(只用单数)［诙］或［贬］；verwendet als (vertrauliche) Anrede für e-n alten Mann(表示对老人的亲密称呼)老大爷，老爷爷

Äl·te·re *der*；*-n*，*-n*；*hist*［历］；*Name* 姓名 + ***der Ä.*** verwendet, um von zwei berühmten, miteinander verwandten Personen, die den gleichen Namen haben, diejenige zu bezeichnen, die früher geboren wurde(表示对两位著名的、同姓亲属中的年长者的称呼)老，大 ↔ Jüngere：*Johann Strauß der Ä.* 约翰·施特劳斯(老)或老约翰·施特劳斯 ‖ NB(注意)：*der Ältere*；*den*，*dem*，*des Älteren*

al·tern；*alterte*，*hat/ist gealtert*；**Vi**(不及物) **1.** (*ist*) (sichtlich) älter, alt werden 渐渐变老，日趋衰老〈Menschen 人〉：*e-e alternde Diva* 一位日趋衰老的女明星；*Er ist in den letzten Jahren stark gealtert* 近几年他明显变老了 **2.** ***etw. altert*** (*ist/hat*) etw. verändert seine Eigenschaften u. seine Qualitäten im Verlauf e-s bestimmten Zeitraums(物作主语)老化〈Stoffe, Produkte 材料，产品〉：*gealterter* (= lange gelagerter) *Wein* 陈年老酒 ‖ *hierzu*(派生) **Al·te·rung** *die*；*nur Sg*(只用单数) ‖ ▶ ***überaltert***

al·ter·na·tiv [-f] *Adj*(形) **1.** *geschr*［书］；〈ein Konzept, ein Plan, ein Programm 草案，计划，节目〉so, dass sie e-e zweite Möglichkeit darstellen 二者择一的：*Es stehen a. zwei Vorschläge zur Wahl* 有两个建议可供选择其中之一 **2.** in starkem Gegensatz zu dem stehend, was bisher üblich war 不同以往的，不同寻常的，与以往具有强烈对比的、迥然不同的〈e-e Politik, e-e Ernährungsweise 政策，营养方式；Energiequellen, Lebensformen 能源，生活方式〉‖ K-(复合)：***Alternativ-***，***-energie***，***-medizin***，***-szene*** **3.** mit dem Ziel, die Umwelt zu schonen u. zu schützen u. dafür auf zu viel Konsum u. Technik zu verzichten 择新的，回归自然的，有环保意识的〈ein Leben, ein Mensch

生活，人；a. denken，leben，wohnen 考虑问题、生活、居住具有环保意识〉‖ *zu*（义项）**3. Al·ter·na·ti·ve** *der/die*；*-n*，*-n*

Al·ter·na·ti·ve [-və] *die*；*-*，*-n*；*geschr*［书］**1.** die Entscheidung od. Wahl zwischen zwei Möglichkeiten，die sich gegenseitig ausschließen 抉择，二者择一〈sich vor e-e A. gestellt sehen 面临抉择〉：*Ich stehe vor der A.，entweder zu studieren od. e-e Lehre anzufangen* 我面临两种可能的抉择，要么上大学，要么当学徒 **2.** e-e（von mehreren）andere(n) Möglichkeit(en) 其他可能，其他途径，其他选择：*Sonnen- u. Windenergie als Alternativen zur Atomenergie* 太阳能与风能是不同于原子能的另一种选择

al·ter·nie·ren；*alternierte*，*hat alterniert*；Vi（不及物）**etw. alterniert mit etw.**；**etw. u. etw. alternieren**（**miteinander**）*geschr*［书］；zwei Dinge folgen abwechselnd aufeinander，wechseln sich ab(物作主语)单：与…交替、变换、更迭；复：相互（或彼此）交替、变换、更迭：*In dem Gemälde alternieren helle u. dunkle/helle mit dunklen Farben* 在油画画面上明暗的色调相互映衬

al·ters *nur in* 只用于 **von a./seit a. her** *lit od veraltend*［文］或［渐旧］；schon immer，von jeher 自古以来，历来

al·ters·ab·hän·gig *Adj*（形）；vom Alter bestimmt 与年龄有关的，取决于年龄的：*e-e altersabhängige Gehaltszulage* 与年龄有关的工资补助

Al·ters·ge·nos·se *der*；j-d，der das gleiche Alter hat 同龄人：*Sie spielt nicht gern mit Altersgenossen，sondern am liebsten mit älteren Kindern* 她不爱和同龄人一起玩，而更喜欢和年纪大一点的孩子玩 ‖ *hierzu*（派生）**Al·ters·ge·nos·sin** *die*

al·ters·grau *Adj*(形)；〈Menschen，Haare 人，头发〉grau vom hohen Alter 年老灰白的，两鬓苍苍的

Al·ters·gren·ze *die* **1.** das Alter，ab dem man etw. tun od. nicht mehr tun darf/kann 法定年龄〈e-e A. festlegen 规定法定年龄〉：*Die A. für das aktive Wahlrecht liegt bei 18 Jahren* 有选举权的法定年龄为 18 岁 **2.** das Alter，ab dem man（normalerweise）e-e Rente od. Pension bekommt(通常指）退休年龄〈die A. erreichen 达到退休年龄〉：*Die A. für Frauen wurde auf 60 Jahre heruntergesetzt* 妇女退休年龄已降到 60 岁

Al·ters·grün·de *die*；*Pl*(复)；*mst in* 多用于 ***aus Altersgründen*** weil man ein relativ hohes Alter erreicht hat 因年事已高：*aus Altersgründen ein Amt niederlegen* 因年事已高而卸任

Al·ters·heim *das* ≈ Altenheim

Al·ters·jahr *das*；CH［瑞］≈ Lebensjahr

Al·ters·klas·se *die* **1.** *Kollekt*（集合）；Personen，die（etwa）das gleiche Alter haben 同龄组 ≈ Altersgruppe **2.** SPORT【体】；e-e Kategorie für die Sportler，die etwa das gleiche Alter haben（*z. B.* Senioren，Junioren）年龄级(别)（如：老年级，青年级）

Al·ters·prä·si·dent *der*；das älteste Mitglied e-s Vereins od. e-s Parlaments，das so lange den Vorsitz hat，bis der gewählte Präsident das Amt übernimmt 名誉会长，名誉议长(社团或议会中资格最老的成员在选出正式议(会)长之前主持工作)

al·ters·schwach *Adj*（形）**1.**（von Personen）aufgrund des hohen Alters körperlich nicht mehr in guter Verfassung 年老体弱的，年老力衰的 ≈ gebrechlich **2.** *gespr*，*mst hum*［口］多用［诙］；〈ein Auto，ein Tisch 汽车，桌子〉schon relativ alt u. deshalb nicht mehr voll funktionsfähig 老掉牙的，老朽破旧的，老得不中用的 ‖ *hierzu*（派生）**Al·ters·schwä·che** *die*；*nur Sg*(只用单数)

Al·ters·ver·sor·gung *die*；die finanzielle Versorgung alter Menschen durch e-e Versicherung，Rente od. durch private Fürsorge 养老保险金

Al·ter·tum *das*；*-s*，*Al·ter·tü·mer* **1.** *nur Sg*（只用单数）；der älteste historische Zeitabschnitt e-r Kultur od. e-s Volkes，*bes* in Europa 古代(尤指欧洲的文化或民族的最古老的历史时期) ↔ Mittelalter，Neuzeit **2.** *nur Sg*(只用单数)；die älteste historische u. kulturelle Epoche der Griechen u. Römer 古代，古典(希腊、罗马的最古老的历史和文化时代) ≈ Antike **3.** *nur Pl*(只用复数)；die Überreste（*bes* Monumente，Kunstgegenstände）aus dem A.（1）古物，古董，古代文物〈Altertümer sammeln 收集古物〉‖ K-(复合)：***Altertums-***，***-forscher***，***-kunde***，***-wissenschaft***

al·ter·tüm·lich *Adj*（形）**1.** aus früher Zeit，charakteristisch für e-e vergangene Zeit 古代的，古风的，古色古香的，古雅的，古朴的 ↔ modern〈ein Bauwerk 建筑；e-e Schreibweise 书法〉**2.** *pej*［贬］≈ altmodisch ↔ modern〈Vorstellungen，Ansichten 想法，意见〉

Al·ter·tums·wert *der*；*mst in* 多用于 ***etw. hat/besitzt A.*** **a)** etw. ist aufgrund des Alters besonders wertvoll 某物(因年代悠久而)价值连城，价值千金〈Gegenstände 物品〉：*Diese Vase hat A.* 这个花瓶价值连城；**b)** *gespr hum*［口］［诙］；verwendet，um auszudrücken，dass etw. sehr alt（u. daher altmodisch）ist 某物老掉牙，是老古董：*Dein Auto hat auch schon fast A.*！你的汽车几乎已成了老古董了！

Äl·tes·te *der/die*；*-n*，*-n* **1.** das älteste Mitglied od. Oberhaupt e-r Gemeinschaft，Gemeinde(社团、地区的)长老，元老，领头 ‖ -K(复合)：***Dorf-***，***Gemeinde-*** **2.** *gespr*［口］；der älteste Sohn，die älteste Tochter 长子，长女：*Unsere Ä. heiratet demnächst* 我们的大女儿马上要结婚了 ‖ NB(注意)：*ein Ältester*；*der Älteste*；*den*，*dem*，*des Ältesten*

Äl·tes·ten·rat *der* **1.** die Gruppe der Ältesten e-r Gesellschaft od. e-s Naturvolkes，die über Fragen des Zusammenlebens entscheidet(原始部落的)长老会(议) **2.** *nur Sg*，Ⓓ（只用单数）［德］ein Organ，das aus Mitgliedern der Parteien besteht，die im Bundestag vertreten sind，und unter anderem die Aufgabe hat, den Bundestagspräsidenten bei seiner Arbeit zu unterstützen(德国)元老会(由联邦议会的党团代表所组成的,协助联邦议长的机构)

Äl·tes·ten·recht *das*; *nur Sg*(只用单数); e-e rechtliche Regelung, nach der der älteste Sohn Anspruch auf das Erbe (des Vaters) hat 长子继承权

alt·ge·dient *Adj*(形); *ohne Steigerung*, *nicht adv*(无变级,不作状语); lange im Dienst gewesen 长期服役的,老的〈ein Soldat 士兵〉

Alt·glas *das*; *nur Sg*(只用单数); bereits verwendete Flaschen u. Gläser, die gesammelt u. wiederverwendet werden 废玻璃 ‖ K-(复合): ***Altglas-***, ***-behälter***, ***-sammlung***, ***-verwertung***

Alt·gold *das* **1.** Gold, das (durch chemische Behandlung) e-e dunklere Farbe bekommen hat(经化学处理后变暗色的金)古金 **2.** bereits verarbeitetes Gold, aus dem neue Gegenstände gemacht werden können(经过加工可制作新金器的)旧金

alt|her·ge·bracht *Adj*(形); *ohne Steigerung*, *nicht adv*(无变级,不作状语); seit langer Zeit vorhanden u. üblich 传统的,沿袭下来的,惯例的 ≈ traditionell〈Sitten, Vorstellungen 风俗,观念〉

alt·hoch·deutsch *Adj*(形); LING【语】; verwendet als Bezeichnung für die älteste Stufe der hochdeutschen Dialekte vom 8 bis 11 Jahrhundert 古高地德语时期的; *Abk*(缩写) ahd. ‖ *hierzu*(派生) **Alt·hoch·deutsch** *das*; **Alt·hoch·deut·sche** *das*

alt·jüng·fer·lich, **alt·jüng·fer·lich** *Adj*(形); *ohne Steigerung*(无变级); wie e-e alte Jungfer, übertrieben ängstlich u. *mst* etwas altmodisch 老处女似的,(性情)乖僻的〈e-e Frau, ein Benehmen 女人,举止; sich a. kleiden 穿着怪僻〉

Alt·klei·der|samm·lung *die*; e-e (öffentliche) Sammlung von bereits getragener Kleidung (die *z.B.* an Arme u. Obdachlose gegeben wird)(为穷人和无家可归者)收集旧衣服

alt·klug, *altkluger*, *altklugst-*; *Adj*(形); *pej*[贬]; in Sprache u. Verhalten e-m Erwachsenen ähnlich 早熟的,少年老成的,老气的 ≈ vorlaut〈Kinder 儿童〉; *a. reden*, *antworten* 说话、回答问题很老气 ‖ *hierzu*(派生) **Alt·klug·heit** *die*; *nur Sg*(只用单数)

Alt·last *die*; *mst Pl*(多用复数); Flächen, die durch giftige Abfälle, die früher dort gelagert wurden, verseucht sind od. diese Abfälle selbst 受污场地或有毒废料〈Altlasten aufbereiten, beseitigen, sanieren 净化处理、清除、消毒受污场地(或有毒废料)〉 ‖ K-(复合): ***Altlasten-***, ***-problem***

ält·lich *Adj*(形); *oft euph* 常用[婉]; (schon) mit einigen Merkmalen des Alters, nicht mehr ganz jung (aussehend) 老相的,不再年轻的〈ein Fräulein, ein Herr, e-e Dame 小姐,先生,女士; ä. aussehen 看上去老相〉

alt·ma·chen ↑ ***alt*** ID

Alt·ma·te·ri·al *das*; alte Sachen (*z. B.* Papier, Gegenstände aus Metall), die wiederverwendet werden können (可再利用的)旧料,废料 ‖ K-(复合): ***Altmaterial-***, ***-sammlung***

Alt·meis·ter *der* **1.** der bedeutendste (*mst* ältere od. verstorbene) Vertreter e-s Berufszweiges (*bes* in der Kunst od. Wissenschaft)一代巨匠,巨擘,名家,名流,大师(尤指艺术或科学上的) **2.** SPORT【体】; ein Sportler, e-e Mannschaft od. ein Verein, die früher e-e Meisterschaft gewonnen haben 冠军元老 ‖ *hierzu* (派生) **Alt·meis·te·rin** *die*

alt·mo·disch *Adj*(形) **1.** nicht (mehr) der aktuellen Mode entsprechend 不时髦的,古板的,旧式的 ↔ modern, modisch〈Kleidung, Möbel 衣服,家具〉; *a. gekleidet sein* 穿着不时髦 **2.** konservativ, nicht mehr der gegenwärtigen Zeit angemessen 保守的,不合时宜的,守旧的,背时的〈Ansichten, Sitten 意见,风俗〉: *Seine Eltern sind ein wenig a.* 他的父母有点守旧

Alt·pa·pier *das*; *nur Sg*(只用单数); gebrauchtes Papier, das gesammelt u. so bearbeitet wird, dass man es wiederverwenden kann 废纸,旧纸 ‖ K-(复合): ***Altpapier-***, ***-sammlung***

Alt·phi·lo·lo·ge[-f-] *der*; j-d, der die Sprache (Griechisch u./od. Latein) u. Literatur der klassischen Antike studiert (hat)古典语言文学(指希腊、拉丁语及古典文学)工作者,学者 ‖ *hierzu*(派生) **Alt·phi·lo·lo·gin**[-f-] *die*; **Alt·phi·lo·lo·gie** *die*; *nur Sg*(只用单数)

Al·tru·is·mus *der*; -; *nur Sg*, *geschr*(只用单数)[书]; e-e Art zu denken u. zu handeln, die das Glück u. Wohl anderer als das Wichtigste betrachtet 利他主义,舍己为人的精神(以利人为己任的思想、行为) ↔ Egoismus ‖ *hierzu*(派生) **Al·tru·ist** *der*; *-en*, *-en*; **Al·tru·is·tin** *die*; -, *-nen*; **al·tru·is·tisch** *Adj*(形)

Alt·schnee *der*; Schnee, der vor einiger Zeit gefallen u. auf der Erde liegen geblieben ist 积雪 ↔ Neuschnee

Alt·sil·ber *das* **1.** Silber, das (durch chemische Behandlung) e-e dunklere Farbe bekommen hat(经化学处理后变暗色的银)古银 **2.** bereits verarbeitetes Silber, aus dem neue Gegenstände gemacht werden können (经过加工可制作新银器的)旧银

Alt·stadt *die*; der älteste (*mst* historische) Teil e-r Stadt 旧城,老城(区)〈in der A. wohnen 住在老城区〉 ‖ K-(复合): ***Altstadt-***, ***-sanierung***

alt·tes·ta·men·ta·risch *Adj*(形); nach der Art des Alten Testaments, im Alten Testament (vorkommend)旧约中的,按旧约的

Alt·wa·ren *die*; *Pl*(复合); gebrauchte Gegenstände, *z.B.* Möbel, Geschirr 旧货(如:家具,餐具) ‖ K-(复合): ***Altwaren-***, ***-händler***

Alt·wei·ber|som·mer *der*; e-e Zeit im Herbst, in der das Wetter noch so schön wie im Sommer ist 晴和的秋日,小阳春

Alu *das*; *-s*; *nur Sg*, *gespr*, *Kurzw* (只用单数)

[口](略) ↑ ***Aluminium*** ‖ K-(复合): ***Alu-***, ***-felge***, ***-folie***, ***-rad***

Alu·mi·ni·um *das*; *-s*; *nur Sg*(只用单数): ein silbriges, fast weißes (Leicht) Metall, aus dem *z.B.* Fahrräder, Flugzeugteile u. Kochtöpfe hergestellt werden 铝; CHEM【化】Al ‖ K-(复合): ***Aluminium-***, ***-blech***, ***-folie***

Alz·hei·mer; (*die*); *-*; *nur Sg*, *gespr*(只用单数)(口); e-e Krankheit des Gehirns, bei der man allmählich das Gedächtnis verliert u. schließlich völlig hilflos wird 痴呆症 ≈ Alzheimerkrankheit

am *Präp mit Artikel* (介与冠词合写) ≈ an dem ‖ NB(注意): *am* kann nicht durch *an dem* ersetzt werden (*am* 不能用 *an dem* 替代) **a)** in geographischen Namen und Ausdrücken (用于地名和术语中): *Frankfurt am Main*, *Köln am Rhein*, *am Meer*, *am Äquator*, *am Fuß des Berges* 美因河畔的法兰克福, 莱茵河畔的科隆, 海边, 赤道旁, 山脚下; **b)** in Datumsangaben(用于日期): *am Dienstag*, *dem/den vierten März* 3月4日星期二; *am 20 Mai* 5月20日; **c)** in Wendungen wie(用于词组): *am Ende*, *am Ziel sein*, *am Werk (sein)*, *etw. am Rande bemerken*, *am angegebenen Ort* 最后, 到达目的地, 正在工作, 将某事注在边上, 在指定地点; *am Zuge sein*, *etw. am Stück kaufen* 轮到(走棋), 买整块; **d)** in Superlativen(用于最高级): *Sie singt am schönsten* 她唱得最美 ‖ NB(注意): nur bei prädikativ u. adverbiell gebrauchtem Superlativ (只用于作表语和状语的最高级) ‖ ID[谚] ***am*** + *Infinitiv*(不定式) + ***sein*** *gespr* [口]; verwendet, um auszudrücken, dass man etw. gerade tut(表示正在干某事) ≈ beim + *Infinitiv* (不定式) + sein: *Ich bin gerade am Überlegen*, was *wir machen sollen* 我正在考虑我们该干什么

Amal·gam *das*; *-s*, *-e* **1.** CHEM【化】; e-e Mischung aus e-m Metall u. Quecksilber 汞齐, 汞合金: *e-e Zahnfüllung aus A.* 由汞合金制作的牙齿填料 ‖ K-(复合): ***Amalgam-***, ***-füllung*** ‖ -K(复合): ***Silber-*** **2.** *geschr*[书] ≈ Gemisch: *ein A. aus Epos u. Drama* 史诗和戏剧融为一体

Ama·teur [amaˈtøːɐ̯] *der*; *-s*, *-e* **1.** j-d, der e-e Tätigkeit nicht als Beruf, sondern nur als Hobby betreibt 业余爱好者 ↔ Professionelle(r) ‖ K-(复合): ***Amateur-***, ***-filmer***, ***-fotograf***, ***-funker*** **2.** ein aktiver Sportler (in e-m Verein), der für seine sportliche Tätigkeit nicht bezahlt wird 业余运动员 ↔ Profi ‖ K-(复合): ***Amateur-***, ***-boxer***, ***-fußball***, ***-fußballer***, ***-liga***, ***-mannschaft***, ***-sportler***, ***-status*** **3.** *pej* [贬]; j-d, der Anfänger od. Laie auf e-m Gebiet ist 外行, 门外汉 ≈ Dilettant ↔ Fachmann, Profi ‖ *zu* (义项) **3. ama·teur·haft** *Adj*(形); *pej*[贬]

Ama·zo·ne *die*; *-*, *-n* **1.** SPORT, *gespr*【体】[口]; e-e Reiterin 女骑手 **2.** (in der griechischen Mythologie) e-e Angehörige e-s kriegerischen Volkes von Frauen(希腊神话中一族女战士的成员)亚马孙女战士 **3.** *pej*[贬]; e-e sehr männlich wirkende Frau 男子气的女人, 假小子

Am·bi·gu·i·tät *die*; *-*, *-en*; *geschr* [书]; e-e Zwei- od. Mehrdeutigkeit 语义双关或歧义, 多义 ‖ *hierzu*(派生) **am·big** *Adj*(形)

Am·bi·ti·on [-ˈtsi̯oːn] *die*; *-*, *-en*; *mst Pl*(多用复数); ***Ambitionen*** (***auf etw.*** (*Akk* 四格)) ***haben*** mit viel Ehrgeiz ein bestimmtes Ziel erreichen wollen 对…怀有雄心壮志、有抱负、有志向、有进取精神 ⟨künstlerische, politische Ambitionen haben 有艺术志向、政治抱负⟩: *Er hat Ambitionen auf das Amt des Präsidenten* 他雄心勃勃想当主席

am·bi·ti·o·niert [-tsi̯o-] *Adj*(形); *geschr* [书] ≈ ehrgeizig

am·bi·va·lent [-vaˈlɛnt] *Adj* (形); *ohne Steigerung*, *geschr*(无变级)[书]; ⟨e-e Meinung, ein Gefühl 意见, 感情⟩ so, dass sie in verschiedene Richtungen gehen u. sich selbst oft widersprechen 有矛盾心态的, 自我矛盾的 ‖ *hierzu*(派生) **Am·bi·va·lenz** *die*; *-*, *-en*

Am·boss *der*; *-es*, *-e* **1.** ein eiserner Block mit e-r ebenen Fläche, auf dem der Schmied das (heiße) Eisen mit dem Hammer formt 铁砧 **2.** MED【医】; einer von drei kleinen Knochen im Ohr, die den Schall ins Innere des Gehörs weiterleiten 砧骨

am·bu·lant *Adj*(形) **1.** MED【医】; ⟨e-e Behandlung 治疗; e-n Patienten a. behandeln 对病人进行门诊治疗⟩ so, dass der Patient dabei nicht im Krankenhaus bleiben muss 门诊的 ↔ stationär **2.** von Ort zu Ort unterwegs 活动的, 流动的, 巡回的 ⟨Handel, ein Gewerbe 商业, 手工业⟩

Am·bu·lanz *die*; *-*, *-en*; MED【医】**1.** ≈ Krankenwagen, Rettungswagen **2.** e-e Abteilung in e-m Krankenhaus, in der die Patienten ambulant (1) behandelt werden 门诊部

Amei·se *die*; *-*, *-n*; ein kleines, rotbraunes od. schwarzes Insekt, das in gut organisierten Gemeinschaften lebt u. *mst* Bauten in Form von Hügeln (auf dem/im Boden) errichtet 蚂蚁 ⟨fleißig, emsig sein wie e-e A. 像蚂蚁一样勤劳, 勤奋⟩: *In diesem Wald wimmelt es von Ameisen* 这片森林里蚂蚁成堆 ‖ K-(复合): ***Ameisen-***, ***-gift***, ***-staat***

Amei·sen·bär *der*; ein südamerikanisches Säugetier mit langer, klebriger Zunge (u. rüsselförmiger Schnauze), das sich von Ameisen u. Termiten ernährt 食蚁兽科

Amei·sen|ei *das*; *mst Pl*, *gespr*(多用复数)[口]; eine der Puppen² der Ameisen 蚁卵

Amei·sen·hau·fen *der*; e-e Art kleiner Hügel (aus kleinen Pflanzenteilen u. Erde), in dem Ameisen leben 蚁封, 蚁垤

Amei·sen·säu·re *die*; *nur Sg*(只用单数); e-e organische Säure, die *z.B.* im Gift der Ameisen vorkommt 蚁酸, 甲酸

amen REL【宗】; verwendet als Schlusswort nach dem Gebet, der Predigt od. dem Segen（祈祷、布道、祝福结束用语）阿门

Amen *das*；*-s*；*nur Sg*，REL（只用单数）【宗】；das Schlusswort des Gebets, der Predigt od. des Segens 阿门〈das A. sagen 说阿门〉‖ ID［谚］*mst* 多用 ***Das ist so sicher wie das A. in der Kirche*** *gespr*［口］；das trifft ganz sicher zu 这是确实无疑的（万无一失的）；***sein A.（zu etw.）geben*** *gespr*［口］；seine Zustimmung（zu etw.）geben（对某事）表示同意；***zu allem Ja / ja u. A. / a. sagen*** *gespr*；（kritiklos）alles akzeptieren 对一切欣然都同意

Ame·ri·ka（*das*）；*-s*；*nur Sg*（只用单数）**1.** der zweitgrößte Kontinent der Erde 美洲 ‖ -K（复合）：***Mittel-，Nord-，Süd-*** **2.** *gespr*［口］≈ USA ‖ *zu*（义项）**1.** u. **2.** ↑ *NB unter*（注意，见）***Anhang（1）*** ‖ *zu*（义项）**2. Ame·ri·ka·ner** *der*；*-s*，*-*；**Ame·ri·ka·ne·rin** *die*；*-*，*-nen*；**ame·ri·ka·nisch** *Adj*（形）

Ame·ri·ka·ni·sie·rung *die*；*-*；*nur Sg*（只用单数）；der Vorgang od. die Handlung, bei denen die Verhältnisse in e-m Land nach dem Vorbild der USA gestaltet werden 美国化 ‖ *hierzu*（派生）**ame·ri·ka·ni·sie·ren**（*hat*）*Vt*（及物）

Ame·thyst *der*；*-(e)s*，*-e*；ein violetter Halbedelstein, der oft als Schmuck getragen wird 紫晶

Ami *der*；*-(s)*，*-(s)*；*gespr*，*oft pej*［口］常用［贬］；*Kurzw*（略）↑ ***Amerikaner***

Ami·no·säu·re *die*；CHEM【化】；eine der organischen Säuren 氨基酸

Am·man *der*；*-(e)s*，*Am·män·ner*；(CH)［瑞］≈ Bürgermeister ‖ -K（复合）：***Gemeinde-，Stadt-***

Am·me *die*；*-*，*-n*；e-e Frau, die ein fremdes Kind mit ihrer Muttermilch ernährt（u. es betreut）奶妈，乳母

Am·men·mär·chen *das*；e-e erfundene Geschichte, die nur ein naiver Zuhörer glauben kann 无稽之谈，不经之谈，痴人说梦话

Am·mo·ni·ak, Am·mo·ni·ak [-iak] *das*；*-s*；*nur Sg*（只用单数）；ein farbloses, scharf riechendes Gas aus Stickstoff u. Wasserstoff, das *z. B.* als Kühlmittel verwendet wird 氨 ‖ K-（复合）：***Ammoniak-，-salz***

Am·mo·ni·um [-i̯ʊm] *das*；*-s*；*nur Sg*（只用单数）；e-e Verbindung aus Wasserstoff u. Stickstoff, die sich bei chemischen Reaktionen wie ein Metall verhält 铵（基）；CHEM【化】NH_4

Am·ne·sie *die*；*-*，*-n* [-iːən]；MED【医】；ein teilweiser od. ganzer Verlust des Gedächtnisses 遗忘症 ≈ Gedächtnisschwund

Am·nes·tie *die*；*-*，*-n* [-iːən]；e-e（von der Legislative beschlossene）Aufhebung od. Milderung der Strafe für e-e Gruppe von *mst* politischen Häftlingen 大赦〈e-e A. erlassen, unter die A. fallen 颁布大赦，列入大赦〉‖ NB（注意）：im Unterschied zur A. entscheidet über e-e *Begnadigung bes* das Staatsoberhaupt（赦免（减刑）与大赦不同由国家元首决定）‖ *hierzu*（派生）**am·nes·tie·ren**（*hat*）*Vt*（及物）；**Am·nes·tie·rung** *die*

Amö·be *die*；*-*，*-n*；BIOL【生】；ein sehr kleines Lebewesen, das aus nur einer Zelle besteht, *mst* im Wasser lebt u. ständig seine Gestalt wechselt. Amöben können Krankheiten übertragen 阿米巴，变形虫 ‖ K-：***Amöben-，-ruhr***

Amok, Amok *nur in* 只用于 **1. *A. laufen*** in blinder, krankhafter Wut mit e-r Waffe umherlaufen u. töten 持枪狂奔乱杀无辜 ‖ K-（复合）：***Amok-，-lauf，-läufer，-schütze*** **2. *A. fahren*** sehr rücksichtslos mit dem Auto fahren u. dabei Unfälle verursachen 疯狂驾车制造车祸 ‖ K-（复合）：***Amok-，-fahrer，-fahrt***

amo·ra·lisch *Adj*（形）；〈ein Mensch, e-e Handlung 人，行为〉so, dass sie nicht an der herrschenden Moral orientiert sind 不道德的，无视道德规范的 ≈ unsittlich

amorph [-f] *Adj*（形）**1.** *geschr*［书］；nicht geformt, ohne Gestalt 无形状的，无定形的 ≈ formlos（1）〈e-e Masse 物体〉**2.** BIOL【生】；ohne feste Gestalt 无固定形体的，变形的〈Körperformen 体形〉：*E-e Amöbe ist a.* 阿米巴是无固定形体的

amor·ti·sie·ren；*amortisierte*，*hat amortisiert*；WIRTSCH【经】；[Vt]（及物）**1. *etw. a.*** （Geld-）Schulden nach e-m festen Plan allmählich zurückzahlen 分期偿还〈e-e Hypothek, ein Darlehen a. 分期偿还抵押金、贷款〉**2. *etw. a.*** Geld, das durch Ausgaben verloren ging, durch Gewinne zurückbekommen（从利润中）扣除，摊提，收回〈Kosten, Investitionen a. 扣除各种费用、投资〉；[Vr]（反身）**3. *etw. amortisiert sich*** etw. bringt die Kosten e-r Investition wieder ein（物作主语）收回〈e-e Anschaffung 设备购置费〉‖ *hierzu*（派生）**Amor·ti·sa·ti·on** *die*

amou·rös [amuˈrøːs] *Adj*（形）；*nicht adv*（不作状语）；in Form e-r flüchtigen sexuellen Beziehung 艳情的，风流的，桃色的〈*mst* ein Abenteuer 奇遇〉

Am·pel *die*；*-*，*-n* **1.** e-e（Signal）Anlage, die durch den Wechsel verschiedenfarbiger Lichter od. durch Blinken eines Lichts den Straßenverkehr *bes* an Kreuzungen regelt（十字路口管理交通的）信号灯：*Er bekam e-e Strafe, weil er bei Rot über die A. fuhr* 他挨罚款了，因为他开车闯红灯 ‖ -K（复合）：***Verkehrs-*** **2.** ein hängendes Gefäß für Zimmerpflanzen u. Blumen 花卉吊篮，花卉挂盆 ‖ -K（复合）：***Blumen-***

Am·pel·an·la·ge *die*；ADM *geschr*【管理】［书］≈ Ampel（1）

Am·pel·ko·a·li·ti·on *die*；POL【政】；e-e Koalition zwischen SPD, FDP u. Grünen 红、黄、绿联合执政（德国社会民主党、自由民主党和绿党联合执政）

Am·pere [amˈpɛːɐ] *das*；*-(s)*，*-*；die Einheit, in der man die Stärke des elektrischen Stroms misst 安培；PHYS【物】A：*Diese Sicherung ist mit 15 A. belastbar* 这种保险丝可

负荷15安培

Am·phi·bie [amˈfiːbiə] *die*; -, -*n*; ZOOL【动】; ein Tier (*z.B.* ein Frosch), das sowohl auf dem Land als auch im Wasser leben kann 两栖动物 ‖ *hierzu*(派生) **am·phi·bisch** *Adj*(形)

Am·phi·bi·en·fahr·zeug *das*; ein Fahrzeug, das man auf dem Land u. im Wasser verwenden kann 水陆两用汽车

Am·phi·the·a·ter [amˈfiː-] *das*; ein rundes od. ovales Bauwerk ohne Dach mit stufenförmig angeordneten Sitzreihen, das *bes* in der Antike für Wettkämpfe, Spiele u. Theateraufführungen benutzt wurde 圆形或椭圆形露天剧场: *Das Kolosseum in Rom ist das größte A. der Welt* 罗马的圆形剧场是世界上最大的露天剧场

Amp·li·tu·de *die*; -, -*n*; PHYS【物】; die Distanz zwischen der Mitte u. dem oberen od. unteren Maximum e-r Schwingung 振幅: *Die Lautstärke nimmt zu, wenn sich die A. der Schallwelle vergrößert* 声波振幅增大,音量也就增大

Am·pul·le *die*; -, -*n*; MED【医】; ein kleines Rohr aus Glas *mst* zur Aufbewahrung von sterilen Flüssigkeiten für Injektionen 安瓿(多用于盛装注射的药液)

am·pu·tie·ren; *amputierte*, *hat amputiert*; Vt/i (及物/不及物) ((***j-m***) ***etw.***) ***a.*** ein Körperteil durch eine Operation vom Körper abtrennen 截肢,切断,截断: *Die Ärzte mussten ihm den Finger a.* 医生不得不截去他的手指 ‖ *hierzu*(派生) **Am·pu·ta·ti·on** *die*; -, -*en*

Am·sel *die*; -, -*n*; ein mittelgroßer Singvogel. Das Männchen ist schwarz u. hat e-n gelben Schnabel 乌鸫

Amt *das*; -(*e*)*s*, *Äm·ter*; **1.** e-e offizielle Stellung (*z.B.* beim Staat, in der Kirche), die mit bestimmten Aufgaben u. Pflichten verbunden ist 职务,职位,公职 ⟨ein ehrenvolles, verantwortungsvolles Amt 光荣的、责任重大的职务; ein Amt antreten, ausüben, bekleiden, innehaben, übernehmen 就任、行使、担任、接任职务; sein Amt niederlegen, zur Verfügung stellen 不再任职(卸任),提供职位; j-m ein Amt anvertrauen 将职务委托某人; j-n seines Amtes entheben 解除某人的职务; für ein Amt kandidieren 竞选某一职务; sich um ein Amt bewerben 谋求职务⟩: *j-n für das Amt des Parteivorsitzenden suchen* 找某人担任党主席的职位 ‖ K-(复合): ***Amts-***, ***-antritt***, ***-eid***, ***-kollege***, ***-missbrauch***, ***-niederlegung***, ***-periode***, ***-vorgänger***, ***-zeit*** **2.** e-e Aufgabe od. Verpflichtung, die j-d übernommen hat 责任,任务,职责: *Er übt sein Amt als Jugendleiter gewissenhaft aus* 作为青年的领导人他认真地履行自己的职责; *Ich habe das schwere Amt, die Todesnachricht zu überbringen* 我的艰巨任务是转告噩耗 **3.** ADM【管理】; e-e öffentliche (zentrale od. örtliche) Institution 部,厅,局,处,所,机关 ≈ Behörde ⟨ein Amt einschalten 设部门⟩: *das Amt für Forstwirtschaft* 林业局 ‖ K-(复合): ***Amts-***, ***-arzt***, ***-bezirk***, ***-gang***, ***-inhaber***, ***-vorsteher***, ***-zimmer*** ‖ -K(复合): ***Arbeits-***, ***Gesundheits-***, ***Landrats-***, ***Schul-*** **4.** ein Gebäude, in dem ein Amt (3) ist 办公大楼 ⟨auf ein Amt gehen 去上班⟩ **5.** ***Auswärtiges Amt*** verwendet als offizielle Bezeichnung für das Außenministerium 外交部 ‖ ID[谚] ***in Amt u. Würden*** *oft iron* 常用[讽]; in e-r gesicherten beruflichen Stellung 有职有权,身居要职; *mst* 多用 ***kraft meines Amtes*** (***als***) *geschr veraltend*[书][渐旧]; aufgrund meiner Stellung (als)以自己的官方身份,根据自己的职权; ***von Amts wegen*** *geschr*[书]; im Auftrag e-s Amtes (3) od. aus beruflichen Gründen 因公,奉命,受权,以官方名义 ‖ NB(注意): ↑ ***walten***

am·tie·ren; *amtierte*, *hat amtiert*; Vi (不及物) **1.** ***e-e bestimmte Zeit/als etw. a.*** ein Amt (1) ausüben 代理行使…职权: *Er amtiert erst seit Kurzem* 他代职才不久; *als Direktor a.* 代任局长 **2.** ***als etw. a.*** *oft hum* 常用[诙]; e-e Funktion übernehmen 接任,出任 ≈ als etw. fungieren: *Er amtiert gerne als Fremdenführer* 他很乐意当导游 ‖ *zu* (义项) **1. am·tie·ren·d-** *Adj*(形); *nur attr*, *nicht adv*(只作定语,不作状语)

amt·lich *Adj*(形); **1.** *nur attr od adv*(只作定语或状语); von e-m Amt (3) od. e-r Behörde (ausgehend)官方的,公家的 ≈ behördlich ⟨ein Schreiben, e-e Bekanntmachung, e-e Bescheinigung 书函,通告,证明; e-e Abschrift, e-e Fotokopie a. beglaubigen lassen 让公证副本、复印件; etw. a. bestätigen, dementieren 官方正式证实、否认某事⟩: *etw. aus amtlicher Quelle erfahren* 从官方获知某事; *das Auto mit dem amtlichen Kennzeichen M-AD 500* 带(正式)牌照 M—AD500 的汽车 **2.** dienstlich od. offiziell 因公的,职务上的,公务的,官方的,正式的 ↔ privat ⟨in amtlicher Eigenschaft, in amtlichem Auftrag 以官方身份,受官方委托⟩ **3.** *nicht adv*(不作状语); ernst aussehend, wirkend 严肃的,公事公办的 ⟨e-e amtliche Miene machen, aufsetzen 板起一副严肃的面孔,摆官架子,打官腔⟩ ‖ ID[谚] ***Ist das a.?*** *gespr*[口]; **a)** steht das offiziell fest? 这是官方消息?; **b)** ist das auch wirklich wahr? 这是千真万确的吗?; *mst* 多用 ***Das ist a.*** *gespr*[口]; das ist ganz sicher 这是完全可靠的,确凿无疑的

Amt·mann *der*; -(*e*)*s*, *Amt·män·ner od Amt·leu·te*; ein Beamter des gehobenen Dienstes in Verwaltung od. Justiz 高级行政或司法官员 ‖ *hierzu*(派生) **Amt·män·nin** *die*; -, -*nen*; **Amt·frau** *die*

Amts·be·fug·nis *die*; *mst Pl*(多用复数); die Berechtigung u. die Macht, die mit e-m Amt (1) verbunden sind 职权(范围)⟨seine Amtsbefugnisse überschreiten 超越职权⟩

Amts·be·zeich·nung *die*; der offizielle Name od. Titel *bes* für j-n, der im Staatsdienst arbeitet 官衔

Amts·deutsch *das*; *mst pej* 多用[贬]; die komplizierte Ausdrucksweise, wie sie *bes* in juristischen u. administrativen Texten üblich ist 文牍德语，官方德语 ≈ Behördendeutsch

Amts·die·ner *der*; *hist*［历］；j-d, der in e-m Amt (3) beschäftigt ist u. dort (Hilfs)-Dienste mit wenig Verantwortung ausübt 仆从，勤杂人员

Amts·ein·füh·rung *die*; ein feierlicher, zeremonieller Akt, bei dem j-m ein Amt (1) übergeben wird（隆重的）职务交接仪式：*die A. des Ministers* 部长职务交接仪式

Amts·ge·heim·nis *das* ≈ Dienstgeheimnis

Amts·ge·richt *das* **1.** das unterste Gericht in der Hierarchie der Gerichte[1] (1) (zuständig für Entscheidungen im Straf-, Zivil- u. Handelsrecht) 初级法院，地方法院（负责处理刑法、民法、商法）**2.** das Gebäude des Amtsgerichts (1) 初级法院大楼

Amts·ge·schäf·te *die*; *Pl*, *Kollekt*（复数，集合）；alle Tätigkeiten, die mit e-m (*mst* öffentlichen) Amt (1) verbunden sind 公务，公事

Amts·hand·lung *die*; etw., das man selbst tut od. veranlasst, weil man durch sein Amt (1) das Recht od. die Pflicht dazu hat 职权行为

Amts·hil·fe *die*; die Hilfe, die sich Behörden gegenseitig bei der Erfüllung ihrer Aufgaben leisten 单位之间协作互助

amts·mü·de *Adj*（形）；ohne Lust, ein Amt (1) weiter auszuüben 厌倦任职的，无心继续任职的

Amts·rich·ter *der*; ein Richter an e-m Amtsgericht 初级法院法官 ‖ *hierzu*（派生）**Amts·rich·te·rin** *die*

Amts·schim·mel *der*; *nur Sg*, *hum*, *mst pej*（只用单数）［诙］多用［贬］；das pedantische Einhalten u. Befolgen von (Dienst)Vorschriften 文牍主义，繁文缛礼，办事公式化 ≈ Bürokratismus ‖ ID［谚］***den A. reiten*** *hum*, *mst pej*［诙］多用［贬］；die Dienstvorschriften zu genau einhalten 照章办事，拘泥于条条框框

Amts·spra·che *die*; die Sprache (od. eine von mehreren Sprachen), die in e-m Staat offiziell gesprochen wird 官方语言

Amts·stun·den *die*; *Pl*（复）；die Öffnungszeiten e-r Behörde, e-s Amtes 机关办公时间

Amts·weg *der*; *mst in* 多用于 ***j-d/etw. geht/nimmt den A.*** j-s Angelegenheit wird von e-r Behörde (od. von mehreren Behörden hintereinander) bearbeitet 某人/某事通过正式途径办理，公事公办

Amu·lett *das*; *-(e)s*, *-e*; ein kleiner Gegenstand, den man (*mst* an e-r Kette um den Hals) trägt, weil man glaubt, dass er vor Unheil schützen od. Glück bringen kann 护身符，吉祥物（多作项链垂挂）≈ Talisman

amü·sant, *amüsanter*, *amüsantest-*; *Adj*（形）；lustig u. unterhaltsam 有趣的，风趣的，逗乐的，好笑的 ↔ langweilig: *e-e amüsante Geschichte erzählen* 讲了一个饶有风趣的故事

Amü·se·ment [amyz(ə)ˈmã:] *das*; *-s*, *-s*; *geschr*［书］**1.** ein interessanter od. unterhaltsamer Zeitvertreib 消遣，娱乐，休闲 ≈ Vergnügen ↔ Langeweile **2.** e-e (*mst* kurze, oberflächliche) Liebesbeziehung 寻欢作乐，情场做戏

amü·sie·ren; *amüsierte*, *hat amüsiert*; [Vt]（及物）**1.** ***etw. amüsiert j-n*** etw. erheitert j-n, bringt j-n zum Lachen（物作主语）使开心、好笑，把…逗乐：*Sein komisches Gesicht amüsierte uns* 他那滑稽的脸部表情把我们逗乐了；[Vr]（反身）**2.** ***sich (irgendwie) a.*** auf angenehme od. lustige Weise die Zeit verbringen 消遣，休闲 ↔ sich langweilen ⟨sich glänzend, großartig, königlich, köstlich, prächtig a. 玩得真开心，棒极了，兴致勃勃，够味的，好极了⟩: *Amüsierst du dich (gut)?* 你玩得好吗？你玩得开心吗？**3.** ***sich über j-n/etw. a.*** über j-n/etw. lachen, spotten 取笑，笑话 **4.** ***sich mit j-m a.*** mit j-m e-e kurze Liebesaffäre haben 与…有（一段）风流韵事

an[1] *Präp*（介）；**1.** *mit Dat*（支配三格）；verwendet, um die räumliche Nähe zu etw. od. den Kontakt mit etw. anzugeben（空间的邻近或相触）在…旁边，在…上，…旁、畔、沿、滨、边等：*an der Hauptstraße wohnen* 住在繁华街道沿街；*(nahe) an der Tür* 在门旁；*an der Bar sitzen* 挨酒吧柜台坐着；*Die Lampe hängt an der Decke* 灯悬挂在天花板上；*Hamburg liegt an der Alster* 汉堡位于阿尔斯特河畔；*an derselben Stelle* 在同一个地方；*der Ort, an dem er starb* 他死的那个地方 ‖ ↑ *Abb. unter* 图见 **Präpositionen** **2.** *mit Dat*（支配三格）；verwendet, um e-n Zeitpunkt anzugeben, *bes südd* auch vor der Bezeichnung von Festtagen（表示时刻，在南德也与节日名称连用）在…的时候，…之际、时光等（≈ zu）：*an e-m Sonntagmorgen* 在周日早晨；*an meinem Geburtstag* 在我生日那天；*an diesem Abend* 在这天傍晚；*an Ostern*, *an Weihnachten* 在复活节，在圣诞节 **3.** *mit Dat*（支配三格）≈ mit (Hilfe von): *j-n an der Stimme*, *an der Schrift erkennen* 凭声音听出、看笔迹认出某人；*sich die Hände an e-m Handtuch abwischen* 用毛巾把手擦干净；*an Krücken gehen* 拄拐杖走路 **4.** *mit Dat*（支配三格）；verwendet, um anzugeben, dass j-d bei e-r Institution (beruflich) tätig ist（表示任职）在…（单位）任、当：*Lehrer an e-m Gymnasium*, *Schauspieler an e-m Theater sein* 在文理高中任老师，在剧院当演员 **5.** *mit Dat*（支配三格）；verwendet mit e-m Subst., um auszudrücken, dass e-e Tätigkeit od. Beschäftigung noch nicht beendet ist（与名词连用）正，正在（工作）：*an e-m Buch schreiben*, *arbeiten* 正在写书；*an der Arbeit sein* 正在工作 **6.** *mit Dat*（支配三格）；verwendet, um sich auf e-e unbestimmte Menge zu beziehen（表示不确定的数量）：*Was haben Sie an Kameras da?* 你们这里有些什么样的相机？*Was besitzt er noch an Immobilien?* 他还拥有哪些地产？**7.** *mit Dat*（支配三格）；verwendet, um e-e Eigenschaft anzudeuten（表示具备一种特性）：*Sie hat nichts Aufregendes an sich* 她身上不具

备任何惊人之处 **8.** *mit Dat*（支配三格）；verwendet zur Angabe e-s Grundes, e-r Ursache（表示原因、起由）因，由于：*an e-r Krankheit leiden* 患病，受疾病折磨；*an Unterernährung sterben* 因营养不良而死亡 **9.** *mit Dat*（支配三格）；verwendet mit bestimmten Verben, Substantiven u. Adjektiven, um e-e Ergänzung anzuschließen（与某些动词、名词、形容词连用作补足语）：*an j-m/etw. hängen, (ver)zweifeln, interessiert sein, Interesse haben* 依恋，怀疑某人/某事，对某人/某事感兴趣；*an etw. schuld sein* 对某事有过错；*an e-r Meinung festhalten* 坚持意见；*an etw. riechen* 闻某物的味；*an etw. teilnehmen* 参加；*an j-m/etw. vorbeigehen, vorbeifahren* 从某人/某物身旁走过去，开车而过；*Es liegt an dir, nun etw. zu unternehmen* 现在干什么，这全取决于你 **10.** *mit Akk*（支配四格）；verwendet mit Tätigkeitsverben, um die Bewegung in e-e bestimmte Richtung anzugeben（与行为动词连用）到…旁边去：*etw. an die Mauer lehnen, an die Wand hängen* 把某物靠到墙上去，挂到墙上去；*sich an den Tisch setzen* 坐到桌子旁边去 ‖ ↑ *Abb. unter* 图见 **Präpositionen** **11.** *mit Akk*（支配四格）；verwendet mit bestimmten Verben, um e-e Ergänzung anzuschließen（与某些动词连用，作补足语）：*an j-n/etw. denken, glauben, appellieren* 想、相信、号召某人/某事；*sich an j-n/etw. erinnern* 回忆某人/某事；*sich an j-n wenden* 求助(求教)某人 **12.** **bis an etw.**（*Akk* 四格）verwendet, um anzugeben, wie weit, bis wohin sich etw. erstreckt（表示延伸所及）直到 ≈ bis zu：*Das Wasser ging mir bis an die Knie* 水一直淹没到我的膝盖处；*Der Lärm drang bis an mein Fenster* 嘈杂声一直传到我的窗口 **13.** **etw. an etw.**（zwischen jeweils dem gleichen Subst. ohne Artikel）verwendet, um die räumliche Nähe zweier Dinge od. die große Anzahl ähnlicher Dinge zu betonen（用于两个不带冠词的相同的名词之间，表示强调两物相接或大量同类物的接连）：*Tür an Tür (mit j-m) wohnen*（与某人）是紧邻，住在(某人的)隔壁；*Kopf an Kopf* (= dicht nebeneinander) *stehen* 肩并肩站在一起，比肩而立；*Es reihten sich Häuser an Häuser* 住宅一栋挨一栋，鳞次栉比 **14.** **an was** *gespr*［口］≈ woran **15.** verwendet, um bei einigen Verben ein Objekt anzuschließen（作某些动词的宾语）：*teilnehmen an, abtreten an, hindern an* 参加，转让，阻挠 ‖ ID［谚］**an (u. für) sich** eigentlich, im Grunde 本来，其实；↑ **Bord**[1] (2), **Deck**, **Land**[1]

an[2] *Adv*（副）**1.** verwendet (auf Fahrplänen *o.Ä.*), um die Ankunft e-s Verkehrsmittels anzugeben（在运行时刻表上表示交通工具的到达）到达，抵达，到站时刻 ↔ ab：*an München/München an*：*12.20* 到慕尼黑：12:20 **2.** **von ... an** verwendet, um e-n örtlichen Ausgangspunkt anzugeben（表示地方的出发点）从…起，从…开始≈ von ... ab：*Von hier an wird das Gelände sumpfig* 这片地带从这里开始变得泥泞了 **3.** **von ... an** verwendet, um den zeitlichen Ausgangspunkt von etw. anzugeben（表示时间的出发点）从…起，从…开始≈ ab[1](1)：*von jetzt, von heute an* 从现在、今天起；*von Jugend, von Kindheit an* 从青年、童年起；*Von Montag an bin ich im Urlaub* 周一开始我休假了 **4.** **an die** + *Zahl* 数字；*gespr*［口］；fast die genannte Zahl 大约，约计，差不离，…左右，大致，约莫 ≈ um (die)：*Ich schätze, er ist so an die 30 Jahre alt* 我估计，他大约 30 来岁；*Bis Hamburg sind es noch an die 200 Kilometer* 到汉堡约莫还有 200 公里 **5.** **etw. ist an** *gespr*（口）；etw. ist angeschaltet, in Betrieb（物作主语）开着，正在运行 ↔ etw. ist aus：*Das Licht, das Radio ist an* 灯、收音机开着

an-[1] *im Verb, betont u. trennbar, sehr produktiv*（构成动词，重读并可分，构词强）；Die Verben mit *an-* werden nach folgendem Muster gebildet（an-动词的模式如下）：*anschreiben – schrieb an – angeschrieben*

1. *an-* drückt aus, dass man j-n/etw. irgendwo befestigt（表示将人/物固定在某一地方）↔ ab- (2)；

etw. (an etw. (*Dat/Akk* 三格/四格)) **annageln**：*Er nagelte die Latte am Zaum an* 他把板条钉在篱笆上 ≈ Er befestigte die Latte mit Nägeln am Zaun

ebenso（同类词有）：**j-n/ein Tier/etw. (an etw.** (*Dat/Akk*)) **anbinden**, **etw. (an etw.** (*Dat/Akk*)) **anhängen**, **etw. (an etw.** (*Dat/Akk*)) **anheften**, **j-n/ein Tier/etw. (an etw.** (*Dat/Akk*)) **anketten**, **etw. (an etw.** (*Dat/Akk*)) **ankleben**, **etw. (an etw.** (*Dat/Akk*)) **anknöpfen**, **etw. (an etw.** (*Dat/Akk*)) **anknoten**, **etw. (an etw.** (*Dat*)) **anknüpfen**, **etw. (an etw.** (*Dat/Akk*)) **anleimen**, **etw. (an etw.** (*Dat/Akk*)) **anlöten**, **etw. (an etw.** (*Dat/Akk*)) **annähen**, **etw. (an etw.** (*Dat/Akk*)) **anschrauben**, **etw. (an etw.** (*Dat/Akk*)) **anschweißen**

2. *an-* drückt aus, dass e-e Handlung nur für kurze Zeit od. nur zu e-m geringen Grad (nur ansatzweise) ausgeführt wird（表示行为是短暂的或只是刚刚起动）；

etw. anbraten：*Sie brät das Fleisch bei hoher Hitze an* 她把肉在高温中稍微烤一烤 ≈ Sie brät das Fleisch nur kurze Zeit bei hoher Hitze；

ein Tier frisst etw. an：*Die Mäuse haben den Käse angefressen* 耗子把奶酪啃掉了一块(或：咬了一口) ≈ Die Mäuse haben e-n Teil des Käses gefressen

ebenso（同类词有）：**etw. anbeißen**, **etw. an-bohren**, **etw. andünsten**, **etw. anknabbern**, **ein Tier nagt etw. an**, **etw. ansägen**, **etw. antrinken**

3. *an-* drückt aus, dass die Handlung auf j-n/etw. gerichtet ist（表示行为是针对某人/某物）；

〈ein Hund 狗〉**bellt j-n an**：*Der Hund bellte den Briefträger an* 狗冲着邮递员狂吠 ≈ Der

Hund bellte in die Richtung des Briefträgers
ebenso(同类词有)：***j-n anbrüllen***，***j-n anfauchen***，***j-n anflehen***，***j-n/etw. angaffen***，***j-n angähnen***，***j-n angrinsen***，***j-n/etw. angucken***，***j-n/etw. anhauchen***，***j-n anhusten***，***j-n anlächeln***，***j-n anlügen***，***j-n anniesen***，***j-n/etw. anschauen***，***j-n anschmunzeln***，***j-n anschreien***，***j-n anschwindeln***，***j-n/etw. ansehen***，***j-n anspucken***，***j-n/etw. anstarren***
4. *an-* drückt *mst* im Partizip Perfekt zusammen mit *kommen* aus, dass j-d/etw. sich dem Standort des Sprechers od. der genannten Person(en) nähert(以过去分词的形式与动词 kommen 连用，表示人/物正朝着说话者或所指的人的方位过来)≈ her-, heran-；
angebraust kommen：*Wir warteten gerade auf den Bus, da kam er auf dem Motorrad angebraust* 我们刚好在等车的时候，他却骑着摩托车飞驰而来 ≈ ..., da näherte er sich mit hoher Geschwindigkeit auf dem Motorrad
ebenso(同类词有)：***angerannt kommen***，***angerast kommen***，***angeritten kommen***，***angesegelt kommen***，***angeschlichen kommen***

an-² *im Adj, wenig produktiv*(构成形容词，构词弱)；↑ ***a-***

Ana·chro·nis·mus [-kro-] *der*；-，*Ana·chro·nis·men*；*geschr*[书] **1.** e-e Einrichtung od. Erscheinung, die nicht mehr zu e-r bestimmten Zeit passt 不再与时代吻合的现象，不合时宜之事，过时的事〈etw. ist zu e-m A. geworden 某事已背时了〉 **2.** e-e Aussage, die nicht wahr sein kann, weil ihre Teile zeitlich nicht zueinanderpassen 史实差错：*In dem Satz „Goethe telefonierte öfter mit Schiller" steckt ein A.* "歌德常给席勒打电话"这句话中埋藏着一个史实差错 ‖ *hierzu*(派生) **ana·chro·nis·tisch** *Adj*(形)

anal *Adj*(形)；*nur attr od adv*(只作定语或状语)；den After betreffend, im After, Po 肛门的，肛门旁的

ana·log *Adj*(形) **1.** ***a.*** (***zu j-m/etw.***)；***a.*** (***j-m/etw.***) *geschr* [书]；j-m/e-r Sache in bestimmten Eigenschaften entsprechend od. ähnlich (与…)相似的，类似的≈ vergleichbar〈e-e Erscheinung, ein Ergebnis 现象，结果；in analoger Reihenfolge, Weise 以类似的顺序、方法〉：*a.* (*zu*) *diesem Fall* 与这一案例相似 **2.** auf herkömmliche Weise aufgenommen 模拟的 ↔ digital〈e-e Aufnahme 拍摄〉 **3.**〈ein Messgerät, e-e Uhr, e-e Waage 测量仪，钟表，天平〉mit Skala bzw. Zifferblatt 带刻度的，有字盘的 ↔ digital (1)

Ana·lo·gie *die*；-，*-n* [-iːən]；***e-e A.*** (***zwischen j-m/etw.*** *Pl* (复)) e-e ähnliche od. fast gleiche Struktur aufgrund übereinstimmender Merkmale 类似，类比，相似(的结构)〈etw. weist e-e A. auf 表明类似；in A. zu j-m/etw. 与…相似〉：*Zwischen den beiden Romanen besteht e-e A.* 两本小说之间存在着类似之处 ‖ K-(复合)：***Analogie-***，***-schluss***

An·al·pha·bet [ˈan|alfabeːt] *der*；*-en*，*-en*；j-d, der nicht lesen u. schreiben gelernt hat 文盲(人) ‖ NB(注意)：*der Analphabet*；*den*，*dem*，*des Analphabeten* ‖ *hierzu*(派生) **An·al·pha·be·tin** *die*；-，*-nen*

An·al·pha·be·ten·tum *das*；*-s*；*nur Sg*(只用单数)；die Unfähigkeit (von Menschen e-s bestimmten Landes od. Gebietes) zu lesen u. zu schreiben 文盲，不识字

An·al·pha·be·tis·mus *der*；-；*nur Sg*，*geschr*(只作单数)[书] ≈ Analphabetentum

Ana·ly·se *die*；-，*-n* **1.** e-e Untersuchung, bei der ein Sachverhalt, e-e Situation, ein Text (gedanklich) in die wichtigsten Elemente zerlegt wird 分析，研究〈e-e kritische, wissenschaftliche A. durchführen, vornehmen 进行批判性的，科学的分析(研究)；etw. e-r A. unterziehen 对某物进行分析(研究)〉 **2.** CHEM【化】；e-e Methode, mit der man herausfinden will, welche Bestandteile e-e Substanz hat 分析，分解 ↔ Synthese〈e-e qualitative, quantitative A. durchführen 进行定性、定量分析〉 **3.** *Kurzw gespr*(略)[口]；↑ ***Psychoanalyse***

ana·ly·sie·ren；*analysierte*，*hat analysiert*；**Vt**(及物) **1.** ***etw. a.*** etw. in Bezug auf einzelne Merkmale od. Eigenschaften untersuchen, um dadurch Klarheit über seine Struktur zu bekommen 分析(研究)〈e-e Beziehung, e-n Satz, e-n Text, e-n Traum, ein Musikstück, ein Buch a. 分析(研究)关系、句子、文章、梦幻、乐曲、书；Probleme a. 仔细分析问题〉 **2.** ***j-n a.*** j-n psychoanalytisch behandeln 对(人)进行心理分析 **3.** ***etw. a.*** CHEM【化】；e-e Analyse (2) (mit e-r Substanz) durchführen 对(物)进行分析〈e-e chemische Verbindung a. 分析化合物〉

Ana·ly·sis *die*；-；*nur Sg*(只用单数) **1.** MATH【数】；ein Teilgebiet der Mathematik, in dem die Infinitesimalrechnung angewendet wird 分析 **2.** GEOM【几】；ein Verfahren, mit dem geometrische Aufgaben gelöst werden können 解析

Ana·ly·tik *die*；-；*nur Sg*，PHIL(只用单数)【哲】；die Lehre u. Kunst des Analysierens (1,2) 分析学，分析论 ‖ *hierzu*(派生) **Ana·ly·ti·ker** *der*；*-s*，-；**Ana·ly·ti·ke·rin** *die*；-，*-nen*；**ana·ly·tisch** *Adj*(形)

Anä·mie *die*；-，*-n* [-iːən]；MED【医】；e-e Erkrankung durch Mangel an roten Blutkörperchen；Blutarmut 贫血 ‖ *hierzu*(派生) **anä·misch** *Adj*(形)

Ana·nas *die*；-，*-/-se* **1.** e-e bräunlich gelbe tropische Frucht mit sehr saftigem u. süßlich schmeckendem Fleisch 菠萝，凤梨 ‖ ↑ *Abb. unter* 图见 ***Obst*** ‖ K-(复合)：***Ananas-***，***-scheibe***，***-stück*** **2.** *nur Sg*(只用单数)；e-e tropische Pflanze, deren Frucht die A. (1) ist 菠萝树

Ana·pher [-f-] *die*；-，*-n*；LING【语】；ein Stilmittel, bei dem ein Wort od. mehrere Wörter am Anfang aufeinanderfolgender Sätze od. Satzteile wiederholt werden 首语重

复法，前指（成分）（语言的修辞手段，指一个单词或若干个单词重复出现在连续的句子或句子成分的首位）：*Der Satz „Sie war jung, sie war schön, sie war reich“ zeigt e-e A.* (*von sie*)“Sie war jung, sie war schön, sie war reich”这句话表明是采用（sie）首语重复法 ‖ *hierzu*（派生）**ana·pho·risch** *Adj*（形）

Anar·chie [anar'çi:] *die*; -, -*n* [-i:ən]; der Zustand *bes* in e-m Staat, in dem es weder Herrschaft noch (politische od. gesellschaftliche) Ordnung gibt 无政府状态，无（政治、社会）秩序，混乱（局面）≈ Chaos ⟨es herrscht A. 笼罩着无政府状态⟩：*e-n Staat an den Rand der A. bringen* 把国家带到无政府状态的边缘

anar·chisch *Adj*（形）**1.** ohne Herrschaft u. Ordnung 无政府的，无秩序的，混乱的 ⟨Verhältnisse, Zustände 局势，状况⟩ **2.** (von Personen) nicht bereit, sich Gesetzen zu unterwerfen（指人）无法无天的，横行不法的，无政府的，目无法纪的 ‖ *zu*（义项）**2. Anar·chist** *der*; -*en*, -*en*; **Anar·chis·tin** *die*; -, -*nen*

Anar·cho *der*; -*s*, -*s*; *gespr pej*［口］［贬］; j-d, der *bes* mit Gewalt gegen die politischen Zustände u. die Macht des Staates protestiert u. kämpft 不法分子，暴乱分子 ‖ K-（复合）：***Anarcho-*, *-gruppe*, *-szene*, *-terror***

An·äs·the·sie *die*; -, -*n* [-'zi:ən]; MED【医】**1.** ein Zustand (*mst* durch Narkose herbeigeführt), in dem man weder Schmerzen noch Kälte od. Hitze *usw* spürt 麻醉状态，无感觉状态 **2.** der Vorgang, durch den e-e A. (1) herbeigeführt wird 麻醉 ≈ Narkose ⟨lokale A. 局部麻醉⟩ ‖ *zu*（义项）**2. An·äs·the·sist** *der*; -*en*, -*en*; **An·äs·the·sis·tin** *die*; -, -*nen*; **an·äs·the·sie·ren** (*hat*) *Vt*（及物）

Ana·tom *der*; -*en*, -*en*; MED【医】; j-d, der sich wissenschaftlich mit Anatomie beschäftigt 解剖学家 ‖ NB（注意）：*der Anatom*; *den*, *dem*, *des Anatomen*

Ana·to·mie *die*; -, -*n* [-'mi:ən]; MED【医】**1.** *nur Sg*（只用单数）；die Wissenschaft vom Körperbau des Menschen u. der Tiere u. vom Bau der Pflanzen 解剖学 **2.** der Aufbau, die Struktur des (menschlichen) Körpers 人体结构，人体构造：*die unterschiedliche A. von Mann u. Frau* 男女不同的人体构造 ‖ *hierzu*（派生）**ana·to·misch** *Adj*（形）

an·bag·gern (*hat*) [Vt]（及物）***j-n a.*** *gespr*（口）；*bes* als Mann versuchen, zu j-m sexuellen Kontakt zu bekommen 想跟…做爱

an·bah·nen (*hat*) [Vr]（反身）**1. *etw. bahnt sich an*** etw. beginnt, sich zu entwickeln（物作主语）开始发展，出现苗头 ⟨e-e Freundschaft, e-e Wende 友谊，转折⟩；[Vt]（及物）**2. *etw. a.*** Vorbereitungen treffen, damit etw. zustande kommt 为…铺平道路、打开局面、作好准备 ⟨e-e Heirat, ein Gespräch a. 为婚礼、谈话作好准备⟩ ‖ *hierzu*（派生）**An·bah·nung** *die*

an·bän·deln; *bändelte an*, *hat angebändelt*; [Vi]（不及物）***j-d bändelt mit j-m an*** *gespr*［口］; j-d versucht, mit j-m e-e (nicht ernsthafte) Liebesbeziehung anzufangen（人作主语）想跟…（异性）亲近，拉关系，套近乎

An·bau *der*; -(*e*)*s*, -*ten* **1.** *nur Sg*（只用单数）；das Anbauen (1) (e-s Gebäudes od. Gebäudeteils) an ein bereits bestehendes Gebäude 扩建，添造，加盖 **2.** ein Gebäude od. Teil e-s Gebäudes, die (zusätzlich) an ein Hauptgebäude gebaut sind（扩建附加在主楼旁的）侧楼，边房 **3.** *nur Sg*（只用单数）；das Anpflanzen von (Nutz)Pflanzen 种植，栽培，培植 ⟨der Anbau von Getreide, Kartoffeln, Gemüse, Wein 种植粮食、土豆、蔬菜、葡萄⟩ ‖ K-（复合）：***Anbau-*, *-fläche*, *-gebiet*** ‖ -K（复合）：***Gemüse-*, *Obst-*, *Wein-***

An·bau- *im Subst*, *betont*, *wenig produktiv*（构成名词，重读，构词弱）；verwendet, um auszudrücken, dass etw. aus einzelnen Teilen besteht, die gut zusammenpassen u. ergänzt werden können 组合的…；die ***Anbauküche***, die ***Anbaumöbel*** (*Pl* 复), der ***Anbauschrank***, die ***Anbauwand*** (aus Schränken u. Regalen 由衣柜和书架装配而成的)

an·bau·en (*hat*) [Vt/i]（及物/不及物）**1.** (***etw.*** (***an etw.*** (*Akk* 四格)) ***a.*** etw. an ein bereits bestehendes Gebäude bauen（在…旁）扩建，加建：*e-e Garage* (*an das Haus*) *a.*（在住宅旁）扩建车房 ‖ NB（注意）：im Zustandspassiv oft mit Dativ（在状态被动句中常支配三格）：*die Garage war am Haus angebaut* 车房盖在住宅旁；[Vt]（及物）**2. *etw. a.*** (Nutz)Pflanzen auf e-m Feld, in e-m Beet *usw* anpflanzen 种植，培植

An·be·ginn (*der*); *mst in* 多用于 **1. *von A.*** (***an***) *geschr*［书］; von Anfang an 从一开始 **2. *seit A.*** ⟨der Welt 世界⟩ *geschr veraltend*［书］［渐旧］; seit Beginn 起始，自…开始以来

an·be·hal·ten; *behält an*, *behielt an*, *hat anbehalten*; [Vt]（及物）***etw. a.*** ein (od. mehrere) Kleidungsstück(e) angezogen lassen 穿着（不脱）↔ ausziehen ⟨die Schuhe a. 穿着鞋⟩：*Sie können Ihren Mantel ruhig a.* 您尽可以穿着大衣（不用脱）

an·bei *Adv*（副）；ADM *geschr*【管理】［书］; zusammen mit e-m Schreiben, Brief, Paket 附带，随信 ≈ in der Anlage (7)：*A. übersenden wir Ihnen das angeforderte Informationsmaterial* 我们随信附上您所需要的信息资料

an·bei·ßen (*hat*) [Vt]（及物）**1. *etw. a.*** anfangen, etw. zu essen, den ersten Biss in etw. machen 开始咬，咬第一口：*e-n Apfel a.* 开始啃苹果；[Vi]（不及物）**2. *ein Fisch beißt an*** ein Fisch verschluckt den Köder, hängt an der Angel 鱼上钩了：*Ich glaube, es hat einer angebissen* 我相信，有一条鱼已上钩了 **3.** (***auf etw.*** (*Akk* 四格)) ***a.*** *gespr*［口］; e-m Angebot od. e-r Verlockung nicht widerstehen können 上当，上钩，挡不住诱惑：*Auf das Sonderangebot haben die meisten Kunden sofort angebissen* 对大甩卖大多数顾客很快就上钩了 ‖ ID［谚］***zum Anbeißen sein*/*aussehen*** *gespr hum*［口］［诙］;

sehr hübsch od. attraktiv sein 长得很迷人，很漂亮

an·be·lan·gen; *belangte an, hat anbelangt*; [Vt]（及物）*mst in* 多用于 **was j-n/etw. anbelangt** ≈ was j-n/etw. betrifft

an·bel·len (*hat*) [Vt]（及物）**1.** 〈ein Hund 狗〉 **bellt j-n/etw. an** ein Hund bellt in Richtung von j-m/etw. 朝…狂吠 **2. j-n a.** *gespr*［口］; j-n anschreien 朝…大声吼叫，粗暴地责骂

an·be·rau·men; *beraumte an, hat anberaumt*; [Vt]（及物）**etw. a.** ADM *geschr*【管理】［书］; etw. (für e-n bestimmten Zeitpunkt) festsetzen 确定，指定，将…订于（指时间）〈ein Treffen, e-n Termin, e-e Sitzung a. 确定会面、日期、会议〉 ‖ *hierzu*（派生）**An·be·rau·mung** *die*

an·be·ten (*hat*) [Vt]（及物）**1. j-n a.** zu e-m Gott beten u. ihn verehren 礼拜，朝拜，朝觐 〈Gott, e-n Götzen a. 朝圣，朝拜偶像〉 **2. j-n/etw. a.** j-n/etw. in extremem Maße verehren 崇拜，敬慕，景仰 ‖ *hierzu*（派生）**An·be·tung** *die*; *mst Sg*（多用单数）

An·be·tracht *nur in* 只用于 **in A.** (+ *Gen* 二格) *geschr*［书］; wenn man berücksichtigt, dass ... 考虑到，鉴于 ≈ unter Berücksichtigung von, angesichts: *in A. dessen, dass ...* 考虑到…的情况; *in A. der gegenwärtigen Situation* 考虑到当前形势

an·be·tref·fen; *anbetrifft, anbetraf, hat anbetroffen*; [Vt]（及物）*mst in* 多用于 **was j-n/etw. anbetrifft** *geschr*［书］; was j-n/etw. betrifft 至于某人/某事，对某人/某事来说

an·bet·teln (*hat*) [Vt]（及物）**j-n (um etw.) a.** sich bettelnd an j-n wenden 向…乞讨，乞求 〈j-n um Brot, Geld a. 向某人乞讨面包、钱〉

an·bie·dern, sich; *biederte sich an, hat sich angebiedert*; [Vr]（反身）**sich (bei j-m) a.** *pej*［贬］; sich j-m vertraulich nähern und ihm schmeicheln 亲近，巴结，讨好，逢迎: *Ich will mich nicht bei meinem Chef a.* 我不想投上司所好 ‖ *hierzu*（派生）**An·bie·de·rung** *die*

an·bie·ten (*hat*) [Vt]（及物）**1. (j-m) etw. a.** j-m durch Worte od. Gesten zeigen, dass man ihm etw. Angenehmes, Nützliches od. Hilfreiches geben will（通过话语和手势表示）愿意给予，提供〈j-m e-n Stuhl, seinen Platz a. 请某人入坐、就位; j-m seine Hilfe, Begleitung, seinen Schutz a. 愿意帮助、陪同、保护某人; e-m Gast ein Getränk, e-e Mahlzeit, e-e Zigarette a. 请客人喝酒、就餐、抽烟〉: *Er bot mir an, mich ins Theater* zu *begleiten* 他表示愿陪我去看话剧; *Darf ich euch etwas (zum Trinken) a.* ?给你们弄点啥喝的好吗? **2. (j-m) etw. a.** j-m etw. vorschlagen (das er ablehnen od. annehmen kann) 提议，建议，提出…（供考虑）〈j-m das Du a. (= j-m vorschlagen, dass man jetzt „du" statt „Sie" zueinander sagt), e-e Lösung, e-n Tausch a. 提议彼此用"你"称呼，提出一个解决办法，建议交换〉: *Der Vorsitzende bot dem Komitee seinen Rücktritt an* 主席向委员会提出辞职 **3. (j-m) etw. a.** für etw. werben, das man verkaufen will 兜销，提供，供应〈auf dem Markt Waren (zum Verkauf) a. 向市场供应商品（出售）; e-m Verlag ein Manuskript (zur Veröffentlichung) a. 向出版社供稿（出版）〉 **4. j-d/**〈e-e Institution *o. Ä.* 机构团体等〉 **bietet (j-m) etw. an** j-d/e-e Institution *o. Ä.* gibt j-m die Möglichkeit, an etw. teilzunehmen（人/机构等作主语）提供（参加）…的机会〈ein Schulfach a. 提供选学一门课程的机会〉: *Die Volkshochschule bietet e-n Kurs in Yoga an* 业余大学提供（参加）瑜珈培训的机会; [Vr]（反身）**5. sich (j-m) a.** sich bereiterklären, e-e bestimmte Aufgabe, Tätigkeit zu übernehmen 自愿从事，愿，毛遂自荐: *sich (j-m) als Dolmetscher a.* 自愿当口译译员 **6. etw. bietet sich (für etw.) an** etw. ist e-e günstige Möglichkeit od. gut geeignet（物作主语）（对…）出现契机，是好机会 ≈ etw. kommt in Betracht: *Bei den vielen Feiertagen bietet es sich doch geradezu an, jetzt Urlaub* zu *machen* 眼下节日一个接一个，正是度假的好机会 ‖ ▶ **Angebot**

an·bin·den (*hat*) [Vt]（及物）**j-n/etw. (an etw. (*Dat/Akk* 三格/四格)) a.** j-n/etw. mit e-r Schnur, Leine *o. Ä.* an etw. befestigen 系住，拴上，捆绑上 ≈ festbinden: *den Hund am/an den Zaun a.* 将狗拴在篱笆上

An·blick *der* **1.** *nur Sg*（只用单数）; das Anblicken, Betrachten 看，注视: *Beim bloßen A. des Unfalls wurde ihr schlecht* 看到那次事故她就恶心想吐 **2.** das, was sich als momentanes Bild dem Auge darbietet（展现在眼前的瞬间的）景象，场面，外观: *Nach dem Ausbruch des Vulkans bot sich den Helfern ein trostloser A.* 火山爆发后展现在救援者眼前的是一片荒芜的景象 ‖ ID［谚］**ein A. für Götter** *gespr hum*［口］［诙］; ein A. (2), der zum Lachen reizt 怪模怪样，令人发笑，滑稽可笑的样子

an·bli·cken (*hat*) [Vt]（及物）**j-n/etw. a.** seinen Blick auf j-n/etw. richten 看，盯着，凝视〈j-n fassungslos, fragend, lächelnd, mit großen Augen a. 不知所措地、疑惑地、微笑地、睁大眼睛地看着某人〉

an·blin·ken (*hat*) [Vt]（及物）**j-n a.** *bes* beim Autofahren j-m (mit der Lichthupe) ein Lichtsignal geben 向…闪信号灯: *j-n a., um auszudrücken, dass man ihn zuerst fahren lässt* 给某人闪信号灯让其先行

an·blin·zeln (*hat*) [Vt]（及物）**j-n a.** blinzeln, mit den Augen zwinkern u. j-m damit ein Signal geben 向…眨眼（示意）

an·boh·ren (*hat*) [Vt]（及物）**1. etw. a.** durch e-e Bohrung in etw. eindringen (um es zu nutzen) 在…上钻孔，打眼儿（取物利用）〈ein Erdgasfeld, ein Fass a. 钻井开采天然气气田，在酒桶上打眼取酒〉 **2. etw. a.** ein Loch in etw. bohren, das aber nicht sehr tief ist 在…上打眼儿，钻个孔眼〈ein Brett a. 在木板上打个眼儿〉

an·bra·ten (*hat*) [Vt]（及物）**etw. a.** etw. bei großer Hitze kurz braten（大火）烤一烤，烤烧一下〈Fleisch a. 稍微烤一下肉〉

an·bräu·nen (*hat*) [Vt]（及物）**etw. a.** etw. in heißem Fett od. Öl ein wenig braun werden lassen（在滚烫的油里）煎、炒、烧、煸黄〈Zwiebeln a. 把洋葱煸一煸〉

an·bre·chen [Vt]（及物）（*hat*）**1. etw. a.** etw.（*mst* Essbares）(zum Verbrauch) öffnen 打开，动用（多指食用的）：*e-e Tafel Schokolade, e-e Flasche Wein a.* 打开一板巧克力、一瓶葡萄酒；*e-e angebrochene Dose Mais* 一听打开的玉米罐头；[Vi]（不及物）（*ist*）**2. etw. bricht an** *geschr*［书］；etw. beginnt（物作主语）开始，开端，降临，来临〈der Tag, der Morgen, e-e neue Zeit 一天、清晨、一个新的时代〉‖ ▶ ***Anbruch***

an·bren·nen [Vt]（及物）（*hat*）**1. etw. a.** etw. durch Anzünden zum Brennen bringen 点着〈Holz a. 点着木柴〉；[Vi]（不及物）（*ist*）**2. etw. brennt an** etw. beginnt（*mst* leicht）zu brennen（物作主语）开始着了，点着了〈ein Balken 一块方木料〉**3. etw. brennt an** etw. bekommt beim Kochen zu viel Hitze u. setzt sich am Boden des Kochtopfes fest（物作主语）煮煳了，烧煳了〈das Essen, die Milch 饭，牛奶〉

an·brin·gen（*hat*）[Vt]（及物）**1. etw. irgendwo a.** etw. irgendwo aufhängen, befestigen 安装，安、装、固定在…上 ↔ abmachen：*e-e Lampe an der Decke, ein Schild an der Wand a.* 把灯安在天花板上，把牌子装在墙上 **2. etw. a.** etw. zeigen, erzählen 表明，说出，叙述〈sein Wissen, e-e Geschichte a. 表明自己的知识，讲述一故事〉：*Er konnte seinen neuesten Witz a.* 他能讲出最新的笑话 **3. etw. a.** *gespr*［口］；e-e Ware verkaufen 出售，销售，脱手：*Unser altes Auto ist schwer anzubringen* 我们的旧车很难脱手 **4. j-n/etw. a.** *gespr*［口］；j-n/etw.（von irgendwoher）mit nach Hause bringen 带回家，搬回来，拿回来：*Unser Sohn brachte e-e junge Katze an* 我儿子抱回家一只小猫 **5. j-n (irgendwo/als etw.) a.** *gespr*［口］；für j-n e-n Beruf, e-e sichere Zukunft suchen u. finden 安置，安插，安顿（工作）：*j-n in e-m Betrieb/als Lehrling a.* 安置某人在企业工作/当学徒 ‖ *zu*（义项）**1. An·brin·gung** *die*; *nur Sg*（只用单数）

An·bruch *der*; *nur Sg*, *geschr*（只用单数）［书］≈ Anfang, Beginn：*bei A. der Dunkelheit, der Nacht* 夜幕降临时

an·brül·len（*hat*）[Vt]（及物）**1. ein Tier brüllt j-n an** ein Tier wendet sich zu j-m hin u. brüllt（动物作主语）朝…吼叫 **2. j-n a.** *gespr*［口］；j-n mit lauter Stimme tadeln 大声责骂

An·dacht *die*; -, *-en* **1.** ein kurzer Gottesdienst mit Gebeten 简短的祈祷，礼拜，祷告 ‖ -K（复合）：**Abend-, Mai-, Morgen- 2.** *nur Sg*（只用单数）；die geistige Haltung od. die Konzentration, die zum Gebet nötig ist 虔诚，心诚：*in A. versunken beten* 虔诚地祷告 **3.** *nur Sg*（只用单数）；die Konzentration der Gedanken auf e-e bestimmte Sache 凝神，全神贯注，入神：*mit A. der Rede lauschen* 全神贯注地倾听报告 ‖ *zu*（义项）**2.** u. **3. an·däch·tig** *Adj*（形）

an·dau·ern（*hat*）[Vi]（不及物）**etw. dauert an** etw. besteht od. wirkt weiterhin, etw. hört noch nicht auf（物作主语）继续，持续：*Die Verhandlungen dauern noch an* 谈判还在进行；*die andauernde Hitze* 持续的炎热

an·dau·ernd 1. *Partizip Präsens*（现在分词）；↑ **andauern 2.** *Adj*（形）；*nur attr od adv, oft pej*（只作定语或状语），常用［贬］；fortwährend, ständig 不停的，一而再再而三的，无休止的：*Sie fragt mich a. dasselbe* 她老问我这一件事

An·den·ken *das*; *-s*, *-*; **ein A. (an j-n/etw.) 1.** *nur Sg*（只用单数）；die Erinnerung an j-n od. etw. 怀念，纪念，思念：*zum A. an den Toten e-n Kranz auf das Grab legen* 怀着对死者的思念在墓前放上一个花圈 **2.** ein Souvenir, ein kleiner Gegenstand zur Erinnerung an j-n od. etw. 纪念品：*Er gab mir die Fotos als A. an die Reise* 他给我一些照片作为旅游纪念（品）‖ K-（复合）：**Andenken-, -laden**

an·de·r- *Indefinitpronomen*（不定代词）**1.** nicht gleich, verschieden 不同的，另一种的，不一致的：*anderer Meinung sein als j-d* 与某人持不同的看法；*e-e andere Arbeit suchen* 找另一种工作；*Er möchte in e-r anderen Stadt leben* 他想在另一个城市生活 **2.** verwendet, um den Rest e-s Paares/e-r Gruppe zu bezeichnen（表示一对、一双、一群中的）另一个，另一些，另外的，其他的：*Wo sind die anderen (Mädchen) aus eurer Gruppe?* 你们小组的另一些姑娘在哪里?；*In der einen Hand hielt er ein Glas, in der anderen e-e Zigarette* 他一只手里拿着杯子，另一只手夹着一支烟 **3.** verwendet, um noch zusätzlich vorhandene Personen/Dinge zu bezeichnen（表示另外还存在的人/物）另外的，其他的，别的 ≈ weiter-：*Du brauchst nicht so traurig zu sein, bloß weil dein Vater dir das Auto nicht gibt. – Es gibt doch noch andere Möglichkeiten, in Urlaub zu fahren* 不要只是因为你父亲没有给你车就那么难过——要知道去度假还有别的可能 ‖ NB（注意）：*ander-* verwendet man wie ein attributives Adj.（ander-用作定语形容词）(*andere Kinder* 别的小孩) od. wie ein Subst. 或（用作名词）(*Sie liebt einen anderen* 她爱的是另一个人）‖ ID［谚］**alles andere als + Adj/Adv** 形/副 genau das Gegenteil von + Adj./Adv. 完全不是…，恰好与…相反；*mst* 多用 **Beinahe hätte ich etwas anderes gesagt** *gespr*［口］；ich hätte fast etw. Unanständiges, Unpassendes gesagt 我差一点说难听的话，很不恰当的话；↑ **Land**[2]（8），**Umstand**（8）

an·de·ren·falls, an·dern·falls *Adv*, *geschr*（副）［书］；verwendet, um *mst* negative Konsequenzen anzukündigen, wenn etw. nicht eintrifft 要不，否则，要不然 ≈ sonst：*Bei dieser Operation muss man sehr vorsichtig sein, a. können Komplikationen auftreten* 做这种手术得非常小心，要不然可能出现并发症

an·de·ren·teils *Adv*（副）；*mst in* 多用于 **einesteils ... anderenteils** *geschr*［书］≈ einerseits ... andererseits

an·de·rer·seits *Adv*（副）；*mst in* 多用于 **einerseits ... andererseits ...** verwendet, um bei zwei Gegensätzen auszudrücken, dass man vom zweiten Gegensatz spricht 一方面…，另一方面：*Einerseits freute er sich auf Weihnachten, a. langweilte er sich während der Festtage meistens* 一方面他很盼着过圣诞节，但另一方面他又常常在节日期间百般无聊

an·der·mal *nur in* 只用于 ***ein a.*** zu e-m anderen Zeitpunkt 下一次，下一回：*Heute habe ich keine Zeit, das machen wir doch ein a.* 今天我没空，这事我们下一次干吧

än·dern; *änderte, hat geändert*; [Vt]（及物）**1. *etw. ä.*** etw. in e-e andere, neue od. bessere Form bringen 改变，修改〈das Aussehen, das Verhalten, den Plan, die Richtung ä. 改变外表、态度、计划、方向〉 **2. *etw. ändert j-n*** etw. bewirkt, dass j-d sein Verhalten, seine Einstellung wechselt（物作主语）使改变态度、观点：*Dieses Erlebnis hat ihn sehr geändert* 这场经历使他大大地改变了看法；[Vr]（反身）**3. *j-d/etw. ändert sich*** j-d/etw. nimmt e-e andere Eigenschaft od. Form, ein anderes Verhalten an（人/物作主语）（指特性、形式、行为）变化，改变，变样〈ein Mensch, das Wetter, die Lage 人，天气，形势〉‖ ▶ ***Änderung***

an·ders *Adv*（副）**1.** auf e-e andere, verschiedene Art u. Weise 不同地，不一样地 ↔ genauso〈a. denken, fühlen 想得、感觉不一样〉：*Sie packt Probleme ganz a. an als er* 她处理问题同他完全不一样 ‖ NB（注意）：↑ ***andersdenkend*** *usw* **2.** verwendet nach Interrogativpronomen (*z.B. wie, wo*) u. Adverbien, um e-e Alternative auszudrücken（与疑问代词和副词连用，表示另一种可能性）另外，别的：*Wie hätte ich das Problem a. lösen sollen?* 我该用别的什么办法来解决这个问题才好呢?；*Irgendwo a. im All gibt es vielleicht noch menschenähnliche Lebewesen* 在宇宙中别的什么地方也许还生存着与人类似的生物 **3. *a. gesinnt*** ≈ andersdenkend

an·ders·ar·tig *Adj*（形）；mit Merkmalen e-r anderen Art 不同风格的，另一种特征的〈ein Verhalten, e-e Denkweise 行为，思想方法〉‖ *hierzu*（派生）**An·ders·ar·tig·keit** *die*; *nur Sg*（只用单数）

an·ders·den·ken·d-, an·ders den·ken·d- *Adj*（形）；*nur attr, nicht adv*（只作定语，不作状语）；mit e-r anderen Meinung (in Bezug auf ein bestimmtes Problem) 持不同意见的：*e-e anders denkende Gruppe von Politikern* 持不同政见者的团体

an·der·seits *Adv*（副）≈ andererseits

an·ders·far·big *Adj*（形）；mit e-r anderen Farbe 不同颜色的，另一种色彩的

an·ders·ge·ar·tet, an·ders ge·ar·tet *Adj*（形）；von e-r anderen Art, mit anderen Merkmalen 另一种性质的，不同性质的〈ein Problem 问题〉

an·ders·he·rum *Adv*（副）**1.** in e-e andere od. entgegengesetzte Richtung 朝反方向，朝另一个方向：*e-n Schrank a. stellen* 朝另一个方向搁柜子 **2.** in e-r anderen od. entgegengesetzten Stellung（方向）正好相反，是反着的：*Die Kommode steht jetzt a.* 五斗橱现在是反着搁的 **3. *j-d ist a.*** *gespr!*［口］j-d ist homosexuell 某人是同性恋

an·ders·lau·tend, an·ders lau·tend *Adj*（形）；*nicht adv*（不作状语）；andere Informationen od. Aussagen enthaltend 信息不同的，说法不一样的〈ein Bericht, e-e Meldung 报导，消息〉

an·ders·rum *Adv*（副）；*gespr*［口］↑ ***andersherum***

an·ders·spra·chig *Adj*（形）；e-e andere Sprache verwendend 使用不同语言的，使用另一种语言的〈Menschen, Völker 人，民族；ein Bevölkerungsteil 人口组，居民群；Literatur 文学〉

an·ders·wie *Adv*（副）；*gespr*［口］；auf andere Art u. Weise 用别的（什么）方法，以别的（什么）方式：*Dieses Problem hätte man a. lösen können* 这个问题本可以用别的（什么）方法解决

an·ders·wo *Adv*（副）；*gespr*［口］；an irgendeinem anderen Ort 在别的（什么）地方，在另一个地方，在别处 ≈ woanders：*Du musst das Auto a. parken* 你应该把车停在别的（什么）地方

an·ders·wo·her *Adv*（副）；*gespr*［口］；von (irgend)einem anderen Ort 从别的（什么）地方来，从另一个地方来，从别处来

an·ders·wo·hin *Adv*（副）；*gespr*［口］；an (irgend)eine andere Stelle 到别的（什么）地方去，到别处去，朝别的方向：*Ich häng das Bild lieber a.* 我宁可把画挂到别处

an·dert·halb *Zahladj*（数）；ein Ganzes u. ein Halbes 一个半 ≈ eineinhalb; 1½〈a. Liter, Meter, Stunden 一升半，一米半，一个半小时〉‖ *hierzu*（派生）**an·dert·halb·fach** *Adj*（形）；*nur attr od adv*（只作定语或状语）；**an·dert·halb·mal** *Adv*（副）

Än·de·rung *die*; -, *-en*; ***e-e Ä.*** (+ *Gen* 二格)；***e-e Ä. (von j-m/etw.)*** das Ändern (1,2) 改变，修改，改进：*die Ä. e-s Gesetzes beschließen* 决定修改法律；*am Bauplan e-e Ä. vornehmen* 对建筑图纸进行一次修改 ‖ K-（复合）：***Änderungs-, -antrag, -vorschlag***

än·de·rungs·be·dürf·tig *Adj*（形）；〈ein Bauplan, ein Gesetzesentwurf 建筑图纸，法律草案〉so, dass sie geändert werden sollten 有必要修改的，有必要改进的

an·der·wär·tig *Adj*（形）；*nur attr od adv*（只作定语或状语）；von e-r anderen Stelle kommend 来自别处的，来源不同的〈Informationen 信息〉

an·der·wei·tig *Adj*（形）；*nur attr od adv*（只作定语或状语）；außerdem noch vorhanden 另外的，别的方面的 ≈ sonstig：*sich mit anderweitigen Problemen auseinander setzen* 研究分析别的方面的问题；*e-n Auftrag a. (= an einen anderen) vergeben* 把定单交给别人

an·deu·ten (*hat*) [Vt]（及物）**1. *etw. a.*** durch kleine Hinweise auf etw. aufmerksam machen 暗示〈e-n Wunsch a. 暗示愿望〉：*Sie deutete mit e-m Blick an*, dass *sie heimfahren wollte* 她用眼神暗示，她想回家 **2. *etw. a.*** etw. unvollständig darstellen, aber das Ganze erkennen lassen 勾画，勾勒，点出 ≈ skizzieren：*Der Maler deutet den Hintergrund mit ein* *paar Pinselstrichen an* 画家用草草几笔勾勒背景；Vr（反身）**3. etw. deutet sich an** etw. wird erkennbar（物作主语）显露，显示出，渐渐清晰可见：*Der Sonnenaufgang deutet sich durch das Morgenrot an* 由于朝霞相映，日出显得分外清晰

An·deu·tung *die*；**1.** ein indirekter, relativ vager Hinweis auf etw. 暗示，提及：*Sie sprach nur in Andeutungen von ihren Zukunftsplänen* 对她未来的打算她只暗示了几句（含糊其辞地说了几句）**2.** ein schwaches Anzeichen (2) 征兆，迹象，苗头：*Er sah mich mit der A. e-s Lächelns an* 他看着我，露出一丝微笑 ‖ *hierzu*（派生）**an·deu·tungs·wei·se** *Adj*（形）；*nur attr od adv*（只作定语或状语）

an·dich·ten (*hat*) Vt（及物）**j-m etw. a.** über j-n etw. sagen, das nicht wahr ist 将…归咎于，诿过于，说…的不是

an·di·cken; *dickte an, hat angedickt*; Vt（及物）**etw. a.** etw. beim Kochen fester, weniger flüssig machen 勾芡〈die Soße, die Suppe mit Mehl, Stärke a. 用面粉、淀粉给汁、汤勾芡〉

an·dis·ku·tie·ren (*hat*) Vt（及物）**etw. a.** anfangen, über etw. zu diskutieren 开始讨论〈ein Thema, ein Problem a. 开始讨论一个题目、问题〉

An·drang *der*；-(*e*)*s*；*nur Sg*（只用单数）；e-e große Menschenmenge, die auf engem Raum zusammenkommt 拥挤，蜂拥：*Am Eingang herrschte ein großer A. von Kindern* 入口处孩子们挤成一团

an·drän·gen·d- *Adj*（形）；*nur attr, nicht adv*（只作定语，不作状语）；in großer Zahl sich zu etw. hin bewegend 蜂拥而来的，接踵而来的：*die andrängende Menschenmenge* 蜂拥而来的人群 ‖ *hierzu*（派生）**an·drän·gen** (*ist*) *Vi*（不及物）

an·dre·hen (*hat*) Vt（及物）**1. etw. a.** durch Drehen die Zufuhr e-r Flüssigkeit, e-s Gases ermöglichen 扭开，拧开，打开（使之流通）：*den Hahn, das Wasser a.* 打开开关、水龙头 **2. etw. a.** etw. durch Drehen e-s Hebels od. Schalters in Betrieb setzen 开动，发动，打开（使之运行）〈das Radio, das Licht, e-e Maschine a. 开收音机、灯、机器〉**3. etw. a.** etw. durch Drehen befestigen 拧紧（使之固定住）≈ festdrehen〈e-e Schraube a. 拧紧螺丝〉**4. j-m etw. a.** *gespr*［口］；j-m etw. (*mst* von schlechter Qualität u. zu teuer) verkaufen 卖给，兜售给，出（脱）手给（高价卖次货）：*Wo hast du dir denn diesen altmodischen Pullover a. lassen?* 你究竟在哪里上当买了这件过时的套衫？

and·ren·falls *Adv*（副）；↑ **anderenfalls**

and·rer·seits *Adv*（副）；↑ **andererseits**

an·dro·hen (*hat*) Vt（及物）(**j-m**) **etw. a.** j-m sagen, dass man ihn bestrafen wird (*mst* wenn er mit etw. nicht aufhört) 以…威胁、恐吓〈j-m Prügel, e-e Strafe a. 以棍棒，惩罚威胁某人〉：*Er drohte ihr an, sie zu entlassen* 他威胁说要解雇她 ‖ *hierzu*（派生）**An·dro·hung** *die*

an·drü·cken (*hat*) Vt（及物）**1. etw.** (**an etw.** (*Akk* 四格)) **a.** etw. durch Druck an etw. befestigen 压紧，贴上：*den Aufkleber, das Pflaster a.* 把贴纸、膏药贴结实；Vr（反身）**2. sich** (**an j-n / etw.**) **a.** sehr fest od. eng mit j-m/etw. in Kontakt kommen 紧贴着，紧挨着：*Das Kind drückt sich im Dunkeln fest an seine Mutter an* 在黑暗中小孩紧紧挨着母亲

an·ecken; *eckte an, ist angeeckt*; Vi（不及物）**1.** (**an etw.** (*Dat* 三格)) **a.** aus Versehen an etw. anstoßen（不小心）碰着，撞着，磕着〈an e-m Tisch, am Randstein a. 碰着桌子，磕着街沿〉**2.** (**mit etw.**) (**bei j-m / etw.**) **a.** *gespr*［口］；durch unpassendes Verhalten unangenehm auffallen 让人不顺眼，引起讨厌，招人不满：*Wegen seiner Kleidung eckte er beim Chef an* 他的穿着使上司讨厌

an·eig·nen, sich; *eignete sich an, hat sich angeeignet*; Vt（及物）**1. sich** (*Dat* 三格) **etw. a.** etw. an sich nehmen, das einem nicht gehört 将…占为已有，侵占：*Er eignete sich unerlaubt mehrere Bücher seines Freundes an* 未经许可他把朋友的好几本书占为已有 **2. sich** (*Dat* 三格) **etw. a.** etw. durch Lernen, Üben erwerben 学会，掌握，获得，养成，吸取〈sich Kenntnisse, e-n besseren Stil, gutes Benehmen, Wissen a. 掌握知识，养成好的作风，养成好的品行，获得学问〉‖ *hierzu*（派生）**An·eig·nung** *die*；*mst Sg*（多用单数）‖ ▶ **eigen** (1)

an·ei·nan·der *Adv*（副）**1.** e-e Person/Sache an die andere od. an der anderen 相互靠着，彼此挨着：*zwei Schläuche a. befestigen* 把两个软管固定在一起 **2.** verwendet, um e-e Gegenseitigkeit auszudrücken（表示相互关系）：*Wir denken oft a.* (= ich denke oft an sie, u. sie oft an mich) 我们经常彼此想念（对方）；*Sie gingen wortlos a. vorbei* 他们默默地彼此擦肩而过

an·ei·nan·der- *im Verb, betont u. trennbar, begrenzt produktiv*（构成动词，重读，可分，构词有限）；Die Verben mit *aneinander-* werden nach folgendem Muster gebildet (aneinander-动词的模式如下)：*aneinanderbinden – band aneinander – aneinandergebunden*

aneinander- drückt aus, dass e-e feste Verbindung zwischen mehreren Dingen, Menschen hergestellt wird（表示彼此紧密连接在一起）↔ auseinander- (1)；

〈Dinge 物〉**aneinanderschrauben**：*Er schraubte die beiden Bretter aneinander* 他把两块板用螺丝拧在一起 ≈ Er befestigte das eine Brett mit Schrauben an dem anderen

ebenso（同类词有）：〈Personen/Dinge〉**aneinanderbinden**,〈Dinge〉/ **sich** (*Pl*) **aneinanderdrücken**,〈Personen〉**aneinanderfesseln**,〈Dinge〉**aneinanderfügen**,〈Dinge〉**aneinanderheften**,〈Dinge/**sich** (*Pl*)〉**aneinanderklammern**,〈Dinge〉**aneinanderkleben**,〈Dinge〉**aneinanderknoten**,〈Dinge〉**aneinanderknüpfen**,〈Dinge〉**aneinanderkoppeln**,〈Dinge〉**aneinandernähen**,〈Dinge〉**aneinanderschließen**, **sich** (*Pl*) **aneinanderschmiegen**,〈Dinge〉**aneinanderschweißen**,

aneinanderstoßen

an·ei·nan·der·ge·ra·ten [Vi]（不及物）***j-d gerät mit j-m aneinander***；〈Personen 人〉***geraten aneinander*** *mst* zwei Personen fangen an zu streiten（人作主语）单：与…争吵起来；复：彼此争吵起来：*Sie gerieten oft heftig aneinander* 他们常常彼此吵得很凶；*Er ist mit ihr öfters aneinander geraten* 他与她时不时地就争吵起来

an·ei·nan·der·gren·zen（*haben*）[Vi]（不及物）〈Gärten, Grundstücke 花园，地产〉***grenzen aneinander*** Gärten, Grundstücke haben e-e gemeinsame Grenze 交界，接壤，毗邻

an·ei·nan·der·hän·gen[1]；*hängte aneinander, hat aneinander gehängt*；[Vt]（及物）〈Dinge 物〉**a.** ein Ding an das andere hängen 把…挂(连)在一起：*Güterwaggons a.* 把货车车厢挂在一起

an·ei·nan·der·hän·gen[2]；*hingen aneinander, haben/südd* Ⓐ［南德］［奥］*sind aneinandergehangen*；[Vi]（不及物）**1.**〈Dinge 物〉***hängen aneinander*** mehrere Dinge hängen dicht eines bei od. neben dem anderen（紧紧）悬挂在一起：*Die Trauben hingen nur so aneinander* 一串一串葡萄紧紧悬挂在一起 ‖ NB（注意）：*aber*（但是）：*Geschwister, die sehr aneinander hängen* 难舍难分的姐妹（getrennt geschrieben 分写）

an·ei·nan·der·rei·hen（*hat*）[Vt]（及物）**1.**〈Dinge 物〉**a.** ein Ding neben das andere stellen u. so e-e Reihe bilden 把…排列(摆)在一起，把…排成行〈Kisten a. 把箱子排列在一起〉；[Vr]（反身）**2.**〈Dinge 物〉***reihen sich aneinander*** Dinge bilden e-e Reihe 排列在一起〈Bücher 书〉‖ *hierzu*（派生）**An·ei·nan·der|rei·hung** *die*

Anek·do·te *die*；-, -*n*；e-e kurze, *mst* lustige Geschichte über e-e bekannte Persönlichkeit od. ein Geschehen（名人）轶事 ‖ *hierzu*（派生）**anek·do·ten·haft** *Adj*（形）

an·ekeln（*hat*）[Vt]（及物）***j-d/etw. ekelt j-n an*** j-d/etw. hat e-e abstoßende Wirkung auf j-n, ruft Ekel bei j-m hervor（人/物作主语）使人恶心，讨厌：*Der schlechte Geruch ekelte mich an* 这股臭味使我恶心

Ane·mo·ne *die*；-, -*n*；e-e kleine *mst* weiße Blume, die im Frühling *bes* im Wald blüht 银莲花

an|er·kannt 1. *Partizip Perfekt*（过去分词）；↑ ***anerkennen*** **2.** *Adj*（形）；*ohne Steigerung*（无变级）；wegen bestimmter Fähigkeiten od. Qualitäten allgemein geschätzt od. geachtet 公认的，得到普遍承认的，有声望的：*ein international anerkannter Musiker* 享有国际声望的音乐家，蜚声国际的音乐家

an|er·kann·ter·ma·ßen *Adv*（副）；*geschr*［书］；nach allgemeiner Einschätzung, Beurteilung 众所周知，公认地：*Er ist a. e-e Koryphäe auf dem Gebiet der Herztransplantation* 众所周知，他是一位在心脏移植领域的权威

an|er·ken·nen；*erkannte an/selten auch anerkannte, hat anerkannt*；[Vt]（及物）**1.** ***j-n/etw. a.*** j-n/etw. positiv beurteilen 肯定，赞赏，积极评价，表彰〈j-s Leistungen a. 肯定某人的成绩〉**2.** ***etw. a.*** etw. respektieren, achten u. befolgen 尊重并遵守，恪守〈e-e Abmachung, e-e Regel, e-e Vorschrift a. 遵守协议、规则、规章〉**3.** ***j-n/etw.*（*als etw.*（*Akk* 四格））*a.*** j-n/etw. als gültig u. rechtmäßig betrachten 承认，认可，确认〈e-n Staat a. 承认一个国家；e-e Prüfung a. 认可考试〉**4.** ***die Vaterschaft a.*** (offiziell) sagen, dass man j-s Vater ist 确认父亲身份

an|er·ken·nens·wert *Adj*（形）；positive Reaktionen bei den Mitmenschen hervorrufend 值得称道的，值得表彰的≈ lobenswert〈e-e Leistung, ein Verhalten 成绩，行为〉

An|er·ken·nung *die*；-；*nur Sg*（只用单数）**1.** das Anerkennen (1)：*die A. ihrer Leistungen* 对她成绩的肯定 **2.**（***keine***）***A. finden*** (nicht) anerkannt (1,2) werden 得(不)到表彰，得(不)到尊重 **3.** ***j-m/etw.*（*keine*）*A. zollen*** *geschr*［书］；j-n/etw. (nicht) anerkennen (1) 对…(不)予以表扬(肯定) **4.** das Anerkennen (3,4)：*die A. der Vaterschaft* 确认父亲身份；*die diplomatische A. e-s neugegründeten Staates* 外交上承认一个新建的国家

an|er·zie·hen；*erzog an, hat anerzogen*；[Vt]（及物）（***j-m***）***etw. a.*** durch Erziehung j-n an etw. gewöhnen, j-n etw. lehren 教育成，使养成，使具有(某种品德)：*Ist seine Rücksichtslosigkeit angeboren od. anerzogen?* 他的冷酷无情是天生的还是后来养成的？‖ NB（注意）：*mst* im Zustandspassiv（多用于状态被动句）！

an·fah·ren [Vt]（及物）（*hat*）**1.** ***j-n a.*** j-n mit e-m Fahrzeug streifen u. dadurch verletzen（开车）撞伤，擦伤：*Nachts wurde ein Radfahrer, der ohne Licht fuhr, angefahren* 夜间一位骑自行车的人，因没开灯而被撞伤了 **2.** ***etw. a.*** etw. mit e-m Fahrzeug liefern 运送，运来〈Lebensmittel, Möbel a. 运送食品、家具〉**3.** ***j-n a.*** *gespr*［口］；j-n laut u. zornig tadeln 大声怒斥，斥责：*Fahr mich doch nicht so an!* 不要那么训斥我！；[Vi]（不及物）（*ist*）**4.** ***j-d/etw. fährt an*** j-d bringt sein Fahrzeug in Bewegung/ein Fahrzeug setzt sich in Bewegung（人/物作主语）(人)将车启动；(车)开动：*Der Zug fuhr mit e-m kräftigen Ruck an* 列车猛地震动一下，开动了；*Er musste auf der vereisten Straße ganz langsam a.* 在冰冻的马路上他只得慢慢地开动车 ‖ *zu*（义项）**2. An·fahrt** *die*

An·fall *der* **1.** ein kurzer krankhafter Zustand, der plötzlich und sehr heftig eintritt（突然）发作，发病〈e-n A. bekommen, haben 突然发病〉：*e-n epileptischen A. erleiden* 癫痫病突然发作 ‖ -K（复合）：***Herz-, Husten-*** **2.** ***ein A.*（*von etw.*）** das kurze u. plötzliche Auftreten e-s Gemütszustandes 情感突发（爆发）〈etw. tun in e-m A. von Eifersucht, Wahnsinn 由于妒忌心突发、精神突然错乱而干某事〉‖ NB（注意）：vor dem Subst. steht kein Artikel（名词前不带冠词）**3.** ***e-n A. bekommen*** sehr zornig werden 勃然大怒，大发雷霆 **4.** *nur Sg*, ADM *geschr*（只作单数）【管理】［书］；das Anfallen (2)：*mit dem A. von viel Arbeit* *rechnen* 估计到有大量工作积压(堆积)

an·fal·len [Vt] (及物)(*hat*) **1. ein Tier fällt j-n an** ein Tier greift j-n an u. verletzt ihn *mst* dabei(动物作主语)袭击,攻击,扑咬: *Unser Hund hat den Briefträger angefallen* 我们的狗袭击了邮递员; [Vi] (不及物)(*ist*) **2. etw. fällt an** ADM *geschr*【管理】[书]; etw. entsteht immer wieder od. ist ständig vorhanden(物作主语)不断地堆积,积存,积压: *die laufend anfallende Post erledigen* 处理正在不断堆积起来的邮件; *Bei diesem Projekt fielen sehr hohe Kosten an* 这项工程的巨额支出愈来愈大

an·fäl·lig *Adj*(形); *nicht adv*(不作状语); **1. a.** (**für etw.**) nicht resistent gegen etw., keinen Widerstand gegen etw. zeigend 无抵抗力的,容易生病的〈a. sein für Krankheiten, Beeinflussungen 容易得病,容易受影响〉‖ -K(复合): **frost-**, **krankheits-**, **stress- 2. a.** (**für etw.**) nicht gut gegen negative Einflüsse geschützt 易受影响的,经不起干扰(冲击)的,抗侵蚀、干扰差的〈e-e Maschine, die Wirtschaft 机器,经济〉: *Der neue Computer ist a. für Störungen* 新电脑抗干扰能力差 ‖ -K(复合): **pannen-**, **störungs-** ‖ *hierzu*(派生) **An·fäl·lig·keit** *die*; *nur Sg*(只用单数)

An·fang *der* **1.** *nur Sg*(只用单数); der Zeitpunkt, zu dem etw. anfängt (3)开始,开端,开初: *am A. dieses Jahrhunderts* 本世纪初; *den A. des Films verpassen* 错过片头(电影开头部分) ‖ K-(复合): **Anfangs-**, **-gehalt**, **-kapital**, **-kenntnisse**, **-schwierigkeiten**, **-stadium 2. A.** + *Zeitangabe* 时间说明语 am A. (1) des genannten Zeitraums 初期: *A. Juli beginnen die Ferien* 七月初开始放假; *A. 1980*, *A. nächster Woche* 80 年初,下周初 **3.** *nur Sg*(只用单数); die Stelle, an der etw. anfängt (5) 起点,开头〈der A. der Autobahn, e-s neuen Kapitels in e-m Roman 高速公路的起点,小说新的一章的开头〉 **4.** *nur Pl*(只用复数) ≈ Ursprung: *Die Anfänge der Menschheit liegen in Afrika* 人类起源于非洲 ‖ ID[谚] **von A. an** gleich zu Beginn 从一开始: *Ich war von A. an dagegen* 我从一开始就反对; **den A. machen** *gespr*[口]; als Erster etw. beginnen 开头,带头,率先; **A.** 〈zwanzig, dreißig, vierzig *usw* 二十,三十,四十(岁)等〉 **sein** ca. 20 bis 23, 30 bis 33 *usw* Jahre alt sein(指年龄)开头,开外,有余; **Aller A. ist schwer** wenn man etw. Neues beginnt, hat man immer Probleme 万事开头难

an·fan·gen (*hat*) [Vt/i] (及物/不及物) **1.** (**etw.**) **a.** den ersten Teil e-r Sache machen, mit etw. beginnen 开始,着手〈e-e Arbeit, ein Gespräch, ein neues Leben a. 开始工作、谈话、新生活; von vorn a. 从头开始〉: *Wann fangen wir* (*die Sitzung*) *endlich an?* 我们到底什么时候开始(会议)?; *Er fing an, laut* zu *singen*/ *Er fing laut* zu *singen an* 他开始大声歌唱; *Das Auto fängt allmählich an* zu *rosten*/zu *rosten an* 汽车开始慢慢生锈了; [Vt] (及物) **2. etw. a.** *gespr*[口]; etw. machen, tun 干,做,办,搞〈etw. geschickt a. 办某事机灵〉: *Was fangen wir nach dem Essen an?* 饭后我们干什么?; [Vi] (不及物) **3. etw. fängt** (**irgendwann**) **an** etw. findet von e-m bestimmten Zeitpunkt an statt(物作主语)开始: *Das Konzert fängt um 8 Uhr an* 音乐会八点开始 **4.** (**mit etw.**) **a.** ≈ a. (1) **5. etw. fängt irgendwo an** etw. erstreckt sich von e-r bestimmten Stelle aus(物作主语)开始(延伸): *Hinter dieser Bergkette fangen die Dolomiten an* 白云岩从这片山峦后开始延伸 **6. etw. fängt mit etw. an** etw. hat etw. als Beginn(物作主语)以…作为开始(开场): *Der Film fing mit e-m Mord an* 这部电影是以谋杀开始的 ‖ ID[谚] *mst* 多用 **Das fängt ja gut/heiter an!** *gespr iron*[口][讽]; das ist kein guter Start 这不是好兆头! 开门不利!; **mit j-m/etw. nicht viel/nichts a. können** j-n/etw. nicht verstehen, mit j-m nicht gern zusammen sein, etw. nicht gern tun 难以同某人打交道/对某事难办; **mit sich/seiner Freizeit nichts a. können** nicht fähig sein, seine Freizeit sinnvoll zu nutzen 不知自己该怎么办/不知该怎么有意义地利用自己的业余时间

An·fän·ger *der*; *-s*, *-*; j-d, der gerade mit e-r Ausbildung/Tätigkeit beginnt 初学者,新手,生手〈Kurse für A. 为初学者办的班,初级班〉‖ ID[谚] **ein blutiger A.** ein völliger Neuling 一个完完全全的新手,不经事的生手 ‖ *hierzu*(派生) **An·fän·ge·rin** *die*; *-*, *-nen*

an·fäng·lich *Adj*(形) **1.** *nur attr*, *nicht adv*(只作定语,不作状语); am Anfang (noch) vorhanden 最初的,开头的〈Zögern, Misstrauen, Schüchternheit 犹豫,不信任,胆怯〉 **2.** *nur adv*(只作状语); zuerst, am Anfang 起初,一开始,起先

an·fangs[1] *Adv*(副); zuerst, am Anfang 起初,一开始,起先

an·fangs[2] *Präp*(介); *mit Gen*, *gespr*(支配二格)[口]; am Anfang, zu Beginn (e-s Zeitraums)在…开头: *a. des Monats* 在月初

An·fangs·buch·sta·be *der*; der erste Buchstabe e-s Wortes 开头字母,第一个字母,首字母

an·fas·sen (*hat*) [Vt](及物) **1. j-n/etw. a.** j-n/etw. mit der Hand berühren u. greifen 握住,抓住: *Er fasst mich immer an*, *wenn er mit mir spricht* 每当他跟我讲话的时候,他总要握着我的手 **2. j-n irgendwie a.** j-n irgendwie behandeln, mit j-m irgendwie umgehen 处理,对付,对待(人)〈j-n rau, hart, sanft a. 粗暴地、生硬地、温柔地对待某人〉 **3. etw. irgendwie a.** *gespr*[口]; etw. irgendwie anfangen, beginnen 着手做,开始干,对待,处理(事)〈e-e Aufgabe geschickt a. 机灵地着手干一项任务〉 ‖ ID[谚] *mst* 多用 **Fass doch mal mit an!** *gespr*[口]; hilf doch mal mit! 来帮一下忙! 过来搭把手!

an·fau·chen (*hat*) [Vt](及物) **1.** 〈*mst* e-e Katze 多指猫〉 **faucht j-n/etw./ein Tier an** e-e Katze faucht in die Richtung von j-m/etw./e-m Tier 朝…噗噗叫 **2. j-n a.** *gespr*[口]; j-n heftig tadeln, zurechtweisen 训斥,(气呼呼地)指摘

an·fau·len (*ist*) [Vi](不及物) **etw. fault an** etw. beginnt (*mst* leicht) zu faulen(物作主语)开始

腐烂：*angefaultes Obst* 开始烂了的水果

an·fech·ten；*ficht an*，*focht an*，*hat angefochten*；[Vt]（及物）**etw. a.** die Gültigkeit od. Richtigkeit e-r Sache nicht anerkennen 认为…无效（不属实），不承认〈das Testament，e-n Vertrag a. 不承认遗嘱，条约〉‖ *hierzu*（派生）**An·fech·tung** *die*；**an·fecht·bar** *Adj*（形）

an·fein·den；*feindete an*，*hat angefeindet*；[Vt]（及物）**j-n a.** zu j-m，den man nicht leiden kann，sehr unhöflich sein od. ihn bekämpfen 仇视，敌视，与…作对 ‖ *hierzu*（派生）**An·fein·dung** *die*

an·fer·ti·gen（*hat*）[Vt]（及物）**etw. a.** *geschr*【书】；etw. herstellen，machen 制作，做，配制〈ein Gutachten a. 作鉴定；Kleider beim Schneider a. lassen 让裁缝做衣服；ein Bild，ein Porträt a.（lassen）（让人）画一幅画、一幅肖像画〉‖ *hierzu*（派生）**An·fer·ti·gung** *die*；*nur Sg*（只用单数）

an·feuch·ten；*feuchtete an*，*hat angefeuchtet*；[Vt]（及物）**etw. a.** etw. ein wenig feucht machen 使湿润，弄湿，湿润一下，湿一湿〈die Lippen a. 湿润一下嘴唇〉‖ *hierzu*（派生）**An·feuch·tung** *die*；*nur Sg*（只用单数）

an·feu·ern（*hat*）[Vt]（及物）**1. j-n a.**（*bes* beim Sport）durch Zurufe *usw* j-n zu größeren Leistungen treiben 鼓励，加油鼓劲（尤用于体育比赛）：*Die Fans feuerten ihre Mannschaft frenetisch an* 球迷给自己的球队拼命地加油 **2. etw. a.** in etw. ein Feuer machen 生火，点燃 ≈ anzünden〈e-n Ofen，e-n Herd a. 给炉子、灶生火〉‖ *zu*（义项）**1. An·feu·e·rung** *die*；*nur Sg*（只用单数）

an·fle·hen（*hat*）[Vt]（及物）**j-n a.** j-n dringend um etw. bitten，*mst* indem man sein Mitleid erregt 恳求，乞求，央求，乞哀告怜：*Er flehte sie an*，*ihn nicht zu verlassen* 他央求她别离开他

an·flie·gen [Vt]（及物）（*hat*）**1. j-d/etw. fliegt etw. an** ein Flugzeug bzw. dessen Besatzung fliegt in Richtung auf etw.（人/物作主语）飞向，飞往，朝…飞去〈e-n Flughafen，e-e Stadt a. 飞往某一机场，朝某一城市飞去〉**2.**〈e-e Fluggesellschaft 航空公司〉**fliegt etw. an** e-e Fluggesellschaft hat e-e Fluglinie zu e-r bestimmten Stadt 飞（往某一城市）的航线（航班）：*Die Fluggesellschaft fliegt New York direkt an* 这家航空公司直飞纽约；[Vi]（不及物）（*ist*）**3. etw./ein Vogel kommt angeflogen** etw./ein Vogel fliegt in j-s Richtung（物/鸟作主语）飞过来：*Die Vögel kamen angeflogen* 鸟飞来了

An·flug *der*；*mst Sg*（多用单数）**1.** *mst* 多用 **im/beim A. auf etw.**（*Akk* 四格）in der letzten Phase des Flugs vor der Landung an e-m bestimmten Ziel 飞抵，飞近，飞往：*Das Flugzeug befindet sich im A. auf Paris* 飞机即将飞抵巴黎 **2.** e-e gerade noch erkennbare Andeutung von etw. 微微泛出，掠现，露出〈der A. e-s Lächelns 露出一丝微笑〉

an·for·dern（*hat*）[Vt]（及物）**j-n/etw. a.** nach j-m/etw.（dringend）verlangen od. etw. bestellen（迫切）要求（提供）〈ein Gutachten，Ersatzteile a. 要求写鉴定，要求提供备件；Arbeitskräfte a. 要求增拨劳动力〉

An·for·de·rung *die* **1.** *mst Pl*（多用复数）；die（*mst* hohen）Maßstäbe，nach denen j-s Leistungen beurteilt werden（评价成绩的）要求，标准〈hohe，große Anforderungen an j-n stellen 向某人提出高要求；den Anforderungen nicht gewachsen sein 满足不了要求〉**2.** *nur Sg*（只用单数）；das Anfordern〈die A. von Waren，Arbeitskräften 要求供货，要求增拨劳动力〉

An·fra·ge *die* **1.** e-e Frage od. Bitte um Auskunft（die *mst* an e-e staatliche Institution gerichtet ist）询问，提问〈e-e A. an e-e Behörde richten 向某一机关提出询问〉**2.** POL【政】；die（*mst* schriftliche）Bitte e-r parlamentarischen Gruppe an die Regierung，e-n Sachverhalt genau darzustellen 质问（多用书面形式）

an·fra·gen（*hat*）[Vi]（不及物）（**bei j-m/etw.**）**a.** sich an j-n/e-e Institution mit e-r Frage wenden 询问，打听〈höflich，bescheiden a.，ob ... 礼貌地、谦虚地询问，是否…〉

an·fres·sen（*hat*）[Vt]（及物）**1. ein Tier frisst etw. an** ein Tier frisst etw. nur zu e-m kleinen Teil（动物作主语）啃，咬：*Die Mäuse haben den Käse angefressen* 耗子咬掉一块奶酪 **2. etw. frisst etw. an** etw. löst etw. teilweise in seine Bestandteile auf（物作主语）腐蚀，侵蚀 ≈ etw. zersetzt etw.：*Der Rost frisst das Eisen an* 锈腐蚀铁 **3. sich**（*Dat* 三格）**e-n Bauch a.** *gespr*［口］；so viel essen，dass man e-n dicken Bauch bekommt 吃得大腹便便，吃出一个大胖肚子

an·freun·den, sich；*freundete sich an*，*hat sich angefreundet*；[Vr]（反身）**1. j-d freundet sich mit j-m an**；〈Personen 人〉**freunden sich an** zwei od. mehrere Leute werden Freunde（人作主语）单：与…交朋友；复：彼此交朋友 **2. sich（nicht）mit etw. a. können** mit etw.（nicht）zurechtkommen，sich（nicht）an etw. gewöhnen（不）能习惯，适应，接纳〈sich nicht mit dem Gedanken a. können，etw. zu tun 思想上难以接受干某事〉：*Er kann sich nicht mit der modernen Technik a.* 他不能适应现代技术

an·frie·ren（*ist*）[Vi]（不及物）**etw. friert**（**an etw.**（*Dat* 三格））**an** etw. klebt durch Einwirkung des Frosts an etw.（物作主语）冻牢，在…上冻住：*Die Scheibenwischer sind angefroren* 玻璃刷（或刮水器）冻住了

an·fü·gen（*hat*）[Vt]（及物）**etw.**（**etw.**（*Dat* 三格）/**an etw.**（*Dat/Akk* 三格/四格））**a.** *geschr*［书］；e-r Sache etw. hinzufügen，hinzusetzen 给…附上，添上，附加 ‖ *hierzu*（派生）**An·fü·gung** *die*

an·füh·len（*hat*）[Vt]（及物）**1. etw. a.** etw. prüfend anfassen（试探性地）摸〈e-n Stoff，j-s Stirn a. 摸摸布料、某人的额头〉；[Vr]（反身）**2. etw. fühlt sich irgendwie an** etw. vermittelt（beim Anfassen）e-n bestimmten Eindruck（物作主语）摸上去有某种感觉，手感：*Dieser Stoff fühlt sich rau an* 这块料子手感粗糙

An·fuhr *die*; -, *-en*; der Transport zum Ziel 运送,送到,送来↔ Abfuhr (1): *die pünktliche A. der Lieferung* 货物的准时送达

an·füh·ren (*hat*) [Vt] (及物) **1. etw. a.** etw. erwähnen, vorbringen 提出,述及,说到: *Er führte zu seiner Entschuldigung an*, dass *der Wecker nicht geklingelt habe* 他以闹钟没响为由替自己申辩 **2. j-n/etw. a.** j-n/etw. als Beweis od. Beleg zitieren 引用,引证〈e-e Stelle aus e-m Gedicht a. 引用一首诗的一处(诗句)〉 **3. etw. a.** an der Spitze e-r Gruppe sein 率领,带领: *E-e Kapelle führt den Festzug an* 乐队率领着节日游行的队伍 **4. etw. a.** e-e Gruppe leiten u. ihr Befehle geben 指挥〈e-e Kompanie a. 指挥一支连队〉 **5. j-n a.** *gespr* [口]≈ foppen ‖ *zu* (义项) **1.**, **2.** u. **4. An·füh·rung** *die*; *mst Sg*(多用单数); *zu* (义项) **4. An·füh·rer** *der*; **An·füh·re·rin** *die*

An·füh·rungs·stri·che *die*; *Pl*(复) ≈ Anführungszeichen

An·füh·rungs·zei·chen *das*; *-s*, -; *mst Pl*(多用复数); die Zeichen „ u. “, die verwendet werden, um e-e wörtliche Rede, Zitate od. ironisch gemeinte Wendungen anzuzeigen 引号(„…“)〈etw. in Anführungszeichen setzen 将某词(句)放入引号内〉: *Die Zeichen ‚…‘ sind einfache Anführungszeichen* 符号‚…‘为单引号

an·fül·len (*hat*) [Vt] (及物) **etw. (mit etw.) a.** etw. vollständig mit etw. füllen 充满,装满,填满,充塞,充盈

an·fun·keln (*hat*) [Vt] (及物) **j-n a.** j-n wütend ansehen 怒视,朝…瞪眼

An·ga·be *die*; -, *-n* **1.** ≈ Information, Auskunft: *genaue Angaben über e-n Unfall machen* 对事故作详细说明(陈述) ‖ -K(复合): **Orts-**, **Zeit-** **2.** *nur Sg*, *gespr pej* (只用单数)[口][贬]; ein Verhalten, durch das man die Bewunderung anderer Leute erlangen will 吹牛,夸嘴,说大话,夸耀 ≈ Angeberei, Prahlerei **3.** SPORT【体】; ein Schlag, mit dem der Ball (*bes* bei Netzspielen) ins Spiel gebracht wird 发球,开球(尤用于有网的球类运动)≈ Aufschlag〈A. haben, e-e scharfe A. machen 发球,发一个快球〉 ‖ NB(注意): ↑ **Anstoß**

an·gaf·fen (*hat*) [Vt] (及物) **j-n/etw. a.** *gespr pej*[口][贬]; j-n intensiv, neugierig betrachten 目不转睛地盯着,瞅着,凝视着≈ anstarren

an·ge·ben (*hat*) [Vt] (及物) **1. (j-m) etw. a.** etw. nennen, um j-m e-e Information zu geben 告知,说明,陈述〈seinen Namen, seine Adresse a. 告知他的姓名、地址〉: *Er gab als Grund für seine Verspätung an*, dass *er den Bus verpasst habe* 他说他没搭上车,以此作为迟到的理由 **2. etw. a.** etw. bestimmen, festsetzen 规定,指定〈den Takt, das Tempo a. 定节拍、速度〉 **3. etw. a.** etw. deutlich zeigen, markieren 标定,划出,勾出: *Ölquellen auf e-r Landkarte a.* 在地图上标出油源 **4. j-n als etw. a.** (bei der Polizei) melden, mitteilen, dass j-d etw. getan hat 告发,(向警方)密告: *Der Zeuge gab e-n blonden Jugendlichen als Täter an* 证人告发一位金发年轻人是作案人; [Vi] (不及物) **5. (mit etw.) a.** *gespr pej* [口][贬]; etw. übertrieben stolz zeigen od. erzählen, um von anderen Leuten bewundert zu werden 夸海口,吹大气,吹牛,夸耀 ≈ prahlen: *Gib doch nicht so an mit deinem neuen Auto!* 甭那么夸耀你的新车! **6.** SPORT【体】; (bei Netzspielen) den Ball ins Spiel bringen (在网球类运动中)开球,发球 ‖ *zu* (义项) **5. An·ge·ber** *der*; *-s*, -; **An·ge·be·rin** *die*; -, *-nen*; **an·ge·be·risch** *Adj*(形) ‖ ▶ **Angabe**

An·ge·be·te·te *der/die*; *-n*, *-n*; *oft iron* 常用[讽]; verwendet zur Bezeichnung der Person, die sehr von j-m verehrt od. geliebt wird 崇拜的对象,偶像,意中人,心上人 ‖ NB(注意): *der Angebetete*; *ihr Angebeteter*; *ihren*, *ihrem*, *ihres Angebeteten*

an·geb·lich *Adj*(形); *nur attr od adv*(只作定语或状语); wie j-d behauptet (was jedoch nicht als sicher od. bewiesen gilt) 自称的,所谓的 ≈ vermeintlich: *ihr angeblicher Cousin* 她所谓的表兄(弟); *Er ist a. sehr reich (aber ich glaube es nicht)* 他自称很富(但我不信)

an·ge·bo·ren *Adj* (形); *nicht adv* (不作状语); von Geburt an vorhanden, nicht anerzogen 天生的,生来就有的,先天的〈ein Instinkt, e-e Krankheit, e-e Abneigung 本能,疾病,反感〉

An·ge·bot *das*; *-(e)s*, *-e* **1.** das Anbieten e-r Ware zum Kauf 供应,供货〈j-m ein günstiges A. machen 给某人供货优惠〉 **2. das A.** (**an etw.** (*Dat* 三格)) die Menge e-r angebotenen Ware 供货量: *ein reichhaltiges A. (an Obst, Fleisch)* 大量(充分的)(水果、肉类)供应 **3.** WIRTSCH, *Kollekt*【经】(集合); alle Waren u. Dienstleistungen, die es auf dem Markt gibt 供货与服务 **4. A. u. Nachfrage** WIRTSCH【经】; das Verhältnis zwischen dem A. (3) u. dem, was tatsächlich gekauft wird 供求关系: *A. u. Nachfrage regeln den Preis e-r Ware* 供求关系调节商品价格

an·ge·bracht **1.** *Partizip Perfekt*(过去分词); ↑ **anbringen** **2.** *Adj*(形); genau passend für e-e bestimmte Situation 合适的,恰当的,贴切的,恰如其分的≈ angemessen ↔ unpassend〈etw. für a. halten 认为某事合适; es ist a., dass ... …是合适的〉

an·ge·bro·chen **1.** *Partizip Perfekt* (过去分词); ↑ **anbrechen** **2.** *Adj*(形); **ein angebrochener Abend, Tag** ein Abend, Tag, der zum Teil schon vergangen ist 夜已降临,天已破晓: *Was machen wir mit dem angebrochenen Abend?* 天黑了,我们做什么呢? **3.** *Adj*(形); (zum Essen od. Trinken) schon geöffnet 已打开的,启封的〈e-e Weinflasche, e-e Packung 酒瓶,包装〉

an·ge·brü·tet *Adj*(形); 〈ein Ei 蛋〉 so, dass das Huhn schon darauf gebrütet hat (u. es deswegen nicht mehr genießbar ist) 已孵过的

an·ge·bun·den **1.** *Partizip Perfekt* (过去分词); ↑ **anbinden** **2.** *Adj* (形); (**mit/wegen j-m/etw.**) **a. sein** *gespr* [口]; gewisse Pflichten erfüllen müssen u. daher wenig Zeit für sich selbst haben 被拴住的：*Mit zwei kleinen Kindern bin ich völlig a*. 我完全被两个小孩栓住了 **3.** *Adj*（形）；**kurz a. sein** unfreundlich sein, sehr knappe Antworten geben 态度生硬的，爱理不理的

an·ge·dei·hen *nur in* 只用于 **j-m etw. a. lassen** *geschr od iron*［书］或［讽］；j-m etw. Positives geben od. gewähren 让…得到，给予：*j-m ein verdientes Lob a. lassen* 让某人得到应有的表扬

an·ge·du·selt *Adj*（形）；*gespr*［口］；leicht betrunken 微醉的，略有醉意的

an·ge·gos·sen *Adj*（形）；*mst in* 多用于 **etw. sitzt/passt wie a.** *gespr*［口］；ein Kleidungsstück passt ganz genau 衣服很合适，很贴身

an·ge·hei·ra·tet *Adj*（形）；*nicht adv*（不作状语）；durch Heirat Mitglied der Verwandtschaft geworden 联姻的：*e-e angeheiratete Tante* 婶母，姑母，舅母

an·ge·hei·tert *Adj*（形）；durch das Trinken von Alkohol in fröhlicher Stimmung 酒后情绪兴奋的 ‖ ▶ **heiter** (1)

an·ge·hen Vi（及物）**1. j-n/etw. a.**（*hat/südd* Ⓐ Ⓒⓗ［南德］［奥］［瑞］*ist*）j-n/etw. angreifen, hart attackieren 进攻，攻击，袭击：*Er ging seinen Gegenspieler ungewöhnlich hart an* 他极其猛烈地向其对手进攻 **2. etw. a.**（*hat/südd* Ⓐ Ⓒⓗ［南德］［奥］［瑞］*ist*）anfangen, etw. zu behandeln, etw. zu lösen versuchen 着手处理，努力解决〈ein Problem, ein Thema a. 着手处理问题，课题〉 **3.** *mst* 多用 **etw. geht j-n (et) was/nichts an**（*ist*）etw. ist/ist nicht j-s Angelegenheit, etw. betrifft j-n/betrifft j-n nicht（物作主语）与…有关/无关，涉及/不涉及…：*Hör zu, das geht auch dich (etwas) an* 听着，这与你也有关系；*Das sind deine Probleme, die gehen mich nichts an* 这是你的问题，它们与我毫不相干 ‖ NB（注意）：*mst* im *Präsens* u. *Imperfekt*（多用现在时和过去时） **4. was j-n/etw. angeht, ...** *gespr*［口］；in Bezug auf j-n/etw., was j-n/etw. betrifft, ... 至于谈到…，就…而言，涉及到…：*Was deine Arbeit angeht, so kann ich dir sagen, dass sie nur noch besser werden kann* 至于谈到你的工作，我可以告诉你，它只能更好 **5. j-n um etw. a.**（*hat/südd* Ⓐ Ⓒⓗ［南德］［奥］［瑞］*ist*）*geschr*［书］；j-n um etw. bitten 恳求，恳请，请求〈j-n um Geld, um e-n Rat a. 请求某人给钱、出点子（主意）〉；Vi（不及物）（*ist*）**6. gegen j-n/etw. a.** j-n/etw. durch gezielte Maßnahmen bekämpfen（采用针对性措施）同…作斗争〈gegen Missstände, Verbrechen a. 同不良现象、犯罪作斗争〉 **7. etw. geht an** *gespr*［口］≈ etw. fängt an：*Weißt du, wann die Schule wieder angeht?* 你知道什么时候学校开学吗？ **8. etw. geht an** *gespr*［口］；etw. beginnt zu brennen（物作主语）点燃了，着了 ↔ etw. geht aus〈das Feuer, der Ofen, das Licht 火，炉子，灯〉 **9. etw. geht an** *gespr*［口］；etw. kommt in Gang（物作主语）开动，起动 ≈ etw. springt an (3) ↔ etw. geht aus〈der Motor, das Auto 马达，汽车〉；Vimp（无人称）**10. es geht nicht/gerade noch an, (dass) ...** es kann nicht/gerade noch akzeptiert od. zugelassen werden, dass ... …不行/还行，不允许/还允许：*Es geht nicht an, während des Unterrichts zu rauchen* 上课时抽烟是不行的

an·ge·hen·d- **1.** *Partizip Präsens*（现在分词）；↑ **angehen** **2.** *Adj*（形）；*nur attr, nicht adv*（只作定语，不作状语）；verwendet, um auszudrücken, dass j-d bald e-n bestimmten Beruf ausüben wird, aber noch in der Ausbildung steht 正在培养的，未来的，即将走上工作岗位的：*ein angehender Arzt, Schauspieler* 一位未来的医生、演员

an·ge·hö·ren; *gehörte an, hat angehört*; Vi（不及物）**etw.** (*Dat* 三格) **a.** Mitglied od. Teil von etw. (*mst* e-r Gruppe od. Organisation) sein 属于，是…的成员，〈e-m Verein, e-m Komitee a. 属于一个协会、一个委员会〉 ‖ *hierzu*（派生）**an·ge·hö·rig** *Adj*（形）；**An·ge·hö·rig·keit** *die*; *nur Sg*（只用单数）

An·ge·hö·ri·ge *der/die*; *-n, -n* **1.** *mst Pl*（多用复数）；die Mitglieder e-r Familie od. der Verwandtschaft 家属，亲属 ‖ -K（复合）：**Familien-** **2.** j-d, der Mitglied e-r bestimmten Gruppe od. Organisation ist（某一团体或组织的）成员，一员 ‖ -K（复合）：**Betriebs-** ‖ NB（注意）：*ein Angehöriger; der Angehörige; den, dem, des Angehörigen*

an·ge·keucht *nur in* 只用于 **a. kommen** *gespr*［口］；in großer Hast, keuchend zu j-m kommen 上气不接下气地跑来，气喘吁吁地跑来

An·ge·klag·te *der/die*; *-n, -n*; j-d, der vor Gericht steht, weil er e-e Straftat begangen haben soll 被告 ‖ NB（注意）：**a)** *ein Angeklagter; der Angeklagte; den, dem, des Angeklagten*; **b)** *Angeklagter* ist man in e-m Strafprozess, *Beklagter* in e-m Zivilprozess（刑法为 Angeklagter，民法为 Beklagter）

an·ge·knackst *Adj*（形）；*nicht adv, gespr*（不作状语）［口］；in nicht ganz gesundem, intaktem Zustand 略受伤害的，不健全的，（状况）欠佳的，不太正常的〈das Selbstbewusstsein, die Gesundheit 自信心，健康状况〉 ‖ ▶ **Knacks** (3)

an·ge·kro·chen *mst in* 多用于 **a. kommen** *pej*［贬］；nach e-m Streit *o.Ä.* schuldbewusst zu j-m kommen u. sich versöhnen wollen（吵架后自知有错）求情来了，来认错讨好，来负荆请罪

An·gel[1] *die*; *-, -n*; ein biegsamer Stab, an dem e-e Schnur mit e-m Haken befestigt ist, mit dem man Fische fangen kann 鱼竿，钓竿〈die A. auswerfen 甩鱼竿；e-n Fisch an der A. haben 鱼上钓了〉 ‖ K-（复合）：**Angel-, -haken, -rute, -schnur**

An·gel[2] *die*; *-, -n*; ein kleines Stück aus Metall od. Eisen in Form e-s kleinen Stabes, an dem Türen od. Fenster so befestigt sind, dass sie sich drehen können 铰链，枢 ‖ -K（复合）：**Tür-** ‖ ID［谚］**etw. aus den Angeln heben** etw. fundamental verändern 彻底改变，从根本上改变；↑ **Tür**

An·ge·le·gen·heit *die*; ein Sachverhalt od. ein Problem 事情，事务〈e-e dringende, peinliche A. regeln 调解一件紧急的、不愉快的事情；in e-r bestimmten A. zu j-m kommen 有事来找某人，找某人办事来的；sich in fremde Angelegenheiten mischen 干预别人的事，管闲事）‖ -K(复合)：**Geschäfts-**，**Privat-**

an·geln；*angelte*，*hat geangelt*；Vt/i（及物/不及物）**1.**（**etw.**）**a.** Fische mit der Angel[1] fangen 垂钓，钓鱼；Vt（及物）**2.**（**sich**（*Dat* 三格））**j-n a.** *gespr pej*［口］［贬］；e-n Partner finden, den man heiraten kann 物色，寻找（伴侣）：*Am liebsten möchte sie sich e-n Millionär a.* 她想最好找个百万富翁；Vi（不及物）**3. nach etw. a.** *gespr*［口］；mühsam versuchen, etw. zu fassen, das man kaum erreichen kann 力图获得，追求，搞到

An·gel·punkt *der*；**1. der**（**Dreh- u.**）**A.** ein Zentrum, an dem alles zusammenkommt 枢纽，中心：*Paris ist der (Dreh- u.) A. der internationalen Mode* 巴黎是世界时尚的中心 **2.** das Wichtigste, von dem sehr viel abhängt 关键，核心：*der A. e-r Karriere* 升迁发迹的关键

An·gel·sach·se [-zaksə] *der*；*-n*，*-n*；*bes* ein Engländer od. j-d, der englischer Abstammung ist u. dessen Muttersprache Englisch ist 盎格鲁撒克逊人（尤指英国人）‖ NB（注意）：*der Angelsachse*；*den*，*dem*，*des Angelsachsen* ‖ *hierzu*（派生）**An·gel·säch·sin** *die*；*-*，*-nen*；**an·gel·säch·sisch** *Adj*（形）

an·ge·mes·sen *Adj*（形）；（**etw.**（*Dat* 三格））**a.** den Gegebenheiten, Umständen entsprechend 适当的，得体的，相称的 ≈ adäquat：*ein angemessenes Verhalten* 得体的行为；*Das Gehalt ist der Leistung a.* 工资所得与劳动付出是相当的

an·ge·nehm *Adj*（形）**1.** so, dass etw. ein erfreuliches, positives Gefühl hervorruft 令人愉快的，很惬意的：*e-e angenehme Nachricht* 令人愉快的消息；*Ich war a. überrascht* 我感到十分惊喜 **2.**〈ein Mensch 人〉so, dass er auf seine Mitmenschen e-n guten Eindruck macht 可爱的，讨人喜欢的，顺眼的 **3.**（**sehr**）**a.!** verwendet, nachdem sich j-d einem vorgestellt hat bzw. j-d einem vorgestellt wurde 很高兴（介绍时用语）：„*Mein Name ist Becker*" – „*A., ich heiße Müller*" "我叫贝克尔"——"很高兴，我叫米勒"

An·ge·neh·me *das*；*-n*；*nur Sg*（只用单数）**1.** etw., das angenehm ist 令人愉快的事 **2. das A. mit dem Nützlichen verbinden** etw. tun, das Spaß macht u. zugleich nützlich ist 劳逸结合，工作与娱乐相得益彰 ‖ NB（注意）：*Angenehmes*；*das Angenehme*；*dem*，*des Angenehmen*

An·ger *der*；*-s*，*-*；*veraltet*［旧］≈ Dorfwiese

an·ge·rast *nur in* 只用于 **a. kommen** sehr schnell näher kommen 飞跑而来，飞驰而来：*Der Sportwagen kam mit überhöhter Geschwindigkeit a.* 赛车飞驰而来

an·ge·regt **1.** *Partizip Perfekt*（过去分词）；↑ **anregen** **2.** *Adj*（形）≈ lebhaft (2)〈ein Gespräch, e-e Diskussion 交谈，讨论〉

an·ge·sagt **1.** *Partizip Perfekt*（过去分词）；↑ **ansagen** **2. etw. ist angesagt** *gespr*［口］；（*bes* von Jugendlichen verwendet）etw. ist als Nächstes geplant od. ist Mode（物作主语）（年轻人用语）是下一步打算的或最近要流行的：„*Was ist jetzt angesagt? Kino od. Essen gehen?*" "现在打算下一步干什么？去看电影还是去吃一顿？"

an·ge·säu·selt *Adj*（形）；*gespr*［口］；leicht betrunken 微醉的，略有醉意的

an·ge·saust *nur in* 只用于 **a. kommen** schnell in j-s Richtung laufen od. fahren u. zu ihm kommen 疾驰而来，风驰电掣般地驶来

an·ge·schim·melt *Adj*（形）；teilweise verschimmelt 有点发霉的，开始发霉了的〈ein Stück Brot 一块面包〉

an·ge·schla·gen **1.** *Partizip Perfekt*（过去分词）；↑ **anschlagen** **2.** *Adj*（形）；in nicht ganz intaktem, gesundem Zustand（状况）欠佳的，不完美的，不健全的〈das Selbstbewusstsein, die Gesundheit 自信心，健康状况；ein Betrieb 企业〉**3.** *Adj*（形）；SPORT【体】；erschöpft u. *mst* leicht verletzt 精疲力尽的，疲劳不堪的（常带轻伤）〈ein Boxer 拳击手〉**4.** *Adj*（形）；leicht beschädigt 碰破的，有裂痕的，磕坏的〈ein Teller, e-e Tasse *o.Ä.* 盘子，杯子等〉

an·ge·schneit *nur in* 只用于 **a. kommen** *gespr*［口］；unerwartet, überraschend irgendwohin kommen 意外地到来，想不到来了，哪知（冷不防）来了

an·ge·se·hen **1.** *Partizip Perfekt*（过去分词）；↑ **ansehen** **2.** *Adj*（形）；*nicht adv*（不作状语）；von den Mitmenschen sehr geachtet, respektiert 受人尊敬的，有名望的〈ein Mitbürger 同胞〉

An·ge·sicht *das*；*nur Sg*，*geschr*（只用单数）［书］**1.** *veraltend*［渐旧］≈ Gesicht, Gesichtsausdruck **2. im A.** + *Gen*（二格）in e-r Situation, in der j-d mit etw. Bedrohlichem konfrontiert wird 面对，鉴于（危险情况）：*Im A. des Todes änderte er sein Testament* 临死前他修改了自己的遗嘱

an·ge·sichts *Präp*（介）；*mit Gen*（支配二格）；unter Berücksichtigung von, wenn man ... berücksichtigt 面临，由于，鉴于，考虑到 ≈ im Hinblick auf, wegen〈a. der Tatsache, dass ... 鉴于…事实〉：*A. der hohen Zahl an Arbeitslosen müssen sich die Politiker geeignete Maßnahmen überlegen* 面临大量失业，政治家们得考虑相应的措施 ‖ NB（注意）：auch adverbiell verwendet mit *von*（也可与 von 连用）：a. von zwei Millionen Arbeitslosen 鉴于二百万失业者

an·ge·spannt **1.** *Partizip Perfekt*（过去分词）；↑ **anspannen** **2.** *Adj*（形）；in e-m Zustand, in dem man alle seine Kräfte auf ein bestimmtes Ziel konzentriert 竭尽全力的，全力以赴的，聚精会神的，全神贯注的 ≈ angestrengt：*j-m mit angespannter Aufmerksamkeit zuhören* 聚精会神地听某人讲话 **3.** *Adj*（形）；*nicht adv*（不作状语）；in e-m Zustand, der leicht zu e-m Konflikt führt 紧张的，一触即发的〈e-e politische Situation, ein Verhältnis 政治局势，关系〉

an·ge·staubt *Adj*（形）；*nicht adv*（不作状语）**1.** ein wenig mit Staub bedeckt 有尘灰的，蒙上尘土的 **2.** *gespr*［口］；nicht mehr ganz modern 过时的，不再时髦的，陈旧的〈e-e Meinung, e-e Methode 意见，方法〉

an·ge·stellt 1. *Partizip Perfekt*（过去分词）；↑ ***anstellen*** **2.** *Adj*（形）；**(*irgendwo*) *a.*** bei e-r Firma od. Institution beschäftigt 被聘用的〈fest a. sein 正式聘用〉：*bei der Post, an der Universität a. sein* 受邮局、受大学聘用

An·ge·stell·te *der/die*；*-n, -n*；j-d, der für ein festes monatliches Gehalt bei e-r Firma od. Behörde (*mst* im Büro) arbeitet 雇员，职员 ↔ Arbeiter, Beamte(r)〈ein leitender, kaufmännischer Angestellter 高级职员，商务职员〉‖ -K（复合）：***Bank-, Büro-*** ‖ NB（注意）：*ein Angestellter; der Angestellte; den, dem, des Angestellten*

an·ge·strengt 1. *Partizip Perfekt*（过去分词）；↑ ***anstrengen*** **2.** *Adj*（形）≈ angespannt (2), konzentriert〈a. zuhören 聚精会神地听着〉

an·ge·tan 1. *Partizip Perfekt*（过去分词）；↑ ***antun*** **2.** *Adj*（形）；***von j-m/etw. a. sein*** von j-m/etw. e-e sehr positive Meinung haben, begeistert sein 对…有好感，喜爱，倾心于 **3.** *Adj*（形）；***es j-m a. haben*** *gespr*［口］；j-m sehr gut gefallen, j-n begeistern 使心醉、心旷神怡

an·ge·trun·ken *Adj*（形）；ein wenig betrunken 微醉的，略有醉意的

an·ge·wandt 1. *Partizip Perfekt*（过去分词）；↑ ***anwenden*** **2.** *Adj*（形）；*nur attr, nicht adv*（只作定语，不作状语）；direkt auf die Praxis bezogen 应用的，实用的 ↔ theoretisch〈Mathematik, Sprachwissenschaft 数学，语言学〉

an·ge·wie·sen *Adj*（形）；*mst in* 多用于 ***auf j-n/etw. a. sein*** j-n/etw. unbedingt brauchen od. benötigen 依赖，依靠，指望 ≈ von j-m/etw. abhängig sein：*Als Bauer ist man auf gutes Wetter a.* 农民是靠天吃饭的

an·ge·wöh·nen (*hat*) Vt（及物）***j-m/sich etw. a.*** etw. zur Gewohnheit machen 使养成…的习惯 ↔ abgewöhnen〈sich das Rauchen, Trinken a. 养成抽烟、喝酒的习惯〉：*Er hat sich angewöhnt, jeden Abend e-n Spaziergang zu machen* 他已养成每晚散步的习惯 ‖ *hierzu*（派生）**An·ge·wöh·nung** *die*；*nur Sg*（只用单数）

An·ge·wohn·heit *die*；e-e *mst* schlechte Eigenschaft od. ein störendes Verhalten, das sich j-d angewöhnt hat（多指不良的）习惯，陋习〈e-e schlechte, seltsame A. 一种坏习惯，一种古怪的习惯〉

an·ge·wur·zelt *Adj*（形）；*mst in* 多用于 ***wie a. dastehen / stehen bleiben*** (*mst* vor Erstaunen) dastehen / stehen bleiben, ohne sich zu bewegen（多因惊恐）呆住了，愣住了，重足而立，呆若木鸡：*Er blieb wie a. stehen u. starrte mich an* 他呆呆地、一动不动地站在那里凝视着我

an·ge·zeigt 1. *Partizip Perfekt*（过去分词）；↑ ***anzeigen*** **2.** *Adj*（形）；*nicht adv, geschr*（不作状语）［书］；in e-r bestimmten Situation genau passend 适当的，合适的 ≈ angebracht, angemessen〈etw. für a. halten 认为…是合适的〉

an·ge·zo·gen 1. *Partizip Perfekt*（过去分词）；↑ ***anziehen*** **2.** *Adj*（形）；*nicht adv*（不作状语）；***irgendwie a.*** auf e-e bestimmte Art gekleidet 穿着，衣着，穿得…〈elegant, gut, teuer, warm a. 穿得时髦、好、贵、暖和〉

An·gi·na [aŋˈgiːna] *die*；*-, An·gi·nen*；*mst Sg*, MED（多用单数）【医】；e-e schmerzhafte Entzündung von Hals u. Mandeln 咽峡炎 ≈ Mandelentzündung

an·glei·chen (*hat*) Vt（及物）***sich/etw. (j-m/etw.) a.; sich/etw. (an j-n/etw.) a.*** sich/etw. so verändern, dass man/es j-m/etw. ähnlich wird od. zu j-m/etw. passt 使相称、相像，使相适应、适合于 ≈ sich/etw. j-m/etw. anpassen：*sein Aussehen dem seines Idols a.* 使其外貌与其偶像的外貌相似；*sich seiner/an seine Umgebung a.* 使自己适应周围环境 ‖ *hierzu*（派生）**An·glei·chung** *die*

Ang·ler *der*；*-s, -*；j-d, der mit e-r Angel[1] Fische fängt 钓鱼者，垂钓者 ‖ *hierzu*（派生）**Ang·le·rin** *die*；*-, -nen*

an·glie·dern (*hat*) Vt（及物）***etw. (an etw. (Akk*** 四格***)/etw. (Dat*** 三格***)) a.*** etw. zu e-m zusätzlichen Bestandteil e-r größeren Sache machen 将…附设于，并入，增设：*Dem Kaufhaus wurde e-e neue Abteilung angegliedert* 购物商场增设了一个新的部门 ‖ *hierzu*（派生）**An·glie·de·rung** *die*

Ang·lis·tik [aŋˈglɪstɪk] *die*；*-*；*nur Sg*（只用单数）；die Wissenschaft, die sich *bes* mit der englischen Sprache u. der englischsprachigen Literatur beschäftigt 英国语言文学研究〈A. studieren 研究英国语言文学〉‖ *hierzu*（派生）**Ang·list** *der*；*-en, -en*；**Ang·lis·tin** *die*；*-, -nen*

Ang·li·zis·mus [aŋgli-] *der*；*-, Ang·li·zis·men*；LING【语】；ein englisches Wort od. e-e englische Wendung, die in e-e andere Sprache übernommen wurden 英语借词：*„Der frühe Vogel fängt den Wurm" ist ein A.* "早起的鸟儿有虫吃"是一句英语成语

an·glot·zen (*hat*) Vt（及物）***j-n/etw. a.*** *gespr pej*［口］［贬］；j-n starr u. mit e-m dummen, ausdruckslosen Gesicht ansehen 呆呆地盯着，傻瞅着

An·go·ra·kat·ze [aŋˈgoːra-] *die*；e-e Katze mit feinen langen Haaren 安哥拉猫，波斯猫 ≈ Perserkatze

An·go·ra·wol·le [aŋˈgoːra-] *die*；e-e sehr feine, weiche Wolle 安哥拉山羊毛，马海毛

an·grei·fen (*hat*) Vt/i（及物/不及物）**1.** ***(j-n/etw.) a.*** *mst* mit Waffen gegen j-n/etw. zu kämpfen beginnen, um ihn/es zu schädigen od. zu zerstören 发动攻击，进攻 ≈ attackieren〈den Feind, e-e feindliche Stellung a. 向敌人、敌人阵地发动进攻〉**2.** ***(etw.) a.*** *gespr*［口］；e-e Aufgabe od. Arbeit anfangen, beginnen 着手，开始抓（工作）≈ anpacken (3)〈seine Hausaufgaben a. 开始做家庭作业〉**3.** ***(j-n) a.*** SPORT【体】；die Initiative ergreifen, um zum sportlichen Erfolg zu kommen 主动发起

进攻 ↔ verteidigen; [Vt](及物)**4. *j-n / etw. a.*** j-n / etw. mündlich od. schriftlich stark kritisieren 抨击，口诛笔伐，攻击：*Der Redner griff die Politik der Regierung scharf an* 讲演者严厉抨击政府的政策 **5. *etw. greift etw. a.*** etw. beschädigt (*mst* aufgrund von chemischen Reaktionen) etw.(物作主语)腐蚀，侵蚀：*Viele Säuren greifen Eisen an* 许多酸都侵蚀铁 **6. *etw. greift j-n / etw. an*** etw. schwächt den Zustand e-r Person od. Sache(物作主语)损伤，伤害，削弱 ≈ etw. zehrt an j-m/etw.：*Die Reise hat ihn / seine Gesundheit stark angegriffen* 这次旅行大大损伤了他的健康 **7. *etw. a.*** beginnen, Vorräte od. Reserven zu verbrauchen 动用(存货或储备)〈seine Ersparnisse a. 动用自己的存款〉**8. *j-n / etw. a.*** *südd gespr*[南德][口] ≈ berühren; [Vr](反身) **9. *etw. greift sich irgendwie an*** *südd gespr* [南德][口]; etw. vermittelt beim Anfassen od. Berühren ein bestimmtes Gefühl (物作主语)抓、握、摸着(有某种感觉) ≈ etw. fühlt sich irgendwie an 〈sich hart, weich, angenehm a. 摸着硬、软、舒服〉‖ *zu* (义项) **1.** u. **3. An·grei·fer** *der*; *-s*, *-*; **An·grei·fe·rin** *die*; *-*, *-nen* ‖ ▶ ***Angriff***

an·gren·zen·d- *Adj* (形); *nur attr, nicht adv* (只作定语，不作状语)；(***an etw.*** (*Akk* 四格)) ***a.*** sich direkt neben etw. befindend 紧挨着…的，邻接…的，与…交接的：*Das an den Wald angrenzende Grundstück gehört e-m Arzt* 紧挨林子的那块地皮是一位医生的 ‖ *hierzu* (派生) **an·gren·zen** (*hat*) *Vi*(不及物)

An·griff *der*; **1. *ein A.* (*gegen / auf j-n / etw.*)** das Angreifen (1) e-s Gegners, Feindes 进攻，攻击≈ Offensive 〈e-n A. fliegen, abwehren, zurückschlagen 空袭，抵御进攻，击退进攻〉 ‖ K-(复合)：***Angriffs-***, ***-krieg*** ‖ -K(复合)：***Bomben-***, ***Luft-***, ***Panzer-***, ***Überraschungs-*** **2. *ein A.* (*gegen / auf j-n / etw.*)** das scharfe Kritisieren, Angreifen (4) 抨击，攻击≈ Vorwurf：*Die Zeitung richtete heftige Angriffe gegen die Regierung* 报纸猛力抨击政府 **3. *ein A.* (*gegen / auf j-n / etw.*)** SPORT【体】；e-e planmäßige Aktion, die zum Ziel hat, den sportlichen Erfolg zu erreichen (*z. B.* mit e-m Tor) (对…)发动进攻，冲击，发起攻势〈e-n A. starten, abwehren 发起攻势，挡住进攻〉：*stürmische Angriffe auf das Tor des Gegners* 猛烈地向对方大门冲击 **4.** *nur Sg*, SPORT(只用单数)【体】；die Spieler e-r Mannschaft, die angreifen (3)进攻队员，攻击手 ↔ Abwehr ‖ K-(复合)：***Angriffs-***, ***-spieler*** **5. *etw. in A. nehmen*** anfangen, e-e Aufgabe od. Arbeit durchzuführen 着手，开始进行：*den Bau e-r Garage in A. nehmen* 着手建一个车库

An·griffs·flä·che *die*; die Stelle, an der *mst* chemische Substanzen od. Wind u. Regen einwirken od. angreifen (5) können(化学)反应表面，作用面，腐蚀面 ‖ ID[谚] **(*j-m*) *e-e A. bieten*** (j-m) e-n Anlass *mst* zur Kritik geben 给人可趁之机，给人话靶子

an·griffs·lus·tig *Adj* (形); immer bereit, j-n anzugreifen 好斗的，挑衅的 ≈ aggressiv 〈ein Tier：ein Hund, ein Tiger *o. Ä.* 动物：狗，虎等；ein Mensch 人〉

An·griffs·punkt *der*; ein Fehler od. e-e Schwäche e-s Menschen, die e-m anderen die Möglichkeit zu Kritik bietet 弱点，薄弱环节，不足之处〈j-m e-n A. bieten 把弱点暴露给某人〉

an·grin·sen (*hat*) [Vt](及物) ***j-n a.*** j-n grinsend ansehen 咧嘴瞅着〈j-n dümmlich, freundlich, herausfordernd a. 咧着嘴傻呵呵地、友好地、挑衅地瞅着某人〉

angst *Adj*(形); *nur in* 只用于 ***j-m ist / wird* (*es*) *a.* (*u. bange*) (*vor j-m / etw.*)** j-d hat / bekommt (große) Angst vor e-r gefährlichen od. bedrohlichen Person /Sache (在…面前)胆战心惊，惊恐万状，很害怕：*Als plötzlich ein großer Hund vor ihm auftauchte, wurde ihm a. u. bange* 一条大狗突然出现在他面前，吓得他够呛 ‖ NB(注意)：*j-m ist a.*, aber (但是) *j-d hat Angst*

Angst *die*; *-*, *Ängs·te*; **1. *A.* (*vor j-m / etw.*)** der psychische Zustand von j-m, der bedroht wird od. sich in Gefahr befindet 害怕，恐惧〈große A. vor j-m/etw. haben, bekommen 非常害怕某人/某事；A. haben, dass ... 害怕…；j-m A. machen, einflößen 惹(引起)某人害怕；aus A. etw. verschweigen 因害怕而隐瞒某事〉：*Der Briefträger hat A. vor unserem bissigen Hund* 邮递员害怕我们那条好咬人的狗 ‖ K-(复合)：***Angst-***, ***-gefühl***, ***-schweiß***; ***angst-***, ***-erfüllt*** ‖ -K(复合)：***Examens-***, ***Todes-*** **2.** *nur Sg* (只用单数)；***A.* (*um j-n / etw.*)** die ernsthafte Sorge, dass j-m etw. Schlimmes passiert, dass man j-n/etw. verliert 担忧，忧虑，不安；怕丢失〈A. um sein Leben, seinen Arbeitsplatz haben 为生活、为工作岗位而担忧〉：*Jedes Mal, wenn er zum Klettern ins Gebirge fährt, hat seine Mutter A. um ihn* 每当他去爬山，他妈总要为他担忧 ‖ ID[谚] ***jm A.* (*u. Bange*) *machen*** bewirken, dass j-d (große) Angst bekommt 使害怕，恐惧，心惊肉跳；***es mit der A. zu tun bekommen / kriegen*** *gespr*[口]；plötzlich A. (1) haben, weil man e-e Gefahr od. Bedrohung erkannt hat 忽然害怕起来，突然感到惧怕；***vor A.* (*fast*) *vergehen / umkommen*** sehr große A. haben 怕得要命，魂不附体；*mst* 多用〈furchtbare, schreckliche 令人可怕的，恐惧的〉***Ängste ausstehen*** große A. (1) haben 忍受恐惧(感) ‖ NB(注意)：*j-d hat A.*, *aber* (但是) *j-m ist angst* ‖ *hierzu*(派生) **angst·voll** *Adj*(形)

Angst·ha·se *der*; *gespr iron*[口][讽]；j-d, der sehr schnell Angst bekommt 胆小鬼，胆小如鼠的人≈ Feigling, Hasenfuß

ängs·ti·gen; *ängstigte*, *hat geängstigt*; [Vt](及物) *geschr*[书] **1. *j-n ä.*** bewirken, dass j-d Angst (1) bekommt 使害怕，恐惧≈ j-m Angst machen; [Vr](反身)**2. *sich* (*vor j-m / etw.*) *ä.*** vor j-m/etw. Angst (1) haben(对…)感到害怕、恐惧 ≈ sich (vor j-m/etw.) fürchten (5) **3. *sich* (*um j-n*) *ä.*** sich um j-n Sorgen machen, Angst (2) um j-n haben(为…)忧虑、担忧

ạ̈ngst·lich *Adj*(形) **1.** mit der Eigenschaft, leicht u. oft Angst zu bekommen 胆怯的,害怕的,胆小怕事的≈ furchtsam **2.** *mst adv*(多作状语); voll Angst 畏惧地,恐惧地,心惊胆战地: *Er blickte sich ä. um* 他心惊胆战地回顾四周; *Die Katze versteckte sich ä. unter dem Schrank* 猫畏惧地躲藏在柜子下 **3.** *nur adv*(只作状语); sehr sorgfältig u. genau 谨慎地,精心地,非常细心地,小心翼翼地〈ä. auf etw. (*Akk* 四格) bedacht sein, etw. ä. hüten 谨慎小心地考虑某事,精心照料某事〉

ạn·gu·cken [Vt](及物) ***j-n/etw. a.*** *gespr*[口] ≈ ansehen (1,2,3)

ạn·gur·ten; *gurtete an, hat angegurtet* [Vt](及物) ***j-n/sich a.*** j-m/sich auf dem Sitz e-s Autos od. Flugzeugs e-n Sicherheitsgurt anlegen 系上安全带: *In manchen Ländern ist es Vorschrift, sich im Auto anzugurten* 在一些国家规定开车要系上安全带

ạn·ha·ben (*hat*) [Vt](及物) **1.** ***etw. a.*** *gespr* [口]; ein Kleidungsstück angezogen haben, es tragen 穿着: *ein neues Hemd a.* 穿着一件新衬衣 ‖ NB(注意): bei Kopfbedeckungen sagt man *aufhaben*(戴帽子用 *aufhaben*): *Er hatte e-n Hut auf* 他戴着一顶帽子 **2.** ***j-m etwas/nichts a. können*** beweisen/nicht beweisen können, dass j-d schuldig ist(不)能责怪,(不)能指摘 **3.** ***j-m/etw. (et)was/nichts a. können*** j-m/etw. e-n/keinen Schaden zufügen können(不)会损害,(不)会给…带来损失: *Wir warteten in der Hütte, wo uns das Gewitter nichts a. konnte* 我们在小茅屋里等着,在那里暴风雨不会给我们任何伤害

ạn·haf·ten (*hat*) [Vi](不及物) **1.** ***etw. haftet an j-m/etw. an*** etw. bleibt (durch seine Beschaffenheit od. durch e-n Klebstoff) an j-m/etw. kleben(物作主语)在…上附着,粘着 **2.** ***etw. haftet j-m/etw. an*** *geschr*[书]; etw. gehört (nach der Meinung der Leute) zu j-m/etw. (物作主语)属于…所固有↔ j-d/etw. ist frei von etw. 〈j-m haftet ein Makel an, e-r Sache haftet ein Fehler, Mangel an 某人(身上)有一个污点,事情本身有错误、缺点〉

ạn·hal·ten (*hat*) [Vt](及物) **1.** ***j-n/etw. a.*** j-n/etw. (auf seinem Weg, in seiner Bewegung) dazu zwingen stehen zu bleiben 使停住,让停下来: *ein Auto, die Uhr a.* 让车、表停住 **2.** ***die Luft/den Atem a.*** absichtlich längere Zeit nicht atmen 屏住呼吸,不喘气 **3.** ***j-n zu etw. a.***; ***j-n (dazu) a.*** + *zu* + *Infinitiv* 不定式 (durch Ermahnungen) j-n dazu bringen, dass er etw. tut od. beachtet 督促,催促,提醒(去干事) ≈ j-n zu etw. ermahnen 〈j-n zur Arbeit, zur Pünktlichkeit a. 催某人去工作,督促某人要准时〉; [Vi](不及物) **4.** seine Bewegung unterbrechen u. stehen bleiben 停住(车,脚步等) ↔ weitergehen, weiterfahren 〈ein Autofahrer, ein Radfahrer, ein Fußgänger 汽车司机,骑自行车的人,行人〉 **5.** ***etw. hält an*** etw. bleibt auch weiterhin in seinem (*mst* ziemlich lange) bestehenden Zustand (物作主语)持续着,继续着 ≈ etw. dauert fort 〈der Regen, e-e Hitzewelle 雨,热浪〉: *e-e anhaltende Trockenperiode* 持续的旱季

Ạn·hal·ter *der*; *-s*, *-* **1.** j-d, der am Straßenrand steht u. (durch Handzeichen) die Autofahrer bittet, ihn kostenlos mitzunehmen 拦车搭乘者,搭车的人 ≈ Tramper **2.** ***per A. fahren*** *gespr*[口]; als A. (1) in e-m Fahrzeug mitfahren 拦车搭乘≈ trampen ‖ *zu* (义项) **1. Ạn·hal·te·rin** *die*; *-*, *-nen*

Ạn·halts·punkt *der*; ein Ding od. Ereignis, das dazu dient, e-e Meinung zu bilden od. zu begründen 依据,根据;线索≈ Indiz, Hinweis: *Der Kommissar suchte nach Anhaltspunkten, die zur Aufklärung des Verbrechens führen könnten* 警长寻找可以侦破罪行的线索

an·hạnd *Präp*(介); *mit Gen*(支配二格); unter Berücksichtigung von, mithilfe von 借助于,依据,根据: *Das Gericht fällte a. des vorliegenden Tatbestands sein Urteil* 法庭根据现有的犯罪事实作出了判决 ‖ NB(注意): auch adverbiell verwendet mit *von*(作状语也可与 *von* 连用): *Er wurde a. von Fingerabdrücken überführt* 他是根据指纹被确定有罪的

Ạn·hang *der* **1.** *mst Sg*(只用单数); ein Nachtrag (ein Text, e-e Tabelle *o. Ä.*), der e-m Buch od. Text am Ende angefügt ist 附录,补遗,附件≈ Appendix (1); *Abk* 缩写 Anh.: *Im A. des Wörterbuches steht e-e Liste mit unregelmäßigen Verben* 在词典附录中有一份不规则动词的一览表 **2.** *nur Sg*, *Kollekt*(只用单数,集合); die Freunde od. Anhänger *z. B.* e-s Vereins od. e-r geistigen Bewegung 追随者,志同道合者,信徒,支持者 ≈ Anhängerschaft 〈keinen großen A. haben 没有很多追随者〉 **3.** *nur Sg*, *gespr*(只用单数)[口] ≈ Freund(in), Begleiter(in)

ạn·hän·gen[1]; *hing an*, *hat angehangen*; [Vi] (不及物) ***j-m/etw. a.*** *geschr* [书]; ein Anhänger[2] von j-m/etw. sein 追随,信仰,笃信,信奉↔ j-n/etw. ablehnen 〈e-r Ideologie, e-r Partei a. 笃信某一思想意识,追随某一党派〉

ạn·hän·gen[2]; *hängte an*, *hat angehängt*; [Vt] (及物)**1.** ***etw. (an etw. (Akk*** 四格***)) a.*** etw. an etw. hängen od. befestigen 将…挂上↔ abhängen: *e-n Waggon an den Zug a.* 往列车上挂上一节车厢 **2.** ***etw. (an etw. (Akk*** 四格***)) a.*** *gespr*[口]; etw. zu etw. bereits Fertigem hinzufügen(在…后)附加上,添上: *an e-n Brief noch ein paar Zeilen a.* 在信后再加上几行字 **3.** ***j-m etw. a.*** *gespr*[口]; behaupten, dass ein Unschuldiger etw. Böses od. Negatives getan hat 将…强加于,诬赖,诬陷,错怪: *Sie wollten ihm den Mord a.* 他们想诬赖他杀人 **4.** ***etw. (an etw. (Akk*** 四格***)) a.*** etw. um den genannten Zeitraum verlängern(在…后)延长,增添: *an die Geschäftsreise ein paar Tage Urlaub a.* 出差一结束接着休几天假

Ạn·hän·ger[1] *der*; *-s*, *-* **1.** ein Wagen ohne eigenen Motor, der an ein Fahrzeug angehängt u. von diesem gezogen wird 挂斗，拖车 ‖ -K（复合）：***Pkw-Anhänger***，***Lkw-Anhänger***；***Boots-***，***Wohnwagen-*** **2.** ein Schmuckstück, das man an e-r Kette tragen kann（项链上的）垂挂饰物

An·hän·ger² *der*；*-s*，*-*；j-d, der von e-r Person od. von e-r Sache（*z. B.* von e-r Partei, e-r Ideologie od. e-r Mannschaft）so überzeugt ist, dass er sich sehr dafür interessiert u. sich auch aktiv dafür engagiert 追随者，信徒，支持者，信仰（奉）者：*ein A. der Opposition* 反对派的支持者 ‖ *hierzu*（派生）**An·hän·ge·rin** *die*；*-*，*-nen*；**An·hän·ger·schaft** *die*；*nur Sg*（只用单数）‖ NB（注意）：↑ ***Fan***

an·hän·gig *Adj*（形）；*nicht adv*，JUR（不作状语）【法】；bei e-m Gericht eingeleitet 有待法院审理的，交法院受理的〈ein Verfahren, e-e Klage 诉讼，控告〉：*gegen j-n e-n Prozess wegen Steuerhinterziehung a. machen* 因偷漏税款向某人提出起诉

an·häng·lich *Adj*（形）；*nicht adv*（不作状语）；darum bemüht, engen Kontakt zu j-m zu halten 亲密的，亲近的，难舍难分的〈ein Kind, ein Freund 孩子，朋友〉‖ *hierzu*（派生）**An·häng·lich·keit** *die*；*nur Sg*（只作单数）

An·häng·sel *das*；*-s*，*-* **1.** ein kleiner Gegenstand, den man *z. B.* an e-r Kette od. an e-m Schlüsselbund trägt（项链或钥匙串上的）小垂饰 **2.** *pej*［贬］；j-d, den man *mst* als störend od. aufdringlich betrachtet 蛮缠人的人，磨烦人的人

an·hau·chen（*hat*）Vt（及物）***j-n / etw. a.*** durch den Mund ausatmen u. die warme Luft gegen j-n/etw. blasen 向…呵气，吹（热）气：*die gefrorene Fensterscheibe, die kalten Finger a.* 朝冻冰的玻璃上呵气，向冰冷的手指呵气

an·hau·en（*hat*）Vt（及物）**1.** ***j-n***（***um etw.*** / ***wegen etw.***）***a.*** *gespr*［口］；j-n sehr direkt bitten, einem etw. zu schenken, etw. zu zahlen od. Geld zu leihen 向…乞求，恳求：*e-n Bekannten um ein Bier, um 100 Eruo a.* 求一位熟人给一杯啤酒喝、借 100 欧元 **2.** ***sich***（*Dat* 三格）***etw.***（***an etw.***（*Dat* 三格））***a.*** *gespr*［口］；sich verletzen, indem man gegen etw. stößt 磕伤，碰破：*sich den Kopf am Regal a.* 在书架上磕破脑袋

an·häu·fen（*hat*）Vt（及物）**1.** ***etw.***（*Kollekt od Pl*（集合或复数））***a.*** e-e größere Anzahl od. Menge e-r Sache（als Vorrat）sammeln 积累，积聚，储藏〈Vorräte, Geld, Wissen a. 积累库存、钱、知识〉；Vr（反身）**2.** ***etw. häuft sich an*** etw. nimmt an Umfang od. Anzahl zu（物作主语）积聚，累积，堆积起来 ≈ etw. sammelt sich an〈Briefe, Anträge, die Arbeit 信，申请，工作〉‖ *hierzu*（派生）**An·häu·fung** *die*

an·he·ben¹；*hob an*，*hat angehoben*；Vt（及物）**1.** ***etw. a.*** e-n Gegenstand（für kurze Zeit）nach oben heben（短暂地）举起，抬起，举一下，抬一下 ↔ absetzen（2）**2.** ***etw. a.*** bewirken, dass die Quantität od. Qualität von etw. größer wird 提高 ≈ erhöhen〈die Löhne, den Lebensstandard a. 提高工资、生活水准〉‖ *zu*（义项）**2. An·he·bung** *die*

an·he·ben²；*hub / hob an*，*hat angehoben*；Vi *veraltend od lit*（不及物）［渐归］或［文］**1.** ***a.*** + *zu* + *Infinitiv* etw. beginnen 开始：*Er hub an zu singen* 他开始唱歌 **2.** ***etw. hebt an*** etw. beginnt（物作主语）开始〈die Musik, e-e neue Ära 音乐，一个新纪元〉

an·hei·melnd *Adj*（形）；vertraut, gemütlich, angenehm auf j-n wirkend 令人感到亲切的、舒适的

an·heim·fal·len；*fällt anheim*，*fiel anheim*，*ist anheimgefallen*；Vi（不及物）*geschr veraltend*［书］［渐旧］；*mst in* 多用于 **1.** ***j-d / etw. fällt der Vergessenheit anheim*** j-d/etw. wird vergessen（人/物作主语）被遗忘，被忘却 **2.** ***etw. fällt der Zerstörung anheim*** etw. wird zerstört（物作主语）遭到破坏

an·heim·stel·len；*stellte anheim*，*hat anheimgestellt*；Vt（及物）***j-m etw. a. s.*** *geschr veraltend*［书］［渐旧］；j-m e-n Sachverhalt erzählen u. ihm die Entscheidung überlassen 听凭…作决定，交给…处理

an·hei·zen（*hat*）Vt/i（及物/不及物）**1.**（***etw.***）***a.***（*mst* in e-m Ofen）Feuer machen, um zu heizen 给…生火〈den Ofen a. 给炉子生火〉；Vt（及物）**2.** ***etw. a.*** *gespr*［口］；bewirken, dass etw. intensiver od. heftiger wird 激起，激发，挑起〈e-e Diskussion, e-n Streit, die Stimmung a. 激起讨论，挑起争吵，激发情绪〉

an·herr·schen（*hat*）Vt（及物）***j-n a.*** j-n heftig u. autoritär tadeln, zurechtweisen 严词训斥，盛气凌人地责难

an·heu·ern；*heuerte an*，*hat angeheuert*；Vt（及物）**1.** ***j-n a.*** NAUT【航海】；j-n *mst* mit e-m Vertrag dazu verpflichten, auf e-m Schiff zu arbeiten 招雇（当船员）〈e-n Matrosen a. 招雇海员〉**2.** ***j-n a.*** *gespr*，*oft pej*［口］常用［贬］；j-n dazu verpflichten, e-e bestimmte（*mst* illegale）Arbeit zu tun 雇用（干某种不光明正大的工作）〈e-n Killer a. 雇杀手〉；Vi（不及物）**3.**（***auf etw.***（*Dat* 三格））***a.*** die Arbeit auf e-m Schiff aufnehmen 受雇（在船上工作）〈ein Matrose 海员〉‖ *hierzu*（派生）**An·heu·e·rung** *die*；*mst Sg*（多用单数）

An·hieb *nur in* 只用于 ***auf A.*** *gespr*［口］；sofort, beim ersten Versuch 立即，马上，当即，立马〈etw. auf A. schaffen 马上干某事〉：*Sein Experiment klappte auf A.* 他的试验一举成功了

an·him·meln；*himmelte an*，*hat angehimmelt*；Vt（及物）***j-n a.*** *gespr*，*oft pej*［口］常用［贬］；j-n auf übertriebene Weise verehren od. bewundern 盲目崇拜，对…佩服得五体投地，对…顶礼膜拜 ≈ vergöttern：*e-n Popstar a.* 盲目崇拜流行歌星 ‖ *hierzu*（派生）**An·him·me·lung** *die*；*mst Sg*（多用单数）

An·hö·he *die*；e-e Stelle im Gelände, die höher liegt als die Umgebung 高地，小山，小丘：*Von dieser A. hat man e-n wunderbaren Blick aufs Meer* 从这块高地上可以眺望海上迷人的景色

an·hö·ren（*hat*）Vt（及物）**1.**（***sich***（*Dat* 三格））***etw. a.***（aufmerksam）zuhören, was j-d sagt od. erzählt, was gesungen od. gespielt wird 倾听，注意听，聚精会神地听〈sich e-e Schallplatte, e-e Sendung im Radio, ein Hörspiel, j-s Argumente, e-e Diskussion a. 聚精会神地听唱片、广播、广播剧、某人的论点、讨论〉: *Ich kann mir seine Lügen nicht mehr länger a.* 他的谎言我再也无法听下去了 **2. etw. mit a.** etw. unfreiwillig, zufällig hören 偶而听到，无意中听到 ≈ mithören: *ein geheimes Gespräch im Nebenzimmer mit a.* 无意中听到隔壁房间的秘密谈话 **3. j-n a.** j-n sagen lassen, was er sagen will 倾听，听（某人诉说）≈ j-m zuhören **4. j-m etw. a.** am Klang von j-s Stimme etw. über seinen Zustand od. seine Situation erkennen 从…（声音）听出 ≈ j-m etw. anmerken: *Er hörte ihr an, dass sie enttäuscht war* 他从她的声音中听出来，她感到失望 **5. j-n a.** j-n um seinen Rat, um seine Meinung bitten, weil man über ein Thema informiert werden will 听…的建议，意见〈e-n Experten a. 听专家的意见〉; [Vr]（反身）**6. j-d/etw. hört sich irgendwie an** *gespr*［口］; j-d/etw. macht e-n bestimmten (*mst* akustischen) Eindruck（人/物作主语）听起来（似乎，好像）≈ j-d/etw. klingt (2) irgendwie: *Die Schallplatte hört sich verkratzt an* 唱片听起来好像被刮坏了; *Dein Vorschlag hört sich nicht schlecht an* 你的建议听起来不坏

An·hö·rung *die*; -, *-en*; e-e Veranstaltung (*z. B.* im Parlament), bei der Experten od. Personen, die von e-m bestimmten Fall betroffen sind, öffentlich etw. zu e-m Thema sagen u. Informationen geben 听讯，听审，听证 ≈ Hearing: *e-e öffentliche A. von Sachverständigen* 专家公开听证 ‖ K-（复合）: **Anhörungs-, -verfahren**

ani·ma·lisch *Adj*（形）; *pej*［贬］; nicht vom Verstand kontrolliert, sondern von den Trieben (wie bei Tieren) 兽性的，无人性的，性冲动的 ≈ triebhaft〈e-e Lust, ein Vergnügen, ein Bedürfnis 性欲，享乐，要求〉

Ani·ma·teur [anima'tøːɐ] *der*; *-s*, *-e*; ein Angestellter *mst* e-s Reiseunternehmens, der den Gästen hilft, *bes* mit Sport u. Spielen ihre Freizeit zu gestalten（受雇于旅游公司的）组织旅游文体活动的工作人员

ani·mie·ren; *animierte*, *hat animiert*; [Vt]（及物）**j-n zu etw. a.** durch sein Verhalten bewirken, dass j-d etw. (ebenfalls) tut 劝诱，诱使，唆使，引诱 ≈ j-n zu etw. verleiten: *j-n dazu a., Alkohol zu trinken* 引诱某人喝酒

Ani·mo·si·tät *die*; -, *-en*; *mst Pl*（多用复数）; **Animositäten (gegen j-n/etw.)** *geschr*［书］≈ Abneigung, Aversion

An·ion ['anioːn] *das*; *-s*, *-en*; PHYS【物】; ein negativ geladenes elektrisches Teilchen 阴离子，负离子 ↔ Kation

Anis, Anis *der*; -*(es)*; *nur Sg*（只用单数）**1.** e-e Gewürz- u. Heilpflanze 茴芹，茴香 **2.** ein Gewürz, das aus A. (1) gewonnen wird 茴芹调料 ‖ K-（复合）: **Anis-, -brot, -öl, -schnaps**

an·kämp·fen (*hat*) [Vi]（不及物）**gegen j-n/etw. a.** versuchen, j-n/etw. zu überwinden od. zu besiegen 与…作斗争，设法战胜: *gegen die Dummheit anderer a.* 与他人的愚昧作斗争; *gegen die Müdigkeit a.* 设法战胜疲倦

an·kau·fen (*hat*) [Vt]（及物）**etw.** (*Kollekt od Pl*（集合或复数）) **a.** WIRTSCH【经】; wertvolle Gegenstände od. große Mengen e-r Ware kaufen（大量）收购，买进，购买〈Wertpapiere, Schmuck, Grundstücke a. 购买有价证券、首饰、地产〉‖ *hierzu*（派生）**An·kauf** *der*; **An·käu·fer** *der*

An·ker *der*; *-s*, - **1.** e-e Art schwerer Haken, der an e-m Seil od. an e-r Kette ins Wasser gelassen wird u. dann verhindert, dass sich ein Schiff od. Boot im Wasser fortbewegt 锚〈den A. (aus)werfen, hieven, lichten 抛锚停泊，起锚开航〉‖ K-（复合）: **Anker-, -boje, -kette, -platz, -winde** ‖ -K（复合）: **Rettungs-** **2. j-d geht (irgendwo) vor A.** j-d wirft an e-r bestimmten Stelle den A. vom Boot (u. geht an Land)（人作主语）（在…地方）抛锚，靠岸，停歇 **3.** *mst* 多指〈ein Boot 船〉**liegt vor A.** ein Boot ist mit dem Anker am Grund befestigt 停泊 ‖ *zu*（义项）**1. an·kern** (*hat*) *Vi*（不及物）

an·ket·ten (*hat*) [Vt]（及物）**j-n/ein Tier/etw.** (**an etw.** (*Dat/Akk* 三格/四格)) **a.** j-n/ein Tier/etw. mit e-r Kette an etw. festmachen 用链子把…拴住、锁住、捆绑在…上: *e-n Hund an e-m/e-n Laternenpfahl a.* 用链子把狗栓在路灯杆上; *sein Motorrad a.* 用链子把摩托车锁住

an·kläf·fen (*hat*) [Vt]（及物）〈ein Hund 狗〉**kläfft j-n an** *gespr*［口］; ein Hund bellt laut u. wütend zu j-m hin 朝…狂吠

An·kla·ge *die* **1.** e-e Beschuldigung vor Gericht gegen j-n, ein Verbrechen begangen zu haben 控告〈gegen j-n A. erheben 向某人提出控告，控告某人; wegen etw. unter A. stehen 因某事而被控告〉‖ K-（复合）: **Anklage-, -punkt, -schrift** **2.** *oft Pl*（常用复数）; Verhaltensweisen od. Äußerungen, die zeigen, dass man j-m die Schuld an etw. gibt 谴责，指责 ≈ Vorwürfe〈Anklagen gegen j-n vorbringen 对某人提出谴责〉**3.** *nur Sg*, JUR（只用单数）【法】; diejenige Partei (*mst* der Staatsanwalt), die vor Gericht anklagt (1) 原告方，起诉方（多指检察官一方）↔ Verteidigung (5): *Hat die A. noch Fragen an den Zeugen?* 检察官对证人还有问题吗？

an·kla·gen (*hat*) [Vt]（及物）**1. j-n (wegen etw.) a.** j-n vor Gericht beschuldigen, ein Verbrechen begangen zu haben 控告，起诉 ↔ verteidigen (3)〈j-n wegen Diebstahls a. 起诉某人偷窃; j-n des Mordes a. 控告某人犯谋杀罪〉**2. j-n/sich/etw. a.** j-m/sich heftig Vorwürfe machen, j-m/sich/etw. die Schuld für etw. geben 谴责，指责〈das Schicksal, Missstände a. 苛责命运，针砭弊端〉‖ *zu*（义项）**1. An·klä·ger** *der*; **An·klä·ge·rin** *die*

an·klam·mern (*hat*) [Vt]（及物）**1. etw.** (**an etw.** (*Dat/Akk* 三格/四格)) **a.** etw. mit e-r Klammer an etw. befestigen 夹住，夹紧，夹牢

≈ festklammern; Vr (反身) **2. sich an j-m/j-n/etw. a.** sich an j-m/etw. festhalten 紧紧抱住，搂住，抓住: *Das ängstliche Kind klammerte sich am/an den Rock seiner Mutter an* 这位胆小的孩子紧紧抓住他母亲的衣裙 **3. sich an j-n/etw. a.** (*mst* in e-m psychisch labilen Zustand) Schutz u. Hilfe bei j-m/etw. suchen 指望，求助于(保护、帮助) ≈ sich an j-m/etw. festhalten (6) 〈sich an e-e Hoffnung, an die/e-e Religion a. 抱着希望，祈望宗教庇护〉

An·klang *der* **1.** *nur Pl* (只用复数); **Anklänge (an j-n/etw.)** ähnliche Merkmale wie j-d/etw., Ähnlichkeiten mit j-m/etw. (与…的)相似之处，相似特征: *Das Bild zeigt deutliche Anklänge an Picasso* 这幅画与毕加索的画有鲜明的相似之处 **2. etw. findet A. (bei j-m)** etw. bewirkt bei j-m eine positive Reaktion, wird positiv aufgenommen (物作主语)得到…赞同、积极反响 ≈ etw. findet (bei j-m) Zustimmung: *Sein Vorschlag fand bei allen Mitgliedern großen A.* 他的建议得到全体同事的极力赞同

an·kle·ben Vt (及物) (*hat*) **1. etw. (an etw. (Dat/Akk 三格/四格)) a.** etw. mit Klebstoff irgendwo befestigen 粘上，贴上，粘贴在…上 ≈ festkleben 〈Tapeten, Plakate (an die Wände) a. 把糊墙纸、广告贴在墙上〉; Vi (不及物) (*ist*) **2. etw. klebt (an etw. (Dat 三格)) an** etw. bleibt fest an etw. kleben (物作主语)黏着，粘着，粘在…上 ≈ etw. haftet[1] (1) (an etw.) 〈der Klebstoff, der Kaugummi, der Teig 胶水，口香糖，生面团〉

an·klei·den (*hat*) Vt (及物) **j-n/sich a.** *geschr* [书]; j-n/sich anziehen[2] 给…穿衣/穿衣 ‖ *hierzu* (派生) **An·klei·dung** *die*

an·kli·cken (*hat*) Vt (及物) **etw. a.** INFORM【信息】; auf e-e Taste der Maus (2) drücken, um eine von mehreren Möglichkeiten, die auf dem Bildschirm dargestellt sind, auszuwählen 点击鼠标 〈ein Symbol, e-e Option a. 点击标记，选择项〉

an·klin·gen Vi (不及物) **1. etw. klingt an** (*ist*) etw. wird in indirekter Weise deutlich (物作主语)听得出，(让人)感觉出 〈Untertöne, Meinungen 影射口吻(弦外之音)，意见〉: *In seinen Worten klang ein wenig Kritik an* 听他的话音，有点批评意见 **2. etw. klingt an etw. (Akk 四格) an** (*hat*) etw. ist e-r Sache unter e-m bestimmten Gesichtspunkt ähnlich (物作主语)听(看)起来与…相似，使人联想起 ≈ etw. erinnert an etw.: *Seine Ausdrucksweise klingt an die seines Vaters an* 他讲话的方式与他父亲的很像 ‖ ▶ **Anklang**

an·klop·fen (*hat*) Vi (不及物) **1.** an die Tür klopfen, weil man in e-n Raum treten will 敲门，叩门: *Er klopfte zuerst an, bevor er ins Zimmer seines Chefs ging* 他进上司办公室之前先敲门来着 **2. bei j-m (um etw.) a.** *gespr* [口]; j-n vorsichtig bitten, einem etw. zu geben 小心请求

an·knab·bern (*hat*) Vt (及物) **ein Tier knabbert etw. an** ein Tier nagt mit den Zähnen an etw. (动物作主语)啃咬

an·knip·sen (*hat*) Vt (及物) **etw. a.** *gespr* [口]; mit e-m Schalter ein elektrisches Gerät in Betrieb setzen 拧开(电器)，打开 ≈ einschalten (1) 〈e-e Lampe, das Licht a. 打开灯，开灯〉

an·knüp·fen (*hat*) Vt (及物) **1.** ↑ **an-** (1) **2. etw. (mit j-m) a.** e-n Kontakt, e-e Verbindung zu j-m herstellen 建立(关系)，开始(接触): *erste Geschäftskontakte a.* 建立初步业务联系; Vi (不及物) **3. an etw. (Akk 四格) a.** etw. so beginnen, dass es e-e Verbindung zu etw. od. e-n Zusammenhang mit etw. hat 继承，与…衔接上，承袭 ≈ etw. wieder aufnehmen 〈an e-n alten Brauch, an die Ideen seines Vorgängers a. 继承旧的习俗、先人的思想〉 ‖ *zu* (义项) **2.** u. **3. An·knüp·fung** *die*

An·knüp·fungs·punkt *der*; ein Thema od. ein Gedanke, mit dem man ein Gespräch fortführen kann 话题，话茬儿，话头: *Inges Erzählung bot mir den idealen A. (ich wollte sowieso über das Thema sprechen)* 英格的叙述向我提供了理想的话题(我本来就想谈这个题目)

an·knur·ren (*hat*) Vt (及物) 〈ein Hund 狗〉 **knurrt j-n an** ein Hund knurrt in j-s Richtung 朝…狺狺地(呼噜呼噜)叫

an·koh·len; *kohlte an, hat/ist angekohlt*; Vt (及物) (*hat*) **1. j-n a.** *gespr* [口]; j-m e-e unwahre Geschichte erzählen, um sich über ihn ein bisschen lustig zu machen 戏弄，耍弄，拿…凑趣(寻开心) ≈ anschwindeln; Vi (不及物) (*ist*) **2. etw. kohlt an** etw. wird durch Brennen schwarz (物作主语)有点烧焦，轻微烧焦: *ein angekohltes Brett* 一块有点烧焦了的木板 ‖ NB (注意): *mst* im *Partizip Perfekt* (多用过去分词)!

an·kom·men (*ist*) Vi (不及物) **1. (irgendwo) a.** e-n Ort/Adressaten (*bes* am Ende e-r Reise/des Transports) erreichen 到达，抵达，到: *Seid ihr gut in Italien angekommen?* 你们到达意大利顺利吗?; *Ist mein Paket schon bei dir angekommen?* 我的包裹已经到你那儿了吗? **2. j-d/etw. kommt (bei j-m) an** j-d/etw. ruft bei j-m e-e positive Reaktion hervor, ist j-m sympathisch (人/物作主语)受…喜爱、欢迎，得到…好感、好评: *Der Vorschlag kam bei allen (gut) an* 他的建议得到大家好评 **3. gegen j-n/etw. (nicht) a.** geistig od. körperlich (nicht) besser sein als j-d/etw. 战胜，胜过，比…强(战胜不了，胜不过，不如…): *Gegen die Leistungen meines Kollegen komme ich nicht an* 与我同事的成绩相比我不如他(我比不上我同事的成绩) ‖ NB (注意): *mst* verneint (多用否定)! **4. mit etw. a.** *gespr* [口]; j-n mit etw. (*mst* e-r Bitte) belästigen (多带着请求)来麻烦人: *Er kommt dauernd mit neuen Problemen an* 他常常带着新问题来麻烦人; Vt (及物) **5. etw. kommt j-n hart/schwer an** verwendet, um auszudrücken, dass j-d etw. als schwierig empfindet u. es sehr ungern tut (物作主语)对…感到棘手(扎手): *Die neue Arbeit kommt mich schwer an* 这项新工作使我很棘手; Vimp (无人称) **6. es kommt auf j-n/**

etw. an(, **ob** ...) es hängt von j-m/etw. ab (, ob ...)取决于,看(视)…而定: *Es kommt auf die Bezahlung an, ob ich die Arbeitsstelle annehme* 我是否接受这个工作,要看报酬高低 **7. j-m kommt es auf etw.** (*Akk* 四格) **an** etw. ist für j-n sehr wichtig(对…来说)重要的是,关键是: *Mir kommt es darauf an, was der Facharzt zu meiner Krankheit meint* 对我来说,专科大夫对我的病情怎么看,这很重要 ‖ ID [谚] **es auf etw.** (*Akk* 四格) **a. lassen** e-e geplante Handlung durchführen, obwohl sie auch negative Folgen haben kann 倒要看看: *Ich lasse es darauf a., dass er mir kündigt* 我倒要看他解雇我; **wenn es darauf ankommt** in dem Augenblick, von dem alles abhängt 在关键时候: *Er ist zwar ziemlich faul, aber wenn es darauf ankommt, kann man sich auf ihn verlassen* 虽说他相当懒,但在关键时刻还是可以信任他的; **Das/Es kommt darauf an** *gespr* [口]; das könnte durchaus sein, das ist noch unsicher, das hängt noch von bestimmten Umständen ab 这要看情况,这没有把握

an.kop.peln (*hat*) Vt (及物) **1. etw.** (**an etw.** (*Akk* 四格)) **a.** ≈ ankuppeln: *e-n Waggon an e-n Zug a.* 给列车挂上一节车厢; Vi (不及物) **2. etw. koppelt** (**an etw.** (*Akk* 四格)) **an** etw. schließt sich mit Hilfe e-r Automatik selbständig an ein Fahrzeug an(物作主语)自动与…挂上、衔接: *Die Mondfähre koppelte an das Raumfahrzeug an* 月球车自动与宇宙飞行器衔接 ‖ *hierzu*(派生) **An·kopp·lung** *die*

an.kot.zen (*hat*) Vt (及物) **j-d/etw. kotzt j-n an** *gespr!* [粗] j-d/etw. ruft in j-m heftigen Widerwillen hervor, geht j-m auf die Nerven(人/物作主语)使作呕,让人恶心: *Diese stupide Arbeit kotzt mich an!* 这种单调乏味的工作让我恶心!

Eine Anlage ist die technische Umsetzung [illegible] Prozesses

an.krei.den; *kreidete an, hat angekreidet*; Vt (及物) **j-m etw. a.** *gespr* [口]; (wegen e-s Verhaltens, e-r Tat) j-m etw. vorwerfen 数落,指责,责怪(态度、行为)

Anlagen bestehen aus Apparaten, Maschinen

an.kreu.zen; *kreuzte an, hat angekreuzt*; Vt (及物) **1. etw. a.** in e-m Text etw. hervorheben, indem man ein Kreuz daneben zeichnet(在文章一旁)打叉(×)(以示强调) ≈ markieren (1) **2. etw. a.** *bes* auf e-m Formular od. in e-r Prüfung e-e Frage beantworten, indem man ein Kreuz (in ein Kästchen) macht(在表格或考卷的小方格内)打叉×(表示回答问题): *e-e Antwort richtig a.* 答案打(答)对了

und Rohrleitungen sowie aus Einrichtungen der Mess-, Steuer- und Regelungstechnik

an.kün.den (*hat*) Vt (及物) **etw. a.** *geschr veraltend* [书][渐旧] ≈ ankündigen

an.kün.di.gen (*hat*) Vt (及物) **1. etw. a.** ein bevorstehendes Ereignis (öffentlich) bekannt geben 宣布,预告,通报〈ein Konzert, seinen Besuch a. 预告音乐会,宣布他的访问〉: *die Veröffentlichung eines Buches a.* 预告要出版一本书 **2. j-n/sich** (**bei j-m**) **a.** j-m mitteilen, dass j-d/man zu ihm (zu Besuch) kommen wird 告知(要去探访); Vr (反身) **3. etw. kündigt sich an** *geschr* [书]; bestimmte Anzeichen geben deutlich zu erkennen, dass etw. bald kommt(物作主语)预兆,预告: *Durch die ersten schweren Stürme im September kündigt sich der Herbst an* 九月头几场大风暴预告秋天即将来临 ‖ *zu* (义项) **1.** u. **2. An·kün·di·gung** *die*

An.kunft *die*; -; *nur Sg* (只用单数); das Ankommen an e-m Ort 到达,抵达 ↔ Abfahrt/Abflug: *die verspätete A. e-s Flugzeugs melden* 通知飞机晚点 ‖ K-(复合): **Ankunfts-, -zeit**

an.kup.peln (*hat*) Vt (及物) **etw.** (**an etw.** (*Akk* 四格)) **a.** *mst* e-n Anhänger an ein Fahrzeug mit e-m Motor hängen u. ihn dort befestigen 挂上: *e-n Waggon an den Zug a.* 给列车挂上一节车厢 ‖ *hierzu* 派生 **An·kupp·lung** *die*

an.kur.beln (*hat*) Vt (及物) **1. etw. a.** e-n Motor mit e-r Kurbel in Gang bringen(摇曲柄)发动,开动(马达)〈den Traktor, e-e Maschine a. 发动拖拉机、机器〉 **2. etw. a.** durch spezielle Maßnahmen die Leistung u. Produktivität e-r Sache erhöhen 促进,推动〈die Wirtschaft a. 促进经济(增长)〉 ‖ *hierzu* (派生) **An·kurb·lung** *die*

an.lä.cheln (*hat*) Vt (及物) **j-n a.** j-n ansehen u. dabei lächeln 看着(朝)…微笑,含笑看着 ≈ j-m zulächeln

an.la.chen (*hat*) Vt (及物) **1. j-n a.** j-n ansehen u. dabei lachen 朝…笑,盯着…笑,笑脸看着 **2. etw. lacht j-n an** etw. sieht so aus, dass j-d gute Laune od. Lust darauf bekommt(物作主语)使心情愉快、赏心悦目,使产生情趣或欲望: *Sie machte den Vorhang auf u. die Sonne lachte sie an* 她打开窗帘,阳光明媚,使她心情十分愉快; *Der Kuchen hat mich so angelacht, ich musste ihn einfach probieren* 点心真使我眼馋,我无论如何得尝一尝 **3. sich** (*Dat* 三格) **j-n a.** *gespr*【口】; mit j-m e-e Bekanntschaft anfangen (*mst* zum Zweck e-r oberflächlichen Liebesbeziehung 开始跟…拉关系,套近乎

An.la.ge *die* **1.** ein *mst* eingegrenztes Gebiet, das zu e-m bestimmten Zweck entworfen u. gestaltet worden ist 场地〈e-e militärische A. 军事场地〉 ‖ -K(复合): **Freizeit-, Park-, Sport- 2. e-e öffentliche A.** ≈ Park **3. e-e A.** (**zu etw.**) e-e Fähigkeit, e-e Eigenschaft od. ein Talent, die bei j-m von Geburt an vorhanden sind 天赋,天资,素质,资质 ≈ Veranlagung: *Er hat e-e gute A., um ein Musikinstrument zu spielen* 他天禀聪颖,能演奏乐器 ‖ -K(复合): **Charakter- 4.** die Art, wie etw. gestaltet od. aufgebaut ist 设计,规划,布局: *Die A. des Theaterstücks eignet sich gut für e-e Darstellung auf e-r kleinen Bühne* 剧本的构思很适合在小舞台上演出 **5.** das (gewinnbringende) Anlegen (5) von Geld od. Kapital 投资 ≈ Investition: *Das Haus ist e-e sichere A.* 房产是一项安全投资 ‖ K-(复合): **Anlage-, -berater, -kapital** ‖ -K (复合): **Kapital- 6.** alle technischen Konstruktionen, die e-n bestimmten Zweck erfüllen…设备,装备,装置 ‖ NB(注意): ↑ ***-anlage* 7.** *gespr* [口]; e-e A. (6) zum Musikhören, die aus zwei Lautsprechern, Radio, CD-Spieler *usw* besteht 音响装置,音响设备 ‖ -K(复合): ***Stereo-*** **8** ADM *geschr*【管理】[书]; etw., das e-m (*mst* formellen) Schreiben mitgegeben, beigelegt wird 附件: *In der A./Als A. übersende ich Ihnen e-n Teil des Manuskripts* 随信我给您寄上一部分手稿

-an·la·ge *die*; *im Subst*, *begrenzt produktiv* (构成名词,构词有限); e-e technische Einrichtung od. ein Gerät (mit Zubehör)…设备,装置; die ***Alarmanlage*** ⟨e-r Fabrik 工厂的⟩, die ***Beleuchtungsanlage*** ⟨e-s Autos 汽车的⟩, die ***Bewässerungsanlage*** ⟨für ein Feld 耕地的⟩, die ***Kühlanlage*** ⟨e-s Schlachthofes, e-s Schiffes 屠宰场的,轮船的⟩, die ***Scheibenwischanlage*** ⟨e-s Autos 汽车上的⟩, die ***Sendeanlage*** ⟨e-r Rundfunkstation 广播电台的⟩, die ***Signalanlage*** ⟨der Eisenbahn 铁道上的⟩, die ***Stereoanlage***, die ***Waschanlage*** ⟨für Autos 汽车的⟩

an·lan·gen [Vt](及物) **1.** *nur in* 只用于 ***was j-n/etw. anlangt*** ≈ was j-n/etw. betrifft, anbelangt **2.** ***j-n/etw. a.*** (*hat*) *südd* Ⓐ *gespr* [南德][奥][口] ≈ anfassen (1), berühren; [Vi](不及物)(*ist*) **3.** ≈ ankommen ‖ NB(注意) *zu*(义项) **3.**: *mst* im Perfekt (常用现在完成时)!

An·lass *der*; *-es*, *An·läs·se*; **1.** ein (*mst* feierliches) gesellschaftliches Ereignis(社交的)机会,机遇,时刻 ⟨ein besonderer, feierlicher, festlicher A.一次特殊的,欢快的,喜庆的机会⟩ **2.** e-e Ursache, die plötzlich etw. auslöst, hervorruft 动机,诱因,理由: *der A. des Streits* 吵架的动机; *Das ist kein A. zur Besorgnis* 这不是担心的理由 **3. *aus gegebenem A.*** ADM *geschr*【管理】[书]; aufgrund bestimmter Umstände 鉴于目前的情况: *Aus gegebenem A. möchten wir noch einmal darauf hinweisen, dass die Fenster bei Sturm geschlossen werden müssen* 鉴于目前的情况,我们再一次提醒大家,刮风时要关上窗户 **4. *aus A.*** (+ *Gen* 二格) verwendet, um auszudrücken, dass etw. die Ursache, der Grund für etw. ist 为了(纪念),鉴于…,值…之际 ≈ anlässlich: *Aus A. seines 80 Geburtstages gab er e-e große Feier* 为纪念80寿辰他举办了一次盛大的庆祝活动 **5.** (***sich*** (*Dat* 三格)) ***etw. zum A. nehmen*** + ***zu*** + *Infinitiv*(不定式) e-e Gelegenheit nutzen, um etw. zu tun 利用(借)…的机会、契机(干某事)

an·las·sen (*hat*) [Vt](及物) **1. *etw. a.*** *gespr* [口]; ein Kleidungsstück weiterhin am Körper tragen 穿着(不脱) ↔ ausziehen: *Lass deine Jacke an, wir gehen gleich wieder hinaus in die Kälte* 穿着你的外衣别脱,外面冷,我们马上又要出去 **2. *etw. a.*** *gespr*[口]; ein elektrisches Gerät od. e-n Motor weiterhin in Betrieb lassen 让…开着,继续点着 ↔ ausschalten: *den Fernseher a.* 让电视机开着 **3. *etw. a.*** den Motor e-s Fahrzeugs mithilfe *mst* des Zündschlüssels in Gang setzen(点火)发动,开动,起动 ≈ starten ↔ abstellen ⟨den Motor, ein Auto a. 发动马达、汽车⟩; [Vr](反身) **4. *etw. lässt sich irgendwie an*** *gespr* [口]; etw. beginnt in bestimmter Weise(物作主语)(以…方式)开始,开端: *Die Obsternte lässt sich dieses Jahr gut an* 今年水果收成开始得很好

An·las·ser *der*; *-s*, *-*; e-e Vorrichtung, die e-n Motor startet 启动装置,启动器

an·läss·lich *Präp* (介); *mit Gen* (支配二格), *geschr*[书]; verwendet, um auszudrücken, dass etw. der Grund für etw. ist 为了(纪念)…,值…之际: *A. seines Jubiläums gab es e-e große Feier* 为纪念他的诞辰而举行了一次盛大庆祝活动

an·las·ten (*hat*) [Vt](及物) ***j-m etw. a.*** behaupten, dass j-d schuld an etw. od. verantwortlich für etw. ist 将…归罪于,让…承担责任: *j-m e-n Überfall, die Schuld für etw. a.* 将袭击归罪于某人,让某人对某事承担过错

An·lauf *der* **1.** SPORT【体】; ein kurzer, schneller Lauf, um die nötige Geschwindigkeit für e-n Sprung od. e-n Wurf zu bekommen 助跑: *beim Weitspringen e-n großen A. nehmen* 跳远时作一次有力的助跑 **2.** SPORT【体】; die Strecke für den A. (1)助跑道,助跑距离 **3.** ≈ Versuch (3): *etw. bereits im ersten A. schaffen* 第一次尝试时就成功 **4. *e-n neuen A. nehmen/machen*** etw. noch einmal versuchen 再作一次新的尝试

an·lau·fen [Vt](及物)(*hat*) **1. *etw. a.*** sich mit dem Schiff e-m Ort nähern, um dort anzulegen (11)(轮船)驶向,开向(要停泊的地点) ≈ ansteuern (1); [Vi](不及物)(*ist*) **2. *angelaufen kommen*** in j-s Richtung laufen u. zu ihm kommen 跑过来: *Wir wollten gerade gehen, da kam ein Kind angelaufen u. brachte e-e Nachricht* 我们刚想走,这时一个小孩跑过来带来一个消息 **3. *etw. läuft an*** etw. beginnt zu laufen (物作主语)开始运行,起动,开动 ⟨der Motor, die Maschine 马达,机器⟩ **4. *etw. läuft an*** etw. (*mst* Wichtiges) beginnt, kommt allmählich in Gang(物作主语)开始进行,着手: *die Produktion von Waren, e-e Kampagne läuft an* 商品生产、经济上的大忙季节开始了; *Nächste Woche laufen die Vorbereitungen für die Olympischen Spiele an* 下周着手为奥林匹克运动会作准备工作 **5. *etw. läuft an*** etw. wird (durch e-e plötzliche Änderung der Lufttemperatur) mit Wasserdampf bedeckt (物作主语)(由于气温突然变化而)蒙上水汽 ⟨e-e Brille, ein Fenster, e-e Fensterscheibe, ein Spiegel 眼镜,窗户,窗玻璃,镜子⟩ **6. *blau/rot a.*** aus Atemnot blau od. aus Wut rot im Gesicht werden(因缺氧或生气)脸色变青,变红: *Er bekam e-n Erstickungsanfall u. lief blau an* 他突然窒息,脸色发青

An·lauf·stel·le *die* **1.** e-e Stelle, e-e Person od. e-e Institution, an die sich j-d wenden kann, der in e-r bestimmten Situation Hilfe od. Rat braucht(替人解难或出主意的单位、人或机构)咨询部门,咨询机关 **2.** ein (*mst* geheimer)

Treffpunkt für Spione, Untergrundkämpfer, Terroristen *o. Ä.* 秘密碰头地点

An·lauf·zeit *die*; *nur Sg*（只用单数）; die Zeit, die j-d/etw. braucht, um bei e-r *mst* neuen Tätigkeit seine optimale Leistung zu bringen 适应工作的时间，熟悉工作的时间：*Der neue Mitarbeiter braucht e-e gewisse A., um alles über seine neuen Aufgaben zu lernen* 这位新来的同事需要一段熟悉工作的时间才能学会完成其新任务的本领

An·laut *der*; LING【语】; der erste Laut e-s Wortes od. e-r Silbe（词或音节的）第一个音素，开头音 ↔ Auslaut

an·le·gen (*hat*) [Vt]（及物）**1. etw. a.** etw. zu e-m bestimmten Zweck entwerfen u. gestalten 开辟，建造，营建〈e-n Park, ein Beet a. 建造公园、花坛〉**2. etw. a.** etw. nach e-m bestimmten System gestalten 编制 ≈ erstellen〈e-e Kartei, ein Verzeichnis a. 编制卡片索引、目录〉**3. etw.** (**an etw.** (*Dat/Akk* 三格/四格)) **a.** etw. so an etw. legen, setzen od. stellen, dass es damit in Berührung kommt 放、摆、搁、靠在…上：*Er legte das Lineal an die Skizze an u. zog e-n dicken Strich* 他把尺放在草图上，划了一条粗线 **4. etw. a.** *geschr*[书]；(*bes* elegante, teure) Kleidung anziehen 穿上（时髦的，高贵的衣服）〈ein Abendkleid, e-e Uniform a. 穿上晚礼服，军装〉**5. etw. a.** Kapital so einsetzen, dass es Gewinn bringt 投放，投入：*sein Geld gewinnbringend/in Aktien a.* 投资获利/入股 **6. etw.** (**für etw.**) **a.** e-e bestimmte Summe Geld für e-n *mst* ziemlich großen (Gebrauchs) Gegenstand ausgeben（为购置大型日用品）花钱，投资，花销：*Wie viel wollen Sie für das neue Klavier a.?* 您想为这架新钢琴投多少资？**7.** (**j-m**) **etw. a.** (bei j-m) etw. so anbringen, befestigen, dass es hält 给…绑、扎、戴、拷、套上〈j-m e-n Verband, Fesseln a. 给某人绑上绷带，戴上手铐〉**8.** (**bei etw.** (**selbst**) **mit**) **Hand a.** bei etw. mit körperlichem Einsatz helfen（在…方面）助一臂之力 **9. e-n strengen Maßstab** (**an j-n/etw.**) **a.** j-n/etw. streng beurteilen 以严格的标准要求，向…提出严格的衡量标准 **10. es auf etw.** (*Akk* 四格) **a.** bewusst so handeln, dass negative Konsequenzen daraus entstehen können 存心要，蓄意要：*Er hat es nur auf e-n Streit angelegt* 他是存心要吵架的；[Vi]（不及物）**11.** *mst* 多用 **j-d legt irgendwo an** j-d kommt mit e-m Schiff (*mst* im Hafen) an u. macht es dort (mit Tauen) fest（人作主语）驾船靠岸，停泊（在某地）↔ j-d legt ab ‖ K-（复合）: **Anlege-**, **-platz**, **-stelle** **12.** (**auf j-n/ein Tier/etw.**) **a.** auf j-n/ein Tier/etw. mit dem Gewehr zielen 瞄准；[Vr]（反身）**13. sich mit j-m a.** *gespr*[口]；(absichtlich) e-n Streit mit j-m provozieren 故意挑起与…的争吵 ‖ ▶ **Anlage**

an·leh·nen (*hat*) [Vt]（及物）**1. etw.** (**an etw.** (*Dat/Akk* 三格/四格)) **a.** etw. an etw. lehnen 把…靠、放在：*ein Brett an e-r/an e-e Wand a.* 把一块木板靠放在墙上 **2. etw. a.** etw. teilweise, jedoch nicht ganz schließen, sodass ein kleiner Spalt offen bleibt 虚掩着，把…敞着个口儿〈die Tür, ein Fenster a. 把门、窗户留条缝掩着〉；[Vr]（反身）**3. sich** (**an j-n/etw.**) **a.** sich gegen j-n/etw. lehnen 靠在 **4. j-d/etw. lehnt sich an j-n/etw. an** j-d/etw. nimmt j-n/etw. als Vorbild u. ahmt ihn/es in seinen wesentlichen Merkmalen nach（人/物作主语）以…为榜样，以…为蓝本，借鉴，模仿：*Seine Theorie lehnt sich stark an die seines Lehrers an* 他的理论是严格依据他老师的理论写就的

An·leh·nung *die*; *nur Sg*（只用单数）; **in/unter A. an j-n/etw.** nach dem Vorbild e-r Person/Sache, unter Beibehaltung der wesentlichen Merkmale e-r Person/Sache 仿照，模仿，借鉴：*ein Gebäude in A. an die Architektur der Antike bauen* 仿照古典建筑艺术建造大楼

An·leh·nungs·be·dürf·nis *das*; *oft hum* 常用[诙]; das Bedürfnis od. Verlangen, geliebt zu werden u. sehr enge u. *mst* zärtliche Kontakte zu j-m zu haben 需要爱，需要爱抚 ‖ *hierzu*（派生）**an·leh·nungs·be·dürf·tig** *Adj*（形）

an·lei·ern (*hat*) [Vt]（及物）**etw. a.** *gespr*[口]; dafür sorgen, dass etw. allmählich in Gang od. in Schwung kommt 着手，开始运作：*Gespräche/Kontakte mit e-m neuen Geschäftspartner a.* 着手与新的业务伙伴交谈/接触

An·lei·he *die*; -, -*n* **1.** WIRTSCH【经】; (von Staaten, Gemeinden *usw*) das Entleihen e-r (*mst* hohen) Geldsumme für e-n längeren Zeitraum（长期）贷款〈e-e A. aufnehmen, machen 接受贷款，贷一笔款项〉**2.** *oft pej* 常用[贬]; das Verwenden od. Zitieren von Ideen od. Formulierungen e-r *mst* berühmten Persönlichkeit 运用，借用，引用（名人语录）：*In seinem Roman machte er mehrere Anleihen bei Thomas Mann* 他在小说中多处引用托马斯·曼的词句

an·lei·men (*hat*) [Vt]（及物）**etw.** (**an etw.** (*Dat/Akk* 三格/四格)) **a.** etw. mit Leim an etw. befestigen 将…用胶粘上

an·lei·ten (*hat*) [Vt]（及物）**j-n** (**bei etw.**) **a.** j-m für e-e Aufgabe od. Arbeit nützliche Hinweise geben 指导，指点，引导：*die Schüler bei ihren Hausaufgaben a.* 指导学生做家庭作业

An·lei·tung *die*; **e-e A.** (**für/zu etw.**) **1.** ein nützlicher Hinweis od. e-e Regel, die j-m zeigen, wie er e-e für ihn neue Aufgabe od. Arbeit richtig erledigen kann 指导，引导 **2.** ein Zettel od. ein Heft mit Anleitungen (1) 指南，说明 ‖ -K（复合）: **Arbeits-**, **Bedienungs-**, **Gebrauchs-**

an·ler·nen (*hat*) [Vt]（及物）**1. j-n a.** j-m die notwendigen Informationen geben u. Übungen mit ihm machen, damit er e-e berufliche Tätigkeit ausüben kann 教会（训练）…手艺，向…传授手艺（本领），带…入门：*ein angelernter Arbeiter* 受过职业训练的工人 ‖ K-（复合）: **Anlern-**, **-zeit** **2. sich** (*Dat* 三格) **etw. a.** *gespr*[口]; durch Lernen etw. (oft kurzfristig) im Gedächtnis behalten（刚刚）学会，

(粗浅地)学会

an·le·sen (*hat*) Vt (及物) **1.** ***etw. a.*** nur die ersten Seiten von etw. lesen 刚读…头几页 **2.** ***sich*** (*Dat* 三格) ***etw. a.*** durch Lesen sein Wissen (oft nur oberflächlich) vergrößern (通过阅读)学到、增长了点儿(肤浅的知识): *In kürzester Zeit hat er sich medizinische Kenntnisse angelesen* 在很短时间里他从书本中学到了一些医学知识

an·lie·fern (*hat*) Vt (及物) ***etw. a.*** bestellte od. schon bezahlte Waren (in ziemlich großen Mengen) liefern(大批地)供货,送货 ‖ *hierzu*(派生) **An·lie·fe·rung** *die*

an·lie·gen (*hat*) Vi (不及物) **1.** ***etw. liegt eng an*** etw. berührt den Körper direkt, etw. liegt direkt am Körper (物作主语)紧贴在身上 ⟨Kleidungsstücke 衣服⟩ **2.** ***etw. liegt an*** etw. muss bearbeitet od. erledigt werden(物作主语)等待处理,有待解决,切望要做: *Was liegt denn heute an?* 今天要做什么?

An·lie·gen *das*; *-s*, *-*; ein Problem *o. Ä.*, das man *mst* als Frage od. Bitte an j-n vorträgt 请求,愿望⟨ein A. an j-n haben 对某人有请求; ein A. vorbringen 提出请求⟩

an·lie·gend **1.** *Partizip Präsens* (现在分词); ↑ ***anliegen*** **2.** *Adj*(形); *nur attr*, *nicht adv*(只作定语,不作状语); in direkter Nähe zu e-r Fläche od. zu e-m Gebiet 紧挨着的,邻近的,隔壁的 ≈ angrenzend, benachbart: *die anliegenden Ortschaften* 邻近的居民点

An·lie·ger *der*; *-s*, *-* **1.** j-d, der an e-r Straße wohnt u. dort bestimmte Rechte u. Pflichten hat 街道居民: *In dieser Straße dürfen nur Anlieger parken* 这条街上只准本街居民停车 **2.** ***Anlieger frei*** drückt aus, dass nur diejenigen die Straße befahren dürfen, die dort wohnen od. die Zugang zu e-m Haus dort benötigen 只允许本街居民通行

An·lie·ger·staat *der*; ein Staat, der an e-n anderen Staat od. an ein Meer grenzt 沿海国家,邻近国家: *Marokko gehört zu den Anliegerstaaten des Mittelmeers* 摩洛哥是地中海沿岸国之一

an·lo·cken (*hat*) Vt (及物) **1.** ***ein Tier a.*** ein Tier dazu bringen, dass es einem näher kommt 将动物引诱过来 **2.** ***j-d / etw. lockt j-n an*** j-d/etw. bringt j-n dazu, in ein Geschäft *o. Ä.* zu kommen (*mst* durch etw. Interessantes od. Attraktives)(人/物作主语)吸引,招引,招徕: *Unser neues Produkt lockt viele Kunden an* 我们的新产品吸引了许多顾客; *Er lockt die Kunden mit Billigangeboten an* 他以廉价商品吸引顾客

an·lö·ten (*hat*) Vt (及物) ***etw.*** (***an etw.*** (*Dat / Akk* 三格/四格)) ***a.*** etw. durch Löten an etw. befestigen 焊接上,焊牢,焊在(到)…上(去)

an·lü·gen (*hat*) Vt (及物) ***j-n a.*** j-m e-e Lüge erzählen 对…说谎,骗≈ belügen

An·ma·che *die*; *-*; *nur Sg*, *gespr pej* (只用单数)[口][贬]; (*bes* von jungen Frauen verwendet) die unangenehme Art, wie ein Mann e-e Frau anspricht od. sich zu ihr verhält, wenn er sich für sie sexuell interessiert(年轻妇女用语)性骚扰,调戏

an·ma·chen (*hat*) Vt (及物) **1.** ***etw. a.*** *bes* das Licht, ein elektrisches Gerät od. e-n Motor in Funktion setzen 开,打开 ≈ einschalten ⟨den Fernseher, den Herd, das Licht a. 开电视、炉灶、灯⟩ **2.** ***etw. a.*** Feuer in etw. machen, damit Hitze entsteht 生火,点燃 ↔ ausmachen ⟨den Kamin, den Ofen a. 点燃壁炉,炉子⟩ **3.** ***etw.*** (***irgendwo***) ***a.*** *gespr* [口]; etw. irgendwo festmachen 使固定住,把…挂、装、安在…上 ≈ befestigen: *ein Plakat an der Wand a.* 把广告牌安装在墙上 **4.** ***etw. a.*** etw. herstellen, indem man die einzelnen notwendigen Bestandteile dieser Sache vermischt 搅和,搅拌 ⟨Mörtel a. 搅拌灰浆⟩ **5.** ***etw.*** (***mit etw.***) ***a.*** etw. mit bestimmten Zutaten vermischen u. dadurch würzen(添加调料)拌和,拌,调 ⟨den Salat (mit Essig u. Öl) a.(用醋和油)拌色拉⟩ **6.** ***j-n a.*** *gespr*, *mst pej*[口]多用[贬]; (*mst* in Bezug auf e-n Mann) *mst* e-e Frau (in aufdringlicher Weise) ansprechen, weil man sich für sie sexuell interessiert 对…性骚扰,性挑逗: *in der Disko ein Mädchen a.* 在迪厅对一位姑娘进行性骚扰 **7.** ***j-n a.*** *gespr pej* [口][贬]; Streit mit j-m suchen 寻衅,找茬⟨j-n blöd a.成心找茬闹事⟩: *Mach mich nicht an!* 别找我茬儿! (= lass mich doch in Ruhe!) **8.** ***j-d / etw. macht j-n an*** *gespr* [口]; j-d/etw. wirkt auf j-n attraktiv od. begehrenswert (人/物作主语)对…有吸引力,使喜爱 ≈ j-d/etw. gefällt j-m: *Der Kuchen macht mich richtig an* 这点心真使我眼馋

an·mah·nen (*hat*) Vt (及物) ***etw. a.*** j-n schriftlich daran erinnern, dass er etw. noch nicht bezahlt hat od. etw. Ausgeliehenes noch nicht zurückgegeben hat(书面)通知,提醒,催(付款或还物)⟨e-e Zahlung a. 通知付款⟩ ‖ *hierzu*(派生) **An·mah·nung** *die*

an·ma·len (*hat*) Vt (及物) **1.** ***etw.*** (***an etw.*** (*Akk* 四格)) ***a.*** *gespr*[口]; etw. (*mst* zur Verdeutlichung) auf etw. malen, zeichnen od. schreiben 画上,涂上,写上: *e-e Skizze an die Tafel a.* 往黑板上画一幅草图 **2.** ***etw. a.*** *mst* e-e ziemlich große Fläche mit Farbe versehen 给…(着、涂)上色 ≈ bemalen; Vr (反身) **3.** ***sich a.*** *gespr*, *mst pej*[口]多用[贬]; sich (zu stark) schminken 浓妆艳抹

An·marsch *der* **1.** das Gehen, der Marsch zu e-m Ort 开拔,推进,进军,动身 **2.** der Weg des Anmarschs (1)进军之路 ‖ ID [谚] ***im A. sein*** *gespr*[口]; unterwegs, auf dem Weg sein 在路上: *Ran an die Arbeit – der Boss ist bereits im A.!* 动手干吧 —— 头头已在路上(快来)了! ‖ *hierzu*(派生) **an·mar·schie·ren** (*ist*) *Vi* (不及物)

an·ma·ßen, sich; *maßte sich an*, *hat sich angemaßt*; Vt (及物) ***sich*** (*Dat* 三格) ***etw. a.*** *oft pej* 常用[贬]; etw. tun, ohne dass man dazu fähig od. berechtigt ist 无理要求,妄自,妄称 ≈ sich etw. herausnehmen (3) ⟨sich ein Privileg a. 无理要求特权⟩: *Er maßt sich an, über Dinge zu urteilen, die er nicht versteht*

他对自己不懂的事情妄加评断

an·ma·ßend *Adj*（形）；*pej*［贬］；mit e-m übertriebenen od. nicht angemessenen Selbstbewusstsein 骄横自负的，狂妄的，不自量力的，傲慢的 ≈ arrogant ↔ bescheiden 〈e-e Bemerkung 见解；sich a. benehmen 态度骄慢（傲慢）〉

An·ma·ßung *die*；-，-*en* **1.** das Ausüben von Tätigkeiten, zu denen man weder fähig noch berechtigt ist 越权行为，僭越〈die A. von Befugnissen 僭越职权〉**2.** *nur Sg*，*geschr*（只用单数）［书］；ein arrogantes, oft provozierendes Verhalten（态度）骄横，狂妄，盛气凌人，妄自尊大

anmelden – ummelden 报户口——转户口

In Deutschland gibt es die so genannte **Meldepflicht**. Jede Person, ob deutscher Staatsbürger oder nicht, muss sich innerhalb einer Woche bei dem zuständigen **Einwohnermeldeamt** anmelden, wenn sie einen festen **Wohnsitz** nimmt. Als fester Wohnsitz gilt eine Wohnung, die man für einen längeren Zeitraum bezieht, z.B. um zu studieren.
Bei einem Umzug im gleichen Ort muss man sich **ummelden**; bei einem Umzug von einer Stadt zu einer anderen muss man sich am bisherigen Wohnsitz **abmelden** und am neuen Wohnsitz beim dortigen Einwohnermeldeamt **anmelden**. Ähnliche Bestimmungen gelten in Österreich und der Schweiz.

在德国有所谓的**申报户口的义务**。每个人，不管他是不是德国公民，如果他有**固定住处**，必须在一周内去主管**居民户籍处**报户口。为了上大学而在较长时间内居住的住房也算固定住处。

在同一地点搬迁必须**转户口**，如果由一个城市搬迁到另一个城市，则必须在迄今居住的住处**销户口**，在新的住处到当地居民户籍处**报户口**。类似的规定也适用于奥地利和瑞士。

an·mel·den（*hat*）[Vt]（及物）**1.** ***j-n/sich/etw.*** **(*bei j-m*) *a.*** mit j-m e-n Termin für ein Treffen od. e-n Besuch vereinbaren 替…预约、挂号，约定〈sein Kind beim Arzt a. 替孩子（在医生处）挂号看病；seinen Besuch a. 约定自己拜访的时间〉**2.** ***j-n/sich* (*zu etw.*) *a.*** mitteilen, dass j-d/man an etw. teilnehmen will（为…）报名（参加）↔ j-n/sich (von etw.) abmelden 〈j-n/sich zu e-m Kurs, Lehrgang a.（为某人/自己）报名参加培训班、训练班学习〉‖ K-（复合）：***Anmelde-***，***-frist*** **3.** ***j-n/sich/etw.*** **(*irgendwo*) *a.*** j-n/sich/etw. bei e-r amtlichen Stelle eintragen, registrieren lassen 替…登记，注册，报户口〈sein Auto, das Radio a. 登记车子、收音机〉：*Nach der Ankunft in der Bundesrepublik muss man sich beim Einwohnermeldeamt a.* 到德国后必须上户藉管理处去登记（报户口）‖ NB（注意）：↑ ***abmelden***，***ummelden*** ‖ K-（复合）：***Anmelde-***，***-gebühr***，***-pflicht*** **4.** ***etw.*** **(*bei j-m*) *a.*** j-m sein Problem od. seine persönliche Einstellung zu etw. mitteilen, äußern 提出，说明，呈报 ≈ vorbringen 〈seine Wünsche, Zweifel, e-n Einspruch a. 说明自己的愿望，提出怀疑、异议〉‖ *zu*（义项）**1.**，**2.** u. **3.** **An·mel·dung** *die*

an·mer·ken（*hat*）[Vt]（及物）**1.** ***etw. a.*** etw. ergänzend zu etw. feststellen od. sagen 指明，对…作（补充）说明 ≈ hinzufügen：*Er merkte an, dass es sich dabei nur um ein vorläufiges Ergebnis handle* 他说明，这只是暂时的结果 **2.** ***etw. a.*** etw. Wichtiges *mst* in e-m Text durch ein Zeichen besonders markieren 注明，对…作脚注或作记号，注释 **3.** ***j-m etw. a.*** *gespr*［口］；etw. an j-s Aussehen od. an seinem Verhalten erkennen（从一个人的外貌或仪表）看得出，觉察出〈j-m seinen Kummer, seine Freude, Wut a. 看得出某人的苦恼、快乐、愤怒；sich (*Dat* 三格) nichts a. lassen 什么也不让觉察出来〉：*Man merkt ihm nicht an, dass er schon 65 ist* 看不出他已经65岁了；*Ihr war die schlaflose Nacht deutlich anzumerken* 明显地看出她昨夜没睡好

An·mer·kung *die*；-，-*en* **1.** e-e ergänzende (schriftliche od. mündliche) Äußerung zu etw. 说明，评语〈e-e kritische A. machen 作批判性的评语〉**2.** e-e kurze ergänzende od. erklärende Bemerkung (*mst* in e-r wissenschaftlichen Arbeit) zu e-m Text 注释，脚注 ≈ Fußnote

an·mon·tie·ren；*montierte an*，*hat anmontiert*；[Vt]（及物）***etw.*** **(*an etw.*** (*Dat/Akk* 三格/四格)) ***a.*** etw. durch Schrauben, Schweißen *usw* irgendwo befestigen 拧上，焊上，安装在/到…上

an·mot·zen（*hat*）[Vt]（及物）***j-n a.*** *gespr*［口］≈ beschimpfen：*Hör doch auf, mich ständig anzumotzen!* 够了，别总骂我！

An·mut *die*；-；*nur Sg*，*geschr*（只用单数）［书］；die Eigenschaft, sich sehr harmonisch u. elegant zu bewegen u. zu verhalten 优雅，秀雅，风仪秀整，潇洒大方 ≈ Grazie：*e-e Primaballerina voller A.* 一位举止优雅的女芭蕾舞主要演员 ‖ *hierzu*（派生）**an·mu·tig** *Adj*（形）

an·mu·ten；*mutete an*，*hat angemutet*；[Vt]（及物）***etw. mutet j-n irgendwie an*** *geschr*［书］；etw. erweckt bei j-m e-n bestimmten (*mst* ungewöhnlichen) Eindruck（物作主语）使感到…，给人一种（多指不平常的）感觉 ≈ etw. wirkt auf j-n irgendwie：*Sein Verhalten mutet mich äußerst eigenartig an* 他的态度使我感到很特别

an·na·geln（*hat*）[Vt]（及物）***etw.*** **(*an etw.*** (*Dat/Akk* 三格/四格)) ***a.*** etw. mit e-m Nagel/mit Nägeln an etw. befestigen 钉上，钉到/在…上：*ein Brett an die/der Wand a.* 往墙上钉木板，把木板钉在墙上

an·na·gen（*hat*）[Vt]（及物）〈e-e Maus *o.Ä.* 耗子等〉***nagt etw. an*** e-e Maus *o.Ä.* beschädigt etw. durch Nagen od. frisst kleine Stücke von etw. weg 咬坏，咬掉一块：*Mäuse hatten das Kabel angenagt* 耗子把电缆咬坏了

an·nä·hen（*hat*）[Vt]（及物）***etw.*** **(*an etw.*** (*Dat/Akk* 三格/四格)) ***a.*** etw. durch Nähen an etw. befestigen 缝上，缝在/到…上 ≈

festnähen: *den abgerissenen Knopf wieder an dem/an den Mantel a.* 把扯掉的扣子重新缝在/到大衣上 ‖ ↑ *Abb. unter* 图见 **nähen**

an·nä·hern (*hat*) Vt (及物) **1. etw. etw.** (*Dat* 三格) **a.** etw. e-r Sache ähnlich machen 使与…相似、接近、近似: *e-e Kopie dem Original a.* 使复制件与原件相似; Vr (反身) **2. sich j-m/etw. a.** versuchen, Kontakt zu j-m/etw. aufzunehmen od. in e-e gewisse Beziehung zu ihm zu treten 与…接近(亲近), 与…拉(套)近乎: *Er versuchte, sich den Gastgebern in dem fremden Land anzunähern* 他试图接近异国的东道主 ‖ *hierzu* (派生) **An·nä·he·rung** *die*

an·nä·hernd **1.** *Partizip Präsens* (现在分词); ↑ **annähern** **2.** *Partikel* (小品词); *unbetont u. betont, geschr* (非重读和重读) [书]; so, dass es etw. (*mst* e-r bestimmten Anzahl od. Größe) sehr nahe kommt 差不多, 几乎, 大致上 ≈ ungefähr, fast ↔ genau: *Die Antwort ist a. richtig* 回答大致是正确的; *A. 100 Zuschauer besuchten die Veranstaltung* 差不多有100名观众来看演出; *Er ist nicht a. so intelligent, wie ich gemeint habe* 他几乎不像我想的那么聪明

An·nä·he·rungs·ver·such *der*; der Versuch, mit j-m (*mst* des anderen Geschlechts) näher in Kontakt zu kommen (多指与异性) 接近的尝试, 拉交情的努力, 想套近乎(的做法) 〈ein plumper A. 厚着脸皮想套近乎; e-n A. machen 作拉关系的尝试〉: *Ich hab seine dämlichen Annäherungsversuche satt!* 我讨厌他那愚蠢的想套近乎的做法

An·nah·me *die*; -, -*n* **1.** das Annehmen (1) e-r Sache, die j-d j-m geben od. schenken will 接过, 接纳, 收下 ↔ Ablehnung 〈die A. (e-s Schreibens *o. Ä.*) verweigern 拒收(信件之类)〉 ‖ K- (复合): **Annahme-**, **-stelle** **2.** das Annehmen (2) *z.B.* e-s Vorschlags, e-r Bedingung 接受(如建议, 条件) ↔ Ablehnung **3.** das Annehmen (3) *z.B.* e-s Antrags 采纳(如动议) ↔ Ablehnung **4.** das Annehmen (4) e-r Tatsache (aufgrund bestimmter Informationen od. e-s bestimmten Vorwissens) 假设, 猜想, 设想 ≈ Vermutung 〈e-e falsche, richtige A. 错误的, 正确的假设; der A. sein, dass ... 假设(猜想)…; Grund zur A. haben, dass ... 有理由假设, …; etw. tun in der A., dass ... 猜测, 推想…〉: *Gehe ich recht in der A., dass Sie hier neu sind?* 我猜您是新来的, 我说得对吗? (= ist meine Vermutung richtig, dass ...)

An·na·len *die*; *Pl* (复); *geschr* [书]; Bücher, in denen jedes Jahr die wichtigsten (geschichtlichen) Ereignisse aufgezeichnet werden 编年史, 大事记 ≈ Jahrbücher ‖ ID [谚] **etw. geht in die A. ein** ein Ereignis ist so wichtig, dass es nicht vergessen wird 某事载入史册

an·nehm·bar *Adj* (形) **1.** so, dass alle Beteiligten damit einverstanden sein können 可接受的, 可同意的 ≈ akzeptabel 〈ein Vorschlag, ein Kompromiss 建议, 妥协〉 **2.** *gespr* [口]; so, dass man damit zufrieden sein kann 还过得去的, 还算满意的, 不错的: *Das Haus sieht von außen ganz a. aus* 房子外观不错

an·neh·men (*hat*) Vt/i (及物/不及物) **1.** (**etw.**) **a.** etw., dass j-d einem geben od. schenken will, nicht zurückweisen 接收, 收下, 收纳 ≈ entgegennehmen ↔ ablehnen 〈ein Geschenk a. 收下礼物〉 **2.** (**etw.**) **a.** etw., *z.B.* ein Angebot, das j-d gemacht hat, akzeptieren od. mit etw. einverstanden sein 接受, 同意 ↔ ablehnen 〈e-e Einladung, e-n Vorschlag, e-e Bedingung a. 接受邀请、建议、条件; e-e Entschuldigung a. 接受道歉〉: *„Ich habe ihm ein wirklich tolles Angebot gemacht“ – „U. hat er (es) angenommen?“* “我给他提了一个的确很棒的建议”——“他接受了吗?” **3.** (**etw.**) **a.** etw., nachdem man es geprüft hat, akzeptieren od. gut finden 采纳, 通过 ↔ ablehnen 〈e-n Antrag, e-n Gesetzesentwurf a. 通过提案、法律草案〉 **4.** (**etw.**) **a.** etw. (aufgrund bestimmter Informationen) glauben (根据某些信息) 认为, 想, 看, 相信: *„Kommt er noch?“ – „Ich nehme schon an“* “他还来吗?”——“我相信会来的”; *Wir nahmen seine Unschuld an* 我们想是他的不对; *Ich nehme an, dass sie uns die Antwort gibt* 我认为她会给我们回答的; *Ich nahm an, er würde es machen* 我想他会做那件事的; *Er nahm an, das Problem lösen zu können* 他相信能解决这个问题; Vt (及物) **5. j-n a.** e-e positive Antwort auf j-s Bewerbung (*mst* für e-e berufliche Stelle od. für e-n Ausbildungsplatz) geben 雇用, 招收, 录用 **6. etw. a.** etw. tun, weil man es bei anderen gesehen od. sich daran gewöhnt hat 染上, 沾上 ≈ übernehmen ↔ ablegen 〈e-e Gewohnheit, schlechte Manieren a.〉 染上一个习惯、坏作风 **7. etw. a.** etw. als Hypothese voraussetzen 假设, 假定, 设想: *Nehmen wir einmal an, wir hätten kein Wasser/dass wir kein Wasser hätten – was würde sich dann in unserem Leben ändern?* 我们不妨假设, 我们没有水—— 那么在我们生活中将会发生什么变化呢? **8. angenommen, ...** verwendet, um auszudrücken, dass etw. als Hypothese den weiteren Gedanken zugrunde gelegt wird 假设…, 假定…: *Angenommen, sie kommt nicht, was machen wir dann?* 假定她不来, 我们怎么办呢? **9. ein Kind a.** *gespr* [口]; ein Kind, dessen Vater/Mutter man selbst nicht ist, in die Familie aufnehmen 收养一个孩子 ≈ adoptieren **10. etw. nimmt Gestalt/Formen an** das Ergebnis od. das Endprodukt e-r Sache wird (allmählich) deutlich od. erkennbar (物作主语) 正在形成, 逐渐有眉目, 有轮廓: *Unsere Urlaubspläne nehmen langsam Gestalt an* 我们的度假计划慢慢有眉目了 **11. etw. nimmt etw. an** etw. erreicht e-n bestimmten Umfang, e-e bestimmte Intensität, bestimmte Dimensionen (物作主语) (在规模、强度、范围上) 发生变化, 有所发展: *Seine Brutalität nahm immer schlimmere Formen an* 他的残暴愈演愈烈; Vr (反身) **12. sich j-s/etw. a.** *geschr* [口];

sich um j-n/etw. kümmern, für j-n/etw. sorgen 关照,关心,照料,操持 ‖ ▶ **Annahme**

An·nehm·lich·keit *die*; -, -*en*; *mst Pl*, *geschr* (多用复数)[书]; etw., das angenehm od. bequem ist u. Vorteile bringt 舒适,安逸,方便: *Seit ich in Berlin lebe, genieße ich die Annehmlichkeiten des Lebens in der Großstadt* 从我生活在柏林以来,我享受到了大城市生活的方便

an·nek·tie·ren; *annektierte*, *hat annektiert*; Vt (及物) *mst* 多指〈ein Land 国家〉 ***annektiert etw.*** *geschr* [书]; *mst* ein Land bringt ein Gebiet (*mst* mit Gewalt u. ohne rechtlichen Anspruch) in seinen Besitz 侵吞,并吞,兼并,将…掠为己有〈ein Land annektiert ein Gebiet, ein Land 一个国家并吞一个地区、一个国家〉 ‖ *hierzu* (派生) **An·nek·tie·rung** *die*; **An·ne·xi·on** *die*; -, -*en*

an·no, An·no 1. a. *dazumal* *gespr hum* [口][诙]; früher, vor langer Zeit 很早以前 **2.** *veraltend* [渐旧]; im Jahre 在…年: *a. 1492* 在公元 1492 年 **3. *a/A. Domini*** nach unserer Zeitrechnung 公元≈nach Christus; *Abk* (缩写) a. D/A. D.

An·non·ce [a'nõːsə] *die*; -, -*n* ≈ Anzeige, Inserat 〈e-e A. aufgeben(在报章杂志上)登广告; sich auf e-e A. melden 申请登广告〉 ‖ K-(复合): ***Annoncen-***, ***-teil*** ‖ -K(复合): ***Heirats-***, ***Zeitungs-***

an·non·cie·ren [anõ'siːrən]; *annoncierte*, *hat annonciert*; Vt/i (及物/不及物) (***etw.***) (***irgendwo***) ***a.*** e-e Annonce veröffentlichen u. etw. anbieten 为…登广告,(在…上)登关于…的广告: *in der Tageszeitung e-e Wohnung a.* 在日报上登出租房广告

an·nul·lie·ren; *annullierte*, *hat annulliert*; Vt (及物) ***etw. a.*** *geschr* [书]; offiziell erklären, dass etw. nicht mehr gültig ist 宣布…无效〈ein Gesetz, ein Urteil, e-e Ehe a. 宣布一项法律、一起判决、一桩婚姻无效〉 ‖ *hierzu* (派生) **An·nul·lie·rung** *die*

Ano·de *die*; -, -*n*; ELEK【电】; der Pol, der positiv geladen ist u. somit die Elektronen anzieht 正极,阳极≈ Pluspol ↔ Kathode

an·öden; *ödete an*, *hat angeödet*; Vt (及物) ***j-d/etw. ödet j-n an*** *gespr* [口]; j-d/etw. langweilt j-n sehr(人/物作主语)使感到很无聊,使厌烦: *Das Leben auf dem Lande ödet mich einfach an!* 乡下的生活简直让我无聊极了! ‖ ▶ ***öde*** (3)

ano·mal *Adj* (形); *geschr* [书]; nicht normal 不正常的,异常的,反常的 ≈ abnorm 〈ein Verhalten 态度〉

Ano·ma·lie *die*; -, -*n* [-'liːən]; *geschr* [书]; e-e Erscheinung, die vom Normalen (oft in krankhafter Weise) abweicht 反常,异常,不正常,病态≈ Abnormität

ano·nym [ano'nyːm] *Adj* (形) **1.** ohne den Namen des Verfassers, Absenders *usw* 匿名的,无名的,不署名的〈ein Brief, ein Leserbrief, ein Anruf 信,读者来信,电话; a. bleiben wollen 不想透露姓名〉: *Der Spender möchte a. bleiben* 捐赠者不愿透露姓名 **2.** *gespr*, *mst pej* [口]多用[贬]; so beschaffen, dass es für die Menschen schwierig ist, miteinander in Kontakt zu kommen 人际交往困难的,人际关系冷漠的〈ein Häuserblock, e-e Wohnsiedlung 住宅群,住宅区〉

Ano·ny·mi·tät *die*; -; *nur Sg* (只用单数) **1.** der Zustand od. Umstand, bei dem j-s Name

annehmen, vermuten, denken 推想,推测,想

Es gibt im Deutschen verschiedene Verben, die die Meinung des Betroffenen zu einem bestimmten Vorfall oder Zustand wiedergeben. Die Wahl des richtigen Verbs hängt nicht zuletzt vom Grad der Überzeugung / Sicherheit ab, mit der diese Meinung ausgedrückt wird. *annehmen* drückt den höchsten Grad an Sicherheit aus. Ein Irrtum ist zwar möglich, aber aus der Sicht dessen, der etwas annimmt, sehr unwahrscheinlich: *Die Polizei nimmt an, dass es sich um ein Verbrechen handelt*; *Ich nehme an, er wird morgen von seiner Reise zurückkommen.*	*vermuten* drückt aus, dass etwas als ziemlich sicher gilt. Es ist wahrscheinlich, dass die Vermutung auch zutrifft: *Man vermutet menschliches Versagen als Ursache des Unglücks*; *Ich vermute, dass er die Prüfung nicht bestehen wird.* *denken*, *glauben* und *meinen* betonen dagegen, dass es sich um ein persönliches Urteil handelt und dass andere Menschen darüber ganz anders urteilen können: *Meinst / Glaubst du, dass das geht?*; *Ich denke, er kommt bestimmt.* In der Vergangenheitsform verwendet, drücken diese drei Verben oft aus, dass sich jemand geirrt hat: *Ich habe geglaubt, sie würde vor uns da sein.*
在德语中有不同的动词表示当事者对某种事态或状态的看法,选择词义确切的动词关键是要看表达看法的确信程度/有把握程度。 annehmen 表示有把握的程度最高。虽说搞错是可能的,但从想问题的人的角度来看,搞错是完全不可能的:警察认为,这是一起犯罪行为。我想,他肯定明天旅行回来。	vermuten 表示某事被认为相当有把握。所作的推测可能确实也是对的。人们认为人的失误是不幸的起因。我看他考试可能通不过。 denken, glauben 和 meinen 则强调的是个人的判断,不同的人对此可能作出完全不同的判断:你认为/相信这行吗?我想他肯定会来。 如果用过去时态,这三个动词常常表示有人搞错了:我原以为她会比我早到。

od. Identität nicht bekannt ist 匿名，无名〈die A. wahren 保护匿名〉**2.** der Zustand, bei dem etw. anonym (2) ist 人际交往冷漠：*Die A. der Großstadt zieht viele Verbrecher an* 大城市人际交往的冷漠吸引了大批犯罪分子

Ano·rak *der*; *-s*, *-s*; e-e sportliche Jacke (*mst* mit Kapuze), die gut gegen Wasser u. Wind schützt u. *z.B.* beim Skifahren getragen wird（滑雪时穿的）带风帽的上衣

an·ord·nen¹ (*hat*) Vt（及物）***etw. a.*** (als Autorität) bestimmen od. befehlen, dass etw. *mst* offiziell durchgeführt wird 下达指令，下令，命令，指示要…：*Die Regierung ordnete e-e Untersuchung der Ursachen des Unglücks an* 政府下令调查灾难的原因 ‖ *hierzu*（派生）**An·ord·nung** *die*

an·ord·nen² (*hat*) Vt（及物）***etw.*** (*Kollekt od Pl* 集合或复数) ***irgendwie a.*** etw. nach e-m bestimmten Schema auf- od. zusammenstellen 整理，编排：*Wörter alphabetisch, nach Sachgebieten a.* 按字母顺序、按专业领域编排词汇 ‖ *hierzu*（派生）**An·ord·nung** *die*

an·or·ga·nisch *Adj*（形）; *nicht adv*, CHEM（不作状语）【化】; die unbelebten Teile der Natur betreffend 无机的，与非生物体有关的 ↔ organisch (Chemie 化学)：*Salze sind anorganische Chemische Verbindungen* 盐是无机化合物

anor·mal *Adj*（形）; *geschr*［书］; nicht normal 不正常的，异常的，反常的〈ein Verhalten 态度〉

an·pa·cken (*hat*) Vt（及物）**1.** ***j-n/etw. a.*** j-n/etw. kräftig od. fest mit den Händen greifen 抓住，握住 **2.** ***j-n irgendwie a.*** *gespr*［口］; j-n irgendwie behandeln 对待，对付：*Jetzt ist er beleidigt, du hast ihn wohl zu hart angepackt* 现在他受到了伤害，你也许对他太严厉了 **3.** ***etw. irgendwie a.*** *gespr*［口］; e-e Aufgabe od. Arbeit in e-r bestimmten Weise bewältigen, durchführen 处理，解决，干：*Er versteht es, heikle Probleme richtig anzupacken* 他懂得正确处理棘手问题；Vi（不及物）**4.** ***mit a.*** *gespr*［口］; bei e-r (körperlichen) Arbeit helfen, *bes* beim Tragen（干体力活时）帮忙，搭手，助一臂之力 **5.** ***a. können*** *gespr*［口］; bei (körperlicher) Arbeit viel leisten können（干体力活时）很能干，有两下子

an·pas·sen (*hat*) Vt（及物）**1.** ***etw. j-m/etw. a.*** etw. so bearbeiten od. verändern, dass es j-m od. zu etw. passt 使适合于（身材）：*das Kleid der Figur/der Kundin a.* 试连衣裙是否合身/给女顾客试连衣裙 **2.** ***etw. etw.*** (*Dat* 三格) ***a.*** etw. so gestalten, dass es zu e-r bestimmten Situation od. Bedingung passt od. für sie geeignet ist 使适应（环境或条件）≈ etw. auf etw. abstimmen：*seine Kleidung der Jahreszeit a.* 使衣服适应季节，*sein Verhalten der Situation a.* 使行为适应环境；Vr（反身）**3.** ***sich (j-m/etw.) a.***; ***sich (an j-n/etw.) a.*** sich so verändern, dass man zu j-m od. zu den jeweiligen Umständen passt u. ohne Schwierigkeiten mit ihnen leben kann 适应，与…相处很好、合得来：*sich seinen/an seine Kollegen a.* 与自己的同事相处很好；*In kürzester Zeit hat sich sein Kreislauf dem tropischen Klima angepasst* 他的血液循环很快就适应了热带气候

An·pas·sung *die*; *-*, *-en*; *mst Sg*（多用单数）**1.** ***die A. (an j-n/etw.)*** das Verhalten, durch das man sich an j-n/etw. anpasst (3) 适应：*die A. an die Umgebung, an die Umwelt* 适应周围环境、周围情况 ‖ K-（复合）：***Anpassungs-***, ***-fähigkeit***, ***-schwierigkeiten***, ***-vermögen***; ***anpassungs-***, ***-fähig*** **2.** ***die A. (an etw.*** (*Akk* 四格)***)*** der Vorgang, durch den man zwei od. mehrere Dinge aufeinander abstimmt 调节，调整，协调：*die A. der Löhne/Gehälter/Renten an die Inflationsrate* 调整工资/薪水/退休金使之与通货膨胀率相协调

an·pei·len (*hat*) Vt（及物）**1.** ***etw. a.*** TECH【技】; durch Peilen den Standort od. die Richtung der Bewegung von etw. bestimmen 测定…方位或方向：*e-n Sender a.* 测定电台的位置 **2.** ***etw. a.*** *gespr hum*［口］［诙］; versuchen, ein bestimmtes Ziel zu erreichen 目标盯着，力争达到，争取得到：*Ich peile in Mathematik e-e 2 (= Note 2) an* 数学课我争取得2分 ‖ *zu*（义项）**1.** **An·pei·lung** *die*; *nur Sg*（只用单数）

an·pfei·fen (*hat*) Vt/i（及物/不及物）**1.** (***etw.***) ***a.*** SPORT【体】; als Schiedsrichter ein Spiel durch e-n Pfiff beginnen lassen 鸣笛（吹哨）开始比赛 ↔ abpfeifen：*Der Schiedsrichter pfiff das Spiel an* 裁判鸣笛开始比赛；Vt（及物）**2.** ***j-n a.*** *gespr*［口］≈ tadeln

An·pfiff *der* **1.** *mst Sg*, SPORT（多用单数）【体】; der Beginn e-s (Teils e-s) Spiels durch e-n Pfiff vom Schiedsrichter 鸣笛（吹哨）（比赛开始）**2.** *gespr*［口］; ein heftiger Tadel (*mst* durch e-n Vorgesetzten)（多指上司的）痛斥，斥责〈e-n A. bekommen 挨呲了〉

an·pflan·zen (*hat*) Vt（及物）**1.** ***etw. (irgendwo) a.*** Pflanzen in den Erdboden stecken, damit sie dort wachsen können 种，栽种，种植（植物）：*Blumen, Mais, Sträucher a.* 种植花卉、玉米、灌木 **2.** ***etw. a.*** e-e Fläche bepflanzen 培植〈e-n Garten, ein Beet a. 培植园地、苗圃〉

An·pflan·zung *die* **1.** die Fläche, auf der Sträucher, junge Bäume *o.Ä.* angepflanzt sind（种上灌木、小树的）园地，园子，林地 **2.** das Anpflanzen (1) od. der Anbau 栽种，种植：*die A. von Mais, Sträuchern, Bäumen* 玉米、灌木、树的种植 **3.** das Anpflanzen (2)〈die A. e-s Gartens, e-s Beets 园地、苗圃培植〉

an·pflau·men; *pflaumte an*, *hat angepflaumt*; Vt（及物）***j-n a.*** *gespr pej*［口］［贬］≈ anpöbeln

an·pin·seln (*hat*) Vt（及物）***etw. a.*** *gespr*［口］; mit e-m Pinsel Farbe auf etw. streichen 给…刷漆、涂色 ≈ bemalen〈den Zaun a. 给篱笆刷漆〉：*die Augenwimpern a.* 画睫毛（= schminken）

an·pir·schen, sich (*hat*) Vr（反身）***sich (an ein Tier) a.*** sich (als Jäger) leise u. vorsichtig (e-m Tier) nähern(猎手)潜近,蹑手蹑脚地接近(动物)

an·pö·beln (*hat*) Vt(及物) ***j-n a.*** *pej*[贬]; j-n mit beleidigenden Worten u. Handlungen belästigen od. provozieren 凌辱,欺侮,侮辱: *Sie wurde von den Rowdies auf offener Straße angepöbelt* 她在大街上遭流氓欺侮了 ‖ *hierzu*(派生)**An·pö·be·lung** *die*

an·pran·gern; *prangerte an, hat angeprangert*; Vt (及物) ***j-n/ etw. a.*** öffentlich schwere Vorwürfe gegen j-n/etw. machen (公开)严厉批评,谴责,痛斥,鞭苔〈Missstände, Unsitten a.痛斥弊端、恶习〉‖ *hierzu*(派生) **An·pran·ge·rung** *die*

an·prei·sen (*hat*) Vt(及物) ***etw. a.*** e-e Ware od. Dienstleistungen *bes* wegen guter Qualität loben 夸耀,推荐,称赞(优质的商品或服务) ≈ empfehlen ‖ *hierzu*(派生) **An·prei·sung** *die*

an·pro·bie·ren (*hat*) Vt/i(及物/不及物) (***etw.***) ***a.*** ein Kleidungsstück anziehen, damit man sieht, ob es die richtige Größe hat u. ob es einem gefällt 试穿: *Ich möchte gern diese drei Kostüme a.* 我想试一试这三件套服 ‖ *hierzu*(派生) **An·pro·be** *die*

an·pum·pen (*hat*) Vt(及物) ***j-n*** (***um etw.***) ***a.*** *gespr*[口]; j-n bitten, einem Geld zu leihen 向…借(钱)

an·quat·schen (*hat*) Vt (及物) ***j-n a.*** *gespr* [口]; sehr direkt (u. in lässigem Ton) ein Gespräch mit j-m anfangen 跟…闲聊、拉扯 ≈ ansprechen (1): *von e-m Fremden auf der Straße angequatscht werden* 在街上叫一个陌生人给聊上了

An·rai·ner *der*; *-s, -*; *bes südd* Ⓐ 尤用于[南德][奥]der Nachbar, der auf dem Grundstück direkt nebenan wohnt 隔壁邻居 ‖ *hierzu* (派生)**An·rai·ne·rin**

An·rai·ner·staat *der* ≈ Anliegerstaat

an·ra·ten (*hat*) Vt (及物) ***j-m etw. a.*** j-m empfehlen, etw. Bestimmtes zu tun 向…劝告、建议、推荐

An·ra·ten *nur in* 只用于 ***auf A.*** + *Gen* 二格, *geschr*[书]; auf Empfehlung (*mst* e-s Arztes)按(医生)劝告,听从(医生)劝告: *Auf A. seines Hausarztes macht er e-n Erholungsurlaub an der Nordsee* 按他家庭医生的劝告他在北海度假休养

an·rau·en ['anrauən]; *raute an, hat angeraut*; Vt(及物) ***etw. a.*** die Oberfläche e-r Sache ein bisschen rau machen 使(物体表面)粗糙些: *ein Brett mit Sandpapier a.* 用沙纸把木板打粗糙些

an·rau·schen (*ist*) Vi(不及物) *gespr*, *mst pej* [口]多用[贬]; irgendwohin kommen u. dabei versuchen, alle Aufmerksamkeit auf sich zu lenken 闹哄哄地来到〈angerauscht kommen 喧腾着来到〉: *Gestern rauschte er mit e-m Rolls Royce an* 昨天他是开着罗尔斯—罗伊斯(公司的)高级轿车来的,很招眼

an·rech·nen (*hat*) Vt (及物) **1.** (***j-m***) ***etw.*** (***auf etw.*** (*Akk* 四格)) ***a.*** beim Verkauf den Wert e-r alten (gebrauchten) Ware *o. Ä.* berücksichtigen, die der Käufer als Teil der Zahlung bietet (u. den Preis um den Wert dieser Ware senken)把…作价算入,把…作价以降低…: *Der Händler hat mir aus Kulanz den alten Fernseher auf den neuen angerechnet* 商人出于优惠考虑把旧电视作价算入新电视的售价; *j-m e-e Gutschrift a.* 将一笔贷记款项记人某人的账 **2.** ***j-m etw. hoch a.*** j-s Verhalten sehr positiv bewerten 对…给予很高评价: *Ich rechne (es) ihm hoch an, dass er mir geholfen hat* 我对他给我的帮助给予很高的评价

An·recht *das*; *mst Sg*(多用单数); ***ein A.*** (***auf etw.*** (*Akk* 四格)) das Recht, etw. zu fordern, für sich zu beanspruchen 有权得到,有权要求≈ Anspruch〈ein A. auf Wohngeld/ Unterhalt haben 有权要求得到住房/生活补贴〉‖ NB(注意): *Erläuterungen Seite 102* 说明见 102 页

An·re·de *die*; die sprachliche Form, in der man sich mündlich od. am Anfang e-s Briefs an j-n wendet 称呼,称谓〈e-e höfliche A. 礼貌的称呼〉

an·re·den (*hat*) Vt (及物) **1.** ***j-n a.*** sich mit Worten an j-n wenden 跟…说话、搭话、打招呼(谈话) ≈ ansprechen (1) **2.** ***j-n irgendwie a.*** sich in e-r bestimmten vorgegebenen sprachlichen Form an j-n wenden 称呼〈j-n mit „du", mit „Sie", mit seinem Titel a. 用你、用您、用其职称称呼某人〉: *Unser Chef liebt es, mit „Herr Direktor" angeredet zu werden* 我们上司喜欢称呼他"经理先生"; Vi(不及物) **3.** ***gegen etw. a.*** versuchen, so laut zu sprechen, dass man trotz e-s lauten Geräusches noch gehört wird 冲着…大声说话,说话声盖过: *Gegen diesen Lärm kann ich nicht mehr a.!* 这噪音太大,我的说话声盖不过它 **4.** ***gegen j-n a.*** versuchen, (in e-r Diskussion) bessere Argumente zu bringen als j-d anderer (um sich gegen ihn durchzusetzen) 驳倒,批驳: *gegen e-n Redner der Opposition a.* 批驳反对派的一位讲演者

an·re·gen (*hat*) Vt(及物) **1.** ***etw. a.*** die Idee zu etw. geben 出主意,出点子,启发,建议: *Sie regte an, das Haus zu verkaufen* 她出主意把房子卖掉 **2.** ***j-n zu etw. a.*** versuchen, durch e-n Vorschlag od. Hinweis j-n dazu zu bringen, etw. zu tun 激励,促使,鼓励 ≈ j-n zu etw. ermuntern **3.** ***etw. regt j-n/ etw. an*** etw. hat e-e belebende, aktivierende Wirkung auf j-n/etw. (物作主语)激励,激发,使兴奋,增进,使提精神〈etw. regt j-s Phantasie, den Appetit an 某事激发某人的幻想、增进食欲〉: *ein sehr anregendes Gespräch mit j-m führen* 与某人进行一次非常令人鼓舞的谈话; *Sekt regt den Kreislauf an* 香槟酒增进血液循环

An·re·gung *die* **1.** ***e-e A.*** (***zu etw.***) ein Vorschlag, mit dem j-d zu etw. angeregt werden soll 鼓励,建议: *die A. zu e-r Reise geben, erhalten* 鼓励作一次旅行,得到作一次旅行的鼓励 **2.** ***e-e A.*** (***für etw.***) ein *mst* nützlicher Hinweis od. Vorschlag, den man von j-m

Die Anrede 称呼

Wer sagt was zu wem?

Du zueinander sagen:

– Mitglieder einer Familie und Verwandte untereinander
– Freunde untereinander
– Erwachsene zu Kindern und Jugendlichen (unter ca. 16 Jahren)
– Studenten untereinander
– Arbeitskollegen untereinander, sofern sie dies vereinbart haben
– Kinder und jüngere Leute untereinander (z. B. auch im Sportverein, beim Militär)

In Gebeten wird auch Gott mit *du* angeredet.

Sie zueinander sagen:

– Erwachsene untereinander, sofern die Anrede mit *du* nicht ausdrücklich vereinbart wurde (Vorgesetzte/Mitarbeiter, Lehrer/Schüler, Professoren/Studenten usw.)
– Kinder und Jugendliche zu Erwachsenen, wenn sie nicht verwandt oder befreundet sind

Als Faustregel gilt, dass *du* und *ihr* Vertrautheit ausdrücken, *Sie* aber Distanz schafft.

Die Anrede mit *du* setzt das Einverständnis der angeredeten Person voraus. Dieses Einverständnis ergibt sich entweder aus der Situation, oder der eine bietet dem anderen das *du* ausdrücklich an, nachdem sie sich vorher mit *Sie* angeredet haben.

Soll auf eine feierliche Art das *Du* angeboten werden, so trinkt man miteinander „Brüderschaft", das heißt, dass man zusammen ein Glas Sekt oder Wein trinkt. Dabei ist zu beachten, dass meist der Ältere dem Jüngeren, der Vorgesetzte seinem Mitarbeiter usw. das *Du* anbietet.

Mehrere Leute, zu denen man einzeln *du* sagt, spricht man mit *ihr* an. Mehrere Personen, zu denen man einzeln *Sie* sagt, spricht man mit *Sie* an. Befinden sich unter den angesprochenen Personen solche, die man duzt, und solche, die man siezt, dann ist es besser, alle zusammen mit *Sie* anzureden.

谁对谁称呼什么?

彼此称呼"Du":

—家庭成员和亲戚之间
—朋友之间
—成年人对小孩子和(约16岁以下的)年轻人
—大学生之间
—同事之间(只要他们彼此有言在先)
—小孩及年轻人之间(譬如在体育协会,在部队)

祷告时称上帝也用"du"。

彼此称呼"Sie":

—成年人之间,只要没有明确约定用"du"称呼(上司/同事,教师/学生,教授/大学生等)
—小孩子和年轻人对成年人,如果他们不是亲戚或朋友

总的规则是,du 和 ihr 表示亲切,Sie 则产生距离。

称呼"du"的前提是要征得被称呼方的同意,这种同意要么是出于情况所改,要么是双方事先彼此以"Sie"相称以后,由一方向另一方明确提议用"du"相称。

假如以隆重的形式提议用"Du"相称,则彼此要为"兄弟情谊"喝一杯,就是说,一起喝上一杯香槟或一杯葡萄酒。这时候值得注意是,通常是年长的向年轻的,上司向同事提议用"Du"。

对逐个以"du"称呼的一些人则称"ihr",对逐个以"Sie"称呼的一些人则称"Sie"。如果被打招呼的人中有人称"du",有人称"Sie",那么最好称呼所有的人都用"Sie"。

bekommt od. j-m gibt 主意,点子,启发 ≈ Tipp, Denkanstoß: *Ich habe hier wichtige Anregungen für meine weitere Arbeit gefunden* 我在这里获得了对我今后的工作重要的启发 **3.** ***zur A.*** + *Gen* 二格; mit e-r belebenden, aktivierenden Wirkung auf etw. 刺激,兴奋作用: *e-e Tablette zur A. des Kreislaufs, des Appetits* 刺激血液循环的药片,刺激食欲的药片

an·rei·chern; *reicherte an, hat angereichert*; [Vt] (及物) **1.** ***etw.*** (***mit etw.***) ***a.*** etw. qualitativ verbessern od. gehaltvoller machen, indem man *z. B.* etw. hinzufügt(添加东西)使质量提高,使营养丰富,富集,浓缩: *e-n Fruchtsaft mit Vitaminen a.* 增添维生素使果汁营养丰富,增加果汁维生素含量; *angereichertes Uran* 浓缩铀; [Vr] (反身) **2.** ***etw. reichert sich an*** *geschr* [书]; etw. sammelt sich in großen Mengen an(物作主语)积聚,聚积: *Die Giftstoffe reichern sich in der Luft an* 空气中积聚有毒物质 **3.** ***etw. reichert sich mit etw. an*** *geschr* [书]; etw. wird mit bestimmten Substanzen voll (物作主语) 浓集,变稠: *Das Grundwasser reichert sich mehr u. mehr mit Chemikalien an* 地下水中的化学药物越集越浓(地下水中浓集的化学药物越来越多) ‖ *hierzu* (派生) **An·rei·che·rung** *die*

an·rei·hen (*hat*) [Vt] (及物) **1.** ***etw.*** (***an etw.*** (*Akk* 四格)) ***a.*** etw. e-r Reihe hinzufügen 把…按顺序排(列)、串起来; [Vr] (反身) **2.** ***j-d/etw. reiht sich*** (***an etw.*** (*Akk* 四格)) ***an*** j-d/etw. kommt als weiterer Teil zu e-r Reihe hinzu(人/物作主语)排队,按顺序排列: *Bitte reihen Sie sich hinten an!* 请在后面排队!

An·rei·se *die*; *mst Sg* (多用单数); **1.** die Fahrt zum Reiseziel 行程,旅程: *Die A. dauerte 6 Stunden* 路上花了六个小时 **2.** *geschr* [书]; die Ankunft e-s Besuchers 到达 ↔ Abreise ⟨j-s A. erwarten 等待某人到来⟩ ‖ K-(复合):

Anreise-, **-tag**

an.rei.sen (*ist*) [Vi] (不及物) zu seinem Reiseziel fahren 到达 ↔ abreisen: *Wir sind erst gestern mit dem Wohnwagen angereist* 我们昨天才乘房车到达旅游点

an.rei.ßen (*hat*) [Vt] (及物) **1. etw. a.** *gespr* [口]; die Verpackung e-r Ware öffnen u. sie zu verbrauchen beginnen 撕开,打开(包装): *e-e Tafel Schokolade a.* 撕开一板巧克力 **2. etw. a.** etw. kurz od. oberflächlich besprechen od. im Gespräch behandeln 谈到,提及,触及〈e-e Frage, ein Problem, ein Thema a. 谈到一个问题、一个疑难问题、一个题目〉

An.reiz *der*; **ein A.** (**zu etw.**) etw. Interessantes od. Attraktives, das j-n zu etw. motivieren soll 刺激,诱惑,鼓动 ≈ Ansporn 〈j-m e-n materiellen A. geben 给某人物质刺激〉: *j-m e-n A. bieten, e-e unangenehme Arbeit zu tun* 鼓动某人去干一项麻烦的工作

an.rem.peln (*hat*) [Vt] (及物) **j-n a.** mit der Schulter od. dem Ellbogen (absichtlich) gegen j-n stoßen, während man an ihm vorbeigeht(有意地)碰撞: *im Gedränge angerempelt werden* 在拥挤的人群中被碰撞

an.ren.nen (*ist*) [Vi](不及物)**1. angerannt kommen** schnell in j-s Richtung laufen u. zu ihm kommen 跑来,奔跑过来: *Gerade als sie das Geschäft schließen wollte, kam noch ein Kunde angerannt* 她刚要关铺门的时候,跑来了一位顾客 **2. gegen j-n/ etw. a.** zu j-m/etw. laufen, mit der Absicht, gegen ihn zu kämpfen od. es zu zerstören *o.Ä.* 朝…冲击,直捣,直扑〈gegen den Feind, die Festung, e-e Mauer von Vorurteilen a. 向敌人、碉堡、顽固的偏见发起冲击〉 **3. gegen j-n/etw. a.** *gespr* [口]; (*mst* ohne Aussicht auf Erfolg) versuchen, besser zu sein als j-d anderer/etw. anderes 想与…较量、比高低、比试〈gegen die Konkurrenz a. 想与竞争对手比试比试〉; [Vt] (及物) **4. sich** (*Dat* 三格) **etw.** (**an etw.** (*Dat* 三格)) **a.** *gespr* [口]; beim Gehen od. Laufen gegen etw. stoßen u. sich dabei verletzen (奔跑时)碰撞致伤

An.rich.te *die*; -, -*n*; ein Schrank, in dem *bes* Geschirr aufbewahrt wird u. der e-e Fläche hat, auf der man Speisen vorbereiten u. abstellen kann 餐具柜,碗柜(供准备和存放饭菜用)

an.rich.ten (*hat*) [Vt] (及物) **1. etw. a.** die bereits zubereiteten Speisen (*bes* auf e-m großen Teller od. in e-r Schüssel) zusammenstellen(饭菜就绪)配好,摆上: *Ihr könnt kommen, das Essen ist angerichtet!* 你们可以来了,饭菜已摆好了! **2. etw. a.** (*mst* ohne Absicht) etw. Unerwünschtes verursachen (无意地)引起,招致,惹来,造成,闯下(祸)〈Schaden, Unheil, ein heilloses Durcheinander a. 造成损失、灾祸、一片混乱〉

an.rol.len [Vt] (*hat*) (及物) **1. etw. a.** etw. durch Rollen irgendwohin bringen 使滚动,推滚〈Fässer a. 滚动圆桶〉; [Vi] (不及物) (*ist*) **2. etw. rollt an** etw. beginnt zu rollen(物作主语)开始滚动,启动: *Langsam rollte der Zug an* 火车慢慢启动

an.ros.ten (*ist*) [Vi] (不及物) **etw. rostet an** etw. beginnt zu rosten (物作主语)开始生锈〈Stahl, ein Messer 钢,刀〉‖ NB(注意): *mst* im Partizip Perfekt(多用于过去分词)

an.rü.chig *Adj* (形); *nicht adv* (不作状语) **1.** (aus sittlicher u. moralischer Sicht) mit e-m schlechten Ruf 名声不好的,声誉不好的,臭名远扬的〈e-e Bar, ein Nachtclub 酒吧,夜总会〉 **2.** 〈ein Lebenswandel, ein Witz 生活作风,玩笑〉 so, dass sie als unmoralisch empfunden werden 不端的,不正派的,有失体统的,伤风败俗的 ≈ anstößig

an.rü.cken (*ist*) [Vi] (不及物) **1. j-d/etw.** (*Kollekt od Pl* 集合或复数) **rückt an** e-e organisierte Gruppe kommt zu e-m Einsatz heran (人/物作主语)投入行动〈die Polizei, die Feuerwehr, die Truppen 警察,消防队,部队〉 **2. j-d** (*Kollekt od Pl* 集合或复数) **rückt an** *gespr iron* [口][讽]; Personen kommen (in großer Zahl) (人作主语)大批拥来: *Plötzlich rückte meine gesamte Verwandtschaft an* 突然我家的亲戚全拥来了

An.ruf *der*; e-e telefonische Verbindung od. ein Gespräch am Telefon mit j-m打电话,通话〈e-n A. bekommen, erhalten 接到一个电话; auf e-n dringenden A. warten 等一个紧急电话〉: *Ist ein A. für mich gekommen?* 有我电话吗? ‖ NB(注意): ↑ **Telefonat**

An.ruf|be.ant.wor.ter *der*; -*s*, -; *mst* 多用 **ein automatischer A.** e-e Art Tonbandgerät, das man an sein Telefon anschließen kann, damit der Anrufer e-e Nachricht hinterlassen kann 录音电话

an.ru.fen (*hat*) [Vt/i] (及物/不及物)**1.** (**j-n**) **a.** mit j-m per Telefon in Kontakt treten 给…打电话: *Hat j-d angerufen?* 有人打电话了吗?; *Ruf doch mal an!* (请)打个电话吧!; *Ich rufe dich morgen Abend an u. gebe dir Bescheid* 明晚我打电话告诉你; [Vt] (及物)**2. j-n/ etw. a.** j-n od. e-e übergeordnete Stelle bitten zu helfen od. ein Problem zu entscheiden 向…求助,求…帮助(或明断)〈die Gerichte a. 求助法庭〉; [Vi] (不及物) **3. bei j-m a.** ≈ a. (1) ‖ *zu* (义项) **1.** u. **3. An.ru.fer** *der*; -*s*, -; **An.ru.fe.rin** *die*; -, -*nen*; *zu* (义项) **2. An.ru.fung** *die*

an.rüh.ren (*hat*) [Vt] (及物) **1. j-n/etw. a.** j-n/etw. mit der Hand greifen od. anfassen 碰,摸,动: „*Wer hat diese Unordnung verursacht?*" – „*Ich nicht, ich habe hier überhaupt nichts angerührt*" "谁弄得这样乱七八糟?"——"不是我,这里我压根儿什么也没碰" **2. etw. a.** (e-n Teil von) etw. essen, trinken od. verbrauchen(吃点儿,喝点儿,用点儿)碰,沾: *Früher aß er viel Fleisch, aber seit Kurzem ist er Vegetarier u. rührt kein Fleisch mehr an* 从前他吃很多肉,但最近以来他成了素食者,再也不碰肉了 ‖ NB(注意): *zu* (义项) **1.** u. **2.**: *mst* verneint(多用否定)! **3. etw.** (**mit etw.**) **a.** die einzelnen Zutaten od. Bestandteile e-r Masse miteinander mischen 调,和,搅,拌,揉,勾〈Kleister, Gips mit Wasser a. 用水调糨(浆)糊,搅拌石膏; den Teig a., die Soße mit Mehl a. 揉面团,用面勾调味汁〉

ans *Präp mit Artikel*(介,与冠词连写) ≈ an das ‖ NB(注意): *ans* kann nicht durch *an das* ersetzt werden(ans 不能用 an das 代替) **a)** in Wendungen wie(用在短语中,如): *etw. kommt ans Licht* 某事曝光了,披露出来了; **b)** in Verbindungen mit e-m substantivierten Infinitiv(用在与名词化动词的词组中): *ans Aufhören denken* 想停止

an·sä·en (*hat*) Vt/i (及物/不及物)(**etw.**) **a.** Samen auf/in die Erde tun, damit neue Pflanzen wachsen 撒种,播种,播撒(种子): *Blumen, e-n neuen Rasen a.* 播种花卉、一块新草坪

An·sa·ge *die*; (im Radio/Fernsehen od. bei e-r Veranstaltung) der (kurze) Text, mit dem man j-n/etw. ansagt (1) 报幕,报告节目〈die A. machen 报节目(报幕)〉

an·sa·gen (*hat*) Vt (及物) **1. j-n/etw. a.** (im Radio/Fernsehen od. bei e-r Veranstaltung) die Zuhörer/Zuschauer informieren, welche Sendung, welcher Programmteil od. welcher Künstler als Nächstes kommt(在广播、电视或演出时)报幕,报告,预告 ≈ ankündigen (1); Vr (反身) **2. sich (bei j-m) a.** j-m seinen bevorstehenden Besuch mitteilen 预告,通知去拜访 ≈ ankündigen (2): *Für Sonntag hat sich Besuch angesagt* 星期天有客人来访 ‖ zu (义项) **1. An·sa·ger** *der*; *-s*, *-*; **An·sa·ge·rin** *die*; *-*, *-nen* ‖ ▶ **angesagt**

an·sä·gen (*hat*) Vt (及物) **etw. a.** e-n (kleinen) Einschnitt in etw. sägen 给…锯开一个口子〈e-n Baum, ein Brett a. 给树、木板锯开一个口子〉

an·sam·meln (*hat*) Vt (及物) **1. etw.** (*Kollekt od Pl* 集合或复数) **a.** bestimmte Gegenstände (*mst* wahllos) aufbewahren, um e-e möglichst große Menge davon zu haben 收集,搜集,收藏,积累〈Münzen, Antiquitäten, Vorräte a. 收藏钱币、古玩,积累库存〉; Vr (反身) **2. etw. sammelt sich an** etw. erreicht allmählich e-n bestimmten Umfang, e-e Intensität *o.Ä.* (物作主语)积、堆、攒、摞起来〈Staub 尘土; Wut, Ärger 怒火,烦恼〉: *Bei mir hat sich wieder mal e-e Menge Arbeit angesammelt* 我又积攒了一大堆工作

An·samm·lung *die*; *Kollekt* (集合) **1.** alle Dinge, die j-d gesammelt hat 收藏物 **2.** e-e Menschenmenge, die an e-m Ort wegen e-s bestimmten Vorfalls zusammengekommen ist 人群 ‖ -K(复合): ***Menschen-***

an·säs·sig *Adj*(形); *mst* 多用 ***irgendwo a. sein*** an dem genannten Ort leben 定居在,居住在

An·satz *der* **1.** die Stelle, an der etw. (*bes* ein Körperteil) anfängt od. sich zu entwickeln beginnt 根,端(人体器官开始生长的部位) ‖ -K (复合): ***Haar-***, ***Hals-*** **2.** die ersten sichtbaren Zeichen od. die Vorstufe e-r (möglichen) Entwicklung 苗头,征兆,前兆,开端,迹象: *Aus Kummer aß er so viel, dass er den A. zu e-m Bauch bekam* 他因忧伤而大吃大喝,以致肚子有发胖的迹象; *In seinen ersten Gemälden zeigte er gute Ansätze, einmal ein berühmter Maler zu werden* 在第一批油画中他显露出了能成为名画家的良好苗头 ‖ -K(复合): ***Bauch-***, ***Rost-*** **3.** *nur Sg*, MUS (只用单数)【音】: die Art u. Weise (*bes* die Stellung der Lippen u. der Zunge), mit der ein Sänger od. Bläser e-n Ton erzeugt 起唱,起奏,起调,起声〈e-n guten, weichen, harten A. haben 起调优美、柔和、强劲有力〉 **4.** MATH【数】: die mathematische Form, in die e-e Aufgabe gebracht wird, die als Text formuliert ist 列式〈den richtigen A. finden 找到正确的列式〉

An·satz·punkt *der*; die Stelle od. Tatsache, die man als Basis für den Beginn od. die Weiterführung e-r Handlung nimmt 出发点,依据: *Der A. für seine Kritik war ihr mangelndes Engagement* 他批评的理由是(因为)她缺乏敬业精神(工作不投入)

an·satz·wei·se *Adv*(副); bisher nur in geringem Maße 刚开始,着手〈etw. ist (nur) a. vorhanden 某事(只是)刚开始有〉: *Der Plan ist erst a. ausgearbeitet* 计划刚着手制订

an·sau·fen (*hat*) Vt (及物) *nur in* 只用于 ***sich*** (*Dat* 三格) ***einen*** (***Rausch***) ***a.*** *gespr!* [粗] ≈ sich betrinken

an·schaf·fen (*hat*) Vt (及物) **1. sich** (*Dat* 三格) **etw. a.** e-n (*mst* ziemlich großen, wertvollen) Gebrauchsgegenstand kaufen 采购,购置,置办(多指大件贵重物品): *sich e-n Wohnwagen, e-e neue Waschmaschine a.* 购置一辆旅行房车、一台新洗衣机; Vt/i (及物/不及物) **2.** ((**j-m**) **etw.**) **a.** *südd* Ⓐ *gespr* [南德][奥][口] ≈ befehlen; Vi (不及物) **3. a.** (**gehen**) *gespr* [口]; als Prostituierte Geld verdienen 拉客(去),卖淫挣钱

An·schaf·fung *die*; *-*, *-en* **1.** *nur Sg* (只用单数); der Kauf e-s größeren Gebrauchsgegenstands 购置,采购,置办(大件物品): *In diesem Jahr stehen einige größere Anschaffungen an* 今年有几笔较大的采购任务等着要办 ‖ K-(复合): ***Anschaffungs-***, ***-kosten***, ***-preis***, ***-wert*** **2.** der Gegenstand, den man sich angeschafft (1) hat 购置的物品〈e-e teure, notwendige A. 珍贵的,必备的物品〉

an·schal·ten (*hat*) Vt/i (及物/不及物) (**etw.**) **a.** ein elektrisches Gerät in Betrieb setzen 开,打开,启动 ≈ einschalten (1) ↔ ab-, ausschalten: *e-e Lampe, den Fernseher a.* 开灯,开电视(机)

an·schau·en (*hat*) Vt (及物) **j-n/etw. a.** *bes südd* Ⓐ Ⓒⓗ 尤用于[南德][奥][瑞] ≈ ansehen (1)

an·schau·lich *Adj* (形); (aufgrund von Beispielen od. guten Erklärungen) klar u. einfach zu verstehen 直观的,形象的,简明易懂的,生动的,深入浅出的〈e-e Darstellung 描述〉: *e-n komplizierten technischen Sachverhalt a. erklären, darstellen* 对一个复杂的技术问题作形象生动的讲解 ‖ *hierzu* (派生) **An·schau·lich·keit** *die*; *nur Sg* (只用单数)

An·schau·ung *die*; -, *-en* **1. *e-e A.* (*über etw.*** (*Akk* 四格)/***zu etw.***) e-e bestimmte Meinung od. Ansicht über etw.（对…的）观点，见解，观念 ≈ Auffassung ⟨e-e A. vertreten 代表一种看法；j-s Anschauungen (zu e-m Problem) teilen 同意某人对一个问题的观点；zu der A. gelangen, dass ... 得出看法，…⟩ **2. *e-e A.*** (***von etw.***) das, was man sich unter e-r Sache vorstellt, was man unter ihr versteht（对…的）设想，理解 ≈ Vorstellung, Auffassung: *Was ist Ihre A. von der Ehe?* 您对婚姻的理解是什么？‖ -K(复合): ***Lebens-*** **3.** *nur Sg*（只用单数）≈ Erfahrung, Beobachtung ⟨etw. aus eigener A. kennen 从亲身体验中认识某事⟩

An·schau·ungs·ma·te·ri·al *das*; *Kollekt*（集合）; Gegenstände (wie *z.B.* Bilder) u. Beispiele, durch die (im Unterricht) ein konkreter u. verständlicher Eindruck von etw. vermittelt wird 直观教具，形象教具

An·schein *der*; *nur Sg*, *geschr*（只用单数）[书] **1.** der äußere Eindruck (der oft nicht den wirklichen Tatsachen entspricht) 表象，假象，表面印象: *Sie weckten in uns den A., dass sie sehr ehrlich wären, doch dann betrogen sie uns* 他们给我们的印象是他们很诚实，但后来他们骗了我们 **2. *sich den A. geben, j-d/etw. zu sein*** so tun, als ob man j-d/etw. wäre 装作是: *Er gibt sich den A., ein erfolgreicher Geschäftsmann zu sein* 他装作是一位卓有成效的商人 **3. *es hat den A., dass.../als ob...*** etw. erweckt den Eindruck, dass... 给人的印象是…/好像…: *Es hat den A., als ob wir hier nicht willkommen wären* 给人的印象是，好像我们在这里是不受欢迎的 **4. *dem/allem A. nach*** so, wie es zu sein scheint 看样子，好像，从外表看 ≈ anscheinend, vermutlich

an·schei·nend *Adv*（副）; den Tatsachen, dem äußerlich Erkennbaren nach zu urteilen, wie es als wahrscheinlich angenommen wird 看样子，大概 ≈ vermutlich: *A. ist sie schon mit dem Fahrrad weggefahren* 看样子她已骑车走了 ‖ NB(注意): ↑ ***scheinbar***

an·schi·cken, sich (*hat*) [Vr]（反身）***sich a.*** + ***zu*** + *Infinitiv*（不定式）*geschr*[书]; kurz davor sein, etw. zu tun 正打算，正准备，正要: *Er schickte sich an, uns e-n Vorwurf zu machen, besann sich aber dann anders* 他正打算指责我们，但随后又改变了主意

an·schie·ben (*hat*) [Vt/i]（及物/不及物）(***j-n/etw.***) ***a.*** durch Schieben bewirken, dass ein stehendes Fahrzeug anfängt zu rollen 推动（车），推一推: *Schiebst du mich an, die Batterie vom Auto ist leer?* 帮我推一推车好吗，车上电池用完了？

an·schie·len (*hat*) [Vt]（及物）***j-n a.*** *gespr*[口]; j-n schielend, von der Seite her ansehen 斜着眼看，从一旁瞅着

an·schie·ßen [Vt]（及物）(*hat*) **1. *j-n/ein Tier a.*** j-n/ein Tier mit e-m Schuss treffen, so dass er/es verletzt, aber nicht tot ist 射中，击伤; [Vi]（不及物）(*ist*) **2.** *mst* 多用 ***angeschossen kommen*** *gespr*[口]; sich sehr schnell in j-s Richtung bewegen u. zu ihm kommen 飞快来到，奔驰而来 ⟨ein Auto 汽车⟩

an·schir·ren (*hat*) [Vt/i]（及物/不及物）(***ein Tier***) ***a.*** e-m Pferd, Ochsen od. Esel das Geschirr[2] anlegen 套（马、牛、驴），给…上挽具

An·schiss *der*; *-es*, *-e*; *gespr!* [粗] e-e harte Kritik 呲，严厉批评 ⟨e-n A. bekommen, kassieren, kriegen 挨呲⟩

An·schlag[1] *der* **1.** ein Papier od. Plakat, das zur Bekanntmachung öffentlich aushängt 招贴，布告，广告 ≈ Aushang: *den A. am schwarzen Brett beachten* 注意黑板上的布告 ‖ K-(复合): ***Anschlag-***, ***-brett***, ***-säule*** **2.** die Art, in der j-d die Tasten e-s Instruments, e-s Geräts niederdrückt 按，触，弹，敲，击（乐器、器械的键）⟨e-n harten, weichen A. auf dem Klavier haben 钢琴弹奏得强劲有力，柔和⟩ **3.** *mst Pl*（多用复数）; das Niederdrücken e-r Schreibmaschinentaste 打字（符）次数 ⟨250 Anschläge in der Minute machen, schreiben 每分钟打字 250 下⟩ **4.** die Stelle, bis zu der man etw. Bewegliches (*z.B.* e-e Kurbel, e-n Hebel od. e-n Knauf) drehen od. bewegen kann 制动器，止档，档针（块、板）: *die Heizung bis zum A. aufdrehen* 把暖气开到头 **5.** die Stellung od. Haltung, in der man mit e-r Schusswaffe sofort schießen kann 瞄准姿势 ⟨das Gewehr im A. halten 握枪瞄准⟩

An·schlag[2] *der*; ein krimineller Versuch, (*mst* aus politischen Gründen) j-n zu töten od. etw. zu zerstören 谋害，暗杀，袭击，炸毁 ≈ Attentat ⟨e-n A. auf e-n Politiker, auf e-e Botschaft verüben 谋杀政治家，袭击使馆⟩ ‖ -K(复合): ***Bomben-***, ***Mord-***, ***Sprengstoff-***, ***Terror-***

an·schla·gen [Vt]（及物）(*hat*) **1. *etw.*** (***an etw.*** (*Dat/Akk* 三格/四格)) ***a.*** e-e Information durch e-n Anschlag[1] (1) öffentlich bekannt machen 张贴在/到 ≈ aushängen[1] (2): *Die Termine für die nächsten Vorstellungen werden am Schwarzen Brett/an das Schwarze Brett angeschlagen* 今后演出的时间张贴在/到黑板上 **2.** (***sich*** (*Dat* 三格)) ***etw.*** (***an etw.*** (*Dat* 三格)) ***a.*** (unabsichtlich) mit e-m Körperteil gegen etw. stoßen u. sich dabei *mst* leicht verletzen（无意）碰、撞、磕了一下（略带轻伤）: *sich den Kopf an der Tür a.* 脑袋在门上磕了一下 **3. *etw. a.*** auf e-m Tasten- od. Saiteninstrument bestimmte Töne erklingen lassen 弹奏，演奏 ⟨e-n Akkord, e-e Melodie a. 弹一个和音、一支曲调⟩ **4. *e-n*** ⟨ernsten, unverschämten 严肃的、厚颜无耻的⟩ ***Ton a.*** ernst, unverschämt *usw* mit j-m sprechen 用…声（腔）调说话; [Vi]（不及物）**5. *etw. schlägt bei j-m an*** (*hat*) *gespr*[口]; etw. lässt j-n an Gewicht zunehmen（物作主语）使发胖: *Sie muss ständig auf ihr Gewicht achten, da bei ihr jede Süßigkeit anschlägt* 她得经常注意自己的体重，因为任何甜食都会使她发胖 **6.** (***mit etw.***) ***an etw.*** (*Akk* 四格) ***a.*** (*ist*) heftig an e-n Gegenstand stoßen 狠狠撞击，碰撞: *Er ist mit* *dem Kopf an die Mauer angeschlagen* 他用脑袋狠狠地撞墙

an·schlei·chen, sich (*hat*) [Vr] (反身) ***j-d/ein Tier schleicht sich*** (***an j-n/etw.*** (*Akk* 四格)) ***an*** j-d/ein Tier nähert sich j-m/e-r Sache heimlich od. leise(人/动物作主语)匍匐潜近,悄悄靠近 *Der Löwe schlich sich an die Antilope an* 狮子悄悄朝羚羊接近

an·schlep·pen (*hat*) [Vt] (及物) **1. *etw. a.*** etw. Schweres unter großer Anstrengung herantragen 把…用力拖、拉、过来 **2.** *mst* 多用 ***j-d schleppt j-n/etw. an*** j-d zieht ein Fahrzeug mit e-m anderen Fahrzeug, um den Motor wieder in Gang zu setzen (人作主语)用车牵引发动〈ein Auto a. 牵引发动汽车〉 **3. *j-n/etw. a.*** *gespr*[口]; j-n/etw. (*mst* unerwartet od. unerwünscht) mit nach Hause, zu e-r Party *o.Ä.* bringen 拖、拉、拽、扯、拖着…(一起走)

an·schlie·ßen (*hat*) [Vt] (及物) **1. *etw.*** (***an etw.*** (*Dat/Akk* 三格/四格)) ***a.*** etw. mit etw. in e-e feste Verbindung bringen 把…连接在/到 ≈ anmontieren: *den Schlauch am/an den Wasserhahn a.* 把皮管接在/到水龙头上 **2. *etw.*** (***an etw.*** (*Akk* 四格)) ***a.*** ein elektrisches Gerät mit e-m Stromkreis verbinden 把…接通,接上 ≈ installieren: *den Herd, die Waschmaschine an das Stromnetz a.* 把电炉、洗衣机接上电源 **3. *etw.*** (***an etw.*** (*Dat/Akk* 三格/四格)) ***a.*** etw. mit e-m Schloss an etw. festmachen 把…锁在/到 ≈ anketten: *das Fahrrad an e-m/e-n Laternenpfahl a.* 把自行车锁在/到路灯柱上 **4. *etw.*** (***an etw.*** (*Akk* 四格)) ***a.*** e-e Äußerung od. Bemerkung zu etw. bereits Gesagtem hinzufügen(对…)补充: *an j-s Vortrag noch e-e Frage a.* 对他的报告补充一个问题 **5. *etw.*** (***etw.*** (*Dat* 三格)/***an etw.*** (*Akk* 四格)) ***a.*** etw. e-r Sache anfügen 附设,附属: *Dem Krankenhaus wurde ein Pflegeheim angeschlossen* 医院附设护理院; [Vi] (不及物) **6. *etw. schließt an etw.*** (*Akk* 四格) ***an*** etw. liegt unmittelbar neben etw. (物作主语)紧挨着,紧连着,邻接着 ≈ etw. grenzt an etw.: *Das Grundstück schließt direkt an den Park an* 那块地皮紧挨着公园 **7. *etw. schließt an etw.*** (*Akk* 四格) ***an*** *geschr*[书]; etw. folgt (zeitlich) auf etw. (物作主语)随后接着: *An die Premiere schloss e-e Diskussion mit dem Regisseur an* 首场演出后接着就和导演进行讨论; [Vr] (反身) **8. *etw. schließt sich*** (***an etw.*** (*Akk* 四格)) ***an*** etw. kommt als weiterer Teil zu etw. hinzu(物作主语)与…衔接,挂钩 **9. *sich j-m a.*** zu j-m kommen u. auch das tun, was er tut 与…作伴、结交,参加,加入: *Da er ganz allein im Ausland war, schloss er sich e-r Gruppe junger Amerikaner an* 因他孤身一人在国外,故他参加了一个年轻美国人的团体 **10. *sich j-m/etw. a.*** *geschr*[书]; zu verstehen geben, dass man die Meinung e-s anderen für gut hält, dass man ihr zustimmt 同意,赞同,附和: *sich der Ansicht e-s Kollegen a.* 同意同事的看法 ‖ ▶ ***Anschluss***

an·schlie·ßend **1.** *Partizip Präsens* (现在分词); ↑ ***anschließen*** **2.** *Adv* (副); *geschr*[书]; direkt nach etw. 随后,紧接着,继而 ≈ danach, hinterher

An·schluss *der* **1.** die Verbindung mit e-m System von Leitungen 连接,接口 ‖ K-(复合): ***Anschluss-, -rohr*** ‖ -K(复合): ***Gas-, Strom-, Telefon-, Wasser-*** **2.** die telefonische Verbindung mit dem Gesprächspartner 接通电话,通话〈keinen A. bekommen 没接通(电话); kein A. unter dieser Nummer 这个号码打不通〉 **3.** e-e öffentliche Verkehrsverbindung, die von e-m bestimmten Ort in die gewünschte Richtung weiterführt 中转车,联运车 ≈ Verbindung (2): *In Hamburg haben Sie um 20 Uhr A. nach Kiel* 在汉堡你们可搭晚上8点开往基尔的中转车 ‖ K-(复合): ***Anschluss-, -flug, -zug*** **4.** *nur Sg* (只用单数); persönliche Kontakte zu j-m 结识,结交,(私人)交往〈A. suchen, A. haben 想结交朋友,有(私人)交往〉: *Er tut sich sehr schwer, als Fremder A. zu finden* 他感到作为外国人结交朋友很困难 **5.** *nur Sg* (只用单数); ***der A. an j-n/etw., zu j-m/etw.*** das Erreichen des Leistungsniveaus von anderen auf e-m Gebiet od. in e-r Disziplin 接轨(在某一领域或学科达到他人的先进水平),衔接,靠拢〈den A. an die Weltspitze halten, verlieren 保持、失掉与世界尖端的衔接〉: *den A. an die Technik der Amerikaner, an e-n Spitzenathleten erreichen* 达到美国技术的高水平(与美国技术(接轨),达到尖子运动员的高水平(向尖子运动员靠拢) **6. *im A. an etw.*** (*Akk* 四格) *geschr*[书]; (zeitlich) direkt nach etw. 紧接着,随后,在…后接着: *Im A. an die Tagesschau sehen Sie „Panorama"* 新闻后接着请收看"综观全景" **7.** *hist*[历]; die Eingliederung Österreichs in das Deutsche Reich (1938) 合并(指奥地利(1938)并入德意志帝国) ‖ ID[谚] ***den A. verpasst haben*** *gespr*[口]; die Möglichkeit nicht genutzt haben, *mst* sich beruflich zu verbessern 错过了晋升的好机会

An·schluss|stel·le *die*; e-e Stelle, an der man e-e Autobahn verlassen od. auf sie hinauffahren kann(高速公路的)出入交接(路)口

an·schmie·gen, sich (*hat*) [Vr] (反身) ***sich*** (***an j-n***) ***a.*** sich zärtlich ganz eng an j-n lehnen 偎依,亲切地紧挨着

an·schmieg·sam *Adj* (形); mit e-m starken Bedürfnis nach Zärtlichkeit 柔顺的,温柔的〈ein Kind 孩子〉 ‖ *hierzu* (派生) **An·schmieg·sam·keit** *die*; *nur Sg* (只用单数)

an·schmie·ren (*hat*) [Vt] (及物) **1. *etw. a.*** *pej*[贬]; e-n Gegenstand od. e-e Fläche hässlich bemalen 在…上乱画、乱涂 **2. *j-n/sich*** (***mit etw.***) ***a.*** j-n/sich (unabsichtlich) mit Farbe od. Dreck schmutzig machen(无意)玷污,蹭脏 ≈ beschmutzen **3. *j-n a.*** *gespr*[口]; j-n absichtlich täuschen 欺骗,使上当,愚弄,作弄 ≈ hereinlegen

an·schnal·len (*hat*) [Vt] (及物) **1.** (***j-m/sich***) ***etw. a.*** etw. mit Riemen od. Schnallen irgendwo befestigen 扣住,绑紧,系牢,扎紧〈die

Skier a.扣住滑雪板〉**2.** ***j-n/sich a.*** *gespr*［口］≈ j-n/sich angurten ‖ K-(复合)：***Anschall-***, ***-pflicht***

an.schnau.zen (*hat*) [Vt](及物) ***j-n a.*** *gespr pej*［口］［贬］；j-n mit bösen u. lauten Worten tadeln, rügen 破口大骂,辱骂,臭骂

an.schnei.den (*hat*) [Vt](及物)**1.** ***etw. a.*** das erste Stück von e-m Ganzen abschneiden 开始切第一片(块)〈den Kuchen, die Wurst a. 切第一块点心,切第一片香肠〉**2.** ***etw. a.*** im Gespräch mit e-m Thema beginnen (u. es *mst* nicht vollständig behandeln)(话题)涉及,谈到〈e-e Frage, ein Problem a. 谈到一个问题、一个难题〉**3.** ***den Ball a.*** SPORT【体】; den Ball so werfen od. schießen, dass er während des Flugs seine Richtung leicht ändert 发(开、打、踢)转球(弧线球)：*ein angeschnittener Ball* 一个弧线球 ‖ ▶ ***Anschnitt***

An.schnitt *der* **1.** die Fläche, die entsteht, wenn man e-n Teil *z.B.* von e-m Laib Brot od. e-r Stange Wurst abschneidet(面包、香肠)切片,横切面 ≈ Schnittfläche **2.** das abgeschnittene erste Stück *z.B.* von Brot, Käse od. Wurst 第一片(面包,奶酪,香肠)

an.schrau.ben (*hat*) [Vt](及物) ***etw.*** (***an etw.*** (*Dat/Akk* 三格/四格)) ***a.*** etw. an etw. mit Schrauben befestigen(用螺丝)把…固定在/到,拧(旋)紧

an.schrei.ben (*hat*) [Vt](及物)**1.** ***etw.*** (***an etw.*** (*Dat/Akk* 三格/四格)) ***a.*** etw. an e-e senkrechte Fläche schreiben 写在/到…上〈schwierige Wörter an die Tafel a. 把难词写到黑板上〉**2.** ***j-n/etw. a.*** sich schriftlich (mit e-r Bitte od. e-m Antrag) an j-n/e-e Institution wenden 向…写信(请求或申请)〈die Krankenkasse, die Stadtverwaltung a. 写信给医保单位,写信给市政府〉; [Vt/i](及物/不及物)**3.** (***etw.***) ***a. lassen*** etw. nicht sofort bezahlen, sondern auf die Rechnung setzen lassen 记账,赊账 ‖ ID［谚］***bei j-m schlecht/gut angeschrieben sein*** *gespr*［口］; j-d hat e-e schlechte/gute Meinung von einem 在某人处印象不好/好 ‖ ▶ ***Anschrift***

an.schrei.en [Vt](及物) ***j-n a.*** ≈ anbrüllen (2)

An.schrift *die*; die Straße u. der Ort, wo j-d wohnt 地址,通信地址 ≈ Adresse〈seine A. nennen 告诉自己的地址〉‖-K(复合)：***Urlaubs-***

an.schul.di.gen; *schuldigte an*, *hat angeschuldigt*; [Vt](及物) ***j-n*** (***etw.*** (*Gen* 二格)/***wegen etw.*** (*Gen* 二格)) ***a.*** *geschr*［书］; (öffentlich) behaupten, dass j-d etw. *mst* Kriminelles getan hat 指控,控告(多指刑事罪) ≈ beschuldigen〈j-n (wegen) e-s Verbrechens a. 指控某人犯罪〉‖ *hierzu*(派生) **An.schul.di.gung** *die*

an.schwär.men [Vt](及物)(*hat*) **1.** ***j-n a.*** j-n stark (*mst* übertrieben) verehren 对…崇拜得五体投地,倾慕：*e-n Popstar a.* 倾慕流行歌星; [Vi](不及物)(*ist*) **2.** *mst in* 多用于〈Menschen, Bienen *usw* 人,蜜蜂等〉***kommen angeschwärmt*** Menschen, Bienen *usw* kommen in großer Zahl irgendwohin 蜂拥而来

an.schwär.zen (*hat*) [Vt](及物) ***j-n*** (***bei j-m***) ***a.*** *gespr pej*［口］［贬］; versuchen, j-s Ansehen zu schaden, indem man Schlechtes über ihn sagt 给…脸上抹黑,说…的坏话,损坏…的声誉 ≈ verleumden, schlecht machen ‖ *hierzu*(派生) **An.schwär.zung** *die*

an.schwel.len; *schwillt an*, *schwoll an*, *ist angeschwollen*; [Vi](不及物) **1.** ***etw. schwillt an*** etw. bekommt (oft durch Krankheit) e-n größeren Umfang(物作主语)胀,肿胀〈die Beine, die Adern 脚,血管〉**2.** ***etw. schwillt an*** etw. nimmt an Intensität zu u. wird deshalb lauter od. größer(物作主语)增强,变大,增多〈die Musik 音乐; das Hochwasser, der Wildbach 大水,山涧〉‖ *zu*(义项) **1. An.schwel.lung** *die*

an.schwem.men (*hat*) [Vt](及物) ***etw. schwemmt etw. an*** das Meer, ein Fluss *o.Ä.* treibt etw. Schwimmendes ans Ufer (物作主语)把…冲、漂到岸边 ‖ *hierzu*(派生) **An.schwem.mung** *die*

an.schwin.deln (*hat*) [Vt](及物) ***j-n a.*** *gespr*［口］; (*bes* über etw. Unwichtiges) nicht die Wahrheit sagen 对…不说老实话,对…当面撒谎 ≈ belügen, ankohlen (1)

an.se.hen (*hat*) [Vt](及物) **1.** ***j-n/etw. a.*** den Blick aufmerksam auf j-n/etw. richten 注视,看,凝视 ≈ anschauen **2.** ***sich*** (*Dat* 三格) ***j-n/etw. a.*** j-n/etw. längere Zeit aufmerksam betrachten (um ihn/es kennen zu lernen) 细看,审视,观察,仔细端详：*sich die Kleider im Schaufenster a.* 细看橱窗里的衣服 **3.** ***sich*** (*Dat* 三格) ***etw. a.*** als Zuschauer etw. sehen od. zu e-r Veranstaltung gehen(作为观众)观看：*sich ein Theaterstück, ein Fußballspiel (im Fernsehen) a.*(在电视中)看戏剧、足球赛 **4.** ***j-m etw. a.*** an j-s Äußeren od. Gesichtsausdruck etw. erkennen 察看,看出(从外表或脸部表情上) ≈ j-m etw. anmerken (3)：*j-m das schlechte Gewissen, die gute Laune a.* 看出某人的内心不安、情绪愉快 **5.** ***j-n/etw. für/als etw. a.*** glauben, dass j-d/etw. etw. Bestimmtes ist 视作,看作,认为是 ≈ j-n/etw. für etw. halten〈j-n für e-n Verbrecher a. 视某人为罪犯〉：*Ich sehe ihn nicht als meinen Freund an* 我不认为他是我朋友 **6.** *mst* 多用 ***etw. nicht*** (***mit***) ***a. können*** etw., das einem nicht gefällt, nicht akzeptieren können, ohne etw. zu unternehmen 不能容忍,看不下去,不能坐视不管：*Ich kann diese Ungerechtigkeit nicht länger mit a.!* 这种不公道现象我实在看不下去 **7.** ***irgendwie anzusehen sein*** ≈ irgendwie aussehen：*Die Blumen sind hübsch anzusehen* 这些花看着很美 ‖ ID［谚］***Sieh*** (***mal***) (***einer***) ***an!*** *gespr*［口］; verwendet, um Erstaunen auszudrücken(表示惊讶)你看!你瞧瞧!; ***j-n von oben herab a.*** j-m zeigen, dass man sich ihm überlegen fühlt 从上往下看某人,傲视某人 ‖ ▶ ***Ansicht***

An.se.hen *das*; *-s*; *nur Sg*(只用单数) **1.** die gute Meinung, die andere od. die Öffentlichkeit von j-m/etw. haben 声望,声

誉,威望,尊重,敬重 ≈ Prestige 〈großes A. bei j-m genießen 在某人处享有很高声望(或崇高威望); bei j-m in hohem A. stehen 很受某人敬重〉 **2. ohne A. der Person** *geschr*[书]; ohne Rücksicht auf die gesellschaftliche Stellung e-r Person 不管是谁,不论其地位高低

an·sehn·lich *Adj*(形); *geschr*[书]; **1.** *nicht adv*(不作状语); ziemlich groß 巨大的,可观的 ≈ beträchtlich 〈e-e Summe, e-e Menge, ein Vermögen 款项,数量,财富〉 **2.** mit gutem Aussehen 美观的,漂亮的,标致的 ≈ attraktiv 〈e-e Person 人〉 ‖ *zu*(义项) **2. An·sehn·lich·keit** *die*; *nur Sg*(只用单数)

an·sei·len (*hat*) [Vt](及物) ***j-n/sich a.*** (beim Bergsteigen) j-n/sich an e-m Seil festmachen, um zu verhindern, dass er/man abstürzt(登山时)用绳子系住

an·sen·gen; *sengte an*, *hat angesengt*; [Vt](及物)(**sich** (*Dat* 三格)) **etw. a.** die Haare od. e-n Stoff durch die Einwirkung von Hitze leicht beschädigen 把…(略微)烤煳烫坏〈sich die Haare, den Mantel a. 把头发烫焦了点儿,把大衣烫坏了点儿〉

an·set·zen (*hat*) [Vt](及物) **1. etw.** (**an etw.** (*Dat/Akk* 三格/四格)) **a.** etw. an etw. fügen u. daran festmachen 把…接、缝在/到…上〈Ärmel an das Kleid a. 将袖子缝在连衣裙上〉 **2. etw. a.** die Zutaten, die man zu etw. benötigt, mischen u. dann stehen lassen, damit sich die Konsistenz od. der Geschmack verändert 调制,揉和〈e-n Teig, e-e Bowle a. 揉和面团,调制波列酒〉 **3. etw. a.** etw. an den Mund setzen 把…放到嘴边〈ein Glas, ein Blasinstrument a. 举杯喝(酒),拿起管乐器准备吹奏〉 **4. etw. a.** bestimmen, wann etw. stattfindet 安排,确定(日期)〈e-e Tagung, e-e Besprechung a. 确定会议、座谈的时间〉: *e-e Sitzung für die nächste Woche a.* 把会议安排到下周 **5. etw. setzt etw. an** etw. wird allmählich von e-r Schicht bedeckt (物作主语)(在表面)蒙上,生出,形成〈etw. setzt Kalk, Rost an 某物长了一层石灰,生了一层锈〉 **6. j-d/etw. setzt etw. an** j-d/etw. beginnt, etw. zu entwickeln(人/物作主语)开始长出、现出 ≈ j-d/etw. bekommt (23) etw.: *Die Bäume setzen schon Blätter an* 树已经长叶子了; *Du solltest mehr Sport treiben, du setzt e-n Bauch an!* 建议你多锻炼,要不发胖了(长肚子了)! **7. Fett a.** *gespr*[口]; dick werden 发胖,长膘,发福 **8. etw. irgendwie a.** die Summe, die Höhe e-r Sache schätzen 估计,预计 ≈ veranschlagen 〈die Kosten, den Gewinn relativ hoch a. 估计费用、利润相当高〉: *den Wert des Schmucks mit 4000 Euro a.* 估计首饰价值为4000 欧元 **9. j-n auf j-n/etw. a.** dafür sorgen, dass j-d j-n/etw. beobachtet od. verfolgt 调、派、布置…去观察或追踪〈e-n Detektiv auf j-n, auf j-s Spur a. 调(派)侦探去跟踪某人、去注意某人的行踪〉; [Vi](不及物) **10.** (**zu etw.**) **a.** sich bereit machen, etw. zu tun 准备,着手,开始(干事)〈zu e-m Sprung, zu e-r Frage a. 准备起跳,开始提问〉 **11.** (**mit etw.**) **a.** mit etw., das sich auf etw. Vorausgegangenes bezieht, beginnen(就…事情)开始: *An dieser Stelle möchte ich mit meiner Kritik a.* 在这点上我想先谈谈我的批评意见 **12. etw. setzt an** etw. bleibt am Boden (des Topfes) haften (物作主语)粘住,粘锅底,烧煳〈Milch, Reis 牛奶,米饭〉; [Vr](反身) **13. etw. setzt sich an** etw. bildet sich u. bleibt haften(物作主语)形成,长出,起〈Rost, Schimmel 锈,霉〉 ‖ ▶ **Ansatz**

An·sicht *die*; -, *-en* **1. e-e A.** (**über j-n/etw., zu etw.**) j-s Meinung zu e-r Person od. Sache, nachdem er darüber nachgedacht hat (对…的)意见,看法,观点〈e-e A. über j-n/etw. haben, äußern, vertreten 关于某人/某事有、发表、代表一种看法; sich j-s A. anschließen 赞同某人的观点; anderer A. sein 意见不一样; meiner A. nach 按我的看法,据我看; der A. sein/zur A. neigen, dass ... 认为/倾向于认为…〉: *Er teilte uns seine A. zu dem politischen Skandal mit* 他告知了我们他对政治丑闻的看法 **2.** ein gemaltes Bild od. ein Foto *z.B.* von e-r Landschaft, e-r Stadt, e-m Gebäude(风景,城市、建筑等的)画片,照片 **3.** die Seite e-s Gebäudes, die man gerade sieht(楼)面,视图〈die vordere, hintere A. des Hauses 一幢房屋的正面、背面〉 ‖ -K(复合): **Hinter-, Seiten-, Vorder-** **4. zur A.** zum Ansehen u. Prüfen (vor dem Kauf)供试看: *ein Buch zur A. bestellen* 订本书试看

an·sich·tig *nur in* 只用于 ***j-s/etw. a. werden*** *geschr*[书] ≈ j-n/etw. sehen, erblicken

An·sichts·kar·te *die*; e-e Postkarte mit Bildern/dem Bild *mst* e-r Landschaft od. e-r Stadt 风景明信片

An·sichts·sa·che *die*; *nur in* 只用于 ***Das/etw. ist A.*** darüber kann man unterschiedlicher Meinung sein 这/某事只是看法问题

an·sie·deln (*hat*) [Vt](及物) **1. j-n irgendwo a.** bestimmen, dass j-d an e-m bestimmten Ort leben, sich niederlassen muss 使定居,使移居,安居: *Flüchtlinge in e-m Dorf a.* 让难民定居在一个村子里 **2. etw. irgendwo a.** (*mst* aufgrund bestimmter Merkmale) bestimmen, zu welchem Bereich etw. gehört 确认、认定…是(或属于): *Diese Funde sind in der Bronzezeit anzusiedeln* 这些出土物被确认是青铜器时期的; [Vr](反身) **3. sich irgendwo a.** sich an e-m Ort niederlassen, um dort (auf Dauer) zu leben 在…定居下来

An·sied·lung *die* **1.** *mst* ein ziemlich kleines Dorf 小村落,居民小村 **2.** *nur Sg*(只用单数); das Ansiedeln (1) **3.** *nur Sg*(只用单数); das Sichansiedeln an e-m Ort 定居,移居,安居

An·sin·nen *das*; *-s*, *-*; *geschr*[书]; e-e Bitte, die *mst* als unverschämt empfunden wird (无理)请求,要求 ≈ Zumutung 〈ein freches, unverschämtes A. 无耻的、厚颜无耻的要求〉

an·sons·ten *Adv*(副); *gespr*[口] **1.** falls nicht 否则,要不,不然 ≈ sonst, andernfalls: *Du musst mir die Wahrheit sagen – a. kann ich dir nicht helfen* 你得给我讲实情——要不我没法帮你 **2.** wenn man etw. Bestimmtes nicht berücksichtigt 此外，其他方面 ≈ abgesehen davon, im Übrigen：*Letzte Woche war ich erkältet, aber a. fühle ich mich zurzeit sehr gut* 上周我感冒了，别的没什么，我现在感到很好

an·span·nen (*hat*) Vt/i (及物/不及物) **1.** (***ein Tier***) ***a.*** ein Tier vor den Wagen spannen 套(牲口)，把…(装上挽具)系好〈ein Pferd, e-n Ochsen a. 套马，套牛〉；Vt 及物 **2.** ***etw. a.*** etw. durch Ziehen od. Spannen straff machen 拉紧，绷紧，拴紧〈ein Seil, e-n Draht a. 拉紧绳子、铁丝〉**3.** ***etw. a.*** etw. in e-n Zustand der Spannung[1] (1) bringen 使紧张，使绷紧〈die Nerven, die Muskeln a. 让神经、肌肉绷得紧紧的〉

An·span·nung *die*; **1.** *nur Sg* (只用单数)；das Anspannen (3)：*unter A. aller Kräfte* 竭尽全力，鼓足干劲 **2.** der Zustand extremer Belastung od. Spannung[1] (1) 紧张，极度劳累 ≈ Stress

An·spiel *das*; *mst Sg*, SPORT (多用单数)【体】**1.** der Wurf od. Schuss, mit dem ein Spiel od. Spielabschnitt eröffnet wird 开球，发球〈A. haben 开球〉；*A. zur zweiten Halbzeit* 下半场开球 **2.** ein Wurf od. Schuss, mit dem man e-n Mitspieler anspielt (1) 传球

an·spie·len (*hat*) Vt (及物) **1.** ***j-n a.*** SPORT【体】；den Ball zu e-m Mitspieler werfen od. schießen 把球传给，给…传球：*den Mittelstürmer in aussichtsreicher Position a.* 把球传给站位有利的中锋；Vi (不及物) **2.** ***auf j-n/etw. a.*** durch e-e indirekte Bemerkung auf j-n/etw. versteckt hinweisen, ohne die Person/Sache selbst zu erwähnen 暗示，影射：*Mit seiner Äußerung spielte er auf die schmutzige Kleidung seines Nachbarn an* 他的话语暗示他邻居的衣着不整洁

An·spie·lung *die*; -, *-en*; ***e-e A.*** (***auf j-n/etw.***) e-e Bemerkung, mit der j-d auf j-n/etw. anspielt (2) 暗示，影射，(对…)含沙射影〈e-e A. auf j-n/etw. machen, verstehen 影射某人/某事，知道是对某人/某事的影射〉：*Seine ständigen Anspielungen auf ihre Misserfolge waren unfair* 他常常对她的失败指桑骂槐是不公正的

an·spit·zen (*hat*) Vt (及物) **1.** ***etw. a.*** e-n stumpfen Gegenstand spitz machen 削尖〈den Bleistift a. 削尖铅笔〉**2.** ***j-n a.*** *gespr* [口] ≈ anstacheln

An·sporn *der*; *-(e)s*; *nur Sg* (只用单数)；***ein A.*** (***zu/für etw.***) e-e Motivation zu e-r größeren Leistung 鼓励，鼓舞，刺激，激励 ≈ Anreiz：*durch e-e Belohnung e-n A. zu intensiverer Arbeit schaffen* 用奖励来鼓励提高劳动积极性

an·spor·nen; *spornte an*, *hat angespornt*; Vt (及物) ***j-n*** (***zu etw.***) ***a.*** j-n mit Worten od. *z. B.* durch e-e Belohnung zu e-r Leistung motivieren 鼓励，激励，刺激，鼓舞：*e-n Sportler zu größerem Kampfgeist a.* 鼓舞运动员更大的斗志 ‖ *hierzu* (派生) **An·spor·nung** *die*

An·spra·che *die* **1.** e-e *mst* öffentliche Rede, die j-d zu e-m *mst* festlichen Anlass hält 致词，(节日)讲话：*Auf der Jubiläumsfeier hielt der Chef e-e kurze A.* 在周年庆祝会上主任作了简短致词 ‖ -K (复合)：***Begrüßungs-***, ***Fest-*** **2.** *nur Sg*, *bes südd* Ⓐ (只用单数) 尤用于[南德][奥] der Kontakt zu anderen Menschen 交往，接触〈(mehr) A. brauchen 需要(更多的)交往；wenig, keine A. haben 缺少与人交往，与人无交往〉

an·sprech·bar *Adj* (形)；*nicht adv* (不作状语)；in der Lage, sich mit j-m zu beschäftigen od. e-e Mitteilung entgegenzunehmen 能与他人交谈的：*Der Chef ist erst nach der Konferenz wieder a.* 会议结束后主任才能有空再谈事儿；*Erst e-e Woche nach dem Unfall war er wieder a.* 事故发生一周后，他才又能与人交谈

an·spre·chen (*hat*) Vt (及物) **1.** ***j-n a.*** sich mit Worten an j-n wenden 跟…攀谈，打招呼 ≈ anreden (1)：*Er hat sie einfach auf der Straße angesprochen* 他跟她在街上就打招呼攀谈起来了 **2.** ***etw. a.*** in e-m Gespräch mit e-m bestimmten Thema od. Problem beginnen 谈及，提到，说起 ≈ zur Sprache bringen：*Er hat auf der Party den Skandal, in den er verwickelt war, angesprochen* 在聚会上他说起了自己卷入的丑闻 **3.** ***j-n*** (***auf etw.*** (*Akk* 四格)/ ***wegen etw.***) ***a.*** sich mit Worten in e-r bestimmten Angelegenheit an j-n wenden 跟…谈谈、商量、筹商、讨教：*Ich werde ihn darauf a.*, ob *er mir e-e Arbeitsstelle besorgen kann* 我要跟他商量是否能帮我找个工作 **4.** ***j-d/etw. spricht j-n an*** j-d/etw. ruft e-e positive Reaktion bei j-m hervor, gefällt j-m (人/物作主语) 使中意，引起…兴趣，对…产生积极反响〈Musik, die Malerei 音乐，绘画〉；Vi (不及物) **5.** (***auf etw.*** (*Akk* 四格)) ***a.*** auf etw. positiv reagieren 对…感到满意、反应积极：*Der Patient spricht auf die Behandlung an* 病人对治疗满意 **6.** ***etw. spricht bei j-m an*** etw. wirkt so, dass sich j-s Zustand verbessert (物作主语) 在…身上效果好、反应良好、起作用：*Das Medikament spricht bei dem Patienten nicht an* 药物在病人身上不起作用 **7.** ***sich*** (***durch etw.***) ***angesprochen fühlen*** Interesse od. Gefallen an etw. finden 对…感到有兴趣〈sich von e-m Vorschlag, e-r Idee, der neuen Mode angesprochen fühlen 对建议、想法、新时尚很感兴趣〉**8.** ***sich angesprochen fühlen*** den Eindruck haben, dass e-e Kritik, Aufforderung *o. Ä.* an einen selbst gerichtet ist 深感(批评、要求等)指的是自己 ‖ ▶ ***Ansprache***

an·spre·chend **1.** *Partizip Präsens* (现在分词)；↑ ***ansprechen*** **2.** *Adj* (形)；auf seine Mitmenschen e-n guten Eindruck machend 讨人喜欢的，媚人的，使人产生好感的，吸引人的 ≈ attraktiv, reizvoll〈ein Äußeres, e-e Erscheinung 外表，形象；ein ansprechendes Wesen haben 有讨人喜欢的天性〉

An·sprech·part·ner *der*; j-d, an den man sich (mit Fragen, Problemen) wenden kann (有问题、疑难)可讨教的朋友，益友，诤友 ‖ *hierzu* (派生) **An·sprech·part·ne·rin** *die*

an·sprin·gen Vt (及物)(*hat*) **1. ein Tier springt j-n an** ein Tier nähert sich j-m mit e-m Sprung, *mst* um ihn anzugreifen(动物作主语)扑向…、朝…跳过去：*Der Hund sprang den Jogger an* 狗扑向跑步锻炼身体的人；Vi(不及物)(*ist*) **2. angesprungen kommen** in j-s Richtung springen u. zu ihm kommen 连跑带跳地过来，奔跑而来 **3. etw. springt an** etw. kommt in Gang, beginnt zu laufen (物作主语)开始运转，启动〈der Motor, das Auto 马达，汽车〉：*Wenn es sehr kalt ist, springt unser Wagen oft nicht an* 要是天太冷，我们的车常常启动不了 **4. auf etw.** (*Akk* 四格) **a.** *gespr*[口]; auf etw. positiv, mit Zustimmung reagieren 对…作出积极反应，对…表示同意：*Er ist auf meinen Vorschlag sofort angesprungen* 他对我的建议马上作出积极的反应

an·sprit·zen (*hat*) Vt(及物) **j-n/etw. a.** j-n/etw. (spritzend) nass machen 喷湿，喷洒，喷射，喷溅

An·spruch *der* **1.** *oft Pl*(常用复数)；**ein A.** (**an j-n/etw.**) (oft relativ hohe) Erwartungen od. Forderungen, die man in Bezug auf j-n hat (对…的)期待、要求〈seine Ansprüche herabsetzen 降低他的要求〉：*Er stellt hohe Ansprüche an seine Mitarbeiter* 他对同事提出高要求 **2.** (**ein**) **A. auf j-n/etw.** ein Recht auf j-n/etw., (rechtlich begründete) Forderungen in Bezug auf j-n/etw. 对…有权利、有资格(要求获得)〈A. auf Urlaub, Schadenersatz haben, erheben 有权要求、有权提出休假、赔偿损失〉：*Jeder Angestellte hat e-n A. darauf, gemäß seiner Qualifikation bezahlt zu werden* 每位职员有权要求按其技能付酬 ‖ -K(复合)：**Besitz-, Erb-, Gebiets-, Rechts-, Renten-, Schadenersatz-, Urlaubs-** **3. etw. in A. nehmen** *geschr*[书]; etw. (das man angeboten bekommen hat) für sich nutzen, gebrauchen 需要，利用：*Ich werde Ihr freundliches Angebot gern in A. nehmen* 我将非常需要您友好的建议 **4. j-d/etw. nimmt j-n in A.** *geschr*[书]; j-d/etw. fordert j-s Einsatz u. Kräfte, beansprucht j-n(人/物作主语)要求(投入)，占用(精力)：*Mein Beruf nimmt mich stark in A.* 我的职业要求我全力投入

an·spruchs·los *Adj*(形) **1.** mit nur wenig Ansprüchen (1) gegenüber j-m/etw. 知足的，不苛求的，简朴的 ≈ genügsam, bescheiden 〈a. leben 生活简朴〉 **2.** von geringem ästhetischem, geistigem Wert, *mst* nur der Unterhaltung dienend 平淡的，干巴巴的，平庸的〈Musik, ein Gespräch 音乐，谈话〉 ‖ *hierzu*(派生) **An·spruchs·lo·sig·keit** *die*; *nur Sg*(只用单数)

an·spruchs·voll *Adj*(形) **1.** mit hohen Ansprüchen (1) gegenüber j-m/etw., sehr hohe Leistungen von j-m/etw. fordernd 要求高的，苛求的，挑剔的〈ein Kunde, ein Gast 顾客，客人〉 **2.** von hohem ästhetischem od. geistigem Wert 高雅的，上乘的，高品位的〈ein Buch, Literatur, Musik 书，文学，音乐〉

an·spü·len (*hat*) Vt(及物) **etw. spült etw. an** das Meer, ein Fluss *o. Ä.* treibt etw., das im Wasser schwimmt, an den Strand od. an das Ufer(物作主语)把…冲到海(河)滩边 ≈ etw. schwemmt etw. an: *Die Kisten wurden angespült* 木箱被冲到河滩上

an·sta·cheln; *stachelte an, hat angestachelt*; Vt(及物) **j-n** (**zu etw.**) **a.** mit gezielten Worten od. Maßnahmen j-n dazu treiben od. motivieren, etw. zu tun 鼓励，勉励，激发，激励 ≈ anspornen 〈j-n zu größeren Leistungen a. 激励某人作出更大的成绩〉 ‖ *hierzu*(派生) **An·sta·che·lung** *die*

An·stalt *die*; -, *-en* **1.** *oft veraltend* 常用[渐旧]; e-e öffentliche Institution, die der Bildung od. anderen (*mst* wohltätigen) Zwecken dient 教育(或慈善)机构，院〈e-e technische, hauswirtschaftliche A. 理工学院，家政学院〉 ‖ K-(复合)：**Anstalts-, -leiter** ‖ NB(注意)：↑ **-anstalt** **2.** ein Gebäude, in dem psychisch Kranke behandelt u. versorgt werden 精神病院〈j-n in e-e A. einweisen 把某人送入精神病院；j-n aus e-r A. entlassen 让某人出院；e-e geschlossene A. 封闭式(与外界隔绝的)精神病院〉 ‖ K-(复合)：**Anstalts-, -arzt** ‖ -K(复合)：**Irren-, Heil-**

-an·stalt *die*; *begrenzt produktiv, oft veraltend*(构词有限)常用[渐旧]; ein öffentliches Gebäude, e-e öffentliche Einrichtung… 院、所；e-e **Badeanstalt** ≈ Schwimmbad; e-e **Erziehungsanstalt** ≈ Erziehungsheim; e-e **Strafanstalt** ≈ Gefängnis; e-e **Lehranstalt** ≈ Schule; e-e **Versuchsanstalt** ≈ Forschungsinstitut

An·stal·ten *die*; *mst in* 多用于 (**keine**) **A. machen** (+ **zu** + *Infinitiv*(不定式)) *gespr*[口]; an seinem Verhalten (nicht) erkennen lassen, dass man etw. tun will(不)准备，(没)有…迹象、意思：*Als sein Vorgesetzter ins Zimmer kam, machte er (keine) Anstalten aufzustehen* 当他的上司走进房间的时候，他(没)有站起来的意思

An·stand *der*; *-(e)s*; *nur Sg*(只用单数)；das Benehmen, das den Verhaltensnormen e-r Gesellschaft entspricht 礼俗，礼节，规矩〈den A. wahren 遵守礼节；(keinen) A. haben(没)有礼貌；die Regeln des Anstands beachten 注意礼节〉

an·stän·dig *Adj*(形) **1.** dem Anstand entsprechend 规矩的，有礼貌的，端庄的〈sich a. benehmen, kleiden 品行端正，穿着端庄〉 **2.** e-n guten Charakter zeigend 正派的，正经的，正直的，高尚的：*Er ist ein anständiger Kerl* 他是个正经小伙子；*Er hat uns immer a. behandelt* 他对我们总是很正直 **3.** *gespr*[口]; so, dass es j-n zufrieden stellt 合理的，公道的，令人满意的 ≈ angemessen 〈ein Gehalt, ein Honorar 工资，报酬〉：*Hast du für dein gebrauchtes Auto noch e-n anständigen Preis bekommen?* 你旧车卖的价格还公道吗? **4.** *nicht adv*, *gespr*(不作状语)[口]; ziemlich groß 可观的，相当大(多)的 ≈ beträchtlich 〈e-e Summe, e-e Leistung, e-e Rechnung, e-e Portion 款项，成绩，账单，份

额〉**5.** *nur adv*, *ohne Steigerung*, *gespr*(只作状语,无变级)[口] ≈ ordentlich (5), sehr: *j-m a. die Meinung sagen* 把意见好好给某人说说 ‖ *zu* (义项) **1.** u. **2. An·stän·dig·keit** *die*; *nur Sg*(只用单数)

An·stands·be·such *der*; ein Besuch, den man nur aus Höflichkeit macht 礼节性访问

An·stands·ge·fühl *das*; *nur Sg*(只用单数); das Wissen, wie man sich benehmen soll 懂礼貌,礼貌观念(意识)〈kein A. haben 不懂礼貌〉

an·stands·hal·ber *Adv*(副); nur aus Höflichkeit u. um zu zeigen, dass man Anstand hat 出于礼貌,为了面子

an·stands·los *Adv*(副); *gespr*[口]; ohne zu zögern u. ohne Probleme zu bereiten 毫不迟疑地,爽快地,没有问题地 ≈ ohne Weiteres: *Er hat mir a. seinen Wagen geliehen* 他很爽快地把自己的车借给了我

An·stands|wau·wau *der*; *gespr hum*[口][谐]; j-d, der durch seine Anwesenheit bewirken soll, dass sich *bes* Jugendliche anständig benehmen 礼仪督教(者)

an·star·ren (*hat*) *Vt*(及物) ***j-n/etw. a.*** den Blick starr auf j-n/etw. richten 凝视,目不转睛地盯着,死(死)盯着〈j-n unverwand a. 目不转睛地注视着某人; die Wände a. 呆呆地盯着墙〉

an·statt[1] *Konjunktion*(连); als Ersatz für etw., als (gegensätzliche) Alternative zu etw. 不(没)…而…,代替 ≈ statt[1]: *Er hat den ganzen Nachmittag gespielt, a. zu lernen* 他整个下午一直在玩,没学习; *Sollen wir lieber zum Essen gehen, a. selbst zu kochen?* 我们是不是最好出去吃,不要自己做?; *A. dass du hier faul herumsitzt, solltest du mir lieber helfen* 你不要在这里闲坐着发懒,最好来帮帮我 ‖ NB(注意): Die Konstruktion mit *dass* gehört eher der gesprochenen Sprache an (与 dass 连用的结构多用于口语)

an·statt[2] *Präp*(介); *mit Gen*(支配二格); als Ersatz für, als Alternative zu 代替,不(没)…而… ≈ anstelle, statt[2]: *Er kam a. seiner Frau* 他替他妻子来了 ‖ NB(注意): Gebrauch ↑ *Tabelle unter* 用法,图表见 ***Präpositionen***

an·stau·en (*hat*) *Vt*(及物) **1.** ***j-d/etw. staut etw. an*** j-d/etw. staut od. sammelt etw. (Fließendes), indem es am Weiterfließen gehindert wird (人/物作主语)拦蓄,拦截〈Wasser a. 拦蓄(截)河水〉; *Vr*(反身) **2.** ***etw. staut sich an*** etw. kann nicht weiterfließen u. sammelt sich daher (物作主语)积聚,淤滞,淤积〈Blut, Wasser 血,水〉**3.** ***etw. staut sich*** (***bei j-m***) ***an*** ein Gefühl wird bei j-m immer stärker, weil es nach außen nicht gezeigt wird(物作主语)郁积,积压〈Wut, Ärger 怒火,怨气〉

an·stau·nen (*hat*) *Vt*(及物) ***j-n/etw. a.*** j-n/etw. staunend betrachten 惊奇地注视

an·ste·chen (*hat*) *Vt*(及物) **1.** ***etw. a.*** ≈ anzapfen (1)〈ein Fass Bier a. 打开啤酒桶(的塞子)〉**2.** ***etw. a.*** in e-e Speise *mst* mit der Gabel stechen, um zu prüfen, ob sie schon fertig ist 戳,杵一下(用叉子试探食物是否烧熟)〈Fleisch, e-n Kuchen a. 戳一戳肉、点心(试试是否熟了)〉 ‖ ▶ ***Anstich***

an·ste·cken (*hat*) *Vt*(及物) **1.** ***j-n*** (***mit etw.***) ***a.*** e-e Krankheit, die man selbst hat, auf j-n übertragen(把疾病)传染给,使传(感)染上 ≈ j-n infizieren: *Er hat mich mit seiner Grippe angesteckt* 他把流感传染给我了 **2.** ***j-n*** (***mit etw.***) ***a.*** bewirken, dass j-d ähnliche Gefühle od. Reaktionen zeigt 使感染上(感情): *Er hat uns mit seinem Lachen angesteckt* 他的笑声感染了我们 **3.** (***j-m/sich***) ***etw. a.*** j-m/sich etw. am Körper od. an e-m Kleidungsstück befestigen 别住,别上,戴上〈sich e-e Brosche a., j-m e-n Ring, e-n Orden a. 别上胸针,给某人戴上戒指,戴上勋章〉**4.** (***j-m/sich***) ***etw. a.*** bewirken, dass etw. brennt 点燃,点着 ≈ anzünden〈sich e-e Zigarette a. 点烟; e-e Kerze a. 点蜡烛〉; *Vr*(反身) **5.** ***sich*** (***bei j-m***) (***mit etw.***) ***a.*** e-e Infektionskrankheit von j-m bekommen(被(受)…)感染上,传染上 ≈ sich infizieren ‖ *zu* (义项) **1. An·ste·ckung** *die*; *mst Sg*(多用单数)

an·ste·ckend *Adj*(形); *nicht adv*(不作状语) **1.** auf andere übertragbar 传染的〈e-e Krankheit 疾病〉**2.** 〈ein Gelächter 大笑声〉so, dass es bewirkt, dass j-d ähnliche Gefühle od. Reaktionen zeigt 有感染力的

An·ste·ckungs·ge·fahr *die*; *nur Sg*(只用单数); die Gefahr, dass j-d durch e-e Krankheit angesteckt (1) wird 传染危险≈ Infektionsgefahr

an·ste·hen (*hat/südd* Ⓐ Ⓒⓗ [南德][奥][瑞] *ist*) *Vi*(不及物) **1.** sich in e-e Reihe mit anderen Personen stellen (*bes* vor e-r Kasse od. e-m Schalter) 站队,排队 ≈ Schlange stehen〈im Kino an der Kasse a. 在电影院售票口排队〉**2.** ***etw. steht an*** etw. muss getan od. erledigt werden(物作主语)有待处理,有待解决: *Heute steht e-e Menge Arbeit an* 今天有一大堆工作等待处理; *Was steht jetzt noch an?* 现在还有什么事要干? **3.** ***etw. a. lassen*** etw., das man eigentlich dringend tun od. erledigen müsste, auf e-n späteren Zeitpunkt verschieben 推迟,拖延(处理),让…搁着≈ etw. hinauszögern: *e-e Entscheidung ein paar Tage a. lassen* 推迟几天作决定 **4.** ***nicht a.*** + ***zu*** + *Infinitiv* 不定式; *geschr veraltend*[书][渐旧]; etw. sofort tun, ohne länger darüber nachgedacht zu haben 毫不迟疑地去做,刻不容缓地去干 **5.** ***etw. steht an*** etw. ist festgelegt(物作主语)已确定: *Der nächste Termin steht für den 30 Dezember an* 下次日期定在 12 月 30 日

an·stei·gen (*ist*) *Vi*(不及物) **1.** ***etw. steigt an*** etw. führt nach oben/aufwärts, etw. wird steiler(物作主语)向上伸展,渐渐陡峭〈e-e Straße, ein Gelände, ein Weg 街道,地形,道路〉**2.** ***etw. steigt an*** etw. wird höher(物作主语)上涨,上升, ↔ etw. fällt〈der Wasserstand, die Temperatur 水位,温度〉**3.** ***etw. steigt an*** etw. steigt in der Anzahl od. Menge(物作主语)(数或量)增长,增多 ↔ etw.

fällt (4): *Die Zahl der Kursteilnehmer ist im Vergleich zum Vorjahr angestiegen* 与去年相比培训学员的人数增多了 ‖ ▶ **Anstieg**

an·stel·le, an Stel·le *Präp*(介); *mit Gen*(支配二格) / **von** + *Dat*(三格); stellvertretend für 代表,代替,顶替 ≈ statt, anstatt: *A. des Meisters führte der Lehrling die Reparatur aus* 学徒代替师傅完成了维修工作 ‖ NB(注意): auch adverbiell verwendet mit *von*(也可与 von 连用作状语): *A. von Bäumen wurden Hecken gepflanzt* 种的不是树而是灌木丛

an·stel·len (*hat*) [Vt] (及物) **1. etw. a.** das Gas, Wasser od. Öl in e-r Leitung zum Fließen bringen (indem man e-n Schalter betätigt) 开通,接通(气、水、油) ↔ abstellen: *die Heizung, den Herd a.* 打开暖气、炉灶 **2. etw. a.** ein elektrisches Gerät mit e-m Schalter in Betrieb setzen 打开,开动(电器) ≈ einschalten (1) ↔ abschalten: *den Fernseher, das Radio a.* 打开电视、收音机 **3. j-n a.** j-m gegen Bezahlung *mst* für längere Zeit Arbeit geben 雇用,聘用,任用,录用 ≈ einstellen ↔ entlassen: *Die Firma hat dieses Jahr schon drei neue Sekretärinnen angestellt* 公司今年已聘用三位新的女秘书 **4. j-n zu etw. a.** *gespr*[口]; j-m e-e Aufgabe geben 差遣,支派,支使 ≈ j-n mit etw. beauftragen: *j-n zum Aufräumen a.* 支派某人去打扫 **5. etw. a.** *gespr*[口]; etw. (Besonderes) unternehmen, tun 做,干,进行(特别的事): *Was stellen wir heute Abend noch an?* 今晚我们还干什么?; *Ich habe schon alles Mögliche angestellt, um sie wiederzusehen* 为了能再次见到她,我把一切可能做的事都做了 **6. etw. irgendwie a.** etw., *mst* ein Problem od. e-e bestimmte Aufgabe, irgendwie zu lösen versuchen 解决,处理,办: *Wie soll ich es nur a., dass ich diese Arbeitsstelle bekomme?* 要得到这份工作我到底该怎么办? **7. etw. a.** *gespr*[口]; etw. tun, was *mst* unangenehme Folgen hat 搞,干,折腾(坏事) ≈ anrichten (2): *Die Kinder sind so ruhig; wahrscheinlich haben sie wieder etwas angestellt* 孩子们一声不吭,说不定他们又干了什么坏事 **8. etw. (an etw. (Akk** 四格**)) a.** etw. so an etw. setzen, lehnen od. stellen, dass es mit ihm in Berührung kommt 靠,放(到…上): *die Leiter an die Wand a.* 把梯子靠到墙上; [Vr] (反身) **9. sich (um etw.) a.** sich in e-e Reihe mit anderen Personen stellen (*bes* vor der Kasse od. e-m Schalter) 排队(等候) ≈ anstehen (1) 〈sich um Theaterkarten a. 排队等买戏票; sich hinten a. 排在后头〉 **10. sich (bei etw.) irgendwie a.** *gespr*[口]; bei etw. (*mst* beim Lösen e-s Problems od. e-r Aufgabe) geschickt od. ungeschickt sein (在…方面)办事、干活(麻利或不麻利) 〈sich geschickt, dumm a. 干活麻利、笨拙〉 ‖ ID *mst*[谚]多用 ***Stell dich nicht so an!*** *gespr*[口]; sei nicht so wehleidig/ungeschickt! 别那么伤感/傻样!

an·stel·lig *Adj* (形); *veraltend* [渐旧] ≈ geschickt 〈sich a. zeigen 表现灵巧〉: *ein anstelliger u. fleißiger Arbeiter* 一位心灵手巧且勤奋肯干的工人 ‖ *hierzu* (派生) **An·stel·lig·keit** *die*; *nur Sg*(只用单数)

An·stel·lung *die* **1.** e-e Arbeitsstelle *mst* für ziemlich lange Zeit aufgrund e-s Vertrags (合同时间较长的)职位,工作岗位 〈e-e A. finden, haben 找到、有工作〉: *e-e A. beim Staat* 在国家单位任职 **2.** *nur Sg*(只用单数); das Anstellen (3) 〈die A. neuer Arbeitskräfte 雇用新的劳动力〉

an·steu·ern (*hat*) [Vt] (及物) **1. etw. a.** (*bes* mit e-m Schiff) in Richtung auf ein Ziel fahren 驶向,朝…行驶(航行) 〈das Ufer, e-n Hafen a. 驶向岸边、港口〉 **2. etw. a.** *gespr* [口]; etw. zum Ziel haben 奔(向),目标是,以…为努力目标 〈ein Gasthaus a. 奔客栈; e-e Karriere a. 奔个好前程〉 ‖ *hierzu* (派生) **An·steu·e·rung** *die*; *nur Sg*(只用单数)

An·stich *der*; *mst Sg*(多用单数); das Öffnen durch e-n Schlag 开孔,开栓,开桶 ≈ Anstechen (1) 〈der A. e-s Fasses 打开桶栓〉 ‖ -K (复合): **Bier-**

An·stieg *der*; -(*e*)*s*, -*e* **1.** *nur Sg*(只用单数); das Ansteigen (1) ≈ Steigung: *der steile A. der Straße gleich hinter der großen Kurve* 大拐弯后紧接着是马路的陡坡 **2.** *nur Sg*(只用单数); der Prozess, bei dem man irgendwohin nach oben geht 登高,攀登 ≈ Aufstieg 〈e-n steilen, beschwerlichen A. hinter sich haben 经历了一次陡峭的、艰苦的攀登〉 **3.** der Weg hinauf 登高的坡道: *den westlichen A. zum Gipfel benutzen* 去顶峰走西线的坡道 **4.** *nur Sg* (只用单数); das Ansteigen (2) 〈der A. der Temperatur, des Wassers 温度、水位上升〉 ‖ -K(复合): **Druck-, Temperatur-** **5.** *mst Sg*(多用单数); das Ansteigen (3) ≈ Zunahme 〈der A. der Teilnehmerzahlen 学员人数增多〉

an·stif·ten (*hat*) [Vt] (及物) **1. etw. a.** durch sein Verhalten bewirken, dass etw. entsteht od. ausgelöst wird 挑起,制造,引起 〈e-n Krieg, e-e Intrige, e-n Streich a. 挑起战争,制造阴谋,恶作剧〉 **2. j-n (zu etw.) a.** j-n dazu bringen od. überreden, etw. zu tun, das dumm ist od. das gegen das Gesetz od. die Moral verstößt 唆使,挑唆,煽动 ≈ j-n zu etw. verleiten: *Er hatte seinen Freund dazu angestiftet, in die Wohnung einzubrechen* 他挑唆他的朋友破门行窃 ‖ *hierzu* (派生) **An·stif·tung** *die*; *nur Sg*(只用单数); *zu* (义项) **2. An·stif·ter** *der*; -*s*, -; **An·stif·te·rin** *die*; -, -*nen*

an·stim·men (*hat*) [Vt] (及物) **1. etw. a.** etw. zu singen od. zu spielen beginnen 开始歌唱、演奏 〈ein Lied, e-e Melodie a. 唱起一支歌,奏起一首乐曲〉 **2. etw. a.** beginnen, laut zu schreien, rufen, lärmen *o. Ä.* 开始大声叫、喊、闹等 〈ein Geschrei, ein Geheul a. 开始大喊大叫,开始嚎叫〉

An·stoß *der* **1. der A. (zu etw.)** etw. (oft ein Gedanke, e-e Idee), das die Ursache od. die Motivation für etw. ist 启发,启迪,点拨 〈den A. zu etw. geben 给予启发(干某事)〉 ‖ -K(复合): **Denk-** **2.** *mst Sg*(多用单数), SPORT

【体】;(im Fußball) der erste Schuss, mit dem e-e Halbzeit eröffnet wird 开球(足球)〈A. haben 开球〉 **3. A.** (**an etw.** (*Dat* 三格)) **nehmen** etw. für falsch halten (weil man es nicht mag) u. sich deshalb darüber ärgern (对…)不满,反感,认为是错误的≈ etw. beanstanden: *Er nahm A. daran, dass sie in Jeans ins Theater ging* 他认为她穿着牛仔去剧院是错误的 **4.** (**bei j-m**) **A. erregen** durch sein Handeln j-s Gefühle verletzen u. ihn somit ärgern 引起愤慨,激起怒火: *durch obszöne Bemerkungen A. erregen* 因猥亵的话语引起愤慨

an·sto·ßen Vt (及物) (*hat*) **1. j-n a.** j-m durch e-n Stoß (mit dem Ellbogen od. Fuß) e-n Hinweis auf etw. geben(用肘或脚)碰,撞(给予暗示): *Sie stieß ihn heimlich unter dem Tisch mit dem Fuß an* 她悄悄地用脚在桌子下碰了他一下 **2. j-n/etw. a.** j-m/etw. (oft ohne Absicht) e-n kleinen Stoß geben (无意)碰了…一下〈seinen Nachbarn a. 碰了邻座一下〉; Vi (不及物) **3. j-d stößt mit j-m** (**auf j-n/etw.**) **an**; 〈Personen 人〉 **stoßen** (**auf j-n/etw.**) **an** (*hat*) zwei od. mehrere Personen stoßen (vor dem Trinken *mst* von alkoholischen Getränken) die gefüllten Gläser mit dem Rand leicht gegeneinander, um auf j-n/etw. zu trinken(人作主语)单:(为…而)与…碰杯,干杯;复:(为…而)碰杯,干杯 〈auf j-s Erfolg, Geburtstag a. 为某人的成功、生日干杯〉: *Er hob das Glas u. stieß mit seinen Freunden auf das Gelingen ihrer Expedition an* 他举杯与他的朋友一起为他们考察旅行的成功干杯 **4. an etw.** (*Dat/Akk* 三格/四格) **a.** (*ist*) (ohne Absicht) gegen etw. stoßen(无意)碰、撞、磕着 **5.** (**bei j-m**) **a.** (*ist*) ≈ anecken **6.** (**mit der Zunge**) **a.** (*hat*) *gespr* [口] ≈ lispeln **7.** (*hat*) SPORT【体】; den Anstoß (2) ausführen 开球

an·stö·ßig *Adj*(形); so, dass es den Anstand, das moralische Empfinden verletzt 伤风败俗的,下流的,有失体统的,猥亵的≈ unanständig 〈ein Lied, ein Witz 歌曲,笑话; sich a. benehmen 举止下流〉‖ *hierzu*(派生) **An·stö·ßig·keit** *die*

an·strah·len (*hat*) Vt (及物) **1. j-n a.** j-n mit sehr freundlicher, glücklicher Miene ansehen 笑容满面地(喜气洋洋地)注视,看着≈ anlachen (1) **2. j-n/etw. a.** Lichtstrahlen auf e-e Person/Sache richten, um sie besser sichtbar zu machen 照射,照亮,照耀 〈e-e Kirche, e-n Sänger auf der Bühne a. 照亮教堂,照着舞台上的歌手〉

an·stre·ben (*hat*) Vt (及物) **etw. a.** etw. zum Ziel haben, nach etw. streben 力争,致力于,攻读 〈e-e steile Karriere a. 谋求飞黄腾达,力争青云直上〉

an·strei·chen (*hat*) Vt (及物) **1. etw. a.** (mit e-m Pinsel) e-n Gegenstand od. e-e Fläche ganz mit Farbe bemalen 把…刷上颜色(油漆)〈den Zaun a. 把篱笆刷上漆〉 **2. etw. a.** etw. Besonderes in e-m Text kennzeichnen od. markieren 勾划,标出: *die Druckfehler in e-m Text* (*rot*) *a.* 将文章中的印刷错误(用红笔)标出 ‖ ▶ ***Anstrich***

An·strei·cher *der*; *-s*, *-* ≈ Maler (2)

an·stren·gen; *strengte an*, *hat angestrengt*; Vt (及物) **1. etw. a.** geistige od. körperliche Kräfte sehr stark einsetzen, um besondere Leistungen zu erzielen 尽力使用,极力调动,使劲投入〈seinen Geist, seine Kräfte a. 激发才智,竭尽全力〉 **2. etw. strengt j-n/etw. an** etw. belastet j-n/etw. stark u. ermüdet ihn/es dadurch(物作主语)使疲劳,使劳累,使费力≈ etw. strapaziert j-n/etw.: *Das lange Gespräch hat mich sehr angestrengt* 长时间的谈话弄得我精疲力尽; *Lesen bei schlechtem Licht strengt die Augen an/ist für die Augen sehr anstrengend* 在光线差的情况下读书累眼睛/眼睛很累 **3.** (**gegen j-n**) **e-n Prozess a.** JUR【法】; veranlassen, dass gegen j-n ein gerichtliches Verfahren begonnen wird(对…)提出起诉,诉之于法; Vr (反身) **4. sich a.** sich große Mühe geben, ein bestimmtes Ziel zu erreichen 努力,尽力,想方设法〈sich körperlich a. 体力使劲〉: *Er hat sich sehr angestrengt, um seinen Gästen e-n schönen Abend zu bieten* 他想方设法为他的客人安排一个美好的夜晚

An·stren·gung *die*; *-*, *-en* **1.** das Einsetzen geistiger od. körperlicher Kräfte, um ein bestimmtes Ziel zu erreichen 努力,使劲,投入〈in seinen Anstrengungen nachlassen 他的劲头松懈,松劲; Anstrengungen machen, unternehmen 作出努力〉‖ -K(复合): ***Kraft-*** **2.** die starke Belastung, Beanspruchung geistiger od. körperlicher Kräfte, die zur Folge hat, dass man müde wird 劳累,疲劳,劳顿≈ Strapaze: *Die Tour war mit großen körperlichen Anstrengungen verbunden* 旅游免不了消耗很大体力

An·strich *der* **1.** *nur Sg*(只用单数); ein Eindruck in der äußeren Erscheinung e-r Sache 特色,风格,特性,样子≈ Note[4] 〈e-r Sache e-n künstlerischen, würdigen, offiziellen A. geben 使某件事具有一种艺术的、威严的、正式的色彩〉 **2.** Farbe, die auf etw. aufgetragen worden ist 涂漆,涂色,涂层,涂料 〈den A. trocknen lassen 让刷的漆凉干; ein heller A. 浅色涂层〉‖ -K(复合): ***Außen-***, ***Innen-***, ***Tarn-*** **3.** das Anstreichen (1)

An·sturm *der*; *mst Sg*(多用单数) **1. ein A.** (**auf j-n/etw.** (*Kollekt od Pl* 集合或复数)) das heftige Drängen *mst* vieler Personen in die Richtung, in der sich j-d/etw. befindet 拥向,冲向,蜂拥而来,抢购 ≈ Andrang: *Auf die Sonderangebote herrschte ein wahrer A.* 一窝蜂冲上去抢购大甩卖商品; *Der Star war nach dem Konzert dem A. seiner Fans ausgesetzt* 音乐会结束后,歌星被蜂拥而来的歌迷围住 ‖ -K(复合): ***Käufer-***, ***Massen-*** **2. ein A.** (**auf j-n/etw.** (*Kollekt od Pl* 集合或复数)) der Angriff auf den Feind 冲锋,冲击

an·stür·men (*ist*) Vi (不及物) **j-d/etw.** (*Kollekt od Pl*(集合或复数)) **stürmt gegen j-n/etw. an** *mst* viele Soldaten greifen plötzlich den Feind an(人/物作主语)向…冲锋、进攻〈gegen ein fremdes Heer, gegen die Feinde a. 向外国军队、向敌人冲锋〉

an·su·chen (*hat*) [Vi] (不及物) (**bei j-m**) **um etw. a.** *veraltend* [渐旧]; j-n förmlich um etw. bitten(向…)申请,请求

An·su·chen *das*; *-s*, *-*; ADM *geschr*【管理】[书]; e-e förmliche (u. *mst* schriftliche) Bitte(多指书面的)正式申请,请求 ≈ Gesuch

An·ta·go·nis·mus *der*; *-*, *An·ta·go·nis·men*; *geschr* [书]; ein Gegensatz, der nicht überwunden werden kann 对抗,敌对 ≈ Widerstreit〈der A. verschiedener Interessen, Meinungen 不同利益、不同意见的对抗; der A. von Arm u. Reich 贫富对抗〉‖ *hierzu*(派生) **an·ta·go·nis·tisch** *Adj*(形)

An·ta·go·nist *der*; *-en*, *-en*; *geschr* [书] **1.** j-d, der sich e-m anderen ständig widersetzt 敌对者,敌手,对手 ≈ Gegner **2.** LIT【文】; e-e Figur in e-m literarischen Werk, die der Hauptfigur gegenüber gestellt ist 反面人物,反角,反派 ‖ NB(注意): *der Antagonist*; *den*, *dem*, *des Antagonisten* ‖ *hierzu* (派生) **An·ta·go·nis·tin** *die*; *-*, *-nen*

an·tan·zen (*ist*) [Vi] (不及物) *gespr*, *mst pej*[口] 多用[贬]; unerwartet (u. zu e-m ungünstigen Zeitpunkt) an e-n bestimmten Ort od. zu j-m kommen 冷不防地来了〈angetanzt kommen 闯来〉: *Sie tanzt immer dann an, wenn man überhaupt keine Zeit für sie hat* 她总是当你一点儿空也没有的时候闯来

Ant·ark·tis *die*; *-*; *nur Sg*(只用单数); das Gebiet, das um den Südpol der Erde liegt 南极周围地区 ‖ *hierzu* (派生) **ant·ark·tisch** *Adj* (形)

an·tas·ten (*hat*) [Vt] (及物) **1. etw. a.** anfangen, etw. zu verbrauchen 动用,开始使用 ≈ anbrechen (1)〈die Ersparnisse, die Vorräte nicht a. wollen 不想动用存款、库存〉**2. etw. a.** gegen etw. ideell Wertvolles verstoßen 侵犯,损害,触犯 ≈ beeinträchtigen〈die Rechte, die Unabhängigkeit e-s Staates a. 触犯法律,侵犯一个国家的独立〉‖ NB(注意): *mst* verneint (多用否定)

an·täu·schen (*hat*) [Vt] (及物) **etw. a.** SPORT【体】; so tun, als ob man e-e bestimmte Bewegung machen wollte, um den Gegner zu täuschen 虚晃,做假动作,假装〈e-n Wurf, e-n Schuss a. 假装投球,假装射门〉

An·teil *der* **1. ein A.** (**an etw.** (*Dat* 三格)) der Teil e-r Sache, auf den j-d ein Recht hat od. an dem j-d beteiligt ist (应得的)份额,比重〈seine Anteile fordern, auf seinen A. verzichten 要求得到自己的份额,放弃自己的份额〉: *j-s A. am Gewinn* 某人的一份利润(盈利分成); *der A. des Einzelnen am Bruttosozialprodukt* 每个人在国民生产总值中所占份额 ‖ -K (复合): **Arbeitgeber-**, **Arbeitnehmer-**, **Erb-**, **Gewinn-**, **Lohn-** **2. der A.** (+ *Gen* 二格) *geschr*[书]; ein bestimmter Teil *mst* im Verhältnis zum Ganzen 部分: *Der überwiegende A. der Bevölkerung ist gegen das neue Gesetz* 绝大部分人反对新法 ‖ -K(复合): **Bevölkerungs-**, **Haupt-** **3.** *mst Pl*, WIRTSCH(多用复数)【经】; e-e Beteiligung am Kapital e-r Firma 股份,股票〈seine Anteile verkaufen 出售自己的股票; Anteile erwerben 购进股票〉‖ K-(复合): **Anteils-**, **-eigner** ‖ -K (复合): **Geschäfts-** **4. an etw.** (*Dat* 三格) **A. nehmen/zeigen** Mitgefühl für etw. haben, zeigen 对…表示同情〈an j-s Unglück, an e-m Todesfall A. nehmen/zeigen 对某人的不幸、对死亡事故表示同情〉**5. an etw.** (*Dat* 三格) **A. nehmen/zeigen/bekunden** *gespr* [口]; Interesse für etw. zeigen 对…有/表示/表明兴趣〈an e-m Vorschlag A. nehmen/zeigen 对建议表示出兴趣〉**6. an etw.** (*Dat* 三格) **A. haben** an etw. beteiligt sein, mitwirken 参与: *an e-m Projekt maßgeblichen A. haben* 对一项工程的参与具有决定性作用

An·teil·nah·me *die*; *-*; *nur Sg*(只用单数) **1.** das Mitgefühl gegenüber j-m, das man *mst* nach außen zeigt (bei e-m Todesfall) 同情,慰问,哀悼〈j-n seiner aufrichtigen A. versichern 向某人致以真诚的慰问; j-m seine A. bekunden 向某人表示慰问〉**2.** das Interesse an e-r Sache, das man *mst* nach außen zeigt 兴趣,关心,关切〈ein Geschehen mit begeisterter, kritischer, reger A. verfolgen 怀着极大的兴趣、急迫的心情、非常关切地注视着事态发展〉

An·ten·ne *die*; *-*, *-n*; e-e Vorrichtung aus Metall (oft auf dem Dach e-s Hauses), mit der man Radio- od. Fernsehsendungen empfangen od. senden kann 天线 ‖ K-(复合): **Antennen-**, **-mast**, **-verstärker** ‖ -K(复合): **Fernseh-**, **Haus-**, **Radio-**, **Zimmer-**

An·ten·nen·wald *der*; *gespr*, *oft hum*[口]常用[诙]; e-e große Ansammlung von Antennen auf den Dächern der Häuser 天线幛

An·tho·lo·gie *die*; *-*, *-n* [-ˈgiːən]; *geschr*[书]; e-e Zusammenstellung von Gedichten od. ziemlich kurzen literarischen Texten, die oft dasselbe Thema haben u. aus verschiedenen Büchern u. von verschiedenen Schriftstellern stammen 诗选,文选 ‖ -K(复合): **Lyrik-**

An·th·ra·zit, **An·th·ra·zit** *der*; *-(e)s*, *-e*; *mst Sg*(多用单数); e-e Kohleart, die sehr langsam verbrennt u. viel Wärme erzeugt 无烟煤 ‖ *hierzu*(派生) **an·th·ra·zit·far·ben** *Adj* (形)

An·th·ro·po·lo·gie *die*; *-*; *nur Sg*(只用单数); die Wissenschaft, die sich mit der Entwicklung des Körpers, des Geistes u. der Gesellschaft des Menschen beschäftigt 人类学 ‖ *hierzu* (派生) **An·th·ro·po·lo·ge** *der*; *-n*, *-n*; **An·th·ro·po·lo·gin** *die*; *-*, *-nen*; **an·th·ro·po·lo·gisch** *Adj*(形)

an·ti-, **An·ti-** *im Adj u. Subst*, *betont u. unbetont*, *begrenzt produktiv*(构成形容词和名词,重读和非重读,构词有限); gegen j-n/etw. gerichtet, genau das Gegenteil von j-m/etw. 反,反对,抗…; **antiautoritär**〈e-e Erziehung 教育〉, **antidemokratisch**〈Tendenzen,

Äußerungen 倾向，主张〉，***antifaschistisch*** 〈der Widerstand，e-e Politik 抵抗运动，政策〉，***antiimperialistisch*** 〈e-e Haltung 态度〉，***antisemitisch*** 〈e-e Gesinnung 思想〉；der ***Antiheld***，der ***Antikommunist***，die ***Antikriegsdemonstration***，der ***Antimilitarismus***，der ***Antisemitismus***

An·ti|al·ko·ho·li·ker *der*；j-d，der grundsätzlich keinen Alkohol trinkt 禁酒主义者，反对饮酒的人 ‖ *hierzu*（派生）**An·ti|al·ko·ho·li·ke·rin**

an·ti·au·to·ri·tär *Adj*（形）；in dem Glauben，dass Kinder ohne Zwang erzogen werden sollen u. dass sie selbstständig Entscheidungen treffen dürfen 反对权威的↔ autoritär，repressiv 〈e-e Erziehung，ein Lehrer 教育，老师；sich a. verhalten 态度是反权威的；a. eingestellt sein，denken 思想倾向、想法是反权威的〉

An·ti·ba·by|pil·le *die*；*mst Sg*，*gespr*（多用单数）［口］；e-e Tablette，die e-e Frau regelmäßig nimmt，um nicht schwanger zu werden 避孕丸，避孕药≈ die Pille

An·ti·bio·ti·kum [-ˈbio:-] *das*；*-s*，*An·ti·bio·ti·ka*；MED【医】；e-e Substanz（wie *z.B.* Penizillin），die Bakterien tötet 抗菌素，抗生素（如盘尼西林）

an·ti|de·mo·kra·tisch *Adj*（形）；nicht demokratisch，die Demokratie ablehnend 反民主的

An·ti|fa·schis·mus *der*；alle Bewegungen u. Ideologien，die sich gegen den Faschismus u. den Nationalsozialismus wenden 反法西斯主义 ‖ *hierzu*（派生）**An·ti|fa·schist** *der*；**an·ti|fa·schis·tisch** *Adj*（形）

An·ti|im·pe·ri·a·lis·mus *der*；alle Bewegungen u. Ideologien，die sich gegen den Imperialismus wenden 反帝国主义 ‖ *hierzu*（派生）**An·ti|im·pe·ri·a·list** *der*；**an·ti|im·pe·ri·a·lis·tisch** *Adj*（形）

an·tik *Adj*（形）；*ohne Steigerung*（无变级）**1.** *nur attr od adv*（只作定语或状语）；das klassische，griechisch-römische Altertum betreffend，zur Antike gehörend 古希腊罗马的，古典的〈die Philosophie，die Kultur，die Mythologie 哲学，文化，神话〉**2.** alt，aus e-r alten Epoche stammend 古旧的，古老的〈Möbel 家具〉**3.** im Stil e-r vergangenen Epoche gestaltet 古风的，古雅的 ‖ NB（注意）：↑ ***antiquiert***，***antiquarisch***

An·ti·ke *die*；*-*；*nur Sg*（只用单数）；der älteste historische Zeitraum der Griechen u. Römer（*bes* von der Kultur her gesehen）古典时期，古希腊罗马文化时期 ≈ Altertum（2）〈die griechische，römische A. 古希腊、古罗马文化时期；die Kunstwerke der A. 古希腊罗马时期的艺术作品〉

an·ti|kom·mu·nis·tisch *Adj*（形）；gegen den Kommunismus gerichtet 反对共产主义的，反共的〈e-e Haltung，e-e Propaganda 态度，宣传〉

An·ti·kör·per *der*；*mst Pl*，MED（多用复数）【医】；e-e Substanz，die im Blut gebildet wird u. den Körper gegen bestimmte Krankheiten schützt 抗体

An·ti·lo·pe *die*；*-*，*-n*；ein sehr schlankes Tier，das *bes* in Afrika u. Asien vorkommt，Hörner hat u. sehr schnell laufen kann 羚羊

An·ti|mi·li·ta·ris·mus *der*；e-e Haltung，die grundsätzlich jede Form militärischer Handlungen ablehnt 反对军国主义 ‖ *hierzu*（派生）**An·ti|mi·li·ta·rist** *der*；**an·ti|mi·li·ta·ris·tisch** *Adj*（形）

An·ti·pa·thie *die*；*-*，*-n* [-ˈti:ən]；***e-e A.*（*gegen j-n / etw.*）** *geschr*［书］；das beständige Gefühl，j-n nicht leiden zu können od. zu hassen（对…）反感，厌恶≈ Abneigung ↔ Sympathie〈e-e starke，unüberwindliche A. 强烈的、难以克服的反感〉

An·ti·po·de *der*；*-n*，*-n* **1.** *geschr*［书］；j-d，der e-e ganz andere Meinung hat als j-d anderes 持完全不同意见的人，观点完全对立的人 **2.** GEOG【地】；j-d，der an e-m genau entgegengesetzten Punkt der Erde wohnt 对跖者（在地球的相对点上居住的人）

an·tip·pen（*hat*）Vt（及物）**1. *j-n / etw. a.*** j-n / etw. mit den Fingerspitzen berühren（用指尖）轻击（拍）：*j-n an der Schulter a.* 轻拍某人的肩膀 **2. *etw. a.*** *gespr*［口］；etw. im Gespräch vorsichtig od. als Andeutung erwähnen 小心地谈到，暗示，提及〈ein heikles Thema a. 提到一个棘手的题目〉

An·ti·quar [-ˈkva:ɐ] *der*；*-s*，*-e*；j-d，der mit gebrauchten，oft wertvollen Büchern od. Antiquitäten handelt（古）旧书商、古董商、古玩商 ‖ *hierzu*（派生）**An·ti·qua·rin** *die*；*-*，*-nen*

An·ti·qua·ri·at [-kvaˈria:t] *das*；*-(e)s*，*-e*；**1.** e-e Buchhandlung，die alte（oft wertvolle）Bücher kauft u. verkauft（古）旧书店 **2.** *nur Sg*（只用单数）；der Handel mit alten Büchern（古）旧书业，旧书买卖

an·ti·qua·risch [-ˈkva:rɪʃ] *Adj*（形）**1.** *nur attr*，*nicht adv*（只作定语，不作状语）；aus e-m Antiquariat stammend（古）旧书店的〈ein Buch 书〉**2.** *nur attr od adv*（只作定语或状语）；bereits gebraucht u. relativ alt 旧的，用过的〈ein Spielzeug 玩具；etw. a. kaufen 买用过的东西〉

an·ti·quiert [-kv-] *Adj*（形）；*pej*［贬］；nicht mehr zur modernen Zeit passend，nicht aktuell 过时的，陈旧的，陈腐的 ≈ veraltet，altmodisch ↔ modern〈Vorstellungen，j-s Denkweise 观念，某人的思想方法〉

An·ti·qui·tät [-kv-] *die*；*-*，*-en*；*oft Pl*（常用复数）；ein Kunst- od. Gebrauchsgegenstand（*z.B.* Möbel，Geschirr），der alt u. selten u. deshalb sehr wertvoll geworden ist 古董，古物，古玩，文物，古代艺术品 ‖ K-（复合）：***Antiquitäten-***，***-geschäft***，***-händler***，***-sammler***

An·ti|se·mi·tis·mus *der*；*-*；*nur Sg*（只用单数）**1.** die feindliche u. aggressive Haltung gegenüber den Juden 反犹太主义 **2.** e-e Bewegung，die aus religiösen，politischen od. rassistischen Gründen e-e feindliche u. aggressive Haltung gegenüber den Juden hat

排斥犹太人的运动 ‖ *hierzu*（派生）**An·ti|se·mit der**；*-en*，*-en*；**an·ti|se·mi·tisch** *Adj*（形）

An·ti·sep·ti·kum *das*；*-s*，*An·ti·sep·ti·ka*；MED【医】；ein chemisches Mittel，das Krankheitserreger abtötet u. *bes* verwendet wird，um die Infektion von Wunden zu verhindern 防腐剂，抗菌剂 ‖ *hierzu*（派生）**an·ti·sep·tisch** *Adj*（形）

An·ti·the·se *die*；e-e Aussage，die das Gegenteil e-r bereits aufgestellten These behauptet 反命题，反题≈ Gegenthese

an·ti·zi·pie·ren；*antizipierte*，*hat antizipiert*；[Vt]（及物）**etw. a.** *geschr*[书]；etw.，das erst später kommt od. geschieht，schon vorher sagen od. tun 预先说或做，预料，预卜，预言 ≈ vorwegnehmen〈e-e künftige Entwicklung a. 预言今后的发展〉 ‖ *hierzu*（派生）**An·ti·zi·pa·ti·on** *die*；*-*，*-en*

Ant·litz *das*，*-es*，*-e*；*mst Sg*，*lit*（多用单数）[文] ≈ Gesicht

An·to·nym *das*；*-s*，*-e*；**ein A.**（**zu etw.**）LING【语】；ein Wort，das die entgegengesetzte Bedeutung e-s anderen Wortes hat 反义词≈ Gegenteil ↔ Synonym：*„Heiß" ist ein A. zu „kalt"* "热"是"冷"的反义词

An·trag *der*；*-(e)s*，*An·trä·ge* **1. ein A.**（**auf etw.**（*Akk* 四格））die schriftliche Bitte，etw. genehmigt od. gewährt zu bekommen 申请：*e-n A. auf Unterstützung einreichen* 递交申请要求资助 ‖ K-（复合）：**Antrags-**，**-formular 2. e-n A.**（**auf etw.**（*Akk* 四格））**stellen** schriftlich darum bitten，dass etw. genehmigt od. gewährt wird 提出一项申请 **3.** das Formular für e-n A.（1）申请表格 **4.** ein Vorschlag，der *mst* e-e Forderung enthält u. über den abgestimmt wird 建议，动议，提案〈e-n A. annehmen，ablehnen 接受（通过）、拒绝一项提案；über e-n A. abstimmen 就某一提案进行表决；e-n A. im Parlament einbringen 向议会提交一项提案〉**5.** *Kurzw*（略）↑ **Heiratsantrag**：*seiner Freundin e-n A. machen* 向自己的女友求婚 ‖ *zu*（义项）**2. An·trag·stel·ler** *der*；*-s*，*-*；**An·trag·stel·le·rin** *die*；*-*，*-nen*

an·tra·gen（*hat*）[Vt]（及物）**j-m etw. a.** *geschr*[书]；j-m e-n Dienst od. e-e Gunst anbieten 向…表示（诚意），愿为…提供服务〈j-m seine Hilfe a. 表示愿意帮助某人，愿向某人提供援助〉

an·tref·fen（*hat*）[Vt]（及物）**j-n**（**irgendwo**/**irgendwie**/**irgendwann**）**a.** j-n dort erreichen，wo man ihn vermutet od. j-n in e-m bestimmten Zustand（vor）finden 遇见，碰见，找到，见到〈j-n im Büro，bei guter Gesundheit a. 在办公室碰见某人，见到某人身体很好〉：*Ich konnte ihn gestern nicht a.* 昨天我没能见到他

an·trei·ben（*hat*）[Vt]（及物）**1. j-n**（**zu etw.**）**a.** j-n（*mst* mit Worten）dazu bringen，etw. zu tun od. sich in bestimmter Weise zu verhalten 催促，督促〈j-n zur Arbeit，zur Eile a. 催促某人去工作，催某人快干〉**2. etw. treibt j-n**（**zu etw.**）**an** etw. motiviert j-n dazu，etw. zu tun（物作主语）推动，激发，驱使≈ etw. stachelt j-n an：*Der Ehrgeiz treibt sie zu immer besseren Leistungen an* 好胜心激发她去取得更好的成绩 **3. etw. treibt etw. an** etw. setzt od. hält ein Gerät od. Fahrzeug in Funktion（物作主语）驱动，发动，起动，推动：*Das Spielzeugboot wird von einem Motor angetrieben* 玩具艇是由马达驱动的 **4. etw. treibt etw. an** ≈ etw. schwemmt od. spült etw. an：*Der Sturm hat ein Boot angetrieben* 风暴把一只船冲到岸边 ‖ ▶ **Antrieb**

an·tre·ten [Vt]（及物）（*hat*）**1. etw. a.** etw.（zum ersten Mal）beginnen（第一次）开始从事，就（职、业、学）〈e-e Stelle，e-e Arbeit，das/ein Studium a. 就职，开始工作/学习〉**2. etw. a.** etw. beginnen，nachdem man alle notwendigen Vorbereitungen getroffen hat（一切必要的准备就绪后）开始，踏上〈die Reise，den Heimweg a. 踏上旅途、归程〉**3. etw. a.** ein Fahrzeug durch Treten des Anlassers in Gang setzen（踩脚蹬）起动，发动 ≈ starten〈das Moped a. 起动摩托车〉**4. j-s Nachfolge a.** die Funktion seines Vorgängers übernehmen 接替、接任某人的工作，接某人的班 **5. ein Erbe**/**e-e Erbschaft a.** sein Erbteil übernehmen 接受遗产，继承遗产 **6. den Beweis**（**für etw.**）**a.** *geschr*[书]；etw. beweisen（对…）提供证明：*Ich werde den Beweis a.，dass der Angeklagte unschuldig ist* 我将证明被告是无罪的；[Vi]（不及物）（*ist*）**7. zu etw. a.** an e-n Ort kommen，um dort seine Pflicht zu tun 到，去（履行职责）〈pünktlich zum Dienst a. 准时上班〉**8.**〈Truppen *o. Ä.* 部队等〉**treten an** MIL【军】；Truppen *o. Ä.* stellen sich in e-r Formation auf 列队，集合：*Wir treten zum Appell an* 集合整队点名 **9.**（**gegen j-n**）**a.** SPORT【体】；an e-m Wettkampf teilnehmen，gegen j-n spielen，laufen *o. Ä.* 出场（与…）比赛：*gegen den Weltmeister a.* 出场与世界冠军比赛

An·trieb *der* **1.** *nur Sg*（只用单数）；etw.，das j-m die（psychische）Kraft gibt，etw. zu tun 动力，推动≈ Motivation，Auftrieb（1）：*Das Lob gibt ihm neuen A.* 表扬给予他新的动力 **2.** die Kraft，die e-e technische Vorrichtung antreibt 传动，驱动，传动力，推进力：*e-e Maschine mit elektrischem，mechanischem A.* 电力传动器，机械传动器 ‖ K-（复合）：**Antriebs-**，**-kraft**，**-welle** ‖ -K（复合）：**Raketen-** **3. etw. aus eigenem A. tun** etw. tun，ohne dass man dazu von j-d anderem veranlasst wird 自愿做某事

an·trin·ken（*hat*）[Vt]（及物）**1. etw. a.** e-e Flasche *o. Ä.* öffnen u. anfangen zu trinken 开始喝，打开喝：*e-e angetrunkene Flasche Wein* 一瓶刚打开喝的葡萄酒 **2. sich**（*Dat* 三格）**e-n Rausch**/**Schwips a.** ≈ sich betrinken **3. sich**（*Dat* 三格）**einen a.** *gespr*[口] ≈ sich betrinken **4. sich**（*Dat* 三格）**Mut a.** so viel Alkohol trinken，dass man die Angst vor j-m/etw. verliert 喝酒壮胆

An·tritt *der*；*-s*；*nur Sg*（只用单数）**1.** der Beginn，das Antreten（1）开始：*der A. des Studiums* 开始学习 **2.** der Beginn，das Antreten

(2)起程,踏上: *bei A. der Reise* 在踏上旅途时,在动身旅行时 **3.** die Übernahme, das Antreten (5)继承,接受: *der A. der Erbschaft* 遗产继承

An·tritts·be·such *der*; ein offizieller Besuch, bei dem sich j-d, der e-e (*mst* diplomatische) Aufgabe übernommen hat, vorstellt 就职访问 ‹seinen A. machen 进行就职访问›

an·tun (*hat*) Vt (及物) **1. j-m etw. a.** so handeln, dass es für j-n negative Folgen hat 使遭受,给…带来(消极后果) ≈ j-m etw. zufügen (1) ‹j-m ein Leid, ein Unrecht a. 给某人带来痛苦,使某人遭到不公正待遇› **2. sich** (*Dat* 三格) **(et)was a.** *gespr euph* [口][婉]; Selbstmord begehen 自杀

an·tur·nen [ˈantœrnən]; *turnte an, hat angeturnt*; Vt (及物) **j-d/etw. turnt j-n an** *gespr* [口]; j-d/etw. versetzt j-n in e-n sehr fröhlichen od. rauschähnlichen Zustand(人/物作主语)使神魂颠倒、着魔、心醉: *Laute Rockmusik turnt mich unwahrscheinlich an* 震耳欲聋的摇滚音乐使我着魔,不可思议

Ant·wort *die*; -, -*en* **1. e-e A.** (**auf etw.** (*Akk* 四格)) e-e mündliche od. schriftliche Äußerung, mit der man *bes* auf e-e Frage, e-e Bitte od. e-n Brief reagiert 回答,答复 ↔ Frage ‹e-e höfliche, kluge, schnippische, unverschämte A. geben› 给予有礼貌的、聪明的、唐突无礼的、厚颜无耻的回答: *Ich habe immer noch keine A. auf meinen Brief erhalten* 我至今未收到回信 ‖ K-(复合): **Antwort-, -brief, -schreiben 2. e-e A.** (**auf etw.** (*Akk* 四格)) e-e Handlung, mit der man auf e-e andere Handlung reagiert 回答,反应,反响 ≈ Reaktion: *Lautes Gelächter war die A. auf sein Missgeschick* 一阵哄堂大笑是对他倒霉的反应 ‖ ID[谚] **Keine A. ist auch eine A.** auch durch Schweigen kann man seine Einstellung ausdrücken 不回答也是一种回答

ant·wor·ten; *antwortete, hat geantwortet*; Vt (及物) **1.** (**j-m**) **etw.** (**auf etw.** (*Akk* 四格)) **a.** j-m etw. als Antwort auf e-e Frage, Bitte od. e-n Brief sagen/schreiben(对…)回答,答复 ↔ fragen: *Was hast du ihm darauf geantwortet?* 对此你是怎么回答他的?; Vi (不及物) **2.** (**j-m**) (**auf etw.** (*Akk* 四格)) **a.** auf e-e Frage, Bitte od. e-n Brief e-e Antwort geben (对…)作回答≈ etw. beantworten ‹mit Ja od. Nein a. 回答是或不是›: *Du hast auf meine Frage noch nicht geantwortet* 你还没有回答我的问题; *Ich habe sie dreimal angeschrieben, aber sie antwortet einfach nicht* 我给她写了三次信,她却干脆不回信 **3. auf etw.** (*Akk* 四格) **mit etw. a.** auf e-e Handlung, ein Verhalten in bestimmter Weise reagieren 对…作出反应: *Er antwortete auf meine Bemerkung mit lautem Lachen* 他对我的意见报以响亮的笑声

an·ver·trau·en; *vertraute an, hat anvertraut*; Vt (及物) **1. j-m etw. a.** j-m, den man für ehrlich hält, etw. Wertvolles zur Aufbewahrung geben 托付,托…保管,把…托付给(保管): *j-m seinen Schmuck, sein Geld a.* 托某人保管首饰、钱财 **2. j-m etw. a.** j-n, den man für geeignet hält, mit e-r Tätigkeit beauftragen 委托,交托,托…办事≈ j-m etw. übertragen (8) ‹j-m ein Amt, e-e Aufgabe a. 交托某人领导一个部门,委托某人处理一项任务› **3. j-m j-n a.** j-n, den man liebt, e-r vertrauenswürdigen Person (*mst* zur Pflege od. Betreuung) überlassen 托付…照料,请…看护: *j-m sein Kind für ein paar Tage a.* 托某人照料几天自己的孩子; *Er will seine kranke Frau nur e-m Spezialisten a.* 他只想请一位专家来护理自己生病的妻子 **4. j-m etw. a.** e-r vertrauenswürdigen Person etw. Geheimes od. Intimes sagen 向…倾吐、吐露 ‹j-m ein Geheimnis, seinen Kummer a. 向某人倾吐秘密、自己的苦恼›; Vr (反身) **5. sich j-m a.** e-r vertrauenswürdigen Person *bes* seine Geheimnisse, Sorgen u. seinen Kummer erzählen 向…倾吐心事(指自己的秘密、忧虑、烦恼) ≈ j-n ins Vertrauen ziehen: *sich dem Pfarrer a.* 向牧师诉说心事

an·vi·sie·ren [-v-]; *visierte an, hat anvisiert*; Vt (不及物) **1. etw. a.** etw., das man sich als Ziel gesetzt hat, zu erreichen versuchen 旨在实现,力求达到(预期的目标): *e-e Erhöhung der Produktion a.* 旨在提高生产 **2. j-n/etw. a.** mit e-m Gewehr auf j-n/etw. zielen 瞄准,枪口对准

an·wach·sen (*ist*) Vi (不及物) **1. etw. wächst an** etw. wächst irgendwo fest, verbindet sich allmählich mit dem Untergrund (物作主语)长上,扎根,愈合‹die transplantierte Haut 移植的皮肤; der verpflanzte Baum 移栽的树› **2. etw. wächst an** etw. wird in Zahl od. Menge allmählich u. dauernd mehr (物作主语)日益增长,不断增多≈ etw. nimmt zu ↔ etw. geht zurück ‹die Bevölkerung, der Lärm, die Menge, die Schulden 人口,噪音,数量,债务›

an·wäh·len (*hat*) Vt (及物) **j-n/etw. a.** die Telefonnummer von j-m od. von e-m Ort wählen 拨…的电话号码,给…拨电话

An·walt *der*; -(*e*)*s*, *An·wäl·te*; **1.** *Kurzw* (略) ↑ **Rechtsanwalt** ‖ K-(复合): **Anwalts-, -büro, -kanzlei 2.** *geschr* [书]; j-d, der sich öffentlich dafür einsetzt, dass e-e gute Sache od. e-e benachteiligte Person gefördert wird 维护者,辩护人≈ Fürsprecher: *Er ist immer ein A. der Armen gewesen* 他总是穷人的维护者 **3. sich** (*Akk* 四格) **zum A. für j-n machen** *geschr* [书]; seinen ganzen Einfluss dazu verwenden, j-m zu helfen 站出来作为…的维护者,站出来为…排忧解难 ‖ *zu* (义项) **1.** u. **2. An·wäl·tin** *die*; -, -*nen*

An·wand·lung *die*; -, -*en* **1.** *geschr* [书]; e-e plötzlich auftretende Änderung der Stimmung od. des Verhaltens e-r Person 心血来潮,情绪冲动 ≈ Laune: *In e-r A. von Großzügigkeit schenkte er ihr ein teures Auto* 他一时冲动,慷慨解囊送给她一辆昂贵的小汽车 **2.** (**seltsame**) **Anwandlungen haben** sich plötzlich ganz sonderbar, eigenartig verhalten 突然情绪异常

an·wär·men (*hat*) Vt (及物) ***etw. a.*** etw. ein wenig warm machen 热一下，稍温，暖一暖 ⟨das Essen, das Bett a. 热一热饭菜，暖一暖被窝⟩

An·wär·ter *der* **1. *ein A.*** (***auf etw.*** (*Akk* (四格)) ein Bewerber od. ein Kandidat, der gute Chancen hat, e-e berufliche Stellung zu bekommen (职位)候选人，补缺者，顶替者 ‖ -K(复合): ***Offiziers-*** **2. *der A.*** (***auf etw.*** 四格 (*Akk*)) SPORT【体】; ein Teilnehmer an e-m Wettkampf, der gute Chancen hat, zu gewinnen 有望…(取胜)的运动员 ≈ Favorit ⟨der A. auf den Sieg, auf den Titel 最有希望取胜、夺冠的运动员⟩ ‖ -K(复合): ***Titel-*** ‖ *hierzu* (派生) **An·wär·te·rin** *die*

An·wart·schaft *die*; -; *nur Sg* (只用单数); ***die A.*** (***auf etw.*** (*Akk* 四格)) die berechtigte Erwartung od. die Aussicht auf etw. 对…有候补资格，对…最有希望: *die A. auf e-e Direktorenstelle* 有资格接替校长的工作

an·wei·sen; *wies an*, *hat angewiesen*; *geschr* [书]; Vt (及物) **1. *j-n a.*** + ***zu*** + *Infinitiv* (不定式) j-m den Auftrag geben, etw. zu tun 指示，指派 ≈ beauftragen: *Ich habe ihn angewiesen, die Sache sofort zu erledigen* 我指派他马上去完成此事 **2. *j-n*** (***bei etw.***) ***a.*** j-m bei e-r Tätigkeit Hinweise u. Instruktionen geben (在…方面)指导 ≈ anleiten, einweisen: *den neuen Mitarbeiter bei seiner Arbeit a.* 指导新来的同事干工作 **3. *j-m etw. a.*** bestimmen, dass j-d etw. bekommt 指定给，分配给 ≈ j-m etw. zuteilen ⟨j-m e-e Wohnung, e-e neue Arbeitsstelle a. 把一套住房、一个新的工作岗位分配给某人⟩ **4. *etw.*** (***an j-n***) ***a.*** veranlassen, dass j-d durch e-e Bank e-e Geldsumme bekommt (给…)汇款，汇兑 ≈ überweisen ⟨das Gehalt, e-n Scheck an j-n a. 给某人汇工资、一张支票⟩

An·wei·sung *die* **1.** *geschr* [书] ≈ Auftrag, Befehl ⟨j-s Anweisungen befolgen 遵照某人指示; strikte A. haben + zu + *Infinitiv* (不定式)奉命严禁⟩ **2.** ein Heft od. kleines Buch mit Hinweisen od. Instruktionen 指南，说明书，说明手册 ≈ Anleitung (2) ‖ -K(复合): ***Gebrauchs-*** **3.** das Anweisen (4) e-r Geldsumme ≈ Überweisung ‖ -K(复合): ***Gehalts-***, ***Honorar-*** **4.** ein Formular für e-e Anweisung (3) 汇款单 ‖ -K(复合): ***Bank-***, ***Post-***

an·wend·bar *Adj* (形); *nicht adv* (不作状语); so beschaffen, dass es angewendet werden kann 可用的，适用的 ‖ *hierzu* (派生) **An·wend·bar·keit** *die*; *nur Sg* (只用单数)

an·wen·den; *wendete/wandte an*, *hat angewendet/angewandt*; Vt (及物) **1. *etw. a.*** etw. zu e-m bestimmten Zweck benutzen 使用，运用，应用 ⟨Gewalt a. 使用暴力; e-e List, e-n Trick a. 使用计策、诡计⟩ **2. *etw. auf etw.*** (*Akk* 四格) ***a.*** etw. Allgemeines od. Abstraktes auf e-n speziellen Fall beziehen 使适用于、应用于: *Diese mathematische Formel lässt sich nicht auf unseren Sonderfall a.* 这个数学公式不适用于我们的特殊情况

An·wen·der *der*; *-s*, *-*; j-d, der *bes* ein Computerprogramm benutzt (电脑程序)用户

An·wen·dung *die*; -, *-en* **1.** *nur Sg* (只用单数); das Anwenden (1): *Unter A. e-s Tricks schaffte es der Betrüger, in die Wohnung zu kommen* 骗子使用诡计得以潜入住房 ‖ K-(复合): ***Anwendungs-***, ***-bereich***, ***-gebiet***, ***-möglichkeit*** **2. *die A.*** + *Gen* 二格/ ***von etw. auf etw.*** (*Akk* 四格) das Beziehen von etw. Allgemeinem auf e-n speziellen Fall 适用于: *die A. e-s Paragraphen auf e-n Fall* 某一条款适用于某一案件 **3. *etw. findet A.*** *geschr* [书]; etw. wird angewendet: (物作主语)得到应用，被应用 *Roboter finden in dieser Autofabrik keine A.* 机器人在这个汽车厂没有得到应用

an·wer·ben (*hat*) Vt (及物) ***j-n*** (***für/zu etw.***) ***a.*** versuchen, j-n als (Mit) Arbeiter bei etw. zu bekommen 招聘，招募 ≈ anheuern (2) ⟨Arbeitskräfte, Hilfsarbeiter a. 招聘劳力、辅助工⟩

an·wer·fen (*hat*) Vt (及物) **1. *etw. a.*** e-n Mechanismus in Betrieb setzen 开动，起动，推动 ≈ starten ⟨den Motor, den Propeller a. 开动马达，起动螺旋桨⟩; Vi (不及物) **2.** SPORT【体】; (*bes* im Hand- u. Basketball) das Spiel od. e-e Spielhälfte durch e-n Wurf beginnen (尤指手球，篮球)开球 ‖ ▶ ***Anwurf***

An·we·sen *das*; *-s*, *-*; *geschr* [书]; ein Grundstück *mst* mit e-m Haus u. Nebengebäuden 庄园，房地产 ⟨ein landwirtschaftliches A. 农庄庄园⟩

an·we·send *Adj* (形); *ohne Steigerung*, *nicht adv* (无变级，不作状语); sich an e-m Ort befindend 在场的，出席的，在座的 ↔ abwesend (1) ⟨Personen 人⟩: *bei e-r Veranstaltung a. sein* 出席一个集会 ‖ *hierzu* (派生) **An·we·sen·de** *der/die*; *-n*, *-n*

An·we·sen·heit *die*; -; *nur Sg* (只用单数) **1.** die Tatsache, dass sich j-d an e-m Ort befindet 出席，在场，在座 ↔ Abwesenheit: *Die Parade fand in A. des Präsidenten statt* 检阅时总统在场 **2.** die Tatsache, dass etw. irgendwo vorhanden ist, existiert 存在 ≈ das Vorhandensein: *die A. von Giftstoffen in der Luft* 空气中含有毒物质

An·we·sen·heits·lis·te *die*; e-e Liste, in die alle Anwesenden (*bes* bei e-r Sitzung) ihre Namen eintragen (与会者)签到簿

an·wi·dern; *widerte an*, *hat angewidert*; Vt (及物) ***j-d/etw. widert j-n an*** j-d/etw. erregt in j-m Ekel u. Widerwillen (人/物作主语)使厌恶，使反感，让人作呕

an·win·keln; *winkelte an*, *hat angewinkelt*; Vt (及物) ***etw. a.*** Arme od. Beine so beugen, dass sie e-n Winkel bilden 使(手或脚)弯曲

An·woh·ner *der*; *-s*, *-*; j-d, der an od. neben etw. (*mst* e-r Straße *o. Ä.*) wohnt 临街的居民，街道居民 ≈ Anlieger: *die Anwohner der Fußgängerzone* 步行区的街道居民，临街居民 ‖ *hierzu* (派生) **An·woh·ne·rin** *die*; *-*, *-nen* ‖ NB(注意): ↑ ***Bewohner***

an·wur·zeln (*ist*) Vi (不及物) **1. *etw. wurzelt***

an e-e Pflanze bildet Wurzeln u. wächst fest (物作主语)扎根,生根 **2. *wie angewurzelt*** *gespr* [口]; ohne sich zu bewegen 一动不动地,呆若木鸡地〈wie angewurzelt dastehen, stehen bleiben 呆若木鸡地站着〉

An·zahl *die*; *nur Sg* (只用单数) **1. *e-e A.*** (+ *Gen* 二格/ ***von*** 〈Personen/Dingen 人/物〉) e-e unbestimmte, nicht genau zählbare Menge von Personen od. Dingen (不确定的)一些,一部分〈e-e stattliche, große A. 很可观的、很大的一部分〉: *e-e A. von Schülern* 一部分学生; *e-e A. Kinder* 一些孩子 **2. *die A.*** (+ *Gen* 二格/ ***an*** 〈Personen/Dingen 人/物〉) die zählbare Menge von Personen od. Dingen e-s Ganzen (总数中)一定数量≈ Zahl: *Die A. der Mitglieder unseres Vereins ist gestiegen* 我们协会的成员数增加了 ‖ NB(注意): Ist *A.* das Subjekt des Satzes, steht das Verb *mst* im Singular, kann aber auch im Plural stehen (若 Anzahl 作句子主语,动词常用单数,但也可用复数): *Bei dem Fest war/waren e-e große A. von Gästen anwesend* 庆祝会上来了很多客人

an·zah·len (*hat*) [Vt] (及物) ***etw. a.*** bei e-m Kauf e-n ersten Teil des gesamten Betrages zahlen 支付第一笔(购买)…的款〈e-n Kühlschrank, e-n Fernseher a. 付第一笔冰箱、电视款〉: *Er musste für sein Auto 3000 Euro a.* 他买车第一笔款得付 3000 欧元

An·zah·lung *die*; der erste Teil des Gesamtpreises e-r Ware, den man zahlen muss, damit man die Ware bekommt(分期付款的)第一笔购货款: *e-e A. von 100 Euro leisten* 先付 100 欧元(货款)

an·zap·fen (*hat*) [Vt] (及物) **1. *etw. a.*** e-e Art Rohr (e-n Hahn) in ein Fass schlagen, damit man die Flüssigkeit (*z.B.* Bier od. Wein) aus dem Fass nehmen kann 给…装开关,安龙头〈ein Fass Bier a. 给啤酒桶装龙头〉**2. *etw. a.*** *gespr* [口]; e-r Leitung illegal e-e Flüssigkeit entnehmen 从(管道中)偷取(液体)〈e-e Pipeline a. 从输油管偷油〉**3. *e-e Telefonleitung a.*** *gespr* [口]; die Telefongespräche anderer (illegal) abhören 搭线窃听他人电话谈话

An·zei·chen *das*; **1.** etw. äußerlich Sichtbares, das etw. Zukünftiges ankündigt 先兆,预兆,征兆,前兆≈ Vorzeichen〈die A. e-s Gewitters, e-r Krankheit 雷雨前兆,疾病预兆〉: *Alle Anzeichen sprechen dafür, dass der Minister seinen Auslandsbesuch absagt* 一切征兆都说明部长要取消出国访问 **2.** etw. äußerlich Sichtbares, das e-n bestimmten Zustand erkennen lässt 征侯,迹象,征象,意思≈ Ansatz: *keine Anzeichen von Trauer, Reue zeigen* 没表露出悲伤、后悔的意思

an·zeich·nen (*hat*) [Vt] (及物) **1. *etw.*** (***an etw.*** (*Akk* 四格)) ***a.*** etw. *mst* an e-e Tafel zeichnen, damit es alle gut sehen können 将…画在…上: *e-e Skizze, ein Schema, ein Dreieck an die Tafel a.* 往黑板上画一幅草图、一个格式、一个三角 **2. *etw. a.*** ein Wort od. e-n Teil e-s Textes durch ein Zeichen hervorheben 标出,给…作记号≈ markieren: *wichtige Passagen in e-m Text a.* 把文章中的重要章节用记号标出

An·zei·ge *die*; -, -n **1.** ein (*mst* kurzer) Text, den man in e-r Zeitung od. Zeitschrift drucken lässt, weil man etw. verkaufen will od. etw. sucht (报刊杂志上的)广告≈ Annonce, Inserat〈e-e A. aufgeben 发(登)一则广告〉**2.** die öffentliche Bekanntmachung (in e-r Zeitung) e-s familiären Ereignisses(报纸上的私人)启事,通告,通知 ‖ -K(复合): ***Heirats-***, ***Todes-*** **3.** e-e Mitteilung *mst* an die Polizei, dass j-d e-e Straftat begangen hat(向警方)告发,报案〈A. gegen j-n erstatten 告发某人; etw. zur A. bringen 告发某事〉**4.** *nur Sg* (只用单数); das Anzeigen (5)〈die A. e-s Resultats 显示结果〉**5.** e-e technische Vorrichtung, auf der man Messungen od. andere Informationen über etw. ablesen kann 读数器,显示器 ‖ K-(复合): ***Anzeige-***, ***-gerät***, ***-tafel***

an·zei·gen (*hat*) [Vt] (及物) **1. *etw. a.*** ein familiäres Ereignis öffentlich (in e-r Zeitung) bekannt geben 登,刊登(启事)〈seine Verlobung, seine Hochzeit, die Geburt e-s Kindes a. 刊登订婚、结婚、出生启事〉**2. *j-n a.*** e-r Behörde (*mst* der Polizei) mitteilen, dass j-d e-e Straftat begangen hat(向警方)告发,举报,指控,揭发 **3. *etw. a.*** e-r Behörde (*mst* der Polizei) mitteilen, dass e-e Straftat begangen worden ist 报警,报案,报告: *e-n Einbruch a.* 报警被窃,报告一起撬窃案 **4.** (***j-m***) ***etw. a.*** j-m wichtige od. notwendige Informationen über etw. geben 告知,(向…)指明≈ j-m etw. angeben (1), zeigen〈j-m den Weg, die Richtung a. 向某人指明道路、方向〉**5. *etw. zeigt etw. an*** etw. gibt Messungen od. andere Informationen über etw. (物作主语)显示,指示: *Die Waage zeigt 75 Kilo an* 秤上显示 75 公斤

An·zei·gen·blatt *das*; e-e Zeitung, die fast nur aus Anzeigen (1) besteht u. die man in den Briefkasten bekommt, ohne dafür zu zahlen 专登广告的小报,广告报

an·zet·teln; *zettelte an, hat angezettelt*; [Vt] (及物) ***etw. a.*** *gespr* [口]; etw. Negatives vorbereiten u. veranlassen, dass es geschieht 策划,策动,煽动,挑动≈ anstiften (1)〈e-n Aufstand, e-e Rauferei a. 策动起义,挑动斗殴〉

an·zie·hen (*hat*) [Vt] (及物) **1. *j-m/sich etw. a.*** j-n/sich so mit e-m Kleidungsstück bedecken, dass man es am Körper trägt 给…穿/穿上 ↔ ausziehen: *sich ein Hemd, e-e Jacke a.* 穿上衬衣、外套; *e-m Kind die Strümpfe a.* 给小孩穿袜子 **2. *j-n/sich a.*** j-n/sich so mit den notwendigen Kleidungsstücken versehen, dass er/man sie am Körper trägt 给…穿衣↔ ausziehen〈ein Baby, ein kleines Kind a. 给婴儿、小孩穿衣〉**3. *j-d/etw. zieht j-n an*** j-d/etw. weckt j-s Interesse stark (人/物作主语)吸引,诱惑≈ j-d/etw. lockt j-n an (2): *Viele Leute fühlten sich durch die Werbung angezogen* 很多人感到被广告所诱惑 **4. *etw. zieht***

etw. an etw. übt (elektro)magnetische Kräfte auf etw. aus(物作主语)吸住,吸引(指电磁力): *Ein Magnet zieht Eisen an* 磁石吸铁 **5. *etw. zieht etw. an*** etw. absorbiert e-e Substanz, die sich in unmittelbarer Nähe befindet(物作主语)吸收: *Salz zieht Wasser an* 盐吸水 **6. *etw. a.*** etw. durch Ziehen straff machen 拉紧,绷紧,扎紧 ≈ anspannen (2) ⟨e-e Schnur, e-e Saite a. 拉紧绳索,绷紧琴弦⟩ **7. *etw. a.*** e-n Arm, ein Bein in Richtung zum Körper ziehen 收缩,收回,缩回(指手、脚): *Wenn man über ein Hindernis springt, muss man die Beine a.* 跳过障碍时,必须收腿 **8. *e-e Schraube a.*** e-e Schraube so drehen, dass sie fest sitzt 拧紧螺丝 **9. *die Handbremse a.*** die Handbremse durch Ziehen betätigen 拉手刹车(手闸) **10. *irgendwie angezogen sein*** bestimmte Kleidungsstücke tragen od. seine Kleidungsstücke in bestimmter Weise am Körper tragen 穿着,着装: *Er ist immer sehr schick angezogen* 他总是穿得很时髦; Vi (不及物) **11. *etw. zieht an*** WIRTSCH【经】; etw. steigt od. wird höher (物作主语)上涨,上升,上扬⟨die Preise 价格⟩ **12. *j-d/etw. zieht irgendwie an*** j-d/etw. erreicht (*mst* plötzlich) e-e höhere Geschwindigkeit(人/物作主语)突然加速,提速 ≈ j-d/etw. beschleunigt: *Er/Sein Motorrad zog sehr schnell an* 他/他的摩托车提速很快 ‖ ▶ ***Anzug***

an·zie·hend **1.** *Partizip Präsens* (现在分词); ↑ ***anziehen*** **2.** *Adj* (形); reizvoll, attraktiv u. sympathisch im Aussehen od. Verhalten 有吸引力的,富有魅力的,讨人喜爱的

An·zie·hung *die*; *mst Sg* (多用单数); ***die A.*** (***auf j-n/etw.***) die Eigenschaft, Interesse auf sich zu ziehen 吸引力,魅力 ≈ Reiz ⟨e-e starke A. auf j-n haben, ausüben 对某人有强烈的吸引力,强烈地吸引某人⟩

An·zie·hungs·kraft *die* **1.** ***die A.*** (***auf j-n/etw.***) ≈ Anziehung **2.** PHYS【物】; die natürliche Kraft, mit der *bes* e-e große Masse e-e kleinere Masse zu sich heranzieht 引力,重力 ≈ Schwerkraft, Gravitation: *Die A. der Erde ist ungefähr sechsmal so groß wie die des Mondes* 地球引力大约相当月球引力的六倍 ‖ -K(复合): ***Erd-***

an·zo·ckeln (*ist*) Vi (不及物) *gespr, oft pej* [口]常用[贬]; *bes* langsam od. zu spät irgendwohin kommen 徐(缓)步走来,慢腾腾地走来⟨angezockelt kommen 姗姗来迟⟩

An·zug[1] *der*; e-e Kleidung (*bes* für Männer), die aus e-r langen Hose u. e-r Jacke (u. e-r Weste) besteht, die alle aus dem gleichen Stoff gemacht sind 西装,西服(男)⟨ein zweireihiger A., ein maßgeschneiderter A. 一件对排(纽)扣的西服,一套定做的西服⟩ ‖ ↑ *Abb. unter* 图见 ***Bekleidung***

An·zug[2] *der*; *nur Sg* (只用单数) **1. *j-d/etw. ist im A.*** j-d/etw. (*bes* etw. Bedrohliches) kommt näher od. heran(人/物作主语)来临,到来,降临: *Der Feind/ein Unwetter ist im A.* 敌人正在开来/暴风雨即将来临 **2.** ≈ Beschleunigung: *Der Sportwagen hat e-n guten A.* 这辆赛车加速性能好

an·züg·lich *Adj* (形); *geschr* [书]; (im moralischen Sinn) unanständig 庸俗的,下流的,不堪入耳的,不三不四的 ≈ obszön ⟨ein Witz, ein Gedanke, e-e Bemerkung 玩笑,想法,话语⟩ ‖ *hierzu* (派生) **An·züg·lich·keit** *die*

an·zün·den (*hat*) Vt (及物) (***sich*** (*Dat* 三格)) ***etw. a.*** bewirken, dass etw. brennt 点燃,点着⟨sich e-e Zigarette a. 点支烟; ein Feuer, e-n Ofen, e-e Kerze a. 点火,点炉子,点蜡烛⟩

an·zwei·feln (*hat*) Vt (及物) ***etw. a.*** Zweifel an der Richtigkeit od. Wahrheit e-r Sache haben 怀疑,对…有疑虑 ≈ bezweifeln

AOK [aːǀoːˈkaː] *die*; Ⓓ [德] *Kurzw* (略) ↑ ***Ortskrankenkasse***

Aor·ta [aˈɔrta] *die*; -, *Aor·ten*; MED【医】; die größte Arterie, die das frische Blut vom Herzen in den Körper bringt 主动脉 ≈ Hauptschlagader

a·part *Adj* (形) ≈ reizvoll, geschmackvoll ⟨a. aussehen 长得标致(耐看)的; ein Gesicht, ein Kleid 脸蛋,连衣裙⟩

Apart·heid *die*; -; *nur Sg* (只用单数); die Trennung zwischen Farbigen u. Weißen in der Republik Südafrika 南非的种族隔离 ‖ K-(复合): ***Apartheid-, -politik***

Apart·ment *das*; *-s*, *-s*; e-e relativ kleine, komfortable Wohnung, in der *mst* nur eine Person lebt(小型的、舒适的、单人居住的)公寓住房

Apa·thie *die*; -, *-n* [-iːən]; ein Zustand, in dem j-d völlig uninteressiert an seinen Mitmenschen u. an seiner Umwelt ist 漠不关心,麻木不仁,闭目塞听,淡漠 ≈ Teilnahmslosigkeit ‖ *hierzu* (派生) **apa·thisch** *Adj* (形)

aper [ˈaːpɐ] *Adj* (形); *nicht adv* (不作状语); *südd* Ⓐ CH [南德][奥][瑞] nicht mit Schnee bedeckt 没有被雪覆盖的,无雪的 ≈ schneefrei ⟨e-e Straße, ein Hang 街道,山坡⟩

Ape·ri·tif *der*; *-s*, *-s*; ein alkoholisches Getränk, das man vor e-r Mahlzeit trinkt u. das den Appetit anregen soll(饭前饮用的)开胃酒

Ap·fel *der*; *-s*, *Äp·fel*; e-e rundliche Frucht mit weißem Fruchtfleisch, e-r roten, grünen od. gelben Schale u. braunen Kernen 苹果 ‖ ↑ *Abb. unter* 图见 ***Obst*** ‖ K(复合)-: ***Apfel-, -baum; -kuchen, -most, -mus, -saft, -strudel, -wein*** ‖ ID[谚] ***in den sauren A. beißen*** (***müssen***) *gespr* [口]; etw. Unangenehmes tun (müssen)(不得不)做不愿干的事,硬着头皮去干,勉为其难; ***Der A. fällt nicht weit vom Stamm*** *hum* [诙]; verwendet, um auszudrücken, dass j-d in e-r Eigenschaft, in seinem Verhalten Vater od. Mutter ähnlich ist 品行酷似其父母,有其父必有其子,娘好囡好,秧好稻好; (***etw.***) ***für e-n A. und ein Ei*** (***kaufen***) *gespr* [口]; (etw.) sehr billig (kaufen)(买…)很便宜,价格低廉

Ap·fel·schor·le *die/das*; ein Getränk aus Apfelsaft u. Mineralwasser 苹果汁和矿泉水混合饮料

Ap·fel·si·ne *die*; -, *-n* ≈ Orange ‖ ↑ *Abb.*

unter 图见 ***Obst***

Apho·ris·mus [-f-] *der*; -, *Apho·ris·men*; ein kurzer u. *mst* geistreicher Spruch, der *bes* e-e wichtige Erfahrung od. e-e Lebensweisheit enthält 格言,箴言,警句 ‖ *hierzu*（派生）**apho·ris·tisch** *Adj*（形）

APO, Apo *die*; -; *nur Sg*, Ⓓ POL, *hist*（只用单数）［德］【政】［历］;（*Abk für* 缩写,全称为 außerparlamentarische Opposition）verwendet als Bezeichnung für e-e oppositionelle Bewegung außerhalb des Parlaments in der Zeit um *1968* 院外反对派（指 1968 年时期西德议会外的反对派运动）

apo·dik·tisch *Adj*（形）; *geschr*［书］; so, dass kein Widerspruch akzeptiert wird 无(毋)庸置疑的,无可争辩的,中肯的,切中事理的,确信无疑的,剀切的〈e-e Aussage, e-e Behauptung 见解,看法〉: *etw. a. erklären, behaupten* 讲解切中事理,认为某事毋庸置疑

Apo·ka·lyp·se *die*; -; *nur Sg*, *geschr*（只用单数）［书］; e-e Katastrophe, die so schlimm ist, dass man meinen könnte, das Ende der Welt sei gekommen 世界末日降临,极大的灾难 ‖ *hierzu*（派生）**apo·ka·lyp·tisch** *Adj*（形）

apo·li·tisch *Adj*（形）; *geschr*［书］; ohne Interesse an der Politik 对政治淡漠的,不关心政治的〈ein Mensch 人〉

Apos·tel *der*; -s, -; **1.** REL【宗】; einer der zwölf ersten Anhänger von Jesus Christus od. einer der frühen christlichen Missionare 耶稣使徒 **2.** *oft iron* 常用［讽］; j-d, der sich mit oft übertriebenem Eifer für e-e Lehre od. Anschauung einsetzt 信徒,传播（某种学说或观点的）善男信女,倡导者: *ein A. der Enthaltsamkeit* 节欲信徒,倡导节欲者 ‖ -K（复合）: ***Gesundheits-***

Apo·stroph [-f] *der*; -s, -e; LING【语】; das graphische Zeichen ', das anzeigt, dass *z.B.* ein Vokal od. e-e Silbe ausgelassen wurde 省略号,撇号(') ≈ Auslassungszeichen 〈e-n A. setzen 加省略号〉: *Der A. in „Da kommt 'n Hund" ersetzt ein „e" und ein „i"* "Da kommt 'n Hund"中的省略号代替"e"和"i"

apo·stro·phie·ren [-f-]; *apostrophierte, hat apostrophiert*; [Vt]（及物）***j-n als etw. a.*** *geschr*［书］; j-n als etw. bezeichnen 称…为,认为…是: *j-n als intelligent a.* 认为某人聪明; *j-n als Verräter a.* 称某人为叛徒

Apo·the·ke *die*; -, -n; ein Geschäft, in dem man Arzneimittel kaufen kann 药房,药店 ‖ *hierzu*（派生）**Apo·the·ker** *der*; -s, -; **Apo·the·ke·rin** *die*; -, -nen

apo·the·ken·pflich·tig *Adj*（形）; *nicht adv*（不作状语）; nur in e-r Apotheke zu kaufen 指定在药店买的〈ein Medikament 药物〉

Ap·pa·rat *der*; -(e)s, -e **1.** ein technisches Gerät, das aus mehreren Teilen besteht u. bestimmte Funktionen erfüllt 器材,器械,仪器,机器 ‖ -K（复合）: ***Fernseh-, Foto-, Radio-, Telefon-*** **2.** *mst Sg*（多用单数）; e-e Gruppe von Körperteilen od. Organen, die zusammenarbeiten, um e-e gemeinsame Aufgabe zu erfüllen 器官,肢体 ‖ -K（复合）: ***Atmungs-, Bewegungs-, Verdauungs-*** **3.** *mst Sg, Kollekt*（多用单数,集合）; alle Personen u. Hilfsmittel, die man für e-e bestimmte Aufgabe od. für e-e Institution/Organisation braucht 机构,机关 ‖ -K（复合）: ***Beamten-, Partei-, Polizei-, Regierungs-, Verwaltungs-***

Wann setzt man einen Apostroph? 什么时候用省略号?

Der Apostroph ersetzt ausgelassene Buchstaben und Wortteile, wenn die Wörter sonst schwer lesbar oder schwer zu verstehen wären 省略号替代省略了的字母和组词成分,要不这些词就难以读认或难以理解:
Sie kam mit'm Auto, mit 'nem Freund; 's ist Zeit; die fleiß'gen Bienen; der Ku'damm (= Kurfürstendamm) *in Berlin*

In vielen Fällen kann ein Apostroph stehen, muss aber nicht. Die neue Rechtschreibung bevorzugt hier die Schreibung ohne Apostroph 在许多情况下可以用省略号,但不是必须用,新的正字法认为不用省略号的写法更好:
Wie gehts/geht's?; das warn/war'n Spaß; Sone/so'ne blöde Idee!; Der Brief liegt aufm/auf'm Tisch; die goetheschen/Goethe'schen Dramen

Der Apostroph steht auch anstelle einer Genitivendung, wenn Eigennamen auf *s, ß, z, x, ce* enden und der Eigenname allein, ohne Artikel, Possessivpronomen usw. steht 如果专有名词的词尾为-s,ß, z, x, ce 并不带冠词,物主代词,其二格词尾也由省略号替代:
Pythagoras' Lehrsatz, Maurice' Freund, Montreux' Stadtväter,
aber 但是: *der Lehrsatz des Pythagoras, der Freund unseres Maurice, die Stadtväter des schönen Montreux.*

In der Regel gibt es keine Abtrennung von Genitiv-*s* oder Plural-*s* mit Apostroph 通常二格-s 或复数-s 不用省略号来分隔:
Lisas Freunde, Herrn Hubers Hund, die Hubers (= Familie Huber)

In bestimmten Fällen kann jedoch das Genitiv-*s* mit Apostroph abgetrennt werden (z. B. bei Geschäftsnamen) 但在某些情况下二格-s 用省略号分隔开（如商店名称）:
Rudi's Milchbar, Inge's Wollstube

Ap·pa·ra·tur *die*; -, -en; *Kollekt*（集合）; die technischen Apparate u. Instrumente, die man zu e-m gewissen Zweck zusammengestellt hat 整套设备,仪器,器材〈e-e komplizierte A. 一套复杂的设备〉

Ap·par·te·ment [apart(ə)ˈmãː] *das*; -s, -s ≈ Apartment

Ap·pell *der*; -s, -e **1.** ***ein A.*** (***an j-n/etw.***) e-e mündliche od. schriftliche Äußerung, durch die j-d gemahnt od. auf etw. Negatives aufmerksam gemacht wird 警告,告诫,提醒,儆诫〈ein A. an j-s Vernunft 告诫某人要理智; e-n A. an die Öffentlichkeit richten 向公众敲警钟〉 **2. ein A. (zu etw.)** der Versuch, j-n dazu zu bringen, ein bestimmtes Ziel zu verfolgen 号召,呼吁≈ Aufruf〈ein A. zur Solidarität, zum Frieden 号召团结、和平〉 **3.** MIL【军】; e-e Veranstaltung, bei der sich die Soldaten aufstellen, um gezählt zu werden u. Befehle zu erhalten 集合点名〈zum (morgendlichen) A. antreten(早晨)集队点名〉 ‖ -K(复合): ***Morgen-***

ap·pel·lie·ren; *appellierte, hat appelliert*; [Vi] (不及物) ***an j-n / etw. a.*** e-n Appell (1) an j-n/etw. richten 告诫,提醒,呼吁≈ zu etw. aufrufen (4)〈an j-s Vernunft, Gewissen a. 提醒某人要有理智、良知〉: *an die Demonstranten a., keine Gewalt anzuwenden* 告诫游行者不要使用暴力

Ap·pen·dix *der*; *-(es)*, *Ap·pen·di·zes* [-tseːs]; **1.** *geschr* [书] ≈ Anhang (1) **2.** MED【医】≈ Blinddarm

Ap·pe·tit, Ap·pe·tit *der*; *-(e)s*; *nur Sg* (只用单数) **1. A. (auf etw.)** (*Akk* 四格)) das Bedürfnis od. Verlangen, etw. zu essen(对…有)胃口,食欲〈keinen, großen A. (auf etw.) haben, bekommen(对…)没有胃口(不想吃),(对…)胃口很大(特别想吃); den A. anregen, verderben 促进食欲,倒胃口〉: *Hast du A. auf Fisch*? 你想吃鱼吗? ‖ K-(复合): ***appetitanregend*** **2. Guten A.!** verwendet als höfliche Formel, bevor man anfängt zu essen (就餐前的友好问语)胃口好! ≈ Mahlzeit! ‖ *zu* (义项) **1. ap·pe·tit·los** *Adj* (形); **Ap·pe·tit·lo·sig·keit** *die*; *nur Sg* (只用单数)

ap·pe·tit·lich *Adj* (形) **1.** so, dass man davon Appetit bekommt 引起食欲的,鲜美的,可口的〈e-e Speise 饭菜; etw. ist a. zubereitet, sieht a. aus 某物烹调得鲜美可口,看起来美味可口〉 **2.** *gespr* [口]; jung u. frisch aussehend u. deshalb attraktiv 水灵的,俊俏的,灵秀的〈ein Mädchen 姑娘〉

Ap·pe·tit·züg·ler *der*; *-s*, *-*; ein Medikament, das bewirken soll, dass man weniger isst 减食药

ap·plau·die·ren; *applaudierte, hat applaudiert*; [Vi] (不及物) ***(j-m) a.*** mehrere Male in die Hände klatschen, um dadurch zu zeigen, dass einem j-d od. das, was er getan hat, sehr gut gefällt (向…)鼓掌,喝采≈ j-m Beifall spenden: *Das Publikum applaudierte dem jungen Opernsänger begeistert* 观众向年轻的歌剧演员热烈鼓掌

Ap·plaus *der*; *-es*; *nur Sg* (只用单数); Lob u. Anerkennung (für j-n od. für seine Leistung), die man dadurch zeigt, dass man wiederholt in die Hände klatscht 鼓掌声,喝采声≈ Beifall〈(ein) stürmischer, begeisterter A. für j-n 为某人响起的暴风雨般的、热烈的掌声; A. bekommen, erhalten 博得掌声; (j-m) A. spenden(向某人)报以掌声〉

ap·por·tie·ren; *apportierte, hat apportiert*; [Vt/i] (及物/不及物)〈ein Hund 狗〉 ***apportiert (etw.)*** ein Hund bringt e-n Gegenstand od. ein vom Jäger getötetes Tier herbei 叼来(猎物)

Ap·po·si·ti·on [-ˈtsioːn] *die*; *-*, *-en*; LING【语】; ***e-e A. (zu etw.)*** e-e nähere Bestimmung *mst* zu e-m Substantiv od. e-m Personalpronomen, die im gleichen Kasus steht wie das Substantiv od. Pronomen 同位语: *In dem Satz „Mein Onkel, ein bekannter Arzt, kommt morgen zu Besuch", ist „ein bekannter Arzt" e-e A. zu „mein Onkel"* "我叔叔,一位著名的医生,明天将来做客"这句话里的"ein bekannter Arzt"是"mein Onkel"的同位语

Ap·pro·ba·ti·on [-ˈtsioːn] *die*; *-*, *-en*; (ADM)【管理】*geschr* [书]; die staatliche Genehmigung, die ein Arzt od. Apotheker für seinen Beruf braucht(医生或药剂师的)开业许可(证),行医许可(证)

Ap·ri·ko·se *die*; *-*, *-n*; e-e runde, kleine Frucht mit gelber od. orangefarbener samtiger Schale u. e-m relativ großen Kern 杏 ‖ K-(复合): ***Aprikosen-, -baum, -marmelade***

Ap·ril *der*; *-(s)*, *-e*; *mst Sg* (多用单数); der vierte Monat des Jahres 四月〈im A. 在四月; Anfang, Mitte, Ende A. 四月初、中、末; am 1.,2.,3. A. 四月一日、二日、三日; der launische A. 变化无常的四月〉 ‖ ID [谚] ***j-n in den A. schicken*** *gespr* [口]; e-n Aprilscherz mit j-m machen 捉弄某人,跟某人开愚人节的玩笑; ***A., A.!*** verwendet, um j-m zu sagen, dass man gerade e-n Aprilscherz mit ihm gemacht hat 受骗了,受骗了!

> **April, April! 受骗了,受骗了!(四月,四月!)**
>
> Am 1. April ist es Brauch, Familienangehörigen, Freunden oder Kollegen einen Streich zu spielen. Mit dem Ausruf „**April, April!**" wird die betreffende Person am Ende darauf aufmerksam gemacht, dass man sie „**in den April geschickt hat**". Der Ausdruck „April, April!" wird auch manchmal bei anderen Gelegenheiten verwendet, um jemanden darauf hinzuweisen, dass ein Scherz mit ihm gemacht wurde. Am 1. April werden oft auch in den Medien scherzhafte Meldungen veröffentlicht, bei denen nicht sofort zu erkennen ist, ob es sich um die Wahrheit handelt.
>
> 四月一日是跟家庭成员、朋友或同事恶作剧的习俗。如果有人朝你呼喊**"四月,四月!"**这就是提醒你,**有人捉弄你了**。"四月,四月!"这个词有时也在别的场合用,以此提示,有人同你开玩笑了。
>
> 媒体在四月一日也常发布一些不能马上辨明真假的戏弄人的报导。

Ap·ril·scherz *der*; ein Scherz (*bes* e-e erfundene Geschichte), mit dem man j-n am 1. April neckt 愚人节玩笑、编造的谎言〈auf e-n A. hereinfallen 轻信愚人节玩笑,受愚人节玩笑的骗〉 ‖ ID *mst* [谚]多用 ***Das ist wohl ein A.!*** *gespr* [口]; verwendet, um auszudrücken, dass man etw. nicht glaubt 这是谎言,不可信!

Ap·ril·wet·ter *das*; *nur Sg*（只用单数）; ein Wetter, bei dem sich Regen u. Sonnenschein oft abwechseln 变化莫测的四月天气，反复无常的天气

a pri·o·ri *Adv*（副）; *geschr*［书］; grundsätzlich, *mst* ohne sich vorher genau mit den Details beschäftigt zu haben 原则上，基本上，大体上（事先对细枝末节未加研究）≈ von vornherein: *die Änderung e-s Gesetzes a priori ablehnen* 原则上拒绝修订法律

apro·pos [apro'po:] *Adv*（副）; verwendet im Gespräch, um auszudrücken, dass man durch ein Thema an etw. erinnert wurde 这提醒了我，顺便想起一件事: „*Ich habe mir gerade ein neues Buch gekauft*" – „*A. Bücher, du wolltest mir doch mal ein paar Romane empfehlen*"“我刚买了一本新书”——“喔，提起书，你不是曾想给我推荐几本小说的吗”

Aqua·pla·ning *das*; *-s*; *nur Sg*（只用单数）; das Rutschen der Autoreifen auf e-r nassen Straße 轮胎打滑

Aqua·rell *das*; *-s*, *-e*; ein Bild, das mit Wasserfarben gemalt ist 水彩画 ‖ K-(复合): ***Aquarell-, -farbe, -malerei***

Aqua·ri·um *das*; *-s*, *Aqua·ri·en* [-i̯ən]; ein *mst* rechteckiger Behälter aus Glas, in dem Fische u. Wasserpflanzen gehalten werden 玻璃鱼缸

Äqua·tor *der*; *-s*; *nur Sg*（只用单数）; ein gedachter Kreis um die Erde, der diese in e-e nördliche u. e-e südliche Hälfte teilt 赤道 ‖ *hierzu*（派生）**äqua·to·ri·al** *Adj*（形）

äqui·va·lent [-v-] *Adj*（形）; *ohne Steigerung*, *geschr*（无变级）［书］; ***ä.*** (***zu etw.***) mit dem gleichen Wert, der gleichen Bedeutung od. Größe 等值的，当量的，意义相等的，等效的≈ gleichwertig ⟨ein Ausdruck, e-e Leistung 语句，功率⟩ ‖ *hierzu*（派生）**Äqui·va·lenz** *die*; -, *-en*

Äqui·va·lent [-v-] *das*; *-(e)s*, *-e*; *geschr*［书］; ***ein Ä.*** (***für / von / zu etw.***) etw., das genau den gleichen Wert, die gleiche Bedeutung od. Größe hat wie etw. anderes 等值，当量，等效，意义相当 ≈ Entsprechung, Gegenwert: *Das deutsche Wort „gemütlich" hat im Englischen kein genaues Ä.* 德语词“gemütlich”在英语中没有完全意义相等的词

Ar *das*; *-s*, *-*; verwendet als Bezeichnung für ein Flächenmaß von $100m^2$ 公亩（= 100 平方米）; *Abk* 缩写 a: *ein Wald mit 50 a* 5000 平米的森林

Ära *die*; -, *Ären*; *mst Sg*, *geschr*（多用单数）［书］; ein relativ langer Zeitraum, der *bes* von e-r Persönlichkeit od. e-r bestimmten Sache bestimmt ist od. war 纪元，时代≈ Epoche ⟨der Anbruch e-r neuen Ära.一个新纪元的开始⟩: *die Ära Kennedy* 肯尼迪时代; *die Ära der Computertechnik* 电脑技术的时代

ara·bisch *Adj*（形）**1.** das Land u. die Kultur der Araber betreffend 阿拉伯人的，阿拉伯的（国家和文化）**2.** ***e-e arabische Ziffer / Zahl*** e-e Ziffer/Zahl, die aus den Zeichen 1, 2, 3, 4 *usw* besteht 阿拉伯数字 ↔ e-e römische Ziffer

Ar·beit *die*; -, *-en* **1.** ***die A.*** (***an etw.*** (*Dat* 三格)) die Tätigkeit, bei der man geistige od./u. körperliche Kräfte einsetzt u. mit der man e-n bestimmten Zweck verfolgt（脑、体）劳动，工作，作业，活计 ⟨e-e leichte, interessante, geistige, körperliche A. 轻松的、有趣的、脑力的、体力的劳动; seine A. organisieren, erledigen, verrichten 组织、完成、做工作; an die A. gehen 着手工作⟩: *die A. an e-m Projekt* 一项设计工作 ‖ K-(复合): ***Arbeits-, -ablauf, -eifer, -leistung, -material, -pensum, -plan, -technik, -tempo, -weise*** ‖ -K (复合): ***Büro-, Feld-, Garten-, Haus-; Kopf-, Muskel-*** **2.** *nur Sg*（只用单数）; die Tätigkeit, die man als Beruf ausübt 职业，工作，岗位 ‖ K-(复合): ***Arbeits-, -anweisung, -atmosphäre, -bedingungen, -beginn, -erfahrung, -erlaubnis, -erleichterung, -gerät, -kleidung, -kollege, -lohn, -pause, -schluss, -stunde, -unfall, -vertrag, -woche, -zimmer*** ‖ -K(复合): ***Halbtags-, Ganztags-, Schicht-*** **3.** *nur Sg*（只用单数）≈ Arbeitsplatz ⟨A. finden, suchen 找到工作，寻找工作; seine A. verlieren 失去工作; in die A. gehen 去上班⟩ ‖ K-(复合): ***Arbeits-, -suche, -vermittlung*** **4.** ***A.*** (***mit j-m / etw.***) *nur Sg*（只用单数）; die Mühe od. Anstrengung, die man hat, wenn man sich mit j-m/etw. beschäftigt 辛劳，劳碌，忙碌 ⟨viel A. mit j-m/etw. haben 忙着某人/某事; keine Mühe u. A. scheuen 不辞辛劳⟩: *E-e Mutter hat mit e-m kleinen Kind viel A.*—个母亲为了一个小孩非常忙碌 **5.** das Ergebnis e-r planvollen Tätigkeit 著作，论文，作品，成果⟨e-e wissenschaftliche A. 科学论文; seine A. vorlegen 递交论文⟩: *die Arbeiten e-s Künstlers ausstellen* 展出一位艺术家的作品 ‖ -K(复合): ***Bastel-, Häkel-, Hand-; Qualitäts-, Stümper-, Wert-; Diplom-, Doktor-*** **6.** e-e schriftliche od. praktische Prüfung, ein Test 试卷: *Der Lehrer ließ e-e A. schreiben* 老师让做一份试卷 ‖ -K(复合): ***Abschluss-, Prüfungs-*** **7.** ***seine A. tun / machen*** so (fleißig u. sorgfältig) arbeiten, wie man es von einem erwarten kann 工作努力认真 **8.** ***etw. in A. geben*** etw. (von e-m Handwerker) anfertigen od. machen lassen 请人加工(或制作): *e-n Schrank, e-n Mantel in A. geben* 请人做柜子、做大衣 **9.** ***etw. in A. haben*** (als Handwerker) gerade mit der Herstellung e-r Sache beschäftigt sein 正在做(加工、制作) **10.** ***etw. ist in A.*** etw. wird gerade bearbeitet od. hergestellt(物作主语)正在加工中，正在制作中 **11.** ***e-r*** (***geregelten***) ***A. nachgehen*** *geschr*［书］; berufstätig sein, e-n Beruf ausüben 从事一项职业 ‖ ID［谚］***ganze / gründliche A. leisten*** etw. sehr gründlich u. exakt tun od. durchführen 工作彻底/一丝不苟; ***die A. nicht gerade erfunden haben*** *gespr iron*［口］［讽］; faul sein 懒，好逸恶劳，眼里没有活儿

ar·bei·ten; *arbeitete*, *hat gearbeitet*; Vi（不及

物) **1.** e-e körperliche od. geistige Tätigkeit verrichten 劳动,工作,干活儿,做工〈körperlich, geistig a. 干体力(劳动)、脑力劳动; gewissenhaft, fleißig a. 认真、努力工作〉 **2.** e-e Tätigkeit als Beruf ausüben 从事职业工作〈halbtags, ganztags a. 半天、全天工作〉: *bei der Post a.* 在邮局工作; *in der Fabrik a.* 在工厂工作; *als Elektriker a.* 当电工 **3.** ***etw. arbeitet*** etw. erfüllt regelmäßig seine Funktionen (物作主语)正在工作,发挥其功能〈das Herz, die Lunge 心脏,肺〉 **4.** ***etw. arbeitet*** etw. ist in Tätigkeit, in Betrieb(物作主语)正在运转,正在进行工作: *Die Maschine arbeitet sehr leise* 机器运转得很平稳 **5.** ***an etw.*** (*Dat* 三格) ***a.*** (*z.B.* als Autor od. Handwerker) mit der Herstellung e-r Sache beschäftigt sein(如作家或手工艺者)创作,制作: *an e-m Roman, e-r Vase a.* 正在写小说,制作花瓶 **6.** ***mit etw. a.*** (als Handwerker) ein bestimmtes Material verarbeiten 干(做)…活儿: *Am liebsten arbeite ich mit Ton* 我爱做陶土的活儿 **7.** ***über j-n / etw. a.*** sich genau über j-n od. ein bestimmtes Thema informieren u. darüber e-e (*mst* wissenschaftliche) Arbeit (5) schreiben 研究: *über Kafka a.* 研究卡夫卡; *über den Symbolismus a.* 研究象征主义 **8.** ***für etw. a.*** sich für etw. einsetzen, engagieren 为…而工作,投身于: *für den Frieden a.* 为和平而工作; *für e-e politische Idee a.* 为一个政治观点而工作 **9.** ***an sich*** (*Dat* 三格) ***a.*** versuchen, seine Fähigkeiten od. Eigenschaften zu verbessern 锻炼,锤炼,训练: *Ein Sänger muss hart an sich a., um e-e Rolle in e-r Oper zu bekommen* 一位歌唱家要在歌剧中获得一个角色必须进行艰苦训练 **10.** ***sein Geld a. lassen*** *gespr* [口]; sein Geld so auf e-r Bank anlegen, dass es Gewinn bringt 存钱生息(生利); [Vr] (反身) **11.** ***sich durch etw. a.*** mit Mühe u. großer Anstrengung e-e ziemlich große Schwierigkeit od. viel Arbeit (4) bewältigen 艰难地去克服(困难),费力地去完成(工作): *sich durch den Schnee a.* 吃力地走过雪地; *sich durch e-n Berg von Briefen a.* 费力地处理成堆信件 **12.** ***sich nach oben a.*** sehr viel u. gründlich a. (1), um wirtschaftlichen u. sozialen Erfolg zu haben 发奋求进,力争腾达

Ar·bei·ter *der*; *-s*, *-* **1.** ein Arbeitnehmer, der seinen Lebensunterhalt durch *mst* körperliches Arbeiten verdient 工人,体力劳动者〈ein gelernter, ungelernter A. 熟练工,辅助工〉 ‖ K-(复合): ***Arbeiter-***, ***-familie***, ***-kind***, ***-partei***, ***-viertel*** ‖ -K(复合): ***Bau-***, ***Fabrik-***, ***Hafen-***, ***Land-*** **2.** j-d, der in bestimmter Weise arbeitet (1) 工作者〈ein gewissenhafter, fleißiger, schneller A. 工作认真的、勤奋的、敏捷的人〉 ‖ NB(注意): nur in Verbindung mit e-m Adj. (只能与形容词连用) ‖ *hierzu* (派生) **Ar·bei·te·rin** *die*; *-*, *-nen*

Ar·bei·ter·be·we·gung *die*; *nur Sg*, POL (只用单数)【政】; der organisierte Zusammenschluss der Industriearbeiter seit dem Ende des 19 Jahrhunderts zur Verbesserung ihrer ökonomischen, sozialen u. politischen Situation 工人运动

Ar·bei·ter·klas·se *die*; *nur Sg*, *veraltend* (只用单数)[渐旧]; die soziale Schicht, die *bes* aus Arbeitern (1) besteht 工人阶级

Ar·bei·ter·schaft *die*; *-*; *nur Sg*, *Kollekt* (只用单数)(集合); alle Arbeiter (1) 工人(总称),全体工人

Ar·bei·ter-und-Bau·ern-Staat *der*; *hist* [历]; verwendet als Bezeichnung für die DDR 工农国家

Ar·bei·ter|wohl·fahrt *die*; Ⓓ [德] e-e wohltätige Organisation, die *bes* Erholungs- u. Kinderheime für Arbeiter (1) u. deren Kinder hat 工人的社会福利机构

Ar·beit·ge·ber *der*; *-s*, *-*; e-e Person od. Firma, die Leute als Arbeiter od. Angestellte einstellt u. beschäftigt u. ihnen dafür Geld bezahlt 雇主 ↔ Arbeitnehmer ‖ *hierzu* (派生) **Ar·beit·ge·be·rin** *die*; *-*, *-nen*

Ar·beit·neh·mer *der*; *-s*, *-*; j-d, der bei e-r Firma angestellt ist u. für seine Arbeit bezahlt wird 雇工,雇员 ↔ Arbeitgeber ‖ *hierzu* (派生) **Ar·beit·neh·me·rin** *die*; *-*, *-nen*; **ar·beit·neh·mer|feind·lich** *Adj* (形); **ar·beit·neh·mer·freund·lich** *Adj* (形)

Ar·beits·agen·tur *die*; e-e (staatliche) Behörde, die Stellen (Arbeitsplätze) an Menschen ohne Arbeit vermittelt 劳动保障局 ≈ Arbeitsamt ‖ NB (注意): Die Bezeichnung „Arbeitsamt" war bis zum 31.12.2003 üblich "劳动局"这一名称通用至2003年12月31日为止

ar·beit·sam *Adj* (形); *geschr veraltend* [书][渐旧]; viel u. fleißig arbeitend 勤劳的,辛劳的 ‖ *hierzu* (派生) **Ar·beit·sam·keit** *die*; *nur Sg* (只用单数)

Ar·beits·amt *das*; e-e staatliche Behörde, deren Aufgabe es ist, Arbeitsplätze zu vermitteln u. sich um Leute zu kümmern, die e-n Beruf haben wollen od. arbeitslos sind 劳动局,劳工局

ar·beits·auf·wen·dig, **ar·beits·auf·wän·dig** *Adj* (形); mit viel Arbeit verbunden 消耗劳动(量)的,用工多的,费工的〈ein Verfahren 程序〉

Ar·beits·be·schaf·fung *die*; *nur Sg* (只用单数); das Schaffen u. Subventionieren von Arbeitsplätzen durch den Staat(由国家创造或提供的)就业(机会)

Ar·beits·be·schaf·fungs|maß·nah·me *die*; e-e Maßnahme, mit der der Staat neue Arbeitsplätze schaffen will 创造就业机会的措施,安排就业的措施; *Abk* 缩写 ABM: *Diese Stelle wird als A. zu zwei Dritteln vom Arbeitsamt finanziert* 作为安排就业的措施,这种工作由劳动局资助三分之二 ‖ NB(注意): ↑ ***ABM-Kraft***, ***ABM-Stelle***

Ar·beits·be·schei·ni·gung *die*; ein Dokument, das bestätigt, dass j-d e-n bestimmten Beruf ausübt 工作证明(书)

Ar·beits·dienst *der*; *mst Sg* (多用单数); e-e Arbeit für den Staat, für die man nicht od.

nur sehr gering bezahlt wird 义务劳动,(劳动)勤务〈A. leisten 干义务工作; j-n zum A. heranziehen 拉某人参加义务劳动〉: *Im Dritten Reich mussten die Jugendlichen A. leisten* 在第三帝国时期青年人必须干义务劳动

Ar·beits·er·laub·nis *die*; die Bescheinigung e-r Behörde (1), die ein ausländischer Bürger benötigt, um in e-m bestimmten Land arbeiten zu dürfen 工作许可证〈j-m e-e A. erteilen 给某人颁发工作许可(证)〉

Ar·beits·es·sen *das*; e-e Zusammenkunft, bei der Geschäfts- od. Verhandlungspartner zusammen essen u. Probleme diskutieren 工作(午)餐〈sich zu e-m A. treffen 共进午餐〉

ar·beits·fä·hig *Adj*(形); *nicht adv*(不作状语); gesundheitlich od. physisch in der Lage zu arbeiten 有劳动能力的 ↔ arbeitsunfähig ‖ *hierzu*(派生) **Ar·beits·fä·hig·keit** *die*; *nur Sg*(只用单数)

Ar·beits·gang *der*; ein Teil e-r größeren Arbeit (1), den man in e-r bestimmten Zeit macht 工作进程,操作程序,工序 ≈ Durchgang: *Diese Maschine schneidet u. formt das Blech in einem A.* 这台机器用一道工序完成切板和制模

Ar·beits·ge·mein·schaft *die*; **1.** e-e Gruppe (*mst* von Schülern od. Studenten), die gemeinsam auf e-m bestimmten Gebiet arbeiten (大中学生的)工作、学习、研究小组〈e-e A. bilden 建立学习小组〉 **2.** WIRTSCH【经】; e-e Gruppe von Firmen, die sich verbinden, um zusammen ein Projekt zu verwirklichen (企业之间的为共同实施某一工程设计而组建的)专业工作组,项目攻关组

Ar·beits·ge·neh·mi·gung *der* ≈ Arbeitserlaubnis

Ar·beits·ge·richt *das*; ein Gericht, das sich speziell um die Probleme kümmert, die das Arbeitsrecht betreffen 劳工法庭

Ar·beits·ho·se *die*; e-e Hose, die man *bes* bei körperlicher Arbeit trägt 工作裤,劳动裤 ‖ ↑ *Abb. unter* 图见 ***Arbeitskleidung***

Ar·beits·hy·po·the·se *die*; e-e (vorläufige) Hypothese, die als Grundlage für die weitere (wissenschaftliche) Arbeit dient 资用假说

Ar·beits·kampf *der*; e-e Auseinandersetzung zwischen Arbeitnehmern u. Arbeitgebern (*bes* in Form von Streik, Boykott od. Aussperrung), bei der es vor allem um Arbeitsbedingungen u. Löhne geht 劳资冲突

Ar·beits·klei·dung *die*; Kleidung, die man *bes* bei körperlicher Arbeit trägt 工作服

Ar·beits·kli·ma *das*; *nur Sg*(只用单数); die Atmosphäre, Stimmung, die in e-r Firma *bes* zwischen Vorgesetzten u. Untergebenen u. zwischen den Mitarbeitern herrscht 工作气氛: *In unserem Betrieb herrscht ein gesundes, zwangloses A.* 我们企业内工作气氛健康、轻松

Ar·beits·kraft *die* **1.** *nur Sg*(只用单数); die Kraft u. Energie, die man zu e-r geistigen od. körperlichen Arbeit hat 精力,劳动能量

Arbeitskleidung

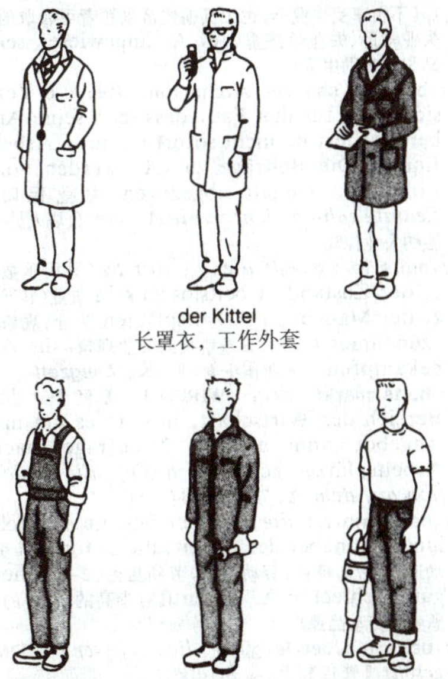

〈(sich) seine A. erhalten 保持自己的精力〉 **2.** WIRTSCH【经】; jeder Mensch, der e-e Arbeit leisten kann 劳(动)力,人手,工人,人力〈e-e vollwertige A. 一个(完)整(的)劳力; der Bedarf/Mangel an Arbeitskräften 需要/缺乏劳动力〉

ar·beits·los *Adj*(形); *nicht adv*(不作状语); (*mst* wegen der schlechten wirtschaftlichen Situation) ohne Arbeit (2) 失业的,无工作的: *Er wurde aus seinem Betrieb entlassen u. ist jetzt a.* 他被企业解雇了,现在正失业

Ar·beits·lo·se *der/die*; *-n, -n*; j-d, der arbeitslos ist 失业者 ‖ K-(复合): ***Arbeitslosen-, -quote, -unterstützung, -versicherung, -zahl*** ‖ NB(注意): *ein Arbeitsloser; der Arbeitslose; den, dem, des Arbeitslosen*

Ar·beits·lo·sen·geld 1. *das*; *nur Sg*(只用单数); das Geld, das Arbeitslose während e-r bestimmten Zeit vom Staat bekommen 失业补助(金)〈A. bekommen, beziehen 得到、(定期)领取失业补助(金)〉 **2. A. I** Ⓓ ADM *geschr* [德]【管理】[书] ≈ A. (1) **3. A. II** Ⓓ [德] das Geld, das in Deutschland Menschen vom Staat bekommen, die in Not sind, keine Arbeit haben u. kein A. (1) bekommen 失业补助(金) II, 特殊失业补助(金) ≈ Hartz IV

Ar·beits·lo·sen·hil·fe *die*; *nur Sg*(只用单数), das Geld, das Arbeitslose e-e Zeit lang vom Staat bekommen, wenn sie auf Arbeitslosengeld keinen Anspruch mehr haben u. auch sonst keine finanziellen Mittel haben (凡不再享受失业金,也无其他经济来源者可领取的)失业救助、失业救济金〈auf A. angewiesen sein 靠失业救助生活〉

Ar·beits·lo·sen·ver·si·che·rung *die*; e-e Versicherung für den Fall, dass man seine Arbeit verliert u. nicht sofort e-e neue Arbeit findet. Die Beiträge zur A. werden vom Lohn od. Gehalt abgezogen 失业保险: *Beamte zahlen nicht in die A. ein* 公职人员不缴纳失业保险

Ar·beits·lo·sig·keit *die*; -; *nur Sg*(只用单数) **1.** der Zustand, arbeitslos zu sein 失业(状况) **2.** der Mangel an Arbeitsplätzen 失业(现象)〈zunehmende A. 日益增长的失业现象; die A. bekämpfen 与失业作斗争〉‖ -K: ***Langzeit-***

Ar·beits·markt *der*; WIRTSCH【经】; der Bereich der Wirtschaft, in dem es um das Angebot von u. die Nachfrage nach Arbeitsplätzen geht 劳动力市场: *die Situation auf dem A.* 劳动力市场的形势

Ar·beits·mo·ral *die*; j-s persönliche Einstellung gegenüber der Arbeit, die er tun soll 劳动道德,劳动精神,劳动态度,劳动品德〈e-e hohe, gute, schlechte A. haben 具有崇高的、良好的、恶劣的劳动品德〉

Ar·beits|nie·der·le·gung *die*; -, -*en*; ADM *geschr*【管理】[书]≈ Streik

Ar·beits·ort *der*; der Ort, in dem j-d seinen Beruf ausübt 工作地点↔ Wohnort

Ar·beits·platz *der* **1.** e-e Stellung od. Beschäftigung, die für j-n als Beruf zur Verfügung steht 工作岗位≈ Arbeitsstelle (1)〈ein sicherer A. 可靠的工作岗位; seinen A. verlieren 失去工作岗位〉 **2.** der Platz od. Raum, wo j-d arbeitet 工地,工作场所,工作的位置,工作的地方〈seinen A. aufräumen 清理自己的工作场所; die Sicherheit am A. 工作场所的安全〉

Ar·beits·recht *das*; *nur Sg*(只用单数); die Gesetze, die die Verhältnisse u. die Stellung der Arbeitnehmer (*bes* in Bezug auf den Arbeitgeber) regeln 劳动法‖ *hierzu*(派生) **ar·beits·recht·lich** *Adj*(形)

ar·beits·scheu *Adj*(形); ohne Lust u. Willen zu arbeiten 怕劳动的,好逸恶劳的

Ar·beits·schutz *der*; *nur Sg*(只用单数); der durch Gesetze festgelegte Schutz der Arbeitnehmer *bes* vor gesundheitlicher Gefährdung u. zu starker Belastung am Arbeitsplatz 劳动保护 ‖ K-(复合): ***Arbeitsschutz-***, ***-bestimmung***

Ar·beits·stät·te *die* **1.** ADM【管理】; der Betrieb, in dem man arbeitet 工作单位 **2.** *veraltend* [渐旧]≈ Arbeitsplatz (2)

Ar·beits·stel·le *die* **1.** e-e Stellung od. Beschäftigung, die für j-n als Beruf zur Verfügung steht 工作岗位≈ Arbeitsplatz (1)〈e-e neue A. suchen 寻找新的工作(岗位)〉 **2.** der Betrieb, in dem j-d arbeitet 工作单位: *Fahrten von der Wohnung zur A.* 从住所驱车前往工作单位

Ar·beits·su·chen·de *der/die*; -*n*, -*n*; j-d, der e-e Arbeit (2) od. e-n Job sucht 找工作的人,求职者 ‖ NB(注意): *ein Arbeitssuchender; der Arbeitssuchende; den, dem, des Arbeitssuchenden*

Ar·beits·tag *der* **1.** diejenigen Stunden am Tag, in denen man (beruflich) arbeitet (指八小时)工作日,劳动日↔ Feierabend: *e-n harten, anstrengenden A. hinter sich haben* 度过了一个繁重的、劳累的工作日 **2.** ein Tag, an dem man in seinem Beruf arbeitet 工作日,劳动日(非休息日): *28 Arbeitstage Urlaub haben* 休假 28 个工作日

Ar·beits·tei·lung *die*; *nur Sg*, WIRTSCH(只用单数)【经】; die Verteilung e-r Arbeit od. Aufgabe auf mehrere Personen 分工

Ar·beits·tier *das* **1.** ein Tier, das dazu verwendet wird, e-e bestimmte Arbeit zu machen 役畜,力畜: *In Indien werden Elefanten als Arbeitstiere verwendet* 在印度用象当役畜 **2.** *iron od pej*[讽]或[贬]; ein Mensch, der sehr viel u. intensiv arbeitet (u. sich oft nur für seine Arbeit interessiert) 老黄牛,埋头苦干的人

ar·beits·un·fä·hig *Adj*(形); gesundheitlich od. physisch nicht in der Lage zu arbeiten 无劳动能力的↔ arbeitsfähig ‖ *hierzu*(派生) **Ar·beits·un·fä·hig·keit** *die*; *nur Sg*(只用单数)

Ar·beits·ver·hält·nis *das* **1.** *nur Pl*(只用复数); die Bedingungen, die am Arbeitsplatz herrschen 劳动条件 **2.** das rechtliche Verhältnis zwischen dem Arbeitnehmer u. dem Arbeitgeber (das *mst* durch e-n Vertrag geregelt ist) (合法的)劳资关系 **3.** ***in e-m (festen) A. stehen*** *Admin*[牍]; bei e-r Firma als Arbeitnehmer (fest) angestellt sein 有(固定)职业,有(固定)雇佣关系

Ar·beits·wut *die*; *oft iron* 常用[讽]; sehr großer Eifer od. Ehrgeiz, mit dem man seine Arbeit macht 工作狂,工作激情: *Da packte mich die A. u. ich arbeitete fast die ganze Nacht hindurch* 那时候,我干起活来混身是劲,几乎是通宵达旦地工作

Ar·beits·zeit *die* **1.** die (gesetzlich od. vertraglich) festgelegte Anzahl von Stunden, die ein Arbeitnehmer pro Tag, Woche od. Monat arbeiten muss (法定的)工时,劳动时间〈e-e feste A. 固定的工作时间〉‖ K-(复合): ***Arbeitszeit-***, ***-regelung***, ***-verkürzung*** ‖ K-: ***Wochen-*** **2.** die Zeit, die man für e-e Arbeit benötigt od. zur Verfügung hat 工作所需的时间: *Die A. für diese Prüfung beträgt zwei Stunden* 这项考试所需时间为 2 小时 **3.** ***gleitende A.*** ein System, bei dem es e-e Zeitspanne für Beginn u. Ende der täglichen Arbeitszeit gibt (die einem *z.B.* erlaubt, früher als die anderen mit der Arbeit zu beginnen u. dafür früher nach Hause zu gehen) 灵活的上班时间,机动工时(制),浮动工时(制)〈gleitende A. haben 有浮动工时(制)〉

ar·bi·trär *Adj*(形); *geschr*[书]; auf e-r subjektiven Meinung od. dem Zufall basierend (u. nicht nach objektiven Kriterien erfolgend) 武断的，独行其是的，独断的 ≈ willkürlich ⟨e-e Auswahl, e-e Entscheidung 选择，决定⟩

ar·cha·isch *Adj* (形); *geschr* [书] **1.** nicht den modernen Verhältnissen der Zeit entsprechend 不符合新潮的，不合时尚的，陈旧的，古雅的 ≈ veraltet ⟨ein Ausdruck, ein Wort, j-s Stil 表达，语词，某人的风格⟩ **2.** aus vor- u. frühgeschichtlicher Zeit 远古的，史前的 ⟨Werkzeuge, e-e Zeichnung 工具，图画⟩

Ar·cha·is·mus *der*; -, *Ar·cha·is·men*; LING【语】; ein Wort od. e-e Wendung, die in der heutigen Zeit nicht mehr verwendet werden 古词语

Ar·chä·o·lo·gie *die*; -; *nur Sg* (只用单数); die Wissenschaft, die sich mit ausgegrabenen Überresten wie *z.B.* Statuen, Vasen u. Werkzeugen aus vergangenen Zeiten beschäftigt, um damit frühere Kulturen zu erforschen 考古学 ‖ *hierzu* (派生) **Ar·chä·o·lo·ge** *der*; *-n*, *-n*; **Ar·chä·o·lo·gin** *die*; -, *-nen*; **ar·chä·o·lo·gisch** *Adj* (形); *nur attr od adv* (只作定语或状语)

Ar·che *die*; -, *-n*; *mst in* 多用于 ***die A. Noah*** REL【宗】; e-e Art Schiff, das Noah baute, um sich, seine Familie u. die Tiere vor der Sintflut zu retten 诺亚方舟(《旧约全书》中的神话故事，诺亚受上帝教导建造方舟，免遭洪水之灾)

Ar·che·typ *der*; *geschr* [书]; die *mst* rekonstruierte, originale Form od. Gestalt e-s Lebewesens od. e-r Sache (多指经修复的) 原型，原版，原样 ≈ Urtyp

Ar·chi·pel *der*; *-s*, *-e*; GEOG【地】; e-e ziemlich große Gruppe von *mst* kleinen, zusammengehörigen Inseln 群岛

Ar·chi·tekt *der*; *-en*, *-en*; j-d, der auf e-r Hochschule ausgebildet wurde, um beruflich Pläne für Bauwerke zu entwerfen u. ihre Fertigstellung zu beaufsichtigen 建筑学家，建筑师 ‖ NB (注意): *der Architekt*; *den*, *dem*, *des Architekten* ‖ *hierzu* (派生) **Ar·chi·tek·tin** *die*; -, *-nen*

Ar·chi·tek·tur *die*; -, *-en* **1.** *nur Sg* (只用单数); die Wissenschaft, die sich mit der Gestaltung von Häusern, Plätzen *o.Ä.* beschäftigt 建筑学 ⟨A. studieren 学习建筑学⟩ **2.** *nur Sg* (只用单数); die Art u. Weise, in der ein Bauwerk künstlerisch gestaltet wurde 建筑艺术: *die A. e-s griechischen Tempels bewundern* 为一座希腊神庙的建筑艺术而赞叹 **3.** die A. (2) in e-m bestimmten Land od. e-r bestimmten Epoche 建筑风格 ≈ Baustil: *die A. des alten Griechenland* 古希腊建筑风格; *die A. des Barock* 巴洛克建筑风格 ‖ *zu* (义项) **2.** u. **3.** **ar·chi·tek·to·nisch** *Adj* (形); *nur attr od adv* (只作定语或状语)

Ar·chiv [-f] *das*; *-s*, *-e* **1.** e-e Sammlung von historisch wichtigen Dokumenten (wie *z.B.* Urkunden od. Berichten) 档案，案卷(总称) **2.** der Ort, an dem e-e solche Sammlung aufbewahrt wird 档案室，档案馆

Ar·chi·var [-ˈvaːɐ] *der*; *-s*, *-e*; j-d, der beruflich ein Archiv betreut 档案保管员，档案馆(室)负责人 ‖ *hierzu* (派生) **Ar·chi·va·rin** *die*; -, *-nen*

ar·chi·vie·ren [-v-]; *archivierte*, *hat archiviert*; Vt (及物) ***etw. a.*** *geschr* [书]; Dokumente in ein Archiv einordnen 把…归档: *e-e Urkunde*, *e-n historischen Bericht a.* 将证书、历史报告归档 ‖ *hierzu* (派生) **Ar·chi·vie·rung** *die*; *nur Sg* (只用单数)

ARD [aːǀɛrˈdeː] *die*; -; *nur Sg* Ⓓ (只用单数) [德] **1.** (*Abk für* 缩写，全称为 Arbeitsgemeinschaft der öffentlich-rechtlichen Rundfunkanstalten der Bundesrepublik Deutschland) mehrere Rundfunkanstalten, die sich zusammengeschlossen haben, um gemeinsam das Programm zu gestalten 全德广播协会 **2.** das Fernsehprogramm, das von der ARD (1) gesendet wird 德意志联邦共和国电视一台 ≈ Erste(s) Programm

Are·al *das*; *-s*, *-e*; *geschr* [书] **1.** ≈ Fläche (1): *ein A. von 20 km²* 面积 20 平方公里 **2.** ein Gebiet od. Gelände, das *mst* zu e-m bestimmten Zweck eingegrenzt ist 地域，场地: *das A. der Automobilausstellung* 汽车展出场地

Are·na *die*; -, *Are·nen*; **1.** e-e Art Stadion mit (in Stufen ansteigenden) Sitzreihen, in denen sportliche Wettkämpfe u. andere Veranstaltungen stattfinden 比赛场地 ‖ -K (复合): ***Stierkampf-***, ***Zirkus-*** **2.** *geschr* [书]; der Ort, an dem ein politischer, wirtschaftlicher od. militärischer Kampf stattfindet (政治、经济或军事斗争的) 舞台，场所 ≈ Schauplatz

arg, *ärger*, *ärgst-*; *Adj* (形) **1.** mit sehr negativen Konsequenzen 坏的，恶劣的，讨厌的，不愉快的 ≈ schlimm, übel ⟨e-e List, ein Streich 诡计，恶作剧; auf das Ärgste gefasst sein (= mit dem Schlimmsten rechnen) 作最坏的打算⟩ **2.** (in negativer Weise) groß, stark 厉害的，严重的，可怕的 ≈ furchtbar, schrecklich ⟨e-e Enttäuschung, ein Gedränge, Schmerzen 失望，拥挤，疼痛⟩ **3.** *nur adv*, *gespr* (只作状语) [口] ≈ sehr, äußerst: *arg jung sein* 非常年轻; *sich arg freuen* 高兴极了 ‖ ID [谚] ***etw. liegt im Argen*** etw. ist in Unordnung, in e-m desolaten Zustand 某事糟透了，情况不妙，一团糟

Är·ger *der*; *-s*; *nur Sg* (只用单数) **1.** ***Ä.*** (***über j-n / etw.***) ein Gefühl starker Unzufriedenheit u. leichten Zorns 恼火，生气，不快 ≈ Unmut, Verstimmung ⟨j-s Ä. erregen, seinen Ä. unterdrücken, seinem Ä. Luft machen 惹人生气，压制怒火，发脾气(出气)⟩: *Sie konnte ihren Ä. darüber nicht verbergen* 对此她掩盖不住自己的怒火 **2.** ***Ä.*** (***mit j-m / etw.***) *Kollekt* (集合); unangenehme Erlebnisse od. negative Erfahrungen, die Ä. (1) verursachen 不愉快的经历，麻烦(事)，烦恼(事)，烦忧 ⟨viel, keinen Ä. mit j-m/etw. haben 跟某人/某事有许多烦心的事、跟某人/某事没有什么不愉快的事⟩: *Wenn du freundlich zu ihm bist, ersparst* *du dir viel Ä. mit ihm* 如果你对他友好的话,你就可省去许多跟他的麻烦 ‖ ID［谚］*mst* 多用 ***Mach keinen Ä.!*** *gespr*［口］; mach keine Schwierigkeiten! 别惹麻烦!

är·ger·lich *Adj*(形) **1. *ä.* (*auf, über j-n/etw.*)** Ärger über j-n/etw. verspürend od. zeigend (对…)生气的,恼怒的〈ä. reagieren 反应不高兴; leicht, schnell ä. werden 很容易生气,很快就生气〉**2.** so, dass es Ärger hervorruft 令人不快的,烦心的≈ unerfreulich, unangenehm〈ein Ereignis, ein Vorfall 事件,意外事故〉: *Es war ja wirklich ä., dass du den Zug versäumt hast* 你误了火车,确实让人不愉快

är·gern; *ärgerte, hat geärgert*; Vt (及物) **1. *j-n ä.*** durch sein Verhalten bewirken, dass j-d Ärger empfindet 使生气,惹火,激怒: *seinen jüngeren Bruder ä.* 惹小弟生气 ‖ NB(注意): ↑ ***necken***; Vr (反身) **2. *sich* (*über j-n/etw.*) *ä.*** Ärger über j-n/etw. empfinden (对…)生气,动火,发火,恼怒≈ sich aufregen (3): *Der Lehrer ärgerte sich maßlos über seine frechen Schüler* 老师对淘气捣蛋的学生非常恼火; *Ich habe mich furchtbar* (darüber) *geärgert*, dass *du nicht zu meiner Party gekommen bist* 对你没来参加我的聚会我非常生气 ‖ NB: ↑ ***blauärgern, schwarzärgern***

Är·ger·nis *das*; *-ses, -se*; etw., das die Ursache für j-s Ärger ist od. das j-s Ärger erregt 惹人生气的事,招人烦恼的事,麻烦事〈ein öffentliches Ä. 公愤〉: *die Ärgernisse, auf die man im Berufsleben trifft* 职业上遇到的麻烦事; *Seine Unpünktlichkeit ist ein ständiges Ä.* 他的拖拉作风常惹人生气

Arg·list *die*; *nur Sg, geschr*(只用单数)［书］; ein Verhalten, mit dem man bewusst (*mst* auf versteckte Weise) j-m schaden will 奸诈,狡猾,刁钻,诡谲,居心不良≈ Hinterlist ‖ *hierzu*(派生) **arg·lis·tig** *Adj*(形)

arg·los *Adj* (形) **1.** 〈ein Mensch, e-e Bemerkung 人,看法〉so, dass sie nichts Böses beabsichtigen od. niemandem schaden wollen 无恶意的,无邪念的≈ harmlos **2.** nichts Böses ahnend 不怀疑的,真心诚意的 ≈ ahnungslos: *Ganz a. vertraute er dem Betrüger* 他毫不猜疑地相信那个骗子 ‖ *hierzu*(派生) **Arg·lo·sig·keit** *die*; *nur Sg*(只用单数)

Ar·gu·ment *das*; *-(e)s, -e*; ***ein A.* (*für, gegen j-n/etw.*)** etw., womit man e-e Behauptung, e-n Standpunkt begründet od. rechtfertigt (支持,反对…的)论据,论断,论点〈ein stichhaltiges, überzeugendes A. 无懈可击的、令人信服的论据〉: *Argumente für u. gegen Atomkraftwerke vorbringen* 提出支持和反对核电站的论据; *die verschiedenen Argumente abwägen* 权衡各种论点 ‖ *hierzu*(派生) **ar·gu·men·tie·ren** (*hat*) *Vt/i*(及物/不及物); **ar·gu·men·ta·tiv** *Adj* (形)

Ar·gu·men·ta·ti·on [-ˈtsi̯oːn] *die*; *-, -en*; die Art u. Weise, in der man die Argumente bringt 论证,论争,辩论,理论 ‖ K-(复合): ***Argumentations-, -hilfe, -grundlage***

Ar·gus·au·gen *die*; *Pl*(复); *mst in* 多用于 ***j-n/etw. mit A. beobachten/bewachen*** *geschr*［书］; j-n/etw. sehr aufmerksam beobachten/bewachen 用敏锐的(警觉的)眼睛观察/监视

Arg·wohn *der*; *-(e)s*; *nur Sg, geschr*(只用单数)［书］; ***der A.* (*gegen j-n/etw.*)** e-e sehr misstrauische Einstellung gegenüber j-m/etw. (对…)怀疑,猜疑,疑心≈ Misstrauen〈j-s A. erregen 引起某人猜疑〉‖ *hierzu*(派生) **arg·wöh·nisch** *Adj*(形)

arg·wöh·nen; *argwöhnte, hat geargwöhnt*; Vt (及物) ***etw. a.*** *geschr*［书］; voller Argwohn etw. annehmen, vermuten 猜疑,怀疑,对…起疑心,狐疑

Arie [ˈaːri̯ə] *die*; *-, -n*; ein Lied für e-n einzelnen Sänger *bes* in e-r Oper 咏叹调〈e-e A. singen 唱一曲咏叹调〉‖ -K(复合): ***Opern-***

Aris·to·krat *der*; *-en, -en* **1.** ein Angehöriger des Adels 贵族成员≈ Adliger **2.** j-d, der e-e edle Gesinnung hat u. sich sehr vornehm benimmt 高贵的人,高雅的人 ‖ NB(注意): *der Aristokrat; den, dem, des Aristokraten* ‖ *hierzu* **Aris·to·kra·tin** *die*; *-, -nen*

Aris·to·kra·tie *die*; *-*; *nur Sg* (只用单数) **1.** *geschr*［书］≈ Adel (1) **2.** *hist*［历］; e-e Staatsform, in der e-e privilegierte Gruppe von adligen Personen herrscht 贵族统治(的国家体制) ‖ *hierzu*(派生) **aris·to·kra·tisch** *Adj* (形)

Arith·me·tik *die*; *-*; *nur Sg* (只用单数); ein Teilgebiet der Mathematik 算术: *Die Addition, die Subtraktion, die Multiplikation u. die Division sind die vier grundlegenden Rechenarten in der A.* 加、减、乘、除是算术中的四种基本算法 ‖ *hierzu*(派生) **arith·me·tisch** *Adj*(形); *nur attr od adv*(只作定语或状语)

Ar·ka·de *die*; *-, -n* **1.** *nur Pl*(只用复数); e-e Reihe von Bogen, die von Säulen od. Pfeilern getragen werden u. unter denen man (*bes* an Gebäuden od. an Geschäftshäusern) durchgehen kann 拱廊: *sich unter den Arkaden die Schaufenster anschauen* 在(大商场前的)拱廊下观看橱窗 **2.** *geschr*［书］; ein Bogen, der von Säulen od. Pfeilern gestützt wird 拱,拱门

Ark·tis *die*; *-*; *nur Sg*(只用单数); das Gebiet um den Nordpol 北极周围的地区↔ Antarktis

ark·tisch *Adj* (形); *nur attr od adv, ohne Steigerung*(只用定语或状语)(无变级) **1.** die Arktis betreffend, aus der Arktis (stammend) 北极地区的,来自北极区的↔ antarktisch **2.** wie in der Arktis 与北极地区相似的〈Temperaturen, Kälte 温度,寒冷〉

arm, *ärmer, ärmst-*; *Adj* (形) **1.** mit nur wenig Besitz u. Geld 穷的,穷苦的,贫穷的≈ mittellos ↔ reich〈ein Mensch, e-e Familie, ein Land 人,家庭,国家〉: *Er ist ein Kind armer Eltern* 他是穷人家的孩子 **2. *arm an etw.* (*Dat* 三格) *sein*** von e-r Sache nur sehr wenig haben od. enthalten 对…贫乏,缺少,贫瘠 ↔ reich an etw. sein: *ein Land, das arm an Bodenschätzen ist* 地下矿藏贫乏的国家; *Diese Speise ist arm an Kalorien* 这份菜含热量低(含卡低) **3.** in e-m Zustand, der j-s Mitleid erregt 可怜的,不幸的,倒霉的≈ bedauernswert 〈ein armer Hund/Kerl/Teufel 可怜的狗/不幸的小伙子/倒霉鬼(穷光蛋)(= Mensch)〉: *„Seine Eltern haben sich scheiden lassen“ – „Ach, das arme Kind!“* “他父母离婚了”——“唉,可怜的孩子!”; *„Du Ärmster, ist es schlimm?“* “你这个倒霉鬼,还行吗?” **4. arm dran sein** *gespr* [口]; in e-m Zustand od. in e-r Situation sein, in der man bedauert od. bemitleidet wird 倒运,不吉,流年不利,多灾多难 **5. um j-n / etw. ärmer sein / werden** j-n/etw. verloren haben/verlieren 已/会失去、失掉某人/某事

Arm *der*; -(e)s, -e **1.** einer der beiden Körperteile des Menschen od. Affen, die an den Schultern anfangen u. bis zu den Fingern reichen 臂,胳臂,上肢,前肢〈der rechte, linke Arm 右臂,左臂; die Arme ausbreiten, ausstrecken, verschränken 伸开、展开、交叉双臂; den Arm um j-n/um j-s Schulter legen 伸出胳臂搂着某人/某人(的肩); ein Kind auf den Arm nehmen 抱着孩子; sich (*Dat* 三格) den Arm brechen 折断胳臂〉‖ ↑ *Abb. unter* 图见 **Mensch** ‖ K-(复合): **Arm-, -bruch** **2.** ein schmaler, länglicher Teil, der seitlich von e-m Hauptteil od. Zentrum abzweigt 杆,分支,汊,湾,臂,枝: *die Arme e-s Wegweisers, e-s Flusses, e-r Waage, e-s Leuchters* 路牌杈,河汊,秤杆,吊灯枝叉 ‖ -K(复合): **Fluss-, Meeres-** **3.** *Kurzw* (略) ↑ **Fangarm** **4. Arm in Arm** (bei zwei Personen) einen Arm (1) am angewinkelten Arm (1) des anderen eingehakt 挎着胳臂,臂挽臂: *Er ging mit seiner Frau Arm in Arm spazieren* 他跟老婆挎着胳臂散步 **5. j-n in die Arme nehmen / schließen** seine Arme (1) um j-s Oberkörper legen (weil man ihn *z.B.* liebt od. trösten will) 搂着某人/拥抱某人 ≈ umarmen ‖ ID [谚] **den längeren Arm haben** in e-r Angelegenheit mehr Einfluss haben 有办法,神通广大,有门路; **j-n mit offenen Armen aufnehmen / empfangen** j-n sehr freundlich, mit großer Freude aufnehmen/empfangen 敞开双手(非常高兴地)接待/欢迎某人; **j-m unter die Arme greifen** *gespr* [口]; j-m in e-r schwierigen Situation helfen 帮助某人,拉(拉扯)某人一把,助某人一臂之力; **j-n auf den Arm nehmen** *gespr* [口]; e-n Scherz mit j-m machen (sodass man über ihn lachen kann) 戏弄某人,跟某人开玩笑、打哈哈≈ sich über j-n lustig machen; **j-m in die Arme laufen** *gespr* [口]; j-n zufällig treffen (*bes* dann, wenn man ihn nicht treffen möchte) 偶然(无意中)碰见、巧遇某人; **j-m in den Arm fallen** j-n hindern, etw. zu tun 妨碍、阻碍某人做某事,从中作梗

-arm *im Adj, mst ohne Steigerung, sehr produktiv* (构成形容词,多用无变级,构词强); mit e-r geringen Menge von der genannten Sache …少量的,低的,缺少的,贫乏的 ≈ arm (2) an etw. ↔ reich; **fantasiearm** 〈ein Mensch 人〉, **fettarm** 〈e-e Kost 食物〉, **gefühlsarm** 〈ein Mensch 人〉, **geräuscharm** 〈e-e Maschine 机器〉, **ideenarm** 〈ein Film 电影〉, **kalorienarm** 〈e-e Kost 食物〉, **kontaktarm** 〈ein Mensch 人〉, **niederschlagsarm** 〈ein Monat 月份〉, **nikotinarm** 〈e-e Zigarette 香烟〉, **stickstoffarm** 〈ein Boden 土地〉

Ar·ma·tur *die*; -, -en; *mst Pl* (多用复数) **1.** die Teile von Maschinen od. Fahrzeugen, mit denen man diese bedient od. ihre Funktion überwacht 仪表 **2.** die Teile *bes* von Waschbecken od. Duschen, mit denen man das Wasser reguliert (调节水量的)装置,配件

Ar·ma·tu·ren·brett *das*; der Teil e-s Fahrzeugs *o.Ä.*, an dem die Armaturen (1) befestigt sind 仪表盘(板),操纵盘,控制板

Arm·band *das*; ein Band (*bes* aus Leder) od. e-e Kette, die man am Handgelenk trägt 手表带或手镯 ‖ K-(复合): **Armband-, -anhänger** ‖ -K(复合): **Gold-, Leder-**

Arm·band|uhr *die*; e-e Uhr, die (mit e-m Leder- od. Metallband) am Handgelenk getragen wird 手表

Arm·bin·de *die*; e-e Binde, die (*mst* als besonderes Kennzeichen) um den oberen Teil des Arms getragen wird 袖标,袖章: *Blinde tragen eine gelbe A. mit drei schwarzen Punkten* 盲人佩带标有三个黑点的黄色袖标

Arm·brust *die*; e-e (mittelalterliche) Schusswaffe mit e-m länglichen Holzteil u. e-m Bogen (*mst* aus Metall), mit der Pfeile abgeschossen werden 弩 ‖ K-(复合): **Armbrust-, -schütze**

Ar·me *der/die*; -n, -n; *mst Pl* (多用复数); Leute, die sehr arm (1) sind 穷人↔ Reiche: *Geld für die Armen sammeln* 为穷人集资(筹款) ‖ K-(复合): **Armen-, -hilfe, -viertel** ‖ NB (注意): *ein Armer; der Arme; den, dem, des Armen*

Ar·mee *die*; -, -n [-ˈmeːən] **1.** *Kollekt* (集合); alle Streitkräfte e-s Staates 军队,部队〈in die A. eintreten, zur A. gehen 参军,入伍〉 **2.** die Streitkräfte e-s Staates, die vorwiegend auf dem Boden kämpfen 陆军≈ Heer ↔ Marine, Luftwaffe ‖ K-(复合): **Armee-, -general, -korps** **3. die Rote A.** *hist* [历]; die A. (1) der Sowjetunion 苏联红军

Är·mel *der*; -s, -; der Teil e-s Kleidungsstücks, der den Arm teilweise od. ganz bedeckt 袖子〈die Ärmel hochkrempeln 卷起袖子〉: *ein Kleid mit langen Ärmeln* 长袖裙 ‖ ID [谚] **etw. aus dem Ä. schütteln** *gespr* [口]; *bes* Kenntnisse u. Informationen ohne große Mühe von sich geben (ohne darauf vorbereitet zu sein) 轻而易举,不费吹灰之力,举手之劳; **die Ärmel hochkrempeln** *gespr* [口]; energisch ans Werk gehen 卷起袖子、甩开膀子大干

Är·mel·ka·nal *der*; *nur Sg* (只用单数); der schmale Teil des Meeres zwischen Frankreich u. England 英吉利海峡

är·mel·los *Adj* (形); *nicht adv* (不作状语); ohne Ärmel 无袖的〈e-e Weste 背心〉

Ar·men·haus *das*; *hist* [历]; ein Haus, in dem arme Leute sehr billig od. kostenlos e-e

Wohnung bekamen 贫民大院(穷人楼)

-ar·mig *im Adj, begrenzt produktiv*(构成形容词,构词有限); mit der genannten Zahl von Armen 有…臂(枝、叉)的; ***einarmig, zweiarmig, dreiarmig, vierarmig*** *usw*

Arm·leh·ne *die*; die seitliche Lehne e-s Stuhls od. Sessels, auf die man den Arm stützen kann(椅子)扶手

Arm·leuch·ter *der*; *gespr pej*[口][贬]; verwendet als Schimpfwort für j-n, der etw. Dummes getan hat od. den man nicht mag 蠢货,二百五,草包,笨蛋

ärm·lich *Adj*(形); ziemlich arm (1)较贫穷的,清贫的,清寒的〈Verhältnisse 家境; ä. wohnen, ä. gekleidet sein 居住清寒,穿得衣衫褴褛〉‖ *hierzu*(派生) **Ärm·lich·keit** *die*; *nur Sg*(只用单数)

Arm·loch *das*; die Öffnung an e-m Kleidungsstück, an der man den Ärmel annäht 袖孔

arm·se·lig *Adj*(形) **1.** sehr arm (1)贫穷的,贫寒的,一贫如洗的〈e-e Behausung, e-e Hütte, ein Leben 住房,茅屋,生活〉 **2.** in der Ausstattung u. Qualität weit unter dem Durchschnitt (在陈设和质量上)蹩脚的,糟糕的≈ kümmerlich, dürftig〈e-e Wohnung, e-e Mahlzeit 住房,饭食〉 **3.** *mst pej* 多用[贬]; nicht den Erwartungen entsprechend 空洞的,贫乏的≈ dürftig〈e-e Auskunft, ein Vortrag, e-e Vorstellung 消息,报告,想象〉‖ *hierzu*(派生) **Arm·se·lig·keit** *die*; *nur Sg*(只用单数)

Ar·mut *die*; -; *nur Sg*(只用单数); **1.** der Zustand, arm (1) zu sein, der (sehr) große Mangel an Geld u. Besitz 贫穷,贫困≈ Mittellosigkeit ↔ Reichtum〈in A. leben 生活贫穷; in e-m Land herrscht bittere, tiefe, drückende A. 在一个国家到处缺衣少食,饥寒交迫,满目疮痍〉 **2.** ***A.*** (***an etw.*** (*Dat* 三格)) der Zustand, arm (2) an etw. zu sein 缺少,贫乏,枯窘 ≈ Dürftigkeit ↔ Reichtum: *die A. e-s Textes an sachlichen Informationen* 文章缺乏实际信息

Ar·muts·zeug·nis *das* **1.** *mst in* 多用于 ***etw. ist ein A. für j-n/etw.*** etw. zeigt die Schwäche od. schlechte Leistung von j-m/etw. 某事表明某人/某事有弱点、有不足之处、成绩不好 **2.** ***sich*** (***mit etw.***) ***ein A. ausstellen*** durch e-e Leistung seine mangelnden Fähigkeiten beweisen(因…)证明自己缺乏能力

Ar·ni·ka *die*; -, *-s*; e-e Heilpflanze mit gelben Blüten 山金车花(药草)

Aro·ma *das*; *-s*, *-s/Aro·men* **1.** der gute u. intensive Geschmack od. Geruch von etw. 香气,香味,馨香,芳香〈das A. von Kaffee, Tee, Früchten, Zigarren 咖啡、茶叶、水果、雪茄的香味〉 **2.** e-e künstliche Substanz mit e-m bestimmten Geschmack, die Lebensmitteln hinzugefügt wird 食用香料,香精 ‖ *hierzu*(派生) **aro·ma·tisch** *Adj*(形); *zu* (义项) **2.** **aro·ma·ti·sie·ren** (*hat*) *Vt*(及物)

ar·ran·gie·ren [arãˈʒiːrən, -ˈʒiːɐn]; *arrangierte, hat arrangiert*; **Vt**(及物) **1.** ***etw. a.*** die nötigen Vorbereitungen treffen, damit etw. durchgeführt werden kann 安排,准备,筹备,筹划≈ organisieren: *ein Gespräch, ein Treffen zwischen Staatsmännern a.* 安排国家领导人之间一次谈话、会见 **2.** ***etw. a.*** etw. künstlerisch anordnen(富有艺术造型的)摆设,布置: *Blumen kunstvoll a.* 将花卉摆设得具有极高的艺术风韵 **3.** ***etw. a.*** ein Musikstück für e-e bestimmte Besetzung od. Aufführung bearbeiten 为…谱(乐曲); **Vr**(反身) **4.** ***j-d arrangiert sich mit j-m***;〈Personen 人们〉 ***arrangieren sich*** *mst* zwei Personen schließen e-n Kompromiss(人作主语)单:与…妥协,和解;复:彼此妥协、相让: *Wir waren unterschiedlicher Meinung, konnten uns aber in den wichtigen Punkten a.* 我们俩意见相左,但在重大问题上能相互妥协 **5.** ***sich*** (***mit etw.***) ***a.*** sich mit den gegebenen Umständen abfinden 顺应,忍让≈ sich mit etw. zufriedengeben: *Der Autor musste sich mit den politischen Verhältnissen seines Landes a.* 作者必须顺应本国的政治环境 ‖ *zu* (义项) **2.** u. **3.** **Ar·ran·ge·ment** [arãʒ(ə)ˈmãː] *das*; *-s*, *-s*

Ar·rest *der*; *-(e)s*, *-e*; e-e Strafe, bei der man nur kurze Zeit im Gefängnis bleiben muss (*bes* in der Armee) 拘留,禁闭,监禁〈j-n unter A. stellen 监禁某人〉: *verschärften A. bekommen* 受到严厉监禁 ‖ *hierzu*(派生) **ar·res·tie·ren** (*hat*) *Vt*(及物)

ar·re·tie·ren; *arretierte, hat arretiert*; **Vt**(及物) **1.** ***etw. a.*** bewegliche Teile e-s Geräts durch e-n Mechanismus blockieren 锁住,制动 ≈ einrasten lassen: *die Handbremse a.* 锁住手刹车 **2.** ***j-n a.*** *veraltet*[旧] ≈ verhaften

ar·ri·viert [-v-] *Adj*(形); *nicht adv*, *geschr*(不作状语)[书]; öffentlich anerkannt 成名的,公认的〈ein Schriftsteller, ein Künstler, ein Politiker 作家,艺术家,政治家〉

ar·ro·gant *Adj*(形); *pej*[贬];〈ein Mensch 人〉so, dass er e-e tatsächliche od. eingebildete Überlegenheit anderen in verletzender Weise zeigt 傲慢的,骄矜的,狂妄自大的,居高自傲的 ≈ anmaßend, überheblich ↔ bescheiden: *Seine arrogante Art macht ihn unsympathisch* 他那孤高的作风让人不喜欢 ‖ *hierzu*(派生) **Ar·ro·ganz** *die*; -; *nur Sg*(只用单数)

Arsch *der*; *-(e)s*, *Är·sche*; *vulg*[俗]; **1** ≈ Gesäß, Hintern ‖ K-(复合): ***Arsch-, -backe*** **2.** verwendet als Schimpfwort für j-n, über den man sich ärgert 窝囊废,二五眼,孬种 ‖ ID [谚] *mst* 多用 ***Leck mich doch am A.!*** *vulg* [俗]; lass mich in Ruhe! 别打扰我! 让我安静!; ***etw. ist im A.*** *gespr!*[粗] etw. ist kaputt 某事玩儿完了,完蛋了; ***j-m in den A. kriechen*** *vulg*[俗]; sich genau so verhalten, wie es ein anderer will od. erwartet, um dadurch Vorteile zu erhalten 拍某人马屁,巴结、讨好、曲意奉承某人; ***am A. der Welt*** *gespr!*[粗] an e-m völlig abgelegenen, einsamen Ort 在偏僻荒凉的地方,在天涯海角

arsch·kalt *Adj*(形); *ohne Steigerung*, *gespr!* (无变级)[粗] sehr kalt 贼冷,真冷〈hier ist es a. 这里冻得慌〉

Arsch·krie·cher *der*; *-s*, *-*; *vulg*[俗]; j-d, der j-m übertrieben schmeichelt, um Vorteile zu bekommen 溜须拍马者,马屁精

Arsch·loch *das*; *vulg*[俗] **1** ≈ After **2.** verwendet als Schimpfwort für j-n, den man nicht mag 孬种,软骨头,二五眼

Ar·sen *das*; *-s*; *nur Sg*(只用单数) **1.** ein metallisches Element 砷; CHEM【化】As **2.** (*Kurzw für* 略,全称为 Arsenik) e-e giftige Verbindung aus A. (1) u. Sauerstoff 氧化亚砷,白砷

Ar·se·nal *das*; *-s*, *-e* **1.** ein Waffenlager 军火库,军械库 **2.** *Kollekt*(集合); alle Waffen, die ein Heer zur Verfügung hat (陆军拥有的)全部武器装备,武库 ‖ -K(复合): ***Waffen-*** **3.** ***ein A.*** + *Gen* 二格/***von etw.*** *gespr*[口]; e-e (große) Menge von Gegenständen 大量,大批: *ein A. alter Uhren* 大量的旧钟表

Art[1] *die*; *-*, *-en* **1.** *mst* 多用 **Art** (***u.*** **Weise**) *mst* mit e-m Adj, verwendet, um anzugeben, wie etw. gemacht wird 方式,方法(常与形容词连用): *Er musste ihr den Unfall auf schonende Art (u. Weise) beibringen* 他得用委婉的方式将事故告诉她 **2.** *nur Sg*(只用单数); die charakteristische Eigenschaft e-r Person 性格,特征,本性,天性,个性 ≈ Natur (4) 〈e-e herzliche, stille, gutmütige Art 热心肠的、文静的、好心肠的个性〉: *Das ist ganz seine Art* 这完全是他的个性 **3.** ***e-e Art*** + *Gen* 二格; ***e-e Art von j-m/etw.*** (verwendet zur Klassifizierung von ähnlichen Gegenständen od. Personen) ≈ Sorte, Kategorie: *Diese Art (von) Menschen kann ich nicht leiden* 这类人我没法忍受; *e-e bestimmte Art Bücher/von Büchern bevorzugen* 偏爱某一类书 **4.** *nur Sg* (只用单数) ≈ Beschaffenheit 〈Fragen, Probleme (von) allgemeiner Art 具有普遍性的问题、难题〉 ‖ ID *gespr*[谚][口]; *mst* 多用 ***so e-e Art (von)*** so etw. Ähnliches wie 像…一类的,像…式样的,类似…的: *Ist das so eine Art Bettcouch?* 这似乎像沙发床?; ***Das ist keine Art u. Weise*** *gespr*[口]; das ist kein anständiges Benehmen 这是不礼貌的行为,这是不规矩的举止

Art[2] *die*; *-*, *-en*; *bes* BIOL 尤用于【生】; die niedrigste Kategorie im System der Lebewesen 种,物种 ≈ Spezies: *Tiger u. Löwe sind Arten der Gattung „Großkatzen"* 虎、狮是"大猫"科的物种 ‖ K-(复合): ***Arten-***, ***-reichtum***, ***-schutz***, ***-vielfalt***; ***art-***, ***-eigen***, ***-fremd***, ***-verwandt*** ‖ -K(复合): ***Pflanzen-***, ***Tier-***, ***Vogel-***; ***Unter-*** ‖ ID[谚] ***aus der Art schlagen*** sich anders entwickeln als seine Familie 长得和家里人不一样: *Ihr jüngster Sohn ist ganz aus der Art geschlagen* 她的小儿子长得和家里人不一样 ‖ NB(注意): *Rasse* u. *Sorte* werden verwendet, um Unterschiede innerhalb e-r *Art* von Tieren bzw. von gezüchteten Pflanzen zu machen. Diese Begriffe werden aber *mst* nicht zu den biologischen Kategorien gerechnet (*Rasse* 和 *Sorte*(品种,种类)是为了区分动物种和培育的植物种才使用的,但这两个概念大半不属生物范畴) ‖ *hierzu*(派生) **ar·ten·reich** *Adj*(形); *nicht adv*(不作状语)

Ar·te·rie [iə] *die*; *-*, *-n*; ein Blutgefäß, das das Blut vom Herzen in den Körper führt 动脉 ≈ Schlagader ↔ Vene ‖ K-(复合): ***Arterien-***, ***-verkalkung***

art·ge·recht *Adj*(形); 〈e-e Tierhaltung 动物饲养〉so, dass die Tiere richtig ernährt werden u. sich so bewegen können, wie es ihren Bedürfnissen entspricht 适应物种的

Arth·ri·tis *die*; *-*, *Arth·ri·ti·den*; *mst Sg*, MED (多用单数)【医】; e-e chronische Entzündung der Gelenke 关节炎 ‖ *hierzu* **arth·ri·tisch** *adj* (形)

ar·tig *Adj*(形); mit der Verhaltensweise, die Erwachsene von Kindern erwarten 乖乖的,听话的 ≈ brav, folgsam: *Sei a.!* 听话! 乖点儿! 规矩点儿!; *Gib a. die Hand!* 乖乖地把手伸过来! ‖ *hierzu*(派生) **Ar·tig·keit** *die*; *nur Sg*(只用单数)

-ar·tig *im Adj*, *ohne Steigerung*, *sehr produktiv*(构成形容词,无变级,构词强); so beschaffen wie od. ähnlich wie das im ersten Wortteil Genannte 像…一样的,…似(般、式)的,类似…的,具有…特性的; ***blitzartig*** 〈e-e Reaktion 反应〉, ***katzenartig*** 〈e-e Geschicklichkeit 灵巧〉, ***krebsartig*** 〈e-e Geschwulst 肿瘤〉, ***palastartig*** 〈ein Haus 房屋〉, ***sintflutartig*** 〈Regen 雨〉, ***wellenartig*** 〈e-e Bewegung 运动〉

Ar·ti·kel, **Ar·ti·kel** *der*; *-s*, *-* **1.** ein geschriebener Text in e-r Zeitung, Zeitschrift *o.Ä.* 文章,论文〈e-n A. schreiben, verfassen 写文章,撰写文章〉 ‖ -K(复合): ***Zeitungs-*** **2.** e-e bestimmte Sorte von Gegenständen, die verkauft wird 商品,货物 ≈ Ware: *Dieser A. ist gerade im Sonderangebot* 这种商品正在特价出售 **3.** LING【语】; e-e Wortart, die das Genus e-s Substantivs bezeichnet 冠词: *„Der" ist der bestimmte, „ein" der unbestimmte männliche A.* "der"是定冠词,阳性,"ein"是不定冠词,阳性 **4.** ein Abschnitt e-s Gesetzes, Vertrags(法律、条约的)条款,条项: *nach Paragraph fünf, A. zwei des Grundgesetzes* (*§ 5 Art. 2 GG*) 按基本法第五章第二条 ‖ NB(注意): *Tabelle Seit 132* 图表见 *132* 页

ar·ti·ku·lie·ren; *artikulierte*, *hat artikuliert*; *geschr*[书]; Vt (及物) **1.** ***etw.*** (***durch etw.***) ***a.*** etw. durch Worte od. Taten zum Ausdruck bringen(用…)表达〈seine Gedanken, Bedürfnisse a. 表达自己的思想、要求〉: *Die Arbeiter artikulierten ihre Forderungen durch Streiks* 工人通过罢工表达自己的要求; Vt/i (及物/不及物) **2.** (***etw.***) ***irgendwie a.*** etw. irgendwie aussprechen 发音〈Laute, Wörter deutlich, exakt, schlecht a. 音、词发音清晰、准确、不好〉; Vr (反身) **3.** ***sich irgendwie a.*** seine Gedanken in Worte fassen(用话语)表达思想: *Sie kann sich gut a.* 她善于表达思想

Ar·til·le·rie *die*; *-*, *-n* [-iːən]; *mst Sg*(多用单数); der Teil e-r Armee, der mit großen Geschützen u. Kanonen ausgerüstet ist 炮兵部队 ‖ K-(复合): ***Artillerie-***, ***-beschuss***, ***-feuer*** ‖ *hierzu*(派生) **Ar·til·le·rist** *der*; *-en*, *-en*

Ar·ti·scho·cke *die*; *-*, *-n*; e-e Gemüsepflanze

mit großen Blüten, die in Mittelmeerländern wächst 洋蓟 ‖ K-(复合): ***Artischocken-***, ***-boden***, ***-herz***

Ar·tist *der*; *-en*, *-en*; ein Künstler im Zirkus od. Varieté (*z.B.* ein Akrobat od. ein Jongleur), der mit Geschick u. Körperbeherrschung sein Können zeigt 杂技演员 ‖ NB(注意): *der Artist*; *den*, *dem*, *des Artisten* ‖ *hierzu*(派生) **Ar·tis·tin** *die*; *-*, *-nen*; **Ar·tis·tik** *die*; *nur Sg*(只用单数); **ar·tis·tisch** *Adj*(形)

Arz·nei *die*; *-*, *-en*; ein Medikament gegen Krankheiten 药, 药剂, 药物 ≈ Medizin (2) ⟨(j-m) e-e A. verordnen, verschreiben(给某人)开药(方),开处方; e-e A. einnehmen 服药⟩ ‖ K-(复合): ***Arznei-***, ***-buch***, ***-kunde***, ***-pflanze***

Arz·nei·mit·tel *das* ≈ Arznei, Medikament ‖ K-(复合): ***Arzneimittel-***, ***-konsum***, ***-missbrauch***

Arzt *der*; *-es*, *Ärz·te*; j-d, der an e-r Universität ausgebildet wurde, damit er Kranke behandeln kann 医生, 大夫, 医师 ≈ Mediziner, Doktor ⟨e-n A. holen, konsultieren 请大夫,请大夫诊治(向大夫咨询); zum A. gehen 去看病⟩: *Bei welchem A. sind Sie in Behandlung?* 您在哪位医生处治疗? ‖ K-(复合): ***Arzt-***, ***-praxis*** ‖ -K(复合): ***Augen-***, ***Haut-***, ***Kinder-***, ***Nerven-***, ***Zahn-*** ‖ *hierzu*(派生) **Ärz·tin** *die*; *-*, *-nen*; **ärzt·lich** *Adj*(形); *nur attr od adv*(只作定语或状语)

Arzt·hel·fe·rin *die*; verwendet als Berufsbezeichnung für e-e Angestellte, die dem Arzt in seiner Praxis hilft 医生助手

as, **As** *das*; *-*, *-*; MUS【音】; der Halbton unter dem a 降 a ‖ K-(复合): ***As-Dur***

As *das*; ↑ **Ass**

As·best *der*; *-(e)s*; *nur Sg*(只用单数); ein feuerfester, faseriger Stoff, dessen Staub (gesundheits)schädlich ist 石棉: *Schutzanzüge*, *Isolierplatten aus A.* 石棉劳(动)保(护)服,石棉绝缘板

Asche *die*; *-*, *-n*; die grauen, pulverförmigen Reste, die übrig bleiben, wenn etw. verbrannt worden ist 灰, 灰烬 ‖ K-(复合): ***asch-***, ***-blond***, ***-fahl***, ***-grau***

Aschen·bahn *die*; e-e Bahn[1] (3) für Wettläufe, die oft mit e-r Art rotem Sand bedeckt ist (铺类似红砂的)跑道

Aschen·be·cher *der*; ein Gefäß für die Asche u. die Reste von Zigaretten *o.Ä.* 烟灰缸 ⟨die Zigarette im A. ausdrücken 在烟灰缸里把烟压(掐)灭; den A. ausleeren 把烟灰缸清干净⟩

Aschen·put·tel *das*; *-s*; *nur Sg*(只用单数); e-e weibliche Märchenfigur 灰姑娘

Ascher *der*; *-s*, *-*; *gespr* [口] ≈ Aschenbecher

Ascher·mitt·woch *der*; der erste Tag der Fastenzeit der Christen (nach dem Fasching) 圣灰星期三(基督四旬斋期第一天,即狂欢节后的第一天)

äsen; *äste*, *hat geäst*; [Vi] (不及物) ⟨ein Hirsch, ein Reh *o.Ä.* 鹿, 狍等⟩ ***äst*** ein Hirsch, ein Reh *o.Ä.* frisst 吃草

asep·tisch *Adj*(形); MED【医】≈ keimfrei

Artikel 冠词

bestimmter Artikel 定冠词				*unbestimmter Artikel* 不定冠词			
Nominativ (一格)				*Nominativ* (一格)			
m 阳	der	große	Tisch	*m* 阳	ein	großer	Tisch
Sg(单) *f* 阴	die	große	Bank	*Sg*(单) *f* 阴	eine	große	Bank
n 中	das	große	Bett	*n* 中	ein	großes	Bett
Pl(复)	die	großen	Dinge	*Pl*(复)		große	Dinge
Akkusativ (四格)				*Akkusativ* (四格)			
m 阳	den	großen	Tisch	*m* 阳	einen	großen	Tisch
Sg(单) *f* 阴	die	große	Bank	*Sg*(单) *f* 阴	eine	große	Bank
n 中	das	große	Bett	*n* 中	ein	großes	Bett
Pl(复)	die	großen	Dinge	*Pl*(复)		große	Dinge
Dativ (三格)				*Dativ* (三格)			
m 阳	dem	großen	Tisch	*m* 阳	einem	großen	Tisch
Sg(单) *f* 阴	der	großen	Bank	*Sg*(单) *f* 阴	einer	großen	Bank
n 中	dem	großen	Bett	*n* 中	einem	großen	Bett
Pl(复)	den	großen	Dingen	*Pl*(复)		großen	Dingen
Genitiv (二格)				*Genitiv* (二格)			
m 阳	des	großen	Tisches	*m* 阳	eines	großen	Tisches
Sg(单) *f* 阴	der	großen	Bank	*Sg*(单) *f* 阴	einer	großen	Bank
n 中	des	großen	Bettes	*n* 中	eines	großen	Bettes
Pl(复)	der	großen	Dinge	*Pl*(复)		großer	Dinge

Asi·at [a'zi̯aːt] *der*; *-en*, *-en*; ein Einwohner Asiens 亚洲人 ‖ NB(注意): *ein Asiat(e)*; *der Asiat*; *den*, *dem*, *des Asiaten* ‖ *hierzu*(派生) **Asi·a·tin** *die*; *-*, *-nen*

asi·a·tisch [a'zi̯aːtɪʃ] *Adj*(形) **1.** zu Asien gehörend 亚洲的: *China ist ein asiatisches Land* 中国是一个亚洲国家 **2.** typisch für Asien 亚洲型的,典型亚洲的: *asiatische Tempel* 亚洲型的庙宇

Asi·en ['aːzi̯ən] *-s*; *nur Sg*(只用单数); der größte Kontinent der Erde 亚洲

As·ke·se *die*; *-*; *nur Sg*(只用单数) **1.** REL【宗】; e-e Art Buße, bei der j-d keusch u. enthaltsam ist u. fastet 禁欲: *Der Mönch lebt in strenger A.* 和尚过着严格的禁欲生活 **2.** e-e sehr einfache, enthaltsame Art zu leben 苦行: *ein Leben in A. führen* 过苦行生活 ‖ *hierzu*(派生) **As·ket** *der*; *-en*, *-en*; **As·ke·tin** *die*; *-*, *-nen*; **as·ke·tisch** *Adj*(形)

aso·zi·al *Adj*(形); *ohne Steigerung*(无变级) **1.** *pej*[贬]; für die Gesellschaft schädlich 对社会有害的〈a. handeln, sich a. verhalten 行动、行为是有害社会的〉 **2.** so beschaffen od. sich so verhaltend, dass man nicht in die Gesellschaft integriert wird 与社会不合群的,与人不交往的,离群索居的〈aus asozialen Verhältnissen stammen 出身于无人际交往的生活环境〉: *In diesem Stadtteil leben viele asoziale Menschen* 在这个市区生活着许多不合群的人 ‖ *hierzu*(派生) **Aso·zia·le** *der/die*; *-n*, *-n*

As·pekt *der*; *-(e)s*, *-e* **1.** die Perspektive, von der aus man ein Problem betrachtet 角度,观点,视角 ≈ Sichtweise: *ein Problem unter finanziellem A. betrachten* 从金融角度观察问题 **2.** ein Teilbereich e-s Sachverhalts 方面 ≈ Gesichtspunkt: *Der Aspekt Umwelt ist bei der Planung zu kurz gekommen* 在作计划时对环境方面重视不够

As·phalt, As·phalt [-f-] *der*; *-s*, *-e*; ein schwarzgraues Material, das *bes* als Straßenbelag verwendet wird 沥青 ‖ K-(复合): ***Asphalt-***, ***-bahn***, ***-straße*** ‖ *hierzu*(派生) **as·phal·tie·ren** (*hat*) *Vt*(及物)

As·pik, As·pik *der*, *auch das*; *-s*; *nur Sg*(只用单数); e-e durchsichtige, geleeartige Masse, in die *mst* Fleisch od. Fisch eingelegt werden 肉冻,鱼冻 ≈ Sülze

As·pi·rant *der*; *-en*, *-en* **1.** *geschr*[书]; ein Bewerber für e-n bestimmten Posten od. Beruf (职务或职业的)候选人,申请者 ≈ Anwärter **2.** *hist* (*DDR*)[历(民德)]; j-d, der sich nach dem abgeschlossenen Hochschulstudium auf e-n höheren akademischen Grad vorbereitet 研究生 ‖ NB(注意): *der Aspirant*; *den*, *dem*, *des Aspiranten* ‖ *hierzu*(派生) **As·pi·ran·tin** *die*; *-*, *-nen*

aß *Imperfekt*, *1. u. 3. Person Sg*(过去时,单数第一、第三人称); ↑ ***essen***

Ass *das*; *-es*, *-e* **1.** die höchste Spielkarte (扑克牌中的第一张大牌)爱斯,A牌 ‖ ↑ *Abb. unter* 图见 ***Spielkarten*** **2.** *gespr*[口]; j-d mit herausragendem Können auf e-m Gebiet 最能干的人,巨擘,顶梁柱: *ein Ass in Physik* 物理学领域的领头人 ‖ -K(复合): ***Tennis-*** **3.** SPORT【体】; ein Aufschlagball (*bes* im Tennis), den der Gegner nicht erreicht 刁钻的 ACE 球,爱斯球

äße *Konjunktiv II*, *1. u. 3. Person Sg*(第二虚拟式,单数第一、第三人称); ↑ ***essen***

As·ses·sor *der*; *-s*, *As·ses·so·ren*; j-d, der e-e höhere Beamtenstelle anstrebt 谋求国家高级公务员职位的人 ‖ *hierzu*(派生) **As·ses·so·rin** *die*; *-*, *-nen*

as·si·mi·lie·ren; *assimilierte*, *hat assimiliert*; *Vt/i* (及物/不及物) **1.** ***etw. assimiliert*** (***etw.***) BIOL【生】; e-e Pflanze nimmt Nährstoffe auf u. wandelt sie zu körpereigenen Substanzen um(物作主语)吸收(养料): *Pflanzen assimilieren Kohlendioxid* 植物吸收二氧化碳; *Vr* (反身) **2.** ***sich*** (***an etw.*** (*Akk* 四格)) ***a.*** *geschr*[书]; sich an e-e neue Umgebung anpassen 适应: *Es fiel ihnen schwer, sich an die ungewohnten Verhältnisse zu a.* 他们不容易适应陌生的环境 ‖ *hierzu*(派生) **As·si·mi·la·ti·on** *die*; *-*, *-en*; **As·si·mi·lie·rung** *die*

As·sis·tent *der*; *-en*, *-en*; j-d, der j-m (*z.B.* e-m Professor, Arzt od. Minister) bei der Arbeit hilft 助理,助手(如:助教,医助,助理研究员,部长助理) ‖ NB(注意): *der Assistent*; *den*, *dem*, *des Assistenten* ‖ *hierzu*(派生) **As·sis·ten·tin** *die*; *-*, *-nen*

as·sis·tie·ren; *assistierte*, *hat assistiert*; *Vi* (不及物) (***j-m***) (***bei etw.***) ***a.*** j-m (*mst* dem verantwortlichen Vorgesetzten) bei der Arbeit helfen 当…助手,协助…工作: *Zwei Schwestern assistierten dem Arzt bei der Operation* 两位护士协助医生动手术

As·so·zi·a·ti·on [asotsi̯a'tsi̯oːn] *die*; *-*, *-en*; *mst Pl*(多用复数); die Gedanken u. Gefühle, die durch e-n bestimmten äußeren Eindruck hervorgerufen werden 联想,感想〈(positive, negative) Assoziationen wecken, hervorrufen 唤起、引起(积极的、消极的)联想〉 ‖ *hierzu*(派生) **as·so·zi·a·tiv** *Adj*(形); *geschr*[书]

as·so·zi·ie·ren [asotsi'iːrən]; *assoziierte*, *hat assoziiert*; *Vt* (及物) ***etw.*** (***mit j-m / etw.***) ***a.*** *geschr*[书]; e-e Person, e-e Wahrnehmung od. ein Gefühl gedanklich mit etw. in Verbindung bringen(因…而)联想起: *schöne Erinnerungen mit e-m Geruch a.* 因一股味道而勾起美好回忆

Ast *der*; *-(e)s*, *Äs·te* **1.** der Teil e-s Baumes, der aus dem Stamm wächst 树枝 ‖ K-(复合): ***Ast-***, ***-gabel*** **2.** die Stelle in bearbeitetem Holz, an der im Baum ein Ast (1) war 节,桠杈,丫杈 ‖ K-(复合): ***Ast-***, ***-loch*** **3.** ein Teil e-s sich verzweigenden Systems 分支: *Im Delta teilt sich der Fluss in viele Äste* 在三角洲河流分成许多支流 ‖ ID[谚] ***auf dem absteigenden Ast sein*** in e-r Situation od. Verfassung sein, die immer schlechter wird 每况愈下,不景气; ***sich*** (*Dat* 三格) ***e-n Ast lachen*** *gespr*[口]; sehr lachen 大笑,前仰后合,捧腹大笑

As·ter *die*; *-*, *-n*; e-e Blume, die *bes* im Herbst in vielen Farben blüht 紫菀

Ast·ga·bel *die*; die Stelle, an der ein Ast (1) aus e-m anderen herauswächst 枝杈,枝桠

Äs·thet *der*; *-en*, *-en*; j-d mit viel Sinn u. Liebe für alles Schöne 美学家,审美家 ‖ NB(注意): *der Ästhet*; *den*, *dem*, *des Ästheten* ‖ *hierzu* (派生) **Äs·the·tin** *die*; *-*, *-nen*

Äs·the·tik *die*; *-*, *-en* **1.** die Wissenschaft od. Philosophie des Schönen 美学 **2.** *nur Sg*(只用单数); die Prinzipien od. Regeln, nach denen man das Schöne beurteilt 审美原则: *die moderne*, *klassizistische Ä.* 现代的、古典的审美原则 **3.** *nur Sg*(只用单数); das subjektiv Schöne 美感: *die Ä. e-r tänzerischen Bewegung*, *e-r Blume* 舞蹈动作的、花的美感 ‖ *hierzu*(派生) **äs·the·tisch** *Adj*(形)

Asth·ma *das*; *-s*; *nur Sg*(只用单数); e-e (krankhafte) Atemnot, die *mst* plötzlich auftritt 哮喘 ‖ *hierzu* (派生) **asth·ma·tisch** *Adj*(形)

Asth·ma·ti·ker *der*; *-s*, *-*; j-d, der an Asthma leidet 哮喘病人 ‖ *hierzu*(派生) **Asth·ma·ti·ke·rin** *die*; *-*, *-nen*

ast·rein *Adj*(形); *ohne Steigerung*, *gespr*(无变级)[口]; besonders gut, einwandfrei 出色的,了不起的,完美的: *e-e astreine Arbeit* 完美的(工艺)作品 ‖ ID[谚] (***etw. ist***) ***nicht ganz a.*** *gespr*[口]; (etw. ist) nicht ganz legal od. erlaubt(某事)不完全合法,不对头,可疑

As·t·ro·lo·gie *die*; *-*; *nur Sg*(只用单数); die Lehre vom Einfluss der Sterne auf die Menschen u. auf ihr Schicksal 星占学,占星术 ≈ Sterndeutung ‖ *hierzu*(派生) **As·t·ro·lo·ge** *der*; *-n*, *-n*; **As·t·ro·lo·gin** *die*; *-*, *-nen*; **as·t·ro·lo·gisch** *Adj*(形); *nur attr od adv* (只作定语或状语)

As·t·ro·naut *der*; *-en*, *-en*; j-d, der mit e-r Rakete ins Weltall fährt 宇航员,星际航行员≈ Raumfahrer ‖ NB(注意): *der Astronaut*; *den*, *dem*, *des Astronauten* ‖ *hierzu* (派生) **As·t·ro·nau·tin** *die*; *-*, *-nen*

As·t·ro·no·mie *die*; *-*; *nur Sg*(只用单数); die Wissenschaft von den Himmelskörpern 天文学,天体学 ‖ *hierzu* (派生) **As·t·ro·nom** *der*; *-en*, *-en*

as·t·ro·no·misch *Adj*(形) **1.** *nur attr od adv* (只用定语或状语); die Astronomie betreffend 天文学的,天体学的 〈Beobachtungen 观察〉 **2.** *nicht adv*, *gespr*(不作状语)[口]; unvorstellbar hoch 高得惊人的,高得不可想象的,天文般的 〈Preise, Zahlen 价格,数字〉: *astronomische Ausgaben für die Rüstung* 高得惊人的军备支出 **3.** ***a. hoch*** *gespr*[口]; sehr hoch 高高的,极高的

ASU [ˈaːzuː] *die*; *-*, *-s*; Ⓓ [德] (*Abk für* 缩写, 全称为 Abgassonderuntersuchung) e-e regelmäßige Untersuchung, bei der man prüft, ob die Abgase e-s Autos *o.Ä.* nicht zu viel Gift enthalten 排气特殊检测 〈die A. machen 进行排气特殊检测〉 ‖ K-(复合): ***ASU-Plakette***

Asyl *das*; *-(e)s*, *-e* **1.** *nur Sg*(只用单数); der Aufenthalt, den ein Staat e-m Ausländer gewährt, um ihn vor Verfolgung zu schützen 避难 〈um A. bitten, (j-m) politisches A. gewähren 请求避难,给予(允许)某人政治避难〉 ‖ K-(复合): ***Asyl-***, ***-antrag***, ***-bewerber***, ***-gewährung***, ***-recht***, ***-suchende(r)*** **2.** e-e Unterkunft für Personen ohne Wohnung 避难所,无家可归者的收容所,救济院≈ Heim

Asy·lant *der*; *-en*, *-en*; *oft neg*! 常用[侮] j-d, der um politisches Asyl bittet od. es (gewährt) bekommt 避难者 ‖ NB(注意): **a)** *Asylant* wird oft negativ verwendet, *Asylbewerber* od. *Asylsuchender* sind relativ neutrale Ausdrücke (Asylant 一词常有贬意,而 Asylbewerber 或 Asylsuchender 是比较中性的语词); **b)** *der Asylant*; *den*, *dem*, *des Asylanten* ‖ *hierzu*(派生) **Asy·lan·tin** *die*; *-*, *-nen*

asym·me·trisch *Adj*(形); nicht symmetrisch 不对称的,不均匀的,不规则的 ‖ *hierzu*(派生) **Asym·me·trie** *die*

-at *das*; *-(e)s*, *-e*; *im Subst*, *betont*, *wenig produktiv*(构成名词,重读,构词弱); **1.** das Ergebnis e-s Vorgangs, e-r Handlung, die ein Verb auf *-ieren* bezeichnet (以*-ieren*结尾的动词所表示的行为、过程的结果); ***Destillat***, ***Diktat***, ***Fabrikat***, ***Filtrat***, ***Imitat***, ***Resultat***, ***Zitat*** **2.** die Tätigkeit in e-r bestimmten Funktion (表示某一职能的工作); ***Referendariat***, ***Volontariat*** **3.** der Ort, an dem j-d mit der genannten Funktion tätig ist(表示从事所指职务的地点); ***Direktorat***, ***Konsulat***, ***Lektorat***, ***Notariat***, ***Sekretariat*** **4.** e-e Gruppe von Personen mit der genannten Funktion(表示所指职务的群体); ***Direktorat***, ***Kommissariat*** **5.** CHEM【化】; ein Salz des genannten Elements(表示所指元素的盐); ***Carbonat***, ***Chlorat***, ***Manganat***, ***Nitrat***, ***Phosphat***, ***Sulfat***

Ate·lier [ateˈli̯eː] *das*; *-s*, *-s* **1.** der Arbeitsraum e-s Künstlers (艺术家)工作室 ‖ -K(复合): ***Maler-*** **2.** ein Raum od. ein Gebäude für Filmaufnahmen (电影)摄影棚,摄影大楼 ‖ -K(复合): ***Film-***

Atem *der*; *-s*; *nur Sg*(只用单数) **1.** die Luft, die sich von der Lunge zu Mund od. Nase bewegt u. umgekehrt 气息〈den A. anhalten 屏住气; A. holen, schöpfen 吸气,呼吸〉 ‖ K-(复合): ***Atem-***, ***-not***, ***-wege*** **2.** die Art u. Weise, wie j-d atmet 呼吸 〈flacher, stoßweiser A. 浅的、急促的呼吸〉 ‖ K-(复合): ***Atem-***, ***-technik*** **3.** ***außer A. sein*** erschöpft sein u. nicht gut atmen können 累得气喘吁吁,上气不接下气 **4.** ***außer A. geraten*** wegen körperlicher Anstrengung schwer atmen 累得喘不过气来,上气不接下气 **5.** ***wieder zu A. kommen*** sich erholen (u. wieder ruhig atmen können), nachdem man *z.B.* gerannt ist 又喘(缓)过气来了 **6.** ***e-n schlechten A. haben*** Mundgeruch haben 有口臭 ‖ ID[谚] ***j-n in A. halten*** j-n nicht zur Ruhe kommen lassen 不让某人喘息

atem·be·rau·bend *Adj*(形); so erregend od. schön, dass man (unwillkürlich) den Atem anhält 令人神往的,引人入胜的,扣人心弦的〈ein Anblick, ein Ereignis, e-e Szene 景象,事件,

场面〉

atem·los *Adj*（形）**1.** keuchend vor Anstrengung 气喘吁吁的，上气不接下气的 **2.** voller Spannung 紧张的，忐忑不安的〈Stille 雅雀无声；a. lauschen 紧张地窃听〉**3.** sehr schnell (ablaufend) 飞快的，快速的：*die atemlose Abfolge des Programms* 节目一个紧挨着一个；*ein atemloses Tempo* 追风逐电的速度

Atem·pau·se *die*；*mst in* 多用于 ***e-e A. einlegen*** e-e kurze Pause machen 歇一歇，喘口气，稍歇片刻

Atem·zug *der*；das (einmalige) Einsaugen der Luft in die Lunge 吸(一口)气〈ein tiefer A. 深深的一口气〉‖ ID[谚] ***im gleichen / in demselben A.*** im gleichen Augenblick, zur selben Zeit 同时，一举，一口气；***bis zum letzten A.*** bis zum Tod 到最后一口气，直到最后一息

Athe·ist [ate'ɪst] *der*；*-en*，*-en*；j-d, der nicht an Gott od. ein höheres Wesen glaubt 无神论者‖ NB(注意)：*der Atheist*；*den*，*dem*，*des Atheisten* ‖ *hierzu*(派生) **Athe·is·tin** *die*；*-*，*-nen*；**Athe·is·mus** *der*；*nur Sg*(只用单数)；**athe·is·tisch** *Adj*(形)

Äther ['ɛːtɐ] *der*；*-s*；*nur Sg*(只用单数)；e-e farblose Flüssigkeit, die man früher als Narkosemittel verwendet hat 醚，乙醚

äthe·risch *Adj*(形)；*nicht adv*(不作状语) **1.** *geschr*，*oft iron*[书]常用[讽]；zart u. zerbrechlich 弱不禁风的，娇嫩的：*e-e ätherische Erscheinung* 一位娇滴滴的女士 **2.** *nur attr*，*nicht adv*，CHEM (只作定语，不作状语)【化】；gut riechend u. leicht verdunstend 散发香气的，芬芳的，芳香扑鼻的〈Öle 油〉

Ath·let *der*；*-en*，*-en* **1.** ein trainierter Sportler (田径、竞技等) 运动员 **2.** ein muskulöser Mann 身强力壮的人，体魄健壮的人‖ NB(注意)：*der Athlet*；*den*，*dem*，*des Athleten* ‖ *zu*(义项) **1. Ath·le·tin** *die*；*-*，*-nen*；*zu*(义项) **2. ath·le·tisch** *Adj*(形)

At·lan·tik *der*；*-s*；*nur Sg*(只用单数)；der Ozean zwischen Amerika u. Europa bzw. Afrika 大西洋‖ *hierzu*(派生) **at·lan·tisch** *Adj*(形)

At·las *der*；*-/-ses*，*At·lan·ten/At·las·se* **1.** e-e Sammlung von Landkarten in e-m Buch 地图册，地图集‖ -K(复合)：***Welt-*** **2.** ein (wissenschaftliches) Buch über ein bestimmtes Gebiet mit Bildern, Tabellen u. Erläuterungen 图集，图解集‖ -K(复合)：***Anatomie-***，***Sprach-***

at·men；*atmete*，*hat geatmet*；[Vi] (不及物) Luft in die Lunge saugen u. wieder ausströmen lassen 呼吸〈stoßweise, schwer a. 呼吸急促、困难〉

At·mos·phä·re [-f-] *die*；*-*，*-n* **1.** *nur Sg*(只用单数)；die Mischung aus Gasen, die e-n Planeten umgibt 大气，大气层：*Die A. der Erde besteht aus Luft* 地球的大气层是由空气组成的 **2.** *nur Sg*(只用单数)；die Stimmung innerhalb e-r Gruppe (人际) 气氛〈e-e frostige, gespannte, gelöste, heitere A. 冷冰冰的、紧张的、轻松的、欢快的气氛〉**3.** *nur Sg*(只用单数)；die Stimmung, die von Räumen od. der Umgebung ausgeht 环境(气氛)氛围〈e-e anheimelnde, gepflegte A. 亲切的、整洁的环境〉**4.** PHYS【物】；e-e Einheit zur Messung des Drucks 大气压；*Abk* 缩写 atm ‖ *zu*(义项) **1.** u. **4. at·mos·phä·risch** *Adj*(形)

At·mung *die*；*-*；*nur Sg*(只用单数)；das Atmen 呼吸：*Die A. des Kranken setzte aus* 病人呼吸停止‖ K-(复合)：***Atmungs-***，***-organ***，***-stillstand*** ‖ -K(复合)：***Haut-***，***Lungen-***

at·mungs·ak·tiv *Adj*(形)；so, dass dabei Luft an die Haut kommt u. man nicht schwitzt 透气(性好)的〈ein Gewebe, Kleidung 织物，衣服〉

Atoll *das*；*-s*，*-e*；e-e Insel od. ein Ring von sehr kleinen Inseln aus Korallen im (tropischen) Meer 环形珊瑚岛

Atom *das*；*-s*，*-e*；PHYS, CHEM【物】【化】；der kleinste, chemisch nicht mehr teilbare, charakteristische Teil e-s Elements 原子‖ K-(复合)：***Atom-***，***-gewicht***，***-kern***，***-masse***

Atom- *im Subst*，*betont*，*begrenzt produktiv* (构成名词，重读，构词有限)；verwendet in Bezug auf Waffen u. Energie, die auf der Spaltung von Atomkernen beruhen(构成与核裂变的武器及能量有关的语词)核的，原子的… ≈ Kern-；die ***Atombombe***，der ***Atombunker***，die ***Atomenergie***，die ***Atomexplosion***，die ***Atomkraft***，das ***Atomkraftwerk***，der ***Atomkrieg***，die ***Atommacht***，der ***Atommüll***，der ***Atomreaktor***，der ***Atomstrom***，der ***Atomtest***，der ***Atomtod***，die ***Atomwaffen***，die ***Atomwirtschaft***，das ***Atomzeitalter*** ‖ NB(注意)：im Gegensatz zu *Kern-* wird *A. mst* in negativen Zusammenhängen verwendet(与 Kern-相反，Atom 常表示贬意)

ato·mar *Adj*(形) **1.** *nur attr od adv*(只用定语或状语)；die Kernenergie od. die Kernspaltung betreffend, auf ihr beruhend 原子能的，核能的〈das Zeitalter 时代；Waffen 武器〉：*ein U-Boot mit atomarem Antrieb* 原子(能动力)潜艇，核潜艇 **2.** *nur attr*，*nicht adv*(只作定语，不作状语)；mit atomaren (1) Waffen 原子武器的，核武器的〈ein Krieg, die Rüstung 战争，军备〉：*die atomare Bedrohung der Menschheit* 对人类的核(武器)威胁 **3.** *nur attr*，*nicht adv* (只作定语，不作状语)；die Atome betreffend 原子的，原子状态的〈die atomare Struktur e-r Materie 物质的原子结构〉

Atom·phy·sik *die*；ein Gebiet der Physik, das sich mit Atomen u. Molekülen beschäftigt 原子物理学，核物理学

Atom·pilz *der*；e-e große Wolke mit der Form e-s Pilzes, die bei e-r Atomexplosion entsteht(原子弹爆炸时产生的)蘑菇云

Atom|sperr·ver·trag *der*；*nur Sg*(只用单数)；ein Vertrag zwischen den Atommächten, der die Weitergabe von Atomwaffen u. nuklearem Material an andere Staaten verbietet 禁止核扩散条约

-a·tor *der*；*-s*，*-a·to·ren*；*im Subst*，*begrenzt produktiv*(构成名词，构词有限)；verwendet, um aus e-m Verb auf *-ieren* ein Substantiv zu machen. Das Substantiv bezeichnet die Person/Sache, die das tut, was im Verb ausgedrückt wird(以*-ieren* 结尾的动词词干构成的该动词行为的人/物); ***Agitator***, ***Illustrator***, ***Generator***, ***Isolator***, ***Transformator***, ***Vibrator***

At.ta.ché [ataˈʃeː] *der*; *-s*, *-s*; ein Angestellter im diplomatischen Dienst, der für bestimmte Sachgebiete zuständig ist 参赞,专员 ‖ -K(复合): ***Kultur-***, ***Militär-***

At.ta.cke *die*; *-*, *-n*; ***e-e A.*** (***gegen j-n/etw.***) **1.** ein schneller militärischer Angriff(军事上)袭击,突击,进攻,冲锋〈e-e A. reiten 发动进攻; zur A. blasen, übergehen 吹响进攻号,发起进攻〉 **2.** SPORT【体】; ein aggressiver Angriff, der den Gegner in Schwierigkeiten bringt 进攻,攻击: *Der Fechter hat die A. des Gegners abgewehrt* 击剑者击退了对手的进攻 **3.** harte Kritik 严厉批评,抨击: *e-e öffentliche A. gegen ein Gesetz* 对法律的公开抨击 **4.** das plötzliche Auftreten von Krankheitssymptomen(疾病)突发,发作 ≈ Anfall: *Der Patient erlag der A.* 患者因病突发而死(猝死) ‖ -K(复合): ***Fieber-***, ***Herz-*** ‖ *zu*(义项) **1.**, **2.** u. **3.** **at.ta.ckie.ren** (*hat*) *Vt*(及物)

At.ten.tat *das*; *-(e)s*, *-e*; ***ein A.*** (***auf/gegen j-n***) ein Mord(versuch), der *mst* politisch motiviert ist 暗杀,谋杀(多出于政治动机) ≈ Anschlag[2]〈ein A. auf/gegen j-n verüben 谋杀某人; e-m A. zum Opfer fallen 成为暗杀的牺牲品〉 ‖ ID[谚] ***ein A. auf j-n vorhaben*** *gespr hum*[口][诙]; j-n um e-n großen Gefallen bitten wollen 想请某人帮个大忙 ‖ *hierzu*(派生)**At.ten.tä.ter** *der*

At.test *das*; *-(e)s*, *-e*; e-e ärztliche Bescheinigung über den gesundheitlichen Zustand e-r Person 医生(诊断)证明〈(j-m) ein A. ausstellen, ein A. vorlegen(给某人)开一张医生证明,交一张医生证明〉

at.tes.tie.ren; *attestierte*, *hat attestiert*; [Vt](及物) ***j-m etw. a.*** *geschr*[书]; j-m etw. bestätigen 给…开资格证明,证明…具有某种资格 ≈ bescheinigen: *Die Prüfer attestierten ihm sehr gute Kenntnisse* 考官证明他具有良好的知识

At.trak.ti.on [-ˈtsioːn] *die*; *-*, *-en* **1.** j-d/etw. von besonderem Interesse 具有魅力的人/物,走红,叫座(儿): *Der Löwe war die größte A. des Zirkus* 狮子是马戏团最吃香的 **2.** die Faszination, die von e-r sehr interessanten Person/Sache ausgeht 魅力,吸引力,诱惑力

at.trak.tiv [-f] *Adj*(形) **1.** 〈ein Angebot 报价〉 so, dass es e-n besonderen Anreiz bietet 有吸引力的,有诱惑力的 ≈ verlockend **2.** äußerlich anziehend 迷人的,动人的,有魅力的 ≈ hübsch 〈e-e Frau, e-e Erscheinung 女人,人物〉

At.trap.pe *die*; *-*, *-n*; e-e Imitation, die täuschend echt aussieht 仿造品,模拟物 ≈ Nachbildung: *Die Bombe war nur e-e A.* 这颗炸弹只是一件仿造品

At.tri.but *das*; *-(e)s*, *-e*; *geschr*[书] **1.** ein besonderes od. charakteristisches Merkmal, das j-d(nach Ansicht der anderen) hat 特征,特性,品德,品质: *Die Zuverlässigkeit ist eines seiner besten Attribute* 为人可靠是他最好的品质之一 **2.** LING【语】; e-e nähere Bestimmung *bes* zu e-m Substantiv 定语 ‖ *zu*(义项) **2.** **at.tri.bu.tiv** *Adj*(形)

atü (*Abk für* 缩写,全称为 Atmosphärenüberdruck) verwendet, um auszudrücken, um wie viele Atmosphären (4) ein Druck (*z.B.* in e-m Reifen) höher ist als der normale Luftdruck 超(大气)压: *ein Reifen mit 2,4 atü* 轮胎超压 2.4

aty.pisch *Adj*(形); *geschr*[书]; nicht typisch für j-n/etw. 不典型的: *ein atypisches Erscheinungsbild e-r Krankheit* 不典型的病例

ät.zen; *ätzte*, *hat geätzt*; [Vt/i](及物/不及物) **1.** ***etw. ätzt*** (***etw.***) etw. greift die Oberfläche *bes* von Metall u. Geweben an u. zerstört sie langsam(物作主语)腐蚀,侵蚀: *Säure ätzt Löcher in Eisen* 酸在铁块上腐蚀出孔眼; [Vt](及物) **2.** ***etw. in etw.*** (*Akk* 四格) ***ä.*** durch gezielte Anwendung von Säuren od. Laugen ein Bild od. e-e Schrift auf e-r Oberfläche erscheinen lassen 蚀刻: *e-e Rose in e-e Metallplatte ä.* 在金属板上蚀刻一朵玫瑰

ät.zend **1.** *Partizip Präsens*(现在分词); ↑ ***ätzen*** **2.** *Adj*(形) ≈ beleidigend, kränkend 〈Spott, Zynismus 嘲讽,挖苦〉 **3.** *Adj*(形); *gespr*[口]; *bes* von Jugendlichen verwendet, um j-n/etw. negativ zu beurteilen(年轻人用语)尖酸的,刻薄的〈echt ä. 真刻薄〉

au! *Interjektion*(叹) **1.** verwendet als Ausruf des Schmerzes(表示疼痛)哎哟 **2.** verwendet als Ausruf der Freude, Zustimmung(表示高兴、赞同)喔,哦,噢,好〈au ja! 喔,是的!〉: *Au, das machen wir!* 好的,这个我们来干!

Au *die*; *-*, *-en*; *südd* Ⓐ [南德][奥] ↑ ***Aue***

aua! *Interjektion*(叹) ≈ au (1)

Au.ber.gi.ne [obɛrˈʒiːnə] *die*; *-*, *-n* **1.** e-e längliche, *mst* violette Frucht, die man als Gemüse isst 茄子(指果实) **2.** die Pflanze, die diese Früchte trägt 茄子(指植物) ‖ ↑ *Abb. unter* 图见 ***Gemüse***

auch[1] *Adv*(副); verwendet, um auszudrücken, dass für j-n/etw. das Gleiche gilt wie für e-e andere Person/Sache 同样,也,一样 ≈ ebenfalls, genauso: *„Ich war letzte Woche in Rom" – „Ich war a. da!"* "上周我在罗马"——"我也在那儿!"; *„Mein Radio ist kaputt!" – „Meines funktioniert a. nicht"* "我的收音机坏了!"——"我的也不转了!"; *A. Christian war auf dem Fest* (nicht nur Werner) 连克里斯蒂安也参加了庆祝活动(不仅仅是维尔纳) ‖ ID[谚] ***A.ˈdas noch!*** verwendet, um Ungeduld darüber auszudrücken, dass zu anderen ärgerlichen Ereignissen od. Umständen noch etw. hinzukommt 真是烦上加烦! 还有这个,真烦!

auch[2] *Partikel*(小品); *unbetont*(非重读) **1.** verwendet, um zu betonen, dass e-e Aussage auf alle/alles zutrifft, einschließlich der genannten Person/Sache (von der es nicht unbedingt zu erwarten war)(表示强调)即使，甚至，连 ≈ selbst，sogar：*A. der klügste Schüler macht mal e-n Fehler* 甚至最聪明的学生有时也犯错误；*Sie geht jeden Tag spazieren，a. wenn es regnet* 她每天散步，连下雨也是；*A. der schönste Tag geht einmal zu Ende* 即使最美好的日子也总要结束的 **2.** in Fragen verwendet，wenn man sich vergewissern will，dass etw. so ist，wie es sein sollte(用于疑问句，想了解事情的真实性)确实，果真，真的：*Hast du die Haustür a. wirklich abgeschlossen?*你果真把大门锁上了吗?；*Bist du a. nicht zu müde zum Fahren?*坐车你真的不太累?；*Vergisst du das a. ganz bestimmt nicht?*这件事你真的肯定没有忘? **3.** verwendet，um j-n dazu zu ermahnen，etw. Bestimmtes zu tun(表示提醒)啊(在句末)，哎：*Sei a. schön brav bei der Oma!* 到外婆家要乖点啊!；哎，在外婆家要乖点!；*Zieh dich a. immer warm an im Gebirge，damit du nicht krank wirst!* 哎，在山里经常穿暖和点，别病了! **4.** verwendet，um e-e Erklärung zu verstärken(表示加强说明)也，自然是：*Er ist schon ziemlich alt，darum hört er a. so schlecht* 他已相当老了，所以他听觉也就不好；*Es ist ihr peinlich，dass sie so groß ist. Deswegen hat sie a. auf deinen Witz so empfindlich reagiert* 她对自己长得高大十分难过，因此她对你开玩笑的反应自然也就很敏感 **5.** verwendet，um e-r Aussage indirekt zuzustimmen u. e-n Grund dafür zu nennen，warum etw. zu erwarten war(表示间接同意，并指出原委)嘛(在句末)，就：„*Ganz schön kalt hier!*" – „*Kein Wunder，die Heizung ist ja a. kaputt*" "这里冷得够呛?"——"不奇怪，暖气坏了嘛"；*Er spielt sehr gut. Er übt aber a. in jeder freien Minute* 他弹奏得真好，他是一有空就练习 **6.** in rhetorischen Fragen verwendet，die e-n Grund für etw. Negatives nennen，das j-d festgestellt hat(用在反诘句中，指出原因)那(句首)也，呢(句末)：„*Mir ist so kalt!*" – „*Warum ziehst du dich a. nicht wärmer an?*" "我真冷!"——"那你为什么也不穿暖一点?"；„*Er hat mich betrogen!*" – „*Wie konntest du a. nur so naiv sein，ihm zu vertrauen?*" "他骗了我!"——"那你怎么也能如此天真地信任他呢!" **7.** in Nebensätzen ohne Hauptsatz verwendet，um etw. zu bestätigen u. gleichzeitig positiv od. negativ zu beurteilen(用在无主句的从句中，表示证实某事，并同时作出正面或反面的判断)就，就是，是(重读)：*Dass es a. gerade heute regnen muss!* 恰好今天是该下雨!；*Dass wir uns aber a. ausgerechnet hier treffen!* 我们偏偏是在这里见面!

auch[3] *mst in* 多用于 **1.** *Interrogativpronomen*(疑问代词) + **a.** (**immer**) verwendet，um e-e Aussage allgemeiner zu formulieren(表示提出的看法较普遍)不管，不论，无论 ≈ egal + *Interrogativpronomen*(疑问代词)：*Wie die Entscheidung a. (immer) ausfallen wird，wir müssen sie akzeptieren* 无论裁定的结果如何，我们都得接受它；*Was er a. tut，macht er gründlich* 不管他干什么，他总是干得很认真；*Du bist mir willkommen，wann immer du a. kommst* 不管你什么时候来，我总是欢迎你 ‖ NB(注意)：Wortstellung im Nebensatz *mst* wie in e-m normalen Aussagesatz (keine Inversion!)(从句中的词序大多与正常的陈述句相同(勿须倒置!)) **2.** **so** + *Adj*(形容词) ***j-d/etw.* a. ist**；**so/sooft/sosehr/soviel** + *Adv*(副词) ***j-d/etw.* a.** + *Verb*(动词) verwendet，um auszudrücken，dass etw. an der Tatsache nichts ändern kann，die im Hauptsatz genannt wird(表示主句中所指事实丝毫不可能改变)即使，尽管：*So groß der Hund a. ist，ich habe keine Angst vor ihm* 即使狗很大，我还是不怕它；*So schnell er a. rennen kann，ich bin immer noch schneller* 尽管他能跑得很快，但我跑得更快；*Sosehr ich es mir a. wünsche，es wird nicht funktionieren* 我尽管很想得到它，可就是不成 ‖ NB(注意)：**a)** Wortstellung im Nebensatz wie in e-m normalen Aussagesatz (keine Inversion!)(从句中的词序与正常陈述句一样(勿须倒置!))；**b)** ↑ ***nur***[2]，***sowohl***，***wenn***

Au.di.enz [au̯ˈdi̯ɛnts] *die*；-，*-en*；ein Empfang zum Gespräch mit e-r hohen Persönlichkeit 接见，会见，召见：*e-e A. beim König，Papst* 受国王、教皇召见

au.dio.vi.su.ell [audio-] *Adj*(形)；*nur attr od adv*(只作定语或状语)；zugleich akustisch u. optisch wirksam 视听(法)的〈Medien，der Unterricht 媒体，课程〉

Au.di.to.ri.um [-i̯ʊm] *das*；*-s*，*Au.di.to.rien* [-i̯ən]；**1.** ein großer Hörsaal e-r Hochschule (大学里的)大教室，讲堂 **2.** *Kollekt*(集合)；alle Zuhörer in e-m Raum 听众〈ein aufmerksames A. 聚精会神的听众〉

Aue *die*；-，*-n*；*mst Pl*，*veraltet*(多用复数)[旧]；ein feuchtes，flaches Gelände entlang e-s Flusses 河滩，河谷 ‖ K-(复合)：***Auen-，-landschaft，-wald*** ‖ -K(复合)：***Donau-，Tal-***

Au.er.huhn *das*；der größte Hühnervogel in Europa (欧洲)松鸡，林鸡 ‖ *hierzu*(派生) **Au.er.hahn** *der*；**Au.er.hen.ne** *die*

Au.er.och.se *der*；*hist*[历]；ein großes (Wild)-Rind mit langem，zottigem Fell，das heute ausgestorben ist 大野牛(已绝种)

auf[1] *Präp*(介)；*mit Dat/Akk*(支配三格/四格) **1.** *mit Dat*(支配三格)；verwendet，um e-n (statischen) Kontakt von oben zu bezeichnen (表示静止的接触)在…上(面) ↔ unter[1](1)：*Das Glas steht，der Brief liegt auf dem Tisch* 在桌子上(竖)放着杯子，(平)放着信 ‖ ↑ *Abb. unter* 图见 ***Präpositionen*** **2.** *mit Akk*(支配四格)；verwendet zur Bezeichnung e-r Bewegungsrichtung，bei der e-e Fläche od. e-e Stelle von oben her berührt wird (表示运动)到…上(面去) ↔ unter[1](2)：*den Koffer auf den Boden stellen* 把箱子搁到地上；*den Verletzten auf e-e Bahre legen* 把伤员抬上担架 ‖ ↑ *Abb. unter* 图见 ***Präpositionen*** **3.** *mit Dat*(支配三格)；verwendet，um j-s Gegenwart im Gebäude e-r Institution auszudrücken(表示在场)在…(单位)：*auf der Post，auf der Bank sein* 在邮局，在银行 **4.** **auf etw.** (*Akk* 四格) ***gehen*** zu e-r Institution hingehen，um dort etw. zu erledigen 上(到)…去(办事): *Ich gehe jetzt auf die Bank (um Geld abzuheben), auf die Post (um Briefmarken zu kaufen)* 我现在去银行(取钱),去邮局(买邮票) **5.** *mit Dat*(支配三格); bei (e-r geselligen Zusammenkunft) 在(友谊聚会)上: *auf der Hochzeit, auf der Party sein* 在婚礼上,在聚会上; *j-n auf e-m Ball kennenlernen* 在一次舞会上认识某人 **6. auf etw.** (*Akk* 四格) **gehen** zu etw. (*mst* e-r geselligen Zusammenkunft) hingehen, um daran teilzunehmen 去参加(交谊聚会): *auf e-e Feier, auf ein Fest, auf e-e Party gehen* 去参加庆祝活动、节日、聚会 **7.** *mit Dat*(支配三格); bezeichnet e-n zeitweiligen Aufenthalt od. Zustand(表示暂时状态)正在(从事某一项活动)在…中: *auf Montage* 正在安装; *auf Reisen* 正在旅途中; *auf der Fahrt nach Berlin* 在去柏林的路上; *auf der Flucht* 在逃; *auf der Suche nach j-m/etw.* 正在寻找某人/某物 **8.** *mit Akk*(支配四格); verwendet zur Bezeichnung e-r Bewegungsrichtung von unten nach oben(表示自下而上的运动)朝…上去,到…上去: *auf e-e Leiter steigen* 爬上梯子; *auf e-n Berg klettern* 上山,登山 **9. auf etw.** (*Akk* 四格) **zu** verwendet, um die räumliche Annäherung an etw. zu bezeichnen (表示空间接近)朝…方向靠近≈ in Richtung: *Das Schiff steuerte auf den Hafen zu* 船驶向码头 **10.** *mit Akk*(支配四格); verwendet bei Bezeichnungen der räumlichen Distanz(表示空间距离)在…(距离)内,在…远的地方: *Die Explosion war auf einige Kilometer zu hören* 爆炸在几公里内都能听见 **11.** *mit Akk* (支配四格); verwendet bei Bezeichnungen e-s Zeitraums (表示一段时间): *auf unbestimmte Zeit verreisen* 外出旅行一阵 **12.** *mit Akk*(支配四格); verwendet bei Bezeichnungen e-r zeitlichen Reihenfolge(表示时间的顺序)从…到…: *von heute auf morgen* 从今天到明天; *in der Nacht von Sonntag auf Montag* 在星期天到星期一的夜里 **13. auf etw.** (*Akk* 四格) (**genau**) verwendet, um e-n genauen Zeitpunkt od. e-e genaue Summe zu bezeichnen (表示一个准确的时刻或一个准确的数目): *auf den Tag genau vor zehn Jahren* 恰好十年前的这一天; *Das stimmt auf den Cent genau!* 这分文不差! **14.** *mit Akk*(支配四格); verwendet zur Bezeichnung der Art u. Weise(表示方式方法)用…,以…: *etw. auf Englisch sagen* 用英语说什么; *ein Glas auf einen Schluck austrinken* 一口把酒喝光 **15.** *mit Akk*(支配四格); verwendet zur Bezeichnung e-s Grundes(表示原因)遵照,依据,按,照: *auf Befehl, auf Veranlassung, auf Wunsch des Chefs* 根据命令、动议、上司的愿望; *auf Anraten des Arztes* 遵医嘱 **16.** *mit Akk*(支配四格); verwendet zur Bezeichnung e-r Zuordnung, e-r Relation(表示配置、关系): *Auf 30 Schüler kommt ein Lehrer* 每30个学生配备一个老师 **17.** verwendet mit Verben, um ein Objekt anzuschließen(与动词连用,连接宾语): *sich verlassen auf, warten auf, bestehen auf* 相信,等待,坚持 ‖ NB(注意): Gebrauch ↑ *Tabelle unter* 用法,图表见 ***Präpositionen***

auf² *Adv*(副) **1.** verwendet (als Ellipse), um j-n aufzufordern, etw. zu öffnen (作为省略语,表示命令)打开,张开↔ zu: *Mund auf!* 张开嘴!; *Tür auf!* 打开门! **2. etw. ist auf** *gespr* [口]; etw. ist offen(物作主语)开着 ↔ etw. ist geschlossen, zu: *Das Fenster war die ganze Nacht auf* 窗户一整夜都开着 **3. etw. ist auf** *gespr*[口] etw. ist nicht abgeschlossen(物作主语)没上锁: *Das Auto war auf* 汽车没锁 **4. etw. ist auf** *gespr*[口] etw. ist für die Kundschaft geöffnet(物作主语)开门营业: *Die Bäckerei ist bis 13 Uhr auf* 面包铺营业至下午一点 **5. j-d ist auf** *gespr* [口] j-d ist nicht mehr od. noch nicht im Bett(人作主语)起床了或还没睡(还没上床): *Ich bin heute schon seit sechs Uhr auf* 我今天六点钟就起床了 **6.** verwendet, um j-n zur Eile zu treiben(表示催促)快: *Auf gehts!* 快,走吧!; *Auf, wir gehen gleich!* 快,我们马上就走! ‖ ID [谚] **auf u. ab** verwendet zur Bezeichnung e-r pendelartigen Bewegung in vertikaler od. horizontaler Richtung(表示左右、上下的来回运动)来来回回,上上下下: *im Zimmer auf u. ab gehen* 在房间里来回走动; **auf u. davon** *gespr*[口]; plötzlich geflüchtet u. verschwunden 突然溜之大吉,逃之夭夭: *Der Dieb war auf u. davon* 小偷逃之夭夭; **auf u. nieder** nach oben u. dann wieder nach unten 上下(运动): *Das kleine Mädchen hüpfte vor Freude auf u. nieder* 小姑娘高兴得蹦蹦跳跳

auf- *im Verb, betont u. trennbar, sehr produktiv*(构成动词,重读并可分离,构词强); Die Verben mit *auf-* werden nach folgendem Muster gebildet (auf-动词的模式如下): *aufschreiben – schrieb auf – aufgeschrieben*

1. *auf-* drückt aus, dass etw. geöffnet wird (表示开启,打开)↔ zu-;

etw. aufstoßen: *Er stieß mit dem Fuß die Tür auf* 他用脚把门踢开≈ Er stieß mit dem Fuß gegen die Tür, damit sie sich öffnete

ebenso(同类词有): **etw. aufbeißen, etw. aufblättern, etw. aufbohren, etw. aufdrücken, etw. aufhacken, etw. aufklappen, etw. aufknacken, etw. aufknöpfen, etw. aufknoten, etw. aufkratzen, etw. aufritzen, etw. aufschneiden, etw. aufschrauben, etw. aufsprengen, etw. aufstechen**

2. *auf-* drückt aus, dass e-e Handlung plötzlich beginnt(表示行为突然开始);

etw. leuchtet auf: *Sie sah, wie in der Ferne ein Licht aufleuchtete* 她看见远方有一盏灯突然闪亮≈ Sie sah, wie plötzlich ein Licht zu leuchten begann

ebenso(同类词有): **etw. blitzt auf, etw. flackert auf, etw. flammt auf, etw. glüht auf, aufhorchen, auflachen, etw. lodert auf, aufschluchzen, aufschreien, aufstöhnen**

3. *auf-* drückt aus, dass man etw. mit etw. anderem in Kontakt bringt (表示使物与物接触)≈ an- (1);

etw. (**auf etw.** (*Akk*)) **aufkleben**: *Er klebte die Briefmarke auf das Kuvert auf* 他把邮票贴

在信封上 ≈ Er machte die Briefmarke feucht u. drückte sie auf das Kuvert

ebenso(同类词有): **etw.(auf etw.(*Akk*)) aufdrucken, etw.(auf etw.(*Akk*)) aufdrücken, etw.(auf etw.(*Akk*)) aufleimen, etw.(auf etw.(*Akk*)) aufnähen, etw.(auf etw.(*Akk*)) aufsprühen**

4. *auf-* drückt aus, dass durch e-e Handlung od. e-n Vorgang j-d/etw. nach oben od. in die Höhe kommt(表示人/物的行为或过程是向上的或上升的) ≈ hoch-;

etw. aufwirbeln: *Das vorbeifahrende Auto wirbelte viel Staub auf* 正从旁边开过的汽车扬起许多尘土 ≈ Das Auto wirbelte den Staub in die Luft

ebenso(同类词有): **ein Tier flattert auf / fliegt auf, (sich (*Dat*)) etw. aufkrempeln, etw. spritzt auf, aufsteigen, auftauchen**

5. *auf-* drückt aus, dass e-e Handlung zu Ende gebracht wird(表示行为的终结,完成);

(etw.) aufessen: *Wer hat den Kuchen aufgegessen?* 谁把点心吃光了? ≈ Wer hat den Rest des Kuchens gegessen?

ebenso(同类词有): **ein Tier frisst (j-n / etw.) auf, etw. auffuttern, etw. aufrauchen**

6. *auf-* drückt aus, dass e-e Handlung noch einmal ausgeführt wird(表示行为再进行一次);

(sich (*Dat* 三格)) etw. aufwärmen: *Sie wärmte die Suppe auf* 她把汤又热了一下 ≈ Sie machte die (kalte) Suppe noch einmal warm

ebenso(同类词有): **etw. aufbacken, etw. aufpolstern**

7. *auf-* drückt aus, dass j-d/etw. in den Zustand gebracht wird od. kommt, den das Adjektiv bezeichnet, von dem das Verb abgeleitet ist(动词是由形容词派生的,它使人/物进入形容词表述的状态);

j-n aufheitern: *Er ist so traurig, wir müssen ihn etwas aufheitern* 他很伤感,我们得使他高兴高兴 ≈ Wir müssen versuchen, ihn heiter zu machen

ebenso(同类词有): **etw. auffrischen, etw. aufhellen, etw. aufklären, etw. auflockern, j-n aufmuntern, etw. aufrauen, etw. aufweichen; etw. weicht auf**

auf·ar·bei·ten (*hat*) Vt(及物) **1. etw. a.** etw. (mit dem man im Rückstand ist) zu Ende bearbeiten, fertig machen (把拖欠的工作)做完,清理〈die Akten, die Korrespondenz a. 清理档案,处理来往信件〉 **2. etw. a.** etw. Schriftliches *mst* zu e-m bestimmten Thema nach inhaltlichen Aspekten prüfen u. strukturieren (按内容将文字资料)整理,归纳〈Ergebnisse, Fakten a. 整理成果,归纳事实〉 **3. etw. a.** Möbel (durch neuen Stoff, neue Farbe *o.Ä.*) erneuern 翻新,整修: *Sie ließ das Sofa a.* 她把沙发让人翻修了 **4. etw. a.** etw. innerlich bewältigen, indem man es noch einmal analysiert u. darüber nachdenkt 回味,体味,体会〈Erlebnisse, Eindrücke a. 回味经历、印象〉 **5. etw. a.** *gespr*[口]; etw. vollständig verbrauchen 耗尽,用完: *Stoffreste a.* 把布头用光 ‖ *hierzu*(派生) **Auf·ar·bei·tung** *die*; *nur Sg*(只用单数)

auf·at·men (*hat*) Vi(不及物) **1.** einmal tief atmen u. damit Erleichterung ausdrücken 深吸一口气,深呼吸一下 **2.** nach e-r Belastung erleichtert sein 松口气,放松一下: *Nach dem Stress der letzten Tage konnte sie endlich a.* 累了几天,她终于可以松口气了

auf·ba·cken; *bäckt / backt auf, backte / veraltend* [渐旧] *buk auf, hat aufgebacken*; Vt(及物) **etw. a.** etw. kurz backen u. es dadurch wieder knusprig machen 稍微再烤一下(使酥脆): *die Brötchen vom Vortag kurz a.* 把前一天的面包再稍稍烤一下

auf·bah·ren; *bahrte auf, hat aufgebahrt*; Vt(及物) **j-n (irgendwo) a.** den Sarg mit e-m Toten an e-m besonderen Ort (*z.B.* in e-r Leichenhalle) aufstellen 把…(的灵柩)安放在… ‖ *hierzu*(派生) **Auf·bah·rung** *die*; *nur Sg*(只用单数) ‖ ▶ **Bahre**

Auf·bau *der*; *-(e)s, -ten* **1.** *nur Sg*(只用单数); das Aufbauen (1) ↔ Abbau 〈der A. e-s Gerüsts, e-s Lagers 搭脚手架,架设营地〉 **2.** *nur Sg*(只用单数); das erneute Aufbauen (2) von etw. Zerstörtem 重建 ↔ Abbruch: *Nach dem Krieg erfolgte der A. der Städte* 战后重建城市 **3.** *nur Sg*(只用单数); die Organisation, Schaffung od. Errichtung e-s (funktionierenden) Systems 建设,组建,建立,创建: *den wirtschaftlichen A. fördern* 促进经济建设; *am A. der Demokratie mitarbeiten* 参与民主建设工作; *Die Firma befindet sich noch im A.* 公司仍处于组建阶段 **4.** *nur Sg*(只用单数); die Gliederung, Struktur von etw. 结构,构造,布局〈der A. e-r Rede, e-r Oper, e-s Bildes 讲话(段落)、歌剧、图画的布局〉 **5.** *mst Pl*(多用复数); das, was auf e-e Basis aufgesetzt ist 上层结构,上层建筑〈die Aufbauten von Gebäuden, Kraftfahrzeugen, Schiffen 楼房、汽车、轮船的上层结构〉

auf·bau·en (*hat*) Vt(及物) **1. etw. a.** etw. (aus einzelnen Teilen) zusammensetzen u. aufrichten 装起,搭起,架设 ≈ aufstellen (1), errichten (2) 〈ein Gerüst, ein Zelt, e-e Baracke a. 搭起脚手架、帐篷、工棚〉 **2. etw. a.** etw. Zerstörtes neu bauen, errichten 重建: *zerbombte Städte neu a.* 重建被炸毁的城市 **3. etw. a.** etw. wirkungsvoll anordnen 摆设,布置,摆布: *die Geschenke unterm Weihnachtsbaum a.* 把礼物摆在圣诞树下 **4. (sich (*Dat* 三格)) etw. a.** etw. entstehen lassen, schaffen (u. organisieren) 建设,创建,组建,建立〈e-e Fabrik, e-e Organisation, e-e Partei a. 建设工厂,建立组织,组建党派; sich e-e neue Existenz a. 为自己建立一个新的生活条件〉 **5. etw. irgendwie a.** etw. in e-r bestimmten Weise gestalten od. gliedern 安排…结构(层次),构思: *e-n Roman spannend a.* 把小说结构安排得引人入胜; *e-e logisch aufgebaute Beweisführung* 结构严谨的推论 **6. j-n a.** j-s Karriere vorbereiten u. steuern 提拔,提挈,栽培: *e-n Sportler systematisch a.* 有计划地栽培一位运动员; *e-n Politiker a.* 栽培一位政治家 **7.**

etw. baut j-n auf *gespr*［口］; etw. macht j-m Mut(物作主语)使振奋,使鼓起勇气; Vt/i(及物/不及物) **8.** (**etw.**) **auf etw.** (*Dat* 三格) **a.** etw. als Grundlage od. Ausgangspunkt für etw. benutzen(把…)建立在…基础上,在…基础上建立: *e-n physikalischen Beweis auf e-r Versuchsreihe a.* 将一个物理的论据建立在一系列试验基础上; *Es sind schon Grundlagen vorhanden, auf denen wir a. können* 业已建立了我们能利用的基础; Vi(不及物) **9. etw. baut auf etw.** (*Dat* 三格) **auf** etw. hat etw. als Grundlage, Voraussetzung(物作主语)以…为基础或前提: *Der Unterricht an der Universität baut meist auf dem Schulwissen auf* 大学的课程大多是以中学知识为基础的; Vr(反身) **10. etw. baut sich auf** etw. entsteht (物作主语)正在形成〈ein Hoch, e-e Gewitterfront, e-e Regenfront 一个高压区,雷暴锋,雨锋〉 **11. sich irgendwo a.** *gespr*［口］; sich irgendwohin stellen u. durch seine Körperhaltung j-m drohen od. ein Gefühl der Überlegenheit, der Wut *o.Ä.* ausdrücken (表示傲慢或愤怒地)站立在,兀立在: *sich drohend vor j-m a.* 威胁性地站立在某人面前

auf·bäu·men, sich; *bäumte sich auf, hat sich aufgebäumt*; Vr(反身) **1. ein Tier bäumt sich auf** ein Tier richtet sich (vor etw. Bedrohlichem) ruckartig auf (动物作主语)(因受惊)猛然直立起来〈ein Pferd 一匹马〉 **2. sich gegen j-n/etw. a.** auf j-n/etw. wütend sein u. sich deshalb wehren 愤怒反抗,抗拒≈ sich (gegen j-n/etw.) auflehnen (1)

auf·bau·schen; *bauschte auf, hat aufgebauscht*; Vt(及物) **1. etw. bauscht etw. auf** *mst* der Wind füllt etw. mit Luft u. gibt ihm somit mehr Volumen (物作主语)(风)吹鼓,使鼓起来〈der Wind bauscht ein Segel, e-n Rock auf 风把帆、裙子吹鼓了〉 **2. etw. a.** über ein Ereignis in übertriebener Weise berichten 夸大,夸张,对…言过其实: *Die Presse bauschte den Vorfall maßlos auf* 新闻界把事态过分夸大了

auf·be·geh·ren; *begehrte auf, hat aufbegehrt*; Vi(不及物) (**gegen j-n/etw.**) **a.** *geschr*［书］; sich aus Empörung gegen j-n/ etw. *mst* lautstark wehren 愤怒反抗≈ sich auflehnen, sich empören〈gegen sein Schicksal a. 反抗自己的命运〉

auf·be·hal·ten; *behält auf, behielt auf, hat aufbehalten*; Vt(及物) **etw. a.** *gespr*［口］; etw. auf dem Kopf lassen, nicht abnehmen 戴着,不脱掉,不摘下〈den Hut, die Mütze a. 戴着帽子、便帽(不脱)〉

auf·bei·ßen (*hat*) Vt(及物) **etw. a.** etw. durch Beißen öffnen 咬开〈Nüsse a.〉咬开坚果

auf·be·kom·men (*hat*) Vt 及物 *gespr*［口］ **1. etw. a.** etw. Geschlossenes öffnen können (能)打开,打得开: *e-e Tür, e-e Konservendose a.* 打得开门、罐头; *Kannst du das Gurkenglas a.?* 你能打得开黄瓜(玻璃)罐头吗? **2. etw. a.** (vom Lehrer) e-e Aufgabe gestellt bekommen 接到(布置的作业)〈Hausaufgaben a. 接到布置的家庭作业〉: *Habt ihr heute viel aufbekommen?* 你们今天(接到)布置的作业多吗?

auf·be·rei·ten; *bereitete auf, hat aufbereitet*; Vt(及物) **1. etw. a.** Rohstoffe so verändern, dass man sie dann verwenden kann 洗选,制备,预加工: *Eisenerze a.* 洗选铁矿砂 **2. etw. a.** e-e verbrauchte Flüssigkeit reinigen 净化〈Trinkwasser a. 净化饮用水〉 **3. etw. a.** Zahlen od. Ergebnisse e-r Analyse auswerten od. verständlich darstellen 利用,运用,整理〈Daten, Statistiken a. 利用数据,整理统计表〉: *Forschungsergebnisse für die Veröffentlichung a.* 整理科研成果出版 ‖ *hierzu* (派生) **Auf·be·rei·tung** *die*

auf·bes·sern (*hat*) Vt(及物) **etw. a.** etw. in der Qualität od. Quantität ergänzen od. vermehren 改善,增加,提高(质与量)〈das Gehalt 工资〉: *seine Sprachkenntnisse a.* 提高自己的语言知识; *durch Jobs das Taschengeld a.* 通过打工增添零花钱 ‖ *hierzu* (派生) **Auf·bes·se·rung** *die*

auf·be·wah·ren; *bewahrte auf, hat aufbewahrt*; Vt (及物) **etw. a.** etw. (*mst* Wertvolles) für e-e gewisse Zeit sicher lagern 收藏,保存,保管: *Schmuck im Safe a.* 把手饰珍藏在保险箱里 ‖ *hierzu* (派生) **Auf·be·wah·rung** *die*; *nur Sg*(只用单数)

auf·bie·gen (*hat*) Vt(及物) **etw. a.** etw. so (auseinander)biegen, dass die Teile in verschiedene Richtungen zeigen 扳开,掰开(弯曲之物)〈e-e Klammer, e-n Draht a. 扳开夹子、铁丝〉

auf·bie·ten (*hat*) Vt(及物) **1. etw.** (**für/zu etw.**) **a.** besondere Leistungen bringen, um etw. zu erreichen (为…)竭力,尽力,动用,发挥 ≈ einsetzen (2): *alle Kräfte, seinen ganzen Einfluss zum Gelingen e-s Projekts a.* 为一项工程的顺利实施而全力以赴(竭尽全力),动用自己的全部影响 **2. j-n/etw.** (*Kollekt od Pl*(集合或复数)) **für/zu etw. a.** *geschr*［书］; bestimmte Gruppen od. Organisationen einsetzen, um etw. zu erreichen 为…调动、投入、出动 ≈ mobilisieren (1): *Die Regierung musste Militär u. Polizei a., um für Ruhe zu sorgen* 政府为了社会安宁不得不动用军队和警察 ‖ *zu* (义项) **1. Auf·bie·tung** *die*; *nur Sg* (只用单数) ‖ ▶ ***Aufgebot***

auf·bin·den (*hat*) Vt(及物) **1. etw. a.** etw. öffnen, das zugeschnürt ist 解,解开 ↔ zubinden〈e-n Sack, e-e Schürze, die Schuhe a. 解口袋、围裙、鞋(带)〉 **2. etw. a.** etw. Herunterhängendes nach oben binden 把…(悬挂着的东西)吊扎上去,向上扎起〈Pflanzen a. 把植物向上捆扎〉 **3. j-m etw. a.** *gespr*［口］; j-m absichtlich etw. Unwahres erzählen 给…编造、虚构、胡编〈j-m e-e Lüge, e-e Geschichte a. 给某人编造一个谎言、一个故事〉: *Wer hat dir denn dieses Märchen aufgebunden?* 是谁给你编的这个童话? ‖ ID［谚］↑ ***Bär***

auf·blä·hen (*hat*) Vt(及物) **1.** *mst* 多用 **etw. ist aufgebläht** etw. ist voll Luft, rund u. prall(物作主语)吹得鼓鼓的,胀得圆鼓鼓,发胀: *Der Bauch des Babys war völlig aufgebläht* 婴儿的肚皮胀得鼓鼓的; Vr(反身) **2. etw. bläht**

sich auf *mst pej* 多用[贬]; etw. wird umfangreicher als notwendig(物作主语)臃肿,庞大,人浮于事: *Die Verwaltung bläht sich immer weiter auf* 管理机构越来越臃肿 **3.** ***sich a.*** *pej* [贬]≈ sich aufblasen (2)

auf·bla·sen (*hat*) [Vt] (及物) **1.** ***etw. a.*** etw. (mit dem Mund) mit Luft füllen (用嘴)吹鼓,使充气〈e-n Luftballon, e-e Luftmatratze a. 吹气球、气垫〉; [Vr] (反身) **2.** ***sich a.*** *pej* [贬]; anderen zeigen, dass man sich für wichtig hält 自以为了不起,自吹自擂,自命不凡 ‖ *zu* (义项) **1.** **auf·blas·bar** *Adj* (形)

aufblasen (1)

auf·blät·tern (*hat*) [Vt] (及物) ***etw. a.*** etw. an e-r bestimmten Seite öffnen 翻阅,查阅≈ aufschlagen (2) 〈ein Buch, e-e Zeitung, e-e Zeitschrift a. 查阅书、报纸、杂志〉 ‖ ▶ ***Blatt*** (3)

auf·blei·ben (*ist*) [Vi] (不及物) **1.** noch nicht zum Schlafen ins Bett gehen 不睡,熬夜: *Die Kinder dürfen bis neun Uhr a.* 孩子们可以到九点不上床睡觉 **2.** ***etw. bleibt auf*** etw. ist weiterhin offen(物作主语)敞着,开着,不关(闭): *Das Fenster soll nachts a.* 窗户夜里不用关

auf·blen·den (*hat*) [Vt/i] (及物/不及物) **1.** (***etw.***) ***a.*** beim Auto das Fernlicht einschalten 打开(汽车前灯) ↔ abblenden 〈die Scheinwerfer a. 打开探照灯〉; [Vi] (不及物) **2.** TV, FILM【电视】【电影】; e-e Szene durch langsames Öffnen der Blende beginnen 使(场景)渐显、渐亮↔ ausblenden (1)

auf·blicken (*hat*) [Vi] (不及物)≈ aufsehen

auf·blit·zen (*hat*) [Vi] (不及物) ***etw. blitzt auf*** etw. leuchtet plötzlich kurz (物作主语)闪光,发光〈e-e Taschenlampe, ein Messer 手电筒,刀子〉

auf·blü·hen (*ist*) [Vi] (不及物) **1.** ***etw. blüht auf*** e-e Pflanze öffnet die Blüten (物作主语)开花,吐艳 **2.** ***etw. blüht auf*** etw. entwickelt sich günstig (物作主语)繁荣,兴旺,活跃,蒸蒸日上〈der Handel, die Wissenschaft 商业,科学〉 **3** ≈ aufleben (2)

auf·bo·cken (*hat*) [Vt] (及物) ***etw. a.*** *mst* ein Fahrzeug mithilfe e-s Gestells, e-s Bocks² (2) vom Boden heben 将…顶、架起来: *ein Auto zum Reparieren a.* 将汽车架起来修理

auf·boh·ren (*hat*) [Vt] (及物) ***etw. a.*** etw. durch Bohren öffnen od. ein Loch in etw. bohren 钻开,给…钻孔〈e-n Tresor, e-n Zahn a. 钻开保险柜,给牙钻孔〉

auf·bran·den; *brandete auf, ist aufgebrandet*; [Vi] (不及物) *geschr* [书] **1.** ***etw. brandet auf*** etw. schlägt laut, tosend nach oben (物作主语)汹涌,奔腾澎湃〈Wellen, Wogen 波涛,大浪〉 **2.** ***etw. brandet auf*** etw. wird plötzlich laut u. heftig (物作主语)雷动,雷鸣,震耳欲聋〈Beifall 掌声〉

auf·brau·chen (*hat*) [Vt] (及物) ***etw. a.*** etw. bis auf den letzten Rest, vollständig verbrauchen 耗尽,用完,花光〈Geld, Energie, seine Geduld a. 花光钱财,耗尽精力,失去忍耐〉

auf·brau·sen (*ist*) [Vi] (不及物) **1.** ***etw. braust auf*** etw. steigt wirbelnd u. schäumend nach oben(物作主语)掀起波涛,波浪滔天: *Der Sturm ließ das Meer a.* 狂风掀起了大海的滚滚浪涛 **2.** ***etw. braust auf*** etw. wird plötzlich laut u. heftig (物作主语)爆发(声响),雷鸣〈Beifall, Jubel, Lärm 掌声,欢呼声,嘈杂声〉 **3.** in heftigen Zorn geraten 大发雷霆,勃然大怒,暴跳如雷≈ auffahren (3): *wegen jeder Kleinigkeit a.* 为了任何一点小事大发脾气

auf·bre·chen [Vt] (及物) (*hat*) **1.** ***etw. a.*** etw. (Verschlossenes) mit Gewalt öffnen 撬开,砸开〈e-e Tür, ein Schloss, e-e Kiste (mit e-m Stemmeisen) a. (用榫凿)撬开门、锁、木箱〉 **2.** ***etw. a.*** e-e Öffnung in e-e geschlossene Fläche brechen 掘开,挖开 ≈ aufreißen (3) 〈Beton, Asphalt, die Erde a. 掘开混凝土、沥青、泥土〉 **3.** ***etw. a.*** etw. Verschlossenes schnell u. ungeduldig öffnen 急匆匆地拆开〈e-n Brief, ein Telegramm a. 拆开信件、电报〉 **4.** ***ein Tier a.*** getötetes Wild öffnen, um die Eingeweide zu entfernen 给动物开膛; [Vi] (不及物) (*ist*) **5.** ***etw. bricht auf*** etw. öffnet sich von selbst(物作主语)(自动地)开,裂开,绽开〈e-e Eisdecke, e-e Narbe, e-e Blüte 冰层,伤疤,花朵〉 **6.** ***etw. bricht auf*** etw. wird plötzlich deutlich, ist zu erkennen (物作主语)突然显现,暴露出来≈ etw. tritt auf: *Gegensätze, verborgene Ängste brechen auf* 矛盾、潜在的恐惧暴露出来 **7.** (***zu etw.***) (***irgendwohin***) ***a.*** (irgendwohin) fortgehen, sich auf den Weg machen 上路,启程,动身,出发: *zu e-r Expedition, nach Rom a.* 动身去考察,去罗马; *Unsere Gäste brachen alle gemeinsam auf* 我们的客人都一起上路了 **8.** ***zu etw. a.*** etw. Neues beginnen 开创: *zu großen Taten, zu neuen Ufern* (= zu e-m neuen Leben) *a.* 开创伟大业绩,走向新的彼岸(新生活) ‖ ▶ ***Aufbruch***

auf·brin·gen (*hat*) [Vt] (及物) **1.** ***etw.*** (***für j-n/ etw.***) ***a.*** etw. (*mst* unter schwierigen Bedingungen) für j-n/ etw. beschaffen od. zusammenbringen(为…)筹措,筹集,聚集: *Mut, Kraft für e-e Entscheidung a.* 鼓足勇气、力量作决定 **2.** ***etw. a.*** etw. Neues anderen bekannt machen 传播,使流行〈e-e Mode, ein Gerücht a. 推广时装,传播谣言〉 **3.** ***j-n*** (***gegen j-n***) ***a.*** j-n wütend machen 惹怒,激怒(去反对…): *Mit seinem Verhalten brachte er alle gegen sich auf* 他的态度激怒了大家(惹得大家都反对他); *Sie war ganz aufgebracht über sein Verhalten* 她对他的态度很气愤 **4.** ***etw. a.*** *gespr* [口]; etw. Geschlossenes öffnen können 打得开,能开开: *die Tür, das verklemmte Fenster nicht a.* 打不开门、卡死了的窗户 **5.** ***j-n/ etw. a.*** NAUT【航海】; ein fremdes Schiff stoppen u. besetzen 截获,俘获〈ein Schiff a. 截获船只〉

Auf·bruch *der*; *nur Sg*（只用单数）**1.** das Aufbrechen (7), der Beginn e-r Reise 启程，上路，动身〈ein allgemeiner, überstürzter A. 大家一块儿动身，仓促上路；zum A. drängen, mahnen 催促、督促动身〉**2.** das Aufbrechen (8)

Auf·bruch(s)·stim·mung *die*; *mst in* 多用于 ***in A. sein*** unruhig sein, weil man bald losgehen od. losfahren will（出发前）心神不定，慌神儿，心慌意乱

auf·brü·hen (*hat*) [*Vt*]（及物）***etw. a.*** mit kochendem Wasser ein Getränk zubereiten 冲，泡，沏〈Tee, Kaffee a. 沏茶，冲咖啡〉

auf·brum·men (*hat*) [*Vt*]（及物）*gespr*［口］**1. *j-m etw. a.*** j-m e-e Strafe geben 处罚，罚 ≈ j-m etw. auferlegen: *Der Richter brummte ihm 5 Jahre Gefängnis auf* 法官判他坐五年大牢 **2. *j-m etw. a.*** j-m viel Arbeit zu tun geben 给…布置、压（大量工作）

auf·bür·den; *bürdete auf*, *hat aufgebürdet*; [*Vt*]（及物）**1. *j-m/ sich etw. a.*** j-n/sich mit etw. Unangenehmem belasten 使承担，使担负，把…压在…肩上〈j-m/ sich viel Arbeit, große Verantwortung a. 使某人/自己担负大量工作、承担重要责任〉**2. *j-m/ e-m Tier etw. a.*** *geschr*［书］; e-e Last auf j-n/ein Tier laden 把…装在…背上（背、扛、驮）: *dem Esel zwei Säcke Mehl a.* 把两袋面粉装在驴背上

auf·de·cken (*hat*) [*Vt*]（及物）**1. *j-n/ sich/ etw. a.*** die Decke, Bedeckung *o.Ä.* von j-m/ sich/etw. wegnehmen 揭开，掀开（覆盖物）↔ zudecken〈ein Beet, ein Bett, e-n Kranken a. 揭开苗床（上的薄膜），掀开床单，掀开病人的被子〉**2. *etw. a.*** etw. Verborgenes (u. *mst* Negatives) in der Öffentlichkeit bekannt machen 揭露，揭发，披露〈j-s Fehler, j-s Schwächen, ein Verbrechen a. 揭露某人的错误、弱点，揭发罪行〉: *Die Reporter deckten den Skandal schonungslos auf* 记者无情地揭发丑闻；[*Vi*]（不及物）**3.** *gespr*［口］; den Tisch decken 铺（摆）桌子（准备用餐）↔ abdecken ‖ *zu*（义项）**2. Auf·de·ckung** *die*

auf·don·nern, sich (*hat*) [*Vr*]（反身）***sich a.*** *gespr*［口］; sich übertrieben u. geschmacklos kleiden, schminken u. schmücken 穿得花里胡哨的 ≈ sich auftakeln (2)

auf·drän·gen (*hat*) [*Vt*]（及物）**1. *j-m etw. a.*** versuchen, j-m etw. gegen seinen Willen zu geben od. zu verkaufen 将…强加给，强迫…接受: *Der Vertreter wollte der alten Frau ein Abonnement für e-e Zeitschrift a.* 代理硬要这位老妇人订份杂志；[*Vr*]（反身）**2. *sich j-m a.*** j-m gegen dessen Willen anbieten, sein Freund, Helfer od. Begleiter zu sein 硬要当…的朋友、帮手、陪同，硬要和…结交: *Er drängte sich uns förmlich auf* 他一本正经地硬要跟我们结交 **3. *etw. drängt sich (j-m) auf*** etw. wird j-m (unwillkürlich) bewusst（物作主语）浮现，浮想，不禁产生，不由得想起: *Bei diesem Film drängen sich mir Bilder aus meiner Schulzeit auf* 看这场电影的时候，我学生时代的情景不由得浮现在我眼前

auf·dre·hen (*hat*) [*Vt*]（及物）**1. *etw. a.*** durch Öffnen e-s Hahnes od. Ventils e-e Flüssigkeit od. ein Gas strömen lassen 拧开，旋开，打开 ↔ zudrehen〈den Hahn, das Gas, das Wasser a. 拧开龙头、煤气、水（龙头）〉**2. *etw. a.*** *gespr*［口］; ein elektrisches Gerät lauter stellen 开大…音量，把…开大声点〈das Radio, die Stereoanlage a. 把收音机、立体音响开大声点〉**3. *j-m/ sich die Haare a.*** die Haare auf Lockenwickler wickeln（用卷发夹）卷发；[*Vi*]（不及物）**4.** *gespr*［口］; die Leistung od. das Tempo steigern 加油，加劲，加速: *Am Schluss drehte die Mannschaft noch mächtig auf* 终场前，球队再次奋起直追

auf·dring·lich *Adj*（形）**1.** immer wieder belästigend, störend 纠缠不休的，缠磨人的，讨厌的 ↔ zurückhaltend: *Sein Benehmen ist ziemlich a.* 他的态度相当磨人；*Der aufdringliche Kerl soll mich in Ruhe lassen!* 叫这个烦人的家伙让我安静一下！**2.** (zu) intensiv u. stark 刺激的，强烈的〈ein Geruch, ein Geschmack, Farben 气味，口味，颜色〉‖ *hierzu*（派生）**Auf·dring·lich·keit** *die*

Auf·druck *der*; *-(e)s*, *Auf·dru·cke*; das, was auf Papier od. auf e-n Stoff gedruckt ist 加印（在纸上或布上）的字样、图案

auf·dru·cken (*hat*) [*Vt*]（及物）***etw. (auf etw.*** (*Akk* 四格)) ***a.*** etw. auf etw. drucken 在…上加盖，把…印上〈ein Muster (auf e-n Stoff), e-n Stempel (auf Papier) a. 把图案印（在布）上，（在纸上）加盖印章〉

auf·drü·cken (*hat*) [*Vt*]（及物）**1. *etw. a.*** etw. durch Drücken öffnen（用力）推开，挤开 ↔ zudrücken〈ein Fenster, e-e Tür a. 推开窗户、门〉**2. *etw. (auf etw.*** (*Akk*) 四格) ***a.*** etw. auf etw. drücken od. aufprägen（在…上）加盖，压印上: *ein Siegel (auf ein Dokument) a.*（在文件上）盖章（戳）

auf·ei·nan·der[1] *Adv*（副）**1.** eine Person/Sache auf die andere od. auf der anderen 彼此重叠，摞在一起，堆放一起: *Man darf diese zerbrechlichen Gegenstände nicht a. lagern* 不应把易碎物品摞在一起 **2.** drückt e-e Gegenseitigkeit aus 彼此，相互: *Die Farben waren a. abgestimmt* 色彩和谐；*Sie achten a., nehmen Rücksicht a.* 他们彼此关照、体谅；*Wir sind a. angewiesen* 我们相互依赖（= ich bin auf ihn angewiesen u. er auf mich）**3.** so, dass eine Person/ein Tier gegen die/das andere kämpft 彼此相对，面对面地: *Sie gingen a. los, prügelten a. ein* 他们面对面地干起来了，他们相互殴打

auf·ei·nan·der- *mit Verb*, *begrenzt produktiv*（与动词连用，构词有限）; Die Verben mit *aufeinander-* werden nach folgendem Muster gebildet (aufeinander-动词的模式如下): *aufeinanderlegen – legte aufeinander – aufeinandergelegt*

1. *aufeinander-* drückt aus, dass zwei od. mehrere Personen/Tiere/Dinge so angeordnet werden od. sind, dass eine(s) auf der/dem anderen liegt（表示物体彼此摞在一起，重叠在一起）;

〈Dinge 物〉 **aufeinanderlegen**: *Er legte die Hefte aufeinander* 他把本子摞了起来≈ Er legte ein Heft auf das andere
ebenso(同类词有):〈die Zähne 牙〉**aufeinanderbeißen**,〈Dinge 物〉**aufeinanderdrücken**,〈Dinge 物〉**aufeinanderhäufen**,〈Personen/Tiere/Dinge 人/动物/物〉**liegen aufeinander**,〈Dinge 物〉**aufeinanderpressen**,〈Dinge 物〉**aufeinanderschichten**,〈Dinge 物〉**aufeinandersetzen**,〈Dinge 物〉**aufeinandertürmen** **2.** *aufeinander-* drückt aus, dass zwei od. mehrere Personen/Tiere/Dinge miteinander in Kontakt gebracht werden od. (durch Zufall) in Kontakt kommen(表示物体相互接触,彼此碰撞);
〈Tiere 动物〉**aufeinanderhetzen**: *Er hetzte die Kampfhähne aufeinander* 他挑逗斗鸡厮杀≈ Er hetzte einen Hahn gegen den anderen
ebenso(同类词有):〈Dinge 物〉**aufeinanderdrücken**,〈Dinge 物〉**aufeinanderschlagen**,〈Dinge 物〉**stoßen aufeinander**,〈Personen/Dinge 人/物〉**treffen aufeinander**

auf·ei·nan·der·fol·gen (*sind*) Vi (不及物)〈Bilder, Szenen *o.Ä.* 图象,场景等〉**folgen aufeinander** ein Bild, eine Szene *o.Ä.* folgt auf das/die andere od. kommt nach dem/der anderen 相继出现,接踵而来,连续发生 ‖ *hierzu*(派生) **Auf·ei·nan·der·fol·ge** *die*

auf·ei·nan·der·pral·len (*sind*) Vi (不及物) **1.**〈Meinungen *o.Ä.*意见等〉**prallen aufeinander** die Meinungen, die in e-r Diskussion ausgesprochen werden, sind sehr unterschiedlich 相左,相悖 **2.**〈Autos *o.Ä.*汽车等〉**prallen aufeinander** *mst* zwei autos stoßen zusammen 相撞

auf·ei·nan·der·sto·ßen (*sind*) Vi (不及物) **1.** ↑ **aufeinander-** (2) **2.**〈Personen 人〉**stoßen aufeinander** zwei od. mehrere Personen begegnen sich zufällig(人作主语)互相碰上,巧遇

auf·ei·nan·der·tref·fen (*sind*) Vi (不及物)〈Personen/Mannschaften *o.Ä.* 人,球队等〉**treffen aufeinander** *mst* zwei Personen/Mannschaften *o.Ä.* treffen als Gegner in e-m (Wett)Kampf zusammen 相遇,交锋,对阵: *Im Halbfinale trafen die Mannschaften aus England u. Frankreich aufeinander* 在半决赛中英、法两队对阵

Auf·ent·halt *der*; -(*e*)*s*, -*e* **1.** die Anwesenheit (e-r Person) an e-m Ort für e-e bestimmte Zeit 逗留、居留(期限): *ein einjähriger A. im Ausland* 在国外逗留一年 ‖ K-(复合): **Aufenthalts-**, **-beschränkung**, **-dauer**, **-erlaubnis**, **-genehmigung**, **-ort** ‖ -K(复合): **Auslands-**, **Erholungs-**, **Studien-** **2.** die kurze Unterbrechung e-r Fahrt od. Reise 短暂停留,停(车泊、靠等): *Der Zug hat in Köln 15 Minuten A.* 火车在科隆停车 15 分; ohne A. durchfahren 中途不停直开 **3.** *geschr*[书]; der Ort, an dem j-d (gerade) wohnt 停留或居住地点

Auf·ent·halts·raum *der*; ein Zimmer (*z.B.* in e-r Schule od. in e-r Firma), in dem man sich *bes* während e-r Pause aufhalten kann 休息室

auf·er·le·gen; *erlegte auf/auferlegte, hat auferlegt*; Vt (及物) **j-m/sich etw. a.** j-n/sich dazu zwingen, etw. Unangenehmes zu tun od. zu ertragen 将…强加于,责成,使承担 ≈ j-m/sich etw. aufbürden (1)〈sich keinen Zwang, j-m e-e Strafe a.不强制自己,处罚某人〉

auf·er·ste·hen; *erstand auf, ist auferstanden*; Vi (不及物) **1.** REL【宗】; nach dem Tod wieder aufwachen u. leben 复活,再生: *Jesus ist von den Toten auferstanden* 耶稣复活了 **2.** **etw. ersteht auf** *geschr*[书]; etw. wird erneut wichtig(物作主语)复苏,复兴: *E-e uralte Idee ist wieder auferstanden* 一种古老的思想又复兴了 ‖ *zu* (义项) **1.** **Auf·er·ste·hung** *die*; *nur Sg*(只用单数)

auf·es·sen; *isst auf, aß auf, hat aufgegessen*; Vt/i (及物/不及物) (**etw.**) **a.** etw. zu Ende essen, so dass kein Rest bleibt 吃光,吃完,吃净: *Das Kind isst nie seinen Brei auf* 孩子从不把粥吃干净

auf·fä·deln (*hat*) Vt (及物)〈Dinge 物〉**a.** Perlen *o.Ä.* auf e-e Schnur od. e-n Faden reihen 把…连起来,串起〈Perlen a. 把珠子串起来〉

auf·fah·ren Vi (不及物) (*ist*) **1.** **auf j-n/etw. a.** während der Fahrt auf j-n/etw. stoßen(开车)撞上 ≈ aufprallen: *Das Auto/Er fuhr auf den Lastwagen auf* 汽车/他(开车)撞上了载重车 ‖ K-(复合): **Auffahr-**, **-unfall** **2.** (**auf j-n/etw.**) **a.** sich dem vorausfahrenden Fahrzeug nähern 开到,开车靠上去〈zu dicht a. 车贴得太紧〉 **3.** (**aus etw.**) **a.** aus e-m ruhigen Zustand plötzlich hochschrecken 惊起,猛然跳起来 ≈ hochfahren〈aus Gedanken, aus dem Schlaf a. 从思索中、从睡梦中惊起〉; Vt (及物) (*hat*) **4.** **etw. a.** *gespr*[口]; seinen Gästen viel zu essen u. zu trinken anbieten 端上,摆上(丰盛酒菜)≈ auftischen (1) **5.** **etw. a.** MIL【军】; etw. an e-e bestimmte Stelle fahren u. zum Gefecht aufstellen 将…开入阵地〈Geschütze, Kanonen a. 将大炮、火炮开入阵地〉

Auf·fahrt *die*; **1.** e-e Straße, die direkt zu e-r Autobahn führt 高速公路的入口道 ↔ Ausfahrt ‖ K-(复合): **Autobahn-** **2.** e-e (ansteigende) Straße, die zum Eingang e-s größeren Gebäudes führt(通向大厦入口处的)上坡车道: *Die Kutsche fuhr die A. zum Schloss hinauf* 马车顺着坡道而上驶向宫殿 **3.** e-e Fahrt zu e-m höher gelegenen Punkt(行车)上山,上坡,上行: *Die A. zum Gipfel dauert 15 Minuten* 开车到山顶要 15 分钟

auf·fal·len (*ist*) Vi (不及物) **1.** **j-d/etw. fällt** (**j-m**) **auf** j-d/etw. erregt durch etw. Besonderes Aufmerksamkeit(人/物作主语)引人注目: *Sie fiel durch ihre Intelligenz auf* 她的聪慧引人注目 **2.** **etw. fällt** (**an j-m/etw.**) **auf** e-e bestimmte Eigenschaft *o.Ä.* ist besonders deutlich(物作主语)明显,突出,显眼: *Fällt dir nichts an dem Auto auf?* 你没有发觉车子有异样吗?; *Mir fällt* (*an ihm*) *auf*, dass *er sehr nervös ist* 我发觉他很神经质

auf·fal·lend **1.** *Partizip Präsens*(现在分词); ↑ **auffallen** **2.** *Adj*(形); so, dass es auffällt 令人

注意的，显眼的，不寻常的，与众不同的〈e-e Erscheinung, e-e Figur 人物，身材〉: *Das Auffallendste an ihm sind seine langen Haare* 他最惹人注意的是他的一头长发 **3.** *Adj*（形）; *nur adv*（只作状语）; verwendet, um ein Adj. zu verstärken（强调形容词的语义）很，特别≈ sehr, besonders: *a. elegant gekleidet sein, a. nervös sein* 穿得很神气，很激动

auf·fäl·lig *Adj*（形）; so, dass es auffällt 引人注目的，显眼的，与众不同的〈Kleidung, ein Benehmen 衣服，举止〉‖ *hierzu*（派生）**Auf·fäl·lig·keit** *die*

auf·fan·gen (*hat*) [Vt]（及物）**1.** ***etw. a.*** etw., das fällt od. fliegt, mit den Händen aus der Luft greifen 接住，接着〈e-n Ball a. 接球〉 **2.** ***j-n a.*** j-n mit den Händen greifen u. ihn so vor e-m möglichen Sturz bewahren 扶住，搀扶住 **3.** ***j-n*** (*mst Pl* 多用复数) ***a.*** *mst* mehrere Leute vorläufig unterbringen u. versorgen 收容〈Flüchtlinge, Einwanderer a. 收容难民，移民〉‖ K-（复合）: ***Auffang-, -lager*** **4.** ***etw. a.*** e-e Flüssigkeit in e-m Gefäß sammeln 盛接: *Regenwasser in e-r Tonne a.* 用桶盛接雨水 ‖ K-（复合）: ***Auffang-, -becken*** **5.** ***etw. a.*** e-r Bewegung durch e-e weiche, federnde Reaktion die Wucht nehmen 抵挡，抵御，挡住，使起缓冲作用〈e-n Schlag, Stoß a. 挡住打击、撞击〉 **6.** ***etw. a.*** die negativen Folgen von etw. durch geeignete Maßnahmen zu mildern versuchen 减缓，使降温，防止: *den Kursverfall, die Preissteigerung a.* 防止股票价格惨跌（阻跌），遏止价格上涨 **7.** ***etw. a.*** bestimmte Signale (zufällig) empfangen 接收（信号）〈e-n Funkspruch a. 接收到无线电讯〉: *Die Küstenwache fing e-n Notruf auf* 海岸警卫接收到呼救信号

auf·fas·sen (*hat*) [Vt]（及物）**1.** ***etw. als etw. a.; etw. irgendwie a.*** von etw. e-e bestimmte, *mst* sehr subjektive Meinung haben 把…理解成 ≈ verstehen (1)〈Worte falsch, als Beleidigung, als Vorwurf, als Schmeichelei a. 把话错误理解了，把话理解成侮辱、指责、奉承〉: *Er fasste die Bewegung als Angriff auf u. lief sofort weg* 他以为这个动作是进攻，马上逃跑了 **2.** ***etw. irgendwie a.*** etw. Neues, Schwieriges verstehen u. geistig verarbeiten 领会，领悟，掌握≈ begreifen: *Sie konnte den Unterrichtsstoff mühelos a.* 她毫不费劲地领会了教材

Auf·fas·sung *die* **1.** ***e-e A.*** (***von etw.***)/(***über etw.*** (*Akk* 四格)) die Meinung, die man darüber hat, wie etw. ist od. sein sollte 见解，看法，观点≈ Vorstellung〈j-s A. teilen 同某人看法一致; der A. sein, dass ... 观点是…; die A. vertreten, dass ... 主张…; zu der A. kommen, dass ... 得出的看法是…〉: *Wir sind unterschiedlicher A.* darüber, *wie man Kinder erzieht* 如何教育孩子，对此我们持不同观点; *Er hat e-e seltsame A.* davon, was *Freundschaft bedeutet* 友谊意味着什么，对此他有不寻常的见解; *Nach meiner A. ist das falsch* 按我的看法这是错误的 ‖ -K（复合）: ***Arbeits-, Berufs-, Geschichts-, Kunst-, Lebens-*** **2.** *nur Sg*（只用单数）≈ Auffassungsgabe

Auf·fas·sungs|ga·be *die*; *nur Sg*（只用单数）; die Fähigkeit, etw. (schnell) zu verstehen u. geistig zu verarbeiten 理解力〈e-e gute, schnelle A. haben 有很好的、很快的理解力〉

auf·fin·den (*hat*) [Vt]（及物）**1.** ***j-n/etw. a.*** j-n/etw. (oft nach langem Suchen) finden od. entdecken（经长时间寻找后）找到: *Die verlorene Geldbörse war nirgends aufzufinden* 丢失的钱包哪里也找不着 ‖ NB（注意）: *mst* verneint u. im Infinitiv（多用否定和不定式）! **2.** ***j-n/etw. irgendwie a.*** j-n/etw. in e-m bestimmten Zustand finden 发现（处于某种状态）〈j-n verletzt, tot a. 发现某人受伤、死亡〉‖ *zu*（义项）**1. auf·find·bar** *Adj*（形）; *nicht adv*（不作状语）

auf·fi·schen (*hat*) [Vt]（及物）*gespr*［口］**1.** ***j-n/etw. a.*** j-n/etw. aus dem Wasser ziehen u. retten 把…从水中救出、捞出来 **2.** ***j-n a.*** *oft pej* 常用［贬］; j-n (zufällig) treffen u. kennenlernen（偶然）结识≈ aufgabeln (1)

auf·fla·ckern (*ist*) [Vi]（不及物）**1.** ***etw. flackert auf*** etw. beginnt plötzlich (kurz) zu leuchten（物作主语）忽闪，闪动，闪烁，闪亮〈ein Licht, e-e Kerze 灯光，烛光〉 **2.** ***etw. flackert in j-m auf*** etw. entsteht in j-m（物作主语）在…心里闪现出、产生: *Misstrauen flackerte in ihr auf* 她心里产生了疑惑

auf·flam·men (*ist*) [Vi]（不及物）**1.** ***etw. flammt auf*** Flammen entstehen irgendwo, etw. beginnt zu leuchten（物作主语）燃起来；亮起来〈das Feuer 火〉 **2.** ***etw. flammt auf*** etw. entwickelt sich plötzlich（物作主语）突然燃起，激起〈Hass, Liebe, Zorn 仇恨，爱情，愤怒〉

auf·flat·tern (*ist*) [Vi]（不及物）〈ein Vogel 鸟〉 ***flattert auf*** ein Vogel fliegt flatternd nach oben 拍翅起飞

auf·flie·gen (*ist*) [Vi]（不及物）**1.** 〈ein Vogel 鸟〉 ***fliegt auf*** ein Vogel fliegt nach oben 飞起 **2.** ***etw. fliegt auf*** etw. öffnet sich plötzlich（物作主语）突然打开〈e-e Tür, ein Fenster 门，窗户〉 **3.** ***etw. fliegt auf*** *gespr*［口］; etw. wird plötzlich abgebrochen od. kommt nicht zustande（物作主语）突然中断，突然吹了〈e-e Konferenz, ein Treffen 会议，会晤〉: *Die Band ließ das Konzert a.* 乐队使音乐会告吹了 **4.** ***etw. fliegt auf*** etw. wird entdeckt u. scheitert somit（物作主语）被破获〈ein Spionagering, e-e Schmugglerbande 特务组织，走私集团〉

auf·for·dern (*hat*) [Vt]（及物）**1.** ***j-n*** (***zu etw.***) ***a.*** j-n um etw. bitten 请，邀请〈j-n zum Tanz a. 请某人跳舞〉: *Er forderte sie auf, sich zu setzen* 他请她就坐 **2.** ***j-n zu etw. a.*** von j-m offiziell verlangen, dass er etw. tut 要求，敦促: *Sie werden aufgefordert, dort um 14 Uhr zu erscheinen* 要求他们下午2点到那里 ‖ *hierzu*（派生）**Auf·for·de·rung** *die*

auf·fors·ten; *forstete auf, hat aufgeforstet*; [Vt]（及物）***etw. a.*** e-e Fläche mit Bäumen bepflanzen 植树，造林，绿化〈e-e Lichtung a. 绿化林中一块空地〉‖ *hierzu*（派生）**Auf·fors·tung**

die ‖ ▶ ***Forst***

auf·fres·sen (*hat*) Vt/i (及物/不及物) **1.** ***ein Tier frisst (j-n/etw.) auf*** ein Tier frisst j-n/etw. ganz, so dass kein Rest bleibt(动物作主语)吃完,吃光,吃掉: *sein Futter a.* 吃光饲料; *Der Wolf fraß Rotkäppchen auf* 狼把小红帽(小姑娘)吃掉了; Vt (及物) **2.** 〈Insekten 昆虫〉 ***fressen j-n auf*** *gespr* [口]; Insekten beißen od. stechen j-n in großer Zahl (遍身)叮咬〈die Mücken, die Schnaken fressen j-n (ganz) auf 大、小蚊虫把某人全身咬遍〉 **3.** ***etw. frisst j-n auf*** etw. macht j-n krank, weil es ihm all seine Kraft wegnimmt (物作主语)使心力交瘁,累垮〈Kummer, Trauer, Sorgen, die Arbeit 烦恼,悲痛,忧愁,工作〉

auf·fri·schen; *frischte auf, hat/ist aufgefrischt*; Vt (及物) (*hat*) **1.** ***etw. a.*** etw. Vergangenes od. Vergessenes wieder ins Gedächtnis rufen 重温,复习,温习: *Erinnerungen, seine Englischkenntnisse a.* 重温往事,复习英语知识; Vi (不及物) (*hat/ist*) **2.** ***etw. frischt auf*** etw. wird stärker (物作主语)强劲起来,变强↔ etw. flaut ab 〈der Wind 风〉 ‖ *zu* (义项) **1. Auf·fri·schung** *die*; *nur Sg* (只用单数)

auf·füh·ren (*hat*) Vt (及物) **1.** ***etw. a.*** ein künstlerisches Werk (auf e-r Bühne) e-m Publikum zeigen 演出,上演〈ein Schauspiel, ein Ballett, e-e Oper a. 上演话剧、芭蕾舞、歌剧〉 **2.** ***etw. a.*** etw. in e-r Liste od. Aufzählung zusammenfassen, nennen 列出,举出: *Beispiele, Daten in e-r Tabelle a.* 在表格中列举例子、数据; Vr (反身) **3.** ***sich irgendwie a.*** *gespr* [口]; sich irgendwie verhalten, benehmen 举止,行为〈sich gut, unmöglich (= schlecht) a. 行为好、坏〉 **4.** ***sich a.*** *gespr pej* [口][贬]; sich schlecht benehmen 态度恶劣: *Führ dich doch nicht so auf!* 态度可别这么坏!

Auf·füh·rung *die* **1.** ein künstlerisches Stück, das aufgeführt (1) wird 演出(剧目)〈e-e gelungene, effektvolle A. 一次成功的、给人印象深刻的演出〉 **2.** das Aufführen (1): *am Tag der A.* 上演那天 ‖ -K(复合): ***Theater-***

auf·fül·len (*hat*) Vt (及物) ***etw. a.*** etw., das nicht mehr ganz voll ist od. das leer ist, wieder vollmachen 补满,灌满,添满: *den Tank mit Benzin a.* 用汽油灌满油箱; *ein Regal mit Waren a.* 给货架添满商品

Auf·ga·be[1] *die* **1.** etw., das man aus bestimmten Gründen tun muss 任务,使命,责任≈ Verpflichtung 〈e-e interessante, unangenehme A. 令人感兴趣的、令人不愉快的任务; etw. als seine A. ansehen 把某事看作自己的使命; e-e A. bekommen, erfüllen, ausführen 得到、完成、执行任务; j-m e-e A. geben, übertragen 交给、交托某人一项任务〉 ‖ K-(复合): ***Aufgaben-, -bereich, -gebiet*** **2.** der Zweck od. die Funktion, die von j-m/etw. erfüllt werden sollen 功能,用途: *Ampeln haben die A., den Verkehr zu regeln* 红绿灯的功能是管理交通 **3.** ein *mst* mathematisches Problem (数学)习题〈e-e A. lösen 算一道数学题; j-m e-e A. stellen 向某人出一道题〉 ‖ -K (复合): ***Rechen-*** **4.** *nur Sg* (只用单数); das Aufgeben[1] (1) 〈die A. e-s Pakets, e-s Inserats, e-r Bestellung 邮寄包裹,发(刊登)广告,委托订货〉 ‖ -K (复合): ***Gepäck-*** **5.** *mst Pl, Kurzw* (多用复数)(略) ↑ ***Hausaufgabe, Schulaufgabe*** 〈seine Aufgaben machen 做家庭作业〉

Auf·ga·be[2] *die*; *nur Sg* (只用单数); die (vorzeitige) Beendigung e-r Sache od. e-s Vorhabens (in e-r oft schwierigen Situation) 放弃,中断,停止,退出〈die A. des Berufs 放弃职业; j-n zur A. zwingen 强迫某人放弃某事〉: *die A. des Boxers in der achten Runde* 拳击手在第八个回合中放弃比赛

auf·ga·beln; *gabelte auf, hat aufgegabelt*; Vt (及物) *gespr* [口] **1.** ***j-n a.*** *oft pej* 常用[贬]; j-n zufällig treffen u. kennenlernen 偶然结识: *Wo hast du denn diesen Typ aufgegabelt?* 你到底在哪里认识这个家伙的? **2.** ***etw. a.*** etw. zufällig finden u. mitnehmen 偶然发现,顺便搞(买)到: *e-e schöne Uhr auf dem Flohmarkt a.* 在跳蚤市场碰巧搞到一只好表

Auf·gang *der* **1.** e-e Treppe, die nach oben führt 楼梯入口(处),上坡通道: *Der A. zum Turm ist sehr eng* 通向塔顶的通道太窄 ‖ -K(复合): ***Bühnen-, Treppen-*** **2.** das Aufgehen ↔ Untergang 〈*mst* der A. der Sonne, des Mondes 多指太阳、月亮升起〉 ‖ -K(复合): ***Mond-, Sonnen-***

auf·ge·ben[1] (*hat*) Vt (及物) **1.** ***etw. a.*** j-m/e-r Institution etw. zur Bearbeitung od. Weiterleitung geben (委托处理)邮寄,发,刊登,托办〈e-n Brief, ein Paket, ein Telegramm a. (邮)寄信、包裹,发电报; e-e Bestellung beim Ober a. 向服务员订饭菜; e-e Annonce, e-e Anzeige in der Zeitung a. 在报上登广告〉 **2.** ***(j-m) etw. a.*** (als Lehrer) seinen Schülern Arbeiten geben, die sie zu Hause erledigen müssen 布置(学生作业)〈Hausaufgaben, e-e Übersetzung a. 布置家庭作业、翻译〉: *Der Lehrer gibt zu viel auf* 老师布置作业太多 **3.** ***etw. gibt j-m Rätsel auf*** etw. ist für j-n nicht zu verstehen(物作主语)让人猜谜,让人摸不着头脑: *Ihr Verschwinden gab uns viele Rätsel auf* 她的出走弄得我们百思不得其解 ‖ ▶ ***Aufgabe***[1]

auf·ge·ben[2] (*hat*) Vt (及物) **1.** ***etw. a.*** definitiv aufhören, etw. zu tun 彻底停止,不再做,戒掉,断掉 ↔ anfangen 〈das Rauchen, Trinken a. 不再抽烟、喝酒(戒烟,断酒)〉 **2.** ***etw. a.*** (oft in e-r schwierigen Situation) auf etw. verzichten (müssen), etw. nicht mehr verwirklichen können (常常不得不)放弃,舍弃〈die Wohnung, den Betrieb, das Geschäft a. 舍弃住房、企业、生意; die Hoffnung, den Widerstand, e-n Plan a. 放弃希望、反抗、计划〉: *Wegen ihrer Krankheit musste sie ihren Beruf a.* 她因病不得不放弃职业 **3.** ***j-n a.*** die Hoffnung verlieren, dass j-d (vor dem Tod od. aus e-r ernsten Situation) noch gerettet werden kann 认为…没有指望,对…放弃抢救: *Die Ärzte hatten den Patienten bereits aufgegeben* 医生认为患者已经不行了; Vi (不及物) **4.** (wegen e-r

Verletzung od. der aussichtslosen Situation) e-n (Wett) Kampf, e-e Arbeit *o.Ä.* nicht zu Ende führen(因受伤或希望不大)退出比赛，中断工作：*Der Läufer war so erschöpft, dass er kurz vor dem Ziel a. musste* 这位跑步运动员太累了，临到终点不得不退出比赛 ‖ ▶ **Aufgabe²**

auf·ge·bla·sen 1. *Partizip Perfekt*（过去分词）；↑ **aufblasen** 2. *Adj*（形）；*gespr pej*［口］［贬］≈ überheblich, arrogant ‖ *zu*（义项）2. **Auf·ge·bla·sen·heit** *die*；*nur Sg*（只用单数）

Auf·ge·bot *das*；*mst Sg*（多用单数）1. die öffentliche Bekanntgabe e-r Eheschließung 结婚预告，结婚启事〈das A. bestellen, aushängen 预订、公布结婚启事〉2. **ein A.**（**an** 〈Personen/Dingen 人/物〉）e-e (große) Zahl von Personen od. Dingen, die für e-n bestimmten Zweck eingesetzt werden（大量，大批）投入，动用〈ein (großes) A. an Polizeikräften, Stars, Material u. Technik（大量）投入警力、明星、资料和技术〉3. **mit/unter A.** + *Gen* 二格；*geschr veraltend*［书］［渐旧］；mit dem/unter Einsatz von 调动，使出，投入〈unter A. aller Kräfte 全力以赴，尽一切力量，竭尽全力〉‖ ▶ **aufbieten**

auf·ge·dreht 1. *Partizip Perfekt*（过去分词）；↑ **aufdrehen** 2. *Adj*（形）；*gespr*［口］；gut gelaunt, lustig u. *mst* etwas nervös 情绪好的，兴致高的，有点激动的≈ aufgekratzt：*An meinem Geburtstag war ich völlig a.* 生日那天我极度兴奋

auf·ge·dun·sen *Adj*（形）；*nicht adv*（不作状语）；ungesund u. dick aussehend 肿胀的，肥胖的≈ aufgeschwemmt〈ein Gesicht, ein Körper 脸，身体〉

auf·ge·hen (*ist*) *Vi*（不及物）1. **etw. geht auf** etw. öffnet sich（物作主语）打开 ↔ etw. geht zu〈e-e Tür, ein Fenster, e-e Knospe, ein Regenschirm 门，窗，花蕾，伞〉2. **etw. geht auf** etw. wird über dem Horizont sichtbar（物作主语）升起 ↔ etw. geht unter〈*mst* die Sonne, der Mond 多指太阳，月亮〉3. **etw. geht auf** etw. dehnt sich (beim Backen) nach oben aus（物作主语）发起来，发酵〈das Brot, der Kuchen 面包，点心〉4. **etw. geht auf** etw. keimt u. wächst aus der Erde（物作主语）出芽，发芽，抽芽≈ etw. treibt, sprießt〈die Saat 种子〉5. **etw. geht auf** etw. löst sich（物作主语）松开，开裂，开绽〈ein Knoten, e-e Naht 结，缝〉6. **j-d geht in etw.** (*Dat* 三格) **auf** j-d tut etw. mit großer Freude, hat viel Freude an etw.（人作主语）在…上专心致志，全身心投放在…上〈in seiner Arbeit, in e-r Aufgabe völlig a. 全身心地放在工作上、任务上〉7. **etw. geht j-m auf** etw. wird j-m verständlich（物作主语）顿开茅塞，醒悟：*Plötzlich gingen ihm die Zusammenhänge des Skandals auf* 他对丑闻的始末豁然明了 8. **etw. geht auf** MATH【数】；etw. hat ein Resultat ohne Rest (3)（物作主语）除尽，无余数：*Die Rechnung geht glatt auf* 账目结清，收支平衡 ‖ ID［谚］↑ **Licht**, **Rechnung** ‖ ▶ **Aufgang**

auf·ge·ho·ben 1. *Partizip Perfekt*（过去分词）；↑ **aufheben** 2. *mst* in 多用于（**bei j-m/irgendwo**）**gut a. sein** *gespr*［口］；bei j-m/irgendwo in Sicherheit sein u. *mst* gut betreut od. beaufsichtigt werden 妥善存放在，（在…处）得到很好照管：*Die Kinder sind bei den Großeltern gut a.* 孩子们受到祖父母很好的照料

auf·gei·len；*geilte auf, hat aufgegeilt*；*vulg*［俗］；*Vt*（及物）1. **j-n a.** bewirken, dass j-d sexuell erregt wird（挑）引起…的性欲；*Vr*（反身）2. **sich** (**an j-m/etw.**) **a.** j-n/etw. betrachten, um sich sexuell zu erregen（看着…）产生性欲 3. **sich an etw.** (*Dat* 三格) **a.** *pej*［贬］；Freude, Genugtuung od. übertriebenen Ärger empfinden, *bes* weil j-d e-n Fehler gemacht hat 对…幸灾乐祸，不怀好意 ‖ ▶ **geil**

auf·ge·klärt 1. *Partizip Perfekt*（过去分词）；↑ **aufklären** 2. *Adj*（形）；*nicht adv*（不作状语）；vom Verstand bestimmt u. ohne Vorurteile 理性的，无偏见的，开通的：*ein aufgeklärter Mensch des 20 Jahrhunderts* 一位20世纪的开明人

auf·ge·kratzt 1. *Partizip Perfekt*（过去分词）；↑ **aufkratzen** 2. *Adj*（形）；*gespr*［口］；in (übertrieben) guter Laune 情绪激动的≈ aufgedreht

auf·ge·legt 1. *Partizip Perfekt*（过去分词）；↑ **auflegen** 2. **zu etw. a. sein** in der Stimmung sein, etw. zu tun 对…有兴致（情绪）≈ Lust zu etw. haben：*zum Scherzen a. sein* 有兴致（情绪）开玩笑 3. **gut/schlecht a. sein** in guter/schlechter Laune sein 情绪好/坏的

auf·ge·löst 1. *Partizip Perfekt*（过去分词）；↑ **auflösen** 2. *Adj*（形）；durch Schmerz od. Freude sehr verwirrt u. nervös 心烦意乱的，六神无主的：*Nach dem Unfall war sie völlig a.* 出了事故后她完全慌了神

auf·ge·schlos·sen 1. *Partizip Perfekt*（过去分词）；↑ **aufschließen** 2. *Adj*（形）；**etw.** (*Dat* 三格) **gegenüber a.**；**a.** (**für etw.**) interessiert u. offen gegenüber allem Neuen 对…感兴趣的，容易接受新事物的：*a. sein für die Probleme anderer* 关心（热心）他人之事的；*der modernen Technik a. gegenüber stehen* 容易接受现代技术，不固步自封 ‖ *hierzu*（派生）**Auf·ge·schlos·sen·heit** *die*；*nur Sg*（只用单数）

auf·ge·schmis·sen *Adj*（形）；*nur präd, nicht adv, gespr*（只作表语，不作状语）［口］；in e-r ausweglosen Lage 没办法，无能为力，不知所措≈ hilflos：*Ohne seine Frau ist er total a.* 夫人不在，他就简直没辙了

auf·ge·schos·sen 1. *Partizip Perfekt*（过去分词）；↑ **aufschießen** 2. *Adj*（形）；*nicht adv*（不作状语）；sehr groß u. schlank 又高又瘦的〈ein Junge, ein Mann 小伙子，男子；hoch, lang a. 瘦高高的、细高挑儿〉

auf·ge·schwemmt *Adj*（形）；*nicht adv*（不作状语）；dick u. schwammig 浮肿的，虚胖的≈ aufgedunsen〈ein Gesicht, ein Körper 脸，身体〉：*Er ist ganz a., weil er zu viel Bier trinkt* 他身体太肥胖，因为啤酒喝得太多

auf·ge·ta·kelt **1.** *Partizip Perfekt*（过去分词）；↑ **auftakeln** **2.** *Adj*（形）；*gespr*，*oft pej*［口］常用［贬］；（übertrieben）elegant od. modisch gekleidet（u. geschminkt）穿着过分讲究的，浓妆艳抹的

auf·ge·weckt **1.** *Partizip Perfekt*（过去分词）；↑ **aufwecken** **2.** *Adj*（形）；（für sein Alter）schnell denkend u. intelligent 思维敏捷的，聪明伶俐的〈ein Kind, ein Schüler 小孩，学生〉‖ *zu*（义项）**2.** **Auf·ge·weckt·heit** *die*；*nur Sg*（只用单数）

auf·gie·ßen（*hat*）Vt（及物）**1.** ***etw.*** ***a.*** ein Getränk herstellen, indem man heißes Wasser über Kaffeepulver od. Teeblätter gießt 沏，泡，冲 ≈ aufbrühen〈Kaffee, Tee a. 冲咖啡，沏茶〉**2.** ***etw.*** ***a.*** e-r Speise Wasser zufügen, damit Soße entsteht 给…加、浇、添、淋水〈den Braten a. 给烤肉添点水〉

auf·glie·dern（*hat*）Vt（及物）***etw.***（***in etw.***（*Akk* 四格））***a.*** ein Ganzes nach bestimmten Gesichtspunkten aufteilen 把…分成（段落），把…分类≈ strukturieren, untergliedern

auf·glü·hen（*hat/ist*）Vi（不及物）***etw.*** ***glüht auf*** etw. beginnt zu glühen（物作主语）开始发出亮光，闪光：*Unter der Asche glühte das Feuer noch einmal auf* 灰烬中又一次闪出火光

auf·grei·fen（*hat*）Vt（及物）**1.** ***j-n a.*** e-n Gesuchten finden u. festnehmen 抓住，截住：*e-n durchgebrannten Jugendlichen, e-n flüchtigen Verbrecher a.* 抓住逃跑的年轻人、潜逃的罪犯 **2.** ***etw.*** ***a.*** ein Problem *o.Ä.* als Anregung aufnehmen u. sich damit beschäftigen 着手研究，考虑（问题）：*ein Thema a. u. darüber schreiben* 考虑并撰写一个课题 **3.** ***etw.*** ***a.*** etw.（unmittelbar）Vorangehendes（noch einmal）erwähnen u. diskutieren（再次）提及，论述〈ein Thema, e-n Gedanken a. 重又考虑原先的题目，重新回到原先的思路〉：*die vorherige Frage noch einmal a.* 再次谈及以前的问题

auf·grund, auf Grund *Präp*（介）；*mit Gen*（支配二格）；verwendet, um den Grund od. die Ursache anzugeben（表示原因、原委）基于，由于，因，依据≈ wegen〈a. der Tatsache, dass ... 基于…事实〉：*a. des schlechten Wetters* 由于天气不好 ‖ NB（注意）：auch adverbiell verwendet mit *von*（也可作状语与 *von* 连用）：*A. von Zeugenaussagen wurde er verurteilt* 根据证人供词他被判了刑

auf·gu·cken（*hat*）Vi（不及物）*gespr*［口］≈ aufsehen

Auf·guss *der* **1.** heißes Wasser, das über bestimmte Kräuter *o.Ä.* gegossen u. als Medizin od. Getränk（*mst* als Tee）verwendet wird（冲、泡的）药剂，汤剂，饮料（多为茶）‖ K-（复合）：***Aufguss-, -beutel*** **2.** *pej*［贬］；e-e fantasielose Kopie von etw.（*z.B.* e-s Kunstwerks）（艺术品的）拓本，摹本，翻版≈ Abklatsch

auf·ha·ben（*hat*）*gespr*［口］；Vt（及物）**1.** ***etw.*** ***a.*** etw. geöffnet haben 打开了，张着↔ zuhaben：*die Augen a.* 睁着眼睛；*Jetzt hat er den Schirm endlich auf, u. es regnet nicht mehr!* 他终于把雨伞打开了，可雨已经停了！**2.** ***etw.*** ***a.*** e-e Kopfbedeckung od. Brille aufgesetzt haben 戴着〈e-n Hut, e-n Helm, e-e Mütze, e-e Brille a. 戴着礼帽、头盔、便帽、眼镜〉**3.** ***etw.*** ***a.*** etw. als Hausaufgabe machen müssen 有（家庭作业）要做：*Wir haben heute e-n Aufsatz auf* 我们今天有一篇作文得写；Vi（不及物）**4.** ***etw.*** ***hat auf*** etw. ist geöffnet（物作主语）开门，营业，上班↔ etw. hat zu〈ein Geschäft, ein Büro 商店，办公室〉：*Hat die Post noch auf?* 邮局还开着吗？

auf·ha·cken（*hat*）Vt（及物）***etw.*** ***a.*** etw. mit der Hacke öffnen od. aufbrechen 凿开〈das Eis, die Straße a. 凿开冰、马路〉

auf·hal·sen；*halste auf*，*hat aufgehalst*；Vt（及物）***j-m/ sich j-n/ etw.*** ***a.*** *gespr pej*［口］［贬］；j-m/ sich e-e unangenehme Aufgabe geben, j-n/sich mit e-r unangenehmen Person belasten 使承担，把…强加于、推给 ≈ j-m/ sich j-n/ etw. aufbürden（1）〈j-m/ sich viel Arbeit a. 把许多事情压在某人/自己的身上〉

auf·hal·ten（*hat*）Vt（及物）**1.** ***j-n/ etw.*** ***a.*** j-n/ etw.（vorübergehend）an der Fortsetzung e-r Tätigkeit od. e-s Weges hindern 阻挡，拦住，把…给耽搁、拖住：*Der Regen, die Panne, der Chef hat mich aufgehalten* 天下雨、车抛锚、老板有事把我耽搁了 **2.** ***j-d/ etw.*** ***hält etw.*** ***auf*** j-d/ etw. verzögert od. bremst e-e Entwicklung od. den Verlauf e-s Geschehens（人/物作主语）阻碍，阻挡，遏制：*die Inflation a.* 遏制通货膨胀 **3.**（***j-m***）***etw.*** ***a.*** für j-n（oft als höfliche Geste）e-e Tür geöffnet halten（给…）把…拉开、敞开；Vr（反身）**4.** ***sich irgendwo a.*** für e-e bestimmte Zeit an e-m Ort sein 逗留，停留：*sich in den USA, bei Verwandten a.* 在美国、在亲戚处逗留 **5.** ***sich mit j-m/ etw.*** ***a.*** bei der Beschäftigung mit j-m/ etw.（zu viel）Zeit verlieren（为…）耽误时间：*Sie hielt sich nicht mit Vorreden auf, sondern kam gleich zum Thema* 他不在开场白上耽误时间，而是立即转入正题

auf·hän·gen；*hängte auf*，*hat aufgehängt*；Vt（及物）**1.** ***etw.***（***irgendwo***）***a.*** etw. an od. über etw. hängen 把…挂起，挂上〈e-n Hut a. 把帽子挂上；Wäsche zum Trocknen a. 把洗好的衣服晾开〉：*ein Bild an der Wand, an e-m Nagel a.* 将一幅画挂在墙上、钉子上 **2.** ***j-n/ sich a.*** j-n/sich selbst töten, indem man ihm/sich e-n Strick um den Hals legt u. ihn/sich *z.B.* an e-n Baum hängt 绞死，吊死/自缢 **3.** ***j-m etw.*** ***a.*** *gespr*［口］；j-m gegen seinen Willen e-e Aufgabe übertragen 把…强加于、推给，让…挑（担子）≈ j-m etw. aufhalsen, aufbürden **4.** ***etw.*** ***an etw.***（*Dat* 三格）***a.*** e-e Geschichte mit e-r *mst* sensationellen od. aktuellen Begebenheit beginnen lassen 以…展开（故事情节）：*Die Story hängen wir an dem Vatermord auf* 我们从谋害父亲开始展开这个故事；Vt/i（及物/不及物）**5.**（***den***（***Telefon***）***-Hörer***）***a.*** den Telefonhörer auf die Gabel legen u. dadurch die Verbindung unterbrechen 挂断（电话）≈ einhängen：*Ich wollte* *weiterreden, aber sie hatte schon aufgehängt* 我想继续讲，可她已挂上电话 ‖ NB(注意)：Die gesprochenen Formen *hing auf*, *hat aufgehangen* gelten als falsch(*hing auf*, *hat aufgehangen* 这种口语形式是错误的)

Auf·hän·ger *der*; *-s*, *-*; **1.** ein kleines Band *bes* an Kleidungsstücken u. Handtüchern, mit dem man diese aufhängen kann 挂扣，挂襻 **2. ein A. (für etw.)** e-e Einzelheit (*z.B.* ein Ereignis), mit der man *bes* e-e Geschichte od. ein Thema beginnt (有关…)话题，话头儿〈etw. als A. benutzen 利用…作为话题〉

auf·he·ben¹ (*hat*) Vt (及物) **1. etw. a.** etw., das auf dem Boden liegt, nehmen u. in die Höhe heben 捡起，拾起，举起：*am Strand e-e schöne Muschel a.* 在海边拾起漂亮的贝壳 **2. j-n a.** j-m, der gestürzt ist, helfen aufzustehen (搀)扶起〈e-n Verletzten a. 扶起受伤者〉**3. (j-m/sich) etw. a.** etw. nicht sofort verbrauchen, sondern für später behalten 保留着 ≈ aufbewahren：*ein Stück Kuchen für den nächsten Tag a.* 将一块点心留到明天 **4. (sich (Dat 三格)) etw. a.** etw. nicht wegwerfen, sondern behalten 保存(不丢弃)：*Die Ansichtskarte hebe ich (mir) zur Erinnerung an den Urlaub auf* 我自己保存这张风景明信片是为了记住这次度假

auf·he·ben² (*hat*) Vt (及物) **1. etw. a.** e-e Regelung nicht länger gültig sein lassen 撤销，撤除，废除 ≈ abschaffen〈e-e Verordnung, ein Gesetz a. 废除规定、法令〉：*Paragraph 17 des Gesetzes ist hiermit aufgehoben* 该法第17款就此废除 **2. etw. a.** *geschr*[书]；e-e Veranstaltung offiziell beenden 宣告结束 ≈ beschließen〈e-e Konferenz, e-e Versammlung a. 结束会议、集会〉**3. etw. hebt etw. auf** etw. hat e-e gleich große, entgegengesetzt wirkende Kraft wie etw. anderes (物作主语)抵消 ≈ etw. neutralisiert etw.：*Die Bremskraft e-s Flugzeugs muss die Schubkraft a., damit es bei der Landung zum Stehen kommt* 为使飞机着陆时停住，其制动力必须抵消推动力 ‖ *hierzu* (派生) **Auf·he·bung** *die*; *mst Sg*(多用单数)

Auf·he·ben(s) *nur in* 只用于 **viel/wenig/kein Aufheben(s) um/von etw. machen** *geschr* [书]；etw. für wichtig/weniger wichtig/unwichtig halten u. entsprechend viel od. wenig darüber reden 对某事大肆张扬/很少张扬/毫不张扬

auf·hei·tern; *heiterte auf*, *hat aufgeheitert*; Vt (及物) **1. j-n a.** j-n, der traurig ist, froh od. heiter machen (indem man ihm *z.B.* etw. Lustiges erzählt) 使高兴，使愉快；Vr (反身) **2. etw. heitert sich auf** etw. wird froh, heiter (物作主语)变得快活，露出笑容〈j-s Gesicht, j-s Stimmung 某人的脸、情绪〉**3. es/der Himmel heitert sich auf** die Wolken verschwinden u. die Sonne kommt heraus (天气)转晴，放晴 ‖ *hierzu* (派生) **Auf·hei·te·rung** *die*

auf·hei·zen (*hat*) Vt (及物) **1. etw. heizt etw. auf** etw. macht etw. warm, heiß(物作主语)使热起来：*Mittags heizt die Sonne die Ebene, das Wasser auf* 正午的太阳把平原、水晒热了 **2. etw. a.** Gefühle (*bes* Wut, Ärger) stärker machen 煽起，激起(情感)〈die Stimmung a. 激起情绪〉

auf·hel·fen (*hat*) Vi (不及物) j-m helfen aufzustehen 扶起，搀起：*E-e Passantin half dem gestürzten Mann wieder auf* 一位过路的妇女扶起了这位摔倒的男子

auf·hel·len; *hellte auf*, *hat aufgehellt*; Vt (及物) **1. etw. a.** etw. hell(er) machen 使发亮，使(更)明亮 **2. etw. a.** die Hintergründe e-s Geschehens klären 弄清，搞清(事件背景)：*Nachdem die Motive aufgehellt waren, konnte der Täter gefasst werden* 作案动机已搞清楚，可以逮捕作案人；Vr (反身) **3. der Himmel hellt sich auf** der Himmel wird klarer 天空晴朗起来，天空转晴 **4. etw. hellt sich auf** etw. macht wieder e-n freundlichen Eindruck (物作主语)变得开朗快活，露出欣喜神情 ≈ etw. heitert sich auf〈ein Gesicht, e-e Miene 脸，表情〉‖ *zu* (义项) **1.** u. **2. Auf·hel·lung** *die*; *mst Sg*(多用单数)

auf·het·zen (*hat*) Vt (及物) **1. j-n (gegen j-n/etw.) a.** j-n dazu bringen, über j-n/etw. wütend od. verärgert zu sein 煽动，挑动，调唆(反对…)：*Sie hetzt ihren Bruder ständig gegen den Vater auf* 她时常调唆兄弟与父亲不和 **2. j-n zu etw. a.** j-n dazu bringen, etw. *mst* Böses zu tun 煽动，唆使(干坏事)：*Er war zu der Tat aufgehetzt worden* 他是受人调唆而做这件事的

auf·heu·len (*hat*) Vi (不及物) **1. j-d/ein Tier heult auf** j-d/ein Tier gibt für kurze Zeit heulende Geräusche von sich(人/动物作主语)哭叫，嚎叫起来：*Der Hund heulte auf, als ich ihm auf die Pfote trat* 当我踩着这只狗的爪子时，它叫了起来 **2. ein Motor heult auf** ein (Auto) Motor wird für kurze Zeit sehr laut, weil der Fahrer viel Gas gibt(汽车)马达轰鸣起来：*den Motor a. lassen* 任凭马达轰响

auf·ho·len (*hat*) Vt/i (及物/不及物) **(etw.) a.** e-n Rückstand gegenüber j-m/ etw. verkleinern od. völlig beseitigen 补上，弥补，赶上来 ≈ etw. wettmachen〈e-e Verspätung, e-n Vorsprung a. 赶上延误的时间，缩小领先的距离〉：*Der Schwimmer holte zwar auf, konnte aber nicht mehr gewinnen* 这位游泳者虽然赶了上来，但是无法取胜

auf·hor·chen (*hat*) Vi (不及物) **1.** plötzlich etw. hören u. sich auf das Geräusch konzentrieren 警觉地倾听，仔细听：*Er horchte auf, als j-d seinen Namen rief* 当有人喊他的名字时，他仔细听着 **2. etw. lässt j-n a.** etw. erregt j-s Interesse(物作主语)引起…兴趣，使人关注：*Seine Erfindung ließ die Öffentlichkeit a.* 他的发明引起公众关注

auf·hö·ren (*hat*) Vi (不及物) **1. a. + zu + Infinitiv**(不定式) etw. nicht länger tun 停止，终止 ↔ anfangen, beginnen + zu + Infinitiv (不定式)：*Ende des Monats höre ich auf zu* *arbeiten* 这个月底我将停止工作；Vi（不及物）**2.**（**mit etw.**）**a.** etw. nicht länger tun 停止，不再从事 ↔（mit etw.）anfangen, beginnen：*mit dem Rauchen a.* 停止吸烟；*mit der Arbeit eine Stunde früher a. als sonst* 比平常提前一小时停止工作 **3. etw. hört auf** etw. ist zu Ende（物作主语）终止↔ etw. fängt an：*Endlich hörte der Sturm auf* 风暴终于停止了；*Das Tal hört hier auf* 山谷到此为止 ‖ ID［谚］*mst* 多用 **Da hört（sich）doch alles auf!** *gespr*［口］：verwendet, um seine Empörung über etw. auszudrücken（表示愤怒）太过分了！真不像话！够了，该结束了！

auf·kau·fen（*hat*）Vt（及物）**etw.**（*Kollekt od Pl*（集合或复数））**a.** große Mengen, oft alle Vorräte e-r bestimmten Ware kaufen（大量）收购，（全部）买下：*Aktien, Industrieanlagen a.* 收购股票、工业设备 ‖ *hierzu*（派生）**Auf·käu·fer** *der*；**Auf·kauf** *der*

auf·kei·men（*ist*）Vi（不及物）**1. etw. keimt auf** etw. kommt keimend aus der Erde（物作主语）抽芽，出芽，萌芽〈die Saat 种子〉**2. etw. keimt auf** etw. entsteht allmählich（物作主语）（逐渐）产生，萌生〈Angst, Zweifel 恐惧，怀疑〉

auf·klap·pen Vt（及物）（*hat*）**1. etw. a.** e-n Teil od. mehrere Teile e-r Sache so bewegen, dass sich der Gegenstand öffnet 掀开，翻开，打开 ↔ zuklappen〈e-n Koffer, e-n Liegestuhl, ein Taschenmesser a. 打开箱子，躺椅，小折刀〉；Vi（不及物）（*ist*）**2. etw. klappt auf** etw. öffnet sich plötzlich（物作主语）突然开了〈der Koffer, der Deckel des Kofferraums 箱子，行李舱盖〉

auf·kla·ren；*klarte auf, hat aufgeklart*；Vi（不及物）**der Himmel / das Wetter / es klart auf** die Wolken verschwinden（天空，天气）晴朗起来，放晴（云开雾散）

auf·klä·ren（*hat*）Vt（及物）**1. etw. a.** den wahren Sachverhalt deutlich machen 弄清，澄清，查明 ≈ aufdecken (2)〈ein Verbrechen, e-n Irrtum, Widersprüche a. 弄清罪行、误会、矛盾〉**2. j-n über etw.**（*Akk* 四格）**a.** j-m etw. Kompliziertes verständlich machen, j-n über etw. informieren 向…讲清，解释，阐明：*Der Anwalt klärte ihn über seine Rechte auf* 律师向他讲清他的权利 **3. j-n a.** j-m, *mst* e-m Kind, sexuelle Vorgänge erklären 对（儿童）进行性启蒙教育：*Sein Sohn wurde schon früh aufgeklärt* 他的儿子很早就得到性启蒙教育；Vr（反身）**4. etw. klärt sich auf** etw. wird verständlich od. durchschaubar（物作主语）得到澄清，真相大白：*Durch e-n Zufall klärte sich die Sache endlich auf* 偶然的机会使事情终于水落石出了 **5. der Himmel / das Wetter / es klärt sich auf** das Wetter wird freundlicher u. heller 天空/天气/天晴朗了

Auf·klä·rung *die*；-, -*en*；*mst Sg*（多用单数）**1.** das Aufklären (1)〈die A. e-s Verbrechens, e-s Missverständnisses 查清罪行，澄清误会〉‖ K-（复合）：**Aufklärungs-, -quote 2.** Informationen über bestimmte Probleme od. Situationen 解释，阐明，说明：*von der Regierung A. über den Arbeitsmarkt verlangen* 要求政府说明劳动市场情况 ‖ K-（复合）：**Aufklärungs-, -kampagne 3.** das Erklären sexueller Vorgänge（*mst* gegenüber Kindern）（多指对儿童进行的）性启蒙教育〈A. betreiben 从事性启蒙教育〉：*In der Schule gehört die A. zum Biologieunterricht* 在学校里性启蒙教育属于生物课 ‖ K-（复合）：**Aufklärungs-, -buch, -film 4.** e-e geistige Strömung des 18 Jahrhunderts in Europa, die sich mit Vernunft u. naturwissenschaftlichem Denken gegen Aberglauben u. Absolutismus wandte 启蒙运动时代（欧洲 18 世纪崇尚理性科学反对迷信和专制的思潮）≈ Rationalismus：*das Zeitalter der A.* 启蒙运动时代 **5.** MIL【军】：die Beobachtung u. das Aufspüren der Orte, an denen sich Waffen u. Truppen des Gegners befinden 侦察 ‖ K-（复合）：**Aufklärungs-, -flugzeug, -satellit**

auf·kle·ben（*hat*）Vt（及物）**etw.**（**auf etw.**（*Akk* 四格））**a.** etw. auf etw. kleben 往…上贴，把…贴到…上：*e-e Briefmarke（auf den Brief）a.*（往信上）贴邮票

Auf·kle·ber *der*；-*s*，-；ein kleiner Zettel od. ein kleines Bild, die man zu e-m bestimmten Zweck auf etw. klebt 标签粘贴纸 ‖ -K（复合）：**Gepäck-, Paket-**

auf·knöp·fen（*hat*）Vt（及物）**etw. a.** etw., das mit Knöpfen geschlossen ist, öffnen 解开（钮扣、衣扣）↔ zuknöpfen：*die Bluse a.* 解开女衬衣

auf·knüp·fen（*hat*）Vt（及物）**1. etw. a.** etw., das durch Knoten verbunden wurde, wieder lösen 解开，松开（结子）**2. j-n a.** *gespr*［口］：j-n aufhängen 绞死，吊死

auf·ko·chen Vt（及物）（*hat*）**1. etw. a.** etw. so heiß machen, dass es kocht 煮开〈die Suppe, die Milch a. 把汤、牛奶煮开〉；Vi（不及物）（*ist*）**2. etw. kocht auf** etw. beginnt zu kochen（物作主语）开，滚，沸腾：*den Pudding kurz a. lassen* 把布丁煮开一下

auf·kom·men（*ist*）Vi（不及物）**1. etw. kommt auf** etw. entsteht u. verbreitet sich（物作主语）产生，流行，蔓延开，传开〈ein Gerücht,（gute）Stimmung, Zweifel, Langeweile 谣言，（好的）情绪，怀疑，无聊情绪〉**2. etw. kommt auf** etw. bildet sich u. nähert sich langsam（物作主语）形成，来临≈ etw. zieht heran, zieht auf[4] (1)〈ein Sturm, ein Gewitter 风暴，雷雨〉：*aufkommende Bewölkung* 涌动而来的云层 **3. für j-n / etw. a.** entstehende Kosten bezahlen 对…承担（支付费用）的责任〈für den Schaden, ein Projekt, ein Kind a. 承担（赔偿）损失、（开发）项目、（培养）孩子（所需费用）的责任〉**4. irgendwie / irgendwo a.** nach e-m Sprung od. Flug wieder den Boden berühren 落地≈ landen：*Das Pferd kam nach dem Hindernis weich auf* 马越过障碍后落地很稳 **5.** SPORT【体】：e-n Vorsprung des Gegners verringern 赶上来，缩小差距≈ aufholen：*Der Läufer kam auf u. siegte im Schlussspurt* 这位赛跑运动员赶了上来，并在冲刺时获胜 **6. etw. kommt auf** *südd*［南德］：etw. wird bekannt（物作主语）败露，暴露〈ein

Betrug, ein Verbrechen 骗局, 罪行〉

Auf·kom·men *das*; *-s*, *-*; *mst Sg*（多用单数）; **das A.**（**an j-m/etw.**（*Pl* 复））die Menge od. Anzahl von Personen/Dingen, die zusammenkommt 总量, 总额: *ein sinkendes/steigendes A. an Steuereinnahmen* 税收的下降/上升额 ‖ -K（复合）: **Anzeigen-, Fahrgast-, Steuer-, Verkehrs-, Zins-**

auf·krat·zen（*hat*）[Vt]（及物）（**sich** *Dat* 三格））**etw. a.** etw. durch Kratzen öffnen 抓破, 刮破, 抓伤〈e-e (abheilende) Wunde wieder a. 抓破（正在愈合的）伤口〉

auf·krem·peln（*hat*）[Vt]（及物）（**sich**（*Dat* 三格））**etw. a.** den unteren Teil e-s Kleidungsstücks mehrmals umschlagen 挽起, 卷起〈(sich) die Ärmel, Hosenbeine a. 挽起袖子、裤腿〉

auf·kreu·zen（*ist*）[Vi]（不及物）（**irgendwo**）**a.** *gespr*［口］; überraschend irgendwo erscheinen（出其不意地）出现

auf·krie·gen（*hat*）[Vt]（及物）**etw. a.** *gespr*［口］; etw. öffnen können（能）打开,（能）开开〈e-e Tür, e-e Schublade a. 能打开门、抽屉〉: *Hilf mir mal, ich krieg das Fenster nicht auf* 帮我一下, 我开不开这扇窗户

auf·kün·di·gen（*hat*）[Vt]（及物）**1. etw. a.** ≈ kündigen〈ein Arbeitsverhältnis a. 通知解除劳资关系〉**2. j-m die Freundschaft a.** j-m sagen, dass man nicht mehr sein Freund sein will 同…断交, 断绝与…的友谊

auf·la·chen（*hat*）[Vi]（不及物）plötzlich kurz lachen 突然笑起来

auf·la·den（*hat*）[Vt]（及物）**1. etw.**（**auf etw.**（*Akk* 四格））**a.** etw. (zur Beförderung) auf etw. laden 把…装上车 ↔ abladen: *das Frachtgut auf e-n Lkw, e-n Eisenbahnwaggon a.* 将货物装上卡车、火车车皮 **2. j-m/sich etw. a.** *gespr*［口］; j-n/sich selbst mit Verantwortung od. Arbeit belasten, sie j-m übertragen 让…承担（责任）/自己承担: *Du lädst dir zu viele Pflichten auf* 你自己承担的义务（责任）过多 **3. etw. a.** elektrische Energie in etw. speichern 给…充电 ↔ entladen〈e-e Batterie, e-n Akkumulator a. 给电池、蓄电池充电〉: *den Rasierapparat an der Steckdose a.* 将剃须刀插到插座上充电 ‖ K-（复合）: **Auflade-, -gerät**; [Vr]（反身）**4. etw. lädt sich auf** etw. erzeugt durch Reibung e-e elektrostatische Ladung（物作主语）磨擦生电: *Beim Kämmen können sich die Haare a.* 梳头时头发会起电 ‖ zu（义项）4. **Auf·la·dung** *die*; *mst Sg*（多用单数）

Auf·la·ge *die* **1.** die Zahl der gedruckten Exemplare *z.B.* e-s Buches od. e-r Zeitung 印数, 发行量: *e-e Zeitschrift mit e-r hohen A.* 出版量很高的杂志 ‖ K-（复合）: **Auflagen-, -höhe 2.** e-e Unterlage od. e-e Fläche, auf die beim Schreiben od. Malen die Hand od. der Arm gestützt werden kann 托架, 支架, 支座 ‖ -K（复合）: **Schreib- 3.** *oft Pl*（常用复数）; e-e Verpflichtung, an die sich j-d halten muss 规定的义务, 应负的责任〈j-m etw. zur A. machen 让某人对某事负起责来〉: *Dem Mieter zur A. machen*, dass *er sich um den Garten kümmert* 让房客把照管花园的工作担当起来

auf·la·gen·schwach *Adj*（形）; *nicht adv*（不作状语）; mit niedriger Auflage (1) 发行量小的〈e-e Zeitung 报纸〉

auf·la·gen·stark *Adj*（形）; *nicht adv*（不作状语）; mit hoher Auflage (1) 发行量大的〈e-e Zeitung 报纸〉

auf·las·sen（*hat*）[Vt]（及物）**1. etw. a.** *gespr*［口］; etw. offen lassen, nicht schließen 把…开着（不关上）↔ zulassen: *Lass die Tür auf, es ist so heiß hier!* 让门敞着, 屋里这么热! **2. etw. a.** *gespr*［口］; e-e Kopfbedeckung auf dem Kopf behalten 戴着, 不脱〈den Hut, die Mütze a. 戴着帽子、便帽〉**3. j-n a.** *gespr*［口］; ein Kind noch nicht ins Bett schicken, es aufbleiben lassen 允许…不上床（再呆一会儿）**4. etw. a.** etw. nicht mehr nutzen 废弃, 不再使用, 停办〈e-e Fabrik a. 废弃工厂〉‖ NB（注意）: *mst* im Zustandspassiv（多用于状态被动句）!

auf·lau·ern（*hat*）[Vi]（不及物）**j-m a.** sich irgendwo verstecken u. auf j-n warten, *mst* um ihn plötzlich anzugreifen 伏击, 伺机袭击: *Der Täter lauerte seinem Opfer in der Tiefgarage auf* 作案者藏在地下停车场伺机作案

Auf·lauf[1] *der*; *mst Sg*（多用单数）; e-e spontane Ansammlung vieler Personen 自发聚集: *Vor der Firma war ein A. empörter Arbeiter* 公司门前聚集着一群被激怒的工人 ‖ -K（复合）: **Menschen-**

Auf·lauf[2] *der*; e-e Speise, die im Herd überbacken wird 烘烤食品 ‖ -K（复合）: **Nudel-, Reis-**

auf·lau·fen（*ist*）[Vi]（不及物）**1.**〈ein Schiff *o.Ä.* 船等〉**läuft**（**auf etw.**（*Akk* 四格））**auf** ein Schiff *o.Ä.* bleibt auf e-m Hindernis stecken 搁浅, 触礁: *Das Segelschiff lief auf ein Riff auf* 帆船触礁了 **2.**（**auf j-n**）**a.** SPORT【体】; mit j-m zusammenprallen 与…相撞, 撞上: *Der Verteidiger ließ den Stürmer a.* 后卫被前锋撞了 **3. j-n a. lassen** *gespr*［口］; j-n vor anderen absichtlich in e-e peinliche Situation bringen 有意让…为难、难堪, 刁难

auf·le·ben（*ist*）[Vi]（不及物）**1. etw. lebt auf** etw. wird (wieder) frisch, wächst u. blüht（物作主语）（重新）苏醒, 复活, 欣欣向荣: *Die Natur lebte nach dem Regen auf* 雨后的大自然生意盎然 **2. j-d lebt auf** j-d wird froh u. munter（人作主语）愉快起来, 精神振作起来: *Sie lebte durch die neue Aufgabe auf* 这项新任务使她重新活跃起来 **3. etw. lebt auf** etw. wird lebhaft u. interessant（物作主语）活跃起来, 又有起色, 重现生机〈e-e Diskussion 讨论〉**4. etw. lebt wieder auf** etw. (das vergangen od. schon vergessen ist) wird wieder aktuell od. beliebt（物作主语）重新恢复, 又复活了, 又受到青睐〈(alte) Bräuche, Traditionen（古老的）习俗, 传统〉

auf·le·cken（*hat*）[Vt]（及物）**etw. a.** e-e Flüssigkeit durch Lecken vom Boden entfernen 舔掉, 舔干净: *Die Katze leckte die verschüttete Milch vom Fußboden auf* 猫把撒

在地上的牛奶舔干净了

auf·le·gen (*hat*) Vt (及物)**1. etw. a.** etw. zu e-m bestimmten Zweck auf etw. legen od. drauftun 放上，摆上，铺上，抹上，涂上：*e-e Schallplatte a. u. abspielen* 搁上唱片播放；*Für meinen Geschmack hat sie zu viel Rouge aufgelegt* 就我的审美观而言，她的胭脂和口红抹得过浓 **2.** *mst* 多用 **etw. wird aufgelegt** etw. wird gedruckt u. herausgegeben(物作主语)出版：*Dieser Roman wird nicht mehr aufgelegt* 这部小说不再出版 **3. etw. a.** e-e neue Produktionsserie starten 使投入批量生产：*Ab Januar legen wir das neue Modell in e-r großen Serie auf* 从一月份开始我们将新的型号投入批量生产 **4. etw. a.** brennbares Material in den Ofen tun(往炉里)添加〈Kohle, Briketts, (ein Scheit) Holz a. 往炉里添煤、煤饼、木柴等〉 **5. etw. irgendwo a.** etw. (*mst* Gedrucktes) der Öffentlichkeit zugänglich machen 陈列，摆放(多指印刷品)：*Baupläne im Rathaus, Formulare im Vorzimmer a.* 在市政厅陈列建筑计划，在接待室摆放表格；Vt/i (及物/不及物) **6.** (**den** (**Telefon**) **Hörer**) **a.** den Telefonhörer auf die Gabel legen u. dadurch die Verbindung unterbrechen 挂上电话(听筒) ↔ abheben：*In ihrer Wut hat sie einfach aufgelegt* 盛怒之下她干脆将电话挂上 ‖ ▶ **Auflage**

auf·leh·nen, sich (*hat*) Vr (反身)**1. sich** (**gegen j-n/etw.**) **a.** sich weigern, e-n Zustand zu akzeptieren (u. Widerstand dagegen leisten) 反抗，反对：*sich gegen die Eltern, sich gegen die Unterdrückung e-r Minderheit a.* 反抗父母，反抗对少数民族的压迫 **2. sich** (**auf etw.** (*Akk* 四格)) **a.** sich (mit den Armen) auf etw. stützen(把胳膊)撑在…上：*sich auf den Tisch a.* (两手)撑在桌上 ‖ *zu* (义项) **1. Auf·leh·nung** *die*

auf·le·sen (*hat*) Vt (及物)**1. etw.** (*Kollekt od Pl* (集合或复数)) **a.** ≈ aufsammeln **2. j-n/etw. a.** *gespr* [口]；j-n/etw. (zufällig) finden u. mitnehmen(偶然)捡来，捎上：*e-n Tramper, e-e ausgesetzte Katze a.* 捎带上一位搭便车者，捡回一只被遗弃的猫

auf·leuch·ten (*hat/ist*) Vi (不及物) **etw. leuchtet auf** etw. leuchtet plötzlich (für kurze Zeit)(物作主语)(突然)亮了一下

auf·lie·gen (*hat*) Vi (不及物) **etw. liegt** (**irgendwo**) **auf** ADM【管理】；etw. kann *bes* in e-r öffentlichen Institution von jedem eingesehen od. abgeholt werden(物作主语)摆放着，陈列着(供查阅选用)〈Formulare, Listen 表格，清单〉

auf·lis·ten; *listete auf, hat aufgelistet*; Vt (及物) **etw.** (*Kollekt od Pl* (集合或复数)) **a.** etw. in e-e Liste schreiben 将…列成清单，把…列出来〈Wörter a. 将词汇整理出来〉

auf·lo·ckern (*hat*) Vt (及物)**1. etw. a.** etw. locker machen 弄松，使松散：*im Frühjahr die Erde a.* 春季松土 **2. etw. irgendwie a.** etw. abwechslungsreich gestalten 使轻松、生动活泼：*ein Fest durch Spiele, graue Häuserfronten mit Bäumen a.* 以游戏活跃节日气氛，用树木装点灰色的门面；Vr (反身)**3. etw. lockert sich auf** etw. löst sich zu einzelnen Wolken auf (物作主语)散开了〈die dichte Bewölkung 浓密的云层〉 **4. sich a.** die Muskeln durch Schütteln entspannen 肌肉放松一下：*sich nach der Arbeit, vor e-m Start a.* 工作后、起跑前放松放松 ‖ *hierzu* (派生) **Auf·lo·cke·rung** *die*

auf·lo·dern (*ist*) Vi (不及物) **etw. lodert auf** etw. wird plötzlich sehr intensiv (物作主语)(突然)激烈起来，熊熊燃烧起来〈das Feuer, die Flammen 火，火苗；Widerstand, Kämpfe 矛盾，斗争〉

auf·lös·bar *Adj* (形)；*nicht adv* (不作状语)；so, dass man es auflösen (4) kann 可解除的〈ein Vertrag 条约〉 ‖ NB(注意)：≠ löslich

auf·lö·sen (*hat*) Vt (及物)**1. etw.** (**in etw.** (*Dat* 三格)) **a.** etw. in e-r Flüssigkeit vollständig zergehen lassen 使溶解〈Zucker in Kaffee, Honig in Tee a. 把糖溶在咖啡里、把蜜溶在茶里〉：*e-e Tablette in Wasser a.* 将药片放在水中溶解 **2. etw. a.** e-e Veranstaltung *mst* mit autoritären Mitteln beenden 使散开，让解散：*Die Polizei löste die Demonstration auf* 警察迫使游行队伍散开 **3. etw. a.** die Existenz e-r Organisation (vorübergehend) beenden (暂时)解散〈e-e Partei, das Parlament a. 解散党派、议会〉 **4. etw. a.** etw. für nicht mehr gültig erklären 废除〈e-n Vertrag a. 废除条约〉 **5. etw. a.** etw. Rätselhaftes verständlich od. durchschaubar machen 解开，猜出 ≈ aufklären (1)〈ein Geheimnis, e-n Widerspruch, ein Rätsel a. 解开秘密、矛盾、谜〉 **6.** *mst* 多用 **etw. ist aufgelöst** MUS【音】；ein Vorzeichen ist wieder rückgängig gemacht (物作主语)取消，消失(指升调复原为降调或降调复原为升调)：*Das b ist aufgelöst, du musst ein h spielen!* 降调 b 取消了，你应弹奏升调 h！；Vr (反身)**7. etw. löst sich** (**in etw.** (*Dat* 三格)) **auf** etw. zergeht u. wird allmählich unsichtbar (物作主语)溶解，消散，化开：*Salz löst sich in Wasser auf* 盐溶解于水；*Der Nebel hat sich schnell aufgelöst* 雾很快就散了 **8. etw. löst sich auf** etw. hört auf zu bestehen, geht zu Ende (物作主语)瓦解，解体〈e-e Organisation, ein Verein 组织、协会〉：*Der Stau hat sich inzwischen aufgelöst* 在这期间堵车现象缓解了 ‖ *zu* (义项)**2.–6.** u. **8. Auf·lö·sung** *die*

aufm, auf'm *Präp mit Artikel* (介与冠词合写)；*gespr* (口) ≈ auf dem, auf einem

auf·ma·chen (*hat*) Vt (及物)**1. etw. a.** *gespr* [口]；etw. Geschlossenes öffnen 打开，张开 ↔ zumachen〈e-e Tür, e-e Flasche, e-n Brief, den Mund a. 打开门、瓶子、信，张开嘴〉 **2. etw. a.** *gespr* [口]；ein Geschäft od. e-e Firma neu gründen 开设，开办(商店或公司) ≈ eröffnen **3. etw. irgendwie a.** etw. in e-r bestimmten Weise gestalten 装饰，装潢：*Der Artikel war groß aufgemacht* 这商品是经过精心装潢的 ‖ NB(注意)：*mst* im Partizip Perfekt (多用于过去分词)！；Vi (不及物)**4. etw. macht auf** *gespr* [口]；etw. wird für Kunden geöffnet(物作主语)开门营业，开张，对外办公 ↔

etw. schließt ⟨ein Geschäft, ein Amt 商店、机关⟩: *Diese Boutique hat letzte Woche neu aufgemacht* 这家时装店是上周新开张的; Vr (反身) **5. sich** (**irgendwohin**) **a.** e-n Weg antreten 动身,启程,上路≈ irgendwohin aufbrechen: *Nach der Arbeit machten sie sich* (*in die Berge*) *auf* 下班之后他们出发走了(进山了) **6. sich a.** + **zu** + *Infinitiv* (不定式)beginnen, etw. zu tun 准备(做某事): *Endlich machte sich j-d auf, mir zu helfen* 终于有人准备帮助我

Auf·ma·cher *der*; der auffällige Titel des wichtigsten Artikels e-r Zeitung *o.Ä.* od. der Artikel selbst 醒目的标题或文章

Auf·ma·chung *die*; -, *-en*; die äußere Form von etw., die Art, wie etw. gestaltet ist 门面装饰,装潢;渲染方式,包装: *e-e effektvolle A.* 效果显著的装潢

auf·ma·len (*hat*) Vt (及物) **etw.** (**auf etw.** (*Dat/Akk* 三格/四格) **a.** etw. auf etw. malen od. zeichnen 把…画在…上

auf·mar·schie·ren; *marschierte auf, ist aufmarschiert*; Vi (不及物) **j-d/etw.** (*Kollekt od Pl* (集合或复数)) **marschiert auf** e-e Gruppe von Personen stellt sich so auf u. verteilt sich so (*z.B.* an e-r Grenze), dass militärische Aktionen möglich sind (人/物作主语) 列队行进 ⟨Soldaten, Truppen, die Armee 士兵,部队,军队⟩ ‖ *hierzu* (派生) **Auf·marsch** *der*

auf·merk·sam *Adj* (形) **1.** mit allen Sinnen u. Gedanken auf etw. konzentriert 注意的、专心的、聚精会神的⟨a. zuhören, zuschauen 专心听讲、观看⟩: *Sie ist e-e aufmerksame Schülerin* 她是一个很专心的学生 **2.** sehr rücksichtsvoll, höflich u. hilfsbereit 周到的,体贴的,替人着想的: *ein aufmerksamer junger Mann* 一位殷勤的男青年; *Das ist sehr a. von Ihnen!* 您真周到! **3. j-n** (**auf j-n/etw.**) **a. machen** j-s Interesse auf j-n/etw. lenken, ihn auf j-n/etw. hinweisen 促使、提醒…注意,让…关注 **4.** (**auf j-n/etw.**) **a. werden** j-n/etw. wahrnehmen, sich für j-n/etw. interessieren 注意到,关注

Auf·merk·sam·keit *die*; -, *-en* **1.** *nur Sg* (只用单数); die Konzentration, das rege Interesse 注意力,关注 ⟨A. für etw. zeigen 对某事表示关注; j-d/etw. erregt j-s A. 某人/某事引起某人注意⟩: *Die A. des Schülers lässt nach* 这个学生的注意力有所减退 **2.** *mst Sg* (多用单数); ein höfliches, hilfsbereites Benehmen 殷勤、周到的举止: *Er kümmert sich mit großer A. um sie* 他非常周到地关心着她 **3.** e-e freundliche, hilfsbereite Handlung od. ein kleines Geschenk 友好而周到的举动或小礼物 ⟨j-n mit Aufmerksamkeiten überschütten, verwöhnen 常以礼品馈赠、娇宠某人⟩

auf·mi·schen (*hat*) Vt (及物) **j-n a.** *gespr!* [粗] (*bes* von Jugendlichen verwendet) j-n verprügeln (青年人用语)痛打,揍

auf·mö·beln; *möbelte auf, hat aufgemöbelt*; Vt (及物) *gespr* [口] **1. j-n a.** ≈ aufmuntern **2. etw. a.** etw. (*mst* Altes od. Gebrauchtes wieder) in e-n besseren Zustand bringen 修理,翻修: *ein altes Fahrrad wieder a.* 翻修一辆旧自行车

auf·mot·zen (*hat*) Vt (及物) **etw. a.** *gespr pej* [口][贬]; e-r Sache e-e besondere Wirkung geben 使具有特殊作用(效应),改进: *ein Auto mit Spoilern a.* 加上制动器改进汽车的功能

auf·mu·cken *muckte auf, hat aufgemuckt*; Vi (不及物) *gespr* [口]; sich kurz u. *mst* ohne viel Erfolg gegen j-n/etw. wehren 咕哝,发牢骚: *Die Schüler muckten nur kurz auf, dann schrieben sie die Prüfung* 学生们只是嘟囔着发几句牢骚,之后便做考题

auf·mun·tern; *munterte auf, hat aufgemuntert*; Vt (及物) **j-n a.** bewirken, dass j-d, der schlecht gelaunt od. traurig ist, wieder lustiger wird 使高兴,使愉快 ‖ *hierzu* (派生) **Auf·mun·te·rung** *die* ‖ ▶ *munter*[1]

auf·müp·fig *Adj* (形); *gespr* [口]; sich e-r Autorität widersetzend 抵制权威的,逆反的 ↔ untertänig ⟨e-e Bürgerinitiative, Schüler, Studenten 公民倡议(团体),学生,大学生⟩ ‖ *hierzu* (派生) **Auf·müp·fig·keit** *die*

aufn, auf'n *Präp mit Artikel* (介与冠词合写); *gespr* (口) ≈ auf dem, auf einen

auf·nä·hen (*hat*) Vt (及物) **etw.** (**auf etw.** (*Akk* 四格)) **a.** etw. auf etw. nähen 把…缝在…上: *e-e Tasche auf ein Kleid a.* 把衣袋缝在连衣裙上

Auf·nah·me *die*; -, *-n* **1.** *nur Sg* (只用单数); das Aufnehmen (1) ⟨die A. von Verhandlungen 开始进行谈判⟩ **2.** *nur Sg* (只用单数); das Aufnehmen (5) ⟨die A. e-s Patienten im Krankenhaus 接纳病人住院⟩ **3.** *nur Sg* (只用单数); das Aufnehmen (6) ⟨die A. e-s Mitglieds in e-r Organisation 吸收一位成员加入组织⟩ ‖ K-(复合): ***Aufnahme-, -antrag, -gebühr*** **4.** *nur Sg* (只用单数); das Aufnehmen (8): *die A. des Stücks in den Spielplan* 纳入演出计划 **5.** *nur Sg* (只用单数); das Aufnehmen (10) ⟨die A. von Details, Fakten 领会细节,接受事实⟩ **6.** ein Bild, das mit e-m Fotoapparat od. e-r Filmkamera gemacht wurde 照片 ≈ Fotografie ⟨Aufnahmen machen 拍照⟩ ‖ -K(复合): ***Blitzlicht-, Film-, Landschafts-*** **7.** das, was auf e-m Tonband od. e-r Schallplatte gespeichert ist 录音,录像 ‖ K-(复合): ***Aufnahme-, -studio*** ‖ -K(复合): ***Live-, Studio-; Schallplatten-, Tonband-*** **8.** *nur Sg* (只用单数); das Aufnehmen (14) ↔ Abgabe: *die A. von Sauerstoff durch die Lunge* 通过肺吸氧 **9.** *nur Sg* (只用单数); das Aufnehmen (15) ⟨die A. e-r Fährte, e-r Spur 跟踪,追踪⟩ **10.** *nur Sg* (只用单数); das Aufnehmen (16): *die A. e-s Kredits* 接受贷款 ‖ -K(复合): ***Kredit-*** **11.** das Aufnehmen (17) ⟨die A. von Nahrung 摄取营养物,进食⟩ ‖ -K(复合): ***Nahrungs-***

auf·nah·me·fä·hig *Adj* (形); *nicht adv* (不作状语); **a.** (**für etw.**) in der Lage, etw. zu verstehen od. etw. zu lernen 有接受能力的,善于学习的⟨ein Schüler 学生⟩ ‖ *hierzu* (派生) **Auf·nah·me·fä·hig·keit** *die*; *nur Sg* (只作单数)

Auf·nah·me·prü·fung *die*; e-e Prüfung, die man machen muss, wenn man *z.B.* e-e (höhere) Schule od. e-e Universität besuchen will 入学考试

auf·neh·men (*hat*) [Vt] (及物) **1. etw. a.** mit etw. beginnen 开始,着手(进行)〈Kontakte, Verhandlungen, Nachforschungen, die Arbeit, die Verfolgung a. 开始联系、谈判、调查、工作、追捕〉: *seine Tätigkeit als Arzt a.* 开始当医生的职业生涯(从医) **2. etw. a.** etw. (wieder) erwähnen (重新)提及,谈起〈den Faden e-r Diskussion, ein Argument, ein Thema erneut a. 重又提及讨论的线索、证据、课题〉 **3. etw. a.** etw. vom Boden zu sich nehmen(从地上)拿起,拾起,提起 ≈ aufheben: *das Taschentuch (vom Boden) a.* 拾起手绢 **4. j-n a.** j-n als Gast in seinem Haus wohnen u. schlafen lassen 接待,留宿 ≈ beherbergen: *Wir wurden von unseren Bekannten sehr freundlich aufgenommen* 我们受到熟人十分友好的接待 **5. j-n im Krankenhaus a.** e-m Patienten e-n Platz zur stationären Behandlung geben 收…住院(治疗) **6. j-n (in etw.** (*Akk* 四格)**) a.** j-n Mitglied in e-r Organisation werden lassen 接纳…作为组织成员〈j-n in e-e Partei, in e-n Verein a. 将某人吸收加入一个党派、一个协会〉: *Der Tennisclub hat 30 neue Mitglieder aufgenommen* 网球俱乐部吸收了 30 名新会员 **7. etw. nimmt j-n/etw.** (*Kollekt od Pl*(集合或复数)) **auf** etw. hat genügend Platz/Raum für j-n/etw. (物作主语)容纳 ≈ etw. fasst j-n/etw.: *Das Flugzeug nimmt 300 Passagiere auf* 这架飞机能容纳 300 位乘客; *Der Tank kann 36 Liter a.* 油箱可以盛 36 升(油) **8. etw. in etw.** (*Akk* 四格) **a.** etw. (zusätzlich) in etw. einfügen 列入,纳入,安插进: *ein Theaterstück in den Spielplan, e-n Aufsatz in e-e Zeitschrift a.* 把一出戏排入演出计划,把一篇文章登在杂志上 **9. etw. irgendwie a.** auf etw. in bestimmter Weise reagieren 对…作出反应、反响: *e-e Nachricht enttäuscht a.* 对一则消息反应失望; *Das Publikum nahm den Film begeistert auf* 观众对这部电影反应热烈 **10. etw. a.** sich etw. geistig bewusst machen, etw. geistig verarbeiten 领会,吸收,接受: *Ich habe zu viel gesehen, ich kann nichts mehr a.* 我看的东西太多,脑子里装不下了; *den Lernstoff schnell, leicht a.* 很快、很容易接受这个教材 **11. etw. a.** etw. schriftlich festhalten 记录下来〈ein Protokoll, e-n Unfall a. 作记录,记录事故〉: *Die Polizei nahm die Anzeige auf* 警察局将检举记录在案 **12. etw. a.** etw. fotografieren od. filmen 拍摄: *Wo ist der Film aufgenommen worden?* 这部电影在哪儿拍的? **13. etw. (auf etw.** (*Akk* 四格)**) a.** Töne u. Geräusche auf Tonband od. Schallplatte speichern 录(在音带上),灌(成唱片) ↔ löschen: *die Hitparade, Vogelgezwitscher auf Kassette a.* 将流行乐曲、鸟鸣录制成音带 **14. etw. nimmt etw. auf** etw. bindet e-e Flüssigkeit od. ein Gas (vorübergehend) an sich (物作主语)吸取,吸收(液体或气体) ≈ etw. absorbiert etw. ↔ etw. gibt etw. ab: *Das Blut nimmt durch die Lunge Sauerstoff auf* 血液通过肺吸取氧气 **15.** *mst* 多用 **ein Tier nimmt etw. auf** ein Tier findet u. verfolgt e-e Fährte od. e-e Spur(动物作主语)沿着…(足迹)或闻着…(气味)追踪: *Der Hund nahm die Spur, die Witterung auf* 狗追踪足迹、气味 **16. etw. a.** Geld leihen (sodass man Schulden hat) 接受(贷款)〈e-e Hypothek, e-n Kredit a. 接受抵押、贷款〉: *bei der Bank 10 000 Euro a., um ein Geschäft zu gründen* 为开办商店接受银行一万欧元(贷款) **17. Nahrung a.** MED【医】≈ essen: *Der Patient nimmt wieder N. auf* 病人又能吃东西了(进食了) **18. es mit j-m a.** mit j-m konkurrieren (können) 能与某人竞争(较量,匹敌) ‖ ▶ *Aufnahme*

auf·nö·ti·gen (*hat*) [Vt] (及物) **j-m etw. a.** j-n zwingen, etw. zu nehmen 促使(或迫使)接受: *j-m noch ein Stück Kuchen a.* 硬劝某人再吃一块点心

auf·okt·roy·ie·ren [-|ɔktro(i)ˈiːrən]; *oktroyierte auf, hat aufoktroyiert*; [Vt] (及物) **j-m etw. a.** *geschr*[书]; j-n dazu zwingen, e-e bestimmte Meinung od. Anschauung zu übernehmen 强使…接受(意见或观点),将…强加于 ≈ j-m etw. aufzwingen

auf·op·fern (*hat*) [Vt] (及物) **1. (j-m/etw.) etw. a.** *geschr*[书]; etw. ganz in den Dienst e-r Person/Sache stellen (为…)牺牲,贡献〈sein Leben, seine Zeit j-m/etw. a. 为某人/某事献出生命、牺牲时间〉: *Er hat seine ganze Energie u. Kraft der Politik aufgeopfert* 他把全部精力献给了政治; [Vr] (反身) **2. sich (für j-n/etw.) a.** sein Leben ganz in den Dienst e-r Person/Sache stellen (为…)献身,奉献,牺牲自己: *sich für sein Idol, sein Ziel, seine Kinder a.* 为自己的偶像、自己的目标、自己的子女而忘我献身 ‖ *hierzu* (派生) **auf·op·fernd** *Adj* (形)

Auf·op·fe·rung *die*; -, *-en*; *mst Sg* (多用单数) **1. A. (für j-n/etw.)** das Aufopfern (1) **2. A. (für j-n)** der Prozess, in dem man sich für j-n aufopfert (2) 舍己为人,(自我)牺牲精神: *sich mit A. um j-n kümmern* 以舍己为人的精神关心某人 ‖ *hierzu* (派生) **auf·op·fe·rungs·voll** *Adj* (形)

auf·päp·peln; *päppelte auf, hat aufgepäppelt*; [Vt] (及物) **j-n/etw. a.** *gespr* [口]; ein krankes od. schwaches (in der Entwicklung zurückgebliebenes) Lebewesen durch besondere Pflege wieder stärken 细心抚养,精心护理: *ein schwaches Kind, ein Vögelchen a.* 精心养护体弱儿童,喂养小鸟

auf·pas·sen (*hat*) [Vi] (不及物) **1.** seine Aufmerksamkeit auf etw. (oft Wichtiges) lenken, sich konzentrieren 注意,专心: *In der Schule musst du a.* 课堂上你一定要专心(听讲); *Pass auf, dass dich niemand sieht!* 注意,不要让人看见你! **2. auf j-n/etw. a.** j-n/etw. beobachten, sodass nichts Unerwünschtes passiert 留心,照看 ≈ j-n/etw. beaufsichtigen: *auf die Kinder a.* 照料孩子; *Kannst du mal schnell auf meine Tasche a.?* 你能帮我照

看一下提包吗? ‖ *zu* (义项) **2. Auf·pas·ser** *der*; *-s*, *-*; **Auf·pas·se·rin** *die*; *-*, *-nen*

auf·peit·schen (*hat*) [Vt] (及物) **1. etw. peitscht etw. auf** der Wind, der Sturm *o.Ä.* versetzt etw. in heftige Bewegung(物作主语)掀起,激起: *Der Orkan peitschte das Meer auf* 风暴掀起海涛 **2. j-n/etw. a.** j-n in Erregung versetzen 使兴奋,使激动: *die Stimmung, das Publikum durch heiße Rhythmen a.* 通过欢快的节奏使气氛热烈、观众情绪高昂

auf·pep·pen; *peppte auf*, *hat aufgepeppt*; [Vt] (及物) **etw. a.** *gespr* [口]; e-r Sache mehr Schwung od. e-e bessere Wirkung geben 使更有情趣,使产生更好效果,使更有活力: *e-n Song neu aufnehmen u. dabei a.* 把一首歌曲重新录制并使它更有感染力

auf·pflan·zen (*hat*) [Vt] (及物) **1. etw. a.** MIL【军】; etw. aufstellen 竖立,插上: *e-e Fahne, e-e Standarte a.* 插旗,竖队旗; [Vr] (反身) **2. sich irgendwo a.** *gespr* [口]; sich provozierend irgendwo hinstellen 挑衅性地(傲慢地)站立着

auf·pi·cken (*hat*) [Vt] (及物) 〈ein Vogel, ein Huhn *o.Ä.* 鸟,鸡等〉 **pickt etw. auf** ein Vogel, ein Huhn *o.Ä.* nimmt etw. durch Picken vom Boden auf 从地上啄食: *Die Hühner pickten die Körner auf* 母鸡啄食谷粒

auf·plat·zen (*ist*) [Vi] (不及物) **etw. platzt auf** etw. öffnet sich, indem es platzt(物作主语)开裂,绽开

auf·plus·tern; *plusterte auf*, *hat aufgeplustert*; [Vt] (及物) **1. ein Vogel plustert etw./sich auf** ein Vogel stellt die Federn auf, um größer zu erscheinen, sich zu wärmen *o.Ä.* 鸟竖起(展开)羽毛: *Bei Gefahr plustert der Truthahn sein Gefieder auf* 火鸡遇到危险便展开它的羽毛; [Vr] (反身) **2. sich a.** *pej* [贬] ≈ prahlen

auf·pral·len (*ist*) [Vi] (不及物) (**auf etw.** (*Dat/Akk* 三格/四格)) **a.** auf etw. prallen 碰撞,撞上 ≈ aufschlagen 〈auf dem Boden a. (重重地)撞在地上〉 ‖ *hierzu* (派生) **Auf·prall** *der*; *-s*, *-e*; *mst Sg* (多用单数)

Auf·preis *der*; e-e Summe Geld, die zusätzlich für e-e Ware gezahlt werden muss 附加费、额外费: *für Extras am Auto e-n A. zahlen müssen* 必须为汽车的额外服务项目支付附加费

auf·pum·pen (*hat*) [Vt] (及物) **1. etw. a.** etw. durch Pumpen mit Luft füllen u. prall machen 给…打气,给…充气 〈e-n Reifen, e-n Fußball a. 给轮胎、足球打气〉 **2. etw. a.** die Reifen von etw. a. (1) 给…轮胎打气 〈ein Fahrrad a. 给自行车轮胎打气〉

auf·put·schen; *putschte auf*, *hat aufgeputscht*; [Vt] (及物) **1. j-n/etw.** (**zu etw.**) **a.** j-n/etw. durch geeignete Worte od. Taten in e-e erregte Stimmung bringen od. zu (*mst* gewalttätigen) Handlungen treiben 煽动 ≈ aufpeitschen (2); [Vr] (反身) **2. sich** (**mit etw.**) **a.** bestimmte Substanzen zu sich nehmen, um seine Müdigkeit zu überwinden od. sich in Erregung zu versetzen (用…)刺激自己,使自己兴奋起来,提神 〈sich mit Kaffee, Drogen a. 以咖啡、药物提神〉 ‖ K-(复合): **Aufputsch-**, **-mittel**

auf·put·zen (*hat*) [Vt] (及物) *gespr* [口] **1. j-n/sich/etw. a.** j-n/sich/etw. besonders schön schmücken (把…)装饰,打扮,倒饬(得很招眼) **2. etw. a.** versuchen, etw. positiver erscheinen zu lassen 装扮,妆饰 〈sein Image a. 装扮自己的形象〉

auf·quel·len (*ist*) [Vi] (不及物) **1. etw. quillt auf** etw. vergrößert (durch Aufnahme von Flüssigkeit) sein Volumen (物作主语)(因浸泡)膨胀 〈der Teig, die Haferflocken, die Körner 面团,麦片,谷粒〉 **2. etw. quillt auf** etw. schwillt (leicht) an(物作主语)胀起,发胀,(有点)肿胀: *ein aufgequollenes Gesicht* 一张肿胀的脸

auf·raf·fen (*hat*) [Vt] (及物) **1. etw. a.** etw. in großer Eile aufheben 急速拾起,急忙抓起: *Der Räuber raffte das Geld auf u. floh* 强盗急忙抓起钱逃走了; [Vr] (反身) **2. sich a.** mühsam aufstehen 吃力地站起来: *sich vom Stuhl a. u. den Fernseher ausschalten* 吃力地从椅子上站起并关上电视 **3. sich zu etw. a.** sich dazu zwingen, etw. zu tun 强打精神去做: *Ich kann mich heute zu nichts a.* 我今天干什么都打不起精神

auf·ra·gen (*hat*) [Vi] (不及物) **etw. ragt auf** etw. ragt in die Höhe(物作主语)耸立,突起

auf·rap·peln, sich (*hat*) [Vr] (反身) *gespr* [口] **1. sich a.** mühsam aufstehen 吃力地站起来 〈sich nach e-m Sturz a. 摔跤后吃力地站起来〉 **2. sich wieder a.** sich nach e-r Krankheit langsam erholen 恢复健康,康复 **3. sich zu etw. a.** sich zu etw. aufraffen (3) 强打精神去做 ‖ NB(注意): *ich rapple mich auf* 我振作起来(打起精神)

auf·rau·en [-rauən]; *raute auf*, *hat aufgeraut*; [Vt] (及物) **etw. a.** etw. rau machen 使(表面)粗糙: *aufgeraute Hände haben* 有一双皮肤粗糙的手

auf·räu·men (*hat*) [Vt/i] (及物/不及物) **1.** (**etw.**) **a.** herumliegende Dinge an ihren Platz bringen, um Ordnung zu schaffen 整理,收拾: *den Schreibtisch a.* 收拾书桌; [Vi] (不及物) **2. mit etw. a.** die Existenz od. Verbreitung von Vorurteilen, Einstellungen *o.Ä.* beenden 清除,消除,放弃: *Moderne Wissenschaftler räumen mit altmodischen Ansichten auf* 当代科学家放弃过时的观点 **3. unter** 〈Personen 人 (*Dat*) 三格〉 **a.** *gespr* [口]; mehrere Personen e-r Gruppe (von *mst* Kriminellen) töten od. verhaften: 肃清,清洗(多用于罪犯) *Die Soldaten hatten unter den Rebellen gründlich aufgeräumt* 士兵彻底肃清了反叛者

auf·rech·nen (*hat*) [Vt] (及物) **etw. mit/gegen etw. a.** Dinge miteinander vergleichen u. den Unterschied festlegen 用…平衡,抵消,抵账 〈Konten, Summen, Schulden gegeneinander a. 平衡账目,结清款项,相互抵消债务〉: *Als die Forderungen gegeneinander aufgerechnet wurden, blieb nichts übrig* 债务相互结清,没留任何尾巴

auf·recht *Adj*(形) **1.** in e-r geraden, senkrechten Haltung 笔直的，直立的 ↔ krumm 〈ein Gang 步态；a. sitzen, gehen 笔挺地坐着、走路〉：*vor Müdigkeit nicht mehr a. stehen können* 累得直不起腰 **2.** ehrlich u. mutig zu seiner Überzeugung stehend 诚实的，正直的，诚恳的≈ redlich：*ein aufrechter Demokrat* 一位正直的民主主义者

auf·recht|er·hal·ten；*erhält aufrecht, erhielt aufrecht, hat aufrechterhalten*；[Vt]（及物）***etw. a.*** etw. so lassen, wie es ist od. etw. verteidigen 维持，保持，维护〈e-e Freundschaft, e-e Behauptung, ein Angebot, den Kontakt a. 保持友谊，维护主张，维持供应，保持联系〉‖ *hierzu*（派生）**Auf·recht·er·hal·tung** *die*；*nur Sg*（只用单数）

auf·re·gen；*regte auf, hat aufgeregt*；[Vt]（及物）**1. *etw. regt j-n auf*** etw. bewirkt, dass j-d starke Gefühle bekommt, *bes* weil er mit Spannung darauf wartet（物作主语）使激动，使兴奋，使紧张：*Der Arzt meint, Besuch würde den Kranken zu sehr a.* 医生认为来访会使病人过于激动；*In der Nacht vor der Prüfung war sie so aufgeregt, dass sie nicht schlafen konnte* 考试前夕她紧张得睡不着觉 **2. *j-n* (*durch/mit etw.*) *a.*** *gespr*［口］≈ ärgern：*den Lehrer mit dummen Streichen a.* 用恶作剧使老师恼火；*Du regst mich maßlos auf!* 你太让我生气了！；[Vr]（反身）**3. *sich* (*über j-n/etw.*) *a.*** starke Gefühle haben, *bes* weil man mit Sorge auf etw. wartet od. in Wut gerät 对…不安、愤怒、发火 ↔ sich beruhigen：*Reg dich nicht so auf, es wird schon nichts passieren!* 别那么着急上火，什么事也不会发生！；*sich über seinen Chef fürchterlich a.* 对他的上司大为恼火

auf·re·gend **1.** *Partizip Präsens*（现在分词）；↑ ***aufregen*** **2.** *Adj*(形)；〈ein Erlebnis, ein Film 经历，电影〉spannend u. so, dass sie j-n begeistern 令人激动的、激动人心的：*Ist es nicht a., beim Pferderennen zuzusehen?* 观看赛马难道不是一件令人兴奋的事吗？ **3.** *Adj*(形)；〈e-e Frau, ein Mann, ein Kleid, ein Parfüm 女士，男士，连衣裙，香水〉so, dass sie j-s (sexuelles) Interesse erregen 刺激性欲的，性感的

Auf·re·gung *die* **1.** ein Zustand od. ein Ereignis, bei dem j-d nervös od. erregt (u. sehr aktiv) ist 激动，兴奋，紧张（的状态）↔ Ruhe 〈in A. geraten 激动起来，进入兴奋状态〉：*In der A. der Hochzeitsvorbereitungen hat sie ganz vergessen, die Blumen zu bestellen* 由于准备婚礼心情激动，她竟忘记订购鲜花；*Was soll die ganze A.?* 干吗这么激动？；*Die ganze A. war umsonst* 一切紧张都是徒然的 **2. *in heller A.*** in großer A.（1）处于高度的紧张（激动）之中：*Alle waren in heller A., weil das Kind verschwunden war* 所有的人都处于高度紧张中，因为孩子不见了

auf·rei·ben（*hat*）[Vt]（及物）**1. *etw. reibt j-n auf*** etw. überfordert j-s Kräfte u. macht ihn körperlich u. seelisch schwach（物作主语）消耗，耗尽（体力及精神），使精疲力尽≈ etw. zermürbt j-n：*Die große Verantwortung reibt ihn auf* 巨大的责任消耗着他的精力 **2.** 〈Truppen *o.Ä.* 部队等〉***reiben*** 〈ein Bataillon *o.Ä.* 一营兵力等〉***auf*** Truppen *o.Ä.* vernichten e-e Gruppe von Soldaten *mst* völlig 全歼，歼灭 **3.** (***sich*** (*Dat* 三格)) ***etw. a.*** etw. so lange reiben, bis es wund ist 擦伤，磨破≈ wund reiben；[Vr]（反身）**4. *sich irgendwo a.*** sich durch Reibung e-e Wunde zuziehen 摩擦致伤：*Bei der Wanderung hat sie sich an den Fersen aufgerieben* 远足时她把脚后跟磨破了 **5. *sich a.*** sich durch längere seelische od. körperliche Überforderung schwach machen（由于长期精神体力的超负荷而）疲惫不堪：*Er reibt sich im Beruf auf* 他从事的职业搞得他精疲力竭

auf·rei·ßen [Vt]（及物）(*hat*) **1. *etw. a.*** etw. *mst* durch Zerreißen der Hülle öffnen 撕开，撕破〈e-n Brief, e-n Beutel a. 撕开信、袋〉 **2. *etw. a.*** etw. plötzlich u. schnell öffnen（用力、急速）打开，张开〈den Mund, das Fenster a. 张开嘴，打开窗户〉 **3. *etw. a.*** die Oberfläche von etw. öffnen 撬开，掘开，挖开〈e-e Straße a. 挖开马路〉 **4. *etw. a.*** e-n Sachverhalt (kurz) darstellen（概括地）陈述，描绘，勾画：*die Vorgehensweise kurz a.* 概述行动方式 **5. *j-n a.*** *gespr!*［粗］schnell u. oberflächlich sexuellen Kontakt zu j-m aufnehmen 对…猥亵、淫秽；[Vi]（不及物）**6. *etw. reißt auf*** (*ist*) etw. bekommt e-n Riss（物作主语）裂开，裂缝：*Die Tüte riss auf, u. alles fiel heraus* 袋子裂了，东西都掉了出来 **7.** 〈*mst* die Wolkendecke, die Bewölkung 多指云层，云〉***reißt auf*** (*hat*) *gespr*［口］；der Himmel wird klarer, sodass das Wetter schöner wird 散开了（天放晴了）；[Vimp]（无人称）(*hat*) **8. *es reißt auf*** die Wolken öffnen sich, das Wetter wird besser 云散了，天气好转 ‖ *zu*（义项）**4. Auf·riss** *der*；*zu*（义项）**5. Auf·rei·ßer** *der*；*-s*，-

auf·rei·zen (*hat*) [Vt]（及物）**1. *etw. reizt j-n auf*** etw. macht j-n sehr wütend（物作主语）令…气愤，使激动 **2. *j-d/etw. reizt j-n auf*** j-d/etw. erregt j-s (sexuelle) Gefühle stark（人/物作主语）激起…的性冲动：*sich aufreizend kleiden* 衣着打扮具有刺激性（性感的）‖ NB（注意）：oft im Partizip Präsens（常用现在分词）！

auf·rich·ten (*hat*) [Vt]（及物）**1. *j-n/etw. a.*** j-n/etw. aus zusammengesunkener od. geknickter Lage wieder in e-e aufrechte Stellung bringen 扶起，直起，竖起：*e-n Kranken im Bett a.* 将卧床病人扶起 **2. *j-n a.*** j-m seelische Kraft geben 使振作 ↔ deprimieren：*j-n nach e-m Misserfolg wieder a.* 使某人在失败之后重新振作起来 **3. *etw. a.*** etw. (*bes* aus Balken od. Stangen) aufbauen 架起，竖起〈ein Gerüst a. 架起鹰架〉；[Vr]（反身）**4. *sich a.*** den Körper aus e-r sitzenden od. liegenden Position in e-e senkrechte Lage bringen 直起身来（坐起来或站起来）：*sich im Bett a.* 在床上坐起来 **5. *sich*** (***an j-m/etw.***) ***a.*** sein psychisches Gleichgewicht durch j-n/etw. wiederfinden（因…而）得到宽慰，心态平衡

auf·rich·tig *Adj*（形）；den tatsächlichen

Gefühlen entsprechend 真诚的，坦率的，由衷的 ≈ ehrlich 〈ein Mensch 人；j-m aufrichtige Zuneigung, Sympathie entgegenbringen 向某人表示由衷的爱慕、好感〉: *Das tut mir a. leid* 这使我感到由衷的婉惜 ‖ *hierzu*（派生）**Auf·rich·tig·keit** *die*；*nur Sg*（只用单数）

Auf·riss *der*；e-e technische Zeichnung von e-r Seite *z.B.* e-s Hauses od. e-r Maschine 剖面图，轮廓

auf·rit·zen（*hat*）[Vt]（及物）**etw. a.** etw. öffnen, indem man daran ritzt 划开，划破：*ein Paket mit dem Messer a.* 用刀割开包裹

auf·rol·len（*hat*）[Vt]（及物）**1. etw. a.** etw. so wickeln, dass e-e Rolle daraus entsteht 把…卷起、绕起、绕成团 ↔ entrollen 〈e-n Teppich, ein Plakat a. 把地毯，宣传画卷起来〉 **2. etw.**（**auf etw.**（*Akk* 四格））**a.** etw. auf e-e Spule od. Rolle wickeln 将…卷、绕到…上：*Er rollte die Schnur auf ein Stück Holz auf* 他把绳子卷到一块木头上 **3. etw. a.** etw., das zu e-r Rolle gewickelt ist, auseinanderziehen od. glatt machen 展开，打开卷 ≈ auseinanderrollen：*e-n roten Teppich a. u. vor dem Palast ausbreiten* 将红地毯展开并铺在宫殿前 **4. etw. a.** e-n Sachverhalt od. ein Geschehen logisch u. genau rekonstruieren 对…展开讨论，探讨，审议：*Das Gericht rollte den Fall noch einmal von vorne auf* 法庭再次从头对案情进行审议 **5. das Feld von hinten a.** SPORT【体】；die Gegner von e-r hinteren Position aus überholen（从后面）赶超对手，赶上来：*Der Läufer rollte das Feld von hinten auf u. siegte* 那位赛跑运动员从后面赶超上来并获得胜利

auf·rü·cken（*ist*）[Vi]（不及物）**1.** nach vorne rücken u. so die Lücken in e-r Reihe schließen 向前移动，向前靠拢 ≈ aufschließen (2)：*Nach langem Warten rückten wir endlich bis zum Eingang auf* 等了许久，我们终于挪到了入口处 **2.**（**in etw.**（*Akk* 四格））**a.** in e-e höhere Stellung kommen 提升，晋升：*in e-e führende Position a.* 提升到领导岗位

auf·ru·fen（*hat*）[Vt]（及物）**1. j-n a.** j-s Namen nennen, um festzustellen, ob er da ist 点…的名，叫…的名 **2. j-n a.** den Namen e-s Wartenden nennen, um ihm mitzuteilen, dass er nun an der Reihe ist 传唤，传呼〈e-n Patienten, e-n Zeugen a. 传唤患者、证人〉 **3. j-n a.** *mst* e-n Schüler während des Unterrichts etw. fragen（上课时点名）叫…回答问题；[Vt/i]（及物/不及物）**4. j-n**（*Kollekt od Pl* 集合或复数））**zu etw. a.** *mst* e-e große Gruppe von Personen auffordern, etw. zu tun 号召，呼吁〈(j-n) zum Widerstand, zum Frieden, zur Abrüstung a. 号召抵抗，呼吁和平、裁军〉：*Die Gewerkschaften riefen zum Streik auf* 工会号召罢工 ‖ *zu*（义项）**2.** u. **4. Auf·ruf** *der*

Auf·ruhr [-ruːɐ] *der*；*-s*，*-e*；*mst Sg*（多用单数）**1.** der Widerstand e-r Gruppe mit ähnlichen Interessen gegen e-e Autorität 叛乱，暴动，骚乱 ≈ Rebellion：*Nach der Kundgebung brach unter den Arbeitern der offene A. aus* 群众集会以后工人中爆发骚乱 **2.** e-e heftige emotionale Erregung（情感的）冲动，激动，心潮澎湃〈etw. versetzt j-s Gefühle in A. 某事使某人的情感激动〉 ‖ *zu*（义项）**1. Auf·rüh·rer** *der*；*-s*，*-*；**auf·rüh·re·risch** *Adj*（形）

auf·rüh·ren（*hat*）[Vt]（及物）**1. etw. a.** am Boden abgesetzte Substanzen in e-r Flüssigkeit durch Rühren wieder verteilen 搅动，搅起 **2. j-d/etw. rührt etw.**（**in j-m**）**auf** j-d/etw. ruft etw. Vergessenes (in j-m) wieder wach（人/物作主语）唤起，唤醒（往事）：*Dieses Bild rührte Erinnerungen in ihm auf* 这些照片唤起他对往事的回忆 **3. etw. a.** etw. Vergangenes u. Unangenehmes wieder erwähnen 重提，勾起（不愉快的往事）：*alte Geschichten a.* 勾起旧日恩怨 **4. etw. rührt j-n auf** etw. erregt j-n stark（物作主语）使激动，引起冲动：*Die Nachricht hatte ihn im Innersten aufgerührt* 消息使他内心激动万分

auf·run·den（*hat*）[Vt]（及物）**etw. a.** e-e Zahl auf die nächste runde od. volle Zahl bringen, indem man etw. hinzufügt 使成为整数，把…凑成整数 ↔ abrunden：*€ 4,86 auf € 5 a.* 把 4.86 欧元凑成 5 欧元

auf·rüs·ten（*hat*）[Vi]（不及物）**1.**〈ein Staat *o.Ä.* 国家等〉**rüstet auf** ein Staat *o.Ä.* vergrößert die Anzahl der Waffen (u. Soldaten) 扩军，扩充军备 ↔ ein Staat *o.Ä.* rüstet ab [Vt]（及物）**2. etw. a.** *bes* INFORM 尤用于【信息】；*bes* e-n Computer mit e-r besseren Ausstattung ergänzen 给…安装上，(装上…)使（电脑）升级：*e-n Computer mit e-m schnelleren Prozessor a.* 给电脑装上更快的处理器 ‖ *hierzu*（派生）**Auf·rüs·tung** *die*；*mst Sg*（多用单数）

auf·rüt·teln（*hat*）[Vt]（及物）**1. j-n a.** j-n durch Schütteln wecken 摇醒，推醒 ≈ wach rütteln **2. j-n a.** j-s Gewissen wecken, j-n sensibilisieren 使醒悟（感悟），唤醒：*j-n aus seiner Lethargie a.* 将某人从麻木不仁中唤醒

aufs *Präp mit Artikel*（介与冠词合写）≈ auf das ‖ NB 注意：*aufs* kann nicht durch *auf das* ersetzt werden in Wendungen wie（*aufs* 不能以 *auf das* 代替，如）：*sein Leben aufs Spiel setzen* 拿自己的生命去冒险（孤注一掷）

auf·sa·gen（*hat*）[Vt]（及物）**1. etw. a.** etw., das man auswendig gelernt hat, vortragen 背诵〈ein Gedicht a. 背诵诗歌〉 **2. j-m etw. a.** *geschr*［书］；e-e Verbindung zu j-m für beendet erklären 宣告终止（联系）≈ (auf)kündigen 〈j-m das Arbeitsverhältnis, die Freundschaft a. 向某人声明解除劳资关系、断绝友谊〉

auf·sam·meln（*hat*）[Vt]（及物）**etw.**（*Kollekt od Pl*（集合或复数））**a.** Dinge, die verstreut herumliegen, aufheben 捡集，一一捡起〈die Scherben a. 捡起碎片〉

auf·säs·sig *Adj*（形）；*pej*［贬］；〈ein Mensch 人〉so, dass er sich oft u. *mst* unberechtigt über etw. beschwert 倔强的，违抗的，难管束的 ≈ trotzig ‖ *hierzu*（派生）**Auf·säs·sig·keit** *die*；*mst Sg*（多用单数）

Auf·satz *der* **1.** ein Text, der von e-m Schüler geschrieben wird u. der ein Thema behandelt, das vom Lehrer gestellt wurde 作文,文章 ‖ K-(复合): ***Aufsatz-, -thema*** **2.** e-e (wissenschaftliche) Abhandlung e-s Themas, die *mst* in e-r Zeitschrift erscheint(科学)论文 **3.** das Teil, das oben auf e-m Möbelstück angebracht wird(家具上面的)饰品: *ein Buffet mit e-m A.* 摆有装饰品的柜台 ‖ -K(复合): ***Schrank-***

auf·sau·gen (*hat*) Vt (及物) ***etw. a.*** e-e Flüssigkeit aufnehmen 吸入,吸收,吸取: *Der Schwamm saugt das Wasser auf* 海绵吸水; *Sie saugte das Wasser mit dem Schwamm auf* 她用海绵吸水

auf·schau·en (*hat*) Vi (不及物) ≈ aufsehen

auf·schäu·men (*hat/ist*) Vi (不及物) ***etw. schäumt auf*** etw. steigt mit Schaum in die Höhe(物作主语)泛起、涌起泡沫: *Die Milch ist beim Kochen aufgeschäumt* 奶煮开就漕了

auf·scheu·chen (*hat*) Vt (及物) *mst* 多用 ***ein Tier a.*** *mst* ein Tier so stören, dass es wegläuft, wegfliegt *o. Ä.* 把…惊飞、吓跑

auf·scheu·ern (*hat*) Vt (及物) (***sich*** (*Dat* 三格)) ***etw. a.*** (sich) etw. durch Reiben verletzen 擦伤 〈sich das Knie a. 擦伤膝盖〉

auf·schich·ten (*hat*) Vt (及物) ***etw.*** (*Kollekt od Pl* 集合或复数) ***a.*** ≈ aufstapeln 〈Holz(scheite) a. 堆起(摞起)木块〉 ‖ ▶ ***Schicht*** (*1*)

auf·schie·ben (*hat*) Vt (及物) **1.** ***etw. a.*** etw. *mst* Unangenehmes nicht sofort, sondern später erledigen 推迟,拖延 ≈ verschieben: *den Besuch beim Zahnarzt immer wieder a.* 一再拖延治牙 **2.** ***etw. a.*** etw. durch Schieben öffnen (滑动)推开,拉开 〈e-e Tür a. 拉开门〉 ‖ ID [谚] ***Aufgeschoben ist nicht aufgehoben!*** wenn etw. nicht jetzt getan wird, bedeutet das nicht, dass es nie getan wird 延期不等于取消! ‖ ▶ ***Aufschub***

auf·schie·ßen (*ist*) Vi (不及物) **1.** ***etw. schießt auf*** etw. bewegt sich schnell wie bei e-r Explosion nach oben (物作主语)(向上)射,喷,喷射,窜 〈e-e Stichflamme, e-e Fontäne, ein Wasserstrahl 火舌,喷泉,水柱〉 **2.** schnell wachsen 迅速生长: *Der Junge ist innerhalb kürzester Zeit hoch aufgeschossen* 这么短时间这个男孩已长成大高个儿了

Auf·schlag *der* **1.** e-e Erhöhung, e-e Verteuerung des Preises 加价,增价 ‖ -K(复合): ***Preis-*** **2.** der Teil an Kleidungsstücken, der nach außen gefaltet ist(衣服的)翻边: *e-e Hose mit A.* 翻边裤 **3.** SPORT【体】; ein Schlag mit der Hand/mit dem Schläger, durch den der Ball zu Beginn e-s Ballwechsels auf die Seite des Gegners befördert wird 发球: *e-n harten A. haben* 发球凶猛; *Wer hat* (*den*) *A.?* 谁发球? ‖ K-(复合): ***Aufschlag-, -fehler, -verlust, -wechsel*** **4.** der Aufprall auf die Erde (向地面)撞击,碰撞

auf·schla·gen Vt (及物) (*hat*) **1.** ***etw. a.*** etw. durch einen od. mehrere Schläge öffnen 打开,打碎 〈ein Ei a. 打鸡蛋〉 **2.** ***etw. a.*** etw. an e-r bestimmten Stelle öffnen 翻开,打开 ↔ zuschlagen 〈ein Buch, e-e Zeitung a. 翻开书,报〉 **3.** ***die Augen a.*** die Augen weit öffnen 睁开,睁大眼睛 **4.** ***etw. a.*** etw. *mst* für kurze Zeit errichten 搭起,支起,盖起 ↔ abbauen, abbrechen 〈ein Zelt, ein Lager a. 搭起帐篷、宿营地〉: *Die Expedition schlug ihr Lager am Fuß des Berges auf* 考察队在山脚下搭起宿营地 **5.** ***etw. irgendwo a.*** seinen Wohnsitz (für begrenzte Zeit) an e-m Ort einrichten 安排,设置 〈*mst* sein Quartier, seine Zelte irgendwo a. 多指在某处安排住处,设置帐篷〉 **6.** ***sich*** (*Dat* 三格) ***etw. a.*** sich bei e-m Aufprall od. Sturz ein Körperteil verletzen 撞伤,碰破: *Er fiel vom Fahrrad u. schlug sich das Knie auf* 他从自行车上摔下来,撞伤了膝盖; Vt/i (及物/不及物) (*hat*) **7.** ((***um***) ***etw.***) ***a.*** den Preis um e-n bestimmten Betrag erhöhen 涨价: *Die Tankstellen haben* (*um*) *10% aufgeschlagen* 加油站的汽油涨价 10%; Vi (不及物) **8.** (*hat*) SPORT【体】; den Ball zu Beginn e-s Ballwechsels (beim Tennis, Volleyball *o. Ä.*) ins gegnerische Feld bringen (换)发球 **9.** (***auf etw.*** (*Dat/Akk* 三格/四格)) ***a.*** (*ist*) im Fallen hart auf etw. treffen (坠落时)撞击(在…上) 〈auf der Erde, dem Pflaster a. 撞击在地上、水泥路面上〉

auf·schlie·ßen (*hat*) Vt/i (及物/不及物) **1** (***etw.***) (***mit etw.***) ***a.*** ein Schloss mit e-m Schlüssel öffnen (用钥匙)打开,开锁 ↔ abschließen 〈e-e Tür, e-e Kasse, ein Haus a. 用钥匙打开门、钱箱、房屋〉; Vi (不及物) **2.** nach vorne rücken u. so die Lücken in e-r Reihe schließen (向前)靠紧,靠拢 ≈ aufrücken (1): *Bitte a.!* 请跟上队! **3.** (***zu j-m/etw.***) ***a.*** SPORT【体】; bis zu e-r führenden Mannschaft, e-m führenden Sportler vorrücken 赶上,达到,跃升到(领先运动队员的水平): *zur Tabellenspitze a.* (成绩)跃居榜首

auf·schlit·zen (*hat*) Vt (及物) ***etw. a.*** e-n Schlitz in etw. machen 割开,撕开,拆开 〈*z. B.* mit e-m Messer 例如用刀子〉: *mit e-m Messer den Briefumschlag a.* 用小刀将信封割开

auf·schluch·zen (*hat*) Vi (不及物) plötzlich stark schluchzen(突然)大声抽泣,放声痛哭

Auf·schluss *der*; ***A.*** (***über j-n/etw.***) e-e Information, die das Verständnis erleichtert (关于…)解释,启发,启迪,说明 ≈ Aufklärung: *Der Bericht gibt A. über die Hintergründe des Skandals* 这份报告说明了丑闻的背景

auf·schlüs·seln; *schlüsselte auf, hat aufgeschlüsselt*; Vt (及物) ***j-n*** (*Kollekt od Pl* 集合或复数)/***etw. nach etw. a.*** *mst* Personen/Dinge auf e-r Liste nach e-m bestimmten Schema od. System gliedern 按…分类整理: *e-e Rechnung nach einzelnen Posten a.* 逐项分理账目 ‖ *hierzu* (派生) **Auf·schlüs·se·lung** *die*; *nur Sg* (只用单数)

auf·schluss·reich *Adj* (形); 〈e-e Erklärung, e-e These, e-e Tabelle 说明,论断,表格〉 so, dass sie Aufschluss über etw. geben 富于启发的,有教益的

auf·schnap·pen Vt (及物) (*hat*) **1.** ***etw. a.*** *gespr* [口]; etw. (durch Zufall) hören (偶然)听到,

了解到〈ein Gerücht, e-e Nachricht a. 听到谣传，消息〉：*Wo hast du denn das aufgeschnappt?* 这是哪儿听来的小道消息？**2. ein Tier schnappt etw. auf** ein Tier fängt etw. mit dem Maul od. Schnabel（动物作主语）张口接住：*Möwen können Brotstücke im Flug a.* 海鸥可以在飞行时截住面包块儿；Vi（不及物）（*ist*）**3. etw. schnappt auf** etw. öffnet sich plötzlich（物作主语）弹开，跳开〈die Autotür, der Koffer 汽车门，箱子〉

auf·schnei·den（*hat*）Vt（及物）**1. etw. a.** etw. durch Schneiden öffnen 切开，剪开〈e-e Verpackung, e-n Knoten a. 剪开包装，结扣〉**2. etw. a.** etw. Ganzes in Stücke od. Scheiben teilen 把…切成片（或块）〈e-n Kuchen, e-e Wurst a. 把点心切成块，香肠切成片〉；Vi（不及物）**3.** *gespr pej*［口］［贬］；beim Erzählen stark übertreiben 吹牛皮，夸海口≈ prahlen ‖ *zu*（义项）**3. Auf·schnei·der** *der*；*-s*，*-*；**auf·schnei·de·risch** *Adj*（形）‖ ▶ **Aufschnitt**

Auf·schnitt *der*；*mst Sg*（多用单数）；e-e Mischung von Scheiben verschiedener Sorten Wurst, Schinken od. Käse（香肠，火腿或干酪）切片 ‖ K-（复合）：**Aufschnitt-**，**-platte** ‖ -K（复合）：**Käse-**，**Wurst-**

auf·schnü·ren（*hat*）Vt（及物）**etw. a.** die Schnüre *o.Ä.* von etw. lösen 解开绳结〈ein Paket, die Schuhe a. 解开包裹、鞋带〉

auf·schrau·ben（*hat*）Vt（及物）**1. etw. a.** etw. öffnen, indem man an e-m Verschluss dreht od. Schrauben löst 旋开，拧开〈ein Marmeladenglas, e-n Füller a. 旋开果酱瓶、自来水笔；e-n Deckel a. 拧开盖子〉**2. etw. auf etw.**（*Akk* 四格）**a.** etw. mit Hilfe von Schrauben auf etw. festmachen（用螺丝）将…固定住

auf·schre·cken[1]；*schreckte auf, hat aufgeschreckt*；Vt（及物）**1. j-n / ein Tier a.** j-n/ein Tier erschrecken, sodass er/es e-e schnelle Bewegung macht 使惊起、吓跑：*Das Reh wurde durch den Schuss aufgeschreckt* 枪声把小鹿惊跑了 **2. j-n aus etw. a.** j-n erschrecken u. ihn dabei bei etw. stören 使惊醒≈ j-n aus etw. reißen〈*mst* j-n aus seinen Gedanken, Träumen a. 多为使某人从思索、梦境中惊醒〉

auf·schre·cken[2] *schrak / schreckte auf, ist aufgeschreckt*；Vi（不及物）erschrecken u. deshalb e-e schnelle Bewegung machen 惊跳起来〈aus dem Schlaf a. 从睡梦中惊起〉：*Er schreckte auf, als es 12 Uhr schlug* 当钟敲十二点时他猛地惊起

auf·schrei·ben（*hat*）Vt（及物）**1.**（**j-m / sich**（*Dat* 三格））**etw. a.** etw. schreiben, damit man es nicht vergisst 写下，记下：*besondere Erlebnisse im Tagebuch a.* 在日记里记下特别的经历；*Sie hat sich seine Adresse aufgeschrieben* 她记下了他的地址 **2. j-n a.** *gespr*［口］；*mst* die Nummer von j-s Autokennzeichen od. j-s Namen u. Adresse notieren, weil er ein Delikt begangen hat 把（违章者车牌号、姓名、地址）记下来：*Der Polizist schrieb den Falschparker auf* 警察将违章停车者记了下来 ‖ ▶ **Aufschrift**

auf·schrei·en（*hat*）Vi（不及物）plötzlich kurz schreien 喊叫起来：*Sie schrie vor Entsetzen laut auf* 她吓得大声喊叫起来 ‖ *hierzu*（派生）**Auf·schrei** *der*

Auf·schrift *die*；e-e schriftliche Information über den Gegenstand, an dem sie befestigt ist 标签上的字样：*e-e Flasche mit der A. „Gift!"* 一个贴有"毒品!"标签的瓶子 ‖ -K（复合）：**Flaschen-**

Auf·schub *der*；die Verlegung e-s Termins auf e-n späteren Zeitpunkt 推迟，延期，拖延：*Die Bank gewährte dem Schuldner*（*e-n*）*A.* 银行允许债务人缓期（还款）‖ -K（复合）：**Straf-**，**Zahlungs-** ‖ ID【谚】**ohne A.** *geschr*［书］；ohne Verzögerung 刻不容缓≈ sofort

auf·schür·fen（*hat*）Vt（及物）（**sich**（*Dat* 三格））**etw. a.**（sich）die Haut durch Reibung verletzen 擦破，碰破，搔破（皮肤）：*Bei seinem Sturz vom Rad hat er sich beide Knie aufgeschürft* 他从自行车上摔下来时两个膝盖都磕破了

auf·schüt·teln（*hat*）Vt（及物）**etw. a.** etw. lockern od. mischen, indem man es schüttelt 拍松，抖松，摇松，摇晃匀和〈ein Kissen, e-e Bettdecke a. 将枕头、被子拍松；e-n Orangensaft a. 摇匀桔子汁〉

auf·schüt·ten（*hat*）Vt（及物）**etw. a.** etw. entstehen lassen, indem man Erde *o.Ä.* irgendwohin schüttet（用土）堆起，堆积起来〈e-n Damm, e-e Straße a. 堆起堤坝、马路〉

auf·schwat·zen（*hat*）Vt（及物）**j-m etw. a.** j-n dazu überreden, etw. zu kaufen（das er eigentlich nicht haben will）劝诱，游说…购买：*Der Vertreter konnte ihm e-n Staubsauger a.* 这位代理劝诱他买了吸尘器

auf·schwät·zen（*hat*）Vt（及物）**j-m etw. a.** *südd* Ⓐ［南德］［奥］≈ j-m etw. aufschwatzen

Auf·schwung *der* **1.** e-e Verbesserung *bes* der wirtschaftlichen Lage（尤指经济的）上升，发展，繁荣，高涨〈e-n A. erfahren, erleben 获得、经历蓬勃发展〉：*ein leichter A. am Arbeitsmarkt* 劳务市场初见繁荣 ‖ -K（复合）：**Wirtschafts- 2. etw. nimmt e-n A.** etw. verbessert sich（finanziell）（物作主语）蓬勃发展，繁荣起来〈die Wirtschaft 经济〉**3.** e-e Verbesserung der psychischen Situation 精神振奋，心态好转：*Die Freundschaft gibt ihm neuen A.* 友谊使他的精神重新振奋 **4.** SPORT【体】；e-e Bewegung beim Turnen, mit der man sich auf das Turngerät schwingt（器械运动的）摆荡跃上、跃起动作

auf·se·hen（*hat*）Vi（不及物）**1.**（**von etw.**）**a.**；（**zu j-m / etw.**）**a.** nach oben blicken 抬头看，仰视，向上看：*sie sah kurz von ihrem Buch auf, als er vorüberging* 当他从身边走过时，她眼睛离开书本抬头看了一下 **2. zu j-m a.** gegenüber j-m Hochachtung empfinden 景仰，钦佩 ≈ j-n bewundern〈zu seinen Eltern, Lehrern, Vorbildern a. 钦佩他的父母、老师、楷模〉

Auf·se·hen *das*；*-s*；*nur Sg*（只用单数）；e-e große öffentliche Aufmerksamkeit, die durch ein Ereignis *o.Ä.* ausgelöst wird 轰

动,惹人注目,引人注意〈großes, einiges A. erregen 引起很大的、一些轰动〉: *Sein neues Buch sorgte für großes A.* 他的新作引起很大轰动 ‖ *hierzu* (派生): **auf·se·hen·er·re·gend, Auf·se·hen er·re·gend** *Adj*

Auf·se·her *der*; j-d, dessen Beruf es ist, *mst* in e-m Gefängnis *o.Ä.* die Aufsicht zu führen 看守, 狱卒; 看管人员 ‖ -K (复合): ***Gefängnis-, Museums-*** ‖ *hierzu* (派生) **Auf·se·he·rin** *die*

auf·sei·ten, auf Sei·ten Präp (介); mit Gen (支配二格); in Bezug auf e-e bestimmte Person od. Gruppe von Personen (指人或群体的)一方 ≈ seitens: *A. des Klägers gab es keine Einwände gegen das Urteil* 控诉方对判决没有异议

auf·set·zen[1] (*hat*) Vt (及物) **1.** (***j-m / sich***) ***etw. a.*** e-e Kopfbedeckung auf seinen eigenen/j-s Kopf setzen 戴上 ↔ abnehmen 〈e-n Hut, e-n Helm, e-e Mütze a. 戴上帽子、头盔、便帽〉 **2.** ***e-e Brille a.*** e-e Brille auf die Nase setzen 戴上眼镜 **3.** ***etw. a.*** etw. auf den Herd stellen, damit es kochen kann 将…放到炉子上(去煮)〈Wasser, die Milch, das Essen a. 把水、奶、食物搁到炉子上去煮〉 **4.** ***etw. a.*** seinem Gesicht e-n besonderen Ausdruck geben 摆出, 露出(特别表情)〈e-e freundliche, furchterregende *usw* Miene a. 露出一副友好的, 可怕的表情〉 **5.** ***etw. a.*** etw. mit dem Untergrund in Kontakt bringen 垫起, 扶起, 支起: *den verletzten Fuß vorsichtig a.* 将伤腿小心地垫起 **6.** ***etw. a.*** ein Flugzeug landen 使着陆: *Der Pilot setzte die Maschine sanft auf* 飞机驾驶员使飞机平稳着陆; Vi (不及物) **7.** 〈ein Flugzeug *o.Ä.* 飞机等〉 ***setzt*** (***auf etw.*** (*Dat / Akk* 三格/四格)) ***auf*** 着陆 ≈ ein Flugzeug *o.Ä.* landet: *Das Flugzeug setzt auf der Landebahn auf* 飞机在跑道上着陆; Vr (反身) **8.** ***sich a.*** vom Liegen zum Sitzen kommen (由躺姿)坐起: *sich im Bett a.* 从床上坐起

auf·set·zen[2] (*hat*) Vt (及物) **1.** ***etw. a.*** ein Dokument dem Zweck angemessen formulieren u. schreiben 撰写〈e-n Vertrag, ein Testament a. 撰写合同、遗嘱〉 **2.** ***etw. a.*** e-n Entwurf für etw. schreiben 草拟, 起草〈e-n Brief, e-n Aufsatz a. 草拟信件、文章〉: *Ich habe die Bewerbung dreimal aufgesetzt, bevor ich sie endlich abschickte* 求职信我写了三遍才寄出 ‖ ▶ ***Aufsatz***

auf·seuf·zen (*hat*) Vi (不及物) plötzlich od. kurz seufzen 叹口气〈erleichtert a. 舒了一口气〉

Auf·sicht *die* **1.** ***die A.*** (***über j-n / etw.***) *nur Sg* (只用单数); die Beobachtung u. Kontrolle, um Schaden zu vermeiden od. um zu garantieren, dass etw. nach den Vorschriften getan wird 监督, 监视, 看管〈strenge A. führen 进行严格监督; A. haben 看管〉: *Dieses Experiment darf nur unter A. e-s Chemikers ablaufen* 这项实验只能在化学家监督下才可进行 ‖ K- (复合): ***Aufsichts-, -amt, -behörde, -personal, -pflicht*** **2.** *mst Sg* (多用单数); j-d, der j-n/etw. beaufsichtigt 看管人员, 管理人员: *die A. im Museum* 博物馆内的管理人员 ‖ zu (义项) **1. Auf·sicht füh·rend, auf·sicht·füh·rend** *Adj*

Auf·sichts·rat *der*; *Kollekt* (集合); e-e Gruppe von Personen *mst* in größeren Firmen, die die Entscheidungen des Vorstandes überwachen 董事会 ‖ K- (复合): ***Aufsichtsrat-, -mitglied, -vorsitzende***

auf·sit·zen (*ist*) Vi (不及物) **1.** sich auf ein Reittier setzen 上马 ↔ absitzen **2.** ***j-m / etw. a.*** *gespr* [口]; das Opfer e-r Täuschung od. e-s Betrugs werden 上…的当, 受…的骗: *Er war e-m Betrüger aufgesessen* 他上了一位骗子的当

auf·spal·ten (*hat*) Vt (及物) **1.** ***etw.*** (***in etw.*** (*Akk* 四格)) ***a.*** etw. durch Spalten in Teile zerlegen 使分裂, 使裂开, 劈开〈e-n Holzklotz a. 劈开木块〉; Vr (反身) **2.** ***etw. spaltet sich*** (***in*** (*Akk* 四格)) ***auf*** etw. trennt sich in einzelne Teile od. Gruppen (物作主语)分裂〈e-e Partei 党派〉

auf·span·nen (*hat*) Vt (及物) ***etw. a.*** etw. (das zusammengefaltet od. zusammengeklappt ist) öffnen od. spannen 撑开, 张开〈den Regenschirm a. 撑开雨伞〉

auf·spa·ren (*hat*) Vt (及物) (***sich*** (*Dat* 三格)) ***etw. a.*** etw. für e-n späteren Zeitpunkt übrig lassen, behalten 贮存, 保存, 储蓄起来: *den Kuchen nicht gleich essen, sondern ihn für später a.* 将点心留起来以后食用

auf·sper·ren (*hat*) Vt (及物) **1.** ***etw.*** (***mit etw.***) ***a.*** *südd* Ⓐ [南德][奥] ≈ aufschließen (1) 〈e-e Tür a. 将门锁打开〉 **2.** ***etw. a.*** *gespr* [口]; etw. weit öffnen 敞开, 大大张开 ≈ aufreißen (2) 〈den Mund weit a. 把嘴张大〉

auf·spie·len (*hat*) Vi (不及物) **1.** Musik machen, um j-n zu unterhalten 奏起音乐〈zum Tanz a. 为舞会奏乐〉 **2.** ***irgendwie a.*** SPORT【体】; ein gutes Spiel machen 场上身手, 赛况很好〈befreit, selbstsicher, groß a. 场上比赛洒脱、自信、出色〉: *a. wie die Profis* 场上比赛如同职业运动员; Vr (反身) **3.** ***sich*** (***als etw.***) ***a.*** *gespr* [口] *pej* [贬]; sich für wichtiger halten, als man ist, u. sich entsprechend benehmen 自以为了不起, 装腔作势, 摆架子: *sich als Anführer a.* 以头领自居; *sich vor anderen groß a.* 在别人面前摆架子

auf·spie·ßen (*hat*) Vt (及物) **1.** ***etw.*** (***mit etw.***) ***a.*** etw. mithilfe e-s spitzen Gegenstands nehmen od. aufheben 将…叉起, 用叉子挑、扎起: *ein Stück Fleisch, e-e Olive a.* (用叉子)叉起一块肉、一个橄榄 **2.** ***j-n / etw. a.*** j-n/etw. öffentlich u. *mst* satirisch kritisieren 抨击, 鞭挞, 讥弹

auf·split·tern Vi (不及物) (*ist*) **1.** ***etw. splittert*** (***in etw.*** (*Akk* 四格)) ***auf*** etw. löst sich in einzelne Teile od. Splitter auf (物作主语)裂成碎片; Vr (反身) (*hat*) **2.** ***etw. splittert sich auf*** ≈ etw. spaltet sich auf

auf·spren·gen (*hat*) Vt (及物) ***etw. a.*** etw. (Verschlossenes) mit Gewalt od. mithilfe von Sprengstoff öffnen 强行打开, 撬开, 炸开

〈e-e Tür, e-n Tresor a. 撬开门、保险柜〉
auf·sprin·gen (*ist*) [Vi] (不及物) **1.** schnell u. plötzlich aufstehen 突然跳起，跃起：*Als es klingelte, sprang er sofort auf u. rannte zur Tür* 门铃声一响，他立即跳起来奔向房门 **2.** (*auf etw.* (*Akk* 四格)) *a.* mit e-m Sprung auf ein fahrendes Fahrzeug gelangen 跳上(正在行驶的车辆) ↔ abspringen：*Er sprang auf den Zug auf* 他跳上火车 **3.** *etw. springt auf* etw. öffnet sich plötzlich von selbst(物作主语)弹开，突然打开 ↔ etw. fällt zu 〈ein Koffer, ein Schloss 箱子、锁〉 **4.** *etw. springt auf* etw. bekommt durch Trockenheit od. Kälte Risse (物作主语)裂开，绽开≈ etw. platzt auf：*aufgesprungene u. blutende Lippen* 裂开的流血的嘴唇
auf·sprit·zen (*ist*) [Vi] (不及物) 〈e-e Flüssigkeit 液体〉 ***spritzt auf*** e-e Flüssigkeit spritzt in die Höhe 喷出，溅起
auf·spu·len (*hat*) [Vt] (及物) ***etw.*** (***auf etw.*** (*Akk* 四格)) *a.* etw. auf e-e Spule (auf)-wickeln 卷起，将…绕在线轴儿上：*die Angelschnur war nicht richtig aufgespult* 钓鱼竿上的线没绕好
auf·spü·ren (*hat*) [Vt] (及物) ***j-n / ein Tier / etw. a.*** j-n/ein Tier/etw. nach gründlicher u. intensiver Suche finden 跟踪找到…的踪迹〈e-n Verbrecher, das Wild, j-s Versteck a. 跟踪找到罪犯、野兽、某人的隐蔽处〉：*Der Hund hat den Verschütteten aufgespürt* 狗把被掩埋者找到了
auf·sta·cheln; *stachelte auf, hat aufgestachelt*; [Vt] (及物) **1.** ***j-n*** (***gegen j-n / etw.***) *a.* in j-m e-e Abneigung od. Hass gegen j-n/etw. erzeugen 煽动，挑动，唆使(去反对…)≈ aufhetzen (1)：*Er stachelte sie ständig gegen seinen Rivalen auf* 他时常挑拨她去反对他的对手 **2.** ***j-n*** (***zu etw.***) *a.* j-n zu mehr Eifer, zu größerer Leistung treiben 激起，鼓动(去从事) ≈ anspornen：*Sein Trainer stachelte ihn zu immer neuen Höchstleistungen auf* 他的教练激励他不断创造最好成绩
auf·stamp·fen (*hat*) [Vi] (不及物) mit den Füßen fest auf den Boden stampfen 跺脚，顿脚〈vor Wut a. 愤怒得(气得)跺脚〉
Auf·stand *der*; der aktive Widerstand e-r Gruppe benachteiligter Personen gegen die Verursacher ihrer Situation 起义，暴动≈ Rebellion 〈e-n A. blutig niederschlagen 血腥镇压起义〉：*Die Erhöhung der Brotpreise löste e-n A. aus* 面包价格上涨引起一次暴动 ‖ -K (复合)：***Bauern-***, ***Volks-*** ‖ *hierzu* (派生) **auf·stän·disch** *Adj* (形)；*nicht adv* (不作状语)；**Auf·stän·di·sche** *der / die*；*-n*, *-n*
auf·sta·peln (*hat*) [Vt] (及物) ***etw.*** (*Kollekt od Pl* 集合或复数) *a.* etw. zu e-m Stapel schichten 堆起，摞起，重叠放置：*Bücher, Kisten a.* 把书、木箱摞在一起
auf·stau·en (*hat*) [Vt] (及物) **1.** ***etw. a.*** e-n Fluss *o. Ä.* mithilfe e-s Damms daran hindern weiterzufließen(以堤坝)截住，堵住，拦住；[Vr] (反身) **2.** ***etw. staut sich auf*** etw. sammelt sich an e-m Hindernis in großer Menge(物作主语)积起，积聚，堵塞：*Vor den Bergen hatte sich warme Luft aufgestaut* 一股热空气聚积在山前 **3.** ***etw. staut sich*** (***in j-m***) ***auf*** ein Gefühl wird immer intensiver (物作主语)积压，压抑(在…的心头)〈Ärger, Wut 烦恼、愤怒〉
auf·ste·chen (*hat*) [Vt] (及物) ***etw. a.*** etw. öffnen, indem man hineinsticht 刺破，挑开
auf·ste·cken (*hat*) [Vi] (不及物) **1.** *gespr* [口]；ein Vorhaben nicht zu Ende führen 放弃，撂下(计划)：*Du machst den Fehler, zu früh aufzustecken* 你犯的错误是太早放弃计划；[Vt] (及物) **2.** ***j-m / sich das Haar / die Haare a.*** j-m/sich das lange Haar hochnehmen u. mit Nadeln u. Klammern befestigen(用发卡)把头发向上别住、绾起来
auf·ste·hen [Vi] (不及物) **1.** (*ist*) aus e-r liegenden od. sitzenden Position in e-e stehende Position kommen 站起，起立：*nach e-m Sturz kaum mehr a. können* 摔倒后几乎站不起来；*Sie stand auf u. bot mir ihren Sitzplatz an* 她站起身，把自己的座位让给我 **2.** (*ist*) (nach dem Aufwachen od. nach e-r Krankheit) das Bett verlassen 起床，下床：*Ich bin gerade erst aufgestanden* 我才刚起床；*Der Patient darf noch nicht a.* 患者还不允许下床 **3.** ***etw. steht auf*** (*hat / südd* Ⓐ Ⓒⓗ [南德][奥][瑞] *ist*) etw. ist offen(物作主语)开着，敞着 ↔ etw. ist zu 〈ein Fenster, e-e Tür 窗子，门〉 **4.** ***etw. steht*** (***auf etw.*** (*Dat* 三格)) ***auf*** (*ist*) etw. steht auf etw. (物作主语)(靠…)站立着，支撑着：*Der Schrank steht nur auf drei Beinen (auf dem Boden) auf* 柜子只靠三条腿着地支撑着 ‖ ID [谚] *mst* 多用 ***Da musst du*** (***schon***) ***früher / eher a.!*** *gespr* [口]；wenn du etw. erreichen willst, musst du geschickter, intelligenter handeln als bisher 那你得机灵点才成！那你得多点心机！那你得早动手(先下手为强)！
auf·stei·gen (*ist*) [Vi] (不及物) **1.** ***j-d / etw. steigt auf*** j-d/etw. steigt nach oben (人/物作主语)登上，上升：*zur Spitze des Berges a.* 登上山峰；*Der Ballon stieg rasch auf* 气球很快上升 **2.** ***j-d / etw. steigt auf*** j-d/etw. bewegt sich in e-r Flüssigkeit nach oben(人/物作主语)从水里冒出，浮起〈Blasen 气泡；ein Taucher 潜水员〉 **3.** ***etw. steigt in j-m auf*** ein Gefühl entsteht in j-m (物作主语)在…心中产生，涌上…心头 ↔ etw. legt sich 〈Neid, Wut, Rührung 妒忌，愤怒，感触〉 **4.** (***zu etw.***) *a.* e-e höhere soziale, *mst* berufliche Position erhalten 晋升，升为≈ avancieren 〈zum Abteilungsleiter, zur Chefsekretärin a. 升为部门经理、主任秘书〉 **5.** *mst* 多指〈e-e Mannschaft 运动队〉 ***steigt auf*** SPORT【体】；e-e Mannschaft kommt in die nächsthöhere Liga 晋升为高一级球队：*Der Tabellenführer hat die größten Chancen aufzusteigen* 制表师有最好的晋升机遇 ‖ *zu* (义项) **4.** u. **5.** **Auf·stei·ger** *der*；*-s*, *-*；**Auf·stei·ge·rin** *die*；*-*, *-nen*
auf·stel·len (*hat*) [Vt] (及物) **1.** ***etw. a.*** etw. *mst* aus einzelnen Teilen zusammensetzen u. an e-n Ort stellen 搭起，架起≈ aufbauen

(1)〈ein Zelt, ein Gerüst, e-e Baracke a. 搭起帐篷、鹰架、临时工棚〉**2. etw. a.** etw., das umgefallen ist, wieder in die alte Lage bringen(重新)扶起，竖起：*Er stellte das umgestoßene Glas schnell wieder auf* 他迅速把翻倒的玻璃杯重新扶起 **3. etw.** (*Kollekt od Pl* 集合或复数) **a.** etw. (in e-r bestimmten Ordnung) irgendwohin stellen 列出，排列，布置：*die Schachfiguren a.* 排列棋子；*Stühle vor der Bühne a.* 在台前排上椅子 **4. ein Tier stellt die Ohren auf** ein Tier richtet die Ohren nach oben(动物作主语)竖起耳朵 **5. etw. a.** etw. *mst* öffentlich äußern, aussprechen(公开)提出，表达〈e-e Behauptung, e-e Forderung a. 提出主张，要求〉**6. etw. a.** etw. aus einzelnen Teilen zu e-m Ganzen zusammenfügen 列出，制定出〈e-e Bilanz, e-e Liste, e-n Plan, ein Programm, e-e Rechnung a. 列出结算表、清单，作出计划、节目、账目〉**7. etw. a.** allgemeingültige Regeln durch Forschung erarbeiten 创立，研制 ↔ widerrufen〈e-e neue Theorie, ein mathematisches Gesetz a. 创立一种新理论、一项数学定律〉**8. e-n Rekord a.** SPORT【体】；e-e neue Bestleistung in e-r Disziplin erreichen 创造一项纪录 ‖ NB(注意)：↑ **brechen** (9) **9. j-n a.** j-n an e-r bestimmten Stelle postieren 设岗，安排：*an e-r wichtigen Kreuzung e-n Polizisten a.* 在重要的交通街口设一名交警 **10. j-n** (**als etw.**) (**für etw.**) **a.** j-n bei e-r Wahl als Kandidaten melden 提名，推举(为候选人) ≈ nominieren：*Er wurde als Kandidat für die Europawahlen aufgestellt* 他被提名为欧洲选举候选人 **11. j-n a.** SPORT【体】；j-n als Mitglied e-r Mannschaft für e-n Wettkampf melden 提名(为比赛队员) ≈ nominieren：*Wegen mehrerer Verletzter musste der Trainer fünf Ersatzspieler a.* 由于数名队员受伤，教练不得不提出五名补充队员；[Vr] (反身) **12. etw. stellt sich auf** etw. richtet sich nach oben (物作主语)竖起，竖立≈ etw. sträubt sich〈das Fell, die Haare 皮毛，头发〉**13. j-d** (*Kollekt od Pl* 集合或复数) **stellt sich** (**irgendwie**) **auf** mehrere Personen stellen sich so, dass e-e bestimmte Ordnung hergestellt wird 队列排成，列队〈sich (*Pl*) nebeneinander, in Zweierreihen a. 肩并肩地排立，排成双人行列〉

Auf·stel·lung *die*; *mst Sg* (多用单数)；**1.** das Aufstellen (5)〈die A. e-r Behauptung 提出主张〉**2.** das Aufstellen (6)〈die A. e-s Programms 制定节目〉‖ -K(复合)：**Kosten- 3.** das Aufstellen (7)〈die A. e-r Hypothese 创立一个假定(假想)〉**4.** das Aufstellen (10) ≈ Nominierung〈die A. e-s Kandidaten 候选人的提名〉**5.** SPORT【体】；die Namen der Spieler, die für e-n Wettkampf aufgestellt (11) wurden 参赛队员的阵容〈die A. bekannt geben 公布阵容〉‖ -K(复合)：**Mannschafts- 6. j-d** (*Kollekt od Pl* 集合或复数) **nimmt A.** Personen stellen sich auf (13)(人作主语)排队，集合，列队

auf·stem·men (*hat*) [Vt] (及物) **etw. a.** etw. (mit e-m Stemmeisen od. Meißel) gewaltsam öffnen 撬开，凿开〈e-e Tür a. 撬开门〉

Auf·stieg *der*; -(*e*)*s*, -*e*; *mst Sg* (多用单数) **1.** das Gehen od. der Weg vom Tal zum Berg hinauf 上山的路，上坡道，登山道 **2.** e-e Verbesserung der (Lebens) Verhältnisse 上升，发展，繁荣〈der soziale, wirtschaftliche A. 社会的、经济的繁荣〉**3.** SPORT【体】；der Wechsel am Ende der Saison in e-e höhere Division od. Liga(赛季结束时)体育运动队的升级↔ Abstieg (3)

auf·stö·bern (*hat*) [Vt] (及物) **1. j-n/etw. a.** *gespr* [口]；j-n/ etw. nach langem Suchen finden 搜寻出，搜索到，找到≈ aufspüren **2. ein Tier a.** Wildtiere (mit Hunden) suchen u. aus ihrem Versteck jagen(借助猎犬)将一只动物从洞中赶出，撵出

auf·sto·cken (*hat*) [Vt/i] (及物/不及物) **1.** (**etw.**) (**um etw.**) **a.** e-e Menge (um etw.) vermehren 增加，扩大(投资) ≈ erhöhen：*Der Etat wurde um 20 Prozent aufgestockt* 预算增加了 20% **2.** (**etw.**) **a.** weitere Etagen auf ein Gebäude bauen, es höher machen 给…加盖楼层〈ein Haus a. 给一幢房子加盖楼层〉‖ *hierzu* (派生) **Auf·sto·ckung** *die*

auf·sto·ßen [Vt] (及物) (*hat*) **1. etw. a.** etw. durch e-n Stoß öffnen 撞开，推开〈e-e Tür a. 撞开门〉**2.** (**sich** (*Dat* 三格)) **etw. a.** sich etw. verletzen, indem man gegen etw. stößt 撞伤，撞破 ≈ aufschlagen (6)〈(sich) den Ellbogen, das Knie a. 撞伤胳臂肘、膝盖〉；[Vi] (不及物) **3.** (*hat*) Gas, Luft aus dem Magen durch die Speiseröhre entweichen lassen 打嗝，嗳气 ≈ rülpsen〈laut, leise, unauffällig a. 大声地、轻轻地、不引人注意地嗳气〉**4. etw. stößt j-m** (**irgendwie**) **auf** (*ist*) *gespr* [口]；j-m fällt etw. (*mst* negativ u. unangenehm) auf(物作主语)使人感到恶心、令人不愉快：*Sein freches Auftreten ist mir übel aufgestoßen* 他的无礼举止令我作呕

auf·stre·bend *Adj* (形)；*mst attr* (多作定语) **1.** steil nach oben gerichtet 高耸的，隆起的：*hoch aufstrebende Mauern* 高高耸立的城墙 **2.** auf dem Weg zum Erfolg 上升的，奋发向上的，上进的〈ein junger Mann, ein Unternehmen 一个年轻人，企业〉

Auf·strich *der*; *mst Sg* (多用单数)；das, was auf e-e Scheibe Brot gestrichen wird 涂抹面包的食品：*Butter als A.* 黄油作为抹面包的(食品) ‖ -K(复合)：**Brot-**

auf·stüt·zen (*hat*) [Vt] (及物) **1. etw.** (**auf etw.** (*Dat/Akk* 三格/四格)) **a.** e-n Körperteil auf etw. stützen 把…支撑，倚靠在：*die Arme auf den Tisch a.* 把胳膊肘撑在桌子上 **2. j-n a.** j-n aufrichten (1), indem man ihn stützt 扶起，搀起；[Vr] (反身) **3. sich** (**mit etw.**) (**auf j-n/etw.**) **a.** sich auf j-n/etw. stützen (用…)撑着，支撑在…上：*sich mit den Ellbogen a.* 用胳膊肘撑着

auf·su·chen (*hat*) [Vt] (及物) *geschr* [书] **1. j-n a.** zu e-m bestimmten Zweck zu j-m gehen (抱着某种目的)探访，寻找，探望〈e-n Arzt, e-n Anwalt a. 看医生，求律师〉：*Ich suche Sie nur* *auf, um mich zu verabschieden* 我来找您只为和您告别 **2.** ***etw. a.*** zu e-m bestimmten Zweck in e-n Raum gehen（有目的地）到，去，上〈den Speisesaal, den Hörsaal, die Toilette a. 到饭厅（吃饭），去阶梯教室（听课），上厕所（方便）〉

auf·ta·keln; *takelte auf, hat aufgetakelt*; [Vt]（及物）**1.** ***etw. a.*** ein Segelschiff mit der Ausrüstung versehen, an der die Segel befestigt werden 给…（船）装上索具；[Vr]（反身）**2.** ***sich a.*** *gespr*［口］, *oft pej* 常用［贬］: sich (übertrieben) elegant od. modisch kleiden (u. schminken)（过分地）浓妆艳抹 ‖ ▶ ***aufgetakelt***

Auf·takt *der* **1.** ein unvollständiger Takt am Beginn e-s Musikstücks（乐曲开始时的）弱起小节 **2.** *mst Sg*（多用单数）; der erste Teil e-r Veranstaltung 开端，开场，序曲，序幕 ≈ Eröffnung: *Zum A. des Festaktes spielte das Mozartquintett* 庆祝活动以莫扎特五重奏拉开序幕

auf·tan·ken (*hat*) [Vt/i]（及物/不及物）(***etw.***) ***a.*** den Tank e-s Fahrzeugs mit Treibstoff füllen 加注燃料，加油〈ein Flugzeug a. 给飞机加油〉

auf·tau·chen (*ist*) [Vi]（不及物）**1.** ***j-d/etw. taucht auf*** j-d/etw. kommt an die Wasseroberfläche（人/物作主语）浮出，冒出水面〈ein Taucher, ein U-Boot 潜水者，潜艇〉**2.** ***j-d taucht auf*** j-d ist plötzlich u. überraschend da od. kommt irgendwohin（人作主语）突然出现，露面: *Was machen wir, wenn er nicht/auch auftaucht?* 如果他不/也露面，我们怎么办？‖ NB（注意）: ↑ ***wiederauftauchen*** **3.** ***j-d/etw. taucht auf*** j-d/etw. wird überraschend sichtbar（人/物作主语）出乎意料地出现: *Plötzlich tauchte ein Bär vor ihm auf* 突然，一只熊出现在他面前 **4.** ***etw. taucht auf*** etw. entsteht unerwartet（物作主语）没有料到而产生〈ein Problem 问题〉

auf·tau·en [Vt]（及物）(*hat*) **1.** ***etw. a.*** etw. Gefrorenes zum Schmelzen bringen od. von Eis befreien 使融化，使解冻: *gefrorenes Fleisch, ein Türschloss a.* 融化冻肉，化开冻住的门锁；[Vi]（不及物）(*ist*) **2.** ***etw. taut auf*** etw. schmilzt, das Eis verschwindet（物作主语）融化，融解，解冻: *Langsam taut das Eis auf den Seen auf* 湖上的冰逐渐融化 **3.** *gespr*［口］; nicht mehr so schüchtern *o.Ä.* sein, sondern anfangen, mit den anderen zu sprechen 变得不再拘束，活跃起来: *Im Laufe des Abends taute er auf* 在晚会上他渐渐变得活跃起来

auf·tei·len (*hat*) [Vt]（及物）**1.** ***etw. a.*** etw. teilen u. *mst* mehreren Personen geben 分完，分光，分掉: *e-n Kuchen, ein Land a.* 把点心、土地分完; *das Erbe untereinander a.* 把遗产彼此分光 **2.** ***j-n/etw.*** (*Kollekt od Pl* 集合或复数) (***in etw.*** (*Akk* 四格)) ***a.*** mehrere Personen/etw. in Gruppen od. Einheiten teilen 把…分成（班，组）≈ einteilen: *Die Teilnehmer des Sprachkurses wurden in drei Gruppen aufgeteilt* 语言培训班学员被分成三个小组 ‖ *hierzu*（派生）**Auf·tei·lung** *die*

auf·ti·schen; *tischte auf, hat aufgetischt*; [Vt]（及物）**1.** (***j-m***) ***etw. a.*** Speisen anbieten 以…款待，把…端上桌来: *Es wurden Kaviar u. Hummer aufgetischt* 把鱼子酱和蟹肉端上桌来 **2.** (***j-m***) ***etw. a.*** *gespr*［口］; (j-m) etw. erzählen, das *mst* nicht wahr ist 闲扯，胡扯，瞎编〈Lügen, Geschichten a. 编造谎言、故事〉: *Er tischt jeden Tag e-e neue Ausrede auf* 他每天编造一个新借口

Auf·trag *der*; -(*e*)*s*, *Auf·trä·ge*; **1.** die Anweisung zur Erledigung e-r Aufgabe 任务，委托〈j-m e-n A. erteilen, geben 分配、给予某人一个任务; e-n A. bekommen, erledigen, ausführen 得到、解决、完成一项委托〉: *Er hat den A. zu unserer vollsten Zufriedenheit ausgeführt* 他完成了任务，令我们十分满意 **2.** ***im A.*** + *Gen* 二格/ ***von j-m*** verwendet, um auszudrücken, dass j-d von j-m/e-r Firma beauftragt wurde, etw. zu tun 受…之委托（承办某事），以…的名义 ‖ NB（注意）: Die Abkürzung *i.A.* erscheint *mst* bei der Unterschrift in Geschäftsbriefen（*i.A.* 为缩写，多见于公文函件落款处）**3.** die Bestellung von Waren od. Dienstleistungen 订货，订单〈e-r Firma, e-m Handwerker e-n A. geben 交给公司、手工业者一份订单; etw. in A. geben 订购某种货物〉: *den A. an das billigste Bauunternehmen vergeben* 将订单交给价格最优惠的建筑公司 ‖ K-（复合）: ***Auftrag-, -geber, -nehmer***; ***Auftrags-, -bestätigung*** ‖ -K（复合）: ***Millionen-*** **4.** *mst Sg*（多用单数）; e-e wichtige Verpflichtung 使命，义务: *Die Regierung hat den A., die Arbeitslosigkeit zu bekämpfen* 政府的使命是与失业作斗争

auf·tra·gen (*hat*) [Vt]（及物）**1.** ***j-m etw. a.*** j-n bitten od. verpflichten, etw. zu tun 委托，托付〈j-m Grüße a. 托某人问好〉: *Mir wurde aufgetragen, hier aufzupassen* 我受托照看这里的事 **2.** ***etw.*** (***auf etw.*** (*Akk* 四格)) ***a.*** e-e dünne Schicht auf etw. streichen u. gleichmäßig verteilen 涂上，抹上〈Lack, Farbe, Make-up a. 涂漆、颜色，抹化妆品〉**3.** ***etw. a.*** *gespr*［口］; ein Kleidungsstück von j-d anderem übernehmen u. so lange anziehen, bis es abgenutzt ist 把（别人的衣物）一直穿破、穿旧: *Sie musste die Kleider ihrer älteren Schwester a.* 她不得不一直穿姐姐的衣服 **4.** ***etw. a.*** *geschr*［书］; Speisen u. Getränke (*bes* bei e-m feierlichen Anlass) auf den Tisch bringen 上菜（尤指正式场合）; [Vi]（不及物）**5.** ***etw. trägt auf*** etw. bewirkt, dass j-d dicker erscheint als er ist（物作主语）穿着显得人肥大，显得人鼓鼓囊囊〈Kleidung 衣服〉: *Dieser Stoff trägt zu sehr auf* 这种衣料穿起来显得太肥 **6.** ***dick a.*** *gespr*［口］≈ übertreiben, angeben: *Der trägt aber wieder mal dick auf!* 他又在吹牛皮（夸夸其谈）!

Auf·trags·ein·gang *der*; das Eintreffen e-s Auftrags (3) 收到订单〈den A. bestätigen 证实收到订单〉

auf·tref·fen (*ist*) [Vi]（不及物）(***auf etw.*** (*Dat/Akk* 三格/四格)) ***a.*** (*z.B.* bei e-m Sturz) auf e-e Fläche treffen, fallen 碰在…上，撞在…上，

打落在…上

auf·trei·ben (*hat*) [Vt] (及物) **1. j-n/etw. a.** *gespr* [口]; e-e Person/Sache, die dringend gebraucht wird, beschaffen, finden 搞到,弄到,找到: *das nötige Geld, e-n Arzt a.* 搞到急需的资金,找到医生 **2. etw. treibt etw. auf** etw. vergrößert das Volumen von etw. (durch die Entwicklung von Gas *o.Ä.*); (物作主语) 使膨胀,使鼓起 *Hefe treibt den Teig auf* 酵母使面团发开; *ein aufgetriebener Bauch* 胀得鼓鼓的肚子 ‖ NB(注意): *zu* (义项) **2.**: *mst* im Partizip Perfekt(多用过去分词)!

auf·tren·nen (*hat*) [Vt] (及物) **etw. a.** die Fäden e-r Naht durchschneiden 拆散,拆开 ‹*mst* e-e Naht, e-n Saum a. 多指拆开线缝、折边›

auf·tre·ten [Vi] (不及物) (*ist*) **1. irgendwie a.** sich auf e-e bestimmte Art u. Weise verhalten 态度,举止 ‹(un)sicher, arrogant, überheblich a. 举止(无)有自信,态度妄自尊大、傲慢› **2. irgendwie a.** den Fuß/die Füße in e-r bestimmten Art auf den Boden setzen 举步,挪步 ‹leise, laut, vorsichtig a. 走路步子轻、响、小心› **3. als etw. a.** in e-r bestimmten Rolle od. Funktion agieren 从事(角色、职能),以…身份出现 ‹als Zeuge, Helfer, Konkurrent a. 以证人身分(出庭)、作为助手、竞争者出现› **4. etw. tritt auf** etw. entsteht plötzlich u. unerwartet (物作主语)(意外地)出现,发生,产生 ‹e-e Epidemie, ein Problem 出现瘟疫,产生问题›: *Hinterher trat die Frage nach den Ursachen auf* 事后,突然提出问题要追究原因 **5.** in e-m Theater od. Film e-e Rolle spielen od. vor e-m Publikum singen 登台,出场 ‹ein Schauspieler, ein Sänger, ein Tänzer 演员,歌手,舞蹈者›: *Hitchcock trat in allen seinen Filmen auch selbst auf* 希区柯克在他译制的所有影片中都亲自登台; [Vt] (及物) (*hat*) **6. etw. a.** so gegen etw. treten, dass es aufgeht 踢开 ‹die Tür a. 把门踢开›

Auf·tre·ten *das*; *-s*; *nur Sg* (只用单数); die Art u. Weise, wie j-d auftritt (1) 态度,举止 ≈ Verhalten, Benehmen: *ein resolutes, selbstsicheres A. haben* 持果断的态度,充满自信的举止

Auf·trieb *der*; *nur Sg* (只用单数); **1.** die innere Kraft, die j-n zu neuen Taten fähig macht 鼓舞,推动 ≈ Schwung: *Erfolgserlebnisse geben neuen A.* 成功的经历给人以新的鼓舞 **2.** PHYS【物】; die aufwärts gerichtete Kraft, die auf e-n Körper wirkt 浮力: *Durch den A. schwimmt Holz im Wasser* 由于浮力,木头浮在水里

Auf·tritt *der* **1.** der Moment, in dem j-d (*bes* als Schauspieler, Sänger, Tänzer auf der Bühne) erscheint 登台演出 **2.** die Zeit, in der j-d auftritt (5) 登台演出的时候: *Die Schauspielerin war während ihres gesamten Auftritts sichtlich nervös* 女演员在整场演出中都显得过于紧张 **3.** die Art u. Weise, wie j-d auftritt (1, 5) 台上表演,演出的情况: *Das war ein toller A.!* 表演棒极了! **4.** ein Teil e-s Aktes (im Drama) (戏剧中的)场,分场 ≈ Szene: *der dritte A. des zweiten Aktes* 第二幕第三场

auf·trump·fen; *trumpfte auf, hat aufgetrumpft*; [Vi] (不及物) (**mit etw.**) **a.** deutlich zeigen, dass man überlegen sein will 炫耀,夸耀: *mit seinem Wissen, mit Argumenten a.* 炫耀他的知识,夸耀论据

auf·tun (*hat*) [Vt] (及物) **1. etw. a.** *gespr* [口]; etw. (durch Zufall) überraschend finden (偶然)发现,找到: *Ich habe e-e neue Kneipe aufgetan* 我发现一家新的小酒馆 **2. etw. a.** *geschr veraltend* [书][渐旧] ≈ öffnen; [Vr] (反身) **3. etw. tut sich auf** *geschr veraltend* [书][渐旧] ≈ etw. öffnet sich **4. etw. tut sich (j-m) auf** etw. wird für j-n sichtbar od. erkennbar (物作主语)展现于…面前: *Ein weites Tal tat sich vor ihr auf* 宽阔的山谷展现于她的眼前; *Durch die Erbschaft taten sich ihr neue Perspektiven auf* 由于继承遗产,她眼前展现出新的前景

auf·wa·chen (*ist*) [Vi] (不及物) **1.** aufhören zu schlafen 睡醒,醒来 ≈ wach werden: *Bist du aufgeweckt worden, od. bist du von selbst aufgewacht?* 你是被叫醒的还是自己醒来的? **2.** (**aus e-m Traum/aus seiner Lethargie**) **a.** aufhören, unrealistisch zu denken od. gleichgültig zu sein (从梦中/从麻木不仁中)觉醒,清醒过来

auf·wach·sen (*ist*) [Vi] (不及物) **irgendwo/irgendwie a.** seine Kindheit u. Jugend irgendwo/irgendwie verbringen 长大,成长 ‹auf dem Land, in der Stadt a. 在农村、在城市长大›

auf·wal·len (*ist*) [Vi] (不及物) **1. etw. wallt auf** etw. gerät an der Oberfläche in heftige Bewegung (物作主语)往上冒,沸腾: *die Milch kurz a. lassen* 让牛奶滚一滚 **2. etw. wallt in j-m auf** *geschr* [书]; ein Gefühl entsteht plötzlich u. heftig in j-m (物作主语)(在心中)迸发,冲动,激动,涌动 ‹Hass, Mitleid, Missgunst 愤恨,同情,嫉妒› ‖ *zu* (义项) **2. Auf·wal·lung** *die*

Auf·wand *der*; *-(e)s*; *nur Sg* (只用单数); alles, was eingesetzt od. verwendet wird, um ein Ziel zu erreichen od. um e-n Plan zu realisieren 费用,开支,花费 ‹unnötigen, übertriebenen A. betreiben 花费不必要的、过度的开支(挥霍浪费)›: *Mit e-m A. von mehreren Millionen Euro baute die Stadt ein neues Theater* 该市耗资几百万欧元建造了一个新剧院; *So viel A. lohnt sich nicht* 开销这么大不值得 ‖ -K(复合): **Arbeits-, Zeit-**

Auf·wands|ent·schä·di·gung *die*; das Geld, das man (von e-r Firma) als Ausgleich für bestimmte Kosten zurückbekommt (公司发给的)职务补贴,津贴

auf·wär·men (*hat*) [Vt] (及物) **1. etw. a.** etw. (Gekochtes) noch einmal warm machen 把(煮好的食物)重新煮热,热一热: *am Abend die Reste vom Mittagessen a.* 晚上将中午剩下的饭菜热一下 **2. etw. a.** *gespr* [口]; etw. Negatives nach einiger Zeit wieder erwähnen 回想,重温,重提 ‹e-n alten Streit a. 重提旧日的争吵›: *Immer wieder wärmst du die alten Geschichten auf!* 你一再旧事重提!; [Vr] (反身) **3.**

sich a. den frierenden Körper wieder warm machen 使自己暖和起来，取暖〈sich an e-m Ofen, mit e-m Tee/Grog a. 在炉旁、喝杯茶、喝杯格罗格酒取暖〉**4. sich a.** seine Muskeln, Sehnen u. Gelenke durch Bewegung u. Gymnastik für e-e sportliche Tätigkeit vorbereiten（运动员）做准备动作，热身运动〈sich vor dem Start a. 起跑前热身动作〉‖ K-(复合)：**Aufwärm-, -gymnastik**

auf·war·ten (*hat*) Vi（不及物）**1. mit etw. a.** etw. Besonderes bieten od. vorbringen 提供，给予〈mit e-r Überraschung a. 给予惊喜〉：*Bei der Besprechung wartete er mit völlig neuen Argumenten auf* 开会时他提供全新论据 **2. mit etw. a.** *geschr*[书]；besondere Speisen anbieten 以…(菜肴)款待≈ etw. auftischen (1)

auf·wärts *Adv*（副）**1.** nach oben 向上，往上，向高处 ↔ abwärts：*ein a. führender Weg* 一条通向高处的道路；*den Fluss a. fahren* 向河的上游行驶 ‖ K(复合)-：**Aufwärts-, -trend 2. von ... a.** alles oberhalb der genannten Sache (in e-r Hierarchie) 从…往上，…以上(按等级地位高低)：*vom Hauptmann a.* 上尉以上(含上尉)

aufwärts- *im Verb, betont u. trennbar, begrenzt produktiv*（构成动词，重读并可分，构词有限）：die Verben mit *aufwärts-* werden nach folgendem Muster gebildet (aufwärts-动词的模式如下)：*aufwärtsgehen – ging aufwärts – ist aufwärtsgegangen*

aufwärts- drückt eine Bewegung in Richtung nach oben aus（表示向上，往高处）≈ hinauf- ↔ abwärts-；

etw. führt aufwärts：*Der Weg führte steil aufwärts* 道路上坡很陡 ≈ der *Weg führte steil nach oben*

ebenso（同类词有）：**aufwärtsfahren, aufwärtsgehen, aufwärtslaufen, etw. aufwärtsrichten, aufwärtssteigen**

auf·wärts·ge·hen (*ist*)；Vimp（无人称）**1. es geht aufwärts (mit j-m/etw.)** j-m geht es besser, etw. macht Fortschritte 情况好转起来，见好，见长进：*Jetzt geht es aufwärts mit der Wirtschaft* 现在经济情况日益好转；Vi（不及物）**2.** ↑ **aufwärts-**

Auf·war·tung *die*；-, -en；*mst in* 多用于 **j-m seine A. machen** j-m e-n höflichen Besuch machen 对某人进行礼节性拜访(拜见)

Auf·wasch *der*；-(e)s；*mst in* 多用于 **in 'einem A.** alles zusammen od. gleichzeitig 一下子，一包在内，一塌刮子：*Wir treffen uns morgen, dann können wir alles in einem A. erledigen* 我们明天碰面，那时我们就可以一下子全都办完

auf·we·cken (*hat*) Vt（及物）**j-n a.** ≈ wecken (1)

auf·wei·chen；*weichte auf, hat/ist aufgeweicht*；Vt（及物）(*hat*) **1. j-d/etw. weicht etw. auf** j-d/etw. macht etw. durch Feuchtigkeit weich（人/物作主语）泡软，使软，弄软：*Der Regen hat den Boden aufgeweicht* 雨把地泡软了；Vi（不及物）(*ist*) **2. etw. weicht auf** etw. wird durch Nässe weich（物作主语）受潮变软

auf·wei·sen (*hat*) Vt（及物）**1. etw. a.** etw. erreichen u. vorzeigen 指明，指示，指出〈Erfolge a. können 能够表明成就〉**2. j-d/etw. weist etw. auf** j-d/etw. hat bestimmte Merkmale od. Eigenschaften（人/物作主语）显示，显露，表明：*Die Ware weist zahlreiche Mängel auf* 这种商品有许多缺点

auf·wen·den；*wandte/wendete auf, hat aufgewandt/aufgewendet*；Vt（及物）**etw. (für etw.) a.** etw. verwenden od. einsetzen (*mst* um ein Ziel zu erreichen)（为…）使用，投入，耗费〈viel Energie, Zeit, Geld für ein Vorhaben, e-n Plan a. 为一个方案、一个计划花费大量精力、时间、金钱〉：*Sie musste ihre ganze Kraft a., um die Kiste in das Auto zu heben* 为把这只书箱搬进汽车，她不得不使出浑身解数(用尽全力) ‖ ▶ **Aufwand**

auf·wen·dig *Adj*（形）：mit viel Aufwand verbunden u. *mst* sehr teuer 铺张浪费的，奢侈的 ≈ kostspielig：*die aufwendige Inszenierung e-s Dramas* 铺张浪费的剧目排演

Auf·wen·dung *die* **1.** *nur Sg*（只作单数）≈ Einsatz：*mit/unter A. aller Kräfte* 使用(使出)全部力量，竭尽全力 **2.** *nur Pl*（只用复数），ADM *geschr*【管理】[书]；die Kosten od. Ausgaben, die j-m bei e-r Arbeit entstehen 费用，支出，开销

auf·wer·fen (*hat*) Vt（及物）**1. etw. a.** etw. ansprechen od. erwähnen, um es anderen Personen bewusst zu machen 提出，抛出〈im Gespräch, in der Diskussion, in der Debatte e-e neue Frage a. 谈话、讨论、辩论时提出新问题〉**2. etw. a.** durch Anhäufen von Material etw. entstehen lassen 堆积，堆起，垒起，筑起↔ abtragen〈e-n Damm a. 垒起堤岸〉

auf·wer·ten (*hat*) Vt（及物）*mst in* 多用于 **j-d/etw. wird (um etw.) aufgewertet** der Wert od. die Stellung e-r Person/Sache wird verbessert（人/物作主语）增值，提高〈e-e Währung, j-s Position wird aufgewertet 货币增值，某人的地位提高〉：*Der Euro wurde um 0.5 Prozent aufgewertet* 欧元增值 0.5% ‖ *hierzu*（派生）**Auf·wer·tung** *die*

auf·wi·ckeln (*hat*) Vt（及物）**etw. a.** etw. auf e-e Rolle od. zu e-r Rolle wickeln 缠起，卷上，绕起〈e-e Schnur, ein Kabel, e-n Faden a. 绕绳、电缆、线〉

auf·wie·geln；*wiegelte auf, hat aufgewiegelt*；Vt（及物）**j-n (gegen j-n/etw.) a.** j-n zum Widerstand gegen j-n/etw. bewegen 煽动、唆使(反对…)≈ aufhetzen (2)：*E-e Mannschaft zur Meuterei gegen den Kapitän a.* 挑唆水兵哗变，反对船长 ‖ *hierzu*（派生）**Auf·wie·ge·lung** *die*；**Auf·wieg·ler** *der*；-s, -

auf·wie·gen (*hat*) Vt（及物）**etw. wiegt etw. auf** etw. gleicht etw. Negatives aus（物作主语）抵消，使平衡，抵偿：*Die positiven Aspekte wiegen die Nachteile voll auf* 积极方面完全抵消了不利方面

Auf·wind *der* **1.** Luft, die nach oben strömt 上升气流↔ Abwind〈A. bekommen, haben 碰上、遇到上升气流〉：*Der Drachenflieger ließ*

sich im A. gleiten 风筝在上升气流中滑翔(飘行) **2.** (**neuen**) **A. bekommen**; **im A. sein** Fortschritte machen od. Erfolge haben 进展顺利，有起色，有进步

auf.wir.beln [Vt] (及物) (*hat*) **1. etw. wirbelt etw. auf** etw. wirbelt etw. (Leichtes) hoch in die Luft (物作主语) 扬起，卷起：*Der Wind wirbelte den Staub, die Blätter auf* 风卷起尘土、树叶 **2. j-d/etw. wirbelt viel Staub auf** j-s Aktionen/ein Vorfall *o.Ä.* lösen heftige Diskussionen aus (人/物作主语) 引起强烈议论，弄得满城风雨，沸沸扬扬；[Vi] (不及物) (*ist*) **3. etw. wirbelt auf** etw. Leichtes wirbelt in die Luft (物作主语) 卷起，扬起，在空中飘舞〈Blätter, Schnee, Staub 树叶，雪花，尘土〉

auf.wi.schen (*hat*) [Vt] (及物) **1. etw. a.** *mst* Schmutz od. Flüssigkeit durch Wischen (vom Fußboden) entfernen 擦干，抹干，擦掉：*verschüttete Milch vom Boden a.* 把洒在地上的奶擦干(抹掉) **2. etw. a.** *bes* den Fußboden durch Wischen reinigen 把…擦干净：*die Küche, den Boden nass a.* 将厨房、地板擦洗干净 ‖ K-(复合)：**Aufwisch-**, **-lappen**

auf.wüh.len (*hat*) [Vt] (及物) **1. etw. a.** e-e (Erd)Fläche durch Graben, durch Druck *usw* aufreißen (3) 掘开，翻开，压裂开：*Der Maulwurf hat den ganzen Rasen aufgewühlt* 鼹鼠将整块草坪翻开了；*Schwere Lastwagen haben den Waldweg aufgewühlt* 沉重的卡车把林中小道压坏了 **2. etw. wühlt etw. auf** etw. versetzt Wasser in starke Bewegung (物作主语) 激起，搅起：*Der starke Wind wühlte das Meer auf* 狂风激起海浪 **3. etw. wühlt j-n auf** etw. erregt, erschüttert j-n innerlich sehr (物作主语) 使激动，震撼

auf.zäh.len (*hat*) [Vt] (及物) **j-n/etw.** (*Kollekt od Pl* 集合或复数) **a.** mehrere Personen od. Dinge der Reihe nach einzeln nennen 列举，枚举，逐一点数：*Sie zählte auf, was sie auf die Reise mitnehmen musste* 她逐一清点这次旅行必须携带的物品 ‖ *hierzu* (派生) **Auf.zäh.lung** *die*

auf.zäu.men (*hat*) [Vt] (及物) **ein Tier a.** e-m Reit- od. Zugtier die Riemen anlegen, mit denen es geführt wird 给(骑畜或役畜)带上笼头〈ein Pferd a. 给马带上笼头〉

auf.zeh.ren (*hat*) [Vt] (及物) **etw. a.** *geschr* [书]; etw., das als Vorrat gedacht ist, vollständig verbrauchen 耗尽，耗光，吃尽〈seine Ersparnisse a. 将积蓄全部用光〉：*Als alle Lebensmittel aufgezehrt waren, mussten sie hungern* 当食品全都吃完时，他们只得挨饿

auf.zeich.nen (*hat*) [Vt] (及物) **1. etw. a.** e-e Zeichnung od. Skizze von etw. machen 把…画出来，勾画上，勾勒：*Ich zeichne dir den Weg auf* 我给你把这条道画出来 **2. etw. a.** etw. Wichtiges schriftlich festhalten 记下来，写下来〈Erinnerungen, Eindrücke, Gefühle im Tagebuch a. 将回忆、印象、感情记在日记里〉 **3.** (**sich** (*Dat* 三格) **etw. a.** etw. auf Tonband od. Video speichern, *mst* um es später sehen/hören zu können 将…录音，录像：„*Hast du den Spielfilm gestern Abend gesehen?*“ – „*Nein, aber ich hab ihn (mir) aufgezeichnet*“ “你看过昨晚的故事片吗?”——“没看，不过我把它录了下来”

Auf.zeich.nung *die*; **1.** *mst Pl* (多用复数)；die schriftlichen Notizen von Erinnerungen, Eindrücken *o.Ä.* 笔记，札记，记载 ‖ -K(复合)：**Tagebuch-** **2.** e-e Aufnahme od. ein Filmbericht, die zu e-m späteren Zeitpunkt gesendet werden 录音录像制品或影视报导制品 ↔ Livesendung

auf.zei.gen (*hat*) [Vt] (及物) **etw. a.** *geschr* [书]; etw. deutlich darstellen od. zeigen 阐明，指出，表明〈Probleme, Fehler a. 指出问题、差错〉：*Der Referent zeigte auf, wie das Gesetz entstanden ist* 报告人陈述该法律是如何产生的

auf.zie.hen[1] (*hat*) [Vt] (及物) **1. etw. a.** etw. nach oben ziehen 升起，拉起〈e-e Fahne, ein Segel a. 升起旗，拉起帆〉 **2. etw. a.** etw. durch Ziehen öffnen 拉开〈den Vorhang a. 拉开帷幕〉 **3. etw.** (**auf etw.** (*Akk* 四格) **a.** etw. so auf etw. befestigen, dass es gespannt ist 将…张紧、张开、绷紧(在…上)：*e-e Leinwand auf e-n Rahmen a.* 将幕布绷紧在框上 **4. etw. a.** e-e Feder[3] spannen, die e-n Mechanismus antreibt 给…上发条〈e-e Uhr a. 给表(钟)上弦〉：*Die Spielpuppe muss man a., damit sie läuft* 要让玩具娃娃跑，就得给它上好发条 **5. j-n** (**mit etw.**) **a.** *gespr* [口]; j-n necken u. damit ärgern 戏弄，愚弄，寻…的开心：*Alle ziehen ihn wegen seiner komischen Aussprache auf* 由于他的口音滑稽，大伙儿都逗弄他 **6. e-e Spritze a.** e-e Spritze zur Injektion vorbereiten, indem man sie mit e-m Serum füllt 将针剂抽入注射器 ‖ ▶ **Aufzug**[1]

auf.zie.hen[2] (*hat*) [Vt] (及物) **j-n/ein Tier a.** ein Kind großziehen od. ein junges Tier ernähren u. pflegen, bis es ausgewachsen ist 抚养，抚育，培养，饲养 ‖ ▶ **Aufzucht**

auf.zie.hen[3] (*hat*) [Vt] (及物) *gespr* [口]; **etw. a.** e-e Veranstaltung planen u. durchführen 安排，组织(一次活动)：*e-e Show groß a.* 组织(策划)一次大型文娱演出

auf.zie.hen[4] (*ist*) [Vi] (不及物) **1. etw. zieht auf** etw. entsteht od. kommt näher (物作主语) 来临，临近，袭来〈*mst* Nebel, ein Gewitter 多指雾，风暴〉 **2** 〈*mst* e-e Garde, die Wache 多指卫队，哨兵〉 **zieht auf** e-e Garde, die Wache stellt sich (in bestimmter Ordnung) an ihren Platz 列队前来值岗 ‖ ▶ **Aufzug**[3]

Auf.zucht *die*; *mst Sg* (多用单数)；das Ernähren u. Pflegen *mst* von jungen Tieren 养育，抚育，饲养(幼畜)：*die A. von Küken, von Fohlen* 雏鸡、马驹的饲养 ‖ -K(复合)：**Geflügel-**, **Rinder-**

Auf.zug[1] *der*; ein technisches Gerät, in dem j-d/etw. in e-m Gebäude senkrecht nach oben od. unten transportiert wird 电梯，升降机 ≈ Fahrstuhl, Lift：*Nehmen wir den A. od. die Treppe?* 我们乘电梯还是爬楼梯? ‖ -K(复合)：**Personen-**, **Speisen-**

Auf.zug[2] *der* **1.** ein Teil e-s Theaterstücks 幕 ≈ Akt：*e-e Tragödie in fünf Aufzügen* 一出五幕

悲剧 **2.** *nur Sg*, *pej*（只用单数）[贬]; die Art u. Weise, wie sich j-d gekleidet od. frisiert hat 装束,打扮: *In diesem A. kannst du doch nicht in die Schule gehen!* 你这身打扮是不能去上学的!

Auf·zug[3] *der* **1.** *nur Sg*（只用单数）; das Aufziehen[4] (1) 〈der A. einzelner Wolkenfelder 飘来片片浮云〉 **2.** das Aufmarschieren von Soldaten（士兵）列队行进: *der A. der Wache vor dem Palast* 在宫殿前哨兵列队行进

auf·zwin·gen (*hat*) [Vt]（及物） **1.** ***j-m etw. a.*** j-m etw. so anbieten, dass er es nicht ablehnen kann 强使接受,让…难以推却〈j-m seine Hilfe, seinen Rat a. 强使某人接受自己的帮助、劝告〉 **2.** ***j-m etw. a.*** j-n (oft mit Gewalt) zwingen, etw. *mst* Fremdes od. Unerwünschtes anzunehmen 强迫…接受,将…强加于〈j-m seinen Willen a. 把自己的意志强加于某人〉: *e-m Volk mit Gewalt e-e andere Kultur a.* 以武力强迫一个民族接受异文化

Aug·ap·fel *der*; der kugelförmige Teil des Auges, der in der Augenhöhle liegt 眼珠,眼球: *Die Lider schützen die Augäpfel* 眼睑保护眼球 ‖ ↑ *Abb. unter* 图见 **Auge** ‖ ID [谚] ***j-n/etw. wie seinen A. hüten*** auf j-n/etw. besonders gut aufpassen 像爱护自己的眼珠一样爱护某人/某物

Au·ge *das*; *-s*, *-n* **1.** das Organ, mit dem Menschen u. Tiere sehen 眼睛,眼,目〈glänzende, leuchtende, strahlende, sanfte, traurige, blutunterlaufene, tiefliegende, tränende Augen 闪闪发光的、明亮的、亮晶晶的、温柔的、忧伤的、皮下充血的、深陷的、流泪的眼睛; mit den Augen zwinkern 眨眨眼,使眼色; sich die Augen reiben 擦(揩)眼睛〉: *ein Kind mit braunen Augen* 一个长着褐色眼睛的孩子; *Er ist auf einem A. blind* 他一只眼睛失明; *Sie schämte sich so, dass sie ihm nicht in die Augen sehen konnte* 她羞怯得竟不敢正眼看他 ‖ K-（复合）: **Augen-, -arzt, -braue, -farbe, -klinik, -leiden, -lid, -muskel, -optiker, -tropfen** **2.** *nur Pl*（只用复数）; die Punkte auf einer Seite e-s Würfels, e-s Dominosteins *o.Ä.*（骰子、骨牌等的）点 ‖ ↑ *Abb. unter* 图见 **Domino** **3.** *nur Pl*（只用复数）; der Wert, den e-e Spielkarte in e-m Spiel hat 分值,点数（指纸牌）≈ Punkt: *Das As zählt elf Augen* 尖儿（*A* 牌）值十一点 **4.** die Stelle, an der aus e-r Pflanze e-e Knospe od. ein Trieb wächst 潜伏芽,芽眼,幼芽: *die Augen e-r Kartoffel, e-r Rose* 土豆、玫瑰的芽眼 **5.** ***ein blaues A.*** ein A. (1), um das herum die Haut nach e-m Schlag od. Stoß rot od. blau (angelaufen) ist 一只（被打得或撞得）青紫的眼睛 **6.** ***das A. des Gesetzes*** *hum*[诙]; die Polizei 法律的眼睛（指警察） **7.** ***gute/schlechte Augen haben*** gut/schlecht sehen 视力好/坏 **8.** ***Augen haben wie ein Luchs*** sehr gut sehen 有猞猁一样的敏锐目光 **9.** ***vor j-s Augen*** so, dass j-d dabei zusieht 在…眼前: *Das Kind ist vor meinen Augen überfahren worden* 我亲眼看见孩子被车压了 **10.** ***mit bloßem Auge*** ohne Brille, Fernglas *o.Ä.* 用肉眼〈etw. mit bloßen A. erkennen, sehen, unterscheiden können 用肉眼就能辨认、看到、区别某事〉 ‖ ID[谚] ***unter j-s Augen*** so, dass es j-d hätte bemerken müssen 在某人的眼皮子底下,当着某人的面: *Der Betrug ist direkt unter seinen Augen geschehen* 骗局就发生在他的眼皮底下; ***sich*** (*Dat* 三格) ***die Augen verderben*** die Augen zu sehr anstrengen u. ihnen dadurch schaden 损坏眼睛（视力）,伤眼睛; ***j-m wird schwarz vor Augen*** j-d wird (fast) bewusstlos 某人眼前发黑（险些晕过去）; ***so weit das Auge reicht*** so weit man sehen kann 目力所及; ***sich*** (*Dat* 三格) ***die Augen aus dem Kopf schauen/sehen*** *gespr*[口]; sehr intensiv mit den Augen nach j-m/etw. sehen/suchen 睁大眼睛企盼（寻觅）某人/某事,望眼欲穿; *mst* 多用 ***Geh mir aus den Augen!, Komm mir nicht mehr unter die Augen!*** *gespr*[口]; ich will dich hier nicht mehr sehen 给我滚开! 我再也不要见到你!; ***seine Augen überall haben*** alles aufmerksam beobachten 处处留心观察; ***j-n/etw. nicht aus den Augen lassen*** j-n/etw. scharf u. ununterbrochen beobachten 密切注意（或监视）某人/某事; ***j-n/etw. im A. behalten*** j-n/etw. scharf u. konzentriert beobachten, j-n/etw. nicht vergessen 盯住（不放过）、记住（不忘）某人/某事; ***seinen Augen kaum/nicht trauen*** über etw., das man sieht, so überrascht sein, dass man es kaum glauben kann 不相信自己的眼睛（所见情景令人吃惊,难以置信）; ***ein A./beide Augen zudrücken*** e-n Fehler od. e-n Mangel sehr nachsichtig behandeln（对某事）睁一只眼,闭一只眼（假装没看见,宽容,姑息）; ***j-m gehen die Augen über*** *gespr* [口]; j-d ist von der großen Schönheit, Menge *o.Ä.* von etw., das er sieht, überrascht 某人的眼睛瞪得快要鼓出来（或看得出神,看呆了）: *Wenn du die Geschenke siehst, gehen dir die Augen über!* 如果你见到那些礼品,你会眼馋的!; ***j-m gehen die Augen auf*** *gespr*[口]; j-d durchschaut etw. plötzlich 某人恍然大悟,豁然开朗; ***j-m die Augen (über j-n/etw.) öffnen*** j-m die Wahrheit über j-n/etw. sagen 向某人说明某人或某事的真相,使某人明白事理; ***j-m etw. vor Augen führen*** j-m etw. klar machen 向某人指出或说明某事; 〈ein Gespräch 交谈〉 ***unter vier Augen*** zwischen nur zwei Personen 两人私下,面对面地; ***sich*** (*Pl* 复) ***A. in A. gegenüberstehen*** sich (*Pl* 复) sehr nahe gegenüberstehen u. fixieren 面对面地站着; ***ein (wachsames) A. auf j-n/etw. haben*** auf j-n/etw. aufpassen 密切注意、严密注视某人/某事; ***ein A. für etw. haben*** etw. schnell u. richtig beurteilen können, etw. gut verstehen 对某事有识别力,判断力,对某事判断敏锐; ***keine Augen im Kopf haben*** *gespr*[口]; unaufmerksam sein, nicht aufpassen 没长眼睛（不小心,没留神）; ***j-n/etw. aus den Augen verlieren*** den Kontakt zu j-m/etw. verlieren 与某人失去联系,不见某人踪影/不再关注某事; ***etw. mit anderen Augen sehen*** etw. aus e-r anderen Perspektive sehen 用另外一种眼光（观点,视角）看待某事,刮目相看; ***etw. mit e-m lachenden u. e-m weinenden A. sehen*** positive u. negative Aspekte an etw. sehen 悲喜交集地、喜忧参半地看待某事；**etw. ins A. fassen** planen, etw. zu tun 计划或打算做某事；**ein A. auf j-n/etw. werfen** *gespr*［口］；sich für j-n/etw. interessieren 看中、看上、喜欢上某人/某物，对某人/某事感兴趣；**etw. fällt/springt/sticht ins A.** etw. ist sehr auffällig 某物惹人注意/招眼/刺眼；**e-r Gefahr ins A. sehen** e-r Gefahr nicht ausweichen 敢于正视、面对危险，临危不惧；*mst* 多用 **Das kann ins A. gehen** das kann schlimme Konsequenzen haben 这事会出漏子，这事会有严重后果；**mit e-m blauen A. davonkommen** *gespr*［口］；e-e unangenehme Situation ohne größeren Schaden überstehen 轻微受伤幸免险情，只遭轻微损失而幸免；**kein A. zutun** nicht schlafen können 不能入睡，没合眼；**große Augen machen** *gespr*［口］≈ staunen；**j-m schöne Augen machen** mit j-m flirten 向某人送秋波；**j-m** 〈e-n Wunsch, e-e Bitte 愿望，请求〉 **von den Augen ablesen** j-s Wunsch od. Bitte erkennen, ohne dass er sie ausspricht 从眼神（眼色）看出，觉察到某人的…；**sich** (*Dat* 三格) **die Augen aus dem Kopf weinen** heftig weinen 哭得十分伤心，哭成个泪人；**Da bleibt kein A. trocken** *gespr*［口］；etw. ist so lustig od. traurig, dass man weinen muss 大家全都笑出眼泪或伤心得没有人不流泪的；**Aus den Augen, aus dem Sinn** was/wen man nicht sieht, vergisst man leicht 眼不见为睁；眼不见，心不烦；**A. um A., Zahn um Zahn** verwendet, um auszudrücken, dass man sich mit den gleichen Mitteln rächen will 以眼还眼，以牙还牙

Auge

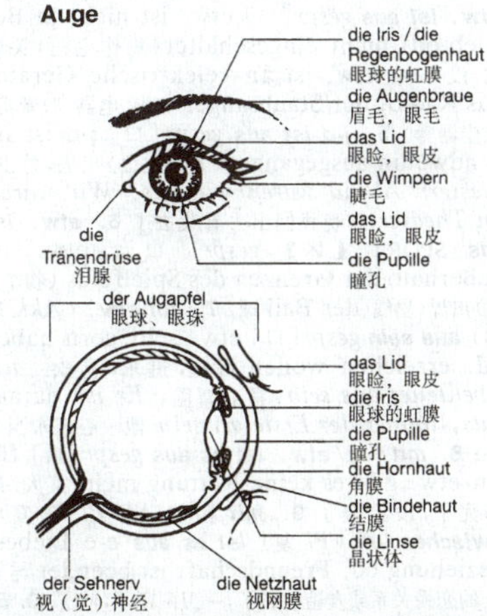

Au·gen·blick *der*；ein ganz kurzer Zeitraum 瞬间，片刻 ≈ Moment 〈der richtige, entscheidende A. für etw. 对某事是合适的时候、决定性时刻〉：*Warten Sie bitte e-n A., sie kommt gleich* 请您稍候，她马上来 ‖ ID［谚］**(Einen) A. bitte!** *gespr*［口］；bitte warten Sie ein bisschen 请您等一会儿；**im A.** ≈ jetzt：*Komm später vorbei, im A. bin ich beschäftigt* 你过一会儿再来，我这阵子正忙着；**im letzten A.** gerade noch rechtzeitig 在最后一刹那：*Der Ertrinkende wurde im letzten A. gerettet* 溺水者在最后一刹那得救了

au·gen·blick·lich *Adj*（形）**1.** *nur attr od adv*（只作定语或状语）；in diesem Augenblick, zurzeit 一瞬间的，此刻的，眼下的 ≈ derzeitig, momentan：*Sein augenblicklicher Gesundheitszustand ist gut* 他眼下的健康状况良好；*A. ist die Lage sehr schlecht* 目前局势很糟 **2.** *nur adv*（只作状语）；ohne Zeit zu verlieren 立刻，立即 ≈ sofort：*Verlassen Sie a. den Raum!* 请您马上离开这里！

Au·gen·höh·le *die*；der Teil des Kopfes, in dem das Auge liegt 眼窝，眼眶

Au·gen·maß *das*；*nur Sg*（只用单数）**1.** die Fähigkeit, bestimmte Entfernungen od. Mengen zu schätzen 目测力〈ein gutes A. haben 目测力好；etw. nach (dem) A. schätzen 根据目测估计某事〉**2.** die Fähigkeit, e-e Situation einzuschätzen 估计，预测，判断：*Er hat nicht das richtige A. für diese schwierige Situation* 对这一困难局面他没有做出准确预测

Au·gen·merk *das*；-(e)s；*nur Sg*（只用单数）≈ Aufmerksamkeit 〈sein A. auf j-n/etw. richten, lenken, konzentrieren 把注意力放在、引向、集中在某人/某事上〉：*Ihr A. galt besonders den Armen* 他们的注意力特别放在穷人身上

Au·gen·schein *der*；*nur Sg*（只用单数），*geschr*［书］；ein erster, *mst* oberflächlicher Eindruck（最初的）表面印象：*Man soll nicht nach dem A. urteilen* 不应当根据表面印象作出判断 ‖ ID［谚］**j-n/etw. in A. nehmen** *geschr*［书］；j-n/etw. ganz exakt u. kritisch betrachten 察看，审视某人/某事

au·gen·schein·lich *Adj*（形）；*geschr*［书］；auf den ersten Blick sichtbar 显而易见的，明显的，一眼就看出的 ≈ offensichtlich, offenbar：*Hier ist a. ein Verbrechen geschehen* 显然这里发生过犯罪行为

Au·gen·wei·de *die*；-；*nur Sg*（只用单数）；ein sehr schöner Anblick 悦目的景色（景象），令人心旷神怡的景色：*Der Ausblick war e-e wahre A.* 眺望远处景致真是令人心旷神怡

Au·gen·wi·sche·rei *die*；-，-*en*；*pej*［贬］；der Versuch, etw. Negatives positiver darzustellen, als es ist（遮）障眼法

Au·gen·zeu·ge *der*；j-d, der ein Geschehen selbst gesehen hat u. darüber etw. aussagen kann 目击者，见证人：*A. e-s Verbrechens werden* 成为一件犯罪事件的见证人 ‖ K-（复合）：**Augenzeugen-, -bericht** ‖ *hierzu*（派生）**Au·gen·zeu·gin** *die*

au·gen·zwin·kernd *Adj*（形）；*mst adv*（多作状语）；mit e-r schnellen Bewegung des Auges, das man (mehrmals) kurz schließt, um so j-m zu signalisieren, dass man etw. anders meint, als es gesagt wurde, od. dass man auf seiner Seite ist 使眼色的，眨眼示意的

-äu·gig *im Adj*, *begrenzt produktiv*（构成形容词，构词有限）；mit der genannten Art od. Zahl von Augen, mit der genannten Augenfarbe … 眼睛的（与方式、数量、颜色连用）；

blauäugig*, *braunäugig*, *grünäugig*, *rotäugig *usw*; ***großäugig*, *helläugig*, *scharfäugig*, *schlitzäugig*, *einäugig*, *kuhäugig*, *rehäugig***

Au·gust[1] *der*; *-(e)s/-, -e*; *mst Sg*(多用单数); der achte Monat des Jahres 八月; *Abk* 缩写 Aug. 〈im A.(在)八月份; Anfang, Mitte, Ende A.八月初、中、底; am 1, 2, 3 A.(在)八月一日,二日,三日〉

Au·gust[2] *der*; *-s/-, -e*; *mst* 多用于 ***ein dummer A***. ein Clown im Zirkus (der so tut, als ob er dumm sei)(马戏团的)小丑,丑角

Auk·ti·on [-ˈtsi̯oːn] *die*; *-, -en*; e-e Veranstaltung, bei der Waren an denjenigen verkauft werden, der das meiste Geld dafür bietet 拍卖≈ Versteigerung: *e-e A. für alte Möbel* 拍卖旧家具 ‖ -K(复合): ***Bilder-*, *Kunst-*, *Vieh-***

Au·la *die*; *-, Au·len/Au·las*; ein großer Saal (*bes* in Schulen) für Veranstaltungen od. Versammlungen 大礼堂: *die Weihnachtsfeier in der A. abhalten* 在大礼堂举行圣诞节庆祝会

Au-pair-Mäd·chen, Au·pair·mäd·chen [oːˈpɛːɐ-, oːˈpɛːr-] *das*; ein junge Frau, die im Ausland *mst* in e-m Haushalt arbeitet, um Sprache u. Land kennenzulernen 帮工女生,帮工姑娘(为学习语言,了解国情而到国外一个家庭帮工,对方只供食宿及零用钱): *Nach dem Abitur ging sie als A. nach Paris* 高中毕业后她作为帮工生前往巴黎

aus[1] *Präp*(介); *mit Dat*(支配三格) **1.** verwendet zur Bezeichnung e-r Bewegungsrichtung von innen nach außen(表示由里向外)从…里出来,从…里出去: *den Bleistift aus der Schublade nehmen* 从抽屉里取铅笔 **2.** verwendet zur Bezeichnung e-r Bewegungsrichtung von e-m Ausgangspunkt weg(表示从一起点)离开、离去: *j-m ein Buch aus der Hand reißen* 从某人手中抢走一本书 **3.** verwendet, um anzugeben, woher j-d/etw. kommt od. stammt(表示来源出处)出身于,来源于: *Er kommt aus Sizilien* 他来自西西里 **4.** verwendet zur Bezeichnung des Materials, mit dem etw. gemacht wird(表示材料的组成)用…做的: *Die Kette ist aus Gold* 这串项链是金的(金制的); *aus verschiedenen Zutaten e-n Kuchen backen* 用不同佐料烘烤点心 **5.** verwendet, um e-n Teil e-s Ganzen zu bezeichnen(表示整体的一部分)来自…,出自…,…中的一部分: *e-e Auswahl aus Dürers Gemälden* 丢勒油画作品中的精选部分; *Einer aus der Klasse fehlt* 班里有一个学生缺席 **6.** verwendet zur Bezeichnung e-s Grundes od. e-r Ursache(表示原因,动机)由于,出于: *aus Angst lügen* 由于害怕而说谎; *Aus welchem Grund hast du das gesagt?* 你是出于什么缘由说这些话的? **7.** verwendet zur Bezeichnung des Zustandes am Beginn e-r Veränderung od. Verwandlung(表示变化起始时的状态)由…变成,由…产生: *Aus der Raupe wird ein Schmetterling* 由幼虫变成蝴蝶 **8.** verwendet zur Bezeichnung e-r Distanz(表示距离)离,距,相距: *etw. aus weiter Ferne hören* 听见离很远的地方传来的声响; *etw. aus e-r Entfernung von 100 Metern erkennen* 认出远离 100 米的东西 **9.** verwendet, um anzugeben, von welcher Zeit etw. stammt(表示时间的起始)始于,源于… ≈ von: *e-e Verordnung aus dem Jahr 1890* 源于 1890 年的规定; *ein Foto aus seiner Kinderzeit* 儿童时期的照片 **10.** ***aus ... heraus*** mit Pronomen od. mit unbestimmtem Artikel verwendet, um die inneren Beweggründe für j-s Handlung zu bezeichnen 由于…缘故,出于(与代词或不定冠词连用,表示行为的动机) ≈ aus (6): *Aus e-r Laune heraus lud er alle seine Freunde in die Kneipe ein* 他因心血来潮而约请所有他的朋友下酒馆 **11.** ***von ... aus*** verwendet, um den Punkt zu nennen, von dem e-e Bewegung od. Richtung ausgeht 从…出发: *Von Berlin aus flogen wir nach Hamburg* 我们从柏林出发飞往汉堡 **12.** ***von mir / ihm / ihr aus*** *gespr*(口); j-d hat nichts dagegen 就我/他/她而言,依我/他/她看可以: „*Kann ich hier rauchen?*" – „*Von mir aus.*" "我可以在这儿抽烟吗?"——"我不反对" ‖ NB(注意): statt *aus was* verwendet man *woraus* (用 *woraus* 代替 *aus was*)

aus[2] *Adv*(副); **1.** verwendet, um j-n aufzufordern, etw. außer Funktion zu setzen(要求)结束,停止,关掉 ↔ an: *Licht aus!* 关灯!(熄灯!); *Den Motor aus!* 关上马达!(停机!) **2.** ***etw. ist aus*** *gespr* [口] etw. ist zu Ende od. vorbei(物作主语)结束,完了: *Um zwölf Uhr ist die Schule aus* 十二点放学; *Das Spiel ist aus, wenn einer zwanzig Punkte hat* 倘若有一个人得满 20 分,这一盘就算结束 **3.** ***etw. ist aus*** *gespr* [口] etw. brennt nicht mehr(物作主语)火灭了,着不了了〈das Feuer, die Kerze 火,蜡烛〉 **4.** ***etw. ist aus*** *gespr*[口] etw. ist nicht in Betrieb od. nicht eingeschaltet(物作主语)关着的,没开 ↔ etw. ist an〈elektrische Geräte: das Radio, der Staubsauger *usw* 电器:收音机,吸尘器等〉 **5.** ***j-d ist aus*** *gespr* [口] j-d ist irgendwohin ausgegangen(人作主语)出去,外出: *Gestern Abend waren wir aus. Wir waren im Theater* 昨晚我们出去看戏去了 **6.** ***etw. ist aus*** SPORT【体】 *gespr* [口]; etw. ist außerhalb der Grenzen des Spielfelds(物作主语)出界,出线〈der Ball 球〉 **7.** ***auf etw.*** (*Akk* 四格) ***aus sein*** *gespr*[口] etw. sehr gern haben od. erreichen wollen 渴望,追求,喜欢: *auf Abenteuer aus sein.* 喜欢冒险; *Er ist* darauf *aus, immer der Erste* zu *sein* 他一心想永当第一; **8.** ***mit j-m / etw. ist es aus*** *gespr*[口] für j-n/etw. gibt es keine Rettung mehr 某人/某事完了,没希望了 **9.** ***mit j-m*** (*Sg/Pl* 单/复)/ ***zwischen j-m*** (*Pl* 复) ***ist es aus*** e-e Liebesbeziehung od. Freundschaft ist beendet 与某人的恋爱关系或友谊破裂了,一刀两断了,吹了 **10.** ***Es ist aus*** (***u. vorbei***) ***mit etw.*** *gespr*[口]; etw. ist definitiv zu Ende od. gescheitert 完了,吹了,没希望了,没戏了: *Mit meiner Gutmütigkeit ist es jetzt endgültig aus!* 现在我再也容忍不下去了! *Ohne das Geld ist es aus u. vorbei mit unseren reiseplänen* 没有钱我们的旅行计划没希望了 ‖ ID[谚] ***weder aus noch ein wissen*** nicht mehr wissen, was man tun soll 进退两难,一筹莫展

Aus *das*; -; *nur Sg*（只用单数）**1.** SPORT【体】; der Raum, der außerhalb des Spielfeldes liegt 界外，出界〈den Ball ins Aus schießen 将球射出界外〉**2.** *gespr*［口］; das Ende e-s Zustands 结束，终结，了结〈für j-n/etw. kommt das Aus 对某人/某事快完了; etw. ist das Aus für j-n/etw. 某事对某人/某事来说意味着了结了〉

aus- *im Verb, betont u. trennbar, sehr produktiv*（构成动词，重读并可分，构词强）; Die Verben mit *aus-* werden nach folgendem Muster gebildet（aus-动词的模式如下）: *ausschreiben – schrieb aus – ausgeschrieben*

1. *aus-* drückt aus, dass etw. nach außen kommt od. gebracht wird（表示出去，出来，弄出去，弄出来）≈ hinaus-, heraus- ↔ hinein-, herein-;

etw. aus etw. auspressen: *Sie presste den Rest der Zahnpasta aus der Tube aus* 她把剩余的牙膏从牙膏管里挤了出来≈ Sie drückte so kräftig auf die Tube, dass die Zahnpasta nach außen kam

ebenso（同类词有）:（***etw.***）***ausatmen***, ***etw. aus etw. ausgießen***, ***etw. aus etw. ausgraben***,（***etw. aus etw.***）***ausladen***, ***etw. aus etw. ausleeren***, ***etw. aus etw. auslöffeln***, ***etw. aus etw. auspumpen***,（***etw. aus etw.***）***ausräumen***, ***etw. aus etw. aussaugen***, ***etw. aus etw. ausschaben***, ***etw. aus etw. ausschöpfen***, ***etw. aus etw. ausschütten***, ***etw. aus etw. auswickeln***

2. *aus-* drückt aus, dass etw. leer gemacht wird（表示弄净，弄空）;

etw. auspressen: *Sie presste e-e Orange aus* 她把桔子的汁挤干了 ≈ Sie drückte so lange auf die Orange, bis kein Saft mehr darin war

ebenso（同类词有）:〈ein Ei 蛋〉***ausblasen***, ***etw. ausgießen***, ***etw. auskippen***, ***etw. auskratzen***, ***etw. ausladen***, ***etw. auslecken***, ***etw. ausleeren***, ***etw. auslöffeln***, ***etw. auspumpen***, ***etw. ausquetschen***, ***etw. ausräumen***, ***etw. aussaugen***, ***etw. ausschaben***, ***etw. ausschöpfen***, ***etw. ausschütten***,（***etw.***）***austrinken***

3. *aus-* drückt aus, dass ein Gerät außer Funktion gesetzt wird od. dass ein Feuer, eine Flamme *o. Ä.* nicht mehr brennt（表示关机或熄火）↔ ein-;

etw. ausschalten: *Er schaltete die Kaffeemaschine aus* 他把咖啡机关上了 ≈ Er drückte auf den Knopf, sodass die Kaffeemaschine nicht mehr in Funktion war

ebenso（同类词有）: ***etw. ausblasen***, ***etw. ausdrehen***, ***etw. geht aus***, ***etw. ausknipsen***, ***etw. auslöschen***, ***etw. ausmachen***, ***etw. auspusten***, ***etw. austreten***

4. *aus-* drückt aus, dass etw. sehr gründlich u. intensiv od. bis zum Schluss getan wird（表示彻底完成）;

etw. ausdiskutieren: *Das Problem ist noch nicht ausdiskutiert* 问题尚未彻底讨论清楚≈ Das Problem muss noch gründlich diskutiert werden

ebenso（同类词有）:〈ein Vogel 鸟〉***brütet etw. aus***, ***etw. ausformulieren***, ***etw. ausheilen***/***etw. heilt aus***, ***ausschlafen***, ***sich austoben***, ***etw. austüfteln***

5. *aus-* drückt aus, dass etw. in mehrere Richtungen geht（表示分散，分发，分送）;

etw. ausfahren: *Er fährt für e-e Brauerei Getränke aus* 他驾车外出为一家酿造厂分送饮料≈ Er fährt die Getränke zu den Leuten

ebenso（同类词有）: ***etw. ausstreuen***, ***etw. austragen***

aus.ar.bei.ten（*hat*）Vt（及物）***etw. a.*** etw., das als Entwurf od. Plan schon vorhanden ist, bis ins Detail fertig machen 使完善，修订，润色（草稿或计划）‖ *hierzu*（派生）**Aus·ar·bei·tung** *die*

aus.ar.ten; *artete aus, ist ausgeartet*; Vi（不及物）***etw. artet***（***in etw.***（*Akk* 四格）/***zu etw.***）***aus*** *pej*［贬］; etw. wird zu etw., das nicht gut ist（物作主语）变为，酿成（坏事）: *Die Geburtstagsfeier artete in ein Trinkgelage aus* 生日聚会变成了一次大吃大喝

aus.at.men（*hat*）Vt/i（及物/不及物）（***etw.***）***a.*** Luft durch Nase od. Mund nach außen strömen lassen 呼气，呼出 ↔ einatmen〈tief, hörbar a. 深深地、有声音地呼气〉

aus.ba.den（*hat*）Vt（及物）***etw. a.***（***müssen***）*gespr*［口］; die unangenehmen Folgen von etw. tragen（müssen）不得不承担…的不良后果〈die Fehler, Versäumnisse e-s anderen a. 承担他人的错误、过失〉

aus.bag.gern（*hat*）Vt（及物）**1.** ***etw. a.*** ein Loch in den Boden baggern 挖掘，挖坑〈e-e Baugrube a. 挖出一个基坑〉**2.** ***etw. a.*** etw. mithilfe e-s Baggers größer od. tiefer machen 疏浚〈das Flussbett a. 疏浚河床〉≈ ausheben（1）‖ *hierzu*（派生）**Aus·bag·ge·rung** *die*

aus.ba.lan.cie.ren; *balancierte aus, hat ausbalanciert*; Vt（及物）〈Dinge 物〉***a.*** Dinge in den Zustand des Gleichgewichts bringen od. im Gleichgewicht halten 使平衡，使均衡〈Gewichte, Kräfte a. 平衡重量、力量〉‖ *hierzu*（派生）**Aus·ba·lan·cie·rung** *die*; *mst Sg*（多用单数）

aus.bau.en（*hat*）Vt（及物）**1.** ***etw. a.*** ein Teil aus etw. mithilfe von Werkzeug entfernen 拆出，拆卸〈e-n Motor a. 拆卸马达〉**2.** ***etw. a.*** etw. erweitern, vergrößern u. verbessern 扩建，加大，改进〈das Straßennetz, seine Machtposition, e-n Vorsprung, die gegenseitigen Beziehungen a. 扩建道路网，扩大其权力（地位）、优势，发展相互关系〉**3.** ***etw.***（***zu etw.***）***a.*** etw. durch Bauen verändern 改建（成）: *die alte Fabrik zu e-m Museum a.* 将一个旧厂改建成博物馆; Vt/i（及物/不及物）**4.**（***etw.***）***a.*** ein Haus（od. Teile davon）größer machen 扩建（住房）: *Wir wollen nächstes Jahr a.* 明年我们要扩建我们的住宅 **5.**（***etw.***）***a.*** e-e noch ungenutzte Wohnfläche bewohnbar machen 把…改造、改建（成住房）〈den Keller, das Dach a. 把地下室、屋顶改成住房〉‖ *hierzu*（派生）**Aus·bau** *der*; *nur Sg*

(只作单数); *zu*（义项）**2. aus·bau·fä·hig** *Adj*（形）; *nicht adv*（不作状语）

aus·bei·ßen（*hat*）[Vt]（及物）**1. sich**（*Dat* 三格）**e-n Zahn a.** auf etw. Hartes beißen u. dabei e-n Zahn abbrechen 咬掉牙齿,（咬硬物）将牙硌掉; [Vimp]（无人称）**2.** *mst* 多用 **Da/Jetzt beißts**（**bei j-m**）**aus** *südd gespr*［南德］［口］; das geht nicht od. das kann/weiß j-d nicht 这事（某人）不行,啃不动,不懂

aus·bes·sern（*hat*）[Vt]（及物）**etw. a.** beschädigte Stellen e-r Sache reparieren 修理,修补,修好〈Wäsche, das Dach, den Straßenbelag a. 修补内衣、房顶,修整街道路面〉‖ *hierzu*（派生）**Aus·bes·se·rung** *die*

aus·beu·len; *beulte aus*, *hat ausgebeult*; [Vt]（及物）**etw. a.** Beulen aus etw. entfernen（将碰撞引起的凹凸处）弄平,整平〈e-e Autotür a. 将小汽车车门整平〉‖ *hierzu*（派生）**Aus·beu·lung** *die*

Aus·beu·te *die*; *mst Sg*（多用单数）; der Ertrag od. Gewinn aus e-r Leistung od. e-r Arbeit 收获,收益,利润〈e-e geringe, reiche, wissenschaftliche A. 微薄的,丰富的,科学上的收获〉

aus·beu·ten; *beutete aus*, *hat ausgebeutet*; [Vt]（及物）**1. j-n a.** von j-m Leistungen verlangen od. erzwingen, damit man selbst davon profitiert, od. ohne sie angemessen zu bezahlen 剥削,榨取〈j-n schamlos, skrupellos a. 无耻地、肆无忌惮地剥削某人〉**2. etw. a.** etw. völlig ausnutzen, abbauen u. verbrauchen 充分利用,开采,开发: *natürliche Vorräte an Wasser, Erdöl a.* 充分利用天然的水、油资源; *Rohstoffe a.* 开发原料 ‖ *hierzu*（派生）**Aus·beu·tung** *die*; *zu*（义项）**1. Aus·beu·ter** *der*; *-s*, *-*; **Aus·beu·te·rin** *die*; *-*, *-nen*

aus·be·zah·len; *bezahlte aus*, *hat ausbezahlt*; [Vt]（及物）**1.**（**j-m**）**etw. a.** ≈ auszahlen (1) **2. j-n a.** ≈ auszahlen (2)〈e-n Erben, e-n Teilhaber 遗产继承者,合伙人〉‖ *hierzu*（派生）**Aus·be·zah·lung** *die*

aus·bil·den（*hat*）[Vt]（及物）**1. j-n/sich**（**zu etw./als etw.**）**a.**（j-n）in e-m Beruf unterrichten 培训,培养（成）〈e-n Lehrling a. 培训学徒; j-n zum Facharbeiter a. 将某人培养成技工; sich als Schauspieler a. lassen 接受演员培训〉**2. etw. a.** e-e Fähigkeit trainieren od. schulen 训练,发展,造就〈sein Talent, seine Stimme a. 发展自己的才华,训练自己的嗓音〉**3. etw. bildet etw. aus** etw. bekommt od. entwickelt etw.（物作主语）形成,长出,发出〈e-e Pflanze bildet Triebe, Wurzeln, Knospen aus 植物生出嫩枝、根、芽〉; [Vr]（反身）**4. etw. bildet sich aus** etw. entsteht allmählich（物作主语）产生,发展起来: *ein Talent*, *e-e Blüte bildet sich aus* 一位才华出众者脱颖而出; 一朵花开起来了 ‖ *zu*（义项）**1. Aus·bil·der** *der*; *-s*, *-*; **Aus·bil·de·rin** *die*; *-*, *-nen*

Aus·bil·dung *die*; *mst Sg*（多用单数）**1.** das Vorbereiten e-s Menschen auf seinen zukünftigen Beruf（职业）训练,培训,教育〈sich in der A. befinden 正在接受职业培训〉‖ K-（复合）: **Ausbildungs-**, **-beruf**, **-firma**, **-kosten**, **-maßnahmen**, **-platz**, **-stelle**, **-zeit** ‖ -K（复合）: **Berufs-**, **Spezial-** **2.** das, was man während der Vorbereitung auf den Beruf lernt（在职业培训中）受的教育,受的培养〈e-e gründliche, solide, künstlerische A. erhalten 获得全面的、坚实的、艺术上的培训（教育）〉**3.** das Entstehen 产生,形成,发展 ≈ Entwicklung: *die A. von Knospen*, *Blättern* 幼芽、嫩叶的形成

aus·bit·ten（*hat*）[Vt]（及物）**1. sich**（*Dat* 三格）**etw. a.** etw. energisch, mit Nachdruck verlangen 坚决要求〈sich Ruhe a. 坚决请求安静〉**2. sich**（*Dat* 三格）**etw. a.** *geschr*［书］; um etw. bitten 请求给予〈sich Bedenkzeit a. 请求给予考虑时间〉‖ ID［谚］*mst* 多用 **Das möchte ich mir ausgebeten haben!** das erwarte ich, das verlange ich 这正是我所期望的（要求的）! 正中下怀!

aus·bla·sen（*hat*）[Vt]（及物）**etw. a.** etw. Brennendes durch Blasen auslöschen 吹灭,吹熄〈ein Streichholz, e-e Kerze a. 吹熄火柴、蜡烛〉

aus·blei·ben（*ist*）[Vi]（不及物）**1. etw. bleibt aus** etw. trifft (entgegen der Regel, der Erwartung) nicht ein（物作主语）未出现,未应验,未果,落空: *Die erhoffte Besserung blieb aus* 没有取得预期的好转; *Es blieb nicht aus*, dass *der Betrug entdeckt wurde* 骗局得到揭露 **2.** nicht mehr eintreffen od. erscheinen 缺席,没有来,不来了〈die Gäste, die Kunden 客人,顾客〉**3.** nicht nach Hause kommen 出门未归〈lange, die Nacht über a. 长时间没回家（不回家）,通宵未归〉

aus·blei·chen[1]; *blich aus*, *ist ausgeblichen/ausgebleicht*; [Vi]（不及物）**etw. bleicht aus** etw. verliert an (Intensität der) Farbe（物作主语）褪色 ≈ etw. verblasst〈die Gardine, der Stoff 窗帘,料子〉

aus·blei·chen[2]; *bleichte aus*, *hat ausgebleicht*; [Vt]（及物）**etw. bleicht etw. aus** etw. bewirkt, dass etw. seine Farbe verliert（物作主语）使褪色: *Die Sonne hat den Stoff ausgebleicht* 阳光把料子晒褪色了

aus·blen·den（*hat*）[Vt]（及物）**1. etw. a.** Ton u./od. Bild aus e-r Sendung herausnehmen 使渐隐,结束（声像的）播送 ↔ einblenden: *Gegen Ende der Übertragung wurde die Musik ausgeblendet* 播音结束时音乐渐渐消失; [Vr]（反身）**2. sich**（**aus etw.**）**a.** sich aus e-r laufenden Sendung ausschalten 中断播送 ‖ *hierzu*（派生）**Aus·blen·dung** *die*

Aus·blick *der* **1. ein A.**（**auf**, **über etw.**（*Akk* 四格））das Bild, das sich j-m von e-m *mst* erhöhten Standpunkt aus bietet 眺望,远眺（景色）≈ Aussicht〈e-n herrlichen A. haben 眺望美景; ein A. auf die Stadt 眺望（远眺）城市景色〉**2. ein A.**（**auf etw.**（*Akk* 四格））≈ Vorschau: *ein A. auf die kommende Theatersaison* 展望即将来临的戏剧演出旺季

aus·bli·cken（*hat*）[Vi]（不及物）**nach j-m/etw. a.** ≈ nach j-m/etw. ausschauen (1)

aus·blu·ten [Vi]（不及物）**1. ein Tier blutet aus**

(*ist*) ein Tier blutet so lange, bis kein Blut mehr im Körper ist(动物作主语)血流尽,血流光 ‹das geschlachtete Huhn, das Schwein 宰杀的鸡,猪› **2. etw. blutet aus** (*hat*) etw. hört auf zu bluten (物作主语)不流血了,停止流血‹die Wunde 伤口›

aus·boo·ten; *bootete aus*, *hat ausgebootet*; [Vt](及物) **j-n a.** *gespr*[口]; j-n aus seiner Position od. Stellung verdrängen 把…排挤掉,撵走: *Er hat seinen Konkurrenten ausgebootet* 他将他的竞争者排挤掉了

aus·bor·gen (*hat*) [Vt](及物) ≈ ausleihen

aus·bre·chen [Vt] (及物) (*hat*) **1.** (**j-m/sich**) **etw. a.** etw. aus etw. herausbrechen 磕掉,折断‹sich e-n Zahn a. 磕掉一颗牙›; [Vi](不及物) (*ist*) **2.** (**aus etw.**) **a.** sich (oft mit Gewalt) aus e-r unangenehmen Situation befreien 挣脱,奋力逃脱‹aus dem Gefängnis, aus e-m Käfig a. 越狱,从笼中逃跑›: *Ein Tiger brach aus dem Zoo aus* 一只老虎从动物园逃跑了 **3. etw. bricht aus** etw. beginnt od. entsteht plötzlich u. heftig (物作主语)爆发,突然发生 ‹Feuer, Jubel, ein Krieg, e-e Hungersnot, e-e Panik, e-e Krankheit, e-e Seuche 火灾,欢呼,战争,饥荒,恐惧,疾病,瘟疫› **4. in etw.** (*Akk* 四格) **a.** plötzlich heftige Gefühlsäußerungen zeigen 突发(某种情绪)‹in Lachen, Tränen, Geschrei, Jubel a. 放声大笑,嚎啕大哭,纵情喊叫,突然欢呼› **5. ein Vulkan bricht aus** ein Vulkan schleudert plötzlich Lava u. Gesteinsbrocken heraus 火山爆发 ‖ ▶ **Ausbruch**

Aus·bre·cher *der*; *-s*, *-*; ein Gefangener, der sich mit Gewalt aus dem Gefängnis befreit (hat)越狱犯,逃犯 ‖ *hierzu* (派生) **Aus·bre·che·rin** *die*; *-*, *-nen*

aus·brei·ten (*hat*) [Vt](及物) **1. etw.** (*Kollekt od Pl* 集合或复数) **a.** Gegenstände übersichtlich nebeneinander hinlegen (um sie j-m zu zeigen) 摆开,展开,展示‹Geschenke, Waren a. 展示礼品、商品› **2. etw. a.** etw. auseinanderfalten u. offen (vor j-n) hinlegen 铺开,打开,摊开‹e-n Plan, e-e Decke a. 把图纸、被子打开›: *Er breitete die Straßenkarte auf dem Boden aus* 他将街道交通图铺在地板上 **3. etw.** (**vor j-m**) **a.** (j-m) etw. ausführlich schildern 详细讲述,陈述,详谈,铺叙‹seine Probleme, Gedanken, Sorgen a. 讲述自己的问题、想法、忧虑› **4. etw. a.** etw. weit nach außen strecken 伸开,张开‹j-d breitet die Arme aus 某人伸开双臂; ein Vogel breitet die Flügel aus 鸟展开翅膀› **5. etw. a.** e-e Anschauung od. Idee vielen Menschen bekannt machen 传播 ‹e-e Lehre, e-e Religion a. 传播学说、宗教›; [Vr] (反身) **6. etw. breitet sich aus** etw. wird immer größer u. bedeckt schließlich e-e große Fläche (物作主语)蔓延开,扩展开,延伸开,伸展开‹das Feuer, der Nebel, e-e Stadt 火势,雾气,城市› **7. etw. breitet sich aus** etw. ergreift od. betrifft viele Menschen(物作主语)蔓延,广为传播 ‹e-e Unruhe, e-e Seuche 不安,瘟疫› **8. etw. breitet sich aus** etw. wird bei vielen Menschen bekannt u. gewinnt an Einfluss(物作主语)扩展,散播,传播开来 ‹e-e Ideologie, ein Gerücht, e-e Mode 意识形态,谣言,流行款式› ‖ *zu* (义项)**5.-8. Aus·brei·tung** *die*; *nur Sg*(只用单数)

aus·bren·nen (*ist*) [Vi] (不及物) **etw. brennt aus** etw. brennt so, dass der innere Teil völlig zerstört wird(物作主语)烧尽,烧完,烧光 ‹ein Haus, ein Auto 房屋、汽车› ‖ ▶ **ausgebrannt**

aus·brin·gen (*hat*) [Vt] (及物) **1. etw.** (**auf j-n/etw.**) **a.** (oft bei e-r Feier) etw. Positives über j-n/etw. sagen (为…)举杯祝贺(常见于聚会)‹e-n Toast, ein Hoch *o. Ä.* (auf j-n, auf j-s Gesundheit) a.(为某人、某人的健康)祝酒,举杯,干杯等› **2. etw. a.** etw. auf Feldern u. Wiesen verteilen 撒,播撒‹Dünger a. 撒肥料› ‖ *zu* (义项) **2. Aus·brin·gung** *die*; *mst Sg*(多用单数)

Aus·bruch *der* **1. der A.** (**aus etw.**) die gewaltsame (Selbst)Befreiung *mst* aus dem Gefängnis(多指越狱)潜逃,逃跑: *e-n A. bemerken*, *vereiteln* 发觉,挫败越狱行动 ‖ K-(复合): **Ausbruchs-**, **-versuch 2.** *nur Sg*(只作单数); der plötzliche, heftige Beginn von etw. 爆发,突然发作‹der A. e-s Krieges, e-r Krankheit 战争的爆发,疾病的突发› ‖ -K(复合): **Kriegs- 3.** das (explosionsartige) Herausschleudern von Lava 火山爆发 ≈ Eruption ‖ -K(复合): **Vulkan- 4.** e-e spontane, heftige Reaktion des Gemüts(情绪的)发作,爆发 ‖ -K(复合): **Freuden-**, **Gefühls-**, **Temperaments-**, **Wut- 5. etw. kommt zum A.** etw. beginnt plötzlich 某事突然爆发了≈ etw. bricht aus (3)

aus·brü·ten (*hat*) [Vt](及物) **1. ein Vogel brütet etw. aus** ein Vogel sitzt auf befruchteten Eiern, bis sich junge Vögel entwickelt haben(鸟作主语)孵化,孵出: *Die Henne hat sechs Küken ausgebrütet* 母鸡孵出六只小鸡 **2. etw. a.** *gespr*[口]; sich etw. ausdenken 策划,琢磨,谋划 ‹e-n Plan, Unsinn a. 策划一个计划、恶作剧› **3. etw. a.** *gespr*; kurz vor e-r ansteckenden Erkrankung sein 要得…病,快要生病了‹e-e Grippe a. 要患流感›

Aus·buch·tung *die*; *-*, *-en*; die Stelle, an der etw. nach außen gewölbt ist 隆起、鼓起部位,曲折度,不平度: *e-e A. der Straße* 街道的隆起部分 ‖ ▶ **Bucht**

aus·bud·deln (*hat*) [Vt] (及物) **etw. a.** *gespr* [口] ≈ ausgraben (1)

aus·bü·geln (*hat*) [Vt] (及物) **etw. a.** *gespr* [口]; etw., das man falsch gemacht hat (bzw. nicht hätte tun sollen), korrigieren od. wiedergutmachen 把…处理好,搞好,改正 ‹e-n Fehler a. 改正错误›

aus·bu·hen (*hat*) [Vt](及物) **j-n/etw. a.** *gespr* [口]; durch Rufe zeigen, dass man mit j-m od. seiner Darbietung nicht einverstanden ist 发出奚落…的嘘声,对…喝倒采: *e-n Politiker*, *e-n Sänger a.* 对政界人士、歌唱家喝倒彩

aus·bür·gern; *bürgerte aus*, *hat ausgebürgert*;

Vt (及物) ***j-n a.*** j-m die Staatsbürgerschaft nehmen 取消…的国籍 ↔ einbürgern ‖ *hierzu* (派生) **Aus·bür·ge·rung** *die*

aus·bürs·ten (*hat*) Vt (及物) ***etw. a.*** etw. mit e-r Bürste reinigen 刷干净 〈die Hose, den Mantel a. 刷干净裤子、大衣〉

aus·che·cken (*hat*) Vi (不及物) (***aus etw.***) ***a.*** *bes* am Ende des Aufenthalts in e-m Hotel das Zimmer räumen u. den Schlüssel zurückgeben 结账 〈aus e-m Hotel a. 结清账单离开旅馆〉

Aus·dau·er *die*; *nur Sg* (只用单数) **1.** der beständige Eifer u. die Geduld, mit denen man etw. tut 毅力, 坚韧不拔, 坚持不懈: *seinen Hobbys mit großer A. nachgehen* 以极大的毅力坚持业余爱好 **2.** SPORT【体】; die Fähigkeit, den Körper lange anzustrengen, ohne müde zu werden 耐力: *Ein Marathonläufer braucht viel A.* 马拉松长跑运动员需要很强的耐力 ‖ K-(复合): ***Ausdauer-, -training*** ‖ *hierzu* (派生) **aus·dau·ernd** *Adj* (形)

aus·deh·nen (*hat*) Vt (及物) **1.** ***etw. a.*** die Länge, Fläche od. das Volumen e-r Sache größer machen 使膨胀, 扩大, 延长, 扩展: *ein Gummiband, ein Gebiet a.* 抻长橡皮带, 扩大地区 **2.** ***etw.*** (***auf j-n / etw.***) ***a.*** etw. vergrößern u. auf andere Menschen od. Bereiche erweitern 使扩大到, 使扩展到 〈seinen Einfluss (auf andere Menschen) a. (向别人)扩大自己的影响〉: *die Untersuchungen auf andere Themen a.* 将调研扩展到其他课题 **3.** ***etw. a.*** etw. zeitlich verlängern 延长(时间) 〈e-n Besuch, e-n Aufenthalt a. 延长访问、逗留期〉: *ausgedehnte Spaziergänge* 长时间的散步; Vr (反身) **4.** ***etw. dehnt sich aus*** etw. bekommt e-n größeren Umfang, ein größeres Volumen (物作主语) 扩大, 扩展, 膨胀: *Luft dehnt sich bei Erwärmung aus* 空气遇热会膨胀 **5.** ***etw. dehnt sich*** (***irgendwo / irgendwohin***) ***aus*** etw. erstreckt sich irgendwo (hin), etw. reicht über etw. hinweg (物作主语) 延伸, 扩展: *Ein Tief dehnt sich über Südeuropa aus* 一个低压区一直延伸至南欧 ‖ *hierzu* (派生) **Aus·deh·nung** *die*

aus·den·ken (*hat*) Vt (及物) (***sich*** (*Dat* 三格)) ***etw. a.*** etw. durch (intensives) Überlegen (er)finden od. planen 想出, 考虑出 ≈ ersinnen 〈(sich) e-e Geschichte, e-e Überraschung a. 想出一个故事、令人惊喜的一招〉 ‖ ID [谚] ***etw. ist nicht auszudenken*** etw. ist so schlimm, dass man kaum daran zu denken wagt 某事糟得不敢想: *Die Folgen e-r Klimaveränderung sind nicht auszudenken* 气候变化的后果不敢想象; *mst* 多用 ***Da musst du dir*** (***schon***) ***etw. anderes a.*** *gespr* [口]; deine Argumente überzeugen mich nicht 你还得想出点新招来(否则说服不了我)

aus·dis·ku·tie·ren; *diskutierte aus, hat ausdiskutiert*; Vt (及物) ***etw. a.*** so lange über etw. diskutieren, bis man zu e-m abschließenden Ergebnis kommt 彻底讨论, 通过讨论弄清楚 〈ein Problem, ein Thema a. 彻底讨论一个问题、题目〉

aus·dor·ren; *dorrte aus, ist ausgedorrt*; Vi (不及物) ***etw. dorrt aus*** etw. wird durch starke, ständige Hitze völlig trocken (物作主语) 干涸, 干枯, 变干

aus·dör·ren Vt (及物) (*hat*) **1.** ***etw. dörrt etw. aus*** etw. macht etw. ganz trocken od. dürr (物作主语) 使干涸, 使干透, 使干旱: *Die Hitze hat die Felder ausgedörrt* 炎热使田地干涸了; Vi (不及物) (*ist*) **2.** ***etw. dörrt aus*** ≈ etw. dorrt aus

aus·dre·hen (*hat*) Vt (及物) ***etw. a.*** durch Drehen e-s Schalters od. e-s Knopfes bewirken, dass kein Wasser, Strom od. Gas mehr fließt 把…(水、电、煤气)关掉, 拧上

Aus·druck[1] *der*; -(*e*)*s*, *Aus·drü·cke* ein gesprochenes od. geschriebenes Wort od. e-e feste Wendung 表达, 用词, 措词 〈ein mundartlicher, passender, treffender A. 方言的、恰当的、中肯的表达; nach dem richtigen A. suchen 寻找适当的措词; e-n A. gebrauchen 使用一种表达〉: *„Pennen" ist ein umgangssprachlicher A. für „schlafen"* "pennen"是"schlafen"的口语的表达方式

Aus·druck[2] *der*; -(*e*)*s*; *nur Sg* (只用单数) **1.** die künstlerische Wirkung, die j-d erzielt, wenn er ein Musikstück, ein Gedicht *o. Ä.* vorträgt (艺术的) 表现力, 艺术效果: *ein Lied mit viel A. vortragen* 富于表现力地演唱一首歌 **2.** der sprachliche Stil, die Art u. Weise, sich zu äußern 语言风格, 表达方式 ≈ Ausdrucksweise 〈Gewandtheit im A. besitzen 在语言风格上文笔流畅〉 **3.** *geschr* [书]; ***ein A.*** + *Gen* (二格) das, wodurch sich *bes* ein Gemütszustand od. e-e Eigenschaft zeigt 表露, 流露(情感或特点) 〈mit dem A. des Bedauerns 表示遗憾地〉: *Sein Verhalten ist A. seiner Gleichgültigkeit* 他的态度表现出漠不关心 **4.** *mst* die emotionalen Regungen, die sich in j-s Gesicht widerspiegeln 表情 〈ein fröhlicher, leidender, zufriedener A. 愉快的、痛苦的、满意的表情; ein A. von Hass 憎恨的表情; ein Gesicht ohne A. 一张毫无表情的脸〉 **5.** ***etw. zum A. bringen*** *geschr* [书]; etw. äußern, ausdrücken[2] (3) 表示, 表明, 说出, 表达出 **6.** ***etw. kommt*** (***in etw.*** (*Dat* 三格)) ***zum A.*** etw. zeigt sich, etw. wird deutlich (物作主语) (用…, 在…中) 表达出来 ≈ etw. drückt sich in etw. aus[2] (5): *Seine Meinung kommt in seinem Verhalten deutlich zum A.* 他的意见在他的态度中清楚地反映出来 **7.** ***etw.*** (*Dat* 三格) ***A. geben / verleihen*** *geschr* [书]; etw. klar ausdrücken[2] (1) 表示, 表达 〈seinem Gefühl, seinen Gedanken A. verleihen 表示自己的感情, 表达自己的思想〉 ‖ *zu* (义项) **1.** u. **4.** **aus·drucks·los** *Adj* (形); **aus·drucks·voll** *Adj* (形); *zu* (义项) **1.** u. **2.** **aus·drucks·stark** *Adj* (形)

Aus·druck[3] *der*; -(*e*)*s*, *Aus·dru·cke* die gedruckte Wiedergabe e-s Texts, der im Computer gespeichert ist od. war (电脑文章的) 打印件 ≈ Printout ‖ -K(复合): ***Computer-***

aus·dru·cken (*hat*) Vt (及物) ***etw. a.*** e-n

gespeicherten Text gedruckt wiedergeben 将(储存文章)打印出,打印输出: *e-e Datei a.* 打印出一份资料

aus·drü·cken[1] (*hat*) Vt (及物) **1. etw. a.** etw. durch Drücken od. Pressen (aus etw.) entfernen 挤出,榨出,压出 ≈ auspressen (1): *Saft (aus e-r Zitrone) a.* 挤(柠檬)汁 **2. etw. a.** etw. durch Drücken od. Pressen von e-r Flüssigkeit befreien 挤干,榨干,压干 ≈ auspressen (2) 〈e-e Orange, e-e Zitrone, e-n Schwamm a. 挤干橙子、柠檬、海绵〉 **3. e-e Zigarette a.** die Glut e-r Zigarette durch Drücken löschen 掐灭香烟

aus·drü·cken[2] (*hat*) Vt (及物) **1. etw. (irgendwie) a.** etw. in e-r bestimmten Art sagen od. schreiben 表达,说明,表述 ≈ formulieren: *e-n Sachverhalt verständlich a.* 清楚易懂地说明情况; *die wirtschaftliche Entwicklung in Zahlen a.* 以数据表明经济发展情况 **2. (j-m) etw. a.** j-m sagen od. mitteilen, was man fühlt od. hofft 向…表明(表达)〈(j-m) seine Gefühle, seine Hoffnungen, seine Zuversicht a. 向某人表达自己的感情、希望、信心〉 **3. etw. drückt etw. aus** etw. zeigt *bes* e-n bestimmten Gemütszustand (物作主语)表现出,显露出: *Sein Gesicht drückt Ratlosigkeit aus* 他脸上显出不知所措的神情; Vr (反身) **4. sich irgendwie a.** in bestimmter Weise sprechen od. schreiben 谈话,表达,措词 〈sich gewählt, ungenau a. 措词斟酌,表达含糊不清〉: *Er drückte sich so vage aus, dass ihn niemand verstand* 他讲话含混不清,谁都听不懂 **5. etw. drückt sich in etw. (Dat 三格) aus** etw. wird in etw. sichtbar od. deutlich (物作主语)在…表现出来: *In seiner Haltung drückt sich Aggression aus* 在其举止中表现出寻衅心理

aus·drück·lich *Adj* (形); *nur attr od adv* (只作定语或状语); klar u. deutlich (formuliert), mit besonderem Nachdruck 明确的,特别强调的 ≈ unmissverständlich 〈etw. a. bestimmen, verlangen 明确规定、坚决要求某事; a. um etw. bitten 坚决请求某事; mit ausdrücklicher Erlaubnis 明确允许〉

Aus·drucks·wei·se *die*; der Stil od. die Art u. Weise, wie j-d spricht od. sich ausdrückt 讲话方式,表达方式〈e-e gewählte, legere A. 讲究的,漫不经心的表达方式〉

aus·düns·ten (*hat*) Vt (及物) **j-d/etw. dünstet etw. aus** j-d/etw. gibt e-n (*mst* unangenehmen) Geruch von sich (人/物作主语)散发,发出,蒸发出(多指难闻的气味) ‖ *hierzu* (派生) **Aus·düns·tung** *die*

aus·ei·nan·der *Adv* (副) **1.** räumlich voneinander getrennt (空间上)彼此分离,分开,相隔 ↔ zusammen: *Die Häuser liegen weit a.* 房屋之间相隔很远; *Seine Zähne stehen etwas a.* 他牙齿长得有些稀松 **2.** *gespr* [口]; zeitlich voneinander getrennt (时间上)相隔: *Die Schwestern sind 4 Jahre a.* (= die eine Schwester ist 4 Jahre älter als die andere) 这姐妹俩年龄上相隔四岁; *Die Ereignisse liegen weit a.* 这些事件相隔时间很远 **3.** eine Sache aus der anderen/auf der Basis der anderen 各自分离/以另一方为基础〈sich a. entwickeln, ableiten 各自向不同的方向发展,相互推导〉 **4.** 〈Personen 人〉 **sind a.** *gespr* [口]; zwei Personen sind nicht mehr als (Liebes)Paar zusammen 各奔东西,分手(不再相爱),掰了

aus·ei·nan·der- *im Verb, betont u. trennbar, begrenzt produktiv* (构成动词,重读并可分,构词有限); Die Verben mit *auseinander-* werden nach folgendem Muster gebildet (auseinander- 动词的模式如下): *auseinanderbiegen – bog auseinander – auseinandergebogen*

1. *auseinander-* drückt aus, dass zwei od. mehr Personen/Tiere/Dinge sich in verschiedene Richtungen bewegen, sodass e-e räumliche Trennung entsteht (表示向不同方向运动)分散,四散,各奔东西;

auseinanderfliegen: *Die Vögel flogen erschreckt auseinander* 鸟惊得四处飞散(惊飞了) ≈ Die Vögel flogen in verschiedene Richtungen

ebenso (同类词有): 〈Dinge 物〉 **auseinanderbiegen**, 〈Personen/Tiere 人/动物〉 **auseinanderjagen**, 〈Personen 人〉 **laufen**, **streben auseinander**, 〈Personen/Tiere 人/动物〉 **auseinandertreiben**, 〈Dinge 物〉 **treiben auseinander**, 〈Dinge 物〉 **auseinanderziehen**

2. *auseinander-* drückt aus, dass dabei zwei od. mehrere Teile entstehen (表示分成几部分)分开,掰开;

etw. auseinanderbrechen: *Sie brach die Schokolade auseinander* 她把巧克力掰成好几块 ≈ Sie zerbrach die Schokolade in mehrere Teile

ebenso (同类词有): **etw. bricht auseinander**, **etw. auseinanderreißen**, **etw. auseinanderschneiden**

aus·ei·nan·der·brin·gen (*hat*) Vt (及物) 〈Personen 人〉 **a.** *gespr* [口]; die Freundschaft zwischen (zwei) Menschen lösen od. beenden 使拆散,使分离(分手): *Der Streit hat die Freunde auseinandergebracht* 争吵把朋友拆散了

aus·ei·nan·der·di·vi·die·ren; *dividierte auseinander, hat auseinanderdividiert*; Vt (及物) **etw. a.** Zusammengehörendes voneinander trennen u. so e-e Einheit auflösen 解散;解剖;剖析: *e-e Gruppe, ein Problem a.* 解散小组,剖析问题

aus·ei·nan·der·fal·len (*ist*) Vi (不及物) **etw. fällt auseinander** etw. löst sich in einzelne Teile auf (物作主语)破碎,开裂,散架: *Das alte Regal fällt bald auseinander* 旧书架随时都会散架

aus·ei·nan·der·fal·ten (*hat*) Vt (及物) **etw. a.** etw. öffnen u. vor sich ausbreiten 摊开,展开 ↔ zusammenfalten 〈e-n Brief, ein Tischtuch a.〉 打开(折叠的)信、桌布

aus·ei·nan·der·flie·gen (*ist*) Vi (不及物) **1.** ↑ **auseinander**[2] (1) **2. etw. fliegt auseinander** *gespr* [口]; etw. explodiert od. zerfällt in mehrere Teile（物作主语）爆裂，散架，倒塌〈ein Fahrrad, ein Haus 自行车，房屋〉

aus·ei·nan·der·ge·hen（*ist*）[Vi]（不及物）**1.** ***etw. geht auseinander*** e-e Beziehung zwischen Menschen geht zu Ende（物作主语）终结，结束（指人际关系）〈e-e Ehe, e-e Verlobung, e-e Freundschaft 婚姻，婚约，友谊〉**2.**〈Personen 人〉***gehen auseinander*** *mst* zwei Personen trennen sich od. beenden die Beziehung 彼此分手，分道扬镳：*Nach zehn Jahren Ehe gingen Bernd u. Sonja（im Zorn, im besten Einvernehmen）auseinander* 伯恩特和桑娅过了十年夫妻生活后（愤然，和睦地）分手了 **3.** in verschiedene Richtungen weggehen 散开，各奔东西〈e-e Menschenmenge 人群〉**4.**〈Wege, Straßen 道路，街道〉***gehen auseinander*** Wege, Straßen *o.Ä.* trennen sich an e-r bestimmten Stelle u. führen in verschiedene Richtungen weiter 分岔，岔开 **5.** ***etw. geht auseinander*** etw. teilt sich (in der Mitte) u. bewegt sich nach beiden Seiten hin（物作主语）（从中间向两边）拉开，分开〈ein Vorhang 帷幕〉**6.**〈Ansichten, Meinungen *o.Ä.* 观点，意见等〉***gehen auseinander*** Ansichten, Meinungen *o.Ä.* sind verschieden 分歧 **7.** ***etw. geht auseinander*** *gespr*［口］；etw. wird lose u. zerfällt in mehrere Teile（物作主语）散了，散裂〈ein Buch, ein Möbelstück 书，家具〉**8.** *gespr hum*［口］［诙］；dick werden 发胖：*Er ist in den letzten Monaten ziemlich auseinandergegangen* 最近几个月他发福了（胖多了）

aus·ei·nan·der·hal·ten（*hat*）[Vt]（及物）〈Personen/Dinge 人/物〉***a.*** den Unterschied zwischen ähnlichen Personen/Dingen erkennen 分清，区分，辨认：*Ich kann die Zwillinge kaum a.* 我几乎分不清这一对双胞胎

aus·ei·nan·der·klaf·fen（*hat*）[Vi]（不及物）**1.** ***etw. klafft auseinander*** etw. ist weit offen u. an den Seiten gedehnt（物作主语）裂开，张开，开裂〈die Haut, e-e Wunde 皮肤，伤口〉**2.**〈Ansichten, Interessen *o.Ä.* 意见，利益等〉***klaffen auseinander*** Ansichten, Interessen *o.Ä.* sind sehr verschieden 迥然不同，大相径庭，南辕北辙

aus·ei·nan·der·kla·mü·sern; *klamüserte auseinander, hat auseinanderklamüsert*; [Vt]（及物）***etw. a.*** *gespr*［口］；etw. Verworrenes mühevoll ordnen od. entwirren 费力地归置、整理（散乱繁杂的事物）

aus·ei·nan·der·lau·fen（*ist*）[Vi]（不及物）**1** ↑ ***auseinander***^{2}（1）**2.**〈Wege, Straßen, Gleise *o.Ä.* 道路，街道，轨道等〉***laufen auseinander*** Wege, Straßen, Gleise *o.Ä.* führen von e-r bestimmten Stelle an in ganz verschiedene Richtungen 向不同方向伸展开 **3.** ***etw. läuft auseinander*** etw. wird weich u. flüssig（物作主语）软化，化开〈Käse, Eis 干酪，冰〉

aus·ei·nan·der·le·ben, sich（*hat*）[Vr]（反身）〈Personen 人〉***leben sich auseinander*** zwei od. mehrere Personen werden sich nach e-r Zeit der Liebe u. Verbundenheit seelisch fremd（人作主语）复：感情上彼此疏远〈die Geschwister 姐妹〉：*Das Ehepaar hatte sich nach zwanzig Jahren vollkommen auseinandergelebt* 夫妻俩在20年后彼此感情上完全疏远了

aus·ei·nan·der·neh·men（*hat*）[Vt]（及物）***etw. a.*** etw.（Komplexes）in seine einzelnen Teile zerlegen 拆开，卸开，拆散〈e-n Motor, ein Uhrwerk a. 拆开马达、钟表机芯〉

aus·ei·nan·der·rei·ßen（*hat*）[Vt]（及物）**1.** ↑ ***auseinander***^{2}（2）**2.**〈Personen（人）〉***a.*** die Personen e-r zusammengehörenden Gruppe voneinander trennen 把…分散，拆散：*Durch die Scheidung der Eltern wurde die Familie auseinandergerissen* 由于父母的离异家庭被拆散了

aus·ei·nan·der·set·zen（*hat*）[Vt]（及物）**1.** ***j-m etw. a.*** j-m e-n komplizierten Sachverhalt genau erklären 解释，说明，阐明，分析 ≈ j-m etw. darlegen：*Ich kann dir jetzt nicht diesen ganzen chemischen Prozess a.* 我现在没法给你解释清楚这种全部的化学过程；[Vr]（反身）**2.** ***sich mit etw. a.*** sich intensiv mit etw. beschäftigen (um die eigene Meinung darüber zu überprüfen) 深入研究，钻研，探讨 ≈ sich mit etw. befassen：*sich kritisch mit der Philosophie Schopenhauers a.* 以批判的态度探讨叔本华哲学 **3.** ***sich mit j-m a.*** mit j-m kritisch über ein Thema sprechen, zu dem er e-e andere Einstellung hat als man selbst 与…讨论、争论、辩论，研讨

Aus·ei·nan·der|set·zung *die*；-，-*en* **1.** ***e-e A.***（***mit j-m/etw.***）e-e intensive u. kritische Beschäftigung mit j-m/etw. 研究，探讨 **2.** ***e-e A.***（***mit j-m***）ein Streit od. Kampf (mit j-m) 争论，争斗，冲突〈e-e heftige, blutige, militärische A. mit j-m haben 与某人发生激烈的、流血的、军事的冲突〉

aus·ei·nan·der·zie·hen（*hat*）[Vt]（及物）**1.** ↑ ***auseinander-***（1）**2.** ***etw. a.*** etw.（Elastisches）durch Ziehen dehnen 拉，拉开（有弹性的物体）〈das Gummiband, das Akkordeon a. 拉橡皮带、手风琴〉**3.**〈Dinge 物〉***sind auseinandergezogen*** Dinge liegen weit voneinander entfernt 彼此相距很远：*Die Häuser des Ortes sind weit auseinandergezogen* 这个地方的住房布局很分散

aus·er·ko·ren *Adj*（形）；*nicht adv*（不作状语）；（***zu etw.***）***a.*** *geschr*［书］；zu etw. bestimmt od. ausgewählt 选中的：*Sie war (dazu) a., die Führung zu übernehmen* 她被选中担任领导

aus·er·le·sen *Adj*（形）；von bester Qualität 优质的，精选的，出类拔萃的〈Weine 葡萄酒〉‖ *hierzu*（派生）**Aus·er·le·sen·heit** *die*；*nur Sg*（只用单数）

aus·er·se·hen; *ersah aus, hat ausersehen*; [Vt]（及物）***j-n für/zu etw. a.*** *geschr*［书］；j-n für e-e Aufgabe auswählen 选定、选出…担任〈dafür ausersehen sein 被选中了〉‖ NB（注意）：nur selten im Imperfekt, *mst* im Zustandspassiv（罕用于过去时，多用于状态被动句）！

aus·er·wäh·len; *erwählte aus, hat auserwählt*; [Vt]（及物）***j-n***（***zu etw.***）***a.*** *geschr*［书］；j-n (aus e-r Gruppe) für e-e ganz besondere Aufgabe heraussuchen 挑选出,选拔出 ‖ NB(注意):nur selten im Imperfekt(罕用于过去时)! ‖ *hierzu*(派生) **Aus·er·wähl·te** *der/die*; *-n, -n*

aus·fah·ren Vt(及物)(*hat*) **1.** ***j-n a.*** j-n (im Kinderwagen, Rollstuhl) fahren (用童车、轮椅)把…推出来〈ein kleines Kind, e-n Behinderten a. 把幼童、残疾者推出来〉 **2.** ***etw.*** (*Kollekt od Pl* 集合或复数) ***a.*** Waren mit dem Auto transportieren u. liefern 驾车运送,分送(货物) **3.** *mst* 多用 ***etw. wird ausgefahren*** etw. wird so stark befahren, dass es beschädigt od. abgenutzt wird(物作主语)被驶坏,被压坏〈Straßen, Wege a. 压坏街道、道路〉 **4.** ***etw. a.*** e-n Teil e-s Gerätes od. e-r Maschine mit mechanischer od. elektronischer Hilfe nach außen gleiten lassen 使滑动出来〈das Fahrwerk, die Landeklappen a. 使飞机滑梯、登陆踏板滑出来〉 **5.** ***etw. voll a.*** ein Fahrzeug so fahren, dass der Motor maximal belastet ist 使开足马力; Vi(不及物)(*ist*) **6.** ***j-d***/〈ein Schiff *o.Ä.*〉 ***fährt aus*** j-d/ein Schiff *o.Ä.* fährt vom Land od. aus e-m Hafen auf das Meer(人/船等作主语)离岸,离港,出海

Aus·fah·rer *der*; j-d, dessen Beruf es ist, Waren auszufahren (2)驾车运送货物者,送货驾驶员 ‖ -K(复合): ***Bier-, Getränke-***

Aus·fahrt *die* **1.** e-e Stelle, an der man aus e-m Hof, e-r Garage *o.Ä.* hinausfahren kann 出口↔ Einfahrt 〈die A. e-s Hofes, e-s Fabrikgeländes, e-r Tiefgarage 庭院、工厂、地下停车场的出口; die A. frei halten 保持出口通畅; j-m die A. versperren 堵住某人的出口〉 ‖ -K(复合): ***Hafen-*** **2.** ein Weg, der von e-m Hof, e-r Garage *o.Ä.* zur öffentlichen Straße führt(院落,停车场的)出口通道 ↔ Einfahrt **3.** e-e Straße, in die man einbiegt, um die Autobahn zu verlassen 驶离高速公路的出口道 ↔ Auffahrt ‖ -K(复合): ***Autobahn-*** **4** ≈ Spazierfahrt **5.** das Wegfahren vom Land aufs Meer hinaus 出海 **6.** das Wegfahren aus e-m begrenzten Raum (*bes* e-m Bahnhof)将车开走,发车 ↔ Einfahrt 〈die A. freigeben 准予发车〉: *Die A. des Zuges verzögert sich um 10 Minuten* 列车的发车时间延迟十分钟

Aus·fall *der* **1.** *nur Sg*(只用单数); der Verlust (*mst* der Haare od. Zähne auf natürliche Weise)(多指头发、牙齿的自然)脱落,掉落 ‖ -K(复合): ***Haar-*** **2.** *nur Sg*(只用单数); der Umstand, dass etw. Erwartetes od. Geplantes nicht stattfindet 取消,停止〈der A. des Unterrichts, e-r Veranstaltung 停课,取消活动〉: *der A. des Fußballspiels wegen Regens* 足球比赛因雨取消 **3.** WIRTSCH【经】; ein unerwartet schlechtes Ergebnis 亏损,亏空,下滑 ≈ Einbuße 〈Ausfälle in der Produktion 产量下滑〉 **4.** die Situation, in der j-d für e-e bestimmte Zeit nicht mehr arbeitet od. etw. nicht mehr funktioniert 退出(工作),停止运转〈der A. e-s Mitarbeiters, e-s Triebwerks 合作者的退出,传动装置的停止运转〉 ‖ -K(复合): ***Strom-*** **5.** MIL【军】; das Durchbrechen e-r Blockade od. Belagerung 突围,出击 ≈ Angriff 〈e-n A. wagen, unternehmen 敢于突围,进行突围〉

aus·fal·len (*ist*) Vi (不及物) **1.** ***etw. fällt*** (***j-m/e-m Tier***) ***aus*** etw. löst sich aufgrund des Alters od. e-r Krankheit vom Körper(物作主语)掉落,脱落〈*mst* die Haare, die Zähne, die Federn 多为头发,牙齿,羽毛〉: *Ihm fielen schon früh die Haare aus* 他很早就掉了头发 **2.** ***etw. fällt aus*** etw. findet nicht statt(物作主语)取消,不举行,停了〈ein Konzert, der Unterricht, e-e Fernsehsendung 音乐会,课,电视播放〉 **3.** ***etw. fällt aus*** etw. funktioniert nicht mehr(物作主语)停止运转,失灵 ≈ etw. setzt aus 〈der Strom, ein Signal, e-e Maschine 电,信号,机器〉 **4** (*bes* wegen Krankheit) nicht arbeiten können, nicht zur Verfügung stehen (因病)不参加,退出 **5.** ***etw. fällt irgendwie aus*** etw. ist am Ende irgendwie, hat ein bestimmtes Ergebnis(物作主语)结局,结果: *Die Ernte fiel schlecht aus* 收成不好; *Das Urteil fiel milde aus* 判决宽大

aus·fal·lend **1.** *Partizip Präsens*(现在分词); ↑ ***ausfallen*** **2.** *Adj*(形); ***a.*** (***gegen j-n***) stark beleidigend, sehr unverschämt 粗鲁的,污辱人的〈a. werden 变得粗鲁; e-e Bemerkung 看法〉

aus·fäl·lig *Adj*(形); *nur präd*(只作表语) ≈ ausfallend (2)

Aus·fall(s)|tor *das*; ein Ort (*bes* ein Hafen), von dem aus viele wichtige Verkehrsverbindungen ins Ausland gehen 通道,关口,门户: *Hamburg ist das A. zum Atlantik* 汉堡是通往大西洋的门户

Aus·fall|stra·ße *die*; e-e mehrspurige Straße für den Verkehr, der aus e-r Stadt hinausgeht 通往城外的交通干线

aus·fech·ten (*hat*) Vt (及物) ***etw. a.*** etw. sehr intensiv diskutieren od. über etw. streiten 把…(讨论、争论、战斗)进行到底、决出胜负 ≈ austragen 〈e-n Kampf, e-e Meinungsverschiedenheit *o.Ä.* a. 将战斗进行到决出胜负,对不同意见进行激烈辩论〉

aus·fe·gen (*hat*) Vt(及物) ***etw. a.*** ≈ auskehren

aus·fei·len (*hat*) Vt (及物) **1.** ***etw. a.*** etw. mit der Feile herstellen od. bearbeiten 锉出,锉成 **2.** ***etw. a.*** etw. bereits Geschaffenes bis ins kleinste Detail sorgfältig verbessern 使完善,推敲,琢磨,给…润色〈ein Gedicht, e-e Ansprache, e-n Text a. 给诗、致辞、文章润色〉 ‖ NB(注意): *mst* im Zustandspassiv(多用于状态被动句)!

aus·fer·ti·gen (*hat*) Vt (及物) ***etw. a.*** ADM【管理】; ein Dokument schreiben u. mit Unterschrift u. Siegel versehen 签发,填发,出具≈ ausstellen 〈e-n Pass, e-e Urkunde a. 签发护照、证书〉

Aus·fer·ti·gung *die* **1.** *mst Sg*(多用单数); das Ausfertigen e-s wichtigen od. amtlichen Dokuments 出具,签发(文件) **2.** ein Exemplar e-s wichtigen od. amtlichen Dokuments 文本：*die Formulare in zweifacher A. abgeben* 表格以一式两份发出

aus·fin·dig *Adj*（形）；*mst in* 多用于 ***j-n/etw. a. machen*** j-n/etw. nach langem Suchen u. Fragen finden 找出，找到，找着：*e-n alten Bekannten, ein Geschäft a. machen* 找到一位老熟人、一家商店

aus·flie·gen Vt（及物）（*hat*）**1. *j-n/etw. a.*** j-n/etw. im Flugzeug wegbringen od. abtransportieren（用飞机）运走 ↔ einfliegen 〈Kranke, Belagerte a. 把病人、被围困者运走〉**2. *etw. a.*** ein Flugzeug bis zur Grenze seiner Leistungsfähigkeit fliegen 全速飞行；Vi（不及物）（*ist*）***ein Vogel fliegt aus*** ein Vogel verlässt sein Nest 鸟儿离巢飞走了 ‖ ID［谚］*mst* 多用 ***Alle sind ausgeflogen*** *gespr*［口］；niemand ist zu Hause 家里一个人也没有；举家外出了

aus·flie·ßen（*ist*）Vi（不及物）**1. *etw. fließt aus*** etw. fließt durch ein Loch *o. Ä.* aus e-m Behälter（物作主语）（从一个容器）流出来，溢出〈Öl, Benzin 油，汽油〉**2. *etw. fließt aus*** etw. verliert durch ein Loch *o. Ä.* Flüssigkeit（物作主语）漏，渗漏〈ein Fass, ein Tank 桶，油罐〉

aus·flip·pen；*flippte aus, ist ausgeflippt*；Vi（不及物）*gespr*［口］**1.**（aufgrund starker Belastung *o. Ä.*）die Kontrolle über sich verlieren 晕头转向失去自控能力 **2.**（vor Freude）völlig begeistert, fast in Ekstase sein 心醉神迷，飘飘然：*Nach dem Sieg flippte er total aus!* 获胜后他得意忘形，乐不可支！**3.** unter dem Einfluss von Drogen stehen 上毒瘾

Aus·flucht *die*；-，*Aus·flüch·te*；*mst Pl, geschr*（多用复数）［书］**1.** ≈ Ausrede, Vorwand 〈immer neue Ausflüchte gebrauchen/erfinden 总有/总编出新的托词〉**2. *Ausflüchte machen*** Ausreden gebrauchen 制造借口

Aus·flug *der*；e-e Wanderung od. Fahrt zu e-m interessanten Ort 远足，郊游：*e-n A. in die Berge machen* 远足爬山 ‖ K-（复合）：***Ausflugs-, -dampfer, -fahrt, -ort, -verkehr*** ‖ -K（复合）：***Sonntags-*** ‖ *hierzu*（派生）**Aus·flüg·ler** *der*；*-s*，*-*

Aus·flugs|lo·kal *das*；ein Lokal, das bei Ausflügen häufig besucht wird（weil es *z. B.* schön gelegen ist）郊游地的饭馆、餐饮店

Aus·fluss *der*；*mst Sg*（多用单数）**1.** MED【医】；e-e Flüssigkeit, die *bes* aus e-r Wunde od. der Scheide der Frau abgesondert wird 分泌物，脓液，流出物；带下 **2.** *geschr*［书］；***ein A.*** + *Gen*（二格）e-e unmittelbare Folge od. Auswirkung 结果，后果：*ein A. der Fantasie, e-r Weltanschauung* 一种幻想、一种世界观的后果 **3.** ≈ Abfluss

aus·for·mu·lie·ren；*formulierte aus, hat ausformuliert*；Vt（及物）***etw. a.*** etw. genau u. sorgfältig formulieren 对…精确表达、措词：*Sein Vortrag war bis ins Detail ausformuliert* 他的报告每个细节都经过认真推敲

aus·for·schen（*hat*）Vt（及物）**1. *etw. a.*** etw. durch ständiges Forschen u. Suchen herausfinden 探问，探听，打听 **2. *j-n a.*** Ⓐ［奥］j-n（durch die Polizei）suchen lassen u. finden（通过警方）寻找，查找 ‖ *hierzu*（派生）**Aus·for·schung** *die*

aus·fra·gen（*hat*）Vt（及物）***j-n*（*über j-n/etw.*）*a.*** j-m viele u. aufdringliche Fragen stellen 盘问，询问：*Seine Mutter fragt ihn ständig über seine neue Freundin aus* 母亲不断地盘问他新女友的情况

aus·fran·sen；*franste aus, ist ausgefranst*；Vi（不及物）***etw. franst aus*** etw. verliert am Rand kleine Fäden（Fransen）（物作主语）（编织物之边）散线，开线〈e-e Hose, ein Rock 裤子，短裙〉：*ausgefranste Jeans* 毛边牛仔裤

aus·fres·sen（*hat*）Vt（及物）***etw. ausgefressen haben*** *gespr*［口］；etw. Verbotenes getan haben 干了错事，干出蠢事：*Was hat der Hund/der Kleine ausgefressen?* 这只狗/这个小家伙做了什么坏事？

Aus·fuhr *die*；-，*-en* **1.** *nur Sg*（只用单数）；das Verkaufen von Waren an das Ausland 出口，输出 ≈ Export ↔ Einfuhr, Import 〈die A. von Waren, Devisen 商品的出口，外汇的输出；die A. beschränken, erleichtern, verbieten 限制、简化、禁止出口〉 ‖ K-（复合）：***Ausfuhr-, -artikel, -bestimmungen, -erklärung, -genehmigung, -quote, -verbot, -zoll*** ‖ -K（复合）：***Getreide-*** **2.** die exportierte Ware 出口商品

aus·füh·ren[1]（*hat*）Vt（及物）**1. *etw. a.*** etw. exportieren 出口，输出 ↔ einführen 〈Rohstoffe, Getreide, Waren a. 出口原料、粮食、商品〉**2. *j-n a.*** j-n zum gemeinsamen Besuch e-s Lokals, e-r Veranstaltung *o. Ä.* einladen u. mitnehmen 邀…一起赴约或参加一个活动：*e-e junge Frau zum Essen, zum Tanz a.* 邀请一位年轻女士外出就餐、跳舞 **3. *j-n a.*** j-n zu e-m Spaziergang mitnehmen u. dabei *mst* an der Hand führen（牵手）领…散步〈Behinderte, Blinde a. 带领残疾者，盲人散步〉**4. *ein Tier a.*** ein Tier regelmäßig ins Freie führen 遛动物〈e-n Hund a. 遛狗〉

aus·füh·ren[2]（*hat*）Vt（及物）**1. *etw. a.*** etw. in die Tat umsetzen, verwirklichen 实行，执行，完成，实施 ↔ von etw. ablassen 〈e-n Befehl, e-n Plan, e-e Idee a. 执行命令、实施计划、想法〉**2. *etw. a.*** e-e Arbeit tun 做，制作，进行〈e-e Reparatur, e-e Operation, ein Experiment a. 进行修理，做手术，做试验〉**3. *etw. a.*** detailliert über etw. sprechen od. schreiben 解释，详加阐明 ≈ erläutern 〈e-e Idee, e-e Theorie näher a. 详尽解释一种思想、一种理论〉 ‖ *zu*（义项）**1** u. **2. aus·führ·bar** *Adj*（形）；*nicht adv*（不作状语）

aus·führ·lich *Adj*（形）；sehr genau, mit vielen Details 详尽的，详细的 ≈ eingehend 〈e-e Beschreibung, ein Bericht 描述，报告；etw. a. erläutern 详尽地解释某事〉 ‖ *hierzu*（派生）**Aus·führ·lich·keit** *die*；*nur Sg*（只用单数）

Aus·füh·rung *die* **1.** *nur Sg*（只用单数）；das Ausführen[2]（1）od. die Realisierung 实施，实

现〈die A. e-s Plans, e-s Auftrags 完成计划,实施委托〉 **2.** die Art, in der Produkte gestaltet od. ausgestattet sind 制作方式,规格,式样〈einfache, exklusive A. 简便的、高档的式样〉: *Küchen in verschiedenen Ausführungen* 各种规格(式样)的厨房设计 ‖ -K(复合): **Luxus-, Sonder-, Qualitäts-** **3.** die Art u. Weise, wie e-e Bewegung gemacht wird 姿式,姿势 **4.** *nur Pl*(只用复数); ein (ziemlich langer) Bericht, e-e Erklärung od. Rede 详细阐述,论述: *j-s Ausführungen aufmerksam zuhören* 认真听取某人的论述 **5. etw. kommt/gelangt zur A.** *geschr*[书]; etw. wird getan od. erledigt(物作主语)得以实施〈ein Vorhaben, ein Plan 打算,计划〉

aus·fül·len (*hat*) [Vt] (及物) **1. etw. (mit etw.) a.** etw. (mit etw.) füllen od. vollmachen 填满,占满 **2. etw. a.** Fehlendes in e-m Text ergänzen, das Betreffende in die Lücken e-s Textes hineinschreiben 填充,填写〈ein Formular, e-n Fragebogen, e-n Scheck a. 填写表格、问卷、支票〉 **3. etw. füllt j-n aus** etw. beschäftigt j-n stark (u. gibt ihm dabei Zufriedenheit)(物作主语)使忙得充实,有乐趣: *Sein Beruf als Manager füllt ihn völlig aus* 当经理这个职业使他感到很忙,但非常充实

Aus·ga·be[1] *die* **1.** *mst Pl*(多用复数); e-e Summe, die man für etw. zu zahlen hat 支出,开支,费用 ↔ Einnahmen〈die Ausgaben beschränken, kürzen 限制、缩减开支〉‖ K-(复合): **Ausgaben-, -politik** ‖ -K(复合): **Staats-, Verteidigungs-** **2. laufende Ausgaben** Geld (*z.B.* für die Miete), das man regelmäßig zu zahlen hat 经常性开支(费用) ↔ Einkünfte **3.** *nur Sg*(只作单数); die Verteilung 分发,发放〈die A. von Essen, Fahrkarten, Gepäck 分发食品、车票、行李〉‖ -K(复合): **Bücher-, Waren-** **4.** *nur Sg*(只用单数); die Bekanntgabe 发布,公布〈die A. e-s Befehls, des Wetterberichts 发布命令,公布天气预报〉‖ -K(复合): **Befehls-**

Aus·ga·be[2] *die* **1.** die Form, in der ein Buch veröffentlicht wird 版,版本,版次〈die erste, zweite *usw*, neueste A.一版,二版等,最新版本; e-e illustrierte, kommentierte, ungekürzte A.带插图的、有注释的、未经缩短的版本〉: *Goethes „Faust" in der A. von 1808* 歌德作品《浮士德》1808 年版本 ‖ -K(复合): **Gesamt-** **2.** die Nummer od. Folge e-r Zeitung, Zeitschrift od. e-r regelmäßigen Sendung (*z.B.* im Fernsehen)期,版: *die heutige A. des „Spiegel"*《明镜》报今日版; *die letzte A. der Tagesschau* 上一期每日新闻 ‖ -K(复合): **Abend-, Samstags-, Wochenend-**

Aus·gang *der* **1.** die Tür, durch die man e-n Raum od. ein Gebäude verlässt 出口,出门处 ↔ Eingang: *Alle Ausgänge waren versperrt* 出口全被封锁 ‖ K-(复合): **Ausgangs-, -tor, -tür** ‖ -K(复合): **Haupt-, Hinter-, Neben-, Not-, Seiten-** **2.** die Stelle, an der e-e Fläche, ein Gebiet *o.Ä.* endet 尽头,终点〈am A. des Dorfes, Waldes 村庄、森林的尽头〉‖ -K(复合): **Orts-** **3.** die Stelle, an der ein Organ endet od. in ein anderes übergeht 器官终端(输出端)〈der A. des Darms, des Magens 肠的末端,胃的幽门处〉 **4.** *nur Sg*(只用单数); (bei Soldaten) die Erlaubnis, nach dem Dienst die Kaserne zu verlassen (军人)请假外出,准许外出〈A. haben 允许外出〉‖ K-(复合): **Ausgangs-, -sperre** **5.** *nur Sg*(只用单数); die Art u. Weise, wie etw. endet ≈ Ende〈ein (un)-glücklicher, überraschender A.(不)愉快的、令人惊奇的结局〉: *ein Unfall mit tödlichem A.*一次死亡事故 ‖ -K(复合): **Prozess-, Wahl-** **6.** *nur Sg*, *geschr*(只用单数)[书]; der letzte Teil e-s langen Zeitabschnitts 末尾,末叶,末期,末年,末世 ↔ Anfang〈am A. des Mittelalters, e-r Epoche 在中古时代末期、时代之末年〉

Aus·gangs|po·si·ti·on *die*; **e-e A. (für etw.)** die Situation, in der sich j-d am Anfang (*z.B.* e-r Tätigkeit) befindet(从事一项活动最初的心理、精神等状况)心理准备: *e-e gute A. für e-n Wettkampf haben* 对参赛有着良好的心理(精神)准备

Aus·gangs|punkt *der*; die Stelle od. der Ort, wo etw. anfängt od. die Grundlage, von der man ausgeht 起点,出发点 ↔ Ziel〈der A. e-r Reise, e-s Ausflugs, e-r Rede 旅行、远足的起点,讲话的出发点; zum A. zurückkehren 回到出发点〉

aus·ge·ben (*hat*) [Vt] (及物) **1. (für etw.) a.** Geld zahlen, um e-e Ware od. Dienstleistung zu bekommen(为…)支付,花费,付出 ↔ einnehmen: *Er gibt im Monat 100 Euro für sein Hobby aus* 他每月花费 100 欧元用于业余爱好 **2. etw. (an j-n** (*Kollekt od Pl* 集合或复数)**) a.** etw. an mehrere Personen aushändigen od. verteilen 分发,发给 ↔ erhalten: *Essen, Getränke, Gutscheine an die Mitarbeiter a.*将食物、饮料、有价票证分发给员工 **3. (j-m) etw. a.** j-n zu e-m Getränk einladen 请…喝(饮料),替…付(饮料费): *seinen Freunden e-e Runde Bier a.*(掏钱)请在座的各位朋友喝啤酒 **4. etw. gibt etw. aus** e-e Institution bringt etw. in Umlauf (物作主语)发放,发行〈Briefmarken, Banknoten a. 发行邮票、钞票〉 **5. etw. a.** etw. bekannt machen 发布,公布〈e-n Befehl, e-e Parole *o.Ä.* a.发布命令、口号等〉 **6. j-n/etw. für/als etw. a.** j-n/etw. ganz anders präsentieren als er/es ist 把…冒充成、假冒成、说成是: *ein Schmuckstück als Handarbeit, für echtes Gold a.*把一个饰物冒充为手工制作的、说是纯金的; [Vr] (反身) **7. sich als/für etw. a.** behaupten, etw. zu sein, was man nicht ist 冒充自己是: *Um sie zu beeindrucken, gab er sich als Arzt aus* 为了取得她的好印象,他冒充是医生 ‖ ID[谚] **einen a.** *gespr*[口]; für jeden am Tisch (*bes* in e-m Gasthaus) ein Getränk bezahlen 掏钱请在座的每人喝一杯,请客 ‖ ▶ **Ausgabe**

aus·ge·beult **1.** *Partizip Perfekt*(过去分词); ↑ **ausbeulen** **2.** *Adj*(形); *nicht adv*(不作状语); durch langes Tragen *z.B.* an den Knien ausgedehnt 穿鼓了的，凸出的，不平整的〈Hose, Jacke 裤子，外套〉

aus·ge·blu·tet 1. *Partizip Perfekt*（过去分词）；↑ ***ausbluten*** 2. *Adj*（形）；（*bes* nach e-m Krieg od. e-r Epidemie）ganz erschöpft od. verarmt（经历战争或瘟疫后人力、资源）极度匮乏的，极度贫困的〈ein Land, die Bevölkerung 国家，人民〉

aus·ge·bombt *Adj*（形）；*nicht adv*（不作状语）；（nach e-m Fliegerangriff）durch Bomben völlig zerstört 被炸毁的，被炸成一片废墟的〈Häuser, e-e Stadt 房屋，城市〉

aus·ge·brannt 1. *Partizip Perfekt*（过去分词）；↑ ***ausbrennen*** 2. *Adj*（形）；*gespr*［口］；physisch od. psychisch am Ende 精疲力尽的，身体与精神状况已达到极限的，身心枯竭的 ‖ NB（注意）：↑ ***abgebrannt***

aus·ge·bucht *Adj*（形）；so, dass es keine Plätze mehr gibt 预订（售）完了的：*Der Flug nach New York ist bereits a.* 去纽约的机票全都预售掉了

aus·ge·bufft *Adj*（形）；*gespr, oft pej*［口］常用［贬］≈ clever〈ein Geschäftsmann 商人〉

Aus·ge·burt *die*；*geschr pej*［书］［贬］ 1. ***e-e A.*** + *Gen*（二格）etw. *mst* Schlechtes od. Abnormes, das sich j-d ausdenkt 臆想的产物，怪念头，恶念〈die A. e-s kranken Hirns/Geistes, e-r schmutzigen Fantasie 头脑/神经有病的怪念头，想法下流的产物〉 2. ***e-e A. von etw.*** verwendet, um j-n in Bezug auf e-e schlechte Eigenschaft zu bezeichnen（具有某种恶劣品质的）徒，辈，流，货色，东西：*Er ist e-e A. von Niedertracht* 他是卑鄙之徒

aus·ge·dehnt 1. *Partizip Perfekt*（过去分词）；↑ ***ausdehnen*** 2. *Adj*（形）；von relativ langer Dauer 长时间的〈ein Frühstück, ein Spaziergang 早餐，散步〉 3. *Adj*（形）；sehr genau 广泛的，仔细的 ≈ umfangreich〈Nachforschungen 查询〉

aus·ge·dient *mst in* 多用于 ***etw. hat a.*** etw. wird nach langer Zeit nicht mehr gebraucht, ist nutzlos（物作主语）穿坏，用坏，报废

aus·ge·fal·len 1. *Partizip Perfekt*（过去分词）；↑ ***ausfallen*** 2. *Adj*（形）；*nicht adv*（不作状语）；ganz anders, als die Leute erwarten 不平常的，罕见的，奇特的 ≈ ungewöhnlich, auffällig〈ein Kleid, e-e Idee 连衣裙，主意〉

aus·ge·flippt 1 *Partizip Perfekt*（过去分词）；↑ ***ausflippen*** 2. *Adj*（形）；*gespr*［口］；〈ein Typ 人的类型〉so, dass er sich *bes* durch sein Verhalten od. durch seine Kleidung außerhalb der gesellschaftlichen Konventionen stellt 奇特的，举止怪僻的，怪模怪样的

aus·ge·gli·chen 1. *Partizip Perfekt*（过去分词）；↑ ***ausgleichen*** 2. *Adj*（形）；ohne starke Schwankungen, gleichmäßig od. ruhig 平稳的，平和的，稳健的〈ein Klima, ein Charakter 气候，性格〉 3. *Adj*（形）；mit e-r gleichmäßigen Verteilung von positiven u. negativen Seiten od. Aspekten 利弊均衡的，平分秋色的〈e-e Bilanz, ein Spiel 结算，比赛〉‖ *zu*（义项）2. u. 3. **Aus·ge·gli·chen·heit** *die*；*nur Sg*（只用单数）

aus·ge·hen (*ist*) [Vi]（不及物） 1. (***mit j-m***) ***a.*** *bes* abends (mit j-m) zu e-r Veranstaltung, in ein Lokal *o. Ä.* gehen（多指晚上）出门（消遣） 2. ***etw. geht*** (***j-m***) ***aus*** etw. geht zu Ende (obwohl es noch gebraucht wird)（物作主语）用光，耗尽〈das Geld, die Kraft, die Geduld geht j-m aus 某人的钱用光了、力气耗尽了，忍耐到头了〉：*Mir ist das Benzin ausgegangen* 我的汽油用光了 3. ***etw. geht aus*** ein elektrisches Gerät *o. Ä.* hört auf, in Funktion zu sein, zu leuchten od. zu brennen（物作主语）熄灭，熄火，停止运行 ↔ etw. geht an〈der Fernseher, das Radio *usw* 电视机，收音机等；der Motor 马达；das Licht, die Kerze, das Feuer 灯、烛，火〉 4. ***etw. geht irgendwie aus*** etw. endet auf bestimmte Weise（物作主语）结束，终止，了结 ↔ etw. fängt an：*Wie ist die Sache ausgegangen?* 事情的结局如何?；*Wenn das nur gut ausgeht!* 但愿此事顺利了结! 5. ***etw. geht von irgendwo aus*** etw. beginnt irgendwo（物作主语）始于，从…开始 ↔ etw. endet irgendwo：*Diese Bahnlinie geht von Rom aus u. führt dann nach Verona* 这条铁路始于罗马，通向维罗纳 6. ***etw. geht von j-m/etw. aus*** etw. wird von j-m/etw. ausgestrahlt od. verbreitet（物作主语）从…身上表露出、散发出〈Ruhe, Sicherheit 镇静，自信〉 7. ***etw. geht von j-m aus*** etw. wird von j-m veranlasst od. organisiert（物作主语）由…发起或组织：*Diese Umfrage geht vom Ministerium aus* 这次民意调查是部里提出来组织的 8. ***von etw. a.*** etw. voraussetzen, etw. als Basis betrachten 从…出发，认为，以…为前提：*Ich gehe davon aus, dass alle einverstanden sind* 我认为大家是同意的 9. ***etw. geht*** (***j-m/e-m Tier***) ***aus*** etw. löst sich aufgrund des Alters od. e-r Krankheit vom Körper（物作主语）脱落 ≈ etw. fällt aus〈*mst* die Federn, die Haare, die Zähne 多指羽毛，头发，牙齿〉‖ ID［谚］↑ ***leer***

aus·ge·hend 1. *Partizip Präsens*（现在分词）；↑ ***ausgehen*** 2. *Adj*；*nur attr, nicht adv*（只作定语，不作状语）；zu Ende gehend 趋向末期的，接近末叶的〈die Epoche 时代〉：*das ausgehende Mittelalter* 接近末期的中古时代

aus·ge·hun·gert 1. *Partizip Perfekt*（过去分词）；↑ ***aushungern*** 2. *Adj*（形）；*gespr*［口］；mit sehr großem Hunger 饿得要命的，饿极了的 3. *Adj*（形）；durch langes Hungern völlig erschöpft 饿得衰弱不堪的，饿得体力不支的：*Die Kriegsgefangenen waren völlig a.* 战俘都饿垮了

aus·ge·kocht 1. *Partizip Perfekt*（过去分词）；↑ ***auskochen*** 2. *Adj*（形）；（durch zu langes Kochen）geschmacklos 因久煮而无滋味的 3. *Adj*（形）；*nicht adv, gespr*（不作状语）［口］；mit vielen Tricks (2) arbeitend 诡计多端的，奸滑的 ≈ raffiniert〈ein Betrüger, ein Gauner 骗子，坏蛋〉

aus·ge·las·sen 1. *Partizip Perfekt*（过去分词）；↑ ***auslassen*** 2. *Adj*（形）；übermütig, wild u. fröhlich 放纵的，兴高采烈的，欢闹的 ↔ ruhig, still〈Kinder, e-e Stimmung 儿童，气氛；a.

herumspringen, toben, tanzen 顽皮地蹦蹦跳跳,闹腾得欢,纵情地跳舞〉‖ *zu* (义项) **2. Aus·ge·las·sen·heit** *die*; *mst Sg*(多用单数)

aus·ge·latscht *Adj*(形); *nicht adv*, *gespr*(不作状语)[口];〈Schuhe 鞋〉so lange getragen, dass sie ihre Form verloren haben 穿走样的

aus·ge·lit·ten *mst in* 多用于 ***a. haben*** *euph* [婉]; nach schwerer u. langer Krankheit gestorben sein 疾终,病逝

aus·ge·macht **1.** *Partizip Perfekt*(过去分词); ↑ ***ausmachen*** **2.** *Adj*(形); *nur attr od adv*, *pej* (只作定语或状语)[贬]; verwendet, um e-n negativen Ausdruck zu verstärken(强调否定语词)十足的,地地道道的≈ groß, sehr〈ein Betrüger, e-e Dummheit, ein Schwachsinn 骗子,傻事,愚蠢,弱智〉

aus·ge·mer·gelt *Adj*(形); (durch Krankheit od. lange, große Anstrengung) sehr mager geworden 消瘦的,憔悴的,瘦弱不堪的〈e-e Gestalt, Gefangene, Kranke 外表,囚犯,病人; a. aussehen 看起来瘦弱不堪〉

aus·ge·nom·men **1.** *Partizip Perfekt* (过去分词); ↑ ***ausnehmen*** **2.** *Konjunktion* (连)≈ außer dass, es sei denn: *Ich reise morgen ab, a. es kommt noch etw. dazwischen* 我明天启程,除非在这期间出什么事 ‖ NB(注意): Wortstellung wie im Hauptsatz(语序如同主句) **3.** *Konjunktion*(连); ***a.*** + *Subst*(名词)/*Subst*(名词) + ***a.*** ≈ außer: *Alle waren gekommen, a. der Präsident/der Präsident a./den Präsidenten a.* 除主席外全到齐了‖ NB (注意): bei Nachstellung *mst* mit Akk.(后置时多用四格)

aus·ge·po·wert [-poːvɐt] *Adj*(形); *gespr*[口]; sehr erschöpft 累得要死的,精疲力竭的≈ ausgepumpt, erledigt

aus·ge·prägt **1.** *Partizip Perfekt*(过去分词); ↑ ***ausprägen*** **2.** *Adj*(形); *nicht adv*(不作状语); deutlich, stark ausgebildet 线条清楚的,显著的,突出的,明显的〈ein Kinn, ein Profil 下巴,侧影(或轮廓); e-e Vorliebe 偏爱〉‖ *zu* (义项) **2. Aus·ge·prägt·heit** *die*; *nur Sg*(只用单数)

aus·ge·pumpt *Adj*(形); *nicht adv*(不作状语); völlig erschöpft 累得要死的,精疲力竭的

aus·ge·rech·net **1.** *Partizip Perfekt*(过去分词); ↑ ***ausrechnen*** **2.** *Partikel*(小品); *unbetont* (非重读); verwendet, um auszudrücken, dass man etw. von der genannten Person nicht erwartet hätte (u. deswegen *mst* überrascht od. verärgert ist)(表示出乎意料)偏偏,偏巧: *A. in Renate musste er sich verlieben!* 他怎么偏偏要爱上蕾娜特呢!; *A. du musst das sagen!* 偏偏是你非要说这事! **3.** *Partikel*(小品); *unbetont* (非重读); verwendet mit e-r Zeitangabe, um auszudrücken, dass etw. zu e-m sehr ungünstigen od. unpassenden Zeitpunkt passiert(表示不适宜的时间)恰好,偏偏: *A. heute bin ich krank, wo ich doch e-n wichtigen Termin habe!* 我今天有一个重要约会,偏偏今天我病了; *A. wenn wir mal ins Kino gehen wollen, kommt Besuch!* 我们恰好想去看电影的时候来客人了! **4.** *Partikel*(小品); *unbetont*(非重读); verwendet, um auszudrücken, dass man etw. für unwahrscheinlich hält(表示难以相信)偏巧: *Warum sollte j-d a. mein Auto stehlen?* 为什么有人偏要偷我的车呢?; *Es wird schon nicht a. heute regnen* 兴许不会偏巧今天下雨

aus·ge·schlos·sen **1.** *Partizip Perfekt* (过去分词); ↑ ***ausschließen*** **2.** *Adj*(形); *nur präd*, *nicht adv* (只作表语,不作状语)≈ unmöglich: *Es ist ganz a., dass er den Titel gewinnt* 他赢得此称号是绝对不可能的; *Ein Irrtum ist a.* 搞错是不可能的

aus·ge·schnit·ten **1.** *Partizip Perfekt* (过去分词); ↑ ***ausschneiden*** **2.** *Adj*(形); *nicht adv* (不作状语); mit e-m Ausschnitt (1) 领口开得很低的,露出颈肩的〈e-e Bluse, ein Kleid 女上衣,连衣裙; tief, weit a. 领口开得很低的、敞胸露肩的〉

aus·ge·sorgt *nur in* 只用于 ***a. haben*** nie mehr arbeiten müssen, um Geld zu verdienen 不再操劳,享清福: *Wenn ich im Lotto eine Million Euro gewinne, dann habe ich a.* 我要是中奖百万欧元,那我就再不用操心受累了

aus·ge·spielt **1.** *Partizip Perfekt*(过去分词); ↑ ***ausspielen*** **2.** *nur in* 只用于 (***bei j-m***) ***a. haben*** *gespr*[口]; von j-m verachtet werden od. seine Sympathie verloren haben(被…)瞧不起,失去(…的)同情

aus·ge·spro·chen **1.** *Partizip Perfekt* (过去分词); ↑ ***aussprechen*** **2.** *Adj*(形); *nur attr*, *nicht adv*(只作定语,不作状语); sehr groß od. besonders auffällig 非常大的,明显的,格外的〈e-e Vorliebe, e-e Neigung 偏爱,好感; ausgesprochenes Glück haben 特别的幸运〉 **3.** *Adj* (形); *nur adv* (只作状语); verwendet, um Adjektive od. Verben zu verstärken (加强形容词或动词语义)非常,特别≈ sehr: *a. nachlässig, hilfreich* 非常粗枝大叶的,特别有帮助的

aus·ge·stal·ten (*hat*) [Vt] (及物) ***etw. a.*** e-r Sache e-e besondere Form geben 布置,安排,组织,装饰〈ein Thema, e-e Feier, e-n Raum a. 安排题目,组织庆祝活动,装饰房间〉‖ *hierzu* (派生) **Aus·ge·stal·tung** *die*; *mst Sg*(多用单数)

aus·ge·stor·ben **1.** *Partizip Perfekt*(过去分词); ↑ ***aussterben*** **2.** *Adj*(形); *nicht adv*(不作状语); ohne Lebewesen od. ohne Menschen 冷清的,死寂的,万籁俱寂的: *Nachts wirkt die Stadt wie a.* 夜间城市死一般沉寂

aus·ge·sucht **1.** *Partizip Perfekt*(过去分词); ↑ ***aussuchen*** **2.** *Adj*(形); *nur attr*, *nicht adv* (只作定语,不作状语); von hervorragender Qualität 质地上乘的,精选的≈ exquisit〈Wein, Speisen 葡萄酒,菜肴〉 **3.** *Adj*(形); *nur attr*, *nicht adv*, *geschr* (只作定语,不作状语)[书]≈ ausgesprochen, betont〈j-n mit ausgesuchter Höflichkeit, Zuvorkommenheit behandeln 以极高的礼节与盛情对待某人〉 **4.** *Adj*(形); *nur adv*(只作状语); verwendet, um Adjektive zu verstärken (加强形容词语义)非常,十分≈ sehr, besonders〈a. schöne Blumen 非常美的花; ein a. schmackhaftes Essen 十分可口的饭菜〉

aus·ge·träumt *Adj*（形）; *mst in* 多用于 ***ein Traum ist a.*** j-d hat die Hoffnung auf etw. verloren 一场梦破灭了

aus·ge·wach·sen [-ks-] **1.** *Partizip Perfekt*（过去分词）; ↑ ***auswachsen*** **2.** *Adj*（形）; *nicht adv*（不作状语）;〈Tiere 动物〉so, dass sie nicht mehr weiter wachsen, größer werden 不再长了,长大了,成熟了 **3.** *Adj*（形）; *nur attr, nicht adv, gespr*（只作定语,不作状语）[口]; sehr groß 很大的,离奇的,出格的〈Blödsinn, ein Idiot, ein Skandal, Unsinn 蠢话,傻瓜,丑闻,胡闹〉

aus·ge·wählt **1.** *Partizip Perfekt*（过去分词）; ↑ ***auswählen*** **2.** *Adj*（形）; *nur attr, nicht adv*（只作定语,不作状语）; (als Bestes) ausgesucht 挑选出来的,精选的: *Goethes ausgewählte Gedichte* 歌德诗歌精选

aus·ge·wa·schen **1.** *Partizip Perfekt*（过去分词）; ↑ ***auswaschen*** **2.** *Adj, nicht adv*（形）（不作状语）; so oft gewaschen, dass die Farbe schwächer geworden ist 洗褪色的〈e-e Jeans 牛仔服〉

aus·ge·wo·gen **1.** *Partizip Perfekt*（过去分词）; ↑ ***auswiegen*** **2.** *Adj*（形）; *nicht adv*（不作状语）; in e-m Zustand des Gleichgewichts 稳健的,平和的,有节制的 ≈ ausgeglichen〈e-e Politik, ein Charakter, ein Verhältnis 政策,性格,关系〉‖ *zu*（义项）**2 Aus·ge·wo·gen·heit** *die*; *nur Sg*（只用单数）

aus·ge·zeich·net **1.** *Partizip Perfekt*（过去分词）; ↑ ***auszeichnen*** **2.** *Adj*（形）; sehr gut 优秀的,极好的,杰出的 ≈ hervorragend: *Sie singt a.* 她歌唱得极好; *Er ist ein ausgezeichneter Reiter* 他是一位优秀的骑手; *Das Essen schmeckt a.* 饭菜非常可口

aus·gie·big *Adj*（形）; so, dass es mehr als genug ist 丰富的,丰盛的,可观的 ≈ reichlich: *ein ausgiebiges Frühstück* 丰盛的早餐; *von e-r Möglichkeit a. Gebrauch machen* 尽量利用可能性 ‖ *hierzu*（派生）**Aus·gie·big·keit** *die*; *nur Sg*（只用单数）

aus·gie·ßen (*hat*) [Vt]（及物）**1.** ***etw. a.*** e-e Flüssigkeit aus e-m Gefäß gießen 倒出,斟出: *den Wein a.* 斟葡萄酒 **2.** ***etw. a.*** ein Gefäß (in dem Flüssigkeit ist) leeren 倒空: *e-e Flasche a.* 将瓶子倒空 **3.** ***etw.*** (***mit etw.***) ***a.*** ein Loch od. e-e Form mit etw. Flüssigem füllen 将…灌满

Aus·gleich *der*; -(*e*)*s*, -*e*; *mst Sg*（多用单数）**1.** e-e Art Gleichgewicht 重量相等,平衡,均衡〈e-n A. herbeiführen, anstreben 导致平衡,谋求平衡〉**2.** etw., das e-n Verlust od. Mangel kompensiert 补偿: *Als A. für seine Überstunden erhält er zwei Tage frei* 他得到两天空闲作为加班的补偿 ‖ K-（复合）: ***Ausgleichs-***, ***-sport*** **3.** SPORT【体】; die gleiche Zahl von Punkten 平局: *Maier erzielte den A. zum 2:2 in der 90 Minute* 第90分钟时麦耶尔以2比2追成平局

aus·glei·chen (*hat*) [Vt]（及物）**1.** ***etw.*** (*Pl* 复) ***a.*** verschiedene Dinge einander nähern, sodass nur noch geringe od. gar keine Unterschiede mehr da sind 调解,使调和,协调〈Differenzen, Meinungsverschiedenheiten a. 协调差异、意见分歧〉**2.** ***etw.*** (***durch etw.***) ***a.*** e-n Mangel, etw. Fehlendes od. Unzureichendes mithilfe e-r anderen Qualität beseitigen（以…）弥补,抵消: *Er gleicht seine mangelnde technische Begabung durch viel Fleiß aus* 他以勤奋弥补自己技术才华的不足; [Vi]（不及物）**3.** SPORT【体】; den Vorsprung e-s Gegners einholen (2)（赶上对手）追成平局 ≈ den Ausgleich erzielen; [Vr]（反身）**4.**〈Unterschiede 差别〉***gleichen sich aus*** Unterschiede wirken so zusammen, dass keine Gegensätze od. Kontraste mehr vorhanden sind 得到平衡,协调一致

aus·glei·ten (*ist*) [Vi]（不及物）**1.** (beim Gehen über e-e glatte Stelle) das Gleichgewicht verlieren u. fallen 失去平衡而滑倒 ≈ ausrutschen〈auf Glatteis, auf e-r Bananenschale a. 在冻结的冰上摔倒、踩着香蕉皮滑倒〉**2.** ***etw. gleitet j-m aus*** etw. rutscht j-m plötzlich aus der Hand（物作主语）从…手上滑脱、滑掉: *Er verletzte sich am Bein, weil ihm die Axt ausgeglitten war* 他脚部受伤是由于斧子从他手上滑落所致

aus·gra·ben (*hat*) [Vt]（及物）**1.** ***etw. a.*** etw. durch Graben aus der Erde nehmen 挖出,刨出,掘出〈e-e Pflanze, e-n Schatz a. 挖出植物,掘出宝物〉**2.** ***etw. a.*** etw. unter vielen anderen Dingen versteckt finden 重新找出,翻出,发现〈alte Briefe, Fotos a. 找出旧信、照片〉**3.** ***etw. a.*** längst vergessene Tatsachen wieder in Erinnerung rufen 追忆,追怀: *Erinnerungen aus der Jugendzeit wieder a.* 追忆青年时代; [Vt/i]（及物/不及物）**4.** (***etw.***) ***a.*** durch Graben alte Paläste, Gräber *usw* freilegen 发掘（古迹,文物）: *Seit fast 200 Jahren wird in Pompeji ausgegraben* 近200年以来,在庞贝进行着古迹发掘工作 ‖ NB（注意）*zu*（义项）**4**: *mst* im Passiv（多用于被动句）!

Aus·gra·bung *die*; -, -*en* **1.** das Freilegen von Gebäuden u. antiken Gegenständen, die verschüttet sind（古建筑、古物的）开掘,发掘〈e-e A. leiten 主持挖掘工作〉**2.** etw., das ausgegraben worden ist 出土文物 ≈ Fund: *gut erhaltene Ausgrabungen aus vorchristlicher Zeit* 保存良好的公元前的出土文物 **3.** e-e Stelle, an der Ruinen, Gräber *usw* aus früheren Zeiten gefunden u. freigelegt wurden 古迹挖掘地,遗址

aus·gu·cken (*hat*) [Vi]（不及物）*gespr*［口］**1.** ***nach j-m / etw. a.*** j-n/etw. mit den Augen suchen 张望,寻找 ≈ nach j-m/etw. ausschauen **2.** ***irgendwie a.*** ≈ aussehen (1,3)

Aus·guss *der* **1.** verwendet, um das Becken in der Küche zu bezeichnen, wenn eine Flüssigkeit hineingeschüttet wird（厨房的）洗涤槽（盆）,排水槽（盆）**2.** das Rohr e-s Beckens, durch das das Wasser abfließt 洗涤槽的排水口

aus·ha·ben (*hat*) *gespr*［口］; [Vt]（及物）**1.** ***etw. a.*** ein Kleidungsstück ausgezogen haben 已脱掉、脱下〈den Mantel, die Hose, den Rock a. 已脱掉大衣、裤子、裙子〉**2.** ***etw. a.*** etw. zu Ende gelesen haben 读完了〈ein Buch, e-e

Zeitschrift 书，杂志〉 **3. etw. a.** ein elektrisches Gerät ausgeschaltet haben 已关掉了(电器)：*den Fernsehapparat a.* 关上了电视机 **4.** *bes* mit der Arbeit od. mit dem Unterricht fertig sein 放工，放学，下班≈ freihaben：*Wir haben heute schon um 11 Uhr aus* 今天我们11点就下班(放学)了

aus·ha·ken (*hat*) Vt (及物) **etw. a.** etw. durch Lösen e-s Hakens öffnen od. von etw. losmachen 把…从钩子上取下来，使脱钩〈e-e Kette, e-n Fensterladen a. 解开链子、百叶窗的钩链〉‖ ID[谚] ***bei j-m hakt es aus*** *gespr* [口]；**a)** j-d versteht/begreift etw. nicht mehr 某人感到莫名其妙；**b)** j-d verliert die Nerven 某人失去理智(失去头脑、自控力)

aus·hal·ten (*hat*) Vt (及物) **1. etw. a.** schwierige Bedingungen *o.Ä.* ertragen können 能忍受住≈ erdulden〈Hunger, Kälte, Schmerzen a. müssen 得忍受饥饿、寒冷、疼痛〉：*die Hitze nicht länger a. können* 热得受不了；*Dieser Wagen hält große Belastungen aus* 这辆车能承受很大的负荷；*Wie hältst du es nur aus, in dieser Hitze zu arbeiten?* 天气这么热你还干活，怎么受得了? **2. es irgendwo a.** *gespr* [口]；e-n Zustand, e-e Situation an e-m Ort ertragen können 坚持下去，呆下去：*Er hält es in der Stadt nicht mehr aus* 他在城里呆不住了 ‖ NB(注意)：*mst* verneint od. in Fragesätzen (多用于否定或问句) **3. j-n a.** *gespr pej* [口][贬]；alles für j-n bezahlen, zu dem man *mst* e-e sexuelle Beziehung hat 供养，养活，维持生计：*Seit er arbeitslos ist, lässt er sich von seiner Freundin a.* 他自从失业以来，靠他的女友养活 ‖ ID[谚] ***Hier/So lässt es sich (gut) a.*** *gespr hum* [口][诙]；hier/so ist es sehr angenehm 这里/这样日子过得挺舒坦

aus·han·deln (*hat*) Vt (及物) **etw. a.** etw. in (mühsamen) Verhandlungen erreichen od. vereinbaren (经艰苦谈判)商定，议定，达成〈e-n Preis, e-n Vertrag, e-n Kompromiss *o.Ä.* a. 商定价格，达成协议、妥协等〉‖ *hierzu* (派生) **Aus·hand·lung** *die*

aus·hän·di·gen; *händigte aus, hat ausgehändigt*; Vt (及物) **(j-m) etw. a.** e-m Berechtigten etw. offiziell übergeben 正式交出，递交，交付出〈j-m ein Einschreiben, e-e Urkunde, e-n Schlüssel a. 交给某人挂号邮件、证书、钥匙〉‖ *hierzu* (派生) **Aus·hän·di·gung** *die*; *nur Sg* (只用单数)

Aus·hang *der*; e-e öffentliche Information, die an e-m dafür bestimmten Platz angeheftet wird (张帖的)通告，布告，通知〈etw. durch A. bekannt geben 用布告宣布某事〉：*Bitte beachten Sie den A. am Schwarzen Brett!* 请注意黑板上的布告!

aus·hän·gen[1]; *hängte aus, hat ausgehängt*; Vt (及物) **1. etw. a.** etw. aus seiner Befestigung heben 卸下，取下〈e-n Fensterladen a. 脱掉百叶窗的钩〉**2. etw. (irgendwo) a.** e-e öffentliche Information an e-r dafür bestimmten Stelle aufhängen 把…挂出去，贴出去，悬挂出去

aus·hän·gen[2]; *hing aus, hat ausgehangen*; Vi (不及物) **etw. hängt aus** etw. hängt an e-r für alle sichtbaren Stelle(物作主语)张贴出来，公布出来〈die Speisekarte, der Fahrplan, die Ankündigung 菜单，时刻表，预告〉

Aus·hän·ge|schild *das*; e-e Person od. Sache, die man öffentlich vorzeigt, um e-n guten Eindruck zu machen 招牌，幌子，广告牌〈als A. dienen 作招幌〉

aus·har·ren (*hat*) Vi (不及物) *geschr* [书]；unter schwierigen Bedingungen (irgendwo) bleiben 坚持，坚忍，固守：*noch e-e Weile a.* 再坚持一阵子

aus·he·ben (*hat*) Vt (及物) **1. etw. a.** etw. durch das Herausgraben von Erde schaffen 挖成，掘成 ↔ zuschütten〈e-e Grube, e-n Schacht *o.Ä.* a. 挖成坑、井道等〉**2. j-n a.** j-n in seinem Versteck finden u. verhaften 破获，捕获，缉获〈e-e Gangsterbande a. 破获一个犯罪团伙〉**3. etw. a.** *mst* das Versteck e-r Gruppe von Verbrechern entdecken 破获，查获(巢穴)：*e-n Unterschlupf für Terroristen a.* 破获恐怖分子巢穴 ‖ *hierzu* (派生) **Aus·he·bung** *die*

aus·he·cken; *heckte aus, hat ausgeheckt*; Vt (及物) **etw. a.** *gespr pej* [口][贬]；etw. (*mst* Unerwünschtes) ausdenken u. planen 策划出，炮制出〈e-n Plan, e-e Dummheit, e-e List a. 泡制出一项计划、一桩傻事、一份花名册〉

aus·hei·len Vt (及物) (*hat*) **1. etw. a.** e-e Krankheit heilen 治愈，治好：*Der Arzt hat ihre Grippe völlig ausgeheilt* 大夫完全治好了她的流感；Vi (不及物) (*ist*) **2. etw. heilt aus** etw. wird wieder besser(物作主语)痊愈，完全康复≈ etw. gesundet〈e-e Verletzung 伤痛〉

aus·hel·fen (*hat*) Vi (不及物) **1. (irgendwo) a.** e-e fehlende Arbeitskraft (vorübergehend) ersetzen (临时)顶替，帮忙 **2. j-m (mit etw.) a.** j-m e-e Kleinigkeit geben od. leihen, die er gerade braucht (以…)接济，帮助，解人之急：*Können Sie mir mit e-r Briefmarke a.?* 您能帮个忙给我一张邮票吗?

Aus·hil·fe *die* **1.** *mst Sg* (多用单数)；die zeitlich begrenzte Mitarbeit 临时工作，帮忙，救急〈j-n zur A. suchen 找某人替工，帮忙，〉‖ K-(复合)：***Aushilfs-, -kellner*** **2.** j-d, der nur vorübergehend irgendwo mitarbeitet od. j-n vertritt (临时的)替工，帮工，帮手 ‖ *zu* (义项) **1. aus·hilfs·wei·se** *Adv* (副)

Aus·hilfs|kraft *die* ≈ Aushilfe (2)

aus·höh·len; *höhlte aus, hat ausgehöhlt*; Vt (及物) **1. j-d/etw. höhlt etw. aus** j-d gräbt ein Loch in etw., etw. macht etw. im Inneren hohl(人/物作主语)掏空，挖空，凿空，弄凹：*Die Felsen werden von der Brandung ausgehöhlt* 岩石受到波浪的拍击而凹陷 **2. etw. höhlt etw. aus** *geschr* [书]；etw. schwächt od. verschlechtert etw. (物作主语)使虚弱，损害，破坏≈ etw. untergräbt etw.〈etw. höhlt j-s Ansehen, Gesundheit aus 某事损害某人的威望、破坏健康〉‖ *hierzu* (派生) **Aus·höh·lung** *die*; *mst Sg* (多用单数)

aus·ho·len (*hat*) Vi (不及物) **1.** den Arm od. Fuß ausgestreckt weit nach hinten bewegen, um viel Schwung für e-n Wurf, Schlag od. Tritt zu bekommen 向后抡、摆、挥、甩〈weit a. 大幅度向后挥动; mit dem Arm/dem Schwert zum Wurf/Schlag a. 抡臂投掷,挥剑砍击〉‖ K-(复合): ***Aushol-***, ***-bewegung*** **2.** große Schritte machen 迈大步〈weit a. 跨大步〉 **3.** ***weit a.*** bei e-m Bericht, e-r Erzählung ganz von vorn beginnen 从头开始谈起: *Um die Verschmelzung von Atomkernen zu erklären, muss ich weiter a.* 为了讲清楚原子核的聚合,我得从最初的事情讲起

aus·hor·chen (*hat*) Vt (及物) ***j-n a.*** j-m (unauffällig) viele Fragen stellen, um e-e bestimmte Information zu bekommen 摸…的底,向…探听 ‖ *hierzu* (派生) **Aus·hor·chung** *die*; *mst Sg* (多用单数)

aus·hun·gern (*hat*) Vt (及物) **1.** ***j-n a.*** j-m nichts zu essen geben od. verhindern, dass er essen kann (*mst* damit er kapituliert) 以饥饿逼迫…就范、投降 **2.** 〈e-e Stadt, e-e Festung o. Ä. 城池, 要塞等〉 ***a.*** die Bewohner e-r Stadt, e-r Festung o. Ä. a. (1) 断绝…粮食供给,使断粮

aus·keh·ren (*hat*) Vt (及物) ***etw. a.*** e-n Raum mit e-m Besen vom Schmutz befreien 扫清,扫干净〈e-n Saal a. 将大厅打扫干净〉

aus·ken·nen, sich (*hat*) Vr (反身) ***sich*** (***irgendwo***) ***a.***; ***sich*** (***mit etw.***) ***a.*** etw. genau kennen, detaillierte Informationen über etw. haben 熟悉,了解,通晓: *Kennst du dich in Paris aus?* 你熟悉巴黎吗?; *Kennst du dich mit Computern aus?* 你懂得电脑吗?

aus·kip·pen (*hat*) Vt (及物) **1.** ***etw. a.*** etw. durch Kippen ausleeren 把…倒空、翻空: *e-n Eimer a.* 把桶倒空 **2.** ***etw. a.*** etw. aus e-m Behälter durch Kippen leeren 把…倒出,倒光,翻倒出来: *den Sand aus dem Eimer a.* 把沙子从桶中倒出

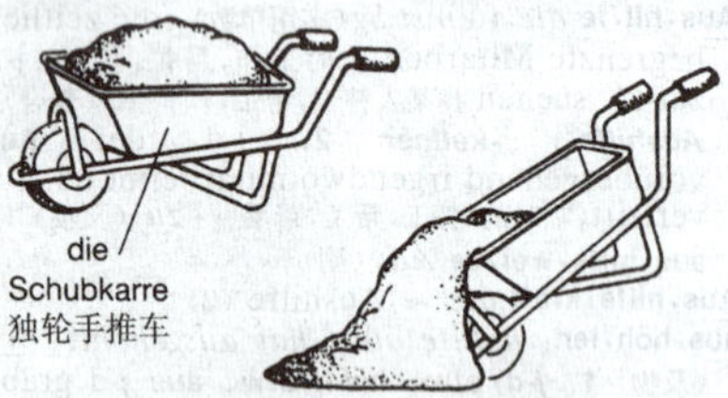

aus·klam·mern (*hat*) Vt (及物) ***etw.*** (***aus etw.***) ***a.*** etw. nicht besprechen, etw. von der Besprechung ausschließen 对…不予讨论、不加考虑,勾销: *ein heikles Problem aus der Diskussion a.* 从讨论中去掉一个棘手问题 ‖ *hierzu* (派生) **Aus·klam·me·rung** *die*

Aus·klang *der*; *nur Sg* (只用单数); das Ende e-s (festlichen) Tags, e-r Veranstaltung (节日,活动的) 尾声,收尾,终结: *ein Lied zum A. der Feier* 作为庆祝活动尾声的一支歌曲

aus·klei·den (*hat*) Vt (及物) **1.** ***j-n/sich a.*** *geschr* [书]; j-m/sich die Kleidung ausziehen 给…脱衣服 ↔ ankleiden **2.** ***etw.*** (***mit etw.***) ***a.*** die Wände e-s Raumes od. Behälters innen mit Stoff, Teppichen o. Ä. versehen 对…进行内装饰 ‖ *zu* (义项) **2 Aus·klei·dung** *die*; *mst Sg* (多用单数)

aus·klin·gen (*ist*) Vi (不及物) ***etw. klingt irgendwie/mit etw. aus*** ein Fest o. Ä. geht irgendwie zu Ende (物作主语) 渐告结束,接近尾声: *ein Fest ruhig a. lassen* 让节日平静地结束

aus·klin·ken; *klinkte aus*, *hat ausgeklinkt*; Vt (及物) **1.** ***etw. a.*** etw. von e-m Haken od. aus e-r Halterung lösen u. fallen lassen 使脱落,使脱钩分离〈ein Schleppseil, e-e Bombe a. 使拖缆脱钩,投掷炸弹〉; Vr (反身) **2.** ***sich a.*** sich von e-m Haken lösen 自动脱落,脱钩: *Vor dem Absprung musst du daran denken, dich auszuklinken* 跳伞之前你务必想着脱钩

aus·klop·fen (*hat*) Vt (及物) ***etw. a.*** etw. durch Klopfen sauber machen 拍打(敲打)干净〈e-n Teppich a. 把地毯拍打干净〉

aus·klü·geln; *klügelte aus*, *hat ausgeklügelt*; Vt (及物) ***etw. a.*** durch intensives Nachdenken etw. Raffiniertes erfinden 挖空心思想出,推敲而得 ≈ austüfteln: *e-e ausgeklügelte Methode* 煞费苦心想出的方法 ‖ *hierzu* (派生) **Aus·klü·ge·lung** *die*

aus·knip·sen (*hat*) Vt/i (及物/不及物) (***etw.***) ***a.*** den elektrischen Strom od. ein elektrisches Gerät mit e-m Schalter abstellen 关掉(电源或电器) ≈ ausschalten〈das Licht, e-e Lampe a. 关灯〉

aus·kno·beln (*hat*) Vt (及物) **1.** ***etw. a.*** *gespr* [口]; ein Problem durch konzentriertes Nachdenken lösen (苦思冥想,绞尽脑汁) 琢磨解决 **2.** ***etw. a.*** durch ein Würfelspiel o. Ä. festlegen, wer etw. bekommt od. wer etw. (*mst* Unangenehmes) tun muss 掷骰子决定、抓阄儿、打赌: *Sie knobelten aus, wer das Geschirr spülen musste* 他们掷骰子决定该由谁洗碗

aus·ko·chen (*hat*) Vt (及物) **1.** ***etw. a.*** etw. (lange) in Wasser kochen, damit e-e Suppe entsteht 熬、煮、煨、炖出…的原汁〈Fleisch, Knochen a. 炖肉汁,熬骨头汤〉 **2.** ***etw. a.*** *gespr* [口]; sich etw. Schlimmes od. etw. Raffiniertes ausdenken 谋划,策划(恶作剧或狡猾的事)

aus·kom·men (*ist*) Vi (不及物) **1.** ***mit j-m*** (***gut/schlecht***) ***a.*** ein gutes/schlechtes Verhältnis zu j-m haben 与…合得来/合不来,相处好/坏 ≈ sich mit j-m (gut/schlecht) vertragen/verstehen: *Kommt ihr gut miteinander aus, od. streitet ihr häufig?* 你们彼此处得好吗,还是时常争吵? **2.** ***mit j-m/etw./ohne j-n/etw.*** (***irgendwie***) ***a.*** sich auf die genannte Art u. Weise mit od. ohne j-n/etw. zurechtfinden 应付,对付,适应,顺应: *Mit diesem Gehalt komme ich überhaupt nicht aus* 拿这份薪金我根本没法过; *Ich komme auch ohne deine*

Hilfe gut aus 即使你不帮我我也应付得了；*Evi muss ohne Auto a.* 艾菲得过没有汽车的日子

Aus·kom·men¹ *das*；*-s*；*nur Sg*（只用单数）**1.** Geld, das man regelmäßig bekommt u. das für den Lebensunterhalt reicht 收入，生计〈ein gutes, sicheres A. haben 收入不错、有保障〉**2. *sein A. haben*** genug Geld zum Leben haben 有足够的收入

Aus·kom·men² *das*；*mst in* 多用于 ***mit j-m gibt es kein A.*** mit j-m kann man nicht ohne Streit leben 无法与某人和睦相处

aus·kos·ten（*hat*）Vt（及物）***etw. a.*** etw. gründlich u. intensiv genießen 尽情享受，饱尝〈e-n Erfolg, e-n Triumph a. 充分享受成功、胜利的喜悦〉

aus·krat·zen（*hat*）Vt（及物）↑ ***aus-***（2）‖ ID［谚］*mst* 多用 ***Ich könnte ihm/ihr die Augen a.*** ich bin sehr wütend auf ihn/sie 我气得恨不能把他（她）的眼睛抠出来 ‖ NB（注意）：nur von Frauen verwendet（只作为妇女用语）

aus·ku·geln（*hat*）Vt（及物）***j-m/sich etw. a.*** ≈ j-m/sich etw. ausrenken〈*mst* sich den Arm a. 多用于臂关节脱臼〉

aus·küh·len（*hat*）Vt（及物）**1. *etw. kühlt j-n/etw. aus*** j-d/etw. wird durch etw. vollkommen kalt（物作主语）使冰冷、透凉：*von e-m Spaziergang ausgekühlt sein* 因散步浑身凉透；*Der eisige Wind hatte den Raum völlig ausgekühlt* 寒风把房间吹得冰冷；Vi（不及物）（*ist*）**2. *etw. kühlt aus*** etw. wird vollkommen kalt（物作主语）透凉，冰冷：*Das Zimmer kühlt im Winter schnell aus* 冬天房间冷得很快 ‖ *hierzu*（派生）**Aus·küh·lung** *die*；*nur Sg*（只用单数）

aus·kund·schaf·ten；*kundschaftete aus*，*hat ausgekundschaftet*；Vt（及物）***etw. a.*** durch unauffälliges Fragen od. Beobachten etw. in Erfahrung bringen 探听出，打听出〈j-s Vermögen, Ersparnisse, die Gegend a. 打听出某人的财产、存款、地情〉‖ *hierzu*（派生）**Aus·kund·schaf·tung** *die*

Aus·kunft *die*；*-*，*Aus·künf·te*；**1. *e-e A.*（*über j-n/etw.*）** e-e Information, die man auf e-e Frage erhält（打听到的）情况，答复〈e-e falsche, genaue, telefonische A. 错误的、详细的情况，电话答覆；j-n um (e-e) A. bitten 向某人问询，请教；j-m (e-e) A. geben 给某人回复；j-m die A. verweigern 拒绝告知某人情况；Auskünfte einholen 收集（征询）情况〉**2.** *nur Sg*（只用单数）；die Stelle（*z. B.* am Bahnhof, beim Telefonamt）, wo man um A.（1）bitten kann 问事处，问询处 ≈ Information（2）〈die A. anrufen 给问事处打电话〉‖ -K-（复合）：***Telefon-***，***Zug-*** ‖ K-（复合）：***Auskunfts-***，***-beamte(r)***，***-schalter*** **3.** *nur Sg*（只用单数）；j-d, der angestellt ist, um Informationen zu geben 问事处工作人员：*Fragen Sie die A.!* 请向问询处打听！

aus·kup·peln（*hat*）Vt/i（及物/不及物）（***etw.***）***a.*** AUT【汽】；durch Drücken des Kupplungspedals den Motor vom Getriebe trennen（踩离合器踏板）使脱节，脱钩，脱开：*vor dem Schalten a.* 换挡前脱钩

aus·ku·rie·ren（*hat*）Vt（及物）**1. *j-n/etw. a.*** ≈ heilen；Vr（反身）**2. *sich a.*** sich von e-r Krankheit völlig erholen 彻底治（养）好病

aus·la·chen（*hat*）Vt（及物）***j-n a.*** sich über j-n lustig machen, indem man über ihn lacht 取笑，嘲笑，笑话：*Er wurde ausgelacht, weil er so ungeschickt war* 人家都笑话他，因为他那么笨拙

aus·la·den（*hat*）Vt/i（及物/不及物）**1.（*etw.*）*a.*** etw., das in e-m Fahrzeug transportiert wurde, herausnehmen 卸下：*die Möbel aus dem Lieferwagen a.* 从送货车上卸下家具；Vt（及物）**2. *j-n a.*** j-m, den man eingeladen hatte, sagen, dass er doch nicht kommen soll 取消对…的邀请，撤回邀请 **3. *etw. a.*** ein Fahrzeug, Flugzeug *o. Ä.* von den Dingen, die darin transportiert wurden, frei machen 给（车辆，飞机）卸货：*e-n Lieferwagen a.* 给一辆货车卸货

aus·la·dend **1.** *Partizip Präsens*（现在分词）；↑ ***ausladen*** **2.** *Adj*（形）；*nicht adv*（不作状语）；sehr breit, weit nach außen reichend 凸出的，向外鼓的〈ein Bauwerk 建筑物〉**3.** *Adj*（形）；*nicht adv*（不作状语）；mit den Armen weit nach außen 伸展的，幅度大的〈e-e Geste, e-e Bewegung 手势、动作〉

Aus·la·ge *die* **1.** die Waren, die im Schaufenster liegen od. dort ausgestellt sind（橱窗中的）陈列品，展品：*sich die Schuhe in der A. ansehen* 观看陈列的鞋子 **2.** *mst Pl*（多用复数）；e-e Summe Geld, die man bezahlt hat u. später zurückbezahlt bekommt 垫款 ≈ Unkosten, Spesen：*Er bekam die bei seiner Geschäftsreise entstandenen Auslagen zurückerstattet* 他出差所垫付的费用已经报销了

Aus·land *das*；*-s*；*nur Sg*（只用单数）**1.** jedes Land, das nicht das eigene ist 外国，国外 ↔ Inland〈ins A. reisen, ins A. gehen（um dort zu leben）出国旅行，去外国；Waren aus dem A. importieren 从外国进口商品〉‖ K-（复合）：***Auslands-***，***-amt***，***-aufenthalt***，***-reise***，***-spiel***，***-tournee*** **2.** *Kollekt*（集合）；die Bevölkerung od. Regierung fremder Länder 外国人或外国政府〈Kontakte zum A. knüpfen 建立和国外的联系；vom A. abhängig, auf das A. angewiesen sein 依附外国，依靠外国〉‖ K-（复合）：***Auslands-***，***-korrespondent***，***-presse*** ‖ *hierzu*（派生）**aus·län·di·sch-** *Adj*（形）；*nur attr*，*nicht adv*（只作定语，不作状语）

Aus·län·der *der*；*-s*，*-*；j-d, der Staatsbürger e-s fremden Landes ist 外国人：*Viele Ausländer leben hier schon seit 30 Jahren* 许多外国人 30 年以来就一直生活在这里 ‖ K-（复合）：***Ausländer-***，***-amt***，***-anteil***，***-behörde***，***-feindlichkeit***，***-politik***，***-polizei***；***ausländer-***，***-feindlich*** ‖ *hierzu*（派生）**Aus·län·de·rin** *die*；*-*，*-nen*

Aus·län·der|an·teil *der*；der Teil der Bevölkerung, e-r Schulklasse *o. Ä.*, der aus Ausländern besteht 外国人所占比重

Aus·lands|ge·spräch *das*；ein Telefongespräch

mit j-m, der im Ausland ist 国际长途电话

Aus·lands|schul·den *die*; *Pl*(复); die Schulden, die *bes* ein Staat im Ausland hat 外债

Aus·lands|stu·di·um *das*; das Studium an e-r Hochschule im Ausland 国外留学

Aus·lands|ver·mö·gen *das*; Vermögen, das j-d/e-e Firma od. ein Staat im Ausland angelegt hat 国外财产

Aus·lands|ver·tre·tung *die*; e-e od. mehrere Personen, die e-e Firma offiziell im Ausland vertreten 正式驻外代表机构(处)

aus·las·sen (*hat*) [Vt] (及物) **1.** ***j-n/etw. a.*** j-n/etw. (in e-r Reihenfolge) übersehen od. nicht berücksichtigen, etw. nicht sagen, schreiben od. tun 省略，删去，遗漏，放过：*bei der Verteilung von Bonbons ein Kind a.* 分发糖果时漏掉一个小孩；*beim Abschreiben aus Versehen e-n Satz a.* 由于疏忽而漏抄一句话；*Er lässt keine Gelegenheit aus, sie zu besuchen* 他不放过拜访她的任何一个机会 **2.** ***etw. an j-m a.*** j-n aus Ärger, Enttäuschung od. Zorn schlecht behandeln 向…发泄≈ etw. an j-m abreagieren 〈seine Launen, Wut an j-m a. 向某人发泄他的脾气、怒气〉 **3.** ***etw. a.*** etw. so lange erhitzen, bis das Fett flüssig wird 熬化，熔化，化开，炼〈Schmalz, Speck, Butter *o.Ä.* a. 加热化开动物油、肥肉、黄油等〉 **4.** ***etw. a.*** *gespr*[口]; etw. ausgeschaltet lassen 不开，让关着〈das Licht, den Strom *o.Ä.* a. 让灯、电等关着〉; [Vr] (反身) **5.** ***sich (über j-n/etw.) a.*** *pej*[贬]; ein (negatives) ausführliches Urteil über j-n/etw. abgeben 对…妄加(胡乱)评论：*Er hat sich lange u. heftig über dein Benehmen ausgelassen* 他对你的行为发表了长篇激烈的评论

Aus·las·sung *die*; -, *-en*; **1.** das Auslassen (1) **2.** *nur Pl*(只用复数); ***Auslassungen (über j-n/etw.)*** *mst* negative Äußerungen od. Aussagen über j-n/etw. (对…)评头品足，说三道四

Aus·las·sungs|zei·chen *das* ≈ Apostroph

aus·las·ten (*hat*) [Vt] (及物) ***etw. a.*** die Leistungskraft e-r Fabrik, e-r Maschine, e-s Motors *o.Ä.* voll ausnutzen 充分利用、发挥(工厂、机器、马达等效率)：*Die Kapazität des Betriebs ist nur zu 50% ausgelastet* 企业生产能力只发挥出 50% **2.** ***etw. lastet j-n aus*** etw. nimmt j-s Zeit u. Energie voll in Anspruch, beansprucht j-n ganz(物作主语)充分调动，使满负荷工作：*Ich bin mit der Vorbereitung für das Fest völlig ausgelastet* 我全付精力投入此次节日准备工作 ‖ *hierzu*(派生) **Aus·las·tung** *die*; *nur Sg*(只用单数)

Aus·lauf *der* **1.** die Stelle, an der Flüssigkeit aus e-m Gefäß fließen kann 流出口 **2.** *nur Sg*(只用单数); e-e Möglichkeit (*bes* für Kinder u. Haustiere), im Freien herumzulaufen od. zu spielen(尤指儿童和家畜)自由活动，户外活动：*Ein Schäferhund hat in der Stadt zu wenig A.* 牧羊犬在城市里的活动太少 **3.** e-e Fläche, die von e-m Zaun umgeben ist, innerhalb dessen sich Tiere frei bewegen können 活动的场所和范围

aus·lau·fen (*ist*) [Vi] (不及物) **1.** ***etw. läuft aus*** etw. fließt *mst* aus e-m Loch od. Leck in e-m Gefäß heraus(物作主语)流出，溢出：*Der Tank hatte ein Leck – dadurch ist das ganze Öl ausgelaufen* 油箱有漏洞，因此油全漏了出来 **2.** ***etw. läuft aus*** etw. wird leer, weil die Flüssigkeit herausfließt(物作主语)流空，漏光：*Nach dem Verkehrsunfall ist der Tank ausgelaufen* 交通事故发生之后油箱漏空了 **3.** ***j-d/*** 〈ein Schiff *o.Ä.*〉 ***läuft aus*** j-d/ein Schiff *o.Ä.* verlässt e-n Hafen, um aufs Meer zu fahren (人/船等作主语)离港出海 **4.** ***etw. läuft aus*** etw. wird langsam u. bleibt allmählich stehen (物作主语)减速停下来〈der Motor, das Auto, der Propeller 马达、汽车、螺旋桨发动机〉 **5.** ***etw. läuft aus*** etw. geht zu Ende od. nähert sich seinem Ende(物作主语)接近终了，快结束了 ↔ etw. beginnt 〈ein Weg, ein Kurs, ein Programm, ein Vertrag 道路，课程，日程安排，合同〉 **6.** ***etw. läuft in etw.*** (*Akk* 四格) ***aus*** etw. mündet harmonisch in etw. ein od. geht in etw. über(物作主语)…其末端呈现出，延展入：*Das Gebirge läuft in e-e Hügelkette aus* 山脉的末端呈一片丘陵带状 **7.** ***etw. läuft (für j-n) irgendwie aus*** *gespr*[口]; etw. geht (für j-n) auf e-e bestimmte Art zu Ende (物作主语)结局，结果≈ etw. geht aus, etw. endet：*Diese Angelegenheit wird für ihn schlimm a.* 这件事对他来讲结局会很糟

Aus·läu·fer *der*; *-s*, - **1.** MET【气】; der äußere Teil 脊，槽，尾〈e-r atlantischen Störung, e-s Tiefs, e-s Erdbebens 大西洋干扰的，低压的，地震的〉 ‖ -K(复合): ***Tief-*** **2.** die äußeren, niedrigen Teile 余脉〈e-s Gebirges 山脉的〉 ‖ -K(复合): ***Gebirgs-***

Aus·lauf|mo·dell *das*; ein Modell, das noch verkauft, aber nicht mehr hergestellt wird 过时款式，不时兴的款式：*ein A. zu reduziertem Preis* 减价出售的过时款式

aus·lau·gen; *laugte aus, hat ausgelaugt*; [Vt] (及物) **1.** *mst* 多用 ***etw. wird ausgelaugt*** e-r Substanz werden wichtige Bestandteile entzogen(物作主语)耗尽，吸干，萃取完：*Durch ständiges Bepflanzen wird der Boden ausgelaugt* 由于频繁种植，土质变得贫脊 **2.** *mst* 多用 ***j-d ist ausgelaugt*** j-d ist durch starke Beanspruchung od. große Anstrengung erschöpft (人作主语)用尽气力，精疲力尽，劳累过度：*Nach dem Marathonlauf war er (von der Anstrengung) völlig ausgelaugt* 马拉松赛跑之后，他完全精疲力尽了

Aus·laut *der*; *mst Sg*, LING (多用单数)【语】; der letzte Laut e-s Wortes od. e-r Silbe (词或音节的)尾音↔ Anlaut 〈etw. steht im A. 某事临近尾声〉

aus·le·ben, sich (*hat*) [Vr] (反身) ***sich a.*** die angenehmen Seiten des Lebens voll genießen 尽情享受生活

aus·le·cken (*hat*) [Vt] (及物) **1.** ***etw. a.*** etw. durch Lecken leer od. sauber machen 把…舔光，舔干净：*die Schüssel a.* 把碗舔干净 **2.** ***etw. a.*** etw. aus etw. lecken 舔掉，舔去：*den*

Honig a.（*der im Topf ist*）舔掉（锅里的）蜂蜜

aus·lee·ren（*hat*）Vt（及物）**1. etw. a.** etw. aus e-m Gefäß gießen, schütten *usw* 倒掉（水）：*das Wasser*（*aus der Schüssel*）*a.* 倒掉（碗里的）水 **2. etw. a.** ein Gefäß leer machen 倒空（桶），使…变空，空出：*den Eimer a.* 把桶倒空

aus·le·gen（*hat*）Vt（及物）**1. etw. a.** etw. öffentlich so hinlegen, dass es von allen Interessierten angesehen werden kann 陈列，摆出 ≈ ausbreiten〈Waren im Schaufenster a. 在橱窗内陈列商品；Listen zum Eintragen a. 摆出清单供登记；Pläne zur Einsichtnahme a. 陈列草图供审阅〉**2. etw. a.** etw. so hinlegen, dass es von e-m Tier gefressen werden soll 抛出，撒出（供动物捕食）〈Gift, e-n Köder a. 撒出毒物、鱼饵〉**3. etw. mit etw. a.** den Boden e-s Möbelstücks od. Raumes mit etw. (Schützendem) bedecken 铺，铺设 ≈ auskleiden〈ein Zimmer mit Teppichen, e-e Schublade mit Papier a. 房间里铺上地毯，抽屉里铺上纸〉**4. etw. für etw. a.** ein technisches Gerät od. ein Gebäude so planen od. konstruieren, dass e-e bestimmte Leistung/Kapazität erreicht wird 为…而设计、规划：*Das Stadion ist für 30000 Besucher ausgelegt* 体育馆是为容纳三万观众而设计的 ‖ NB（注意）：*mst* im Zustandspassiv!（多用于状态被动句！）**5. j-m etw. a./etw. für j-n a.** j-m das Geld für etw. leihen 为…垫付：*Kannst du das Geld für die Kinokarte für mich a.?* 你能为我垫付电影票的钱吗？**6. etw.（irgendwie）a.** e-e Geschichte od. Erscheinung nach seiner eigenen Ansicht erklären 解释，注释 ≈ interpretieren〈e-n Text, e-n Roman falsch a. 错误地解释（注解）文章、小说〉**7.（j-m）etw. als etw. a.** e-e Eigenschaft od. Handlung, die man bei j-m beobachtet, falsch deuten 把…解释成 ‖ *zu*（义项）**6. Aus·le·gung** *die*

Aus·le·ge·wa·re *die*; *nur Sg*, *Kollekt*（只用单数）（集合）；Teppichböden u. PVC-Böden 地毯地板和（聚氯乙烯）塑料地板

aus·lei·ern（*hat*）Vt（及物）**1. etw. a.** etw. oft benutzen od. waschen u. dadurch weiter od. lockerer machen 使失去弹性，把…穿松（大）了：*ein ausgeleierter Pullover* 穿松了的圆领衫 **2. etw. a.** etw. durch häufigen Gebrauch stark abnutzen 磨损，用坏〈ein Gewinde a. 磨损线圈〉

Aus·lei·he *die*; -, *-en* **1.** ein Schalter in e-r Bibliothek, an dem man Bücher ausleihen kann 图书出借处（窗口）**2.** *nur Sg*（只用单数）；das Ausleihen von Büchern, Schallplatten *usw* für e-e bestimmte Zeit 外借，出借 ≈ Verleih

aus·lei·hen（*hat*）Vt（及物）**1.（j-m）etw. a.** j-m etw. vorübergehend zur（*mst* kostenlosen）Benutzung geben 出借，借给 ≈ leihen ↔ etw.（von j-m）zurückfordern：*Mein Rad kann ich dir nicht a.* 我的自行车不能借给你；*Würdest du mir bitte dein Auto morgen kurz a.?* 劳驾，能把你的汽车明天借给我用一会儿吗？**2.（sich（Dat 三格））etw.（bei/von j-m）a.** sich etw. geben lassen, das man für e-e bestimmte Zeit（*mst* kostenlos）benutzen darf（从）借到，借来 ↔（j-m）etw. zurückgeben：*Kann ich*（*mir*）*e-n Bleistift bei dir a.?* 跟你借支铅笔用用，行吗？

aus·ler·nen（*hat*）Vi（不及物）*mst* 多用 **ausgelernt haben** mit der beruflichen Ausbildung fertig sein 学徒期满，满师，职业培训结业 ‖ ID［谚］*mst* 多用 **Man lernt nie aus** man macht immer wieder neue Erfahrungen 学无止境

Aus·le·se *die* **1.** *nur Sg*（只用单数）；das Auswählen des/der Besten 精选：*e-e strenge A. treffen* 严格挑选 **2.** *Kollekt*（集合）；e-e Gruppe von speziell ausgewählten Dingen aus e-r Menge 精品，精选部分：*e-e A. aus seinen Gedichten* 他的诗歌作品中的精选部分 **3.** *Kollekt*（集合）；die besten Personen aus e-r Gruppe（群体中）最优秀者，佼佼者：*e-e A. der besten Sänger* 优秀歌手中的佼佼者 **4.** ein sehr guter Wein aus ausgesuchten Weintrauben 特制上等葡萄酒，精制葡萄酒

aus·le·sen（*hat*）Vt（及物）**1. etw. a.** etw. zu Ende lesen 读完〈ein Buch, e-n Roman 一本书、一本小说〉**2. etw.**（*Kollekt od Pl* 集合或复数）**a.** bestimmte Dinge nach bestimmten Kriterien aus e-r Menge auswählen（按不同标准）挑出，挑选出，捡出：*die verfaulten Beeren a.* 把烂掉的浆果挑出来（剔除）

aus·leuch·ten（*hat*）Vt（及物）**etw. a.** e-n Raum völlig hell machen od. bis in sämtliche Ecken beleuchten 把…照得通明〈die Bühne a. 照亮舞台〉‖ *hierzu*（派生）**Aus·leuch·tung** *die*

aus·lie·fern（*hat*）Vt（及物）**1. etw. a.** Waren（im Auftrag e-r Firma）liefern 供货，交货 **2. j-n（an j-n）a.** j-n an die Organe e-s anderen Staates übergeben 引渡，交出〈politische Gefangene, Verbrecher a. 引渡政治犯、罪犯〉：*Die Terroristen wurden an die USA ausgeliefert* 恐怖主义分子被引渡给美国 **3. j-n etw.**（*Dat* 三格）**a.** j-n ohne Hilfe etw. Negativem od. e-r Gefahr überlassen 让…听任…摆布〈j-n dem Tode, Hunger, Schicksal a. 让某人听任死神、饥饿、命运的摆布〉：*Schutzlos sind sie dem Regen u. der Kälte ausgeliefert* 他们无遮无挡地任凭风吹雨打，寒潮袭身 **4. j-m ausgeliefert sein** in e-r Situation sein, in der j-d mit einem machen kann, was er will 任凭（某人）摆布（左右）‖ *zu*（义项）**1.** u. **2. Aus·lie·fe·rung** *die*

aus·lie·gen（*hat/südd* Ⓐ Ⓒⓗ［南德］［奥］［瑞］*ist*）Vi（不及物）**1. etw. liegt aus** etw. ist zum Verkauf（*bes* im Schaufenster）ausgestellt（物作主语）陈列着，摆放着（展销）〈Waren 商品〉**2. etw. liegt aus** etw. liegt zum Ansehen, Unterschreiben od. Mitnehmen offen da（物作主语）散放着，陈列着（供观看，签字，取走用）〈Listen, Pläne, Zeitschriften 表格，图纸，杂志〉

aus·löf·feln（*hat*）Vt（及物）**1. etw. a.** etw. mit e-m Löffel leer machen（用汤匙）吃尽，吃光〈den Teller a. 把餐盘（里的食物）吃光〉**2. etw. a.** etw. mit e-m Löffel aus etw. nehmen（用

汤匙)舀着吃〈die Suppe a. 舀汤喝〉

aus·lö·schen (*hat*) [Vt] (及物) **1. etw. a.** etw. löschen od. ausmachen 熄灭〈ein Feuer, das Licht a. 灭火, 熄灯〉 **2. etw. a.** etw. zerstören, etw. verschwinden lassen 毁灭,使消失,忘却〈Spuren, die Erinnerung an j-n a. 消灭痕迹,忘却对某人的记忆〉 **3. j-d/etw. löscht j-n/etw.** (*mst Kollekt od Pl* 多用集合或复数) **aus** *geschr*［书］; j-d/etw. vernichtet *mst* viele Leute(人/物作主语)消灭,毁灭,使生灵涂炭: *Der Krieg löschte ganze Familien aus* 战争使人家破人亡

aus·lo·sen (*hat*) [Vt] (及物) **j-n/etw. a.** e-e Person od. ein Ding durch das Los (2) für etw. bestimmen 抽签决定,抽签选择: *Wir losen aus, wer als Erster spielt* 我们抽签决定比赛(或游戏)谁先开始 ‖ *hierzu* (派生) **Aus·lo·sung** *die*

aus·lö·sen (*hat*) [Vt] (及物) **1. etw. a.** (gewollt od. ungewollt) e-n Mechanismus in Bewegung setzen 开动,打开,触发,扣动(机械装置)〈e-n Schuss, Alarm, das Blitzlicht a. 扣动扳机发射,打开警报器,按闪光灯〉 ‖ K-(复合): **Auslöse-, -mechanismus 2. etw. a.** durch e-e bestimmte Aktion etw. hervorrufen, etw. entstehen lassen 引起,招致,唤起〈e-n Krieg, e-e Revolte, e-e Revolution a. 引起战争、暴动、革命〉 **3. etw.** (**bei j-m**) **a.** bei j-m e-e bestimmte Reaktion herbeiführen od. verursachen 引发,引起,惹起,招致〈Freude, e-n Streit, Gelächter, Panik *usw* a. 引起高兴、争吵、笑声、恐惧等〉: *Die Nachricht löste bei allen Bestürzung aus* 这个消息惹得在场的人惊愕不已 **4. j-n a.** Geld zahlen, damit j-d frei wird 赎出,赎回〈Gefangene, Geiseln a. 赎出被捕者、人质〉 ‖ *zu* (义项) **1. u. 4. Aus·lö·sung** *die*; *nur Sg* 只用单数

Aus·lö·ser *der*; *-s*, *-* **1.** ein Knopf, Schalter *o. Ä.*, mit dem man e-n Mechanismus in Bewegung setzt 快门,按钮: *auf den A. drücken u. ein Foto machen* 按动快门拍照 **2.** der Grund od. der Anlass für etw. 原因,诱因: *Das Attentat war A. e-r Revolte* 谋杀案是暴动的起因

aus·lo·ten; *lotete aus*, *hat ausgelotet*; [Vt] (及物) **1. etw. a.** mit dem Lot (1) die Tiefe des Wassers bestimmen(用测锤)测量,测出(水深): *die Wassertiefe a.* 测量水深 **2. etw. a.** mit dem Lot (1) die Senkrechte bestimmen(用测锤)确定(垂直度): *e-e Wand a.* 测定墙的垂直度 **3. etw. a.** (vorsichtig) versuchen, etw. über j-n/etw. zu erfahren (谨慎)探究,了解〈e-e Situation, j-s Wesen a. 探究情形,了解某人的人品〉 ‖ *hierzu* (派生) **Aus·lo·tung** *die*

aus·lüf·ten (*hat*) [Vt] (及物) **etw. a.** frische Luft an etw./in etw. kommen lassen 把…拿出去透透气、吹吹、晾晾: *nach Rauch riechende Kleider zum Auslüften auf den Balkon hängen* 将有烟味的衣服挂到阳台上去吹吹

aus·ma·chen (*hat*) [Vt] (及物) **1. etw. a.** bewirken, dass etw. nicht mehr brennt 熄,熄灭 ↔ anzünden〈das Feuer, e-e Kerze, e-e Zigarette a. 把火、蜡烛、香烟灭掉〉 **2. etw. a.** *gespr*［口］; bewirken, dass ein technisches Gerät nicht mehr in Funktion ist 关掉 ≈ ausschalten ↔ anmachen〈den Fernseher, die Heizung, den Motor a. 把电视机、暖气、马达关掉〉 **3. j-n/etw. a.** j-n/etw. durch genaues Hinsehen entdecken 认出,识别,发现: *ein Schiff am Horizont a.* 发现地平线上一艘船 **4. etw. macht etw. aus** etw. hat e-n bestimmten Wert, e-e bestimmte Bedeutung, ist etw. (物作主语)有…价值,有…意义,有…关系,是〈etw. macht wenig, nichts, e-e Menge aus 某事没多大关系,没关系,很有关系(或不很要紧,不要紧,很要紧)〉: *Die Differenz macht 3 Meter aus* 差距是3米; *Ruhe u. Erholung machen e-n wesentlichen Teil des Urlaubs aus* 安静与休养生息是度假的主要意义 **5. j-d macht etw. mit j-m aus**; 〈Personen 人〉 **machen etw. aus** *gespr*［口］; *mst* zwei Personen vereinbaren od. verabreden etw., machen etw. ab(人作主语)单:与…约定、商定;复:相互约定、商定: *Hast du mit dem Zahnarzt schon e-n Termin ausgemacht?* 你和牙科大夫已约好日期了吗? **6. j-d macht etw. mit j-m aus**; 〈Personen 人〉 **machen etw.** (**unter sich** (*Dat* 三格)) **aus** *gespr*［口］; Personen diskutieren ein Problem u. einigen sich auf e-e Lösung(人作主语)单:与…协商解决;复:彼此协商解决: *Macht das unter euch aus!* 请你们自行商定解决此事! **7.** *mst* 多用 **etw. macht j-m etwas/nichts aus** *gespr*［口］; etw. stört j-n/etw. stört j-n nicht(物作主语)对…有点妨碍/无妨碍: *Hitze macht mir nichts aus* 天热对我不碍事; *Macht es Ihnen etwas aus, wenn ich rauche?* 我抽烟妨碍您吗?; *Ich hoffe, es macht Ihnen nichts aus, dass ich heute Abend e-e Party gebe* 今晚我举办聚会,希望不会影响您

aus·ma·len (*hat*) [Vt] (及物) **1. etw. a.** die Innenräume e-s Gebäudes mit Farbe od. Bildern versehen 彩绘,装饰〈e-e Kirche, e-n Saal a. 绘画装饰教堂、大厅〉 **2. etw. a.** Zeichnungen od. vorgegebene Umrisse farbig machen 着色,涂上色彩 ≈ kolorieren〈Figuren in e-m Malbuch a. 给图画本里的造型上色〉 **3. j-m/sich etw. a.** j-m etw. genau beschreiben, sich etw. genau vorstellen(详尽地)描绘,想象: *Er malt sich schon jetzt aus, was er auf der Reise erleben wird* 他现在已经在描绘着旅行中他将要经历的事 ‖ *hierzu* (派生) **Aus·ma·lung** *die*; *mst Sg*(多用单数)

aus·ma·nö·v·rie·ren; *manövrierte aus*, *hat ausmanövriert*; [Vt] (及物) **j-n a.** *pej*［贬］; sich durch raffinierte Tricks e-n Vorteil gegenüber e-m anderen verschaffen(用谋略)挫败,战胜〈e-n Konkurrenten a. 挫败竞争者〉‖ *hierzu* (派生) **Aus·ma·növ·rie·rung** *die*; *nur Sg*(只用单数) ‖ ▶ **Manöver** (2)

Aus·maß *das* **1.** *mst Sg*(多用单数); ein (hohes) Maß an etw. *mst* Negativem 程度,范围 ≈ Umfang〈e-e Katastrophe von ungeahntem A. 灾害之严重已达到未曾料到的程度; das ganze/genaue A. der Zerstörung, des Schadens *usw* 毁坏、损失等总的/确切的程度；ein erschreckendes A. an Gleichgültigkeit 无动于衷达到令人愕然的程度；etw. nimmt solche Ausmaße an, dass ... 某事达到如此程度，以致…〉**2.** *mst Pl*（多用复数）≈ Größe, Dimension: *ein Gebiet mit den Ausmaßen e-r Kleinstadt* 具有小城市规模的地区

aus·mer·zen; *merzte aus, hat ausgemerzt*; [Vt]（及物）***etw. a.*** etw. Unerwünschtes od. Schädliches völlig entfernen od. vernichten 剔除，淘汰，完全消灭〈Unkraut, Ungeziefer a. 除去杂草、害虫；Rechtschreibfehler a. 消灭正字错误〉‖ *hierzu*（派生）**Aus·mer·zung** *die*

aus·mes·sen（*hat*）[Vt]（及物）***etw. a.*** die Größe od. die Dimensionen e-r Sache durch Messen präzise bestimmen 测定出，量出…的大小或面积〈ein Grundstück, e-e Wohnung a. 测定地皮（地产）、住宅〉‖ *hierzu*（派生）**Aus·messung** *die*

ausmessen

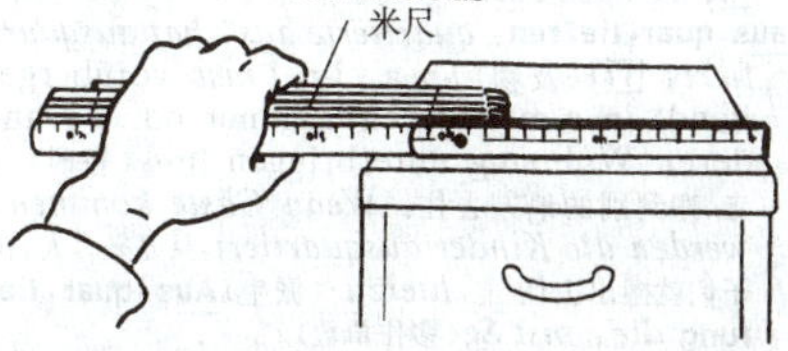

aus·mis·ten; *mistete aus, hat ausgemistet*; [Vt/i]（及物/不及物）**1.**（***etw.***）***a.*** *gespr*［口］; das, was man nicht mehr braucht, aus etw. entfernen u. wegwerfen 清理，清除〈seine alten Schulhefte, die Briefmarkensammlung a. 清理自己的旧作业本、邮集〉**2.**（***etw.***）***a.*** etw. von Mist befreien 清除…中的粪便〈den Stall a. 清厩〉

aus·mus·tern（*hat*）[Vt]（及物）**1.** ***etw. a.*** alte, unbrauchbar gewordene Dinge beiseitestellen u. nicht mehr verwenden 剔除，挑出（旧的、无用的东西）**2.** ***j-n a.*** j-n wegen seiner schlechten Gesundheit nicht zum Militärdienst einziehen（因体质差）未征召…（服兵役），淘汰…（入伍）‖ *hierzu*（派生）**Aus·mus·te·rung** *die*; *nur Sg*（只用单数）

Aus·nah·me *die*; -, *-n* **1.** e-e Person/Sache, die von der Regel od. Norm abweicht u. etw. Besonderes darstellt 例外（人/物），特殊情况〈e-e rühmliche, seltene A. 一个值得称赞的、罕见的例外；mit einigen wenigen Ausnahmen 除少数特殊情况以外；alle ohne A. 全体人员，无一例外〉‖ K-（复合）：***Ausnahme-, -bestimmungen, -fall, -genehmigung, -regelung*** **2.** ***e-e A. machen*** anders handeln als sonst 当作例外，作例外处理：*Das geht normalerweise nicht, aber machen wir doch mal e-e A.* 正常情况下这是不行的，不过我们把它作一个例外吧 **3.** ***bei/wegen j-m/ etw. e-e A. machen*** j-n/ etw. anders（*mst* besser）behandeln als andere 把…当作例外（情况）处理：*Die Arbeit beginnt um acht, nur Paul fängt e-e halbe Stunde später an, da bei ihm e-e A. gemacht wird* 八点开始工作，只有保尔晚半小时开始，因为他被作为例外 **4.** ***mit A.*** + *Gen* 三格；***mit A. von j-m/ etw.*** *geschr*［书］; abgesehen von 除…以外 ≈ außer: *Mit A. meines Bruders gingen alle baden* 除我兄弟以外大家都去游泳了；*Er liest alles mit A. von Romanen* 他除长篇小说以外什么都读 ‖ ID［谚］***Ausnahmen bestätigen die Regel*** verwendet, um auszudrücken, dass (fast) jede Regel e-e A. hat 例外证明有规则（有规则就有例外）

Aus·nah·me|zu·stand *der*; *nur Sg*（只用单数）；**1.** e-e politische Situation, die die Regierung dazu zwingt, bestimmte Rechte außer Kraft zu setzen 紧急状态，戒严〈den A. erklären, verhängen, aufheben 宣布、实行、解除戒严〉**2.** ein nicht alltäglicher Zustand 特殊情况，例外情况：*Diese Umleitung ist nur ein A.* 这里交通绕行只是特殊情况

aus·nahms·los *Adj*（形）；*nur attr od adv*（只作定语或状语）；ohne Ausnahme 无例外的，一概：*Es handelt sich a. um junge Bäume* 事情涉及的都是树苗问题

aus·nahms·wei·se *Adv*（副）；abweichend von e-r Regelung, e-m Prinzip *o. Ä.* 作为例外，破例地〈etw. a. erlauben 破例允许某事〉：*Ihr könnt a. schon jetzt heimgehen* 作为例外，你们现在就可以回家

aus·neh·men（*hat*）[Vt]（及物）**1.** ***j-n/ sich/ etw.***（***von etw.***）***a.*** behaupten, dass j-d/man selbst/etw. von e-r Aussage, Regelung *o. Ä.* nicht betroffen ist 把…作为例外，把…除外，不计在内 ≈ ausschließen: *Ich kann von diesem Vorwurf niemanden a.* 人人都受到这种责备，无一例外；*Die Straße ist für sämtliche Fahrzeuge gesperrt, Anlieger*（= Leute, die dort wohnen）*ausgenommen* 这条街禁止行驶一切机动车辆，当地住户除外 **2.** ***j-n a.*** *gespr*［口］; von j-m auf listige Art viel Geld nehmen 把…（的钱）骗出，骗光 **3.** ***ein Tier a.*** aus e-m getöteten Tier die Eingeweide herausnehmen 掏出动物的内脏；[Vr]（反身）**4.** ***etw. nimmt sich irgendwie aus*** *gespr*［口］; etw. erzielt e-e gewisse optische Wirkung（物作主语）显得，看起来 ≈ etw. sieht irgendwie aus: *Vor dem Rathaus nimmt sich der Brunnen gut aus* 在市政厅门前这口泉井显得很好看

aus·neh·mend **1.** *Partizip Präsens*（现在分词）；↑ ***ausnehmen*** **2.** *Adj*（形）；*nur attr od adv*, *geschr*（只作定语或状语）［书］; besonders, ungewöhnlich 格外的，分外的，非常的：*etw. ist von ausnehmender Qualität, a. gut* 某事的质地非常好，格外好

aus·nüch·tern; *nüchterte aus, hat ausgenüchtert*; [Vi]（不及物）*mst in* 多用于 ***j-n a. lassen*** e-n Betrunkenen so lange schlafen lassen (*mst* in e-m Raum der Polizei), bis er wieder nüchtern ist 让…（醉汉）醒醒酒（多指在警察局）

Aus·nüch·te·rung *die*; -, *-en*; *mst Sg*（多用单数）；das Ausnüchtern ‖ K-（复合）：***Ausnüchterungs-, -zelle***

aus·nut·zen（*hat*）[Vt]（及物）**1.** ***j-n a.*** von j-s

Diensten od. Arbeit profitieren, ohne ihn angemessen zu belohnen od. zu bezahlen 榨取,(无偿)利用 ≈ ausbeuten: *seine Freunde, billige Arbeitskräfte schamlos a.* 无耻地利用朋友(的劳动),剥削廉价劳力 **2. etw.** (**zu/für etw.**) **a.** etw. zu e-m bestimmten Zweck verwenden od. etw. zu etw. nutzen (为…)使用,利用〈e-e Gelegenheit, seine Zeit, das gute Wetter a. 利用机会、自己的时间、好天气〉: *die Bahnfahrt dazu a., ein bisschen zu arbeiten* 利用坐火车的时间工作一会儿 **3.** *mst* 多用 **seine Machtposition a.** seine einflussreiche Stellung *o.Ä.* zu seinen eigenen Zwecken nutzen 利用自己的权势 ‖ *hierzu* (派生) **Aus·nut·zung** *die*; *nur Sg* (只用单数)

aus·nüt·zen (*hat*) [Vt] (及物) *bes südd* Ⓐ 尤用于[南德][奥] ≈ ausnutzen ‖ *hierzu* (派生) **Aus·nüt·zung** *die*; *nur Sg* (只用单数)

aus·pa·cken (*hat*) [Vt] (及物) **1. etw. a.** etw., das eingepackt ist, aus der Verpackung nehmen 解开,打开(包装);取出,拿出; [Vt/i] (及物/不及物) **2.** (**etw.**) **a.** e-n Behälter leer machen, indem man den Inhalt herausnimmt 从…中取出物件,把…出空,腾空 ↔ packen〈ein Paket, e-e Reisetasche a. 把包裹、旅行袋出空〉; [Vi] (不及物) **3.** *gespr* [口]; (aus Ärger über j-n od. unter Zwang) erzählen, was man nicht verraten wollte/sollte 吐露真情,一五一十地陈述出来,兜底(儿)说出: *Er bekam Angst u. packte bei der Polizei aus* 在警察局他害怕了,于是把事情全抖搂了出来

aus·par·ken (*hat*) [Vi] (不及物) *gespr* [口]; mit dem Auto aus e-r Parklücke herausfahren 汽车驶出车位 ↔ einparken: *beim Ausparken e-n anderen Wagen beschädigen* 在驶出车位时将另一辆车碰坏

aus·peit·schen (*hat*) [Vt] (及物) ***j-n* a.** j-n (mehrmals) mit e-r Peitsche schlagen 对…施笞刑,(多次)鞭打 ‖ *hierzu* (派生) **Aus·peit·schung** *die*

aus·pfei·fen (*hat*) [Vt] (及物) ***j-n/etw.* a.** (bei e-r Veranstaltung) durch Pfiffe zeigen, dass man j-n/das Dargebotene nicht gut findet 对…吹口哨,发出嘘声,喝倒彩〈e-n Redner, ein Theaterstück a. 给讲话者、一台戏喝倒彩〉

aus·plün·dern (*hat*) [Vt] (及物) ***j-n/etw.* a.** ≈ ausrauben ‖ *hierzu* (派生) **Aus·plün·de·rung** *die*; *mst Sg* (多用单数)

aus·po·sau·nen; *posaunte aus, hat ausposaunt*; [Vt] (及物) **etw. a.** *pej* [贬]; etw. Geheimes od. Intimes überall erzählen 四处乱说,到处传播(秘密或隐私)

aus·pres·sen (*hat*) [Vt] (及物) **1. etw.** (**aus etw.**) **a.** etw. durch Pressen herausdrücken (从…中)榨出,榨取,挤出,压出: *den Rest der Zahnpasta aus der Tube a.* 从牙膏管里挤出剩下的牙膏 **2. etw. a.** Obst pressen, damit der Saft herauskommt 挤(压)…的汁〈Orangen, Zitronen a. 挤橙汁、柠檬汁〉

aus·pro·bie·ren; *probierte aus, hat ausprobiert*; [Vt] (及物) **1. etw.** (**an *j-m*/etw.**) **a.** etw. zum ersten Mal benutzen od. anwenden, um festzustellen, ob es brauchbar ist (在…上)试用,试验,检验: *ein neues Kochrezept, e-e andere Route a.* 试用新菜谱、另一条路线; *neue Tabletten an j-m a.* 在某人身上试验新药片; *a., ob/wie etw. funktioniert* 检验某物是否/怎样运行 **2. etw. a.** etw. zum ersten Mal machen, um zu sehen, ob es einem gefällt 试试(是否满意)

Aus·puff *der*; *-s, -e*; ein Rohr, durch das die Abgase aus e-r Maschine od. aus e-m Motor nach außen geleitet werden 排气管 ‖ K-(复合): **Auspuff-, -rohr**

aus·pum·pen (*hat*) [Vt/i] (及物/不及物) **1.** (**etw.**) (**aus etw.**) **a.** Flüssigkeit durch Pumpen entfernen 抽出(液体): *das Wasser aus dem Keller a.* 将水从地下室抽出; [Vt] (及物) **2. etw. a.** etw. durch Pumpen leer machen 把…(中的水)抽空,抽干: *den Keller a.* 将地下室(积水)抽干

aus·pus·ten (*hat*) [Vt] (及物) **etw. a.** *gespr* [口] ≈ ausblasen

aus·quar·tie·ren; *quartierte aus, hat ausquartiert*; [Vt] (及物) ***j-n* a.** j-n (*mst* vorübergehend) in e-m anderen Zimmer od. e-r anderen Wohnung unterbringen 让…(暂时)迁走、搬到别的地方去住: *Wenn Gäste kommen, werden die Kinder ausquartiert* 只要来客人,孩子们就搬出去住 ‖ *hierzu* (派生) **Aus·quar·tie·rung** *die*; *mst Sg* (多作单数)

aus·quet·schen (*hat*) [Vt] (及物) **1. etw. a.** ≈ auspressen (2)〈Orangen, Zitronen a. 挤橙汁、柠檬汁〉 **2. *j-n*** (**über etw.** (*Akk* 四格)) **a.** *gespr* [口]; j-m (oft aus Neugier) so viele Fragen stellen, bis er schließlich alles erzählt 盘问,盘究

aus·ra·die·ren; *radierte aus, hat ausradiert*; [Vt] (及物) **1. etw. a.** etw., das mit Bleistift geschrieben od. gezeichnet wurde, mit e-m Radiergummi entfernen(用橡皮)擦掉 ≈ wegradieren **2. *j-d/etw.* radiert etw. aus** *gespr* [口]; j-d/etw. vernichtet, zerstört etw. vollständig (人/物作主语) 彻底摧毁〈*mst* e-e Stadt, e-e Gegend a. 多指彻底摧毁一个城市,一个地区〉

aus·ran·gie·ren (*hat*) [Vt] (及物) **etw. a.** etw., das man nicht mehr braucht, beiseitestellen u. nicht mehr benutzen 淘汰,扔掉 ≈ ausmustern: *alte Güterwaggons, schadhafte Maschinen a.* 淘汰破旧的货车车皮、破损的机器

aus·ras·ten (*ist*) [Vi] (不及物) **1. etw. rastet aus** etw. löst sich aus e-r Halterung od. springt heraus (物作主语) 松开,弹开,脱开 ↔ etw. rastet ein〈ein Hebel 操纵杆〉 **2.** *gespr* [口]; die Nerven verlieren u. sich plötzlich aggressiv od. sonderbar verhalten(莫名其妙地突然)发火,冒火; [Vimp] (无人称) **3. bei *j-m* rastet es aus** *gespr* [口]; j-d rastet aus (2) 某人突然发火

aus·rau·ben (*hat*) [Vt] (及物) **1. *j-n* a.** j-m mit Gewalt alles wegnehmen, was er bei sich hat 抢光,抢劫〈e-n Passanten a. 抢劫行人〉 **2. etw. a.** den ganzen wertvollen Inhalt von etw. rauben 抢劫…里的财物，把…抢劫一空〈ein Haus, ein Auto a. 抢劫屋里、汽车里的财物〉

aus·räu·chern（*hat*）Vt（及物）1.〈Ungeziefer 害虫〉**a.** Ungeziefer durch Rauch vernichten 用烟薰消灭 2. **etw. a.** etw.（*mst* e-n Raum）durch Rauch od. Gas von Ungeziefer befreien 把…的害虫薰掉、驱灭 ‖ *hierzu*（派生）**Aus·räu·che·rung** *die*；*mst Sg*（多用单数）

aus·räu·men（*hat*）Vt/i（及物/不及物）1.（**etw.**（*Kollekt od Pl* 集合或复数））**a.** Gegenstände aus e-m Zimmer, e-m Schrank *o.Ä.* räumen（从房间、柜子里）把…清理出来；Vt（及物）2. **etw. a.** ein Zimmer, e-n Schrank *o.Ä.* leer machen 把…（房间、柜子等）腾出，倒空，出清 3. **etw. a.** etw. durch gute Argumente od. durch e-e überzeugende Tat beseitigen 清除，消除，解除〈Bedenken, Zweifel, e-n Verdacht a. 消除顾虑、怀疑、嫌疑〉‖ *hierzu*（派生）**Aus·räu·mung** *die*；*nur Sg*（只用单数）

aus·rech·nen（*hat*）Vt（及物）1. **etw. a.** etw. durch Rechnen feststellen 算出，计算出 ≈ ermitteln〈die Entfernung, Differenz, Geschwindigkeit, Kosten a. 算出距离、差异、速度、费用〉：*Er hat ausgerechnet*, wie *groß die Wahrscheinlichkeit ist, e-n Sechser im Lotto zu haben* 他计算出在彩票中得六位数奖的概率有多大 2. *mst* 多用 **sich**（*Dat* 三格）**gute/keine Chancen a.** annehmen, dass man bei etw. gute/keine Chancen auf Erfolg hat 估计有好机遇/没有机遇：*Er rechnet sich beim Rennen gute Chancen aus* 他估计这次比赛他会有好运气

Aus·re·de *die* 1. ein（angeblicher）Grund, der als Entschuldigung vorgebracht wird 借口，遁词，托词 ≈ Vorwand〈e-e passende A. parat/bereit haben 准备好一个适当的借口；immer e-e A. wissen 总找得到借口〉2. **e-e faule A.** *gespr*［口］；e-e Entschuldigung, die niemand glaubt 愚蠢的借口（没人相信的托词）

aus·re·den（*hat*）Vt（及物）1. **j-m etw. a.** j-n dazu veranlassen, dass er seine Meinung od. ein Vorhaben aufgibt 劝…不做，劝…放弃，劝阻：*Sie hat ihm ausgeredet, nach Bangkok zu fliegen* 她劝他放弃曼谷之行；Vi（不及物）2. zu Ende sprechen 把话说完，讲完：*Lass mich bitte a.!* 请让我把话讲完！

aus·rei·chen（*hat*）Vi（不及物）1. **etw. reicht aus** etw. ist in genügender Menge vorhanden（物作主语）足够，够用〈Vorräte, Geldmittel 贮存物，资金〉：*Das Heizöl muss bis März a.* 燃料油（量）必须够用到三月份 2. **etw. reicht**（**für etw.**）**aus** etw. ist（für e-n bestimmten Zweck）von genügender Qualität（物作主语）能满足，足以〈j-s Talent, j-s Begabung 某人的天赋、才华〉：*Seine Kenntnisse reichen für diese Arbeit nicht aus* 他的知识尚不足以担任此项工作

aus·rei·chend 1. *Partizip Präsens*（现在分词）；↑ **ausreichen** 2. *Adj*（形）；Ⓓ［德］verwendet als Bezeichnung für die relativ schlechte（Schul）Note 4（auf der Skala von 1-6 bzw. *sehr gut* bis *ungenügend*），mit der man e-e Prüfung *o.Ä.* gerade noch bestanden hat 及格（相当于德国六级分制的 4 分）〈„a." in etw.（*Dat* 三格）haben, bekommen 某课程及格、得及格分〉

aus·rei·fen（*ist*）Vi（不及物）1. **etw. reift aus** etw. reift ganz（物作主语）完全成熟，熟透：*Die Pfirsiche sind noch nicht ausgereift* 桃子还没有熟透 2. **etw. reift aus** etw. entwickelt sich vollkommen（物作主语）日趋完善（成熟）：*e-n Plan a. lassen* 使一个计划成熟；*ein ausgereifter Charakter* 一种成熟的性格 ‖ *hierzu*（派生）**Aus·rei·fung** *die*；*nur Sg*（只用单数）

Aus·rei·se *die*；*nur Sg*（只用单数）；das Verlassen e-s Landes（mit e-m Verkehrsmittel）出国旅行，出境 ↔ Einreise：*Bei der A. werden die Pässe kontrolliert* 出境时检查护照 ‖ K-（复合）：**Ausreise-, -erlaubnis, -genehmigung, -verbot**

aus·rei·sen（*ist*）Vi（不及物）（**aus e-m Land**）**a.** ein Land（offiziell）verlassen 出国旅行，出境

aus·rei·ßen Vt（及物）（*hat*）1.（**j-m/sich**）**etw. a.** etw. durch Reißen entfernen 拔出，拔掉，揪掉：*j-m ein Haar a.* 拔掉某人一根头发；Vi（不及物）（*ist*）2. **etw. reißt aus** etw. löst sich ruckartig von dem Teil, an dem es befestigt war（物作主语）撕脱，脱落，扯断：*Bei diesem Stoff reißen die Knöpfe leicht aus* 这种面料上的扣子容易扯掉 3.（**aus/von irgendwo**）**a.** weglaufen, *bes* weil man e-e Situation unangenehm findet 逃跑，逃离〈von zu Hause a. 离家出走〉：*Er riss aus, weil er sich mit seinem schlechten Zeugnis nicht nach Hause traute* 他跑掉了，因为成绩不好，不敢回家 4. **ein Tier reißt aus** ein Tier läuft weg（动物作主语）逃掉：*Jemand hat die Haustür offen gelassen, u. der Hund ist ausgerissen* 有人没关上屋门，狗跑掉了 5.（**vor j-m/etw.**）**a.** aus Angst vor j-m/etw. weglaufen（由于害怕…）逃跑：*Die Katze riss aus, als sie den Hund sah* 猫一见到狗就逃跑；*Die Tiere rissen vor dem Feuer aus* 那些动物看到火光都跑掉了 ‖ zu（义项）3. **Aus·rei·ßer** *der*；*-s, -*；**Aus·rei·ße·rin** *die*；*-, -nen*

aus·rei·ten（*ist*）Vi（不及物）auf e-m Pferd spazieren reiten 骑马散步（遛弯儿）‖ *hierzu*（派生）**Aus·ritt** *der*

aus·ren·ken；*renkte aus, hat ausgerenkt*；Vt（及物）1. **sich**（*Dat* 三格）**etw. a.** durch Drehung *o.Ä.* bewirken, dass ein Knochen nicht mehr richtig im Gelenk ist 使脱臼，使脱骱 ≈ sich（*Dat* 三格）etw. auskugeln：*Ich habe mir die Schulter ausgerenkt* 我把肩膀弄脱骱了 2. **j-m etw. a.** durch Stoßen *o.Ä.* bewirken, dass bei j-m ein Knochen nicht mehr richtig im Gelenk ist 将…碰（撞）成脱臼 ‖ *hierzu*（派生）**Aus·ren·kung** *die*；*nur Sg*（只用单数）

aus·rich·ten（*hat*）Vt（及物）1. **etw. a.** e-e Veranstaltung vorbereiten u. durchführen 举办、筹办、主办〈Wettkämpfe, ein Pokalspiel, e-e Olympiade a. 举办比赛、杯赛、奥林匹克运动会；e-e Hochzeit a. 操办婚礼〉2. **etw. auf j-n/**

etw. a.; ***etw. nach j-m/etw. a.*** etw. j-s Bedürfnissen u. Wünschen od. e-m Ziel anpassen 针对…安排，按…要求举办：*ein Konzert auf ein jugendliches Publikum a.* 根据青年听众的审美观举办音乐会；*das Angebot nach der Nachfrage a.* 按照需求安排供应；*Sein Verhalten war* darauf *ausgerichtet* zu *imponieren* 他的行为是为了让人赞叹 **3.** ***j-n/etw.***（*Kollekt od Pl* 集合或复数）***a.*** Menschen od. Gegenstände so aufstellen, dass sie e-e gerade Linie bilden 让…对齐，把…排直〈Soldaten, Kegel a. 让士兵排齐，把保龄球排直〉 **4.** （***j-m***）***etw. a.*** j-m im Auftrag e-s Dritten e-e Nachricht überbringen 转告，转达 ≈ j-m etw. bestellen 〈j-m e-n Gruß a. 向某人转告问候〉：*Hast du ihr ausgerichtet, dass sie mich nächste Woche besuchen soll?* 叫她下周务必来看我，你转告她了吗？ **5.** *mst* 多用（***bei j-m***）（***et***）***was/nichts a.*** *gespr*［口］；durch die Anwendung bestimmter Methoden j-s Verhalten（nicht）ändern（对…）有效/无效，行得通/行不通 ≈（bei j-m）etwas/nichts erreichen：*Mit Strafen kannst du bei ihm absolut nichts a.* 你用惩罚对他绝对行不通 **6.** ***j-n a.*** *südd*［南德］；schlecht über j-n reden 对…说坏话，恶语中伤 ≈ verleumden ‖ *zu*（义项）**1.**, **2.** u. **3.** **Aus·rich·tung** *die*；*nur Sg*（只用单数）

aus·rol·len [Vt]（及物）（*hat*）**1.** ***etw. a.*** etw. flach u. glatt machen 擀〈*mst* den Teig a. 多指擀面团〉 **2.** ***etw. a.*** etw., das zusammengerollt war, ausbreiten 展开，摊开，铺开〈e-n Teppich a. 铺开地毯〉；[Vi]（不及物）（*ist*）***etw. rollt aus*** etw. rollt immer langsamer, bis es zum Stillstand kommt（物作主语）缓缓停止〈ein Flugzeug, ein Auto（langsam）a. lassen〉让飞机、汽车慢慢停下来

aus·rot·ten; *rottete aus, hat ausgerottet*; [Vt]（及物）**1.** ***j-n/etw.***（*Kollekt od Pl* 集合或复数）***a.*** alle Lebewesen e-r Art völlig vernichten 灭绝，根除，肃清：*ausgerottete Tierarten, Schädlinge* 已灭绝的动物种类、害虫 **2.** ***etw. a.***（oft mit großem Engagement）etw. völlig beseitigen（大力）根除，彻底铲除〈e-e Unsitte, den Aberglauben a. 彻底破除陋习、迷信〉‖ *hierzu*（派生）**Aus·rot·tung** *die*；*mst Sg*（多用单数）

aus·rü·cken（*ist*）[Vi]（不及物）**1.** 〈die Polizei, die Feuerwehr *o. Ä.* 警察，消防队等〉***rückt aus*** e-e geschlossene Gruppe geht od. fährt von e-m Standort aus irgendwohin（wo sie gebraucht wird）开拔，出动 **2.** *gespr*［口］≈ ausreißen（3, 4）〈ein Jugendlicher, ein Kind, ein Tier 青年人，儿童，动物〉

Aus·ruf *der*；ein kurzer, plötzlicher Ruf als Ausdruck e-r Emotion 突然叫喊〈ein A. des Schreckens, der Überraschung 一声惊叫，一声惊喜的喊叫〉

aus·ru·fen（*hat*）[Vt]（及物）**1.** ***etw. a.*** plötzlich u. kurz etw. rufen 呼叫，喊出：*„Toll!", rief sie aus, als sie von dem Vorschlag hörte* "太棒了！"她听到建议时兴奋地喊道 **2.** ***etw. a.*** etw. öffentlich verkünden u. damit in Kraft setzen 宣告，宣布 ≈ proklamieren 〈den Notstand, e-n Streik, die Republik a. 宣布戒严、罢工、共和国（诞生）〉 **3.** ***etw. a.*** etw. über Lautsprecher bekannt geben（通过扩音器）通知，通报：*auf dem Bahnsteig e-e Zugverspätung a.* 在站台上通报火车晚点（消息）；*im Bus die Haltestelle a.* 在公共汽车上报站 **4.** ***j-n a.*** bekannt geben, dass j-d gesucht wird 叫喊寻人，呼找〈j-n über Lautsprecher a. lassen 通过广播器呼找某人〉 **5.** ***j-n zu etw. a.*** *hist*［历］；bekannt geben, dass j-d zu etw. gewählt wurde 宣布…当选为…〈j-n zum König a. 宣布某人为国王〉‖ *zu*（义项）**2.** u. **5.** **Aus·ru·fung** *die*；*mst Sg*（多用单数）

Aus·ru·fe|zei·chen *das*；das Zeichen !, verwendet am Ende e-s Ausrufs, e-s Wunsches, e-r Aufforderung od. e-s Befehls（*z. B. Achtung!*; *Halt!*; *Kommen Sie bald wieder!*）感叹号（!）（置于呼喊、愿望、请求或命令句尾，例如：注意！站住！请您不久以后再来！）

aus·ru·hen（*hat*）[Vr]（反身）**1.** ***sich***（***von etw.***）***a.*** nach e-r Anstrengung ruhen u. sich erholen 休息〈sich von der Arbeit a. 劳动后休息〉；[Vt]（及物）**2.** ***etw. a.*** *gespr*［口］；e-n Körperteil ruhen lassen, nicht beanspruchen 使休息〈die Füße, die Beine, die Augen a. 让脚、腿、眼睛休息〉

aus·rup·fen（*hat*）[Vt]（及物）（***j-m/e-m Tier***）***etw. a.*** ≈ ausreißen（1）：*e-m Huhn die Federn a.* 拔（揪）掉一只鸡的羽毛

aus·rüs·ten（*hat*）[Vt]（及物）**1.** ***j-n***（***irgendwie/mit etw.***）***a.*** j-m die Dinge mitgeben, die er für ein Vorhaben braucht（以…）装备：*e-n Bergsteiger mit Seil u. Pickel a.* 给登山者配备绳索和冰镐；*Die Truppe wird mit den modernsten Waffen ausgerüstet* 以最现代化的武器装备部队；*Das Schiff war für die lange Reise ungenügend ausgerüstet* 这只船为远航的装备不够充足 **2.** ***etw.***（***mit etw.***）***a.*** e-e Maschine od. ein Fahrzeug mit Geräten od. Instrumenten versehen（用…）装配，给…安装 ≈ ausstatten：*ein Auto mit e-m Katalysator a.* 给汽车安装空气过滤器

Aus·rüs·tung *die* **1.** *nur Sg*（只用单数）；das Ausrüsten（1）e-r Person mit dem, was sie für ihre Zwecke braucht（给人）配备，装备 **2.** *nur Sg*（只用单数）；die Ausstattung e-r Maschine od. e-s Fahrzeugs mit bestimmten Geräten（给机器或机动车）装备，配备 **3.** alle Gegenstände, die j-d für e-n bestimmten Zweck braucht 装备品 ‖ K-（复合）：***Ausrüstungs-***, ***-gegenstände*** ‖ -K（复合）：***Ski-***, ***Sport-*** **4.** alle technischen Geräte, die für das Funktionieren e-s Fahrzeugs *o. Ä.* notwendig sind（机动车等）设备，装置：*elektronische Ausrüstungen für den Flugzeugbau* 组装飞机用的电子设备

aus·rut·schen（*ist*）[Vi]（不及物）**1.** auf glattem Boden rutschen（u. hinfallen）滑倒 **2.** ***etw. rutscht j-m aus*** etw. gleitet j-m plötzlich aus der Hand（物作主语）从…手中滑落，滑脱：*Beim Tennisspielen rutschte ihm der Schläger aus*

打网球时拍子从他手里滑落(他的拍子滑掉了) ‖ ID [谚] ***j-m rutscht die Hand aus*** *gespr euph*[口][婉]; j-d ohrfeigt j-n plötzlich (*mst* nachdem er lange provoziert worden ist) 某人(因受挑衅)脱手打了别人一记耳光

Aus·rut·scher *der*; *-s*, *-*; *gespr*[口]; ein einmaliger Fehler, der jedem passieren kann (意外的)挫折,失败

Aus·saat *die* **1.** das Verteilen der Samenkörner über die Felder 播种: *Im März wird mit der A. begonnen* 三月开始播种 **2.** die Samenkörner, die man ausgesät hat 播下的种子 ≈ Saat ⟨die A. geht auf 播下的种子发芽了⟩

aus·sä·en (*hat*) Vt (及物) ***etw. a.*** ≈ säen

Aus·sa·ge *die*; *-*, *-n* **1.** ***e-e A.*** (***über j-n/etw.***) das, was über e-n Sachverhalt gesagt, geäußert wird 见解,看法 ≈ Äußerung: *nach A. e-s Fachmanns* 根据专家的见解 **2.** ***e-e A.*** (***zu etw.***) (*bes* vor Gericht od. bei der Polizei) ein Bericht über e-n Vorfall od. e-n Unfall 陈述,供述,证词 ⟨die A. verweigern, widerrufen 拒绝、撤回陈述(供述); e-e A. zu etw. machen 对某事提供证词⟩ ‖ K-(复合): ***Aussage-, -verweigerung*** **3.** der gedankliche Inhalt e-s künstlerischen od. religiösen Werkes(艺术或宗教作品的)思想内容,内涵

aus·sa·ge·kräf·tig *Adj*(形); mit e-m tieferen Sinn, der klar erkennbar u. wirkungsvoll ist 表现力强的⟨ein Bild 绘画⟩ ‖ *hierzu* (派生) **Aus·sa·ge·kraft** *die*; *nur Sg*(只用单数)

aus·sa·gen (*hat*) Vt (及物) **1.** ***etw. sagt etw.*** (***über j-n/etw.***) ***aus*** etw. bringt etw. zum Ausdruck(物作主语)说明,表明,说出: *Das Bild sagt viel über den Künstler aus* 这幅画说明艺术家有丰富的思想; Vt/i (及物/不及物) **2.** (***etw.***) ***a.*** (vor Gericht, bei der Polizei) über e-n Vorfall od. Unfall berichten 供述,陈述,作证词⟨für, gegen j-n a. 作证词赞同、反对某人; als Zeuge a. 作为证人供述⟩: *Hierzu möchte ich nichts a.* 为此事我不想作任何陈述; *Er sagte aus*, dass *er zur Tatzeit zu Hause gewesen sei* 他供述,出事时他在家里

aus·sä·gen (*hat*) Vt (及物) ***etw. a.*** mit e-r kleinen Säge Formen aus e-m Stück Holz sägen 锯成,锯出(形状)

Aus·sa·ge|satz *der*; LING【语】; ein Satz, der über e-n Sachverhalt berichtet („Es ist 13⁰⁰ Uhr") u. nicht die Form e-s Fragesatzes („Wie viel Uhr ist es?") oder e-s Befehlssatzes („Gib mir das Buch!") hat 陈述句

Aus·satz *der*; *nur Sg*(只用单数) ≈ Lepra ⟨A. haben 患麻疯病⟩ ‖ *hierzu*(派生) **aus·sät·zig** *Adj*(形); *nicht adv*(不作状语)

Aus·sät·zi·ge *der/die*; *-n*, *-n*; j-d, der Aussatz hat 麻疯病患者 ‖ NB (注意): *ein Aussätziger*; *der Aussätzige*; *den*, *dem*, *des Aussätzigen*

aus·sau·gen (*hat*) Vt (及物) **1.** ***etw. a.*** etw. durch Saugen entfernen 吸出,吸掉,吮出: *Bei e-m Schlangenbiss muss man sofort das Gift aussaugen* 如果被蛇咬了,必须立即将毒汁吸出 **2.** ***etw. a.*** etw. durch Saugen leer machen 吸空,吸完⟨Eier a. 嘬空鸡蛋⟩

aus·scha·ben (*hat*) Vt (及物) **1.** ***etw. a.*** etw. durch Schaben aus dem Inneren von etw. entfernen 刮掉,刮去 ≈ auskratzen: *die Reste aus e-r Schüssel a.* 刮掉碗里的剩余物 **2.** ***etw. a.*** etw. durch Schaben putzen 把…刮净: *e-n Topf a.* 把锅刮干净 **3.** ***die Gebärmutter a.*** MED【医】; bes krankes Gewebe aus der Gebärmutter e-r Frau durch Schaben entfernen 刮宫 ‖ *zu* (义项) **3. Aus·scha·bung** *die*

aus·schach·ten; *schachtete aus*, *hat ausgeschachtet*; Vt (及物) ***etw. a.*** durch Graben etw. erzeugen 掘成,挖成 ↔ zuschütten ⟨e-e Baugrube a. 挖成地基坑⟩ ‖ *hierzu*(派生) **Aus·schach·tung** *die*

aus·schal·ten (*hat*) Vt (及物) **1.** ***etw. a.*** mit e-m Schalter bewirken, dass ein Motor od. ein elektrisches Gerät nicht mehr in Betrieb ist 使断路,关掉 **2.** ***j-n/etw. a.*** verhindern, dass j-d handeln kann od. dass etw. wirksam wird 阻挠,排除,攘除 ⟨die Konkurrenz, störende Einflüsse a. 阻挠竞争,排除干扰⟩: *Der Diktator schaltete das Parlament aus* 独裁者阻挠议会; Vr (反身) **3.** ***etw. schaltet sich aus*** ein elektrisches Gerät schaltet sich von selbst ab od. bleibt stehen(物作主语)自动停止,自动关闭: *Der Wecker schaltet sich automatisch aus* 闹钟自动停止 ‖ *zu* (义项) **2. Aus·schal·tung** *die*; *nur Sg*(只用单数)

Aus·schank *der*; *-(e)s*; *nur Sg*(只用单数) **1.** das Ausschenken von *mst* alkoholischen Getränken in e-m Gasthaus 酒类零售: *Der A. von Alkohol an Jugendliche unter 16 ist verboten* 禁止向16岁以下青少年出售含酒精饮料 **2.** e-e Art Tisch in e-r Gaststätte, an dem Getränke ausgeschenkt werden 卖酒柜台 ≈ Theke ‖ ▶ ***ausschenken***

Aus·schau (*die*); *nur Sg*(只用单数) **1.** *mst* 多用 (***nach j-m/etw.***) ***A. halten*** suchend umherblicken, um zu sehen, ob j-d/etw. kommt, auf den/das man (schon lange) wartet 期待,期望,四顾张望,盼望 **2.** ***nach etw. A. halten*** nach etw. suchen 寻找,盼望

aus·schau·en (*hat*) Vi (不及物) **1.** ***nach j-m/etw. a.*** suchend umherblicken, um zu sehen, ob j-d/etw. kommt, auf den/das man (schon lange) wartet 期待,期望,四顾张望,盼望 ≈ nach j-m/etw. Ausschau halten **2.** ***irgendwie a.*** *südd* Ⓐ [南德][奥] aufgrund bestimmter äußerer Merkmale e-n bestimmten Eindruck erwecken 看上去,外表显出 ≈ aussehen ⟨blass, krank a. 显得苍白、有病⟩ ‖ ID [谚] *mst* 多用 ***Wie schauts aus mit dir?*** *südd* Ⓐ *gespr*[南德][奥][口]; **a)** Wie geht es dir? 你的情况(身体)怎么样? **b)** Was meinst du dazu? 你对此怎么看?; *mst* 多用 ***Es schaut schlecht*** (***für j-n***) ***aus*** *gespr*[口], *südd* Ⓐ [南德][奥] j-d hat wenig Hoffnung auf Erfolg (某人的)事看来前景不妙,(对某人来说)成功的希望不大

aus·schei·den [Vt]（及物）（*hat*）**1. etw.**（**aus etw.**）**a.**〈Exkremente, Kot, Harn, Urin 排泄物,粪便,尿,小便〉durch den Darm od. die Blase nach außen abgeben（从体内）排出,排泄 ‖ NB(注意)：Schweiß, Duftstoffe *usw* sondert man ab(汗水、芳香物质等用 *absondern*（分泌）一词)；[Vi]（不及物）（*ist*）**2. j-d/etw. scheidet aus** j-d/etw. wird nicht berücksichtigt, weil er/es nicht geeignet ist(人/物作主语)排除在外,不予考虑,被淘汰〈e-e Möglichkeit 可能性〉：*Dieser Bewerber scheidet aus, weil er die Prüfung nicht bestanden hat* 这位申请者被淘汰,因为他考试不及格 **3.** an Spielen, Wettkämpfen nicht mehr teilnehmen können (weil man verloren hat, verletzt ist *o. Ä.*) 退出比赛：*Wegen e-r Verletzung musste er nach der 2 Runde a.* 由于受伤他不得不在第二轮结束后退出比赛 **4.**（**aus etw.**）**a.** *geschr*［书］；e-e Tätigkeit nicht weiter ausüben u. dadurch e-e Gruppe verlassen 告退,引退,卸任,离职〈aus dem Berufsleben, der Regierung, e-r Firma a. 离职,挂冠(辞官),离开公司〉

Aus·schei·dung *die* **1.** *nur Sg*（只用单数）；das Ausscheiden (1) von Urin u. Kot 排泄,排出(大小便) **2.** *mst Pl*（多用复数）；die Substanzen, die der Körper nicht verwerten kann u. somit nach außen abgibt 排泄物(大小便等) ≈ Exkremente ‖ K-(复合)：***Ausscheidungs-, -produkt*** **3.** ein Wettkampf, in dem ein Teil der Teilnehmer ausscheiden (3) muss 预赛,选拔赛,淘汰赛：*sich in der A. für den Endkampf qualifizieren* 预赛(选拔赛)中获得决赛资格 ‖ K-(复合)：***Ausscheidungs-, -kampf, -runde*** ‖ -K(复合)：***End-***

aus·schel·ten（*hat*）[Vt]（及物）***j-n a.*** ≈ schimpfen

aus·schen·ken（*hat*）[Vt/i]（及物/不及物）**1.**（**etw.**）**a.** (alkoholische) Getränke (in e-m Gasthaus) in Gläser füllen u. verkaufen 斟酒零售,零星沽卖 **2.**（**etw.**）**a.** Getränke in ein Glas gießen（将饮料倒入杯中）零售 ‖ ▶ ***Ausschank***

aus·sche·ren（*ist*）[Vi]（不及物）**1.**（**aus etw.**）**a.** plötzlich seitlich den (geraden) Weg verlassen (*z. B.* in e-r Reihe od. in e-r Autoschlange)脱离行列,离开车道靠边行驶：*Gerade als ich überholen wollte, scherte ein Auto/j-d vor mir aus* 我刚想超车,一辆车/某人先于我从旁边拐了出来 **2.** nicht mehr die Meinung haben, die man vorher mit anderen Menschen geteilt hat 舍弃,放弃(见解)

aus·schif·fen; *schiffte aus, hat ausgeschifft*; [Vt]（及物）**1. *j-n a.*** j-n mit kleinen Booten von e-m Schiff an Land bringen 用小船将…送上岸；[Vr]（反身）**2. *sich a.*** das Schiff verlassen 登陆,上岸 ≈ an Land gehen ‖ *hierzu*（派生）**Aus·schif·fung** *die*; *mst Sg*（多用单数）

aus·schil·dern（*hat*）[Vt]（及物）**etw. a.** e-e Strecke durch Schilder markieren 给…配置路标：*Der Weg zum Stadion ist ausgeschildert* 通往体育馆的道路配置了路标 ‖ *hierzu*（派生）**Aus·schil·de·rung** *die*

aus·schimp·fen（*hat*）[Vt]（及物）***j-n a.*** ≈ j-n schimpfen, zurechtweisen

aus·schlach·ten（*hat*）[Vt]（及物）**1. etw. a.** *gespr pej*［口］［贬］；etw. zu journalistischen Zwecken (skrupellos) ausnutzen（为达到新闻效果而）利用…大做文章〈e-n Vorfall, ein Ereignis a. 利用事故、事件大做文章〉**2. *ein Tier a.*** die Eingeweide aus e-m geschlachteten Tier entfernen 刳出、挖出动物的内脏,开膛破肚 **3. etw. a.** *gespr*［口］；aus e-m alten Auto, e-m Motor *o. Ä.* die noch brauchbaren Teile herausnehmen 拆出…的有用零件：*e-n alten VW-Käfer a.* 从一辆旧的大众牌甲壳虫汽车中取出尚可利用的部件 ‖ *hierzu*（派生）**Aus·schlach·tung** *die*; *mst Sg*（多用单数）

aus·schla·fen（*hat*）[Vi]（不及物）**1.** so lange schlafen, bis man nicht mehr müde ist 睡足,睡够：*Morgen früh sollst du mich nicht wecken, da will ich endlich einmal a.* 明天早上别叫醒我,我想睡上个足足的好觉；[Vt]（及物）**2. *seinen Rausch a.*** nachdem man zu viel Alkohol getrunken hat, so lange schlafen, bis man wieder nüchtern ist 通过睡眠醒酒、消除自己的醉意

Aus·schlag *der* **1.** e-e Erkrankung, die Flecken und Entzündungen auf der Haut entstehen lässt 疹,斑疹(等皮肤病)：*e-n A. an den Händen haben* 手上的斑疹 ‖ -K(复合)：***Haut-*** **2.** die Bewegung e-s Pendels od. Zeigers *bes* zur Seite 偏转,摆幅,振幅 **3. *etw. gibt den A.*** (***für etw.***) etw. ist entscheidend für etw.(物作主语)对…有着决定性意义、起关键作用：*Seine gute Kondition gab den A. für seinen Sieg* 他良好的体能对于获胜起决定性作用

aus·schla·gen（*hat*）[Vt]（及物）**1. *j-m e-n Zahn a.*** j-m so ins Gesicht schlagen, dass er dabei e-n Zahn verliert 打掉、打坏…的一颗牙齿 **2.**（***j-m***）**etw. a.** j-m etw. nicht erlauben od. genehmigen 回绝,不许可,不批准〈e-e Bitte, e-e Forderung a. 回绝请求、要求〉**3. etw. a.** etw., das man angeboten bekommt, nicht annehmen 拒绝,谢绝,推辞 ≈ ablehnen〈ein Angebot, e-e Einladung a. 拒绝建议、邀请〉；[Vi]（不及物）**4. *etw. schlägt aus*** etw. bewegt sich (von der Ruhelage aus) zur Seite(物作主语)偏转,摆动〈ein Pendel, ein Zeiger 钟摆,时针〉**5. *ein Tier schlägt aus*** ein Tier stößt od. tritt *bes* mit dem Huf (nach j-m/etw.)(动物作主语)踢、蹬、尥蹶子〈Pferde, Esel, Maultiere 马,驴,骡〉：*Das Pferd scheute u. schlug nach allen Seiten aus* 这匹马怯生,乱尥蹶子 **6. *e-e Pflanze schlägt aus*** ein Baum od. Strauch bekommt Blätter(植物作主语)抽出嫩芽

aus·schlag·ge·bend *Adj*（形）；*nicht adv*（不作状语）；***etw. ist a.***（***für etw.***）etw. hat wesentlichen Einfluss auf e-n Vorgang, e-e Entscheidung *o. Ä.*（物作主语）对…是决定性的、起决定作用的 ≈ etw. ist entscheidend：*Seine Erfahrung war a.* dafür, dass *er den Posten bekam* 他之所以获得这一职位,他的经验起决定性意义

aus.schlie.ßen (*hat*) Vt (及物) **1. *j-n a.*** das Haus, die Wohnung zuschließen, damit j-d nicht hineinkommt 把…关在门外≈ aussperren **2. *j-n* (*aus etw.*) *a.*** bestimmen, dass j-d nicht mehr Mitglied e-r Gruppe od. Organisation ist 开除,逐出：*Wegen seines schlechten Verhaltens wurde er aus der Partei ausgeschlossen* 他由于表现很糟而被开除出党 **3. *j-n/etw.* (*von etw.*) *a.*** beschließen, dass j-d/etw. irgendwo nicht (mehr) teilnehmen darf 不让…参加,把…排斥在外〈j-n von e-r Sitzung a. 不让某人参加会议〉 **4. *etw. von etw. a.*** bestimmen, dass etw. bei etw. nicht berücksichtigt wird 对…不予考虑〈etw. vom Umtausch a. 对…不考虑调换〉 **5. *etw. a.*** e-n Grund od. e-e Erklärung für nicht zutreffend erachten 将…排除在外,认为…理由不成立：*Die Polizei schließt Mord als Todesursache aus* 警察排除谋杀是死亡原因 **6. *etw. a.*** unmöglich machen, verhindern, dass etw. Gültigkeit hat od. zur Wirkung kommt 使不可能形成,防止…产生,杜绝〈e-n Irrtum, jeden Zweifel, den Zufall a. 防止误会、疑惑、偶然事件的产生〉：*Wir müssen bei unserem Versuch jede Unsicherheit a.* 试验时我们必须杜绝任何一种无把握因素 ‖ *zu* (义项) **1.** u. **5. Aus·schlie·ßung** *die* ‖ ▶ ***Ausschluss***

aus.schließ.lich[1] *Präp* (介)；*mit Gen/Dat* (支配二格/三格)；mit Ausnahme von 除…外,…不算在内,…除外 ≈ außer ↔ einschließlich：*Versichert ist das ganze Gepäck a.* (*der*) *Wertgegenstände* 除贵重物品外全部行李都保险 ‖ NB(注意)：*Gebrauch* ↑ *Tabelle unter* 用法,见图表 ***Präpositionen***

aus.schließ.lich[2] *Partikel* (小品词)；*betont u. unbetont* 重读和非重读；verwendet, um auszudrücken, dass etw. nur für die genannte Person/Sache gilt 仅仅,只是,唯独 ≈ nur：*Der Parkplatz ist a. für Kunden reserviert* 停车场只供顾客使用

aus.schließ.li.ch- *Adj* (形)；*nur attr, nicht adv* (只作定语,不作状语) ≈ alleinig-, uneingeschränkt〈der Anspruch, das Recht 要求,权利〉：*Sein ausschließliches Interesse gilt der Politik* 他唯独对政治有兴趣

aus.schlüp.fen (*ist*) Vi (不及物)〈ein Vogel, ein Reptil *usw* 鸟,爬行动物等〉 ***schlüpft aus*** ein Vogel, ein Reptil *usw* kommt aus dem Ei heraus 破壳而出

Aus.schluss *der* **1.** das Verbot für j-n, an etw. teilzunehmen 除外,排除,不准参与：*Der Prozess findet unter A. der Öffentlichkeit statt* 案件审理在不公开的情况下进行 **2. *der A.* (*aus etw.*)** das Ausstoßen od. Verbannen aus e-r Gruppe 开除：*j-m mit dem A. aus der Partei drohen* 以开除出党威胁某人 ‖ ▶ ***ausschließen***

aus.schmie.ren (*hat*) Vt (及物) **1. *etw.* (*mit etw.*) *a.*** etw. innen *mst* mit Fett od. Butter versehen (用油,黄油)涂抹…的内部≈ einfetten 〈e-e Backform a. 给烘烤模子抹上油〉 **2. *j-n a.*** *bes südd, gespr* 尤用于[南德][口]≈ betrügen, hereinlegen

aus.schmü.cken (*hat*) Vt (及物) **1. *etw.* (*mit etw.*) *a.*** e-n Raum im Inneren *bes* mit Gemälden od. Stuck verzieren 内装饰,布置 **2. *etw.* (*mit etw.*) *a.*** etw. durch erfundene Details interessanter machen 润饰,将…添枝加叶(加以渲染)〈e-e Erzählung, e-e Geschichte mit vielen Anekdoten a. 以轶事趣闻充实短篇小说、故事〉 ‖ *hierzu* (派生) **Aus·schmü·ckung**; *die*

aus.schnei.den (*hat*) Vt (及物) ***etw.* (*aus etw.*) *a.*** (aus Papier, Stoff *usw*) Stücke schneiden 剪制,剪出：*Kinder schneiden gern Figuren aus* 孩子们喜欢剪小人儿

Aus.schnitt *der* **1.** (an Kleidern, Blusen) die *mst* etwas weitere Öffnung für Kopf u. Hals (剪裁成的)领口〈ein weiter, tiefer, runder A. 宽大的、深的、圆的领口〉 **2.** ein bestimmter, oft inhaltlich repräsentativer Teil e-s Ganzen 片段(断),小部分〈ein A. e-s Buches, e-s Konzerts, e-r Radiosendung 一本书、一场音乐会、一个广播节目的片断〉

aus.schöp.fen (*hat*) Vt (及物) **1.** ↑ ***aus-*** (1) **2.** ↑ ***aus-*** (2) **3. *etw. a.*** etw. in vollem Maße ausnutzen 充分利用,尽量使用：*alle Möglichkeiten a.* 充分利用一切可能性 ‖ *zu* (义项) **3. Aus·schöp·fung** *die*；*nur Sg* (只用单数)

aus.schrau.ben (*hat*) Vt (及物) ***etw. a.*** etw. entfernen, indem man es (wie e-e Schraube) aus etw. herausdreht 把…旋出、旋下、拧下来

aus.schrei.ben (*hat*) Vt (及物) **1. *etw. a.*** ein Wort mit allen Buchstaben, nicht abgekürzt schreiben 全部写出,写全 **2. *etw. a.*** etw. öffentlich bekannt machen u. die Bedingungen dafür ankündigen (公开提出条件)招标、招聘〈e-e Stelle, e-n Wettbewerb, Meisterschaften a. 招聘职位,公布参加竞赛、夺冠的条件〉 **3.** (***j-m***) ***etw. a.*** etw. schreiben u. es j-m geben 给…开出,出具 ≈ ausstellen〈(j-m) ein Attest, ein Rezept, e-n Scheck a. 给(某人)开出医生证明、药方、支票〉 ‖ *zu* (义项) **2. Aus·schrei·bung** *die*

aus.schrei.ten (*hat/ist*) Vi (不及物) mit (kräftigen u.) weiten Schritten gehen 迈大步走

Aus.schrei.tung *die*；-, *-en*；*mst Pl* (多用复数)；unkontrollierte u. gewalttätige Handlungen 越轨、暴力行为,破坏社会治安的行为：*Nach dem Fußballspiel kam es zu Ausschreitungen* 足球赛结束后发生了暴力事件

Aus.schuss *der* **1.** e-e Gruppe von Personen, die aus e-r größeren Gruppe ausgewählt ist, um besondere Aufgaben zu erfüllen od. bestimmte Probleme zu behandeln 委员会≈ Kommission ↔ Plenum〈e-n A. einsetzen, der A. tritt zusammen 任命一个委员会,委员会开会〉 ‖ -K(复合)：***Prüfungs-***, ***Sonder-***, ***Wahl-*** **2.** *nur Sg*, *Kollekt* (只用单数)(集合)；minderwertige Waren od. Produkte mit Fehlern 次品,废品,劣等品：*möglichst wenig A. produzieren* 尽可能少出次品 ‖ K-(复)：***Ausschuss-***, ***-ware***

aus·schüt·teln (*hat*) Vt (及物) ***etw. a.*** *mst* Krümel *o.Ä.* durch Schütteln aus etw. entfernen 把…抖落干净,抖掉…的碎屑: *das Tischtuch a.* 把桌布抖搂干净

aus·schüt·ten (*hat*) Vt (及物) **1. *etw. a.*** etw. aus e-m Gefäß schütten 倒出,倒掉: *das Wasser a.* 将水倒掉 **2. *etw. a.*** ein Gefäß durch Schütten leeren 把…(容器)倒空,倒净: *ein Glas a.* 将杯子倒空 **3. *etw. a.*** etw. auszahlen od. verteilen 付给,分发〈e-e Dividende, Lotteriegewinne, Zinsen a. 支付股息、彩票奖、利息〉‖ *zu* (义项) **3. Aus·schüt·tung** *die*

aus·schwär·men (*sind*) Vi (不及物)〈Bienen, Touristen *usw* 蜜蜂,旅游者等〉**schwärmen aus** Bienen, Touristen *usw* verteilen sich von e-r bestimmten Stelle aus (in großer Zahl) nach allen Richtungen 散开,疏散,成群飞散

aus·schwei·fend *Adj* (形); so, dass dabei ein normales Maß stark überschritten wird 无节制的,放纵的,荒诞无稽的,放荡不羁的〈e-e Fantasie, e-e Lebensweise, e-e Schilderung 幻想,生活方式,描述〉

Aus·schwei·fung *die*; -, -*en*; e-e ausschweifende Handlung od. ein ausschweifender Gedanke 放荡不羁的行为,荒淫无度,荒诞离奇的想法 ≈ Exzess: *die Ausschweifungen seiner Fantasie* 他的想象荒诞不经

aus·schwei·gen, sich (*hat*) Vr (反身) ***sich*** (***über j-n / etw.***) ***a.*** über j-n/etw. nichts sagen (对…)坚持沉默,不表态,缄口不言: *Er schwieg sich über seine Vergangenheit aus* 他对自己的过去只字不提

aus·schwen·ken Vt (及物) (*hat*) **1. *etw. a.*** *mst* ein Gefäß kurz im Wasser hin u. her bewegen od. Wasser in ihm schwenken, um es (oft nur oberflächlich) zu reinigen 将…(在水里)涮洗干净〈ein Glas, e-n Krug a. 把杯子、壶涮洗干净〉**2. *etw. a.*** ein Teil e-r Maschine seitlich nach außen drehen 使向外转(摆)动〈den Arm e-s Krans a. 将起重机的吊臂向外转动〉; Vi (不及物) (*ist*) **3. *etw.* schwenkt aus** etw. bewegt sich (*bes* beim Abbiegen) seitwärts von der Fahrtrichtung weg (物作主语)(转弯时)偏离车道,甩出车道: *Der Anhänger des Lastzuges schwenkte aus u. beschädigte ein parkendes Auto* 大卡车的挂斗甩出车道,碰坏了一辆停在那儿的汽车

aus·se·hen (*hat*) Vi (不及物) **1. *irgendwie a.*** (aufgrund äußerer Merkmale) e-n bestimmten Eindruck machen, e-e optische Wirkung erzielen 具有…外貌,外表看起来〈gut, krank, freundlich, hübsch a. 看上去气色好、有病、友好、漂亮〉**2. *etw.* sieht irgendwie aus** etw. scheint (aufgrund bestimmter Anzeichen) irgendwie zu sein (物作主语)(根据某种迹象)看起来,好像〈etw. sieht gefährlich, schlimm aus 看来很危险,很糟〉: *Die Situation der Arbeitslosen sieht ungünstig aus* 失业者的状况看起来不妙 **3. *wie j-d / etw. a.*** ähnliche od. gleiche äußere Merkmale haben wie j-d/etw., j-m/etw. ähnlich sehen 外貌、神情看上去与…相像: *Er sieht aus wie James Dean* 他看上去很像詹姆斯·迪安 **4. *etw.* sieht nach *etw.* aus** *gespr*[口]; etw. ist (aufgrund bestimmter Anzeichen) wahrscheinlich(物作主语)(根据某种迹象)看起来好像要(或好像是): *Heute sieht es nach Regen aus* 今天看上去好像要下雨; *Das sieht mir nach Betrug aus* 我看这好像是一场骗局; Vimp (无人称) **5. mit *etw.* sieht es gut / schlecht aus** *gespr*[口]; die Chancen, dass etw. stattfindet od. dass etw. so ist, wie erwartet, sind gut/schlecht…看起来情况好/不好: *Es regnet schon seit Stunden, da sieht es schlecht aus mit unserem Ausflug* 雨已经下了几个小时,看来咱们的郊游情况不妙 ‖ ID [谚] **So siehst du 'aus!** *gespr*[口]; so wie du das denkst, geht es nicht! 你想得倒美!(你想的行不通(办不到)!); *mst* 多用 **Wie siehst denn 'du (wieder) aus!** *gespr*[口]; verwendet, wenn man sich über j-s Aussehen wundert od. ärgert 你怎么(又)搞成这副模样!

Aus·se·hen *das*; -*s*; *nur Sg*(只用单数); die Art u. Weise, wie j-d aussieht 外貌,外观,神情 ≈ das Äußere: *Du solltest die Menschen nicht nach ihrem A. beurteilen* 你不该以貌取人

au·ßen *Adv*(副) **1.** auf der Seite, die am weitesten vom Zentrum entfernt u. der Umgebung zugewandt ist 在外面,外边 ↔ innen: *Sein Mantel ist innen rot gefüttert u. a. grau* 他的大衣里子是红的,面是灰色的 ‖ K-(复合): ***Außen-, -fläche, -seite, -wand*** **2.** außerhalb e-s abgeschlossenen Raumes 在外部,室外 ≈ draußen: *Kein Laut dringt nach a.* 一点声音都透不出去 ‖ K-(复合): ***Außen-, -antenne, -temperatur*** **3. *nach a.*** zu den anderen Menschen, an die Öffentlichkeit 对外,朝外: *Von dem Skandal darf nichts nach a. gelangen* 丑闻不允许外传 **4. *nach a. hin*** in der äußeren Wirkung 对外而言: *Nach a. hin ist er der glückliche Familienvater* 对外他是幸福的家父

Au·ßen·ar·bei·ten *die*; *Pl* (复); die Tätigkeiten, die beim Bau e-s Gebäudes außen (*bes* an den Mauern) vorgenommen werden 室外工作,外装修活 ↔ Innenarbeiten

Au·ßen|auf·nah·me *die*; *mst Pl*(多用复数); *bes* e-e Filmaufnahme, die im Freien gemacht wird 拍外景,外景拍摄↔ Innenaufnahme

Au·ßen·bord|mo·tor *der*; ein Motor, der an e-m Boot außen angebracht ist 舷外推进发动机: *ein Motorboot mit A.* 备有舷外推进机的汽艇

aus·sen·den; *sandte / sendete aus, hat ausgesandt / ausgesendet*; Vt (及物) **1. *j-n a.*** j-n mit e-m Auftrag irgendwohin schicken 派遣〈Boten, Missionare, Spione a. 派遣信使、传教士、间谍〉**2. *etw.* sendet *etw.* aus** etw. gibt etw. ab od. strahlt etw. aus (物作主语)放射,发射出〈etw. sendet Radiowellen, Signale, Strahlen aus 某物发出无线电波、信号、射线〉‖ *hierzu* (派生) **Aus·sen·dung** *die*

Au·ßen·dienst *der*; *nur Sg*(只用单数); der Dienst außerhalb der Firma od. Behörde (*z.B.* als Vertreter) 外勤工作,外务;驻外地办事处 ↔ Innendienst 〈im A. tätig sein 在驻外地办

事处工作；搞外勤〉‖ K-(复合)：***Außendienst-***, ***-mitarbeiter***

Au·ßen·han·del *der*；*nur Sg*（只用单数）；der Handel mit dem Ausland 对外贸易，外贸 ↔ Binnenhandel

Au·ßen·mi·nis·ter *der*； der Minister e-s Landes, der für die Beziehungen zum Ausland verantwortlich ist 外交部长，外长 ↔ Innenminister ‖ *hierzu*（派生）**Au·ßen·mi·nis·te·ri·um** *das*

Au·ßen·po·li·tik *die*；die Politik, die sich mit den Beziehungen eines Staates zu anderen Staaten befasst 外交政策 ↔ Innenpolitik ‖ *hierzu*（派生）**au·ßen·po·li·tisch** *Adj*（形）；*nur attr od adv*（只作定语或状语）

Au·ßen·sei·ter *der*；*-s*, *-* **1.** j-d, der sich nicht an die Normen e-r Gruppe od. Gesellschaft anpasst u. deshalb nicht in sie integriert ist 孤僻的人，怪僻的人，不合群的人：*Schon in der Schule war er ein A.* 在中学时他就是个怪僻的人 ‖ K-(复合)：***Außenseiter-***, ***-rolle*** **2.** SPORT【体】；ein Sportler od. e-e Mannschaft mit ganz geringen Chancen auf e-n Sieg in e-m Wettkampf 无获胜希望的选手或球队：*Ganz überraschend gewann ein krasser A. das Tennisturnier* 完全出乎意料，网球赛获胜者是一位名不见经传的选手 ‖ *hierzu*（派生）**Au·ßen·sei·te·rin** *die*；*-*, *-nen*

Au·ßen·spie·gel *der*；ein Spiegel außen am Fahrzeug, in dem man den Verkehr hinter sich beobachten kann 外反射镜 ↔ Innenspiegel ‖ ↑ *Abb. unter* 图见 ***Auto***

Au·ßen·stän·de *die*；*Pl*（复），ADM *geschr*【管理】[书]；das Geld, das ein Geschäftsmann, e-e Firma *o.Ä.* noch von den Kunden für Waren bekommt, die bereits geliefert wurden 应收款项，未收回的货款〈A. haben, eintreiben 有未收回的款项，催收货款〉

au·ßen·ste·hen·d- *Adj*（形）；*nur attr*, *nicht adv*（只作定语，不作状语）；〈Leute, Menschen 人，人们〉so, dass sie nicht zu e-r bestimmten Gruppe gehören 不了解内情的，局外的

Au·ßen·ste·hen·de *der/die*；*-n*, *-n*；j-d, der nicht zu e-r bestimmten Gruppe od. Gemeinschaft gehört 不了解内情的人，局外人：*Als Außenstehender kann er unser Problem kaum beurteilen* 作为局外人他几乎无法评论我们的问题 ‖ NB(注意)：*ein Außenstehender*；*der Außenstehende*；*den*, *dem*, *des Außenstehenden*

Au·ßen·stel·le *die*；e-e Abteilung, Stelle (4) e-r Behörde, die außerhalb der Zentrale *mst* in e-r kleinen Stadt liegt 分支机构，分理处，厅：*die A. des Gesundheitsamts* 卫生局分局

Au·ßen·welt *die*；*nur Sg*（只用单数）；**1.** die Menschen u. Ereignisse außerhalb e-s abgeschlossenen Bereichs (*z. B.* außerhalb e-s Klosters, e-s abgelegenen Gebirgsdorfes) 外界：*Nach den heftigen Schneefällen war das Dorf von der A. abgeschnitten* 一场大雪使村子和外界完全隔绝 **2.** die Vorgänge u. Dinge, die um einen herum passieren u. die man mit den Sinnesorganen wahrnimmt 外部世界，外界的情况 ↔ Innenwelt

au·ßer[1] *Präp*（介）；*mit Dat*（支配三格）**1.** mit Ausnahme von, ausgenommen 除了，除…以外：*A. e-r leichten Prellung war er unverletzt* 除了轻微青肿外，他没受伤；*Der Zug verkehrt täglich a. sonntags* 除星期天以外，火车每天都开 **2.** zusätzlich zu od. gleichzeitig mit 此外，与此同时：*A. Gold wird auch Uran abgebaut* 这里除了开采金矿，还开采铀矿；*A. Peter u. Werner kommt auch noch Sabine mit ins Kino* 除彼得和韦尔纳之外，一起去看电影的还有莎碧娜 **3.** ***a.*** *mit Subst ohne Artikel*（与名词连用，不带冠词）；(räumlich od. zeitlich) nicht innerhalb von, nicht im Einflussbereich von 在（空间或时间）之外，脱离 ≈ außerhalb〈a. Haus, Sichtweite sein 不在家，在视野以外〉：*Der Schwerverletzte ist a. Lebensgefahr* 重伤员已脱离生命危险 **4.** ***a. sich*** (*Dat* 三格) ***sein*** (***vor etw.***) in e-m unkontrollierten emotionalen Zustand sein（因…而）失去自控，忘乎所以，不能自己〈a. sich sein vor Freude, Glück, Ärger, Zorn 高兴得、幸福得、烦恼得、气得不得了（乐而忘形，喜出望外，烦恼极了，气糊涂了）〉

au·ßer[2] *Konjunktion*（连）；verwendet, um e-e Einschränkung auszudrücken 除非，除了：*Wir gehen morgen schwimmen, a. es regnet* (= ..., wenn es nicht regnet) 明天我们游泳去，除非下雨（明天只要不下雨，咱们游泳去）；*Ich fahre mit dem Rad zur Arbeit, a.* wenn *es zu kalt ist* (= ..., es sei denn, es ist zu kalt) 只要不太冷，我骑车上班；*Das Konzert war sehr gut, a.* dass *es zu laut war* (= ..., aber es war zu laut) 音乐会很好，只是太响；*Sie geht überhaupt nicht mehr aus dem Haus, a.* um *einzukaufen* (= ... nur noch zum Einkaufen) 除了买点东西以外，她压根儿不出家门了 ‖ NB(注意)：vor *a.* steht ein Komma（在 *a.* 之前应有逗号）

au·ßer- *im Adj*, *begrenzt produktiv*（构成形容词，构词有限）；außerhalb von etw., nicht in etw. …以外的，非…的；***außerbetrieblich***〈Interessen 利益〉，***außerberuflich***〈Belastungen 负担（量）〉，***außereuropäisch***〈Länder, Einflüsse 国家，影响〉，***außerehelich***〈Verkehr, Kinder 两性关系，孩子〉，***außerirdisch***〈ein Wesen 物质〉，***außerparlamentarisch***〈die Opposition 反对派〉，***außerschulisch***〈e-e Erziehung, e-e Bildung 教育，培养〉，***außertariflich***〈Vereinbarungen 协定〉

äu·ße·r- *Adj*（形）；*nur attr*, *nicht adv*（只作定语，不作状语）**1.** auf der Seite, die der Umgebung zugewandt ist, auf der Außenseite 外面的，外部的 ↔ inner-〈die äußere Mauer, Schicht 外墙，外层；e-e äußere Verletzung 外伤〉**2.** von außen od. von der Umwelt herkommend 外来的〈äußere Einflüsse, Ursachen 外来影响，外部原因〉**3.** von außen (mit den Sinnesorganen) wahrnehmbar, erkennbar 表面的，外观的〈e-e äußere Ähnlichkeit 外观相似；ein äußeres Bild 表面图象；ein äußerer

Wandel 表面的变化〉

au·ßer·dem *Adv*（副）**1.** verwendet, um auszudrücken, dass noch etw. Zusätzliches hinzukommt 此外≈ zusätzlich, überdies, u. dazu：*Der Verein hat zwei Sportplätze, a. kann man in der Halle trainieren* 这个协会拥有两个运动场，此外还可以在馆内训练；*Er spielt Trompete u. a. Schlagzeug* 他吹小号，另外还演奏打击乐器 **2.** verwendet, um e-e weitere Begründung anzuführen 而且，再则，况且，何况，再说：*Es ist viel zu spät zum Spazierengehen, a. regnet es* 天色太晚，不适宜散步，况且还下着雨

Äu·ße·re *das*; *-n*; *nur Sg*（只用单数）; der (optische) Eindruck, den j-d/etw. auf seine Umgebung macht 外表，外貌≈ Erscheinungsbild 〈ein jugendliches, gepflegtes Äußeres haben 拥有年轻的、修饰得体的外貌；großen Wert auf das Ä. legen 很注意（注重）外表；j-n nach seinem Äußeren beurteilen 根据其外表判断某人〉 ‖ NB（注意）：*ein Äußeres*; *das Äußere*; *dem*, *des Äußeren*

au·ßer·ge·wöhn·lich *Adj*（形）; das normale Maß übertreffend, über es hinausgehend 不寻常的，非凡的，异常的，非常的 ≈ außerordentlich ↔ durchschnittlich：*e-e außergewöhnliche Begabung* 非凡的天赋；*a. fleißig sein* 非常用功（勤奋）

au·ßer·halb[1] *Präp*（介）; *mit Gen*（支配二格）**1.** verwendet, um auszudrücken, dass etw. für den genannten Zeitraum nicht zutrifft 在…之外的时间，不是…的时间：*A. der Hochsaison ist es hier sehr ruhig* 不是旺季的时候，这里非常安静；*Unser Arzt ist auch a. der Sprechzeiten* (= auch wenn er keine Sprechstunde hat) *telefonisch erreichbar* 即使不是门诊时间，也可电话找到我们的大夫 **2.** verwendet, um auszudrücken, dass etw. nicht in dem genannten Gebiet od. Bereich liegt 在…之外，在…外面（指空间、领域）〈a. des Hauses 在户外，不在家〉：*Diese Befugnisse liegen a. meines Kompetenzbereichs* 这一权限不属于我的职权范围之内 ‖ NB（注意）：auch adverbiell verwendet mit *von*：（也可与 *von* 连用作状语）*a. von Köln* 在科隆市郊

au·ßer·halb[2] *Adv*（副）; *gespr*［口］; nicht in der Stadt selbst, nicht im Stadtgebiet 在城外，在城郊：*Da er weit a. wohnt, braucht er über eine Stunde bis ins Zentrum der Stadt* 由于他住城外，来市中心需要一个多小时

Au·ßer·kraft|set·zung *die*; -, *-en*; *mst Sg*（多用单数）, ADM *geschr*【管理】［书］; der offizielle Akt, durch den etw. ungültig wird 失效 ≈ Aufhebung 〈die A. e-r Verordnung, e-s Gesetzes 规定、法律的失效〉

äu·ßer·lich *Adj*（形）**1.** das Wahrnehmbare od. Sichtbare betreffend 外观的，外表的 ↔ innerlich：*Ä. wirkte er ganz ruhig, aber innerlich erregte er sich sehr* 他表面上显得挺镇静，内心却非常激动 **2.** das Aussehen betreffend 外貌的：*Er hat sich im letzten Jahr ä. nicht verändert* 去年他外貌上没有变化 **3.** die Oberfläche des Körpers betreffend 外面的，外用的：*ein Medikament zur äußerlichen Anwendung* 一种外用药品

Äu·ßer·lich·keit *die*; -, *-en*; *mst Pl*（多用复数）; **1.** die Form od. Art, durch die man (mit Kleidung u. Benehmen) auf seine Umwelt wirkt 外表，外貌：*sich durch Äußerlichkeiten blenden lassen* 受外表所迷惑；*auf Äußerlichkeiten Wert legen* 注意（注重）外表 **2.** unwichtige Details e-r Sache 琐碎小事，无关紧要的事，鸡毛蒜皮

äu·ßern; *äußerte*, *hat geäußert*; [Vt]（及物）**1.** ***etw. ä.*** etw. mündlich od. schriftlich zum Ausdruck bringen 说出，表示，表明，发表≈ mitteilen 〈seine Ansicht, seine Meinung, e-n Verdacht, e-e Vermutung, seine Unzufriedenheit ä. 发表自己的见解、自己的意见，表示疑惑、推测、自己的不满〉：*Der Minister äußerte, er wolle noch im selben Jahr seinem Kollegen e-n Besuch abstatten* 部长表示愿意就在同一年对他的同行进行访问；[Vr]（反身）**2.** ***sich zu etw. ä.*** (mündlich od. schriftlich) e-e offizielle Stellungnahme zu e-m Problem abgeben 对…（口头或书面）表态：*Der Regierungssprecher wollte sich zu den Fragen nicht ä.* 对这类问题政府发言人不想表态 **3.** ***sich (über j-n/etw.) ä.*** seine Meinung über j-n/etw. sagen 发表对…意见 ≈ zu j-m/etw. Stellung nehmen：*Der Abgeordnete äußerte sich kritisch über die Umweltpolitik der Regierung* 议员对政府环保政策发表批评意见 **4.** ***etw. äußert sich irgendwie/in etw.*** (*Dat* 三格) etw. wird irgendwie/in Form von etw. nach außen sichtbar od. erkennbar（物作主语）以…形式/方式表现出来≈ etw. kommt irgendwie zum Ausdruck：*Seine Nervosität äußert sich in seinem unruhigen Verhalten* 他的神经质表现在他行为的烦躁；*Wie äußert sich diese Krankheit?* 这种病的症状表现怎样？

au·ßer·or·dent·lich *Adj*（形）**1.** *nicht adv*（不作状语）; über dem Durchschnitt (liegend) 不寻常的，杰出的，特殊的 ≈ überdurchschnittlich 〈e-e Begabung, e-e Energie, e-e Leistung, ein Mensch 天才，活力，效率，人〉 **2.** *nur attr*, *nicht adv*（只作定语，不作状语）; vom Gewohnten, von der normalen Ordnung abweichend 特殊的，例外的，特别的 〈e-e Begebenheit, e-e Sitzung, e-e Vollmacht 事件，会议，全权〉 **3.** *nur adv*（只作状语）; verwendet, um Adjektive, Adverbien od. Verben zu verstärken（加强形容词、副词或动词的语义）很，极其，非常≈ sehr：*a. begabt sein* 极有才华；*Ich bedaure das a.* 此事我深感抱歉

au·ßer|plan·mä·ßig *Adj*（形）; nicht (so, wie ursprünglich) geplant 计划外的，临时的，意外的：*e-e außerplanmäßige Zwischenlandung* 飞行计划以外的中途着陆；*e-e a. stattfindende Versammlung* 一次临时举行的集会

äu·ßerst *Adv*（副）; verwendet, um Adjektive od. Adverbien zu verstärken（加强形容词或副词的语义）极其，十分，非常 ≈ sehr, extrem：*Das ist ä. kompliziert, verwirrend, wichtig* 此事极其复杂、令人眼花缭乱、非常重要

äu·ßers·t- *Adj*（形）；*nur attr*，*nicht adv*（只作定语，不作状语）**1.** am weitesten entfernt 最远的，最遥远的，最外的 ↔ innerst-〈am äußersten Ende，Rand 在最偏远的尽头、边缘〉：*im äußersten Süden Italiens* 在意大利的最远的南部；*die äußerste Schicht der Atmosphäre* 大气的最外(远)层 **2.** im stärksten，höchsten Maße 最大的，最强限度的 ≈ höchst-，größt-：*mit äußerster Sorgfalt arbeiten*，*mit äußerster Vorsicht vorgehen* 万分细心地工作，万分小心地行事 **3.** in höchstem Maße ungünstig 情况最坏的，最糟的≈ schlimmst-〈im äußersten Fall 万不得已时〉

au·ßer·stan·de，**au·ßer Stan·de** *Adj*（形）；*nur präd*，*nicht adv*，*geschr*（只用表语，不作状语），[书]；nicht in der Lage，nicht fähig（etw. zu tun）没有能力(做某事)〈a. sein + zu + *Infinitiv*（不定式）没能力做；sich a. fühlen/sehen + zu + *Infinitiv*（不定式）觉得没能力做〉：*Ich sah mich a.*，*den Termin einzuhalten* 我觉得(看)我无法遵守期限

Äu·ßers·te *das*；*-n*；*nur Sg*（只作单数）**1.** das，was gerade noch möglich ist 极度，极端，最后可能性〈es bis zum Äußersten treiben 迫使事情走到极端；bis zum Äußersten gehen 走到极端，做得过分；das Ä. wagen 敢冒最大的危险，孤注一掷〉**2.** das Schlimmste，das man sich vorstellen kann 最坏的情况〈auf das/aufs Ä. gefasst sein 作最坏的打算；es nicht zum Äußersten kommen lassen 不让事情发展到最坏地步〉**3.** ***auf das/aufs Ä.*** ≈ sehr：*aufs Ä. erschrocken sein* 惊恐失色，极度惊恐

Äu·ße·rung *die*；*-*，*-en*；das，was j-d zu e-m Thema（als persönliche Meinung）sagt od. schreibt（口头或笔头）所发表的意见，所表明的态度，表示，言论≈ Bemerkung：*Er bereut seine unbedachte Ä.* 他为自己欠考虑的表态而后悔；*sich jeder Ä. enthalten* 不发表任何意见 ‖ -K（复合）：***Meinungs-***

aus·set·zen（*hat*）[Vt]（及物）**1.** ***j-n/ein Tier a.*** *bes* ein Kind od. ein Haustier irgendwohin bringen u. dort zurücklassen，ohne sich weiter darum zu kümmern 丢弃，遗弃，放逐〈e-n Säugling，e-e Katze，e-n Hund a. 丢弃婴儿、猫、狗〉：*Meuterer auf e-r einsamen Insel a.* 将叛乱者放逐在孤岛上 **2.** ***ein Tier a.*** ein wildes Tier irgendwohin bringen u. freilassen 放养，释放，放归，放生：*in Gefangenschaft großgezogene Uhus a.* 将关养长大的雕鸮放生 **3.** ***j-n/sich/etw. etw.***（*Dat*）***a.*** verursachen，dass j-d/man/etw. in Berührung mit e-m negativen Einfluss od. e-r unangenehmen Sache kommt 使遭受，使蒙受：*seine Haut der Sonne a.* 使他的皮肤受到日晒；*Wenn du schweigst*，*setzt du dich dem Verdacht aus*，*schuldig zu sein* 如果你保持沉默，你就蒙受有罪的嫌疑；*Wir sind ständig radioaktiver Strahlung ausgesetzt* 我们不断遭受放射性照射 ‖ NB（注意）：oft im Zustandspassiv（常用于状态被动句）! **4.** ***etw.***（***für etw.***）***a.*** e-e Belohnung für etw. versprechen 答应给，悬赏：*tausend Euro für Hinweise auf den Täter a.* 悬赏 1000 欧元缉拿案犯 **5.** ***etw. a.*** JUR【法】；etw. nicht sofort durchführen，auf später verschieben 缓刑，延缓〈e-e Gerichtsverhandlung，ein Urteil，e-e Strafe auf Bewährung a. 推迟法院审理，缓期宣判，缓刑〉**6.** *mst* 多用（***et***）***was/nichts***（***an j-m/etw.***）***auszusetzen haben/finden*** j-n/etw. kritisieren/nicht kritisieren（对…）指摘，非难，非议/无可指摘，无可非议：*Er ist nie zufrieden*，*er hat an allem etwas auszusetzen* 他从未满意过，对什么事都要指摘 **7.** *mst* 多用（***an j-m/etw.***）***ist***（***et***）***was/nichts auszusetzen***；（***an j-m/etw.***）***gibt es***（***et***）***was/nichts auszusetzen*** es gibt etwas/nichts zu kritisieren：（对…）有所非议/无可非议 *An deinen Kochkünsten gibt es nichts auszusetzen* 你的烹饪技艺是无可指摘的；[Vt/i]（及物/不及物）**8.**（***etw.***）***a.*** e-e Pause machen，für kurze Zeit nicht weitermachen 停止，中断，休息：*beim Würfelspiel*（*eine Runde*）*a. müssen* 必须中止(一轮)掷色子游戏；[Vi]（不及物）**9.**（***mit etw.***）***a.*** etw. für kurze Zeit unterbrechen 中断〈mit e-m Streik a. 中断罢工〉：*Sie musste wegen Krankheit drei Wochen mit dem Training a.* 她因病而中断训练三周 **10.** ***etw. setzt aus*** etw. funktioniert plötzlich nicht mehr（物作主语）（突然）停止工作，不运转〈ein Motor，j-s Herz 马达，某人的心脏〉‖ *zu*（义项）**1.**，**2.**，**4.** u. **5.** **Aus·set·zung** *die*；*mst Sg*（多用单数）

Aus·sicht *die*；*-*，*-en*；**1.** *nur Sg*（只用单数）；***A.***（***auf etw.***（*Akk* 四格））der freie Blick auf die Umgebung 远眺景色，眺望 ≈ Ausblick〈e-e herrliche，weite A.（auf die Umgebung）haben 眺望、远眺(周围的)美景；j-m die A. verbauen，versperren 建楼房遮住、挡住某人远眺视线〉‖ K-（复合）：***Aussichts-***，***-punkt***，***-turm*** **2.** *oft Pl*（常用复数）；***A.***（***auf etw.***（*Akk* 四格））e-e berechtigte Erwartung 指望，展望，前景≈ Hoffnung，Chance〈（keine）Aussicht（en）auf Erfolg haben（没）有获得成就的希望（成功（无）有望）〉：*Wie stehen deine Aussichten*，*e-e Anstellung zu bekommen?* 你应聘的前景如何？**3.** *nur Pl*（只用复数）；***Aussichten***（***auf etw.***（*Akk* 四格））die beruflichen Möglichkeiten，die sich j-m in der Zukunft bieten 前程，前景：*ein angehender Diplomat mit glänzenden Aussichten* 一位前程辉煌的外交官 **4.** ***etw. in A. haben*** begründete Hoffnung auf etw. haben 可指望得到，对…有希望：*Hast du schon e-e neue Stelle in A.?* 你有希望得到新职位吗？**5.** ***j-m etw. in A. stellen*** *geschr*[书]；j-m（für gute Leistungen）etw. versprechen 向…答应、许诺、承诺 ‖ ***zu***（义项）**2.** **aus·sichts·reich** *Adj*（形）

aus·sichts·los *Adj*（形）；ohne Hoffnung auf Erfolg 无指望的，毫无希望的≈ hoffnungslos ↔ aussichtsreich〈e-e Situation，ein Vorhaben 局面、计划〉：*Es ist völlig a.*，*hier nach Gold zu suchen* 在这里寻找金子是绝无希望的 ‖ *hierzu*（派生）**Aus·sichts·lo·sig·keit** *die*；*nur Sg*（只用单数）

aus·sie·ben（*hat*）[Vt]（及物）**1.** ***etw.***（***aus***

***etw.*) *a*. etw. durch Sieben von etw. trennen 筛出，筛净，滤出；Vt/i（及物/不及物）2. (*j-n* (*mst Pl* 多用复数)) *a*. Bewerber nach strengen Maßstäben auswählen(按照严格标准)筛选

aus·sie·deln (*hat*) Vt (及物) ***j-n a***. die Bewohner e-s Gebiets veranlassen od. dazu zwingen, sich an e-m anderen Ort niederzulassen 迫迁，让…强行迁居 ‖ *hierzu*（派生）**Aus·sied·lung** *die*

Aus·sied·ler *der*; *-s*, *-*; Ⓓ［德］e-e Person deutscher Herkunft, die *bes* aus e-m osteuropäischen Land nach Deutschland kommt, um dort zu leben(尤指从东欧国家移居德国的)德籍移民 ‖ *hierzu*（派生）：**Aus·sied·le·rin** *die*; *-*, *-nen*

Aus·sied·ler|hof *der*; ein Bauernhof, der außerhalb e-s Dorfes gebaut wurde u. nur von Wiesen u. Äckern umgeben ist 德籍移民的庄园

aus·söh·nen, sich; *söhnte sich aus*, *hat sich ausgesöhnt*; Vr（反身）***j-d söhnt sich mit j-m aus***;〈Personen 人〉***söhnen sich aus*** *geschr*［书］; *mst* zwei Personen bauen (nach e-m Streit) wieder e-e gute Beziehung auf(人作主语)单：与…和解、言归于好；复：彼此和解、言归于好 ≈ Personen versöhnen sich: *Jahrelang gingen sie sich aus dem Weg, jetzt haben sie sich wieder ausgesöhnt* 几年来他们互相回避，而现在他们已经言归于好 ‖ *hierzu*（派生）**Aus·söh·nung** *die*; *mst Sg*(多用单数)

aus·son·dern; *sonderte aus*, *hat ausgesondert*; Vt（及物）***j-n/etw.*** (*mst Kollekt od Pl* 多用集合或复数) *a*. einzelne Personen od. Dinge wegen bestimmter Eigenschaften aus e-r Menge herausnehmen 挑出，挑选，剔除，分选出：*die wertvollsten Exemplare a*. 挑选出最有价值的样本 ‖ *hierzu*（派生）**Aus·son·de·rung** *die*; *mst Sg*(多用单数)

aus·sor·tie·ren; *sortierte aus*, *hat aussortiert*; Vt（及物）***etw.*** (*mst Kollekt od Pl* 多用集合或复数) *a*. ≈ aussondern ‖ *hierzu*（派生）**Aus·sor·tie·rung** *die*; *mst Sg*(多用单数)

aus·span·nen (*hat*) Vt/i（及物/不及物）1. (***ein Tier***) *a*. e-m Tier das Geschirr[2] abnehmen u. es vom Wagen losmachen 解下(牲口)套具，卸(牲口) ↔ anspannen〈ein Pferd, e-n Ochsen a. 卸马、牛〉; Vt（及物）2. ***j-m j-n a***. *gespr*［口］; j-m den Freund/die Freundin wegnehmen 从…身边抢走、夺走(男友/女友)；Vi（不及物）3. für e-e bestimmte Zeit nicht arbeiten, um sich zu erholen 休息，休闲，松弛：*Es ist höchste Zeit, wieder einmal richtig auszuspannen* 到了又一次彻底休整一下的时候了；Vr（反身）4. ***sich a***. *gespr*［口］≈ a. (3)

aus·spa·ren (*hat*) Vt（及物）1. ***etw. a***. e-e Stelle in e-m Raum od. von e-r Fläche für j-n/etw. frei lassen 留出，空出，腾出：*im Zimmer e-e Ecke für die Stereoanlage a*. 在房间里为音响设备留出一角 2. ***etw. a***. über ein Thema nicht sprechen 略过，不提，省去≈ vermeiden: *Das Thema „Umweltschutz" blieb bei der Besprechung ausgespart* 会上，环保议题略而不提 ‖ *hierzu*（派生）**Aus·spa·rung** *die*; *mst Sg*(多用单数)

aus·spei·en (*hat*) Vt（及物）1. ***etw. a***. Nahrung durch den Mund nach außen befördern 吐出，呕出 ≈ erbrechen; Vi（不及物）2 ≈ ausspucken (3)

aus·sper·ren (*hat*) Vt（及物）1. ***j-n a***. durch Verschließen der Tür j-n daran hindern, in e-n Raum zu gelangen 把…关在门外，不让…人内≈ ausschließen 2. ***j-n a***. Arbeiter, die streiken od. mit Streik drohen, nicht zur Arbeit lassen 不让(罢工工人)入厂上工，将…拒之于厂门外：*Der Betrieb sperrte die Arbeiter aus* 企业不许工人上班 ‖ *zu*（义项）2. **Aus·sper·rung** *die*

aus·spie·len (*hat*) Vt/i（及物/不及物）1. (***etw.***) *a*. e-e Spielkarte (offen) auf den Tisch legen 出牌：*den Herzkönig a*. 出红桃 K; Vt（及物）2. *mst* 多用〈e-e Geldsumme 一笔金额〉***wird ausgespielt*** e-e bestimmte Geldsumme wird bei e-r Lotterie als Gewinn ausgegeben 发布，规定(彩票中奖金额) 3. ***j-n a***. SPORT【体】; mit dem Ball am Gegner vorbeikommen 带球越过，带(运)球过人：*den Verteidiger geschickt a*. 熟巧地带球越过后卫 4. ***j-n gegen j-n a***. *gespr*［口］; j-n dazu benutzen, sich mit dessen Hilfe e-n Vorteil gegenüber e-m Dritten zu verschaffen 利用(挑唆)…去对付：*Unsere Tochter spielt uns immer gegeneinander aus* 我们的女儿经常钻我们的空子从中捞好处 ‖ *zu*（义项）2. **Aus·spie·lung** *die*

aus·spi·o·nie·ren; *spionierte aus*, *hat ausspioniert*; Vt（及物）1. ***etw. a***. *pej*［贬］; sich bemühen, durch heimliches Suchen etw. zu entdecken 侦查出，侦探出〈ein Geheimnis, j-s Versteck a. 探出秘密、某人的藏身处〉2. ***j-n a***. *pej*［贬］; versuchen, durch heimliches Nachfragen private Informationen über j-n zu finden 窥探，刺探：*Ich glaube, unser Nachbar will uns a*. 我认为邻居想暗中刺探我们的情况

Aus·spra·che *die* 1. *nur Sg*(只用单数); die Art, wie j-d e-n Laut/mehrere Laute mit dem Mund produziert, artikuliert 发音，口齿，口音〈e-e korrekte, undeutliche A. haben 正确的、不清楚的发音〉2. *nur Sg*(只用单数); die Art, wie e-e Sprache gesprochen wird(字母或单词的)语音，发音：*Im Englischen kann man nicht immer eindeutig von der Schreibung auf die A. schließen* 在英语里，不是总能从单词的书写上清晰无误地推断其发音的 ‖ K-(复合)：***Aussprache-***, ***-regel***, ***-wörterbuch*** 3. ein offenes Gespräch, in dem ein Problem geklärt wird 座谈，谈话〈e-e offene, vertrauliche A. mit j-m haben 与某人进行一次开诚布公的，一次推心置腹的谈话; e-e A. herbeiführen 引起一次讨论〉

aus·spre·chen (*hat*) Vt（及物）1. ***etw. a***. e-e Folge von Lauten mit dem Mund produzieren 发出…的音 ≈ artikulieren〈ein Wort, e-n Satz richtig, laut u. deutlich a. 正确、大声、清晰地读出单词、句子〉: *Wie spricht man dieses Wort aus?* 这个单词怎样发音？2. ***etw. a***. etw.

mündlich od. schriftlich mitteilen od. ausdrücken(口头或书面)说出,表达,表示 ↔ verschweigen 〈e-n Wunsch, sein Bedauern, seine Kritik (offen) a.(公开地)表达愿望,表示自己的遗憾,说出自己的批评意见〉; [Vi](不及物) **3.** zu Ende sprechen 说完; [Vr](反身) **4.** ***sich*** (***über etw.*** (*Akk* 四格)) ***a.*** offen sagen, welche Probleme man hat od. was einem nicht gefällt 倾诉,全部讲出(对…看法): *Du musst dich einfach mal über deine Ängste a.!* 你应当干脆把你的焦虑心情一股脑儿讲出来! **5.** ***sich irgendwie über j-n/etw. a.*** *geschr*[书]; ein bestimmtes Urteil über j-n/etw. abgeben 道出、表明对…的评价〈sich anerkennend, lobend über j-n/etw. a. 对某人/某事表示肯定,赞扬〉 **6.** ***sich für/gegen j-n/etw. a.*** *geschr*[书]; j-m/etw. zustimmen bzw. j-n/etw. ablehnen 表示赞成及反对: *Die Mehrheit sprach sich für den Streik aus* 多数人表示赞成罢工; *sich gegen die Wiedereinführung der Todesstrafe a.* 表示反对重新采用死刑 **7.** ***j-d spricht sich mit j-m aus***; 〈Personen 人〉 ***sprechen sich aus*** *mst* zwei Personen klären im Gespräch ihre unterschiedlichen Ansichten u. Meinungen (*mst* nach e-m Streit)(人作主语)单:与…谈心;复:彼此说心里话,谈心(多为争吵之后) ‖ *zu* (义项) **1.** **aus·sprech·bar** *Adj* (形); *nicht adv*(不作状语)

Aus·spruch *der*; e-e bemerkenswerte Äußerung *mst* e-r bekannten Persönlichkeit 格言,名言

aus·spu·cken (*hat*) [Vt](及物) **1.** ***etw. a.*** *gespr*[口]; etw., das man nicht essen will, aus dem Mund spucken 吐出: *e-n Kirschkern a.* 吐出樱桃核 **2.** ***etw. spuckt etw. aus*** *gespr*[口]; etw. gibt nach Ablauf e-s technischen Prozesses das Erwünschte aus(物作主语)抛出,吐出,输出,产出: *Der Computer spuckt Daten, der Automat Fahrkarten aus* 电脑输出(调出)数据,自动机出(吐出)车票; [Vi](不及物) **3.** Speichel auf den Boden spucken 吐唾沫〈verächtlich vor j-m a. 鄙视地向某人啐唾沫〉 ‖ ID[谚] *mst* 多用 (***Komm,***) ***spucks aus!*** *gespr*[口]; verwendet, um j-n aufzufordern, etw. zu erzählen(过来)把话都吐出来吧!

aus·spü·len (*hat*) [Vt](及物) **1.** ***etw.*** (***aus etw.***) ***a.*** etw. durch Spülen entfernen 冲去,冲掉: *das Shampoo aus den Haaren a.* 将头发上的香波冲掉; [Vt/i](及物/不及物) **2.** (***sich*** (*Dat* 三格)) (***etw.***) ***a.*** (etw.) durch Spülen (oft mit e-r besonderen Flüssigkeit) sauber machen 把…涮、冲、漱干净〈ein Handtuch, e-e Wunde, sich den Mund a. 涮毛巾,洗伤口,漱口〉: *nach dem Bohren* (beim Zahnarzt) *a.*(在牙医处)钻牙后漱口

aus·staf·fie·ren; *staffierte aus, hat ausstaffiert*; [Vt](及物) **1.** ***j-n/etw.*** (***mit etw.***) ***a.*** j-n/etw. mit etw. Neuem od. etw. Nötigem versehen(用…)配备,布置,装饰 ≈ ausstatten: *die Kinder mit neuen Skianzügen, ein Zimmer mit Möbeln a.* 给孩子们购置新的滑雪服,给房间配置家具; [Vr](反身) **2.** ***sich*** (***mit etw.***) ***a.*** sich neue Kleider kaufen 为自己置办新装 ‖ *hierzu*(派生) **Aus·staf·fie·rung** *die*; *mst Sg*(多用单数)

Aus·stand *der*; *mst Sg*(多用复数) **1.** die Niederlegung der Arbeit für e-e bestimmte Zeit 停工,罢工 ≈ Streik 〈in den A. treten, sich im A. befinden 开始罢工,正在罢工中〉 **2.** *mst in* 多用于 ***seinen A. geben*** ein kleines Fest für seine Kollegen machen, wenn man e-e Arbeitsstelle verlässt 为离(退)休人员举办小型聚会 ↔ Einstand

aus·stat·ten; *stattete aus, hat ausgestattet*; [Vt](及物) **1.** ***j-n mit etw. a.*** j-m etw. für e-n bestimmten Zweck geben od. mitgeben 用…配备,供给 ≈ j-n mit etw. ausrüsten: *j-n mit warmer Kleidung a.* 供给某人冬衣 **2.** ***etw. mit etw. a.*** e-n Raum od. Gegenstand mit etw. Notwendigem ausrüsten: 用…装饰、布置 *e-e Wohnung mit Teppichböden a.* 用地毯布置住房 **3.** ***j-n mit etw. a.*** *geschr*[书]; j-m bestimmte Rechte übertragen 赋予(权限)〈j-n mit e-r Vollmacht a. 赋予某人全权〉

Aus·stat·tung *die*; -, *-en*; *mst Sg*(多用单数) **1.** *Kollekt*(集合); die Einrichtung (*bes* die Möbel) in e-r Wohnung 室内陈设,摆设 **2.** *Kollekt*(集合); die Instrumente od. Geräte, die in e-m Gebäude od. in e-m Fahrzeug vorhanden sind(楼内、机动车内的)装备,设备 ≈ Ausrüstung: *die A. e-r Klinik* 诊所的设备 **3.** die äußere, optische Gestaltung 装帧,装潢〈die A. e-s Buches, Theaterstücks, Films — 本书的装帧,一出戏、一部电影的布景(场景)〉

aus·ste·chen (*hat*) [Vt](及物) **1.** ***j-n*** (***in etw.*** (*Dat* 三格)) ***a.*** besser sein als j-d u. ihn von seinem Platz verdrängen(在…方面)超过,取代,排挤,使相形见绌〈j-n in der Gunst der anderen a. 使某人失宠(从而取而代之)〉: *Er stach im Hochsprung seine Konkurrenten klar aus* 他在跳高方面明显地比他的竞争对手强 **2.** ***j-m die Augen a.*** j-s Augen (mit e-m spitzen Gegenstand) so verletzen, dass er nicht mehr sehen kann 戳坏、刺瞎…的眼睛; [Vt/i](及物/不及物) **3.** (***etw.***) ***a.*** etw. mit Formen aus e-m ausgerollten Teig schneiden 用模子压制出〈Plätzchen a. 用模子压制小饼干〉: *Ich rolle den Teig aus, u. du stichst aus* 我揉面团,你压模子(作饼) ‖ K-(复合): ***Ausstech-, -form***

aus·ste·hen (*hat*) [Vt](及物) **1.** ***etw. a.*** etw. Unangenehmes erdulden müssen 忍受住,禁受住〈starke Schmerzen, große Angst a. 得忍受强烈的疼痛、恐惧〉 **2.** ***j-n/etw. nicht a. können*** *gespr*[口]; j-n/etw. für unsympathisch halten od. nicht leiden können 没法忍受,受不了: *Ich kann es einfach nicht a., wenn man mich wie ein Kind behandelt* 我受不了别人把我当小孩对待; [Vi](不及物) **3.** ***etw. steht noch aus*** etw. fehlt noch, etw. ist noch nicht ganz fertig(物作主语)尚未来到,尚在期待中,还没作出〈e-e Antwort, e-e Entscheidung 答复、决定〉 ‖ ID[谚] ***Irgendwann ist alles ausgestanden*** *gespr*[口]; irgendwann ist auch e-e sehr unangenehme Situation vorbei 总有一天苦尽甘

来(否极泰来)

aus·stei·gen (*ist*) [Vi](不及物)**1.** (**aus etw.**) **a.** ein Fahrzeug verlassen 下车 ↔ einsteigen ⟨aus dem Auto, Bus, Flugzeug, Zug a. 从小汽车、公共车、飞机、火车上下来⟩ **2.** (**aus etw.**) **a.** *gespr*[口]; aufhören, bei e-m Projekt od. in e-m Geschäft mitzuarbeiten 退出,脱离,不参加: *Er stieg (aus dem Unternehmen) aus, weil man ihm zu wenig bezahlte* 他离开了那家企业,因为酬金太少 **3.** (**aus etw.**) **a.** *gespr*[口]; seinen Beruf aufgeben u. ein Leben führen, das nicht den üblichen Konventionen entspricht 过无业游民的生活 ‖ *zu* (义项) **3. Aus·stei·ger** *der*; *-s*, *-*; **Aus·stei·ge·rin** *die*; *-*, *-nen*

aus·stel·len (*hat*) [Vt/i](及物/不及物) **1.** (**etw.**) **a.** Gegenstände in der Öffentlichkeit, im Schaufenster od. in e-r Ausstellung präsentieren 陈列,展览,展出 ⟨Handarbeiten, Kunstwerke a. 展出手工制品、艺术品⟩; [Vt](及物)**2.** (**j-m**) **etw. a.** ein Dokument für j-n schreiben u. es ihm geben 开发,签发,填发 ⟨j-m e-n Pass, e-e Bescheinigung, ein Zeugnis a. 给某人签发护照、证明、证书⟩: *Der Arzt stellte ihr ein Attest aus* 医生给她开病假证明 ‖ *zu* (义项) **1. Aus·stel·ler** *der*; *-s*, *-*; **Aus·stel·le·rin** *die*; *-*, *-nen*

Aus·stel·lung *die* **1.** e-e Veranstaltung, bei der besonders interessante, sehenswerte od. neue Objekte dem Publikum gezeigt werden 展览会: *e-e A. antiker Möbel* 欧洲古典家具展览会 ‖ K-(复合): ***Ausstellungs-***, ***-katalog***, ***-räume*** ‖ -K(复合): ***Industrie-***, ***Kunst-***, ***Landwirtschafts-*** **2.** *nur Sg*; das Ausstellen (2) ⟨die A. e-s Dokuments, Gutachtens 签发文件,开具鉴定⟩ ‖ K-(复合): ***Ausstellungs-***, ***-datum***

aus·ster·ben (*ist*) [Vi](不及物) ⟨e-e Tierart/e-e Pflanzenart *o.Ä.* 动物品种/植物种类等⟩ **stirbt aus** e-e Tierart, e-e Pflanzenart *o.Ä.* hört auf zu existieren 灭绝,不复存在: *Die Wale sind vom Aussterben bedroht* 鲸面临灭种威胁

Aus·steu·er *die*; *nur Sg*(只用单数); das Geld u. die für e-n Haushalt nötigen Gegenstände, die e-e Frau mit in die Ehe bringt 嫁妆

aus·steu·ern (*hat*) [Vt/i](及物/不及物)(**etw.**) **a.** bei e-r (Ton) Aufnahme die Lautstärke regeln (录音时)调节(音响) ‖ *hierzu* (派生)**Aus·steu·e·rung** *die*

Aus·stieg *der*; *-(e)s*, *-e*; *mst Sg*(多用单数) **1.** **der A.** (**aus etw.**) das Aussteigen aus e-m (geschlossenen) Fahrzeug 下车: *der A. e-s Astronauten aus dem Spacelab* 宇航员从航天实验舱走下来 **2.** **der A.** (**aus etw.**) das Aussteigen (2) ⟨der A. aus e-m Projekt 退出一项工程⟩: *der A. aus der Kernenergie* 停止搞核能 **3.** die Stelle, an der man aus e-m Fahrzeug steigt 下车口,下车门 ‖ ▶ ***aussteigen***

aus·stop·fen (*hat*) [Vt](及物)**1.** **etw.** (**mit etw.**) **a.** etw. Leeres od. Hohles vollständig mit etw. füllen(用…)填满,填塞,充填: *ein Kissen mit Schaumstoff, ein Loch in der Wand mit Papier a.* 用泡沫塑料填塞枕头,用纸填塞墙上的洞 **2.** **ein Tier a.** das Fleisch aus e-m toten Tier entfernen u. das Tier mit e-m besonderen Material füllen, um seine natürliche Form zu bewahren 剥制一只动物的标本 ≈ präparieren: *ein ausgestopfter Adler* 一只鹰的标本

Aus·stoß *der*; *mst Sg*(多用单数); **1.** WIRTSCH【经】; die gesamte Produktion e-r Fabrik od. e-r Maschine in e-m bestimmten Zeitraum (工厂或机器的)生产量,生产额: *e-n jährlichen A. von 1000 Autos haben* 年产 1000 辆小汽车 **2.** die Menge Abgase, die ein Motor od. e-e Fabrik an die Umwelt abgibt 废气排放量 ≈ Emission: *den A. von Schadstoffen verringern* 减少有害物质的排放量

aus·sto·ßen (*hat*) [Vt](及物) **1.** **j-n** (**aus etw.**) **a.** j-m, der unerwünscht ist, verbieten, weiterhin in e-r Gruppe, Gemeinschaft *o.Ä.* zu leben 开除,赶出 ≈ ausschließen **2.** **etw. a.** etw. plötzlich hören lassen od. von sich geben 突然发出 ⟨e-n Fluch, e-n Seufzer, e-n Schrei a. 发出咒骂、叹息、叫喊声⟩ **3.** **etw. stößt etw. aus** etw. bläst etw. mit Druck hinaus(物作主语)喷出,冒出,排出,射出 ⟨etw. stößt Dampf, Gase, Rauchwolken aus 某物排出蒸气、气体、烟雾⟩ **4.** **etw. stößt etw.** (*Pl* 复) **aus** etw. stellt e-e bestimmte Zahl von Produkten od. e-e bestimmte Menge von etw. (in e-m bestimmten Zeitraum) her(物作主语)生产: *Die Fabrik stößt täglich 200 Maschinen aus* 工厂每天生产 200 台机器 ‖ zu (义项) **1. Aus·sto·ßung** *die*

aus·strah·len (*hat*) [Vt](及物)**1.** **etw. strahlt etw. aus** e-e Rundfunk- od. Fernsehstation überträgt od. sendet ein Programm(物作主语)播送(节目): *Das Fußballspiel wird live ausgestrahlt* 现场直播足球赛 **2.** **etw. a.** e-n Eindruck od. e-e Wirkung verbreiten/von sich ausgehen lassen 散发出,洋溢,流露出 ⟨Freude, Ruhe, Sicherheit a. 流露出喜悦、恬静,自信⟩: *Birgit strahlte Heiterkeit aus* 碧尔吉特喜笑颜开; *Der Ofen strahlt Hitze aus* 火炉散发出热量; [Vi](不及物)**3.** **etw. strahlt von irgendwo irgendwohin aus** etw. verbreitet seine Wirkung von e-r bestimmten Stelle aus an andere Stellen(物作主语)辐射,放射;扩散 ⟨Schmerzen 疼痛⟩

Aus·strah·lung *die* **1.** die Übertragung 播送,播放 ⟨die A. e-r Fernsehsendung 播放电视节目⟩ **2.** *nur Sg*(只用单数); e-e bestimmte Wirkung, die j-d aufgrund seiner Persönlichkeit auf seine Mitmenschen ausübt 魅力,风采,神韵 ≈ Charme ⟨A. haben 有魅力⟩

aus·stre·cken (*hat*) [Vt](及物) **1.** **etw. a.** e-n Teil des Körpers in die Länge dehnen 伸展,舒展,伸出⟨die Arme, die Beine a. 伸展双臂、双腿⟩: *Die Schnecke streckte ihre Fühler aus* 蜗牛伸出触角; [Vr](反身) **2.** **sich** (**irgendwo**) **a.** sich bequem hinlegen u. die Beine von sich strecken 躺下伸展四肢 ⟨sich auf der Couch a. 伸展四肢躺在沙发上⟩ **3.** **sich a.** sich auf die

Zehenspitzen stellen u. die Arme in die Höhe strecken 伸直四肢(踮脚伸胳臂)≈ sich strecken

aus·strei·chen (*hat*) [Vt] (及物) ***etw. a.*** e-n Strich durch etw. Geschriebenes *o.Ä.* ziehen u. es damit ungültig machen 删去,勾去 ≈ durchstreichen 〈ein falsches Wort a. 勾掉错别字〉

aus·streu·en (*hat*) [Vt] (及物) ***etw.*** (*Kollekt od Pl* 集合或复数) ***a.*** etw. über e-e Fläche streuen 播,撒

aus·strö·men [Vt] (及物) (*hat*) **1.** ***etw. strömt etw. aus*** *geschr* [书];etw. verbreitet etw. um sich herum(物作主语)散发,冒出,涌出,逸出,洋溢 〈Hitze, Wärme, e-n Geruch a. 放出高温,冒出热气,发出气味;etw. strömt Behaglichkeit aus 某物洋溢着温馨〉: *Die Blüte strömt e-n zarten Duft aus* 花朵散发出一股芳香; [Vi] (不及物) (*ist*) **2.** ***etw. strömt*** (***aus etw.***) ***aus*** Gas od. Flüssigkeit strömt aus e-m Behälter, e-r Leitung *o.Ä.* (物作主语)(从…里)漏出,泄出

aus·su·chen (*hat*) [Vt/i] (及物/不及物) (***j-n/etw.*** (***für j-n/etw.***)) ***a.***; ((***j-m/sich***) ***j-n/etw.***) ***a.*** ≈ auswählen

Aus·tausch *der*; *nur Sg* (只用单数) **1.** das gegenseitige Geben u. Bekommen von Waren 交换(货物): *technische Geräte im A. gegen Rohstoffe erhalten* 以原料换技术设备 ‖ -K(复合): ***Güter-***, ***Waren-*** **2.** das Ersetzen e-s *mst* kaputten Teils e-r Maschine durch ein neues Teil 替换,更换(部件): *der A. e-s schadhaften Motors* 替换一部有毛病的马达 **3.** SPORT【体】; das Ersetzen e-s Spielers durch e-n anderen Spieler 调换,替换(运动员) **4.** das gegenseitige Mitteilen von Ansichten, Gedanken *o.Ä.* 交流(思想等) ‖ -K(复合): ***Gedanken-***, ***Meinungs-*** **5.** das wechselseitige Entsenden von Personen in ein anderes Land 交换,互派 〈der A. von Botschaftern, Studenten 互派大使,交换留学生〉: *e-n Spion im A. gegen e-n anderen freilassen* 以交换方式释放一名间谍 ‖ -K(复合): ***Gefangenen-***, ***Schüler-***

aus·tau·schen (*hat*) [Vt] (及物) **1.** ***etw.*** (***gegen/für etw.***) ***a.*** j-m Waren od. Produkte geben u. von ihm dafür andere Dinge bekommen 交换,以…换取 ≈ eintauschen 〈Rohstoffe gegen Maschinen a. 以机器换取原料〉 **2.** ***etw. a.*** *bes* ein kaputtes Teil e-r Maschine durch ein neues Teil ersetzen 替换,更换(部件) ≈ auswechseln 〈e-n Motor a. 更换马达〉 ‖ K-(复合): ***Austausch-***, ***-motor*** **3.** ***j-n a.*** SPORT【体】; e-n Spieler durch e-n anderen Spieler ersetzen 替换(运动员) **4.** ***j-d tauscht etw. mit j-m aus***; 〈Personen 人〉 ***tauschen etw. aus*** Personen teilen sich gegenseitig ihre Gedanken, Erfahrungen, Meinungen mit(人作主语)单:与…交流、交换(思想、经验、意见等);复:彼此交流、交换: *Urlaubserinnerungen mit seinen Freunden a.* 和友人交流假期经历 **5.** ***j-n*** (*Pl* 复) ***a.*** j-n in ein anderes Land schicken u. dafür e-e Zahl an Personen im eigenen Land aufnehmen 交换,互派〈Diplomaten, Gefangene, Studenten a. 互派大使,交换俘虏,交流大学生〉 ‖ K-(复合): ***Austausch-***, ***-aktion***; ***-schüler***, ***-student*** ‖ *zu* (义项) **2.** **aus·tausch·bar** *Adj* (形); *nicht adv* (不作状语)

aus·tei·len (*hat*) [Vt] (及物) **1.** (***j-m/an j-n***) ***etw.*** (*Kollekt od Pl* 集合或复数) ***a.*** von e-r vorhandenen Menge jedem einzelnen e-n Teil geben (给…)分发,分配 ≈ verteilen ↔ bekommen, einsammeln 〈Geschenke, Lebensmittel, Komplimente a. 分发礼物、食品,与…——寒暄〉: *den Kindern das Essen a.* 给孩子们分发食物; *Prospekte an die Passanten a.* 将宣传品分发给行人; [Vt/i] (及物/不及物) **2.** (***etw.*** (*Pl* 复)) ***a.*** bei Karten- u. Gesellschaftsspielen die Karten, Spielmarken *usw* an die Mitspieler geben 发牌: *Wer teilt aus?* 谁发牌?; [Vi] (不及物) **3.** ohne Rücksicht auf die Gefühle von anderen handeln 挖苦,出口伤人,伤人感情 ↔ einstecken: *Wer austeilt, muss auch einstecken lernen* 谁挖苦人,也得学会听人挖苦

Aus·ter *die*; -, -*n*; ein Meerestier (e-e Muschel), das von zwei flachen Schalen umgeben ist, oft roh gegessen wird u. das e-e Perle hervorbringen kann 牡蛎 〈e-e A. aufbrechen, ausschlürfen 打开、吸吮牡蛎〉 ‖ ↑ *Abb. unter* 图见 **Schalentiere** ‖ K-(复合): ***Austern-***, ***-fischerei***, ***-zucht***

Aus·tern·bank *die*; e-e Stelle am Meeresboden, an der viele Austern leben (u. gezüchtet werden)牡蛎养殖场

aus·til·gen (*hat*) [Vt] (及物) ***etw. a.*** ≈ vernichten 〈Motten, Unkraut a. 消灭蛀虫,根除杂草〉 ‖ *hierzu* (派生) **Aus·til·gung** *die*; *mst Sg* (多用单数)

aus·to·ben (*hat*) [Vi] (不及物) **1.** *mst* 多用 ***etw. hat ausgetobt*** etw. hat aufgehört (zu toben) (物作主语)平息下来,停止肆虐 〈das Feuer, der Sturm 火,风暴〉; [Vr] (反身) **2.** ***sich a.*** durch Spiel, Sport *o.Ä.* seine überschüssige Energie loswerden 喧闹,嬉闹,发泄

Aus·trag *der*; -(*e*)*s*; *nur Sg*, *südd* (只用单数) [南德] ≈ Altenteil

aus·tra·gen (*hat*) [Vt] (及物) **1.** ***etw.*** (*Kollekt od Pl* 集合或复数) ***a.*** Waren od. Sendungen an e-e *mst* ziemlich große Zahl von Personen liefern 将…分送到用户家 ≈ zustellen 〈Zeitungen, die Post a. 分送报纸,邮件〉 **2.** ***etw. a.*** e-n Konflikt zu Ende od. zur Entscheidung bringen 将…决出胜负,使有结果 ≈ ausfechten 〈e-n Kampf, ein Duell a. 将斗争、决斗决出胜负〉: *Tragt eure Streitigkeiten unter euch aus!* 你们的争吵由你们自己了结吧! **3.** ***etw. a.*** etw. organisieren u. durchführen 组织,举行,承办 〈e-n Wettbewerb, e-n Sportwettkampf a. 承办比赛、体育竞赛〉 **4.** ***e-e Frau trägt ein Kind aus*** e-e Frau trägt ein ungeborenes Kind bis zum Ende der Schwangerschaft im Leib (女人作主语)怀胎育婴 **5.** ***ein Tier trägt ein Junges aus*** ein weibliches Tier trägt ein ungeborenes Tier im Leib, bis es geboren wird (动物作主语)怀孕产仔

Aus·trä·ger *der*; j-d, der Zeitungen od. Zeitschriften den Abonnenten ins Haus bringt 上门送报或杂志的人 ‖ -K(复合): ***Zeitungs-*** ‖ *hierzu*(派生)**Aus·trä·ge·rin** *die*; -, *-nen*

Aus·tra·gung *die*; -, *-en* **1.** das Austragen (2) e-s Konflikts, bis e-e Entscheidung herbeigeführt ist 决出胜负,产生结果 **2.** die Organisation u. Durchführung von Wettbewerben 组织,承办,举行: *sich um die A. der Olympischen Spiele bewerben* 申请承办奥林匹克运动会 ‖ K-(复合): ***Austragungs-, -ort***

Aus·tra·li·en [-iən] (*das*); *-s*; *nur Sg*(只用单数); der kleinste Kontinent der Erde 澳洲,澳大利亚 ‖ ↑ NB(注意) *unter* ***Anhang*** (1) 见附表(1) ‖ *hierzu*(派生) **Aus·tra·li·er** *der*; *-s*, *-*; **Aus·tra·lie·rin** *die*; *-*, *-nen*; **aus·tra·lisch** *Adj*(形)

aus·trei·ben (*hat*) [Vt] (及物) **1.** ***j-m etw. a.*** durch energisches Verhalten erreichen, dass j-d e-e *mst* schlechte Gewohnheit od. Eigenschaft nicht mehr hat 使改掉,使矫正 ≈ j-m etw. abgewöhnen ‹j-m das Lügen, seine Überheblichkeit a. 矫正某人的说谎恶习,改掉自己的骄傲自大›: *Diese Unsitte werde ich dir schon noch a.!* 我一定要给你改掉这一陋习! **2.** (***j-m***) ***etw. a.*** versuchen, j-n von e-r bösen Macht od. Kraft zu befreien(为…)驱逐,赶走,祛除 ‹Geister, Dämonen, den Teufel a. 驱逐鬼神,妖魔,鬼怪› ‖ *zu* (义项) **2. Aus·trei·bung** *die*

aus·tre·ten [Vt] (及物) (*hat*) **1.** ***etw. a.*** etw. mit dem Fuß löschen 踏灭,踩灭 ‹das Feuer, e-n Funken, die Glut a. 踩灭火、火星、余火› **2.** ***etw. a.*** Schuhe durch häufige Verwendung weit u. bequem machen/etw. abnutzen(鞋)撑大,穿旧,磨损/踩旧,踩坏 ‹e-e Stufe, e-e Treppe 阶梯,楼梯› ‖ NB(注意): *mst* im Zustandspassiv!(多用于状态被动句!); [Vi] (不及物) (*ist*) **3.** ***etw. tritt*** (***aus etw.***) ***aus*** etw. kommt aus der Erde od. aus e-m Behälter heraus(物作主语)冒出,漫出,溢出,漾出,流出 ≈ etw. strömt aus ‹Gas, Wasser 气体,水›: *Aus dem Tank traten gefährliche Dämpfe aus* 油罐里冒出危险雾气 **4.** (***aus etw.***) ***a.*** e-e Organisation verlassen 退出,脱离(一个组织) ↔ in etw. eintreten ‹aus der Kirche, e-m Verein, e-r Partei a. 退出教会、协会、党派› **5.** ***a. gehen / müssen*** *euph* [婉]; auf die Toilette gehen od. müssen 出去方便一下,得出去一下(指上厕所) ‖ ▶ ***Austritt***

aus·trick·sen (*hat*) [Vt] (及物) **1.** ***j-n a.*** *gespr* [口]; durch e-n Trick (1) verhindern, dass j-m etw. gelingt 以计谋阻止(他人成功),耍手腕坑人: *Ich traue ihm nicht, er hat schon zu viele Geschäftsfreunde ausgetrickst* 我信不过他,他已经耍手腕坑了许多业务伙伴 **2.** ***j-n a.*** SPORT【体】; seinen Gegner mit e-m Trick (1) täuschen 用假动作晃过(对手) ≈ ausspielen (3) ‹den Verteidiger a. 以假动作晃过后卫›

aus·trin·ken (*hat*) [Vt/i] (及物/不及物) **1.** (***etw.***) ***a.*** ein Glas, e-e Tasse *o. Ä.* durch Trinken leeren 喝干,喝空 **2.** (***etw.***) ***a.*** e-e Flüssigkeit in e-m Glas *o. Ä.* ganz trinken 把…饮尽,喝光,喝掉

Aus·tritt *der* **1.** *mst Sg*(多用单数); das Entweichen od. Ausströmen von Gasen od. Flüssigkeiten aus e-m Behälter 冒出,逸出,溢出,流出 **2.** die Beendigung der Mitgliedschaft in e-r Organisation 退出,脱离 ↔ Beitritt: *Er gab seinen A. aus der Partei bekannt* 他宣布退党 ‖ K-(复合): ***Austritts-, -erklärung***

aus·trock·nen [Vt] (及物) (*hat*) **1.** ***etw. trocknet etw. aus*** etw. lässt etw. sehr trocken werden(物作主语)使干涸: *Die Sonne hat den Boden ausgetrocknet* 太阳把土地晒干了; [Vi] (不及物) (*ist*) **2.** ***etw. trocknet aus*** etw. wird sehr trocken (物作主语)干涸,变干 ‹der Boden, das Feld 土地,田地› ‖ *hierzu*(派生) **Aus·trock·nung** *die*; *nur Sg*(只用单数)

aus·tüf·teln (*hat*) [Vt] (及物) ***etw. a.*** etw. durch intensives Überlegen bis ins kleinste Detail planen od. festlegen 经周密思考想出,挖空心思而想出,经再三琢磨确定 ‹e-n Plan, e-e neue Methode a. 经再三琢磨确定一个计划、新方法›

aus·üben (*hat*) [Vt] (及物) **1.** ***etw. a.*** in e-m Handwerk, Gewerbe, Beruf *o. Ä.* tätig sein 从事 ‹e-n Beruf, e-e Tätigkeit a. 从事职业、活动›: *den Beruf e-s Schreiners a.* 从事木工职业 **2.** ***etw. a.*** etw. besitzen u. davon Gebrauch machen 行使,执行 ‹*mst* Macht, Herrschaft a. 多为行使权力,进行统治› **3.** ***etw.*** (***auf j-n / etw.***) ***a.*** e-e bestimmte Wirkung (auf j-n/etw.) haben (给…)施加,(对…)产生 ‹Druck, e-n Einfluss, e-n Reiz, e-e Wirkung a. 施加压力、影响,产生刺激、作用› ‖ *zu*(义项) **1.** u. **2. Aus·übung** *die*; *nur Sg*(只用单数)

aus·ufern; *uferte aus*, *ist ausgeufert*; [Vi] (不及物) ***etw. ufert*** (***in etw.*** (*Akk* 四格)) ***aus*** etw. überschreitet das tolerierte, übliche Maß(物作主语)做得过头(过分),离谱 ‖ *hierzu*(派生) **Aus·ufe·rung** *die*

Aus·ver·kauf *der*; der vollständige Verkauf aller Waren zu besonders niedrigen Preisen 清仓削价(大减价)出售 ‹etw. im A. kaufen 在大减价时购买某物› ‖ K-(复合): ***Ausverkaufs-, -preise*** ‖ -K(复合): ***Total-***

aus·ver·kauft *Adj*(形); *nicht adv*(不作状语) **1.** restlos verkauft 卖完的,售完的 ‹Waren 商品› **2.** so, dass alle Eintrittskarten dafür verkauft wurden 门票全部售光 ‹ein Konzert, e-e Kinovorstellung 音乐会,电影演出›

aus·wach·sen (*hat*) [Vr] (反身) ***etw. wächst sich zu etw. aus*** etw. wird etw., etw. entwickelt sich zu etw. (物作主语)发展成,演化成,变成 ‹etw. wächst sich zu e-r Gefahr, zu e-r Sucht, zu e-m Problem aus 某事演变成了危险、成了瘾、成了问题› ‖ ID [谚] *mst* 多用 ***Das ist ja zum Auswachsen!*** das ist zum Verzweifeln! 这真叫人绝望!(让人受不了!)这实在难熬!

Aus·wahl *die*; *nur Sg*(只用单数) **1.** das Aussuchen von etw. Bestimmtem aus e-r Menge

挑选,选择〈freie A. haben 有自由选择(权)〉‖ K-(复合): **Auswahl-**, **-verfahren** 2. **e-e A. treffen** etw. aus e-r Menge aussuchen 3. **etw.** (*Kollekt od Pl* 集合或复数) **steht zur A.** etw. ist als Menge, aus der man wählen kann, vorhanden (物作主语)供挑选,供选择 4. **e-e A. an etw.** (*Dat, Kollekt od Pl* 三格,集合或复数)) die Menge od. der Vorrat, aus der/dem ausgewählt wird (可选择的物品)品种: *etw. ist nur in geringer A. vorhanden* 某物的品种不多; *e-e große/reiche A. an Reiseliteratur* 旅游读物品种繁多,琳琅满目 5. *Kollekt* (集合); e-e Anzahl von Dingen, die zu e-m bestimmten Zweck zusammengestellt sind 选出的精品,选(集): *e-e A. aus der neuen Kollektion, aus j-s künstlerischem Schaffen* 挑选出的新货样,某人的艺术作品选; *e-e A. der neuesten Schallplatten* 最新唱片选 6. *Kollekt* (集合); SPORT【体】; e-e Mannschaft, die aus den besten Sportlern verschiedener Vereine zusammengestellt ist 优秀选手队,种子队 ‖ K-(复合): **Auswahl-**, **-mannschaft**, **-spieler**

aus·wäh·len (*hat*) [Vt/i] (及物/不及物) (**j-n/etw.** (**für j-n/etw.**)) **a.**; ((**j-m/sich**) **j-n/etw.**) **a.** j-n/etw. (nach bestimmten Kriterien) aus e-r Menge nehmen 选择出,挑选出: *sich aus dem Angebot etw. Passendes a.* 从所提供品种中挑选出适合的; *Sie wurde für den Wettkampf ausgewählt* 她被选拔出参加对抗赛

aus·wal·zen (*hat*) [Vt] (及物) 1. **etw. a.** etw. durch Walzen od. Pressen flach machen (u. so in der Fläche vergrößern) 辗,轧,擀〈Blech, den Teig a. 轧钢板,擀面团〉 2. **etw. a.** *gespr pej* [口][贬]; etw. lang u. breit od. sehr ausführlich erzählen od. diskutieren (东拉西扯地)叙述,讨论,唠叨〈e-e Geschichte, ein Thema a. 东拉西扯地讲述一个故事,题目〉

Aus·wan·de·rer *der*; j-d, der sein Heimatland verlässt od. verlassen hat, um in e-m anderen Land zu leben 移居国外的人,移民 ≈ Emigrant ↔ Einwanderer

aus·wan·dern (*ist*) [Vi] (不及物) sein Heimatland verlassen, um in e-m anderen Land zu leben 移居国外 ≈ emigrieren ↔ einwandern ‖ *hierzu* (派生) **Aus·wan·de·rung** *die*; *mst Sg* (多用单数)

aus·wär·ti·g- *Adj* (形); *nur attr, nicht adv* (只作定语,不作状语) 1. aus e-m anderen Ort 外来的,外地的〈ein Teilnehmer, e-e Mannschaft, Kunden 参加者,体育队,顾客〉 2. außerhalb des eigenen Wohnorts 居住区以外的,外区的〈e-e auswärtige Schule besuchen 去外区学校上学〉 3. die Beziehungen zum Ausland betreffend 对外的,对外关系的 4. **das Auswärtige Amt** Ⓐ Ⓓ [奥][德] das Außenministerium 外交部 ‖ *zu* (义项) 1. **Aus·wär·ti·ge** *der/die*; *-n, -n*

aus·wärts *Adv* (副) 1. nicht in dem Ort, in dem man wohnt 在外地,在外面〈a. arbeiten 在外地工作〉 2. **von a.** von e-m anderen Ort 从外地来: *Er kommt von a.* 他从外地来 3. SPORT【体】; am Ort des Gegners 在对方场地,在客场 ↔ zu Hause: *Nächste Woche spielt Bayern München a. gegen Hamburg* 下周拜仁慕尼黑队在客场迎战汉堡队 ‖ K-(复合): **Auswärts-**, **-spiel**

aus·wa·schen (*hat*) [Vt] (及物) 1. **etw. a.** etw. durch Waschen sauber machen 把…洗干净〈e-n Pullover a. 洗干净圆领毛衣〉 2. **etw. a.** Schmutz *o. Ä.* von etw. entfernen 洗去,洗掉(尘垢)〈e-n Fleck a. 洗掉污斑〉 3. **etw. wäscht etw. aus** Wasser macht durch seine ständige Einwirkung Gestein hohl u. brüchig (物作主语) 冲蚀,冲刷: *ein von der Brandung ausgewaschener Felsen* 一块被浪涛冲蚀的岩石

aus·wech·seln (*hat*) [Vt] (及物) 1. **etw. a.** ein *mst* kaputtes od. abgenutztes Teil durch ein neues ersetzen 更换,替换 ≈ austauschen〈e-e Glühbirne, Kugelschreibermine a. 换灯泡、圆珠笔芯〉; [Vt/i] (及物/不及物) 2. (**j-n**) **a.** SPORT【体】; e-n Spieler durch e-n anderen ersetzen 更换(运动员) ≈ austauschen: *Der Mittelstürmer musste wegen e-r Verletzung ausgewechselt werden* 中锋因受伤必须撤换 ‖ K-(复合): **Auswechsel-**, **-spieler** ‖ *hierzu* (派生) **Aus·wechs·lung** *die*; *zu* (义项) 1. **aus·wech·sel·bar** *Adj* (形); *nicht adv* (不作状语)

Aus·weg *der*; e-e Möglichkeit, aus e-r schwierigen, oft hoffnungslosen Situation herauszukommen 出路,解救办法〈nach e-m A. suchen 寻求出路; keinen A. mehr wissen 不知如何是好,走投无路〉

aus·weg·los *Adj* (形); *nicht adv* (不作状语); so, dass man es nicht ändern/bessern kann 无出路的,毫无希望的 ≈ hoffnungslos: *Die Lage ist fast a.* 处境几乎是走投无路 ‖ *hierzu* (派生) **Aus·weg·lo·sig·keit** *die*; *nur Sg* (只用单数)

aus·wei·chen; *wich aus, ist ausgewichen*; [Vi] (不及物) 1. (**j-m/etw.**) **a.** um j-n/etw. herumgehen, -fahren od. zur Seite treten, um nicht getroffen zu werden od. um e-n Zusammenstoß zu vermeiden 绕道,让路,闪身躲开,躲让〈e-m Hieb, e-m Hindernis, e-m Schlag a. 闪开一击,绕开障碍,躲开打击〉: *Durch e-n Sprung auf die Seite konnte er dem Auto gerade noch a.* 他往旁边一跳刚好躲过汽车 2. (**j-m/etw.**) **a.** versuchen, den Kontakt mit j-m, e-e unangenehme Situation od. die Beantwortung e-r Frage zu vermeiden 回避,逃避,支吾搪塞,躲躲闪闪〈j-s Fragen, e-r Entscheidung, e-m Gespräch a. 避开某人的提问,回避决定,躲避谈话〉: *Seit unserem letzten Streit weicht er mir ständig aus* 自从上次争吵以来他总躲着我 3. **auf etw.** (*Akk* 四格) **a.** (durch e-n äußeren Zwang) etw. als Ersatz nehmen (被迫)另选,另择,另找: *auf e-n anderen Termin, neue Energiequellen, andere Verkehrsmittel a.* (被迫)另选日期,另择新能源,另找交通工具 ‖ K-(复合): **Ausweich-**, **-möglichkeit**

aus·wei·chend 1. *Partizip Präsens* (现在分词); ↑ **ausweichen** 2. *Adj* (形); absichtlich ungenau 支支吾吾的,含糊其辞的〈e-e Antwort 回答〉

Aus·weich|ma·nö·ver *das*; e-e Reaktion, durch die man (*bes* als Autofahrer) e-m

Hindernis ausweicht (1), um e-n Zusammenstoß zu vermeiden 驾车躲闪的技巧

aus·wei·den (*hat*) Vt (及物) ***ein Tier a.*** aus dem Leib e-s toten Tieres die Eingeweide herausnehmen 取出一只动物的内脏: *ein Reh a.* 取出鹿的内脏 ‖ *hierzu* (派生) **Aus·wei·dung** *die*; *nur Sg* (只用单数)

aus·wei·nen, sich (*hat*) Vr (反身) ***sich (bei j-m) a.*** j-m von dem eigenen Kummer u. den Sorgen erzählen (向…)哭诉(自己的苦闷和烦恼)

Aus·weis *der*; *-es*, *-e*; ein Dokument, das von e-r Institution ausgestellt ist u. das angibt, wer der Inhaber ist, wo er Mitglied ist od. wozu er berechtigt ist 证件,证明〈ein (un)gültiger A. 无/有效的证件; e-n A. beantragen, ausstellen, vorzeigen 申请、签发、出示证明; den A. verlangen, die Ausweise kontrollieren 要求、检查证件〉‖ K-(复合): ***Ausweis-, -kontrolle*** ‖ -K (复合): ***Behinderten-, Bibliotheks-, Polizei-, Schüler-, Schwerbeschädigten-, Studenten-, Teilnehmer-*** ‖ NB (注意): ↑ ***Personalausweis***

aus·wei·sen (*hat*) Vt (及物) **1.** ***j-n (aus e-m Land) a.*** (als Behörde) j-n, der unerwünscht ist, offiziell auffordern, das Land sofort zu verlassen 驱逐…出境〈Diplomaten, Reporter, Ausländer a. 驱逐外交人员、记者、外国人出境〉 **2.** ***etw. a.*** WIRTSCH【经】; etw. durch e-e Rechnung, Liste od. Statistik deutlich machen od. belegen 表明,证明,显示出〈Gewinne, Verluste, Ausgaben a. 显示出盈利、亏损、支出情况〉 **3.** ***etw. weist j-n als etw. aus*** etw. zeigt, dass j-d etw. ist od. e-e bestimmte Funktion hat (物作主语)表明、显示…是: *Dieser Film weist ihn als begabten Regisseur aus* 这部电影表明他是一位有才华的导演 **4.** ***etw. (als etw.) a.*** ADM【管理】; durch e-e Planung e-n bestimmten Zweck od. e-e Nutzung festlegen 把…划定、规定、标定: *Dieses Grundstück ist als Baugebiet ausgewiesen* 这块土地被规定为建筑用地; Vr (反身) **5.** ***sich (als etw.) a.*** mit seinem Pass/Ausweis beweisen, wer man ist, seine Identität nachweisen (用证件)证明自己是〈sich als Journalist, Reporter a. 证明自己是记者、通讯员〉‖ *zu* (义项) **1., 2.** u. **4. Aus·wei·sung** *die*

Aus·weis|pa·pie·re *die*; *Pl* (复), ADM *geschr*【管理】[书]; die amtlichen Dokumente (*z. B.* Pass, Personalausweis od. Führerschein), mit denen j-d seine Identität nachweisen kann 证件,身份证,权益证书

aus·wei·ten (*hat*) Vt (及物) **1.** ***etw. a.*** ≈ ausdehnen (1,2); Vr (反身) **2.** ***etw. weitet sich aus*** ≈ etw. breitet sich aus ‖ *hierzu* (派生) **Aus·wei·tung** *die*

aus·wen·dig *Adv* (副) **1.** ohne e-n Text als Vorlage zu haben, aus/nach dem Gedächtnis 凭记忆,熟记,背〈ein Gedicht, Lied a. vortragen 背诵诗歌,背唱歌曲; die Regeln a. wissen 熟知规则〉: *Ich kann das Referat schon a.* 这个报告我都能背下来 **2.** ***j-n/etw. in- u. auswendig kennen*** *gespr* [口]; j-n/etw. sehr gut, ganz genau kennen 深知…的表里(底细) ‖ NB (注意): ↑ ***lernen*** (4)

aus·wer·fen (*hat*) Vt (及物) **1.** ***etw. wirft etw. (Pl) aus*** etw. produziert e-e bestimmte Menge von etw. (物作主语)生产 **2.** ***etw. a.*** etw. ins Wasser werfen, um Fische zu fangen 投,甩,撒 ↔ einholen〈*mst* die Angel, die Netze a. 多为甩钓钩,撒鱼网〉 **3.** ***den Anker a.*** den Anker ins Wasser lassen 抛锚 ↔ den Anker einholen

aus·wer·ten (*hat*) Vt (及物) ***etw. a.*** den Inhalt von etw. prüfen u. analysieren, um daraus Schlüsse ziehen zu können 评审…的价值,评价〈Dokumente, Berichte, Statistiken kritisch, wissenschaftlich a. 批判地,科学地评审文件、报告、统计报表〉‖ *hierzu* (派生) **Aus·wer·tung** *die*; **aus·wert·bar** *Adj* (形); *nicht adv* (不作状语)

aus·wet·zen (*hat*) Vt (及物) *mst in* 多用于 ***e-e Scharte a.*** *gespr* [口]; etw., was man falsch gemacht hat, wieder in Ordnung bringen 磨平缺口,弥补缺憾,改正错误,弥补损失

aus·wi·ckeln (*hat*) Vt (及物) ***etw. a.*** etw. aus e-r Hülle aus Papier od. Stoff herausnehmen 解开,展开,打开,剥开〈ein Bonbon, ein Geschenk a.〉打开糖块、礼物(包装纸)

aus·wie·gen (*hat*) Vt (及物) **1.** ***etw. a.*** das Gewicht e-r Sache ganz genau bestimmen 称出…的重量 ≈ wiegen **2.** ***etw. a.*** aus e-r Menge von etw. so viel zusammenstellen, bis ein bestimmtes Gewicht erreicht ist 称出: *ein Kilo Äpfel a.* 称出一公斤苹果

aus·win·den (*hat*) Vt (及物) ***etw. a.*** *bes südd* Ⓐ Ⓒⓗ 尤用于[南德][奥][瑞] ≈ auswringen

aus·wir·ken, sich (*hat*) Vr (反身) ***etw. wirkt sich (irgendwie) (auf j-n/etw.) aus*** etw. hat e-e bestimmte Wirkung, e-n Effekt auf j-n/etw. (物作主语)(对…)产生…效果,发生…作用(影响): *Das kalte Wetter wird sich negativ auf die Ernte a.* 寒冷的天气将对收成产生负面效应

Aus·wir·kung *die*; ***e-e A. (auf j-n/etw.)*** ≈ Wirkung, Effekt: *Die Auswirkungen des Krieges auf die Bevölkerung waren verheerend* 战争对百姓的后果是可怕的(毁灭性的)

aus·wi·schen (*hat*) Vt (及物) **1.** ***etw. a.*** etw. durch Wischen (innen) sauber machen 把…擦净,揩净〈ein Glas, e-n Schrank, die Küche a. 将玻璃杯、柜子、厨房擦干净; sich die Augen a. 将眼泪擦干〉 **2.** ***j-m eins a.*** *gespr* [口]; (aus Rache od. als Strafe) etw. tun, das j-n ärgert od. ihm schadet 整、搞、捉弄…一下: *Ihr werde ich schon noch eins a.* 我会回敬她一下的

aus·wrin·gen (*hat*) Vt (及物) ***etw. a.*** etw. (*z. B.* ein nasses Tuch od. nasse Wäsche) so stark drehen u. pressen, dass das Wasser heraustropft 绞干,拧干,挤干: *e-n nassen Lappen a.* 拧干湿抹布

Aus·wuchs [-ks] *der*; *-es*, *Aus·wüch·se* **1.** e-e Körperstelle, an der Haut od. Gewebe (als Zeichen e-r Krankheit) übermäßig stark wächst 瘤,赘生物 ≈ Wucherung **2.** *mst*

Pl(多用复数)；Entwicklungen, die als übertrieben u. deshalb schädlich gelten 弊病，弊端

aus·wuch·ten (*hat*) [Vt] (及物) ***etw. a.*** ein Rad so bearbeiten, dass es sich ganz sauber u. gerade um seine Achse dreht 使平衡，使均衡，校准〈ein Rad a. 校准车轮〉‖ *hierzu*(派生) **Aus·wuch·tung** *die*

Aus·wurf *der*; *mst Sg*(多用单数) **1.** MED【医】; ausgespuckter Schleim 痰，唾沫 **2.** *geschr pej* [书][贬]; e-e Person od. Sache, die minderwertig od. ekelhaft ist 渣滓，废物，令人作呕的事或人

aus·wür·feln (*hat*) [Vt] (及物) ***etw. a.*** durch Würfeln entscheiden, wer e-n Preis bekommt od. etw. tun muss od. tun darf 掷色子确定(输赢或谁该干什么)

aus·zah·len (*hat*) [Vt] (及物) **1. (*j-m*) *etw. a.*** e-n Geldbetrag an j-n zahlen 支付，付给，付出〈den Lohn, den Gewinn, das Erbe, Prämien a. 支付工资、利润、遗产、奖金〉 **2. *j-n a.*** j-m die Geldsumme zahlen, auf die er Anspruch hat 付清，付给…应得金额〈e-n Miterben, e-n Teilhaber a. 付给共同继承人、股东应得的金额〉; [Vr] (反身) **3. *etw. zahlt sich aus*** etw. ist nützlich, etw. lohnt sich od. bringt Gewinn ein(物作主语)是值得或会得到回报的〈der Aufwand, die Bemühungen, die Investitionen 开支、努力、投资〉‖ *zu* (义项) **1.** u. **2. Aus·zah·lung** *die*

aus·zäh·len (*hat*) [Vt] (及物) **1. *etw.*** (*Pl* 复) ***a.*** die Anzahl der Dinge e-r Menge (durch Zählen) genau bestimmen 点清…的数目，数清: *nach der Wahl die abgegebenen Stimmen a.* 选举结束后，清点选票 **2. *j-n a.*** SPORT【体】; (als Schiedsrichter beim Boxen) durch Zählen von 1 bis 10 bestimmen, dass ein kampfunfähiger Boxer verloren hat(拳击运动中以数到10为止)判…(被击倒的拳击手)为失败 ‖ *hierzu* (派生) **Aus·zäh·lung** *die*

aus·zan·ken (*hat*) [Vt] (及物) ***j-n a.*** ≈ schimpfen

aus·zeh·ren (*hat*) [Vt] (及物) ***etw. zehrt j-n/ etw. aus*** etw. nimmt j-m/dem Körper die ganze Kraft u. Energie weg, sodass er sehr mager wird(物作主语)使虚弱，使疲惫不堪，使瘦弱: *Die Krankheit zehrt ihn aus* 疾病使他虚弱; *ein ausgezehrtes Gesicht* 憔悴的面容 ‖ NB(注意): oft im Zustandspassiv(常用于状态被动句)! ‖ *hierzu*(派生) **Aus·zeh·rung** *die*; *nur Sg*(只用单数)

aus·zeich·nen (*hat*) [Vt] (及物) **1. *etw. a.*** Waren mit der Angabe des Preises versehen 标明…的价格，对…标价: *die im Schaufenster ausgestellten Kleider a.* 将橱窗内展出的服装标明价格 **2. *j-n/etw.* (*mit etw.*) *a.*** j-n/etw. (mit e-m Preis *o.Ä.*) als besonders gut anerkennen(以…)表彰，奖励，称赞: *e-n Film mit der Goldenen Palme von Cannes a.* 以戛纳金棕榈奖嘉奖一部影片 **3. *etw. zeichnet j-n/ etw. aus*** etw. ist (im positiven Sinn) typisch od. charakteristisch für j-n/etw.(物作主语)是…的典型特征、特点: *Ehrlichkeit zeichnet sie aus* 她诚实闻名; *Hohe Leitfähigkeit zeichnet dieses Metall aus* 这种金属的特点是导电性能强 ‖ NB (注意): kein Passiv! (不用被动句!); [Vr] (反身) **4. *sich durch etw. a.*** aufgrund von besonderen Eigenschaften od. Fähigkeiten besser sein als andere(以…而)出色，出众，突出，超群 ≈ herausragen: *sich durch Schnelligkeit vor/ gegenüber den anderen a.* 以速度快而著称(压倒群雄); *Er zeichnet sich* dadurch *aus*, dass *er mehrere Sprachen spricht* 他以能讲数种语言而出名

Aus·zeich·nung *die* **1.** *nur Sg* (只用单数); das Auszeichnen (1,2) **2.** ein Preis od. Orden, mit dem man j-n für seine Verdienste auszeichnet (2)(表彰、嘉奖的)奖金，奖章〈j-m e-e A. verleihen 给某人授奖〉 **3.** e-e besondere Ehrung 荣誉，称号，殊荣: *Die Wahl zum Vorsitzenden war für ihn e-e besondere A.* 当选为主席对于他是一种特殊的荣誉 **4. *mit A.*** verwendet, um auszudrücken, dass e-e Prüfung mit der absolut besten Note abgeschlossen wurde 以优异成绩〈sein Examen mit A. bestehen 以优异成绩通过考试〉

aus·zie·hen [Vt] (及物) (*hat*) **1. *etw. a.*** e-n Gegenstand dadurch länger, breiter od. größer machen, dass man ineinandergeschobene Teile ausklappt *o.Ä.* 拉长，拉开〈e-e Antenne, den Tisch, die Couch a. 拉出天线、桌子、长沙发〉‖ K-(复合): ***Auszieh-, -tisch*** **2. (*j-m/sich*) *etw. a.*** sich od. j-m ein Kleidungsstück vom Körper nehmen 给…脱下，脱去 ↔ anziehen〈die Hose, die Socken, die Jacke *usw* a. 脱裤子、短袜、外套等〉: *Zieh dir die Schuhe aus!* 你把鞋脱了! **3. *j-n/ sich a.*** j-m/ sich (alle) Kleidungsstücke vom Körper nehmen 给…脱衣 ↔ anziehen〈sich nackt a. 脱光衣服〉 **4. *j-m/sich etw. a.*** j-m/ sich etw. aus dem Körper ziehen 给…拔出，拔掉〈j-m/sich e-n Dorn, e-n Zahn a. 给某人/自己拔刺、拔牙齿〉; [Vi] (不及物) (*ist*) **5. (*aus etw.*) *a.*** (mit allen Möbeln *usw*) e-e Wohnung für immer verlassen 搬出，迁出 ≈ wegziehen ↔ einziehen: *Familie Schmidt ist gestern ausgezogen* 施密特一家昨天搬走了; *Ich will aus diesem Haus a.* 我想从这栋楼搬出去 **6. *j-d*** (*Kollekt od Pl* 集合或复数) ***zieht aus etw. aus*** Personen verlassen e-n Ort in e-r Gruppe gemeinsam (人作主语)(集体)离开，撤离 ↔ j-d (*Kollekt od Pl* 集合或复数) zieht in etw. (*Akk* 四格) ein: *Die Truppen zogen aus der Kaserne zum Manöver aus* 部队离开营房外出军事训练; *Die Gruppe zog feierlich aus dem Saal aus* 这个小组庄严地离开大厅 **7.** mit e-m bestimmten Ziel od. e-r besonderen Absicht fortgehen(抱着一定的目的)离去，出走 ≈ losziehen: *a., um die Welt kennen zu lernen* 为了了解大千世界而出走 ‖ *zu* (义项) **1. aus·zieh·bar** *Adj*(形); *nicht adv*(不作状语) ‖ ▶ ***Auszug***

Aus·zu·bil·den·de *der/die*; *-n, -n*; ADM【管理】; ein Jugendlicher/e-e Jugendliche, der/ die in e-m Betrieb od. e-r Behörde e-n Beruf erlernt 接受培训者，培训学员 ≈ Azubi, Lehrling ‖ NB(注意): *ein Auszubildender; der Auszubildende; den, dem, des Auszubildenden*

Aus·zug *der* **1**. *nur Sg*(只用单数); das Ausziehen (5) aus e-r Wohnung 搬家，迁出(住房) ↔ Einzug: *j-m beim A. helfen* 帮助某人搬家(迁居) **2**. *nur Sg*(只用单数); das Ausziehen (6) aus e-m Raum od. Gebiet 离开，撤离 ↔ Einzug: *der A. des Olympiateams aus dem Stadion* 奥林匹克队离开体育场 **3**. e-e Substanz od. Essenz, die aus Pflanzen gewonnen wurde (植物的)提取物，萃取物，精华 ≈ Extrakt **4**. ein ausgewählter Teil von etw. Schriftlichem od. Vorgetragenem 选录，摘录，节录〈ein A. aus e-r Predigt, e-r Rede, e-r Ansprache, e-r Schrift 布道、演讲、讲话、文章的节选〉: *e-n A. aus dem Gesamtwerk veröffentlichen* 发表全集的摘要部分; *ein Gedicht nur in Auszügen kennen* 仅仅了解一诗篇的摘选部份 **5**. e-e schriftliche Mitteilung über e-n bestimmten Teil von Daten 单据，结单，凭单: *in der Sparkasse nach Auszügen fragen* 在储蓄所询问账户存取结单 ‖ -K(复合): ***Bank-, Grundbuch-, Konto-***

aus·zugs|wei·se *Adv*(副); in Form von Auszügen (4) 以节选的方式，摘选 ≈ teilweise: *e-e Ansprache a. abdrucken* 以节选方式付印讲话稿

aus·zup·fen (*hat*) *Vt*(及物) ***etw. a.*** ≈ ausreißen (1)

au·tark *Adj*(形); fähig, von der eigenen Produktion zu leben 自给自足的 ≈ unabhängig〈wirtschaftlich, kulturell a. 经济上自给自足的，文化上闭关自守的〉‖ *hierzu*(派生) **Au·tar·kie** *die*; -, *-n*; *mst Sg*(多用单数)

au·then·tisch *Adj*(形); (garantiert) in der richtigen, ursprünglichen Form, nicht verändert 真的，真实的，可信的 ≈ echt〈ein Kunstwerk, ein Bericht, ein Text 艺术品，报告，文本〉‖ *hierzu*(派生) **Au·then·ti·zi·tät** *die*; *nur Sg*(只用复数)

Au·to *das*; *-s*, *-s*; ein *mst* geschlossenes Fahrzeug, das gewöhnlich vier Räder hat, von e-m Motor angetrieben wird u. *bes* zur Beförderung von Personen dient 汽车〈ein gebrauchtes A. 旧车; ein A. parken, voll ausfahren, abschleppen 停放汽车，全速开车，拖走汽车; (mit dem) A. fahren 开汽车〉: *Bist du zu Fuß od. mit dem A. da?* 你是步行来的还是开车来的? ‖ K-(复合): ***Auto-, -abgase, -aufkleber, -bau, -diebstahl, -fabrik, -fahrer, -fahrt, -geschäft, -händler, -industrie, -karosserie, -kolonne, -lackierer, -marke, -mechaniker, -museum, -panne, -radio, -reifen, -rennen, -schlosser, -schlüssel, -sport, -telefon, -unfall, -verkehr, -werkstatt, -wrack, -zubehör*** ‖ -K(复合): ***Last-, Miet-, Personen-, Polizei-*** ‖ *hierzu*(派生) **Au·to·fah·ren** *das*; *-s*; *nur Sg*(只用单数)

au·to-, Au·to- *im Adj u. Subst, unbetont, wenig produktiv*(构成形容词和名词，非重读，构词弱) **1**. drückt aus, dass etw. ohne fremde Hilfe geschieht 自行的，自我的; der ***Autodidakt***, ***autodidaktisch***, die ***Autohypnose***, die ***Autosuggestion*** **2**. so, dass etw. automatisch funktioniert 自动调整的; der ***Autofokus***〈e-r Kamera 照相机的〉, der ***Autopilot***〈e-s Flugzeugs 飞机的〉, das ***Autozoom***〈e-r Kamera 照相机的〉

Au·to·at·las *der*; ein Buch mit vielen Landkarten, die Straßen u. Autobahnen zeigen u. andere wichtige Informationen für Autofahrer bieten 汽车交通图

Au·to·bahn *die*; e-e sehr breite Straße, die aus zwei getrennten Fahrbahnen besteht, keine Kreuzung hat u. die nur von Fahrzeugen benutzt werden darf, die mindestens 60 km/h fahren können 高速公路〈auf der A. fahren 在高速公路上行驶〉‖ K-(复合): ***Autobahn-, -anschlussstelle, -auffahrt, -ausfahrt, -gebühr, -kreuz, -polizei, -raststätte***

Die Autobahn 高速公路

Die deutschsprachigen Länder verfügen über ein gut ausgebautes Autobahnnetz. In Deutschland ist die Benutzung der Autobahn für Pkw-Fahrer kostenlos. Es gibt keine generelle Geschwindigkeitsbeschränkung.
In der Schweiz und in Österreich wird eine **Autobahngebühr** (in Österreich auch **Maut** genannt) verlangt. Die Autofahrer, die auf eine österreichische oder Schweizer Autobahn fahren, müssen einen Pauschalbetrag für einen bestimmten Zeitraum bezahlen und bekommen dafür eine **Vignette**, einen Aufkleber, den sie sichtbar am Auto anbringen müssen.

德语国家拥有四通八达的高速公路网。

在德国轿车司机使用高速公路是免费的，也没有限速规定。

在瑞士和奥地利要交纳**高速公路费**(在奥地利也称**养路费**)。在瑞士或奥地利高速公路上行驶的司机必须支付一笔适用于某一时间范围内的费用并因此而获得一朵**小花饰**，即一枚标识贴纸，司机必须将它贴在汽车上明显的地方。

Au·to·bahn|drei·eck *das*; e-e Stelle, an der zwei Autobahnen in der Form e-s „Y" zusammentreffen (d. h. e-e Autobahn hört dort auf bzw. fängt dort an) u. man von einer Autobahn zur anderen wechseln kann 高速公路三叉口

Au·to·bahn|kreuz *das*; e-e Stelle, an der zwei Autobahnen über- u. untereinander hinwegführen u. an der man von einer Autobahn zur anderen wechseln kann, ohne über e-e Kreuzung zu fahren 高速公路立(体)交(叉)中心

Au·to·bio·gra·fie *die*; e-e *mst* literarische Beschreibung des eigenen Lebens 自传 ‖ *hierzu*(派生) **au·to·bio·gra·fisch** *Adj*(形)

Au·to·bom·be *die*; e-e Bombe, die in e-m Auto versteckt ist, damit sie dort explodiert 藏在汽车里的炸弹

Au·to·bus *der* ≈ Bus ‖ K-(复合): ***Autobus-, -haltestelle***

Au·to·car [-kaːɐ̯] *der*; *-s*, *-s*; Ⓒⓗ [瑞] ≈ (Auto)Bus

Das Auto – der Deutschen liebstes Kind? 汽车——德国人最宠爱的孩子?

Die Deutschen sind ein Volk von Autofahrern – so ist oft zu lesen. Deutschland gehört zu den Ländern mit der höchsten Dichte an Autos: etwa 500 Autos pro 1000 Einwohner. Laut Statistik legt der Deutsche drei Viertel aller zurückgelegten Kilometer im Auto zurück; dies vor allem in den Städten, aber auch auf den **Autobahnen** mit einer Gesamtlänge von mehr als 11 500 Kilometern und – einzigartig in Europa – ohne verbindliche Geschwindigkeitsbegrenzung.

Darüber hinaus ist das Auto ein Symbol für den **Wohlstand** geworden. Man liest und hört oft:

Wenn es der Autoindustrie gut geht, geht es dem Land gut. Gleichzeitig ist das Auto aber in Sachen **Umweltverschmutzung** die Nummer 1.

Das Auto ist für viele mehr als nur Fortbewegungsmittel, es ist auch ein persönliches Statussymbol. Mit bestimmten Automarken wird die Vorstellung verbunden, dass man „es geschafft hat", dass man z. B. Single mit gutem Einkommen oder dass man sportlich ist. Von anderen Automarken heißt es, sie würden hauptsächlich von Lehrern bzw. Beamten gefahren, wieder andere werden mit Rücksichtslosigkeit im Straßenverkehr assoziiert.

Besonders an Samstagvormittagen kommt es zu dem Phänomen des massenhaften, rituellen Autowaschens, bei dem sich vor allem Männer an ihrem „liebsten Kind", dem Auto, zu schaffen machen, damit „es" auch weiterhin gut aussieht.

德国人是一个由汽车驾驶员组成的民族——这常见诸报端。德国是汽车密度最高的国家之一:每 1000 个居民拥有 500 辆车。据统计,德国人四分三的路程是坐汽车;尤其是在城里,也包括在全长 11500 多公里的**高速公路**上行驶——在欧洲是独一无二的——没有限速规定。

此外,汽车已成为**福利**的象征,人们常常读到、听到这样话:

如果汽车工业发达,国家就兴旺。同时,汽车在**环境污染**方面却首屈一指。

汽车对许多人来说远不只是走动的工具,它也是一个人地位的象征。"我也办到了",我,单身汉收入不菲或我很精神,这种想法与某些汽车品牌是连在一起的。另一些品牌主要是教师或公务员使用,还有一些品牌使人联想到在公路交通中的肆无忌惮的现象。

特别是在周六上午常常出现大批的,约定俗成的洗车现象,主要是男人鼓捣他们"最宠爱的孩子"——汽车,好让它保持靓丽美观。

Auto

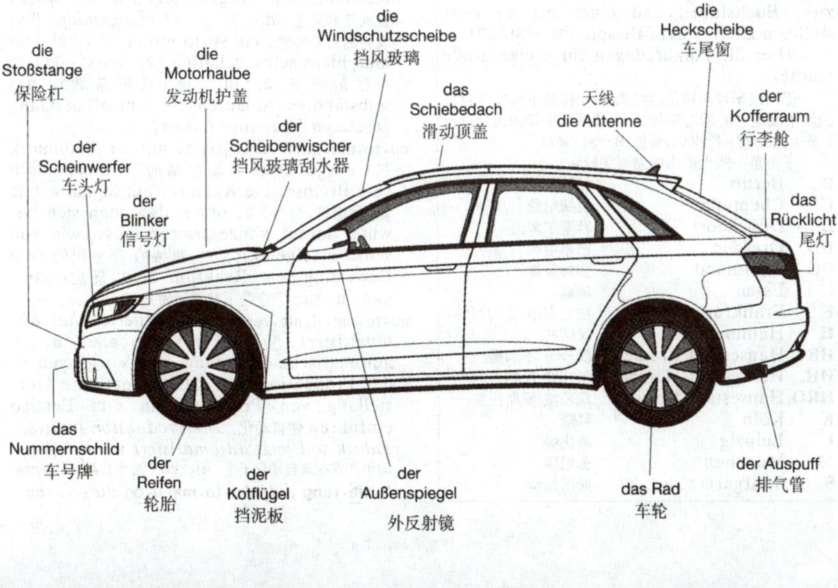

Au·to·di·dakt *der*; *-en*, *-en*; *geschr*［书］; j-d, der durch selbständiges Studium Wissen od. Fertigkeiten erwirbt, ohne von e-m Lehrer unterrichtet zu werden 自学(成才)者 ‖ NB(注意): *der Autodidakt*; *den*, *dem*, *des Autodidakten* ‖ *hierzu*(派生) **Au·to·di·dak·tin** *die*; *-*, *-nen*; **au·to·di·dak·tisch** *Adj*(形)

Au·to·fäh·re *die*; e-e große Fähre, die Autos u. Personen transportiert 汽车轮渡

au·to·frei *Adj*(形); *nicht adv*(不作状语); für den Autoverkehr verboten 禁止汽车通行的 〈ein Sonntag, e-e Zone 周日,区域〉

Au·to|fried·hof *der*; ein Platz, an dem die Wracks alter Autos gesammelt (u. verschrottet) werden 汽车公墓,废车场

au·to·gen *Adj*(形); *mst in* 多用于 ***autogenes Training*** Übungen (auf psychotherapeutischer Basis), mit deren Hilfe man sich völlig entspannt 自我放松运动

Au·to·gramm *das*; *-s*, *-e*; die eigenhändige Unterschrift *mst* e-r bekannten Persönlichkeit 名人亲笔签名: *e-n Fußballstar um ein A. bitten* 请求足球明星签名

Au·to·gramm|jä·ger *der*; j-d, der sich bemüht, möglichst viele Autogramme zu sammeln 收集名人亲笔签名的追逐者 ‖ *hierzu*(派生) **Au·to·gramm|jä·ge·rin** *die*

Au·to·haus *das*; ein großes Geschäft, in dem Autos (*mst* e-r bestimmten Marke) verkauft werden 汽车专卖行

Die Autokennzeichen 汽车牌照

Die Nummernschilder der Autos in Deutschland sind weiß mit schwarzer Schrift. Die Aufschrift besteht aus einer Abkürzung für die Stadt oder Gemeinde, in der das Auto zugelassen ist, und einer Kombination aus ein oder zwei Buchstaben und einer bis zu vierstelligen Ziffer, zum Beispiel: **B — SL 4673.**

Hier die Abkürzungen für einige große Städte:

德国汽车号码牌是白底黑字,字样是由颁发准行证的城市或地区的缩写字母、一个或两个字母的组合以及1至4位的数字所组成,譬如:**B－SL 4673**

下面是一些大城市的缩写字母:

B	Berlin	柏林
C	Chemnitz	克姆尼茨
D	Düsseldorf	杜塞尔多夫
DD	Dresden	德累斯顿
DO	Dortmund	多特蒙德
E	Essen	埃森
F	Frankfurt am Main	法兰克福(美因河畔)
H	Hannover	汉诺威
HB	Hansestadt Bremen	汉莎城 不来梅
HH	Hansestadt Hamburg	汉莎城 汉堡
HRO	Hansestadt Rostock	汉莎城 罗斯托克
K	Köln	科隆
L	Leipzig	莱比锡
M	München	慕尼黑
S	Stuttgart	斯图加特

Au·to·kar·te *die*; e-e Landkarte für Autofahrer 公路交通地图

Au·to|kenn·zei·chen *das*; die Buchstaben u. Ziffern auf dem Nummernschild e-s Autos 汽车牌照 ≈ amtliches Kennzeichen

Au·to·ki·no *das*; ein Kino, bei dem die Filme im Freien gezeigt werden u. man im Auto sitzt, während man sie ansieht(可以坐在)汽车(里观看的露天)电影场

Au·to·kna·cker *der*; *-s*, *-*; *gespr*［口］; j-d, der Autos aufbricht, um sie dann auszurauben 撬窃汽车者,偷车者

Au·to·krat *der*; *-en*, *-en*; *geschr*［书］ **1.** ein Herrscher, der völlig unabhängig u. durch nichts eingeschränkt seine Macht ausübt 独裁者,专制君主 **2.** j-d, der Entscheidungen nur nach seinem eigenen Willen trifft 独断独行的人 ‖ NB(注意): *der Autokrat*; *den*, *dem*, *des Autokraten* ‖ *hierzu*(派生) **Au·to·kra·tin** *die*; *-*, *-nen*; **au·to·kra·tisch** *Adj*(形); *zu*(义项) **1. Au·to·kra·tie** *die*; *-*; *nur Sg*(只用单数)

Au·to·mar·der *der*; *gespr*［口］; j-d, der Gegenstände aus Autos stiehlt 偷汽车内物品的窃贼

Au·to·mat *der*; *-en*, *-en* **1.** ein Apparat, in den man *mst* Geld einwirft, um Dinge wie Zigaretten, Briefmarken od. Fahrkarten zu bekommen 自动售货机: *Zigaretten*, *Briefmarken aus dem Automaten holen* 从自动售货机中取出香烟,邮票 ‖ -K(复合): ***Fahrkarten-***, ***Getränke-***, ***Kaffee-***, ***Münz-***, ***Zigaretten*** **2.** e-e Maschine, die ohne menschliche Hilfe nach e-m Programm Arbeiten ausführt 自动机床,自动装置 ‖ NB(注意): *der Automat*; *den*, *dem*, *des Automaten*

Au·to·ma·tik *die*; *-*, *-en* **1.** *mst Sg*(多用单数), TECH【技】; e-e Vorrichtung, die e-n mechanischen Vorgang regelt u. überwacht 自动控制装置: *die A. e-r Heizungsanlage* 供暖设备的自控装置; *ein Auto mit A.* (= bei dem man nicht selbst schalten (2) muss) 一辆自动换挡的汽车 **2.** *nur Sg*(只用单数); das selbständige Ablaufen e-s einmal in Gang gesetzten Vorgangs 自动运行

au·to·ma·tisch *Adj*(形); **1.** mit e-r Automatik (1) ausgestattet 自动控制的 ↔ mechanisch 〈e-e Bremse, e-e Kamera, ein Signal 刹车装置,照相机,信号〉 **2.** ohne, dass man sich bewusst darauf konzentrieren muss, wie von selbst erfolgend 自动的,机械的,下意识的 〈e-e Bewegung, e-e Reaktion 动作,反应; etw. ganz a. tun 完全是下意识地做某事〉

au·to·ma·ti·sie·ren; *automatisierte*, *hat automatisiert*; Vt/i (及物/不及物)(***etw.***) ***a.*** die automatische Steuerung von Vorgängen in der Produktion od. die automatische Herstellung von Produkten in e-m Betrieb einführen 使自动化: *Die Produktion in dieser Fabrik soll jetzt automatisiert werden* 这个厂的生产现在该自动化了 ‖ *hierzu*(派生) **Au·to·ma·ti·sie·rung** *die*; **Au·to·ma·ti·on** *die*; *-*, *-en*

Au·to·ma·tis·mus *der*; -, *Au·to·ma·tis·men*; **1.** TECH【技】; das selbsttätige Ablaufen e-s mechanischen Vorgangs 自动控制装置(系统): *der A. e-r Ampelanlage* 交通灯的自控装置 **2.** PSYCH, MED【心】【医】, *geschr*[书]; ein *mst* körperlicher od. psychischer Vorgang od. Prozess (*z. B.* ein Reflex), der nicht vom Bewusstsein beeinflusst wird 自动症

Au·to·mi·nu·te *die*; *mst Pl*(多用复数); die Strecke, die ein Auto durchschnittlich in einer Minute fährt 平均每分钟汽车行程: *Das Stadtzentrum ist nur zehn Autominuten von hier entfernt* 市中心离这里开车只用 10 分钟

Au·to·mo·bil *das*; *-s*, *-e*; *geschr veraltend*[书][渐旧] ≈ Personenwagen, Auto ‖ K-(复合): ***Automobil-*, *-ausstellung*, *-klub***

au·to·nom *Adj*(形) **1.** POL【政】; 〈ein Staat, e-e Provinz 国家,省〉 in Bezug auf die Verwaltung unabhängig 自治的,独立的: *Die meisten ehemaligen Kolonien sind jetzt autonome Staaten* 绝大多数过去的殖民地现在是独立国家 **2.** 〈Gruppen 团体〉 linksradikal u. *bes* bei Demonstrationen oft aggressiv gegenüber den Ordnungsmächten 极左的,激进的,(游行时)好斗的 ‖ *zu* (义项) **2. Au·to·no·me** *der/die*; *-n*, *-n*

Au·to·no·mie *die*; -, *-n* [-miːən]; *mst Sg*, *geschr*(多用单数)[书]; die Unabhängigkeit *bes* e-s Gebietes innerhalb e-s Staates in Bezug auf Politik, Verwaltung u. Kultur 自治(权),独立,自主〈nach A. streben 争取自治权〉: *Sardinien genießt A. innerhalb des italienischen Staates* 撒丁岛在意大利国内享有自治权 ‖ K-(复合): ***Autonomie-*, *-bestrebungen***

Au·to·num·mer *die*; *gespr* [口] ≈ Autokennzeichen

Au·top·sie *die*; -, *-n* [-ˈsiːən]; MED【医】; die Untersuchung e-r Leiche, *bes* um die Todesursache festzustellen 尸体剖验,尸体解剖〈e-e A. vornehmen 进行尸体剖验〉

Au·tor *der*; *-s*, *Au·to·ren* [-ˈtoːrən]; j-d, der e-n *mst* literarischen od. wissenschaftlichen Text geschrieben hat 作者,作家〈ein klassischer, zeitgenössischer, viel gelesener A. 古典的、同时代的、拥有众多读者的作家(作者)〉 ‖ K-(复合): ***Autoren-*, *-kollektiv*, *-lesung*, *-verzeichnis*** ‖ -K(复合): ***Drehbuch-*, *Kinderbuch-*, *Roman-*** ‖ *hierzu* (派生) **Au·to·rin** *die*; -, *-nen*

Au·to|rei·se·zug *der*; ein Zug, der Reisende u. gleichzeitig ihre Autos transportiert 运载旅客及其汽车的火车

au·to·ri·sie·ren; *autorisierte*, *hat autorisiert*; [Vt](及物) *geschr*[书] **1.** ***j-n zu etw. a.*** j-m offiziell zu etw. die Erlaubnis geben 授权,委任 ≈ bevollmächtigen: *Er ist autorisiert, den Vertrag abzuschließen* 他被授权签订合同(协定) **2.** ***etw. a.*** e-n Text (durch den Autor od. e-e Institution) offiziell genehmigen 正式许可,批准,核准: *e-e autorisierte Ausgabe, Übersetzung* 核准的版本、译文 ‖ *hierzu* (派生) **Au·to·ri·sa·ti·on** *die*; -, *-en*

au·to·ri·tär [-ˈtɛːɐ] *Adj*(形) **1.** 〈Erziehung, Eltern 教育,家长〉 absoluten Gehorsam verlangend 权威的 ↔ antiautoritär **2.** 〈ein Regime, ein Staat 制度,国家〉 so, dass sie keinen politischen Widerstand dulden 独裁的、专制的 ↔ demokratisch: *a. regieren* 独裁统治

Au·to·ri·tät *die*; -, *-en* **1.** das große Ansehen od. die Macht, die j-d od. e-e Institution (*mst* wegen besonderer Fähigkeiten od. aus Tradition) hat 威望,威信,德(资、才)望〈elterliche, kirchliche, staatliche A. 家长的、教会的、国家的威望; A. besitzen, genießen 拥有、享有威信; j-s A. untergraben 破坏某人的威信〉: *Die A. der Kirche wird von vielen Leuten nicht anerkannt* 教会的威望许多人不予承认 ‖ K-(复合): ***Autoritäts-*, *-anspruch*, *-prinzip*** **2.** j-d, der aufgrund seiner hervorragenden Leistungen auf e-m Gebiet großes Ansehen genießt 权威,专家,名人〈als A. auf/in e-m Gebiet gelten 被视为某方面的权威〉

au·to·ri·ta·tiv [-f] *Adj*(形); *geschr*[书]; auf Autorität beruhend 权威性的,起决定作用的,有权威的

au·to·ri·täts·gläu·big *Adj*(形); *pej*[贬]; (von Menschen) so, dass sie e-r Person (*z. B.* e-m Vorgesetzten) od. e-r Institution alles glauben u. sich diesen unterordnen 对上司唯命是从的,迷信权威的 ‖ *hierzu*(派生) **Au·to·ri·täts·gläu·big·keit** *die*; *nur Sg*(只用单数)

Au·to·skoo·ter [-skuːtɐ] *der*; *-s*, -; (auf dem Jahrmarkt) ein kleines, elektrisch betriebenes Auto, das auf allen Seiten durch dicken Gummi geschützt ist u. mit dem man versucht, andere zu stoßen od. ihnen geschickt auszuweichen(游戏用)碰碰车

Au·to·stopp *der*; *-s*; *nur Sg*(只用单数); das Anhalten von Autos, indem man dem Autofahrer mit der Hand ein Zeichen gibt, das bedeutet, dass man mitgenommen werden will(做手势想)搭车: *per A. nach Italien fahren* 搭车去意大利 ‖ NB(注意): per A. ≈ per Anhalter

Au·to·stun·de *die*; die Strecke, die ein Auto durchschnittlich in einer Stunde zurücklegt 平均每小时汽车行程〈e-e A. entfernt 距离一小时的汽车行程〉

Au·to·ver·leih *der*; e-e Firma, die Autos u. relativ kleine Lastwagen für bestimmte Zeit gegen Bezahlung verleiht 汽车出租公司

Au·to·ver·mie·tung *die* ≈ Autoverleih

autsch! *Interjektion*(叹); verwendet als Ausruf, wenn etw. plötzlich weh tut(表示突然有疼痛感)哎哟!

au·weh! *Interjektion* (叹); verwendet als Ausruf, wenn man etw. Unangenehmes od. Schlimmes bemerkt(表示不快)哎哟,哎,唉: *A., jetzt habe ich meinen Geldbeutel vergessen!* 唉!我把钱包给忘了!

avan·cie·ren [avɑ̃ˈsiːrən]; *avancierte*, *ist avanciert*; [Vi](不及物) (***zu etw.***) ***a.*** *geschr*[书]; (in e-r Hierarchie) e-e höhere Stellung erreichen 晋升,擢升: *In kürzester Zeit ist sie* *zur Solotänzerin avanciert* 在最短时间里她一跃而成为独舞演员

Avant·gar·de [avãˈgard(ə)] *die*; -, -*n*; *mst Sg*, *geschr*, *Kollekt*(多用单数)[书](集合); die ersten Personen, die e-e völlig neue geistige, künstlerische od. politische Richtung vertreten 先驱者,先锋,先锋派 ‖ *hierzu*(派生) **Avant·gar·dist** *der*; -*en*, -*en*; **Avant·gar·dis·tin** *die*; -, -*nen*; **avant·gar·dis·tisch** *Adj*(形)

Aver·si·on [avɛrˈzioːn] *die*; -, -*en*; ***e-e A.*** (***gegen j-n / etw.***) *geschr*[书]; e-e starke Abneigung, ein Widerwille(对…)厌恶,反感 〈e-e A. gegen Gewalt haben/hegen 对暴力感到厌恶/抱有反感〉

Axi·om [aˈksioːm] *das*; -*s*, -*e*; ein fundamentales Prinzip, das als gültig u. richtig anerkannt ist, ohne dass es schon bewiesen ist 公理,原理〈ein mathematisches A. —条数学原理〉 ‖ *hierzu*(派生) **axi·o·ma·tisch** *Adj*(形)

Axt [akst] *die*; -, *Äx·te*; ein Werkzeug mit e-r kräftigen Schneide am Ende e-s längeren, dicken Holzstiels, das verwendet wird, um Bäume zu fällen u. um Holz zu hacken 长柄斧 ‖ ID [谚]〈hausen, sich benehmen 生活,举止〉 ***wie die Axt im Walde*** *gespr*[口]; wild u. ungezügelt leben, sich benehmen 粗野,粗鲁,莽撞; *mst* 多用 ***Die Axt im Haus erspart den Zimmermann*** wenn man mit Werkzeug umgehen kann, braucht man keinen Handwerker 手巧不求人

Axt

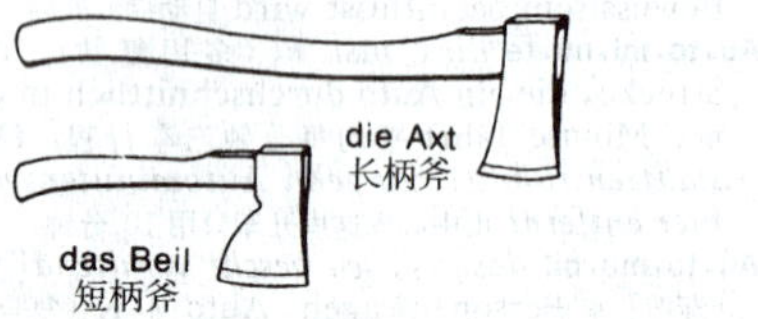

Aza·lee [atsaˈleːə] *die*; -, -*n*; ein niedriger Strauch mit kleinen, harten Blättern u. leuchtend weißen, roten od. rosa Blüten 杜鹃花

Azu·bi *der*; -*s*, -*s*; *gespr*, *Kurzw*[口](略) ↑ ***Auszubildende*** ‖ *hierzu*(派生) **Azu·bi** *die*; -, -*s*

azur·blau *Adj*(形); *nicht adv*, *geschr*(不作状语)[书]; leuchtend blau wie der Himmel 天蓝色的,蔚蓝色的

B,b

B,b [beː] *das*; -, -/*gespr auch*［口］也用 *-s* **1.** der zweite Buchstabe des Alphabets 字母表中的第二个字母〈ein großes B 大写的 B; ein kleines b 小写的 b〉 **2.** MUS【音】; der Halbton unter dem h h 的降半音 ‖ K-(复合): ***B-Dur***; ***b-Moll*** **3.** MUS【音】; das Zeichen ♭, das e-e Note um e-n halben Ton tiefer setzt 降半音的符号♭

Ba.by [ˈbeːbi] *das*; *-s*, *-s* **1.** ein kleines Kind in seinem ersten Lebensjahr 婴儿, 幼婴 ≈ Säugling ‖ K-(复合): ***Baby-***, ***-ausstattung***, ***-flasche***, ***-kost***, ***-nahrung***, ***-wäsche*** **2.** ***ein B. bekommen***, ***erwarten*** ≈ schwanger sein **3.** *gespr*［口］; ein sehr junges Tier 幼小的动物, 仔兽 ‖ -K(复合): ***Elefanten-***, ***Löwen-***, ***Vogel-***

Ba̲.by.boom *der*; *hum*［诙］; das Phänomen, dass zu e-r bestimmten Zeit besonders viele Babys geboren werden 婴儿骤增, 婴儿出生率剧增

Ba̲.by.sit.ter *der*; *-s*, *-*; j-d, der (gegen Bezahlung) auf ein Baby od. kleines Kind aufpasst, wenn die Eltern sich nicht zu Hause aufhalten können (有酬)照看孩子的人, 临时保姆 ‖ *hierzu* (派生) **ba.by.sit.ten** *Vi*(不及物) *nur Infinitiv* (只用不定式); **Ba̲.by.sit.ting** *das*; *-s*; *nur Sg*(只用单数)

Ba̲.by.speck *der*; *nur Sg*(只用单数); die rundlichen Formen, die typisch sind für den Körper e-s Babys od. Kleinkindes (婴儿/孩子)胖, 胖乎乎的样子

Ba̲.by.strich *der* **1.** *nur Sg* (只用单数); die Prostitution *mst* minderjähriger Mädchen 雏妓卖淫现象 **2.** e-e Straße od. Gegend, in der sich minderjährige Mädchen prostituieren 有雏妓卖淫的街道或地区

Bạch *der*; *-(e)s*, *Bä.che*; ein kleiner Wasserlauf, der nicht die Größe e-s Flusses hat 溪流, 溪涧〈der B. rauscht, windet sich/schlängelt sich durch das Tal 溪水潺潺, 蜿蜒流过山谷〉 ‖ ID［谚］***etw. geht den B. runter*** *gespr*［口］; etw. misslingt (某事)不成功, 失败〈ein Plan, e-e Unternehmung 计划, 活动〉

Bạch.stel.ze *die*; *-*, *-n*; ein schlanker Singvogel mit schwarz-weißen Federn, der sich *bes* in der Nähe von Bächen u. Flüssen aufhält 鹡鸰(脊令)

Bạck.blech *das*; e-e flache Platte aus Blech, auf der man Kuchen *o. Ä.* zum Backen in den Ofen schiebt 烧烤或烘烤食物用的金属薄板

Bạck.bord (*das*); NAUT【海】; *mst in* 多用于 ***nach B.*** zur linken Seite e-s Schiffes (od. Flugzeuges) hin 向左(划行或飞行) ↔ nach Steuerbord〈nach B. rudern 向左划桨或转舵〉 ‖ *hierzu* (派生) **bạck.bord(s)** *Adv*(副)

> **Johann Sebastian Bach 约翰·塞巴斯蒂安·巴赫**
>
> Johann Sebastian Bach war einer der herausragendsten Musiker und Komponisten des deutschen Barock.
> Er wurde 1685 in Eisenach (Thüringen) geboren. Er arbeitete zuerst als Organist in verschiedenen Städten. 1708 nahm er eine Stelle als Organist und Kammermusiker am Hof von Weimar an. Später erhielt er das Amt des Konzertmeisters, erst in Weimar, dann am Hof von Anhalt-Köthen. Aus dieser Zeit stammen die ***Brandenburgischen Konzerte***. 1723 wurde er Kantor an der ***Thomasschule*** in Leipzig. Dort entstanden unter anderem die ***Johannespassion***, die ***Matthäuspassion*** und das ***Weihnachtsoratorium***. Er komponierte außerdem Kantaten, Choräle und Messen. Er starb 1750 in Leipzig.
>
> 巴赫是德国巴罗克时期最杰出的音乐家和作曲家之一。
>
> 1685 年他出生于(图林根)爱森纳赫。早先他在许多城市担任管风琴师, 1708 年他在魏玛宫廷任管风琴师, 后升任乐长, 先是在魏玛, 后移至安哈特·克滕宫廷任职, 这一时期创作了《勃兰登堡协奏曲》。1723 年他在莱比锡托玛斯教会学校任合唱队领导兼管风琴师。《约翰受难曲》,《马可受难曲》及《圣诞神剧》就是在这里创作的。此外, 他还谱写过康塔塔(抒情合唱曲), 赞美诗和弥撒曲, 1750 年死于莱比锡。

Bạ.cke[1] *die*; *-*, *-n*; einer der beiden Gesichtsteile links u. rechts von Nase u. Mund 面颊, 腮帮, 脸蛋 ≈ Wange〈gerötete, rote, runde, volle Backen haben 有变得通红的, 红润的, 丰满的, 胖乎乎的面颊; e-e dicke, geschwollene B. haben 面颊肿胀〉 ‖ ↑ *Abb. unter* 图见 ***Kopf*** ‖ K-(复合): ***Backen-***, ***-bart***, ***-knochen*** ‖ ID［谚］***Backen wie ein Hamster haben*** *gespr*［口］; dicke Backen haben 面颊肿了(肿得像仓鼠)

Bạ.cke[2] *die*; *-*, *-n*; *gespr*［口］; eine der beiden (halbrunden) Hälften des Gesäßes 臀部, 屁股的一半

Bạ.cke[3] *die*; *-*, *-n*; einer von zwei Teilen e-s Werkzeugs (*z. B.* e-s Schraubstocks, e-r Zange), e-r Maschine od. e-r Bremse, mit denen man etw. festhalten, anpressen od. zusammendrücken kann 板牙, 钳子, 夹子, 或类似机械的钳嘴、颚板 ‖ -K(复合): ***Brems-***

bạ.cken *bäckt/backt*, *backte/veraltet*［旧］

buk, *hat gebacken*; Vt/i (及物/不及物) **1.** (*etw.*) *b.* e-n Teig aus Mehl *usw* machen, formen u. im (Back)Ofen heiß machen, bis er gar ist 烤,烘,焙〈Brot, Plätzchen, e-n Kuchen b. 烤面包、小饼、点心〉‖ K-(复合): ***Back-***, ***-aroma***, ***-buch***, ***-rezept***, ***-zutaten***; Vt (及物) **2.** ***etw. b.*** e-e Speise (in e-r Pfanne) in heißem Fett zubereiten 烤,煎,烧,炸 ≈ braten 〈Eier, Fleisch, Geflügel, Fisch b. 煎蛋,烤肉,烤家禽,烤鱼〉: *gebackene Leber* 烤熟的肝 ‖ NB(注意): *braten* ist hier das häufigere Wort(这里更常用 braten); *backen* wird *bes* verwendet, wenn die Speise paniert ist(当食物拌上鸡蛋或煎炸配料时,则多用 backen); Vi (不及物) **3.** ***etw. bäckt/backt*** etw. wird im Ofen od. in der Pfanne so lange erhitzt, bis es fertig od. gar ist(物作主语)烤(熟),烘烤(熟): *Das Brot muss e-e Stunde b.* 面包必须烤一个小时; *Die Plätzchen backen noch* 小饼还在烤着

Ba·cken·zahn *der*; einer der hinteren Zähne, die zum Zermahlen der Nahrung dienen 臼齿 ↔ Schneidezahn, Eckzahn

Bä·cker *der*; *-s*, *-*; j-d, der beruflich Brot, Brötchen, Kuchen *usw* für den Verkauf herstellt 面包师傅,糕点师傅 ‖ K-(复合): ***Bäcker-***, ***-geselle***, ***-handwerk***, ***-innung***, ***-laden***, ***-lehrling***, ***-meister***; ***Bäckers-***, ***-frau*** ‖ *hierzu* (派生) **Bä·cke·rin** *die*; *-*, *-nen*

Bä·cke·rei *die*; *-*, *-en*; ein Betrieb (mit Laden), in dem Backwaren für den Verkauf hergestellt werden 面包房,面包铺,糕点铺

Back·fisch *der* **1.** *gespr veraltend* [口][渐旧]; ein Mädchen im Alter von etwa 14 bis 17 Jahren 妙龄少女 **2.** ein panierter, gebratener Fisch 炸鱼,煎鱼

Back·form *die*; e-e Art Schale mit einer bestimmten Form, in der etw. gebacken wird 烘烤用的模子

Back·ground [ˈbɛkgraunt] *der*; *-s*, *-s* **1.** *geschr* [书]; der geistige, gesellschaftliche *o. Ä.* Hintergrund e-r Person/Sache 背景,经历,出身: *j-s soziologischer B.* 某人的人文背景 **2.** MUS【音】: der (Klang) Hintergrund (Rhythmusschläge, festgelegte Harmonie *usw*) für das Spiel e-s Solisten 衬托音,伴音

Back·ofen *der*; **1.** ein großer Ofen, in dem der Bäcker Brot, Kuchen *o. Ä.* backt 烤炉,烘炉 **2.** der Teil des Herdes, in dem *z. B.* Kuchen u. Plätzchen gebacken werden 烤箱 ≈ Backröhre ‖ ↑ *Abb. unter* 图见 **Herd**

Back·pfei·fe *die*; *gespr veraltend* [口][渐旧] ≈ Ohrfeige

Back·pul·ver *das*; ein Pulver, das während des Backens geringe Mengen von Gas erzeugt u. so den Teig locker macht 发酵粉,焙粉,发粉,起子

Back·rohr *das*; *südd* Ⓐ [南德][奥] ≈ Backofen (2)

Back·röh·re *die* ≈ Backofen (2)

Back·stein *der*; *bes nordd* 尤用于[北德]; ein rechteckiger, *mst* rötlicher Stein, den man zum Bauen verwendet (建筑用)砖 ≈ Ziegel ‖ K-(复合): ***Backstein-***, ***-bau***, ***-gotik***

Back·stu·be *die*; der Raum, in dem ein Bäcker arbeitet 面包制作间,面包房

bäckt *Präsens*, *3 Person Sg* (现在时,第三人称单数); ↑ ***backen***

Back·wa·re *die*; *-*, *-n*; *mst Pl*, *Kollekt* (多用复数)(集合); alles, was von e-m Bäcker hergestellt wird, *z. B.* Brot, Kuchen, Gebäck 烤制食品(面包、糕点、饼干等的总称)

Bad *das*; *-(e)s*, *Bä·der*; **1.** das Baden (1,2): *sich durch ein Bad erfrischen* 由于洗澡感到清爽 ‖ -K(复合): ***Wannen-***; ***Warm-*** **2.** das Wasser, das man in e-e Wanne füllt, um (j-n/etw.) zu baden (1,2) 洗澡水 〈j-m/sich ein Bad einlaufen lassen 为…放好洗澡水; ins Bad steigen 入浴; ein heißes, ein warmes Bad 烫的、热的洗澡水〉 **3** ≈ Badezimmer: *e-e Wohnung mit zwei Zimmern, Küche u. Bad* 一套两室一卫一厨的住房 **4.** ein Gelände od. Gebäude, wo man (*mst* nachdem man Eintritt bezahlt hat) baden (3) kann 游泳池,游泳场所 ‖ -K (复合): ***Schwimm-***; ***Frei-***, ***Hallen-***, ***Strand-*** **5.** *nur Sg* (只用单数); das Baden (3) 游泳: *Ein Bad in diesem Fluss ist gefährlich* 在这条河里游泳危险 **6.** *mst Pl* (多用复数); das Baden (2) *mst* zu medizinischen Zwecken 浴疗 〈medizinische Bäder 浴疗〉: *j-m warme Bäder verordnen* (开处方)让某人做热水浴疗 **7.** ein Ort, in den viele Menschen fahren, um dort durch Bäder (6) geheilt zu werden 疗养浴场,浴疗地 ‖ -K (复合): ***Heil-***, ***Kur-***, ***Thermal-*** ‖ NB(注意): oft als Teil von Ortsnamen(常作为地名的一部分): *Bad Wörishofen* 巴特弗里斯霍芬 **8.** *fachsprachlich* (专业用语); e-e Flüssigkeit, in die man etw. zu e-m bestimmten Zweck taucht 一种专用液剂 ‖ -K(复合): ***Fixier-***, ***Reinigungs-***; ***Tauch-*** **9.** ***ein Bad nehmen*** ≈ baden (2) ‖ ID [谚] (***das***) ***Bad in der Menge*** der direkte Kontakt (*mst* e-r bekannten Persönlichkeit) mit e-r Menschenmenge 深入群众,与群众直接交往

Ba·de- *im Subst*, *begrenzt produktiv* (构成名词,构词有限); **1.** bezeichnet etw., das man zum od. nach dem Baden (1,2,3) verwendet(表示供洗澡或浴后用的); ***Bade-***, ***-kappe***, ***-mantel***, ***-mütze***, ***-öl***, ***-schwamm***, ***-thermometer***, ***-tuch***, ***-wasser*** **2.** bezeichnet etw., das zum Baden (3) geeignet ist(表示适于游泳的…); ***Bade-***, ***-see***, ***-strand***, ***-wetter***

Ba·de·an·stalt *die*; *veraltend* [渐旧]; ein öffentliches Schwimmbad (im Freien) (露天的)公共游泳池

Ba·de·an·zug *der*; ein einteiliges Kleidungsstück, das Mädchen u. Frauen *bes* zum Schwimmen tragen 女式连体游泳衣

Ba·de·ho·se *die*; e-e kurze Hose, die Jungen u. Männer *bes* zum Schwimmen tragen 游泳裤

Ba·de·lus·ti·ge *der/die*; *-n*, *-n*; *mst Pl* (多用复数); j-d, der (besonders gern) zum Baden (3) geht 喜欢游泳的人,游泳爱好者 ‖ NB(注意): *ein Badelustiger*; *den*, *dem*, *des Badelusti-*

gen

Ba.de.meis.ter *der*; j-d, dessen Beruf es ist, in e-m Schwimmbad od. an e-m Badestrand aufzupassen, dass keine Unfälle *o.Ä.* passieren 职业游泳救护员，救生员 ‖ *hierzu* (派生) **Ba.de.meis.te.rin** *die*

ba.den; *badete*, *hat gebadet*; [Vt] (及物) **1.** ***j-n/etw. b.*** j-n, ein Tier od. e-n Teil des eigenen Körpers in Wasser (in e-r Wanne) tauchen, um sie zu waschen, zu erfrischen od. zu heilen 给…洗澡或浴疗〈ein Baby, e-n Patienten, e-e Wunde b. 给婴儿、患者洗澡或浴疗，给创伤(伤口)作浴疗〉; [Vi] (不及物) **2.** seinen eigenen Körper b. (1)洗澡，沐浴 ≈ ein Bad nehmen〈kalt, warm, heiß b. 洗冷水浴，洗热水浴，用烫水洗澡〉 **3.** in e-m Fluß, See, Schwimmbad *usw* (zum Vergnügen) schwimmen 游泳〈nackt b. 裸泳; b. gehen 去游泳〉: *Sie badet am liebsten im Meer* 她最喜欢在海里游泳 ‖ ID[谚] (***bei/mit etw.***) ***b. gehen*** *gespr*[口]; mit e-m Plan keinen Erfolg haben(某事)没成功，落空，告吹，黄了，泡汤了，付诸东流

Ba.de.ni.xe *die*; *hum*[诙]; e-e junge weibliche Person in e-m Badeanzug 女水妖(指年轻的穿游泳衣的女子)

Ba.de.ofen *der*; ein Ofen in e-m Badezimmer, den man heizt, um heißes Wasser zum Baden zu haben 烧洗澡水的锅炉，热水锅炉

Ba.de.ort *der*; ein Ort (am Meer od. an e-m See), in den man reist, um dort zu baden (3)(海边或湖边的)游泳场，浴场

Ba.de.sa.chen *die*; *Pl* (复); alles, was man zum Baden (3) braucht, *z.B.* Badehose, Handtuch 游泳用品(如游泳裤，毛巾等)

Ba.de.sai.son *die*; der Zeitraum, während dessen man im Freien schwimmen kann 游泳季节

Ba.de.wan.ne *die*; e-e Wanne, in der man baden (2) kann 浴缸，澡盆〈in der B. sitzen 洗澡〉

Ba.de.zeug *das*; *nur Sg*, *gespr* (只用单数)[口] ≈ Badesachen

Ba.de.zim.mer *das*; ein Raum (mit e-r Badewanne), der zum Baden (1,2) eingerichtet ist 浴室，洗澡间，澡堂 ≈ Bad (3)〈ein gefliestes, gekacheltes B. 砌了瓷砖的浴室〉

Bad.min.ton [ˈbɛtmɪntən] *das*; *-s*; *nur Sg* (只用单数); Federball (2) als Wettkampf 羽毛球(运动)〈B. spielen 打羽毛球〉 ‖ K-(复合): ***Badminton-***, ***-match***, ***-schläger***, ***-spieler***, ***-turnier***

baff *Adj* (形); *nur präd* (只作表语); ***b. sein*** *gespr*[口]; sehr erstaunt sein über etw., das man nicht erwartet od. vermutet hat 感到惊讶，惊奇，诧异: *Da bin ich aber b.!* 我确实感到惊讶!

Ba.fög/BAföG *das*; *-(s)*, *nur Sg* (只用单数); (*Abk für* 缩写，全称为 Bundesausbildungsförderungsgesetz) Ⓓ[德] **1.** ein Gesetz, das die finanzielle Unterstützung von Schülern, Studenten u. Lehrlingen durch den Staat regelt(有关国家对大中学生和学徒提供补助的法律)联邦促进教育法 **2.** *gespr*[口]; das Geld, das aufgrund des B. (1) bezahlt wird (根据上述法律支付的款项)助学金〈B. beantragen, bekommen 申请助学金，得到助学金〉 ‖ K-(复合): ***Bafög-Antrag***

Ba.ga.ge [baˈgaːʒ(ə)] *die*; *-*, *-en*; *mst Sg*, *gespr pej* (多用单数)[口][贬]; e-e Gruppe von Personen, über die man sich ärgert od. die man als minderwertig ansieht 一帮坏蛋，恶棍，无赖，流氓 ≈ Pack, Gesindel

Ba.ga.tell.de.likt *das*; JUR【法】; e-e relativ harmlose strafbare Handlung, für die man nur e-e Geldstrafe bekommt 轻微的罪行，轻微的不法行为 ≈ Ordnungswidrigkeit

Ba.ga.tel.le *die*; *-*, *-n*; etw., das unwichtig ist u. das man nicht sehr ernst zu nehmen braucht 小事，琐事

Ba.ga.tell.fall *der*; *geschr*[书]; e-e harmlose, unbedeutende Angelegenheit 微小的事件，小事故，不严重的事故: *Der Auffahrunfall war für die Versicherung nur ein B.* 起飞事故对保险公司来说只是小事故

Ba.ga.tell.scha.den *der*; *geschr* [书]; ein geringer Schaden (*z.B.* an e-m Auto nach e-m Unfall)轻微的损伤，轻微的损坏

Bag.ger *der*; *-s*, *-*; e-e große, fahrbare Maschine, mit der man große Mengen von Erde u. Steinen ausgraben kann 挖土机，挖泥船

Bag.ger.füh.rer *der*; ein Arbeiter, der e-n Bagger bedient 挖土机驾驶员，挖土机司机，挖泥工，疏浚工 ‖ *hierzu* (派生) **Bag.ger.füh.re.rin** *die*

bag.gern; *baggerte*, *hat gebaggert*; [Vt/i] (及物/不及物) **1.** (***etw.***) ***b.*** ein Loch oder e-e Grube mit e-m Bagger machen (用挖土机)挖土，(用挖泥船)疏浚 **2.** (***etw.***) ***b.*** (beim Volleyball) den Ball mit der Innenfläche der Unterarme spielen(打排球时)托球，垫球

Bag.ger.see *der*; ein See, der nicht natürlich entstanden ist. Wo ein B. ist, war früher e-e Kiesgrube *o.Ä.* 人工湖

Ba.guette [baˈgɛt] *das*; *-s*, *-s*/*die*; *-*, *-n*; ein sehr langes, schmales Weißbrot, wie es in Frankreich oft gegessen wird ≈ Stangenweißbrot 法国棍子面包

Bahn[1] *die*; *-*, *-en* **1.** ein Weg, den man sich macht, wenn Hindernisse da sind 道路，路: *sich/j-m e-e B. durch das hohe Gras, die Menschenmenge schaffen*, *suchen* 穿过一片高高的野草，穿过人群为…开辟道路，寻找道路 **2.** der Weg, den ein fliegender od. kreisender Körper zurücklegt 轨道，轨迹，弹道〈die B. e-r Rakete, e-s Geschosses, e-s Planeten, e-s Satelliten berechnen, bestimmen 计算，确定火箭的、弹头(枪弹，炮弹)的、行星的、人造卫星的轨道; ein Satellit bewegt sich auf e-r kreisförmigen B. 一颗人造卫星在圆形的轨道上运行〉 ‖ -K(复合): ***Flug-*** **3.** SPORT【体】; die Strecke in e-m Sportstadion, auf der ein Wettrennen stattfindet(体育场上的)跑道〈von der B. abkommen 偏离跑道，离开跑道〉 ‖ -K

(复合): ***Aschen-***, ***Asphalt-***, ***Gras-***, ***Sand-*** **4.** e-e abgegrenzte Strecke mit e-r bestimmten Breite u. Länge, auf der sportliche Wettkämpfe (Wettrennen *o. Ä.*) stattfinden 比赛的跑道〈von der B. abkommen 离开赛场,偏离跑道, aus der B. getragen werden (= zu schnell sein u. in e-r Kurve die B. unfreiwillig verlassen)偏离滑雪道,滑出跑道〉‖ -K(复合): ***Eis-***, ***Rodel-***, ***Rollschuh-***; ***Renn-*** **5.** ein abgegrenzter Teil (Streifen) e-r B. (4), auf dem ein Teilnehmer e-s Wettbewerbs laufen, schwimmen, fahren *o. Ä.* muss(参赛者用的)跑道,泳道,赛车道 **6.** ≈ Fahrspur: *e-e Straße mit vier Bahnen* 有四车道的街道(公路) **7.** *mst Pl*(多用复数); die Art und Weise, wie etw. verläuft od. verlaufen soll 生活道路,轨道: *j-s Leben verläuft in geregelten Bahnen* 某人的生活过得正常,顺利; *etw. in die richtige B. lenken* 把…纳入正确的轨道,把…引向正轨(正路); *sich in neuen Bahnen bewegen* 走上新道路 ‖ NB(注意): nur zusammen mit e-m Adj (只能与形容词连用) **8.** ein längliches u. schmales Teilstück, das von Textilien, Tapeten od. Papier in Form von Streifen abgeschnitten wird (织物、墙纸、纸等的)幅面 ‖ -K(复合): ***Papier-***, ***Stoff-***, ***Tapeten-*** ‖ ID [谚] ***auf die schiefe B. geraten/kommen*** ein unmoralisches, kriminelles Leben beginnen 走上邪路,误入歧途,堕落; ***etw. wirft j-n aus der B.*** etw. bewirkt, dass j-d verzweifelt, orientierungslos *o. Ä.* wird 某事使某人脱离生活常轨,使某人生活迷失了方向

Bahn² *die*; -, *-en* **1.** *Kurzw* (略) ↑ ***Eisenbahn*** 〈mit der B. fahren, reisen 乘火车,乘火车旅行; das Gepäck per/mit der B. (ver)schicken 用火车托运行李〉‖ K-(复合): ***Bahn-***, ***-fahrt***, ***-reise*** **2.** *nur Sg*(只用单数); ein Unternehmen der Eisenbahn (3) 铁路部门,铁路企业〈bei der B. arbeiten, sein 在铁路部门工作,在铁路上工作〉: *Die B. erhöht ihre Preise* 铁路部门提高运价 ‖ K-(复合): ***Bahn-***, ***-arbeiter***, ***-beamte(r)***, ***-personal*** **3.** *nordd* [北德], *Kurzw* (略) ↑ ***Straßenbahn*** **4.** *nur Sg*, *gespr*(只用单数)[口] ≈ Bahnhof 〈j-n von der B. abholen 到火车站接某人; j-n zur B. begleiten, bringen 陪同,送某人去火车站〉 **5.** ein Eisenbahngleis od. Schienenweg 铁路线,有轨线路〈e-e neue B. bauen, legen 修筑,铺设新的铁路线(有轨线路)〉

bahn.bre.chend *Adj*[形]; e-e völlig neue Entwicklung einleitend 开创性的,开拓性的,划时代的 ≈ Epoche machend 〈e-e Erfindung, e-e Theorie 发明,理论〉

Bahn.damm *der*; die Anhäufung aus Erde u. Steinen, auf der die Gleise der Eisenbahn liegen 铁路路堤

bah.nen; *bahnte*, *hat gebahnt*; [Vt] (及物) **1.** ***j-m/sich e-n Weg durch etw./irgendwohin b.*** für j-n/sich die Voraussetzungen schaffen, durch etw. hindurch/irgendwohin zu gelangen 为…开辟穿过/通向…的道路〈sich/j-m e-n Weg durch das Dickicht, die Menschenmenge, zum Ausgang, ins Freie b. 为…开辟穿过灌木丛、穿过人群、通向出口、走出户外的道路〉 **2.** ***j-m den Weg (irgendwohin) b.*** für j-n die Voraussetzungen schaffen, etw. zu erreichen 为…开辟,铺平(通向…)道路, ≈ j-m den Weg ebnen〈j-m den Weg zum Erfolg, zum Ziel, nach oben b. 为…开辟走向成功的,达到目的的,升迁的道路〉

Bahn.gleis *das*; die Schienen für die Eisen- od. Straßenbahn(铁路或有轨电车的)路轨

Bahn.hof *der*; -*(e)s*, *Bahn.hö.fe*; **1.** e-e Haltestelle (für Reise- u. Güterzüge) mit Gleisen u. den dazugehörigen Gebäuden 火车站〈der Zug fährt, rollt in den B. ein, hält nicht an jedem B. 火车进站,火车不是每个车站都停车; j-n am/vom B. abholen 在/从火车站接某人; j-n zum B. bringen, begleiten 送,陪同某人到火车站; auf dem B. 在火车站〉‖ K-(复合): ***Bahnhofs-***, ***-viertel*** ‖ -K(复合): ***Güter-***, ***Rangier-*** **2.** ein großes Gebäude auf e-m B. (1), in dem sich Wartesäle, Schalter für Fahrkarten u. Gepäck, Toiletten *usw* befinden 火车站(大楼)〈im B. 在火车站〉‖ K-(复合): ***Bahnhofs-***, ***-gebäude***, ***-halle***, ***-restaurant*** ‖ ID [谚] *mst* 多用 ***Ich verstehe nur B.*** *gespr*[口]; ich verstehe nichts 我什么也(听)不懂(来自一战后期战士厌战,什么都不关心,只想坐火车回家); ***(ein) großer B.*** *gespr* [口]; ein festlicher Empfang *bes* auf e-m B. (1) od. e-m Flugplatz 隆重欢迎,盛大欢迎场面

Bahn.hofs|mis.si.on *die*; e-e Einrichtung der Kirchen auf Bahnhöfen, in der Reisenden (wenn sie in Not sind) geholfen wird 火车站教会济世组织

Bahn.li.nie *die* **1.** die Strecke zwischen zwei Orten, auf der e-e Eisenbahn regelmäßig fährt 铁路线 **2.** das Gleis für e-e Eisenbahn 铁路路轨: *die B. überqueren* 横越铁路路轨

Bahn.schran.ke *die*; e-e Schranke auf Straßen od. Wegen, die geschlossen wird, damit *bes* Autos nicht das Gleis überqueren, wenn ein Zug kommt(铁路与街道或公路交叉的)道口栏杆

Bahn.steig *der*; -*(e)s*, *-e*; die erhöhte Plattform auf e-m Bahnhof, die parallel zu den Gleisen verläuft u. Reisenden zum Ein- u. Aussteigen dient (火车站)站台,月台 ‖ K-(复合): ***Bahnsteig-***, ***-kante***

Bahn|über.gang *der*; die Stelle, an der e-e Straße od. ein Weg ein Bahngleis überquert 铁路交叉道口,铁路道口〈ein (un)beschrankter B. 有(无)栏杆的铁路道口〉

Bah.re *die*; -, *-n*; ein tragbares Gestell, auf dem man Kranke, Verletzte od. Tote transportiert 担架〈j-n auf der B. wegtragen 用担架把某人抬走〉‖ -K(复合): ***Kranken-***, ***Toten-***; ***Trag-***

Bai *die*; -, *-en* **1.** ≈ Meeresbucht **2.** ≈ Meeresbusen

Bai.ser [bɛˈzeː] *das*; *-s*, *-s*; ein Gebäck aus schaumigem Eiweiß u. Zucker 蛋白酥皮甜饼,蛋白酥皮点心

Bais.se [ˈbɛːs(ə)] *die*; -, *-n*; WIRTSCH【经】; das Fallen der Preise od. der Wertpapierkurse an der Börse(有价证券)行情下跌 ↔ Hausse

Ba.jo.nett *das*; -(*e*)*s*, -*e*; ein langes Messer, das auf den Lauf e-s Gewehrs aufgesetzt wird 刺刀,枪刺〈mit aufgepflanztem B.上了刺刀〉‖ ↑ *Abb. unter* 图见 ***Waffen***

Ba.ke *die*; -, -*n* **1.** ein Verkehrsschild, das (in bestimmten Abständen) dreimal hintereinander aufgestellt ist, um Eisenbahnübergänge u. Autobahnausfahrten anzukündigen 路标,信号标志 **2.** ein Schild od. Zeichen, das Schiffen od. Flugzeugen zur Orientierung od. als Signal dient信标,灯标,航标

Bak.te.rie[-riə] *die*; -, -*n*; *mst Pl*(多用复数); sehr kleine pflanzenartige Lebewesen, von denen einige Arten Krankheiten erregen können 细菌: *Bakterien abtöten* 杀死细菌; *sich mit Bakterien infizieren* 受到细菌感染

Bak.te.ri.en.kul.tur *die*; Bakterien, die zu wissenschaftlichen Zwecken gezüchtet werden 细菌培养〈e-e B. ansetzen 开始作细菌培养〉

Bak.te.rio.lo.gie *die*; -; *nur Sg*(只用单数); die Wissenschaft, die sich mit Bakterien beschäftigt 细菌学 ‖ *hierzu*(派生) **Bak.te.rio.lo.ge** *der*; -*n*, -*n*; **Bak.te.rio.lo.gin** *die*; -, -*nen*; **bak.te.rio.lo.gisch** *Adj*(形); *nur attr od adv*(只作定语或状语)

Ba.lan.ce [baˈlã: s(ə)] *die*; -; *nur Sg* (只用单数)≈ Gleichgewicht〈die B. halten, verlieren 保持,失去平衡〉

ba.lan.cie.ren [balãˈsi:rən]; *balancierte*, *hat*/*ist balanciert*; Vt(及物)(*hat*) **1.** ***etw.*** (***auf etw.*** (*Dat* 三格)) **b.** e-n Gegenstand im Gleichgewicht halten (während man sich fortbewegt)使(在…上)保持平衡: *e-n Ball auf der Stirn b.* 使球在额头上保持平衡; Vi(不及物)(*ist*) **2.** (***über etw.*** (*Akk* 四格)) **b.** das Gleichgewicht halten, während man über etw. sehr Schmales geht(在…上走动时)保持自身平衡〈über e-n Baumstamm, ein Seil b. 在一根树干上保持自身平衡,走钢丝〉‖ K-(复合): ***Balancier-***, ***-stange***

bald[1] *Adv*(副) **1.** nach relativ kurzer Zeit 不久(以后),很快,(过)一会儿,即将〈b. danach, b. darauf, so b. wie möglich 此后不久,不久以后,尽快〉: *Ich hoffe, du besuchst mich b. wieder* 我希望你很快再来看我; *B. ist Weihnachten* 圣诞节快到了 **2.** innerhalb e-r relativ kurzen Zeit 不久,很快,短时间内 ≈ schnell: *Er hatte den komplizierten Mechanismus b. verstanden* 他很快就弄懂了复杂的机械原理 **3.** *gespr* [口] ≈ fast, beinahe: *Ich hätte b. vergessen, den Brief aufzugeben* 我差一点(险些)忘了发信; *Ich warte schon b. e-e Stunde* 我已经等了差不多一个小时 **4.** *südd gespr*[南德][口]; verwendet, um e-e drohende Frage od. Aufforderung zu verstärken(用来强调敦促,威胁口气)马上,就 ≈ endlich: *Bist du jetzt b. still?* 你现在能马上就安静下来吗? ‖ ID [谚] ***bis*** (***auf***) ***b.!*** *gespr* [口]; verwendet, um sich von j-m zu verabschieden(告别语)一会儿见,回头见; ***Wirds b.?*** verwendet, um j-n aufzufordern, etw. schneller zu tun(用来催促)能快点吗?

bald[2] *nur in* 只用于 ***bald*** ... ***bald*** *geschr*[书]; verwendet um auszudrücken, dass zwei od. mehrere (gegensätzliche) Dinge direkt aufeinanderfolgen od. rasch wechseln 时而…,时而…;一会儿…,一会儿…(表示某些相反的事物相继发生或迅速更替)≈ einmal .. ein andermal: *b. hier, b. da* 时而在这里,时而在那里; *B. weinte sie, b. lachte sie* 她一会儿哭,一会儿笑

Bal.da.chin *der*; -*s*, -*e*; ein Dach aus Stoff *bes* über e-m Thron, e-m Altar od. e-m Bett(宝座、祭坛或床上的)华盖,顶盖

Bäl.de *nur in* 只用于 ***in B.*** *veraltend* [渐旧]; nach relativ kurzer Zeit 不久,很快,即将 ≈ bald, in Kürze: *Darüber wird in B. entschieden* 对此不久便作出决定

bal.di.g- *Adj*(形); *nur attr*, *ohne Steigerung*, *nicht adv*, *geschr*(只作定语,无变级,不作状语)[书]; in kurzer Zeit, bald erfolgend 很快的,迅速的,早日的〈um baldige Antwort bitten 请早日作出答复,请速回信; auf baldiges Wiedersehen! 不久再见!〉‖ *hierzu*(派生) **baldigst** *Adv*(副)

bald.mög.lichst *Adj*(形); *nur attr od adv*, *geschr*(只作定语或状语)[书]; so schnell od. bald wie möglich (erfolgend)尽快的,尽早的〈um baldmöglichste Erledigung bitten 请求尽快完成,请求尽早办妥〉

Bald.ri.an *der*; -*s*, -*e* **1.** e-e Heilpflanze, deren Wurzeln ein stark riechendes Öl enthalten, das beruhigend auf die Nerven wirkt 缬草 **2.** *nur Sg*(只用单数); ein Extrakt, der aus den Wurzeln des Baldrians (1) hergestellt u. *mst* als Medizin verwendet wird 缬草精 ‖ K-(复合): ***Baldrian-***, ***-öl***, ***-tropfen***

Balg[1] *der*; -(*e*)*s*, *Bäl.ge*; **1.** das abgezogene Fell von Tieren 兽皮,毛皮〈e-n B. ausstopfen 剥制兽皮作标本〉**2.** *Kurzw*(略)↑ ***Blasebalg***

Balg[2] *das*/*der*; -*s*, *bes nordd* 尤用于[北德] *Bälger*/*bes südd* 尤用于[南德] *Bäl.ge*; *mst pej* 多用[贬]; ein (freches, schlecht erzogenes) Kind 淘气的孩子,顽童

bal.gen, sich; *balgte sich*, *hat sich gebalgt*; Vr(反身) ***j-d*/*ein Tier balgt sich mit j-m*/*e-m Tier***; 〈Personen, Tiere 人,动物〉***balgen sich*** zwei od. mehrere Personen od. Tiere raufen od. ringen miteinander (*mst* aus Übermut od. beim Spielen)(人/动物作主语)单:与…打着玩,扭打在一起;复:互相打着玩,彼此扭打在一起(多出于欢闹或戏耍): *Die Kinder, jungen Hunde balgten sich* 孩子们打着玩,几条小狗咬架

Bal.ken *der*; -*s*, - **1.** ein langes, schweres Stück Holz (mit viereckigem Querschnitt), das *bes* beim Bau von Häusern verwendet wird 横梁,房梁〈ein morscher, ein tragender B.腐朽的房梁,主梁; neue Balken einziehen 安装新梁; etw. mit Balken abstützen 用梁支撑某物〉‖ -K(复合): ***Dach-***, ***Quer-***, ***Stütz-*** **2.** ein schmaler (farbiger) Streifen *bes* auf Wappen, Flaggen od. Schildern(纹章、旗帜或盾牌上的)色带 **3.** SPORT【体】, *Kurzw*(略)↑ **Schwebebalken** 〈am B. turnen 在平衡木上做体操〉‖ ID [谚] **lügen, dass sich die Balken biegen** *gespr* [口]; so lügen, dass es auffällt 撒弥天大谎,信口开河

Bal.kon [bal'kɔŋ, bal'koːn, bal'kõː] *der*; *-s*, *-s/-e* **1.** e-e Plattform (mit e-m Geländer od. e-r Mauer), die an die Außenwand e-s Gebäudes gebaut ist 阳台,晒台〈auf den B. (hinaus)gehen 走到阳台上去; sich auf den B. setzen 坐到阳台上去〉‖ K-(复合): **Balkon-, -blume, -pflanze** **2.** *Kollekt*(集合); die Sitzreihen im Kino od. Theater, die sich (weit) über den anderen befinden(影院、剧场的)楼厅,包厢,楼座 ‖ ↑ *Abb. unter* 图见 **Theater**

Ball[1] *der*; *-(e)s*, *Bäl.le*; **1.** ein runder Gegenstand aus Leder, Gummi od. Plastik, der *mst* mit Luft gefüllt ist u. als Spielzeug od. Sportgerät verwendet wird 球〈der B. springt auf, prallt gegen die Wand 球跳起来,弹到墙上; e-n B. aufpumpen 给球充气; den B. abspielen, ins Tor schießen, köpfen 传球,把球踢进球门,用头顶球; j-m den B. zuwerfen, zuspielen 把球传给某人; den B. fangen, stoppen 接住球,截住球(停球); (mit dem) B. spielen 打球,踢球〉‖ -K(复合): **Gummi-, Leder-, Plastik-; Tennis-** **2.** die Art, wie ein B. (1) geschlagen, geworfen od. geschossen wird 击球、投球、踢球的方式 ≈ Schlag, Wurf, Schuss〈ein angeschnittener B. 削球; ein B. mit viel Effet 很转的球; ein B. ist schwer zu halten 球很难接住〉‖ ID [谚] **am B. bleiben** *gespr* [口]; **a**) e-e Tätigkeit od. Beschäftigung weiterhin energisch betreiben, sich davon nicht abbringen lassen 不中断,努力干下去,积极做下去; **b**) neueste Entwicklungen (*bes* im Beruf) verfolgen, damit man gut informiert ist 跟踪最新发展,了解新情况

Ball[2] *der*; *-(e)s*, *Bäl.le*; eine relativ große, festliche Tanzveranstaltung 舞会〈ein festlicher, glanzvoller B. 盛大的,隆重的舞会; e-n B. veranstalten, geben 举行,举办舞会; auf e-n B. gehen 去参加舞会〉‖ K-(复合): **Ball-, -kleid, -nacht, -saal** ‖ -K(复合): **Abitur-, Faschings-, Schul-, Uni-**

Bal.la.de *die*; *-*, *-n*; ein langes Gedicht, das ein handlungsreiches u. *mst* tragisches Geschehen erzählt 叙事诗,故事诗,叙事歌谣: *die B. vom Erlkönig* 关于(北欧神话中的)金冠魔王的叙事诗 ‖ *hierzu*(派生) **bal.la.den.haft** *Adj*(形)

Bal.last, Bal.last *der*; *-(e)s*; *nur Sg*(只用单数) **1.** e-e schwere Last (*z. B.* Sand, Wasser, Steine), die auf e-m Schiff mitgeführt wird, um es im Gleichgewicht zu halten(船上的)压载物,压舱物,底货(如沙子、水、石头) **2.** Sand od. Wasser in Säcken, die aus e-m Ballon abgeworfen werden, wenn er höher steigen soll(轻气球的)沙囊或水袋〈B. abwerfen 扔掉沙囊〉**3.** etw., das einem hinderlich ist 累赘,负担,包袱〈überflüssigen B. abwerfen, mit sich schleppen 扔掉,背上(拖着)多余的负担〉

Bal.last.stof.fe *die*; *Pl*(复); die Bestandteile bestimmter pflanzlicher Nahrungsmittel, die nicht od. nur zum Teil vom Körper verwertet werden u. somit die Verdauung fördern 不被吸收但助消化的物质,(助消化的)植物纤维

bal.len; *ballte*, *hat geballt*; [Vt](及物) **1.** **etw. (zu etw.) b.** etw. so zusammenpressen, dass es e-e annähernd runde Form annimmt 把…捏成球形,搓成团儿〈die Hand zur Faust b. 把手攥成拳头〉; [Vr](反身) **2.** **etw. ballt sich (zu etw.)** etw. wird zu e-r dichten Masse(物作主语)结成块,聚成堆: *Der Schnee, der Lehm ballt sich zu Klumpen* 雪,粘土结成块

Bal.len *der*; *-s*, *-*; **1.** ein Bündel bestimmter Produkte, das (für den Transport) fest zusammengepresst u. verschnürt wird 捆,包〈ein B. Baumwolle, Tabak, Tee 一包棉花,烟草,茶叶〉**2.** e-e Menge von etw., die zu e-m Quader zusammengepresst wird 捆〈ein B. Heu, Stroh 一捆干草,稻草(麦秸,谷草)〉‖ -K(复合): **Heu-, Stroh-** **3.** **ein B. Stoff/Tuch** ein ziemlich langes Stück Stoff/Tuch, das (in der ursprünglichen Breite) zusammengerollt ist 1.巴仑布(=12 匹) **4.** die Verdickung an den Handflächen u. Fußsohlen von Menschen u. manchen Säugetieren 鱼际(手掌、脚掌上肉厚的部分) ‖ ↑ *Abb. unter* 图见 **Hand** ‖ -K(复合): **Daumen-, Fuß-, Hand-**

Bal.le.ri.na *die*; *-*, *Bal.le.ri.nen*; e-e Tänzerin in e-m Ballett 女芭蕾舞演员

Bal.ler.mann *der*; *-s*, *Bal.ler.män.ner*; *gespr* [口] ≈ Pistole, Revolver

bal.lern; *ballerte*, *hat/ist geballert*; *gespr* [口]; [Vt](及物)(*hat*) **1.** **etw. irgendwohin b.** etw. mit Wucht irgendwohin werfen, schleudern od. schießen, sodass *mst* ein lautes Geräusch entsteht 把…砰的一声扔向,投向,射向: *den Ball gegen den Pfosten b.* 把球砰的一声射到门柱上; [Vi](不及物) **2.** (*hat*) mehrmals hintereinander ziellos schießen 劈里啪啦地乱放枪〈mit Platzpatronen b. 用(演习用的)空包弹劈里啪啦地乱放枪; wie wild durch die Gegend b. 穿越那个地区时野蛮地劈里啪啦乱放枪〉 **3.** **gegen/an etw.** (*Akk* 四格) **b.** (*ist*) mit Wucht gegen/an etw. stoßen od. schlagen, sodass ein lautes Geräusch entsteht 砰砰地敲打〈gegen, an die Tür b. 砰砰地敲门〉

Bal.lett *das*; *-s*, *-e* **1.** *nur Sg*(只用单数); ein Tanz, der von Musik begleitet wird u. e-e Geschichte darstellt, ohne dass gesprochen od. gesungen wird 芭蕾舞(剧)〈das höfische, klassische, moderne B. 宫廷的,古典的,现代的芭蕾舞; ein B. aufführen, tanzen 上演,跳一出芭蕾舞剧〉: *Tschaikowskis B. „Schwanensee“* 柴可夫斯基的芭蕾舞剧《天鹅湖》‖ K-(复合): **Ballett-, -musik** **2.** *Kollekt*(集合); e-e Gruppe von Tänzern u. Tänzerinnen, die ein B. (1) tanzen 芭蕾舞剧团 ‖ K-(复合): **Ballett-**, **-schule**, **-tänzer(in)**, **-truppe**

Bal·lett·meis·ter *der*; j-d, dessen Beruf es ist, ein Ballett (2) auszubilden u. zu leiten 芭蕾舞剧团团长,芭蕾舞教练 ‖ *hierzu* (派生) **Bal·lett·meis·te·rin** *die*

Bal·lis·tik *die*; -; *nur Sg*, PHYS (只用单数)【物】; die Wissenschaft, die sich mit der Bewegung von Gegenständen beschäftigt, die geschossen od. geschleudert werden 弹道学,射击学 ‖ *hierzu* (派生) **bal·lis·ti·sch-** *Adj* (形); *nur attr*, *nicht adv* (只作定语,不作状语)

Bal·lon [baˈlɔŋ, baˈloːn, baˈlõː] *der*; *-s*, *-s/-e* **1.** e-e große Hülle, die mit heißer Luft od. mit Gas gefüllt wird u. fliegen kann 气球 〈im B. aufsteigen, fliegen 乘气球升空,飞行; B. fahren 驾驶气球(飞行)〉 ‖ K-(复合): **Ballon-**, **-fahrer**, **-führer**, **-hülle**, **-korb** ‖ -K: (复合) **Heißluft-** **2.** *Kurzw* (略) ↑ **Luftballon** **3.** e-e große Flasche mit kurzem Hals u. dickem Bauch 球形瓶

Bal·lon·müt·ze *die*; e-e runde Mütze mit Schirm[1] (4) 带帽檐的球形帽

Ball·spiel *das*; ein Spiel mit e-m Ball, das als Wettkampf zwischen zwei Mannschaften ausgetragen wird 球赛,球类运动: *Fußball ist ein B.* 足球是一种球类运动

Bal·lungs·ge·biet *das*; ein Gebiet, in dem mehrere Städte nahe beieinanderliegen u. in dem sehr viel Industrie ist 城市和工业密集地区

Bal·lungs·raum *der* ≈ Ballungsgebiet

Bal·lungs·zent·rum *das*; die ungefähre Mitte od. das Zentrum e-s Ballungsgebietes 城市和工业密集区的中心

Bal·sam *der*; *-s*; *nur Sg* (只用单数) **1.** e-e ölige Flüssigkeit, die intensiv, aber angenehm riecht u. *bes* dazu dient, Parfüm herzustellen od. (als Medizin) Schmerzen zu lindern 香脂,香膏,止痛药膏 **2. B.** (**für etw.**) *geschr* [书]; die Linderung e-s seelischen od. körperlichen Schmerzes 慰藉,宽慰,安抚 〈etw. ist B. für j-s Seele, seelische Schmerzen, Wunden 某物是某人心灵、心灵痛苦、创伤的抚慰〉 ‖ *zu* (义项) **1. bal·sa·mie·ren** (*hat*) *Vi* (及物)

Ba·lus·tra·de *die*; -, *-n*; e-e Art Geländer, das aus kleinen Säulen besteht, die oben miteinander verbunden sind 栏杆

Balz *die*; -; *nur Sg* (只用单数) **1.** das besondere Verhalten, mit dem männliche Vögel (während der Paarungszeit) um ein Weibchen werben 交尾 ‖ K-(复合): **Balz-**, **-laut**, **-verhalten**, **-zeit** **2.** die Paarungszeit, während der die B. (1) stattfindet 交尾期 ‖ *zu* (义项) **1. bal·zen** (*hat*) *Vi* (不及物)

Bam·bus *der*; *-/-ses*, *-se* **1.** *mst Sg* (多用单数); e-e hohe tropische Graspflanze mit dicken, hohlen Stengeln, die innerhalb kurzer Zeit hölzern werden 竹 **2.** *nur Sg*, *Kollekt* (只用单数)(集合); getrocknete Stengel des Bambus (1), aus denen Stöcke, Möbel *o. Ä.* hergestellt werden 竹材: *e-e Hütte aus B.* 竹子搭成的小屋 ‖ K-(复合): **Bambus-**, **-rohr**, **-stab**, **-stock**, **-stuhl**

Bam·mel *nur in* 只用于(**e-n**) **B.** (**vor j-m/etw.**) **haben** *gespr* [口]; Angst vor j-m/etw. haben 对…感到害怕,恐惧: *Ich hatte (e-n) wahnsinnigen B. vor meinem Lehrer* 我曾经非常害怕我的老师

ba·nal *Adj* (形) **1.** *pej* [贬]; ohne gute Ideen, trivial 平庸的,乏味的,陈腐的,老一套的 ≈ geistlos 〈ein Witz, e-e Ausrede, e-e Frage 笑话,借口,问题〉 **2.** nicht kompliziert, nicht außergewöhnlich 简单的,普通的 ≈ simpel 〈e-e Angelegenheit, e-e Geschichte 事情,故事〉

ba·na·li·sie·ren; *banalisierte*, *hat banalisiert*; *Vt* (及物) **etw. b.** etw. so darstellen, als wäre es unwichtig 使平庸,使乏味

Ba·na·li·tät *die*; -, *-en*; **1.** *nur Sg* (只用单数) ≈ Geistlosigkeit, Trivialität **2.** *mst Pl* (多用复数); e-e Äußerung, die keine neuen Ideen beinhaltet 陈词滥调,陈腐之见 ≈ Gemeinplatz 〈Banalitäten daherreden, erzählen, von sich geben 瞎说,发表陈腐见解〉

Ba·na·ne *die*; -, *-n*; e-e längliche, gekrümmte, tropische Frucht mit gelber Schale u. e-m weichen, süß schmeckenden Fruchtfleisch 香蕉 ‖ ↑ *Abb. unter* 图见 **Obst** ‖ K-(复合): **Bananen-**, **-schale**, **-staude**

Ba·na·nen·re·pub·lik *die*; *pej* [贬]; ein kleines Land in den tropischen Gebieten (Mittel-)Amerikas, das wirtschaftlich u. industriell unterentwickelt ist 香蕉共和国(指中美洲热带地区的一个经济和工业后进的小国)

Ba·nau·se *der*; *-n*, *-n*; *pej* [贬]; j-d, der nur sehr oberflächliche Kenntnisse od. Ansichten über kulturelle, künstlerische Dinge hat (对文化、艺术只有肤浅了解或见解的人)门外汉,半瓶醋 ‖ -K(复合): **Kultur-**, **Kunst-** ‖ NB(注意): *der Banause*; *den*, *dem*, *des Banausen*

band *Imperfekt*, *1. u. 3. Person Sg* (过去时,第一和第三人称单数); ↑ **binden**

Band[1] *das*; *-(e)s*, **Bän·der**; **1.** ein dünner, schmaler Streifen aus Stoff, Seide, Leder *o. Ä.*, mit dem etw. verbunden, verstärkt od. geschmückt wird 带,带子 〈ein schmales, breites B. 一根细的(窄的),宽的带子; ein B. knoten, zerschneiden 把带子打个结,剪断〉: *ein B. im Haar tragen* 在头发上系一根带子 ‖ -K(复合): **Gummi-**; **Arm-**, **Haar-**, **Hals-** **2.** *mst Pl*, MED (多用复数)【医】; das starke, elastische Gewebe in der Form e-s Bandes (1), das die Knochen im Körper zusammenhält 绷带 〈(sich (*Dat* 三格)) die Bänder überdehnen, zerren 把绷带拉紧,缠上〉 ‖ K-(复合): **Bänder-**, **-dehnung**, **-riss**, **-zerrung** **3.** ein schmales B. (1) aus Kunststoff, auf dem man Musik, Filme *o. Ä.* speichern kann 录音带,录像带,磁带 〈ein B. (in den Kassetten-, Videorekorder) einlegen, aufnehmen, abspielen, überspielen, löschen 把磁带插入(录音机,录像机), 在磁带上录

音，录像，放录音带，录像带，转录磁带，洗掉磁带上的录音，录像〉‖ K-（复合）：***Band-***，***-geschwindigkeit*** ‖ -K（复合）：***Ton-***，***Video-*** **4.** *Kurzw*（略）↑ ***Farbband*** **5.** *Kurzw*（略）↑ ***Fließband*** 〈am B. arbeiten，stehen 在流水线上工作，站在流水线旁〉‖ K-（复合）：***Band-***，***-arbeit***，***-arbeiter*** **6.** e-e（endlose Vorrichtung zum Transportieren von Materialien，Gütern *o.Ä.*（*z. B.* im Bergbau）传送带 ‖ ID［谚］***am laufenden Band*** *gespr*［口］；immer wieder，ohne Unterbrechung 不间断地，不断地

Band[2] *der*；-(*e*)*s*，*Bän·de* **1.** eines von mehreren Büchern，die zusammen ein Werk od. e-e Reihe bilden 卷，本，册：*ein Werk in zehn Bänden* 一部十卷本的著作 **2.** ein Buch，das e-e Sammlung od. e-e Auswahl von Texten od. Bildern enthält 文集，画册 ‖ -K（复合）：***Bild-***，***Gedicht-*** ‖ ID［谚］*mst* 多用 ***Das spricht Bände*** *gespr*［口］；das sagt sehr viel aus（über j-n/etw.）这意味深长、很有说服力、很说明问题、发人深省

Band[3] ［bɛnt］*die*；-，-*s*；e-e Gruppe von Musikern，die *bes* moderne Musik wie Rock，Jazz *usw* spielt 乐队（尤指演奏现代音乐如摇滚乐、爵士乐的）〈e-e B. aufmachen，gründen 组织，成立乐队；in e-r B. spielen 在乐队里演奏〉‖ -K（复合）：***Beat-***，***Jazz-***，***Rock-***

Ban·da·ge ［banˈdaːʒə］*die*；-，-*n*；ein（elastischer）Verband，der an e-m Körperteil angelegt wird，der verletzt ist od. sehr strapaziert wird 绷带〈j-m e-e B. anlegen 给某人包扎绷带〉

ban·da·gie·ren ［bandaˈʒiːrən］；*bandagierte*，*hat bandagiert*；Vt（及物）***j-n b.***；***(j-m) etw. b.*** j-n/e-n Körperteil mit e-r Bandage versehen 用绷带给…包扎 ≈ verbinden：*das Knie*，*den Oberschenkel b.* 用绷带包扎膝部、大腿

Band·brei·te *die*；*nur Sg*（只用单数）；die Auswahl od. Vielfalt von Dingen der gleichen od. ähnlichen Art 带宽，频带宽度，通频带

Ban·de[1] *die*；-，-*n* **1.** e-e（*mst* organisierte）Gruppe von Personen，die Verbrechen planen u. begehen 一帮，一伙，团伙，集团〈e-e B. auffliegen lassen，ausheben 破获，捣毁一个团伙；der Anführer e-r B. 一个团伙的头子〉‖ K-（复合）：***Banden-***，***-chef***，***-führer***，***-mitglied*** ‖ -K（复合）：***Diebes-***，***Drogen-***，***Gangster-***，***Räuber-***，***Schmuggler-***，***Verbrecher-*** **2.** *pej od hum*［贬］或［诙］；e-e Gruppe *bes* von Kindern od. Jugendlichen，die gemeinsam etw. unternehmen 一帮，一群（尤指共同干某事的儿童或年轻人）〈e-e ausgelassene B. 一群顽皮的，淘气的小家伙〉

Ban·de[2] *die*；-，-*n*；SPORT【体】**1.** der innere Rand e-s Billardtisches 台球桌的内边，台帮〈e-e Kugel an/über die B. spielen 把台球朝台帮打去/打出台帮；die Kugel prallt von der B. ab 台球从台帮上弹回〉**2.** die feste Umrandung der Spielfläche beim Eishockey 冰球场的边线 **3.** die äußere Umrandung e-s Spielfeldes（beim Fußball，Tennis *usw*），die oft als Abgrenzung von den Zuschauern dient 足球、网球等球场的外边线，围栏 ‖ K-（复合）：***Banden-***，***-werbung***

Ban·de[3] *die*；*Pl*（复）**1.** *geschr veraltend*［书］［渐旧］；enge gute Beziehungen zu j-m 关系，联系，纽带 ≈ Bindung〈die B. der Liebe，der Freundschaft 爱情关系，友谊关系〉‖ -K（复合）：***Ehe-***，***Liebes-*** **2.** ***zarte B.（mit j-m）knüpfen*** *mst hum* 多用［诙］；beginnen，j-n zu lieben 爱上某人，与…情意绵绵

Ban·de·ro·le *die*；-，-*n* **1.** ein kleiner Streifen aus Papier，der ein Zeichen trägt u. dazu dient，zoll- od. steuerpflichtige Waren，*bes* Tabakwaren，zu versiegeln 完税封条，税签 **2.** ein Stück festes Papier，das um e-e gefaltete Zeitung od. Zeitschrift gewickelt wird u. die Adresse des Empfängers trägt（邮寄报纸、杂志用的）有收件人地址的名签

-bän·dig *im Adj*，*begrenzt produktiv*（构成形容词，构词有限）；mit der genannten Zahl von Bänden[2]；…卷（册）的 ***einbändig***，***zweibändig***，***dreibändig*** *usw*；***mehrbändig***，***vielbändig***

bän·di·gen；*bändigte*，*hat gebändigt*；Vt（及物）**1.** ***ein Tier b.*** bewirken，dass sich ein wildes od. tobendes Tier beruhigt 驯服，制服（动物）：*e-n Löwen b.* 驯服一头狮子 **2.** ***j-n b.*** bewirken，dass j-d ruhig u. gehorsam wird 使安静，使顺从 ≈ beruhigen〈Kinder，e-n Betrunkenen b. 使孩子们，醉汉安静下来〉**3.** ***etw. b.*** etw. unter Kontrolle bringen 抑制住，控制，制服 ≈ beherrschen〈Naturgewalten，Triebe b. 制服自然力，抑制住欲望〉‖ *hierzu*（派生）**Bän·di·gung** *die*；*nur Sg*（只用单数）

Ban·dit，**Ban·dit** *der*；-*en*，-*en*；**1.** j-d，der（als Mitglied e-r Bande）Verbrechen begeht 强盗，土匪 **2.** ***ein einarmiger B.*** *gespr hum*［口］［诙］≈ Spielautomat ‖ NB（注意）：*der Bandit*；*den*，*dem*，*des Banditen* ‖ zu（义项）**1.** **Ban·di·tin** *die*；-，-*nen*

Band·lea·der ［ˈbɛntliːdɐ］*der*；-*s*，-；j-d，der e-e Band[3] leitet 乐队领奏者 ‖ *hierzu*（派生）**Band·lea·de·rin** ［ˈbɛntliːdərɪn］*die*；-，-*nen*

Band·schei·be *die*；MED【医】；ein kleiner，relativ weicher Knochen zwischen je zwei Wirbeln der Wirbelsäule 椎间盘 ‖ K-（复合）：***Bandscheiben-***，***-schaden***

Band·wurm *der*；ein langer Wurm，der im Darm von Menschen u. Tieren leben kann 绦虫，蛔虫〈vom B. befallen sein 患了绦虫病；Bandwürmer haben 有绦虫〉

bang *Adj*（形）；↑ ***bange***

ban·ge；*banger / bänger*，*bangst- / bängst-*；*Adj*（形）**1.** von Angst erfüllt 害怕的，担忧的，恐惧不安的〈bange Minuten durchleben 经历令人不安的时刻；in banger Erwartung，Sorge 怀着令人不安的期待，忧虑；j-m ist，wird b.（zumute，ums Herz）某人（心里）害怕〉

Ban·ge *die*；-；*nur Sg*（只用单数）；***B.（vor j-m/etw.）*** *gespr*［口］≈ Angst (1)〈große，keine，ganz schöne B. haben 很害怕，不害怕，非常害怕 j-m（Angst u.）B. machen 使害怕，使惊慌不安〉：*Nur keine B.*，*das kriegen wir schon* *wieder hin!* 别害怕，我们一定要把这事重新办好！

ban.gen；*bangte*，*hat gebangt*；Vi（不及物）**1. um j-n/etw. b.** um j-n/etw. Angst（2）haben 为…担心，担忧：*Die Geiseln bangen um ihr Leben* 人质为自己的生命担忧；Vimp（无人称）**2. jm bangt（es）vor etw.**（Dat 三格）j-d hat Angst（1）vor etw. 某人害怕，怕某物：*Mir bangt（es）vor der Prüfung* 我怕考试

Ban.jo [ˈbɛndʒo] *das*；*-s*，*-s*；ein Musikinstrument, das ähnlich wie e-e Gitarre ist u. *bes* in der Country-Musik u. im frühen Jazz verwendet wird 班卓琴（美洲黑人的一种弹拨乐器）

Bank[1] *die*；*-*，*Bän•ke*；**1.** ein länglicher Sitz（*mst* aus Holz），auf dem mehrere Personen sitzen können 长凳，长椅〈sich auf e-e B. setzen 在长凳（椅）上坐下〉‖ -K（复合）：**Garten-**，**Park- 2.** ein Tisch mit e-r B.（1）od. e-m Stuhl in der Schule 课桌〈in der ersten B. sitzen 坐在第一排〉‖ K-（复合）：**Bank-**，**-nachbar** ‖ -K（复合）：**Schul-** ‖ ID［谚］**etw. auf die lange B. schieben** *gespr*［口］；etw. Unangenehmes auf e-n späteren Zeitpunkt verschieben 拖延，把…搁置一边，束之高阁；**durch die B.** *gespr*［口］；ohne Ausnahme, ganz u. gar 统统，全部，毫无例外；*mst* 多用 **vor leeren Bänken**〈spielen, sprechen, stehen 演奏，说话，站立〉vor sehr wenig Publikum spielen, sprechen, stehen 面对寥寥无几的听众或观众，面对稀疏的座席

Bank[2] *die*；*-*，*-en* **1.** ein Unternehmen, das gespartes Geld verwahrt, das Geld auszahlt u. Kredite gibt 银行〈zur/auf die B. gehen 到银行去；ein Konto bei der B. haben, eröffnen 在银行有户头，开户头〉‖ K-（复合）：**Bank-**，**-angestellte**（**r**），**-direktor**，**-guthaben**，**-institut**，**-kaufmann**，**-konto**，**-kredit**，**-kunde**，**-lehre**，**-safe**，**-überfall**，**-überweisung** ‖ -K（复合）：**Handels-**，**Privat- 2.** das Gebäude, in dem e-e B.[2]（1）ihren Sitz hat 银行（建筑物）

Bank[3] *die*；*-*；*nur Sg*（只用单数）；die Kasse（e-r Spielbank），die während e-s Glücksspiels（*z. B.* Roulette）von e-m Angestellten verwaltet wird, der gegen alle anderen spielt 庄家，庄家的赌本〈gegen die B. setzen, spielen 对庄家下赌注，与庄家打赌；die B. gewinnt 庄家赢了〉‖ K-（复合）：**Bank-**，**-halter** ‖ ID［谚］**die B. sprengen** das gesamte Geld gewinnen, das sich in der B. befindet 使庄家的全部赌本输光

-bank *die*；*im Subst*，*wenig produktiv*；（构成名词，构词弱）e-e（zentrale）Institution, an der bestimmte wichtige Dinge gesammelt u. aufbewahrt werden（表示贮存某种贵重东西的设施，机构）…库；**Blutbank**，**Datenbank**，**Organbank**，**Samenbank**

Bank.au.to.mat *der*；ein Automat, bei dem man sich Geld holen kann, wenn die Bank[2] geschlossen hat 自动取款机，自动柜员机 ≈ Geldautomat

Bän.kel.sang *der*；*-(e)s*；*nur Sg*（只用单数），*hist*［历］；ein Vortrag von Liedern, die *mst* e-n traurigen od. spektakulären Inhalt haben 街头演唱，街头说唱 ‖ *hierzu*（派生）**Bän•kel•sän•ger** *der*

Ban.ker [ˈbɛŋkɐ] *der*；*-s*，*-*；*gespr*［口］；≈ Bankier, Bankkaufmann 银行家 ‖ *hierzu*（派生）**Ban•ke•rin** [ˈbɛŋkərɪn] *die*；*-*，*-nen*

Ban.kett[1] *das*；*-(e)s*，*-e*；ein festliches Essen, das aus e-m besonderen Anlass od. zu Ehren e-r Persönlichkeit gegeben wird 宴会，盛宴〈für j-n ein B. geben 设宴招待某人〉

Ban.kett[2] *das*；*-(e)s*，*-e*；der schmale（oft nicht befestigte）Seitenstreifen neben e-r Straße 公路旁的人行小道，路肩：*Der Autofahrer kam aufs B. u. geriet ins Schleudern* 汽车司机把车开上了人行小道，从而失去了控制

Bank.ge.heim.nis *das*；*nur Sg*（只用单数）；das Recht u. die Pflicht e-r Bank[2]，die Daten（*z. B.* finanzielle Verhältnisse）ihrer Kunden geheim zu halten 银行秘密〈das B. verletzen 违反银行秘密；etw. unterliegt dem B. 某事属于银行秘密〉

Ban.kier [baŋˈkie:] *der*；*-s*，*-s*；der Leiter od. Inhaber e-r Bank[2] 银行家，银行主

Bank|leit.zahl *die*；e-e Zahlenreihe, mit der e-e bestimmte Bank[2] od. Sparkasse gekennzeichnet wird 银行编码；*Abk* 缩写 BLZ

Bank.no.te *die*；ein Stück Papier, das vom Staat gedruckt wird u.（als Papiergeld）e-n bestimmten Geldwert hat 纸币，钞票 ≈ Geldschein〈Banknoten bündeln 把钞票捆好〉

Bank.raub *der*；ein bewaffneter Überfall auf e-e Bank[2]（um Geld zu rauben）抢劫银行〈e-n B. verüben 抢劫银行〉‖ *hierzu*（派生）**Bank•räu•ber** *der*

bank.rott *Adj*（形）**1.** unfähig, seine Schulden zu bezahlen 破产的，无力还债的 ≈ zahlungsunfähig〈ein Unternehmen, ein Unternehmer 企业，企业主；b. sein 破产〉**2. b. sein** *gespr*［口］；kein Geld mehr haben 破产了，没钱了 ≈ pleite sein

Bank.rott *der*；*-(e)s*，*-e*；**1.** die Unfähigkeit e-s Unternehmens od. Unternehmers, seine Schulden zu bezahlen（企业）破产〈kurz vor dem B. stehen〉面临破产 **2.** der Zusammenbruch od. das Scheitern e-s Systems（制度的）破产，崩溃，垮台，失败 ≈ Ruin〈ein politischer, wirtschaftlicher B. 政治上的（垮台），经济上的破产〉‖ K-（复合）：**Bankrott-**，**-erklärung**

bank.rott.ge.hen；*ging bankrott*，*ist bankrott-gegangen*；Vi（不及物）unfähig werden, seine Schulden zu bezahlen 破产，无力偿还债务 ≈ pleitegehen

Bann *der*；*-(e)s*；*nur Sg*（只用单数）**1.** die starke magische Kraft od. die faszinierende Wirkung, die j-d/etw. auf j-n ausübt 魔力，魅力，吸引力〈j-n in seinen B. ziehen 吸引某人，使某人入迷〉：*Der spannende Film hielt ihn in B.* 紧张的电影把他吸引住了 **2.** KATH【天主】；die Strafe, die der Papst verhängt, um j-n aus der kirchlichen Gemeinschaft auszuschließen 革出教门，逐出教会〈den B. über j-n aussprechen, verhängen 下令,宣布将某人革出教门; j-n mit dem B. belegen 把某人革出教门〉‖ -K(复合): ***Kirchen-*** ‖ ID[谚] ***den B. des Schweigens brechen*** e-e *mst* unangenehme Zeit des Schweigens beenden 打破(不愉快的)沉默; *mst* 多用 ***Endlich war der B. gebrochen*** Endlich war die anfängliche Zurückhaltung od. e-e Hemmung überwunden 终于克服了拘谨(或障碍); ***j-n in seinen B. schlagen*** j-n faszinieren 使某人入迷、着魔、神往

ban·nen; *bannte*, *hat gebannt*; [Vt] (及物) **1.** *mst* 多用 ***j-d ist gebannt*** j-d ist von etw. völlig fasziniert(人作主语)被吸引住了,着迷了〈die Zuhörer waren, lauschten (wie) gebannt; 听众被吸引住了,聚精会神地倾听 j-n/etw. (wie) gebannt anstarren 着魔似地凝视着某人/某物〉‖ NB(注意): *mst* im Zustandspassiv (多用于状态被动句)! **2.** ***e-e Gefahr b.*** e-e Gefahr beseitigen 消除危险 **3.** ***j-n b.*** KATH【天主】hist[历] ≈ exkommunizieren

Ban·ner *das*; *-s*, *-*; *hist*[历]; e-e Fahne mit dem Wappen e-s Herrschers 旗,旗帜,旗标‖ -K(复合): ***Sieges-***

Bann·kreis *der*; *veraltend*[渐旧] ≈ Einflussbereich〈in j-s B. geraten 受到某人的影响,对某人着迷了; sich j-s B. nicht entziehen können 不能摆脱某人的影响

Bann·mei·le *die* **1.** die nähere Umgebung e-s Parlaments, in der *bes* Demonstrationen verboten sind(议会周围)禁止游行集会的地区 **2.** *hist*[历]; das Gebiet um e-e Stadt od. um e-n Ort, für das *mst* bestimmte Vorschriften galten(城市等周围的)禁区

bar[1] *Adj* (形) **1.** in Form von Münzen od. Geldscheinen 现金的,现款的〈bares Geld 现金,现款,现钱; etw. (in) bar bezahlen 用现金支付; e-e Summe bar auf den Tisch legen 把一笔现金放在桌上〉: *Möchten Sie bar od. mit Scheck bezahlen?* 您想用现金还是用支票付账?; *Sie gewinnen bis zu 100 Eruo in bar!* 一百欧元以内您赢的是现金! ‖ K-(复合): ***Bar-***, ***-betrag***, ***-zahlung*** **2.** ***etw. nur gegen bar verkaufen*** etw. nur verkaufen, wenn bar bezahlt wird 只有付现金才卖,只用现金交易

bar[2] *Adj*(形) **1.** *nur attr*, *nicht adv*, *geschr* (只作定语,不作状语)[书]; nichs anderes als 纯粹的,完全的 ≈ rein, pur: *Das ist barer Unsinn* 这纯粹是胡说 **2.** ***bar etw.*** (*Gen* 二格) *geschr*[书]; völlig ohne etw. 没有,缺乏: *bar aller Hoffnung* 毫无希望地; *bar jeglichen Gefühls, Mitgefühls* 毫无感情地,毫无同情心地; *bar jeder Vernunft* 毫无理智地 ‖ NB(注意): *mst* mit Adjektiven wie jeglich, all, jeder (多与形容词 *jeglich*, *all*, *jeder* 连用)

-bar *im Adj*, *sehr produktiv*(构成形容词,构词强) **1.** (*mit passivischer Bedeutung aus transitiven Verben gebildet* 由及物动词构成具有被动意义的形容词) drückt aus, dass das, was im ersten Wortteil genannt wird, getan werden kann(表示可能被做到的)可…的,能…的 (verneint *mst* mit *un-* 加 *un-* 具有否定含义); (***un***)***abwendbar***〈ein Unglück 不幸〉, (***un***)***anfechtbar***〈ein Vertrag 合同〉, (***un***)***annehmbar***〈Bedingungen 条件〉, (***un***)***auffindbar***〈e-e Stelle 职位〉, (***un***)***auflösbar***〈e-e Bindung 联系,关系〉, (***un***)***ausführbar***〈ein Auftrag 任务〉, ***auswechselbar***〈ein Objektiv 物镜〉, (***un***)***beeinflussbar***〈ein Mensch 人〉, (***un***)***befahrbar***〈ein Weg 道路〉, (***un***)***benutzbar***〈ein Gerät 器具〉, (***un***)***berechenbar***〈e-e Handlung 行为, ein Mensch 人〉, ***unbezweifelbar***〈e-e Tatsache 事实〉, (***un***)***bezwingbar***〈e-e Macht 力量〉, ***biegbar***〈Material 材料〉, (***un***)***brauchbar***〈ein Gerät 器具〉, (***un***)***datierbar***〈ein Text 文字, ein Fund 出土文物,发掘物〉, (***un***)***definierbar***〈ein Begriff 概念〉, ***dehnbar***〈Material 材料〉, ***deutbar***〈e-e Geste 姿态,手势〉, ***drehbar***〈e-e Tür 门〉, (***un***)***durchführbar***〈ein Plan 计划, ein Vorhaben 意图,打算〉, (***un***)***durchschaubar***〈j-s Absichten 某人的意图,企图〉, ***erfassbar***〈ein Faktum 事实〉, (***un***)***erfüllbar***〈e-e Forderung 要求〉, (***un***)***erkennbar***〈Zusammenhänge 联系〉, (***un***)***erklärbar***〈e-e Theorie 理论〉↔ unerklärlich, (***un***)***erreichbar***〈ein Ziel 目的〉, (***un***)***ersetzbar***〈e-e Arbeitskraft 劳动力〉, (***un***)***erziehbar***〈ein Kind 孩子,儿童〉, ***essbar***〈e-e Frucht 水果, ein Pilz 蘑菇〉, (***un***)***heilbar***〈e-e Krankheit 疾病〉, (***un***)***hörbar***〈ein Ton 声音, ein Geräusch 噪声,嘈杂声〉, ***lieferbar***〈e-e Ware 商品〉, (***un***)***kontrollierbar***〈e-e Handlung 行为〉, (***un***)***korrumpierbar***〈ein Beamter 官员〉, (***un***)***lenkbar***〈ein Fahrzeug 机动车〉, (***un***)***lesbar***〈ein Text 文字〉↔ unleserlich, (***un***)***lösbar***〈e-e Aufgabe 算术题〉, ***manipulierbar***〈ein Leser 读者〉, ***objektivierbar***〈ein Eindruck 印象, ein Ergebnis 结果〉, (***un***)***passierbar***〈ein Weg 道路〉, (***un***)***teilbar***〈e-e Zahl 数〉, (***un***)***transportierbar***〈ein Gerät 器具〉, (***un***)***überbietbar***〈ein Angebot 报价, e-e Leistung 成就〉, (***un***)***überschaubar***〈ein Bereich 领域〉, (***un***)***übersehbar***〈ein Fehler 错误〉, (***un***)***übertragbar***〈e-e Infektion 感染〉, (***un***)***veränderbar***〈ein Zustand 状态,形势〉↔ unveränderlich, (***un***)***vergleichbar***〈e-e Zeit 时间, ein Wert 价值〉↔ unvergleichlich, (***un***)***vermeidbar***〈e-e Gefahr 危险〉↔ unvermeidlich, (***un***)***verschließbar***〈e-e Tür 门〉, (***un***)***verwechselbar***〈e-e Person 人〉, (***un***)***verwendbar***〈ein Erzeugnis 产品〉, (***un***)-***vorhersehbar***〈e-e Aktion 行动〉, ***unantastbar***〈ein Recht 权利〉, ***unaufschiebbar***〈ein Besuch 访问〉, ***unausrottbar***〈e-e Plage 祸害〉, ***unbelehrbar***〈ein Mensch 人〉, ***unbesiegbar***〈e-e Armee 军队〉, (***un***)***bespielbar***〈ein Sportplat 体育场〉, ***unbestreitbar***〈e-e Tatsache 事实〉, (***un***)***bewohnbar***〈e-e Gegend 地区〉, (***un***)***bezahlbar***〈ein Bild 画, ein Gemälde 绘画,油画〉, ***unbezähmbar***〈Leidenschaften 激情〉, (***un***)***einnehmbar***〈e-e Bastion 堡垒〉, (***un***)***entwirrbar***〈ein Knäuel 线团〉, ***unfassbar***〈ein Ereignis 事件〉, ***unleugbar***〈e-e Tatsache 事实〉, (***un***)***regierbar***〈ein Land 国度〉, ***unschätzbar***〈ein Wert 价值〉, ***unüberbrückbar***〈e-e Kluft 鸿沟〉,

unüberhörbar 〈ein Ruf 呼喊〉, ***(un)überwindbar*** 〈ein Hindernis 障碍〉, ***unvereinbar*** 〈Gegensätze 对立〉, ***unverkennbar*** 〈e-e Tendenz 倾向〉, ***unverwechselbar*** 〈ein Kennzeichen 标志〉, ***(un)verwundbar*** 〈ein Held 英雄〉, ***(un)zerreißbar*** 〈ein Band 纽带〉, ***unzerstörbar*** 〈e-e Basis 基础〉, ***(un)zustellbar*** 〈ein Brief 信件〉, ***waschbar*** 〈ein Stoff 织物,衣料〉, ***(un)widerlegbar*** 〈e-e These 命题〉, ***(un)zerlegbar*** 〈e-e Maschine 机器〉, ***zertrennbar*** 〈e-e Bindung 联系〉 ↔ unzertrennlich **2.** *(mit aktivischer Bedeutung aus intransitiven Verben* 由不及物动词构成具有主动意义的形容词) drückt aus, dass das, was im ersten Wortteil genannt wird, leicht passieren kann (表示可能发生某种动作或行为的)可…的,能…的(verneint mit *un-* 加 un-具有否定含义); ***(un)brennbar*** 〈ein Stoff 织物,衣料〉 (= er kann leicht brennen), ***streitbar*** 〈e-e Person 人〉, ***unentrinnbar*** 〈ein Schicksal 命运〉, ***unsinkbar*** 〈ein Schiff 舰只〉, ***unversiegbar*** 〈e-e Quelle 源泉〉, ***unwandelbar*** 〈j-s Treue 某人的忠诚〉

Bar[1] *die*; -, -*s* **1.** ein Lokal, in dem man an e-r langen Theke sitzen kann u. in dem manchmal auch kleine Mahlzeiten serviert werden 酒吧,酒吧间 〈in e-e Bar gehen 去酒吧间〉 ‖ K-(复合): ***Bar-***, ***-musik*** **2.** e-e erhöhte Theke in e-m Lokal od. e-r Diskothek, an der man auf besonders hohen Stühlen sitzt 卖酒柜台,吧台 ≈ Theke 〈an der Bar sitzen 坐在吧台旁〉 **3.** ein (abgetrennter) kleiner Raum in Festhallen, Hotels, Theatern *usw*, der mit e-r Bar (2) ausgestattet ist 饭店、剧院里的小酒吧 ‖ -K:(复合) ***Hotel-*** **4.** ein Möbelstück od. ein Fach e-s Schrankes, in dem alkoholische Getränke aufbewahrt werden 酒柜,橱柜的酒类格层 ‖ -K(复合): ***Getränke-***; ***Schrank-*** **5.** e-e Auswahl verschiedener alkoholischer Getränke für den privaten Bedarf, die in e-r Bar (4) aufbewahrt werden 酒柜内的各色酒类

Bar[2] *das*; -*s*, -/-*s*; PHYS【物】; die Einheit, mit der der Luftdruck gemessen wird 巴(气压单位); *Abk* 缩写 b ‖ NB(注意): kein -*s* im Plural in Verbindung mit Zahlwörtern(与数词连用时复数不加-s): *fünf Bar* 五巴

Bär *der*; -*en*, -*en* **1.** ein großes, schweres Raubtier mit dickem Pelz, das süße Nahrung (*bes* Honig) liebt 熊 〈ein zottiger Bär 一头毛茸茸的熊; der Bär brummt 熊在吼叫〉 ‖ K-(复合): ***Bären-***, ***-fell***, ***-jagd***, ***-tatze*** ‖ -K (复合): ***Braun-***, ***Eis-***, ***Grisli-*** **2.** ***ein Bär*** (***von einem Mann***) *gespr* [口]; ein sehr großer u. starker Mann 一位魁梧健壮(身壮如熊)的男子 **3.** ***der Große Bär***, ***der Kleine Bär*** zwei der Sternbilder des nördlichen Himmels 大熊星座,小熊星座 ‖ ID[谚] ***j-m e-n Bären aufbinden*** *gespr*[口]; j-m e-e unwahre Geschichte so erzählen, dass er sie glaubt 用假话欺骗、愚弄某人; *mst* 多用 〈hungrig, stark sein 饿,健壮〉 ***wie ein Bär*** *gespr*[口] ≈ sehr ‖ NB(注意): *der Bär*; *den*, *dem*, *des Bären* ‖ *zu* (义项) **1.** **Bä·rin** *die*; -, -*nen*

Ba·ra̲·cke *die*; -, -*n*; ein primitiver, einstöckiger Bau mit flachem Dach, der *bes* Soldaten od. Obdachlosen als provisorische Wohnung dient 棚屋,简易房屋,工棚 〈in e-r B. hausen 在棚屋里栖身〉 ‖ -K(复合): ***Holz-***, ***Wellblech-***

Bar·ba̲r *der*; -*en*, -*en*; *pej*[贬] **1.** ein roher u. brutaler Mensch 野蛮人,残暴的人 **2.** ein unzivilisierter, ungebildeter Mensch 不文明的,无教养的人 ‖ NB(注意): *der Barbar*; *den*, *dem*, *des Barbaren* ‖ *zu* (派生) **Barbarei** ↑ **-ei**

bar·ba̲·risch *Adj*(形) **1.** grausam u. brutal 野蛮的,残暴的,残酷的 〈ein Verbrechen, e-e Strafe 罪行,处罚; j-n b. foltern 残暴地拷打某人〉 **2.** unzivilisiert, rau 不文明的,未开化的 〈Sitten 风俗习惯; Methoden 方法〉 **3.** *nicht adv*, *gespr* (不作状语)[口]; sehr groß, sehr intensiv 非常的,极度的,厉害的 〈e-e Hitze, e-e Kälte, ein Lärm, ein Gestank 炎热,寒冷,噪音,臭味〉 **4.** *nur adv*, *gespr* (只作状语)[口]; verwendet, um Adjektive u. Verben negativ zu verstärken(用来加强形容词和动词的负面意义)非常,很,厉害 ≈ sehr, grässlich: *b. laut* 很喧闹的; *Hier stinkt es b.!* 这里臭得厉害!

bä̲r·bei·ßig *Adj*(形); *veraltend*[旧]; unfreundlich, mürrisch 粗暴的,生硬的,脾气不好的,暴躁的 ‖ *hierzu* (派生) **Bä̲r·bei·ßig·keit** *die*; *nur Sg* (只用单数)

Bar·bi̲er *der*; -*s*, -*e*; *veraltet*[旧]; ein Friseur für Herren, der auch Bärte pflegt u. rasiert (男式)理发师 ‖ K-(复合): ***Barbier-***, ***-messer***

ba̲r·bu·sig *Adj*(形); *nicht adv*(不作状语); mit nacktem Busen 裸露胸脯的

Ba̲r·da·me *die*; e-e Frau, die an e-r Bar[1] (2) *bes* Getränke mixt u. ausgibt 酒吧女侍者(女招待)

Bä̲·ren- *im Subst*, *wenig produktiv*, *gespr* (构成名词,构词弱)[口]; sehr kräftig, sehr groß 非常,极度,巨大; der ***Bärenhunger***, die ***Bärenkälte***, die ***Bärenkraft*** ‖ NB(注意): *mst* mit dem unbestimmten Artikel verwendet (多与不定冠词连用)

Bä̲·ren·dienst *der*; *nur in* 只用于 ***j-m e-n B. erweisen / leisten*** etw. für j-n tun, das zwar gut gemeint ist, sich aber als nachteilig für ihn herausstellt 给…帮忙反添麻烦,给…帮倒忙

Bä̲·ren·haut *die*; *mst in* 多用于 ***auf der B. liegen*** *gespr pej* [口][贬] ≈ nichts tun, faulenzen

Bä̲·ren·na·tur *die*; *gespr*[口]; e-e sehr robuste Gesundheit od. Widerstandskraft 熊一般(健壮有力)的体质 〈e-e B. haben, besitzen 具有,拥有熊一般的体质〉

bä̲·ren·stark *Adj* (形); *ohne Steigerung*, *gespr* (无变级)[口] **1.** sehr gut 很好的,很棒的: *Der Urlaub war einfach b.!* 假期简直(过得)太棒了! **2.** sehr stark 熊一般强壮的,体壮如熊的 (*ein Mann* 男人)

ba̲r·fuß *Adv*(副); ohne Schuhe u. Strümpfe 光着脚,赤着脚〈b. gehen, laufen, herumlaufen, sein 光脚走路，奔跑，到处乱跑，光着脚〉‖ *hierzu*（派生）**bar·fü·ßig** *Adj*（形）；*nicht adv*（不作状语）

barg *Imperfekt*, *1. u. 3. Person Sg*（过去时，第一和第三人称单数）；↑ ***bergen***

Bar·geld *das*; *nur Sg*（只用单数）；Münzen od. Geldscheine (im Gegensatz zu e-m Scheck) als Zahlungsmittel 现金，现款：*Ich habe kein B. bei mir, nehmen Sie auch e-n Scheck an?* 我没带现款，您是否也收支票？‖ *hierzu*（派生）**bar·geld·los** *Adj*（形）

bar·häup·tig *Adj*（形）；*nicht adv*, *geschr*（不作状语）[口]；ohne e-e Kopfbedeckung 不带帽子的，光着脑袋的

Bar·ho·cker *der*; ein hoher Hocker an e-r Bar[1] (2) 酒吧间的高脚凳 ‖ ↑ *Abb. unter* 图见 ***Hocker***

Ba·ri·ton, Ba·ri·ton *der*; *-s*, *-e*; MUS【音】**1.** *nur Sg*（只用单数）；die mittlere Stimmlage bei Männern zwischen Tenor u. Bass 男中音〈B. singen 唱男中音；e-n kräftigen B. haben 有一副很好的男中音〉**2.** ein Sänger, der B. (1) singt 唱男中音的歌手 **3.** *nur Sg*（只用单数）；e-e Partie in e-m Musikstück, die für e-n B. (1) geschrieben ist 男中音部〈den B. singen 唱男中音部〉

Bar·kas·se *die*; *-*, *-n*; NAUT【航海】；ein relativ großes Motorboot, das *bes* zum Transport von Personen in e-m Hafen dient 小汽艇

Bar·ke *die*; *-*, *-n*; ein kleines Boot ohne Mast, wie es *z.B.* von Fischern verwendet wird（无桅杆的）小船

Bar·kee·per [-kiːpɐ] *der*; *-s*, *-*; ein Mann, der an e-r Bar[1] (2) *bes* die Getränke mixt u. serviert 酒吧侍者 ‖ *hierzu*（派生）**Bar·kee·pe·rin** [-kiːpərɪn] *die*; *-*, *-nen*

barm·her·zig *Adj*（形）；**b.** (***gegen j-n / mit j-m***) mit tiefem Mitgefühl für die Not e-s anderen 仁慈的，慈善的，慈悲的，有怜悯心的〈sich b. zeigen 表现得仁慈〉‖ *hierzu*（派生）**Barm·her·zig·keit** *die*; *nur Sg*（只用单数）

Bar·mi·xer *der* ≈ Barkeeper

ba·rock *Adj*（形）**1.** im Stile des Barock gestaltet, aus der Zeit des Barock stammend 巴罗克式的〈e-e Kirche 教堂；Figuren 雕像，人物形象；Malerei, Musik, Sprache 绘画，音乐，语言〉**2.** *geschr*［书］；sonderbar, exzentrisch 奇异的，古怪的〈j-s Anschauungen 某人的观点〉

Ba·rock *das, der*; *-(s)*; *nur Sg*（只用单数）**1.** ein Stil der (europäischen) Kunst (von 1600 bis 1750), der *bes* durch zahlreiche Ornamente gekennzeichnet ist（公元 1600—1750 年欧洲艺术的）巴罗克风格 ‖ K-（复合）：***Barock-, -kirche, -kunst, -malerei, -musik, -stil, -zeit, -zeitalter*** **2.** die Epoche des Barock (1) 巴罗克时代〈im B. 在巴罗克时代；etw. stammt aus dem B. 某物起源于巴罗克时代〉

Ba·ro·me·ter *das*; *-s*, *-* **1.** das Gerät, mit dem der Luftdruck gemessen wird 气压计，气压表，晴雨表〈das B. fällt, steigt 气压下降，上升〉：*Das B. zeigt „Regen" an* 晴雨表指明"下雨" ‖ K-（复合）：***Barometer-, -stand*** **2.** ***ein B.*** (***für etw.***) *geschr*［书］≈ Maßstab：*Investitionen sind ein B. für die Konjunktur* 投资是经济情况的晴雨表 ‖ ID［谚］***Das B. steht auf Sturm*** es herrscht e-e gespannte od. gereizte Stimmung 充满剑拔弩张的紧张气氛，一触即发

Ba·ron *der*; *-s*, *-e* **1.** *nur Sg*（只用单数）；ein französischer Adelstitel 男爵（法国贵族头衔）**2.** j-d, der diesen Titel trägt 男爵（获得上述头衔者）**3.** *nur Sg*（只用单数）；verwendet als Anrede für e-n Freiherrn 男爵（作为称谓）‖ *hierzu*（派生）**Ba·ro·nin** *die*; *-*, *-nen*

Ba·ro·ness, Ba·ro·nes·se *die*; *-*, *Ba·ro·nes·sen*; die Tochter e-s Barons 男爵公主

Bar·ras *der*; *-*; *nur Sg*, *gespr*（只用单数）[口] ≈ Militär〈beim B. sein 服兵役；zum B. müssen 必须去当兵，服兵役〉

Bar·ren[1] *der*; *-s*, *-*; SPORT【体】；ein Turngerät mit zwei parallelen Stangen aus Holz, die von Stützen gehalten werden 双杠〈am B. turnen 在双杠上做体操〉‖ K-（复合）：***Barren-, -kür, -turnen, -übung***

Bar·ren[2] *der*; *-s*, *-*; ein längliches, viereckiges Stück Gold, Silber *o.Ä.*（金、银等的）条，块，锭 ‖ K-（复合）：***Barren-, -gold, -silber*** ‖ -K（复合）：***Gold-, Silber-***

Bar·rie·re [baˈrieːrə] *die*; *-*, *-n* **1.** ein Hindernis, das j-n von etw. fernhält 障碍〈e-e B. errichten, durchbrechen 设置，冲破障碍〉**2.** etw. (*mst* nicht Konkretes), das die Leute daran hindert, miteinander harmonisch zu leben, zu arbeiten *o.Ä.* 障碍，壁垒，隔阂〈Barrieren abbauen, beseitigen, überwinden 拆除，消除，克服障碍（壁垒）〉

Bar·ri·ka·de *die*; *-*, *-n*; ein Hindernis, das errichtet wurde, um e-e Straße zu sperren (*z.B.* bei Straßenschlachten, gewalttätigen Demonstrationen) 街垒，路障〈e-e B. errichten 设置街垒，路障〉‖ ID［谚］***auf die Barrikaden gehen / steigen*** heftig protestieren 奋起反抗，强烈抗议

barsch, barscher, barsch(e)st-; *Adj*（形）；auf unfreundliche Art und Weise 粗暴的，生硬的，不客气的 ≈ grob〈e-e Antwort 回答；j-n b. anfahren 粗暴地斥责某人；etw. in barschem Ton sagen 以生硬的语调谈某事物〉

Barsch *der*; *-es*, *-e*; ein Speisefisch mit stacheligen Flossen, der in Süßwasser lebt 河鲈

Bar·schaft *die*; *-*, *-en*; *mst Sg*（多用单数）；das Bargeld, das j-d hat 现金，现款

Bar·scheck *der*; ein Scheck, für den man bei e-r Bank Bargeld bekommt 现金支票 ↔ Verrechnungsscheck

barst *Imperfekt*, *1. u. 3. Person Sg*（过去时，第一和第三人称单数）；↑ ***bersten***

Bart[1] *der*; *-(e)s*, *Bär·te* **1.** die *mst* kräftigen Haare im Gesicht des Mannes, *bes* zwischen Mund u. Nase, an den Backen u. am Kinn 胡子，胡须〈ein dichter, dünner, gepflegter B. 浓密的，稀疏的，经过修整的胡子；sich e-n B. wachsen lassen 留胡子；e-n B. tragen 蓄有胡子；den B. abrasieren, abnehmen, stutzen

剃，刮，修剪胡子〉‖ K-(复合)：***Bart-*, *-haar*, *-stoppeln*, *-träger*** ‖ -K(复合)：***Kinn-*, *Oberlippen-*, *Spitz-*, *Voll-*** **2.** die Haare an der Schnauze von Hunden, Katzen u. anderen Säugetieren(狗、猫和其他哺乳动物的)须 ‖ ID［谚］*mst* 多用〈ein Witz 笑话〉***hat* (*'so*) *e-n B.*** *gespr*［口］；ein Witz *o. Ä.* ist längst bekannt u. deswegen uninteressant 笑话早已为人所知(老掉牙了)；***etw. in seinen B. (hinein)-murmeln* / (*hinein*) *brummen*** *gespr*［口］；etw. leise u. undeutlich vor sich hin sagen 嘟嘟囔囔地说什么，叽哩咕噜地自言自语；***j-m um den B. gehen*** *gespr*［口］≈ j-m schmeicheln ‖ *zu*(义项)**1. bart·los** *Adj*(形)；*nicht adv*(不作状语)

Bart² *der*；*-(e)s*，*Bär·te*；der untere Teil e-s Schlüssels, der den Riegel e-s Schlosses bewegt 钥匙齿 ‖ ↑ *Abb. unter* 图见 ***Schlüssel***

bär·tig *Adj*(形)；*nicht adv*(不作状语)；mit e-m Bart¹ 有胡子的

Bart·wuchs *der*；die Art und Weise, wie ein Bart wächst 胡子生长的情况〈e-n schwachen, spärlichen, starken B. haben 胡子长得不多，稀疏，稠密〉

Bar·ver·mö·gen *das*；das gesamte Geld, das j-d in bar besitzt od. auf dem Sparkonto hat 现金财产，现金总额

Ba·salt *der*；*-(e)s*，*-e*；ein dunkles, *mst* grünlich schwarzes Gestein vulkanischen Ursprungs 玄武岩 ‖ K-(复合)：***Basalt-*, *-block***

Ba·sar [-'zaːɐ] *der*；*-s*，*-e* **1.** e-e Veranstaltung, bei der (*mst* kleinere) Gegenstände verkauft werden u. das Geld verwendet wird, um anderen zu helfen 义卖活动 ‖ -K(复合)：***Wohltätigkeits-*** **2.** e-e Straße mit Geschäften in e-r orientalischen Stadt(东方国家的)集市，市场

Ba·se¹ *die*；*-*，*-n*；CHEM【化】；e-e Substanz, die in Verbindung mit Säuren Salze bildet 碱，盐基 ↔ Säure ‖ *hierzu*(派生) **ba·sisch** *Adj*(形)

Ba·se² *die*；*-*，*-n*；*veraltend*［渐旧］≈ Cousine

Base·ball ['beːsbɔːl] *der*；*-*；*nur Sg*(只用单数)；**1.** *ohne Artikel*(不用冠词)；ein Spiel zwischen zwei Mannschaften, bei dem ein Spieler e-n kleinen Ball mit e-m Schläger wegschlägt u. versucht, zu vier Punkten des Spielfelds (die Male) zu laufen, bevor die andere Mannschaft ihn od. ein Mal mit dem Ball berühren kann 棒球运动 ‖ K-：***Baseball-*, *-match*, *-spiel*, *-spieler*** **2.** der Ball, der beim B. (1) verwendet wird 棒球

ba·sie·ren；*basierte*，*hat basiert*；Vi (不及物) ***etw. basiert auf etw.*** (*Dat* 三格) *geschr*［书］；etw. stützt sich auf etw., hat etw. als Basis (物作主语)以…为基础，建立在…基础上，以…为依据，基于，取材于：*Der Film basiert auf e-m authentischen Ereignis* 影片以一个真实可靠的事件为基础

Ba·si·li·ka *die*；*-*，*Ba·si·li·ken*；e-e Kirche, deren mittleres Schiff länger u. höher ist als die Seitenschiffe(中堂比侧堂高而长的)教堂〈e-e romanische B. 罗马式的教堂〉

Ba·si·li·kum *das*；*-*；*nur Sg*(只用单数) **1.** e-e Pflanze mit aromatischen Blättern, die als Gewürz u. Heilmittel verwendet werden 罗勒，零陵香(一种芳香草本植物) **2.** das Gewürz, das aus dieser Pflanze gewonnen wird 罗勒调味品

Ba·sis *die*；*-*，*Ba·sen*；**1.** *mst Sg*(多用单数)；***e-e B.*** (***für etw.***) etw. (bereits Vorhandenes), auf das man etw. aufbauen kann od. von dem aus man etw. weiterentwickeln kann 基础 ≈ Grundlage〈e-e gemeinsame, sichere, solide B. für e-e Zusammenarbeit schaffen 为合作奠定共同的，可靠的，坚实的基础〉：*Unsere Freundschaft beruht auf der B., dass jeder den anderen respektiert* 我们的友谊建立在彼此尊重的基础上 ‖ K-(复合)：***Basis-*, *-wissen*** ‖ -K(复合)：***Verhandlungs-*, *Verständigungs-*** **2.** ARCH【建】；ein Block aus Stein *o. Ä.*, auf dem *bes* e-e Säule od. ein Pfeiler steht 基础，底脚，柱础，勒脚层 ≈ Sockel ‖ ↑ *Abb. unter* 图见 ***Säule*** **3.** MIL【军】；e-e Zone, in der Truppen stationiert sind u. von der aus militärische Operationen vorgenommen werden können 基地 ≈ Stützpunkt：*e-e B. für Mittelstreckenraketen einrichten* 建立一个中程导弹基地 ‖ -K(复合)：***Flotten-*, *Militär-*, *Operations-*** **4.** e-e Vorrichtung, von der aus Raketen gestartet werden 火箭发射基地，发射台 ≈ Startrampe ‖ -K(复合)：***Abschuss-*, *Raketen-*** **5.** der Ort od. das Lager, von dem aus e-e Expedition *o. Ä.* unternommen wird 基地，出发营地：*Man trug den verletzten Bergsteiger zurück zur B.* 人们把受伤的登山者送回出发营地 ‖ K-：***Basis-*, *-lager*** **6.** POL【政】；die Mitglieder e-r Partei od. e-r Gewerkschaft (im Gegensatz zu den Führungskräften)基层(群众)，下层 **7.** GEOM【几】；die Grundlinie e-r Figur 底线，基线，基：*die B. e-s gleichschenkligen Dreiecks berechnen* 算出等腰三角形的底线 **8.** MATH【数】；die Zahl, die zusammen mit e-m Exponenten auftritt u. mit diesem e-e Potenz od. e-n Logarithmus bildet 底数

Bas·ken·müt·ze *die*；e-e flache Mütze *mst* aus Wolle od. Filz 巴斯克帽(一种无檐的园形软帽)

Bas·ket·ball ['ba(ː)skətbal] *der* **1.** *ohne Artikel*, *nur Sg*(无冠词，只用单数)；ein Ballspiel zwischen zwei Mannschaften, bei dem versucht wird, e-n großen Ball in den Korb des Gegners zu werfen 篮球运动 ‖ K-(复合)：***Basketball-*, *-spieler*** **2.** der Ball, der beim B. (1) verwendet wird 篮球

bass *nur in* 只用于 ***bass erstaunt* / *verwundert sein*** *veraltend*［渐旧］；sehr erstaunt/verwundert sein 非常惊讶，非常惊奇

Bass *der*；*-es*，*Bäs·se*；**1.** *nur Sg*(只用单数)；die tiefste Stimmlage bei Männern 男低音〈Bass singen 唱男低音；e-n vollen Bass haben 有一副圆润的男低音〉‖ K-(复合)：***Bass-*, *-sänger*** **2.** die tiefste Stimmlage, die nur von bestimmten Instrumenten (*z. B.* Orgel,

Kontrabass, Bassgitarre) gespielt wird 低音部: *Im zweiten Satz der Symphonie dominiert der Bass* 在交响乐的第二乐章中,低音部为主 ‖ K-(复合): ***Bass-***, ***-begleitung***, ***-instrument*** **3.** ein Sänger, der Bass (1) singt 男低音歌手 ≈ Bassist **4.** *Kurzw für* die Musikinstrumente (*z. B.* Bassgeige, Bassgitarre), die den Bass (2) spielen 低音乐器的简称(如低音小提琴,低音吉他): *Er spielt den Bass im Orchester* 他在乐队里演奏低音乐器 **5.** *mst Pl*(多用复数); die tiefen Töne auf e-r Schallplatten- od. Tonbandaufnahme(唱片或录音带录音时的)低音 ≈ Tiefen ↔ Höhen ⟨die Bässe/den Bass aufdrehen, zurückdrehen 放大,降低低音(音量)⟩

Bass.gei.ge *die* ≈ Kontrabass

Bas.sin [ba'sɛ̃ː] *das*; *-s*, *-s*; ein rechteckiges od. rundes Becken (*mst* aus Beton) in Gärten od. öffentlichen Schwimmbädern, das mit Wasser gefüllt wird u. *bes* zum Baden u. Schwimmen dient 水池,水槽,游泳池 ‖ -K(复合): ***Schwimm-***

Bas.sist *der*; *-en*, *-en*; MUS【音】; j-d, der Bass (1) singt od. den Bass (4) spielt 男低音歌手,低音乐器的演奏者 ‖ NB(注意): *der Bassist*; *den*, *dem*, *des Bassisten*

Bass.schlüs.sel *der*; MUS【音】; der Notenschlüssel 𝄢, der die Basspartie(n) e-s Musikstücks anzeigt 低音谱号 ≈ F-Schlüssel ↔ Violinschlüssel

Bast *der*; *-(e)s*; *nur Sg*(只用单数); e-e Art dicker Faden unter der Rinde mancher Bäume, der zum Flechten verwendet wird (树的)韧皮,韧皮纤维 ‖ K-(复合): ***Bast-***, ***-matte***, ***-tasche***

ba.sta! *Interjektion*(叹); *gespr*[口]; verwendet, um *mst* e-e Äußerung od. Diskussion endgültig abzuschließen 就这样,别再说了,行了: *Du machst jetzt deine Schularbeiten, u. damit b.!* 现在你就做你的作业,别再说了!

Bas.tard *der*; *-(e)s*, *-e* **1.** BIOL【生】; ein Tier od. e-e Pflanze, die das Produkt e-r Kreuzung unterschiedlicher Rassen od. Arten sind(动物或植物的)杂交,杂种,混合种 **2.** *gespr! pej*[粗][贬]; verwendet, um j-n zu bezeichnen, den man als minderwertig betrachtet 杂种,贱种

bas.teln; *bastelte*, *hat gebastelt*; [*Vt/i*] (及物/不及物) **1.** (***etw.***) ***b.*** (als Hobby) *mst* kleine Gegenstände aus Papier, Holz, Draht, Stoff *usw* zusammenbauen od. herstellen (业余)做小手工制作,做小玩意儿: *ein Mobile, ein Modellflugzeug b.* 制作家具,飞机模型 ‖ K-(复合): ***Bastel-***, ***-arbeit***, ***-buch***, ***-material***, ***-raum***, ***-vorlage***, ***-zimmer***; [*Vi*](不及物) **2.** ***an etw.*** (*Dat* 三格) ***b.*** über längere Zeit hinweg etw. b. (1)潜心制作,敲打: *Er bastelt an e-m Regal* 他在精心制作一个架子 **3.** ***an etw.*** (*Dat* 三格) ***b.*** *gespr*[口]; (seit längerer Zeit) versuchen, etw. zu reparieren, zu verbessern od. fertigzustellen 鼓捣,拨弄,修理,修改: *an e-m Motorrad, an seiner Doktorarbeit b.* 鼓捣摩托车,修改博士论文

Bas.ti.on [bas'tioːn] *die*; *-*, *-en* **1.** der vorspringende Teil an der Mauer e-r Festung od. e-r Burg 棱堡⟨e-e B. stürmen 进攻棱堡⟩ **2.** etw., das als besonders starker Vertreter von etw. gilt u. nur schwer zu erschüttern ist 堡垒: *Irland gilt als B. des Katholizismus* 爱尔兰被看作是天主教的堡垒

Bast.ler *der*; *-s*, *-*; j-d, der gern u. regelmäßig bastelt 爱好手工制作的人

bat *Imperfekt*, *1. u. 3. Person Sg*(过去时,第一和第三人称单数); ↑ ***bitten***

Ba.tail.lon [batal'joːn] *das*; *-s*, *-e*; e-e militärische Einheit, die aus mehreren Kompanien od. Batterien besteht 营 ‖ K-(复合): ***Bataillons-***, ***-kommandeur***

Ba.tik *die*; *-*, *-en* **1.** *nur Sg*(只用单数); e-e Technik, bei der man einzelne Teile e-s Stoffs mit Wachs bedeckt od. abbindet, damit diese beim Färben die Farbe nicht annehmen 蜡防印花法,蜡染 **2.** ein Stoff, der durch B. (1) gefärbt wurde 蜡染花布 ‖ *zu* (义项)**1. ba.ti.ken** (*hat*) *Vt/i* (及物/不及物)

Ba.tist *der*; *-(e)s*, *-e*; ein dünner, feiner Stoff aus Baumwolle od. Seide 细薄的棉织物或丝织物

Bat.te.rie[1] *die*; *-*, *-n* [-'riːən] **1.** ein Apparat, in dem chemische Prozesse ablaufen, die elektrischen Strom erzeugen 电池(组): *Die B. seines Autos ist leer u. muss aufgeladen werden* 他汽车的电池没电了,必须充电 ‖ -K(复合): ***Auto-*** **2.** ein (*mst* zylinderförmiger) Typ e-r B. (1), der ein kleineres elektrisches Gerät mit Strom versorgt (*z. B.* e-e Taschenlampe) 电池⟨neue Batterien einsetzen 装上新电池; die B. auswechseln, erneuern 换,更换电池⟩ ‖ -K(复合): ***Radio-***, ***Taschenlampen-***

Bat.te.rie[2] *die*; *-*, *-n* [-'riːən] **1.** e-e militärische Einheit der Artillerie 炮兵连 ‖ NB(注意): entspricht etwa der *Kompanie* (相当于连队) **2.** *gespr*; [口] ***e-e B.*** + *Gen*(二格)/ ***von etw.*** e-e große Anzahl gleicher od. ähnlicher Gegenstände 大批,大量: *Er besaß e-e ganze B. (von) Pfeifen, Flaschen* 他曾有一大批烟斗,瓶子

bat.te.rie.be.trie.ben *Adj*(形); *mst attr*(多作定语); von e-r Batterie[1] mit Strom versorgt 用电池发动的 ⟨e-e Uhr 表,钟⟩

Bat.te.rie.huhn *das*; ein Huhn, das neben sehr vielen anderen Hühnern in e-m sehr kleinen Käfig gehalten wird, damit es dort Eier legt 关在鸡笼里下蛋的母鸡

Bat.zen *der*; *-s*, *-* **1.** e-e größere, *mst* weiche Masse (*bes* aus Lehm od. Erde) ohne bestimmte Form 块,团 ≈ Klumpen **2.** ***ein B. Geld*** *gespr*[口]; viel Geld 一大笔钱

Bau[1] *der*; *-(e)s*, *-ten*; **1.** *nur Sg*(只用单数); das Herstellen von Häusern, Straßen, Brücken *usw* 建造,建筑: *Der Bau ihres Hauses geht nur langsam voran* 你们盖房屋的进度很慢 ‖ K-(复合): ***Bau-***, ***-arbeiten***, ***-maßnahme***; ***-material***; ***-branche***, ***-firma***,

-gewerbe**, **-industrie**; **-ingenieur**; **-konjunktur**; **-finanzierung**, **-kosten**, **-kredit**; **-erlaubnis**, **-genehmigung**; **-projekt ‖ -K(复合): ***Brücken-**, **Kirchen-**, **Straßen-**, **Wohnungs-*** **2.** *nur Sg*(只用单数); die Konstruktion u. Herstellung *bes* von technischen Geräten, Fahrzeugen, Motoren od. Musikinstrumenten 制造 ‖ -K(复合): ***Fahrzeug-**, **Flugzeug-**, **Maschinen-**, **Orgel-**, **Schiff(s)-*** **3.** *nur Sg*(只用单数); der Ort od. Platz, an dem ein Bau (1) durchgeführt wird 施工现场,建筑工地 ≈ Baustelle ‖ K-(复合): ***Bau-**, **-aufzug**, **-gerüst**, **-kran**, **-zaun**, **-zelt*** **4.** ein (*mst* ziemlich großes) Bauwerk od. Gebäude 建筑物: *Das Kolosseum in Rom ist ein gigantischer Bau* 罗马的圆形剧场是一个巨大的建筑物 **5.** *nur Sg*(只用单数); die spezifische Art, wie j-s Körper gewachsen ist 体格,身材 ≈ Statur 〈von kräftigem, schwachem Bau sein 体格健壮,体格虚弱〉 ‖ -K:(复合)***Körper-*** **6.** ***etw. befindet sich im / in Bau**, **etw. ist im / in Bau*** etw. wird gerade gebaut (1,2)(物作主语)在建设中,在建造中: *Das neue Klinikum befindet sich noch im Bau / ist noch im Bau* 新的专科医院还在建设中 **7.** ***auf dem Bau arbeiten*** als Arbeiter od. Handwerker auf Baustellen arbeiten 在建筑工地劳动 ‖ *zu* (义项) **7.** **Bau·ar·bei·ter** *der*; **Bau·leu·te** *die* (*Pl* 复)

Bau² *der*; -(*e*)*s*, -*e* **1.** e-e Höhle unter der Erde, in der manche Tiere (*z. B.* Füchse, Dachse, Kaninchen) leben(狐狸、獾、家兔等的)穴,窟 〈e-n Bau anlegen 建巢穴〉 ‖ -K(复合): ***Dachs-**, **Fuchs-**, **Kaninchen-*** **2.** *nur Sg*, *gespr*, MIL (只用单数)[口]【军】≈ Arrestzelle

Bau·ab·nah·me *die*; die Überprüfung e-s fertigen Gebäudes durch die Baubehörde 建筑物验收

Bau·amt *das* ≈ Baubehörde

Bau·auf·sicht *die* **1.** die Überprüfung durch e-e Behörde, ob die gesetzlichen Vorschriften für ein Bauwerk eingehalten werden od. wurden 建筑监督,建筑监理 ‖ K-(复合): ***Bauaufsichts-**, **-behörde*** **2.** die Behörde, die diese Überprüfung durchführt 建筑监督机关,建筑监理部门

Bau·be·hör·de *die*; e-e staatliche Institution, die entscheidet, ob u. nach welchen Vorschriften ein Gebäude gebaut werden darf 建筑主管部门

Bau·boom [-buːm] *der*; e-e Zeit, während der sehr viel gebaut wird 建筑业兴旺的时期,建筑业景气的时期

Bauch *der*; -(*e*)*s*, *Bäu·che* **1.** der vordere Teil des Körpers beim Menschen, der zwischen Brust u. Becken liegt u. in dem sich Magen u. Darm befinden(人的)腹部,肚子 〈den B. einziehen 收腹〉: *Schläfst du auf dem B. oder auf dem Rücken?* 你是趴着还是仰着睡觉? ‖ ↑ *Abb. unter* 图见 ***Mensch*** ‖ K-(复合): ***Bauch-**, **-gegend**, **-umfang*** **2.** der untere Teil des Rumpfes bei Wirbeltieren(脊椎动物的)腹腔,腹部,肚子 ‖ K-(复合): ***Bauch-**, **-fleisch**, **-flosse**, **-rippe*** **3.** das überflüssige Fett am B. (1), das sich *bes* bei Menschen bildet, die zu viel essen u. sich zu wenig bewegen 大肚皮,肥胖的肚子: *Er hat schon mit 20 einen B. angesetzt / bekommen* 他在20岁时肚子就发胖了 ‖ K-(复合): ***Bauch-**, **-ansatz*** **4.** *gespr*[口]; der innere Teil des Bauches (1), *mst* der Magen 胃,肚子: *Mit e-m leeren B. kann ich nicht arbeiten* 空着肚子我没法干活; *Vom vielen Essen tut mir der B. weh* 吃多了我觉得肚子痛 ‖ K-(复合): ***Bauch-**, **-schmerzen*** **5.** der dicke, gewölbte Teil e-s Gegenstands, *bes* e-r Flasche, e-r Vase od. e-s Krugs(器物,如瓶子、花瓶、罐子的)凸出部分,腹,胆 ‖ -K(复合): ***Flaschen-*** **6.** der innere (hohle) Teil *bes* e-s Schiffes 船腹 ‖ ID[谚] **(*mit etw.*) *auf den B. fallen*** *gespr*[口]; mit etw. keinen Erfolg haben 办某事没成功,失利了; *mst* 多用于 〈e-e Frage 问题〉 ***aus dem (hohlen) B.*** 〈beantworten 回答〉 *gespr*[口]; e-e Frage *o. Ä.* spontan, ohne Vorbereitung beantworten 毫无准备地,脱口; ***nichts im B. haben*** *gespr*[口]; hungrig sein 肚子空空,饿了; ***sich den B. vollschlagen*** *gespr*[口]; sich satt essen 大吃一顿,把肚皮撑鼓; ***sich vor Lachen den B. halten*** *gespr*[口]; intensiv (u. lange) lachen 捧腹大笑

Bauch·de·cke *die*; die Oberfläche des Bauches beim Menschen u. bei Wirbeltieren 腹壁,肚皮

Bauch·fell *das*; MED【医】; e-e Haut im Innern des Bauches, die die Bauchhöhle umhüllt 腹膜 ‖ K-(复合): ***Bauchfell-**, **-entzündung***

Bauch·höh·le *die*; MED【医】; ein Hohlraum im Inneren des Bauches, der Magen, Darm *usw* enthält 腹腔

bau·chig *Adj*(形); *nicht adv*(不作状语); mit e-m Bauch (5) 鼓腹状的 〈e-e Flasche, ein Krug 瓶子,罐子〉

Bauch·la·den *der*; e-e Art Kasten, den ein Verkäufer an e-m Riemen um den Hals trägt, u. aus dem er *bes* Zigaretten od. Süßigkeiten verkauft 吊挂在胸前的专门出售糖果、香烟的货箱

Bauch·lan·dung *die*; *gespr*[口] **1.** die Landung e-s Flugzeugs auf der Unterseite des Rumpfes anstatt auf den Rädern 机腹着陆(未放下起落架) **2.** ein beruflicher od. privater Misserfolg(职业上或私事上)受挫,跌跤,栽跟斗

bäuch·lings *Adv*(副); *veraltend*[渐旧] **1.** auf dem Bauch 趴着,腹部朝下 **2.** mit dem Bauch voran 腹部朝前: *b. ins Bett fallen* 扑倒在床上

Bauch·mus·kel *der*; *mst Pl*(多用复数); einer von mehreren Muskeln in der Bauchdecke 腹肌 ‖ K-(复合): ***Bauchmuskel-**, **-training*** ‖ ID[谚] ***etw. strapaziert j-s Bauchmuskeln*** *hum*[诙]; etw. bringt j-n zum Lachen(物作主语)使发笑

Bauch·mus·ku·la·tur *die*; *Kollekt*(集合); die Bauchmuskeln 腹肌

Bauch·na·bel *der* ≈ Nabel

Bauch·red·ner *der*; j-d, der sprechen kann, ohne dass er dabei die Lippen bewegt 腹语表演者(不动嘴唇能说话的人) ‖ *hierzu*(派生) **bauch·re·den** *Vi* (不及物); *mst im Infinitiv*(多用不定式)!

Bauch|spei·chel·drü·se *die*; MED【医】; e-e Drüse in der Nähe des Magens, die Insulin produziert u. Enzyme bildet, die Eiweiße, Fette u. Kohlenhydrate abbauen 胰腺; MED【医】Pankreas

Bauch·tanz *der*; ein Tanz, der von e-r Tänzerin vorgeführt wird, die Bauch u. Hüften rhythmisch bewegt 肚皮舞 ‖ *hierzu*(派生) **Bauch·tän·ze·rin** *die*; **bauch·tan·zen** *Vi*(不及物); *nur im Infinitiv*(只用不定式)!

Bauch·weh *das*; *nur Sg*(只用单数); *gespr*[口] ≈ Bauchschmerzen ⟨B. haben 肚子痛⟩

Bau·denk·mal *das*; ein Bauwerk od. ein Gebäude, das künstlerisch od. historisch bedeutend ist u. *mst* unter Denkmalschutz steht文物建筑,文物古迹

Bau·ele·ment *das*; eines der vorgefertigten Teile, aus denen *bes* moderne Bauten (*z.B.* Fertighäuser), Maschinen u. technische Geräte zusammengefügt werden 建筑构件

bau·en; *baute*, *hat gebaut*; Vt/i (及物/不及物) **1.** (**etw.**) **b.** etw. aus verschiedenen Teilen u. Materialien (*z.B.* Holz, Stein, Zement) nach e-m bestimmten Plan errichten od. herstellen (lassen)建筑,建造,修建⟨e-e Brücke, Straße, ein Haus b. 建筑桥梁,街道(公路),房屋⟩: *Die Regierung beschloss, neue Eisenbahnstrecken u. Autobahnen zu bauen* 政府决定修建新的铁路线和高速公路; Vt (及物) **2.** **etw. b.** ein technisches Produkt aus mehreren Teilen *mst* nach e-m bestimmten Plan herstellen 制造 ≈ anfertigen, konstruieren ⟨Fahrzeuge, Maschinen, Musikinstrumente b.制造交通工具,机器,乐器⟩ ‖ NB(注意): ↑ **-bauer** (1) **3.** **etw. b.** (als Tier) e-n Platz zum Schlafen od. Brüten gestalten 做,筑(指动物挖穴,做窝)⟨e-e Höhle, ein Nest b.筑巢穴,做窝⟩ **4.** **e-n Unfall b.** *gespr*[口]; e-n Unfall verursachen 制造事故 **5.** **Mist b.** *gespr*[口]; e-n Fehler machen 干蠢事,闯祸; Vi (不及物) **6.** ein Gebäude (*mst* ein Haus) errichten (lassen) 造房子,盖房子: *Wir müssen noch kräftig sparen, dann können wir nächstes Jahr b.*我们还必须使劲省钱,然后明年我们才能盖房子 **7.** **an etw.** (*Dat* 三格) **b.** über längere Zeit hinweg etw. b. (1,2)潜心于…建造工作 **8.** **auf j-n/etw. b.** festes Vertrauen zu j-m/etw. haben 信赖,坚信 ≈ sich auf j-n/etw. verlassen: *Auf ihn kann man immer b.*对他总是可以信赖的

Bau·er[1] *der*; *-n/selten*(罕)*-s*, *-n* **1.** j-d, der auf dem Land wohnt u. (als Beruf) Vieh hält od. züchtet u./od. Getreide, Kartoffeln *usw* anpflanzt 农民,农夫 ≈ Landwirt ‖ K-(复合): **Bauern-**, **-dorf**, **-familie**, **-haus**, **-junge**, **-knecht**, **-magd**, **-sohn**, **-tochter** ‖ -K(复合): **Berg-**, **Genossenschafts-**, **Groß-**, **Klein-** ‖ NB(注意): ↑ **-bauer** (2) **2.** *gespr pej*[口][贬]; ein ungebildeter Mensch 乡巴佬,粗野的人,土包子 **3.** eine der acht kleinsten Figuren e-r Farbe im Schachspiel(国际象棋中的兵,卒 ‖ ↑ *Abb. unter* 图见 **Schachfiguren** ‖ ID[谚] **Die dümmsten Bauern ernten/haben die größten Kartoffeln** *gespr*[口]; verwendet, wenn j-d Glück od. Erfolg hat, obwohl er es nicht verdient 庸人多厚福,笨人多走运; **Was der B. nicht kennt, isst er nicht** *gespr*[口]; verwendet, wenn j-d prinzipiell Speisen/Getränke ablehnt od. nicht probiert, weil er sie nicht kennt 他是不认识的(饭菜,饮料)不进口 ‖ NB(注意): *der Bauer*; *den*, *dem*, *des Bauern*

Bau·er[2] *der*, *das*; *-s*, *-*; ein Käfig, in dem Vögel in der Wohnung gehalten werden 鸟笼 ≈ Vogelkäfig ‖ -K(复合): **Vogel-**

-bau·er *im Subst*, *wenig produktiv*(构成名词,构词弱) **1.** j-d, der (als Beruf) *mst* Fahrzeuge od. Musikinstrumente baut… 制造者; **Fahrzeugbauer**, **Flugzeugbauer**, **Geigenbauer**, **Klavierbauer**, **Maschinenbauer**, **Orgelbauer**, **Schiffsbauer** **2.** j-d, der als Bauer (1) bestimmte Pflanzen, Früchte od. andere Erzeugnisse produziert… 种植者,养殖者,生产者; **Milchbauer**, **Obstbauer**, **Weinbauer**

Bäu·e·rin *die*; *-*, *-nen* **1.** e-e Frau, die e-e Landwirtschaft betreibt 农妇 **2.** die Frau e-s Bauern (1)农民的妻子

bäu·e·risch *Adj*(形); ↑ **bäurisch**

bäu·er·lich *Adj*(形); den Bauern (1) od. die Landwirtschaft betreffend 农民的,农村的,乡间的

Bau·ern·fän·ger *der*; *-s*, *-*; *gespr*[口]; j-d, der betrügerische Geschäfte macht u. dabei *bes* einfache od. unerfahrene Menschen schädigt(拙劣的)骗子,泼皮,无赖

Bau·ern·hof *der*; ein Grundstück mit dem Wohnhaus e-s Bauern, dem Stall, der Scheune, dem Silo *usw* 庄户人家,农庄,农家⟨auf dem B. arbeiten 在农庄劳动; von e-m B. stammen 出身农家⟩

Bau·ern·re·gel *die*; e-e einfache Regel (*mst* in Form e-s Reims) über das Wetter od. die Ernte 农谚,农谣

Bau·ern·the·a·ter *das* **1.** ein *mst* ziemlich kleines Theater, in dem (humoristische) volkstümliche Stücke aufgeführt werden, die vom bäuerlichen Leben handeln 农民剧场,农家剧场 **2.** *Kollekt*(集合); e-e Gruppe von Schauspielern, die volkstümliche Theaterstücke aufführen 农民剧团

Bau·ers·frau *die* ≈ Bäuerin

Bau·ers·leu·te *die*; der Bauer u. seine Frau 农民及其妻子,农家夫妇

bau·fäl·lig *Adj*(形); *nicht adv*(不作状语); in so schlechtem Zustand, dass es leicht einstürzen könnte 破旧的,即将倒塌的,失修的⟨ein Haus 房屋⟩ ‖ *hierzu*(派生) **Bau·fäl·lig·keit** *die*; *nur Sg*(只用单数)

Bau·ge·län·de *das* **1.** ein Gelände, auf dem offiziell Gebäude errichtet werden dürfen 建筑工地≈ Bauland 〈ein B. erschließen 开辟建筑工地〉 **2** ≈ Baugrund

Bau·gru·be *die*; ein großes Loch in der Erde, das für das Fundament e-s Gebäudes bestimmt ist 基坑，地槽

Bau·grund *der*; ein Stück Land, auf dem ein Gebäude errichtet wird od. werden soll 建筑地基，建筑用地

Bau|hand·werk *das*; *Kollekt*（集合）; alle handwerklichen Berufe, die beim Bau e-s Hauses notwendig sind (*z. B.* Maurer, Zimmerer, Elektriker) 建筑手艺（如泥瓦工、木工、电工）‖ *hierzu*（派生）**Bau|hand·wer·ker** *der*; **Bau|hand·wer·ke·rin** *die*

Bau·herr *der*; j-d, der den Auftrag erteilt, etw. zu bauen, u. den Bau bezahlt 业主

Bau·jahr *das*; das Jahr, in dem ein Haus errichtet, ein Fahrzeug gebaut wurde, *o. Ä.* 建筑或制造的年份: *Mein Auto ist B. 89* 我的汽车是89 年造的

Bau·kas·ten *der*; ein Kasten mit Teilen aus Holz od. Metall od. Plastik, Schrauben *usw*, mit denen Kinder spielen u. etw. bauen können 一盒积木，积木盒

Bau·kas·ten|sys·tem *das*; ein System, bei dem *bes* Häuser od. Motoren *usw* aus verschiedenen standardisierten Einzelteilen zusammengebaut werden, die miteinander auf verschiedene Weise kombinierbar sind 积木式系统，标准件系统

Bau·klotz *der*; ein kleiner, eckiger Gegenstand aus Holz od. Plastik, mit dem Kinder spielen u. etw. bauen können 积木块 ‖ ID［谚］***Bauklötze / Bauklötzer staunen*** *gespr*［口］; sehr erstaunt sein 惊得目瞪口呆，惊讶得发楞，大吃一惊

Bau·kunst *die*; *nur Sg*（只用单数）; die Architektur e-r bestimmten Epoche od. e-s Volkes 建筑艺术: *die B. der italienischen Renaissance* 意大利文艺复兴时期的建筑艺术

Bau·land *das*; *nur Sg*（只用单数）≈ Baugelände (1)

Bau·lei·ter *der*; der Chef auf e-r Baustelle (*mst* ein Bauingenieur) 建筑工程的承包人，施工负责人（多指建筑工程师）‖ *hierzu*（派生）**Bau·lei·tung** *die*; *nur Sg*（只用单数）

bau·lich *Adj*（形）; *nur attr od adv*（只作定语或状语）; ein Bauwerk betreffend 建筑的，施工的 〈Maßnahmen, Veränderungen 措施，变革; etw. b. verändern 通过施工改变某物〉

Bau·lö·we *der*; *gespr*［口］; j-d, der mit Bau, Kauf u. Verkauf von Häusern viel Geld verdient（进行房地产买卖的）大款，富豪，大房地产商人

Bau·lü·cke *die*; ein Grundstück ohne Haus zwischen anderen Grundstücken mit Häusern 建筑间隙地段

Baum *der*; -(e)s, *Bäu·me*; e-e große Pflanze mit e-m Stamm aus Holz, aus dem Äste mit Zweigen wachsen, die Nadeln od. Blätter tragen 树，树木，乔木 〈e-n B. pflanzen, fällen 种植，砍伐树木; ein B. schlägt aus (= bekommt im Frühling frische Blätter), wird grün, verliert seine Blätter/seine Nadeln, blüht, trägt Früchte 一棵树抽出嫩叶，变绿，落叶，开花，结果〉‖ K-（复合）: ***Baum-, -rinde, -stamm, -wipfel*** ‖ -K（复合）: ***Laub-, Nadel-, Obst-*** ‖ ID［谚］*mst* 多用 ***Bäume ausreißen können*** *gespr*［口］; sich so gesund u. kräftig fühlen, dass man glaubt, jede (körperliche) Leistung mühelos vollbringen zu können 力大无比，干劲十足，本领很大

Bau·markt *der*; ein Geschäft, in dem man Materialien für Bauarbeiten kaufen kann 建筑市场

Baum·be·stand *der*; *Kollekt*（集合）; alle Bäume in e-m bestimmten Gebiet 林木存量

Baum·blü·te *die*; *nur Sg*（只用单数）**1.** das Blühen *mst* der Obstbäume 果树开花 **2.** die Zeit der B. (1) 果树开花期

Bau·meis·ter *der*; *hist*［历］≈ Architekt ‖ *hierzu*（派生）**Bau·meis·te·rin** *die*

bau·meln; *baumelte, hat gebaumelt*; Vi（不及物）**1.** ***j-d / etw. baumelt irgendwo*** j-d/etw. hängt von etw. herab, ohne den Boden zu berühren u. schwingt dabei hin u. her, vor u. zurück（人/物作主语）在…上摇晃，晃动，摆动: *an e-m Ast / Seil b.* 吊（挂）在树枝/绳子上晃动 **2.** ***die Beine b. lassen / mit den Beinen b.*** sitzend die Beine hin u. her schwingen（坐着）摇晃着腿: *Er saß auf dem Tisch u. ließ die Beine b.* 他坐在桌上，摇晃着双腿

baum·hoch *Adj*（形）; *ohne Steigerung, nicht adv*（无变级，不作状语）; so hoch wie ein Baum 像树一般高大的，高高的 ‖ NB（注意）: *baumhoch* → *ein baumhoher Mast*

Baum·kro·ne *die*; alle Äste u. Zweige e-s Baumes 树冠

baum·lang *Adj*（形）; *ohne Steigerung, nicht adv, gespr*（无变级，不作状语）［口］; sehr groß u. schlank 细高个的 〈ein Kerl 小伙子〉‖ NB（注意）: *b.* wird nur bei Männern verwendet（只用于男人）

Baum·schu·le *die*; e-e Art Gärtnerei, in der Bäume u. Sträucher gezüchtet (u. verkauft) werden 苗圃

Baum·ster·ben *das*; e-e Situation, in der in relativ kurzer Zeit viele Bäume krank werden u. absterben 树木枯死病

Baum·stumpf *der*; der untere Teil e-s Baumstammes, der in der Erde bleibt, nachdem der Baum gefällt worden ist 树桩，树墩，树墩子

Baum·wol·le *die*; *nur Sg*（只用单数）**1.** e-e strauchartige Pflanze, die *bes* in heißen Gebieten angebaut wird u. die Samen mit langen, weißen Fasern hat, aus denen Garn hergestellt wird 棉花，棉，草棉 〈B. anbauen 种植棉花，植棉〉‖ K-（复合）: ***Baumwoll-, -feld, -plantage, -strauch*** **2.** *Kollekt*（集合）; die langen, weißen Fasern der Samen der B. (1) 棉花 〈B. pflücken 摘棉花，采棉花〉‖ K-（复合）: ***Baumwoll-, -ernte, -garn, -pflücker, -spinnerei*** **3.** Garn od. Gewebe, das aus B.

(2) hergestellt u. *mst* zu Textilien verarbeitet wird 棉纱或棉织物：*ein Pullover aus 100% B.* 一件纯棉套头衫 ‖ K-(复合)：***Baumwoll-***, ***-hemd***, ***-industrie***, ***-produktion***, ***-pullover***, ***-stoff*** ‖ *zu*(义项) **3. baum·wol·le·n-** *Adj* (形)；*nur attr*, *nicht adv*(只作定语,不作状语)

Bau·plan *der*; die technischen Zeichnungen, die genau zeigen, wie ein neues Bauwerk aussehen soll 建筑图纸〈e-n B. genehmigen lassen 让批准建筑图纸〉

Bau·platz *der*; ein Stück Land, das j-d gekauft hat, um darauf zu bauen 施工现场,工地

Bau·preis *der*; die Kosten für den Bau[1] (1) e-s Hauses, e-r Brücke *o. Ä.* 建筑价格,造价

bäu·risch *Adj*(形)；*pej*[贬]；ohne Manieren u. Taktgefühl 土里土气的,粗俗的,大老粗的 ≈ grob, derb〈Sprache, Manieren 语言,举止；sich b. benehmen 举止土气,行为粗俗〉‖ NB(注意)：*bäurisch* ist im Gegensatz zu *bäuerlich* sehr abwertend(与 bäuerlich 相反, bäurisch 贬意很重)

Bausch *der*; *-es*, *-e* / *Bäu·sche*; ein kleines, leicht zusammengedrücktes Stück e-s weichen Materials (*mst* Watte)一团,一卷,一块(如药棉、棉花等) ‖ -K(复合)：***Watte-*** ‖ ID [谚] *mst* 多用 ***etw. in B. u. Bogen ablehnen / verurteilen*** etw. als Ganzes ablehnen/verurteilen 对某事统统(全部、一概)加以拒绝/谴责

bau·schen; *bauschte*, *hat gebauscht*; [Vt] (及物) **1. *etw. bauscht etw.*** etw. füllt *mst* e-n leichten Stoff mit Luft, so dass er sich stark wölbt(物作主语)使鼓起,使膨胀,使隆起,使凸起：*Der Windstoß bauschte den Vorhang* 阵风吹鼓了窗帘；[Vr] (反身) **2. *etw. bauscht sich*** etw. wird *bes* durch Luft prall od. gewölbt(物作主语)鼓起来,胀起来,凸起来 ≈ etw. bläht sich auf〈ein Segel, ein Kleid 船帆,衣服〉

Bau·schutt *der*; *nur Sg*(只用单数)；Abfälle u. Trümmer (*z. B.* Mauerstücke, Holz, Eisenteile), die beim Bau, Umbau od. Abbruch e-s Gebäudes entstehen 建筑废料,瓦砾

Bau·spar|dar·le·hen *das*; ein Darlehen, das man von e-r Bausparkasse für den Bau od. die Renovierung von Wohnungen od. Häusern bekommt 建房或修房互助储金信贷

bau·spa·ren; *nur Infinitiv*(只用不定式)；[Vi] (不及物) bei e-r Bausparkasse Geld sparen, um später damit ein Haus bauen/ kaufen od. e-e Wohnung kaufen zu können 储存(交纳)建房或买房的互助储金 ‖ *hierzu*(派生) **Bau·spa·ren** *das*; **Bau·spa·rer** *der*; *-s*, *-*

Bau|spar·kas·se *die*; ein Kreditinstitut, das aus dem gesparten Geld seiner Mitglieder Darlehen gewährt, mit denen man ein Haus od. e-e Wohnung bauen, kaufen od. renovieren kann 建房、买房或修房互助储金信贷社

Bau·spar|ver·trag *der*; ein Vertrag, den man (mit e-r Bausparkasse) abschließt, um regelmäßig Geld zu sparen u. nach einiger Zeit zusätzlich e-n Kredit für ein Haus od. e-e Wohnung zu bekommen 建房互助储金合同

Bau·stein *der* **1.** ein Stein, der zum Bauen (1) verwendet wird 建筑石材,砖瓦 ≈ Ziegel **2.** ein wichtiger Teil e-s Ganzen, *z. B.* e-r chemischen Verbindung od. e-s komplizierten technischen Geräts 组件,元件,零部件

Bau·stel·le *die* **1.** ein Platz, auf dem ein Gebäude errichtet wird 建筑工地,施工现场〈auf e-r B. arbeiten 在建筑工地工作〉：*Betreten der B. verboten!* 建筑工地,禁止入内! **2.** e-e Stelle an od. auf e-r Straße, an der (Reparatur)-Arbeiten durchgeführt werden 施工路段：*Die Autobahn ist wegen e-r B. halbseitig gesperrt* 高速公路由于路段施工半边禁止通行

Bau·stil *der*; die typische Art u. Weise, in der etw. erbaut wurde 建筑式样,建筑风格〈der romanische, gotische, klassizistische *usw* B. 罗马的,哥特的,古典主义的建筑风格等〉

Bau·stoff *der*; ein Material (wie *z. B.* Ziegel, Beton *o. Ä.*), das beim Bau[1] (1) verwendet wird 建筑材料,建材 ≈ Baumaterial ‖ K-(复合)：***Baustoff-***, ***-handel***, ***-händler***

Bau·stopp *der*; das Aufhören mit den Bauarbeiten (bevor der Bau fertig ist) 建筑工程停工〈e-n B. verhängen 宣布建筑工程停工〉

Bau·tech·nik *die* **1.** die Methoden des Bauens 建筑技术 **2.** die Wissenschaft vom Bauen 建筑学 ‖ *hierzu*(派生) **bau·tech·nisch** *Adj*(形)；*nur attr od adv*(只作定语或状语)

Bau·teil *das* **1.** ≈ Bauelement **2.** ein bestimmter Teil e-s Bauwerks 建筑物的某一部位

Bau·ten *die*; *Pl*(复)；↑ ***Bau[1]*** (4)

Bau·trä·ger *der*; *-s*, *-*; *bes* e-e Gesellschaft, die Wohngebäude baut od. bauen lässt, um anschließend die Wohnungen zu vermieten od. zu verkaufen 房地产开发公司

Bau|un·ter·neh·men *das* **1.** ≈ Baufirma **2.** ein Projekt für e-n Bau[1] (1) 建筑规划,建筑工程 ≈ Bauvorhaben ‖ *zu*(义项) **1. Bau·unter·neh·mer** *der*; **Bau|un·ter·neh·mer·rin** *die*

Bau|vor·ha·ben *das*; ein Projekt, bei dem der Bau von Wohnhäusern *usw* in e-m bestimmten Zeitraum geplant ist 住房建筑计划

Bau·wei·se *die*; die Art u. Weise, wie ein Bauwerk gebaut wird/wurde 建筑方式

Bau·werk *das*; das, was erbaut worden ist, *z. B.* ein Turm, ein Wohnhaus, e-e Schule *o. Ä.* 建筑物〈ein schönes, eindrucksvolles, prächtiges, verfallenes B. 漂亮的,令人印象深刻的,宏伟的,坍塌了的建筑物〉

Bau·we·sen *das*; *nur Sg*, *Kollekt*(只用单数,集合)；alle Bereiche u. Institutionen aus Industrie, Wirtschaft u. Wissenschaft, die sich in Theorie u. Praxis mit dem Bauen (1) beschäftigen 建筑业

Bau·xit, **Bau·xit** [-ks-] *der*; *-s*, *-e*; ein Mineral, aus dem Aluminium gewonnen wird 铝土矿

Bau·zeich·nung *die*; e-e technische Zeichnung in e-m Bauplan 建筑图纸 ‖ *hierzu*(派生) **Bau·zeich·ner** *der*; **Bau·zeich·ne·rin** *die*

Bau·zeit *die*; die Zeit, die man braucht, um etw. zu bauen (1) 建筑工期

Bayern 巴伐利亚

Der Freistaat Bayern ist das größte Bundesland Deutschlands. Seine Geschichte reicht bis in 6. Jahrhundert zurück. Bis zur Mitte des 20. Jahrhunderts waren die Landwirtschaft und die Viehzucht die wichtigsten Wirtschaftszweige. Seit dem zweiten Weltkrieg entwickelte sich Bayern zu einem modernen Industrie- und Dienstleistungsstaat. Heute erwirtschaftet die bayerische Industrie 37% des Bruttoinlandsproduktes ganz Deutschlands, mehr als die Hälfte davon im Dienstleistungssektor. Wichtig ist auch der Fremdenverkehr. Ein Großteil der Touristen kommt nach Bayern wegen der schönen Landschaft und der traditionellen Bräuche, die hier noch an vielen Orten lebendig sind.

巴伐利亚共和国是德国最大的联邦州。他的历史一直可以追溯到六世纪。直到二十世纪中农业和畜牧业是最主要的经济部门。第二次世界大战以来,巴伐利亚发展成为一个现代工业和现代服务业的联邦州。今天,巴伐利亚工业的收入占全德国民生产总值的37%,其中一半以上来自服务领域。旅游业也很重要,大部分旅游者来巴伐利亚是为了游览美丽的景色,以及赏鉴至今在广大地区活跃在民间的传统习俗。

Ba·zil·le *die*; -, -*n* **1.** *mst Pl*(多用复数); e-e Bakterie, die die Form e-s Stäbchens hat u. Krankheiten erregen kann 芽孢杆菌,杆菌 **2.** ***e-e linke B.*** *gespr, hum od pej*[口][诙]或[贬]; verwendet, um j-n zu bezeichnen, der sehr listig ist u. mit vielen Tricks arbeitet 奸徒,阴险之徒,奸宄

Ba·zil·lus *der*; -, *Ba·zil·len*; *mst Pl*(多用复数) ≈ Bazille

Bd./Bde. *Abk für* 缩写,全称为 Band² /Bände

be- *im Verb, unbetont u. nicht trennbar, sehr produktiv*(构成动词,非重读并不可分,构词强); Die Verben mit *be-* werden nach folgendem Muster gebildet(be-动词的模式如下): *bejubeln – bejubelte – bejubelt*

1. *be-* wird verwendet, um aus e-m intransitiv verwendbaren Verb ein transitives Verb zu machen(用来把不及物动词变成及物动词);

etw. beantworten: *Sie beantwortete die Frage* 她回答了问题 ≈ Sie antwortete auf die Frage

ebenso(同类词有): ***j-n/etw. bedrohen, etw. befahren, j-n/etw. begaffen, etw. begehen, j-n/etw. begucken, etw. bejammern, etw. bejubeln, j-n/etw. bekämpfen, j-n/etw. belauschen, etw. beleuchten, etw. bemalen, j-n/etw. beschießen, etw. beschreiben, j-n beschwindeln, j-n/etw. besiegen, j-n/etw. bestaunen, j-n/etw. beurteilen, j-n/etw. beweinen, etw. bewohnen, etw. bezweifeln***

2. *be-* + transitiv verwendbares Verb ermöglicht e-e Änderung der Perspektive beim Akkusativobjekt(be-加及物动词能改变四格宾语的用法);

etw. (mit etw.) belegen: *Sie belegte das Brot mit Wurstscheiben* 她在面包上放了香肠片 ≈ Sie legte Wurstscheiben auf das Brot

j-n bestehlen: *Er bestahl die alte Frau* 他偷了老妇的东西 ≈ Er stahl etw. von der alten Frau

j-n beerben: *Er beerbte seine Großmutter* 他继承了祖母的遗产≈ Er erbte etw. von seiner Großmutter

ebenso(同类词有): ***j-n/etw. (mit etw.) bedecken, etw. (mit etw.) bedrucken, j-n/etw. (mit etw.) begießen, j-n/etw. (mit etw.) behängen, etw. (mit etw.) bekleben, j-n/sich/etw. (mit etw.) bekleckern, etw. (mit etw.) bekritzeln, etw. (mit etw.) beladen, j-n/etw. (mit etw.) beliefern, j-n berauben, j-n (mit etw.) beschenken, etw. (mit etw.) beschmieren, etw. (mit etw.) besticken, j-n/etw. (mit etw.) bewerfen***

3. *be-* wird verwendet, um aus e-m Substantiv ein transitives Verb zu machen u. auszudrücken, dass man j-m/etw. etw. gibt(用来把名词变成及物动词,表示给某人/某物以名词所表示的内容);

benoten: *Der Lehrer benotete die Aufsätze der Schüler* 教师给学生们的作文评分 ≈ Der Lehrer gab jedem Aufsatz e-e Note

ebenso(同类词有): ***etw. bebildern, etw. beflaggen, etw./sich beflecken, etw. befrieden, j-n (zu etw.) beglückwünschen, etw. begrenzen, j-n/etw. begutachten, j-n beherbergen, j-n bemitleiden, j-n benachrichtigen, e-n Vogel beringen, j-n beschatten, etw. beschriften, j-n besolden, j-n beurlauben, j-n bevollmächtigen, j-n bewaffnen***

4. *be-* wird verwendet, um aus e-m Adjektiv ein transitives Verb zu machen u. auszudrücken, dass man bewirkt, dass j-d/etw. in e-n bestimmten Zustand kommt(用来把形容词变成及物动词,表示促使某人/某物达到某种状态);

j-n/ein Tier befreien: *Sie befreite den Vogel aus seinem Käfig* 她把鸟从鸟笼中释放出去了 ≈ Sie ließ den Vogel aus dem Käfig, sodass er frei war

ebenso(同类词有): ***etw. (mit etw.) befeuchten, j-n belustigen, sich bereichern, j-n/sich beruhigen, j-n/sich beunruhigen***

be·ab·sich·ti·gen; *beabsichtigte, hat beabsichtigt*; [Vt](及物) ***etw. b.*** die Absicht haben, etw. zu tun 打算,企图,想要: *Sie beabsichtigen, nächstes Jahr zu heiraten* 他们打算明年结婚; *Das Foul war nicht beabsichtigt* 犯规不是故意的

be·ach·ten; *beachtete, hat beachtet*; [Vt](及物) **1.** ***etw. b.*** auf etw. achten (3) u. es befolgen 重视,注意遵守 ↔ missachten 〈Gesetze, Ratschläge, Regeln b. 重视法律,劝告,规则(规定)〉: *beim Autofahren die Verkehrsregeln b.* 驾车注意遵守交通规则 **2.** ***etw. b.*** von etw. Kenntnis nehmen 注意〈Hinweise b. 注意提

示〉: *Beachten Sie bitte*, dass *wir unser Geschäft heute früher schließen!* 请您注意,本商店今天提前关门! **3.** ***j-n/etw. b.*** von j-m/etw. bewusst Notiz nehmen 理会,理睬 ↔ ignorieren: *Ich glaube, ich habe wenig Chancen bei ihr; sie beachtet mich kaum* 我认为,我不会获得她的喜爱;她几乎不理睬我 ‖ NB(注意): *zu* 义项 **3.** verwendet *mst* in der Verneinung od. mit e-r Einschränkung wie *kaum*(多用否定含义或加上限制词如 kaum)

be·ach·tens·wert *Adj*(形); so beschaffen, dass es Anerkennung u. Lob verdient 值得注意的,值得重视的 ≈ bemerkenswert 〈e-e Leistung 成绩〉

be·acht·lich *Adj*(形) **1.** von relativ großer Bedeutung, Menge od. hoher Qualität 相当大的,相当显著的,相当高的 ≈ beträchtlich: *Sein Ansehen als Politiker ist b.* 作为政治家,他的声望是相当高的 **2.** so beschaffen, dass man damit (sehr) zufrieden sein kann 值得重视的,显著的,令人满意的 ≈ respektabel 〈e-e Leistung, ein Resultat 成绩,结果〉

Be·ach·tung *die*; -; *nur Sg*(只用单数) **1.** das Beachten (1) 重视〈von Regeln 规则〉 **2.** ***B. verdienen*** *geschr*[书]; es wert sein, beachtet zu werden 值得注意,值得重视 **3.** ***j-m/etw. keine B. schenken*** j-n/etw. nicht beachten (3) 对…不予理会,不予理睬,不予关注 **4.** (***keine***) ***B. finden*** *geschr* [书]; (nicht) beachtet (3) werden(没有)受到重视,注意

Be·am·te *der*; *-n*, *-n*; j-d (*z. B.* ein Lehrer od. Polizist), der im Dienst des Staates arbeitet u. dadurch bestimmte Rechte (*z. B.* Anstellung auf Lebenszeit, Anspruch auf Pension) u. Pflichten (*z. B.* Verfassungstreue, Streikverbot) hat 公职人员,官员,官吏,公务员 ‖ K-(复合): ***Beamten-***, ***-anwärter***, ***-beleidigung***, ***-laufbahn*** ‖ -K(复合): ***Finanz-***, ***Kriminal-***, ***Polizei-***, ***Post-***, ***Verwaltungs-***, ***Zoll-*** ‖ NB(注意): *ein Beamter*; *der Beamte*; *den*, *dem*, *des Beamten* ‖ *hierzu*(派生) **Be·am·tin** *die*; -, *-nen* ‖ ▶ ***Amt***

Be·am·ten·ver·hält·nis *das*; *geschr*[书]; *mst in* 多用于 **1.** ***im B. sein*** als Beamter beim Staat arbeiten 在国家机关当公职人员,担任公职 **2.** ***j-n ins B. übernehmen*** j-n zum Beamten ernennen 录用某人为公职人员(担任公职) ≈ j-n verbeamten

be·ängs·ti·gend *Adj*(形); so, dass es Angst od. Unruhe hervorruft 使人害怕的,令人不安的,令人担忧的: *e-e beängstigende Stille* 使人害怕的寂静

be·an·spru·chen; *beanspruchte*, *hat beansprucht*; [Vt](及物) **1.** ***etw. b.*** etw. (*mst* in schriftlicher Form) fordern, auf das man ein Recht hat od. zu haben glaubt(有权)要求,理应得到 ≈ verlangen, Anspruch auf etw. erheben ↔ auf etw. verzichten 〈sein Recht, seinen Erbanteil b. 要求享有他的权利,要求获得他那份遗产〉: *Sie beansprucht Schadenersatz für ihr beschädigtes Auto* 她要求对她的被损坏的汽车赔偿损失 **2.** ***etw. b.*** von etw. Gebrauch machen, das einem j-d angeboten od. gegeben hat 利用,使用 ≈ etw. in Anspruch nehmen 〈j-s Aufmerksamkeit, Hilfe b. 利用某人的注意力,帮助〉: *Es ist schon spät u. ich möchte Ihre Gastfreundschaft wirklich nicht länger b.* 已经不早了,我确实不想再领受您的热情款待了 **3.** ***j-n/etw. b.*** j-n/etw. sehr viel od. sehr oft in Anspruch nehmen 占,占去,耗费: *Die drei kleinen Kinder beanspruchen sie sehr* 三个小孩子耗去她的许多精力 **4.** ***etw. beansprucht etw.*** etw. strapaziert etw., etw. nutzt etw. ab(物作主语)过度使用,损耗: *Wenn man Passstraßen fährt, werden die Bremsen stark beansprucht* 当人们驾车经过关隘时,刹车损耗得很厉害 **5.** ***etw. beansprucht etw.*** etw. benötigt Zeit od. Raum(物作主语)需要,占去(时间或空间): *Das neue Sofa beansprucht zu viel Platz* 新沙发太占地方; *Das Projekt beansprucht mehr Zeit als vorgesehen* 规划需要的时间比预定的要多 ‖ *zu* (义项) **3. Be·an·spru·chung** *die*; *mst Sg*(多用单数)

be·an·stan·den; *beanstandete*, *hat beanstandet*; [Vt](及物) ***etw.*** (***an etw.***) (*Dat* 三格)) ***b.*** sagen, dass man e-n Fehler od. Mangel festgestellt hat 指出毛病,指责,指摘,对…表示不满,挑剔〈e-e Entscheidung, e-e fehlerhafte Ware b. 对决定,对次品表示不满〉: *Der Kultusminister beanstandet*, dass *an den Schulen zu wenig gelernt wird* 文化部长指责说,学校里学的东西太少; *Haben Sie etwas an meiner Arbeit zu b.?* 您对我的工作有什么可指摘的吗? ‖ *hierzu*(派生) **Be·an·stan·dung** *die*

be·an·tra·gen; *beantragte*, *hat beantragt*; [Vt] (及物) **1.** ***etw.*** (***bei j-m/etw.***) ***b.*** versuchen, durch e-n schriftlichen Antrag (1) (*mst* an e-e Behörde) etw. zu bekommen 申请 ≈ e-n Antrag (1) auf etw. stellen 〈e-e Aufenthaltsgenehmigung, Sozialhilfe, ein Visum b. 申请准许居留,社会救济,签证〉: *Als er seinen Job verlor, beantragte er Arbeitslosengeld* 当他失去工作时,他曾申请失业金 **2.** ***etw. b.*** (*mst* bei e-m Prozess od. bei e-r Sitzung) etw. fordern od. verlangen 要求,建议(多指在诉讼时或在开会时)〈e-n Haftbefehl b. 要求下达逮捕令; e-e Unterbrechung, e-e Vertagung b. 要求中断(会议),会议延期〉: *Der Staatsanwalt beantragte, die Immunität des Politikers aufzuheben* 检察官要求撤销这位政治家的豁免权; *Der Vorstand beantragt*, dass *neu abgestimmt wird* 理事会要求重新表决 ‖ *hierzu*(派生) **Be·an·tra·gung** *die*; *nur Sg*(只用单数)

be·ant·wor·ten; *beantwortete*, *hat beantwortet*; [Vt](及物) **1.** ***etw. b.*** auf e-e Frage antworten回答,答复(问题) **2.** ***etw. mit etw. b.*** etw. als Reaktion auf e-e Handlung tun 以…回答,回应 ≈ auf etw. reagieren: *Sie beantwortete sein Lächeln mit e-m zärtlichen Blick* 她用温情的目光回答了他的微笑

Be·ant·wor·tung *die*; -; *nur Sg*(只用单数) **1.** das Beantworten (1) (e-r Frage)回答(问题) **2.** *nur in* 只用于 ***in B.*** + *Gen*(二格) (ADM)

geschr(【管理】)［书］；als Antwort auf etw. 作为对…的回答，答复：*in B. Ihres Schreibens vom 15.2.* 作为对您 2 月 15 日来函的答复

be·ạr·bei·ten; *bearbeitete, hat bearbeitet*; [Vt]（及物）**1. etw. b.** für etw. verantwortlich sein, es prüfen u. *mst* darüber entscheiden 审查处理〈e-e Akte, e-n Antrag, e-n Fall, ein Sachgebiet b. 审查处理档案材料，提案，案件，专业范围〉 **2. etw. b.** e-e Arbeit über etw. schreiben 研究，探讨〈ein Thema, e-e Aufgabe b. 研究论题，课题〉 **3. etw.**（**neu**）**b.** e-e Vorlage（*mst* e-n Text）verfassen od. nach bestimmten Kriterien verändern（重新）修改，修订，编辑，改编（书稿，文稿）≈ überarbeiten **4. etw.**（**mit etw.**）**b.** *mst* ein Material so verändern, dass es e-e bestimmte Form od. Beschaffenheit hat 加工，处理，耕种〈Holz, Metall, Rohstoffe, e-n Acker b. 加工木材，金属，原料，耕种土地〉 **5. etw. mit etw. b.** etw. *mst* mit e-r chemischen Substanz behandeln, um es zu reinigen od. zu konservieren 处理（多指用化学物质）：*verkalkte Fliesen mit Säure b.* 用酸处理老化的地板革 **6. j-n / etw. mit etw. b.** *gespr*［口］；j-n/etw. mehrmals schlagen od. treten 痛打，狠揍〈j-n/etw. mit Fäusten, Fußtritten b. 用拳头狠揍某人/某物，用脚猛踢某人/某物〉 **7. j-n b.** *gespr*［口］；versuchen, j-n von etw. zu überzeugen od. seine Zustimmung zu etw. zu bekommen, *bes* indem man lange u. intensiv auf ihn einredet 劝说，做…的工作，说服 ‖ *zu*（义项）**1., 2.** u. **3. Be·ạr·bei·ter** *der*; **Be·ạr·bei·te·rin** *die*

Be·ạr·bei·tung *die*; *-, -en* **1.** das Bearbeiten (1) 审查处理〈e-s Antrags 提案〉‖ K-（复合）：**Bearbeitungs-**, **-gebühr** **2.** das Bearbeiten (2,3) 研究，修改，改编，编辑，修订〈e-s Themas, e-s Textes 论题，文稿〉 **3.** die neue, veränderte Fassung *mst* e-s literarischen od. musikalischen Werkes（文学、音乐作品的）修改稿，改编稿：*Shakespeares „Othello" in der musikalischen B. von Verdi* 莎士比亚的《奥赛罗》（由威尔地改编作曲）‖ -K（复合）：**Bühnen-**, **Neu-** **4.** das Bearbeiten (4, 5) 加工，处理，耕种〈von Holz 木材，Metall 金属〉

be·ạrg·wöh·nen; *beargwöhnte, hat beargwöhnt*; [Vt]（及物）**j-n / etw. b.** gegenüber j-m/etw. e-n bestimmten Verdacht haben 怀疑，对…起疑心

Beat［biːt］*der*; *-(s)*; *nur Sg*, MUS（只用单数）【音】**1.** ≈ Beatmusik ‖ K-（复合）：**Beat-**, **-band**, **-gruppe**, **-party**, **-platte** **2.** ein bestimmter Rhythmus *bes* im B. (1) u. Jazz 强烈的节奏，强烈的节拍

be·at·men; *beatmete, hat beatmet*; [Vt]（及物）**j-n**（**künstlich**）**b.** j-m, der nicht mehr selbst atmen kann, Luft in die Lunge blasen od. ihm durch e-e Maschine Sauerstoff zuführen 给…进行人工呼吸，给…输氧 ‖ *hierzu*（派生）**Be·at·mung** *die*; *mst Sg*（多用单数）

Beat·mu·sik［ˈbiːt-］*die*; *nur Sg*（只用单数）；e-e Stilrichtung der modernen Unterhaltungsmusik, die um 1960 in Großbritannien entstand（1960 年在英国产生的）具有强烈节奏的现代音乐，打击音乐，披头士音乐

be·auf·sịch·ti·gen; *beaufsichtigte, hat beaufsichtigt*; [Vt]（及物）**j-n / etw. b.** darauf achten, dass j-d/etw. sich so verhält od. arbeitet, wie es erwünscht od. vorgeschrieben ist 照看，照管，监督，管理 ≈ überwachen〈Arbeiter, j-s Arbeit, Kinder b. 监督工人，照管（监督）某人的工作，照看孩子〉‖ *hierzu*（派生）**Be·auf·sich·ti·gung** *die*; *nur Sg*（只用单数）

be·auf·tra·gen; *beauftragte, hat beauftragt*; [Vt]（及物）**j-n**（**mit etw.**）**b.** j-m (in Form e-r Bitte od. e-s Befehls) den Auftrag geben, etw. für einen zu tun 委托，授权，责成：*j-n mit der Anfertigung e-s Plans b.* 委托某人制订计划

Be·auf·trag·te *der / die*; *-n, -n*; j-d, der e-n *mst* offiziellen Auftrag hat, etw. Bestimmtes zu tun 代理人，受托人，代表：*der B. e-r Kommission* 委员会的受托人 ‖ -K（复合）：**Lehr-**, **Sonder-** ‖ NB（注意）：*ein Beauftragter; der Beauftragte; den, dem, des Beauftragten*

be·äu·gen; *beäugte, hat beäugt*; [Vt]（及物）**j-n / etw. b.** *mst hum* 多作［诙］；j-n/etw. genau u. forschend betrachten 认真观察，打量，盯着：*e-n Fremden, etw. Interessantes b.* 仔细打量陌生人，注视有趣的东西 ‖ ▶ **Auge**

be·bau·en; *bebaute, hat bebaut*; [Vt]（及物）**1. etw.**（**mit etw.**）**b.** auf e-r Fläche (ein) Gebäude errichten 在…上建造：*ein Grundstück mit Häusern b.* 在一块地皮上建造房屋 **2. etw. b.** den Boden od. Acker bearbeiten (4), um etw. darauf anpflanzen zu können 耕种，耕作，开垦〈ein Feld, e-n Acker b. 耕种土地，农田〉‖ *zu*（义项）**1. Be·bau·ung** *die*; *nur Sg*（只用单数）

be·ben; *bebte, hat gebebt*; [Vi]（不及物）**1. etw. bebt** etw. wird *bes* durch den Knall e-r Explosion od. durch ein Erdbeben erschüttert（物作主语）震动，颤动〈die Häuser, die Mauern, die Erde 房屋，墙壁，大地〉 **2.**（**vor etw.**（*Dat* 三格））**b.** heftig zittern 颤抖，发抖〈j-s Lippen 某人的嘴唇〉：*Seine Stimme bebte vor Erregung* 他的声音由于激动而发颤；*Er bebte vor Wut* 他气得发抖

Be·ben *das*; *-s, -* **1.** ≈ Erdbeben **2.** *nur Sg*（只用单数）；der Zustand, in dem etw. bebt (1, 2) 震动，抖动（的状态）〈das B. e-s Hauses, e-r Stimme 房屋的震动，声音的颤抖〉

be·bịl·dern; *bebilderte, hat bebildert*; [Vt]（及物）**etw. b.** etw. mit Bildern versehen 给…加插图〈e-n Text, ein Buch b. 给文章，书加插图〉‖ *hierzu*（派生）**Be·bịl·de·rung** *die*; *nur Sg*（只用单数）

Bẹ·cher *der*; *-s, -* **1.** ein Trinkgefäß (*mst* nicht aus Glas) *mst* ohne Henkel u. ohne Fuß 饮料杯（多为平底无把的非玻璃制品）：*aus e-m B. trinken* 用饮料杯喝 ‖ -K（复合）：**Papp-**, **Plastik-**, **Silber-**, **Zinn-** **2.** e-e Art B. (1), der für andere Zwecke (als das Trinken) verwendet wird 杯，碗，盅，筒（不是盛

饮料用的）‖ -K(复合)：***Eier-***，***Mess-***，***Würfel-Becher***

der Joghurtbecher 酸奶杯　der Würfelbecher 色子筒　der Becher(1) 饮料杯

be·chern; *becherte*, *hat gebechert*; [Vi]（不及物）*gespr hum*［口］［诙］; viel Alkohol trinken 痛饮，狂饮≈ zechen

be·cir·cen [bəˈtsɪrtsn̩] ↑ ***bezirzen***

Be·cken *das*; *-s*, *-* **1.** ein relativ großer Behälter für Wasser, der *mst* in der Küche od. im Bad ist u. der *bes* zum Waschen u. Spülen dient 洗手池，盥洗盆 ‖ -K（复合）：***Spül-***，***Wasch-*** **2.** ein großer Behälter, der (im Boden) künstlich angelegt ist u. mit Wasser gefüllt wird, sodass man *z.B.* darin schwimmen kann 水池，游泳池 ≈ Bassin ‖ K-（复合）：***Becken-***，***-rand*** ‖ -K（复合）：***Nichtschwimmer-***，***Plansch-***，***Schwimm-*** **3.** der gebogene Teil *bes* des menschlichen Skeletts, der die Wirbelsäule mit den Beinen verbindet u. vor dem bestimmte Organe (*z.B.* der Darm) liegen 骨盆 ‖ ↑ *Abb. unter* 图见 ***Skelett*** ‖ K-（复合）：***Becken-***，***-bruch***，***-knochen*** **4.** GEOL【质】; e-e große Mulde in der Erdoberfläche 盆地 **5.** MUS【音】; ein Schlaginstrument, das aus einer od. zwei Scheiben aus Metall besteht 钹，铙钹 ‖ ↑ *Abb. unter* 图见 ***Schlaginstrumente***

Bec·que·rel [bɛkəˈrɛl] *das*; *-s*, *-*; e-e Einheit, mit der man Radioaktivität misst 贝克勒耳（测量放射现象的单位）; *Abk* 缩写 Bq

be·dacht *Adj*（形）**1.** *Partizip Perfekt*（过去分词）; ↑ ***bedenken*** **2.** ***auf etw.*** (*Akk* 四格) ***b. sein*** konsequent u. sorgfältig auf etw. achten 关心，关注〈auf seinen Vorteil b. sein 关心自己的利益〉: *Er war stets* darauf *b.*, *e-n guten Eindruck* zu *machen* 他以前经常注意给人一个好印象 **3.** mit sehr viel Ruhe u. Übersicht 深思熟虑的，慎重的 ≈ überlegt〈Handlungen 行为〉

Be·dacht *nur in* 只用于 ***mit/voll B.***〈handeln, sprechen 行动，说话〉ruhig u. überlegt 深思熟虑地，谨慎地，慎重地，审慎地

be·däch·tig *Adj*（形）; **1.** langsam u. ruhig (in Bezug auf Bewegungen) 不慌不忙的，从容不迫的，悠闲的 **2.** überlegt (in Bezug auf Sprechen od. Handeln) 深思熟虑的，小心谨慎的，慎重的 ‖ *hierzu*（派生）**Be·däch·tig·keit** *die*; *nur Sg*（只用单数）

be·dan·ken, sich; *bedankte sich*, *hat sich bedankt*; [Vr]（反身）***sich*** (***bei j-m***) (***für etw.***) ***b.*** (j-m) seinen Dank für etw. zum Ausdruck bringen 表示感谢，致谢，道谢: *Hast du dich* (*bei deiner Tante*) *schon* (*für das Geschenk*) *bedankt?* 你（对你姑母送的礼物）已经道谢了吗? ‖ ID［谚］*mst* 多用 ***Bedanke dich bei ˈihm/ˈihr*** (***dafür***) *gespr iron*［口］［讽］; er/sie ist schuld daran（这事）你该感谢他/她呀（他/她对此事负有责任）

Be·darf *der*; *-(e)s*; *nur Sg*（只用单数）**1.** ***der B.*** (***an j-m/etw.***) *Kollekt*（集合）; die Zahl od. Menge an Menschen, Dingen od. Leistungen, die man zu e-m bestimmten Zweck braucht 对…需要，需求〈B. an j-m/etw. haben 需要某人/某物; es besteht (kein) B. an j-m/etw.（不）需要某人/某物; der B. an j-m/etw. ist gedeckt 对某人/某物的需要已得到满足（够了）〉: *An neuen Wohnungen besteht großer B.* 对新的住房需求量很大 ‖ K-（复合）：***Bedarfs-***，***-ermittlung***，***-forschung*** ‖ -K（复合）：***Erdöl-***，***Energie-***，***Strom-*** **2.** ***bei B.*** wenn es erforderlich ist 需要时 **3.** (***je***) ***nach B.*** wie man es gerade benötigt（各）按需要 ‖ ID［谚］*mst* 多用 ***Mein B. ist gedeckt!*** *gespr*［口］; ich habe genug davon 我已经够了（腻烦了）

-be·darf *der*; *im Subst*, *begrenzt produktiv*（构成名词，构词有限）**1.** verwendet als Kollektivbezeichnung, um die Dinge od. Personen zu bezeichnen, die j-d für e-n bestimmten Zweck braucht …需求（量），必需（品）; ***Bürobedarf***，***Energiebedarf***，***Heimwerkerbedarf***，***Personalbedarf***，***Reisebedarf***，***Schreibbedarf*** **2.** drückt aus, dass etw. getan werden muss …需要;〈es herrscht 存在着〉***Entscheidungsbedarf*** (= etw. muss entschieden werden), ***Erneuerungsbedarf***，***Handlungsbedarf***，***Nachholbedarf***

Be·darfs·fall *der*; *nur in* 只用于 ***im B./für den B.*** wenn es nötig ist/sein sollte 需要时，必要时 ≈ bei Bedarf

be·darfs·ge·recht *Adj*（形）;（ADM）*geschr*【管理】［书］; so, dass es sich stets nach dem wirklichen Bedarf richtet 符合需要的，适合需要的，按实际需要的〈etw. b. produzieren 按需生产某物〉

be·dau·er·lich *Adj*（形）; *nicht adv*（不作状语）;〈ein Fehler, ein Vorfall 错误，事故〉so, dass sie zu bedauern (2) sind 令人遗憾的，令人惋惜的

be·dau·er·li·cher·wei·se *Adv*（副）; *geschr*［书］≈ leider

be·dau·ern; *bedauerte*, *hat bedauert*; [Vt]（及物）**1.** ***j-n b.*** für j-n, dem es nicht gut geht, Mitgefühl od. Sympathie zeigen 对…表示同情，怜悯 ≈ bemitleiden: *e-n kranken Menschen b.* 对病人表示同情 **2.** ***etw. b.*** etw. als unerfreulich, schade ansehen 对…表示遗憾，抱歉，惋惜: *Er bedauerte*, dass *er sie nicht persönlich kennenlernen konnte* 他对他没有能亲自认识她感到遗憾; *Wir bedauern*, *Ihnen mitteilen zu müssen*, *dass Sie die Prüfung nicht bestanden haben* 我们感到遗憾地不得不通知您，您考试不及格 ‖ ID［谚］***j-d ist zu b.*** mit j-m muss man Mitleid haben（人作主语）是该同情的; (***ich***) ***bedaure*** verwendet, wenn man e-e Bitte nicht erfüllen kann(表示无法满足请求)(我)很抱歉

Be·dau·ern *das*; *-s*; *nur Sg*(只用单数) **1**. **B**. (**über etw**. (*Akk* 四格)) ≈ Mitgefühl ⟨sein B. über etw. ausdrücken 对某事表示同情⟩: *Worte des Bedauerns* 同情的话语 **2**. das Gefühl der Traurigkeit od. Enttäuschung 遗憾,惋惜: *Zu meinem B. fiel das Konzert aus* 使我感到遗憾的是,音乐会取消了

be·dau·erns·wert *Adj*(形); ⟨ein Mensch 人⟩ so, dass er zu bedauern (1) ist 值得同情的,值得怜悯的

be·de·cken *bedeckte*, *hat bedeckt*; Vt (及物) **1**. **j-n/ etw**. (**mit etw**.) **b**. *mst* e-e Decke od. ein Tuch über j-n/etw. legen, sodass man ihn/es nicht mehr sieht 给…盖上,遮上,铺上,蒙上,: *den Boden mit Matten b*. 在地上铺席子(垫子); *e-n Toten mit e-m Leinentuch b*. 用床单盖在死者身上 **2**. **etw**. **bedeckt etw**. etw. befindet sich in großer Anzahl od. in dichter Form auf etw. (物作主语)覆盖,遮盖,遮蔽: *Schnee bedeckte die Wiesen* 白雪覆盖了草地 **3**. **etw**. **bedeckt etw**. etw. verhüllt od. verbirgt etw. ganz od. teilweise(物作主语)遮住,盖住: *Der Rock bedeckte kaum ihre Knie* 裙子几乎遮不住她的膝盖

be·deckt **1**. *Partizip Perfekt*(过去分词); ↑ **bedecken** **2**. *Adj*(形); *nicht adv*(不作状语); voller Wolken 布满云层的 ≈ bewölkt ⟨der Himmel 天空⟩ **3**. **sich b**. **halten** aus bestimmten Gründen nichts über etw. sagen 默不作声,保持沉默,闭口不语

be·den·ken; *bedachte*, *hat bedacht*; Vt (及物) **1**. **etw**. **b**. etw. (*bes* im Hinblick auf etw., das noch geschehen wird) prüfend überlegen 考虑,思考 ≈ über etw. nachdenken, etw. berücksichtigen: *die Folgen e-r Handlung genau*, *gründlich b*. 仔细地、认真地考虑行为的后果; *Er fährt immer ohne Helm Motorrad*, *ohne zu b*., wie *gefährlich das ist* 他骑摩托车总是不戴安全帽(头盔),毫不考虑这是多么危险 **2**. **j-n mit etw**. **b**. *geschr*[书]; j-m (aus Sympathie) etw. geben(出于好感)用…送给,给予: *j-n mit Applaus*, *Geschenken*, *Ratschlägen b*. 对某人鼓掌,喝采,送给某人礼物,给某人出主意想办法 **3**. (**j-m**) **zu b**. **geben**, **dass** ... *geschr*[书]; j-n auf etw. hinweisen, das berücksichtigt werden muss 提醒(某人)考虑,请(某人)考虑

Be·den·ken *das*; *-s*, *-*; *mst Pl*(多用复数); **Bedenken** (**gegen j-n/etw**.) Zweifel od. Befürchtungen in bezug auf j-n/etw. (对…的)顾虑,疑虑,怀疑 ⟨ernsthafte, schwerwiegende B. haben, äußern 有,表示严重的,很大的顾虑; j-s B. beseitigen, zerstreuen 消除,驱散某人的疑虑⟩: *Haben Sie irgendwelche Bedenken*, *dass das Projekt ein Misserfolg werden könnte?* 您是否存有某种疑虑,认为方案可能会失败呢?

be·den·ken·los *Adj*(形); **1**. ohne Skrupel od. Hemmungen 毫无顾忌的,毫不迟疑的,没有怀疑的 ≈ rücksichtslos: *e-e Situation b*. *ausnützen* 毫不迟疑地利用形势 **2**. ohne Überlegung 不加思索的,未经考虑的: *sich j-m b*. *anvertrauen* 不加考虑地信任(委托)某人 **3**. *mst adv*(多作状语); ohne dass man sich Gedanken machen muss, dass etw. Schlimmes passiert 毫无顾虑的: *Diese Pilze kann man b*. *essen* 这种蘑菇人们可以毫无顾虑地食用 ‖ *zu* (义项) **1**. u. **2**. **Be·den·ken·lo·sig·keit** *die*; *nur Sg*(只用单数)

be·denk·lich *Adj*(形) **1**. so, dass es (für j-n) gefährlich sein könnte 可疑的,有危险的,令人忧虑的≈ bedrohlich ⟨j-s Gesundheitszustand 某人的健康状况, e-e Situation 情况⟩ **2**. voller Bedenken 充满疑虑的,迟疑不决的,怀疑的 ≈ skeptisch, nachdenklich, besorgt ⟨ein Gesicht 面部表情⟩ **3**. moralisch od. gesetzlich fragwürdig(道德上或法律上)有问题的,令人生疑的 ≈ zweifelhaft: *bedenkliche Mittel anwenden*, *um sein Ziel zu erreichen* 采用令人怀疑的手段(办法)去达到自己的目的

Be·denk·zeit *die*; *nur Sg*(只用单数); die Zeit, die j-d bekommt, um etw. genau zu überlegen, bevor er sich entscheidet 考虑的时间 ⟨j-m B. geben, gewähren, einräumen 给某人以考虑的时间,给某人提供,留出考虑的时间; um B. bitten 请求给予考虑的时间⟩: *Sie haben drei Tage B*., *dann möchte ich e-e klare Antwort!* 您有三天考虑的时间,到时候我想得到一个明确的答复!

be·dep·pert *Adj*(形); *gespr*, *oft pej*[口]常用[贬] ≈ verlegen, ratlos ⟨b. dreinschauen, dastehen 手足无措地注视着,站着⟩

be·deu·ten; *bedeutete*, *hat bedeutet*; Vt (及物) **1**. **etw**. **bedeutet etw**. etw. hat e-e bestimmte Bedeutung (1)(物作主语)意味着,表示…意义: *Was hat dein Verhalten zu b*.? 你的行为(态度)是什么意思?; *Rotes Licht im Verkehr bedeutet*, dass *man anhalten od*. *warten muss* 红灯在交通中意味着人们必须停下来或者等待 **2**. **etw**. **bedeutet etw**. etw. hat e-e bestimmte sprachliche Bedeutung (1)(物作主语)有…意义,含义,意思是: *Weißt du*, *was das Wort „Quasar" bedeutet?* 你知道"类星体"这个词是什么意思吗? **3**. **etw**. **bedeutet etw**. etw. bringt etw. mit sich(物作主语)意味着(指带来某种结果): *Viele wissen nicht*, *was es bedeutet*, *allein* zu *sein* 许多人不知道,孤身一人意味着什么; *Der Tod bedeutet für viele etw*. *Schreckliches* 死亡对许多人来说意味着某种可怕的东西 **4**. **etw**. **bedeutet etw**. etw. hat etw. Bestimmtes zur Folge(物作主语)预示着,意味着(指造成某种后果): *Wenn ich noch länger warten muss*, *bedeutet das für mich*, *den Zug* zu *verpassen* 如果我还要等更长时间,那对我来说就意味着赶不上火车 **5**. **etw**. **bedeutet etw**. etw. ist ein Zeichen für etw. (物作主语)预示,有…征兆: *Dunkle Wolken bedeuten Regen* 乌云预示要下雨; *Sein Gesichtsausdruck bedeutete nichts Gutes* 他的面部表情不是什么好兆头 **6**. (**j-m**) **etw**. **b**. (für j-n) wichtig, viel wert sein 有意义,有价值,很重要: *Luxus bedeutet mir nichts* 奢侈对我来说毫无意义; *Du bedeutest mir alles* 你对我来说就是一切 ‖ NB(注意): *zu*

(义项)**1.-6.** kein Passiv!(不用被动语态!)

be·deu·tend *Adj*(形) **1.**〈ein Gelehrter, ein Künstler 学者,艺术家; ein Bauwerk, ein Kunstwerk 建筑物,艺术品〉so, dass sie durch große Leistungen od. Qualität aus e-r Gruppe vergleichbarer Personen od. Dinge herausragen 杰出的,卓越的,超群的 **2.** mit viel Ansehen u. Einfluss 著名的,有名的,有名望的,有影响的 ≈ herausragend〈e-e Persönlichkeit 人物〉**3.** mit weit reichenden Folgen 重大的 ≈ wichtig〈ein Ereignis, e-e Erfindung, e-e Entwicklung 事件,发明创造,发展〉**4.**〈ein Vermögen, ein Talent 能力,才能〉so (groß), dass sie Beachtung od. Lob verdienen 相当大的,可观的,值得称颂的 ≈ beachtlich: *Wir haben uns unserem Ziel e-n bedeutenden Schritt genähert* 我们向自己的目标前进了一大步 **5.** *nur adv*(只作状语); verwendet, um ein Adj. im Komparativ od. ein Verb zu verstärken(用来加强形容词比较级或动词的语义)大大地,相当地 ≈ wesentlich: *Der Kranke sieht heute schon b. besser aus* 今天病人看起来已经好多了; *Die Chancen haben sich b. verschlechtert* 成功的机会大大减少了

be·deut·sam *Adj*(形) **1.** ≈ bedeutend (3), wichtig **2.** ≈ bedeutungsvoll (2), viel sagend ‖ *hierzu*(派生) **Be·deut·sam·keit** *die*; *nur Sg*(只用单数)

Be·deu·tung *die*; -, *-en* **1.** das, was mit Sprache, Zeichen, e-m Verhalten *o. Ä.* ausgedrückt werden soll 意义,含义,意思: *Das Wort „Bank" hat mehrere Bedeutungen* "Bank"一词有好几个含义; *„Synonyme" sind Wörter mit gleicher B.* "同义词"是一些具有相同含义的词 ‖ K-(复合): ***Bedeutungs-, -lehre, -wandel, -wörterbuch*** **2.** etw., das qualitativ wichtig ist od. e-e besondere Wirkung hat 意义,重要性 ≈ Wichtigkeit, Tragweite: *Diese Entscheidung war von besonderer politischer B. für die Weiterentwicklung des Landes* 这个决定对于国家的进一步发展具有特别的政治意义 **3.** ≈ Sinn (3)〈e-e tiefere B. 更深刻的含义〉

be·deu·tungs·los *Adj*(形) ≈ unwichtig, irrelevant〈ein Einwand, ein Fehler 不同意见,错误〉‖ *hierzu*(派生) **Be·deu·tungs·lo·sig·keit** *die*; *nur Sg*(只用单数)

be·deu·tungs·voll *Adj*(形) **1.** voll Bedeutung (2)很有意义的,重要的 ≈ wichtig, relevant **2.** von besonderer Bedeutung (1)意味深长的,含义深刻的 ≈ viel sagend〈ein Blick, ein Lächeln 目光,微笑; j-n b. ansehen 意味深长地注视某人〉

be·die·nen; *bediente, hat bedient*; [Vt/i](及物/不及物) **1.** ***(j-n) b.*** (als Kellner) e-m Gast Speisen u. Getränke (an den Tisch) bringen 服务,招待 ≈ servieren: *In diesem Lokal wird man sehr korrekt bedient* 这个饭馆服务很周到; *Wer bedient an diesem Tisch?* 这张桌谁负责招待?; [Vt](及物) **2.** ***j-n b.*** (als Verkäufer) e-m Kunden durch Ratschläge beim Kauf helfen 接待(顾客): *Werden Sie schon bedient?* 有人接待您了吗? **3.** ***j-n b.*** für j-n etw. tun, weil er selbst es nicht tun will od. kann 服侍,伺候: *Wenn er abends nach Hause kommt, lässt er sich gern von seiner Frau b.* 他晚上回到家乐意受妻子伺候 **4.** ***etw. b.*** *mst* ein relativ großes Gerät od. e-e Maschine korrekt gebrauchen u. ihre Funktionen kontrollieren 操纵,操作,看管(多指较大型的设备或机器)〈e-n Kran, e-e Waschmaschine b. 操纵起重机,操作洗衣机〉; [Vr](反身) **5.** ***sich b.*** sich etw. zu essen od. trinken nehmen, *mst* nachdem j-d es einem angeboten hat 自己取用或动手(指吃喝) ≈ zugreifen: *Hier sind ein paar belegte Brote – bedient euch bitte!* 这里有一些夹心面包,请你们随便吃吧! **6.** ***sich etw.*** (*Gen* 二格) ***b.*** *geschr*[书]; von etw., das man hat, Gebrauch machen 利用,使用 ≈ etw. benutzen: *sich beim Übersetzen e-s Wörterbuchs b.* 翻译时使用词典 ‖ ID [谚] *mst* 多用 (***mit etw***) ***gut / schlecht bedient sein*** *gespr* [口]; mit etw. zufrieden/nicht zufrieden sein können (对…)感到满意/不满意; *mst* 多用 ***Ich bin bedient!*** *gespr*[口]; Ich habe genug davon 我已经够了(厌烦了)

Be·diens·te·te *der/die*; *-n, -n* **1.** (ADM) *geschr*【管理】[书]; j-d, der im öffentlichen Dienst angestellt ist 公职人员,公务员,职员 ‖ -K(复合): ***Post-, Staats-*** **2.** ≈ Hausangestellte(r) ‖ NB(注意): *ein Bediensteter; der Bedienstete; den, dem, des Bediensteten*

Be·die·nung *die*; -, *-en* **1.** *nur Sg*(只用单数); das Bedienen (1) e-s Gastes 服务,招待〈inklusive B. 包括服务在内; mit/ohne B. 包括/不包括服务〉**2.** *nur Sg*(只用单数); das Bedienen (2) e-s Kunden 服务,接待(顾客)〈prompte B. 及时周到的服务〉**3.** *nur Sg*(只用单数); das Bedienen (4) *mst* e-r Maschine 操纵,看管,操作(机器) ‖ K-(复合): ***Bedienungs-, -fehler, -komfort*** **4.** j-d, der in e-m Lokal bedient (1) (als Anrede *bes* gegenüber Frauen verwendet)(饭馆的)招待员,服务员(尤指对女性的称呼): *B., zahlen bitte!* 服务员,请结账!

Be·die·nungs|an·lei·tung *die*; ein Heft *o. Ä.*, in dem steht, wie man e-e Maschine od. ein Gerät bedient (4)操作说明,使用说明 ≈ Gebrauchsanweisung

be·din·gen; *bedingte, hat bedingt*; [Vt](及物) **1.** ***etw. bedingt etw.*** etw. hat etw. zur Folge(物作主语)引起,造成 ≈ etw. bewirkt etw.: *Höhere Löhne bedingen höhere Preise* 较高的工资造成较高的价格; *Seine mangelnde Konzentrationsfähigkeit ist psychisch bedingt* 他缺乏专注能力是心理所造成的 **2.**〈zwei od. mehrere Faktoren 两种或多种因素〉***bedingen sich gegenseitig / wechselseitig*** zwei od. mehrere Zusammenhänge, Zustände *o. Ä.* stehen so miteinander in Beziehung, dass die Existenz od. Veränderung der einen Sache von der Existenz od. Veränderung der anderen Sache abhängt(物作主语)复:彼此相互制约,互为条件,互为前提: *Das Lohnniveau u. die Kaufkraft bedingen sich gegenseitig* 工资

水平和购买力相互制约

be·dingt **1**. *Partizip Perfekt*(过去分词)；↑ **bedingen** **2**. *Adj*(形)；*mst adv*(多作状语)；nicht in vollem Umfang, nicht ohne Einschränkung 有条件的，在一定条件下〈b. geeignet, verwendungsfähig, einsetzbar 在一定条件下是适当的，能使用的，可任用的〉：*Ihr Einwand ist nur b. berechtigt* 你们的不同意见只有在一定条件下是有道理的 **3**. *Adj*(形)；von bestimmten Vorstellungen od. Bedingungen abhängig 有条件的〈e-e Strafe, e-e Zusage 处罚，允诺〉

-be·dingt *im Adj, begrenzt produktiv*(构成形容词，构词有限)；verwendet, um auszudrücken, dass das, was im ersten Wortteil genannt wird, der Grund od. die Ursache für etw. anderes ist(表示前一个词素是引起某种现象的根据或原因)由于…而引起的：***altersbedingt***, ***berufsbedingt***〈Krankheiten 疾病〉, ***krankheitsbedingt***〈Erscheinungen 现象〉, ***preisbedingt***〈e-e Absatzsteigerung 销售量上升〉, ***saisonbedingt***〈ein Urlauberrückgang 休假旅游者减少〉, ***verletzungsbedingt***〈ein Ausfall 缺勤〉, ***witterungsbedingt***〈Schäden 损失〉, ***zufallsbedingt***〈ein Ereignis 事件〉

Be·dingt·heit *die*；-；*nur Sg*(只用单数)；die Art u. Weise, wie etw. bestimmt ist od. verursacht wird 制约性：*die soziologische B. von Verbrechen* 犯罪的社会学制约性

Be·din·gung *die*；-, *-en* **1**. e-e Forderung, von deren Erfüllung *mst* e-e Vereinbarung od. ein Vertrag abhängig gemacht wird 条件〈(j-m) e-e B. stellen(向某人)提出条件〉：*Ihre Bedingungen sind für uns nicht akzeptabel* 您的条件对我们来说是无法接受的 **2**. ***B. für etw.*** e-e Voraussetzung, ohne die etw. nicht realisiert werden kann 前提，条件：*Ich helfe dir nur unter der B., dass du mir auch hilfst* 只有在你也帮助我的条件(前提)下，我才帮助你 ‖ -K(复合)：***Liefer-***, ***Zahlungs-*** **3**. *nur Pl*(只用复数)；bestimmte Umstände, die j-n/etw. beeinflussen 条件，情况，环境〈gute, (un)günstige Bedingungen 良好的，有(不)利的条件；die äußeren, klimatischen Bedingungen 外部的，气候的条件〉：*unter erschwerten Bedingungen arbeiten* 在更加困难的条件下工作 ‖ -K(复合)：***Lebens-***, ***Witterungs-***

be·din·gungs·los *Adj*(形)；**1**. ohne jede Einschränkung 无条件的，无限制的，绝对的 ↔ bedingt〈Vertrauen 信任〉 **2**. ohne e-e Bedingung (1)无条件的〈b. kapitulieren 无条件投降〉

be·drän·gen；*bedrängte*, *hat bedrängt*；**Vt**(及物) **1**. ***j-n (mit etw.) b.*** j-n wiederholt bitten, drängen, etw. zu tun (以…)逼迫，催逼，纠缠 **2**. ***j-n/etw. b.*** versuchen, j-n/etw. durch heftiges, wiederholtes Angreifen in e-e schwierige Lage zu bringen 进逼，步步紧逼：*Die Festung wurde von den feindlichen Truppen bedrängt* 敌人的部队曾经进逼堡垒 ‖ NB(注意)：*mst* im Passiv(多用于被动语态) ‖ *hierzu*(派生) **Be·drän·gung** *die*；*nur Sg*(只用单数)

Be·dräng·nis *die*；-；*nur Sg*(只用单数)；e-e sehr unangenehme u. schwierige Situation 窘境，困境 ≈ Notlage〈in B. sein/geraten 处于/陷入困境；j-n in B. bringen 使某人陷入困境〉

be·dro·hen；*bedrohte*, *hat bedroht*；**Vt**(及物) **1**. ***j-n (mit etw.) b.*** j-m mit Worten od. Taten drohen(用…)威胁，威吓：*j-n mit e-r Pistole b.* 用手枪威胁某人；*j-n mit dem Tod b.* 用死亡威胁某人 **2**. ***etw. bedroht j-n*** etw. stellt für j-n e-e Gefahr dar(物作主语)威胁，危及，使遭受危险 ≈ etw. gefährdet j-n：*Epidemien u. Naturkatastrophen bedrohen die Menschheit* 传染病和自然灾害威胁着人类 ‖ *hierzu*(派生) **Be·dro·hung** *die*

be·droh·lich *Adj*(形)；so, dass es e-e Gefahr darstellt od. ankündigt 危险的，具有威胁性的 ≈ gefährlich〈e-e Situation 形势〉：*Das Hochwasser nahm bedrohliche Ausmaße an* 大水达到了危险的程度

be·droht **1**. *Partizip Perfekt*(过去分词)；↑ **bedrohen** **2**. *Adj*(形)；*mst präd*(多作表语)；in Gefahr 受到威胁，在危险中〈j-s Leben, die Umwelt 某人的生命，环境〉 **3**. ***e-e Pflanze / ein Tier. ist vom Aussterben b.*** e-e Pflanze, ein Tier ist in Gefahr auszusterben(某种动、植物)有灭绝的危险

be·dru·cken；*bedruckte*, *hat bedruckt*；**Vt**(及物) ***etw. (mit etw.) b.*** auf Stoff, Papier *o. Ä.* etw. drucken：(把…)印在…上，在…上印上 *ein mit Blumen bedruckter Stoff* 印花的织物(衣料)

be·drü·cken；*bedrückte*, *hat bedrückt*；**Vt**(及物) ***etw. bedrückt j-n*** etw. bewirkt, dass j-d traurig, pessimistisch *usw* ist(物作主语)使心情沉重，使压抑 ≈ etw. deprimiert j-n〈j-d wird von Kummer, Sorgen, Einsamkeit bedrückt 忧伤，忧虑，孤寂使某人心情沉重，受到压抑〉：*Sie sieht bedrückt aus* 她看起来心情沉重 ‖ *hierzu*(派生) **Be·drü·ckung** *die*；*nur Sg*(只用单数)

be·dür·fen；*bedarf*, *bedurfte*, *hat bedurft*；*geschr*[书]；**Vi**(不及物) **1**. ***j-s/etw. b.*** j-n/etw. brauchen 需要〈j-s Hilfe, der Ruhe b. 需要某人的帮助，需要安静；etw. bedarf e-r Erklärung 某事需要加以说明〉；**Vimp**(无人称) **2**. ***es bedarf j-s/etw.*** j-d/etw. wird benötigt, ist nötig 需要：*Es hätte nur eines Wortes bedurft, u. ich hätte ihr verziehen* 本来只要说一句话，我就会原谅她的

Be·dürf·nis *das*；*-ses*, *-se* **1**. ***ein B. (nach etw.)*** die Notwendigkeit od. der Wunsch, etw. zu bekommen, das man braucht 需要，需求，渴求〈ein B. nach Liebe, Schlaf haben, verspüren 觉得，感到需要爱，睡觉〉：*die Produktion den Bedürfnissen des Marktes anpassen* 使生产适应市场的需要 ‖ K-(复合)：***Bedürfnis-***, ***-befriedigung***, ***-entwicklung*** ‖ -K(复合)：***Mitteilungs-***, ***Schlaf-***, ***Sicherheits-*** **2**. *mst* 多用 ***es ist mir ein B. + zu*** + *Infinitiv*(不定式) ich möchte/muss unbedingt etw. sagen, tun *o. Ä.* 我想要，我需要做某事 ‖ *hierzu*(派生) **be·dürf·nis·los** *Adj*(形)

be·dürf·tig *Adj*(形)；*nicht adv*(不作状语) **1**.

auf (materielle) Hilfe anderer angewiesen 贫苦的，贫困的，生计窘迫的，缺衣少食的≈ arm (1) **2. j-s/etw. b. sein** *geschr*[书]；j-n/etw. unbedingt brauchen 需要，渴望〈der Liebe, des Trostes b. sein 需要爱，安慰〉‖ *zu*(义项) **1. Be·dürf·tig·keit** *die*；*nur Sg*(只用单数)

-be·dürf·tig *im Adj*, *begrenzt produktiv*(构成形容词，构词有限)；verwendet, um auszudrücken, dass das, was im ersten Wortteil genannt wird, gebraucht od. benötigt wird 需要…的：***erholungsbedürftig***, ***hilfsbedürftig***〈ein Kranker 病人〉，***liebebedürftig***〈ein Kind 孩子，儿童〉，***pflegebedürftig***〈alte Menschen 老人〉，***reparaturbedürftig***〈ein Auto 汽车〉，***ruhebedürftig***，***schutzbedürftig***，***verbesserungsbedürftig***〈ein Plan, ein Entwurf 计划，草案〉，***wärmebedürftig***〈e-e Pflanze 植物〉

Beef·steak [ˈbiːfsteːk] *das*；*-s*，*-s* **1.** e-e Scheibe gebratenes Rindfleisch, *mst* von der Lende des Rindes 牛排 **2. *deutsches B.*** ≈ Frikadelle

be·eh·ren；*beehrte*，*hat beehrt*；[Vt](及物) ***j-n/etw.*** (***mit etw.***) ***b.*** *oft iron* 常用[讽]；j-n/e-e Veranstaltung durch seine Anwesenheit od. durch seinen Besuch würdigen (以亲身出席或光顾)使增光，光临〈j-n mit seinem Besuch b. 光临某人家〉‖ ID[谚] ***Beehren Sie uns bald wieder!*** verwendet, um e-n Kunden od. e-n zahlenden Gast höflich zu verabschieden(作为告别顾客的礼貌用语)请您不久再次光临！欢迎再次光临！

be·ei·den；*beeidete*，*hat beeidet*；[Vt](及物) ***etw. b.*** e-n Eid darauf schwören, dass etw. wahr ist 发誓证实，对…发誓〈e-e Aussage b. 对口供(证词)发誓〉

be·ei·digt *Adj*(形)；〈ein Dolmetscher, ein Sachverständiger 翻译，专家〉so, dass sie e-n Eid abgegeben haben, immer die Wahrheit zu sagen, u. sie deshalb ihre Fachkenntnisse bei Gerichtsverhandlungen *o. Ä.* anwenden dürfen 发过誓(要讲真话)的，起过誓的

be·ei·len, sich；*beeilte sich*，*hat sich beeilt*；[Vr](反身) ***sich*** (***bei/mit etw.***) ***b.*** etw. schneller als üblich tun, um ein Ziel rechtzeitig zu erreichen od. um rechtzeitig fertig zu werden 赶快，从速，加紧，急忙：*Sie musste sich b., um ihr Flugzeug nicht zu verpassen* 她不得不加快动作，为了不耽误她的飞机；*Beeil dich ein bisschen, sonst kommen wir zu spät!* 你要快点，要不的话我们会迟到！

Be·ei·lung *mst in* 多用于(***los,***) ***B.!/etwas B., bitte!*** *gespr*[口]；verwendet, um j-n aufzufordern, sich zu beeilen 动作快！/请快点！

be·ein·dru·cken；*beeindruckte*，*hat beeindruckt*；[Vt](及物) ***j-n b.*** in j-s Bewusstsein od. Erinnerung e-n starken Eindruck hinterlassen 给…留下印象〈j-n tief, stark b. 给某人留下深刻的，强烈的印象〉

be·ein·flus·sen；*beeinflusste*，*hat beeinflusst*；[Vt](及物) **1. *j-n*** (***bei etw./in etw.*** (*Dat* 三格)) ***b.*** auf j-n so einwirken, dass er *mst* anders denkt od. handelt(在…上)影响：*j-n in seinem Urteil b.* 影响某人的评价(看法，判断) **2. *etw. b.*** bewirken, dass sich etw. (deutlich) ändert 影响：*j-s Meinung b.* 影响某人的意见，看法 ‖ *hierzu*(派生) **Be·ein·flus·sung** *die*；**be·ein·fluss·bar** *Adj*(形)；*nicht adv*(不作状语) ‖ ▶ ***Einfluss***

be·ein·träch·ti·gen；*beeinträchtigte*，*hat beeinträchtigt*；[Vt](及物) ***etw. beeinträchtigt etw.*** etw. hat e-e negative Wirkung auf etw.(物作主语)损害，妨碍：*Lärm während der Arbeit beeinträchtigt die Konzentration* 喧闹声在工作时妨碍思想集中 ‖ *hierzu*(派生) **Be·ein·träch·ti·gung** *die*

be·en·den；*beendete*，*hat beendet*；[Vt](及物) ***etw. b.*** *mst* e-e Tätigkeit zu Ende führen od. sie nicht weitermachen 结束，完成，使完毕，使完结 ↔ beginnen〈e-n Streit, e-e Unterhaltung, seine Lehre b. 结束争吵(争执)，结束谈话(聊天)，完成他的学说〉‖ *hierzu*(派生) **Be·en·dung** *die*；*nur Sg*(只用单数)

be·en·di·gen；*beendigte*，*hat beendigt*；[Vt](及物) ***etw. b.*** ≈ beenden ‖ *hierzu*(派生) **Be·en·di·gung** *die*；*nur Sg*(只用单数)

be·en·gen；*beengte*，*hat beengt*；[Vt](及物) **1. *etw. beengt j-n*** etw. ist zu eng für j-n(物作主语)使感到紧(挤，憋)得慌〈Kleidungsstücke 衣服〉：*ein beengender Kragen* 太紧的衣领 **2. *etw. beengt j-n*** etw. lässt j-m nur wenige persönliche Freiheiten (物作主语)使受到限制，使受到约束，使受到束缚〈Verbote, Vorschriften 禁令，规定〉‖ NB(注意)：*mst* im Partizip Präsens (多用现在分词) ‖ *hierzu*(派生) **Be·en·gung** *die*

be·engt **1.** *Partizip Perfekt*(过去分词)；↑ ***beengen*** **2.** *Adj*(形)；ohne genügend Raum zur freien Bewegung 很挤的，狭小的，受束缚的，受拘束的〈b. wohnen 住得很挤，sich b. fühlen 感到受束缚，受拘束〉‖ *hierzu*(派生) **Be·engt·heit** *die*；*nur Sg*(只用单数)

be·er·ben；*beerbte*，*hat beerbt*；[Vt](及物) ***j-n b.*** j-s Erbe² werden 继承…的遗产

be·er·di·gen；*beerdigte*，*hat beerdigt*；[Vt](及物) ***j-n b.*** e-n Verstorbenen *mst* im Rahmen e-r Trauerfeier in e-m Sarg ins Grab legen (lassen)埋葬，安葬，举行安葬仪式 ≈ begraben, bestatten, beisetzen ‖ *hierzu*(派生) **Be·er·di·gung** *die*

Be·er·di·gungs·in·sti·tut *das* ≈ Bestattungsinstitut

Bee·re *die*；*-*，*-n*；eine von vielen kleinen, *mst* süßen essbaren Früchten, die auf manchen kleinen Pflanzen od. Sträuchern wachsen (*z. B.* Erdbeeren, Himbeeren, Brombeeren, Johannisbeeren, Heidelbeeren)浆果(如草莓、覆盆子、黑莓、醋栗、越桔) ‖ K-(复合)：***Beeren-***，***-obst***，***-strauch***，***-wein***

Beet *das*；*-(e)s*，*-e*；ein relativ kleines, *mst* rechteckiges Stück Boden (in e-m Garten), auf dem *bes* Blumen, Gemüse od. Salat angepflanzt werden 畦，苗床，圃〈ein B. anlegen, umgraben 做畦，把畦掘松〉‖ -K(复合)：

Blumen-, **Gemüse-**

Bee·te *die*; ↑ **Bete**

be·fä·hi·gen; *befähigte*, *hat befähigt*; Vt (及物) **etw. befähigt j-n zu etw.** *geschr* [书]; etw. gibt j-m die Möglichkeit, die Fähigkeit od. das Recht, etw. zu tun (物作主语) 使能胜任, 使有可能, 使有能力(从事): *Sein Talent befähigt ihn dazu, später ein großer Künstler zu werden* 他的才能使他将来有可能成为大艺术家

be·fä·higt [-ɪçt] **1.** *Partizip Perfekt* (过去分词); ↑ **befähigen** **2.** *Adj* (形); (**zu etw.**) **b.** *geschr* [书]; mit e-r besonderen Fähigkeit od. Qualifikation zu etw. 有能力(做某事)的, 能胜任(某事)的, 有才能(某事)的

Be·fä·hi·gung *die*; -, *-en*; *mst Sg* (多用单数); **e-e B.** (**für/zu etw.**) die Fähigkeit od. die Qualifikation, e-e bestimmte Tätigkeit auszuüben (从事某种活动的) 能力, 才能, 本领, 资格 ‖ K-(复合): **Befähigungs-**, **-nachweis**

be·fahl *Imperfekt*, *1. u. 3. Person Sg* (过去时, 第一和第三人称单数); ↑ **befehlen**

be·fahr·bar *Adj* (形); *nicht adv* (不作状语); so beschaffen, dass man darauf fahren kann 可行车的, 可通车的, 可航行的, 可通航的: *Die Passstraße ist im Winter nur selten b.* 在冬天要隘只是在很少情况下可通车 ‖ *hierzu* (派生) **Be·fahr·bar·keit** *die*; *nur Sg* (只用单数)

be·fah·ren; *befährt*, *befuhr*, *hat befahren*; Vt (及物) **etw. b.** mit e-m Fahrzeug auf e-r Straße, e-m Weg *usw* fahren 乘车或船行驶在…上, 驾车或船行驶在…上: *Diese Straße wird nur noch wenig befahren* 这条街道还很少有车行驶 ‖ NB (注意): *mst* im Passiv! (多用被动语态!)

Be·fall *der*; -(*e*)*s*; *nur Sg* (只用单数); der Zustand *bes* e-r Pflanze, wenn sie Schädlinge, Krankheiten *usw* hat (指害虫、病害对植物的) 侵袭, 侵害 ‖ -K (复合): **Pilz-**, **Schädlings-**, **Virus-**

be·fal·len; *befiel*, *hat befallen*; Vt (及物) **1. etw. befällt j-n** etw. wirkt *mst* plötzlich u. sehr intensiv auf j-n (物作主语) 突然侵袭, 侵害 ⟨Angst, Fieber, Reue, e-e Krankheit 恐惧, 发烧, 懊悔, 疾病⟩ **2. etw. befällt etw.** schädliche Stoffe od. Schädlinge bedecken *mst* e-e Pflanze (物作主语) 侵袭, 侵害 (多指有害物质或害虫对植物): *Die Pflanzen waren von Läusen befallen* 植物曾受到虱子的侵害 ‖ NB (注意): *mst* im Passiv! (多用被动语态!)

be·fan·gen *Adj* (形) **1.** in seinem Verhalten nicht frei, sicher od. natürlich 拘束的, 拘谨的 ≈ gehemmt: *Er wirkte sehr b.* 以前他显得很拘束 **2.** *bes* JUR 尤指【法】; (als Richter, Zeuge) nicht mehr in der Lage, objektiv zu sein, weil man schon e-e bestimmte Meinung hat 有偏见的, 有成见的, 偏袒的, 不公正的, 不客观的 ⟨j-n/sich für b. erklären 声称某人/自己不客观; j-n als b. ablehnen 认为某人不公正而加以拒绝⟩ ‖ *hierzu* (派生) **Be·fan·gen·heit** *die*; *nur Sg* (只用单数)

be·fas·sen, sich; *befasste sich*, *hat sich befasst*; Vr (反身) **sich mit j-m/etw. b.** sich für j-n/etw. interessieren u. sich *mst* intensiv mit ihm/damit beschäftigen 从事, 致力于, 研究, 关心 ⟨sich mit e-m Problem/Thema, mit Kindern b. 研究问题/课题, 关心儿童⟩

Be·fehl *der*; -(*e*)*s*, *-e*; **1. der B.** (**zu etw.**) e-e (von e-m Vorgesetzten ausgegebene) mündliche od. schriftliche Mitteilung, dass etw. Bestimmtes getan werden muss 命令, 指令 ⟨j-m e-n B. geben, erteilen 向某人下令, 发布命令; e-n B. ausführen, befolgen 执行, 遵守命令; den B. verweigern, sich e-m B. widersetzen 拒绝接受命令, 违抗命令⟩: *Der General gab den B. zum Angriff/anzugreifen* 将军下达了进攻的命令 ‖ K-(复合): **Befehls-**, **-empfänger**, **-verweigerung** **2.** *nur Sg*, MIL (只用单数)【军】 ≈ Kommando (2) ⟨den B. über j-n/etw. haben 对某人/某物有指挥权; unter j-s B. stehen 在某人的指挥下, 受某人指挥⟩ **3.** e-e Anweisung *mst* an e-n Computer, e-e bestimmte Aufgabe auszuführen (对计算机的) 指令

be·feh·len; *befiehlt*, *befahl*, *hat befohlen*; Vt (及物) **1.** (**j-m**) **etw. b.** j-m e-n Befehl (1) erteilen 给…下令, 命令: *Der General befahl den Rückzug/befahl den Soldaten, sich zurückzuziehen* 将军曾命令撤退/曾下令兵士们后撤 **2. j-n zu j-m/irgendwohin b.** MIL【军】; j-n durch e-n Befehl veranlassen, zu j-m/an e-n bestimmten Ort zu gehen 命令前往: *die Truppen an die Front b.* 命令部队上前线

be·feh·li·gen; *befehligte*, *hat befehligt*; Vt (及物) **etw. b.** MIL【军】; die Befehlsgewalt über etw. haben 指挥, 统帅 ≈ kommandieren ⟨Truppen b. 指挥部队⟩

Be·fehls·form *die* ≈ Imperativ

Be·fehls·ge·walt *die*; **die B.** (**über j-n/etw.**) MIL【军】; das Recht u. die Macht, j-m/e-r Truppe in e-m bestimmten Bereich Befehle zu erteilen 指挥权 ≈ Kommando (2)

Be·fehls·ha·ber *der*; *-s*, *-*; MIL【军】; j-d, der e-r relativ großen militärischen Einheit Befehle erteilen darf 指挥官, 指挥员, 司令官, 司令员 ≈ Kommandeur ‖ *hierzu* (派生) **Be·fehls·ha·be·rin** *die*; *-*, *-nen*

be·fes·ti·gen; *befestigte*, *hat befestigt*; Vt (及物) **1. etw.** (**an etw.** (*Dat* 三格)) **b.** etw. (*z.B.* mit Schrauben, Nägeln, e-r Schnur) so mit etw. in Kontakt bringen, dass es fest ist 把…固定, 捆住, 系紧, 钉住, 粘牢: *ein Regal an der Wand b.* 把架子钉在墙上; *ein Boot an e-m Pfahl b.* 把小船拴在木桩上 **2. etw. b.** daran arbeiten, dass etw. fester od. stabiler wird 加固 ⟨das Ufer, den Damm b. 加固河(海, 湖)岸, 堤坝⟩ ‖ *hierzu* (派生) **Be·fes·ti·gung** *die*

be·feuch·ten; *befeuchtete*, *hat befeuchtet*; Vt (及物) (**sich** (*Dat* 三格)) **etw.** (**mit etw.**) **b.** etw. feucht machen (用…) 沾湿, 润湿, 使湿润 ⟨die Luft b. 使空气湿润; sich die Lippen b. 润湿嘴唇⟩: *sich den Zeigefinger b., um leichter umblättern zu können* 沾湿食指, 以便能更容易地翻页 ‖ *hierzu* (派生) **Be·feuch·tung** *die*;

nur Sg(只用单数)

be·fiehlt *Präsens, 3 Person Sg*(现在时,第三人称单数); ↑ **befehlen**

be·fin·den; *befand, hat befunden*; [Vt](及物) **1. *j-n/etw. als/für irgendwie b.*; *b., dass ...*** *geschr*[书]; (auch als Richter od. Fachmann) zu der Überzeugung kommen, dass j-d/etw. irgendwie ist 认为…是,确信…是,把…看作 ⟨j-n als/für (un)schuldig b. 认为某人有(无)罪; etw. für gut, richtig b. 认为某物好,正确⟩: *Das Gericht befand in seinem Urteil, dass der Angeklagte unschuldig war* 法庭在判决中认为被告是无罪的; *Der Gutachter befand die Unterschrift für echt* 鉴定人认为签字是真的; *Er hat es nicht einmal für nötig befunden, sich bei mir für meine Hilfe zu bedanken* 他不止一次地认为必须对我的帮助表示感谢; [Vr](反身) **2. *sich irgendwo b.*** *geschr*[书]; an e-m bestimmten Ort, an e-r bestimmten Stelle sein 处于,在,存在: *sich im Ausland, auf dem Heimweg b.* 在国外,在归途中; *Das Büro des Chefs befindet sich im dritten Stock* 主任办公室在四层; *Unter den Zuschauern befinden sich auch einige Prominente* 在观众中也有一些名人 **3. *sich irgendwie b.*** *geschr*[书]; in e-m bestimmten gesundheitlichen Zustand sein 身体感觉,健康状况 ⟨sich gut, wohl b. 身体状况良好,(感觉)不错⟩ **4. *sich in etw.*** (*Dat* 三格) ***b.*** in e-r bestimmten Situation, in e-m bestimmten Zustand sein 处于,身处 ⟨sich im Unrecht, in e-r peinlichen Lage b. 处于理亏境地,处于窘境⟩: *Sein altes Auto befindet sich noch in gutem Zustand* 他那辆旧汽车状态还良好

Be·fin·den *das*; *-s*; *nur Sg*(只用单数) **1.** der (gesundheitliche) Zustand von j-m 健康状况,身体感觉⟨sich nach j-s B. erkundigen 询问某人的健康状况⟩ **2.** *mst* 多用 ***nach j-s B.*** *geschr*[书]; nach j-s Meinung/Urteil 按照某人的意见,看法 ≈ nach j-s Ermessen

be·find·lich *Adj*(形); *mst attr, nicht adv, geschr*(多作定语,不作状语)[书] **1.** an e-m bestimmten Ort 处在(位于)…的: *der vor dem Dom befindliche Platz* 位于大教堂前面的广场 **2.** in e-m bestimmten Zustand 处于…的,在…中的: *ein in Bearbeitung befindliches Gesetz* 正在修改中的法律

be·flag·gen; *beflaggte, hat beflaggt*; [Vt](及物) ***etw. b.*** an etw. eine od. mehrere Flaggen befestigen 把旗悬挂在…上,在…上挂旗: *das Rathaus b.* 在市政厅挂旗 ‖ *hierzu*(派生) **Be·flag·gung** *die*

be·fle·cken; *befleckte, hat befleckt*; [Vt](及物) **1. *sich/etw. b.*** e-n Fleck auf sich/etw. machen 使沾上斑点,玷污,弄脏 ≈ beschmutzen: *den neuen Anzug mit Kaffee b.* 用咖啡弄脏新西服 **2. *etw. b.*** etw. *mst* durch Worte (in der Öffentlichkeit) als negativ erscheinen lassen 玷辱,玷污,败坏 ⟨j-s Ehre, Ruf b. 败坏某人的名誉,声望⟩ ‖ NB(注意): zu (义项) **2.**: *mst* im Zustandspassiv(多用于状态被动句)! ‖ *hierzu*(派生) **Be·fle·ckung** *die*; *nur Sg*(只用单数)

be·flei·ßi·gen, sich; *befleißigte sich, hat sich befleißigt*; [Vr](反身) ***sich etw.*** (*Gen* 二格) ***b.*** *geschr*[书]; sich mit viel Eifer od. Fleiß um etw. bemühen 努力从事,勤奋致力于: *sich guter Manieren, e-r korrekten Aussprache b.* 努力做到举止得体,发音准确

be·flis·sen *Adj*(形); *mst adv, geschr*(多作状语)[书]; mit sehr großem Eifer 努力的,勤奋的,热心的,殷勤的 ⟨ein Diener, ein Verkäufer 仆人,售货员⟩ ‖ -K(复合): **dienst-** ‖ *hierzu*(派生) **Be·flis·sen·heit** *die*; *nur Sg*(只用单数)

be·flü·geln; *beflügelte, hat beflügelt*; [Vt](及物) ***etw. beflügelt j-n/etw. (zu etw.)*** *geschr*[书]; etw. regt j-n/etw. in produktiver od. kreativer Weise an(物作主语)鼓舞,激励 ≈ etw. spornt j-n an ⟨etw. beflügelt j-s Fantasie, Schöpfungskraft 某物激励某人的想象力,创造力⟩: *Das Lob beflügelte ihn zu noch besseren Leistungen* 赞扬鼓舞了他去作出更好的成绩

be·foh·len *Partizip Perfekt*(过去分词); ↑ **befehlen**

be·fol·gen; *befolgte, hat befolgt*; [Vt](及物) ***etw. b.*** etw. so ausführen od. einhalten, wie es verlangt od. empfohlen wird 遵循,遵从,遵守,遵照 ≈ sich an etw. halten ⟨Befehle, Gesetze, Vorschriften b. 服从命令,遵守法律,规定; Ratschläge, Hinweise b. 遵照劝告,提示(指点)⟩ ‖ *hierzu*(派生) **Be·fol·gung** *die*; *nur Sg*(只用单数)

be·för·dern; *beförderte, hat befördert*; [Vt](及物) **1. *j-n/etw. (mit/in etw.*** (*Dat* 三格)***) (irgendwohin) b.*** j-n/etw. *bes* mithilfe e-s Transportmittels von e-m Ort an e-n anderen bringen(用…)运输,运送,寄发(到) ≈ transportieren: *Koffer mit der Bahn, Pakete mit der Post b.* 用火车运箱子,邮寄包裹 **2. *j-n (zu etw.) b.*** j-m e-e höhere *mst* dienstliche od. militärische Stellung geben 提升,提拔(为…): *j-n zum Oberinspektor, zum General b.* 把某人提拔为最高检察官、将军 ‖ *hierzu*(派生) **Be·för·de·rung** *die*

Be·för·de·rungs·mit·tel *das*; (ADM) *geschr*(【管理】)[书]; ein Fahrzeug, mit dem Personen od. Sachen transportiert werden (*z.B.* ein Bus od. ein Zug)运输工具(如公共汽车或火车)

be·fra·gen; *befragte, hat befragt*; [Vt](及物) ***j-n (zu etw./über etw.*** (*Akk* 四格)***) b.*** j-m zu e-m bestimmten Thema od. über e-n bestimmten Vorfall Fragen stellen 询问(有关…),向…打听 ⟨e-n Experten, e-n Zeugen, den Arzt b. 询问专家,证人,医生⟩: *Die Polizei hat ihn zu dem Verkehrsunfall befragt* 警察局向他询问了交通事故的情况 ‖ *hierzu*(派生) **Be·fra·gung** *die*

be·frei·en; *befreite, hat befreit*; [Vt](及物) **1. *j-n/sich/etw. (von j-m/etw.) b.*** j-n/sich selbst/etw. von e-r Last, e-m äußeren Druck *o.Ä.* frei machen 使摆脱(负担、外部压力等),解放: *Menschen von der Diktatur b.* 把人从专制制度下解放出来 **2. *j-n/sich/ein Tier***

(**aus/von etw.**) **b.** durch e-e (oft gewaltsame) Aktion erreichen, dass j-d/man selbst/ein Tier nicht länger gefangen od. in e-r bedrohlichen Situation ist(从…中)解救,解脱,释放〈j-n aus dem Gefängnis, aus e-r Gefahr, aus der Gewalt von Terroristen, von seinen Fesseln b.把某人释放出狱,使某人脱离危险,把某人从恐怖分子的控制下解救出来,使某人摆脱桎梏; ein Tier aus seinem Käfig b.把动物从笼中释放〉: *e-n Verletzten aus dem brennenden Auto b.* 把受伤者从燃烧着的汽车里搭救出来 **3.** ***j-n/sich/etw. von etw. b.*** von j-m/sich/etw. etw. Unangenehmes od. Störendes nehmen 使消除,清除: *j-n von seinem Leiden, seinen Sorgen, seinen Vorurteilen b.* 使某人消除痛苦,忧虑,成见; *das Auto vom Schnee b.* 清除汽车上的积雪 **4.** ***j-n von etw. b.*** veranlassen, dass j-d e-e Verpflichtung/seine Pflicht nicht erfüllen muss 使免除,豁免〈j-n vom Militärdienst, von Abgaben, Steuern b.免除某人的兵役,税赋,税款〉: *e-n Schüler wegen Krankheit vom Unterricht b.* 允许学生因病不去上课 ‖ *hierzu*(派生) **Be·frei·ung** *die*; *nur Sg*(只用单数)

be·frem·den; *befremdete*, *hat befremdet*; Vt (及物) ***etw. befremdet j-n*** *geschr*[书]; etw. hat auf j-n e-e seltsame, *mst* unangenehme Wirkung(物作主语)使惊讶,使诧异,使奇怪: *Seine schroffe Reaktion befremdete uns* 他的生硬的反应使我们感到诧异 ‖ *hierzu*(派生) **be·fremd·lich** *Adj*(形)

Be·frem·den *das*; *-s*; *nur Sg*, *geschr*(只用单数)[书]; das Gefühl, das man hat, wenn man etw. als seltsam, unangenehm od. unhöflich empfindet 诧异,惊讶〈etw. mit B. feststellen 惊异地确证某事〉

be·freun·den, sich; *befreundete sich*, *hat sich befreundet*; Vr (反身) **1.** ***j-d befreundet sich mit j-m***; 〈Personen 人〉 ***befreunden sich*** *mst* zwei Personen werden Freunde(人作主语)单: 与…交上朋友,结成朋友,结交;复:互相交上朋友 **2.** ***j-d befreundet sich mit etw.*** ≈ j-d freundet sich mit etw. an (2)

be·freun·det **1.** *Partizip Perfekt*(过去分词); ↑ **befreunden** **2.** *Adj*(形); (**mit j-m**) **b.** mit e-m freundschaftlichen Verhältnis (zu j-m) 结成朋友的,友好的,亲密的: *Sie sind eng miteinander b.* 他们(彼此)是亲密的朋友; *Ich bin mit ihm schon lange b.* 我同他是老朋友了

be·frie·den; *befriedete*, *hat befriedet*; Vt (及物) ***etw. b.*** *geschr*[书]; durch geeignete Maßnahmen bewirken, dass irgendwo kein Krieg, Kampf *o. Ä.* mehr herrscht 使安定,使安宁,使得到和平〈ein Land b.使国家安定〉‖ *hierzu*(派生) **Be·frie·dung** *die*; *nur Sg*(只用单数)

be·frie·di·gen; *befriedigte*, *hat befriedigt*; Vt (及物) **1.** ***j-n b.*** j-s Erwartungen od. Verlangen erfüllen, sodass er zufrieden ist 使满意,满足(期望)〈j-n sexuell b.在性方面满足某人的要求〉: *Er hat sehr hohe Ansprüche u. ist daher schwer zu b.* 他的要求很高,因此很难得到满足 **2.** ***etw. b.*** *mst* ein Bedürfnis, Verlangen erfüllen 满足(多指需求)〈j-s Ansprüche, Forderungen b.满足某人的要求〉; Vr (反身) **3.** ***sich*** (***selbst***) ***b.*** ≈ onanieren, masturbieren

be·frie·di·gend *Adj*(形) **1.** so, dass es die Beteiligten zufrieden macht 令人满意的: *e-e befriedigende Lösung finden* 获得令人满意的解决 **2.** ≈ durchschnittlich 〈e-e Leistung 成绩〉 **3.** Ⓓ[德] verwendet als Bezeichnung für die durchschnittliche Note 3 (auf der Skala von 1-6 bzw. *sehr gut* bis *ungenügend*)中,3分(德国的分数为1—6分,即优秀—不及格)〈„b." in etw. (*Dat* 三格) haben, bekommen 在某课目中成绩中等,获得3分〉

Be·frie·di·gung *die*; *-*; *nur Sg*(只用单数); **1.** das Befriedigen (2) 〈die B. von Ansprüchen, Bedürfnissen 满足要求,需要〉 **2.** ***B.*** (***über etw.*** (*Akk* 四格)) ≈ Zufriedenheit, Genugtuung 〈B. empfinden, erlangen 感到满意,获得满足〉

be·fris·ten; *befristete*, *hat befristet*; Vt (及物) ***etw.*** (***auf etw.*** (*Akk* 四格)) ***b.*** etw. nur eine bestimmte Zeit gültig sein lassen: 规定…的期限(为…) *Die Aufenthaltserlaubnis ist auf drei Monate befristet* 允许居留的期限规定为三个月 ‖ NB(注意): *mst* im Zustandspassiv (多用于状态被动句)! ‖ *hierzu*(派生) **Be·fris·tung** *die*; *nur Sg*(只用单数)

be·fruch·ten; *befruchtete*, *hat befruchtet*; Vt (及物) **1.** 〈e-e männliche Samenzelle 雄性的精子,男人的精子〉 ***befruchtet e-e weibliche Eizelle/ein Ei*** e-e männliche Samenzelle verschmilzt mit der weiblichen Eizelle, sodass ein neues Lebewesen entsteht 使雌性的卵子受孕,使女人的卵子受孕 **2.** ***ein Tier befruchtet ein Tier*** ein männliches Tier bringt seinen Samen in die Geschlechtsorgane e-s weiblichen Tieres, sodass e-e Eizelle befruchtet (1) wird(动物作主语)使动物受孕,受精 **3.** ***ein Tier/etw. befruchtet e-e Pflanze*** *mst* ein Insekt/der Wind bewirkt, dass aus e-r Blüte e-e Frucht entstehen kann (indem Blütenstaub auf sie gelangt)(动物/物作主语)给植物授粉(多指昆虫/风) **4.** ***e-e Frau künstlich b.*** auf künstliche Weise bewirken, dass die Eizelle e-r Frau befruchtet (1) wird 给女人进行人工授精 **5.** ***etw. befruchtet j-n/etw.*** etw. hat e-e kreative Wirkung auf j-n/etw.(物作主语)对…有促进作用,起促进作用: *Die Ideen Rousseaus hatten e-e befruchtende Wirkung auf die Literatur seiner Epoche* 卢梭的思想对他那个时代的文学产生了促进作用 ‖ NB(注意): ↑ **besamen** ‖ *zu*(义项) **1.-4. Be·fruch·tung** *die*

Be·fug·nis *die*; *-*, *-se*; *mst* 多用 ***die B. zu etw. haben*** (ADM) *geschr*【管理】[书]; das Recht od. die Macht haben, etw. zu tun 有权(做某事)

be·fugt *Adj*(形); (***zu etw.***) ***b. sein*** (ADM) *geschr*【管理】[书]; das Recht od. die Macht haben, etw. zu tun, *mst* weil man von e-m Vorgesetzten/durch ein Gesetz dazu autorisiert worden ist 受权(做某事): *Ich bin nicht* (dazu) *b.*, *Ihnen Auskunft zu geben* 我未受权(无权)答复您的询问

be·füh·len; *befühlte*, *hat befühlt*; [Vt] (及物) ***etw. b.*** etw. an mehreren Stellen mit den Fingern berühren, um festzustellen, wie es ist 按摸,触摸 ≈ betasten: *Der Arzt befühlte ihren Bauch* 医生触诊她的腹部

be·fum·meln; *befummelte*, *hat befummelt*; [Vt] (及物) *gespr pej* [口][贬] **1.** ***j-n b.*** *mst* e-e Frau sexuell berühren u. dadurch belästigen 摸(多指调戏女人) **2.** ***etw. b.*** etw. kurz anfassen, *mst* um die Qualität zu prüfen 触摸(多指检验质量) 〈Waren 商品〉

Be·fund *der*; -(*e*)*s*, -*e* **1.** das Ergebnis e-r *mst* medizinischen Untersuchung 检查结果,诊断 **2.** ***ein negativer / positiver B.*** ein B. (1), bei dem keine/e-e Krankheit festgestellt wird 检查结果为阴性/阳性 **3.** ***ohne B.*** MED【医】; ohne nachweisbare Krankheit(检查结果)阴性,无病变; *Abk* 缩写 o. B.

be·fürch·ten; *befürchtete*, *hat befürchtet*; [Vt] (及物) ***etw. b.*** der Meinung sein, dass etw. Gefährliches od. Unangenehmes geschehen könnte 担心,担忧: *Er befürchtet*, dass *er entlassen wird / entlassen* zu *werden* 他担心自己会被解雇 ‖ *hierzu* (派生) **Be·fürch·tung** *die*

be·für·wor·ten; *befürwortete*, *hat befürwortet*; [Vt] (及物) ***etw. b.*** (deutlich) sagen od. zeigen, dass man für etw. ist, etw. unterstützt 拥护,主张,提倡,赞同,支持 〈e-n Vorschlag, e-e Idee b. 支持建议,提倡思想〉 ‖ *hierzu* (派生) **Be·für·wor·tung** *die*

be·gabt *Adj* (形); *nicht adv* (不作状语); (***für etw.***) ***b.*** 〈ein Schüler, ein Künstler 学生,艺术家〉 so, dass sie e-e Begabung (für etw.) haben 有才能的,有才华的,有天赋的 ≈ talentiert: *Sie ist handwerklich / vielseitig b.* 她在手艺上有才能/多才多艺

Be·ga·bung *die*; -, -*en*; ***e-e B.*** (***für / zu etw.***) die angeborene Fähigkeit e-s Menschen, auf e-m bestimmten Gebiet (*mst* überdurchschnittliche) geistige od. körperliche Leistungen zu vollbringen 天赋,才能,才华 ≈ Talent 〈e-e musikalische, natürliche B. haben 有音乐天赋,有天生的才能〉: *Er hat* (*die / e-e*) *B. zum Schriftsteller* 他有当作家的天赋

be·gann *Imperfekt*, *1. u. 3. Person Sg* (过去时,第一和第三人称单数); ↑ ***beginnen***

be·gat·ten; *begattete*, *hat begattet*; [Vt] (及物) ***ein Tier begattet ein Tier***; ***Tiere begatten sich*** ein männliches Tier bringt seinen Samen in die Geschlechtsorgane e-s weiblichen Tieres zum Zweck der Fortpflanzung (动物作主语) 交尾,交配 ‖ *hierzu* (派生) **Be·gat·tung** *die*

be·ge·ben, sich; *begibt sich*, *begab sich*, *hat sich begeben*; [Vr] (反身) *geschr* [书] **1.** ***sich irgendwohin b.*** irgendwohin gehen 到…去,前往 〈sich zu j-m, nach Hause b. 到某人那里去,回家〉: *Nach der Begrüßung begaben sich die Gäste in den Speisesaal* 在受到欢迎以后,客人们便到餐厅去了 **2.** ***sich in*** (***ärztliche***) ***Behandlung b.*** sich wegen e-r Krankheit von e-m Arzt behandeln lassen 去接受(医生)治疗 **3.** ***sich an etw.*** (*Akk* 四格) ***b.*** mit e-r Tätigkeit beginnen 着手,开始 〈sich an die Arbeit, ans Werk b. 着手劳动,开始工作〉 **4.** ***sich in Gefahr b.*** sich in Gefahr bringen 去冒险,铤而走险 **5.** ***sich zur Ruhe b.*** sich schlafen legen 就寝 **6.** ***etw. begibt sich*** *veraltend* [渐旧] ≈ etw. geschieht, etw. ereignet sich: *In diesem Schloss sollen sich seltsame Dinge begeben haben* 在这座宫殿里据说发生过罕见的事情; [Vimp] (无人称) **7.** *veraltend* [渐旧]; *mst* 多用 ***es begab sich, dass ...*** es ereignete sich, dass ... 曾经发生过这样的事…: *Es begab sich, dass der König krank wurde* 曾经发生过这样的事,国王生了病

Be·ge·ben·heit *die*; -, -*en*; *geschr* [书]; ein *mst* außergewöhnliches Ereignis 事件,事情,事变: *Sein Roman beruht auf e-r wahren B.* 他的长篇小说是以一个真实的事情为依据的

be·geg·nen; *begegnete*, *ist begegnet*; [Vi] (不及物) **1.** ***j-m b.*** mit j-m zufällig irgendwo zusammenkommen 遇见,碰见,邂逅(某人): *Als ich aus der Bahn ausstieg, begegnete ich meinem Lehrer* 当我下火车的时候,我碰到了我的老师; *Wir sind uns / einander gestern in der Stadt begegnet* 我们昨天在城里相遇 **2.** ***j-m irgendwie b.*** *geschr* [书]; j-m gegenüber e-e bestimmte Haltung, Einstellung zeigen(以某种态度)对待(某人) 〈j-m abweisend, mit Respekt b. 冷淡地对待某人,尊敬某人〉 **3.** ***etw.*** (*Dat* 三格) ***b.*** *mst* mit e-r Meinung, Haltung konfrontiert werden 碰到,遇到(某事): *Einer solch arroganten Einstellung begegnet man wirklich selten* 如此傲慢的态度人们的确很少碰到 **4.** ***etw.*** (*Dat* 三格) ***irgendwie b.*** auf etw. auf die genannte Weise reagieren, etw. (*mst* Negativem) entgegenwirken(以某种方式)对付,应付(某事): *e-r kritischen Situation mit Entschlossenheit b.* 以果断的态度对付危急的情况

Be·geg·nung *die*; -, -*en* **1.** ***e-e B.*** (***mit j-m / etw.***) das (zufällige od. vereinbarte) Zusammentreffen e-r Person mit e-r anderen Person, e-m Tier od. e-r Sache 会见,碰面,相遇,遇到: *e-e B. zwischen zwei Politikern* 两位政治家(之间)的会面; *die erste B. des Kindes mit wilden Tieren* 这孩子第一次遇见野兽 **2.** ein Wettkampf zwischen Sportlern 竞赛,比赛,较量,交锋: *Bei ihrer letzten B. trennten sie sich unentschieden* 在最近一次比赛中,他们未分胜负地分手了

be·geh·bar *Adj* (形); *nicht adv* (不作状语); so beschaffen, dass man dort gehen kann 可通行的〈ein Weg 道路〉

be·ge·hen; *beging*, *hat begangen*; [Vt] (及物) **1.** ***etw. b.*** etw. Negatives tun 干,作,犯 〈e-e Dummheit, e-n Fehler, e-e Sünde, ein Verbrechen, e-n Verrat b. 干蠢事,犯错误,犯罪过,犯罪行,犯有背叛(出卖)的行为〉 **2.** ***Selbstmord b.*** ≈ sich töten **3.** ***etw. b.*** *geschr* [书]; ein *mst* bedeutendes Fest feiern 庆祝〈ein Jubiläum

b. 庆祝周年纪念日〉: *seinen 50 Geburtstag b.* 庆祝五十寿辰 **4. etw. b.** irgendwo entlanggehen, um etw. zu prüfen 巡查,巡视,察看,查看〈e-e Stecke b. 察看路段〉

be·geh·ren; *begehrte, hat begehrt*; [Vt] (及物) **1. j-n b.** das starke Verlangen haben, in sexuellen Kontakt mit j-m zu kommen 追求,向…求爱〈e-e Frau, e-n Mann b. 追求女人,男人〉 **2. etw. b.** *geschr* [书]; das starke Verlangen haben, etw. zu besitzen 渴望,追求,渴求: *Schmuck u. Edelsteine b.* 追求首饰和宝石 **3. etw. b.** *geschr* [书]; dringend um etw. bitten 要求,请求〈Einlass, sein Recht b. 要求入内,要求自己的权利〉: *Er begehrte zu erfahren, was geschehen war* 他要求知道发生了什么事情 ‖ *zu* (义项) **1.** u. **2. be·geh·rens·wert** *Adj* (形)

Be·geh·ren *das*; *-s*, *-*; *mst Sg* (多用单数) **1.** ein heftiges Verlangen nach j-m/etw. 要求,渴望,追求 **2.** *veraltend* [渐旧]; e-e Frage od. Bitte, mit der man j-n anspricht 询问或请求: *Was ist Ihr Begehr(en)?* 您有何贵干?

be·gehr·lich *Adj* (形); *geschr veraltend* [书][渐旧]; mit Begierde 贪婪的,热切的 ≈ verlangend〈j-n/etw. b. ansehen 热切地注视某人/某物〉

be·gehrt 1. *Partizip Perfekt* (过去分词); ↑ **begehren 2.** *Adj* (形); 〈ein Titel, ein Fachmann, ein Künstler 头衔,专家,艺术家〉 so beschaffen, dass sie *mst* von vielen gewollt od. gewünscht werden 渴望的,渴慕的,渴求的,殷切期望的,受人喜爱的 ≈ beliebt: *Der Oscar ist für jeden Schauspieler e-e begehrte Trophäe* 奥斯卡奖是每个演员梦寐以求的获奖项目

be·geis·tern; *begeisterte, hat begeistert*; [Vt/i] (及物/不及物) **1. (j-n) b.** j-n so beeindrucken, dass er ein starkes Gefühl der Bewunderung od. Freude empfindet u. dieses *mst* offen zeigt 鼓舞,激励,使振奋: *Der Pianist begeisterte (die Zuhörer) durch sein virtuoses Spiel* 钢琴家以其精湛高超的演奏使人(听众)受到鼓舞; [Vt] (及物) **2. j-n für j-n/etw. b.** in j-m sehr großes Interesse für j-n/etw. hervorrufen 激起对…的极大兴趣: *j-n für seine Ideen b.* 激起某人对他的思想的热情; *Trotz seiner Bemühungen konnte er mich nicht für abstrakte Kunst b.* 他虽然尽了很大努力,却没有能够使我对抽象艺术产生兴趣; [Vr] (反身) **3. sich für j-n/etw. b.** sich sehr für j-n/etw. interessieren 对…热爱,倾心,感到极大兴趣: *Sie konnte sich nie für Mathematik b.* 她对数学从来就不感兴趣

be·geis·tert 1. *Partizip Perfekt* (过去分词); ↑ **begeistern 2.** *Adj* (形); **(von j-m/etw.) b.** voller Begeisterung 充满热忱的,热情的,热烈的,兴奋的,热中于…的: *Die Jugendlichen waren von dem Rockkonzert b.* 年轻人对这次摇滚乐音乐会充满了热忱; *ein begeisterter Skifahrer* 滑雪爱好者

Be·geis·te·rung *die*; *-*; *nur Sg* (只用单数); **B. (über etw. (Akk** 四格**))** ein Gefühl großer Freude u. Bewunderung 热情,热忱,欢欣鼓舞,兴高采烈 ≈ Enthusiasmus〈seine B. über etw. ausdrücken 表达对某物的热情; in B. geraten 兴奋起来,感到振奋; etw. löst B. aus 某物唤起热情〉 ‖ *hierzu* (派生) **be·geis·te·rungs·fä·hig** *Adj* (形)

Be·gier·de *die*; *-*, *-n*; **B. (nach etw.)** ein leidenschaftliches Verlangen *bes* nach materiellen Werten u. nach Genuss 渴望,热望,贪欲: *seine B. nach Reichtum* 他对财富的渴求

be·gie·rig *Adj* (形); **b. (auf etw. (Akk** 四格**)/ nach etw.)** von starkem Verlangen nach j-m/etw. erfüllt 热切期望的,渴望的: *auf e-e Neuigkeit b. sein* 渴望得到新消息; *Er warf begierige Blicke auf sie* 他向她投去了热切期望的目光

be·gie·ßen; *begoss, hat begossen*; [Vt] (及物) **1. etw. (mit etw.) b.** etw. durch Gießen nass machen (用…)浇,淋〈die Blumen b. 浇花〉 **2. etw. b.** *gespr* [口]; alkoholische Getränke trinken, um ein Ereignis zu feiern 喝酒庆祝: *j-s Geburtstag b.* 喝酒庆祝某人的生日

Be·ginn *der*; *-s*; *nur Sg* (只用单数); **1.** der Zeitpunkt, zu dem etw. anfängt (3) 开始,开端 ≈ Anfang (1) ↔ Ende: *bei/zu B. e-r Veranstaltung, e-s Krieges, e-s Jahrhunderts* 在活动开始时,在战争开始时,在世纪初 **2.** die Stelle, an der etw. anfängt (3) 开头,起点 ≈ Anfang (2) ↔ Ende: *der B. e-s Buches, der Autobahn* 书的开头,高速公路的起点

be·gin·nen; *begann, hat begonnen*; [Vt/i] (及物/不及物) **1. (etw.) b.** mit *mst* e-r Tätigkeit anfangen (1) 开始,着手进行: *die Arbeit b.* 开始工作; *Sie begann ein Bild zu malen* 她开始画画; *Das Auto beginnt zu rosten* 汽车开始生锈; [Vt] (及物) **2. etw. b.** bewirken, dass etw. anfängt od. entsteht 引起,引发〈e-n Krieg, e-n Streit b. 引发战争,引起争吵; ein Gespräch, e-e Unterhaltung b. 引起一次谈话,一次聊天〉; [Vi] (不及物) **3. etw. beginnt irgendwann** etw. fängt zu e-m bestimmten Zeitpunkt an (3) (物作主语)开始(指时间): *Die Vorlesung beginnt e-e Woche später als angekündigt* 大课比通知的时间晚一个星期开始; *Es beginnt zu regnen* 开始下雨了 **4. etw. beginnt irgendwo** etw. fängt an e-r bestimmten Stelle an (4) (物作主语)开始(指地点): *Hinter der Brücke beginnt die Autobahn* 桥后是高速公路的起点 **5. j-d beginnt mit etw.** ≈ j-d beginnt (1) etw.: *Er begann mit der Arbeit* 他着手进行工作 **6. etw. beginnt mit etw.** etw. hat etw. als Anfang (物作主语)以…作为开端: *Das Konzert begann mit e-r Sinfonie von Mozart* 音乐会以莫扎特的交响乐开始

be·glau·bi·gen; *beglaubigte, hat beglaubigt*; [Vt] (及物) **etw. b.** (*mst* als Behörde) mit Siegel u. Unterschrift bestätigen, dass etw. echt od. mit dem Original identisch ist (官方)以印鉴和签字证明,认证,公证〈ein Dokument (notariell) b. lassen 让人对文件作公证〉: *die beglaubigte Kopie e-s Zeugnisses* 经公证的证书副本 ‖ *hierzu* (派生) **Be·glau·bi·gung** *die*

Be·glau·bi·gungs·schrei·ben *das*; ein geschriebener Text, mit dem etw. beglaubigt wird 认证(函)件,公证(函)件

be·glei·chen; *beglich*, *hat beglichen*; Vt(及物) geschr[书] **1. etw. b.** etw. bezahlen 清偿,结清〈e-e Rechnung, e-e Schuld b. 结清账目,清偿债务〉 **2. e-e Schuld b.** j-m das tun (etw. Gutes od. Schlechtes), was er einem selbst getan hat 回报,报答(好事),算账(坏事) ‖ *hierzu*(派生) **Be·glei·chung** *die*; *nur Sg*(只用单数)

Be·gleit- *im Subst*, *betont*, *wenig produktiv*(构成名词,重读,构词少) **1.** verwendet, um auszudrücken, dass *mst* ein Schriftstück etw. anderem beigefügt ist 附属的,附加的,伴随的…; der ***Begleitbrief***, die ***Begleitpapiere***, das ***Begleitschreiben***, der ***Begleittext***, der ***Begleitzettel*** **2.** verwendet, um auszudrücken, dass etw. (unvermeidlicherweise) in Zusammenhang mit etw. auftritt 伴随的,伴发的,伴生的…; die ***Begleiterscheinung*(en)** 〈des Alters 年龄的〉, das ***Begleitsymptom*** 〈e-r Krankheit 疾病的〉, der ***Begleitumstand*** 〈e-r Tat 行为的〉 **3.** verwendet, um auszudrücken, dass j-d/ein Fahrzeug andere Personen/Fahrzeuge *mst* zum Schutz begleitet 护卫的,护航的,护送的…; das ***Begleitflugzeug***, die ***Begleitmannschaft***, die ***Begleitperson***, das ***Begleitschiff***, (der) ***Begleitschutz*** **4.** MUS【音】; verwendet, um auszudrücken, dass etw. als Begleitung (4) gespielt od. gesungen wird 伴奏的,伴唱的…; das ***Begleitinstrument***, die ***Begleitmusik***, die ***Begleitstimme***

be·glei·ten; *begleitete*, *hat begleitet*; Vt(及物) **1. *j-n* (*irgendwohin*) b.** mit j-m (irgendwohin) mitgehen od. mitfahren, *mst* um ihm Gesellschaft zu leisten od. ihn zu schützen 陪,陪同,陪伴,送〈j-n zum Bahnhof, zu e-m Ball b. 送某人上火车站,陪某人参加舞会〉: *Nach dem Film begleitete er sie nach Hause* 看完电影后,他陪送她回家 **2. ein Fahrzeug b.** mit e-m Fahrzeug zum Schutz mitfahren 护送,护卫某种交通工具 ≈ eskortieren: *Die Limousine des Präsidenten wurde von der Polizei begleitet* 总统的大型豪华轿车由警察护送 **3. *j-n* (*auf/an etw.* (*Dat* 三格)) b.** ein gesungenes od. instrumentales Solo durch ein Instrument od. mehrere Instrumente musikalisch unterstützen(用…)为…伴奏: *e-n Sänger auf dem Klavier, am Bass b.* 用钢琴,用低音提琴为歌手伴奏 **4. etw. ist von etw. begleitet** etw. tritt zusammen, gleichzeitig mit etw. auf(物作主语)有…伴随,随同发生: *Der Orkan war von heftigen Regenfällen begleitet* 飓风暴雨相继袭来

Be·glei·ter *der*; *-s*, *-* **1.** j-d, der e-e Person begleitet (1,3) 伴送者,陪同者,随员;伴奏者 **2. *j-s* ständiger B.** *euph*[婉]; der Geliebte e-r Frau(男)情人,伴侣 ‖ *hierzu*(派生) **Be·glei·te·rin** *die*; *-*, *-nen*

Be·glei·tung *die*; *-*, *-en*; *mst Sg*(多用单数) **1.** das Begleiten (1,2) **2. in B.** (+ *Gen* 二格); ***in B.* (*von j-m/etw.*)** (von j-m/etw.) begleitet (1,2) 在…陪伴、陪同下,由…护送: *Sie kam in B. (e-s älteren Herrn)* 她是在别人(一位年纪较大的先生)陪同下前来的 **3.** e-e Person od. e-e Gruppe von Personen, die j-n begleiten (1) 陪同人员,随从,随行人员: *sich von seiner B. nach Hause bringen lassen* 让随行人员把自己送回家 **4.** das Begleiten (3) e-s Solos durch ein Musikinstrument od. mehrere Musikinstrumente(为独唱、独舞)伴奏〈die B. zu etw. spielen 为某种活动伴奏〉

be·glü·cken; *beglückte*, *hat beglückt*; Vt(及物) ***j-n* (*mit etw.*) b.** *geschr od iron*[书]或[讽]; j-n glücklich machen(用…)使(让)高兴〈j-n mit e-m Geschenk b. 送礼物让某人高兴〉 ‖ *hierzu*(派生) **Be·glü·ckung** *die*; *nur Sg*(只用单数)

be·glück·wün·schen; *beglückwünschte*, *hat beglückwünscht*; Vt(及物) ***j-n* (*zu j-m/etw.*) b.** ≈ j-m gratulieren: *j-n zu e-m Erfolg b.* 祝贺某人取得成功 ‖ ▶ ***Glückwunsch***

be·gna·det *Adj*(形); *geschr*[书]; mit e-m außergewöhnlichen, *mst* künstlerischen Talent 有特殊(艺术)才能的,有天赋的〈ein Künstler 艺术家〉

be·gna·di·gen; *begnadigte*, *hat begnadigt*; Vt(及物) ***j-n* (*zu etw.*) b.** e-n Verurteilten von e-r Strafe ganz od. teilweise befreien 对…减刑,赦免: *e-n zum Tode Verurteilten zu lebenslanger Haft b.* 把一个被判死刑的人减判为无期徒刑 ‖ *hierzu*(派生) **Be·gna·di·gung** *die*

be·gnü·gen, sich; *begnügte sich*, *hat sich begnügt*; Vr(反身) **1. sich mit etw. b.** mit etw. Einfachem od. mit weniger zufrieden sein, als man haben könnte 满足于,对…感到满足,知足 ≈ sich mit etw. zufriedengeben 〈sich mit dem Nötigsten b. 满足于最必要的东西〉; *sich mit e-r einfachen Mahlzeit b.* 满足于粗茶淡饭 **2. sich mit etw. b.** weniger tun, als man tun könnte 满足于,局限于 ≈ sich auf etw. beschränken: *Anstatt vor Gericht zu gehen, begnügte er sich* damit, *die Sache privat* zu *regeln* 他没有去法院上告,而是满足于私下里解决问题

Be·go·nie [-i̯ə] *die*; *-*, *-n*; e-e Pflanze, die man wegen ihrer auffälligen Blätter u. farbigen Blüten oft als Schmuck ins Zimmer stellt 秋海棠属

be·gon·nen *Partizip Perfekt*(过去分词); ↑ ***beginnen***

be·gra·ben; *begräbt*, *begrub*, *hat begraben*; Vt(及物) **1. *j-n* b.** e-n Verstorbenen in ein Grab legen u. dieses mit Erde auffüllen 埋葬,安葬,掩埋 **2. etw. begräbt *j-n/etw.* (*unter sich* (*Dat* 三格))** (*mst* bei Naturkatastrophen) Erdmassen, Trümmer od. e-e Schneelawine decken j-n/etw. zu (u. erdrücken ihn/es durch ihr Gewicht)(物作主语)将…埋在下面,掩埋 ≈ etw. verschüttet j-n/etw.: *Die Lava des Vulkans begrub ein ganzes Dorf unter sich* 火山的熔岩把整个村庄掩埋了 **3. etw. b.** etw. aufgeben, *mst* weil keine

Chance mehr besteht, es zu verwirklichen 放弃，抛弃〈seine Hoffnungen, Pläne, Träume b. 放弃自己的希望、计划、梦想〉**4. etw. b.** *mst* e-e Auseinandersetzung nicht mehr weiterführen 结束，消除〈e-e Feindschaft, e-n Streit b. 消除敌意，结束争执〉

Be·gräb·nis *das*; *-ses*, *-se*; der Vorgang, bei dem ein Verstorbener im Rahmen e-r Trauerfeier begraben wird 葬礼 ≈ Beerdigung〈e-m B. beiwohnen 出席(参加)葬礼〉‖ K-(复合): ***Begräbnis-***, ***-feier*** ‖ ▶ ***Grab***

be·gra·di·gen; *begradigte*, *hat begradigt*; Vt (及物) ***etw. b.*** etw. gerade machen 使平直，改直〈e-n Fluss, e-e Straße b. 把河流、街道改直〉‖ *hierzu*(派生) **Be·gra·di·gung** *die*

be·grap·schen; *begrapschte*, *hat begrapscht*; Vt (及物) ***j-n / etw. b.*** *gespr pej* [口][贬] ≈ befummeln

be·grei·fen; *begriff*, *hat begriffen*; Vt/i (及物/不及物) **1. (*etw.*) *b.*** die Gründe verstehen, warum etw. so ist 懂得，理解，领会: *Ich kann diese komplizierten Formeln nicht b.* 我不能理解这些复杂的公式; *Er hat nicht begriffen, warum wir ihm nicht helfen konnten* 他不理解我们为什么没能帮助他; *Begreif doch endlich, dass ich es nur gut mit dir meine!* 你最终可要明白，我对你完全是一番好意！; Vt (及物) **2. *j-n / etw. als etw. b.*** *geschr* [书] ≈ j-n/etw. als etw. ansehen/betrachten 把…看作，视为; Vr (反身) **3. *sich als etw. b.*** *geschr* [书]; sich als etw. ansehen/betrachten 被当作是，被看作是，被认为是 ‖ ▶ ***Begriff***

be·greif·lich *Adj* (形) **1.** *mst präd* (多作表语); so beschaffen, dass man dafür Verständnis haben kann 可以理解的，可以领会的 ≈ verständlich〈ein Verhalten, e-e Reaktion 态度，反应〉**2. *j-m etw. b. machen*** versuchen, j-n durch Argumente von etw. zu überzeugen 使懂得，使理解，使领会: *Ich wollte ihr b. machen, wie leid mir alles tat* 我曾想使她明白，一切使我多么遗憾 ‖ *zu* (义项) **1. be·greif·li·cher·wei·se** *Adv* (副)

be·gren·zen; *begrenzte*, *hat begrenzt*; Vt (及物) **1. *etw. b.*** Grenzen für ein Gebiet od. e-n Zeitraum setzen 给…划定界限，给…规定期限 **2. *etw. b.*** verhindern, dass etw. größer wird 限制，防止…扩大〈e-n Schaden, ein Risiko b. 限制损失(亏损)、风险〉

be·grenzt **1.** *Partizip Perfekt* (过去分词); ↑ ***begrenzen*** **2.** *Adj* (形); *nicht adv* (不作状语); nicht sehr groß od. ausgeprägt 有限的，不显著的: *nur begrenzte Möglichkeiten haben* 只有有限的可能性 **3.** *Adj* (形); *nur adv* (只作状语); nur zu e-m bestimmten Grad (4) 有点，不大〈b. tauglich 有点用处，不大适用〉

Be·gren·zung *die*; *-*, *-en* **1.** das Begrenzen (1, 2) **2.** Zäune, Linien *o. Ä.*, mit denen man etw. begrenzt(1) 边界，界限

Be·griff *der*; *-(e)s*, *-e* **1.** ein Ausdruck od. Wort, das e-e bestimmte Sache (oft aus e-m speziellen Bereich) bezeichnet 词，词语，术语，说法〈ein technischer, umgangssprachlicher B. 技术术语，口语语词; e-n B. definieren, erläutern 给词下定义，解释词语〉: „*Aquarell*" *ist ein B. aus der Malerei*" 水彩画"是绘画中的一个术语 ‖ K-(复合): ***Begriffs-***, ***-bestimmung*** ‖ -K(复合): ***Fach-*** **2.** *nur Sg* (只用单数); die konkrete Vorstellung, die man sich von e-r Sache macht 看法，想法〈sich (*Dat* 三格) e-n falschen B. von etw. machen 对某物得出错误的看法; sich (*Dat* 三格) keinen B. von etw. machen können 对某物得不出看法(毫无想法)〉**3. *ein B. von etw.*** *nur Sg* (只用单数); e-e bestimmte Auffassung (1) von etw. 理解，见解，观念: *Heutzutage herrscht ein anderer B. von Gleichberechtigung als früher* 目前流行一种和以前不同的对平等的见解 ‖ -K(复合): ***Pflicht-***, ***Zeit-*** **4** die abstrakte Vorstellung von e-r Sache aufgrund ihrer wichtigen Merkmale 概念 ‖ -K(复合): ***Freiheits-*** **5. (*j-m*) *ein B. sein*** j-m bekannt sein 为某人所知晓，有名气: *Mozart ist heute jedem ein B.* 莫扎特在今天是家喻户晓(有口皆碑) ‖ ID[谚] ***für j-s B. / Begriffe*** nach j-s Meinung 按照某人的看法，在某人看来; ***im B. sein / stehen*** + ***zu*** + *Infinitiv* (不定式) kurz davor sein, etw. zu tun 正想干，刚要做，正准备干; ***schwer von B. sein*** *gespr* [口]; lange brauchen, um etw. zu verstehen 难于领会，理解力差

be·grif·fen **1.** *Partizip Perfekt* (过去分词); ↑ ***begreifen*** **2. *etw. ist in der Entwicklung b.*** etw. entsteht noch, ändert sich noch (物作主语) 正在发展中，正在成长中，正在发育中

be·griff·lich *Adj* (形); *nur attr od adv*, *geschr* (只作定语或状语) [书]; in Bezug auf den Begriff (1,4) 有关概念的，概念的，用词上的: *Bei e-r Definition ist begriffliche Klarheit notwendig* 下定义时必须概念明确

be·griffs·stut·zig *Adj* (形); 〈ein Mensch 人〉 so, dass es schwer für ihn ist, etw. (sofort) zu begreifen (1), zu verstehen (1) 理解迟钝的，愚笨的 ‖ *hierzu* (派生) **Be·griffs·stut·zig·keit** *die*; *nur Sg* (只用单数)

be·grün·den; *begründete*, *hat begründet*; Vt (及物) **1. *etw.* (*mit etw.*) *b.*** e-n Grund/ Gründe für etw. angeben (*bes* um sich zu rechtfertigen) 对…提出根据，说明理由(尤指为自己辩白)〈sein Verhalten, seine Meinung, seine Abwesenheit b. 对自己的行为(态度)、自己的意见、自己的缺席说明理由〉**2. *etw. b.*** *geschr* [书]; etw. neu schaffen 创立，建立，奠定…的基础 ≈ gründen: *e-e wissenschaftliche Lehre b.* 创立科学的学说

Be·grün·der *der*; *-s*, *-*; j-d, der *bes* e-e Lehre od. Kunstrichtung neu schafft 创始人，创立者，奠基者，缔造者: *Picasso gilt als B. des Kubismus* 毕加索被看作是立体派的创始人 ‖ *hierzu* (派生) **Be·grün·de·rin** *die*; *-*, *-nen*

be·grün·det **1.** *Partizip Perfekt* (过去分词); ↑ ***begründen*** **2. *etw. ist durch etw. / in etw.* (*Dat* 三格) *b. / etw. liegt in etw.* (*Dat* 三格) *b.*** *geschr* [书]; etw. hat seinen Grund in etw., etw. ist das Ergebnis von etw. (物作主语) 是由…引起的，是…的结果: *Ihr Erfolg liegt* *in ihrem Charme b.* 她的成功全靠她的魅力

Be·grün·dung *die*; -, -*en* **1.** ***e-e B.*** (***für etw.***) etw., das als Grund für etw. angegeben wird 理由，根据〈etw. als B. angeben, vorbringen 说出，提出某事作为理由(根据)〉: *Sein Chef verlangte von ihm e-e B. für sein unhöfliches Verhalten* 他的上司要求他说明他作出不礼貌的举止的理由 **2.** das Begründen (2)〈die B. e-r Lehre, e-r Kunstrichtung 创立学说、艺术流派〉

be·grü·nen; *begrünte, hat begrünt*; Vt (及物) ***etw. b.*** irgendwo Gras, Bäume *o. Ä.* anpflanzen, um das Aussehen zu verbessern 使变绿，绿化〈e-n Hof b. 绿化庭院; begrünte Flächen 绿化了的场地，绿化面积〉‖ *hierzu* (派生) **Be·grü·nung** *die*; *nur Sg* (只用单数) ‖ ▶ ***Grün*** (3)

be·grü·ßen; *begrüßte, hat begrüßt*; Vt (及物) **1.** ***j-n b.*** j-n (bei seiner Ankunft) mit e-m Gruß empfangen 欢迎，问候(某人): *Der Außenminister wurde bei seiner Ankunft auf dem Flughafen vom Staatspräsidenten begrüßt* 外交部长到达机场时受到总统的欢迎 **2.** ***etw. b.*** *geschr* [书]; etw. als sehr positiv od. erfreulich betrachten 欢迎，赞同(某事) ≈ gutheißen〈e-n Vorschlag, e-e Entscheidung b. 对建议、决定表示欢迎(赞同)〉‖ *zu* (义项)**1. Be·grü·ßung** *die*; *zu* (义项)**2. be·grü·ßens·wert** *Adj* (形); *nicht adv* (不作状语)

> **Die Begrüßung 欢迎**
>
> Die übliche formelle Begrüßung in Deutschland besteht darin, dass man seinem Gegenüber die Hand schüttelt.
> Vor allem bei jungen Frauen, die gut befreundet sind, sieht man auch immer mehr, dass sie sich mit zwei Küssen auf die Wangen begrüßen.
>
> 在德国，通常礼节性的欢迎是与对方握手。
>
> 人们也常看见彼此交情深厚的年轻女子是以亲吻双颊来表示欢迎。

be·güns·ti·gen; *begünstigte, hat begünstigt*; Vt (及物) **1.** ***etw. begünstigt j-n/etw.*** etw. hat e-e positive, günstige Wirkung auf j-n/etw. (物作主语)有利于，有助于，对…有积极的，有利的影响〈j-d ist vom Glück, Zufall begünstigt 某人交了好运，某人受到机遇的眷顾〉: *Das gute Wetter begünstigte den Verlauf des Rennens* 好天气有利于比赛 的进行 **2.** ***j-n b.*** j-n so behandeln, dass er anderen gegenüber e-n Vorteil hat 优待，给予优先 ≈ bevorzugen〈e-n Bewerber b. 优待申请人、求职者〉**3.** ***ein Verbrechen b.*** JUR【法】; ein Verbrechen, das e-e andere Person begangen hat, bewusst der Polizei nicht melden 包庇(庇护)罪行 ‖ *zu* (义项)**2.** u. **3. Be·güns·ti·gung** *die*

be·gut·ach·ten; *begutachtete, hat begutachtet*; Vt (及物) **1.** ***etw. b.*** etw. kritisch prüfen 鉴定，评定 **2.** ***etw. b.*** zu etw. ein Gutachten machen 给…作鉴定 ‖ *hierzu* (派生) **Be·gut·ach·tung** *die*

be·gü·tert *Adj* (形); *nicht adv* (不作状语); im Besitz von viel Vermögen 富裕的，富有的，有钱的 ≈ reich ‖ ▶ ***Gut***

be·haart *Adj* (形); mit vielen, dicht gewachsenen Haaren 长毛的，有茸毛的，多毛的〈die Beine, die Brust 双腿，胸脯; stark b. sein 毛发浓密〉

Be·haa·rung *die*; -; *nur Sg* (只用单数) **1.** die Körperhaare beim Menschen 人的毛发 **2.** die Haare am Körper e-s Tieres (动物的)皮毛 ≈ Fell

be·hä·big *Adj* (形) **1.**〈Menschen, Bewegungen 人，动作〉langsam u. schwerfällig, *bes* weil der Betroffene dick (u. müde od. faul) ist (因肥胖而)迟缓笨拙的 **2.** (CH) [瑞] ≈ reich, wohlhabend **3.** (CH) [瑞] groß u. schön 宽敞舒适的 ≈ stattlich〈ein Haus 房屋〉‖ *hierzu* (派生) **Be·hä·big·keit** *die*; *nur Sg* (只用单数)

be·haf·tet *Adj* (形); *nur in* 只用于 ***mit etw. b.*** mit etw. Negativem versehen 带有，患有，受…的牵累(缠身)〈mit e-m Fehler, e-m Makel, e-r Krankheit b. 有错误，有缺点(污点)，患病〉

be·ha·gen; *behagte, hat behagt*; Vi (不及物) ***etw. behagt j-m*** etw. entspricht j-s Erwartungen, Vorstellungen (物作主语)合…的意，使称心 ≈ etw. gefällt j-m: *Es behagt ihm nicht, dass er täglich so früh aufstehen muss* 他每天必须这样早起床，这不合他的意

Be·ha·gen *das*; -*s*; *nur Sg* (只用单数); das angenehme Gefühl, das man hat, wenn man sich wohlfühlt u. zufrieden ist 惬意，舒适，愉快，满意 ↔ Unbehagen〈etw. mit B. genießen 愉快地享受(欣赏)某物〉‖ -K (复合): ***Wohl-***

be·hag·lich *Adj* (形) **1.**〈e-e Atmosphäre, Wärme 气氛(环境)，温暖; ein Zimmer 房间〉so, dass sie ein angenehmes Gefühl der Zufriedenheit geben 舒适的，舒服的 **2.** ruhig u. voller Behagen 安闲的，安适的: *b. im Sessel sitzen* 安逸地坐在沙发椅上 ‖ *hierzu* (派生) **Be·hag·lich·keit** *die*; *nur Sg* (只用单数)

be·hal·ten; *behält, behielt, hat behalten*; Vt (及物) **1.** ***etw. b.*** etw., das man (bekommen) hat, nicht wieder zurückgeben od. aufgeben (müssen) 保留，保存，留下 ↔ hergeben〈ein Geschenk, seinen Arbeitsplatz b. 保存(留下)礼物，保留自己的工作岗位; e-n Gegenstand als Andenken, als Pfand b. 把物品留作纪念，留作抵押〉: *als Frau nach der Heirat den Mädchennamen b.* 作为妻子在结婚后保留娘家的姓; *Kann ich das Buch e-e Weile b.?* 我能把书留下看一会儿吗?; *Sie können das Wechselgeld b.!* 您可以把零钱留下! (不用找了) **2.** ***j-n b.*** sich nicht von j-m trennen (müssen) 留住，留下，把…挽留住: *j-n als Freund b.* 把某人作为朋友留下来; *e-n Angestellten b.* 把职员留住 **3.** ***etw. b.*** etw. in unveränderter Weise, in seinem bisherigen Zustand haben 保持，维持 ≈ bewahren〈seinen Humor b. 保持自己的幽默; etw. behält seine Gültigkeit, seinen Wert 某物保持有效，保持其价值〉**4.** ***etw. b.*** (***können***) etw. im Gedächtnis bewahren, sodass man sich jederzeit daran erinnert 记住 ≈ sich etw. merken (können) ↔ vergessen: *Er kann mühelos viele Telefonnummern b.* 他能毫不费力地记住许多电话号码 **5.** ***j-n* (*irgendwo*) *b.*** j-n nicht von e-m bestimmten Ort gehen lassen 留下,留住(不让离去): *e-n Gast über Nacht bei sich/in seiner Wohnung b.* 把客人留在家里过夜; *e-n Verdächtigen in Haft, e-n Patienten im Krankenhaus b.* 把可疑的人拘留起来,把患者留在医院里(留下住院) **6.** ***etw. irgendwo b.*** etw. an e-r bestimmten Stelle lassen 让…留在(某处),让…保持在(某处): *die Mütze auf dem Kopf, die Hände in den Hosentaschen b.* 头上仍然戴着帽子,双手仍然揣在裤袋里 **7.** ***etw. für sich b.*** niemandem von e-r Sache erzählen 不对人讲,秘而不宣 ‹ein Geheimnis, e-e Neuigkeit für sich b. 保守一个秘密,把新闻秘而不宣› **8.** ***die Nerven b.*** in e-r schwierigen Situation ruhig bleiben 保持镇静,保持自制 **9.** ***die Oberhand b.*** über j-n siegen, der Stärkere bleiben 保持优势,仍占上峰 **10.** ***die Übersicht b.*** in e-r schwierigen Situation die Zusammenhänge erkennen können 仍能统筹全局,掌握崖略,有全局观念

Be·häl·ter *der*; *-s*, *-*; etw., in das man Gegenstände od. feste, gasförmige u. flüssige Stoffe tut, um sie aufzubewahren od. zu transportieren 容器,贮藏器: *Kisten, Tonnen, Gläser, Dosen u. Flaschen sind Behälter* 盒(箱)、桶、玻璃杯、罐头盒和瓶子都是容器 ‖ -K(复合): ***Gas-, Öl-, Wasser-*** ‖ NB(注意): ↑ ***Gefäß*** Abb. Seite 246 图见第 246 页

be·hän·de[-h-] *Adj*(形); *geschr*[书]; (*bes* 尤用于 in seinen Bewegungen) schnell u. geschickt 灵巧的,灵活的,敏捷的,利索的 ↔ ungeschickt ‖ *hierzu*(派生) **Be·hän·dig·keit** *die*; *nur Sg* (只用单数)

be·han·deln; *behandelte, hat behandelt*; [Vt] (及物) **1.** ***j-n irgendwie b.*** j-m gegenüber ein bestimmtes Verhalten zeigen(以某种方式)对待(某人) ‹j-n gut, schlecht, ungerecht, wie ein kleines Kind b. 对待某人好,不好,不公正,像对待小孩一样›: *alle Menschen gleich b.* 对所有人都一视同仁 **2.** ***etw. irgendwie b.*** ein technisches Gerät od. ein Material in bestimmter Weise gebrauchen/handhaben(以某种方式)操作,使用(某物): *e-e Maschine fachmännisch b.* 内行地,熟练地操纵机器; *Glas vorsichtig b.* 小心地使用玻璃 **3.** ***etw. irgendwie b.*** *mst* mit e-r Angelegenheit in bestimmter Weise umgehen(以某种方式)对待,处理(某物) ‹e-e Sache vertraulich b. 秘密地处理事情› **4.** ***j-n* (*irgendwie*) *b.*** (als Arzt) e-m Kranken od. Verletzten Hilfe geben (indem man ihn mit Medikamenten od. e-r Therapie zu heilen versucht)(以某种方式)治疗,医治(某人) ‹e-n Patienten ambulant, stationär, homöopathisch, medikamentös b. 对患者作门诊治疗,住院治疗,作顺势疗法的治疗,进行药物治疗› **5.** ***j-n/etw.* (*mit etw.*) *b.*** versuchen, j-n/e-e Verletzung od. Krankheit mit bestimmten Mitteln zu heilen(用…)处理,治疗: *e-e offene Wunde mit Jod b.* 用碘酒处理裸露的伤口 **6.** ***etw. mit etw. b.*** *mst* chemische Mittel auf ein Material od. Pflanzen einwirken lassen 对…进行处理(多指用化学药剂): *Obstbäume mit Chemikalien, Holz mit Lack b.* 用药剂对果树进行处理,对木料作涂漆处理 **7.** ***etw. behandelt etw.*** *bes* ein Buch, Film *o. Ä.* hat etw. zum Thema od. Inhalt(物作主语)讲述,叙述,论述,探讨,内容是 ≈ etw. stellt etw. dar: *Seine Dissertation behandelt das Problem der Arbeitslosigkeit* 他的学位论文探讨的是失业问题 **8.** ***etw. b.*** (*bes* als Lehrer) etw. zum Thema (des Unterrichts) machen u. untersuchen 讲述,讲授,处理(尤指老师): *In Geschichte behandeln wir gerade den Dreißigjährigen Krieg* 在历史课中我们讲述的正是三十年战争 **9.** ***etw. b.*** e-n Aspekt od. ein Thema (*bes* auf Sitzungen) mit mehreren diskutieren 讨论,研讨(尤指会议上) ≈ besprechen ‖ *hierzu*(派生) **Be·hand·lung** *die*

Be·hang *der*; etw., das *bes* als Dekoration von etw. herabhängt, *z. B.* Christbaumschmuck, Vorhänge 装饰性的悬挂物(如圣诞树的装饰物、窗帘) ‖ -K(复合): ***Baum-, Wand-***

be·hän·gen; *behängte, hat behängt*; [Vt](及物) ***etw.* (*mit etw.*) *b.*** etw. (in relativ großer Zahl) an etw. hängen 把…挂在…上: *die Wände mit Bildern b.* 把图片挂在墙上

be·har·ren; *beharrte, hat beharrt*; [Vi](不及物) ***auf etw.*** (*Dat* 三格) ***b.*** *bes* e-e Meinung nicht ändern wollen 坚持 ≈ auf etw. bestehen ‹auf seinem Standpunkt, seinem Entschluss b. 坚持自己的观点、自己的决定›: *Er beharrte auf seiner Absicht, allein in Urlaub zu fahren* 他坚持自己的打算,独自驱车去休假 ‖ *hierzu*(派生) **Be·har·rung** *die*; *nur Sg*(只用单数)

be·harr·lich *Adj*(形); mit sehr viel Entschlossenheit u. festem Willen 坚定的,坚决的,坚持不懈的,顽强的,不屈不挠的,始终不渝的 ‹seine Meinung b. verteidigen 坚决地维护自己的意见›: *Nach seiner Festnahme weigerte er sich b., e-e Aussage zu machen* 在被捕后他坚决拒绝作口供 ‖ *hierzu*(派生) **Be·harr·lich·keit** *die*; *nur Sg*(只用单数)

be·hau·chen; *behauchte, hat behaucht*; [Vt] (及物) **1.** ***etw. b.*** auf etw. hauchen 在…上面呵气: *die Brillengläser b. u. dann putzen* 在眼镜片上呵气,然后把镜片擦亮 **2.** *mst* 多用 ***etw. ist behaucht*** LING【语】; ein Konsonant wird so ausgesprochen, dass man danach e-e Art *h* hört (wie *z. B.* bei dem *t* in *Tal*)(物作主语)发送气音 ‹ein behauchtes p, t, k 发送气音的 p, t, k› ‖ *hierzu*(派生) **Be·hau·chung** *die*; *nur Sg*(只用单数)

be·hau·en; *behaute, hat behauen*; [Vt](及物) ***etw.* (*mit etw.*) *b.*** ein Material durch Hauen *bes* mit Hammer u. Meißel so verändern, dass es e-e bestimmte Form bekommt 凿,打,琢,雕刻,雕琢成型: *e-n Marmorblock b.* 把大理石毛坯雕琢成型

be·haup·ten; *behauptete, hat behauptet*; [Vt]

(及物) **1. *etw*. *b*.** etw., das nicht bewiesen ist, mit Bestimmtheit für wahr od. richtig erklären 断言,宣称,声称: *Er behauptet, gestern krank gewesen* zu *sein* 他声称昨天病了; *Seine Frau behauptet, er sei nicht zu Hause*/dass *er nicht zu Hause sei* 他妻子声称他不在家; *Können Sie auch beweisen*, was *Sie da behaupten?* 您是否能把您在这里所断言的事情再证实一下? **2. *etw*. *b*.** etw. erfolgreich verteidigen, *bes* indem man überzeugende Argumente anführt od. gute Leistungen erbringt 坚持,维护,保住 ⟨seinen Standpunkt, seine Stellung b. 维护自己的立场,保住自己的地位⟩: *Der Spieler konnte seinen Platz in der Nationalmannschaft b*. 这位运动员能够保住自己在国家队中的位置; [Vr] (反身) **3. *sich b*.** Widerstände überwinden u. sich Respekt verschaffen 坚持住,保住,维持,顶住: *Er konnte sich als Neuling in der Firma* (*seinen Kollegen gegenüber*) *nur schwer b*. 在公司里,他作为新手只能勉强保住自己(面对他的同事) **4. *sich gegen j-n/in etw*.** (*Dat* 三格) ***b*.** gegen e-n sportlichen Gegner/in e-m sportlichen Wettkampf siegen(比赛中)战胜,胜过(对手)

Be·haup·tung *die*; -, *-en*; e-e Aussage od. Erklärung, in der etw. behauptet (1) wird 主张,看法,论断,见解 ⟨e-e B. aufstellen, widerlegen, zurücknehmen 提出,反驳,收回论断⟩

Be·hau·sung *die*; -, *-en*; *oft pej* 常用[贬]; ein Zimmer od. e-e Wohnung 住处,住房 ⟨e-e ärmliche B. 简陋的住房⟩

be·he·ben; *behob*, *hat behoben*; [Vt] (及物) ***etw*. *b*.** etw. Unangenehmes od. Störendes beseitigen 消除,排除 ⟨e-n Schaden, e-n Fehler, e-e Bildstörung b. 排除损失、错误、图像干扰⟩ ‖

Behälter und Gefäße

hierzu（派生）**Be·he·bung** *die*；*nur Sg*（只用单数）

be·hei·ma·tet *Adj*（形）；*nicht adv*（不作状语）；***irgendwo b. sein*** aus e-m bestimmten Ort od. Land stammen 出生于…，家乡在…，原产于…：*Beethoven war in der Nähe von Bonn b.* 贝多芬的家乡在波恩近郊；*Der Koalabär ist in Australien b.* 树袋熊原产于澳大利亚 ‖ ▶ ***Heimat***

be·hei·zen；*beheizte*，*hat beheizt*；Vt（及物）***etw.*** (***mit etw.***) ***b.*** ein Gebäude od. e-n Raum mit e-r Heizung warm machen 使热，使暖和，给…供暖 ‖ *hierzu*（派生）**Be·hei·zung** *die*；*nur Sg*（只用单数）；**be·heiz·bar** *Adj*（形）

Be·helf *der*；*-(e)s*，*-e*；*mst Sg*（多用单数）；e-e Maßnahme，die ein Problem für e-e relativ kurze Zeit (aber nicht endgültig) löst 临时措施，权宜之计，应急办法 ≈ Provisorium ‖ K-（复合）：***Behelfs-***，***-ausfahrt***，***-brücke***，***-quartier*** ‖ -K（复合）：***Not-***

be·hel·fen, sich；*behilft sich*，*behalf sich*，*hat sich beholfen*；Vr（反身）**1.** ***sich*** (*Dat* 三格) ***mit etw.*** / ***irgendwie b.*** sich mit etw. Einfachem od. Provisorischem helfen，weil nichts Besseres vorhanden ist（用…/以某种方式）对付，应付，应急：*Als der Strom ausfiel, mussten wir uns mit Kerzen b.* 当断电的时候，我们曾经不得不用蜡烛应急 **2.** ***sich*** (*Akk* 四格) ***ohne j-n/etw. b.*** allein/ohne etw. in e-r (oft schwierigen) Situation zurechtkommen（在没有…情况下/独自地）对付：*sich im Winter ohne Heizung b. müssen* 冬天不得不在没有供暖的情况下对付过去

be·helfs·mä·ßig *Adj*（形）；als Ersatz od. Behelf dienend 应急的，暂时的，临时的 ≈ provisorisch 〈e-e Unterkunft 住所，栖身之处〉

be·hel·li·gen；*behelligte*，*hat behelligt*；Vt（及物）***j-n*** (***mit etw.***) ***b.*** *geschr*［书］；j-n dadurch stören od. belästigen，dass man ihn (ständig) um Rat，Auskunft *usw* bittet（用…）麻烦，打扰，打搅〈j-n mit Fragen，seinen Sorgen b. 用问题，用自己的忧虑（担心）打扰某人〉：*Es tut mir leid, dass ich Sie am Sonntag mit meinen Problemen behellige* 对不起，我在星期天拿问题来打扰您 ‖ *hierzu*（派生）**Be·hel·li·gung** *die*

be·hen·de［-h-］*Adj*（形）；↑ ***behände***

be·her·ber·gen；*beherbergte*，*hat beherbergt*；Vt（及物）***j-n b.*** j-n als Gast haben u. ihm Unterkunft geben 留…住宿，给…提供住处，留宿 ‖ *hierzu*（派生）**Be·her·ber·gung** *die*；*nur Sg*（只用单数）

be·herr·schen；*beherrschte*，*hat beherrscht*；Vt（及物）**1.** ***j-n/etw. b.*** (als Herrscher) Macht，Kontrolle über j-n/etw. haben，ausüben 统治，控制〈ein Gebiet，ein Volk b. 统治（控制）一个地区，统治人民〉**2.** ***etw. beherrscht j-n/etw.*** etw. übt e-n starken Einfluss auf j-n/etw. aus（物作主语）支配，主宰 ≈ etw. dominiert j-n/etw.：*Die Sehnsucht nach ihr beherrscht sein ganzes Denken* 对她的思念支配着他的全部思想 **3.** ***j-n/etw. b.*** j-n/etw. unter Kontrolle haben 控制住，左右着，占优势：*Sie beherrschten ihre Gegner zu jedem Zeitpunkt des Spiels* 他们在比赛的每个时刻都控制住了对手 **4.** ***etw. b.*** seine (*mst* heftigen) Emotionen，Äußerungen (oft mit großer Anstrengung) zurückhalten 克制，抑制 ≈ unterdrücken 〈seinen Zorn，seine Leidenschaften b. 克制自己的愤怒，自己的激情〉**5.** ***etw. beherrscht etw.*** etw. ist charakteristisch für etw.（物作主语）是…的特点（特征，特色）：*Hektik beherrscht seinen Alltag* 忙忙碌碌是他每天生活的特征；*Büsche u. Bäume beherrschen die Landschaft* 灌木和乔木是这里风景的特色 **6.** ***etw. b.*** etw. so gut gelernt haben，dass man es ohne Fehler od. Schwierigkeiten anwenden od. gebrauchen kann 精通，掌握〈e-e Kunst，e-e Technik，ein Musikinstrument，ein Fach (perfekt) b.（熟练地）掌握一门艺术，一门技术，一种乐器，一门专业〉：*Seine Schwester beherrscht drei Fremdsprachen* 他的姐姐（妹妹）掌握了三门外语；Vr（反身）**7.** ***sich b.*** ≈ b. (4) 〈sich gut/nicht b. können 能很好克制自己，善于克制自己/不能克制自己〉：*Er musste sich sehr b., um ihm keine Ohrfeige zu geben* 他不得不尽力克制自己，才没有掮他耳光

be·herrscht **1.** *Partizip Perfekt*（过去分词）；↑ ***beherrschen*** **2.** *Adj*（形）；drückt aus，dass der Betreffende seine Emotionen，Äußerungen unter Kontrolle hält 克制的，沉着的，镇定的：*Durch sein beherrschtes Auftreten hat er sich viele Freunde geschaffen* 他由于举止沉着镇定而交上了许多朋友

Be·herr·schung *die*；*-*；*nur Sg*（只用单数）**1.** das Beherrschen (1) e-s Volkes *o. Ä.* 统治 **2.** das Beherrschen (3) des Gegners od. e-r Situation 控制住，占优势 **3.** das Beherrschen (4) seiner eigenen heftigen Gefühle 克制，自制〈die B. verlieren 失去自制〉‖ -K（复合）：***Selbst-*** **4.** das Beherrschen (6) e-r Technik，e-s Musikinstruments，e-r Sprache *o. Ä.* 掌握，精通（如技术、乐器、语言等）

be·her·zi·gen；*beherzigte*，*hat beherzigt*；Vt（及物）***etw. b.*** sich in seinem Handeln nach etw. richten 把…铭记在心，牢记，听从 ≈ befolgen 〈j-s Worte，Ratschlag，Warnung b. 牢记某人的话、劝告、告诫〉‖ *hierzu*（派生）**Be·her·zi·gung** *die*；*nur Sg*（只用单数）

be·herzt *Adj*（形）；*geschr*［书］≈ mutig，tapfer 〈ein Vorgehen，ein Verhalten 行动，行为〉‖ *hierzu*（派生）**Be·herzt·heit** *die*；*nur Sg*（只用单数）

be·hilf·lich *Adj*（形）；*nicht adv*（不作状语）；*mst in* 多用于 ***j-m*** (***bei etw.***) ***b. sein*** *geschr*［书］；j-m helfen，etw. zu tun 帮助，给…帮忙：*e-m Freund beim Aufräumen b. sein* 帮助朋友打扫（整理）房间

be·hin·dern；*behinderte*，*hat behindert*；Vt（及物）**1.** ***j-n*** (***bei etw.***) ***b.*** j-n，der etw. tun möchte，dabei stören 妨碍，阻碍（某人）：*Der Ring behinderte sie bei der Arbeit, also nahm sie ihn ab* 戒指（耳环）妨碍她工作，因此她把它摘下来了 **2.** ***etw. b.*** e-e negative，störende

Wirkung auf etw. haben 妨碍,阻碍(某事)〈den Verkehr, die Sicht, den Verlauf e-s Spiels b. 妨碍交通,挡住视线,妨碍比赛的进行〉

be·hin·dert 1. *Partizip Perfekt*(过去分词); ↑ **behindern** 2. *Adj*(形); *nicht adv*(不作状语); mit e-r Behinderung (2)有残疾的,有缺陷的,有障碍的〈geistig, körperlich b. 有精神障碍的,有肢体残疾的〉: *ein behindertes Kind haben* 有一个有残疾的小孩 ‖ -K(复合): **geh-**, **körper-**, **seh-**

Be·hin·der·te *der/die*; *-n*, *-n*; j-d, der e-e Behinderung (2) hat 残疾者,残疾人〈ein geistig, körperlich Behinderter 有精神障碍者,有肢体残疾者〉‖ K-(复合): **Behinderten-**, **-ausweis**, **-sport** ‖ -K(复合): **Geh-**, **Körper-**, **Seh-** ‖ NB(注意): *ein Behinderter*; *der Behinderte*; *den*, *dem*, *des Behinderten* ‖ *hierzu*(派生) **be·hin·der·ten·ge·recht** *Adj*(形)

Be·hin·de·rung *die*; -, *-en* 1. das Behindern (1,2): *Die falsch geparkten Autos sind e-e B. für den Verkehr* 汽车停放不当是交通的障碍 2. *nur Sg*(只用单数); ein ernsthafter körperlicher od. geistiger Defekt, den j-d von Geburt an od. aufgrund e-s Unfalls, e-r Verletzung od. e-r Krankheit hat 肢体残疾,精神障碍,残疾

Be·hör·de *die*; -, *-n* 1. eine von mehreren zentralen od. örtlichen Institutionen, die von Staat, Kommunen od. Kirchen damit beauftragt werden, bestimmte administrative od. gerichtliche Aufgaben durchzuführen 官方,当局,行政机关 ≈ Amt: *Wenn man ein Haus bauen will, muss man sich bei der zuständigen B. die Genehmigung holen* 当有人要建房子时,必须取得主管当局的批准 ‖ -K(复合): **Bauaufsichts-**, **Verwaltungs-** 2. das Gebäude, in dem e-e B. (1) ist 当局、行政机关所在地大楼: *auf e-r B. sein* 在行政机关(工作) ‖ *zu*(义项)1. **be·hörd·lich** *Adj*(形); *nur attr od adv*(只作定语或状语)

be·hü·ten; *behütete*, *hat behütet*; [Vt](及物) ***j-n/etw.* (*vor j-m/etw.*) *b.*** *geschr*[书]; auf j-n/etw. mit großer Aufmerksamkeit achten, um ihn/es *bes* vor Gefahr od. Schaden zu schützen 保护,防护(使之免遭…) ≈ j-n/etw. vor etw. bewahren: *j-n vor Unheil b.* 保护某人免遭灾祸(不幸) ‖ ID [谚] (***Gott***) ***behüte!*** *veraltend*[渐旧]; verwendet, um zu betonen, dass man etw. ablehnt od. für zu schwierig od. gefährlich hält(用来强调拒绝或认为是危险的)不,绝不!: *„Willst du wirklich den Berg besteigen?" – „(Gott) behüte!"* "你真的想爬上山去?"——"决不!"

be·hut·sam *Adj*(形); sehr vorsichtig 小心的,周到的,谨慎的: *ein Kind b. behandeln* 小心翼翼地照料一个小孩 ‖ *hierzu*(派生) **Be·hut·sam·keit** *die*; *nur Sg*(只用单数)

bei *Präp*(介); *mit Dat*(支配三格) 1. verwendet zur Bezeichnung der räumlichen Nähe zu j-m/etw.(表示空间近处)在…附近,靠近,邻近,在…近旁 ≈ in der Nähe von: *Der Kiosk ist direkt/gleich beim* (= bei dem) *Bahnhof* 售货亭紧挨着火车站; *Versailles liegt bei Paris* 凡尔赛在巴黎附近; *Wir treffen uns beim Rathaus* 我们在市政厅附近相遇 2. verwendet, um auszudrücken, dass sich j-d/etw. an e-m bestimmten Ort, *mst* in j-s Wohnung od. Heimat befindet(表示处所)在…那里,在…家里或家乡: *bei j-m wohnen, übernachten, e-e Party feiern* 在某人那里住,过夜,举行聚会; *Bei ihr zu Hause steht ein Klavier* 在她家里有一架钢琴; *Was gibt es bei euch heute zu essen* 你们那里今天有什么可吃的?; *bei uns in Deutschland...* 在我们德国… 3. verwendet, um auszudrücken, dass man mit e-r Person e-e bestimmte berufliche od. geschäftliche Verbindung hat(表示与某人有职业或业务上的联系)在…处(那里): *bei e-m Arzt in Behandlung sein* 在医生那里治疗; *beim Bäcker einkaufen* 在面包房(师傅)那里采购; *bei j-m in die Lehre gehen* 在某人那里当学徒,师从某人 4. verwendet in Verbindung *bes* mit Institutionen od. Firmen, um anzuzeigen, dass man mit ihnen etw. zu tun hat(表示与机构或公司有关)在…工作,办事: *bei der Post, bei der Bahn arbeiten* 在邮局,在铁路上工作; *bei e-r Firma, bei e-r Zeitung, beim Fernsehen beschäftigt sein* 在公司,在报社,在电视台工作; *ein Konto bei der Bank eröffnen* 在银行开一个账户 5. in e-m Werk von, in den Werken von:在…的著作(作品)中: *Dieses Zitat habe ich bei Schiller gelesen* 这段引文我在席勒的著作中读到过 6. verwendet, um auszudrücken, dass j-d/etw. inmitten von od. zwischen anderen Personen/Sachen vorhanden bzw. anwesend ist 在…(人/物)中 ≈ unter (5): *Bei den Verletzten war auch sein Bruder* 在受伤者中也有他的兄弟; *Bei den Sachen des Toten befanden sich e-e Uhr u. e-e Geldbörse* 在死者的遗物中有一只表和一个钱包 7. mit j-m zusammen 同…一起,在…身旁: *bei j-m im Auto sitzen* 在汽车里坐在某人身边; *Er war die ganze Zeit über bei seiner kranken Mutter* 他全部时间都是在他生病的母亲身边度过的 8. ***bei sich*** verwendet, um auszudrücken, dass j-d etw. mit sich trägt 在身上,在身边,随身: *kein Geld bei sich haben* 身边没带钱; *e-e Waffe bei sich tragen* 随身携带武器 9. verwendet in Verbindung *bes* mit Verben des Greifens, um auszudrücken, dass j-d/ein Tier j-n/ein Tier an e-m bestimmten (Körper)Teil festhält(与抓、拿等动词连用时,表示抓住某人/动物的肢体的一部分) ≈ an: *j-n bei der Hand nehmen* 牵(携,拉)着某人的手 10. verwendet zur Bezeichnung e-s Zeitpunktes (表示时刻)在…时候: *bei Beginn/Ende des Konzerts* 在音乐会开始/结束时; *bei Dämmerung/Tagesanbruch/Einbruch der Dunkelheit* 在破晓(黄昏)/黎明/夜幕降临的时候 11. drückt aus, dass e-e Handlung gerade abläuft(表示行为正在进行)在…时: *bei der Durchsicht seiner Papiere* 在检查他的证件时; *beim Mittagessen sein* 正在吃午饭 12. verwendet, um die Begleitumstände od. Bedingungen e-r Handlung, e-s Ereignisses *usw* anzugeben(表示伴生情况或行为的条件)在…情况下,鉴于,假如: *Bei schönem Wetter machen wir morgen e-e Radtour* 如果天气好,我们明天骑自行车郊游去 **13.** verwendet, um den Hintergrund e-s Ereignisses, e-r Handlung *o.Ä.* zu bezeichnen(表示行为的背景)在…时: *bei e-m Erdbeben, e-m Unfall verletzt werden* 在地震时,在事故中受伤; *Er hat sich beim Sport das Bein gebrochen* 他在运动时把腿折断了 **14.** verwendet, um auszudrücken, dass etw. die Voraussetzung für etw. anderes ist(表示行为的前提)在…情况下,要是: *Bei e-r monatlichen Belastung von 300 Euro wirst du deine Schulden bald abbezahlt haben* 在一个月负债达300欧元的情况下,你要很快偿清债务 **15.** verwendet, um den Grund für etw. anzugeben(表示行为的原委)因为,由于: *Bei seinem Lebenswandel musste er ja krank werden!* 他由于生活转变是肯定要生病的!; *Bei deinem Gehalt könntest du mich ruhig zum Essen einladen!* 你拿这么多工资完全可以放心大胆地请我吃饭! **16.** verwendet, um auszudrücken, dass j-d/etw. e-e bestimmte Eigenschaft hat od. in e-m bestimmten Zustand ist(表示人/物有某种特性或处于某种状态): *Bei meinem Auto muss etwas mit der Bremse nicht in Ordnung sein* 我的汽车一定是刹车有点毛病 **17.** was j-n/etw. betrifft, in Bezug auf j-n/etw.(表示与某人/某物有关): *Er hat kein Glück bei den Frauen* 他跟女人打交道没好运; *Unpünktlichkeit? – So was gibt es bei ihm nicht!* 没按时来?——他可不会这样的!(莫非他出了什么事!) **18.** drückt aus, dass etw. (*bes* e-e innere Haltung) zwar vorhanden ist, aber in e-r bestimmten Situation von e-m anderen Gefühl überwogen wird(表示某种内心想法虽然存在,但是另一种感情占了上风)尽管,虽然 ≈ trotz: *Bei aller Liebe, aber so was kann ich nicht akzeptieren* 虽然十分喜爱,但是这种东西我不能接受; *Bei allem Verständnis für deine Launen – aber diesmal gehst du zu weit!* 虽然对你的心情完全可以理解,但是这次你走得太远了!

bei- *im Verb, betont u. trennbar, begrenzt produktiv*(构成动词,重读并可分,构词有限); Die Verben mit *bei-* werden nach folgendem Muster gebildet (bei-动词的模式如下): *beifügen – fügte bei – beigefügt*

bei- drückt aus, dass etw. zu etw. anderem hinzukommt od. bei ihm dabei ist(表示附上,附入,添加,搀和) ≈ hinzu-;

(***etw.*** (*Dat* 三格)) ***etw. beilegen***: *Sie legte den Bewerbungsunterlagen ein Foto bei* 她在求职材料中附上了一张照片 ≈ Sie legte ein Foto zu/mit den anderen Unterlagen in den Umschlag

ebenso(同类词有): (***etw.*** (*Dat* 三格)) ***etw. beifügen***, (***etw.*** (*Dat* 三格)) ***etw. beigeben***, (***etw.*** (*Dat* 三格)) ***etw. beiheften***, ***etw. liegt*** (***etw.*** (*Dat* 三格)) ***bei***, (***etw.*** (*Dat* 三格)) ***etw. beimischen***

bei·be·hal·ten; *behält bei, behielt bei, hat beibehalten*; [Vt](及物) ***etw. b.*** etw. (bewusst) nicht ändern, bei etw. bleiben 保持,保留 ↔ ändern, aufgeben ⟨etw. unverändert b. 保持某物不变; e-e Gewohnheit b. 保持一种习惯⟩: *Die Regierung behielt ihren bisherigen politischen Kurs bei* 政府保持着它一贯的政治方针 ‖ *hierzu*(派生) **Bei·be·hal·tung** *die*; *nur Sg*(只用单数)

Bei·blatt *das* ≈ Beilage (1)

Bei·boot *das*; ein kleines Boot, das auf Schiffen mitgeführt wird u. *bes* dazu dient, Personen od. Güter an Land zu bringen 船载小艇,小型救生艇或供应艇⟨das B. herablassen, hochhieven 把船载小艇降下,吊起⟩

bei·brin·gen (*hat*) *gespr*[口]; [Vt](及物) **1.** ***j-m etw. b.*** ≈ j-n etw. lehren: *j-m Anstand, das Schreiben, das Tanzen, das Windsurfen, die Grundregeln der Grammatik b.* 教某人礼节,写字,跳舞,冲浪,语法基本规则 **2.** ***j-m etw. b.*** j-m e-e Nachricht, die für ihn unangenehm od. traurig ist, mitteilen od. klar machen 告知,向…说明,讲清楚(不愉快的事情)⟨j-m etw. schonend b. 婉言告知某人某事⟩: *Wie sollte er ihr nur b., dass er e-e andere liebte?* 他该怎样告诉她,他曾经爱过另一个女人呢?

Beich·te *die*; -, -*n* **1.** e-e religiöse Handlung, bei der der Gläubige (im Beichtstuhl od. mit anderen im Gebet) seine Sünden bekennt 忏悔,告解⟨zur B. gehen 去忏悔; die B. ablegen, hören 进行忏悔,听忏悔⟩: *Der Pfarrer nahm dem Kranken die B. ab* 教士听取病人的忏悔 (= hörte die B. an) ‖ K-(复合): ***Beicht-, -geheimnis*** **2.** *oft iron* 常作[讽]; ein Geständnis, das man j-m macht, *mst* weil man ein schlechtes Gewissen hat 坦白,交代

beich·ten; *beichtete, hat gebeichtet*; [Vt/i](及物/不及物) **1.** (***j-m***) (***etw.***) ***b.*** seine Sünden während e-r Beichte bekennen (向…)忏悔,告解⟨seine Sünden b. 悔罪,忏悔自己的罪过; b. gehen 去忏悔⟩; [Vt](及物) **2.** (***j-m***) ***etw. b.*** j-m mitteilen, dass man etw. Verbotenes od. Schlimmes getan hat, *mst* weil man ein schlechtes Gewissen hat(向…)坦白,交代: *Ich muss dir b., dass ich viel Geld beim Pokern verloren habe* 我必须向你坦白,我在打扑克时输了许多钱

Beicht·stuhl *der*; KATH【天主】; e-e Art Kabine aus Holz, in der j-d e-m Priester seine Sünden beichtet 忏悔室,告解所

Beicht·va·ter *der*; *mst Sg*, KATH (多用单数)【天主】; ein Priester, bei dem j-d beichtet 听取忏悔的神甫

bei·de *Pronomen*(代) (*Pl*(复)) **1.** *unbetont*, (*mst*) *in Verbindung mit e-m Artikel od Pronomen*(非重读,多与冠词或代词连用); verwendet, um zwei Personen, Sachen od. Vorgänge zusammenfassend zu nennen, die der Sprecher als bekannt voraussetzt. Der Gegensatz zu nur einer der genannten Personen *usw* wird dabei nicht betont (neutrale Aussage)(表示已知事实,但不强调)两人,两个,两件: *Meine beiden Töchter sind bereits ver-*

heiratet 我的两个女儿已结婚；*Jeder der beiden/von (den) beiden hat ein eigenes Auto* 他们俩各自有一辆自己的汽车 **2.** *betont, ohne Artikel od Pronomen*（重读，不带冠词或代词）；verwendet, um sich auf zwei Personen, Sachen od. Vorgänge gleichzeitig zu beziehen, wobei der Gegensatz zu nur einer dieser Personen *usw* betont wird（表示同时强调）两人，两个，双方（都）：*Meine Töchter sind b. verheiratet* (nicht nur eine Tochter) 我的两个女儿都已结婚（不只是一个女儿）；*Zwei meiner Freunde hatten e-n Unfall, beiden aber geht es gut* 我的两个朋友遭遇到了一次事故，但是两个人都好好的，没事儿；*Ich würde am liebsten auf beide Partys gehen* 最好我两个聚会都去参加 *Gestern u. vorgestern habe ich bei dir angerufen, aber b. Mal(e) warst du nicht zu Hanse* 昨天和前天我曾给你打电话，但两次电话你都不在家 ‖ NB（注意）：**a)** *beide* verwendet man wie ein attributives Adj. (*beide Kinder*) od. wie ein Subst. (*Beide haben gesagt, ...*). (*beide* 可以用作起定语作用的形容词（*beide Kinder* 两个小孩）或者用作名词（*Beide haben gesagt, ...* 他们两人说过…））；**b)** ↑ ***beides***

bei.der.lei *Adj*（形）；*nur attr, indeklinabel, nicht adv*（只作定语，词形不变，不作状语）；verwendet, um beide Arten der genannten Sache zu bezeichnen 两种，两样，两类：*Menschen b. Geschlechts* 男女，两种性别的人

bei.der.sei.tig *Adj*（形）；*nur attr od adv*（只作定语或状语）；(von zwei Personen/Sachen) sowohl die eine als auch die andere betreffend 双方的，互相的，彼此的，两边的，两面的，两侧的 ⟨sich in beiderseitigem Einverständnis, Interesse trennen 经双方同意，为了双方的利益分手（分离）⟩：*e-e Angelegenheit zur beiderseitigen Zufriedenheit regeln* 把事情解决得使双方满意

bei.der.seits¹ *Präp*（介）；*mit Gen*（支配二格）；auf beiden Seiten 在…的两边，在…的两侧：*b. des Flusses, des Weges, der Grenze* 在河（江）的两边，在道路两侧，在边界的两侧 ‖ NB（注意）：auch adverbiell verwendet mit *von*（也可与 *von* 连用作状语）：*b. von dem Grundstück* 在地皮的两侧

bei.der.seits² *Adv*（副）；bei beiden Personen od. Parteien 双方，两派：*B. gab es Missverständnisse* 双方有过误解

bei.des *Pronomen*（代）(*Sg Neutrum* 单数，中性) **1.** *mst unbetont*（多为非重读）；verwendet, um zwei verschiedenartige Sachen, Vorgänge *o. Ä.* zusammenfassend zu nennen, die der Sprecher als bekannt voraussetzt. Der Gegensatz zu nur einer der genannten Sachen *usw* wird dabei nicht betont（表示已知事实，但不强调）两件，两类，两种：*B. ist zwar sehr schön, aber leider zu teuer* 两件东西虽然很漂亮（好看），但是可惜太贵了 **2.** *betont*（重读）；verwendet, um sich auf zwei verschiedenartige Sachen, Vorgänge *o. Ä.* gleichzeitig zu beziehen, wobei der Gegensatz zu nur einer der genannten Sachen *usw* betont wird（表示同时强调）两种，两类，两样（都）：*Er kann b. - Klavier u. Gitarre spielen* (nicht nur das eine) 钢琴和吉他——两样他都会弹（不只是其中一样）；*Er hat ein neues Auto u. e-e neue Wohnung - mit beidem ist er sehr zufrieden* 他有一辆新汽车和一套新住房——两样他都很满意 ‖ NB（注意）：**a)** *beides* wird wie ein Subst. verwendet (beides 可以像名词一样使用)（*B. ist sehr schön* 两件东西都很漂亮）；**b)** ↑ ***beide***

beid.hän.dig *Adj*（形）；*nur attr od adv*（只作定语或状语）；mit beiden Händen 双手的，用双手的 ↔ einhändig

bei.dre.hen (*hat*) [*Vi*]（不及物）***etw. dreht bei*** NAUT【航海】；ein Schiff verlangsamt die Fahrt u. ändert die Richtung（物作主语）减速并改变航向

beid.sei.tig *Adj*（形）；*nur attr od adv*（只作定语或状语）；auf beiden Seiten 两边的，双方的，互相的，两侧的 ≈ beiderseitig ↔ einseitig：*b. gelähmt sein* 两侧瘫痪

bei.ei.nan.der *Adv*（副）；eine Person/Sache neben der anderen, zu e-r Gruppe vereinigt 一个挨着一个，在一起，一同 ≈ zusammen, beisammen：*Zu Weihnachten ist die ganze Familie b.* 圣诞节全家在一起 ‖ ID［谚］***gut/schlecht b. sein*** *gespr*［口］；in gutem / schlechtem (gesundheitlichem) Zustand sein 健康状态好/差；***nicht (mehr) ganz/recht b. sein*** *gespr*［口］；ein bisschen verrückt sein 有点神志不清

bei.ei.nan.der- *mit Verb, betont u. trennbar, begrenzt produktiv*（与动词连用，构词有限）；Die Verben mit *beieinander* werden nach folgendem Muster gebildet (beieinander-动词的模式如下)：*beieinanderliegen - lagen beieinander - beieinandergelegen*

beieinander- drückt aus, dass zwei od. mehr Personen, Dinge *o. Ä.* zusammen sind, eine/eines mit der/dem anderen ist（表示在一起，并列，并排，共同）≈ beisammen-, zusammen-；

⟨Personen 人⟩ ***sitzen beieinander***：*Sie saßen gemütlich beieinander u. unterhielten sich* 他们愉快地坐在一起聊天 ≈ Sie saßen alle zusammen u. unterhielten sich

ebenso（同类词有）：⟨Personen 人⟩ ***bleiben beieinander***, ***j-n/etw.*** (*Kollekt od Pl* 集合或复数) ***beieinanderhalten***；⟨*mst* Dinge 多用物⟩ ***liegen beieinander***，⟨Personen, Dinge 人，物⟩ ***stehen beieinander***

bei.ei.nan.der.ha.ben (*hat*) [*Vt*]（及物）**1.** ***etw.*** (*Kollekt od Pl* 集合或复数) ***b.*** etw. (geordnet u.) gesammelt haben 将…整理（收集，收拾）就绪，积攒起来 ⟨seine Gedanken, seine Siebensachen b. 把自己的思想理出了头绪，把自己的随身东西收拾就绪⟩：*Hast du das Geld für das Motorrad schon beieinander* (= gespart)？你是否已经攒够了买摩托车的钱了？ **2.** ***seine (fünf) Sinne (noch) b.*** *gespr*［口］；vernünftig denken können 头脑（还）正常，还有理智 ‖ ID［谚］*mst* 多作 ***Du hast (sie) wohl nicht (mehr) alle beieinander!*** *gespr*［口］；du bist wohl verrückt! 你大概精神不正常吧!

Bei·fah·rer *der*; **1.** j-d, der in e-m Auto vorn neben dem Fahrer sitzt 坐在司机旁的乘车人 ‖ K-(复合): ***Beifahrer-***, ***-sitz*** **2.** j-d, der (beruflich) neben dem Fahrer e-s Last- od. Rennwagens sitzt, um bestimmte Aufgaben zu erfüllen(载重汽车或赛车的)司机副手,副司机,副驾驶 ‖ *hierzu*(派生) **Bei·fah·re·rin** *die*

Bei·fall *der*; *-(e)s*; *nur Sg*(只用单数) **1** ≈ Applaus ⟨geringer, lauter, tosender B. 很少的,响亮的,雷鸣般的掌声; B. klatschen 鼓掌; viel B. bekommen, ernten 得到,获得许多掌声⟩ ‖ K-(复合): ***Beifalls-***, ***-ruf*** **2.** e-e sehr positive Beurteilung *bes* e-r Ansicht, Entscheidung od. Leistung(对观点,决定或成就)赞成,赞同,赞许 ⟨(für etw.) B. ernten 获得(对某物)赞同; etw. findet (j-s) B. 某事得到(某人的)赞同⟩ **3.** ***B. heischend*** Zustimmung erwartend: *B. heischend um sich blicken* 环视四周,期待赞同

bei·fall·hei·schend ↑ ***Beifall*** (3)

bei·fäl·lig *Adj* (形); ⟨ein Kopfnicken, ein Lächeln 点头,微笑⟩ so, dass sie Zustimmung od. Anerkennung zeigen 赞同的,赞成的,赞许的 ≈ zustimmend

Bei·falls·sturm *der*; *mst Pl* (多用复数); sehr starker, begeisterter Beifall 暴风雨般的掌声 ≈ Ovation

bei·fü·gen (*hat*) [Vt] (及物) (***etw.*** (*Dat* 三格)) ***etw. b.*** etw. zu etw. anderem hinzutun 附入,附上 ≈ beigeben, beilegen: *e-m Brief ein Foto b.* 在信中附上一张照片

Bei·fü·gung *die*; *-*, *-en* **1.** *nur Sg* (只用单数); das Beifügen **2.** LING【语】≈ Attribut

Bei·ga·be *die* **1.** etw., das man zusätzlich zu e-r Sache (gratis) bekommt 附加物,添加物: *Beim Kauf seiner neuen Brille bekam er ein Etui als B.* 在买新眼镜时,他还附带得到一个盒子 ‖ -K(复合): ***Gratis-*** **2.** *nur Sg*, *geschr*(只用单数)[书]; das Beigeben *bes* von Gewürzen 加上(调味品): *unter B. von ein wenig Zucker* 加一点糖

beige [*präd*(表语) beːʃ, *attr*(定语) ˈbeːʒə] *Adj* (形); von e-r hellen, gelblich braunen Farbe (wie Sand)米色的,米黄色的: *ein beiges Hemd* 米色衬衣 ‖ NB(注意): die attributive Verwendung gehört der gesprochenen Sprache an; um sie zu vermeiden, verwendet man *beigefarben*(作定语用在口语中,为了不用这个词,可用 beigefarben): *e-e beigefarbene Bluse*(米色女式衬衣)

bei·ge·ben (*hat*) [Vt] (及物) **1.** (***etw.*** (*Dat* 三格)) ***etw. b.*** etw. zu etw. anderem hinzutun(给…)增加,附加: *e-m Brief ein Foto b.* 在信中附一张照片; *dem Teig ein Ei b.* 在生面团中加一个蛋; [Vi] (不及物) **2.** ***klein b.*** *gespr*[口]; (*mst* nach e-r Auseinandersetzung) nachgeben, aufgeben, weil man sich unterlegen fühlt 认输,退让,屈服

Bei·ge·schmack *der*; *nur Sg* (只用单数) **1.** ein zusätzlicher Geschmack, der *mst* als störend empfunden wird 异味,怪味: *Bier aus der Dose hat oft e-n metallischen B.* 罐头啤酒常有一股金属异味 **2.** ein *mst* unangenehmer Eindruck, den etw. bei j-m hinterlässt(令人不快的)味道,感觉: *Die ganze Affäre hatte e-n unangenehmen B.* 整个事情有一种令人不快的味道

Bei·heft *das* **1.** ein Heft mit Erläuterungen, Lösungen *o. Ä.*, das *mst* zu e-m Buch gehört, aber manchmal auch getrennt von diesem Buch verkauft wird(附有说明、答案等的)书的附册,配套手册 **2.** ein Heft mit Erläuterungen zu e-r CD, Kassette *o. Ä.*(激光唱片、盒式磁带等的)说明书

bei·hef·ten (*hat*) [Vt] (及物) (***etw.*** (*Dat* 三格)) ***etw. b.*** etw. an etw. heften 把…装订(夹,串线订)在…上: *e-r Akte e-e Notiz b.* 将记录夹在档案卷里

Bei·hil·fe *die*; *-*, *-n* **1.** Geld, das man unter bestimmten Voraussetzungen vom Staat bekommt (*mst* wenn das eigene Geld nicht ausreicht)津贴,补助 ⟨B. beantragen, bekommen 申请,得到补助⟩ ‖ -K(复合): ***Arbeitslosen-***, ***Ausbildungs-***, ***Familien-*** **2.** ***B.*** (***zu etw.***) JUR【法】; das Verhalten, mit dem man j-n dazu ermutigt od. ihm dabei hilft, e-e kriminelle Tat zu planen od. auszuführen 同谋,帮凶,从犯(行为) ⟨B. zum Mord, zur Flucht 同谋杀人,合谋逃跑; (j-m) B. leisten 与某人同谋,合谋⟩

Bei·klang *der*; *-(e)s*; *mst Sg*(多用单数); etw., das bei e-r Äußerung *o. Ä.* mitschwingt od. zu erkennen ist 弦外之音,言外之意 ≈ Unterton: *Seine Worte hatten e-n ironischen B.* 他的话里带有讽刺的味道

bei·kom·men (*ist*) [Vi] (不及物) **1.** ***j-m*** (***irgendwie / mit etw.***) ***b.*** (durch Reden) Einfluss auf j-n ausüben, *mst* um zu bewirken, dass er sich so verhält, wie man es möchte (以某种方式/用…)对付,说服 ⟨j-m nicht, nur schwer b. (können)不好对付,难以对付某人⟩: *Ihm ist leider nur mit viel Härte beizukommen* 遗憾,对付他只能强硬 **2.** ***etw.*** (*Dat* 三格) (***irgendwie / mit etw.***) ***b.*** ein Problem auf bestimmte Weise lösen(以某种方式/用…)对付,解决,克服(疑难) ≈ etw. bewältigen: *Der Umweltverschmutzung ist nur mit strengen Strafen beizukommen* 环境污染只有用严格处罚去对付

Beil *das*; *-(e)s*, *-e*; e-e kleine Axt 小斧子 ‖ ↑ *Abb. unter* 图见 ***Axt***

Bei·la·ge *die*; *-*, *-n* **1.** *mst* ein Werbeprospekt, der in e-e Zeitung od. Zeitschrift gelegt od. geheftet ist 副刊,增刊 **2.** ***e-e B.*** (***zu etw.***) etw. (*bes* Gemüse od. Teigwaren), das man zu e-m Hauptgericht isst 配菜,配料: *Als B. zum Steak gab es Reis u. Bohnen* 有米饭和菜豆搭配牛排

bei·läu·fig *Adj* (形); *ohne Steigerung*(无变级) **1.** so geäußert, dass es zufällig od. nebensächlich erscheint 附带的,顺便的 ⟨e-e Bemerkung 意见,评语; etw. b. erwähnen 顺便提一下某事⟩ **2.** Ⓐ [奥] ≈ ungefähr, circa ‖ *zu* (义项)**1. Bei·läu·fig·keit** *die*; *nur Sg*(只用单数)

bei·le·gen (*hat*) [Vt] (及物) **1.** (**etw.** (*Dat* 三格)) **etw. b.** etw. zu etw. legen 附入,加进 ≈ beigeben, beifügen: *e-m Brief ein Foto b.* 在信中附一张照片 **2. etw. b.** etw. auf friedliche Weise beenden 调停,调解〈e-n Streit b. 调解争执〉‖ *zu* (义项) **2. Bei·le·gung** *die*; *nur Sg* (只用单数)

bei·lei·be *Adv* (副); verwendet, um e-e verneinte Aussage zu verstärken (用来加强否定语气) 决,绝对,的确 ≈ wirklich: *Ich bin b. kein Experte, aber das hätte ich auch gewusst* 我的确不是行家,但这一点我本来也应该知道的

Bei·leid *das*; -(*e*)*s*; *nur Sg* (只用单数); die Worte, die man j-m sagt od. schreibt, um ihm zu zeigen, dass man mit ihm über den Tod e-s Menschen trauert 哀悼,悼念〈j-m sein aufrichtiges B. aussprechen, bekunden, bezeigen 向某人表示诚挚的哀悼〉‖ K-(复合): ***Beileids-**, **-besuch**, **-bezeigung**, **-karte**, **-schreiben***

bei·lie·gen (*hat*) [Vi] (不及物) ***etw. liegt*** (***etw.*** (*Dat* 三格)) ***bei*** etw. ist *mst* bei e-m Schreiben auch dabei (物作主语) 附(在信里), (随信)附上

bei·lie·gend **1.** *Partizip Präsens* (现在分词); ↑ ***beiliegen*** **2.** *Adj* 形; *nicht adv* (不作状语), (ADM) *geschr*【管理】[书] ≈ als Anlage (7), anbei: *B. senden wir Ihnen das gewünschte Formular* 我们给您随信寄去所要的表格

beim *Präp mit Artikel* (介词与冠词合写) ≈ bei dem ‖ NB (注意): *beim* kann nicht durch *bei dem* ersetzt werden (在下述情况下,beim 不能用 bei dem 代替) **a)** in festen Wendungen wie 在固定短语中,如: *e-e Gelegenheit beim Schopf packen* 抓住时机,利用时机; *Das geht beim besten Willen nicht* 这无论如何不行; **b)** mit dem substantivierten Infinitiv 在名词化的不定式中: *j-m beim Kartenspielen zusehen* 看某人玩牌

bei·men·gen; *mengte bei*, *hat beigemengt*; [Vt] (及物) (***etw.*** (*Dat* 三格)) ***etw. b.*** (*bes* beim Kochen) e-e Substanz durch Rühren mit e-r anderen mischen 拌和,搀和 ≈ beimischen, zusetzen (1): *dem Mehl etwas Salz b.* 在面粉中搀进一点盐

bei·mes·sen (*hat*) [Vt] (及物) ***etw.*** (*Dat* 三格) ***etw. b.*** glauben, dass etw. wichtig od. bedeutsam ist 赋予,给予,认为…(很重要): *e-r Angelegenheit keine Bedeutung, großen Wert b.* 认为事情没有意义,赋予某事很大价值(高度重视某事)

bei·mi·schen (*hat*) [Vt] (及物) ***etw.*** (*Dat* 三格) ***etw. b.*** etw. zu etw. anderem tun u. dann mischen 混合,拌和,搀和 ‖ *hierzu* (派生) **Bei·mi·schung** *die*

Bein *das*; -(*e*)*s*, *-e* **1.** einer der beiden Körperteile des Menschen (bestehend aus Oberschenkel, Unterschenkel u. Fuß), mit denen man läuft, geht od. steht (人的) 腿〈krumme, lange, schlanke, hübsche Beine haben 腿弯(罗圈腿),腿长,腿细,腿漂亮; die Beine ausstrecken, spreizen, übereinanderschlagen 伸腿,分开(叉开)双腿,跷起二郎腿〉‖ ↑ *Abb. unter* 图见 ***Mensch*** **2.** einer von zwei, vier od. mehr Körperteilen des Tieres, auf denen es steht od. sich fortbewegt (动物的) 腿: *E-e Spinne hat acht Beine* 蜘蛛有八条腿 **3.** eines der dünnen Teile e-s Möbelstücks od. Geräts, auf denen es steht (家具,器具的) 腿,脚: *ein Stuhl, ein Stativ mit drei Beinen* 三条腿的椅子,三角架 ‖ -K(复合): ***Stuhl-**, **Tisch-*** **4.** einer der beiden länglichen Teile e-r Hose, die die Beine (1) bedecken 裤腿 ‖ -K(复合): ***Hosen-*** **5.** *Pl* (复) *Bei·ner*, *südd* Ⓐ Ⓒⓗ [南德][奥][瑞] ≈ Knochen ‖ ID[谚] ***j-m ein B. stellen*** **a)** bewirken, dass ein anderer stolpert od. fällt, indem man ihm ein B. (1) in den Weg stellt 伸腿绊倒某人; **b)** (durch Intrigen) bewirken, dass j-d scheitert 给某人使坏,暗中损害某人,暗算某人; ***mit dem linken B. zuerst aufgestanden sein*** *gespr* [口]; schlecht gelaunt, mürrisch sein 左脚先着地,一天不顺利(迷信),心情不好,闷闷不乐; (***bereits***) ***mit einem B. im Grabe stehen*** *gespr* [口]; sehr krank sein 一条腿已跨进坟墓,行将入土,病入膏肓; ***sich*** (*Dat* 三格) ***kein B. ausreißen*** *gespr* [口]; sich (bei e-r Arbeit) nicht mehr Mühe geben als unbedingt nötig 不再(为…)卖力,奔走,奔波; ***alles, was Beine hat*** *gespr* [口] ≈ jedermann; ***j-m auf die Beine helfen*** **a)** j-m, der gestürzt ist, helfen aufzustehen 把(跌倒的)某人扶起来; **b)** j-m aus e-r (finanziellen) Notlage helfen 帮助某人克服经济困难; ***wieder auf den Beinen sein*** *gespr* [口]; wieder gesund sein 恢复健康了,痊愈了; 〈*mst* den ganzen Tag/von früh bis spät 整天/从早到晚〉***auf den Beinen sein*** *gespr* [口]; sehr lange unterwegs od. aktiv sein 忙碌,奔忙; ***sich kaum noch/sich nicht mehr auf den Beinen halten können*** vor Müdigkeit, Erschöpfung beinahe zusammenbrechen 累得几乎站不起来了/累得再也站不起来了,累垮了,累倒了; ***etw. steht auf wackeligen/schwachen Beinen*** etw. ist unsicher od. nicht beweisbar (物作主语) 靠不住/站不住脚〈e-e These, Behauptung 命题,论断〉; ***mit beiden Beinen*** (***fest***) ***im Leben stehen*** realistisch sein u. sich in jeder Lage zu helfen wissen 脚踏实地,实干; ***sich*** (*Dat* 三格) ***die Beine vertreten*** *gespr* [口]; spazieren gehen (*bes* nachdem man lange gesessen hat) 活动活动(腿脚),走一走; *mst* 多用 ***etw. hat Beine bekommen/gekriegt*** *gespr* [口]; etw. ist plötzlich verschwunden od. ist gestohlen worden (物作主语) 突然不见了,不翼而飞了或被人偷走了; ***j-m Beine machen*** *gespr* [口]; **a)** j-n fortjagen 把某人赶走,撵走; **b)** j-n mit heftigen Worten zu schnellerem Arbeiten antreiben 催促某人快些干活; ***sich*** (*Dat* 三格) ***die Beine in den Bauch/Leib stehen*** *gespr* [口]; lange stehen u. warten müssen 等得腿都要站断了; ***etw. auf die Beine stellen*** *gespr* [口]; etw. Beachtliches leisten, etw. zustande bringen 创建,组织,扶植某事; ***auf eigenen Beinen stehen*** nicht mehr auf die (finanzielle) Hilfe anderer angewiesen sein 自立,自谋生计; **sich auf die Beine machen** *gespr*[口]; sich auf den Weg machen 动身,上路,启程,拔腿走了; *mst* 多用 **etw. geht in die Beine** *gespr*[口] **a)** e-e körperliche Tätigkeit strengt die Beine sehr an(物作主语)累得两腿发软动弹不得; **b)** etw. hat e-n Rhythmus, der einen zum Tanzen anregt(物作主语)使两腿跟着节拍跳起舞来了; **die Beine unter den Arm / in die Hand nehmen** *gespr*[口] ≈ sich beeilen

bei·nah *Partikel*(小品); *gespr*[口]; ↑ **beinahe**

bei·na·he, bei·na·he *Partikel*(小品); *betont u. unbetont*(重读和非重读) **1.** drückt aus, dass etw. (e-e Handlung, ein Ereignis, die Verwirklichung e-s Plans *o.Ä.*) erst im letzten Moment verhindert wird 几乎,差一点儿 ≈ fast: *Ich hätte heute schon b. e-n Unfall verursacht* 今天我差一点惹出一起事故 **2.** drückt aus, dass die genannte Zahl, Größe, Menge, Qualität *usw* (noch) nicht ganz erreicht ist 差不多,快,近 ≈ fast, nahezu: *Er ist b. so groß wie sie* 他差不多和她一样高; *Sie warteten b. drei Stunden* 他们等了近三个小时 ‖ NB(注意): in der gesprochenen Sprache wird (*bes* in Verbindung mit Zahlenangaben) eher *fast* verwendet(在口语中,(尤其是与数字说明语连用时,宁可用 fast): *Es ist schon fast drei Uhr* 现在已都快三点了; *b.* u. *fast* können ein Verb modifizieren, *nahezu* jedoch nicht (b. 和 fast 可以修正动词意思,而 nahezu 则不行): *Ich wäre b. / fast gefallen* 我差一点跌倒

Bei·na·he|zu·sam·men·stoß *der*; ein Zusammenstoß, der nur knapp vermieden werden konnte 差一点撞车

Bei·na·me *der*; ein Name, den man j-m/etw. zusätzlich gibt, um ein bestimmtes charakteristisches Merkmal zu betonen 别名,外号,绰号: *Man hatte dem König den Beinamen „der Tapfere" gegeben* 人们给国王起了"勇敢者"的别名

Bein·am·pu·tier·te *der / die*; *-n, -n*; j-d, dem man ein Bein od. beide Beine amputiert hat 截了腿的人 ‖ NB(注意): *ein Beinamputierter; der Beinamputierte; den, dem, des Beinamputierten*

Bein·bruch *der*; der Bruch e-s Knochens im Bein 腿部骨折 ‖ ID [谚] *mst* 多用 **Das ist (doch) kein B.!** *gespr*[口]; das ist doch nicht so schlimm 这没什么,这算不得什么

be|in·hal·ten [bəˈ|ɪn-]; *beinhaltet, beinhaltete, hat beinhaltet*; [Vt] (及物) **etw. beinhaltet etw.** *geschr*[书]; *bes* etw. Geschriebenes hat etw. zum Inhalt od. bringt etw. zum Ausdruck(物作主语)(尤指成文的东西)包括,包含,含有: *Das neue Gesetz beinhaltet e-e Verschärfung der Bestimmungen zum Umweltschutz* 新法律的内容强化了对环境保护的规定

bein·hart *Adj*(形); *ohne Steigerung*(无变级) **1.** *bes südd* Ⓐ 尤用于[南德][奥]sehr hart 坚硬的,硬邦邦的: *beinhartes Brot* 坚硬的面包; *Der Boden ist b. gefroren* 土地冻得硬邦邦的 **2.** *gespr*[口]; *bes* von Jugendlichen verwendet, um Bewunderung *z.B.* für j-s Mut od. Frechheit auszudrücken(青年人用语)强硬的,胆大的

-bei·nig *im Adj*, *begrenzt produktiv*(构成形容词,构词有限) **1.** mit der genannten Zahl von Beinen(说明腿的数量)…条腿的: **einbeinig, zweibeinig, dreibeinig, mehrbeinig** *usw* **2.** mit der genannten Art von Beinen(说明腿的形状)…腿的: **krummbeinig, kurzbeinig, langbeinig**

bei·pflich·ten; *pflichtete bei, hat beigepflichtet*; [Vi](不及物) **j-m / etw. (in etw. (Dat** 三格)) **b.** (offen u. deutlich) sagen, dass man mit j-s Meinung einverstanden ist 赞成,赞同 ≈ j-m zustimmen: *Ich kann ihm / seinem Vorschlag in allen Punkten b.* 我可以完全赞同他的意见/他的建议的所有各点

Bei·rat *der*; *-(e)s, Bei·rä·te*; mehrere Vertreter von Interessengruppen u. Experten, die e-r Institution zugeordnet sind u. diese zu bestimmten Themen beraten 顾问组,咨询委员会

be·i·r·ren [bəˈ|ɪr-]; *beirrte, hat beirrt*; [Vt](及物) **j-n b.** j-n unsicher machen, sodass er e-n bestimmten Plan nicht mehr (richtig) ausführen kann 使迷惑,使动摇 ≈ verunsichern ‹sich von niemandem, durch nichts b. lassen 不受任何人、任何东西的迷惑,不为任何人、任何东西所动摇› ‖ NB(注意): *mst* verneint u. in Verbindung mit *lassen*(多带否定意义并与 *lassen* 连用)

bei·sam·men *Adv*(副) ≈ beieinander, zusammen(1)

bei·sam·men- *im Verb*, *betont u. trennbar*, *begrenzt produktiv* (构成动词,重读并可分,构词有限)≈ zusammen-(1)

Bei·sam·men·sein *das*; *-s*; *nur Sg*(只用单数); ein Treffen (*mst* in e-m Gasthaus) zwischen Bekannten u. Freunden (oft um etw. zu feiern)(多指在饭店)团聚,聚会 ‹ein fröhliches, gemütliches, geselliges B. 欢乐的、愉快的、无拘束的聚会›

Bei·schlaf *der*; JUR, *geschr* 【法】[书] ≈ Geschlechtsverkehr ‹den B. ausüben, vollziehen 进行性交,发生性关系›

Bei·sein *nur in* 只用于 **im B. + Gen** 二格/**im B. von j-m** *geschr*[书]; während die genannte Person anwesend ist 在…参加,出席,在场的情况下: *im B. e-s Notars* 在公证人在场的情况下; *im B. von / der Zeugen* 在证人出席的情况下

bei·sei·te *Adv*(副) *mst in* 多用于 **Scherz / Spaß b.** verwendet, um auszudrücken, dass man nach einigen scherzhaften Bemerkungen jetzt etw. Ernstes sagen will 言归正传

bei·sei·te- *im Verb*, *betont u. trennbar*, *begrenzt produktiv* (构成动词,重读并可分,构词有限) Die Verben mit *beiseite-* werden nach folgendem Muster gebildet (beiseite- 动词的模式如下): *beiseiteschieben – schob beiseite – beiseitegeschoben*

1. *beiseite-* drückt eine Bewegung zur Seite aus, *oft* sodass der Weg frei wird（向一边，到一边）；

***j-n* beiseitenehmen**：*Sie nahm ihn beiseite, um mit ihm über den Vorfall zu sprechen*（她把他拉到一边跟他单独说说这起事件）≈ Sie zog ihn zur Seite, um mit ihm allein über den Vorfall zu sprechen

ebenso（同类词有）：***j-n* beiseitedrängen**,〈Hindernisse 障碍〉**beiseiteräumen / beiseiteschaffen**, ***j-n / etw.* beiseiteschieben**, **beiseitetreten**

2. *beiseite-* drückt aus, dass man sich mit etw. nicht（mehr）beschäftigt, es nicht beachtet oder benutzt 不考虑，不重视，搁置一边，不采用；

***etw.* beiseitelassen**：*Lassen wir dieses Thema erst einmal beiseite* 让我们先不谈这个话题 ≈ Wir wollen uns mit diesem Thema jetzt noch nicht beschäftigen

ebenso（同类词有）：***etw.* beiseitelegen**,〈Einwände, Bedenken 异议，疑虑〉**beiseiteschieben / beiseitewischen**

bei·sei·te·le·gen（*hat*）Vt（及物）**1.** ↑ ***beiseite-***（2）**2.**〈Geld 钱〉（**für *etw.***）***b.*** Geld für e-n bestimmten Zweck sparen 积蓄，积攒，积存：*Geld für ein Moped b.* 积蓄钱买轻型摩托车

bei·sei·te·räu·men（*hat*）Vt（及物）**1.** ↑ ***beiseite-***（1）**2.** ***j-n b.*** *euph*［婉］；j-n ermorden 干掉，杀害 ≈ beseitigen

bei·sei·te·schaf·fen（*hat*）Vt（及物）**1.** ↑ ***beiseite-***（1）**2.** ***etw. b.*** etw.（stehlen u.）heimlich wegbringen, verstecken 藏匿，隐藏：*Der Manager schaffte ein kleines Vermögen für sich beiseite* 经理为自己藏匿了一小笔财产 **3.** ***j-n b.*** *euph*［婉］；*j-n ermorden* 干掉，杀害 ≈ beseitigen〈Mitwisser, Zeugen b. 干掉知情人，证人〉

bei·set·zen（*hat*）Vt（及物）***j-n b.*** *geschr*［书］；e-n Verstorbenen（od. dessen Asche）feierlich ins Grab legen 安葬，为…举行葬礼 ‖ *hierzu*（派生）**Bei·set·zung** *die*

Bei·sit·zer *der*；*-s*，*-*；ADM【管理】；ein Mitglied e-s Gerichts, e-r Verwaltungsbehörde, des Verwaltungsvorstands e-s Vereins *o. Ä.*, das neben dem Vorsitzenden über Urteile, Beschlüsse *usw* mitentscheidet 陪审法官，陪席推事，参事，理事，董事，委员 ‖ *hierzu*（派生）**Bei·sit·ze·rin** *die*；*-*，*-nen*

Bei·spiel *das*；*-s*，*-e*；**1.** ***ein B.***（**für *etw.***）etw., das oft aus e-r Anzahl gleichartiger Dinge als typisch herausgegriffen wird, um etw. Charakteristisches zu zeigen, um etw. Abstraktes zu illustrieren od. um e-e Behauptung zu bekräftigen 例子，例证〈ein anschauliches, treffendes B. 生动的，恰当的例子；ein B. anführen 举一个例子；etw. an e-m B. / anhand e-s Beispiels erklären, erläutern, veranschaulichen, zeigen 用例子/借助例子说明，讲解，阐明，表明某事；etw. mit Beispielen belegen 用例子证明某事〉：*Diese Passage ist ein gutes B. für den nüchternen Stil Hemingways* 这个章节是海明威的冷静清醒的文风的良好例证；*Beispiele anführen, um seine These zu untermauern* 举出例子来论证自己的命题 ‖ K-（复合）：**Beispiel-**, **-satz** **2.** j-d od. j-s Verhalten, der/das in irgendeiner Weise vorbildlich u. deshalb wert ist, nachgeahmt zu werden 模范，榜样，范例 ≈ Vorbild〈j-m ein B. sein/geben 是某人的榜样，为某人作出榜样；e-m B. folgen 遵循榜样〉：*Sein Mut sollte uns allen ein B. sein* 他的勇敢应该是我们大家的榜样 **3.** j-d od. j-s Verhalten, der/das e-e Abschreckung od. Warnung darstellt 借鉴，鉴戒，警戒〈ein abschreckendes B. 鉴戒；etw. ist j-m ein B. 某事对某人是一个警戒〉**4.** ***zum B.*** verwendet, um ein B.（1）anzukündigen 例如；*Abk* 缩写 z. B.：*Viele Tiere, zum B. Elefanten, haben ein sehr gutes Gedächtnis* 许多动物，例如大象，有很好的记忆力 ‖ ID［谚］***etw. ist ohne B.*** etw. ist in derselben Art od. im selben Ausmaß noch nie dagewesen（物作主语）是没有先例的，空前的；***sich***（*Dat* 三格）（***an j-m / etw.***）***ein B. nehmen*** sein Verhalten an e-r Person/Sache orientieren, die man als Vorbild nimmt 把…作为自己的榜样；***mit gutem B. vorangehen*** etw.（Schwieriges）als Erster tun, um so für andere ein Vorbild zu sein 以身作则

bei·spiel|ge·bend *Adj*（形）；*nicht adv*（不作状语）≈ vorbildlich ‖ NB（注意）：seltener als **beispielhaft**（比 **beispialhaft** 一词用得少）

bei·spiel|haft *Adj*（形）；〈ein Verhalten, Benehmen 行为，举止〉so, dass sie als Vorbild od. Ideal gelten können 模范的，可作榜样的 ≈ vorbildlich ‖ *hierzu*（派生）**Bei·spiel·haf·tig·keit** *die*；*nur Sg*（只用单数）

bei·spiel|los *Adj*（形）；noch nie dagewesen, in seiner Art unvergleichlich 没有先例的，空前的，无可比拟的 ≈ einzigartig, einmalig

bei·spiels|hal·ber *Adv*（副）≈ zum Beispiel

bei·spiels|wei·se *Adv*（副）≈ zum Beispiel

bei·sprin·gen（*ist*）Vi（不及物）***j-m b.*** j-m, der in Not ist,（schnell）helfen 赶去帮助，赶去援助〈j-m in der Not, in e-r Gefahr b. 赶去帮助困难中，危险中的某人〉

bei·ßen；*biss*，*hat gebissen*；Vt（及物）**1.** ***etw. b.*** etw. mit den Zähnen kleiner machen, um es essen zu können 咬，啃，嚼 ≈ kauen：*hartes Brot nicht b. können* 啃不了硬面包 **2.** ***j-n***（***in etw.***（*Akk* 四格））***b.*** j-n mit den Zähnen verletzen 咬，咬伤：*j-n ins Bein, in den Finger b.* 咬某人的腿，手指；*Er wurde von e-r Giftschlange in den Fuß gebissen* 他脚上被毒蛇咬了 **3.** ***etw. in etw.***（*Akk* 四格）***b.*** *mst* e-n Stoff mit den Zähnen packen u. daran reißen, sodass ein Loch entsteht 在…上咬一个洞，把…咬穿：*Der Hund hat ein Loch in die Hose des Briefträgers gebissen* 狗把邮递员的裤子咬出了一个洞；Vt/i（及物/不及物）**4.**〈ein Insekt 昆虫〉**beißt**（***j-n***）*gespr*［口］；ein Insekt sticht in die Haut e-s Menschen u. saugt Blut aus 咬，叮（某人）≈ ein Insekt sticht (j-n): *viele Mücken beißen* 许多蚊子咬人; *von Schnaken gebissen werden* 被大蚊子咬了; [Vi] (不及物) **5. in etw.** (*Akk* 四格) **b.** die Zähne in etw. Essbares drücken, um es zu essen 咬…吃,啃…吃〈in ein Brötchen, in e-n Apfel b. 咬小面包吃,啃苹果吃〉 **6. in/auf etw.** (*Akk* 四格) **b.** (beim Essen) etw. unabsichtlich mit den Zähnen verletzen(在吃东西时)咬着,咬伤〈sich in/auf die Zunge, die Lippen b. 咬着舌头,咬着嘴唇〉 **7. auf etw.** (*Akk* 四格) **b.** (während man die Nahrung kaut) auf etw. Hartes treffen 咬着(硬的东西),咬在(硬的东西)上〈auf e-n Kern, e-n Knochen b. 咬着核,咬在骨头上〉 **8. ein Tier beißt nach j-m/etw.** ein Tier versucht, j-n/etw. mit den Zähnen zu packen, *bes* um ihn/es zu verletzen(动物作主语)向(朝)…咬去: *Die Dogge biss nach dem Fremden* 猛犬向陌生人咬去 **9. j-m/e-m Tier in etw.** (*Akk* 四格) **b.** j-n/ein Tier irgendwo mit den Zähnen verletzen 咬着,咬伤: *j-m ins Bein, in den Finger b.* 咬伤某人的腿,手指 **10. ein Tier beißt** ein Tier neigt dazu, Menschen anzugreifen, um sie mit den Zähnen zu verletzen (动物作主语)咬人≈ ein Tier ist bissig: *Vorsicht, dieser Hund beißt!* 当心,这条狗咬人! **11. die Fische beißen** die Fische lassen sich mit e-r Angel fangen 鱼吃鱼饵,上钩: *Morgens beißen die Fische am besten* 早晨鱼最容易上钩 **12. etw. beißt** (**in etw.** (*Dat* 三格)) ein Geruch oder Gas ist/riecht stechend od. scharf(物作主语)呛人,使人感到刺痛,刺鼻,使人难受 ≈ etw. brennt (7) in der Nase 〈Rauch〉: *ein beißender Geruch* 呛人的气味; *Tränengas beißt in den Augen* 催泪性毒气薰得人眼睛痛; [Vr] (反身) **13. etw. beißt sich mit etw.**; 〈Farben *o.Ä.* 颜色等〉 **beißen sich** *gespr* [口]; zwei od. mehr Farben passen nicht zusammen, harmonieren nicht miteinander(物作主语)单:与…不协调,不相配;复:彼此不协调,不相配: *Das Braun der Vorhänge beißt sich mit dem Grün der Tapete* 窗帘的棕色与墙纸的绿色不协调; [Vimp] (无人称) **14. j-n beißt es** (**irgendwo**) *südd gespr* [南德][口] ≈ j-n juckt, kitzelt es ‖ ID [谚] **nichts zu b. haben** *gespr* [口]; nichts zu essen haben, hungern müssen 没什么可吃的,得挨饿; *mst* 多用 ***Er wird*** (***dich***) ***schon nicht*** (***gleich***) ***b.*** *gespr hum* [口][诙]; du brauchst vor ihm keine Angst zu haben 他不会(马上)咬人(你)的(你不必害怕他) ‖ ▶ ***Biss***, ***bissig***

bei·ßend **1.** *Partizip Präsens* (现在分词); ↑ ***beißen*** **2.** *Adj* (形); 〈Ironie, Kritik, Spott 讽刺,批评,嘲讽〉 so geäußert od. formuliert, dass sie sehr beleidigend od. verletzend wirken 辛辣的,尖锐的,刻薄的

Beiß·zan·ge *die* **1.** e-e Zange, mit der man *bes* Nägel aus e-m Brett ziehen kann 钳子,老虎钳 ‖ ↑ *Abb. unter* 图见 ***Werkzeug*** **2.** *gespr pej* [口][贬]; e-e Frau, die sich oft (ohne Grund) mit j-m streitet 泼妇

Bei·stand *der*; -(*e*)*s*, *Bei·stän·de*; **1.** *nur Sg* (只用单数); die Hilfe, die man j-m in e-r schwierigen Lage gibt 帮助,援助,支援〈j-n um B. bitten 请求某人帮忙; j-m B. leisten 援助某人〉 ‖ K-(复合): ***Beistands-***, ***-pakt***, ***-vertrag*** **2.** JUR【法】; j-d, der *bes* e-m Angeklagten hilft, indem er seine Interessen vertritt u. ihn berät 辩护人 ‖ -K(复合): ***Rechts-***

bei·ste·hen (*hat/südd* Ⓐ Ⓒⓗ [南德][奥][瑞] *ist*) [Vi] (不及物) **j-m** (**in etw.** (*Dat* 三格)) **b.** j-m in e-r schwierigen Situation helfen 帮助,援助,支援 ↔ j-n im Stich lassen 〈j-m in der Not, in e-r gefährlichen Situation b. 帮助在困难中,在危险情况下的人〉 ‖ ▶ ***Beistand***

Bei·stell·tisch *der*; ein kleiner Tisch, den man *bes* neben ein Sofa stellt, um *z.B.* e-e Leselampe daraufzustellen 茶几

bei·steu·ern (*hat*) [Vt] (及物) **etw. zu etw. b.** (als Einzelner für e-e Gruppe) e-e bestimmte (oft finanzielle) Leistung erbringen, um etw. (gemeinsam Geplantes) zu ermöglichen od. bei e-r gemeinsamen Aktion mitzuwirken 为…捐献,捐助,作出努力,作一份贡献: *Geld zum Kauf e-s neuen Autos b.* 为买新汽车出钱; *e-e Wortmeldung zu e-r Diskussion b.* 报名发言参与讨论

bei·stim·men (*hat*) [Vi] (不及物) **j-m/etw. b.** j-m/j-s Meinung (*bes* bei e-r Diskussion) ausdrücklich zustimmen(尤指讨论时)同意,赞成…的意见: *e-m Antrag, dem Referenten b.* 赞成提案,赞成报告人的意见

Bei·strich *der*; *veraltend* [渐旧]≈ Komma

Bei·trag *der*; -(*e*)*s*, *Bei·trä·ge* **1. ein B.** (**für etw.**) die Summe Geld, die ein Mitglied regelmäßig pro Monat/Jahr *bes* an e-n Verein od. an e-e Versicherung zahlt od. zahlen muss 会费,党费,团费;保险费〈seinen B. zahlen, entrichten 交纳会费〉: *Er zahlt 30 Euro B. pro Jahr für die Mitgliedschaft im Sportverein* 他每年交纳体育协会会费 30 欧元 ‖ K-(复合): ***Beitrags-***, ***-erhöhung***, ***-pflicht***, ***-rückerstattung***, ***-zahlung*** ‖ -K(复合): ***Gewerkschafts-***, ***Jahres-***, ***Krankenversicherungs-***, ***Mitglieds-***, ***Monats-***, ***Rentenversicherungs-***, ***Sozialversicherungs-***, ***Unkosten-*** **2. ein B.** (**zu etw.**) die Leistung od. Mitarbeit, die j-d erbringt, um e-m gemeinsamen Ziel zu dienen 贡献〈seinen B. zum Umweltschutz leisten 对环境保护作出贡献; ein entscheidender, wichtiger B. zur Abrüstung, zur Völkerverständigung 对裁军,对各国人民的相互理解的决定性的、重要的贡献〉 **3. ein B.** (**zu etw.**)/(**über etw.** (*Akk* 四格)) ein Bericht od. ein Aufsatz, die *bes* für e-e Zeitung, Zeitschrift od. für e-n (wissenschaftlichen) Sammelband geschrieben werden u. ein spezielles Thema behandeln 稿件,文章〈e-n B. in e-r Zeitschrift abdrucken, veröffentlichen 在杂志上刊登,发表文章〉

bei·tra·gen (*hat*) [Vt/i] (及物/不及物) (**etw.**) **zu etw. b.** e-n Beitrag (2) zu e-r Sache leisten, an der *mst* viele Menschen interessiert sind 为…作出贡献〈sein(en) Teil zu etw. b. 为某事作出自己的一份贡献〉: *viel, wenig, nichts zur*

Sicherung des Friedens, *zum Gelingen e-s Abends b*. 对保卫和平，对晚会的成功作出许多、一点贡献，毫无贡献；*Louis Pasteur trug viel* dazu *bei*, *Bakterien zu erforschen* 路易·巴斯德在研究细菌方面作出了许多贡献

bei·trags·pflich·tig *Adj*(形)；(ADM) *geschr*【管理】[书]；verpflichtet, e-n bestimmten Beitrag (1) zu zahlen 必须交纳会费(保险费)的，有交纳会费(保险费)义务的

bei·tre·ten (*ist*) [Vi](不及物) ***etw***. (*Dat* 三格) ***b***. Mitglied in e-r Vereinigung od. Organisation werden 参加，加入 ≈ in etw. eintreten ↔ aus etw. austreten ⟨e-r Partei, e-m Verein, der Gewerkschaft b. 加入党，协会，工会⟩ ‖ *hierzu*(派生) **Bei·tritt** *der*

Bei·werk *das*; *nur Sg*(只用单数)；etw., das man zu e-r Sache dazugetan hat, das aber nicht nötig ist u. oft stört 装饰(品)⟨überflüssiges, schmückendes B. 多余的，点缀的饰品⟩

bei·woh·nen (*hat*) [Vi](不及物) ***etw***. (*Dat* 三格) ***b***. *geschr*[书]；bei etw. anwesend sein 出席，列席，莅临：*e-r feierlichen Zeremonie b*. 参加庆祝仪式

Bei·ze *die*; -, -*n* **1**. ein flüssiges chemisches Mittel, mit dem *bes* Holz, oft auch Metalle, Textilien od. Tierhaut behandelt werden 染色剂，腐蚀剂，酸洗液，媒染剂，鞣料(用来处理木材、金属、纺织品或皮革的化学制剂) ‖ K-(复合)：***Beiz-***, ***-mittel*** **2**. e-e Flüssigkeit *mst* aus Wasser, Essig u. Gewürzen, in die man *bes* rohes Fleisch legt, um es zu würzen 淹渍液，调料汁：*Steaks in B. einlegen* 把牛排放进调料汁里

bei·zei·ten *Adv*(副)；*veraltend*[渐旧]；so früh, dass es für ein bestimmtes Vorhaben od. Ziel günstig od. früh genug ist 及时地，准时地 ≈ rechtzeitig ⟨b. abreisen, aufstehen 准时启程(出发)，准时起床⟩

bei·zen; *beizte*, *hat gebeizt*; [Vt](及物) ***etw***. ***b***. *mst* Holz mit Beize behandeln 用染色剂给…加工(多指木料) ‖ *hierzu*(派生) **Bei·zung** *die*; *nur Sg*(只用单数)

be·ja·hen; *bejahte*, *hat bejaht*; [Vt](及物) **1**. ***etw***. ***b***. e-e Frage mit „Ja" beantworten 肯定，对…作肯定回答 ↔ verneinen ⟨e-e Frage b. 对问题作肯定回答；e-e bejahende Antwort, Geste 肯定的答复，肯定的姿态(手势)⟩ **2**. ***etw***. ***b***. e-e positive Einstellung zu etw. haben, mit etw. einverstanden sein 赞同，同意 ≈ billigen ↔ ablehnen ⟨e-n Plan, e-e Entscheidung, j-s Handeln, die Ehe, das Leben *usw* b. 赞同计划，决定，某人的行为，婚姻，生活等⟩ ‖ *hierzu*(派生) **Be·ja·hung** *die*; *mst Sg*(多用单数)

be·jahrt *Adj*(形)；*nicht adv*, *geschr*(不作状语)[书]；von (relativ) hohem Alter 年老的，年迈的，上了年纪的 ≈ alt ‖ *hierzu*(派生) **Be·jahrt·heit** *die*; *nur Sg*(只用单数)

be·jam·mern; *bejammerte*, *hat bejammert*; [Vt](及物) ***etw***. ***b***. über etw. traurig sein u. klagen 为…悲痛，叹息，痛惜⟨sein Schicksal, j-s Tod b. 为自己的命运，为某人的逝世而悲痛⟩

be·ju·beln; *bejubelte*, *hat bejubelt*; [Vt](及物) ***j-n/etw***. ***b***. über j-n/etw. jubeln 为…欢呼，喝彩

be·kam *Imperfekt*, *1*. *u*. *3*. *Person Sg*(过去时，第一和第三人称单数)；↑ ***bekommen***

be·kä·me *Konjunktiv II*, *1*. *u*. *3*. *Person Sg* (虚拟式Ⅱ，第一和第三人称单数)；↑ ***bekommen***

be·kämp·fen; *bekämpfte*, *hat bekämpft*; [Vt](及物) ***j-n/etw***. ***b***. gegen j-n/etw. kämpfen (1,3) 同(跟)…作斗争，反对：*Ungeziefer*, *den Missbrauch von Drogen b*. 同害虫，滥用药物作斗争 ‖ *hierzu*(派生) **Be·kämp·fung** *die*; *nur Sg*(只用单数)

be·kannt[1] *Partizip Perfekt*(过去分词)；↑ ***bekennen***

be·kannt[2] *Adj*(形)；*nicht adv* (不作状语) **1**. im Gedächtnis vieler Menschen vorhanden 出名的，有名的，众所周知的，熟悉的，已知的 ⟨ein Lied, ein Schauspieler 歌，演员；allgemein b. sein 是广为人知的，是众所周知的⟩ **2**. ***als j-d/etw***. ***b***. ***sein*** den Ruf haben, etw. zu sein 作为(以)…而为人所知，作为(以)…而著称：*Er ist als Lügner b*. 他作为说谎者而为人所知，他是有名的说谎者；*Der Ort ist als Ferienparadies b*. 那地方以休假乐园而著名 **3**. ***für etw***. ***b***. ***sein*** wegen e-r bestimmten Eigenschaft geschätzt/nicht geschätzt 由于…的品质而出名，以…著称：*für seinen Fleiß*, *für seine Unehrlichkeit b*. *sein* 以勤奋著称，以不老实而出名；*Sie ist b*. dafür, dass *sie sehr geizig ist*/*Sie ist b*. dafür, *sehr geizig* zu *sein* 她由于很吝啬而出名 **4**. (***j-m***) ***b***. (etw. ist) so, dass j-d es kennt od. davon gehört hat (指事)为某人所熟悉，为某人所了解，为某人所知道⟨etw. wird b. 大家在传说某事；etw. als b. voraussetzen 假设某物是已知的⟩：*Mir ist nichts von e-r neuen Regelung b*. 我对新的规定毫无所知 (= ich habe noch nichts von e-r neuen Regelung gehört)；*Ist Ihnen b*., dass *Ihr Nachbar geheiratet hat?* 您的邻居结婚了，您知道吗？(= wissen Sie schon, dass ...)；*Die Entführung wurde bald b*. 劫持很快传开了；*Es darf nicht b*. *werden*, *dass*... 不要去传说… **5**. (***j-m***) ***b***. ⟨Personen 人⟩ so, dass sie j-d seit längerer Zeit kennt (指人)为某人所熟悉的：*Auf der Party sah ich lauter bekannte Gesichter* 在聚会时我看到的全是熟悉的面孔(= viele Leute, die ich kenne) **6**. ***j-d/etw***. ***kommt j-m b***. ***vor*** e-e Person/Sache macht auf j-n den Eindruck, dass er sie bereits kennt(人/物作主语)对…似乎认识，好像见过：*Der Mann an der Theke kommt mir b*. *vor* 柜台旁的男人我好像见过 **7**. ***mit j-m b***. ***sein***/***werden*** j-n kennengelernt haben/kennenlernen 熟悉，了解，认识(指人)/与…认识，结识⟨mit j-m gut, erst seit Kurzem b. sein 与某人很熟，只是不久前才认识某人⟩ **8**. ***mit etw***. ***b***. ***sein*** *geschr*[书]；über etw. (genau) informiert sein 熟悉，了解(指事)：*mit dem Inhalt e-s Schreibens b*. *sein* 熟悉(了解)公文(信函)的内容 **9**. ***etw***. ***b***. ***geben*** etw. (*z*. *B*. durch die Presse) Öffentlichkeit mitteilen 宣布，公布，通告，发布⟨etw. im Fernsehen, Rundfunk b. 在电视上，在广播中宣布某事⟩：*Der Minister gab seinen Rücktritt bekannt* 部

长宣布自己辞职 **10. *etw. b. machen*** etw. der Öffentlichkeit mitteilen 公布,宣布,通知,通告≈ b. geben: *Er machte bekannt, dass...* 他宣布… **11. *j-n/sich mit etw. b. machen*** j-n/sich über etw. informieren 使熟悉,使了解 **12. *j-n mit j-m b. machen*** (als Dritter) j-n j-m vorstellen 介绍…认识,使认识: *Darf ich Sie mit meiner Frau b. machen?* 我是否可以介绍您同我的妻子认识? ‖ *zu* (义项)**1. Be·kannt·heit** *die*; *nur Sg*(只用单数); *zu* (义项) **9. Be·kannt·ga·be** *die*; nur Sg(只用单数)

Be·kann·te *der/die*; *-n, -n* **1.** j-d, den man (oft durch seinen Beruf) kennt u. gelegentlich trifft, mit dem man jedoch nicht unbedingt ein freundschaftliches Verhältnis hat 熟人,相识 ↔ Fremde(r): *im Biergarten zufällig zwei alte Bekannte treffen* 在花园式啤酒店里偶然遇见两个老熟人 **2. *ein guter Bekannter/e-e gute Bekannte*** e-e Person, die man zwar gut kennt u. öfter trifft, die aber (noch) kein richtiger Freund/keine richtige Freundin ist 很熟的人,老熟人 **3.** *euph*[婉] ≈ Geliebter, Geliebte: *Er fuhr mit seiner Bekannten in Urlaub* 他同他的女朋友(乘车)休假去了 ‖ NB(注意): *ein Bekannter; der Bekannte; den, dem, des Bekannten*

Be·kann·ten·kreis *der*; alle Bekannten, die man hat 熟人圈子 ⟨e-n großen B. haben 有一个很大的熟人圈子; zu j-s B. zählen 是某人(熟人)圈子里的人⟩

be·kann·ter·ma·ßen *Adv*(副); (ADM) *geschr* 【管理】[书] ≈ bekanntlich

be·kannt·ge·ben ↑ ***bekannt²*** (9)

be·kannt·lich *Adv*(副); wie jeder weiß, wie allgemein bekannt ist 大家知道,众所周知: *Rauchen ist b. schädlich* 众所周知吸烟是有害的

be·kannt·ma·chen ↑ ***bekannt²*** (10 - 12)

Be·kannt·ma·chung *die*; *-, -en* **1.** der Vorgang, etw. bekannt (10) zu machen ≈ Mitteilung **2.** der Zettel od. das Plakat, auf dem die Informationen stehen, die bekannt gemacht werden 公告,布告,通告,告示

Be·kannt·schaft *die*; *-, -en* **1.** *nur Sg*(只用单数); der persönliche Kontakt mit j-m (*mst* auf e-r unverbindlichen Ebene) 认识,相识 ⟨mit j-m B. schließen 与某人结识; e-e langjährige B. 多年的相识⟩ **2.** *nur Sg*(只用单数) ≈ Bekanntenkreis **3.** *mst Pl*(多用复数); Personen, zu denen man e-e oberflächliche Beziehung hat 熟人: *Er hat zahlreiche Bekanntschaften* 他有为数众多的熟人 ‖ -K(复合): ***Damen-, Frauen-, Herren-, Männer-*** **4. *mit etw. B. machen*** *gespr*[口]; mit etw. *mst* Unangenehmem in Kontakt kommen, es kennenlernen 同…(多指不愉快的事情)打交道,领教,认识: *mit den skrupellosen Methoden e-s Diktators B. machen* 领教了独裁者的寡廉鲜耻的手法 **5. *j-s B. machen*** j-n kennenlernen 认识,结识某人

be·kannt·wer·den ↑ ***bekannt²*** (1.-5.,7.)

be·keh·ren; *bekehrte, hat bekehrt*; Vt (及物) ***j-n/sich (zu etw.) b.*** j-n/sich dazu bringen, seine Religion, Ansichten od. Weltanschauung zu ändern 使转变,使改变(信仰,观点,世界观),使皈依,使信奉⟨j-n zu e-r anderen Meinung, politischen Gesinnung b. 使某人转向另一种看法,转向另一种政治主张⟩: *Ein chinesischer Priester bekehrte ihn zum Buddhismus* 一个中国和尚使他皈依佛教

be·ken·nen; *bekannte, hat bekannt*; Vt/i (及物/不及物)**1. (*etw.*) *b.*** *mst* voller Reue offen sagen od. gestehen, dass man etw. *mst* Schlechtes getan hat 承认,供认,招供,坦白 ≈ beichten ⟨seine Sünden, seine Schuld b. 承认自己的罪孽,自己的过错⟩; Vt (及物) **2. *seinen Glauben b.*** offen zeigen od. sagen, dass man e-m (religiösen) Glauben angehört 宣布信奉宗教,公开声明自己的(宗教)信仰; Vr (反身) **3. *sich zu j-m/etw. b.*** öffentlich u. deutlich sagen, dass man von j-m/von (der Notwendigkeit) e-r Sache überzeugt ist 为…说话,辩护/声明信仰,信奉,拥护 ⟨sich zu e-m guten Freund, zur Demokratie, zum Christentum b. 为一个好朋友辩护,声明信奉民主,信仰基督教⟩ **4. *sich schuldig b.*** (*bes* vor Gericht) offen zugeben, dass man ein Verbrechen begangen hat 供认有罪,承认有过错

Be·ken·ner·brief *der*; ein Brief, in dem j-d schreibt, dass er ein (*mst* terroristisches) Verbrechen begangen hat 认罪信,认罪书 ≈ Bekennerschreiben

Be·kennt·nis *das*; *-ses, -se* **1.** das Bekennen (1) e-r Schuld od. e-r unmoralischen Tat 供认,招供,承认,交代: *ein aufrichtiges B. seiner Sünden ablegen* 坦白地供认自己的罪过 **2. *ein B. (zu etw.)*** e-e *mst* öffentliche Erklärung, mit der man sich zu etw. bekennt (3)(公开声明)信仰,信奉 **3.** die Zugehörigkeit zu e-r Religion 宗教信仰;教派,教会 ≈ Konfession ‖ -K (复合): ***Glaubens-***

be·kla·gen; *beklagte, hat beklagt*; Vt (及物) **1. *j-n/etw. b.*** *mst* über e-n Verlust, e-n Todesfall *o. Ä.* sehr traurig sein (u. klagen) 为…而悲痛,痛惜: *den Tod e-s Verwandten b.* 为一个亲戚的死而感到悲痛; Vr (反身)**2. *sich (bei j-m) (über j-n/etw.) b.*** j-m deutlich sagen, dass man mit e-r Person/Sache nicht zufrieden ist od. sie als störend empfindet (向…)抱怨,诉苦 ≈ sich beschweren: *sich über j-s Unfreundlichkeit, zu viel Arbeit/Lärm b.* 抱怨某人的不友好态度,工作太多/吵闹; *Er hat sich bei mir* darüber *beklagt*, dass *wir ihn nicht eingeladen haben* 他向我抱怨我们没有邀请他

be·kla·gens·wert *Adj*(形) **1.** ≈ bedauerlich ⟨ein Unfall, ein Verlust 事故,损失⟩ **2.** so, dass man damit überhaupt nicht zufrieden sein kann 令人难过的,根本不能令人满意的: *Die Wohnung ist in e-m beklagenswerten Zustand* 住房的状况根本不能令人满意

Be·klag·te *der/die*; *-n, -n*; JUR【法】; j-d, der in e-m Zivilprozess verklagt worden ist 被告 ‖ NB(注意): **a)** ↑ ***Angeklagte(r)***; **b)** *ein*

Beklagter; *der Beklagte*; *den*, *dem des Beklagten*

be·klat·schen; *beklatschte*, *hat beklatscht*; [Vt]（及物）***j-n/etw*. b.** seine Anerkennung od. Begeisterung über j-n/etw. ausdrücken, indem man in die Hände klatscht 对…报以掌声，鼓掌赞扬

be·klau·en; *beklaute*, *hat beklaut*; [Vt]（及物）***j-n* b.** *gespr*［口］; j-m etw. stehlen 偷窃，扒窃

be·kle·ben; *beklebte*, *hat beklebt*; [Vt]（及物）***etw*. (*mit etw*.) b.** etw. auf etw. anderes kleben（把…）粘贴，张贴在…上：*die Wände mit Tapeten b*. 把墙纸粘贴到墙上

be·kle·ckern; *bekleckerte*, *hat bekleckert*; [Vt]（及物）***j-n/sich/etw*. (*mit etw*.) b.** *gespr*［口］; beim Essen, Trinken od. durch Vergießen von Flüssigkeiten Flecke auf die Kleidung *o*. *Ä*. machen（把…）溅到…（身）上，（用…）弄脏：*das Tischtuch b*. 弄脏台布；*sein Hemd b*. 弄脏自己的衬衣 ‖ ID［谚］↑ ***Ruhm***

be·klei·den; *bekleidete*, *hat bekleidet*; [Vt]（及物）***etw*. b.** *geschr*［书］; e-e bestimmte Stellung haben u. die entsprechende Arbeit leisten 担任，出任〈ein Amt, e-e Stellung b. 担任职务，职位〉

be·klei·det 1. *Partizip Perfekt*（过去分词）; ↑ ***bekleiden*** 2. *Adj*（形）;（***mit etw*.**）**b. sein** (eine bestimmte) Kleidung tragen 穿衣，身着：*Er war mit e-r kurzen Hose u. e-m T-Shirt b*. 他身穿短裤和 T 恤衫 3. *Adj*（形）; *mst* 多用 **(*nur*) *leicht*/*notdürftig* b. sein** (nur) wenige Kleidungsstücke tragen 穿得很少/单薄

Be·klei·dung *die*; *mst Sg*（多用单数）; 1. *Kollekt*（集合）; die Kleidungsstücke, die man *bes* für e-n bestimmten Zweck od. zu e-r bestimmten Jahreszeit trägt 衣服，服装 ≈ Kleidung: *leichte B. für den Sommer* 夏天的轻便单薄的衣服 ‖ = K-（复合）: ***Bekleidungs-artikel***, ***-industrie*** ‖ -K（复合）: ***Damen-***, ***Herren-***, ***Kinder-***; ***Sommer-***, ***Winter-***; ***Berufs-***, ***Freizeit-***, ***Sport-*** 2. *geschr*［书］; das Bekleiden〈die B. e-s Amtes 担任职务〉

be·klem·mend *Adj*（形）;〈ein Gefühl, Schweigen 感觉，沉默〉so, dass sie Angst od. Unruhe verursachen 令人害怕的，使人担忧的，令人不安的 ≈ beängstigend

Be·klem·mung *die*; -, *-en*; ein Gefühl der Angst od. Beunruhigung 害怕，忧虑，忧郁，不安

be·klom·men *Adj*（形）; von Angst od. Unruhe erfüllt 惊恐不安的，担心的，忧心忡忡的 ≈ bang ‖ *hierzu*（派生）**Be·klom·men·heit** *die*; *nur Sg*（只用单数）

be·kloppt *Adj*（形）; *nicht adv*, *nordd gespr*（不作状语）［北德］［口］≈ dumm, verrückt

be·knackt *Adj*（形）; *nicht adv*（不用状语）; *gespr*［口］≈ dumm, albern〈b. aussehen 看起来傻乎乎的〉

be·knien [bəˈkniː(ə)n]; *bekniete*, *hat bekniet*; [Vt]（及物）***j-n* b. + *zu* + *Infinitiv***（不定式）*gespr*［口］; j-n lange u. intensiv bitten, e-n Wunsch zu erfüllen 恳求，央求，哀求：*Sie bekniete ihren Vater, ihr ein Fahrrad zu kaufen* 她曾央求她父亲给她买一辆自行车

be·kom·men[1]; *bekam*, *hat bekommen*; [Vt]（及物）kein Passiv!（不用被动语态!）1. ***etw*. (*von j-m*) b.** in den Besitz e-r Sache kommen, indem j-d sie einem gibt od. schickt 获得，得到，收到，接到（别人给的或送的东西）≈ erhalten, kriegen〈e-n Brief, ein Telegramm, ein Geschenk, e-e Belohnung b. 接到（收到）一封信、一封电报，获得一件礼物、一份报酬〉: *Ich bekomme schon seit Tagen keine Post mehr* 我有好些日子没有收到信件了；*Für ihre guten Leistungen in der Schule bekam sie von ihrem Vater ein Fahrrad* 她由于在学校里取得了好成绩，获得了父亲给的一辆自行车 2. ***etw*. (*von***

j-m) ***b.*** der Adressat e-r (mündlichen) Mitteilung sein, die von j-m kommt 得到,收到,接到(口头信息) ≈ erhalten, kriegen 〈e-e Antwort, e-n Befehl, e-e Nachricht, e-e Rüge, e-n Funkspruch b. 得到答复,接到命令,得到消息,受到训斥,收到无线电话; Auskunft, Glückwünsche b. 得到答复,收到祝贺〉 **3.** ***etw.*** (***von j-m***) ***b.*** in den Genuss *bes* der öffentlichen Anerkennung kommen 获得,受到(表彰) 〈viel Beifall, e-n Orden, den Nobelpreis b. 博得许多掌声,获得一枚勋章、诺贝尔奖金〉 **4.** ***etw.*** (***von j-m***) ***b.*** Empfänger e-r Hilfeleistung sein 得到,受到(帮助) 〈erste Hilfe, Nachhilfe(unterricht) b. 得到急救,得到辅导〉 **5.** ***etw.*** (***von j-m***) ***b.*** auf etw. e-n Anspruch haben, *z.B.* weil man j-m etw. geliehen hat 要求得到(该还的借款): *Ich bekomme noch 20 Euro von dir* 你还该付(还)我 20 欧元 **6.** ***etw.*** (***von j-m***) ***b.*** das Ziel od. Opfer e-r unangenehmen od. aggressiven Handlung sein 挨,受到,遭到(不愉快对待) 〈Prügel, e-n Schlag auf den Kopf, e-e Ohrfeige, e-n Fußtritt b. 挨揍,头上挨打了一下,吃了一记耳光,被踢了一脚〉 **7.** ***etw.*** (***von j-m***) ***b.*** sich ein kirchliches Sakrament geben lassen 接受(圣事,圣礼) 〈die Absolution, die Letzte Ölung, den Segen b. 得到赦罪(赦免),得到临终涂油礼,得到祝福〉 **8.** ***etw. b.*** durch Suchen od. eigenes Bemühen erreichen, dass man etw. (zur Verfügung) hat(通过寻找或努力)获得,得到,搞到,争取到: *Karten für ein Konzert b.* 得到音乐会的票; *in der Innenstadt keinen Parkplatz b.* 在市中心找不到停车场; *e-e Filmrolle b.* 争取到扮演影片中的角色 **9.** ***etw. b.*** etw., das man angestrebt hat, verwirklichen (*mst* indem man Hindernisse überwindet)(经努力克服障碍)实现,获得 〈seinen Willen, sein Recht b. (终于)实现自己的意愿,获得自己的权利〉 **10.** ***etw. b.*** etw., das einem zusteht, beanspruchen dürfen(理应)得到 〈Urlaub b. 得到假期〉 **11.** ***etw. b.*** Empfänger e-r gerichtlichen/behördlichen Mitteilung (*mst* als Konsequenz e-r Straftat) sein 接到(法院或行政当局有关审判或处罚的通知) 〈e-e Anzeige, ein Strafmandat, e-n Strafzettel b. 接到违法通知,惩罚通知,罚款单〉 **12.** ***etw. b.*** durch Erfahrung od. Information erreichen, dass man etw. versteht od. weiß 获得,得到,获悉,得知〈(e-n) Einblick in etw., e-n Eindruck von etw. b. 得到对某物的认识,获得对某物的印象〉 **13.** ***etw. b.*** e-n *mst* telefonischen Kontakt herstellen 打通,接上(电话) 〈e-n Anschluss, e-e Verbindung b. 接上电话,打通电话〉 **14.** ***etw. b.*** *gespr* [口]; *mst* ein Verkehrsmittel (noch rechtzeitig) erreichen 赶上(多指交通工具) ↔ verpassen, versäumen 〈den Bus, die U-Bahn b. 赶上公共汽车,赶上地铁〉 **15.** ***etw. b.*** durch e-n Gerichtsbeschluss e-e bestimmte Strafe erhalten 受到,被判(惩罚) 〈e-e Haftstrafe, e-e Geldstrafe, ein Jahr *o.Ä.* Gefängnis b. 受到拘留处罚,受到罚款,被判处一年徒刑(监禁)〉 **16.** ***etw.*** + *Partizip Perfekt*(过去分词) + ***b.*** der Adressat e-r Mitteilung, der Empfänger e-s Geschenks *o.Ä.* sein 得到,收到(礼物,信息等): *Ich habe (von ihm) Blumen geschenkt bekommen* 我得到了(他)送来的鲜花(= er hat mir Blumen geschenkt); *Sie hat ihre Fahrtkosten erstattet bekommen* 车费已报销,她收到了(= man hat ihre Fahrtkosten erstattet) ‖ NB(注意): nur mit transitiven Verben verwendet, die zwei Objekte (Dativ u. Akkusativ) haben können (只能与可以同时支配三格和四格两个宾语的及物动词连用)(*z.B. mitteilen, leihen, genehmigen* 例如通知,借给,准许) **17.** ***etw. zu*** + *Infinitiv* (不定式) + ***b.*** die Möglichkeit haben, etw. zu tun od. etw. wahrzunehmen 有可能(做或感受某事) 〈etw. zu essen, trinken b. 有某物可以吃,喝〉: *Auf unserer Reise durch Afrika bekamen wir nur wenige wilde Tiere zu sehen* 在穿越非洲的旅行中,我们只看到了少数野兽 **18.** ***etw. zu*** + *Infinitiv* (不定式) + ***b.*** verwendet, um auszudrücken, dass j-d etw. Unangenehmes ertragen muss 得忍受,会受到,会得到(不愉快的事): *j-s Rache zu spüren b.* 要(会)受到某人的报复; *böse Worte zu hören b.* 会听到坏话 **19.** ***etw. b.*** mit etw. Unangenehmem od. Negativem konfrontiert werden 遇到,碰上(不快或不好的事) 〈schlechtes Wetter, Regen, Ärger, Streit, Schwierigkeiten b. 遇到坏天气,下雨天,麻烦,争吵(争执),困难〉 **20.** ***etw. b.*** e-e körperliche od. emotionale Veränderung erfahren 感到,发觉(身体和感觉的变化) 〈Durst, Hunger b. 感到渴了,饿了; Schmerzen, Fieber, e-e Krankheit b. 感到疼痛,发烧了,得病了; e-n Bauch, graue Haare, Falten, e-n roten Kopf b. 肚子鼓起来(发胖了),头发灰白了,长了皱纹,脸涨得通红; Angst, Lust b. 感到害怕,感到喜悦; Komplexe b. 患情结症〉: *Das Baby bekommt Zähne* 婴儿长牙了; *Wenn ich mich aufrege, bekomme ich Herzklopfen* 我一激动,心就扑通乱跳 **21.** ***e-e Frau bekommt ein Baby/ein Kind*** e-e Frau ist schwanger 一位女士怀孕了 **22.** *mst* 多用〈ein Paar 一对夫妇〉 ***bekommt Nachwuchs*** e-e Frau u. ein Mann werden Eltern 有了孩子,当了父母 **23.** ***etw. bekommt etw.*** etw. entwickelt etw. (Neues)(物作主语)长出,萌发,冒出: *Die Pflanzen bekommen Blüten* 植物开花; *Die Bäume bekommen Triebe/frisches Laub* 树木长出(发)嫩枝/新叶 **24.** ***j-n/etw. irgendwie b.*** *gespr* [口]; verwendet, um auszudrücken, dass es einem gelingt, j-n/etw. in e-n bestimmten Zustand zu versetzen(以…方式)使达到(一种状态),使得以: *ein Kind satt, e-e Tischdecke sauber, die Fische ganz frisch b.* 把孩子喂饱了(给孩子吃饱了),把桌布弄干净,使鱼保鲜 **25.** ***etw. irgendwohin b.*** *gespr* [口]; erreichen od. bewirken, dass etw. an e-e erwünschte Stelle kommt 使朝向,把…弄入: *das Wild vor das Gewehr, e-n Nagel nicht in die Wand b.* 枪口瞄准猎物,钉子没有钉进墙里去 **26.** ***etw. aus/von etw. b.*** *gespr* [口]; erreichen, dass sich etw. nicht mehr an e-r bestimmten Stelle befindet 把…从…去掉，弄掉，摘出来：*den Fleck aus der Hose, den Nagel nicht aus der Wand b.* 去掉裤子上的污渍，没有把钉子从墙上拔出来 **27. j-n irgendwohin/zu etw. b.** *gespr*［口］；erreichen, dass j-d irgendwohin geht od. etw. Erwünschtes tut 设法让…去某处，让…去干某事 ≈ j-n irgendwohin/zu etw. bringen：*Er ist einfach nicht ins Kino zu b.*！简直没法劝他去看电影；*Ich kann ihn nicht* dazu *b., die Wahrheit* zu *sagen* 我无法使他讲真话 ‖ ID［谚］**Was bekommen Sie?** *gespr*［口］；（als Frage des Verkäufers）was möchten Sie kaufen？您想买什么？（售货员问话）；**Was bekommen Sie（dafür）?** *gespr*［口］；（als Frage des Kunden）wie viel Geld muss ich Ihnen dafür bezahlen？我该付多少钱？（顾客问话）

be·kom·men²；*bekam, ist bekommen*；Vi（不及物）**etw. bekommt j-m irgendwie** etw. wirkt sich irgendwie auf j-s Gesundheit od. Wohlbefinden aus（物作主语）对…（的身心）有…影响，对…（的身体）合适，有益：*Das scharfe Essen ist ihm schlecht bekommen* 辛辣的食物对他（的身体）无益；*Der Klimawechsel bekommt ihm nicht* 气候的变换对他（的健康）不合适（= er verträgt ihn nicht）

be·kömm·lich *Adj*（形）；*nicht adv*（不作状语）；so beschaffen, dass der Magen es gut verträgt 容易消化的，有益的 ≈ leicht verdaulich, verträglich〈ein Essen, e-e Mahlzeit 食物，膳食〉‖ *hierzu*（派生）**Be·kömm·lich·keit** *die*；*nur Sg*（只用单数）

be·kös·ti·gen；*beköstigte, hat beköstigt*；Vt（及物）**j-n b.** *geschr*［书］；j-m（regelmäßig）zu essen geben（定时地）供应…伙食，提供饭食 ‖ *hierzu*（派生）**Be·kös·ti·gung** *die*；*nur Sg*（只用单数）‖ ▶ **Kost**

be·kräf·ti·gen；*bekräftigte, hat bekräftigt*；Vt（及物）**1. etw.（mit/durch etw.）b.** ausdrücklich betonen, dass etw. der Wahrheit entspricht, dass man es mit etw. ernst meint *o.Ä.* 强调，确认，确证，重申〈seine Absicht, seine Meinung b. 强调自己的意图，自己的意见〉：*Er bekräftigte sein Versprechen mit e-m/durch e-n Eid* 他用起誓来确证自己的允诺 **2. etw. bekräftigt j-n in etw.**（*Dat* 三格）etw. ermutigt j-n, seine Meinung od. Haltung nicht aufzugeben（物作主语）使坚定，使增强〈etw. bekräftigt j-n in seinem Entschluss, in seiner Auffassung 某事增强某人的决心，使某人对自己的观点更坚定〉‖ *hierzu*（派生）**Be·kräf·ti·gung** *die*

be·kreu·zi·gen, sich；*bekreuzigte sich, hat sich bekreuzigt*；Vr（反身）**sich b.** KATH【天主】；（*z.B.* beim Betreten e-r Kirche）das Zeichen des Kreuzes über seine Stirn（u. Brust）machen 在额前（和胸前）画十字 ‖ *hierzu*（派生）**Be·kreu·zi·gung** *die*

be·krie·gen；*bekriegte, hat bekriegt*；Vt（及物）**1. j-n b.** *veraltend od lit*［渐旧］或［文］；Krieg gegen j-n führen 对…进行战争，对…作战，攻打：*Sie bekriegen sich/einander schon lange* 他们彼此早已交战

be·krit·teln；*bekrittelte, hat bekrittelt*；Vt（及物）**j-n/etw. b.；etw. an j-m b.** *pej*［贬］；j-n/etw. ohne guten Grund（ständig）kritisieren 对…吹毛求疵，挑剔 ‖ *hierzu*（派生）**Be·krit·te·lung** *die*

be·krit·zeln；*bekritzelte, hat bekritzelt*；Vt（及物）**etw. b.** auf etw. kritzeln 在…上潦草地写，乱写，密密麻麻地写：*ein Blatt Papier b.* 在一张纸上乱涂乱写

be·küm·mern；*bekümmerte, hat bekümmert*；Vt（及物）**etw. bekümmert j-n** etw. erfüllt j-n mit Kummer od. Sorge（物作主语）使忧虑，使担心，使操心：*Es bekümmerte ihn*, dass *seine Mutter krank war* 他母亲病了，这使他感到忧虑 ‖ ID［谚］*mst* 多用 **Was bekümmert 'Sie das?** was haben Sie damit zu tun？这与您有什么关系？；*mst* 多用 **Das braucht dich nicht zu b.** *gespr*［口］；das ist nicht deine Sache, damit hast du nichts zu tun 这用不着你操心，这不关你的事

be·küm·mert 1. *Partizip Perfekt*（过去分词）；↑ **bekümmern 2.** *Adj*（形）；**b.（über etw.**（*Akk* 四格））von Sorge od. Kummer erfüllt 忧虑的，忧愁的，忧伤的 ≈ traurig, besorgt〈b. schauen 忧心忡忡地瞅着〉

be·kun·den；*bekundete, hat bekundet*；Vt（及物）（**j-m**）**etw. b.** *geschr*［书］；（j-m gegenüber）*mst* Gefühle offen zeigen（对…）表示，表达，表明（多指感情）〈j-m sein Mitleid b. 对某人表示同情；reges Interesse an j-m/etw. b. 表示对某人/某事的浓厚兴趣〉‖ *hierzu*（派生）**Be·kun·dung** *die*

be·lä·cheln；*belächelte, hat belächelt*；Vt（及物）**j-n/etw. b.** spöttisch reagieren, weil man j-n/etw. als schlecht od. ungeeignet betrachtet 对…加以嘲笑，讥笑 ≈ sich über j-n/etw. lustig machen：*Seine Vorschläge werden nur belächelt* 他的建议受到的只是嘲笑

be·la·den；*belädt, belud, hat beladen*；Vt（及物）**etw.（mit etw.）b.** etw. auf e-e Fläche（*mst* e-s Fahrzeugs）laden（把…）装上（运输工具）：*e-n Lastwagen mit Erde b.* 把泥土装上载重汽车 ‖ *hierzu*（派生）**Be·la·dung** *die*；*nur Sg*（只用单数）

Be·lag *der*；-(*e*)*s*, *Be·lä·ge*；**1.** e-e Schicht aus e-m bestimmten Material, mit der etw. bedeckt wird, um es *bes* vor Abnutzung od. Reibung zu schützen 涂层，薄膜，铺板，衬垫：*die Straße/den Fußboden mit e-m neuen B. versehen* 给马路铺新路面/给地面装新地板 ‖ -K（复合）：**Fußboden-, Straßen- 2.** *nur Sg*（只用单数）；e-e dünne Schicht *bes* aus Schmutz od. Bakterien, die sich auf etw. gebildet hat 污垢，菌苔〈ein B. auf der Zunge, auf den Zähnen, auf dem Spiegel 舌苔，牙齿上的牙垢，镜面上的污垢〉‖ -K（复合）：**Staub-；Zahn- 3.** *nur Sg*（只用单数）；das, was man *bes* auf e-e Scheibe Brot od. ein Brötchen legt（*z.B.* Wurst, Käse）佐餐食物（如香肠、奶酪）‖ -K（复合）：**Brot-**

be·la·gern；*belagerte, hat belagert*；Vt（及物）**1.**〈Truppen *o.Ä.* 部队等〉**belagern etw.**

Truppen *o.Ä.* umgeben etw. für längere Zeit, um es zu erobern 包围,围攻,围困〈e-e Burg, e-e Festung, e-e Stadt b. 包围城堡,要塞,城市〉**2.**〈Personen 人〉**belagern j-n/etw.** *gespr*[口]; Personen drängen sich (in großer Zahl) um j-n/etw., um etw. Bestimmtes zu bekommen(人作主语)复:蜂拥(簇拥)在…周围: *die Kinokasse, den Auskunftsschalter b.* 蜂拥在电影院售票口前,问讯窗口前; *Die Jugendlichen belagerten den Popstar, um ein Autogramm zu bekommen* 年轻人簇拥着演唱流行歌曲的歌星,想得到一个亲笔签名 ‖ *hierzu*(派生) **Be·la·ge·rung** *die*; *zu*(义项)**1. Be·la·ge·rer** *der*; *-s*, -

be·läm·mert *Adj*(形); *gespr*[口]; **1.** dumm u. verwirrt od. niedergeschlagen 抑郁不乐的,沮丧的〈ein belämmertes Gesicht machen 露出一副垂头丧气的样子; b. aussehen 看上去很沮丧〉**2.** verwendet, um Ärger über etw. auszudrücken(表示对事物的气恼)烦人的,讨厌的,蹩脚的,恼人的: *Das belämmerte Radio ist schon wieder kaputt!* 这台破收音机又坏了; *Das Wetter im Urlaub war b.* 假期的天气真臭(糟糕透了)

Be·lang *der*; *-(e)s*, *-e* **1.** *nur Pl*(只用复数); die Angelegenheiten od. Faktoren, die für j-n od. innerhalb e-s Bereichs wichtig sind 利害关系,利益 ≈ Interessen〈die ökonomischen, sozialen Belange 经济利益,社会利益; j-s Belange wahrnehmen 代表某人的利益〉**2.** (**etw. ist**) (**für j-n**) **von B./ohne B.** (etw. ist) für j-n wichtig/nicht wichtig(物作主语)(对某人)是重要的/不重要的,无关紧要的

be·lan·gen; *belangte*, *hat belangt*; [Vt](及物) **1. j-n** (**wegen/für etw.**) **b.** mithilfe e-s Rechtsanwalts od. der Polizei dafür sorgen, dass j-d für etw. bestraft wird od. e-n Schaden ersetzen muss 起诉,控告 ≈ verklagen〈j-n gerichtlich b. 向法院控告某人〉: *j-n wegen Betruges b.* 控告某人的欺骗行为 **2. was j-n/etw. belangt** *veraltend*[渐旧]; verwendet, um den Bezug zu j-m/etw. herzustellen 至于,涉及到 ≈ was j-n/etw. betrifft, anbelangt

be·lang·los *Adj*(形); *nicht adv*(不作状语); **b.** (**für j-n/etw.**) ohne Bedeutung od. Folgen (对…)不重要的,无关紧要的≈ unwichtig〈e-e Bemerkung 意见,评语〉: *Sein Alter ist für diese Aufgabe b.* 他的年龄对这个任务是无关紧要的 ‖ *hierzu*(派生) **Be·lang·lo·sig·keit** *die*

be·las·sen; *belässt*, *beließ*, *hat belassen*; [Vt](及物) **1. j-n bei/in etw.** (*Dat* 三格) **b.** nicht versuchen, *bes* j-s Meinung od. Einstellung zu ändern 让…保留,让…坚持(意见,看法)〈j-n bei seiner Meinung, seinem Irrtum, bei/in seinem Glauben b. 让某人保留自己的意见,自己的错误,自己的信念(信仰)〉**2. etw. in etw.** (*Dat* 三格) **b.** den bisherigen Zustand e-r Sache nicht ändern 让…保留,保持(以前的状态): *ein Theaterstück in seiner ursprünglichen Besetzung b.* 保留戏剧原来的演出阵容 **3. etw. irgendwo b.** etw. nicht von seinem bisherigen Platz entfernen 让…留在(原来的地方): *Tiere in ihrer natürlichen Umgebung b.* 让动物留在自然环境中生活 ‖ ID [谚] **alles beim Alten b.** *gespr*[口]; nichts verändern 让一切照旧; **es dabei b.** *gespr*[口]; etw. so lassen, wie es ist, nichts mehr ändern 让它保持原样

be·las·ten; *belastete*, *hat belastet*; [Vt](及物) **1. j-n** (**mit/durch etw.**) **b.** j-s psychische od. physische Kräfte stark beanspruchen od. strapazieren 给…(在心理上和体力上)增加负担,使承受负担: *j-n mit Problemen, zusätzlicher Arbeit stark b.* 用疑难问题,用额外的工作大大增加某人的负担; *Die Scheidung von seiner Frau hat ihn sehr belastet* 与妻子的离异使他心情十分沉重 **2. j-d/etw. belastet etw.** (**mit/durch etw.**) j-d bewirkt, dass etw. e-e störende od. schädliche Wirkung auf etw. hat/etw. hat e-e solche Wirkung auf etw. (人/物作主语)使产生破坏性的影响,污染,破坏,使恶化,使遭殃: *Wir belasten die Luft mit Abgasen* 我们用废气毒化(污染)空气; *Die Abgase belasten die Luft* 废气污染空气; *seinen Magen mit schweren Mahlzeiten, sein Gewissen mit Vorwürfen b.* 吃难消化的食物伤胃,一味自责使自己更感内疚 **3. etw.** (**mit etw.**) **b.** bewirken, dass sich etw. Schweres in od. auf etw. befindet 使负重,负载,(用…)装载: *die Ladefläche e-s Lastwagens b.* 使载重汽车的装载面负载; *Die Brücke brach zusammen, da sie zu stark belastet wurde* 桥坍塌了,因为它负荷过重 **4. j-n b.** es durch Aussagen vor Gericht wahrscheinlich erscheinen lassen, dass ein Angeklagter schuldig ist 提供…的罪证,证明…有罪 ↔ entlasten (3): *belastendes Material gegen j-n vorbringen* 提出可证明某人有罪的材料; *Die Aussage der Zeugin belastete ihn schwer* 女证人的证词有力地证明他是有罪的 **5. etw.** (**mit etw.**) **b.** Geld von etw. nehmen 将…记入(账户)借方,从…取款〈j-s Guthaben, Konto b. 从某人的存款中,账户下取钱〉**6. etw. mit etw. b.** e-e finanzielle Schuld auf etw. übertragen 用…作抵押: *ein Grundstück mit e-r Hypothek b.* 用地产作抵押 **7. j-n/etw.** (**mit etw.**) **b.** Geld von j-m/etw. fordern u. dadurch *mst* Probleme schaffen 用…使增加负担: *die Arbeitnehmer mit höheren Steuern, den Etat mit zusätzlichen Ausgaben b.* 用更高的税收增加雇员的负担,用额外支出使预算增加负担 ‖ *zu*(义项)**1.**, **2.** u. **3. be·last·bar** *Adj*(形); *nicht adv*(不作状语); **Be·last·bar·keit** *die*; *mst Sg*(多用单数) ‖ ▶ **Last** (2)

be·läs·ti·gen; *belästigte*, *hat belästigt*; [Vt](及物) **1. j-n** (**mit etw.**) **b.** j-n stören od. verärgern, indem man zu unpassender Zeit od. immer wieder etw. von ihm möchte 打扰,麻烦,烦扰,使厌烦 ≈ behelligen〈j-n mit seinen Problemen, Sorgen b. 用疑难问题,用烦恼事打扰某人〉**2. j-n b.** j-n nicht in Ruhe lassen od. versuchen, ihn zu etw. zu zwingen, was er nicht will 纠缠,骚扰,烦忧〈ein Mädchen, e-e Frau unsittlich b. 不正派地纠缠一个姑娘,一个妇女〉: *Ich wurde auf der Straße* *von Betrunkenen belästigt* 我在街上遭到几个醉汉的纠缠 ‖ *hierzu*（派生）**Be·läs·ti·gung** *die* ‖ ▶ **lästig**

Be·las·tung *die*；-，*-en* **1.** das Belasten (1) e-r Person *bes* durch Stress 精神负担，思想上的压抑，身心的劳累 **2.** das，wodurch j-d belastet (1) wird 负担：*Seine Krankheit stellt für ihn e-e schwere B. dar* 他的病对他是沉重的负担 **3.** das，wodurch etw. belastet (2) wird 污染，不利影响：*Bleifreies Benzin bedeutet e-e geringere B. der Umwelt* 无铅汽油意味着对环境的污染较小 ‖ -K-(复合)：***Schadstoff-***，***Umwelt-*** **4.** das Belasten (3)〈die B. e-r Brücke 桥梁的负重〉‖ K-(复合)：***Belastungs-***，***-grenze***，***-probe*** **5.** das Gewicht，das e-e Fläche，e-n Körper od. e-e (technische) Konstruktion belastet (3)负载，负荷，负重：*Die zulässige B. des Fahrstuhls liegt bei 600kg* 电梯允许的负载量约 600 公斤 **6.** das Belasten (4) e-s Angeklagten 提供罪证 ‖ K-(复合)：***Belastungs-***，***-zeuge*** **7.** das Belasten (6) e-r Sache *mst* durch finanzielle Schulden 抵押：*die B. e-s Hauses mit e-r Hypothek* 用房屋作抵押

be·lau·ern；*belauerte*，*hat belauert*；Vt（及物）***j-n b.*** j-n sehr genau beobachten (*z.B.* um ihn zu fangen od. um festzustellen，ob er e-n Fehler macht) 窥探，窥伺，(暗中)监视 ‖ *hierzu*（派生）**Be·lau·e·rung** *die*

be·lau·fen，sich；*beläuft sich*，*belief sich*，*hat sich belaufen*；Vr（反身）***etw. beläuft sich auf etw.*** (*Akk* 四格) etw. stellt e-e bestimmte Anzahl dar od. macht e-e bestimmte Summe aus（物作主语）共计，合计 ≈ etw. beträgt[1] etw.：*Der entstandene Sachschaden beläuft sich auf 1000 Euro* 造成的物质损失共计 1000 欧元

be·lau·schen；*belauschte*，*hat belauscht*；Vt（及物）***j-n/etw. b.*** e-r Person/e-m Gespräch heimlich zuhören 偷听，窃听 ‖ *hierzu*（派生）**Be·lau·schung** *die*；*nur Sg*（只用单数）

be·le·ben；*belebte*，*hat belebt*；Vt（及物）**1.** ***etw. belebt j-n/etw.*** etw. hat auf j-n/etw. e-e aktivierende，stimulierende Wirkung（物作主语）使振奋，使兴奋，使活跃 ≈ etw. regt j-n/etw. an：*Kaffee belebt den Kreislauf* 咖啡促进血液循环；*Konkurrenz belebt das Geschäft* 竞争使交易（买卖）活跃 **2.** ***etw.*** (***mit/durch etw.***) ***b.*** etw. interessant(er) od. lebendig(er) machen 使变得有生气，使活跃起来：*ein Zimmer durch bunte Tapeten b.* 用彩色的墙纸使房间变得有生气；*e-e Unterhaltung mit witzigen Bemerkungen b.* 用诙谐的意见（插科打诨）使谈话活跃起来；Vr（反身）**3.** ***etw. belebt sich*** etw. wird intensiver od. kommt in Schwung（物作主语）活跃起来，兴旺起来，繁荣昌盛起来，欣欣向荣起来〈der Handel，die Konjunktur 商业，经济情况〉**4.** ***etw. belebt sich*** etw. wird allmählich voll von Menschen od. Fahrzeugen（物作主语）热闹起来，活跃起来〈ein Bahnhof，e-e Kneipe，e-e Straße 火车站，小酒馆，街道〉↔ etw. leert sich：*An warmen Sommerabenden beleben sich die Straßen des Stadtzentrums* 在暖和的夏日的晚上，市中心的街道活跃起来（热闹起来）‖ *hierzu*（派生）**Be·le·bung** *die*；*mst Sg*（多用单数）

be·lebt *Adj*（形）**1.** *Partizip Perfekt*（过去分词）；↑ ***beleben*** **2.** voller Menschen od. Fahrzeuge 热闹的，活跃的，人来人往的 ↔ leer〈e-e Straße，e-e Kreuzung 街道，十字路口〉：*Die Fußgängerzone ist immer sehr b.* 步行区总是很热闹

Be·leg *der*；-(*e*)*s*，*-e* **1.** ***ein B.*** (***für etw.***) etw. Schriftliches，*mst* e-e Rechnung od. Quittung，das bestätigt，dass man etw. bezahlt，bekommen od. getan hat 单据，凭证 ‖ -K-(复合)：***Buchungs-***，***Spenden-***，***Zahlungs-*** **2.** etw. Schriftliches，das als Beweis *bes* für e-e Aussage in e-m Buch *o.Ä.* dient 例证〈ein Zitat als B. anführen 援引一段引文作为例证〉‖ K-(复合)：***Beleg-***，***-stelle***

be·le·gen；*belegte*，*hat belegt*；Vt（及物）**1.** ***etw.*** (***mit etw.***) ***b.*** etw. mit e-m Belag bedecken（用…）铺上，涂上，盖上：*e-n Tortenboden mit Erdbeeren，ein Brot mit Wurst b.* 用草莓铺在蛋糕上，用香肠夹面包 **2.** ***etw.*** (***mit/durch etw.***) ***b.*** etw. *bes* durch e-n Beleg nachweisen od. beweisen（用…）证明：*Ausgaben，Spenden durch Quittungen b.* 用收据证明开支，捐赠；*e-e Behauptung mit e-m Zitat b.* 用引文证明论断 **3.** ***etw. b.*** sich *bes* als Student für e-e Vorlesung，ein Seminar *o.Ä.* einschreiben 报名参加（听），选学（课程）〈e-n Kurs，e-e Vorlesung b. 报名听课程，听讲座〉‖ K-(复合)：***Beleg-***，***-bogen*** **4.** ***etw. b.*** (als Sportler) in e-m Wettkampf e-n bestimmten Rang erreichen（运动员）占，占据：*den zweiten Platz b.* 占第二位 **5.** ***j-n/etw. mit etw. b.*** bewirken，dass etw. (*mst* Unangenehmes) für j-n/etw. zur Pflicht wird 对…判以，处以，课以〈j-n mit e-r Strafe，mit e-m Bußgeld b. 对某人判以处罚，处以罚款〉：*Zigaretten mit e-r höheren Steuer b.* 对香烟课以高额税 ‖ *zu*（义项）**2.** u. **3. Be·le·gung** *die*；*nur Sg*（只用单数）；*zu*（义项）**2. be·leg·bar** *Adj*（形）；*nicht adv*（不作状语）‖ ▶ **Belag**

Be·leg·schaft *die*；-，*-en*；alle Personen，die in e-m Betrieb beschäftigt sind（一个企业的）全体员工 ≈ Personal

be·legt **1.** *Partizip Perfekt*（过去分词）；↑ ***belegen*** **2.** *Adj*（形）；*nicht adv*（不作状语）；von Personen besetzt 有人住的，有人占用的 ↔ frei〈ein Zimmer，ein Hotel 房间，旅馆〉：*Alle Betten des Krankenhauses sind zurzeit b.* 医院的所有床位现在都住上人了 **3.** *Adj*（形）；*nicht adv*（不作状语）；für j-n reserviert 给预订的，保留的〈ein Platz，ein Stuhl 位置，座位〉**4.** *Adj*（形）；*nicht adv*（不作状语）；(***mit etw.***) ***b.*** mit Wurst，Käse *usw* bedeckt 夹香肠、奶酪等食物的〈ein Brot 面包〉**5.** *Adj*（形）；*nicht adv*（不作状语）；mit e-m Belag (2) bedeckt als Zeichen für e-e Krankheit *o.Ä.* 有舌苔的〈die Zunge 舌头〉**6.** *Adj*（形）；*nicht adv*（不作状语）；nicht klar klingend 沙哑的 ≈ heiser〈j-s Stimme 某人的声音〉**7.** *Adj*（形）；*nicht* *adv*(不作状语); ***etw. ist b.*** etw. ist besetzt (4)(物作主语)占线〈ein Anschluss, e-e Nummer (beim Telefonieren)线路不通(占线),电话占线〉

be·leh·ren; *belehrte*, *hat belehrt*; Vt(及物) **1.** ***j-n*** (***über etw.*** (*Akk* 四格)) ***b.*** j-n über etw. informieren 向…说明,告知: *e-n Verhafteten über seine Rechte b.* 向被捕者说明他的权利; *Er ließ sich von ihr* (darüber) *b.*, was *er zu tun hatte* 他让她告诉他,他应该干什么 **2.** ***j-n. e-s Besseren b. j-n.*** dazu bringen, e-e falsche Meinung, e-e ungünstige Absicht *o. Ä.* aufzugeben 劝某人改变观点,悔悟〈sich e-s Besseren b. lassen 接受悔改,愿意悔悟〉‖ *zu* (义项) **1. Be·leh·rung** *die*

be·leibt *Adj*(形); *euph*[婉]; (von Menschen 指人) ≈ dick, korpulent ‖ *hierzu*(派生) **Be·leibt·heit** *die*; *nur Sg*(只用单数) ‖ ▶ ***Leib***

be·lei·di·gen; *beleidigte*, *hat beleidigt*; Vt(及物) **1.** ***j-n*** (***durch/mit etw.***) ***b.*** j-s Gefühle od. Ehre durch Worte od. Handlungen sehr verletzen(用…)侮辱,得罪,冒犯,伤害 ≈ kränken〈j-n schwer b. 严重地伤害某人〉: *e-e beleidigende Bemerkung* 侮辱性的意见 **2.** ***etw. beleidigt das Auge/Ohr*** etw. sieht sehr schlecht aus/klingt sehr unangenehm(物作主语)很刺眼,不堪入目/很刺耳,不堪入耳 ‖ ▶ ***Leid*** (1)

be·lei·digt **1.** *Partizip Perfekt*(过去分词); ↑ ***beleidigen*** **2.** *Adj*(形); in seinen Gefühlen od. in seiner Ehre verletzt 受侮辱的,受伤害的,受气的〈tief, zutiefst, tödlich b. 深受伤害的,深受侮辱的,受尽侮辱的〉: *Sie ist wegen jeder Kleinigkeit b.* 她为了每一件小事都感到委屈 **3.** *nur attr od adv*(只作定语或状语); 〈ein Gesicht, e-e Reaktion 面孔,反应〉so, dass sie zeigen, dass j-d b. (2) ist 受气的,受伤害的,受委屈的 ‖ ID[谚] ↑ ***Leberwurst***

Be·lei·di·gung *die*; -, *-en* **1.** e-e Äußerung od. e-e Handlung, die j-s Gefühle verletzt 侮辱,伤害,得罪,冒犯(的言词或行为)〈e-e schwere B. 严重的侮辱; e-e B. zurücknehmen 撤回,收回侮辱人的言词; sich für e-e B. entschuldigen 为冒犯表示道歉〉 **2.** *nur Sg*(只用单数); das Kränken, Beleidigen (1) 侮辱,伤害,得罪,冒犯 ‖ -K(复合): ***Beamten-*** **3.** ***e-e B. für das Auge/Ohr*** etw., das sehr schlecht aussieht/klingt 刺眼的,不堪入目的行为/刺耳的,不堪入耳的言词

be·lei·hen; *belieh*, *hat beliehen*; Vt(及物) ***etw. b.*** *mst* e-r Bank etw. als Sicherheit nennen u. dafür Geld bekommen 以…作担保而借贷〈ein Grundstück, ein Haus b. 以地产,房屋作担保借款〉

be·lem·mert *Adj*(形); ↑ ***belämmert***

be·le·sen *Adj*(形); *nicht adv*(不作状语); 〈Menschen 人〉mit sehr großem Wissen, weil sie viel gelesen haben 博学的,博览群书的 ‖ *hierzu*(派生) **Be·le·sen·heit** *die*; *nur Sg* (只用单数)

be·leuch·ten; *beleuchtete*, *hat beleuchtet*; Vt (及物) **1.** ***etw.*** (***mit etw.***) ***b.*** etw. durch Licht od. Lampen hell machen 照射,照亮,照明,照耀: *e-e Laterne beleuchtete den Hof* 路灯照亮了庭院; *Die Bühne wurde mit Scheinwerfern beleuchtet* 舞台被探照灯所照亮 **2.** ***etw. b.*** sich Gedanken über etw. machen, etw. (genauer) untersuchen 说明,阐明 ≈ betrachten〈ein Problem, Thema, e-n Aspekt kritisch b. 批判地阐明一个问题,命题,观点〉

Be·leuch·tung *die*; -, *-en* **1.** das Beleuchten (1) 照明,光线〈e-s Raumes 房间的〉: *für ausreichende B. sorgen* 关心充足的照明条件 ‖ -K(复合): ***Bühnen-*** **2.** *Kollekt*(集合); *bes* Lampen u. Kerzen, die etw. beleuchten (1) 灯光,照明〈e-e künstliche, elektrische, festliche B. 人工照明,电力照明,节日灯火〉: *im Schaufenster die B. einschalten* 打开展览橱窗里的灯光 ‖ -K(复合): ***Fest-***; ***Kerzen-*** **3.** das Beleuchten (2) 说明,阐明〈e-s Themas 命题的〉

be·lich·ten; *belichtete*, *hat belichtet*; Vt/i (及物/不及物) (***etw.***) ***b.*** Lichtstrahlen auf e-n Film od. auf Fotopapier fallen lassen 曝光,使…曝光: *beim Fotografieren ein Foto zu stark b.* 在摄影时把照片曝光太厉害

Be·lich·tung *die*; das Belichten〈die B. e-s Films, e-s Fotos 胶卷、照片的曝光〉‖ K-(复合): ***Belichtungs-, -automatik, -dauer, -messer, -zeit***

be·lie·ben; *beliebte*, *hat beliebt*; *geschr*[书]; Vi(不及物) **1.** ***b.*** + ***zu*** + *Infinitiv*(不定式) (oft *iron* verwendet 常带讽刺意味) etw. gern od. aus Gewohnheit tun 喜欢,喜爱,愿意,惯于做〈zu scherzen b. 爱开玩笑〉: *Er beliebte, nicht zu antworten* 他喜欢不作回答; Vimp(无人称) **2.** ***es beliebt j-m*** + ***zu*** + *Infinitiv*(不定式) es ist j-s Wunsch/es gefällt j-m, etw. zu tun 某人愿意(喜欢)做: *Sie können kommen, wann es Ihnen beliebt* 您愿意什么时候来都可以(随便什么时候您都可以来)

Be·lie·ben *das*; *-s*; *nur Sg*(只用单数); *mst in* 多用于 ***nach B.*** wie man es möchte, wie es einem gefällt 随便,听便,随意〈ganz nach B. wählen, handeln können 完全可以随便选择,随意行事(完全可以爱选什么就选什么,爱干什么就干什么)〉

be·lie·big *Adj*(形) **1.** gleichgültig welcher, welche, welches 随便哪一个(种),任何一个(种),任何的,任意的 ↔ bestimmt: *jede beliebige Arbeit annehmen* 接受随便哪一种工作; *zu jeder beliebigen Zeit erreichbar sein* 是随便什么时候都可以找到(得到)的 **2.** so, wie man es will, wie es einem gefällt 随便,随意: *Du kannst das Buch b. lange behalten* 你可以把书随便留多久都行; *Die Reihenfolge ist b.* 次序是随便排的,次序不分先后

be·liebt **1.** *Partizip Perfekt*(过去分词); ↑ ***belieben*** **2.** *Adj*(形); *nicht adv*(不作状语); (***bei j-m***) ***b.*** (von vielen) sehr geschätzt 受欢迎的,受喜爱的,受爱戴的〈ein Heilmittel, ein Politiker, ein Spiel, ein Urlaubsland 药物,政治家,游戏,休假国度〉: *Er war bei seinen Kollegen sehr b.* 他很受他的同事的喜爱 **3.** *Adj*(形); *nicht adv*(不作状语); (***bei j-m***) ***b.*** sehr verbreitet od. oft angewandt 常用的，爱用的，惯用的〈ein Aufsatzthema，e-e Redensart 论文题目，俗语〉 **4. sich** 〈**bei j-m**〉 **b. machen** sich bewusst so verhalten，dass es j-m gefällt 取悦于，讨好 ‖ *hierzu*（派生）**Be·liebt·heit** *die*；*nur Sg*（只用单数）

be·lie·fern；*belieferte*，*hat beliefert*；Vt（及物）***j-n/etw.*** 〈***mit etw.***〉 ***b.*** Waren an j-n/etw. liefern 向…供货〈e-n Kunden，ein Warenhaus b. 向顾客、商店供货〉 ‖ *hierzu*（派生）**Be·lie·fe·rung** *die*

bel·len；*bellte*，*hat gebellt*；Vi（不及物）***ein Hund bellt*** ein Hund gibt die Laute von sich，die für seine Art typisch sind 犬在吠，狗在叫

bel·lend 1. *Partizip Präsens*（现在分词）；↑ ***bellen*** **2.** *Adj*（形）；*nur attr od adv*（只作定语或状语）；laut 剧烈的，大声的〈ein Husten 咳嗽〉

Bel·let·ris·tik *die*；-；*nur Sg*（只用单数）；jede Art von（*bes* anspruchsvoller）fiktionaler Literatur，die der Unterhaltung dient（wie *z.B.* Romane，Erzählungen，Novellen）美文学，纯文学（例如长篇小说、短篇小说、中篇小说）↔ Sachliteratur，Fachliteratur ‖ *hierzu*（派生）**bel·let·ris·tisch** *Adj*（形）

be·lo·bi·gen；*belobigte*，*hat belobigt*；Vt（及物）***j-n b.*** *veraltend*［渐旧］；j-m ein offizielles Lob geben 称赞，表扬，嘉奖 ≈ auszeichnen ‖ *hierzu*（派生）**Be·lo·bi·gung** *die*

be·loh·nen；*belohnte*，*hat belohnt*；Vt（及物）**1.** ***j-n*** 〈***für etw.***〉〈***mit etw.***〉 ***b.*** j-m etw. geben，weil er einem geholfen hat，Gutes getan hat *o.Ä.* 酬报，酬谢〈j-n für seine Ehrlichkeit，Mühe b. 酬谢某人的诚实，辛劳〉：*Sie belohnte ihn für seine Hilfe mit 100 Euro* 她用 100 欧元酬谢他的帮助 **2.** ***etw.*** 〈***mit/durch etw.***〉 ***b.*** etw. *bes* durch e-e freundliche Reaktion anerkennen 报答，回报〈j-s Gutmütigkeit，j-s Hilfsbereitschaft b. 报答某人的好心肠，某人乐于助人的行为〉

Be·loh·nung *die*；-，*-en* **1.** ***e-e B.*** 〈***für etw.***〉 das，was j-d als Anerkennung für e-e gute Tat *o.Ä.* bekommt 报酬，酬劳〈etw. als，zur B. bekommen 得到某物作为报酬〉：*e-e B. für die Aufklärung e-s Verbrechens aussetzen* 悬赏查明罪行 **2.** *nur Sg*（只用单数）；das Belohnen (1)：*die B. e-s ehrlichen Finders* 对拾金不昧者的酬谢

be·lü·gen；*belog*，*hat belogen*；Vt（及物）***j-n b.*** j-n anlügen 骗，欺骗，对…说谎

be·lus·ti·gen；*belustigte*，*hat belustigt*；Vt（及物）***j-n*** 〈***mit etw.***〉 ***b.*** bewirken，dass sich j-d amüsiert 使高兴，使开心，逗…发笑：*das Publikum mit Witzen b.* 用笑话逗观众发笑 ‖ *hierzu*（派生）**Be·lus·ti·gung** *die*

be·mäch·ti·gen, sich；*bemächtigte sich*，*hat sich bemächtigt*；Vr（反身）***sich j-s/etw. b.*** *geschr*［书］；j-n/etw. mit Gewalt nehmen 抓住，攫住/强占，夺取：*Durch e-n Putsch bemächtigte sich das Militär der Staatsgewalt* 军队通过暴动夺取了政权（国家权力）‖ *hierzu*（派生）**Be·mäch·ti·gung** *die*；*nur Sg*（只用单数）‖ ▶ ***Macht*** (1,2)

be·ma·len；*bemalte*，*hat bemalt*；Vt（及物）***etw. b.*** Bilder od. Farben auf etw. malen 在…上面画或涂色：*e-e Vase b.* 给花瓶涂色，在花瓶上画画；*ein bemalter Schrank* 画画的柜子 ‖ *hierzu*（派生）**Be·ma·lung** *die*

be·män·geln；*bemängelte*，*hat bemängelt*；Vt（及物）***etw.*** 〈***an j-m/etw.***〉 ***b.*** sagen，dass man etw. als Fehler od. Mangel empfindet（对…）非难，挑剔，指责 ≈ kritisieren，beanstanden：*Die Chefin bemängelte seine Unpünktlichkeit* 女上司指责他不守时；*An der Arbeit ist nichts zu b.* 对工作无可指责 ‖ *hierzu*（派生）**Be·män·ge·lung** *die*

be·mannt *Adj*（形）；*nicht adv*（不作状语）；〈***mit j-m***〉 ***b.*** mit e-r Mannschaft，e-m Team versehen 载人的，有人驾驶的〈ein Flugzeug，Schiff，Boot 飞机，轮船，小船〉：*ein mit fünf Astronauten bemanntes Raumschiff* 载有五名宇航员的宇宙飞船

be·merk·bar *Adj*（形）；*ohne Steigerung*，*nicht adv*（无变级，不作状语）；**1.** so，dass man es sehen，hören od. riechen kann 可以察觉的，可以看出的，明显的 ≈ wahrnehmbar：*ein kaum bemerkbarer Farbunterschied* 几乎无法察觉的色调差别 **2.** ***etw. macht sich b.*** etw. zeigt seine *mst* unangenehmen Wirkungen（物作主语）使人注意到，使人察觉到，使人发现：*Wenn sie lange Strecken laufen muss，macht es sich b.，dass sie zu viel raucht* 每当她得走长路时，人们会发现她抽烟抽得很多 **3. *sich b. machen*** sich so verhalten，dass andere Menschen auf einen aufmerksam werden 使人注意，引人注意：*Der Verletzte versuchte vergeblich，sich b. zu machen* 受伤者徒劳地企图引起别人的注意

be·mer·ken[1]；*bemerkte*，*hat bemerkt*；Vt（及物）**1. *j-n/etw. b.*** j-n/etw. sehen，hören od. riechen（通过感官）发觉，看出，听出，注意到≈ wahrnehmen：*Es kam zu e-m Zusammenstoß，weil der Autofahrer den Radfahrer zu spät bemerkt hatte* 发生了一宗车辆相撞事故，因为汽车驾驶员发现骑自行车的人太晚了 **2. *etw. b.*** *bes* durch Überlegen od. Nachdenken etw. erkennen（通过思索）察觉，发觉，意识到，看出：*Hast du denn nicht bemerkt，dass man dich betrügen wollte?* 你就没有察觉有人想骗你？

be·mer·ken[2]；*bemerkte*，*hat bemerkt*；Vt（及物）***etw.*** 〈***zu etw.***〉 ***b.*** etw. zu e-m bestimmten Thema sagen（对…）补充说明，指出〈etw. nebenbei，beiläufig，am Rande b. 顺便说明一下，附带说明一下，顺便指出〉：*Dazu möchte ich b.，dass ...* 对此我想说明一下…；*Nebenbei bemerkt，das Essen war miserabel* 顺便说一下，饭食很糟糕

be·mer·kens·wert *Adj*（形）**1.** gut od. auffällig u. daher wert，dass man es beachtet 值得注意的，出色的，显著的 ≈ beachtlich：*e-e bemerkenswerte Arbeit* 出色的工作；*Das Bemerkenswerte an der Sache ist，dass niemand wusste，wie er eigentlich heißt* 这个案件中值得注意的是，谁都不知道他究竟叫什么名字 **2.** *Adv*（副）；verwendet，um Adjektive od. Adverbien zu verstärken 很，相当：*Das Essen schmeckte b. gut* 饭菜味道相当好；*Sie gab ein b. offenes Interview* 她提供了一篇相当坦率的采访报道

Be·mer·kung *die*；-，*-en*；e-e kurze，oft mündliche Äußerung zu etw.（简短的，常是口头的）意见，评语〈e-e ironische，kritische，unpassende B. 讽刺性的意见，批评意见，不恰当的意见；e-e B. über j-n/etw. 有关某人/某物的评语；e-e B. zu etw. machen 评论某事〉‖ -K（复合）：***Schluss-***，***Zwischen-***

be·mes·sen；*bemisst*，*bemaß*，*hat bemessen*；[Vt]（及物）**1. *etw. b.*** die Menge，Intensität *o. Ä.* von etw.（aufgrund e-r Schätzung，Berechnung od. Vorschrift）festlegen 计量，计算，测量，确定（数量，强度等）〈die Menge，den Umfang，den Preis，e-e Strafe b. 计数量，量大小（长短），计价格，定处罚〉：*ein großzügig bemessenes Trinkgeld* 一笔慷慨给予的小费；*Die Arbeitspausen sind sehr knapp bemessen* 工间休息（时间）算得很紧，安排得很紧 ‖ NB（注意）：*mst* im Partizip Perfekt（多用过去分词）；[Vr]（反身）**2. *etw. bemisst sich*（*nach etw.*）** etw. wird nach e-m bestimmten System berechnet（物作主语）（按…）计算：*Die Heizungskosten bemessen sich nach dem Verbrauch* 取暖费按使用情况计算 ‖ *hierzu*（派生）**Be·mes·sung** *die*

be·mit·lei·den；*bemitleidete*，*hat bemitleidet*；[Vt]（及物）***j-n b.*** mit j-m Mitleid haben 同情，怜悯 ‖ *hierzu*（派生）**Be·mit·lei·dung** *die*；*nur Sg*（只用单数）

be·mit·lei·dens·wert *Adj*（形）；mitleiderregend 值得同情的，值得怜悯的

be·mit·telt *Adj*（形）；*ohne Steigerung*，*nicht adv*（无变级，不作状语）；*Adv*（副词）+ ***b.*** mit der（ungefähr）angegebenen Menge Geld… 富有的，…有资产的：*nicht besonders gut b. sein* 不是特别富有，不是特别有钱 ‖ ▶ ***Mittel***（4）

be·mü·hen；*bemühte*，*hat bemüht*；[Vt]（及物）**1. *j-n b.*** *geschr*［书］；j-s Hilfe in Anspruch nehmen 烦劳，麻烦，请…帮忙：*In dieser Angelegenheit müssen wir einen Fachmann b.* 在这件事情上我们必须烦劳专家（帮忙）；[Vr]（反身）**2. *sich*（*um etw.*）*b.*；*sich b.* + *zu*** + *Infinitiv*（不定式）sich Mühe geben od. Anstrengungen machen，um etw. zu erreichen 努力，尽力，竭力争取〈sich redlich，umsonst，vergeblich b. 费很大力气，白费力气，徒劳地费力〉：*Sie bemüht sich，bessere Noten zu bekommen* 她力求要取得更好的分数；*Er bemüht sich um e-e Stelle bei der Post* 他竭力要在邮局谋求一个职位 **3. *sich um j-n b.*** versuchen，j-m zu helfen 关心，照顾，照料 ≈ sich um j-n kümmern：*Sie bemühte sich um den Verletzten* 她关心受伤者 **4. *sich um j-n b.*** freundlich zu j-m sein，um seine Zuneigung zu bekommen：讨好，取悦，巴结 *Er bemühte sich sehr um das Mädchen* 他竭力讨好这位姑娘

be·müht **1.** *Partizip Perfekt*（过去分词）；↑ ***bemühen*** **2.** *Adj*（形）；***b. sein*** + ***zu*** + *Infinitiv*（不定式）sich viel Mühe geben，etw. zu erreichen 努力，尽力去做：*Ein Verkäufer sollte immer b. sein，die Kunden freundlich zu bedienen* 售货员应该始终力求热情地接待顾客 **3.** *Adj*（形）；***um etw. b. sein*** sich um etw. bemühen（2）**4.** *Adj*（形）；***um j-n b. sein*** sich um j-n bemühen（3）

Be·mü·hung *die*；-，*-en*；*mst Pl*（多用复数）**1.** die Anstrengungen od. die Mühe，mit denen man etw. erreichen will 努力，辛劳，操劳，关心：*Seine Bemühungen um den Verletzten waren umsonst* 他对受伤者的关心是徒劳的 **2.** *nur Pl*（只用复数），*geschr*［书］；（auf Rechnungen）die geleistete Arbeit 付出的劳动，努力，辛劳：*Für meine Bemühungen erlaube ich mir，Ihnen € 160 zu berechnen* 为了我所付出的劳动，我冒昧地向您索要 160 欧元

be·mü·ßigt *Adj*（形）；*nur in* 只用于 ***sich b. sehen / finden / fühlen*** + ***zu*** + *Infinitiv*（不定式）；*geschr veraltend od iron*［书］［渐旧］或［讽］；glauben，etw. Bestimmtes unbedingt tun zu müssen 眼看/认为/感到有必要去做

be·mut·tern；*bemutterte*，*hat bemuttert*；[Vt]（及物）***j-n b.*** *oft iron* 常用［讽］；für j-n wie e-e Mutter（*bes* in übertriebener Weise）sorgen（像母亲一样地）关怀，照顾，过分地关心 ‖ *hierzu*（派生）**Be·mut·te·rung** *die*；*nur Sg*（只用单数）

be·nach·bart *Adj*（形）；*ohne Steigerung*，*nicht adv*（无变级，不作状语）；in direkter Nähe befindlich 相邻的，邻近的：*das benachbarte Dorf* 邻近的村庄，邻村

be·nach·rich·ti·gen；*benachrichtigte*，*hat benachrichtigt*；[Vt]（及物）***j-n*（*von etw.*）*b.***；***j-n b.，dass*** ... j-m e-e Nachricht von etw. geben 通知，告知 ≈ informieren

Be·nach·rich·ti·gung *die*；-，*-en* **1.** *nur Sg*（只用单数）；das Benachrichtigen：*die B. der Familie des Verunglückten* 通知遇难者的家属 **2.** e-e *mst* schriftliche Nachricht（多指书面的）消息，通知 ≈ Mitteilung

be·nach·tei·li·gen；*benachteiligte*，*hat benachteiligt*；[Vt]（及物）***j-n*（*gegenüber j-m*）*b.*** j-n schlechter behandeln als andere，j-m weniger zukommen lassen als anderen 亏待，歧视，使吃亏 ↔ begünstigen，bevorzugen〈sich benachteiligt fühlen 感到自己受亏待〉：*Das Testament benachteiligte den älteren Sohn gegenüber dem jüngeren* 遗嘱亏待了大儿子而有利于小儿子 ‖ *hierzu*（派生）**Be·nach·tei·li·gung** *die* ‖ ▶ ***Nachteil***

be·ne·belt *Adj*（形）；*mst präd*，*gespr*（多作表语）［口］；leicht betrunken 微醉的，稍有醉意的

Be·ne·fiz- *im Subst*，*betont*，*wenig produktiv*（构成名词，重读，构词弱）；verwendet，um auszudrücken，dass etw. wohltätigen Zwecken dient（表示用于慈善目的）义…，善…；das ***Benefizkonzert***，das ***Benefizspiel***，die ***Benefizveranstaltung***

be·neh·men，sich；*benimmt sich*，*benahm sich*，*hat sich benommen*；[Vr]（反身）***sich irgendwie b.***（in Bezug auf die gesellschaftlichen Konventionen）ein bestimmtes Verhalten zeigen 行为，举止，态度〈sich gut， unhöflich, anständig (gegenüber j-m) b. (对某人)态度好,不客气(不礼貌),有规矩: *Er hat sich wie ein Kind benommen* 他的行为举止像个小孩 ‖ ID [谚] ***Benimm dich!*** verhalte dich anständig! 请你要礼貌一点!; ***sich unmöglich b.*** *gespr* [口]; sich sehr schlecht b. 行为太不像话; ***sich zu b. wissen*** gute Manieren haben 会待人接物,举止得体

Be·neh·men *das*; *-s*; *nur Sg* (只用单数) **1.** die Art u. Weise, wie man sich in Gesellschaft von anderen verhält 行为,举止,态度 ≈ Manieren ‹ein gutes, feines B. 有礼貌,举止文雅; kein (= ein schlechtes) B. haben 没有礼貌›: *Sein unhöfliches B. provozierte die Gäste* 他的不礼貌行为把客人都激怒了 **2.** ***im B. mit j-m*** (ADM) *geschr* 【管理】[书]; nach Besprechung e-s Problems mit j-d anderem 同…协商(商榷)后 **3.** *mst* 多用 ***sich*** (*Akk* 四格) ***mit j-m ins B. setzen*** *geschr* [书]; sich an j-n wenden, *bes* um etw. zu besprechen 找…协商(商榷)

be·nei·den; *beneidete*, *hat beneidet*; [Vt] (及物) ***j-n*** (***um etw.***) ***b.*** Neid empfinden, weil man j-s Fähigkeiten od. das, was ihm gehört, selbst gern hätte (为某物)妒忌,羡慕 ↔ j-m etw. gönnen: *Er beneidet mich um mein neues Auto* 他羡慕我有新汽车 ‖ ID [谚] ***nicht zu b. sein*** in e-r schwierigen Situation sein 处境不妙,不足称羡

be·nei·dens·wert *Adj* (形); so, dass man neidisch werden könnte 值得羡慕的,令人妒忌的 ↔ bedauernswert: *e-e beneidenswerte Person* 令人羡慕的人; *Sein Haus ist b. groß* 他的房子大得令人羡慕

be·nen·nen; *benannte*, *hat benannt*; [Vt] (及物) **1.** ***etw. b.*** das richtige Wort für etw. sagen (können) 说出…的名称: *Ich kann diese Pflanze nicht b.* 我说不出这种植物的名称 **2.** ***j-n/ etw.*** (***nach j-m/etw.***) ***b.*** j-m/etw. e-n Namen (den Namen von j-m/etw.) geben (以…的名字)给…取名,为…命名: *den Sohn nach dem Großvater b.* 以祖父的名字为儿子命名,给儿子取祖父的名字; *e-e Straße nach e-m Wissenschaftler b.* 以一个科学家的名字为街道命名 **3.** ***j-n als etw. b.*** j-n für e-e bestimmte Aufgabe od. für ein Amt vorschlagen 把…提名为…,提名…当…: *Er wurde als Zeuge benannt* 他被提名为证人

Be·nen·nung *die*; *-*, *-en* **1.** *nur Sg* (只用单数); das Benennen (3) ‹die B. e-s Zeugen 提名一个证人› **2.** das Wort für e-e Sache 名称,说法,叫法 ≈ Bezeichnung: *Für das „Brötchen" gibt es viele Benennungen* "Brötchen" (小面包)有许多名称(叫法)

Ben·gel *der*; *-s*, *-/bes nordd gespr* 尤用于[北德][口] *-s*; ein (frecher) Junge 顽皮的孩子,调皮鬼,淘气包

Be·nimm *der*; *nur in* 只用于 (***keinen***) ***B. haben*** *gespr* [口]; (kein) gutes Benehmen haben (没)有礼貌

Ben·ja·min *der*; *-s*, *-e*; *mst hum* 多作[诙]; der Jüngste in e-r Gruppe 年纪最小的成员

be·nom·men *Adj* (形); *nur präd od adv* (只作表语或状语); nicht ganz bei Bewusstsein, leicht betäubt 不完全清醒的,轻度昏迷的,昏昏沉沉的,神志恍惚的: *Er war von dem Sturz e-e Zeitlang b.* 他由于摔倒而一度神志恍惚 ‖ *hierzu* (派生) **Be·nom·men·heit** *die*; *nur Sg* (只用单数)

be·no·ten; *benotete*, *hat benotet*; [Vt] (及物) ***etw. b.*** e-r Leistung *o. Ä.* e-e Note[2] (1) geben 给…打分数,评分: *e-e Schularbeit b.* 给学生作业打分数 ‖ *hierzu* (派生) **Be·no·tung** *die*

be·nö·ti·gen; *benötigte*, *hat benötigt*; [Vt] (及物) ***j-n/etw. b.*** j-n/etw. (zu e-m bestimmten Zweck) haben müssen 需要 ≈ brauchen (1): *zur Einreise ein Visum b.* 为了入境需要签证; *dringend benötigte Ersatzteile* 急需的备件

be·nut·zen; *benutzte*, *hat benutzt*; [Vt] (及物) **1.** ***etw.*** (***zu/für etw.***) ***b.*** etw. für e-n bestimmten Zweck nehmen (为…)使用,用 ≈ verwenden, gebrauchen: *ein Handtuch zum Trocknen b.* 用毛巾擦干; *ein Wörterbuch zum Nachschlagen b.* 使用词典作为参考; *e-n Gasherd zum Kochen b.* 使用煤气灶烧饭; *den Haupteingang e-s Gebäudes b.* 利用楼房的大门; *ein viel, wenig benutzter Weg* 很多人、很少人走的路 **2.** ***etw.*** (***zu/für etw.***) ***b.*** ein Verkehrsmittel nehmen 使用(交通工具) ‹das Auto, das Fahrrad, die U-Bahn b. 乘汽车,骑自行车,乘地铁› **3.** ***etw.*** (***als/zu etw.***) ***b.*** etw. so einsetzen, dass man den gewünschten Zweck erreicht (为实现期望而)利用,动用: *Sie benutzte die Gelegenheit, um ihr Anliegen vorzutragen* 她利用机会提出了自己的请求; *Er benutzte die Ferien dazu, den Unterrichtsstoff zu wiederholen* 他利用假期复习了功课 **4.** ***j-n*** (***als/zu etw.***) ***b.*** *pej* [贬]; j-n auf unfaire Weise für seine Zwecke einsetzen (以不正当的方式)利用: *j-n als Geisel b.* 把某人作为人质; *j-n b., um seine Wut abzureagieren* 利用某人来发泄自己的愤怒; *Sie fühlte sich von ihm benutzt* 她感到自己被他利用了 ‖ *zu* (义项) **1.** u. **2.** **be·nutz·bar** *Adj* (形); *nicht adv* (不作状语); **Be·nut·zung** *die*; *nur Sg* (只用单数)

be·nüt·zen; *benützte*, *hat benützt*; [Vt] (及物) *südd* Ⓐ Ⓒⓗ [南德][奥][瑞] ≈ benutzen ‖ *hierzu* (派生) **Be·nüt·zung** *die*; *nur Sg* (只用单数)

Be·nut·zer *der*; *-s*, *-*; *geschr* [书]; j-d, der etw. zu e-m bestimmten Zweck benutzt (1) 使用者,利用者 ‖ K- (复合): ***Bibliotheks-***, ***Wörterbuch-*** ‖ *hierzu* (派生) **Be·nut·ze·rin** *die*; *-*, *-nen*

Be·nüt·zer *der*; *-s*, *-*; *südd* Ⓐ [南德][奥] ≈ Benutzer ‖ *hierzu* (派生) **Be·nüt·ze·rin** *die*; *-*, *-nen*

be·nut·zer·freund·lich *Adj* (形); so beschaffen, dass man es ohne Schwierigkeiten benutzen (1) kann 好用的,容易使用的,用来得心应手的 ‹ein Handbuch 手册› ‖ *hierzu* (派生) **Be·nut·zer·freund·lich·keit** *die*; *nur Sg* (只用单数)

be·nutzt **1.** *Partizip Perfekt* (过去分词); ↑ ***be-***

nutzen 2. *Adj*(形); *ohne Steigerung, nicht adv*(无变级,不作状语); nicht mehr frisch 用过的,旧的 ≈ gebraucht ⟨Wäsche 衣物,内衣⟩: *Ist das Handtuch schon b.?*手巾是不是已经用过的?

Ben·zin *das*; *-s*; *nur Sg*(只用单数); e-e Flüssigkeit, die leicht brennt u. die *bes* als Treibstoff für Motoren verwendet wird 汽油 ⟨(un)verbleites, bleifreies B.(不)含铅的,无铅的汽油; B. tanken 加汽油⟩ ‖ K-(复合): ***Benzin-***, ***-feuerzeug***, ***-kanister***, ***-motor***, ***-verbrauch*** ‖ -K(复合): ***Normal-***, ***Super-***

Ben·zin|gut·schein *der*; ein Gutschein, Kupon, den man vor e-r Reise kauft u. für den man (im Ausland) Benzin bekommt 汽油票

be·ob·ach·ten; *beobachtete, hat beobachtet*; [Vt](及物) **1. *j-n/etw. b.*** e-e Person, Sache od. e-n Vorgang lange betrachten, *bes* um zu erkennen, was geschieht 观察,观测,注视(动静) ⟨j-n/etw. heimlich, kritisch, genau b.秘密地,批判地,仔细地观察某人/某事; sich beobachtet fühlen 感到自己受人注视⟩: *Er beobachtete den Flug der Vögel* 他观察鸟类的飞行; *Sie beobachtete (ihn dabei), wie er Geld stahl* 她注视着(看)他怎样偷钱 **2. *j-n/etw. b.*** sein Interesse über längere Zeit auf j-n/etw. richten u. dabei auf Veränderungen achten 观察,注意(变化): *e-n Patienten b.* 观察病人; *Er beobachtete die Entwicklung seiner Kinder mit Sorge* 他小心翼翼地关注自己孩子们的发展(成长) **3. *j-n b.*** ≈ überwachen: *Er wird von der Polizei beobachtet* 他受到警察的监视 **4. *etw. (an j-m) b.*** *geschr*[书] ≈ bemerken[1]: *Ich habe beobachtet, dass du weniger rauchst* 我发觉你烟抽得少些了

Be·ob·ach·ter *der*; *-s*, *-* **1.** j-d, der j-n/etw. beobachtet (1) (u. e-e Änderung sofort feststellt) 观察者 ⟨ein scharfer, kritischer, aufmerksamer B.敏锐的,批判的,专注的观察者⟩ **2.** j-d, der (*mst* beruflich) bestimmte Entwicklungen verfolgt u. darüber berichtet 观察员,观察家 ⟨ein politischer, militärischer B. 政治观察员,军事观察员⟩ ‖ -K(复合): ***Konferenz-*** ‖ *hierzu*(派生) **Be·ob·ach·te·rin** *die*; *-*, *-nen*

Be·ob·ach·tung *die*; *-*, *-en* **1.** das Beobachten ⟨medizinische, militärische B.医疗观察,军事观察(监视); Beobachtungen über etw. anstellen 对某物进行观察⟩: *Die Versuchstiere stehen unter ständiger B.*实验用的动物处在经常的监视之下; *Aus eigener B. weiß ich, dass ...*我从自己的观察中知道… **2.** e-e Feststellung als Ergebnis e-r B. (1)观察的情况,观察的结果 ⟨seine Beobachtungen aufzeichnen, mitteilen 记下,告知自己观察的情况⟩

be·or·dern; *beorderte, hat beordert*; [Vt](及物) ***j-n irgendwohin b.*** j-m befehlen, an e-n bestimmten Ort od. zu j-m zu kommen/gehen 将…派往,派到: *Er wurde nach Berlin beordert* 他被派到柏林去了 ‖ *hierzu*(派生) **Be·or·de·rung** *die* ‖ ▶ ***Order***

be·pa·cken; *bepackte, hat bepackt*; [Vt](及物) ***j-n/etw. (mit etw.) b.*** j-n/etw. mit viel Gepäck *o. Ä.* beladen 使背负,将…装满: *das Auto voll b.*使汽车满载; *Er war mit Koffern schwer bepackt* 他吃力地扛了几个箱子

be·pflan·zen; *bepflanzte, hat bepflanzt*; [Vt](及物) ***etw. (mit etw.) b.*** etw. mit Pflanzen versehen 在…上栽上,种上: *den Straßenrand mit Bäumen b.*在街边上种上树 ‖ *hierzu*(派生) **Be·pflan·zung** *die*

be·pin·seln; *bepinselte, hat bepinselt*; [Vt](及物) ***etw. (mit etw.) b.*** *gespr*[口]; mit e-m Pinsel e-e Flüssigkeit od. Farbe auf etw. bringen(用…)涂抹,搽,涂刷在…上: *den Kuchen mit Schokoladenguss b.*在点心上抹上一层巧克力酱

be·quat·schen; *bequatschte, hat bequatscht*; [Vt](及物) *gespr*[口] **1. *etw. (mit j-m) b.*** über etw. sprechen, sich über etw. unterhalten(同…)谈天,闲聊,侃 **2. *j-n b.*** ≈ überreden: *Er hat mich so lange bequatscht, bis ich ja gesagt habe* 他劝说了我很长时间,直到我表示同意

be·quem [-kv-] *Adj*(形) **1.** so beschaffen, dass man sich darin od. damit wohlfühlt 舒服的,舒适的,合适的,合身的 ⟨ein Auto, ein Kleid, ein Sessel, Schuhe 汽车,连衣裙,安乐椅,鞋⟩: *Auf deinem Sofa sitzt man sehr b.*在你的沙发上坐着很舒服 **2.** ⟨e-e Ausrede, ein Weg 借口,道路⟩ so, dass sie keine Mühe verursachen 方便的,容易的,不费事的,便捷的,好走的 ≈ leicht ↔ anstrengend: *Er bevorzugt die bequemere Lösung* 他宁愿选择更容易的解决办法; *Der See ist in e-r Stunde zu Fuß b. zu erreichen* 到湖边用一个小时步行准能到达 **3.** *pej*[贬]; ⟨ein Mensch人⟩ so, dass er sich nicht gern anstrengt 懒惰的,懒散的 ≈ träge, faul: *Er lässt seine Frau das Geschirr spülen, weil er zu b. dazu ist* 他让妻子洗餐具,因为他懒得干这事; *Er wird allmählich b.*他逐渐变得懒散了 ‖ ID[谚] ***Machen Sie es sich*** (*Dat* 三格) ***b.!*** verwendet als Aufforderung an e-n Gast, sich zu setzen 请随便坐!

be·que·men, sich [-kv-]; *bequemte sich, hat sich bequemt*; [Vr](反身) ***sich zu etw. b.*** *geschr*[书]; sich endlich zu etw. entschließen, das man gar nicht tun will 终于决定: *Er bequemte sich endlich zu e-r Antwort / Er bequemte sich endlich (dazu,) zu antworten* 他终于决定作出答复(回信)

Be·quem·lich·keit [-kv-] *die*; *-*, *-en* **1.** *nur Sg*(只用单数); der Zustand, in dem etw. bequem (1) ist 舒适,安逸 ≈ Komfort: *Er liebt die B.*他喜欢舒适; *für die B. der Gäste sorgen* 为客人的舒适着想 **2.** ein (Einrichtungs)Gegenstand, der der B. (1), dem Komfort dient 舒适的设备: *Das Auto besitzt alle Bequemlichkeiten* 汽车拥有一切舒适的设备 **3.** *nur Sg, pej*(只用单数)[贬]; die Eigenschaft, bequem (3) zu sein 懒惰,懒散,图安逸 ≈ Faulheit: *etw. aus B. nicht tun* 由于懒不做某事

be·rap·pen; *berappte, hat berappt*; [Vt](及物) ***etw. (für etw.) b.*** *gespr*[口]; etw. widerwillig bezahlen(不情愿地为…)付出,支付,花费:

Für die Reparatur muss ich 150 Euro b. 我不得不为修理付 150 欧元

be·ra·ten; *berät, beriet, hat beraten*; [Vt](及物) **1. *j-n* (*bei/in etw.* (*Dat* 三格)) *b.*** j-m durch seinen Rat (bei e-r Entscheidung) helfen 给…出主意,劝告,向…提出意见、建议〈j-n gut, klug, richtig b. 给某人出好的、聪明的、正确的主意; sich b. lassen 让人给自己出主意〉: *Ein Fachmann hat mich in dieser Sache beraten* 一位专家就这件事给我出了主意 **2. *j-d/etw.*** (*Kollekt od Pl*(集合或复数)) ***berät etw.; j-d berät etw. mit j-m*** zwei od. mehrere Leute besprechen, erörtern ein Problem(人/物作主语)讨论,商量,商议;与…商量、讨论、商议: *Sie berieten, was sie tun sollten*/ob *sie das tun sollten* 他们商量了他们要做什么/他们是否要做此事; [Vi](不及物) **3. (*über etw.* (*Akk* 四格)) *b.*** ein Problem mit j-m besprechen, um e-e Entscheidung treffen zu können 商量,协商,商讨,磋商: *Sie beraten noch über die Ausführung des Plans* 他们还商量了如何完成计划的问题; [Vr](反身) **4. *sich* (*mit j-m*) (*über etw.* (*Akk* 四格)) *b.*** ein Problem mit j-m besprechen, um e-e Entscheidung treffen zu können(同…)商量,商讨,协商,磋商: *Er beriet sich mit seiner Frau über den Kauf e-s Hauses* 他同妻子商量了买房子的事 ‖ ID[谚] ***mit etw. gut/schlecht beraten sein*** in e-r bestimmten Sache richtig/falsch handeln 在某事上做得对/不对,把某事办得好/不好

be·ra·tend 1. *Partizip Präsens*(现在分词); ↑ **beraten 2.** *Adj*(形); mit der Funktion, e-e Angelegenheit zu diskutieren (aber nicht zu beschließen)出主意的,供咨仪的,咨询性的〈ein Ausschuss 委员会〉

Be·ra·ter *der*; -s, -; j-d, der (beruflich) j-n auf e-m bestimmten Gebiet berät (1)顾问,出主意的人,谋士〈ein technischer, juristischer, politischer B. 技术顾问,法律顾问,政治顾问〉‖ K-(复合): **Berater-, -gremium, -vertrag** ‖ -K(复合): **Berufs-, Steuer-; Industrie-, Unternehmens-** ‖ *hierzu*(派生) **Be·ra·te·rin** *die*; -, *-nen*

be·rat·schla·gen; *beratschlagte, hat beratschlagt*; [Vt](及物) **1. *etw.* (*mit j-m*) *b.*** ≈ beraten (2): *Sie beratschlagten, ob sie die Reise buchen sollten* 他们商量了他们是否要预订旅行的车船票; [Vr](反身) **2. *sich* (*mit j-m*) (*über etw.* (*Akk* 四格)) *b.*** ≈ beraten (4): *Vor dem Kauf möchte ich mich noch mit meiner Frau b.* 在买以前我还想同妻子商量一下; *Sie beratschlagten sich* darüber, was *zu tun sei* 他们商量了该办什么 ‖ *hierzu*(派生) **Be·rat·schla·gung** *die*

Be·ra·tung *die*; -, *-en* **1.** *nur Sg*(只用单数); das Erteilen von Rat u. Auskunft auf e-m Gebiet 咨询,指导〈ärztliche, juristische, fachkundige B. 医疗咨询,法律咨询,专业咨询〉‖ K-(复合): **Beratungs-, -gespräch** ‖ -K(复合): **Berufs-, Ehe-, Studien-, Unternehmens- 2.** das Beraten (3) e-s Problems, e-s Falles *o.Ä.* 商量,商讨,协商,商议 ≈ Besprechung 〈die B. aufnehmen, abbrechen 开始(着手)商讨,中断商讨〉: *Das Gericht zog sich zur B. zurück* 审判人员退庭进行商议 ‖ K-(复合): **Beratungs-, -ausschuss 3. *etw. ist in B.*, *kommt zur B.*** über etw. wird diskutiert(物作主语)正在/进入商议、商讨、讨论

Be·ra·tungs·stel·le *die*; e-e Einrichtung, die bei Problemen (*z.B.* in der Kindererziehung, in der Ehe od. bei Drogenabhängigkeit) durch Gespräche u. Ratschläge helfen will 咨询处 ‖ -K(复合): **Drogen-, Erziehungs-**

be·rau·ben; *beraubte, hat beraubt*; [Vt](及物) **1. *j-n* (*etw.* (*Gen* 二格)) *b.*** j-m etw. mit Gewalt stehlen 抢劫,掠夺,抢走,夺走…的东西 **2.** *mst* 多用 ***j-n/ein Tier seiner Freiheit b.*** j-n/ein Tier in Gefangenschaft nehmen 剥夺…的自由,把…监禁(圈)起来 ‖ *zu*(义项) **1. Be·rau·bung** *die*; *nur Sg*(只用单数)

be·raubt 1. *Partizip Perfekt*(过去分词); ↑ **berauben 2. *etw.* (*Gen* 二格) *b.*** *geschr*[书]; so, dass der Betroffene etw. verloren hat od. etw. nicht mehr hat 失去…的,丧失…的〈aller Kräfte, der Freunde b. 耗尽力气的,失去朋友的〉

be·rau·schen, sich; *berauschte sich, hat sich berauscht*; [Vr](反身) **1. *sich an etw.* (*Dat* 三格) *b.*** *geschr*[书]; etw. *mst* Schönes intensiv auf sich wirken lassen 陶醉于,醉心于: *Sie berauschten sich an diesem Anblick* 他陶醉于这种景象 **2. *sich* (*an etw.* (*Dat* 三格)) *b.*** ≈ sich betrinken ‖ *hierzu*(派生) **Be·rau·schung** *die*; *nur Sg*(只用单数) ‖ ▶ ***Rausch*** (2)

be·rau·schend 1. *Partizip Präsens*(现在分词); ↑ **berauschen 2.** *Adj*(形); so wirkend, dass man sehr beeindruckt ist 令人陶醉的,吸引人的〈ein Erlebnis 经历〉 **3.** Alkohol enthaltend 含有酒精的,醉人的 ≈ alkoholisch: *ein berauschendes Getränk* 含酒精的饮料 ‖ ID[谚] *mst* 多用 ***etw. ist nicht gerade b.*** *gespr*[口]; etw. ist nicht sehr gut(物作主语)并不是特别好

be·re·chen·bar *Adj*(形); **1.** 〈ein Mensch 人; j-s Handeln 某人的行为〉 so, dass man (voraus)sagen kann, wie sie in Zukunft sein werden 可预见的,可想而知的 **2.** 〈Kosten *usw* 费用等〉 so, dass man sie berechnen (1) kann 可计算的,可估计的

be·rech·nen; *berechnete, hat berechnet*; [Vt](及物) **1. *etw. b.*** durch Rechnen herausfinden, wie groß etw. ist 计算,算出 ≈ ausrechnen 〈den Preis, die Kosten, die Größe, die Länge, die Höhe, die Entfernung, den Schaden b. 计算价格,费用,大小,长度,高度,距离,损失(亏损)〉: *den Benzinverbrauch b.* 计算汽油消耗量; *die Fläche der Wohnung b.* 计算住宅的面积 **2. *etw. für j-n b.*; *etw. auf etw.* (*Akk* 四格)) *b.*** etw. im Voraus kalkulieren, planen 预计,估计,计划: *den Kredit auf elf Jahre b.* 预计 11 年的贷款; *Das Essen ist für vier Personen berechnet* 饭菜计划是供四个人吃的 **3. (*j-m*) *etw. b.*** j-n e-e Summe Geld *bes* für e-e Dienstleistung bezahlen lassen(向…)

索取，收取，要（劳务费）：*Für die Arbeit berechne ich Ihnen € 80* 对这工作我向您收取 80 欧元

be.rech.nend 1. *Partizip Präsens*（现在分词）；↑ **berechnen** 2. *Adj*（形）；*oft pej* 常用[贬]；〈ein Mensch 人〉 so, dass er immer e-n Vorteil für sich sucht 爱打小算盘的，斤斤计较的，自私自利的，抠搜的 ≈ eigennützig：*e-e kalt / kühl berechnende Person* 一个冷酷自私的人

Be.rech.nung *die*；-，-*en* 1. das Berechnen (1) 〈Berechnungen anstellen 计算，算出；nach meiner B. 据我计算〉：*die B. der Heizungskosten* 计算取暖费 ‖ K-（复合）：**Berechnungs-，-grundlage，-tabelle** ‖ -K（复合）：**Kosten-** 2. das Berechnen (2) e-r Sache im Voraus 预计，估计：*Nach seiner B. beträgt die Bauzeit zwei Jahre* 按照他的估计，施工期为两年 3. *nur Sg*（只用单数）；e-e Überlegung od. Absicht, die sich am eigenen Vorteil orientiert 考虑自身利益，自私的打算〈kühle, eiskalte B. 冷漠的、冷酷无情的利己思想〉：*Das tut er nur aus B.* 他这样做只是出于对自身利益的考虑；*Bei ihm ist alles B.* 他一切都是自私的打算，他什么事情都斤斤计较

be.rech.ti.gen；*berechtigte，hat berechtigt*；[Vt/i]（及物/不及物）1. ***etw. berechtigt (j-n) zu etw.*** etw. gibt j-m das Recht, etw. zu tun（物作主语）使有权利（做某事），使有资格（做某事）：*Das Abitur berechtigt (Sie) zum Studium an e-r Universität* 通过文理高中毕业考试（您）就有资格上大学；[Vi]（不及物）2. ***etw. berechtigt zu etw.*** etw. weckt e-e Erwartung, die wahrscheinlich erfüllt wird（物作主语）使人可以期望〈etw. berechtigt zu der Annahme, dass ... 某物使人可以设想…〉：*Seine Leistungen berechtigen zu großen Hoffnungen* 他的成绩使人可以抱有很大的希望

be.rech.tigt 1. *Partizip Perfekt*（过去分词）；↑ **berechtigen** 2. *Adj*（形）；*nicht adv*（不作状语）；aus Gründen, die allgemein anerkannt u. überprüfbar sind 合理的，正当的，有根据的，有理由的 ≈ legitim〈Hoffnung, ein Einwand, e-e Forderung, ein Vorwurf 希望，不同意见，要求，责备〉 3. ***zu etw. b. sein*** das Recht haben, etw. zu tun 有权利，有资格（做某事）：*Kinder sind nicht b., Alkohol zu kaufen* 孩子们没有权利买酒喝

Be.rech.ti.gung *die*；-，-*en*；*mst Sg*（多用单数）1. ***die B. (zu etw.)*** das Recht od. die Erlaubnis, etw. zu tun（做某事的）权利，职权，资格〈die B. zu etw. haben, bekommen 有权做某事，得到做某事的权利；j-m e-e B. erteilen, absprechen 给予某人权利，剥夺某人的权利〉：*Haben Sie die B., hier zu parken?* 您有权在这里停车吗？ ‖ -K（复合）：**Lehr-，Wahl-** 2. ***die B.*** (+ *Gen* 二格) die Tatsache, dass etw. berechtigt (3) od. richtig ist 根据，理由，合法性，合理性：*Die B. der Forderung wurde anerkannt* 要求的合理性得到承认

be.re.den；*beredete，hat beredet*；[Vt]（及物）1. ***etw. (mit j-m) b.*** ≈ besprechen；[Vr]（反身）2. ***sich (mit j-m) (über etw. (Akk* 四格*)) b.*** ≈ sich mit j-m beraten

Be.red.sam.keit *die*；-；*nur Sg*（只用单数）；die Fähigkeit, sich gut auszudrücken u. dadurch auf die Zuhörer zu wirken 口才，辩才，雄辩，善于辞令 ≈ Eloquenz〈etw. mit großer B. erklären 以雄辩的口才说明某事；über große B. verfügen 有口才，善于辞令〉 ‖ *hierzu*（派生）**be.red.sam** *Adj*（形）

be.redt [bəˈreːt] *Adj*（形）1. fähig, wirksam zu reden 能言善辩的，有口才的，善于辞令的 ≈ redegewandt, eloquent：*ein beredter Verkäufer* 口齿伶俐的售货员；*sich b. verteidigen* 雄辩地为自己辩护 2. *geschr*[书]；ausdrucksvoll, vielsagend 富于表情的，意味深长的〈ein Schweigen, ein Blick, e-e Gestik 沉默，目光，手势〉

Be.reich *der*；-*(e)s*，-*e* 1. e-e Fläche od. ein Raum, die *mst* durch ein charakteristisches Merkmal von ihrer Umgebung abgegrenzt sind 范围，地区，区域 ≈ Sektor：*Die Fahrkarte gilt nur im B. der Stadt* 车票只在市区范围内有效；*Dieser Wald liegt im militärischen B.* 这片森林位于军事区 ‖ K-（复合）：**Küsten-，Stadt-** 2. ein Fach- od. Aufgabengebiet, das von anderen abgegrenzt ist 领域，方面，范围〈im B. der Kunst, der Technik, der Naturwissenschaft, der Literatur, der Familie 在艺术，技术，自然科学，文学，家庭领域；im politischen, technischen B. 在政治，技术方面〉：*Dieses Problem fällt nicht in den B. meiner Pflichten* 这个问题不属于我的义务范围 ‖ -K（复合）：**Aufgaben-，Einfluss-，Fach-，Kompetenz-** ‖ ID [谚] *mst* 多用 ***etw. liegt im B. des Möglichen*** etw. ist unter bestimmten Bedingungen möglich od. wahrscheinlich（物作主语）是在可能范围之内，是有可能做到的

be.rei.chern；*bereicherte，hat bereichert*；*geschr*[书]；[Vt]（及物）1. ***etw. (mit/um etw.) b.*** etw. durch den Erwerb bestimmter Dinge größer werden lassen 充实，丰富，增加 ≈ erweitern〈sein Wissen, seine Kenntnisse, seine Erfahrung, e-e Sammlung b. 丰富自己的学识、自己的知识、自己的经验，充实一个收藏室〉；[Vt/i]（及物/不及物）2. ***etw. bereichert (j-n/etw.)*** etw. lässt j-s Erfahrung (durch Eindrücke, Erlebnisse) größer werden（物作主语）使增加经验，使增加阅历：*Die Reise nach Indien wird ihn / sein Leben sehr b.* 印度之行将大大充实他的阅历/他的生活；[Vr]（反身）3. ***sich (an j-m/etw.) b.*** seinen materiellen Reichtum (auf unmoralische Weise) vergrößern（靠…）发横财，发不义之财〈sich auf j-s Kosten b. 靠损害某人而发横财；sich schamlos, skrupellos b. 无耻地、肆无忌惮地大发横财〉：*Er hat sich im Krieg an dem Besitz anderer schamlos bereichert* 他在战争中无耻地靠侵吞他人财产而发了财 ‖ *hierzu*（派生）**Be.rei.che.rung** *die*；*nur Sg*（只用单数）

be.rei.fen；*bereifte，hat bereift*；[Vt]（及物）***etw. b.*** etw. mit Reifen versehen 给…装上轮胎：*ein Auto neu b.* 重新给汽车装上轮胎

be.reift 1. *Partizip Perfekt*（过去分词）；↑ **bereifen** 2. *Adj*（形）；mit Reif bedeckt 结了霜的

Be.rei.fung *die*；-，-*en* 1. *Kollekt*（集合）；die

Reifen an e-m Fahrzeug 一辆车上的全部轮胎 **2.** *nur Sg*（只用单数）; das Bereifen e-s Fahrzeugs 装车胎

be·rei·ni·gen; *bereinigte*, *hat bereinigt*; [Vt]（及物）***etw. b.*** etw., das zu Problemen geführt hat, wieder in Ordnung bringen 解决,消除,澄清 ≈ beilegen (2), klären 〈ein Missverständnis, e-n Streit b. 消除误会,解决争端〉 ‖ *hierzu*（派生）**Be·rei·ni·gung** *die*

be·rei·sen; *bereiste*, *hat bereist*; [Vt]（及物）***etw. b.*** ein Land, e-e Gegend *usw* kennenlernen, indem man dorthin reist 游历,游览 ‖ *hierzu*（派生）**Be·rei·sung** *die*

be·reit *Adj*（形）; *nur präd*, *ohne Steigerung*, *nicht adv*（只作表语,无变级,不作状语）**1.** (***zu etw.***) ***b.*** für e-n bestimmten Zweck zur Verfügung stehend 准备好的,作好准备的 ≈ fertig, vorbereitet: *Wir sind b. zur Abfahrt* 我们准备开车出发 **2.** (***zu etw.***) ***b.*** mit dem Willen, bestimmte Erwartungen od. Forderungen zu erfüllen 愿意的,乐意的,决意的 〈sich (zu etw.) b. erklären, zeigen 表示愿意(乐意)做某事〉: *Wärst du b., dieses Risiko einzugehen?* 你愿意冒这种风险吗?; *zu allem b. sein* (对)什么都乐意干; *Er ist nicht b., unsere Ideen zu akzeptieren* 他不愿意接受我们的想法 **3.** (***j-m***) ***etw. b.*** etw. für e-n bestimmten Zweck vorbereiten 为…准备好,预备好,安排就绪 ≈ fertig machen: *Ich habe dir das Bad b. gemacht* 我给你把洗澡水准备好了 **4.** ***sich*** (***für etw.***) ***b. machen*** alles Nötige tun, um auf etw. vorbereitet zu sein(为…)做好准备: *Machen Sie sich bitte (für den Auftritt) b.* 请您做好(出场的)准备

-be·reit *im Adj*, *begrenzt produktiv*（构成形容词,构词有限）**1.** verwendet, um auszudrücken, dass man darauf vorbereitet ist, e-e bestimmte Handlung sofort auszuführen 作好…准备的,准备…的; ***abfahr(t)bereit*** 〈ein Zug 列车,火车〉, ***aufbruchbereit*** 〈ein Reisender 旅行者〉, ***kampfbereit*** 〈das Heer 军队〉, ***reisebereit*** 〈ein Urlauber 休假者〉, ***sprungbereit*** 〈e-e Raubkatze 猫科动物〉, ***startbereit*** **2.** verwendet, um auszudrücken, dass j-d den Willen zu etw. hat 愿意(乐意,决意)…的; ***diskussionsbereit*** 〈der Verhandlungspartner 谈判对手〉, ***friedensbereit***, ***kompromissbereit***, ***konzessionsbereit***, ***verhandlungsbereit***, ***verständigungsbereit***

be·rei·ten; *bereitete*, *hat bereitet*; [Vt]（及物）**1.** ***j-d/etw. bereitet j-m etw.*** j-d/etw. ruft bei j-m e-e bestimmte geistige od. psychische Wirkung hervor(人/物作主语)引起,引发,使产生(精神上或心理上的影响) 〈j-d/etw. bereitet j-m Freude, Genugtuung, Angst, Kopfzerbrechen, Schwierigkeiten, Sorgen 某人/某物使某人高兴、满意、害怕、伤脑筋,给某人造成困难,使某人担心〉: *Dieses Problem hat ihm schlaflose Nächte bereitet* 这个问题使得他几夜睡不着觉 **2.** (***j-m/sich***) ***etw. b.*** *geschr*［书］; e-e Speise od. ein Getränk zubereiten 做,准备(饭菜,饮料等): *j-m/sich das Essen, e-n Tee b.* 为某人/自己做饭,沏茶 **3.** (***j-m/sich***) ***etw. b.*** *geschr*［书］; j-m/sich etw. zurechtmachen 为…安排好,预备好: *j-m/sich ein Bad, das Bett b.* 为某人/自己准备好洗澡水,为某人/自己安排床铺(铺床)

be·reit·er·klä·ren ↑***bereit*** (2)

be·reit·fin·den, sich; *fand sich bereit*, *hat sich bereitgefunden*; [Vr]（反身）***sich*** (***zu etw.***) ***b.*** sich dazu bewegen lassen, bestimmte Erwartungen od. Forderungen zu erfüllen (为…)作准备,乐意(去干…): *Keiner wollte sich dazu b., auf die Kinder aufzupassen* 没人乐意去照看孩子

be·reit·ha·ben *hatte bereit*, *hat bereitgehabt*; [Vt]（及物）***etw. b.*** etw. für e-n bestimmten Zweck sofort zur Verfügung haben 备有,备好≈ parat haben: *Er hat stets e-e Entschuldigung bereit* 他时时准备道歉

be·reit·hal·ten; *hält bereit*, *hielt bereit*, *hat bereitgehalten*; [Vt]（及物）**1.** ***etw. b.*** etw. so aufbewahren, dass es sofort zur Verfügung steht 把…准备好,把…准备停当: *Halten Sie bitte Ihren Ausweis bereit!* 请您出示证件!; [Vr]（反身）**2.** ***sich*** (***für j-n/etw.***) ***b.*** sofort zur Verfügung stehen(为…)随时准备好(着)

be·reit·le·gen; *legte bereit*, *hat bereitgelegt*; [Vt]（及物）(***j-m/für j-n***) ***etw. b.*** etw. irgendwohin legen, wo es j-m sofort zur Verfügung steht(给…/为…)准备好,预备好,搁置好: *Ich habe dir das Werkzeug schon bereitgelegt, du kannst gleich anfangen* 我已经给你准备好了工具,你可以马上开始干

be·reit·ma·chen ↑ ***bereit*** (3,4)

be·reits *Partikel*（小品词）; *unbetont*;（非重读）**1.** verwendet, um auszudrücken, dass etw. relativ früh od. früher als erwartet geschieht (表示某事发生得早或比预料的早)就 ≈ schon[1] (1) ↔ erst: *Letztes Jahr schneite es b. im Oktober* 去年十月份就下雪了; *Er kommt b. morgen, nicht erst übermorgen* 他明天就来,不是后天才来; *Wir waren gerade erst angekommen, da wollte er b. wieder weg* 我们才刚到,他却就想走了 **2.** verwendet, um auszudrücken, dass es später ist als erwartet (表示比预料的晚)已经,已 ≈ schon[1] (2) ↔ noch nicht: *Oh, es ist b. sechs Uhr, eigentlich wollte ich noch einkaufen gehen* 噢,已经六点钟了,本来我还想去买东西呢; *Es war b. Mitternacht, als sie ins Bett gingen* 他们去睡觉时,已经是半夜了 **3.** verwendet, um auszudrücken, dass man (zu einem bestimmten Zeitpunkt) weniger erwartet hätte(表示超出预料)就,已经 ≈ schon[1] (1) ↔ erst: *Um acht Uhr hatte er b. drei Gläser Bier getrunken* 八点左右他已经喝了三杯啤酒; *Sie ist erst vierzig Jahre alt u. b. Großmutter* 她才40岁,就当奶奶了 **4.** verwendet, um auszudrücken, dass e-e Handlung zu e-m bestimmten Zeitpunkt abgeschlossen ist (表示行为已经结束)已经,已≈ schon[1] (2) ↔ noch nicht: *Als wir die Wohnung besichtigen wollten, war sie b. vergeben* 当我们想看看住房

时,住房已经转让出去了 **5.** verwendet für den Zeitraum von der Vergangenheit bis zum Zeitpunkt der Äußerung od. für den Zeitraum in der Vergangenheit vor e-m anderen Ereignis(表示在说话之前或在另一件事之前)已,已经,曾: *Bist du b. in Amerika gewesen?* 你是否(已经)到过美洲?; *Ich hatte b. gehört, dass er die Firma verlässt, bevor man mir es offiziell mitteilte* 在有人正式告知我以前,我已经听说他要离开公司 **6.** verwendet, um auszudrücken, dass etw. ein ausreichender Grund für e-e Aussage, Wirkung *o.Ä.* ist (表示某物是一种看法、效应的充足理由)就,就是,即使 ≈ allein² (2), schon² (10): *B. der Gedanke daran ist mir zuwider* —想到这事就使我厌恶; *B. sehr geringe Mengen radioaktiver Strahlung können Krebs erzeugen* 即使微量的放射性辐射就可能致癌

Be·reit·schaft *die*; -, -*en*; **1.** *nur Sg* (只用单数); der Zustand, in dem etw. zum sofortigen Gebrauch zur Verfügung steht 作好准备的状态: *Die Fahrzeuge stehen in B.* 交通工具准备就绪 **2. die B. (zu etw.)** *nur Sg* (只用单数); der Wille, etw. (oft Schwieriges od. Unangenehmes) zu tun 意愿,决心,诚意: *seine B. zur Mitarbeit* 他的合作的意愿; *Er erklärte seine B., die Aufgabe zu übernehmen* 他表示愿意接受任务 **3.** ein Dienst, bei dem *bes* Polizisten, Soldaten, Sanitäter *o.Ä.* immer bereit (1) sein müssen, um in e-m Notfall ihre Arbeit tun zu können 待命状态,戒备状态,值勤〈B. haben 处于待命状态,处于戒备状态,值勤〉 ‖ K-(复合): ***Bereitschafts-***, ***-arzt***, ***-dienst*** **4.** e-e Gruppe von Polizisten, Soldaten *o.Ä.*, die B. (3) hat 警备队,后备队,值勤队

Be·reit·schafts·po·li·zei *die*; Ⓓ [德] e-e spezielle Einheit der Polizei, die immer bereit sein muss einzugreifen (*bes* bei Massenveranstaltungen od. bei großer Störung der öffentlichen Ordnung)(随时准备执行任务的)特警(部队)

be·reit·ste·hen; *stand bereit, hat / südd* Ⓐ Ⓒⓗ [南德][奥][瑞] *ist bereitgestanden*; [Vi] (不及物) ***etw. steht (für j-n / etw.) bereit*** etw. kann sofort benutzt werden(物作主语)准备好了〈das Essen, ein Zug, ein Flugzeug 饭,火车,飞机〉

be·reit·stel·len; *stellte bereit, hat bereitgestellt*; [Vt] (及物) **1. *etw. (für j-n / etw.) b.*** etw. *mst* als Unterstützung, Hilfe geben(为…)提供 ≈ gewähren 〈Geld, Waren b. 提供资金,提供货物〉: *Die Regierung stellte für das Projekt 15 Millionen Euro bereit* 政府为此项目提供了1500万欧元 **2. *etw. b.*** *bes* Fahrzeuge od. technische Geräte so irgendwohin stellen, dass sie sofort verwendet werden können 把(交通工具或技术设备)准备好,安置好,调配好: *Der Zug wird auf Gleis 5 bereitgestellt* 列车在第五条轨道上作好了发车准备 ‖ *hierzu* (派生) **Be·reit·stel·lung** *die*

be·reit·wil·lig *Adj* (形); von sich aus bereit (2), etw. zu tun 乐意的,热心的,乐于助人的: *ein bereitwilliger Helfer* 热心肠的帮助者; *Obwohl er sehr beschäftigt war, gab er uns b. Auskunft* 尽管他很忙,他还是热心地回答了我们的询问 ‖ *hierzu* (派生) **Be·reit·wil·lig·keit** *die*; *nur Sg* (只用单数)

be·reu·en; *bereute, hat bereut*; [Vt] (及物) ***etw. b.*** an e-e eigene Tat denken u. dabei wünschen, dass man sie nicht getan hätte 为…后悔,对…感到懊悔、悔恨〈e-n Fehler, e-e Sünde bitter, tief b. 为错误、罪过而非常后悔,深感悔恨〉: *Der Mörder bereut seine Tat aufrichtig* 杀人凶手真诚地为他的行为而悔恨; *Sie bereut*, dass *sie nicht mit uns nach Berlin gefahren ist* 她后悔自己没有和我们一起到柏林去

Berg *der*; -(*e*)*s*, -*e* **1.** e-e große u. massive Erhebung im Gelände 山 ↔ Tal 〈ein hoher, steiler, schneebedeckter B. 高高的,陡峭的,白雪覆盖的山; e-n B. besteigen, erklettern, bezwingen 登山,爬山,征服一座山; auf e-n B. steigen, klettern 登上,爬上一座山〉: *Die Zugspitze ist der höchste B. Deutschlands* 楚格峰是德国最高的山; *vom B. ins Tal blicken* 从山上向山谷望去 ‖ K-(复合): ***Berg-***, ***-bewohner***, ***-dorf***, ***-führer***, ***-gipfel***, ***-schuh***, ***-station***, ***-tour***, ***-wanderung***, ***-welt*** ‖ *zu* ***Bergschuh*** ↑ *Abb. unter* 图见 **Schuhe 2.** *nur Pl* (只用复数); e-e Landschaft, die aus Bergen (1) u. Tälern besteht 山岭,山脉 ≈ Gebirge ↔ Flachland: *in die Berge fahren* 驱(乘)车到山里去 **3.** *gespr* [口]; ***ein B.*** + *Gen Pl* (二格复数); ***ein B. von*** + *Pl od nicht zählbares Subst* (复数或不可数名词); e-e große Menge von etw. 大量,一大堆: *Hinter e-m B. (alter) Bücher / von (alten) Büchern sitzen* 坐在一大堆(旧)书后面; *Berge von Müll sammelten sich an* 垃圾堆积成山 ‖ -K(复合): ***Bücher-***, ***Schulden-***, ***Wäsche-*** **4. *über B. und Tal*** ≈ bergauf u. bergab ‖ ID [谚] **(*längst*) *über alle Berge sein*** *gespr* [口]; (*mst* nach e-m Verbrechen) schon sehr weit weg sein(早已)跑掉,(早已)逃之夭夭(多指犯罪以后); ***j-m über den B. helfen*** *gespr* [口]; j-m helfen, e-e schwierige Situation zu überstehen 帮助某人渡过难关,克服困难; ***Berge versetzen können*** scheinbar Unmögliches können 能够移山,能创奇迹; ***über den / dem B. sein*** *gespr* [口]; *bes* e-e Krankheit od. e-e schwierige Situation überstanden haben 脱离危险,度过难关,摆脱困难; ***mit seiner Meinung hinterm B. halten*** *gespr* [口]; seine Meinung nicht offen sagen 隐瞒自己的看法 ‖ ▶ ***bergig***, ***Gebirge***

-berg *der*; *im Subst*, *wenig produktiv* (构成名词,构词弱); e-e viel größere Menge als nötig ist…堆积如山,…成堆; ***Bettenberg*** 〈der Hotels 旅馆的〉, ***Butterberg***, ***Studentenberg***

berg·ab *Adv* (副); vom Berg (1) in Richtung Tal 下山,下坡 ‖ ID [谚] *mst* 多用 ***mit j-m / etw. geht es b.*** *gespr* [口]; der Zustand e-r Person/Sache wird schlechter 某人/某物走下坡路,情况恶化,每况愈下〈mit e-m Geschäft, j-s Gesundheit geht es b. 生意冷落了,某人的健康愈来愈坏〉

berg·ab·wärts *Adv*（副）≈ bergab

berg·an *Adv*（副）；vom Tal auf den Berg (1) hinauf 上山，上坡

Berg·ar·bei·ter *der*；ein Arbeiter, der im Bergbau beschäftigt ist 矿工

berg·auf *Adv*（副）≈ bergan ‖ ID［谚］*mst* 多用 ***mit j-m/etw. geht es b.*** *gespr*［口］；der Zustand e-r Person/Sache wird besser 某人/某物的情况越来越好，蒸蒸日上，日益兴旺、昌盛〈mit j-s Gesundheit, mit e-m Geschäft geht es b. 某人的健康情况越来越好，生意兴旺起来〉

berg·auf·wärts *Adv*（副）≈ bergauf

Berg·bahn *die*；e-e Art Zug (Zahnradbahn) od. ein Sitz od. e-e kleine Kabine, die an e-m Seil hängen (Seilbahn) u. die auf e-n Berg führen 登山索道，登山缆车

Berg·bau *der*；*nur Sg*（只用单数）；das Suchen, Gewinnen u. Fördern *bes* von Kohle, Salz u. Metallen 采矿，采矿业 ‖ K-(复合)：***Bergbau-, -ingenieur, -kunde***

ber·gen；*birgt, barg, hat geborgen*；[Vt]（及物）**1. *j-n/etw. b.*** j-n/etw. (*z. B.* nach e-m Unfall od. Unglück) finden u. an e-n sicheren Ort bringen 抢救，营救，打捞，找到并运回〈Leichen, Opfer, Tote, ein Auto b. 找回尸体、牺牲者、死者、汽车；ein Schiff, e-n Schatz b. 营救船只，打捞珍宝〉：*Die vermissten Bergsteiger konnten nur noch tot geborgen werden* 那些下落不明的登山者只能找回尸体了；*e-e gesunkene Jacht b.* 打捞一艘沉没的快艇 **2. *etw. birgt etw.*** *geschr*［书］≈ etw. enthält etw.：*Das Museum birgt viele Schätze* 博物馆藏有许多珍宝 **3. *etw. birgt etw.* (*in sich*)** *geschr*［书］；etw. trägt ein Risiko in sich（物作主语）（本身）含有，带有（风险）：*e-e Reise durch die Wüste birgt viele Gefahren (in sich)* 穿越沙漠的旅行（本身）包含许多危险 ‖ NB（注意）：*zu*（义项）**2.** u. **3.**：kein Passiv（不用被动语态）！

ber·gig *Adj*（形）；*nicht adv*（不作状语）；mit vielen Bergen 多山的 ↔ eben, flach〈e-e Landschaft, ein Gelände 地区，地带〉

Berg·ket·te *die*；e-e Reihe von einzelnen Bergen 山脉

Berg·kris·tall *der*；ein heller Kristall aus Quarz 水晶，石英

Berg·mann *der*；-(*e*)*s*, *Berg·leu·te*/(*seltener* 罕) *Berg·män·ner* ≈ Bergarbeiter ‖ *hierzu*（派生）**berg·män·ni·sch-** *Adj*（形）；*nur attr, nicht adv*（只作定语，不作状语）

Berg·not *die*；*nur Sg*（只用单数）；e-e lebensgefährliche Situation beim Bergsteigen od. Skifahren 登山或滑雪时遇到的危险处境〈in B. sein, geraten 处于山间困境之中，陷入山间险境之中；j-n aus B. retten 把某人从山间险境中救出来〉

Berg·pre·digt *die*；*nur Sg*（只用单数）；e-e Predigt von Jesus Christus, in der er *bes* über die christliche Lebensweise spricht 耶稣基督在山上对门徒的布道

berg·stei·gen；*ist berggestiegen*；[Vi]（不及物）im Gebirge wandern u. klettern 登山，爬山 ‖ NB（注意）：nur im Infinitiv u. Perfekt（只用不定式和完成时）！‖ *hierzu*（派生）**Berg·stei·ger** *der*；*-s*, *-*；**Berg·stei·ge·rin** *die*；*-*, *-nen*

Berg-und-Tal-Bahn *die*；*veraltend*［渐旧］≈ Achterbahn

Berg-und-Tal-Fahrt *die* **1.** e-e Fahrt vom Tal auf den Berg u. zurück 乘缆车上下山 **2.** die Schwankungen e-r Währung, e-r Leistung（货币）波动，（成绩）不稳定，起伏：*die Berg-und-Tal-Fahrt des Dollars* 美元上下波动

Ber·gung *die*；*-*, *-en*；*mst Sg*（多用单数）；das Bergen (1)〈die B. e-s Verunglückten, e-s Wracks 营救遇难者，打捞（找回）残骸〉‖ K-(复合)：***Bergungs-, -aktion, -arbeiten, -mannschaft, -schiff, -trupp, -versuch***

Berg·wacht *die*；*-*, *-en*；*mst Sg*（多用单数）；e-e Organisation, die *bes* Bergsteiger u. Skifahrer rettet, die in Gefahr geraten sind 登山救护队，滑雪救护队

Berg·wand *die*；e-e fast senkrechte Seite e-s Berges 悬崖峭壁：*e-e B. bezwingen* 征服悬崖

Berg·werk *das*；e-e Grube od. e-e Anlage mit Gängen unter der Erde u. technischen Einrichtungen zur Gewinnung von Mineralien od. Kohle 矿山，矿井，采矿场

Be·richt *der*；-(*e*)*s*, *-e* **1. *ein B.* (*über j-n/etw.*)** das, was j-d über/von etw. erzählt od. schreibt 报告，报道，汇报〈ein mündlicher, schriftlicher, wahrheitsgetreuer B. 口头的，书面的，符合事实的报告；e-n B. abfassen, vorlegen, anfordern 起草，呈送，要求提出报告；nach Berichten von Augenzeugen 根据目击者的报告〉：*e-n ausführlichen B. über den Unfall geben* 提出一篇关于事故的详细报告 ‖ -K(复合)：***Reise-, Unfall-*** **2.** (***j-m***) (***über etw.*** (*Akk* 四格)) ***B. erstatten*** j-m über etw. berichten（向…）作（有关…的）报告，（向…）报告情况 **3.** e-e offizielle Mitteilung 公报 ≈ Kommuniqué：*der B. zur Lage der Nation* 关于国家形势的公报 **4. *ein B.* (*über j-n/etw.*)** e-e *mst* aktuelle Information über j-n/etw. in den Medien 通讯，新闻报道 ≈ Reportage：*Berichte aus dem Ausland* 国外通讯；*ein B. über die Gipfelkonferenz* 关于首脑会议（峰会）的报道 ‖ -K(复合)：***Fernseh-, Korrespondenten-***

be·rich·ten；*berichtete, hat berichtet*；[Vt]（及物）**1.** (***j-m***) ***etw. b.*** j-m (auf *mst* objektive Weise) mitteilen, was man gesehen od. gehört hat（向…）报告，报道，告知（客观地）〈j-m alles, vieles, allerlei, nichts b. 把一切、许多事情、各种各样的情况告知某人，没有告知某人任何事情〉：*Korrespondenten berichten, dass es zu e-r Revolte gekommen sei* 记者们报道说，发生了叛乱 ‖ NB（注意）：Das Akkusativobjekt ist nie ein Subst.（四格宾语永远不是名词）；[Vi]（不及物）**2.** (***j-m***) (***von etw.***) ***b.***；(***j-m***) (***über etw.*** (*Akk* 四格)) ***b.*** ≈ b. (1)：*über e-n Unfall, von e-r Reise ausführlich b.* 对事故，对旅行作详细的报道

Be·richt|er·stat·ter *der*；*-s*, *-* **1.** j-d, der (von irgendwoher) für e-e Zeitung od. für e-e Fernseh- od. Rundfunkanstalt über aktuelle Ereignisse berichtet（报纸、电视台、广播电台的）

记者 ≈ Korrespondent **2.** j-d, der e-e Gruppe über ein bestimmtes Thema informiert 发言人,报告人 ‖ *hierzu*(派生) **Be·richt|er·stat·te·rin** *die*; -, *-nen*

Be·richt|er·stat·tung *die*; das (offizielle) Berichten (1) e-s Reporters *o. Ä.* 报告,报道 〈e-e einseitige, objektive, (un)sachliche B. 片面的、客观的、(不)合乎事实的报告〉 ‖ -K(复合): ***Kriegs-***

be·rich·ti·gen; *berichtigte*, *hat berichtigt*; Vt/i (及物/不及物) **1.** (***etw.***) ***b.*** e-n Fehler beseitigen 改正,更正,校正,纠正 ≈ korrigieren: *falsche Zahlen, Angaben in e-r Liste b.* 改正错误的数字,表中的说明; Vt (及物) **2.** ***etw. b.*** WIRTSCH【经】; das fehlende Geld bezahlen 核对,核算〈ein Konto, e-e Rechnung b. 核对账户、账单〉 ‖ *hierzu*(派生) **Be·rich·ti·gung** *die* ‖ ▶ ***richtig*** (1)

Berlin 柏林

Berlin ist gleichzeitig Hauptstadt und Bundesland. Es hat eine Ausdehnung von 890 km² und 3,5 Millionen Einwohner.
Die Stadt war seit der Gründung des Deutschen Reichs 1871 das politische, wirtschaftliche und kulturelle Zentrum Deutschlands. In den zwanziger Jahren des 20. Jahrhunderts war es schon eine internationale Metropole, die in keiner Weise hinter Städten wie Paris, London oder New York zurückstand.
Im Zweiten Weltkrieg wurde die Stadt fast vollständig zerstört. Nach dem Krieg teilten die Alliierten die Stadt in vier Sektoren auf. Aufgrund von Spannungen zwischen den Alliierten verhängte die Sowjetunion 1948 eine Wirtschaftsblockade über Westberlin, das wie eine Insel von sowjetischem Gebiet eingeschlossen war. Der Westteil der Stadt musste fast ein Jahr lang über eine **Luftbrücke** versorgt werden. Bei der Gründung der beiden deutschen Staaten wurde Ostberlin die Hauptstadt der DDR, provisorische Hauptstadt der Bundesrepublik wurde Bonn. 1961 errichtete die DDR **die Berliner Mauer**, die Stadt blieb 28 Jahre lang geteilt.
Seit dem 3. Oktober 1990 ist Berlin erneut die Hauptstadt Deutschlands, 1999 zog auch die Regierung wieder nach Berlin um.

柏林既是首都又是联邦州,它方圆 890 平方公里,350 万人口。

自 1871 年德意志帝国建立以来,柏林市是德国政治、经济和文化中心,20 世纪 20 年代它已是世界大都市,不亚于巴黎、伦敦或纽约。

第二次世界大战中该城几乎完全遭破坏。战后,同盟国将其分割成四个区,由于同盟国之间的紧张关系,苏联于 1948 年对西柏林实行经济封锁,它像一个小岛被苏联领地所围困。该城西部几乎有一年之久不得不靠**空中桥梁**来供给。建立两个德意志国家的时候,东柏林成了德意志民主共和国的首都,联邦共和国的临时首都是波恩。1961 年民德建立**柏林墙**,该市被分割,长达 28 年。

1990 年 10 月 3 日以来,柏林重新成为德国首都,1999 年政府也迁往柏林。

be·rie·seln; *berieselte*, *hat berieselt*; Vt (及物) ***j-n*** (***mit etw.***) ***b.*** etw. auf j-n lange Zeit einwirken lassen (ohne dass er es bewusst wahrnimmt)(对…)进行潜移默化的影响,向…灌输影响: *Im Supermarkt wird man oft mit Musik berieselt* 在超级市场,人们常常受到音乐的感染 ‖ *hierzu*(派生) **Be·rie·se·lung** *die*

be·rit·te·n- *Adj*(形); *nur attr*, *nicht adv*(只作定语,不作状语); auf Pferden reitend 骑马的: *berittene Polizei* 骑马的警察,骑警

Ber·li·ner *der*; *-s*, - **1.** j-d, der in der Stadt Berlin wohnt od. dort geboren ist 柏林人〈ein gebürtiger, waschechter (= typischer) B. 土生土长的,地道的柏林人〉 **2** ≈ Pfannkuchen (2), Krapfen ‖ *zu* (义项)**1. Ber·li·ne·rin** *die*; -, *-nen*

ber·li·nern; *berlinerte*, *hat berlinert*; Vi (不及物) mit dem Akzent od. dem Dialekt der Stadt Berlin sprechen 讲话带柏林口音,讲柏林方言

Ber·mu·das *der*; *Pl* (复); **1.** e-e Inselgruppe im Atlantik 百慕大群岛 **2.** e-e (Sommer- oder Bade) Hose, die bis zum Knie geht 百慕大短裤,没膝大裤衩〈B. tragen 穿着没膝大裤衩〉

Bern·har·di·ner *der*; *-s*, -; ein großer, kräftiger Hund, mit dem man *bes* die Leute sucht, die von e-r Lawine verschüttet wurden 雪山救人犬

Bern·stein *der*; *nur Sg*(只用单数); e-e Art gelber od. brauner, oft durchsichtiger Stein, der vor langer Zeit aus dem Harz von Bäumen entstanden ist 琥珀 ‖ K-(复合): ***Bernstein-***, ***-anhänger***, ***-kette***, ***-schmuck*** ‖ *hierzu*(派生) **bern·stein|far·ben** *Adj*(形)

Ber·ser·ker, Ber·ser·ker *der*; *-s*, -; ein sehr zorniger u. gewalttätiger Mensch 狂怒而残暴的人: *wie ein B. rasen, toben* 大发雷霆,暴跳如雷 ‖ *hierzu*(派生) **ber·ser·ker·haft** *Adj*(形)

bers·ten; *birst*, *barst*, *ist geborsten*; Vi (不及物) *geschr* [书] **1.** ***etw. birst*** etw. bricht plötzlich auseinander, in mehrere Teile (物作主语)爆裂,破裂,开裂〈Glas, e-e Eisfläche, e-e Mauer 玻璃(杯),冰层,墙壁〉: *Bei dem Erdbeben barst die Straße* 地震时公路开裂; *Bei der Kollision ist das Schiff in zwei Teile geborsten* 在碰撞时船断裂成两节 **2.** ***vor etw.*** (*Dat* 三格) ***b.*** wegen e-s sehr intensiven Gefühls seine Beherrschung verlieren 因(感情非常激动)而无法自制〈vor Ärger, Zorn, Wut, Freude, Lachen b. 气炸了,怒不可遏,勃然大怒,乐不可支,笑破肚皮〉 ‖ ID [谚] *mst* 多用 ***etw. ist zum Bersten voll*** etw. ist überfüllt(物作主语)爆满,要挤破了,要撑破了

be·rüch·tigt *Adj*(形); *nicht adv*(不作状语); ***b.*** (***für / wegen etw.***) mit dem Ruf, in bestimmter Hinsicht besonders schlimm zu sein 声名狼藉的,臭名昭著的,有恶名的: *Er ist als*

Lehrer wegen seiner Strenge b. 他作为教师因其严厉而名声不好; *ein für Schlägereien berüchtigtes Lokal* 一个因常有殴斗而声名狼藉的酒馆

be·rück·sich·ti·gen; *berücksichtigte, hat berücksichtigt*; Vt (及物) **1. etw. b.** bei seinen Überlegungen an etw. denken, etw. in seine Gedanken einbeziehen 注意到,考虑到 ≈ beachten: *Wenn man berücksichtigt, dass sie erst seit zwei Jahren Englisch lernt, kann sie es schon gut* 如果考虑到她才学了两年的英语,她已经学得不错了 **2. j-n b.** bei e-r Auswahl j-m e-e Chance geben (在挑选时)考虑,照顾(某人的机会)〈e-n Bewerber, e-n Kandidaten b. 照顾申请人、候选人〉: *Auch Behinderte werden für diese Stelle berücksichtigt* 也考虑由残疾人来担任这种职位 **3. etw. b.** j-s Wünsche bei e-r Entscheidung *o. Ä.* beachten (在作决定时)重视,尊重(某人的意愿)〈e-n Antrag, e-e Bestellung, e-e Bitte b. 重视申请(提议),口信,请求〉‖ ▶ **Rücksicht**

Be·rück·sich·ti·gung *die*; -; *nur Sg* (只用单数) **1.** das Berücksichtigen (1) 〈die B. e-r Tatsache 考虑事实〉: *unter B. der Vor- u. Nachteile* 考虑到利弊; *bei B. der Hintergründe* 考虑到背景 **2.** das Berücksichtigen (2) 〈die B. e-s Bewerbers 照顾申请人(求职者)〉 **3.** das Berücksichtigen (3) 〈die B. e-s Antrags, e-r Bitte 重视申请、请求〉 **4.** das Einhalten (1) von Regeln 遵守,遵照: *unter B. aller Vorschriften* 遵照一切规定

Be·ruf *der*; *-(e)s, -e* **1.** e-e Tätigkeit in e-m bestimmten Aufgabenbereich, mit der man seinen Lebensunterhalt verdient u. zu der man *mst* e-e spezielle Ausbildung braucht 职业,职务,行业〈ein technischer, kaufmännischer B. 技术性的职业,商人的职业; e-n B. erlernen, ergreifen, ausüben, wählen 学会,选择,从事,挑选一种职业; e-m B. nachgehen 从事一种职业; den B. wechseln 更换职业; keinen festen B. haben 没有固定职业〉: *Was sind Sie von B.?* 您的职业是什么? 您从事什么职业?; *Er ist Arzt von B.* 他的职业是医生; *die doppelte Belastung durch Haushalt u. B.* 家务和职业的双重负担; *Erfolg im B. haben* 在职业上有所成就 ‖ K-(复合): **Berufs-, -anfänger, -ausbildung, -bezeichnung, -erfahrung, -kleidung, -wahl; -bildungszentrum, -(fach)schule 2.** **(die) freie(n) Berufe** bestimmte selbständige Berufe, *bes* Arzt u. Rechtsanwalt 自由职业(如医生、律师) ‖ ID[谚] **im B. stehen** e-n B. ausüben 在业,在职; *mst* 多用 **Du hast deinen B. verfehlt** *gespr* [口], *mst iron* 多作[讽]: wegen deiner Fähigkeiten (auf e-m bestimmten Gebiet) hättest du e-n anderen B. wählen sollen 你选错了职业

be·ru·fen; *berief, hat berufen*; Vt (及物) **1. j-n in/auf etw.** (*Akk* 四格) **b.; j-n zu etw. b.** j-m e-e *mst* hohe, verantwortungsvolle Funktion übertragen 任命,委任,聘任,聘请(任要职) ≈ j-n zu etw. ernennen 〈j-n in ein Amt, auf e-n Lehrstuhl, zu j-s Nachfolger b. 任命某人担任一项职务,聘请某人担任教授职务,任命某人为某人的继任者〉 **2. j-n (als etw.) irgendwohin b.** j-m anbieten, an e-m anderen Ort e-e höhere, wichtigere Funktion zu übernehmen 委派: *Er wurde als Minister nach Wien berufen* 他被委派到维也纳去当部长; Vr (反身) **3. sich auf j-n/etw. b.** j-n als Zeugen od. etw. als Beweis od. Rechtfertigung nennen 提出…作证(人)/依据,引用,引证: *sich auf die Verfassung b.* 引用宪法; *sich auf e-n Zeugen b.* 提出证人来作证 ‖ ID[谚] **sich zu etw. berufen fühlen** glauben, etw. gut tun zu können od. etw. tun wollen 感到自己有能力做某事,能胜任某事,适合做某事: *sich zum Schauspieler berufen fühlen* 感到自己适合当演员; *Ich fühle mich nicht dazu berufen, Kinder zu erziehen* 我感到自己不能胜任教育儿童的工作

be·ruf·lich *Adj* (形) **1.** *nur attr od adv* (只作定语或状语); in Bezug auf den Beruf 职业的,业务的,专业的〈e-e Fortbildung 业务进修; b. verreist 因公出差〉: *Ich habe hier b. zu tun* 我在这里有业务关系(有公事) **2.** *nur adv* (只作状语); als Beruf 作为职业: *b. in e-m Lokal Klavier spielen* 以在酒馆里弹钢琴为职业; *Was machen Sie b.?* 您干什么职业

Be·rufs- *im Subst, begrenzt produktiv* (构成名词,构词有限); verwendet, um auszudrücken, dass j-d e-e Tätigkeit als Beruf ausübt 专业的…,职业的…; **Berufsboxer, Berufsfeuerwehr, Berufsmusiker, Berufsschauspieler, Berufssoldat, Berufssportler**

Be·rufs·aus·sich·ten *die*; *Pl* (复); die Chancen, in e-m bestimmten Beruf e-e Stelle zu finden 就业前景,就业前途

be·rufs·be·dingt *Adj* (形); durch den Beruf (1) verursacht od. mit ihm zusammenhängend 由职业所引起的,与职业有关的〈Krankheiten 疾病〉

Be·rufs·be·ra·ter *der*; j-d, dessen Beruf es ist, andere darüber zu informieren, welchen Beruf sie ergreifen könnten 就业指导顾问,就业顾问 ‖ *hierzu* (派生) **Be·rufs·be·ra·te·rin** *die*

Be·rufs·be·ra·tung *die* **1.** e-e Stelle (beim Arbeitsamt), bei der man darüber beraten wird, welchen Beruf man ergreifen kann u. wie man das macht 就业咨询处,劳务咨询处,就业指导站 **2.** die Beratung bei dieser Stelle 就业咨询,劳务咨询,就业指导

Be·rufs·bild *das*; *mst Sg* (多用单数); *Kollekt* (集合); die wichtigsten Merkmale, die e-n bestimmten Beruf u. die Ausbildung dazu charakterisieren 职业形象,职业特征,职业观念: *Von der Stewardess haben viele ein falsches B.* 许多人对轮船、飞机上的女服务员有一种错误的职业观念

be·rufs·fremd *Adj* (形); *nicht adv* (不作状语); nicht zu den Aufgaben e-s Berufs gehörend 非本行的,非专业的: *e-e berufsfremde Tätigkeit* 非专业的活动

Be·rufs·ge·heim·nis *das* **1.** *nur Sg* (只用单数); das Verbot, bestimmte Informationen weiterzugeben, die man durch e-n Beruf erhält 职业保密,专业保密(禁令): *Der Arzt ist an das B. gebunden* 医生是受职业保密禁令制约的 **2.** e-e Information, die unter das B. (1) fällt 职业秘密,业务秘密: *Das Ergebnis der Untersuchung ist ein B.* 检查结果是职业秘密

Be·rufs·grup·pe *die*; e-e Gruppe von Berufen mit bestimmten gemeinsamen (Tätigkeits)-Merkmalen 职业群体,职业类型: *Arzt, Krankenschwester u. Pfleger zählen zur B. der medizinischen Berufe* 医生、护士和护理员可算是医务职业

Be·rufs·krank·heit *die*; e-e Krankheit, die man durch die Ausübung e-s Berufs bekommt 职业病

Be·rufs·le·ben *das*; *mst in* 多用于 ***im B. stehen*** e-n Beruf ausüben 在职,在业

be·rufs·mä·ßig *Adj*(形); *nur attr od adv*(只作定语或状语); als/von Beruf 职业上的,职业性的,专业性的: *Er spielt b. Tennis* 他是专业打网球的,他以打网球为职业

Be·rufs·schu·le *die*; e-e Schule, die man neben der normalen Berufsausbildung (als Lehrling) besuchen muss 职业学校 ‖ K-(复合): ***Berufsschul-, -lehrer*** ‖ *hierzu*(派生) **Be·rufs·schü·ler** *der*; **Be·rufs·schü·le·rin** *die*

Be·rufs·stand *der* **1.** *Kollekt* (集合); alle Personen, die denselben Beruf haben 全体同业人员: *der B. der Ärzte* 医生的全体同业人员 **2.** e-e Gruppe bestimmter Berufe, *z. B.* die freien Berufe (2) 同业阶层

be·rufs·tä·tig *Adj*(形); *nicht adv*(不作状语); e-n Beruf ausübend 在职的,有职业的 ↔ arbeitslos ‖ *hierzu* (派生) **Be·rufs·tä·ti·ge** *der/die*; *-n*, *-n*; **Be·rufs·tä·tig·keit** *die*; *nur Sg*(只用单数)

be·rufs·un·fä·hig *Adj* (形); *mst präd, nicht adv*(多作表语,不作状语), ADM *geschr*【管理】[书]; aufgrund *mst* e-r Krankheit nicht in der Lage, seinen Beruf auszuüben 丧失工作能力的,无工作能力的 ‖ *hierzu*(派生) **Be·rufs·un·fä·hig·keit** *die*; *nur Sg*(只用单数)

Be·rufs·ver·bot *das* **1.** das Verbot (*mst* aufgrund e-r Straftat *o. Ä.*), e-n bestimmten Beruf auszuüben 禁止从事某种职业 **2.** Ⓓ [德] die Praxis des Staates, Menschen mit e-r politischen Gesinnung, die als extrem angesehen wird, in staatlichen Institutionen keine Stellung zu geben 禁止担任公务员职务 ⟨B. erhalten 接到禁止在国家机关任职的通知; j-n mit B. belegen 判处某人禁止在国家机关任职⟩

Be·rufs·ver·kehr *der*; sehr dichter Verkehr vor Beginn u. nach Ende der Arbeitszeit 上下班时间的交通高峰(期) ≈ Stoßverkehr: *Um sieben Uhr beginnt der morgendliche B.* 七点左右开始早上的交通高峰期

Be·rufs·ziel *das*; der Beruf, den j-d erlernen möchte 职业目标: *Sein B. ist es, Arzt zu werden* 他的职业目标是当医生

Be·ru·fung *die*; -, *-en* **1.** *nur Sg*(只用单数); ***die B. (zu etw.)*** ein innerer Drang, den j-d hat, e-n bestimmten Beruf auszuüben od. bestimmte Aufgaben zu erfüllen 天职,使命: *Er fühlt die B., den Kranken zu helfen* 他感到负有帮助病人的使命 **2.** *mst Sg*(多用单数); das Berufen (1,2) e-r Person 任命,委任,聘任,聘请 ⟨die B. auf e-n Lehrstuhl, an e-e Universität, ins Ministerium 聘请担任教授职务,聘请到大学任教,任命到部里任职⟩: *Man erwartet seine B. zum Direktor* 人们期待任命他担任校长 **3.** *nur Sg*(只用单数); das Nennen e-r Person als Zeugen od. e-r Sache als Beweis/Rechtfertigung 提出证人,提供证据 ⟨unter B. auf das Gesetz, auf e-n Zeugen 依据法律(条款),依据证人证词⟩ **4.** *mst Sg*, JUR (多用单数)【法】; die im Recht vorgesehene Möglichkeit, nach e-m Gerichtsurteil bei e-m höheren Gericht e-e neue Verhandlung zu verlangen 上诉 ⟨B. gegen ein Urteil einlegen 对判决提出上诉; in die B. gehen 去上诉⟩ ‖ K-(复合): ***Berufungs-, -gericht***

be·ru·hen; *beruhte, hat beruht*; Vi (不及物) ***etw. beruht auf etw.*** (*Dat* 三格) etw. hat etw. als Basis od. Ursache (物作主语)以…为依据,为基础 ≈ etw. basiert auf etw.: *Diese Geschichte beruht auf Tatsachen* 这个故事是以事实为依据的 ‖ ID [谚] ***etw. auf sich*** (*Dat* 三格) ***b. lassen*** e-e (*mst* problematische) Sache nicht mehr verfolgen 对某事不再过问、听其自然

be·ru·hi·gen [bəˈruːɪgn]; *beruhigte, hat beruhigt*; Vt (及物) **1.** ***j-n b.*** bewirken, dass j-d wieder ruhig wird, nachdem er sich aufgeregt hat 使安静,使镇静,使平静,使放心,使得到安慰; Vr (反身) **2.** ***sich b.*** nach großer Aufregung wieder in e-n normalen Zustand kommen 安静下来,平静下来: *Als wir das Kind trösteten, beruhigte es sich u. hörte auf zu weinen* 当我们安慰小孩的时候,他安静下来,不再哭了 **3.** ***etw. beruhigt sich*** etw. kehrt nach e-r Unruhe wieder in den normalen Zustand zurück(物作主语)平静下来,平息下来: *Nach dem Sturm hatte sich das Meer bald wieder beruhigt* 风暴过后,大海很快又平静下来了

be·ru·hi·gend [bəˈruːɪgnt] **1.** *Partizip Präsens* (现在分词); ↑ ***beruhigen*** **2.** *Adj*(形); mit der Wirkung, dass man wieder ruhig wird 镇静的,安神的,使人平静的 ⟨ein Medikament, Trost, Musik 药物,安慰,音乐⟩: *Die Farbe Grün wirkt b. auf mich* 绿色对我有镇静的作用 **3.** *Adj* (形); mit der Wirkung, dass man Sicherheit od. Zufriedenheit fühlt 令人放心的,令人欣慰的 ⟨ein Vorsprung 领先(地位)⟩

Be·ru·hi·gung [bəˈruːɪgʊŋ] *die*; -; *nur Sg*(只用单数) **1.** das Erreichen e-s ruhigen seelischen Zustands 镇静,安神: *ein Medikament zur B.* 镇静药物,安神药品 ‖ K-(复合): ***Beruhigungs-, -mittel, -spritze, -tablette*** **2.** das Erreichen e-s normalen Zustands nach e-r Unruhe 安定,稳定: *die B. der politischen Lage* 政治局势安定 **3.** ein Gefühl der Sicherheit 放心,安心,安慰: *Für die Eltern war es e-e B. zu wissen, dass ihren Kindern nichts passiert war* 知道孩子们平安无事,对父母是一种安慰

be·rühmt *Adj*（形）；*nicht adv*（不作状语）；*mst* wegen besonderer Merkmale od. Leistungen sehr vielen Leuten bekannt u. von ihnen anerkannt 著名的，出名的，有名望的 ≈ prominent 〈wegen etw. b. sein 因某事而出名；(mit e-m Schlag) b. werden（一举）成名〉：*ein berühmter Schriftsteller* 著名的作家

Be·rühmt·heit *die*；-，*-en* **1.** *nur Sg*（只用单数）；der Zustand，berühmt zu sein 名声，名气，名望，名誉 ≈ Ruhm 〈B. erlangen 获得名声，出名〉 **2.** j-d，der berühmt ist 有名望的人，名人，名流，知名人士 ‖ ID［谚］***j-d/ein Ort** o.Ä. **gelangt zu/bringt es zu trauriger B.*** *iron*［讽］；j-d wird wegen e-r schlechten Tat，ein Ort wird wegen e-s Unglücks *o.Ä.* bekannt（人/地作主语）获得不光彩的名声（某人劣迹昭著，某地因祸扬名）

be·rüh·ren；*berührte*，*hat berührt*；[Vt]（及物） **1.** ***j-n/etw. b.*** so nahe an j-n/etw. herankommen，dass kein Zwischenraum bleibt 接触，碰到，挨着：*Sie standen so eng beieinander，dass sie sich mit den/dass sich ihre Schultern berührten* 他们紧密地并排站在一起，以致彼此肩碰着肩；*Ihr Kleid berührte fast den Boden* 她的连衣裙几乎拖地了 **2.** ***j-n/etw. b.*** *bes* die Finger od. die Hand leicht auf od. an j-n/etw. legen（手，指）接触，触摸 ≈ anfassen：*Am Käfig stand „Bitte nicht b.!“* 笼子上写着：“请勿触摸！” **3.** ***etw. berührt j-n*** etw. bewirkt，dass j-d Mitleid bekommt（物作主语）使感动，触动≈ etw. bewegt j-n 〈j-n zutiefst b. 使某人深受感动〉：*Seine traurige Geschichte hat sie so sehr berührt，dass sie fast zu weinen anfing* 他的悲惨经历使她感动得差一点哭了起来 **4.** ***etw. berührt j-n irgendwie*** etw. hat e-e bestimmte (*mst* negative) Wirkung auf j-n（物作主语）使产生（某种负面）感觉〈etw. berührt j-n (un)angenehm，peinlich，schmerzlich，seltsam 某事使某人感到（不）愉快，尴尬，痛苦，奇怪〉 **5.** ***etw. b.*** über ein Thema (kurz) sprechen 涉及，提及 ≈ ansprechen (2)：*In seinem Vortrag hat er viele interessante Probleme berührt* 他在报告中涉及了许多有趣的问题；[Vr]（反身） **6.** 〈Meinungen，Ansichten，Interessen *o.Ä.* 意见，观点，兴趣等〉 ***berühren sich*** Meinungen，Ansichten，Interessen *o.Ä.* sind in bestimmten Punkten gleich od. ähnlich 相同，相近，有共同之处 ↔ Meinungen *usw* klaffen auseinander：*In diesem Punkt b. sich unsere Ansichten* 在这一点上我们的观点有共同之处

Be·rüh·rung *die*；-，*-en* **1.** das Berühren (1，2)，der Kontakt mit j-m/etw. 接触，触摸：*Sie zuckt bei der leichtesten B. zusammen* 稍一接触她就吓一跳；*Vermeiden Sie jede B. mit dem giftigen Stoff!* 您要避免与有毒物质有任何接触！ **2.** das Kennenlernen e-r Person/Sache 接触，了解〈mit j-m/etw. in B. kommen 同某人/某物进行接触；j-n mit etw. in B. bringen 使某人接触某物〉：*Die Reise nach Ägypten brachte uns mit e-r fremden Kultur in B.* 埃及之行使我们接触了外国文化 ‖ K-（复合）：***Berührungs-，-angst*** **3.** das Berühren (5) 〈e-s Problems，Themas 问题，主题〉

Be·rüh·rungs·punkt *der* **1.** ein Gedanke *o.Ä.*，den unterschiedliche Meinungen，Theorien *usw* gemeinsam haben 共同点 **2.** ein Punkt，an dem sich Linien，Flächen od. Körper berühren (1) 接触点，切点

be·sa·gen；*besagte*，*hat besagt*；[Vt]（及物） ***etw. besagt etw.*** *geschr*［书］；etw. hat etw. zum (sprachlichen) Inhalt（物作主语）说，规定〈ein Gesetz，ein Paragraph，e-e Vorschrift besagt，dass ... 法律规定，条文规定，规章说…〉 ‖ NB（注意）：**a)** das Akkusativobjekt ist nie ein Subst.（四格宾语决不是名词）；**b)** kein Passiv（不用被动语态）！

be·sagt **1.** *Partizip Perfekt*（过去分词）；↑ ***besagen*** **2.** *Adj*（形）；*nur attr*，*nicht adv*，*veraltend*（只作定语，不作状语）［渐旧］；verwendet，um auszudrücken，dass man sich auf e-e Person/Sache bezieht，die man vorher bereits erwähnt hat 所说的，提到过的，所指的：*Die besagte Person ist dem Angeklagten nicht bekannt* 所说的人是被告所不认识的

be·sa·men；*besamte*，*hat besamt*；[Vt]（及物） ***ein Tier b.*** mit dem Samen e-s männlichen Tieres auf künstlichem Wege ein weibliches Tier befruchten 给动物人工授精〈e-e Kuh，e-e Stute b. 给母牛、母马人工授精〉 ‖ *hierzu*（派生） ***Be·sa·mung** die*

be·sänf·ti·gen；*besänftigte*，*hat besänftigt*；[Vt]（及物） ***j-n b.*** *bes* durch Worte bewirken，dass j-d，der wütend od. aufgeregt ist，wieder in e-n normalen Zustand kommt 劝…平静下来，平心静气 ≈ beruhigen ‖ *hierzu*（派生） ***Be·sänf·ti·gung** die*

Be·satz *der*；*-es*，*Be·sät·ze*；etw. (Pelz，Spitze *o.Ä.*)，das auf e-n Stoff als Verzierung aufgenäht ist 拷边，镶边 ‖ -K（复合）：***Pelz-，Spitzen-***

Be·sat·zung *die*；-，*-en* **1.** alle Personen，die auf e-m Schiff，in e-m Flugzeug，Raumschiff *o.Ä.* arbeiten 全体机组人员，全体乘务人员，乘务组 ‖ K-（复合）：***Besatzungs-，-mitglied*** **2.** *nur Sg*，MIL（只用单数）【军】；die Truppen e-s Staates，die ausländisches Gebiet besetzen (4) 占领军 ‖ K-（复合）：***Besatzungs-，-truppen，-zone***

Be·sat·zungs·macht *die*；der Staat，der ein ausländisches Gebiet besetzt (4) 占领国

be·sau·fen, sich；*besäuft sich*，*besoff sich*，*hat sich besoffen*；[Vr]（反身） ***sich b.*** *gespr!*［粗］≈ sich betrinken

Be·säuf·nis *das*；*-ses*，*-se*；*gespr!*［粗］；ein Zusammensein von Personen，bei dem sie sehr viel Alkohol trinken 狂饮聚会，酒徒聚饮

be·schä·di·gen；*beschädigte*，*hat beschädigt*；[Vt]（及物） ***etw. b.*** e-r Sache Schaden zufügen 损坏，损伤：*Bei dem Zusammenstoß wurde sein Auto schwer beschädigt* 他的汽车在相撞时被严重损坏

Be·schä·di·gung *die*；-，*-en* **1.** das Beschädigen e-r Sache 损坏，损伤 **2.** die Stelle an e-r Sache，die beschädigt wurde/ist 损坏处，损坏的地方

be·schaf·fen[1]; *beschaffte, hat beschafft*; Vt (及物) **1. etw. (für etw.) b.** etw., das man (dringend) braucht, von irgendwo nehmen od. bekommen(为…)设法获得,搞到,弄到: *Wie soll ich mir das Geld für den Urlaub b.?* 我该怎样去搞到假期用的钱?; *Das Buch ist nicht zu b.* 这本书无法弄到 **2. (j-m/sich) j-n/etw. b.** bewirken od. arrangieren, dass man/j-d e-e Person od. Sache, die man/er braucht, auch bekommt(帮…)找到,弄到,搞到 ≈ besorgen (1): *Wer kann ihm e-e Wohnung b.?* 谁能帮他搞到一套住房?; *Er beschaffte sich e-n neuen Mitarbeiter* 他找到了新的合作者 ‖ *hierzu* (派生) **Be·schaf·fung** *die*; *nur Sg* (只用单数)

be·schaf·fen[2] *Adj* (形); *nicht adv* (不作状语) **1. irgendwie b. sein** ⟨e-e Person, e-e Sache 人, 物⟩ so, dass sie bestimmte Eigenschaften haben 具有某种特性,具有某种性质,生就什么样: *Er ist eben so b., dass er schnell zornig wird* 他就是这么个人,爱发脾气; *Das Material ist so b., dass es Druck aushält* 这种材料具有耐压的特性 **2. etw. ist irgendwie b.** etw. ist in e-m bestimmten Zustand(物作主语)处于某种状态: *Wie ist die Straße b.?* 路况怎么样?

Be·schaf·fen·heit *die*; -; *nur Sg* (只用单数) **1. die B.** (+ *Gen* 二格/ **von etw.**) alle spezifischen Eigenschaften od. Qualitäten, die e-e Sache hat…的特性,性质,品质: *die B. des Wassers, von Benzin* 水质,汽油的特性 **2. die B.** (+ *Gen* 二格/**von etw.**) die Qualität, der Zustand von etw. …的状态,情况: *die B. e-r Straße* 街道的情况,路况

be·schäf·ti·gen; *beschäftigte, hat beschäftigt*; Vt (及物) **1. j-n b.** j-m gegen Bezahlung Arbeit geben: *Der Betrieb beschäftigt 150 Personen* 该企业雇用 150 人 **2. j-n (mit etw.) b.** j-m etw. zu tun geben 让…有事干,使忙碌: *Kinder muss man ständig b., damit sie sich nicht langweilen* 必须让孩子们经常有事干,使他们不致感到无聊 **3. etw. beschäftigt j-n** etw. ruft bei j-m Nachdenken hervor(物作主语)引人思索、思考,使考虑: *Diese Frage beschäftigt mich schon seit längerer Zeit* 较长时间以来我就思考这个问题 ‖ NB(注意): *zu* (义项)**3.** kein Passiv(不用被动语态)!; Vr (反身) **4. sich mit j-m b.** sich um j-n kümmern 关心,照顾,为…操心: *Unsere Oma beschäftigt sich viel mit ihren Enkeln* 我们的奶奶对孙子们非常关心(关怀备至) **5. sich (mit etw.) b.** mit e-r Tätigkeit seine Zeit verbringen 从事于,忙于,把时间花在…上: *Er beschäftigt sich gern mit seinen Blumen* 他喜欢摆弄他的花; *sich mit Büchern b.* 啃书本 **6. sich mit etw. b.** intensiv u. längere Zeit über etw. nachdenken 研究,潜心研究 ≈ sich mit etw. befassen: *Er beschäftigt sich mit mathematischen Problemen* 他在研究数学问题 **7. etw. beschäftigt sich mit etw.** etw. hat etw. zum Inhalt(物作主语)研究的内容是,论述的是: *Sein Aufsatz beschäftigt sich mit dem Verhältnis von Mensch u. Natur* 他的论文研究人和自然的关系

be·schäf·tigt **1.** *Partizip Perfekt* (过去分词); ↑ **beschäftigen** **2.** *Adj* (形); *nicht adv* (不作状语); **irgendwo b. sein** bei e-r Firma *o. Ä.* gegen Bezahlung arbeiten 在…工作,受雇于: *Sie ist in e-m Reisebüro / bei der Bundesbahn b.* 她在旅游局/联邦铁路局工作 **3.** *Adj* (形); *nicht adv* (不作状语); **b. sein** sehr viel Arbeit haben 忙碌,很忙: *Er ist beruflich so b., dass er kaum noch Zeit für seine Familie hat* 在业务上他忙得几乎没有时间来照顾家庭 **4.** *Adj* (形); *nicht adv* (不作状语); **(mit etw.) b. sein** gerade dabei sein, etw. zu tun 正忙于,正从事: *Sie war gerade damit b., den Rasenmäher zu reparieren* 她正忙于修理割草机; *Der Vogel ist mit dem Füttern der Jungen b.* 鸟正忙于喂小鸟

Be·schäf·tig·te *der/die*; *-n, -n*; j-d, der für e-n Betrieb *o. Ä.* gegen Bezahlung arbeitet 企业职工,从业人员: *Die Firma hat 500 Beschäftigte* 该公司有 500 名职工 ‖ NB(注意): *ein Beschäftigter*; *der Beschäftigte*; *den, dem, des Beschäftigten*

Be·schäf·ti·gung *die*; -, *-en* **1.** e-e Tätigkeit, mit der man seine Zeit verbringt 活动: *Sport zu treiben ist e-e gesunde B.* 进行体育锻炼是一项有益于健康的活动 **2.** die Arbeit, die man macht, um Geld zu verdienen 工作,职业 ⟨e-r (geregelten) B. nachgehen 从事一项(正常的)职业; ohne B. sein 没有职业,失业⟩ **3. die B. mit etw.** das Nachdenken über etw. 思考,研究 ⟨die B. mit Fragen, Problemen 思考问题,研究问题⟩ **4. die B. mit etw.** das Arbeiten mit etw. od. an etw. 从事…工作

Be·schäf·ti·gungs·ver·hält·nis *das* ≈ Arbeitsverhältnis

be·schä·men; *beschämte, hat beschämt*; Vt (及物) **j-d beschämt j-n (mit etw.)/etw. beschämt j-n** j-s gutes Verhalten *o. Ä.* bewirkt, dass sich ein anderer schämt, ist e-m anderen peinlich(人/物作主语)使感到惭愧,羞愧,难为情,丢脸 *Deine Großzügigkeit beschämt mich!* 你的慷慨使我感到羞愧! ‖ ▶ **Scham**

be·schä·mend **1.** *Partizip Präsens* (现在分词); ↑ **beschämen** **2.** *Adj* (形); so schlecht od. schlimm, dass man sich dafür schämen muss 丢人的,丢脸的,可耻的 ⟨e-e Einstellung, e-e Haltung 看法,行为⟩: *Sein Lohn ist b. niedrig* 他的工资太低了,他的工资低得丢人 **3.** *Adj* (形); so, dass es Scham hervorruft 令人羞愧的: *Es ist ein beschämendes Gefühl, sie so hart arbeiten zu sehen* 看到他们这样艰苦地工作,令人感到羞愧

be·schämt **1.** *Partizip Perfekt* (过去分词); ↑ **beschämen** **2.** *Adj* (形); **(über etw.** (*Akk* 四格)) **b. sein** Scham empfinden, weil sich j-d schlecht verhält 感到羞愧,感到难为情,感到丢脸: *Sie war über seine beleidigenden Worte b.* 她为他的侮辱人的话感到羞愧

Be·schä·mung *die*; -, *-en*; *mst Sg* (多用单数); das, was man empfindet, wenn man sich (*mst* wegen e-s schlechten Verhaltens) schämt 惭愧,羞愧,羞耻,丢脸

be·schat·ten; *beschattete, hat beschattet*; Vt

(及物) **1. *j-n b*.** j-m heimlich folgen und ihn dabei beobachten 暗中跟踪,监视,对…盯梢: *e-n Agenten durch den Geheimdienst b. lassen* 让秘密警察对特务进行监视 **2. *etw.* beschattet *j-n/etw.*** etw. bewirkt, dass j-d/etw. von der Sonne nicht beschienen wird (物作主语) 给…遮阴 ‖ *zu* (义项)**1. Be·schat·tung** *die*

be·schau·lich *Adj* (形); ruhig u. friedlich 安逸的,平静的,悠闲的: *ein beschauliches Leben führen* 过安逸的生活 ‖ *hierzu* (派生) **Be·schau·lich·keit** *die*; *nur Sg* (只用单数)

Be·scheid *der*; -(*e*)*s*, -*e* **1.** *nur Sg*, *ohne Artikel* (只用单数,不带冠词); e-e erwartete Information über etw. 期盼的信息,消息 ‹j-m (über etw. (*Akk* 四格)) B. geben, sagen (把某事)告知某人,告诉某人; (über etw. (*Akk* 四格)) B. bekommen, erhalten 得知,获悉(某事)›: *Sag mir bitte B., ob du zu meiner Party kommen kannst!* 请告诉我,你是否能来参加我的聚会! **2.** e-e Nachricht über die Entscheidung e-r Behörde 有关当局决定的消息,通知,答复: *Er stellte den Antrag vor drei Monaten u. hat immer noch keinen B. bekommen* 他三个月前提出了申请,始终还没有得到答复 ‖ -K (复合): **Steuer- 3.** (***über j-n/etw.***) ***B.* wissen** (über j-n/etw.) viel wissen od. informiert sein 知道,了解,熟悉 ‖ ID [谚] ***j-m*** (***gehörig***) ***B.* sagen/stoßen** *gespr* [口]; j-m sehr deutlich sagen, dass man anderer Meinung ist als er 向某人说清楚自己的不同的意见,正告某人

be·schei·den[1] *Adj* (形) **1.** mit wenig zufrieden, mit nur geringen Ansprüchen 知足的,要求不高的,俭朴的 ≈ genügsam ↔ anspruchsvoll: *Trotz seines Reichtums ist er ein sehr bescheidener Mensch geblieben* 尽管富有,他仍然是一个很节俭的人 **2.** ≈ zurückhaltend, unaufdringlich: *ein bescheidenes Auftreten, Verhalten* 谦让的举止,态度 **3** ≈ einfach, schlicht ‹ein Haus, e-e Mahlzeit 房屋,膳食›: *Sie führen ein bescheidenes Leben* 他们过着简朴的生活 **4.** nicht den Erwartungen u. Bedürfnissen entsprechend 微薄的,微少的,低廉的,微不足道的,差的 ‹ein Lohn, Lebensverhältnisse, Leistungen 工资,生活条件,成绩›: *Wegen des schlechten Wetters fiel die Ernte recht b. aus* 由于天气不好,收成结果很差 **5.** *gespr euph* [口][婉]; äußerst schlecht 很糟糕的,糟透了的 ≈ beschissen: *Es sieht b. aus* 情况看来糟透了 ‖ *zu* (义项) **1.** u. **2. Be·schei·den·heit** *die*; *nur Sg* (只用单数)

be·schei·den[2]; *beschied*, *hat beschieden*; Vt (及物) ***etw.* bescheidet *j-m etw.*** *geschr* [书]; e-e übernatürliche Macht gibt od. schenkt j-m etw., das er sich gewünscht hat (物作主语) 赋予,赐予: *Das Schicksal hat ihnen keine Kinder beschieden* 命运没有赐予他们孩子(他们命中注定没有孩子); *Ihm war kein Erfolg beschieden* (由于命运的安排)他没有取得成功 ‖ NB (注意): *mst* im Zustandspassiv u. verneint (多用否定的状态被动句)!

be·schei·den[3], **sich**; *beschied sich*, *hat sich beschieden*; Vr (反身) ***sich mit etw. b.*** *geschr* [书]; mit weniger zufrieden sein, als man gern hätte 安于,满足于 ≈ sich mit etw. begnügen: *Da sie nicht genug Geld hatte, musste sie sich mit e-r sehr kleinen Wohnung b.* 因为她没有足够的钱,她不得不满足于很小的住房

be·schei·nen; *beschien*, *hat beschienen*; Vt (及物) ***etw.* bescheint *etw.*** etw. scheint auf etw. (物作主语) 照射,照耀: *ein von der Sonne beschienener Platz* 一个被阳光照射的座位 ‖ NB (注意): *mst* im Passiv (多用于被动语态)!

be·schei·ni·gen; *bescheinigte*, *hat bescheinigt*; Vt (及物) **1.** (***j-m***) ***etw. b.*** durch seine Unterschrift bestätigen, dass man etw. erhalten hat od. dass etw. wahr ist (用签字)证明,(给…)开证明: *den Empfang e-s Briefes, den Erhalt des Geldes b.* (签字)证明收到一封信,收到钱; *j-m b.*, dass *er an e-m Kurs teilgenommen hat* 给某人开具证明,证明他参加过短训班 **2. *j-m etw. b.*** erklären, dass j-d e-e bestimmte Eigenschaft od. bestimmte Kenntnisse hat 证明(某人具有某种素质或知识) ≈ j-m etw. attestieren: *e-m Studenten gute Sprachkenntnisse b.* 证明一位大学生具有良好的语言知识

Be·schei·ni·gung *die*; -, -*en*; **e-e *B.* (über *etw.*** (*Akk* 四格)) ein Blatt Papier, auf dem etw. bestätigt ist 证明,证明书,证件,凭据,票据,收据 ‹e-e B. ausstellen, vorlegen 签发,出示(提交)证件›: *Bringen Sie e-e B. über Ihre Arbeitsunfähigkeit!* 请您把关于您失去工作能力的证明带来!

be·schei·ßen; *beschiss*, *hat beschissen*; *vulg* [俗]; Vt (及物) **1. *j-n*** (***um etw.***) ***b.*** ≈ j-n (um etw.) betrügen; Vt/i (及物/不及物) **2.** (***j-n***) ***b.*** ≈ betrügen

be·schen·ken; *beschenkte*, *hat beschenkt*; Vt (及物) ***j-n*** (***mit etw.***) ***b.*** j-m etw. als Geschenk geben (把…)赠送,送给: *die Kinder zu Weihnachten reich b.* 在圣诞节送给孩子们许多东西 ‖ *hierzu* (派生) **Be·schen·kung** *die*

be·sche·ren; *bescherte*, *hat beschert*; Vt (及物) **1. *j-m etw. b.*; *j-n*** (***mit etw.***) ***b.*** j-m etw. zu Weihnachten schenken 给…送(圣诞礼物): *Was hat dir das Christkind beschert?* 圣诞老人给你送了什么礼物? **2. *etw.* beschert *j-m etw.*** *geschr* [书]; etw. bewirkt, dass j-d etw. bekommt od. erlebt (物作主语)给…带来 ≈ bringen (5): *Dieser Tag bescherte uns e-e riesige Überraschung* 这一天给我们带来了莫大的意想不到的惊喜

Be·sche·rung *die*; -, -*en* **1.** das Austeilen der Geschenke zu Weihnachten 分送圣诞礼物 **2.** *mst Sg*, *gespr iron* (多用单数)[口][讽]; e-e ärgerliche Überraschung, ein unangenehmer Vorfall 令人不快的意外事情 ‹e-e schöne B. anrichten 惹乱子,闯祸,捅娄子›: *Da haben wir die B.!* 这下糟了!

be·scheu·ert *Adj* (形); *gespr!* [粗] **1.** dumm, nicht sehr intelligent 笨的,不很聪明的 **2.** unerfreulich 令人不快的 ‹ein Vorfall, e-e Situation 事件，情况〉

be·schich·ten；*beschichtete*，*hat beschichtet*；[Vt]（及物）***etw.*（*mit etw.*）*b.*** etw. fest mit e-r Schicht aus e-r anderen Substanz verbinden 在…上涂上，(把…)贴在…上：*e-e mit Kunststoff beschichtete Karosserie* 加压了一层合成材料的汽车车身 ‖ *hierzu*（派生）**Be·schich·tung** *die*；*nur Sg*（只用单数）

be·schi·cken；*beschickte*，*hat beschickt*；[Vt]（及物）**1.** ***etw.*（*mit etw.*）*b.*** TECH【技】；etw. mit e-m Material füllen, das bearbeitet od. verarbeitet werden soll 给…装料〈e-n Hochofen b. 给高炉装料〉：*e-n Reaktor mit Plutonium b.* 给反应堆装钚 **2.** ***etw. b.*** *bes nordd* 尤用于［北德］≈ erledigen：*Sie konnte nicht viel b., weil sie immer wieder abgelenkt wurde* 她不能干很多，因为有事不断分散她的注意力

be·schi·ckert *Adj*（形）；*bes nordd gespr* 尤用于［北德］［口］；leicht betrunken 微醉的，有点醉意的 ≈ angeheitert

be·schie·ßen；*beschoss*，*hat beschossen*；[Vt]（及物）**1.** ***j-n/etw.*（*mit etw.*）*b.*** auf j-n/etw.（im Verlauf eines Kampfes）schießen（用…）炮击，射击，扫射 **2.** ***j-n b.*** *gespr*［口］；j-n heftig kritisieren 攻击，抨击：*In der Debatte wurde er von allen Seiten beschossen* 在争论中，他受到各方面的攻击 **3.** ***etw.*（*mit etw.*）*b.*** PHYS【物】；elementare Teilchen mit hoher Geschwindigkeit auf Atomkerne auftreffen lassen（用…）轰击，撞击：*Atomkerne mit Neutronen b.* 用中子轰击原子核 ‖ *zu*（义项）**1.** u. **3.** **Be·schie·ßung** *die* ‖ ▶ ***Beschuss***

be·schil·dern；*beschilderte*，*hat beschildert*；[Vt]（及物）***etw. b.*** etw. mit Schildern versehen（*bes* um so den Weg zu weisen）给…挂牌子（尤指路牌）：*Die Umleitung ist beschildert* 绕行路挂有路标 ‖ *hierzu*（派生）**Be·schil·de·rung** *die*

be·schimp·fen；*beschimpfte*，*hat beschimpft*；[Vt]（及物）**1.** ***j-n*（*mit etw.*）*b.*** j-n durch Schimpfworte kränken od. beleidigen（auch *z.B.* indem man behauptet, er habe etw. Verbotenes getan）骂，辱骂，侮辱 **2.** ***j-n*（*als etw.*）*b.*** j-n beleidigen, indem man ihn als etw. Negatives bezeichnet 侮辱，骂（某人是…）〈j-n als Dieb, Verräter b. 骂某人是小偷，叛徒〉

Be·schimp·fung *die*；-，*-en* **1.** *nur Sg*（只用单数）；das Beschimpfen **2.** die Worte, mit denen man j-n beschimpft 骂人的话

be·schir·men；*beschirmte*，*hat beschirmt*；[Vt]（及物）***j-n*（*vor etw.*（*Dat* 三格））*b.*** *geschr veraltend*［书］［渐旧］≈ beschützen ‖ *hierzu*（派生）**Be·schir·mung** *die*；*nur Sg*（只用单数）

Be·schiss *der*；*nur Sg*，*vulg*（只用单数）［俗］≈ Betrug ‖ NB（注意）：kein Genitiv!（没有二格!）

be·schis·sen *vulg*［俗］**1.** *Partizip Perfekt*（过去分词）；↑ ***bescheißen*** **2.** *Adj*（形）；äußerst schlecht 很糟，很不好：*Das Essen war/schmeckte b.* 饭食很不好/味道糟透了；*Er steckt in e-r beschissenen Lage* 他的处境很糟糕

Be·schlag[1] *der* **1.** ein Metallteil, das mehrere Teile zusammenhält u./od. diese verziert 金属配件，接合件，接头，护板〈die Beschläge e-r Tür, e-s Fensters, e-s Schranks, e-r Truhe, e-s Gewehrs 门、窗、橱柜、箱子、枪的金属接合件〉 **2.** *mst Sg*（多用单数）；die Hufeisen, die ein Pferd trägt 马蹄铁，马掌

Be·schlag[2] *der*；*nur Sg*（只用单数）；e-e dünne Schicht *bes* aus Wasserdampf, die sich auf e-r Oberfläche gebildet hat（物体表面的）一层水汽：*An den Fensterscheiben bildet sich ein B.* 窗户玻璃上形成一层水汽

Be·schlag[3] *ohne Artikel*（不带冠词）；**1.** ***j-n/etw. in B. nehmen/mit B. belegen*** j-n/etw. ganz für sich allein beanspruchen od. benutzen 独自占用、使用：*Meine Frau nahm das Auto gestern den ganzen Tag in B.* 我妻子昨天把汽车占用了整整一天 **2.** ***etw. nimmt j-n in B.*** etw. beansprucht j-s ganze Zeit u. Aufmerksamkeit（物作主语）占用，占去，需要…付出（全部时间与精力）：*Seine Arbeit/seine Familie nimmt ihn zurzeit ganz in B.* 他的工作/他的家庭目前占去了他的全部时间

be·schla·gen[1]；*beschlägt*，*beschlug*，*hat beschlagen*；[Vt]（及物）**1.** ***etw. b.*** etw. *bes* mit Nägeln an/auf etw. festmachen 用钉子把…钉牢：*e-n Schuh mit Nägeln b.* 钉鞋底，打鞋掌 **2.** ***ein Tier b.*** die Hufe *bes* e-s Pferdes mit Hufeisen versehen 给马钉马蹄铁，给马打马掌 ‖ *hierzu*（派生）**Be·schla·gung** *die*；*nur Sg*（只用单数）

be·schla·gen[2]；*beschlägt*，*beschlug*，*hat/ist beschlagen*；[Vt]（及物）（*hat*）**1.** ***etw. beschlägt etw.*** etw. bedeckt etw. mit e-r dünnen Schicht（物作主语）在…上蒙上薄薄一层：*Der Dampf hat die Fensterscheiben beschlagen* 薄薄一层水汽蒙着窗户玻璃；[Vi]（不及物）（*ist*）**2.** ***etw. beschlägt*** etw. bekommt e-e dünne Schicht *bes* aus Dampf od. Schimmel（物作主语）蒙着一层水汽或长了霉；[Vr]（反身）（*hat*）**3.** ***etw. beschlägt sich*** ≈ etw. beschlägt[2]（2）〈Metalle, Käse 金属，干酪〉：*Als er von draußen in das warme Zimmer kam, beschlug sich seine Brille* 当他从外面来到温暖的房间时，他的眼镜蒙上一层水汽

be·schla·gen[3] *Adj*（形）；*nicht adv*，*gespr*（不作状语）［口］；***b.*（*in etw.*（*Dat* 三格））** mit sehr guten Kenntnissen auf e-m bestimmten Gebiet（在某方面）有才学的，有丰富知识的：*e-e beschlagene Schülerin* 有才学的女学生；*in Kunstgeschichte*（*nicht*）*sehr b. sein* 在艺术史方面（不）很精通

be·schlag·nah·men；*beschlagnahmte*，*hat beschlagnahmt*；[Vt]（及物）**1.** ***etw. b.*** JUR【法】；j-m etw. in amtlichem, offiziellem Auftrag wegnehmen 没收，充公 ≈ konfiszieren〈die Beute, Möbel b. 没收赃物，家具〉：*Der Zöllner beschlagnahmte die Ware* 海关人员把货物没收了 **2.** ***j-n/etw. b.*** *gespr*［口］；j-n/etw. in Beschlag[3] nehmen 占用，使用 ‖ *zu*（义项）**1.** **Be·schlag·nah·mung** *die*；**Be·schlag·nah·me** *die*；*nur Sg*（只用单数）

be·schlei·chen; *beschlich*, *hat beschlichen*; [Vt] (及物) **etw. beschleicht j-n** *geschr* [书]; etw. erfasst od. ergreift j-n langsam u. unbemerkt (物作主语)逐渐侵袭,攫住,向…袭来 〈Furcht, Angst 恐惧,害怕〉

be·schleu·ni·gen; *beschleunigte*, *hat beschleunigt*; [Vt/i] (及物/不及物) **1.** (**etw.**) **b.** die Geschwindigkeit höher werden lassen 加速,加快〈das Tempo, die Fahrt b. 加快速度,加快行驶速度〉: *Als er nachts verfolgt wurde, beschleunigte er seinen Schritt* 当他夜间被人跟踪时,他加快了自己的步伐; *Dieses Auto beschleunigt in 15 Sekunden von 0 auf 100 Stundenkilometer* 这辆汽车能在15秒钟内把速度由零增加到每小时100公里; *Beim Überholen sollte man kräftig b.* 在超车时应该大大加速; [Vt] (及物) **2. etw. b.** den Ablauf e-s Vorgangs schneller werden lassen 加快〈e-e Arbeit, e-n Prozess b. 加快工作,加快进程〉: *Viel Wärme beschleunigt das Wachstum von Pflanzen* 过于暖和加速植物的生长; [Vr] (反身) **3. etw. beschleunigt sich** etw. wird schneller (物作主语)变快,加快,加速 〈das Tempo, die Atmung, ein Vorgang 速度,呼吸,进程〉: *Bei körperlicher Belastung beschleunigt sich der Puls* 在身体负重时脉搏加快

Be·schleu·ni·gung *die*; -, -*en* **1.** *nur Sg* (只用单数); das Beschleunigen (1) 〈die B. des Tempos 速度的加快〉 **2.** *nur Sg* (只用单数); das Beschleunigen (2) 〈die B. der Arbeit, e-s Vorgangs 加快工作,进程〉: *die B. der Bauarbeiten* 加快施工 **3.** der Grad, in dem ein Fahrzeug schneller werden kann 加速度 ‖ K-(复合): **Beschleunigungs-**, **-vermögen**

be·schlie·ßen[1]; *beschloss*, *hat beschlossen*; [Vt] (及物) **1. etw. b.** nach längerer Überlegung sich entscheiden od. bestimmen, was gemacht wird 对…作出决定,决定,确定,断定: *die Stillegung e-s Betriebes b.* 决定关闭企业; *Er beschloss, sich ein neues Auto* zu *kaufen* 他决定买一辆新汽车; *Sie beschloss*, dass *diese Lösung die beste sei* 她断定,这种解决办法是最好的 **2. etw. b.** etw. durch e-e Abstimmung festlegen 通过,决定〈ein Gesetz, e-n Antrag b. 通过一项法律,通过一项提案〉: *Die Regierung beschloss, die Renten* zu *erhöhen* 政府决定提高养老金; [Vi] (不及物) **3. über etw.** (*Akk* 四格) **b.** über etw. abstimmen (3)(对…)进行表决: *Das Parlament beschließt über die Gesetzesvorlage* 议会对法律草案进行表决; *Wir müssen heute* darüber *beschließen*, ob *der Verein aufgelöst werden soll* 今天我们必须对协会是否应该解散的问题进行表决 ‖ ▶ **Beschluss**

be·schlie·ßen[2]; *beschloss*, *hat beschlossen*; [Vt] (及物) **etw.** (**mit etw.**) **b.** *mst* e-e Veranstaltung (mit etw.) beenden (以…)结束: *ein Fest mit e-m Feuerwerk b.* 以燃放焰火结束庆祝活动

Be·schluss *der*; -*es*, *Be·schlüs·se*; **1. ein B.** (**über etw.** (*Akk* 四格)); **der B.** (+ **zu** + *Infinitiv* (不定式)) *mst* e-e offizielle Entscheidung einer od. mehrerer Personen, etw. zu tun 决定,决议: *auf/laut B. des Parlaments*, *der Versammlung* 根据议会的决议,根据会议的决定 ‖ -K (复合): **Gerichts-**, **Partei-**, **Regierungs-** **2. e-n B. fassen** *geschr* [书]; etw. beschließen, entscheiden 作出决定,作出决议 ‖ *zu* (义项) **2. Be·schluss·fas·sung** *die*; *mst Sg* (多用单数)

be·schluss·fä·hig *Adj* (形); *nicht adv* (不作状语); dazu berechtigt, e-n Beschluss zu fassen, weil genügend stimmberechtigte Mitglieder anwesend sind 达到法定人数的,有权作出决议的 ↔ beschlussunfähig 〈e-e Versammlung, das Parlament 会议,议会〉 ‖ *hierzu* (派生) **Be·schluss·fä·hig·keit** *die*; *nur Sg* (只用单数)

be·schmei·ßen; *beschmiss*, *hat beschmissen*; [Vt] (及物) **j-n/etw.** (**mit etw.**) **b.** *gespr* [口] ≈ bewerfen

be·schmie·ren; *beschmierte*, *hat beschmiert*; [Vt] (及物) **1. etw.** (**mit etw.**) **b.** Fett, Schmutz *o.Ä.* auf etw. bringen u. es damit schmutzig machen 弄脏 **2. etw.** (**mit etw.**) **b.** *pej* [贬]; e-e Fläche mit Parolen, Sprüchen *o.Ä.* bemalen 在…上乱写乱画,涂写: *Wände mit Sprüchen b.* 在墙上乱涂乱写格言

be·schmut·zen; *beschmutzte*, *hat beschmutzt*; [Vt] (及物) **1. j-n/etw.** (**mit etw.**) **b.** j-n/etw. schmutzig machen 弄脏 **2. j-n/etw. b.** j-n/etw. schlechtmachen 玷污,污辱〈das Ansehen, den Ruf, die Ehre e-r Person b. 玷污一个人的威望、名声、荣誉〉 ‖ *hierzu* (派生) **Be·schmut·zung** *die*

be·schnei·den; *beschnitt*, *hat beschnitten*; [Vt] (及物) **1. etw. b.** etw. mit e-r Schere *o.Ä.* kürzer machen 剪短,修剪〈e-e Hecke, die Rosen b. 修剪篱笆,修剪玫瑰(蔷薇); e-m Vogel die Flügel b. 剪短鸟的翅膀〉 **2.** (**j-m**) **etw. b.**; **j-n in etw.** (*Dat* 三格) **b.** etw., worauf j-d ein Recht hat, um e-n gewissen Teil od. Grad kürzen, reduzieren 限制,削减,降低 ≈ (j-m) etw./j-n in etw. einschränken 〈j-s Rechte, Freiheiten b. 限制某人的权利、自由〉: *Er wurde in seiner persönlichen Freiheit beschnitten* 他的人身自由受到限制,他在人身自由方面受到限制 **3. j-n b.** e-m Mann die Haut am vorderen Ende des Penis bzw. e-r Frau die Klitoris entfernen 给…施行割礼(给男人切包皮,给女人切阴蒂) ‖ *hierzu* (派生) **Be·schnei·dung** *die*

be·schnüf·feln; *beschnüffelte*, *hat beschnüffelt*; [Vt] (及物) **1. ein Tier beschnüffelt j-n/etw.** ein Tier hält die Nase dicht an j-n/etw. u. riecht (动物作主语)嗅,闻: *Der Hund beschnüffelte sein Futter* 狗闻了闻它的食物 **2. j-n/etw. b.** *gespr* [口]; versuchen, j-n/etw. kennenzulernen 试探,打量,打听 ‖ *hierzu* (派生) **Be·schnüf·fe·lung** *od* **Be·schnüff·lung** *die*

be·schnup·pern; *beschnupperte*, *hat beschnuppert*; [Vt] (及物) **1. ein Tier beschnuppert j-n/etw.** ein Tier beschüffelt j-n/etw.

(动物作主语)嗅,闻 **2. j-n/etw. b.** *gespr*[口]; versuchen, j-n/etw. kennenzulernen 试探,打量,打听

be·schö·ni·gen; *beschönigte, hat beschönigt*; Vt (及物) **etw. b.** etw. Negatives *mst* mit Worten so darstellen, dass es besser erscheint, als es in Wirklichkeit ist 美化,掩饰,粉饰〈e-n Fehler b. 掩饰错误〉: *Der Minister will die wirtschaftliche Lage nur b.* 部长只是想粉饰一下经济形势 ‖ *hierzu*(派生) **Be·schö·ni·gung** *die* ‖ ▶ **schön**

be·schrän·ken; *beschränkte, hat beschränkt*; Vt (及物) **1. etw. (auf etw.** (*Akk* 四格)) **b.** e-r Sache e-e Grenze setzen 限制,压缩,紧缩(在…内) ≈ begrenzen (2) 〈Ausgaben, Kosten, den Import, die Zahl der Teilnehmer b. 限制支出,压缩费用,限制进口,限制参加者的人数〉: *Die Redezeit ist auf 5 Minuten beschränkt* 发言时间限制在五分钟以内; *Die Zahl der Studienplätze bleibt weiterhin beschränkt* 大学生入学人数今后仍然受到限制 **2. j-n in etw.** (*Dat* 三格) **b.** ≈ j-n in etw. beschneiden (2) 〈j-n in seinen Rechten, in seiner Freiheit b. 限制某人的权利,某人的自由〉; Vr (反身) **3. sich (auf etw.** (*Akk* 四格)) **b.** den Verbrauch von etw. od. den Anspruch auf etw. reduzieren(把消费或要求)局限于,缩减到: *sich auf das Notwendigste b.* 把消费或要求局限于最必需的东西上

be·schrankt *Adj*(形); *nicht adv*(不作状语); mit Schranken 装有栏杆的〈*nur* ein Bahnübergang 铁路交叉道口〉

be·schränkt 1. *Partizip Perfekt*(过去分词); ↑ **beschränken 2.** *Adj*(形); *pej*[贬]; mit wenig Intelligenz 愚蠢的,头脑狭隘的,目光短浅的 ≈ dumm: *Nimm nicht alles ernst, was er sagt, er ist etwas b.* 他说的话你别全部都认真对待,他有点愚蠢 ‖ *zu*(义项) **2. Be·schränkt·heit** *die*; *nur Sg*(只用单数)

Be·schrän·kung *die*; -, -*en* **1.** *mst Sg*(多用单数); **die B.** (+ *Gen* 二格/**von etw.**) (**auf etw.** (*Akk* 四格)) das Beschränken (1) 〈die B. von Kosten, Ausgaben 限制费用,限制支出〉: *e-e B. der Kosten auf € 1000 verlangen* 要求把费用限制在 1000 欧元以内 ‖ -K(复合): **Geschwindigkeits-, Handels-, Import-, Preis-, Rüstungs- 2.** das Beschränken (2) e-r Person in ihren Rechten u. Freiheiten 限制(人的权利和自由)〈j-m Beschränkungen auferlegen 对某人加以种种限制〉 ‖ -K(复合): **Aufenthalts-, Freiheits-, Reise-**

be·schrei·ben; *beschrieb, hat beschrieben*; Vt (及物) **1. (j-m) j-n/etw. b.** die Merkmale e-r Person od. e-r Sache nennen, damit j-d e-e genaue Vorstellung davon bekommt (向…)描述,描写,描绘,说明〈etw. ausführlich, anschaulich, sorgfältig b. 详尽地,生动地(形象地),细致地描述某物〉: *Sie beschrieb der Polizei den Dieb so genau, dass diese ihn festnehmen konnte* 她向警察局详细地描述了小偷的特征,使警察局能够拘留小偷; *den Hergang e-s Unfalls b.* 描述事故的经过; *Können Sie uns b., wie das passiert ist?* 您能否向我们描述一下这件事是如何发生的? **2. etw. beschreibt etw.** etw. führt e-e bestimmte (*mst* kurvenförmige) Bewegung aus(物作主语)画,划,作: *Die Erde beschreibt e-e ellipsenförmige Bahn um die Sonne* 地球围绕太阳划一条椭圆形的轨迹 ‖ ID[谚] **etw. ist nicht zu b.** etw. (*z. B.* j-s Freude od. Entsetzen) ist äußerst groß od. stark(物作主语)(如:高兴或恐惧)无法形容,难以描述

Be·schrei·bung *die*; -, -*en*; **1.** das Beschreiben (1) **2.** e-e Aussage od. ein Bericht, die j-n/etw. beschreiben (1) 描述,叙述,说明〈e-e detaillierte, ausführliche B. von j-m/etw. geben 对某人/某物作详细的、详尽的叙述〉: *Seine B. trifft genau auf den Verdächtigen zu* 他的描述准确地勾勒了嫌疑人的特征 ‖ -K(复合): **Landschafts-, Personen-** ‖ ID[谚] **etw. spottet jeder B.** etw. ist äußerst schlimm od. schlecht 某事坏得无法形容,糟得无法形容

be·schrei·ten; *beschritt, hat beschritten*; Vt (及物) *geschr*[书] **1. andere/neue/bessere** *o. Ä.* **Wege b.** andere/neue *usw* Methoden finden u. ausprobieren, sich neu orientieren 另辟蹊径,开创新路,找到更好的道路: *neue Wege in der Wissenschaft b.* 在科学上开创新路 **2. den Rechtsweg b.** sich wegen e-s Streits od. e-s Problems an ein Gericht wenden 提起诉讼,诉诸法律 ‖ *hierzu*(派生) **Be·schrei·tung** *die*; *nur Sg*(只用单数)

Be·schrif·tung *die*; -, -*en*; die Zahlen, Namen od. Wörter, die man auf e-n Gegenstand schreibt, um ihn identifizieren zu können (用来识别物体的)文字说明,说明词,标记 ‖ *hierzu*(派生) **be·schrif·ten** *Vt*(及物) ‖ ▶ **Schrift** (2)

be·schul·di·gen; *beschuldigte, hat beschuldigt*; Vt (及物) **j-n (etw.** (*Gen* 二格)) **b.** behaupten, dass j-d etw. Negatives getan hat od. an etw. schuld ist 指责,谴责,指控,控告(犯有某种不良行为)〈j-n e-s Mordes, des Diebstahls b. 指控某人犯有谋杀罪,指控某人偷窃〉 ‖ *hierzu*(派生) **Be·schul·dig·te** *der/die*; -*n*, -*n*

Be·schul·di·gung *die*; -, -*en*; e-e Äußerung, mit der man j-m die Schuld für etw. gibt 指责,指控,控告〈Beschuldigungen gegen j-n erheben, vorbringen 对某人提出指控; e-e B. zurückweisen, von sich weisen 驳回指控,拒绝指控〉

be·schum·meln; *beschummelte, hat beschummelt*; Vt/i (及物/不及物) **(j-n) b.** *gespr*[口] ≈ betrügen

Be·schuss *der*; -*es*; *nur Sg*(只用单数) **1.** *mst* scharfe (öffentliche) Kritik von mehreren Personen(公众的)尖锐批评,攻击,抨击: *Der Minister geriet/stand wegen seiner Privatgeschäfte unter B.* 部长由于其私事而受到抨击 **2.** MIL【军】; intensives Schießen mit Waffen 射击,扫射,炮击〈j-n/etw. unter B. nehmen 射击某人/某物; unter B. liegen, stehen 遭到射击〉: *Die Soldaten nehmen/halten die Stadt unter B.* 士兵们对城市进行射击 ‖ -K(复合): **Artille-**

rie-* 3.** PHYS【物】; das Beschießen (3) von Atomkernen 轰击(原子核) ‖ -K(复合): ***Elektronen-

be·schụ̈t·zen; *beschützte, hat beschützt*; [Vt] (及物) ***j-n*** (***vor j-m/etw.***) ***b.*** ≈ schützen (1): *seine Kinder vor e-r Gefahr b.* 保护自己的孩子们免遭危险 ‖ *hierzu* (派生) **Be·schụ̈t·zer** *der*; *-s, -*; **Be·schụ̈t·ze·rin** *die*; *-, -nen*

be·schwạt·zen; *beschwatzte, hat beschwatzt*; [Vt] (及物) ***j-n*** (***zu etw.***) ***b.*** *gespr* [口] ≈ überreden (wollen)

Be·schwe̱r·de *die*; *-, -n* **1. *e-e B.*** (***gegen j-n/über j-n/etw.***) e-e mündliche od. schriftliche Äußerung, mit der man sich bei j-m über j-n/etw. beschwert[1] 诉苦,抱怨,提意见: *Er hat wegen des Lärms e-e B. gegen seinen Nachbarn vorgebracht* 他对他邻居的喧闹声提出意见,他由于喧闹声而抱怨他的邻居 **2. *e-e B.*** (***gegen etw.***) JUR【法】; ein Schreiben, mit dem man gegen den Beschluss e-s Gerichts od. e-r Behörde protestiert 申诉,上诉,控诉,抗议 ⟨B. einreichen, einlegen 提交申诉,提出抗议⟩ ‖ K-(复合): ***Beschwerde-***, ***-frist***, ***-schrift***

Be·schwe̱r·den *die*; *Pl* (复); die Probleme, die man aufgrund des Alters od. e-r Krankheit mit e-m Körperteil od. e-m Organ hat 病痛,不适,不舒服,苦痛 ⟨etw. macht, verursacht j-m B. 某事使某人不舒服⟩: *Ich darf keine fetten Speisen essen, sonst bekomme ich B. mit dem Magen* 我不能吃油腻的饭菜,要不我的胃就不舒服 ‖ -K(复合): ***Herz-***, ***Magen-***, ***Nieren-***, ***Schluck-***, ***Verdauungs-*** ‖ *hierzu* (派生) **be·schwe̱r·de·frei** *Adj* (形); *nicht adv* (不作状语)

be·schwe̱·ren[1], sich; *beschwerte sich, hat sich beschwert*; [Vr] (反身) ***sich*** (***bei j-m***) (***über j-n/etw.***) ***b.*** j-m mitteilen, dass man mit j-m/etw. überhaupt nicht zufrieden ist 诉苦,提意见,申诉,发牢骚,发泄不满 ≈ sich über j-n/etw. beklagen: *Sie beschwerte sich bei ihrem Chef* darüber, dass *sie viel zu viel Arbeit hatte* 她向她的上司诉苦,说她的工作太重了 ‖ ▶ ***Beschwerde***

be·schwe̱·ren[2]; *beschwerte, hat beschwert*; [Vt] (及物) ***etw.*** (***mit etw.***) ***b.*** etw. schwerer machen, indem man etw. hineintut, darauflegt *usw*, damit es fest an seinem Platz bleibt (用…)增加…的重量,(用…)压住: *e-n Fesselballon mit Sandsäcken b.* 用沙袋增加系留气球的重量; *Papiere mit Steinen b., damit sie der Wind nicht fortweht* 用石块把纸压住,使纸不被风吹走 ‖ *hierzu* (派生) **Be·schwe̱·rung** *die*

be·schwe̱r·lich *Adj* (形); mit großer Mühe verbunden 辛苦的,劳累的,费劲的,麻烦的,困难的 ≈ anstrengend, mühsam ⟨e-e Arbeit, e-e Aufgabe, e-e Reise 工作,任务,旅行⟩ ‖ *hierzu* (派生) **Be·schwe̱r·lich·keit** *die*

be·schwịch·ti·gen; *beschwichtigte, hat beschwichtigt*; [Vt] (及物) ***j-n/etw. b.*** bewirken, dass j-s Ärger, Zorn *o.Ä.* geringer wird 使安静(平静),安慰,抚慰,缓和,平息 ≈ beruhigen ⟨j-s Zorn, Hass b. 平息某人的愤怒,缓和某人的仇恨; die erhitzten Gemüter b. 使激动的情绪平静下来; e-e beschwichtigende Geste 抚慰的手势⟩: *Er versuchte, die streitenden Nachbarn zu b.* 他试图使发生争吵的邻居们安静下来 ‖ *hierzu* (派生) **Be·schwịch·ti·gung** *die*

be·schwị̣n·deln; *beschwindelte, hat beschwindelt*; [Vt] (及物) ***j-n b.*** *gespr* [口] ≈ anschwindeln

be·schwịngt *Adj* (形); lebhaft u. mit viel Schwung 轻快的,轻松愉快的,活泼的,有活力的 ⟨e-e Melodie, ein Rhythmus, e-e Stimmung, e-e Rede 旋律,节奏,情绪,谈话⟩ ‖ *hierzu* (派生) **Be·schwịngt·heit** *die*; *nur Sg* (只用单数)

be·schwịpst *Adj* (形); *gespr* [口]; in leicht betrunkenem Zustand 微醉的,有点醉意的 ≈ angeheitert

be·schwö̱·ren; *beschwor, hat beschworen*; [Vt] (及物) **1. *etw. b.*** schwören, dass etw. so war, wie man es behauptet 为…起誓,发誓: *Ich kann b., dass ich die Tür abgeschlossen habe* 我可以起誓,我把门锁上了 **2. *j-n b.*** + ***zu*** + *Infinitiv* (不定式) durch intensives Bitten zu erreichen versuchen, dass j-d etw. tut 恳求,恳请 ≈ j-n anflehen + zu + Infinitiv: *Er beschwor sie, bei ihm zu bleiben* 他恳求她留在他身边 **3. *j-n/etw. b.*** bes durch Magie versuchen, dass e-e höhere Macht ihren Einfluss ausübt od. aber ihren Einfluss aufgibt 用魔法召唤,驱走,祛除 ⟨die Götter, Geister, Dämonen b. 召唤神灵,驱走鬼神,祛除恶魔⟩ ‖ *hierzu* (派生) **Be·schwö̱·rung** *die*

be·se̱elt *Adj* (形); *nicht adv* (不作状语); **1.** mit e-r Seele 有灵魂的,有生命的,有感情的 ⟨ein Wesen 生物⟩ **2. *von etw. b.*** von etw. erfüllt 充满…的,满怀…的,受…鼓舞的 ⟨von e-r Hoffnung, von Idealismus *o.Ä.* b. 满怀希望的,受理想主义鼓舞的⟩

be·se̱·hen; *besieht, besah, hat besehen*; [Vt] (及物) ***j-n/etw. b.*** j-n/etw. aufmerksam u. genau betrachten 观看,观察,细看

be·se̱i·ti·gen; *beseitigte, hat beseitigt*; [Vt] (及物) **1. *etw. b.*** bewirken, dass etw. nicht mehr vorhanden ist 除去,清除,去掉,扫除,消除: *Abfall, e-n Fleck, ein Problem, Missstände, ein Missverständnis b.* 清除垃圾,除去污点,排除问题,消除弊病,消除误解; *Der Einbrecher beseitigte alle Spuren* 窃贼消灭了一切痕迹 **2. *j-n b.*** *gespr euph* [口][婉]; j-n ermorden 除掉,干掉,杀死: *e-n Gegner b.* 除掉(杀死)对手 ‖ *zu* (义项) **1. Be·se̱i·ti·gung** *die*; *nur Sg* (只用单数) ‖ ▶ ***Seite[2]***

Be̱·sen *der*; *-s, -* **1.** ein Gegenstand mit (zusammengebundenen) Borsten u. e-m langen Stiel, mit dem man kehren u. fegen kann 扫帚,笤帚: *den Hof mit dem B. fegen* 用扫帚打扫院子 ‖ K-(复合): ***Besen-***, ***-kammer***, ***-schrank***, ***-stiel*** ‖ -K(复合): ***Hand-*** **2.** *gespr pej* [口][贬]; verwendet als Schimpfwort für e-e Frau, die unfreundlich u. streitsüchtig ist 好吵架的女人，泼妇 ‖ ID［谚］*mst* 多用 ***Ich fresse e-n B., wenn das stimmt!*** *gespr*［口］；es würde mich sehr wundern, wenn das wahr ist 如果这是真的，我就把扫帚吞下去(要是真的，就砍我的头!)；***Neue Besen 'kehren gut*** verwendet, um auszudrücken, dass man *mst* von e-m neuen Angestellten od. Chef erwartet, dass er seine neue Aufgabe sehr gut erfüllt 新扫帚好扫地(意即：新来和尚勤撞钟，新官上任三把火)

be·ses·sen 1. *Partizip Perfekt*（过去分词）；↑ ***besitzen*** 2. *Adj*（形）；（***von etw.***）***b. sein*** etw. auf übertriebene Weise in den Mittelpunkt seines Lebens stellen 热衷，入迷，沉迷，迷恋于〈von e-r Idee, e-r Leidenschaft, e-m Wunsch b. sein 沉迷于一种想法，一股激情，一个愿望〉：*Er ist so sehr von seiner Arbeit b., dass er seine Familie völlig vernachlässigt* 他对自己的工作非常投入，以致完全忽略了自己的家庭 ‖ -K(复合)：***arbeits-, macht-, pflicht-*** 3. *Adj*（形）；（***von etw.***）***b.*** (wie) von Geistern beherrscht 着魔的，入迷的：*Er ist vom Teufel b.* 他着了魔；*Sie rannte wie b. davon* 她着了魔似地跑走了 4 *Adj*（形）；*nur adv*, *gespr*（只作状语）［口］；***wie b.*** sehr od. übertrieben eifrig 狂热，着迷似地：*Sie arbeitet / schreibt / übt wie b.* 她像入了迷似地工作/写作/训练 ‖ *hierzu*（派生）**Be·ses·sen·heit** *die*；*nur Sg*（只用单数）

be·set·zen；*besetzte*, *hat besetzt*；[Vt]（及物）1. ***etw. b.*** e-n Platz für sich od. für j-d anderen frei halten 占，保留，预订〈e-n Stuhl, e-n Tisch im Restaurant b. 在饭馆里预订椅子，桌子；e-n Platz im Bus, im Theater, neben sich für j-n b. 在公共汽车上，在剧场里，在自己旁边为某人占座位〉2. ***etw.***（***mit j-m***）***b.*** j-m e-e Stelle (2) geben 给…分配，分派，安排(人员)，让…担任〈ein Amt, e-n Posten (mit j-m) b. 让某人担任职务，职位〉：*e-e Rolle mit e-m bekannten Schauspieler b.* 让名演员担任一个角色 3. ***etw. mit etw. b.*** etw. als Ornament od. als Schmuck auf e-n Stoff nähen 把…缝(镶)上：*e-e Bluse mit Spitzen b.* 把花边镶在女上衣上，给女上衣镶上花边 4.〈Truppen *o. Ä.* 军队等〉***besetzen etw.*** MIL【军】；Truppen *o. Ä.* dringen in ein fremdes Gebiet ein u. bleiben dort, um die Macht der Eroberer auszuüben 占领，占据，侵占：*seine Truppen aus den besetzten Gebieten abziehen* 从被占领的地区撤回自己的军队 5. ***etw. b.*** sich längere Zeit an e-m Ort aufhalten, um e-e Forderung durchzusetzen od. um zu demonstrieren 占，占用，占据〈ein Baugelände, ein Haus, e-e Botschaft b. 占用建筑用地，占用房子，占据大使馆〉：*Demonstranten besetzten die Zufahrt zum Kernkraftwerk* 示威者占据了通往原子能发电厂的通道 6. ***ein Haus b.*** illegal in ein leerstehendes Haus einziehen, *bes* um zu verhindern, dass es abgerissen wird(非法)强占空房(阻挠拆除)

be·setzt 1. *Partizip Perfekt*（过去分词）；↑ ***besetzen*** 2. *Adj*（形）；*nur präd*, *nicht adv*（只作表语，不作状语）；***etw. ist b.*** etw. wird gerade von j-m benutzt(物作主语)有人占用，占着〈ein Stuhl, die Toilette 椅子，厕所〉3. *Adj*（形）；*nur präd*, *nicht adv*（只作表语，不作状语）；***etw ist b.*** etw. hat keine freien (Sitz) Plätze mehr(物作主语)满座，满员：*Der Zug war bis auf den letzten Platz b.* 列车全部满员 4. *Adj*（形）；*nur präd*, *nicht adv*（只作表语，不作状语）；〈das Telefon 电话〉***ist b.*** j-d telefoniert gerade 占线 5. *Adj*（形）；*nur präd*, *nicht adv*（只作表语，不作状语）；***j-d ist b.*** *gespr*［口］；j-d ist nicht zu sprechen, weil er gerade e-e Besprechung hat(人作主语)没空，正忙着

Be·setzt·zei·chen *das*；*nur Sg*（只用单数）；(beim Telefonieren) ein Lautsignal, das nach dem Wählen der Nummer ertönt, wenn diese nicht frei ist(电话)占线信号 ↔ Freizeichen

Be·set·zung *die*；-，*-en* 1. *nur Sg*（只用单数）；das Besetzen (1,2,4-6)：*die B. e-s Postens mit e-m Angestellten* 让一名职员担任职位；*die B. e-s Landes durch feindliche Truppen* 国家被敌军占领；*die B. e-s Hauses durch Jugendliche* 房子被青年人强占 ‖ -K(复合)：***Neu-***；***Haus-*** 2. *Kollekt*（集合）；alle Schauspieler, die *bes* in e-m Theaterstück die Rollen spielen 全体演出人员，演出班子：*die B. ändern* 更换演出人员；*ein Stück in neuer B. aufführen* 由新班子演出一个剧目

be·sich·ti·gen；*besichtigte*, *hat besichtigt*；[Vt]（及物）***etw. b.*** irgendwohin gehen u. etw. (genau) ansehen, um es kennen zu lernen 参观，视察，检查〈e-e Stadt, e-e Kirche, ein Haus b. 参观(或视察)城市，教堂，住房〉‖ ▶ ***Sicht*** (1)

Be·sich·ti·gung *die*；-，*-en*；das Besichtigen：*Die B. des Doms ist ab 10 Uhr möglich* 从10点可以参观大教堂 ‖ K-(复合)：***Besichtigungs-, -fahrt, -termin, -zeit*** ‖ -K(复合)：***Haus-, Kirchen-, Schloss-, Stadt-***

be·sie·deln；*besiedelte*, *hat besiedelt*；[Vt]（及物）***etw. b.*** in e-m nicht bewohnten Gebiet Häuser bauen, um dort zu leben 在…建立移民点，向…移民 ‖ *hierzu*（派生）**Be·sie·de·lung** *die*；*mst Sg*（多用单数）

be·sie·delt 1. *Partizip Perfekt*（过去分词）；↑ ***besiedeln*** 2. *Adj*（形）；*nicht adv*（不作状语）；（***irgendwie***）***b.*** mit (e-r gewissen Zahl von) Menschen, die dort leben 有人定居的，有人居住的〈dicht, dünn b. 人口稠密的，人口稀少的〉：*Japan ist ein sehr dicht besiedeltes Land* (= sehr viele Menschen leben dort)日本是一个人口很稠密的国家

be·sie·geln；*besiegelte*, *hat besiegelt*；[Vt]（及物）1. ***etw. b.*** e-e Vereinbarung für gültig erklären 宣布…有效，确认：*e-e Abmachung per*

Handschlag b. 用握手宣布达成协议 **2. *etw. besiegelt j-s Schicksal*** etw. bewirkt, dass etw. Schlimmes für j-n nicht mehr abzuwenden ist(物作主语)注定某人要倒霉: *Durch diesen groben Fehler war sein Schicksal besiegelt* 这个严重错误彻底决定了他的命运 ‖ *zu*(义项) **1. Be·sie·ge·lung** *die*

be·sie·gen; *besiegte, hat besiegt*; Vt(及物) **1. *j-n b.*** in e-m (Wett)Kampf mit j-m der Sieger sein 战胜,击败,赢 **2. *etw. b.*** etw. unter Kontrolle bekommen 克服,战胜,消除 ≈ überwinden ⟨Schwierigkeiten b. 克服,战胜困难; seine Müdigkeit b. 克服自己的疲劳; j-s Zweifel b. 打消某人的疑虑⟩ ‖ *zu* (义项) **1. Be·sieg·te** *der/die*; *-n, -n*

be·sin·gen; *besang, hat besungen*; Vt(及物) ***j-n/etw. b.*** j-n/etw. in e-m Lied (*mst* lobend) darstellen 歌颂,赞美,颂扬 ⟨e-n Helden, die Natur b. 歌颂英雄,赞美自然⟩

be·sin·nen, sich; *besann sich, hat sich besonnen*; Vr(反身) **1. *sich b.*** *geschr*[书]; seine Gedanken intensiv auf ein Problem konzentrieren 想,思考,考虑,思索 ≈ überlegen, nachdenken ⟨sich e-n Augenblick, kurz, e-e Weile b. 想一下,考虑片刻,考虑一会儿⟩: *Er fällte die Entscheidung, ohne sich lange zu b.* 他没有经过长时间的考虑就作出了决定 **2. *sich auf etw.*** (*Akk* 四格) ***b.*** etw. in die Erinnerung zurückrufen, sich e-r Sache bewusst werden 想起,回想起,记起,意识到: *Als er sich endlich auf seine Fähigkeiten besann, hatte er wieder Erfolg* 当他终于意识到自己的能力时,他又获得了成功 **3. *sich e-s anderen/Besseren b.*** *geschr*[书]; sich anders/für etw. Besseres entscheiden 改变主意/想出更好的办法

be·sinn·lich *Adj*(形); ⟨Gedanken, Worte 想法,话; e-e Feier, e-e Zeit 庆祝活动,时间⟩ so, dass sie einen zum Nachdenken bringen 使人沉思的,引人深思的,发人深省的,令人回味的 ≈ beschaulich ‖ *hierzu*(派生) **Be·sinn·lich·keit** *die*; *nur Sg*(只用单数)

Be·sin·nung *die*; *-*; *nur Sg*(只用单数) **1.** ≈ Bewusstsein (1) ⟨ohne/nicht bei B. sein 神志不清; wieder zur B. kommen 重新恢复知觉,又清醒了⟩: *Der Verletzte verlor die B.* 受伤者失去了知觉(昏厥了) **2.** ≈ Vernunft ⟨j-n zur B. bringen 使某人恢复理智; zur B. kommen 恢复理智⟩ **3.** ruhiges u. intensives Nachdenken über sich u. sein Tun od. über ein Thema 思索,冷静思考: *vor lauter Arbeit nicht zur B. kommen* 由于工作繁忙而不能静下来思考 **4.** der Prozess, bei dem man sich e-r Sache bewusst wird 思维,认识过程: *die B. auf das Wesentliche* 对本质的思维

be·sin·nungs·los *Adj*(形) **1.** ohne Bewusstsein (1) 失去知觉的,昏迷的,不省人事的 ≈ ohnmächtig **2. *b. vor etw.*** (*Dat* 三格) aufgrund e-r starken Aufregung nicht fähig zu denken 轻率的,莽撞的,昏头昏脑的: *b. vor Wut zuschlagen* 由于愤怒而莽撞地砰然关门 ‖ *zu* (义项)**1. Be·sin·nungs·lo·sig·keit** *die*; *nur Sg* (只用单数)

Be·sitz *der*; *-es*; *nur Sg*(只用单数) **1.** das, was j-d besitzt (1) 所有物,财产 ≈ Eigentum (1) ⟨privater, staatlicher B. 私有财产,国有财产; seinen B. vergrößern 增加自己的财产⟩: *Die Ware geht mit der Bezahlung in Ihren B. über* 商品付钱后就转归您所有; *Er verlor seinen ganzen B.* 他失去了全部财产 ‖ K-(复合): ***Besitz-, -anspruch*** ‖ -K(复合): ***Haus-, Land-*** **2.** JUR【法】; das, was j-d besitzt (2) 占有物 ‖ NB(注意): ↑ ***Eigentum*** (2) **3.** das Verfügen über etw., das man erworben od. bekommen hat 占有,拥有 ⟨etw. in seinen B. bringen 获得某物; im B. e-r Sache sein 拥有一件东西⟩: *im vollen B. seiner geistigen Kräfte sein* 智力毫无衰退,智力仍然非常敏锐; *Wie kam er in den B. der geheimen Dokumente?* 他是怎样弄到秘密文件的? **4. *von etw. B. nehmen/ergreifen*** *geschr*[书]; etw. nehmen, um es allein zu haben u. besitzen (1)(独自)占有某物,占用某物

be·sitz·an·zei·gend *Adj*(形); *nur in* 只用于 ***besitzanzeigendes Fürwort*** ≈ Possessivpronomen

be·sit·zen; *besaß, hat besessen*; Vt(及物) **1. *etw. b.*** über etw. Materielles verfügen, das man erworben od. bekommen hat 有,拥有 ⟨ein Haus, e-n Hof, ein Grundstück, ein Auto, viel Geld, Aktien b. 有一幢房子,一个院子,一块地皮,一辆汽车,很多钱,股票⟩ **2. *etw. b.*** JUR【法】; die tatsächliche Herrschaft od. Gewalt über etw. haben (auch ohne Eigentümer zu sein) 占有(实际支配或控制) **3. *etw. b.*** e-e Eigenschaft, Qualität od. ein Wissen haben 具有,享有,有(特性,品质或知识) ⟨Fantasie, Talent, Mut, Geschmack b. 有想象力,才能,勇气,鉴赏(欣赏)能力; die Frechheit, die Fähigkeit b., etw. zu tun 恣意干某事,有能力干某事⟩: *Er besitzt gute Sprachkenntnisse* 他有良好的语言知识 **4. *etw. besitzt etw.*** etw. ist mit etw. ausgerüstet od. versehen(物作主语)装有,备有: *Dieses Auto besitzt e-e Servolenkung* 这辆汽车装有自动转向装置 ‖ NB(注意): *zu* (义项) **1.-4.**: kein Passiv(不用被动语态)!

Be·sit·zer *der*; *-s, -* **1.** j-d, der etw. besitzt (1)所有者,占有者,持有者,物主: *Das Restaurant wechselte den B.* 饭馆更换了店主; *Er ist stolzer B. e-s Reitpferdes* 他是一匹坐骑的骄傲的所有者(主人) ‖ K-(复合): ***Besitzer-, -wechsel*** ‖ -K(复合): ***Fabrik-, Haus-*** **2.** JUR【法】; j-d, der etw. besitzt (2) 占有者 ‖ *hierzu*(派生) **Be·sit·ze·rin** *die*; *-, -nen*

Be·sitz·tum *das*; *-s, Be·sitz·tü·mer*; *geschr*[书]; **1.** *nur Sg, Kollekt*(只用单数,集合); alles, was j-d besitzt (1)财富,财产 **2.** *mst Pl* (多用复数); die Grundstücke u. die Gebäude, die j-d, e-e Institution *o. Ä.* besitzt (1)产业,房地产,不动产: *die Besitztümer der Kirche* 教会的产业

Be·sitz·ver·hält·nis·se *die*; *Pl*(复) **1.** das System der Verteilung von materiellen Gütern

u. Geld in e-r Gesellschaft 占有关系，分配制度：*Die ungerechten B. waren e-e Ursache für die Revolution* 不公平的占有关系是革命的原因 **2.** der rechtliche Status u. die Ordnung e-s Besitzes (1) 财产占有关系：*Die B. dieser Firma sind schwer zu durchschauen* 这家公司的财产法律地位难以看清

be·sof·fen 1. *Partizip Perfekt* (过去分词)；↑ ***sich besaufen*** **2.** *Adj* (形)；*gespr!* [粗]；völlig betrunken 醉醺醺的，酩酊大醉的 ‖ *zu* (义项)**2. Be·sof·fe·ne** *der/die*；*-n*，*-n*

be·soh·len；*besohlte*，*hat besohlt*；[Vt] 及物 ***etw. b.*** (neue) Sohlen an Schuhe *o.Ä.* machen 给(鞋子等)配底，换底，钉鞋掌：*Stiefel neu b. lassen* 让人给靴子重新配底

Be·sol·dung *die*；*-*，*-en*；*mst Sg* (多用单数)；das Geld, das *bes* Soldaten u. Beamte für ihre Arbeit bekommen 薪水，薪饷，工资 ‖ *hierzu* (派生) **be·sol·den** (*hat*) *Vt* (及物) ‖ ▶ ***Sold***

be·son·de·r- *Adj* (形)；*nur attr*，*ohne Steigerung*，*nicht adv* (只作定语，无变级，不作状语) **1.** sich vom Gewöhnlichen, Normalen unterscheidend 特殊的，特别的，与众不同的，不同寻常的 ≈ außergewöhnlich ⟨unter besonderen Umständen 在特殊的情况下⟩：*keine besonderen Vorkommnisse* 没有特别的事件；*keine besonderen Merkmale/Kennzeichen* 没有特别的标志/特征 **2.** von e-r spezifischen Art 专门的，特别的，特殊的 ≈ speziell ⟨e-e Ausbildung, Fähigkeiten 培训，能力⟩：*Für diese Tätigkeit benötigen Sie e-e besondere Ausbildung* 要干这种工作(职业)，您需要进行专门训练 **3.** besser od. schöner als der Durchschnitt 特别的，特异的⟨Qualität, e-e Leistung 质量，成绩⟩：*Die Landschaft der Insel Capri ist von besonderer Schönheit* 卡普里岛的风景特别美 **4.** stärker od. intensiver als normal 特别的，极度的，非常的 ≈ groß ⟨Freude, Mühe 高兴，劳累⟩：*sich e-r Aufgabe mit besonderer Sorgfalt widmen* 特别认真地献身于一项任务 **5.** ***im Besonderen*** ≈ besonders[2]

Be·son·der·heit *die*；*-*，*-en*；ein Merkmal od. e-e Eigenschaft, worin sich etw. von etw. anderem (deutlich) unterscheidet 特点，特色，特性 ≈ Eigenart：*die Besonderheiten der deutschen Sprache in Österreich* 奥地利德语的特点

be·son·ders[1] *Adv* (副) **1.** stärker od. intensiver als normal 特别地，着重地，尤其 ≈ nachdrücklich ⟨etw. b. betonen, hervorheben 特别强调，突出某物⟩ **2.** getrennt von anderen Dingen 单独地，分开地 ≈ separat：*Dieses Thema müssen wir später b. behandeln* 这个题目我们以后必须单独加以论述 **3.** verwendet, um Adjektive zu verstärken(加强形容词语义)特别，极其，非常 ≈ sehr：*Das Buch ist b. interessant* 这本书特别有趣；*Sie ist b. nett* 她特别可爱，特别招人喜欢 **4.** ***nicht b.*** *gespr* [口]；nicht gut, eher schlecht 不怎么样，不怎么好：*Ich fühle mich heute gar nicht b.* 今天我感觉身体不怎么好；*Seine Leistungen waren nicht b.* 他的成绩不怎么好

be·son·ders[2] *Partikel* (小品词)；*betont u. unbetont* (重读和非重读)；verwendet, um e-n Teil des Satzes hervorzuheben(强调句子的某一成份)特别，尤其 ≈ vor allem：*B. im Januar war es diesen Winter sehr kalt* 这个冬天尤其是一月很冷；*Er isst gerne Obst, b. Äpfel u. Birnen* 他喜欢吃水果，尤其是苹果和梨

be·son·nen 1. *Partizip Perfekt* (过去分词)；↑ ***besinnen*** **2.** *Adj* (形)；ruhig u. vernünftig 深思熟虑的，沉着镇定的，谨慎的，审慎的⟨ein Mensch, ein Verhalten 人，行为⟩ ‖ *hierzu* (派生) **Be·son·nen·heit** *die*；*nur Sg* (只用单数)

be·sor·gen；*besorgte*，*hat besorgt*；[Vt] (及物) **1.** (***j-m***) ***etw. b.*** bewirken od. arrangieren, dass j-d etw. erhält(给…)搞到，弄到，办到≈beschaffen[1] (2) ⟨e-e Theaterkarte, ein Hotelzimmer, ein Taxi b. 弄到一张戏票，设法预订旅馆客房，设法叫到出租汽车⟩ *Kannst du (mir) Zigaretten b.?* 你能不能(给我)弄到香烟?；*Er will seinem Sohn e-e Stelle bei der Post b.* 他想给他儿子在邮局谋个职位 **2.** ***etw. b.*** e-e Aufgabe ausführen 办理，处理，完成 ≈ erledigen：*Die Übersetzung des Romans besorgte der Autor selbst* 长篇小说的翻译是由作者自己完成的

Be·sorg·nis *die*；*-*，*-se*；*mst Sg* (多用单数)；***B.*** (***um j-n/etw.***) ein Zustand, in dem man sich wegen e-r Person/Sache Sorgen macht 担心，忧虑，担忧 ↔ Sorglosigkeit ⟨mit tiefer, ernster, echter B. 深感忧虑地，十分担心地，确实担忧地；in B. geraten, sein 感到担心，感到忧虑；etw. erregt (j-s) B. 某事引起(某人的)忧虑；es besteht kein Anlass/Grund zur B. 没有什么理由/原因好担心的⟩

be·sorg·nis·er·re·gend, **Be·sorg·nis er·re·gend** *Adj* (形)；so, dass man sich darüber große Sorgen macht 令人忧虑的，使人担心的⟨j-s Aussehen, Zustand ist b. 某人的脸色，健康状况令人担扰⟩

be·sorgt 1. *Partizip Perfekt* (过去分词)；↑ ***besorgen*** **2.** *Adj* (形)；***b.*** (***um j-n/wegen etw.*** (*Gen/gespr auch Dat* 二格/[口]也用三格)) voll Sorge (为…)担忧的，担心的，忧虑的⟨um j-s Sicherheit, Leben b. sein 为某人的安全担心，为某人的生命担忧⟩：*der um seinen Sohn besorgte Vater* 为自己的儿子担忧的父亲；*Der Arzt ist wegen ihres hohen Blutdrucks b.* 医生为她的高血压担忧 **3.** *Adj* (形)；***b.*** (***um j-n/etw.***) ***sein*** *geschr* [书]；sich Mühe geben, für j-n Gutes zu tun (为…)操心，操劳，照顾，照料⟨um j-n, um j-s Gesundheit, Zufriedenheit b. sein 为某人，为某人的健康，为使某人满意而操劳(操心)⟩

Be·sor·gung *die*；*-*，*-en* **1.** ***e-e B./Besorgungen machen*** etw. einkaufen 购买，置办：*Für Weihnachten muss ich noch ein paar Besorgungen machen* 我还要为圣诞节买些东西 **2.** *nur Sg* (只用单数)；das Besorgen (2) e-r Aufgabe od. e-r Angelegenheit 办理，处理，完成，料理

be·span·nen；*bespannte*，*hat bespannt*；[Vt] (及物) **1.** ***etw.*** (***mit etw.***) ***b.*** ein Tuch, Stoff, Papier *o.Ä.* über/auf etw. spannen 给…绷上，盖上，蒙上(布，纸等)：*e-e Gitarre mit neuen Saiten b.* 给吉他装上新琴弦 **2.** ***etw.*** (***mit etw.***)

b. Zugtiere vor e-m Wagen festmachen 套(车),给(车)套上(役畜): *e-e Kutsche mit zwei Pferden b*. 给一辆马车套上两匹马

Be·span·nung *die*; -, *-en*; das Material (*z. B.* der Stoff), mit dem ein Gegenstand bespannt (1) ist 遮挡(盖)材料

be·spiel·bar *Adj* (形); in e-m Zustand, dass man darauf ein Ballspiel machen kann 可用来进行比赛的,可供比赛用的〈ein Spielfeld 运动场,赛场〉: *Der Tennisplatz war kurze Zeit nach dem Gewitter wieder b*. 网球场在雷雨过后不久又可以进行比赛了

be·spie·len; *bespielte*, *hat bespielt*; Vt (及物) ***etw.*** (***mit etw.***) ***b***. Musik *o. Ä.* auf e-m Tonband od. e-r Kassette speichern 给…录音,录制: *e-e bespielte Kassette* 录了音的盒式磁带

be·spit·zeln; *bespitzelte*, *hat bespitzelt*; Vt (及物) ***j-n b***. *pej* [贬]; (als Spion) heimlich beobachten, was j-d tut(作为密探)暗中察看,窥伺 ‖ *hierzu* (派生) **Be·spit·ze·lung** *die* ‖ ▶ ***Spitzel***

be·spöt·teln; *bespöttelte*, *hat bespöttelt*; Vt (及物) ***j-n/etw. b***. über j-n/etw. spöttisch od. verächtlich reden 嘲笑,讥讽,嘲弄 ‖ *hierzu* (派生) **Be·spöt·te·lung** *die*

be·spre·chen; *bespricht*, *besprach*, *hat besprochen*; Vt (及物) **1**. ***etw.*** (***mit j-m***) ***b***. mit anderen über etw. sprechen(与…)商谈,商议,讨论,商讨,谈论: *ein Problem mit e-m Kollegen b*. 同一位同事谈一个问题; *Sie besprachen, wohin die Reise gehen sollte* 他们商议了旅行应该到哪里去 **2**. ***etw. b***. *bes* schriftlich seine kritische Meinung zu etw. äußern 评论 ≈ rezensieren 〈e-n Film, ein Buch, ein Konzert in e-r Zeitung, im Rundfunk b. 在报纸上,在广播电台评论一部影片、一本书、一次音乐会〉; Vr (反身) **3**. ***sich*** (***mit j-m***) (***über etw.*** (*Akk* 四格)) ***b***. mit j-m über etw. reden(与…)商谈,商议,讨论,商讨(有关…) ≈ sich beraten: *Wir müssen uns noch mit e-m Fachmann über den Umbau des Hauses b*. 我们还要同专家商讨有关房屋改建的事

Be·spre·chung *die*; -, *-en* **1**. das Besprechen (1) 〈die B. e-s Problems 商谈问题〉 **2**. ***e-e B.*** (***über etw.*** (*Akk* 四格)) e-e Zusammenkunft od. Sitzung, bei der etw. besprochen (1) wird 讨论,商讨,磋商,会谈 〈e-e B. ansetzen, abhalten 安排,举行一次讨论; auf e-r B. sein 参加讨论; e-e B. haben 有一次会晤〉 **3**. ein Text, in dem etw. besprochen (2) wird 评论 ≈ Rezension, Kritik (2) 〈die B. e-s Buches, e-s Films 对一本书、一部影片的评论〉 ‖ -K (复合): ***Buch-***, ***Film-***

be·sprit·zen; *bespritzte*, *hat bespritzt*; Vt (及物) ***j-n/etw.*** (***mit etw.***) ***b***. j-n/etw. nass machen od. mit etw. bedecken, indem man mit etw. spritzt(用…)溅湿,洒湿,溅污: *j-n mit Wasser b*. 用水溅湿某人

be·sprü·hen; *besprühte*, *hat besprüht*; Vt (及物) ***etw. b***. etw. auf etw. sprühen 喷洒: *Pflanzen mit Wasser b*. 用水喷洒植物,用水浇植物 ‖ *hierzu* (派生) **Be·sprü·hung** *die*; *nur Sg* (只用单数)

be·spu·cken; *bespuckte*, *hat bespuckt*; Vt (及物) ***j-n/etw. b***. ≈ anspucken

bes·ser *Adj* (形) **1**. ***b***. (***als j-d/etw.***) verwendet als Komparativ zu *gut* (用作 *gut* 的比较级) 较好的,比…好的: *Heute ist das Wetter b. als gestern* 今天天气比昨天好; *Erzähl du diesen Witz, du kannst das b. als ich!* 你来讲一下这个笑话,你会讲得比我好! **2**. von hoher Qualität (指质量方面)更好的 *ein besseres Hotel* 一家较好的旅馆 **3**. *nur attr*, *nicht adv*, *mst iron* (只作定语,不作状语)多用[讽]; zu e-r hohen sozialen Schicht gehörig 属于较高社会阶层的 〈die besseren Leute 社会地位较高的人; nur in besseren Kreisen verkehren 只与上层人士来往,只出入于上流社会; etw. Besseres sein wollen 想当上层人物,想出人头地〉 **4**. *nur attr*, *nicht adv*, *gespr pej* (只作定语,不作状语)[口][贬]; verwendet, um j-n/etw. abzuwerten 好不了多少≈ nicht (viel) mehr als: *Er ist nur ein besserer Hilfsarbeiter* 他未必比辅助工好多少; *Das Haus ist e-e bessere Hütte* 这房屋比茅舍好不了多少 **5**. *nur adv* (只作状语) ≈ lieber: *Ich glaube, wir sollten b. gehen* 我认为我们最好是去 **6**. ***j-m geht es*** (***wieder***) ***besser*** jd ist nicht (mehr) so krank, fühlt sich (wieder) wohler u./od. hat (wieder) weniger Probleme 某人(病情,情况)(又)好些了,好转了 ↔ j-m geht es schlechter ‖ ID [谚] ***um so/desto b***. *gespr* [口]; verwendet, um j-m gegenüber seine Zufriedenheit über e-e Nachricht auszudrücken 那就更好了; ***b. ist b***. *gespr* [口]; man kann nicht vorsichtig genug sein 还是小心点好,谨慎为好; ***b.*** (***gesagt***) mit genaueren Worten 确切地说; *mst* 多用 ***j-d hat Besseres zu tun*** j-d hat keine Zeit für j-n/etw. od. keine Lust zu etw. 某人还有更重要的事情要做(即:对别的没有时间,没有兴趣;不想干)

bes·ser·ge·hen ↑ ***besser*** (5)

bes·ser·ge·stellt *Adj* (形); *nicht adv* (不作状语); *mit mehr / relativ viel Geld* 有很多钱的,经济条件好的,阔绰的; *bessergestellte Mieter suchen* 找有钱的房客

bes·sern; *besserte*, *hat gebessert*; Vt (及物) **1**. ***etw. bessert j-n*** etw. bewirkt, dass j-s Charakter od. Verhalten besser wird(物作主语)使改正,使转变,使悔改,使变好: *Die Erziehung im Internat hat ihn auch nicht gebessert* 寄宿学校的教育也没有使他有所转变; Vr (反身) **2**. ***etw. bessert sich*** etw. kommt in e-n besseren Zustand od. erreicht ein höheres Niveau(物作主语)变好,好转,改进,改善 ↔ etw. verschlechtert sich 〈das Wetter, die Gesundheit, e-e Leistung 天气,健康,成绩〉: *Seine finanzielle Lage bessert sich nur langsam* 他的经济状况只是在慢慢好转 **3**. ***sich b***. sich in bestimmter Hinsicht besser verhalten 改正,改过: „*Du rauchst ja schon wieder!*" – „*Ich werde versuchen, mich zu b*." "你又抽上烟了!"——"我会设法改正过来。"

bes·ser·ste·hen, sich; *stand sich besser*, *hat*

sich bessergestanden; Vr(反身) ***j-d steht sich besser*** j-d hat jetzt mehr Geld (人作主语)经济条件好了,钱包鼓了,手头宽裕了,有更多的钱了

Bes.se.rung *die*; -; *nur Sg*(只用单数) **1.** der Übergang in e-n erwünschten (besseren) Zustand 好转,改善,变好 ⟨e-e gesundheitliche, wirtschaftliche, soziale B. 健康好转,经济好转,社会情况好转; e-e B. der Lage 形势的好转⟩: *Der Kranke ist auf dem Wege der B.* 病人正在逐渐康复; *Auf dem Arbeitsmarkt ist e-e B. eingetreten* 劳动市场出现转机 ‖ -K(复合): ***Wetter-*** **2.** ***Gute B.!*** verwendet, um e-m Kranken zu wünschen, dass er bald wieder gesund wird 祝你早日恢复健康! 祝你早日康复! ⟨j-m gute B. wünschen 祝愿某人早日康复⟩

Bes.ser.wis.ser *der*; *-s*, *-*; *pej*[贬]; j-d, der glaubt, (immer) alles besser zu wissen 自作聪明的人,自以为是的人,好为人师的人 ‖ *zu* ***Besserwisserei*** ↑ ***-ei***

bes.t- *Adj*(形) **1.** verwendet als Superlativ zu *gut*(用作 *gut* 的最高级)最好的,最优秀的: *Das ist der beste Wein, den ich je getrunken habe* 这是我所喝过的最好的葡萄酒; *Dieses Kleid gefällt mir am besten* 这件连衣裙我最喜欢; *Er ist der Beste seiner Mannschaft* 他是他那个运动队中最优秀的 ‖ K-(复合): ***best-***, ***-bezahlt***, ***-informiert*** **2.** sehr gut, optimal 很好的,最佳的: *bei bester Gesundheit sein* 健康情况良好,非常健康; *Wir sind die besten Freunde* 我们是最要好的朋友; *Das Wetter war nicht gerade das beste* (= war ziemlich schlecht) 天气并不很好 ‖ K-(复合): ***Best-***, ***-zustand*** **3.** in sehr hoher sozialer Stellung 属于上层社会的,有较高社会地位的: *aus bestem Hause, aus besten Verhältnissen stammen* 出身上层人家,出身显贵(豪门) **4.** ***Es ist das Beste*** (, ***wenn ...***) *gespr* [口]; es ist sinnvoll od. angebracht 最好是: *Es ist das Beste, wenn du nach Hause gehst, bevor es dunkel wird* 最好是天黑以前你就回家; *Ich glaube, es ist das Beste, du überlegst dir das noch mal* 我认为,最好是你把这事再考虑一下 **5.** ***am besten*** verwendet, um auszudrücken, dass etw. die vernünftigste Lösung ist 最好: *Du gehst jetzt am besten ins Bett, damit du morgen ausgeschlafen bist* 你现在最好去睡觉,以便明天能头脑清醒 **6.** ***aufs Beste/beste*** sehr gut 最好,非常好 ⟨aufs Beste/beste vorbereitet 作了最好的准备⟩ ‖ ID [谚] *mst* 多用 ***mit j-m steht es nicht zum Besten*** *gespr* [口]; j-d hat gesundheitliche, persönliche od. finanzielle Probleme 某人的(健康、私事或经济)情况并不很好,并不妙; ***das Beste ist für j-n gerade gut genug*** *oft iron* 常用[讽]; verwendet, um auszudrücken, dass j-d sehr hohe Ansprüche stellt 某人很苛求、想要最好的; ***sein Bestes geben*** etw. so gut wie möglich tun 尽最大努力; ***das Beste aus etw. machen*** in e-r ungünstigen Situation dennoch etw. Positives erreichen 变不利为有利,变逆境为顺境; ***etw. zum Besten geben*** *mst* Erlebnisse od. Anekdoten erzählen, *bes* um die Leute zu unterhalten 讲述(趣闻轶事)以供助兴; ***j-n zum Besten haben/halten*** j-n (auf spöttische Weise) ärgern u. lächerlich machen 戏弄、嘲弄、耍笑某人

Be.stand *der*; *-(e)s*, *Be.stän.de*; **1.** *nur Sg*(只用单数); das Existieren e-r Sache zu e-m gewissen Zeitpunkt u. in der Zukunft 生存,存在;持续 ≈ Fortdauer ⟨etw. hat keinen B. 某物不能生存(下去); etw. ist von (kurzem) B. 某物能(短期)生存⟩: *Der B. des Betriebes ist bedroht* 企业的生存受到威胁 **2.** ***der B.*** (***an etw.*** (*Dat* 三格) (*Kollekt od Pl* 集合或复数)) die Menge an Gütern, Geld od. Waren(货物、金钱或商品的)现有量,贮存数 ≈ Vorrat ⟨der B. an Waren, Vieh 存货,牲畜存栏数⟩ ‖ K-(复合): ***Bestands-***, ***-liste*** ‖ -K(复合): ***Baum-***, ***Bücher-***, ***Vieh-***, ***Wald-***, ***Waren-***

be.stan.den *Partizip Perfekt*(过去分词); ↑ ***bestehen***

be.stän.dig *Adj*(形) **1.** so, dass es sich nicht (schnell) ändert 固定的,不变的,稳定的 ≈ stabil ⟨ein Zustand, das Wetter 状态,天气⟩ **2.** lange dauernd 持久的,经常的,经久的,不断的 ⟨Regen, Glück 雨,幸福⟩: *Während unseres Urlaubs regnete es b.* 在我们休假期间连绵不断地下雨 **3.** ***b. gegen etw.*** so beschaffen, dass es nicht zerstört od. angegriffen wird 不受腐(侵)蚀的,耐…的: *Platin ist b. gegen Säure* 白金耐酸 ‖ *hierzu*(派生) ***Be.stän.dig.keit*** *die*; *nur Sg*(只用单数)

-be.stän.dig *im Adj*, *begrenzt produktiv*(构成形容词,构词有限); drückt aus, dass etw. gegen das im 1 Wortteil Genannte widerstandsfähig od. davor geschützt ist 防…的,抗…的,耐…的; ***feuerbeständig***, ***hitzebeständig*** ⟨ein Material, Plastik 材料,塑料⟩, ***korrosionsbeständig***, ***säurebeständig***, ***wetterbeständig*** ⟨e-e Farbe 颜料,涂料,漆⟩, ***temperaturbeständig***, ***frostbeständig***, ***kältebeständig*** ⟨Pflanzen 植物⟩ ‖ *hierzu*(派生) ***-be.stän.dig.keit*** *die*; *nur Sg*(只用单数)

Be.stands.auf.nah.me *die* **1.** das Feststellen und Kategorisieren des Bestandes (2) 盘货,清点库存 ≈ Inventur: *Bevor für die Bibliothek neue Bücher gekauft werden, muss e-e B. gemacht werden* 在给图书馆购买新书以前,要清点一下现有存书量 **2.** e-e kritische Analyse der Ereignisse, die zur gegenwärtigen Situation führten 对现状的逐点评析,剖析: *Der Parteitag begann mit e-r B. durch den Vorsitzenden* 党代会开始时,主席分析了目前的形势

Be.stand.teil *der*; ein Teil e-s kompletten Ganzen(一个整体的)组成部分 ≈ Komponente ⟨etw. ist ein wesentlicher B. von etw. 某物是某物的重要组成部分; etw. in seine Bestandteile zerlegen 将某物分解成几个部分⟩: *Eiweiße u. Fette sind wichtige Bestandteile der Nahrung des Menschen* 蛋白与脂肪是人的营养的重要组成部分 ‖ ID[谚] ***etw. löst sich*** (*Akk* 四格) ***in seine Bestandteile auf*** *gespr hum*[口][诙]; etw. geht kaputt od. verschwindet (3)某物坏了,散架了,不见了

be.stär.ken; *bestärkte*, *hat bestärkt*; Vt(及

物) ***j-n* (*in etw*. (*Dat* 三格)) *b*./*j-n b*. + *zu*** + *Infinitiv* (不定式) j-m sagen od. zeigen, dass man seine Haltung od. seine Pläne für richtig hält (u. ihn ermuntern, dass er dabeibleibt)支持,肯定(某人的态度或计划),使增强…〈j-n in seinem Glauben, in seiner Annahme b.更坚定了他的信念,支持他的假设〉‖ *hierzu* (派生) **Be·stär·kung** *die* ‖ ▶ ***stark*** (2)

be·stä·ti·gen; *bestätigte*, *hat bestätigt*; [Vt] (及物) **1. *etw. b.*** von e-r Aussage sagen, dass sie richtig ist 证实,确认 ↔ bestreiten, widerrufen 〈e-e Aussage, Behauptung, Nachricht, Meldung offiziell, schriftlich b.正式地,用书面形式证实某一证词、论断、消息、报道〉: *Die Agentur bestätigt, dass die Züge heute wegen e-s Streiks nicht fahren* 通讯社证实,今天火车因罢工而停开 **2. *etw. b.*** erklären, dass etw. gültig ist 认可,批准,确认〈ein Urteil b.确认一项判决〉 **3. *etw. bestätigt etw.*** etw. zeigt, dass e-e Vermutung richtig ist (物作主语) 证实 ↔ etw. widerlegt etw. 〈etw. bestätigt e-n Verdacht, e-e Vermutung, e-e Theorie, e-e Annahme 某事证实某种怀疑、猜测、理论、假设〉 **4. *etw. b.*** *geschr* [书]; j-m mitteilen od. bescheinigen, dass man etw. erhalten hat 确认(收到某物)〈den Eingang e-s Schreibens, e-s Briefes b.来文,来函收悉; e-n Auftrag b.确认收到定单〉 **5. *etw. bestätigt j-n in etw.*** (*Dat* 三格) etw. zeigt j-m, dass seine Vermutung richtig war (物作主语) 证实…的猜测 ≈ etw. bestärkt j-n in etw.: *Die Katastrophe bestätigte ihn in seiner Skepsis gegenüber der Technik* 这次灾难证实了他对该项技术的疑虑 **6. *j-n* (*in etw*. (*Dat* 三格)) (*als etw*.) *b*.** offiziell erklären, dass man j-n in e-m Amt, in e-r Stellung weiterhin haben will 正式确认留任某人: *Die Mitgliederversammlung bestätigte ihn* (*in seiner Funktion*) *als Präsident des Vereins* 会员大会认可他继续担任本协会主席; [Vr] (反身) **7. *etw. bestätigt sich*** etw. erweist sich als richtig (物作主语) 得到证实: *Der Verdacht auf Krebs hat sich* (*nicht*) *bestätigt* 对癌症的怀疑已被(未被)证实

Be·stä·ti·gung *die*; -, *-en* **1.** das Bestätigen (1,2,4): *die B. e-r Nachricht, e-s Urteils, e-s Verdachts* 证实一条消息,确认一项判决,证实某种怀疑 **2.** das Bestätigen (6) e-r Person in ihrem Amt 认可,确认(一个人员的职务): *seine B. als Vorsitzender* 确认他留任主席 **3. *e-e B.* (*über etw*. (*Akk* 四格))** ein Schriftstück od. e-e mündliche Erklärung, die etw. bestätigen (1) (书面或口头的) 证明〈e-e B. ausstellen, vorlegen 开具,出示证明〉 **4.** etw., das e-e Vermutung *o.Ä.* bestätigt (3) 证实(某种猜测) **5. *e-e B.* (*über etw*. (*Akk* 四格))** ADM *geschr* 【管理】[书]; e-e mündliche od. schriftliche Erklärung, die etw. bestätigt (4) (口头或书面的) 确认: *e-e B. über den Erhalt der Ware* 收到一批货的确认书 ‖ -K (复合): ***Empfangs-*** **6. *etw. findet seine B.*** etw. erweist sich als richtig (物作主语) 得到证实

be·stat·ten; *bestattete*, *hat bestattet*; [Vt] (及物) ***j-n b.*** *geschr* [书]; e-n Toten od. dessen Asche feierlich in ein Grab legen *o.Ä.* 安葬,埋葬 ≈ beisetzen ‖ *hierzu* (派生) **Be·stat·tung** *die*

Be·stat·tungs·in·sti·tut *das*; e-e Firma, die Tote bestattet u. sich um die notwendigen Formalitäten kümmert 殡仪馆 ≈ Beerdigungsinstitut

be·stäu·ben; *bestäubte*, *hat bestäubt*; [Vt] (及物) **1. *etw. b.*** BOT 【植】; Blütenstaub auf die weibliche Blüte übertragen 授粉,将花粉传播到雌蕊上 **2. *etw.* (*mit etw*.) *b*.** Pulver od. Puder auf etw. streuen 往…撒粉末或粉剂: *den Kuchen mit Puderzucker b.*在糕点上撒糖粉 ‖ *zu* (义项) **1. Be·stäu·bung** *die*

be·stau·nen; *bestaunte*, *hat bestaunt*; [Vt] (及物) ***j-n/etw. b.*** j-n/etw. staunend betrachten 惊奇(惊羡)地注视

be·ste·chen; *bestich*t, *bestach*, *hat bestochen*; [Vt] (及物) **1. *j-n* (*mit etw*.) *b*.** j-m Geld od. ein Geschenk geben, um dadurch (gegen die offiziellen Bestimmungen) e-n Vorteil zu erhalten 行贿,贿赂,收买〈e-n Richter, e-n Zeugen mit Geld b.用钱贿赂法官,证人; sich b. lassen 受贿〉: *Die Transportfirma hat versucht, den Zöllner zu b.*运输公司曾试图向海关人员行贿; [Vi] (不及物) **2. *j-d/etw. besticht durch etw.*** j-d/etw. macht (durch etw. Positives) auf andere e-n sehr guten Eindruck (人/物作主语) 博得别人的好感,讨人喜欢: *Das Abendkleid besticht durch seine Eleganz* 这件晚礼服以其雅致人时而博得好评; *Er bestach durch seinen Charme* 他潇洒的风度讨人喜欢

be·stech·lich *Adj* (形); 〈Menschen 人〉 so, dass man sie bestechen (1) kann 可行贿的,可收买的 ≈ korrupt ‖ *hierzu* (派生) **Be·stech·lich·keit** *die*; *nur Sg* (只用单数)

Be·ste·chung *die*; -, *-en*; **1.** *nur Sg* (只用单数); *das Bestechen* (1) 〈die B. e-s Zeugen, e-s Wachtpostens 贿赂证人,向哨兵行贿,买通岗哨〉 **2.** der Vorgang, bei dem j-d bestochen (1) wird od. wurde 行贿,贿赂,腐败 ≈ Korruption ‖ K- (复合): ***Bestechungs-***, ***-affäre***, ***-geld***, ***-skandal***, ***-summe***

Be·steck *das*; -(*e*)*s*, *-e* **1.** *mst Sg*, *Kollekt* (多用单数,集合); die Geräte (*bes* ein Messer, e-e Gabel u. ein Löffel), die man zum Essen verwendet 餐具(尤指刀、叉、匙)〈das B. auflegen 摆餐具〉 ‖ -K (复合): ***Ess-***, ***Fisch-***, ***Silber-*** ‖ NB (注意): Im Plural nur mit Mengenangaben gebräuchlich (复数指的是同类事物的整体,即套): *fünf Bestecke* 五套餐具 (= 5 *Messer*, 5 *Gabeln u*. 5 *Löffel*) **2.** die Instrumente, die *bes* ein Arzt zu e-m bestimmten Zweck braucht 工具,器械(尤指医用器械)〈ein chirurgisches B.一套外科手术器械〉

Be·steck·kas·ten *der*; ein Behälter mit unterschiedlich großen Fächern[1], in dem das Besteck aufbewahrt wird 餐具盒,餐具箱,器械盒

be·ste·hen[1]; *bestand*, *hat bestanden*; [Vi] (不及

物）**1. etw. besteht** etw. existiert od. ist vorhanden（物作主语）存在，有：*Es besteht der Verdacht, dass er der Täter ist* 存在他是作案人的嫌疑；*An diesem Strand besteht die Möglichkeit, Wasserski zu fahren* 这片海滩可以滑水；*Die Gefahr e-r Überschwemmung besteht nicht mehr* 洪水的危险已不再存在；*Unsere Firma besteht nun seit mehr als zehn Jahren* 我们公司成立至今已有十多年 **2. etw. bleibt b.** etw. ist auch in Zukunft vorhanden（物作主语）继续存在，存在下去≈ etw. dauert an：*Die Gefahr bleibt bestehen* 危险仍然存在 **3. etw. b. lassen** etw. nicht ändern 使不变 ≈ beibehalten：*die alten Verhältnisse b. lassen* 保持原来的状况 ‖ ▶ **Bestand**

be·ste·hen²; *bestand, hat bestanden*; Vi（不及物）**1. etw. besteht aus etw.** etw. ist aus e-m bestimmten Stoff od. Material（物作主语）由…（某一种材料）制成：*Der Tisch besteht aus Holz* 这张桌子是木制的 **2. etw. besteht aus etw.** etw. hat mehrere Teile（物作主语）由…（几个部分）组成：*Die Wohnung besteht aus fünf Zimmern, Küche u. Bad* 这套住房有五个房间、一个厨房和一个洗澡间；*Das Lexikon besteht aus drei Bänden* 这本词典共有三卷 **3. etw. besteht in etw.**（*Dat* 三格）etw. hat etw. zum Inhalt（物作主语）在于…，是…：*Ihre Aufgabe besteht im Wesentlichen* darin, *den Text auf Rechtschreibfehler* zu *überprüfen* 你们的任务主要是检查行文中的正字法错误

be·ste·hen³; *bestand, hat bestanden*; Vt/i（及物/不及物）**1.（etw.）b.** bes bei e-r Prüfung, e-m Test od. bei etw. Gefährlichem Erfolg haben 通过，经受住〈e-e Prüfung, die Probezeit, e-n Kampf b. 通过考试，试用期合格，经受住斗争的考验〉：*Er hat（das Examen mit der Note „gut“）bestanden* 他通过了（考试，成绩为“良好”）；Vi（不及物）**2. in etw.**（*Dat* 三格）**b.** in e-r schwierigen od. gefährlichen Situation stark genug sein, um Erfolg zu haben 经受住（逆境中的考验），（在逆境中为取得成绩而）坚持住 ≈ sich in/bei etw. bewähren〈in der Prüfung, im Kampf b. 经受住考验，经受住斗争〉

be·ste·hen⁴; *bestand, hat bestanden*; Vi（不及物）**（gegenüber j-m）auf etw.**（*Dat* 三格）**b.** e-e Meinung od. Forderung mit Nachdruck u. beharrlich vertreten 坚持 ≈ auf etw. beharren〈auf seiner Meinung, seinem Recht b. 坚持自己的意见，自己的权利〉：*Er besteht* darauf, dass *in seinem Zimmer nicht geraucht wird* 他坚持在他的房间不让抽烟；*Sie bestand* darauf *mitzukommen* 她坚持一起去

be·steh·len; *bestiehlt, bestahl, hat bestohlen*; Vt（及物）**j-n（um etw.）b.** j-m etw. stehlen 偷（某人的东西）

be·stei·gen; *bestieg, hat bestiegen*; Vt（及物）**etw. b.** auf etw.（hinauf）steigen 登上，攀登〈e-n Berg, e-n Turm b. 登上一座山，一座塔楼〉‖ *hierzu*（派生）**Be·stei·gung** *die*

be·stel·len; *bestellte, hat bestellt*; Vt（及物）**1. etw.（bei j-m/etw.）b.** durch e-n Auftrag veranlassen, dass e-e Ware geliefert wird 订货，订购〈Ersatzteile, Möbel, ein Buch b. 订购备用零件、家具、书；etw. schriftlich, telefonisch b. 书面、电话订购某物〉：*bei e-m Versandhaus e-n Pullover b.* 在一家邮购商店订购一件套头毛衣；*die bestellte Ware im Geschäft abholen* 到商店取预订的货 ‖ K-（复合）：**Bestell-, -liste, -schein 2. etw. b.** veranlassen, dass etw. reserviert wird 预订，定座〈Kinokarten, Theaterkarten, ein Hotelzimmer b. 预订电影票、戏票、旅馆的房间〉：*für 13 Uhr e-n Tisch für vier Personen im Restaurant b.* 在一家餐馆预订四人用餐的一桌饭菜，时间为下午1点；Vt/i（及物/不及物）**3.（etw.）b.** in e-m Lokal der Bedienung sagen, was man essen od. trinken will（在餐馆）点菜或要饮料〈ein Menü b., ein Glas Wein b. 点一份套菜，要一杯葡萄酒〉：*Haben Sie schon bestellt?* 您点菜了吗？；Vt（及物）**4. j-n（irgendwohin）b.** j-m den Auftrag geben, an e-n bestimmten Ort zu kommen 预约，约请（到某处去）〈e-n Handwerker（ins Haus）, ein Taxi（vor die Tür）b. 约请一位手工工人（到家里来），订一辆出租车（到大门口）〉：*Der Chef bestellte den Vorarbeiter zu sich ins Büro* 主任约请领班到自己的办公室来 **5.（j-m）etw.（von j-m）b.** j-m e-e Nachricht von j-d anderem überbringen 向…转达，转告 ≈ j-m etw. ausrichten：*Bestelle ihm viele Grüße von mir!* 请你代我向他多多问候！；*Kann/Soll ich ihr etw. b.?* 要我向她转达什么吗？；*Er lässt b.*, dass *er nicht zur Arbeit kommen kann* 他让我转告，他不能来上班 **6. etw. b.** den Boden so bearbeiten, dass Pflauzen, wachsen können 耕种〈ein Feld, den Acker b. 种地，种田〉‖ ID［谚］**es ist um j-n/etw. gut/schlecht bestellt** j-d/etw. ist in e-m guten/schlechten Zustand 某人/某物的情况良好/不好；*mst* 多用 **j-d hat nicht viel/nichts zu b.** *gespr*［口］；j-d hat wenig/keinen Einfluss 某人影响不大、没多大作用、人微言轻 ‖ *zu*（义项）**1. Be·stel·ler** *der*; *-s, -*; **Be·stel·le·rin** *die*; *-, -nen*

Be·stell·kar·te *die*; e-e vorgedruckte Karte, mit der man Waren per Post bestellen (1) kann 订购单，邮购订货单

Be·stell·num·mer *die*; e-e bestimmte Nummer e-r Ware in e-m Versandhauskatalog, unter der man diese Ware bestellen (1) kann 订购号码，订货号码

Be·stel·lung *die*; *-, -en*; **1. e-e B.（über etw.**（*Akk* 四格））der Auftrag, durch den man etw. bestellt (1,3) 预订，订购〈e-e B. aufgeben, entgegennehmen 提出，接受订货〉：*Ihre B. über 2000 Liter Heizöl ist bei uns eingegangen* 贵公司2000升重油的订单已收到 **2.** die bestellte (1) Ware 订购的货：*Ihre B. liegt zum Abholen bereit* 您订的货已备妥待取

bes·ten·falls *Adv*（副）；im günstigsten Fall 在最好的情况下，至多：*Er wird in der Prüfung b. e-e durchschnittliche Note bekommen* 考试他至多能得个中等成绩

bes·tens *Adv*（副）**1.** *gespr*［口］；sehr gut, ausgezeichnet 极好地，非常好地：*Das hat ja b. geklappt!* 这件事办得非常顺利！**2.** sehr herzlich 衷心地：*Ich danke Ihnen b. für Ihre Hilfe* 我衷心地感谢您的帮助

be·steu·ern；*besteuerte*, *hat besteuert*；Vt（及物）**1.** ***j-n b.*** von j-m für etw. Steuern verlangen 向…征税 **2.** 〈der Staat 国家〉 ***besteuert etw.*** der Staat zieht von j-s Einkommen *o. Ä.* Steuern ab 征收…税〈der Staat besteuert j-s Einkommen, j-s Vermögen 国家征收某人的所得税、财产税〉‖ *hierzu*（派生）**Be·steu·e·rung** *die*；*mst Sg*（多用单数）

Best·form *die*；*mst* 多用 ***in B. sein*** in sehr guter körperlicher Verfassung sein (um hervorragende sportliche Leistungen zu bringen) 身体处于最佳（竞技）状态 ≈ in Höchstform sein

bes·ti·a·lisch [bɛsˈtiaːlɪʃ] *Adj*（形）**1.** sehr grausam u. unmenschlich 残忍的，残暴的，无人性的，兽性的〈ein Mord 谋杀；b. wüten 狂怒〉**2.** so sehr od. so stark, dass man es kaum ertragen kann（令人难以忍受地）强烈的，可怕的〈ein Gestank 恶臭；b. stinken 发出可怕的恶臭〉‖ *zu*（义项）**1. Bes·ti·a·li·tät** *die*；*mst Sg*（多用单数）

be·sti·cken；*bestickte*, *hat bestickt*；Vt（及物）***etw.*** （***mit etw.***）***b.*** etw. durch Sticken verzieren 在…上绣花，刺绣

Bes·tie [-tiə] *die*；-, *-n* **1.** ein Tier, das als sehr wild u. grausam gilt 野兽，猛兽 **2.** *pej* [贬]；verwendet als Schimpfwort für j-n, der sehr grausam od. unmenschlich ist（骂人话）畜生，恶棍

be·stim·men；*bestimmte*, *hat bestimmt*；Vt（及物）**1.** ***etw. b.*** ≈ festlegen, festsetzen 〈das Ziel, e-n Zeitpunkt b. 确定目标、时间〉**2.** ***etw. für j-n/etw. b.*** etw. e-r Person od. e-m bestimmten Zweck zukommen lassen 指定，规定（用于，用作）：*Das Geld ist für dich (allein) bestimmt!* 这钱是准备给你（一个人）的！；*Im Budget sind 15 Millionen für den Straßenbau bestimmt* 预算中1500万被指定用于道路建设 ‖ NB（注意）：*mst* im Zustandspassiv（多用于状态被动句）！**3.** ***etw. b.*** etw. auf wissenschaftliche Weise prüfen u. herausfinden 确定，测定，断定 ≈ feststellen：*das Alter e-s Bauwerks, ein Virus b.* 测定一座建筑物的年代，查明一种病毒 **4.** ***etw. b.*** herausfinden u. sagen, zu welcher Kategorie etw. gehört od. wo sich etw. befindet 辨明，确定，鉴定（归类或位置）〈Pflanzen, Tiere, j-s Standort b. 鉴定植物、动物，确定某人的位置〉：*die Wortarten in e-m Text b.* 指明文稿中单词的词类 **5.** ***etw. bestimmt etw.*** etw. hat e-n wichtigen Anteil an etw., das man sieht（物作主语）决定，确定（特征）≈ etw. prägt etw.：*Wälder bestimmten das Bild der Landschaft* 森林决定了这里风景景色的特征 **6.** ***j-n zu etw. b.*** j-n für ein Amt auswählen, vorsehen 选拔，指定（担任）；j-n in ein Amt einsetzen 指定某人任某种职务：*Er bestimmte ihn zu seinem Stellvertreter* 他任命他为自己的副职；Vt/i（及物/不及物）**7.** （***etw.***）***b.*** e-e Entscheidung treffen, die für andere gilt 规定，决定，说了算 ≈ anordnen 〈etw. gesetzlich b. 法定某事〉：*Der Chef bestimmt, wer welche Aufgaben zu erledigen hat* 谁该完成什么任务由老板决定；*Du hast hier nichts zu b.!* 这里没有你指手画脚的事！；Vi（不及物）**8.** ***über j-n/etw. b.*** die Macht od. das Recht haben, j-n/etw. nach eigenen Ideen einzusetzen od. zu verwenden 有权决定，有权支配 ≈ über j-n/etw. verfügen：*Der Direktor bestimmt über die Verwendung des Geldes* 厂长有权决定如何用钱；*Über meine Freizeit bestimme ich!*（我如何安排）我的业余时间由我自己决定！

be·stimmt[1] **1.** *Partizip Perfekt*（过去分词）；↑ **bestimmen** **2.** *Adj*（形）；*nur attr*, *nicht adv*（只作定语，不作状语）；feststehend, in e-m Ausmaß, das festgelegt ist (u. dem Sprecher od. Hörer bekannt ist) 一定的，确定的：*e-n bestimmten Betrag, e-e bestimmte Summe Geld bezahlen* 支付一笔一定的款项，支付一笔一定数额的款子；*e-e bestimmte Anzahl von etw.* 一定数量的东西；*sich zu e-r bestimmten Zeit treffen* 在一定的时间见面；*Der Preis soll e-e bestimmte Höhe nicht überschreiten* 价格不应超过一定的高度 **3.** *nur attr*, *nicht adv*（只作定语，不作状语）；von anderen Personen/Sachen derselben Art deutlich unterschieden (hier aber nicht genauer beschrieben od. beschreibbar) 某一个，某一种，一定的：*ein bestimmtes Buch schon lange suchen* 早就在寻找某一本书；*Das hat e-n bestimmten Zweck* 这有一定的目的 **4.** so, dass es Entschlossenheit demonstriert（决心）明确的，断然的：*Der Ton des Redners war höflich, aber b.* 演讲人的语气很客气，但很明确

be·stimmt[2] *Adv*（副）**1.** verwendet, um auszudrücken, dass man etw. für sehr wahrscheinlich hält 一定，肯定 ≈ gewiss 〈ganz b. 完全肯定，十分确切〉：*Du wirst b. Erfolg haben bei deiner Arbeit* 你在工作中一定会取得成绩的；*Ich habe b. vieles falsch gemacht!* 我一定有许多地方做错了！**2.** ohne Zweifel, mit absoluter Sicherheit 确定无疑地，确切地：*Weißt du das b.?* 你肯定知道这个吗？

Be·stimmt·heit *die*；-；*nur Sg*（只用单数）**1.** ein entschlossenes, bestimmtes[1] (4) Verhalten 坚定，明确（的态度）：*mit der nötigen B. auftreten* 怀着必要的坚定态度登台 **2.** ***mit B.*** ≈ bestimmt[2] (2), mit Sicherheit：*Kannst du mit B. sagen, dass du morgen kommst?* 你能明确地说你明天来吗？

Be·stim·mung *die*；-, *-en* **1.** e-e Regelung, die in e-m Vertrag, Gesetz od. in e-r Anordnung steht 规定，法令，条款，规章 ≈ Vorschrift 〈Bestimmungen einhalten, verletzen, erlassen 遵守，违反，颁布各项规定〉：*Nach den geltenden Bestimmungen dürfen diese Waffen nicht exportiert werden* 根据现行规定，这些武器不允许出口 **2.** *nur Sg*（只用单数）；das Bestimmen (3) 〈die B. des Alters e-s Bauwerks 测定一座建筑物的年代〉**3.** *nur Sg*（只用单数）；das

Bestimmen (4) 〈die B. von Pflanzen, Tieren 鉴定植物、动物〉 ‖ K-(复合): **Bestimmungs-, -buch** **4.** der Gebrauch od. Zweck, für den etw. bestimmt (2) ist(规定的)用途,目的: *Die Straße wurde ihrer B. übergeben* 这条道路已移交使用 **5.** *nur Sg*(只用单数); ein starkes Gefühl, für etw. (von Gott, vom Schicksal) auserwählt zu sein 使命,天职,信念: *Er folgte seiner B. u. ging ins Kloster* 他恪守自己的信念,遁入空门 **6.** ***adverbiale B.*** LING【语】; ein Satzteil, der *bes* den Ort, die Zeit od. die Art u. Weise e-r Handlung/e-s Geschehens angibt 状语

Be·stim·mungs- *im Subst, begrenzt produktiv* (构成名词,构词有限); verwendet, um den Ort zu bezeichnen, an den etw. gebracht werden soll od. der das Ziel e-r Reise ist 预订…,指定…,目的…,终点…; der ***Bestimmungsbahnhof***, der ***Bestimmungshafen***, der ***Bestimmungsort***

Best·leis·tung *die*; das beste Ergebnis, das ein Sportler (in e-r Disziplin) erzielt (hat)(运动员的)最好成绩: *seine persönliche B. übertreffen/einstellen* 超过/平他个人的最好成绩

best·mög·lich *Adj*(形); *nur attr od adv*(只作定语或状语); so gut wie nur irgendwie möglich 尽可能好的: *die bestmögliche Lösung* 最好的解决办法; *das Bestmögliche tun* 尽力而为

be·stra·fen; *bestrafte, hat bestraft*; [Vt](及物) **1.** ***j-n*** **(*für/wegen etw.*)** ***b.*** j-m wegen seines Verhaltens od. wegen e-s Verbrechens e-e Strafe geben(为/因…)处罚,惩处(指人) 〈j-n hart b. 严厉惩处某人〉: *Er wurde wegen Diebstahls mit drei Monaten Gefängnis bestraft* 他因偷窃被判处三个月监禁 **2.** ***etw. b.*** e-e bestimmte Tat mit e-r Strafe belegen 惩罚,处罚(指行为): *Zuwiderhandlungen werden bestraft!* 违章必究! 违法行为将受到惩罚! **3.** ***etw. wird bestraft***; ***j-d wird für etw. bestraft*** j-d muss die negativen Konsequenzen e-r Handlung *o. Ä.* erdulden(物作主语)会受到惩罚; (人作主语)由于…而受惩罚〈für seinen Leichtsinn, für seine Unachtsamkeit bestraft werden 由于自己的轻率、漫不经心而受到惩罚; j-s Leichtsinn *usw* wird bestraft 某人的轻率行为受到惩罚〉 ‖ *zu*(义项) **1. Be·stra·fung** *die*

be·strah·len; *bestrahlte, hat bestrahlt*; [Vt](及物) **1.** ***etw. b.*** etw. durch Lichtstrahlen in der Dunkelheit sichtbar machen 照耀,照明 ≈ beleuchten: *e-n Kirchturm nachts b.* 夜间将一座教堂的塔顶照亮 **2.** ***j-n/etw. b.*** j-n/etw. mit wärmenden od. radioaktiven Strahlen medizinisch behandeln 照射治疗,放射治疗: *ein Geschwür, den Rücken b.* 放射治疗一个肿瘤,照射(治疗)背部 ‖ *hierzu*(派生) **Be·strah·lung** *die*

Be·stre·ben *das*; *-s*; *nur Sg*(只用单数); ***das B.*** + ***zu*** + *Infinitiv*(不定式) die Anstrengungen, die man macht, um ein Ziel zu erreichen 努力,愿望,目标: *sein B., erfolgreich zu sein* 他努力争取获得成就

be·strebt *Adj*(形); *nur präd, nicht adv*(只作表语,不作状语); ***b. sein*** + ***zu*** + *Infinitiv*(不定式) sich Mühe geben, ein Ziel zu erreichen 力求达到,力图做到: *Er ist b., die Wünsche aller Leute zu berücksichtigen* 他力求照顾所有人的愿望

Be·stre·bung *die*; -, *-en*; *mst Pl*(多用复数); die Anstrengungen, die man macht, um etw. zu erreichen 努力: *Es sind Bestrebungen im Gange, die Berufsausbildung stärker an der Praxis zu orientieren* 正在作种种努力,使职业培训更符合实际工作的需要

be·strei·chen; *bestrich, hat bestrichen*; [Vt](及物) ***etw.*** **(*mit etw.*)** ***b.*** etw. auf etw. streichen 把…涂在(抹在)…上: *die Wände mit Farbe b.* 在墙上刷油漆; *ein Brot mit Marmelade b.* 把果酱抹在面包上

be·strei·ken; *bestreikte, hat bestreikt*; [Vt](及物) ***etw. b.*** ein Unternehmen od. e-e Firma durch e-n Streik am normalen Geschäftsbetrieb hindern 以罢工使…停顿: *Dieser Betrieb wird seit drei Wochen bestreikt* 三周来这家工厂因罢工而停产 ‖ *hierzu*(派生) **Be·strei·kung** *die*; *mst Sg*(多用单数)

be·strei·ten[1]; *bestritt, hat bestritten*; [Vt](及物) ***etw. b.*** sagen, dass e-e Feststellung, Aussage *o. Ä.* nicht wahr ist 驳斥,否认,否定,争辩 ↔ zugeben, gestehen 〈e-e Behauptung, e-e Tatsache b. 反驳一种看法,否定一个事实; etw. lässt sich nicht b. 某事不容争辩〉: *Er bestreitet entschieden, den Unfall verursacht zu haben* 他坚决否认是他造成了事故 ‖ *hierzu*(派生) **Be·strei·tung** *die*; *nur Sg*(只用单数)

be·strei·ten[2]; *bestritt, hat bestritten*; [Vt](及物) **1.** ***etw. b.*** das nötige Geld für etw. geben od. zur Verfügung stellen 支付,提供,承担,担负 ≈ finanzieren 〈die Kosten, das Studium, den Lebensunterhalt b. 承担费用,承担学习费用,承担生活费用〉: *Er bestreitet den Unterhalt für seine Familie allein* 他独自承担他家的生活费用 **2.** ***etw. b.*** etw. durchführen od. bei der Durchführung von etw. e-e sehr wichtige Rolle haben 制定,承办,组织 〈e-n Wettkampf, e-e Fernsehsendung b. 承办一次比赛,负责播放电视节目〉 ‖ *hierzu*(派生) **Be·strei·tung** *die*; *nur Sg*(只用单数)

be·streu·en; *bestreute, hat bestreut*; [Vt](及物) ***etw.*** **(*mit etw.*)** ***b.*** etw. auf etw. streuen 把…撒在…上: *das Fleisch mit Salz u. Pfeffer b.* 在肉上撒盐和胡椒粉

Best·sel·ler *der*; *-s*, -; e-e Ware (*mst* ein Buch), die während e-s bestimmten Zeitraums besonders häufig verkauft wird 畅销品,畅销书: *Sein erster Roman wurde sofort zum B.* 他的第一部长篇小说立即成了畅销书 ‖ K-(复合): **Bestseller-, -autor, -liste**

be·stü·cken; *bestückte, hat bestückt*; [Vt](及物) ***etw.*** **(*mit etw.*)** ***b.*** ein Gerät, e-e Maschine (oft e-e Waffe) *o. Ä.* mit notwendigen Teilen ausrüsten (用…)装备,给…配备: *Der Panzer ist mit modernen Kanonen bestückt* 这辆坦克配备了现代化的火炮 ‖ *hierzu*(派生) **Be·stü·ckung** *die*; *mst Sg*(多用单数)

be·stückt 1. *Partizip Perfekt*（过去分词）；↑ **bestücken** 2. *Adj*（形）；*mst* 多用 **gut/reich b.** 〈ein Geschäft, ein Betrieb *o. Ä.* 商店，企业等〉so, dass sie e-e große Auswahl an Waren bieten（提供的商品）丰富多样，品种繁多：*Diese Buchhandlung ist mit fremdsprachiger Literatur gut b.* 这家书店提供的外文书籍丰富多样

be·stür·men; *bestürmte, hat bestürmt*; [Vt]（及物）1. **j-n (mit etw.) b.** j-n mit Fragen *o. Ä.* stark bedrängen 纠缠，缠磨：*Die Journalisten bestürmten den Minister mit Fragen* 记者们向这位部长接连提问 2. **etw. b.** *veraltend* [渐旧]≈ angreifen

be·stürzt *Adj*（形）；**b. (über etw.** (*Akk* 四格)) von etw. Schlimmem erschreckt ≈因…而震惊的，惊愕的 erschüttert 〈bestürzte Gesichter, Mienen 惊慌的脸色、表情〉：*Er war tief b. über den Tod seines Kollegen* 他对自己同事的死深为震惊

Be·stür·zung *die*; -; *nur Sg*（只用单数）；**B. (über etw.** (*Akk* 四格)) das Gefühl, das man empfindet, wenn man etw. Schlimmes erfährt 震惊，惊愕 ≈ Erschütterung：*Die B. über den Selbstmord des Schülers war groß* 学生自杀引起的震惊是很大的；*Der tödliche Unfall des Rennfahrers löste große B. aus* 赛车运动员的死亡事故引起了巨大的震惊

Be·such *der*; -*(e)s*, -*e* 1. das Besuchen (1) *bes* von Verwandten od. Bekannten 访问，拜访，探望〈j-m e-n B. abstatten 访问某人；e-n B. machen 访问，拜访；bei j-m zu B. sein 拜访某人，到某人处作客；(zu j-m) zu B. kommen 访问某人〉：*Unsere Tante kommt einmal im Jahr für zwei Wochen zu B.* 我们的姑妈每年来看我们一次，住上两个星期；*Er war bei e-m Kollegen zu B.* 他曾在一个同事家作客 ‖ -K（复合）：**Beileids-, Höflichkeits-, Kranken-** 2. ein Aufenthalt an e-m Ort während e-s begrenzten Zeitraums, um etw. anzusehen od. um sich *z. B.* über kulturelle Dinge zu informieren 参观，访问，出席，参加，观看：*An meinen ersten B. in Paris habe ich nur gute Erinnerungen* 我对巴黎的第一次访问留下的都是好印象；*Der B. des Museums lohnt sich* 这个博物馆值得参观 ‖ -K（复合）：**Konzert-, Museums-, Theater-** 3. *nur Sg*（只用单数）；j-d, der bei j-m zu B. (1) ist 客人 ≈ Gast/Gäste 〈B. haben, bekommen, erwarten 有客人，来了客人，等待客人〉：*Unser B. bleibt bis zum Abendessen* 我们的客人一直呆到晚饭前 ‖ NB（注意）：↑ **Besucher** 4. *nur Sg*（只用单数）；das Besuchen (3) e-r Schule od. Universität 上学或上大学：*Nach fünfjährigem B. des Gymnasiums begann er e-e Lehre* 上了五年高级中学后，他开始当学徒 ‖ -K（复合）：**Schul-** 5. **hoher B.** wichtige Gäste 重要的客人，贵宾，贵客

-be·such *der*; *im Subst*, *begrenzt produktiv*（构成名词，构词有限）；drückt aus, dass j-d j-n/etw. besucht（表示访问，参观，就诊，出诊，探望，看望）**Arztbesuch** 〈e-s Patienten 一个病人的〉, **Firmenbesuch** 〈e-s Vertreters 一个代表的〉, **Hausbesuch** 〈e-s Arztes 一个医生的〉, **Museumsbesuch**, **Staatsbesuch** 〈e-s Politikers 一位政治家的〉, **Vertreterbesuch** 〈erwarten 等待〉, **Verwandtenbesuch** 〈bekommen 有〉

be·su·chen; *besuchte, hat besucht*; [Vt]（及物）1. **j-n b.** zu j-m gehen od. fahren, um e-e bestimmte Zeit bei ihm zu sein 访问，拜访，探望〈e-n Freund, e-n Verwandten b. 看望朋友、亲戚；e-n Kranken im Krankenhaus b. 到医院去探望病人〉：*In den Ferien besuchte er seine Großmutter* 假期里他去看（望）了他的祖母；*Komm mich doch mal in meiner neuen Wohnung b.!* 请过来看一看我的新居！2. **etw. b.** bei e-r Veranstaltung *o. Ä.* anwesend sein 参观，参加（活动）〈e-e Ausstellung, ein Konzert, e-e Theateraufführung, den Gottesdienst b. 参观展览，参加音乐会，看戏，去做礼拜〉 3. **etw. b.** zu e-r Schule od. Universität gehen, um dort am Unterricht teilzunehmen 上学〈e-e Schule, e-e Universität b. 上学，上大学；den Unterricht, e-n Kurs, e-e Vorlesung regelmäßig b. 经常去上课，参加培训班学习，定期去听（大学的）课〉

Be·su·cher *der*; -*s*, - 1. j-d, der sich für e-e bestimmte Zeit bei j-m geschäftlich, dienstlich od. privat aufhält (um etw. mit ihm zu besprechen) 访问者，来访的客人，来宾：*Der Präsident empfing die ausländischen Besucher* 主席接见了外宾 2. j-d, der sich in e-r fremden Stadt, an e-m öffentlichen Ort aufhält od. der e-e Veranstaltung besucht (2) 参观者，观众，听众，游客〈die Besucher e-s Konzerts, e-s Theaters, e-s Museums 音乐会的听众，剧院的观众，博物馆的参观者〉：*Der Kölner Dom beeindruckt alle Besucher* 科隆大教堂给所有的参观者留下了深刻印象；*Die Besucher strömten in den Saal* 观众涌进大厅 ‖ NB（注意）：↑ **Besuch** (3) ‖ -K（复合）：**Kino-, Kirchen-, Theater-** ‖ *hierzu*（派生）**Be·su·che·rin** *die*; -, -*nen*

Be·suchs·er·laub·nis *die*; die Erlaubnis, j-n zu besuchen, der in e-m Gefängnis, e-m Krankenhaus, e-m Internat *o. Ä.* ist（探监、探视病人或探望寄宿学生的）探视许可〈e-e B. erhalten 得到探视许可〉

Be·suchs·zeit *die*; e-e festgesetzte Zeit, zu der man j-n besuchen darf, der *bes* in e-m Gefängnis od. in e-m Krankenhaus ist 接待（来访）时间，探视时间

be·su·deln; *besudelte, hat besudelt*; [Vt]（及物）*mst pej*; 多用［贬］1. **j-n/etw./sich (mit etw.) b.** j-n/etw./sich *mst* mit e-r Flüssigkeit schmutzig machen（多以液体）弄脏 ≈ beschmutzen 2. **etw. b.** *geschr*［书］；die Ehre od. den Ruf von j-m auf schlimmste Weise verletzen 玷污〈j-s Andenken, j-s Namen b. 使某人的怀念蒙上阴影，玷污某人的名声〉‖ *hierzu*（派生）**Be·su·de·lung** *die*

be·tagt *Adj*（形）；*nicht adv*, *geschr*（不作状语）［书］；alt 年老的，高龄的〈Menschen 人〉：*e-e betagte Dame* 一位年迈的女士

be·tas·ten; *betastete, hat betastet*; [Vt]（及物）**j-n/etw. b.** j-n/etw. mit den Fingern berühren (*mst* zum Zweck e-r Untersuchung)触摸,轻按: *Vorsichtig betastete der Arzt das gebrochene Gelenk* 医生小心地触摸断了的关节

be·tä·ti·gen; *betätigte*, *hat betätigt*; Vt (及物) **1. etw. b.** *geschr*[书]; e-e mechanische Vorrichtung bedienen 操作,使用,开动,使动作起来〈die Bremse, e-n Hebel, die Hupe, e-n Lichtschalter, den Blinker b. 拉(踩)刹车,操作杠杆,按喇叭,打开灯的开关,打开方向指示灯〉; Vr (反身) **2. sich irgendwie/als etw. b.** auf e-m bestimmten Gebiet aktiv sein 从事〈sich sportlich, politisch, schriftstellerisch, künstlerisch b. 从事体育、政治、文学创作、艺术活动〉: *Der ehemalige Fußballstar betätigt sich jetzt als Sportreporter* 这位从前的足球明星现在从事体育记者的工作 ‖ *hierzu*(派生) **Be·tä·ti·gung** *die* ‖ ▶ **tätig**

Be·tä·ti·gungs·feld *das*; ein Gebiet od. Bereich, auf/ in dem sich j-d betätigt (2)活动范围,工作范围: *In der Werbebranche bietet sich ein weites B.* 广告业是一个广阔的活动天地

be·täu·ben; *betäubte*, *hat betäubt*; Vt (及物) **1. j-n/ein Tier/etw. b.** *mst* vor e-r Operation j-n/ein Tier od. e-n Körperteil gegen Schmerzen unempfindlich machen 使麻醉,抑制疼痛: *j-n vor der Zahnbehandlung mit e-r Spritze örtlich b.* 治牙前给某人打一针进行局部麻醉; *e-n Patienten mit e-r Narkose b.* 用麻醉使病人失去知觉 **2. etw. betäubt j-n/ein Tier** etw. macht j-n/ein Tier für e-e begrenzte Zeit bewusstlos(物作主语)使昏厥,使失去知觉,使不省人事: *Ein Schlag auf den Kopf betäubte ihn* 当头一击使他昏了过去 **3. etw. betäubt j-n** etw. bewirkt, dass j-d nicht mehr klar denken u. fühlen kann (物作主语)使人昏头昏脑,使人糊涂、发蒙↔ etw. belebt j-n: *Der Lärm/der Schreck/der Duft betäubte ihn* 喧闹声/恐惧/芳香使他头昏脑胀,把他弄懵了 **4. sich/etw. (mit etw.) b.** (durch etw.) bewirken, dass man ein unangenehmes Gefühl nicht mehr so stark empfindet 麻醉自己/忘却(内心痛苦): *Er will seinen Kummer mit Alkohol b.* 他想借酒浇愁

Be·täu·bung *die*; -, *-en* **1.** *nur Sg*(只用单数); das Betäuben (1) e-s Menschen, e-s Tieres od. e-s Körperteils 麻醉〈e-e örtliche B. 局部麻醉〉 ‖ K-(复合): **Betäubungs-**, **-mittel** **2.** *nur Sg*(只用单数); das Betäuben (2) e-s Menschen od. e-s Tieres 失去知觉 **3.** der Zustand, in dem ein Mensch od. Tier betäubt (2) ist 昏迷状态: *sich von e-r leichten B. schnell wieder erholen* 从轻微的昏迷状态中很快重新恢复过来

Be·te *die*; -; *nur Sg*(只用单数); *nur in* 只用于 **Rote B.** rote, runde Rüben, die man *bes* als Salat isst(食用)小红萝卜

be·tei·li·gen; *beteiligte*, *hat beteiligt*; Vt (及物) **1. j-n (an etw. (Dat 三格)) b.** j-m e-n Teil *bes* von seinem (eigenen) Gewinn geben 使分享,使有份〈j-n am Geschäft, am Umsatz b. 让某人参与经营,分享销售额〉: *Bist du am Gewinn beteiligt?* 你也参与分红利了吗? **2. j-n (an etw. (Dat 三格)) b.** j-m die Möglichkeit geben, bei etw. aktiv mitzuwirken 使参加(一起工作): *Die Bürger werden an der Straßenplanung beteiligt* 公民们参加街道的规划工作; Vr (反身) **3. sich (an etw. (Dat 三格)) b.** bei etw. aktiv mitwirken 参加,参与〈sich an e-r Diskussion, e-m Spiel b. 参加讨论,比赛〉: *Der Schüler beteiligte sich lebhaft am Unterricht* 学生们参加听课很活跃; *An dem Handelsboykott waren nur wenige Länder b.* 只有少数几个国家参与贸易制裁; *die an dem Verbrechen beteiligten Personen* 参与犯罪的人员 **4. sich (an etw. (Dat 三格)) b.** gemeinsam mit anderen Geld zahlen od. investieren, um etw. zu realisieren 参与投资: *Der Staat beteiligt sich mit 5 Millionen an den Kosten des Projekts* 国家在这一项目上出资500万 ‖ *hierzu*(派生) **Be·tei·li·gung** *die*

Be·tei·lig·te *der/die*; *-n*, *-n* **1. der/die B. (an etw. (Dat 三格))** j-d, der an etw. beteiligt (1) ist 参与者,分享者: *die am Gewinn Beteiligten* 参加分红的人 **2. der/die B. (an etw. (Dat 三格))** j-d, der bei etw. mitwirkt od. von etw. betroffen ist 参与者,与会者: *Alle Beteiligten akzeptierten den Kompromiss* 全体参加者接受妥协(达成谅解) ‖ NB(注意): *ein Beteiligter*; *der Beteiligte*; *den*, *dem*, *des Beteiligten*

be·ten; *betete*, *hat gebetet*; Vi (不及物) **1. (für j-n/um etw.) (zu j-m) b.** bestimmte Worte sprechen, mit denen man (e-n) Gott lobt, um etw. bittet od. für etw. dankt 祈祷,祷告: *zu Gott b.* 向上帝祷告; *für e-n Kranken b.* 为病人祈祷; *um e-e gute Ernte b.* 祈祷丰收; *Das Kind betet jeden Abend vor dem Schlafengehen* 这孩子每晚睡觉前做祷告; Vt (及物) **2. etw. b.** ein bestimmtes Gebet sprechen 念祷文〈e-n Rosenkranz, ein Vaterunser b. 念珠祷告,念主祷文〉

be·teu·ern; *beteuerte*, *hat beteuert*; Vt (及物) **etw. b.** etw. mit Nachdruck behaupten(坚决)申明,宣称,断言,明确表示: *Der Angeklagte beteuert seine Unschuld* 被告申明自己无罪; *Der Beamte beteuerte, von niemandem Geld angenommen zu haben* 这位官员明确表示,没有接受过任何人的钱 ‖ *hierzu*(派生) **Be·teu·e·rung** *die*

be·ti·teln; *betitelte*, *hat betitelt*; Vt (及物) **1. etw. b.** e-r Sache e-n Titel geben 给…加上标题,给…定名〈ein Buch, e-n Film b. 为一本书、一部影片起名〉 **2. j-n (mit) + Subst**(名词) **+ b.** j-n mit e-m Titel od. Schimpfwort anreden 用…称呼某人,用…骂某人: *j-n (mit) Blödmann b.* 骂某人是傻瓜 ‖ *hierzu*(派生) **Be·ti·te·lung** *die*

Be·ton [be'tɔŋ, be'to:n, be'tõ:] *der*; *-s*; *nur Sg*(只用单数); e-e Mischung aus Zement, Sand, Kies u. Wasser, die zum Bauen verwendet wird u. nach dem Trocknen sehr hart wird 混凝土〈B. mischen 搅拌混凝土〉: *e-e Brücke aus B.* 一座混凝土桥梁 ‖ K-(复合): **Beton-**, **-bunker**, **-decke**, **-mischmaschine**, **-pfeiler**, **-wand** ‖ -K(复合): **Stahl-**

be·to·nen; *betonte, hat betont*; Vt（及物）**1. etw. b.** e-e Silbe od. ein Wort hervorheben, indem man es kräftig ausspricht 重读〈ein Wort richtig, falsch, auf der Stammsilbe b. 正确地，错误地，在词干音节上重读一个单词；e-e betonte Silbe 一个重读的音节〉：*Das Wort „Katze" wird auf der ersten Silbe betont* "Katze"这个词的重音在第一个音节上 **2. etw. b.** auf etw. besonders hinweisen 着重指出，强调 ≈ hervorheben：*Der Redner betonte, dass er mit dieser Regelung nicht zufrieden sei* 报告人强调说，他对这项规定不满意 **3. etw. betont etw.** etw. macht etw. deutlich, hebt es hervor（物作主语）使…明显突出：*Die enge Kleidung betont ihre Körperformen* 这件紧身衣服突出地显示出她的体形

be·to·nie·ren; *betonierte, hat betoniert*; Vt/i（及物/不及物）（**etw.**）**b.** etw. mit Beton bauen 用混凝土建造〈e-e Decke, e-e Brücke b. 用混凝土建造（浇灌）路面、桥梁〉‖ *hierzu*（派生）**Be·to·nie·rung** *die*

Be·ton·klotz [-ˈtoːn-, -ˈtɔŋ-] *der*; *pej*［贬］; ein *mst* großes, hässliches Bauwerk aus Beton 难看的高大建筑物

Be·ton·kopf [-ˈtoːn-, -ˈtɔŋ-] *der*; *gespr pej*［口］［贬］; j-d（*bes* ein Politiker od. ein Funktionär）, der überhaupt nicht bereit ist, vernünftige neue Ideen zu akzeptieren 死脑筋，水泥脑袋瓜，顽固保守的人

be·tont 1. *Partizip Perfekt*（过去分词）; ↑ **betonen** ‖ -K（复合）: **end- 2.** *Adj*（形）;（*mst* übertrieben）deutlich od. ausdrücklich（多指过分地）有意显示的，突出的〈mit betonter Höflichkeit 以突出的谦恭态度；b. gleichgültig, lässig 有意显得无所谓的、漫不经心的〉

-be·tont *im Adj, begrenzt produktiv*（构成形容词，构词有限）; vorwiegend von der genannten Sache bestimmt 主要是由…决定的，强调…的，突出…的；**gefühlsbetont**〈ein Mensch 人〉, **kampfbetont**〈ein Spiel 比赛〉, **körperbetont**〈e-e Kleidung 衣服〉, **zweckbetont**〈Möbel 家具〉

Be·to·nung *die*; -, *-en* **1.** die Stelle im Wort od. im Satz, die betont (1) wird 重音 ≈ Akzent：*In dem Wort „Verfassung" liegt die B. auf der zweiten Silbe* "Verfassung"一词的重音在第二个音节上 **2.** *nur Sg*（只用单数）; das Betonen (1)〈die B. e-s Wortes, e-r Silbe 重读一个词、一个音节〉‖ K-（复合）: **Betonungs-, -regel 3.** *nur Sg*（只用单数）; das Betonen (2)〈e-r Aussage 一种意见〉≈ Hervorhebung

Be·ton·wüs·te [-ˈtoːn-, -ˈtɔŋ-] *die*; *pej*［贬］; ein Gebiet mit vielen Gebäuden aus Beton u. wenig Pflanzen 绿地稀少的混凝土楼群区

be·tö·ren; *betörte, hat betört*; Vt（及物）**1. j-d/etw. betört j-n** *geschr*［书］; j-d/etw. bewirkt, dass j-d verliebt od. fasziniert ist（人/物作主语）迷住，使着迷：*Sie betörte ihn durch ihren Blick* 她的目光迷住了他 **2.** *mst* 多用 **ein betörendes Angebot** *geschr*［书］; ein sehr verlockendes Angebot 非常诱人的报价 ‖ *hierzu*（派生）**Be·tö·rung** *die*

Be·tracht *geschr*［书］; *nur in* 只用于 **1.**（**für etw.**）**in B. kommen** für e-n bestimmten Zweck e-e günstige, realisierbare Möglichkeit sein 在考虑之列，可予以考虑 ≈ infrage kommen：*Wegen seiner Affären kam er nicht für das Amt des Präsidenten in B.* 鉴于他出了一些不愉快的事，总统一职就不考虑由他担任了 **2. j-n/etw. in B. ziehen** j-n/etw. bei der Planung berücksichtigen, mit in seine Überlegungen einbeziehen 考虑到：*bei e-r Expedition alle möglichen Gefahren in B. ziehen* 在进行探险时考虑到一切可能的危险 **3. etw. außer B. lassen** etw. bei der Planung nicht berücksichtigen 对…不加考虑

be·trach·ten; *betrachtete, hat betrachtet*; Vt（及物）**1. j-n/etw. b.** j-n/etw. genau ansehen 注视，观察，仔细看〈j-n/etw. prüfend, nachdenklich, nur flüchtig b. 以审视的眼光，沉思地，只是粗略地观察某人/某事〉：*ein Kunstwerk, j-s Verhalten b.* 观赏一件艺术品，观察某人的态度 **2. etw. irgendwie b.** über etw. nachdenken u. ein Urteil darüber abgeben（以某种方式）考虑，研究，思考，考察：*e-e Angelegenheit ganz nüchtern u. sachlich b.* 非常冷静而实际地思考一件事；*e-n Fall isoliert/gesondert b.* 孤立地/单独地考察一个案例 **3. j-n/etw. als etw. b.** von e-r Person/Sache e-e bestimmte Meinung haben 把…视为，把…看作，当作，认为…是 ≈ j-n/etw. als etw. ansehen (5)〈j-n als seinen Feind, Freund b. 把某人看作自己的敌人，朋友〉：*Er betrachtet ihn als seinen größten Konkurrenten* 他视他为自己最大的竞争对手；*Ich betrachte* es *als meine Pflicht, Ihnen die volle Wahrheit* zu *sagen* 我认为告诉您全部真相是我的责任 ‖ *zu*（义项）**1.** u. **2. Be·trach·tung** *die*; **Be·trach·ter** *der*; *-s*, -; **Be·trach·te·rin** *die*; -, *-nen*

be·trächt·lich *Adj*（形）**1.** relativ groß, wichtig od. gut 相当大的，相当重要的，可观的，显著的 ≈ beachtlich〈Kosten, Verluste, Gewinne, Schaden 费用，亏损，赢利，损失〉：*beträchtlichen Erfolg haben* 取得显著的成绩；*die Preise b. erhöhen* 大大地提高价格 **2.** *nur adv*（只作状语）; verwendet, um ein Adj. im Komparativ zu verstärken（用来加强形容词比较级）…得多，…很多 ≈ wesentlich：*Sie sind b. reicher als wir* 您比我们要富得多

Be·trag *der*; *-s, Be·trä·ge*; **1.** e-e bestimmte Menge Geld（一定的）金额，款项，款子：*hohe Beträge überweisen* 汇大笔款项 ‖ -K（复合）: **Geld-, Kauf-, Rechnungs- 2. B.**（**dankend**）**erhalten!** verwendet auf Kassenbons u. Quittungen, um anzuzeigen, dass die Ware bezahlt ist（用于收据和发票）款项收讫（谢谢）!

be·tra·gen[1]; *betrug, hat betragen*; Vt（及物）**etw. beträgt etw.** etw. hat ein bestimmtes Ausmaß od. e-n bestimmten Wert（物作主语）总数为，总共达，共计：*Die Entfernung vom Hotel zum Strand beträgt 500 Meter* 从旅馆到海滩的距离为 500 米；*Die Rechnung beträgt € 100* 账单上的总数为 100 欧元 ‖ NB（注意）: kein Passiv（不用被动语态）!

be·tra·gen², **sich**; *betrug sich*, *hat sich betragen*; Vr (反身) ***sich irgendwie b.*** ein bestimmtes Verhalten in Bezug auf die gesellschaftlichen Normen zeigen(以某种方式)表现,行为,举止 ≈ sich benehmen ‹sich anständig, schlecht b.行为正派,表现不好›

Be·tra·gen *das*; *-s*; *nur Sg*(只用单数); die Art u. Weise, wie sich j-d benimmt 举止,行为,态度,品行≈ Benehmen

be·trau·en; *betraute*, *hat betraut*; Vt (及物) ***j-n mit etw. b.*** *geschr*[书]; j-n e-e Aufgabe ausführen lassen, weil man Vertrauen zu ihm hat 委托,托付 ≈ j-m etw. übertragen ‹j-n mit e-m schwierigen Auftrag, mit e-m Amt b.将一项繁重的任务交给某人,委派某人担任一职务›: *Er war* damit *betraut*, *die Gäste* zu *empfangen* 他受托接待客人 ‖ *hierzu*(派生) **Be·trau·ung** *die*; *nur Sg*(只用单数)

be·trau·ern; *betrauerte*, *hat betrauert*; Vt(及物) ***j-n b.*** um j-n trauern, weil er gestorben ist 哀悼,悼念

Be·treff *der*; ADM *geschr*【管理】[书]; verwendet, um in e-m geschäftlichen Brief (zu Beginn, noch vor der Anrede) anzugeben, wegen welcher Sache man schreibt(用于公函)事由,案由; *Abk* 缩写 Betr.: *Betr.*: *Ihre Rechnung vom 5 Januar* 事由:贵方1月5日的账单

be·tref·fen; *betrifft*, *betraf*, *hat betroffen*; Vt(及物) **1. *etw. betrifft j-n/etw.*** etw. ist für j-n/etw. wichtig od. relevant(物作主语)涉及,关系到…: *Der Naturschutz ist e-e Aufgabe*, *die uns alle betrifft* 保护大自然是与我们大家都有关系的一项任务; *Seine Bemerkung betraf nur e-n Teil der ganzen Problematik* 他的解释只涉及到全部问题中的一个部分 **2. *etw. betrifft j-n*** etw. fügt j-m seelische Qualen zu(物作主语)使感到震动,触动 ≈ etw. bestürzt j-n: *Sein Elend hat mich zutiefst betroffen* 他的贫困深深地震动了我 ‖ NB(注意): *mst* im Perfekt od. unpersönlich formuliert(多用于完成时或无人称的结构句中): *Es betrifft mich sehr*, *dass* ... …使我十分吃惊 **3. *was j-n/etw. betrifft*** verwendet, um den Bezug zu j-m/etw. auszudrücken(物作主语)至于谈到…,就…而言: *Was mich betrifft*, *kannst du die Aktion vergessen* 就我而言,这次活动我不参加 (= ich mache bei der Aktion nicht mit)

be·tref·fend **1.** *Partizip Präsens*(现在分词); ↑ ***betreffen*** **2.** *Adj*(形); *nur attr*, *nicht adv*(只作定语,不作状语); verwendet, um sich auf j-n/etw. zu beziehen, der/das bereits bekannt ist od. erwähnt wurde 有关的,相关的: *Sie konnte das betreffende Wort nicht im Wörterbuch finden* 她无法在词典中找到相关的词 **3.** *verbunden mit e-m Subst*(与一名词连用) ≈ im Hinblick auf, bezüglich: *Ihre Anfrage b. Ihre Steuernachzahlung/Ihren Steuerbescheid wird in den nächsten Tagen beantwortet* 您询问有关您补纳税款/关于您的征税单一事,将于近日内答复

Be·tref·fen·de *der/die*; *-n*, *-n*; die Person, um die es sich handelt 有关的人,当事人,有关者: *Wer hat sein Auto vor der Ausfahrt abgestellt? Der B. möge es bitte wegfahren* 谁将自己的汽车停放在出口处了?请车主将它开走 ‖ NB(注意): *der Betreffende*; *den*, *dem*, *des Betreffenden*

be·treffs *Präp*(介); *mit Gen*, ADM *geschr*(支配二格)【管理】[书]; ***b. etw.*** (*Gen* 二格) etw. betreffend (1), sich auf etw. beziehend 关于,有关 ≈ bezüglich etw. (*Gen*): *B. Ihres Antrags auf Gehaltserhöhung teile ich Ihnen Folgendes mit*: ... 有关您提出增加工资一事,谨答复如下:… ‖ NB(注意): Gebrauch ↑ *Tabelle unter* 用法,见图表 ***Präpositionen***

be·trei·ben; *betrieb*, *hat betrieben*; Vt(及物) **1. *etw.*** (***irgendwie***) ***b.*** auf dem genannten Gebiet aktiv sein 从事,进行,搞‹Politik, Sport, ein Hobby b.从事政治、体育活动、业余爱好›: *Er betreibt sein Studium sehr ernsthaft* 他十分认真地进行学习 **2. *etw. b.*** für die Organisation e-s *mst* wirtschaftlichen Unternehmens verantwortlich sein 经营,经办‹ein Geschäft, ein Gewerbe, ein Hotel b.经营商店、工商企业、旅馆›: *Das Kraftwerk wird vom Staat betrieben* 这座发电厂由国家经营 **3. *etw. b.*** sich bemühen, etw. zu erreichen 致力于,推动,促进,促使: *den Umsturz der Regierung b.*致力于推翻政府 ‖ ID[谚] ***auf j-s Betreiben*** (***hin***) *geschr*[书]; weil es j-d beantragt, gefordert od. veranlasst hat 在某人的建议(要求、催促)下 ‖ *zu* (义项) **2. Be·trei·ber** *der*; *-s*, *-* ‖ ▶ ***Betrieb***

be·tre·ten¹; *betritt*, *betrat*, *hat betreten*; Vt (及物) ***etw. b.*** in e-n Raum hineingehen 进入,走进,踏进 ↔ verlassen ‹ein Zimmer b.进入房间›

be·tre·ten² *Adj*(形); (*bes* wegen e-s Fehlers) mit e-m Gesichtsausdruck, der verrät, dass man sich schuldig fühlt 羞愧的,难堪的,尴尬的,狼狈的,窘迫的 ≈ verlegen ‹ein betretenes Gesicht machen 面有愧色; b. lächeln, schweigen 尴尬地微笑,沉默› ‖ *hierzu*(派生) **Be·tre·ten·heit** *die*; *nur Sg*(只用单数)

be·treu·en; *betreute*, *hat betreut*; Vt(及物)**1. *j-n b.*** auf j-n aufpassen u. für ihn sorgen 照料,照顾,照看,护理‹Kinder, Kranke b.照看孩子们,看护病人› **2. *etw. b.*** (*bes* mit Ratschlägen) helfen u. dafür sorgen, dass etw. gut funktioniert 关心,照管: *ein Projekt*, *ein Geschäft b.*关心一个项目,照管商店 **3. *j-n/etw. b.*** in e-m Gebiet od. bei e-r Gruppe von Personen dafür sorgen, dass alles gut funktioniert 分管,关照: *Dieser Vertreter der Firma betreut das Stadtgebiet* 公司的这位代理分管这个市区; *Die Kunden werden ständig von verschiedenen Sachbearbeitern betreut* 顾客们经常受到各种专业人员的关照 ‖ *hierzu*(派生) **Be·treu·ung** *die*; *nur Sg*(只用单数); *zu*(义项) **1. Be·treu·er** *der*; *-s*, *-*; **Be·treu·e·rin** *die*; *-*, *-nen* ‖ ▶ ***treu***

Be·trieb¹ *der*; *-(e)s*, *-e* **1.** alle Gebäude, technischen Anlagen *usw*, die zusammengehören u. in denen bestimmte Waren produziert od. Dienstleistungen erbracht werden 企业,工厂,公司≈ Firma, Unternehmen[2]〈ein privater, staatlicher, landwirtschaftlicher B. 私有的,国有的,农业的企业; e-n B. aufbauen, gründen, leiten, herunterwirtschaften, stilllegen 建立,成立,领导企业,(因经营不善)使企业衰败,使企业停产(关闭)〉: *Er arbeitet als Schlosser in e-m kleinen B.* 他在一家小工厂里当钳工; *In unserem B. sind 200 Personen beschäftigt* 我们工厂有 200 人 ‖ K-(复合): ***Betriebs-, -angehörige(r), -eröffnung, -geheimnis, -führung, -kapital, -leitung, -organisation, -praktikum, -unfall, -urlaub, -vermögen; -arzt, -krankenkasse*** ‖ -K(复合): ***Industrie-*** **2.** *nur Sg*(只用单数), *Kollekt*(集合); alle Personen, die in e-m B. (1) arbeiten 企业的全体职工 ‖ K-(复合): ***Betriebs-, -ausflug, -versammlung*** **3.** das Gelände, auf dem ein B. (1) ist u. die dazugehörigen Gebäude 工厂,企业(指所在地): *Er kommt um vier Uhr aus dem B.* 四点钟他从工厂出来

Be·trieb[2] *der*; *-s*; *nur Sg*(只用单数); **1.** das Arbeiten von technischen Apparaten u. Einrichtungen 运行,运转;营业;开动〈e-e Maschine in B. nehmen 将机器投入生产,使机器运转起来〉 ‖ K-(复合): ***Betriebs-, -dauer, -kosten, -störung, -überwachung, -zeit*** **2.** *mst* 多用 ***etw. ist in / außer B.*** ein Gerät, e-e Maschine *o. Ä.* ist eingeschaltet/ist nicht eingeschaltet od. funktioniert nicht(物作主语)(机器)在运转中/停止运转: *Der Lift / das Telefon, die Heizung ist nicht in B. / ist außer B.* 电梯、电话、暖气设备没开(通)/停了 **3.** ***den B. aufnehmen / einstellen*** die Arbeit beginnen/beenden 开工/停工,开始/停止营业,开机/停机 **4.** *Kollekt*(集合); die Aktivitäten u. Arbeiten, die an e-r Stelle od. in e-r Institution ablaufen 活动,工作;热闹,忙碌〈den B. aufhalten, lahmlegen 使工作停顿、耽误,使工作瘫痪〉: *Zu Weihnachten herrscht auf dem Bahnhof großer B.* 圣诞节期间火车站熙熙攘攘,非常热闹; *Am Samstagabend war reger B. im Restaurant* 星期六晚上饭馆里宾客如流 ‖ -K(复合): ***Krankenhaus-, Schul-, Universitäts-*** ‖ ▶ ***Inbetriebnahme***

be·trieb·sam *Adj*(形); immer mit etw. beschäftigt 忙碌的,勤劳的,有事业心的 ≈ geschäftig, rührig: *b. hin u. her eilen* 劳碌地来回奔忙 ‖ *hierzu*(派生) **Be·trieb·sam·keit** *die*; *nur Sg*(只用单数)

Be·triebs·an·lei·tung *die*; e-e Broschüre od. ein Heft, die erklären, wie man e-e (*mst* relativ große u. komplizierte) Maschine bedient 使用说明书,操作手册

be·triebs·be·reit *Adj*(形); *mst* 多用 ***etw. ist b.*** ein Gerät od. e-e Maschine ist bereit, in Betrieb[2] genommen zu werden(物作主语)可投入使用,准备开动

be·triebs·blind *Adj*(形); *pej*[贬]; **b.** (***gegenüber etw.***) (aus Gewohnheit *o. Ä.*) nicht mehr in der Lage, Fehler od. Mängel im eigenen (Arbeits) Bereich zu erkennen 对自己工作范围的缺点视而不见的,盲目操作的 ‖ *hierzu*(派生) **Be·triebs·blind·heit** *die*; *nur Sg*(只用单数)

be·triebs·ei·gen *Adj*(形); *nicht adv*(不作状语); e-m Betrieb[1](1) gehörend 属于企业的,企业所属的: *ein betriebseigenes Erholungsheim* 企业所属的休养所

be·triebs·fremd *Adj*(形); *nicht adv*, ADM *geschr*(不作状语)【管理】[书]; nicht zum Betrieb[1](1) gehörend 不属于企业的,非本企业的: *Betriebsfremden Personen ist der Zutritt verboten!* 非本厂人员禁止入内!

be·triebs·in·tern *Adj*(形); ADM *geschr*【管理】[书];〈e-e Regelung 规章〉so, dass sie nur den Betrieb selbst od. die Angehörigen des Betriebs betrifft 企业(或企业职工)内部的: *etw. b.* (= *innerhalb des Betriebs*) *regeln* 在企业内部处理某事

Be·triebs·kli·ma *das* ≈ Arbeitsklima

Be·triebs·rat *der* **1.** ein Gremium, das von den Arbeitnehmern e-s Betriebs alle vier Jahre neu gewählt wird u. die Aufgabe hat, die Interessen der Arbeitnehmer gegenüber dem Arbeitgeber zu vertreten 企业职工委员会: *Der B. besteht in großen Unternehmen aus bis zu 31 Mitgliedern* 大企业的企业职工委员会最多可由 31 个委员组成 ‖ K-(复合): ***Betriebsrats-, -mitglied, -sitzung, -vorsitzende(r), -wahlen*** **2.** ein Mitglied e-s Betriebsrats (1) 企业职工委员会委员

Be·triebs·ren·te *die*; die Rente, die ein Betrieb[1](1) e-m Angestellten zahlt (zusätzlich zur gesetzlichen Rente)(法定养老金之外的)企业支付给职工的养老金

be·triebs·si·cher *Adj*(形); TECH【技】; gegen Störungen im Betrieb[2](1) gesichert 运转安全的,操作安全的〈e-e Anlage, e-e Maschine 设备,机器〉 ‖ *hierzu*(派生) **Be·triebs·si·cher·heit** *die*; *nur Sg*(只用单数)

Be·triebs·sys·tem *das*; INFORM【信息】; ein Programm, das ein Computer braucht, um überhaupt arbeiten u. andere Programme bearbeiten zu können 操作系统,运转系统,调度系统

Be·triebs·wirt *der*; j-d, der Betriebswirtschaft studiert hat 大学企业管理专业的毕业生,企业经济学家

Be·triebs·wirt·schaft *die*; die Wissenschaft, die sich mit der Organisation u. Führung von Betrieben[1](1) unter ökonomischen Aspekten beschäftigt 企业经济学,企业经济,企业管理; *Abk* 缩写 BWL ‖ K-(复合): ***Betriebswirtschafts-, -lehre***

Be·triebs·wirt·schaft·ler *der*; *gespr*[口]; j-d, der Betriebswirtschaft lehrt od. studiert 学企业经济的人,企业经济学专业的大学生

be·trin·ken, sich; *betrank sich*, *hat sich betrunken*; **Vr** (反身) ***sich b.*** von e-m alkoholischen Getränk so viel trinken, dass man sich nicht mehr unter Kontrolle hat 喝醉〈sich sinnlos, aus Kummer b. 醉得不省人事;由于苦恼而喝醉〉

be·trof·fen 1. *Partizip Perfekt*（过去分词）；↑ **betreffen** 2. *Adj*（形）；（**von etw.**）**b.** bei e-m Unglück in Mitleidenschaft gezogen, bei e-m Unwetter geschädigt *o.Ä.* 遭到灾害的，遇到不幸的，(因灾害或不幸而)受害的↔ verschont: *die vom Hochwasser betroffenen Gebiete* 受洪水之害的地区 3. *Adj*（形）；**b.**（**über etw.**（*Akk* 四格））durch etw. Schlimmes od. Trauriges emotional sehr bewegt 受到震惊的，惊愕的，惊慌的 ≈ bestürzt ‖ *zu*（义项）3. **Be·trof·fen·heit** *die*；*nur Sg*（只用单数）

be·trü·ben；*betrübte*，*hat betrübt*；[Vt]（及物）*etw.* **betrübt j-n** *geschr veraltend*［书］［渐旧］；etw. macht j-n traurig（物作主语）使悲伤，使苦恼，使郁郁不乐

be·trüb·lich *Adj*（形）；〈e-e Situation, ein Vorfall, Verhältnisse 形势，事故，情况〉so beschaffen, dass sie traurig machen 使人悲伤的，悲惨的，令人忧郁的

be·trübt *Adj*（形）；*geschr*［书］≈ traurig〈Menschen 人；b. aussehen 显得郁郁不乐〉‖ *hierzu*（派生）**Be·trübt·heit** *die*；*nur Sg*（只用单数）

Be·trug *der*；-(*e*)*s*；*nur Sg*（只用单数）1. e-e Handlung, mit der man j-n betrügt (1) 欺骗(行为)〈e-n schweren B. begehen, verüben 进行重大欺骗；etw. durch B. (an j-m) erlangen 通过(对某人)欺骗达到某事〉‖ -K(复合)：**Versicherungs-** 2. **ein frommer B.** das Verschweigen von etw. Unangenehmem j-m gegenüber, um diesem zu helfen 善意的欺骗，好心的隐瞒

be·trü·gen；*betrog*，*hat betrogen*；[Vt]（及物）1. **j-n**（**um etw.**）**b.** j-n bewusst täuschen, *mst* um damit Geld zu bekommen 欺骗，骗取(财物)：*j-n beim Kauf e-s Gebrauchtwagens b.* 在买旧汽车时欺骗某人；*Er wurde um seinen Lohn betrogen* 他被人骗走了工资 2. **j-n**（**mit j-m**）**b.** außerhalb der Ehe (od. e-r Zweierbeziehung) sexuelle Kontakte haben 欺骗某人(说与别人有不正当关系)；[Vr]（反身）3. **sich**（**selbst**）**b.** sich selbst etw. glauben machen wollen, was nicht der Wirklichkeit entspricht, u. sich dadurch selbst schaden 自己欺骗自己：*Du betrügst dich selbst, wenn du von deiner neuen Arbeit zu viel erwartest* 如果你对你新的工作期望过高，你就自己欺骗自己 ‖ *zu*（义项）1. **be·trü·ge·risch** *Adj*（形）；**Be·trü·ger** *der*；*-s*，*-*；**Be·trü·ge·rin** *die*；*-*，*-nen* ‖ *zu*（义项）**Betrügerei** ↑ **-ei**

be·trun·ken *Adj*（形）；in dem Zustand, in dem man sich befindet, wenn man zu viel Alkohol getrunken hat 喝醉酒的，醉醺醺的 ↔ nüchtern〈leicht, völlig b. 微醉，酩酊大醉〉‖ *hierzu*（派生）**Be·trun·ke·ne** *der/die*；*-n*，*-n* ‖ ▶ **betrinken**，**Trunkenheit**

Bett *das*；-(*e*)*s*，*-en* 1. das Möbelstück, in dem man schläft 床〈im B. liegen 躺在床上；ins/zu B. gehen, sich ins B. legen 去睡觉，就寝；die Kinder ins B. bringen, schicken 让孩子们上床睡觉〉‖ K-(复合)：**Bett-**，**-couch**，**-decke**，**-gestell**，**-kante**，**-laken**，**-rand** ‖ -K(复合)：**Doppel-**，**Ehe-**，**Holz-**，**Kinder-** 2. *Kollekt*（集合）；die Decken u. Kissen auf e-m B. (1)(被褥、枕头等)床上用品 ≈ Bettzeug〈das B. beziehen 铺床〉‖ K-(复合)：**Bett-**，**-bezug**，**-federn**，**-überzug**，**-wäsche** ‖ -K(复合)：**Feder-** 3. **das B. machen** das B. (2) nach dem Schlafen in Ordnung bringen(起床后)整理床铺 4. *Kurzw*（略）↑ **Flussbett** ‖ ID［谚］**ans B. gefesselt sein**；**das B. hüten müssen** wegen e-r Krankheit im B. bleiben müssen 卧床不起，因病卧床，不得不卧床休息；**sich ins gemachte B. legen** etw., das andere durch Arbeit geschaffen haben, übernehmen, ohne selbst etw. leisten zu müssen 坐享其成，享现成福；**mit j-m ins B. gehen/steigen** *gespr*［口］；mit j-m Sex haben 跟某人上床，做爱 ‖ *zu*（义项）3. **Bet·ten·ma·chen** *das*；*-s*；*nur Sg*（只用单数）

bet·tel·arm *Adj*（形）；*ohne Steigerung*（无变级）；sehr arm 极端贫穷的，赤贫的

bet·teln；*bettelte*，*hat gebettelt*；[Vi]（不及物）1.（**um etw.**）**b.** j-n dauernd u. intensiv um etw. bitten 央求：*Das Kind bettelte so lange, bis die Mutter ihm ein Eis kaufte* 这孩子不断央求妈妈直到给他买了个冰淇淋 2.（**um etw.**）**b.** j-n um Geld (od. andere Dinge) bitten, weil man arm ist 乞讨〈um Almosen, Brot b. (gehen)(去)乞求施舍，(去)讨饭(行乞)〉

Bet·tel·stab *der*；*geschr*［书］，*nur in* 只用于 1. **j-n an den B. bringen** j-n finanziell ruinieren 使倾家荡产，使一贫如洗 2. **an den B. kommen** sehr arm werden 沦为乞丐，变成赤贫，倾家荡产

bet·ten；*bettete*，*hat gebettet*；[Vt]（及物）1. **j-n/etw. irgendwohin b.** *geschr veraltend*［书］［渐旧］；j-n sorgfältig auf ein Bett *o.Ä.* legen(小心地)将…放下，使躺下：*den Verletzten auf das Sofa b.* 将受伤的人安顿在沙发上；*den Kopf auf ein Kissen b.* 将头放在枕头上 2. **j-n zur letzten Ruhe b.** *geschr*［书］；j-n begraben 埋葬 ‖ ID［谚］**Wie man sich bettet, so liegt man** es hängt von jedem Einzelnen ab, was für ein Leben er führt 自作自受，咎由自取，自食其果

Bett·ge·schich·te *die*；*pej*［贬］1. e-e sexuelle Beziehung zu j-m 性关系，风流韵事 2. e-e Geschichte in e-r Zeitschrift *o.Ä.* über e-e B. (1) 描写性关系、风流韵事的故事

Bett·hup·ferl *das*；*-s*，*-*；*bes südd* Ⓐ *gespr* 尤用于［南德］［奥］［口］；e-e kleine Süßigkeit, die ein Kind bekommt, bevor es schlafen geht 睡前小甜食

bett·lä·ge·rig *Adj*（形）；*nicht adv*（不作状语）；so krank, dass man (*mst* lange Zeit) im Bett liegen muss(长期)卧病在床的

Bett·ler *der*；*-s*，*-*；j-d, der bettelt (2) 乞丐 ‖ *hierzu*（派生）**Bett·le·rin** *die*；*-*，*-nen*

Bett·näs·ser *der*；*-s*，*-*；j-d (*bes* ein Kind), der ohne Absicht sein Bett mit Urin nass macht, während er schläft 遗尿者，尿床者 ‖ *hierzu*（派生）**Bett·näs·sen** *das*；*-s*；*nur Sg*（只用单数）

Bett·pfan·ne *die*；e-e flache Schüssel, die man unter j-n schiebt, der nicht aus dem Bett aufstehen kann, damit er Darm u. Blase entleeren kann 便盆

Bett·ru·he *die*; das Ruhen im Bett 卧床休息 ⟨e-m Kranken (strengste) B. verordnen 规定病人(绝对)卧床休息⟩

Bett·schwe·re *die*; *nur in* 只用于 ***die nötige B. haben*** *gespr* [口]: müde genug sein, um schlafen zu gehen(累得)直想睡觉

Bett·sze·ne *die*; e-e Szene *mst* in e-m Film, in der sexuelle Handlungen im Bett gezeigt werden 床上(性行为)镜头

Bett·tuch *das*; ein großes, *mst* weißes Tuch, das man über die Matratze des Bettes legt u. auf dem man schläft 床单,褥单 ≈ (Bett)-Laken

Bett·vor·le·ger *der*; *-s*, *-*; e-e Art kleiner Teppich neben dem Bett 床前小地毯

Bett·zeug *das*; *gespr*[口] ≈ Bett (2)

be·tucht *Adj* (形); *nicht adv*, *gespr* (不作状语) [口]: mit viel Geld u. Vermögen 富裕的,富有的,有钱的 ≈ reich

be·tu·lich *Adj* (形); ein bisschen ungeschickt (u. *mst* langsam), aber freundlich um j-n/etw. bemüht 婆婆妈妈的,好心肠的,琐碎的 ⟨e-e betuliche Art haben 一副婆婆妈妈的热心肠的样子⟩ ‖ *hierzu* (派生) **Be·tu·lich·keit** *die*; *nur Sg* (只用单数)

Beu·ge·haft *die*; JUR【法】: die (vorläufige) Haft, durch die versucht wird, j-n zu e-r Aussage od. zu e-m Eid zu bringen (预审)拘留⟨j-n in B. nehmen 拘留某人⟩

beu·gen[1]; *beugte*, *hat gebeugt*; [Vt] (及物) **1.** ***etw. b.*** e-n Körperteil aus seiner normalen Haltung nach unten, nach hinten od. zur Seite bewegen 弯,使弯曲 ↔ strecken ⟨den Arm, die Knie, den Kopf, den Nacken, den Rücken b. 弯臂,屈膝,低头,俯首,弯腰⟩; [Vr] (反身) **2.** ***sich irgendwohin b.*** im Stand den Oberkörper in e-e bestimmte Richtung bewegen 弯身,鞠躬 ↔ sich aufrichten ⟨sich nach vorn, aus dem Fenster, über ein Kind b. 向前弯下身子,探身窗外,朝孩子弯下腰去⟩ **3.** ***sich j-m/etw. b.*** *geschr*[书]: j-m/etw. (oft nach längerem Widerstand) nachgeben 屈服于,屈从于 ⟨sich dem Druck der Öffentlichkeit b. 屈服于公众(舆论)的压力⟩ ‖ NB(注意): ↑ ***Recht*** ‖ *zu* (义项) **1. Beu·gung** *die*

beu·gen[2]; *beugte*, *hat gebeugt*; [Vt] (及物) ***etw. b.*** LING【语】: ein Wort in diejenige Form bringen, die es wegen der Satzstellung, des Tempus, des Numerus *usw* braucht 使变化,使变格,使变位 ≈ flektieren ⟨ein Adjektiv, ein Substantiv, ein Verb b. 将形容词、名词变格,将动词变位⟩: *Das Verb „spielen" wird schwach gebeugt* 动词"*spielen*"是弱变化 ‖ *hierzu* (派生) **Beu·gung** *die*; *nur Sg* (只用单数)

Beu·le *die*; *-*, *-n* **1.** e-e Stelle, an der die Haut *bes* nach e-m Stoß od. Schlag geschwollen ist 鼓起的疙瘩,包,肿块: *Nach seinem Sturz hatte er e-e dicke B. an der Stirn* 他跌了一跤,额上鼓起了个大包 **2.** e-e Stelle, an der ein Gegenstand durch e-n Stoß e-e andere Form bekommen hat 凹痕或凸痕,鼓包: *Das Auto hat bei dem Unfall nur e-e kleine B. bekommen* 这辆汽车在事故中只碰了一个小坑

be·un·ru·hi·gen; *beunruhigte*, *hat beunruhigt*; [Vt] (及物) ***j-n b.*** j-n unruhig od. besorgt (2) machen 使不安,使担忧 ‖ *hierzu* (派生) **Be·un·ru·hi·gung** *die*

be·ur·kun·den; *beurkundete*, *hat beurkundet*; [Vt] (及物) (***j-m***) ***etw. b.*** durch ein Dokument amtlich bestätigen, dass etw. geschehen ist od. dass etw. wahr od. echt ist 将…写成文件,记录在案,对…出具证明 ⟨die Geburt, e-n Todesfall b. 出具出生、死亡证明; etw. notariell b. 公证某事⟩ ‖ *hierzu* (派生) **Be·ur·kun·dung** *die* ‖ ▶ ***Urkunde***

be·ur·lau·ben; *beurlaubte*, *hat beurlaubt*; [Vt] (及物) **1.** ***j-n b.*** j-m Urlaub geben 给…以假期,准…休假 **2.** ***j-n b.*** j-n (*mst* wegen e-s Vergehens) e-e Zeitlang vom Dienst suspendieren 暂时免去…的职务,让…暂时停职 ‖ *hierzu* (派生) **Be·ur·lau·bung** *die*

be·ur·tei·len; *beurteilte*, *hat beurteilt*; [Vt] (及物) ***j-n/etw.*** (***irgendwie/nach etw.***) ***b.*** sich e-e Meinung darüber bilden (u. diese äußern), wie j-d/etw. ist 判断,评价 ≈ bewerten (1) ⟨j-n/etw. falsch, richtig b. 错误地,正确地评价某人/某事; etw. ist schwer zu b. 某事很难判断⟩: *j-n nach seinen Leistungen b.* 按其成绩评定某人; *Der Lehrer beurteilte ihren Aufsatz als gut* 老师把她的作文评为良好; *Kannst du b., ob das stimmt?* 这是否正确,你能判断吗?; *Man sollte Leute nicht* danach *b., wie sie aussehen* 不要根据人的外表来评判人,不要以貌取人 ‖ ▶ ***Urteil***

Be·ur·tei·lung *die*; *-*, *-en* **1.** das Beurteilen e-r Person od. e-r Leistung 评定,评估,评分 **2.** *bes* ein schriftlicher Text (*z.B.* ein Gutachten od. ein Zeugnis), in dem j-d beurteilt wird 书面鉴定,评价,评语 ⟨e-e dienstliche B. 工作鉴定; e-e B. schreiben 写一份鉴定⟩

Beu·te *die*; *-*; *nur Sg* (只用单数) **1.** etw., das j-d zu Unrecht (oft mit Gewalt) an sich nimmt 赃物,掠夺而得的东西,非法收入⟨j-m zur B. fallen 落入某人之手⟩: *Die Diebe teilen sich die B.* 小偷们瓜分赃物 ‖ K-(复合): ***Beute-***, ***-stück*** ‖ -K(复合): ***Diebes-***, ***Kriegs-*** **2.** ein Tier, das von Menschen/ anderen Tieren als Nahrung gefangen wird 猎获物: *Der Adler hielt seine B. in den Krallen* 老鹰用爪子抓住它的猎物 ‖ K-(复合): ***Beute-***, ***-fang***, ***-tier*** **3.** *geschr*[书]: das Opfer von j-s Handeln od. e-s Ereignisses 牺牲品⟨j-s B. sein, werden 是,成为某人的牺牲品⟩: *Das Schiff wurde e-e B. des Orkans* 这艘船已被飓风吞噬 ‖ ID[谚] ***fette***, ***reiche B. machen*** (*bes* auf illegale Weise) viel in seinen Besitz (1) bringen 将大批的东西掠为己有,侵吞大量财物,把大量财物中饱私囊

Beu·tel *der*; *-s*, *-* **1.** ein relativ kleiner Behälter in der Form e-s Sackes (*bes* aus Stoff, Leder od. Plastik) 袋,包: *seinen Tabak im B. aufbewahren* 将烟丝放在袋子里保存; *Fleisch in e-m Beutel einfrieren* 将肉包在

袋子里冷藏 ‖ -K(复合): **Geld-**, **Leder-**, **Müll-**, **Plastik-**, **Tabak(s)-** 2. (bei bestimmten Tieren) e-e tiefe Hautfalte in der Form e-s Sackes, in der das Junge transportiert wird (某些动物的)育儿袋: *Das Junge des Känguruhs sitzt im B. seiner Mutter* 这只袋鼠幼崽坐在它妈妈的育儿袋中 ‖ K-(复合): **Beutel-**, **-tier** ‖ ID[谚] ***j-s B. ist leer*** *gespr*[口]; j-d hat kein Geld (mehr)某人没有钱了,囊空如洗; ***(tief) in den B. greifen müssen*** *gespr*[口]; viel Geld zahlen müssen 要花很多钱,得狠命掏腰包; ***etw. reißt ein Loch in j-s B.*** *gespr*[口]; etw. belastet j-n finanziell sehr stark 某事让某人破费很大,掏空了腰包

beu·teln; *beutelte, hat gebeutelt*; [Vt] (及物) *mst in* 多用于〈vom Leben (arg/hart)生活(很/非常)〉 ***gebeutelt werden*** *gespr*[口]; große Probleme u. Schwierigkeiten haben 艰辛,困顿,艰难,含辛茹苦

be·völ·kern; *bevölkerte, hat bevölkert*; [Vt] (及物) 1. 〈Menschen, Tiere 人,动物〉 ***bevölkern etw.*** Menschen/Tiere leben irgendwo od. ziehen in e-r größeren Gruppe in ein Gebiet, um dort zu leben 居住在…,聚居在…,成群迁居到… ≈ Menschen bewohnen, besiedeln etw. 〈Menschen bevölkern ein Land 人们居住在一个国家〉 2. 〈Menschen, Tiere 人,动物〉 ***bevölkern etw.*** Menschen/Tiere sind in großer Zahl irgendwo 挤满,聚集在: *Viele Touristen bevölkern die Straßen u. Plätze von Paris* 许多旅游者挤满巴黎的大街和广场

Be·völ·ke·rung *die*; -, *-en*; *Kollekt*(集合); die (Zahl der) Personen, die in e-m bestimmten Gebiet wohnen 居民,人口〈die einheimische, ländliche, weibliche B. 本地居民,农村居民,女性居民; die B. e-r Stadt, e-s Landes 一个城市、一个国家的人口〉: *Die B. nimmt ständig zu* 人口不断增长 ‖ K-(复合): **Bevölkerungs-**, **-abnahme**, **-wachstum**, **-zunahme**; **-gruppe**, **-statistik**, **-zahl** ‖ -K(复合): **Land-**, **Stadt-**

Be·völ·ke·rungs|dich·te *die*; die Anzahl von Menschen, die auf e-r bestimmten Fläche wohnen 人口密度〈e-e hohe, geringe B. 高的,低的人口密度〉: *Die B. in Indien steigt ständig* 印度的人口密度越来越高

Be·völ·ke·rungs|ex·plo·si·on *die*; e-e sehr schnelle Zunahme der Bevölkerung der Erde od. e-s Landes 人口爆炸,人口的骤然增加: *die B. in China u. in Indien* 中国和印度的人口爆炸

be·voll·mäch·ti·gen; *bevollmächtigte, hat bevollmächtigt*; [Vt] (及物) ***j-n (zu etw.) b.*** j-m e-e Vollmacht geben 授予…全权,全权委托: *Sie bevollmächtigte ihn dazu, ihre Post entgegenzunehmen* 她(全权)委托他领取她的邮件 ≈ ermächtigen

Be·voll·mäch·tig·te *der/die*; *-n, -n*; j-d, der e-e Vollmacht für etw. hat 受全权委任的人,全权代表,代理人 ‖ -K(复合): **Handlungs-** ‖ NB (注意): *ein Bevollmächtigter; der Bevollmächtigte; den, dem, des Bevollmächtigten*

Be·voll·mäch·ti·gung *die*; -, *-en*; e-e mündliche od. schriftliche Aussage, die j-m das Recht gibt, etw. zu tun 授权 ≈ Vollmacht

be·vor *Konjunktion* (连) 1. verwendet, um auszudrücken, dass e-e Handlung zeitlich früher als e-e andere abläuft 在…之前 ↔ nachdem: *B. wir essen, musst du den Tisch decken* 在我们吃饭前你得摆好餐具; *Kurz b. er starb, änderte er das Testament* 他在去世前不久修改了遗嘱 2. ***b. nicht*** verwendet, um im Nebensatz die Bedingung anzugeben, unter der die Handlung des Hauptsatzes stattfinden kann 在没有…之前,如果事先不… ≈ wenn nicht zuvor: *B. du nicht genügend Geld verdienst, kannst du dir kein Auto kaufen* 你挣不到足够的钱,你就无法买汽车(= erst musst du genügend Geld verdienen, dann kannst du dir ein Auto kaufen)

be|vor·mun·den; *bevormundete, hat bevormundet*; [Vt] (及物) ***j-n b.*** *pej*[贬]; j-n nicht selbständig handeln lassen 监护,管束: *Er ist schon 18 Jahre alt u. wird immer noch bevormundet* 他已 18 岁,但还一直受管束 ‖ *hierzu* (派生) **Be·vor·mun·dung** *die* ‖ ▶ **Vormund**

be|vor·ste·hen; *stand bevor, hat/südd* Ⓐ Ⓒⓗ [南德][奥][瑞] *ist bevorgestanden*; [Vi] (不及物) ***etw. steht (j-m) bevor*** etw. wird bald geschehen(物作主语)临近,即将发生: *die bevorstehenden Wahlen* 即将举行的选举; *Der schlimmste Teil der Prüfungen steht mir noch bevor* 我还面临着最难考的一门(课)

be|vor·zu·gen; *bevorzugte, hat bevorzugt*; [Vt] (及物) 1. ***j-n (vor/gegenüber j-m) b.*** so handeln, dass j-d im Vergleich zu anderen Vorteile hat 照顾,给…以优惠待遇,优待,偏爱 ↔ benachteiligen: *Unser Lehrer bevorzugt die Mädchen vor den Jungen* 我们老师照顾女生多于男生 2. ***j-n/etw. (vor j-m/etw.) b.*** j-n/etw. lieber mögen als j-d anderen/etw. anderes 更喜欢,宁愿(选择) ≈ vorziehen: *Sie bevorzugt es, allein zu leben* 她宁愿一个人生活; *Ich bevorzuge Taschenbücher* 我更喜爱袖珍本 ‖ *hierzu* (派生) **Be·vor·zu·gung** *die*; *mst Sg*(多用单数)

be·wa·chen; *bewachte, hat bewacht*; [Vt] (及物) 1. ***j-n b.*** aufpassen, dass j-d nicht wegläuft od. ausbricht 看守,监视〈e-n Gefangenen, e-n Verbrecher b. 看守俘虏、罪犯〉 2. ***etw. b.*** aufpassen, dass niemand ein Haus *o.Ä.* betritt, der kein Recht dazu hat 守卫,守护,把守,保卫 ≈ hüten: *Der Wachhund bewacht das Haus* 警犬守卫着这幢大楼 ‖ *hierzu* (派生) **Be·wa·chung** *die*; **Be·wa·cher** *der*; *-s, -*; **Be·wa·che·rin** *die*; -, *-nen*

be·wach·sen *Adj* (形); ***(mit etw.) b.*** mit Pflanzen bedeckt 被(植物)覆盖的,长满(植物)的 ≈ zugewachsen 〈ein Ufer, e-e Böschung 岸,斜坡〉: *e-e mit Moos bewachsene Mauer* 长满青苔的墙 ‖ -K(复合): **efeu-**, **schilf-**

be·waff·nen; *bewaffnete, hat bewaffnet*; [Vt] (及物) 1. ***j-n b.*** j-m Waffen geben, damit er kämpfen kann 用武器装备,武装; [Vr] (反身) 2. ***sich b.*** sich e-e Waffe od. Waffen besorgen

武装(自己)

be·waff·net **1.** *Partizip Perfekt*(过去分词); ↑ ***bewaffnen*** **2.** *Adj*(形); ***irgendwie b.; mit etw. b.*** mit Waffen der genannten Art ausgerüstet 武装起来的,用武器装备的: *Schwer bewaffnete Truppen stürmten das Gebäude* 用重武器装备的部队向大楼进攻; *Mit e-m Messer b. ging er auf mich los* 他拿着一把刀冲我走来 **3.** *Adj*(形); ***mit etw. b.*** *hum*[诙]; mit dem genannten Gegenstand ausgerüstet 配备着,携带着: *Mit Schnorchel u. Flossen b. ging ich zum Strand* 我带着潜水用的换气管和脚蹼朝海滩走去

Be·waff·nung *die*; -, *-en* **1.** *nur Sg*(只用单数); das Bewaffnen (1) **2.** die Waffen od. die militärische Ausrüstung, die j-d zur Verfügung hat 武器,军械

be·wah·ren; *bewahrte, hat bewahrt*; [Vt](及物) **1.** ***etw. b.*** *mst* etw. Positives auch in e-r schwierigen Situation beibehalten 保持〈die Beherrschung, die Fassung, seinen Gleichmut, seinen Humor, Ruhe b. 保持镇定、镇静、沉着、幽默、平静〉 **2.** ***etw. b.*** etw. aufrechterhalten od. pflegen² (1) 维护,保留〈Bräuche, Traditionen b. 保留着风俗习惯、传统; das Andenken an j-n b. 保持对某人的怀念〉 **3.** ***j-n/etw. vor j-m/etw. b.*** j-n/etw. vor e-r Gefahr od. Bedrohung schützen 保护…免遭(以防): *j-n vor e-r bösen Überraschung b.* 使某人免遭恶性意外; *den Wald vor dem Aussterben b.* 保护森林,以防灭绝; *Er hat mich* davor *bewahrt, e-e große Dummheit* zu *machen* 他使我不致干出大傻事 **4.** ***etw. b.*** ≈ aufbewahren ‖ *hierzu*(派生) **Be·wah·rung** *die*; *nur Sg*(只用单数)

be·wäh·ren, sich; *bewährte sich, hat sich bewährt*; [Vr](反身) ***j-d/etw. bewährt sich*** e-e Person/Sache zeigt nach längerer Erprobung od. Arbeit deutlich, dass sie für etw. gut geeignet ist(人/物作主语)经受住考验,证明自己适合做…,有能力做…,适用于… ↔ versagen: *Er hat sich als Arzt bewährt* 他表明自己适合(有能力)做医生; *Dieses Medikament hat sich seit Jahren bestens bewährt* 这种药品多年来已证明是最有效的

be·wahr·hei·ten, sich; *bewahrheitete sich, hat sich bewahrheitet*; [Vr](反身) ***etw. bewahrheitet sich*** etw. bisher Ungewisses zeigt sich als wahr(物作主语)得到证实,应验 ≈ etw. bestätigt sich〈e-e Befürchtung, e-e Voraussage 担忧,预言〉: *Ihre Vermutungen scheinen sich zu b.* 您的猜测看来会被证实 ‖ *hierzu*(派生) **Be·wahr·hei·tung** *die*; *nur Sg*(只用单数)

be·währt **1.** *Partizip Perfekt*(过去分词); ↑ ***bewähren*** **2.** *Adj*(形); *nur attr, nicht adv*(只作定语,不作状语); seit relativ langer Zeit für etw. verwendet u. dafür gut geeignet 可靠的,有效的,适用的〈ein Medikament, e-e Methode 药品,方法〉 **3.** *Adj*(形); *nur attr, nicht adv*(只作定语,不作状语); seit relativ langer Zeit irgendwo tätig u. dafür gut geeignet 经过考验的,有能力的: *ein bewährter Journalist* 一位有能力的新闻记者 ‖ *hierzu*(派生) **Be·währt·heit** *die*; *nur Sg*(只用单数)

Be·wäh·rung *die*; -, *-en* **1.** der Beweis, dass man für etw. geeignet ist(胜任某事的)证明,(经受住了的)考验 ↔ Versagen〈j-s B. auf e-m Posten, in e-m Amt 某人胜任工作、称职的证明〉 ‖ K-(复合): ***Bewährungs-, -probe*** **2.** JUR【法】; e-e Zeitspanne, nach deren Ablauf ein Verurteilter nicht ins Gefängnis muss, wenn er keine neuen Straftaten begangen hat u. sich regelmäßig bei e-m Bewährungshelfer gemeldet hat 缓刑(期),考察期〈e-e Strafe auf/zur B. aussetzen 缓期执行以观后效; B. bekommen 获缓刑处理〉: *Das Gericht verurteilte ihn zu zwei Monaten Gefängnis auf/mit B.* 法院判处他两个月徒刑缓期执行 ‖ K-(复合): ***Bewährungs-, -frist, -strafe***

Be·wäh·rungs·hel·fer *der*; Ⓓ[德] j-d, der (im Auftrag e-s Gerichts) j-n betreut, der auf Bewährung (2) verurteilt ist 缓刑犯的管制人

be·wal·det *Adj*(形); *nicht adv*(不作状语); mit e-m Wald bewachsen 长满树木的,为森林覆盖的,种(植)有树木的〈ein Hügel, e-e Fläche 山丘,地面〉

be·wäl·ti·gen; *bewältigte, hat bewältigt*; [Vt](及物) **1.** ***etw. b.*** e-e schwierige Aufgabe mit Erfolg ausführen 胜任,完成,克服 ≈ meistern〈e-e Arbeit, e-e Schwierigkeit mit Mühe, kaum, spielend b. 胜任工作,努力克服困难,几乎不能完成,毫不费力地完成〉: *Der Läufer bewältigte die Marathonstrecke in zweieinhalb Stunden* 这位赛跑运动员用两个半小时跑完了马拉松赛全程 **2.** ***etw. b.*** ein Problem geistig verarbeiten u. oft darüber nachdenken, bis es einem keinen Kummer mehr macht(精神上)克服,战胜,解决,摆脱,反思 ≈ überwinden, mit etw. fertig werden: *ein furchtbares Erlebnis, die Vergangenheit, seine harte Jugend b.* 从一次可怕的经历中解脱出来,反思过去,度过艰难的青年时代 ‖ *hierzu*(派生) **Be·wäl·ti·gung** *die*; *mst Sg*(多用单数)

be·wan·dert *Adj*(形); *mst in* 多用于 ***in etw.*** (*Dat* 三格) (***gut, sehr***) ***b. sein*** sich in e-m bestimmten Fachgebiet (sehr) gut auskennen 精通的,通晓的,熟悉的: *Sie ist in mittelalterlicher Geschichte sehr b.* 她精通中世纪历史

Be·wandt·nis *die*; *mst in* 多用于 ***mit j-m/etw. hat es e-e besondere B.*** verwendet, um auszudrücken, dass j-d/etw. e-n besonderen Hintergrund hat(某人/某事)有特殊背景(情况)

be·warb *Imperfekt, 1. u. 3. Person Sg*(过去时,第一和第三人称单数); ↑ ***bewerben***

be·wäs·sern; *bewässerte, hat bewässert*; [Vt](及物) ***etw. b.*** e-e relativ große Fläche, auf der Pflanzen wachsen, mit Wasser versorgen (*mst* mit e-m besonderen System) 灌溉,浇灌: *Reisfelder b.* 灌溉稻田

Be·wäs·se·rung *die*; -, *-en*; das Bewässern ‖ K-(复合): ***Bewässerungs-, -anlage***

be·we·gen¹; *bewegte, hat bewegt*; [Vt](及物) **1.** ***etw.*** (***irgendwohin***) ***b.*** bewirken, dass etw. an e-n anderen Ort od. in e-e andere Position kommt 移动,挪动,搬动: *Nur zusammen* *konnten sie den schweren Schrank von der Stelle b.* 他们一起干才把这只重柜子挪了地方；*Seit dem Unfall kann er das linke Bein nicht mehr b.* 自从出了事故以后，他的左腿就不能动了 **2. etw. b.** bewirken, dass etw. nicht stillsteht, sondern fährt, sich dreht *o. Ä.* 使…活动，使…转动：*Der Luftzug bewegt die Vorhänge* 穿堂风吹动了窗帘；*Der Wasserstrom bewegt e-e Turbine* 水流使涡轮机转动；*Wind u. Wellen bewegen das Schiff* 风和浪使这条船摆动 **3. etw. bewegt j-n** etw. bewirkt, dass j-d intensiv od. voll von Sorge nachdenkt（物作主语）引起寻思、思虑、思考、关心〈ein Gedanke, e-e Frage bewegt j-n—一个想法，一个问题引起某人寻思〉：*Dieses Problem bewegt die Wissenschaftler schon lange* 这一问题早就引起科学家们的关心（注意） **4. etw. bewegt j-n** etw. lässt in j-m Gefühle entstehen（物作主语）使感动：*Der Film hat mich tief bewegt* 这部影片使我深受感动；Vr（反身） **5. sich b.** seine Lage, Haltung *o. Ä.* ändern 活动：*sich vor Schmerzen kaum b. können* 他痛得几乎不能动了；*Der Vogel bewegt sich nicht mehr. Er ist wohl tot* 这只鸟再也不动了，它大概死了；*Die Fahne bewegte sich leicht im Wind* 旗子在风中轻轻飘动 **6. sich (irgendwohin) b.** an e-n anderen Ort gehen od. fahren 走动，驶向：*Der Wachsoldat bewegt sich stundenlang nicht von der Stelle* 哨兵好几个小时站着一动不动；*Die Fahrzeugkolonne bewegt sich langsam zum Flughafen* 车队慢慢地驶向机场 **7. etw. bewegt sich** etw. kommt auf e-m bestimmten Weg von e-m Ort zum anderen（物作主语）（沿一定的路线）运动，活动，转动：*Die Erde bewegt sich um die Sonne* 地球绕着太阳运行；*Der Zeiger der Uhr bewegt sich jede Minute* 表的指针每分钟都在走动 **8. sich b.** den Körper durch Sport, *bes* durch Laufen od. Wandern gesund halten（体育）运动，活动，锻炼（身体）〈sich im Freien, in der frischen Luft b. 在假期中，在空气新鲜的地方活动〉：*Du musst dich mehr b., sonst wirst du zu dick!* 你得多活动活动，要不你会胖起来的！ **9. sich irgendwo b.** mit bestimmten Menschen Kontakt haben（人际）交往，活动，走动：*Sie bewegt sich gerne in Künstlerkreisen* 她喜欢在艺术家圈子里转 ‖ ID［谚］（**Jetzt**）**beweg dich!** *gespr*［口］；mach schneller!（动作）快些！

be·we·gen²；*bewog, hat bewogen*；Vt（及物） **1. j-n zu etw. b.** bewirken, dass j-d etw. tut 促使，说服，动员 ≈ j-n zu etw. veranlassen〈j-n zur Mitarbeit, Teilnahme an etw. b. 劝说某人一起工作，参加某事〉：*Was hat ihn wohl dazu bewogen, dich noch einmal anzurufen?* 什么事促使他又一次给你打电话的？；*Er war nicht* (dazu) *zu b., auf sein Auto* zu *verzichten* 他没能被说服放弃他的汽车 **2. sich zu etw. b. lassen** sich nach einigem Zögern zu etw. bereit erklären（略经犹豫后）表示接受，同意 ≈ sich zu etw. überreden lassen：*Die Entführer ließen sich* dazu *b., die Geisel freizulassen* 劫持者表示同意释放人质

Be·weg·grund *der*；**der B.** (**für etw.**) das Motiv für e-e Handlung *o. Ä.* 动机〈aus moralischen, niedrigen, tieferen Beweggründen handeln 出于道义上的、卑劣的、深刻的动机而采取行动〉

be·weg·lich *Adj*（形） **1.** (von Teilen e-s Gegenstandes) so beschaffen, dass ihre Lage od. Richtung bei normalem Gebrauch geändert wird 活动的 ↔ starr：*die beweglichen Teile des Motors kontrollieren* 检查发动机的活动部件；*Die Puppe hat bewegliche Beine u. Arme* 玩具娃娃的腿和手臂是活动的 **2.** (von Teilen e-s Gegenstands) so, dass man sie leicht bewegen¹ (1) kann 可移动的，可活动的：*die Schublade ist nur schwer b.* 这个抽屉很难拉动 **3.** 〈Menschen, Tiere 人，动物〉 so gebaut od. trainiert, dass sie ihre Körperteile ohne viel Mühe in die gewünschte Position bringen können（身体）灵活的：*e-e Turnerin muss e-n sehr beweglichen Körper haben* 女体操运动员必须有十分灵活的身体；*Obwohl er etwas dick ist, ist er sehr b.* 他虽然有点胖，但十分灵活 **4.** *nur attr, nicht adv*（只作定语，不作状语）；〈Besitz, Habe 产业，财产〉 so beschaffen, dass man sie transportieren kann 可移动的 ↔ unbeweglich：*Maschinen zählen im Unterschied zu Gebäuden zu den beweglichen Gütern* 与楼房不同，机器属于动产 **5.** dazu fähig, gedanklich schnell zu reagieren 反应敏捷的，机灵的 ≈ flexibel〈ein Geist 思想；(geistig) b. sein 头脑灵活〉‖ *hierzu*（派生）**Be·weg·lich·keit** *die*；*nur Sg*（只用单数）

be·wegt **1.** *Partizip Perfekt*（过去分词）；↑ **bewegen¹** **2.** *Adj*（形）；in e-m Zustand, in dem man starke Gefühle hat 受感动的，激动的 ≈ ergriffen〈mit bewegten Worten, bewegter Stimme Abschied nehmen 以激动的话语，带着激动的声音与人道别；vor Freude, Angst b. sein 因高兴而激动，内心感到恐惧；tief b. 深受感动〉 **3.** *Adj*（形）；voll von Ereignissen 多事的，动荡的，不安定的〈Zeiten 年代；ein bewegtes Leben führen, hinter sich haben 过着，经历过动荡不安的生活〉 **4.** *Adj*（形）；mit hohen Wellen 波涛滚滚的，不平静的〈das Meer, die See 海，海洋〉

Be·we·gung¹ *die*；-, *-en* **1.** das Bewegen¹ (1) e-s Körperteils 动作，举动〈e-e B. mit dem Arm machen 用手臂做动作；e-e weit ausladende, geschmeidige, heftige, ruckartige, unbeholfene, ungeschickte B. 向外舒展的，灵活柔软的，剧烈的，爆发性的，笨拙的，不灵活的动作〉‖ -K（复合）：**Arm-**, **Hand-**, **Körper-** **2.** die Änderung der Position, Lage od. Stellung e-s Körpers 运行，运转，转动〈e-e B. im Kreis 转圈〉：*die B. des Zeigers e-r Uhr, e-s Planeten* 钟表指针的走动，行星的运行 ‖ -K（复合）：**Aufwärts-**, **Rückwärts-**, **Vorwärts-**；**Kreis-** **3.** *nur Sg*（只用单数）；das Sichbewegen (8) (um gesund u. fit zu bleiben)（为保持身体健康而）活动，运动：*Der Arzt hat ihr viel B. empfohlen* 医生建议她多活动活动 ‖ K-（复合）：**Bewegungs-**, **-armut**, **-drang**, **-therapie** **4.** *nur Sg*, PHYS（只用单数）【物】；die Ortsveränderung e-s Körpers in Bezug auf e-n anderen

Körper od. auf die Umgebung 运动，移动 ⟨etw. in B. bringen, setzen, halten 使某物运转，开动，使保持运行状态；etw. setzt sich, gerät, kommt, ist, bleibt in B. 开始运动，开始运转，运转起来，正在运转，仍然在运转⟩：*Der Zug setzte sich in B.* 火车开动了 ‖ K-(复合)：**Bewegungs-**，**-energie** **5.** *nur Sg*（只用单数）；e-e starke gefühlsmäßige Reaktion auf etw. Positives od. Negatives 激动，冲动 ⟨seine B. (nicht) verbergen, zeigen (können, wollen)（无法，不想）掩饰，表露自己激动的心情⟩ ≈ Erregung：*Der Angeklagte nahm das Urteil ohne sichtbare B. auf* 被告没有明显的激动便接受了判决 **6.** e-e positive od. negative Entwicklung 波动，变动 ⟨e-e rückläufige B. 反弹；etw. kommt, gerät in B. 某物出现波动，发生变动；etw. ist in B. 某物正在变动⟩：*die Bewegungen des Dollarkurses* 美元汇率的变动 ‖ ID［谚］**etw. kommt / gerät in B.** etw. beginnt sich zu ändern 某物发生变动；**B. in etw.**（*Akk* 四格）**bringen** bewirken, dass sich etw. zu ändern beginnt (das sich lange Zeit nicht verändert hat) 使（长期不变的东西）发生变动；**einiges in B. setzen** mit vielen Mitteln versuchen, sein Ziel (trotz Hindernissen) zu erreichen 想方设法达到自己的目的 ‖ *zu*（义项）**1. be·we̲·gungs·los** *Adj*（形）

Be·we̲·gung² *die*；-，*-en*；**1.** die Bestrebungen e-r Gruppe von Menschen, ein gemeinsames (*bes* politisches od. ideologisches) Ziel zu verwirklichen 活动 ⟨e-e religiöse, patriotische, revolutionäre B. 宗教的，爱国的，革命的活动⟩ **2.** e-e Gruppe von Menschen, die für ein gemeinsames (*bes* politisches od. ideologisches) Ziel kämpft 运动 ⟨sich e-r B. anschließen 参加运动⟩ ‖ -K(复合)：**Friedens-**，**Menschenrechts-**；**Arbeiter-**，**Frauen-**，**Studenten-**

Be·we̲·gungs·frei·heit *die*；*nur Sg*（只用单数）**1.** das Recht od. die Möglichkeit, selbständig zu handeln 活动自由，行动自由 ⟨j-s B. einschränken 限制某人的行动自由；j-m viel B. lassen 给某人许多活动自由⟩ **2.** der Raum, den man zur Verfügung hat, um *bes* seine Arme u. Beine zu bewegen 活动空间，活动余地：*Unser moderner Reisebus bietet Ihnen noch mehr B.* 我们的现代旅行轿车会给您提供更多的活动空间

be·we̲ih·räu·chern；*beweihräucherte*，*hat beweihräuchert*；[Vt]（及物）**j-n / etw. / sich selbst b.** *pej*［贬］；j-n/etw./sich selbst übertrieben loben 对（某人）顶礼膜拜，吹捧，吹嘘/自诩，自夸 ⟨j-s Werke, e-n Autor b. 吹捧某人的作品，一位作者⟩ ‖ *hierzu*（派生）**Be·we̲ih·räu·che·rung** *die*

be·we̲i·nen；*beweinte*，*hat beweint*；[Vt]（及物）**j-n / etw. b.** wegen des Todes e-s Menschen od. wegen e-s Unglücks weinen u. traurig sein 为…痛哭

Be·we̲is *der*；*-es*，*-e* **1.** **ein B.**（**für etw.**）Tatsachen od. Argumente, die die Richtigkeit von etw. deutlich machen 证据 ⟨den B. für e-e Behauptung erbringen, liefern 为一个论断提供证据；ein schlüssiger, überzeugender B. 一个关键的，令人信服的证据⟩：*Der Anwalt legte Beweise für die Unschuld seines Mandanten vor* 律师出示证据说明他的当事人无罪；*Der Angeklagte wurde aus Mangel an Beweisen freigesprochen* 被告由于证据不足而被宣判无罪 **2.** **der B.**（+ *Gen* 二格/ **für etw.**）ein sichtbares Zeichen für e-e innere Haltung od. Fähigkeit 表示，表明：*Als B. seiner Liebe kaufte er ihr e-n teuren Brillantring* 为表示爱，他给她买了一枚贵重的钻石戒指 ‖ -K(复合)：**Ergebenheits-**，**Gunst-**，**Vertrauens-** **3.** MATH【数】；die Schlussfolgerungen, mit denen man *mst* e-n Lehrsatz beweist (3) 论证 **4.** **ein schlagender / zwingender B.** ein B. (1), der alle überzeugt 一个有力的/有说服力的证明 **5.** **den B.**（**für etw.**）**antreten**（**müssen**）e-n B. (1) liefern (müssen), den andere erwarten（必须）提出证明 **6.** **etw. unter B. stellen** etw. beweisen (2) 证明某事：*seine Hilfsbereitschaft unter B. stellen* 证明他乐于助人

be·we̲i·sen；*bewies*，*hat bewiesen*；[Vt]（及物）**1.**（**j-m**）**etw. b.** j-m mithilfe *bes* von Tatsachen u. Argumenten die Richtigkeit e-r Behauptung, Vermutung *o. Ä.* zeigen（向某人）证明 ≈ nachweisen：*Es lässt sich nicht mehr b.*, ob *der Angeklagte zur Tatzeit angetrunken war* 已无法证明被告在作案时是否喝醉了；*Ich werde dir noch b.*, dass *meine These richtig ist* 我会向你证明，我的论点是正确的 **2.**（**j-m**）**etw. b.** j-m deutlich zeigen, dass man e-e bestimmte innere Haltung od. e-e bestimmte Fähigkeit hat（向某人）表明（态度），证明（能力）⟨seine Ausdauer, seine Hilfsbereitschaft, seine Klugheit, seinen Mut b. 表明他的持之以恒的态度、助人的意愿，证明他的智慧、勇气⟩：*durch die richtigen Worte sein Einfühlungsvermögen b.* 用这些恰如其分的话语表明他善解人意（推己及人）；*Sein Verhalten beweist jedem*, dass *er sehr egoistisch ist* 他的行为向大家表明他非常自私 **3.** **etw. b.** MATH【数】；durch Schlussfolgerungen zeigen, dass e-e These od. ein Lehrsatz richtig ist 论证：*Ein Axiom kann man nicht b.* 公理无法论证

Be·we̲is·füh·rung *die*；der Aufbau der Argumentation bei e-m Beweis (1) 论证，提供证据，进行证明 ⟨e-e lückenlose, überzeugende B. 无懈可击的，令人信服的论证⟩

Be·we̲is·ket·te *die*；e-e geordnete, logische Folge von Argumenten u. Fakten bei e-m Beweis (1)（一环紧扣一环的）证据链，一系列证据 ⟨e-e lückenlose B. 一整套无懈可击的证明⟩

Be·we̲is·ma·te·ri·al *das*；*nur Sg*，JUR（只用单数）【法】；das Material, das dazu dient, die Schuld od. Unschuld e-s Beschuldigten zu beweisen (1) 证据，证明材料

Be·we̲is·mit·tel *das*；JUR【法】；etw., das hilft, j-s Schuld od. Unschuld zu beweisen (1) 证据，物证 ⟨etw. als B. zulassen 允许某物作为证据⟩

Be·we̲is·not *die*；*nur Sg*（只用单数）；die (schwierige) Situation, in der man (*bes* vor

Gericht) etw. nicht beweisen (1) kann (尤指在法庭上的)举证困难〈in B. geraten 陷于无法证明的困境〉

Be·weis·stück *das*; ein Gegenstand, mit dem man etw. beweisen (1) kann 证据,物证,证(明文)件

be·wen·den *nur in* 只用于 ***es bei/mit etw. b. lassen*** etw. nicht bis zur letzten Konsequenz verfolgen 只作某种处理,只做到某点为止: *Der Angeklagte konnte froh sein, dass es das Gericht bei/mit e-r Geldstrafe b. ließ u. ihn nicht zu e-r Haftstrafe verurteilte* 被告可以感到高兴,因为法庭只处以罚款而未判他监禁

be·wer·ben, sich; *bewirbt sich, bewarb sich, hat sich beworben*; [Vr] (反身) **1. *sich (irgendwo) (um etw.) b.*** durch ein Schreiben u./od. ein Gespräch versuchen, e-e Arbeitsstelle zu bekommen 谋求,申请求职: *Er bewirbt sich bei e-r Computerfirma (um e-e Anstellung als Programmierer)* 他向一家电脑公司谋求一个程序设计员的职务; *Hiermit bewerbe ich mich um e-n Ausbildungsplatz zum Industriekaufmann* 我谨以此申请一个企业高级职员的培训名额 **2. *sich (um etw.) b.*** sich für ein Amt zur Wahl stellen 竞选(一个职务) ≈ für etw. kandidieren: *Kandidaten aus allen Parteien bewerben sich um das Amt des Präsidenten* 各党派的候选人都在竞选总统这一位置 **3. *sich (um etw.) b.*** sich bemühen, etw. zu bekommen, was andere auch wollen 力求得到,申请〈sich um e-n Studienplatz b. 申请上大学(名额)〉: *Fünf Firmen bewerben sich um den Auftrag* 有五家公司在争取获得订货 ‖ *hierzu* (派生) **Be·wer·ber** *der*; *-s, -*; **Be·wer·be·rin** *die*; *-, -nen*

Be·wer·bung *die*; *-, -en* **1. *e-e B. (um etw.)*** der Vorgang, bei dem man sich um etw. bewirbt 申请,谋求,求职: *die B. um e-e Stelle, um e-n Ausbildungsplatz, um e-n Studienplatz* 求职,申请培训名额,申请上大学; *die B. bei e-r Firma* 向一家公司求职 **2. *e-e B. (um etw.)*** das Schreiben, mit dem sich j-d um e-e Stelle bewirbt (1,3) 求职书,申请书〈seine B. abfassen, einreichen 写,递交他的求职申请书〉: *Auf die Ausschreibung der Stelle gingen mehr als 100 Bewerbungen ein* 有一百多份申请书来应聘这一职务 ‖ K-(复合): ***Bewerbungs-, -formular, -schreiben, -unterlagen***

be·wer·fen; *bewirft, bewarf, hat beworfen*; [Vt] (及物) ***j-n/etw. mit etw. b.*** etw. auf j-n/etw. werfen 向…投掷,用…扔

be·werk·stel·li·gen; *bewerkstelligte, hat bewerkstelligt*; [Vt] (及物) ***etw. b.*** etw. Schwieriges mit Geschick u. oft auch mit Tricks erfolgreich erreichen 设法做到,办到,实现,办成: *Wie hat er es nur wieder bewerkstelligt, so schnell e-e Genehmigung zu bekommen?* 他怎么又这么快就获得批准了? ‖ *hierzu* (派生) **Be·werk·stel·li·gung** *die*; *nur Sg* (只用单数)

be·wer·ten; *bewertete, hat bewertet*; [Vt] (及物) **1. *j-n/etw. b.*** (ausgehend von e-m Maßstab, e-r Skala *o. Ä.*) beurteilen, wie gut od. schlecht j-s Leistung, Verhalten *usw* ist 对…作出评价,判分 ≈ benoten〈etw. gerecht, positiv, zu hoch b. 对某事作出公正的、肯定的、过高的评价〉: *Der Lehrer bewertete das Referat mit e-r guten Note* 老师对这份报告打了高分 **2. *etw. als etw. b.*** *geschr* [书]; etw. als etw. betrachten (2) 将…视为: *Die Opposition bewertete die Ausführungen des Ministers als geschickten Versuch, die Regierungskrise zu vertuschen* 反对派把部长的解释看作是试图巧妙地掩饰政府危机 **3. *etw. mit etw. b.*** WIRTSCH【经】; den Wert e-r Sache feststellen 对…进行估价,确定…的价值: *j-s Besitz mit e-r Million Dollar b.* 把某人的财产估价为100万美元

Be·wer·tung *die*; *-, -en* **1.** *nur Sg* (只用单数); das Bewerten (1)〈die B. e-r Leistung 对成绩的评估〉‖ K-(复合): ***Bewertungs-, -maßstab, -richtlinien, -skala*** **2.** Worte, Noten od. Punkte, die j-s Leistung bewerten (1) 评语,(评定的)分数: *Der Schüler ist mit der B. seines Aufsatzes nicht zufrieden* 这个学生对自己的作文分数不满意 **3.** *nur Sg*, WIRTSCH (只用单数),【经】; das Bewerten (3)〈die B. des Besitzes 财产评估〉

be·wies *Imperfekt*, *1. u. 3. Person Sg* (过去时,第一和第三人称单数); ↑ ***beweisen***

be·wil·li·gen; *bewilligte, hat bewilligt*; [Vt] (及物) ***(j-m/etw.) etw. b.*** ADM *geschr*【管理】[书]; auf j-s Wunsch od. Antrag hin etw. erlauben od. gewähren 批准,准予,许可 ↔ ablehnen: *Der Stadtrat bewilligte seinen Antrag* 市议会批准了他的申请; *Der Universität wurden mehr Gelder u. neue Stellen bewilligt* 这所大学获准增加资金和新的人员 ‖ *hierzu* (派生) **Be·wil·li·gung** *die*

be·wirbt *Präsens*, *3 Person Sg* (现在时,第三人称单数); ↑ ***bewerben***

be·wir·ken; *bewirkte, hat bewirkt*; [Vt] (及物) ***etw. b.*** etw. als Ergebnis herbeiführen od. als Wirkung hervorrufen 引起,造成,产生…结果,促使,导致…结果 ≈ verursachen: *Durch sein schlechtes Benehmen bewirkte er genau das Gegenteil von dem, was er wollte* (由于)他的不良行为所产生的结果恰好与他所希望的相反; *Wir wollen durch e-e Kampagne b., dass die Bevölkerung auf die Probleme des Umweltschutzes aufmerksam wird* 我们想通过一次运动来促使居民们重视环境保护问题 ‖ *hierzu* (派生) **Be·wir·kung** *die*; *nur Sg* (只用单数)

be·wir·ten; *bewirtete, hat bewirtet*; [Vt] (及物) ***j-n (mit etw.) b.*** e-m Gast Essen u. Trinken geben 招待,款待: *j-n mit Würstchen u. Bier b.* 用小香肠和啤酒招待某人 ‖ *hierzu* (派生) **Be·wir·tung** *die*; *mst Sg* (多用单数)

be·wirt·schaf·ten; *bewirtschaftete, hat bewirtschaftet*; [Vt] (及物) **1. *etw. b.*** (als Gastwirt) irgendwo Essen u. Trinken gegen Bezahlung servieren 经营〈e-e Almhütte, ein Gasthaus b. 经营一家高山牧场小客店,一家旅馆〉 **2. *etw. b.*** etw. landwirtschaftlich nutzen

经营,管理,耕种〈ein Feld, e-n Hof b. 耕种农田,管理农庄〉‖ *hierzu*(派生) **Be·wirt·schaf·tung** *die*; *mst Sg*(多用单数)‖ ▶ **Wirtschaft** (2)

be·wog *Imperfekt*, *1. u. 3. Person Sg*(过去时,第一和第三人称单数); ↑ **bewegen²**

be·wo·gen *Partizip Perfekt*(过去分词); ↑ **bewegen²**

be·woh·nen; *bewohnte*, *hat bewohnt*; [Vt](及物) ***etw. b.*** in e-r Wohnung, in e-m Haus *usw* wohnen 居住(在),住在: *ein Reihenhaus b.* 住在单元楼 ‖ *hierzu*(派生) **Be·woh·ner** *der*; *-s*, *-*; **Be·woh·ne·rin** *die*; *-*, *-nen*; **be·wohn·bar** *Adj*(形); *nicht adv*(不作状语)

be·wöl·ken, sich; *bewölkte sich*, *hat sich bewölkt*; [Vr](反身) **1.** *mst* 多用 ***der Himmel bewölkt sich*** der Himmel wird von Wolken bedeckt 天空布满云层,天(空)阴沉沉的 ↔ der Himmel heitert sich auf; [Vimp](无人称) **2.** ***es bewölkt sich*** der Himmel wird von Wolken bedeckt 天空阴云密布 ‖ *zu*(义项) **1. be·wölkt** *Adj*(形); *nicht adv*(不作状语)

Be·wöl·kung *die*; *-*; *nur Sg*(只用单数) **1.** *Kollekt*(集合); die Wolken über e-m bestimmten Gebiet 云,云层〈leichte, starke, aufgelockerte, wechselnde B. 薄云,多云,散云,云层时厚时薄〉: *am Samstag über Süddeutschland u. der Schweiz geschlossene B.* 星期六在德国南部和瑞士上空阴云密布; *Nachmittags riss die B. auf* (= wurde es etwas sonniger) 下午云散开了(露出了太阳) ‖ K-(复合): ***Bewölkungs-***, ***-auflockerung***, ***-rückgang***, ***-zunahme*** **2.** der Vorgang, bei dem sich der Himmel bewölkt 云层聚积,云的形成

be·wor·ben *Partizip Perfekt*(过去分词); ↑ **bewerben**

Be·wuchs [bəˈvuːks] *der*; *-es*; *nur Sg*, *Kollekt*(只用单数,集合); die Pflanzen, die an e-m bestimmten Ort wachsen 植被〈dichter, spärlicher B. 茂密的,稀疏的植被〉: *der B. des Berges*, *der Böschung*, *des Ufers* 山上的,斜坡上的,岸边的植被 ‖ -K(复合): ***Baum-***, ***Gras-***

be·wun·dern; *bewunderte*, *hat bewundert*; [Vt](及物) **1.** ***j-n b.***; ***(an j-m) etw. b.*** j-n/e-e bestimmte Eigenschaft *o. Ä.* von j-m sehr gut finden 钦佩,佩服,赞赏〈j-s Ausdauer, j-s Geschicklichkeit, j-s Mut b. 钦佩某人的恒心,某人的熟练技巧,某人的勇气〉: *Ich bewundere sie wegen ihrer Geduld mit den drei Kindern* 我佩服她带三个孩子的耐心; *Sie bewundert an ihm*, dass *er so natürlich ist* 她赞佩他如此自然朴实 **2.** ***etw. b.*** etw. anschauen, das einem wegen seiner Schönheit od. seines Wertes sehr gut gefällt 欣赏,赞叹: *die griechischen Vasen im Museum b.* 欣赏博物馆里的希腊花瓶; *ein Gemälde von Rembrandt b.* 赞叹伦勃朗的画 ‖ *hierzu*(派生) **Be·wun·de·rer** *der*; *-s*, *-*; **Be·wun·de·rin** *die*; *-*, *-nen*

be·wun·derns·wert *Adj*(形); 〈e-e Person, e-e Leistung *o. Ä.* 人,成绩等〉so, dass man sie bewundern kann od. soll 值得钦佩的,令人赞赏的: *Seine Geduld ist b.* 他的耐心令人钦佩

Be·wun·de·rung *die*; *-*; *nur Sg*(只用单数); ein Gefühl der großen Anerkennung für j-n/etw. 钦佩,赞赏〈j-d/etw. erfüllt j-n mit B., erregt j-s B. 某人/某物令某人深感钦佩,引起某人赞叹; große B. für j-n/etw. haben 十分钦佩某人/某事; voller B. für j-n/etw. 对某人/某事十分钦佩〉

be·wusst *Adj*(形) **1.** *nur attr od adv*(只作定语或状语); so, dass man dabei die Konsequenzen voraussieht u. mit ihnen rechnet 有意的,故意的,蓄意的 ≈ absichtlich〈e-e Tat, e-e Handlung 行动,行为; etw. b. tun 有意做某事〉: *e-e b. falsche Anschuldigung* 一次蓄意诬告,蓄意伪造罪名 **2.** in e-m Zustand, in dem man alles klar versteht 有意识的,清醒的: *Er war zu jung, um den Krieg b. zu erleben* 当时他太年轻,不能清醒地去体验战争 **3.** ***j-d ist sich*** (*Dat* 三格) ***etw.*** (*Gen* 二格) ***b.***; ***j-m ist etw. b.*** etw. ist j-m klar(人或物作主语)对…心里明白,清楚,意识到〈sich seiner/keiner Schuld b. sein 心里清楚自己有过错/没有过错,内心有愧/问心无愧〉: *Ein Chirurg sollte sich seiner großen Verantwortung b. sein* 一个外科医生应意识到自己的重大责任; *Ich bin mir völlig (dessen) b.*, dass *dies ein Fehler war* 我心里完全明白,这是一个错误 **4.** ***j-d wird sich*** (*Dat* 三格) ***etw.*** (*Gen* 二格) ***b.***; ***j-m wird etw. b.*** j-d erkennt etw. klar, das er vorher nicht gewusst hatte(人或物作主语)认识到,觉悟到: *Er wurde sich seines egoistischen Verhaltens zu spät b.* 他对自己的自私行为认识得太迟了; *Mir wurde b.*, wie *schädlich das Rauchen ist* 我已认识到吸烟是很有害的 **5.** ***j-m etw. b. machen*** j-m etw. klarmachen 使意识到,使明白: *j-m b. machen*, dass *er durch seine Faulheit nur selbst schadet* 使某人明白他的惰性将使他自食其果 **6.** *nur attr*, *nicht adv*(只作定语,不作状语); von etw. fest überzeugt u. mit dem Wissen, welche Konsequenzen es hat 自觉的,有觉悟的: *ein bewusster Atheist/Katholik/Anhänger des Marxismus* 一位自觉的无神论者/天主教徒/马克思主义的拥护者 **7.** *nur attr*, *nicht adv*(只作定语,不作状语); verwendet, um sich auf e-e Person/Sache zu beziehen, die schon bekannt ist od. bereits erwähnt wurde 已知的,已提及的 ≈ besagt: *An jenem bewussten Tag geschah dann der Unfall* 事故就在所说的那一天发生了

-be·wusst *im Adj*, *begrenzt produktiv*(构成形容词,构词有限); drückt aus, dass das im ersten Wortteil Genannte als sehr wichtig anerkannt wird 具有…意识的,看重…的; ***gesundheitsbewusst***, ***modebewusst***, ***naturbewusst***, ***umweltbewusst***〈denken, handeln, leben 思考,办事,生活〉

be·wusst·los *Adj*(形); *ohne Steigerung*, *nicht adv*(无变级,不作状语); ohne Bewusstsein (1) 失去知觉的,昏迷的,无意识的 ≈ ohnmächtig〈b. sein, werden, zusammenbrechen, zu Boden fallen 失去知觉,昏倒,昏倒在地; j-n b. schlagen (= so schlagen, dass er das Bewusstsein verliert)把某人打得失去知觉(打昏)〉‖ *hierzu*(派生) **Be·wusst·lo·se** *der/die*; *-n*, *-n*

Be·wusst·lo·sig·keit *die*; *-*; *nur Sg*(只用单数) **1.** der Zustand, in dem man ohne Bewusstsein (1) ist 失去知觉,昏迷状态 ≈ Ohnmacht (1)〈in tiefer B. liegen 处于深度昏迷状态; aus seiner B. erwachen 从昏迷状态中苏醒过来〉**2. bis zur B.** *gespr pej*[口][贬]; so lange, bis es wirklich zu viel ist 无尽无休地,令人厌烦地: *bis zur B. arbeiten* 没完没了地工作; *j-n bis zur B. ärgern* 把某人气得够呛(气晕了)

be·wusst·ma·chen ↑ **bewusst** (5)

Be·wusst·sein *das*; *-s*; *nur Sg*(只用单数) **1.** der Zustand, in dem j-d (physisch) dazu in der Lage ist, die eigene Existenz u. seine Umwelt normal wahrzunehmen 意识,知觉 ↔ Bewusstlosigkeit〈das B. verlieren, wiedererlangen 失去知觉,恢复知觉; wieder zu B. kommen 苏醒过来,恢复知觉; bei/ohne B. sein 神志清楚/神志不清〉: *e-n Verletzten durch künstliche Beatmung wieder zu B. bringen* 用人工呼吸使受伤者恢复知觉; *e-e Operation bei vollem B. erleben* 在完全清醒的情况下经受一次手术 **2.** der Zustand, in dem man sich e-r Sache bewusst (3) ist u. entsprechend handelt 意识,了解,认识: *Im vollen B. seiner großen Verantwortung übernahm er die Leitung des Projekts* 在充分意识到自己的重大责任的情况下,他承担了项目的领导工作; *den Menschen die Folgen des Waldsterbens ins B. bringen* 使人们认识到森林死亡的后果 ‖ -K(复合): **Pflicht-**, **Schuld-**, **Verantwortungs-** **3.** *Kollekt*(集合); die Ansichten u. Überzeugungen e-s Menschen (*bes* im intellektuellen u. ideologischen Bereich) 意识,觉悟,观念〈politisches, nationales, geschichtliches, religiöses, ästhetisches B. 政治觉悟,民族意识,历史意识,宗教意识,美学意识〉‖ K-(复合): **Bewusstseins-**, **-bildung** ‖ -K(复合): **Geschichts-**, **Klassen-**, **Standes-** **4.** PSYCH【心】; die Fähigkeit, Vorgänge in seiner Umwelt durch den Verstand u. die Sinne aufzunehmen u. zu behalten 意识,神志 ‖ K-(复合): **Bewusstseins-**, **-erweiterung**, **-störung**, **-trübung**, **-veränderung**

be·wusst·wer·den ↑ **bewusst** (4)

be·zah·len; *bezahlte*, *hat bezahlt*; [Vt/i](及物/不及物) **1.** (**etw.**) **b.** für e-n Gegenstand, den man kauft, für e-e geleistete Arbeit *o.Ä.* das Geld zahlen 支付…的款,付钱买…〈etw. bar, mit Scheck b. 用现金,用支票买某物〉: *Er bezahlte das neue Auto in Raten* 他以分期付款方式买了这辆新汽车 **2.** (**etw.**) **b.** e-e Schuld mit der fälligen Summe Geld begleichen 偿还,付钱抵偿,交付〈e-e Rechnung, seine Schulden, die Miete, die Zeche b. 付账,还债,交房租,付酒菜钱〉; [Vt](及物) **3. j-n** (**für etw.**) **b.** j-m Geld zahlen für die Arbeit, die er leistet 付给…报酬,支付…工钱 ≈ entlohnen: *e-n Handwerker b.* 付给手工工人工钱; *Er wird dafür bezahlt, dass er den Rasen mäht* 他将得到他割草的工钱 **4. j-m etw. b.** etw. für j-d anderen zahlen 替…付…的钱: *Sein reicher Onkel bezahlt ihm das Studium* 他那有钱的舅舅为他支付上大学的费用; *Ich bezahle dir das Bier* 我替你付啤酒钱 **5. j-n** (**für etw.**) **b.** j-m Geld geben, damit er etw. tut, wovon man sich e-n Vorteil erhofft 用钱收买〈e-n Agenten, e-n Killer b. 收买间谍、杀手; ein bezahlter Mörder 被收买的杀人犯〉‖ ID[谚] *mst* 多用 **etw. ist nicht** (**mehr**) **zu b.** die Kosten von etw. sind so hoch, dass man es nicht b. (1) kann 某事的开销高得使人承担不起;某物不是能用钱买得到的

be·zahlt **1.** *Partizip Perfekt*(过去分词); ↑ **bezahlen** **2.** *Adj*(形); *nicht adv*(不作状语); **irgendwie b.** so, dass man dafür viel od. wenig Geld bekommt 所得报酬,收入,工钱(多或少)〈ein Job, e-e Stellung, e-e Arbeit ist gut, schlecht, ausgezeichnet b. 短工,职务,工作收入好,差,很好〉**3.** *Adj*(形); **etw. macht sich b.** etw. lohnt sich(物作主语)是值得的: *Es machte sich b., dass er Spanisch lernte, bevor er nach Argentinien fuhr* 他去阿根廷之前学习了西班牙语是值得的

Be·zah·lung *die*; -, *-en*; *mst Sg*(多用单数) **1.** das Bezahlen〈die B. in Raten, der Ware, der Arbeit, des Studiums, der Rechnung 分期付款,付货款,付工作的报酬,付上大学的费用,付账单〉**2.** das Geld, das j-d *bes* für geleistete Arbeit bekommt(劳动的)报酬,薪水,工资: *j-m gute B. für e-n Job anbieten* 向某人提供一个报酬很好的工作

be·zäh·men *bezähmte*, *hat bezähmt*; [Vt](及物) **1. etw. b.** seine *mst* heftigen Emotionen zurückhalten 克制,抑制 ≈ beherrschen, zügeln〈seine Neugier, seine Ungeduld b. 克制自己的好奇心,焦躁不安〉; [Vr](反身) **2. sich b.** ≈ **b.** (1): *Er konnte sich bei ihrem Anblick kaum b.* 他一看见她就无法控制自己 ‖ *hierzu*(派生)**Be·zäh·mung** *die*; *nur Sg*(只用单数)

be·zau·bern; *bezauberte*, *hat bezaubert*; [Vt/i](及物/不及物) (**j-n**) (**durch etw.**) **b.** durch sein Aussehen od. Handeln in j-m Zuneigung od. Bewunderung für sich hervorrufen (以其外表或行为)使人迷,使陶醉,使心醉神迷,使着迷 ≈ entzücken: *Sie bezaubert alle Männer durch ihren Charme* 她以其魅力使所有的男子着迷; *e-e bezaubernde Frau* 一个有魅力的(迷人的)女人

be·zau·bernd **1.** *Partizip Präsens*(现在分词); ↑ **bezaubern** **2.** *Adj*(形); sehr schön 十分美丽的,动人的,迷人的,有魅力的,绚丽的〈ein Abend, ein Kleid 迷人的夜晚,十分美丽的连衣裙〉

be·zeich·nen; *bezeichnete*, *hat bezeichnet*; [Vt](及物) **1. j-n/etw.** (**als etw.**) **b.** e-r Person/Sache das richtige, zutreffende Wort zuordnen 把…称为,称作: *Jemanden, der e-e Wohnung mietet, bezeichnet man als „Mieter“* 人们称租房子的人为“房客”; *Wie bezeichnet man im Deutschen die Stelle, an der sich zwei Straßen kreuzen?* 两条马路交叉的地方德语中称作什么? **2. etw. bezeichnet etw.** ein Wort hat e-e bestimmte Bedeutung(物作主语)含义是,表示 ≈ etw. bedeutet etw.: *Das Wort „Bank“ bezeichnet ein Möbelstück u. ein Geldinstitut* “Bank”这个词的含义是(指)一种家具和一种金融机构 **3. etw.** (**mit etw.**) **b.** etw. mit e-m Zeichen zeigen 用记号标出,标明

≈ markieren, kennzeichnen: *die Betonung der Silbe mit e-m Akzent b.* 用重音符号标出音节要重读; *den Verlauf des Weges mit Markierungen b.* 用记号标出道路的走向 **4. j-n/sich/etw. als etw. b.** j-m/sich/etw. e-e bestimmte Eigenschaft zuordnen od. etw. nennen 称…为,认为,把…看(说)成: *j-n als seinen Freund, Feind b.* 称某人为自己的朋友、敌人; *j-n als (e-n) Idioten, intelligenten Menschen b.* 称某人为白痴、有学问的人; *j-n als freundlich, geizig b.* 认为某人友好、吝啬; *etw. als schön, teuer b.* 认为某物美、贵

be·zeich·nend **1.** *Partizip Präsens* (现在分词); ↑**bezeichnen** **2.** *Adj* (形); *nicht adv* (不作状语); **b.** (**für j-n/etw.**) ≈ typisch: *Dieser Fehler ist b. für seinen Leichtsinn* 这个错误典型地说明了他的轻率作风 ‖ *hierzu* (派生) **be·zeich·nen·der·wei·se** *Adv* (副)

Be·zeich·nung *die*; -, -*en* **1. e-e B.** (**für j-n/etw.**) ein Wort, das j-n/etw. bezeichnet (1) 名称,称号 ≈ Name: *e-e Blume mit e-r deutschen u. e-r lateinischen B.* 标有德语和拉丁语名称的花 ‖ -K(复合): **Pflanzen-**, **Tier-** **2.** *nur Sg* (只用单数); das Bezeichnen (1) e-r Sache 标出名称,标志,符号,标记

be·zei·gen; *bezeigte, hat bezeigt*; Vt (及物) **j-m etw. b.** *geschr* [书]; j-m etw. klar zeigen 向…表明、表示,表达,流露 ≈ bekunden, erweisen ⟨j-m seinen Respekt b. 向某人表示尊敬⟩ ‖ *hierzu* (派生) **Be·zei·gung** *die*; *mst Sg* (多用单数)

be·zeu·gen; *bezeugte, hat bezeugt*; Vt (及物) **1. etw. b.** als Zeuge sagen, ob j-s Aussage richtig war 证明,证实,对…作证⟨j-s Alibi unter Eid b. 宣誓证明某人不在犯罪现场; etw. vor Gericht/gerichtlich b. 在法庭上对某事作证⟩: *Ich kann b., dass sie den ganzen Abend zu Hause war* 我可作证,她整个晚上都在家里 **2. etw. bezeugt etw.** ein Text, ein Fund *o.Ä.* beweist etw. (物作主语) 证明,证实: *Der Standort des Klosters ist durch e-e Urkunde aus dem 11 Jahrhundert bezeugt* 修道院的位置由 11 世纪的一份文件证实 **3. j-m etw. b.** *geschr* [书]; j-m seine innere Einstellung deutlich machen/zum Ausdruck bringen 向…表示,表达 ≈ erweisen ⟨j-m seine Hochachtung, seine Dankbarkeit, sein Beileid b. 向某人表示崇高敬意、谢意、哀悼⟩ ‖ *hierzu* (派生) **Be·zeu·gung** *die*

be·zich·ti·gen; *bezichtigte, hat bezichtigt*; Vt (及物) **j-n etw.** (*Gen* 二格) **b.** *geschr* [书]; behaupten, dass j-d etw. Schlechtes tut od. getan hat 指控,指责,把…归咎于 ≈ beschuldigen ⟨j-n e-r Lüge, e-s Verbrechens b. 指责某人说谎,指控某人犯罪⟩: *Damals bezichtigten die Großmächte einander, den Rüstungswettlauf zu beschleunigen* 那时候各大国曾彼此指责对方加速军备竞赛 ‖ *hierzu* (派生) **Be·zich·ti·gung** *die*

be·zie·hen[1]; *bezog, hat bezogen*; Vt (及物) **1. etw.** (**mit etw.**) **b.** um etw. *mst* e-n Stoff spannen u. befestigen (把…) 绷紧在…上 ⟨Möbel (neu) b. 给家具贴上新面料⟩ **2. etw.** (**mit etw.**) **b.** ein Kissen, e-e Decke od. e-e Matratze mit Bettwäsche umhüllen od. bedecken 给…套上,裹上,铺上,罩上⟨die Kopfkissen, das Bett frisch b. 给枕头套上干净枕头套,在床上铺上干净床单⟩ **3. etw. b.** in ein Gebäude einziehen, um es in bestimmter Weise zu nutzen 迁入,搬进 ↔ aus etw. ausziehen: *Ein Elektrounternehmen bezieht die leerstehende Schule* 一家电气公司搬进空着的校舍 **4. etw. b.** MIL【军】; an e-n Ort gehen, von dem aus man etw. gut verteidigen/angreifen kann 进入,站到 ⟨e-e Stellung, e-n Posten b. 进入阵地,上岗⟩ **5.** *mst* 多用 **e-n** (**klaren**) **Standpunkt b./**(**deutlich**) **Stellung b.** *geschr* [书]; e-e feste Meinung einnehmen u. verteidigen 采取(明确的)立场、态度 ‖ ▶ ***Bezug***[1]

be·zie·hen[2]; *bezog, hat bezogen*; Vt (及物) **1. etw.** (**durch/über j-n, von j-m**) **b.** *geschr* [书]; e-e Ware von e-m bestimmten Händler erhalten 购进: *Die Ersatzteile sind nur durch/über den Fachhandel zu b.* 备用零件只有通过专门贸易才能购得; *Wir beziehen unser Heizöl seit Jahren von dieser Firma* 多年来我们都从这家公司购进燃料油 **2. etw.** (**von j-m/aus etw.**) **b.** von e-r Firma, e-m Amt *o.Ä.* regelmäßig Geld bekommen (定期) 领取,得到(钱) ⟨von e-r Firma Gehalt, Lohn b. 从一家公司领取薪金、工资; aus e-m Geschäft Einkünfte b. 从一家商行得到收入; Arbeitslosengeld, Sozialhilfe, e-e Rente, Wohngeld b. 领取失业救济金,社会救济金,养老金,住房津贴⟩ **3. etw.** (**von j-m/aus etw.**) **b.** Informationen regelmäßig auf e-e bestimmte Art u. Weise bekommen (定期) 得到,获取(信息、消息): *sein Wissen von Bekannten, aus Büchern, aus Zeitschriften b.* 从熟人那里,从书本、杂志中获取知识 ‖ zu (义项) **1.** u. **2. Be·zie·her** *der*; -*s*, -; **Be·zie·he·rin** *die*; -, -*nen* ‖ ▶ ***Bezug***[2]

be·zie·hen[3]; *bezog, hat bezogen*; Vt (及物) **1. etw. auf etw.** (*Akk* 四格) **b.** etw. in e-m bestimmten Zusammenhang od. unter e-m bestimmten Aspekt betrachten 把…与…联系起来看: *Man muss die Preise auf die Löhne b.* 必须把物价与工资联系起来看; *Bezogen auf seine Qualifikation u. Leistung ist seine Bezahlung schlecht* 联系到他的业务水平与工作成绩,他的报酬是低了 **2. etw. auf 'sich** (*Akk* 四格) **b.** glauben, dass man Gegenstand od. Ziel e-r Äußerung od. e-r Handlung ist 把…与自己联系起来,把…视为与自己有关⟨e-e Geste, ein Handzeichen auf sich b. 认为某一姿态,某一手势是针对自己的; alles auf sich b. 把什么事都与自己联系起来⟩: *Er hat die Kritik auf sich bezogen u. ist beleidigt* 他认为这个批评是冲着他来的并感到受了侮辱; Vr (反身) **3. etw. bezieht sich auf etw.** (*Akk* 四格) etw. hängt mit etw. (in bestimmter Weise) zusammen (物作主语) 与…有关,涉及,针对: *Dein Beispiel bezieht sich nicht auf dein Argument* 你的例子跟你的论证无关 **4. sich auf etw.** (*Akk* 四格) **b.** auf etw. in e-r Äußerung hinweisen 提及: *Sie bezog sich auf unser Gespräch von gestern Abend* 她提到

我们昨天晚上的谈话 **5. sich auf j-n/etw. b.** j-n/etw. als Quelle der eigenen Information u./od. als Autorität nennen 援引,引证,依据 ≈ sich auf j-n/etw. berufen: *sich auf e-n Artikel in der Zeitung b.* 援引报纸上的一篇文章; *In seinem Referat bezog er sich auf die Aussagen berühmter Wissenschaftler* 他在自己的报告中引证了著名的科学家们的言论 ‖ ▶ **Bezug³**

Be·zie·hung *die*; -, -*en* **1. e-e B.** (**zwischen etw.** (*Dat* 三格) **u. etw.** (*Dat* 三格)) ein bestimmter, oft ursächlicher Zusammenhang zwischen zwei od. mehreren Phänomenen 相互关系,内在联系〈etw. steht in B. zu etw. 某事与某事有联系; etw. mit etw. in B. bringen 把某事与某事联系在一起; etw. zu etw. in B. setzen 将某事与某事联系起来〉: *die B. zwischen Wohlstand u. der Geburtenzahl untersuchen* 调查生活富裕程度与出生率之间的相互关系; *die Wahlbeteiligung mit dem Wetter in B. setzen* 将参加选举的人数与天气状况联系起来看; *Sein Selbstmord steht sicher in B. zu seiner langen Krankheit* 他的自杀肯定与他长期生病有关 **2.** *mst Pl* (多用复数); **Beziehungen** (**mit/zu j-m/etw.**) bestimmte Verbindungen zwischen Personen, Gruppen, Institutionen od. Staaten 关系,交往〈verwandtschaftliche, freundschaftliche, wirtschaftliche Beziehungen 亲戚关系,友好关系,经济关系; mit/zu j-m Beziehungen aufnehmen, knüpfen, unterhalten 与某人建立、保持关系; mit/zu j-m in B. treten 同某人建立联系; die Beziehungen (zu j-m) abbrechen 中断(与某人的)关系〉: *die diplomatischen Beziehungen zu e-m Staat abbrechen* 中断与一个国家的外交关系; *Die besseren internationalen Beziehungen ermöglichen Fortschritte bei der Abrüstung* 国际关系的改善使裁军有可能取得进展 ‖ -K(复合): **Geschäfts-**, **Verwandtschafts-**, **Wirtschafts-** **3.** *nur Pl* (只用复数); **Beziehungen** (**zu j-m**) Kontakte zu j-m, die von Vorteil sind 人情关系: *Er bekam e-n Ferienjob, weil er gute Beziehungen zum Chef der Firma hat* 他找到一份假期的临时工作,因为他与公司的领导有良好的关系 **4.** *mst Sg* (多用单数); **e-e B.** (**zu j-m/etw.**) e-e *mst* positive innere Haltung gegenüber j-m/etw. (对某/某物有)好感: *Zur abstrakten Kunst habe/finde ich keine* (*rechte*) *B.* 我与抽象艺术无缘 **5. e-e B.** (**mit/zu j-m**) *mst* sexuelle Kontakte zu j-m (与某人有)两性关系〈e-e intime, sexuelle B. mit/zu j-m haben/unterhalten 与某人有/保持不正当的男女关系、性关系〉‖ -K(复合): **Zweier-**, **Dreiecks-** **6.** der Aspekt, unter dem man etw. betrachtet 方面,角度 ≈ Hinsicht: *In gewisser B. hast du recht* 在某个方面(某一点上)你是对的 **7. mit B. auf j-n/etw.** indem man sich auf j-n/etw. bezieht 联系到,根据,基于: *Mit B. auf die Situation der Firma sagte der Leiter, dass er niemanden zusätzlich einstellen könne* 基于公司的处境领导说他不能增聘人员了 ‖ ID[谚] **seine Beziehungen spielen lassen** *iron*[讽]; sich durch seine Beziehungen (3) e-n Vorteil verschaffen 拉关系,拉交情

Be·zie·hungs·kis·te *die*; *gespr* [口]; verwendet als Bezeichnung für ein (oft problematisches od. kompliziertes) (Liebes)Verhältnis zwischen zwei Menschen 暧昧关系

be·zie·hungs·los *Adj* (形); ohne erkennbaren inneren Zusammenhang 无(明显)内在联系的: *Fotos u. Text stehen in dieser Zeitschrift oft b. nebeneinander* 这本杂志中的照片与正文常常缺乏内在联系地排列在一起

be·zie·hungs·wei·se *Konjunktion* [连] **1.** drückt aus, dass auf etw. zwei verschiedene Aussagen zutreffen (wobei keine genaueren Angaben dazu gemacht werden) 或,或者,有的…有的…; *Abk* 缩写 bzw.: *Die Kandidaten kommen aus München bzw. Köln* 候选人(有的)来自慕尼黑或(有的来自)科隆(= einige kommen aus München, einige aus Köln); *Meine alten Schallplatten habe ich verkauft bzw. verschenkt* 我把我的旧唱片不是卖了就是送人了(= ich habe manche verkauft u. manche verschenkt) **2.** verwendet, um e-e Aussage zu präzisieren 说得更确切些; *Abk* 缩写 bzw. ≈ genauer gesagt: *Großbritannien bzw. Schottland verfügt über große Ölreserven in der Nordsee* 大不列颠,更确切地说是苏格兰,在北海拥有丰富的石油储藏 **3.** verwendet, um e-e Alternative anzugeben 或者,也可能; *Abk* 缩写 bzw. ≈ oder (aber): *Ich könnte Sie heute bzw. morgen besuchen* 我可能在今天也可能是明天去看您

be·zif·fern; *bezifferte*, *hat beziffert*; [Vt] (及物) **etw. auf etw.** (*Akk* 四格) **b.** *geschr* [书]; etw. berechnen od. schätzen u. in Zahlen angeben 计算,估计,达到: *Der Schaden wird auf zwei Millionen Euro beziffert* 损失估计达200万欧元 ‖ NB(注意): *mst* im Passiv (多用被动语态)! ‖ *hierzu* (派生) **Be·zif·fe·rung** *die*; *nur Sg* (只用单数) ‖ ▶ **Ziffer**

Be·zirk *der*; -(*e*)*s*, -*e* **1.** ein Gebiet, das für e-n bestimmten Zweck od. durch ein bestimmtes Merkmal abgegrenzt ist 区,地区,区域 ≈ Gegend 〈ein ländlicher, städtischer B. 农村地区,城市地区; ein Gebiet in Bezirke aufteilen/unterteilen 将一地区划分为若干区域〉: *die Kunden e-s Bezirks betreuen* 接待(照料)地区客户 ‖ K-(复合): **Bezirks-**, **-grenze**, **-krankenhaus**, **-liga** ‖ -K(复合): **Polizei-**, **Stadt-**, **Verwaltungs-** **2.** Ⓓ [德]ein Gebiet mit seinen Behörden innerhalb einiger Bundesländer (德国一些联邦州中的)行政区,管辖区 ≈ Regierungsbezirk: *Bayern ist in sieben Bezirke unterteilt* 巴伐利亚州划分为7个行政区 ‖ K-(复合): **Bezirks-**, **-regierung** **3.** Ⓐ (CH) [奥][瑞] ein Gebiet mit seinen Behörden innerhalb e-s Bundeslandes bzw. Kantons(州属)行政区,专区

Be·zirks·tag *der*; Ⓓ [德] das Parlament e-s Bezirks (2) 行政区议会

be·zir·zen [bəˈtsɪrtsn]; *bezirzte*, *hat bezirzt*; [Vt] (及物) **j-n b.** (von Frauen) sich so verhalten, dass ein Mann sich in einen verliebt 引诱,勾引,诱惑,使着迷 ≈ betören: *sich von e-r hübschen jungen Frau b. lassen* 被一位年

轻漂亮的女子所引诱

-be·zo·gen *im Adj, begrenzt produktiv*（构成形容词,构词有限）；drückt aus, dass sich etw. nach dem im ersten Wortteil Genannten richtet od. daran orientiert 着眼于…的,以…为方向的,结合…的,与…有关的,涉及…的：***praxisbezogen*** 〈ein Unterricht, ein Lehrbuch 课程,教科书〉, ***sachbezogen*** 〈e-e Überlegung 思考〉, ***textbezogen*** 〈e-e Analyse, e-e Betrachtungsweise 分析,研究方法〉, ***zukunftsbezogen*** 〈e-e Planung 规划〉

Be·zug[1] *der* **1.** der Stoff, mit dem man ein Möbelstück bezieht[1] (1)（家具的）面料,贴面 ≈ Überzug ‖ -K（复合）：***Leder-***, ***Stoff-*** **2.** ein Tuch od. Laken, mit dem man ein Kissen, e-e Decke od. e-e Matratze bezieht[1] (2)（枕头、被褥、床垫等的）套子,床罩,床单 ‖ -K（复合）：***Bett-***, ***Kissen-***

Be·zug[2] *der* **1.** *nur Sg*（只用单数）；das Beziehen[2] (1) e-r Ware 订购,购进：*der regelmäßige B. e-r Zeitung* 定期订阅报纸 ‖ K-（复合）：***Bezugs-***, ***-bedingungen***, ***-preis***, ***-quelle*** **2.** *nur Sg*（只用单数）；das Beziehen[2] (2) von Geld（定期）领取（钱）〈zum B. e-r Rente, von Arbeitslosengeld, Kindergeld berechtigt sein 有权领取养老金,失业救济金,子女津贴〉 ‖ K-（复合）：***bezugs-***, ***-berechtigt*** **3.** *nur Pl*, Ⓐ *auch Sg*（只用复数），［奥］（也用单数）；das Gehalt, das Einkommen, die Rente *o. Ä.* 薪金,报酬,收入,养老金等：*Seine monatlichen Bezüge belaufen sich auf fast 4000 Euro* 他的月收入共计约 4000 欧元

Be·zug[3] *nur in* 只用于 **1.** ***B. auf j-n/etw. nehmen*** *geschr*［书］；sich auf j-n/etw. beziehen[3] (4) 涉及,联系到：*Er nahm in seiner Rede B. auf unsere neuen Vorschläge* 他在讲话中提及我们的新建议 **2.** ***in B. auf j-n/etw.*** hinsichtlich e-r Person/Sache 在…方面,关于…,涉及到… ≈ was j-n/etw. betrifft：*In B. auf seinen Beruf ist er sehr gewissenhaft* 他对自己的本职工作是非常认真的 **3.** ***mit/unter B. auf etw.*** (*Akk* 四格) ADM *geschr*【管理】［书］；verwendet in Briefen, um sich auf etw. zu beziehen, das bereits bekannt ist 基于,根据,依照,关于：*Unter B. auf Ihr Angebot vom 3 Mai bestelle ich 30 Flaschen Wein* 根据您 5 月 3 日的报价,我订购 30 瓶葡萄酒 **4.** ***zu j-m/etw. keinen B. (mehr) haben*** *gespr*［口］；j-n/etw. nicht (mehr) verstehen od. sich nicht (mehr) für ihn/dafür interessieren 对…不(再)理解,不(再)感兴趣

be·züg·lich *Präp*（介）；*mit Gen*（支配二格），ADM *geschr*【管理】［书］≈ in Bezug auf, hinsichtlich：*B. Ihres Antrags möchten wir Ihnen Folgendes mitteilen ...* 关于您的申请,我们谨通知您如下… ‖ NB（注意）：Gebrauch ↑ *Tabelle unter* 用法,图表见 ***Präpositionen***

Be·zug·nah·me *die*; -; *nur Sg*（只用单数），ADM *geschr*【管理】［书］；*mst* 多用 ***mit/unter B. auf j-n/etw.*** verwendet, um sich auf j-n/etw. zu beziehen 关于,有关,涉及：*mit/unter B. auf e-n Experten e-e Forderung geltend machen* 关于专家问题,谨提出一个要求

be·zugs·fer·tig *Adj*（形）；für den Einzug vorbereitet 已可迁入的 〈e-e Wohnung, ein Haus 住宅,房子〉

Be·zugs·per·son *die*; PSYCH【心】；die Person, an der sich j-d (bedingt durch e-e seelische Bindung) stark orientiert 在心灵、心理上对人产生影响的人：*Eltern u. Geschwister sind die wichtigsten Bezugspersonen für ein kleines Kind* 父母和兄弟姐妹是对小孩产生潜移默化的最重要的人

be·zwe·cken; *bezweckte, hat bezweckt*; Vt（及物）***etw.*** (***mit etw.***) ***b.*** etw. zu erreichen versuchen 试图达到…目的,打算≈ beabsichtigen：*Weißt du, was er damit b. wollte?* 他这样做要达到什么目的,你知道吗？

be·zwei·feln; *bezweifelte, hat bezweifelt*; Vt（及物）***etw. b.*** Zweifel an etw. haben (u. äußern) 怀疑,对…表示怀疑≈ anzweifeln：*Ich bezweifle*, dass *er recht hat* 我怀疑他是不是正确

be·zwin·gen; *bezwang, hat bezwungen*; Vt（及物）**1.** ***j-n b.*** j-n im Kampf od. Wettkampf besiegen 战胜 〈e-n Feind, die gegnerische Mannschaft b. 战胜敌人,作为对手的运动队〉 **2.** ***etw. b.*** mit großer körperlicher Anstrengung u. oft unter Gefahr sein Ziel erreichen 征服〈e-n Berg, e-e Strecke b. 征服一座山,(历尽艰辛)走完一段路程〉 **3.** ***etw. b.*** mit etw. Schwierigem fertig werden, etw. überwinden 克服,攻克 ≈ bewältigen 〈Schwierigkeiten, ein Problem 克服困难,解决问题〉 **4.** ***etw. b.*** etw. unterdrücken od. beherrschen 抑制,克制,压制〈seinen Hunger, seine Gefühle, seine Leidenschaft b. 忍住饥饿,抑制自己的感情,自己的激情〉 ‖ *hierzu*（派生）**Be·zwin·gung** *die*; *nur Sg*（只用单数）；**be·zwing·bar** *Adj*（形）；*zu*（义项）**1.** u. **2.** **Be·zwin·ger** *der*; *-s*, -

BGB [bege'beː] *das*; -; *nur Sg*（只用单数），*Abk für* 缩写,全称为 Bürgerliches Gesetzbuch 公民法典

BH [beː'haː] *der*; *-s*, *-s*; *gespr*［口］≈ Büstenhalter

Bhf. *Abk für* 缩写,全称为 Bahnhof 火车站

bi *Adj*（形）；*nur präd, ohne Steigerung, nicht adv, gespr*（只作表语,无变级,不作状语）［口］，*Kurzw*（略）↑ ***bisexuell*** (1)

Bi·ath·lon [-atlɔn] *das*; *-s*, *-s*; *mst Sg*（多用单数）；e-e sportliche Disziplin, die aus Skilanglauf u. Schießen besteht 滑雪射击项目 ‖ *hierzu*（派生）**Bi·ath·let** *der*

bib·bern; *bibberte, hat gebibbert*; Vi（不及物）(***vor etw.*** (*Dat* 三格)) ***b.*** *gespr*［口］；am ganzen Körper heftig zittern 浑身发抖,打颤,打哆嗦〈vor Angst, vor Kälte b. 怕得、冻得浑身发抖〉

Bi·bel *die*; -, *-n* **1.** *nur Sg*（只用单数）；die Sammlung der Schriften, die Grundlage der christlichen Religion (Altes u. Neues Testament) u. der jüdischen Religion (Altes Testament) ist 圣经≈ die Heilige Schrift 〈die B. auslegen, übersetzen 阐释,翻译圣经〉 ‖ K-（复合）：***Bibel-***, ***-auslegung***, ***-spruch***, ***-stelle***, ***-übersetzung*** **2.** ein Exemplar der B. (1) als Buch 圣经(书) **3.** *iron*［讽］；ein Buch, dessen Aussage für j-s Denken u. Handeln sehr wichtig ist 经典，奉为神圣的著作：*Die Werke Hermann Hesses sind für ihn e-e B.* 他将赫尔曼·黑塞的作品视为经典

Bi·ber *der*; *-s*, *-* **1.** ein (Nage) Tier mit e-m platten Schwanz, das gut schwimmen, Dämme bauen u. Bäume fällen kann 海狸 ‖ K-(复合): ***Biber-***, ***-fell***, ***-pelz*** **2.** *nur Sg* (只用单数); der Pelz des Bibers (1) 海狸皮

Bi·b·lio·gra·fie, **Bi·b·lio·gra·phie** [-ˈfiː] *die*; *-*, *-n* [-ˈfiːən]; ein Verzeichnis (*z.B.* in e-m Buch), in dem verschiedene Bücher, Aufsätze *o.Ä.* zu e-m bestimmten Thema genannt u. nach bestimmten Kriterien (*z.B.* Titel, Verfasser) geordnet sind 图书目录，书目，目录学：*e-e B. zu e-m Thema zusammenstellen* 编制一份专题书目 ‖ *hierzu* (派生) **bi·b·lio·gra·fisch**, **bi·b·lio·gra·phisch** *Adj* (形); *nur attr od adv* (只作定语或状语)

Bi·b·lio·thek *die*; *-*, *-en* **1.** e-e große Sammlung *bes* von Büchern, die nach Fachgebieten geordnet sind u. *mst* ausgeliehen werden können 图书馆，图书室，藏书室 ≈ Bücherei 〈e-e öffentliche, städtische B. 公共图书馆，市立图书馆; e-e B. benutzen 在图书馆阅读或借阅图书; sich in/von der B. Bücher ausleihen 从图书馆借书〉 ‖ K-(复合): ***Bibliotheks-***, ***-angestellte*** (*r*), ***-benutzer***, ***-kunde***, ***-wissenschaft*** ‖ -K(复合): ***Fach-***, ***Lehrer-***, ***Leih-***, ***Staats-***, ***Universitäts-*** **2.** ein Gebäude od. Raum, in dem sich e-e B. (1) befindet 图书馆楼 〈in der B. arbeiten 在图书馆工作〉 ‖ K-(复合): ***Bibliotheks-***, ***-gebäude***, ***-zimmer*** **3.** e-e Sammlung von Büchern in e-m privaten Haus (私人) 藏书 ‖ -K(复合): ***Privat-***

Bi·b·lio·the·kar *der*; *-s*, *-e*; j-d, der beruflich die Bücher in e-r Bibliothek verwaltet, ordnet, pflegt *usw* u. neue Bücher bestellt 图书馆馆员，图书馆管理员 ‖ *hierzu* (派生) **Bi·b·lio·the·ka·rin** *die*; *-*, *-nen*

bi·b·lisch *Adj* (形); *ohne Steigerung* (无变级); 〈e-e Figur, e-e Gestalt, e-e Geschichte 人物，形象，故事〉 so, dass sie aus der Bibel (1) kommen 圣经的，来自圣经的，关于圣经的 ‖ NB (注意): ↑ ***Alter***

Bi·det [biˈdeː] *das*; *-s*, *-s*; ein sehr niedriges Waschbecken für den Unterkörper, auf das man sich setzt 坐浴盆

bie·der *Adj* (形) **1.** *pej* [贬]; (in Bezug auf Verhalten, Kleidung u. Geschmack) konservativ u. unauffällig 平淡的，平常的，不时兴的，不抬眼的 ≈ brav (4), spießig 〈b. aussehen, gekleidet sein 外表平淡，衣着不时髦〉: *e-e biedere Wohnungseinrichtung* 俗气的住房布置 **2.** *veraltend* [渐旧]; ehrlich u. tüchtig 诚实的，正直的 〈ein Bürger, ein Handwerker 公民，手工工人〉 ‖ *hierzu* (派生) **Bie·der·keit** *die*; *nur Sg* (只用单数)

Bie·der·mei·er *das*; *-(s)*; *nur Sg*, *hist* (只用单数)，[历]; e-e Richtung der Kunst im deutschsprachigen Raum zwischen etwa 1815 und 1848 (约 1815—1848 年间在德国流行的) 比德迈(文化艺术)流派 ‖ K-(复合): ***Biedermeier-***, ***-möbel***, ***-stil***

bie·gen; *bog*, *hat*/*ist gebogen*; Vt (及物) (*hat*) **1.** ***etw. b.*** etw. durch Druck in seiner Form so verändern, dass es nicht mehr gerade ist 使弯曲，弄弯，压弯 〈e-e Stange, e-n Draht, ein Blech b. 使一根棒、一根金属丝、一块金属片弯曲〉: *Der Schlosser konnte das Rohr erst b., nachdem er es heiß gemacht hatte* 钳工先将管子加热，然后才能将其弯曲 **2.** ***etw. irgendwohin b.*** e-n Körperteil von seiner normalen Position in e-e bestimmte Richtung bewegen (将肢体朝一定方向) 弯曲: *den Kopf nach hinten/vorn b.* 把脑袋朝后/朝前弯(仰头/低头); *den Daumen zur Seite b.* 将拇指弯向一边 **3.** ***etw. irgendwohin b.*** etw., das einen behindert, in e-e bestimmte Richtung bewegen u. es dabei leicht verformen 将…折弯，弯转: *e-n Ast zur Seite b.* 将树枝弯向一边; Vi (不及物) (*ist*) **4.** ***in/um etw.*** (*Akk* 四格) ***b.*** durch e-e Änderung seiner Richtung irgendwohin gehen od. fahren 拐弯，转弯: *Das Auto bog um die Ecke* 汽车在拐角处拐弯; *Der Radfahrer bog in e-e Nebenstraße* 骑自行车的人拐进一条小街; Vr (反身) (*hat*) **5.** ***etw. biegt sich*** etw. gibt unter Druck nach u. ist (*mst* nur für e-e bestimmte Zeit) nicht gerade (物作主语) 弯曲，弯下: *Der Baum bog sich im Wind* 树被风吹弯了; *Die Matratze bog sich unter seinem Gewicht* 床垫被他的重量压得凹进去了 ‖ ID [谚] ***auf Biegen u. Brechen*** *gespr* [口]; ohne Rücksicht auf negative Folgen 不管发生什么情况，不惜一切代价，千方百计: *etw. auf Biegen u. Brechen durchsetzen wollen* 要不惜一切代价地贯彻某事 ‖ ▶ ***Bogen***

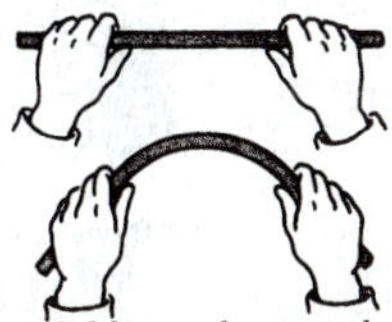
biegen

bieg·sam *Adj* (形); *nicht adv* (不作状语) **1.** so beschaffen, dass man es biegen kann, ohne dass es bricht 可弯曲的，易弯曲的，柔韧的: *ein biegsamer Stock* 一根可弯曲的棍棒 **2.** sehr beweglich (3) 柔软的: *e-n biegsamen Körper haben* 有柔软的身体 ‖ *hierzu* (派生) **Bieg·sam·keit** *die*; *nur Sg* (只用单数)

Bie·gung *die*; *-*, *-en*; die Stelle, an der e-e Strecke ihren geraden Verlauf ändert 拐弯，转弯(处) ≈ Kurve: *Der Weg, die Straße, das Gleis macht e-e B.* 道路，街道，路轨拐弯 ‖ -K (复合): ***Straßen-***, ***Weg-***

Bie·ne *die*; *-*, *-n* **1.** ein Insekt (mit e-m Giftstachel), das Honig u. Wachs produziert 蜂，蜜蜂 〈emsige, fleißige Bienen 勤劳忙碌的、勤奋的蜜蜂; Bienen fliegen aus, summen, schwärmen 蜜蜂飞出，作嗡嗡声，成群地飞; j-d züchtet Bienen 某人养蜂; von e-r B. gestochen werden 蜂蜇(伤)〉: *Der Imker züchtet Bienen* 养蜂人养蜂 ‖ K-(复合): ***Bienen-***, ***-haus***, ***-honig***, ***-königin***, ***-schwarm***, ***-volk***, ***-wachs***, ***-zucht*** ‖ -K(复合): ***Honig-*** **2.** ***e-e flotte B.*** *gespr veraltend hum* [口][渐旧]

［诙］；e-e sehr attraktive junge Frau 一个非常有魅力的年轻妇女 ‖ ID［谚］***fleißig wie e-e B.*** sehr fleißig 非常勤奋，像蜜蜂一样勤劳

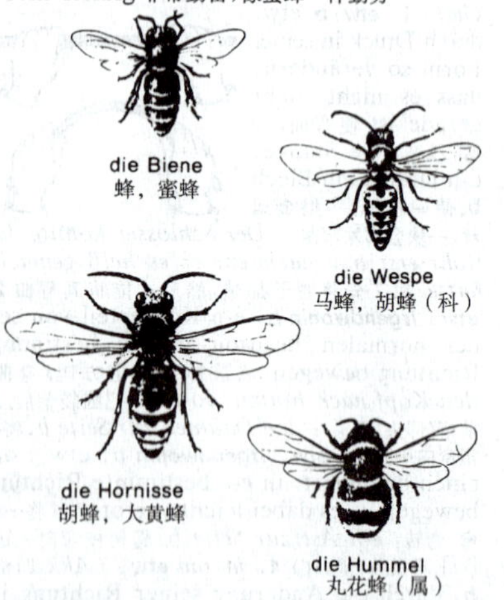

bie·nen·flei·ßig *Adj*（形）；sehr fleißig 非常勤劳的，蜜蜂般勤快的

Bie·nen·stich *der* **1.** ein schmerzhafter Stich von e-r Biene 蜂蜇（伤），蜂刺（伤）**2.** ein Kuchen mit Cremefüllung u. e-m Belag aus Zucker u. Mandeln 上面有一层糖和杏仁末的奶油夹心点心

Bie·nen·stock *der*；*-(e)s*，*Bie·nen·stö·cke*；ein Kasten, in dem Bienen leben u. gezüchtet werden 蜂箱，蜂房 ‖ ID［谚］*mst* 多用 ***Da wimmelt es wie in e-m B.*** *gespr*［口］；da gibt es sehr viele Menschen u. viel Unruhe 这里有许多人，乱哄哄的

Bier *das*；*-(e)s*，*-e* **1.** *nur Sg*（只用单数）；ein alkoholisches Getränk, das *bes* aus Gerste, Hopfen u. Hefe hergestellt wird 啤酒〈helles, dunkles B. 淡啤酒，黑啤酒；ein Fass, Glas, Kasten, Krug, Träger B. 一桶、一杯、一箱、一大杯（带把）、一提盒啤酒；B. brauen, zapfen 酿造、开桶汲取啤酒〉‖ K-（复合）：***Bier-, -dose, -fass, -flasche, -glas, -kasten, -krug*** ‖ *zu*（派生）***Bierglas*** u. ***Bierkrug*** ↑ *Abb. unter* 图见 ***Gläser*** **2.** e-e bestimmte Sorte B.（1）某一品牌的啤酒：*Alt, Kölsch, Pils u. Weißbier sind berühmte deutsche Biere* 陈年啤酒、科隆啤酒、苦啤和白啤是有名的德国啤酒 **3.** ein Glas B.（1）(*mst* ein viertel od. halber Liter) 一杯啤酒（多指¼升或½升啤酒）〈ein kleines, großes B. 一小杯、一大杯啤酒〉‖ NB（注意）：Beim Bestellen in e-m Lokal *o. Ä.* sagt man（在酒馆里要啤酒时说）：*zwei, drei usw Bier*（两杯，三杯啤酒）**4.** ***auf ein B.*** (***irgendwohin***) ***gehen*** *gespr*［口］；in ein Lokal *o. Ä.* gehen (um dort B. zu trinken)（到酒馆）喝啤酒去 ‖ ID［谚］*mst* 多用 ***Das ist nicht 'mein B.*** *gespr*［口］；darum muss od. will ich mich nicht kümmern 这不归我管，这我不想管，这不是我的事

Das Bier 啤酒

Bier ist eines der beliebtesten Getränke der Deutschen. Seine Herstellung ist in Deutschland an ein strenges Reinheitsgebot gebunden.
Zuerst wird aus gekeimten und getrockneten Gerstenkörnern **Malz** hergestellt. Das Malz wird mit Wasser gemischt und mit **Hopfen** gekocht, das gibt dem Bier seinen typischen Geschmack. Nachdem die Mischung gefiltert und abgekühlt wird, fügt man Hefe hinzu, damit das Bier gärt.
Es gibt viele verschiedene Arten von Bier, die häufigsten sind: **Helles, Pils** (besonders bitter), **Weizenbier** oder **Weißbier** (statt aus Gerste aus Weizen hergestellt), **Dunkles** und **Bockbier** (mit einem höheren Alkoholgehalt). In vielen Regionen Deutschlands gibt es ein eigenes, typisches Bier, wie zum Beispiel das **Kölsch** in Köln oder das **Altbier** in Düsseldorf.
Häufig wird auch eine Mischung, die jeweils zur Hälfte aus Bier und Zitronenlimonade besteht, getrunken. Dieses Getränk heißt **Alsterwasser** im Norden und **Radler** im Süden Deutschlands.

啤酒是德国人最喜爱的饮料之一。啤酒生产在德国受严格的啤酒酿制法所制约。

首先从抽芽的、干燥的大麦粒中提取**麦芽**，麦芽兑上水，与**啤酒花**一起煮，这使啤酒具有自己独特的口味，这种混合液体过滤冷却后，加上酵母，让啤酒发酵。

啤酒有许多不同的品种，最常见的是：**淡啤酒，Pils**（特苦），**小麦啤酒**或叫**白啤**（它不是由大麦而是由小麦酿制而成的），**黑啤酒**和**烈性啤酒**（酒精含量较高）。在德国许多地区有自己特制的啤酒，如科隆的**科隆白啤**或杜塞尔多夫的**陈年啤酒**。

人们也喝一种混合饮料，它是由啤酒和柠檬汽水掺兑而成。这种饮料德国北方叫 **Alsterwasser**，南方叫 **Radler**。（清京饮料）

Der Biergarten 露天啤酒馆

Ein Biergarten ist ein Lokal im Freien, manchmal in einem Park, manchmal auch einfach bei einer Gaststätte. Vor allem im Süden Deutschlands und in Österreich verbringt man hier gerne die Sommerabende bei einem Bier und einem Imbiss (Brotzeit). Die einfachen Holzbänke und Tische stehen traditionellerweise unter schattigen Kastanienbäumen. An einem Verkaufsstand kann man Getränke und einfache Gerichte (zum Beispiel Würstchen, gegrillte Hähnchen, Wurstsalat) kaufen. In Bayern ist es oft auch erlaubt, sich wie bei einem Picknick das eigene Essen mitzubringen.

露天啤酒馆即室外酒馆，有设在花园的，也有干脆设在饭馆旁的。主要是在德国南部和奥地利，人们喜欢在室外消夏，喝杯啤酒，吃点小点心。在阴凉的栗子树下按传统习惯摆设着简易的木制长凳和桌子，在售货站柜处可以买到饮料，便餐（如：香肠，烤鸡，香肠色拉），在巴伐利亚常常允许像野餐一样自备饮食。

Bier·bauch *der*; *gespr*[口]; der dicke Bauch, den manche Männer *bes* vom Biertrinken haben 啤酒肚

Bier·de·ckel *der*; ein Stück Pappe, auf das man *bes* in e-m Lokal sein Glas stellt 垫在啤酒杯下面的纸板垫

bier·ernst *Adj* (形); *gespr* [口]; übertrieben ernst 过分严肃的〈Personen 人们〉

Bier·gar·ten *der*; ein Ort im Freien mit Bäumen, (Sitz) Bänken od. Stühlen u. Tischen, an dem man *bes* Bier kaufen u. sich sein Essen mitbringen kann 露天啤酒馆,花园啤酒馆: *München ist für seine Biergärten bekannt* 慕尼黑以众多的露天啤酒馆闻名 ‖ Information Seite 310 信息见 310 页

Bier·lau·ne *die*; *mst in* 多用于 ***in B. sein*** *gespr* [口]; lustig, fröhlich sein 愉快,兴高采烈

Bier·lei·che *die*; *gespr hum*[口][诙]; j-d, der *bes* so viel Bier getrunken hat, dass er irgendwo liegt u. schläft 酒尸,酒鬼(啤酒喝多后随便在一个地方躺下睡觉的人)

Bier·zelt *das*; ein großes Zelt auf e-m Fest od. Jahrmarkt, in dem man Bier trinken kann(在节日或年市上的)啤酒大棚

Biest *das*; -(e)s, -er; *gespr pej*[口][贬]; verwendet für e-e Person/ein Tier, über die/das man sich ärgert (骂人或动物的话)畜生,该死的东西〈ein faules, freches, ungezogenes B. — 个懒虫,无耻的家伙,没有教养的畜生〉: *Das B. hat mich gebissen!* 这个该死的东西咬了我一口!

bies·tig *Adj*(形); *gespr pej*[口][贬] **1.** gemein 下流的,卑鄙的〈Menschen 人〉 **2.** sehr schlecht 非常坏的,恶劣的〈Wetter 天气〉

bie·ten; *bot*, *hat geboten*; [Vt](及物) **1.** ***(j-m) etw. b.*** j-m die Chance od. Möglichkeit zu etw. geben 提供(机会,可能): *Der Urlaub bot ihm endlich die Gelegenheit, bei seiner Familie zu sein* 这次假期使他终于有机会同他的家人在一起; *Der Posten bietet (ihr) die Chance zum beruflichen Aufstieg* 这个岗位使(她)有可能在职务上晋升 **2.** ***(j-m) etw. b.*** ein Programm (*mst* zur Unterhaltung) bereitstellen, das j-d nutzen kann 提供(娱乐消遣的节目): *Was wird zurzeit in der Oper geboten?* 歌剧院目前在上演什么?; *Hier wird viel/nichts/nur wenig geboten* 这里有许多/没有/只有很少(文化娱乐)节目; *Das Hotel bietet (seinen Gästen) vielfältige Freizeitmöglichkeiten* 这家旅馆(给客人)提供多种多样的休闲服务,休闲活动 **3.** ***etw. bietet (j-m) etw.*** etw. hat e-e Qualität, die j-d nutzen kann(物作主语)提供(质量): *Ein großes Auto bietet mehr Komfort* 一辆宽敞的汽车提供更多舒适的设备; *Dieses Kochbuch bietet dem Leser praktische Ratschläge* 这本菜谱给读者提供实用的点子 **4.** ***(j-m) etw. b.*** j-m etw. gewähren od. geben 给予〈j-m Trost, Hilfe b. 给某人以安慰,帮助〉: *seinen Kindern Liebe u. Geborgenheit b.* 给孩子们以爱心和保护; *Flüchtlingen ein Zuhause b.* 给难民们提供住所; *e-r älteren Dame den Arm b.* 向一位上年纪的女士伸出手臂 **5.** ***(j-m) etw. b.*** (vor j-m) e-e bestimmte Leistung vollbringen od. vorführen 显示出,献出 ≈ darbieten: *Der Sportler bot e-e hervorragende Leistung* 运动员做出了突出的成绩; *Die Theatergruppe hat (den Zuschauern) e-e berauschende Vorstellung geboten* 剧组(向观众)演出了令人陶醉的剧目 **6.** ***sich*** (*Dat* 三格) ***etw. b. lassen*** *gespr*[口]; etw. Unangenehmes od. Negatives dulden, ohne zu protestieren 容忍,忍受: *Diese Frechheit lasse ich mir nicht b.!* 这种放肆行为我可容忍不了!; *Und so was lässt du dir als Chef bieten!* 你作为老板竟然也能容忍这样的事! ‖ NB(注意): *mst* verneint(多用否定句); [Vt/i](及物/不及物) **7.** ***(etw.) (für/auf etw.*** (*Akk* 四格)***) b.*** (*bes* auf e-r Versteigerung) e-e bestimmte Summe nennen, die man bereit wäre, für e-n Gegenstand zu zahlen 出价: *Er hat 4000 Euro für das Gemälde geboten* 他对这幅画出价 4000 欧元; *Wer bietet mehr?* 谁出更高的价?; [Vr](反身) **8.** ***etw. bietet sich (j-m)*** Möglichkeiten, Gelegenheiten sind für j-n vorhanden(物作主语)出现,有,存在: *Dem Gefangenen bot sich die Gelegenheit zur Flucht* 在这个俘虏面前出现了逃跑的机会; *e-e so gute Chance bietet sich (dir) nicht oft* 如此好的机会(对你来说)不是经常有的; *Es bot sich (ihm) die Möglichkeit, kostenlos nach Paris zu fahren* (对他来说)有可能免费去巴黎 **9.** ***etw. bietet sich (j-m)*** 〈ein Anblick, e-e Szene 景象,场面〉 ist für j-n deutlich sichtbar(物作主语)呈现出,显露出 *Vom Gipfel des Berges bietet sich e-e wunderbare Aussicht* 从山顶望去,美妙的景色尽收眼底 ‖ ▶ ***Angebot***

bie·ten·las·sen ↑ ***bieten*** (6)

Bi·ga·mie *die*; *nur Sg*(只用单数); e-e illegale Form der Ehe, bei der ein Partner mit zwei Partnern verheiratet ist 重婚

bi·gott, *bigotter*, *bigottest-*; *Adj*(形); *pej*[贬] **1.** 〈Menschen 人〉 übertrieben fromm 过分虔诚的 **2.** 〈Gerede 话语〉 scheinheilig 伪善的,虚伪的,假仁假义的 ‖ *hierzu*(派生) **Bi·got·te·rie** *die*; *nur Sg*(只用单数)

Bi·ki·ni *der*; *-s*, *-s*; ein Badeanzug für Frauen, der aus zwei Teilen besteht 比基尼式泳衣,三点式泳衣 ‖ -K(复合): ***Mini-***

Bi·lanz *die*; -, *-en* **1.** *nur Sg*(只用单数); das Resultat e-r Folge von Ereignissen 结果,结局,成绩 ≈ Ergebnis: *Zahlreiche Verletzte sind die traurige B. der Straßenkämpfe* 众多伤员是这场巷战的悲惨结局; *Mit 21 Siegen u. nur einer Niederlage hatte die Mannschaft im vergangenen Jahr e-e positive B.* 去年运动队取得了胜 21 场,只输 1 场的好成绩 **2.** WIRTSCH【经】; e-e Aufstellung, in der man die Einnahmen u. Ausgaben e-r Firma miteinander vergleicht 收支结算,损益清算〈e-e ausgeglichene, e-e positive B. (= mit Gewinn), e-e negative B. (= mit Verlust) 决算平衡,决算盈利,决算亏损; e-e B. aufstellen 作结算表,作资产负债表〉 ‖ K-(复合): ***Bilanz-***, ***-buchhalter***, ***-prüfer***, ***-summe*** ‖ -K(复合): ***Geschäfts-***, ***Unternehmens-***, ***Zwischen-*** **3.** ***B. ziehen***; ***die B. aus etw. ziehen*** die Ergebnisse von vergangenen Ereignissen zusammenfassen(从…中)作出总结

bi·lan·zie·ren; *bilanzierte, hat bilanziert*; [Vt/i] (及物/不及物) (**etw.**) **b.** WIRTSCH【经】; etw. in e-r Bilanz (2) darstellen 结账,结算〈Aktiva u. Passiva b. 作资产负债表〉‖ *hierzu*(派生) **Bi·lan·zie·rung** *die*; *nur Sg*(只用单数)

bi·la·te·ral, bi·la·te·ral *Adj*(形); zwischen zwei Ländern 两国之间的,双边的,双向的≈zweiseitig〈Beziehungen, Gespräche, Verträge 关系,会谈,条约〉

Bild *das*; -(*e*)*s*, -*er* **1.** das, was man *mst* mit Farben u. *bes* auf künstlerische Weise auf e-e Fläche (*bes* auf Papier) malt od. zeichnet 画,图〈ein B. malen, zeichnen, aufhängen, einrahmen 画一幅(着色的)画,画一幅(素描、线条)画,挂一幅画,将一幅画镶在框子里〉: *mit Wasserfarben ein B. von e-r Landschaft malen* 用水彩画一幅风景画 ‖ K-(复合): ***Bilder-***, ***-galerie***, ***-haken***, ***-rahmen*** ‖ *zu* ***Bilderhaken*** ↑ *Abb. unter* 图见 ***Haken*** **2.** e-e Fotografie 相片,照片〈ein B. (von j-m/etw.) machen(给某人/某物)照相,拍照; ein B. vergrößern, verkleinern, entwickeln (lassen)(让)放大,缩小,冲洗照片; etw. im B. festhalten 将某物拍摄下来〉: *Sind die Bilder von deinem Fest gut geworden?* 这次节庆活动的照片拍得好吗? ‖ -K(复合): ***Pass-***, ***Urlaubs-*** **3.** die Reproduktion e-r Zeichnung, e-s Gemäldes od. e-r Fotografie (复制的,描摹的)画,图画≈Abbildung: *ein Buch mit vielen Bildern* 有许多插图的书; *ein T-Shirt mit e-m lustigen B. bedrucken* 在T恤衫上印一幅有趣的图画 **4.** das, was man *z.B.* beim Fernsehen auf dem Bildschirm od. im Kino auf der Leinwand sieht (荧光屏或银幕上的)图象,画面〈das B. flimmert 图象颤动〉‖ K-(复合): ***Bild-***, ***-folge***, ***-frequenz***, ***-qualität***, ***-schärfe***, ***-störung*** ‖ -K(复合): ***Fernseh-*** **5.** ***ein B.*** + *Gen*(二格); *Adj*(形容词) + ***B.*** die Szene, die einem in e-r bestimmten Situation begegnet 景象,情景≈Anblick (2)〈ein B. des Grauens, des Jammers, des Schreckens 恐惧的,悲惨的,可怕的景象〉: *Den Sanitätern bot sich am Unfallsort ein grauenvolles B.* 在出事地点呈现在救护队员面前的是一幅可怕的景象 **6.** die Vorstellung, die man sich von etw. macht od. machen kann 观念,印象,想象〈sich ein B. von j-m/etw. machen 了解某人/某事,对某人/某事有个见解〉: *Der Politiker will sich ein B. von der Lage im Katastrophengebiet machen* 这位政治家想要了解灾区的形势; *Ich hatte ein falsches B. von ihm* 我对他曾有一个错误的印象 ‖ -K(复合): ***Berufs-***, ***Geschichts-***, ***Menschen-***, ***Zukunfts-*** **7.** ≈ Metapher: *Er verwendet zahlreiche Bilder in seinen Gedichten* 他在自己的诗歌中用了许多形象生动的比喻 ‖ ID [谚] (***über j-n/etw.***) ***im Bilde sein*** über j-n/etw. gut informiert sein 了解(关于…的)底细,知道…的真相; ***j-n*** (***über j-n/etw.***) ***ins B. setzen*** *geschr* [书]; j-n über j-n/etw. informieren 将…的情况告诉某人,让某人了解; *mst* 多用 ***Das ist/war ein B. für Götter*** *gespr hum* [口][诙]; das ist/war ein sehr komischer Anblick 这是一种非常滑稽可笑的情景; ***ein 'Bild von e-m Mann/e-r Frau sein*** *gespr* [口]; sehr gut aussehen u. gut gebaut sein 长得像模像样的一位男子汉/窈窕淑女; ***ein B. des Jammers sein*** so aussehen, dass die anderen Mitleid bekommen (露出)一副让人同情的可怜相 ‖ *zu* (义项) **7. bild·der·reich** *Adj*(形)

Bild·be·richt *der*; ein Bericht od. e-e Reportage in e-r Zeitung od. im Fernsehen, der/die durch Fotografien od. durch e-n Film illustriert wird(报纸上的)新闻图片,(电视里的)新闻报道片

Bild·do·ku·ment *das*; ein Bild (*mst* e-e Fotografie), das dokumentarischen od. historischen Wert hat 图片文献,有文献、史料价值的图片

bil·den; *bildete, hat gebildet*; [Vt] (及物) **1.** ***etw.*** (***aus etw.***) ***b.*** aus e-m Material ein Objekt herstellen u. ihm dabei e-e bestimmte Form geben 塑造,制作,做 ≈ formen: *Masken aus Ton, Figuren aus Wachs b.* 用黏土制作面具,用蜡做成人物的塑像(制作蜡像) **2.** ***etw. bildet etw.*** etw. lässt etw. entstehen (物作主语)生长出,产生: *Die Pflanze bildet Ableger* 植物长出嫩枝; *An der Stelle, an der sie verbrannt wurde, bildet die Haut Blasen* 在皮肤烧伤的地方起了水疱 **3.** ***etw. b.*** e-e sprachliche Form entstehen lassen, indem man bestimmte Elemente zusammenfügt 造,构成: *e-n Relativsatz b.* 造一个关系从句; *von e-m Wort den Plural b.* 构成一个词的复数 **4.** ***etw. b.*** e-e bestimmte Form od. e-e geometrische Figur entstehen lassen 形成,组成: *Die Neugierigen bildeten e-n Kreis um die Unfallstelle* 好奇的人们在出事地点围了一个圆圈; *Die Wartenden bilden e-e Schlange von 200 Metern* 等候的人形成 200 米的长队 **5.** ***etw. bildet etw.*** etw. stellt durch seine Form od. Stellung etw. dar, etw. hat e-e bestimmte Funktion(物作主语)构成,是: *Der Fluss bildet die Grenze zwischen beiden Staaten* 这条河流构成两个国家之间的边界; *Der Grundriss der Kapelle bildet ein Sechseck* 小教堂的平面图是一个六边形 **6.**〈Personen 人〉***bilden etw.*** e-e Gruppe von Personen bewirkt od. trägt dazu bei, dass e-e bestimmte Organisation entsteht 组成,组织,建立〈e-e Arbeitsgruppe, e-n Ausschuss, e-e Kommission, e-e Regierung b. 组成工作小组,委员会,专门委员会,政府〉 **7.**〈Personen, Dinge 人,物〉***bilden etw.*** e-e Gruppe von Personen od. Dingen stellt zusammen etw. Bestimmtes dar, was sie allein nicht sind 组成,建成: *Elf Fußballspieler bilden eine Mannschaft* 11. 名足球运动员组成一个球队 **8.** ***sich*** (*Dat* 三格) ***über j-n/etw.***, ***zu etw. e-e Meinung/ein Urteil b.*** aufgrund bestimmter Informationen u. Eindrücke zu e-r Meinung/zu e-m Urteil kommen 对…形成一种意见/判断; [Vt/i] (及物/不及物) **9.** (***j-n***) ***b.*** bewirken, dass j-d Bildung² (1) erhält 使获得知

识,教育,培养: *Reisen bildet* (*den Menschen*) 旅行(使人)增长知识; Vr(反身) **10. etw. bildet sich** etw. entsteht (*mst* langsam)(物作主语)(多指慢慢地)形成,出现,产生: *Am Himmel bilden sich Wolken* 天空出现云团; *Auf der Haut bilden sich Blasen* 皮肤上出现水疱 **11. sich b.** sich Bildung²(1) aneignen 增长知识,受教育 ‖ ▶ ***Gebilde***

Bil·der·buch *das*; ein Buch für Kinder, das e-e Geschichte in Bildern erzählt(儿童)图画册,小人书 ‖ ID[谚] ***wie im B.*** sehr schön 十分美好,美如画: *ein Wetter wie im B.* 十分美好的天气,风和日丽的天气

Bil·der·buch- *im Subst*, *wenig produktiv*(构成名词,构词弱); sehr schön, ideal 十分完美…,十分理想…; die ***Bilderbuchlandung*** ⟨e-s Flugzeugs 飞机的⟩, der ***Bilderbuchsommer***, das ***Bilderbuchtor*** (beim Sport 体育运动中的), das ***Bilderbuchwetter*** ‖ NB(注意): *mst* mit dem unbestimmten Artikel verwendet(多与不定冠词连用)

Bil·der·ge·schich·te *die*; e-e kurze Erzählung (mit e-r Pointe), deren Inhalt durch e-e Reihe von Zeichnungen dargestellt wird 连环画

Bil·der·rät·sel *das*; ein Rätsel, bei dem man Bildern Worte zuordnen muss, aus denen dann die Lösung gebildet wird 字谜画,从画中猜字的谜语≈ Rebus

Bild·flä·che *die*; *nur in* 只用于 **1.** (***wie***) ***von der B. verschwunden*** nicht mehr in der Öffentlichkeit zu sehen 不再在公众场合露面: *Ihr Mann ist seit Tagen* (*wie*) *von der B. verschwunden* 她丈夫有好几天没有在公众场合露面了 **2. *von der B. verschwinden*** *gespr*[口]; schnell weggehen, um nicht gesehen od. erkannt zu werden 不再为人所知,突然消失 **3. *auf der B. erscheinen*** *gespr*[口]; plötzlich irgendwo erscheinen 突然出现,突然冒了出来 ≈ auftauchen (2)

bild·haft *Adj*(形) **1.** mit vielen Metaphern 形象化的,生动的: *e-e bildhafte Sprache* 形象化的语言 **2.** so deutlich u. klar wie in e-m Bild (1) 鲜明的,清楚明确的 ⟨sich etw. b. vorstellen 形象清晰地想象某事; j-m etw. b. beschreiben 向某人清楚明确地描述某事⟩ ‖ *hierzu*(派生) **Bild·haf·tig·keit** *die*; *nur Sg*(只用单数)

Bild·hau·er *der*; *-s*, *-*; ein Künstler, der Skulpturen entwirft u. diese *bes* aus Stein u. Holz herstellt 雕塑家,雕刻家: *Michelangelo ist auch ein berühmter B.* 米开朗基罗也是一位有名的雕塑家 ‖ *hierzu*(派生) **Bild·hau·e·rei** *die*; *nur Sg*(只用单数)

bild·hübsch *Adj*(形); *ohne Steigerung*(无变级); sehr hübsch 非常漂亮的,很俊俏的⟨e-e Frau, ein Mädchen 女人,姑娘⟩

bild·lich *Adj*(形) **1.** *nur attr*(只作定语); mithilfe eines Bildes od. mehrerer Bilder (1,2,3)图解的,图示的: *die bildliche Darstellung e-r Entwicklung*, *e-s Vorgangs* 用图片(用图解)说明(事物的)发展、过程 **2.** als Bild (7) verwendet od. ein Bild (6) hervorrufend 形象化的,鲜明生动的⟨ein Ausdruck, ein Vergleich 表达,对比⟩ ‖ *hierzu*(派生) **Bild·lich·keit** *die*; *nur Sg*(只用单数)

Bild·nis *das*; *-ses*, *-se*; *geschr*[书]; die Darstellung e-r Person in e-m Bild (1)肖像,画像 ≈ Porträt

Bild·re·por·ta·ge *die*; e-e Reportage in der Zeitung od. im Fernsehen, die hauptsächlich aus Fotografien od. e-m Film (u. nur relativ wenig Text) besteht 报刊新闻照片报道,电视新闻报道

Bild·röh·re *die*; der Teil e-s Fernsehgeräts, mit dem das empfangene Bild auf dem Bildschirm sichtbar gemacht wird 显像管

Bild·schirm *der*; der Teil e-s Fernsehgeräts od. e-s Computers, auf dem das Bild od. der Text erscheint 屏幕,荧光屏 ‖ ↑ *Abb. unter* 图见 ***Computer***

Bild·schirm|ar·beit *die*; *nur Sg*(只用单数); das berufliche Arbeiten mit e-m Computer 电脑工作

Bild·schirm|scho·ner *der*; *-s*, *-*; INFORM【信息】; e-e Funktion des Computers zum Stromsparen. Wenn längere Zeit nichts eingegeben wurde, erscheint auf dem Bildschirm ein bestimmtes Bild 屏幕保护程序

Bild·schirm|text *der* **1.** *nur Sg*(只用单数); ein System, bei dem man per Telefon Informationen bekommen kann, die auf e-m Bildschirm erscheinen 毕尔茨系统,电话传真系统(德国的公用交互式可视图文系统); *Abk* 缩写 Btx: *über B. Waren bestellen*, *Informationen abrufen* 通过毕尔茨系统订货,调取信息 **2.** der Text od. die Grafik, die bei diesem System auf dem Bildschirm erscheinen 用毕尔茨系统在屏幕上显示出的图象或文字

bild·schön *Adj*(形); *ohne Steigerung*(无变级); sehr schön 非常美的,美丽如画的

Bild·te·le·fon *das*; ein Telefon, bei dem man die Person, mit der man spricht, auf e-m Bildschirm sieht 可视电话

Bil·dung¹ *die*; *-*, *-en* **1.** *nur Sg*(只用单数); das Bilden (2) ⟨die B. von Ablegern, Blasen, Geschwüren 长出嫩枝,形成水疱、溃疡⟩ ‖ -K(复合): ***Blasen-***, ***Knospen-***, ***Wolken-*** **2.** *nur Sg* (只用单数); das Bilden (3) e-r sprachlichen Form 构成(一种语言形式): *die B. des Imperativs*, *des Konjunktivs* 命令式的构成,虚拟式的构成 ‖ -K(复合): ***Imperativ-***, ***Konjunktiv-***, ***Plural-*** **3.** ein Wort, das aus bestimmten Teilen gebildet (3) wurde 构成的词: *Alle Bildungen auf „-heit" u. „-keit" sind feminin* 所有以"-heit"和"-keit"结尾的词都是阴性名词 ‖ -K(复合): ***Wort-*** **4.** das Bilden (6) e-r bestimmten Organisation 组成,组建⟨die B. e-r Arbeitsgruppe, e-r Regierung 组建工作小组、政府⟩ ‖ -K(复合): ***Cliquen-***, ***Gruppen-***, ***Kabinetts-***, ***Regierungs-*** **5.** *nur Sg*(只用单数); das Bilden (8) ⟨die B. e-r Meinung, e-s Urteils 形成意见,作出判断⟩: *Die B. der öffentlichen Meinung wird vom Fernsehen gelenkt* 通过电视导向形成公众舆论 ‖ -K(复合): ***Bewusstseins-***,

Meinungs-**, **Urteils-

Bil·dung² *die*; -; *nur Sg*（只用单数）**1.** das (durch Erziehung) erworbene Wissen u. Können auf verschiedenen Gebieten (auch was soziale Normen betrifft)知识,文化,学识,教育〈e-e umfassende, höhere, humanistische, lückenhafte B. besitzen, haben具有(受过)全面的、较高程度的、人道主义的、有缺陷的知识(教育); ein Mensch mit/von B.一个有文化(知识)的,受过教育的人〉: *Die Eltern u. die Schule vermitteln dem Jugendlichen die erforderliche B.* 父母和学校传授给青年人必要的文化知识 **2.** der Prozess, bei dem ein Mensch (durch Erziehung u. Ausbildung) Wissen u. Können auf verschiedenen Gebieten erwirbt 教育,受教育〈e-e höhere B. erhalten, genießen受到,享受高等教育〉: *Jeder Mensch hat das Recht auf B.* 人人都有受教育的权利 ‖ K-(复合): ***Bildungs-**, **-anstalt**, **-drang**, **-eifer**, **-politik**, **-reise*** ‖ -K(复合): ***Berufs-**, **Erwachsenen-**, **Hochschul-**, **Schul-***

Bil·dungs·bür·ger·tum *das*; *-s*; *nur Sg*, *hist*（只用单数）[历]; (*bes* im 19 Jahrhundert) der Teil des Bürgertums, der e-e *mst* klassische Bildung²(1) als sehr wichtig betrachtete主张进行古典教育的市民阶层

Bil·dungs·chan·cen *die*; *nur Pl*（只用复数）; die Möglichkeit, in e-r Gesellschaft e-e gute Bildung²(1) zu bekommen受教育的机会: *gleiche B. für alle fordern* 要求人人都有平等的受教育的机会

bil·dungs·feind·lich *Adj*（形）; ADM *geschr*【管理】[书]; so beschaffen, dass es für den Erwerb von Bildung²(1) nicht günstig ist排斥教育的,仇视教育的

bil·dungs·hung·rig *Adj*（形）; *nicht adv*（不作状语）; mit starkem Verlangen nach Bildung²(1)有强烈求知欲的,渴求知识的〈ein Mensch 人〉

Bil·dungs·lü·cke *die*; *mst hum* 多用[诙]; fehlendes Wissen in e-m bestimmten Gebiet 知识方面的缺陷,知识上的空白点

Bil·dungs·sys·tem *das*; *Kollekt*（集合）; alle Schulen u. Universitäten, die es in e-m Land gibt, u. deren Aufgaben 教育系统,教育事业,教育体制 ≈ Bildungswesen

Bil·dungs·ur·laub *der*; der Urlaub, den ein Arbeitnehmer bekommt, um sich beruflich weiterbilden zu können 业务进修假

Bil·dungs·weg *der*; *nur Sg*（只用单数）**1.** *Kollekt*（集合）; die verschiedenen Phasen der Ausbildung von der Grundschule bis zum Ende der Berufsausbildung(指从小学到职业教育结业的)教育途径 **2.** ***der zweite B.*** ein System, das Leuten, die bereits e-n Beruf ausüben, erlaubt, durch den Besuch von Abend- u. Wochenendkursen nachträglich e-e höhere schulische Qualifikation zu erwerben 第二教育途径(联邦德国教育体制中的一种形式,指已习得一门职业技能的人通过夜大学或周末进修获得更高一级学历的途径)〈die mittlere Reife, das Abitur auf dem zweiten B. erwerben, machen, nachholen通过第二教育途径获得读完、补修完中学学历,文理高中学历〉

Bil·dungs·we·sen *das* ≈ Bildungssystem

Bil·lard [ˈbɪljart] *das*; *-s*; *nur Sg*（只用单数）; ein Spiel, das man auf e-r Art Tisch spielt, der mit e-m grünen Stoff überzogen ist u. bei dem man mit e-m Stock Kugeln in bestimmte Positionen od. Löcher stößt台球〈(e-e Partie) B. spielen 打(一局)台球〉‖ K-(复合): ***Billard-**, **-kugel**, **-tisch**, **-saal**, **-stock***

Bil·lett [bɪlˈjɛt] *das*; *-(e)s*, *-s* **1.** *veraltend od* (CH) [渐旧]或[瑞] ≈ Fahrkarte **2** (A) (CH) [奥][瑞] ≈ Eintrittskarte ‖ -K(复合): ***Theater-***

Bil·li·ar·de [-li̯-] *die*; -, *-n*; 1000 Billionen 一千兆; MATH【数】10^{15}

bil·lig *Adj*（形）**1.** so, dass es relativ wenig Geld kostet便宜的,廉价的 ↔ teuer: *Äpfel sind diese Woche besonders b.* 这个星期苹果特别便宜; *In diesem Geschäft kann man b. einkaufen* 在这家商店买东西便宜 ‖ K-(复合): ***Billig-**, **-flug**, **-preis*** **2.** *pej*[贬]; von schlechter Qualität劣质的,蹩脚的: *Er trug e-n billigen Anzug* 他穿了一件蹩脚的西装 ‖ K-(复合): ***Billig-**, **-ware*** **3.** *pej*[贬]; moralisch verwerflich 卑劣的: *Das ist e-e billige Ausrede* 这是一个卑劣的借口; *Er verwendet billige Tricks, um seine Waren zu verkaufen* 他使用卑鄙的手段把货卖出去

bil·li·gen; *billigte*, *hat gebilligt*; [Vt]（及物）**1.** ***etw. b.*** *geschr*[书]; etw. positiv beurteilen u. es deshalb zulassen赞同,同意 ≈ akzeptieren, gutheißen ↔ missbilligen, ablehnen 〈e-n Vorschlag, j-s Entschluss, Pläne b.同意建议,赞同某人的决定、计划〉: *Als Ihr Arzt kann ich es nicht b., dass Sie so viel arbeiten* 作为您的医生,我不能同意您工作如此繁忙 **2.** ***etw. b.*** *geschr*[书]; etw. amtlich od. durch Beschluss genehmigen(官方或通过决议)批准〈ein Projekt, ein Gesetz b.批准一个项目、一项法律〉‖ *hierzu*（派生）**Bil·li·gung** *die*; *nur Sg*（只用单数）

Bil·lig·flie·ger *der*; *gespr*[口]; e-e Fluggesellschaft, die billige Flüge verkauft 出售廉价机票的航空公司: *B. machen der Bahn immer mehr Konkurrenz* 出售廉价机票的航空公司与铁路部门竞争日益激烈

Bil·li·on [-li̯-] *die*; -, *-en*; 1000 Milliarden 一兆,万亿; MATH【数】10^{12}

bim·meln; *bimmelte*, *hat gebimmelt*; [Vi]（不及物）***etw. bimmelt*** *gespr*[口]; etw. klingelt, etw. läutet(物作主语)发出丁当声,响铃〈e-e Glocke, e-e Klingel, ein Wecker, das Telefon 钟,铃,闹钟,电话〉

Bims·stein *der* **1.** *nur Sg*（只用单数）; ein sehr leichtes, poröses vulkanisches Gestein浮石,轻石;浮岩,泡沫岩 **2.** ein Stück B. (1), das man *bes* verwendet, um die Hände zu reinigen(用来洗手的一块)浮石

bin *Präsens*, *1 Person Sg*（现在时,第一人称单数）; ↑ ***sein***

Bin·de *die*; -, *-n* **1.** ein langer Streifen aus e-m besonderen Stoff, den man um verletzte Körperstellen wickelt 带子,绷带 ≈ Verband[1]〈e-e elastische B. 有弹性的带子；e-e B. anlegen 绑上绷带〉：*e-e B. um das verletzte Handgelenk wickeln* 用绷带包扎受伤的手关节；*den Arm in e-r Binde tragen* 用绷带将手臂吊起来‖ -K(复合)：**Arm-**, **Augen-**；**Gummi-**, **Mull-** **2.** ein Streifen aus Watte, der von Frauen während der Menstruation verwendet wird 月经带 ‖ -K(复合)：**Damen-**, **Monats-** **3.** ein Streifen aus Stoff, den man *z.B.* als Kennzeichen um den Oberarm trägt od. den man j-m vor die Augen bindet, damit er nichts sieht 标识带，袖标，蒙眼布 ‖ -K(复合)：**Arm-**, **Augen-** ‖ ID[谚] ***sich*** (*Dat* 三格) ***einen hinter die B. gießen/kippen*** *gespr hum*[口][诙]；ein alkoholisches Getränk konsumieren 喝一杯酒

Bin.de.ge.we.be *das*；ein Gewebe, das die Organe des Körpers miteinander verbindet u. sie umhüllt 结缔组织 ‖ K-(复合)：***Bindegewebs-***, ***-entzündung***, ***-schwäche***

Bin.de.glied *das*；e-e Person, e-e Sache od. ein Teil, die e-e Verbindung zwischen zwei Personen, Sachen, Bereichen *usw* herstellen 中介，联系人，介绍人；链节，连接部分

Bin.de.haut *die*；*mst Sg*(多用单数)；die dünne Haut innen am Augenlid u. außen am Auge 结膜 ‖ ↑ *Abb. unter* 图见 **Auge** ‖ K-(复合)：***Bindehaut-***, ***-entzündung***

bin.den[1]；*band*, *hat gebunden*；[Vt](及物) **1.** ***j-n/etw.*** (***mit etw.***) ***an etw.*** (*Akk* 四格) ***b.*** e-e Person/Sache *mst* mit e-m Strick so an etw. festmachen, dass sie dort bleibt(用…)将…拴、捆、缚、绑在…上 ≈ anbinden：*ein Boot mit e-r Leine an e-n Pflock b.* 用绳子将一条小船拴在桩子上；*e-n Gefangenen an e-n Baum b.* 将一个犯人绑在一棵树上 **2.** ***etw. um etw. b.*** um etw. ein Band *o.Ä.* legen u. die Enden aneinander befestigen 将…绕(系，扎，结)在…上：*ein Tuch um den Kopf b.* 把头巾包在头上；*e-e Krawatte um den Hals b.* 脖子上系一条领带 **3.** ***etw.*** (***zu etw.***) ***b.*** *bes* Blumen, Borsten, Haare *o.Ä.* (mithilfe e-r Schnur, e-s Drahts *o.Ä.*) aneinander befestigen 将…捆扎在一起，把…扎成〈e-n Strauß, e-n Kranz, e-n Besen b. 扎一束花、一个花圈、一把笤帚〉：*Rosen zu e-m Strauß b.* 将玫瑰扎成一个花束；*Zweige zu e-m Kranz b.* 将树枝编扎成一个花环 **4.** (***j-m/sich***) ***etw. b.*** etw. mit e-m Knoten od. e-r Schleife festmachen 将…结住，系住，捆住〈die Schnürsenkel b. 系鞋带；sich die Krawatte b. 给自己打领带〉：*e-m kleinen Kind die Schuhe b.* 替小孩把鞋系住 **5.** ***etw. b.*** lose Blätter durch e-n Einband zusammenfügen u. so ein Buch herstellen 将…装订成册〈ein Buch b. 装订书〉：*die Doktorarbeit, den Jahrgang e-r Zeitschrift zum Binden geben* 将博士论文，全年的期刊送去装订 **6.** ***etw.*** (***mit etw.***) ***b.*** *mst* eine Soße od. e-e Suppe weniger flüssig machen, indem man *bes* Mehl hinzufügt 把…勾芡 **7.** ***etw. bindet etw.*** e-e Flüssigkeit nimmt e-e *mst* pulverförmige Substanz auf(物作主语)粘，吸附：*Wasser bindet den Staub* 水黏着尘灰 ‖ K-(复合)：***Binde-***, ***-mittel***；[Vi](不及物) **8.** ***etw. bindet*** etw. hält fest(物作主语)粘住：*Dieser Klebstoff bindet gut* 这种胶水粘性好 **9.** ***etw. bindet*** etw. wird fest(物作主语)凝固：*Dieser Zement bindet schnell* 这种水泥凝固得快 ‖ ▶ ***Bindung[2]***

bin.den[2]；*band*, *hat gebunden*；[Vt](及物) **1.** ***j-n/sich*** (***an etw.*** (*Akk* 四格)) ***b.*** j-n/sich *bes* durch e-e moralische od. gesetzliche Verpflichtung dazu bringen, etw. zu beachten 使受约束，使承担义务〈j-n an e-n Vertrag b. 使某人受合同的约束〉‖ NB(注意)：*mst* im Zustandspassiv(多用于状态被动句)！；[Vr](反身) **2.** ***sich b.*** sich für e-n Lebenspartner entscheiden 订婚，定亲：*Sie hat sich mit siebzehn schon gebunden* 她17岁时就订了婚；*Ich will mich noch nicht b.* 我还不想订婚(结婚) ‖ ▶ ***Bindung[1]***, ***gebunden***

Bin.de.strich *der*；ein kurzer Strich, der zusammengehörige Wörter verbindet od. auf die Verbindung zu e-m später folgenden Wort hinweist, *z.B.* in *Goethe-Gymnasium*；*2-kg-Dose*；*Hin- u. Rückfahrt* 连字符号，移行符号(即-) ‖ NB(注意)：Der B. kann auch zur Verdeutlichung gesetzt werden(为了明确词义也可以添加连字符)：*Teeei/Tee-Ei*, *Schifffahrt/Schiff-Fahrt*

Bin.de.wort *das*；-(*e*)*s*, *Bin.de.wör.ter*；LING【语】≈ Konjunktion

Bind.fa.den *der*；e-e feste u. dünne Schnur, mit der man *bes* Pakete zusammenbindet(捆扎用的)绳子 ‖ ↑ *Abb. unter* 图见 **Schnur** ‖ ID[谚] ***Es regnet Bindfäden*** es regnet stark u. ohne Unterbrechung 大雨如注

Bin.dung[1] *die*；-, *-en* **1.** ***e-e B.*** (***an j-n***) e-e starke emotionale Beziehung zu e-r Person (与人感情上的)关系，联系〈e-e B. eingehen, auflösen 建立，解除关系〉：*Er hat e-e besonders enge B. an seine Familie* 他同自己的家庭有特别密切的关系 **2.** ***e-e B.*** (***zu etw./an etw.*** (*Akk* 四格)) e-e emotionale Beziehung aufgrund e-r persönlichen Erfahrung(与事物感情上的)关系，情结：*e-e starke B. zu seiner Heimatstadt, an ein Erbstück haben* 对他的家乡、对某一遗物有着强烈的情感 **3.** ***e-e B.*** (***an etw.*** (*Akk* 四格)) e-e Verpflichtung aufgrund e-s Vertrags od. e-s Versprechens(对契约或承诺的)责任，义务，关系〈e-e vertragliche B. eingehen 建立合同关系〉

Bin.dung[2] *die*；-, *-en*；e-e Vorrichtung am Ski, die den Skischuh am Ski befestigt(固定住滑雪板的)皮带，扣绊〈die B. geht auf(滑雪板的)皮带，扣绊松开了；die B. einstellen 将滑雪板的皮带系紧〉‖ -K(复合)：***Sicherheits-***

bin.nen *Präp*(介)；mit *Gen/Dat*(支配二格/三格)；innerhalb (des Zeitraums) von 在…(时间)之内 ≈ in[1](3)：*Er hofft, seine Arbeit b. drei Jahren erledigt zu haben* 他希望在三年之内完成自己的工作；*B. weniger Augenblicke war die Straße mit Schnee bedeckt* 不一会儿道路就被雪盖住了 ‖ NB(注意)：Gebrauch ↑ *Tabelle unter* 用法，图表见 ***Präpositionen***

Bin·nen- *im Subst, wenig produktiv*（构成名词，构词弱）**1.** drückt aus, dass etw. auf dem Festland od. im Landesinneren ist 内陆(的)…，内河(的)…；die ***Binnengewässer***, der ***Binnenhafen***, die ***Binnenschifffahrt***, der ***Binnensee*** **2.** drückt aus, dass etw. im Inland (im Gegensatz zum Ausland) ist 国内(的)…；der ***Binnenhandel***, der ***Binnenmarkt***

Bin·se *die*; -, *-n*; e-e Pflanze mit langen, rohrförmigen Blättern, die am od. im Wasser wächst 灯心草 ‖ ID[谚] ***etw. geht in die Binsen*** *gespr*[口]; etw. (*bes* ein Vorhaben) gelingt nicht, bleibt ohne Erfolg 某事(尤指计划)告吹，落空，成为泡影

Bin·sen·weis·heit *die*; e-e Tatsache, die schon allgemein bekannt ist 尽人皆知的事实(道理) ≈ Gemeinplatz

bio-, Bio- [ˈbiːo-] *im Adj u. Subst, begrenzt produktiv*（构成形容词和名词，构词有限）**1.** in Bezug auf Lebewesen, das organische Leben 生物…，生命…；***biochemisch***, die ***Biochemie***, die ***Biophysik***, der ***Biorhythmus***, ***biotechnisch*** **2.** *gespr*[口]；mit Substanzen u. Methoden, die möglichst natürlich u. gesund sind (ohne Gift, künstlichen Dünger, Kunststoffe *usw*)天然的，绿色的，对人体无害的(指无毒的，不含化肥的，不含塑料的)；der ***Biobauer***, das ***Bioerzeugnis***, die ***Biofarbe***, der ***Biogarten***, der ***Bioladen***, die ***Biokost***, die ***Biomöbel***

Bio·che·mie *die*; die Wissenschaft, die sich mit den chemischen Vorgängen in lebenden Organismen beschäftigt 生物化学 ‖ *hierzu*（派生）**Bio·che·mi·ker** *der*; **Bio·che·mi·ke·rin** *die*; **bio·che·misch** *Adj*(形)

Bio·graf, Bio·graph [-f] *der*; *-en*, *-en*; j-d, der e-e Biographie schreibt od. geschrieben hat 传记作者 ‖ NB(注意)：*der Biograf*; *den, dem, des Biografen*

Bio·gra·fie, Bio·gra·phie [-ˈfiː] *die*; -, *-n* [-ˈfiːən]; **1.** e-e Beschreibung des Lebens e-r *mst* berühmten Person 传记，生平〈e-e B. verfassen 撰写传记〉：*e-e B. von Charles Dickens schreiben* 撰写查尔斯·狄更斯的传记 **2.** *geschr*[书] ≈ Lebenslauf ‖ *hierzu*（派生）**bio·gra·fisch, bio·gra·phisch** *Adj*(形)；*nur attr od adv*(只作定语或状语)

Bio·lo·ge *der*; *-n*, *-n*; j-d, der Biologie studiert hat u. sich beruflich mit Biologie beschäftigt 生物学者，生物学家 ‖ NB(注意)：*der Biologe*; *den, dem, des Biologen* ‖ *hierzu*(派生) **Bio·lo·gin** *die*; -, *-nen*

Bio·lo·gie *die*; -; *nur Sg*(只用单数)；die Wissenschaft, die sich mit allen Formen des Lebens von Menschen, Tieren u. Pflanzen beschäftigt 生物学 ‖ K-(复合)：***Biologie-***, ***-buch***, ***-lehrer***, ***-note***, ***-stunde***, ***-unterricht*** ‖ NB(注意)：als Schul- od. Studienfach oft abgekürzt zu *Bio*(作为大学或中学的一门课程的名称，常用缩写 *Bio*)

bio·lo·gisch *Adj*(形)；*ohne Steigerung*(无变级) **1.** zur Biologie gehörig od. sie betreffend 生物学的，生物学上的：*e-e biologische Untersuchung* 生物调查 **2.** so beschaffen od. wirkend, dass es die Natur u. einzelne Organismen nicht schädigt 无害于大自然的，无害于有机体的；用天然材料制成的，绿色的，环保的〈ein Waschmittel, e-e Hautcreme 洗涤剂，润肤膏〉 **3.**〈e-e Waffe 武器〉*bes* auf Bakterien od. Viren basierend, die schwere Krankheiten hervorrufen 生物的：*chemische, atomare u. biologische Waffen* 化学武器、原子武器和生物武器

bio·lo·gisch-dy·na·misch *Adj*（形）；ohne künstliche Hilfsmittel wie Kunstdünger u. Pflanzenschutzmittel 生物动态的(不含化肥和农药的)：*biologisch-dynamischer Anbau von Getreide* 生物动态的谷物种植

Bio·mas·se *die*; *nur Sg*, BIOL (只用单数)【生】; die gesamte Menge organischer Substanzen, die es irgendwo gibt 生物量，生物质

Bio·müll *der*; kompostierbare Abfälle (*bes* aus Garten u. Küche)(可作肥料用的)生物垃圾，绿色垃圾

Bio·ton·ne *die*; e-e Mulltonne für Biomüll 绿色垃圾桶

Bio·top *der/das*; *-s*, *-e*; ein (natürlicher) Lebensraum für bestimmte Tiere u. Pflanzen 生物区，群落生境 ‖ -K(复合)：***Feucht-***

birgt *Präsens, 3 Person Sg*(现在时，第三人称单数)；↑ ***bergen***

Bir·ke *die*; -, *-n* **1.** ein Laubbaum, dessen Rinde weiße u. dunkle Streifen hat, u. der *bes* im nördlichen Teil der Erde vorkommt 桦树 ‖ K-(复合)：***Birken-***, ***-allee***, ***-holz***, ***-laub***, ***-rinde***, ***-zweig*** **2.** *nur Sg*(只用单数)；das Holz der B. (1)桦木

Bir·ne[1] *die*; -, *-n* **1.** e-e saftige, gelbgrüne Baumfrucht, die zum Stiel hin schmaler wird 梨 ‖ ↑ *Abb. unter* 图见 ***Obst*** ‖ K-(复合)：***Birn-***, ***-baum***; ***Birnen-***, ***-kompott***, ***-saft*** **2.** der Baum, dessen Früchte Birnen (1) sind 梨树 **3.** *gespr hum*[口][诙]；der Kopf e-s Menschen 脑袋瓜子，脑瓜儿

Bir·ne[2] *die*; -, *-n*; *Kurzw* (略) ↑ ***Glühbirne*** 〈e-e B. einschrauben 旋上，装上灯泡；e-e kaputte B. auswechseln 更换坏灯泡〉 ‖ K-(复合)：***Birnen-***, ***-fassung***

birst *Präsens, 2 u. 3 Person Sg*(现在时，第二和第三人称单数)；↑ ***bersten***

bis[1] **1.** *Präp*(介)；*mit Akk*(支配四格)；verwendet, um den Endpunkt e-s Zeitraums zu bezeichnen(表示时间)到…为止，直至：*Bis Sonntag bleibt das Wetter schön* 一直到星期日都是好天气；*Das Geschäft ist von morgens acht bis abends sechs geöffnet* 这家商店从早晨8点至晚上6点一直营业 ‖ NB(注意)：auch mit e-r weiteren Präp. verwendet, die dann den Kasus des Substantivs od. Pronomens bestimmt (bis 也可与另一个介词连用，那时名词就按第二个介词的要求变格)：*Sie bleibt bis zum Sonntag* 她一直待到星期日；*Er lernt bis in die Nacht hinein* 他一直学到深夜 **2.** *Präp*(介)；*mit Akk*(支配四格)；verwendet, um e-n Zeitpunkt auszudrücken, zu dem etw. fertig sein soll od. sein wird 到…(时间)：*Bis* (*Ende*) *Mai wird das Haus fertig* 到五月(底)这座房子将完工 ‖ NB(注意)：auch mit e-r weiteren Präp. verwendet, die dann den Kasus bestimmt (bis 也可与另一介词连用,那时名词就按第二个介词的要求变格)：*Bis zum Sommer habe ich alle Prüfungen schon hinter mir* 到夏天我已考完所有(课程)的考试 **3.** *Präp*(介)；*mit Akk*(支配四格)；verwendet mit e-r Zeitangabe, um den Endpunkt e-r abgelaufenen Zeitspanne auszudrücken 直到…为止：*Bis jetzt hat sie noch nicht angerufen* 直到现在为止,她还没有打电话；*Bis 1990 hatte niemand von ihm etwas gehört* — 直到1990年为止,没有人听到过他的消息 ‖ NB(注意)：auch mit e-r weiteren Präp. verwendet, die dann den Kasus bestimmt (bis 也可与另一介词连用,那时名词就按第二个介词的要求变格)：*Bis zum Sommer war alles wunderbar* 直到夏天为止,一切都曾是非常美好的；*Bis vor einem Jahr war sie noch gesund* 直到一年前,她还是很健康的 **4.** *Präp*(介)；*mit Akk*(支配四格)；verwendet mit e-r Zeitangabe als Formel, wenn man sich von j-m verabschiedet, den man wiedersehen wird(告别时的套语)到…时候(再见)：*Bis bald/morgen/später/Montag/nächste Woche!* 一会儿见(回头见)/明天见/以后见/星期一见/下星期见! **5.** *Präp*(介)；*mit Akk*(支配四格)；verwendet mit Ortsnamen *o.Ä.*, die den (oft nur vorläufigen) Endpunkt e-r Reise *o.Ä.* angeben(表示地点)到…为止,直到…：*Bis Stuttgart fahre ich mit dem Auto, dann nehme ich den Zug* 我乘汽车(直)到斯图加特,然后乘火车 ‖ NB(注意)：auch mit *nach* (+ *Dat* 三格) verwendet(也可与 nach(+三格)连用)：*Wie weit ist es bis nach Innsbruck?* 到因斯布鲁克有多远? **6.** *Präp*(介)；*mit Akk*(支配四格)；verwendet mit e-m Richtungsadverb, um den Endpunkt e-s Weges *o.Ä.* auszudrücken(与方向副词连用)到…为止：*Früher bin ich jeden Abend bis hierher gelaufen* 从前我每天晚上跑步到这里 **7.** **bis** + *Präp*(介) + *Ortsangabe*(地点说明语) verwendet, um den Endpunkt e-s Weges, e-r Fahrt *o.Ä.* auszudrücken 直到…(一段路程的终点)为止：*Der Bus fährt bis zum Königsplatz* 这辆公共汽车的终点站是国王广场；*Das Taxi fuhr bis vor das Hotel* 出租车一直开到了旅馆门前；*Die Polizei folgte den Verbrechern bis in die Wohnung* 警察跟踪罪犯,一直跟进他们的住宅 ‖ NB(注意)：Der Kasus hängt von der zweiten Präp. ab(名词的格取决于第二个介词) **8.** **bis** + *Präp* (介词) + *Subst* (名词) verwendet, um e-e räumliche Abgrenzung auszudrücken 达到,至,及(某一空间界限)：*Das Grundstück erstreckt sich bis zum Wald* 这块地皮延伸到森林边缘；*Der Blick reicht bis weit ins Tal* 目光可远及山谷；*Er stand bis an die Knie im Wasser* 他站在水里,水一直没到他的膝盖 ‖ NB(注意)：Der Kasus hängt von der zweiten Präp. ab(名词的格取决于第二个介词) **9.** **bis zu** + *Zahlangabe*(数字说明语) verwendet, um e-e obere Grenze auszudrücken 达到…(表示上限)：*Die Temperaturen erreichten bis zu 40℃ im Schatten* 温度在阴影中曾高达摄氏40度；*Der Kanister fasst bis zu fünf Liter* 这只桶可装5升 **10.** **bis zu etw.** (*Dat* 三格) verwendet, um e-e äußerste Grenze anzugeben 达到…(表示极限)：*bis zum Überdruss* 直至厌烦；*bis zur Erschöpfung marschieren* 长途步行(行军)直到精疲力尽 **11.** **bis auf j-n/etw.** alle mit Ausnahme der genannten Person(en)/Sache(n) 除了…之外 ≈ außer[1] (1)：*Bis auf zwei haben alle Studenten die Prüfung bestanden* 除两人外,所有大学生都通过了考试 **12.** **bis auf den letzten/die, das letzte** + *Subst* (名词) + *Partizip Perfekt* (过去分词) ≈ vollständig + *Partizip Perfekt*(过去分词)：*Das Kino war bis auf den letzten Platz besetzt* 这家电影院连最后一个座位也有人坐了(这家电影院已满座)；*Ich habe das Geld bis auf den letzten Cent ausgegeben* 我连最后一分钱也花出去了(我的钱已全部花光) **13.** *Zahl*(数字) + **bis** + *Zahl*(数字) verwendet, um die untere u. obere Grenze e-r Maß- od. Zeitangabe auszudrücken 在…至…之间 ≈ zwischen + *Zahl*(数字) und + *Zahl*(数字)：*Der Vortrag dauert zwei bis drei Stunden* 报告将持续2至3小时；*Solche Schuhe kosten 150 bis 200 Euro* 这种鞋的价钱在150至200欧元之间 **14.** **von** + *Ortsangabe*(地点说明语) **bis** + *Ortsangabe*(地点说明语) verwendet, um Anfangs- u. Endpunkt e-r räumlichen Erstreckung auszudrücken 从…到…：*von Hamburg bis Bremen* 从汉堡到不来梅

bis² *Konjunktion* (连)；**1.** verwendet im Nebensatz, um anzugeben, wann die Handlung des Hauptsatzes zu Ende ist 直到(主句行为结束)为止：*Ich bleibe hier, bis der Regen aufhört* 我留在这里,直到雨停了为止；*Ich warte, bis du wiederkommst* 我一直等到你回来 **2.** verwendet im Nebensatz, um den Zeitpunkt anzugeben, zu dem e-e Bedingung erfüllt sein muss 在(某一条件必须完成)之前；没…,就不… ≈ bevor ... nicht：*Das Kind darf nicht auf den Spielplatz, bis es seine Hausaufgaben fertig hat* 小孩子在做完家庭作业前,不能到游戏场去 ‖ NB(注意)：der Hauptsatz ist immer verneint(主句总是否定句)

Bi·sam·rat·te *die*；ein Nagetier, das im od. am Wasser lebt u. das ein wertvolles Fell hat 麝鼠

Bi·schof *der*；*-s*, *Bi·schö·fe*；REL【宗】；ein Priester mit hohem Rang, der alle Kirchen u. Priester e-s großen Gebietes (e-s Bistums od. e-r Diözese) unter sich hat 主教 ‖ K-(复合)：***Bischofs-***, ***-konferenz***, ***-mütze***, ***-stab***, ***-synode*** ‖ -K(复合)：***Landes-*** ‖ *hierzu*(派生) **bi·schöf·lich** *Adj*(形)；*mst attr*(多作定语)

bi·se·xu·ell *Adj*(形) **1.** (*bei Menschen*) mit e-r sexuellen Neigung sowohl zu Männern als auch zu Frauen 搞两性恋的 **2.** (*bei Tieren*) mit männlichen u. weiblichen Geschlechtsmerkmalen 雌雄同体的，两性的：*Schnecken sind b.* 蜗牛雌雄同体 ‖ *hierzu*（派生）**Bi·se·xu·a·li·tät** *die*；*nur Sg*（只用单数）

bis·her *Adv*（副）；〈von e-m Zeitpunkt in der Vergangenheit〉bis zum heutigen Tag, bis jetzt迄今，直到现在 ≈ bislang：*B. haben wir es immer so gemacht* 迄今为止我们一直是这样做的

bis·he·ri·g- *Adj*（形）；*nur attr, nicht adv*（只作定语，不作状语）；bis zum jetzigen Zeitpunkt (so) gewesen od. vorhanden 迄今为止的，直到现在的，从前的，过去的：*Ihre bisherige Karriere ist sehr erfolgreich verlaufen* 迄今为止她的职业生涯都是非常顺利的；*Der bisherige Außenminister wird jetzt Finanzminister* 刚卸任的前外交部长现在将担任财政部长

Bis·kuit [bɪsˈkviːt, ˈbɪskvɪt] *das/der*；*-s, -s*；ein leichtes Gebäck, das ohne Fett hergestellt wird 饼干：*ein Tortenboden aus B.* 圆形大蛋糕的薄面饼底托 ‖ K-（复合）：***Biskuit-, -rolle, -teig***

bis·lang *Adv*（副）；*geschr*［书］≈ bisher

> **Otto von Bismarck 奥托·冯·俾斯麦**
>
> Otto von Bismarck (1815—1898) war ein deutscher Politiker und Diplomat. Unter dem deutschen Kaiser **Wilhelm I.** war er Ministerpräsident und später auch Reichskanzler. Bismarck wird als der Urheber der Einigung Deutschlands (1871) angesehen. Seiner Meinung nach sollte Preußen als der stärkste und am besten organisierte Kern des damaligen **Deutschen Kaiserreichs** die Hauptrolle bei der Vereinigung der deutschen Staaten spielen. Er vertrat einen Nationalismus, der alle deutschen Staaten einschloss und der zum Teil wirtschaftliche Gründe hatte, wie unter anderem die Notwendigkeit eines freien Warenaustauschs oder die Industrialisierung des Landes. Innenpolitisch von Bedeutung war die Einführung der Sozialversicherung durch ihn.
>
> 奥托·冯·俾斯麦(1815—1898)曾是德国的政治家、外交家。在德国皇帝**威廉一世**当政时，他任总理，后任帝国宰相。俾斯麦被看作是德国统一(1871)创始人，按照他意见，普鲁士作为当时**德意志帝国**最强大、组织最好的核心理应在德意志列国统一中起主导作用。他主张把所有德意志列国联合起来的民族主义，这种思想有其部分经济原因，其中如自由商品交换的必要性或国家工业化。从内政来看，由他实施的社会保险具有很大意义。

Biss *der*；*-es, -se* **1.** der Vorgang, bei dem j-d/ein Tier e-n Menschen od. ein Tier beißt (2) od. in etw. beißt (4) 咬，咬伤：*der giftige B. e-r Kobra* 眼镜蛇咬的毒伤 **2.** die Wunde, die durch e-n B. (1) entsteht（咬的）伤口 ‖ K-（复合）：***Biss-, -wunde*** **3.** SPORT, *gespr*【体】［口］；großes Engagement, großer Einsatz (3) 积极投入，全力以赴：*mit/ohne B. spielen* 士气旺盛地/不卖力气地进行比赛

biss *Imperfekt, 1. u. 3. Person Sg*（过去时，第一和第三人称单数）；↑ ***beißen***

biss·chen *Indefinitpronomen*（不定代词）；*indeklinabel*（词形不变）**1. ein b.** e-e relativ kleine Menge von etw. 少量，少许，一点儿 ≈ etwas, ein wenig：*Hast du ein b. Zeit für mich?* 能占你一点儿时间吗?；*Ich möchte noch ein b. Suppe, bitte* 我还想要一点汤；*Warte noch ein b., gleich hört es auf zu regnen* 你再等一会儿，雨马上就停了 **2. kein b.** + *Subst*（名词）überhaupt kein + Subst. 毫无，丝毫不，根本没有：*Sie hatte kein b. Angst* 她一点儿也不怕，她根本不怕 **3. das b.** + *Subst*（名词）verwendet, um auszudrücken, dass der Sprecher etw. für sehr unwichtig hält 一丁点儿，区区：*Das b. Regen macht doch nichts!* 这一点点雨算得了什么！ ‖ ID［谚］**(Ach) du liebes b.!** *gespr*［口］；verwendet als Ausruf des Erschreckens od. Erstaunens（表示惊骇或惊奇）哎呀！天哪！糟了！

Bis·sen *der*；*-s, -*；**1.** das Stück, das man von fester Nahrung abgebissen hat bzw. abbeißen kann 一口，一小块（食物）：*Kann ich e-n B. von deinem Sandwich haben?* 我能吃一口你的三明治吗？ ‖ -K（复合）：***Brot-, Fleisch-*** **2.** *nur Sg*；*gespr*（只用单数）［口］；e-e kleine Mahlzeit 便餐，小吃：*Lass uns noch e-n B. essen, bevor wir fahren* 我们先吃点儿小吃，然后再走 ‖ ID［谚］***keinen B. herunterbringen*** *gespr*［口］；(*z.B.* wegen Übelkeit od. aus Nervosität) nichts essen können（由于感到恶心或紧张不安）一点东西也咽不下；***keinen B. anrühren*** *gespr*［口］；von etw. (das einem angeboten wird) nichts essen 一点东西也没吃；***j-m bleibt der B. im Hals(e) stecken*** *gespr*［口］；j-d ist sehr stark erschrocken 某人大吃一惊，某人吓得一口气噎在嗓子里；***sich den letzten B. vom Mund(e) absparen*** *gespr*［口］；sehr sparsam leben 什么都舍不得吃，省吃俭用

bis·sig *Adj*（形）**1.** 〈ein Hund 狗〉so, dass er gern Menschen beißt (2) 咬人的，好咬人的：*Vorsicht, bissiger Hund!* 小心狗咬！**2.** scharf kritisierend (u. *mst* sogar beleidigend) 尖刻的，辛辣的，挖苦的，刻薄的〈j-s Stil, j-s Humor, Bemerkungen 某人的风格，某人的幽默，评语〉 ‖ *hierzu*（派生）**Bis·sig·keit** *die*

bist *Präsens, 2 Person Sg*（现在时，第二人称单数）；↑ ***sein***[1]

Bist·ro, Bist·ro *das*；*-s, -s*；ein Lokal mit kleinen *mst* runden Tischen, in dem man Getränke u. kleine Mahlzeiten bekommen kann 小吃店 ‖ K-（复合）：***Bistro-, -stuhl, -tisch***

Bis·tum *das*；*-s, Bis·tü·mer*；das Gebiet, das ein katholischer Bischof verwaltet（天主教）主教管区≈ Diözese

bis·wei·len *Adv*（副）；*geschr*［书］≈ manchmal, ab und zu

Bit *das*；*-(s), -(s)*；INFORM【信息】；die kleinste (Informations) Einheit beim elektronischen Rechnen u. in der Datenverarbeitung (二进制)位,比特;位元,数元

bit·te *Partikel*(小品词) **1.** *betont u. unbetont* (重读和非重读); verwendet, um e-n Wunsch, e-n Vorschlag, e-e Aufforderung *o. Ä.* höflich auszudrücken(表示礼貌)请: *Reichst du mir mal die Butter, b.?*请你把黄油递给我好吗?; *Nehmen Sie b. Platz!* 请坐! *Du musst Bitte / bitte sagen!* 你必须说"请"! **2.** *betont u. unbetont*(重读和非重读); verwendet, um e-n Wunsch, e-e Aufforderung *o. Ä.* zu verstärken(表示加强语气)请: *Würden Sie mir b. erklären, was hier vor sich geht!* 劳您给我解释一下这里发生什么事情! **3.** *betont*(重读); verwendet (als Antwort auf e-e Frage), um Zustimmung auszudrücken(表示同意)请吧!好! 可以!: *„Kann ich das Salz haben?" – „B.!"* "我可以用这盐吗?"——"请随便!"; *„Darf ich das Fenster aufmachen?" – „B.!"* "我可以把窗子打开吗?"——"请吧!" **4.** *betont*(重读); **b.** (**sehr/schön**) verwendet als höfliche Antwort, nachdem sich j-d bei einem (mündlich) bedankt hat(表示对致谢的回答)别客气! 不谢!: *„Vielen Dank!" – „B. (schön)."* "多谢!"——"别客气!" **5.** *betont*(重读); **b.** (**sehr/schön**)**!** verwendet, um j-m etw. anzubieten(表示愿意给予)请! **6.** *betont* (重读); (**ja,**) **b.!** verwendet, um etw. anzunehmen, das einem j-d anbietet(表示接受给予)好! 好的,来一点儿! ↔ (nein,) danke: *„Möchten Sie noch e-n Kaffee?" – „(Ja,) b.!"* "您还要(一杯)咖啡吗?"——"好,再来一杯。" **7.** *betont* (重读); **ja, b.?** verwendet, *bes* wenn man den Telefonhörer abnimmt od. die Haustür aufmacht. Man fordert damit j-n auf zu sagen, warum er angerufen hat od. gekommen ist(通电话用语)请讲!;(问来客用意)请问找谁? **8.** (**'wie**) **b.?** verwendet, um j-n aufzufordern, das zu wiederholen, was er gerade gesagt hat, *mst* weil man es akustisch nicht verstanden hat(请求重复)请再说一遍! **9.** **'wie b.?** verwendet, um Erstaunen auszudrücken(表示惊奇)什么?!: *Wie b.? Hat er das wirklich gesagt?* 什么? 他真说过这话?! **10.** *betont*(重读); **na b.!** *gespr*[口]; verwendet, um auszudrücken, dass man mit etw. ohnehin gerechnet hat(表示对某事早有估计)你看! 这不! 我猜对了!: *Na b., was habe ich gesagt, sie kommt doch nicht!* 怎么样,我说过她不会来的嘛!

Bit·te *die*; -, *-n*; **e-e B.** (**an j-n**) (**um etw.**) ein Wunsch, der an j-n gerichtet ist (向…提)请求〈e-e dringende, dringliche B. 一个迫切的、恳切的请求; e-e B. an j-n richten 向某人提出请求; e-e B. erfüllen, abschlagen, zurückweisen 满足,拒绝,驳回请求〉

bit·ten; *bat, hat gebeten*; [Vt/i] (及物/不及物) **1.** (**j-n**) **um etw. b.** e-n Wunsch an j-n richten, damit er erfüllt wird (向…)请求↔ j-m für etw. danken 〈j-n dringend, höflich, herzlich, eindringlich um etw. b. 迫切地、礼貌地、热情地、恳切地请求某人做某事〉: *j-n um e-n Gefallen, um Auskunft b.* 请某人帮个忙,向某人打听或询问某事; *Dürfte ich Sie (darum) b., in diesem Raum nicht zu rauchen!* 我请您在这间屋里别抽烟!; [Vt](及物) **2.** **j-n irgendwohin b.** j-n höflich auffordern, irgendwohin zu gehen(礼貌地)请/让/要求…到…去: *Der Chef hat alle Mitarbeiter zu sich gebeten* 领导人请全体同事到他那里去一下 ‖ ID [谚] **Ich bitte Sie/dich!** *gespr*[口]; verwendet, um Empörung/Ärger auszudrücken od. um j-n aufzufordern, etw. (Störendes) nicht zu tun(表示愤怒、生气或要求对方别干碍手碍脚的事)这怎么行呢? 别帮倒忙了! 别瞎掺和! 别捣乱!; **Darf ich b.?** verwendet als höfliche Formel, um j-n aufzufordern, einzutreten od. mit einem zu tanzen 可以进吗? 可以请您跳舞吗?; **b. u. betteln** sehr intensiv u. andauernd um etw. b. (1)苦苦地恳求 ‖ ▶ **ungebeten**

bit·ter *Adj*(形) **1.** von unangenehm herbem Geschmack, wie *z.B.* die Kerne e-s Apfels od. e-r Zitrone 苦的,苦涩的 ↔ süß 〈e-e Medizin, e-e Pille 药,药片〉 **2.** sehr enttäuschend od. sehr unangenehm 痛苦的,十分不愉快的,极不高兴的 ≈ schmerzlich 〈e-e bittere Enttäuschung erleben 经历悲痛的失望; e-e bittere Erfahrung machen 有痛苦的经验; bittere Not leiden 生活极为困苦〉 **3.** *nur adv*(只作状语); verwendet, um Adjektive od. Verben zu verstärken 非常地,十分地≈ sehr 〈etw. b. bereuen 十分后悔, etw. b. nötig haben, sich b. beklagen 非常需要某物,极力抱怨某事〉

bit·ter- *im Adj, wenig produktiv*(构成形容词,构词弱); verwendet, um negative Adjektive zu intensivieren(用来加强形容词的语气)极为…的,非常…的; **bitterböse** 〈ein Gesichtsausdruck, ein Mensch 脸部表情,人〉, **bitterernst** 〈e-e Lage, e-e Situation 情况,形势〉, **bitterkalt** 〈der Wind 风〉

Bit·ter·keit *die*; -; *nur Sg*(只用单数) **1.** der bittere (1) Geschmack von etw. 苦,苦味 **2.** ≈ Verbitterung 〈etw. mit B. sagen 苦恼地,痛苦地,忧愤地说某事〉

bit·ter·lich *Adj*(形); *ohne Steigerung, nur adv*(无变级,只作状语); sehr stark, intensiv 十分强烈的,非常厉害的〈b. weinen, frieren 哭得很厉害,冻得够呛; sich b. beklagen 强烈地抱怨〉

bit·ter·süß *Adj*(形); *ohne Steigerung*(无变级) **1.** zugleich bitter u. süß 又苦又甜的 〈e-e Medizin 药〉 **2.** zugleich traurig u. schön 悲喜参半的,痛苦而又甜美的 〈e-e Erinnerung, e-e Liebesgeschichte 回忆,恋情〉

Bitt·schrift *die*; *veraltend*[渐旧] ≈ Petition

Bitt·stel·ler *der*; *-s*, -; j-d, der *mst* bei e-r offiziellen Stelle um Hilfe bittet 申请者,请求者 ‖ *hierzu* (派生) **Bitt·stel·le·rin** *die*; -, *-nen*

Bi·wak *das*; *-s*, *-s*/*-e*; ein sehr einfaches Lager (2) *mst* aus Zelten (*bes* bei Bergtouren od. Expeditionen, früher auch im Krieg)宿营地;野营〈ein B. abbrechen, errichten 拆除、建立营地〉 ‖ *hierzu* (派生) **bi·wa·kie·ren**

(*hat*) *Vi*（不及物）

bi.zarr *Adj*（形）；von ungewöhnlicher u. unharmonischer Form/Art 不寻常的，不协调的，稀奇的，古怪的 ≈ eigenwillig, seltsam 〈Felsen, Gestalten, Einfälle 岩石，形状，想法〉

Bi.zeps *der*；-, -*e*；der (deutlich hervortretende) Muskel des Oberarms, mit dem man den Unterarm beugt（上臂的）二头肌

Bla.bla *das*；-*s*；*nur Sg*，*gespr*（只用单数）［口］；dummes Gerede 蠢话，无稽之谈

Black-out，**Black.out** ［ˈblɛk|aʊt；ˈblɛkˈ|aʊt］ *der*/*das*；-(*s*)，-*s*；e-e plötzlich auftretende, *mst* kurze Bewusstseinsstörung（突然出现的）短时间的发昏，眼睛发黑〈e-n B. haben 突然感到一阵发昏〉

blä.hen ［ˈblɛːən］；*blähte*，*hat gebläht*；Vt（及物）**1. *etw. bläht etw.*** e-e (Luft) Strömung wölbt etw. od. macht es prall（物作主语）使鼓气，使隆起：*Der Wind bläht die Segel* 风吹得帆鼓鼓的；Vi（不及物）**2. *etw. bläht*** etw. bewirkt Blähungen im Darm（物作主语）引起肠胃胀气：*Kohl bläht* 白菜引起肠胃胀气；Vr（反身）**3. *etw. bläht sich*** etw. wird durch e-e (Luft)-Strömung gewölbt od. prall（物作主语）鼓起来，胀起来：*Der Vorhang blähte sich im Wind* 窗帘在风中鼓了起来

Blä.hung ［ˈblɛːʊŋ］ *die*；-，-*en*；*mst Pl*（多用复数）；Gase, die sich bei der Verdauung im Bauch bilden 胀气，肚子胀〈Blähungen haben, an Blähungen leiden 肚子胀，患肠胃气胀症〉

bla.ma.bel *Adj*（形）；mit der Wirkung, dass sich der Betreffende schämt 丢脸的，感到难为情的，不光彩的 ≈ beschämend 〈ein Ergebnis, ein Vorfall 结果，事件〉：*Die Mannschaft erlitt e-e blamable Niederlage* 这支运动队遭到了不光彩的失败（输得很丢脸）‖ NB（注意）：*blamabel* → *ein blamables Ergebnis*

Bla.ma.ge ［blaˈmaːʒə］ *die*；-，-*n*；ein Vorfall od. e-e Angelegenheit, die für j-n sehr peinlich ist 令人难堪的事，丢脸的事，出丑的事：*Es war e-e große B. für ihn, dass er bei der Prüfung durchgefallen war* 他考试不及格，这对他来说是太丢人了

bla.mie.ren；*blamierte*，*hat blamiert*；Vt（及物）**1. *j-n b.*** j-n in Verlegenheit bringen od. lächerlich machen 使丢脸，使出丑，使难堪；Vr（反身）**2. *sich* (*vor j-m*) *b.*** sich durch sein Verhalten lächerlich machen 丢脸，出丑，出洋相〈sich vor aller Welt/vor allen Leuten b. 当众出丑/在所有的人面前丢脸〉

blan.chie.ren ［blãˈʃiːrən］；*blanchierte*，*hat blanchiert*；Vt（及物）***etw. b.*** *bes* Gemüse für kurze Zeit in kochendes Wasser geben 用沸水泡：*Bohnen zwei Minuten b., um sie dann einzufrieren* 将豆子在开水中泡两分钟，然后再冷冻

blank，*blanker*，*blankst-*；*Adj*（形）**1.** (sauber,) glatt u. glänzend 干净明亮的，平滑光亮的，亮晶晶的，闪闪发亮的〈etw. b. putzen, reiben, scheuern 将某物刷得，磨得，擦得亮亮的〉：*e-e blanke Fensterscheibe* 明亮的窗玻璃 ‖ NB（注意）：um *blank* zu verstärken, verwendet man in der gesprochenen Sprache（为加强 blank 的语气，口语中用 *blitzblank*）**2.** ≈ nackt, unbedeckt：*sich auf den blanken Boden setzen* 坐地光秃秃的地上；*e-n heißen Topf mit der blanken Hand anfassen* 光着手去摸滚烫的锅 **3.** *nur attr*，*nicht adv*（只作定语，不作状语）≈ rein (7) 〈Hass, Hohn, Neid, Unsinn 仇恨，嘲弄，嫉妒，胡闹〉**4. *b. sein*** *gespr*［口］；kein Geld mehr haben 一分钱也没有了，把钱花得精光

blan.ko *Adv*（副）；mit der Unterschrift versehen, aber ohne Zeit- od. Zahlenangaben *o. Ä.* 空白地，未填金额地（签上名字但不填时间和数字）：*j-m e-n Scheck b. ausstellen, geben* 给某人开、付一张空白支票 ‖ K-（复合）：***Blanko-***，***-scheck***

blank.po.lie.ren，**blank.rei.ben** *usw* ↑ ***blank*** (1)

Bla.se *die*；-，-*n*；**1.** e-e Art Kugel aus Luft od. Gas (oft in e-r Flüssigkeit) 泡，水泡，气泡〈Blasen bilden sich, platzen, steigen auf 气泡形成，破裂，（水里）冒泡〉‖ -K（复合）：***Luft-***，***Seifen-*** **2.** e-e Art Hohlraum unter der Haut, der durch starke Reibung od. Verbrennung entstanden ist u. *mst* mit e-r Flüssigkeit gefüllt ist 疱，水疱：*Nach dem langen Marsch hatten wir Blasen an den Füßen* 长距离的行军后我们脚上磨起了水疱 ‖ -K（复合）：***Blut-***，***Eiter-***；***Brand-*** **3.** e-e Art kleiner Sack im Körper von Menschen od. Tieren, in dem sich der Urin sammelt 膀胱 ≈ Harnblase 〈e-e schwache B. haben 小便频繁，尿频；die B. entleeren 排尿，解小便〉‖ K-（复合）：***Blasen-***，***-entzündung***，***-katarrh***，***-leiden***

Bla.se.balg *der*；ein Gerät, mit dem man durch Drücken kräftige Luftströme erzeugen kann, um *z. B.* ein Feuer stark brennen zu lassen 风箱，鼓风袋〈den B. treten 踩（踏）风箱〉

bla.sen；*bläst*，*blies*，*hat geblasen*；Vi（不及物）**1.** (***irgendwohin***) ***b.*** die Lippen so formen, wie wenn man ein O sagt u. die Luft kräftig (irgendwohin) ausstoßen（用嘴）吹气：*ins Feuer b., damit es besser brennt* 对着火吹气，使火着得更旺；*b., damit die Suppe kühler wird* 把汤吹凉些 **2. *etw. bläst*** etw. weht stark（物作主语）吹，刮〈der Wind, der Sturm 风，大风〉；Vt/i（及物/不及物）**3.** (***etw.***) ***b.*** mit e-m Musikinstrument Töne produzieren, indem man es an den Mund hält u. bläst (1) 吹奏（乐器），吹响〈(das) Horn, (die) Posaune *usw* b. 吹圆号（法国号）、长号等；ein Lied, e-e Melodie b. 吹一首歌、一个曲子；(das Signal) zum Angriff, zum Rückzug b. 吹冲锋号，退却号〉‖ K-（复合）：***Blas-***，***-kapelle***，***-musik***，***-orchester***；Vt（及物）**4. *j-d/etw. bläst etw. irgendwohin*** e-e Person/Sache treibt etw. irgendwohin, indem sie e-n Luftstrom erzeugt（人/物作主语）把…吹向，吹进：*Er blies ihr Rauch ins Gesicht* 他把烟吹到她的脸上；*Der Wind blies Sand durch die Ritzen* 风把沙

子吹进裂缝 **5.** ***j-m einen b.*** *vulg*［俗］；e-n Mann sexuell befriedigen, indem man seinen Penis in den Mund nimmt 口交

Bläser *der*；*-s*，*-*；j-d, der in e-m Orchester od. in e-r Kapelle ein Blasinstrument spielt 吹奏乐器演奏员，管乐吹奏员，号手 ‖ K-(复合)：***Bläser-***，***-chor***，***-ensemble*** ‖ -K(复合)：***Blech-***，***Holz-***

bla·siert *Adj*(形)；arrogant u. den Eindruck erweckend, als sei man von allem gelangweilt 自命不凡的，自负的，傲慢的≈ überheblich 〈ein Mensch, ein Typ 人，典型(类型)；(j-s) Gerede 空话〉‖ *hierzu*（派生）**Bla·siert·heit** *die*；*nur Sg*(只用单数)

Blas·in·stru·ment *das*；ein Musikinstrument, mit dem man Töne produziert, indem man mit dem Mund Luft hineinpresst od. -bläst 吹奏乐器，管乐器 ‖ -K(复合)：***Blech-***，***Holz-Blasinstrumente***

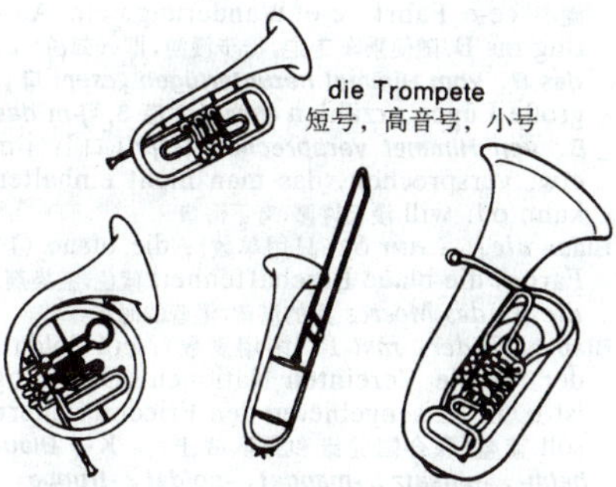
die Trompete 短号，高音号，小号
das Horn 圆号，法国号　die Posaune 长号，拉管，伸缩号　die Tuba 大号

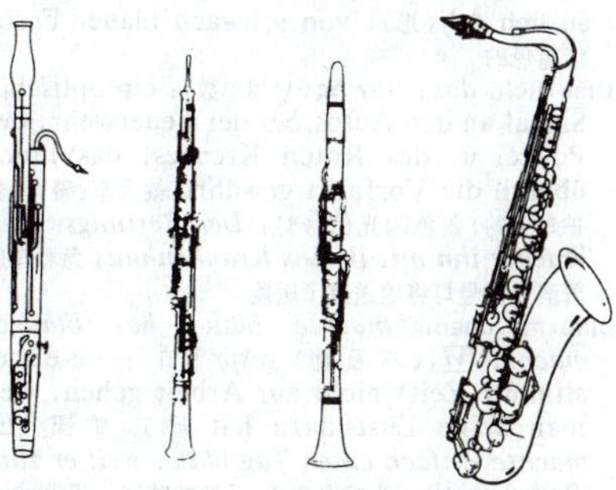
das Fagott 大管，巴松　die Oboe 双簧管　die Klarinette 单簧管，黑管　das Saxophon 萨克斯管，萨克管

Blas·phe·mie [-f-] *die*；*-*；*nur Sg*，*geschr*(只用单数)［书］；Spott *bes* über Gott od. etw. Heiliges 渎神，亵渎神明的言词 ≈ Gotteslästerung ‖ *hierzu*（派生）**blas·phe·misch** *Adj*(形)

Blas·rohr *das*；ein langes, dünnes Rohr, mit dem Kugeln od. Pfeile abgeschossen werden können, indem man kräftig hineinbläst 吹弹筒，吹箭筒，吹矢枪

blass，*blasser / blässer*，*blassest- / blässest-*；*Adj*(形) **1.** fast ohne die natürliche Farbe, fast weiß 苍白的，无血色的 ≈ bleich 〈ein Gesicht, ein Teint 脸，面色；b. aussehen, werden 看起来、变得脸色苍白；b. vor Schreck 吓得脸色煞白〉‖ NB(注意)：um *blass* zu verstärken, verwendet man in der gesprochenen Sprache *leichenblass*（为了加强 *blass* 的语气，口语中用 *leichenblass*）**2.** nur wenig leuchtend 微弱的 ≈ schwach 〈Licht, ein Schein 光，光线〉 **3.** ohne kräftigen Farbton 浅色的，淡色的 ↔ kräftig：*ein blasses Grün* 浅绿 ‖ K-(复合)：***blass-***，***-blau***，***-grün*** **4.** nur schwach od. vage vorhanden 淡薄的，微弱的，模糊的〈e-e Ahnung, e-e Erinnerung, e-e Hoffnung 预感，回忆，希望〉‖ NB(注意)：↑ ***Dunst***，***Schimmer*** ‖ *zu*（义项）**1. Bläs·se** *die*；*nur Sg*(只用单数)

bläst *Präsens*，*2 u. 3 Person Sg*(现在时，第二和第三人称单数)；↑ ***blasen***

Blatt *das*；*-(e)s*，*Blät·ter*；**1.**（*Pl* 复 *Blätter*）einer der flachen u. länglichen/ovalen, *mst* grünen Teile e-r Pflanze, die sich bei den Blumen am Stengel u. bei Bäumen an den Zweigen befinden 叶子，树叶〈ein gezacktes, welkes, verdorrtes B. 锯齿形的，干枯的，枯萎的叶片；die Blätter fallen (ab), färben sich, rascheln, rauschen 叶子凋落，变黄，簌簌作响，发出沙沙声；e-e Pflanze verliert Blätter, wirft Blätter ab 植物掉叶，脱叶〉‖ K-(复合)：***Blatt-***，***-gewächs***，***-stiel*** ‖ -K（复合）：***Ahorn-***，***Buchen-***，***Eichen-*** *usw*；***Erdbeer-***，***Klee-***，***Salat-***，***Tabak-*** *usw* ‖ NB(注意)：↑ ***Laub*** **2.**（*Pl* 复 *Blatt / Blätter*）ein rechteckiges Stück Papier（*mst* in e-m bestimmten Format）(纸的)张，页〈ein leeres B. (Papier) 一张空白的纸；fliegende, lose Blätter 没有装订成册的纸，散(活)页；ein B. zerknüllen 将纸揉皱，把一张纸捏成一团〉：*100 Blatt Schreibmaschinenpapier* 100 张打字纸 ‖ -K（复合）：***Deck-***，***Falt-***，***Kalender-***，***Noten-***，***Zeichen-*** **3.**（*Pl* 复 *Blätter*）einer der Teile e-s Buches od. Heftes, der *mst*（auf beiden Seiten）bedruckt od. beschrieben ist（书籍或本子的）页≈ Seite：*ein B. aus e-m Buch herausreißen* 从一本书中撕下一页 ‖ -K(复合)：***Titel-*** **4.**（*Pl* 复 *Blätter*）≈ Zeitung ‖ -K(复合)：***Abend-***，***Extra-***，***Wochen-*** **5.**（*Pl* 复 *Blätter*）*mst Sg*，*Kollekt*(多用单数，集合)；die Karten, die ein Spieler bei e-m Kartenspiel bekommen hat（纸牌游戏中发到手的所有）牌〈ein gutes, schlechtes B. haben 得到一手好牌、一手坏牌〉 **6.**（*Pl* 复 *Blatt*）e-e Spielfarbe im deutschen Kartenspiel od. e-e Karte dieser Farbe (德国纸牌游戏中的)牌的一种颜色或一张这种颜色的牌 ‖ ↑ *Abb. unter* 图见 ***Spielkarten*** ‖ NB(注意)：↑ ***Herz*** (6,7) ‖ ID[谚] ***kein B. vor den Mund nehmen*** seine Meinung offen sagen 坦率说出自己的意见，直言不讳；*mst* 多用 ***j-d ist ein unbeschriebenes B.*** **a)** von j-m weiß man noch nichts 某人是一个无名之辈(无名小卒); **b)** j-d hat wenig Erfahrung auf e-m bestimmten Gebiet某人是一个涉世不深的人(缺乏经验的人); *mst* 多用 ***Das steht auf e-m anderen B.*** das hat mit der betreffenden Sache nichts zu tun 这是另一回事,这与此无关; *mst* 多用 ***Das B. hat sich gewendet*** *gespr*[口]; die Situation ist völlig anders geworden 情况完全变了 ‖ *zu* (义项) **1. blatt·ar·tig** *Adj*(形); **blatt·ähn·lich** *Adj*(形); **blatt·för·mig** *Adj*(形); **blatt·los** *Adj*(形); **blatt·reich** *Adj*(形)

blät·tern; *blätterte, hat / ist geblättert*; [Vi](不及物) **1.** ***in etw.*** (*Dat* 三格) ***b.*** (*hat*) die Seiten e-s Buches od. e-r Zeitung kurz betrachten u. schnell zu den nächsten Blättern weitergehen 翻阅,浏览: *in e-r Illustrierten b.* 翻阅一本画报 **2.** ***etw. blättert*** (***von etw.***) (*ist*) etw. löst sich in kleinen, flachen Stücken von etw. u. fällt herunter(物作主语)剥落,脱落,碎落 ≈ etw. bröckelt ab ⟨die Farbe, der Anstrich 油漆,防护涂层⟩; [Vt](及物) (*hat*) **3.** ***etw. irgendwohin b.*** etw. Stück für Stück schnell nebeneinander irgendwo hinlegen 将…一张一张地摆开,点数: *Geldscheine, Spielkarten auf den Tisch b.* 把纸币、纸牌一张一张地放到桌上

Blät·ter·teig *der*; ein Teig, der nach dem Backen aus mehreren lockeren, dünnen Schichten besteht 酥饼面团,黄油夹层面团 ‖ K-(复合): ***Blätterteig-, -gebäck, -pastete***

Blatt·gold *das*; e-e sehr dünne Schicht Gold, mit der man *z.B.* Figuren bedeckt 金箔

Blatt·laus *die*; ein kleines Insekt, das vom Saft der Blätter lebt u. dadurch die Pflanzen schädigt 蚜虫,腻虫

Blatt·pflan·ze *die*; e-e Pflanze, die (schöne) Blätter, aber keine Blüten hat 观叶植物

-blätt·rig *im Adj, begrenzt produktiv*(构成形容词,构词有限); mit der genannten Art od. Zahl von Blättern (1) …叶(状)的, …叶的; ***großblättrig, kleinblättrig, rundblättrig, vierblättrig*** ⟨ein Kleeblatt 苜蓿叶⟩

Blatt·sa·lat *der*; e-e Pflanze, deren Blätter man als Salat isst (*z.B.* Kopfsalat, Feldsalat, Radicchio)(作凉拌菜的)叶用生菜(如球叶莴苣、野莴苣、菊苣)

Blatt·werk *das*; *-s*; *nur Sg*, *Kollekt*(只用单数,集合); die Blätter e-r Pflanze 叶子(总称) ≈ Laub

blau, *blauer, blau(e)st-*; *Adj*(形) **1.** von der Farbe des Himmels bei sonnigem Wetter 蓝色的,天蓝色的: *blaue Augen haben* 有一双蓝眼睛; *ein Tuch b. färben* 将一块布染成蓝色; *e-n Stuhl b. anstreichen* 将一把椅子刷上蓝色 ‖ K-(复合): ***blau gestreift; blau-, -grau, -grün*** ‖ -K(复合): ***hell-, dunkel-; himmel-*** **2.** (aufgrund großer Kälte) blutleer(由于严寒而)无血色的,发青的: *vor Kälte blaue Lippen bekommen* 嘴唇冻得发青(发紫) **3.** *nicht adv*(不作状语); in Wasser mit Salz u. Essig gekocht 用盐和醋腌渍的: *Aal b.* 醋腌鳗鱼; *Forelle b.* 醋腌鲟鱼 ‖ NB(注意): nur unflektiert u. nach dem Subst. verwendet(只用于名词后面,词形不变) **4.** *gespr*[口] ≈ betrunken ‖ *zu* (义项) **1. Blau** *das*; *nur Sg*(只用单数)

blauärgern, sich; *ärgerte sich blau, hat sich blaugeärgert*; [Vr] *gespr* (反身)[口]; *nur in* 只用于 ***sich grün- und b.*** sehr großen Ärger empfinden 气得脸色发青,怒火中烧

blau·äu·gig *Adj*(形) **1.** *nicht adv*(不作状语); mit blauen Augen 蓝眼睛的 **2.** ahnungslos u. gutgläubig wie ein Kind 天真无邪的,幼稚的 ≈ naiv ‖ *zu* (义项) **2. Blau·äu·gig·keit** *die*; *nur Sg*(只用单数)

Blau·bee·re *die* ≈ Heidelbeere

blau·blü·tig *Adj*(形); *oft iron* 常用[讽]; aus e-r adeligen Familie (stammend) 出身高贵的 ‖ *hierzu*(派生) **Blau·blü·tig·keit** *die*; *nur Sg*(只用单数)

Blaue *das*; *nur in* 只用于 **1.** ***ins B.*** zu e-m Ziel, das nicht vorher bestimmt ist od. das die meisten nicht kennen 漫无目的,毫无计划,即兴,随心 ⟨e-e Fahrt, e-e Wanderung, ein Ausflug ins B. 随便乘车走走,徒步漫游,即兴郊游⟩ **2.** ***das B. vom Himmel herunterlügen*** *gespr*[口]; große Lügen erzählen 撒弥天大谎 **3.** ***j-m das B. von Himmel versprechen*** *gespr*[口]; j-m etw. versprechen, das man nicht einhalten kann od. will 漫天许愿,夸下海口

Bläue *die*; *-*; *nur Sg*(只用单数); die blaue (1) Farbe, die blaue Beschaffenheit 蓝色,蓝染剂: *die B. des Meeres* 海的湛蓝,湛蓝的海水

Blau·helm *der*; *mst Pl*(多用复数); ein Soldat, der für die Vereinten Nationen (UN) tätig ist u. in Krisengebieten den Frieden sichern soll 蓝盔(联合国的维和部队战士) ‖ K-: ***Blauhelm-, -einsatz, -mandat, -soldat, -truppe***

Blau·kraut *das*; *nur Sg*, *südd* Ⓐ (只用单数)[南德][奥] ≈ Rotkohl

bläu·lich *Adj*(形); von schwach blauer Farbe 淡蓝色的

Blau·licht *das*; *nur Sg*(只用单数); ein optisches Signal an den Autos *bes* der Feuerwehr, der Polizei u. des Roten Kreuzes, das ihnen überall die Vorfahrt gewährt(救火车、警车、救护车上的)蓝色闪光信号灯: *Der Rettungswagen brachte ihn mit B. ins Krankenhaus* 急救车闪着蓝色信号灯将他送进了医院

blau·ma·chen; *machte blau, hat blaugemacht*; [Vi] (不及物) *gespr*[口]; (e-e bestimmte Zeit) nicht zur Arbeit gehen, weil man keine Lust dazu hat 旷工,旷课: *Er machte einfach einen Tag blau, weil er zum Baden wollte* 他想去游泳,干脆就旷工一天 ‖ NB(注意): ↑ ***schwänzen***

Blau·säu·re *die*; *nur Sg*(只用单数); e-e sehr giftige Säure, die *z.B.* in bitteren Mandeln vorkommt 氢氰酸; CHEM【化】HCN 氧化氢

Bla·zer [ˈbleːzɐ] *der*; *-s, -*; ein sportliches Jackett 运动衫,运动服上衣

Blech *das*; *-s, -e* **1.** ein Metall, das zu e-r dünnen Schicht gewalzt wurde 金属片,金属薄板,铁皮: *Das B. ist verrostet, verbeult* 金属片已生锈,瘪了一块 ‖ K-(复合): ***Blech-, -blasin-***

strument, **-büchse**, **-dose**, **-eimer**, **-geschirr**, **-kanister** ‖ -K(复合): **Kupfer-**, **Weiß-** **2.** *Kurzw*(略)↑**Backblech** **3.** *nur Sg*, *gespr*(只用单数)[口]; dummes Zeug 废话,胡说≈ Unsinn: *Was redest du wieder für ein B.!*你又在胡说八道了! ‖ ID[谚] **aufs B. hauen** *gespr* [口]; (*bes* von Jugendlichen verwendet 年轻人用语) ≈ angeben, prahlen

blẹ·chen; *blechte*, *hat geblecht*; Vt/i (及物/不及物) (**etw.**) (**für etw.**) **b.** *gespr*[口]; (ungern) Geld für etw. bezahlen(不情愿地)付钱

blẹ·chern *Adj*(形) **1.** so klingend, wie wenn man auf Blech schlägt 发出白铁皮声的〈ein Geräusch, ein Ton 响声(噪音),声音〉 **2.** *nicht adv*(不作状语); aus Blech (1) gemacht 铁皮制的,马口铁制的;金属薄板制的

Blẹch·la·wi·ne *die*; *iron*[讽]; e-e große Anzahl von Autos, die dicht hinter- u. nebeneinander fahren 车流不息

Blẹch·scha·den *der*; e-e Beschädigung e-s Autos, die *mst* bei e-m Unfall entstanden ist (汽车的)外壳损伤: *Bei dem Zusammenstoß wurde niemand verletzt, es entstand nur B.* 两车相撞时没有人受伤,只是车外壳碰损

blẹ·cken; *bleckte*, *hat gebleckt*; Vt (及物) **ein Tier bleckt die Zähne** ein Tier zeigt die Zähne als Ausdruck der Aggression od. Angst(动物在进行攻击或害怕时)龇牙咧嘴,凶相毕露 ≈ ein Tier fletscht die Zähne 〈Hunde 狗〉

Blei *das*; *-s*; *nur Sg*(只用单数); ein sehr schweres, relativ weiches, grau glänzendes Metall 铅; *Chem*【化】Pb 铅〈schwer wie B. 铅一般沉重的〉 ‖ K-(复合): **Blei-**, **-gehalt**, **-kugel**, **-platten**, **-rohr**; **blei-**, **-grau** ‖ ID[谚] **B. in den Gliedern haben** *gespr* [口]; sich sehr müde fühlen 感到十分疲倦,累得不能动弹 ‖ *hierzu*(派生) **blei·arm** *Adj*(形); **blei·far·ben** *Adj*(形); **blei·hal·tig** *Adj*(形)

Blei·be *die*; -; *nur Sg*, *gespr*(只用单数)[口]; ein Zimmer od. e-e Wohnung, wo man (oft nur für kürzere Zeit) wohnen kann 住处,落脚的地方,栖身之处 ≈ Unterkunft 〈keine B. haben 无落脚之处; sich e-e neue B. suchen 寻找新的住处〉

blei·ben; *blieb*, *ist geblieben*; Vi (不及物) **1.** (**irgendwo**) **b.** e-n Ort, e-n Platz (für e-e bestimmte Zeit) nicht verlassen 停留: *Sie ist krank u. bleibt heute im Bett* 她病了,今天没有起床; *Bei schönem Wetter bleibt das Auto in der Garage u. wir fahren mit dem Fahrrad* 如果天气好,汽车就停在车库,我们骑自行车出去; *Wie lange bist du in Kanada geblieben?* 你在加拿大停留了多长时间?; *Er bleibt noch bis morgen, dann fährt er nach Hause* 他还要待到明天,然后回家 **2.** (**irgendwie**) **b.**; **etw.** (*Nom* 一格) **b.**; **in etw.** (*Dat* 三格) **b.** weiterhin so sein wie bisher 保持(不变),持续(存在),仍然是〈in Bewegung b. 保持运动状态,持续运转〉: *Er bleibt in jeder Situation höflich* 他在任何情况下都保持彬彬有礼; *Der Spender will ungenannt b.* 捐赠者不愿留下名字; *Bleibt das Wetter so wie heute?* 天气仍然像今天这样吗?; *Trotz aller Probleme blieben sie Freunde* 尽管有种种问题,他们仍然是朋友; *Ihre Bemühungen blieben ohne Erfolg* 他们的努力仍然毫无成果; *Bei diesem Wetter bleibt die Heizung die ganze Nacht in Betrieb* 在这种天气条件下,暖气仍然彻夜开放 **3.** **am Leben b.** nicht sterben 还活着 **4.** (**j-m**) **im Gedächtnis** / **in Erinnerung b.** nicht vergessen werden 没有忘记,记忆犹新 **5.** **bei etw. b.** etw., das man bereits gedacht od. gesagt hat, nicht ändern 坚持,不改变,不放弃〈bei seiner Ansicht, seiner Aussage, seinem Entschluss, seiner Meinung b. 坚持自己的观点、意见、决定、看法〉: *Er blieb dabei*, dass ... 他坚持… **6.** **bei der Wahrheit b.** nicht lügen 说真话,不说假话,不撒谎 **7.** **bei der Sache b.** sich nicht ablenken lassen od. das Thema nicht wechseln 专心致志,不走神,不离题,扣住主题 **8.** 〈hängen, liegen, sitzen, stehen 挂,躺,坐,站〉 **b.** weiterhin hängen, liegen, sitzen, stehen 继续(依旧)挂着、躺着、坐着、站着: *Die Wäsche muss an der Wäscheleine hängen b., bis sie ganz trocken ist* 洗的衣服还得在晾衣绳上挂着,直到完全干透 ‖ **9.** **etw. bleibt** (**j-m**) (+ **zu** + *Infinitiv* 不定式) etw. ist (oft als einzige Möglichkeit) noch für j-n übrig, steht noch zur Verfügung(物作主语)剩下,余下,留下: *Uns blieb nicht viel Zeit* 给我们留下的时间不多了; *Von seinem riesigen Vermögen ist fast nichts geblieben* 他的巨额财产几乎什么也没有剩下; *Mir bleibt nur noch zu hoffen*, dass *sie wieder gesund wird* 我只有希望她重新康复; *Was bleibt jetzt noch zu tun?* 现在还剩下些什么要做的?; Es *bleibt abzuwarten*, wie *sich die Sache entwickeln wird* 现在就等着瞧事情如何发展了; Vimp (无人称) **10.** **es bleibt bei etw.** etw. wird nicht geändert, behält seine Gültigkeit, nichts anderes kommt hinzu 没有变化,保持有效,没有别的补充: *Es bleibt bei unserer Abmachung* 我们的约定不变; *Es kann nicht* dabei *b.*, dass *einer allein die ganze Arbeit macht* 一个人单独地做全部工作的情况不可能持久不变; *Wenn er weiterhin so viel trinkt, wird es nicht bei dem einen Unfall b.* 如果他今后还喝得这么多,就不会只是发生这样的事故 **11.** *gespr* [口] **etw. b. lassen** etw. nicht tun, das man tun wollte od. sollte 不做某事,放弃,停做: *Wenn du nicht mitkommen willst, dann lass es eben b.!* 如果你不想一起去,那就别去了! ‖ ID [谚] **Wo bleibt j-d / etw.?** verwendet, um Ungeduld darüber auszudrücken, dass j-d/etw. noch nicht da ist(表示不耐烦)某人/某物究竟哪里去了?: *Wo bleibt er denn so lange?* 他究竟在什么地方呆这么久?; *mst* 多用 **Wo bleibst du denn** (**so lange**)? *gespr*[口]; warum kommst du erst jetzt? 为什么你到现在才来?; **Wo ist** (**denn**) **j-d / etw. geblieben?** *gespr*[口]; verwendet, um auszudrücken, dass man j-n/etw. nicht finden kann(表示寻找不着)某人/某物到底哪里去了?: *Wo ist denn mein Schlüssel geblieben?* 我的钥匙到底哪里去了?; *mst* 多用 **Und wo bleibe 'ich** (**dabei**)? *gespr*[口]; und was soll aus mir werden? 我的未来将会是什么样呢? 我会落个什么结局呢?; (**zu**) **sehen**, **wo man bleibt** *gespr* [口]; sich selbst darum kümmern, dass man bekommt, was man braucht *o.Ä.* 这要看本人的能耐了(意指:要得到自己需要的东西,得靠自己操心); *mst* 多用 **Das bleibt unter uns!** *gespr* [口]; das soll kein anderer erfahren 这件事只我们知道就行了! 这件事不要让别人知道!

blei·bend **1.** *Partizip Präsens* (现在分词); ↑ **bleiben** **2.** *Adj* (形); *nur attr*, *nicht adv* (只作定语,不作状语); immer fortbestehend 持久的, 永久的, 永恒的 〈Erinnerungen, Schäden, Werte 记忆,损失,价值〉

blei·ben·las·sen ↑**bleiben** (11)

bleich *Adj* (形) **1.** von fast weißer Hautfarbe, sehr blass 十分苍白的,无血色的,惨白的: *Sein Gesicht war b. vor Angst, vor Schrecken* 他怕得、吓得脸色煞白,面如土色 ‖ NB (注意): um *bleich* zu verstärken, verwendet man in der gesprochenen Sprache *kreidebleich*, *totenbleich* (为加强 bleich 的语气,口语中用 *kreidebleich*, *totenbleich*) **2.** hell u. fast farblos 灰白的,淡淡的 ≈ fahl 〈ein Lichtschimmer, das Mondlicht 微光,月光〉 ‖ *hierzu* (派生) **Bleich·heit** *die*; *nur Sg* (只用单数)

blei·chen[1]; *bleichte*, *hat gebleicht*; [Vt] (及物) **etw. b.** etw. so behandeln, dass es heller od. weiß wird 使(颜色)变浅,将…漂白,将…染成浅色 〈Haare, Wäsche, Wolle b. 将头发染成浅色,把衣服、毛线漂白〉 ‖ K-(复合): **Bleich-**, **-mittel**

blei·chen[2]; *bleichte* / *veraltet* [旧] *blich*, *ist gebleicht* / *veraltet* [旧] *geblichen*; [Vi] (不及物) **etw. bleicht** etw. wird heller od. weiß (物作主语)变浅,变白,褪色 〈die Haare bleichen/die Wäsche bleicht in der Sonne 头发日渐灰白,衣服在阳光中褪色〉

blei·ern *Adj* (形); *nicht adv* (不作状语) **1.** *nur attr* (只作定语); aus Blei 铅制的: *bleierne Rohre* 铅管 **2.** *mst attr* (多作定语); so, dass man sich dabei sehr schwach u. müde fühlt 极度的,昏昏沉沉的,铅一般沉的 〈e-e Müdigkeit, ein Schlaf, e-e Schwere 疲劳,睡眠,沉重〉

blei·frei *Adj* (形); ohne Blei 不含铅的,无铅的 〈Farben, Benzin 颜料,汽油〉

Blei·frei *das*; *-s*; *nur Sg* (只用单数); Benzin ohne Blei 不含铅的汽油,无铅汽油 〈B. fahren, tanken 用无铅汽油行驶,加无铅汽油〉

Blei·gie·ßen *das*; *-s*; *nur Sg* (只用单数); ein Spiel am letzten Tag des Jahres, bei dem man flüssiges Blei in kaltes Wasser gießt u. aus den entstandenen Figuren Prophezeiungen für die Zukunft macht 铅卜(除夕的一种游戏,届时人们将熔铅倒进冷水里,以其结块形状预卜未来)

Blei·kris·tall *das*; *nur Sg* (只用单数); ein wertvolles, dickes Glas, aus dem Vasen *usw* gemacht werden. In B. können Muster geschliffen werden 氧化铅玻璃,富铅玻璃,铅晶质玻璃

Blei·stift *der*; ein Stift *mst* aus Holz, der im Inneren e-e trockene graue od. schwarze Masse enthält, mit der man schreiben od. zeichnen kann 铅笔 〈ein harter, weicher, stumpfer, spitzer B. 硬芯的、软芯的、秃头的、削尖的铅笔; e-n B. (an)spitzen 削铅笔〉 ‖ K-(复合): **Bleistift-**, **-mine**, **-zeichnung**

Blen·de *die*; *-*, *-n* **1.** FOT【摄影】; der Teil e-r Kamera, mit dem reguliert wird, wie viel Licht bei e-r Aufnahme auf den Film fallen soll 光圈 〈die B. einstellen 调节光圈〉 **2.** FOT【摄影】; die Größe der B. (1) (die in Zahlen ausgedrückt wird) 光圈数值: *mit B. 11 fotografieren* 用光圈 11 拍摄 **3.** ein flacher Gegenstand, der oft vor od. hinter Fenstern angebracht ist, um vor hellem Licht zu schützen 遮光装置,遮光板: (*beim Autofahren*) *die B. herunterklappen* (驾驶汽车时)将遮阳板翻下来 ‖ -K (复合): **Sonnen-**

blen·den; *blendete*, *hat geblendet*; [Vt/i] (及物/不及物) **1. etw. blendet** (**j-n**) etw. scheint j-m so hell ins Gesicht, dass er nichts od. nicht viel sehen kann (物作主语)使眼花,使目眩,耀眼,刺眼: *Die Sonne blendet* (*mich*) 阳光耀眼(使我眼花) **2.** (**j-n**) **b.** j-n so stark beeindrucken, dass er nicht mehr objektiv urteilen kann 使迷惑 ≈ täuschen: *sich von Macht, Reichtum, Schönheit, vom äußeren Schein b. lassen* 为权力、财富、美貌、表面现象所迷惑; [Vt] (及物) **3. j-n** (**mit etw.**) **b.** j-m etw. so ins Gesicht strahlen, dass er nichts od. nicht viel sehen kann (用…)照得人睁不开眼: *j-n mit e-r Lampe b.* 用一盏灯照得某人花了眼 **4. j-n b.** *hist* [历]; (als Strafe) j-n blind machen (作为惩罚)使成为瞎子,把…弄瞎 ‖ **zu** (义项) **2. Blen·der** *der*; *-s*, *-*; *pej* [贬]

blen·dend **1.** *Partizip Präsens* (现在分词); ↑ **blenden** **2.** *Adj* (形); sehr gut, großartig 极好的,极妙的,神采奕奕的,气色好的 〈ein Aussehen, e-e Erscheinung 外表,形象; sich b. amüsieren, mit j-m verstehen 玩得痛快极了,与某人的关系好极了〉: *Mir geht es b.* 我的情况好极了; *Du siehst b. aus* 你看上去精神十足,显得神采奕奕 **3. b. weiß** sehr, strahlend weiß 洁白得闪亮的,晶莹洁白的 〈Wäsche, Zähne 衣服,牙齿〉

Bles·se *die*; *-*, *-n* **1.** ein weißer Fleck auf der Stirn *bes* von Pferden (马额头上的)白斑 **2.** *bes* ein Pferd mit e-r B. (1) 额头上有白斑的马

Bles·sur *die*; *-*, *-en*; *veraltend* [渐旧]; e-e (leichte) Verwundung od. Verletzung (轻)伤

blich *Imperfekt*, *1. u. 3. Person Sg* (过去时,第一和第三人称单数); ↑ **bleichen**[2]

Blick *der*; *-(e)s*, *-e*; **1. ein B.** (**auf j-n / etw.**) das *mst* kurze Richten der Augen auf j-n/etw. 目光,一瞥 〈e-n flüchtigen, kritischen, kurzen, raschen B. auf etw. werfen 向某物粗略地,批判地,短暂地,仓促地扫一眼; j-m e-n fragenden, warnenden B. zuwerfen 向某人投以问询的,警告的目光; etw. mit einem B. erkennen, erfassen, überschauen 一眼就认出,领会,通观某事; j-s B. fällt auf j-n/etw. 某人的目光落到某人/某物上〉: *Bevor er in den Zug einstieg, warf er noch e-n B. auf den Fahrplan* 他在上

车前还看了一眼火车时刻表；*Ihre Blicke begegneten sich u. sie lächelten sich zu* 他们两人的目光碰到一起并相对微微一笑 ‖ K-(复合)：**Blick-**，**-richtung** **2**. *nur Sg*(只用单数)；der Ausdruck, der von j-s Augen abgelesen werden kann 眼神〈e-n durchdringenden, sanften, verzweifelten B. haben 有锐利的目光，显出柔和的，绝望的眼神〉**3**. *nur Sg*(只用单数)；**ein B.** (**auf etw.** (*Akk* 四格)) die Möglichkeit, etw. von e-r bestimmten Stelle aus zu sehen 眺望≈ Aussicht (1)：*ein Zimmer mit B. aufs Gebirge* 一个可以眺望山景的房间 ‖ -K(复合)：**Fern-**，**Rund-** **4**. *nur Sg*(只用单数)；**ein B.** (**für j-n / etw.**) die Fähigkeit, Zusammenhänge leicht erkennen u. bestimmte Dinge sicher beurteilen zu können 眼力，洞察力，识别能力〈ein geschulter, scharfer, sicherer B. 训练有素的、敏锐的、准确无误的鉴别力；e-n B. für j-n/etw. haben, bekommen 能洞察某人/某事〉 ‖ ID［谚］**auf den ersten B.** sofort, beim ersten Mal 立即，乍一看，一眼就〈j-n/etw. auf den ersten B. erkennen, sehen 第一眼就认出、看见某人/某物〉；**erst auf den zweiten B.** erst bei genauerem Hinsehen 经过仔细地观察才…；**j-n keines Blickes würdigen** (aus Ärger od. als Strafe) so tun, als ob man j-n nicht kenne (由于生气或作为惩罚)对某人连看也不看一眼，对某人不屑一顾；**e-n B. hinter die Kulissen werfen / tun** sich mit den Hintergründen e-r Sache befassen 研究某事的背景，探索某事的内幕；**Wenn Blicke töten könnten!** verwendet, um auszudrücken, dass j-s B. (2) voller Hass od. Wut war 真是虎视眈眈！眼里露出凶相(指某人的目光充满仇恨和愤怒)；*mst* 多用 **den bösen B. haben** nach Meinung mancher Leute die Fähigkeit haben, anderen zu schaden, indem man sie nur ansieht 具有邪魔的目光，眼露杀气(据传说，有人只要看别人一眼，别人就会遭灾祸)

bli̤.cken；*blickte*，*hat geblickt*；[Vi](不及物) **1**. **irgendwohin b.** seine Augen/den Blick (kurz) in e-e bestimmte Richtung wenden 看，望 ≈ irgendwohin sehen, schauen：*zur Seite b.* 朝旁边看；*j-m ins Gesicht b.* 望着某人的脸；*aus dem Fenster b.* 从窗口往外看；朝窗外看 **2**. **irgendwie b.** e-n bestimmten Gesichtsausdruck haben 露出某种目光，神情〈finster, freundlich, streng b. 流露出怏怏不乐地、友好地、严厉地神情〉 ‖ ID［谚］*mst* 多用 **Das lässt 'tief b.!** *gespr*［口］；verwendet, um auszudrücken, dass etw. (ein Verhalten, e-e Bemerkung *o. Ä.*) viel über j-n aussagt 这发人深省！；**sich** (**bei j-m**) **b. lassen** *gespr*［口］；j-m e-n kurzen Besuch abstatten 匆匆地看望某人，在某人那里露面(串门)；*mst* 多用 **Lass dich hier nie mehr / wieder b.!** *gespr*［口］；komm nie wieder hierher! 你再也不要在这儿露面了！你再也别来了！

bli̤.cken.las.sen ↑ **blicken** ID

Bli̤ck.feld *das*；*nur Sg*(只用单数)；alles, was man sehen kann, ohne sich von der Stelle zu bewegen od. sich umzudrehen 视野，眼界≈ Gesichtskreis〈aus j-s B. verschwinden 从某人的视野中消失〉 ‖ ID［谚］**j-n / sich / etw. ins B. rücken** die Aufmerksamkeit (der Öffentlichkeit) auf j-n/sich/etw. lenken 将(公众的)注意力引向某人/自己/某事

Bli̤ck.punkt *der*；*mst* 多用 **im B.** 〈der Öffentlichkeit 公众〉 **stehen** große Beachtung finden, auf großes Interesse stoßen 受到公众瞩目，成为舆论中心

Bli̤ck.win.kel *der*；die Perspektive, aus der man etw. beurteilt 视角，角度，观点 ≈ Standpunkt：*e-e Angelegenheit aus dem B. des Verbrauchers betrachten* 从消费者的角度考虑事情

bli̱eb *Imperfekt*，*1. u. 3. Person Sg*(过去时，第一和第三人称单数)；↑ **bleiben**

bli̱es *Imperfekt*，*1. u. 3. Person Sg*(过去时，第一和第三人称单数)；↑ **blasen**

bli̤nd *Adj*(形)；*ohne Steigerung*(无变级) **1**. ohne die Fähigkeit, zu sehen, ohne Sehvermögen 瞎的，失明的，盲的〈b. sein, werden 是瞎的，会失明(变瞎)；auf e-m Auge b. sein 一只眼睛是瞎的〉：*b. geboren werden* 天生是瞎的 ‖ K-(复合)：**blind-**，**-geboren** **2**. *nur attr od adv*(只作定语或状语)；völlig unkritisch 盲目的，无条件的 ≈ bedingungslos〈Gehorsam, Glaube, Vertrauen 听从，相信，信任〉：*Er ist so ehrlich u. zuverlässig, dass du ihm b. vertrauen kannst* 他诚实而可靠，你可以绝对信任他 **3**. **b. vor**〈Wut, Hass, Liebe, Eifersucht *o. Ä.* 愤怒，仇恨，爱情，嫉妒等〉 **sein** so starke Gefühle haben, dass man nicht mehr klar denken kann 由于…而昏了头脑，晕头转向 **4**. **b. für etw. sein** etw. nicht bemerken (wollen)对…置若罔闻，对…不(加)注意：*Er ist b. für das Elend rings um ihn* 他觉察不到他周围的贫困 **5**. *mst attr*(多作定语)；(von *mst* negativen Gefühlen) so stark, dass der Betroffene nicht mehr vernünftig handelt 失去理智的，无缘无故的，极度的，无名的 ≈ maßlos, ungezügelt〈Angst, Hass, Wut 恐惧，仇根，愤怒〉：*In blindem Zorn schlug er auf seinen Hund ein* 他怒不可遏地打了他的狗 **6**. *nicht adv*(不作状语)；nicht (mehr) durchsichtig od. glänzend 不(再)透明的，无光泽的，模糊不清的≈ matt, trübe ↔ blank〈e-e Fensterscheibe, ein Spiegel 窗玻璃，镜子〉**7**. 〈ein Fenster, ein Knopfloch, Munition, e-e Tür 窗，钮扣的扣眼，弹药，门〉so, dass sie nicht ihre eigentliche Funktion erfüllen (sondern nur Attrappen sind)摆样子的，虚设的，假的 **8**. *nur adv*(只作状语)；ohne etw. zu sehen (*z. B.* weil es dunkel ist)黑灯瞎火地，摸黑地：*Er stapfte b. durch das Zimmer u. stieß sich dabei den Kopf am Schrank an* 他在房间里摸黑一步一步向前蹭，把脑袋撞到柜子上了 **9**. *nur adv*(只作状语)；ohne hinzusehen 不用眼睛看〈b. Schreibmaschine schreiben 盲打，不用看键盘打字；b. Klavier spielen 不用看琴键弹钢琴；b. Schach spielen (= ohne das Brett vor sich zu haben)下盲棋〉 ‖ NB (注意)：ohne Objekt zusammengeschrieben (无宾语时合写)：*blindschreiben*，*blindspielen* ‖ ID［谚］*mst* 多用

Bist du* (*denn*) *b.? *gespr* [口]; verwendet, um Ärger darüber auszudrücken, dass j-d etw. offensichtlich nicht gesehen od. bemerkt hat 你瞎眼了吗? 你不长眼睛吗? ‖ NB (注意): ↑ ***Alarm***, ***Passagier***

Blind- *im Subst*, *nicht produktiv*(构成名词,非构词型); drückt aus, dass etw. (*z.B.* wegen starken Nebels) nur mithilfe der Bordinstrumente e-s Flugzeugs geschieht(仅凭仪表操作)盲目…; der ***Blindflug***, die ***Blindlandung***, der ***Blindstart***

Blind·darm *der* **1.** *gespr* [口]; die kleine, wurmähnliche Fortsetzung des Dickdarms 盲肠; MED【医】Wurmfortsatz, Appendix ‖ K-(复合): ***Blinddarm-***, ***-entzündung***, ***-operation*** **2.** MED【医】; der Teil des Dickdarms, der keine Funktion bei der Verdauung hat u. an dem sich der B. (1) befindet 阑尾,蚓突

Blin·de *der/die*; *-n*, *-n*; j-d, der blind (1) ist 盲人,瞎子: *e-n Blinden über die Straße führen* 带领盲人横过马路 ‖ K-(复合): ***Blinden-***, ***-anstalt***, ***-bücherei***, ***-führer***, ***-heim***, ***-hilfswerk***, ***-lehrer***, ***-stock*** ‖ ID [谚] *mst* 多用 ***Das sieht doch ein Blinder*** (***mit dem Krückstock***)***!*** *gespr* [口]; das ist doch ganz einfach zu sehen, zu bemerken 这个连瞎子也能看得出来! 这是明摆着的! ‖ NB(注意): *ein Blinder*; *der Blinde*; *den*, *dem*, *des Blinden*

Blin·de·kuh *ohne Artikel*, *indeklinabel*(不带冠词,词形不变); ein Kinderspiel, bei dem j-d mit verbundenen Augen versuchen muss, andere zu fangen 捉迷藏 ⟨B. spielen 玩捉迷藏游戏⟩

Blin·den·hund *der*; ein Hund, der gelernt hat, e-n Blinden zu führen(为盲人带路的狗)导盲犬

Blin·den·schrift *die*; e-e Schrift aus erhöhten Punkten, die ein Blinder lesen kann, indem er sie mit den Fingern abtastet 盲文,盲字

Blind·flug *der*; ein Flug, bei dem der Pilot (wegen Wolken, Nebel) nichts sehen kann (在云雾中凭仪表控制的)盲目飞行

Blind·gän·ger *der*; *-s*, *-*; **1.** ein Geschoss, das abgeschossen wurde u. beim Aufschlagen nicht explodiert ist(未爆炸的)哑弹,瞎弹 ⟨e-n B. entschärfen 去掉一颗未爆炸的炮弹的引信⟩ **2.** *gespr pej*[口][贬] ≈ Versager

Blind·heit *die*; *-*; *nur Sg*(只用单数) **1.** der Zustand, blind (1) zu sein 瞎,失明,盲 ⟨angeborene B. 天生双目失明,先天失明⟩ **2.** ***B. gegen*** (***über***) ***etw.*** das (absichtliche) Übersehen od. Nichterkennen *bes* von Gefahren u. Fehlern 盲目无知,盲目性,视若无睹: *j-s politische B.* 某人的政治上的盲目无知; *ihre B. gegenüber den Fehlern ihres Mannes* 她对她丈夫的错误视而不见 ‖ ID[谚] ***mit B. geschlagen sein*** etw., das offensichtlich ist, nicht bemerken od. sehen 对明显的(有目共睹的)事看不清,毫无觉察

blind·lings *Adv*(副) **1.** ohne vorher nachzudenken (*bes* weil man große Angst od. Wut spürt)不假思索地,卤莽地,胡乱地,冒失地 ⟨b. um sich schießen, schlagen 乱打一气,乱打人; b. ins Verderben rennen 不问好歹地自甘堕落⟩ **2.** ohne kritisches Urteil 盲目地,盲从地 ≈ blind (2) ⟨j-m b. vertrauen, gehorchen, folgen 盲目地信赖、听从、跟随某人⟩

Blind·schlei·che *die*; *-*, *-n*; ein harmloses, bräunliches Tier, das in Europa lebt u. das wie e-e kleine Schlange aussieht 慢缺肢蜥

blind·schrei·ben; *schrieb blind*, *hat blindgeschrieben*; [Vi](不及物) (mit allen zehn Fingern) auf der Schreibmaschine *o. Ä.* schreiben, ohne dabei auf die Tasten zu sehen 盲打,不用看键盘打字 ‖ NB (注意): ***blind***(9)

blin·ken; *blinkte*, *hat geblinkt*; [Vi](不及物) **1.** ***etw. blinkt*** etw. leuchtet in kurzen Abständen auf(物作主语)闪光,发光,闪烁: *Nachts blinken die Lichter der Stadt* 夜间城市灯光闪烁 ‖ K-(复合): ***Blink-***, ***-signal*** **2.** (bei e-m Fahrzeug) den Blinker aufleuchten lassen(交通工具)发出灯光信号: *Er bog nach rechts ab*, *ohne zu b.* 他向右转弯,但没有打开(转向指示)灯

Blin·ker *der*; *-s*, *-*; ein kleines gelbes od. orangefarbenes Licht an e-m Fahrzeug, das der Fahrer aufleuchten lässt, *bes* um anzuzeigen, dass er die Fahrtrichtung ändern will(汽车的)信号灯,方向指示灯 ⟨den B. betätigen, setzen 打开方向指示灯⟩ ‖ ↑ *Abb. unter* 图见 ***Auto***

Blink·licht *das*; ein Lichtsignal im Straßenverkehr, das in regelmäßigen Abständen kurz aufleuchtet 间歇闪光交通信号: *Der Bahnübergang ist durch ein B. gesichert* 铁路道口使用间歇闪光信号来确保安全

blin·zeln; *blinzelte*, *hat geblinzelt*; [Vi](不及物) die Augen mehrmals hintereinander schnell auf- u. zumachen 眨眼睛,眨眼 ⟨mit den Augen b. 眨眼; listig, vor Müdigkeit b. 狡黠地眨眼睛,由于疲倦而眨眼⟩: *Als er aus der Dunkelheit ins grelle Sonnenlicht kam*, *musste er b.* 他从黑暗中出来走进刺眼的阳光下时,不得不眨巴眼睛

Blitz *der*; *-es*, *-e*; **1.** ein sehr helles Licht, das man bei e-m Gewitter plötzlich am Himmel sieht (weil elektrischer Strom von e-r Wolke zur anderen od. zur Erde fließt) 闪电 ⟨B. u. Donner 闪电和打雷; irgendwo schlägt ein B. ein(不知)在某处打了一下闪电; j-d wird vom B. erschlagen 某人被雷电击毙,遭雷击而死; j-d/etw. wird vom B. getroffen 某人/某物被雷电击中,遭雷击; Blitze zucken am Himmel 天空中闪电阵阵⟩ ‖ K-(复合): ***Blitz-***, ***-schlag*** **2.** FOT【摄影】; Kurzw(略) ↑ ***Blitzlicht***, ***Blitzlichtgerät*** ‖ K-(复合): ***Blitz-***, ***-würfel*** ‖ ID[谚] (***schnell***) ***wie ein geölter/der B.*** *gespr*[口]; sehr schnell 飞速地,风驰电掣般地; ***wie vom B. getroffen*** ⟨dastehen, stehen bleiben, sein 站在那里,呆在那里,其样子⟩ so erschreckt od. entsetzt, dass man nicht reagieren kann 惊骇得像被雷电击中似地,呆呆地,呆若木鸡; *mst* 多用 ***etw. kommt wie ein B. aus heiterem Himmel*** *mst* etw. Unangenehmes geschieht völlig überraschend 某事来得犹如晴

天霹雳十分突然；***etw. schlägt ein wie ein B.*** etw. verursacht große Überraschung u. Aufregung 某事犹如晴天霹雳引起轰动

blitz- *im Adj, wenig produktiv, gespr*（构成形容词，构词弱）［口］；verwendet, um e-n Adj. positiv zu verstärken（用作加强形容词的程度）非常，十分；***blitzblank***〈geputzt（被）擦得〉，***blitzgescheit***，***blitzsauber***，***blitzschnell***

Blitz- *im Subst, begrenzt produktiv*（构成名词，构词有限）；sehr schnell（u. *mst* überraschend）（飞速…，快速…，闪电式…）；die ***Blitzaktion***，der ***Blitzbesuch***，die ***Blitzkarriere***，der ***Blitzkrieg***，der ***Blitzstart***

Blitz·ab·lei·ter *der* **1.** e-e Anlage auf dem Dach, die verhindern soll, dass ein Blitz das Gebäude beschädigt 避雷针，避雷器 **2.** j-d, an dem ein anderer seine Wut abreagiert 出气筒〈j-m als B. dienen 当某人的出气筒；j-n als B. benutzen 把某人当作（自己的）出气筒〉

blitz·ar·tig *Adv*（副）；*gespr*［口］；sehr schnell 闪电般地，飞快地〈b. verschwinden 一溜烟地消失〉

blit·zen；*blitzte, hat geblitzt*；[Vi]（不及物）**1.** ***etw. blitzt*** etw. leuchtet mehrere Male kurz (u. sehr schnell) auf（物作主语）闪闪发光，闪耀，闪烁 ≈ etw. funkelt〈ein Lichtschein, ein Diamant 灯光，钻石〉：*Seine Augen blitzten vor Freude* 他高兴得眼睛里闪出熠熠光彩 **2.** *gespr*［口］；beim Fotografieren ein Blitzlicht verwenden（照相时）闪光；[Vimp]（无人称）**3.** ***es blitzt*** am Himmel sind Blitze zu sehen 打闪：*Es blitzt u. donnert* 雷电交加；[Vt]（及物）**4.** ***j-n b.*** *gespr*［口］；ein Fahrzeug, das zu schnell fährt, mithilfe e-s speziellen Gerätes fotografieren 将（超速行驶的车辆及司机）拍摄下来：*Die Polizei hat mich bei e-r Radarkontrolle geblitzt* 警方用雷达监控把我照下来了

Blitz·licht *das*；ein hell u. kurz aufleuchtendes Licht, das man zum Fotografieren in dunklen Räumen braucht 闪光（灯），镁光〈mit B. fotografieren 用闪光摄影〉‖ K-（复合）：***Blitzlicht-***，***-aufnahme***，***-gerät***

Block *der*；*-(e)s, -s/Blö·cke*；**1**（*Pl*（复）*Blöcke*）ein schweres, massives Stück Holz, Metall od. Stein mit Kanten 块，条，锭，堆，坯：*ein unbehauener B. aus Granit* 一块未经雕凿的花岗岩石块，一块花岗石毛坯 ‖ -K（复合）：***Holz-***，***Marmor-***，***Stein-*** **2.**（*Pl*（复）*Blocks/Blöcke*）ein großes Wohngebäude mit mehreren Etagen 多层住宅大楼 ‖ -K（复合）：***Wohn-*** **3.**（*Pl*（复）*Blocks/Blöcke*）e-e Gruppe mehrerer (*mst* gleicher od. ähnlicher) Häuser, die aneinandergebaut od. im Viereck um e-n Innenhof gebaut sind 楼区，房屋建筑群 ‖ -K（复合）：***Häuser-*** **4.**（*Pl*（复）*Blöcke*）ein politischer od. wirtschaftlicher Zusammenschluss von Parteien od. Staaten（多个国家或政党组成的）集团，同盟〈e-n B. bilden 组成集团〉‖ K-（复合）：***Block-***，***-bildung*** ‖ -K（复合）：***Militär-***，***Staaten-***，***Währungs-***，***Wirtschafts-***；***Ost-*** **5.**（*Pl* 复 *Blocks/Blöcke*）e-e ziemlich große Zahl gleich großer Papierblätter, die an einer Seite zusammengeheftet sind, damit man sie einzeln abreißen kann 便条本，拍纸簿 ‖ -K（复合）：***Brief-***，***Quittungs-***，***Schreib-***，***Zeichen-*** **6.**（*Pl*（复）*Blöcke*）*Kollekt*（集合）；e-e Gruppe von gleichartigen Dingen, die e-e Einheit bilden (u. *mst* zusammen bearbeitet werden) 块，群组 ‖ -K（复合）：***Daten-***，***Informations-***

Blo·cka·de *die*；-, *-n*；die Absperrung aller Zufahrtswege zu e-m Land, e-m Gebiet, e-r Stadt *o. Ä.* 封锁〈e-e B. brechen, über ein Land verhängen 打破封锁，对一个国家实行封锁〉

Block|buch·sta·be *der*；ein großer Buchstabe, der in der Form e-s gedruckten lateinischen Buchstabens geschrieben wird 印刷体大写字母：*seinen Namen in Blockbuchstaben schreiben* 用大写字母写他的名字

Block·flö·te *die*；e-e Flöte aus Holz mit acht Löchern（八孔）竖笛，木笛，牧笛 ↔ Querflöte ‖ ↑ *Abb. unter* 图见 ***Flöten*** ‖ -K（复合）：***Alt-***，***Sopran-***

block·frei *Adj*（形）；*mst attr, nicht adv*（多作定语，不作状语）；zu keinem Block (4) gehörend 不结盟的〈ein Land, ein Staat 国家〉‖ *hierzu*（派生）**Block·frei·heit** *die*；*nur Sg*（只用单数）

Block·haus *das*；ein einfaches Haus mit Wänden aus Baumstämmen（用树干作墙建造的）木屋

blo·ckie·ren；*blockierte, hat blockiert*；[Vt]（及物）**1.** ***etw. b.*** e-e Sperre errichten, um zu verhindern, dass ein Weg od. ein Zugang benutzt werden kann 封锁，阻断：*Die Demonstranten blockierten die Straße mit alten Autos* 游行示威者用旧汽车封锁了道路 **2.** ***etw. blockiert etw.*** etw. macht e-n Verkehrsweg（物作主语）阻塞，使无法通行 (als Folge e-s bestimmten Vorfalls) unpassierbar：*Ein umgestürzter Lastwagen blockiert die Autobahn* 一辆翻倒的载重汽车堵塞了高速公路；[Vt/i]（及物/不及物）**3.** ***(etw.) b.*** bewirken, dass e-e konstante Bewegung aufhört, dass etw., das fließt od. sich dreht, stillsteht 塞住，堵住，使中断，停顿〈die Gaszufuhr, den Verkehr, den Nachschub b. 使煤气供应、交通、补充给养中断〉；[Vi]（不及物）**4.** ***etw. blockiert*** etw. wird plötzlich gehemmt u. hört auf, sich zu drehen（物作主语）刹住，停止转动〈der Motor, die Räder 发动机，轮子〉：*Er bremste so stark, dass die Räder blockierten* 他大力刹车，轮子停止了转动 ‖ *zu*（义项）**1.**，**2.** u. **3.** **Blo·ckie·rung** *die*；*nur Sg*（只用单数）‖ ▶ ***Blockade***

Block·schrift *die*；*nur Sg*（只用单数）；e-e (Hand)Schrift, die aus großen Blockbuchstaben besteht 大写印刷体字体

blöd, blö·de *Adj*（形）；*pej*［贬］；**1.** *gespr*［口］≈ dumm〈ein Fehler, e-e Frage, Gerede 错误，问题，废话；b. daherreden, grinsen, lachen 笨头笨脑地瞎说，憨笑，傻笑；sich b. anstellen 犯傻〉：*Er ist viel zu blöd(e), um diesen komplizierten Sachverhalt zu begreifen* 他实在太笨了，根本无法理解这件复杂的事情 **2.** *veraltet*［旧］≈ schwachsinnig, idiotisch〈ein Kind 儿

童〉‖ NB（注意）：in prädikativer Stellung *mst blöde*（作表语时多用 *blöde*）**3**. *gespr*［口］；unangenehm（u. ärgerlich）不愉快的，烦人的，令人恼火的 ≈ dumm (5)〈e-e Angelegenheit, ein Gefühl, e-e Geschichte 事情，感觉，往事；etw. wird j-m zu b. 某事使某人感到恼火〉：*Allmählich wird es mir zu blöd(e), so lange zu warten* 等这么久，我都快火了 **4**. *gespr*［口］；verwendet, um Ärger über j-n/etw. auszudrücken 令人讨厌的，气人的：*Das blöde Auto springt nicht an!* 这辆该死的车就是发动不起来！‖ *zu*（义项）**1**. u. **2**. **Blöd·heit** *die*; *nur Sg*（只用单数）；*zu*（义项）**3**. **blö·der·wei·se** *Adv*（副）

Blö·de·lei *die*; -, *-en* **1**. *nur Sg*（只用单数）；das Blödeln **2**. ein alberner Witz, Scherz 乏味的笑话，无聊的玩笑

blö·deln; *blödelte, hat geblödelt*; Vi（不及物）*gespr*［口］；(absichtlich) Unsinn reden od. machen 犯傻，故意胡扯，故意胡闹

Blö·di·an *der*; -s, -e; *gespr pej*［口］［贬］≈ Blödmann

Blöd·mann *der*; *Pl*（复）*Blöd·män·ner*; *gespr pej*［口］［贬］；verwendet als Schimpfwort für e-n Jungen od. Mann, über den man sich ärgert（骂人话）笨蛋，白痴，傻瓜≈ Idiot

Blöd·sinn *der*; *nur Sg*, *pej*（只用单数）［贬］；etw., das keinen Sinn hat, dummes Zeug 废话，无聊的想法，无意义的举动，胡闹 ≈ Unsinn〈B. reden, schreiben, treiben 说傻话（胡说八道），写无聊的事，做无意义的蠢事；nur B. im Kopf haben 脑袋里尽是些无聊的想法，尽是胡思乱想〉‖ *hierzu*（派生）**blöd·sin·nig** *Adj*（形）

blö·ken; *blökte, hat geblökt*; Vi（不及物）***ein Schaf*** *o. Ä.* ***blökt*** ein Schaf gibt die Laute von sich, die für seine Art typisch sind（羊牛等作主语）咩咩叫，哞哞叫

blond *Adj*（形）**1**. von gelblicher, heller Farbe 淡黄色的，金黄色的〈ein Bart, j-s Haar, Locken 胡须，头发，鬈发〉‖ K-（复合）：***dunkel-, gold-, rot-, semmel-, stroh-*** **2**. mit blondem (1) Haar 长金黄色头发的〈ein Mädchen, ein Junge 小姑娘，男孩〉‖ K-（复合）：***blond gelockt***

Blon·di·ne *die*; -, *-n*; e-e (*mst* junge, attraktive) Frau mit blonden Haaren 金发女郎

bloß[1] *Adj*（形）；*ohne Steigerung*（无变级）**1**. *mst attr*（多作定语）≈ nackt：*mit bloßem Oberkörper in der Sonne sitzen* 光着上身坐在阳光下 **2**. *mst attr*（多作定语）；ohne etw. Schützendes darauf, daran *o. Ä.* 无防护的，无遮蔽的，光秃秃的：*auf dem bloßen Erdboden liegen* 躺在光秃秃的地上 **3**. *nur attr, nicht adv*（只作定语，不作状语）；ohne etw. Zusätzliches (darin, davor, dabei *o. Ä.*) 不用附加东西的，单纯的：*etw. mit bloßem Auge* (= ohne Brille, Fernglas *o. Ä.*) *erkennen* 用肉眼（即不戴眼镜，不用望远镜等物）认出某物 **4**. *nur attr, nicht adv*（只作定语，不作状语）≈ nichts anderes als：*Was er sagt, sind bloße Vermutungen* 他所说的纯属猜测；*Glaub das nicht. Das sind bloße Redensarten* 别相信这个，这纯粹是敷衍人的空话 **5**. ***etw. b. legen*** etw., das unter der Erde liegt, ausgraben *o. Ä.*（从地下）发掘，挖出≈ freilegen〈antike Gebäudereste, den Grundriss e-r Burg b. legen 发掘出古希腊罗马时代的房屋遗址、一座城堡的轮廓〉‖ NB（注意）：↑ ***bloßlegen***

bloß[2] *Adv*（副）；verwendet, um etw., das man vorher gesagt hat, einzuschränken 只是，只，只不过 ≈ nur[1]：*Das Konzert war toll, b. war die Musik ein bisschen zu laut* 音乐会好极了，只不过音乐声稍微高了一些；*Das habe ich ja gleich gesagt, du hast es mir b. nicht geglaubt* 这一点我当时立即就说了，只是你没有相信我说的话；*Ich habe das auch gehört. Ich frage mich b., stimmt das auch?* 我也听说这件事了。我只是在问自己，这也是真的吗？

bloß[3] *Partikel*（小品词）**1**. *betont u. unbetont*（重读和非重读）；verwendet, um e-e Aussage einzuschränken 仅仅，只≈ nur[3] (1), lediglich：*Ich habe b. noch fünf Euro* 我仅仅还有 5 欧元了；*Die Kugel hat ihn b. gestreift* (u. nicht voll getroffen) 子弹只是擦伤了他的一点儿皮（并未完全打中）**2**. *unbetont*（非重读）；***b. noch*** + *Adj*（形容词）(*oft im Komparativ* 常用比较级) verwendet, um auszudrücken, dass etw. e-e unerwünschte Wirkung hat 只会是（更）… ≈ nur[3] (4)：*Bleib im Bett, sonst wirst du b. noch krank* 躺在床上别起来，否则你又会生病；*Sag lieber nichts, sonst wird er b. noch wütender* 你最好什么也别说，否则他只会更加生气；*Wenn du an dem Mückenstich kratzt, juckt er b. noch mehr* 如果你在蚊子叮过的地方挠痒，只会痒得更厉害 **3**. *unbetont*（非重读）≈ nur[3] (2) **4**. *unbetont*（非重读），*gespr*［口］；***b. so*** + *Verb*（动词）≈ nur[3] (3) ‖ NB（注意）：*zu*（义项）**3**. u. **4**.：*nur* wird in diesen Fällen wesentlich häufiger gebraucht（在这些场合，更多是用 nur）

bloß[4] *Partikel*（小品词）；*betont u. unbetont*（重读和非重读）**1**. in Fragen verwendet, um Ratlosigkeit auszudrücken u. *mst* die Hoffnung, dass einem der Gesprächspartner helfen kann（用于问句，表示不知所措，祈求帮助）到底，究竟≈ nur[4] (1)：*Wo ist denn b. mein Schlüssel?* 我的钥匙究竟哪里去了呢？；*Was kann da b. passiert sein?* 那里到底可能会发生了什么事呢？；*Wie funktioniert das b.?* 这东西到底该怎么用呢？**2**. in Ausrufesätzen u. rhetorischen Fragen verwendet, um Bewunderung, Kritik *o. Ä.* auszudrücken（用于感叹句和反诘句，表示佩服，批评）≈ nur[4] (2)：*Was hast du da b. wieder angestellt!* 看你，你在那里又干了些什么名堂！；*Wie konntest du b. so etwas Schreckliches tun?* 真是，你怎么能干这种可怕的事情呢？；*Warum hast du das b. nicht schon früher gesagt?* 你为什么不早点儿说这个呢？**3**. verwendet, um j-n zu beruhigen, zu trösten od. ihm Mut zu machen（表示安抚、安慰或鼓励）≈ nur[4] (3)：*Reg dich b. nicht auf!* 你别激动！你且息怒！；*B. keine Angst!* 不要怕！别害怕！**4**. verwendet, um aus e-r Aufforderung e-e Drohung od. Warnung zu machen（表示威胁或警告）≈ nur[4] (4), ja (11)：*Halt b. endlich* *den Mund!* 你可得管住你的嘴巴！闭上你的嘴！；*Glaub b. nicht, dass ich mir das gefallen lasse!* 你可别以为对这件事我会将就的！；*„Soll ich ihn mal fragen?" – „B. nicht, da wird er nur wütend!"* "要我问他一下吗？"——"可别问他，那样他会生气的！" **5.** verwendet, um e-n dringenden Wunsch auszudrücken（表示强烈的愿望）≈ nur⁴(5)：*Hätte ich das doch b. nicht gesagt!* 要是我当时不提这事就好了！；*Wenn wir b. schon da wären!* 要是我们在那里该多好啊！

Blö·ße *die*; -; *nur Sg*（只用单数）；*mst in* 多用于 **sich**（*Dat* 三格）**e-e/keine B. geben** e-e/keine Schwäche zeigen 出丑，出洋相，暴露自己的弱点/不露破绽，不让人抓住把柄

bloß·le·gen; *legte bloß, hat bloßgelegt*; Vt（及物）**etw. b.** etw. Verstecktes herausfinden u. bekannt machen 揭露，揭发≈ aufdecken：*die Motive e-s Verbrechens b.* 揭露一起罪行的动机 ‖ NB（注意）：↑ **bloß¹**(5)

bloß·stel·len; *stellte bloß, hat bloßgestellt*; Vt（及物）**1. j-n b.** j-s Schwäche od. Fehler anderen Leuten（auf oft beleidigende Weise）zeigen 揭露（某人的弱点或错误），使…出丑（丢脸）≈ blamieren (1)；Vr（反身）**2. sich b.** ≈ sich blamieren ‖ *hierzu*（派生）**Bloß·stel·lung** *die*

Blou·son [bluˈzõː, bluˈzɔŋ] *der, das*; *-s, -s*; e-e kurze, weite Jacke od. Bluse, die an der Taille eng anliegt（短而宽松的）紧腰女上衣，女衬衣

blub·bern; *blubberte, hat geblubbert*; Vi（不及物）**etw. blubbert** etw. erzeugt das Geräusch, das *z.B.* entsteht, wenn e-e dicke Suppe in e-m Topf kocht（物作主语）（如煮汤时）发出咕噜声

Blue Jeans, Blue·jeans [ˈbluː dʒiːns] *die*; -, -; e-e Hose aus festem, *mst* blauem Baumwollstoff（蓝布）牛仔裤 ≈ Jeans ‖ NB（注意）：Wenn B. das Subjekt des Satzes ist, steht das Verb im Sg. od. Pl.（这个词作句子主语时，动词可用单数或复数）：*Ihre B. hatte/hatten ein Loch* 她的牛仔裤上有一个洞

Blues [bluːz, -s] *der*; -, - **1.** *nur Sg*（只用单数）；e-e Musikrichtung, die durch langsame u. *mst* melancholische Musik gekennzeichnet ist 布鲁斯乐派（美国黑人爵士乐）**2.** ein Musikstück dieses Typs 布鲁斯乐曲〈e-n B. spielen 演奏一首布鲁斯乐曲〉

Bluff [blʊf, blœf] *der*; *-s, -s*; *oft pej* 常作[贬]；e-e bewusste Täuschung 欺骗，诈骗

bluf·fen [ˈblʊfn, ˈblœfn]; *bluffte, hat geblufft*; Vt/i（及物/不及物）（**j-n**）**b.**（*bes* durch freches, riskantes Verhalten）j-n täuschen od. irreführen 欺骗，迷惑，讹诈，吓唬：*beim Pokern b.* 打扑克牌时有意迷惑（对手）

blü·hen [ˈblyːən]; *blühte, hat geblüht*; Vi（不及物）**1. etw. blüht** etw. hat gerade eine Blüte od. mehrere Blüten（物作主语）开花〈etw. blüht rot, weiß *usw*, früh, spät, üppig 开红花，开白花等，开花开得早、晚、茂密〉：*e-e blühende Wiese* 鲜花盛开的草地；*Die Mandelbäume blühen im März* 杏树在三月份开花 **2. etw. blüht** etw. entwickelt sich stark u. günstig（物作主语）兴旺，繁荣，活跃，昌盛 ≈ etw. floriert〈das Geschäft, der Handel, der Schmuggel 业务，贸易，走私〉**3. etw. blüht j-m** *gespr iron*[口][讽]；j-m steht etw. Unangenehmes bevor（物作主语）面临，遭到，发生（不愉快的事）；Vimp（无人称）**4. es（grünt u.）blüht** viele Blumen, Bäume *usw*（wachsen u.）blühen 树木繁茂，百花盛开：*Im Frühling grünt u. blüht es überall* 春天到处草木苍翠，鲜花盛开 ‖ ▶ **Blüte**

blü·hend [ˈblyːənt] **1.** *Partizip Präsens*（现在分词）；↑ **blühen 2.** *Adj*（形）；*mst attr, nicht adv*（多作定语，不作状语）；sehr lebhaft 活跃的，生动活泼的〈e-e Fantasie 想象力〉**3.** *Adj*（形）；*mst attr, nicht adv*（多作定语，不作状语）；sehr gut 非常好的〈j-s Gesundheit 某人的健康状况〉**4.** *Adj*（形）；frisch u. gesund 精神饱满的，精力旺盛的，气色好的〈b. aussehen 显得朝气勃勃〉‖ NB（注意）：↑ **Leben**

Blumen

Blu·me *die*; -, *-n* **1.** e-e relativ kleine Pflanze mit auffälligen Blüten 花，花卉〈e-e blühende, duftende B. 盛开的，芳香袭人的花卉；Blumen pflanzen, züchten 种植，栽培花卉〉‖ K-（复合）：**Blumen-, -beet, -erde, -garten, -rabatte, -zwiebel** ‖ -K（复合）：**Garten-, Sumpf-, Wald-, Wiesen-; Frühlings-, Sommer-, Herbst- 2.** eine Blüte od. mehrere Blüten an e-m Stiel od. Stengel 花朵〈frische, welke, verwelkte, duftende Blumen 鲜艳的，枯萎的，凋谢的，散发芳香的花（卉）；Blumen pflücken, schneiden, trocknen 采摘花朵，剪切花卉，使花卉干燥；ein Strauß Blumen 一束花〉‖ K-（复合）：**Blumen-, -händler, -kranz, -laden, -strauß, -vase 3.** e-e Pflanze, die in e-m Topf *o.Ä.* wächst 盆花：

Die Blumen im Wohnzimmer müssen noch gegossen werden! 起居室里的盆花还得浇水! ‖ K-(复合): **Blumen-, -erde, -fenster** **4.** das Aroma des Weins 葡萄酒的芳香味 ≈ Bukett ‖ ID [谚] (**j-m**) **etw. durch die B. sagen** j-m etw. nicht direkt, sondern nur in Andeutungen sagen(向某人)婉转地说出(暗示)某事; **Danke für die Blumen!** *iron* [讽]; (als Antwort auf e-e Kritik *o. Ä.*) danke für das „Kompliment"! 谢谢你的恭维!

Blu·men·kohl *der*; e-e Kohlsorte, deren große, weiße, feste Blüten gekocht als Speise gegessen werden können 花椰菜,菜花 ‖ ↑ *Abb. unter* 图见 **Gemüse**

Blu·men·stock *der* ≈ Blume (3)

Blu·men·topf *der*; ein Gefäß aus Ton od. Kunststoff, in das man Zimmerpflanzen pflanzt 花盆

blü·me·rant *Adj*(形); *gespr*[口]; *mst in* 多用于 **j-m ist/wird b. (zumute)** j-m ist unwohl, übel 某人感到身体不舒服,浑身没有力气

blu·mig *Adj* (形); **1.** *oft pej* 常用[贬]; mit vielen Bildern u. Beispielen 辞藻华丽的 ≈ weitschweifig ⟨e-e Redeweise 说话方式⟩ **2.** mit intensivem Aroma 有浓郁香气的⟨Wein 葡萄酒⟩

Blu·se *die*; -, *-n*; ein Kleidungsstück aus leichtem Stoff, das Mädchen u. Frauen am Oberkörper tragen 女衬衫,女上衣 ⟨e-e kurzärmelige, langärmelige B. 短袖、长袖女衬衫⟩ ‖ ↑ *Abb. unter* 图见 **Bekleidung**

Blut *das*; *-(e)s*; *nur Sg*(只用单数); die rote Flüssigkeit in den Adern von Menschen u. Tieren 血,血液 ⟨frisches, sauerstoffreiches, verbrauchtes, sauerstoffarmes B. 新鲜的、含氧的、污浊的、缺氧的血; B. fließt, quillt, strömt, tropft aus e-r Wunde 血从伤口流出,冒出,涌出,滴出; j-m B. abnehmen 采(某人的)血; B. spenden 献血⟩ ‖ K-(复合): **Blut-, -ader, -blase, -fleck, -gerinnung, -konserve, -lache, -serum, -spur, -transfusion, -untersuchung, -verlust; blut-, -befleckt, -beschmiert, -rot, -überströmt, -verschmiert** ‖ NB (注意): ↑ **blutbildend, blutstillend** ‖ ID[谚] **B. geleckt haben** etw. kennengelernt u. daran Gefallen gefunden haben 对某事发生了兴趣,尝到了甜头,爱不释手; **an etw.** (*Dat* 三格) **klebt B.** etw. steht in engem Zusammenhang mit e-m Mord 某物沾满鲜血,与谋杀有关; **j-n bis aufs B. peinigen/reizen** j-n sehr stark quälen od. provozieren 残酷折磨某人;严重地激怒某人; **j-d hat etw. im B.; etw. liegt j-m im B.** j-d hat ein Talent od. e-e Fähigkeit (von Geburt an)(人作主语)天生有某一方面的才能;(物作主语)某人对某事具有天生的才能; **blaues B. (in den Adern) haben** aus e-r adeligen Familie stammen 出身贵族家庭,有贵族血统; **frisches/neues B.** *veraltend*[渐旧]; verwendet, um e-n od. mehrere Menschen zu bezeichnen, die neu in e-r Firma *o. Ä.* sind(一个单位的)新来的人,新鲜血液; **ein junges B.** *veraltend*[渐旧]; ein junger Mensch 年轻人,血气方刚的人,新生力量; *mst* 多用 **Das gibt böses B.** das verursacht Ärger u. Hass 这事引起强烈不满; **heißes/feuriges B. haben** sehr temperamentvoll sein 充满激情,非常热情,容易激动、冲动; **ruhiges/kaltes B. bewahren** ruhig u. beherrscht bleiben 保持镇静,保持冷静,沉住气; (**Nur**) **ruhig B.!** nicht aufregen! 要镇静,不要激动! 少安毋躁!; **B. u. Wasser schwitzen** *gespr*[口]; in e-m Zustand großer Angst od. Aufregung sein 怕得要命,紧张得要命

Blut·al·ko·hol *der*; *nur Sg* (只用单数); die Menge Alkohol, die sich im Blut befindet 血醇,血液中的酒精含量: *e-n B. von 1,2 Promille feststellen* 确定血醇含量为1.2‰

blut·arm *Adj* (形); mit zu wenig roten Blutkörperchen im Blut 贫血的; MED【医】 anämisch ‖ *hierzu* (派生) **Blut·ar·mut** *die*; *nur Sg*(只用单数)

Blut·bad *das*; *nur Sg* (只用单数) ≈ Massaker ⟨ein B. anrichten 进行血腥大屠杀⟩

Blut·bank *die*; -, *-en*; e-e (zentrale) Institution, an der gespendetes Blut gesammelt u. aufbewahrt wird 血库

Blut·bild *das*; das Ergebnis der Analyse des Blutes e-s Patienten 血象

blut·bil·dend, Blut bil·dend *Adj* (形); ⟨ein Medikament 药物⟩ so, dass es die Bildung roter Blutkörperchen fördert 造血的,补血的

Blut·druck *der*; *nur Sg*(只用单数); der Druck, den das strömende Blut in den Adern erzeugt 血压⟨e-n hohen, niedrigen B. haben 有高血压、低血压; den B. messen 量血压⟩ ‖ K-(复合): **Blutdruck-, -messung**

Blut·druck|mes·ser *der*; ein Gerät, mit dem man den Blutdruck messen kann 血压计

Blü·te[1] *die*; -, *-n* **1.** der Teil e-r Pflanze, der *mst* durch seine Farbe od. seinen Duft besonders auffällt u. aus dem sich die Frucht entwickelt 花,花朵⟨e-e duftende, sternförmige, zarte, rote, blaue *usw* B. 芬芳的、星状的、娇嫩的、红色的、蓝色的花⟩ ‖ K-(复合): **Blüten-, -blatt, -honig, -knospe** **2.** *nur Sg*, *Kollekt* (只用单数,集合); alle Blüten (1) einer od. mehrerer Pflanzen zusammen 花(总称): *Durch den Frost ist die gesamte B. erfroren* 由于霜冻,所有的花都冻坏了 **3.** *nur Sg*(只用单数); das Blühen 开花: *den Lavendel nach der B. zurückschneiden* 在薰衣草开花后将其剪短 **4.** die Zeit, in der Pflanzen blühen 开花期 ‖ K-(复合): **Blüte-, -zeit** ‖ -K (复合): **Baum-, Heide-** **5.** *nur Sg*(只用单数); die Zeit, in der etw. besonders gut entwickelt u. erfolgreich ist 全(鼎)盛期,兴旺期,发展的高峰 ≈ Höhepunkt: *die B. der Kunst, des Handwerks* 艺术、手工艺的全盛时期 ‖ K-(复合): **Blüte-, -zeit** ‖ ID[谚] **in der B. seiner Jahre** *geschr*[书]; in seinen besten Lebensjahren 在最佳年龄,风华正茂,年富力强; **etw. treibt üppige/seltsame Blüten** etw. nimmt seltsame, eigenartige Erscheinungsformen an 某事产生光怪陆离的奇妙的现象

Blü·te[2] *die*; -, *-n*; *gespr*[口]; ein gefälschter

Geldschein 假钞票: *Blüten in Umlauf bringen* 使假钞流通

Blut·egel *der*; ein kleines, wurmähnliches Tier, das (im Wasser lebt u.) bei Menschen u. Tieren Blut saugt 水蛭,蚂蟥,马鳖

blu·ten; *blutete*, *hat geblutet*; [Vi] (不及物) Blut (aus e-r Wunde) verlieren 流血,出血: *Der Verletzte blutete aus dem Mund* 受伤的人嘴里流出血来; *Meine Nase blutet* 我的鼻子出血; *e-e heftig blutende Wunde* 一个大量流血的伤口 ‖ ID[谚] ***schwer b. müssen*** *gespr*[口]; viel Geld für etw. bezahlen müssen 得出一大笔钱,得大出血 ‖ *hierzu*(派生) **Blu·tung** *die*

Blü·ten·staub *der* ≈ Pollen

Blut|ent·nah·me *die*; das Entnehmen von Blut, um es zu untersuchen 抽血 ⟨e-e B. vornehmen 抽样验血⟩

blü·ten·weiß *Adj* (形); *ohne Steigerung* (无变级); sehr weiß (u. sauber) 非常白的,洁白的 ⟨ein Hemd, Wäsche 衬衫,衣物⟩

Blu·ter *der*; *-s*, *-*; j-d, dessen Blut nicht die Fähigkeit besitzt zu gerinnen 血友病患者 ‖ K-(复合): ***Bluter-***, ***-krankheit***; ***bluter-***, ***-krank***

Blut|er·guss *der*; e-e Ansammlung von Blut außerhalb der Adern, die durch e-n heftigen Stoß od. Schlag verursacht wird 血肿,淤血: *Bei e-m B. bildet sich ein blauer Fleck unter der Haut* 淤血时在皮肤下面形成一块紫瘢

Blut|farb·stoff *der*; *nur Sg*(只用单数); der rote Farbstoff, der im Blut ist 血色素,血红蛋白; MED【医】Hämoglobin

Blut·ge·fäß *das* ≈ Ader

Blut·ge·rinn·sel *das*; e-e Ansammlung von geronnenem Blut in e-m Blutgefäß, die bewirkt, dass das Blut nicht mehr fließen kann 血(凝)块,血栓; MED【医】Thrombus

Blut·grup·pe *die*; eine der vier Gruppen, in die man das Blut (nach bestimmten erblichen Merkmalen) einteilt 血型 ⟨j-s B. bestimmen 确定某人的血型⟩: *die vier Blutgruppen O, A, B u. AB* 四种血型:O 型,A 型,B 型和 AB 型 ‖ K-(复合): ***Blutgruppen-***, ***-bestimmung***

Blut·hoch·druck *der*; die Krankheit, bei der man ständig zu hohen Blutdruck hat 高血压病; MED【医】Hypertonie

blu·tig *Adj*(形) **1.** voll Blut 沾满血迹的⟨ein Verband, e-e Waffe 绷带,武器⟩ **2.** sehr grausam, viele Verletzte u. Tote fordernd 流血的,浴血的,残酷的,血腥的 ↔ unblutig ⟨e-e Auseinandersetzung, ein Krieg, e-e Rache, Unruhen 冲突,战争,复仇,动乱⟩: *e-e Revolte b. niederschlagen* 残酷地镇压起义 **3.** *nur attr*, *nicht adv*, *gespr*(只作定语,不作状语)[口]; verwendet, um ein Subst. od. Adj. zu verstärken 绝对的,十足的,完全的 ≈ absolut, total ⟨*mst* Ernst, ein Anfänger 严肃(认真),新手⟩

blut·jung *Adj* (形); *ohne Steigerung* (无变级); noch sehr jung, fast noch ein Kind 非常年轻的: *Er war b., als er seine Eltern verlor* 他失去父母时还非常年轻

Blut·kör·per·chen *das*; *-s*, *-*; *mst Pl* (多用复数); die winzigen festen Bestandteile des Blutes 血球,血细胞 ⟨rote, weiße Blutkörperchen 红血球,白血球⟩: *zu wenig rote Blutkörperchen haben* 红血球太少

Blut·krebs *der*; *nur Sg*(只用单数); e-e Erkrankung des Blutes, die zum Tode führen kann 血癌,白血病; MED【医】Leukämie

Blut|kreis·lauf *der*; *nur Sg* (只用单数); die strömende Bewegung des Blutes durch den Körper, die durch das Herz in Gang gehalten wird 血液循环

blut·leer *Adj*(形); (fast) ohne Blut (u. daher blass wirkend) 无血的,无血色的 ⟨Lippen 唇⟩ ‖ *hierzu*(派生) **Blut·lee·re** *die*; *nur Sg*(只用单数)

Blut·oran·ge *die*; e-e Orange mit dunkelrotem Saft u. Fruchtfleisch 血橙

Blut·pro·be *die*; die Entnahme u. Untersuchung e-r kleinen Menge Blut(取血样)验血,血样 ⟨e-e B. anordnen, entnehmen, vornehmen 安排验血,抽血样,进行验血⟩

Blut·ra·che *die*; *nur Sg* (只用单数); e-e Form der Selbstjustiz, bei der ein Mörder od. ein Mitglied seiner Verwandtschaft von den Verwandten des Opfers getötet wird 血亲复仇,血族复仇,族间血仇⟨B. an j-m üben 向某人报血仇⟩

Blut·rei·ni·gung *die*; die Befreiung des Blutes von schädlichen Stoffen durch e-e bestimmte Kur 血液透析,清血法 ‖ K-(复合): ***Blutreinigungs-***, ***-tee*** ‖ *hierzu* (派生) **blut·rei·ni·gend**, **Blut rei·ni·gend** *Adj*(形)

blut·rüns·tig *Adj*(形) **1.** von starkem Verlangen erfüllt zu töten 嗜杀成性的,好杀戮的⟨ein Herrscher 统治者⟩ **2.** ⟨ein Film, ein Roman 电影,长篇小说⟩ so, dass sie von grausamen u. blutigen Ereignissen berichten 描写凶杀事件的

Blut·sau·ger *der*; *-s*, *-* **1.** ein Insekt, das sticht u. Blut saugt 吸血类动物、昆虫: *Schnaken u. Wanzen sind Blutsauger* 蚊子和臭虫是吸血动物 **2.** ein Mensch, der andere (wirtschaftlich) ausbeutet 吸血鬼,高利贷者 **3.** ≈ Vampir (1) ‖ *hierzu* (派生) **blut·saugend**, **Blut sau·gend** *Adj*

Blut·schan·de *die*; *nur Sg* (只用单数); Geschlechtsverkehr zwischen nahen Verwandten (wie *z.B.* Geschwistern) 乱伦,血亲通奸 ≈ Inzest ‖ *hierzu*(派生) **blut·schän·de·risch** *Adj*(形)

Blut·sen·kung *die*; e-e Untersuchung des Blutes, bei der gemessen wird, wie schnell die roten Blutkörperchen in ungerinnbar gemachtem Blut sinken, um bestimmte Krankheiten feststellen zu können 血沉,查血沉

Blut·spen·de *die*; die freiwillige Abgabe von gesundem Blut, das für Transfusionen verwendet wird 献血,志愿供血: *die Bevölkerung zur B. aufrufen* 号召居民献血 ‖ *hierzu* (派生) **Blut·spen·der** *der*; **Blut·spen·de·rin** *die*

blut·stil·lend, **Blut stil·lend** *Adj* (形); *nicht adv*(不作状语); mit der Wirkung, dass e-e

Wunde nicht mehr blutet 止血的〈ein Mittel, ein Verband 药，绷带〉

Blut·sturz *der*; *nur Sg* (只用单数); ein plötzliches starkes Bluten *bes* aus Mund od. Nase 大咯血，大出血〈e-n B. erleiden（患）大咯血，大出血〉

bluts·ver·wandt *Adj*（形）; *ohne Steigerung*, *nicht adv*（无变级，不作状语）; durch e-n gemeinsamen Vorfahren verwandt 血亲的，近亲的，有血缘关系的 ‖ *hierzu*（派生）**Bluts·ver·wand·te** *der/die*; **Bluts·ver·wandt·schaft** *die*

Blut·tat *die*; *geschr*［书］≈ Mord〈e-e B. begehen 进行谋杀，犯下暴行〉

Blut|über·tra·gung *die* ≈（Blut）Transfusion

blut|un·ter·lau·fen *Adj*（形）; durch e-e Ansammlung von Blut im Gewebe rötlich gefärbt 充血的，皮下溢血的〈*mst* Augen 多指眼睛〉

Blut·ver·gie·ßen *das*; *-s*; *nur Sg*（只用单数）; das Töten u. Verletzen vieler Menschen 流血牺牲：*ein unnötiges B. vermeiden* 避免不必要的流血（牺牲）

Blut·ver·gif·tung *die*; e-e Erkrankung durch e-e infizierte Wunde, wobei sich die Infektion stark ausbreitet 血中毒，败血症；MED【医】Sepsis〈an（e-r）B. sterben 死于败血症〉

Blut·wurst *die*; e-e Wurst aus Schweinefleisch, Speck u. dem Blut des geschlachteten Tieres 血肠，黑香肠

Blut·zu·cker *der*; der Traubenzucker, der im Blut gelöst ist 血糖〈der B. ist zu hoch 血糖过高；zu viel B. haben 血糖过高〉

BLZ [be|ɛl'tsɛt] *Abk für*（缩写，全称为）Bankleitzahl

BND [beːɛn'deː] *der*; *-*; *nur Sg*（只用单数），Ⓓ *Kurzw*［德］（略）↑ ***Bundesnachrichtendienst***

Bö *die*; *-*, *-en*; ein heftiger, plötzlicher Windstoß 狂风，飓风 ‖ -K（复合）: ***Gewitter-***, ***Sturm-***

Boa ['boːa] *die*; *-*, *-s* **1.** e-e nicht giftige südamerikanische Riesenschlange（die ihre Opfer umschlingt u. erdrückt）（南美洲一种无毒的）巨蟒 **2.** e-e Art leichter Schal aus Federn *o. Ä.* 女式皮毛围巾，（鸵鸟）羽毛披肩 ‖ -K（复合）: ***Feder-***

Bob *der*; *-s*, *-s*; ein Sportschlitten für zwei od. vier Personen 连橇，山坡冰道滑橇〈Bob fahren 乘（滑）连橇〉 ‖ K-（复合）: ***Bob-***, ***-bahn***, ***-fahrer***

Bock[1] *der*; *-(e)s*, *Bö·cke*; **1.** das männliche Tier *bes* bei Ziege, Schaf, Reh u. Gämse, *auch* beim Kaninchen 雄兽（尤指山羊、绵羊、鹿、羚，也指兔） ‖ -K（复合）: ***Geiß-***, ***Reh-***, ***Schaf-***, ***Ziegen-*** **2.** *gespr!*［粗］verwendet als Schimpfwort für e-n Mann（对男人的骂人话）犟头犟脑的人，顽固脑袋，死鬼〈ein geiler, sturer B. 色鬼，死心眼儿〉 ‖ ID［谚］***e-n B. schießen*** *gespr*［口］; e-n dummen Fehler machen 出了一个差错; ***den B. zum Gärtner machen*** *gespr*［口］; j-n etw. tun lassen, wozu er überhaupt nicht geeignet ist 让羊去看守菜园子，用人不当

Bock[2] *der*; *-(e)s*, *Bö·cke*; **1.** SPORT【体】; ein Turngerät mit vier Beinen, das man im Sprung überquert 跳马，跳跃器，山羊: *über den B. springen* 腾越跳马 ‖ K-（复合）: ***Bock-***, ***-springen***, ***-sprung*** **2.** ein Gestell mit *mst* vier Beinen. Man benutzt *z.B.* zwei Böcke, um Lasten darauf zu legen（四脚）支架 ‖ -K（复合）: ***Holz-***

Bock[3] *der*; *indeklinabel*, *gespr*（词形不变），［口］; ***B.***（***auf etw.***（*Akk* 四格））（*bes* von Jugendlichen verwendet）（青年人用语）兴趣，兴致，劲头，胃口 ≈ Lust〈null B./keinen B. haben 没心思/没胃口〉: *Ich hab null B. auf die Schule* 我上学没劲

Bock[4] *das/der*; *-s*, *-*; *Kurzw*（略）↑ ***Bockbier***

bock·bei·nig *Adj*（形）; *gespr*［口］≈ trotzig, störrisch ‖ *hierzu*（派生）**Bock·bei·nig·keit** *die*; *nur Sg*（只用单数）

Bock·bier *das*; ein sehr starkes Spezialbier — 种烈性啤酒

bo·cken; *bockte*, *hat gebockt*; [Vi]（不及物）**1.** ***ein Tier bockt*** ein Tier bewegt sich nicht od. nur widerwillig weiter（动物作主语）站在那里不动窝，勉强挪步〈ein Pferd, ein Esel 马，驴〉**2.** ***ein Kind bockt*** ein Kind ist widerspenstig u. störrisch（小孩作主语）执拗，不顺从，顶撞，犟，倔 ‖ *hierzu*（派生）**bo·ckig** *Adj*（形）

Bock·mist *der*; *gespr! pej*［粗］［贬］≈ Unsinn

Bocks·horn *das*; *mst in* 多用于 ***sich***（***nicht***）***ins B. jagen lassen*** sich（keine）Angst machen od. sich（nicht）täuschen od. verwirren lassen（不）被吓住，（不）受骗，（不）惊惶失措

bock·steif *Adj*（形）; *ohne Steigerung*, *gespr*（无变级）［口］; sehr steif u. unbeweglich 非常生硬的，呆板的，直挺挺的

Bock·wurst *die*; e-e Wurst aus magerem Fleisch, die im Wasser heiß gemacht u. *mst* mit e-m Brötchen u. Senf gegessen wird 趁热食用的香肠

Bo·den[1] *der*; *-s*, *Bö·den*; **1.** die oberste Schicht der Erdoberfläche（*bes* in Bezug auf ihre Nutzbarkeit）土地，土壤〈fruchtbarer, lehmiger, steiniger, sandiger B. 肥沃的、粘性的、多石的、沙质的土壤; der B. ist aufgewühlt, aufgeweicht, gefroren, verseucht 这块土地已掘松，泡软，上冻，受到污染〉: *Kartoffeln gedeihen am besten in lockerem u. sandigem B.* 土豆在松软的沙质土壤里长得最好 ‖ K-（复合）: ***Boden-***, ***-bearbeitung***, ***-beschaffenheit***, ***-erosion***, ***-feuchtigkeit***, ***-nutzung***, ***-qualität***, ***-untersuchung***, ***-verbesserung*** ‖ -K（复合）: ***Fels-***, ***Lehm-***, ***Sand-***, ***Wald-*** **2.** *nur Sg*（只用单数）; die Fläche（im Freien u. in Räumen）, auf der man steht u. geht/auf der（in Räumen）die Möbel stehen od. auf der man（im Freien）baut 地，地面〈auf den/zu B. fallen, sinken, stürzen 落到地上/跌倒在地，降（落）到地上，坠（摔、跌）到地上（摔倒在地）; auf dem/am B. liegen 躺在地上; auf dem B. sitzen 坐在地上; etw. vom B. aufheben 从地上拾起某物; j-n/etw. zu B. drücken 将某人/某物压倒在地; den B. fegen, kehren,（auf）wischen, putzen 清扫，打扫，擦洗，刷洗地面〉: *nach der Seereise wieder festen B. unter den*

Füßen haben 航海后重又返回陆地 ‖ K-(复合)：**Boden-**，**-belag**，**-heizung**，**-pflege** ‖ -K(复合)：**Bretter-**，**Holz-**，**Parkett-**，**Teppich-** 3. die unterste, horizontale Fläche e-s Behälters *o.Ä.*(容器等的)底,底部〈der B. e-r Kiste, e-r Truhe, e-s Koffers, e-s Schranks 木箱、箱柜、手提箱、柜子的底部〉：*Am B. des Tanks hat sich Schmutz abgesetzt* 油箱(油罐)底部沉积了一层污垢 **4.** *nur Sg*(只用单数)；die unterste Fläche e-s Gewässers(江河、湖、海等水域的)底,底部,河床 ≈ Grund：*auf dem/am B. des Meeres, Teiches, Kanals* 在海底,池底,运河底 ‖ -K(复合)：**Meeres-** **5.** *Adj*(形容词) + **B.** ein bestimmtes Gebiet 土地,地域,领土≈ Territorium〈deutscher, englischer *usw* B. 德国的、英国的土地〉：*nach e-m Aufenthalt im Ausland wieder heimatlichen B. betreten* 在国外居住了一阵子后重又踏上家乡的土地 **6.** ≈ Grundlage, Basis：*auf sicherem/schwankendem B. stehen* 立足于可靠的/动荡不定的基础上；*auf dem B. der Demokratie bleiben* 仍以民主政治为基业 ‖ ID [谚] (**an**) **B. gewinnen/verlieren** an Bedeutung gewinnen/verlieren 赢得/失去影响；**B. gutmachen/wettmachen** *gespr* [口]；Fortschritte machen u. so j-s Vorsprung verringern 迎头赶上；**am B. zerstört sein** *gespr* [口]；(psychisch u. physisch) völlig erschöpft sein 精疲力竭,彻底垮了；**auf dem B. der Tatsachen bleiben** vernünftig u. praktisch denken 采取理智的,实际的态度,立足于事实；**etw. fällt auf fruchtbaren B.** etw. wird gern befolgt u. übt somit e-e sichtbare Wirkung aus 某事被采纳并产生明显的效果；**etw. aus dem B. stampfen** etw. in kürzester Zeit errichten od. hervorbringen 一蹴而就,一举成功;轻而获得某物；**festen B. unter den Füßen haben** (*mst* wirtschaftlich) e-e sichere Grundlage haben 有牢靠的基础,有经济保障；**j-m brennt der B. unter den Füßen** j-d spürt, dass er in Gefahr ist 某人感到处于危险中,待不下去了；**den B. unter den Füßen verlieren** **a)** nicht mehr fest stehen können 站不住脚；**b)** wirtschaftlich keine sichere Grundlage mehr haben 经济上不再有保障,失去经济基础；**j-m den B. unter den Füßen wegziehen** j-m seine wirtschaftliche Grundlage nehmen 从经济上挤垮某人,夺走某人生存的基础；**etw.** (*Dat* 三格) **den B. entziehen** e-r Sache die Grundlage nehmen 使某事站不住脚,不攻自破；**j-n zu B. strecken** j-n niederschlagen 击倒某人,制服某人

Bo·den[2] *der*；*-s*；*Bö·den*；der unbewohnte Raum direkt unter dem Dach e-s Gebäudes 阁楼,顶楼≈ Dachboden ‖ K-(复合)：**Boden-**，**-fenster**，**-kammer**，**-treppe**

Bo·den·flä·che *die* **1.** die Fläche e-s Bodens[1] (2)地面 **2.** das Land[1] (2), auf dem sich Äcker u. Weiden befinden 耕地,(放牧)草地

Bo·den·frost *der*；Frost auf dem Erdboden u. in seiner obersten Schicht 地面霜冻：*Für die Nacht ist B. angesagt* 预报夜里地面将有霜冻 ‖ K-(复合)：**Bodenfrost-**，**-gefahr**

Bo·den·haf·tung *die*；*nur Sg*(只用单数)；der direkte Kontakt von Reifen e-s Fahrzeugs mit der Straße(轮胎的)地面附着力,粘点：*Diese Reifen haben in der Kurve e-e gute B.* 这些轮胎在拐弯时显示出良好的粘点

Bo·den·le·ger *der*；*-s*，*-*；j-d, der beruflich Fußböden legt u. repariert 地板装修工

bo·den·los *Adj*(形) **1.** *gespr*[口]；verwendet, um negative Substantive, Adjektive u. Adverbien zu verstärken(强调名、形、副的负面语义)闻所未闻的,罕见的,令人难以置信的,极度的 ≈ unerhört, enorm〈e-e Frechheit, (ein) Leichtsinn, e-e Unverschämtheit 放肆行为,轻率态度,厚颜无耻的行径；b. frech, leichtsinnig 极其放肆的,轻率的〉**2.** *gespr* [口]；sehr schlecht 十分糟糕的〈e-e Arbeit, Leistungen 工作,成绩〉**3.** sehr tief 无底的,深不见底的,深不可测的〈e-e Tiefe 深处,深渊；etw. fällt ins Bodenlose 某物落入无底深渊〉

Bo·den·ne·bel *der*；Nebel über dem Erdboden (aber nicht in höheren Luftschichten)低雾,地面雾 ↔ Hochnebel

Bo·den·per·so·nal *das*；das Personal, das auf e-m Flugplatz (u. nicht im Flugzeug) arbeitet (*z.B.* ein Fluglotse) 地勤人员,地面工作人员↔ Flugpersonal

Bo·den·satz *der*；*nur Sg*，*Kollekt*(只用单数,集合)；die Teilchen, die sich aus e-r Flüssigkeit abgesondert u. am Boden e-s Gefäßes angesammelt haben 沉淀,沉积物

Bo·den·schät·ze *die*；*Pl*(复)；die Vorräte an Rohstoffen im Erdboden (die abgebaut werden) 地下资源,矿藏〈der Abbau, die Gewinnung von Bodenschätzen 开采地下资源〉：*Sibirien ist reich an Bodenschätzen* 西伯利亚有丰富的地下资源

bo·den·stän·dig *Adj*(形) **1.** in e-m bestimmten Gebiet entstanden u. dafür typisch 具有地方风格的,具有地方特色的〈Bauweise, Kultur, Trachten 建筑方式,文化,服装〉**2.**〈e-e Bevölkerung, e-e Familie, ein Mensch 居民,家庭,人〉sehr stark mit der Gegend verbunden, in der sie geboren wurden u. in der sie leben 本乡本土的,本地的,土著的 ‖ *hierzu* (派生) **Bo·den·stän·dig·keit** *die*；*nur Sg*(只用单数)

Bo·den·sta·tion *die*；e-e Station auf der Erde, von der aus der Flug e-s Raumfahrzeugs gesteuert u. überwacht wird(太空飞行的)地面站

Bo·dy [ˈbɔdi] *der*；*-s*，*-s*；*gespr* [口]；**1.** *bes hum* 尤用于[诙]；der menschliche Körper 人体,躯体 **2.** Unterwäsche in einem Stück *des* für Babys u. Frauen(婴儿和妇女用的)裤衬

Bo·dy·buil·ding [ˈbɔdibɪldɪŋ] *das*；*-s*；*nur Sg* (只用单数)；das Trainieren bestimmter Muskeln, um e-e bessere Figur zu bekommen 体形锻练,健美操,健身操〈B. machen, betreiben 做健美操,进行体形锻练〉

Böe [ˈbøː(ə)] *die*；*-*，*-n*；↑ **Bö**

bog *Imperfekt*，*1. u. 3. Person Sg*(过去时,第一和第三人称单数)；↑ **biegen**

Bo·gen[1] *der*；*-s*，*-/Bö·gen*；**1.** ein Teil e-r nicht geraden Linie 曲线,弧线,弯路 ≈ Biegung, Kurve：*Der Fluss/Weg macht/be-*

schreibt e-n B. 这条河/路拐了个弯；*etw. in hohem B. werfen* 将某物呈弧线抛出；*in großem B. um etw. herumfahren* 围绕某物拐了个大弯 **2.** ein Stück Mauer in der Form e-s Bogens (1), das zwei Pfeiler od. Mauern verbindet 拱,穹窿,拱门,弓形结构,拱顶〈ein flacher, gotischer, romanischer, spitzer B. 平顶的、哥特式的、罗马式的,尖形的拱〉: *Die Brücke spannt sich in weitem B. über den Fluss* 河面上架着一座跨度很大的拱桥 ‖ -K(复合): ***Brücken-***, ***Fenster-***, ***Rund-***, ***Spitz-***, ***Tor-*** **3.** ein Stab aus elastischem Holz, der mit Pferdehaaren bespannt ist u. mit dem man Streichinstrumente spielt (弦乐器的)弓,琴弓,弓子 ‖ K-(复合): ***Bogen-***, ***-führung***, ***-haltung*** ‖ -K(复合): ***Geigen-*** **4.** ein gekrümmter Stab aus starkem Holz od. Kunststoff, der mit e-r Sehne od. e-r Schnur bespannt ist u. als Waffe od. Sportgerät verwendet wird (武器或运动器械的)弓〈den B. spannen 张弓,拉弓; mit Pfeil u. B. schießen 用弓箭射击〉‖ K-(复合): ***Bogen-***, ***-schießen***, ***-schütze*** ‖ -K(复合): ***Jagd-*** ‖ ID[谚] ***den B. überspannen*** mit etw. zu weit gehen, etw. übertreiben 做得太过分,要求过高,超越常规; ***e-n großen B. um j-n/etw. machen*** j-n/etw. bewusst meiden(有意地)回避某人/某事; ***den B. heraushaben*** *gespr* [口] wissen, welche Technik man anwenden muss, damit etw. funktioniert 懂得做事的诀窍; ***in hohem B. hinausgeworfen werden/hinausfliegen*** *gespr* [口]; e-n Raum sofort verlassen müssen od. sofort von seinem Arbeitgeber entlassen werden 被撵走,被解雇 ‖ *zu* (义项) **1. bo·gen·för·mig** *Adj*(形)

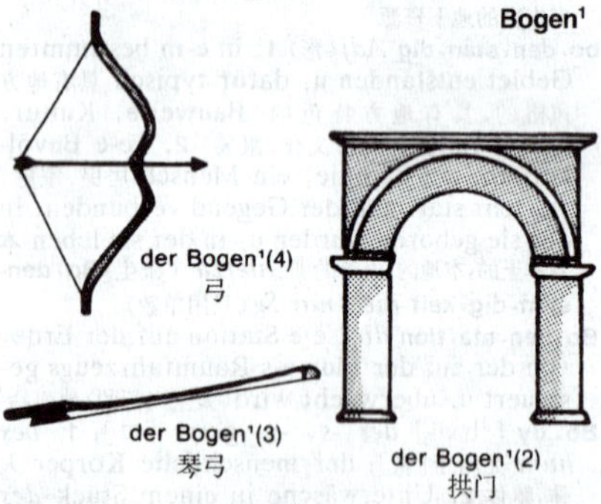

Bogen[1]

der Bogen[1](4) 弓

der Bogen[1](3) 琴弓

der Bogen[1](2) 拱门

Bo·gen[2] *der*; *-s, -/Bö·gen*; **1.** ein Blatt Papier, auf das man schreibt 张,页(纸): *e-n neuen B. in die Schreibmaschine einspannen* 往打字机里卷进一张新的纸 **2.** ein *mst* großes, rechteckiges Stück Papier für bestimmte Zwecke 大张,整张(纸)〈ein B. Geschenkpapier, Packpapier, Zeichenpapier 一张礼品纸、包装纸、绘图纸; ein B. Briefmarken 一大张(版)邮票; e-n B. aufrollen, falten 卷起(或:打开)、折(叠)一张纸〉‖ -K(复合): ***Brief-***, ***Druck-***, ***Zeitungs-***

Bo·heme [bo'(h)ɛːm] *die*; *-*; *nur Sg*, *Kollekt* (只用单数,集合); *bes* Künstler, die ein unkonventionelles Leben frei von gesellschaftlichen Zwängen führen 放荡不羁的演艺界 ‖ *hierzu*(派生) **Bo·he·mi·en** [bo(h)e'mi̯ɛː] *der*; *-s*, *-s*

Boh·le *die*; *-*, *-n*; ein sehr dickes Brett 厚木板,厚板 ‖ K-(复合): ***Bohlen-***, ***-brücke***, ***-weg*** ‖ -K(复合): ***Holz-***

böh·misch *Adj*(形) **1.** in Bezug auf Böhmen 波希米亚的 **2. *etw. kommt j-m b. vor*** j-d versteht etw. nicht, etw. erscheint j-m unglaubwürdig 某人不理解某事,某人觉得某事不可思议 ‖ ID[谚]: ↑ ***Dorf***

Boh·ne *die*; *-*, *-n* **1.** e-e Gemüsepflanze, die als kleiner Busch vorkommt od. an Stangen hochwächst u. längliche, *mst* grüne Früchte hat 豆类作物 ‖ K-(复合): ***Bohnen-***, ***-blüte***, ***-ranke*** ‖ -K(复合): ***Busch-***, ***Soja-***, ***Stangen-*** **2.** die Frucht der B. (1) 豆,豆角,豆荚(指荚果)〈Bohnen pflücken, brechen 摘,掰豆角〉‖ K-(复合): ***Bohnen-***, ***-salat***, ***-suppe*** **3.** der rundlich-ovale Kern der B. (2) 豆粒,豆子〈weiße, dicke Bohnen 白色的、丰满的豆粒〉**4.** der Samenkern bestimmter Pflanzen (*z.B.* des Kaffeestrauchs, des Kakaobaums) 咖啡、可可的果仁,咖啡面,可可豆〈Bohnen rösten 烘焙咖啡豆、可可豆〉‖ -K(复合): ***Kaffee-***, ***Kakao-*** **5. *blaue Bohnen*** *veraltend hum* [渐旧][诙]; die Kugeln, die aus e-m Gewehr od. e-r Pistole geschossen werden 枪弹,子弹 ‖ ID[谚] *mst* 多用 ***nicht die B.*** *gespr* [口]; überhaupt nicht 毫不,一点儿也不: *Das interessiert mich nicht die B.!* 我对此一点儿也不感兴趣!

Boh·nen·kaf·fee *der*; *nur Sg* (只用单数) **1.** (gemahlene) Kaffeebohnen 咖啡(粉末): *ein Pfund B.* 一磅咖啡 **2.** ein dunkles Getränk, das aus Kaffeebohnen u. heißem Wasser hergestellt wird 咖啡(饮料): *e-e Tasse B.* 一杯咖啡

Boh·nen·kraut *das*; *nur Sg* (只用单数); e-e Gewürzpflanze, mit der man *bes* Bohnen würzt 香薄荷

Boh·nen·stan·ge *die* **1.** e-e lange Stange, an der (Stangen) Bohnen hochwachsen 豆蔓支架,豆架 **2.** *gespr hum* [口][诙]; j-d, der sehr groß u. mager ist 瘦高个儿,又瘦又高的人

Boh·ner *der*; *-s*, *-*; ein Gerät, mit dem man Fußböden bohnert 打蜡地板刷

boh·nern; *bohnerte*, *hat gebohnert*; [Vt/i] (及物/不及物) (***etw.***) ***b.*** etw. mit Wachs einreiben u. blank polieren 给…打蜡,把…擦亮〈den Fußboden b. 给地板打蜡〉‖ K-(复合): ***Bohner-***, ***-wachs***

boh·ren; *bohrte*, *hat gebohrt*; [Vt/i] (及物/不及物) **1.** (***etw.***) (***irgendwohin***) ***b.*** mit e-m Werkzeug ein Loch od. e-e Öffnung in etw. machen 钻,钻孔,往…上打眼: (*mit dem Bohrer*) *Löcher* (*in ein Brett/in die Wand*) *b.* (用钻头)(在木板上/墙上)钻洞; *e-n Brunnen b.* 钻一口井; *In der Wohnung über mir wird den ganzen Tag gebohrt* 我楼上那套房子里整天在钻呀钻的 ‖ K-(复合): ***Bohr-***, ***-loch***, ***-maschine***

‖ *zu* **Bohrmaschine** ↑ *Abb. unter* 图见 **Werkzeug** **2.** (**e-n Zahn**) **b.** (als Zahnarzt) mit e-m elektrischen Bohrgerät ein Loch in e-n Zahn machen, um ihn mit e-r Füllung zu versehen(在牙齿上)钻孔; [Vt](及物) **3.** (**j-m/sich**) **etw. in etw.** (*Akk* 四格) **b.** e-n *mst* spitzen Gegenstand in etw. hineindrücken 将…刺进,穿进,打进,插进: *e-n Pfahl in die Erde b.* 往地里打桩; *j-m ein Messer in die Brust b.* 将刀刺进某人的胸部; [Vi](不及物) **4.** (**mit etw.**) **irgendwo b.** mit e-m spitzen Instrument od. e-m Körperteil irgendwo drehende Bewegungen machen u. dabei Druck ausüben 钻进,转动着插入: *mit den Zehen im Schlamm b.* 将脚尖转动着插入泥浆; *mit dem Finger in der Nase b.* 用手指挖鼻孔 **5.** (**nach etw.**) **b.** mit Bohrmaschinen arbeiten, um auf Bodenschätze zu stoßen 钻孔,凿孔,钻探: *in der Nordsee nach Erdöl b.* 在北海钻探石油 ‖ K-(复合): **Bohr-**, **-loch** **6.** *gespr*[口]; immer wieder fragen, um etw. zu erfahren 刨根问底儿,缠磨: *Er bohrte so lange, bis ich ihm alles erzählte* 他缠住不放,直到我把什么都告诉他为止; [Vr](反身) **7.** **etw. bohrt sich** (**j-m**) **in etw.** (*Akk* 四格) etw. dringt (*bes* durch Druck, e-n Stoß) in etw. ein(物作主语)刺进,穿进,钻进,插进: *Ein Dorn bohrte sich ihr in den Fuß* 一根刺扎进了她的脚上

boh·rend **1.** *Partizip Präsens* (现在分词); ↑ **bohren** **2.** *Adj*(形); *nur attr od adv*(只作定语或状语); (über längere Zeit) sehr unangenehm u. lästig 令人难以忍受的,十分折磨人的,钻心似的〈Blicke, Fragen, Schmerzen 目光,问题,痛苦〉

Boh·rer *der*; *-s*, *-*; ein spitzer, spiralförmig gedrehter Stift aus Metall *mst* am Ende e-r Bohrmaschine, mit dem man Löcher in hartes Material (wie *z.B.* Holz, Stein) machen kann 钻头 ‖ ↑ *Abb. unter* 图见 **Werkzeug** ‖ -K(复合): **Holz-**, **Gesteins-**; **Pressluft-**

Bohr·in·sel *die*; e-e Plattform, die im Meer befestigt ist u. von der aus *bes* nach Erdöl gebohrt wird 海上钻井平台

Boh·rung *die*; *-*, *-en* **1.** das Bohren (5) **2.** das Loch, das mit e-m Bohrer hergestellt wurde (钻成的)孔眼

bö·ig *Adj*(形); durch Böen gekennzeichnet 刮大风的,狂飙般的,起风暴的〈Wetter, Wind 天气,风〉

Boi·ler [ˈbɔylɐ] *der*; *-s*, *-*; ein Gerät, das *mst* an der Wand befestigt ist u. mit dem man gespeichertes Wasser heiß machen kann(多指壁挂式)热水器〈den B. aufheizen, einschalten, ausschalten 使热水器加热,打开、关上热水器〉 ‖ -K(复合): **Elektro-**, **Gas-**

Bo·je [ˈboːjə] *die*; *-*, *-n*; ein schwimmender Gegenstand, der mit e-r Leine *o.Ä.* am Boden e-s Flusses, Sees od. des Meeres befestigt ist u. als Markierung für Schiffe u. Boote dient 浮标: *gefährliche Stellen durch Bojen markieren* 用浮标标出危险地点 ‖ -K(复合): **Heul-**, **Leucht-**, **Schwimm-**

-bold *der*; *-(e)s*, *-e*; *im Subst*, *wenig produktiv*, *pej* (构成名词,构词弱), [贬]; j-d, der (unangenehm) auffällt, weil er bestimmte Dinge (gern od. oft) macht, oft in e-m bestimmten Zustand ist *o.Ä.*(表示由于常做某种事而不招人喜欢的人)家伙,厮; **Lügenbold**, **Raufbold**, **Saufbold**, **Scherzbold**, **Trunkenbold**, **Witzbold**

Böl·ler *der*; *-s*, *-* **1.** ein kleines Geschütz, mit dem *bes* bei festlichen Anlässen (Salut-)Schüsse abgegeben werden 小型火炮,小型臼炮(尤指鸣放礼炮用的) ‖ K-(复合): **Böller-**, **-schuss** **2.** ein Feuerwerkskörper, der laut knallt 爆竹,鞭炮

Boll·werk *das* **1.** *hist*[历]; starke u. feste Bauten u. Mauern, die e-n Ort od. e-e Stadt vor den Feinden schützen sollten 棱堡(古代城堡角上的五角形堡垒) ≈ Festung **2.** ein Ort, an dem *bes* e-e Ideologie, e-e Religion *o.Ä.* sehr stark unterstützt od. verteidigt wird(维护某种意识形态、宗教信仰的)堡垒,中心 ≈ Hochburg: *ein B. des Katholizismus* 天主教的堡垒

Bol·sche·wist *der*; *-en*, *-en*; *hist*, *mst pej*[历]多用[贬]; ein (sowjetischer) Kommunist 布尔什维克主义者,布尔什维克,布尔什维克派 ‖ NB(注意): *der Bolschewist*; *den*, *dem*, *des Bolschewisten* ‖ *hierzu*(派生) **Bol·sche·wis·tin** *die*; *-*, *-nen*; **bol·sche·wis·tisch** *Adj*(形)

Bol·zen *der*; *-s*, *-*; ein dicker Stift aus Eisen od. Holz, der Teile e-r Konstruktion verbindet 螺栓,销钉,插头: *zwei Eisenstangen mit e-m B. aneinander befestigen* 用一枚螺栓将两根铁棒固定在一起 ‖ ↑ *Abb. unter* 图见 **Werkzeug**

bol·zen·ge·ra·de *Adj* (形); *gespr* [口]; ganz gerade 笔直的,直挺挺的〈b. dastehen 直挺挺地站在那里; sich b. aufrichten 笔直地站起来〉

Bom·bar·de·ment [bɔmbardəˈmãː] *das*; *-s*, *-s*; das Bombardieren (1) *z.B.* e-r Stadt 轰炸,炮击

bom·bar·die·ren; *bombardierte*, *hat bombardiert*; [Vt](及物) **1.** **j-n/etw. b.** j-n/etw. mit Kanonen od. Bomben angreifen 轰炸,炮击〈den Feind, e-e Stadt, die feindlichen Stellungen b. 炮击(轰炸)敌人、城市、敌人的阵地〉 **2.** **j-n/etw.** (**mit etw.**) **b.** *gespr*[口]; zahlreiche Gegenstände auf j-n/etw. werfen(不断)向…投击,抛掷〈j-n mit Schneebällen, faulen Tomaten b. 用雪球、烂西红柿连续不断向某人投去〉 **3.** **j-n mit etw. b.** *gespr*[口]; j-n mit sehr vielen Fragen, Briefen *o.Ä.* belästigen 烦扰,麻烦,困扰〈j-n mit Fragen, Protesten b. 用种种问题、抗议去烦扰某人〉 ‖ *hierzu*(派生) **Bom·bar·die·rung** *die*

bom·bas·tisch *Adj*(形); *oft pej* 常用[贬]; stark übertrieben, mit viel zu viel Aufwand 夸张的,浮夸的,奢华的,虚夸不实的〈e-e Rede, ein Palast 讲话,宫殿〉

Bom·be *die*; *-*, *-n*; ein Gegenstand *mst* aus Metall, der (mit Sprengstoff gefüllt ist u.) viel zerstört, wenn er explodiert 炸弹〈e-e B.

legen, entschärfen 放置一颗炸弹,拆除炸弹的引信; e-e B. (aus dem Flugzeug) abwerfen(从飞机上)投下一颗炸弹〉: *e-e B. mit Zeitzünder* 带定时引信的炸弹,定时炸弹 ‖ K-(复合): ***Bomben-***, ***-alarm***, ***-angriff***, ***-anschlag***, ***-attentat***, ***-drohung***, ***-explosion***, ***-krater***, ***-splitter***, ***-terror***, ***-trichter*** ‖ -K(复合): ***Atom-***, ***Brand-***, ***Wasserstoff-*** ‖ ID[谚] ***etw. schlägt wie e-e B. ein*** etw. verursacht Aufregung u. Schrecken 某事引起巨大轰动,某事像一颗炸弹一样炸开了; ***Die B. ist geplatzt*** **a**) etw. (Unangenehmes), das man schon länger erwartet hat, ist jetzt geschehen 某种(不愉快的)事情终于发生了; **b**) etw., das längere Zeit geheim gehalten wurde, ist jetzt bekannt geworden 某种长期秘而不宣的事情终于暴露真相

Bom·ben- *im Subst, begrenzt produktiv, gespr* (构成名词,构词有限),[口]; besonders gut, groß, stark; erstklassig 特棒的,巨大的,非常厉害的,头等的; der ***Bombenerfolg***, das ***Bombengehalt***, das ***Bombengeschäft***, die ***Bombenhitze***, die ***Bombenrolle*** 〈in e-m Film 在一部影片中〉, die ***Bombenstimmung*** 〈bei e-r Party 在一次聚会上〉

bom·ben·fest *Adj*(形); *gespr*[口]; ganz fest 特别牢固的: *Mit diesem Klebstoff hält es b.* 用这种胶水粘得很牢固

bom·ben·si·cher *Adj*(形); *gespr*[口]; absolut sicher 绝对可靠的,非常有把握的: *ein bombensicherer Plan* 一个绝对稳当的计划

Bom·ber *der*; *-s, -*; ein Flugzeug, mit dem man Bomben abwirft 轰炸机

bom·big *Adj*(形); *gespr*[口] ≈ großartig, ausgezeichnet 〈e-e Stimmung, e-e Atmosphäre 心境,氛围〉

Bom·mel *der*; *-s, -/die*; *-, -n*; *gespr*[口]; e-e Art kleine Kugel aus Wolle (wie *z.B.* an e-r Pudelmütze)毛线的小球,(毛线帽子上的)小绒球

Bon [bɔŋ, bõ:] *der*; *-s, -s* **1.** ein kleiner Papierstreifen, auf dem die Preise der Waren stehen, die man in e-m Geschäft eingekauft hat 付款收据,收款条 ≈ Kassenzettel **2.** ein Zettel od. ein Blatt Papier, für die man Waren mit e-m festgelegten Wert bekommt (领取物品的)票(证),代金券 ≈ Gutschein: *e-n Bon im Wert von 20 Euro einlösen* 凭20欧元的票证领取物品 ‖ -K(复合): ***Essens-***, ***Getränke-***

Bon·bon [bɔŋ'bɔŋ; bõ'bõ:; 'bɔŋbɔŋ] *der/südd* Ⓐ [南德][奥] *das*; *-s, -s*; ein kleines Stück aus *mst* harter u. gefärbter Zuckermasse, das *mst* süß schmeckt 糖果,小糖块〈e-n B. lutschen 嘴里含一块糖〉 ‖ -K(复合): ***Husten-***; ***Zitronen-***

Bon·bo(n)·ni·e·re [bɔŋbo'nie:rə] *die*; *-, -n* **1.** *veraltend*[渐旧]; ein Behälter aus Glas *o.Ä.* mit Süßigkeiten 一盒糖果 **2.** e-e Schachtel mit Pralinen 一盒夹心(果仁)巧克力糖

Bon·mot [bõ'mo:] *das*; *-s, -s*; *geschr*[书]; ein geistreicher u. zur Situation passender Ausspruch 警句,妙语,绝句

Bo·nus *der*; *-/-ses, -se*; ein Vorteil (*bes* an Geld od. Punkten), den man j-m gewährt, um ihn für etw. zu belohnen od. zu entschädigen 红利,津贴,分值 ↔ Malus 〈j-m e-n B. gewähren 给某人一份津贴〉

Bon·ze *der*; *-n, -n*; *gespr pej*[口][贬] **1.** j-d, der e-e leitende Stellung hat (u. oft arrogant u. rücksichtslos seine Vorteile ausnützt)权贵,倚官仗势者 ‖ -K(复合): ***Partei-*** **2.** *oft Pl*(常用复数); ein sehr reicher Mensch, der seinen Reichtum auf arrogante Weise zeigt 富豪,大款,显富者 ‖ NB(注意): *der Bonze; den, dem, des Bonzen*

Boom [bu:m] *der*; *-s, -s*; ein plötzliches, starkes Anwachsen der Nachfrage u. ein damit verbundenes wirtschaftliches Wachstum(经济上突然的)兴旺,景气,兴隆,繁荣 ≈ Hochkonjunktur ‖ -K(复合): ***Bau-***

boo·men ['bu:mən]; *boomte, hat geboomt*; [Vi] ***etw. boomt*** e-e Sportart *o.Ä.* erlebt e-n Boom 某一体育项目很兴旺

Boot *das*; *-(e)s, -e*; ein relativ kleines, *mst* offenes Wasserfahrzeug 小船,小艇 ≈ Kahn: *in e-m B. über den Fluss rudern* 乘一条小船划过河去 ‖ K-(复合): ***Boots-***, ***-bau***, ***-bauer***, ***-fahrt***, ***-steg***, ***-verleih***, ***-zubehör*** ‖ -K(复合): ***Motor-***, ***Paddel-***, ***Ruder-***, ***Segel-***; ***Rettungs-*** ‖ ID[谚] *mst* 多用 ***Wir sitzen alle im selben/in einem B.*** wir sind alle in der gleichen schwierigen Situation u. müssen zusammenhalten 我们大家是风雨同舟(指有共同的利益和命运)

Boots·mann *der*; *-(e)s, Boots·leu·te*; MIL【军】; ein Unteroffizier bei der Marine(德国)海军中士

Bor *das*; *-s*; *nur Sg*(只用单数); ein chemisches Element 硼; CHEM【化】B ‖ K-(复合): ***Bor-***, ***-salbe***, ***-wasser***

Bord[1] (*der*); *-(e)s*; *nur Sg*(只用单数) **1.** der obere, seitliche Rand e-s Schiffes 船舷,甲板,船上侧〈j-n/etw. über B. werfen 将某人/某物扔到船外,扔到水里去〉 **2.** ***an B.*** (+ *Gen* 二格) auf e-m Schiff, in e-m Flugzeug od. Raumschiff 在船(飞机或航天飞机)上: *Der Kapitän begrüßte die Passagiere an B. seiner Boeing 747* 机长在他驾驶的波音747飞机上欢迎乘客 **3.** ***an/von B. gehen*** ein Schiff, Flugzeug od. Raumschiff betreten/verlassen 登上/离开船(飞机或航天飞机) **4.** ***über B. gehen*** von e-m Schiff ins Wasser fallen 从船上落入水中 ‖ ID[谚] *mst* 多用 ***Mann über B.!*** verwendet, um auszudrücken, dass j-d vom Schiff ins Wasser gefallen ist 有人(从船上)落水啦!; ***etw. über B. werfen*** *gespr*[口]; etw. ganz aufgeben 放弃某物;不顾某事: *seine Pläne über B. werfen* 完全放弃自己的计划; *alle Vorsicht über B. werfen* = etw. Riskantes unternehmen)把一切危险置之脑后(指铤而走险)

Bord[2] *das*; *-(e)s, -e*; ein Brett, das an der Wand befestigt wird, damit man Geschirr od. Bücher darauf abstellen kann 固定在墙上

的(可放餐具或书籍的)木板,墙上的搁板 ‖ K-(复合):***Bücher-***;***Wand-***

Bord.buch *das*;ein Buch auf e-m Schiff, in das der Kapitän schreibt, was während e-r Fahrt geschieht 航海日志〈ein B. führen 记航海日志〉

Bor.dell *das*;*-s*, *-e*;ein Haus, in dem Prostitution betrieben wird 妓院

Bord.kan.te *die* ≈ Bordsteinkante

Bord.stein *der*;der Rand des Bürgersteigs, der aus länglichen Steinen besteht 路缘,马路牙子 ‖ K-(复合):***Bordstein-***, ***-kante***

bor.gen;*borgte*, *hat geborgt*;Vt(及物) **1.** ***j-m etw. b.*** j-m etw. vorübergehend zur (*mst* kostenlosen) Benutzung geben 借给 ≈ j-m etw. leihen: *j-m seinen Schirm b.* 把自己的伞借给某人;*Kannst du mir ein paar Euro b.?* 你能借给我几个欧元吗? **2.** (***sich*** (*Dat* 三格)) ***etw.*** (***bei / von j-m***) ***b.*** sich etw. geben lassen, das man für e-e bestimmte Zeit (*mst* kostenlos) benutzen darf (向…)借用 ≈ (sich) etw. leihen: *Das Fahrrad ist nur geborgt* 这辆自行车(只)是借来的;*Er muss* (*sich*) *Geld bei seinem Sohn b.* 他得向他儿子借钱

Bor.ke *die*;*-*, *-n*;*nordd* [北德]: die starke äußerste Schicht e-s Baumstammes 树皮 ≈ Rinde

Bor.ken.kä.fer *der*;ein Käfer, der *mst* unter der Rinde od. im Holz von Bäumen lebt (u. für die Bäume sehr schädlich ist) 小蠹虫(一种对树木有害的甲虫)

bor.niert *Adj* (形);*pej* [贬]: fest auf seinen eigenen Ideen u. Meinungen beharrend 褊狭的,固执己见的,目光短浅的,心胸狭窄的 ≈ engstirnig ↔ einsichtig ‖ *hierzu* (派生) **Bor.niert.heit** *die*;*nur Sg* (只用单数)

Bör.se[1] *die*;*-*, *-n*;**1.** e-e Art Markt, der regelmäßig an e-m bestimmten Ort stattfindet u. auf dem die Preise von Wertpapieren (*z.B.* Aktien) od. von bestimmten Waren (*z.B.* Edelmetall, Kaffee) festgesetzt werden 交易所,证券交易所〈an der B. spekulieren 在交易所搞投机交易,在交易所炒股〉: *An der New Yorker B. fiel der Kurs des Dollars* 在纽约交易所美元的牌价跌落 ‖ K-(复合):***Börsen-***, ***-aufsicht***, ***-beginn***, ***-bericht***, ***-makler***, ***-nachrichten***, ***-schluss***, ***-spekulation*** ‖ -K(复合):***Waren-***, ***Wertpapier-*** **2.** das Gebäude, in dem die B. (1) stattfindet 交易所大楼

Bör.se[2] *die*;*-*, *-n*;*geschr veraltend* [书][渐旧] ≈ Geldbeutel, Portemonnaie ‖ -K(复合):***Geld-***

Bör.sen.krach *der*;der Zusammenbruch des Geschäfts an e-r Börse[1] durch ein unerwartetes u. starkes Abfallen der Börsenkurse 证券行市暴跌

Bör.sen.kurs *der*;der Preis von Devisen, Aktien *usw* an der Börse[1] 交易所(外汇、股票等的)牌价,行情

Bor.ste *die*;*-*, *-n* **1.** ein steifes, dickes Haar *bes* des Schweins 鬃毛,鬃(尤指猪鬃) ‖ -K(复合):***Schweins-*** **2.** ein künstlich hergestelltes Haar in der Art e-r B. (1), aus dem man Bürsten, Besen u. Pinsel macht 人工的硬毛、硬丝:*die Borsten der Zahnbürste* 牙刷的毛丝 ‖ ↑ *Abb. unter* 图见 **Besen** u. **Pinsel**

bor.stig *Adj* (形);*nicht adv* (不作状语) **1.** mit Borsten 有鬃毛的〈ein Tier 动物〉 **2.** hart wie Borsten 硬如鬃毛的〈Haare, ein Bart 头发,胡子〉

Bor.te *die*;*-*, *-n*;ein schmaler Streifen Stoff, den man als Schmuck an den Rand von Tischdecken, Röcken *o.Ä.* näht 镶边,滚边,花边〈etw. ist mit Borten besetzt 某物镶有滚边〉 ‖ -K(复合):***Gold-***, ***Spitzen-***

bös *Adj* (形);↑ ***böse***

bös.ar.tig *Adj* (形) **1.** mit der Absicht, anderen zu schaden 恶毒的,恶意的〈ein Mensch, e-e Bemerkung 人,意见〉 **2.** (lebens-)gefährlich 有生命危险的,恶性的〈ein Geschwür, e-e Krankheit, ein Tumor 溃疡,疾病,肿瘤〉 ‖ *hierzu* (派生) **Bös.ar.tig.keit** *die*;*nur Sg* (只用单数)

Bö.schung *die*;*-*, *-en*;die schräge Seite e-s Erdwalls od. Abhangs 斜坡,斜面〈e-e steile, sanfte B. 陡坡,缓坡〉 ‖ -K(复合):***Straßen-***, ***Ufer-***

bö.se *Adj* (形) **1.** so handelnd od. planend, dass es moralisch schlecht ist od. dass man absichtlich anderen schadet (道德上)恶的,坏的,恶意的 ≈ schlecht, schlimm ↔ gut〈ein Mensch, Gedanken 人,想法〉: *das Böse im Menschen* 人(心中)的邪念,人(性中)的恶的东西,恶;*Das war nicht b. gemeint* 这并无恶意 **2.** ≈ schlimm, unangenehm ↔ gut, schön〈e-e Angelegenheit, e-e Enttäuschung 事情,失望〉: *e-e böse Überraschung erleben* 遭到令人不快的意外;*bösen Zeiten entgegengehen* 面对艰难时光走去;*Er ahnte nichts Böses* 他没有感到有何不祥 **3.** *nicht adv* (不作状语);(***j-m***) ***b.*** (***wegen etw.*** (*Gen / Dat* 二格/三格)) ***sein***;(***auf j-n / mit j-m***) ***b. sein*** voller Ärger u. Wut auf j-n sein 生…的气,对…生气 ≈ wütend auf j-n sein: *Ich habe unsere Verabredung vergessen. Bist du mir deswegen jetzt b.?* 我把我们的约会忘了,所以你现在生我的气? **4.** ***b. werden*** in Wut geraten 生气,发怒,发火 **5.** *gespr* [口]: ungehorsam, den Eltern nicht gehorchend 不听话,不乖的,调皮的,淘气的 ↔ artig, brav〈ein Kind 孩子〉 **6.** *nur attr od adv*, *gespr* (只作定语或状语),[口]; verwendet, um e-n hohen Grad auszudrücken 十分厉害的,非常糟糕的 ≈ sehr stark, schlimm〈e-e Verletzung 创伤〉: *Er hat sich ganz b. in den Finger geschnitten* 他在自己手指上切了个很深的口子 ‖ ID [谚] ***im Bösen***〈auseinandergehen 分手〉in ärgerlicher, zorniger Stimmung (auseinandergehen) 在生气的情况下,在不和谐的气氛中(分手);不欢(而散);***mit j-m / etw. sieht es b. aus*** *gespr* [口]; j-d/etw. befindet sich in e-r schlimmen od. hoffnungslosen Situation 某人/某事的情况看来很糟糕,处境艰难

Bö.se.wicht *der*;*veraltend od hum* [渐旧]或

[诙]; j-d, der böse (1) ist 恶棍, 坏蛋 ≈ Schuft, Schurke

bos·haft *Adj*(形) **1.** 〈ein Mensch 人〉 so, dass er mit Freude u. voller Absicht anderen Böses tut 居心叵测的, 恶毒的, 阴险的 **2.** 〈ein Gelächter, ein Grinsen 嘲笑, 冷笑〉 so, dass sie Freude darüber zeigen, dass j-m etw. Böses geschieht 幸灾乐祸的 **3.** 〈e-e Kritik, ein Kommentar 批评, 评论〉 voller Spott 尖刻的, 刻薄的 ‖ *hierzu*(派生) **Bos·haf·tig·keit** *die*; *mst Sg*(多用单数)

Bos·heit *die*; *-*, *-en* **1.** *nur Sg*(只用单数); das Schlechtsein, das Bösesein 恶意, 恶毒, 坏心肠 〈etw. aus B. tun 出于恶意干某事; unter j-s B. leiden 深受某人之毒害〉 **2.** e-e boshafte (1) Tat od. Aussage 恶毒(阴险)的行为, 恶毒的话语 ≈ Gemeinheit: *j-m Bosheiten an den Kopf werfen* (= j-n beleidigen) 对某人劈头盖脸地满嘴恶言(侮辱某人)

Boss *der*; *-es*, *-e*; *gespr*[口]; j-d, der ein Unternehmen od. e-e Gruppe von Mitarbeitern leitet 头头, 老板 ≈ Chef (1) 〈der B. e-r Firma, Gewerkschaft, Bande 公司、工会、团伙的头头〉 ‖ -K(复合): ***Banden-***, ***Gewerkschafts-***

bös·wil·lig *Adj* (形) ≈ bösartig (1) 〈e-e Beschädigung, e-e Verleumdung 损坏, 诽谤〉 ‖ *hierzu*(派生) **Bös·wil·lig·keit** *die*; *nur Sg* (只用单数)

bot *Imperfekt*, *1. u. 3. Person Sg*(过去时, 第一和第三人称单数); ↑ ***bieten***

Bot *das*; *-(e)s*, *-e*; (CH) [瑞] ≈ Mitgliederversammlung

Bo·ta·nik *die*; *-*; *nur Sg*(只用单数); die Wissenschaft, die sich mit den Pflanzen beschäftigt 植物学 ≈ Pflanzenkunde 〈ein Lehrbuch der B. 植物学教科书〉 ‖ *hierzu*(派生) **Bo·ta·ni·ker** *der*; *-s*, *-*; **Bo·ta·ni·ke·rin** *die*; *-*, *-nen*

bo·ta·nisch *Adj*(形); *nur attr od adv*(只作定语或状语); **1.** für die wissenschaftliche Beschäftigung mit Pflanzen bestimmt 植物学的, 从事植物学研究的 〈e-e Exkursion, ein Institut, ein Lehrbuch 考察旅行, 研究所, 教科书〉 **2.** in Bezug auf die Botanik 植物学的: *botanische Studien* 植物学研究 ‖ NB(注意): ↑ ***Garten***

Bo·te *der*; *-n*, *-n* **1.** j-d, den man schickt, um e-m anderen *bes* e-e Nachricht zu überbringen 送信人, 信差, 信使: *j-m ein Telegramm durch e-n Boten zustellen lassen* 通过信使向某人递送一份电报 ‖ -K(复合): ***Amts-***, ***Eil-***, ***Gerichts-***, ***Post-*** **2.** *mst* 多用 ***die Boten*** + *Gen* (二格) *geschr* [书]; etw., das etw. direkt Bevorstehendes anzeigt 报信使者, 使者: *Schwalben sind die Boten des Sommers* 燕子是报夏的使者 ‖ -K(复合): ***Friedens-***, ***Frühlings-***, ***Unglücks-*** ‖ NB(注意): *der Bote*; *den*, *dem*, *des Boten* ‖ *hierzu*(派生) **Bo·tin** *die*; *-*, *-nen*

Bot·schaft[1] *die*; *-*, *-en* **1.** ***e-e B.*** (***für j-n***) (***von j-m***) e-e Nachricht od. offizielle Mitteilung, die man j-m durch j-d anderen überbringen lässt 消息, 信息, 通知 〈j-m e-e B. (über)senden 向某人(转)发一个消息; für j-n e-e B. hinterlassen 给某人留下一个信息; e-e geheime B. 秘密消息〉 **2.** ***e-e B.*** (***an j-n***) e-e Rede, in der e-e Person des öffentlichen Lebens *bes* aufgrund e-s speziellen Anlasses e-e bestimmte Aussage macht 公告, 文告, 通告: *Die B. des Präsidenten wird im Fernsehen ausgestrahlt* 总统的公告通过电视播出; *Der Papst hat e-e B. an die Gläubigen gerichtet* 教皇向教徒们发了一份通告 ‖ -K(复合): ***Neujahrs-***, ***Weihnachts-*** **3.** *geschr*[书]; e-e Neuigkeit od. neue Idee, die man anderen mitteilt 消息 〈e-e freudige, traurige, willkommene B. verkünden 宣布一个喜讯、不幸的消息、令人高兴的消息〉 ‖ -K(复合): ***Freuden-***, ***Schreckens-***, ***Unglücks-*** **4.** ***die Frohe B.*** REL【宗】; das Evangelium 福音

Bot·schaft[2] *die*; *-*, *-en* **1.** die offizielle diplomatische Vertretung e-s Staates in e-m anderen Staat 大使馆: *Als er in Italien seinen Pass verloren hatte, wandte er sich an die deutsche B. in Rom* 他在意大利丢了护照后, 便去找驻罗马的德国大使馆 **2.** das Gebäude, in dem sich e-e B.[2](1) befindet 大使馆(楼)

Bot·schaf·ter *der*; *-s*, *-*; der höchste diplomatische Vertreter e-s Landes in e-m anderen Land 大使 ‖ K-(复合): ***Botschafter-***, ***-konferenz*** ‖ *hierzu*(派生) **Bot·schaf·te·rin** *die*; *-*, *-nen*

Bott *das*; ↑ ***Bot***

Bot·tich *der*; *-s*, *-e*; ein großer, runder od. ovaler Behälter aus Holz 大(椭)圆木桶 ‖ -K(复合): ***Holz-***, ***Wasch-***

Bouil·lon [bʊlˈjɔŋ, buˈjõː] *die*; *-*, *-s*; *mst Sg*(多用单数); e-e klare Suppe, die man durch das Kochen von Fleisch, Knochen u. Gemüse herstellt 肉汤, 骨头熬的汤 ≈ Fleischbrühe 〈B. mit Ei 鸡蛋肉汤〉 ‖ -K(复合): ***Hühner-***, ***Rinds-***

Bou·le·vard [bul(ə)ˈvaːɐ] *der*; *-s*, *-s*; e-e breite Straße in e-r großen Stadt, an deren Seiten *mst* Bäume stehen 宽阔的大道, 林阴大道: *die Boulevards von Paris* 巴黎的林阴大道

Bou·le·vard·blatt *das* ≈ Boulevardzeitung

Bou·le·vard·stück *das*; ein unterhaltsames Theaterstück 活报剧, 娱乐剧, 消遣剧

Bou·le·vard·the·a·ter *das*; ein kleines Theater, in dem Boulevardstücke gespielt werden(专演娱乐剧的)小剧院

Bou·le·vard·zei·tung *die*; e-e Zeitung, die *bes* sensationelle Geschichten u. Skandale über berühmte Persönlichkeiten enthält(以登名人轶事、轰动性报道为主的)马路小报

Bou·quet [buˈkeː] *das*; *-s*, *-s*; ↑ ***Bukett***

Bour·geois [burˈʒoa] *der*; *-*, *-[-s]*; ein Angehöriger der Bourgeoisie 资产者, 资产阶级分子 ‖ *hierzu*(派生) **bour·geois** *Adj*(形)

Bour·geoi·sie [burʒoaˈziː] *die*; *-*, *-n* [-ˈziːən]; *mst Sg*, *Kollekt*(多用单数, 集合) **1.** *pej*[贬]; (*bes* von Kommunisten u. Sozialisten verwendet) die reichen, mächtigen Bürger im Kapitalismus 资产阶级 **2.** *geschr veraltend*

［书］［渐旧］；angesehene u. reiche Bürger 有名望的富裕市民

Bou·tique [bu'ti:k] *die*；-，-*n* [-kn]；ein *mst* kleines，relativ teures Geschäft für Kleidung 精品服装店 ‖ -K(复合)：***Mode-***

Bow·le ['bo:lə] *die*；-，-*n*；ein kaltes Getränk，das man aus Früchten，Fruchtsaft，Wein u. Sekt mischt 波列酒(一种用水果、果汁、葡萄酒和香槟酒混合而成的饮料)〈e-e B. ansetzen 调制波列酒〉‖ -K(复合)：***Ananas-***，***Erdbeer-***

Bow·ling ['bo:lɪŋ] *das*；-(*s*)；*nur Sg*(只用单数)；e-e Art Kegelspiel mit zehn Kegeln 保龄球运动 ‖ K-(复合)：***Bowling-***，***-bahn***，***-klub***

Box *die*；-，-*en* **1.** ein Behälter mit Deckel 盒子，箱子 ‖ -K(复合)：***Frischhalte-***，***Gefrier-***，***Kühl-***，***Tiefkühl-*** **2.** *mst Pl*，*gespr*(多用复数)［口］；die Lautsprecher，die zu e-r Stereoanlage gehören(有立体声装置的)扩音器，音箱 **3.** der abgeteilte Platz für ein Pferd in e-m Stall(马厩中每匹马所占的)分棚 ‖ -K(复合)：***Pferde-***

bo·xen；*boxte*，*hat geboxt*；**Vi**(不及物) **1.** (***gegen j-n***) ***b.*** nach festen (Wettkampf) Regeln mit den Fäusten mit j-m kämpfen 拳击，进行拳击比赛，打拳：*gegen den Titelverteidiger b.* 与卫冕冠军比赛拳击 ‖ *K-*(复合)：***Box-***，***-handschuh***，***-kampf***，***-sport*** ‖ *zu* ***Boxhandschuh*** ↑ *Abb. unter* 图见 ***Handschuhe***；**Vt**(及物) **2.** ***j-n*** (***irgendwohin***) ***b.*** j-m mit der Faust gegen e-e Körperstelle stoßen 用拳击打(身体的某一部位)：*j-n* (*in die Rippen*) *b.* 用拳击某人(的肋骨)；**Vr**(反身) **3.** ***j-d boxt sich mit j-m***；〈Personen 人〉 ***boxen sich*** *gespr*［口］；*mst* zwei Personen schlagen sich gegenseitig mit den Fäusten(人作主语)单：与某人用拳头打起来；复：彼此用拳头打起来

Bo·xer[1] *der*；-*s*，-；j-d，der die Sportart Boxen ausübt 拳击运动员，拳击手 ‖ -K(复合)：***Amateur-***，***Berufs-***

Bo·xer[2] *der*；-*s*，-；ein großer Hund mit braunem，glattem Fell，platter Schnauze u. stark verkürztem Schwanz 斗拳狗，拳师狗 ‖ ↑ *Abb. unter* 图见 ***Hunde*** K-(复合)：***Boxer-***，***-hund***，***-hündin***

Bo·xer·shorts *die*；*Pl*(复)；e-e weite，kurze，dünne Hose，die man *bes* als Unterhose trägt 拳击(运动短)裤

Box·ring *der*；der quadratische Kampfplatz für Boxkämpfe，der mit Seilen begrenzt ist 拳击比赛台，拳击场

Boy·kott [bɔy'kɔt] *der*；-*s*，-*s*/-*e*；***der B.*** (+ *Gen* 二格/***von etw.***) das Boykottieren (政治上、经济上的)抵制，封锁，断绝往来〈e-m Land den B. erklären 声明对一个国家实行抵制；zum B. aufrufen 号召进行抵制〉‖ K-(复合)：***Boykott-***，***-drohung***，***-erklärung***，***-maßnahmen***

boy·kot·tie·ren；*boykottierte*，*hat boykottiert*；**Vt**(及物) ***j-n/etw. b.*** als Protest gegen etw. sich weigern，mit e-m Land politische Beziehungen zu unterhalten，mit j-m Handel zu treiben，etw. zu kaufen od. an etw. teilzunehmen 抵制，封锁，拒绝与…进行(政治、经济、贸易)往来：*die Lehrveranstaltungen b.*，*um gegen die schlechten Studienbedingungen zu protestieren* 为抗议恶劣的大学学习条件而罢教罢课 ‖ *hierzu*(派生) **Boy·kot·tie·rung** *die*；*nur Sg*(只用单数)

brab·beln；*brabbelte*，*hat gebrabbelt*；*gespr*［口］；**Vi**(不及物) **1.** Laute von sich geben，die wie Sprache klingen (aber noch nicht sprechen können) 咿呀学语〈ein Baby 婴儿〉；**Vt/i**(及物/不及物) **2.** (***etw.***) ***b.*** leise u. undeutlich reden 咕哝 **3.** (***etw.***) ***b.*** Unsinn reden 胡说八道 ‖ *zu*(义项) ***Gebrabbel*** ↑ ***Gebrach***

brach *Imperfekt*，*1. u. 3. Person Sg*(过去时，第一和第三人称单数)；↑ ***brechen***

Bra·che *die*；-，-*n* **1.** e-e Fläche，die landwirtschaftlich nicht genutzt wird u. daher von verschiedenen Pflanzen bewachsen ist 休闲地，休耕地 ‖ K-(复合)：***Brach-***，***-land*** **2.** die Zeit，während der e-e Fläche landwirtschaftlich nicht genutzt wird(土地)休闲期，休耕期

Bra·chi·al·ge·walt *die*；*nur Sg*(只用单数)；brutale körperliche Gewalt，mit der man versucht，seine Ziele durchzusetzen 蛮力，蛮劲，粗野动作

brach·lie·gen；*lag brach*，*hat brachgelegen*；**Vi**(不及物) **1.** ***etw. liegt brach*** etw. wird landwirtschaftlich nicht genutzt(物作主语)(土地)休耕，休闲，荒置，闲置〈Ackerland 可耕地〉 **2.** ***etw. liegt brach*** *geschr*［书］；etw. bleibt ungenutzt(物作主语)未加利用，被搁置起来，被废弃〈Fähigkeiten 能力〉

brach·te *Imperfekt*，*1. u. 3. Person Sg*(过去时，第一和第三人称单数)；↑ ***bringen***

bräch·te *Konjunktiv II*，*1. u. 3. Person Sg*(虚拟式Ⅱ，第一和第三人称单数)；↑ ***bringen***

bra·ckig *Adj*(形)；leicht salzig u. daher nicht genießbar 带有咸味因而不能饮用的〈Wasser 水；etw. schmeckt b. 某物稍带咸味〉

Brack·was·ser *das*；-*s*，-；*mst Sg*(多用单数)；ein Gemisch aus Salz- u. Süßwasser，das sich *bes* dort bildet，wo ein Fluss ins Meer mündet(河水与海水交融处的)带有咸味的水，入海口的水

Braille·schrift ['braj-] *die*；*nur Sg*(只用单数)；die international übliche Blindenschrift 盲文

Bran·che ['brã:ʃə] *die*；-，-*n*；*Kollekt*(集合)；alle Betriebe u. Geschäfte，die mit der Herstellung od. dem Vertrieb von gleichen od. ähnlichen Produkten u. Leistungen beschäftigt sind 行业，部门 ≈ Geschäftszweig〈in e-r B. arbeiten 在某一行业(部门)工作；aus e-r B. kommen 来自某一行业〉‖ K-(复合)：***Branchen-***，***-kenntnis*** ‖ -K(复合)：***Elektro-***，***Lebensmittel-***，***Textil-***

bran·chen·fremd *Adj*(形)；nicht zu e-r bestimmten Branche gehörend 非行业的，行业以外的

bran·chen·üb·lich *Adj*(形)；so，wie es in e-r bestimmten Branche üblich ist 按行业惯例的，(商业上)通用的

Bran·chen·ver·zeich·nis *das*；ein Telefonbuch

mit geschäftlichen Telefonnummern u. Adressen, die nach Branchen geordnet sind 按行业编排的电话簿，商户通讯簿，企业名录 ≈ die Gelben Seiten

Brand *der*; -(*e*)*s*, *Brän·de*; **1.** ein Feuer, das *mst* großen Schaden anrichtet 火，大火，火灾 〈ein verheerender B. 一场毁灭性的大火; ein B. bricht aus, wütet 爆发一场大火；大火蔓延，越烧越厉害; e-n B. bekämpfen, löschen, verursachen 制服，扑灭，引起一场大火〉: *Hamburg wurde 1842 durch e-n großen B. zerstört* 1842年汉堡曾毁于一场大火 ‖ K-(复合): ***Brand-***, ***-gefahr***, ***-geruch***, ***-opfer***, ***-schaden***, ***-schutz***, ***-spur***, ***-stätte***, ***-stelle***, ***-ursache***, ***-verhütung*** ‖ -K(复合): ***Steppen-***, ***Wald-***, ***Zimmer-*** **2.** *gespr*[口]; starker, quälender Durst 口干舌燥，口渴厉害 〈e-n B. haben 渴得嗓子眼都冒烟了〉 **3.** ***etw. gerät in B.*** etw. fängt an zu brennen (物作主语)起火了，着火了 **4.** ***etw. in B. setzen/stecken*** etw. anzünden (in der Absicht, dass es niederbrennt)将…点燃，纵火燃烧

brand- *im Adj, wenig produktiv*(构成形容词，构词弱) ≈ sehr, äußerst, absolut; ***brandaktuell*** 〈e-e Nachricht, e-e Reportage 消息，新闻报道〉, ***brandeilig*** 〈ein Auftrag 任务〉, ***brandgefährlich***, ***brandneu*** 〈ein Auto, ein Modell 汽车，型号〉

Brand·an·schlag *der*; ein Anschlag[2] (*mst* auf ein Gebäude), bei dem Feuer gelegt wird 纵火，放火

Brand·bla·se *die*; e-e Blase auf der Haut, die durch heißes Wasser, Feuer *o.Ä.* entsteht 因烧伤、烫伤引起的水泡，燎泡

bran·den; *brandete*, *hat gebrandet*; Vi (不及物) ***etw. brandet an etw.*** (*Akk*) 四格/***gegen etw.*** Wasser schlägt heftig gegen e-n Felsen od. gegen das Ufer (u. schäumt u. rauscht dabei)(物作主语)汹涌澎湃，冲击(岩石或堤岸) 〈das Meer, die Wellen, die Wogen 海水，波浪，浪涛〉

brand·heiß *Adj*(形); *ohne Steigerung*, *nicht adv*, *gespr*(无变级，不作状语)，[口]; aktuell u. sehr wichtig 最新的，热门的〈e-e Nachricht, e-e Meldung 消息，报道〉

Brand·herd *der*; die Stelle, an der ein großer Brand angefangen hat 火源地，火灾发生地: *Man vermutet den B. in der Bar des Hotels* 人们推测火源在旅馆的酒吧间

Brand·mal *das*; e-e Narbe od. ein Fleck auf der Haut nach e-r Verbrennung(烙在牲口、奴隶、罪犯身上的)烙印

brand·mar·ken; *brandmarkte*, *hat gebrandmarkt*; Vt (及物) ***j-n/etw.*** (***als etw.***) ***b.*** j-n/etw. öffentlich als etw. Negatives bezeichnen 公开揭露，严厉谴责，激烈批判: *Er wurde als Verräter gebrandmarkt* 人们痛斥他是叛徒 ‖ *hierzu*(派生) **Brand·mar·kung** *die*; *nur Sg*(只用单数)

Brand·mau·er *die*; e-e spezielle Mauer zwischen zwei aneinandergebauten Gebäuden, die verhindern soll, dass bei e-m Brand das Feuer von e-m Gebäude auf das andere übergreift 隔火墙，防火墙，风火墙

brand·schat·zen; *brandschatzte*, *hat gebrandschatzt*; Vt/i (及物/不及物) (***etw.***) ***b.*** *hist* [历]; e-e Stadt od. ein Land plündern, indem man Feuer legt 焚烧掠夺，纵火抢劫 ‖ *hierzu*(派生) **Brand·schat·zung** *die*

Brand·stif·ter *der*; -*s*, -; j-d, der absichtlich e-n Brand verursacht 纵火者，放火的人 ‖ *hierzu*(派生) **Brand·stif·tung** *die*

Bran·dung *die*; -; *nur Sg*(只用单数); die spritzenden u. schäumenden Wellen des Meeres, wenn sie auf den Strand aufschlagen od. sich an e-m Felsen brechen 汹涌的波涛，激浪: *ein von der B. ausgehöhlter Fels* 被浪涛侵蚀的岩石

Brand·wa·che *die*; (CH) [瑞] die Berufsfeuerwehr 职业消防队

Brand·wun·de *die*; e-e Wunde, die durch Feuer, Berühren heißer Gegenstände *o.Ä.* entsteht 灼伤，火伤，烫伤

Bran·dy [ˈbrɛndi] *der*; -*s*, -*s*; verwendet als Bezeichnung für Weinbrand 白兰地酒

brann·te *Imperfekt*, *1. u. 3. Person Sg*(过去时，第一和第三人称单数); ↑ ***brennen***

Brannt·wein *der*; ein sehr starkes alkoholisches Getränk, das durch Destillation gewonnen wird 烧酒，烈性酒 ≈ Schnaps 〈B. brennen 酿制烧酒〉

brät *Präsens*, *3 Person Sg*(现在时，第三人称单数); ↑ ***braten***

Brat- *im Subst, begrenzt produktiv*(构成名词，构词有限) **1.** geeignet od. bestimmt, gebraten zu werden, od. bereits gebraten 烤的，煎的，炸的; der ***Bratfisch***, das ***Brathähnchen***, das ***Brathuhn***, die ***Bratwurst*** **2.** zum Braten verwendet 用于烤、煎、炸的; die ***Bratfolie***, die ***Bratpfanne***, der ***Bratrost***, der ***Bratspieß***

bra·ten; *brät*, *briet*, *hat gebraten*; Vt (及物) **1.** ***etw. b.*** etw. in heißem Fett in der Pfanne od. im Backofen braun u. gar werden lassen 煎，炸，烤 〈Fleisch, Fisch, ein Kotelett b. 煎肉，炸鱼，炸排骨〉; Vi (不及物) **2.** ***etw. brät*** etw. wird (in der Pfanne od. im Backofen) braun u. gar(物作主语)(在煎锅或烤炉内)煎，烤: *Die Gans muss zwei Stunden b.* 鹅必须烤两小时 ‖ K-(复合): ***Brat-***, ***-zeit*** **3.** ***in der Sonne b.*** *gespr* [口]; lange in der heißen Sonne liegen(长时间地)晒太阳，做日光浴

Bratpfanne
煎锅，长柄平底锅

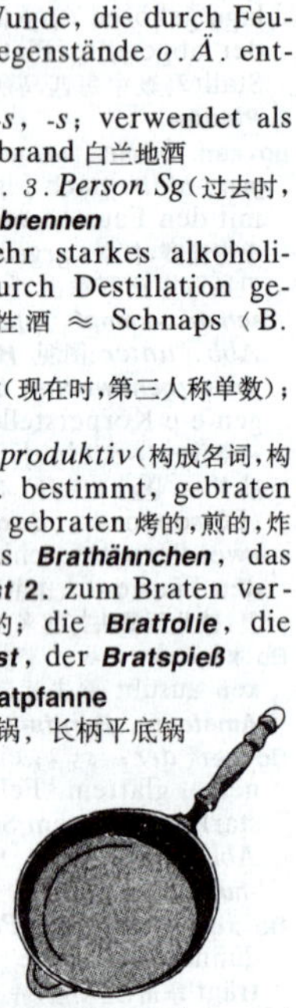

Bra·ten *der*; -*s*, -; ein (*mst* großes) Stück Fleisch, das im Herd od. an e-m Spieß gebraten wird od. wurde 烤肉，准备煎烤的肉 〈ein knuspriger, saftiger B. 脆皮的，多汁的烤肉; e-n kalten B. aufschneiden 将冷烤肉切成片; den B. in den Ofen schieben 将待烤的肉放进炉内; den B. wenden 将烤肉翻转过来〉 ‖ K-(复合): ***Braten-***, ***-duft***, ***-fett*** ‖ -K(复合):

Gänse-, Hasen-, Kalbs-, Rinder-, Schweine- ‖ ID[谚] ***den B. riechen*** *gespr*[口]; ahnen, dass man Opfer e-s Streiches od. e-r Intrige werden soll 预感到有被捉弄的危险,预感到要中圈套

Bra·ten·saft *der*; *nur Sg*(只用单数); die Flüssigkeit, die beim Braten aus dem Fleisch herauskommt 烤(煎)肉的汁

Brat·he·ring *der*; ein gebratener Hering, der *mst* in e-r Marinade sauer eingelegt ist 煎鲱鱼

Brat·kar·tof·feln *die*; *Pl*(复); gebratene Scheiben von (gekochten) Kartoffeln 煎土豆片: *B. mit Speck u. Zwiebeln* 肥肉、洋葱煎土豆片

Brat·röh·re *die* ≈ Backofen

Brat·sche *die*; -, -*n*; ein Musikinstrument, das ähnlich wie e-e Geige aussieht, aber etwas größer ist u. tiefer klingt 中音提琴,中提琴 ≈ Viola ‖ ↑ *Abb. unter* 图见 ***Streichinstrumente*** ‖ *hierzu*(派生) **Brat·schist** *der*; -*en*, -*en*; **Brat·schis·tin** *die*; -, -*nen*

Brat·wurst *die*; e-e Wurst, die man in der Pfanne brät od. die man grillt 煎香肠,烤香肠

Brauch *der*; -(*e*)*s*, *Bräu·che*; (innerhalb e-r Gemeinschaft od. in e-m Gebiet) etw., das man bei bestimmten Gelegenheiten gewöhnlich tut, weil es Tradition ist 风俗习惯,习俗 ⟨ein alter, christlicher, ehrwürdiger B. 古老的,基督教的,值得尊重的风俗; e-n B. pflegen, wieder aufleben lassen 保持,重又恢复一种风俗⟩: *Es ist ein alter B., an Weihnachten Geschenke zu machen* 在圣诞节赠送礼物是一个古老的习俗; *Bei uns ist es B., vor dem Essen „Guten Appetit" zu wünschen* 吃饭前道一声"祝你胃口好",是我们这里的习惯 ‖ -K(复合): ***Advents-, Hochzeits-, Oster-, Weihnachts-***

brauch·bar *Adj*(形) **1.** *nicht adv*(不作状语); in e-m Zustand, in dem die jeweilige Funktion (noch) erfüllt wird 可用的,有用的,能使用的: *Mein Schirm ist zwar alt, aber noch ganz b.* 我的伞虽然旧了,但还完全可以用 **2.** *gespr*[口]; relativ gut 适用的,适宜的,相当不错的 ≈ akzeptabel: *Er hat brauchbare Entwürfe abgeliefert* 他交来了相当不错的草稿 ‖ *hierzu*(派生) **Brauch·bar·keit** *die*; *nur Sg*(只用单数)

brau·chen; *brauchte, hat gebraucht*; [Vt](及物) **1.** ***j-n/etw. (für j-n, für/zu etw.) b.*** j-n/etw. *mst* zu e-m bestimmten Zweck haben müssen 需要 ≈ benötigen ⟨Freunde, Geld, Hilfe, Ruhe, Erholung b. 需要朋友,钱,帮助,安静,休养⟩: *Diese Pflanze braucht viel Licht u. Wasser* 这种植物需要充足的光和水; *Ich brauche noch e-n kräftigen Mann, der mir hilft, den schweren Schrank zu transportieren* 我还需要一位身强力壮的人来帮我运这只笨重的柜子 **2.** ***etw. b.*** e-e bestimmte Menge Zeit od. Material zur Verfügung haben müssen (um e-e bestimmte Leistung zu erbringen)(需要)用,使用: *Für dieses Kleid brauchte sie drei Meter Stoff*(为了)做这件连衣裙,她用了三米料子; *Er braucht noch drei Tage, bis er seine Arbeit beendet hat* 他还要用三天时间,才能结束他的工作 **3.** ***etw. b.*** etw. für e-n bestimmten Zweck nehmen u. verwenden, sodass es nicht mehr da ist 消耗,花费 ≈ verbrauchen: *Auf dem Oktoberfest hat er ziemlich viel Geld gebraucht* 在十月节期间他花了相当多的钱; *Mein Auto braucht 10 Liter Benzin auf 100 Kilometer* 我的汽车走100公里耗油10升 **4.** ***etw. braucht etw.*** für etw. ist etw. nötig(物作主语)需要: *Diese Arbeit braucht Zeit/Geduld* 这件工作需要时间/耐心 **5.** ***etw. b.*** ≈ gebrauchen, benutzen ⟨seinen Verstand b. 运用(使用)他的智力⟩ **6.** ***j-n/etw. (irgendwie) b. können*** irgendeine Verwendung für j-n/etw. haben 能(要)用,能(可以)使用、利用: *Können Sie noch Helfer b.?* 您还要用帮手吗?; *Die Farbreste kann ich gut b.* 这些剩下的颜料我能很好利用 **7.** ***j-n/etw. nicht b. (können)*** *gespr*[口]; j-n/etw. (in e-r bestimmten Situation) nicht haben wollen 不想要: *Bei dieser komplizierten Arbeit kann ich dich nicht b.* 在做这件复杂的工作时,我用不上你; *Deine Ratschläge brauche ich jetzt auch nicht mehr* 你的建议我现在也不再需要了 **8.** ***b.*** + ***nicht*** + ***zu*** + *Infinitiv*(不定式) etw. nicht tun müssen 不必做某事,无须做某事: *Ihr braucht nicht länger zu warten* 你们不必再等下去了 **9.** ***b.*** + ***nicht*** + ***zu*** + *Infinitiv*(不定式) verwendet als abgeschwächter verneinter Imperativ(用作弱化否定命令句): *Da brauchst du nicht zu lachen! – Die Sache ist sehr ernst* 你且别笑! ——事情很严重; *Ihr braucht keine Angst zu haben!* 你们大可不必害怕 **10.** ***b.*** + ***nur/bloß*** + ***zu*** + *Infinitiv*(不定式) nichts anderes tun müssen als 只须(做),只要(做)…: *Du brauchst nur auf den Knopf zu drücken, dann funktioniert die Maschine* 你只要按一下电钮,机器就会运转 ‖ NB(注意): *zu*(义项) **8.**, **9.** u. **10.**: Der Infinitiv ohne *zu* ist *bes* in der gesprochenen Sprache sehr gebräuchlich(在口语中后面的动词不定式经常不带 zu): *Du brauchst es mir nur sagen* 你只需要告诉我就行. Manche Leute finden diesen Gebrauch nicht akzeptabel(有些人认为这一用法不可取); [Vimp](无人称) **11.** ***es braucht etw.*** *südd* Ⓐ ⒸⒽ [南德][奥][瑞] etw. ist notwendig 某物是必要的: *Es braucht noch ein wenig Salz* 还要一点盐 ‖ ID[谚] ***Das brauchts nicht*** *gespr*[口]; das ist nicht nötig 这没有必要; *mst* 多用 ***Er ist zu nichts zu b.*** *gespr*[口]; er ist sehr ungeschickt 他这个人笨手笨脚(没有用)

Brauch·tum *das*; -*s*; *nur Sg*; *Kollekt*(只用单数,集合); alle Bräuche, die im Laufe der Zeit (in e-m Gebiet, in e-r Gemeinschaft *o. Ä.*) entstanden sind u. überliefert wurden 风俗习惯(总称)⟨das B. pflegen 保持风俗习惯⟩ ‖ K-(复合): ***Brauchtums-, -pflege***

Braue *die*; -, -*n*; einer der beiden Bogen über dem Auge, die aus feinen Haaren bestehen 眉毛 ≈ Augenbraue ⟨buschige Brauen 浓密的眉毛; die Brauen hochziehen, runzeln 竖起眉

毛,皱眉头〉‖ ↑ *Abb.* *unter* 图见 **Auge**

brau·en; *braute*, *hat gebraut*; [Vt](及物) **1.** **etw. b.** Bier herstellen 酿制,酿造(啤酒) ‖ K-(复合): **Brau-**, **-gerste**, **-kessel** **2.** **etw. b.** *gespr hum*[口][诙]; mit heißem Wasser ein Getränk zubereiten(用开水)冲,沏,泡〈e-n starken Kaffee, Tee b. 冲一杯浓咖啡,沏茶〉‖ *zu* (义项) **1.** **Brauer** *der*; *-s*, *-*

Brau·e·rei *die*; *-*, *-en* **1.** e-e Firma, die Bier braut 啤酒厂,酿酒厂 ‖ K-(复合): **Brauerei-**, **-pferd**, **-wagen** ‖ -K(复合): **Bier-**; **Kloster-**, **Schloss-** **2.** das Gebäude, in dem Bier gebraut wird 啤酒厂,酿酒厂(指厂房)

Brau·haus *das* ≈ Brauerei

braun, *brauner/bräuner*, *braunst-/bräunst-*; *Adj*(形) **1.** von der Farbe, die Schokolade u. Erde haben 棕色的,褐色的,栗色的: *braune Augen haben* 有一双褐色的眼睛 ‖ -K(复合): **dunkel-**, **kakao-**, **rot-**, **schwarz-** **2.** von relativ dunkler Hautfarbe (weil man lange in der Sonne war)(皮肤被太阳晒得)黑黝黝的 ↔ blass: *ganz b. im Gesicht sein* 脸被晒得黑黝黝的; *b. aus dem Urlaub zurückkommen* 晒得一身黝黑从假期回来 **3.** **b. gebrannt** vom Aufenthalt in der Sonne gebräunt 晒成棕褐色的,晒黑的 ‖ *hierzu* (派生) **Braun** *das*; *-s*; *nur Sg*(只用单数)

Bräu·ne *die*; *-*; *nur Sg*(只用单数); die braune Tönung der Haut, *bes* nachdem man lange in der Sonne war 皮肤的棕色色泽,黑黝黝的肤色〈e-e leichte, tiefe B. 浅褐色的,古铜色(酱紫色)的肤色〉

bräu·nen; *bräunte*, *hat gebräunt*; [Vt](及物) **1.** **etw. bräunt j-n/etw.** etw. bewirkt, dass j-d/etw. braun wird(物作主语)使成褐色: *Er kam tief gebräunt aus seinem Urlaub auf den Bahamas zurück* 他晒得黑黝黝地从巴哈马群岛休假回来了 **2.** **etw. b.** etw. durch Erhitzen in Fett od. im Backofen braun werden lassen 将…煎(烤、熬)成焦黄色(棕色、酱色)〈Butter, Fleisch, Zucker b. 将黄油煎热成棕色,将鱼烤得焦黄,将糖熬成酱色〉; [Vr](反身) **3.** **sich b.** sich *mst* in die Sonne legen, um braun zu werden 变成褐色,晒成黝黑色: *sich auf dem Balkon b.* (*lassen*)在阳台上把皮肤晒黑 ‖ *zu* (义项)**1.** u. **3.** **Bräu·nung** *die*

braun·ge·brannt ↑ **braun** (3)

Braun·koh·le *die*; e-e Kohle, die nicht so hart ist wie die Steinkohle u. beim Verbrennen viel Ruß erzeugt 褐煤〈B. fördern 开采褐煤〉

bräun·lich *Adj* (形); von schwacher brauner Farbe 带褐色的,淡赭色的,浅棕色的

Brau·se[1] *die*; *-*, *-n* **1.** ≈ Dusche〈unter der B. stehen 洗淋浴,冲澡〉‖ K-(复合): **Brause-**, **-bad** **2.** ein Plastik- od. Metallteil mit Löchern, aus dem das Wasser in dünnen Strahlen fließt (*z.B.* bei e-r Gießkanne) 喷头,喷嘴,莲蓬头

Brau·se[2] *die*; *-*, *-n*; *mst Sg*, *gespr veraltend* (多用单数),[口][渐旧]≈ Limonade ‖ K-(复合): **Brause-**, **-limonade**, **-pulver**

brau·sen[1]; *brauste*, *hat/ist gebraust*; [Vi](不及物) **1.** **etw. braust** (*hat*) etw. macht (*mst* als Folge eigener starker Bewegung) ein gleichmäßiges, intensives Geräusch(物作主语)奔腾翻滚,汹涌澎湃,呼啸,怒吼 ≈ etw. rauscht, tost〈das Meer, die Brandung, der Sturm 大海,浪涛,风暴〉: *brausender Beifall* 暴风雨般的掌声 **2.** **irgendwohin b.** (*ist*) *gespr* [口]; sich mit hoher Geschwindigkeit irgendwohin bewegen (*bes* mit Fahrzeugen) 飞速奔驰,飞驰≈ rasen

brau·sen[2]; *brauste*, *hat gebraust*; [Vi](不及物) **1.** ≈ duschen〈heiß, kalt b. 冲热水澡、冷水澡〉; [Vr](反身) **2.** **sich b.** ≈ (sich) duschen

Braut *die*; *-*, *Bräu·te*; **1.** e-e Frau am Tag ihrer Hochzeit 新娘: *Braut u. Bräutigam strahlten glücklich* 新娘和新郎容光焕发,喜形于色 ‖ K-(复合): **Braut-**, **-bukett**, **-eltern**, **-kleid**, **-kranz**, **-mutter**, **-schleier**, **-schmuck**, **-strauß**, **-vater**, **-wagen** **2.** ≈ Verlobte〈j-s B. sein 是某人的未婚妻〉**3.** *gespr* [口]; (*bes* von Jugendlichen verwendet 年轻人用语) ≈ Mädchen〈e-e tolle, heiße B. 容貌出众的、热情奔放的姑娘〉

Bräu·ti·gam *der*; *-s*, *-e* **1.** ein Mann am Tag seiner Hochzeit 新郎 **2.** ≈ Verlobter〈j-s B. sein 是某人的未婚夫〉

Braut·jung·fer *die*; e-e (*mst* unverheiratete) Freundin od. Verwandte der Braut, die diese in die Kirche begleitet 伴娘,女傧相

Braut·nacht *die*; *veraltend* [渐旧]≈ Hochzeitsnacht

Braut·paar *das*; Mann u. Frau kurz vor u. am Tag ihrer Hochzeit 新婚夫妇,新郎新娘

Braut·schau *die*; *nur in* 只用于 **auf B. gehen** *gespr hum*[口][诙]; e-e Frau zum Heiraten suchen 找老婆,找对象,相亲

brav [-f], *braver/gespr auch*[口]也用 *bräver* [-v-], *bravst-/brävst-* [-f-]; *Adj*(形) **1.** den Erwachsenen gehorchend 听(大人)话的,乖的 ≈ folgsam, artig ↔ böse〈ein Kind 孩子〉: *Wenn du b. bist, bekommst du ein Eis* 你听话的话就可以得到冰淇淋 **2.** *nur attr od adv*, *oft pej*(只作定语或状语)常用[贬]; Pflichten od. Befehle korrekt erfüllend, ohne viel darüber nachzudenken 顺从的,老老实实的,规矩的〈ein Mann, ein Bürger, ein Schüler 男人,公民,学生〉**3.** *nur attr od adv*(只作定语或状语); zufriedenstellend, aber nicht mehr als durchschnittlich 还可以的,算满意的,不错的 ≈ ordentlich〈e-e Leistung 成绩〉: *Er hat das Gedicht b. aufgesagt* 他这首诗背(诵)得还可以; *Sie spielt schon recht b., könnte aber besser sein* 她演得相当可以了,但还能更好些 **4.** *pej*[贬]; ohne besonderen Reiz 缺乏吸引力的,一般的,平庸的,勉强凑合的 ≈ hausbacken〈ein Mädchen, ein Kleid 姑娘,连衣裙〉**5.** *veraltend* [渐旧]≈ mutig, tapfer〈ein Soldat 战士,士兵; b. kämpfen 勇敢战斗〉‖ *hierzu* (派生) **Brav·heit** *die*; *nur Sg*(只用单数)

bra·vo! [-v-] *Interjektion*(叹); verwendet als Ausruf des Beifalls für e-e gute Leistung, *bes* im Theater(喝彩、叫好声)好!〈b. rufen 喝

彩,欢呼,叫好〉‖ K-(复合): ***Bravo-***, ***-ruf***

Bra·vour, **Bra·vur** [braˈvuːɐ] *die*; -; *nur Sg*, *geschr*(只用单数),[书] 1. die meisterhafte Bewältigung e-r Aufgabe *o.Ä.*高超的技艺,出色的才能〈ein Problem mit B. lösen, meistern 以出色的才能解决问题,克服困难〉: *Er hat die schwierige Sonate mit B. bewältigt* 他以熟练的技巧演奏了这首难度高的奏鸣曲 ‖ K-(复合): ***Bravour-***, ***-leistung*** **2.** große Tapferkeit 勇敢,大胆〈mit B. kämpfen 勇敢战斗〉‖ *hierzu* (派生) **bra·v(o)u·rös** *Adj*(形)

BRD [beː|ɛrˈdeː] *die*; -; *nur Sg*, *gespr*(只用单数),[口]; verwendet als inoffizielle Bezeichnung für die Bundesrepublik Deutschland 德意志联邦共和国(用作非官方名称)

Brech·ei·sen *das*; e-e stabile Stange aus Eisen mit e-m spitzen Ende, mit der man *z.B.* verschlossene Türen mit Gewalt öffnen kann 铁撬棍,撬棒≈ Brechstange

bre·chen; *bricht*, *brach*, *hat/ist gebrochen*; Vt(及物) (*hat*) **1.** ***etw. b.*** etw. Stabiles od. Hartes mit Gewalt in zwei od. mehrere Stücke teilen 折断,打碎: *e-e Stange, e-n Ast in zwei Teile b.* 将一根棍棒、树枝折成两段 **2.** ***sich*** (*Dat* 三格) ***etw. b.*** sich so verletzen, dass sich der Knochen e-s Körperteils in zwei Teile teilt 折断,(造成)骨折: *Er hat sich beim Skifahren das Bein gebrochen* 他滑雪时摔断了腿 **3.** ***etw. b.*** die Gültigkeit e-s Versprechens od. e-r Regelung missachten, sich nicht daran halten 违反,违背,破坏〈e-n Vertrag, ein Versprechen, den Waffenstillstand b.违反合同、诺言,破坏停战〉 **4.** ***etw. b.*** etw., das ein Hindernis *o.Ä.* darstellt, überwinden od. beugen 克服,战胜,挫败,制服〈j-s Trotz, Widerstand, Willen b.制服某人的抗拒、反抗,使某人屈服〉 **5.** ***etw. bricht etw.*** etw. lenkt e-n Lichtstrahl, Schallwellen *o.Ä.* in e-e andere Richtung(物作主语)使(光线)折射,使(声波)折回: *Wasser bricht das Licht* 水使光折射 **6.** ***etw. b.*** Gestein mit bestimmten Geräten aus Felsen *o.Ä.* lösen 开采 ≈ abbauen〈Marmor, Schiefer, Steine b.开采大理石、页岩、石料〉 **7.** ***das/sein Schweigen b.*** *geschr*[书]; nach relativ langem Schweigen dann doch über etw. reden 打破沉默 **8.** ***sein Wort b.*** ein Versprechen, das man gegeben hat, nicht halten 违背诺言,食言,失信 **9.** ***e-n Rekord b.*** e-e Leistung bringen, die den bestehenden Rekord übertrifft 打破记录; Vt/i (及物/不及物) (*hat*) **10.** (***etw.***) ***b.*** etw. aus seinem Magen durch den Mund von sich geben 呕,吐 ≈ sich übergeben, sich erbrechen〈Blut, Galle b.吐血、呕血,吐胆汁〉: *Ihm war schlecht u. er musste b.*他感到很不舒服,要吐; Vi(不及物) **11.** ***etw. bricht*** (*ist*) etw. teilt sich unter äußerem Druck od. durch Gewalt in zwei od. mehrere Stücke(物作主语)折断,断裂,碎裂,破碎: *Das Brett ist in der Mitte gebrochen* 这块木板在中间断裂; *Die Äste brachen unter der Last der Früchte* 这些树枝在累累果实的重压下断裂 **12.** ***mit j-m/etw. b.*** (*hat*) *geschr*[书]; den Kontakt mit j-m od. die Fortführung e-r Sache beenden 与…决裂,断绝关系〈mit der Tradition, mit der Vergangenheit, mit e-r Gewohnheit b.与传统、过去、习惯决裂〉: *Sie hat mit ihrer Familie ganz gebrochen* 她同她的家庭完全断绝了关系 **13.** ***irgendwoher b.*** (*ist*) plötzlich von irgendwoher hervorkommen 突然出现,冒出: *Das Licht bricht durch die Wolken* 亮光从云层中透出来; *Reiter brachen aus dem Gebüsch* 骑手们突然从灌木丛中蹿出来; Vr(反身) **14.** ***etw. bricht sich irgendwo*** (*hat*) etw. trifft auf ein Hindernis u. wird von dort zurückgeworfen od. in verschiedene Richtungen gelenkt(物作主语)折射,反弹过来: *Die Wellen b. sich an den Felsen* 波浪冲上岩石又飞溅回来; *Das Licht bricht sich im Glas* 光线透过玻璃折射 ‖ ID [谚] ***etw. ist brechend/zum Brechen voll*** *gespr*[口]; ein Lokal, ein Zug *o.Ä.* ist so voll mit Menschen, dass kein Platz mehr für weitere Personen da ist (饭馆、火车等)爆满,挤得满满的 ‖ ▶ ***Bruch***

Bre·cher *der*; -s, -; e-e sehr hohe u. starke Welle im Meer 汹涌的海浪

Brech·mit·tel *das*; e-e Medizin, die j-m hilft, seinen Magen (*z.B.* bei Vergiftungen) zu entleeren 催吐剂,呕药 ‖ ID[谚] ***j-d/etw. ist*** (***für j-n***) ***das reinste B.*** *gespr pej*[口][贬]; j-d wird von j-m gehasst od. vollkommen abgelehnt(在某人看来)某人/某物真是令人作呕的家伙/令人讨厌的东西

Brech·reiz *der*; *nur Sg*(只用单数); das Gefühl, sich erbrechen zu müssen 恶心,要呕吐的感觉〈e-n B. haben 感到要吐,感到恶心〉

Brech·stan·ge *die* ≈ Brecheisen ‖ ID[谚] ***es mit der B. versuchen*** mit Gewalt (1) versuchen, sein Ziel zu erreichen 试图用暴力达到目的

Bre·chung *die*; -, -en; PHYS【物】; e-e Änderung der Richtung von Licht- od. Schallwellen beim Übergang aus e-r Substanz in e-e andere od. beim Auftreffen auf ein anderes Medium 折射 ‖ K-(复合): ***Brechungs-***, ***-ebene***, ***-winkel***

Bre·douil·le [breˈdʊljə] *die*; *gespr veraltend* [口][渐旧]; *mst in* 多用于 **1.** ***in der B. sein/sitzen*** in e-r unangenehmen, schwierigen Lage sein 处于窘境,进退维谷 **2.** ***in die B. kommen/geraten*** in e-e unangenehme, schwierige Lage kommen 陷入狼狈境地,陷入困境

Brei *der*; -(e)s, -e; *mst Sg*(多用单数) **1.** e-e gekochte, dickflüssige Speise aus Grieß, Haferflocken, Kartoffeln, Reis *o.Ä.* 粥,糊,浆 ‖ -K(复合): ***Grieß-***, ***Hafer-***, ***Kartoffel-***, ***Reis-*** **2.** e-e zähflüssige Masse 糊状物〈etw. zu B. zerstampfen 将某物捣成黏糊状; e-n B. anrühren 搅拌,搅动糊状物〉‖ ID[谚] ***j-m B. ums Maul schmieren*** *gespr!* [粗] j-m schmeicheln 拍某人的马屁,给某人灌迷魂汤; ***um den*** (***heißen***) ***B. herumreden*** *gespr*[口]; es nicht wagen, ein problematisches Thema direkt anzusprechen 转弯抹角地说话,兜圈子,不

直截了当地触及问题‖ *hierzu*（派生）**brei·ig** *Adj*（形）

breit, *breiter*, *breitest-*; *Adj*（形）**1.** *Maßangabe*（度量说明语）+ ***b.*** verwendet, um (im Gegensatz zur Länge od. Höhe) die kleinere horizontale Ausdehnung e-r Fläche od. e-s Körpers anzugeben 宽的 ↔ lang, hoch: *Die Küche ist vier Meter lang u. drei Meter b.* 厨房长4米宽3米; *Wie b. ist dieser Tisch?* 这张桌子有多宽? **2.** *Maßangabe*（度量说明语）+ ***b.*** verwendet, um (im Gegensatz zur Höhe u. Tiefe) die horizontale Ausdehnung e-s Gegenstandes anzugeben, wenn man ihn von vorne sieht 宽的 ↔ hoch, tief: *Der Schrank ist 1,50m b. u. 40cm tief* 这柜子宽1.5米深40厘米‖ K-(复合): ***Breit-***, ***-format*** **3.** so, dass es e-e ziemlich od. überdurchschnittlich große Ausdehnung von e-r Seite zur anderen hat (im Vergleich mit anderen Objekten od. zur Norm) 宽阔的, 宽的 ↔ schmal 〈ein Fluss, e-e Straße, ein Bett, e-e Nase, Schultern 河, 街道, 床, 鼻子, 肩膀〉: *Der Schreibtisch ist schön b.* 这张写字桌很宽‖ ↑ *Abb. unter* 图见 ***Eigenschaften*** **4.** (bei e-r Erzählung) genaue Details gebend u. dabei oft vom zentralen Thema abkommend 琐碎冗长的, 啰唆的, 漫无边际的 ≈ weitschweifig 〈etw. b. erzählen, darstellen 冗长琐碎地叙述、描写某事〉 **5.** *nur attr od adv*（只作定语或状语）; sehr viele Menschen betreffend 广泛的, 广大的, 普遍的 〈die Öffentlichkeit, die Masse, ein Interesse 公众, 群众, 兴趣; e-e b. angelegte Untersuchung 一次大范围的调查〉: *Der Appell fand ein breites Echo in der Bevölkerung* 这次号召在人民中得到了广泛的响应 **6.** langsam u. mit gedehnten Vokalen 拖长的, 拉长声调的 〈e-e Aussprache 发音〉‖ NB（注意）: ↑ ***breitmachen***, ***weit***[1]

breit·bei·nig *Adj*（形）; *mst adv*（多作状语）; mit gespreizten Beinen 叉开双腿的 〈b. dastehen 叉开双腿站在那里〉

Brei·te *die*; -, *-n* **1.** (im Vergleich zur Länge od. Höhe) die kleinere horizontale Ausdehnung e-r Fläche od. e-s Körpers 宽, 宽度 ↔ Länge, Höhe: *Das Volumen e-s Würfels berechnet man, indem man die Länge mit der B. u. der Höhe multipliziert* 人们用长乘宽乘高来求得立方体的体积‖ ↑ *Abb. unter* 图见 ***geometrische Figuren*** **2.** (im Gegensatz zur Höhe u. Tiefe) die horizontale Ausdehnung e-s Gegenstandes, wenn man ihn von vorn sieht 宽, 宽度 ↔ Höhe, Tiefe: *Das Tor hat e-e B. von nur zwei Metern* 这扇大门的宽度只有两米 **3.** die relativ große Ausdehnung in seitlicher Richtung, zwischen zwei Seiten (im Vergleich mit anderen Objekten od. zur Norm) 宽广, 宽阔: *ein Fluss von ungeheurer B.* 一条非常宽阔的河 **4.** GEOG【地】; die Entfernung e-s Ortes vom Äquator 纬度 〈nördliche, südliche B. 北纬, 南纬〉: *Der Ort liegt auf dem 30. Grad südlicher B.* 这个地方在南纬30度 **5.** *nur pl*（只用复数）; ein Gebiet, das innerhalb bestimmter Breitengrade liegt 地带, 地区: *In unseren gemäßigten Breiten wachsen kaum tropische Pflanzen* 在我们这个温带区内几乎不生长热带植物 **6.** ***in epischer B.*** *pej*［贬］; sehr detailliert 十分琐碎, 啰哩啰嗦: *e-e Geschichte in epischer B. erzählen* 十分琐碎地讲一件往事‖ ID［谚］***in die B. gehen*** *gespr*［口］; dick werden 发胖‖ NB（注意）: ↑ ***Weite***

brei·ten; *breitete*, *hat gebreitet*; [Vt]（及物）**1.** ***etw. über j-n/etw.*** (*Akk* 四格) ***b.*** etw. über j-n/e-n Gegenstand legen u. ihn damit bedecken 盖, 铺: *e-e Decke über das Sofa b.* 将布罩盖在沙发上; [Vr]（反身）**2.** ***etw. breitet sich über etw.*** (*Akk* 四格) *geschr*［书］; etw. legt sich langsam über etw. (物作主语) 伸展, 弥漫, 覆盖在…上: *Der Nebel breitete sich über die Felder* 田野上弥漫着雾气

Brei·ten·grad *der*; GEOG【地】; die nördliche od. südliche Entfernung (e-s imaginären Kreises um die Erde) vom Äquator 纬度 ↔ Längengrad: *München liegt auf dem 48 B.* 慕尼黑位于北纬48度

Brei·ten·sport *der*; *Kollekt*（集合）; die Sportarten, die von sehr vielen Menschen betrieben werden 群众性体育项目

Brei·ten·wir·kung *die*; die Wirkung auf große Teile der Bevölkerung 广泛的影响: *Der Roman erhielt viele Literaturpreise, blieb aber ohne B.* 这部长篇小说曾获得多种文学奖, 但并未留下很大的影响

breit·ma·chen, sich; *machte sich breit*, *hat sich breitgemacht*; [Vr]（反身）**1.** ***sich (irgendwo) b.*** *bes* auf dem Sofa, Sessel od. Bett viel Raum für sich einnehmen od. beanspruchen (尤指在沙发或床上) 占很大地方: *Mach dich doch nicht so breit!* 你可别那样四仰八叉躺着! **2.** ***etw. macht sich breit*** *pej*［贬］; etw. (Negatives) wird immer beliebter (物作主语) 蔓延, 散布, 扩展 ≈ etw. breitet sich aus: *Diese Unsitte macht sich bei der Jugend (immer mehr) breit* 这种恶习在青年人中间传播(得越来越厉害)

breit·schla·gen (*hat*) [Vt]（及物）*mst in* 多用于 ***sich*** (*Akk* 四格) (***zu etw.***) ***b. lassen*** *gespr*［口］; sich zu etw. überreden lassen 被说服: *Ich habe mich wieder b. lassen, länger zu arbeiten* 我又一次被说服了, 要多干一会儿

breit·schult·rig *Adj*（形）; *nicht adv*（不作状语）; mit breiten Schultern 宽肩膀的 〈ein Mann 男人〉

Breit·sei·te *die* **1.** die breitere Seite (*z.B.* e-s Tisches) 宽面 **2.** MIL【军】; das gleichzeitige Abfeuern aller Kanonen auf einer der beiden Längsseiten e-s Schiffes 舷炮齐射, 舷侧炮, 炮火 〈e-e B. (auf j-n/etw.) abfeuern, abgeben (向某人/某物) 发射舷侧炮〉‖ ID［谚］***e-e B. auf j-n abfeuern*** *geschr*［书］; j-n heftig kritisieren 猛烈地批评某人

breit·tre·ten; *tritt breit*, *trat breit*, *hat breitgetreten*; [Vt]（及物）*gespr pej*［口］［贬］**1.** ***etw. b.*** lange u. ausführlich über ein Thema reden und damit seine Zuhörer langweilen 冗长而繁琐地叙述 **2.** ***etw. b.*** etw., das eigentlich geheim bleiben sollte, allen Leuten erzählen 宣扬,传播: *e-n peinlichen Vorfall b.* 到处宣扬一个令人不愉快的事件

Breit·wand *die*; e-e sehr breite Leinwand im Kino, auf die Filme projiziert werden 宽银幕 ‖ K-(复合): ***Breitwand-***, ***-film***

Brems.be.lag *der*; e-e Schicht aus e-m festen Material, die e-n Teil der Bremse¹ (1) bildet 制动衬片,闸衬片 ⟨die Bremsbeläge erneuern 更新制动衬片⟩

Brems.se¹ *die*; -, *-n* **1.** e-e Vorrichtung, mit der man ein Fahrzeug od. e-e Maschine verlangsamen od. zum Halten bringen kann 制动器,刹车,闸 ⟨e-e automatische, hydraulische B. 自动闸,液压制动器(液压闸); die Bremsen quietschen 制动器发出刺耳的尖叫声; die B. betätigen 拉动刹车⟩: *Das Unglück geschah, weil die Bremsen versagt haben* 由于制动器失灵,发生了不幸事故 ‖ K-(复合): ***Brems-***, ***-kraft***, ***-pedal***, ***-probe*** **2.** *mst* ein Hebel od. Pedal, mit dem man die B. (1) betätigt 制动器操纵杆,制动器的踏板 ⟨(auf) die B. drücken, treten 推手闸,踩脚闸⟩ ‖ -K:(复合) ***Fuß-***, ***Hand-***; ***Not-***

Brem.se² *die*; -, *-n*; e-e Art große Fliege, die Menschen u. Tiere sticht u. Blut saugt 牛虻 ‖ K-(复合): ***Bremsen-***, ***-plage***, ***-stich***

brem.sen; *bremste*, *hat gebremst*; Vt/i (及物/不及物) **1.** ***(etw.) b.*** mithilfe e-r Bremse¹ (allmählich) die Geschwindigkeit e-s Fahrzeugs reduzieren 制动,刹住 ↔ beschleunigen ⟨e-e Lokomotive, e-n Wagen b. 刹住机车、汽车; kurz, scharf b. 一下子、紧急地刹住⟩; Vt (及物) **2.** ***etw. b.*** etw. so beeinflussen, dass es langsamer wird 放慢,减缓,制止 ⟨e-e Entwicklung b. 减缓发展⟩ **3.** ***j-n b.*** j-n so beeinflussen, dass er nicht mehr so aktiv, schnell *o. Ä.* ist 约束,限制 **4.** ***j-d ist nicht mehr zu b.*** j-d wird sehr aktiv, lustig *o. Ä.* (人作主语)变得非常活跃,(说话或行动)是制止不住的: *Wenn er getrunken hat, ist er nicht mehr zu b.* 他喝酒后话匣子就关不住了 ‖ *zu* (义项) **1.** u. **2.** **Bremsung** *die*

Brems.klotz *der* **1.** *mst* ein dickes Stück Holz, das man unter das Rad e-s Fahrzeugs legt, um zu verhindern, dass es rollt 止车垫块,制动木块 **2.** der Teil e-r Bremse¹ (1), der durch Reibung die Bremswirkung herbeiführt 闸瓦,制动块,制动垫片,制动屐

Brems.licht *das*; ein *mst* rotes Licht am hinteren Ende e-s Fahrzeugs, das beim Bremsen aufleuchtet (车尾的)刹车灯

Brems.spur *die*; schwarze Streifen, die die Reifen e-s Fahrzeugs auf der Straße hinterlassen, wenn scharf gebremst wurde 刹车痕迹

Brems.weg *der*; die Strecke, die ein Fahrzeug benötigt, um beim Bremsen zum Stehen zu kommen 刹车距离,制动距离

brenn.bar *Adj* (形); *ohne Steigerung*, *nicht adv* (无变级,不作状语); so, dass es (*mst* leicht u. gut) brennen kann 可燃烧的,易燃的: *feuchtes Holz ist schlecht b.* 湿柴不易燃烧(不好烧) ‖ *hierzu* (派生) **Brenn.bar.keit** *die*; *nur Sg* (只用单数)

Brenn.ele.ment *das*; e-e Einheit aus vielen Brennstäben, mit deren Hilfe in Atomkraftwerken Energie gewonnen wird 释热元件 ⟨ein abgebranntes, radioaktiv strahlendes B. 烧完的,放射性发光的释热元件⟩

bren.nen; *brannte*, *hat gebrannt*; Vi (不及物) **1.** ***etw. brennt*** etw. wird vom Feuer zerstört od. beschädigt (物作主语)着火,起火,燃烧 ⟨lichterloh (= stark) b. 熊熊燃烧⟩: *Die Scheune brennt. Da hat der Blitz eingeschlagen* 粮仓着火,雷电击中了它 **2.** ***etw. brennt*** etw. produziert Flammen od. Glut (u. wird dabei verbraucht) (物作主语)着了,点着 ⟨ein Feuer, e-e Kerze, ein Streichholz, e-e Zigarette 火,蜡烛,火柴,香烟⟩ **3.** ***etw. brennt*** ein Gerät, das Wärme od. Licht produziert, ist in Betrieb (物作主语)燃烧着,亮着,生火了 ≈ etw. ist an ⟨der Herd, die Lampe, der Ofen 炉灶,灯,炉子⟩: *Er hat in der ganzen Wohnung das Licht b. lassen* 他让把住宅的灯全都点着了 **4.** ***etw. brennt (irgendwie)*** etw. ist so beschaffen, dass es b. (1,2) kann (物作主语)(以某种方式)燃烧: *Dürre Äste brennen wie Stroh* 干树枝着得像烧稻草那么旺 (= sehr gut) **5.** ⟨die Sonne 太阳⟩ ***brennt*** die Sonne scheint heiß u. intensiv 骄阳似火 **6.** ***etw. brennt*** etw. verursacht ein unangenehmes Gefühl od. Schmerzen (物作主语)引起痛感: *Das Desinfektionsmittel brannte in der Wunde* 消毒剂引起伤口灼痛 **7.** ***etw. brennt*** ein Körperteil ist entzündet u. schmerzt (物作主语)因发炎而灼痛,热辣辣地作痛: *die Augen brennen* 眼睛灼痛 **8.** ***vor etw.*** (*Dat* 三格) ***b.*** wegen e-s intensiven Gefühls sehr ungeduldig sein 因…而急躁,迫不及待,焦躁不安 ⟨vor Liebe, Neugier, Ungeduld b. 因爱情、好奇心、急不可耐而焦躁不安⟩ **9.** ***darauf b.*** + ***zu*** + *Infinitiv* (不定式) ungeduldig darauf warten, etw. tun zu können 渴望,热望,企盼: *Er brannte darauf, ihr die Neuigkeiten zu erzählen* 他渴望向她讲述新消息; Vimp (无人称) **10.** ***(bei j-m / irgendwo) brennt es*** *mst* j-s Haus brennt (1) 失火了,着火了; Vt (及物) **11.** ***etw. b.*** ein bestimmtes Produkt herstellen, indem man auf (Roh)Stoffe große Hitze einwirken lässt 烧制,烧 ⟨Porzellan, Ziegel b. 烧制瓷器,烧砖⟩ **12.** ***etw. b.*** durch Destillation Getränke mit hohem Alkoholgehalt herstellen 酿制 ⟨Schnaps, Whisky b. 酿制烧酒、威士忌⟩ **13.** ***etw. in etw.*** (*Akk* 四格) ***b.*** durch etw. Brennendes od. Glühendes irgendwo e-e Markierung hinterlassen 烧,烧成,烧出: *Ich habe mit der Kerze ein Loch in den Teppich gebrannt* 我用蜡烛把地毯烧了一个洞; Vr (反身) **14.** ***sich b.*** *gespr* [口]; sich durch Feuer *o. Ä.* verletzen 烧伤,灼伤,烫伤 ≈ sich verbrennen: *Ich habe mich am Ofen gebrannt* 我在火炉上烫伤了 ‖ ID [谚] *mst* 多用 ***Wo***

brennts denn? *gespr*［口］；welche dringenden Probleme gibt es？出什么事啦？什么事那么急？

bren·nend 1. *Partizip Präsens*（现在分词）；↑ ***brennen*** 2. *Adj*（形）；*nicht adv*（不作状语）；äußerst wichtig 极其重要的，迫切的〈Fragen，Probleme 问题，难题〉3. *Adv*（副）；*gespr*［口］≈ sehr〈*mst* sich b. für etw. interessieren 急切地关心某事，对某事十分感兴趣〉

Bren·ner *der*；*-s*，*-*；der Teil e-r Heizung，in dem der Brennstoff（*z.B.* Gas，Erdöl）verbrannt wird 燃烧器，燃烧炉

Bren·ne·rei *die*；*-*，*-en* 1. e-e Fabrik，in der starke alkoholische Getränke durch Destillation hergestellt werden 烧酒酿造厂 ‖ -K（复合）：***Schnaps-*** 2. *nur Sg*（只用单数）；die Herstellung von alkoholischen Getränken durch Destillation 烧酒酿制

Brenn·glas *das*；e-e Linse，die alle Strahlen，die（parallel）durch sie einfallen，in e-m Punkt sammelt 凸透镜，取火镜

Brenn·holz *das*；*nur Sg*（只用单数）；Holz，mit dem man ein Feuer macht 木柴，柴火〈B. sammeln 拾柴火〉

Brenn·ma·te·ri·al *das*；*Kollekt*（集合）；die Stoffe（wie *z.B.* Papier，Holz u. Kohle），die man zum Heizen verwendet 燃料（如纸、木材和煤）≈ Brennstoff（1）

Brenn·nes·sel *die*；e-e Pflanze，deren Blätter feine Haare haben，die（bei Berührung）unangenehm juckende Flecken auf der Haut verursachen 荨麻

Brenn·punkt *der* 1 ≈ Mittelpunkt，Zentrum〈im B. des Geschehens，des öffentlichen Interesses stehen 是，成为事态的、公众关注的焦点（热点）〉2. PHYS【物】；der Punkt，in dem sich ursprünglich parallele Strahlen treffen，nachdem ihre Richtung *z.B.* durch e-e Linse verändert wurde 焦点≈ Fokus

Brenn·spie·gel *der*；PHYS【物】；ein Spiegel mit e-r nach innen gebogenen Oberfläche，der bewirkt，dass parallel einfallende Strahlen sich in e-m Punkt treffen 凹镜，反射镜

Brenn·stab *der*；ein langer，dünner Stab aus Metall，der Uran od. Plutonium enthält. Viele Brennstäbe bilden zusammen ein Brennelement 释热棒

Brenn·stoff *der* 1. festes，flüssiges od. gasförmiges Material（*z.B.* Holz，Kohle，Erdöl），das Wärme abgibt，wenn man es verbrennt 燃料（如木材、煤、石油）〈natürlicher，künstlicher B. 天然的、人工的燃料〉2. PHYS【物】；ein Material wie Uran od. Plutonium，aus dem Atomenergie gewonnen wird 释热元件（如铀、钚等）

Brenn·wei·te *die*；PHYS【物】；der Abstand des Brennpunkts von der Mitte e-r Linse od. e-s Spiegels（1）焦距

brenz·lig *Adj*（形）1. *gespr*［口］≈ gefährlich〈e-e Situation 形势〉：*Die Sache wird mir allmählich zu b.* 这件事对我越来越难办（棘手）2. *veraltend*［渐旧］；so riechend，als ob es brennen würde 有焦味的，焦糊的〈ein Geruch 气味〉

Bre·sche *die*；*mst in* 多用于 1.（***für j-n***）***in die B. springen***；***sich***（*Akk* 四格）***für j-n in die B. werfen*** j-m in e-r Notlage helfen（舍身）援救某人，替某人解危 2. ***für j-n e-e Bresche schlagen*** durch intensives Bemühen j-m zum Erfolg verhelfen 为某人开辟一条通向成功之路、打开局面

Brett *das*；*-(e)s*，*-er*；1. ein langes，flaches（u. relativ breites）geschnittenes Stück Holz 木板〈ein dickes，dünnes，schmales B. 厚的，薄的，窄的木板；Bretter schneiden，sägen 截断、锯木板〉‖ K-（复合）：***Bretter-***，***-boden***，***-bude***，***-dach***，***-schuppen***，***-wand***，***-zaun*** ‖ -K（复合）：***Bücher-***，***Sitz-*** 2. e-e Platte（aus Holz od. Pappe），die in Quadrate od. in Linien eingeteilt ist u. auf der man Spielfiguren hin u. her bewegt，*z.B.* bei Schach od. Mühle 棋盘 ‖ K-（复合）：***Brett-***，***-spiel*** ‖ -K（复合）：***Schach-***，***Spiel-*** 3. *nur Pl*，*gespr*（只用复数）［口］；die Bühne e-s Theaters 戏台，舞台〈auf den Brettern stehen 演戏〉4. *nur Pl*，*gespr hum*（只用复数）［口］［诙］≈ Skier〈(sich) die Bretter anschnallen 系紧滑雪板〉5. ***das Schwarze / schwarze B.*** e-e Tafel，an der wichtige u. aktuelle Informationen angebracht sind 黑板，布告牌 ‖ ID［谚］***die Bretter，die die Welt bedeuten*** die Bühne e-s Theaters *usw*（als der wichtigste Ort für e-n Schauspieler od. Sänger）（风靡世界的）成名的舞台；***ein B. vor dem Kopf haben*** *gespr*［口］；etw.（momentan）nicht begreifen od. nicht wissen 脑袋一下子木了，不知所云，理解迟钝，榆木脑袋不开窍

Brettspiele
下棋，对弈

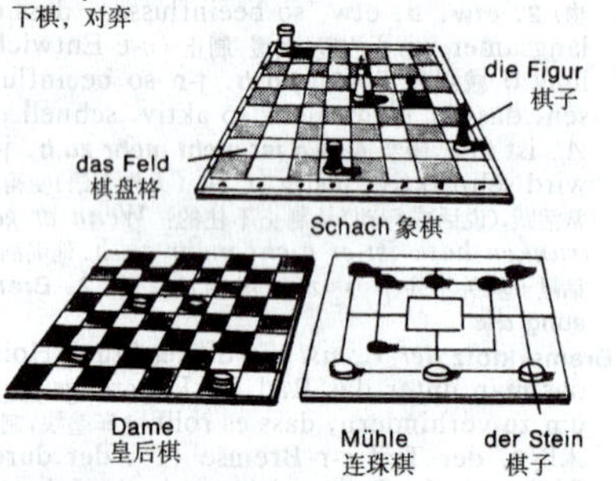

Bre·ze *die*；*-*，*-n*；*südd*［南德］≈ Brezel

Bre·zel *die*；*-*，*-n*；ein salziges Stück Gebäck，das ungefähr die Form e-r 8 hat（8 字形）咸面包圈 ‖ ↑ *Abb. unter* 图见 ***Brot***

bricht *Präsens*，*3 Person Sg*（现在时，第三人称单数）；↑ ***brechen***

Brief *der*；*-(e)s*，*-e* 1. e-e *mst* relativ lange，persönliche schriftliche Mitteilung in e-m Umschlag，die man an j-n schickt 信，书信，信札，函件〈j-m/an j-n e-n B. schreiben 给某人写信；e-n B. diktieren，frankieren，einwerfen，per/als Einschreiben schicken，bekommen，öffnen，lesen，beantworten 口授信，给信

贴邮票，投寄信，寄挂号信，收到信，打开信，读信，回信〉‖ K-(复合)：**Brief-**，**-kuvert**，**-papier**，**-porto**，**-umschlag**，**-waage** 2. ***ein offener B.*** ein B. (1)，der in der Presse veröffentlicht wird u. in dem ein *mst* aktuelles gesellschaftspolitisches Thema behandelt wird 公开信 3. ***ein blauer B.*** *gespr*［口］；ein offizieller B. (1)，der e-e negative od. unangenehme Mitteilung (*z.B.* e-e Kündigung) enthält 解雇信，解约通知书 ‖ ID［谚］***j-m B. u. Siegel auf etw.*** (*Akk* 四格) ***geben*** *veraltend*［渐旧］；j-m etw. fest versprechen od. garantieren 向某人许诺或保证某事

Brief.be.schwe.rer *der*；*-s*，*-*；ein *mst* dekorativer, schwerer Gegenstand, den man auf Papiere legt, damit sie nicht vom Wind *o Ä* weggeweht werden 镇纸，镇尺

Brief.bo.gen *der*；ein einzelnes Blatt Papier, das man verwendet, um e-n Brief (1) zu schreiben 信笺，信纸

Brief.bom.be *die*；ein Brief od. ein Päckchen mit Sprengstoff, der beim Öffnen explodiert 邮件炸弹

Brief.freund *der*；ein (*mst* ausländischer) Freund, mit dem man nur od. hauptsächlich schriftlichen Kontakt hat(多指外国的)信友，笔友

Brief.ge.heim.nis *das*；*nur Sg* (只用单数)；das (staatlich garantierte) Recht, dass *z.B.* Briefe u. verschlossene Urkunden nur vom Empfänger geöffnet werden dürfen 通信秘密

Brief.fing *das*；*-s*，*-s*；ein Gespräch in e-m Unternehmen *usw*, durch das j-d schnell über aktuelle Tatsachen informiert wird 吹风，吹吹风儿 ‖ *hierzu* (派生) **brie.fen** *Vt* (及物)

Brief.kas.ten *der* 1. ein Behälter in Postämtern od. an Straßen, in den man Briefe u. Postkarten einwirft, damit sie von der Post befördert werden 邮筒，邮箱〈e-n Brief in den B. werfen 将信投入邮箱；ein B. wird geleert 取出邮筒信件〉2. ein kleinerer Behälter an privaten Häusern u. Wohnungstüren, in den der Postbote Briefe *usw* wirft 信箱

Brief.kas.ten|fir.ma *die*；e-e Firma, die nur zum Schein existiert u. unter deren Namen *mst* Betrügereien begangen werden 虚假骗人的皮包公司

Brief.kon.takt *der* ≈ Briefwechsel (1)

Brief.kopf *der*；der obere Teil e-s Briefes, der *bes* die Adresse des Absenders u. Empfängers enthält 信头(包括收发信人地址)

brief.lich *Adj* (形)；in Form eines od. mehrerer Briefe 书信形式的，书面的 ≈ schriftlich

Brief.mar.ke *die*；ein kleines, viereckiges Stück Papier (mit e-m bestimmten Geldwert), das man auf Briefe, Postkarten, Pakete *usw* klebt, um dadurch die Beförderung durch die Post zu bezahlen 邮票 ‖ K-(复合)：**Briefmarken-**，**-album**，**-sammler**，**-sammlung**

Brief.öff.ner *der*；e-e Art Messer, mit dem man Briefe öffnet 拆信刀

Brief.ro.man *der*；e-e Romanform (*bes* des 18 Jahrhunderts), die aus e-r Reihe von (erfundenen) Briefen besteht 书信体长篇小说

Brief.schrei.ber *der*；j-d, der (gern) Briefe schreibt 写信人 ‖ *hierzu* (派生) **Brief.schrei.be.rin** *die*

Brief.ta.sche *die*；e-e kleine Mappe, in der man Ausweis, Geldscheine *usw* mit sich trägt(放证件、钞票等的)皮夹子

Brief.tau.be *die*；e-e (dressierte) Taube, die schriftliche Nachrichten überbringen kann, weil sie immer wieder an ihren Heimatort zurückfindet 信鸽

Brief.trä.ger *der*；j-d, der beruflich (als Angestellter der Post) Briefe u. Päckchen zu den Empfängern bringt 邮递员 ≈ Postbote ‖ *hierzu* (派生) **Brief.trä.ge.rin** *die*

Brief.wech.sel *der* 1. der Austausch von Briefen zwischen zwei od. mehreren Personen 信件往来，互通信函，通信 ≈ Korrespondenz〈mit j-m in B. stehen 同某人保持通信联系〉2. *Kollekt* (集合)；alle Briefe, die sich zwei od. mehrere Personen in e-m bestimmten Zeitraum geschrieben haben(全部)来往书信：*der B. zwischen Goethe u. Schiller* 歌德与席勒之间的来往书信

briet *Imperfekt*, *1. u. 3. Person Sg* (过去时，第一和第三人称单数)；↑ **braten**

Bri.ga.de *die*；*-*，*-n* 1. MIL【军】；e-e relativ große Einheit des Heeres 旅 ‖ K-(复合)：**Brigade-**，**-general** 2. *hist* (*DDR*［历(民德)］)；das kleinste Kollektiv, das aus mehreren Arbeitern bestand 工作队，生产队 ‖ K-(复合)：**Brigade-**，**-führer**，**-leiter**

Bri.kett *das*；*-s*，*-s*；ein Heizmaterial aus Kohle, das in e-e viereckige od. ovale Form gepresst ist 煤饼，煤球 ‖ -K(复合)：**Eier-**

bril.lant [-lˈjant] *Adj* (形)；sehr gut 辉煌的，卓越的，杰出的，出色的，了不起的 ≈ ausgezeichnet, hervorragend：*Er hat e-n brillanten Vortrag gehalten* 他作了一个出色的报告 ‖ *hierzu* (派生) **Bril.lanz** *die*；*-*；*nur Sg* (只用单数)

Bril.lant [-lˈjant] *der*；*-en*，*-en*；ein sehr wertvoller, geschliffener Diamant (der stark funkelt) 金刚钻，钻石，宝石 ‖ K-(复合)：**Brillant-**，**-brosche**，**-ring**，**-schliff**，**-schmuck** ‖ NB(注意)：*der Brillant*；*den*，*dem*，*des Brillanten*

Brille

Bril.le *die*；*-*，*-n*；geschliffene Gläser, die man in e-m Gestell auf der Nase trägt u. die einem helfen, besser zu sehen 眼镜〈e-e B. für die Nähe, Ferne 一副远视、近视眼镜；e-e B. tragen, aufsetzen, abnehmen, putzen 戴

着，戴上，摘下，擦拭眼镜；e-e stärkere B. brauchen 需要一副度数深些的眼镜〉‖ K-(复合)：**Brillen-**，**-bügel**，**-etui**，**-fassung**，**-futteral**，**-gestell**，**-glas** ‖ -K(复合)：**Sonnen-** ‖ ID[谚] *mst* 多用〈alles 一切〉**durch e-e / die rosarote B. sehen** *gespr*[口]；alles (kritiklos u. naiv) als positiv bewerten 戴着玫瑰色眼镜看待(一切)事情，把(一切)事情看得过于乐观

Bril·len·schlan·ge *die*；**1.** e-e sehr giftige Schlange, die am oberen Teil des Rückens e-e Zeichnung hat, die e-r Brille ähnlich sieht 眼镜蛇 ≈ Kobra **2.** *gespr hum*, *mst pej*[口][诙]多用[贬]；*bes* e-e Frau, die e-e Brille trägt u. damit nicht attraktiv aussieht 戴眼镜的女人

Bril·len·trä·ger *der*；j-d, der ständig e-e Brille tragen muss 戴眼镜的人 ‖ *hierzu*(派生) **Bril·len·trä·ge·rin** *die*

bril·lie·ren [brɪlˈjiː-]；*brillierte*, *hat brilliert*；[*Vi*](不及物)(**mit etw.**) **b.** sich durch eine besondere Leistung von anderen Leuten unterscheiden 炫示，显示，显露 ≈ herausragen, glänzen：*Der Tennisspieler brillierte mit seiner ausgefeilten Technik* 这个网球选手显示他精湛的技术

Brim·bo·ri·um *das*；*-s*；*nur Sg*, *gespr pej*(只用单数)[口][贬]；ein großer Aufwand, der in keinem angemessenen Verhältnis zur Bedeutung e-r Person od. Sache steht 小题大做，无谓的琐谈

brin·gen；*brachte*, *hat gebracht*；[*Vt*](及物) **1. etw. irgendwohin b.**；**j-m etw. b.** bewirken, dass etw. an e-n bestimmten Ort/zu e-r bestimmten Person gelangt 带到，送到，拿给，把…带给，送交：*Er hat die Briefe zur Post gebracht* 他将信件送到了邮局；*Hast du ihm das Buch schon gebracht, das du ihm versprochen hast?* 你答应他的书是否已经给他带来了?；*Der Bäcker bringt uns die Brötchen jeden Morgen ins Haus* 每天早晨面包师将小面包给我们送到家里 **2. j-n irgendwohin b.** j-n (zu Fuß od. mit e-m Fahrzeug) irgendwohin begleiten 陪同到，伴送到，送到：*Ich habe meinen Gast zum Bahnhof gebracht* 我把客人送到火车站；*Er brachte sie nach dem Kino nach Hause* 电影散场后他送她回家了 **3. j-m etw. b.** ein *mst* relativ kleines Geschenk zu j-m tragen u. es ihm geben 给…带来，送来，拿来：*Ich habe meiner Mutter zum Geburtstag Blumen gebracht* 母亲过生日，我给她带来了鲜花 **4.**〈das Fernsehen, e-e Zeitung *usw* 电视，报纸等〉**bringt etw.** *gespr*[口]；das Fernsehen, e-e Zeitung *usw* informiert die Zuschauer, Leser *usw* über etw. od. unterhält sie mit etw. 播送，播放，发表，登载：*Die Zeitungen brachten ausführliche Artikel über das Attentat* 各家报纸都发表了有关这次谋杀事件的详细文章；*Das Fernsehen bringt heute Abend e-n tollen Film* 今晚电视播放一部极好的影片 **5. etw. bringt etw.** etw. hat etw. zum Ergebnis(物作主语)惹起，引起，导致，带来：*Geld kann Zinsen b.* 钱能生息；*Das Hoch wird schönes Wetter b.* 高气压将带来好天气；*Das bringt nur Ärger* 这件事只会引起不愉快 **6. etw. b.** *gespr*[口]；fähig sein, etw. zu tun 能做到，能做出：*Er bringt die geforderten Leistungen einfach nicht* 他干脆做不到所要求的工作量 **7. j-n zu etw. b.** erreichen, dass j-d etw. tut 促使，使(达到)：*Er konnte mich immer wieder zum Lachen b.* 他总能把我逗乐(让我发笑)；*j-n dazu bringen*, *nach*zugeben 促使某人让步 **8. etw. nicht über sich** (*Akk* 四格) **b.** sich nicht entschließen können, etw. (Unangenehmes) zu tun 不忍心做，下不了决心做：*Ich bringe es nicht über mich*, *ihm die volle Wahrheit zu sagen* 我不忍心把事情的全部真相告诉他 **9. j-n vor Gericht b.** bewirken, dass j-d wegen e-s Verbrechens vor Gericht gestellt wird 对…提起诉讼，把…送上法庭：*Er wurde wegen schwerer Körperverletzung vor Gericht gebracht* 他因严重的人身伤害罪而被起诉 **10. j-n in Gefahr b.** (durch e-e unvorsichtige Handlung) bewirken, dass j-d in Gefahr gerät 使遭受危险：*Durch seine unvorsichtige Fahrweise hat er andere in Gefahr gebracht* 由于他开车漫不经心，给别人带来了危险 **11. etw.** (**wieder**) **in Ordnung b.** *gespr*[口]；e-n Fehler *o. Ä.*, den man selbst gemacht hat od. den andere gemacht haben, korrigieren(重新)整顿，整理，理清：*Mach dir keine Sorgen – das bringe ich schon wieder in Ordnung* 请别操心——我会把这事重新理出头绪的 **12. j-n um etw. b.** *gespr*[口]；j-m Schaden zufügen, indem man ihm etw. wegnimmt 使失去，丧失：*Der Dieb hat die alte Frau um ihre Ersparnisse gebracht* 小偷使老妇损失了存款(偷走了老妇存款) **13. etw. bringt etw. mit sich** etw. hat etw. zur Folge (物作主语)随之带来，导致：*Mein Job bringt es mit sich*, dass *ich oft im Ausland bin* 我的职业使得我经常出国 ‖ ID[谚] **es** (**bis**) **zu etw. b.** *gespr*[口]；Erfolg haben u. (*mst* beruflich) etw. erreichen(多指在职业方面)升迁，达到成功，有所建树：*Er hat es bis zum Direktor gebracht* 他一直升到经理，他成功地当上了经理；**j-d/etw. bringt es auf etw.** (*Akk* 四格) *gespr*[口]；j-d/etw. erreicht e-e bestimmte Leistung 某人/某物获得(达到)某种功效：*Mein Wagen bringt es auf 180km/h* 我的汽车可以达到时速 180 公里；**das bringt nichts** *gespr*[口]；das führt zu keinem sinnvollen Ergebnis 这于事无补，这没有用；*mst* 多用 **das bringts** (**voll**) *gespr*[口]；(*bes* von Jugendlichen verwendet) das ist sehr gut(青年人用语)这事能成(有希望，有戏)

bri·sant, *brisanter*, *brisantest-*；*Adj*(形)；*geschr*[书]；〈Themen, Ideen, Pläne 题目，思想，计划〉so, dass sie sehr leicht zu Konflikten führen können 能引起争论的，敏感而具迫切现实意义的，具有爆炸性的 ‖ *hierzu*(派生) **Bri·sanz** *die*；*-*；*nur Sg*(只用单数)

Bri·se *die*；*-*，*-n*；ein leichter Wind, *bes* am Meer(尤指海边的)微风，和风〈e-e leichte, sanfte, frische, steife (= starke) B. 轻轻的，轻柔的，清新的，强劲的海风；e-e B. kommt auf 吹起阵阵海风〉

brö·cke·lig *Adj*(形); so, dass es leicht in einzelne Teile zerfällt 易碎的,松脆的,碎屑状的,碎成小块的〈Gestein, Mauerwerk 岩石,墙体〉

brö·ckeln; *bröckelte*, *hat/ist gebröckelt*; [*Vt*](及物)(*hat*) **1.** ***etw.*** (***in etw.*** (*Akk* 四格)) ***b.*** etw. in kleine Stücke zerteilen (u. in etw. hineingeben) 把…弄碎(并放入…): *Der alte Mann bröckelte das Brot in die Suppe* 老人把面包掰碎放进汤里; [*Vi*](不及物)(*ist*) **2.** ***etw. bröckelt*** (***von etw.***) etw. zerfällt in kleine Stücke (u. fällt von irgendwo herunter)(物作主语)(从…)碎裂,一块块剥落〈Gestein, der Putz 岩石,灰泥〉: *Der Putz bröckelt schon von der Mauer* 灰泥从墙上纷纷剥落下来

bro·cken; *brockte*, *hat gebrockt*; [*Vt*](及物) **1.** ***etw. in etw.*** (*Akk* 四格) ***b.*** ≈ bröckeln (1) **2.** ***etw. b.*** *südd* Ⓐ[南德][奥] reife Früchte od. Blumen pflücken 采摘(成熟的果实或花朵)

Bro·cken *der*; *-s*, *-* **1.** ***ein B.*** (+ *Subst* 名词) ein unregelmäßig geformtes Stück, das *mst* von e-m größeren Ganzen abgeteilt wurde 碎块,小片,小块〈ein B. Erde, Stein, Brot 一块土、石头,一片面包〉 **2.** ***ein harter B.*** *gespr*[口]; e-e komplizierte u. schwer lösbare Aufgabe 一件难对付的事,一道难题: *Diese Mathematikaufgabe ist ein harter B.* 这道数学题难解 **3.** *gespr*, *mst hum*[口]多用[诙]; ein großer, schwerer Mensch od. Gegenstand 一个大个子(大块头)或一件难事 ‖ ID[谚] ***j-m e-n dicken B. vor der Nase wegschnappen*** *gespr*[口]; als Konkurrent ein günstiges Geschäft selbst machen od. e-n Vorteil wahrnehmen, bevor es ein anderer tun kann 抢走某人鼻子底下一笔好买卖; (***nur***) ***ein paar Brocken*** 〈e-r Sprache können, verstehen〉 *gespr* [口]; (nur) wenige Worte (e-r Sprache können od. verstehen)(只懂得)片言只语,几句…,一点点…

bröck·lig *Adj*(形); ↑ ***bröckelig1***

bro·deln; *brodelte*, *hat gebrodelt*; [*Vi*](不及物) **1.** ***etw. brodelt*** e-e Flüssigkeit bewegt sich so stark, dass Wellen entstehen u. Blasen aufsteigen (*bes* weil sie sehr heiß ist)(物作主语)沸腾,奔腾,翻滚,汹涌〈die Lava, die Suppe, das Wasser 火山,汤,水〉; [*Vimp*](无人称) **2.** ***es brodelt*** es herrscht e-e gespannte Atmosphäre, bei der Gewalt entstehen könnte 笼罩着一片激愤情绪: *Es brodelt in der Stadt* 城市里民怨沸腾; *Unter den Studenten brodelt es* 大学生们群情激愤

Broi·ler *der*; *-s*, *-*; *ostd* [东德] ≈ Brathähnchen

Bro·kat *der*; *-(e)s*, *-e*; *mst Sg*(多用单数); ein schwerer, wertvoller Stoff, *mst* mit Metallfäden (织有金银丝浮花的)织锦,锦缎,花缎 ‖ -K(复合): ***Gold-*** ‖ *hierzu*(派生) **bro·ka·ten** *Adj*(形)

Brok·ko·li *der*; *-(s)*, *-(s)*; ein Gemüse (ein Kohl), dessen feste grüne Blüten man isst 花茎甘蓝

Brom *das*; *-s*; *nur Sg*(只用单数); ein chemisches Element, das in flüssigem Zustand rotbraun ist u. scharf riecht 溴; CHEM【化】Br

Brom·bee·re *die* **1.** e-e schwarze Beere, die der Himbeere ähnlich sieht u. ein bisschen sauer schmeckt 黑莓,欧洲木莓 **2.** ein Strauch mit Stacheln, an dem Brombeeren (1) wachsen 悬钩子丛 ‖ K-(复合): ***Brombeer-***, ***-gestrüpp***, ***-strauch***

bron·chi·a·l- [brɔnˈçia:l-] *Adj*(形); *nur attr*, *nicht adv*(只作定语,不作状语); in Bezug auf die Bronchien 支气管的 ‖ K-(复合): ***Bronchial-***, ***-asthma***, ***-karzinom***, ***-katarrh***

Bron·chie [ˈbrɔnçiə] *die*; *-*, *-n*; *mst Pl*(多用复数); die beiden Äste der Luftröhre, die sich in der Lunge in immer kleinere Äste verzweigen 支气管

Bron·chi·tis *die*; *-*; *nur Sg*, MED (只用单数)【医】; e-e Entzündung der Bronchien 支气管炎

Bron·ze [ˈbrõ:sə] *die*; *-*, *-n* **1.** *nur Sg*(只用单数); e-e Mischung aus Kupfer u. Zinn, die e-e gelbbraune Farbe hat 青铜,古铜(合金) ‖ K-(复合): ***Bronze-***, ***-medaille*** **2.** e-e Statue, Plastik aus B. (1) 青铜塑像,雕塑艺术品 ‖ K-(复合): ***Bronze-***, ***-guss*** **3.** e-e Farbe (2), die feinen Metallstaub enthält 青铜色,古铜色 ‖ K-(复合): ***Bronze-***, ***-farbe*** **4.** die Farbe der B. (1) 古铜色: *Das Kleid ist in B. gehalten* 连衣裙是古铜色的 **5.** ***B. gewinnen*** SPORT【体】; die Medaille aus B. (1) für den dritten Platz bekommen 获铜质奖章 ‖ *zu* (义项)**1.**, **2.** u. **3.** **bron·zen** *Adj*(形); *zu* (义项)**3.** **bron·ze·far·ben** *Adj*(形); **bron·zie·ren** (*hat*) *Vt*(及物)

Bron·ze·zeit [ˈbrõ:sə-] *die*; *nur Sg*(只用单数); der Zeitraum (zwischen 1800 u. 700 vor Christus), in dem Waffen u. Werkzeuge *bes* aus Bronze (1) hergestellt wurden 青铜器时代

Bro·sa·me *die*; *-*, *-n*; *mst Pl*, *veraltend* (多用复数)[渐旧] ≈ Krümel (*mst* von Brot od. Kuchen) 面包屑,糕饼屑

Bro·sche *die*; *-*, *-n*; ein Schmuckstück für Frauen, das man mit e-r Nadel *mst* an Kleid od. Bluse befestigt 胸针,饰针: *e-e mit Perlen besetzte B.* 一枚镶嵌珍珠的胸针

Bro·schü·re *die*; *-*, *-n*; e-e Art kleines Heft od. Buch mit Informationen zu e-m bestimmten Thema 小册子 ‖ -K(复合): ***Informations-***

Brö·sel *der*, *südd* Ⓐ[南德][奥] das; *-s*, *-*; *mst Pl*(多用复数); sehr kleine Stückchen *mst* von Brot, Brötchen od. Kuchen 面包屑,点心渣 ≈ Krümel ‖ -K(复合): ***Semmel-***

brö·seln; *bröselte*, *hat gebröselt*; [*Vi*](不及物) ***etw. bröselt*** etw. ist so trocken, dass Krümel abfallen (物作主语)碎成细屑,掉渣儿〈ein Kuchen, ein Brötchen 点心,小面包〉

Brot *das*; *-(e)s*, *-e* **1.** *nur Sg*, *Kollekt*(只用单数,集合); ein wichtiges Nahrungsmittel, das aus Mehl, Wasser, Salz u. Hefe *o. Ä.* gebacken wird 面包〈frisches, knuspriges, altbackenes B. 新鲜的、松脆的、陈的面包; B. backen 烘烤面包〉 ‖ K-(复合): ***Brot-***, ***-suppe***, ***-teig*** ‖ -K(复合): ***Roggen-***, ***Vollkorn-***, ***Weiß-*** **2.** ein einzelnes, ziemlich großes Stück B. (1) 大面包〈ein Laib B. 一个长圆面包〉: *Hole* *bitte zwei Brote vom Bäcker* 到面包师傅那里去买两个大面包 ‖ K-(复合)：**Brot-**，**-korb**，**-krümel**，**-laib**，**-messer**，**-kruste**，**-rinde**，**-schnitte** ‖ *zu*（派生）**Brotkorb** ↑ *Abb. unter* 图见 **Frühstückstisch** **3.** e-e Scheibe, die vom B.（2） abgeschnitten wird 面包片（e-e Scheibe B.一片面包；Brote streichen 涂抹面包片）：*ein B. mit Wurst u. Käse belegen* 在面包片上放香肠和奶酪 ‖ K-(复合)：**Brot-**，**-aufstrich**，**-belag** ‖ -K(复合)：**Käse-**，**Marmeladen-**，**Wurst-** **4.** ***ein belegtes B.*** ein B.（3） mit Käse od. Wurst, das oft mit e-r weiteren Scheibe B. bedeckt ist 带奶酪和香肠的面包片 **5.** ***das tägliche B.*** alles, was man jeden Tag zum Essen braucht 日常食粮，每天的饭食 **6.** ***flüssiges B.*** *gespr hum*［口］［诙］≈ Bier ‖ ID［谚］*mst* 多用〈j-n/etw. brauchen 需要某人/某物〉***wie das tägliche B.*** j-n/etw. unbedingt brauchen 像需要日常食粮那样；***für ein Stück B.*** sehr billig 很便宜，很低廉：*für ein Stück B.*（= für wenig Geld）*arbeiten* 干活挣一块面包钱；***sich sein B. mühsam/sauer verdienen*** *gespr*［口］；sehr hart（für seinen Lebensunterhalt）arbeiten müssen 艰难谋生；***etw. ist ein hartes/schweres B.*** etw. ist schwere Arbeit, e-e mühsame Art, sein Geld zu verdienen *o. Ä.* 某事是一件艰苦的工作（生计）

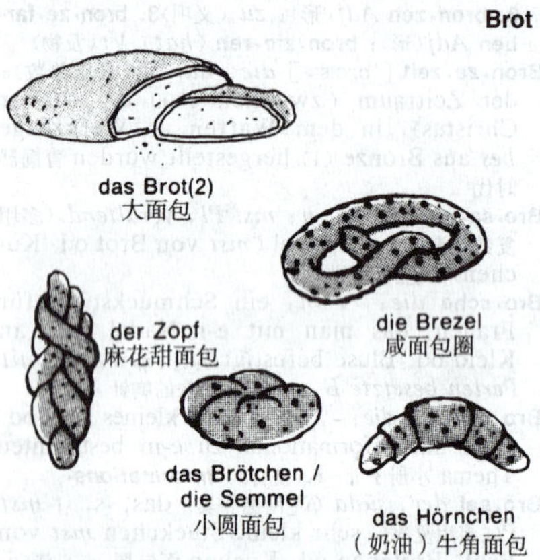

Das Brot 面包

In Deutschland gibt es mehr als hundert verschiedene Sorten Brot.
Der traditionelle Brottyp ist das **Schwarzbrot**, das aus **Sauerteig** hergestellt wird. Man unterscheidet nach den Inhaltsstoffen zum Beispiel **Weizenbrot**, **Roggenbrot** und **Mischbrot**, die wiederum in viele verschiedene Unterarten aufgeteilt werden können. Beliebte Brotsorten sind auch **Bauernbrot** oder **Sonnenblumenbrot**. Es gibt eine große Anzahl verschiedener **Vollkornbrote**.
Weißbrot gibt es als **Toastbrot**, als französisches **Stangenweißbrot**, das hier ebenso wie in Frankreich auch **Baguette** heißt, als italienische **Ciabatta** oder als türkisches **Fladenbrot**.
Auch die **Brötchen** gibt es in vielen verschiedenen Formen und mit unterschiedlichen Zutaten, beliebt sind zum Beispiel Brötchen mit Mohn, Sesam, Kümmel, Sonnenblumenkernen, Kürbiskernen oder mit Käse oder Speck.
Eine besondere Spezialität sind die **Brezeln**, ein Gebäck, das etwa die Form einer 8 hat und vor dem Backen mit Lauge bestrichen und mit grobem Salz bestreut wird.

德国有 100 多种不同品种的面包。

传统的面包类型是**黑面包**，是由**发面**制成。按制作用料可分为**小麦面包**，**黑麦面包和混合面包**，这些面包又可以分成许多不同的面包品种，受欢迎的面包还有**农家面包或葵花面包**。**全麦面包**数量繁多，品种齐全。

白面包有吐司，法国的**棍子面包**，意大利的**拖鞋面包**或土耳其的**扁圆面包**。

小面包也是形状各异，配料不一，受人喜爱的有罂粟籽面包、芝麻面包、欧时萝籽面包、葵花子面包、南瓜子面包或奶酪、脂肪面包。

咸面包圈是一种不同寻常的特产，它形状像 8，烘烤前涂上碱液，撒上粗盐粒。

Bröt·chen *das*；*-s*，*-*；ein kleines rundes od. ovales Gebäck, das *bes* aus Weizenmehl, Wasser od. Milch u. Hefe hergestellt wird 小面包〈ein frisches, knuspriges, belegtes B. 新鲜的、松脆的、夹心的小面包〉‖ -K（复合）：**Käse-**，**Wurst-**；**Kümmel-**，**Mohn-**，**Sesam-** ‖ ID［谚］*mst* 多用 ***j-d muss sich seine Brötchen sauer verdienen*** *gespr*［口］；j-d muss hart arbeiten, um seinen Lebensunterhalt zu verdienen 某人生计艰难，某人得为了糊口而辛劳；***kleine(re) Brötchen backen*** （***müssen***）*gespr hum*［口］［诙］；（*mst* in finanzieller Beziehung）bescheiden(er) sein（müssen）（不得不）节衣缩食，降低生活要求，省吃俭用

Das Brötchen 小面包（小圆面包）

Das typische Brötchen, das man zum Frühstück oder zum Abendessen isst, hat verschiedene Bezeichnungen, je nach Region oder Land, in dem man sich befindet.

早、晚餐食用传统小面包的叫法各地区、各州都不一样。

Hier einige Beispiele 譬如：
in Hamburg 汉堡：**das Rundstück**（小圆面包）
in Berlin 柏林：**die Schrippe**（小圆面包）
in Süddeutschland und Österreich：南德和奥地利：**die Semmel**（小圆面包）
Das allgemeinste und am weitesten verbreitete Wort dafür ist **Brötchen**. 最普及的大众词是 **Brötchen**（小面包）

Bröt·chen·ge·ber *der*，*gespr hum*［口］［诙］≈ Arbeitgeber

brot·los *Adj*(形); *mst attr*, *nicht adv*, *iron*(多作定语,不作状语)[讽]; so, dass es nicht soviel Geld einbringt, dass man davon leben kann 无法糊口的,难以果腹的〈e-e Tätigkeit, e-e Kunst 活动,艺术〉

Brot·zeit *die*; *nur Sg*, *südd*(只用单数)[南德] **1.** e-e kurze Pause (*bes* während der Arbeit), in der man etw. isst(上班时)用点心的时间〈B. machen 歇一下,用点点心〉 **2.** das, was man während der B. (1) isst 休息时用的点心

Bruch[1] *der*; -(*e*)*s*, *Brü·che* **1.** der Vorgang, bei dem etw. unter äußerem Druck od. durch Gewalt in zwei od. mehrere Stücke geteilt wird 压断,折断,破损〈der B. e-r Achse, e-s Wasserrohres 轴、水管断裂; etw. geht zu B./in die Brüche 某物打碎了/破裂了 (= etw. bricht)〉 **2.** *nur Sg*(只用单数); die Missachtung e-r mündlichen od. schriftlichen Regelung 违背,违反〈der B. e-s Vertrages, des Waffenstillstands 违背条约、停战协议〉 ‖ -K(复合): ***Vertrags-*** **3.** *nur Sg*(只用单数); die Beendigung e-s Kontaktes 断交,决裂,绝交〈der B. mit der Vergangenheit, mit seiner Familie 和过去、和他的家庭决裂〉: *Es kam zum endgültigen B. zwischen den Geschäftspartnern* 经营合伙人之间已彻底断绝往来 **4.** der Zustand, dass ein Knochen in zwei od. mehrere Stücke gebrochen ist 骨折〈ein einfacher, glatter, komplizierter, offener B. 单纯的、明显的、复杂的、开放性的骨折; e-n B. einrichten, schienen 接骨复位,在骨折处上夹板〉 ‖ -K(复合): ***Arm-***, ***Becken-***, ***Bein-*** **5.** e-e Ausstülpung des Bauchfells, die durch den Druck innerer Organe nach außen entstanden ist 疝〈sich einen B. heben 患有疝气,脱肠; j-n an e-m/am B. operieren 给某人做疝气手术〉 ‖ K-(复合): ***Bruch-***, ***-operation*** **6.** die Darstellung e-s Zahlenwerts, bei der die Zahl, die über dem Strich steht (der Zähler), zu teilen ist durch die Zahl, die unter dem Strich steht (der Nenner), *z.B.* ⅑, ⅔ 分数〈mit Brüchen rechnen 分数运算; e-n B. kürzen 约分〉 ‖ K-(复合): ***Bruch-***, ***-rechnen***, ***-rechnung***, ***-strich***, ***-zahl*** **7.** *gespr!*[粗] ≈ Einbruch〈e-n B. machen 破门盗窃〉 ‖ ID[谚] ***etw. ist in die Brüche/zu B. gegangen*** *gespr*[口]; etw. ist kaputtgegangen 某事失败了,破裂了〈*mst* e-e Beziehung, e-e Freundschaft, e-e Ehe 多指关系,友谊,婚姻〉 ‖ *zu* (义项) **1. bruch·fest** *Adj*(形); **bruch·frei** *Adj*(形); **bruch·si·cher** *Adj*(形)

Bruch[2] *der*, *das*; -(*e*)*s*, *Brü·che*; *nordd*[北德] ≈ Moor

Bruch·bu·de *die*; *gespr pej*[口][贬]; e-e (alte) Wohnung od. ein (altes) Haus in sehr schlechtem Zustand 陋室,快倒塌的小屋,棚屋

brü·chig *Adj*(形) **1.** so beschaffen, dass es leicht Risse bekommt u. auseinanderbrechen kann 易碎的,有裂缝的,龟裂的 ↔ fest〈Leder 皮革衣服; Mauerwerk 墙体〉 **2.** nicht kraftvoll 沙哑无力的 ≈ schwach〈e-e Stimme 声音〉 ‖ *hierzu*(派生) **Brü·chig·keit** *die*; *nur Sg*(只用单数)

Bruch·lan·dung *die* **1.** e-e missglückte Landung, bei der ein Flugzeug *mst* stark beschädigt wird 毁机着陆 **2.** *gespr*[口]; ein beruflicher od. privater Misserfolg 职业的失败,个人的挫折〈(mit etw.) e-e B. machen 遭受挫折(失败)〉

Bruch·stel·le *die*; die Stelle, an der ein Bruch[1](1,4) entstanden ist 断口,断裂处,折损处

Bruch·stück *das* **1.** ein Teil von etw., das beschädigt od. zerstört worden ist 碎块,碎片,断片 **2** ≈ Fragment

Bruch·teil *der*; ein sehr kleiner Teil von etw. 一小部分,极小部分 ‖ ID[谚]*mst* 多用 ***im B. e-r Sekunde*** in sehr kurzer Zeit 转瞬间,一刹那

Brü·cke *die*; -, -*n* **1.** ***e-e B.*** (***über etw.*** (*Akk* 四格)) ein Bauwerk für e-n Weg od. e-e Straße, das *z.B.* über e-n Fluss, ein Tal od. über Geleise führt 桥,桥梁〈über e-e B. fahren, e-e B. passieren 驶过桥,通过桥〉: *Die B. spannt sich/führt über den Fluss* 河上架起一座桥梁 ‖ K-(复合): ***Brücken-***, ***-bogen***, ***-geländer***, ***-pfeiler*** ‖ -K(复合): ***Autobahn-***, ***Eisenbahn-*** **2.** etw., das e-e Verbindung zwischen verschiedenen Menschen, Gruppen *o.Ä.* möglich macht 桥梁作用,连接(联系)作用: *Die Musik schafft e-e B. zwischen den Völkern* 音乐在各国人民之间架起了一座桥梁 **3.** e-e besondere Stelle auf e-m Schiff, an der der Kapitän u. die Offiziere stehen, wenn sie Dienst haben 舰楼,桥楼,驾驶台,指挥台 ‖ -K(复合): ***Kommando-*** **4.** ein kleiner, schmaler u. *mst* wertvoller Teppich 狭长的小地毯 **5.** ein künstlicher Zahn, der zwischen zwei Zähnen befestigt wird, um e-e Zahnlücke auszufüllen (支撑假牙的)齿桥 ‖ ID[谚] ***alle Brücken hinter sich abbrechen*** *gespr*[口]; ein ganz neues Leben beginnen 决裂过去,一切从头开始; 断绝一切旧关系; ***j-m goldene Brücken bauen*** es j-m leichter machen, etw. zuzugeben, sich zu entschuldigen *o.Ä.* 让某人下台阶,给某人认错道歉的机会; ***j-d/etw. schlägt e-e B.*** (***zwischen*** 〈Menschen, Dingen *o.Ä.* 人,事物等〉) j-d/etw. schafft e-e Verbindung zwischen Menschen, Dingen *o.Ä.* 某人/某物在…之间架起联系的桥梁

Bru·der *der*; -*s*, *Brü·der*; **1.** ein männlicher Verwandter, der dieselben Eltern hat 兄弟,哥哥,弟弟 ↔ Schwester〈mein jüngerer, älterer, leiblicher B. 我的弟弟,哥哥,亲兄弟〉: *Wie viele Geschwister hast du? – Einen B. u. zwei Schwestern* 你有几个兄弟姊妹?——一个兄弟,两个姊妹 ‖ K-(复合): ***Bruder-***, ***-liebe***, ***-mord*** ‖ -K(复合): ***Halb-***, ***Stief-*** **2.** KATH【天主】; ein Mitglied e-s Ordens 教团或修道会的成员,教士,修道士 ≈ Mönch ‖ -K(复合): ***Kloster-*** ‖ NB(注意): auch als Anrede verwendet(也可用作称呼): *B. Andreas* 安德里亚斯老兄 **3.** j-d, mit dem man verbündet ist u. der dieselben Interessen hat 同人,同僚,同伙

‖ K-(复合): **Bruder-**, **-kuss** **4**. *gespr pej*[口][贬]; verwendet als Bezeichnung für e-n Mann mit schlechtem Charakter 家伙(品质不好的人)〈ein übler, windiger B. 品质恶劣的、轻浮的家伙〉: *Diesem B. traue ich nicht* 这个家伙我信不过 **5**. **ein warmer B**. *gespr! pej*[粗][贬] ≈ Homosexuelle(r)

Bru.der.herz *das*; *gespr hum*[口][诙]; verwendet als Bezeichnung für den Bruder 好兄弟,老兄,老朋友

Bru.der.krieg *der*; ein Krieg zwischen Völkern, die miteinander verwandt sind 内战,民族内部自相残杀的战争,同室操戈

brü.der.lich *Adj*(形); *nur attr od adv*(只作定语或状语) **1**. typisch für e-n (guten) Bruder (1) 兄弟关系的,兄弟间的〈Liebe, Verbundenheit 亲情,亲密关系〉 **2**. wie ein Bruder (1,3)兄弟般的,亲如兄弟的,友爱的 ≈ freundschaftlich 〈j-m b. helfen 兄弟般地援助某人; etw. mit j-m b. teilen 与某人兄弟般地分享(分担)某物〉 ‖ *zu*(义项)**1**. **Brü.der.lich.keit** *die*; *nur Sg*(只用单数)

Brü.der.schaft *die*; *mst in* 多用于 **mit j-m B. trinken** beschließen, „du" zueinander zu sagen u. diesen Beschluss feiern, indem man ein Glas Wein *o.Ä.* zusammen trinkt 喝酒庆贺与某人的亲密友谊(从称"您"改称"你")

Brü.he [ˈbryːə] *die*; -, *-n* **1**. die Flüssigkeit, die entsteht, wenn man Fleisch, Knochen od. Gemüse in Wasser kocht 汤,汁〈e-e klare, kräftige, heiße B. 清汤,味浓的汁,热汤〉 ‖ -K(复合): **Fleisch-**, **Gemüse-** **2**. *gespr pej*[口][贬]; ein wässeriger Kaffee od. Tee 淡而无味的咖啡,淡茶 **3**. *gespr pej*[口][贬]; schmutziges Wasser 污浊水,脏水: *In dieser B. kann man doch nicht schwimmen!* 在这么脏的水里是没法游泳的!

brü.hen [ˈbryːən]; *brühte*, *hat gebrüht*; Vt (及物) **1**. **etw. b.** ein Getränk mit heißem Wasser zubereiten(用开水)冲,泡,沏〈Kaffee, Tee b. 冲咖啡,沏茶〉 **2**. **etw. b.** kochendes Wasser über etw. gießen, damit man die Oberfläche entfernen kann 用开水浇烫(以便剥皮)〈Mandeln, Tomaten b. 烫杏仁,西红柿〉

brüh.heiß *Adj*(形); sehr heiß 滚烫的,滚热的〈Flüssigkeiten 液体〉

brüh.warm *Adj*(形); *gespr*[口]; *nur in* 只用于 **(j-m) etw. b. erzählen** e-e (*mst* vertrauliche) Information sofort anderen Personen erzählen(对某人)讲述最新消息,把听到的消息立即告诉(某人)

Brüh.wür.fel *der*; ein Extrakt aus Fleisch in Form e-s Würfels, aus dem man e-e Brühe (1) machen kann, wenn man heißes Wasser dazugibt 浓缩的肉汁汤料,方块汤料

brül.len; *brüllte*, *hat gebrüllt*; Vt/i (及物/不及物) **1**. **(etw.) b.** mit sehr lauter (u. *mst* voller) Stimme sprechen 大叫,呼喊,喊叫 ≈ schreien: *Er brüllte: „Pass auf!"* 他大声喊道:"注意!"; Vi (不及物) **2**. sehr laute Töne (keine Wörter) von sich geben 号叫,咆哮 ≈ schreien 〈vor Lachen, Schmerzen b. 笑得又喊又叫,由于疼痛而号叫〉 **3**. *gespr pej*[口][贬]; laut u. heftig weinen 大哭,号哭,号啕痛哭: *Jetzt brüll nicht! Du musst trotzdem ins Bett* 别哭啦! 哭闹不顶用,反正你得上床睡觉 **4**. 〈ein Löwe, ein Tiger, ein Rind 狮子,老虎,牛〉 **brüllt** ein Löwe, Tiger, Rind gibt die Laute von sich, die für seine Art typisch sind 咆哮,吼叫: *Er brüllte wie ein Löwe* 他咆哮着像头狮子 ‖ ID [谚] *mst* 多用 **Das ist ja zum Brüllen!** *gespr*[口]; das ist so lustig, dass man laut u. sehr heftig lachen muss 这真要笑死人! ‖ *zu*(义项) **Brüllerei** ↑ **-ei** ‖ ▶ **Gebrüll**

Brumm.bär *der*; *gespr* [口]; j-d, der (oft) schlecht gelaunt u. unfreundlich ist 爱抱怨的人,爱发牢骚的人,好嘟囔的人

brum.meln; *brummelte*, *hat gebrummelt*; Vt/i (及物/不及物) **(etw.)** (**vor sich** (*Akk* 四格) **hin**) **b.** *gespr* [口]; so leise u. undeutlich sprechen, dass es andere kaum verstehen können 喃喃低语,嘟囔

brum.men; *brummte*, *hat gebrummt*; Vt/i (及物/不及物) **1**. **(etw.)** (**vor sich** (*Akk* 四格) **hin**) **b.** etw. mit tiefer Stimme, undeutlich (u. nicht sehr schön) od. falsch singen 哼唱: *Er brummte ein Lied vor sich hin* 他独自哼唱着一支小曲 **2**. **(etw.) b.** etw. undeutlich u. unfreundlich sagen 咕哝,嘟囔,低声抱怨; Vi (不及物)**3**. **etw. brummt** etw. erzeugt tiefe, lang gezogene, monotone Laute(物作主语)发出低沉的吼叫声,呜呜叫,嗡嗡叫,轰隆作响〈e-e Fliege, ein Käfer, ein Bär, ein Motor, ein Flugzeug 苍蝇,甲虫,熊,马达,飞机〉 **4**. *gespr* [口]; im Gefängnis sitzen 吃官司,坐牢: *Er muss zwei Jahre b.* 他得坐两年牢 ‖ *zu*(义项) **Gebrumm** ↑ **Ge-**

Brum.mer *der*; *-s*, *-*; **ein (dicker) B.** verwendet, um auszudrücken, dass j-d/etw. relativ groß u. schwer ist (*z.B.* e-e große Fliege, ein dickes Baby, ein großer Lastwagen)大家伙(对比来说形容形体大的人或物,如大苍蝇,胖婴,重型卡车)

Brum.mi *der*; *-s*, *-s*; *gespr hum*[口][诙]; ein großer Lastwagen 重型大卡车

brum.mig *Adj*(形); *gespr*[口]; schlecht gelaunt 嘟嘟囔囔的,不满的 ≈ mürrisch

brü.nett *Adj*(形); mit braunen Haaren 褐色的,浅黑头发的,(皮肤)黝黑的〈e-e Frau 女人〉

Brunft *die*; -, *Brünf.te*; *mst Sg*(多用单数); die Zeit im Herbst, in der Rehe u. Hirsche sich paaren (狍子和鹿的)交尾期,发情期 ‖ K-(复合): **Brunft-**, **-schrei**, **-zeit** ‖ *hierzu* (派生)**brunftig** *Adj*(形)

Brun.nen *der*; *-s*, - **1**. ein tiefes Loch, das in die Erde gegraben (u. oft von e-r Mauer umgeben) ist, um daraus Wasser holen zu können 井,水井〈e-n B. bohren, graben 钻井,打井; Wasser aus dem B. holen 从井里打水〉: *Der B. ist versiegt* (= gibt kein Wasser mehr) 水井干涸了 ‖ K-(复合): **Brunnen-**, **-pumpe**, **-wasser** **2**. ein künstlerisch gestaltetes Becken *mst* mit e-r Wasserfontäne 喷泉 ‖ K-(复合): **Brunnen-**, **-becken** ‖ -K(复合): **Spring-**, **Zier-** **3**. das Wasser *bes* e-r

Heilquelle 矿泉水 ‖ K-(复合): ***Brunnen-***, ***-kur*** **4.** Ⓐ [奥]das Wasserbecken u. der Wasserhahn 水槽和水龙头

Brunst *die*; -, *Brün·ste*; *mst Sg*(多用单数) ≈ Brunft ‖ *hierzu* (派生) **brüns·tig** *Adj*(形)

brüsk *Adj*(形); in unhöflicher Weise kurz u. knapp 粗暴的, 生硬的, 鲁莽的 ≈ barsch ⟨e-e Antwort 回答; etw. b. ablehnen 粗暴地拒绝某事⟩

brüs·kie·ren; *brüskierte*, *hat brüskiert*; Vt (及物) ***j-n b.*** *geschr*[书]; j-n sehr unhöflich behandeln 粗暴地对待, 对…无礼, 奚落: *Er hat mich durch sein Verhalten brüskiert* 他的举止对我很不礼貌 ‖ *hierzu* (派生) **Brüs·kie·rung** *die*

Brust *die*; -, *Brü·ste* **1.** *nur Sg*(只用单数); der vordere Teil des (Ober) Körpers von Menschen und Wirbeltieren, der Herz u. Lunge enthält 胸, 胸腔 ↔ Rücken ‖ ↑ *Abb. unter* 图见 ***Mensch*** ‖ K-(复合): ***Brust-***, ***-muskel***, ***-umfang*** **2.** jeder der beiden Teile am Oberkörper der Frau, in denen nach der Geburt e-s Kindes Milch entsteht (妇女的)乳房 ‖ K-(复合): ***Brust-***, ***-krebs***, ***-operation*** **3.** *nur Sg*, *Kollekt* (只用单数, 集合); beide Brüste (2) e-r Frau(妇女的)胸脯 ≈ Busen (1) ⟨e-e straffe, volle, schlaffe B. 绷紧的、丰满的、松弛的胸脯⟩ **4.** *nur Sg*, *gespr*(只用单数)[口] ≈ Lunge: *Sie hat es auf der B.* 她肺部有病(= sie hat Lungenbeschwerden) ‖ K-(复合): ***Brust-***, ***-leiden*** **5.** *nur Sg* (只用单数); ein Stück Fleisch aus der B. (1) e-s Schlachttieres 胸脯肉 **6.** *ohne Artikel*, *nur Sg*, SPORT (不带冠词, 只用单数) 【体】; Kurzw (略) ↑ ***Brustschwimmen*** **7.** ***e-m Kind die B. geben*** ein Kind mit der Milch aus den Brüsten (2) füttern 给孩子喂奶 ‖ ID[谚] ***mit geschwellter B.*** (übertrieben) stolz 挺着胸脯地, 充满骄傲(自豪)地; ***einen zur B. nehmen*** *gespr*[口]; Alkohol trinken 喝酒, 喝一杯; ***(irgendwo) schwach auf der B. sein*** *gespr iron* [口][讽]; (in bestimmten Bereichen) Schwächen od. Fehler haben(在某方面)手头拮据, 力不从心(原义: 肺弱, 肺部有病); ***sich in die B. werfen*** mit etw. angeben, prahlen 挺胸鼓肚(意指自鸣得意, 神气活现)

Brust·bein *das*; der schmale, flache Knochen im oberen Teil der Brust (1), an dem die oberen Rippen angewachsen sind 胸骨 ‖ ↑ *Abb. unter* 图见 ***Skelett***

Brust·beu·tel *der*; e-e Art Beutel, in dem man *bes* im Urlaub seinen Pass od. sein Geld aufbewahrt, u. den man mit e-r Schnur um den Hals trägt 胸前挂兜

Brust·bild *das*; ein Bild, auf dem man nur Kopf u. Brust e-s Menschen sieht 半身照片

brüs·ten, sich; *brüstete sich*, *hat sich gebrüstet*; Vr (反身) ***sich (mit etw.) b.*** *pej* [贬]; auf bestimmte Erfolge u. Leistungen übermäßig stolz sein u. sie jedem erzählen 自鸣得意, (以…)自夸, 自我吹嘘 ≈ sich etw. (*Gen* 二格) rühmen, mit etw. prahlen

Brust·fell *das*; *mst Sg*, MED (多用单数)【医】; e-e dünne Haut, die beim Menschen u. bei Wirbeltieren die Brusthöhle umgibt 胸膜 ‖ K-(复合): ***Brustfell-***, ***-entzündung***

Brust·höh·le *die*; der Raum im Körper von Menschen u. Wirbeltieren, in dem sich Herz u. Lunge befinden 胸腔

Brust·kas·ten *der*; *mst Sg*, *gespr* (多用单数) [口] ≈ Brustkorb

Brust·korb *der*; *mst Sg*(多用单数); der Teil des Skeletts, der Herz u. Lunge umschließt 胸膛: *Beim Einatmen hebt sich der B., beim Ausatmen senkt er sich* 吸气时胸膛鼓起来, 呼气时胸膛塌下去

Brust·schwim·men *das*; e-e Schwimmtechnik, bei der man auf der Brust im Wasser liegt, die Arme gleichzeitig nach vorn führt, um sie seitlich an den Körper zurückzuführen u. bei der man die Beine an den Rumpf zieht, um sie dann kräftig nach hinten zu stoßen 蛙泳

Brust·ta·sche *die*; e-e Tasche an Kleidungsstücken in Höhe der Brust, *bes* bei Jacken für Herren 上衣胸前的口袋

Brust·ton *der*; *mst in* 多用于 ***etw. im B. der Überzeugung sagen / behaupten*** etw. mit sehr viel Überzeugung sagen/behaupten 充满信心地(很有把握地)讲述/断言某事

Brüs·tung *die*; -, *-en* **1.** e-e Art Mauer, die an Balkonen od. Brücken angebracht ist (, damit man nicht herunterfallen kann) 栏杆, 胸墙, 护墙 ⟨sich über die B. beugen, lehnen 探身栏杆外, 倚靠栏杆⟩ **2.** ein Teil der Wand zwischen Fußboden u. Fenster 墙裙

Brust·war·ze *die*; jede der beiden kleinen dunklen Spitzen an der Brust (1) 乳头 ‖ ↑ *Abb. unter* 图见 ***Mensch***

Brut *die*; -; *nur Sg*(只用单数) **1.** *Kollekt*(集合); alle jungen Tiere, die aus Eiern schlüpfen u. zu einem Nest *o. Ä.* gehören 一窝幼仔(如孵化出的幼虫, 小鸡等) ⟨die B. von Vögeln, Fischen, Reptilien 雏鸟, 鱼苗及幼畜; die B. aufziehen 饲养幼畜⟩ ‖ K-(复合): ***Brut-***, ***-pflege*** ‖ -K (复合): ***Vogel-*** **2.** der Vorgang des Ausbrütens von Eiern 孵化: *Der Vogel hat mit der B. begonnen* 这只鸟开始孵小鸟 ‖ K-(复合): ***Brut-***, ***-ei***, ***-henne***, ***-zeit*** **3.** *gespr pej* [口][贬] ≈ Gesindel

bru·tal *Adj*(形); ohne Rücksicht u. mit roher Gewalt 粗暴的, 残忍的, 野蛮的 ≈ grausam, rücksichtslos ⟨ein Mensch, ein Verbrechen 人, 罪行; j-n b. misshandeln 野蛮地虐待某人⟩ ‖ *hierzu* (派生) **Bru·ta·li·tät** *die*

Bru·ta·lo *der*; *-s*, *-s*; *gespr pej*[口][贬]; ein brutaler Mensch 残暴的人, 野蛮人

Brut·ap·pa·rat *der*; e-e technische Anlage, in der Eier ausgebrütet werden 孵化器

brü·ten; *brütete*, *hat gebrütet*; Vi (不及物) **1.** ⟨ein Huhn, ein Vogel *o. Ä.* 鸡, 鸟等⟩ ***brütet*** ein Huhn, ein Vogel *o. Ä.* sitzt so lange auf befruchteten Eiern, bis die Jungtiere ausschlüpfen 孵卵, 孵化: *Die Henne brütet* 母

鸡在孵蛋 **2.** (**über etw.** (*Dat* 三格)) **b.** *gespr* [口]; lange u. intensiv über ein Problem nachdenken, um e-e Lösung zu finden 苦思冥想,深思 ≈ über etw. (*Dat/Akk* 三格/四格) grübeln: *über e-r Mathematikaufgabe b.* 思考一道数学题

brü·tend **1.** *Partizip Präsens* (现在分词); ↑ **brüten** **2.** *Adj* (形); *nur attr, nicht adv* (只作定语,不作状语); sehr heiß u. schwül 又热又闷的,闷热的 ⟨Hitze 酷暑⟩

Brü·ter *der*; *-s*, *-*; PHYS【物】; **ein** (**Schneller/schneller**) **B.** ein Typ des Atomreaktors, der mehr spaltbares Material erzeugt, als er verbraucht 增殖(反应)堆

Brut·hit·ze *die*; *gespr* [口]; e-e übermäßige Hitze 高温,闷热

Brut·kas·ten *der*; ein Apparat im Krankenhaus, in dem Babys, die zu früh geboren wurden, in den ersten Tagen od. Wochen ernährt u. gepflegt werden 早产儿保育暖箱,育儿保温箱

Brut·schrank *der*; ein Apparat in Labors, in dem man Mikroorganismen wachsen lässt 孵化器,保温箱,培养箱

Brut·stät·te *die* **1.** der Platz, an dem Tiere ihre Eier ausbrüten 孵化场 **2.** *geschr* [书]; e-e Stelle, an der sich schädliche Insekten schnell vermehren 疫源地,害虫的孳生地 **3.** *geschr* [书]; **e-e B.** + *Gen* (二格) ein Ort, an dem es besonders viel Kriminalität gibt…的发生地,温床,渊薮: *e-e B. des Verbrechens* 犯罪的温床

brut·to *Adv* (副) **1.** zusammen mit der Verpackung 毛重(包括包装) ↔ netto: *Das Päckchen Kaffee wiegt ein Kilogramm b./b. ein Kilogramm* 这包咖啡毛重一公斤 ‖ K-(复合): **Brutto-, -gewicht** **2.** (von Löhnen, Gehältern *o. Ä.*) bevor Steuern od. andere Kosten abgezogen sind (工资中尚未扣除税款等的)总额,毛收入 ↔ netto: *Sie verdient nur 1400 Euro b. im Monat* 她每月总共只挣 1400 欧元: **Brutto-, -einkommen, -gehalt, -lohn, -preis, -verdienst**

Brut·to|re·gis·ter·ton·ne *die*; NAUT【航海】; ein Maß, mit dem das Volumen e-s Schiffes berechnet wird (船舶的)注册吨位,登记吨位; *Abk* 缩写 BRT

Brut·to|so·zi·al·pro·dukt *das*; WIRTSCH【经】; der Wert aller Waren u. Dienstleistungen, die die Bevölkerung e-s Staates *mst* während e-s Jahres produziert 国民生产总值

brut·zeln; *brutzelte, hat gebrutzelt*; Vt (及物) **1. etw. b.** *gespr* [口]; etw. in heißem Fett od. Öl in der Pfanne braten (在油里)煎,炸; Vi (不及物) **2. etw. brutzelt** etw. brät in (spritzendem) Fett od. Öl (物作主语)煎,炸

BSE [beːɛsˈ|eː] BIOL【生】; (*Abk für englisch* 缩写英语全称 bovine spongiform enzephalopathy) ≈ Rinderwahn

Bub *der*; *-en*, *-en*; *südd* Ⓐ Ⓒⓗ [南德][奥][瑞] ≈ Junge ‖ K-(复合): **Buben-, -streich** ‖ NB (注意): **a)** im Nominativ Singular auch **Bub** (一格单数也读作 Bub); **b)** *der Bub*; *den, dem, des Buben* ‖ *hierzu* (派生) **bu·ben·haft** *Adj* (形)

Bu·be *der*; *-n*, *-n*; **1.** e-e Spielkarte mit dem Bild e-s jungen Mannes (扑克牌中的)杰克 ⟨den Buben ausspielen 出一张杰克⟩ ‖ ↑ *Abb. unter* 图见 **Spielkarten** **2. ein böser B.** *veraltend pej* [渐旧][贬]; verwendet für e-n unmoralischen u. oft kriminellen Mann 流氓,无赖,恶棍 ‖ NB (注意): *der Bube*; *den, dem, des Buben*

Buch *das*; *-(e)s*, *Bü·cher*; **1.** e-e relativ große Anzahl von bedruckten u. gebundenen Blättern Papier, die von e-m Umschlag *mst* aus Karton od. Leinen umgeben sind 书,书籍,书本 ⟨ein B. drucken 印书⟩ ‖ K-(复合): **Buch-, -drucker, -druckerei, -einband, -format, -hülle, -umschlag**; **Bücher-, -regal, -schrank, -stütze** **2.** ein (literarischer, wissenschaftlicher *usw*) Text in Form e-s Buchs (1) 著作,书籍 ⟨ein spannendes, langweiliges B. 一本引人入胜的、索然无味的书; ein B. schreiben, herausgeben 写书,出书⟩ ‖ K-(复合): **Buch-, -besprechung, -laden, -messe, -titel, -verleih**; **Bücher-, -freund, -verzeichnis** ‖ -K (复合): **Schul-**; **Koch-** **3.** WIRTSCH【经】; e-e Sammlung von (*mst* gebundenen) Blättern Papier, auf denen die Einnahmen u. Ausgaben e-s Betriebs registriert werden 账簿,账册,簿记 ⟨B./die Bücher führen 记账⟩ **4.** ein Teil e-s größeren literarischen od. wissenschaftlichen Werkes (大部著作的)卷,篇,部: *die fünf Bücher (des) Moses* 摩西五经 **5. das Goldene B.** ein großes Buch (*mst* e-r Stadt), in das sich besonders wichtige Gäste eintragen (一个城市的)贵宾签名簿 **6. das B. der Bücher** *geschr* [书]; die Bibel 圣经 ‖ ID [谚] **j-d/etw. ist j-m ein B. mit sieben Siegeln** *geschr* [书]; j-d kann j-n/etw. überhaupt nicht verstehen 某人/某事对某人来讲像天书一样难解(高深莫测),某人对某人/某事一无所知/一窍不通; **j-d ist ein offenes B. für j-n** j-d ist j-m sehr vertraut, sodass dieser seine Gefühle leicht erkennen kann 某人对某人了如指掌; **j-d redet wie ein B.** *gespr pej* [口][贬]; j-d redet ununterbrochen 某人讲话滔滔不绝,口若悬河; *mst* 多用 ⟨dumm 愚蠢的⟩ **wie es im Buche steht** *gespr pej* [口][贬]; in sehr hohem Maße dumm (*o. Ä.*) 非常,极其,十分; **etw. schlägt** (**bei etw.**) **zu Buche** etw. hat e-e bestimmte (merkliche) Auswirkung auf etw. 某事在某方面有份量,很重要

Buch·bin·der *der*; *-s*, *-*; j-d, der beruflich Blätter zu Büchern zusammenbindet od. -klebt 装订工人 ‖ *hierzu* (派生) **Buch·bin·de·rin** *die*; *-*, *-nen*; **Buch·bin·de·rei** *die*; *-*, *-en*

Buch·druck *der*; *-s*; *nur Sg* (只用单数) **1.** das Drucken von Büchern 书刊印刷 **2.** *Kollekt* (集合); alle technischen Verfahren, die zum Drucken von Büchern verwendet werden 印刷术: *Johannes Gutenberg war der Erfinder des Buchdrucks* 约翰·谷登堡(古滕贝格)是印刷术

的发明者

Bu·che *die*; -, -*n* **1.** ein großer Laubbaum mit glattem Stamm u. kleinen braunen, dreikantigen Früchten (Bucheckern)山毛榉 ‖ K-(复合): ***Buchen-***, ***-holz***, ***-scheit***, ***-wald*** **2.** *nur Sg*(只用单数); das Holz der B. (1)山毛榉木材

Buch·ecker *die*; -, -*n*; die kleine, dreikantige Frucht der Buche 山毛榉果实

bu·chen; *buchte*, *hat gebucht*; [Vt/i](及物/不及物) **1.** (***etw.*** (***für j-n***)) ***b.*** (für j-n) e-n Platz für e-e Reise, in e-m Hotel *o. Ä.* reservieren lassen(为…)预订(车、船、飞机)座位或(旅馆)房位〈ein Zimmer, e-e Kabine, e-n Flug b. 预订房间、舱位、机票〉: *Buchen Sie für uns bitte e-n Flug nach Rio de Janeiro* 请您为我们预订赴里约热内卢的机票; [Vt](及物) **2.** ***etw. b.*** etw. in e-m (Geschäfts) Buch notieren od. registrieren 记账,登人〈Geld auf ein Konto b. 把钱记入账户〉 ‖ *hierzu* (派生) **Bu·chung** *die*

Bü·che·rei *die*; -, -*en*; e-e *mst* öffentliche Bibliothek, in der man Bücher ausleihen kann 图书馆 ‖ -K(复合): ***Schul-***, ***Stadt-***

Bü·cher·narr *der*; j-d, der sehr gern u. viel liest 书迷,书呆子

Bü·cher·wurm *der*; *mst Sg*, *gespr hum*(多用单数)[口][诙] ≈ Büchernarr

Buch·fink *der*; ein bunter Singvogel 苍头燕雀

Buch·füh·rung *die*; *nur Sg*(只用单数); das systematische Notieren u. Registrieren der Einnahmen u. Ausgaben in e-m Betrieb *o. Ä.* 簿记,记账〈die B. machen 做账,记账〉

Buch·ge·mein·schaft *die*; e-e Art Klub, in dem man als Mitglied die angebotenen Bücher billiger kaufen kann als in e-r Buchhandlung(经销减价新书的)读书服务会

Buch·hal·ter *der*; j-d, der (beruflich) die Buchführung macht 簿记员,会计员 ‖ *hierzu* (派生) **Buch·hal·te·rin** *die*

Buch·hal·tung *die* **1.** *nur Sg* (只用单数) ≈ Buchführung **2.** die Abteilung e-s Betriebs, in der die Buchführung gemacht wird 会计科(处),财务科(处)

Buch·han·del *der*; *nur Sg*, *Kollekt*(只用单数,集合); alle Verlage u. Geschäfte, in denen Bücher, Zeitungen *usw* hergestellt u. verkauft werden 书报业,图书贸易

Buch·händ·ler *der*; j-d, der beruflich (nach e-r entsprechenden Ausbildung) Bücher verkauft 书商,图书发行者 ‖ *hierzu*(派生) **Buch·händ·le·rin** *die*

Buch·hand·lung *die*; ein Geschäft od. Laden, in dem man Bücher kaufen kann 书店

Buch·ma·cher *der*; j-d, der beruflich *bes* bei Pferderennen Wetten annimmt 赛马场的登记赌注者,赛马经纪人

Buch·se [ˈbʊksə] *die*; -, -*n*; e-e Öffnung an e-m Gerät (wie *z. B.* e-m Radio), durch die mithilfe e-s Steckers ein weiteres Gerät angeschlossen werden kann 插座,接插口 ‖ -K(复合): ***Lautsprecher-***

Büch·se [ˈbʏksə] *die*; -, -*n* **1.** ein ziemlich kleines Gefäß aus Metall mit Deckel 小盒,小罐 ≈ Dose: *Kekse in e-r B. aufbewahren* 将饼干存放在小盒里 ‖ -K(复合): ***Sammel-***, ***Spar-*** **2.** ein Gefäß aus Metall, in dem Lebensmittel konserviert werden 食品罐头 ≈ Dose ‖ ↑ *Abb. unter* 图见 ***Behälter und Gefäße*** ‖ K-(复合): ***Büchsen-***, ***-fleisch***, ***-milch*** ‖ -K(复合): ***Konserven-*** **3.** ein Gewehr, das *bes* bei der Jagd auf Großwild verwendet wird 猎枪

Büch·sen·öff·ner *der*; ein Gerät, mit dem man Büchsen (2) öffnet 开罐头刀,起子 ≈ Dosenöffner

Buch·sta·be *der*; -*ns*, -*n*; der kleinste grafische Bestandteil e-s geschriebenen Wortes 字母,活字: *Das Wort „Rad" besteht aus drei Buchstaben* 单词"Rad"由三个字母组成 ‖ -K(复合): ***Groß-***, ***Klein-*** ‖ ID [谚] ***sich auf seine vier Buchstaben setzen*** *gespr hum* [口][诙]; sich hinsetzen 坐下来老老实实学习(四个字母指 Popo)

buch·sta·bie·ren; *buchstabierte*, *hat buchstabiert*; [Vt/i](及物/不及物) (***etw.***) ***b.*** die Buchstaben e-s Wortes in ihrer Reihenfolge einzeln nennen 拼写,拼读: *Buchstabieren Sie bitte langsam u. deutlich Ihren Namen!* 请您慢慢地清晰地拼读您的姓名! ‖ *hierzu* (派生) **Buch·sta·bie·rung** *die*; *nur Sg*(只用单数)

buch·stäb·lich *Adv* (副); verwendet, um ein Verb od. ein Adj. zu verstärken (加强动词或形容词的语义)确实,完全,毫不夸张≈ regelrecht, im wahrsten Sinne des Wortes: *Er war b. blau vor Kälte* 他可确实冻得发紫了

Bucht *die*; -, -*en*; der Teil e-s Meeres od. Sees, der sich in Form e-s Bogens ins Land hinein erstreckt 海湾,湖湾,港湾 ‖ -K(复合): ***Felsen-***, ***Meeres-***

Bu·ckel *der*; -*s*, - **1.** e-e stark nach außen gebogene Stelle am Rücken 驼背: *Der alte Mann hat e-n B.* 这位老人驼背 **2.** *gespr*[口] ≈ Rücken: *mit dem Rucksack auf dem B.* 背上背着旅行包 **3.** *gespr*[口]; e-e kleine Erhebung in e-r Ebene 小丘,小山,小山冈 ≈ Hügel **4.** *gespr*[口]; e-e leicht gewölbte Stelle auf e-r ebenen Fläche 隆起的鼓包,鼓出的部分(不平整处) ≈ Unebenheit: *die Buckel auf der Bettdecke glätten* 把床单不平的地方弄(抹)平 ‖ ID[谚] *mst* 多用 ***j-d/etw. hat (schon) 80 o. Ä. Jahre auf dem B.*** *gespr*[口]; j-d/etw. ist (schon) 80 *o. Ä.* Jahre alt 某人已 80 岁了/某物已经历 80 个年头; ***den B. für etw. hinhalten*** *gespr*[口]; die Verantwortung für etw. tragen 对某事承担责任; ***den B. vollkriegen*** *gespr*[口]; Prügel bekommen 挨一顿打(揍); *mst* 多用 ***Rutsch mir doch den B. runter!*** *gespr!*[粗]; lass mich in Ruhe 别来烦我!; ***e-n breiten B. haben*** *gespr*[口]; viel Kritik *o. Ä.* ertragen können 吃得消(对指责等),受得了,沉得住气 ‖ *hierzu* (派生) **bu·cke·lig** *Adj* (形); **buck·lig** *Adj*(形)

bu·ckeln; *buckelte*, *hat gebuckelt*; [Vt] (及物) **1.** ***etw. b.*** sich e-e Last auf den Rücken laden 背起,扛〈e-n Sack b. 扛袋子〉; [Vi](不及

物）**2.**（**vor j-m**）**b.** *pej*［贬］；sich gegenüber e-r einflussreichen Person, *z.B.* seinem Chef, unterwürfig verhalten 卑躬屈膝，点头哈腰 **3. ein Tier buckelt** ein Tier macht den Rücken krumm（动物作主语）弓背〈ein Pferd, e-e Katze 马，猫〉

bü.cken, sich；*bückte sich*, *hat sich gebückt*；**Vr**（反身）**sich b.** den Oberkörper nach vorn u. nach unten bewegen, beugen[1]（1）（oft um mit der Hand den Boden zu berühren）俯身，弯腰：*Er bückte sich, um das Taschentuch aufzuheben* 他弯下身子拣起手绢

Bück.ling *der*；*-s*, *-e* **1.** ein geräucherter Hering 熏青鱼 **2.** *gespr hum*［口］［诙］；e-e Verbeugung 鞠躬〈e-n B. machen 鞠躬〉

Bud.del *die*；*-*, *-n*；*nordd gespr*［北德］［口］≈ Flasche

bud.deln；*buddelte*, *hat gebuddelt*；*gespr*［口］；**Vt/i**（及物/不及物）**1.**（**etw.**）**b.** ≈ graben〈e-e Grube, ein Loch b. 挖坑，挖洞；in der Erde b. 在土里挖〉**2. etw. aus etw. b.** etw. durch Graben aus der Erde holen 从…挖出：*Kartoffeln, e-n Stein aus der Erde b.* 从土里挖土豆，石块；**Vi**（不及物）**3.**（von Kindern）mit Eimer u. Schaufel *bes* im Sand spielen（孩子们用桶和小铲儿）挖着玩：*im Sandkasten b.* 在沙坑里挖着玩

Bud.dhis.mus [bʊˈdɪsmʊs] *der*；*-*；*nur Sg*（只用单数）；e-e Religion u. Philosophie, die von Buddha begründet wurde u. *bes* in（Süd-）Ostasien verbreitet ist 佛教，佛学‖ *hierzu*（派生）**Bud.dhist** *der*；*-en*, *-en*；**bud.dhis.tisch** *Adj*（形）

Bu.de *die*；*-*, *-n* **1.** ein kleines Haus（auf dem Jahrmarkt）, das *mst* aus Brettern gebaut ist（年市上的临时）售货棚，小屋‖ -K（复合）：**Los-**, **Markt-**, **Würstchen-** **2.** *gespr pej*；［口］［贬］ein Haus, das in e-m schlechten Zustand ist 破旧的房屋，棚 **3.** *gespr*［口］；（*mst* von jungen Leuten verwendet）das Zimmer, in dem man wohnt（年轻人用语）房间，陋室，窝‖ -K（复合）：**Studenten-** ‖ ID［谚］**j-m die B. einrennen** *gespr pej*［口］［贬］；j-n immer wieder（wegen der gleichen Sache）besuchen 屡次登门找某人，打扰、纠缠某人；*mst* 多用 **Ich habe heute sturmfreie B.** *gespr*［口］；（von Jugendlichen verwendet）meine Eltern sind heute nicht zu Hause（年轻人用语）我的房间今天可以接待任何来访者（父母不在家）；（**j-m**）**die B. auf den Kopf stellen** *gespr*［口］；in j-s Wohnung od. Haus e-e große Unordnung verursachen 把某人的小屋闹腾得乱七八糟；**j-m auf die B. rücken** *gespr*［口］；j-n besuchen, obwohl er das vielleicht nicht mag 冒昧闯到某人家

Bud.get [bʏˈdʒeː] *das*；*-s*, *-s*；**1.** WIRTSCH, POL【经】【政】；das Geld, das j-m, e-r Institution *usw* für e-n bestimmten Zeitraum zu e-m bestimmten Zweck zur Verfügung steht 预算，收支计划 ≈ Etat ‖ -K（复合）：**Familien-**, **Haushalts-**, **Staats-** **2.** WIRTSCH, POL【经】【政】；ein Plan, in dem festgelegt wird, wie viel Geld der Staat（*z.B.* durch Steuern）einnimmt u. wie viel er ausgibt 预算，预算案 **3.** *gespr hum*［口］［诙］；das Geld, das j-d für e-n bestimmten Zweck zur Verfügung hat 预拨款，预算款项‖ -K（复合）：**Urlaubs-**

Bü.fett *das*；*-(e)s*, *-e/-s*；↑ **Büffet**

Büf.fel *der*；*-s*, *-*；ein sehr großes, wild lebendes Rind, das *bes* in Afrika u. im südlichen Asien vorkommt 水牛‖ K-（复合）：**Büffel-**, **-fellPOL**

büf.feln；*büffelte*, *hat gebüffelt*；**Vt/i**（及物/不及物）（**etw.**）**b.** *gespr*［口］；sehr intensiv lernen 苦读书，拼命用功，死记硬背≈ pauken〈Vokabeln, für e-e Prüfung b. 拼命记单词，为考试而死用功〉

Buf.fet [bʏˈfeː] *das*；*-s*, *-s*；Ⓐ Ⓒⓗ［奥］［瑞］≈ Büffet

Büf.fet [bʏˈfeː] *das*；*-s*, *-s* **1.** ein niedriger Schrank für Geschirr 餐具柜（架），碗橱 ≈ Anrichte **2.** e-e Art Tisch in e-m Lokal od. Restaurant, an dem man（alkoholische）Getränke od. Speisen bekommt（饭馆）柜台，餐柜，酒柜 **3. ein**（**kaltes**）**B.**（bei größeren Festen）verschiedene（kalte）Speisen, die auf e-m langen Tisch stehen, von dem man selbst nehmen kann, was man will 自助冷餐

Bug *der*；*-(e)s*, *-e*；der vordere（spitz zulaufende）Teil e-s Schiffes od. Flugzeuges 船首，机头 ↔ Heck ‖ ↑ *Abb. unter* 图见 **Flugzeug**, **Segelboot**

Bü.gel *der*；*-s*, *-* **1.** *Kurzw*（略）↑ **Kleiderbügel** **2.** einer der beiden seitlichen Teile der Brille, die man über die Ohren legt 眼镜腿‖ ↑ *Abb. unter* 图见 **Brille** **3.** *Kurzw*（略）↑ **Steigbügel**〈in den B. steigen 登上马镫〉

Bü.gel.ei.sen *das*；*-s*, *-*；ein（elektrisch）aufheizbares Gerät, mit dem man Kleidungsstücke od. Stoffe glatt macht 熨斗，烙铁‖ -K（复合）：**Dampf-**

Bü.gel.fal.te *die*；*mst Pl*（多用复数）；e-e Falte, die man absichtlich in Kleidungsstücke（*z.B.* in e-e Hose）bügelt 熨烫出来的褶儿，裤线‖ ↑ *Abb. unter* 图见 **Falte**

bü.gel.frei *Adj*（形）；so, dass man es（nach dem Waschen）nicht bügeln muss 免烫的，不需要熨的〈ein Hemd 衬衣〉

bü.geln；*bügelte*, *hat gebügelt*；**Vt/i**（及物/不及物）（**etw.**）**b.** Kleidungsstücke od. Stoffe mit e-m heißen Bügeleisen glatt machen 烫平，熨平〈e-e Hose, e-e Bluse b. 熨裤子、女上衣〉‖ K-（复合）：**Bügel-**, **-brett**, **-maschine**, **-tisch**, **-wäsche**

Bug.gy [ˈbagi] *der*；*-s*, *-s*；ein Kinderwagen, den man zusammenklappen kann 可以折叠的童车，婴儿手推车‖ ↑ *Abb. unter* 图见 **Kinderwagen**

bug.sie.ren；*bugsierte*, *hat bugsiert*；**Vt**（及物）**j-n/etw. irgendwohin b.** *gespr*［口］；j-n/etw. unter großer Anstrengung irgendwohin bringen（很困难地）把…领到，带到，引到

buh! *Interjektion*（感叹）；verwendet, um auszudrücken, dass einem e-e Darbietung (*z.B.* im Theater) nicht gefällt (表示喝倒彩) 嘘! ‖ K-(复合): ***Buh-***, ***-ruf***

bu·hen; *buhte*, *hat gebuht*; [Vi](不及物) mehrmals „buh" rufen (wenn einem etw. nicht gefällt) 喝倒彩,发出嘘声

buh·len; *buhlte*, *hat gebuhlt*; [Vi](不及物) **1.** ***um j-n/etw. b.*** *geschr*, *oft pej*[书]常用[贬]; sich intensiv bemühen, j-n/etw. zu bekommen 盼望得到,企求,追求,向…求爱 ≈ um j-n/etw. werben ⟨um j-s Gunst, Liebe b. 企求某人的宠爱,求爱; um Anerkennung b. 企求得到表彰⟩ **2.** ***mit j-m b.*** *veraltet*[旧]; mit j-m e-e Liebesbeziehung haben 与某人有风流韵事(艳史)

Buh·mann *der*; *Buh·män·ner*; *gespr*[口]; j-d, dem man die Schuld für alle Probleme, Misserfolge *o.Ä.* gibt 替罪羊,替死鬼,垫背的人 ≈ Sündenbock ⟨j-n zum B. machen 让某人当替死鬼⟩

Büh·ne *die*; -, *-n* **1.** die (leicht erhöhte) Fläche in e-m Theater, auf der die Schauspieler zu sehen sind 舞台 ⟨e-e drehbare, versenkbare B. 可旋转的,可下降的舞台; auf die B. treten 登台,上场⟩ ‖ ↑ *Abb. unter* 图见 ***Theater*** ‖ K-(复合): ***Bühnen-***, ***-beleuchtung***, ***-dekoration***, ***-vorhang*** ‖ -K(复合): ***Dreh-*** **2.** *geschr*[书] ≈ Theater ⟨ein Stück auf die B. bringen 演出一个剧目⟩: *Das Stück wurde an allen größeren Bühnen gespielt* 这一剧目在各大剧院都上演了 ‖ ID[谚] ***etw.*** ⟨schnell, gut, erfolgreich 很快,很出色,很成功地⟩ ***über die B. bringen*** *gespr*[口]; etw. schnell, gut, erfolgreich durchführen od. beenden 进行或完成某事; ***etw. geht irgendwie über die B.*** *gespr*[口]; etw. spielt sich irgendwie ab, nimmt e-n bestimmten Verlauf 某事以某种方式正在进行,有进展

Büh·nen·aus·spra·che *die*; die normierte Aussprache des Hochdeutschen, wie sie *z.B.* von Schauspielern (in klassischen Stücken) gesprochen wird 舞台标准发音

Büh·nen·bild *das*; die Dekoration u. die Requisiten, mit denen die Bühne bei e-m Theaterstück ausgestattet ist 舞台布景

Büh·nen·bild·ner *der*; *-s*, -; j-d, der (*bes* beruflich) Bühnenbilder gestaltet 舞台布景设计师,画布景的美术师 ‖ *hierzu*(派生) **Büh·nen·bild·ne·rin** *die*; -, *-nen*

buk *Imperfekt*, *1.u.3.Person Sg*, *veraltet*(过去时,第一和第三人称单数)[旧]; ↑ ***backen***

Bu·kett *das*; *-s*, *-e/-s* **1.** ein Strauß schön zusammengestellter Blumen 花束 **2.** der Duft des Weines 葡萄酒的芳香 ⟨ein volles B. 一股浓郁的葡萄酒香味⟩

Bu·let·te *die*; -, *-n*; *nordd*[北德] ≈ Frikadelle

Bull·au·ge *das*; ein rundes Fenster im Rumpf e-s Schiffs 舷窗,船体上的圆窗

Bull·dog·ge *die*; ein relativ kleiner, dicker Hund mit sehr flacher, kurzer Schnauze(一种矮小、体粗、嘴扁的)斗牛狗

Bull·do·zer [-zɐ] *der*; *-s*, -; ein schweres Fahrzeug mit e-r großen Schaufel, mit der man Erdmassen wegschieben kann 推土机 ≈ Planierraupe: *e-n Hügel mit dem B. abtragen* 用推土机把小山包推掉

Bul·le[1] *der*; *-n*, *-n* **1.** ein erwachsenes männliches Rind 公牛 ≈ Stier ↔ Kuh **2.** das erwachsene männliche Tier bei verschiedenen großen Säugetieren 大型雄性野兽 ‖ -K(复合): ***Elefanten-***, ***Hirsch-*** **3.** *gespr pej*[口][贬]; ein sehr großer Mann mit kräftigem Körper 彪形大汉,膀大腰圆的人 **4.** *gespr! mst pej*[粗]多用[贬] ≈ Polizist ‖ NB(注意): *der Bulle*; *den*, *dem*, *des Bullen*

Bul·le[2] *die*; -, *-n*; ein Text in lateinischer Sprache, in dem der Papst Vorschriften, Gesetze *usw* veröffentlicht(拉丁文书写的)教皇训谕,教谕

Bul·len·hit·ze *die*; *gespr*[口]; e-e sehr große Hitze 酷热,酷暑

Bul·le·tin [bʏlˈtɛ̃ː] *das*; *-s*, *-s*; ***ein B.*** (***über etw.*** (*Akk* 四格)) (ADM) *geschr*(【管理】)[书]; ein offizieller, *mst* kürzerer Bericht über ein bestimmtes wichtiges Ereignis 公报,报告书: *ein ärztliches B. über den Gesundheitszustand des Königs* 关于国王病情的医生报告书

bul·lig *Adj*(形); *oft pej* 常用[贬]; kräftig u. massig 强壮的,粗壮如牛的⟨ein Mann 男子⟩

bum! *Interjektion*(感叹); verwendet, um *z.B.* das Geräusch e-s Pistolenschusses od. e-s dumpfen Schlages zu imitieren(表示枪声或敲击声)砰!嘣!

Bu·me·rang, **Bu·me·rang** *der*; *-s*, *-e/-s*; ein gebogenes Stück Holz, das wieder zurückkommt, wenn man es wirft, u. das die Ureinwohner Australiens zur Jagd verwenden 飞去来器,飞镖(澳大利亚土著人狩猎用的木制曲形武器,投掷出去后还会飞回原处)⟨e-n B. werfen, schleudern 投掷飞镖⟩ ‖ ID[谚] ***etw. erweist sich als B.*** *gespr*[口]; e-e Maßnahme, Handlung *usw*, die j-d anderem schaden sollte, schadet dem Verursacher selbst 某事会适得其反,事与愿违

Bum·mel *der*; *-s*, -; ein Spaziergang ohne konkretes Ziel 闲逛,溜达: *e-n B. durch die Geschäftsstraßen machen* 在商业街闲逛 ‖ -K(复合): ***Einkaufs-***; ***Stadt-***

bum·meln; *bummelte*, *hat/ist gebummelt*; [Vi](不及物) **1.** (*ist*) ohne Eile u. ohne konkretes Ziel spazieren gehen 闲逛,东游西转,转悠: *durch die Stadt b.* 去城里转悠 **2.** (*hat*) *gespr pej*[口][贬]; seine Arbeit sehr langsam (u. planlos) machen 工作磨蹭,干活慢慢腾腾 ≈ trödeln: *Er bummelt heute schon den ganzen Tag* 他今天一整天干活磨磨蹭蹭 **3.** (*hat*) nichts Produktives tun 游手好闲,无所事事 ≈ faulenzen ‖ K-(复合): ***Bummel-***, ***-leben*** ‖ *hierzu*(派生) **Bumm·ler** *der*; *-s*, -; **Bumm·le·rin** *die*; -, *-nen* ‖ *zu*(义项) ***Bummelei*** ↑ ***-ei***

Bum·mel·streik *der*; e-e Form des Streiks, bei der absichtlich langsam gearbeitet wird 怠工

Bum·mel·zug *der*; *gespr*[口]; ein Zug, der in

jedem kleinen Ort hält 慢(客)车

bums! *Interjektion* (叹); verwendet, um das Geräusch auszudrücken, das bei e-m Fall od. Stoß entsteht(表示物体坠落或碰撞时发出的声响)扑通! 砰! 嘣!

bum·sen; *bumste*, *hat/ist gebumst*; [Vi] (不及物) **1.** ***gegen/an etw.*** (*Akk* 四格) ***b.*** (*hat*) *gespr* [口]; sehr kräftig an/gegen etw. schlagen敲,打 ≈ pochen: *Er hat mit der Faust an die Tür gebumst* 他用拳头敲门 **2.** ***gegen/an etw.*** (*Akk* 四格) ***b.*** (*ist*) *gespr* [口]; sich mit e-m Körperteil an etw. Hartem stoßen(身体碰撞硬物)扑通一声撞在…上,咕咚一声撞在…上: *Sie ist mit der Schulter an den Schrank gebumst* 她的肩膀在柜子上砰地撞了一下 **3.** (***mit j-m***) ***b.*** (*hat*) *vulg* [俗]; Geschlechtsverkehr haben(与某人)发生性关系,上床; [Vi] (及物) (*hat*) **4.** ***j-n b.*** *vulg* [俗]; (als Mann) mit e-r Frau Geschlechtsverkehr haben 与女人上床,发生性关系; [Vimp] (无人称) (*hat*) **5.** ***irgendwo bumst es*** *gespr* [口]; irgendwo gibt es e-n Zusammenstoß *o. Ä.* u. ein dumpfes Geräusch 某处发出轰隆相撞的响声 ≈ irgendwo kracht es: *An dieser Kreuzung hat es schon mehrmals gebumst* 在这个十字路口已发生多次撞车事故

Bund[1] *der*; -(*e*)*s*, *Bün·de*; **1.** e-e organisierte Verbindung von zwei od. mehreren Partnern 结盟,同盟,联盟,社团 ≈ Vereinigung 〈ein B. zweier Staaten 两国联盟; sich zu e-m B. zusammenschließen 结成联盟; e-m B. beitreten, angehören 加入联盟,属于联盟〉 ‖ -K(复合): ***Ärzte-***, ***Bauern-***, ***Gewerkschafts-*** **2.** (in e-r Föderation) der gesamte Staat im Gegensatz zu den einzelnen (Bundes)Ländern, wie *z.B.* in der Bundesrepublik Deutschland 联邦: *B. u. Länder* 联邦和州 ‖ K-(复合): ***Bundes-***, ***-behörde***, ***-gebiet***, ***-gericht***, ***-gesetz***, ***-hauptstadt***, ***-regierung***, ***-richter***, ***-verfassung*** **3.** Ⓓ *gespr*, *Kurzw* [德][口][略] ↑ ***Bundeswehr***: *Mit 18 muss er zum B.* 年满十八岁他必须参军(参加联邦国防军) **4** ≈ Bündel 〈ein B. Petersilie, Radieschen 一扎(把,束)香菜、小红萝卜〉 ‖ ID [谚] ***den B. der Ehe*** (***mit j-m***) ***eingehen/schließen*** *geschr* [书]; (j-n) heiraten(与某人)结为夫妇,联姻,缔结良缘; ***mit j-m im Bunde sein/stehen*** mit j-m verbündet sein (*mst* mit bösen Absichten)与某人结伙,勾结一起

Bund[2] *der*; -(*e*)*s*, *Bün·de*; ein fester Stoffstreifen, der e-n Rock od. e-e Hose an der Taille abschließt 裤、裙的腰边: *den Rock am B. enger machen* 把裙腰紧一紧

Bünd·chen *das*; *-s*, *-*; ein Stoffstreifen od. ein gestrickter Streifen am Halsausschnitt od. am unteren Rand der Ärmel *bes* von Pullovern 立领,袖边

Bün·del *das*; *-s*, *-* **1.** einzelne gleiche od. unterschiedliche Dinge, die zu e-m Ganzen zusammengenommen od. zusammengebunden werden 束,把,捆,扎 〈ein B. Stroh, Briefe 一捆稻草、信; etw. zu e-m B. zusammenschnüren 把某物扎成一捆〉 **2.** MATH, PHYS 【数】【物】; mehrere Linien od. Flächen, die sich in e-m Punkt treffen 束,道,柱 ‖ ID [谚] *mst* 多用 ***Jeder hat sein B. zu tragen*** jeder hat in seinem Leben Probleme u. Kummer 每个人都有自己的烦恼和苦闷,每个人都有一本难念的经

bün·deln; *bündelte*, *hat gebündelt*; [Vt] (及物) ***etw. b.*** einzelne od. unterschiedliche Dinge zu e-m Bündel (1) zusammenfassen, *mst* indem man sie zusammenbindet 将…扎成捆 〈Zeitungen b. 把报纸扎成一捆〉 ‖ *hierzu* (派生) **Bün·de·lung** *die*; *nur Sg* (只用单数)

Bun·des·bahn *die*; *nur Sg* (只用单数); die staatlichen Unternehmen der Eisenbahn 联邦铁路; *Abk* 缩写 Ⓓ [德]DB, Ⓐ [奥]ÖBB, Ⓒⓗ [瑞] SBB

Bun·des·bank *die*; *nur Sg* (只用单数), (***Deutsche***) ***B.*** die Bank, die in der Bundesrepublik Deutschland neues Geld in Umlauf bringt(德意志)联邦银行

Bun·des·bür·ger *der*; Ⓓ [德] ein Bürger der Bundesrepublik Deutschland 联邦德国公民 ‖ *hierzu* (派生) **Bun·des·bür·ge·rin** *die*

bun·des·deutsch *Adj* (形); in Bezug auf die Bundesrepublik Deutschland 联邦德国的

Bun·des·deut·sche *der/die*; ein Staatsangehöriger der Bundesrepublik Deutschland 联邦德国人

Bun·des·fei·er *die*; Ⓒⓗ [瑞] e-e Feier am Abend des 1 August, des Schweizer Nationalfeiertages 八月一日晚上的联邦庆祝会(瑞士民族节日)

Bun·des·ge·nos·se *der*; *veraltend* [渐旧] ≈ Verbündete(r) ‖ *hierzu* (派生) **Bun·des·ge·nos·sin** *die*

Bun·des|ge·richts·hof *der*; *nur Sg* (只用单数), Ⓓ [德] das oberste Gericht der Bundesrepublik Deutschland für Straf- u. Zivilprozesse 联邦法院; *Abk* 缩写 BGH

Bun·des|grenz·schutz *der*; Ⓓ [德] e-e Art Polizei in der Bundesrepublik Deutschland, die *bes* die Grenzen schützt 联邦边防警察,联邦边防军; *Abk* 缩写 BGS

Bun·des·haus *das*; *nur Sg* (只用单数) **1.** *hist*, Ⓓ [历][德] das Gebäude, in dem sich der Bundestag versammelte 联邦议院大厦 **2.** Ⓒⓗ [瑞] das Gebäude, in dem sich der Bundesrat (2) versammelt 联邦委员会会议大厦

Bun·des·heer *das*; *nur Sg* (只用单数), Ⓐ [奥] die Armee Österreichs 奥地利军队

Bun·des·ka·bi·nett *das*; Ⓓ [德] die Minister der Regierung der Bundesrepublik Deutschland 联邦内阁

Bun·des·kanz·ler *der* **1.** Ⓐ Ⓓ [奥][德] der Vorsitzende der Bundesregierung 联邦总理 **2.** Ⓒⓗ [瑞] der Leiter der Kanzlei des Bundesrats, die dem Bundespräsidenten unterstellt ist 联邦委员会主席 ‖ *hierzu* (派生) **Bus·des·kanz·le·rin** *die*

Bun·des·land *das* **1.** Ⓓ Ⓐ [德][奥] ein Land, das zusammen mit anderen e-n Bundesstaat bildet 联邦州 **2.** ***die alten Bundesländer*** die Bundesländer der Bundesrepublik Deutschland bis Oktober 1990（1990年10月前原西德的）老联邦州 **3.** Ⓓ［德］***die neuen Bundesländer*** die fünf Bundesländer, die früher das Territorium der DDR bildeten u. jetzt Teil der Bundesrepublik Deutschland sind 新联邦州（原民主德国、现德意志联邦共和国的五个州）

Bun·des·li·ga *die*；Ⓓ［德］die höchste Spielklasse in e-r Sportart 德国足球甲级联赛〈in die B. aufsteigen 升入甲级队；aus der B. absteigen 退出甲级队〉‖ -K（复合）：***Basketball-***, ***Eishockey-***, ***Fußball-***, ***Handball-***, ***Tischtennis-***, ***Volleyball-***

Bun·des·mi·nis·ter *der*；Ⓓ Ⓐ［德］［奥］ein Mitglied（Minister）der Bundesregierung 联邦部长 ‖ *hierzu*（派生）**Bun·des·mi·nis·te·rin** *die*

Bun·des·mi·nis·te·ri·um *das*；eine der höchsten Behörden in einem Bundesstaat. Der Minister, der das B. leitet, ist Mitglied der Bundesregierung 联邦部：*das B. für Bildung und Forschung* 联邦教育和科研部

Bun·des|nach·rich·ten·dienst *der*；*nur Sg*（只用单数）；Ⓓ［德］ein Geheimdienst in der Bundesrepublik Deutschland, der Informationen aus dem Ausland beschaffen soll 联邦情报局；*Abk* 缩写 BND

Bun·des·post *die*；*nur Sg*（只用单数），Ⓓ *hist*［德］［历］das staatliche Unternehmen der Post in der Bundesrepublik Deutschland 联邦邮政；*Abk* 缩写 DBP

Bun·des·prä·si·dent *der* **1.** Ⓓ Ⓐ［德］［奥］das Staatsoberhaupt, das vor allem repräsentative Funktionen zu erfüllen hat 联邦总统 **2.** Ⓒⓗ［瑞］der Regierungschef der Schweiz 联邦主席（= der Vorsitzende des Bundesrates）‖ *hierzu*（派生）**Bun·des·prä·si·den·tin** *die*

Bun·des·rat *der* **1.** *nur Sg*（只用单数），Ⓓ Ⓐ［德］［奥］e-e Art Parlament, das nicht direkt gewählt wird, sondern sich aus Vertretern der einzelnen Bundesländer zusammensetzt. Der B. wirkt bei manchen Aufgaben des Bundestags/Nationalrats mit 联邦参议院（德），联邦议会（奥）**2.** *nur Sg*, Ⓒⓗ（只用单数）［瑞］die Regierung der Schweiz 联邦委员会 **3.** Ⓐ Ⓒⓗ［奥］［瑞］ein Mitglied des Bundesrats（1, 2）联邦议会议员（奥），联邦委员会委员（瑞）‖ zu（义项）**3. Bun·des·rä·tin** *die*

Bundesregierung *die*；die Regierung e-s Bundesstaates, *bes* von Deutschland od. Österreich 联邦政府：*Die B. hat den Entwurf für ein neues Umweltgesetz vorgelegt* 联邦政府已提交新环境法草案

Bun·des·re·pu·blik *die*；*nur Sg*（只用单数）**1.** *Kurzw*（略）；↑ ***Bundesrepublik Deutschland*** ‖ ↑ ***Anhang***（1）见附录（1）**2.** ein Bundesstaat（1）‖ *zu*（义项）**1. bun·des·re·pub·li·ka·nisch** *Adj*（形）

Bun·des·staat *der* **1.** ein Staat, der aus mehreren Ländern[2]（2）besteht 联邦制国家 **2.** ein Land[2]（2）als Teil des Bundes[1]（2）联邦州

> **Die Bundesrepublik Deutschland 德意志联邦共和国**
>
> Die Bundesrepublik Deutschland ist eine parlamentarische Demokratie, ihre Verfassung ist im **Grundgesetz** festgelegt.
>
> Staatsoberhaupt ist der **Bundespräsident**, der vor allem repräsentative Funktionen hat. Er wird für fünf Jahre gewählt und kann nur einmal wieder gewählt werden.
>
> Neben dem Bundespräsidenten ist die **Bundesregierung** das oberste Organ der Exekutive. Sie besteht aus dem **Bundeskanzler** und den **Bundesministern**.
>
> Der **Bundestag** ist das direkt gewählte Parlament Deutschlands. Er wird alle vier Jahre gewählt und wählt seinerseits den Bundeskanzler. Bei der Gesetzgebung wirkt auch der **Bundesrat** mit, der aus Vertretern der einzelnen Bundesländer besteht.
>
> Zu den obersten Gerichten in Deutschland zählen der **Bundesgerichtshof**, der für Straf- und Zivilprozesse zuständig ist, und das **Bundesverfassungsgericht**.
>
> 德意志联邦共和国是一个议会民主政体，其宪法规定在**基本法**中。
>
> 国家元首是**联邦总统**，他首先具代表性的职能，任期五年，可连任一次。
>
> 除联邦总统外，**联邦政府**是行政机关的最高机构，由**总理**和**联邦部长**们组成。
>
> **联邦参议院**是直接选出的德国议会，每四年选一次，并选总理。由各联邦州代表组成的**联邦参议院**也参与制宪工作。
>
> **联邦法院**负责刑事审理和民事审理，它和**联邦宪法法院**均属于德国最高法院。

Bun·des·stadt *die*；*nur Sg*，Ⓒⓗ（只用单数）［瑞］Bern als Hauptstadt der Schweiz 联邦市（指瑞士首都伯尔尼）

Bun·des·stra·ße *die*；Ⓓ Ⓐ［德］［奥］e-e relativ breite Straße, die größere Teile des Landes verbindet 联邦公路 ↔ Autobahn, Landstraße

Bun·des·tag *der*；*nur Sg*（只用单数），Ⓓ［德］das direkt gewählte Parlament in der Bundesrepublik Deutschland 联邦议院 ‖ K-（复合）：***Bundestags-***, ***-abgeordnete(r)***, ***-fraktion***, ***-mitglied*** ‖ NB（注意）：↑ ***Bundesrat***

Bun·des|ver·fas·sungs·ge·richt *das*；*nur Sg*（只用单数），Ⓓ［德］das höchste Gericht bei Fragen der Verfassung[1], des Grundgesetzes 联邦宪法法院

Bun·des·ver·samm·lung *die*；*nur Sg*（只用单数）；**1.** Ⓓ［德］die Personen, die den Bundespräsidenten wählen 联邦大会 **2.** Ⓒⓗ［瑞］*Kollekt*（集合）；der Schweizer Nationalrat u. Ständerat, die zusammen das Schweizer Parlament bilden 瑞士的国民院和联邦院选举瑞士议会的联席会议

Bun·des·wehr *die*；-；*nur Sg*（只用单数），Ⓓ［德］die Streitkräfte der Bundesrepublik Deutschland 联邦国防军：*als Wehrpflichtiger, als Zeitsoldat bei der B. seinen Dienst*

leisten 作为有服役义务者，作为现役士兵在联邦国防军服役 ‖ K-(复合): **Bundeswehr-**, **-soldat**

bun·des·weit *Adj*(形); *nur attr od adv*(只作定语或状语); im gesamten Staatsgebiet der Bundesrepublik Deutschland 联邦范围的: *ein Gesetz mit bundesweiter Gültigkeit* 联邦范围内有效的法律

Bund·fal·ten|ho·se *die*; e-e bequeme, relativ weite Hose mit genähten Falten am Bund² 灯笼裤

bün·dig *Adj*(形) **1.** ARCH【建】; genau auf einer Linie abschließend 等高的，齐平的〈etw. liegt b., schließt b. ab 某物摆(放)得很平，封得很齐〉 **2.** (**kurz u.**) **b.** kurz u. treffend 简明的，简洁的，简练的，言简意赅的〈etw. kurz u. b. beantworten 简明扼要地回答某事〉

Bünd·nis *das*; *-ses*, *-se*; **ein B.** (**mit j-m**) ein Zusammenschluss von Partnern (*mst* von Staaten), der auf e-m Vertrag basiert u. der oft den Zweck hat, dass man sich gegenseitig hilft联盟，同盟 ≈ Union〈ein B. eingehen, schließen 结成同盟〉 ‖ K-(复合): **Bündnis-**, **-partner**, **-treue** ‖ -K(复合): **Militär-**, **Verteidigungs-**

Bun·ga·low [ˈbʊŋgalo] *der*; *-s*, *-s*; ein *mst* großes (Wohn)Haus mit nur einer Etage 别墅，平层住宅 ‖ -K(复合): **Ferien-**

Bun·gee·sprin·gen [ˈbandʒɪ-] *das*; *-s*; *nur Sg*, SPORT(只用单数)【体】; das Springen aus großer Höhe, bei dem man an e-m starken elastischen Seil hängt, das verhindert, dass man den Boden berührt 蹦极跳

Bun·ker *der*; *-s*, *-*; ein großer Raum unter der Erde, in dem man Schutz vor Bombenangriffen findet 地下掩体，碉堡

Bun·sen·bren·ner *der*; ein kleines Gerät, mit dem man *bes* in Laboratorien Chemikalien erhitzt u. bei dem man die Hitze der Flamme regulieren kann 本生(德国化学家)灯，煤气灯

bunt, *bunter*, *buntest-*; *Adj*(形) **1.** mit mehreren verschiedenen (leuchtenden) Farben 彩色的，五颜六色的，五彩缤纷的，五光十色的 ≈ farbig〈ein Bild, ein Blumenstrauß, ein Kleid 画，花束，连衣裙〉 ‖ K-(复合): **Bunt-**, **-specht** **2.** *nur attr*(只作定语); mit gemischtem Inhalt 丰富多彩的，内容多样的，花色繁多的〈ein Abend, ein Programm, ein Teller (= mit verschiedenen Speisen)晚会，节目，拼盘〉 ‖ ID [谚] **es b. treiben** *gespr*, *mst pej*[口]多用[贬]; sich nicht an bestimmte (gesellschaftliche) Normen halten 出格，出圈儿，越轨; *mst* 多用 ***Das wird mir jetzt zu b.!*** *gespr*[口]; das dulde ich nicht mehr 这我现在没法忍受了! 这对我现在太过分了! ‖ *zu* (义项) **1. Bunt·heit** *die*; *nur Sg*(只用单数)

Bunt·stift *der*; ein Zeichen- od. Malstift mit e-r farbigen Mine 彩色笔，颜色笔

Bunt·wä·sche *die*; *nur Sg*(只用单数); farbige Textilien, die man nicht zu heiß waschen darf(易褪色的)花内衣 ↔ Kochwäsche

Bür·de *die*; *-*, *-n*; *mst Sg*, *geschr*(多用单数)[书] **1.** etw. relativ Schweres, das auf etw. anderem liegt od. lastet 负担，重负 ≈ Last **2.** etw., das j-m große Probleme u. Kummer bereitet 精神负担，烦恼，苦恼〈e-e B. tragen 承担精神苦恼; j-m e-e B. auferlegen, abnehmen 把负担强加于某人，替某人分担苦恼〉: *die B. des Alters* 老年人的苦恼

Burg *die*; *-*, *-en*; ein großes, massives Gebäude, das im Mittelalter als Wohnsitz von Herrschern u. zur Verteidigung diente 城堡，城寨〈e-e verfallene B. 一座坍塌的城堡; e-e B. belagern 包围城堡〉: die Burgen des Rheintals 莱茵河谷的城堡 ‖ K-(复合): **Burg-**, **-graben**, **-graf**, **-herr**, **-ruine**, **-verlies**, **-vogt** ‖ -K(复合): **Ritter-**

Bür·ge *der*; *-n*, *-n*; (*auch* JUR 也用【法】) e-e Person, die garantiert u. dafür haftet, dass e-e andere Person ihr Versprechen halten u. *z.B.* ihre Schulden zahlen wird 担保人，保人〈e-n Bürgen nennen/stellen 提出保人; für j-n als B. eintreten 为某人作保〉 ‖ NB(注意): *der Bürge*; *den*, *dem*, *des Bürgen* ‖ *hierzu* (派生) **Bür·gin** *die*; *-*, *-nen*

bür·gen; *bürgte*, *hat gebürgt*; Vi (不及物) **1. für etw. b.** dafür garantieren, dass die Qualität von etw. gut ist 保证(质量): *Das Markenzeichen bürgt für Qualität* 商标保证质量 **2. für j-n b.** (*auch* JUR 也用【法】) für j-n Bürge sein(为某人)担保

Bür·ger *der*; *-s*, *-* **1.** j-d, der die Staatsbürgerschaft e-s Landes besitzt 公民，国民 ≈ Staatsbürger: *die Rechte u. Pflichten der Bürger* 公民的权利与义务 ‖ K-(复合): **Bürger-**, **-pflicht** **2.** ein Einwohner e-r Stadt od. Gemeinde, ein Mitglied der Gesellschaft 市民，居民〈ein braver, biederer B.一位诚实的、正直的市民〉 **3.** *hist*[历]; j-d, der zu e-r gehobenen Schicht der Gesellschaft gehört (aber nicht adelig ist)市民，资产者，中产者 ‖ *hierzu*(派生) **Bür·ge·rin** *die*; *-*, *-nen*

Bür·ger·be·geh·ren *das*; POL【政】; die Forderung von Bürgern, dass e-e wichtige Angelegenheit (in der Gemeinde) entschieden werden muss. Dies geschieht *mst* in Form e-r Unterschriftensammlung 公民签名请求(公民通常以签民形式对地区某一重要事情必须作出决定的要求)

Bür·ger·ent·scheid *der*; POL【政】; die Entscheidung über eine wichtige politische Frage durch die Bürger 公民参决，公民表决: Ein B. findet auf lokaler Ebene statt 在地方一级举行公民参决

Bür·ger·ini·ti·a·ti·ve *die*; der Versuch e-r Gruppe von Bürgern (1, 2), die Aufmerksamkeit der Öffentlichkeit auf bestimmte Probleme zu lenken, die von der Regierung od. der Gemeinde nicht od. nur schlecht gelöst wurden 公(市)民倡议(活动)(指市民团体试图引起公众对政府或地方没有解决或解决得不好的某些问题的注意)〈e-e B. gründen 发起市民倡议(活动或组织)〉

Bür·ger·krieg *der*; ein bewaffneter Kampf

zwischen verschiedenen gesellschaftlichen od. politischen Gruppen innerhalb e-s Staates 内战，国内战争 ‖ *hierzu*（派生）**bür·ger·kriegs·ähn·lich** *Adj*（形）

Bürgerinitiativen 公民倡仪（活动）

In den **Bürgerinitiativen** schließen sich Bürger zusammen, die konkrete politische Ziele oder konkrete gemeinsame Interessen verfolgen. Dabei geht es ihnen zum Beispiel um Verbesserungen in einem Stadtviertel wie eine Umgehungsstraße oder den Bau eines Kindergartens oder um Themen des Umweltschutzes.

In einigen Bundesländern in Deutschland gibt es die Möglichkeit, dass die Bürger über ein **Bürgerbegehren** oder ein **Volksbegehren** direkt einen Antrag zu einem Thema in die Politik einbringen. Wenn die erforderliche Anzahl an Unterschriften dafür gesammelt werden kann, kommt es zu einem **Bürgerentscheid** oder **Volksentscheid**, bei dem alle Wahlberechtigten direkt über das betreffende Thema abstimmen können.

在**公民倡仪活动**中，公民团结一起，谋求实现具体的政治目标或具体的共同利益，譬如，他们谋求改善市区环境，如建绕行路、盖幼儿园或环保之类的主题。

在德国一些联邦州内，关于**公民签名请求**或**全民公决提议**公民可直接就某一主题提出政策提案，如果签名能达到必要的人数，就进行**公民参决**或**全民公决**，凡是有选举权的人都可以直接对有关主题投票表决。

bür·ger·lich *Adj*（形）；*mst attr*（多作定语）**1.** den Bürger（1,2）betreffend 公民的，市民的〈die Rechte, die Pflichten 权利，义务〉**2.** den gesellschaftlichen Normen entsprechend 合法的，符合社会规范的，世俗约定的〈e-e Ehe, ein Leben, e-e Partei 婚姻，生活，政党〉**3.** *pej*［贬］≈ konservativ〈Anschauungen 见解；j-d ist j-m zu b. 某人认为某人太保守（守旧）〉‖ NB（注意）：↑ **Recht**

Bür·ger·meis·ter, Bür·ger·meis·ter *der*; der oberste Repräsentant e-r Stadt od. Gemeinde 市长，乡长，区长，镇长 ‖ *hierzu*（派生）**Bür·ger·meis·te·rin, Bür·ger·meis·te·rin** *die*

bür·ger·nah *Adj*（形）；so, dass die Probleme u. Bedürfnisse der Bürger berücksichtigt werden 贴近民众的，亲民的〈Politik 政策〉

Bür·ger·recht *das*; *mst Pl*（多用复数）；eines der Rechte, die man als Staatsbürger hat, *z.B.* das Wahlrecht 公民权

Bür·ger·recht·ler *der*; *-s, -*; j-d, der dafür kämpft, dass die Bürger- u. Menschenrechte（für alle Bürger e-s Staates）verwirklicht werden 争取全面实现公民权和人权的人，民权维护者，民权运动参加者：*der B. Martin Luther King* 民权维护者马丁·路德·金

Bür·ger·rechts|be·we·gung *die*; e-e Bewegung, die sich für die Verwirklichung der Bürger- u. Menschenrechte einsetzt 民权运动

Bür·ger·schaft *die*; *-, -en*; *mst Sg*（多用单数）**1.** *Kollekt*（集合）；alle Bürger（2）全体市民，全体居民（总称）**2.** Ⓓ［德］verwendet als Name für die Parlamente der Bundesländer Hamburg u. Bremen（汉堡、不来梅）州议会

Bür·ger·steig *der*; *bes nordd* 尤用于［北德］≈ Gehsteig

Bür·ger·tum *das*; *-s*; *nur Sg*, *Kollekt*（只用单数，集合）；die Bürger（3）：*das aufstrebende B. des 18 Jahrhunderts*（18 世纪上升时期的）市民等级，资产阶级

Bür·ger·ver·si·che·rung *die*; Ⓓ［德］e-e geplante Krankenversicherung, in der jeder Bürger Deutschlands Mitglied sein soll. Die Höhe der Beiträge soll sich nicht mehr nur nach der Höhe des Gehaltes *bzw* Lohnes richten 公民保险

Bürg·schaft *die*; *-, -en* **1.** e-e Garantie, die j-d für j-n/etw. abgibt 担保，作保，保证〈für j-n/etw.（e-e）B. leisten 为某人/某事作保〉**2.** e-e Summe Geld, mit der j-d für j-n bürgt 保证金〈e-e hohe B. übernehmen 承担高额保证金〉**3.** JUR【法】；ein Vertrag, mit dem sich j-d verpflichtet, für j-n Bürge zu sein 保结，保证书〈e-e B. übernehmen 作保〉

Bur·les·ke *die*; *-, -n*; e-e Art Komödie mit *mst* einfacher Handlung u. derben Späßen 滑稽戏，闹剧，滑稽表演 ≈ Posse, Schwank ‖ *hierzu*（派生）**bur·lesk** *Adj*（形）

Bü·ro *das*; *-s, -s* **1.** ein Raum od. Gebäude, in dem die schriftlichen Arbeiten, die Verwaltung u. Organisation e-r Firma od. e-r Institution erledigt werden 办公室（处、厅），办事处，局〈ins B. gehen 去办公室，去上班〉‖ K-（复合）：**Büro-**, **-angestellte(r)**, **-arbeit**, **-gebäude**, **-gehilfe**, **-stunden**, **-tätigkeit** **2.** *Kollekt*（集合）；die Personen, die in e-m B.（1）arbeiten 办公室工作人员（总称）

Bü·ro·be·darf *der*; *Kollekt*（集合）；alle Gegenstände, die man zum Arbeiten in e-m Büro braucht（*z.B.* Schreibpapier, Disketten *usw*）办公用品

Bü·ro·haus *das*; ein Gebäude（*mst* ein Hochhaus）, in dem sich nur Büros befinden 办公楼，写字楼

Bü·ro|kauf·mann *der*; j-d, der beruflich in e-m Büro kaufmännische Tätigkeiten erledigt 办公室商务人员，办公室职员 ‖ *hierzu*（派生）**Büro|kauf·frau** *die*

Bü·ro·klam·mer *die*; e-e Klammer aus gebogenem Draht, mit der man Blätter zusammenheftet 回形针，曲别针 ‖ ↑ *Abb. unter* 图见 **Klammer**（1）

Bü·ro·kra·tie *die*; *-, -n* [-ˈtiːən]; *mst Sg*, *oft pej*（多用单数）常用［贬］；alle Institutionen u. Organe der Verwaltung 官僚机构，官僚制度 ‖ *hierzu*（派生）**bü·ro·kra·tisch** *Adj*（形）；**Bü·ro·krat** *der*; *-en, -en*

Bü·ro·kra·tis·mus *der*; *-s*; *nur Sg*, *pej*（只用单数）［贬］；das übertrieben genaue Befolgen von Regeln u. Vorschriften 官僚主义，官僚政治

Bürsch·chen *das*; *-s*, *-*; *mst pej* 多用[贬]; verwendet, um e-n Jugendlichen od. jungen Mann zu bezeichnen, dessen Eigenschaften od. Verhalten man tadeln möchte 家伙，厮 ‹ein freches B. 一个死皮赖脸的家伙›

Bur·sche *der*; *-n*, *-n* **1.** ein junger Mann (im Alter zwischen ca. 14 u. 20 Jahren) 男孩，少年，小子，年轻人(14—20岁左右) ≈ Jugendlicher ‹ein fescher, toller B. 一位可爱的、能干的小青年› **2.** *pej*[贬] ≈ Mann ‹ein seltsamer, gerissener B. 一位古怪的、精明的家伙› ‖ NB(注意): *zu* (义项)**3.** : nur mit attributivem Adj. verwendet(只能与形容词定语连用); *zu* (义项) **1.** u. **2.**: *der Bursche*; *den*, *dem*, *des Burschen*

Bur·schen·schaft *die*; *-*, *-en*; e-e Vereinigung von Studenten, die keine Frauen als Mitglieder aufnimmt 男大学生社团，男大学生协会 ‹e-r B. angehören 加入男大学生社团›

bur·schi·kos *Adj*(形); ‹e-e Frau, ein Mädchen 女人，姑娘› so, dass sie ein Verhalten zeigen, das eigentlich für e-n Mann od. e-n Jungen typisch ist 具有男子或男孩子气质的，豪放的，无拘无束的

Bürs·te *die*; *-*, *-n*; ein Gegenstand mit Borsten, mit dem man etw. pflegt od. sauber macht 刷子，板刷，毛刷 ‖ -K(复合): ***Haar-***, ***Kleider-***, ***Klo-***, ***Massage-***, ***Schuh-***, ***Zahn-***

bürs·ten; *bürstete*, *hat gebürstet*; [Vt](及物)**1.** ***etw.*** (***von etw.***) ***b.*** etw. mit e-r Bürste entfernen(从…上)刷掉 ‹Staub, Schmutz von den Kleidern, Schuhen b. 刷掉衣服上、鞋上的灰尘、脏物› **2.** ***etw. b.*** etw. mit e-r Bürste behandeln u. somit pflegen od. säubern 把…刷干净，梳刷(理)，洗刷 ‹das Haar, die Zähne, die Haut b. 梳理头发，刷牙，洗刷皮肤›

Bürsten

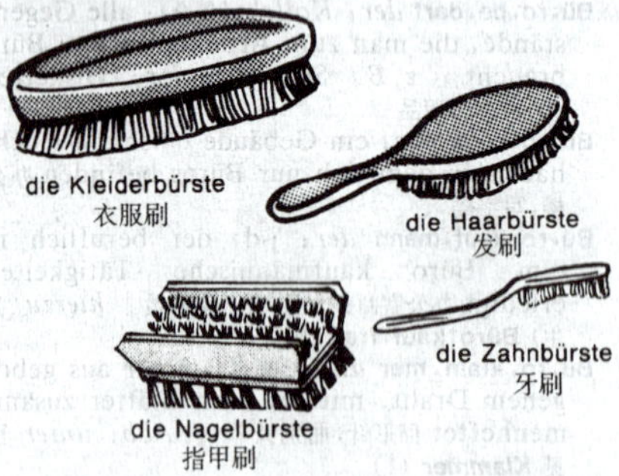

Bür·zel *der*; *-s*, *-*; der Teil des Körpers e-s Vogels, wo der Schwanz beginnt 鸟尾，禽类的屁股: *der B. e-r Ente* 鸭屁股 ‖ K-(复合): ***Bürzel-***, ***-drüse***

Bus *der*; *-ses*, *-se*; ein langes u. großes Fahrzeug mit vielen Sitzplätzen, in dem Fahrgäste befördert werden 大轿车，公共汽车 ≈ Omnibus, Autobus ‹ein städtischer B. 城市公共汽车›: *mit dem B. nach Neapel fahren* 乘公共汽车去那不勒斯 ‖ K-(复合): ***Bus-***, ***-anhänger***, ***-fahrer***, ***-fahrt***, ***-haltestelle***, ***-unternehmen*** ‖ -K(复合): ***Reise-***, ***Schul-***

Busch *der*; *-(e)s*, *Bü·sche*; **1.** e-e Pflanze ohne Stamm mit vielen (u. dichten) Ästen aus Holz, die direkt aus dem Boden wachsen 灌木，矮树 ≈ Strauch ‖ -K(复合): ***Holunder-***, ***Rosen-*** **2.** mehrere abgeschnittene Äste mit Blüten(剪下的)花枝 ‹ein B. Flieder 一束丁香花› **3.** ein relativ großes Büschel 大花束，一簇，一束 **4.** *nur Sg*, GEOG(只用单数)【地】; e-e trockene Zone *bes* in Afrika u. Australien, in der *mst* nur niedrige Büsche (1) wachsen(非洲、澳大利亚的)灌木林带，灌木丛地区，丛林区 ‖ ID[谚] (***bei j-m***) ***auf den B. klopfen*** *gespr*[口]; e-e Anspielung machen od. vorsichtig Fragen stellen, um etw. Bestimmtes zu erfahren 谨慎地(向某人)探听，套(某人的)话，(向某人)套问; ***sich in die Büsche schlagen*** *gespr*[口]; heimlich verschwinden 溜之大吉，悄悄溜走; *mst* 多用 ***Da ist doch*** (***et***) ***was im B.!*** *gespr*[口]; da wird doch etwas heimlich geplant od. vorbereitet 暗中准在策划着什么！其中定有奥妙！

Bü·schel *das*; *-s*, *-*; einzelne, *mst* länglich gewachsene Teile, die zusammengebunden od. zusammengefasst werden 束，捆，把，簇，绺 ‹ein B. Gras, Heu, Haare, Federn 一捆草、干草，一绺头发，一束羽毛›

bu·schig *Adj*(形) **1.** mit vielen, dicht gewachsenen Haaren 浓密的，密密匝匝的 ‹die Augenbrauen 眉毛›; *der buschige Schwanz des Fuchses* 密密匝匝的狐狸尾巴 **2.** wie ein Busch 灌木般的，灌木状的 ‹ein Strauch 树丛› **3.** mit vielen Büschen (1) 灌木丛生的，灌木茂盛的 ‹ein Gelände 地区›

Bu·sen *der*; *-s*, *-* **1.** *mst Sg*(多用单数); beide Brüste (2) der Frau(妇女的)胸脯，乳房 ‹ein schlaffer, straffer, üppiger, voller B. 松弛的、绷紧的、丰满的、丰腴的胸脯› ‖ ↑ *Abb. unter* 图见 ***Mensch*** **2.** *veraltet lit*[旧][文]; das Herz als der Ort, an dem die Seele u. die Gefühle des Menschen ihren Platz haben 胸怀，襟怀，心怀: *Hoffnungen im B. nähren* 胸怀希望

Bu·sen·freund *der*; *veraltend*, *mst iron*[渐旧]多用[讽]; ein sehr enger Freund 知交，密友，知己 ‖ *hierzu*(派生) **Bu·sen·freun·din** *die*

Bus·sard *der*; *-s*, *-e*; ein relativ großer Raubvogel 鵟

Bu·ße *die*; *-*, *-n* **1.** *nur Sg*(只用单数); ein Verhalten, durch das j-d (*bes* aus religiösen Gründen) zeigt, dass es ihm leid tut, bestimmte Fehler od. Sünden begangen zu haben 忏悔，悔过，悔罪 ≈ Reue ‹B. tun 忏悔; j-m B. predigen 劝诫某人要悔过› ‖ K-(复合): ***Buß-***, ***-predigt***, ***-sakrament*** **2.** KATH【天主】; die Gebete, die j-d als B. (1) betet 赎罪祈祷，默默忏悔 **3.** JUR【法】; e-e geringe Strafe, *mst*

Geld, das man für e-e Ordnungswidrigkeit zahlen muss 处罚,(违章)罚款

bü·ßen; *büßte*, *hat gebüßt*; Vt (及物) **1. etw.** (**mit etw.**) **b.** (**müssen**) die Konsequenzen e-s großen Fehlers, den man gemacht hat, (als Strafe) ertragen (müssen)为…付出代价,(用…)来承担罪过,(以…)惩罚: *Sie musste ihre Unvorsichtigkeit im Straßenverkehr mit dem Leben b.* 她由于在街道交通中粗心大意而不得不付出生命代价 ‖ NB(注意): kein Passiv(不用被动语态)! **2. etw. b.** von seinen Sünden od. seiner Schuld wieder frei werden, indem man Buße (1,2) tut 忏悔,赎罪 ‖ NB(注意): kein Passiv! (不用被动语态!); Vi (不及物) **3. für etw. b.** (**müssen**) ≈ etw. b. (1): *Er musste für seinen Leichtsinn b.* 他不得不为其轻率从事而付出代价 ‖ ID[谚] ***Das sollst du mir büßen!*** dafür werde ich mich rächen 这事我不会饶你的! 为这事你得向我付出代价!

Buß·geld *das*; JUR【法】; e-e bestimmte Summe Geld, die man als Strafe für e-e Ordnungswidrigkeit zahlen muss 罚金,违章罚款

Buß·geld|be·scheid *der*; ADM【管理】; e-e amtliche Benachrichtigung, dass man e-e Strafe zahlen muss 违章罚款通知单

Buß·geld|ka·ta·log *der*; e-e Liste der Geldstrafen, die es *z.B.* für Verstöße gegen das Straßenverkehrsrecht gibt 违章罚款清单

Bus·si *das*; *-s*, *-s*; *bes südd* Ⓐ *gespr* 尤用于[南德][奥][口]; ein Kuss mit geschlossenen Lippen(闭唇)亲嘴,接吻

Buß- und Bet·tag *der*; ein Feiertag (der evangelischen Kirche) an e-m Mittwoch im November, an dem sich die Gläubigen besinnen sollen(新教派教徒的)忏悔祈祷日(十一月份某星期三)

Büs·te, Büs·te *die*; *-*, *-n* **1.** e-e Skulptur, *mst* aus Marmor od. Bronze, die Kopf u. Brust e-s Menschen zeigt 半身塑像: *e-e B. von Beethoven* 贝多芬的半身塑像 ‖ -K(复合): ***Bronze-***, ***Marmor-*** **2.** *geschr veraltend*[书][渐旧] ≈ Busen

Büs·ten·hal·ter *der*; ein Wäschestück für Frauen, das die Brüste stützt od. formt 胸罩,乳罩,奶罩; *Abk* 缩写 BH

Bütt *die*; *-*, *-en*; ein Rednerpult, das wie ein Fass aussieht. Im Karneval hält man lustige Reden „in" (= hinter) der B.(狂欢节时用的)桶形讲台 ⟨in die B. steigen 登上桶形讲台⟩ ‖ K-(复合): ***Bütten-***, ***-rede***

Büt·te *die*; *-*, *-n*; ein großes (*mst* hölzernes) Gefäß in der Form e-r Wanne(椭圆形)大木桶: *Trauben in die B. schütten* 将葡萄倒入大木桶

But·ter *die*; *-*; *nur Sg*(只用单数); ein Fett, das aus Milch hergestellt wird u. aufs Brot gestrichen od. auch beim Kochen verwendet werden kann 奶油,黄油 ⟨frische, ranzige B. 新鲜的、变质的黄油; etw. in B. braten 用黄油煎某物⟩ ‖ K-(复合): ***Butter-***, ***-keks***, ***-kuchen***; ***-schmalz***; ***-dose***; ***-messer*** ‖ *zu* ***Butterdose*** ↑ *Abb. unter* 图见 ***Frühstückstisch*** ‖ ID[谚] *mst* 多用⟨es ist⟩ ***alles in B.*** *gespr*[口]; (es ist) alles in Ordnung 一切都已就绪,一切安排妥当; ***sich nicht die B. vom Brot nehmen lassen*** *gespr*[口]; sich nicht benachteiligen lassen 不肯吃亏,不能受亏待; ***j-m nicht die B. auf dem Brot gönnen*** *gespr*[口]; j-m nichts Gutes gönnen 忌妒某人,希望某人倒霉

But·ter·berg *der*; *nur Sg*, *gespr*(只用单数)[口]; e-e große Menge Butter, die produziert, aber nicht gebraucht wurde u. jetzt vom Staat auf Lager gehalten wird 黄油堆积如山,大量黄油(压仓)

But·ter·blu·me *die*; e-e Pflanze, die auf Wiesen wächst u. gelbe, leuchtende Blüten hat 黄花(如蒲公英,毛茛,立金花,金盏草等) ≈ Dotterblume

But·ter·brot *das*; e-e Scheibe Brot, auf die man Butter gestrichen hat 涂黄油的面包片 ‖ ID[谚] ***um/für ein B.*** *gespr*[口]; für sehr wenig Geld 为了一片面包,为了几个铜子; ***j-m etw. aufs B. streichen/schmieren*** *gespr*[口]; j-m (wiederholt) Vorwürfe machen, ihn kritisieren 无休止地责怪某人,数落某人

But·ter·brot|pa·pier *das*; ein spezielles Papier, das kein Fett durchlässt u. in das man *mst* belegte Brote einpackt(不透油的)包装油纸 ≈ Pergamentpapier

But·ter·creme *die*; e-e süße Creme aus Butter, Milch u. Zucker, die man für Torten verwendet(由黄油、牛奶、糖制成的)奶油层 ‖ K(复合)-: ***Buttercreme-***, ***-schnitte***, ***-torte***

But·ter·milch *die*; e-e Art säuerliche Milch mit wenig Fett, die bei der Herstellung von Butter übrig bleibt(搅制黄油后余下的)乳浆,乳液

but·tern; *butterte*, *hat gebuttert*; Vt (及物) **1. etw. in etw.** (*Akk* 四格) **b.** *gespr*[口]; *mst* Geld in etw. investieren (ohne dass es sich lohnt)无谓投资,白投入: *Er hat sein privates Vermögen in das Geschäft gebuttert* 他把其私人财产无谓地投入商行; Vi (不及物) **2.** Butter herstellen 搅制黄油

but·ter·weich *Adj*(形); *ohne Steigerung*(无变级); sehr weich 很软的,软得像黄油似的: *butterweiches Fleisch* 很嫩的肉

But·ton ['batn] *der*; *-s*, *-s*; ein rundes Stück Blech (mit e-r Aufschrift, e-m Symbol *o.Ä.*), das man mit e-r Nadel an der Kleidung befestigt, *z.B.* um seine Meinung zu zeigen (佩带在衣服上的)徽章,证章 ‖ -K(复合): ***Meinungs-***

Bux *die*; *-*, *-en*; *nordd*[北德] ≈ Hose

Bu·xe *die*; *-*, *-n*; *nordd*[北德] ≈ Hose

b.w. *Abk für* 缩写全称为 bitte wenden 请翻页,请看下一页,接下页 ‖ NB(注意): ↑ ***wenden***

By·pass ['baipas] *der*; *-(es)*, *By·päs·se*; MED【医】; e-e Art Schlauch, der anstelle e-r zu engen Ader (*bes* am Herzen) eingepflanzt wird, damit das Blut wieder besser fließen kann 分流术,旁路术,搭桥术⟨j-m e-n B. legen 给某人做分流; e-n B. bekommen 做了分

流手术〉‖ K-(复合): ***Bypass-***, ***-operation***

Byte［bait］*das*; -(*s*), -(*s*); INFORM【信息】; e-e (Informations) Einheit beim elektronischen Rechnen u. bei der Datenverarbeitung 字节，位组：*ein B. hat acht Bit* 一个字节有八个位（比特）‖ -K(复合): ***Kilo-***, ***Mega-***, ***Giga-***

bzw. *Abk* 缩写; ↑ ***beziehungsweise***

C, c

C, c [tseː] *das*; -, -/*gespr auch* [口]也作 *-s* **1.** der dritte Buchstabe des Alphabets 字母表中的第三个字母〈ein großes C 大写 C; ein kleines c 小写 c〉 **2.** MUS【音】; der erste Ton der C-Dur-Tonleiter c 小调音阶第一音〈das hohe, tiefe C 高音、低音 C〉 ‖ K-(复合): ***C-Dur***; ***c-Moll***

ca. [ˈtsɪrka] *Abk* 缩写 ↑ ***circa***

Ca.ba.ret [kabaˈreː] *das*; *-s*, *-s*; ↑ ***Kabarett***

Cab.rio *das*; *-s*, *-s*; *Kurzw* (略) ↑ ***Cabriolet***

Cab.ri.o.let [kabrioˈleː] *das*; *-s*, *-s*; ↑ ***Kabriolett***

Ca.fé [kaˈfeː] *das*; *-s*, *-s*; e-e Gaststätte, in der man Kaffee trinken u. Kuchen essen kann 咖啡馆 ‖ -K (复合): ***Garten-***, ***Straßen-*** ‖ NB (注意): ≠ Kaffee

Ca.fe.te.ria [-ˈriːa] *die*; -, *-s*; ein Restaurant, in dem man sich Speisen und Getränke *mst* selbst holt 自助咖啡(餐)馆

Cal.ci.um [ˈkaltsjum] *das*; *-s*; *nur Sg* (只用单数); ↑ ***Kalzium***

Call.girl [ˈkɔːlgøːɐl] *das*; *-s*, *-s*; e-e Frau, mit der man sich telefonisch zu bezahltem Sex verabredet 应召女郎(用电话召唤的妓女)

Cam.cor.der [k-] *der*; *-s*; -; e-e tragbare Filmkamera, die Bilder elektronisch aufzeichnet (3), sodass man sich die Filme am Fernsehgerät ansehen kann 便携式摄像机

Ca.mem.bert [ˈkamәmbeːɐ] *der*; *-s*, *-s*; ein weicher, weißlicher Käse mit e-r dünnen Schicht Schimmel (法国)卡门培尔干酪

Ca.mi.on [kaˈmiõː] *der*; *-s*, *-s*; Ⓒⓗ [瑞] ≈ Lastwagen

Camp [kɛmp] *das*; *-s*, *-s*; ein Platz mit Zelten od. Baracken, in denen man *mst* für kurze Zeit wohnt 野营 ≈ Lager: *die Ferien in e-m C. verbringen* 野营度假

cam.pen [ˈkɛmpn]; *campte*, *hat gecampt*; [Vi] 不及物(***irgendwo***) ***c.*** e-e kürzere Zeit, *bes* während des Urlaubs, in e-m Zelt od. Wohnwagen wohnen 住房车度假,露营,野营: *Wir campen am Seeufer* 我们在湖边露营

Cam.per [ˈkɛmpɐ] *der*; *-s*, - **1.** j-d, der campt 野营者, 露营者 **2.** ein Wohnwagen zum Campen 供野营用的露营房车

Cam.ping [ˈkɛmpɪŋ] *das*; *-s*; *nur Sg* (只用单数); der Aufenthalt im Zelt od. Wohnwagen *bes* während des Urlaubs 野营,露营 ‖ K- (复合): ***Camping-***, ***-artikel***, ***-ausrüstung***, ***-bedarf***, ***-liege***, ***-möbel***, ***-platz***, ***-stuhl***, ***-tisch***, ***-urlaub***, ***-zelt***

Cam.ping.bus *der*; ein relativ großes Auto, in dem man wohnen u. schlafen kann 可供住宿的露营大巴,露营大房车

Cam.ping.füh.rer *der*; ein Buch, in dem steht, wo es Campingplätze gibt 露营向导手册

Cam.pus [ˈkampus] *der*; -, -; *mst Sg* (多用单数); die Fläche (*bes* außerhalb des Stadtzentrums), auf der die Gebäude sind, die zu e-r Universität gehören 大学校园,大学校区

Cape [keːp] *das*; *-s*, *-s*; e-e Art weiter Mantel ohne Ärmel, den man um die Schultern legt 披肩,斗篷 ≈ Umhang ‖ -K(复合): ***Regen-***

Cap.puc.ci.no [kapʊˈtʃiːno] *der*; *-s*, *-s*; ein Kaffee (mit aufgeschäumter Milch), der auf italienische Art zubereitet ist 卡布奇诺(意式奶花咖啡)

Ca.ra.van [ˈka(ː)ravan] *der*; *-s*, *-s* **1.** ein Wohnwagen, der an e-n Personenwagen angehängt wird 露营夜宿挂车 **2.** ≈ Kombi (wagen)

Ca.ri.tas *die*; -; *nur Sg* (只用单数); e-e Institution der katholischen Kirche, die sich sozialen Aufgaben widmet 天主教慈善机构 ‖ K-(复合): ***Caritas-***, ***-verband***

Ca.ro.tin *das*; *-s*; *nur Sg*(只用单数); ↑ ***Karotin***

Car.toon [karˈtuːn] *der*, *das*; *-(s)*, *-s* **1.** e-e witzige Zeichnung, die *mst* Politiker u. politische Ereignisse verspottet 卡通画,漫画 ≈ Karikatur **2.** e-e gezeichnete (oft satirische) Geschichte 连环漫画 ≈ Comic

Car.too.nist [kartuˈnɪst] *der*; *-en*, *-en*; j-d, der Cartoons zeichnet 卡通画画家 ‖ NB(注意): *der Cartoonist*; *den*, *dem*, *des Cartoonisten* ‖ *hierzu* (派生) **Car.too.nis.tin** [kartuˈnɪstɪn] *die*; -, *-nen*

Ca.sa.no.va [kazaˈnoːva] *der*; *-s*, *-s*; *gespr* [口]; ein Mann, der schon viele Frauen verführt hat 渔色之徒,风流浪子: *Er ist ein richtiger C.* 他是一个十足的色鬼

Ca.si.no *das*; *-s*, *-s*; Ⓐ [奥] ↑ ***Kasino***

Cas.set.te *die*; -, *-n*; ↑ ***Kassette***[1]

Cas.ting [k-] *das*; *-s*, *-s*; FILM, THEA【电影】【剧】; das Auswählen von Darstellern nach kurzen Probeauftritten 挑选演员

Cas.tor.be.häl.ter [k-] *der*; ein Behälter, in dem radioaktive Stoffe transportiert od. gelagert werden 放射性物质的运输箱或储藏箱

Cas.tor.trans.port [k-] *der*; der Transport von Castorbehältern 放射性物质储藏箱运输

cat.chen [ˈkɛtʃn]; *catchte*, *hat gecatcht*; [Vi] (不及物) (***gegen j-n/mit j-m***) ***c.*** vor einem Publikum mit j-m e-n Ringkampf machen, bei dem alle Griffe erlaubt sind 自由式摔跤 ‖ *hierzu*（派生）**Cat·cher** *der*；-*s*，-

CB-Funk [tʂeːˈbeː-] *der*；(e-e Anlage für privaten) Sprechfunk innerhalb der näheren Umgebung 近距离对讲机 ‖ *hierzu*（派生）**CB.Fun·ker** *der*

CD [tʂeːˈdeː] *die*；-，-*s*；(*Abk für* 缩写，全称为 Compact Disc) e-e kleine Schallplatte, die mit e-m Laserstrahl abgespielt wird 激光唱片，光盘

CD-Bren.ner [tʂeːˈdeː-] *der*；ein Teil e-s Computers, mit dem man Programme u. Daten auf CDs übertragen kann 光盘刻录机

CD-Play.er [tʂeːˈdeːpleːjɐ] *der*；-*s*，-；ein elektronisches Gerät, mit dem man CDs abspielen kann 激光唱机，光盘播放机

CD-Player

CD-ROM [tʂedeˈrɔm] *die*；-(*s*)；INFORM【信息】；e-e Art CD mit Daten, die ein Computer lesen, aber nicht verändern kann 只读光盘存储器：*Ein Programm auf C.* 光盘存储器上的程序

CD-Spie.ler [tʂeːˈdeː-] *der* ≈ CD-Player

CDU [tʂeːdeːˈ|uː] *die*；-；*nur Sg*（只用单数）；(*Abk für* 缩写，全称为 Christlich-Demokratische Union) e-e politische Partei in Deutschland 基督教民主联盟(基民盟)

Cel.list [tʃɛˈlɪst] *der*；-*en*，-*en*；j-d, der (beruflich) Cello spielt 大提琴演奏者 ‖ NB（注意）：*der Cellist*；*den*，*dem*，*des Cellisten* ‖ *hierzu*（派生）**Cel.lis.tin** *die*；-，-*nen*

Cel.lo [ˈtʃɛlo] *das*；-*s*，*Cel.li*；ein großes Instrument mit tiefem Klang, das wie eine große Geige aussieht u. das man beim Spielen zwischen den Knien hält 大提琴〈C. spielen 演奏大提琴〉‖ ↑ *Abb. unter* 图见 ***Streichinstrumente*** ‖ K-（复合）：***Cello-***，***-konzert***，***-spieler***

Cel.lo.phan® [tsɛloˈfaːn] *das*；-*s*；*nur Sg*（只用单数）；e-e durchsichtige Folie, mit der man Lebensmittel einpackt 赛璐玢，玻璃纸 ‖ K-（复合）：***Cellophan-***，***-tüte***

Cel.si.us [ˈtsɛlzi̯us] verwendet als Bezeichnung für e-e Skala, mit der die Temperatur gemessen wird 摄氏(温度)；*Abk* 缩写 C：*Wasser kocht bei 100°C* 水的沸点为摄氏100度；*Temperaturen zwischen 25° u. 30°C* 摄氏25度和30度之间的温度 ‖ K-（复合）：***Celsius-***，***-skala***

Cem.ba.lo [ˈtʃɛmbalo] *das*；-*s*，-*s*/*Cem.ba.li*；e-e Art Klavier, das man *bes* vom 16 bis zum 18 Jahrhundert verwendet hat 羽管键琴(流行于16—18世纪间)

Cent *der*；-(*s*)，-(*s*)；**1.** [tʂɛnt] die kleinste Einheit des Geldes der Europäischen Union 分(欧共体钱币最小单位)；*Abk* 缩写 c., ct.：*Ein Euro hat 100 Cent* 一欧元有100欧分值 ‖ NB(注意)：der Plural lautet *Cents*, wenn man von einzelnen Münzen spricht u. *Cent*, wenn man von der Summe spricht(如果清点硬币数量，则用复数 Cents，如果说的是硬币款额，则用 Cent) **2.** [sɛnt] die kleinste Einheit des Geldes *des* in den USA 分(美国钱币最小单位)：*Ein Dollar hat 100 Cent* 一美元有100美分

Cen.ter [ˈsɛntɐ] *das*；-*s*，-；e-e Art Kaufhaus (oft mit Selbstbedienung)（购物）中心，商场 ≈ Einkaufszentrum ‖ -K（复合）：***Bekleidungs-***，***Einkaufs-***，***Garten-***，***Schuh-***

ces, Ces [tʂɛs] *das*；-，-；MUS【音】；der Halbton unter dem c 降C

CH [tʂeːˈhaː] (*Abk für* 缩写，全称为 Confoederatio Helvetica) verwendet als Bezeichnung für die Schweiz (*mst* bei Adressen u. Kraftfahrzeugen) 瑞士联邦(多用于地址和机动车上)

Cha.mä.le.on [ka-] *das*；-*s*，-*s*；e-e Art Eidechse, die ihre Farbe je nach ihrer Umgebung ändern kann 变色龙，蜥蜴

Cham.pag.ner [ʃamˈpanjɐ] *der*；-*s*，-**1.** ein Sekt, der in der Champagne (Frankreich) hergestellt wird 香槟酒 **2.** *veraltend* [渐旧] ≈ Sekt

Cham.pig.non [ˈʃampɪnjɔŋ] *der*；-*s*，-*s*；ein *mst* weißer essbarer Pilz, der *z.B.* auf Wiesen wächst od. gezüchtet wird 口蘑 ‖ -K（复合）：***Wiesen-***，***Zucht-***

Cham.pi.on [ˈtʃɛmpi̯ən] *der*；-*s*，-*s*；SPORT【体】；der beste Sportler od. die beste Mannschaft in e-r Sportart 冠军〈den C. herausfordern, besiegen 向冠军挑战，击败冠军(队)〉：*der C. im Boxen* 拳击冠军 ‖ -K（复合）：***Box-***，***Hockey-***，***Tennis-*** *usw*

Chan.ce [ˈʃãːsə, ʃãːs] *die*；-，-*n*；***e-e C.*** (***auf etw.*** (*Akk* 四格)) e-e günstige Gelegenheit od. die Möglichkeit, etw. zu erreichen 机会，运气，成功的可能性，机遇〈e-e C. verpassen, wahrnehmen 错过、利用(抓住)机遇；hundertprozentige, große, nur geringe, keine Chancen haben 百分之百的机会，良机，只有很小的可能性，无可能性；j-m e-e C. bieten 给某人提供机会；sich e-e gute C. bei etw. ausrechnen 料到做某事有好机遇〉：*Du hast gute Chancen, im Beruf weiterzukommen* 你有晋升的好机会；*Sein Plan hatte nicht die geringste C. auf Erfolg* 他的计划未曾有丝毫成功的希望 ‖ ID [谚] (***bei j-m***) ***Chancen haben*** (auf j-n) sexuell attraktiv wirken 获得…的欢心，讨…的喜爱，对…有魅力 ‖ *hierzu*（派生）**chan.cen.los** *Adj*（形）；**chan.cen.reich** *Adj*（形）

Chan.cen.gleich.heit *die*；dieselben Voraussetzungen od. Möglichkeiten für jeden in Ausbildung u. Beruf(培训和职业等方面的)机会均等

Chan.son [ʃãˈsõː] *das*；-*s*，-*s* **1.** ein *mst* satirisches od. kritisches Lied zu aktuellen

Themen 诙谐、讽刺、针砭时弊的诗歌，小调 ‖ K-（复合）：**Chanson-**，**-sänger** **2.** ein Lied, das im Kabarett gesungen wird 讽刺短剧中吟唱的小曲

Cha.os [ˈkaːɔs] *das*; -; *nur Sg*（只用单数）；ein sehr großes Durcheinander（oft verbunden mit Zerstörung）混乱，杂乱无章，骚乱：*Nach dem Sturm herrschte in der Stadt das reinste C.* 风暴之后市内一片混乱；*Was habt ihr hier wieder für ein C. angerichtet?* 你们这里怎么又搞得这样乱七八糟?

Cha.ot [kaˈoːt] *der*; *-en*, *-en*; *pej*〔贬〕**1.** j-d mit radikalen politischen Zielen, für die er auch mit anarchistischen Aktionen kämpft 暴力主义分子，无政府主义分子，暴徒 **2.** *gespr*〔口〕；j-d, der ohne Ordnung u. Plan denkt u. handelt 莽汉，莽撞的人 zu（义项）**2. Cha.o.tin** *die*; -, *-nen* ‖ NB（注意）：*der Chaot*; *den*, *dem*, *des Chaoten*

cha.o.tisch [kaˈoːtɪʃ] *Adj*（形）**1.** gekennzeichnet durch großes Durcheinander u. Zerstörung 混乱的，乱七八糟的，杂乱无章的〈Zeiten, Verhältnisse 时代，情况〉**2.** *gespr*〔口〕；in völlig ungeordnetem Zustand 乱哄哄的，乱成一团的：*Die Versammlung verlief ziemlich c.* 集会进行得乱乱哄哄的

Cha.rak.ter [ka-] *der*; *-s*, *Cha.rak.te.re* **1.** alle Eigenschaften, die das Verhalten（e-s Menschen, e-s Tieres, e-r Gruppe）bestimmen u. somit von anderen unterscheiden 性格，个性，特点，品格 ≈ Wesen（2）〈ein ausgeprägter, edler, fester, schwacher, starker, streitsüchtiger, wankelmütiger C. 突出的、高尚的、坚定的、软弱的、坚强的、好惹事生非的、优柔寡断的性格；etw. bildet, formt den C. 某事形成、塑造性格〉‖ K-（复合）：**Charakter-**, **-bild**, **-bildung**, **-eigenschaft**, **-fehler**, **-festigkeit**, **-schwäche**, **-stärke**; **charakter-**, **-schwach**, **-stark** **2.** ein besonderes Merkmal e-r Sache（事物的）特性，特点，性质〈der feierliche, geheime, vertrauliche, zweifelhafte C. e-r Sache 某事物的庄严的、秘密的、机密的、可疑的特性〉：*e-e Landschaft von südländischem C.* 具有南国特色的风景 **3.** ein Mensch, bei dem e-e bestimmte, *mst* positive Eigenschaft besonders stark ist 品质好的人，有性格的人 **4.** e-e Figur（mit bestimmten Eigenschaften od. Merkmalen）in e-m Schauspiel, Roman *o. Ä.* 人物，角色 ‖ K-（复合）：**Charakter-**, **-darsteller**, **-rolle** ‖ ID〔谚〕〈ein Mensch 人〉**von C.** ein Mensch mit festem Willen 一个性格坚定的人；〈ein Mensch 人〉**ohne C.** ein Mensch mit schlechten Eigenschaften 意志薄弱的人；**C. beweisen** auch in schwierigen Situationen seinen Prinzipien treu bleiben 表明有人品，人格

cha.rak.te.ri.sie.ren [ka-]; *charakterisierte*, *hat charakterisiert*; Vt 及物 **1.** **j-n/etw.**（**irgendwie**）**c.** die Eigenart od. das Wesen e-r Person od. Sache beschreiben 刻画，描述…特性〈j-n/etw. kurz, treffend c. 简明、中肯地刻画某人/某事的特性〉：*e-e Romanfigur c.* 刻画小说中的人物 **2.** **etw. charakterisiert j-n/etw.** etw. ist typisch für j-n/etw.（物作主语）刻画…的特性，使典型化 ‖ *hierzu*（派生）**Cha.rak.te.ri.sie.rung** *die*

Cha.rak.te.ris.tik [ka-] *die*; -, *-en*; die Beschreibung des Charakters e-r Person od. Sache 特性、特征、特色

Cha.rak.te.ris.ti.kum [ka-] *das*; *-s*, *Cha.rak.te.ris.ti.ka*; *geschr*〔书〕；e-e typische Eigenschaft, die j-n od. etw. besonders kennzeichnet 典型特征

cha.rak.te.ris.tisch [ka-] *Adj*（形）；**c.**（**für j-n/etw.**）≈ bezeichnend, typisch〈e-e Eigenschaft, ein Merkmal 特点，标记〉：*Dieses Verhalten ist höchst c. für ihn* 这种行为对他来说非常典型

cha.rak.ter.lich [ka-] *Adj*（形）；*nur attr od adv*（只作定语或状语）；in Bezug auf den Charakter（1）性格的〈Eigenschaften 特点；ein Fehler 错误；j-n c. beurteilen, einschätzen 从性格方面评定、评价某人〉

Cha.rak.ter.zug *der*; etw., das für j-s Charakter besonders typisch ist 性格特点，特色〈ein hervorstechender C. 突出的性格特点〉

Cha.ris.ma, **Cha.ris.ma** [ça-, ka-] *das*; *-s*, *Cha.ris.men/Cha.ris.ma.ta*; *geschr*〔书〕≈ Ausstrahlung（2），Ausstrahlungskraft ‖ *hierzu*（派生）**cha.ris.ma.tisch** *Adj*（形）

char.mant [ʃarˈmant] *Adj*（形）；voll Charme 有魅力的、迷人的、妩媚可爱的〈e-e Dame, ein Herr 女士，先生；c. lächeln 妩媚地微笑〉

Charme [ʃarm] *der*; *-s*; *nur Sg*（只用单数）**1.** der reizvolle, positive Eindruck, den e-e Person od. Sache auf j-n macht 魔力，魅力，妩媚可爱〈der C. e-r Frau, e-r Stadt 女性的、城市的魅力；bezaubernder, unwiderstehlicher, weiblicher C. 迷人的、不可抗拒的、女性的魅力；C. ausstrahlen 光彩照(迷)人；(viel) C. haben（颇）具风韵〉**2.** **seinen C. spielen lassen** *gespr*〔口〕；sich absichtlich liebenswürdig u. höflich verhalten（*mst* um dadurch e-n Vorteil für sich zu erreichen）施展自己的魅力

Char.meur [ʃarˈmøːɐ̯] *der*; *-s*, *-s/-e*; ein Mann, der versucht, mit seinem Charme Frauen für sich zu gewinnen（指取悦女性的）谄媚者，奉承者

Char.ta [ˈka-] *die*; -, *-s*; e-e Urkunde, die e-e *mst* politische Verfassung enthält 宪章：*die C. der Vereinten Nationen* 联合国宪章

char.tern [ˈtʃa-]; *charterte*, *hat gechartert*; Vt（及物）**etw. c.** ein Flugzeug, Schiff für e-e bestimmte Reise mieten 包租，租用（飞机、轮船）‖ K-（复合）：**Charter-**, **-flug**, **-flugzeug**, **-gesellschaft**

Chas.sis [ʃaˈsiː] *das*; -, - [-ˈsiːs] ≈ Fahrgestell

Chat [tʃɛt] *der*; *-s*, *-s*; INFORM【信息】；e-e Unterhaltung im Internet, bei der zwei od. mehr Personen miteinander sprechen od. abwechselnd kurze Sätze schreiben 网聊：*Sie hat ihn im Internet im C. kennengelernt* 她是在网聊中认识他的 ‖ *hierzu*（派生）**chatten**

Vi（不及物）

Chauf·feur [ʃɔˈføːɐ̯] *der*; *-s*, *-e*; j-d, der beruflich e-n Personenwagen für andere fährt 汽车司机 ‖ -K（复合）: ***Taxi-*** ‖ *hierzu*（派生）**Chauf·feu·rin** *die*; -, *-nen*

chauf·fie·ren [ʃɔ-]; *chauffierte*, *hat chauffiert*; Vt ***j-n***（***irgendwohin***）***c.***（*mst* als Chauffeur）j-n in e-m Auto irgendwohin fahren 将…开车送往

Chaus·see [ʃɔˈseː] *die*; -, *-n* [-ˈseːən]; *veraltend*［渐旧］≈ Landstraße ‖ K-（复合）: ***Chaussee-***, ***-baum***, ***-graben***

Chau·vi [ˈʃoːvi] *der*; *-s*, *-s*; *gespr pej*［口］［贬］; ein Mann, der so handelt, als ob Männer den Frauen überlegen seien 大男子主义者

Chau·vi·nist [ʃoviˈnɪst] *der*; *-en*, *-en*; *pej*［贬］ **1.** j-d, der sehr nationalistisch ist u. andere Völker verachtet 沙文主义者 **2.** ≈ Chauvi ‖ NB（注意）: *der Chauvinist*; *den*, *dem*, *des Chauvinisten* ‖ *hierzu*（派生）**Chau·vi·nis·mus** *der*; -; *nur Sg*（只用单数）; **chau·vi·nis·tisch** *Adj*（形）

che·cken [ˈtʃɛkn]; *checkte*, *hat gecheckt*; Vt（及物）**1.** ***j-n/etw. c.*** j-n/etw. überprüfen od. kontrollieren 检查，核对〈Fahrzeuge, Ausweise, Listen c. 检查车辆、证件、清单〉**2.** ***etw. c.*** *gespr*［口］≈ begreifen, verstehen, kapieren: *Hast du das jetzt erst gecheckt?* 这件事你现在才弄明白?

Check·lis·te *die* **1.** e-e Liste aller Teile e-s komplizierten Apparates, die überprüft werden müssen 核对表，核查清单 **2.** e-e Liste mit den Passagieren e-s Flugzeugs 飞机乘客名单

Chef [ʃɛf] *der*; *-s*, *-s* **1.** ein Mann, der e-e Gruppe von Mitarbeitern leitet 主管人员，上司，老板，头儿，头头，掌柜的 ≈ Leiter, Vorgesetzter〈der C. der Firma, des Betriebs, des Unternehmens, des Konzerns 公司、工厂、企业、康采恩的老板〉: *e-n großzügigen*, *strengen C. haben* 有一个大度的、严厉的老板 ‖ -K（复合）: ***Banken-***, ***Behörden-***, ***Betriebs-***, ***Büro-***, ***Firmen-***, ***Personal-*** **2.** *Kurzw*（略）↑ ***Küchenchef***, ***Chefkoch*** ‖ ID［谚］***den C. markieren*** *gespr*［口］; sich so benehmen, als wäre man der C.（1）装老板派头

Chef- *im Subst*, *begrenzt produktiv*（构成名词，构词有限）**1.** j-d, der e-e Gruppe von Menschen mit dem gleichen Beruf leitet（同行的领头者）主任…，首席…; der ***Chefarzt***, der ***Chefingenieur***, der ***Chefkoch***, der ***Chefpilot***, der ***Chefredakteur*** **2.** j-d, der in e-m Beruf od. e-r Tätigkeit maßgebend ist（职业、活动中的）权威…，总…; der ***Chefdesigner***, der ***Chefideologe***, der ***Cheftheoretiker***

Chef·eta·ge *die* **1.** die Etage（in e-m Bürohaus）, in der die Räume der Chefs sind 领导人员办公楼层 **2.** *Kollekt*, *gespr*（集合）［口］; alle Personen, die ein Unternehmen gemeinsam leiten 领导层

Che·fin *die*; -, *-nen* **1.** e-e Frau, die e-e Abteilung od. e-n Betrieb leitet 女领导，女主管人员，女头头，女老板 **2.** *gespr*［口］; die Frau des Chefs（1）头头的老婆，老板娘

Chef·se·kre·tä·rin *die*; die Sekretärin des Chefs（1）领导的女秘书

Chef·vi·si·te *die*; *mst Sg*（多用单数）; der Besuch, den der Chefarzt bei den Patienten im Krankenhaus regelmäßig macht 主任医师查病房

Che·mie [çe-, ke-] *die*; -; *nur Sg*（只用单数）**1.** die Wissenschaft, die sich mit den Eigenschaften u. dem Verhalten der Grundstoffe u. ihrer Verbindungen（4）beschäftigt 化学（科学）〈die anorganische, organische, physikalische C. 无机、有机、物理化学〉: *Er studiert C.* 他在大学学化学 ‖ K-（复合）: ***Chemie-***, ***-arbeiter***, ***-faser***, ***-industrie***, ***-konzern***, ***-laborant***, ***-student***, ***-unternehmen***, ***-werk*** **2.** ein Fach in der Schule, in dem die Kinder etwas über C.（1）lernen 化学课

Che·mi·ka·lie [çemiˈkaːli̯ə, ke-] *die*; -, *-n*; *mst Pl*（多用复数）; industriell hergestellte chemische（1）Stoffe 化学药剂，化学物质〈mit gefährlichen, giftigen Chemikalien arbeiten 和危险的、有毒的化学药剂打交道〉

Che·mi·ker [ˈçeː-, ˈkeː-] *der*; *-s*, -; j-d, der sich beruflich mit Chemie beschäftigt 化学工作者，化学家 ‖ -K（复合）: ***Lebensmittel-*** ‖ *hierzu*（派生）**Che·mi·ke·rin** *die*; -, *-nen*

che·misch [ˈçeː-, ˈkeː-] *Adj*（形）; *nur attr od adv*（只作定语或状语）**1.**〈die Industrie, ein Element, e-e Reaktion 工业，元素，反应〉so, dass sie zur Chemie（1）gehören od. auf Stoffumwandlung beruhen 化学的 **2.** mit Chemikalien 带化学药剂的〈Düngung 化肥; etw. c. reinigen 化学清洗某物〉**3.** ***chemische Waffen*** chemische（1）Substanzen（Gase *o. Ä.*）, die *mst* Vergiftungen *o. Ä.* verursachen 化学武器

Che·mo·the·ra·pie [çeː-, keː-] *die*; *mst Sg*（多用单数）; die Behandlung *bes* von Krebs mit chemischen Mitteln 化（学）疗（法）

-chen *das*; *-s*, -; *im Subst*, *sehr produktiv*（构成名词，构词强）; verwendet, um die Verkleinerungsform e-s Substantivs zu bilden（*mst* in Verbindung mit Umlaut des betonten Vokals）（构成名词的指小形式（重读元音多为变音））≈ -lein; ***Bäumchen***, ***Bildchen***, ***Häuschen***, ***Hündchen***, ***Pferdchen***, ***Tännchen*** ‖ NB（注意）: nicht nach Substantiven auf *-ch*（不用于*-ch* 结尾的名词之后）: *Bächlein* 小溪, *Büchlein* 小书

chic [ʃɪk] *Adj*（形）; *mst präd od adv*（多作表语或状语）; ↑ ***schick*** ‖ *hierzu*（派生）**Chic** *der*; *-s*; *nur Sg*（只用单数）

Chi·co·rée [ˈʃɪkore] *der*; *-s od* 或 *die*; -; *nur Sg*（只用单数）; e-e weißgelbe kleine Gemüsepflanze mit leicht bitterem Geschmack, die man *bes* im Winter als Salat isst 菊苣

Chif·fon [ˈʃɪfõ] *der*; *-s*, *-s*; ein sehr leichter, dünner, leicht durchsichtiger Stoff 雪纺丝绸: *ein Abendkleid aus C.* 雪纺绸女式晚礼服

Chiff·re [ˈʃɪfrə, ˈʃɪfɐ] *die*; -, *-n*; **1.** ein Zeichen, das für e-n Buchstaben od. ein Wort steht 数码，暗号，密码 ≈ Geheimzeichen, Kennzeichen **2.** e-e bestimmte Nummer, unter der man Zeitungsanzeigen aufgibt, wenn man seine Telefonnummer *o. Ä.* nicht nennen will（登广告的）代号，编号：*Das Inserat erscheint unter der C. 923* 广告刊登代号为 923 ‖ K-（复合）：***Chiffre-***, ***-anzeige***, ***-nummer***

chiff·rie·ren [ʃɪf-]; *chiffrierte*, *hat chiffriert*; [Vt]（及物）***etw. c.*** etw. in Geheimschrift schreiben 用密码书写，把…译成密码 ≈ verschlüsseln ↔ dechiffrieren, entschlüsseln 〈ein Telegramm, e-e Botschaft 电报，消息〉 ‖ NB（注意）：*mst* im Zustandspassiv（多用于状态被动句）!

Chi·li [ˈtʃiːli] *der*; *-s*, *-s*; ein sehr scharfer, kleiner Paprika 小尖辣椒 ‖ K-（复合）：***Chili-***, ***-schote***, ***-soße***

Chi·na·kohl [ˈçiːna-, ˈkiːna-] *der*; e-e Gemüsepflanze mit hellgrünen, krausen Blättern 中国大白菜

chi·ne·sisch [çi-, ki-] *Adj*（形）；in Bezug auf China, seine Bewohner od. deren Sprache 中国的，中国人的，汉语的 ‖ ID［谚］***etw. ist c. für j-n gespr***［口］；etw. ist für j-n sprachlich völlig unverständlich 某事对某人来说像汉语那样费解（难懂）

Chi·nin [çi-, ki-] *das*; *-s*; *nur Sg*（只用单数）；ein Medikament gegen Fieber u. Malaria 奎宁，金鸡纳霜

Chip [tʃɪp] *der*; *-s*, *-s* **1.** ein sehr kleines Plättchen aus Silikon zum Speichern der Informationen in EDV-Anlagen 芯片 ‖ -K（复合）：***Mikro-*** **2.** e-e Spielmarke beim Roulette（作赌注用的）筹码 **3.** *mst Pl*（多用复数）；dünne Scheiben von Kartoffeln, die roh in Fett gebraten wurden u. in Tüten verkauft werden 薯片 ‖ -K（复合）：***Kartoffel-***, ***Paprika-***

Chip·kar·te [ˈtʃɪp-] *die*; e-e kleine Karte aus Plastik, mit e-m Chip (1), die man anstelle von Geld, als Ausweis *o. Ä.* benutzen kann 芯片卡（可用作银行卡，身份证等）

Chi·rurg [çi-, ki-] *der*; *-en*, *-en*; ein Arzt mit e-r (Spezial) Ausbildung für Operationen 外科医生 ‖ NB（注意）：*der Chirurg*; *den*, *dem*, *des Chirurgen* ‖ *hierzu*（派生）**Chi·rur·gin** [çi-, ki-] *die*; -, *-nen*; **chi·rur·gisch** *Adj*（形）；*nur attr od adv*（只作定语或状语）

Chi·rur·gie [çi-, ki-] *die*; -; *nur Sg*（只用单数）**1.** das Gebiet der Medizin, das sich mit Operationen beschäftigt 外科学：*ein Facharzt für C.* 一位专业外科医生；*ein Lehrbuch der C.* 外科学教科书 **2.** die Abteilung in e-r Klinik, in der Operationen ausgeführt u. operierte Patienten gepflegt werden 外科

Chlor [kloːɐ̯] *das*; *-s*; *nur Sg*（只用单数）；ein chemisches Element, das als Gas gelbgrün u. giftig ist 氯；CHEM【化】Cl ‖ K-（复合）：***Chlor-***, ***-gas***, ***-kalk***, ***-oxyd***, ***-säure***, ***-verbindung***, ***-wasserstoff*** ‖ *hierzu*（派生）**chlor·hal·tig** *Adj*

chlo·riert *Adj*（形）；*ohne Steigerung*, *nicht adv*（无变级，不作状语）；〈Wasser 水〉 mit Chlor versehen 氯化的 ≈ gechlort

Chlo·ro·form [klo-] *das*; *-s*; *nur Sg*（只用单数）；e-e süßlich riechende Flüssigkeit, mit der man j-n betäuben kann 氯仿，三氯甲烷，哥罗仿

Chlo·ro·phyll [kloroˈfʏl] *das*; *-s*; *nur Sg*（只用单数）；der grüne Farbstoff in den Pflanzen 叶绿素 ≈ Blattgrün

Choke [tʃoːk] *der*; *-s*, *-s*; ein Mechanismus im Auto, den man *bes* bei kaltem Motor benutzt, um besser starten zu können 风门，阻气门〈den C. ziehen 拉风门；mit gezogenem C. fahren 开车拉住风门〉

Cho·le·ra [ˈkoː-] *die*; -; *nur Sg*（只用单数）；e-e schwere, ansteckende Krankheit, die *bes* den Magen u. den Darm angreift 霍乱〈an C. erkranken, sterben 身患霍乱，死于霍乱〉 ‖ K-（复合）：***Cholera-***, ***-bazillus***, ***-epidemie***, ***-impfung***, ***-kranke(r)***

Cho·le·ri·ker [ko-] *der*; *-s*, -; j-d, der schnell sehr wütend wird 易怒的人，暴躁者，容易动肝火的人 ‖ *hierzu*（派生）**Cho·le·ri·ke·rin** [ko-] *die*; -, *-nen*; **cho·le·risch** *Adj*

Cho·les·te·rin [ço-, ko-] *das*; *-s*; *nur Sg*（只用单数）；ein Fett, das in allen Zellen des Körpers vorkommt 胆固醇

Cho·les·te·rin·spie·gel *der*; *nur Sg*（只用单数）；die Menge Cholesterin, die im Blut enthalten ist 胆固醇含量〈e-n hohen, niedrigen C. haben 胆固醇含量高、低〉

Chor[1] [koːɐ̯] *der*; *-(e)s*, *Chö·re*; **1.** e-e Gruppe von Personen, die gemeinsam *mst* öffentlich singen 合唱团，合唱队〈ein gemischter C. 混声合唱团；e-n C. leiten 领导合唱团〉 ‖ K-（复合）：***Chor-***, ***-gesang***, ***-knabe***, ***-konzert***, ***-leiter***, ***-musik***, ***-probe***, ***-sänger*** ‖ -K（复合）：***Frauen-***, ***Kinder-***, ***Knaben-***, ***Männer-***; ***Kirchen-***, ***Opern-***, ***Schul-*** **2.** ein gemeinsames Rufen od. Sprechen von mehreren Personen 异口同声、齐声呼喊或说话〈etw. im C. sprechen 一起说某事〉：*„Willkommen!", riefen alle im C.* "欢迎!"大家一齐喊道 **3.** e-e Gruppe von Personen, die gemeinsam auf Blasinstrumenten musizieren 吹奏乐合奏 ‖ -K（复合）：***Bläser-***, ***Posaunen-*** **4.** THEA【剧】；e-e Gruppe von Schauspielern, die gemeinsam Kommentare zu dem sprechen, was auf der Bühne geschieht（戏剧演员的）合诵：*der C. des antiken griechischen Dramas* 古希腊戏剧的合诵

Chor[2] [koːɐ̯] *der*; *-(e)s*, *Chö·re*; der nach Osten gerichtete Teil e-r Kirche, in dem *mst* der Altar steht（教堂东端供祭司及唱诗班用的）圣坛 ‖ K-（复合）：***Chor-***, ***-altar***, ***-gestühl***, ***-schranke***, ***-umgang***

Cho·ral [ko-] *der*; *-s*, *Cho·rä·le*; ein feierliches Lied, das *bes* bei religiösen Anlässen gesungen wird 齐唱圣歌，赞美诗

Cho·reo·graf, **Cho·reo·graph** [koreoˈgraːf] *der*;

-en, *-en*; j-d, der (Ballett) Tänze entwirft, arrangiert u. leitet (芭蕾)舞蹈动作编导 ‖ NB (注意): *der Choreograph*; *den*, *dem*, *des Choreographen* ‖ *hierzu* (派生) **Cho·reo·gra·fin**, **Cho·reo·gra·phin** *die*; -, *-nen*

Cho·reo·gra·fie, **Cho·reo·gra·phie** [koreogra'fiː] *die*; -, *-n* [-'fiːən]; die künstlerische Gestaltung e-s Balletts, e-s Tanzes (芭蕾舞)舞蹈动作设计艺术,舞蹈步法设计 ⟨die C. übernehmen 担任舞蹈设计; für die C. verantwortlich sein 负责(有责任)舞蹈设计⟩ ‖ *hierzu* (派生) **cho·reo·gra·fisch**, **cho·reo·gra·phisch** *Adj* (形); *nur attr od adv* (只作定语或状语)

Cho·se ['ʃoːzə] *die*; -, *-n*; *mst Sg*, *gespr*, *oft pej* (多用单数)[口]常作[贬] ≈ Angelegenheit, Sache (1): *Ich möchte mit dieser C. nichts mehr zu tun haben* 我再也不想过问这件事

Chow-Chow [tʃau' tʃau] *der*; *-s*, *-s*; ein mittelgroßer Hund mit Falten auf der Stirn, dickem Fell u. blauer Zunge 乔乔狗,松狮犬

Christ [krɪst] *der*; *-en*, *-en*; ein Mitglied e-r christlichen Religion 基督教徒⟨ein gläubiger, überzeugter, getaufter C. 虔诚的、坚定的,受过洗礼的基督教徒⟩ ‖ NB (注意): *der Christ*; *den*, *dem*, *des Christen* ‖ *hierzu* (派生) **Chris·tin** *die*; -, *-nen*

Christ·baum *der*; *südd* Ⓐ [南德][奥] ≈ Weihnachtsbaum ‖ K- (复合): ***Christbaum-***, ***-schmuck***

Christ·de·mo·krat *der*; ein Mitglied der CDU 基民盟成员 ‖ *hierzu* (派生) **Christ·de·mo·kra·tin** *die*

Chris·ten·heit *die*; -; *nur Sg* (只用单数); *Kollekt* (集合); alle Christen 基督教界

Chris·ten·tum *das*; *-s*; *nur Sg* (只用单数); der Glaube, der auf der Lehre von Jesus Christus basiert 基督教 ⟨sich zum C. bekennen, j-n zum C. bekehren 信仰、使某人信奉基督教⟩

Chris·ti·a·ni·sie·rung [krɪst-] *die*; -; *nur Sg* (只用单数); der Prozess, bei dem ein Volk, e-e Gruppe *o. Ä.* zum Christentum bekehrt wird 使成为基督教徒 ‖ *hierzu* **chris·ti·a·ni·sie·ren** (*hat*) *Vt* (及物)

Christ·kind *das*; *nur Sg* (只用单数) **1.** Jesus Christus als neugeborenes Kind 耶稣圣婴 ≈ Jesuskind **2.** e-e Art Engel, von dem Kinder (*bes* in Süddeutschland) glauben, er bringe an Weihnachten die Geschenke 给孩子们发圣诞节礼物的天使 ‖ NB (注意): ↑ ***Weihnachtsmann***

Christ·kindl·markt, **Christ·kind·les·markt** *der*; *südd* Ⓐ [南德][奥] ↑ ***Weihnachtsmarkt***

christ·lich ['krɪst-] *Adj* (形) **1.** *nur attr od adv* (只作定语或状语); auf der Lehre von Jesus Christus basierend 基督教的 ⟨der Glaube, die Religion 信仰,宗教⟩ **2.** sich zur Lehre von Jesus Christus bekennend 信基督教的 ⟨ein Mensch, e-e Kirche 人,教会⟩ **3.** mit dem Christentum als Basis 基督教方面的 ⟨Kunst 艺术⟩ **4.** christlichen (1) Prinzipien entsprechend 符合基督教教义的 ⟨e-e Erziehung, die Nächstenliebe 教育,博爱; c. handeln 按基督教教义行事⟩

Christ·met·te *die*; der Gottesdienst am späten Abend des 24 Dezember 天主教圣诞子夜弥撒

Christ·nacht *die*; die Nacht vom 24 auf den 25 Dezember 圣诞之夜(12 月 24 日至 25 日夜) ≈ Weihnachtsnacht

Christ·stol·len *der*; ein längliches Gebäck mit Rosinen, Zitronat, Orangeat u. Gewürzen, das für die Zeit um Weihnachten gebacken wird 圣诞果脯蛋糕

Chris·tus ['krɪstʊs] (*der*); *Chris·ti*; *nur Sg* (只用单数) **1.** (in den christlichen Religionen) der Sohn Gottes 上帝之子,救世主; Jesus Christus 耶稣基督: *die Geburt*, *der Tod*, *die Auferstehung Christi* 耶稣诞生,耶稣之死,耶稣复活 ‖ K- (复合): ***Christus-***, ***-figur***, ***-glaube***, ***-statue***, ***-verehrung*** **2.** ***vor/nach C.*** vor/nach dem Beginn der abendländischen Zeitrechnung 公元前/后; *Abk* 缩写 v. Chr., n. Chr.

Chrom [kroːm] *das*; *-s*; *nur Sg* (只用单数); ein sehr hartes, silbern glänzendes Metall, mit dem man *bes* andere Metalle bedeckt, um sie vor Rost zu schützen 铬; CHEM【化】Cr ‖ K- (复合): ***Chrom-***, ***-dioxyd***, ***-stahl***

Chro·mo·som [kro-] *das*; *-s*, *-en*; BIOL【生】; e-e Art sehr kleiner Faden im Innern e-r Zelle, der Form, Wachstum *usw* e-s Lebewesens bestimmt. Chromosomen bestehen aus Genen 染色体

Chro·nik ['kroːnɪk] *die*; -, *-en*; ein Bericht, der die geschichtlichen Ereignisse in ihrer genauen Reihenfolge schildert 年代记,编年史: *die C. e-s Klosters*, *e-r Epoche* 修道院的年代记,时代的编年史

chro·nisch ['kroː-] *Adj* (形) **1.** ⟨e-e Krankheit, Schmerzen 疾病,疼痛⟩ so, dass sie sehr lange dauern 慢性的↔ akut: *e-e chronische Erkältung haben* 患(得)慢性感冒 **2.** *gespr* [口] ≈ ständig, dauernd ⟨ein Geldmangel, ein Übel 经济拮据,弊端⟩: *Sie ist c. unterbezahlt* 她得到的总是低报酬

Chro·nist [kro-] *der*; *-en*, *-en* **1.** j-d, der e-e Chronik schreibt 编年史作者 **2.** j-d, der Ereignisse beobachtet u. über sie e-n schriftlichen Bericht verfasst 年代大事记编写者 ‖ NB (注意): *der Chronist*; *den*, *dem*, *des Chronisten*

Chro·no·lo·gie [kro-] *die*; -, *-n* [-lo'giːən]; die zeitliche Reihenfolge von Ereignissen 年表,年代记,年代学 ‖ *hierzu* (派生) **chro·no·lo·gisch** *Adj* (形)

Chry·san·the·me [kryzan'teːmə] *die*; -, *-n*; e-e Blume mit großen Blüten, die spät im Herbst im Garten blüht 菊花

ciao! [tʃau] *gespr* [口] ≈ tschüs

cir·ca ['tsɪrka] *Adv* (副) ↑ ***zirka***

cis, **Cis** [tsɪs] *das*; -, -; MUS【音】; der Halbton über dem c 升 C 调 ‖ K- (复合): ***Cis-Dur***, ***cis-Moll***

Ci·ty ['sɪti] *die*; -, *-s*; das Zentrum e-r Großstadt 大城市的市中心 ≈ Innenstadt ‖ K-

(复合)：***City-***，***-nähe***

Ci·ty·rol·ler ['sɪti-] **Cityroller** *der*；e-e Art Roller (1) mit sehr kleinen Rädern 滑板车

Clan [klaːn，klɛn] *der*；*-s*，*-e/-s*；*Kollekt*（集合）**1.** e-e schottische Sippe 苏格兰高地人的氏族，部族 **2.** *pej iron* [贬] [讽]；e-e Gruppe，die fest zusammenhält 氏族，家族 ‖ -K（复合）：***Familien-***

clean [kliːn] *Adj*（形）；*gespr* [口]；*mst in* 多用于 ***c. sein*** keine Drogen mehr nehmen 不再服用麻醉药品，不再吸毒，未染上药瘾

cle·ver ['klɛvɐ] *Adj*（形）；*oft pej* 常用[贬]；klug u. geschickt alle Vorteile ausnutzend 机灵的，机敏的，伶俐的 ≈ raffiniert 〈ein Geschäftsmann，ein Politiker，ein Plan，ein Verkäufer 商人，政治家，计划，售货员；c. vorgehen 机敏行事〉 ‖ NB（注意）：≠ intelligent

Clinch [klɪn(t)ʃ] *der*；*-(e)s*；*nur Sg*（只用单数）；*mst* 多用 ***mit j-m im C. liegen / in den C. gehen*** *gespr*，*mst hum* [口]多用[诙]；mit j-m Streit haben/bekommen 与某人争吵、拌嘴、掐架

Clip *der*；*-s*，*-s* **1.** ↑ ***Klipp*** **2.** ein ganz kurzer Ausschnitt e-s Films，e-r Sendung（电影、广播的）剪辑、小片段 ‖ -K（复合）：***Film-***，***Nachrichten-*** **3.** *Kurzw*（略）↑ ***Videoclip***

Cli·que ['klɪkə] *die*；*-*，*-n*；*Kollekt*（集合）**1.** e-e Gruppe *mst* von Jugendlichen，die oft zusammen sind u. alles gemeinsam machen 群体，团伙 **2.** *pej* [贬]；e-e Gruppe von Personen，die sich rücksichtslos nur für das Interesse ihrer eigenen Gruppe einsetzen 集团，派系，宗派，朋党

Cli·quen·wirt·schaft *die*；*nur Sg*，*pej*（只用单数）[贬]；das Bestreben e-r Clique (2)，ihre Interessen durchzusetzen 党同伐异，结党营私，帮派活动 〈C. treiben 搞派系活动，拉帮结伙〉

Clou [kluː] *der*；*-s*，*-s*；der beste，besonders überraschende Punkt 精彩之处，高潮 ≈ Höhepunkt：*Der C. des Ganzen ist*，*dass* ... 整个事情的绝妙之处在于…

Clown [klaʊn] *der*；*-s*，*-s*；j-d，der lustig geschminkt *mst* im Zirkus Späße macht u. durch seine Ungeschicklichkeit die Zuschauer zum Lachen bringt 丑角，小丑 ‖ -K（复合）：***Musik-***，***Zirkus-***

Club *der*；*-s*，*-s*；↑ ***Klub***

c/o [tseː'|oː] in Anschriften verwendet，um auszudrücken，dass j-d vorübergehend bei j-m in dessen Wohnung lebt（用于通信地址）转交

Coach [koːtʃ] *der*；*-(s)*，*-s*；SPORT【体】；j-d，der e-n Sportler od. e-e Mannschaft trainiert u. betreut 教练，指导 ≈ Trainer

Co·ca ['koːka] *das*；*-(s)*，*-/-s od die*；*-*，*-/-s*；*nordd* [北德] ≈ Cola

Co·cker·spa·ni·el ['kɔkɐʃpaːni̯əl] *der*；*-s*，*-s*；ein relativ kleiner Hund mit langen Haaren u. lang herabhängenden Ohren 可卡犬

Cock·pit *das*；*-s*，*-s* **1.** der Teil e-s Flugzeugs，von dem aus der Pilot das Flugzeug steuert 驾驶舱 ‖ ↑ *Abb. unter* 图见 ***Flugzeug*** **2.** der Platz des Fahrers im Rennwagen 赛车驾驶座

Cock·tail ['kɔkteːl] *der*；*-s*，*-s*；e-e Mischung von Getränken mit u. ohne Alkohol 鸡尾酒〈e-n C. mixen 调制鸡尾酒〉 ‖ K-（复合）：***Cocktail-***，***-party***

Cock·tail·kleid *das*；ein elegantes Kleid，wie es *bes* auf Partys getragen wird 鸡尾酒宴女礼服

Code [koːt，koːd] *der*；*-s*，*-s*；↑ ***Kode*** ‖ *hierzu*（派生）**co·die·ren**（*hat*）*Vt*（及物）

Cof·fe·in [kɔf-] *das*；*nur Sg*（只用单数）；↑ ***Koffein***

Cog·nac® ['kɔnjak] *der*；*-s*，*-s* **1.** ein französischer Weinbrand 法国白兰地酒 **2.** ≈ Weinbrand ‖ *hierzu*（派生）**cog·nac·far·ben** *Adj*（形）

Coif·feur [koa'føːɐ] *der*；*-s*，*-e*；*geschr od* (CH) [书]或[瑞] ≈ Friseur ‖ *hierzu*（派生）**Coif·feu·se** [koa'føːzə] *die*；*-*，*-n*

Coke® [koːk] *das*；*-s*，*-s* ≈ Cola

Co·la ['koːla] *das*；*-(s)*，*-/-s od die*；*-*，*-/-s*；e-e braune Limonade，die Koffein enthält 可口可乐(饮料) ‖ K-（复合）：***Cola-***，***-dose***

Col·la·ge [kɔ'laːʒə] *die*；*-*，*-n*；ein Bild，das aus verschiedenen aufgeklebten u. gemalten Teilen besteht 彩色拼贴画，抽象派拼贴艺术

Col·lie ['kɔli] *der*；*-s*，*-s*；ein großer Hund mit weißem u. hellbraunem Fell u. spitzer Schnauze 柯利牧羊犬 ‖ ↑ *Abb. unter* 图见 ***Hunde***

Col·li·er [kɔ'li̯eː] *das*；*-s*，*-s*；ein wertvoller Schmuck aus mehreren Reihen Perlen od. Edelsteinen，den man am Hals trägt 珠宝项链 ‖ -K（复合）：***Brillant-***，***Perlen-***

Co·lor·film [ko-] *der* ≈ Farbfilm

Colt® [kɔlt] *der*；*-s*，*-s*；e-e Art Revolver 柯尔特式自动手枪〈den C. ziehen 掏出手枪〉

Com·bo ['kɔ-] *die*；*-*，*-s*；MUS【音】；e-e kleine Gruppe von Musikern *bes* für Jazzmusik 康巴爵士小乐队 ‖ -K（复合）：***Jazz-***

Come-back，Come·back [kam'bɛk] *das*；*-(s)*，*-s*；**1.** das Auftreten e-s Künstlers，Sportlers od. Politikers in der Öffentlichkeit nach e-r längeren Unterbrechung seiner Karriere 重返政坛、体坛、艺苑，复出〈sein C. feiern 庆祝他复出；er versuchte ein C. 他试图重返政坛（体坛，艺林等）〉**2.** ***etw. erlebt ein C.*** etw. wird wieder modern，beliebt 某事又时髦了，又受青睐了

Co·me·con ['kɔmekɔn] *der*，*das*；*-*；*nur Sg*（只用单数）；（*Abk für* 缩写，全称为 Council for Mutual Economic Assistance）*hist* [历]；e-e Wirtschaftsorganisation der Länder des Ostblocks（东方集团国家的）经(济)互(助委员)会

Co·mic [ˈkɔ-] *der*; *-s*, *-s* **1**. e-e Geschichte, die aus e-r Reihe von gezeichneten Bildern mit kurzen Texten besteht 连环漫画 ‖ K-（复合）：***Comic-***, ***-heft*** **2**. ein Heft, das Comics (1) enthält 连环画册

Co·mic·strip [-strɪp] *der*; *-s*, *-s*; ↑ ***Comic***

Com·pact Disc, **Com·pact Disk** *die*; *-*, *-s*; ↑ ***CD***

Com·pu·ter [kɔmˈpjuːtɐ] *der*; *-s*, *-*; e-e elektronische Anlage, die Daten speichern u. wiedergeben u. schnell rechnen kann 电子计算机，电脑〈e-n C. programmieren, füttern 为电脑编制（设计）程序；Daten in den C. einspeisen 将数据输入电脑；ein Programm in den C. eingeben 将一个程序输入电脑〉‖ K-（复合）：***Computer-***, ***-anweisung***, ***-befehl***, ***-berechnung***, ***-eingabe***, ***-fehler***, ***-firma***, ***-gerät***, ***-hersteller***, ***-ingenieur***, ***-kriminalität***, ***-linguistik***, ***-programm***, ***-sprache***; ***computer-***, ***-gerecht***, ***-gesteuert***, ***-gestützt***

Com·pu·ter·si·mu·la·ti·on *die*; das Simulieren (2) von Vorgängen mithilfe von Computern 电脑模拟（法）：*den Ablauf e-s Flugzeugabsturzes mittels C. darstellen* 用电脑模拟法将飞机坠落的过程描绘出来

Com·pu·ter·spiel *das*; ein Spiel, das mithilfe e-s Computerprogramms gespielt wird u. bei dem die Figuren auf dem Bildschirm erscheinen 电脑游戏

Com·pu·ter·vi·rus *der*; *mst Pl*, INFORM（多用复数）【信息】；ein illegal manipuliertes Computerprogramm, das, wenn es angewandt wird, andere Programme unbrauchbar macht 电脑病毒

Con·fé·ren·ci·er [kõferãˈsieː] *der*; *-s*, *-s*; j-d, der bei Veranstaltungen u. Shows die Stars ankündigt (u. selbst mit kleineren Beiträgen die Zuschauer unterhält) 节目报幕者，节目主持人

Con·fi·se·rie [kɔn-, kõ-] *die*; *-*, *-n*; [-ˈriːən]; ↑ ***Konfiserie***

Con·tai·ner [kɔnˈteːnɐ] *der*; *-s*, *-*; ein großer Behälter für Abfall od. zum Transport 集装箱 ‖ K-（复合）：***Container-***, ***-bahnhof***, ***-hafen***, ***-schiff***, ***-terminal*** ‖ -K（复合）：***Altpapier-***, ***Glas-***, ***-Müll-***

Con·ter·gan·kind *das*; ein Mensch, dessen Arme/Beine nicht richtig gewachsen sind, weil seine Mutter in der Schwangerschaft das Medikament Contergan® eingenommen hatte 康特根（一种有副作用的镇静剂，亦称酞米哌啶酮）畸形儿（因母亲怀孕期服用康特根药品所致）

cont·ra *Präp*（介）；*mit Akk*（支配四格）；↑ ***kontra***

cool [kuːl] *Adj*（形）；*gespr*, *bes von Jugendlichen verwendet*［口］（年轻人用语）**1**. ruhig, gelassen u. überlegen 沉着的，冷静的，镇定的，笃定的〈c. bleiben 保持冷静，沉住气〉**2**. verwendet, um j-n/etw. sehr positiv zu bewerten（对人、物的积极评价）无可挑剔的，很理想的，非常出色的，酷的：*ein cooler Job* 一份美差，*ein cooler Typ* 一个很出色的人

Co·pi·lot *der*; ↑ ***Kopilot***

Co·py·right [ˈkɔpiraɪt] *das*; *-s*, *-s*; ***das C.*** (***auf etw.***（*Akk* 四格）) das Recht, als Einziger ein Buch, e-e Schallplatte, e-n Film *o. Ä.* herstellen, verkaufen u. verleihen zu dürfen 版权，著作权 ≈ Urheberrecht

Cord [kɔrt] *der*; *-(e)s*; *nur Sg*（只用单数）；↑ ***Kord***

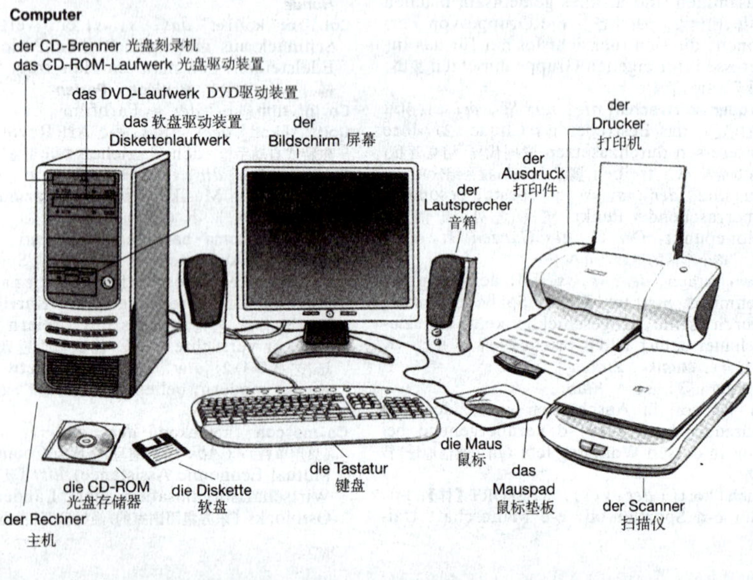

Cor·ned·beef, Cor·ned Beef [ˈkoːnd ˈbiːf] *das*; *-s*; *nur Sg*（只用单数）; feingehacktes u. gekochtes Rindfleisch in Dosen 罐头牛肉末

Cor·ner [ˈkoːnɐ] *der*; *-s*, *-*; Ⓐ Ⓒⓗ SPORT［奥］［瑞］【体】; ein Eckball beim Fußball 角球

Corn-flakes [ˈkoːnfleɪks] *die*; *Pl*（复）; geröstete Flocken aus Mais, die man mit Milch u. Zucker zum Frühstück isst（早点）脆玉米片

Corps [koːɐ] *das*; ↑ ***Korps***

Cor·pus De·lic·ti [ˈkɔrpus deˈlɪkti] *das*; *-*, *Cor·po·ra De·lic·ti*; JUR【法】; ein Gegenstand, der als Beweis für e-e Tat, *bes* ein Verbrechen dient 物证，罪证 ‖ NB（注意）: ↑ ***Korpus***

Cor·ti·son [kɔr-] *das*; *-s*; *nur Sg*（只用单数）; ↑ ***Kortison***

Couch [kautʃ] *die*; *-*, *-s*/*auch* 也用*-en* ≈ Sofa

Couch·gar·ni·tur *die*; e-e Couch u. zwei od. drei Sessel, die mit dem gleichen Stoff bezogen sind u. zusammengehören 成套沙发（包括垫、套）≈ Polstergarnitur

Couch·tisch *der*; ein niedriger Tisch, der zu e-r Couchgarnitur passt（沙发配套）茶几

Cou·leur [kuˈløːɐ] *die*; *-*, *-s*; *mst Sg*（多用单数）; e-e bestimmte Einstellung od. Weltanschauung 观点，见解，观念: *Politiker verschiedener C. kamen zu der Tagung* 不同政见的政治家出席会议

Count-down, Count·down [ˈkauntˈdaun] *der*; *-s*, *-s* **1.** das Zählen von e-r Zahl zurück nach Null bis zum Beginn e-s Ereignisses（*mst* dem Start e-r Rakete）倒计数（多用于发射导弹前）〈ein reibungsloser C. 顺利的倒计数〉 **2.** die Zeit bis zum Beginn e-s Ereignisses 倒计时 ≈ Frist〈der C. läuft 倒计时在进行〉

Coup [kuː] *der*; *-s*, *-s* **1.** e-e riskante, überraschende, oft illegale Handlung 手段，诡计，突然袭击: *Den Posträubern ist ein großer C. gelungen* 邮件抢劫者（进行的）一次大规模袭击得逞了 **2.** ***e-n C. landen*** *gespr*［口］; e-n C.（1）mit Erfolg ausführen 成功地搞一次突然袭击

Cou·pé [kuˈpeː] *das*; *-s*, *-s* **1.** ein sportliches Auto mit zwei Türen 双门双座小跑车 **2.** *veraltet*［旧］≈ Eisenbahnabteil

Cou·pon [kuˈpõː] *der*; *-s*, *-s*; ↑ ***Kupon***

Cou·ra·ge [kuˈraːʒə] *die*; *-*; *nur Sg*, *gespr*（只用单数）［口］≈ Mut, Unerschrockenheit〈C. zeigen 表现出勇气〉‖ ID［谚］***Angst vor der eigenen C. kriegen*** *gespr*［口］;（nachdem man e-n ersten mutigen Schritt gemacht hat）im entscheidenden Moment zögern od. unsicher werden 关键时刻打退堂鼓（畏缩不前）

cou·ra·giert [kuraˈʒiːɐt] *Adj*（形）; mit viel Mut 勇敢的，大胆的 ≈ mutig, beherzt〈e-e Frau 女子; c. handeln 大胆地行事〉

Cou·sin [kuˈzɛ̃ː] *der*; *-s*, *-s*; der Sohn e-r Schwester od. e-s Bruders der Eltern 表兄弟或堂兄弟 ≈ Vetter

Cou·si·ne [kuˈziːnə] *die*; *-*, *-n*; die Tochter e-r Schwester od. e-s Bruders der Eltern 表姐妹或堂姐妹 ≈ Kusine

Cou·vert [kuˈveːɐ] *das*; *-s*, *-s*; ↑ ***Kuvert***

Co·ver [ˈkavɐ] *das*; *-s*, *-s* **1.** die Titelseite e-r Illustrierten 封面 ‖ K-（复合）: ***Cover-***, ***-girl*** **2.** die Hülle（*mst* aus Karton）e-r Schallplatte 唱片封套 ‖ -K（复合）: ***Platten-***

Cow·boy [ˈkaubɔy] *der*; *-s*, *-s*;（in den USA u. in Kanada）ein Mann, der auf e-m Pferd reitet u. auf Rinder aufpasst 牛仔，骑马牧者 ‖ K-（复合）: ***Cowboy-***, ***-film***, ***-hut***, ***-kleidung***, ***-sattel***

Crack[1] [krɛk] *der*; *-s*, *-s*; *gespr*［口］; j-d, der etw. besonders gut kann u. sich dafür begeistert 痴迷者 ‖ -K（复合）: ***Computer-***, ***Eishockey-***, ***Fußball-***, ***Tennis-*** *usw*

Crack[2] [krɛk] *das*; *-(s)*; *nur Sg*（只用单数）; ein synthetisch hergestelltes Rauschgift, das Kokain enthält 一种人工制造的、含可卡因的毒品

Cre·do [ˈkreː-] *das*; *-s*, *-s*; ↑ ***Kredo***

creme [kreːm] *Adj*（形）; *nur präd*, *nicht adv*（只作表语，不作状语）; schwach gelb 淡黄色的≈ cremefarben

Creme[1] [kreːm] *die*; *-*, *-s*/ Ⓐ Ⓒⓗ［奥］［瑞］*-n* [-ən]; **1.** e-e dickflüssige, oft schaumige, süße Speise 鲜奶油: *e-e Torte mit C. füllen* 往蛋糕上挤奶油 ‖ K-（复合）: ***Creme-***, ***-speise***, ***-törtchen*** ‖ -K（复合）: ***Erdbeer-***, ***Schokoladen-***, ***Vanille-*** **2.** e-e weiche, fettige Masse（oft mit Parfüm）in Tuben od. kleinen Dosen, die man in die Haut reibt 润肤膏，护肤霜 ‖ -K（复合）: ***Gesichts-***, ***Hand-***, ***Haut-***, ***Sonnen-*** ‖ *hierzu*（派生）**cre·mig** *Adj*（形）

Creme[2] [krɛːm] *die*; *-*; *nur Sg*, *geschr*, *oft pej*（只用单数）［书］常用［贬］; das Beste, das Oberste 精华，精英，上层: *die C. der Gesellschaft* 社会上层

Crème de la crème [ˈkrɛːm də la ˈkrɛːm] *die*; *-*; *nur Sg*, *geschr iron*（只用单数）［书］［讽］; die oberste u. vornehmste Schicht der Gesellschaft 社会上层头面人物

Crème fraîche [ˈkrɛːm ˈfrɛʃ] *die*; *-*, *Crèmes fraîches*; e-e sehr fette saure Sahne 全脂攒奶油

Crêpe [krɛp] *die*; *-*, *-s*; ein dünner, *mst* gefüllter Pfannkuchen（1）可丽饼，（法式）夹心薄饼

Crew [kruː] *die*; *-*, *-s*; *Kollekt*（集合）; e-e Gruppe von Personen, die gemeinsam *mst* in e-m Flugzeug arbeiten 全体水手，机组人员，赛艇队员（总称）≈ Mannschaft〈die C. e-s Flugzeugs, e-s Schiffes 飞机的机组人员，轮船船员〉

Crois·sant [kroaˈsãː] *das*; *-(s)*, *-s*; ein süßes Gebäck in Form e-s Horns 奶油牛角面包 ≈ Hörnchen

Crou·pier [kruˈpieː] *der*; *-s*, *-s*; ein Angestellter e-s Spielkasinos, der das（Glücks）Spiel leitet 赌场工作人员

Crux [krʊks] *die*; *-*; *nur Sg*（只用单数）; Ⓓ［德］die besondere Schwierigkeit, der Nachteil 困难，艰辛，不利: *Das ist die C. an dieser Sache* 这就是这件事情的棘手之处

CSU [tseː|ɛs'|uː] *die*; -; *nur Sg*（只用单数）; Ⓓ [德]（*Abk für* 缩写，全称为 Christlich-Soziale Union）e-e politische Partei in Bayern 基督教社会联盟（基社盟，巴伐利亚的一个政党）

Cup [kap] *der*; *-s*, *-s* **1**. ein Gefäß aus Metall, das der Sieger e-s sportlichen Wettkampfes bekommt 优胜杯，奖杯 ≈ Pokal (1)〈um den C. kämpfen 为奖杯而战; den C. gewinnen, verteidigen 赢得奖杯，卫冕〉**2**. der Wettbewerb, bei dem ein Cup (1) zu gewinnen ist 锦标赛，决赛，冠军赛 ‖ K-（复合）: ***Cup-***, ***-finale***, ***-sieger*** ‖ -K（复合）: ***Europa-***, ***Welt-***

Cur·ry ['kœri] *der*; *-s*; *nur Sg*（只用单数）; e-e scharfe, gelbbraune Mischung aus indischen Gewürzen 咖喱粉 ‖ K-（复合）: ***Curry-***, ***-pulver***, ***-reis***, ***-soße***, ***-wurst***

Cur·sor ['køːɐ̯sɐ] *der*; *-s*, *-(s)*; INFORM【信息】; ein Zeichen auf dem Bildschirm, das zeigt, an welcher Stelle der nächste Buchstabe *o.Ä.* erscheinen wird, den man in den Computer eingibt 游标，光标，指针

Cut·ter ['katɐ] *der*; *-s*, *-*; FILM, TV【电影】【电视】; j-d, der die vielen Aufnahmen, die bei e-m Film gemacht werden, so zusammenstellt, wie der Film schließlich gezeigt wird 影片或录音带的剪辑员 ‖ *hierzu*（派生）**Cut·te·rin** *die*; *-*, *-nen*

Cy·ber·space ['saɪbəspeɪs] *der*; *nur Sg*（只用单数）; INFORM【信息】; Bezeichnung für e-n dreidimensionalen Raum, der vom Computer simuliert wird, aber echt wirkt 信息空间，电子空间；虚拟现实

D, d

D, d [deː] *das*; -, -/*gespr auch* [口]也用 *-s*; **1.** der vierte Buchstabe des Alphabets 字母表中第四个字母 ⟨ein großes D 大写D; ein kleines d 小写 d⟩ **2.** der zweite Ton der C-Dur-Tonleiter C大调音阶第二声 ‖ K- (复合): ***D-Dur***; ***d-Moll***

da[1] *Adv* (副) **1.** verwendet, um darauf hinzuweisen, wo j-d/etw. ist 在那儿, 在那里 ↔ hier: *Da ist er!* 他在那儿!; *Da liegt es!* 在那儿呢! **2.** ***da*** + *Ortsangabe* 地点说明语 verwendet, um auf e-e bestimmte Stelle od. e-n bestimmten Ort zu verweisen 那…, 那儿… ⟨da drinnen, draußen, drüben, oben, unten, vorn *usw* 那里面、外面、对面、上面、下面、前面等等⟩: *Hier ist das Haus, in dem ich früher wohnte, u. da vorn ist meine alte Schule* 这儿是我早先住过的房子, 那前面是我上过的学校 ‖ NB (注意): *zu* (义项) **1.** u. **2.**: *Da* wird oft mit e-r Geste verbunden (da 的意思常借助手势来说明) **3.** verwendet, um auf e-n vorher erwähnten Ort zu verweisen (指已经提及过的地方) 在那儿, 在那里 ≈ dort: *Gehen wir nach nebenan, da können wir uns ungestört unterhalten* 我们到隔壁去吧, 在那儿说话可以不受干扰 **4.** *gespr* [口] ≈ hier: *Ich bin gleich wieder da!* 我一会儿就回来!; *Bleib da, wenn ich mit dir rede!* 我和你说话时, 你给我站着别动! **5.** *gespr* [口]; verwendet nach e-m Subst. od. Pronomen, um auf j-n/etw. (mit Nachdruck) zu verweisen (用在名词或代词后作为强调) 那…: *Der Stuhl da wackelt* 那把椅子晃动; *„Welche Bonbons magst du?" – „Die da!"* "你喜欢哪种糖果?"——"那种!" **6.** ***da, wo …*** an der Stelle, an der … 那, 那儿 ≈ dort, wo: *Die Schlüssel hängen da, wo sie immer hängen* 钥匙就挂在它一直挂的那地方 **7.** *mst gespr* 多用[口]; verwendet nach e-r Zeitangabe od. e-m Temporalsatz, um diese zu verstärken (用于时间说明语或时间从句之后以示强调) 那时: *Heute Nacht, da war es sehr kalt* 昨天夜里, 那可真冷; *Als ich nach Hause kam, da wartete sie schon auf mich* 我回到家时, 她已在等我了 **8.** in dieser Hinsicht, in diesem Fall 在这方面, 在这种情况下: *Da hat er natürlich recht* 在这方面他当然有理 **9.** aus diesem Grund 出于这个原因, 所以, 因此: *Du warst sehr fleißig in letzter Zeit, da kannst du ruhig einmal Urlaub machen* 最近这段时间你干得很努力, 因此你可以安心地休次假 **10.** verwendet, um e-e kurze Erläuterung einzuleiten (引出简短的解释) 那: *„Wo gehts hier zum Theater?" – „Da müssen Sie immer geradeaus gehen!"* "从这儿去剧院怎么走?"——"那您得一直往前走!" **11.** verwendet, um e-n Satzteil mit e-r überraschenden Entwicklung einzuleiten (引出意外之事) 正在这时, 突然, 突然间: *Als ich um die Ecke bog, da stand auf einmal ein riesiger Hund* 当我拐过街角时, 眼前突然冒出一条大狗 **12.** *oft gespr* 常用[口]; verwendet am Satzanfang, um e-e Aussage einzuleiten (引出话题) 那, 那会儿: *Da fällt mir noch was ein …* 那我又想起了一件事…; *Da soll es e-n Arzt geben, der …* 说是有那么一位医生, 他… **13.** ***da sein*** anwesend od. zu Hause sein 在, 在家: *Ist Klaus da?* 克劳斯在吗? **14.** ***etw. ist da*** etw. ist vorhanden (物作主语) 有: *Ist noch Bier da?* 还有啤酒吗? **15.** ***da sein*** am Leben sein 活着: *Keiner ihrer alten Freunde war mehr da* 她的老朋友都不在了(去世了) **16.** ***da sein*** *gespr* [口]; irgendwo angekommen sein 已到达(某地): *Der Zug müsste schon längst da sein* 火车早该到了 **17.** ***ganz da sein*** *gespr* [口]; wach, klar im Kopf sein 清醒, 醒过来: *Ich bin gerade erst aufgestanden u. noch nicht ganz da* 我刚起床, 还没完全醒 **18.** ***voll da sein*** *gespr* [口]; gesund u. fit sein 身体好, 康健: *Er war lange Zeit verletzt, aber jetzt ist er wieder voll da* 他受伤好长时间, 但现在又康复了 **19.** ***für j-n da sein*** bereit sein, j-m zu helfen 愿意帮忙, 为…效劳、出力: *Du weißt, ich bin immer für dich da* 我随时愿意帮忙, 这你知道 **20.** ***zu etw. da sein*** e-n bestimmten Zweck, e-e bestimmte Aufgabe erfüllen 为…目的而存在 ≈ zu etw. dienen: *Geld ist* dazu *da, dass man es ausgibt* 钱吆, 就是为了让人花的; *Glaubst du, ich bin nur* dazu *da, dich* zu *bedienen?* 你以为, 我就是专门侍侯你的? ‖ ID [谚] *mst* 多用 ***So was ist noch nie da gewesen*** *gespr* [口]; das hat es noch nie gegeben 这种事还从未有过(前所未有, 史无前例); ***da u. da*** *gespr* [口]; verwendet, um sich auf e-n Ort zu beziehen, ohne ihn genau zu nennen 在某某地方, 在什么地方: *Er sagte, er hätte dich da u. da gesehen* 他说, 他在某某地方看见你了; ***da u. dort*** an manchen Stellen, an manchen Orten 在一些地方; ***von da an*** von diesem Zeitpunkt an 从那时刻起: *Er hatte einmal e-n Unfall. Von da an war er sehr vorsichtig* 他出过一次事故, 从此他便非常小心

da[2] *Konjunktion* (连); **1.** verwendet, um den Grund für etw. einzuleiten (引出原因) 由于 ≈ weil: *Da es regnete, gingen wir nicht spazieren* 因下雨, 我们不出门散步 **2.** *geschr* [书]; verwendet, um e-n Zeitpunkt näher

D

zu bestimmen (对一时刻作进一步说明)在…的时候 ≈ als: *In den Tagen, da die Welt noch jung war, lebte einmal ein König* ... 早先,在这世界还年轻的时候,有个国王… **3.** ***jetzt/nun, da*** ... *geschr* [书]; verwendet, um auszudrücken, dass zum jetzigen Zeitpunkt e-e Situation besteht, die ein Grund für etw. ist 现在,当…的时候(含原因) ≈ nachdem, wo: *Jetzt, da die Arbeit fast fertig ist, wollen auf einmal alle helfen* 现在,工作基本已完成,忽然人人都愿意帮忙了。

da- *im Verb, betont u. trennbar, wenig produktiv* (构成动词,重读和可分,构词弱); die Verben mit *da-* werden nach folgendem Muster gebildet (da-动词的模式如下): *daliegen – lag da – dagelegen*;

da- drückt aus, dass sich j-d/etw. an e-m bestimmten Ort befindet od. an e-m Ort, den alle Personen kennen (指人/物所处的地方或人所共知的地方)在那儿;

j-n/etw. dalassen 留下: *Kannst du mir das Buch d.? Ich würde es gerne lesen* 你能把这本书给我留下吗? 我很想看看 ≈ lass bitte das Buch hier bei mir

ebenso (同类词有): ***j-n/etw. dabehalten***; **dableiben**, **dahocken**, **daliegen**, **dasitzen**, **dastehen**

da-/da·r- + *Präp* (介词) **1.** verwendet, um sich auf ein Subst. od. e-n Satzteil zu beziehen, wenn man diese nicht wiederholen will (替代名词或句子成份); *ein Projekt planen u. die* **dabei** (= bei dem Projekt) *entstehenden Kosten berechnen* 计划一项目并计算其所需费用; *Der Clown hat Späße gemacht u.* **dadurch** (= durch die Späße) *die Kinder zum Lachen gebracht* 小丑逗乐,把孩子们逗笑了; *Er hat sein Auto verkauft u. noch 2000 Euro* **dafür** (= für das Auto) *bekommen* 他把自己的车卖了,为此得到2000欧元; *Du bist ja heiser –* **dagegen** (= gegen die Heiserkeit) *hilft warmer Tee am besten* 你的嗓子哑了,热茶对此最管用; *Siehst du den Busch? Die Kinder verstecken sich* **dahinter** (= hinter dem Busch) 你看见那灌木丛了吗? 孩子们就躲在那后面; *Er nahm e-n Lappen u. putzte* **damit** (= mit dem Lappen) *sein Fahrrad* 他拿了一块抹布,用它擦拭自己的自行车; *Jetzt macht sie Abitur u.* **danach** (= nach dem Abitur) *will sie studieren* 现在她正在参加文理高中毕业考试,这之后她想上大学; *Da drüben ist mein Auto u.* **daneben** (= neben meinem Auto) *das von meinem Chef* 那儿对面是我的车,旁边挨着的那辆是我上司的; *Er hat e-e Gräte verschluckt u. wäre fast* **daran** (= an der Gräte) *erstickt* 他不小心吞了根鱼刺,被卡得透不过气来; *Er kann gut mit Leuten umgehen.* **Darauf** (= auf dieser Fähigkeit) *beruht sein Erfolg* 他很善于处世,这是他成功的基础; *Sie nahm den Becher u. trank* **daraus** (= aus dem Becher) 她拿起杯子喝起来; *Siehst du das große Haus?* **Darin** (= in diesem Haus) *habe ich viele Jahre gewohnt* 你看见那幢大楼了吗? 在那里我住过多年; *Preise von 200 Euro u.* **darüber** (= über 200 Euro) 价格在200和200欧元以上; *Ihr Finger blutete, u. so machte sie e-n Verband* **darum** (= um den Finger) 她的手指流血了,她用绷带将它包扎起来; *Ich habe Pflaumen gekauft, aber* **darunter** (= unter den Pflaumen) *waren einige schlechte Früchte* 我买了李子,但其中有一些坏的; *Da ist e-e Bar, u. nicht weit* **davon** (= von der Bar) *ist e-e Disko* 那儿有个酒吧,离它不远有个迪斯科舞厅; *Der Film beginnt um acht Uhr –* **davor** (= vor dem Film) *kommt nur Werbung* 电影八点开始,之前只放映广告; *Ich koche Reis mit Gemüse* **dazu** (= zu dem Reis) 我把蔬菜加入米中一起煮; *Am Vormittag finden zwei Vorträge statt.* **Dazwischen** (= zwischen den beiden Vorträgen) *ist e-e kleine Pause* 上午有两个报告,中间有次小休息 **2.** verwendet, um auf e-e verbale Ergänzung hinzuweisen (*mst* in Form e-s dass-Satzes, e-s wie-Satzes od. e-s Infinitivsatzes), die *mst* e-e Konstruktion mit e-m Substantiv ersetzt (用以指明后面的dass句、wie句或不定式句,并常以此替代介名结构); *j-m* **dabei** *helfen, die Wohnung zu tapezieren* (= beim Tapezieren der Wohnung) 帮助某人给房屋糊墙纸; *Ich habe das Problem* **dadurch** *gelöst, dass ich den Termin verschoben habe* (= durch e-e Verschiebung des Termins) 我把期限推迟了,这样问题就解决了; *e-m Freund* **dafür** *danken, dass er geholfen hat* (= für seine Hilfe danken) 对一位朋友的帮助表示感谢; *Sie protestierten* **dagegen**, *dass in ihrer Nähe ein neuer Flughafen gebaut werden sollte* (= gegen den geplanten Bau ...) 他们抗议在其附近要修建一座新机场; *Er hatte nicht* **damit** *gerechnet, dass sie noch anrufen würde* (= nicht mehr mit e-m Anruf von ihr gerechnet) 他没有估计到,她还会来电话; *Sie richtet sich* **danach**, *was in den Vorschriften steht* (= nach den Vorschriften) 她按规定中的要求行事; *Das Projekt wäre fast* **daran** *gescheitert, dass nicht genug Geld zur Verfügung stand* (= an Geldmangel gescheitert) 这项目差点因资金不足而夭折; *Ich habe* **darauf** *gewartet, dass sie so reagiert* (= auf e-e solche Reaktion) 我就知道她会这样反应的; *Ich mache mir nicht viel* **daraus**, *ins Kino zu gehen* (= nicht viel aus e-m Kinobesuch) 我对看电影不太感兴趣; *Die Aufgabe besteht* **darin**, *die Fläche des Dreiecks zu berechnen* (= im Berechnen der Fläche des Dreiecks) 任务是计算出三角形的面积; *Ich habe mich* **darüber** *geärgert, dass mein Vorschlag abgelehnt wurde* (= über die Ablehnung meines Vorschlags) 我的建议被拒绝了,对此我很懊恼 *Es ging ihm* **darum**, *die Produktivität zu steigern* (= um e-e Steigerung der Produktivität) 他关心的是提高生产率; *Er leidet sehr* **darunter**, *dass er allein ist* (= unter dem Alleinsein) 孤单一人的生活使他很不好过; *Wir haben* **davon** *gesprochen, dass Paul befördert wird* (= von Pauls bevorstehender Beförderung）我们说过，保尔会被提拔的；*Sie hat keine Angst* **davor** *zu sterben*（= keine Angst vor dem Tod）她不惧怕死；*Hat er sich* **dazu** *geäußert, wie er das alles organisieren will?*（= zu seinen Plänen für die Organisation）他说到过他想怎么组织这一切吗？**3.**（als Konjunktion）verwendet, um e-n Teilsatz einzuleiten, der e-n Gegensatz od. e-e Einschränkung enthält（用作连词，引出对立或限定意义的从句）；*Er ist schon ein Filmstar,* **dabei** *ist er fast noch ein Kind* 他已成为电影明星，而同时他几乎还是个孩子；*Sie ist e-e sehr gute Schwimmerin,* **dafür** *läuft sie relativ langsam* 她游泳非常好，而跑步却相对慢；*Mein Bruder steht gern früh auf, aber ich* **dagegen** *schlafe lieber bis elf Uhr* 我兄弟喜欢早起，我则宁愿睡到十一点 ‖ NB（注意）：**a)** *zu*（义项）**3.**：das Verb steht hier nicht am Ende des Nebensatzes（此处动词不位于句尾）；**b)** das **-r-** wird hinzugefügt, wenn die Präp. mit e-m Vokal anfängt（如果介词字首为元音，得添加-r-：*darum*）

da·bei¹ *Adv*（副）**1.** ***d.* sein** bei etw. anwesend sein; mitmachen 在场，参加：*War sie (bei dem Gespräch) d.?*（谈话时）她在场吗？；*„Gehen wir schwimmen?" – „Ja, ich bin d.!"* "我们去游泳好吗？"——"好，我去" **2.** ***d.* bleiben** seine Meinung nicht ändern 不改变看法：*Ich bleibe d.: Du darfst nicht mit!* 我不改变自己看法：你不许一起去！‖ ID［谚］***Es/Da ist doch nichts d.*** *gespr*［口］；das ist nicht so schlimm/schwierig/gefährlich 这没什么问题！这没什么事儿！这没那么糟糕(难，危险)！无需多虑！

da·bei² *betont*（重读）**dabei** ↑ ***da-/dar-*** + *Präp*（介词）(1,2,3)

da·bei·blei·ben（*ist*）*Vi*（不及物）**1.** e-e Tätigkeit fortsetzen 继续(一项活动)：*Die Arbeit läuft gut – jetzt müssen wir d.* 这项工作进展良好——现在我们必须将它继续下去 **2.** bei etw./irgendwo bleiben 仍然留在那里：*Viele seiner Freunde traten aus dem Verein wieder aus. Nur er blieb dabei* 他的许多朋友都退出了协会，只有他还留在里面

da·bei·ha·ben（*hat*）*Vt*（及物）*gespr*［口］**1.** ***j-n/etw. d.*** von j-m begleitet werden/etw. bei sich haben 有…跟着，伴随/随身带着：*Wenn sie einkaufen geht, hat sie immer ihren Hund dabei* 她出门购物时，总带着她的狗；*Hast du deinen Ausweis dabei?* 你带着你的身份证了吗？**2.** *mst* 多用 ***j-n* (nicht) *d.* wollen** (nicht) wollen, dass j-d an etw. teilnimmt（不）愿某人在场：*Deinen Freund möchte ich auf meiner Party nicht d.!* 我不愿意你的朋友参加我的聚会！

da·bei·ste·hen（*hat/südd*［南德］*ist*）*Vi*（不及物）bei anderen Personen stehen (u. *mst* zusehen, was sie tun) 站在一边(多为旁观)：*Wir redeten alle miteinander, aber sie stand nur stumm dabei* 我们都在相互交谈，可她却在一边一声不吭

da·blei·ben（*ist*）*Vi*（不及物）≈ hierbleiben

Dach *das*; *-(e)s, Dä·cher* **1.** die Konstruktion, die ein Gebäude (oben) bedeckt 屋顶，房顶〈ein steiles, flaches D. 尖陡的、平坦的屋顶；das D. mit Ziegeln, Schindeln decken 用砖瓦、木条盖屋顶〉：*Der Orkan hat viele Dächer abgedeckt* 飓风掀掉了许多屋顶；*Die undichte Stelle im D. muss ausgebessert werden* 屋顶上的漏缝须作修补 ‖ K-（复合）：**Dach-, -balken, -fenster, -first, -kammer, -luke, -schindel, -wohnung, -ziegel** ‖ -K（复合）：**Flach-, Stroh-, Ziegel- 2.** die Konstruktion, die ein Fahrzeug (oben) bedeckt 顶盖：*Der Regen trommelte auf das D. des Wohnmobils* 雨点敲打着房车的车顶 ‖ -K（复合）：**Auto-, Wagen- 3. unterm D.** im obersten Stockwerk 在顶层，顶楼〈e-e Wohnung, ein Zimmer unterm D. 顶层房，顶楼屋；j-d wohnt unterm D. 某人住在顶层〉‖ ID［谚］***(k)ein D. über dem Kopf haben*** *gespr*［口］；(k)eine Unterkunft, (k)eine Wohnung haben 有(无)住处、住房、栖身之地；***mit j-m unter einem D. leben/wohnen/hausen*** mit j-m im selben Haus wohnen 与某人同在一屋檐下/生活/居住/栖身；***etw. unter D. u. Fach bringen*** etw. mit Erfolg beenden 成功地结束某事，圆满地完成某事；***etw. ist unter D. u. Fach*** etw. ist (mit Erfolg) abgeschlossen 某事已圆满结束、顺利完成〈ein Vertrag 合同〉；***j-m aufs D. steigen*** *gespr*［口］；j-n energisch rügen, tadeln 严厉地批评、抨击、指责某人；***eins aufs D. bekommen/kriegen*** *gespr*［口］；**a)** gerügt, getadelt werden 受到指责、斥责、批评；**b)** e-n Schlag auf den Kopf bekommen 头上挨着一击；***j-m eins aufs D. geben*** *gespr*［口］；**a)** j-n rügen, tadeln 指责、批评、训斥某人；**b)** j-m auf den Kopf schlagen 给某人当头一击

Dach·bo·den *der*; der nichtbewohnte Raum direkt unter dem (schrägen) Dach e-s Gebäudes 顶层阁楼 ≈ Speicher, Boden²: *auf dem D. Wäsche trocknen* 在顶层阁楼里晾晒衣服

Dach·de·cker *der*; *-s, -*; j-d, der beruflich Dächer mit Ziegeln *o. Ä.* deckt 修盖屋顶的瓦匠

Dach·gar·ten *der*; ein Garten, der auf dem flachen Dach e-s Hauses angelegt ist 屋顶花园

Dach·ge·päck·trä·ger *der*; ein Gestell für das Dach e-s Autos, auf dem man große Gepäckstücke befestigen kann 车顶大件行李架

Dach·ge·schoss, Ⓐ［奥］**Dach·ge·schoß** *das*; das oberste (bewohnte) Stockwerk e-s Hauses (das direkt unter dem Dach liegt)（可居住的）楼房最高层，顶楼

Dach·la·wi·ne *die*; Schnee, der von e-m schrägen Dach (1) (abrutscht u.) auf den Boden fällt 从屋顶崩塌之雪：*Vorsicht, D.!* 小心屋顶上雪塌下来！

Dach·or·ga·ni·sa·ti·on *die*; e-e Vereinigung, zu der sich mehrere Gruppen, Verbände *o. Ä.* verbunden haben 联合总(协)会

Dach·pap·pe *die*; e-e feste Pappe mit e-r Schicht Teer u. Sand, mit der man die

Dächer von kleinen Häusern aus Holz (= Schuppen) gegen Wasser schützt 屋顶油毡

Dach·rin·ne *die*; e-e Rinne (*mst* aus Blech) am Rand e-s Daches, durch die das Regenwasser abfließt 屋檐(铁皮)水槽

Dachs [daks] *der*; *-es*, *-e*; ein Tier mit grauem Fell u. schwarzen u. weißen Streifen am Kopf, das in Höhlen im Wald lebt u. nachts aktiv ist 獾

Dach·scha·den *der*; *mst in* 多用于 ***e-n (kleinen) D. haben*** *gespr*; (ein bisschen) verrückt sein 头脑不太正常

Dach·stu·be *die*; ein Zimmer direkt unter dem Dach e-s Hauses 顶楼小屋,阁楼

Dach·stuhl *der*; e-e Konstruktion aus Balken *o.Ä.*, an der die (Dach) Ziegel befestigt werden 屋架

dach·te *Imperfekt*, *1. u. 3. Person Sg* (过去时,第一和第三人称单数); ↑ ***denken***

Dach·ter·ras·se *die*; e-e Art Terrasse auf e-m flachen Dach 楼顶平台

Dach·trä·ger *der*; ein Gestell, das auf ein Auto montiert wird, um damit Gepäck zu transportieren 车顶行李架

Dach·ver·band *der* ≈ Dachorganisation

Da·ckel *der*; *-s*, *-*; ein kleiner Hund mit langem Körper u. sehr kurzen Beinen 猎獾狗 ‖ ↑ *Abb. unter* 图见 ***Hunde*** ‖ -K (复合): ***Kurzhaar-***, ***Langhaar-***, ***Rauhaar-***

da·durch, *betont* (重读) **da·durch** **1.** ↑ ***da-/dar-*** + *Präp* (介词) (1,2) **2.** *Adv* (副); ***d., dass ...*** verwendet, um e-n Nebensatz einzuleiten, der den Grund für das angibt, was im Hauptsatz genannt wird (带出原因从句)因为… ≈ weil: *D., dass sie nicht zum Arzt ging, verschlimmerte sich ihre Krankheit* 因她没去看病,所以病情恶化了

da·für, *betont* (重读) **da·für** ↑ ***da-/dar-*** + *Präp* 介词 (1,2,3)

da·für·hal·ten (*hat*) **Vt** (及物) ***j-d hält dafür, dass ...*** *geschr veraltend* [书][渐旧]; j-d äußert die Meinung, dass ... (人作主语)认为 ‖ ID [谚] ***nach meinem Dafürhalten*** *veraltend* [渐旧]; meiner Meinung nach 按我的意思,我认为

da·für·kön·nen (*hat*) **Vt** (及物) ***j-d kann etwas/nichts dafür*** (, ***dass*** ...) *gespr* [口]; j-d ist an etw. schuld/nicht schuld (人作主语)对…有过失(过错),/无过失(过错)没办法: *Sie kann nichts dafür*, dass *sie zu spät gekommen ist* 她来迟了,不能怪她; *Was kann ich dafür, wenn du morgens nicht aufstehen kannst?* 你早上起不了床,能赖我吗? ‖ NB (注意): *mst* verneint od. in Fragen (多用于否定或提问)!

da·für·ste·hen (*hat/ist*) **Vimp** (无人称) ***es steht nicht dafür, dass .../+ zu*** + *Infinitiv* 不定式; *südd* Ⓐ [南德][奥] es lohnt sich nicht, etw. zu tun *o.Ä.* 不值得做某事: *Es steht nicht dafür, dass du dir solche Mühe machst* 你不值得为此费那么大劲; *Es steht nicht dafür, sich so anzustrengen* 为此不值得如此卖力

DAG [deːaːˈgeː] *die*; *Abk für* 缩写,全称为 Deutsche Angestelltengewerkschaft 德国职员工会

da·ge·gen, *betont* (重读) **da·ge·gen** **1.** ↑ ***da-/dar-*** + *Präp* (介词) (1,2,3) **2.** *Adv* (副); *gespr* [口] ≈ im Vergleich: *Schau mal, wie dick er ist! D.* (= im Vergleich zu ihm) *bin ich ja noch schlank* 瞧,他有多胖!相比之下我还算是苗条的

da·ge·gen·hal·ten (*hat*) **Vt** (及物) ***etw. d.*** *geschr* [书]; e-e gegensätzliche Meinung vertreten 对…持相反意见 ≈ einwenden: *Man kann d.*, dass ... 对…可以提出反对意见

da·ge·gen·set·zen (*hat*) **Vt** (及物) ***etw. d.*** ≈ dagegenhalten ⟨d., dass ... 对…表示反对⟩

da·ge·gen·stel·len, sich (*hat*) **Vr** (反身) ***sich d.*** (, ***dass*** ...) sich gegen e-e genannte Sache wenden 反对: *Dort war e-e neue Straße geplant, aber e-e Bürgerinitiative stellte sich dagegen* 计划要在那儿新铺一条马路,但一个市民倡议组织对此表示反对

da·ha·ben (*hat*) **Vt** (及物) *gespr* [口]; **1.** ***etw. d.*** etw. (als Vorrat) zur Verfügung haben 拥有: *Haben wir noch Wein da?* 我们还有葡萄酒吗? **2.** ***j-n d.*** j-n zu Besuch haben 有客,有人来访: *Wir haben gerade Austauschschüler da* 我们这儿现在正有交换生

da·heim *Adv* (副); *bes südd* 尤用于[南德] **1.** in der eigenen Wohnung 在自己家里 ≈ zu Hause: *Um 10 Uhr bist du wieder d.!* 十点前你得回到家里! **2.** dort, wo man geboren od. aufgewachsen ist 老家,家乡 ‖ ID [谚] ***Wie gehts d.?*** *gespr* [口]; wie geht es der Familie? 家里好吗?

da·heim·blei·ben; *bleib daheim*, *ist daheimgeblieben*; **Vi** (不及物) *bes südd* 尤用于[南德]; zu Hause bleiben od. dort, wo man geboren u. aufgewachsen ist 待在家里,待在老家

da·her [ˈdaːheːɐ, daˈheːɐ] *Adv* (副) **1.** aus dem genannten Grund 所以 ≈ deshalb: *Sie will abnehmen, d. isst sie so wenig* 她要减肥,所以吃那么少 **2.** (***von***) ***d.*** von dem vorher erwähnten Ort, von dort 从那儿: „*Warst du im Konzert?*" – „*Ja, von d. komme ich gerade/Ja, ich komme gerade von d.*" "你去听音乐会了?"—"对,我正是从那儿回来。" ‖ NB (注意): in der Stellung nach dem Verb ist die Betonung oft 位于动词后重音常为 [daˈheːɐ] **3.** wegen der genannten Ursache, durch den erwähnten Umstand 因为,由于,所以…是因为: *Das Missverständnis kommt d., dass ...* 误解是由于…而造成的

da·her- [daˈheːɐ-] *im Verb*, *betont u. trennbar*, *sehr produktiv*, *gespr* (构成动词,重读,可分,构词强)[口]; Die Verben mit *daher-* werden nach folgendem Muster gebildet (daher- 动词的模式如下): *daherkommen – kam daher – dahergekommen*

1. *mst pej* 多作[贬]; daher- drückt in Verbindung mit Verben des Sagens aus, dass j-d ohne viel nachzudenken redet od. viel Unsinn redet; (与"sagen"动词连用,表示不经思索地

随口乱说)随口,脱口,信口…
etw. dahersagen: *Ich wollte dich nicht verletzen. Ich habe das nur so dahergesagt* 我无意要伤害你,我只是随口说说的≈ Ich habe nicht daran gedacht, dass ich dich mit meinen Worten verletzen könnte
ebenso (同类词有): ***(etw.) daherfaseln***, ***(etw.) daherlabern***, ***(etw.) daherplappern***, ***(etw.) daherquatschen***, ***(etw.) daherreden***, ***(etw.) daherschwatzen***
2. *mst Partizip Perfekt* 多用(过去分词)+ ***kommen***; *daher-* drückt aus, dass e-e Bewegung aus e-r nicht näher bezeichneten Richtung zu dem Sprecher od. e-m Ziel hin verläuft (表示朝说话人或一个目标的方向运动)走近,走上前来 ≈ herbei-;
dahergefahren kommen: *Als sie über die Straße gehen wollte, kam ein Auto dahergefahren* 当她想穿越马路时,一辆汽车朝她驶来 ≈ ein Auto fuhr auf sie zu
ebenso (同类词有): ***dahergebraust kommen***, ***dahergeflogen kommen***, ***dahergelatscht kommen***, ***dahergeritten kommen***, ***dahergerollt kommen***, ***daherstolziert kommen***

da·her·brin·gen (*hat*) [Vt] (及物) **1.** ***etw. d.*** *bes südd* Ⓐ *gespr* 尤用于[南德][奥][口]; etw. Unpassendes *o. Ä.* (mit)bringen (随身)带来(不合适之物): *Was bringst denn du daher?* 你带来的这是什么呀? **2.** *pej* [贬]; etw. Unpassendes als Argument anführen 随口说出(的理由): *Was du (da) daherbringst, ist wirklich lächerlich!* 你说的那些,实在可笑!

da·her·ge·lau·fen 1. *Partizip Perfekt* (过去分词); *nur in* 只用于 ***d. kommen*** *gespr* [口]; aus e-r nicht näher bezeichneten Richtung gelaufen kommen 跑来: *Ich wollte gerade fortgehen, da kam der Postbote mit e-m Telegramm d.* 我正要离开,这时邮差拿着份电报跑来了 **2.** *Adj* (形); *nur attr, nicht adv, gespr pej* (只作定语,不作状语)[口][贬]; verwendet, um auszudrücken, dass man von j-m wenig hält (表示对某人不在意)不知从哪儿冒出来的 ‹ein Kerl, ein Typ 家伙,人物›

da·her·kom·men (*ist*) [Vi] (不及物) *gespr* [口] **1.** ***(irgendwie) d.*** ↑ ***daher-*** **(2) 2.** ***irgendwie d.*** *pej* [贬]; sich auf bestimmte Weise bewegen, auf bestimmte Weise gekleidet sein (以某种样子、以某种装束)出现: *Wie kommst denn du daher? Willst du in dieser alten Jacke etwa mit ins Theater?* 你就这么着来啦? 难道你就打算穿着这么件旧外套去剧院?

da·hin, *betont* (重读) **da·hin** *Adv* (副) **1.** an den genannten Ort, in die genannte Richtung 去那儿: *Wir wollten nach München. Auf dem Weg d. hatten wir e-n Unfall* 我们要去慕尼黑,在去的路上发生了车祸; *Stellen Sie bitte das neue Sofa d.!* 请您把新沙发搁到那儿去! ‖ NB (注意): Wenn man auf e-e bestimmte Stelle zeigt, verwendet man die betonte Form (若是指某个具体地点,就采用重读的形式 *dahin*) **2.** ***'d. ..., wo ...*** verwendet, um auf e-n bestimmten Ort hinzuweisen, wo etw. ist 到那个地方: *Der Bergführer hat uns d. geführt, wo die Aussicht am schönsten ist* 山地导游把我们带到风景最美的地方 **3.** ***bis 'd.*** bis zu dem genannten Zeitpunkt 到那时: *Nächste Woche sind die Prüfungen. Bis d. muss ich noch viel lernen* 下个星期是考试,这之前我可有的要用功 ‖ ID [谚] ***etw. ist d.*** [-'-] *gespr* [口]; etw. ist vorbei, verloren (物作主语)完了,完蛋了,毁了 ‹j-s Glück, j-s Geld 某人的幸福、钱›; ***etw. geht 'd., dass / + zu + Infinitiv*** (不定式) etw. hat den genannten Inhalt od. Zweck (物作主语)内容是,目的是 ‹j-s Anordnungen, Befehle, Wünsche *usw* 某人的安排、命令、愿望等›: *Unsere Pläne gehen dahin, bis Ende des Jahres e-n Gewinn zu erzielen* 我们计划的内容是到年底能有一笔赢利; ***d. gehend*** in diesem Sinn 如下的意思: *Er hat sich d. gehend geäußert, dass er bald in Rente gehen will* 他表示了想马上退休的意思

da·hin- *im Verb, betont u. trennbar, sehr produktiv* (构成动词,重读,可分,构词强); Die Verben mit *dahin-* werden nach folgendem Muster gebildet (dahin-动词的模式如下): *dahinfließen – floß dahin – dahingeflossen*
1. *dahin-* drückt aus, dass sich j-d/etw. in e-e nicht näher bezeichnete Richtung bewegt (表示人/物朝一方向运动)朝、往、向、奔…而去;
dahingleiten: *Der Adler gleitet ruhig dahin* 鹰在空中安详地翱翔≈ Der Adler gleitet ruhig durch die Luft
ebenso (同类词有): ***dahinbrausen***, ***dahineilen***, ***dahinfließen***, ***dahinkriechen***, ***dahinschleichen***
2. *gespr, mst pej* [口]多作[贬]; dahin- drückt (in Verbindung mit Verben des Sagens) aus, dass j-d ohne nachzudenken etw. sagt, was er nicht so meint (与"sagen"动词连用,表示不经思索地顺口说出)随口说说,信口
(etw.) dahinplappern: *Das ist nur so dahingeplappert* 这不过是随口瞎说罢了(当不得真) ≈ Das ist nicht ernst gemeint
ebenso (同类词有): ***dahinreden***, ***etw. dahinsagen***, ***(etw.) dahinschwatzen***

da·hi·nab, *betont* (重读) **da·hi·nab** *Adv* (副); dort hinab 从那儿下去: *Zum Strand geht es d.* 往海滩从那儿下去

da·hi·nauf, *betont* (重读) **da·hi·nauf** *Adv* (副); in diese Richtung hinauf 从那儿上去: *Zum Bahnhof müssen wir d.* 往火车站我们得从那儿上去

da·hi·naus, *betont* (重读) **da·hi·naus** *Adv* (副); dort hinaus 从那儿出去: *Der Dieb ist d. gelaufen* 小偷是从那儿跑出去的

da·hi·nein, *betont* (重读) **da·hi·nein** *Adv* (副); in diese Richtung hinein 从那儿进去: *Die Maus ist d. verschwunden* 老鼠从那儿进去不见了

da·hin·flie·gen (*ist*) [Vi] (不及物) **1.** ‹ein Vogel 鸟› ***fliegt dahin*** ↑ ***dahin-*** **(1) 2.** ***etw. fliegt (nur so) dahin*** etw. vergeht schnell, ohne dass man es merkt（物作主语）飞快流逝〈die Zeit, die Jahre 时间，岁月〉

da·hin·ge·gen, *betont*（重读）**da·hin·ge·gen** *Adv*（副）; *geschr*［书］; im Gegensatz dazu 正相反: *Die meisten Vögel können fliegen, der Pinguin d. nicht* 绝大部分鸟类能够飞翔，相反企鹅却不能

da·hin·ge·stellt *Adv*（副）**1.** ***etw. d.*（*sein*）*lassen*** e-n Sachverhalt nicht näher untersuchen od. diskutieren 将…搁置一边，不予理睬，不过问: *Ich möchte* es *d. sein lassen, ob er uns absichtlich ignorierte* 他是否有意不答理我们，我不想深究 **2.** *mst* 多用于 ***es sei d., ob ...*** verwendet, um auszudrücken, dass etw. unsicher od. fraglich ist 难说，无把握: *Ob man das glauben kann, sei d.* 是否可以相信此事，这不好说 **3.** *mst* ***etw. bleibt d.*** etw. kann jetzt nicht entschieden werden（物作主语）难以决定，难以确定，悬而未决: Wer *sein Nachfolger werden wird, bleibt noch d.* 谁可能当他的接班人还难以确定

da·hin·le·ben（*hat*）Vi（不及物）***irgendwie d.*** ein *mst* langweiliges u. monotones Leben führen 单调平淡地过日子，混日子 ≈ vor sich hinleben〈eintönig d. 单调地混日子〉

da·hin·plät·schern（*ist*）Vi（不及物）***etw. plätschert dahin*** *gespr*［口］; etw. ist langweilig u. ohne Höhepunkte（物作主语）平淡无奇，平淡无味，一般化〈e-e Unterhaltung, ein Vortrag 谈话，报告; ein Spiel 比赛〉

da·hin·raf·fen（*hat*）Vt（及物）〈e-e Krankheit 疾病〉***rafft j-n dahin*** *gespr*［口］; e-e Krankheit bewirkt, dass j-d sterben muss 使死亡、丧命，夺走…的生命: *Die Pest hat im Mittelalter viele Menschen dahingerafft* 中世纪时期，鼠疫夺去了许多人的性命

da·hin·schlep·pen, sich（*hat*）Vr（反身）**1.** ***j-d/etw. schleppt sich dahin*** j-d/etw. kann sich nur langsam（u. mühsam）fortbewegen（人/物作主语）缓慢（费劲）地向前挪动〈die Autokolonne, der Verkehr 汽车队伍，交通〉**2.** ***etw. schleppt sich dahin*** etw. macht nur langsam Fortschritte（物作主语）进展缓慢〈die Verhandlungen 谈判〉

da·hin·sie·chen（*ist*）Vi（不及物）*veraltend*［渐旧］;（*bes* von alten Menschen）*mst* sehr krank u. ohne Aussicht auf Besserung sein u. dabei immer schwächer werden 病魔缠身，日渐虚弱，病人膏肓

da·hin·ten *Adv*（副）≈ dort hinten: *Hier habe ich gewohnt, u. d. ist meine frühere Schule* 我在这儿住过，那儿后头是我早先就读过的学校

da·hin·ter, *betont*（重读）**da·hin·ter** ↑ ***da-/dar-*** + *Präp* 介词（1）

da·hin·ter·her *Adv*（副）; *nur in* 只用于 ***d. sein, dass ...*** *gespr*［口］; sich intensiv darum bemühen, dass etw. geschieht 注重，在意: *Unsere Mutter ist sehr d., dass wir vor Mitternacht zu Hause sind* 我们母亲要我们在半夜前回到家，对这一点她非常在意

da·hin·ter·klem·men, sich（*hat*）Vr（反身）***sich*（*gewaltig*）*d.*** *gespr*［口］; sich sehr bemühen, anstrengen, intensiv arbeiten, *mst* um ein bestimmtes Ziel zu erreichen 使劲，下功夫，卖力: *Du musst dich d., damit du die Prüfung schaffst!* 为了能通过考试，你得使把劲!

da·hin·ter·kom·men（*ist*）Vt/i（及物/不及物）**1.** ***d.*（, *dass/wie/wo* ... *usw*）** *gespr*［口］; etw. Unbekanntes od. etw., das man nicht wissen soll, herausfinden 发现，得知，查出，打听出: *Er ist dahintergekommen, wo der Schlüssel versteckt war* 他已搞清楚钥匙是藏在哪儿的了; Vi（不及物）**2.**（***j-m***）***d.*** *gespr*［口］; etw. Negatives über j-n herausfinden 发觉，发现（劣迹）: *Er hat sie angelogen, aber sie ist*（*ihm*）*dahintergekommen* 他对她撒了谎，但她已经发觉了

da·hin·ter·ste·cken（*hat*）Vi（不及物）***j-d/etw. steckt dahinter*** *gespr*［口］; j-d ist der Urheber von etw./etw. ist der Grund für etw.（人作主语）幕后策划/（物作主语）隐藏的缘由: *Ich bekomme ständig anonyme Briefe. Wer kann nur d.?* 我不断接到匿名信，那背后会是谁呢? ‖ ID［谚］*mst* 多用 ***Da steckt nichts/nicht viel dahinter*** *gespr*［口］; etw. ist in Wirklichkeit nicht so wichtig, wie es den Anschein hat 事实上那没什么事儿/没多大名堂

da·hin·ter·ste·hen（*hat/südd* Ⓐ Ⓒⓗ［南德］［奥］［瑞］*ist*）Vi（不及物）**1.** für e-n Plan od. Vorschlag sein u. ihn（öffentlich）unterstützen 赞成，支持: *Das neue Gesetz ist umstritten, aber die meisten stehen dahinter* 对新的法规有不少争议，但大多数人还是支持它的 **2.** ***etw. steht dahinter*** etw. ist der Grund für etw.（schon Erwähntes）（物作主语）有…隐藏在背后: *Es steht doch e-e bestimmte Absicht dahinter!* 那背后肯定藏有某种意图!

da·hi·nüber, *betont*（重读）**da·hi·nüber** *Adv*（副）; in diese Richtung hinüber 从那儿越过去、到对面去: *Wir müssen d., zu dem Dorf auf der anderen Seite des Flusses* 去河对面的村庄我们得从那儿过去

da·hi·nun·ter, *betont*（重读）**da·hi·nun·ter** *Adv*（副）; in diese Richtung hinunter 从那儿下去: *Der Schlüssel ist d., in dieses Loch, gefallen* 钥匙是从那儿掉进洞里去的

da·hin·ve·ge·tie·ren [-v-]（*hat*）Vi（不及物）*mst in* 多用于 ***nur noch d.*** ohne Interesse, ohne Lebensinhalt, ohne Hoffnung *o.Ä.* leben 得过且过，混日子，过一天算一天

da·hin·zie·hen Vi（不及物）（*ist*）**1.** *mst* 多用〈Wolken *o.Ä.* 云等〉***ziehen dahin*** Wolken *o.Ä.* bewegen sich langsam weiter 飘移; Vr（反身）（*hat*）**2.** ***etw. zieht sich dahin*** etw. vergeht nur sehr langsam（物作主语）缓缓流逝，移去〈die Tage 日子〉

Dah·lie [ˈdaːliə] *die*; -, *-n*; e-e große Blume（im Garten）, die im Herbst viele große, bunte Blüten hat 大丽花

da·las·sen（*hat*）Vt（及物）***j-n/etw. d.*** *gespr*［口］; j-n/etw. an e-m bestimmten Ort（vorübergehend）zurücklassen 把…留下来，放

在这儿：*Lass die Kinder da, ich passe schon auf sie auf* 把孩子们留在这儿吧，我会照看他们的；*Du kannst deine Sachen ruhig d.* 你可以把你的东西放心地搁在这儿

dal·li *mst in* 多用于 ***d.***, ***d.!***; (***jetzt***) ***aber d.!***; ***ein bisschen d.!*** *gespr* [口]; verwendet, um j-n aufzufordern, sich zu beeilen（表示催促）赶紧！快点！≈ schnell!

da·ma·lig- *Adj*（形）; *nur attr*, *nicht adv*（只作定语，不作状语）; in der Vergangenheit 当时的，先前的，以前的 ≈ früher- ↔ jetzig-: *die damaligen Zustände, mein damaliger Freund* 当时的状况，我以前的朋友

da·mals *Adv*（副）; verwendet, um sich auf e-n Zeitpunkt in der Vergangenheit zu beziehen, über den gerade gesprochen wird 当时，那时：*Als d. die Schule brannte, hatten wir schulfrei* 那次学校失火，我们正放假在家

Da·mast *der*; -(*e*)*s*; *nur Sg*（只作单数）; ein teurer Stoff (*mst* aus Baumwolle, Leinen od. Seide) mit e-m glänzenden Muster in derselben Farbe. Aus D. macht man *z.B.* Tischdecken u. Servietten（单色）织锦布 ‖ K-（复合）: ***Damast-***, ***-decke***, ***-serviette***, ***-tuch***

Da·me *die*; -, -*n* **1.** verwendet als höfliche Anrede od. Bezeichnung für e-e Frau 女士，夫人，太太，↔ Herr: *E-e ältere D. wartet auf Sie* 一位上年纪的女士正在等您；*Meine Damen u. Herren, ich freue mich, Sie heute Abend hier begrüßen zu dürfen* 女士们、先生们，我很高兴今天晚上能在这儿欢迎你们 ‖ K-（复合）: ***Damen-***, ***-begleitung***, ***-bekanntschaft***, ***-besuch***, ***-gesellschaft***; ***-bekleidung***, ***-(fahr)rad***, ***-friseur***, ***-handtasche***, ***-hut***, ***-mantel***, ***-mode***, ***-oberbekleidung***, ***-schneider***, ***-schuh***, ***-strümpfe***, ***-wäsche*** **2.** e-e Frau, die *bes* durch ihr Aussehen u. Verhalten vornehm wirkt 贵妇，小姐 ↔ Herr 〈die große, vornehme D. spielen 装成高贵的、有教养的女士〉: *Eure Tochter ist schon e-e richtige D* 你们的女儿可真长大成人了. **3.** *nur Pl*, SPORT（只用复数），【体】; verwendet als Bezeichnung für Frauen 女子：*Im Weitsprung der Damen siegte e-e Amerikanerin* 在女子跳远中一名美国人获胜 ‖ K-（复合）: ***Damen-***, ***-doppel***, ***-einzel***, ***-fußball***, ***-handball***, ***-mannschaft*** **4.** e-e wichtige Figur beim Schach, die in alle Richtungen beliebig weit ziehen kann（国际象棋）皇后 ≈ Königin ‖ ↑ *Abb. unter* 图见 ***Schachfiguren*** **5.** e-e Spielkarte, auf der e-e Frau zu sehen ist u. deren Wert zwischen König u. Bube liegt（纸牌）王后 ‖ ↑ *Abb. unter* 图见 ***Spielkarten*** ‖ -K（复合）: ***Herz-***, ***Karo-***, ***Kreuz-***, ***Pik-*** **6.** ein Spiel, das man mit flachen, runden Steinen auf e-m Schachbrett spielt 一种名叫“王后”的跳棋游戏 ‖ ↑ *Abb. unter* 图见 ***Brettspiele*** ‖ K-（复合）: ***Dame-***, ***-brett***, ***-spiel***, ***-stein*** **7.** ***die D. des Hauses*** verwendet als höfliche Bezeichnung für die Gastgeberin 女主人 **8.** ***e-e D. von Welt*** e-e D. (2), die schon viel erlebt u. von der Welt gesehen hat u. ein gutes Benehmen hat 社交界的知名女性 **9.** ***j-s alte D.*** *gespr hum* [口][诙]; j-s Mutter 某人的令堂（老妈）‖ ID ***sehr geehrte / verehrte Damen u. Herren*** verwendet als höfliche, neutrale Anrede in e-m offiziellen Brief od. für das Publikum e-r Veranstaltung 尊敬的女士们，先生们（公函中或面对公众时的礼貌称谓）

Da·men·bin·de *die* ≈ Binde (2)

da·men·haft *Adj*（形）; e-r Dame (2) entsprechend, wie e-e Dame (2) (wirkend) 像贵妇人的，优雅的：*Ihr neues Kleid ist betont d.* 您的新裙装女性味十足

Da·men·wahl *die*; *mst Sg*（多用单数）; ein Tanz, bei dem die Frauen die Männer auffordern (u. nicht umgekehrt)（由女士邀请男伴的）舞：*Jetzt ist D.!* 现在是女士请男伴！

Dam·hirsch *der*; ein Hirsch mit weißen Flecken auf hellbraunem Fell u. mit e-m Geweih, dessen Enden flach u. breit sind 黇鹿

da·mit¹, *betont*（重读）**da·mit** **1.** ↑ ***da-/dar-*** + *Präp*（介词）(1,2) **2.** *Adv*（副）; *betont*（重读）; verwendet, um auszudrücken, dass etw. die Folge von etw. ist 由此，因此 ≈ infolgedessen, darum: *Er spielt sehr gut Fußball u. hat d. die Chance, einmal Profi zu werden* 他足球踢得很好，因此有机会成为职业运动员

da·mit² *Konjunktion*（连）; verwendet, um das Ziel od. den Zweck e-r Handlung anzugeben 为了，以便：*Lass uns rechtzeitig gehen, d. wir den Zug nicht verpassen* 为了不误火车，让我们乘早走吧 ‖ NB（注意）: Wenn das Subjekt des Haupt- u. Nebensatzes die gleiche Person ist, ist e-e Konstruktion mit *um ... zu + Infinitiv* häufiger（如果主从句主语为同一人，那更常用 um ... zu + 不定式）: *Er musste sich richtig strecken, um sie zu sehen* (= damit er sie sehen konnte) 为了能看见她，他不得不使劲伸长脖子

däm·lich *Adj*（形）; *bes nordd*, *gespr pej* 尤用于[北德][口][贬]; sehr dumm 笨的，愚蠢的 ≈ einfältig: *Bist du wirklich zu d., das zu kapieren?* 你真蠢，连这都不懂？‖ *hierzu*（派生）**Däm·lich·keit** *die*; *nur Sg*（只用单数）

Damm *der*; -(*e*)*s*, *Däm·me*; **1.** e-e Art Mauer (aus Erde), die vor Überschwemmungen schützt od. mit der man Wasser aufstaut 水堤，水坝 〈e-n D. aufschütten, bauen 堆、建一条水坝〉: *Der alte D. ist baufällig u. droht zu brechen* 那座旧水坝年久失修，快要倒塌了 ‖ K-（复合）: ***Damm-***, ***-bruch*** ‖ -K（复合）: ***Stau-*** **2.** der Unterbau, das Fundament für Schienen, Straßen od. Wege 路堤，路基 〈e-n D. befestigen 加固路基〉 ‖ -K（复合）: ***Bahn-***, ***Straßen-*** **3.** MED【医】; der Teil des Körpers zwischen After u. den Geschlechtsorganen 会阴 ‖ K-（复合）: ***Damm-***, ***-riss***, ***-schnitt*** ‖ ID [谚] ***nicht*** (***ganz***) ***auf dem D. sein*** *gespr* [口]; sich (leicht) krank fühlen 身体欠佳；***wieder auf dem D. sein*** wieder gesund sein 恢复健康，又康复了

däm·men; *dämmte*, *hat gedämmt*; [Vt]（及物）**1.** ***etw. d.*** *geschr* [书]; Wasser durch e-n

D

Damm zurückhalten 筑坝截水 ≈ eindämmen 〈die Fluten, das Wasser d. 筑坝截住洪水、水〉; [Vt/i] (及物/不及物) **2. etw. dämmt (etw.)** etw. bildet e-e schützende Schicht u. verringert so die Wirkung von etw. (物作主语)挡住,削减,减低 ≈ etw. dämpft (etw.) 〈etw. dämmt die Wärme, den Schall 某物使热度、声响减低〉: *das Dach innen mit Schaumstoff verkleiden, um die Wärme zu d.* 在房顶内加铺泡沫塑料,用以隔热 ‖ K-(复合): **Dämm-, -schicht, -stoff**

Däm·mer *der*; *-s*; *nur Sg*, *lit* (只用单数),[文] ≈ Dämmerlicht ‖ -K (复合): **Abend-, Morgen-**

däm·me·rig *Adj* (形); ↑ **dämmrig**

däm·mern; *dämmerte*, *hat gedämmert*; [Vi] (不及物) **1. der Morgen/der Tag dämmert** es wird hell 天色破晓 **2. der Abend dämmert** es wird dunkel 暮色降临 **3. vor sich** (*Akk* 四格) **hin d.** in e-m Zustand zwischen Wachen u. Schlafen sein 打盹儿,昏昏欲睡 ≈ dösen ‖ K-(复合): **Dämmer-, -schlaf, -zustand 4. etw. dämmert j-m** *gespr* [口]; (der Grund für) etw. wird j-m allmählich klar (物作主语)渐渐明白: *Jetzt dämmert (es) mir, warum er den Schlüssel wollte* 现在我明白了,他为什么要钥匙; [Vimp] (无人称) **5. es dämmert** es wird (morgens) hell bzw. (abends) dunkel 天亮起来了;天黑下来了 ‖ K-(复合): **Dämmer-, -licht, -schein, -stunde**

Däm·me·rung *die*; *-*; *nur Sg* (只用单数) **1.** die Zeit am Abend, wenn es langsam dunkel wird 黄昏 〈in der D. 黄昏时分; bei Einbruch der D. 黄昏降临时〉 ‖ -K (复合): **Abend- 2.** die Zeit am frühen Morgen, wenn es hell wird (bevor die Sonne aufgeht) 拂晓,破晓 ≈ Tagesanbruch ‖ -K (复合): **Morgen-**

dämm·rig *Adj* (形); *nicht adv* (不作状语); (nur) wenig hell 昏暗的,朦胧的 ≈ halbdunkel: *In den Kirchen ist das Licht oft d.* 教堂里的光线经常是昏暗的

Dä·mon *der*; *-s*, *Dä·mo·nen*; **1.** (*bes* in der Mythologie) ein Wesen, das die Macht des Bösen verkörpert 恶魔,魔鬼 ≈ Teufel **2.** die Macht des Bösen, das Böse (im Menschen) (人本性中的)恶 〈von e-m D. besessen sein 恶魔缠身;被恶魔迷住了〉 ‖ *hierzu* (派生) **dä·mo·nisch** *Adj* (形)

Dampf *der*; *-(e)s*, *Dämp·fe*; **1.** die heiße (gasähnliche) Feuchtigkeit, die *bes* beim Kochen von Wasser entsteht 汽,蒸气: *Durch den D. sind die Küchenfenster beschlagen* 厨房的玻璃窗被水蒸气蒙住了 ‖ K-(复合): **Dampf-, -bad** ‖ -K (复合): **Wasser- 2.** PHYS 【物】; das, was entsteht, bevor e-e erhitzte Flüssigkeit in den gasförmigen Zustand übergeht 汽 ‖ K-(复合): **Dampf-, -druck, -heizung, -wolke 3.** *nur Pl* (只用复数); die Gase, die bei chemischen Prozessen entstehen 雾气,烟雾 〈chemische, giftige Dämpfe 化学烟雾,有毒烟雾〉 ‖ ID [谚] **aus etw. ist der D. raus** *gespr* [口]; etw. hat seine Anziehungskraft, seinen Schwung verloren 某事失去了吸引力、失去了活力、生机; **D. ablassen** *gespr* [口]; seine Wut od. seinen Ärger deutlich zeigen 发泄怒气、怨气,出气; **j-m D. machen** *gespr* [口]; j-n antreiben, schneller zu arbeiten 催促加快速度,给…打气、鼓劲; **D. hinter etw.** (*Dat* 三格) **machen/setzen** *gespr* [口]; dafür sorgen, dass *bes* e-e Arbeit schneller ausgeführt wird 促使工作进度加快,催加劲干

Dampf|bü·gel·ei·sen *das*; ein Bügeleisen, das die Wäsche während des Bügelns mit Dampf feucht macht, damit sie leichter zu bügeln ist 蒸汽熨斗

damp·fen; *dampfte*, *hat gedampft*; [Vi] (不及物) **1. etw. dampft** etw. ist so heiß od. wird so erwärmt, dass Dampf entsteht (物作主语)冒热气: *Das heiße Essen dampft auf dem Tisch* 桌上的饭菜热气腾腾; *Nach dem plötzlichen Regen dampfte die feuchte Erde* 阵雨过后潮湿的大地散发着热气 **2.** 〈*mst* ein Pferd 多指马〉 **dampft** ein Pferd schwitzt 马冒汗了

dämp·fen[1]; *dämpfte*, *hat gedämpft*; [Vt] (及物) **1. etw. dämpft etw.** etw. senkt die Intensität von Geräuschen u. Stößen (物作主语)抑制,压低,减轻,削弱 ≈ etw. schwächt etw. ab 〈etw. dämpft den Schall, den Aufprall 某物削弱声响、减轻碰撞〉 **2. j-d/etw. dämpft etw.** j-s Einstellung *o. Ä.*/etw. Negatives macht ein positives Gefühl schwächer (人/物作主语)压抑,抑止: *Die schlechte Nachricht/Er mit seinem Pessimismus dämpfte ihre Freude* 那个坏消息/他的悲观主义压抑了她的欢乐 ‖ *zu* (义项) **1. Dämp·fung** *die*

dämp·fen[2]; *dämpfte*, *hat gedämpft*; [Vt] (及物) **1. etw. d.** Nahrung im Wasserdampf gar werden lassen 蒸熟 ≈ dünsten 〈Gemüse d. 蒸蔬菜〉 **2. etw. d.** Kleidung *o. Ä.* mit e-m Bügeleisen u. mit Wasserdampf glätten 蒸汽熨烫,湿熨: *die Bluse, den Pulli d.* 湿熨衬衣、毛衣

Damp·fer *der*; *-s*, *-*; ein *mst* relativ großes Schiff, das mit Dampfkraft angetrieben wird 轮船 ‖ K-(复合): **Dampfer-, -fahrt** ‖ -K (复合): **Fluss-, Fracht-, Küsten-; Rad-** ‖ ID [谚] **auf dem falschen D. sein/sitzen** *gespr* [口]; etw. völlig falsch verstanden od. eingeschätzt haben 想错了,弄错了,估计错了

Dämp·fer *der*; *-s*, *-*; ein Gegenstand, der Geräuschen od. Stößen ihre Intensität nimmt 阻尼器,减音器,减振器,缓冲装置 ‖ -K (复合): **Schall-, Stoß-** ‖ ID [谚] **e-n D. bekommen** (*mst* in e-m Gefühl der Freude od. des Stolzes) ein negatives Erlebnis haben 扫兴,失望; **j-m e-n D. geben/aufsetzen** *gespr* [口]; bewirken, dass j-s (übertriebene) Freude od. (übertriebener) Stolz gebremst wird 泼冷水,杀傲气

Dampf·kes·sel *der*; ein Kessel (3), in dem durch Hitze Wasserdampf von hohem Druck erzeugt wird, *bes* um e-e Maschine anzutreiben 蒸汽锅炉

Dampf·kraft *die*; PHYS【物】; die Kraft, die durch den Druck von Dampf entsteht (蒸)汽力

Dampf·ma·schi·ne *die*; e-e fahrbare Maschine mit e-r Walze, die den Druck von Dampf in mechanische Kraft umsetzt 蒸汽机

Dampf·nu·del *die*; *bes südd* 尤用于[南德]; ein Stück Hefeteig, das in der geschlossenen Pfanne gebacken wird (用盖锅烤制的)德式发面馒头: *Dampfnudeln mit Vanillesauce* 加香草汁的发面馒头

Dampf·wal·ze *die*; e-e große Maschine, mit der man frischen Teer auf der Straße fest u. glatt macht 蒸汽压路机,蒸汽滚压机

da·nach, *betont* (重读) **da·nach** ↑ ***da-/dar-*** + *Präp* (介词)(1,2)

Dan·dy [ˈdɛndi] *der*; *-s*, *-s*; *veraltend pej* [渐旧][贬] ≈ Geck ‖ *hierzu* (派生) **dan·dy·haft** *Adj* (形)

da·ne·ben, *betont* (重读) **da·ne·ben** ↑ ***da-/dar-*** + *Präp* (介词)(1)

da·ne·ben- *im Verb*, *betont u. trennbar*, *begrenzt produktiv* (构成动词,重读,可分,构词有限); Die Verben mit *daneben-* werden nach folgendem Muster gebildet (daneben- 动词的模式如下): *danebenfallen* – *fiel daneben* – *danebengefallen*

daneben- drückt aus, dass ein geplantes Ziel nicht erreicht wird (表示没有达到预期目标,出偏差) ≈ vorbei-;

danebenschießen: *Obwohl er nicht weit vom Tor entfernt war, schoss er dennoch daneben* 虽说他离球门不远,可还是踢偏了 ≈ Er traf mit dem Ball nicht ins Tor

ebenso (同类词有): ***danebenfallen***, ***danebengreifen***, ***danebenhauen***, ***danebenschlagen***, ***danebentreffen***, ***danebenwerfen***, ***danebenzielen***

da·ne·ben·be·neh·men, sich (*hat*) **Vr** (反身) ***sich d.*** *gespr* [口]; sich (*bes* in e-r Gesellschaft) falsch benehmen (在社交场合中)举止不当

da·ne·ben·ge·hen (*ist*) **Vi** (不及物) **1. *etw. geht daneben*** etw. trifft das Ziel nicht (物作主语)落空,打偏 〈ein Schlag, ein Schuss 一击,一枪〉 **2. *etw. geht daneben*** *gespr* [口]; etw. verläuft nicht so, wie man es erwartet hat (物作主语)失败,出偏差 ≈ etw. misslingt: *Die Prüfung ist völlig danebengegangen* 考试彻底考砸了

da·ne·ben·grei·fen (*hat*) **Vi** (不及物) **1.** ↑ ***daneben-*** **2.** (***mit etw.***) ***d.*** *gespr* [口]; etw. falsch einschätzen 错误估计 ≈ danebenliegen **3.** (***mit etw.***) ***d.*** *gespr* [口] ≈ sich danebenbenehmen

da·ne·ben·lie·gen (*hat*) **Vi** (不及物) (***mit etw.***) ***d.*** *gespr* [口]; etw. falsch einschätzen od. beurteilen 错误地估计或评价: *Mit dieser Meinung liegst du völlig daneben* 你这么看问题可是看偏了

da·ne·ben·ra·ten (*hat*) **Vi** (不及物) *gespr* [口]; falsch raten 猜错

da·ne·ben·tip·pen (*hat*) **Vi** (不及物) *gespr* [口] ≈ danebenraten

da·nie·der·lie·gen *lag danieder*, *hat/südd* Ⓐ Ⓒⓗ [南德][奥][瑞] *ist daniedergelegen*; **Vi** (不及物) (***mit etw.***) ***d.*** *geschr* [书]; krank im Bett liegen 卧病在床: *mit e-r Grippe d.* 因患流感而卧床休息

dank *Präp* (介); *mit Gen/Dat* (支配二格/三格); verwendet, um den Grund für etw. *mst* Positives einzuleiten 由于,多亏 ≈ aufgrund: *Sie konnte das Problem d. ihrer Erfahrung lösen* 她能解决这问题,是多亏了她的经验 ‖ NB (注意): Gebrauch ↑ *Tabelle unter* 用法,图表见 ***Präpositionen***

Dank *der*; *-(e)s*; *nur Sg* (只用单数) **1. *der D.*** (***für etw.***) das Gefühl od. die Worte der Anerkennung für j-s Hilfe, Freundlichkeit *o. Ä.* 感谢,谢意 〈j-m seinen D. ausdrücken, aussprechen 对某人表达、表示谢意; j-m D. schulden, j-m zu D. verpflichtet sein 应向某人致谢,感谢某人; Besten/Herzlichen/Schönen D.! 非常感谢! 衷心感谢!〉: *Haben Sie vielen D. für Ihre Hilfe!* 多谢您的帮助! ‖ K- (复合): ***Dank-***, ***-gebet***, ***-schreiben***; ***Dankes-***, ***-formel***, ***-worte*** **2. *als/zum D.*** als Zeichen der Anerkennung für j-s Hilfe *o. Ä.* 作为感谢 ≈ Belohnung: *Nehmen Sie dieses Geschenk als/zum D. für Ihre Hilfe* 请接受这个礼物作为/以示对您的帮助的谢意 ‖ *zu* (义项) **1. dank·er·füllt** *Adj* (形); *nicht adv* (不作状语)

dank·bar *Adj* (形) **1.** (***j-m***) (***für etw.***) ***d.*** voll Dank 感激的 〈sich j-m d. erweisen, zeigen 表示出对某人的感激之情; j-m (für etw.) d. sein (为…)感激某人〉: *Ich bin Ihnen für Ihre Hilfe sehr d.* 对您的帮助我非常感激 **2. *d. für etw. sein*** sich über etw. freuen (*mst* weil man es sehr nötig braucht) 对…表示高兴、欢迎: *Alte Leute sind oft für jede Hilfe d.* 老年人往往对任何帮助都感到欢欣 **3.** *mst attr* (多作定语); 〈ein Publikum 观众〉 voll Anerkennung od. Bewunderung 懂得欣赏的,知情达理的 **4.** *nicht adv* (不作状语); 〈e-e Arbeit, e-e Aufgabe 一项工作,一项任务〉 so, dass sie mit relativ geringem Aufwand ausgeführt werden können 省事的,值当的,合算的 ≈ lohnend **5.** *nicht adv*, *gespr* (不作状语),[口]; (verwendet in Bezug auf ein Material *o. Ä.*) widerstandsfähig u. leicht zu pflegen (指材料)耐用的,省事的: *Die Hose ist aus e-m dankbaren Stoff* 这条裤子的料子耐穿好洗 ‖ *zu* (义项) **1.** u. **3. Dank·bar·keit** *die*; *nur Sg* (只用单数)

dan·ke 1. *d.* (***für etw.***) verwendet, um j-m seinen Dank auszudrücken 谢谢 〈Danke/d. sagen 说声谢谢; d. sehr! d. schön! 很感谢! 多谢!〉: *D. für das Geschenk!* 谢谢您的礼物!; *D.* (*dafür*), *dass Sie mir geholfen haben* 谢谢您帮助了我 **2.** (***nein***) ***d.*** verwendet, um e-e Einladung od. ein Angebot höflich abzulehnen (用于有礼貌地谢绝邀请或好意)(不,)谢谢: *„Kann ich dich in meinem Auto mitnehmen?“* – *„(Nein) d., ich gehe lieber zu Fuß“*

D

“我用我的车带上你好吗?”——“(不,)谢谢,我还是自己走吧”;„*Möchten Sie noch Tee?*“ – „*Nein d.*“ “您还要茶吗?”——“不,谢谢” **3.** (***ja***) ***d.*** verwendet, um e-e Einladung od. ein Angebot höflich anzunehmen (用于礼貌地接受邀请或好意)好的,谢谢 ≈ ja bitte: „*Kann ich dir behilflich sein?*“ – „*Ja d.*“ “我帮你一把好吗?”——“好,谢谢” **4.** (formelhaft) verwendet in einigen höflichen Antworten (用于一些客套话)谢谢: „*Gesundheit!*“ – „*D!*.“ “健康长寿!”——“谢谢!”; „*Wie geht es dir?*“ – „*D., gut*“ “你好吗?”——“好,谢谢”; „*Viele Grüße von meiner Schwester*“ – „*D.!*“ “我姐姐问你好”——“谢谢!”

dan·ken; *dankte, hat gedankt*; [Vt] (及物) **1.** ***j-m etw.*** (***irgendwie***) ***d.*** j-m seinen Dank, seine Anerkennung (für etw., das er gemacht hat) zum Ausdruck bringen 感谢,感激: *Kein Mensch dankte (es) ihr*, dass *sie sich solche Mühe gemacht hatte* 她出了那么大力,却没有人感激她 **2.** ***j-m etw. mit etw. d.*** *oft iron* 常用[讽]; irgendwie auf etw. (Gutes) reagieren (以…来)报答、感谢: *Man hat ihm seine Freundschaft mit Verrat gedankt*/*damit gedankt*, dass *man ihn verraten hat* 人们以背叛来报答他的友情; [Vi] (不及物) **3.** ***j-m*** (***für etw.***) ***d.*** j-m sagen, dass man ihm dankbar ist (为…)对…表示感谢 ≈ sich bei j-m bedanken ⟨j-m herzlich, überschwenglich, vielmals, von ganzem Herzen d. 衷心地、过于热情地、一再地、由衷地对某人表示感谢⟩: *Er dankte ihr für das Geschenk* 他对她的礼物表示感谢; *e-e Einladung dankend annehmen* 怀着谢意接受邀请

dan·kens·wert *Adj* (形); *nicht adv*, *geschr* (不作状语)[书]; so, dass es Dank verdient 值得感谢的,有值得称道的: *der dankenswerte Einsatz des Roten Kreuzes im Katastrophengebiet* 红十字会对受灾地区的值得称道的援助 ‖ *hierzu* (派生) **dan·kens·wer·ter·wei·se** *Adv* (副)

Dan·ke·schön *das*; *-*; *nur Sg* (只用单数); etw. (Gesagtes od. Geschenktes), mit dem man j-m zeigt, wie dankbar man für etw. ist 感谢,谢谢: *Ich möchte Ihnen für Ihre Hilfe ein herzliches D. sagen* 对您的帮助我想由衷地说声谢谢; *Darf ich Ihnen diese Blumen als kleines D. überreichen?* 允许我把这束鲜花献给您以表谢意好吗? ‖ NB (注意): aber *danke schön!* (getrennt geschrieben 分开写)

Dank·sa·gung *die*; *-, -en*; e-e (gedruckte) Karte (1) od. ein Inserat in der Zeitung, mit denen man sich *z.B.* für das Mitgefühl bei e-m Todesfall bedankt (比如对慰唁的)致谢卡,致谢广告 ⟨Danksagungen verschicken 分寄致谢卡⟩

dann *Adv* (副) **1.** zeitlich nach dem Erwähnten (指事后的时间)然后,之后,以后,此后 ≈ danach, später: *Wir sind zuerst zum Essen u. d. ins Kino gegangen* 我们先是去吃了饭,然后去看了电影 **2.** zu dem genannten Zeitpunkt (in der Zukunft) (指将来时刻)到那时: *Er darf erst d. aufstehen, wenn er wieder gesund ist* 他只有恢复了健康,才可以下床; *Bald habe ich Geburtstag, d. wird gefeiert* 不久我就要过生日了,到那时要庆贺一番 **3.** (in e-r Reihenfolge) (räumlich) hinter der erwähnten Person od. Sache (指空间顺序)这之后,随后 ≈ danach, dahinter: *An der Spitze des Konvois fuhren Polizisten auf Motorrädern, d. folgte der Wagen mit dem Staatspräsidenten* 车队由警察驾驶着摩托车开道,随后是总统的专车 **4.** (in e-r Rangfolge) hinter der erwähnten Person od. Sache (指等级顺序)然后,接着,其次 ≈ dahinter: *Am liebsten esse ich Kartoffeln, d. Nudeln u. d. erst Reis* 我最喜欢吃的是土豆,其次是面条,然后才是米饭; *Erster wurde der russische Läufer, d. kam der kanadische* 最先到达的是俄罗斯赛跑运动员,然后是加拿大运动员 **5.** unter den genannten Umständen, in diesem Fall 那样的话,那就: *Wenn er das nicht versteht, d. ist er selbst schuld* 如果他这也不懂,那就只能怪他自己; *Ich gehe nur d., wenn du mitkommst* 如果你一起去,那我才去; *Selbst d., wenn du recht hättest, könnte ich dir nicht helfen* 哪怕是你有理,我也帮不了你 **6.** *gespr* [口]; verwendet, wenn man etw. folgert, das noch bestätigt werden soll 那么说(来): *D. ist sie also seine Schwester?* 那么说她是他的姐姐?; *D. hast du das wohl gar nicht ernst gemeint?* 那么说,你说的压根儿就不是认真的了? **7.** *gespr* ≈ außerdem, zusätzlich: *Bis zum Urlaub ist noch viel zu tun: Fahrkarten besorgen, packen – ach ja, u. d. brauchen wir noch e-n neuen Koffer* 休假前还有不少事要办:买车票,收拾行李 — 对了,此外我们还需要个新箱子 **8.** *gespr* [口]; verwendet, um vage auf e-n Zeitpunkt hinzuweisen, der in naher Zukunft liegt (指不久将来的某一时刻)到时候,不久 ≈ bald, später: *Wir treffen uns d. bei Renate* 到时候我们在蕾娜特那儿见; *Tschüs, bis d.!* 回头见! **9.** (***also***) ***d.*** *gespr* [口]; verwendet, wenn man ein Gespräch beendet (*bes* beim Abschied) (尤用于告别时表示谈话结束)那好,那么: *Tschüs d.!* 那好,再见!; *Also d., machs gut* 那么,保重吧; *Also d., ich muss jetzt gehen* 那好,我现在得走了 **10.** ***d. u. d.*** zu e-m bestimmten, aber nicht genannten Zeitpunkt 在某个什么时候;有朝一日: *Er sagte, sie hätten sich d. u. d. kennen gelernt* 他说,他们是在某个什么时候认识的 **11.** ***d. u. wann*** ≈ manchmal, ab u. zu **12.** ***was*** (***denn***) ***d.?*** ≈ was sonst?

dan·nen *Adv* (副); *mst in* 多用于 ***von d. gehen*/*ziehen*** *veraltet od hum* [旧]或[诙]; e-n bestimmten Ort verlassen 从那儿离开

da·ran, *betont* (重读) **da·ran** ↑ ***da-*/*dar-*** + *Präp* (介词) (1,2)

da·ran·ge·ben (*hat*) [Vt] (及物) ***etw. d.*** *geschr* [书] ≈ opfern (2): *Ich würde viel d.*, wenn *ich diese Tat ungeschehen machen könnte* 如果我能把这件事勾销,我甘愿付出很多代价

da·ran·ge·hen (*ist*) [Vi] (不及物) ***d.*** + ***zu*** + *Infinitiv* (不定式) mit etw. anfangen 着手,开

始：*Wir sollten allmählich d., e-n Arbeitsplan zu entwerfen* 我们该(可以)慢慢地着手制定一个工作计划了

da·ran·ma·chen, sich (*hat*) [Vr] (反身) ***sich d.*** (+ ***zu*** + *Infinitiv* 不定式) *gespr* [口]; mit etw. anfangen 开始,着手,动手 ≈ darangehen: *Ich habe mich darangemacht, mein Zimmer endlich aufzuräumen* 我终于开始收拾我的屋子了

da·ran·set·zen (*hat*) [Vt] (及物) *mst* 多用 ***alles d.*** + ***zu*** + *Infinitiv* 不定式 mit voller Energie versuchen, ein bestimmtes Ziel zu erreichen 投入,全力以赴,使出全身解数: *Er hat alles darangesetzt, den Job zu bekommen* 为得到那份工作,他已尽其所能

da·rauf, *betont* (重读) **da·rauf** ↑ ***da-/dar-*** + *Präp* (介词) (1,2)

da·rauf- *im Verb, betont u. trennbar, begrenzt produktiv* (构成动词,重读并可分,构词有限); Die Verben mit *darauf-* werden nach folgendem Muster gebildet (darauf- 动词的模式如下): *darauflegen* – *legte darauf* – *daraufgelegt*

darauf- bezeichnet e-e Bewegung zu j-m od. zum oberen Teil von etw. hin od. bezeichnet die Lage oben, auf j-m / etw. (表示朝、向、往…上去的动向或在…上的状态) ↔ darunter-;

etw. daraufschrauben: *Er nahm die Flasche und schraubte den Deckel darauf* 他拿过瓶子拧上盖子 ≈ Er schraubte den Deckel oben auf die Flasche

ebenso (同类词有): ***sich / j-n / etw. darauflegen, j-d / etw. liegt darauf, daraufschlagen, sich / j-n / etw. daraufsetzen, daraufsitzen, j-d / etw. steht darauf, sich / j-n / etw. daraufstellen, darauftreten, etw. darauftun***

da·rauf·fol·gen·d-, da·rauf fol·gen·d- *Adj* (形); *nur attr, nicht adv* (只作定语,不作状语); so, dass es auf etw. (*mst* zeitlich) unmittelbar folgt 下一个的,紧接着的 ≈ nächst- ↔ vorausgehend-: *Der darauf folgende Tag war ein Sonntag* 第二天是个星期天

da·rauf·hin, *betont* (重读) **da·rauf·hin** *Adv* (副) **1.** als Konsequenz aus etw. Vorangegangenem, als Reaktion auf etw. 由此,于是,接着: *Es gab e-n Eklat. D. verließen alle Gäste den Saal* 当时发生了爆炸,于是所有的客人都离开了大厅 **2.** im Hinblick auf etw. Bestimmtes 由于这一点,在这一方面: *Das Obst wird d. überprüft, ob es schädliche Substanzen enthält* 水果之所以受到检验,是因为要看看它们是否含有有害物质

da·raus, *betont* (重读) **da·raus** ↑ ***da-/dar-*** + *Präp* (介词) (1,2)

dar·ben; *darbte, hat gedarbt*; [Vi] (不及物) *geschr* [书]; unter e-m großen Mangel (an Nahrung, Kleidung *usw*) leiden 忍饥挨饿,缺衣少食

dar·bie·ten; *bietet dar, bot dar, hat dargeboten*; [Vt] (及物) **1.** (***j-m***) ***etw. d.*** etw. in der Öffentlichkeit vorführen 演出,表演: *Bei dem Fest wurden verschiedene Sketche dargeboten* 在庆祝活动中表演了不少滑稽短剧 **2.** ***etw. irgendwie d.*** etw. irgendwie beschreiben od. vermitteln 描写,描述 ≈ darstellen: *ein Thema interessant d.* 有趣地描述一题目 **3.** (***j-m***) ***etw. d.*** j-m etw. *mst* Essbares (oft in besonderer Weise) anbieten 款待,献上,奉上: *Den Gästen wurden verschiedene Delikatessen dargeboten* 以种种美味佳肴款待客人们; [Vr] (反身) **4.** ***etw. bietet sich*** (***j-m***) ***dar*** etw. wird sichtbar 呈现出,显露出 ≈ etw. bietet sich j-m

Dar·bie·tung *die*; -, *-en* **1.** *nur Sg* (只用单数); das Vorführen (1) 〈die D. e-s Theaterstücks 上演一部戏〉 **2.** *nur Sg* (只用单数); die Darstellung 描述 〈die D. e-s Themas 描述一题目〉 **3.** das, was man (vor e-m Publikum) aufführt 节目,演出 ≈ Aufführung 〈e-e musikalische, tänzerische, folkloristische D. 音乐、舞蹈、民间传统节目〉

dar·brin·gen; *brachte dar, hat dargebracht*; [Vt] (及物) ***j-m etw. d.*** *geschr veraltend* [书] [渐旧]; j-m etw. (*mst* in feierlicher Form) geben, überreichen 呈献,赠送 〈j-m ein Geschenk, ein Opfer d. 给某人赠送礼物,献上祭品〉 ‖ *hierzu* (派生) **Dar·brin·gung** *die*

da·rein *Adv* (副); *geschr veraltend* [书] [渐旧] ≈ hinein

darf *Präsens, 1. u. 3. Person Sg* (现在时,第一和第三人称单数); ↑ ***dürfen***

da·rin, *betont* (重读) **da·rin** ↑ ***da-/dar-*** + *Präp* (介词) (1,2)

da·rin·nen *Adv* (副); *geschr* [书]; in dem genannten Raum, Zimmer, Behälter *o. Ä.* 在这里面

dar·le·gen; *legte dar, hat dargelegt*; [Vt] (及物) (***j-m***) ***etw. d.*** j-m e-n Sachverhalt beschreiben u. erklären 阐述,陈述,说明,解释 ≈ erläutern 〈seine Ansichten, Gründe d. 陈述他的观点、理由; etw. schriftlich d. 作笔头说明〉 ‖ *hierzu* (派生) **Dar·le·gung** *die*

Dar·le·hen [-leː(ə)n] *das*; *-s*, *-*; e-e Geldsumme, die j-d für bestimmte Zeit *z.B.* von e-r Bank bekommt u. die er (*mst* mit Zinsen) zurückzahlen muss 贷款,借款 ≈ Kredit 〈ein hohes, (un)befristetes, zinsloses D. 一笔高额的、有(无)期限的、无息的贷款; ein D. aufnehmen, zurückzahlen 接受、偿还一笔贷款; j-m ein D. gewähren 给某人提供一笔贷款〉 ‖ K- (复合): ***Darlehens-, -rückzahlung, -summe, -vertrag, -zins*** ‖ -K (复合): ***Wohnungsbau-***

Darm *der*; *-(e)s*, *Där·me*; **1.** das lange (schlauchförmige) Organ zwischen Magen u. After, das zur Verdauung dient. Durch den D. werden feste, unverdauliche Stoffe ausgeschieden 肠,肠子 ‖ K- (复合): ***Darm-, -entleerung, -geschwulst, -infektion, -inhalt, -krebs, -trägheit, -trakt, -wand*** **2.** ein D. (1) von geschlachteten Tieren, der *bes* als Haut für Wurst verwendet wird 肠衣

D

‖ K-(复合)：**Darm-**，**-saite**

Darm·flo·ra *die*；*Kollekt*（集合）；die Bakterien *o.Ä.*，die im Darm leben u. die die Verdauung bewirken 肠菌群〈e-e gesunde, intakte D. 健康的、功能正常的肠菌群〉

dar·nie·der·lie·gen ↑ ***daniederliegen***

dar·rei·chen；*reichte dar, hat dargereicht*；Vt（及物）（***j-m***）***etw. d.*** *geschr*［书］；j-m etw. *mst* feierlich als Geschenk geben 奉献，呈献，赠与，赠送（礼物）≈ übergeben

dar·stel·len；*stellte dar, hat dargestellt*；Vt（及物）**1. *etw. stellt j-n/etw. dar*** ein Bild *o.Ä.* zeigt j-n/etw.，gibt j-n/etw. wieder（物作主语）展示，再现：*Dieses Fresko stellt Szenen aus dem Leben Jesu dar* 这幅湿壁画再现了耶稣的生活片断 **2. *j-n/etw. irgendwie d.*** j-n/etw. beschreiben od. erklären 阐述，描述，描写，说明 ≈ schildern：*eine These ausführlich, verständlich d.* 详细地、易懂地阐述一个论点；*So wie du ihn darstellst, muss er ja ein richtiger Tyrann sein* 照你这般描述，他必定是个十足的暴君 **3. *etw.*（*irgendwie*）*d.*** e-n Sachverhalt in Form *mst* e-r Zeichnung od. e-s Diagramms wiedergeben 描绘，表现，表示 ≈ abbilden：*e-e mathematische Funktion grafisch d.* 用图形展示一函数 **4. *j-n d.*** (als Schauspieler) e-e Rolle *bes* auf der Bühne spielen 扮演，表演：*den Hamlet d.* 扮演哈姆雷特 **5. *etw. stellt etw. dar*** etw. ist etw.，bedeutet etw.（物作主语）意味着，表示，是：*Der Hunger in der Dritten Welt stellt nach wie vor ein enormes Problem dar* 第三世界的饥荒仍然是个巨大的问题 **6. *j-d/etw. stellt etwas/nichts dar*** *gespr*［口］；j-d/etw. macht *mst* aufgrund der äußeren Erscheinung großen/keinen Eindruck（人/物作主语）有（无）风度、气派；Vr（反身）**7. *etw. stellt sich*（*j-m*）*als etw./irgendwie dar*** etw. erweckt bei j-m e-n bestimmten Eindruck（物作主语）看来，表明是，显示出 ≈ etw. erweist sich als etw.：*Das Problem stellte sich als unlösbar dar* 这问题看来是不可能解决的 **8. *sich*（*als etw.*）*d.*** bemüht sein, die Aufmerksamkeit anderer auf sich zu ziehen 装扮，装成 ≈ sich als etw. ausgeben：*Er stellt sich vor anderen immer als großer Dichter dar* 他在旁人面前总爱装成大诗人 ‖ *zu*（义项）**1.-4. Dar·stel·lung** *die*

Dar·stel·ler *der*；*-s, -*；j-d, der *bes* im Theater od. Film spielt 演员，表演者 ≈ Schauspieler：*Der D. des Mephisto bekam gute Kritiken* 扮演梅菲斯托的演员得到了好评 ‖ -K（复合）：**Haupt-**，**Laien-**，**Neben-** ‖ *hierzu*（派生）**Dar·stel·le·rin** *die*；*-, -nen*；**dar·stel·le·risch** *Adj*（形）；*nur attr od adv*（只作定语或状语）

da·rü·ber，*betont*（重读）**da·rü·ber** **1.** ↑ ***da-/dar-*** + *Präp* 介词（1，2）**2.** *Adv*（副）≈ währenddessen：*Ich habe ein Buch gelesen u. bin d. eingeschlafen* 我看着书就睡着了 **3.** *Adv*（副）；***d. hinaus*** ≈ außerdem：*D. hinaus müssen wir das Protokoll noch schreiben* 另外我们还得写记录

da·rü·ber- *im Verb, betont u. trennbar, begrenzt produktiv*（构成动词，重读并可分，构词有限）；Die Verben mit *darüber-* werden nach folgendem Muster gebildet（darüber-动词的模式如下）：*darüberwischen – wischte darüber – darübergewischt*

1. *darüber-* bezeichnet e-n Vorgang, bei dem j-d / etw. in e-e Lage oben auf oder über j-n / etw. gelangt (und ihn / es bedeckt) oder bezeichnet diese Lage（表示到达…上（上方）的过程或在…上（上方）的状态）↔ darunter-；

etw. darüberziehen：*Das Hemd ist zu dünn, zieh doch einen Pullover darüber* 衬衫太薄上面再套一件毛衣吧 ≈ Zieh über das dünne Hemd zusätzlich einen Pullover an

ebenso（同类词有）：***etw. darüberbreiten***，***etw. darüberhalten***，***etw. darüberhängen***，***etw. hängt darüber***，***etw. darüberkleben***，***etw. / sich darüberlegen***，***j-d / etw. liegt darüber***，***etw. darüberschreiben***，***etw. / j-d steht darüber***

2. *darüber-* bezeichnet eine Bewegung über j-n / etw. hinweg, von einem Punkt / Ende zum anderen（表示越过，从…到…的动向）

darüberklettern：*Er kam an einen Zaun und kletterte darüber* 他来到篱笆旁，爬了过去 ≈ Er kletterte über den Zaun

ebenso（同类词有）：***darübergehen***，***darüberfallen***，***darüberfliegen***，***darüberkriechen***，***darüberstolpern***，***darüberwischen***

da·rü̲ber·fah·ren（*hat/ist*）Vi（不及物）（***mit etw.***）***d.***（mit der Hand, e-m Tuch *o.Ä.*）etw. kurz streichen, wischen *o.Ä.*（用手或布）随手擦、抹一下：*Ich hatte keine Zeit mehr, die Schuhe richtig zu putzen. Ich bin nur kurz mit e-m Lappen darübergefahren* 我来不及好好擦擦鞋，只用块布胡乱抹了一下

da·rüber·ma·chen, sich（*hat*）Vr（反身）***sich d.*** *gespr*［口］；mit etw. beginnen 动手干，着手干：*Es gibt viel zu tun. Wenn wir uns gleich d., sind wir um so früher fertig* 要干的事很多。如果我们马上动手的话，就能早些干完

da·rüber·ste·hen（*hat/südd* Ⓐ Ⓒⓗ［南德］［奥］［瑞］*ist*）Vi（不及物）sich durch etw. nicht ärgern od. stören lassen 不在意，不在乎：*Kritik macht ihr nichts aus. Sie steht wirklich darüber* 批评对她来说没什么，她一点不在乎

da·rum，*betont*（重读）**da·rum** **1.** ↑ ***da-/dar-*** + *Präp*（介词）（1，2）**2.** *Adv*（副）≈ deshalb, daher：*Er ist oft unterwegs u. d. meist schwer zu erreichen* 他经常出门在外，因此一般很难和他联系上；*Sie war krank. D. konnte sie nicht kommen* 她病了，所以她不能来

da·rum·kom·men（*ist*）Vi（不及物）auf etw. gerade Erwähntes verzichten müssen 做不成，得放弃：*Er hatte sich so auf die Reise gefreut u. jetzt ist er durch die Erkrankung leider darumgekommen* 他为这趟旅行别提有多高兴了，现在却因病去不成了（只得放弃）‖ NB（注意）：↑ ***herumkommen***

da·rum·ste·hen（*hat/südd* Ⓐ Ⓒⓗ［南德］［奥］

[瑞] *ist*) Vi (不及物) ⟨Personen, Dinge 人, 物⟩ ***stehen darum*** mehrere Personen od. Dinge stehen um etw. herum (人/物作主语) 围绕…而立: *Siehst du die Quelle u. die Bäume, die darumstehen?* 你看见那泉水和它周围的树木了吗?

da·run·ter, *betont* (重读) **da·run·ter** ↑ ***da-/dar-*** + *Präp* (介词) (1,2)

da·run·ter- *im Verb, betont u. trennbar, begrenzt produktiv* (构成动词,重读并可分,构词有限); Die Verben mit *darunter-* werden nach folgendem Muster gebildet (darunter-动词的模式如下): *darunterliegen – liegt darunter – daruntergelegen*

darunter- bezeichnet die Lage unter j-m / etw. oder eine Bewegung dorthin (表示在…之下的状态或朝下的运动: 在…下, 向下) ↔ darüber-;

etw. darunterstellen: *Weil der Wasserhahn tropfte, stellte sie einen Eimer darunter* 因水龙头滴水, 她把一只桶放在下面 ≈ Sie stellte einen Eimer unter den tropfenden Hahn

ebenso: ***etw. fällt darunter***, ***etw. darunterhalten***, ***etw. / sich darunterlegen***, ***j-d / etw. liegt darunter***. ***etw. darunterschieben***, ***etw. darunterschreiben***, ***etw. darunterziehen***

da·run·ter·fal·len (*ist*) Vi (不及物) **1.** ↑ ***darunter-*** **2.** ***j-d / etw. fällt darunter*** j-d/etw. ist zu der genannten Gruppe od. Kategorie zu zählen (人/物作主语) 属于(所提及的范围): *Die Preise für verschiedene Lebensmittel sind gestiegen. Fleisch fällt auch darunter* 许多食品的价格涨了, 肉也包括在内(肉价也涨了)

da·run·ter·lie·gen (*hat/südd* Ⓐ Ⓒⓗ [南德] [奥] [瑞] *ist*) Vi (不及物) **1.** ↑ ***darunter-*** **2.** ***etw. liegt darunter*** etw. ist unter dem genannten Maß, Niveau, Wert *o. Ä.* (物作主语) (指标准, 水平, 价值等) 较低下, 比不上 **3.** ***j-d liegt (mit etw.) darunter*** j-s Angebot, Leistung *o. Ä.* ist schlechter als das Genannte (人作主语) 较差, 逊色, 不如别人(指提议, 成绩等)

das ↑ ***der***

Da·sein *das; -s; nur Sg, geschr* (只用单数), [书]; **1.** das Leben *bes* e-s Menschen 生活, 生存 ⟨ein kümmerliches D. führen 过着贫困的生活⟩: *Sein ganzes D. war bestimmt von der Musik* 他的整个一生与音乐结下了不解之缘 ‖ K- (复合): ***Daseins-***, ***-berechtigung***, ***-zweck*** **2.** *mst* ***ein armseliges D. fristen*** in sehr armen Verhältnissen leben 在贫困中煎熬, 过着贫困潦倒的生活

da·sit·zen (*hat/südd* Ⓐ Ⓒⓗ [南德] [奥] [瑞] *ist*) Vi (不及物) **1.** ↑ ***da-*** **2.** (***mit j-m / etw.***) ***d.*** *gespr* [口]; in e-r (*mst* finanziell) schlechten Situation sein 处境艰难 ⟨allein d. 孤苦一人⟩: *Ihr Mann hat sie verlassen. Nun sitzt sie mit drei kleinen Kindern da* 她的丈夫离开了她。现在她一人带着三个幼儿无依无靠

das·je·ni·ge ↑ ***derjenige***

dass *Konjunktion* (连) **1.** verwendet, um e-n Nebensatz einzuleiten, der die Funktion des Subjekts des Hauptsatzes hat (连接主语从句): *Dass ich dich beleidigt habe, tut mir leid* 冒犯了你, 我很抱歉; *Stimmt es, dass sie morgen in Urlaub fährt?* 她明天要出门度假, 是真的吗? **2.** verwendet, um e-n Nebensatz einzuleiten, der die Funktion des Objekts des Hauptsatzes hat (连接宾语从句): *Ich wusste nicht, dass sie auch da sein würde* 那时我不知道她也会在场 **3.** verwendet, um e-n Nebensatz einzuleiten, der die Funktion e-s präpositionalen Objekts des Hauptsatzes hat (连接介词宾语从句): *Er hat sich darauf verlassen, dass sie ihm hilft* 他一直相信, 她会帮助他 **4.** verwendet, um e-n Nebensatz einzuleiten, der die Funktion e-s Attributs des Hauptsatzes hat (连接定语从句): *Er war von seiner Überzeugung, dass alles noch klappen würde, nicht abzubringen* (那时)他坚信一切还都有希望, 谁也改变不了他这信念 **5.** verwendet, um e-n Nebensatz einzuleiten, der e-e Konsequenz ausdrückt (连接结果从句): *Sie war so traurig, dass sie weinte* 她伤心得都哭了 **6.** verwendet in Verbindung mit bestimmten Adverbien, Konjunktionen, Partizipien od. Präpositionen (和副词、连词、分词或介词组成连词) ⟨als dass, (an)statt dass, außer dass, bis dass, kaum dass, nicht dass, nur dass, ohne dass, so dass; angenommen, dass; vorausgesetzt, dass⟩ **7.** *gespr* [口]; verwendet, um (elliptische) Sätze einzuleiten, die e-n Wunsch, e-e Drohung od. Bedauern ausdrücken (连接缩略句, 表示愿望、威胁或遗憾): *Dass du mir später ja keine Vorwürfe machst!* 你以后可别抱怨我!; *Dass er gerade jetzt krank werden muss, wo wir so viel Arbeit haben!* 我们有一大堆工作要做, 他偏偏要赶这会儿生病! ‖ NB (注意): die konjugierte Verbform steht immer am Ende des Satzes (变位的动词总是位于句末)

das·sel·be ↑ ***derselbe***

das·sel·bi·ge ↑ ***derselbige***

dass-Satz, **Dass·satz** *der*; ein Satz, der mit „dass" eingeleitet wird dass-从句

da·ste·hen (*hat/südd* Ⓐ Ⓒⓗ [南德] [奥] [瑞] *ist*) Vi (不及物) **1.** ↑ ***da-*** **2.** ***irgendwie d.*** *gespr* [口]; sich in e-r bestimmten (*mst* persönlichen) Situation befinden 过活, 境况 ⟨allein, gut d. 孤单一人过活, 光景(日子过得)不错⟩: *Seit der Erbschaft steht er finanziell glänzend da* 继承遗产后他过得很富裕 **3.** ***irgendwie d.*** *gespr* [口]; e-e bestimmte Wirkung auf andere haben (以…形象)出现: *Jetzt stehe ich wieder einmal vor allen anderen als Bösewicht da!* 这下我在众人眼里又成了恶棍 ‖ NB (注意): aber: *Die Vase soll da stehen, auf dem Klavier* 花瓶应摆在那儿, 钢琴上 (getrennt geschrieben 分写)

Da·tei *die*; -, *-en*; *bes* INFORM 尤用【信息】; e-e Sammlung von Daten[2] (2), die nach bestimmten Kriterien geordnet (u. gespeichert) werden (分类储存的)数据(模块), 资料 ⟨e-e D. erstellen, abspeichern 建立数据, 储存资料⟩

D

Da·ten¹ *Pl*（复）；↑ **Datum**

Da̲·ten² *die*；*Pl*（复）**1.** die Fakten od. Informationen zu e-m bestimmten Thema, die man durch Messungen, Experimente *o.Ä.* erhält u. die man *bes* in Zahlen ausdrückt（统计）资料，数据 ≈ Angaben〈technische, statistische D. 技术资料，统计数据〉：*die neuesten D. zur Arbeitslosigkeit* 失业问题的最新统计数据 ‖ K-（复合）：**Daten-**，**-austausch**，**-erfassung**，**-material** **2.** INFORM【信息】；Fakten u. Zahlen, die *bes* in e-m Computer gespeichert werden（电脑储存）数据〈D. eingeben, speichern, abrufen 输入、储存、提取数据〉‖ K-（复合）：**Daten-**，**-bestand**，**-speicher** **3.** ***j-s persönliche D.*** die Angaben über Alter, Beruf, Verdienst *o.Ä.* e-r Person 某人的人事档案

Da̲·ten|au·to·bahn *die*；*nur Sg*（只用单数）；INFORM【信息】；Netz² zur Übertragung von Sprache, Bild, Text u. Ton über weite Entfernungen 信息高速公路

Da̲·ten·bank *die*；INFORM【信息】；e-e große Sammlung von Daten²（*mst* in e-m Computer）, die nach verschiedenen Kriterien organisiert sind u. auch abgerufen werden können（电脑）数据库

Da̲·ten|fern·über·tra·gung *die*；*mst Sg*（只用单数）；INFORM【信息】；das Übertragen von Informationen zwischen Computern, über Kabel od. Satelliten 信息远程传送

Da̲·ten·miss·brauch *der*；die（unerlaubte）Weitergabe von j-s persönlichen Daten *o.Ä.*（*mst* in Form von Adressenlisten *o.Ä.*）滥用(私人)档案

Da̲·ten·schutz *der*；Ⓓ［德］*nur Sg*（只用单数）；der Schutz des Einzelnen davor, dass seine persönlichen Daten²(3) weitergegeben werden 私人档案保护 ‖ K-（复合）：**Datenschutz-**，**-beauftragte(r)**，**-gesetz** ‖ *hierzu*（派生）**Da̲·ten·schüt·zer** *der*

Da̲·ten·trä·ger *der*；etw., *z.B.* e-e Diskette, worauf Daten *bes* für e-n Computer gespeichert werden 数据载体

Da̲·ten·ver·ar·bei·tung *die*；*mst in* 多用于 ***elektronische D.*** das Bearbeiten, Ordnen *o.Ä.* von Daten² am Computer（电子）数据处理；*Abk* 缩写为 EDV ‖ K-（复合）：**Datenverarbeitungs-**，**-anlage**

da·tie̲·ren；*datierte*，*hat datiert*；[Vt]（及物）**1.** ***etw. d.*** (als Experte) die Zeit bestimmen, in der etw. entstanden ist 给…确定年代〈ein Kunstwerk, e-n Fund d. 给一艺术品、出土文物确定年代〉：*Die Archäologen datierten das Grab auf etwa 500 v. Chr.* 考古学家确定这座古墓的年代约为公元前五百年 **2.** ***etw. d.*** das Datum auf etw. schreiben 给…注上日期〈e-n Brief, e-e Rechnung, ein Schreiben d. 给信、单据、公函标上日期〉；[Vi]（不及物）**3.** ***etw. datiert aus etw.*** etw. stammt aus e-r bestimmten Zeit（物作主语）制作于(某个年代)〈ein Kunstwerk 艺术品〉：*Diese Vase datiert aus dem 3 Jahrhundert v. Chr.* 这个花瓶制作于公元前三百年 **4.** ***etw. datiert von*** + *Datum*（日期）etw. hat das genannte Datum（物作主语）日期为〈ein Brief *o.Ä.* 信之类〉：*Das Schreiben datiert vom 30.9 dieses Jahres* 这封公函的日期是今年9月30日 ‖ *zu*（义项）**1.** u. **2.** **Da·tie̲·rung** *die*

Da̲·tiv [-f] *der*；*-s*，*-e*；LING【语】；der Kasus, den *z.B.* die Präpositionen *von*, *seit* od. *mit* nach sich ziehen 三格 ≈ Wemfall, dritter Fall〈etw. steht im D. 某物是第三格〉：*Die Präposition „seit" fordert den D.*（介词"seit"要求第三格）：*seit dem letzten Jahr* ‖ K-（复合）：**Dativ-**，**-objekt**

da̲·to *Adv*（副）；*nur in* 只用于 **bis d.** *geschr*［书］≈ bisher, bis heute

Da̲t·sche *die*；*-*，*-n*；*ostd veraltend*［东德］［渐旧］；ein *mst* relativ kleines Wochenendhaus 假日小别墅

Da̲t·tel *die*；*-*，*-n*；e-e süße, braune Frucht (mit e-m länglichen Kern), die an e-r Palme wächst 枣 ‖ K-（复合）：**Dattel-**，**-palme**

Da̲·tum *das*；*-s*，*Da·ten* **1.** die Einordnung e-s bestimmten Tages in e-e Zeitrechnung 年月，日期：*Der Brief trägt das heutige D.*，*das D. des/vom 12.9.1991* 信的日期是今天，1991年9月12日；*„Welches D. haben wir heute?" – „Den vierten (März)"* "今天是几号?"——"(3月)4号" ‖ K-（复合）：**Datum-**，**-stempel**；**Datums-**，**-angabe**，**-stempel** ‖ -K（复合）：**Abfüll-**，**Bestell-**，**Geburts-**，**Sterbe-**，**Verfall(s)-** ‖ *zu* **Datumstempel** ↑ *Abb. unter* 图见 **Stempel** **2.** ein Zeitpunkt, zu dem *mst* etw. Besonderes geschieht 日子，时刻〈ein denkwürdiges, historisches D. 一个值得纪念的、一个具有历史意义的日子〉**3.** ***älteren/früheren/neueren Datums*** aus älterer/früherer/neuerer Zeit 以前，早期，近期

Dau̲·er *die*；*-*；*nur Sg*（只用单数）**1.** ein Zeitraum (von bestimmter Länge), während dessen etw. gültig ist od. geschieht 期限，持续时间〈auf/für unbestimmte D. 无限期〉：*e-e Regierung für die D. von vier Jahren wählen* 选举四年一届的政府；*für die/während der D. der Konferenz* 在大会进行期间 ‖ -K（复合）：**Aufenthalts-**，**Belichtungs-**，**Gültigkeits-** **2.** das Fortbestehen von etw.（时间）延续长度：*Ihr Glück war nur von kurzer D.*（= hielt nicht lange）她的幸福只是短暂的 **3.** ***auf (die) D.*** *gespr*［口］；über e-n längeren, *mst* unbegrenzten Zeitraum hinweg 长久下去，时间一长，久而久之：*Auf die D. wäre mir diese Arbeit zu anstrengend* 这么干下去这工作对我来说就太累了 **4.** ***etw. ist von D.*** etw. besteht lange Zeit（物作主语）能持久

Dau̲·er- *im Subst*，*betont*，*sehr produktiv*；so（构成名词，重读，构词强），dass etw. für lange Zeit existiert od. j-d etw. lange Zeit tut od. ist 持久…，持续…，连续…，长期…；der/die **Dauerarbeitslose**，die **Dauerarbeitslosigkeit**，die **Dauerausstellung**，die **Dauerbehandlung**，die **Dauerbelastung**，die **Dauerbeschäftigung**，der **Dauererfolg**，der **Dauerfrost**，der **Dauer-**

mieter, der ***Dauerparker***, die ***Dauerregelung***, der ***Dauerregen***, der ***Dauerstress***

Dau·er·auf·trag *der*; der Auftrag e-s Kunden an seine Bank, regelmäßig Geldbeträge (*z.B.* für die Miete) von seinem Konto auf ein anderes zu überweisen 银行的长年定期转账业务〈e-n D. einrichten, kündigen 确立、取消一项定期转账业务〉‖ NB(注意): ↑ ***Einzugsermächtigung***

Dau·er·bren·ner *der*; *-s*, *-*; *gespr* [口]; etw., das sehr lange aktuell u. erfolgreich ist (*z.B.* ein Film, ein Buch od. ein Musikstück) 长时间走红,长期叫座,经久不衰

Dau·er·gast *der* **1.** j-d, der für längere Zeit *bes* in e-m Hotel wohnt (旅馆的)常住客 **2.** *gespr*, *oft pej* [口]常用[贬] ≈ Stammgast

dau·er·haft *Adj* (形) **1.** 〈e-e Freundschaft, e-e Lösung, ein Friede 友谊,解决方法,和平〉 so (beschaffen), dass sie lange halten od. existieren 持久的,持续的 ≈ beständig ↔ instabil **2.** fest u. widerstandsfähig 牢固的,耐用的 ≈ robust〈Materialien 材料〉‖ *zu* (义项) **1. Dau·er·haf·tig·keit** *die*; *nur Sg* (只用单数)

Dau·er·kar·te *die*; e-e Eintritts- od. Fahrkarte, die über e-n längeren Zeitraum (*z.B.* e-e Saison, ein Jahr) gültig ist u. beliebig oft benutzt werden kann 长期票,季度票

Dau·er·lauf *der* ≈ Jogging〈e-n D. machen 进行长跑〉

dau·ern; *dauerte*, *hat gedauert*; [Vi] (不及物) **1.** ***etw. dauert*** + *Zeitangabe* 时间说明语 etw. besteht od. findet statt während des genannten Zeitraums 持续,延续(进行): *Sein Auftritt dauerte eine Stunde* 他登场一小时; *Die Verhandlungen dauerten bis spät in die Nacht* 谈判持续到深夜; [Vimp] (无人称) **2.** ***es dauert*** + *Zeitangabe* 时间说明语 (, ***bis ...***) die genannte Zeit ist für etw. erforderlich 需要…时间: *Es dauerte drei Wochen, bis ich seinen Brief bekam* 三个星期之后我才收到他的信; *Wie lange dauert es noch, bis du fertig bist?* 还需要多久你才能干完? ‖ ID [谚] *mst* 多用 ***Das dauert aber/wieder!*** *gespr* [口]; verwendet, um Ungeduld auszudrücken (*bes* wenn man bereits sehr lange auf j-n/etw. wartet) (表示久等而不耐烦)这可让人等得着急!

dau·ernd **1.** *Partizip Präsens* (现在分词); ↑ ***dauern*** **2.** *Adj* (形); *nur attr od adv* (只作定语或状语); über lange Zeit vorhanden 长久的,长期的 ≈ ständig ↔ gelegentlich〈etw. wird zu e-r dauernden Einrichtung 某物成为永久的设施〉 **3.** *Adj* (形); *nur attr od adv* (只作定语或状语); zu häufig 不停顿的,不断的,接二连三的 ≈ fortwährend, ständig ↔ selten: *Ihre dauernden Klagen sind nicht mehr zu ertragen* 她那没完没了的抱怨真让人受不了; *D. macht er Fehler* 他不断地出错

Dau·er·wel·le *die*; Wellen od. Locken, die mit chemischen Mitteln ins Haar gemacht werden u. die dann längere Zeit halten 烫发,烫的发型〈e-e leichte, starke D. 烫大卷,烫小卷; j-m e-e D. legen 给某人烫发; j-s D. hält gut, hält nicht 某人烫的发型保持得好、保持不好〉

Dau·er·wurst *die*; e-e (geräucherte) harte Wurst (*z.B.* Salami), die sehr lange haltbar ist 干熏肠

Dau·er·zu·stand *der*; ein *mst* unangenehmer Zustand, dessen Ende nicht vorherzusehen ist 僵局,持久状态,僵持状态: *Diese unerträgliche Situation darf nicht zum D. werden* 不能让这令人难以忍受的局面成为持久状态

Däum·chen *das*; *-s*, *-*; ein kleiner Daumen 小拇指 ‖ ID [谚] 〈*mst* dasitzen u. 闲坐〉 ***D. drehen*** *gespr* [口]; überhaupt nicht od. wenig arbeiten (*mst* weil man nichts zu tun bekommen od. keine Lust hat) 无所事事,游手好闲,优游自在

Dau·men *der*; *-s*, *-*; der kurze, kräftige Finger, den man gegen die anderen vier Finger drücken kann 拇指: *Kinder lutschen gern am D.* 儿童爱吮吸拇指 ‖ ↑ *Abb. unter* 图见 ***Hand*** ‖ K- (复合): ***Daumen-***, ***-nagel*** ‖ ID [谚] ***j-m den D./die Daumen halten/drücken*** *gespr* [口]; mit j-m hoffen, dass er Glück hat 希望某人有好运; *mst* 多用 ***über den D. gepeilt*** *gespr* [口]; ungefähr geschätzt 大致估价; ***den D. auf etw.*** (*Dat* 三格) (***drauf***) ***haben/auf etw.*** (*Akk* 四格) ***halten*** *gespr* [口]; über etw. zu bestimmen haben u. geizig damit umgehen 把住某物,不轻易动用某物: *Sie hält den D. auf die Urlaubskasse* 她牢牢把住供度假用的那笔存款

Dau·men·schrau·be *die*; *mst Pl*, *hist* (多用复数), [历]; ein mittelalterliches Gerät zum Foltern 拇指夹(中世纪的一种刑具) ‖ ID [谚] ***j-m Daumenschrauben anlegen/ansetzen*** *gespr* [口]; j-n unter sehr starken Druck setzen (*mst* um ihn zu zwingen, etw. zu tun) 对…施加压力

Dau·ne *die*; *-*, *-n*; eine der weichen, kleinen Federn, die Enten u. Gänse vor Kälte schützen. Mit Daunen füllt man *z.B.* Kissen 羽绒,鸭绒 ‖ K- (复合): ***Daunen-***, ***-bett***, ***-decke***, ***-jacke***, ***-schlafsack***

Daus *nur in* 只用于 ***ei der D.!*** *veraltet* [旧] ≈ nanu!

Da·vid(s)·stern *der*; ein Symbol des jüdischen Glaubens in der Form e-s Sterns 大卫王之星 (象征犹太教的六角星)

da·von, *betont* (重读) **da·von** ↑ ***da-/dar-*** + *Präp* (介词) (1,2)

da·von- *im Verb*, *betont u. trennbar*, *sehr produktiv* (构成动词,重读并可分,构词强; Die Verben mit *davon-* werden nach folgendem Muster gebildet (davon- 动词的模式如下): *davoneilen – eilte davon – davongeeilt*

davon- drückt aus, dass e-e Bewegung von e-m Ort weg verläuft 离去,离开 ≈ fort-, weg- ↔ heran-, herbei-;

davonlaufen: *Das Kind klingelte an der Haustür u. lief dann schnell davon* 小孩按响门铃,然后很快就跑掉了 ≈ das Kind lief von dem Haus weg

ebenso (同类词有): ***davoneilen***, ***davonfahren***,

D

davonfliegen, **davonlaufen**, **davonrasen**, **davonrennen**, **davonstolzieren**, (**sich**) **davonschleichen**, **sich davonschleppen**; **j-n davonjagen**, **j-n davontreiben**

da·von·kom·men (*ist*) Vi (不及物) **1.** (**mit etw.**) **d.** e-e gefährliche Situation mit Glück überstehen u. nur relativ geringen Schaden erleiden 逃脱,躲过,幸免于难〈mit dem Schrecken d. 只受了一点惊吓〉: *bei e-m Unfall mit ein paar blauen Flecken, ein paar Kratzern d.* 事故中留下几处紫块、蹭破了点皮; *Er hat Glück gehabt, er ist noch einmal davongekommen!* 他很幸运,又一次幸免于难! **2.** (**mit dem Leben**) **d.** in e-r gefährlichen Situation überleben 死里逃生

da·von·lau·fen (*ist*) Vi (不及物) **1.** ↑ **davon- 2.** *mst* 多用 **ein Kind läuft** (**seinen Eltern**) **davon** ein Kind läuft von zu Hause weg 孩子离家出走了 **3.** **ein Tier läuft** (**j-m**) **davon** ein Tier läuft j-m weg u. kommt nicht wieder zurück (…养的)动物跑了 **4.** **j-m d.** *gespr* [口]; den Ehepartner *o.Ä.* verlassen 离开、丢下(丈夫)走了 **5.** **j-m d.** (viel) schneller laufen als j-d (mit dem zusammen man gerade in e-m Wettbewerb *o.Ä.* läuft) (在赛跑中)把对手远远甩下 ≈ j-n abhängen **6.** (**vor etw.** (*Dat* 三格)) **d.** *gespr* [口]; alles versuchen, etw. nicht machen zu müssen, etw. nicht stattfinden zu lassen (*bes* weil man Angst davor hat) 避开,躲避: *vor e-r Aufgabe, vor der Begegnung mit j-m d.* 逃避一项任务,躲开某人 ‖ ID [谚] **etw. ist zum Davonlaufen** *gespr* [口]; etw. ist unerträglich 某事令人难以忍受

da·von·ma·chen, sich (*hat*) Vr (反身) **sich d.** *gespr* [口]; sich unauffällig entfernen (偷偷)溜走 ≈ sich davonstehlen

da·von·steh·len, sich (*hat*) Vr (反身) **sich d.** ≈ sich davonmachen

da·von·tra·gen (*hat*) Vt (及物) **1.** ↑ **davon- 2.** **etw. d.** *geschr* [书]; etw. Negatives als Folge von etw. erleiden 遭到,遭受 ≈ sich etw. zuziehen 〈e-e Verletzung, e-n Schaden d. 受伤,遭受损失〉 **3.** **den Sieg d.** *geschr* [书] ≈ siegen

da·vor, *betont* (重读) **da·vor** ↑ **da-/dar-** + *Präp* (介词) (1,2)

da·vor- *im Verb, betont u. trennbar, begrenzt produktiv* (构成动词,重读并可分,构词有限); Die Verben mit *davor-* werden nach folgendem Muster gebildet (davor- 动词的模式如下): *davorlegen – legte davor – davorgelegt*

davor- drückt aus, dass j-d/etw. direkt vor etw. positioniert ist od. vor etw. gebracht wird 在…之前,到…之前;

davorschieben: *Er schloss die Tür u. schob e-n Schrank davor* 他锁上门,并把一只柜子挪到门前(堵上) ≈ Er schob e-n Schrank vor die Tür, damit man sie nicht öffnen konnte

ebenso (同类词有): **etw. davorhalten**, (**etw.**) **davorhängen**, **etw. davorlegen**, **j-d/etw. liegt davor**, **sich/etw. davorsetzen**, **davorsitzen**, **j-d/etw. steht davor**, **sich/etw. davorstellen**

da·vor·ste·hen (*hat/südd* Ⓐ CH [南德][奥][瑞] *ist*) Vi (不及物) **1.** ↑ **davor- 2.** kurz vor dem genannten Zeitpunkt, Ereignis sein 面临,即将经历: *„Wann macht eure Tochter Abitur?" – „Sie steht kurz davor"* "你们女儿的文理高中毕业考试是在什么时候?"——"就在眼前了。"

DAX® [daks] *der*; -; *nur Sg* (只用单数), Ⓓ [德] WIRTSCH【经】; (Kurzw für 略,全称为 Deutscher Aktienindex) e-e Zahl, die den Durchschnitt des Preises der 30 wichtigsten deutschen Aktien angibt 德国股票指数〈der DAX steigt, fällt, stagniert 德国股票指数上涨,下跌,停滞〉

da·zu, *betont* (重读) **da·zu** **1.** ↑ **da-/dar-** + *Präp* (介词) (1,2) **2.** *Adv* (副) ≈ außerdem: *Sie isst am liebsten Rouladen u. d. Klöße* 她最爱吃肉卷,外加土豆泥团子

da·zu- *im Verb, betont u. trennbar, begrenzt produktiv* (构成动词,重读并可分,构词有限); Die Verben mit *dazu-* werden nach folgendem Muster gebildet (dazu- 动词的模式如下): *dazuschreiben – schrieb dazu – dazugeschrieben*

dazu- drückt aus, dass e-e Gruppe, Menge, Zahl *o.Ä.* durch e-e Hinzufügung *o.Ä.* größer gemacht wird 外加,添加;

j-n/etw. dazubekommen: *Er kaufte zwei Kilo Äpfel u. bekam e-e Orange als Geschenk dazu* 他买了两公斤苹果,并额外得到一个赠送的橙子 ≈ Er bekam e-e Orange zusätzlich zu den Äpfeln

ebenso (同类词有): **etw. dazugeben**, **dazukommen**, **sich/etw. dazulegen**, (**etw.**) **dazulernen**, **j-n/etw. dazurechnen**, **etw. dazuschreiben**, **sich/j-n dazusetzen**, **sich/etw. dazustellen**, (**etw.**) **dazuverdienen**

da·zu·ge·hö·ren (*hat*) Vi (不及物) **1.** **zu j-m/etw. d.** Teil e-s Ganzen, e-r Gruppe sein 附属,属于: *Er verkauft seine Angel u. alles, was dazugehört* 他卖掉他的钓杆以及所有的附属用具; *Bei euch hat man sofort das Gefühl, dazuzugehören* 在你们这儿大家立刻就会产生自己不是外人的感觉; Vimp (无人称) **2.** **es gehört etw. dazu** + **zu** + *Infinitiv* (不定式) etw. ist für etw. nötig 必需,需要: *Es gehört schon Mut dazu, seinem Chef die Meinung zu sagen* 对他的上司表明自己的意见是需要点勇气的 ‖ *zu* (义项) **1.** **da·zu·ge·hö·ri·g-** *Adj* (形); *nur attr, nicht adv* (只作定语,不作状语)

da·zu·ge·sel·len, sich (*hat*) Vr (反身) **sich d.** sich e-r Gruppe *o.Ä.* anschließen 加入,参与,参加,聚集,结伙

da·zu·kom·men (*ist*) Vi (不及物) **1.** ↑ **dazu- 2.** (**gerade**) **d.** (, **als...**) (zufällig) an e-m Ort erscheinen, an dem gerade etw. geschieht od. geschehen ist 正好赶上: *Ich kam gerade dazu, als der Unfall passierte* 事故发生时,我刚好来到现场 ‖ NB (注意): aber (但): *dazu kommen* (getrennt geschrieben 分开写), *etw. zu tun* 有时间(来得及)做某事 ≈ Zeit

D

haben, etw. zu tun

da·zu·mal *Adv* (副); (**Anno**) **d.** ≈ damals

Da·zu·tun *nur in* 只用于 **ohne j-s D.** ohne j-s Hilfe od. Einfluss 没有…的帮助(出面): *Ohne mein D. hätte er die Stelle nie bekommen* 要不是我伸手帮忙,他绝对得不到这个位置

da·zwi·schen, *betont* (重读) **da·zwi·schen** ↑ **da-/dar-** + *Präp* 介词 (1)

da·zwi·schen- *im Verb*, *betont u. trennbar*, *begrenzt produktiv* (构成动词,重读并可分,构词有限); Die Verben mit *dazwischen-* werden nach folgendem Muster gebildet (dazwischen- 动词的模式如下): *dazwischenrufen* – *rief dazwischen* – *dazwischengerufen*
dazwischen- drückt aus, dass e-e Handlung, ein Zustand *o. Ä.* unterbrochen od. gestört wird (表示行为、状态等中断、受阻)插入;
dazwischenfragen: *Darf ich einmal d., was Sie unter „Komplex" verstehen?* 我能否插问一句,您对"Komplex"这个概念怎么理解? ≈ Entschuldigen Sie, wenn ich Sie unterbreche: Was verstehen Sie unter dem Begriff „Komplex"
ebenso (同类词有): **dazwischenreden**, (**etw.**) **dazwischenrufen**, **j-n/etw. dazwischenschalten**

da·zwi·schen·fah·ren (*ist*) **Vi** (不及物) j-n mit heftigen Worten bei etw. unterbrechen 打扰,打断

da·zwi·schen·fun·ken (*hat*) **Vi** (不及物) (**j-m**) **d.** *gespr* [口]; durch Handlungen od. Worte bewirken, dass der Ablauf von etw. gestört wird 干扰,捣乱: *Der Abend wäre so nett gewesen, wenn du mit deinen provozierenden Bemerkungen nicht immer dazwischengefunkt hättest* 要是你不用你那些挑衅性的评论一再搅乱的话,晚会会开得很愉快的

da·zwi·schen·ge·hen (*ist*) **Vi** (不及物) in e-n Kampf eingreifen, um ihn zu beenden 调停,介入中间,从中斡旋: *Der Schiedsrichter ging mutig dazwischen, als die Spieler sich prügelten* 运动员们相互殴打起来时,裁判勇敢地到他们中间劝阻

da·zwi·schen·kom·men (*ist*) **Vi** (不及物) **etw. kommt (j-m) dazwischen** etw. ereignet sich unerwartet u. stört j-n od. hält ihn von etw. ab (物作主语)发生不测,出现意外: *Wenn (mir) nichts dazwischenkommt, bin ich um 6 Uhr da* 如果不出现意外的话,我六点钟到达

da·zwi·schen·schie·ben (*hat*) **Vt** (及物) **1. etw. d.** etw. irgendwo einfügen 插入,补入 **2. j-n d.** (als Arzt *o. Ä.*) j-m kurzfristig e-n Termin geben, damit er nicht lange warten muss 临时安插、安排

da·zwi·schen·tre·ten (*ist*) **Vi** (不及物) *bes* in e-n Streit eingreifen, um ihn zu beenden 调停,劝解,斡旋: *Als sich die Diskussion zu e-m Streit entwickelte, musste ich d.* 当讨论变成争吵时,我不得不出来劝解

DB [de'be:] *die*; -; *nur Sg* (只用单数) **1.** *Kurzw für* (略,全称为) Deutsche Bundesbahn (bis 1993) 德国联邦铁路 **2.** *Kurzw für* (略,全称为) Deutsche Bahn AG (ab 1994) 德国铁路股份公司 ‖ NB: ↑ **Bahn** (2), **Bundesbahn**

DDR [de(:)de(:)'|ɛr] *die*; -; *nur Sg*, *hist* (只用单数) [历]; (*Abk für* 缩写,全称为 Deutsche Demokratische Republik) einer der beiden deutschen Staaten (von 1949 bis 1990) 德意志民主共和国,民德 ‖ K- (复合): **DDR-Bürger**, **DDR-Regierung**

de-, des- *im Verb*, *unbetont u. nicht trennbar*, *wenig produktiv*, *geschr* (构成动词,非重读,不可分,构词弱) [书]; Die Verben mit *de-* und *des-* werden nach folgendem Muster gebildet (de- 和 des- 动词的模式如下): *dechiffrieren* – *dechiffrierte* – *dechiffriert*
de-, *des-* drückt aus, dass etw. rückgängig gemacht wird od. dass das Gegenteil von etw. geschieht; (表示事物复原或反意)
etw. demontieren: *Die alten Maschinen werden demontiert* 旧机器被拆开 ≈ Die alten Maschinen werden wieder abgebaut, in ihre Einzelteile zerlegt
ebenso (同类词有): **etw. dechiffrieren**, **etw. dekodieren**, **etw. dezentralisieren**; **etw. desinfizieren**, **sich/etw. desintegrieren**, **etw. desorganisieren**, **j-n desorientieren**

Deal [di:l] *der*; *-s*, *-s*; *gespr* [口]; e-e (geschäftliche) Vereinbarung (商务上的)约定,交易 ≈ Abmachung, Handel ⟨mit j-m e-n D. haben, machen 与某人有、做一笔交易⟩

Dea·ler ['di:lɐ] *der*; *-s*, *-*; j-d, der illegal mit Rauschgift handelt 贩毒犯 ‖ *hierzu* (派生) **dealen** (*hat*) *Vi* (不及物)

De·ba·kel *das*; *-s*, *-*; *geschr* [书]; ein großer Misserfolg 失败,惨败 ⟨ein D. erleiden 遭到惨败; etw. endet mit e-m D. 某事以惨败告终⟩

De·bat·te *die*; *-*, *-n*; *geschr* [书] **1. e-e D.** (**über etw.** (*Akk* 四格)) e-e *mst* öffentliche Diskussion über Probleme, zu denen es verschiedene Meinungen gibt 辩论,讨论 ⟨e-e erregte, heftige, hitzige D. 激烈的、热列的辩论; e-e D. eröffnen, führen 展开、进行一场辩论⟩: *Zwischen Regierung u. Opposition kam es zu e-r heftigen D. über die Pläne für die Steuerreform* 在政府和反对派之间就税收改革计划发生了激烈的辩论 ‖ -K (复合): **Bundestags-**, **Haushalts-**, **Parlaments-** **2. etw. zur D. stellen** ein Thema (in e-r Diskussionsrunde) einführen, damit darüber diskutiert wird 对…提出讨论 **3. etw. steht nicht zur D.** über ein Thema soll nicht diskutiert werden/braucht nicht diskutiert zu werden (物作主语)不必讨论,无须讨论

de·bat·tie·ren; *debattierte*, *hat debattiert*; **Vt** (及物) **1. etw. d.** über ein Thema diskutieren 辩论,讨论: *Das Parlament hat gestern den Gesetzesentwurf über das neue Streikrecht debattiert* 议会昨天就新罢工法的法律草案进行了辩论; **Vi** (不及物) **2.** (**über etw.** (*Akk* 四格)) **d.** ≈ d. (1)

De·büt [de'by:] *das*; *-s*, *-s*; der erste Auftritt e-s Künstlers, Sportlers od. Politikers vor e-m (relativ großen) Publikum (艺术家、运动员或政

治家的）首次登台、初次露面（亮相）〈sein D. geben, liefern 首次登台，首次表演〉：*Das D. der jungen Opernsängerin war ein großer Erfolg* 年轻女歌剧演员的首次演出获得很大的成功 ‖ *hierzu*（派生）**de·bü·tie·ren**（*hat*）*Vi*（不及物）

de·chif·f·rie·ren [-ʃ-]; *dechiffrierte*, *hat dechiffriert*; *Vt*（及物）**etw. d.** *geschr*［书］; die Bedeutung von etw. (*z.B.* e-m Kode) finden 破译 ≈ entschlüsseln 〈e-n Kode, e-e Geheimschrift, e-e Nachricht d. 破译密码、秘密文字、消息〉‖ *hierzu*（派生）**De·chif·f·rie·rung** *die*

Deck *das*; -(*e*)*s*, -*s* **1.** die waagrechte Fläche, die den Innenraum e-s Schiffs nach oben abschließt 甲板，舱面〈auf/an, unter D. sein 在甲板上、在舱里; an, unter D. gehen 到甲板上去，到舱里去〉：*das D. schrubben* 刷洗甲板; *sich auf dem/an D. sonnen* 在甲板上晒太阳 ‖ -K（复合）：**Promenaden-**, **Sonnen-** **2.** e-e Art Stockwerk auf e-m großen Schiff 大轮船的舱层：*Der Speisesaal befindet sich im mittleren D.* 饭厅在中舱 ‖ -K（复合）：**Ober-**, **Unter-**, **Zwischen-**; **Passagier-**

De·cke[1] *die*; -, -*n* **1.** ein großes, rechteckiges Stück aus *mst* dickem, warmem Stoff, mit dem man *bes* im Bett den Körper bedeckt 被子，毯子〈j-n/sich mit e-r D. zudecken 盖上被子, in e-e D. hüllen/wickeln 用被子裹起来; unter die D. kriechen, schlüpfen 钻进被子里; unter der D. liegen 躺在被窝里〉：*sich die D. über den Kopf, bis ans Kinn ziehen* 用被子蒙上头，把被子一直盖到下巴颏儿; *e-e D. auf die Wiese legen/auf der Wiese ausbreiten u. sich daraufsetzen* 在草地上铺一条毯子，然后坐在上面 ‖ -K（复合）：**Daunen-**, **Feder-**, **Woll-**; **Bett-**, **Reise-**, **Sofa-**; **Pferde-**, **Sattel-** **2.** e-e Schicht, die etw. (*bes* e-e waagrechte Fläche) bedeckt 覆盖物，覆盖层：*Am Morgen lag e-e weiße D. (Schnee) über/auf der Wiese* 清晨草坪上覆盖着茫茫一片白雪 ‖ -K（复合）：**Eis-**, **Gras-**, **Moos-**, **Nebel-**, **Rasen-**, **Schnee-**, **Staub-**; **Bauch-**, **Straßen-** ‖ ID［谚］**mit j-m unter einer D. stecken** *gespr*［口］; mit j-m gemeinsame Pläne (oft zum Nachteil anderer) haben 与某人狼狈为奸、同流合污、合穿一条裤子; **sich** (*Akk* 四格) **nach der D. strecken müssen** *gespr*［口］; gezwungen sein, mit wenig Geld zu leben 得勒紧裤带，得缩衣节食

De·cke[2] *die*; -, -*n*; die ebene Fläche (*z.B.* aus Holz od. Beton), die e-n Raum nach oben hin abschließt（房）顶，天花板 ↔ Fußboden 〈e-e hohe, niedrige D.（房）顶很高、很矮〉：*Die Lampe hängt von der D. herab/an der D.* 灯悬挂在天花板上; *Er starrte nachdenklich an die/zur D.* 他若有所思地凝视着天花板 ‖ K-（复合）：**Decken-**, **-beleuchtung**, **-gemälde**, **-lampe** ‖ -K（复合）：**Beton-**, **Holz-**, **Stuck-**; **Zimmer-** ‖ ID［谚］**an die D. gehen** *gespr*［口］; wütend werden 火冒三丈; **j-m fällt die D. auf den Kopf** *gespr*［口］; j-d fühlt sich in seiner Wohnung *o.Ä.* einsam, ist deprimiert od. langweilt sich u. braucht Abwechslung 某人在家里憋得慌、很郁闷

De·ckel *der*; -*s*, - **1.** der oberste Teil e-s Behälters (*z.B.* e-r Dose, e-s Topfes od. e-r Kiste), mit dem man ihn schließen kann 盖：*den D. des Glases abschrauben* 拧开玻璃杯的盖子; *den D. der Truhe zufallen lassen, schließen* 合上、关上箱盖 ‖ -K（复合）：**Koffer-**; **Topf-**; **Schraub-** **2.** der vordere od. hintere Teil des Einbandes e-s Buches（书籍）封面，封底，装帧书皮〈den D. aufklappen, zuklappen〉掀开、合上封面 ‖ -K（复合）：**Akten-**, **Buch-** **3.** *gespr hum*［口］［谐］≈ Hut ‖ ID［谚］**j-m eins auf den D. geben** *gespr*［口］; j-n tadeln, zurechtweisen od. verprügeln 剋、教训或揍某人一顿; **eins auf den D. bekommen/kriegen** *gespr*［口］; getadelt, zurechtgewiesen od. verprügelt werden 挨一顿说，挨一顿教训或挨一顿揍

Deckel

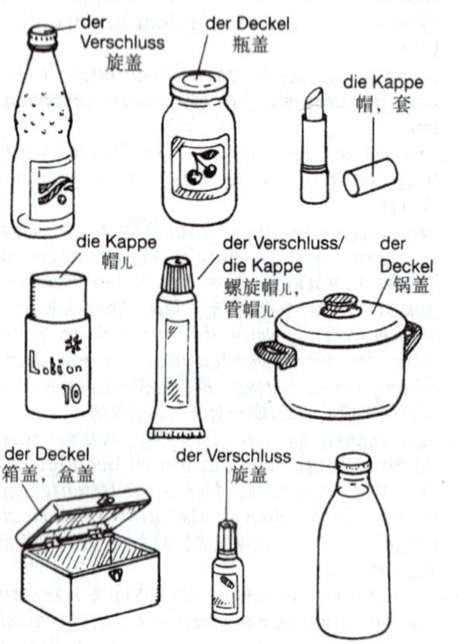

de·cken; *deckte*, *hat gedeckt*; *Vt*（及物）**1.** **etw. über j-n/etw. d.** e-e Art Decke[1] (1) über j-n/etw. legen 盖，覆盖，将…盖在…上 ≈ etw. über j-n/etw. breiten：*Zum Schutz gegen Frost decken wir im Herbst Tannenzweige über die Rosen* 秋天我们用冷杉树枝盖住玫瑰以防霜冻 ‖ K-（复合）：**Deck-**, **-bett**, **-feder**, **-haar**, **-platte**, **-schicht** **2.** **das Dach** (**mit etw.**) **d.** das offene Dach e-s Hauses mit Ziegeln *o.Ä.* versehen 用…（瓦）铺屋顶 **3.** **j-n/(j-m) etw. d.** ≈ j-n/etw. schützen, abschirmen 〈j-m den Rücken d. 掩护某人〉：*Als die Schüsse fielen, warf sich die Mutter über ihr Kind u. deckte es mit ihrem eigenen Körper* 枪响时，母亲扑到孩子身上，用自己的身体遮护他 **4.** **j-n/etw. d.** (durch Lügen *o.Ä.*) dafür sorgen, dass j-d für e-e kriminelle Handlung *o.Ä.* nicht verantwortlich gemacht wird 庇护,遮盖,掩饰〈j-s Flucht, j-s Lügen d. 隐瞒某人逃跑,掩饰某人的谎言〉: *Bei dem Verhör durch die Polizei deckte sie ihren Geliebten durch e-e falsche Aussage* 在警察的讯问中她用假证词来庇护她的情人 **5. etw. d.** dafür sorgen, dass genug von e-r Ware vorhanden ist 满足〈den Bedarf (an etw. (*Dat* 三格)), die Nachfrage (nach etw.) d. 满足需要、需求〉 **6. etw. deckt etw.** etw. bringt so viel Geld ein, dass entstandene Kosten finanziert werden können (物作主语) 能够支付、弥补: *Das Geld von der Versicherung deckt den Schaden nicht* 保险公司赔付的钱不够补偿损失; *Die Einnahmen haben nicht mal die Unkosten gedeckt* 收入还不够支付开销的(即:入不敷出); Vt/i (及物/不及物) **7.** (**den Tisch**) **d.** Geschirr, Besteck, Gläser, Servietten *usw* auf den Tisch tun 摆好餐具 ↔ abräumen: *für zwei Personen d.* 为两人摆好餐具; *Du kannst schon mal den Tisch d. – das Essen ist gleich fertig* 你可以摆上餐具了,饭菜马上就好 **8.** (**j-n**) **d.** SPORT【体】: (beim Fußball, Handball *usw*) nahe bei e-m gegnerischen Spieler bleiben u. zu verhindern versuchen, dass er den Ball bekommt 盯住对方的球员 **9. ein Tier deckt** (**ein Tier**) ein männliches Tier befruchtet ein weibliches Tier (动物作主语)交配、交尾: *Der Stier deckt die Kuh* 公牛与母牛交配; *die Stute decken lassen, zum Decken bringen* 给牝马配种 ‖ K-(复合): **Deck-, -hengst**; Vi (不及物) **10. etw. deckt** e-e Farbe *o.Ä.* ist so intensiv, dass man den Untergrund nicht sieht (物作主语) 涂盖,盖住(底色): *Diese Wandfarbe deckt gut* 这种墙面漆遮盖性能好 ‖ K-(复合): **Deck-, -anstrich, -farbe, -weiß**; Vr (反身) **11. etw. deckt sich mit etw.**; 〈Ansichten, Aussagen, Beobachtungen, Meinungen *o.Ä.* 看法,证词,观察,意见〉 **decken sich** Ansichten, Aussagen *usw* verschiedener Leute stimmen miteinander überein, sind gleich (物作主语)单:与…一致、相似、符合;复:彼此一致,相互符合 **12. etw. deckt sich mit etw.**; 〈Körper *o.Ä.* 物体〉 **decken sich** GEOM【几】: zwei od. mehrere geometrische Flächen haben die gleiche Form u. Größe, sind kongruent (物作主语)单:与…全等,重合;复:彼此全等: *zwei sich deckende Dreiecke* 两个全等三角形 ‖ ▶ **gedeckt**

Deck·man·tel *der*; *mst in* 多用于 **unter dem D.** + *Gen* 二格 / **von etw.** e-e Person handelt so, dass man glaubt, sie tue etw. Gutes. In Wirklichkeit hat sie aber schlechte od. kriminelle Absichten 幌子,外衣: *Unter dem D. der Entwicklungshilfe hat er Millionen verdient* 他借口发展援助赚了好几百万

De·ckung *die*; -, *-en*; *mst Sg* (多用单数); **1.** der Schutz, den man sucht, um nicht gesehen od. von Schüssen *o.Ä.* getroffen zu werden 掩体,隐蔽处〈irgendwo D. suchen, in D. gehen 寻找隐蔽处,隐蔽起来; aus der D. (hervor) kommen 走出隐蔽处〉: *hinter e-m Felsen vor Schüssen D. suchen* 为躲弹雨,在一块岩石后隐蔽起来 ‖ -K (复合): **Flanken-, Rücken-** **2.** SPORT【体】; das Decken (8): *Der beste Verteidiger übernahm die D. des Stürmers* 由最好的后卫来承担防守对方前锋的任务 ‖ K-(复合): **Deckungs-, -fehler** ‖ -K (复合): **Mann-, Raum-** **3.** SPORT【体】; die Spieler, die für die D. (2) verantwortlich sind 后卫 ≈ Verteidigung ‖ K-(复合): **Deckungs-, -lücke, -spieler** **4.** SPORT【体】; (beim Boxen) der Schutz des Körpers u. des Kopfes durch die eigenen Arme (拳击时用手)防卫,防守〈die D. vernachlässigen 疏忽了防卫〉 **5.** das Bezahlen e-r Schuld, der Ausgleich für e-n Schaden *o.Ä.* 抵偿,补偿: *Die Versicherung übernimmt die D. des Unfallschadens in voller Höhe* 保险公司承担事故损失的全额赔偿 ‖ K-(复合): **Deckungs-, -auflage** **6.** die Sicherheit (6) in Form e-s Gegenwerts 保证金,抵押品〈die D. fehlt, reicht aus, reicht nicht 保证金短缺、够数、不够数〉 ‖ K-(复合): **Deckungs-, -summe** **7.** die Befriedigung e-r Nachfrage, e-s Bedarfs 满足(需求) **8. etw. mit etw./**〈Ansichten, Meinungen *o.Ä.* 看法,意见〉 **zur D. bringen** *geschr* [书]; die Ansichten, Meinungen *o.Ä.* verschiedener Leute in Übereinstimmung bringen 使与…取得一致 **9. j-m D. geben** j-m helfen, (unbemerkt) irgendwohin zu gelangen, indem man den Feind mit Schüssen *o.Ä.* ablenkt 用炮火掩护…撤离 ≈ j-m Feuerschutz geben ‖ ID [谚] **Volle D.!** verwendet, um j-n aufzufordern, in D. (1) zu gehen 隐蔽!

de·ckungs·gleich *Adj* (形); *nicht adv*, GEOM (不作状语)【几】; völlig identisch in Form u. Größe 全等的,重合的, ≈ kongruent ‖ *hierzu* (派生) **De·ckungs·gleich·heit** *die*

de·co·die·ren [-k-] ↑ **dekodieren**

de·duk·tiv, de·duk·tiv [-f] *Adj* (形); *geschr* [书]; (*bes* verwendet in der Logik) so, dass man das Besondere aus dem Allgemeinen erschließt, logisch folgert 演绎的,推论的 ↔ induktiv 〈ein Beweis, ein Schluss, ein Vorgehen 证据,结论,过程〉 ‖ *hierzu* (派生) **de·du·zie·ren** (*hat*) *Vt* (及物); **De·duk·ti·on** *die*; -, *-en*

de·es·ka·lie·ren; *deeskalierte*, *hat deeskaliert*; Vt (及物) **etw. d.** e-n Konflikt allmählich abschwächen 使(矛盾)逐渐缓和,缓解(冲突)

de fac·to [deːˈfakto] *Adv* (副); *geschr* [书]; in Wirklichkeit, in der Praxis 事实上 ≈ tatsächlich: *Der Sieger stand de facto schon vor der Wahl fest* 事实上在选举之前胜方就已确定 ‖ K-(复合): **De-facto-Anerkennung**

De·fä·tis·mus *der*; -; *nur Sg*, *geschr pej* (只用单数)[书][贬]; e-e Einstellung, bei der man annimmt, dass sich alles negativ entwickeln wird 失败主义,悲观主义 ‖ *hierzu* (复合) **De·fä·tist** *der*; *-en*, *-en*; **de·fä·tis·tisch** *Adj* (形)

De·fekt *der*; *-(e)s*, *-e* **1.** ein technischer Fehler in e-r Maschine（机械上的）毛病，故障，损坏：*Der Unfall wurde durch e-n D. an den Bremsen verursacht* 事故是由于刹车故障造成的 **2.** e-e Störung der Funktion e-s Organs od. der Psyche（器官或心理上的）毛病，缺陷〈ein genetischer, geistiger, seelischer D. 遗传上的、精神上的、心理上的缺陷〉

de·fekt *Adj*（形）；*ohne Steigerung, nicht adv*（无变级，不作状语）；（verwendet in Bezug auf technische Geräte）nicht in Ordnung（用于器械）坏的，有毛病的，有故障的 ≈ kaputt, schadhaft：*E-e defekte elektrische Leitung führte zu dem Brand* 一根坏了的电线引起了火灾

de·fen·siv, de·fen·siv [-f] *Adj*（形）**1.** nicht zum Angriff, sondern zur Verteidigung bestimmt 防御的，防守的 ↔ offensiv (1)〈e-e Strategie, Waffen 战略，武器〉‖ K-（复合）：***Defensiv-, -bündnis, -krieg, -taktik, -waffe*** **2.** mit Rücksicht auf andere 小心谨慎的，≈ rücksichtsvoll〈e-e Fahrweise, ein Fahrer 开车方式，驾驶员；d. fahren 小心谨慎地开车〉↔ aggressiv **3.** SPORT【体】；im Spiel nicht angreifend, sondern verteidigend 以防守为主的，防守型的〈ein Spieler 球员，队员；d. spielen 比赛中以防守为主，打防守〉‖ K-（复合）：***Defensiv-, -spiel***

De·fen·si·ve, De·fen·si·ve [-və] *die*；-；*nur Sg*（只用单数）**1.** *geschr*［书］；e-e Position, aus der heraus man sich（militärisch od. verbal）verteidigen muss（军事上或语言上）防御，防卫，防守 ↔ Offensive (1)〈sich in die D. begeben 进入防守状态；sich in die D. gedrängt fühlen 感觉被逼入守势〉**2.** SPORT【体】；e-e Spielweise, die von der Verteidigung bestimmt ist 以防守为主的打法，守势 ↔ Offensive (3)〈aus der D. heraus spielen 比赛采取以守为主的打法，打防守战术；in die D. zurückgedrängt werden 被逼入守势〉

de·fi·nie·ren；*definierte, hat definiert*；**Vt**（及物）***etw.*（*irgendwie*）*d.*** die Bedeutung e-s Wortes od. Begriffs genau beschreiben od. festlegen 对…下定义，释义：*Abstrakte Begriffe wie „Freiheit" sind schwer zu d.* 对"自由"这样的抽象概念很难下定义

De·fi·ni·ti·on [-ˈtsioːn] *die*；-，*-en*；*geschr*［书］；die genaue Erklärung e-s Begriffs 定义，解释〈e-e D. von etw. geben 对某事下定义〉：*Versuchen Sie e-e kurze D. des Begriffs „Klassik"!* 请对"古典"这个概念作个简短的解释！

de·fi·ni·tiv, de·fi·ni·tiv [-f] *Adj*（形）；*geschr*［书］；nicht mehr zu verändern 最终的，明确的 ≈ endgültig〈e-e Antwort, Entscheidung 回答，决定；sich d. für/gegen etw. entscheiden 对同意/反对某事作出最终的决定〉

De·fi·zit *das*；*-s,-e*；**1.** FIN【金融】；ein bestimmter Betrag Geld, der fehlt, weil man mehr Geld ausgibt als man einnimmt 赤字，亏空〈ein D. decken 弥补亏空〉‖ -K：***Außenhandels-, Haushalts-, Kassen-*** **2.** *geschr*［书］；***ein D.*（*an etw.*（*Dat* 三格））** ≈ Mangel[1] (1)〈ein D. ausgleichen 调剂短缺〉‖ -K：***Informations-***

de·for·mie·ren；*deformierte, hat deformiert*；**Vt**（及物）**1. *etw. d.*** *geschr*［书］；etw. in seiner Form so ändern, dass es nicht mehr (richtig) zu gebrauchen ist 使变形，使走样：*Bei dem Brand wurden durch die Hitze die Stahlträger des Gebäudes völlig deformiert* 在大火中楼房的钢架被高温烤得完全变了形 **2.** *mst* 多用 ***etw. ist deformiert*** *mst* etw. ist in der Form entstellt（物作主语）走样了，变形了 ‖ *hierzu*（派生）**De·for·ma·ti·on** *die*；**De·for·mie·rung** *die*

def·tig *Adj*（形）；*gespr*［口］**1.** einfach, kalorienreich u. sättigend 实惠的，能填饱肚子的〈ein Essen, e-e Mahlzeit 饭菜，膳食〉**2.** grob u. direkt 粗野的，下流的 ≈ derb (1)〈Späße, ein Witz 玩笑，笑话〉

De·gen *der*；*-s*，-；*hist od* SPORT［历］或【体】；e-e Waffe zum Fechten mit e-r sehr langen, sehr dünnen Klinge 剑，军刀 ‖ ↑ *Abb. unter* 图见 ***Waffen*** ‖ K-（复合）：***Degen-, -fechten***

De·ge·ne·ra·ti·on [-ˈtsioːn] *die*；-，*-en*；*mst Sg*（多用单数）**1.** *geschr*［书］；e-e negative geistige od. moralische Entwicklung 蜕化，衰败，没落，变质，堕落 ≈ Verfall, Abstieg：*die moralische D. e-r übersättigten Gesellschaft* 一个过份富裕社会的道德堕落 **2.** BIOL, MED【生】【医】；der Verlust von (positiven) Eigenschaften od. Merkmalen (*mst* im Laufe von mehreren Generationen, *z.B.* infolge von Inzucht) 退化，变种，衰退 ‖ *hierzu*（派生）**de·ge·ne·rie·ren**（*ist*）*Vi*（不及物）

de·gra·die·ren；*degradierte, hat degradiert*；**Vt**（及物）**1. *j-n*（（*von etw.*）*zu etw.*）*d.*** j-n (*bes* beruflich) erniedrigen（尤指职务上）降职 ≈ herabsetzen：*Der Schauspieler fühlte sich in der neuen Rolle zum bloßen Statisten degradiert* 那个演员觉得他演的这个新角色把他降格成一个跑龙套的了 **2. *j-n*（（*von etw.*）*zu etw.*）*d.*** MIL【军】；j-n in e-n niedrigeren Dienstrang versetzen 降级 ‖ *hierzu*（派生）**De·gra·die·rung** *die*

dehn·bar *Adj*（形）；*nicht adv*（不作状语）**1.**〈Materialien 材料〉so beschaffen, dass man sie dehnen kann 有伸缩性的，有弹性的，可延伸的：*ein dehnbares Gewebe* 有弹性的织物 **2.** nicht eindeutig definiert (u. daher auf unterschiedliche Weise interpretierbar) 不确定的，不明确的，模棱两可的〈ein Begriff 概念〉：*„Freiheit" ist ein dehnbarer Begriff* "自由"是个界线模糊的概念 ‖ *hierzu*（派生）**Dehn·bar·keit** *die*；*nur Sg*（只用单数）

deh·nen；*dehnte, hat gedehnt*；**Vt**（及物）**1. *etw. d.*** etw. länger od. breiter machen, indem man (von beiden Seiten) daran zieht 拉长，拉宽：*e-n Gummi so lange d., bis er reißt* 抻长一块橡胶直到它断裂 **2. *etw./sich d.*** *bes* die Arme u. Beine ausstrecken (*bes* um die Muskeln u. Sehnen elastischer zu machen) 伸(腿、胳臂)，伸展四肢 ≈ recken ‖ K-（复合）：***Dehn-, -übungen***；**Vr**（反身）**3. *etw. dehnt sich*** etw. wird länger bzw. breiter（物作主语）伸展，抻长：*Der Pullover hat sich beim*

Waschen gedehnt 毛衣在洗的时候抻长了 ‖ *zu* (义项) **1.** u. **2. Deh·nung** *die*

Deich *der*; -(*e*)*s*, -*e*; ein Wall aus Erde, den man am Meer aufschüttet, um das Land vor Überschwemmungen zu schützen 堤坝,堤岸 ≈ Damm (1) ‖ K- (复合): ***Deich-***, ***-bruch***

Deich·sel [-ks-] *die*; -, -*n*; e-e Art Stange, die *z.B.* bei Pferde- od. Handwagen vorne in der Mitte befestigt ist u. mit der man den Wagen (zieht u.) lenkt 辕,车杠

deich·seln [-ks-]; *deichselte*, *hat gedeichselt*; Vt (及物) ***etw. d.*** *gespr* [口]; *mst* durch Geschick, seine Beziehungen *o.Ä.* e-e Situation zustande bringen, die für einen selbst sehr günstig ist (要手腕)搞成,办妥: *Er hat das wieder mal so gedeichselt, dass er nur wenig zu arbeiten braucht* 这回他又搞了名堂,使他自己要干的活很少

dein *Possessivpronomen der 2. Person Sg* (*du*) (*du* 单数第二人称物主代词)你的; ↑ *Tabellen unter* 图表见 ***Possessivpronomen*** u. unter ***mein***

dei·n- *Possessivpronomen der 2 Person Sg* (*du*) (*du* 单数第二人称物主代词); ↑ ***mein-***

dei·ner *Personalpronomen der 2 Person Sg* (*du*), *Genitiv* (*du* 单数第二人称物主代词,第二格); ↑ *Tabelle unter* 图表见 ***Personalpronomen***

dei·ner·seits *Adv* (副); was dich betrifft, von dir aus 你那方面,从你那方面来说: *Bestehen d. noch Zweifel?* 你那儿还有疑虑吗?

dei·nes·glei·chen *Pronomen* (代); *indeklinabel*, *geschr*, *oft pej* (词形不变)[书]常用[贬]; Leute wie du 你那样的人: *Du u. d. glauben wohl, Geld verdient sich von selbst!* 你和你那样的人肯定认为钱挣起来很容易!

dei·net·hal·ben *Adv* (副); *veraltet* [旧] ≈ deinetwegen

dei·net·we·gen *Adv* (副) **1.** deshalb, weil es gut für dich ist 为了你好 ≈ dir zuliebe **2.** aus e-m Grund, der dich betrifft 为了你的缘故: *D. mussten wir so lange warten!* 就因为你,我们等了那么长时间!

dei·net·wil·len *Adv* (副); *veraltend* [渐旧]; *nur in* 只用于 **um d.** ≈ deinetwegen

dei·ni·g-, Dei·ni·g- *Possessivpronomen* (物主代词); *veraltend* [渐旧]; wie ein Subst. verwendet für *der*, *die*, *das deine / Deine* (当名词用时代替 *der*, *die*, *das deine / Deine*) ‖ ↑ ***mein-***

de ju·re *Adv* (副); *mst in* 多用于 ***etw. de jure anerkennen*** *geschr* [书]; etw. formal (juristisch), von Rechts wegen anerkennen 按照(依据)法律对…予以承认(认可) ↔ etw. de facto anerkennen

De·ka *das*; -(*s*), -; Ⓐ [奥] 10 Gramm 10 克: *10 Deka* (= 100 Gramm) *Wurst* 100 克香肠

de·ka·dent *Adj* (形); mit Merkmalen, die auf e-e moralische Verschlechterung, auf e-n kulturellen Verfall hinweisen 颓废的,堕落的: *dekadente Züge in der Kunst* 艺术中的颓废迹象 ‖ *hierzu* (派生) **De·ka·denz** *die*; -; *nur Sg* (只用单数)

De·kan *der*; -*s*, -*e* **1.** der Leiter e-r Fakultät an e-r Universität (大学的)系主任 **2.** ein protestantischer Geistlicher, der e-n bestimmten Bezirk leitet (基督教)教长

De·ka·nat *das*; -*s*, -*e* **1.** das Büro eines Dekans (1,2) (大学)系主任办公室 **2.** PROT【新教】; der Bezirk e-s Dekans 教区 (2) **3.** die Amtszeit e-s Dekans (1,2) 系主任或教长任期

de·kla·mie·ren; *deklamierte*, *hat deklamiert*; Vt (及物) **1. *etw. d.*** *geschr* [书]; ein Gedicht od. e-n Teil e-s Theaterstücks ausdrucksvoll vortragen 朗诵,朗读 **2. *etw. d.*** *geschr* [书]; über ein Thema gefühlvoll u. (zu) feierlich sprechen 对…慷慨陈词

de·kla·rie·ren; *deklarierte*, *hat deklariert*; Vt (及物) **1. *etw. d.*** ADM *geschr*【管理】[书]; (an der Grenze) die Waren angeben, für die man e-e Steuer bezahlen muss (纳税)申报 **2.** ⟨ein Staat, e-e Regierung *o.Ä.* 国家,政府⟩ ***deklariert etw.*** *geschr* [书]; ein Staat, e-e Regierung *o.Ä.* verkündet etw. feierlich 声明,宣告,宣布 ‖ *hierzu* (派生) **De·kla·ra·ti·on** *die*; -, -*en*

de·klas·sie·ren; *deklassierte*, *hat deklassiert*; Vt (及物) ***j-n d.*** e-n Gegner (in e-m sportlichen Wettkampf) hoch besiegen (在体育比赛中)大胜(对手) ‖ *hierzu* (派生) **De·klas·sie·rung** *die*

de·kli·nie·ren; *deklinierte*, *hat dekliniert*; Vt/i (及物/不及物) **1.** (***etw.***) ***d.*** LING【语】; ein Substantiv, Adjektiv, Pronomen od. e-n Artikel in die Form setzen, die im Satz in

Die Deklination 变格

Im Deutschen werden die Substantive, Artikel, Adjektive und Pronomen abhängig von ihrer grammatischen Funktion im Satz dekliniert. Es gibt vier Fälle:

在德语中,名词、冠词、形容词和代词在句中要变格,这与其语法功能有关,有四个格:

Nominativ	(1. Fall)	一格
Genitiv	(2. Fall)	二格
Dativ	(3. Fall)	三格
Akkusativ	(4. Fall)	四格

Das **Subjekt** des Satzes steht im Nominativ. Der Genitiv wird verwendet, um Besitz oder Zugehörigkeit auszudrücken.

句中主语用一格,表示占有或属性用二格。

Die **Objekte** zum Verb stehen meist im Akkusativ oder im Dativ.

动词的宾语大多用四格或三格。

Auch nach einer Präposition wird das Substantiv, Pronomen usw. dekliniert. Der Fall hängt dabei jeweils vom Typ der Präposition ab.

在介词后名词、代词等要变格,用什么格这取决于每个介词的类型。

D

der betreffenden Stellung gebraucht wird (名词、形容词、代词或冠词在句中的)变格 ≈ flektieren; Vt (及物) **2.** ***etw. d.*** alle Fälle[2] (7) e-s Substantivs, Adjektivs, Pronomens od. Artikels nennen 列举…的所有变格形式 ‖ *hierzu* (派生) **De·kli·na·ti·on** *die*; -, *-en* ‖ NB (注意): Verben werden nicht *dekliniert*, sondern *konjugiert* (动词不变格而是变位)

de·ko·die·ren; *dekodierte*, *hat dekodiert*; Vt (及物) ***etw. d.*** *geschr* [书]; etw. mit e-m Kode entschlüsseln 译码,解码,破密码 ‖ *hierzu* (派生) **De·ko·die·rung** *die*

De·kol·le·té, **De·kol·le·tee** [dekɔl'teː] *das*; -*s*, -*s*; *geschr* [书]; ein tiefer Ausschnitt (1) an e-m (festlichen) Kleid (袒胸露肩的)低领,开领 ‹ein gewagtes, tiefes D. 大胆的、裸露的低领›

De·kor *der*, *das*; -*s*, -*s*; ein farbiges Muster auf Gegenständen (*mst* aus Porzellan od. Glas) (多为瓷器、玻璃器皿上的)有色图案,装饰 ‹ein handgemaltes D. 手绘图案› ‖ -K (复合): ***Gold-***

De·ko·ra·teur [-'tøːɐ] *der*; -*s*, -*e*; j-d, der beruflich *bes* Schaufenster schmückt od. gestaltet (尤为橱窗)装饰设计员

De·ko·ra·ti·on [-'tsioːn] *die*; -, -*en* **1.** *nur Sg* (只用单数); das Dekorieren (1): *Die D. des Festsaals dauerte vier Stunden* 节日大厅的装饰用了四小时 **2.** *Kollekt* (集合); die Dinge, mit denen man *z.B.* e-n Raum schmückt 装饰品 ≈ Schmuck (2): *Die D. des Saals für den Faschingsball bestand aus Luftballons u. bunten Papierschlangen* 狂欢节舞会大厅用汽球和彩带装扮一新 ‖ -K (复合): ***Faschings-***, ***Saal-***, ***Zimmer-***

de·ko·ra·tiv [-f] *Adj* (形); (verwendet in Bezug auf Gegenstände) so, dass sie etw. (*z.B.* e-n Raum) schmücken 装饰用的,装潢美观的 ‹e-e Vase 花瓶›

de·ko·rie·ren; *dekorierte*, *hat dekoriert*; Vt (及物) **1.** ***etw.*** (***mit etw.***) ***d.*** etw. mit etw. schöner machen, etw. gestalten 装饰,装潢,布置 ‹ein Schaufenster d. 装饰橱窗› **2.** ***j-n d.*** j-m e-n Orden anheften, verleihen 授予…勋章 ‖ *zu* (义项) **1. De·ko·rie·rung** *die*

De·kret *das*; -(*e*)*s*, -*e*; *geschr veraltend* [书] [渐旧]; e-e offizielle Verordnung von e-r Behörde 法令,政令 ‹ein D. erlassen 颁布一项法令› ‖ *hierzu* (派生) **de·kre·tie·ren** (*hat*) *Vt* (及物)

De·le·ga·ti·on [-'tsioːn] *die*; -, -*en*; *geschr* [书]; e-e Gruppe von Personen, die die Interessen e-r *mst* politischen od. wirtschaftlichen Organisation *bes* auf e-r Konferenz vertritt (多指政治、经济)代表团 ≈ Abordnung ‖ K- (复合): ***Delegations-***, ***-leiter***, ***-mitglied***, ***-teilnehmer*** ‖ -K (复合): ***Regierungs-***

de·le·gie·ren; *delegierte*, *hat delegiert*; Vt (及物) *geschr* [书] **1.** ***j-n*** (***irgendwohin***) ***d.*** j-n als Vertreter e-r Gruppe zu e-r Konferenz *o.Ä.* senden (damit er sich dort für die Interessen der Gruppe einsetzt) 派…作为代表(出席、参加); Vt/i (及物/不及物) **2.** (***etw.*** (***an j-n***)) ***d.*** (e-n Teil der) Aufgaben od. Pflichten von anderen Personen tun lassen 委任,委托 ≈ j-m etw. übertragen: *Der Chef delegiert die Arbeit* (*an seine Mitarbeiter*) 老板把工作委派给助手们; *Ein Manager muss d. können* 一个经理必须会分派工作 ‖ *hierzu* (派生) **De·le·gie·rung** *die*; *nur Sg* (只用单数); *zu* (义项) **1. De·le·gier·te** *der*/*die*; -*n*, -*n*

Del·fin[1] **Del·phin** [-f-] *der*; -*s*, -*e*; ein (Säuge-)Tier, das wie ein großer Fisch aussieht u. im Meer lebt 海豚

Del·fin[2] **Del·phin** [-f-] (*das*); -*s*; *nur Sg*, SPORT (只用单数)【体】; ein Schwimmstil, bei dem man beide Arme gleichzeitig aus dem Wasser schwingt u. die (geschlossenen) Beine wellenförmig bewegt 蝶泳 ‖ K- (复合): ***Delfin-***, ***-schwimmen***, ***-schwimmer***

de·li·kat *Adj* (形); *geschr* [书] **1.** ‹e-e Speise 食物› so, dass sie sehr gut schmeckt 鲜美的,美味的 ≈ exquisit **2.** *nicht adv* (不作状语); ‹e-e Angelegenheit, ein Problem, ein Thema 事务,问题,题目› so, dass sie von j-m viel Taktgefühl *o.Ä.* verlangen 棘手的,难对付的,微妙的 ≈ heikel

De·li·ka·tes·se *die*; -, -*n*; e-e sehr feine u. außergewöhnliche, *mst* teure Speise 精美食品,美味佳肴: *Hummer ist e-e D.* 对虾是道美味佳肴 ‖ K- (复合): ***Delikatessen-***, ***-geschäft***

De·likt *das*; -(*e*)*s*, -*e*; JUR【法】; e-e illegale Handlung 违法行为,不法行为,犯罪行为 ≈ Straftat: *Raub ist ein schweres D.* 抢劫是严重的犯罪行为 ‖ -K (复合): ***Eigentums-***, ***Sittlichkeits-***, ***Verkehrs-***

De·lin·quent *der*; -*en*, -*en*; *geschr* [书] ≈ Straftäter ‖ NB (注意): *der Delinquent*; *den*, *dem*, *des Delinquenten*

De·li·ri·um *das*; -*s*, *De·li·ri·en* [-iən]; *mst Sg*, *geschr* (多用单数), [书]; ein Zustand (der *bes* bei Kranken mit hohem Fieber u. bei Alkoholabhängigen vorkommt), in dem man verwirrt ist u. Dinge sieht, die nicht da sind (高烧或酒精中毒引起的)谵妄,神志恍惚

de·li·zi·ös *Adj* (形); *geschr* [书] ≈ delikat (1), köstlich

Del·le *die*; -, -*n*; *gespr* [口]; e-e leichte Vertiefung, die *bes* durch e-n Schlag od. Stoß entstanden ist (尤指撞击后留下的)凹陷: *j-m e-e D. ins Auto machen* 把某人的小汽车撞瘪一块

Del·phin ↑ ***Delfin***

Del·ta *das*; -(*s*), -*s*/*Del·ten*; ein Gebiet, in dem sich ein großer Fluss in viele kleinere Flüsse teilt, die dann ins Meer münden 三角洲: *das fruchtbare D. des Nils* 富饶的尼罗河三角洲 ‖ K- (复合): ***Delta-***, ***-mündung*** ‖ -K (复合): ***Fluss-***; ***Nil-***, ***Rhein-***

dem *Dat von* **der** *und* **das** der 和 das 的第三格; ↑ *der*[1], *der*[2], *der*[3]; ↑ *Tabellen unter* 图表见 ***Artikel***, ***Demonstrativpronomen*** u. ***Relativpronomen***

De·ma·go·ge *der*; -*n*, -*n*; *geschr pej* [书][贬];

j-d, der versucht, andere von seinen (politischen) Ideen zu überzeugen, indem er bestimmte Gefühle wie Neid, Hass *usw* in ihnen weckt u. Dinge sagt, die nicht zu beweisen sind 煽动者,蛊惑人心者 ‖ *hierzu* (派生) **De·ma·go·gin** *die*; -, *-nen*; **De·ma·go·gie** *die*; -; *nur Sg* (只用单数); **de·ma·go·gisch** *Adj* (形)

De·mar·ka·ti·ons·li·nie [-ˈtsi̯oːns-] *die*; der vorläufige Verlauf e-r Grenze, den zwei (od. mehrere) Staaten nach e-m Krieg festgelegt haben (战后国与国之间的临时)分界线,边界线

de·mas·kie·ren; *demaskierte*, *hat demaskiert*; *geschr* [书]; Vt (及物) **1. *j-n d.*** den wahren Charakter, die wirklichen Absichten e-r Person aufdecken 揭露,揭发 ≈ entlarven: *e-n Betrüger, Hochstapler d.* 揭露骗子、伪君子; Vr (反身) **2. *sich d.*** durch e-e Bemerkung *o.Ä.* seinen wahren Charakter, seine wahren Absichten verraten 暴露真相,真相败露 ‖ *hierzu* (派生) **De·mas·kie·rung** *die*

De·men·ti *das*; *-s*, *-s*; *geschr* [书]; e-e offizielle Äußerung, mit der man e-e Behauptung od. Nachricht für falsch erklärt 公开辟谣

de·men·tie·ren; *dementierte*, *hat dementiert*; Vt/i (及物/不及物) **(*etw.*) *d.*** *geschr* [书]; e-e Behauptung od. Nachricht offiziell für falsch erklären (官方正式)否认,辟谣: *Die Regierung dementierte, dass der Minister in e-n Skandal verwickelt ist* 政府否认这位部长卷进了丑闻

dem·ent·spre·chend *Adj* (形); so, wie es logisch aus der vorher erwähnten Situation folgt 与此相应的,因此: *Er hatte zu wenig geschlafen u. war d. schlecht gelaunt* 他睡得太少,因此情绪不好

dem·ge·gen·über *Adv* (副); im Vergleich zum vorher Erwähnten 与此相比: *Sein neues Buch ist ausgezeichnet. Die alten sind d. fast primitiv* 他新出的这本书好极了,早先出的那本相比之下水平差多了

dem·ge·mäß *Adv* (副); als logische od. angemessene Folge des vorher erwähnten Umstandes 依此,因此 ≈ dementsprechend, infolgedessen

De·mis·si·on [-ˈsi̯oːn] *die*; -, *-en*; *geschr* [书]; der Rücktritt e-r Regierung od. e-s Ministers von seinem Amt (政府或部长的)辞职,退职,下台

dem·nach *Adv* (副) ≈ also, folglich

dem·nächst *Adv* (副); in naher Zukunft 不久,很快 ≈ bald[1] (1): *Sie werden d. heiraten* 他们不久就要结婚

De·mo *die*; -, *-s*; *gespr* [口], *Kurzw* (略) ↑ ***Demonstration***

De·mo·krat *der*; *-en*, *-en* **1.** j-d, der nach den Prinzipien der Demokratie (1) lebt 民主主义者: *Das Land braucht mehr echte Demokraten unter den Politikern* 这个国家需要在政治家中有更多真正的民主主义者 **2.** ein Mitglied e-r Partei, die in ihrem Namen das Wort *demokratisch* (*o.Ä.*) hat 民主党成员: *die Demokraten u. die Republikaner in den USA* 美国的民主党人和共和党人 ‖ -K (复合): ***Christ-***, ***Sozial-*** ‖ NB (注意): *der Demokrat*; *den*, *dem*, *des Demokraten* ‖ *hierzu* (派生) **De·mo·kra·tin** *die*; -, *-nen*

De·mo·kra·tie *die*; -, *-n* [-ˈtiːən] **1.** e-e Staatsform, in der die Bürger die Regierung selbst wählen 民主,民主政体,民主主义: *Ein wesentliches Prinzip der D. ist die Pressefreiheit* 民主的一个重要原则是新闻自由 **2.** ein Land mit e-r D. (1) als Staatsform 民主国家: *Die Schweiz ist e-e D.* 瑞士是个民主国家 **3.** *nur Sg* (只用单数); das Prinzip, nach dem die Mehrheit e-r Gruppe Entscheidungen fällt 民主原则: *D. in der Familie, in der Schule, am Arbeitsplatz* 家庭、学校、工作部门中的民主原则

de·mo·kra·tisch *Adj* (形) **1.** den Prinzipien der Demokratie (1) entsprechend 民主的,民主主义的 〈e-e Partei, ein Staat, e-e Verfassung, Wahlen 党派,国家,宪法,选举〉 **2.** nach dem Prinzip, dass das gilt, was die Mehrheit will 以多数人为准的,民主的 〈e-e Entscheidung 决定〉: *Der Beschluss wurde d. gefasst* 决议是民主制定的

de·mo·kra·ti·sie·ren; *demokratisierte*, *hat demokratisiert*; Vt (及物) ***etw. d.*** *geschr* [书]; etw. so verändern, dass es demokratischen (1) Grundsätzen entspricht 使民主化 〈ein Land d. 使国家民主化〉: *die Hochschulen, die Verwaltung d. wollen* 要使大学、管理民主化 ‖ *hierzu* (派生) **De·mo·kra·ti·sie·rung** *die*

de·mo·lie·ren; *demolierte*, *hat demoliert*; Vt (及物) ***etw. d.*** etw. (mit Absicht) zerstören od. beschädigen 拆毁,拆除,毁坏,损坏: *Die enttäuschten Fußballfans demolierten die Tribünen* 失望的球迷们拆毁看台 ‖ *hierzu* (派生) **De·mo·lie·rung** *die*

De·mons·t·rant *der*; *-en*, *-en*; j-d, der an e-r Demonstration[1] teilnimmt 游行者,示威者 ‖ NB (注意): *der Demonstrant*; *den*, *dem*, *des Demonstranten* ‖ *hierzu* (派生) **Demons·t·ran·tin** *die*; -, *-nen*

De·mons·t·ra·ti·on[1] [-ˈtsi̯oːn] *die*; -, *-en*; e-e Versammlung e-r (*mst* relativ großen) Menge von Menschen im Freien, um für od. gegen etw. zu protestieren 游行,示威行动: *e-e D. gegen Atomkraftwerke* 反核电站游行 ‖ K- (复合): ***Demonstrations-***, ***-recht***, ***-teilnehmer***, ***-verbot***, ***-zug*** ‖ -K (复合): ***Friedens-***, ***Massen-***, ***Protest-*** ‖ ▶ ***demonstrieren***[1]

De·mons·t·ra·ti·on[2] [-ˈtsi̯oːn] *die*; -, *-en*; *geschr* [书] **1.** *mst Sg* (多用单数); das Zeigen, wie etw. funktioniert 示范,演示: *die D. e-r chemischen Reaktion* 演示某种化学反应 ‖ K- (复合): ***Demonstrations-***, ***-material***, ***-objekt*** **2.** die sichtbare Darstellung e-r bestimmten Absicht od. Einstellung 展示,显示: *Die Militärparade war als D. der Macht*

D

gedacht 军事检阅的目的是展示威力 ‖ ▶ ***demonstrieren²***

de·mons·t·ra·tiv [-f] *Adj* (形); *geschr* [书]; so, dass man dadurch seine Einstellung deutlich zeigt 态度鲜明的,表态式的,示威性的: *Die Opposition verließ d. den Parlamentssaal* 反对派示威性地离开了议会大厅; *Er sah d. über sie hinweg* 他故意对她视若无睹

De·mons·t·ra·tiv·pro·no·men [-f-] *das*; LING【语】; ein Pronomen wie *dieser* od. *jener*, das wie ein Adjektiv od. Substantiv verwendet wird u. das auf ein bereits erwähntes Substantiv/auf e-n bereits erwähnten Sachverhalt hinweist 指示代词 ‖ ↑ *auch Tabelle unter* 也见图表 ***dieser***, ***derjenige***

Demonstrativpronomen 指示代词: *der*

	Sg (单)			*Pl* (复)
	m	*f*	*n*	
Nom (一格)	der	die	das	die
Akk (四格)	den	die	das	die
Dat (三格)	dem	der	dem	denen
Gen (二格)	dessen	deren	dessen	deren/derer

Im Genitiv Plural nimmt man auch *deren* anstelle des Possessivpronomens (在二格复数时也用 deren 代替) *ihre*(*n*): *Meine Freunde und deren / ihre Kinder* 我的朋友们和他们的孩子们。Ansonsten steht (否则用) *derer*: *Die Zahl derer, die allein leben, nimmt ständig zu* (独身的人数在不断增加。)

de·mons·t·rie·ren¹; *demonstrierte*, *hat demonstriert*; [Vi] (不及物) (***für/gegen j-n/etw.***) ***d.*** an e-r Demonstration¹ teilnehmen (为支持/反对…) 参加示威游行: *für den Frieden, gegen die Aufstellung von Raketen d.* 为了和平、为反对设置导弹而游行

de·mons·t·rie·ren²; *demonstrierte*, *hat demonstriert*; [Vt] (及物) *geschr* [书] **1. *etw. d.*** in gut verständlicher Weise zeigen, wie etw. funktioniert 展示,演示,表现 ≈ vorführen: *Der Biologielehrer demonstrierte anhand e-s Modells die Funktion des Herzens* 生物老师用一个模型演示心脏的功能 **2. *etw. d.*** e-e bestimmte Einstellung *o.Ä.* anderen Menschen deutlich zeigen 表现,表示,显示: *Bei der Abstimmung demonstrierte die Koalition Geschlossenheit u. überstimmte die Opposition* 在表决中执政党联盟显示了他们的团结,并以多数票压倒反对派

De·mon·ta·ge [demɔnˈtaːʒə] *die*; -, *-n*; *geschr* [书] **1.** der Abbau, das Zerlegen von Gerüsten, technischen Anlagen *o.Ä.* 拆开,拆卸,拆除 ↔ Montage **2.** *mst pej* 多用[贬]; der allmähliche Abbau von etw. *mst* Positivem (逐渐) 削减,削弱,使弱化: *Die Opposition warf der Regierung e-e D. der Grundrechte vor* 反对派指责政府在削弱基本权利 ‖ *hierzu* (派生) **de·mon·tie·ren** (*hat*) *Vt* (及物)

de·mo·ra·li·sie·ren; *demoralisierte*, *hat demoralisiert*; [Vt] (及物) ***j-n d.*** j-m den Willen u. den Mut nehmen, etw. zu tun 使泄气,使气馁 ≈ entmutigen: *Die dauernden Rückschläge demoralisierten ihn so, dass er seinen Plan schließlich ganz aufgab* 接二连三的挫折使他丧失了信心,以至最终完全放弃了他的计划 ‖ *hierzu* (派生) **De·mo·ra·li·sie·rung** *die*; *nur Sg* (只用单数)

De·mo·s·kop *der*; *-en*, *-en*; ein Wissenschaftler, der Demoskopie betreibt 舆论调研员 ≈ Meinungsforscher ‖ NB (注意): *der Demoskop*; *den*, *dem*, *des Demoskopen*

De·mo·s·ko·pie *die*; -; *nur Sg* (只用单数); ein wissenschaftliches Verfahren, durch das die Meinung der Bevölkerung (*mst* durch Befragung einzelner Gruppen) erforscht wird 民意测验,舆论调查 ≈ Meinungsforschung ‖ *hierzu* (派生) **de·mo·s·ko·pisch** *Adj* (形); *nur attr od adv* (只作定语或状语)

De·mut *die*; -; *nur Sg* (只用单数); das völlige Fehlen von persönlichem Stolz, die Einstellung, dass man Unglück, Leid *o.Ä.* ertragen muss, ohne zu klagen 顺从,屈从,谦卑: *Schicksalsschläge in D. ertragen* 对命运的打击逆来顺受 ‖ K- (复合): ***Demuts-***, ***-haltung*** ‖ *hierzu* (派生) **de·mü·tig** *Adj* (形); **de·muts·voll** *Adj* (形)

de·mü·ti·gen; *demütigte*, *hat gedemütigt*; [Vt] (及物) ***j-n d.*** j-n so behandeln, dass er in seiner Würde u. in seinem Stolz verletzt wird 使受侮辱、屈辱 ≈ erniedrigen: *j-n d., indem man ihn vor den Kollegen lächerlich macht* 在同事们面前出某人的丑以此来羞辱他 ‖ *hierzu* (派生) **De·mü·ti·gung** *die*

dem·zu·fol·ge *Adv* (副); als (logische) Folge des vorher Erwähnten 因此,所以 ≈ deshalb, infolgedessen

den *Akk von* **der** der 的第四格; ↑ ***der¹***, ***der²***, ***der³***; ↑ *Tabellen unter* 图表见 ***Artikel***, ***Demonstrativpronomen*** u. ***Relativpronomen***

de·nen *Demonstrativpronomen, Relativpronomen* (指示代词)(关系代词); ↑ ***der²***, ***der³*** ‖ NB (注意): ↑ *Tabellen unter* 图表见 ***Demonstrativpronomen*** u. ***Relativpronomen***

Denk·an·satz *der*; die grundlegenden Gedanken, die man sich zu e-m Thema macht 初步设想,基本想法

Denk·an·stoß *der*; ein geistiger Impuls od. e-e Anregung, die j-n dazu motivieren, über etw. nachzudenken 启发,启迪 〈j-m e-n D. geben 给某人一个启发〉

denk·bar *Adj* (形) **1.** *nicht adv* (不作状语) ≈ möglich, vorstellbar: *e-e denkbare Antwort, Lösung* 可能的回答、解决方法 **2.** *nur adv* (只作状语); verwendet, um (*mst* negative) Adjektive od. Adverbien zu verstärken (加强贬意的形容词或副词的语气) 非常,极,很 ≈ sehr 〈d. schlecht, d. ungünstig 非常糟,极不利; d. knapp 极少〉

den·ken; *dachte*, *hat gedacht*; [Vt/i] (及物/不及

物) **1.** (**etw.**) **d.** mit dem Verstand Ideen u. Begriffe verarbeiten, Schlüsse ziehen *o.Ä.* 想,思考,思索,思维 ≈ überlegen 〈klar, logisch, nüchtern, realistisch d. 清楚地、逻辑地、冷静地、现实地思考; abstraktes, analytisches, mathematisches Denken 抽象的、分析式的、数学的思维; e-n Gedanken als Erster d., zu Ende d. 对一想法首先考虑、考虑彻底〉: *Denk, bevor du sprichst!* 先想,再说话!(三思而后行); *Er war so betrunken, dass er nicht mehr vernünftig d. konnte* 他醉得已不能理智地思维; „*Das ist aber seltsam*", *dachte sie* "这可真奇怪",她想 ‖ K-(复合): **Denk-**, **-art**, **-fehler**, **-kategorie**, **-modell**, **-prozess**, **-schema**, **-vermögen**, **-vorgang**, **-weise** ‖ NB(注意): Solange man nicht schläft, *denkt* man ohne bewusste Anstrengung fast die ganze Zeit. Wenn man aber über etw. *nachdenkt*, ist das meistens e-e bewusste Entscheidung (denken(想),只要你不睡觉,几乎时刻都在"想",无须刻意努力,而 nachdenken (思索),则往往是对某事的有意识的定夺) **2.** (**etw.**) **d.** e-e bestimmte Meinung od. Vermutung darüber haben, wie j-d/etw. vielleicht ist od. sein wird 想,认为,以为 ≈ glauben (1): *Ich denke*, dass *es funktionieren wird* 我想,这能成; *Sie dachte, ich würde sie anrufen* 她原以为,我会给她打电话; *Wir dachten*, *im Recht* zu *sein* 我们原认为我们有理; „*Ob sie wohl noch kommt?*" – „*Ich denke schon/nicht*" "她还会来吗?"—"我想会的/不会" ‖ NB(注意): ↑ siehe Erläuterungen auf Seite 99. (说明见99页); [Vt](及物) **3.** **etw. von j-m d.** j-m bestimmte (charakterliche) Eigenschaften zuordnen 对…有…看法(想法): *Er denkt nichts Gutes von mir* 他对我没有好想法; *Ich hätte nie von ihm gedacht*, dass *er so gemein sein könnte* 我真没想到他会如此卑鄙 **4.** **Was denkst du / denken Sie?** verwendet, um j-n nach seiner Meinung zu etw. zu fragen (用于征求意见)你怎么看/您怎么想? **5.** **Was denkst du/denken Sie, wenn ...?** verwendet, um j-n zu fragen, was er von e-m Vorschlag hält (用于询问某人对建议的看法)要是…,你(您)怎么看? **6.** **sich** (*Dat* 三格) **etw.** (**irgendwie**) **d.** ein Bild od. e-e Ahnung davon haben, wie j-d/etw. ist, sein könnte od. sein wird 想像,设想,料想,推想 ≈ sich etw. vorstellen: *Ich hätte mir gleich d. können*, dass *das nichts wird* 我早该料到,这事成不了; *Du kannst dir doch d.*, warum *ich das nicht will* 你总能想像我为什么不愿意吧; *Als Vorspeise habe ich mir e-e Suppe gedacht* 正餐前的那道菜我想的是汤; [Vi](不及物) **7.** **irgendwie über j-n/etw. d.** e-e bestimmte Einstellung zu od. Meinung von j-m/etw. haben (对…)有…的看法,认为: *Wie denkst du über meinen Vorschlag?* 你对我的建议有什么想法?; *Wie denkt er über mich?* 他对我有什么看法? **8.** *mst* **schlecht von j-m d.** e-e negative Meinung von j-m haben (对…)看法不佳 **9.** **irgendwie d.** e-e bestimmte (allgemeine) Einstellung haben (怎样)想,考虑问题: *Er ist ein großzügig denkender Mensch* 他是个看问题很大度的人; *Denk doch mal ein bisschen praktisch. Was sollen wir denn mit so viel Gepäck auf e-r Wandertour?* 你想得实际一点吧,我们徒步旅行带这么多行李干嘛? **10.** **an j-n/etw. d.** sich an j-n/etw. erinnern, j-n/etw. nicht vergessen 想念,记着,思念,忆起: *Wie nett*, *dass Sie an meinen Geburtstag gedacht haben* 真好,您能想着我的生日; *Denkst du noch manchmal* daran, wie *schön es damals war?* 那时候有多美好你有时还能回想起来吗?; *Denk bitte* daran, *den Hund* zu *füttern!* 请记着喂狗! **11.** **an j-n/sich/etw. d.** sein Interesse, seine Gedanken auf j-n/sich/etw. (*bes* auf j-s Bedürfnisse) konzentrieren 只考虑…,替…着想,为…打算: *Er ist sehr egoistisch u. denkt immer nur an sich selbst* 他非常自私,从来就只为自己着想; *Du solltest mehr an deine Familie d.!* 你应该多为你的家庭想想! **12.** (**daran**) **d.** + **zu** + *Infinitiv* (不定式) die Absicht haben, etw. zu tun, etw. tun wollen 有打算,有意图 ≈ mit dem Gedanken spielen + zu + *Infinitiv*: *Sie denkt daran*, *ihr Geschäft zu verkaufen* 她打算卖掉她的店; *Ich denke nicht daran*, *ihm zu helfen* 我不打算帮他 **13.** **laut d.** seine Gedanken aussprechen, ohne damit j-m etw. mitteilen zu wollen 自言自语: „*Was hast du gesagt?*" – „*Nichts. Ich habe nur laut gedacht*" "你说什么?"—"没什么,我不过是自言自语" **14.** **j-d/etw. gibt** (**j-m**) **zu d.** j-d/ etw. macht j-n nachdenklich od. misstrauisch (人/物作主语)使深思,让人生疑 ‖ ID [谚] **sich** (*Dat* 三格) **nichts** (**weiter/Böses**) **bei etw. d.** keine böse Absicht bei etw. haben 并无恶意; *mst* 多用 **Was hast du dir (eigentlich) dabei gedacht?** *gespr* [口]; verwendet, um Empörung über j-s Verhalten auszudrücken (表示气愤)你到底想要干吗?: *Was hast du dir eigentlich dabei gedacht*, *mich so vor den Gästen zu blamieren?* 你究竟是什么意思啊,当着客人们的面那样出我的丑?; **so lange ich d. kann** *gespr* [口]; schon immer 一直是,总是; *mst* 多用 **Du wirst noch an mich d.!** *gespr* [口]; verwendet, um j-m zu drohen (用于威胁)你等着瞧吧!你会记得我的!; *mst* 多用 **Ich denke nicht daran** + **zu** + *Infinitiv* (不定式) ich werde etw. auf keinen Fall tun 我绝对不干: *Ich denke nicht daran*, *ihr zu helfen* 我根本不想帮助她; **Wer hätte das gedacht!** verwendet, um Überraschung auszudrücken (表示惊讶)谁会料得到这个!; *mst* 多用 **Das 'denkst du dir so!**; **Das hast du dir so 'gedacht!** *gespr* [口]; das kommt nicht in Frage 这是你的想法!; *mst* **Wo denkst du hin?** *gespr* [口]; das geht nicht 这哪成? 你想得倒好!: „*Kommst du mit tanzen?*" – „*Wo denkst du hin? Ich muss für die Prüfung lernen!*" "一起跳舞去吗?"——"这哪成?我还得为考试做准备呢!"

-den.ken *das*; *-s*; *nur Sg* (只用单数), *im Subst*, *wenig produktiv*, *mst pej* (构成名词,

D

构词弱）多作［贬］**1.** bezeichnet e-e Einstellung, bei der auf die im ersten Wortteil genannte Sache großen Wert gelegt wird 看重…（的思想），重…（的想法）；***Erfolgsdenken***, ***Nützlichkeitsdenken***, ***Prestigedenken***, ***Profitdenken*** **2.** bezeichnet e-e Einstellung, bei der alles nur im Hinblick auf die im ersten Wortteil genannte Sache beurteilt wird 只考虑…，…至上；***Konkurrenzdenken***, ***Zweckdenken*** **3.** bezeichnet e-e Einstellung, bei der alles in bestimmte Kategorien eingeordnet wird …的思维方式；***Freund-Feind-Denken***, ***Schubladendenken***, ***Schwarzweißdenken***

Den.ker *der*; *-s*, *-*; *geschr* ［书］≈ Philosoph

denk.faul *Adj*（形）；*nicht adv*（不作状语）；*pej*［贬］；zu faul zum Nachdenken 不爱动脑子的

Denk.mal *das*; *-s*, *Denk.mä.ler*/*geschr selten*［书］罕 *-e* **1.** ein großer Gegenstand aus Stein od. Metall (*z. B.* e-e Statue), der auf e-m öffentlichen Platz an e-e Persönlichkeit od. an ein wichtiges Ereignis erinnern soll 纪念碑 ≈ Monument ⟨j-m ein D. setzen 为某人立碑；(j-m) ein D. errichten, ein D. enthüllen（为某人）建立一座纪念碑，为纪念碑举行揭幕典礼⟩ ‖ -K（复合）：***Beethoven-***, ***Mozart-Denkmal*** *usw*; ***Grab-***, ***Krieger-*** **2.** etw., das seit längerer Zeit besteht u. das wert ist, geschätzt (u. bewahrt) zu werden 瑰宝，文物：*Das Nibelungenlied ist ein D. der deutschen Literatur*《尼伯龙根之歌》是德语文学中的瑰宝 ‖ -K（复合）：***Kultur-***, ***Kunst-***, ***Literatur-***, ***Natur-***, ***Sprach-*** ‖ ID［谚］***sich*** (*Dat* 三格) ***ein D. setzen*** durch e-e große Leistung bewirken, dass man nach seinem Tod nicht vergessen wird（因卓越的成就而）树碑立传，流芳百世

Denk.mal(s)|pfle.ge *die*; die Erhaltung von wertvollen alten Gebäuden *o. Ä.* 文物维护，文物管理 ‖ *hierzu*（派生）**Denk.mal(s)|pfle.ger** *der*

Denk.mal(s)|schutz *der*; *Kollekt*（集合）；alle (staatlichen) Maßnahmen, die die Erhaltung *bes* von wertvollen alten Gebäuden sichern（国家的）文物保护 ⟨etw. steht unter D. 某物是国家文物保护对象；etw. unter D. stellen 把某物列为国家文物保护起来⟩ ‖ *hierzu*（派生）**Denk.mal(s)|schüt.zer** *der*

Denk.pau.se *die*; e-e kurze Unterbrechung, während der man Zeit hat, seine Gedanken zu ordnen 用来整理思绪的休息 ⟨e-e D. einlegen 安排休息理理思绪⟩

Denk.sport *der*; das Lösen von kniffligen Aufgaben 智力游戏，猜谜，问答游戏

denks.te! *Interjektion*（叹）；*gespr*［口］；verwendet, um *mst* j-m, den man duzt, zu sagen, dass er sich irrt 你想错了！你想拧了！

Denk.wei.se *die*; *mst Sg*（多用单数）；**1.** die Art u. Weise, wie j-d denkt (1) 思考、想事的方式 **2.** die geistige Haltung, die man gegenüber j-d anderem od. e-r Sache hat 思维方式 ≈ Gesinnung ⟨e-e fortschrittliche, konservative D. 一种进步的，保守的思维方式⟩

denk.wür.dig *Adj*（形）；*nicht adv*（不作状语）；so wichtig, dass man es nicht vergessen sollte 值得纪念的，有纪念意义的 ⟨ein Datum, ein Ereignis, ein Tag 日期，事情，日子⟩ ‖ *hierzu*（派生）**Denk.wür.dig.keit** *die*; *nur Sg*（只用单数）

Denk.zet.tel *der*; *mst in* 多用于 ***j-m e-n D. geben***/***verpassen*** *gespr*［口］；j-n so bestrafen, dass er aus der Strafe lernt od. noch lange an sie denkt（通过惩罚）给某人一个（难忘的）教训

denn[1] *Konjunktion*（连）**1.** verwendet, um e-n Nebensatz einzuleiten, in dem e-e (*mst* bereits bekannte) Ursache od. Begründung genannt wird（引出原因句）因为 ≈ weil: *Fahr vorsichtig, d. die Straßen sind glatt* 路滑，开车要多加小心 ‖ NB（注意）：Wortstellung wie im Hauptsatz 句子的语序不变 **2.** *geschr*［书］；verwendet bei e-m Vergleich, um die doppelte Verwendung von *als* zu vermeiden（用于比较，为避免 als 重叠）比 ≈ als[2] (1): *Er ist als Sänger bekannter d. als Komponist* 他作为歌唱家的名气比作为作曲家的要大 **3.** *Komparativ*（比较级）+ ***d. je*** (***zuvor***) drückt aus, dass von etw. mehr da ist od. etw. intensiver ist als früher 比以往更…，比先前更…：*Dieses Jahr war das Wetter schlechter d. je (zuvor)* 今年的天气比往年更糟

denn[2] *Partikel*（小品词）**1.** *unbetont*（非重读）；verwendet, um e-e Frage freundlicher od. natürlicher klingen zu lassen（使提问的语气委婉自然）（倒是）…啦，呀，啊，呢：*Wie gehts dir d.?* 你好吗？；*Was machst du d. da?* 你在那儿干什么呀？；*Wie heißt du d.?* 你叫什么名字啊？ **2.** *unbetont*（非重读）；verwendet in Fragesätzen, um Überraschung od. Zweifel auszudrücken（用于疑问句，表示惊讶或怀疑）竟，难道，呢，吗：*Geht das d. wirklich?* 这难道真能成？；*Hast du d. auch genug Geld?* 你有足够的钱吗？ **3.** *unbetont*（非重读）；verwendet in Frage- u. Aussagesätzen, um Ungeduld od. e-n Vorwurf auszudrücken（用于问句和叙述句，表示不耐烦或是指责）究竟，怎么，吗：*Was macht ihr d. so lange?* 你们这么长时间在干嘛呢？；*Muss das d. sein?* 有这必要吗？；*Was ist d. jetzt schon wieder los?* 究竟又发生了什么事？ **4.** ***es sei d.***, ... nur wenn etw. geschehen sollte od. der Fall ist 除非… ≈ außer[2] (, wenn, dass ...): *Ich gehe nicht hin, es sei denn, du willst es unbedingt* 我不去，除非你一定要我去 **5.** *betont*（重读）；verwendet, nachdem der Gesprächspartner etw. verneint od. abgelehnt hat, um nach e-r anderen Möglichkeit zu fragen（用于被否定或拒绝后的反诘）到底，呢：„*Der Wal ist kein Fisch*" – „*Was ist er d.?*" – „*Ein Säugetier!*" "鲸鱼不是鱼"——"那它是什么呢？"——"是哺乳动物！" **6.** *unbetont*（非重读）；***d.*** ˈ**dann**/***stattdessen***/***sonst*** ≈ d.[2] (5): „*Ich mag keine Suppe*" – „*Was willst du d. dann?*" – „*Lieber ein Brot*" "我不喜欢喝汤"——"那你想要什么？"——"宁可来个面包" **7.** *unbetont*（非重读）；verwendet in rhetorischen Fragen, wenn man die Zustimmung des Zuhörers erwartet od. sich erhofft (用于期待得到赞同的反诘句)可,可是: *Wer hat d. schon so viel Geld?* 可谁会有那么多钱呢?; *Wer soll das d. kaufen?* 有谁会买它呀? **8.** *unbetont, veraltend* (非重读)[渐旧]; verwendet in Aussagesätzen (*bes* am Ende e-r längeren Erzählung), um e-e Folgerung auszudrücken (用于叙述句,表示结论)就,末了: *So heirateten sie d. u. lebten glücklich u. zufrieden* 于是他们就成了婚,生活得很幸福美满; *Und so blieb es d. auch* 事情最后还是保持原样 **9.** *unbetont* (非重读); verwendet in Ausrufesätzen, um Überraschung (u. oft Verärgerung) auszudrücken (用于感叹句,表示惊讶或气愤)连…也算…: *Ist d. das die Möglichkeit!* 连这也算是可能性!

den·noch *Adv* (副) ≈ trotzdem: *Die Arbeit war schwer, d. hatte ich Spaß daran* 这工作很累人,尽管如此我还是干得很愉快

denn·schon ↑ ***wennschon***

den·tal *Adj* (形) **1.** MED【医】; in Bezug auf die Zähne 牙齿的,牙科的 ‖ K- (复合): ***Dental-***, ***-labor*** **2.** LING【语】; mithilfe der Zähne gebildet 齿音的 ⟨ein Laut 音⟩

de·nun·zie·ren; *denunzierte, hat denunziert*; [Vt] (及物) ***j-n*** (***bei j-m***) ***d.*** *pej* [贬]; (*bes* in e-m totalitären Staat aus politischen Gründen) j-n anzeigen (2) od. die Polizei auf etw. aufmerksam machen, was j-d macht (weil man ihm schaden will) 告发,告密: *j-n bei der Polizei d.* 到警察局告发某人 ‖ *hierzu* (派生) **De·nun·zi·ant** *der*; *-en, -en*; **De·nun·zi·an·tin** *die*; *-, -nen*; **De·nun·zi·a·ti·on** *die*; *-, -en*

Deo *das*; *-(s), -s*; *gespr Kurzw* [口](略) ↑ ***Deodorant*** ‖ K- (复合): ***Deo-***, ***-roller***, ***-spray***, ***-stift*** ‖ -K (复合): ***Achsel-***, ***Intim-***

De·o·do·rant *das*; *-s, -s*; ein kosmetisches Mittel gegen Körpergeruch (化妆用的)除臭剂

De·par·te·ment [depart(ə)ˈmãː] *das*; *-s, -s*; **1.** ein Verwaltungsbezirk in Frankreich (法国的)行政区 **2.** (CH) [瑞] ein Ministerium in der Schweiz (瑞士政府的)部 **3.** (CH) [瑞] e-e Abteilung e-s Geschäfts (商店的)部门

de·pla·ciert [-s-] *Adj* (形); ↑ ***deplaziert***

de·pla·ziert *Adj* (形); *pej* [贬]; in e-r bestimmten Situation nicht angemessen od. e-r Umgebung nicht angepasst 不合适的,不恰当的,不适宜的 ≈ unangebracht ⟨e-e Bemerkung 评语; etw. wirkt d. 某事显得不合时宜⟩

De·po·nie *die*; *-, -n* [-ˈniːən]; ein großer Platz, an dem Müll *o. Ä.* gelagert wird (垃圾)堆放场 ⟨e-e D. anlegen, schließen 开辟、关闭垃圾堆放场⟩ ‖ -K (复合): ***Giftmüll-***, ***Müll-***, ***Sondermüll-***

de·po·nie·ren; *deponierte, hat deponiert*; [Vt] (及物) ***etw. irgendwo d.*** etw. (*mst* Wertvolles) an e-m sicheren Ort aufbewahren (lassen) 把…存放、寄存在: *Wertsachen im Safe d.* 把贵重物品存在保险柜里 ‖ *hierzu* (派生) **De·po·nie·rung** *die*

De·por·ta·ti·on [-ˈtsi̯oːn] *die*; *-, -en*; der Abtransport *bes* von Gegnern e-s politischen Regimes od. von bestimmten Minderheiten *o. Ä.* in ein Lager *o. Ä.* 流放,驱逐,押送 ‖ *hierzu* (派生) **de·por·tie·ren** (*hat*) *Vt* (及物)

De·pot [deˈpoː] *das*; *-s, -s* **1.** ein Lager für große Mengen *z. B.* an Lebensmitteln od. Waffen 仓库,储存库 **2.** e-e Sammelstelle für Züge, Busse *usw*, wenn sie (*z. B.* in der Nacht) nicht benutzt werden 车场,车库 ‖ -K (复合): ***Omnibus-***, ***Straßenbahn-*** **3.** FIN【金融】; die Abteilung e-r Bank, in der die Wertpapiere aufbewahrt u. verwaltet werden (有价证券等)保管库,金库 ‖ K- (复合): ***Depot-***, ***-auszug***, ***-gebühren***, ***-geschäft*** ‖ -K (复合): ***Aktien-***, ***Wertpapier-***

Depp *der*; *-en, -en*; *gespr südd* Ⓐ [口][南德][奥] ≈ Dummkopf, Idiot ‖ NB (注意): *der Depp; den, dem Depp/Deppen, des Deppen*

De·pres·si·on [-ˈsi̯oːn] *die*; *-, -en* **1.** *mst Pl* (多用复数); ein Zustand, in dem man (oft ohne richtigen Grund) längere Zeit traurig u. mutlos ist 忧郁,抑郁,郁闷: *Er leidet unter schweren Depressionen* 他患有严重的抑郁症 **2.** WIRTSCH【经】; der sehr schlechte Zustand der allgemeinen wirtschaftlichen Situation 萧条,不景气 ≈ Wirtschaftskrise: *die große D. der 20er Jahre* 二十年代经济大萧条

de·pres·siv [-f] *Adj* (形); *mst attr* (多作定语) **1.** traurig u. mutlos 压抑的,消沉的,沮丧的 ⟨e-e Stimmung, ein Zustand 气氛,状况⟩ **2.** MED【医】; ⟨ein Mensch 人⟩ so, dass er zu Depressionen neigt 抑郁的,忧郁的,郁郁不乐的 ‖ *hierzu* (派生) **De·pres·si·vi·tät** *die*; *-*; *nur Sg* (只用单数)

de·pri·mie·ren; *deprimierte, hat deprmiert*; [Vt] (及物) **1.** ***etw. deprimiert j-n*** etw. macht j-n traurig, mutlos od. hoffnungslos (物作主语)使沮丧、抑郁、意志消沉 ⟨deprimiert aussehen 看上去很沮丧; deprimierendes Wetter 令人沮丧的天气⟩ **2.** ***j-n mit etw. d.*** j-n mit seinen Kommentaren, seinem Pessimismus *o. Ä.* traurig, mutlos *o. Ä.* machen 用…使沮丧、丧气、消沉,

De·pu·tier·te *der/die*; *-n, -n*; verwendet als Bezeichnung für e-n Abgeordneten in manchen Ländern (*z. B.* in Russland) (俄罗斯的议员)代表,委员 ‖ -K (复合): ***Volks-*** ‖ NB (注意): *ein Deputierter; der Deputierte; den, dem, des Deputierten*

der[1], *die, das*; *bestimmter Artikel* (定冠词) **1.** verwendet vor Substantiven, die etw. einmalig Vorhandenes bezeichnen (指惟一的事物): *die Erde, der Mond, die UNO usw* 地球,月亮,联合国等 **2.** verwendet, wenn das genannte Ding *o. Ä.* nur einmal in der Situation vorhanden ist (指场景中独有的事物): *Gib mir bitte die Schere!* 把剪刀给我!; *Sie saß auf der Couch* 她坐在沙发上 *Er wäscht sich die (= seine) Hande, den Kopf* 他洗手,洗头; *Sie wohnt in der Bahnhofstraße* 她住在火车站大街 **3.** verwendet vor Substantiven, die

D

vom Sprecher u. Hörer aufgrund ihrer Vorkenntnisse eindeutig identifiziert werden können (指谈话双方同指的事物): *Wie war der Film?* 那场电影怎么样? **4.** verwendet vor Substantiven, die im Gespräch, Text *o.Ä.* bereits (*mst* mit dem unbestimmten Artikel) erwähnt wurden (用于前面已提及的名词前): *Ein Mann u. e-e Frau standen auf einmal vor unserer Tür. Der Mann war groß, schlank ...* 我们门前忽然站着一个男人和一个女人。那男的大高个、细长条… **5.** verwendet vor abstrakten Begriffen, wenn sie verallgemeinernd verwendet werden (用于泛指的抽象概念前): *die Jugend* 青春; *die Heimat* 家乡; *Das Leben könnte so einfach sein* 生活可能就这么简单 **6.** verwendet vor Substantiven, die durch ein Adj., e-n Nebensatz *o.Ä.* näher bestimmt sind (用于被形容词、从句等限定的名词前): *Wir nehmen das Zimmer im ersten Stock* 我们要二层的房间; *Sie hatte das Gefühl, krank zu sein* 她感觉生病了 **7.** verwendet vor geographischen Bezeichnungen (Namen von Meeren, Seen, Gebirgen *usw*) u. vor einigen Ländernamen (用于海、湖、山脉等地理名称和部分国名前): *die Alpen, der Bodensee, das Ruhrgebiet, die Pfalz* 阿尔卑斯山,博登湖,鲁尔地区,法尔茨州; *Italien, Frankreich, Spanien* 意大利,法国,西班牙(无冠词), aber: *der Libanon, der Iran, die Schweiz, die Türkei* 黎巴嫩,伊朗,瑞士,土耳其(有冠词) **8.** verwendet vor manchen Eigennamen (用于某些专有名词前): *der Marienplatz, die ‚Zeit', der 1 F. C. Köln, die Berliner Philharmoniker* 玛丽亚广场,《时代周报》,科隆第一足球俱乐部,柏林爱乐乐团 **9.** verwendet vor Substantiven, die e-e Gattung *o.Ä.* als Gesamtheit bezeichnen (u. damit auch jeden einzelnen Vertreter dieser Gattung *o.Ä.*) (用于类别名称和总称前): *Der Mensch* (= jeder Mensch) *ist sterblich* 人都是要死的; *Das Auto* (= jedes Auto) *verpestet die Umwelt* 汽车污染环境; *Watt hat die Dampfmaschine erfunden* 瓦特发明蒸汽机 **10.** verwendet, um aus anderen Wortarten Substantive zu bilden (由别的词类构成的名词): *das Wandern* 徒步旅行; *das Spazierengehen* 散步; *die Mutigen* 勇敢者; *die Benachteiligten* 受歧视者; *das ewige Hin und Her* 不停的来回走动 **11.** *gespr* [口]; verwendet vor (Personen) Namen (用于人名前): *Der Peter hat angerufen* 彼得来过电话; *Die Meiers wollen umziehen* 麦耶一家想搬家 **12.** verwendet anstelle der Präpositionen *pro* u. *je* vor bestimmten Mengen- u. Maßangaben (替代某些量词前的介词 pro 和 je): *Der Stoff kostet zehn Euro der Meter* 这种料子每米 10 欧元; *Er verkauft die Tomaten zu zwei Euro das Pfund* 他出售西红柿每磅 2 欧元 ‖ NB (注意): ↑ *Tabelle unter* 图表见 ***Artikel***

der², *die, das*; *Relativpronomen* (关系代词); verwendet, um e-n Nebensatz einzuleiten u. auf ein vorausgehendes Substantiv od. Pronomen hinzuweisen (用于带起从句,来修饰前面的名词或代词): *das Buch, das er gelesen hat* 他看过的那本书; *ein Abend, dessen ich mich gerne erinnere* 我爱回忆的一个夜晚; *Das sind die Freundinnen, mit denen ich mich gestern getroffen habe* 这就是昨天和我相会的女朋友们 ‖ NB (注意): ↑ *Tabelle unter* 图表见 ***Relativpronomen***

der³, *die, das*; *Demonstrativpronomen* (指示代词) **1.** *attr, betont* (作定语,重读); verwendet, um ausdrücklich auf e-e Person/Sache hinzuweisen, *mst* um sie von e-r anderen Person/Sache abzuheben (用于强调和突出某人或某事) ≈ dieser, diese, dieses: *Die Frau kenne ich, die andere aber nicht* 这位女士我认识,但另外那位不认识; *Gerade an dem Tag kann ich nicht zu dir kommen* 恰好那天我去不了你那儿 **2.** ***deren/dessen*** + *Subst* (名); *geschr* [书]; verwendet, um das Possessivpronomen *ihr/sein* zu ersetzen (*mst* um den Bezug zu verdeutlichen) (用于替代物主代词 ihr/sein): *Er hat uns von dem Unfall u. dessen* (= seinen) *Folgen erzählt* 他给我们讲述了事故及其后果 **3.** verwendet wie ein Subst., um direkt u. ausdrücklich auf j-n/etw. hinzuweisen (当名词用,直接指人和物): *Genau das wollte ich auch sagen* 这也正是我想说的; *Die (da) kenne ich nicht* 那一位(女士)我不认识 ‖ NB (注意): auf Personen bezogen ist dieser Gebrauch umgangssprachlich u. *mst* unhöflich 指人的用法限于口头,且多为不礼貌: *Der versteht nichts davon!* 这位对此可是一窍不通! **4.** verwendet wie ein Subst., um ein bereits genanntes Subst. wieder aufzugreifen (当名词用,重提已经涉及过的事物): „*Was hältst du von meinem Vorschlag?*" – „*Den finde ich gut*" "你对我的建议怎么看?"——"我觉得很好" **5.** ***das***; wie ein Subst. verwendet, um sich (zusammenfassend) auf e-n bereits erwähnten Satz od. Text zu beziehen (当名词用,与前面提及的句子或语篇相关): *Gestern war ich in den Bergen. Das war herrlich!* 我昨天去山里了,那可真好!; *Sie hat mich angelogen. Das werde ich ihr nie verzeihen!* 她欺骗了我,这我永远不会原谅她! **6.** ***das***; wie ein Subst. verwendet bei unpersönlichen Verben u. in Sätzen mit Hilfsverb (作名词用,用于无人称动词和系词句中): *Das blitzt u. donnert schon seit einer Stunde* 这么雷电交加的都有一个小时了; *Darf ich vorstellen: Das ist meine Frau* 我来介绍一下,这是我的妻子 **7.** *gespr* [口]; wie ein Subst. verwendet an Stelle des Personalpronomens *er* od. *sie* (当名词用,替代人称代词 *er* 或 *sie*): „*Suchst du Monika?*" – „*Die ist zum Arzt gegangen*" "你找莫尼卡?"——"她看病去了" ‖ NB (注意): ↑ *Tabelle unter* 图表见 ***Demonstrativpronomen der***

der·art *Adv* (副); so sehr, in solch hohem Maß 如此,这样: *Er war d. aufgeregt, dass er anfing zu stottern* 他如此激动,以至于开始结巴了

der·ar·tig *Adj* (形) **1.** *nicht adv* (不作状语) ≈

solch：*Derartige Beobachtungen habe ich nicht gemacht* 我没有做过类似这样的观察 **2.** *nur adv*（只作状语）≈ derart

derb *Adj*（形）**1.** nicht den Normen für anständiges Benehmen entsprechend 粗野的，下流的，失体统的 ≈ anstößig〈Witze, Sprüche 笑话，语言〉**2.** voller Kraft, nicht vorsichtig u. *mst* ungeschickt od. aggressiv 粗鲁的，鲁莽的，生硬的，粗手笨脚的 ≈ grob (5) ↔ zart (6)：*j-n d. an der Schulter packen* 粗鲁地抓住某人的肩膀 **3.** grob, fest u. gut haltbar 粗糙结实的 ↔ fein (1)〈Leder, Stoffe 皮革，布料；Schuhe, Kleidung 鞋，服装〉：*Kartoffelsäcke aus derbem Leinen* 用粗麻做成的土豆袋 ‖ *hierzu*（派生）**Derb·heit** *die*；*nur Sg*（只用单数）

Der·by [-bi] *das*；*-s*，*-s*；SPORT【体】**1.** ein Rennen für (Vollblut) Pferde von 3 Jahren 德比马赛(英国传统马赛之一，比赛限用三岁幼马) **2.** ein Spiel zwischen zwei Mannschaften aus der gleichen Stadt od. Gegend（同一城、区球队之间的）德比战，对抗赛 ‖ -K（复合）：***Lokal-***

der·einst *Adv*（副）**1.** *geschr*［书］≈ später einmal **2.** *veraltet*［旧］≈ früher einmal, einst (1)

de·ren *Demonstrativpronomen*, *Relativpronomen*（指示代词）(关系代词)；↑ ***der²***, ***der³*** ‖ NB（注意）：↑ *Tabellen unter* 图表见 ***Demonstrativpronomen*** u. ***Relativpronomen***

de·rent·we·gen *Adv*（副）；wegen derer 为了这些人（或这些事）的缘故：*Die Gäste kommen doch erst später. D. brauchst du dich also nicht so zu beeilen* 客人们要晚点才来，你不必因为他们而这么着忙。

de·rent·wil·len *Adv*（副）；*nur in* 只用于 ***um d.*** ≈ derentwegen

de·rer *Demonstrativpronomen*, *gespr auch Relativpronomen*（指示代词）［口］也作（关系代词）；↑ ***der²***, ***der³*** ‖ NB（注意）：↑ *Tabellen unter* 图表见 ***Demonstrativpronomen*** u. ***Relativpronomen***

der·ge·stalt *Adv*（副）；***d.***, ***dass...*** *geschr*［书］≈ so, dass ...：*Die Verhandlungen verliefen d., dass jegliche Kritik sinnlos war* 谈判进行得无可挑剔

der·glei·chen *Demonstrativpronomen*（指示代词）；*indeklinabel*（词形不变）**1.** *nur attr*（只作定语）≈ solch-：*D. Dinge passieren jeden Tag* 此类事天天发生 **2.** so etw., etw. Ähnliches 类似的事：*D. habe ich auch schon erlebt* 类似的事我也经历过

der·je·ni·ge, *diejenige*, *dasjenige*；*Demonstrativpronomen*（指示代词）**1.** wie ein Subst. verwendet, um mit besonderer Betonung auf e-e nicht näher genannte Person od. Sache hinzuweisen（用作名词，用于强调某个不很明确的人或事）那个人，那件事：*Wenn ich denjenigen erwische, der die Fensterscheibe eingeschlagen hat, dann kann er was erleben!* 如果让我逮住这个砸碎窗玻璃的人，有他好受的！**2.** wie ein attributives Adj. verwendet, um mit besonderer Betonung auf das nachfolgende Subst. hinzuweisen（作定语形容词，用于强调其后的名词）那些…：*Diejenigen Schüler, die an dem Kurs teilnehmen wollen, möchten bitte ins Sekretariat kommen* 想参加培训班的学生，请去秘书办公室 ‖ NB（注意）：nur vor nachfolgendem Relativsatz verwendet（只用于关系从句前）

Demonstrativpronomen 指示代词：***derjenige***			
Nominativ（一格）			
	Sg（单）	*m*	derjenige
		f	diejenige
		n	dasjenige
	Pl（复）		diejenigen
Akkusativ（四格）			
	Sg（单）	*m*	denjenigen
		f	diejenige
		n	dasjenige
	Pl（复）		diejenigen
Dativ（三格）			
	Sg（单）	*m*	demjenigen
		f	derjenigen
		n	demjenigen
	Pl（复）		denjenigen
Genitiv（二格）			
	Sg（单）	*m*	desjenigen
		f	derjenigen
		n	desjenigen
	Pl（复）		derjenigen
Die übrigen Demonstrativpronomen und Indefinitpronomen werden nach demselben Muster gebildet. 其他的指示代词和不定代词同样按此模式变化。			

der·lei *Demonstrativpronomen*（指示代词）；*indeklinabel*（词形不变）**1.** *nur attr*（只作定语）≈ solche **2.** ≈ so etw., etw. Derartiges

der·ma·ßen *Adv*（副）；in so hohem Maße, so (sehr) 如此，这般(的程度)：*Er ist d. eingebildet, dass er niemals als Erster grüßt* 他自负到了从不主动与人打招呼的地步

Der·ma·to·lo·ge *der*；*-n*，*-n*；MED【医】≈ Hautarzt ‖ *hierzu*（派生）**Der·ma·to·lo·gie** *die*；**der·ma·to·lo·gisch** *Adj*（形）；*nur attr od adv*（只作定语或状语）

der·sel·be, *dieselbe*, *dasselbe*；*Demonstrativpronomen*（指示代词）**1.** verwendet, um auszudrücken, dass j-d/etw. mit j-m/etw. identisch ist, dass es sich nur um eine Person/Sache handelt 同一(个人或件事)的，同样的：*Er hat denselben Pullover wie du* 他有件与你一样的毛衣；*Das ist doch dieselbe Person wie auf dem Foto* 这与照片上的是同一个人 *Das ist nicht dasselbe* 这不是一回事 **2.** *gespr*［口］≈ der, die, das gleiche：*Sie hat dieselbe Frisur wie ich* 她的发型和我的一样 ‖ NB（注意）：↑ *Tabelle unter* 图表见 ***derjenige***

der·sel·bi·ge, *dieselbige*, *dasselbige*；*Demonstrativpronomen*（指示代词）；*veraltend*［渐旧］

D

≈ derselbe ‖ NB（注意）：↑ *Tabelle unter* 图表见 ***derjenige***

der·weil, der·wei·len *Adv*（副）≈ inzwischen

der·zeit *Adv*（副）；**1.** in der Gegenwart 现在，目前，当前 ≈ zurzeit, gegenwärtig ↔ seinerzeit **2.** *veraltend* ≈ damals, seinerzeit

des- ↑ ***de-***

De·sas·ter *das*；*-s*，*-*；*geschr*［书］；ein großes Unglück, ein schlimmer Misserfolg 不幸，失败，灾难 ≈ Katastrophe：*Die Expedition endete mit e-m D.* 考察因不幸事件而终止

de·sen·si·bi·li·sie·ren；*desensibilisierte*，*hat desensibilisiert*；**Vt**（及物）***j-n d.*** MED【医】；j-n *mst* gegen Stoffe unempfindlich machen, gegen die er allergisch ist 使对过敏源不过敏，使脱敏 ‖ *hierzu*（派生）**De·sen·si·bi·li·sie·rung** *die*；*nur Sg*（只作单数）

De·ser·teur [-ˈtøːɐ] *der*；*-s*，*-e*；ein Soldat, der seine Truppe heimlich verlässt, weil er nicht kämpfen will 逃兵，临阵脱逃者 ≈ Fahnenflüchtiger ‖ *hierzu*（派生）**de·ser·tie·ren**（*ist*）*Vi*（不及物）

des·glei·chen *Adv*（副）；*geschr*［书］≈ ebenfalls：*Bei dem Vortrag vermissten wir ein durchdachtes Konzept, d. e-e ansprechende Ausführung* 听报告时我们觉得它缺少一个深思熟虑的提纲，同样也缺乏引人入胜的讲解

des·halb *Adv*（副）；aus diesem Grund 所以，因此 ≈ daher：*Sie kann sehr gut singen u. will d. Sängerin werden* 她歌唱得非常好，所以想当歌唱家

De·sign [diˈzain] *das*；*-s*，*-s*；der Entwurf u. die Gestaltung e-s (industriellen) Produkts（工业）产品的设计，图样，样式，款式：*Möbel mit modernem D.* 现代款式的家具 ‖ -K（复合）：***Auto-***，***Karosserie-***，***Textil-***

De·sig·ner [diˈzainɐ] *der*；*-s*，*-*；j-d, der beruflich Designs macht 设计师 ‖ -K（复合）：***Auto-***，***Mode-***，***Textil-*** ‖ *hierzu*（派生）**De·sig·ne·rin** *die*；*-*，*-nen*

De·sig·ner- [diˈzainɐ-] *im Subst*，*begrenzt produktiv*（构成名词，构词有限）；verwendet, um auszudrücken, dass etw. individuell entworfen u. *mst* nur für wenige (nicht als Massenware) hergestellt wurde（设计独特、限量生产的）精品；die ***Designerbrille***，die ***Designerjeans***，die ***Designermode***

De·sig·ner·dro·ge [diˈzainɐ-] *die*；e-e moderne, im Labor hergestellte Droge 强效精纯毒品：*die Designerdrogen Ecstasy u. Crack* 强效精纯毒品：迷幻药和纯可卡因

de·sig·niert *Adj*（形）；*nicht adv*，*geschr*（不作状语）［书］；für ein (hohes) Amt gewählt, aber noch nicht im Amt 选定的，指定的：*der designierte Ministerpräsident* 已选定的总理

des·il·lu·si·o·nie·ren [-zio-]；*desillusionierte*，*hat desillusioniert*；**Vt**（及物）***j-n d.*** *geschr*［书］；j-m seine Illusionen nehmen 使醒悟，使幻想破灭 ≈ enttäuschen, ernüchtern ‖ *hierzu*（派生）**Des·il·lu·si·o·nie·rung** *die*；*nur Sg*（只用单数）

Des·in·fek·ti·ons·mit·tel [-ˈtsioːns-] *das*；ein (chemisches) Mittel, mit dem *bes* Wunden od. medizinische Geräte desinfiziert werden 消毒剂：*Jod ist ein D.* 碘酒是一种消毒剂

des·in·fi·zie·ren；*desinfizierte*，*hat desinfiziert*；**Vt/i**（及物/不及物）（***etw.***）***d.*** etw. von Bakterien, Schmutz *o. Ä.* (mit e-m geeigneten Mittel) befreien 消毒，杀菌 ≈ keimfrei machen：*e-e Wunde mit Jod d.* 用碘酒给伤口消毒；*Alkohol desinfiziert* 用酒精消过毒了 ‖ *hierzu*（派生）**Des·in·fek·ti·on** *die*；*-*，*-en*；*mst Sg*（多用单数）；**Des·in·fi·zie·rung** *die*；*mst Sg*（多用单数）

Des·in·teg·ra·ti·on [-ˈtsioːn] *die*；*geschr*［书］；die Auflösung od. der Zerfall e-s Ganzen in mehrere Teile 分裂，瓦解，解体

Des·in·te·res·se *das*；*nur Sg*（只用单数），*geschr*［书］；der Mangel an Interesse 无兴趣，冷漠，漠不关心 ≈ Interesselosigkeit, Gleichgültigkeit ‖ *hierzu*（派生）**des·in·te·res·siert** *Adj*（形）

Desk·top-Pub·li·shing，**Desk·top·pub·li·shing** [-ˈpablɪʃɪŋ] *das*；(*s*)；*nur Sg*，INFORM（只用单数）【信息】；das formale Gestalten (Lay-out u. Satz) e-s Textes mit e-m Computer 桌面印刷（系统）；*Abk* 缩写 DTP

Des·o·do·rant ↑ ***Deodorant***

de·so·lat *Adj*（形）；*geschr*［书］≈ trostlos, traurig ⟨ein Anblick, ein Zustand 景象，处境⟩

des·or·ga·ni·siert *Adj*（形）；*nicht adv*，*geschr*（不作状语）［书］；schlecht organisiert od. vorbereitet 混乱的，准备不充分的：*Unser Chef ist völlig d.* 我们的上司全乱套了 ‖ *hierzu*（派生）**Des·or·ga·ni·sa·ti·on** *die*；*-*；*nur Sg*（只用单数）

des·ori·en·tiert *Adj*（形）；*mst in*（多用于）***d. sein*** ≈ verwirrt, durcheinander sein ‖ *hierzu*（派生）**Des·ori·en·tie·rung** *die*；*nur Sg*（只用单数）

des·pek·tier·lich *Adj*（形）；*geschr*［书］≈ respektlos, geringschätzig ⟨e-e Äußerung, ein Verhalten 表示，行为⟩

des·pe·rat *Adj*（形）；*geschr*［书］≈ verzweifelt ⟨e-e Lage 局势⟩

Des·pot *der*；*-en*，*-en* **1.** ein Herrscher, der die absolute Macht besitzt u. *mst* mit Gewalt über seine Untertanen herrscht 独裁者，专制统治者：*Nero war ein D.* 尼禄是个独裁者 **2.** *pej*［贬］；j-d, der seine Macht dazu benutzt, andere zu unterdrücken 恶霸，暴君，专制者 ≈ Tyrann (1) ‖ NB（注意）：*der Despot*；*den*，*dem*，*des Despoten* ‖ *hierzu*（派生）**Des·po·tis·mus** *der*；*-*；*nur Sg*（只用单数）；**des·po·tisch** *Adj*（形）

des·sen *Demonstrativpronomen*，*Relativpronomen*（指示代词）（关系代词）；↑ ***der²***，***der³*** ‖ NB（注意）：↑ *Tabellen unter* 图表见 ***Demonstrativpronomen*** u. ***Relativpronomen*** ‖ ID［谚］***d. un·ge·ach·tet*** *geschr*［书］；trotz des Genannten 尽管如此 ≈ trotzdem

des·sent·we·gen **1.** *Demonstrativpronomen*（指示代词）；*veraltend*，*geschr*［渐旧］［书］≈ deshalb **2.** *Relativpronomen*（关系代词）；

geschr veraltend [书][渐旧]; wegen der vorher erwähnten Person od. Sache (因前面提及的人或事)因此,为此: *Das Problem, d. ich heute mit dir sprechen möchte, ist Folgendes ...* 我今天想和你谈的问题是…

des·sent·wil·len *Adv* (副); *nur in* 只用 **um d.** *geschr* [书] ≈ dessentwegen

Des·sert [dɛˈseːɐ] *das*; *-s*, *-s*; e-e süße Speise, die zum Abschluss e-s Gerichts[2] serviert wird 餐后的甜食 ≈ Nachtisch, Nachspeise: *Es gab Obst u. Pudding als/zum D.* 餐后甜点是水果和布丁 ‖ K- (复合): **Dessert-, -löffel, -teller**

Des·sin [dɛˈsɛ̃ː] *das*; *-s*, *-s*; *geschr* [书]; ein Muster auf Stoff od. Papier (布料或纸上的)图案,花样: *ein Stoff mit modischem D.* 有新潮图案的衣料

Des·sous [dɛˈsuː] *das*; *-*, *-* [dɛˈsuːs]; *geschr* [书]; elegante Unterwäsche für Frauen 高档女士内衣

de·sta·bi·li·sie·ren; *destabilisierte, hat destabilisiert*; Vt (及物) **etw. d.** e-n stabilen Zustand beseitigen 使不稳定,动摇

de·s·til·lie·ren; *destillierte, hat destilliert*; Vt (及物) **etw. d.** e-e Flüssigkeit verdampfen u. wieder flüssig werden lassen, um sie von Schmutz od. von anderen Bestandteilen zu trennen 蒸馏: *destilliertes Wasser in die Autobatterie nachgießen* 往汽车蓄电池里添加蒸馏水; *Alkohol aus Wein d.* 从葡萄酒中蒸馏出酒精 ‖ K- (复): **Destillier-, -apparat, -kolben** ‖ *hierzu* (派生) **De·s·til·la·ti·on** *die*; *-*, *-en*; *mst Sg* (多用单数)

des·to *Konjunktion* (连) ≈ um so ‖ NB (注意): ↑ **je**[2]

de·struk·tiv [-f] *Adj* (形); *geschr* [书]; 〈*mst* e-e Kritik 多指批评〉 so, dass sie nur negativ ist u. keine Vorschläge zur Verbesserung *o.Ä.* enthält 破坏性的,有害的,非建设性的 ↔ konstruktiv

des·we·gen *Adv* (副); aus diesem Grund 所以 ≈ deshalb

De·tail [deˈtaj] *das*; *-s*, *-s*; *geschr* [书] **1.** ≈ Einzelheit 〈etw. bis ins kleinste D. beschreiben, erzählen 对某事作极其详尽的描写、叙述〉: *Der Zeuge konnte sich an alle Details des Unfalls erinnern* 目击者能够回想起事故的所有细节 ‖ K- (复): **Detail-, -kenntnisse, -zeichnung** **2. ins D. gehen** etw. in allen Einzelheiten beschreiben, diskutieren *o.Ä.* 对某事作细致的描写、讨论 **3. im D.** ≈ im Einzelnen ‖ ID [谚] ↑ **Teufel**

de·tail·liert [detaˈjiːɐt] *Adj* (形); *geschr* [书]; mit vielen Einzelheiten 详尽的,细致的,详细的 ≈ genau 〈e-e Aufstellung, ein Bericht 清单,报告〉: *Ich konnte keine detaillierten Angaben zu dem Zwischenfall machen* 对这次事件我无法作详细说明

De·tek·tiv [dedɛkˈtiːf] *der*; *-s*, *-e*; j-d, der beruflich andere beobachtet *o.Ä.* u. Informationen über sie beschafft (oft im Zusammenhang mit Verbrechen) 侦探,密探: *der berühmte D. Sherlock Holmes* 著名的侦探福尔摩斯 ‖ K- (复合): **Detektiv-, -büro, -geschichte, -roman** ‖ -K (复合): **Kaufhaus-, Privat-** ‖ *hierzu* (派生) **De·tek·ti·vin** *die*; *-*, *-nen*

De·tek·tor [-ˈtɛktoːɐ] *der*; *-s*, *De·tek·to·ren*; ein Gerät, mit dem man *bes* radioaktive Strahlung nachweist 检波器,探测器

De·to·na·ti·on [-ˈtsi̯oːn] *die*; *-*, *-en*; e-e starke u. laute Explosion 起爆,爆炸: *Die Bombe verursachte e-e schwere D.* 炸弹引发了一次强烈的爆炸 ‖ *hierzu* (派生) **de·to·nie·ren** (*ist*) *Vi* (不及物)

deucht *Präsens, 3 Person Sg* (现在时,第三人称单数); ↑ **dünken**

Deut *nur in* 只用于 **keinen/nicht einen D.** *veraltend* [渐旧]; überhaupt nicht, nicht ein bisschen 根本不,毫不,一点儿不

deu·teln; *mst in* 多用于 **daran gibt es nichts zu d.** *gespr* [口]; dazu gibt es keine andere Lösung od. Interpretation, das ist eindeutig 这是一清二楚的(毫无疑义的)

deu·ten; *deutete, hat gedeutet*; Vt (及物) **1. etw. (als etw./ irgendwie) d.** etw., dessen Sinn od. Zweck nicht sofort klar ist, erklären od. erläutern 解释,说明,把…解释成 ≈ auslegen (6), interpretieren 〈ein Orakel, e-n Traum 预言,梦; ein Gedicht d. 解释一首诗〉: *j-s Schweigen als Zustimmung d.* 把某人的沉默解释为默许; Vi (不及物) **2. (mit etw.) auf j-n/etw., irgendwohin d.** (*mst* mit dem Finger) auf j-n/etw., in e-e Richtung zeigen (用…)指,指向: *Ich sah den Vogel erst, als sie mit dem Finger auf ihn deutete* 当她用手指指向那只鸟时,我才看见了它 **3. etw. deutet auf j-n (als etw.)/etw.** einige Anzeichen lassen vermuten, dass j-d etw. ist/dass etw. zutrifft (物作主语)表明,表示,预示 ≈ etw. weist auf j-n/etw. hin: *Alles deutet auf e-n Wetterumschwung (hin)* 一切都预示着要变天; *Die Indizien deuten auf ihn als Täter* 证据表明他是作案人 ‖ *zu* (义项) **1. deut·bar** *Adj* (形); *nicht adv* (不作状语); **Deu·tung** *die*; **Deu·tungs·ver·such** *der*

deut·lich *Adj* (形) **1.** gut zu erkennen 清楚的,明确的 〈e-e Ahnung, ein Gefühl 概念,感觉; etw. d. fühlen, hören, sehen, wahrnehmen (können) (能)清楚地感受到、听到、见到、觉察到某事〉 **2.** 〈e-e Aussprache, e-e Schrift 发音,字迹〉 so klar u. genau, dass man sie gut verstehen, sehen od. hören kann 清楚的,清晰的: *Kannst du nicht ein bisschen deutlicher sprechen?* 你说话能否清楚一些? **3.** so, dass man es nicht falsch verstehen kann 明确的,明白的,不含糊的 ≈ eindeutig, unmissverständlich 〈e-e Anspielung, ein Hinweis, ein Wink 暗示,指示,示意〉: *Ich habe ihm dazu (klar u.) d. meine Meinung gesagt* 我把我的意见明确地告诉了他 **4. d. werden** e-e Kritik od. e-n Tadel offen u. direkt äußern 直言,明说,实话实说: *Ich fürchte, ich muss d. werden* 我恐怕得明说了 ‖ *hierzu* (派生) **Deut·lich·keit** *die*;

D

nur Sg（只用单数）

deutsch *Adj*（形）**1.** zu Deutschland u. seinen Bürgern gehörig 德国的，德意志的〈die Geschichte，der Staat，die Staatsangehörigkeit，das Volk 历史，国家，国籍，人民〉：*die deutschen Dichter u. Denker* 德国的诗人和思想家 **2.** in der Sprache，die in Deutschland，Österreich u. in Teilen der Schweiz gesprochen wird 德语的：〈d.（mit j-m）reden，sprechen 与某人讲、说德语；sich d. unterhalten 用德语聊天〉*die deutsche Übersetzung der Werke Shakespeares* 用德语翻译莎士比亚作品 ‖ NB（注意）：aber：*etw. auf Deutsch sagen*（großgeschrieben）**3.** *nur attr od adv*（只作定语或状语）；in der Schriftart，die in Deutschland bis etwa 1940 verbreitet war 德语书写体的〈die Buchstaben，die Schrift 字母，字体；d. geschrieben 用德语写的〉‖ ID［谚］***mit j-m d. reden*** *gespr*［口］；j-m offen u. direkt seine Meinung sagen，ohne ihn zu schonen 与…实话实说，打开窗户说亮话（直言不讳）

Deutsch（*das*）；-（*s*）；*nur Sg*（只用单数）**1.** *ohne Artikel*（无冠词）；die deutsche Sprache 德语，德文，德国话〈D. lernen，verstehen 学习、懂得德语；（kein）D. sprechen（不）会说德语；etw. auf D. sagen 用德语讲某事；sich（mit j-m）auf D. unterhalten 用德语与某人聊天〉：*Meine französische Freundin spricht fließend D.* 我的法国朋友能说流利的德语；*ein Deutsch sprechender Ausländer* 一个讲德语的外国人；*ein Brief in D.* 一封德语信；*Was heißt das auf D.* 这德语怎么说？‖ K-（复合）：***Deutsch-***，***-kenntnisse***，***-kurs***，***-unterricht*** ‖ NB（注意）：oft mit unbestimmtem Artikel verwendet，wenn man die Art beschreibt，wie j-d D.（1）spricht 描写某人的德语好坏时，常用不定冠词：（*ein*）*akzentfreies*，*gutes*，*fehlerfreies D. sprechen* 说一口标准的、好的、地道的德语 **2.** *mit Artikel*（带冠词）；verwendet，um auf e-e besondere Verwendung der deutschen Sprache durch e-e Person od. e-e Gruppe hinzuweisen 用于指某人或某个团体对德语的独特用法：*Sie spricht ein*（*merkwürdiges*）*D.!* 她说的那德语够古怪的！；*das D. des Übersetzers* 那译者笔下的德语 ‖ -K（复合）：***Amts-***，***Beamten-***，***Juristen-***，***Zeitungs-***；***Nord-***，***Süd-***，***Hoch-*** ‖ NB（注意）：Die Komposita werden *mst* ohne Artikel verwendet 复合词通常不用冠词 **3.** *ohne Artikel*（不用冠词）；die deutsche Sprache u. Literatur als Unterrichtsfach in der Schule 德语课〈D. geben，lehren，unterrichten 教德语，授德语课〉‖ K-（复合）：***Deutsch-***，***-lehrer***，***-stunde***，***-unterricht*** ‖ ID［谚］***auf gut D.*** *gespr*［口］；deutlicher u. direkter ausgedrückt 直说吧，说明白了 ≈ im Klartext：*Sie sagt, sie hat Kopfschmerzen. Das heißt auf gut D., sie hat keine Lust* 她说她头疼。说明白了，就是她不感兴趣；***zu D.*** verständlicher ausgedrückt 说得更明白些，德语叫 ≈ auf D.：*Er ist Dermatologe, zu d. Hautarzt* 他是皮肤科医生，德语叫„*Hautarzt*"；*mst* 多用 ***Verstehst du kein D.*** (***mehr***)***?*** *gespr*［口］；verwendet，um j-n darauf hinzuweisen，dass er（beim nächsten Mal）besser zuhören od. aufpassen sollte（用于提醒某人注意听）你听不懂说话啦？‖ *zu*（义项）**1.** ***deutsch·spra·chig*** *Adj*（形）；***deutsch·sprach·li·ch-*** *Adj*（形）；*nur attr*，*nicht adv*，*veraltend*（只作定语，不作状语）［渐旧］

deutsch-deut·sch- *Adj*（形）；*nur attr*，*nicht adv*，POL，*hist*（只作定语，不作状语）【政】［历］；〈die Beziehungen，die Grenze 关系，边界〉zwischen der Bundesrepublik Deutschland u. der DDR 联邦德国与民主德国之间的

Deut·sche[1] *der/die*；*-n*，*-n*；j-d，der die deutsche Staatsangehörigkeit hat 德国人 ‖ NB（注意）：*ein Deutscher*；*der Deutsche*；*den*，*dem*，*des Deutschen* ‖ K-（复合）：***Deutschen-***，***-feind***，***-freund***，***-hass***；***deutsch-***，***-feindlich***，***-freundlich*** ‖ *hierzu*（派生）***deutsch·stäm·mig*** *Adj*（形）；*nicht adv*（不作状语）

Deut·sche[2] *das*；*-n*；*nur Sg*（只用单数）；die deutsche Sprache 德语，德文〈etw. ins D.，aus dem Deutschen übersetzen 把…翻译成德文，从德文翻译成…〉‖ NB（注意）：*das Deutsche*；*dem*，*des Deutschen*

> **Die Deutschen – ein reisefreudiges Volk**
> **德国人——爱好旅游的民族**
>
> Die Sehnsucht nach Sonne und das Interesse，andere Kulturen kennenzulernen，machen die Deutschen zu einem reisefreudigen Volk. Die letzte Urlaubsreise ist ein beliebtes Gesprächsthema. Drei Viertel der Deutschen verbringen ihre Ferien im Ausland. Die beliebtesten Reiseziele sind Spanien，Österreich und Italien，gefolgt von Frankreich，Griechenland，der Türkei，den Vereinigten Staaten von Amerika und Skandinavien.
>
> 对阳光的渴望，对异域文化的兴趣使德国人成为一个爱好旅游的民族。刚过去的假日旅游是一个热门话题，四分之三的德国人在国外度假，最受欢迎的旅游目的地是西班牙、奥地利、意大利、其次是法国、希腊、土耳其，美国和斯堪的纳维亚。

Deut·sche Bahn *die*；*nur Sg*（只用单数）；das Unternehmen[2]，dem fast der gesamte deutsche Eisenbahnverkehr untersteht 德国铁路

Deutsch·land（*das*）；*-s*；*nur Sg*（只用单数）**1.** der Staat in Mitteleuropa，in dem die Deutschen leben 德国：*im heutigen D.* 在当今德国 ‖ -K（复合）：***Ost-***，***West-***；***Nord-***，***Süd-*** **2.** die Vertreter der Bundesrepublik Deutschland bei internationalen Veranstaltungen，Konferenzen *o.Ä.* 德国（代表、一方、队）：*D. legte sein Veto ein* 德方代表投了否决票；*1:0 für D.!* 1 比零，德国队领先！‖ NB（注意）：aber：*die beiden Deutschland*（*s*）（= die beiden Teile Deutschlands vor der Wiedervereinigung）

Deutschland 德国

Deutschland ist eine Republik (**Bundesrepublik Deutschland**) und liegt in Mitteleuropa. Das Land besteht aus 16 **Bundesländern.** Es hat eine Fläche von 357 000 km^2 und ist mit seinen beinahe 82 Millionen Einwohnern eines der bevölkerungsreichsten Länder Europas.
Die Hauptstadt ist **Berlin.** Einige andere wichtige Städte sind: **Frankfurt am Main** die Finanzhauptstadt, **Hamburg** mit seinem Handelshafen, **Leipzig** die Messestadt, **Dresden** und **München.**

德国是一个共和国(**德意志联邦共和国**),位于欧洲中部,由16个**联邦州**组成,面积357 000平方公里,人口约8200万,是欧洲人口最多的国家之一。

首都是**柏林**,其他几个大都市是:金融都会**法兰克福**(美因河畔),商港**汉堡**,博览会都市**莱比锡**,还有**德累斯顿**和**慕尼黑**。

Deutsch·land|fra·ge *die*; *nur Sg*, *hist*(只用单数)[历]; die Probleme, die sich aus der Aufteilung Deutschlands nach dem zweiten Weltkrieg ergaben(二战后因分裂而产生的)德国问题

Deutsch·land·lied *das*; die Nationalhymne des Deutschen Reiches ab 1922, deren dritte Strophe heute die deutsche Nationalhymne ist 德意志之歌(其第三段为现德国国歌)

deutsch·spre·chen·d- ↑ ***Deutsch*** (1), ***deutsch*** (2)

Deutsch·tum *das*; *-s*; *nur Sg*(只用单数) **1.** *oft pej* 常用[贬]; die Eigenschaften u. Verhaltensweisen, die für Deutsche typisch sind 德国人的民族特性、品性 **2.** die Zugehörigkeit zum deutschen Volk 德国国籍

De·vi·se [-v-] *die*; *-*, *-n*; *mst Sg*(多用单数); e-e wichtige Erkenntnis od. Lebensweisheit, nach der man sich in e-r bestimmten Situation richtet 格言,口号,座右铭 ≈ Motto, Wahlspruch: *„Alles od. nichts" lautete die D.* 口号为"不干则已,要干则成"

De·vi·sen [-v-] *die*; *Pl*(复); Geld *o. Ä.* in ausländischer Währung 外汇: *Touristen bringen D. ins Land* 旅游观光者给国家带来外汇 ‖ K-(复合): ***Devisen-***, ***-beschränkungen***, ***-bestimmungen***, ***-börse***, ***-einnahmen***, ***-geschäft***, ***-handel***, ***-kurse***, ***-schmuggel***, ***-vergehen***

de·vot [-v-] *Adj*(形); *geschr veraltend*[书][渐旧] ≈ unterwürfig 〈e-e Haltung, e-e Verbeugung 态度,鞠躬〉

De·vo·ti·o·na·li·en [devo̯tsi̯oˈnaːli̯ən] *die*; *Pl*, *Kollekt*(复)(集合); Gegenstände, die man kaufen kann u. die e-e religiöse Bedeutung haben (*z.B.* ein Kreuz, ein Heiligenbild, Kerzen) 宗教象征物品 ‖ K-(复合): ***Devotionalien-***, ***-handlung***

De·zem·ber *der*; *-(s)*, *-*; *mst Sg*(多用单数); der zwölfte Monat des Jahres 十二月份; *Abk* 缩写 Dez. 〈im D. 在十二月份; Anfang, Mitte, Ende D. 十二月初、中、末; am 1, 2, 3 D. 十二月一、二、三日〉: *Im D. ist Weihnachten* 十二月份过圣诞节

de·zent *Adj*(形) **1.** unauffällig, aber geschmackvoll 淡雅的,柔和的,素雅的 ≈ unaufdringlich 〈Farben, Kleidung, Musik, ein Parfüm 颜色,服装,音乐,香水〉: *Sie ist d. geschminkt* 她化了淡妆 **2.** zurückhaltend u. taktvoll 谨慎的,得体的,礼貌的 〈ein Auftreten, ein Hinweis 举止,提示〉

de·zen·t·ral, **de·zen·t·ral** *Adj*(形); *geschr*[书] **1.** weit vom Mittelpunkt entfernt 散的,离心的,不集中的 ↔ zentral 〈e-e Lage 局面〉 **2.** auf verschiedene Orte verteilt, von verschiedenen Orten ausgehend 分散的,各自的 〈e-e Stromversorgung 供电〉

de·zen·t·ra·li·sie·ren; *dezentralisierte*, *hat dezentralisiert*; [Vt](及物) ***etw. d.*** (ADM) *geschr*【管理】[书]; Aufgaben u. Tätigkeiten von einer zentralen Stelle (*bes* in der Verwaltung) auf mehrere bzw. viele andere übertragen 分散(行政权等)〈die Verwaltung d. 分散行政管理权〉 ‖ *hierzu*(派生) **De·zen·t·ra·li·sa·ti·on** *die*; *-*, *-en*; *mst Sg*(多用单数); **De·zen·t·ra·li·sie·rung** *die*

De·zer·nat *das*; *-(e)s*, *-e*; ADM *geschr*【管理】[书]; e-e Abteilung e-r Behörde (*bes* der Polizei), die ein bestimmtes Sachgebiet bearbeitet 分管业务的部门: *das D. für Wirtschaftskriminalität* 分管经济犯罪的部门 ‖ -K(复合): ***Mord-***, ***Rauschgift-***

De·zi·bel *das*; *-s*, *-*; e-e Maßeinheit für die Lautstärke 分贝(测量音强的单位); *Abk* 缩写 dB

de·zi·diert *Adj*(形); *geschr*[书]; mit e-r festen Meinung zu e-r Angelegenheit 坚决的,强硬的 ≈ entschieden: *ein dezidierter Gegner der Abtreibung* 人工流产的坚决反对者

De·zi·ma·le *die*; *-(n)*, *-n*; MATH【数】; e-e Zahl, die e-n Bruch im Dezimalsystem ausdrückt (u. deswegen rechts vom Komma steht) 小数 ≈ Kommastelle: *Die erste D. gibt die Zehntel, die zweite D. gibt die Hundertstel an* 小数第一位为十分位,小数第二位为百分位

De·zi·mal·stel·le *die*; MATH【数】≈ Dezimale

De·zi·mal·sys·tem *das*; *nur Sg*(只用单数), MATH【数】; das Zahlensystem, das auf der Zahl 10 aufbaut 十进制

De·zi·mal·zahl *die*; MATH【数】; e-e Zahl, deren Bruchteile rechts vom Komma stehen 小数: *0,5 ist die D. für ½* 0.5是用小数表示的½

De·zi·me·ter *der*; der zehnte Teil e-s Meters 分米; *Abk* 缩写 dm: *Zehn Zentimeter sind ein D.* 10厘米是1分米

de·zi·mie·ren; *dezimierte*, *hat dezimiert*; *geschr*[书]; [Vt](及物) **1.** ***j-d/etw. dezimiert j-n*** (*Kollekt od Pl*(集合或复数))/***Tiere*** Soldaten *o. Ä.* töten/e-e Katastrophe *o. Ä.* tötet viele Menschen od. Tiere (人/物作主语)

(士兵们/自然灾害)使人/动物死亡：*Im Mittelalter hat die Pest die Bevölkerung stark dezimiert* 在中世纪鼠疫使人口大幅度减少 ‖ NB(注意)：*mst* im Passiv!(多为被动语态!)；Vr (反身) **2. etw. dezimiert sich** etw. wird in der Anzahl weniger(物作主语)数量减少 ≈ etw. verringert sich：*Die Zahl der Wale hat sich in den letzten Jahren stark dezimiert* 近年来鲸鱼的数量大大减少 ‖ *hierzu* (派生) **De·zi·mie·rung** *die*；*nur Sg* (只用单数)

DFB [de|ɛfˈbeː] *der*；*Abk für* 缩写,全称为 Deutscher Fußballbund 德国足协

DGB [deːgeːˈbeː] *der*；-(*s*)；*nur Sg* (只用单数)；(*Abk für* 缩写,全称为 Deutscher Gewerkschaftsbund) e-e Organisation, in der viele Gewerkschaften in Deutschland Mitglied sind 德国工会联合会

d. h. *Abk für* 缩写,全称为 das heißt 即,这是说

Dia *das*；-*s*，-*s*；ein kleines, durchsichtiges Bild (ein Stück Film) in e-m Rahmen. Man steckt das D. so in e-n Apparat (e-n Projektor), dass es als großes Bild an der Wand *o.Ä.* zu sehen ist 幻灯片〈Dias vorführen 放幻灯片〉‖ K- (复合)：**Dia-**, **-film**, **-projektor**, **-rahmen**, **-show**, **-vorführung**, **-vortrag** ‖ -K (复合)：**Farb-**, **Schwarz-Weiß-**

Di·a·be·tes *der*；-；*nur Sg*, MED (只用单数)【医】；e-e Krankheit, bei der j-d zuviel Zucker im Blut hat 糖尿病 ≈ Zuckerkrankheit

Di·a·be·ti·ker *der*；-*s*，-；j-d, der Diabetes hat 糖尿病患者 ‖ *hierzu* (派生) **Di·a·be·ti·ke·rin** *die*；-，-*nen*

di·a·bo·lisch *Adj* (形)；*geschr* [书]；〈ein Grinsen, ein Lächeln; ein Plan 冷笑,微笑,计划〉≈ teuflisch

Di·a·dem *das*；-*s*，-*e*；ein halbrundes Schmuckstück, das Frauen um die Stirn od. im Haar tragen (女士配带的)冠冕状头饰：*ein diamantenbesetztes D.* 镶嵌钻石的冠状头饰

Di·a·g·no·se *die*；-，-*n*；MED【医】；die Feststellung e-s Arztes, welche Krankheit ein Patient hat 诊断〈e-e D. stellen 作出诊断〉：*Die D. lautete auf Magengeschwür* 诊断为胃溃疡 ‖ *hierzu* (派生) **di·a·g·nos·ti·zie·ren** (*hat*) *Vt* (及物)

dia·go·nal *Adj* (形) **1.** GEOM【几】；〈e-e Linie 线条〉so, dass sie zwei Ecken e-s Vielecks, die nicht nebeneinander liegen, verbindet 对角线的 **2.** schräg, quer verlaufend 斜的,斜线条的：*ein Hemd mit diagonalen Streifen* 一件斜条纹衬衫；*Er lief d. über das Spielfeld* 他斜穿过赛场 **3. etw. d. lesen** etw. nur flüchtig durchlesen 粗读,浏览

Dia·go·na·le *die*；-*n*，-*n*；GEOM【几】；e-e Linie, die zwei Ecken e-s Vielecks verbindet, die nicht nebeneinanderliegen 对角线：*Die D. teilt ein Quadrat in zwei Dreiecke* 对角线把一正方形分成两个三角形

Dia·gramm *das*；-*s*，-*e*；*geschr* [书]；e-e graphische Darstellung, die zeigt, in welchem Verhältnis verschiedene Zahlen zueinander stehen 示意图,简图：*die Entwicklung der Arbeitslosenzahlen in e-m D. verdeutlichen* 用图表来显示失业人数的发展

Di·a·kon, **Di·a·kon** *der*；-*s*/-*en*，-*e*/-*en* **1.** PROT【新教】；ein Helfer für die Arbeit in e-r Pfarrgemeinde 助祭 **2.** ein Geistlicher, der noch nicht alle Rechte u. Pflichten e-s Priesters hat 执事 ‖ NB (注意)：*der Diakon*；*den*, *dem Diakon*/*Diakonen*, *des Diakons*/*Diakonen* ‖ *hierzu* (派生) **Di·a·ko·nin** *die*；-，-*nen*

Di·a·ko·nis·se *die*；-，-*n*；e-e Frau, die der evangelischen Kirche dient, indem sie in ihrer Gemeinde *z.B.* Kranke pflegt (服务于基督教教会慈善事业的)女护理员 ‖ K- (复合)：**Diakonissen-**, **-haus**

Di·a·ko·nis·sin *die*；-，-*nen*；↑ **Diakonisse**

Di·a·lekt *der*；-(*e*)*s*，-*e*；die Variante e-r Sprache, aus der man die (geographische) Herkunft des Sprechers erkennen kann 方言,土语 ≈ Mundart：*Für Ausländer ist es schwer, den bayerischen D. zu verstehen* 对外国人来说巴伐利亚方言很难懂 ‖ K- (复合)：**Dialekt-**, **-ausdruck**, **-dichtung**, **-forschung**, **-wort** ‖ *hierzu* (派生) **di·a·lekt·frei** *Adj* (形)

> **Dialekte 方言**
>
> In den deutschsprachigen Ländern gibt es eine Vielzahl von Dialekten mit eigenen Besonderheiten. Zu den verbreitetsten zählen **Bayerisch**, **Fränkisch**, **Österreichisch**, **Plattdeutsch**, **Sächsisch** und **Schwäbisch**. Dialekt wird hauptsächlich im familiären und ländlichen Bereich gesprochen. Die verschiedenen Dialekte können große Unterschiede zueinander aufweisen, so hat zum Beispiel ein Hamburger ernste Schwierigkeiten, einen Bayern, der reinen Dialekt spricht, zu verstehen.
>
> 在德语国家中有许多方言,各有特点,使用最广泛的方言有:**巴伐利亚方言,法兰克地区方言,奥地利方言,德国北部方言,萨克森方言,施瓦本地区方言,瑞士德语。**说方言主要在家里和农村范围,不同的方言,彼此区别很大,譬如一个汉堡人很难听懂说纯正方言的巴伐利亚人。

Di·a·lek·tik *die*；-；*nur Sg* (只用单数) **1.** PHIL【哲】；e-e Methode, e-n Denkprozess stufenweise zu entwickeln, indem man e-r These immer e-e Gegenthese gegenüber stellt u. aus beiden zu e-r Synthese kommt, die die Gegensätze beseitigt 辩证法：*die D. Hegels* 黑格尔的辩证法 **2.** *geschr* [书]；die Tatsache, dass etw. zwei gegensätzliche Aspekte, e-n Widerspruch enthält 一分为二 ‖ *hierzu* (派生) **di·a·lek·tisch** *Adj* (形)

Di·a·log *der*；-(*e*)*s*，-*e* **1.** *geschr* [书]；ein Gespräch zwischen zwei od. mehreren Personen 对话 ↔ Monolog〈e-n D. führen 进行对话〉**2.** die Gesamtheit der Gespräche in e-m Film, Theaterstück *o.Ä.* (电影、戏剧中的人物)对白 ‖ K- (复合)：**Dialog-**, **-regie**

Dia·ly·se [-ˈlyː-] *die*；-，-*n*；MED【医】**1.** das

regelmäßige Reinigen von Blut (bei e-m Menschen, der kranke Nieren hat) 透析,渗析 ‖ K-(复合): ***Dialyse-, -gerät, -patient, -station, -zentrum*** **2.** ***an der D. hängen*** *gespr* [口]; durch Schläuche mit e-m Gerät verbunden sein, das das Blut reinigt 做透析

Di·a·mant *der*; *-en*, *-en*; ein kostbarer, farbloser, sehr harter Edelstein, den man *bes* als Schmuck u. zum Schneiden von hartem Material verwendet 金刚石,钻石 ‖ K-(复合): ***Diamant-, -bohrer, -ring, -schmuck***; ***diamanten-, -besetzt*** ‖ -K (复合): ***Industrie-, Roh-*** ‖ NB (注意): *der Diamant*; *den, dem, des Diamanten*

Dia·po·si·tiv, Dia·po·si·tiv [-f] *das*; *geschr* [书] ≈ Dia

Di·ar·rhö(e) [dia'røː] *die*; *-*, *Di·ar·rhö·en* [-'røːən]; MED【医】≈ Durchfall

Di·a·s·po·ra *die*; *-*; *nur Sg*, *geschr* (只用单数) [书] **1.** ein Gebiet, in dem e-e *mst* religiöse Minderheit lebt (信仰不同宗教的)少数民族居住区 ⟨in der D. leben 生活在少数民族区⟩ **2.** die religiöse Minderheit, die in der D. (1) lebt 生活在该地区的少数民族

Di·ät *die*; *-*, *-en*; *mst Sg* (多用单数); **1.** e-e spezielle Nahrung, die ein Kranker bekommt u. die *z.B.* wenig Salz od. Fett enthält 特种饮食,(病人的)规定饮食,病号饭 ≈ Schonkost ⟨j-n auf D. setzen 给某人规定饮食; D. halten (müssen) (得)定食定量⟩: *Zuckerkranke müssen e-e strenge D. einhalten* 糖尿病人必须严格地控制饮食 ‖ K-(复合): ***Diät-, -koch, -kost*** ‖ -K (复合): ***Kranken-*** **2.** e-e Art Fastenkur, während der man wenig isst, um Gewicht zu verlieren 节食减肥 ⟨(e-e) D. machen, D. leben 进行节食减肥,过节制饮食的生活⟩

Di·ä·ten *die*; *Pl* (复); das Geld, das ein Abgeordneter e-s Parlaments für seine Arbeit erhält 议会议员的津贴: *Der Bundestag hat die D. erhöht* 联邦议会提高了议员的津贴

dich[1] *Personalpronomen der 2 Person Sg* (*du*), *Akkusativ* (第二人称单数 *du* 的第四格人称代词); ↑ *Tabelle unter* 图表见 ***Personalpronomen***

dich[2] *Reflexivpronomen der 2 Person Sg* (*du*), *Akkusativ* (第二人称单数 *du* 的第四格反身代词); ↑ *Tabelle unter* 图表见 ***Reflexivpronomen***

dicht, *dichter*, *dichtest-*; *Adj* (形) **1.** mit wenig Platz zwischen den einzelnen Teilen, Personen od. Dingen 繁密的,茂密的,稠密的 ⟨Gestrüpp, Gewühl, Haar 灌木丛,人群,头发; d. behaart, besiedelt, bevölkert, gedrängt usw 毛发很密,人口密集,人烟稠密,十分拥挤⟩: *Morgens herrscht auf den Straßen dichter Verkehr* 早晨大街上车水马龙,交通繁忙 ‖ K-(复合): ***dicht-, -behaart, -besiedelt, -bevölkert, -gedrängt*** **2.** so, dass man kaum od. überhaupt nicht hindurchsehen kann 浓的,浓重的,浓厚的 ⟨Nebel, Qualm, Rauch, ein Schneetreiben, e-e Wolkendecke 雾,烟雾,浓烟,雪暴,云层⟩ **3.** so, dass *bes* Luft od. Wasser nicht hindurchdringen 严密的,不漏(水或气)的, ≈ undurchlässig: *Ist das Boot/das Dach/das Fass d.?* 船/屋顶/桶不漏吗?; *Der Wasserhahn ist nicht mehr d. – er tropft* 水龙头不紧了,它在滴水 ‖ -K (复合): ***luft-, schall-, wasser-*** **4.** straff, ohne langweilige Passagen 紧凑的,严密的 ⟨e-e Handlung, ein Programm 行动,计划⟩ **5.** *nur adv* (只作状语); *mst in* 多用于 ***etw. steht d. bevor*** etw. wird bald geschehen (物作主语)即将发生(来临) **6.** ***d. an/hinter etw.*** (*Dat* 三格)/***bei etw.*** nahe bei etw., knapp (4) bei 临近,靠近 **7.** ***d. an/bei d.*** *gespr* [口]; sehr eng beieinander 紧挨,紧靠 ‖ ID [谚] *mst* 多用 ***Bist du nicht (mehr) ganz d.?*** *gespr!* [粗] verwendet, um seinen Ärger über j-s Dummheit auszudrücken (表示对愚蠢行为的气愤)你是不是有病? 你是不是缺心眼儿?

Dich·te *die*; *-*; *nur Sg* (只用单数) **1.** die Konzentration von etw. 密度,浓度,稠密: *die D. des Verkehrs*, *des Nebels* 交通拥挤,雾气浓重; *die D.* (= Fülle) *der Haare* 头发稠密 ‖ -K (复合): ***Einwohner-, Verkehrs-*** **2.** die straffe, gedrängte Darstellung von etw. 紧凑,精练,严谨 ⟨inhaltliche D. 内容的精炼⟩ **3.** PHYS【物】; das Verhältnis zwischen Masse u. Volumen 比重,密度: *die D. e-s Gases* 气体的比重

dich·ten[1]; *dichtete*, *hat gedichtet*; [Vt/i] (及物/不及物) (***etw.***) (***über j-n/etw.***) ***d.*** ein literarisches Werk (*bes* in Form von Versen) verfassen 创作(诗歌等文学作品 ⟨e-e Ballade, ein Epos, ein Sonett d. 创作叙事诗、史诗、十四行诗⟩

dich·ten[2]; *dichtete*, *hat gedichtet*; [Vt] (及物) **1.** ***etw. d.*** etw. dicht (3) machen 使密封,使不漏,使紧密 ≈ abdichten ⟨Fugen, ein Leck d. 密封接缝、裂缝⟩; [Vt/i] (及物/不及物) **2.** ***etw. dichtet (etw.)*** ein Material macht etw. dicht (3) (物作主语)密封,封闭: *Das Isoliermaterial an den Fenstern dichtet nicht gut* 窗户上的密封条密封效果不好

Dich·ter *der*; *-s*, *-*; j-d, der literarische Werke schreibt, *bes* Dramen u. Gedichte: *Goethe war ein großer D.* 歌德是个伟大的诗人 ‖ K-(复合): ***Dichter-, -lesung*** ‖ NB (注意): Autoren, die Romane *o. Ä.* schreiben, nennt man in der Regel (写长篇小说等的作家一般称) *Schriftsteller* ‖ *hierzu* (派生) **Dich·te·rin** *die*; *-*, *-nen*

dich·te·risch *Adj* (形); *nur attr od adv* (只作定语或状语) **1.** in Bezug auf das Dichten[1] 创作的 ⟨e-e Begabung, e-e Neigung 天赋,倾向⟩ **2.** in Form e-s literarischen Werks 诗的,富有诗意的,文字形式的: *die dichterische Gestaltung/Verarbeitung e-s Stoffes/Themas* 对一素材/题目的艺术构思/加工 **3.** *nicht adv* (不作状语); von e-m Dichter 诗人的 ⟨ein Werk 作品⟩ ‖ NB (注意): ↑ ***Freiheit***

dicht·hal·ten; *hält dicht*, *hielt dicht*, *hat dichtgehalten*; [Vi] (不及物) *gespr* [口]; etw., das geheim ist, anderen Leuten nicht sagen

保密,守口如瓶 ≈ schweigen

Dịcht·kunst *die*; *nur Sg*, *veraltend* (只用单数) [渐旧]; Literatur als Kunst 文学 ≈ Poesie, Dichtung: *Malerei u. D.* 绘画和文学

dịcht·ma·chen; *machte dicht*, *hat dichtgemacht*; [Vt/i] (及物/不及物) (**etw.**) **d.** *gespr* [口]; ein Geschäft schließen, nicht mehr weiterführen (lassen) (商店)关闭,倒闭: *Er hat solche Schulden, er muss (den Laden) d.* 他负债累累,只得把商店关了

Dịch·tung[1] *die*; -, *-en* **1.** ein literarisches Kunstwerk, *bes* ein Gedicht od. ein Theaterstück 文学作品(尤指诗歌或剧作) **2.** *nur Sg* (只用单数); *Kollekt* (集合); die Gesamtheit der literarischen Werke 文学作品: *die D. des Barock* 巴洛克风格的文学作品

Dịch·tung[2] *die*; -, *-en*; ein Ring aus Gummi *o.Ä.*, der *bes* Verschlüsse u. Verbindungen zwischen Rohren od. Schläuchen dicht (3) macht 密封(圈),垫圈,填料: *Der Wasserhahn tropft, weil die D. kaputt ist* 水龙头滴水,因为密封圈坏了 ‖ K- (复合): **Dichtungs-**, **-ring**

dịck *Adj* (形); **1.** mit relativ großem Querschnitt 厚的,粗的, ↔ dünn: *e-e dicke Scheibe Brot, ein dicker Ast, ein dickes Seil* 厚厚的面包片,粗壮的树枝,粗粗的绳索; *ein Brot d. mit Wurst belegen* 在面包里厚厚地夹上肉肠 **2.** verwendet nach Maßangaben, um die Größe des Durchmessers anzugeben 直径为…粗的、厚的≈ stark (10): *Das Kabel ist fünf Millimeter d. u. zehn Meter lang* 电缆有5毫米粗10米长; *e-e zehn Zentimeter dicke Mauer* 一堵10公分厚的墙 ‖ -K (复合): **arm-**, **finger-**; **zentimeter-**, **meter-** **3.** mit (zu) viel Fett am Körper 胖的,肥的 ≈ fett ↔ schlank: *Iss nicht so viel Süßigkeiten, das macht d.!* 别吃那么多甜食,这会让人发胖! ‖ ↑ *Abb. unter* 图见 **Eigenschaften** **4.** mit größerem Umfang als normal (*mst* weil es geschwollen ist) 肿胀的,肿大的: *durch e-e Entzündung ein dickes Knie bekommen* 由于发炎膝盖肿了; *in der Schwangerschaft e-n dicken Bauch haben* 怀孕时腹部鼓胀(大肚子) **5.** 〈ein Saft, e-e Soße, e-e Suppe 果汁,汁,汤〉 so, dass sie viel Bindemittel *o. Ä.* enthalten 稠的,浓厚的 ≈ dickflüssig ↔ wässrig **6.** *bes im Superlativ*, *gespr* (尤用于最高级) [口] ≈ dicht (1,2) 〈mitten im dicksten Getümmel, Gewühl, Verkehr 置身于嘈杂纷乱、密集的人群、拥挤的交通之中〉: *dicke Nebelschwaden in der Luft* 空气中浓厚的雾团 **7.** **ein dickes Lob** e-e große Anerkennung 大大的赞扬: *Sie hat für ihre Arbeit ein dickes Lob geerntet* 她的工作得到了大大的称赞 **8.** *nur attr*, *nicht adv*, *gespr* (只作定语,不作状语) [口]; groß u. teuer 大型昂贵的,豪华的 〈ein Auto, ein Schlitten (= Auto) 汽车〉 **9.** *nur attr*, *nicht adv*, *gespr* (只作定语,不作状语) [口]; sehr eng, vertraut 亲密的,知己的,深厚的 〈Freunde, e-e Freundschaft 朋友,友情〉 ‖ ID [谚] **j-n/etw. d. haben** *gespr pej* [口][贬]; j-n/etw. nicht (mehr) mögen, nicht leiden können 对某人或某事不(再)能容忍,腻歪,受够了; **mit j-m durch d. u. dünn gehen** unter allen Umständen, in allen Situationen j-s Freund sein, ihm helfen u. ihn nie verlassen 与某人同甘共苦、患难与共; *mst* 多用 **Er/Sie trägt ganz schön d. auf** *gespr pej* [口][贬]; er/sie übertreibt stark 他/她真能吹、言过其实 ‖ zu (义项) **2. Dị·cke** *die*; -, *-n*; *zu* (义项) **3. dịck·bäu·chig** *Adj* (形); *nicht adv* (不作状语); **Dị·cke** *der/die*; *-n*, *-n*

Dịck·darm *der*; der relativ dicke u. kurze Teil des Darms nach dem Dünndarm 结肠,大肠 ‖ K- (复合): **Dickdarm-**, **-krebs**

dị·cke *Adv* (副); *gespr* [口]; mehr als genug (*bes* in Bezug auf Geld) 富有,富裕 〈mit etw. d. auskommen … 足足有余; von etw. d. haben 有足够的……〉: *Du musst es aber d. haben* (= viel Geld haben), *dass du dir das leisten kannst!* 你能买得起这个,肯定钱很多!

dịck·fel·lig *Adj* (形); *gespr pej* [口][贬]; 〈ein Typ 家伙〉 so gleichgültig, dass er kaum auf Kritik, Ablehnung *usw* reagiert 厚脸皮的,无动于衷的 ↔ feinfühlig ‖ *hierzu* (派生) **Dịck·fel·lig·keit** *die*; *nur Sg* (只用单数)

dịck·flüs·sig *Adj* (形) ≈ dick (5), zähflüssig 〈ein Brei, Öl, Sirup 粥,油,糖浆〉

Dịck·häu·ter *der*; *-s*, *-*; *hum* [诙]; ein großes schweres Tier mit dicker Haut, *bes* ein Elefant 厚皮动物(如大象) ‖ *hierzu* (派生) **dịck·häu·tig** *Adj* (形); *nicht adv* (不作状语)

Dị·ckicht *das*; *-(e)s*, *-e*; *mst Sg* (多用单数) **1.** *Kollekt* (集合); dicht wachsende Büsche u. Sträucher 灌木丛: *sich im D. verstecken* 躲藏于灌木丛中; *das D. des Urwalds* 原始森林的灌木丛 **2.** etw., das im Ganzen unübersichtlich u. verwirrend ist 迷宫,繁杂 ≈ Dschungel (2): *das D. der Paragraphen* 法律条文的繁缛 ‖ -K (复合): **Paragrafen-**

Dịck·kopf *der*; *gespr* [口] **1.** j-d, der eigensinnig ist, der nicht nachgibt 顽固的人,固执的人,死心眼儿 **2. e-n D. haben** stur sein 固执

dịck·köp·fig *Adj* (形); *gespr* [口] ≈ eigensinnig, stur 顽固的,固执的,执拗的 ‖ *hierzu* (派生) **Dịck·köp·fig·keit** *die*; *nur Sg* (只用单数)

dịck·lich *Adj* (形); *nicht adv* (不作状语); nicht mehr schlank, aber auch noch nicht richtig dick (3) 发福的,发胖的,胖乎乎的

dick·ma·chen ↑ **dick** (3)

Dịck·milch *die*; saure, dickflüssige Milch 酸奶

Dịck·schä·del *der*; *gespr* [口] ≈ Dickkopf

dịck·tun, sich; *tat sich dick*, *hat sich dickgetan*; [Vr] (反身) **sich** (**mit etw.**) **d.** *gespr pej* [口][贬] ≈ angeben, prahlen

Dịck·wanst *der*; *gespr pej* [口][贬]; j-d, der dick (3) ist 胖子

Di·dak·tik *die*; -; *nur Sg* (只用单数); die Theorie des Unterrichts, die Wissenschaft, die sich mit Lehren u. Lernen beschäftigt 教授法,教学法 ‖ *hierzu* (派生) **Di·dak·ti·ker** *der*; *-s*, *-*; **Di·dak·ti·ke·rin** *die*; *-*, *-nen*; **di·dak·tisch** *Adj* (形)

die ↑ **der**

Dieb *der*; -(*e*)*s*, -*e*; j-d, der etw. stiehlt 小偷，贼 ⟨e-n D. fangen, fassen, auf frischer Tat ertappen 抓住、逮住、现场抓获一小偷⟩：*Der D. erbeutete Schmuck im Wert von tausend Euro* 小偷窃走了价值一千欧元的首饰；*Haltet den D.!* 快拦住小偷！抓小偷！‖ K-（复合）：***Diebes-***, ***-bande***, ***-beute***; ***Diebs-***, ***-gesindel*** ‖ -K（复合）：***Auto-***, ***Fahrrad-***, ***Taschen-***, ***Pferde-***; ***Laden-*** ‖ ID［谚］⟨sich davonstehlen 偷偷离去⟩ ***wie ein D. in der Nacht*** ≈ heimlich verschwinden ‖ *hierzu*（派生）**Die·bin** *die*; -, -*nen* ‖ *zu*（义项）***Dieberei*** ↑ ***-ei***

Die·bes·gut *das*; -*s*; *nur Sg*（只用单数）；das, was ein Dieb gestohlen hat 赃物 ≈ Beute

die·bisch *Adj*（形）**1.** *nur attr*, *nicht adv*（只作定语，不作状语）；⟨e-e Elster, Gesindel 爱偷窃者，惯偷⟩ so, dass sie oft stehlen 偷窃成性的 **2.** sehr stark od. intensiv 极大的，强烈的 ⟨e-e Freude, ein Vergnügen 欢乐，愉快；sich d. freuen 极其高兴⟩

Dieb·stahl *der*; -(*e*)*s*, *Dieb·stäh·le*; das verbotene Nehmen (Stehlen) von Dingen, die anderen gehören 偷窃 ⟨e-n D. begehen 行窃；j-n wegen Diebstahls anzeigen, verurteilen 告发某人偷窃，因行窃判某人刑⟩ ‖ K-（复合）：***Diebstahls-***, ***-delikt***; ***Diebstahl-***, ***-versicherung*** ‖ -K（复合）：***Auto-***, ***Fahrrad-***, ***Juwelen-***; ***Laden-***

die·je·ni·ge ↑ ***derjenige***

Die·le *die*; -, -*n* **1.** ein (*mst* größerer) Vorraum, der direkt hinter dem Eingang in e-m Haus liegt u. in dem sich *mst* die Garderobe befindet 门厅 **2.** *mst Pl*（多用复数）；die langen, schmalen Bretter e-s hölzernen Fußbodens 地板条：*Die Dielen knarren bei jedem Schritt* 地板走上去吱吱作响 ‖ K-（复合）：***Dielen-***, ***-(fuß)boden***, ***-brett***

die·nen; *diente*, *hat gedient*; [Vi]（不及物）**1.** ***etw. dient etw.*** (*Dat* 三格) etw. fördert od. unterstützt etw.（物作主语）有助于，有利于…：*Die Fortschritte in der Medizin dienen der Gesundheit der Menschen* 医学的进步有助于人的健康 **2.** ***etw. dient (j-m) als/zu etw.*** etw. wird von j-m zu e-m bestimmten Zweck benutzt（物作主语）用作、用于、用来…：*Die Schere dient mir auch als Brieföffner* 剪刀也被我用作拆信刀；*Dieses Schiff dient zur medizinischen Betreuung der Bevölkerung auf den Inseln* 这条船用来为岛上的居民提供医疗服务 **3.** ***j-m/etw. d.*** *geschr*［书］；sich für j-n/etw. sehr einsetzen 服务于，效劳于：*Sie haben der Firma viele Jahre als Buchhalter (treu) gedient* 您作为会计为公司(忠实地)服务了多年 **4.** ***j-m/irgendwo d.*** in e-m privaten Haushalt gegen Lohn die Arbeit e-s Dieners, Dienstmädchens *o.Ä.* machen 为…当仆人、当差：*Er hat lange Jahre dem Herrn Baron (treu) gedient* 他(忠实地)服侍男爵先生多年 **5.** ***(irgendwo) d.*** MIL【军】；seinen Militärdienst leisten 服役：*Er hat (bei der Luftwaffe) gedient* 他(在空军)服过役

Die·ner *der*; -*s*, -; j-d, der in e-m privaten Haushalt gegen Lohn arbeitet u. andere Personen (*z.B.* beim Essen) bedient 仆人，佣人 ‖ *hierzu*（派生）**Die·ne·rin** *die*; -, -*nen*

Die·ner·schaft *die*; -; *nur Sg*, *Kollekt*（只用单数）(集合)；alle Diener (e-s privaten Haushalts) 仆役，仆人(总称)

dien·lich *Adj*（形）；*mst in* 多用于 ***etw. ist j-m/etw. d.*** etw. ist für j-n/etw. e-e Hilfe od. von Nutzen（物作主语）对…有用、有益、有帮助：*Die Hinweise der Zeugen waren der Polizei sehr d.* 目击者的提示对警察很有用

Dienst *der*; -(*e*)*s*, -*e* **1.** *nur Sg*（只用单数）；die berufliche Arbeit, *bes* als Beamter, Soldat, Arzt, Krankenschwester *o.Ä.* 职业，工作 ⟨den/zum D. antreten 就职；im/außer D. sein 在职/离职了；D. haben, machen, tun 上班，当班，值班；sich zum D. melden 报名参加工作(服军役)；e-n D. ausüben, verrichten, versehen 从事、干、执行一项公务⟩：*zu spät zum D. kommen* 上班迟到；*Hast du morgen D.?* 你明天上班吗？；*Sie muss am Wochenende D. tun* 她周末要值班；*Machst du morgen für mich D.?* (= übernimmst du meine Schicht?) *Ich würde gern freinehmen* 你明天能替我的班吗？我想休假一天 ‖ K-（复合）：***Dienst-***, ***-antritt***, ***-befehl***, ***-beginn***, ***-bereich***, ***-gebrauch***, ***-jubiläum***, ***-schluss***, ***-stunde***, ***-unfall***, ***-vorschrift***, ***-zeit*** ‖ -K（复合）：***Kriegs-***, ***Militär-***, ***Wehr-***, ***Zivil-***; ***Polizei-***, ***Schul-***, ***Staats-***, ***Verwaltungs-***; ***Nacht-***, ***Schicht-***, ***Sonntags-***, ***Wochenend-*** **2.** *nur Sg*（只用单数）；das Arbeitsverhältnis, *bes* bei e-r Behörde od. in der Armee（尤指在某个机构或部队）服务，服役，工作 ⟨irgendwo im D. stehen, in D. treten 在某处任职，工作；den D. antreten, aufnehmen, kündigen, quittieren 就职，接受职务，辞去职务；aus dem D. ausscheiden 离职；j-n aus dem D. entlassen 解除某人的职务⟩ **3.** *bes hist* 尤指［历］；e-e Tätigkeit für e-n König *o.Ä.* od. (*z.B.* als Diener) in e-m Haushalt 当侍从或家仆 ⟨j-n in D. nehmen 雇用某人(当差)；in j-s Dienst(e) treten 为某人效劳；in j-s Dienst(en) sein/stehen 效力于某人⟩：*James Bond, Geheimagent im Dienste Ihrer Majestät* 詹姆斯·邦德，效忠于女王陛下的特工人员 **4.** *mst Sg*（多作单数）；e-e Abteilung *mst* in der Regierung od. Verwaltung e-s Staates（政府或国家管理机构中的）部门 ⟨im auswärtigen, diplomatischen, technischen D. (tätig) sein 在外事、外交、技术部门工作⟩ ‖ -K（复合）：***Abwehr-***, ***Geheim-*** **5.** e-e Stufe auf der Skala der beruflichen Arbeit (*mst* für den Staat)（多指政府部门中的）工作层次 ⟨der gehobene, mittlere D. 高层、中层部门⟩ **6.** etw., das man für j-d anderen tut, um ihm zu helfen *o.Ä.* 效劳，帮忙 ⟨j-m/etw. e-n guten, großen D. erweisen, leisten 为某人或某事帮大忙；j-m seine Dienste anbieten 愿为某人效劳；j-s Dienste in Anspruch nehmen 需要某人的帮助⟩ ‖ -K（复合）：***Boten-***, ***Kurier-***, ***Lotsen-***, ***Spitzel-***, ***Zubringer-***; ***Freundschafts-***, ***Kunden-*** **7.** der persönliche Einsatz

D

zugunsten e-r bestimmten Sache 效力，投身：*Sie stellte sich in den D. der Allgemeinheit* 她服务于公众事业；*Er steht im Dienste der Wissenschaft* 他投身于科学事业 **8. der öffentliche D.** *Kollekt*（集合）；alle Angestellten der Städte, Gemeinden u. des Staats bzw. die Arbeit dieser Leute（国家、地区、城市的）公务人员，公务部门〈im öffentlichen D. arbeiten, sein 在政府部门工作〉**9. D. am Kunden** *gespr*［口］；e-e zusätzliche Leistung, für die ein Kunde nichts bezahlen muss 对顾客的免费服务 **10. D. nach Vorschrift** e-e Art zu arbeiten, bei der man sich so eng an alle Vorschriften hält（*mst* als Protest gegen etw.），dass man nur macht, was man unbedingt machen muss 只干份内的活 **11. außer D.** nicht mehr aktiv 退位（伍）了，离职了 ≈ im Ruhestand; *Abk* 缩写 a. D.〈ein Hauptmann, ein Major *usw* 上尉，少校等等〉**12.**〈der Arzt, der Unteroffizier 医生，军士〉**vom D.** der Arzt, der Unteroffizier *o. Ä.*, der gerade im D. (1) u. deshalb verantwortlich ist 值班医生、军士 **13. der Chef vom D.** die Person, die bei e-r Zeitung od. Zeitschrift für die Koordination aller Abläufe verantwortlich ist 值班主编 **14.**〈der Spaßmacher, der Torschütze 爱说笑打趣者，射门员〉**vom D.** j-d, der oft Witze macht, Tore schießt *usw* 经常说笑逗乐者，经常射门进球者等等 **15. etw. in D. stellen** etw. in Betrieb nehmen 投入使用，使服役〈ein Flugzeug, ein Schiff 飞机，轮船〉**16. etw. tut seinen D./seine Dienste** etw. funktioniert（物作主语）起作用，能用：*Das Fahrrad ist zwar alt, aber es tut noch seine Dienste* 这辆自行车虽旧，却还能骑 **17. etw. tut/leistet j-m gute Dienste** etw. ist j-m nützlich（物作主语）对某人有用，帮某人忙：*Im Urlaub leisteten ihr ihre Sprachkenntnisse gute Dienste* 度假时她的语言知识给她帮了大忙 **18. j-m e-n schlechten D. erweisen** ohne Absicht j-m schaden 给某人帮了倒忙 **19. j-m zu Diensten sein/stehen** sich j-m zur Verfügung stellen, um ihm zu helfen 为某人效劳、出力：*Ich stehe Ihnen zu Diensten, Madame* 我愿为您效劳，夫人 ‖ ID［谚］**Stets zu Ihren Diensten!** *veraltend*［渐旧］；*bes* von Dienstpersonal, e-m Hotelangestellten *o. Ä.* (als Zeichen des Gehorsams) verwendet, um auszudrücken, dass sie j-m (gern) zur Verfügung stehen（尤为服务人员用语，以示恭敬顺从）随时听候您的吩咐！‖ *zu*（义项）1. **dienst·ha·ben·d-, Dienst ha·ben·d-** *Adj*（形）；*nur attr, nicht adv*（只作定语，不作状语）；**dienst·tu·en·d-, Dienst tu·en·d-** *Adj*（形）；*nur attr; nicht adv*（只作定语，不作状语）

Dienst- *im Subst, betont, begrenzt produktiv*（形成名词，重读，构词有限）；**1.** für berufliche Zwecke, im Dienst (1) gebraucht（为职业、工作、公务上用的）…；das **Dienstabteil**〈im Zug 火车上〉，die **Dienstmütze**, das **Dienstsiegel**, der **Dienststempel**, das **Diensttelefon** **2.** aus beruflichen Gründen（出于职业、工作、公务原因的）…；die **Dienstfahrt**, der **Dienstgang**, das **Dienstgeheimnis**, die **Dienstpost**, die **Dienstreise**, das **Dienstschreiben**

-dienst *der; im Subst, begrenzt produktiv*（构成名词，构词有限）；e-e Organisation od. Gruppe mit bestimmten Aufgaben（负有具体任务的）组织、团体、中心；**Bereitschaftsdienst**, **Einsatzdienst**, **Ermittlungsdienst**,（**Katastrophen**）**Hilfsdienst**, **Nachrichtendienst**, **Ordnungsdienst**, **Rettungsdienst**, **Sanitätsdienst**, **Wachdienst**

Diens·tag *der*; der zweite Tag der Woche 星期二；*Abk* 缩写 Di〈am D. 在星期二；letzten, diesen, nächsten D. 上个、这个、下个星期二；D. früh 星期二早上〉‖ K-（复合）：**Dienstag-abend**, **-mittag**, **-morgen**, **-nachmittag**, **-nacht**, **-vormittag**; **dienstag-**, **-abends**, **-mittags** *usw.*

diens·tä·gi·g- *Adj*（形）；*nur attr, nicht adv*（只作定语，不作状语）；so, dass es an e-m Dienstag stattfindet 星期二的：*unser dienstägiges Treffen* 我们星期二的聚会

diens·täg·li·ch- *Adj*（形）；*nur attr, nicht adv*（只作定语，不作状语）；so, dass es an jedem Dienstag stattfindet 每星期二的：*unsere regelmäßigen dienstäglichen Sitzungen* 我们每星期二的例会

diens·tags *Adv*（副）；an jedem Dienstag, regelmäßig am Dienstag 每星期二：*D. gehe ich immer in die Sauna* 每星期二我都去洗桑拿浴

Dienst·al·ter *das*; die Zahl der Jahre, die j-d in seinem Beruf（*bes* als Beamter od. Soldat）gearbeitet hat 工龄，军龄

Dienst·äl·tes·te *der/die*; j-d, der（*z. B.* innerhalb e-r Gruppe in e-r Abteilung）am längsten in seinem Beruf tätig ist 工龄最长者

Dienst·aus·weis *der*; ein Ausweis, der beweist, dass j-d bei e-r bestimmten Behörde *o. Ä.* arbeitet 工作证

Dienst·au·to *das* ≈ Dienstwagen

dienst·bar *Adj*（形）；*mst in* 多用于 **sich**（*Dat* 三格）**j-n/etw. d. machen** *geschr veraltet*［书］［旧］；e-e Person/Sache so formen u. bilden, dass sie einem Nutzen bringt 让…为自己服务、对自己有用：*Der Mensch hat sich die Wasserkraft d. gemacht* 人类利用水力

dienst·be·flis·sen *Adj*（形）；*pej*［贬］；übertrieben eifrig, *bes* im Dienst (1)（在工作中）过于勤快的、卖力的：*D. erledigte er seine Arbeit* 他极其卖力地完成自己的工作

Dienst·bo·te *der*; *veraltend*［渐旧］≈ Hausangestellter ‖ K-（复合）：**Dienstboten-**, **-eingang** ‖ *hierzu*（派生）**Dienst·bo·tin** *die*

dienst·eif·rig *Adj*（形）；*mst pej* 多用［贬］；übertrieben fleißig, zu sehr bemüht, seinen Vorgesetzten zu gefallen 过于勤快周到的 ‖ *hierzu*（派生）**Dienst·ei·fer** *der*

dienst·frei *Adj*（形）；*nicht adv*（不作状语）；so, dass man nicht arbeiten muss 不上班的，放假的，休息的 ≈ frei (15)〈ein Tag, ein Wochenende 日，周末；d. haben 不上班，休息〉

Dienst·ge·spräch *das*; ein (Telefon) Gespräch

als Teil der beruflichen Arbeit 工作电话，业务电话 ↔ Privatgespräch

Dienst·grad *der*；der militärische Rang, den j-d hat 军阶：*der D. e-s Leutnants* 少尉军阶

Dienst·herr *der* **1.** ≈ Arbeitgeber **2.** die Behörde, die j-m dienstlich (2) vorgesetzt ist 上级主管部门 ‖ *zu*（义项）**1. Dienst·her·rin** *die*

Dienst·leis·tung *die*；*mst Pl*，WIRTSCH（多用复数）【经】；e-e berufliche Tätigkeit, bei der man keine Waren produziert, sondern etw. für andere tut, wie *z.B.* als Arzt, Verkäufer, Beamter *usw* 服务性行业（的工作），第三产业，服务性工作 ‖ K-（复合）：***Dienstleistungs-***，***-beruf***，***-betrieb***，***-gewerbe***，***-unternehmen***

Dienst·leis·tungs|abend *der*；Ⓓ［德］ein Abend (in jeder Woche), an dem Behörden u. Geschäfte länger geöffnet haben（机关和商店每周一次延长工作或营业时间的）晚间服务

Dienst·leis·tungs|ge·sell·schaft *die*；e-e moderne Gesellschaft, in der sehr viele Menschen Dienstleistungen anbieten 服务性行业发达的现代社会

dienst·lich *Adj*（形）**1.** aus beruflichen Gründen 公事上的，公务上的〈ein Gespräch, e-e Reise, ein Schreiben 谈话，出差，信函；d. verhindert sein, d. verreisen 公务缠身离不开，因公出差〉**2.** in Bezug auf die berufliche Tätigkeit 官方的，公家的〈e-e Angelegenheit, ein Befehl 事情，指令〉**3.** ≈ unpersönlich, formell〈ein Ton 口气；d. werden 一本正经，打官腔〉

Dienst·mäd·chen *das*；*veraltend*［渐旧］≈ Hausangestellte

Dienst·mar·ke *die*；e-e kleine Scheibe (e-e Plakette), mit der Polizisten sich ausweisen können 警徽

Dienst·per·so·nal *das*；die Angestellten in e-m Haushalt od. e-m Hotel 服务人员，工作人员

Dienst·stel·le *die*；ein Amt (3), e-e Behörde 机关，办公室，工作单位〈e-e untergeordnete, vorgesetzte D. 下级、上级机关〉：*Ich werde mich bei der obersten D. über Sie beschweren!* 我要到最高机关去投诉你！‖ K-（复合）：***Dienststellen-***，***-leiter***

dienst·taug·lich *Adj*（形）；(gesundheitlich) geeignet für den Wehrdienst（体格上）适合服兵役的〈d. sein 适合服兵役〉

dienst·ver·pflich·ten；-，*hat dienstverpflichtet*；Vt（及物）***j-n d.*** j-n zwingen, bestimmte Aufgaben od. Arbeiten für den Staat zu tun 征调，征召：*im Krieg für Transporte dienstverpflichtet werden* 在战争中被征召去承担运输任务 ‖ NB（注意）：nur im Infinitiv u. Partizip Perfekt（只用不定式和过去分词）！‖ *hierzu*（派生）**Dienst·ver·pflich·tung** *die*

Dienst·waf·fe *die*；e-e Pistole *o.Ä.*, die ein Polizist *o.Ä.* im Beruf tragen darf（警察等佩带的）制式手枪

Dienst·wa·gen *der*；ein Auto, das für berufliche Zwecke benutzt wird 公务用车

Dienst·weg *der*；*nur Sg*（只用单数）；der (*bes* bei Behörden) vorgeschriebene Ablauf bei Entscheidungen 规章，办事程序〈den D. einhalten 遵守办事程序；auf dem D. 正在操办，正在办理〉

Dienst·woh·nung *die*；e-e Wohnung, die e-e Firma ihren Angestellten od. Arbeitern zur Verfügung stellt 公务用房，机关（单位）用房（*mst* nur solange diese bei ihr arbeiten）

dies ≈ dieses ‖ ↑ ***dieser***

dies.be.züg.lich *Adj*（形）；*nur attr od adv*（只作定语或状语），ADM *geschr*【管理】［书］；in Bezug auf das Erwähnte 对此，就这一点，与此有关：*D. teilen wir Ihnen mit, dass ...* 就此我们通知您…

die.se ↑ ***dieser***

Die.sel *der*；*-s*，*-* **1.** *nur Sg*，*Kurzw*（只用单数）（略）↑ ***Dieselöl*** **2.** *gespr*［口］；ein Auto mit e-m Dieselmotor 柴油发动机汽车：*Er fährt e-n D.* 他开的是辆柴油机汽车 ‖ K-（复合）：***Diesel-***，***-auto***

die.sel.be ↑ ***derselbe***

Die.sel.mo.tor *der*；ein Motor, der Öl anstelle von Benzin verbrennt 柴油发动机

Die.sel.öl *das*；ein Kraftstoff, der zum Antrieb von Dieselmotoren dient 柴油

die.ser, *diese*, *dieses*；*Demonstrativpronomen*（指示代词）**1.** verwendet, um ausdrücklich auf e-e Person od. Sache hinzuweisen (auf die der Sprecher deutet)（用以强调所指的人或物）这，这个：*Dieses Kleid gefällt mir gut* 这件连衣裙我很喜欢；*Martins Computer ist besser als dieser hier* 马丁的电脑比这台好 **2.** verwendet, um etw. bereits Erwähntes hervorzuheben（用以突出已提及之事）这，这个：*Dieser Fall liegt schon Jahre zurück* 这个案件已有年头了；*Diese Ausrede kenne ich* 这种借口我不陌生 **3.** verwendet, um e-n noch nicht abgelaufenen Zeitabschnitt zu bezeichnen（用以指尚未过去的时间段）这个…，今…：*Dieses Jahr/diesen Monat/diese Woche wollen wir fertig sein* 我们想在今年/这个月/这个星期做完 **4.** verwendet, um e-n genauen Zeitpunkt od. -raum in der Vergangenheit od. Zukunft anzugeben（用来指明过去或将来的一个时刻或一段时间）这，这个：*Am 28 Mai wird er 60 An diesem Tag gibt es ein großes Fest* 五月二十八日是他的六十寿辰。届时准备举行一个隆重的寿筵 **5.** verwendet zusammen mit e-m Subst. od. e-m Personennamen, um sich auf die genannte Person (oft mit e-r Wertung) zu beziehen（与名词或人名连用来指人）这个：*Dieser Peter ist ein netter Kerl* 这个彼得是个可爱的家伙 **6. dies**(**es**) wie ein Subst. verwendet, um sich (zusammenfassend) auf e-n bereits erwähnten Satz od. Text zu beziehen（当名词用，指已提及的句子或语篇）：*Er beschloss, uns bei der Arbeit zu helfen. Dies war für uns von großem Nutzen* 他决定在工作中帮助我们，这使我们受益很大 **7.** in Verbindung mit *jener* wie ein Subst. verwendet, um sich auf die zweite von zwei vorher erwähnten Personen zu beziehen（当名词用，和 jener 连用，指已提及的两个人中的）后者：*Herr Dietz u. Herr Ludwig beteiligen sich auch am Projekt – dieser*（= Herr Ludwig）*mit € 25000, jener mit € 30000* 迪茨先生和路德维希先生也参与了这个项目 — 后者（路德维希先生）投资 25000 欧元，前者（迪茨先生）为 30000 欧元 ‖ NB（注意）*zu*（义项）**1.-3.**：*Wie ein Subst. od. ein attributives Adj. verwendet*（当名词或定语形容词用）

Demonstrativpronomen 指示代词： *dieser*			
Nominativ（一格）			
Sg（单） *m*	dieser	junge	Hund
f	diese	junge	Katze
n	dieses	junge	Pferd
Pl（复）	diese	jungen	Tiere
Akkusativ（四格）			
Sg（单） *m*	diesen	jungen	Hund
f	diese	junge	Katze
n	dieses	junge	Pferd
Pl（复）	diese	jungen	Tiere
Dativ（三格）			
Sg（单） *m*	diesem	jungen	Hund
f	dieser	jungen	Katze
n	diesem	jungen	Pferd
Pl（复）	diesen	jungen	Tieren
Genitiv（二格）			
Sg（单） *m*	dieses	jungen	Hundes
f	dieser	jungen	Katze
n	dieses	jungen	Pferdes
Pl（复）	dieser	jungen	Tiere
Die übrigen Demonstrativpronomen und Indefinitpronomen werden nach demselben Muster gebildet. 其他指示代词和不定代词的变格同此模式。			

die·sig *Adj*（形）；*nicht adv*（不作状语）；mit Dunst od. leichtem Nebel 雾蒙蒙的，阴湿的〈das Wetter 天气〉

dies·jäh·ri·g- *Adj*（形）；*nur attr, nicht adv*（只作定语，不作状语）；in od. von diesem Jahr 今年的：*die diesjährige Ernte* 今年的收成

dies·mal *Adv*（副）；bei dieser Gelegenheit, in diesem Fall 这一次，这一回：*D. machen wir es richtig* 这回我们干好它；*D. ist bei dem Unfall – Gott sei Dank – noch alles gutgegangen!* 这一次在事故中 — 谢天谢地 — 总算还都平安无事！‖ *hierzu*（派生）**dies·ma·li·g-** *Adj*（形）；*nur attr, nicht adv*（只作定语，不作状语）

dies·sei·tig *Adj*（形）；*mst attr, geschr*（多作定语）［书］；**1.** auf der Seite, auf der sich der Sprecher befindet 这一边的 ↔ jenseitig：*das diesseitige Ufer* 此岸 **2.** ≈ irdisch〈das Leben 生活〉

dies·seits *Präp*（介）；*mit Gen, geschr*（支配二格）［书］；auf der Seite, auf der sich der Sprecher befindet 在（说话者的）这一边 ↔ jenseits：*D. der Grenze verläuft e-e Straße* 边境的这一边是条马路 ‖ NB（注意）：auch adverbiell verwendet mit *von*（也可作状语，与介词 *von* 连用）：*d. vom Gebirge* 在山脉的这一边

Dies·seits *das*；-；*nur Sg, geschr*（只用单数）［书］；das Leben in dieser Welt（im Unterschied zum Jenseits）尘世，人世

Diet·rich *der*；*-s, -e*；e-e Art Haken, mit dem man einfache Schlösser öffnen kann, wenn man keinen Schlüssel hat 万能钥匙

Marlene Dietrich 黛德丽

Marlene Dietrich (1901-1992) war eine deutsche Schauspielerin und Sängerin. Der Film ***Der blaue Engel*** (1930) brachte ihr internationalen Ruhm. Sie spielte die blonde, kühle Schönheit wie keine andere und wurde zu einem der unsterblichen Mythen des Films. Einige ihrer berühmtesten Filme sind ***Shanghai-Express*** (1932), ***Arizona*** (1939) und ***Zeugin der Anklage*** (1957). In späteren Jahren widmete sie sich dem Gesang: ihr berühmtestes Lied ist wahrscheinlich ihre Version von ***Lili Marleen***.

黛德丽（1901—1992）德国女演员和女歌星。电影《蓝天使》使她蜚声国际，她扮演一位倦于声色的金发美人，无与伦比，成为影界不朽的神话般的人物，她最有名的几部影片《上海快车》（1932），《亚利桑那》（1939），《原告的证人》（1957）。后来她献身于歌唱，她最成名的歌曲可能就是她对莉莉·玛莲的声情再现。

dif·fa·mie·ren；*diffamierte, hat diffamiert*；**Vt**（及物）***j-n/etw. d.*** *geschr pej*［书］［贬］；den Ruf von j-m/etw. *mst* durch Lügen bewusst schädigen 诽谤，污蔑，诋毁…名誉 ≈ verleumden：*diffamierende Äußerungen* 诽谤性的言论 ‖ *hierzu*（派生）**Dif·fa·mie·rung** *die*

Dif·fe·ren·ti·al, **Dif·fe·ren·zi·al** [-ˈtsi̯aːl] *das*；*-s, -e*；ein Getriebe im Auto, bei dem sich ein Hinterrad in der Kurve schneller drehen kann als das andere 差速器，差动齿轮 ‖ K-：***Differential-, -getriebe***

Dif·fe·ren·ti·al·rech·nung, **Dif·fe·ren·zi·al·rech·nung** [-ˈtsi̯aːl-] *die*；MATH【数】；e-e Methode, die Änderung e-r Kurve von einem Punkt zum nächsten zu berechnen 微分学，微分法 ‖ NB（注意）：↑ ***Integralrechnung***

Dif·fe·renz *die*；-, *-en* **1.** ***e-e D.*** **(*zwischen*** Personen/Dingen) *geschr*［书］≈ Unterschied：*Zwischen den beiden Kandidaten bestehen hinsichtlich ihrer Qualifikationen erhebliche Differenzen* 这两个候选人在资质上有着极大的差别 ‖ -K（复合）：***Preis-, Zeit-*** **2.** ***die D.*** **(*von/zwischen etw.*** (*Dat* 三格) ***u. etw.*** (*Dat* 三格)) MATH【数】；das Ergebnis e-r Subtraktion 差，差分：*Die D. von/zwischen 18 u. 14 ist 4* 18 与 14 之间的差是 4 **3.** WIRTSCH【经】；e-e Summe Geld, die *bes* bei der Abrechung fehlt 差额 ≈ Fehlbetrag：

Die Kasse weist e-e D. von zehn Euro auf 出纳处的账目上出现10欧元的差额 ‖ K-(复合): **Differenz-, -betrag** **4.** *mst Pl*(多用复数); **Differenzen** (**über etw.** (*Akk* 四格)) (**zwischen** 〈Personen 人〉) ≈ Streit(igkeiten), Meinungsverschiedenheiten 意见分歧: *Über das Thema „Kindererziehung" kam es immer wieder zu ernsthaften Differenzen zwischen ihnen* 在儿童的教育问题上他们之间不断出现重大的意见分歧

dif·fe·ren·zie·ren; *differenzierte, hat differenziert*; Vi (不及物) (**zwischen etw.** (*Dat* 三格) **u. etw.** (*Dat* 三格)/**zwischen** 〈Dingen 事物〉) **d.** *geschr* [书]; (bei der Beurteilung von etw.) feine u. genaue Unterschiede machen 区分,区别: *differenzierte Methoden* 不同的方法; *Unser Chef differenziert genau zwischen privaten u. beruflichen Angelegenheiten* 我们上司严格区分私事和公事(公私分明) ‖ *hierzu* (派生) **Dif·fe·ren·zie·rung** *die*

dif·fe·rie·ren; *differierten, haben differiert*; Vi (不及物) *geschr* [书]; 〈Ansichten, Meinungen, Ziele *o. Ä.* 观点,意见,目的等〉 **differieren** (**voneinander**) Ansichten, Meinungen, Ziele *o. Ä.* unterscheiden sich, sind voneinander verschieden (彼此)不同,有分歧,有差异

dif·fi·zil *Adj* (形); *nicht adv, geschr* (不作状语)[书]; so kompliziert od. schwierig, dass man dafür viel Takt *o. Ä.* braucht 困难的,棘手的,难对付的: *Diese diffizile Angelegenheit erfordert viel Fingerspitzengefühl* 处理这件棘手的事要求有非常敏锐的感觉

dif·fus *Adj* (形); *geschr* [书] **1.** unregelmäßig in verschiedene Richtungen zerstreut 扩散的,散射的 〈Licht 光〉 **2.** nicht klar u. geordnet 不清晰的,混乱的,模糊的 〈Eindrücke, Erinnerungen, Gedanken 印象,回忆,思绪〉

di·gi·tal *Adj* (形) **1.** (verwendet in Bezug auf Uhrzeiten, Gewichtsangaben *o. Ä.*) in Form von Zahlen ausgedrückt (u. nicht auf e-m Zifferblatt, e-r Skala *o. Ä.*) 计数的,数字的 〈ein Messgerät, e-e Uhr, e-e Waage 量具,钟表,磅秤〉: *ein Radiowecker mit digitaler Leuchtanzeige* 有数字显示的收音机闹钟 ‖ K-(复合): **Digital-, -anzeige, -uhr** **2.** mit e-r Technik aufgenommen, die e-e sehr gute Klangqualität ermöglicht u. absolut rauschfrei ist 数码的,高保真的 ↔ analog (2) 〈e-e Aufnahme 录音〉

Di·gi·tal·ka·me·ra *die*; e-e Kamera ohne Film. Die Bilder werden elektronisch gespeichert u. können dann auf e-n Computer übertragen, bearbeitet u. ausgedruckt werden 数码照相机

Dik·ta·fon, Dik·ta·phon [-f-] *das*; *-s, -e* ≈ Diktiergerät

Dik·tat[1] *das*; *-(e)s, -e* **1.** ein Text, der *mst* den Schülern vorgelesen u. von diesen aufgeschrieben wird, damit sie richtig schreiben lernen 听写 〈ein D. geben, schreiben 写听写〉: *Sie hat nur zwei Fehler im D.* 听写中她只有两个错 **2.** *nur Sg* (只用单数); das Diktieren[1] 口授 〈etw. nach D. schreiben 按口授记录〉: *die Sekretärin zum D. rufen* 叫秘书来做口授记录

Dik·tat[2] *das*; *-(e)s*; *nur Sg, geschr* (只用单数)[书]; ein (gesellschaftlicher *o. Ä.*) Zwang 强制,制约,支配: *sich nicht dem D. der Mode unterwerfen* 不受流行风气的左右

Dik·ta·tor *der*; *-s, Dik·ta·to·ren*; j-d, der in e-m Staat allein u. mit absoluter Macht herrscht (u. Gegner mit Gewalt unterdrückt) 独裁者,专制者 ‖ *hierzu* (派生) **Dik·ta·to·rin** *die*; *-, -nen*

dik·ta·to·risch *Adj* (形); *geschr* [书]; **1.** in der Art e-r Diktatur 专制的,独裁的 〈ein Regime 政权〉 **2.** so, dass der Betroffene keinen Widerspruch zulässt 独断独行的,专制的,专横的 ≈ autoritär 〈e-e Entscheidung 决定; etw. d. bestimmen, entscheiden 独断地确定、决定某事〉

Dik·ta·tur *die*; *-, -en*; POL【政】**1.** *nur Sg* (只用单数); e-e Regierungsform, in der ein Mensch od. e-e Gruppe von Menschen die absolute Macht hat u. keine Gegner duldet 专政,独裁,专制: *Seit dem Putsch herrscht e-e D. der Militärs* 政变后军事独裁统治着国家 ‖ -K (复合): **Militär-** **2.** ein Staat, in dem e-e D. (1) besteht 独裁政权 〈e-e D. errichten, abschaffen 建立、废除独裁政权〉: *Deutschland war unter Hitler e-e D.* 在希特勒时期德国是个独裁国家

dik·tie·ren[1]; *diktierte, hat diktiert*; Vt/i (及物/不及物) (**j-m**) (**etw.**) **d.** j-m etw. (langsam u. deutlich) vorsprechen, damit er es mitschreiben kann 口授: *j-m e-n Brief d.* 向某人口授一封信 ‖ ▶ **Diktat**[1]

dik·tie·ren[2]; *diktierte, hat diktiert*; Vt/i (及物/不及物) (**j-m etw.**) **d.** j-m autoritär sagen, was er tun soll 把…强加于,强行规定 ≈ vorschreiben: *Warum willst du mir immer d., wie ich mich zu verhalten habe?* 为什么你总要对我的一举一动指指点点? ‖ ▶ **Diktat**[2]

Dik·tier·ge·rät *das*; ein kleines, spezielles Tonbandgerät, auf das man e-n Text spricht, der später mit der Schreibmaschine *o. Ä.* geschrieben wird 口授录音机

Dik·ti·on [-ˈtsioːn] *die*; *-, -en*; *mst Sg, geschr* (多用单数)[书]; der Stil, die Art u. Weise, wie sich j-d mündlich od. schriftlich ausdrückt 措辞,用词风格: *die klare D. seines Vortrags* 他的报告表述清楚

Di·lem·ma *das*; *-s, -s*; e-e Situation, in der man sich zwischen zwei schwierigen od. unangenehmen Möglichkeiten entscheiden muss 困境,窘况,进退两难 〈in ein D. geraten 陷入困境; sich in e-m D. befinden 进退维谷〉

Di·let·tant *der*; *-en, -en*; *geschr, mst pej* [书] 多作[贬]; j-d, der etw. (als Laie) tut u. dabei *mst* Fehler macht 业余爱好者,半瓶醋 ‖ NB (注意): *der Dilettant; den, dem, des Dilettanten* ‖ *hierzu* (派生) **Di·let·tan·tin** *die*; *-, -nen*; **Di·let·tan·tis·mus** *der*; *nur Sg* (只用单数); **di·let·tan·tisch** *Adj* (形)

Dịll *der*; *-s*; *nur Sg*（只用单数）; e-e Pflanze mit sehr schmalen, zarten Blättern. Die Blätter od. deren Spitzen verwendet man als Gewürz 莳萝,土茴香: *D. schmeckt gut im Gurkensalat* 用莳萝拌黄瓜沙拉味道不错 ‖ K-（复合）: ***Dill-***, ***-spitzen***

Di·men·si·on [-ˈzi̯oːn] *die*; *-*, *-en* **1**. *nur Pl*, *geschr*（只用复数）[书]; die Größe e-s Körpers (3) 尺寸,大小,规模 ≈ Ausdehnung, Ausmaße (2): *ein Gebäudekomplex von gewaltigen Dimensionen* 一片规模巨大的楼群 **2**. *nur Pl*, *geschr*（只用复数）[书] ≈ Ausmaß (1), Umfang (3): *Die Pest hat im Mittelalter verheerende Dimensionen angenommen* 瘟疫的泛滥在中世纪达到了毁灭性的程度 **3**. MATH, PHYS【数】【物】; die Länge, Breite od. Höhe von etw. 维,元: *Eine Fläche hat zwei, ein Körper hat drei Dimensionen* 一个面是二维的,一个物体是三维的

-di·men·sio·nal *im Adj*, *nicht produktiv*（构成形容词,非构词型）; mit der genannten Zahl od. Menge von Dimensionen (3)（加上数字）… 维的; ***eindimensional***, ***zweidimensional***, ***dreidimensional***, ***mehrdimensional***

DIN [diːn] *die*; *-*; *nur Sg*（只用单数）;（*Abk für* 缩写,全称为 Deutsches Institut für Normung) verwendet in Verbindung mit e-r Nummer, um e-e bestimmte Norm zu bezeichnen (*z.B.* e-e genormte Größe) 德国工业标准: *DIN A4*, *DIN-A4-Blatt A4* 号(标准)纸 ‖ K-（复合）: ***DIN-Format***, ***DIN-Norm***

Di·ner [diˈneː] *das*; *-s*, *-s*; *geschr* [书]; ein festliches Essen mit Gästen 正餐、午宴,晚宴,宴会〈zu e-m D. einladen 邀请参加宴会(宴请); ein D. geben 举办宴会〉

Dịng *das*; *-(e)s*, *-e*/*gespr* [口] *-er* **1**. (*Pl Dinge*) *mst Pl*（多用复数）; ein Gegenstand od. e-e Sache, die nicht genauer bezeichnet werden 物,东西: *Sie hat auf die Reise nur die wichtigsten Dinge mitgenommen* 她出门旅行只带了最必要的东西; *Für die Reparatur des Autos fehlen mir noch ein paar Dinge* 要修这辆车我还缺少几样东西 **2**. (*Pl Dinger*) *gespr* [口]; ein Gegenstand, den man nicht kennt u. deshalb nicht bezeichnen kann, od. ein Gegenstand, den man nicht mag 玩意儿,东西: *Für diese kitschigen Dinger hast du so viel Geld bezahlt?* 你花那么多钱买这种俗气的东西? **3**. (*Pl Dinge*) *nur Pl*（只用复数）; Sachverhalte, die j-n betreffen 事情 ≈ Angelegenheiten〈persönliche, private, öffentliche, schulische *o.Ä.* Dinge 个人的、私人的、公众的、学校的事情〉: *Wir mussten noch einige wichtige Dinge besprechen* 我们还要说说几件重要的事; *Er mischt sich in Dinge ein, die ihn nichts angehen* 他插手一些与他毫不相干的事 **4**. (*Pl Dinge*) *nur Pl*（只用复数）; Ereignisse, die man nicht genauer beschreiben kann od. will（不愿或不能详细表述的）事情: *In dem alten Schloss ereigneten sich seltsame Dinge* 在那古老的城堡里发生过一些怪事 **5**. (*Pl Dinger*) ***ein junges D.*** *gespr* [口] ≈ Mädchen ‖ ID [谚] ***vor allen Dingen*** insbesondere 特别,尤其; ***guter Dinge sein*** fröhlich, optimistisch sein 心情愉快,满怀喜悦,兴高采烈; ***über den Dingen stehen*** sich von (den alltäglichen) Schwierigkeiten nicht berühren lassen, immer überlegen u. gelassen sein（活得)超脱、潇洒,不为小事烦恼; (*Pl Dinger*) ***ein*** (***krummes***) ***D. drehen*** *gespr euph* [口][婉]; e-e kriminelle Handlung begehen 干违法的事,犯戒; *mst* 多用 ***Das geht/Da geht es nicht mit rechten Dingen zu*** *gespr* [口]; das ist merkwürdig, sonderbar 这事很离奇、很蹊跷; *mst* 多用 ***Das ist ein D. der Unmöglichkeit!*** das ist doch unmöglich, das kann nicht so sein 这怎么可能! 这是不可能的事!; *mst* 多用 ***Das ist ja ein D.!*** *gespr* [口]; verwendet, um Erstaunen od. Empörung auszudrücken（用于表示惊讶或气愤）还有这种事! 这真是怪事! 真荒唐!

dịn·gen; *dingte*, *hat gedungen*; [Vt]（及物）***j-n d.*** *geschr* [书]; j-n beauftragen, ein Verbrechen (*mst* e-n Mord) zu begehen u. ihn dafür bezahlen 雇用(行凶): *e-n Mörder d.* 雇用刺客; *ein gedungener Killer* 受雇的杀手 ‖ NB（注意）: Imperfekt selten（极少用过去时）

dịng·fest *Adj*（形）; *nur in* 只用于 ***j-n d. machen*** ≈ verhaften: *e-n Verbrecher d. machen* 捕获罪犯

Dịngs *der/die/das*; *-*; *nur Sg*, *gespr*（只用单数）[口]; e-e Person od. Sache, deren Name dem Sprecher im Augenblick nicht einfällt（说话者一时想不起来、说不出来的人名或物名）那个谁,那个什么: *Der D. – wie heißt er denn gleich (wieder) – kommt heute abend auch zur Versammlung* 那个谁—他叫什么来着—今天晚上也来参加集会; *Sie wohnt in D. – na, du weißt schon wo* 她住在那个哪儿—嗨,你知道那地儿

Dịngs·bums *der/die/das*; *-*; *nur Sg*, *gespr*（只用单数）[口] ≈ Dings

Dịngs·da *der/die/das*; *-*; *nur Sg*（只用单数）; *gespr* [口] ≈ Dings

di·nie·ren; *dinierte*, *hat diniert*; [Vi]（不及物）*geschr* [书]; festlich essen (speisen) 用膳,进餐: *Er dinierte im Hotel „Royal“* 他在"皇家"饭店用膳

Dịn·kel *der*; *-s*; *nur Sg*（只用单数）; e-e Getreideart 斯卑尔脱小麦

Di·no·sau·ri·er *der*; *-s*, *-*; verwendet als Bezeichnung für jede Art der (*mst* sehr großen) Reptilien, die vor Millionen von Jahren gelebt haben 恐龙类动物

Di·oxid, *das*; *-s*, *-e*; CHEM【化】; e-e Substanz, bei der zwei Sauerstoffatome an ein Atom e-s anderen Elements gebunden sind 二氧化物 ‖ -K（复合）: ***Kohlen-***, ***Schwefel-***

Di·oxin *das*; *-s*, *-e*; CHEM【化】; e-e sehr giftige Substanz (aus Chlor u. Kohlenwasserstoff)（剧毒物质）二氧杂环己二烯,二噁烯

Di·oxyd *das*; ↑ ***Dioxid***

Di·ö·ze·se *die*; *-*, *-n*; KATH【天主】; ein kirchliches Gebiet, das ein Bischof leitet 主

D

教管区 ≈ Bistum

Diph.the.rie [-f-] *die*; -; *nur Sg*, MED (只用单数)【医】; e-e gefährliche Infektionskrankheit, bei der sich *bes* auf den Mandeln[2] weiße Schichten (Beläge) bilden u. bei der der Kehlkopf sehr stark schwillt 白喉

Diph.thong [dɪfˈtɔŋ] *der*; -(*e*)*s*, -*e*; LING【语】; ein Laut, der aus zwei Vokalen besteht, *z.B.* „au" od. „ei" 双元音,复合元音

Dipl.-Ing. *Abk für* 缩写,全称为 Diplomingenieur 硕士工程师

Dip.lom *das*; -*s*, -*e* **1.** ein Zeugnis über ein abgeschlossenes Studium an der Universität od. über e-e bestandene Prüfung in e-m Handwerksberuf (大学毕业或通过手工专业的考试后获得的)毕业文凭,学业证书: *Gestern haben die Absolventen ihre Diplome bekommen* 昨天毕业生得到了他们的毕业证书 **2.** ein akademischer Rang, den man erreicht, wenn man e-e Prüfung in bestimmten Fächern an der Universität od. Fachhochschule bestanden hat (大学理工科的)硕士学位; *Abk* 缩写 Dipl. ⟨ein D. erwerben 获取硕士学位⟩: *sein D. machen* 做(理工科)硕士 ‖ K-(复合): ***Diplom-***, ***-bibliothekar***, ***-chemiker***, ***-ingenieur***, ***-kaufmann***, ***-physiker***, ***-psychologe***; ***-prüfung***, ***-studium*** **3.** e-e (Ehren)Urkunde, die j-d für e-e sehr gute Leistung bekommt (给有突出成就者颁发的)奖状: *Der Friseur erhielt bei dem Wettbewerb ein D* 这位理发师在大赛中获得了奖状

Dip.lom.ar.beit *die*; e-e wissenschaftliche Arbeit, die man schreiben muss, um ein Diplom (1,2) zu bekommen 硕士论文

Dip.lo.mat *der*; -*en*, -*en* **1.** ein offizieller Vertreter e-s Staates im Ausland 外交官 ‖ K-(复合): ***Diplomaten-***, ***-laufbahn***, ***-pass***, ***-viertel*** ‖ NB(注意): ↑ ***Botschafter***, ***Konsul*** **2.** j-d, der sich sehr klug u. taktvoll im Umgang mit Menschen verhält 外交家,善于交际的人 ‖ NB(注意): *der Diplomat*; *den*, *dem*, *des Diplomaten*

Dip.lo.ma.tie *die*; -; *nur Sg* (只用单数) **1.** das Bemühen (*bes* der offiziellen Vertreter e-s Staates im Ausland) um gute Beziehungen zwischen den Staaten u. das Bestreben, die Interessen des eigenen Staates im Ausland zu wahren 外交 **2.** das kluge, taktvolle Verhalten im Umgang mit anderen Menschen 外交手腕,交际手段: *Mit etwas mehr D. hättest du den Streit vermeiden können* 要是多用点手腕,你原本可以避免这场争执的

dip.lo.ma.tisch *Adj* (形) **1.** *nur attr od adv* (只作定语或状语); die Diplomatie (1) betreffend, durch Diplomatie (1) 外交上的: *e-n Konflikt auf diplomatischem Wege lösen* 通过外交途径解决冲突 **2.** *nur attr od adv* (只作定语或状语); die Diplomaten (1) betreffend, von Diplomaten (1) 外交官的,外交人员的: *Aus diplomatischen Kreisen verlautet, dass ...* 据外交官们透露… **3.** von Diplomatie (2) bestimmt 有外交手腕的,老练圆滑的,有策略的 ≈ klug, (taktisch) geschickt ↔ undiplomatisch: *Es war nicht sehr d. von dir, ihm so direkt deine Meinung zu sagen* 你这么直截了当地把自己的看法告诉他可是不够策略

dir[1] *Personalpronomen der 2 Person Sg* (*du*), *Dativ* (人称代词,*du* 的第二人称单数,三格); ↑ *Tabelle unter* 图表见 ***Personalpronomen***

dir[2] *Reflexivpronomen der 2 Person Sg* (*du*), *Dativ* (反身代词,*du* 的第二人称单数,三格); ↑ *Tabelle unter* 图表见 ***Reflexivpronomen***

di.rekt[1], *direkter*, *direktest-*; *Adj* (形) **1.** *nur attr od adv* (只作定语或状语); auf dem kürzesten Weg zu e-m bestimmten Ort führend 直达的,直通的 ≈ ohne Umweg: *Diese Straße geht d. zum Bahnhof* 这条路直通火车站 ‖ K-(复合): ***Direkt-***, ***-flug*** **2.** *nur attr*, *nicht adv* (只作定语,不作状语); ⟨j-s Nachbar 某人的邻居⟩ so, dass er unmittelbar neben einem wohnt *o.Ä.* 紧挨着的,紧靠着的 **3.** ***d.*** + *Präposition* (介词) + *Subst* (名词) in unmittelbarer Nähe der genannten Person/des genannten Orts 在…近旁,在…附近: *Sie wohnt d. am Meer* 她紧靠海边住; *Sie stand d. neben ihm* 她就站在他旁边 **4.** *nur attr od adv* (只作定语或状语); ***d.*** + *Präposition* (代词) + *Subst* (名词) unmittelbar nach/vor etw. 紧跟着,紧接着,马上,即刻: *Ich gehe d. nach der Arbeit nach Hause* 下班后我立即回家 **5.** *nur attr od adv* (只作定语或状语); ohne (vermittelnde) Person od. Institution dazwischen 直接的 ≈ unmittelbar (1) ⟨sich d. an j-n wenden 直接找某人⟩: *Ich möchte d. mit dem Chef sprechen* 我想直接和上司谈; *Eier d. vom Bauernhof kaufen/beziehen* 直接从农庄买/采购鸡蛋; *Die verfeindeten Staaten lehnen direkte Verhandlungen ab* 敌对国双方拒绝直接谈判 ‖ K-(复合): ***Direkt-***, ***-bezug***, ***-import***, ***-verkauf*** **6.** ⟨j-s Vorgesetzter 某人上司⟩ so, dass er der Nächste in der Hierarchie ist 顶头(上司) **7.** nicht sehr höflich, vorsichtig od. diskret 直截了当的,直率的 ≈ offen (9), unverblümt ⟨j-m e-e direkte Frage stellen 向某人提一个直率的问题; j-m etw. d. ins Gesicht sagen 当面告诉某人⟩ **8.** ≈ live (1) ‖ K-(复合): ***Direkt-***, ***-übertragung*** **9.** *mst* 多用 (***e-e***) ***direkte Verbindung irgendwohin*** e-e (Verkehrs)Verbindung, bei der man nicht umsteigen muss 直达…的车: *In München haben sie e-e direkte Verbindung nach Köln* 在慕尼黑他们有直达科隆的车次 ‖ K-(复合): ***Direkt-***, ***-verbindung*** ‖ zu (义项) **7.** ***Di.rekt.heit*** *die*

di.rekt[2] *Partikel* (小品词); *unbetont* (非重读) **1.** verwendet, um auszudrücken, dass man etw. nicht (in dieser Intensität) erwartet hätte (表示出乎意料)真的,的确 ≈ wirklich, geradezu: *Diese Arbeit hat mir d. Spaß gemacht* 这工作还真让我感到了愉快; *Sein Engagement ist d. erstaunlich* 他的责任心还真令人吃惊 **2.** verwendet, um Überraschung u. zugleich Ungeduld auszudrücken (同时表达惊

D

讶和不耐烦)算,总算:*Heute bist du ja mal d.* (= ausnahmsweise) *pünktlich!* 今天你算是准时了一回! **3.** verwendet, um auszudrücken, dass etw. eigentlich nicht notwendig wäre (表达某事原本是不必要的)真是,确实:*Er hat sich d. dafür geschämt* 他还真为此不好意思了 **4.** verwendet, um auszudrücken, dass man etw. tun sollte (表示应该做某事)是该,真得 ≈ eigentlich: *Diesen Brief müssten wir d. neu schreiben* 这封信我们真得重写; *Wir müssten ihn d. warnen* 我们真得警告他 **5.** verwendet, um e-e ironische Aussage zu verstärken (用于加强讽刺语气)真,极:*Das ist d. zum Lachen!* 这真是可笑!; *Das ist ja d. rührend!* 这可真是怪感动人的!

Di·rek·ti·on [-ˈtsi̯oːn] *die*; -, *-en* **1.** e-e Gruppe von Personen, die ein Unternehmen, e-e (öffentliche) Institution *o.Ä.* gemeinsam leiten 领导(部门),管理(机构) ≈ Leitung ‖ K-(复合): ***Direktions-***, ***-assistent***, ***-räume***, ***-sekretärin*** ‖ -K (复合): ***Bank-***, ***Polizei-*** **2.** *nur Sg* (只用单数); das Leiten e-s großen Unternehmens, e-r (öffentlichen) Institution *o.Ä.* (机构、企业的)领导 ⟨die D. übertragen bekommen, j-n mit der D. von etw. betrauen 承接领导工作,把领导…的工作交付与某人⟩ **3.** die Räume der D. (1) 领导办公处,经理处

Di·rek·ti·ve [-və] *die*; -, *-n*; *geschr* [书] ≈ (An)Weisung ⟨e-e D. ausgeben, Direktiven erhalten, sich an e-e D. halten 给予、得到指示,按指示办事⟩

Di·rek·tor *der*; *-s*, ***Di·rek·to·ren*** **1.** der Leiter e-r *mst* öffentlichen Institution (机关)领导,主任,所长,局长 ‖ -K (复合): ***Museums-***, ***Polizei-***, ***Zoo-*** **2.** der Leiter einer Schule, *bes* e-s Gymnasiums (尤指文理中学的)中学校长 **3.** der Leiter e-r Firma (od. e-s Teils e-s Unternehmens) (公司,企业部门的)经理,厂长,主任 ⟨ein kaufmännischer, technischer Direktor 商业部门主任,技术部门主任⟩ ‖ *hierzu* (派生) **Di·rek·to·rin** *die*; -, *-nen*

Di·rek·to·rat *das*; *-(e)s*, *-e*; die Räume, in denen der Direktor u. seine Mitarbeiter arbeiten 经理室,校长室,厂长办公室

Di·rekt·ri·ce [-ˈtriːsə] *die*; -, *-n*; e-e leitende Angestellte in Firmen, die Kleidung herstellen 服装企业中的高级女职员 ‖ NB (注意): ≠ Direktorin

Di·ri·gent *der*; *-en*, *-en*; j-d, der ein Orchester od. e-n Chor dirigiert (1) 乐队指挥 ‖ K-(复合): ***Dirigenten-***, ***-pult***, ***-stab*** ‖ NB (注意): *der Dirigent*; *den*, *dem*, *des Dirigenten* ‖ *hierzu* (派生) **Di·ri·gen·tin** *die*; -, *-nen*

di·ri·gie·ren; *dirigierte*, *hat dirigiert*; Vt/i (及物/不及物) **1.** (***j-n*** (*Kollekt od Pl* 集合或复数)/***etw.***) **d.** die Aufführung e-s Musikstücks leiten, indem man durch Zeichen mit den Händen od. mit e-m Stab zeigt, wann u. wie die Musiker spielen sollen 指挥(乐队演出) ⟨ein Ensemble, ein Orchester, ein Konzert, e-e Oper d. 指挥剧团、交响乐队、音乐会、歌剧⟩: *Er dirigiert die Berliner Philharmoniker* 他指挥柏林交响乐团; Vt (及物) **2. *j-n / etw. irgendwohin d.*** (durch Gesten, Signale) j-m bei der Ausführung e-s Manövers helfen 指挥,调度,指引,管理: *Der Beifahrer stieg aus u. dirigierte den Wagen durch die schmale Einfahrt* 副驾驶下车引导车子开进狭窄的入口

Di·ri·gis·mus *der*; -; *nur Sg*, WIRTSCH (只用单数)【经】; die starke Lenkung der Wirtschaft durch den Staat 国家对经济的干预,国家经济调控 ‖ *hierzu* (派生) **di·ri·gis·tisch** *Adj* (形)

Dirndl[1] *das*; *-s*, *-*; ein Trachtenkleid mit e-r Schürze 一种带围裙的女性民族服装 ‖ K-(复合): ***Dirndl-***, ***-bluse***, ***-kleid***, ***-rock***, ***-schürze***

Dirndl[2] *das*; *-s*, *-n*; *südd* Ⓐ [南德][奥] ≈ ein (junges) Mädchen

Dir·ne *die*; -, *-n* ≈ Prostituierte ‖ K-(复合): ***Dirnen-***, ***-milieu***

Disc·jo·ckey *der*; j-d, der *bes* in Diskotheken od. im Rundfunk die Schallplatten aussucht u. ankündigt 唱片选播员

Dis·co *die*; -, *-s*; *gespr* [口] ≈ **Diskothek** (1) ⟨in die D. gehen 去迪斯科舞厅跳舞⟩ ‖ K-(复合): ***Disco-***, ***-musik***, ***-sound***

Dis·count·ge·schäft [-ˈkaunt-] *das*; ein Geschäft mit Selbstbedienung u. *mst* niedrigen Preisen 平价自选商场

dis·har·mo·nisch, **dis·har·mo·nisch** *Adj* (形); *geschr* [书] **1.** ⟨Farben, Töne 色彩,音调⟩ so, dass sie nicht gut zusammenpassen 不协调的,不一致的 ↔ harmonisch (1) **2.** mit Streit 不和谐的,不调和的 ↔ harmonisch (3): *Ihre Begegnung verlief d.* 他们的会面搞得很不愉快 ‖ *hierzu* (派生) **Dis·har·mo·nie**, **Dis·har·mo·nie** *die*; -, *-n*; **dis·har·mo·nie·ren**, **dis·har·mo·nie·ren** (*hat*) *Vi* (不及物)

Dis·ket·te *die*; -, *-n*; INFORM【信息】; e-e Art Scheibe, auf der man Daten speichert u. die man aus dem Computer herausnehmen kann 计算机软盘 ⟨etw. auf D. speichern 把…储存在软盘上; e-e neue D. einlegen 放进一张新的软盘⟩ ‖ ↑ *Abb. unter* 图见 **Computer** ‖ K-(复合): ***Disketten-***, ***-laufwerk*** ‖ *zu* ***Diskettenlaufwerk*** ↑ *Abb. unter* 图见 **Computer** ‖ NB (注意): ↑ **Festplatte**

Disk·jo·ckey *der*; ↑ **Discjockey**

Dis·ko *die*; ↑ **Disco**

Dis·kont *der*; *-s*, *-e*; der Zins *bes* für e-n Wechsel[2] 贴现

Dis·kont·satz *der*; die Höhe der Zinsen (in Prozent), die beim Ankauf *bes* von Wechseln[2] gezahlt werden müssen 贴现率 ⟨den D. senken, erhöhen 下调、提高贴现率⟩

Dis·ko·thek *die*; -, *-en* **1.** ein Lokal, in dem (*mst* von Schallplatten, CDs) moderne Tanzmusik gespielt wird 迪斯科舞厅 **2.** e-e größere Sammlung von Schallplatten 唱片收藏(库)

dis·kre·di·tie·ren; *diskreditierte*, *hat diskreditiert*; Vt (及物) **1.** ***j-n* d.** *geschr* [书];

j-n in schlechten Ruf bringen 毁坏…的名声，使丢脸 ≈ verleumden **2. etw. diskreditiert j-n** *geschr* ［书］；etw. bringt j-n in schlechten Ruf, etw. schadet j-s Ansehen（物作主语）损害声誉，使毁誉；Vr（反身）**3. sich** （**durch/mit etw.**）**d.** *geschr* ［书］；dem eigenen Ansehen durch e-e bestimmte Handlung, seine Inkompetenz *o.Ä.* Schaden zufügen 给自己带来坏名声，损害自己的声誉：*Er hat sich durch seine Äußerungen selbst diskreditiert* 他的言论损害了他自己的声誉 ‖ *hierzu*（派生）**Dis·kre·di·tie·rung** *die*

Dis·kre·panz *die*；-，*-en*；*geschr* ［书］；ein deutlicher Unterschied zwischen zwei Dingen 矛盾，差异，分歧，不一致 ≈ Missverhältnis：*Es gibt e-e deutliche D. zwischen seinen Versprechungen u. seinen Taten* 他的言行明显不一致

dis·kret *Adj*（形）；rücksichtsvoll u. taktvoll, *bes* bei Dingen, die geheim od. unangenehm sind 谨慎的，有分寸的 ↔ indiskret

Dis·kre·ti·on ［-ˈtsioːn］ *die*；-；*nur Sg*（只用单数）；*geschr* ［书］；Takt u. Verschwiegenheit, *bes* bei Dingen, die geheim od. unangenehm sind 谨慎，慎重，缄默 ↔ Indiskretion 〈etw. mit absoluter, äußerster, strengster D. behandeln 绝对慎重、非常谨慎、极其严谨地对待某事；D. wahren 严守机密；auf/mit j-s D. rechnen（können）（可以）相信某人会守口如瓶〉

dis·kri·mi·nie·ren；*diskriminierte*，*hat diskriminiert*；Vt（及物）**1. j-n d.** j-n wegen seiner Nationalität, Rasse, Religion *o.Ä.* schlechter behandeln als andere 歧视，迫害 ≈ benachteiligen **2. j-n/etw. d.** durch（falsche）Behauptungen über j-n/etw. j-s Ruf schaden 诽谤，诋毁 ≈ verleumden 〈diskriminierende Äußerungen 诽谤性言论〉 ‖ *hierzu*（派生）**Dis·kri·mi·nie·rung** *die*；**Dis·kri·mi·na·ti·on** *die*；-；*-en*

Dis·kus *der*；-（*ses*），*-se/Dis·ken*；SPORT【体】 **1.** e-e schwere Scheibe, *mst* aus Holz u. Metall, die geworfen wird 铁饼 **2.** *gespr* ［口］ ≈ Diskuswerfen

Dis·kus·si·on ［-ˈsioːn］ *die*；-，*-en* **1. e-e D.**（**über etw.**（*Akk* 四格））ein（*mst* öffentliches）Gespräch über ein bestimmtes Thema zwischen Personen, die verschiedene Meinungen haben 讨论 ≈ Aussprache 〈e-e angeregte, lebhafte, öffentliche, politische D. 热烈的、生动的、公开的、政治上的讨论；die D. eröffnen, schließen, abbrechen, beenden 开始、结束、中断、结束讨论〉 ‖ K-（复合）：**Diskussions-**，**-abend**，**-beitrag**，**-gegenstand**，**-grundlage**，**-leiter**，**-partner**，**-stoff**，**-teilnehmer**，**-thema** ‖ -K（复合）：**Fernseh-**，**Radio- 2.** ein Gespräch, durch das man j-s Meinung ändern will 辩论 ≈ Auseinandersetzung 〈sich auf keine D. einlassen, j-n in e-e D. verwickeln 不愿加入辩论，把某人卷进辩论〉 **3. etw. zur D. stellen** andere auffordern, über etw. zu diskutieren 把…提出来要求辩论 **4. etw. steht**（**nicht**）**zur D.** etw. kommt（nicht）infrage（物作主语）有/没有商量余地

Dis·kus·wer·fen *das*；*-s*；*nur Sg*，SPORT（只用单数）【体】；e-e Disziplin der Leichtathletik, bei der der Diskus möglichst weit geworfen werden muss 投掷铁饼 ‖ *hierzu*（派生）**Dis·kus·wer·fer** *der*；*-s*，-；**Dis·kus·wer·fe·rin** *die*；-，*-nen*

dis·ku·ta·bel *Adj*（形）；*nicht adv*，*geschr*（不作状语）［书］；gut od. wichtig genug, um diskutiert zu werden 值得讨论的 ≈ erwägenswert ↔ indiskutabel 〈ein Vorschlag, ein Entwurf, ein Plan 建议，草案，计划〉 ‖ NB（注意）：*diskutabel* → *ein diskutabler Vorschlag*

dis·ku·tie·ren；*diskutierte*，*hat diskutiert*；Vi（不及物）**1. j-d diskutiert mit j-m**（**über etw.**（*Akk* 四格））；〈Personen 人〉 **diskutieren**（**über etw.**（*Akk* 四格））zwei od. mehrere Personen führen ein relativ langes Gespräch（e-e Diskussion（1））über ein Thema（人作主语）单：与…讨论；复：共同讨论、商量：*über Politik d.* 就政治问题进行讨论；Vt（及物）**2.** 〈ein Ausschuss *o.Ä.* 委员会等〉 **diskutiert etw.** e-e Gruppe von Personen erörtert verschiedene Aspekte e-s Themas, damit jeder seine Meinung dazu sagen kann（就一题目）交换意见、发表见解：*e-n Entwurf, e-n Plan, ein Ergebnis, e-n Vorschlag, ein Problem d.* 就一草案、计划、结果、建议、问题交换意见

Dis·pens *der*；*-es*，*-e*；Ⓐ［奥］ *die*；-，*-en*；*mst Sg*，*geschr*（多用单数）［书］；die Befreiung von e-m Verbot od. e-r allgemeinen Verpflichtung（*z.B.* vom Zölibat der Priester）免除，豁免，解除 〈um D. nachsuchen, D. von etw. erhalten, j-m D. erteilen 请求、获得某种豁免，免除某人的某种义务〉

dis·pen·sie·ren；*dispensierte*，*hat dispensiert*；Vt（及物）**j-n**（**von etw.**）**d.** *geschr* ［书］；j-n von e-r allgemeinen Verpflichtung（ausnahmsweise od. für e-e bestimmte Zeit）befreien（特许地或在一段时间内）使免除（一项义务）：*e-n Schüler vom Unterricht d.* 给学生免课 ‖ *hierzu*（派生）**Dis·pen·sie·rung** *die*

Dis·play ［dɪsˈpleɪ］ *das*；*-s*，*-s*；**1.** das Ausstellen von Waren auf e-e Art, die zum Kaufen anregen soll 陈列，展示 **2.** ELEK，INFORM【电】【信息】；die optische Darstellung von Daten, durch Leuchtanzeige bei elektronischen Geräten, digitalen Uhren *o.Ä.* od. auf dem Bildschirm e-s Computers 显示，显像 **3.** INFORM【信息】≈ Bildschirm

dis·po·nie·ren；*disponierte*，*hat disponiert*；Vi（不及物）（**über etw.**（*Akk* 四格））**d.** *geschr* ［书］；bestimmen, wie man etw. einteilt od. benutzt 安排，分配，支配 ≈ über etw. verfügen 〈über sein Geld, seine Zeit gut, schlecht, frei d. können 能很好地、不能很好地、能自由地支配他的钱、时间；anders d.（= anders verfahren als geplant）另作安排〉：*Er kann einfach nicht d., zur Monatsmitte geht ihm immer das Geld aus* 他可真是不会计

划，总是刚到月中钱就已经花完了 ‖ ▶ ***Disposition***

Dis.po.si.ti.on [-ˈtsioːn] *die*; -, *-en*; *geschr* [书] **1.** ***etw. zur D. haben*** über etw. (*mst* ein bestimmtes Maß an Zeit od. e-e bestimmte Menge Geld) bestimmen können 能支配，处置(钱，时间) **2.** ***j-d/etw. steht (j-m) zur D.*** j-d/etw. kann von j-m verwendet werden (人/物作主语)能由…支配：*Für den Ankauf neuer Maschinen steht der Abteilung enormes Kapital zur D.* 有一大笔资金可供部门支配，用来购买新机器 **3.** *mst Pl* (多用复数) ≈ Pläne ⟨seine Dispositionen treffen, ändern 制订、改变安排⟩ **4.** ***e-e D. (für/zu etw.)*** ≈ Veranlagung ⟨e-e angeborene, vererbte, seelische D. zu e-r/für e-e Krankheit 导致某种疾病的先天的、遗传的、心理素质⟩ ‖ ▶ ***disponieren***

Dis.put *der*; -(*e*)*s*, *-e* **1.** *geschr* [书] ≈ Streit ⟨e-n D. mit j-m haben 与某人发生争执⟩ **2.** *veraltend* [渐旧]; e-e wissenschaftliche Diskussion nach bestimmten Regeln (学术)争论 ⟨ein gelehrter D. 具有学术水平的争论⟩ ‖ *hierzu* (派生) **dis.pu.tie.ren** (*hat*) *Vi* (不及物) ‖ NB (注意)：↑ ***Streit***

dis.qua.li.fi.zie.ren; [-kva-] *disqualifizierte*, *hat disqualifiziert*; [Vt] (及物) **1.** ***j-n d.*** SPORT【体】; j-n von e-m Wettkampf ausschließen, weil er gegen e-e Regel verstoßen hat (因犯规)取消…资格，将…罚出场：*Der Läufer wurde wegen Verlassens der Bahn disqualifiziert* 赛跑运动员因偏离跑道被取消资格 **2.** ***etw. disqualifiziert j-n*** etw. zeigt, dass j-d für e-e Aufgabe od. e-e gesellschaftliche Stellung nicht geeignet ist (物作主语)表明…不够格：*Sein Verhalten in der Krise hat ihn als Abteilungsleiter disqualifiziert* 他在危机中的表现表明他当部门领导不够格；[Vr] (反身) **3.** ***sich (durch/mit etw.) d.*** *geschr* [书]; bei e-r bestimmten Gelegenheit falsch handeln od. sich nicht richtig benehmen u. so zeigen, dass man für e-e Aufgabe nicht geeignet ist 表明自己不够格 ‖ *zu* (义项) **1. Dis.qua.li.fi.zie.rung** *die*; **Dis.qua.li.fi.ka.ti.on** *die*; -, *-en*

Dis.ser.ta.ti.on [-ˈtsioːn] *die*; -, *-en*; ***e-e D. (über etw. (Akk*** 四格***)/zu etw.)*** e-e wissenschaftliche Arbeit, die man schreiben muss, um den Doktortitel zu bekommen 博士论文 ≈ Doktorarbeit ⟨e-e D. schreiben, abgeben, einreichen 写、交、递交博士论文⟩ ‖ *hierzu* (派生) **dis.ser.tie.ren** (*hat*) *Vi* (不及物)

Dis.si.dent *der*; *-en*, *-en*; POL【政】; (*bes* in Bezug auf Regimekritiker in sozialistischen Ländern verwendet) j-d, der sich offen dazu bekennt, dass er gegen die offizielle Politik des Staates *o. Ä.* ist 持不同政见者 ‖ NB (注意)：*der Dissident*; *den*, *dem*, *des Dissidenten* ‖ *hierzu* (派生) **Dis.si.den.tin** *die*; -, *-nen*

Dis.so.nanz *die*; -, *-en* **1.** MUS【音】; der Klang von Tönen, die zusammen unangenehm u. nicht harmonisch klingen 不谐和音 **2.** *mst Pl* (多用复数); Meinungsverschiedenheiten (*bes* innerhalb e-r politischen Partei) (党派内部)不和谐，不协调，不一致

Dis.tanz *die*; -, *-en*; *geschr* [书] **1.** ***die D. (zwischen j-m/etw. u. j-m/etw.)*** die räumliche Entfernung zwischen zwei Personen/Orten od. Punkten 距离，间距，差距 ≈ Abstand (1)：*Aus dieser D. kann ich nichts erkennen* 隔着这么个距离我什么也看不清 **2.** *nur Sg* (只用单数)；***D. (zu j-m)*** e-e Haltung gegenüber j-m, bei der man wenig Gefühle (für ihn) zeigt u. nur wenig Kontakt zu ihm hat (与…之间的)距离，疏远 ⟨auf D. achten, D. (zu j-m) halten, wahren, auf D. (zu j-m) bleiben, gehen 注意拉开距离，保持、维持与某人的距离，疏远某人⟩ **3.** *nur Sg* (只用单数)；***D. (zu j-m/etw.)*** der innere Abstand zu j-m/etw. (der einem erlaubt, objektiv zu sein) (为保持客观所需要的)距离、间隔 ⟨D. (zu j-m/etw.) gewinnen, etw. aus der D. betrachten 争取(与…)保持距离，拉开距离观察某事⟩：*nicht die nötige D. haben, um objektiv bleiben zu können* 不具备为保持客观所必需的距离 **4.** SPORT【体】; die vorgesehene Länge e-s Boxkampfs *o. Ä.* 规定的拳击赛回合数：*Der Kampf ging über die volle D.* 比赛打满了规定的回合

dis.tan.zie.ren; *distanzierte*, *hat distanziert*; [Vr] (反身) **1.** ***sich von etw. d.*** (öffentlich) erklären, dass man *mst* e-e Äußerung, e-e Aktion *o. Ä.* nicht gut od. nicht richtig findet (公开)对…持不赞成态度 ⟨sich von e-m Bericht, e-m Parteiprogramm d. 不赞成一份报告、一份政党纲领⟩ **2.** ***sich von j-m d.*** mit j-m nichts mehr zu tun haben wollen 疏远：*Nach dem Skandal distanzierten sich viele Freunde von ihm* 丑闻发生后很多朋友疏远了他；[Vt] (及物) **3.** ***j-n d.*** j-n in e-m Rennen *o. Ä.* deutlich besiegen 超过，胜过，把…远远甩下 ‖ *hierzu* (派生) **Dis.tan.zie.rung** *die*

dis.tan.ziert **1.** *Partizip Perfekt* (过去分词)；↑ ***distanzieren*** **2.** *Adj* (形)；*geschr* [书] ≈ zurückhaltend, kühl (2), reserviert ‖ *zu* (义项) **2. Dis.tan.ziert.heit** *die*; *nur Sg* (只用单数)

Dis.tel *die*; -, *-n*; e-e Pflanze mit *mst* violetten od. weißen Blüten, die Blätter mit kleinen dünnen Stacheln hat 蓟：*Der Esel frisst Disteln* 驴在吃蓟

dis.tin.gu.iert [dɪstɪŋˈg(u)iːɐt] *Adj* (形)；*geschr* [书]；⟨*mst* ein Herr 多为男士⟩ vornehm im Verhalten u. in der Art, sich zu kleiden 高贵的，高雅的，优雅的，有风度的

Dist.rikt *der*; -(*e*)*s*, *-e*; ein Verwaltungsbezirk in manchen Staaten, *z. B.* in den USA (某些国家如美国的)行政区

Dis.zi.p.lin[1] *die*; -; *nur Sg* (只用单数) **1.** das Einhalten von bestimmten Regeln, Vorschriften *o. Ä.* (*bes* innerhalb e-r Gemeinschaft od. als Schüler, Soldat *o. Ä.*) 纪律，风纪 ⟨äußerste, strenge, strikte, schlechte D., wenig D. haben, D. üben, D. wahren

有绝对的、严格的、严密的纪律,纪律不好,不守纪律,学会守纪律,遵守纪律;gegen die D. verstoßen, die D. verletzen (= die Regeln od. Vorschriften nicht einhalten) 违反纪律,破坏纪律〉: *In der Armee herrscht strenge D.* 军队里纪律严明 ‖ -K (复合): **Partei-** **2.** strenge Kontrolle des eigenen Tuns 自制,纪律,自律 〈etw. erfordert, verlangt eiserne D. (= große Selbstbeherrschung) 某事需要铁一般的自制能力〉: *Er hat nicht genug D., um sein Studium durchzuhalten* 他没有足够的自律来完成大学学业 ‖ -K (复合): **Selbst-**

Dis·zi·p·lin² *die*; -, *-en* **1.** ein Teilgebiet des Sports 体育中的一个项目 ≈ Sportart: *Der Weitsprung ist e-e D. der Leichtathletik* 跳远是田径运动的一个项目 **2.** ein Teilgebiet e-r Wissenschaft (科学领域中的) 学科,科目: *Rechtsgeschichte ist e-e juristische D.* 法律史是一门法学学科

dis·zi·p·li·na·risch *Adj* (形); *mst* 多用 〈e-e Behörde 单位,部门〉 ***geht gegen j-n d. vor*** *geschr* [书]: e-e Behörde bestraft j-n, weil er gegen die Vorschriften verstoßen hat 给予某人违纪处罚

Dis·zi·p·li·nar·stra·fe *die*; SPORT【体】; e-e Strafe, die ein Sportler (wegen seines unfairen sportlichen Verhaltens) von seinem Verein bekommt (对运动员在比赛中的不正当行为所给予的)违规处分,处罚

Dis·zi·p·li·nar·ver·fah·ren *das*; *geschr* [书]; ein (juristisches) Verfahren gegen j-n (*mst* e-n Beamten), der gegen die Vorschriften verstoßen hat (多为对公职人员违法乱纪行为提出的)惩治诉讼

dis·zi·p·li·niert *Adj* (形); *geschr* [书] **1.** durch strenge Disziplin¹ (1) ausgezeichnet 有纪律的,守纪律的 〈e-e Klasse, e-e Truppe 班级,部队; sich d. verhalten 服从纪律〉 **2.** verantwortungsvoll u. mit viel Selbstkontrolle 自制的,认真负责的〈d. arbeiten 克己地工作〉‖ *hierzu* (派生) **Dis·zi·p·li·niert·heit** *die*; *nur Sg* (只用单数)

dis·zi·p·lin·los *Adj* (形); *geschr* [书] **1.** ohne Disziplin¹ (1) 无纪律的,不守纪律的 〈e-e Klasse, e-e Truppe 班级,部队; sich d. verhalten 不服从纪律〉 **2.** ohne Selbstdisziplin 不自制的,不自律的,无自制能力的 ‖ *hierzu* (派生) **Dis·zi·p·lin·lo·sig·keit** *die*

Di·va [-v-] *die*; -, *-s/Di·ven*; e-e sehr beliebte (*mst* exzentrische) Sängerin od. Schauspielerin 走红的女明星 ‖ -K (复合): **Film-**, **Operetten-**, **Opern-**

Di·ver·genz [-v-] *die*; -, *-en*; *geschr* [书] **1.** das Auseinandergehen von Meinungen *o. Ä.* 分歧,龃龉 ↔ Konvergenz, Übereinstimmung **2.** *mst Pl* (多用复数); ***Divergenzen*** (***über etw.*** (*Akk* 四格)/***in etw.*** (*Dat* 三格)) unterschiedliche Meinungen, die zu Konflikten führen können 意见分歧,意见不和 ≈ Meinungsverschiedenheiten (2) ‖ *hierzu* (派生) **di·ver·gent** *Adj* (形)

di·ver·gie·ren [-v-]; *divergierte, hat divergiert*; [Vi] (不及物) 〈Meinungen, Ansichten, Aussagen *o. Ä.* 意见,观点,说法之类〉 ***divergieren*** Meinungen, Ansichten, Aussagen *o. Ä.* weichen (stark) voneinander ab 相差甚远: *Die Aussagen der Zeugen divergieren stark* 证人们的证词差异很大

di·ver·s- [-v-], (*kein Komparativ* 无比较级), *diversest-*; *Adj* (形); *nur attr, nicht adv, nur mit Pl, geschr* (只作定语,不作状语,只用复数) [书] ≈ mehrere (verschiedene): *diverse Möglichkeiten ausprobieren* 尝试多种不同的可能性

Di·vi·dend [-v-] *der*; *-en*, *-en*; MATH【数】; e-e Zahl, die durch e-e andere geteilt wird 被除数 ≈ Zähler ↔ Divisor: *In der Rechung 12:3 ist 12 der D. u. 3 der Divisor* 在12:3的算式中12是被除数,3是除数 ‖ NB (注意): *der Dividend; den, dem, des Dividenden*

Di·vi·den·de [-v-] *die*; -, *-n*; WIRTSCH【经】; der Anteil am Gewinn e-r Aktiengesellschaft, der jährlich an die Aktionäre ausgezahlt wird 股息,红利 〈e-e Firma schüttet e-e hohe D. aus 公司付给高额股息; die D. erhöhen 提高股息〉

di·vi·die·ren [-v-]; *dividierte, hat dividiert*; [Vt/i] (及物/不及物) (***e-e Zahl durch e-e Zahl***) ***d.*** MATH【数】; berechnen, wie oft *bes* e-e kleinere Zahl in e-r größeren Zahl enthalten ist 除 ≈ teilen (2) ↔ multiplizieren: *Sechs dividiert durch zwei ist (gleich) drei* (6:2=3) 6除以2等于3 ‖ ▶ ***Division¹***

Di·vi·si·on¹ [divi'zio:n] *die*; -, *-en*; *mst Sg*, MATH (多用单数)【数】**1.** das Dividieren 除 ↔ Multiplikation **2.** e-e Rechenaufgabe, bei der dividiert wird 除法

Di·vi·si·on² [divi'zio:n] *die*; -, *-en* **1.** MIL【军】; mehrere Einheiten, Regimenter (ca. 10000 Mann) (zu denen verschiedene Waffengattungen gehören) 师,师团 ‖ K- (复合): **Divisions-**, ***-kommandeur***, ***-lazarett*** **2.** *bes* Ⓐ Ⓒⓗ SPORT 尤用于[奥][瑞]【体】≈ Liga (2) 〈die erste, zweite D. 甲级、乙级联赛〉

Di·vi·sor [-'vi:-] *der*; *-s*, *Di·vi·so·ren*; MATH【数】; e-e Zahl, durch die e-e andere geteilt (2) wird 除数 ≈ Nenner ↔ Dividend

Di·wan *der*; *-s*, *-e*/ Ⓐ [奥] *auch* 也作 *-s* **1.** *südd* Ⓐ [南德][奥] ≈ Sofa **2.** *veraltend* [渐旧]; e-e Art Sofa ohne Rücken- u. Armlehne (无扶手和靠背的)卧榻式沙发床

Di·xie·land ['dɪksɪlɛnt] *der*; -; *nur Sg*, MUS (只用单数)【音】; e-e Jazzart, die *bes* in den 20 er Jahren sehr beliebt war 迪克西兰爵士乐

DKP [de:ka:'pe:] *die*; -; *nur Sg* (只用单数); *Abk für* 缩写,全称为 Deutsche Kommunistische Partei 德国共产党

DM [de:|'ɛm] *Abk für* 缩写,全称为 Deutsche Mark 德国马克

D-Mark *die*; die Währung in Deutschland 德国货币 ≈ Deutsche Mark

DNS [de|ɛn|'ɛs] *die*; -; *nur Sg*, BIOL, CHEM (只用单数)【生】【化】; (*Abk für* 缩写,全称为 Desoxyribonukleinsäure) e-e Substanz (in

D

Form von langen Ketten), aus der die Chromosomen bestehen u. die die genetische Information enthält 脱氧核糖核酸 ‖ K-: ***DNS-Strang***

Do·ber·mann *der*; *-s*, *Do·ber·män·ner*; ein großer Hund mit glatten, kurzen braunen od. schwarzen Haaren, der *mst* als Wachhund gehalten wird (用作警犬、猎犬、看门犬、领路犬)多伯曼狗,又名杜宾犬

doch¹ *Konjunktion* (连); verwendet, um e-n Teilsatz einzuleiten, der e-n Gegensatz zum Vorausgegangenen ausdrückt 但是,可是,然而,不过,却: *Er tat alles, um rechtzeitig fertig zu sein, d. es gelang ihm nicht* 他竭尽全力想按期完工,但还是不成

doch² *Adv* (副) **1.** trotz des vorher erwähnten Umstands 尽管如此,仍然,还是 ≈ dennoch, trotzdem: *Er sagte, er würde es ihr nicht sagen, aber er hats d. gemacht* 他说过他不会告诉她,可还是这么做了 ‖ NB (注意): In diesem Sinne wird *doch* immer betont 在这个意义上 doch 须重读 **2.** verwendet, um e-e negative Aussage od. e-e verneinte Frage im positiven Sinne zu beantworten u. dem Sprecher somit zu widersprechen (用于对否定的说法或问题作肯定的回答): *„Du hast ihn nicht etwa selbst angerufen?" – „D.!"* "你总不会是自己给他打的电话?"—"还真是这样!"

doch³ *Partikel* (小品); *unbetont* (非重读) **1.** verwendet in Aussagesätzen, um j-n an etw. zu erinnern, das bereits bekannt ist, u. um ihn indirekt zur Zustimmung aufzufordern (用于叙述句,提请对方注意已知事实并间接地要求对方赞同): *Ich muss nach Hause, es ist d. schon spät* 我得回家了,已经很晚了; *Sie ist d. kein Kind mehr!* 她可不是孩子了! **2.** verwendet in rhetorischen Fragen, um auszudrücken, dass man glaubt, etw. zu wissen od. sich an etw. zu erinnern (用于反问句,表示肯定): *Du warst d. schon mal hier, nicht wahr?* 你已经来过一次了,是不是?; *Das war d. so, oder?* 是这么回事吧? **3.** verwendet in Fragen, die die Form von Aussagesätzen haben, um Zweifel od. Sorge auszudrücken, auf die man e-e beruhigende Antwort erwartet (用于陈述句形式的问句,表示出疑虑或担忧,并期待得到安慰): *Du lässt mich d. jetzt nicht im Stich?* 你不会现在扔下我不管吧?; *Das schaffst du d. hoffentlich?* 这你总能干得了吧? **4.** verwendet in Antworten auf Aufforderungen od. Vorwürfe, um diese zurückzuweisen (用于对要求和责备的答复中,表示反驳): *„Mach den Fernseher ein bisschen leiser!" – „Habe ich d. schon!"* "把电视机的声音开小点!"——"我不是已经开小了嘛!"; *„Warum hast du mir nichts davon erzählt?" – „Ich konnte d. nicht wissen, dass es für dich so wichtig ist!"* "你怎么一点没提这事?"——"我怎么能知道这对你有那么重要呢!" **5.** verwendet, um Aufforderungen zu verstärken (用于加强对要求的语气): *Komm d. mal her zu mir!* 你到我这儿来一下!; *Setzen Sie sich d. bitte!* 您倒是请坐呀!; *Schrei d. nicht so laut!* 别喊得那么响呀! ‖ NB (注意): Mit *bitte* od. *mal* wirkt die Aufforderung eher höflich, mit *endlich* wirkt sie ungeduldig od. vorwurfsvoll (和 bitte 或 mal 连用时,请求的口气更客气些,用 endlich 时则表示出不耐烦或责备): *Hör d. endlich auf!* 打住,行不行! **6.** verwendet in Ausrufesätzen, um Überraschung, Empörung *o. Ä.* auszudrücken (用于感叹句中表示惊讶、气愤等): *Wie schön es hier d. ist!* 这儿有多美啊!; *Das ist d. eine Gemeinheit!* 这可是够卑鄙的!; *Das gibt's d. gar nicht!* 竟然还有这种事! **7.** verwendet, um e-n dringenden Wunsch auszudrücken, der im Moment des Sprechens nicht erfüllbar ist (用于非现实愿望句) ≈ bloß, nur: *Wenn er d. endlich käme!* 但愿他快点来!; *Wenn es d. schon vorbei wäre!* 这事要已经过去了该多好!; *Hätte ich das d. nie getan!* 我要从没干过这事该有多好! ‖ NB (注意): Das Verb steht im Konjunktiv II (动词为第二虚拟式)

Docht *der*; *-(e)s*, *-e*; e-e Art Schnur in e-r Kerze od. Lampe, die angezündet wird u. langsam verbrennt 烛芯,灯芯 ‖ ↑ *Abb. unter* 图见 ***Kerze***

Dock *das*; *-(e)s*, *-s*; e-e Anlage, in der Schiffe außerhalb des Wassers gebaut od. repariert werden 船坞 ‖ K- (复合): ***Dock-, -arbeiter***

Dog·ge *die*; *-*, *-n*; ein sehr großer Hund mit e-r flachen Schnauze u. *mst* gelblich braunem Fell 獒

Dog·ma *das*; *-s*, *Dog·men*; **1.** *pej* [贬]; e-e Lehre *o. Ä.*, die den Anspruch erhebt, absolut gültig zu sein 教条,信条 ‹e-e Lehre, e-e Meinung zum D. erheben, sich an Dogmen klammern 把一种学说、一种见解奉为信条,死守教条› **2.** KATH【天主】; ein religiöser Grundsatz, der innerhalb der Kirche absolute Gültigkeit hat 教条,教义: *das D. von der Unfehlbarkeit des Papstes* 教皇从不出错的信条

Dog·ma·tik *die*; *-*; *nur Sg*, *geschr* (只用单数)[书] **1.** *mst pej* 多用[贬]; e-e dogmatische Haltung 教条(式的态度、信念) **2.** die systematische Darstellung der Dogmen (2) *bes* der christlichen Religion 教义学 ‖ *hierzu* (派生) **Dog·ma·ti·ker** *der*; *-s*, *-*; **Dog·ma·ti·ke·rin** *die*; *-*, *-nen*

dog·ma·tisch *Adj* (形); *geschr*, *mst pej* [书]多用[贬]; (starr u. unkritisch) an Dogmen (1) festhaltend 教条的,僵化的 ‹e-e Haltung, ein Standpunkt, j-s Denken 行为方式,立场,某人的思维›

Dog·ma·tis·mus *der*; *-*; *nur Sg*, *geschr*, *mst pej* (只用单数)[书]多用[贬]; das starre Festhalten an bestimmten Lehren *o. Ä.* 教条主义

Doh·le *die*; *-*, *-n*; ein Vogel, der ähnlich wie ein Rabe aussieht, aber kleiner ist 寒鸦

Dok·tor [-toːɐ, -tɐ] *der*; *-s*, *Dok·to·ren*; **1.** *gespr* [口]; verwendet als Anrede od. Bezeichnung für e-n Arzt (对医生的称呼)大夫 ‹e-n D. brauchen, holen 需要、请大夫; zum

D. gehen, müssen 去、必须去看病》**2.** *nur Sg* (只用单数); ein akademischer Grad u. Titel 博士; *Abk* 缩写 Dr.: *den D. der Chemie, Medizin machen / haben* 攻读、取得化学、医学博士学位; *Er ist D. der Biologie* (= hat e-n Doktortitel in Biologie) 他是生物学博士; *Herr / Frau Dr. Baumann* 鲍曼博士先生/女士; *Dr. Müllers Haus* 米勒博士的家 ‖ K-(复合): ***Doktor-, -examen, -grad, -titel*** ‖ NB(注意): *der Bericht des Doktors*, aber: *der Bericht Doktor Meiers*; D. wird in der Anrede in Verbindung mit e-m Familiennamen abgekürzt geschrieben (在与姓连用时用缩写) (*Sehr geehrter Herr Dr. Müller!*), ohne Familiennamen ausgeschrieben (不带姓时则不能缩写) (*Sehr geehrter Herr Doktor!*) **3.** ***den / seinen D. machen*** *gespr* [口]; e-n Doktortitel erwerben 做博士学位 ‖ *zu* (义项) **1.** u. **2. Dok·to·rin** [-to:rɪn] *die*; -, *-nen*

Dok·to·rand *der*; *-en, -en*; j-d, der an e-r Dissertation arbeitet, um den Doktortitel zu bekommen 博士生 ‖ NB(注意): *der Doktorand; den, dem, des Doktoranden* ‖ *hierzu* (派生) **Dok·to·ran·din** *die*; -, *-nen*

Dok·tor·ar·beit *die* ≈ Dissertation 〈seine D. schreiben 写他的博士论文; e-e D. über etw. (*Akk* 四格) 有关…的博士论文〉

Dok·tor·va·ter *der*; *gespr* [口]; der (Universitäts) Professor, der e-m Doktoranden das Thema für seine Doktorarbeit gibt (u. ihn fachlich betreut) 博士生导师

Dok·trin *die*; -, *-en* **1.** POL【政】; ein Grundsatz od. e-e grundsätzliche (programmatische) Aussage 纲领,纲要,教义 〈e-e D. aufstellen, nach e-r D. handeln 制定纲领,按纲领行动〉 **2.** *geschr, mst pej* [书]多用[贬] ≈ Dogma (1)

dok·tri·när *Adj* (形); *geschr, mst pej* [书]多用[贬]; nicht bereit, seine Meinung zu ändern 教条的,死板的

Do·ku·ment *das*; *-(e)s, -e* **1.** etw. Geschriebenes, das *mst* j-s Stand[2] od. Recht (2) betrifft u. das von e-r Behörde ausgestellt wird (*z.B.* der Personalausweis, der Pass, die Geburtsurkunde) 证书,证件 ≈ Urkunde: *Wenn man heiraten will, muss man mehrere Dokumente vorlegen* 想要登记结婚,就必须出示众多的证件 **2.** ein Text od. ein Gegenstand aus e-r *mst* vergangenen Epoche, der wichtige Informationen enthält 文件,文献,资料 ≈ Zeugnis (4) 〈ein historisches D. 一份历史文献〉: *Die Grabsteine der Römer sind für die Historiker wichtige Dokumente* 罗马人的墓碑对历史学家来说是重要的文献 ‖ -K (复合): ***Bild-, Kultur-***

Do·ku·men·tar- *im Subst, wenig produktiv* (构成名词,极少构词); verwendet, um auszudrücken, dass bei der Behandlung des Themas nur Tatsachen enthalten sind (u. nichts Fiktives) (用于表示所涉及内容均为事实) 纪实、纪录…; ein ***Dokumentarbericht***, ein ***Dokumentarfilm***, ein ***Dokumentarhörspiel***, ein ***Dokumentarstück***

do·ku·men·ta·risch *Adj* (形) **1.** 〈e-e Aufnahme, ein Film, e-e Darstellung 摄影,电影,描绘〉 so, dass sie nur auf Tatsachen beruhen 纪实的,真实的,纪录的 **2.** *mst adv* (多作状语); durch Dokumente (1,2) 有文件的,有文献的,有公文的 〈etw. ist d. belegt, bezeugt, nachweisbar 某事是有文件证明的〉

Do·ku·men·ta·ti·on [-ˈtsio:n] *die*; -, *-en* **1.** ***e-e D.*** (***über etw.*** (*Akk* 四格) / ***zu etw.***) e-e Sammlung von Dokumenten (*z.B.* Urkunden, Daten u. Fakten zu e-m Thema) 文件、文献、资料汇编: *Im Anhang des Buches findet sich e-e ausführliche D. zum Thema „Umweltverschmutzung"* 在书的附录中有关于环境污染这个题目的详尽的资料汇编 **2.** ***e-e D.*** (***über etw.*** (*Akk* 四格) / ***zu etw.***) e-e dokumentarische (1) Sendung im Fernsehen od. Radio (电视或广播台中的)纪实性节目

Do·ku·men·ten·map·pe *die*; e-e Mappe, in der wichtige Dokumente (1) aufbewahrt werden 文件包,公文包

do·ku·men·tie·ren; *dokumentierte, hat dokumentiert*; *geschr* [书]; [Vt] (及物) **1.** ***etw. d.*** etw. (*mst* e-e Meinung, Haltung) deutlich zeigen 证明,表明 ≈ bekunden, beweisen: *seinen guten Willen durch Taten d.* 以实际行动证明他的诚心; [Vr] (反身) **2.** ***etw. dokumentiert sich in etw.*** (*Dat* 三格) etw. kommt in etw. deutlich zum Ausdruck (物作主语)在…中明确地表示出来

Dolch *der*; *-(e)s, -e*; e-e Art spitzes Messer, dessen Klinge auf beiden Seiten schneidet u. das als Stoßwaffe dient 匕首,短剑 ‖ ↑ *Abb. unter* 图见 ***Waffen*** ‖ K-(复合): ***Dolch-, -stich, -stoß***

Dol·de *die*; -, *-n*; BOT【植】; viele kleine Blüten, die an feinen Stielen zusammen aus e-m Stengel wachsen 伞型花序 ‖ K-(复合): ***Dolden-, -gewächs*** ‖ *hierzu* (派生) **dol·den·för·mig** *Adj* (形)

doll *Adj* (形); *gespr, bes nordd* [口]尤用于[北德] **1.** ≈ toll **2.** ≈ heftig

Dol·lar *der*; *-s, -s*; verwendet als Bezeichnung für die Währung mehrerer Staaten, *z.B.* für die der USA (Zeichen $) (许多国家的货币单位)元,美元 〈der amerikanische, kanadische D. 美(国美)元,加(拿大)元〉 ‖ K-(复合): ***Dollar-, -kurs, -note*** ‖ NB(注意): in Verbindung mit Zahlen wird *Dollar* als Pluralform verwendet (与数字连用时用作复数): *Das Auto kostet 80 Dollar pro Tag* 这辆车每天的费用为 80 美元

Dol·metsch *der*; *-(e)s, -e*; Ⓐ [奥] ≈ Dolmetscher

dol·met·schen; *dolmetschte, hat gedolmetscht*; [Vt/i] (及物/不及物) (***etw.***) ***d.*** das, was j-d sagt, (*mst* sofort) mündlich in e-e andere Sprache übersetzen 口译 〈ein Gespräch, ein Interview d. 为谈话、采访作口译〉

Dol·met·scher *der*; *-s, -*; j-d, der (*mst* beruflich) etw. dolmetscht 口译人员,译员: *als D. beim Europaparlament arbeiten* 在欧洲议会当

D

译员 ‖ K-(复合): ***Dolmetscher-***, ***-diplom***, ***-institut***, ***-schule*** ‖ -K(复合): ***Konferenz-***; ***Konsekutiv-***, ***Simultan-*** ‖ *hierzu*(派生) **Dol·met·sche·rin** *die*; -, *-nen*

Dom *der*; -(*e*)*s*, *-e*; e-e große Kirche, *mst* die Kirche e-s Bischofs (*bes* im deutschsprachigen Raum u. in Italien) 大教堂 ≈ Kathedrale, Münster: *der Kölner D.* 科隆大教堂; *der Mailänder D.* 米兰大教堂 ‖ K-(复合): ***Dom-***, ***-chor***, ***-glocke***

Do·mä·ne *die*; -, *-n*; **1.** *geschr* [书]; das (Fach)Gebiet, in dem j-d tätig ist u. in dem er besonders gute Kenntnisse od. Fähigkeiten hat 专业领域, 专业范围, 特长, 专长 ≈ Spezialgebiet: *Seine eigentliche D. ist die Komödie, aber er spielt auch ernste Rollen* 他的特长是演喜剧, 但他也演正面角色 **2.** ein relativ großer Besitz (mit Landwirtschaft), der dem Staat gehört 领地, 国有土地

do·mi·nant *Adj* (形) **1.** *geschr* [书]; stark auffallend 鲜明的, 显眼的 ≈ bestimmend ⟨ein Charakterzug 性格特征; ein Motiv 动机⟩ **2.** *geschr* [书]; sehr stark im Durchsetzen der eigenen Wünsche 说了算的, 支配的, 主宰的, 占优势的: *Seine Frau ist sehr d.* 他的妻子支配欲极强 **3.** BIOL【生】; ⟨Merkmale, Erbfaktoren 特征, 遗传因素⟩ so, dass sie bei der Vererbung andere Merkmale verdrängen 显性的, 占优势的 ↔ rezessiv

Do·mi·nanz *die*; -; *nur Sg* (只用单数) **1.** *geschr* [书]; die Fähigkeit, seine eigenen Wünsche durchzusetzen 支配, 驾驭, 主宰 **2.** BIOL【生】; die Eigenschaft, bei der Vererbung andere Merkmale zu verdrängen 显性, 优势 **3.** *geschr* [书]; die Vorherrschaft 优势, 统治

do·mi·nie·ren; *dominierte*, *hat dominiert*; *geschr* [书]; **Vt/i** (及物/不及物) **1.** ***(j-n/etw.) d.*** j-s Handeln/den Ablauf von etw. bestimmen 控制, 统治, 主宰, 支配 ≈ beherrschen: *den Ehepartner d.* 主宰配偶; *e-e dominierende Funktion, Stellung haben* 有控制权的职位、地位 ‖ NB (注意): *mst* im Passiv! (多用于被动句!) **2.** ***etw. dominiert (etw.)*** etw. ist (irgendwo) besonders wichtig, beherrschend od. auffällig (物作主语) 是主宰, 占主导地位 ≈ etw. herrscht vor: *In seinem Leben dominieren die Fehlschläge* 他的生活充满着挫折; *In diesem Bild dominieren dunkle Farben* 这张画中深颜色起主导作用; *Das Rot dominiert das Bild* 红色是这幅图的主调

Do·mi·no *das*; *-s*; *nur Sg* (只用单数); ein Spiel, bei dem flache, rechteckige (Spiel-)Steine, die Punkte haben, nach bestimmten Regeln aneinandergelegt werden müssen 多米诺骨牌 ‖ K-(复合): ***Domino-***, ***-spiel***, ***-stein***

Dominosteine

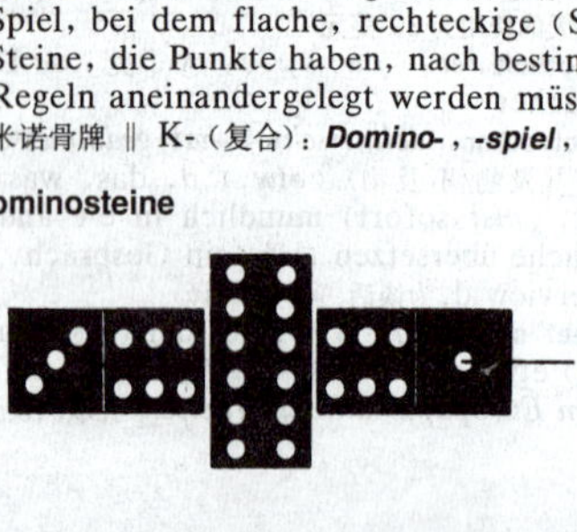

Do·mi·zil [-ts-] *das*; *-s*, *-e*; *geschr* [书]; der Ort, an dem j-d wohnt 住处, 住所 ≈ Wohnsitz

Dom·pfaff *der*; *-s/-en*, *-en*; ein Singvogel mit braungrauen Federn, bei dem das Männchen e-n roten Bauch hat 红腹灰雀 ‖ NB (注意): der D.; den, dem Dompfaff/Dompfaffen; des Dompfaffs/Dompfaffen

Domp·teur [dɔmpˈtøːɐ] *der*; *-s*, *-e*; j-d, der von Beruf Tiere *mst* für e-n Zirkus dressiert u. sie vorführt 驯兽师 ‖ *hierzu* (派生) **Domp·teu·se** [-ˈtøːzə] *die*; -, *-n*

Don·ner *der*; *-s*, -; *mst Sg* (多用单数); das laute Geräusch, das man nach e-m Blitz hört 雷, 雷声 ⟨der D. rollt, grollt, kracht (dumpf), dröhnt 雷声滚滚、大作、(闷雷)隆隆⟩ ‖ K-(复合): ***Donner-***, ***-grollen***, ***-rollen***, ***-schlag*** ‖ ID [谚] ***wie vom D. gerührt*** starr vor Schrecken 惊得目瞪口呆

don·nern; *donnerte*, *hat/ist gedonnert*; **Vimp** (无人称) (hat) **1.** ***es donnert*** es ertönt das Geräusch des Donners 响雷, 打雷, 雷鸣: *Es blitzt u. donnert* 雷电交加; **Vi** (不及物) **2.** (*hat*) ***etw. donnert*** etw. macht ein lautes Geräusch, das dem Donner ähnlich ist (物作主语) 轰鸣 ⟨Kanonen, Maschinen, Triebwerke 大炮, 机器, 发动机⟩: *donnernder Applaus* 雷鸣般的掌声 **3.** ***j-d/etw. donnert irgendwohin*** (*ist*) j-d/etw. bewegt sich schnell u. mit lautem Geräusch irgendwohin (人/物作主语) 轰鸣着朝…冲去: *Das Flugzeug donnerte über die Startbahn* 飞机轰鸣着掠过跑道; *Die Lawine donnerte ins Tal* 崩裂的雪块轰隆隆地冲向山谷 **4.** ***j-d/etw. donnert irgendwohin*** (*ist*) *gespr* [口]; j-d/etw. stößt mit großer Wucht gegen etw. (人/物作主语) (带着轰响) 猛烈撞击 **5.** ***gegen/auf etw.*** (*Akk* 四格) ***d.*** (*hat*) *bes* mit den Fäusten kräftig u. oft gegen etw. schlagen 猛力咚咚击打: *gegen e-e verschlossene Tür d.* 用力砸门; **Vt** (及物) (*hat*) **6.** ***etw. irgendwohin d.*** *gespr* [口]; etw. heftig irgendwohin werfen 用力朝…砸、甩、扔: *die Schulbücher in die Ecke d.* 把课本用力扔向墙角

Don·ners·tag *der*; -(*e*)*s*, *-e*; der vierte Tag der Woche 星期四; *Abk* 缩写 Do ⟨am D. 在星期四; letzten, diesen, nächsten D. 上个、这个、下个星期四; D. früh 星期四早上 ‖ K-(复合): ***Donnerstag-***, ***-abend***, ***-mittag***, ***-morgen***, ***-nachmittag***, ***-nacht***; ***donnerstag-***, ***-abends***, ***-mittags*** *usw*

don·ners·tags *Adv* (副) **1.** an jedem Donnerstag 每个星期四 **2.** am (kommenden, nächsten) Donnerstag 下个星期四

Don·ner·wet·ter *das*; *gespr* [口] **1.** lautes u. heftiges Schimpfen 大声训斥, 臭骂 ⟨ein D. kriegen, es gibt ein D. 挨一通骂⟩ **2.** ***zum D.!*** verwendet als Ausruf des Zorns (表示愤怒) 见鬼! 该死! **3.** ***D.!*** verwendet als Ausruf der Bewunderung (表示赞叹) 天哪! 了不得!

doof *Adj* (形); *gespr pej* [口][贬]; **1.** besonders dumm, einfältig 蠢的, 笨的, 傻乎乎的 ≈

D

blöd, dämlich, bescheuert **2.** verwendet, um seinen Ärger über j-n/etw. auszudrücken（表示气恼）臭的，蹩脚的，蠢的：*So ein doofer Film!* 这么臭的电影！‖ *zu*（义项）**1. Doof·heit** *die*；*nur Sg*（只用单数）

do·pen；*dopte*，*hat gedopt*；[Vt]（及物）**j-n/sich/ein Tier d.** SPORT【体】；die Leistungsfähigkeit mit verbotenen Medikamenten steigern 给…服用兴奋剂：*Der Läufer wurde disqualifiziert*，*weil er gedopt war* 这名赛跑运动员被取消了参赛资格，因他服用了兴奋剂 ‖ NB（注意）：*mst* im Zustandspassiv!（多用于状态被动句！）

Do·ping *das*；*-s*；*nur Sg*，SPORT（只用单数）【体】；die Anwendung verbotener Medikamente，um die sportlichen Leistungen zu steigern 非法使用兴奋剂：*Sie wurde wegen Dopings gesperrt* 她因使用兴奋剂被禁止参赛 ‖ K-（复合）：**Doping-**，**-kontrolle**

Dop·pel *das*；*-s*，*-* **1.** das Spiel von zwei Spielern gegen zwei andere（*bes* beim Tennis u. Tischtennis）双打比赛 **2. ein gemischtes D.** ein Spiel，das ein Herr u. e-e Dame gegen ein anderes Paar spielen（*bes* beim Tennis）混合双打 ‖ K-（复合）：**Doppel-**，**-partner**

Dop·pel·agent *der*；ein Agent，der für zwei Staaten gleichzeitig als Spion arbeitet 双重间谍

Dop·pel·be·las·tung *die*；die Belastung（1），die dadurch verursacht wird，dass j-d für zwei anstrengende Aufgaben（Bereiche）verantwortlich ist 双重负担：*die D. von Frauen durch Beruf u. Familie* 职业和家庭带给女性的双重负担

Dop·pel·bett *das*；ein Bett für zwei Personen 双人床

Dop·pel·de·cker *der*；*-s*，*-* **1.** ein Omnibus mit zwei Stockwerken 双层车 ‖ K-（复合）：**Doppeldecker-**，**-bus** **2.** ein Flugzeug mit zwei Tragflächen auf jeder Seite，die übereinanderliegen 双翼飞机

dop·pel·deu·tig *Adj*（形）；so，dass zwei Bedeutungen möglich sind 有双重意思的，意义双关的〈e-e Äußerung，e-e Bemerkung 意见，见解〉‖ NB（注意）：≠ zweideutig ‖ *hierzu*（派生）**Dop·pel·deu·tig·keit** *die*；*nur Sg*（只用单数）

Dop·pel·gän·ger *der*；*-s*，*-*；j-d，der e-m anderen so ähnlich sieht，dass man beide miteinander verwechseln könnte 相貌酷似者，长相一样的人〈j-s D. sein 与…面貌酷似〉‖ *hierzu*（派生）**Dop·pel·gän·ge·rin** *die*；*-*，*-nen*

Dop·pel·haus *das*；ein Haus，das aus zwei gleichen Hälften besteht，wobei in jeder Hälfte eine Familie wohnt（双户）连体住房，双拼房 ‖ K-：**Doppelhaus-**，**-hälfte**

Dop·pel·hoch·zeit *die*；die gemeinsame Hochzeit von zwei Paaren（两对新人的）合办婚礼

Dop·pel·kinn *das*；e-e Art Falte unter dem Kinn bei Menschen，die（im Gesicht）dick sind 双下巴

Dop·pel·le·ben *das*；*mst* 多用 **ein D. führen** ein Verbrecher，ein Spion *o. Ä.* sein u. gleichzeitig so leben，als wäre man ein anständiger Bürger 过双重生活

Dop·pel·mord *der*；ein Mord，bei dem j-d zwei Menschen tötet 双重谋杀〈e-n D. begehen 犯了双重谋杀罪〉

Dop·pel·na·me *der*；ein Familien- od. Vorname，der aus zwei Namen besteht，*z. B.* Hans-Peter，Müller-Seidl 复姓或双名

Dop·pel·punkt *der*；das Satzzeichen：，das *bes* vor direkter Rede，vor Aufzählungen u. Beispielen steht 冒号：

dop·pel·rei·hig *Adj*（形）；*mst* 多用 **d. geknöpft** mit zwei（senkrechten）Reihen von Knöpfen 双排扣的〈ein Sakko 上装〉

Dop·pel·rol·le *die*；zwei Rollen，die derselbe Schauspieler in e-m Film od. Theaterstück spielt（同时扮演两个角色）双重角色〈e-e D. haben 同时演两个角色；in e-r D. 演双角〉

dop·pel·sei·tig *Adj*（形）；auf zwei nebeneinanderliegenden Seiten e-s Buches，e-r Zeitschrift *usw* 两面的，两边的〈e-e Anzeige，e-e Fotografie 广告，照片〉‖ *hierzu*（派生）**Dop·pel·sei·te** *die*

dop·pel·sin·nig *Adj*（形）；mit zwei Bedeutungen（wobei eine Bedeutung *mst* verschlüsselt u. nicht sofort zu verstehen ist）双重含义的，双关的 ‖ *hierzu*（派生）**Dop·pel·sinn** *der*；*nur Sg*（只用单数）

Dop·pel·ste·cker *der*；ein Stecker，mit dem man zwei elektrische Geräte gleichzeitig（an e-e Steckdose）anschließen kann 双插座

dop·pel·stö·ckig *Adj*（形）；*nicht adv*（不作状语）**1.** mit zwei Geschossen od. Ebenen 双层的 ≈ zweistöckig〈ein Bus，ein Haus 公共汽车，楼房〉**2.** *gespr hum*［口］［谐］；〈*mst* ein Cognac，ein Whisky 多指白兰地，威士忌〉≈ doppelt（2）

dop·pelt *Adj*（形）**1.** so，dass zweimal so viel von etw. vorhanden ist *o. Ä.* 两份的，双的，加倍的〈e-e Menge，Ausgaben，Einnahmen 数量，支出，收入〉**2.**〈*mst* ein Cognac，ein Whisky 白兰地，威士忌〉mit der zweifachen Menge wie üblich in einem Glas 双份的，加倍的 **3. d. so** + *Adj*/*Adv*（形/副）verwendet，um auszudrücken，dass etw. in wesentlich höherem Maße zutrifft als sonst od. als normal 加倍的，超常的〈d. so oft，groß，viel，schön 次数多得多，大得多，多得多，漂亮得多〉**4.** *pej*［贬］；nicht ehrlich 两面派的，两面三刀的 ≈ heuchlerisch〈*mst* e-e doppelte Moral，doppeltes Spiel mit j-m treiben，mit doppelter Zunge sprechen 双重道德，与某人耍两面手法，说话两面三刀的〉‖ K-（复合）：**Doppel-**，**-moral** ‖ ID［谚］**d. u. dreifach** *gespr*，*oft pej*［口］多用［贬］；sehr od. übertrieben gründlich 一而再、再而三的：*Er erklärt dir alles immer d. u. dreifach* 他不论给你解释什么都要翻来覆去地讲；**d. gemoppelt** *gespr hum*［口］［谐］；verwendet，um auszudrücken，dass etw. unnötig zweimal gemacht，gesagt wurde 多

D

余的，重复的：„*Weißer Schimmel*" *ist d. gemoppelt* 说成"白色的白马"意思就重了

dop·pelt·ge·mop·pelt ↑ **doppelt** ID

Dop·pel·ver·die·ner *die*; *Pl*（复）; Ehepartner, die beide arbeiten u. Geld verdienen 双职工

Dop·pel·zent·ner *der*; zwei Zentner, hundert Kilogramm 公担(100 公斤)

Dop·pel·zim·mer *das*; ein Zimmer für zwei Personen in e-m Hotel *o.Ä.* 双人房间 ≈ Zweibettzimmer ↔ Einzelzimmer, Einbettzimmer

dop·pel·zün·gig *Adj*（形）; *pej*［贬］; nicht ehrlich 两面派的，口是心非的，虚伪的 ≈ heuchlerisch: *Man kann ihm nichts glauben, er ist d.* 不能相信他，他说话口是心非的 ‖ *hierzu*（派生）**Dop·pel·zün·gig·keit** *die*; *nur Sg*（只用单数）

Do·ra·do *das*; *-s, -s*; ein idealer Ort für etw. 天堂，乐园，福地 ≈ Paradies (4): *Die französischen Alpen sind ein D. für Wintersportler* 法国的阿尔卑斯山区是冬季运动爱好者的乐园

Dorf *das*; *-(e)s, Dör·fer*; **1.** ein (relativ kleiner Ort) auf dem Land mit wenigen Häusern, *bes* Bauernhöfen 乡村，农村，村庄 ↔ Stadt〈aus e-m D. kommen, sein, auf dem D. aufwachsen, wohnen 来自乡村，在农村长大，住在农村〉: *Er hat genug vom Stadtleben, er zieht jetzt aufs D.* 他过够了城市生活，现在搬到农村去了 ‖ K-（复合）: ***Dorf-, -bewohner, -grenze, -kirche, -leute, -pfarrer, -platz, -schmied, -schule, -straße, -teich*** ‖ -K（复合）: ***Bauern-, Berg-, Fischer-, Heimat-, Nachbar-*** **2.** *gespr*［口］; die Menschen, die in e-m bestimmten D. (1) wohnen 村民: *Das halbe/ganze D. war auf dem Fest* 半村人/全村人都参加了欢庆 **3. das Olympische D.** der Ort, in dem die Sportler bei e-r Olympiade wohnen 奥林匹克村 ‖ ID［谚］*mst* 多用 ***Das sind für mich böhmische Dörfer*** *gespr*［口］; das ist mir völlig unverständlich 对此我一点儿都不懂，不知所云；一窍不通

dörf·lich *Adj*（形）**1.** zu e-m Dorf (1) gehörend 乡村的，农村的 ↔ städtisch〈das Leben, die Sitten, e-e Gemeinschaft 生活，风俗，团体〉**2.** e-m Dorf (1) ähnlich 乡村式的，田园式的〈e-e Kleinstadt, e-e Stadt 小城，城市〉

Dorn *der*; *-(e)s, -en* **1.** ein harter, spitzer Teil am Stengel e-r Pflanze, wie *z.B.* am Stiel e-r Rose（植物的）刺〈sich e-n D. eintreten 踩着一根刺; sich an e-m D. stechen 让刺扎了〉‖ K-（复合）: ***Dorn-, -busch; Dornen-, -gestrüpp, -hecke, -strauch, -zweig*** **2.** *nur Pl, geschr*（只用复数）［书］≈ Leiden, Beschwernisse〈ein Lebensweg voller Dornen 布满荆棘的人生道路〉‖ K-（复合）: ***Dornen-, -weg*** ‖ ID［谚］***j-m ein D. im Auge sein*** j-n sehr stören, ärgern 是某人的眼中钉，肉中刺; ***Keine Rose ohne Dornen*** alles Gute hat auch Nachteile 没有无刺的玫瑰；好事多磨 ‖ *hierzu*（派生）**dor·nig** *Adj*（形）; *nicht adv*（不作状语）; *zu*（义项）**2. dor·nen·reich** *Adj*（形）; *nicht adv*（不作状语）; **dor·nen·voll** *Adj*（形）; *nicht adv*（不作状语）

Dorn·rös·chen|schlaf *der*; *geschr*［书］; ein Zustand, in dem sich lange Zeit nichts ändert 沉睡；僵固状态: *Das Dorf erwacht langsam aus dem D.* 村庄从沉睡中慢慢醒来

dör·ren; *dörrte, hat gedörrt*; Vt（及物）***etw. d.*** Nahrungsmittel haltbar machen, indem man sie trocknet 把…晾干，风干，烘干〈Fisch, Fleisch, Obst d. 把鱼、肉、水果晾成干〉‖ K-（复合）: ***Dörr-, -fisch, -gemüse, -obst, -pflaume***

Dorsch *der*; *-(e)s, -e*; ein essbarer (Raub)-Fisch, der im Meer lebt 大西洋鳕鱼

dort *Adv*（副）**1.** verwendet, um darauf hinzuweisen, wo j-d/etw. ist（指人/物的所在地）那儿，那里，那地方: „*Hat j-d meine Brille gesehen?*" – „*Sie ist d., wo du sie liegen gelassen hast*" "有人看见我的眼镜了吗？"—"它就在你搁的地方" **2. d.** + *Ortsangabe*（地点说明语）verwendet, um auf e-e bestimmte Stelle od. e-n bestimmten Ort zu verweisen（指某个具体的地方）那儿…〈d. drüben, hinten, vorn, oben, unten *usw* 在那儿对面、后面、前面、上面、下面等〉‖ NB（注意）: *zu*（义项）**1.** u. **2.**: **a)** *Dort* wird oft mit e-r Geste verbunden（常和手势连用）; **b)** Mit *dort* wird oft auf e-e Stelle verwiesen, die weiter von der Bezugsperson entfernt als bei *da*（用 dort 表示的地点常比 da 离说话人要远）; **c)** *Da* klingt *mst* umgangssprachlicher als *dort*（da 比 dort 更口语化）**3.** verwendet, um auf e-n vorher erwähnten Ort zu verweisen（指前面提过的地方）那儿，那里: *Vor zwei Wochen waren wir in Köln. D. haben wir den Dom bewundert* 两星期前我们去了科隆，在那儿我们观赏了大教堂 ‖ ID［谚］***da u. d., hier u. d.*** an verschiedenen Orten, an verschiedenen Stellen 不少地方，天南地北 ≈ hier u. da: *Ich bin schon da u. d. gewesen, aber zu Hause gefällt es mir am besten* 我到过不少地方，最喜欢的可还是自己家

dort·blei·ben; *blieb dort, ist dortgeblieben*; Vi（不及物）am genannten Ort, an der genannten Stelle bleiben 待在那里，留在那里: *Sie besuchte ihre Freundin u. blieb gleich über Nacht dort* 她看望她的女友，并就在那儿待了一夜

dort·her, dort·her *Adv*（副）; *mst* 多用 ***von d.*** von e-m bestimmten Ort aus in die Richtung zum Sprecher hin 从那儿来

dort·hin, dort·hin *Adv*（副）; zu e-m Ort hin 到那儿去

dort·hi·naus, dort·hi·naus *Adv*（副）; *mst in* 多用于 ***bis d.*** *gespr pej*［口］［贬］; so sehr od. so viel, dass es stört 过于，过分，出格: *Er ist arrogant bis d.* 他傲慢得过分

dor·ti·g- *Adj*（形）; *nur attr, nicht adv*（只作定语，不作状语）; an dem erwähnten Ort 那儿的，那里的: *In Frankfurt können Sie sich an unseren dortigen Filialleiter wenden* 在法兰克福

您可以去找我们在那儿的分公司负责人

Do·se *die*; -, -*n* **1.** ein kleiner Behälter mit Deckel 盒子, 罐子 ‖ ↑ *Abb. unter* 图见 ***Behälter und Gefäße*** ‖ -K (复合): ***Blech-***, ***Plastik-***, ***Porzellan-***; ***Butter-***, ***Kaffee-***, ***Keks-***, ***Puder-***, ***Schmuck-***, ***Zucker-*** **2.** e-e Büchse mit konservierten Lebensmitteln 罐头 ⟨sich aus der D. ernähren 靠吃罐头度日⟩: *Thunfisch in Dosen* 罐头金枪鱼 ‖ K- (复合): ***Dosen-***, ***-bier***, ***-milch***, ***-suppe***, ***-wurst*** **3.** *gespr* [口]; *Kurzw* (略) ↑ ***Steckdose***)

dö·sen; *döste*, *hat gedöst*; [Vi] (不及物) *gespr* [口] **1.** sich in e-r Art Halbschlaf befinden 打瞌睡, 打盹, 似睡非睡: *am Strand liegen u. in der Sonne d.* 躺在海滩上晒着太阳打瞌睡 **2.** *mst* 多用 ***vor sich hin d.*** unaufmerksam u. unkonzentriert sein 走神, 遐想, 思想开小差: *im Unterricht vor sich hin d.* 上课时走神

Do·sen·öff·ner *der*; ein Gerät, mit dem man Konservendosen öffnen kann 罐头起子 ≈ Büchsenöffner

do·sie·ren; *dosierte*, *hat dosiert*; [Vt] (及物) ***etw.*** (***irgendwie***) ***d.*** e-e Menge (Dosis) von etw. abmessen 测定剂量, 配(药)量 ⟨ein Medikament (genau, zu hoch) d. 配药(精确, 超量)⟩ ‖ *hierzu* (派生) **Do·sie·rung** *die*

dö·sig *Adj* (形); *gespr* [口] ≈ schläfrig

Do·sis *die*; -, *Do·sen*; die Menge *mst* e-s Medikaments od. Rauschgifts, die auf einmal od. in einer bestimmten Zeit genommen wird 剂量, 用量 ⟨e-e schwache, starke, hohe, tödliche D. zu sich nehmen 服用弱、强、大、致命的剂量⟩ ‖ -K (复合): ***Tages-***, ***Wochen-*** ‖ ID [谚] ***e-e gehörige D.*** *gespr* [口]; ziemlich viel 相当多: *Dazu braucht man e-e gehörige D. Mut* 为此需要有相当大的勇气

Dos·sier [dɔˈsieː] *das*; -*s*, -*s*; e-e (relativ große) Sammlung von Material od. Akten (zu e-r Person od. e-m Thema) 卷宗, 案卷 ⟨ein D. anlegen, studieren 建立、研究案卷⟩

do·tie·ren; *dotierte*, *hat dotiert*; [Vt] (及物) **1.** ***etw.*** (***mit etw.***) ***d.*** für e-e *mst* relativ hohe Position in der Wirtschaft od. in der Verwaltung ziemlich viel Geld bezahlen 给予(高额)报酬: *Seine neue Stellung ist mit 6000 Euro im Monat dotiert* 他新职务的报酬每月为 6 千欧元 ‖ NB (注意): *mst* im Zustandspassiv (多用状态被动句)! **2.** ***etw. mit etw. d.*** e-n Wettkampf mit dem genannten Preisgeld ausstatten 给予奖金: *ein mit 15000 Euro dotiertes Pferderennen* 一场奖金定为 15000 欧元的赛马 ‖ NB (注意): *mst* im Partizip Perfekt (多用过去分词)! ‖ *hierzu* (派生) **Do·tie·rung** *die*

Dot·ter *der/das*; -*s*, -; der gelbe Teil vom Ei 蛋黄 ≈ Eigelb ↔ Eiweiß ‖ K- (复合): ***dotter-***, ***-gelb*** ‖ *hierzu* (派生) **dot·ter·far·ben** *Adj* (形); *nicht adv* (不作状语)

Dot·ter·blu·me *die*; e-e Wiesenblume mit leuchtend gelber Blüte (die *bes* an Bachufern wächst) 驴蹄草, 立金花

dou·beln [ˈduːbl̩n]; *doubelte*, *hat gedoubelt*; [Vt] (及物) ***j-n d.*** (bei Filmaufnahmen) den Platz des betreffenden Schauspielers bei gefährlichen Szenen einnehmen 为…(演员)当替身

Dou·ble [ˈduːbl] *das*; -*s*, -*s*; j-d, der bei Filmaufnahmen e-n Schauspieler doubelt 替身演员 ‖ NB (注意): ↑ ***Stuntman***

down [daun] *Adj* (形); *nur präd od adv*, *indeklinabel* (只作表语或状语, 词形不变); *gespr* [口] **1.** traurig, deprimiert 心情抑郁的, 情绪低落的 **2.** sehr müde, erschöpft 劳累的, 精疲力尽的

down·loa·den [ˈdaunloudn]; loadete down, hat downgeloadet / gedownloadet; [Vt] (及物) INFORM【信息】*gespr* [口]; ***etw d.*** ≈ herunterladen

Do·zent *der*; -*en*, -*en* **1.** j-d, der an e-r Universität od. Hochschule lehrt (u. noch nicht Professor ist) (大学)讲师 **2.** ein Lehrer in der Erwachsenenbildung, *z.B.* an der Volkshochschule (成人学校的)教师 ‖ NB (注意): *der Dozent*; *den*, *dem*, *des Dozenten* ‖ *hierzu* (派生) **Do·zen·tin** *die*; -, -*nen*

do·zie·ren; *dozierte*, *hat doziert*; [Vi] (不及物) (***über etw.*** (*Akk* 四格)) ***d.*** *pej* [贬]; etw. zu e-m Thema ausführlich u. auf arrogante od. belehrende Art u. Weise sagen 训戒, 训导: *Er doziert gern über die Außenpolitik* 他喜欢就对外政策训导他人

dpa [depeˈ|aː] *die*; *Abk für* 缩写, 全称为 Deutsche Presse-Agentur 德意志新闻社(德新社)

Dr. *Abk für* 缩写, 全称为 Doktor, immer mit e-m Zusatz (2)(常添加说明词); ***Dr. jur.*** Doktor der Rechtswissenschaft 法学博士; ***Dr. med.*** Doktor der Medizin 医学博士; ***Dr. phil.*** Doktor der Philosophie 哲学博士; ***Dr. rer. nat.*** Doktor der Naturwissenschaften 自然科学博士; ***Dr. theol.*** Doktor der Theologie *usw* 神学博士

Dra·che *der*; -*n*, -*n* **1.** (*bes* in Märchen u. Sagen) ein großes, gefährliches Tier mit Flügeln, Schuppen u. Krallen, das Feuer spuckt (童话传说中的)龙 **2.** *gespr pej* [口][贬]; verwendet als Bezeichnung für e-e Frau, die immer mit allen streitet 泼妇, 母老虎 ‖ NB (注意): *der Drache*; *den*, *dem*, *des Drachen*

Dra·chen *der*; -*s*, - **1.** ein Spielzeug, das aus e-m leichten Rahmen besteht, der mit Papier, Stoff *o. Ä.* überzogen ist. Der *D.* wird (an e-r Schnur) so gegen den Wind gehalten, dass er in die Luft aufsteigt 风筝 ⟨e-n D. basteln, steigen lassen 做、放风筝⟩ ‖ K- (复合): ***Drachen-***, ***-schnur***, ***-schwanz*** **2.** ein Sportgerät (*mst* in der Form e-s Dreiecks), mit dem man von Bergen herab durch die Luft gleiten kann (三角翼)滑翔器 ≈ Hängegleiter ‖ K- (复合): ***Drachen-***, ***-fliegen***, ***-flieger*** ‖ -K (复合): ***Flug-*** ‖ NB (注意): ***Gleitschirm***

Dra·gee [dra'ʒeː] *das*; *-s*, *-s* **1.** e-e kleine Kapsel mit e-m Medikament darin 糖衣小药丸 **2.** e-e Süßigkeit in Form e-s Dragees (1) 夹心糖果

Draht *der*; *-(e)s*, *Dräh·te*; **1.** e-e Art Schnur aus Metall, die *z.B.* für elektrische Leitungen u. Zäune benutzt wird 金属丝,电线,铁丝 ⟨e-n D. spannen, ziehen, abkneifen 紧、拉、绞断铁丝⟩ ‖ ↑ *Abb. unter* 图见 **Glühbirne** ‖ K-(复合): ***Draht-***, ***-geflecht***, ***-gitter***, ***-rolle***, ***-schere***, ***-schlinge***, ***-seil***, ***-sieb***, ***-verhau***, ***-zange***, ***-zaun*** ‖ -K (复合): ***Kupfer-***, ***Messing-*** **2. der heiße D.** e-e direkte Telefonverbindung zwischen den Regierungen zweier Staaten (两国间直通的)热线 ‖ ID [谚] ***(schwer) auf D. sein*** *gespr* [口]; schnell u. klug handeln, tüchtig sein 机灵干练,精明能干: *Ihn legt man nicht so schnell herein, er ist auf D.* 想蒙他可不容易,他精明着呢; ***e-n guten D. zu j-m haben*** *gespr* [口]; gute Beziehungen zu j-m haben (u. so Vorteile bekommen) 与某人关系密切(并得到好处)

Draht·bürs·te *die*; e-e Bürste mit Borsten aus Draht, mit der man *z.B.* Rost od. Farbe entfernt 钢丝刷

Draht·esel *der*; *gespr hum* [口][诙] ≈ Fahrrad

drah·tig *Adj* (形); *nicht adv* (不作状语); relativ klein, schlank u. kräftig (小个子,但)硬实的,结实的: *ein drahtiger Bursche* 硬实的小伙子 ‖ NB (注意): *mst* für Männer verwendet (多用于男性) ‖ *hierzu* (派生) **Drah·tig·keit** *die*; *nur Sg* (只用单数)

draht·los *Adj* (形); *mst in* ***ein drahtloses Telefon*** ein Telefon ohne Kabel, bei dem die Gespräche durch Funk übermittelt werden 无绳电话机

Draht·seil·akt *der* **1.** e-e Vorführung im Zirkus *o.Ä.*, bei der ein Artist auf e-m Seil aus Draht balanciert (马戏团的节目)走钢丝 **2.** e-e riskante, gefährliche Handlung 风险极大的行动

Draht·zie·her *der*; *-s*, *-*; *pej* [贬]; j-d, der bei *mst* illegalen Handlungen andere für sich arbeiten lässt u. selbst im Hintergrund bleibt 幕后操纵者 ≈ Hintermann (2)

Drai·na·ge [drɛ'naːʒə] *die*; *-*, *-n*; ↑ ***Dränage***

dra·ko·nisch *Adj* (形); *geschr* [书]; sehr hart od. streng 严厉的,强硬的 ⟨*mst* e-e Strafe, Maßnahmen 多指惩罚,措施⟩

drall *Adj* (形); *nicht adv* (不作状语); (*bes* bei Fauen verwendet) mit runden, kräftigen Formen (尤指女性)丰满结实的,圆滚滚的 ⟨ein Mädchen 姑娘; Hüften 臀部⟩

Drall *der*; *-(e)s*, *-e*; *mst Sg* (多用单数); **1.** PHYS【物】; die Rotation e-s fliegenden Körpers um die eigene Achse 转矩 **2.** *gespr* [口]; die Neigung von etw., sich in e-e bestimmte Richtung zu bewegen od. zu drehen 旋转,涡旋 ‖ -K (复合): ***Links-***, ***Rechts-***

Dra·ma *das*; *-s*, *Dra·men* **1.** ein Text (in Dialogen), der im Theater gespielt wird 剧本,剧 ≈ Schauspiel, Theaterstück ⟨ein D. aufführen, inszenieren, spielen 上演,导演,演出一部剧⟩: *ein D. in fünf Akten* 五幕剧; *„Hamlet" ist ein berühmtes D. von Shakespeare* 《哈姆雷特》是莎士比亚的一部名剧 ‖ -K (复合): ***Königs-***, ***Ritter-*** **2.** *nur Sg* (多用单数); die literarische Gattung des Dramas (1) 戏剧: *das deutsche Drama im 19 Jahrhundert* 19世纪的德国戏剧 **3.** *mst Sg* (多用单数); ein aufregendes Geschehen 震憾人心的(悲剧性的)事件: *Das D. der Kindesentführung nahm ein glückliches Ende* 绑架儿童的事件有了一个幸运的结局 ‖ -K (复合): ***Geisel-*** **4.** *gespr pej* [口][贬]; e-e Situation, die von heftigen Emotionen (*mst* Wut od. Enttäuschung) bestimmt wird 闹剧: *Mit meinen Eltern gibt es nach den Zeugnissen immer ein D.* 每回发了成绩单我和父母都有场好戏; *Mach doch nicht aus jeder Kleinigkeit gleich ein D.!* 你可别回回为件小事就折腾!

Dra·ma·tik *die*; *-*; *nur Sg* (只用单数) **1.** ≈ Spannung[1] (1) ⟨die D. e-s Kampfes, e-s Wettkampfes, e-r Situation 战斗、比赛、局势的紧张(气氛)⟩: *ein Spiel voller D.* 扣人心弦的比赛 **2.** ≈ Drama (2) ↔ Epik, Lyrik

Dra·ma·ti·ker *der*; *-s*, *-*; j-d der Dramen (1) schreibt 戏剧家: *Bert Brecht ist einer der bekanntesten deutschen D.* 贝尔特·布莱希特是德国最著名的戏剧家之一 ‖ *hierzu* (派生) **Dra·ma·ti·ke·rin** *die*; *-*, *-nen*

dra·ma·tisch *Adj* (形) **1.** ≈ aufregend, spannend ⟨ein Wettkampf 比赛⟩: *Das Tennisfinale war äußerst d.* 那场网球决赛真是扣人心弦; *Die Rettungsaktion verlief d.* 抢救工作进行得十分紧张 **2.** *nur attr*, *nicht adv* (只作定语,不作状语); ⟨*mst* die Dichtung, die Literatur 多指作品,文学⟩ zur Gattung des Dramas gehörend 戏剧的 ↔ episch, lyrisch

dra·ma·ti·sie·ren; *dramatisierte*, *hat dramatisiert*; [Vt] (及物) **1. etw. d.** etw. als wichtiger behandeln, als es in Wirklichkeit ist 过分渲染,扩大(事态) ≈ hochspielen: *Wir wollen diesen Fall nicht d.* 我们不想扩大事态 **2. etw. d.** etw. in Form e-s Dramas darstellen 把…改写成剧本 ⟨e-n Stoff, e-n Roman d. 题材,小说⟩ ‖ *hierzu* (派生) **Dra·ma·ti·sie·rung** *die*

Dra·ma·turg *der*; *-en*, *-en*; j-d, der in e-m Theater od. beim Fernsehen Stücke (für die Aufführung) aussucht, die Texte bearbeitet *usw.* (舞台、电视台的)编剧 ‖ *hierzu* (派生) **Dra·ma·tur·gin** *die*; *-*, *-nen*

Dra·ma·tur·gie *die*; *-*, *-n* [-'giːən] **1.** die Lehre der Gestaltung von Dramen, Filmen *o.Ä.*, vor allem in Bezug auf die Folge der Handlung u. die Beziehungen der Personen 戏剧学,戏剧艺术 **2.** die Gestaltung e-s Dramas auf der Bühne od. e-s Films 剧情编排: *Die D. ließ einiges zu wünschen übrig* 在剧情编排上还有一些不尽如人意之处 **3.** e-e Abteilung an e-m Theater, bei Funk od. Fernsehen, in der Dramaturgen arbeiten (剧院、电台或电视台的)编剧室 ‖ *hierzu* (派生) **dra·ma·tur-**

gisch *Adj*（形）；*nur attr od adv*（只作定语或状语）

dran *Adv*（副）；*gespr*［口］≈ daran：*Ich glaub nicht d.* 我不信这个；*Pass auf die Lampe auf – stoß dich nicht d.!* 小心那灯 — 别撞着它！‖ ID［谚］***j-d/etw. ist dran*** *gespr*［口］；j-d ist der nächste, der behandelt, bedient *o. Ä.* wird/etw. soll jetzt getan werden（人作主语）轮到了；（物作主语）该干了：*Bin ich jetzt dran mit Würfeln?* 是该我掷色子了吗?；*Welche Arbeit ist morgen dran?* 明天该干哪项工作了？*mst* 多用 ***gut, schlecht d. sein*** *gespr*［口］；es gut, schlecht haben 称心，不称心；*mst* 多用 ***an etw.***（*Dat* 三格）***ist (et)was/nichts d.*** *gespr*［口］；etw. ist（zum Teil）wahr/nicht wahr 是/不是这么回事：*An dem Gerücht ist nichts d.* 那个谣言完全是无中生有；*mst* 多用 ***An ihm/ihr ist nichts d.*** *gespr*［口］；er/sie ist sehr dünn 他/她骨瘦如柴；↑ ***glauben***

dran- *im Verb, betont u. trennbar, begrenzt produktiv, gespr*（构成动词，重读，可分，构词有限）［口］；Die Verben mit *dran-* werden nach folgendem Muster gebildet（dran-动词的模式如下）：*dranschrauben – schraubte dran – drangeschraubt*

dran- drückt aus, dass man etw. irgendwo befestigt od. gegen etw. hält, drückt *o. Ä.* 把…固定在…上 ≈ an-（1）↔ ab-（2）；

etw. drannageln：*Er nagelte die Latte an den Zaun* 他把板条固定在篱笆上 ≈ Er befestigte die Latte mit Nägeln am Zaun

ebenso（同类词有）：***etw. drandrücken, etw. dranhalten, etw. dranhängen, etw. dranklében, etw. dranknoten, etw. dranmachen, etw. dranschrauben***

Drä·na·ge［drɛˈnaːʒə］*die*；*-, -n*；ein System von Gräben od. Rohren, mit denen man das Wasser aus Feldern u. Wiesen ableitet 排水系统

dran.blei.ben（*ist*）**Vi**（不及物）*gespr*［口］**1.**（***an j-m/etw.***）***d.*** nicht aufhören, sich um j-n/etw. zu bemühen od. zu kümmern 不放弃，坚持：*Wenn man bei ihm etwas erreichen will, muss man d.* 你要想从他那儿得到什么的话，就得紧追不放 **2.** beim Telefonieren den Hörer nicht auflegen 不挂断电话：*Bitte bleiben Sie (noch) dran!* 请您（先）别挂电话！

Drang *der*；*-(e)s*；*nur Sg*（只用单数）；***der D.*** （***nach etw.***）；***der D. + zu + Infinitiv*** 不定式 ein starkes Bedürfnis（nach etw./etw. zu tun）渴望，欲望 ≈ Antrieb, Verlangen〈e-n D. verspüren 感觉到一种渴望；etw. aus e-m D. heraus tun 出于强烈的欲望而做某事；von e-m D. besessen sein 受欲望的摆布〉：*der D. nach Freiheit* 对自由的渴求；*der D., die sozialen Verhältnisse zu ändern* 渴望改变社会现状 ‖ -K（复合）：***Arbeits-, Bewegungs-, Freiheits-, Geltungs-***

drang *Imperfekt, 1. u. 3. Person Sg*（过去时，第一和第三人称单数）；↑ ***dringen***

drän.ge **1.** *Präsens, 1 Person Sg*（现在时，第一人称单数）；↑ ***drängen*** **2.** *Konjunktiv II, 1. u. 3. Person Sg*（虚拟式Ⅱ，第一和第三人称单数）；↑ ***dringen***

dran.ge.ben ↑ ***darangeben***

dran.ge.hen ↑ ***darangehen***

drän.geln［-ŋln］；*drängelte, hat gedrängelt*；*gespr*［口］；**Vi**（不及物）**1.**（***irgendwohin***）***d.*** in e-r Menge von Menschen die anderen leicht stoßen *usw*, um schneller ans Ziel zu kommen（在人群中）挤动〈nach vorne, nach draußen, zum Ausgang d. 向前、向外、向着出口挤去〉：*Drängeln Sie doch nicht so!* 您别这么使劲挤！；**Vr**（反身）**2.** ***sich irgendwohin d.*** ≈ drängeln（1）‖ *zu*（义项）**Drängelei** ↑ ***-ei*** ‖ ▶ ***Gedrängel***

drän.gen；*drängte, hat gedrängt*；**Vt**（及物）**1.** ***j-n (irgendwohin) d.*** j-n（*mst* indem man drückt od. schiebt）an e-n Ort bewegen, ohne dass er es will 把…挤向、推向〈j-n beiseite, hinaus, auf die Straße d. 把某人挤向一边、挤出去、挤上马路〉：*Die Polizisten drängten die Demonstranten in e-e Ecke* 警察把游行者逼向一角 **2.** ***j-n (zu etw.) d.*** energisch versuchen, j-n davon zu überzeugen, etw. zu tun 催，催促：*Er drängte sie zum Verkauf des Hauses* 他催她卖掉房子 **3.** ***j-n (zu etw.) d.*** energisch versuchen, j-n dazu zu bringen, etw. schnell od. schneller zu tun 紧催，逼迫，催逼：*Seine Vorgesetzten drängten ihn, schneller zu arbeiten* 他的上司们逼他加快工作速度；**Vi**（不及物）**4.**〈viele Personen 许多人〉***drängen irgendwohin*** viele Personen versuchen, gegen Widerstand irgendwohin zu kommen 朝…拥（挤）去，蜂拥：*Als das Feuer ausbrach, drängten alle zu den Türen* 起火时，大家纷纷向门口拥去 **5.** ***auf etw.***（*Akk* 四格）***d.*** versuchen zu erreichen, dass etw. schnell getan wird 急于干成：*Er drängte auf Abschluss der Arbeiten* 他急于结束工作；**Vr**（反身）**6.** ***sich irgendwohin d.*** andere drücken od. schieben, damit man irgendwohin gelangen kann 挤向：*Kurt drängt sich in jeder Schlange nach vorne* 库尔特在队伍里总爱往前挤 **7.**〈viele Personen 许多人〉***drängen sich (irgendwo)*** viele Menschen stehen irgendwo dicht beisammen 挤在一处：*Vor der Kasse drängten sich die Zuschauer* 售票处挤满了观众 **8.** ***sich nach etw. d.*** *gespr*［口］；sich stark bemühen, etw. zu bekommen 力争、力求得到：*Er drängt sich nicht danach, diesen Posten zu übernehmen* 他并不渴望得到这个位子 ‖ ID［谚］***Die Zeit drängt*** man hat nicht mehr viel Zeit 时间不等人，时不我待

Drang.sal *die*；*-, -e*；*veraltet auch*［旧］也用 *das*；*-(e)s, -e*；*geschr veraltend*［书］［渐旧］≈ Leiden, Bedrängnis

drang.sa.lie.ren；*drangsalierte, hat drangsaliert*；**Vt**（及物）***j-n (mit etw.) d.*** *gespr*［口］；j-n（durch etw., das man ständig wiederholt）ärgern u. belästigen（以…不断地）纠缠、折磨 ≈ quälen〈j-n mit Bitten, Forderungen, Fragen d. 以请求、要求、提问来不断纠缠某人〉‖ *hierzu*（派生）**Drang·sa·lie·rung** *die*

D

dran·hal·ten (*hat*) *gespr* [口]; Vt (及物) **1. etw.** (**irgendwo**) **d.** ↑ **dran-**; Vr (反身) **2. sich d.** sich mit etw. beeilen 加速,加紧: *Wenn du rechtzeitig fertig sein willst, musst du dich d.* 如果你想按期完成的话,你就得加紧了

dran·hän·gen; *hängte dran, hat drangehängt*; Vt (及物) *gespr* [口] **1.** ↑ **dran- 2.** 〈e-e Stunde, ein paar Tage, Wochen *o.Ä.* 一小时,几天,几星期〉(**an etw.** (*Akk* 四格)) **d.** etw. um den genannten Zeitraum verlängern 延长,延续: *Wenn wir noch e-e Stunde* (*Arbeit*) *d., werden wir heute fertig* 如果我们再多工作一小时,今天就能把活干完了

dran·kom·men (*ist*) Vi (不及物) *gespr* [口] **1. j-d kommt dran** j-d kommt an die Reihe, bedient od. behandelt zu werden od. etw. zu tun (人作主语)轮到,排到〈als Erster, Nächster, Letzter d. 作为第一个、下一个、最后一个轮到〉: *Bist du beim Arzt gleich drangekommen?* 你到医生那儿马上就看上病了? **2. etw. kommt dran** mit etw. wird etw. getan (物作主语)轮到…了,该做…了〈etw. kommt als Erstes, Nächstes, Letztes dran 先、接着、最后干…〉: *Wenn die Küche geputzt ist, kommt das Bad dran* 厨房擦完后就该是浴缸了 **3.** (als Schüler) vom Lehrer aufgefordert werden, e-e Frage zu beantworten *o.Ä.* 轮到(指学生被叫到回答问题) **4.** (**an j-n / etw.**) **d.** etw. greifen, mit den Händen *o.Ä.* erreichen können 够着: *Ich bin zu klein, ich komme an die Bücher auf dem Regal nicht dran* 我太矮了,够不着书架上的书

dran·krie·gen (*hat*) Vt (及物) **j-n d.** *gespr* [口] ≈ überlisten, hereinlegen 〈j-n mit e-m Streich/Trick d. 要花招让某人上当(就范)〉

dran·ma·chen (*hat*) *gespr* [口]; Vt (及物) **1.** ↑ **dran-**; Vr (反身) **2. sich d.** ↑ **sich daranmachen**

dran·neh·men (*hat*) Vt (及物) *gespr* [口] **1. j-n d.** (als Lehrer) e-n Schüler auffordern, im Unterricht e-e Frage zu beantworten *o.Ä.* (在课堂上)点叫(学生回答问题) ≈ aufrufen **2. j-n / etw. d.** j-n/etw. (entsprechend e-r festgelegten Reihenfolge) behandeln/bearbeiten *o.Ä.* (按顺序)处理,接待,解决〈j-n als Ersten, Nächsten, Letzten d. 第一个、下一个、最后一个接待某人〉: *Der Zahnarzt hat mich gleich drangenommen* (= sofort behandelt) 我一到,那牙医就给我看了

dran·set·zen ↑ **daransetzen**

dra·pie·ren; *drapierte, hat drapiert*; Vt (及物) **1. etw. d.** e-n Stoff kunstvoll in Falten legen 给…打褶 **2. etw.** (**mit etw.**) **d.** e-n Raum *o.Ä.* mit e-m Stoff kunstvoll schmücken (用织物)装饰 ‖ *hierzu* (派生) **Dra·pie·rung** *die*

dras·tisch *Adj* (形) **1.** so, dass dadurch die unangenehmen, negativen Seiten e-s Ereignisses deutlich gezeigt werden 露骨的,毫不掩饰的,赤裸裸的〈ein Beispiel, e-e Schilderung 例子,描述; etw. d. darstellen, formulieren, schildern 露骨地描绘、表达、描写某事〉: *Kinderarbeit ist ein drastischer Fall von Ausbeutung* 雇用童工是赤裸裸的剥削 **2.** mit deutlich negativer Wirkung 有不良影响的,有负面作用的〈e-e Erhöhung der Preise 提高物价〉

drauf *Adv* (副); *gespr* [口] ≈ darauf: *Ich bin nicht d. reingefallen!* 我可没上当! ‖ ID [谚] **d. u. dran sein** (+ **zu** + *Infinitiv* 不定式) *gespr* [口]; kurz davor sein, etw. zu tun 正要(或差一点)做出某事: *Ich war schon d. u. dran, ihm e-e Ohrfeige zu geben* 我差一点儿就要给他一记耳光; *mst* 多用 **Er / Sie hat was d.** *gespr* [口]; er/sie ist intelligent, geschickt *o.Ä.* od. kann etw. Bestimmtes gut 他/她相当精明或有两下子: *In Mathematik hat er ganz schön was d.* 他在数学方面可真有两下子; **gut d. sein** *gespr* [口]; in guter Laune, Stimmung sein 情绪好,精神饱满

drauf- im Verb, betont u. trennbar, begrenzt produktiv, *gespr* (构成动词,重读,可分,构词有限) [口]; Die Verben mit *drauf-* werden nach folgendem Muster gebildet (drauf-动词的模式如下): *drauflegen – legte drauf – draufgelegt*

drauf- bezeichnet e-e Bewegung zu j-m hin od. zum oberen Teil von etw. od. bezeichnet die Lage oben, auf j-m/etw. (表示朝某人方向、某物上方的运动;位于…之上) ↔ drunter-;

etw. draufschrauben: *Er schraubte den Deckel auf die Flasche drauf* 他把瓶盖拧在瓶口上 ≈ Er schraubte den Deckel oben auf die Flasche

ebenso (同类词有): **sich / j-n / etw. drauflegen, draufliegen, etw. draufmachen, draufschlagen, sich / j-n / etw. draufsetzen, draufsitzen, draufstehen, sich / j-n / etw. draufstellen, drauftreten, etw. drauftun**

drauf·be·kom·men (*hat*) Vt (及物) **eins / (et) was d.** *gespr* [口] ↑ **draufkriegen**

Drauf·gän·ger *der*; *-s, -*; *mst pej* 多为[贬]; j-d, der versucht, seine Ziele zu erreichen, ohne dabei auf Gefahren zu achten od. an die Konsequenzen seines Handelns zu denken 莽汉,冒失鬼,愣头青 ‖ *hierzu* (派生) **Drauf·gän·ge·rin** *die*; *-, -nen*; **drauf·gän·ge·risch** *Adj* (形)

drauf·ge·ben (*hat*) Vt (及物) *mst in* 多用于 **j-m eins d.** *gespr* [口]; j-m e-n leichten Schlag geben od. ihn kritisieren, schimpfen 轻轻地打某人一下,责备、骂某人一顿

drauf·ge·hen (*ist*) Vi (不及物) *gespr* [口] **1.** (**bei etw.**) **d.** ≈ sterben **2. etw. geht** (**bei etw.**) **drauf** etw. wird verbraucht (物作主语)用完,耗尽: *Im Urlaub ist mein ganzes Geld draufgegangen* 休假时我所有的钱都花掉了 **3. etw. geht** (**bei etw.**) **drauf** etw. geht bei etw. kaputt, wird zerstört (物作主语)坏了,毁了

drauf·hal·ten (*hat*) Vt (及物) **1. etw.** (**auf etw.** (*Akk* 四格)) **d.** *gespr* [口]; etw. fest auf etw. halten 把…按在,用…按住: *e-n Fin-*

ger auf den Knoten d. 把手指紧按在结扣上；Vi（不及物）**2.**（**auf j-n/etw.**）**d.** j-n/etw. als Ziel für e-n Schuss（aus der Pistole *o.Ä.*）nehmen 瞄准，对准

drauf·kom·men（*ist*）Vi（不及物）（**j-m**）（**auf etw.**（*Akk* 四格））**d.** *gespr*［口］；etw. herausfinden, entdecken 弄清楚，搞明白：*Ich weiß nicht, wie er das geschafft hat, aber ich werde schon noch d.* 我不知道他是怎么得手的，但我会弄清楚的；*Ich komme einfach nicht drauf, wie das geht* 我就是闹不懂这事怎么办

drauf·krie·gen（*hat*）Vt（及物）**eins/(et)was d.** *gespr*［口］；geschlagen, bestraft od. besiegt werden 挨了一下打，受到惩罚，输了

drauf·los *Adv*（副）；ohne lange zu zögern od. zu überlegen（不犹豫）上前，上：*Nur d., dann schaffst du es schon!* 上吧，你肯定能成！

drauf·los- *im Verb, betont u. trennbar, begrenzt produktiv, gespr*（构成动词，重读，可分，构词有限）［口］；Die Verben mit *drauflos-* werden nach folgendem Muster gebildet（drauflos-动词的模式如下）：*drauflosrennen – rannte drauflos – drauflosgerannt*；

1. *drauflos-* drückt in Verbindung mit Verben der Bewegung aus, dass j-d/ein Tier anfängt sich zu bewegen, ohne ein festes Ziel zu haben；（与动向动词连用，表示无目标的随意活动）

drauflosspazieren：*Wir sind einfach mal drauflosspaziert* 我们就随意地散了会儿步 ≈ Wir sind zu e-m Spaziergang aufgebrochen, ohne ein festes Ziel zu haben

ebenso（同类词有）：***drauflosfahren, drauflosrennen***

2. *drauflos-* drückt in Verbindung mit Verben des Sagens aus, dass j-d anfängt zu reden, ohne lange zu überlegen, zu zögern；（与说话动词连用，表示说话不假思索、毫不犹豫）

drauflosreden：*Sie redete einfach d., damit niemand merkte, wie nervös sie war* 她张嘴就说开了，为的是不让人察觉她有多么紧张 ≈ Sie fing einfach an zu reden, damit niemand ...

ebenso（同类词有）：***drauflosquatschen, drauflosschimpfen***

3. *drauflos-* drückt allgemein aus, dass j-d etw. tut, ohne sich e-n Plan, ein System zu machen（表示做事无计划、无头绪）；

drauflosarbeiten：*Ich wusste nicht, wo ich anfangen sollte, u. da hab ich einfach mal drauflosgearbeitet* 我不知道该从何处着手，就干脆莽撞地干起来了 ≈ Ich fing einfach an zu arbeiten

ebenso（同类词有）：***drauflosschießen, draufloswirtschaften***

drauf·ma·chen（*hat*）Vt（及物）**1.** ↑ ***drauf-*** **2. einen d.** *gespr*［口］；ausgelassen in Nachtlokalen, Kneipen *o.Ä.* feiern（u. dabei Alkohol trinken）尽情地饮酒娱乐

drauf·schla·gen（*hat*）Vt（及物）**1. etw.**（**auf** 〈e-n Preis *o.Ä.* 价格等〉）**d.** e-n Preis *o.Ä.* um e-e bestimmte Summe erhöhen（给…）加上，增添：*zehn Prozent Provision auf den Preis d.* 给价格加上10%的佣金；Vi（不及物）**2.** ↑ ***drauf-***

drauf·schrei·ben（*hat*）Vt/i（及物/不及物）（**etw.**）（**auf etw.**（*Akk* 四格））**d.** *gespr*［口］；（etw.）auf etw. schreiben（在…上）记下，记录：*e-e Notiz auf e-n Zettel d.* 把一件事记在纸条上

drauf·zah·len（*hat*）Vi（不及物）（**bei etw.**）**d.** *gespr*［口］；bei etw. e-n finanziellen Verlust haben（在…方面）赔了，有亏空，有亏损

draus *Adv*（副）；*gespr*［口］↑ ***daraus***

drau·ßen *Adv*（副）**1.** außerhalb des Raumes, in dem man gerade ist, *mst* im Freien 在外面，在户外 ↔ drinnen：*Er steht d. vor der Tür* 他站在门外边；*Die Kinder gehen zum Spielen nach d.* 孩子们到户外去玩 **2.** weit von bewohnten Gebieten entfernt 在远方，在外面：*d. auf dem Meer* 在远方的海上

drech·seln［-ks-］；*drechselte, hat gedrechselt*；Vt/i（及物/不及物）（**etw.**）**d.** e-n Gegenstand *bes* aus Holz herstellen, indem man das Rohprodukt mit e-r Maschine schnell dreht u. dabei mit scharfen Werkzeugen bearbeitet 车，削，旋制：*ein gedrechseltes Stuhlbein* —条车出来的椅子腿 ‖ NB（注意）：Bei Metall spricht man von *drehen*（车削金属则用 *drehen*）

Drechs·ler［-ks-］*der*；*-s, -*；j-d, der beruflich drechselt（木制品）车工 ‖ K-（复合）：***Drechsler-, -arbeit, -meister***

Dreck *der*；*-(e)s*；*nur Sg*（只用单数）**1.** *gespr*［口］；alle Dinge（wie *z.B.* Schmutz u. Abfall）, die bewirken, dass etw. nicht sauber ist 脏物，污物，垃圾，污泥〈voller D. sein 肮脏不堪；mit D. verschmiert sein 沾满了脏物〉：*Sein Gesicht war vor lauter D. kaum noch zu erkennen* 他脸上脏得快认不出来了；*D. vom Fußboden aufkehren* 扫去地上的垃圾；*Der Apfel fiel in den D.*（= auf den Erdboden）苹果掉在了泥地上 ‖ K-（复合）：***Dreck-, -haufen, -spritzer*** **2.** *gespr! pej*［粗］［贬］e-e Sache od. Angelegenheit 事，事物：*Kümmere dich doch um deinen eigenen D.!* 你管好你自己的事吧！；*Jetzt hab ich keine Lust mehr – mach deinen D. doch allein!* 现在我可没兴趣了 — 你自个儿干你那破事去吧！**3.** *gespr pej*［口］［贬］；etw., das qualitativ sehr schlecht ist 不值钱的东西，破玩意儿 ≈ Mist（2）：*Was ist denn das für ein D.?* 这是什么破玩意儿？‖ ID［谚］***jeder D.*** *gespr pej*［口］［贬］；jede Kleinigkeit 任何一件（小）屁事儿：*Unser Lehrer regt sich wegen jedem D. auf* 我们老师为每件小破事儿都要发火；*mst* 多用 ***das geht dich e-n D. an*** *gespr!*［粗］das ist nicht deine Sache u. du solltest dich nicht dafür interessieren 跟你无关，不用你管：*Wo ich gestern Abend war, (das) geht dich e-n D. an!* 我昨天晚上在哪儿关你屁事！；***sich e-n D. um j-n/etw. kümmern/scheren*** *gespr!*［粗］sich überhaupt nicht um j-n/etw. kümmern 对某人/某事死活不管，不问；***aus dem gröbsten D. heraus sein*** *gespr*［口］；

die Schwierigkeiten, die man am Anfang e-s Unternehmens hat, überwunden haben 摆脱了最大的困境，克服了最大的困难；***D. am Stecken haben*** *gespr*［口］；etw. Verbotenes od. Unmoralisches getan haben 做了不检点，不清白，见不得人的事，曾有污点；***j-n wie den letzten D. behandeln*** *gespr*［口］；j-n sehr schlecht behandeln 恶劣地对待某人，拿人不当人；***im D. stecken/sitzen*** *gespr*［口］；große Schwierigkeiten haben 陷于困境，生活困苦，穷困潦倒

Dreck-, Drecks- *im Subst, betont, wenig produktiv, gespr! pej*（构成名词，重读，构词少）［粗］［贬］；verwendet, um auszudrücken, dass man sich über j-n/etw. sehr ärgert, dass man etw. als sehr unangenehm empfindet（表示对某人/某事的怨恨和厌恶）≈ Mist-；die ***Drecksarbeit***, der ***Dreckskerl***, das ***Dreckschwein***, das ***Dreckwetter***, das ***Dreckszeug***

Dreck·fink *der*；*gespr hum*［口］［诙］；j-d, der dreckig (1) ist od. viel Dreck (1) macht (*bes* für Kinder verwendet) 脏(小)鬼

dre·ckig *Adj*（形）；*gespr*［口］**1.** *nicht adv*（不作状语）；voller Dreck (1) 肮脏的 ≈ schmutzig 〈sich bei e-r Arbeit d. machen 干活时把自己弄得很脏；dreckige Hände, Füße haben 手、脚很脏〉 **2.** *nur attr od adv, pej*（只作定语或状语）［贬］；gemein, ordinär 下流的，粗俗的〈ein Witz 笑话；d. lachen, grinsen 下流地笑、狞笑〉 ‖ ID［谚］***j-m geht es d.*** *gespr*［口］；j-m geht es sehr schlecht 某人处境很糟

Dreck·nest *das*；*gespr! pej*［粗］［贬］；ein kleiner, langweiliger, schmutziger Ort 无聊肮脏的地方

Drecks- ↑ ***Dreck-***

Dreck·sack *der*；*gespr!*［粗］verwendet als Schimpfwort 混帐

Dreck·sau *die*；*vulg*［俗］；verwendet als Schimpfwort 臭猪

Dreck·schwein *das*；*gespr!*［粗］verwendet als Schimpfwort für j-n, der sehr schmutzig, sehr gemein od. sehr ordinär ist 臭猪，下流胚

Drecks·kerl *der*；*gespr!*［粗］verwendet als Schimpfwort 混蛋，恶棍，无赖

Dreck·spatz *der*；*gespr hum*［口］［诙］；↑ ***Dreckfink***

Dreh *der*；*-s, -s*；*gespr*［口］**1.** ≈ Kniff, Trick **2.** ***den (richtigen) D. heraushaben/rauskriegen*** wissen/erkennen, wie ein schwieriges Problem zu lösen ist 有了主意(办法)，找到窍门 ‖ ID［谚］***(so) um den D.*** *gespr*［口］；ungefähr um die angegebene Zeit 差不多那个时间，大约，前后：*fünf Uhr, od. so um den D.* 五点，或大致那个时间

Dreh·ar·bei·ten *die*；*Pl*（复）；das (*mst* professionelle) Aufnehmen e-s Films (2) 拍电影 ≈ das Filmen (1)

Dreh·bank *die*；e-e Maschine, in der sich ein eingespanntes Werkstück (aus Holz od. Metall) dreht u. dabei mit e-m Werkzeug bearbeitet werden kann 车床

dreh·bar *Adj*（形）；*nicht adv*（不作状语）；so (beschaffen), dass man es drehen (1) kann 可旋转的，可转动的 ‖ *hierzu*（派生）***Dreh·barkeit*** *die*；*nur Sg*（只用单数）

Dreh|blei·stift *der*；ein Bleistift aus Metall, dessen Mine sich herausdrehen lässt（转式）活动铅笔

Dreh·buch *das*；ein Buch, in dem der Text für e-n Film u. die Anweisungen für die Regie stehen 电影脚本，电影剧本 ‖ K-（复合）：***Drehbuch-, -autor, -vorlage***

dre·hen [ˈdreːən]；*drehte, hat gedreht*；[Vt]（及物）**1.** ***j-n/sich/etw. d.*** j-n/sich/etw. um sein Zentrum, um seine Achse bewegen 旋转，转动 ≈ herumdrehen, sich umdrehen：*Die Schraube sitzt so fest, dass man sie nicht mehr d. kann* 螺丝上得真紧，根本拧不动它；*e-n Schalter nach rechts d., um das Licht anzumachen* 向右拧动开关把灯打开 ‖ K-（复合）：***Dreh-, -bewegung, -bühne, -impuls, -kran, -stuhl, -tür*** **2.** ***etw. d.*** etw. durch Drehen (1) in der Hand od. in e-r Maschine seine Form geben 卷，捻，搓〈Zigaretten, Pillen, Papierkügelchen d. 卷烟，搓药丸、纸球〉 **3.** ***etw. d.*** e-n Gegenstand herstellen, indem man ein Stück Holz od. Metall an e-r Drehbank bearbeitet 车削，车床加工：*ein Stuhlbein d.* 车椅子腿；[Vt/i]（及物/不及物）**4.** ***(etw.) d.*** e-n Film mit der Kamera aufnehmen 拍摄电影 ‖ K-（复合）：***Dreh-, -ort, -pause***；[Vi]（不及物）**5.** 〈*mst* der Wind 风〉 ***dreht*** der Wind ändert seine Richtung 风向转了 **6.** (***an etw.*** (*Dat* 三格)) ***d.*** ein kleines Teil d. (1), das zu e-m größeren Gegenstand gehört 转动，拧动，旋动：*an e-m Knopf d., um das Bild des Fernsehers schärfer zu machen* 转动按钮使电视画面更清晰些；[Vr]（反身）**7.** ***etw. dreht sich um etw.*** etw. bewegt sich (*mst* in e-m Kreis) um e-n Punkt/e-e Achse herum（物作主语）绕着…转动≈ etw. kreist um etw.：*Die Erde dreht sich um die Sonne* 地球绕着太阳转 **8.** ***etw. dreht sich*** etw. ändert seine Richtung（物作主语）改变方向：*Der Wind dreht sich* 风向变了 **9.** 〈*mst* das Gespräch *o. Ä.* 多为谈话等〉 ***dreht sich um j-n/etw.*** j-d/etw. ist Gegenstand des Gesprächs *o. Ä.* 围绕着…进行，：*Ihre Unterhaltungen drehen sich ständig um das Wetter* 他们的话题总离不开天气；Es *dreht sich darum*, dass ... 这关系到、涉及到，谈的话题是… ‖ ID［谚］*mst* 多用 ***Er/Sie hat sich gedreht u. gewendet*** er/sie wollte keine bestimmte Antwort geben 他/她闪烁其词、支吾搪塞、说话转弯抹角；*mst* 多用 ***Das kann man d. u. wenden, wie man will*** an dieser Tatsache kann nichts mehr geändert werden 不论搞什么名堂都无济于事；***j-m dreht sich alles*** *gespr*［口］；j-m ist schwindlig 某人感到头晕(晕头转向)

Dre·her [ˈdreːɐ] *der*；*-s, -*；j-d, der beruflich (*bes* an der Drehbank) Metalle bearbeitet 车工

Dreh·kreuz *das* **1.** e-e Vorrichtung an e-m Eingang *o. Ä.*, die sich nur in eine Richtung drehen lässt u. so verhindert, dass j-d in der falschen Richtung hindurchgeht 十字形旋转门 **2.** ↑ **Drehscheibe** (**3**): *Der Flug nach Griechenland geht über das D. München* 飞往希腊要在慕尼黑中转

Dreh·or·gel *die*; ein (*mst* fahrbares) Musikinstrument, das Töne erzeugt, wenn man an e-r Kurbel dreht 手摇风琴 ≈ Leierkasten

Dreh·schei·be *die* **1.** (beim Töpfern) e-e Scheibe, die sich dreht u. auf der man die Gefäße formt (制陶器的)旋盘 **2.** e-e große, drehbare Plattform, mit der man *bes* Lokomotiven dreht, um sie auf ein anderes Gleis zu bringen 火车头的转车台 **3.** ein wichtiger Knotenpunkt, *mst* für den Verkehr 交通枢纽

Dreh·strom *der*; ein elektrischer Strom, der durch die Verkettung von *mst* drei Wechselströmen entsteht u. die Grundlage der Stromversorgung bildet 三相电流

Dre·hung [ˈdreːʊŋ] *die*; -, -*en*; ***e-e D.*** (***um etw.***) e-e Bewegung, bei der sich ein Körper einmal ganz um seine eigene Achse bewegt 原地旋转一周 ⟨e-e halbe, ganze D. machen 原地转半圈、一圈⟩

Dreh·wurm *der*; *mst in* 多用于 ***den D. haben*** *gespr hum* [口][诙]; sich schwindlig fühlen 感到眩晕

Dreh·zahl *die*; die Anzahl der Umdrehungen, die ein rotierender Körper in e-r bestimmten Zeit macht 转速: *Um den Motor zu schonen, sollte man nicht ständig mit hohen Drehzahlen fahren* 要保护发动机就不能总以高转速行驶 ‖ K- (复合): ***Drehzahl-***, ***-messer***

drei *Zahladj* (数形); (als Ziffer) 3 三,叁; ↑ ***Anhang*** (5) 附录(五) ‖ ID [谚] *mst* 多用 ***Er/Sie kann nicht bis d. zählen*** *gespr* [口]; er/sie ist dumm 他/她笨得很 ‖ NB (注意): Gebrauch ↑ *Beispiele unter* 用法,用例见 ***vier***

Drei *die*; -, -*en* **1.** die Zahl 3 三,叁 **2.** j-d/etw. mit der Nummer 3 (人/物)3 号 **3.** Ⓓ [德] e-e relativ gute (Schul)Note (auf der Skala von 1-6), mit der man e-e Prüfung durchschnittlich bestanden hat (学校中 1 至 6 分的中间分数) 3 分,中 ≈ befriedigend

Drei·bett|zim·mer *das*; ein Zimmer (*mst* in e-m Hotel od. Krankenhaus) mit drei Betten (饭店或医院的)三人间,三个床位的房间

Drei·eck *das*; -*s*, -*e*; e-e Fläche, die von drei geraden Linien begrenzt ist 三角形 ⟨ein gleichschenkliges, spitzwinkliges, rechtwinkliges, gleichseitiges D. 等腰、锐角、直角、等边三角形⟩ ‖ *hierzu* (派生) **drei·eckig**; *Adj* (形)

Drei·ecks|ver·hält·nis *das*; e-e Liebesbeziehung zwischen drei Personen 三角恋爱

Drei·ei·nig·keit *die* ≈ Dreifaltigkeit

Drei·er *der*; -*s*, -; *gespr* [口] **1.** die Ziffer 3 号码 3 **2.** drei richtig angekreuzte Zahlen im Lotto (mit denen man den niedrigsten Preis gewinnt) 彩票中了三位数(最低奖)

Drei·er·rei·he *die*; e-e Reihe von jeweils drei Personen od. Dingen, die nebeneinander stehen (指人/物)三个一排 ⟨sich in D. aufstellen 三人一排站队; in D. marschieren 以三人一排行进⟩

Drei·fal·tig·keit *die*; -; *nur Sg* (只用单数); (nach der christlichen Lehre) die Einheit von Gott Vater, Gott Sohn (Christus) u. dem Heiligen Geist, die zusammen Gott sind (基督教中圣父,圣子,圣灵的)三位一体 ≈ Dreieinigkeit, Trinität

Drei·fuß *der*; e-e Konstruktion aus e-r (runden) Platte mit drei Füßen[1] (2) (*z. B.* ein Schemel) 三角架

drei·hun·dert *Zahladj* (数形); (als Zahl) 300 三百,叁佰

Drei·kä·se|hoch *der*; -*s*, -(*s*); *gespr hum* [口][诙]; ein kleines Kind, *mst* ein Junge 小男孩,小不点儿

Drei·klang *der*; MUS【音】; ein Akkord, der aus drei Tönen besteht 三和弦

Drei·kö·nigs|fest *das*; ein (christliches) Fest (am 6. Januar) zur Erinnerung an die drei Könige, die Jesus Christus nach seiner Geburt besucht haben, um ihm Geschenke zu bringen (1月6日的基督教节日)三王来朝节,显现节

drein·bli·cken; *blickte drein*, *hat dreingeblickt*; Vi (不及物) *mst in* 多用于 ***finster d.*** wütend, böse sein u. das durch seinen Gesichtsausdruck zeigen 瞪眼看着,瞋目而视

drein·re·den; *redete drein*, *hat dreingeredet*; Vi (不及物) ***j-m*** (***in etw.*** (*Akk* 四格)/ ***bei etw.***) ***d.*** *gespr* [口]; j-m (in aufdringlicher Weise) sagen, was er tun soll u. wie er es tun soll 硬要,干预,指点,指手画脚

drein·schau·en; *schaute drein*, *hat dreingeschaut*; Vi (不及物) ***irgendwie d.*** *gespr* [口]; e-n bestimmten Gesichtsausdruck haben 看着,瞅着 ⟨fröhlich, müde, finster, traurig d. 高兴地、疲惫地、阴沉着脸、悲伤地看着⟩

Drei·rad *das*; e-e Art kleines Fahrrad mit drei Rädern, *bes* für Kinder 三轮童车

Drei·satz *der*; *nur Sg*, MATH (只用单数)【数】; ein Rechenverfahren, bei dem man mit Hilfe von drei bekannten Größen e-e vierte unbekannte Größe berechnet 比例法(已知三数,根据比例求第四数) ‖ K- (复合): ***Dreisatz-***, ***-aufgabe***, ***-rechnung***

Drei·sprung *der*; *nur Sg*, SPORT (只用单数)【体】; e-e Disziplin der Leichtathletik, bei der j-d versucht, durch drei aufeinanderfolgende Sprünge möglichst weit zu kommen 三级跳远 ‖ *hierzu* (派生) **Drei·sprin·ger** *der*

drei·ßig *Zahladj* (数形); **1.** (als Zahl) 30 三十,叁拾; ↑ ***Anhang*** (5) 附录五 **2.** ***Anfang***, ***Mitte***, ***Ende d. sein*** ungefähr 30 bis 33, 34 bis 36, 37 bis 39 Jahre alt sein 三十开外,三十多岁,三十大几

D

Drei·ßig *die*; -, *-en*; *mst Sg*（多用单数）;**1.** die Zahl 30 三十，叁拾 **2.** j-d / etw. mit der Zahl/ Nummer 30（指人/物）30号

drei·ßi·ger *Adj*; *nur attr*, *indeklinabel*, *nicht adv*; die zehn Jahre（e-s Jahrhunderts od. Menschenlebens）von 30 bis 39 betreffend 30年代，三十多岁：*in den d. Jahren / den Dreißigern* 在三十年代；*Er ist in den / seinen Dreißigern* 他三十多岁了 ‖ K-: ***Dreißiger-***, ***-jahre***

Drei·ßi·ger *der*; *-s*, *-*; *gespr*［口］; j-d, der zwischen 30 u. 39 Jahre alt ist 三十多岁的人 ‖ -K（复合）: ***End-***, ***Mitt-*** ‖ *hierzu*（派生）**1. Drei·ßi·ge·rin** *die*; *-*, *-nen*

drei·ßigs·t- *Zahladj*（数形）; *nur attr*, *nicht adv*（只作定语，不作状语）**1.** in e-r Reihenfolge an der Stelle 30 第30的，第三十的 ≈ 30. **2.** ***der dreißigste Teil*** (***von etw.***) ≈ 1/30

dreist, *dreister*, *dreistest-*; *Adj*（形）≈ frech, unverschämt ⟨e-e Person, ein Verhalten 人，行为⟩ ‖ *hierzu*（派生）**Dreis·tig·keit** *die*

drei·tau·send, **drei·tau·send** *Zahladj*（数形）;（als Zahl）3000 三千，叁仟

drei·vier·tel, **drei·vier·tel** ↑ ***viertel***

Drei·vier·tel|jahr *das*; ein Zeitraum von 9 Monaten 三个季度，九个月

Drei·vier·tel|li·ter *der*; drei Viertel eines Liters 四分之三升，¾升：*ein D. Wein* ¾升葡萄酒

Drei·vier·tel|mehr·heit *die*; e-e Mehrheit von 75% 四分之三的多数，75%的多数：*e-e D. benötigen* 需要四分之三的多数

Drei·vier·tel|stunde *die*; ein Zeitraum von 45 Minuten 三刻钟，45分钟：*e-e D. warten müssen* 要等45分钟

Drei·vier·tel|takt *der*; *nur Sg*, MUS（只用单数）【音】; der Takt, den *z.B.* der Walzer hat 四分之三拍

drei·zehn *Zahladj*（数形）;（als Zahl）13 十三，拾叁；↑ ***Anhang***（5）附录（五）‖ ID［谚］***Jetzt schlägts d.!*** *gespr*［口］; verwendet als Ausdruck der Empörung 这可太过份了！≈ das geht zu weit!

drei·zehn·t- *Zahladj*（数形）; *nur attr*, *nicht adv*（只作定语，不作状语）**1.** in e-r Reihenfolge an der Stelle 13 第13的，第十三的 ≈ 13. ‖ NB（注意）: Gebrauch ↑ *Beispiele unter* 用例见 ***viert-*** **2.** ***der dreizehnte Teil*** (***von etw.***) ≈ 1/13

Dre·sche *die*; *-*; *nur Sg*（只用单数）; *mst in* 多用于 ***D. bekommen / kriegen*** *gespr nordd*［口］［北德］; Schläge, Prügel bekommen 挨揍，挨打

dre·schen; *drischt*, *drosch*, *hat gedroschen*; Vt/i（及物/不及物）(***etw.***) ***d.*** trockenes Getreide（heute *mst* mit e-r Maschine）so schlagen, dass die Körner herausfallen 脱粒，打谷，打麦 ⟨Getreide, Korn d. 给庄稼脱粒，打谷⟩ ‖ K-（复合）: ***Dresch-***, ***-maschine***

Dress *der*; *-es*, *-e*; e-e Kleidung（mit bestimmten Farben od. Symbolen）, die Sportler od. Mitglieder e-s Vereins tragen（运动员或协会成员的）队服，统一服装 ≈ Trikot ‖ -K（复合）: ***Mannschafts-***, ***Sport-***, ***Vereins-***

dres·sie·ren; *dressierte*, *hat dressiert*; Vt（及物）***ein Tier d.*** ein Tier bestimmte Dinge（*z.B.* Kunststücke）lehren 驯兽 ≈ abrichten：*Tiere für den Zirkus d.* 为马戏团驯兽

Dres·sing *das*; *-s*, *-s*; e-e Soße, mit der man e-n Salat würzt 沙拉调味汁 ≈ Salatsoße ‖ -K（复合）: ***Salat-***

Dress·man [ˈdrɛsmən] *der*; *-s*, *Dress·men*; *mst Sg*（多用单数）; ein Mann, der（auf e-r Modenschau）Kleidung vorführt 男模特 ↔ Mannequin

Dres·sur *die*; *-*, *-en*; *mst Sg*（多用单数）**1.** e-e Disziplin im Pferdesport, bei der die Pferde bestimmte schwierige Gangarten u. Figuren vorführen müssen（马术）盛装舞步 ‖ K-（复合）: ***Dressur-***, ***-reiten*** **2.** das Dressieren e-s Tieres 驯兽：*den Hund zur D. geben* 把狗送去训练 **3.** ein Kunststück, das von e-m dressierten Tier *bes* im Zirkus vorgeführt wird 马戏表演 ‖ K-（复合）: ***Dressur-***, ***-akt***, ***-nummer***

drib·beln; *dribbelte*, *hat gedribbelt*; Vi（不及物）SPORT【体】;（*bes* beim Fußball）den Ball（während man rennt）eng führen od. von einem Fuß zum anderen spielen u. so versuchen, am Gegner vorbeizukommen（足球中）带球过人 ‖ *hierzu*（派生）**Dribb·ling** *das*

drif·ten; *driftete*, *ist gedriftet*; Vi（不及物）***j-d / etw. driftet irgendwo*** (***hin***) j-d treibt in e-m Boot auf dem Wasser（人/物作主语）在船上随波漂流 ⟨*mst* ein Boot, ein Schiff 多为小木船，船⟩

dril·len; *drillte*, *hat gedrillt*; Vt（及物）**1.** ***j-n*** (*mst Pl* 多用复数) ***d.*** *pej*［贬］; Soldaten e-e harte u. intensive（körperliche）Ausbildung geben 操练，训练（士兵）**2.** ***j-n*** (*mst Pl* 多用复数) ***d.*** *bes* Schülern durch monotone Wiederholungen Wissen u. Disziplin vermitteln 让…做机械性练习 ‖ ID［谚］***auf etw.*** (*Akk* 四格) ***gedrillt sein*** *gespr*［口］; auf etw. sehr gut vorbereitet sein, weil man es lange geübt hat 对…作了充分准备 ‖ *hierzu*（派生）**Drill** *der*; *-(e)s*; *nur Sg*（只用单数）

Dril·ling[1] *der*; *-s*, *-e*; eines von drei Geschwistern, die bei derselben Geburt geboren werden 三胞胎中的一个 ⟨Drillinge bekommen 生了三胞胎⟩

Dril·ling[2] *der*; *-s*, *-e*; ein Jagdgewehr mit drei Läufen 三筒猎枪

drin *Adv*（副）; *gespr*［口］**1.** verwendet, um e-e Ortsbestimmung mit *in* zu verstärken（强调用介词 in 带起的地点状语）: *In der Dose sind ja keine Kekse mehr d.!* 桶里可是没饼干啦！**2.** ≈ drinnen（1）**3.** ≈ drinnen（2）‖ ID［谚］***etw. ist d.*** *gespr*［口］; etw. ist möglich od. akzeptabel（物作主语）这还行、可以：*Dieser Preis ist gerade noch d.* 这价格勉强可接受；*mst* 多用 ***Das ist bei mir nicht d.*** *gespr*［口］; das dulde ich nicht, da mache ich nicht mit 这在我这儿可不行，这我可不干

drin·blei·ben; *blieb drin*, *ist dringeblieben*; Vi（不及物）*gespr*［口］≈ drinnenbleiben

drin·gen; *drang*, *hat / ist gedrungen*; Vi（不及

D

物）**1.** ***etw. dringt irgendwohin***（*ist*）etw. gelangt durch etw. hindurch an e-e bestimmte Stelle（物作主语）穿过，透过，渗入：*Regen dringt durch das Dach* 雨水从屋顶渗透进来；*Der Pfeil drang ihm ins Bein* 箭头射进了他的腿 **2.** ***auf etw.***（*Akk* 四格）***d.***（*hat*）energisch fordern, dass etw. getan wird 坚决要求，竭力催促 ≈ auf etw. drängen：*auf sofortige Erledigung e-r Arbeit d.* 催促马上完成工作；*Die Opposition drang auf Entlassung des Finanzministers* 反对党坚决要求罢免财政部长 ‖ ▶ **Drang**

drịn·gend **1.** *Partizip Präsens*（现在分词）；↑ ***dringen*** **2.** *Adj*（形）；so, dass es sofort getan (erledigt) werden muss 紧急的，紧迫的 ≈ eilig〈Arbeiten, ein Fall 工作，案件〉：*Ich muss d. den Arzt sprechen* 我有急事找医生；*Bitte komm sofort – es ist d.!* 请马上来——事情很急！**3.** *Adj*（形）；sehr wichtig für j-n u. deshalb eindringlich formuliert 迫切的，急切的 ≈ nachdrücklich〈e-e Bitte, ein Gesuch, e-e Frage 请求，申请，提问；j-n d. um etw. bitten, j-n d. vor etw. warnen 急切地请求某人、提醒某人注意〉**4.** *Adj*（形）；sehr stark 严重的，重大的〈*mst* ein, der Verdacht 怀疑〉：*Es besteht der dringende Verdacht, dass er bestochen wurde* 他有受贿的重大嫌疑

drịng·lich *Adj*（形）≈ dringend (2,3) ‖ *hierzu*（派生）**Drịng·lich·keit** *die*；*nur Sg*（只用单数）

Drink [drɪŋk] *der*；*-s*，*-s*；ein *mst* alkoholisches Getränk, das man anderen od. sich selbst bereitet（多为含酒精的）饮料

drin·nen *Adv*（副）**1.** im Haus, nicht im Freien 在屋里，在室内〈d. sein, bleiben, arbeiten 在屋里，呆在屋里，在屋里工作〉：*Draußen ist es kalt, aber hier d. ist es warm* 外面挺冷，可这儿屋里很暖和；*Du bleibst d. u. machst erst deine Hausaufgaben!* 你给我呆在家里，先做完你的作业！**2.** innerhalb e-s bestimmten Raumes, Gebäudes *o.Ä.* 在里面，在里头 ↔ draußen：*„Ist j-d im Badezimmer?" – „Nein, es ist niemand d."* "有人在洗澡间里吗？"——"没有，没人在里面。"；*Von d. hörte man laute Musik* 从里面传出响亮的音乐声

drin·nen·bleiben；*blieb drinnen, ist drinnengeblieben*；[Vi]（不及物）im Haus bleiben, nicht nach draußen gehen 留在家里不出门：*Du bleibst drinnen u. machst erst deine Hausaufgaben!* 你留在家里先做作业！

drịscht *Präsens, 3 Person Sg*（现在时，第三人称单数）；↑ ***dreschen***

drịtt *nur in*（只用于）***zu d.***（mit insgesamt）drei Personen 三个人一起

drịt·t-[1] *Zahladj*（数形）**1.** *nur attr, nicht adv*（只作定语，不作状语）；in e-r Reihenfolge an der Stelle 3 第 3 的，第三的 ≈ 3. ‖ NB（注意）：Gebrauch ↑ *Beispiele unter* 用例见 ***viert-*** **2.** ***der Dritte*** verwendet, um Personen, Länder *usw* zu bezeichnen, die an etw. nicht direkt beteiligt sind 第三者，第三国：*Wenn zwei sich streiten, freut sich der Dritte*（Sprichwort）鹬蚌相争，渔翁得利；*geheime Informationen an Dritte weitergeben* 把秘密情报交给第三人 ‖ K-（复合）：***Dritt-***，***-länder*** ‖ ID［谚］***der lachende Dritte*** j-d, der davon profitiert, dass zwei andere Personen sich streiten 渔利者

drịtt-[2] *im Adj, begrenzt produktiv*（构成形容词，构词有限）；verwendet zusammen mit e-m Superlativ, um auszudrücken, dass j-d/etw. in e-r Reihenfolge an der Stelle 3 steht（和形容词的最高级连用，表示人/物排于第三位）；***drittältest-***，***drittbest-***，***drittgrößt-***，***dritthöchst-***，***drittlängst-***，***drittschönst-***

Drịt·tel *das*；*-s*，*-*；der 3 Teil von etw. 三分之一，⅓：*Ein D. der Strecke liegt schon hinter uns* 我们已经走完三分之一路程了

drịt·tel *Adj*（形）；*nur attr, indeklinabel, nicht adv*（只作定语，词形不变，不作状语）；den 3 Teil von etw. bildend 三分之一的，⅓的 ≈ ⅓

drịt·teln；*drittelte, hat gedrittelt*；[Vt]（及物）***etw. d.*** etw. in drei gleiche Stücke teilen 把…平均分成三份

drịt·tens *Adv*（副）；verwendet bei e-r Aufzählung, um anzuzeigen, dass etw. an 3 Stelle kommt 第三，第三点

drịtt·klas·sig *Adj*（形）；*nicht adv*（不作状语）；von sehr schlechter Qualität 三等的，下等的：*e-e drittklassige Unterkunft* 下等客栈

drịtt·ran·gig *Adj*（形）；*nicht adv*（不作状语）；nicht wichtig 不重要的〈*mst* Fragen, Probleme 多指问题〉

dro·ben *Adj*（副）；*südd* Ⓐ *gespr*［南德］［奥］［口］≈ dort oben：*d. am Berg* 在那边山上

Dro̱·ge *die*；*-*，*-n* **1.** ein *mst* pflanzlicher, mineralischer od. chemischer Stoff, aus dem Medikamente bereitet werden 药材，药物，生药 **2.** ein Rauschgift wie *z.B.* Heroin od. Kokain 毒品〈harte, weiche Drogen 硬、软毒品；unter dem Einfluss von Drogen stehen 处于毒品的作用下〉‖ K-（复合）：***Drogen-***，***-abhängigkeit***，***-beratungsstelle***，***-entzug***，***-konsum***，***-szene***，***-sucht***，***-tote***；***drogen-***，***-abhängig***，***-süchtig***

drö·ge *Adj*（形）；*bes nordd gespr* 尤用于［北德］［口］≈ langweilig

Dro·ge·rie *die*；*-*，*-n* [-ˈriːən]；ein Geschäft, in dem man *bes* Mittel zur Kosmetik u. Körperpflege (aber keine rezeptpflichtigen Medikamente) kaufen kann 美容、保健药品商店

Dro·gịst *der*；*-en*，*-en*；j-d, der e-e Drogerie besitzt od. in e-r Drogerie arbeitet 美容、保健药店老板或雇员 ‖ NB（注意）：*der Drogist; den, dem, des Drogisten* ‖ *hierzu*（派生）**Dro·gịs·tin** *die*；*-*，*-nen*

dro̱·hen；*drohte, hat gedroht*；[Vi]（不及物）**1.**（***j-m***）***mit etw. d.*** j-m durch Gesten zeigen, dass man ihn bestrafen (*z.B.* schlagen) wird, wenn er etw. tut (od. nicht tut) 用…威胁、恐吓〈j-m mit dem Finger, mit der Faust, mit e-m Knüppel d. 用手指、拳头、棍棒威胁某人〉‖ K-（复合）：***Droh-***，***-gebärde*** **2.**（***j-m***）（***mit etw.***）***d.***；（***j-m***）***d.*** + ***zu*** + *In-*

D

finitiv（不定式）j-m sagen, dass man etw. tun wird, das für ihn schlecht od. unangenehm ist, wenn er etw. tut (od. nicht tut)（以…）威胁：*Sie drohte (ihrem Mann) mit der Scheidung* 她以离婚来威胁(她的丈夫)；*Ihr Chef drohte ihr (sie zu entlassen)* 她的上司威胁(要解雇)她 ‖ K-（复合）：**Droh-**，**-brief** **3.** ***etw. droht*** (***j-m/etw.***) etw. passiert (j-m/etw.) möglicherweise od. wahrscheinlich（物作主语）有发生…的可能(征兆、危险) ≈ etw. steht (j-m/etw.) bevor 〈e-e Gefahr, ein Unheil, ein Unwetter, ein Gewitter 危险，灾祸，暴风雨，雷阵雨；e-e drohende Gefahr 面临的危险〉：*Der Firma droht der Bankrott* 公司面临着倒闭 **4.** ***j-d/etw. droht*** + ***zu*** + *Infinitiv*（不定式）j-d ist kurz davor, dass etw. Unangenehmes mit ihm geschieht/etw. Unangenehmes könnte bald passieren（人/物作主语）眼看就要发生(不测) ≈ j-d/etw. ist im Begriff + zu + *Infinitiv*（不定式）：*Sie drohte ohnmächtig zu werden* 她眼看着就要晕倒；*Die Mauer droht einzustürzen* 这堵墙快要塌了 ‖ NB（注意）：von e-m nachfolgenden erweiterten Infinitiv mit *zu* nicht (!) durch ein Komma abgetrennt（不定式不用逗号隔开）

Droh·ne *die*；-，-*n* **1.** e-e männliche Biene 雄蜂 **2.** *gespr pej*［口］［贬］；j-d, der nicht arbeitet u. der vom Geld, von der Arbeit der anderen lebt 寄生虫，游食者，(靠别人过活的)懒汉

dröh·nen；*dröhnte*，*hat gedröhnt*；[Vi]（不及物）**1.** ***etw. dröhnt*** etw. tönt lange, laut u. dumpf（物作主语）轰鸣，发出隆隆声〈ein Motor, e-e Maschine 发动机，机器〉 **2.** ***etw. dröhnt*** etw. ist von e-m lauten, vibrierenden Geräusch erfüllt（物作主语）震；震动：*Die Erde dröhnte unter den Panzern* 大地在坦克的履带下震颤 **3.** *mst* 多用 ***dröhnendes Gelächter***，***dröhnender Beifall*** sehr lautes Gelächter, sehr lauter (donnernder) Beifall 哄堂大笑，雷鸣般的掌声 ‖ ID［谚］*mst* 多用 ***Mir dröhnt der Kopf*** ich habe sehr starke Kopfschmerzen 我头疼得轰轰的

Dro·hung *die*；-，-*en* **1.** Worte od. Gesten, mit denen man j-m droht 恫吓，威胁〈e-e offene, versteckte D. 公开的、暗藏的威胁；e-e D. aussprechen, ausstoßen, wahr machen 表示威胁，发出威胁，兑现威胁；j-n durch Drohungen einschüchtern 以威胁吓唬某人〉 **2.** *mst* 多用 ***leere Drohungen*** Drohungen (1), mit denen man *z.B.* versucht, j-m Angst zu machen, die man aber niemals verwirklichen würde 空头威胁

drol·lig *Adj*（形）**1.** 〈e-e Geschichte 故事〉so, dass sie Spaß macht, amüsant ist 有趣滑稽的，令人发笑的 **2.** 〈ein Mädchen 姑娘；ein Kätzchen 小猫〉so, dass sie durch ihre äußere Erscheinung Sympathie hervorrufen 可爱的，讨人喜欢的 ≈ niedlich ‖ *hierzu*（派生）**Drol·lig·keit** *die*；*nur Sg*（只用单数）

Dro·me·dar，**Dro·me·dar** *das*；-*s*，-*e*；e-e Art Kamel mit nur einem Höcker 单峰骆驼

Drops *der/das*；-，-/-*e*；ein (Frucht)Bonbon, das ein bisschen sauer schmeckt（酸味）水果糖

drosch *Imperfekt*，*1. u. 3. Person Sg*（过去时，第一和第三人称单数）；↑ ***dreschen***

Drosch·ke *die*；-，-*n* **1.** *veraltend*［渐旧］≈ Taxi **2.** *hist*［历］；e-e Art Kutsche 马车

Dros·sel *die*；-，-*n*；ein relativ großer Singvogel, der in vielen Arten auf der ganzen Welt vorkommt. Zu den Drosseln gehören *z.B.* die Nachtigall, die Amsel od. das Rotkehlchen 夜鸫

dros·seln；*drosselte*，*hat gedrosselt*；[Vt]（及物）**1.** ***etw. d.*** die Leistung e-r Maschine *o.Ä.* reduzieren 调弱，减缓：*die Geschwindigkeit e-s Fahrzeugs d.* 减缓车速；*die Heizung d.* 调低暖气 **2.** ***etw. d.*** die Menge von etw. reduzieren 降低，减少，减量〈die Importe d. 减少进口量〉：*die Stromzufuhr d.* 削减电力供应 ‖ K-（复合）：**Drossel-**，**-ventil** ‖ *hierzu*（派生）**Dros·se·lung** *die*

drü·ben *Adv*（副）**1.** auf der anderen Seite *z.B.* e-r Linie, e-r Grenze, e-r Straße od. e-s Ozeans 对面，那边〈da d., dort d. 那一边；nach d. fahren, von d. kommen 到那边去，从那边来〉：*Er war lange Zeit d. in Kanada u. spricht deswegen so gut Englisch* 他在加拿大那边待了很长的时间，所以英语说得很好；*Hier sind wir noch in Hessen, aber dort d. beginnt bereits Bayern* 这儿我们还是在黑森州，但那对面就已是巴伐利亚州了 **2.** *hist*［历］；von den Bewohnern der Bundesrepublik Deutschland u. der DDR verwendet, um den jeweils anderen Teil Deutschlands zu bezeichnen（原东、西德人用于指另一部分德国）那边：*Er kommt von d.* 他从那边来

drü·ben·blei·ben；*blieb drüben*，*ist drübengeblieben*；[Vi]（不及物）auf der anderen Seite (e-r Grenze. e-s Ozeans *usw*) bleiben 待在(国境的，大洋的)那边：*Er flog in die USA und blieb ein paar Wochen drüben* 他飞往美国，在那边待了几周

drü·ber *Adv*（副）；*gespr*［口］；↑ ***darüber*** (1,2)

drü·ber- *gespr*［口］；↑ ***darüber-*** (1,2)

Druck[1] *der*；-(*e*)*s*，*Drü·cke* **1.** *mst Sg*（多用单数）；die Kraft, mit der *bes* ein Gas od. e-e Flüssigkeit (senkrecht) auf e-e Fläche wirken 压力，重力，负荷〈*mst* der D. nimmt ab, nimmt zu 压力减轻、加大；etw. hat, steht unter D. 某事负有、承受着压力〉：*Je tiefer man taucht, desto größer wird der D. in den Ohren* 潜水越深，耳内的压力越大 ‖ K-（复合）：**Druck-**，**-ausgleich**，**-schwankung**，**-unterschied** ‖ -K（复合）：**Außen-**，**Innen-**；**Gas-**，**Luft-**，**Wasser-**；**Über-**，**Unter-** **2.** *nur Sg*（只用单数）；***ein D.*** (***auf etw.*** (*Akk* 四格)) das Drücken (1), das Betätigen *z.B.* e-s Hebels, e-r Taste 按，压，揿(开关、按钮)：*Mit e-m D. auf diesen Knopf kann man das Licht ausmachen* 按一下这个按钮就能把灯关上 ‖ -K（复合）：**Knopf-** **3.** *nur Sg*（只用单数）；ein unangenehmes Gefühl *bes* im Magen od. Kopf, das e-m D. (1) ähnlich ist（头、胃的）闷胀感〈*mst* e-n D. im Kopf, im Magen haben, verspüren 感到头胀、胃胀〉 **4.** *nur Sg* (只用单数); e-e psychische Belastung od. ein starker Einfluss, die j-n *mst* zu etw. drängen od. zwingen 心理压力、负担 ≈ Zwang 〈D. auf j-n ausüben, j-n unter D. setzen 对某人施加压力,使某人承受压力; unter finanziellem, psychischem D. stehen 承受着经济、心理压力; unter D. arbeiten, handeln 在压力下工作、行动; auf j-m lastet ein D. 某人承受着压力〉: *Die Massendemonstrationen verstärkten den D. auf die Regierung* 群众游行加剧了对政府的压力 ‖ -K (复合): **Erfolgs-**, **Leistungs-**, **Noten-**, **Zeit-** ‖ ID [谚] **D. hinter etw.** (*Dat* 三格) **machen** *gespr* [口]; bewirken, dass *bes* e-e Arbeit schneller gemacht wird 对…加压,催促(快干); **in/im D. sein** *gespr* [口]; sehr viel zu tun u. sehr wenig Zeit haben 忙得不亦乐乎,忙成一团 ‖ ▶ **drücken**

Druck² *der*; -(e)s, -e **1.** *nur Sg* (只用单数); ein maschinelles Verfahren, mit dem Texte, Bilder u. Muster in großen Mengen auf Papier od. Stoff übertragen werden 印刷(工艺) ‖ K- (复合): **Druck-**, **-farbe**, **-grafik**, **-industrie**, **-maschine**, **-muster**, **-papier**, **-verfahren**, **-vorlage** ‖ -K (复合): **Buch-**, **Farb-**, **Kursiv-**, **Schwarz-Weiß-**, **Stoff-** **2.** *nur Sg* (只用单数); das Drucken (2) 印制 ‖ K- (复合): **Druck-**, **-verbot** **3.** *nur Sg* (只用单数); die Art od. Qualität, in der etw. gedruckt ist 印刷(质量或方式) 〈ein schwacher, verschwommener D. 颜色过浅、模糊不清的印刷〉 **4.** ein gedrucktes Bild, Buch od. Stoffmuster 印刷品,出版物,书籍,版本 〈ein alter, kostbarer, seltener, bunter D. 老版本,珍贵的版本,稀有的版本,彩印版本〉: *Das Gemälde ist nicht echt, es ist nur ein D.* 这张画不是原作,而是印制品 **5. etw. geht in D.** etw. wird gedruckt (2) (物作主语)要出版 **6. etw. in (den) D. geben** etw. drucken (2) lassen 把…交付印刷(付印): *ein Manuskript in D. geben* 把原稿交付印刷 **7.** *mst* 多用 **etw. erscheint im D.** etw. erscheint in gedruckter Form (物作主语) 印刷出版: *Ihr neuer Roman erscheint demnächst im D.* 她的新小说马上就要出版了

Druck·ab·fall *der*; PHYS【物】; der Rückgang (die Reduzierung) *bes* des Luftdruckes 气压下降 ↔ Druckanstieg

Druck·an·stieg *der*; PHYS【物】; das Ansteigen (die Erhöhung) *bes* des Luftdruckes 气压上升 ↔ Druckabfall

Druck·buch·sta·be *der*; ein Buchstabe, der in Druckschrift gedruckt od. geschrieben ist 印刷体

Drü·cke·ber·ger *der*; -s, -; *gespr pej* [口][贬]; j-d, der versucht, unangenehmen Aufgaben od. Pflichten aus dem Weg zu gehen 逃避苦差、见困难就躲的人 ‖ *zu* (义项) **Drückebergerei** ↑ **-ei**

dru·cken; *druckte*, *hat gedruckt*; [Vt] (及物) **1. etw.** (**auf etw.** (*Akk* 四格)) **d.** Buchstaben, Muster od. Bilder mit mechanischen Mitteln auf Papier, Stoff *o. Ä.* bringen od. übertragen 印刷,把…印上; [Vt/i] (及物/不及物) **2.** (**etw.**) (*mst Kollekt od Pl* 多用集合或复数)) **d.** etw. *mst* in großer Zahl durch Drucken (1) produzieren 大量印制 〈*mst* Bücher, Zeitungen, Pamphlete d. 大批印制书、报刊、小册子〉

drü·cken; *drückte*, *hat gedrückt*; [Vt] (及物) **1. j-n/etw. irgendwohin d.** mit Kraft od. Gewalt j-n/etw. (*bes* von sich weg) irgendwohin bewegen 把…推、挤、压向 ↔ ziehen: *e-n Hebel nach unten d.* 把操纵杆向下压; *j-n an/gegen die Wand d.* 把某人往墙上挤 **2. j-n an sich** (*Akk* 四格)/**ans Herz d.** j-n *bes* als Zeichen von Freundschaft *o. Ä.* fest umarmen 紧紧搂抱 **3. j-m etw. in die Hand d.** j-m etw. in die Hand geben 把…塞进…的手中: *j-m Geld, e-n Schlüssel in die Hand d.* 把钱、钥匙塞进某人手里 **4. j-m die Hand d.** j-m *bes* zur Begrüßung od. zum Abschied die Hand geben/schütteln 握手 **5. etw. aus etw. d.** mit Kraft bewirken, dass *mst* e-e weiche Masse od. e-e Flüssigkeit aus etw. herauskommt 挤出,压出 ≈ pressen: *Senf aus der Tube d.* 把芥末从包装管里挤出来 **6. etw. d.** etw. auf ein niedrigeres Niveau bringen 压低 〈die Löhne, die Preise, die Noten d. 压低工资、价格、分数〉: *Der Durchschnitt wurde durch die schlechten Arbeiten gedrückt* 由于成绩差,平均水平被压低了 **7. etw. drückt j-n** etw. belastet j-n psychisch (物作主语)给…以心理负担,使心事重重、感到压抑: *Sein Gewissen drückt ihn* 他的良心让他不得安宁 **8. etw. drückt etw.** etw. hat e-n negativen Einfluss auf etw. (物作主语)对…产生不良影响: *Der Vorfall drückte die Stimmung auf der Party* 那次突发事件使聚会的气氛变得沉闷; [Vt/i] (及物/不及物) **9.** (**etw.**) **d.** *bes* den Finger od. die Hand auf e-n Schalter, e-e Taste *o. Ä.* legen, sie so bewegen u. dadurch e-n Mechanismus betätigen 按,摁(开关、键等) 〈die Hupe, die Klingel, den Knopf d. 按喇叭、门铃、按钮〉 **10. etw. drückt** (**j-n**) (**irgendwo**) etw. ist zu klein, zu eng *o. Ä.* u. verursacht deswegen bei j-m leichte Schmerzen (物作主语) (因小或紧)挤疼,挤压 〈der Verband, die Schuhe, die Hose 绷带勒人,鞋子挤脚,裤子太紧〉 **11.** (**etw.**) **d.** *gespr* [口]; sich Rauschgift spritzen 注射毒品 〈Heroin d. 注射海洛因〉; [Vi] (不及物) **12. auf etw. d.** ≈ d. (9) **13. etw. drückt j-m aufs Gemüt** etw. belastet j-n psychisch (物作主语)给…以心理压力,使心情压抑 **14. etw. drückt auf etw.** (*Akk* 四格) etw. beeinflusst etw. negativ (物作主语)对…产生不利影响; [Vr] (反身) **15. sich an/in etw.** (*Akk* 四格) **d.** *mst* mit dem Rücken fest gegen etw. lehnen, *bes* um nicht aufzufallen od. um nicht gesehen zu werden 蜷缩,躲藏 〈sich an die Wand, in die Ecke d. 紧贴在墙上,躲进角落里〉 **16. sich d.** heimlich weggehen, um nicht mehr dabei zu sein 溜走,躲开 **17. sich** (**vor etw.** (*Dat* 三格)/**um etw.**) **d.** *gespr* [口]; e-e unangenehme Aufgabe od. Pflicht

D

nicht erfüllen 逃避：*sich vor dem Aufräumen d.* 逃避收拾屋子

drü.ckend 1. *Partizip Präsens*（现在分词）；↑ **drücken 2.** *Adj*（形）；sehr groß, stark u. unangenehm 压抑的，憋闷的〈*mst* e-e Hitze, e-e Schwüle 多为酷热，闷热〉**3.** *Adj*（形）；*mst attr*（多作状语）；sehr groß 巨大的，极度的〈*mst* Not, Sorgen, Schulden 困苦，忧虑，债务〉：*In vielen Ländern der Dritten Welt herrscht drückende Armut* 极度的贫穷笼罩着许多第三世界国家

Dru.cker *der*；*-s*，*-* **1.** j-d, der beruflich mit dem Druck von Büchern, Zeitungen *o.Ä.* zu tun hat 印刷工 **2.** e-e Maschine, die Daten u. Texte, die in e-m Computer gespeichert sind, auf Papier druckt（电脑的）打印机 ‖ ↑ *Abb. unter* 图见 **Computer** ‖ -K（复合）：**Laser-**, **Matrix-**, **Nadel-**, **Tintenstrahl-** ‖ *hierzu*（派生）**Dru.cke.rin** *die*；*-*，*-nen*

Drü.cker *der*；*-s*，*-*；ein（relativ großer）Knopf *bes* zum Öffnen von Türen 门把 ‖ ID［谚］**am D. sein / sitzen** *gespr*［口］；die entscheidende Macht über etw. haben 掌握着重要的权力；**auf den letzten D.** *gespr*［口］；gerade noch rechtzeitig, im letzten Augenblick 在最后一刻，最后一瞬间

Dru.cke.rei *die*；*-*，*-en*；e-e Firma od. Werkstatt, in der Bücher, Zeitungen *usw* gedruckt werden 印刷厂

Dru.cker.pres.se *die*；*-*，*-n*；e-e Maschine, mit der *z.B.* Bücher u. Zeitungen gedruckt werden 印刷机 ≈ Druckmaschine

Dru.cker.schwär.ze *die*；*-*；*nur Sg*（只用单数）；e-e schwarze Farbe, die *z.B.* zum Drucken von Zeitungen benutzt wird 印刷用黑色油墨

Druck.fah.ne *die*；die（vorläufige）gedruckte Form e-s Textes, die noch korrigiert werden kann 长条校样

Druck.feh.ler *der*；ein Fehler in e-m gedruckten Text（der beim Setzen（17）des Texts entstand）印刷错误

Druck.feh.ler|teu.fel *der*；*mst in* 多用于 **Hier hat der D. zugeschlagen** *hum*［诙］；in diesem Text sind viele Druckfehler 这篇文章中印刷错误多得吓人

druck.frisch *Adj*（形）；*nicht adv*（不作状语）；gerade erst gedruckt 刚印刷出来的，油墨未干的〈e-e Zeitung, ein Buch 报纸，书〉

Druck.knopf *der* **1.** ein（Metall）Knopf *mst* an Kleidungsstücken, der aus zwei runden Plättchen besteht, die ineinandergedrückt werden 揿扣儿，子母扣儿 ‖ ↑ *Abb. unter* 图见 **Knopf 2.** e-e Taste, auf die man drückt, um e-n Mechanismus zu betätigen 按键 ‖ ↑ *Abb. unter* 图见 **Schalter**

Druck.le.gung *die*；*-*，*-en*；der Arbeitsvorgang in e-r Druckerei, bei dem *z.B.* Bücher od. Zeitungen gedruckt werden 排印

Druck.luft *die*；*nur Sg*, PHYS（只用单数）【物】；Luft, die mithilfe von Druck zusammengepresst ist（u. dann als Energie verwendet werden kann）压缩空气 ‖ K-（复合）：**Druckluft-**, **-bremse**, **-pumpe**

Druck.mes.ser *der*；*-s*，*-*；ein Gerät, mit dem der Druck[1]（1）*bes* von Gasen u. Flüssigkeiten gemessen wird 压力计 ≈ Manometer

Druck.mit.tel *das*；etw., das geeignet ist, j-n zu beeinflussen od. zu etw. zu zwingen 施压手段，强制手段：*Die Arbeiter benutzen e-n Streik als D. für höhere Löhne* 工人们为提高工资用罢工来施加压力

druck.reif *Adj*（形）；*nicht adv*（不作状语）**1.**〈*mst* ein Manuskript, ein Text 稿件，文章〉so bearbeitet, dass sie gedruckt werden können 可以付印的 **2.** *oft hum* 多作［诙］；stilistisch u. rhetorisch sehr gut formuliert 措辞优美的，精彩的：*Deine Rede zu meinem Geburtstag war geradezu d.!* 你在我过生日那天的讲话真叫精彩！

Druck.sa.che *die*；ein nicht verschlossener Brief, der nur e-n gedruckten（u. nicht handschriftlichen）Text enthält u. von der Post früher billiger als andere Briefe transportiert wurde 印刷品

Druck.schrift *die*；*nur Sg*（只用单数）**1.** e-e Art der Handschrift, bei der man gedruckte Buchstaben nachahmt（damit ein Text besonders gut zu lesen ist）印刷体字：*ein Formular in D. ausfüllen* 用印刷体填写表格 **2.** ein gedruckter Text, der nicht gebunden ist 未经装订的印刷品

Druck.stel.le *die*；e-e Stelle an der Oberfläche *z.B.* e-r Frucht od. e-s Körperteils, die *mst* durch e-n ständigen Druck（1）beschädigt od. verletzt ist 受挤压的地方，压伤处

Druck.tas.te *die* ≈ Druckknopf（2）

Druck.ver.band *der*；ein sehr enger Verband[1], der bei e-r Verletzung der Adern verhindert, dass man Blut verliert 压定布，止血绷带

Druck.wel.le *die*；stark zusammengepresste Luft, die sich infolge des hohen Drucks nach e-r Explosion *o.Ä.* sehr schnell bewegt u. ausbreitet 压力波，冲击波

drum *Adv*（副）；*gespr*［口］≈ darum ‖ ID［谚］**das（ganze）Drum u. Dran**；**alles Drum u. Dran** *gespr*［口］；alles, was dazugehört 有关的一切：*Er hat e-e eigene Wohnung mit allem Drum u. Dran* 他有着一套设备齐全的住房；*mst* 多用 **was d. u. dran ist / hängt** *gespr*［口］；alles, was mit e-r Sache in Zusammenhang steht 与某事有关的一切，统统算上；**Seis d.!** *gespr*［口］；verwendet, um auszudrücken, dass man sich mit etw.（*mst* Störendem）（schon）abgefunden hat（表示无所谓）爱怎么着就怎么着吧！那只好这样了！

Drum.her.um *das*；*-(s)*；*nur Sg*, *gespr*（只用单数）［口］；alles, was zu etw. gehört（u. *mst* als störend empfunden wird）与此有关的一切烦人的事：*Skifahren macht zwar Spaß, aber das D. mit den langen Wartezeiten nervt mich!* 滑雪虽说有意思，但没完没了的排队等候那些个事让我受不了！

drum.rum|kom.men；*kam drumrum*，*ist*

drumrumgekommen; [Vi] (不及物) (**um etw.**) **d.** *gespr* [口]; etw. (*mst* Unangenehmes) nicht tun müssen 避开,别去插手(令人不快之事) ‖ NB (注意): *mst* verneint (多用于否定)!

drum·rum|re·den; *redete drumrum*, *hat drumrumgeredet*; [Vi] (不及物) (**um etw.**) **d.** *gespr* [口] ≈ um etw. herumreden

drun·ten *Adv* (副); *südd* Ⓐ *gespr* [南德][奥][口] ≈ dort unten: *d. im Tal* 在那下面的山谷里

drun·ter *Adv* (副); *gespr* [口] ≈ darunter ‖ ID [谚] *mst* 多用 ***Hier geht es / alles d. u. drüber*** *gespr* [口]; hier herrscht überhaupt keine Ordnung 这儿的一切都很混乱

drunter- *gespr* [口]; ↑ ***darunter-***

Drü·se *die*; -, *-n*; ein Körperorgan, das Flüssigkeiten (u. Hormone) produziert 腺 ‖ K- (复合): ***Drüsen-***, ***-funktion***, ***-krankheit***, ***-schwellung*** ‖ -K (复合): ***Schweiß-***, ***Tränen-***

Dschun·gel [ˈdʒʊŋl] *der*; *-s*, - **1.** ein sehr dichter Wald in den Tropen 热带丛林 ≈ Urwald ‖ K- (复合): ***Dschungel-***, ***-pfad*** **2.** ein verwirrendes Durcheinander 迷宫,迷乱,杂乱: *im D. der Großstadt* 在大都市的纷杂中 ‖ -K (复合): ***Paragrafen-***

DTP *Abk* (缩写); ↑ ***Desktop-Publishing***

du *Personalpronomen*, *2 Person Sg* (人称代词,第二人称单数) **1.** verwendet als vertraute Anrede an e-e Person (*bes* ein Kind, e-n Verwandten od. Freund) (作为对孩子、亲戚、朋友亲密的称呼) 你: *Hast du Lust, ins Kino zu gehen?* 你有兴趣去看电影吗? ‖ NB (注意): ↑ Erläuterungen auf Seite 102 (说明见 102 页) **2.** verwendet als Anrede zu Tieren od. Dingen (作为对动物或事物的称呼) 你: *Du blöde Schreibmaschine, musst du jetzt kaputtgehen!* 你这讨厌的打字机,非得现在坏不可! **3.** *gespr* [口]; verwendet als unpersönliches Pronomen (用作非人称代词) ≈ man: *Mündliche Prüfungen sind ganz schwer – du bist aufgeregt u. kannst kaum was sagen!* 口试十分难 — 你一紧张就什么也不会说了! ‖ NB (注意) *zu* (义项) **1.-3.**: ↑ a) ↑ *Tabelle unter* 图表见 ***Personalpronomen***; b) *In Briefen gilt es als höflich, du, dich, dein usw großzuschreiben* (在信件中为礼貌起见,du, dich, dein 应大写) ‖ ID [谚] ***Ich*** (*usw*) ***bin mit ihm*** (*usw*) ***per du / Wir sind per du*** wir sagen „du" zueinander, wir duzen uns 我们以"你"相称 ↔ wir siezen uns

Du *das*; -(*s*), -(*s*); *mst in* 多用于 ***j-m das Du anbieten*** j-m anbieten, dass man „du" zueinander sagt 建议,以"你"相称 **2.** ***auf Du u. Du mit j-m stehen*** mit j-m sehr vertraut sein 与某人熟识、交往甚密 ‖ NB (注意): ↑ Erläuterungen auf Seite 102 (说明见 102 页)

du·al *Adj* (形); *mst in* 多用于 ***das Duale System*** Ⓓ [德] e-e Gesellschaft, die Verpackungen recycelt, die den grünen Punkt tragen u. für deren Recycling der Hersteller e-e Gebühr bezahlt hat 包装再生利用体系 ‖ NB (注意): ↑ ***Punkt*** (12)

Du·a·lis·mus *der*; -, *Du·a·lis·men*; *geschr* [书]; die Gegensätzlichkeit zweier Phänomene, die nebeneinander existieren, *z.B.* das Gute u. das Böse 二元论,二元性 ≈ Polarität ‖ *hierzu* (派生) **du·a·lis·tisch** *Adj* (形)

Dü·bel *der*; *-s*, -; ein kleines Rohr aus Plastik, das man in ein (gebohrtes) Loch in e-r Mauer steckt, um Schrauben hineinzudrehen 膨胀管,膨胀套

Dübel

dü·beln; *dübelte*, *hat gedübelt*; [Vt] (及物) **1.** ***etw. an etw.*** (*Akk* 四格) **d.** etw. mithilfe von Dübeln *mst* an e-r Wand befestigen 用膨胀螺丝把…固定(在墙上): *ein Schränkchen an die Wand d.* 把一个小橱柜用膨胀螺丝固定在墙上; [Vt/i] (及物/不及物) **2.** (***etw. in etw.*** (*Akk* 四格)) **d.** e-n Haken, e-n Nagel *o.Ä.* mit Hilfe von Dübeln an e-r Wand befestigen 把…拧入膨胀管固定住

du·bi·os [duˈbioːs] *Adj* (形); *geschr* [口]; ⟨*mst* Geschäfte, Machenschaften 交易,勾当⟩ so, dass sie Misstrauen, Skepsis erwecken 可疑的,不可靠的 ≈ fragwürdig, verdächtig (2)

Dub·let·te *die*; -, *-n* **1.** ein Gegenstand e-r Sammlung, der zweimal vorhanden ist, *z.B.* bei Briefmarken 重份,复本 ⟨Dubletten tauschen, verkaufen 交换、出卖重复的那份⟩ **2.** e-e Imitation e-s Juwels 宝石仿制品,赝品

du·cken, sich; *duckte sich*, *hat sich geduckt*; *gespr* [口]; [Vr] (反身) **1.** ***sich d.*** den Kopf senken u. den Oberkörper od. die Knie so beugen, dass man e-r Gefahr (od. e-m Stoß) ausweichen kann 低头蹲身,弯腰,蜷缩身体: *Er muss sich d., damit er durch die Tür kommt* 他必须低头才能进得去门 **2.** ***sich d.*** *mst* aus Angst vor der Macht *bes* e-s Vorgesetzten alles tun, was von einem verlangt wird 顺从,屈从,唯命是从

Duck·mäu·ser *der*; *-s*, -; *gespr pej* [口][贬]; j-d, der (*mst* aus Angst) nicht wagt, seine Meinung zu sagen, j-m zu widersprechen 胆小怕事者,唯唯诺诺者 ‖ *hierzu* (派生) **duck·mäu·se·risch** *Adj* (形)

du·deln; *dudelte*, *hat gedudelt*; [Vt/i] (及物/不及物) (***etw.***) **d.** *gespr pej* [口][贬]; auf e-m (Musik)Instrument in monotoner Weise Musik machen 单调地吹奏(乐器) ‖ *zu* (义项) ***Gedudel*** ↑ ***Ge-***

Du·del·sack *der*; ein (Blas)Instrument, das *bes* in Schottland gespielt wird. Der *D.* besteht aus e-r Art Sack u. mehreren Pfeifen (苏格兰的一种古老的吹奏乐器) 风笛 ‖ K- (复合): ***Dudelsack-***, ***-pfeifer***, ***-spieler***

Du·den® *der*; *-s*; *nur Sg* (只用单数); verwendet als Bezeichnung für ein Wörterbuch, das die Regeln der deutschen Rechtschrei-

D

bung festhält 杜登词典

Du·ell *das*; *-s*, *-e* **1.** *hist*［历］; ein Kampf zwischen zwei Personen, *mst* weil die Ehre eines der Teilnehmer verletzt wurde 决斗〈j-n zum D. (heraus)fordern 要求与某人决斗; ein D. austragen 进行决斗〉‖ -K（复合）: ***Degen-***, ***Pistolen-*** **2.** ein Wettkampf zwischen zwei Sportlern od. zwei Mannschaften 决赛, 决一雌雄: *Die beiden Mannschaften lieferten sich ein packendes / spannendes D.* 参赛双方进行了一次扣人心弦的较量 **3.** *geschr*［书］; ein (heftiges) Streitgespräch zwischen zwei Personen 辩论, 论战 ≈ Wortgefecht〈sich (*Dat Pl* 三格, 复数) ein D. liefern 进行一场论战〉

du·el·lie·ren, sich; *duellierte sich*, *hat sich duelliert*; Vr（反身）***j-d duelliert sich mit j-m***; 〈zwei Personen 两人〉 ***duellieren sich hist***［历］; zwei Personen kämpfen in e-m Duell (1)（人作主语）单: 与…进行决斗, 复: 两人进行决斗

Du·ett [du'ɛt] *das*; *-(e)s*, *-e*; MUS【音】; ein Musikstück für zwei Sänger 二重唱〈ein/im D. singen 唱二重唱〉‖ -K（复合）: ***Opern-***

Duft *der*; *-(e)s*, *Düf·te*; ein angenehmer Geruch 香味, 香气, 芳香〈der liebliche, süße, zarte, betörende D. e-r Blume, e-s Parfüms 鲜花、香水的芳香、甜香、幽香、醉人的香味〉

duf·te *Adj*（形）; *gespr veraltend*［口］［渐旧］≈ toll, prima: *Peter ist wirklich ein dufter Typ!* 彼得真是个很棒的家伙!; *Das Wetter ist heute d.* 今天的天气真棒

duf·ten; *duftete*, *hat geduftet*; Vi（不及物）**1.** ***etw. duftet*** etw. hat e-n angenehmen Geruch（物作主语）发出香味〈Rosen, Nelken *usw* 玫瑰, 丁香等〉 **2.** ***j-d / etw. duftet nach etw.*** j-d/etw. hat e-n besonderen, angenehmen Geruch（人/物作主语）散发出…的香味: *Die Seife duftet nach Lavendel* 这肥皂有股薰衣草香; Vimp（无人称）**3.** ***es duftet (nach etw.)*** hier riecht es gut 这儿散发着…香气: *Hier duftet es nach Rosen* 这儿有玫瑰的芳香

duf·tig *Adj*（形）;〈Seide, Spitzen, Haar 丝, 花边, 头发〉zart, leicht u. locker 细薄的, 稀疏的 ‖ *hierzu*（派生）**Duf·tig·keit** *die*; *nur Sg*（只用单数）

Duft·no·te *die*; ein Geruch, der typisch *bes* für e-e bestimmte Seife od. ein bestimmtes Parfüm ist 香型

Duft·stoff *der*; e-e Substanz, mit der ein besonderer, angenehmer Geruch erzeugt wird 香料

Duft·wol·ke *die*; *gespr*, *mst hum*［口］［诙］; ein starker Geruch (*mst* von Parfüm), den j-d/etw. hat 阵阵扑鼻的香气〈sich mit e-r D. umgeben, in e-e D. gehüllt sein 笼罩在浓郁的香气之中〉

Du·ka·ten *der*; *-s*, *-*; *hist*［历］; e-e Goldmünze, die (vom 13 bis 19 Jahrhundert) in Europa verbreitet war 杜卡托金币（14 到 19 世纪在欧洲流通）

dul·den; *duldete*, *hat geduldet*; Vt（及物）**1.** ***etw. d.*** zulassen, dass etw. (mit dem man nicht einverstanden ist) geschieht 容忍, 容许 ≈ tolerieren: *In dieser Sache dulde ich keinen Widerspruch* 在这件事上我不能容忍反对意见 ‖ NB（注意）: *mst* verneint（多用否定）! **2.** ***j-n (irgendwo) d.*** j-s Anwesenheit tolerieren, obwohl man sie verbieten könnte 宽容, 容忍 **3.** ***etw. duldet keinen Aufschub, keine Verzögerung*** *geschr*［书］; etw. ist dringend, muss sofort gemacht werden（物作主语）刻不容缓: *Die Fertigstellung des Baus duldet keinen weiteren Aufschub* 工程竣工的期限不容拖延; Vi（不及物）**4.** ***(irgendwie) d.*** *geschr*［书］; etw. sehr Unangenehmes auf die genannte Art u. Weise ertragen 忍受, 忍耐〈still, tapfer d. 默默地、坚强地忍受着〉‖ *zu*（义项）**4. Dul·der** *der*; *-s-*, *-*; **Dul·de·rin** *die*; *-*, *-nen*; *zu*（义项）**1.** u. **2. Dul·dung** *die*; *nur Sg*（只用单数）‖ ▶ ***Geduld***

Dul·der·mie·ne *die*; *mst Sg*, *pej*（多用单数）［贬］; ein leidender Gesichtsausdruck, mit dem j-d Schuldgefühle od. Mitleid hervorrufen will 可怜相, 受苦受难的表情, 苦相〈*mst* e-e D. aufsetzen 摆出一副受罪的模样; etw. mit D. hinnehmen, ertragen 哭丧着脸接受、忍受某事〉

duld·sam *Adj*（形）; voller Geduld od. Toleranz anderen Menschen gegenüber 能容忍的, 宽容的 ≈ nachsichtig, tolerant〈ein Mensch 人; d. sein, sich d. zeigen 宽容的, 表现得很宽容〉‖ *hierzu*（派生）**Duld·sam·keit** *die*; *nur Sg*（只用单数）

Dult *die*; *-*, *-en*; *südd* Ⓐ［南德］［奥］≈ Jahrmarkt

dumm, *dümmer*, *dümmst-*; *Adj*（形）**1.** mit wenig Intelligenz (ganz allgemein od. auch nur in e-r bestimmten Situation) 笨的, 愚蠢的 ↔ klug, intelligent: *Natürlich begreife ich das – ich bin doch nicht d.!* 我当然明白这事—我又不傻! **2.** von wenig Überlegung gekennzeichnet 傻的, 不懂事的, 欠考虑的 ≈ unklug, unüberlegt, unvernünftig: *Es war sehr d. von dir, im Regen spazierenzugehen – jetzt bist du erkältet* 冒着雨去散步你真傻—现在你可不就感冒了 **3** ≈ naiv, töricht: *Ich war so d. / d. genug, dir zu glauben!* 我可真傻透了, 会相信你! **4.** ohne logischen Zusammenhang, ohne Sinn 无聊的, 荒谬的〈e-e Frage, j-s Gerede 问题, 某人的闲话; dummes Zeug reden 说蠢话〉 **5.** *gespr*［口］; sehr unangenehm u. *mst* mit negativen Folgen 烦人的, 糟心的, 窝囊的: *Sei vorsichtig, das kann d. ausgehen!* 小心点, 这会闹出麻烦来的!; *Mir ist da etw. Dummes / e-e dumme Geschichte passiert* 我在那儿碰上了件蠢事 **6.** *gespr*［口］; unangenehm (u. ärgerlich) 令人不快的, 烦人的, 憋气的〈*mst* ein Fehler, ein Zufall, e-e Angewohnheit 差错, 偶然的事, 习惯〉 **7.** *nicht adv*, *gespr*（不作状语）［口］≈ schwindlig: *Vom Karussellfahren wird mir immer so d. im Kopf* 坐旋转木马我总是感到头晕 **8.** *nur attr*, *nicht adv*, *gespr!*（只作定语, 不作状语）［粗］! verwendet in Verbindung mit Schimpfwörtern, um j-n heftig zu tadeln（与骂人的粗话连用）：*So e-e dumme Gans!* 蠢货（指女人）！‖ ID［谚］**sich d. stellen** *gespr*［口］；so tun, als ob man etw. nicht weiß od. j-n nicht versteht 装傻；**j-n für d. verkaufen（wollen）** *gespr*［口］；versuchen, j-m etw. Unsinniges od. Erfundenes glaubhaft zu machen（想）愚弄，捉弄：*Er will dich bloß für d. verkaufen!*（= reinlegen）他只是想捉弄你罢了！；**sich（von j-m）nicht für d. verkaufen lassen** *gespr*［口］；etw. Unsinniges od. Erfundenes nicht glauben 不受人愚弄；**ein dummes Gefühl（bei etw.）haben** *gespr*［口］；befürchten, dass etw. schlecht endet 心里不踏实；**j-m ist / wird etw. zu d.** *gespr*［口］；j-d verliert bei etw. die Geduld 某人忍受不了某事，让人忍无可忍；*mst* 多用 **Komm mir nicht so d.!** *gespr*［口］；sei nicht so unverschämt 别那么放肆！；**d. u. dämlich** *gespr*［口］；sehr viel, sehr lange, sehr oft *usw* 很多，很久，无休止地等〈*mst* sich d. u. dämlich suchen, reden, verdienen 没完没了地找、说、挣钱〉

Dụmm·chen *das*；*-s*，*-*；*gespr pej*［口］［贬］；verwendet als Bezeichnung *bes* für e-e naive Frau 傻女人

dụmm·dreist *Adj*（形）；dumm u. frech zugleich 狂妄无知的，冒失无礼的〈e-e Antwort 回答〉‖ *hierzu*（派生）**Dụmm·dreis·tig·keit** *die*；*mst Sg*（只用单数）

Dụm·me *der / die*；*-n*，*-n*；j-d, der dumm ist 傻瓜，笨蛋 ‖ ID［谚］**（für etw.）e-n Dummen finden** *gespr*［口］；j-n finden, der so naiv ist, dass man ihn ausnutzen kann 找到个好哄骗的；**（am Ende / immer）der D. sein** *gespr*［口］；bei etw. e-n Nachteil od. Schaden haben（最终/总是）吃亏上当；**（für j-n）den Dummen machen** *gespr*［口］；sich von j-m ausnutzen lassen（为…）甘当傻瓜 ‖ NB（注意）：*ein Dummer*；*der Dumme*；*den*，*dem*，*des Dummen*

Dum·me·jun·gen·streich *der*；*Dumme(n)jungenstreich(e)s*，*Dumme(n)jungenstreiche*；ein harmloser, törichter Streich 恶作剧，胡闹，逗乐 ‖ NB（注意）：*ein Dummerjungenstreich*

Dụm·mer·chen *das*；*-s*，*-*；*gespr*［口］；*mst* als（gutmütige）Anrede für ein kleines Kind verwendet, wenn man ihm etw. erklären muss od. es trösten will（用于安慰或向小孩子作解释说明时的称呼）小傻瓜：*Wein doch nicht, du D.!* 别哭了，你这小傻瓜！

dụm·mer·wei·se, dụm·mer·wei·se *Adv*（副）；*gespr*［口］**1** ≈ leider：*Ich wollte ihn einladen, aber d. war er nicht zu Hause* 我想邀请他，可惜他不在家 **2.** aus Leichtsinn, Dummheit（2）不留神，犯糊涂：*Ich habe d. meinen Regenschirm im Zug liegen lassen* 我一不留神把伞落在火车上了

Dụmm·heit *die*；*-*，*-en* **1.** *nur Sg*（只用单数）；mangelnde Intelligenz 愚蠢，笨 ≈ Unwissenheit：*Das hat nichts mehr mit Pech zu tun, das ist reine D.!* 这是十足的愚蠢，和倒霉没关系！ **2.** e-e dumme（2），unüberlegte Handlung od. Äußerung 傻事，蠢话〈*mst* e-e D. machen, begehen 干傻事〉：*Es war e-e große D. von dir, ihm das zu sagen* 你把这个告诉他可是干了件大蠢事 **3.** *nur Pl*（只用复数）；unsinnige, übermütige Handlungen 愚蠢行为，荒唐事 ≈ Unsinn〈*mst* Dummheiten machen 干荒唐事；nichts als Dummheiten im Kopf haben 满脑袋都是荒唐事〉

dụmm·kom·men ↑ **dumm** ID

Dụmm·kopf *der*；*pej*［贬］；verwendet als Schimpfwort für j-n, den man für dumm（1）hält（骂人的话）傻瓜，蠢货，笨蛋

dụ̈mm·lich *Adj*（形）；*pej*［贬］；so, dass es wenig intelligent wirkt 傻乎乎的，傻样的〈*mst* ein Gesicht, ein Gesichtsausdruck 脸，脸部表情；d. grinsen 傻笑〉

dụ̈m·peln；*dümpelte*，*hat gedümpelt*；Vi（不及物）〈ein Boot *o. Ä.* 小舟等〉**dümpelt** ein Boot *o. Ä.* schaukelt auf dem Wasser（在水面上）摇晃：*Im Hafen dümpeln viele Segelboote* 港湾中有许多帆船在水上摇荡

dụmpf，*dumpfer*，*dumpfst-*；*Adj*（形）**1.**〈Geräusche, Töne 动静，声响〉tief u. gedämpft 沉闷的，低沉的：*das dumpfe Grollen des Donners* 低沉的滚雷声 **2.**〈ein Geruch 气味〉so, dass es nach Feuchtigkeit u. Fäulnis riecht 发霉的，有霉味的 ≈ dumpfig, modrig, muffig：*In dem alten Gewölbe roch es d.* 破旧的地下室里中有霉味 **3.** *pej*［贬］；〈*mst* d. vor sich hin starren, brüten 两眼发呆，呆呆地琢磨〉ohne seine Umgebung zu bemerken 呆呆的，麻木的，无表情的 ≈ stumpf(sinnig), apathisch **4.**〈e-e Ahnung, sich nur d. an etw. erinnern（können），e-n dumpfen Schmerz verspüren 感觉，（只能）模糊地回忆起某事，感到隐隐作痛〉≈ unbestimmt, undeutlich, dunkel ↔ klar, deutlich ‖ *zu*（义项）**3. Dụmpf·heit** *die*；*nur Sg*（只用单数）

dụmp·fig *Adj*（形）≈ dumpf（2）〈etw. riecht, schmeckt d. 闻着、吃着有股霉味〉

Dum·ping［ˈdampɪŋ］*das*；*-s*；*nur Sg*，WIRTSCH（只用单数）【经】；der Verkauf von Waren mit wenig od. ganz ohne Gewinn, um sich gegen Konkurrenten durchzusetzen 倾销 ‖ K-（复合）：**Dumping-**，**-preis**

Dü·ne *die*；*-*，*-n*；ein Hügel aus Sand, *bes* am Meer od. in der Wüste 沙丘 ‖ K-（复合）：**Dünen-**，**-sand** ‖ -K（复合）：**Wander-**

Dụng *der*；*-(e)s*；*nur Sg*（只用单数）；Exkremente（Mist）von Tieren, die als Dünger *bes* für Felder, Äcker verwendet werden 肥料，粪 ‖ K-（复合）：**Dung-**，**-grube**，**-haufen** ‖ -K（复合）：**Kuh-**，**Pferde-**，**Schaf-**

dün·gen；*düngte*，*hat gedüngt*；Vt/i（及物/不及物）**1.（etw.）d.** Pflanzen Nährstoffe（Dünger）geben 施肥，上肥〈ein Beet, ein Feld, e-e Pflanze mit Jauche, Kalk, Mist d. 给苗畦、农田、植物施粪肥、石灰、农肥〉；Vi（不及物）**2. etw. düngt（irgendwie）** etw. wirkt（irgendwie）als Dünger（物作主语）用作肥料：*Vogelmist düngt gut* 鸟粪作肥料极好 ‖ K-（复合）：**Dünge-**，**-kalk**，**-mittel** ‖ *zu*（义项）**1.**

Dụn·gung *die*; *nur Sg* (只用单数)

Dụn·ger *der*; *-s*, *-*; flüssige od. feste Nährstoffe, die in die Erde gegeben werden, damit Pflanzen besser wachsen 肥料 ⟨natürlicher, organischer, künstlicher D. 天然、有机肥料、化肥; D. streuen, den Boden mit D. anreichern 施肥,给土地追肥⟩ ‖ -K (复合): ***Blumen-***, ***Rasen-***; ***Flüssig-***, ***Mineral-***

dụn·kel, *dunkler*, *dunkelst-*; *Adj* (形) **1.** *nicht adv* (不作状语); ohne od. mit nur wenig Licht (wie in der Nacht od. am späten Abend) 暗的,黑暗的,昏暗的,阴暗的 ↔ hell (1) ⟨ein Zimmer, e-e Straße 屋子,街道; im Dunkeln sitzen 坐在黑暗中⟩ **2.** ***es wird d.*** es wird Abend 天黑了 **3.** *mst* braun od. schwarz 棕色的,黑色的 ⟨e-e Hautfarbe, Augen, Haar 皮肤,眼睛,头发; Brot, Bier 面包,啤酒⟩: *e-n dunklen Anzug tragen* 穿着一套深色西服 **4.** *nicht adv* (不作状语); (in Bezug auf Farben verwendet) mit relativ viel Schwarz vermischt 深颜色的 ↔ hell ⟨ein Blau, ein Braun *usw* 蓝色,棕色等⟩ ‖ K- (复合): ***dunkel-***, ***-blau***, ***-braun***, ***-grün***, ***-rot*** *usw* **5.** ⟨*mst* Klänge, Töne, e-e Stimme 音色,声调,嗓音⟩ ≈ tief (15), sonor ↔ hell **6.** ⟨*mst* 多用 e-e Ahnung, ein Verdacht, e-e Erinnerung 感觉,怀疑,回忆⟩ ≈ undeutlich, dumpf (4) ↔ klar, deutlich: *Ich kann mich nur d. an ihn erinnern* 我对他只有个模糊的印象 **7.** schwer zu verstehen u. zu deuten 不清楚的,不明白的: *e-e dunkle Textstelle* 文章中难理解之处 **8.** *mst attr*, *nicht adv*, *pej* (多作定语,不作状语) [贬]; ⟨*mst* Geschäfte, Machenschaften, Affären, e-e Vergangenheit 交易,勾当,丑闻,过去⟩ kriminell od. unmoralisch (u. vor der Öffentlichkeit verborgen) 见不得人的,不光彩的,肮脏的 **9.** mit negativen Erfahrungen verbunden 黯然的,令人不快的,忧郁的 ≈ düster (3), unerfreulich: *ein dunkles Kapitel in der Geschichte* 历史上不光彩的一章; *Das waren die dunkelsten Stunden in meinem Leben* 那是我生活中最糟糕的时刻 ‖ ID *mst* [谚]多用 ⟨die Polizei 警方⟩ ***tappt im Dunkeln*** die Polizei hat zu wenig Informationen, um ein Verbrechen *o. Ä.* aufklären zu können 案情不明,尚未侦破: *Bei dem Mord tappt die Polizei noch völlig im Dunkeln* 对这起谋杀案警方尚无任何线索 ‖ NB (注意): *dunkel* → *dunkles Haar*

Dụn·kel *das*; *-s*; *nur Sg*, *geschr* (只用单数)[书] ≈ Dunkelheit ⟨im D. der Nacht 在夜的幕色中⟩

Dụn·kel *der*; *-s*; *nur Sg*, *geschr pej* (只用单数) [书][贬] ≈ Hochmut, Arroganz ‖ -K (复合): ***Standes-*** ‖ *hierzu* (派生) **dụn·kel·haft** *Adj* (形)

dụn·kel·blond *Adj* (形); blond mit e-m starken bräunlichen Ton 暗(金)黄色的 ↔ hellblond

dụn·kel·haa·rig *Adj* (形); *nicht adv* (不作状语); mit dunklen Haaren 深色头发的

dụn·kel·häu·tig *Adj* (形); *nicht adv* (不作状语); mit dunkler Haut(farbe) 深肤色的

Dụn·kel·heit *die*; *-*; *nur Sg* (只用单数) **1.** der Zustand, in dem etw. dunkel (1,3,4) ist 黑暗,昏暗,阴暗 **2.** ***bei Einbruch der D.*** wenn es dunkel (2) wird 暮色降临 ≈ bei Sonnenuntergang

Dụn·kel·kam·mer *die*; ein Raum, in dem es nur schwaches rotes Licht gibt u. in dem man die Negative von Filmen entwickelt (冲洗胶片的)暗室

dụn·keln; *dunkelte*, *hat gedunkelt*; **Vimp** (无人称) ***es dunkelt*** *geschr* [书]; es wird dunkel (2), es wird Abend 天色渐黑

Dụn·kel·zif·fer *die*; die Zahl der nicht offiziell gemeldeten Fälle von etw. 黑色数字(未公开的统计数字): *Bei Sexualverbrechen muss man mit e-r hohen D. rechnen* 在性犯罪方面人们得估计到会有相当高的黑数字

dụ̈n·ken; *dünkt/deucht*, *dünkte/deuchte*, *hat gedünkt/gedeucht*; **Vimp** (无人称) *mst* 多用 ***mich/mir dünkt*** (***, dass*** ...) *geschr veraltet* [书][旧] ≈ mir scheint, dass ...

dụ̈nn *Adj* (形) **1.** von relativ geringem Umfang od. Durchmesser, von relativ geringer Stärke[1] (5) 薄的,细的,不结实的 ↔ dick ⟨ein Ast, e-e Wand, e-e Eisdecke, ein Stoff, ein Fell, ein Faden, ein Brett, ein Buch *usw* 树枝,墙,冰层,布料,皮毛,线,木板,书等等⟩: *e-e dünne Scheibe vom Braten abschneiden* 切下薄薄一片烤肉; *e-e Salbe d. auf die Wunde auftragen* 往伤口上薄薄地抹一层药膏; *Auf dem Schrank liegt e-e dünne Schicht Staub* 柜子上有着薄薄一层灰土 **2.** mit sehr wenig Fett am Körper 瘦的,瘦小的,瘦削的 ≈ mager, hager ↔ dick, fett ‖ ↑ *Abb. unter* 图见 ***Eigenschaften*** **3.** ⟨*mst* Kaffee, Tee, e-e Suppe, e-e Brühe 咖啡,茶,汤,(肉、鸡)汤⟩ mit (zu) viel Wasser zubereitet 淡的,稀的,薄的 ↔ stark, kräftig **4.** ⟨Haar 头发⟩ ≈ wenig, spärlich ↔ dicht **5.** ⟨Luft 空气⟩ mit nur wenig Sauerstoff 稀薄的 **6.** ⟨*mst* ein Stimmchen 嗓音⟩ hell (6), leise u. schwach 细小的,尖细的,微弱的 **7.** ***d. besiedelt*** mit nur wenigen Siedlern, Bewohnern 人烟稀少 ↔ dicht besiedelt

dụ̈nn·be·sie·delt ↑ ***dünn*** (7)

Dụ̈nn·darm *der*; der Teil des Darms, der direkt an den Magen anschließt (u. in dem die meisten Verdauungsprozesse stattfinden) 小肠 ↔ Dickdarm

dụ̈n·ne·ma·chen, sich; *machte sich dünne*, *hat sich dünnegemacht*; **Vr** (反身) ***sich d.*** *gespr* [口]; heimlich, unauffällig von irgendwo weggehen 悄悄溜走 ≈ sich verkrümeln

dụ̈nn·flüs·sig *Adj* (形); *nicht adv* (不作状语); sehr flüssig 稀的,稀溜溜的 ↔ dickflüssig ⟨Öl, e-e Farbe, e-e Soße *usw* 油,涂料,汁等⟩ ‖ *hierzu* (派生) **Dụ̈nn·flüs·sig·keit** *die*; *nur Sg* (只用单数)

Dụ̈nn·pfiff *der*; *nur Sg*, *gespr!* (只用单数)[粗] ≈ Durchfall

Dụ̈nn·schiss *der*; *nur Sg*, *vulg* (只用单数)[俗]

≈ Durchfall

Dunst *der*; -(*e*)*s*, *Düns·te* **1.** *nur Sg* (只用单数); e-e Art dünner, leichter Nebel *bes* aus Wasserdampf od. Abgasen 水汽,蒸汽,烟雾,云雾,雾霭: *Die Berge sind in dichten D. gehüllt* 群山被笼罩在厚厚的云雾之中; *Über der Stadt liegt ein leichter D.* 城市上空覆盖着一层薄雾 ‖ K- (复合): ***Dunst-***, ***-schicht***, ***-schleier***, ***-schwaden*** **2.** ***ein D.*** (***von etw.***) Luft, die mit Partikeln von etw. gefüllt ist u. danach riecht (was *mst* als störend empfunden wird) 污浊的空气,臭气: *Ein D. von kaltem Rauch erfüllte das Zimmer* 屋子里布满了阴冷的烟雾 ‖ K- (复合): ***Dunst-***, ***-wolke*** ‖ -K (复合): ***Küchen-***, ***Zigaretten-*** ‖ ID [谚] ***keinen blassen D.*** (***von etw.***) ***haben*** *gespr* [口]; von etw. überhaupt nichts ahnen od. wissen 对…一无所知,一窍不通

Dunst·ab·zugs|hau·be *die*; ein Gerät über dem Küchenherd, das Dünste u. Dämpfe nach draußen bläst (厨房用)抽油烟机

düns·ten; *dünstete*, *hat gedünstet*; [Vt] (及物) ***etw. d.*** etw. in e-m geschlossenen Topf mit wenig Wasser od. Fett bei geringer Hitze zubereiten 焖,炖 ≈ dämpfen ↔ braten, kochen 〈Gemüse, Fleisch, Fisch d. 焖菜、肉、鱼〉

Dunst·glo·cke *die*; e-e Schicht aus Abgasen (Smog), die über e-m Gebiet, *mst* e-r Stadt, liegt (聚集在地区上空的)烟雾层

duns·tig *Adj* (形); *nicht adv* (不作状语) **1.** mit leichtem Nebel, Dunst (1), wobei das Wetter nicht unbedingt schlecht sein muss 有雾的,雾蒙蒙的 〈*mst* ein Tag, ein Morgen, (das) Wetter 天,早晨,天气〉 **2.** mit warmer, schlechter, *mst* rauchiger Luft erfüllt 烟雾腾腾的 〈ein Zimmer, e-e Kneipe 屋子,酒吧〉

Duo *das*; *-s*, *-s*; MUS【音】**1.** ein Musikstück für zwei Instrumente 二重奏 **2.** zwei Personen, die zusammen Musik machen 二重奏演奏者 ‖ -K (复合): ***Gitarren-***, ***Klavier-*** *usw*

Dup·li·kat *das*; -(*e*)*s*, *-e*; *geschr* [书]; e-e genaue Kopie *bes* e-s Dokuments 副本,抄本,复制本 〈ein D. anfertigen lassen 让制作副本〉 ≈ Abschrift, Zweitschrift

Dup·li·zi·tät *die*; *-*, *-en*; *mst in* 多用于 ***die D. der Ereignisse*** *geschr* [书]; die Tatsache, dass unabhängig voneinander (zufällig) zwei gleiche od. sehr ähnliche Ereignisse vorkommen (两个)事件的雷同

Dur *das*; *-*; *nur Sg*, MUS (只用单数)【音】; verwendet als Bezeichnung der Tonarten, die zwischen dem dritten u. vierten u. dem siebten u. achten Ton Abstände von Halbtönen haben 大调 ↔ Moll ‖ K- (复合): ***Dur-***, ***-akkord***, ***-tonart***, ***-tonleiter*** ‖ -K (复合): ***C-Dur***, ***D-Dur*** *usw*

durch[1] *Präp* (介); *mit Akk* (支配四格) **1.** ***d. etw.*** (***hindurch***) verwendet, um anzugeben, dass e-e Bewegung an e-r Stelle in e-n Raum od. in ein Gebiet eindringt u. an e-r anderen, *bes* der entgegengesetzten Stelle wieder hinausgeht 跨过,经过,通过: *Sie schwamm d. den Fluss ans andere Ufer* 她横渡过河,游向对岸; *Wir fahren von Deutschland durch Frankreich nach Spanien* 我们从德国驱车穿越法国前往西班牙 **2.** ***d. etw.*** (***hindurch***) verwendet, um anzugeben, dass j-d/etw. auf der einen Seite in etw. hineingeht u. auf der anderen Seite wieder herauskommt: 穿过,走过 *Sie ging d. die Tür* 她穿过门去; *Er schob das Papier d. e-n Spalt* 他把纸从缝隙中塞进去 **3.** ***d. etw.*** (***hindurch***) verwendet, um anzugeben, dass in e-n *mst* festen Körper e-e Öffnung gemacht wird, die von der einen Seite bis zur anderen geht 钻通,打通: *Er bohrte ein Loch d. die Wand* 他在墙上钻通了一个洞; *ein Tunnel d. die Alpen* 贯穿阿尔卑斯山的隧道 **4.** ***d. etw.*** (***hindurch***) verwendet, um anzugeben, dass man etw. sehen, hören *usw* kann, obwohl etw. anderes dazwischen ist 透过: *Man hörte die Musik d. die Wand hindurch* 人们能听到透过墙传来的音乐声 **5.** kreuz u. quer in e-m Gebiet *o. Ä.* 纵横,穿越: *Wir wanderten d. Bayern* 我们徒步穿越巴伐利亚州; *Abends gingen wir noch d. die Straßen* 晚上我们走过一条条街道; *Die Polizei verfolgte den Verbrecher d. die ganze Stadt* 警方满城追捕罪犯 **6.** verwendet, um das Medium, den Stoff[1] *o. Ä.* anzugeben, in dem sich j-d/ein Tier/etw. in e-e Richtung bewegt 擦过,滑过,掠过: *Ein Vogel fliegt d. die Luft* 一只鸟在空中飞过; *Wir mussten das Auto d. den Schlamm schieben* 我们不得不把汽车推过泥坑 **7.** *mst Zeitangabe* 时间说明语 (*im Akk* 四格) + ***d.*** verwendet, um e-n Zeitraum zu bezeichnen, von dessen Anfang bis zu dessen Ende etw. dauert od. getan wird (表示自始至终)整个,一 ≈ hindurch: *Die ganze Nacht d. konnte sie nicht schlafen* 一整夜她都没睡; *Den Winter d. musste ich mich auf die Prüfung vorbereiten* 整个冬天我都在为考试作准备 **8.** verwendet, um e-e Handlung *o. Ä.* zu bezeichnen, mit der das Ziel od. e-e Wirkung erreicht wird (表示行为,方法)通过,以,用: *D. Drücken dieses Knopfes schaltet man die Anlage ein* 通过按这个键来启动装置; *d. Lektüre sein Allgemeinwissen vergrößern* 通过阅读来扩大知识面 ‖ NB (注意): oft vor substantivierten Infinitiven (常与名词化了的不定式连用) **9.** verwendet, um den Grund od. die Ursache für etw. anzugeben 由于,因 ≈ aufgrund, wegen: *D. den Regen wurde die Straße unpassierbar* 由于下雨这条路不能通行了; *D. viele Begegnungen wurden sie Freunde* 通过多次接触他们成了朋友; *D. ihre Schönheit hat sie überall Erfolg* 由于美貌她处处都能成功 **10.** verwendet, um das Mittel anzugeben, das etw. bewirkt od. mit dem man sein Ziel erreicht (表示手段、工具)用,以,通过: *Sie zerstörten die Stadt d. Bomben* 他们用炸弹摧毁了城市; *Die Bevölkerung wurde d. Lautsprecher informiert* 市民们是通过广播喇叭

得知情况的；*Er überzeugte ihn d. Argumente* 他用论据说服了他 **11.** *bes* in Passivsätzen verwendet, um die Person anzugeben, die Träger e-r Handlung ist（在被动句中说明行为的载体）由，通过 ≈ von：*Alle Arbeiten werden bei uns d. Spezialisten ausgeführt* 在我们这儿所有的工作都是由专家来完成的

durch² *Adv*（副）；*gespr*［口］**1.** verwendet als verkürzte Form für viele Verben mit *durch-*¹，um auszudrücken, dass eine Tätigkeit ganz od. erfolgreich beendet ist（用作很多 durch-动词的省略形式，表示一个行动圆满结束）：*Der Zug ist schon d.*（= *durchgefahren*）火车已经从这儿过去了；*Das Fleisch ist d.*（= *durchgebraten*）肉已煎透了；*Ich bin durch den Roman d.*（= *Ich habe ihn durchgelesen*）我通读了这部长篇小说 **2.** *Uhrzeit*（钟点）+ **d.** verwendet, um auszudrücken, dass es kurz nach e-r bestimmten Uhrzeit ist（指时间）刚过：„*Wie spät ist es?*“ – „*Vier*（*Uhr*）*d.*““几点了？”——“刚过四点” **3. d. u. d.** verwendet, um e-n sehr hohen Grad, e-e sehr hohe Intensität auszudrücken 完全的，彻底的，不折不扣的 ≈ total, ganz u. gar：*Er ist d. u. d. Egoist* 他是个彻头彻尾的利己主义者；*d. u. d. nass sein* 湿透了 ‖ ID［谚］**etw. geht j-m d. u. d.** etw. tut j-m sehr weh 某人对某事无法忍受，感到刺耳，钻心〈ein Geräusch, ein Kreischen, ein Schrei *o. Ä.* 嘈杂声，尖叫声，喊叫声〉*mst* 多用 ***Er / Sie ist bei mir unten durch*** *gespr*［口］；er/sie hat mich sehr enttäuscht u. deshalb mag ich ihn/sie nicht mehr 我对他/她不再有好感，他/她使我很失望

durch-¹ *im Verb, betont u. trennbar, sehr produktiv*（构成动词，重读，可分，构词强）；Die Verben mit *durch-* werden nach folgendem Muster gebildet（durch-动词的模式如下）：*durchfahren – fuhr durch – durchgefahren*

1. *durch-* drückt aus, dass j-d/etw. in e-n Raum, ein Gebiet hinein- u. wieder hinausgeht, -fährt *o. Ä.*, durch sie hindurchgeht, -fährt *o. Ä.* 经过，穿越，驶过；

（**durch etw.**）**durchfahren**：*Auf seiner Reise in den Süden fuhr er durch München durch* 在去南方的旅途中他经过慕尼黑 ≈ Er fuhr durch München

ebenso（同类词有）：（**durch etw.**）**durchgehen**，（**durch etw.**）**durchmarschieren**，（**durch etw.**）**durchreisen**，（**durch etw.**）**durchreiten**，（**durch etw.**）**durchschwimmen**

2. *durch-* drückt aus, dass j-d etw. durch e-e Öffnung hindurchbewegt od. dass sich j-d/etw. durch e-e Öffnung bewegt 通过、穿过；

etw.（**durch etw.**）**durchreichen**：*Er reichte ihr den Koffer durch das Zugfenster durch* 他把箱子从火车窗口递给了她 ≈ Er reichte ihr den Koffer（von draußen）ins Abteil（od. aber vom Abteil aus nach draußen）

ebenso（同类词有）：**etw.**（**durch etw.**）**durchsieben**，（**durch etw.**）**durchsteigen**，**etw.**（**durch etw.**）**durchstecken**

3. *durch-* drückt aus, dass ein Material, Stoff *o. Ä.*（wie e-e Art Hindernis）überbrückt wird 透过；

（**durch etw.**）**durchsehen**：*Das Fenster ist schmutzig – ich kann kaum d.* 玻璃窗真脏——我往外（或往里）都看不见了 ≈ Das Fenster ist so schmutzig, dass man kaum von außen in den Raum od. aber von dem Raum aus nach draußen sehen kann；

ebenso（同类词有）：（**durch etw.**）**durchblicken**，**etw.**（**durch etw.**）**durchfühlen**，**j-n/etw.**（**durch etw.**）**durchhören**，**etw.**（**durch etw.**）**durchschmecken**

4. *durch-* drückt aus, dass etw. vollständig, vom Anfang bis zum Ende, gemacht wird 从头至尾，彻底；

etw. durchlesen：*Er hat das dicke Manuskript durchgelesen* 他把厚厚的底稿通读了一遍 ≈ Er hat es von Anfang bis zum Ende gelesen

ebenso（同类词有）：**etw. durchbürsten**，**etw. durchdiskutieren**，**etw. durchkramen**，**etw. durchnumerieren**，**etw. durchrechnen**

5. *durch-* drückt aus, dass etw. gespalten, geteilt wird, sodass *mst* zwei Stücke entstehen 分成两半，分开；

etw. durchsägen：*Er sägte das Brett durch* 他把木板锯开 ≈ Er sägte das Brett in zwei Teile

ebenso（同类词有）：**etw. durchbeißen**，**etw. durchbrechen**，**etw. durchhacken**，**etw. durchreißen**，**etw. durchschneiden**

6. *durch-* drückt aus, dass etw. durch langen Gebrauch völlig abgenutzt wird od. ist 磨损，磨破；

etw. durchwetzen：*Er hat seine Hose an den Knien durchgewetzt* 他把裤子的膝盖磨出了洞 ≈ Seine Hose hat an den Knien Löcher bekommen

ebenso（同类词有）：**etw. durchlaufen**，**etw. rostet durch**

durch-² *im Verb, unbetont u. nicht trennbar, sehr produktiv*（构成动词，非重读，不可分，构词强）；Die Verben mit *durch-* werden nach folgendem Muster gebildet（durch-动词的模式如下）：*durchreiten – durchritt – durchritten* durch- bildet aus intransitiven Verben transitive Verben u. drückt aus, dass e-e Bewegung von einer Grenze e-s Raumes od. Gebietes zur anderen geht od. viele Punkte des Raumes od. Gebietes berührt（由不及物构成及物动词）横贯，纵贯；

etw. durchschwimmen：*Er durchschwamm den Fluss* 他横渡过河 ≈ Er schwamm von e-r Seite des Flusses zur anderen

ebenso（同类词有）：**etw. durcheilen**，**etw. durchschreiten**，**etw. durchsegeln**，**etw. durchwandern**，**etw. durchwaten**

durch·ackern（*hat*）[Vt]（及物）**etw. d.** *gespr*［口］≈ durcharbeiten（1）

D

durch·ar·bei·ten (*hat*) [Vt] (及物) **1. etw. d.** e-n mst schwierigen Text sehr genau lesen, intensiv studieren (3) 仔细研究,钻研,琢磨 ‹e-n Aufsatz, ein Buch, e-n Entwurf, e-n Plan d. 研究文章、书、草案、计划›; [Vi] (不及物) **2. d.** (**bis** + *Zeitangabe* 时间说明语) / *Zeitangabe* 时间说明语 (*im Akk* 四格) **d.** (e-e bestimmte Zeit über) ohne Pause (weiter)arbeiten 不停地工作,持续工作 ‹die Nacht, den (ganzen) Tag, in der Mittagspause d. 通宵工作,持续工作一整天,午休时继续工作›; [Vr] (反身) **3. sich** (**durch etw.**) **d.** sich durch etw. bewegen, indem man sich selbst (mühsam) e-n Weg macht (费劲地)挤过,穿过,越过 ‹sich durch ein Dickicht, ein Gestrüpp, (das) Unterholz, hohen Schnee, e-e Menschenmenge *o. Ä.* d. 穿过灌木丛、矮树丛、林丛、厚厚的积雪、人群等› **4. sich** (**durch etw.**) **d.** ≈ d. (1) ‖ *zu* (义项) **1. Durch·ar·bei·tung** *die*

durch·at·men (*hat*) [Vi] (不及物) intensiv atmen, die ganze Lunge mit neuer Luft füllen 深呼吸 ‹*mst* tief d. 大口呼吸›

durch·aus, durch·aus *Adv* (副); **1.** verwendet, um auszudrücken, dass etw. wahrscheinlich, wahr od. richtig ist 完全,绝对 ≈ ohne weiteres: *Es ist d. möglich, dass es heute noch regnet* 今天完全有可能还要下雨 **2.** verwendet in Antworten auf Fragen, die e-n Zweifel ausdrücken, um zu sagen, dass der Zweifel nicht berechtigt ist 绝对(没有) ≈ ganz u. gar: „*Hat er sich getäuscht?*" – „*Nein, er hat sich d. nicht getäuscht!*" "他弄错了吗?"——"不,他绝对没有弄错!"; „*Habe ich dich beleidigt?*" – „*Aber nein, d. nicht!*" "我是否冒犯你了?"——"没有,绝对没有!" **3** ≈ unbedingt, auf jeden Fall: *Sie wollte d. allein spazieren gehen* 她一定要独自散步

durch·ba·cken (*hat*) [Vt] (及物) **etw. d.** etw. so lange backen, bis es völlig fertig (= gar) ist 烤熟,烤透 ‹das Brot, den Kuchen (gut) d. 把面包、蛋糕烤透›

durch·bei·ßen (*hat*) [Vt/i] (及物/不及物) **1.** (**etw.**) **d.** etw. in zwei Teile (zer)beißen 咬成两半: *e-n Bonbon d.* 把糖块咬成两半; [Vt] (及物) **2. ein Tier beißt j-m / e-m Tier die Kehle durch** ein Tier beißt tief in die Kehle e-s Menschen od. Tiers (u. verletzt od. tötet ihn/es dadurch) (动物作主语)咬穿了人/动物的喉管; [Vr] (反身) **3. sich** (**durch etw.**) **d.** *gespr* [口]; in e-r schwierigen Situation nicht aufgeben (咬紧牙关)熬出,挺过(困境)

durch·be·kom·men; *bekam durch, hat durchbekommen*; [Vt] (及物) *gespr* [口] **1. j-n d.** ≈ durchbringen (1) **2. etw.** (**durch etw.**) **d.** ≈ durchbringen (5) **3. j-n / etw. durch etw. d.** *gespr* [口]; j-n/etw. ohne Komplikationen durch den Zoll, e-e Kontrolle *o. Ä.* bringen 使…顺利通过(关卡、检查等) **4. etw.** (**mit etw.**) **d.** etw. trotz Schwierigkeiten in zwei Teile brechen, schneiden *usw* (费力地)把…断成两半: *Mit der stumpfen Säge bekommst du den Ast nie durch!* 用这把钝锯你休想锯断这根树枝

durch·bie·gen (*hat*) [Vt] (及物) **1. etw. d.** etw. stark biegen 使完全弯曲,压弯: *ein Lineal, e-n Stab d.* 弯曲尺子、木棍; [Vr] (反身) **2. etw. biegt sich durch** etw. biegt sich unter e-r Last (物作主语)被压弯 ‹*mst* ein Brett, ein Regal, e-e Stange 木板,书架,木棒›

durch·bla·sen (*hat*) [Vt] (及物) **1. etw. d.** ein Rohr *o. Ä.* reinigen, indem man hineinbläst 把(管子)吹干净; [Vi] (不及物) **2.** (**durch etw.**) **d.** in ein Rohr *o. Ä.* blasen, sodass die Luft am anderen Ende wieder herauskommt 吹透,吹通

durch·blät·tern (*hat*) [Vt/i] (及物/不及物) (**etw.**) **d.** etw. nur teilweise u. schnell (oberflächlich) lesen (泛泛地)翻阅,浏览 ≈ überfliegen ‹ein Buch, e-n Katalog, e-e Zeitschrift, Akten *o. Ä.* d. 翻阅书、目录、杂志、档案等›

Durch·blick *der*; *-s*; *nur Sg*, *gespr* (只用单数) [口] ≈ Einsicht, Einblick ‹*mst* den (vollen) D. haben/kriegen, den D. verlieren 了解得很清楚、很透彻,看不透、搞不懂›

durch·bli·cken (*hat*) [Vi] (不及物) **1.** (**bei / in etw.** (*Dat* 三格)) **d.** *gespr* [口]; etw. verstehen u. begreifen 了解,明了,清楚 ‹voll d. 全都明白›: *Ich blicke in Mathe nicht ganz durch* 在数学上我不很明白 **2.** (**durch etw.**) **d.** durch e-e Öffnung *o. Ä.* sehen (透过…)看出去

durch·blu·ten; [Vi] (不及物) **1. etw. blutet** (**durch etw.**) **durch** (*hat*) Blut dringt durch e-n Verband *o. Ä.* (物作主语)渗血,沁出血: *Die Wunde hat durch den Verband durchgeblutet* 伤口透过绷带往外渗血 **2. etw. blutet durch** (*ist*) etw. saugt sich allmählich voll Blut 被血渗透了 ‹ein Verband, e-e Binde 绷带,月经带›

durch·blu·tet *Adj* (形); *nicht adv* (不作状语); *mst* 多用 **etw. ist gut / schlecht d.** etw. ist genügend/ungenügend mit Blut versorgt (物作主语)供血好/不好: *Die Beine sind schlecht d.* 双腿血脉不流畅

Durch·blu·tung *die*; *-*; *nur Sg* (只用单数); das Fließen des Blutes im Körper (体内)供血: *Bei Anstrengungen nimmt die D. der Muskeln zu* 用劲时对肌肉的供血会增强 ‖ K- (复合): **Durchblutungs-, -störungen**

durch·boh·ren[1] (*hat*) [Vt] (及物) **etw. d.** beim Bohren ein Loch in etw. machen, das von der einen Seite bis zur anderen geht 钻通,钻透 ‹ein Brett, e-e Wand d. 钻通木板、墙壁›

durch·boh·ren[2]; *durchbohrte, hat durchbohrt*; [Vt] (及物) **j-n / etw.** (**mit etw.**) **d.** etw. Spitzes durch etw. stoßen, e-e Waffe durch j-s Körper stoßen 射穿,刺穿,穿透 ‖ ID [谚] **j-n mit Blicken d.** j-n sehr intensiv u. *mst* böse ansehen 逼视某人

durch·bo·xen (*hat*) *gespr* [口]; [Vt] (及物) **1. etw. d.** e-n Plan, ein Ziel gegen den Widerstand anderer durchsetzen 排除阻力达到、实现; [Vr] (反身) **2. sich d.** über längere Zeit mit Erfolg für die eigenen Interessen kämpfen 通过不懈奋斗获得成功: *Er ist ein Karrieremensch. Der boxt sich sicher noch bis ganz oben durch* 他是个事业型的人,肯定会一路拼搏爬上高层 **3. sich** (**durch etw.**) **d.** sich rücksichtslos e-n Weg durch e-e Menschenmenge bahnen 粗野地(从人群中)挤过去

durch·bra·ten (*hat*) [Vt] (及物) **1. etw. d.** etw. so lange braten, bis es innen gar ist 把…煎熟,炸透〈*mst* Fleisch, Fisch d. 多为把肉、鱼煎透〉: *ein Steak gut d.* 煎透一块牛排; [Vi] (不及物) **2.** 〈*mst* das Fleisch 肉〉 **muss** (**noch richtig**) **d.** *mst* das Fleisch muss so lange braten, bis es gar ist 还得好好煎煎

durch·bre·chen[1] [Vt] (及物) (*hat*) **1. etw. d.** etw. in zwei Teile brechen 把…断成两半,折断: *e-n Ast d.* 把树枝折断; [Vi] (不及物) (*ist*) **2. etw. bricht durch** etw. bricht in zwei Teile, etw. zerfällt (物作主语)断裂,折断: *Das verfaulte Brett ist durchgebrochen* 腐朽的木板断裂了

durch·bre·chen[2]; *durchbricht, durchbrach, hat durchbrochen*; [Vt] (及物) **etw. d.** durch ein Hindernis kommen, indem man sich schnell u. mit Kraft bewegt 突破,冲破: *Die Demonstranten durchbrachen die Absperrung* 游行队伍冲破了封锁线 ‖ *hierzu* (派生) **Durch·bre·chung** *die* ‖ ▶ **Durchbruch**

durch·bren·nen (*ist*) [Vi] (不及物) **1. etw. brennt durch** etw. wird durch zu starke Belastung zerstört, etw. funktioniert nicht mehr (物作主语)烧坏〈e-e Glühbirne, e-e Sicherung, ein Heizofen, e-e Lampe *o. Ä.* 灯泡,保险丝,电炉,灯等〉 **2. j-d brennt** (**j-m**) **durch** *gespr* [口]; j-d verlässt j-n, bei dem er lebt, heimlich (人作主语)偷偷离弃,离…而去: *Seine Frau ist ihm durchgebrannt* 他的妻子偷偷离开了他 **3. j-d brennt mit etw. durch** *gespr* [口]; j-d stiehlt etw. u. verschwindet damit (人作主语)偷窃后逃跑: *Der Kassierer ist mit der Kasse durchgebrannt* 出纳员卷款潜逃了

durch·brin·gen (*hat*) [Vt] (及物) **1. j-n d.** j-n, der krank, schwach od. verletzt ist, so pflegen, dass er nicht stirbt 救活: *Er war schwer verletzt, aber die Ärzte konnten ihn d.* 他伤势严重,但医生们还是救活了他 **2. j-n/sich** (**mit etw.**) **d.** für j-n/sich in e-r schweren Zeit sorgen 养活,扶养,拉扯: *Nach dem Tod ihres Mannes musste sie die Kinder allein d.* 丈夫去世后她不得不独自拉扯孩子 **3. etw. d.** *pej* [贬]; viel Geld verschwenden 挥霍,浪费: *In einem Jahr hat er das Vermögen seines Vaters durchgebracht* 他一年就把自己父亲的财产挥霍一空 **4. etw.** (**irgendwo**) **d.** erreichen, dass ein Antrag od. Vorschlag von e-r Behörde, e-m Parlament *o. Ä.* angenommen wird 使得到通过: *Der Minister hat sein Gesetz im Bundestag durchgebracht* 这位部长在联邦议会中使他的法案得到通过 **5. etw.** (**durch etw.**) **d.** *gespr* [口]; etw. durch e-e Öffnung bewegen können, weil es nicht zu groß ist (从…中)使通过: *Durch diese schmale Tür werden wir den Schrank nie d.* 我们怎么也不可能从这扇窄门把柜子搬进去 **6. etw.** (**mit etw.**) **d.** *gespr* [口] ≈ durchbekommen (4)

Durch·bruch *der*; -(*e*)*s*, *Durch·brü·che*; **1. der D.** (**zu etw.**) ein Erfolg, auf den man lange gewartet hat u. der für die Zukunft entscheidend ist 突破,(取得…)成功〈j-m/etw. zum D. verhelfen 帮助某人/某事成功〉: *Mit diesem Roman gelang ihm der D. zu Ruhm u. Reichtum* 这部小说使他名利双收 **2. ein D.** (**durch etw.**) das (gewaltsame) Durchbrechen[2] e-s Hindernisses 强行冲破,突破: *Den Truppen gelang der D. durch die feindlichen Stellungen* 部队突破了敌方阵地

durch·che·cken (*hat*) [Vt] (及物) **1. j-n/etw. d.** j-n/etw. sorgfältig untersuchen 仔细检查,核对 **2. sich d. lassen** *gespr* [口]; sich vom Arzt gründlich untersuchen lassen 让(医生)彻底检查

durch·den·ken[1] (*hat*) [Vt] (及物) **etw. d.** sich den Ablauf od. die Einzelheiten e-r Sache in Gedanken vorstellen 周密思考,深思熟虑: *Ich habe noch einmal unseren Plan von Anfang bis Ende durchgedacht* 我把我们的计划又从头至尾细细地考虑了一遍

durch·den·ken[2]; *durchdachte, hat durchdacht*; [Vt] (及物) **etw.** (**irgendwie**) **d.** etw. gründlich überlegen u. dabei alle Details u. Konsequenzen beachten 全面考虑,通盘思考〈e-n Plan, ein Problem, ein Vorhaben gründlich/genau/bis ins Detail/in allen Einzelheiten d. 彻底地/周密地/包括从细节上/从各个环节对计划、问题、打算进行思考〉: *ein gut/schlecht durchdachter Plan* 一个考虑成熟的/考虑不周的计划

durch·dis·ku·tie·ren; *diskutierte durch, hat durchdiskutiert*; [Vt] (及物) **etw. d.** etw. intensiv u. gründlich diskutieren 对…作深入彻底的讨论〈ein Problem, e-e Frage d. 深入地讨论难道、问题〉

durch·drän·geln, sich (*hat*) [Vr] (反身) **sich** (**irgendwo** (**hin**)/**durch etw.**) **d.** *gespr* [口] ≈ sich durchdrängen

durch·drän·gen, sich (*hat*) [Vr] (反身) **sich** (**irgendwo**(**hin**)/**durch etw.**) **d.** sich durch e-e enge Stelle, e-e große Gruppe von Menschen *o. Ä.* drängen 挤出去: *sich durch e-e Menschenmenge d.* 挤出人群

durch·dre·hen; *drehte durch, hat/ist durchgedreht*; [Vi] (不及物) (*ist*) **1.** 〈Räder, Reifen 车轮,轮胎〉 **drehen durch** Räder od. Reifen kommen wegen fehlenden Widerstands nicht vorwärts, sondern drehen sich auf der Stelle 空转,打滑: *Auf Glatteis drehen die Räder durch* 在冰面上车轮打滑 **2.** *gespr* [口]; sehr nervös werden, die Nerven verlieren 神经受不了了,要发疯了 ≈ verrückt werden, ausflippen: *Bei dem Stress dreh ich noch völlig durch!* 这么紧张下去我要发疯了!; [Vt] (及物) (*hat*) **3. etw.** (**durch etw.**) **d.** etw. durch e-e Maschine drehen u. dabei klein machen 绞,绞碎〈Fleisch, Kartoffeln *usw* d. 绞肉、土豆等〉

durch·drin·gen[1] (*ist*) Vi (不及物) **1. j-d/etw. dringt (durch etw.) durch** j-d/etw. gelangt durch etw. hindurch (人/物作主语)渗透,穿过: *Überall an den Wänden war Feuchtigkeit durchgedrungen* 墙上处处渗透着湿气; *Nur mit Mühe konnte ich das Dickicht d.* 我费了大劲才从灌木丛中走出来 **2. etw. dringt durch** etw. ist zu hören, zu sehen *o.Ä.* (物作主语)透出来被看见,传出来被听见: *Die Mauer ist so dick, dass kein Geräusch d. kann* 墙很厚,没有声响能透进来 **3. etw. dringt (zu j-m) durch** j-d erfährt etw. (物作主语)让…得知,透露,传到: *Die Nachricht ist bis zu uns nicht durchgedrungen* 这条消息没有传到我们这儿

durch·drin·gen[2]; *durchdrang, hat durchdrungen*; Vt (及物) **1. etw. durchdringt etw.** etw. kommt durch etw. Dichtes hindurch (物作主语)穿透,穿过: *Radioaktive Strahlung durchdringt sogar dicke Wände* 放射线甚至能穿透厚墙 **2. (ganz) von etw. durchdrungen sein** ganz von e-m Gefühl od. e-m Gedanken erfüllt sein 满怀,充满,洋溢 ‖ zu (义项) **1. Durch·drin·gung** *die*; *nur Sg* (只用单数)

durch·drin·gend 1. *Partizip Präsens* (现在分词); ↑ **durchdringen**[1] **2.** *Adj* (形); *mst attr, nicht adv* (多作定语,不作状语); so intensiv, dass es unangenehm od. schmerzhaft ist 强烈的,锐利的,刺激人的,刺鼻的,刺耳的,钻心的 ⟨ein Blick 目光; ein Pfiff, ein Schrei 口哨,喊叫声; ein Geruch, ein Schmerz 气味,疼痛⟩

durch·drü·cken (*hat*) Vt (及物) **1. etw. (durch etw.) d.** etw. durch etw. pressen 压、挤、榨出 **2. etw. d.** *gespr* [口]; etw. *mst* in e-r Versammlung, e-m Parlament *o.Ä.* gegen e-e starke Opposition durchsetzen (强行)通过,实施 ≈ durchboxen ⟨Pläne, Gesetze, Neuerungen *o.Ä.* d. 强行通过计划、法规、革新等⟩; Vt/i (及物/不及物) **3. (etw.) d.** e-n Körperteil so stark wie möglich strecken, gerade machen 伸直,伸展开 ⟨*mst* die Knie, die Arme d. 伸直膝盖、胳膊⟩ **4. (etw.) d.** e-n Hebel od. Knopf so weit drücken, wie es möglich ist 把…(操纵杆或按钮)按到底 ⟨die Bremse, das Gaspedal d. 把刹车、油门踩到底⟩

durch·dür·fen; *darf durch, durfte durch, hat durchgedurft*; Vi (不及物) **(durch etw.) d.** *gespr* [口]; verwendet als verkürzte Form vieler Verben (der Bewegung) mit *durch*, um auszudrücken, dass e-e Handlung/e-e Bewegung erlaubt ist, *z.B. Darf ich durch?* (= durchgehen, durchfahren *o.Ä.*) (作为许多表示动向的 *durch*-动词的简略形式)允许通过; *durch e-e Absperrung d.* 允许通过封锁 (= durchgehen, durchfahren *o.Ä.* dürfen)

durch·ei·len; *durcheilte, hat durcheilt*; Vt (及物) **etw. d.** *geschr* [书]; schnell quer durch e-n Raum laufen 匆匆穿过

durch·ei·nan·der, durch·ei·nan·der[1] *Adv* (副); ohne Ordnung, ungeordnet 乱,杂乱,混乱,乱七八糟: *Nach dem Fest lagen Flaschen u. Aschenbecher d. auf dem Boden herum* 庆祝活动结束后满地乱糟糟的都是瓶子和烟灰缸

durch·ei·nan·der, durch·ei·nan·der[2] *Adj* (形); *nur präd, nicht adv* (只作表语,不作状语); *mst in* 多用于 **(ganz/völlig) d. sein** *mst* wegen e-s bestimmten Ereignisses konfus, verwirrt sein (完全)糊涂了,乱套了,懵了

durch·ei·nan·der- *im Verb, betont u. trennbar, begrenzt produktiv* (构成动词,重读并可分,构词有限); Die Verben mit *durcheinander-* werden nach folgendem Muster gebildet (durcheinander-动词的模式如下): *durcheinanderrufen – rief durcheinander – durcheinandergerufen*

durcheinander – drückt aus, dass viele einzelne Dinge vermischt werden (u. Unordnung entsteht) od. dass mehrere Personen etw. ohne Ordnung gleichzeitig tun (表示杂乱无章或七手八脚);

durcheinanderfallen: *Die Akten sind durcheinandergefallen* 文件散落了一地 ≈ Die Akten sind umgefallen u. liegen nun ohne Ordnung da

ebenso (同类词有): **durcheinanderlaufen, durcheinanderreden, durcheinanderrufen, etw. durcheinanderwerfen, etw.** (*Kollekt od Pl* 集合或复数) **wirbelt durcheinander,** (*der Wind o.Ä.* 风等) **wirbelt etw.** (*Kollekt od Pl* 集合或复数) **durcheinander**

Durch·ei·nan·der, Durch·ei·nan·der *das*; *-s*; *nur Sg* (只用单数) **1.** der Zustand, in dem Dinge ohne Ordnung irgendwo herumliegen, -stehen 混乱,杂乱无章,乱七八糟 ≈ Unordnung, Chaos: *Hier herrscht ja ein fürchterliches D.!* 这儿可是乱透了! **2.** e-e Situation, in der Menschen verwirrt hin u. her laufen u. nicht wissen, was sie tun sollen 乱作一团,乱哄哄 ≈ Wirrwarr ⟨ein allgemeines, heilloses, wüstes D. entsteht, herrscht 出现、笼罩着一片混乱⟩

durch·ei·nan·der·brin·gen (*hat*) Vt (及物) *gespr* [口] **1. etw.** (*Kollekt od Pl* 集合或复数) **d.** geordnete Dinge in Unordnung bringen 搞乱,弄乱: *die Papiere in der Eile d.* 匆忙中把证件弄乱了 **2. j-n/etw.** (*Pl* 复) **d.** verschiedene Personen od. Gegenstände miteinander verwechseln 混淆: *Zwillinge kann man leicht d.* 双胞胎很容易搞混 **3. j-n (durch/mit etw.) d.** ≈ verwirren: *Er hat mich mit seinen Zwischenfragen ganz durcheinandergebracht* 他不断地插嘴提问把我都弄糊涂了

durch·ei·nan·der·ge·hen (*ist*) Vi (不及物) *gespr* [口]; **etw. geht durcheinander** etw. wird ohne Ordnung gemacht, läuft ohne System ab (物作主语)没有头绪,乱套: *Alles ging durcheinander, weil niemand wusste, was zu tun war* 一切都乱哄哄的,因为没有人知道该做什么

durch·ei·nan·der·kom·men (*ist*) Vi (不及物) *gespr* [口] **1. etw. kommt durcheinander** etw. wird unordentlich (物作主语)弄乱,变乱: *Du brauchst nicht aufzuräumen, es kommt ja eh alles wieder durcheinander* 你不必收拾

了，反正又都会弄乱的 **2.** ***j-d kommt durcheinander*** j-d wird verwirrt（人作主语）弄糊涂了，懵了：*Jetzt bin ich ganz durcheinandergekommen* 现在我可完全糊涂了

durch·ei·nan·der·wer·fen（*hat*）[Vt]（及物）**1.** ↑ ***durcheinander-*** **2.** ***etw.***（*Pl* 复）***d.*** Dinge miteinander verwechseln 混淆，搞混：*schwierige Begriffe d.* 把难懂的概念搞混了

durch·ex·er·zie·ren；*exerzierte durch, hat durchexerziert*；[Vt]（及物）**1.** ***etw.***（***mit j-m***）***d.*** *gespr*［口］；etw. in allen Details üben 在每个细节上进行练习，训练透：*die unregelmäßigen Verben mit e-m Schüler d.* 帮一个学生把不规则动词仔细练习一遍 **2.** ***etw. d.*** etw. in Gedanken ausprobieren 在心里把…演练一番、过一遍 ≈ durchspielen〈alle Möglichkeiten d. 将所有的可能性统统在脑子中过一遍〉

durch·fah·ren[1]（*ist*）[Vi]（不及物）**1.**（***durch etw.***）***d.*** durch e-e enge Stelle, e-e Öffnung (hindurch) fahren 驶过，驾车通过：*durch ein Tor d.* 驶过一道门 **2.**（***durch etw.***）***d.***（quer）durch ein Gebiet *o.Ä.* fahren（驱/乘车）穿越，横穿：*durch die Schweiz d.* 驱车穿越瑞士 **3.** ***d.***（***bis*** + *Zeitangabe* 时间说明语）/*Zeitangabe*（时间说明语）（*im Akk* 四格）+ ***d.*** / ***d. bis*** + *Ortsangabe* 地点说明语 so lange od. bis zu e-m bestimmten (zeitlichen od. räumlichen) Punkt ohne Pause, ohne Unterbrechung fahren 直开，一直行驶：*bis Mitternacht/acht Stunden d.* 一路行驶直到深夜/不停顿地行驶了八个小时；*bis Berlin d.* 直开柏林

durch·fah·ren[2]；*durchfährt, durchfuhr, hat durchfahren*；[Vt]（及物）**1.** ***etw. d.*** von einer Grenze e-s Gebietes zur anderen fahren od. innerhalb e-s Gebietes von einem Punkt zu e-m anderen fahren 穿越行驶，遍游：*Im Urlaub durchfuhren wir Portugal* 休假时我们驱车游遍了葡萄牙 **2.**〈ein Gedanke *o.Ä.* 念头等〉***durchfährt j-n*** ein Gedanke *o.Ä.* ist plötzlich bei j-m vorhanden u. bewirkt ein starkes Gefühl (der Freude, der Angst *o.Ä.*)（愉快、恐惧等感觉）突然而至，闪过，袭来

Durch·fahrt *die*；-, *-en* **1.** e-e enge Stelle, *z.B.* ein Tor, durch die ein Wagen fahren kann 通道口，出入口 **2.** *mst Sg*（多用单数）；das Durchfahren[1](1) 通行〈*mst* D. verboten! 禁止通行!〉**3.** ≈ Durchreise〈auf der D. sein 正在途中〉**4.** ***freie D. haben*** ohne Kontrollen durch etw. fahren dürfen 畅通无阻：*An der Grenze nach Österreich haben Personenwagen häufig freie D.* 客车在奥地利边境经常是畅行无阻的

Durch·fall *der*；-(*e*)*s*, *Durch·fäl·le*；*mst Sg*（多用单数）；e-e Krankheit, bei der man flüssigen Kot ausscheidet 腹泻，拉肚子；MED【医】Diarrhöe〈*mst* D. haben, bekommen 得了腹泻〉

durch·fal·len（*ist*）[Vi]（不及物）**1.** ***j-d/etw. fällt***（***durch etw.***）***durch*** j-d/etw. fällt durch e-e Öffnung *o.Ä.*（人/物作语）从…掉落〈durch ein Gitter, ein Loch, ein Netz d. 从栅栏、洞、网中掉落出去；etw. fällt durch e-n Rost, ein Sieb *o.Ä.* durch 某物从铁篱子、筛子等中掉落下去〉**2.**（***bei etw.*** / ***in etw.***（*Dat* 三格））***d.*** *gespr*［口］；e-e Prüfung nicht bestehen（考试）落第，不及格：*im Abitur d.* 文理中学毕业考试不及格 ‖ K-（复合）：***Durchfall(s)-, -quote*** **3.** ***etw. fällt***（***bei j-m***）***durch*** *gespr*［口］；etw. hat keinen Erfolg beim Publikum od. bei den Kritikern 不受欢迎，不成功：*Das Theaterstück fiel beim Publikum durch* 这部戏不受观众喜爱

durch·fau·len（*ist*）[Vi]（不及物）***etw. fault durch*** etw. fault immer weiter, bis es ganz zerstört ist（物作主语）完全腐朽，烂透〈Bretter, Balken *o.Ä.* 木板，木梁等〉

durch·fech·ten（*hat*）[Vt]（及物）***etw. d.*** für e-e Sache (*bes* vor Gericht od. in e-m Parlament) so lange kämpfen, bis man Erfolg hat 为…奋斗到底：*Der Abgeordnete will ein neues Gesetz d.* 这位议员愿为一部新法规的实施奋斗到底

durch·fei·ern（*hat*）[Vi]（不及物）***d.***（***bis*** + *Zeitangabe* 时间说明语）；*Zeitangabe*（时间说明语）（*im Akk* 四格）+ ***d.*** *gespr*［口］；über e-n bestimmten Zeitraum feiern, ohne e-e Pause zu machen (um zu schlafen od. zu arbeiten) 持续欢庆，〈die (ganze) Nacht, bis zum Morgen d. 通宵欢庆，欢庆至天明〉

durch·fin·den（*hat*）[Vi]（不及物）**1.**（***durch etw.*** / ***zu etw.***）***d.*** e-n Weg, ein Ziel durch ein Gebiet *o.Ä.* finden 找到路径，从…中走出：*Er hat nicht mehr durch den Wald durchgefunden* 他怎么也走不出森林 **2.**（***durch etw.***）***d.*** ≈ die Übersicht behalten：*durch e-n Berg von Akten d.* 在大堆文件中理出头绪；[Vr]（反身）**3.** ***sich***（***irgendwo***（***hin***））***d.*** e-n bestimmten Ort suchen u. mit Mühe finden 费力地找到地点：*sich in der Großstadt d.* 在大城市中摸索着走路(没迷路) **4.** ***sich durch etw. d.*** ≈ d. (2)

durch·flie·gen（*ist*）[Vi]（不及物）**1.** ***etw. fliegt***（***durch etw.***）***durch*** etw. fliegt durch etw.（物作主语）（穿过…）飞去/来：*Ein Stein flog durch die Fensterscheibe durch* 一块石头穿过窗玻璃飞落进来 **2.**（***bei etw.*** / ***in etw.***（*Dat* 三格））***d.*** *gespr*［口］≈ durchfallen (2)

durch·flie·ßen[1]（*ist*）[Vi]（不及物）〈ein Bach, ein Fluss *o.Ä.* 小溪，河流等〉***fließt***（***durch etw.***）***durch*** ein Bach, ein Fluss *o.Ä.* fließt durch etw.（穿过…）流过去、流出去，流经

durch·flie·ßen[2]；*durchfloss, hat durchflossen*；[Vt]（及物）〈ein Bach, ein Fluss *o.Ä.* 小溪，河流等〉***durchfließt etw.*** ein Bach, ein Fluss *o.Ä.* fließt von einem Ende e-s Gebietes zum anderen 流经，穿流：*Ein Fluss durchfließt das Tal* 河水流经山谷

durch·flu·ten；*durchflutete, hat durchflutet*；[Vt]（及物）*geschr*［书］；***etw. durchflutet etw.*** etw. dringt in e-n Raum ein u. erfüllt ihn（物作主语）填满，充满（空间）〈*mst* 多指 Licht durchflutet/ Sonnenstrahlen durchfluten e-n Raum 灯光/阳光照满了屋子〉

durch·for·schen；*durchforschte, hat durchforscht*；[Vt]（及物）**1.** ***etw.***（***nach j-m/etw.***）

d. etw. gründlich absuchen, um j-n/etw. zu finden 在…搜寻、搜索 ⟨ein Gebiet, e-e Gegend, e-n Wald d. 搜索一地区、地方、森林⟩ **2.** ***etw.*** (***nach etw.***) ***d***. schriftliche Unterlagen, Bücher *o. Ä.* von Anfang bis Ende durcharbeiten, um etw. Bestimmes zu finden, Überflüssiges zu entfernen *o. Ä.* 仔细查阅、研究(资料) ⟨die Literatur, literarische Quellen d. 详细查看参考资料、出处⟩ ‖ *hierzu* (派生) **Durch·for·schung** *die*

durch·fors·ten; *durchforstete, hat durchforstet*; [Vt] (及物) **1.** ***etw.*** (***nach j-m/etw.***) ***d***. irgendwo gründlich nach j-m/etw. suchen 在…中遍寻,查找: *ein Gebiet nach j-m d.* 走遍一地寻访某人; *ein Buch nach e-m Zitat d.* 翻遍一书查找一条引语 **2.** *mst* 多用 ***e-n Wald d***. aus e-m Wald so viele Bäume entfernen, dass die übrigen Bäume besser wachsen können 间伐、疏伐森林 ‖ *hierzu* (派生) **Durch·fors·tung** *die*

durch·fra·gen, sich (*hat*) [Vr] (反身) ***sich*** (***zu j-m/etw./nach etw.***) ***d***. den Weg zu e-m Ziel suchen u. dabei mehrere Leute fragen 一路询问、打听: *sich zum Zoo durchfragen* 一路打听到动物园

durch·fres·sen, sich (*hat*) [Vr] (反身) **1.** ***ein Tier frisst sich*** (***durch etw.***) ***durch*** ein Tier frisst ein Loch in etw. u. gelangt so durch etw. (hindurch) (动物作主语)咬穿、啃穿: *Die Raupe hat sich durch den Apfel durchgefressen* 毛虫把苹果啃出个洞 **2.** ***sich*** (***bei j-m***) ***d***. *gespr pej* [口][贬]; häufig bei j-d anderem auf dessen Kosten essen 吃白食: *Er frisst sich immer bei Peter durch* 他老在彼得那儿混吃混喝

durch·fro·ren *Adj* (形); *mst präd* (多作表语); am ganzen Körper ganz ausgekühlt 冻僵的,浑身冰凉的

Durch·fuhr *die*; -; *nur Sg*, ADM *geschr* (只用单数)【管理】[书]; der Transport von Waren od. das Fahren von e-m Land in ein anderes durch ein drittes hindurch 过境(运输) ≈ Transit ‖ K- (复合): ***Durchfuhr-***, ***-erlaubnis***, ***-handel***, ***-verbot***

durch·füh·ren (*hat*) [Vt] (及物) **1.** ***etw. d***. etw., das geplant od. vorgeschrieben ist, in die Tat umsetzen 实行,实施,执行 ⟨e-n Plan, ein Vorhaben d. 实施计划、打算; e-n Auftrag, e-n Beschluss d. 执行合同、决议⟩ **2.** ***etw. d***. etw. (nach e-m Plan) machen (按计划)进行,做 ⟨ein Experiment, e-n Versuch, e-e Reparatur d. 进行实验、试验、修理⟩ **3.** ***etw. d***. etw., das man geplant u. organisiert hat, stattfinden lassen 举行,举办 ≈ veranstalten ⟨e-e Aktion, e-e Sammlung, e-e Konferenz, e-e Tagung d. 举行活动、募捐、协商会、代表会⟩ ‖ *hierzu* (派生) **Durch·füh·rung** *die*; *nur Sg* (只用单数); **durch·führ·bar** *Adj* (形); *nicht adv* (不作状语)

durch·füt·tern (*hat*) [Vt] (及物) ***j-n d***. *gespr* [口]; j-n über relativ lange Zeit mit Essen versorgen 长年供饭、管吃喝

Durch·gang *der*; -(*e*)*s*, *Durch·gän·ge* **1.** ***ein D.*** (***zu etw./zwischen etw.*** (*Dat* 三格) ***u. etw.*** (*Dat* 三格)/***zwischen etw.*** (*Dat Pl* 三格,复数)) e-e *mst* relativ enge Verbindung zwischen zwei Räumen, Gebäuden *o. Ä.*, durch die man gehen kann 通道,过道: *Bitte den D. frei halten!* 请保持过道畅通! **2.** *nur Sg* (只用单数); das Überqueren *bes* e-r Fläche od. e-s Gebiets, die e-m anderen gehören 通行,通过: *D. verboten!* 禁止通行! **3.** eine von mehreren Phasen e-s Gesamtablaufs 轮,回合: *mehrere Durchgänge e-s Wettkampfes* 一次比赛中的好几轮; *im ersten D. an die Reihe kommen* 在第一轮中轮到(上场)了 ‖ -K (复合): ***Arbeits-***, ***Probe-***

durch·gän·gig *Adj* (形); *mst adv* (多作状语); immer, von Anfang bis Ende vorhanden 一贯的,无例外的: *Er hat d. gute Leistungen gebracht* 他一贯成绩优秀

Durch·gangs|la·ger *das*; ein Lager (2), in dem *mst* Flüchtlinge od. Asylanten nach ihrer Ankunft für kurze Zeit wohnen 难民营

Durch·gangs|ver·kehr *der*; der Verkehr, der durch einen Ort zu anderen Orten geht 过境交通

durch·ge·ben (*hat*) [Vt] (及物) ***etw. d***. e-e Information durch Funk, Radio od. Fernsehen verbreiten 广播,播送,发布 ⟨e-e Meldung, e-e Nachricht, e-n Aufruf (im Fernsehen, über Funk) d. (通过电视、电台)发布短讯、新闻、号召⟩

durch·ge·hen (*ist*) [Vt] (及物) **1.** ***etw.*** (***auf etw.*** (*Akk* 四格) (***hin***)) ***d***. e-n Text genau lesen, um *z. B.* Fehler od. bestimmte Einzelheiten zu finden 审阅,检查,查看 ≈ überprüfen (1): *e-n Aufsatz auf Kommafehler* (*hin*) *d.* 检查一篇文章中的逗号错误; [Vi] (不及物) **2.** (***durch etw.***) ***d***. durch etw. (hindurch) gehen (从…)走过去,穿过去: *durch ein Tor d.* 穿过大门而去 **3.** ***etw. geht*** (***durch etw.***) ***durch*** *gespr* [口]; etw. ist kleiner als e-e bestimmte Öffnung u. kann deshalb durch sie (hindurch) gebracht werden (物作主语)出得去,通得过 ≈ durchpassen: *Die Tür ist so schmal, dass der Tisch nicht durchgeht* 门这么窄,这桌子过不去 **4.** ***etw. geht*** (***durch etw.***) ***durch*** *gespr* [口]; etw. dringt durch etw. (物作主语)渗透,透入,透进: *Das Wasser geht durch meine Schuhe durch* 水已经渗进了我的鞋子 **5.** *mst* 多用 ***ein Pferd geht*** (***j-m od mit j-m/etw.***) ***durch*** ein Pferd gehorcht nicht mehr u. galoppiert ohne Ziel davon 马惊跑了: *Das Pferd ging* (*mit*) *dem Reiter durch* 马(不听骑手驾驭)撒蹄乱跑 **6.** ***etw. geht mit j-m durch*** *gespr* [口]; etw. kann von j-m nicht mehr beherrscht werden (物作主语)失去控制 ⟨die Nerven, j-s Gefühle gehen/das Temperament geht mit j-m durch 某人控制不住自己的情绪、感情/激情⟩ **7.** *mst* 多用 ***sie geht ihm durch/sie geht*** (***ihm***) ***mit j-m durch*** *gespr* [口]; e-e Frau verschwindet heimlich (mit e-m anderen Mann) u. kommt nicht mehr wieder

D

她离他而去/与…偷偷跑了，私奔：*Sie ist ihm mit seinem besten Freund durchgegangen* 她离他而去和他最好的朋友私奔了 **8. mit etw. d.** mit etw. verschwinden（携带…）潜逃，：*Der Kassierer ist mit den Einnahmen durchgegangen* 出纳携款潜逃了 **9. etw. geht durch** *gespr*［口］；etw. wird von e-r Instanz akzeptiert, bewilligt（物作主语）能通过，得到认可：*Meinst du, mein Aufsatz geht so durch, od. soll ich noch was ändern?* 你认为我的文章这样就能通过呢，还是需要再作修改？**10.（j-m）etw. d. lassen** *gespr*［口］；j-n nicht tadeln, verbessern od. bestrafen（obwohl es nötig wäre, er es verdient hätte）放过，放任 ≈ j-n nachsichtig behandeln：*j-m e-n Fehler d. lassen* 不追究某人的过错；*Ich werde dein schlechtes Benehmen nicht d. lassen!* 我可不会放任你的坏品行！**11. etw. geht durch bis** + *Zeitangabe* 时间说明语/ *Ortsangabe* 地点说明语 etw. dauert/ führt ohne Pause, ohne Unterbrechung bis zu e-m bestimmten（zeitlichen od. räumlichen）Punkt（物作主语）持续到…，直到…：*Die Party geht durch bis morgen früh* 聚会持续到第二天清晨；*Der Zug geht durch bis Bonn* 这趟火车直达波恩

durch·ge·hend 1. *Partizip Präsens* 现在分词；↑ **durchgehen** 2. *Adv*（副）；*mst in* 多用于 **j-d hat/**〈ein Geschäft 商店〉**hat/ist d. geöffnet** j-s Laden *o. Ä.* ist ohne（Mittags）Pause geöffnet 中午不休息照常营业：*Das Geschäft hat von 8 Uhr bis 18 Uhr d. geöffnet* 商店从早上 8 点到晚上 6 点全天营业

durch·ge·stal·ten；*gestaltete durch, hat durchgestaltet*；Vt（及物）**etw. d.** etw. gründlich, bis ins Detail gestalten 全面仔细地安排 ‖ *hierzu*（派生）**Durch·ge·stal·tung** *die*；*nur Sg*（只用单数）

durch·gie·ßen（*hat*）Vt（及物）**etw.（durch etw.）d.** etw. durch etw. gießen 通过…倒出、滤出：*den Tee durch ein Sieb d.* 通过滤器倒茶

durch·grei·fen（*hat*）Vi（不及物）**1.（durch etw.）d.** durch e-e Öffnung greifen（伸进…）抓取〈durch ein Gitter, e-n Zaun, e-n Spalt *o. Ä.* d. 把手伸进栅栏、篱笆、缝隙等去抓〉**2.** *mst* 多用〈die Polizei *o. Ä.* 警方等〉**greift**（**gegen j-n**）（**irgendwie**）**durch** die Polizei *o. Ä.* sorgt energisch dafür, dass Normen od. Gesetze befolgt werden（对…）采取有力行动〈energisch, hart, rücksichtslos d. 坚决地、严厉地、毫不留情地采取行动〉：*Die Polizei greift gegen betrunkene Autofahrer streng durch* 警方对酒醉的驾驶者采取严厉措施

durch·grei·fend 1. *Partizip Präsens*（现在分词）；↑ **durchgreifen** 2. *Adj*（形）；*nicht adv*（不作状语）；〈*mst* Änderungen, Neuerungen 多用改变，革新〉sehr groß, mit starken Auswirkungen/Konsequenzen 彻底的，强有力的，影响深远的≈ einschneidend, gravierend

durch·ha·ben（*hat*）Vt（及物）**etw. d.** *gespr*［口］；verwendet als verkürzte Form vieler Verben mit *durch-*, um auszudrükken, dass e-e Tätigkeit ganz od. erfolgreich beendet ist，（作为许多 durch-动词的简略形式，表示一个行动圆满结束）*z. B. ein Brett d.*（= durchgebohrt, durchgehackt, durchgesägt haben）如：钻透、劈开、锯开了一块木板；*ein Gitter d.*（= durchgefeilt haben）锯断了铁栅栏；*ein Buch d.*（= durchgelesen haben）从头至尾读完了一本书；*Akten d.*（= durchgesehen haben）翻阅了全部档案

durch·ha·cken（*hat*）Vt（及物）**etw. d.** etw. in zwei Teile hacken 砍断，劈断〈e-n Ast, e-n Holzklotz, ein Brett *o. Ä.* d. 劈开树枝、木块、木板等〉

durch·hal·ten（*hat*）Vt（及物）**1. etw. d.** in e-r sehr unangenehmen od. schwierigen Situation seine（körperliche od. seelische）Kraft nicht verlieren 把…坚持到底，经受住，顶住 ≈ aushalten (1), durchstehen：*Obwohl er krank war, hielt er die Strapazen der Reise gut durch* 虽说他病了，却还是经受住了旅途的辛劳；*Die seelische Belastung halte ich nicht mehr länger durch* 这种精神上的压力我快要承受不住了；Vt/i（及物/不及物）**2.（etw.）d.** etw. gegen Widerstand anderer sehr lange od. bis zum Ende aushalten 坚持住，坚持到底 ↔ aufgeben〈bis zum Schluss d. 坚持到最后〉：*Die Mitglieder der Gewerkschaft haben（den Streik）zehn Wochen lang durchgehalten* 工会会员（罢工）坚持了 10 周

Durch·hal·te|ver·mö·gen *das*；*-s*；*nur Sg*（只用单数）；die Fähigkeit, e-e Anstrengung längere Zeit zu ertragen 毅力≈ Ausdauer

durch·hän·gen；*hing durch, hat durchgehangen*；Vi（不及物）**1. etw. hängt durch** etw. biegt sich nach unten（物作主语）下垂，下弯〈ein Seil, ein Kabel, e-e Wäscheleine, ein Brett *o. Ä.* 绳索，电线，晒衣绳，木板等〉**2. j-d hängt durch** *gespr*［口］；j-d hat keine Energie mehr, ist deprimiert od. müde（人作主语）垂头丧气，委靡不振

durch·hau·en；*haute/geschr*［书］*hieb durch, hat durchgehauen*；Vt（及物）**1. etw. d.** etw.（mit e-r Axt *o. Ä.*）in zwei Teile (zer)- hauen 劈开，砍断：*e-n Ast d.* 砍断树枝 **2. j-n d.** *gespr*［口］≈ verprügeln, verhauen

durch·he·cheln；*hechelte durch, hat durchgehechelt*；Vt（及物）**j-n/etw. d.** *gespr pej*［口］［贬］≈ über j-n/etw. klatschen², tratschen

durch·hei·zen（*hat*）Vt/i（及物/不及物）**1.（etw.）d.** so heizen, dass es überall sehr warm wird 烧得很暖：*e-e Wohnung, ein Zimmer ordentlich d.* 把住房、房间烧得暖融融的；Vi（不及物）**2.** *Zeitangabe*（时间说明语）（*im Akk* 四格）+ **d.** die genannte Zeit ununterbrochen heizen 不中断地供暖：*Wir mussten den ganzen Winter d.* 我们一冬天都得烧暖气

durch·hel·fen（*hat*）Vi（不及物）**1. j-m（durch etw.）d.** j-m helfen, durch e-e Öffnung, ein Hindernis *o. Ä.* zu gelangen 帮助…通过、越过（障碍等）**2. j-m（durch etw.）d.** j-m helfen, e-e schwierige Zeit zu überstehen 帮

助…度过(困难时期)〈j-m durch e-e Krise, e-e Notlage d. 帮助某人度过危机、困境〉

durch·hö·ren (*hat*) [Vt] (及物) **1. etw. (durch etw.) d.** etw. durch etw. (*z.B.* e-e Wand) hören (透过…)听到: *die laute Musik des Nachbarn durch die Wand d.* 隔墙听到邻居家响亮的音乐声 **2. etw. (durch etw.) d.** j-s Gefühle, Meinungen od. Absichten an der Art, wie er etw. sagt, erkennen 听出: *Durch seine Worte hörte man die Enttäuschung durch* 从他的话语中能听出失望来

durch·käm·men[1] (*hat*) [Vt] (及物) **1. etw. d.** *bes* langes, dichtes Haar kämmen 梳通,梳理〈sein/j-s Haar d. 梳理自己的/某人的头发〉**2. etw. (nach j-m/etw.) d.** ≈ durchkämmen[2]

durch·käm·men[2]; *durchkämmte, hat durchkämmt*; [Vt] (及物) **etw. (nach j-m/etw.) d.** ein Gebiet mit mehreren Leuten gründlich u. systematisch durchsuchen (在一个地区)仔细搜寻,彻底搜索: *Die Polizei durchkämmte den Wald nach der Vermissten* 警方搜遍森林寻找失踪者 ‖ *hierzu* (派生) **Durch·käm·mung** *die*; *nur Sg* (只用单数)

durch·kämp·fen (*hat*) [Vi] (不及物) **1. Zeitangabe** (时间说明语) + **d.** e-e bestimmte Zeit lang ohne Unterbrechung kämpfen 战斗不止: *e-e Nacht d.* 战斗了一整夜; [Vr] (反身) **2. sich (durch etw.) d.** sich mühsam e-n Weg machen (费力地)打开、开辟、闯出一条通道〈sich durch tiefen Schnee, dichtes Gestrüpp, e-e Menschenmenge d. 在深雪中、密密的丛林中、人群中闯开一条道〉**3. sich d.** unter großer Anstrengung das zu bekommen versuchen, was man zum Leben braucht 为生存而历尽艰辛: *Die Bewohner der Armenviertel müssen sich ihr Leben lang d.* 贫民区的居民们得劳苦终生 **4. sich zu etw. d.** ≈ sich zu etw. durchringen

durch·kau·en (*hat*) [Vt/i] (及物/不及物) **1. (etw.) d.** etw. gründlich kauen 细嚼,嚼烂: *zähes Fleisch gut d.* 细细咀嚼老肉; [Vt] (及物) **2. etw. d.** *gespr* [口]; *mst* e-n Lehrstoff so lange üben, bis ihn alle verstanden haben 反复练习: *das Passiv im Unterricht d.* 在课上反复练习被动式

durch·klet·tern (*ist*) [Vi] (不及物) **(durch etw.) d.** durch e-e Öffnung klettern 从…爬过去: *durch das Fenster d.* 从窗户爬过去

durch·klin·gen [Vi] (不及物) **1. etw. klingt (durch etw.) durch** (*ist*) etw. ist zwischen anderen Tönen zu hören (物作主语)听得出来 **2. etw. klingt durch** (*hat/ist*) etw. ist indirekt zu erkennen, durch die Art, wie j-d etw. sagt (物作主语)流露出,使人听出

durch·kne·ten (*hat*) [Vt] (及物) **etw. d.** etw. gründlich kneten 揉透,捏透〈*mst* den Teig (gut) d. 把面团揉透〉

durch·kom·men (*ist*) [Vi] (不及物) **1. (durch etw.) d.** durch ein Hindernis, e-e enge Stelle gelangen können 通过,经过,穿过〈durch e-e Absperrung, ein Loch, e-e Menschenmenge, das Gewühl d. 通过关卡、洞口,挤过人群,穿过闹市〉**2. (durch etw.) d.** durch e-n Ort *o.Ä.* gehen, fahren, ohne dort anzuhalten 穿行,经过,通过: *Der Zug nach Leipzig muss gleich d.* 开往莱比锡的火车马上就要从这儿经过 **3.** *gespr* [口]; j-n telefonisch erreichen können, e-e freie Leitung bekommen 打通电话〈sofort, auf Anhieb, nicht d. (können) 马上、立刻就能打通电话,打不通电话〉**4.** *gespr* [口]; e-e Prüfung bestehen 通过考试: *Wenn du für das Examen nicht lernst, kommst du nie durch!* 你如果不为考试作准备的话,别想能通得过! **5.** *gespr* [口] ≈ überleben **6.** 〈e-e Nachricht 消息〉**kommt durch** *gespr* [口]; e-e Nachricht wird im Radio od. im Fernsehen gesendet (在电台、电视中)发布了 **7. (bei j-m) mit etw. d.** mit etw. ein bestimmtes Ziel erreichen, Erfolg mit etw. haben 行得通,达到目的,通得过 ≈ sich (bei j-m) (mit etw.) durchsetzen: *Mit deinen Ideen kommst du bei unserem Chef nicht durch* 你的这些想法在我们上司那儿可行不通

durch·kön·nen (*hat*) [Vi] (不及物) **(durch etw.) d.** *gespr* [口]; verwendet als verkürzte Form vieler Verben (der Bewegung) mit *durch-*, um auszudrücken, dass etw. erlaubt od. möglich ist (作为许多表示动向的durch-动词的简略形式,表明一件事是允许的或可能的), *z.B. durch e-n Ort d.* (= durchfahren, durchgehen *usw* können) 如:能穿越某地方; *durch e-n Fluss d.* (= durchschwimmen können) 能游过一条河; *durch e-e Absperrung d.* (= durchgehen, durchfahren *o.Ä.* können) 能通过封锁

durch·kra·men (*hat*) [Vt] (及物) **etw. d.** *gespr* [口] ≈ durchsuchen, durchwühlen〈*mst* e-e Schublade d. 多指翻遍抽屉〉

durch·kreu·zen; *durchkreuzte, hat durchkreuzt*; [Vt] (及物) *mst* 多用 **j-s Absichten, Pläne d.** bewirken, dass j-s Absichten, Pläne scheitern 使得某人的意图、计划落空,打破某人的意图、计划 ≈ vereiteln, zunichte machen ‖ *hierzu* (派生) **Durch·kreu·zung** *die*; *nur Sg* (只用单数)

durch·krie·chen (*ist*) [Vi] (不及物) **(durch etw.) d.** durch etw. kriechen 从…爬过去: *durch e-e Röhre d.* 从管道中爬过去

durch·krie·gen (*hat*) [Vt] (及物) *gespr* [口] **1. j-n d.** ≈ durchbringen (1) **2. etw. (durch etw.) d.** ≈ durchbringen (5) **3. etw. (mit etw.) d.** ≈ durchbekommen (4)

durch·la·den (*hat*) [Vt/i] (及物/不及物) **(etw.) d.** e-e Pistole od. ein Gewehr bereit zum Schießen machen, indem man e-e Patrone aus dem Magazin in den Lauf drückt (子弹)上膛

Durch·lass *der*; *-es, Durch·läs·se*; *geschr* [书] **1.** *nur Sg* (只用单数); die Erlaubnis, über e-e Grenze, durch e-e Sperre *o.Ä.* zu gehen 通行、过境许可〈*mst* j-m D. gewähren, verschaffen 同意让某人通行,帮某人搞到通行许可〉**2.** e-e Stelle, an der j-d/etw. *mst* durch ein gesperrtes Gebiet gehen od. fahren darf 通道,出入口 ≈ Durchgang: *Bis auf e-n schmalen D. für Fußgänger ist das Gelände*

D

gesperrt 除了一条狭窄的供行人出入的通道外，整个地区都被封锁了

durch·las·sen (*hat*) [Vt] (及物) **1. *etw. lässt etw.* (*durch etw.*) *durch*** etw. verhindert nicht, dass etw. durch ein Hindernis, e-e Öffnung (hindurch) gelangt (物作主语) 使透过，使通过：*Das Dach lässt Regen durch* 屋顶漏雨；*Die Vorhänge lassen fast kein Licht durch* 这窗帘几乎不透光 **2. *j-n / etw.* (*durch etw.*) *d.*** j-m erlauben, durch e-e Absperrung, ein Hindernis *o. Ä.* zu gehen od. zu fahren 允许…通行：*Die Wachen dürfen Personen ohne Ausweis nicht d.* 岗哨不准无证人员通行

durch·läs·sig *Adj* (形)；*nicht adv* (不作状语)；**(*für etw.*) *d.*** so, dass dadurch etw. (*z. B.* e-e Flüssigkeit, Licht *o. Ä.*) durchdringen kann 透光的，透气的，渗水的，可渗透的〈Schuhe (= undicht) 鞋〉‖ -K (复合)：***licht-*, *luft-*, *wasser-*** ‖ *hierzu* (派生) **Durch·läs·sig·keit** *die*；*nur Sg* (只用单数)

Durch·laucht *die*；-, *-en*；*hist* [历]；verwendet als Anrede für Fürsten u. Fürstinnen, Prinzen und Prinzessinnen (对王公贵族的称呼) 殿下〈Seine, Ihre D. 殿下；Euer D. 殿下〉

durch·lau·fen[1]；*lief durch*, *hat / ist durchgelaufen*；[Vi] (不及物) (*ist*) **1. (*durch etw.*) *d.*** durch e-e Öffnung, e-e enge Stelle laufen 穿过，跑过：*durch ein Tor d.* 跑步通过一道门 **2. (*durch etw.*) *d.*** (quer) durch ein Gebiet *o. Ä.* laufen 横穿、穿越 ≈ etw. durchqueren：*durch e-n Wald d.* 穿越森林 **3. (*durch etw.*) *d.*** durch etw. hindurchgehen *o. Ä.*, ohne dort länger stehen zu bleiben 转(兜)了一圈即离去：*durch ein Kaufhaus nur d., ohne etw. zu kaufen* 只在商场里匆匆转了一圈，没买任何东西 **4. *etw. läuft* (*durch etw.*) *durch*** etw. dringt langsam durch etw. durch (物作主语) 慢慢渗透、渗漏：*Der Kaffee ist noch nicht (durch den Filter) durchgelaufen* 咖啡还没滤好 **5. *d.* (*bis* +** *Zeitangabe* 时间说明语) / *Zeitangabe* 时间说明语 (*im Akk* 四格) **+ *d.* / *d. bis*** + *Ortsangabe* (地点说明语) über e-n bestimmten Zeitraum od. bis zu e-m bestimmten (zeitlichen od. räumlichen) Punkt ohne Pause od. Unterbrechung laufen, fahren *o. Ä.* 不停顿地、持续跑或行驶：*zwei Stunden, bis zum Morgengrauen d.* 连跑两小时，一直跑到天亮；*Der Zug läuft bis (nach) Zürich durch* 火车直开苏黎士；[Vt] (及物) (*hat*) **6. *etw. d.*** etw. durch viel Laufen abnutzen (verschleißen) 跑坏，跑穿〈*mst* 多指 die Schuhe, die Sohlen d. 鞋、鞋底跑穿了〉

durch·lau·fen[2]；*durchlief*, *hat durchlaufen*；[Vt] (及物) **1. *etw. d.*** ≈ absolvieren, hinter sich bringen〈*mst* e-e Schule, e-e Ausbildung, ein Studium d. 上完中学、培训、大学〉**2. *etw. durchläuft etw.*** etw. geht durch bestimmte Stufen od. Phasen e-r Entwicklung (物作主语) 经历过，经受过：*Der Gesetzesvorschlag muss noch alle parlamentarischen Gremien d.* 立法的建议必须逐一经过议会所有专家评审组的审批 **3. *etw. durchläuft j-n / j-s Körper*** *geschr* [书]；etw. breitet sich plötzlich in j-s Körper aus (物作主语) 向…突然袭来，突然感受到〈ein Schauder, ein Beben, ein Zittern durchläuft j-n/j-s Körper 一阵寒噤、震颤、颤抖袭遍某人全身〉**4. *etw. d.*** von einem Ende e-s Gebietes *o. Ä.* zum anderen laufen 跑步穿越 ≈ durchqueren：*e-n Wald d.* 跑步穿越森林 ‖ *zu* (义项) **2. Durch·lauf** *der*；-(*e*)*s*, *Durch·läu·fe*

Durch·lauf·er·hit·zer *der*；-*s*, -；ein Apparat, der Wasser heiß macht, während es hindurchläuft 直流式热水器

durch·la·vie·ren, sich；*lavierte sich durch*, *hat sich durchlaviert*；[Vr] (反身) ***sich* (*durch etw.*) *d.*** *gespr* [口]；durch Glück u. Geschick verschiedenen Gefahren entgehen u. Erfolg haben 巧妙地避开众多的危险并取得成功

durch·le·ben；*durchlebte*, *hat durchlebt*；[Vt] (及物) ***etw. d.*** *geschr* [书]；e-e Situation, e-e bestimmte Zeit bewusst erleben 经历，度过：*frohe Stunden, Jahre der Not, e-e glückliche Kindheit, e-e Zeit der Trauer d.* 度过愉快的时刻、艰难的岁月、幸福的童年、一段悲伤的日子

durch·le·sen (*hat*) [Vt] (及物) (***sich*** (*Dat* 三格)) ***etw. d.*** e-n Text ganz lesen 读完，通读：*Lies das mal bitte durch!* 请把它从头看一遍！

durch·leuch·ten；*durchleuchtete*, *hat durchleuchtet*；[Vt] (及物) **1. *etw. d.*** etw. genau untersuchen, um Klarheit über alle Einzelheiten zu bekommen 仔细审查，查明〈e-n Kriminalfall, ein Problem, j-s Vergangenheit *o. Ä.* d. 调查刑事案件、问题、某人的过去等〉**2. *j-n / etw. d.*** ≈ röntgen ‖ *hierzu* (派生) **Durch·leuch·tung** *die*

durch·lie·gen (*hat*) [Vt] (及物) ***etw. d.*** etw. zusammendrücken u. abnutzen, weil man viel darauf liegt 把…睡塌、压扁、压坏〈*mst* e-e Matratze d. 把床垫睡塌了〉

durch·lö·chern；*durchlöcherte*, *hat durchlöchert*；[Vt] (及物) **1. *etw. d.*** viele Löcher in etw. machen 使布满窟窿：*e-e Dose, e-e Schießscheibe mit Kugeln, Schüssen d.* 用子弹、枪弹把罐头、靶子打满窟窿 **2. *etw. d.*** e-e Regelung durch viele Ausnahmen in ihrer Wirkung schwächen (以各种名目来) 削弱，破坏〈Gesetze, Vorschriften d. 使法规、规定千疮百孔〉‖ *hierzu* (派生) **Durch·lö·che·rung** *die*；*nur Sg* (只用单数)

durch·lot·sen (*hat*) [Vt] (及物) ***j-n* (*durch etw.*) *d.*** *gespr* [口]；j-n *mst* durch ein unbekanntes Gebiet lotsen (2) 给…引路，领路，带路：*e-n Autofahrer durch Berlin bis zum Olympiastadion d.* 给一位汽车司机带路穿过柏林来到奥林匹克运动场

durch·lüf·ten (*hat*) [Vt/i] (及物/不及物) (***etw.***) ***d.*** etw. lange u. gründlich lüften 给…通风换气，使流通新鲜空气〈(ein Zimmer, die Wohnung) gut, ordentlich d. 给(屋子，住房)好好地通风换气〉

durch·ma·chen (*hat*) [Vt] (及物) **1. *etw. d.*** etw. Negatives od. Unangenehmes, das längere Zeit dauert, erleben 经历,经受,遭受 〈e-e schlimme Krankheit, e-e schlimme Zeit d. 经历过一场大病,经受过一段艰苦的岁月〉: *Sie hat in ihrem Leben schon viel d. müssen* 她在她的一生中经受了不少艰难困苦 **2. *etw. d.*** *gespr* [口] ≈ durchlaufen² (1): *e-e Ausbildung d.* 上完培训; [Vi] (不及物) **3. *d.* (*bis* +** *Zeitangabe* 时间说明语)/*Zeitangabe* (时间说明语) **+ *d.*** *gespr* [口] ≈ durchfeiern 〈nachts, die Nacht, bis zum Morgengrauen d. 通宵狂欢,欢庆至天明〉 **4. *d.* (*bis* +** *Zeitangabe* (时间说明语))/*Zeitangabe* (时间说明语) **+ *d.*** *gespr* [口] ≈ durcharbeiten (2): *mittags, die Mittagspause, bis Mitternacht, bis 12 Uhr d.* 中午不休息地连续工作,持续工作到半夜、到12点钟

Durch·marsch *der*; -(*e*)*s*; *nur Sg* (只用单数) **1.** *gespr hum* [口][诙] ≈ Durchfall 〈D. haben 拉肚子〉 **2.** *mst* 多用 〈Truppen *o. Ä.* 部队等〉 ***sind auf dem D.*** Truppen *o. Ä.* marschieren gerade durch ein Gebiet hindurch 部队正在穿越一地区

durch·mar·schie·ren; *marschierte durch, ist durchmarschiert*; [Vi] (不及物) *mst* 多用 〈Soldaten, Truppen *o. Ä.* 士兵们,部队等〉 ***marschieren* (*durch etw.*) *durch*** Soldaten, Truppen *o. Ä.* marschieren auf dem Weg zu e-m bestimmten Ziel durch e-n Ort, ein Gebiet *o. Ä.* 行军经过、通过、越过

durch·mes·sen; *durchmisst, durchmaß, hat durchmessen*; [Vt] (及物) ***etw. d.*** *geschr* [书]; mit langsamen, großen Schritten durch e-n Raum gehen (缓慢地)迈着大步走过 ≈ durchschreiten 〈e-n Saal d. 阔步走过大厅〉

Durch·mes·ser *der*; -*s*, -; das Doppelte des Radius e-s Kreises od. e-r Kugel 直径

durch·mi·schen; *durchmischte, hat durchmischt*; [Vt] (及物) ***etw. mit etw. d.*** e-n Stoff zu e-m anderen dazugeben u. beide gründlich miteinander mischen 把…与…掺和在一起

durch·mo·geln, sich (*hat*) [Vr] (反身) ***sich d.*** *gespr* [口]; durch (relativ harmlose) Tricks u. Lügen sein Ziel erreichen 耍花招,耍滑头,耍心眼 〈sich überall d. 到处耍滑头〉

durch·müs·sen (*hat*) [Vi] (不及物) **1. (*durch etw.*) *d.*** *gespr* [口]; verwendet als verkürzte Form vieler Verben (der Bewegung) mit *durch-*, um auszudrücken, dass j-d/ein Tier etw. tun muss, (作为很多durch-动词的缩略形式,用于表达人/动物必须这么做) *z. B. durch e-e Stadt d.* (= durchfahren, durchgehen *usw* müssen) 例如必须穿越一个城市; *durch e-n Fluss d.* (= durchschwimmen, durchwaten *o. Ä.* müssen) 必须游过或涉过一条河; *durch e-e Absperrung d.* (= durchgehen, durchfahren *o. Ä.* müssen) 必须越过一道封锁线 **2.** e-e schwierige od. unangenehme Situation, Prüfung, Probe *o. Ä.* ertragen müssen 必须通得过、经得住、承受得起(难关、考试、考验等): *Du musst da durch, da hilft alles nichts!* 你必须闯过这一关,别无选择!

durch·na·gen (*hat*) [Vt] (及物) 〈ein Tier 动物〉 ***nagt etw. durch*** ein Tier nagt etw. in zwei Teile 咬断,啃断: *Der Marder hat das Kabel durchgenagt* 水貂将电缆咬断了

durch·näs·sen; *durchnässte, hat durchnässt*; [Vt] (及物) 〈der Regen *o. Ä.* 雨等〉 ***durchnässt j-n/etw.*** der Regen *o. Ä.* macht j-n bzw. dessen Kleidung vollkommen nass 淋湿,使湿透,浸透 〈völlig, bis auf die Haut durchnässt sein 淋得湿透(像落汤鸡)〉 ‖ NB (注意): *mst* im Zustandspassiv (多用于状态被动句)!

durch·neh·men (*hat*) [Vt] (及物) ***etw. d.*** sich in der Schule, im Unterricht mit e-m Thema (Lehrstoff) gründlich beschäftigen 仔细讲解、处理 ≈ behandeln (8): *Heute haben wir e-e neue Lektion in Latein durchgenommen* 今天在拉丁语课上我们仔细处理了一篇新课文

durch·num·me·rie·ren; *nummerierte durch, hat durchnummeriert*; [Vt] (及物) ***etw. d.*** etw. von Anfang bis Ende (fortlaufend) nummerieren (从头)编号,排页码 〈die Seiten eines Textes d. 给一篇文章排页码〉 ‖ *hierzu* (派生) **Durch·num·me·rie·rung** *die*; *nur Sg* (只用单数)

durch·pau·sen (*hat*) [Vt] (及物) ***etw. d.*** e-e Zeichnung *o. Ä.* kopieren, indem man *z. B.* mithilfe von durchsichtigem Papier die Linien nachzeichnet 用透明纸描印,透描

durch·peit·schen (*hat*) [Vt] (及物) **1. *etw. d.*** *gespr pej* [口][贬]; erreichen, dass ein Antrag *o. Ä.* von e-m Parlament, e-m Gremium *o. Ä.* schnell angenommen wird, ohne dass lange darüber diskutiert wird 促使…尽快通过 〈*mst* e-n Antrag, e-n Beschluss, ein Gesetz d. 使申请、决议、法律尽快获得通过〉 **2. *j-n d.*** ≈ auspeitschen

durch·pflü·gen (*hat*) [Vt] (及物) **1.** 〈ein Fahrzeug *o. Ä.* 车辆等〉 ***durchpflügt etw.*** ein Fahrzeug *o. Ä.* macht e-e tiefe Spur (ähnlich der e-s Pfluges) in e-n feuchten, schweren Boden 压出(车辙): *Panzer durchpflügten das Gelände* 坦克压坏了路面 **2.** *geschr* [书]; 〈ein Schiff, ein Wal *o. Ä.* 船,鲸等〉 ***durchpflügt das Meer*** ein Schiff od. ein großer Fisch macht e-e tiefe Spur in die Meeresoberfläche 在海上破浪前进

durch·prü·fen (*hat*) [Vt] (及物) ***etw. d.*** etw. gründlich, systematisch prüfen 全面、彻底检查: *Der Mechaniker muss das Auto d.* 机械师得彻底检查这辆车

durch·prü·geln (*hat*) [Vt] (及物) ***j-n d.*** *gespr*; j-n kräftig (ver)prügeln 痛打,狠揍

durch·pus·ten (*hat*) [Vi] (不及物) (***durch etw.***) ***d.*** *gespr* [口]; durch ein Rohr *o. Ä.* blasen 吹(管子)

durch·que·ren; *durchquerte, hat durchquert*; [Vt] (及物) ***etw. d.*** sich von einem Ende e-s Gebiets, Raumes *o. Ä.* zum anderen bewegen 穿越,横穿,横贯: *Um von Deutschland nach Spanien zu kommen, muss man Frankreich d.* 要从德国去西班牙就必须穿越法国

D

‖ *hierzu* (派生) **Durch·que·rung** *die*

durch·ra·sen (*ist*) Vi (不及物) (**durch etw.**) **d.** sehr schnell durch ein Gebiet, e-n Raum laufen, fahren *o.Ä.* 急急跑过,疾驰而过

durch·ras·seln (*ist*) Vi (不及物) (**durch/bei etw./in etw.** (*Dat* 三格)) **d.** *gespr* [口]; e-e Prüfung nicht bestehen(考试)不及格: *durchs Abitur d.* 没有通过文理中学毕业考试; *bei e-m Examen d.* 考试不及格

durch·rech·nen (*hat*) Vt (及物) **etw. d.** etw. gründlich, von Anfang bis Ende rechnen (u. prüfen) 从头至尾地认真计算,核算〈e-e Aufgabe d. 从头计算题目; die Kosten, ein Angebot (noch einmal) d. (再次)核算费用、报价〉

durch·reg·nen (*hat*) Vimp (无人称) **es regnet** (**durch etw.**) **durch** Regen dringt durch etw. (*mst* das Dach) durch (屋顶)漏雨

Durch·rei·che *die*; -, -*n*; e-e Öffnung in der Wand *mst* zwischen Küche u. Esszimmer, durch die man Essen, Geschirr *usw* reichen kann (厨房与餐室之间饭菜的)传递窗口

durch·rei·chen (*hat*) Vt (及物) **etw.** (**durch etw.**) **d.** etw. durch e-e Öffnung reichen 把…(从…)递送过去

Durch·rei·se *die*; -, -*n*; *mst Sg* (多用单数); *mst in* 多用 **auf der D. sein/sich auf der D. befinden** während e-r Reise kurze Zeit an e-m Ort bleiben, bevor man zu seinem Ziel weiterreist 旅途中作短暂的停留,路过: *„Bleiben Sie längere Zeit in Frankfurt?" – „Nein, ich bin nur auf der D."* "您在法国要呆段时间吗?"——"不,我只是路过这儿。"

durch·rei·sen[1] (*ist*) Vi (不及物) (**durch etw.**) **d.** auf e-r Reise durch e-n Ort, ein Gebiet kommen (u. dort höchstens für kurze Zeit bleiben) 途中经过,路经

durch·rei·sen[2]; *durchreiste*, *hat durchreist*; Vt (及物) **etw. d.** durch ein Gebiet od. Land auf e-r Reise gehen, fahren 周游,遍游,游历: *Er hat schon fast die ganze Welt durchreist* 他差不多已遍游世界

Durch·rei·sen·de *der/die*; -*n*, -*n*; j-d, der sich auf der Durchreise befindet 过路客,过路人 ‖ NB (注意): *ein Durchreisender*; *der Durchreisende*; *den*, *dem*, *des Durchreisenden*

Durch·rei·se|vi·sum *das*; e-e Genehmigung zum Durchreisen[2] eines Staates 过境签证 ≈ Transitvisum

durch·rei·ßen Vt (及物) (*hat*) **1. etw. d.** etw. in zwei Teile (zer)reißen 撕成两半,撕开,扯断: *ein Blatt Papier in der Mitte d.* 把一张纸从中间撕开; Vi (不及物) (*ist*) **2. etw. reißt durch** etw. reißt (1) (物体主语)撕断,撕裂

durch·rei·ten[1] (*ist*) Vi (不及物) **1.** (**durch etw.**) **d.** durch e-e enge Stelle, e-e Öffnung *o.Ä.* reiten 骑马穿过: *durch ein Tor d.* 骑马穿过一道门 **2.** (**durch etw.**) **d.** (quer) durch ein Gebiet *o.Ä.* reiten 骑马经过(横穿): *durch e-n Bach d.* 骑马趟过溪流

durch·rei·ten[2]; *durchritt*, *hat durchritten*; Vt (及物) **etw. d.** von e-m Ende e-s Gebietes *o.Ä.* zum anderen reiten 骑马穿越一个地方: *e-n Wald d.* 骑马穿越森林

durch·rin·gen, sich (*hat*) Vr (反身) **sich zu etw. d.** sich nach längerem Zögern zu etw. entschließen, das einem schwerfällt (犹豫再三)终于决定去做〈sich zu e-m Entschluss, e-r Entscheidung, e-r Entschuldigung *o.Ä.* d. 最终下了决心、做出决择、表示道歉等〉

durch·ros·ten (*ist*) Vi (不及物) **etw. rostet durch** etw. rostet so stark, dass es Löcher bekommt od. bricht (物作主语)锈坏,锈穿

durch·rüh·ren (*hat*) Vt (及物) **etw. d.** etw. gründlich (um) rühren 把…搅拌透: *den Kuchenteig mit dem Mixer gut d.* 用搅拌器搅透面团

durch·rut·schen (*ist*) Vi (不及物) *gespr* [口] **1.** (**durch etw.**) **d.** durch e-e Öffnung rutschen 滑进(洞口) **2.** *mst* e-e Prüfung gerade noch bestehen 勉强通过考试〈*mst* gerade noch (so) d. 考试勉强及格〉

durchs *Präp mit Artikel* (介与冠词合写) ≈ durch das ‖ NB (注意): *durchs* kann nicht durch *durch das* ersetzt werden in Wendungen wie (在习语中 durchs 不能用 durch das 代替,如): *für j-n d. Feuer gehen*, *mit j-m d. Leben gehen* 为某人赴汤蹈火,与某人同甘共苦相依为命

Durch·sa·ge *die*; -, -*n*; die Mitteilung e-r Information *bes* im Radio, Fernsehen od. über Lautsprecher 广播通知,通告〈e-e aktuelle, wichtige D. bringen, machen 播放一条紧要的、重要的通知〉: *Achtung, e-e D.: Wegen e-r Betriebsstörung verzögert sich die Abfahrt aller S-Bahnen* 请注意,广播通知:由于设备故障所有城市轻轨列车的发车时间要推迟

durch·sa·gen (*hat*) Vt (及物) **etw. d.** e-e Information *bes* im Radio, Fernsehen od. über Lautsprecher mitteilen 广播通知 ≈ durchgeben

durch·sä·gen (*hat*) Vt (及物) **etw. d.** etw. in zwei Teile sägen 锯断: *e-n Ast d.* 锯断树枝

durch·schau·bar *Adj* (形) **1.** so, dass man das Ziel dahinter erkennen kann 能认清的,能看清的〈j-s Absichten, j-s Pläne 某人的意图,某人的计划〉 **2.** so, dass man leicht dahinterkommt 能识破的,能看穿的〈ein Betrug, e-e List *o.Ä.* 骗局,诡计〉 ‖ *hierzu* (派生) **Durch·schau·bar·keit** *die*; *nur Sg* (只用单数)

durch·schau·en[1] (*hat*) Vi (不及物) (**durch etw.**) **d.** ≈ durchblicken (2), durchsehen (4)

durch·schau·en[2]; *durchschaute*, *hat durchschaut*; Vt (及物) **1. j-n d.** j-s wahren Charakter erkennen 看出,看透,认清(本性): *Ich habe ihn durchschaut – er ist gar nicht so nett, wie er immer tut* 我看透他了—他绝不像他装得那么好 **2. etw. d.** etw. als List od. Betrug erkennen 看穿,识破(诡计或骗局) **3. etw. d.** das Prinzip od. die Zusammenhänge von etw. Kompliziertem begreifen 洞察,通解,看清(事理): *Die Bestimmungen sind schwer zu d.* 这些规定让人琢磨不透

durch·schei·nen (*hat*) [Vi] (不及物) **etw. scheint (durch etw.) durch** Lichtstrahlen dringen durch etw. hindurch (物作主语)透过…照射进来：*Die Sonne schien durch die Wolken* 阳光透过云层照射下来

durch·schei·nend *Adj* (形)；*nicht adv* (不作状语)；so (beschaffen)，dass man dahinter etw. relativ gut erkennen kann 透亮的，能透视的 ≈ lichtdurchlässig ⟨Haut, ein Papier, ein Stoff, ein Vorhang 膜，纸，材料，窗帘⟩ ‖ NB (注意)：≠ durchsichtig

durch·scheu·ern (*hat*) [Vt] (及物) **etw. d.** *mst* e-n Stoff durch Reiben dünn machen, beschädigen 磨损，磨坏：*die Hose an den Knien d.* 裤子的膝盖处磨损了

durch·schie·ben (*hat*) [Vt] (及物) **etw. (durch etw.) d.** etw. durch e-e Öffnung schieben 把…(从…)推进去

durch·schim·mern (*hat*) [Vi] (不及物) **1. etw. schimmert (durch etw.) durch** Licht *o. Ä.* dringt mit seinem Schimmer durch etw. (物作主语)(从…中)透出微光，(透过…)发出微光：*Das Licht der Lampe schimmerte durch den Vorhang durch* 从窗帘里透出微弱的灯光 **2. etw. schimmert durch** etw. ist andeutungsweise zu hören (物作主语)隐隐约约地听到

durch·schla·fen (*hat*) [Vi] (不及物) **d.** (**bis** + *Zeitangabe* (时间说明语)) / *Zeitangabe* (时间说明语) (*im Akk* 四格) + **d.** ohne Unterbrechung e-e bestimmte Zeit lang od. bis zu e-m bestimmten Zeitpunkt schlafen 睡着不醒，一觉睡到 ⟨die ganze Nacht, nachts, bis zum Morgen d. 睡一通宵，晚上睡觉不醒，一觉睡到清早⟩

Durch·schlag *der*; -(*e*)*s*, *Durch·schlä·ge*; e-e Kopie e-s Textes, die während des Schreibens auf e-m zweiten Blatt entsteht, weil man spezielles Papier (Kohlepapier) verwendet 复写本，复写件 ↔ Original

durch·schla·gen[1] [Vt] (及物) (*hat*) **1. etw. d.** etw. in zwei Teile schlagen, (zer)hauen 打断，击断 **2. etw. (durch etw.) d.** auf etw. schlagen u. dadurch bewirken, dass es durch etw. dringt 把…敲打进去：*e-n Nagel durch ein Brett d.* 把钉子钉进一块木板；[Vi] (不及物) (*ist*) **3. etw. schlägt (durch etw.) durch** etw. (*mst* Unangenehmes) dringt durch etw. hindurch (物作主语)渗透，透过：*Die Nässe ist durch die Wand durchgeschlagen* 湿气湿透了墙壁；[Vr] (反身) (*hat*) **4. sich (durch etw.) / (irgendwohin) d.** mithilfe von List, Geschicklichkeit od. aufgrund seiner Kampfkraft durch ein gefährliches Gebiet an ein Ziel kommen 巧妙地突破、冲过；奋力穿过：*sich zur Grenze d.* 穿过封锁，直奔边境 **5. sich (irgendwie) d.** es immer wieder schaffen, dass man gerade genug Geld *usw* hat, um leben zu können 勉强维持生活，艰难度日 ⟨sich allein, recht u. schlecht (= so gut es geht), irgendwie d. (müssen) (不得不)一个人艰难地生活，好歹凑合活着，设法勉强活下去⟩：*„Wie gehts?" – „Man schlägt sich so durch"* "过得怎么样？"——"勉强过得去吧"

durch·schla·gen[2]; *durchschlägt, durchschlug, hat durchschlagen*; [Vt] (及物) **etw. durchschlägt etw.** etw. dringt mit großer Kraft u. Geschwindigkeit durch ein Hindernis (物作主语)打穿，击穿：*Die Pistolenkugel durchschlug die Fensterscheibe* 手枪子弹击穿了玻璃窗

durch·schla·gend *Adj* (形)；*nicht adv* (不作状语) **1.** ⟨*mst* ein Argument, ein Beweis 论据，证据⟩ so, dass sie andere Leute sofort u. endgültig überzeugen 有绝对说服力的 **2.** ⟨*mst* ein Erfolg, e-e Wirkung 成就，影响⟩ sehr groß, bedeutsam 决定性的，重大的 ≈ entscheidend (3), tiefgreifend

Durch·schlag·pa·pier *das*; *nur Sg* (只用单数)；ein spezielles Papier, mit dem man Durchschläge (= Kopien) macht 复写纸

Durch·schlags·kraft *die*; *nur Sg* (只用单数) **1.** die Fähigkeit, feste Körper zu durchschlagen[2] 穿透力，击穿力，冲击力 ⟨etw. ist von hoher, niedriger D. 某事物具有很强的、较弱的穿透力⟩：*Die Bombe hatte e-e gewaltige D.* 炸弹具有强大的穿透力 **2.** die Fähigkeit, Leute zu überzeugen 说服力 ≈ Wirksamkeit ⟨die D. e-s Arguments 论据的说服力⟩

durch·schlän·geln, sich (*hat*) [Vr] (反身) **sich (durch etw.) d.** sich (geschickt) durch enge Stellen bewegen, indem man sich möglichst dünn macht 紧缩身体蜿蜒通过，(巧妙地)挤过去

durch·schlei·chen, sich (*hat*) [Vr] (反身) **sich (durch etw.) d.** heimlich u. leise durch e-n Eingang *o. Ä.* gehen 蹑手蹑脚地溜过去：*sich durch die Kinokasse d., ohne zu zahlen* 没买票偷偷地从影院售票处溜进去

durch·schlüp·fen (*ist*) [Vi] (反身) (**durch etw.**) **d.** durch e-e Öffnung, e-e enge Stelle schlüpfen 钻过去，潜入或潜出：*durch ein Loch im Zaun d.* 从篱笆洞钻过去

durch·schme·cken (*hat*) [Vt] (及物) **1. etw. (durch etw.) d.** den Geschmack von etw. in e-r Speise, e-m Gericht deutlich spüren 觉出，品尝出(味道)；[Vi] (不及物) **2. etw. schmeckt durch** etw. ist als Geschmack bemerkbar (物作主语)能品尝出来

durch·schmo·ren (*ist*) [Vi] (不及物) **etw. schmort durch** *gespr* [口]；etw. wird durch sehr große Hitze zerstört (物作主语)熔蚀 ⟨*mst* e-e elektrische Leitung, ein Kabel 电线，电缆⟩

durch·schnei·den (*hat*) [Vt] (及物) **etw. d.** etw. in zwei Teile schneiden 剪断，切开：*e-e Schnur, e-n Faden d.* 剪断绳子、线

Durch·schnitt *der*; -(*e*)*s*, -*e* **1.** *mst Sg*, MATH (多用单数)【数】die Zahl, die sich ergibt, wenn man mehrere Zahlen addiert u. dann durch ihre Anzahl teilt 平均值，平均数 ≈ Mittelwert, arithmetisches Mittel ⟨den D. ermitteln, errechnen 测定、算出平均值⟩：*Der D. von drei* (3), *fünf* (5) *u. sieben* (7) *ist / beträgt fünf* (5) 3、5、7 的平均数为 5 ‖ K- (复合)：**Durchschnitts-, -alter, -einkommen,**

D

-geschwindigkeit, ***-gewicht***, ***-lohn***, ***-preis***, ***-temperatur***, ***-verdienst***, ***-zeit*** ‖ -K（复合）: ***Abitur-***, ***Noten-*** **2.** das normale, übliche Maß 平均，一般水平 ≈ Mittelwert 〈etw. liegt über, unter dem D. 某事在平均水平之上、之下；etw. ist (guter) D. 某事为一般水平；etw. überschreitet, übersteigt den D. 某事超越了平均水平〉：*Peters Leistungen in der Schule liegen weit über dem D.* 彼得在学校里的成绩大大高于平均水平 ‖ K-（复合）: ***Durchschnitts-***, ***leistung-***, ***-niveau***, ***-talent*** **3.** ***im D.*** ≈ normalerweise, im Allgemeinen: *Ich schlafe im D. sieben Stunden pro Tag* 我每天平均睡7小时

durch·schnitt·lich *Adj*（形）**1.** dem Durchschnitt (1) entsprechend, im Durchschnitt (3) 平均的，正常的：*Sein durchschnittliches Jahreseinkommen liegt bei 40000 Euro* 他平均年收入为4万欧元左右；*Die Firma produziert d. 100 Maschinen pro Tag* 公司平均每天生产100台机器 **2.** weder besonders gut noch besonders schlecht 一般的，普通的，中等的 ≈ mittelmäßig, normal 〈e-e Begabung, e-e Leistung 才华，成绩〉：*ein d. begabtes Kind* —个天赋一般的孩子；*von durchschnittlicher Intelligenz* 智力一般

Durch·schnitts- *im Subst, begrenzt produktiv*（构成名词，构词有限）；drückt aus, dass j-d/etw. dem Mittelmaß entspricht, weder besonders positiv noch besonders negativ auffällt（普通的，平均的，一般的，中等的…）；das ***Durchschnittsauto***, der ***Durchschnittsbürger***, der ***Durchschnittsdeutsche***, der ***Durchschnittsleser***

Durch·schnitts|wert *der*; MATH【数】≈ Durchschnitt (1)

durch·schnüf·feln (*hat*) [Vt]（及物）***etw. d.*** *gespr pej*［口］［贬］；etw. aus Neugier od. zur Kontrolle durchsuchen 翻找，翻腾，搜查〈j-s Zimmer, j-s Post, j-s Gepäck *o.Ä.* d. 翻查某人的屋子、信件、行李等〉

durch·schrei·ten; *durchschritt*, *hat durchschritten*; [Vt]（及物）***etw. d.*** *geschr*［书］；langsam u. feierlich von einem Ende e-s Raumes *o.Ä.* zum anderen gehen 缓慢庄严地迈步走过：*e-n Saal d.* 庄严地走过大厅

Durch·schrift *die*; -, *-en* ≈ Durchschlag, Kopie (2) 〈von etw. e-e D. anfertigen 为…做一份副本〉

Durch·schuss *der*; *-es*, *Durch·schüs·se*; **1.** ein Schuss durch den Körper e-s Menschen od. Tieres hindurch 射穿，穿透〈ein glatter D. 直接射穿〉**2.** (in e-m gedruckten Text) der Abstand zwischen den Zeilen 行距

durch·schüt·teln (*hat*) [Vt]（及物）***j-n/etw. d.*** j-n/etw. stark od. längere Zeit schütteln 使劲摇晃〈j-n/etw. gründlich d. 猛力摇晃某人/某物〉

durch·schwim·men¹ (*ist*) [Vi]（不及物）(***durch etw.***) ***d.*** (quer) durch etw. schwimmen 横渡，游过〈durch e-n Fluss, e-n See *o.Ä.* d. 横渡河流、湖泊等〉

durch·schwim·men²; *durchschwamm*, *hat durchschwommen*; [Vt]（及物）***etw. d.*** von einer Seite e-s Flusses *o.Ä.* zur anderen schwimmen 游完，游过，泅过〈e-n Fluss, e-n See *o.Ä.* d.（一直）游至河流、湖泊等的对岸〉

durch·schwit·zen (*hat*) [Vt]（及物）***etw. d.*** ein Kleidungsstück durch Schweiß ganz nass machen 被汗水湿透：*ein durchgeschwitztes Hemd* 汗水浸透的衬衫

durch·se·hen (*hat*) [Vt]（及物）**1.** ***etw. d.*** etw. nur teilweise od. kursorisch lesen, ohne auf Einzelheiten zu achten 浏览，粗阅，翻看 ≈ überfliegen: *e-n Bericht kurz d.* 粗粗翻阅一遍报告 **2.** ***etw.*** (***auf etw.*** (*Akk* 四格) (***hin***)) ***d.*** etw. genau lesen, um es zu prüfen od. um etw. Bestimmtes zu finden 审读，细心批阅，检查：*e-n Aufsatz auf orthographische Fehler hin d.* 查找文章拼写错误 **3.** ***etw. d.*** *gespr*［口］；in etw. nach etw. suchen 查看，翻找：*Sieh mal deine Sachen durch, ob du den Schlüssel findest!* 翻一下你的东西，看看有没有钥匙！；[Vi]（不及物）**4.** (***durch etw.***) ***d.*** durch e-e Öffnung *o.Ä.* sehen（透过…）看去 ≈ durchblicken (2): *Lass mich auch einmal durch das Fernrohr d.!* 让我也从望远镜里看一下！

durch·sei·hen (*hat*) [Vt]（及物）***etw. d.*** e-e Flüssigkeit durch ein feines Sieb fließen lassen, um kleine (Bestand)Teile zu entfernen 过滤 ≈ filtern

durch·set·zen¹ (*hat*) [Vt]（及物）**1.** ***etw.*** (***gegen j-n***) ***d.*** erreichen, dass etw. gemacht od. realisiert wird, obwohl andere dagegen sind 奋力实施，极力贯彻，使得到实现〈ein Gesetz, e-e Regelung *o.Ä.* d. 使法律、规定等得以贯彻；seine Pläne, seine Absichten, seinen Willen *o.Ä.* d. 实施他的计划，实现他的意图、意愿等〉；[Vr]（反身）**2.** ***sich*** (***bei j-m***) ***d.*** (als Autorität od. Vorgesetzter) j-n dazu bringen zu gehorchen（在…那儿）实施意图，说了算：*Er konnte sich bei seinen Schülern nicht d.* 他对付不了他的学生 **3.** ***sich d.*** trotz Widerstands seine Ziele erreichen（排除阻力）达到目的，得以贯彻，获得成功 ≈ sich behaupten **4.** ***etw. setzt sich durch*** etw. wird von den meisten Leuten akzeptiert（物作主语）被普遍接受，得到认同 ‖ *zu*（义项）**1. Durch·set·zung** *die*; *nur Sg*（只用单数）；**durch·setz·bar** *Adj*（形）；*nicht adv*（不作状语）

durch·set·zen²; *durchsetzte*, *hat durchsetzt*; [Vt]（及物）***etw. ist mit*** 〈Personen/Dingen 人/物〉***durchsetzt*** viele Personen/Dinge sind irgendwo (gleichmäßig) verteilt（物作主语）掺杂，遍布：*Die Landschaft ist mit Bäumen durchsetzt* 这地区树木繁茂；*Die Verwaltung war mit Spitzeln durchsetzt* 管理部门中安插着不少密探

Durch·set·zungs|ver·mö·gen *das*; *nur Sg*（只用单数）；die Fähigkeit, sich durchzusetzen¹ (3) 达到目的之能力〈kein D. haben 缺乏不达目的决不罢休的能力〉

Durch·sicht *die*; -; *nur Sg*（只用单数）；das

Durchsehen (2): *Bei D. der Pläne stießen wir auf viele Fehler* 在细看计划时发现了不少错误

durch·sich·tig *Adj* (形); *nicht adv* (不作状语) **1.** so (beschaffen), dass man (wie *z.B.* bei Glas od. Wasser) hindurchsehen kann 透明的 ≈ transparent ↔ undurchsichtig: *e-e durchsichtige Folie* 透明的薄膜 **2.** nicht raffiniert genug, um j-n zu täuschen 易识破的,一眼就能看穿的 ≈ (leicht) durchschaubar 〈ein Manöver, ein Plan *o.Ä.* 花招,计划等〉‖ *hierzu* (派生) **Durch·sich·tig·keit** *die*; *nur Sg* (只用单数)

durch·si·ckern (*ist*) Vi (不及物) **1.** ***etw. sickert*** (***durch etw.***) ***durch*** etw. dringt in kleinen Tropfen langsam durch etw. durch (物作主语)渗出,渗漏,滴漏: *Blut sickerte durch den Verband durch* 血从绷带里渗出来 **2.** ***etw. sickert durch*** etw. wird allmählich bekannt, obwohl es geheim bleiben soll (物作主语)渐渐透露出去,慢慢传开: *Von diesem Projekt darf nichts an die Öffentlichkeit d.* 有关这个项目的事情丝毫不可透露出去

durch·sie·ben[1] (*hat*) Vt (及物) ***etw. d.*** etw. durch ein Sieb schütten 将…过筛,筛〈Mehl, Sand *o.Ä.* d. 筛面粉、沙子等〉

durch·sie·ben[2]; *durchsiebte, hat durchsiebt*; Vt (及物) ***j-n/etw.*** (***mit etw.***) ***d.*** *gespr* [口]; j-n/etw. mit vielen Schüssen treffen 把…打得满是枪眼

durch·sol·len; *sollte durch, hat durchgesollt*; Vi (不及物) (***durch etw.***) ***d.*** *gespr* [口]; verwendet als verkürzte Form vieler Verben (der Bewegung) mit *durch-*, um auszudrücken, dass etw. getan werden soll, (作许多表示动向的 durch-动词的简略形式,表示要做某事) *z.B. durch e-n Fluss d.* (= durchschwimmen *o.Ä.* sollen) 如:要游过河去; *durch e-e Absperrung d.* (= durchgehen, durchfahren *usw* sollen) 要通过封锁

durch·spie·len (*hat*) Vt (及物) **1.** ***etw. d.*** etw. (zur Probe) von Anfang bis Ende spielen 从头至尾演一遍: *e-e Szene e-s Theaterstücks d.* 把剧中的一场戏从头排一遍; *die Sonate vor Beginn des Konzerts noch einmal d.* 在音乐会开始前把奏鸣曲再演奏一遍 **2.** ***etw. d.*** genau überlegen, wie etw. (*z.B.* e-e Situation in der Zukunft) werden könnte (*mst* um Probleme von vornherein auszuschließen) 对…作通盘考虑〈e-e Situation, alle Möglichkeiten d. 对情况、一切可能作周密仔细考虑〉

durch·spre·chen (*hat*) Vt (及物) **1.** ***j-d spricht etw. mit j-m durch***; 〈Personen 人〉 ***sprechen etw. durch*** zwei od. mehrere Personen sprechen lange u. gründlich über etw. (人作主语)单:与…细谈;复:一起细谈: *Wir müssen Ihren Vorschlag erst noch d.* 对您的建议我们还得详细讨论; Vi (不及物) **2.** (***durch etw.***) ***d.*** etw. an den Mund halten, *z.B.* um seine Stimme zu verstärken od. zu verstellen 通过…讲话〈durch ein Megaphon, ein Mikrofon *o.Ä.* d. 通过喇叭、麦克风讲话〉

durch·spü·len (*hat*) Vt (及物) ***etw. d.*** etw. gründlich spülen 用水彻底清洗: *die Wäsche mit klarem Wasser mehrmals gut d.* 用清水多次漂洗衣物

durch·star·ten (*ist*) Vi (不及物) **1.** nach dem Starten (Anlassen) des Motors stark beschleunigen 起动后全速行驶; Vt/i (及物/不及物) **2.** (***etw.***) ***d.*** e-e begonnene Landung beenden (abbrechen) u. weiterfliegen 中断降落继续飞行: *Der Pilot musste* (*die Maschine*) *kurz vor der Landung noch einmal d.* 飞行员不得不在即将着陆时再次升空

durch·ste·chen[1] (*hat*) Vi (不及物) **1.** ***etw. sticht*** (***durch etw.***) ***durch*** etw. ragt durch etw. durch (物作主语)刺穿,刺通,刺透 **2.** ***mit etw. durch etw. d.*** mit e-m spitzen Gegenstand durch etw. stechen 用…刺穿: *mit e-r Nadel durch den Stoff d.* 用针穿过布料

durch·ste·chen[2]; *durchsticht, durchstach, hat durchstochen*; Vt (及物) ***etw. d.*** etw. mit e-r Nadel, e-m Messer *o.Ä.* durchbohren 扎穿,扎透

durch·ste·cken (*hat*) Vt (及物) ***etw.*** (***durch etw.***/***unter etw.*** (*Dat* 三格)) ***d.*** etw. durch e-e Öffnung, e-e enge Stelle stecken 从…塞入: *e-n Brief durch den Briefkastenschlitz, unter der Tür d.* 从邮筒口、门缝底下塞进一封信

durch·ste·hen (*hat*) Vt (及物) ***etw. d.*** *gespr* [口]; etw. Unangenehmes längere Zeit od. bis zum Ende ertragen 经受住,熬过

durch·stei·gen (*ist*) Vi (不及物) **1.** (***durch etw.***) ***d.*** durch e-e Öffnung, e-e enge Stelle steigen 从…爬过去: *durch ein Loch im Zaun d.* 从篱笆洞中爬过去 **2.** (***in etw.*** (*Dat* 三格)) ***d.*** *gespr* [口]; (*bes* von Jugendlichen verwendet) etw. verstehen (青年人用语)闹明白,弄懂: *In Mathe steig ich nicht durch* 数学我总搞不懂; *Steigst du da durch?* 你闹明白了吗?

durch·stel·len (*hat*) Vt/i (及物/不及物) *mst* 多用 (***ein Gespräch***) ***d.*** ein Telefongespräch von einem Telefon zu e-m anderen Nebenanschluss weiterleiten 把电话转接到分机

durch·stö·bern; *durchstöberte, hat durchstöbert*; Vt (及物) ***etw.*** (***nach etw.***) ***d.*** *gespr* [口] ≈ durchsuchen (1)

durch·sto·ßen[1]; *stößt durch, stieß durch, hat/ist durchgestoßen*; Vt (及物) (*hat*) **1.** ***etw.*** (***durch etw.***) ***d.*** etw. durch etw. stoßen 捅开,撞开 **2.** ***etw. d.*** ≈ durchscheuern; Vi (不及物) (*ist*) **3.** (***durch etw.***) (***irgendwohin***) ***d.*** sich gewaltsam den Weg zu e-m bestimmten Ziel bahnen 奋力冲击,冲向,突进,推进: *Der Feind ist bis zur Brücke durchgestoßen* 敌人一直冲到了桥头

durch·sto·ßen[2]; *durchstößt, durchstieß, hat durchstoßen*; Vt (及物) ***j-n/etw.*** (***mit etw.***) ***d.*** e-n Gegenstand mit viel Kraft schnell durch j-n/etw. stoßen 捅穿,刺穿,击穿

durch·stre·cken (*hat*) Vt (及物) ***etw. d.*** ein Körperteil so weit wie möglich strecken, gerade machen 尽力伸直,伸展,挺直 ≈

durchdrücken (3)〈*mst* die Arme, die Beine, die Knie, den Rücken d. 尽力伸直胳膊、腿，挺直膝盖、背〉

durch·strei·chen (*hat*) [Vt] (及物) ***etw. d.*** e-n Strich durch etw. Geschriebenes od. Gezeichnetes machen (um auszudrücken, dass es falsch, ungültig ist) 划掉，删去，勾掉 ≈ ausstreichen: *e-n Satz d. u. neu formulieren* 划去一个句子重新构思

durch·strei·fen; *durchstreifte, hat durchstreift*; [Vt] (及物) ***etw. d.*** (ohne festes Ziel) durch ein Gebiet wandern 漫游，游荡 ≈ durchwandern

durch·strö·men; *durchströmte, hat durchströmt*; [Vt] (及物) **1.** 〈ein Fluss *o. Ä.* 河流等〉 ***durchströmt etw.*** ein Fluss *o. Ä.* durchfließt[2] etw. 流过，流经 **2.** ***etw. durchströmt j-n*** j-d hat ein starkes, positives Gefühl (物作主语)一股强烈的情感涌上…心头，传遍，充满〈(ein Gefühl der) Freude, Zärtlichkeit, Dankbarkeit, Wärme *o. Ä.* durchströmt j-n 欢乐之情、柔情、感激之情涌上某人心头，一股暖流传遍某人全身〉

durch·stu·die·ren; *studierte durch, hat durchstudiert*; [Vt] (及物) ***etw. d.*** etw. sehr genau lesen, intensiv studieren 深入研究，钻研

durch·su·chen; *durchsuchte, hat durchsucht*; [Vt] (及物) **1.** ***etw.*** (***nach j-m / etw.***) ***d.*** in e-m Gebiet, Raum nach j-m/etw. suchen, in e-m Behälter *o. Ä.* nach etw. suchen 搜寻，寻遍，翻找: *alle Taschen nach e-m Schlüssel d.* 翻遍所有的口袋寻找钥匙; *e-n Wald nach e-m Kind d.* 为找孩子寻遍森林 **2.** ***j-n*** (***nach etw.***) ***d.*** in j-s Kleidung nach etw. (*z. B.* Drogen, e-r Waffe) suchen 搜身，搜查: *Die Polizei durchsuchte ihn* 警察对他进行搜查 ‖ *hierzu* (派生) **Durch·su·chung** *die*

Durch·su·chungs·be·fehl *der*; e-e amtliche Genehmigung für die Polizei, j-s Haus od. Wohnung nach j-m/etw. zu durchsuchen 搜查令〈*mst* e-n D. haben 有搜查证〉

durch·tas·ten, sich (*hat*) [Vr] (反身) ***sich*** (***durch etw.*** / ***irgendwo*** (***hin***)) ***d.*** durch Tasten den Weg suchen 摸索着走路: *sich im dunklen Zimmer zum Lichtschalter d.* 在黑暗的屋子里摸索着走向开关

durch·tes·ten (*hat*) [Vt] (及物) ***etw. d.*** etw. gründlich testen 全面测试

durch·trai·nie·ren; *trainierte durch, hat durchtrainiert*; [Vt] (及物) ***etw. d.*** etw. gründlich trainieren 全方位地训练〈*mst* seinen Körper d. 全面地锻炼自己的身体; ein durchtrainierter Körper 训练有素的身体〉 ‖ NB (注意): *mst* im Partizip Perfekt od. im Zustandspassiv (多用过去分词或状态被动态)!

durch·tränkt *Adj* (形); *nicht adv* (不作状语); (***etw. ist***) ***mit / von etw. d.*** (etw. ist) ganz feucht, nass von etw. (物作主语)浸透了…的，湿透了的: *ein von Blut durchtränkter Verband* 浸透鲜血的绷带

durch·tren·nen[1] (*hat*) [Vt] (及物) ***etw. d.*** etw. in zwei Teile trennen, schneiden 断开，剪开: *Fäden d.* 剪开线绳

durch·tren·nen[2]; *durchtrennte, hat durchtrennt*; [Vt] (及物) ***etw. d.*** ≈ durchtrennen[1] ‖ *hierzu* (派生) **Durch·tren·nung** *die*; *mst Sg* (多用单数)

durch·tre·ten [Vt/i] (及物/不及物) (*hat*) **1.** (***etw.***) ***d.*** e-n Hebel od. ein Pedal mit dem Fuß so weit wie möglich (nach unten) drücken (用脚)踩到底: *die Bremse, das Gaspedal* (*e-s Autos*) *d.* 把刹车、油门踩到底; [Vi] (不及物) (*ist*) **2.** 〈e-e Flüssigkeit, ein Gas 液体，气体〉 ***tritt*** (***durch etw.***) ***durch*** e-e Flüssigkeit, ein Gas dringt durch etw. Undichtes durch 渗漏出来

durch·trie·ben *Adj* (形); *pej* [贬]; auf e-e unangenehme (heimtückische) Weise schlau 狡诈的，诡计多端的 ≈ gerissen, raffiniert: *Er ist ein durchtriebener Bursche!* 他是个诡计多端的家伙! ‖ *hierzu* (派生) **Durch·trie·ben·heit** *die*; *nur Sg* (只用单数)

durch·wa·chen; *durchwachte, hat durchwacht*; [Vi] (不及物) *Zeitangabe* 时间说明语 (*im Akk* 四格) + ***d.*** e-e bestimmte Zeit verbringen, ohne zu schlafen 坚持不睡，彻夜不眠: *Sie hat viele Nächte am Bett des Kranken durchwacht* 她守在病人床边度过了许多不眠之夜

durch·wach·sen [-ks-] *Adj* (形); *nicht adv* (不作状语) **1.** 〈Fleisch, Speck 瘦肉，肥肉〉 mit Streifen von Fett bzw. mit Streifen von Fleisch 夹杂的，混杂的，五花的 **2.** *nur präd, gespr hum* (只作表语) [口] [诙]; 〈*nur* das Wetter 只用天气〉 abwechselnd gut (sonnig) u. schlecht (regnerisch) 时好时坏的，多变的

Durch·wahl *die*; -; *nur Sg* (只用单数); die direkte Wahl e-r Telefonnummer 直拨 ‖ K- (复合): ***Durchwahl-, -nummer***

durch·wäh·len (*hat*) [Vi] (不及物) **1.** bei e-r Firma *o. Ä.* e-n bestimmten Anschluss direkt wählen 直拨 〈d. können 能直拨〉 **2.** e-e Telefonnummer im Ausland selbst wählen (ohne von der Vermittlung verbunden zu werden) 国际直拨

durch·wan·dern; *durchwanderte, hat durchwandert*; [Vt] (及物) ***etw. d.*** von einem Ende e-s Gebietes *o. Ä.* zum anderen wandern od. innerhalb e-s Gebietes (große) Wanderungen machen 周游，遍游，游历: *ein Tal d.* 遍游山谷

durch·wa·schen (*hat*) [Vt] (及物) ***etw. d.*** *gespr* [口]; etw. schnell (mit der Hand) waschen (用手)搓洗: *die Socken kurz d.* 把袜子草草搓一遍

durch·wa·ten[1] (*ist*) [Vi] (不及物) (***durch etw.***) ***d.*** (quer) durch etw. waten 涉水而过: *durch e-n Bach d.* 趟过溪流

durch·wa·ten[2]; *durchwatete, hat durchwatet*; [Vt] (及物) ***etw. d.*** von einer Seite e-s Bachs *o. Ä.* zur anderen waten 涉水而过，蹚过去

durch·weg, durch·weg *Adv* (副); ohne Ausnahme, gänzlich 完全，统统

durch·wegs, durch·wegs *Adv* (副); *bes südd* Ⓐ Ⓒⓗ *gespr* 尤用于[南德] [奥] [瑞] [口] ≈

durchweg

durch·wer·fen (*hat*) **Vt** (及物) **etw.** (**durch etw.**) **d.** etw. durch e-e Öffnung *o. Ä.* werfen 从…扔过去: *e-n Ball, e-n Stein durch e-e Fensterscheibe d.* 把球、石块从窗玻璃扔进去

durch·wet·zen (*hat*) **Vt** (及物) **etw. d.** ≈ durchscheuern: *Er hat sein Hemd an den Ellbogen durchgewetzt* 衬衫的胳膊肘处被他磨穿了

durch·win·den, sich (*hat*) **Vr** (反身) **sich** (**durch etw.**) **d.** ≈ durchschlängeln

durch·wirkt *Adj* (形); *nicht adv* (不作状语); *mst in* 多用于 **mit Goldfäden d.** (verwendet in Bezug auf e-n Stoff 用于布料) mit einzelnen Goldfäden im Gewebe 镶嵌金线的

durch·wol·len (*hat*) **Vi** (不及物) *gespr* [口] **1.** (**durch etw.**) **d.** verwendet als verkürzte Form vieler Verben (der Bewegung) mit *durch-*, um auszudrücken, dass j-d/ein Tier etw. tun will(作为许多表示动向的durch-动词的简略形式,来表达人/动物想做什么): *durch e-e Stadt d.* (= durchfahren *o. Ä.* wollen) 例如想要穿越一个城市; *durch e-n Fluss* **d.** (= durchschwimmen *o. Ä.* wollen) 想要游过一条河; *durch e-e Absperrung* **d.** (= durchgehen, durchfahren *o. Ä.* wollen) 想要越过一道关卡 **2. zu j-m/irgendwo** (**hin**) **d.** versuchen, (durch e-e Sperre *o. Ä.*) zu j-m od. irgendwohin zu gelangen 想要(不顾阻拦)前往: *Er wollte zum Chef durch, wurde aber aufgehalten* 他想要闯到上司那儿去,但被拦住了

durch·wüh·len; *durchwühlte, hat durchwühlt*; **Vt** (及物) **etw.** (**nach etw.**) **d.** in e-m Raum od. Behälter nach etw. suchen u. dabei Unordnung machen 乱翻乱找: *e-n Schrank d.* 乱翻柜子; *e-e Schublade nach Geld d.* 在抽屉里翻找钱

durch·wursch·teln, sich; **durch·wurs·teln, sich** [-ʃt-]; *wurs(ch)telte sich durch, hat sich durchgewurs(ch)telt*; *gespr* [口], *bes südd* 尤用于[南德]; **Vr** (反身) **sich** (**irgendwo/irgendwie**) **d.** gerade noch zurechtkommen 勉强对付: *sich in der Schule d.* 在学校里勉强过得去; *sich im Leben d.* 凑合着过日子; *Man wurschtelt sich so durch* 凑合着过

durch·zäh·len (*hat*) **Vt** (及物) **j-n/etw.** (*Kollekt od Pl* 集合或复数) **d.** e-e Anzahl von Personen/Dingen von Anfang bis Ende, vom Ersten bis zum letzten zählen 逐一点数 ‖ *hierzu* (派生) **Durch·zäh·lung** *die*

durch·zie·hen[1] **Vt** (及物) (*hat*) **1. j-n/etw.** (**durch etw.**) **d.** j-n/etw. durch e-e Öffnung, e-n Raum *o. Ä.* ziehen 引/把…穿过,使穿过: *e-n Faden durchs Nadelöhr d.* 把线穿过针眼 **2. etw. d.** *gespr* [口]; e-e Sache, die man angefangen hat, trotz Schwierigkeiten zu Ende führen 把…坚持干到底〈e-e Arbeit, ein Vorhaben, sein Programm d. 坚持干完工作、实现计划、自己的规划〉; **Vi** (不及物) (*ist*) **3.** (**durch etw.**) **d.** durch ein Gebiet, e-n Ort *o. Ä.* gehen, fahren *usw* 走过、穿过,越过,流经,游历; **Vr** (反身) (*hat*) **4. etw. zieht sich durch etw.** **durch** etw. ist von Anfang bis Ende bei etw. vorhanden (物作主语)贯穿(串): *ein Motiv zieht sich durch e-n Roman durch* 一个主题贯穿小说的始终

durch·zie·hen[2]; *durchzog, hat durchzogen*; **Vt** (及物) **1. etw. d.** sich von einem Ende e-s Gebietes *o. Ä.* zum anderen bewegen od. innerhalb e-s Gebietes kreuz u. quer ziehen (20) 穿越,纵横迁徙,横贯: *Karawanen durchzogen die Wüste* 商队穿越荒漠; *Nach dem Erdbeben durchzogen Plünderer die Stadt* 地震后抢劫者横行全城 **2. etw.** (*Kollekt od Pl* (集合或复数)) **durchzieht etw.** etw. verläuft in allen Richtungen (kreuz u. quer) durch ein Gebiet (物作主语)纵横交错地流过,穿过: *Viele Flüsse durchziehen die Ebene* 平原上河流纵横

Durch·zug *der*; -(*e*)*s*; *nur Sg* (只用单数) **1.** ein starker Luftzug in e-m Gebäude od. e-m Raum, der entsteht, wenn gegenüber liegende Fenster od. Türen offen sind 穿堂风,对流风: *D. machen, um e-n Raum zu lüften* 打开门窗通通风,给屋子换气 **2. der D.** (**durch etw.**) das Fahren od. Wandern durch ein Gebiet 穿越,穿行

durch·zwän·gen, sich (*hat*) **Vr** (反身) **sich** (**durch etw.**) **d.** sich durch e-e enge Stelle schieben, pressen 强挤过去: *sich durch ein Loch im Zaun d.* 从篱笆洞中挤过去

dür·fen[1]; *darf, durfte, hat dürfen*; *Modalverb* (情态动词) **1.** *Infinitiv* (不定式) + **d.** die Erlaubnis (e-r Autorität) haben, etw. zu tun (表示得到允许)可以: *Sie durfte ihn im Krankenhaus besuchen* 她可以去医院探望他; *Darf ich heute Abend ins Kino gehen?* 我今天晚上可以出去看电影吗?; *Auf Autobahnen darf man nicht mit dem Fahrrad fahren* 在高速公路上不允许骑自行车 **2.** *Infinitiv* (不定式) + **d.** die Berechtigung haben, etw. zu tun, weil es (ethisch od. moralisch) richtig u. gut od. angemessen ist (道义上许可,有理由)可以: *Im Urlaub darf man faul sein* 休假时可以懒散放松一下; *Du hättest sie nicht schlagen d.* 你本来就不该打她的; *So böse Schimpfworte darf man nicht sagen* 这么恶毒的骂人话是不可以说的 ‖ NB (注意): *mst* verneint 多为否定 **3.** *Infinitiv* (不定式) + **d.** verwendet, um e-e Bitte, e-e Aufforderung od. e-n Wunsch mit Nachdruck zu versehen (在表达请求、要求、愿望时加强语气): *Du darfst mir nicht mehr böse sein!* 你不要再生我的气了! (= Sei mir nicht mehr böse!); *Du darfst nicht weinen!* 你不要哭了! (= Weine nicht!); *Du darfst nicht aufgeben!* 你不要半途而废! (= Gib nicht auf!); *Wir dürfen keine Zeit verlieren* 我们不能浪费时间了 (= Wir müssen uns beeilen!) ‖ NB (注意): *mst* verneint (多用否定)! **4.** *Infinitiv* (不定式) + **d.** verwendet, um j-m e-n Rat zu geben (给别人以忠告): *Du darfst nicht alles so ernst nehmen!* 你不要把一切都看得太重! ‖ NB (注意): *mst* verneint (多用否定)! **5.** *Infinitiv* (不定式) + **d.** e-n guten

D

Grund haben, etw. zu tun (表示有充足理由): *Du darfst froh sein, dass bei dem Unfall nicht mehr passiert ist* 你理应庆幸,在事故中没出更大的事 **6.** *Infinitiv* (不定式) + **dürfte(n)** *usw* verwendet, um auszudrücken, dass etw. wahrscheinlich zutrifft (表示有这样的可能)也许,或许,没准: *Er dürfte der Täter sein* 他或许是肇事者; *Das dürfte nicht schwierig sein* 这或许不难; *Er dürfte bald da sein* 他没准一会儿就到 **7.** *Infinitiv* (不定式) + **d.** verwendet, um e-e Bitte, e-n Wunsch od. e-e Frage höflich auszudrücken (用于礼貌地提出请求、愿望或问题)可以,能够: *Darf ich Sie kurz stören?* 我可以打扰您一下吗?; *Dürfte ich Ihr Gespräch kurz unterbrechen?* 我可以打断一下你们的谈话吗?; *Darf ich Sie bitten, dieses Formular auszufüllen?* 可以请您填一下这张表格吗? ‖ ID [谚] ↑ **wahr**

dür·fen²; *darf, durfte, hat gedurft*; Vt/i (及物/不及物) *gespr* [口]; **1.** (**etw.**) **d.** die Erlaubnis haben, etw. zu tun (表示被允许做某事)可以,能: *„Heute Abend gehe ich mit meinem großen Bruder ins Kino" – „Darfst du das denn überhaupt?" – „Natürlich darf ich es!"* “今晚我和我大哥出去看电影”——“能让你去吗?”——“当然能!” ‖ NB (注意): als Akkusativobjekt steht meist 四格宾语多为 *es, das, dies* od. *viel, wenig, einiges, nichts*; Vi (不及物) **2. irgendwohin d.** die Erlaubnis haben, irgendwohin zu gehen, zu fahren *o. Ä.* 得到许可,可以: *Dürfen wir heute ins Schwimmbad?* 我们今天可以去游泳馆(游泳)吗? ‖ NB (注意): *dürfen²* wird als Vollverb verwendet (dürfen² 作完全动词用); zusammen mit e-m Infinitiv wird es als Modalverb verwendet (和不定式动词连用时为情态助动词); ↑ **dürfen¹**

durf·te *Imperfekt, 1. u. 3. Person Sg* (过去时,第一和第三人称单数); ↑ **dürfen**

dürf·te *Konjunktiv II, 1. u. 3. Person Sg* (虚拟式 *II*,第一和第三人称单数); ↑ **dürfen**

dürf·tig *Adj* (形) **1.** ohne Luxus u. Komfort 寒酸的,简陋的 ≈ ärmlich ⟨*mst* e-e Behausung, e-e Unterkunft, Kleidung 住房,住处,衣着⟩ **2.** ⟨ein Ergebnis, Kenntnisse 成果,知识⟩ so, dass sie für den jeweiligen Zweck nicht ausreichen 不够的,不足的;欠缺的

dürr *Adj* (形); *nicht adv* (不作状语) **1.** ≈ trocken, vertrocknet ↔ frisch, grün ⟨Holz, Äste, Zweige, Laub, Gras *o. Ä.* 木头,树枝,枝条,树叶,草等⟩ **2.** sehr dünn 干瘦的,干瘪的 ≈ hager **3.** ⟨*mst* Boden 土地⟩ ≈ unfruchtbar, karg **4. mit dürren Worten** ≈ knapp ⟨etw. mit dürren Worten sagen, schildern 简单扼要地(三言两语地)说,描写⟩

Dür·re *die*; -, -n; e-e lange Zeit ohne Regen, in der alle Pflanzen vertrocknen 干旱,旱灾 ≈ Trockenheit: *Die Gegend wurde von e-r schweren/verheerenden D. heimgesucht* 这片地区遭受着严重的旱灾 ‖ K- (复合): **Dürre-, -jahr, -periode, -schäden**

Durst *der*; -(e)s; *nur Sg* (只用单数) **1.** das Gefühl, etw. trinken zu müssen 渴,干渴 ↔ Hunger ⟨D. bekommen, haben/verspüren 口渴,感到口渴; den D. löschen/stillen 解/止渴⟩ ‖ K- (复合): **durst-, -löschend, -stillend** **2. D. auf etw.** (*Akk* 四格) Lust auf ein bestimmtes Getränk 想喝…饮料: *D. auf ein kühles Bier haben* 渴望喝杯冰镇啤酒 ‖ -K (复合): **Bier-, Kaffee-** **3. ein D. nach etw.** *geschr* [书]; ein starker (u. dauerhafter) Wunsch, etw. zu bekommen od. etw. zu tun 渴求,热望: *von e-m brennenden D. nach Rache erfüllt sein* 充满强烈的复仇欲望 ‖ -K (复合): **Freiheits-, Rache-, Taten-, Wissens-** ‖ ID [谚] **einen über den D. trinken** *gespr hum* [口][诙]; mehr Alkohol trinken, als man verträgt (u. deshalb betrunken werden) 喝多了(醉了)

durs·ten; *durstete, hat gedurstet*; Vi (不及物) *mst in* 多用于 **hungern u. d.** *geschr* [书]; Hunger u. Durst haben 又饿又渴

dürs·ten; *dürstete, hat gedürstet*; Vi (不及物) **1. nach etw. d.** *geschr* [书]; den starken Wunsch haben, etw. Wichtiges zu bekommen 渴望得到: *Die Sklaven dürsten nach Freiheit* 奴隶们渴望获得自由; Vimp (无人称) **2. j-n dürstet (es)** *veraltend* [渐旧]; j-d hat Durst (1) 渴了

durs·tig *Adj* (形); *nicht adv* (不作状语) **1.** so, dass man Durst (1) verspürt 干渴的: *hungrig u. d. sein* 又饿又渴 **2. d. nach etw.** *geschr* [书]; mit dem starken Wunsch, etw. zu bekommen od. zu tun 渴望得到或做到 ‖ -K (复合): **freiheits-, rache-, taten-, wissens-**

Durst·stre·cke *die*; e-e Zeit, in der man nur sehr wenig Geld od. mit anderen Schwierigkeiten zu kämpfen hat 拮据时期,艰难时刻: *e-e finanzielle D. durchmachen müssen* 不得不度过一段财政困难时期

Dusch·bad *das* **1.** ein Raum mit e-r Dusche (1) 淋浴室 **2.** e-e kleine Wanne, in der man beim Duschen steht 淋浴缸 **3.** e-e Art flüssige Seife zum Duschen 浴液

Du·sche, Du·sche *die*; -, -n **1.** e-e Vorrichtung (*mst* im Badezimmer), aus der Wasser in dünnen Strahlen fließt u. die man benutzt, um sich zu waschen 淋浴器 ≈ Brause¹ (1) ⟨sich unter die D. stellen, unter die D. gehen, die D. auf-/zudrehen 去冲澡(洗淋浴), 打开/关上淋浴器 **2.** der Raum od. die Kabine in e-m Raum, in denen sich die Dusche (1) befindet 淋浴室 ‖ K- (复合): **Dusch-, -kabine, -raum, -vorhang, -wanne** **3.** das Duschen 淋浴,冲澡 die tägliche, kalte, warme, heiße D. 每天、冷水、温水、热水冲澡; e-e D. nehmen 淋浴⟩ ‖ K- (复合): **Dusch-, -gel** ‖ ID [谚] **e-e kalte D. (für j-n)** *gespr* [口]; e-e große Enttäuschung (für j-n) (对某人)是极大的失望: *Ihre Absage wirkte wie/war e-e kalte D. für ihn* 她的回绝对他犹如当头泼了一盆冷水

du·schen, du·schen; *duschte, hat geduscht*; Vt/i (及物/不及物) (**j-n/sich**) **d.** j-n/sich unter die Dusche (1) stellen, um ihn/sich zu waschen 冲澡,淋浴,洗澡:(*sich*) *nach dem Sport kalt d.* 运动之后冲个冷水澡

Dü.se *die*; -, -*n*; das enge Ende e-s Rohres, durch das Flüssigkeiten od. Gase mit hoher Geschwindigkeit hinausgepresst werden 喷嘴,喷头

Du.sel *der*; -*s*; *nur Sg*, *gespr* (只用单数)[口] ≈ Glück (1): *Bei dem Unfall hat er ganz schön D. gehabt* 在这次事故中他可是够幸运的

dü.sen; *düste*, *ist gedüst*; [Vi] (不及物) ***irgendwohin d.*** *gespr* [口]; schnell irgendwohin fliegen, fahren od. laufen 向…快速飞去、驶去、跑去

Dü.sen.an.trieb *der*; *nur Sg* (只用单数); der Antrieb *bes* e-s Flugzeugs durch Düsentriebwerk(e) 喷气式传动

Dü.sen.flug.zeug *das*; ein Flugzeug mit Düsentriebwerk(en) 喷气式飞机

Dü.sen.jä.ger *der*; ein militärisches (Kampf)-Flugzeug mit Düsentriebwerk(en) 喷气式战斗机

Dü.sen.trieb.werk *das*; e-e Maschine, die die nötige Energie für den Antrieb *bes* e-s Flugzeuges erzeugt, indem Gase mit hoher Geschwindigkeit durch Düsen gepresst werden 喷气式推进器

Dus.sel *der*; -*s*, -; *bes nordd gespr pej* 尤用于[北德][口][贬] ≈ Dummkopf

dus.se.lig *Adj* (形); ↑ ***dusslig***

duss.lig *Adj* (形); *bes nordd gespr pej* 尤用于[北德][口][贬] ≈ dumm, dämlich ‖ *hierzu* (派生) **Duss.lich.keit** *die*

düs.ter *Adj* (形); **1.** ziemlich dunkel (u. deshalb beängstigend) 阴森的,阴暗的,黑糊糊的 ≈ finster (2): *ein düsterer Gang in e-m Parkhaus* 停车楼里的一条阴暗过道 **2.** ≈ gedrückt, schwermütig ⟨j-s Blick, e-e Stimmung 某人的目光,气氛; ein düsteres Gesicht machen, d. dreinblicken 阴沉着脸,阴郁地注视着⟩ **3.** ≈ negativ ⟨e-e Prognose 预测; ein düsteres Bild von etw. malen, etw. in düsteren Farben malen 对某事作悲观的描绘,用暗淡压抑的色调描绘某事⟩ ‖ *hierzu* (派生) **Düs.ter.heit/Düs.ter.keit** *die*; *nur Sg* (只用单数)

Dutt *der*; -(*e*)*s*, -*e*/-*s*; *mst Sg* (多用单数); e-e Frisur, bei der Frauen ihr langes Haar zu e-m Knoten zusammenstecken 发髻,头髻

Dut.zend[1] *das*; -*s*, -; *veraltend*; e-e Menge von zwölf Stück derselben Art 一打,12 个: *ein D. frische Eier kaufen* 买一打新鲜鸡蛋; *drei Dutzend Handtücher* 三打毛巾 ‖ NB (注意): Das Verb in e-m Satz mit *ein D.* + *Subst im Pl* als Subjekt kann sowohl im *Sg* als auch im *Pl* stehen ("ein D. + 复数名词"的句子中的动词可用单数也可用复数): *Ein D. Eier kostet/kosten zwei Euro* 一打鸡蛋卖 2 欧元

Dut.zend[2], **dut.zend** *Zahlwort* (数词); *indeklinabel*, *gespr* (词形不变)[口] ≈ Dutzende ⟨einige, ein paar D. 好几十个人/物⟩ ‖ NB(注意): verwendet wie ein Adj. od. Subst. (用作形容词或名词)

Dut.zen.de, **dut.zen.de**, *Zahlwort*, *gespr* (数词)[口]; **1.** ***D.*** + *Gen*/ ***von*** ⟨Personen/Sachen 人/物⟩ verwendet, um e-e relativ große Zahl von Personen/Sachen auszudrücken 好几十…: *D. von Leuten sind hier* 这儿有好几十人; *Auf dem See sah man D. kleiner Segelboote* 湖面上可以看到几十条小帆船 ‖ NB (注意): *Dutzend*[1] wird bei exakten Zahlenangaben, *Dutzend*[2] *und Dutzende* dagegen bei vagen Mengenangaben verwendet (Dutzend[1] 用于精确数字, Dutzend[2] 和 Duzende 则相反,指大致的数目) **2.** ***in/zu Dutzenden*** in (relativ) großer Zahl 大量的,大批的,很多: *Schaulustige kamen zu Dutzenden zum Unfallort* 大批爱看热闹的人来到事故现场

dut.zend.fach *Adj* (形); *gespr* [口]; sehr häufig, sehr oft 很经常的

Dut.zend.ge.sicht *das*; *pej* [贬]; ein langweiliges, unauffälliges Gesicht 一张平常的、普通的脸

dut.zend.mal *Adv* (副); (***ein***) ***d.*** *gespr* [口]; sehr oft 常常地

Dut.zend.wa.re *die*; *pej* [贬]; e-e billige Massenware 便宜货,大路货: *Kauf das nicht, das ist doch nur D.!* 别买,这不过是便宜货!

dut.zend.wei.se *Adv* (副); *gespr* [口]; in großen Mengen 大量地,大批地 ≈ zu Dutzenden

du.zen; *duzte*, *hat geduzt*; [Vt] (及物) **1.** ***j-n d.*** j-n mit „du" anreden 以"你"称呼 ↔ siezen: *seine Kollegen d.* 以"你"称呼他的同事们 ‖ NB (注意): ↑ Erläuterungen auf Seite 102 (说明在 102 页); [Vr] (反身) **2.** ***j-d duzt sich mit j-m***; ⟨Personen 人⟩ ***duzen sich*** zwei od. mehrere Personen reden sich gegenseitig mit „du" an (人作主语)单:以"你"称呼某人;复:相互以"你"称呼 ↔ sich mit j-m siezen: *Er duzt sich mit seinem Chef* 他和他的上司以"你"相称

Duz.freund *der*; ein guter Bekannter (aber kein Freund), mit dem man sich duzt 以"你"相称的熟人(但不是朋友)

DVD [de:fau'de:] *die*; -; -*s*; (*Abk für* 缩写,全称为 Digital Versatile Disk) e-e Art CD für Filme u. Computerprogramme, auf der *bes* Filme (elektronisch) gespeichert sind 数字多功能光碟, DVD ‖ K- (复合): ***DVD-Laufwerk***, ***DVD-Rekorder***, ***DVD-Spieler***

Dy.na.mik [dy-] *die*; -; *nur Sg* (只用单数) **1.** *geschr* [书]; die Eigenschaft, sich aus inneren Ursachen u. nach eigenen Gesetzen zu verändern od. zu entwickeln 动力 ≈ Triebkraft ↔ Statik ⟨die D. der geschichtlichen, gesellschaftlichen Entwicklung 历史、社会发展的动力⟩ **2.** PHYS【物】; die Lehre darüber, wie Kräfte die Bewegung von Körpern beeinflussen 动力学 **3.** die Energie, die Vitalität e-s Menschen 人的活力,生命力

dy.na.misch [dy-] *Adj* (形) **1.** ⟨Verhältnisse, Abläufe 状况,进度⟩ so, dass sie sich schnell u. immer wieder ändern 动态的,有动力的,不断变化的 ↔ statisch: *Wachstum ist ein dynamischer Prozess* 增长是个动态的过程 **2.** mit Tatkraft u. Engagement 有活力的,活跃

的，有生命力的，生气勃勃的：*Die Firma sucht e-n jungen, dynamischen Mitarbeiter für den Außendienst* 公司正为外联处寻找一位年轻有活力的员工 **3**. *mst* 多用 ***die dynamischen Gesetze*** PHYS【物】; die Gesetze, die Bewegungen betreffen, die durch Kräfte erzeugt werden 动力学定律

Dy·na·mit, Dy·na·mit [dy-] *das*; *-s*; *nur Sg* (只用单数); ein Sprengstoff (der aus Nitroglyzerin hergestellt wird) 黄色炸药

Dy·na·mo, Dy·na·mo [dy-] *der*; *-s*, *-s*; e-e kleine Maschine (*bes* für ein Fahrrad), mit der man elektrischen Strom für e-e Lampe erzeugt (自行车车灯的)摩电机

Dy·nas·tie [dy-] *die*; *-*, *Dy·nas·ti·en* [-ˈtiːən] **1**. e-e Familie, aus der mehrere Generationen lang der jeweilige Herrscher e-s Staates kommt 王朝，朝代 ≈ Herrscherhaus, Herrschergeschlecht **2**. *geschr* [书]; e-e Familie, die mehrere Generationen lang im öffentlichen Leben großen Einfluss hat u. sehr bekannt ist 豪门贵族 ≈ Clan ‖ *zu* (义项) **1**. **dy·nas·ti·sch-** *Adj* (形); *nur attr*, *nicht adv* (只作定语，不作状语)

D-Zug [ˈdeː-] *der*; *veraltend* (渐旧) ein schneller Zug, der nur in großen u. wichtigen Orten hält 快车 ≈ Schnellzug ‖ K- (复合): ***D-Zug-Wagen***, ***D-Zug-Zuschlag***

E, e

E, e [eː] *das*; -, -/*gespr auch*[口]也用 *-s* **1.** der fünfte Buchstabe des Alphabets 字母表中的第五个字母〈ein großes E 大写 E; ein kleines e 小写 e〉 **2.** MUS【音】; der dritte Ton der C-Dur-Tonleiter C 大调音阶第三音 ‖ K-(复合): ***E-Dur***; ***e-Moll***

Ẹb·be *die*; -, *-n*; *mst Sg*（多用单数）**1.** der niedrige Stand des Wassers am Meer 低潮 ↔ Flut **2.** das Zurückgehen des Wassers am Meer, das zur E.（1）führt 退潮，落潮：*der Eintritt der E.* 开始退潮 **3.** *gespr hum* [口][诙]≈ Mangel *bes* an Geld: *Bei mir ist zurzeit E. in der Kasse*（= ich habe kaum noch Geld）我眼下缺钱(手头紧)

e̲ben[1] *Adj*（形）**1.** ohne Hebungen u. Senkungen, ohne Berge u. Täler 平的，平坦的，平缓的 ≈ flach〈Land, e-e Straße 原野，街道〉: *Die Umgebung von Hannover ist ziemlich e.* 汉诺威的郊区相当平坦 **2.** an allen Stellen gleichmäßig hoch 平面的，平整的〈Flächen 平面〉: *ein ebener Fußboden* 一块平整的地板

e̲ben[2] *Adv*（副）**1.** e-n Augenblick zuvor, sehr kurz vor dem jetzigen Zeitpunkt 刚，刚才，适才: *Ich bin e.（erst）nach Hause gekommen* 我刚(才)回家 **2.** in diesem Augenblick 刚，刚刚，刚好，恰好 ≈ jetzt: *Er kommt e. die Treppe herunter* 他刚好下楼梯 **3.** ***e.***（***noch***）gerade noch zum richtigen Zeitpunkt 恰好，正好: *Er hat den Bus e. noch erreicht* 他正好赶上汽车 **4.** *nordd gespr* [北德][口]≈ schnell, rasch: *Komm doch e. mal zu mir!* 快到我这儿来吧！

e̲ben[3] *Partikel*（小品词）**1.** *unbetont*（非重读）; verwendet, um auszudrücken, dass e-e（oft negative）Tatsache unabänderlich ist, hingenommen werden muss（表示事实不可改变，只得忍受）就，就(只好)…呗≈ halt[1]（1）: *Das ist e. nicht mehr zu ändern* 这就是不能再改变了; *Du musst dich e. damit abfinden, dass er dich nicht mag* 他不喜欢你，这你就只好忍着呗 **2.** *unbetont*（非重读）; verwendet bei e-r Aufforderung, um auszudrücken, dass etw. als einzige Lösung e-s Problems angesehen wird(在命令句中表示某种做法是解决问题的唯一办法)只好，只得(…呗) ≈ halt[1]（2）: *Dann fahr e. mit dem Bus（wenn dein Auto kaputt ist）*(如果你的汽车坏了，)那你只好乘公共汽车去了 **3.** *betont u. unbetont*(重读和非重读); verwendet, um ein Wort, e-n Sachverhalt *o. Ä.* besonders zu betonen（表示着重强调一个词，一个事实）正好，恰好，就是≈ gerade[3]（1）, genau（1）: *E. dieses Buch*（*u. kein anderes*）*habe ich die ganze Zeit gesucht* 我一直在找的正好是这本书(，而不是别的书) **4.** *betont*（重读）; verwendet, um Zustimmung auszudrücken（表示赞同）是的，就是，说的是 ≈ genau（5）: „*Dann müssen wir die Sitzung auf morgen verschieben.*" – „*E.!*" "那我们得把会议推迟到明天。" "就是!"; „*Ich finde ihn sehr unzuverlässig.*" – „*E.!*" "我觉得他很不可靠。"——"说的是!" **5** *betont*（重读）; verwendet, um auf ironische Weise Zustimmung（u. zugleich Ungeduld）auszudrücken（表示赞同，但带讽刺和不耐烦的语气）本来嘛，本来就…嘛，说的就是 ≈ genau（5）: „*Es ist schon acht Uhr.*" – „*E.!*"（= also müssen wir uns beeilen）"已经八点了。"——"本来嘛!"(我们得赶快); „*Du musst heute noch lernen.*" – „*E.!*"（= also habe ich keine Zeit für dich）"你今天还得学习。"——"说的就是!"(我没有时间跟你玩) **6.**（***oder***）***e. ˈnicht*** verwendet, um e-e Verneinung zu verstärken(表示加强否定语气)恰好相反，恰恰不(没有): „*Sie hat dich doch informiert, oder?*" – „*E. nicht!*" "她把情况告诉你了吧，是不是?"——"恰恰相反，没告诉!"; „*Ich bin gespannt, was er inzwischen alles gemacht hat.*" – „*Oder e. nicht*（*gemacht hat*）!" "我很想知道，他在这期间干了些什么。"——"相反，恰好什么也没干!" **7** ***ˈnicht e.*** ≈ nicht gerade: *Der Ring ist nicht e. billig*（= ist ziemlich teuer）这戒指并不那么便宜(相当贵)

E̲ben·bild *das*; *mst in* 多用于 ***j-s E. sein*** fast genauso aussehen wie e-e andere Person 长得与某人非常相似，酷似某人，与某人长得一模一样: *Sie ist das*（*genaue*）*E. ihrer Mutter* 她长得真是跟她妈一模一样

e̲ben·bür·tig *Adj*（形）; *nicht adv*（不作状语）;〈ein Gegner, ein Konkurrent 对手，竞争者〉so, dass sie die gleichen Fähigkeiten haben od. die gleichen Leistungen bringen 势均力敌的，旗鼓相当的，能力相等的，实力不相上下的，不分轩轾的≈ gleichwertig ↔ unterlegen, überlegen ‖ *hierzu*（派生）**Eben·bür·tig·keit** *die*; *nur Sg*(只用单数)

e·ben·da, e̲ben·da *Adv*(副);（*bes* bei Zitaten verwendet als Ersatz für die genaue（Literatur）Angabe）genau an der eben schon erwähnten Stelle(指引文出处)同上; *Abk* 缩写 ebd./ebda

E̲be·ne *die*; -, *-n* **1.** ein großes, ebenes[1]（1）Stück Land 平原 ≈ Flachland ↔ Gebirge, Hügelland〈*mst* 多用 e-e weite E. 宽广的平原(一马平川)〉: *Zwischen den beiden Bergketten erstreckt sich e-e fruchtbare E.* 在两条山脉之

E

间展现了一片富饶的平原 ‖ -K（复合）：**Fluss-**, **Hoch-**, **Tief-** 2. der genannte Teil e-r Hierarchie od. e-r anderen Einteilung 等级，级，层面，级别 ≈ Niveau (1) 〈auf unterster, oberster, privater, wissenschaftlicher *usw* E. 在最低的、最高的、私人的、学术的级别上〉: *ein Problem auf internationaler E. diskutieren* 在国际层面上讨论一个问题 3. GEOM【几】; e-e Fläche, die weder begrenzt noch gekrümmt ist 平面〈*mst* e-e schiefe E. 斜面〉4. ein Stockwerk (in e-m großen modernen Gebäude)(大厦的)层，楼层

eben·er·dig *Adj*（形）; *bes* Ⓐ 尤用于[奥]zu ebener Erde, im Erdgeschoss 平地的，底层的: *Die Wohnung liegt e.* 住房在底层

eben·falls *Partikel*（小品词）; *betont*（重读）≈ auch[1](1), gleichfalls, ebenso 同样，一样，也: *Als ich die Party verließ, ging er e.* 当我离开聚会时，他也走了; „*Ich wünsche Ihnen alles Gute.*" – „*Danke, e.!*" "我祝您万事如意。"——"谢谢，彼此，彼此！"

Eben·holz *das*; e-e Art von schwarzem, hartem Holz 乌檀木，乌木〈schwarz wie E. 黑得像乌木〉: *Schnitzereien aus E.* 乌木雕刻

eben·mä·ßig *Adj*（形）; *geschr*［书］; so, dass es wohlgeformt ist u. harmonische Proportionen hat 均匀的，匀称的，对称的〈ein Körper, ein Gesicht 身材，脸蛋〉‖ *hierzu*（派生）**Eben·maß** *das*; *nur Sg*（只用单数）; **Eben·mä·ßig·keit** *die*; *mst Sg*（多用单数）

eben·so *Partikel*（小品词）; *betont*（重读）≈ auch[1](1), ebenfalls 〈e. gut, lange, oft, sehr, viel, wenig 同样好，长，经常，很，多，少〉

Eber *der*; -s, -; ein männliches Schwein 公猪 ↔ Sau

Eber·esche *die*; ein Laubbaum mit kleinen, runden, gelben od. roten Früchten (die Vögel gern fressen) 花楸

eb·nen; *ebnete*, *hat geebnet*; [Vt]（及物）**etw. e.** etw. eben[1](2) machen 平整，使平坦，铺平〈ein Beet, ein Feld, e-e Straße, e-n Weg *o. Ä.* e. 平整苗圃、田地，铺平马路、道路等〉‖ ID［谚］↑ **Weg**

E-Busi·ness ['i:bɪsnɛs] *das*; *nur Sg*（只用单数）; INFORM【信息】;（*Abk für* 缩写，全称为 Electronic Business）alle geschäftlichen Vorgänge, *bes* Bestellungen, die über elektronische Medien abgewickelt werden 电子商务

echauf·fie·ren [eʃɔ'fi:rən], **sich**; *echauffierte sich*, *hat sich echauffiert*; [Vr]（反身）**sich (über j-n/etw.) e.** *geschr veraltend*［书］［渐旧］≈ sich (über j-n/etw.) aufregen (3)

Echo *das*; -s -s 1. die Erscheinung, dass *mst* Gesprochenes od. Gerufenes noch einmal zu hören ist, wenn es auf e-n Berg *o. Ä.* trifft 回声 2. *nur Sg*（只用单数）; **das E.** (**auf etw.** (*Akk* 四格)) die *mst* öffentliche Reaktion auf etw. (对…的)反响，反应，共鸣，赞同 ≈ Resonanz 〈ein starkes, schwaches, lebhaftes, anhaltendes E. haben, finden 有，得到强烈的、微弱的、热烈的、持续不断的反响〉: *Die Rede des Politikers fand kein E. bei den Wählern* 这位政治家的演说在选民中没有得到共鸣

Ech·se ['ɛksə] *die*; -, -n; ein Reptil mit länglichem Körper und vier Beinen (wie *z.B.* ein Krokodil) 蜥蜴

echt[1], *echter*, *echtest-*; *Adj*（形）1. *nicht adv*（不作状语）; nicht gefälscht, nicht kopiert 真的 ↔ imitiert, falsch (3): *ein Armband aus echtem Gold* 一只真金手镯; *ein echter Pelz* 真皮; *Das Bild ist ein echter Rembrandt* 这幅画是伦勃朗的真迹 2. *nicht adv*（不作状语）; nicht nur dem äußeren Schein nach 真诚的，出自内心的，真心实意的，实打实的 ≈ wahr (2), wirklich (2) ↔ unecht: *e-e echte Freundschaft* 真诚的友谊; *Ihre Freude über meinen Besuch war nicht gespielt, sondern e.* 她对我来访的喜悦不是装的，而是发自内心的 3. *nur attr*, *nicht adv*（只作定语，不作状语）; mit den charakteristischen Eigenschaften e-r Person od. Sache 典型的，地道的，名实相符的，货真价实的 ≈ typisch: *Er ist ein echter Münchner* 他是一个地道的慕尼黑人 ‖ NB（注意）: Steigerung nur in der gesprochenen Sprache möglich（只在口语中可能有变级）*zu*（义项）1. **Echt·heit** *die*; *nur Sg*（只用单数）

echt[2] *Partikel*（小品词）; *betont*, *gespr*（重读）［口］1. verwendet, um ein Adjektiv, ein Adverb od. ein Verb zu verstärken（用来加强形容词、副词或动词的语气）真个，实在，着实，确实，果真 ≈ wirklich (3): *Das hast du e. toll gemacht!* 这你做得实在棒! 2 verwendet, um Überraschung, Begeisterung *o. Ä.* auszudrücken（表示意外惊喜，激动等）真的: „*Ich habe im Lotto gewonnen!*" – „*E.?*" "我彩券中奖了!"——"真的?"

-echt *im Adj*, *wenig produktiv*（构成形容词，构词弱）; (*bes* in der Sprache der Werbung verwendet) drückt aus, dass etw. haltbar od. widerstandsfähig (gegen etw.) ist（尤用于广告语言）不褪…的，不掉…的，不怕…的 ≈ -fest; ***farbecht*** 〈ein Material, ein Stoff 材料，衣料〉, ***kussecht*** 〈ein Lippenstift 唇膏，口红〉, ***lichtecht*** 〈e-e Textilfarbe 纺织颜料〉

Eck *das*; -s, -e / *südd* Ⓐ［南德］［奥］-*en* 1. *südd* Ⓐ［南德］［奥］≈ Ecke 2. ***über E.*** *gespr*［口］≈ diagonal: *e-e Serviette über E. zusammenlegen* 对角折叠餐巾

Eck- *im Subst*, *begrenzt produktiv*（构成名词，构词有限）; verwendet zur Bezeichnung e-r Orientierungsmarke（用来表示定向标志的）基本的，标准的，参照的 ≈ Richt-; die ***Eckdaten***/die ***Eckwerte*** 〈e-r Planung 计划的〉, der ***Ecklohn*** 〈der Arbeiter 工人的〉, der ***Eckzins*** 〈der Sparkassen, für Spargeld 储蓄所的，存款的〉

-eck *das*; -s, -e; *im Subst*, *begrenzt produktiv*（构成名词，构词有限）; bezeichnet e-e geometrische Figur mit der genannten Zahl von Ecken …角形; ***Dreieck***, ***Viereck***, ***Fünfeck*** *usw*; ***Vieleck***

Eck·ball *der*; (*bes* beim Fuß- u. Handball) ein Schuss bzw. Wurf, mit dem der Ball von e-r Ecke (1) des Spielfeldes aus wieder ins

Spiel gebracht wird(足球、手球比赛中的)角球

Eck·bank *die*; e-e Bank[1](1) aus zwei Teilen, die e-n Winkel von 90° bilden 三角凳

Ecke *die*; -, -*n* **1.** der Punkt, wo sich zwei Linien od. Flächen treffen u. e-n Winkel (*mst* von 90°) bilden 角,隅: *die E. e-s Buches, Tisches, Zimmers, Würfels* 书角,桌角,房角,立方体的角; *Ich habe mich an der E. des Schrankes gestoßen* 我撞在柜子角上了 ‖ K-(复合): ***Eck-, -fenster, -platz, -punkt, -schrank*** **2.** der Ort, an dem sich zwei Straßen treffen 路角,拐角处: *das Haus an der E.* (道路)拐角处的房屋 ‖ K-(复合): ***Eck-, -gebäude, -haus*** **3.** *gespr*[口]; ein kleines Stück 一角,一块〈e-e E. Wurst, Käse *usw* 一块香肠、奶酪等〉‖ -K(复合): ***Käse-*** **4.** *gespr*[口]; ein Teil e-s Landes, e-s Ortes, Platzes, Gartens *o. Ä.* 地段,地区,角,隅≈ Winkel: *e-e entlegene E. der Stadt* 城市偏僻的地区 **5.** SPORT【体】; (*bes* beim Fuß- u. Handball) ≈ Eckball〈*mst* e-e E. treten, ausführen 踢、罚角球〉‖ K-(复合): ***Eck-, -fahne*** ‖ ID[谚] ***an allen Ecken und Enden*** *gespr* [口]; überall 到处,各地,遍地,各方面; 〈gleich 就〉***um die E.*** 〈wohnen 住〉*gespr* [口]; ganz in der Nähe (wohnen)在拐角处,在附近; ***noch e-e ganze / ziemliche E.*** *gespr*[口]; noch relativ weit 还有足足一段路,还相当远; ***j-n um die E. bringen*** *gespr euph*[口][婉]; j-n töten 干掉,杀死某人; ***mit j-m um / über sieben Ecken verwandt*** *gespr* [口]; sehr entfernt verwandt 与某人沾点亲(有远亲关系)

eckig *Adj*(形) **1.** mit Ecken 有角的,多角的,有直角的,方的↔ rund: *ein eckiger Tisch* 方桌 ‖ ↑ *Abb. unter* 图见 ***Eigenschaften*** **2.** taktlos, unhöflich 有失礼貌的,不得体的〈ein Benehmen, ein Verhalten 举止,行为〉**3.** ≈ ungeschickt ↔ harmonisch 〈Bewegungen 动作〉

-eckig *im Adj, begrenzt produktiv*(构成形容词,构词有限); mit der genannten Zahl von Ecken … 角(形)的; ***dreieckig, viereckig, fünfeckig*** *usw*; ***vieleckig***

Eck·pfei·ler *der* **1.** der Pfeiler an der Ecke e-s Gebäudes, der die Funktion hat, das Gebäude zu tragen 角柱 ≈ Säule **2.** *geschr* [书]; ein wichtiges Element, auf dem etw. basiert 支柱,基石 ≈ Stütze: *die Eckpfeiler e-r Theorie, der Gesellschaft* 理论的基石,社会的支柱

Eck·stoß *der*; ein Eckball (beim Fußball)(足球比赛中的)角球

Eck·zahn *der*; ein spitzer Zahn zwischen den Schneidezähnen u. den Backenzähnen 犬齿,尖牙

E-Com·merce [ˈiːkɔmœːɐs] *der*; *nur Sg* (只用单数); INFORM【信息】; (*Abk für* 缩写,全称为 Electronic Commerce) der Verkauf *bzw* Vertrieb von Waren od. Dienstleistungen über das Internet 电子商务

ECU [eˈkyː] *der*; -(*s*), -(*s*) *od die*; -, -; (*Abk für* 缩写,全称为 European Currency Unit) e-e Recheneinheit, die e-e gemeinsame Basis für alle Währungen in der Europäischen Union bildet 欧洲货币单位

Ed. *Abk für* 缩写,全称为 Edition, Ausgabe[2](1) 版,版本

ed. *Abk für* 缩写,全称为 herausgegeben von 由…出版≈hg., hrsg.

edel, *edler, edelst-*; *Adj*(形) **1.** so, dass der Betroffene dabei nicht egoistisch ist, sondern an die anderen denkt od. nach hohen moralischen Prinzipien handelt 高尚的,崇高的,高洁的,无私的 ≈ selbstlos〈ein Mensch, ein Spender 人,捐献者; e-e Gesinnung, e-e Tat 思想,行为〉**2.** *mst attr*(多作定语); von sehr guter Qualität (u. teuer)贵重的,名贵的,优质的〈Schmuck, Wein, Hölzer 首饰,葡萄酒,原木〉 **3.** *geschr* [书]; von schöner, gleichmäßiger Form 匀称的,和谐的〈ein Wuchs, e-e Gestalt 体格,身材〉**4.** *veraltet* [旧]≈ adelig: *Er ist von edlem Geschlecht* 他出身贵族门第 ‖ K-(复合): ***Edel-, -leute*** ‖ NB(注意): *edel → e-e edle Gesinnung*

Edel·gas *das*; ein gasförmiges chemisches Element, das unter normalen Bedingungen keine Verbindung eingeht, wie *z.B.* Helium u. Neon 稀有气体(如氦和氖)

Edel·me·tall *das*; ein wertvolles Metall, das nicht rostet (*z.B.* Silber, Gold, Platin)贵金属(如银、金、铂)

Edel·mut *der*; *nur Sg*, *geschr*(只用单数)[书]; edles (1) Denken u. Handeln 高尚,崇高,宽宏大量 ‖ *hierzu*(派生) **edel·mü·tig** *Adj*(形)

Edel·stahl *der*; *nur Sg*(只用单数); ein sehr harter Stahl, der mit bestimmten Metallen vermischt ist 优质钢: *e-e Bratpfanne aus rostfreiem E.* 用优质不锈钢制成的平底锅

Edel·stein *der*; ein Stück e-s seltenen, wertvollen Minerals (*z. B.* e-s Smaragds, Rubins, Diamanten)宝石(如绿宝石,红宝石,金刚石): *ein Ring mit Edelsteinen* 宝石戒指

Edel·weiß *das*; -(*es*), -*e*; e-e Blume mit e-r weißen Blüte in Form e-s Sterns, die im Hochgebirge wächst 火绒草,雪绒花(生长在高山地带,花白,星星形)

Eden *nur in* 只用于 ***der Garten E.*** *geschr, lit* [书][文]; verwendet als Bezeichnung für das Paradies 天堂,极乐园,伊甸园

edie·ren; *edierte, hat ediert*; Vt (及物) ***etw. e.*** *geschr* [书]≈ herausgeben (3)

Edikt *das*; -(*e*)*s*, -*e*; *hist*[历]; e-e Anordnung, die *bes* ein Kaiser, König od. Fürst erlässt (由帝王颁布的)敕令,圣旨,诏书,谕旨,丹书,圣谕〈*mst* ein E. erlassen 颁发圣谕〉: *das E. von Nantes* 南特敕令

Edi·ti·on [ediˈtsioːn] *die*; -, -*en*; *geschr*[书] **1.** das Drucken u. Publizieren von Büchern od. Zeitungen 出版≈ Herausgabe **2.** ein *mst* wissenschaftlich bearbeitetes Werk 版,版本 ≈ Ausgabe[2](1)〈*mst* e-e historische, wissenschaftliche E. 历史版,科学版〉

EDV [eːdeˈfau] *die*; -; *nur Sg*(只用单数); *Abk für* 缩写,全称为 elektronische Datenverarbeitung 电子数据处理 ‖ K-(复合): ***EDV-Gerät,***

EDV-Kurs, ***EDV-Programm***, ***EDV-System***

Efeu *der*; *-s*; *nur Sg* (只用单数); e-e Pflanze, die *bes* an Mauern u. Bäumen hochwächst u. deren Blätter im Winter grün bleiben 常青藤

Ef·eff *nur in* 只用于 ***etw. aus dem E. können/beherrschen/wissen*** *gespr* [口]; etw. sehr gut u. ohne Mühe können/beherrschen/wissen 精通/通晓/通解某事

Ef·fekt *der*; *-(e)s*, *-e* **1.** das Ergebnis e-r Handlung 效果, 后果, 作用, 影响 ≈ Wirkung ⟨etw. hat keinen, wenig, großen E. 某事无效果, 效果不大, 效果很大⟩: *Deine ständige Kritik hat den E., dass niemand mit dir arbeiten will* 你那无休止的批评的后果是, 没人愿和你合作 **2.** etw., mit dem e-e bestimmte Reaktion, *z. B.* Bewunderung od. Erstaunen, hervorgerufen werden soll 效应, 效果 ≈ Trick (3) ⟨ein optischer, modischer, billiger, plumper E. 视觉的、时髦的、廉价的、笨拙的效应⟩

Ef·fek·ten *die*; *Pl*, FIN (复)【金融】; Wertpapiere, die an der Börse gehandelt werden 证券, 债券, 股票 ‖ K-(复合): ***Effekten-***, ***-börse***

Ef·fekt·ha·sche·rei *die*; *-*; *nur Sg*, *pej* (只用单数)[贬]; der Versuch, andere durch Effekte (2) stark zu beeindrucken, obwohl die Leistungen nicht gut sind 追求效应, 哗众取宠的言行, 摆噱头⟨billige E. 追求廉价效应, 哗众取宠⟩

ef·fek·tiv [-f] *Adj* (形) **1.** so, dass vorhandene Möglichkeiten gut ausgenutzt werden 有效的, 有成效的 ≈ wirksam, erfolgreich: *Er könnte effektiver arbeiten, wenn er nicht dauernd gestört würde* 他要是不经常受干扰的话, 可能工作得更有成效 **2.** ***der effektive Gewinn*** ≈ Nettogewinn **3.** *nur adv*, *gespr* (只作状语) [口]; verwendet, um e-e Aussage zu verstärken(用来加强语气): *Ich habe e. nichts erreicht* 我确实什么也没干成 ‖ NB(注意): *zu* (义项) **3.**: *mst* in verneinten Aussagen verwendet (多用于否定句) ‖ *zu* (义项) **1. Ef·fek·ti·vi·tät** *die*; *-*; *nur Sg*(只用单数)

ef·fekt·voll *Adj* (形); so, dass es durch bestimmte Effekte (2) die Aufmerksamkeit auf sich zieht 效果好的, 富有成效的: *ein effektvoller Auftritt* 一次很成功的演出

ef·fi·zi·ent [ɛfiˈtsi̯ɛnt], *effizienter*, *effizientest-*; *Adj*(形); *geschr*[书]; wirkungsvoll u. (ökonomisch) sinnvoll od. nützlich 效率高的, 有功效的: *der effiziente Einsatz der Informatik in der Buchhaltung* 卓有成效地将信息学运用于簿记中 ‖ *hierzu* (派生) **Ef·fi·zi·enz** *die*; *-*, *-en*

EG [eːˈgeː] *die*; *-*; *nur Sg*(只用单数); (*Abk für* 缩写, 全称为 Europäische Gemeinschaft) 欧洲共同体(欧共体) ↑ ***europäisch***

egal *Adj* (形); *nur präd*, *ohne Steigerung*, *nicht adv*, *gespr* (只作表语, 无变级, 不作状语) [口] **1.** ***etw. ist e.*** etw. ist ohne Bedeutung für etw. (物作主语)是无所谓的, 不重要的, 无关紧要的: Es *ist egal*, ob *du heute kommst oder morgen* 今天来还是明天来, 随你的便 **2.** ***e.*** + *Fragewort* (疑问词)drückt aus, dass es keine Rolle spielt, wie, wo, wann *usw* etw. passiert od. wer etw. macht 无所谓的, 不足道的, 没关系的, 无关紧要的: *E. was ich tue, niemand beachtet mich* 我干什么都无所谓, 没有人重视我 **3.** ***etw. ist j-m e.*** etw. interessiert j-n nicht(物作主语)对某人来说无所谓(不在乎): *Mir ist e., wann du nach Hause kommst* 你什么时候回家, 对我无所谓 **4.** ***j-m e. sein*** für j-n keinerlei Bedeutung (mehr) haben 对某人来说无任何意义(不值一提): *Sie hat ihn früher geliebt, aber jetzt ist er ihr e.* 她以前爱过他, 而现在他对她来说已没有任何意义

Egel *der*; *-s*, *-*; ↑ ***Blutegel***

Eg·ge *die*; *-*, *-n*; ein großes landwirtschaftliches Gerät, das von e-m Traktor gezogen wird u. mit vielen Spitzen die Erde nach dem Pflügen klein macht 耙 ‖ *hierzu* (派生) **eg·gen** (*hat*) *Vt/i* (及物/不及物)

Ego·is·mus [egoˈɪsmʊs] *der*; *nur Sg*, *mst pej* (只用单数)多用[贬]; die Eigenschaft, immer nur an sich selbst u. seinen Vorteil zu denken 利己主义, 自私自利 ≈ Selbstsucht ↔ Altruismus

Ego·ist [egoˈɪst] *der*; *-en*, *-en*; *pej* [贬]; j-d, der immer nur an sich selbst u. seinen Vorteil denkt 利己主义者, 自私自利者 ↔ Altruist ‖ NB(注意): *der Egoist*; *den*, *dem*, *des Egoisten* ‖ *hierzu* (派生) **ego·is·tisch** *Adj*(形)

Ego·zent·ri·ker *der*; *-s*, *-*; *mst pej* 多用[贬]; j-d, der (noch stärker als ein Egoist) nur an sich selbst und seinen Vorteil denkt 以自我为中心者, 自我主义者 ‖ *hierzu* (派生) **ego·zent·risch** *Adj*(形)

eh [eː] *Partikel* (小品词); *betont*, *südd* Ⓐ *gespr* (重读)[南德][奥][口] ≈ ohnehin, sowieso: *Du brauchst mir nichts zu erzählen, ich weiß es eh schon* 你什么也不用给我讲, 这我反正已经知道了 ‖ ID[谚] ***seit eh u. je*** *gespr*[口]; schon immer 一向, 一直, 历来; ***wie eh u. je*** *gespr*[口]; wie schon immer 跟以前一样, 依然如故

ehe [ˈeːə] *Konjunktion*(连); *geschr* [书] ≈ bevor (1,2): *Ehe ich nicht weiß, was er will, reagiere ich nicht* 如果我不知道他想干什么, 我是不会作出反应的

Ehe [ˈeːə] *die*; *-*, *-n* **1.** die Lebensgemeinschaft, in der sich ein Mann u. e-e Frau befinden, nachdem sie einander geheiratet haben 婚姻(生活), 夫妻生活⟨e-e gute, harmonische E. führen 过着美满的、和谐的婚姻生活; j-m die E. versprechen 答应与某人结婚; e-e kinderlose, zerrüttete E. 无子女的、遭破坏的婚姻; e-e E. scheitert, wird aufgelöst, wird geschieden 婚姻破裂, 解除婚姻, 离婚(离异)⟩: *Sie hat ein Kind aus erster Ehe u. zwei Kinder aus zweiter Ehe* 她有一个孩子是第一次结婚后生的, 有两个孩子是第二次结婚后生的 ‖ K-(复合): ***Ehe-***, ***-bett***, ***-gatte***, ***-gattin***, ***-gemeinschaft***, ***-partner***, ***-ring***, ***-scheidung*** **2.** ***e-e E. schließen*** als Priester od. Standesbeamter die Zeremonie e-r Trauung durchführen 主

持婚礼 **3. e-e Ehe schließen / eingehen** ≈ heiraten (1) **4. wilde Ehe** *veraltend* [渐旧]; das Zusammenleben e-s Mannes und e-r Frau, die nicht miteinander verheiratet sind 同居生活,未婚生活〈*mst* 多用 in wilder Ehe leben 过同居生活〉**5. die Ehe brechen** sexuelle Kontakte außerhalb der Ehe haben 乱搞男女关系,有外遇

ehe·ähn·lich *Adj*（形）; *mst attr, nicht adv*（多作定语,不作状语）; so, als wäre man verheiratet 像结婚了的,像夫妻的〈e-e Gemeinschaft, ein Verhältnis 共同生活,关系〉

Ehe·be·ra·tung *die*; *mst Sg*（多用单数）; e-e *mst* kirchliche od. staatliche Stelle, bei der Ehepaare Rat u. Hilfe finden, wenn sie Probleme in ihrer Ehe haben 婚姻咨询(处、所)〈zur E. gehen 到婚姻咨询所去,去咨询婚姻问题〉‖ K-（复合）: **Eheberatungs-, -stelle** ‖ *hierzu*（派生）**Ehe·be·ra·ter** *der*; **Ehe·be·ra·te·rin** *die*

Ehe·bre·cher *der*; *-s, -*; j-d, der Ehebruch begeht od. begangen hat 搞婚外恋者,与人私通者 ‖ *hierzu*（派生）**Ehe·bre·che·rin** *die*; *-, -nen*; **ehe·bre·che·risch** *Adj*（形）

Ehe·bruch *der*; *mst Sg*（多用单数）; e-e sexuelle Beziehung e-r verheirateten Person zu e-m Partner außerhalb der Ehe 通奸,私通〈*mst* 多用 E. begehen 通奸〉

Ehe·frau *die*; die Frau, mit der ein Mann verheiratet ist 妻子≈ Frau (2)

Ehe·krach *der*; *gespr*[口]; ein Streit zwischen Ehepartnern 夫妻吵架,夫妻口角

Ehe·leu·te *die*; *Pl*（复）≈ Ehepaar

ehe·lich *Adj*（形）**1.** als Kind verheirateter Eltern geboren 婚生的↔ unehelich〈ein Kind 孩子〉**2.** *nur attr, nicht adv*（只作定语,不作状语）; auf die Ehe bezogen 婚姻的〈Rechte, Pflichten, die Gemeinschaft 权利,义务,关系〉‖ *zu*（义项）**1. Ehe·lich·keit** *die*; *nur Sg*（只用单数）

ehe·li·chen; *ehelichte, hat geehelicht*; Vt（及物）**j-n e.** *veraltet* [旧]≈ heiraten

ehe·los *Adj*（形）; *geschr* [书]≈ unverheiratet〈e. bleiben, leben 仍然独身(未婚),过独身生活〉‖ *hierzu*（派生）**Ehe·lo·sig·keit** *die*; *nur Sg*（只用单数）

ehe·ma·li·g- *Adj*（形）; *nur attr, nicht adv*（只作定语,不作状语）; so, dass es der Vergangenheit angehört od. nicht mehr vorhanden ist 从前的,以前的≈ früher- (2): *meine ehemalige Freundin* 我从前的女友; *sein ehemaliger Chef* 他以前的上司; *die ehemalige DDR* 从前的民德

ehe·mals *Adv*（副）; *veraltend* [渐旧]; vor (relativ) langer Zeit 从前,以前,很久以前

Ehe·mann *der*; der Mann, mit dem e-e Frau verheiratet ist 丈夫≈ Mann (2)

Ehe·paar *das*; ein Mann u. e-e Frau, die miteinander verheiratet sind 夫妻,夫妇

eher [ˈeːɐ] *Adv*（副）; *ohne Steigerung*（无变级）**1.** *Komparativ zu bald*[1] (1) (bald 的比较级) 较早,早些≈ früher: *je e., umso besser* 越早越好; *Morgen musst du e. aufstehen als heute, wenn du nicht wieder zu spät kommen willst* 明天你要是不想再迟到,就得比今天起早些 **2.** *gespr* [口]; verwendet, um auszudrücken, dass man etw. zwar ungern tut, aber es trotzdem etw. anderem vorzieht 宁可,宁愿≈ lieber: *E. gehe ich zu Fuß, als ein teures Taxi zu nehmen* 我宁可步行,也不愿搭乘一辆高价出租车 **3.** *gespr* [口]; verwendet, um auszudrücken, dass j-d/etw. mehr durch e-e bestimmte Eigenschaft *o. Ä.* charakterisiert ist als durch e-e andere 倒不如说,更确切地说,与其…不如≈ mehr: *Die Sonne ist heute e. rot als gelb* 今天太阳与其说是黄色,不如说是红色

Ehe·recht *das*; *nur Sg*（只用单数）; JUR【法】; alle Gesetze, die die Ehe betreffen 婚姻法

ehern [ˈeːɐn] *Adj*（形）**1.** *lit* [文]; aus Eisen 铁制的,铁铸的〈ein Schwert, e-e Rüstung 剑,甲胄〉**2.** *geschr* [书]; so, dass es nicht od. nur schwer geändert od. zerstört werden kann 铁一般的,坚强的,坚不可摧的,牢不可破的≈ unumstößlich〈ein Bündnis, ein Gesetz, ein Wille 联盟,法律,意志〉

Ehe·schlie·ßung *die*; ADM *geschr*【管理】[书]; die offizielle Zeremonie (beim Standesbeamten), bei der ein Mann u. e-e Frau heiraten 结婚,联姻,匹配良缘

ehes·t- *nur in* 只用于 **am ehesten** *Adv*（副）**1.** *Superlativ zu bald*[1] (1) (bald 的最高级); nach der kürzesten Zeit 最早地,最快地 ≈ am frühesten: *Er ist am ehesten am Ziel angekommen* 他最早到达目的地 **2.** *Superlativ zu eher* (eher 的最高级); mit größter Wahrscheinlichkeit 最可能,极可能: *Am ehesten ist möglich, dass ich ins Ausland gehe* 我出国的可能最大 **3.** verwendet als Superlativ zu eher (2), um auszudrücken, dass man eine von mehreren Möglichkeiten als am wenigsten unangenehm empfindet (eher 的最高级) 宁可,凑合,将就: *Ich mag Hausarbeit nicht – aber am ehesten mag ich noch das Abspülen* 我不爱干家务,但洗洗刷刷还凑合

Ehe·stand *der*; *nur Sg*, ADM *geschr*（只用单数）【管理】[书]; *mst* 多用 **in den E. treten** ≈ heiraten

ehr·bar *Adj*（形）; *geschr* [书];〈ein Bürger, ein Mensch 公民,人〉so, dass sie sich verhalten, wie es Sitte u. Moral erfordern 正派的,正直的,可尊敬的≈ geachtet ‖ *hierzu*（派生）**Ehr·bar·keit** *die*; *nur Sg*（只用单数）

Ehr·be·griff *der*; *mst Sg*（多用单数）; die Vorstellung, die j-d davon hat, wie man sich verhalten muss, um Ehre (1) zu haben 荣誉观念

Eh·re *die*; *-, -n* **1.** *nur Sg*（只用单数）; das Bewusstsein, das man von seiner eigenen Würde u. von seinem Wert innerhalb der Gesellschaft hat 声誉,声望,荣誉〈seine E. wahren, verlieren 维护、丧失自己的声誉; j-s E. verletzen 损害某人的声誉〉: *Durch die Bemerkung fühlte er sich in seiner E. gekränkt*

这种评语使他感到自己的声誉受到损害 ‖ K-(复合)：**Ehr-**, **-verlust** **2.** e-e Handlung od. ein Zeichen, mit denen andere Menschen e-r Person/Sache Respekt erweisen 尊敬，敬仰〈j-m E., große Ehren erweisen 尊敬某人，对某人表示极大的尊敬〉 **3.** ***j-n in Ehren halten*** j-n mit viel Respekt behandeln 敬仰，尊重某人 **4.** ***zu Ehren*** + *Gen*（二格）um j-n zu ehren 为对…表示敬意：*e-e Festrede zu Ehren des Bürgermeisters* 为向市长表示敬意而作的节庆演说（祝辞）**5.** *nur Sg*, *veraltet*（只用单数）[旧] ≈ Jungfräulichkeit〈*mst* 多用 e-m Mädchen die E. nehmen/rauben 使姑娘丧失贞节，夺去姑娘的贞洁；die E. verlieren 失去贞操〉 ‖ ID [谚] *mst* 多用 ***Ich habe die E./Es ist mir e-e E.***〈Sie bei mir begrüßen zu dürfen 能在我家里欢迎您〉*geschr* [书]；ich fühle mich geehrt (Sie hier als meinen Gast zu haben 有您来我家作为我的客人) 我感到不胜荣幸/对我来说是一种荣幸；*mst* 多用 ***Zu seiner/ihrer E. muss ich sagen, dass*** ... um gerecht zu sein, muss ich sagen, dass ... 出于对他/她的尊敬，我得说…；***j-m die letzte E. erweisen*** *geschr* [书]；zu j-s Beerdigung gehen 为某人送葬，参加某人的葬礼；***auf E. u. Gewissen***; ***bei meiner E.*** verwendet, um die Wahrheit e-r Aussage zu betonen (用来强调说话内容的真实性) 用名誉和良心；凭我的名誉

Eh·ren- *im Subst*, *begrenzt produktiv*（构成名词，构词有限）**1.** verwendet, um auszudrücken, dass das im zweiten Wortteil Genannte dazu dient, j-n zu ehren (1)（表示对某人的尊敬）荣誉…，光荣…，庆贺…；die ***Ehrenfeier***, das ***Ehrengeleit***, der ***Ehrenplatz***, der ***Ehrenpreis***, der ***Ehrensalut***, die ***Ehrensalve***, das ***Ehrenspalier***, der ***Ehrentitel***, die ***Ehrenurkunde***, die ***Ehrenwache*** **2.** verwendet, um auszudrücken, dass j-d e-n Titel nicht auf übliche Weise erworben hat, sondern dass ihm dieser Titel verliehen wurde (表示授予某人的头衔) 名誉…；das ***Ehrenmitglied***, der ***Ehrenpräsident***

eh·ren; *ehrte*, *hat geehrt*; [*Vt*]（及物）**1.** ***j-n e.*** j-m Ehre (2) erweisen 尊敬，尊重，崇敬 ≈ achten：*seine Eltern e.* 尊敬父母；*j-m ein ehrendes Andenken bewahren* 怀着崇敬的心情缅怀某人 **2.** ***etw. ehrt j-n*** j-d fühlt sich durch etw. respektiert u. anerkannt (物作主语) 使感到荣幸：*Ihr Vertrauen ehrt mich* 您的信任使我感到荣幸 **3.** ***j-n (mit etw.) (für etw.) e.*** j-m e-e Auszeichnung verleihen 表彰，嘉奖：*j-n mit e-r Urkunde für seine Leistungen e.* 向某人颁发证书，以嘉奖其功绩

eh·ren·amt·lich *Adj*（形）；so, dass die Person, die die Tätigkeit ausübt, nicht dafür bezahlt wird 名誉的，无报酬的，义务性的〈e-e Funktion 职务〉：*Sie arbeitet als ehrenamtliche Helferin für das Rote Kreuz* 她是作为义工帮红十字会工作的 ‖ *hierzu*（派生）**Eh·ren·amt** *das*

Eh·ren·bür·ger *der* **1.** *nur Sg*（只用单数）；verwendet als Titel, den j-d für besondere Leistungen von e-r Stadt od. Gemeinde bekommt 荣(名)誉公民，荣(名)誉市民（指称号）：*j-m für seine Verdienste für die Stadt den Titel/die Würde e-s Ehrenbürgers verleihen* 为嘉奖他为该市作出的功绩，授予他名誉市民的称号/身份 **2.** e-e Person, die diesen Titel erhalten hat 荣(名)誉公民，荣(名)誉市民 ‖ *zu*（义项）**1.** **Eh·ren·bür·ger·schaft** *die*; *mst Sg*（多用单数）

Eh·ren·dok·tor *der* **1.** *nur Sg*（只用单数）；ein akademischer Titel, den j-d für besondere Leistungen von e-r Universität bekommt, ohne e-e Dissertation an dieser Universität geschrieben (oder e-e Prüfung gemacht) zu haben 名誉博士（指学位）；*Abk* 缩写为 Dr. h. c./Dr. E.h. **2.** e-e Person, die diesen Titel erhalten hat 名誉博士

Eh·ren·gast *der*; ein besonders wichtiger Gast bei e-m Fest od. e-r Veranstaltung 贵宾，贵客

eh·ren·haft *Adj*（形）；den Idealen der Ehre (1) entsprechend 正直的，正派的，庄重的，端庄的 ≈ rechtschaffen：*ein ehrenhafter Mann* 一位正直的男子 ‖ *hierzu*（派生）**Eh·ren·haf·tig·keit** *die*; *nur Sg*（只用单数）

eh·ren·hal·ber *Adv*（副）；um j-n zu ehren (3) 为了表示敬意，出于敬重，作为荣誉：*j-m e-n Titel e. verleihen* 授予某人一称号，以表示敬意

Eh·ren·mal *das*; *-s*, *-e/Eh·ren·mä·ler*; ein Denkmal, das an die Soldaten erinnert, die im Krieg getötet wurden 阵亡战士纪念碑

Eh·ren·mann *der*; j-d, der sich ehrenhaft verhält 正直的人，正派人

Eh·ren·mit·glied *das*; ein *mst* prominentes Mitglied in einem Club, e-r Partei *o. Ä.*, das keinen Beitrag zahlen muss 名誉会员 ‖ *hierzu*（派生）**Eh·ren·mit·glied·schaft** *die*

Eh·ren·rech·te *die*; *Pl*（复）；*mst in*（多用于）***bürgerliche E.*** *Kollekt*（集合）；bestimmte Rechte, die jeder Staatsbürger hat, wie *z.B.* das Recht, wählen zu dürfen, od. das Recht, e-e öffentliche Funktion auszuüben 公民权〈j-m die bürgerlichen E. aberkennen 剥夺某人的公民权〉

Eh·ren·ret·tung *die*; *mst in*（多用于）***etw. zu j-s E. sagen*** *oft hum* 常用[诙]；etw. sagen, um die persönliche Ehre (1) e-r anderen Person zu verteidigen 为了维护某人的名誉而说

eh·ren·rüh·rig *Adj*（形）；〈e-e Behauptung 看法〉so, dass sie j-s Ehre (1) verletzt 有损名誉的，毁坏名誉的：*sich e. über j-n äußern* 发表有损某人名誉的意见

Eh·ren·sa·che *die*; *mst in* 多用于 ***Das ist doch E.!*** *gespr* [口]；verwendet, um auszudrücken, dass etw. ganz natürlich u. selbstverständlich ist 这是理所当然的事（义不容辞的事）！

Eh·ren·tag *der*; *geschr* [书]；ein besonderer Tag, *z.B.* ein Geburtstag od. Jubiläum, an dem j-d geehrt wird 纪念日（如生日，周年）〈seinen E. begehen 庆祝自己的纪念日〉

eh·ren·voll *Adj*（形）；〈ein Amt, e-e Aufgabe 职位，任务〉so, dass sie Ehre (2) u. Anerkennung für j-n bringen 光荣的

Eh·ren·wa·che *die*; e-e Gruppe *mst* von

Soldaten, die vor e-m Denkmal od. zu Ehren e-r hohen Persönlichkeit Wache hält 荣誉卫士

Eh·ren·wort *das*; *nur Sg*(只用单数); *mst in*(多用于) ***j-m sein E.*** (***auf etw.*** (*Akk* 四格)) ***geben*** j-m etw. feierlich versprechen od. versichern(用名誉)向某人保证: *Ich gebe dir mein E.* (darauf), dass *ich nichts weitersage* 我(用名誉)向你保证,我什么都不说出去

ehr·er·bie·tig *Adj*(形); *geschr*[书] ≈ respektvoll ‖ *hierzu*(派生) **Ehr·er·bie·tig·keit** *die*; *nur Sg*(只用单数); **Ehr·er·bie·tung** *die*; *nur Sg*(只用单数)

Ehr·furcht *die*; *nur Sg*(只用单数); ***E.*** (***vor j-m/ etw.***) Respekt vor der Würde e-r Person/ der Bedeutung e-r Sache 敬仰,崇敬,钦仰,景慕 ⟨j-m E. einflößen 引起某人的崇敬之情⟩: *E. vor dem Alter haben* 敬重老人 ‖ *hierzu*(派生) **ehr·fürch·tig** *Adj*(形); **ehr·furchts·voll** *Adj*(形)

Ehr·ge·fühl *das*; *nur Sg*(只用单数) **1.** ***j-s E. verletzen*** j-n kränken od. beleidigen 伤害某人的自尊心 **2.** ***kein E.*** (***im Leib***) ***haben*** unehrenhaft u. würdelos handeln 毫无廉耻,无廉耻之心,无自尊心

Ehr·geiz *der*; *nur Sg*(只用单数); ein starkes Bemühen um Erfolg u. Ruhm 抱负,志向,好胜心,壮志,雄心⟨ein gesunder, krankhafter E. 雄心壮志,过分好胜; den E. haben, etw. zu tun 有干某事的壮志; j-s E. anstacheln 激励某人的好胜心⟩: *Er hatte den E., der Beste in der Klasse zu sein* 他曾有志当全班最优秀者 ‖ *hierzu*(派生) **ehr·gei·zig** *Adj*(形)

ehr·lich *Adj*(形) **1.** so, dass der Betroffene die Wahrheit sagt, nicht lügt u. nichts verschweigt 诚实的,开诚布公的,真的≈ aufrichtig: *„Sei e., glaubst du das?" – „E. gesagt, nein"* "是真的,你信这个?"——"说实话,我不信" **2.** so, dass der Betroffene niemanden betrügt 不欺骗人的,老老实实的,真诚的: *ein ehrlicher Mensch* 一个老实人; *ehrliche Absichten haben* 怀有真诚的意图; *es e. mit j-m meinen* 对某人是真诚的(真心实意的) **3.** nicht vorgetäuscht, sondern wirklich empfunden 真实的,真切的,真挚的,真心诚意的⟨Gefühle, Freude, Trauer *usw* 感情,愉快,悲痛等⟩ **4.** ***etw. e. verdient haben*** etw. wirklich verdient haben 对某事的确当之无愧,理应享有某事 ‖ ID[谚] ***E. währt am längsten*** wer e. ist, wird am Ende mehr Erfolg haben als j-d, der lügt od. betrügt 心诚则灵(真金不怕火炼) ‖ *zu* (义项)**2.** u. **3.** **Ehr·lich·keit** *die*; *nur Sg* (只用单数)

ehr·los ohne Ehre (1) 不知廉耻的,寡廉鲜耻的,卑鄙无耻的⟨*mst* ein Schurke 多指无赖,流氓⟩ ‖ *hierzu*(派生) **Ehr·lo·sig·keit** *die*; *nur Sg*(只用单数)

Eh·rung *die*; -, *-en*; e-e Zeremonie, bei der j-d geehrt (3) wird 表彰仪式,颁奖仪式 ‖ -K(复合): ***Sieger-***

ehr·wür·dig *Adj* (形); *nicht adv* (不作状语); geachtet u. geehrt, *mst* auch weil er/sie/es schon so alt ist 令人崇敬的,德高望重的,年高德劭的,威严的,尊严的 ⟨e-e Tradition, ein Brauch, ein Denkmal 传统,习俗,纪念碑; ein Greis 老者⟩

ei *Interjektion* (叹); (*mst* im Umgang mit Kindern) verwendet, um Erstauen *o. Ä.* auszudrücken od. um ein Kind zu trösten(表示惊讶或抚慰)啊,哎,哎呀,哎哟

Ei *das*; *-(e)s, -er* **1.** ein *mst* ovales Gebilde, das aus dem Körper bestimmter weiblicher Tiere kommt u. aus dem sich ein junges Tier entwickelt (*z. B.* ein Vogel, ein Reptil)(禽类、爬行动物的)蛋,卵 ⟨ein Vogel/Reptil legt Eier, brütet Eier aus, schlüpft aus dem Ei 鸟/爬行动物下蛋,孵卵,从蛋壳里钻出来⟩ ‖ -K (复合): ***Hühner-***, ***Schlangen-***, ***Vogel-*** **2.** das Ei (1) *bes* e-s Huhns als Nahrungsmittel (食用)鸡蛋,蛋⟨ein frisches, altes, faules, rohes, weiches / weich gekochtes, hartes / hart gekochtes Ei 新鲜的、不新鲜的、坏(臭)的、生的、煮得嫩的(溏心的)、煮得老的蛋; Eier kochen 煮鸡蛋⟩: *sich zwei Eier in die Pfanne schlagen* 往平底锅里打上两个鸡蛋 ‖ ↑ *Abb. unter* 图见 ***Frühstückstisch*** ‖ K-(复合): ***Ei-***, ***-dotter***; ***Eier-***, ***-schale*** **3.** e-e Geschlechtszelle e-s weiblichen Lebewesens, aus der nach der Verschmelzung mit e-r Samenzelle ein Mensch od. ein Tier heranwächst 卵细胞,卵子,卵: *Das reife Ei wird befruchtet u. nistet sich in der Gebärmutter ein* 成熟的卵子受了精并在子宫内坐胎 ‖ K-(复合): ***Ei-***, ***-zelle*** **4.** *mst Pl*, *gespr!* (多用复数)[粗] ≈ Hoden ‖ ID [谚] *mst* 多用 ***Das ist ein dickes Ei!*** *gespr* [口]; verwendet, um auszudrücken, dass man über etw. empört ist(表示愤慨)这太惹人生气了!; ⟨Personen 人⟩ ***gleichen sich wie ein Ei dem anderen*** zwei od. mehrere Personen sind/sehen sich sehr ähnlich 长得一模一样; ***wie auf Eiern gehen*** *gespr*[口]; sehr vorsichtig od. unsicher gehen 走路小心翼翼(蹑手蹑脚); ***j-n/ etw. wie ein rohes Ei behandeln*** j-n/ etw. sehr vorsichtig behandeln 小心对待某人/某事; ***wie aus dem Ei gepellt aussehen*** *gespr* [口]; sehr elegant gekleidet sein u. gepflegt aussehen 穿着笔挺,装束整洁; ***das Ei des Kolumbus*** *geschr*[书]; e-e sehr einfache, jedoch geschickte Lösung 哥伦布的鸡蛋(非常简单的,然而很巧妙的解决办法) ‖ NB(注意): ↑ ***Apfel*** ‖ *zu* (义项)**1.** u. **2.** **ei·för·mig** *Adj*(形)

-ei *die*; -, *-en*; *im Subst*, *sehr produktiv*(构成名词,构词强) **1.** *nach Subst*(加在名词后); der Betrieb, in dem der genannte Beruf ausgeübt wird(表示从事所指行业的)场所,厂房,作坊; ***Bäckerei***, ***Druckerei***, ***Gärtnerei***, ***Metzgerei***, ***Tischlerei*** **2.** *nach Subst*, *mst pej*(加在名词后)多用[贬]; e-e Handlung od. ein Verhalten wie das im ersten Wortteil Genannte(表示所指词语的)行为,态度,作风,行径; ***Barbarei***, ***Besserwisserei***, ***Betrügerei***, ***Dieberei***, ***Drückebergerei***, ***Eigenbrötelei***, ***Eselei***, ***Ferkelei***, ***Flegelei***, ***Gaunerei***, ***Geschäftemacherei***, ***Lumperei***, ***Philisterei***, ***Preistreiberei***, ***Prinzipienreiterei***, ***Sauerei***,

Schurkerei, ***Schweinerei***, ***Teufelei***, ***Tölpelei***, ***Tyrannei*** **3**. *nach Verb*, *nur Sg*, *bes gespr pej*(加在动词后)(只用单数)尤用[口][贬]; verwendet, um auszudrücken, dass die genannte Handlung lästig ist, dass sie oft geschieht od. lange dauert(表示令人讨厌的,经常发生或持续不断的行为) ≈ Ge-(2); ***Brüllerei***, ***Bummelei***, ***Drängelei***, ***Fahrerei***, ***Fragerei***, ***Fresserei***, ***Herumhockerei***, ***Heuchelei***, ***Heulerei***, ***Jammerei***, ***Lauferei***, ***Phrasendrescherei***, ***Plackerei***, ***Quengelei***, ***Rennerei***, ***Schlamperei***, ***Schufterei***, ***Schwarzseherei***, ***Trödelei*** **4**. *nach Verb*(加在动词后); etw., das durch die genannte Handlung entsteht (entstanden ist)(表示由所指行为产生的事物); ***Bastelei***, ***Häkelei***, ***Malerei***, ***Schmiererei***, ***Schnitzerei***, ***Stickerei*** ‖ NB(注意): *zu*(义项)**2**., **3**. u. **4**.: oft mit *-er* vor *-ei*(在后缀-ei前常带-er)

Ei·be *die*; -, *-n*; e-e Art kleiner, Nadelbaum mit kleinen u. giftigen roten Früchten 紫杉

Ei·che *die*; -, *-n* **1**. ein großer Laubbaum mit sehr hartem Holz 栎树(麻栎),橡树,柞树〈e-e knorrige, mächtige E. 一棵多节的、高大的橡树〉: *Die ovalen Früchte der E. heißen Eicheln* 栎树椭园形的果实叫栎果 ‖ K-(复合): ***Eichen-***, ***-holz***, ***-laub***, ***-wald*** **2**. *nur Sg*(只用单数); das Holz der E. (1)柞木,栎木,橡木: *ein Bett aus E.* 柞木床; *ein Schlafzimmer in E.* 栎木卧室 ‖ K-(复合): ***Eichen-***, ***-sarg***, ***-schrank***, ***-tisch***

Ei·chel *die*; -, *-n*/*Ei·chel* **1**. (*Pl* 复 *Eicheln*) die Frucht der Eiche (1)栎果 **2**. (*Pl* 复 *Eicheln*) der vorderste Teil des Penis 龟头 **3**. (*Pl* 复 *Eichel*) e-e Spielfarbe im deutschen Kartenspiel od. e-e Karte dieser Farbe (扑克牌中的)梅花,草花 ‖ NB(注意): ↑ ***Herz*** (6,7) ‖ ↑ *Abb. unter* 图见 ***Spielkarten***

ei·chen; *eichte*, *hat geeicht*; [Vt](及物) ***etw. e.*** Maße u. Messgeräte prüfen u. e-r Norm anpassen 校准,检定,测量(仪表)〈Gewichte, e-e Waage, ein Thermometer *usw* e. 校准砝码、秤、温度计等〉‖ K-(复合): ***Eich-***, ***-amt***, ***-gewicht***, ***-maß***, ***-meter***, ***-stempel*** ‖ ID[谚] ***auf etw. geeicht sein*** *gespr*[口]; etw. besonders gut können, auf etw. spezialisiert sein 擅长于某事,熟习某事 ‖ *hierzu*(派生) **Ei·chung** *die*

Eich·hörn·chen *das*; *-s*, -; ein kleines Nagetier mit dichtem, langem Schwanz, das auf Bäume klettert u. Nüsse u. Samen frisst 松鼠

Eich·kätz·chen *das*; *-s*, - ≈ Eichhörnchen

Eid *der*; *-(e)s*, *-e*; ein *mst* feierliches Versprechen, die Wahrheit zu sagen 誓言,誓约≈ Schwur〈e-n Eid ablegen, leisten, schwören, brechen 发誓,起誓,宣誓,违背誓言; etw. unter Eid aussagen, bezeugen 对某事宣誓作证; j-n von e-m/seinem Eid entbinden 解除某人的誓约〉‖ K-(复合): ***Eid-***, ***-bruch***; ***Eides-***, ***-formel***, ***-pflicht*** ‖ ID[谚] ***an Eides Statt*** JUR【法】; an Stelle e-s gerichtlichen Eides 具结,替代宣誓的声明; ***der Eid des Hippokrates*** MED【医】; das Versprechen, kranken Menschen immer zu helfen, das alle Ärzte ablegen müssen 希波克拉底的誓言(一切医师救死扶伤的誓言,希波克拉底为古希腊医师)

eid·brü·chig *Adj*(形); *mst in* 多用于 ***e. werden*** e-n Eid brechen 违背誓约,破坏誓约

Ei·dech·se *die*; -, *-n*; ein kleines Kriechtier mit e-m langen, spitzen Schwanz, den es bei Gefahr abwerfen kann 蜴虎,壁虎

ei·des·statt·lich *Adj*(形); *mst in* 多用于 ***e-e eidesstattliche Erklärung abgeben*** JUR【法】; e-e Aussage machen, die so verbindlich ist wie ein Eid vor Gericht 作出替代誓言的声明(具结)

Eid·ge·nos·se *der*; verwendet als Bezeichnung für e-n Staatsbürger der Schweiz(瑞士公民的称呼)瑞士人

Eid·ge·nos·sen·schaft *die*; ***die schweizerische E.*** der offizielle Name der Schweiz 瑞士联邦

eid·ge·nös·sisch *Adj*(形); (*bes* ADM) *geschr*(尤用于【管理】[书]; die Schweiz betreffend (瑞士)联邦的

Ei·er·be·cher *der*; ein kleines Gefäß, in dem ein gekochtes Ei serviert wird (盛蛋的)蛋杯,蛋盅 ‖ ↑ *Abb. unter* 图见 ***Frühstückstisch***

Ei·er·koh·le *die*; *mst Pl*(多用复数); e-e harte u. lang brennende Art von Kohle (die in eiförmigen Stücken verkauft wird)煤球

Ei·er·kopf *der*; *gespr*[口] **1**. *hum*, *oft pej*[诙]多用[贬]; ein Kopf, der e-e deutlich ovale Form hat 椭园形脑袋 **2**. *pej*[贬]; verwendet als Schimpfwort für e-n Intellektuellen(骂知识分子的话)腐儒,迂夫子,学究

Ei·er·ku·chen *der*; e-e Speise aus Eiern, Mehl u. Milch (u. Zucker), die in der Pfanne gebacken wird(用鸡蛋、面粉、牛奶、白糖做成的)煎蛋饼 ≈ Pfannkuchen

ei·ern; *eierte*, *hat geeiert*; [Vi](不及物) ***etw. eiert*** *gespr*[口]; etw. rollt od. dreht sich ungleichmäßig u. wackelt(物作主语)不均匀地摇晃着滚转,晃动〈ein Rad, e-e Schallplatte *usw* 轮子,唱片等〉

Ei·er·stock *der*; *-(e)s*, *Ei·er·stö·cke*; *mst Pl*(多用复数); eines der beiden Organe im Körper von Frauen u. weiblichen Tieren, in denen die Eier (3) gebildet werden 卵巢; MED【医】Ovarium ‖ K-(复合): ***Eierstock-***, ***-entzündung***

Ei·er·uhr *die*; e-e kleine Sanduhr, mit der ein kurzer Zeitraum (bis ca. 10 Minuten) gemessen wird 沙钟(一种沙漏计时器,尤用于煮蛋计时)

Ei·fer *der*; *-s*; *nur Sg*(只用单数) **1**. das starke Bemühen, ein Ziel zu erreichen 勤奋,勤勉,奋勉,努力〈blinder E. 盲目勤奋,瞎忙乎; j-s E. anstacheln, anspornen 激励、鼓励某人发奋〉: *Heute gehe ich voller E. an die Arbeit, gestern war ich nicht so fleißig* 今天我全力以赴投入工作,昨天我不怎么卖劲 ‖ -K(复合): ***Arbeits-***, ***Lern-*** **2**. *mst pej* 多用[贬]; e-e leidenschaftliche Gefühlsbewegung, bei der j-d die Kontrolle über sich verliert 热情,激情,激

动〈voller E. 热情洋溢,满腔热情; in E. geraten 激动起来〉: *Er war in seinem E. zu weit gegangen* 他热情得太过分了 **3. *mit missionarischem E.*** so, dass man dabei versucht, andere Leute von seiner Meinung zu überzeugen 怀着传教的热情,以锲而不舍的精神 ‖ ID[谚] ***im E. des Gefechts*** *gespr*[口]; in der Eile, in der Aufregung 匆忙之中,因激动

Ei·fe·rer *der*; *-s*, *-*; *mst* 多用 ***ein religiöser E.*** j-d, der sich fanatisch für e-e religiöse Idee einsetzt 宗教狂热者

Ei·fer·sucht *die*; *nur Sg*(只用单数); ***E.*** (***auf j-n***) die oft übertriebene Angst e-s Menschen, die Liebe od. Aufmerksamkeit e-s anderen Menschen an e-e dritte Person zu verlieren 嫉妒,妒忌,醋意〈*mst* 多用 blinde, rasende, krankhafte E. 盲目的、强烈的、病态的嫉妒〉

ei·fer·süch·tig *Adj*(形); ***e.*** (***auf j-n/etw.***) voll Eifersucht(对某人/某事)有嫉妒心,有醋意

eif·rig *Adj*(形); voll Eifer (1)勤奋的,发奋的,努力的,用功的〈*mst* ein Schüler, ein Student 中学生,大学生; e. lernen, arbeiten 努力学习,勤奋工作〉

Ei·gelb *das*; *-(e)s*, *-e*; der gelbe Teil des (Hühner)Eis 蛋黄,卵黄≈ Dotter

ei·gen *Adj* (形); *ohne Steigerung*(无变级) **1.** *mst attr*, *nicht adv*(多作定语,不作状语); verwendet, um auszudrücken, dass etw. j-m/etw. gehört(表示归属)自己的,自身的,个人的: *Mit 18 Jahren hatte er schon ein eigenes Auto* 他18岁时就有一辆自己的汽车; *Das kannst du mit deinem eigenen Geld kaufen!* 这你可以花自己的钱买!; *Ich habe es mit eigenen Augen gesehen* 我是亲眼看见的 **2.** *mst attr*, *nicht adv*(多作定语,不作状语); verwendet, um auszudrücken, dass etw. von einem selbst kommt od. einen selbst betrifft(表示起因或关联): *etw. auf eigene Verantwortung tun* 做某事自己负责; *Er hat immer e-e eigene Meinung* 他总有自己的看法; *Es ist ihre eigene Schuld, wenn sie nicht auf uns hört* 如果她不听我们的话,那就是她自己的过错 ‖ K-(复合): ***Eigen-***, ***-anteil***, ***-bedarf***, ***-finanzierung***, ***-initiative***, ***-kapital***, ***-leistung***, ***-verbrauch*** **3.** (***etw. ist***) ***j-m/etw. e.*** (etw. ist) für e-e Person/Sache typisch od. charakteristisch(物作主语)某人/某事所特有的,独特的,典型的,有自己性格特征的: *mit dem ihr eigenen Charme* 具有她特有的魅力; *Diese Gesten sind ihm e.* 这种手势是他所特有的 **4.** *nur präd*, *nicht adv*(只作表语,不作状语); eigenartig, sonderbar 奇特的,古怪的: *Sie ist zwar ganz nett, aber ein bisschen e.* 她虽然很可亲,但有点怪 **5. *sich*** (*Dat* 三格) ***etw. zu E. machen*** *geschr* [书]≈ sich etw. aneignen

-ei·gen *im Adj*, *begrenzt produktiv*(构成形容词,构词有限); zu j-m/etw. (*mst* e-r Institution) gehörig 属…所有的; ***betriebseigen*** 〈ein Kurheim 疗养所〉, ***firmeneigen*** 〈ein Fahrzeug 汽车〉, ***staatseigen*** 〈ein Betrieb 企业〉, ***universitätseigen*** 〈e-e Druckerei 印刷厂〉

Ei·gen·art *die*; etw. (*mst* e-e Verhaltensweise), das typisch für j-n ist 特征,特点,特有的风格,特性≈ Charakterzug

ei·gen·ar·tig *Adj*(形); aufgrund ungewöhnlicher Eigenschaften auffällig, schwer verständlich od. schwer erklärbar 特别的,特殊的,与众不同的,奇特的,古怪的,怪僻的≈ merkwürdig: *Er ist ein eigenartiger Mensch. Man weiß nie, was in ihm vorgeht* 他是个怪僻的人。你永远不会知道他在想什么; *Hier riecht es e.* 这里有怪味; *Was ist das für ein eigenartiges Geräusch?* 这是一种什么奇怪的噪音? ‖ *hierzu*(派生) **ei·gen·ar·ti·ger|wei·se** *Adv*(副)

Ei·gen·bau *der*; *nur Sg*, *gespr*(只用单数)[口]; ***in E.*** indem man es selbst herstellt od. konstruiert 自行设计,自行建造: *Unser Haus ist in E. entstanden* 我们的房子是自己设计盖的

Ei·gen·bröt·ler *der*; *-s*, *-*; *oft pej* 常用[贬]; j-d, der Kontakt mit anderen Menschen vermeidet 怪僻的人,怪人,怪物,古里古怪的人≈ Sonderling ‖ *hierzu*(派生) **ei·gen·bröt·le·risch** *Adj*(形) ‖ *zu* (义项) **Eigenbrötelei** ↑ ***-ei***

ei·gen·hän·dig *Adj*(形); *nur attr od adv*(只作定语或状语); so, dass es von einem selbst gemacht wird od. wurde (u. nicht von j-d anderem) 亲手的: *Wir benötigen Ihre eigenhändige Unterschrift* 我们要您的亲笔签名; *sein Haus e. bauen* 亲手盖自己的房子

Ei·gen·heim *das*; ein (*mst* ziemlich einfaches) Haus, in dem der Eigentümer selbst wohnt(房主自己居住的)私人住宅

Ei·gen·heit *die*; *-*, *-en*; etw. (*mst* ein Merkmal od. e-e Verhaltensweise), das typisch für j-n ist 特征,特性≈ Eigenart

Ei·gen·le·ben *das*; *nur Sg*(只用单数); ein Leben, das bestimmt ist von persönlichen Vorstellungen 私人生活,按自己特有的方式生活〈*mst* ein E. führen, sein E. bewahren 过独立生活,保持自己独特的生活〉

Ei·gen·lie·be *die*; *nur Sg*(只用单数) ≈ Egoismus

Ei·gen·lob *das*; ein Lob, mit dem sich j-d selbst lobt 自夸,自我标榜,自我吹嘘 ‖ ID[谚] ***E. stinkt*** *gespr*[口]; man soll sich nicht selbst loben 自吹自擂,令人作呕

ei·gen·mäch·tig *Adj*(形); 〈e-e Entscheidung 决定〉 so, dass man dafür nicht den nötigen Auftrag od. die Erlaubnis hat 任意的,武断的,专横的,擅自的〈e. handeln, vorgehen 任意行动,擅自采取措施; etw. e. bestimmen, entscheiden 擅自规定,决定某事〉 ‖ hierzu(派生) **Ei·gen·mäch·tig·keit** *die*; *nur Sg*(只用单数)

Ei·gen·na·me *der*; ein Name, mit dem man e-e individuelle Person/e-n einzelnen Ort *o.Ä.* bezeichnet, um sie von anderen zu unterscheiden 专有名词: *„Schiller", „Italien", „Rhein" u. „Hamburg" sind Eigennamen* "席勒"、"意大利"、"莱茵河"和"汉堡"是专有名词

Ei·gen·nutz *der*; *-es*; *nur Sg*(只用单数); ein (egoistisches) Verhalten mit dem Ziel, sich selbst Vorteile zu verschaffen 自私自利(的行为)〈etw. ist E. 某事是自私的行为; etw. aus E.

tun 出于自私的动机而做某事）‖ *hierzu*（派生）**ei·gen·nüt·zig** *Adj*（形）

Ei·gen·nut·zung *die*；JUR【法】；das Kaufen od. Bauen e-s Hauses od. e-r Wohnung, um selbst darin zu wohnen 购房或建房自用

ei·gens *Adv*（副）；für e-n besonderen, ganz bestimmten Zweck 专门，特意，特地，特别≈extra (3)：*Ich habe den Kuchen e. für dich gebacken* 这点心是我特意为你烤制的；*Ich habe ihn e. noch daran erinnert, aber er hat es trotzdem vergessen* 我还特别提醒他这点，但他还是忘了

Ei·gen·schaft *die*；-，*-en* **1.** etw., das für j-n/etw. typisch od. kennzeichnend ist 性质，性能，属性，素质，品格，特性，品质：*Eitelkeit ist e-e schlechte E.* 爱虚荣是一种坏品质；*Dieses Metall hat die E., leicht verformbar zu sein* 这种金属有容易变形的特性 ‖ -K（复合）：***Charakter-***, ***Material-*** **2.** ***in e-r/j-s E.*** *geschr*［书］；in e-r bestimmten Funktion od. Aufgabe 以…的身份：*Er sprach in seiner E. als Parteichef* 他以党的领导人的身份讲了话

Ei·gen·schafts·wort *das*；-(e)s, *Ei·gen·schafts·wör·ter* ≈ Adjektiv

Ei·gen·sinn *der*；*nur Sg*（只用单数）；die Eigenschaft, immer nur das zu tun, was man selbst für richtig hält 固执，执拗，顽固，一意孤行 ≈ Starrsinn ‖ *hierzu*（派生）**ei·gen·sin·nig** *Adj*（形）；**Ei·gen·sin·nig·keit** *die*；*mst Sg*（多用单数）

Eigenschaften

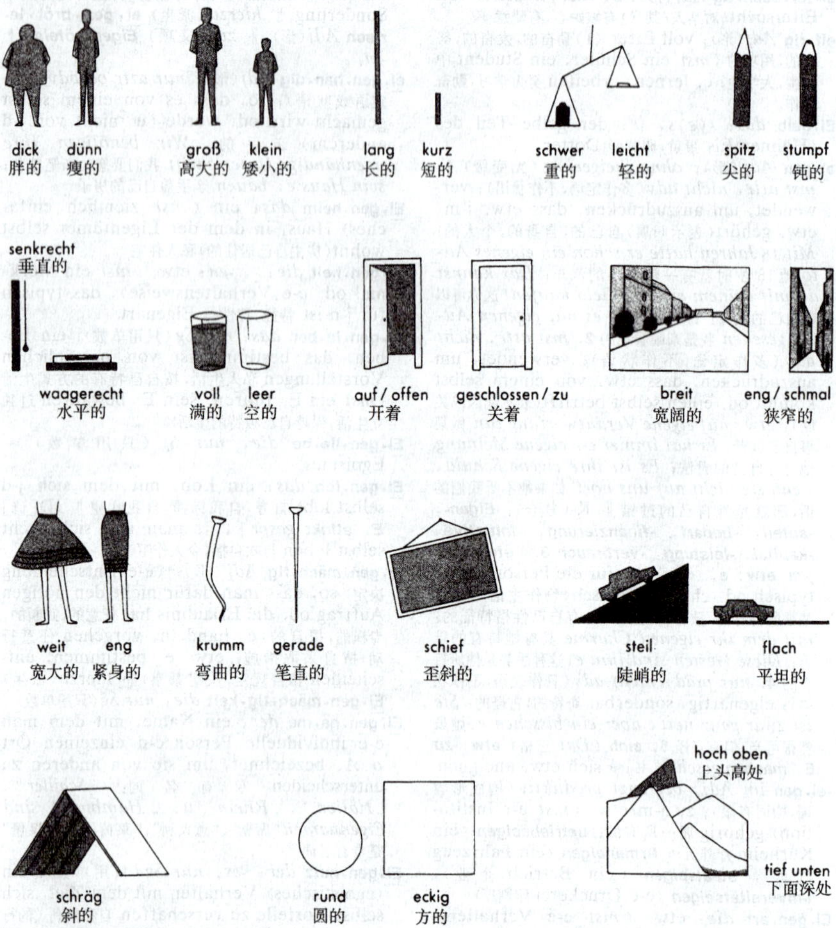

E

ei·gen·stän·dig *Adj*（形）；*geschr*［书］≈ selbstständig（1）‖ *hierzu*（派生）**Ei·gen·stän·dig·keit** *die*；*nur Sg*（只用单数）

ei·gent·lich *Partikel*（小品词）；*betont u. unbetont*（重读和非重读）**1.** verwendet, um auf e-n Sachverhalt hinzuweisen, der dem Gesprächspartner *mst* nicht bekannt od. für ihn nicht erkennbar ist 其实≈ in Wirklichkeit：*E. gehe ich nicht gern in die Disko*（*aber heute mache ich e-e Ausnahme*）其实我不爱去迪斯科舞厅（但今天我例外）；*E. heißt sie Augustine, aber jeder nennt sie Gusti* 其实她叫奥古斯蒂娜，但人人都叫她古斯蒂 **2.** verwendet, wenn man von etw. überzeugt ist u. man e-n Irrtum kaum für möglich hält 本该，理应：*E. müsste der Brief jetzt fehlerfrei sein* 现在这封信该是正确无误的了；*E. müsste er jetzt zu Hause sein*（*normalerweise ist er um diese Zeit da*）他现在理应在家（平常他这个时候是在家的）**3.** ≈ genau genommen, streng genommen：*E. darf ich es dir noch nicht sagen, aber ich krieg den Job* 严格来说，这事我还不能告诉你，但我已找到工作了；*E. müsste ich heute lernen*（*aber ich geh doch mit auf die Party*）严格说来，我今天该学习（但是我仍一块去参加聚会）**4.** verwendet, wenn e-e Erwartung nicht erfüllt wird od. wurde 按理，照例：*E. müsste er schon längst hier sein*（*vielleicht ist etwas dazwischengekommen*）按理他早就该到了（也许中途出了什么事）；*E. hätte sie auch anrufen können*（= ich bin enttäuscht, dass sie nicht angerufen hat）按理说，她也本可以打电话来的啊（= 我很失望，她没有打电话）**5.** verwendet, um e-n neuen Gedanken in ein Gespräch einzubringen 到底，究竟：*Wie geht es e. deinen Kindern?* 你的孩子们到底怎么样？；*Wie spät ist es e.?* 究竟什么时候了？**6.** ≈ ursprünglich：*E. wollte ich schon um zehn Uhr gehen, u. jetzt ist es schon zwölf* 本来我想十点就走，而现在已是十二点了 **7.** verwendet, wenn man（nach einiger Überlegung）zu e-m bestimmten Ergebnis kommt 毕竟，终归：*E. war der Film ganz gut* 这部电影毕竟是很好的 **8.** verwendet, um e-e Aussage einzuschränken 说不上：„*Hast du was dagegen, wenn meine Schwester mitkommt?*" – „*E. nicht*（*aber ich finde die Idee nicht besonders gut*）"“如果我妹妹一起去，你不反对吧？”——“谈不上反对（但我认为这个主意不太好）”

ei·gent·li·ch- *Adj*（形）；*nur attr, ohne Steigerung, nicht adv*（只作定语，无变级，不作状语）**1.** den wichtigsten Punkt betreffend 主要的，根本的，要害的：*der eigentliche Anlass unseres Treffens* 我们见面的主要原因；*Das eigentliche Problem liegt woanders* 根本的问题在别的什么地方 **2.** der Realität entsprechend 真实的，真正的≈ tatsächlich, wirklich（1）：*Seine eigentlichen Absichten zeigte er erst später* 后来他才表明自己的真实意图 **3.** so, wie es zu Beginn war 本来的，原来的，≈ ursprünglich, anfänglich：*die eigentliche Bedeutung e-s Wortes* 一个词的本意；*Sein eigentlicher Beruf ist Maurer, jetzt arbeitet er als Busfahrer* 他原来的职业是泥瓦匠，现在他当公共汽车司机

Ei·gen·tor *das*；SPORT【体】；der unabsichtliche Schuss od. Wurf mit e-m Ball *o. Ä.* in das Tor der eigenen Mannschaft（误投（射）自家球门的）乌龙球 ‖ ID［谚］***ein Eigentor schießen*** *gespr*［口］；so handeln, dass man sich selbst dabei schadet 自取其咎，自食其果，自讨苦吃

Ei·gen·tum *das*；*-s*；*nur Sg*（只用单数）**1.** das, was j-m gehört 所有物，财产≈ Besitz（1）〈persönliches, fremdes E. 个人的、别人的财产；sich an fremdem E. vergreifen 侵占别人的财产〉：*Dieses Haus ist mein E.*（ich wohne in dem Haus u. besitze es auch）这座房屋是我的财产 ‖ K-（复合）：***Eigentums-***，***-wohnung*** **2.** JUR【法】；das, was j-m rechtlich gehört（was er aber vielleicht nicht besitzt（2））所有物，财产（指法律上的归属）：*Das Haus ist sein E., es ist jedoch nicht in seinem Besitz, da es der Staat beansprucht* 这房屋归他所有，但不归他占用，因国家正使用它 **3.** JUR【法】；das Verfügen über sein E.（2）财产的支配权，所有权，产权〈etw. geht in j-s E. über, befindet sich in j-s E. 某物转归某人所有，某物属某人所有〉**4.** ***j-s geistiges E.*** etw., das j-d erfunden hat od. e-e Idee, die j-d zuerst gehabt hat 某人的知识产权

Ei·gen·tü·mer *der*；*-s, -*；*mst* JUR 多用【法】；j-d, dem e-e Sache als Eigentum（1, 2）gehört 所有者，物主，财产所有权人 ‖ *hierzu*（派生）**Ei·gen·tü·me·rin** *die*；*-, -nen*

ei·gen·tüm·lich, ei·gen·tüm·lich *Adj*（形）；*geschr*［书］**1.** ≈ eigenartig **2.**（***j-m/etw.***）**e.** charakteristisch od. typisch（für j-n/etw.）特有的，固有的，独特的：*mit der ihm eigentümlichen Handbewegung* 以他特有的手势 ‖ *hierzu*（派生）**Ei·gen·tüm·lich·keit** *die*；*nur Sg*（只用单数）

Ei·gen·tums·de·likt *das*；JUR【法】；ein Verbrechen gegen j-s Eigentum（1, 2）od. Vermögen[2], wie *z. B.* Diebstahl, Betrug, Sachbeschädigung *usw* 对财物的侵权行为

ei·gen·ver·ant·wort·lich *Adj*（形）*geschr*［书］；so, dass der Betroffene selbst allein die Verantwortung für etw. trägt 责任自负的〈*mst* etw. e. entscheiden 自己承担责任地对某事作决定〉‖ *hierzu*（派生）**Ei·gen·ver·ant·wort·lich·keit** *die*；*nur Sg*（只用单数）

ei·gen·wil·lig *Adj*（形）**1.** mit e-m starken eigenen Willen u. nur selten bereit, das zu tun, was andere sagen 固执的，执拗的，任性的，固执己见的，自以为是的≈ eigensinnig **2.** so, dass es stark von der Persönlichkeit u. dem Charakter der betreffenden Person bestimmt ist 独特的，独到的，独具匠心的，别具一格的，不落窠臼的〈j-s Stil, ein Gedanke, j-s Geschmack, e-e Interpretation *usw* 某人的风格，想法，某人的口味，解释〉‖ zu（义项）**1. Ei·gen·wil·lig·keit** *die*；*nur Sg*（只用单数）

eig·nen, sich；*eignete sich, hat sich geeignet*；

E

Vr (反身) **1. sich** (**irgendwie**) **für etw. e.** die Eigenschaften od. Fähigkeiten haben, die nötig sind, um e-e bestimmte Funktion zu erfüllen 适合,适宜: *Sie eignet sich gut für diesen Beruf* 她很适合从事这项职业 **2. etw. eignet sich** (**irgendwie**) **als etw.** etw. hat die Eigenschaften, die nötig sind, um e-n bestimmten Zweck zu erfüllen(物作主语)适用,适宜: *Kork eignet sich gut als Isoliermaterial* 软木很适于作绝缘材料

Eig·ner *der*; *-s*, *-*; *veraltend* [渐旧] ≈ Eigentümer ‖ -K(复合): **Schiffs-**

Eig·nung *die*; *-*; *nur Sg*(只用单数); **E.** (**für etw.**); **E.** (**zu etw.**) (das Vorhandensein der) Talente u. Eigenschaften, die für etw. notwendig sind(对…必需具备的)才能,能力;合格,资格: *Seine E. zum Studium muss er erst beweisen* 他首先得证明自己上大学的资格 ‖ K-(复合): **Eignungs-**, **-prüfung**, **-test**

Ei·land *das*; *-(e)s*, *-e*; *lit veraltet* [文][旧]; e-e (*mst* kleine) Insel 岛屿,小岛

Eil·bo·te *der*; ein Briefträger, der Eilbriefe *o.Ä.* bringt 快信邮递员,专使,特急信使 (durch Eilboten 通过快递)

Eil·brief *der*; ein Brief, der am Zielort sofort zum Empfänger gebracht wird u. nicht mit der normalen Post verteilt wird 快递邮件,快信

Ei·le *die*; *-*; *nur Sg*(只用单数) **1.** das Bemühen od. der Zwang, etw. schnell zu tun 匆忙,急忙(etw. in aller/großer/fieberhafter E. tun 非常匆忙地/很匆促地/急匆匆地干某事; zur E. getrieben werden 被催得很匆忙): *Ich habe in der E. vergessen, e-n Schirm mitzunehmen* 我匆忙中忘了带雨伞 ‖ K-(复合): **Eil-**, **-schritt**, **-tempo** **2. in E. sein** (zu) wenig Zeit haben 时间很紧,匆匆忙忙: *Ich kann jetzt nicht reden, ich bin in E.* 现在我不能谈,我急着有事(我没时间) ‖ ID[谚] **mit etw. hat es** (**keine**) **E.** *gespr* [口]; etw. ist (nicht) sehr dringend, etw. muss (nicht) sehr schnell erledigt werden(不)急于做某事

Ei·lei·ter *der*; *-s*, *-*; ein Organ (in der ungefähren Form e-s kleinen Schlauchs) im Körper von Frauen u. weiblichen Tieren, in dem sich ein Ei vom Eierstock zur Gebärmutter bewegt 输卵管; MED【医】Tuba

ei·len; *eilte*, *hat/ist geeilt*; Vi (不及物) **1. irgendwohin e.** (*ist*) *geschr* [书]; schnell irgendwohin gehen od. fahren 急着赶路,赶紧到某处去: *Sie eilte nach Hause* 她急着赶回家 **2. etw. eilt** (*hat*) etw. ist eilig (1)(物作主语)很紧急,刻不容缓: *Der Brief eilt, er muss sofort zur Post* 信很紧急,他得立刻去邮局; Vimp (无人称) (*hat*) **3. j-m eilt es mit etw.** j-d will, dass etw. so schnell wie möglich getan wird 这对某人来说是一件急事(某人急着干某事)

ei·lends *Adv* (副); *veraltend* [渐旧]; sehr schnell 匆促地,急忙地,匆匆地 ≈ rasch, unverzüglich

eil·fer·tig *Adj*(形); *geschr pej*[书][贬]; in dem Bemühen, seine Aufgaben schnell zu erfüllen, ohne dabei kritisch nachzudenken 仓促的,匆匆忙忙的,草草的 ‖ *hierzu*(派生) **Eil·fer·tig·keit** *die*; *nur Sg*(只用单数)

ei·lig *Adj*(形) **1.** sehr wichtig u. daher schnell zu erledigen 紧急的: *Dieser Brief ist sehr e., bring ihn bitte gleich zur Post!* 这封信很紧急,请马上到邮局去发掉它! **2.** (zu) schnell gemacht (u. dabei manchmal unachtsam) 匆忙的,匆促的,草率的: *Er hat den Brief so e. geschrieben, dass man ihn nur mit Mühe lesen kann* 他这封信写得很草率,使人读起来很费劲 **3. es e. haben** keine od. nur wenig Zeit haben 急着有事,时间很紧 **4. es** (**mit etw.**) **e. haben** etw. möglichst bald tun wollen 急着(忙着)干某事

Eil·zug *der*; *hist* [历]; ein Zug, der auch an relativ kleinen Orten hielt (aber nicht an allen, wie ein Nahverkehrszug) 快车,直快列车

Ei·mer *der*; *-s*, *-*; ein rundes Gefäß (*mst* aus Plastik od. Blech) *bes* für Flüssigkeiten od. Abfall, das e-n Bügel zum Tragen hat 桶,提桶 ‖ -K(复合): **Abfall-**, **Müll-**, **Wasser-**; **Plastik-** ‖ ID[谚] **etw. ist im E.** *gespr*[口]; etw. ist nicht mehr gebrauchsfähig, etw. ist gescheitert 某物坏了,不能使了,破碎了,损坏了,报废了;某事搁浅,落空,吹了,黄了: *Meine Uhr kann ich wegwerfen, die ist völlig im E.* (= ganz kaputt) 我的表可以扔了,它完全坏了; *Nach dieser Pleite waren ihre Pläne im E.* (= ohne Hoffnung auf Erfolg) 这次失败后,他们的计划黄了

ein[1], *eine*, *ein*; *unbestimmter Artikel*(不定冠词); *unbetont*(非重读) **1.** verwendet, um e-e bestimmte Person/Sache zu bezeichnen, die vorher noch nicht genannt wurde(表示初次提到的不确定的人或物)一(加量词:个、位、件、种等): *Ich wohne allein in einem großen Haus* 我独自住在一栋大房子里; *Dieses Jahr hatten wir einen regnerischen Sommer* 今年我们过了一个多雨的夏季; *Er kam durch einen Verkehrsunfall ums Leben* 他因一次交通事故而丧了命; *Sie ist Tochter eines Richters* 她是一位法官的女儿 **2.** verwendet, um e-e (beliebige) einzelne von mehreren möglichen Sachen zu bezeichnen(表示若干事物中的任何一个): *Hast du eine Zigarette für mich?* 你能给我一支烟吗?; *Gib mir bitte einen Stift!* 请给我一支铅笔! **3.** verwendet, um e-e nicht näher bestimmte Person/Sache als Vertreter e-r Menge, Art od. Gattung zu bezeichnen(表示类别或普遍性): *Ein Hund bleibt dir immer treu* 狗对你永远是忠实的; *Ein Schotte trägt nicht immer e-n Schottenrock* 苏格兰人并不总穿苏格兰裙(彩色大方格裙) **4.** verwendet vor abstrakten Begriffen, die (*mst* durch e-n Relativsatz) näher bestimmt sind(用于抽象概念前,常用关系从句进一步限定): *Er ging mit einer Begeisterung an die Arbeit, die ich bei ihm gar nicht kannte* 他曾怀着热情投入工作,而这种热情我在他身上从未见过 **5.** verwendet vom Sprecher, um auszudrücken, dass ihm j-d unbekannt ist(表示说话者不认识的某一个人): *Ein* (*gewis-*

ser) *Herr Sommer möchte Sie sprechen* 有一位佐默尔先生想见您 ‖ NB(注意):**a**) Der unbestimmte Artikel wird im Plural nicht verwendet(不定冠词不用复数):*Sg*(单):*ein altes Haus*, *Pl*(复):*alte Häuser*; **b**) *Ein* wird in der gesprochenen Sprache oft abgekürzt:*Sone / So'ne Katze*; *da kommtn / kommt'n Hund mit 'nem langen Schwanz*; **c**) ↑ *Tabelle unter* 图表见 **Artikel**

ein², *eine*, *ein*; *Zahladj*(数形); *betont*(重读) **1.** verwendet, um bei zählbaren Begriffen den Zahlenwert 1 auszudrücken 一,一个:*Jetzt warten wir schon eine Stunde* 现在我们已等了一个小时;*ein Pfund Äpfel* 一磅苹果;*Hat sie zwei Autos od. nur ein(e)s?* 她有两辆汽车还是只有一辆汽车? ‖ NB(注意):**a**) oft durch *nur* od. *einzig-* verstärkt(常用 nur 或 einzig- 加强语气):*Ich hatte nur noch einen Euro / einen einzigen Euro in der Tasche* 我口袋里还只有/只剩下唯一的一个欧元;**b**) Wenn *ein* vor e-m Subst. steht, wird es wie der unbestimmte Artikel flektiert(如果 ein 位于名词前,则按不定冠词变格) **2.** verwendet, um eine einzelne von mehreren Personen/Sachen zu bezeichnen(表示若干个人/物之一):*Einer von euch muss hier bleiben* 你们中的一位必须留下;*„Hier im Wald gibt es Rehe" – „Ja, da läuft eins"* "这里林中有狍子"——"是的,那边正跑着一头" ‖ NB(注意):**a**) verwendet wie ein Substantiv(用法与名词相同);**b**) Endungen wie beim stark gebeugten Adjektiv(词尾与强变化形容词相同) **3.** ***der / die / das eine*** verwendet, um eine von zwei Personen/Sachen zu bezeichnen(表示两者之一):*Der eine Bruder lebt in Amerika* (*u. der andere hier in Köln*) 一个兄弟生活在美国(,另一个就在科隆) ‖ NB(注意):Endungen wie beim schwach gebeugten Adjektiv(词尾与弱变化形容词相同) **4.** *nicht flektiert*(不变格); verwendet zur Bezeichnung der Uhrzeit 1 Uhr bzw. 13 Uhr(表示钟点)一点(一点或 13 点):*Es ist schon ein Uhr* 已是一点了 ‖ NB(注意):aber:*Es ist eins* 一点钟 **5.** ***ein oder zwei / ein bis zwei / ein, zwei*** *nicht flektiert*(不变格); verwendet, um e-e geringe Zahl auszudrücken(表示少量几个) ≈ ein paar:*Kann ich ein, zwei Tage bei dir übernachten?* 我可以在你家住一、两天吗?;*Es dauert vielleicht ein bis zwei Stunden* 也许持续一、二个小时 **6.** ***ein und derselbe / dieselbe / dasselbe*** verwendet, um *derselbe* (*usw*) zu intensivieren(强调 derselbe 的语义)同一(个):*Das ist alles an ein und demselben Tag passiert* 这一切都是在同一天发生的 ‖ NB(注意):*ein* bleibt unflektiert (ein 不变格) **7.** ***j-d / etw. ist j-s Ein u. Alles*** j-d/etw. ist für j-n sehr wichtig(人/物作主语)是某人的宝贝,命根子,掌上明珠,一切,全部:*Ihr Pferd ist ihr Ein und Alles* 她的马是她的命根子 ‖ ID[谚] ↑ **Mal¹**

ein³ *Adv*(副) verwendet als Aufschrift bei Schaltern *usw*, mit denen etw. eingeschaltet wird (作为开关、电闸的文字标识)开,启动 ≈ an ↔ aus

ei·n-¹ *Indefinitpronomen*(不定代词) **1.** ≈ jemand:*Das muss einer machen, der etwas davon versteht* 这应该由懂点这种事的人来做 ‖ NB(注意):Endungen wie beim stark gebeugten Adjektiv(词尾与强变化形容词相同) **2.** ***einer*** *gespr*[口] ≈ man:*Das kann einer doch nicht wissen* (= Das kann man doch nicht wissen)这是人们不可能知道的呀 **3.** ***einen / einem*** verwendet als Akk./Dat. von *man*(用作 *man* 的四格/三格):*Das macht einen ja ganz nervös* 这会使人非常心烦;*Das kann einem schon mal passieren* 这种事人人都可能发生 ‖ ↑ NB *unter*(注意)见 **man¹** **4.** *gespr*[口]; verwendet in bestimmten Wendungen(用于词组中):*j-m eine reinhauen* (= j-m e-e Ohrfeige geben)给人一记耳光;*einen trinken* (= ein Getränk mit Alkohol trinken)喝一杯酒;*einen sitzen haben* (= betrunken sein)喝醉了

ein-² *im Verb, betont u. trennbar, sehr produktiv*(构成动词,重读和不可分,构词强); Die Verben mit *ein-* werden nach folgendem Muster gebildet (ein-动词的模式如下):*einbauen – baute ein – eingebaut*

1. *ein-* drückt aus, dass sich j-d/etw. von außen her in das Innere von etw. bewegt(表示由外面进入某物里面的运动);

eintreten:*Sie trat in das Zimmer ein* 她走进房间 ≈ Sie war außerhalb des Zimmers u. kam in das Zimmer hinein

ebenso(同类词有):***einfahren***, ***einlaufen***, ***einmarschieren***, ***einreisen***

2. *ein-* drückt aus, dass man etw. in das Innere von etw. bringt od. es zu e-m Teil von etw. macht(表示将某物放到,装到某物里面去或使之成为某物的一部分);

etw. (***in etw.*** (*Akk* 四格)) ***einbauen***:*Er hat neue Bremsen in meinen Wagen eingebaut* 他给我的汽车装了新刹车 ≈ Er hat die alten Bremsen herausgenommen u. neue hineingetan

ebenso(同类词有):***etw.*** (***in etw.*** (*Akk*)) ***einfüllen***, ***etw.*** (***in etw.*** (*Akk*)) ***eingießen***, ***etw.*** (***in etw.*** (*Akk*)) ***einheften***, ***etw.*** (***in etw.*** (*Akk*)) ***einmontieren***, ***etw.*** (***in etw.*** (*Akk*)) ***einschütten***

3. *ein-* drückt aus, dass bei e-r Handlung tiefere Stellen auf e-m Material entstehen (表示行为要触及材料的某种深度);

etw. (***in etw.*** (*Akk* 四格)) ***einritzen***:*Er ritzte seinen Namen in die Rinde des Baums ein* 他把自己的名字刻在这棵树的树皮上 ≈ Er kratzte/schrieb seinen Namen mit e-m Messer *o. Ä.* in die Rinde, wodurch Kratzer od. Schnitte in der Rinde entstanden

ebenso(同类词有):***etw.*** (***in etw.*** (*Akk*)) ***einbrennen***, ***etw.*** (***in etw.*** (*Akk*)) ***eingravieren***, ***etw.*** (***in etw.*** (*Akk*)) ***einkerben***, ***etw.*** (***in etw.*** (*Akk*)) ***einkratzen***, ***etw.*** (***in etw.*** (*Akk*)) ***einmeißeln***, ***etw.*** (***in etw.*** (*Akk*)) ***einschneiden***

E

4. *ein-* drückt aus, dass man um j-n/etw. herum etw. macht od. bildet(表示行为是围绕某人/某物进行的)：
etw. einrahmen：*ein Bild einrahmen* 给一幅画镶框≈e-n Rahmen um ein Bild machen
ebenso(同类词有)：**etw. eingittern**, **etw.** (**mit etw.**) **einfassen**, **j-n/etw. einkreisen**
5. *ein-* drückt aus, dass man etw. zerstört od. beschädigt(表示损坏性或破坏性的动作)：
etw. einwerfen：*mit dem Ball ein Fenster einwerfen* 用球打碎窗玻璃 ≈ e-n Ball so werfen, dass er ein Fenster trifft u. das Glas beschädigt
ebenso(同类词有)：**etw. eindrücken**, **etw. einreißen**, **etw. einschießen**
6. *ein-* drückt aus, dass das im zweiten Wortteil Genannte mit etw. gemacht wird (表示转变,变成)：
etw. einebnen：*im Garten die Erde einebnen* 在园中平整土地≈ im Garten die Erde (*z.B.* mit e-m Rechen) eben od. flach machen
ebenso(同类词有)：**etw. eindeutschen**, **etw. einfeuchten**
7. *ein-* drückt aus, dass man um e-n Gegenstand herum etw. (als Verpackung) legt(表示包装和捆扎的动作)：
etw. einwickeln：*ein Geschenk einwickeln* 把一件礼物包起来≈ Papier um ein Geschenk wickeln (als Verpackung od. um es schöner aussehen zu lassen)
ebenso(同类词有)：**etw.** (**in etw.** (*Akk*)) **einbinden**, **etw.** (**in etw.** (*Akk*)) **einhüllen**, **etw.** (**in etw.** (*Akk*)) **einpacken**

Ein.ak.ter *der*; *-s*, *-*; ein Theaterstück, das aus nur einem Akt besteht (u. *mst* kurz ist) 独幕剧

ei.nan.der *Pronomen*(代); eine Person/Sache der anderen od. die andere 彼此,相互 ≈ sich (gegenseitig)：*Sie fielen e. um den Hals* 他们相互拥抱; *Sie wollten e. erst einmal besser kennen lernen* 他们想先彼此多了解了解; *Die vielen Autos behindern e.* 许多汽车互相挡道

ein.ar.bei.ten (*hat*) [Vt] (及物) **1. j-n/sich** (**in etw.** (*Akk* 四格)) **e.** j-n/sich mit e-r Arbeit od. Aufgabe, die neu ist, bekannt machen 使熟悉工作,使熟练,使入门：*Der Lehrer hat sich in die neue Methode gut eingearbeitet* 老师对新的方法运用自如 **2. etw.** (**in etw.** (*Akk* 四格)) **e.** ein Detail in ein Ganzes einfügen 补进,加上：*Bevor das Buch veröffentlicht werden konnte, musste noch ein neues Kapitel eingearbeitet werden* 该书在出版前,不得不再补进一章 **3. etw. e.** e-n freien Tag *o. Ä.* ausgleichen, indem man an anderen Tagen mehr arbeitet 补班,把(休假日的)工作补上：*Die freien Tage zwischen Weihnachten u. Neujahr müssen im November eingearbeitet werden* 在11月必须先把圣诞节和新年之间的休假日的工作做完 ‖ *hierzu*(派生) **Ein·ar·bei·tung** *die*; *nur Sg*(只用单数)

ein.ar.mig *Adj*(形); *nicht adv*(不作状语); mit nur einem Arm 单臂的,独臂的

ein.äschern; *äscherte ein*, *hat eingeäschert*; [Vt] (及物) **1. j-n e.** e-n Toten verbrennen 火化,火葬(*mst* 多用 e-n Leichnam, e-n Toten e. 将尸体,死者火化) **2. etw. e.** etw. durch Feuer zerstören 把…烧成灰烬,使成废墟：*Im Krieg wurde die Stadt eingeäschert* 在战争中该城被烧成废墟 ‖ *hierzu*(派生) **Ein·äsche·rung** *die*

ein.at.men (*hat*) [Vt] (及物) **1. etw. e.** atmen u. so Luft (Gase, Dämpfe *o. Ä.*) in die Lunge bringen 吸入(气体、蒸气等)〈giftige Dämpfe e. 吸入有毒蒸气〉; [Vi] (不及物) **2.** (**irgendwie**) **e.** atmen u. so Luft *usw* in die Lunge bringen (以某种方式)吸入空气,吸气〈tief e. 深深地吸气〉 ‖ *hierzu*(派生) **Ein·at·mung** *die*; *nur Sg*(只用单数)

ein.äu.gig *Adj*(形); *nicht adv*(不作状语) **1.** mit nur einem Auge 独眼的：*ein einäugiger Pirat* 独眼海盗 **2.** *pej*[贬]; so, dass der Betreffende Probleme *usw* immer nur aus einer Perspektive betrachtet 观察问题片面的,看问题偏颇的,有失偏颇的 ‖ *zu*(义项)**2. Ein·äu·gig·keit** *die*; *nur Sg*(只用单数)

Ein.bahn|stra.ße *die*; e-e Straße, auf der man nur in einer Richtung fahren darf 单行道,单向行车道

ein.bal.sa.mie.ren; *balsamierte ein*, *hat einbalsamiert*; [Vt] (及物) **j-n/ein Tier e.** den Körper e-s toten Menschen od. e-s toten Tieres mit bestimmten Mitteln konservieren 给…涂防腐剂〈*mst* e-n Leichnam e. 给尸体涂防腐剂〉 ‖ *hierzu*(派生) **Ein·bal·sa·mie·rung** *die*

Ein.band *der*; *-(e)s*, *Ein·bän·de* **1.** der feste Teil e-s Buches, der aus den beiden Deckeln u. dem Rücken (5) besteht u. der die Seiten zusammenhält u. schützt 封皮(包括封面、封底及书脊)〈*mst* ein lederner, kartonierter E. 皮的、硬纸的封皮〉 **2.** e-e Art Hülle *mst* aus Plastik, in die *bes* ein Heft od. Buch (zum Schutz) gesteckt wird 塑料护套

Ein.bau *der*; *-(e)s*, *-ten* **1.** *nur Sg*(只用单数); das Einbauen (1,2) **2.** etw. (*z. B.* ein Möbelstück), das eingebaut (1) ist 内部装置,内装部件

ein.bau.en (*hat*) [Vt] (及物) **1. etw.** (**in etw.** (*Akk* 四格)) **e.** genau passende Teile in etw., das schon vorhanden ist, einfügen u. befestigen 装入,安装到,嵌入〈Möbel (in die Küche) e., Bremsen in das Auto e. 把家具安装到厨房,把刹车安装到汽车里〉 ‖ K-(复合)：**Einbau-**, **-küche**, **-möbel**, **-schrank**, **-teil** **2. etw.** (**in etw.** (*Akk* 四格)) **e.** etw. zu etw. hinzutun, so dass es sich zu e-m sinnvollen Ganzen fügt 插入,加入：*Zitate in e-n Aufsatz e.* 把一些引文插到文章里去

ein.be.grif.fen *Adj*(形); (**in etw.** (*Dat* 三格)) **e.** ≈ einschließlich, inbegriffen ↔ ohne, nicht enthalten：*In diesem Preis ist die Lieferung der Ware e.* 这价格包括送货在内

ein.be.hal.ten; *behält ein*, *behielt ein*, *hat einbehalten*; [Vt] (及物) **etw. e** ADM *geschr*

【管理】[书]; etw. (*mst* Geld), das j-m eigentlich gehört, dieser Person nicht (zurück) geben od. auszahlen 扣留,扣除: *Da er bei der Bank noch Schulden hatte, behielt sie e-n Teil seines Gehalts ein* 因为他欠银行的债,所以银行扣留了他的一部分薪金

ein·bei·nig *Adj*(形); *nicht adv*(不作状语); mit nur einem Bein 一条腿的

ein·be·ru·fen; *berief ein, hat einberufen*; Vt (及物) **1.** ***j-n* (*zu etw.*) *e.*** anordnen, dass j-d seinen Wehrdienst leistet 征召(入伍): *Sofort nach Abschluss der Schule wurde er (zum Wehrdienst) einberufen* 学校一毕业,他便被征召入伍 **2.** ***etw. e.*** mehrere Personen bitten od. ihnen befehlen, sich zu e-r bestimmten Zeit (an e-m bestimmten Ort) zu versammeln 召集,召开〈*mst* 多用 e-e Konferenz, e-e Sitzung, das Parlament e. 召开代表会议、会议、议会〉

Ein·be·ru·fung *die*; -, *-en* **1.** die (schriftliche) Anordnung, seinen Wehrdienst zu leisten 入伍通知: *Er erhielt die E. kurz nach seinem 18 Geburtstag* 刚过十八岁生日,他就接到入伍通知 ‖ K-(复合): **Einberufungs-, -befehl, -termin** **2.** *nur Sg*(只用单数); das Einberufen (2) e-r Konferenz *o. Ä.* 召集会议等

ein·be·to·nie·ren; *betonierte ein, hat einbetoniert*; Vt (及物) ***etw.* (*in etw.* (*Akk* 四格)) *e.*** etw. befestigen, indem man es in e-e Masse aus Beton setzt 用混凝土浇注加固: *Die Stahlträger wurden in den Boden einbetoniert* 钢筋支架用混凝土浇注固定在地下 ‖ *hierzu*(派生) **Ein·be·to·nie·rung** *die*

ein·bet·ten (*hat*) Vt (及物) ***etw. in etw.*** (*Akk* 四格) ***e.*** *geschr*[书]; etw. so in etw. legen, dass es geschützt u. umschlossen wird 嵌入,包入,埋入,埋置 ‖ NB(注意): *mst* im Zustandspassiv (多用于状态被动句)! ‖ *hierzu*(派生) **Ein·bet·tung** *die*

Ein·bett|zim·mer *das*; ein Zimmer in e-m Hotel od. Krankenhaus, in dem nur ein Bett steht 单人房间,单人间 ↔ Doppelzimmer, Zweibettzimmer

ein·be·zie·hen; *bezog ein, hat einbezogen*; Vt (及物) **1.** ***j-n in etw.*** (*Akk* 四格) (***mit***) ***e.*** j-n (*bes* bei e-m Gespräch) mit berücksichtigen u. zur Teilnahme ermuntern od. auffordern 吸收参加,促使参加,要求参加: *Der Vorsitzende bezog alle Teilnehmer der Veranstaltung in die Diskussion (mit) ein* 主席邀请了所有参与活动者都来参加讨论 **2.** ***etw. in etw.*** (*Akk* 四格) (***mit***) ***e.*** etw. bei etw. (*z.B.* bei Überlegungen od. Plänen) berücksichtigen u. als dazugehörend betrachten(在酝酿或制订计划时)把…考虑进去,包括在内,纳入: *Ich habe bei meinen Überlegungen wichtige Gesichtspunkte nicht (mit) einbezogen* 我在反复思考时没有把重要的观点(一起)考虑进去 ‖ *hierzu*(派生) **Ein·be·zie·hung** *die*; *nur Sg*(只用单数)

ein·bie·gen (*ist*) Vi (不及物) ***irgendwohin e.*** die Richtung ändern u. nach links od. rechts (in e-e andere Straße) gehen od. fahren 转弯,拐入,朝…方向转弯〈links, rechts, in e-e Seitenstraße *usw* e. 向左、向右拐弯,拐入横街〉: *Er bog mit dem Motorrad langsam in den Feldweg ein* 他骑着摩托车慢慢地拐入田间小道

ein·bil·den, sich (*hat*) Vt (及物) **1.** ***sich*** (*Dat* 三格) ***etw. e.*** etw. glauben od. von etw. überzeugt sein, das nicht der Wahrheit entspricht 不切实际地想象,自以为是: *Er bildete sich ein, Cäsar zu sein* 他以领袖人物自居; *Du bist nicht krank – das bildest du dir nur ein* 你没病——这只是你自己的想象(错觉) **2.** ***sich*** (*Dat* 三格) ***etwas / viel*** (***auf etw.*** (*Akk* 四格)) ***e.*** deutlich (u. *mst* auf arrogante Weise) zeigen, dass man stolz auf etw. ist 自负,自夸,自傲,神气活现: *Sie bildete sich viel auf ihre Schönheit ein* 她因自己的美貌而扬扬得意 **3.** ***sich*** (*Dat* 三格) ***etw. e.*** *gespr*[口]; etw. unbedingt haben wollen 决意要,一心想得到: *Das Mädchen hatte sich eine neue Puppe eingebildet* 这个姑娘一心想要一个新玩具娃娃 ‖ ID [谚] *mst* 多用 ***Darauf brauchst du dir nichts ein*** (***zu***) ***bilden!*** das ist kein Grund, stolz zu sein 对此你没有理由翘尾巴(趾高气扬)!

Ein·bil·dung *die*; -, *-en* **1.** *nur Sg*(只用单数); die Gedanken od. die Vorstellung, die sich j-d von j-m/etw. macht 想象,幻想,妄想 ≈ Fantasie: *Dieses Problem existiert nur in seiner E.* (= existiert nicht wirklich) 这个问题只存在于他的想象中 ‖ NB(注意): *mst* mit Possessivpronomen(多与物主代词连用)! **2.** etw., das man sich einbildet (1)幻觉,玄想,错觉: *Ich habe ihn deutlich gesehen, es war sicherlich keine E.* 我清清楚楚看见了他,肯定不是幻觉 **3.** *nur Pl* (只用复数); (krankhafte) Ideen, die j-n verfolgen(病态的)幻觉症 ≈ Wahnbilder: *Er litt unter Einbildungen* 他患有幻觉症 **4.** *nur Sg* (只用单数) ≈ Hochmut, Arroganz

Ein·bil·dungs·kraft *die*; *nur Sg*(只用单数); die Fähigkeit, sich neue Ideen auszudenken, *bes* im Bereich der Kunst 想象力,幻想力 ≈ Vorstellungskraft, Fantasie

ein·bin·den (*hat*) Vt (及物) **1.** ***etw.*** (***in etw.*** (*Akk* 四格)) ***e.*** etw. (zum Schutz) in e-n Einband (2) od. Umschlag geben (用…)给…包上封皮,给…装订封面〈ein Buch, Heft e. 把书,笔记本包上封皮〉: *Das Buch war in e-n Umschlag aus Leinen eingebunden* 这本书是用亚麻布封面装订的 **2.** ***j-n/etw. e.*** e-e Verletzung mit e-m Verband schützen 包扎(伤口): *Er war verletzt u. hatte Arme u. Beine eingebunden* 他受伤了,胳膊和腿都包扎了起来 **3.** ***j-n / etw.*** (***in etw.*** (*Akk* 四格)) ***e.*** j-n/etw. in etw. integrieren 使融入,使参与,把…纳入: *Ich habe versucht, den Außenseiter stärker in die Gruppe einzubinden* 我曾试图使那个性格孤僻的人更好地融入到群体中来 ‖ *zu* (义项)**1.** u. **3. Ein·bin·dung** *die*; *nur Sg*(只用单数)

ein·bläu·en; *bläute ein, hat eingebläut*; Vt (及物) ***j-m etw. e.*** *gespr* [口]; durch ständiges Wiederholen, Drohen od. Strafen j-n dazu bringen, dass er etw. lernt od. tut 叮嘱,叮咛,反复嘱咐〈j-m Gehorsam e. 叮嘱某人要听话〉: *den Kindern e., nicht auf die Straße zu laufen* 反复嘱咐孩子不要跑到街上去

ein·blen·den (*hat*) [Vt] (及物) **1. etw.** (**bei etw./in etw.** (*Dat/Akk* 三格/四格)) **e.** Bilder, Text u./od. Ton in e-r Sendung od. in e-m Film (zusätzlich) sichtbar od. hörbar werden lassen(在电影、电视、广播中)配上,加上,插入(图像、文字或声音) ↔ ausblenden: *Der Film lief im amerikanischen Original, es wurden aber deutsche Untertitel eingeblendet* 这部电影放的是美国原片,但加上了德文字幕; [Vr] (反身) **2. sich** (**in etw.** (*Akk* 四格)) **e.** sich in e-e laufende Sendung einschalten 开始播送 ↔ sich ausblenden ‖ *hierzu* (派生) **Ein·blen·dung** *die*

Ein·blick *der*; *mst Sg*(多用单数) **1.** (**ein**) **E.** (**in etw.** (*Akk* 四格)) ein erster kurzer Eindruck e-r neuen Tätigkeit, e-s neuen Gebiets *o.Ä.* (对…)粗浅的了解、认识,初步观察〈e-n E. bekommen, gewinnen 得到,获得粗浅的了解; sich (*Dat* 三格) e-n E. in etw. verschaffen 设法对某事有所了解; j-m (e-n) E. geben, gewähren, vermitteln 让某人有所了解〉: *E-n umfassenden E. in meine neue Arbeit konnte mir mein Chef in der kurzen Unterredung nicht vermitteln* 我的上司不可能通过一席短暂的谈话就使我对我的新工作有全面的了解 **2. E.** (**in etw.** (*Akk* 四格)) *bes* ADM 尤用【管理】; das Lesen von Dokumenten od. wichtigen Briefen 阅读,看,查阅〈*mst* 多用 E. in etw. nehmen 查看某物〉: *Ihm wurde E. in die Akten der Polizei gewährt* 让他查阅了警方案卷 **3. ein E.** (**in etw.** (*Akk* 四格)) die Möglichkeit, in das Innere e-s Raumes zu sehen(向某处)探望,窥视: *Mir war der E. in den Garten durch e-e hohe Mauer versperrt* 一垛高墙挡住了我看花园的视线

ein·bre·chen (*hat/ist*) [Vt] (及物) **1. etw. e.** (*hat*) etw. mit Gewalt öffnen od. beschädigen, um Zugang zu e-m Haus od. e-m Raum zu bekommen 强行打开,撬开,撞开〈e-e Tür e. 破门而入〉; [Vi] (不及物) **2. in etw.** (*Akk* 四格) **e.** (*ist*) sich mit Gewalt Zugang zu e-m Haus, Raum *o.Ä.* verschaffen u. dann dort etw. stehlen 破门而入,撬门(行窃),闯入(作案): *Die Täter brachen nachts in die Bank ein* 罪犯夜间闯入银行(行窃) **3. in etw.** (*Dat* 三格), **bei j-m/etw. e.** (*hat*) irgendwo e. (2) 闯进(某处行窃): *Unbekannte Täter haben in der Kirche eingebrochen* 不知名的案犯闯进了教堂行窃 **4. in etw.** (*Akk* 四格) **e.** (*ist*) mit Gewalt in ein fremdes Gebiet eindringen, *bes* um es zu erobern od. zu zerstören 侵入 ≈ in etw. einfallen: *Die feindlichen Truppen sind in das Land eingebrochen* 敌人部队侵入国土 **5. etw. bricht ein** (*ist*) etw. zerfällt in einzelne Teile u. stürzt nach unten(物作主语)倒塌,塌架,坍塌: *Das Dach des alten Hauses ist eingebrochen* 旧房屋顶倒塌了 **6.** (**in etw.** (*Dat/Akk* 三格/四格)) **e.** (*ist*) durch etw., das an e-r bestimmten Stelle zerbricht, hindurch nach unten stürzen 落入,掉进: *im/ins Eis e.* 掉进冰里 **7. die Nacht bricht ein** (*ist*) die Nacht beginnt 夜幕降临 **8.** (**mit/bei etw.**) **e.** (*ist*) *gespr* [口]; mit etw. keinen Erfolg haben, scheitern 砸了,吹了,失败了,失利了: *Mit seinem Plan ist er böse eingebrochen* 他的计划砸了,他很生气 ‖ ▶ **Einbruch**

Ein·bre·cher *der*; *-s*, *-*; j-d, der irgendwo einbricht (2,3)溜门撬锁的案犯,入室盗窃犯,行窃犯

ein·bren·nen (*hat*) [Vt] (及物) **etw. in etw.** (*Akk* 四格) **e.** mit e-m sehr heißen Eisen ein Zeichen auf etw. brennen 烙上(印记)

ein·brin·gen (*hat*) [Vt] (及物) **1. etw. e.** etw., das geerntet wurde, in e-n Lagerraum, *z.B.* e-n Stall od. e-e Scheune bringen u. einlagern 将(收获的东西)储入、收进(仓库),将…入仓〈die Ernte e. 把收割的庄稼入仓; Kartoffeln, Heu e. 收藏土豆、干草〉 **2. etw. e.** etw. vorschlagen, über das dann diskutiert (u. entschieden) wird 提出,提交讨论〈e-n Antrag e. 提出提案〉 **3. etw. in etw.** (*Akk* 四格) **e.** etw. e-r Gemeinschaft geben, das dann allen zu gleichen Teilen gehört 带来(共享的财物): *Sie hat ein beträchtliches Vermögen in die Ehe eingebracht* 她结婚时带来一大笔家产 **4. etw. bringt** (**j-m**) **etw. ein** etw. bringt Nutzen od. Gewinn(物体主语)带来(好处、利润): *Das neue Produkt brachte der Firma hohe Gewinne ein* 新产品给公司带来了高利润; [Vr] (反身) **5. sich** (**in etw.** (*Dat/Akk* 三格/四格)) **e.** bei e-r Aufgabe od. Arbeit die eigenen Fähigkeiten u. Kenntnisse einsetzen 投入,参与,参加〈sich in e-r/e-e Diskussion e. 投入讨论〉‖ *zu* (义项)**1.** u. **2. Ein·brin·gung** *die*; *nur Sg*(只用单数)

ein·bro·cken; *brockte ein*, *hat eingebrockt*; [Vt] (及物) **1. etw.** (**in etw.** (*Akk* 四格)) **e.** etw. in kleine Stücke teilen u. in etw. hineingeben 把…弄碎后放入: *Brot in die Suppe e.* 把面包掰碎放进汤里 **2. j-m/sich etw. e.** *gespr*[口]; j-m/sich selbst Schwierigkeiten machen 给…捣乱,作弄/自找麻烦,自找苦吃: *Da hast du dir ja was Schönes* (= viele Probleme) *eingebrockt* 这下你可是自寻烦恼

Ein·bruch *der* **1.** das gewaltsame Einbrechen (2,3) *z.B.* in ein fremdes/in e-m fremden Haus 破门行窃,撬门偷盗〈*mst* 多用 e-n E. begehen, verüben 入室盗窃,破门作案〉: *der E. in ein/in e-m Juweliergeschäft* 盗窃珠宝店 ‖ K-(复合): **Einbruch(s)-**, **-delikt**, **-diebstahl**, **-versicherung**, **-werkzeug** ‖ -K (复合): **Bank-**, **Wohnungs-** **2.** das Einbrechen (4) *bes* in fremdes Gebiet 侵入,入侵: *Der E. der feindlichen Truppen kam überraschend* 敌军部队突然入侵 **3.** das Herabstürzen einzelner Teile von etw. 倒塌,塌架: *der E. des Gewölbes* 拱顶塌架 **4.** *nur Sg*(只用单数) ≈ Beginn 〈*mst* 多用 bei, nach E. der Dunkelheit, der Nacht 垂暮时,夜幕降临(后)〉‖ -K(复合): **Föhn-**, **Frost-**, **Kälte-** **5.** *gespr* [口] ≈ Misserfolg 〈*mst* 多用 e-n E. erleben, erleiden 经受挫折,遭到失败(失利)〉‖ *zu* (义项) **1.** **ein·bruch(s)·si·cher** *Adj*(形)

ein·buch·ten; *buchtete ein*, *hat eingebuchtet*; *gespr* [口]; Vt (及物) ***j-n e.*** j-n ins Gefängnis sperren 把…关进监狱

Ein·buch·tung *die*; -, *-en*; die Stelle, an der e-e Fläche od. Oberfläche nach innen gedrückt od. gebogen ist 弯曲处,凹陷处

ein·bud·deln (*hat*) Vt (及物) ***j-n/sich/etw.*** (***in etw.*** (*Akk* 四格)) ***e.*** *gespr*[口]; j-n/sich/etw. in der Erde od. im Sand vergraben 将…埋入(土中、沙中),埋藏: *Der Hund hat den Knochen eingebuddelt* 狗把骨头埋了起来

ein·bür·gern; *bürgerte ein*, *hat eingebürgert*; Vt (及物) **1.** ***j-n*** (***irgendwo/irgendwohin***) ***e.*** e-m Ausländer, der schon lange in e-m Land lebt, die Staatsangehörigkeit dieses Landes geben 准加入国籍,给予国籍: *Sie wurde (in den/die USA) eingebürgert* 她入了(美国)籍,她取得了(美国)国籍 **2.** ***etw. irgendwo e.*** etw., das fremd ist od. aus e-m anderen Gebiet kommt, irgendwo einführen (damit es dort üblich, gebräuchlich od. oft genutzt wird)引进,引种: *Die Kartoffel wurde in Europa eingebürgert* 土豆被引进到欧洲(种植); Vr (反身) **3.** ***etw. bürgert sich ein*** etw. wird zur Gewohnheit, etw. gehört zum täglichen Leben(物作主语)习以为常,成为习惯: *Es hat sich in unserer Familie eingebürgert, dass am Sonntag die Männer kochen* 星期天男人做饭,在我们家已经习以为常 ‖ *zu* (义项) **1.** u. **2.** **Ein·bür·ge·rung** *die*

Ein·bu·ße *die*; ein Verlust *mst* von Geld od. persönlicher Ehre 丧失,损失,损害(多指金钱或荣誉)〈schwere Einbußen hinnehmen müssen, erleiden 不得不承受重大损失,遭受重大损失〉

ein·bü·ßen (*hat*) Vt (及物) **1.** ***etw. e.*** e-n *mst* finanziellen Verlust erleiden 损失,赔(多指经济上的): *bei e-r Spekulation viel Geld e.* 在一次投机活动中损失大量金钱 **2.** ***etw. e.*** etw. *mst* durch e-n Unfall verlieren 丧失,失去,损害(多指由事故所致)〈ein Bein, ein Auge, das Augenlicht e. 失去一条腿、一只眼、视力〉

ein·cre·men; *cremte ein*, *hat eingecremt*; Vt (及物) **1.** ***j-n/sich e.*** j-m/sich Creme in die Haut reiben 给…擦、涂润肤膏(指人) **2.** (***j-m/sich***) ***etw. e.*** Creme auf die Haut (od. auf die Oberfläche von etw.) reiben 给…擦油,擦润肤霜(指物体)〈sich das Gesicht e., die Schuhe e. 在脸上擦润肤膏,给鞋擦油〉

ein·däm·men (*hat*) Vt (及物) **1.** ***etw. e.*** verhindern, dass etw. größer wird 阻止,限制,防止,对…防微杜渐〈e-n Brand, e-e Epidemie, die Kriminalität *o. Ä.* e. 防止火灾、瘟疫、刑事犯罪等〉〉 **2.** ***etw. e.*** fließendes Wasser (durch e-n Damm) aufhalten (筑堤)拦蓄〈e-n Fluss, das Hochwasser e. 在河上修筑拦河坝,筑坝防洪〉‖ *hierzu*(派生) **Ein·däm·mung** *die*

ein·de·cken (*hat*) Vt (及物) **1.** ***j-n*** (***mit etw.***) ***e.*** *gespr*[口]; j-m viel mehr von etw. geben, als er braucht od. haben will 过量地给予〈j-n mit Arbeit, mit Vorwürfen, mit Geschenken e. 给某人大量工作,对某人无休止地指责,给某人大批送礼〉; Vr (反身) **2.** ***sich mit etw. e.*** Dinge, die man braucht, kaufen, *bes* um in Zukunft genug davon zu haben 贮备,囤积

ein·dei·chen; *deichte ein*, *hat eingedeicht*; Vt (及物) ***etw. e.*** etw. mit e-m Deich umgeben 把…筑堤围起来,筑围子,筑坝蓄水〈*mst* 多用 Land, e-n Fluss e. 筑围子护地,在河上筑拦河坝〉‖ *hierzu*(派生) **Ein·dei·chung** *die*

ein·deu·tig *Adj* (形) **1.** völlig klar u. verständlich, nicht falsch zu verstehen 明确的,清楚的,鲜明的,一清二楚的 ≈ unmissverständlich: *Ihre Antwort auf meine Einladung war ein eindeutiges Nein* 对我的邀请她的回答是一口拒绝 **2.** so, dass es ohne jeden Zweifel ist 不含糊的,不模棱两可的,确凿无疑的: *Der Verteidiger lieferte den eindeutigen Beweis für die Unschuld des Angeklagten* 辩护人提供了被告无罪的确凿证明 **3.** genau definiert, sodass kein Missverständnis möglich ist 单义的,不产生歧义的,定义精确的〈ein Terminus 术语〉‖ *hierzu*(派生) **Ein·deu·tig·keit** *die*; *nur Sg*(只用单数)

ein·deut·schen; *deutschte ein*, *hat eingedeutscht*; Vt (及物) ***etw. e.*** ein Wort aus e-r Fremdsprache in Aussprache u./od. Schreibung der deutschen Sprache angleichen 使德语化 ‖ *hierzu*(派生) **Ein·deut·schung** *die*

ein·di·cken; *dickte ein*, *hat/ist eingedickt*; Vt (及物) (*hat*) **1.** ***etw.*** (***mit etw.***) ***e.*** e-e Flüssigkeit dicker machen 把…熬稠、煮浓,给…勾芡: *e-e Soße mit Mehl e.* 用面粉给汁勾芡; Vi (不及物) (*ist*) **2.** ***etw. dickt ein*** e-e Flüssigkeit wird dicker(物作主语)变稠了,变浓了

ein·dö·sen (*ist*) Vi (不及物) *gespr*[口]; in e-n leichten Schlaf fallen 打盹儿,打瞌睡,眯盹儿

ein·dre·hen (*hat*) Vt (及物) **1.** ***etw.*** (***in etw.*** (*Akk* 四格)) ***e.*** etw. durch Drehen in etw. befestigen 旋上,旋入,拧上: *e-e neue Glühbirne in die Lampe e.* 给灯拧上一只新灯泡 **2.** ***j-m/sich die Haare e.*** j-m/sich die Haare auf Lockenwickler drehen(用卷发器)给…卷发/把…头发卷起来

ein·dril·len (*hat*) Vt (及物) ***j-m etw. e.*** *gespr*, *mst pej*[口]多用[贬]; j-n etw. lehren, indem man es immer wieder sagt u. üben lässt 让…再三训练,反复练习

ein·drin·gen (*ist*) Vi (不及物) **1.** ***etw. dringt*** (***in etw.*** (*Akk* 四格)) ***ein*** etw. gelangt (durch ein Hindernis hindurch) tief in etw. (物作主语)灌入,扎入,渗入,漏入: *Das Gas ist durch ein undichtes Rohr in das Zimmer eingedrungen* 因管道不密封,气体渗透进了房间; *Der Splitter drang tief in den Arm ein* 碎片深深扎进了胳臂 **2.** ***in etw.*** (*Akk* 四格) ***e.*** ohne Erlaubnis (u. oft mit Gewalt) in ein fremdes Haus, Gebiet gehen 侵入,闯入: *Die Ein-*

brecher drangen nachts in die Wohnung ein 偷窃者夜间闯进了住房 **3. in etw.**（*Akk* 四格）**e.** genaue, große Kenntnisse von etw. bekommen 钻研，探索，探究（学问）**4.**（**mit etw.**）**auf j-n e.** ≈ j-n（mit etw.）belästigen：*Ich werde so lange auf dich e., bis du nachgibst* 我会一直纠缠到你让步为止 **5.**（**mit etw.**）**auf j-n e.** ≈ j-n（mit etw.）bedrohen：*Er drang mit einem Messer auf sie ein* 他用刀子威胁她

ein·dring·lich *Adj*（形）；nachdrücklich u. auf e-e starke Wirkung zielend 强烈的，迫切的，恳切的〈e-e Bitte, e-e Warnung, Worte *usw* 请求，警告，话语等〉‖ *hierzu*（派生）**Ein·dring·lich·keit** *die*；*nur Sg*（只用单数）

Ein·dring·ling *der*；*-s*，*-e*；j-d, der irgendwo eindringt（2）od. eingedrungen ist 入侵者，闯入者

Ein·druck *der*；*-(e)s*，*Ein·drü·cke* **1.** die Wirkung, die j-d od. ein Erlebnis auf j-n macht（u. die Meinung, die sich so bildet）印象，感觉〈ein guter, tiefer, unauslöschlicher *usw* E. 良好的、深刻的、不可磨灭的印象；*mst* 多用 e-n E. von etw. bekommen/gewinnen 得到/获得对某物的印象；neue Eindrücke sammeln 积累新的印象；（keinen）E. auf j-n machen（没有）给某人留下印象〉：*Ich habe den E., dass hier etw. nicht in Ordnung ist* 我感觉到这里有点儿不正常 **2.** e-e Art Spur, die in ein weiches Material gedrückt ist 痕迹，印痕：*Die Räder hatten Eindrücke im Schnee hinterlassen* 轮子在雪里留下了痕迹 **3.**（**bei j-m**）**E. schinden** *gespr*，*oft pej*［口］常用［贬］；durch sein Verhalten versuchen, bei j-m e-n guten E.（1）zu machen 显摆，招…注意，给…留下个好印象 ‖ *zu*（义项）**1. ein·drucks·voll** *Adj*（形）

ein·drü·cken（*hat*）[Vt]（及物）**1. etw. e.** etw. nach innen drücken u. dadurch beschädigen od. zerstören 将…压凹，压坏，压碎，挤坏：*ein eingedrückter Kotflügel* 压坏了的挡泥板；*Der Einbrecher hat die Fensterscheibe eingedrückt* 偷盗者把窗玻璃挤碎了 **2. etw. in etw.**（*Akk* 四格）**e.** durch Druck etw. in etw. gelangen lassen 将…印入，压入

ei·ne ↑ **ein**

ein·eb·nen（*hat*）[Vt]（及物）**1. etw. e.** etw. so verändern, dass es flach od. eben wird 平整，使平坦 **2. etw. e.** etw. so verändern, dass Unterschiede nicht mehr zu bemerken sind 拉平，找平，划一〈Differenzen, Unterschiede e. 拉平差距、差别〉‖ *hierzu*（派生）**Ein·eb·nung** *die*

ein·ei·ig *Adj*（形）；*nicht adv*（不作状语）；〈*mst* Zwillinge 多指：双胞胎〉aus einer einzigen befruchteten Eizelle stammend 单卵的

ein·ein·halb, **ein·ein·halb** *Zahladj*（数形）；*indeklinabel*（词形不变）；ein Ganzes plus die Hälfte davon 一个半，一又二分之一，1½：*Ich warte seit e. Wochen auf e-n Brief von ihm* 一周半以来我一直在等他的信

ei·nem ↑ **ein** ‖ ↑ *auch NB unter*（注意）也见 **man**[1]

ei·nen[1]；*einte*，*hat geeint*；[Vt]（及物）**j-n/etw. e.** *geschr*［书］；einzelne Personen od. Gruppen von Personen zu e-r Einheit verbinden 联合，统一，团结：*ein Volk e.* 把一个民族联合起来

ei·nen[2] ↑ **ein** ‖ ↑ *auch NB unter*（注意）也见 **man**[1]

ein·en·gen；*engte ein*，*hat eingeengt*；[Vt]（及物）**1. etw. engt j-n ein** etw. ist so eng, dass sich j-d darin nicht richtig bewegen kann（物作主语）（挤、紧得）使人难以自由活动〈sich eingeengt fühlen 感到狭小〉：*In dieser kleinen Wohnung fühlen wir uns richtig eingeengt* 在这间小屋里我们感到实在挤 **2.** *mst* 多用 **j-n in seinen Rechten/in seiner Freiheit e.**；**j-s Rechte/Freiheit e.** j-m die Möglichkeit nehmen, das zu tun, was er tun möchte od. bisher getan hat 限制，约束某人的权利/自由 ‖ *hierzu*（派生）**Ein·en·gung** *die*；*nur Sg*（只用单数）

ei·ner ↑ **ein**

Ei·ner *der*；*-s*，*-*；SPORT【体】；ein Ruderboot, in dem nur eine Person sitzen kann 单座划艇，单人艇 ‖ K-（复合）：**Einer-**，**-kajak**

ei·ner·lei *Adj*（形）；*nur präd*，*nicht adv*（只作表语，不作状语）；**etw. ist**（**j-m**）**e.** etw. ist（für j-n）nicht wichtig（物作主语）（对某人来说）无所谓，不值一提，无足轻重，没什么，都一样≈ etw. ist j-m egal：*Es ist mir e.*，ob *er mit mir zufrieden ist oder nicht* 他对我是否满意，我无所谓

Ei·ner·lei *das*；*-s*；*nur Sg*，*pej*（只用单数）［贬］；etw., das immer wieder gleich u. daher langweilig ist 千篇一律，老一套〈das E. des Alltags 天天千篇一律〉

ei·ner·seits *Adv*（副）；*mst in* 多用于 **einerseits ... andererseits** verwendet, um bei zwei gegensätzlichen Dingen auszudrücken, dass man vom ersten Ding spricht 一方面…另一方面：*E. möchte ich gerne in der Großstadt wohnen, andererseits ist mir das Leben dort zu teuer* 一方面我很想在大城市生活，另一方面又觉得那里的生活太昂贵

ei·nes ↑ **ein**

ei·nes·teils *Adv*（副）；*mst in* 多用于 **einesteils ... anderenteils** *geschr*［书］≈ einerseits ... andererseits

ein·fach[1] *Adj*（形）**1.** schnell zu verstehen od. zu bewältigen, nicht kompliziert 简单的，容易的，简易的≈ leicht（2）↔ schwierig〈e-e Aufgabe, e-e Lösung, ein Problem, e-e Rechnung *usw* 任务，解决办法，问题，演算等；es j-m/sich e. machen 简单点儿，甭麻烦，随便些〉：*Ich kann nicht mal die einfachsten Reparaturen ausführen* 我连最简单的修理活儿也不会干 **2.** ohne jeden Luxus 俭朴的，朴实的，素朴的≈ bescheiden, schlicht〈Kleidung, e-e Mahlzeit *usw* 穿着，膳食等〉**3.** mit wenig Luxus zufrieden 容易知足的，不挑剔的，质朴无华的≈ bescheiden〈ein Mensch 人〉**4.** *nur attr od adv*（只作定语或状语）；nur einmal gemacht od. vorhanden 单一的；一次的↔ doppelt, mehrfach：*ein Formular in einfacher Ausfertigung* 表格一式一份；*ein e. gefaltetes Blatt Papier* 一张折了一次的纸 **5.** *nur attr od adv*（只作

定语或状语)；nur für die Fahrt von einem Ort zum anderen gültig, aber nicht zurück 单程的〈*mst* e-e Fahrkarte 多指：车船票〉：(*Nach*) *München e., bitte*! 劳驾，(买)一张去慕尼黑的单程票 ‖ *zu* (义项) **1.**, **2.** u. **3.** **Ein·fach·heit** *die*；*nur Sg*(只用单数)

ein·fach² *Partikel*(小品词)；*betont u. unbetont*, *gespr*(重读和非重读)[口] **1.** drückt aus, dass etw. ohne Probleme bzw. ohne große Überlegung möglich ist od. wäre(表示事情完全没问题或无须多加思索)干脆，直截了当，索性：*Sie kaufte sich e. das teure Kleid* 她索性买了那件贵的连衣裙；*Warum hast du ihn nicht e. gefragt?* 为什么你不干脆问他?；*Komm doch e. mal bei mir vorbei!* 你干脆到我那里来一趟吧! **2.** verwendet bei e-r Feststellung, wenn man sich auf keine weitere Diskussion einlassen will(表示决断已定，不想进一步讨论)根本，压根儿 ≈ nun mal：*Ich habe e. keine Lust!* 我根本没有兴趣! **3.** drückt aus, dass ein Sachverhalt nicht geändert werden kann od. konnte (表示情况不可能变更)简直，就是≈ halt¹ (1), nun mal, eben³ (1)：*Wir haben e. keine andere Möglichkeit* (*als das Haus zu verkaufen*)我们简直没有别的办法(除了出售住房)；*Er war e. zu müde, um noch wegzugehen* 他简直太累了，走不动了 **4.** *bes* in Ausrufen verwendet, in denen Emotionen (wie Freude, Ärger *usw*) zum Ausdruck kommen(用在感叹句中，表达高兴、生气等情感)简直，实在，干脆，压根儿：*Dieser Vorschlag ist e. genial!* 这个建议简直高明极了! *Er lässt sich e. nicht helfen!* 他压根儿不让帮忙!

ein·fä·deln；*fädelte ein*, *hat eingefädelt*；[*Vt*] (及物) **1.** ***etw.*** (***in etw.*** (*Akk* 四格)) ***e.*** etw. durch e-e enge Öffnung ziehen 把…穿过孔眼，穿，插入〈e-n Faden, Film, ein Tonband e. 穿线，上胶卷，插放录音带〉 **2.** ***e-e Nadel e.*** den Faden durch das Nadelöhr ziehen 穿针(引线) **3.** ***etw. e.*** *gespr*[口]；mit List od. Geschick veranlassen, dass etw. passiert 策划，筹划，谋划〈etw. raffiniert, geschickt e. 精心地、巧妙地谋划某事〉：*e-e Intrige e.* 策划阴谋；[*Vr*] (反身) **4.** ***sich*** (***in etw.***) ***e.*** bei e-r mehrspurigen Straße mit dem Auto auf e-e andere Fahrspur wechseln, auf der schon andere fahren (汽车换道，插入另一行车道)驶入，插入：*Einfädeln lassen!* 让插进来吧! ‖ *hierzu*(派生) **Ein·fä·de·lung**, **Ein·fäd·lung** *die*

ein·fah·ren (*hat*/*ist*) [*Vt*] (及物) (*hat*) **1.** ***etw. e.*** etw. ernten u. an e-n bestimmten Ort (*z. B.* in e-e Scheune) bringen 将…(收获的东西)运入(仓库)，把…入仓 ≈ einbringen〈die Ernte e. 将收割的庄稼运入粮仓；Getreide, Heu e. 把粮食、干草收入仓库〉 **2.** ***etw. e.*** ein neues Auto anfangs schonend fahren 试车，试开(新车)：*Ich darf nicht zu schnell fahren, das Auto wird gerade eingefahren* 我不能开得太快，车刚试用 **3.** ***etw. e.*** e-e Maschine, ein Gerät od. e-n Teil davon durch e-e Mechanik in das Innere von etw. bringen (通过传动装置)将…收入，收回↔ ausfahren (4)：*Nach dem Start fährt das Flugzeug sein Fahrwerk ein* 起飞后飞机收起起落架；*Bei diesem Auto kann die Antenne automatisch eingefahren werden* 这种汽车的天线能自动收缩 **4.** ***etw. e.*** etw. beschädigen od. zerstören, indem man (*z. B.* mit dem Auto) dagegen fährt(驾车)撞坏：*J-d hat heute Nacht unseren Zaun eingefahren* 今天夜里有人把我们的篱笆撞坏了；[*Vi*] (不及物) (*ist*) **5.** ***etw. fährt*** (***in etw.*** (*Akk* 四格)) ***ein*** ein Zug/ein Schiff *o. Ä.* gelangt in den Bahnhof/Hafen *o. Ä.* (物作主语)驶入，驶进(港口、车站等)：*Der D-Zug aus Mannheim fährt in Kürze ein* 从曼海姆开来的直达快车快进站了；[*Vr*] (反身) (*hat*) **6.** ***sich e.*** sich mit e-m Fahrzeug vertraut machen, indem man es (oft) fährt 练会开车，开车熟练 **7.** ***etw. fährt sich ein*** *gespr*[口]；etw. wird zur Gewohnheit(物作主语)成为习惯：*Das hat sich bei uns inzwischen so eingefahren* 这在我们这里已经成为习惯(习以为常)

Ein·fahrt *die* **1.** e-e Stelle, an der man in e-n Hof, e-e Garage *o. Ä.* hineinfahren kann 入口处↔ Ausfahrt：*Die E. zur Garage war versperrt* 车库入口处被堵住了；*die E. zum Hof teeren* 给庭院入口处铺沥青；*E. frei halten!* 车辆入口，保持畅通!(请保持入口处畅通!) ‖ -K(复合)：***Hof-*** **2.** ein Weg, der von der öffentlichen Straße zu e-m Hof, e-r Garage *o. Ä.* führt 进入大门、车库等的行车道↔ Ausfahrt **3.** *nur Sg*(只用单数)；das Einfahren (5) e-s Zuges od. die Erlaubnis dazu 列车进站，允许列车进站

Ein·fall *der* **1.** ein plötzlicher Gedanke, e-e neue Idee(突然萌发的)念头，想法〈ein guter, glänzender, verrückter E. 一个好的、出色的、古怪的想法；e-n E. haben 有一个想法〉：*Ihm kam der E./Er kam auf den E., dass ...* 他突然想起… **2.** das Einfallen (4) (*z. B.* von Truppen) in ein fremdes Gebiet 侵入，袭击≈ Eindringen **3.** *nur Sg*(只用单数)；das Einfallen (5) von Lichtstrahlen 光线射入

ein·fal·len (*ist*) [*Vi*] (不及物) **1.** ***etw. fällt j-m ein*** j-d hat e-n Einfall (1), e-e Idee od. denkt an etw. (物作主语)突然想到：*Ist das alles, was dir zu diesem Problem einfällt?* 这是你对这个问题所想到的全部内容? **2.** ***etw. fällt j-m ein*** j-d erinnert sich wieder an etw. (物作主语)重新想起，记起：*Jetzt fällt mir ein, wo ich diesen Mann schon einmal gesehen habe* 现在我想起来在什么地方曾见到过这个人；*In letzter Minute fiel ihm ein, dass er e-n Termin beim Zahnarzt hatte* 最后一瞬间他才想起，他在牙科大夫那里预约了 **3.** ***etw. fällt ein*** *bes* ein altes Gebäude od. Teile davon zerfallen in einzelne Teile od. stürzen nach unten (物作主语)倒塌，塌下来≈ etw. stürzt ein：*Das Dach der alten Scheune ist eingefallen* 旧谷仓的屋顶倒塌了 **4.** ***in etw.*** (*Akk* 四格) ***e.*** mit Gewalt (in ein fremdes Gebiet od. in e-e Gemeinschaft) eindringen 侵入，侵犯〈Truppen 军队〉 **5.** ***etw. fällt irgendwohin ein*** Licht od. Lichtstrahlen dringen in das Innere e-s Raumes

（物作主语）（光线）射入，照射，投射 ‖ ID *mst*［谚］多用 **Was fällt dir (eigentlich) ein!** *gespr*［口］；verwendet als Ausdruck der Empörung über j-s Worte od. Verhalten（对某人的话语或行为表示愤慨）你怎么能这样（说、做）呢？亏你想得出来！你放肆！≈ Was erlaubst du dir!；*mst* 多用 **Das fällt mir nicht im Traum ein!** *gespr*［口］；das mache ich auf keinen Fall 我绝不会这样干！；**sich** (*Dat* 三格) **etw. e. lassen** (**müssen**) intensiv über etw. nachdenken (müssen)，*bes* um ein Problem zu lösen（得）挖空心思，认真琢磨，另想点子

ein·falls·los *Adj*（形）；ohne (gute) Einfälle od. Ideen 无想象力的，想象贫乏的：*ein einfallsloser Schriftsteller* 一位无想象力的作家 ‖ *hierzu*（派生）**Ein·falls·lo·sig·keit** *die*；*nur Sg*（只用单数）

ein·falls·reich *Adj*（形）；mit vielen (guten) Einfällen od. Ideen 富于想象的，想象力丰富的 ≈ originell ‖ *hierzu*（派生）**Ein·falls·reich·tum** *der*；*nur Sg*（只用单数）

Ein·falt *die*；-；*nur Sg*，*geschr*（只用单数）［书］；die Eigenschaft, naiv u. unkritisch zu sein u. alles zu glauben, was andere sagen 天真纯朴，单纯，幼稚 ≈ Naivität, Arglosigkeit

ein·fäl·tig *Adj*（形）**1.** naiv u. unkritisch wie ein kleines Kind 天真的，纯朴的，幼稚的，稚气的 ≈ arglos **2.** nicht besonders intelligent 头脑简单的，不机灵的 ≈ dümmlich

Ein·falts·pin·sel *der*；*gespr pej*［口］［贬］；j-d, der einfältig u. naiv ist 傻瓜，笨蛋

Ein·fa·mi·li·en|haus *das*；ein Wohnhaus für eine Familie 独门独院，独院 ↔ Mehrfamilienhaus

ein·fan·gen (*hat*) [Vt]（及物）**1.** ***j-n/etw. e.*** j-n/etw. fangen u. in e-n Käfig (od. ein Gefängnis) sperren 捉住，逮住，俘获：*Die Polizei fing den entlaufenen Zirkuslöwen wieder ein* 警察把马戏团逃出来的狮子捉住了 **2.** **sich** (*Dat* 三格) **etw. e.** *gespr*［口］；sich mit e-r Krankheit anstecken 传染上，感染上：*Ich habe mir e-n Schnupfen eingefangen* 我传染上了感冒 **3.** **sich** (*Dat* 三格) **etw. e.** *gespr*［口］；*bes* Schläge, Prügel bekommen 挨打，挨揍：*Er hat sich von seinem Bruder e-e Ohrfeige eingefangen* 他挨了他兄弟一记耳光 **4.** **etw. e.** *geschr*［书］；etw. Typisches festhalten u. darstellen（抓住典型）描绘，描述：*Auf dem Bild hat er den Ausdruck ihrer Augen genau eingefangen* 画面上他把她眼睛的神情描绘得惟妙惟肖

ein·fär·ben (*hat*) [Vt]（及物）**etw. e.** e-r Sache, *mst* Textilien, e-e (neue) Farbe geben 将…染色

ein·far·big *Adj*（形）；〈ein Kleid, ein Stoff 连衣裙，料子〉so, dass sie nur eine Farbe haben 单色的 ↔ bunt, mehrfarbig

ein·fas·sen (*hat*) [Vt]（及物）**1.** **etw. (mit etw.) e.** etw. mit e-m (festen) Rand begrenzen（用…）把…围起来〈e-n Garten, e-n Brunnen e. 把花园，井围起来〉：*ein Beet mit Steinen e.* 用石块把苗圃围住 **2.** **etw. (mit etw.) e.** etw. mit e-r Fassung[1] (2) versehen 镶嵌，镶边〈e-n Edelstein e. 镶嵌宝石〉

Ein·fas·sung *die* **1.** das Einfassen (1,2) (*z.B.* e-s Edelsteins) 镶嵌，镶框 **2.** das Material, mit dem etw. eingefasst (1) ist 镶边，边饰：*die steinerne E. e-s Grabes* 坟墓的石头边饰

ein·fet·ten；*fettete ein*，*hat eingefettet*；[Vt]（及物）**1.** **j-n/sich e.** j-m/sich Fett, Vaseline *o.Ä.* in die Haut reiben 给…擦油脂（指人）**2.** **etw. e.** die Hand, den Arm *o.Ä.* mit Creme *o.Ä.* einreiben（用润肤霜等）擦，抹，涂 **3.** **etw. e.** e-e Maschine *o.Ä.* mit Fett schmieren 给（机器等）擦油，上油，涂油 ‖ *hierzu*（派生）**Ein·fet·tung** *die*

ein·fin·den (*hat*) [Vr]（反身）**sich (irgendwo) e.** zu e-m bestimmten Zweck an e-n bestimmten Ort kommen 来到，到达：*Zum Empfang des Präsidenten hatten sich alle Diplomaten eingefunden* 为欢迎总统，所有外交人员都来了

ein·flech·ten (*hat*) [Vt]（及物）**1.** **etw. (in etw.** (*Akk* 四格)**) e.** *bes* in e-m Gespräch od. e-r Rede etw. nebenbei od. zusätzlich sagen（在谈话或讲演中）插入，插叙：*Anekdoten in e-n Vortrag e.* 在报告中插入奇闻轶事 **2.** **etw. in etw.** (*Akk* 四格) **e.** etw. in die Haare flechten 编入，扎入〈ein Band in den Zopf e. 把带子编入辫子〉‖ *hierzu*（派生）**Ein·flech·tung** *die*

ein·flie·gen (*hat/ist*) [Vt]（及物）(*hat*) **1.** ***j-n/etw.* (irgendwohin) e.** j-n/etw. mit dem Flugzeug irgendwohin bringen 将…空运到，空投到〈Lebensmittel, Medikamente, Soldaten e. 空运食品、药品、士兵〉；[Vi]（不及物）(*ist*) **2.** **etw. fliegt irgendwohin ein** ein Flugzeug fliegt in ein bestimmtes Gebiet（物作主语）飞入：*Der Jumbojet ist in fremden Luftraum eingeflogen* 大型喷气式客机飞入别国领空 **3.** **irgendwo(her) e.** mit dem Flugzeug ankommen（从某处）飞来，乘飞机抵达：*Wir sind gerade erst aus Paris eingeflogen* 我们刚从巴黎飞来 ‖ *zu*（义项）**2. Ein·flug** *der*

ein·flie·ßen (*ist*) [Vi]（不及物）**1.** **etw. fließt in etw.** (*Akk* 四格) **ein** *mst* e-e Flüssigkeit gelangt in ein Gewässer, ein Kanalsystem *o.Ä.*（物作主语）流入：*In den Kanal fließen Abwässer ein* 污水流入运河 **2.** **etw. fließt (irgendwo) ein** etw. bewegt sich in ein bestimmtes Gebiet（物作主语）朝…运动，流向 ≈ etw. dringt ein：*Von Norden fließt Kaltluft nach Deutschland ein* 冷空气由北部流向德国 **3.** **etw. e. lassen** etw. in e-m Gespräch od. e-r Rede nebenbei erwähnen 顺便提及，顺便谈到

ein·flö·ßen；*flößte ein*，*hat eingeflößt*；[Vt]（及物）**1.** **j-m etw. e.** *bes* e-m Kranken etw. langsam u. vorsichtig zu trinken geben 小心地给…喂、灌：*Sie flößte dem Patienten Kamillentee ein* 她小心地给病人喂甘菊茶 **2.** **j-m etw. e.** in j-m ein bestimmtes Gefühl erzeugen 引起，使产生（某种情感）〈j-m Achtung, Furcht, Respekt, Vertrauen e. 引起某人的尊重、害怕、尊敬、信任〉‖ *hierzu*（派生）**Ein·flö·ßung** *die*；*mst Sg*（多用单数）

Ein·flug|schnei·se *die*；das Gebiet vor e-m

Flughafen, über dem die Flugzeuge niedrig fliegen (um dann zu landen)(飞机着陆前的)降落航路

Ein·fluss *der*; *-es*, *Ein·flüs·se* **1. ein E.** (**auf j-n/etw.**) die Wirkung (von j-m/etw.) auf j-n/etw. 影响,作用〈ein guter, nachhaltiger, schädlicher, schlechter E. 好的、持久的、有害的、坏的影响; E. auf j-n haben, ausüben, nehmen 对某人有,施加,发生影响; unter dem E. von j-m/etw. stehen 处在某人/某事的影响下〉: *Er stand unter dem E. von Alkohol, als der Unfall passierte* 出事故时,他身上酒精正在起作用 ‖ K-(复合): **Einfluss-**, **-bereich**, **-möglichkeit**, **-sphäre** ‖ -K(复合): **Alkohol-** **2.** gesellschaftliches Ansehen u. Macht(社会)声望,影响〈E. besitzen 有社会声望〉‖ *zu* (义项)**2. ein·fluss·reich** *Adj*(形)

Ein·fluss·nah·me *die*; -; *nur Sg*, *geschr*(只用单数)[书]; **e-e E.** (**auf j-n/etw.**) das bewusste Einwirken (von j-m/etw.) auf j-n/etw. 施加影响 ≈ Beeinflussung

ein·flüs·tern (*hat*) [Vt](及物) **j-m etw. e.** j-m etw. leise (ins Ohr) sagen 悄悄地告诉,小声地说,窃窃私语,喁喁耳语: *Der Schüler flüsterte seinem Freund die Antwort ein* 这位学生悄悄地把答案告诉自己的朋友 ‖ *hierzu* (派生) **Ein·flüs·te·rung** *die*

ein·for·dern (*hat*) [Vt](及物) **etw. e.** ADM *geschr*【管理】[书]; nachdrücklich (oft mit e-r Mahnung (2)) fordern, dass man etw. von j-m (zurück)bekommt 要求,索取,追回: *geschuldetes Geld e.* 追回欠款 ‖ *hierzu*(派生) **Ein·for·de·rung** *die*

ein·för·mig *Adj*(形) ≈ monoton, langweilig ↔ abwechslungsreich 〈e-e Arbeit, e-e Landschaft, ein Leben 工作,风景,生活〉 ‖ *hierzu* (派生) **Ein·för·mig·keit** *die*; *nur Sg*(只用单数)

ein·fres·sen, sich (*hat*) [Vr](反身) **etw. frisst sich in etw.** (*Akk* 四格) **ein** etw. dringt tief in etw. ein, beschädigt od. zerstört es(物作主语)侵蚀,腐蚀,锈蚀: *Die ätzende Säure hat sich tief in das Metall eingefressen* 腐蚀性酸深深地侵蚀到金属里去了

ein·frie·den; *friedete ein*, *hat eingefriedet*; [Vt](及物) **etw. e.** *geschr*[书]; etw. zum Schutz mit e-r Mauer umgeben(用墙)将…围住,挡住 ‖ *hierzu*(派生) **Ein·frie·dung** *die*

ein·frie·ren (*hat/ist*) [Vt](及物)(*hat*) **1. etw. e.** Lebensmittel bei sehr kalten Temperaturen (ca. -18°C) konservieren 把…冷冻(保存),冷藏↔ auftauen〈Fleisch, Gemüse, Brot e. 把肉、蔬菜、面包冷冻起来〉**2. etw. e.** j-s Kapital bei e-r Bank für ihn nicht mehr zugänglich machen 冻结,不许流动〈Guthaben, Kredite e. 冻结存款、贷款〉**3. etw. e.** etw. für e-e bestimmte Zeit nicht ändern 稳定,稳住,不许变动〈Löhne, Preise e. 冻结工资、物价〉**4. etw. e.** etw. nicht weiterverfolgen, etw. auf sich beruhen lassen 冻结,不让继续发展,停止〈*mst* 多用 die Beziehungen, die Verhandlungen e. 冻结关系,谈判〉; [Vi](不及物)(*ist*) **5. etw. friert ein** das Wasser in etw. wird zu Eis(物作主语)结冰〈ein See, ein Teich, ein Bach friert ein 湖、池塘、小溪结冰了〉**6. etw. friert ein** ein Rohr *o.Ä.* wird unbenutzbar, weil das Wasser darin zu Eis wird(物作主语)冻住了,冻冰了: *e-e eingefrorene Wasserleitung* 冻结的水管

ein·fü·gen (*hat*) [Vt](及物) **1. etw.** (**in etw.** (*Akk* 四格)) **e.** etw. in etw. Vorhandenes einsetzen 将…嵌入,镶入,补上,补进: *Steine in ein Mosaik e.* 将石头嵌入马赛克; *Anmerkungen in e-n Text e.* 在文章中补进注释; [Vr](反身) **2. j-d/etw. fügt sich irgendwie** (**in etw.** (*Akk* 四格)) **ein** j-d/etw. ist so, dass er/es (nicht) zu anderen Menschen/Dingen passt (人/物作主语)适应: *Der neue Spieler fügt sich gut in unsere Mannschaft ein* 这位新运动员很适应我们的运动队 ‖ *hierzu* (派生) **Ein·fü·gung** *die*

ein·füh·len, sich (*hat*) [Vr](反身) *mst in* 多用于 **sich in j-n/etw. e. können** die Fähigkeit haben, Menschen od. Situationen gut zu verstehen 能体谅,能感受,能设身处地理解 ‖ *hierzu* (派生) **Ein·füh·lung** *die*; *nur Sg*(只用单数)

ein·fühl·sam *Adj*(形); fähig, die Probleme u. Gefühle anderer gut zu verstehen 有同感的,能体谅人的,体恤别人的〈*mst* e-e Person, Worte 人,话语〉‖ *hierzu* (派生) **Ein·fühl·sam·keit** *die*; *nur Sg*(只用单数)

Ein·füh·lungs|ver·mö·gen *das*; *nur Sg*(只用单数); die Fähigkeit, sich in die (psychische) Lage e-s Menschen hineinzuversetzen 体察能力,能推己及人,将心比心

Ein·fuhr *die*; -, *-en* **1.** *nur Sg*(只用单数); das Einführen (1) von Waren aus dem Ausland, *z.B.* von Erdöl, Weizen *o.Ä.* 输入,进口 ≈ Import ↔ Ausfuhr, Export: *die E. von Tierfellen beschränken* 限制兽皮的进口 ‖ K-(复合): **Einfuhr-**, **-beschränkung**, **-bestimmung**, **-genehmigung**, **-sperre**, **-verbot** ‖ -K (复合): **Getreide-**, **Waren-** **2.** die Waren, die eingeführt (1) werden 进口货物 ‖ K-(复合): **Einfuhr-**, **-artikel**

ein·füh·ren (*hat*) [Vt](及物) **1. etw.** (**irgendwohin**) **e.** Waren im Ausland kaufen u. in das eigene Land bringen 进口,输入≈ importieren ↔ ausführen, exportieren: *Erdöl aus Saudi-Arabien nach Österreich e.* 从沙特阿拉伯向奥地利进口石油 **2. etw.** (**irgendwohin**) **e.** etw. vorsichtig in e-e Öffnung schieben 导入,输入,插入: *Die Ärzte führten e-n Schlauch in den Magen des Patienten ein* 医生将一条软管插进病人的胃里 **3. j-n in etw.** (*Akk* 四格) **e.** j-n mit etw., das ihm neu ist (*z.B.* e-r Arbeit, Theorie od. Methode), vertraut machen 使熟悉,引…入门,指导,引导: *Der Dozent führte seine Studenten in die Grundlagen der Psychologie ein* 讲师指导大学生学心理学基础 **4. etw.** (**irgendwo**) **e.** etw., das neu ist, irgendwo bekannt machen, zu e-m festen Bestandteil von etw. machen od. zu e-r Gewohnheit werden lassen 提倡,采用,推广,实行: *in e-m Betrieb die 35-*

Stunden-Woche e. 在企业中实行每周 35 小时工作制 **5.** ***j-n/sich irgendwohin e.*** j-n/sich in e-r gesellschaftlichen Gruppe bekannt od. mit e-r (neuen) Aufgabe vertraut machen 介绍,引荐,引见: *Er führte seine zukünftige Ehefrau in die Familie ein* 他把自己未来的夫人带到家来了; *Der Dekan wurde in sein neues Amt eingeführt* 这位系主任被带到他的新单位引见就职

Ein·füh·rung *die* **1.** *nur Sg* (只用单数); das Einführen (2-5) **2.** ein Text od. e-e mündliche Erklärung, die das Grundwissen zu e-m Thema vermitteln 入门,引言,导论,引论: *e-e E. in die Psychologie* 心理学导论

Ein·füh·rungs|preis *der*; ein günstiger Preis, der die Käufer anlocken soll, e-e neue Ware zu kaufen 试销价格

ein·fül·len (*hat*) Vt (及物) ***etw.*** (***in etw.*** (*Akk* 四格)) ***e.*** etw. in e-n Behälter schütten, gießen *o. Ä.* 倒进,灌入,注入,装进↔ ausleeren: *Wein in e-e Flasche e.* 把酒装进瓶子

Ein·ga·be *die* **1.** e-e *mst* (schriftliche) Bitte od. Beschwerde an e-e Institution (*z. B.* an ein Amt od. an das Parlament) 申请书,呈文,申诉书≈ Gesuch, Petition ⟨e-e E. machen, prüfen, ablehnen, an j-n/etw. richten 写,审查,拒绝,递交申请书⟩ **2.** *nur Sg* (只用单数); das Eingeben (2) von Daten in e-n Computer 输入(数据) **3.** *mst Pl* (多用复数); Daten u. Informationen, die man e-m Computer eingibt 输入的数据和信息≈ Input

Ein·gang *der* **1.** e-e Tür, ein Tor od. e-e andere Öffnung, durch die man in ein Gebäude, e-n Raum od. Bereich gelangt 入口,入口处,门口 ↔ Ausgang: *am E. des Zoos warten* 在动物园门口等; *den E. zur Höhle suchen* 寻找洞穴入口; *die Kirche durch e-n seitlichen E. betreten* 从旁门进入教堂 ‖ K-(复合): ***Eingangs-, -tor, -tür*** ‖ -K(复合): ***Dorf-, Haus-, Hof-, Orts-; Haupt-, Hinter-, Neben-, Seiten-, Vorder-*** **2.** die Öffnung, durch die etw. in das Innere e-s Organs gelangen kann (进入器官的)门,端,口↔ Ausgang ⟨am E. *mst* des Magens, Darms 贲门,幽门⟩ ‖ -K(复合): ***Darm-, Magen-*** **3.** ***in etw.*** (*Dat/Akk* 三格/四格) ***E. finden*** irgendwo akzeptiert, aufgenommen werden 在…方面找到门路(途径),被接纳,被采用: *E. in vornehme Kreise/in vornehmen Kreisen finden* 找到进入上层圈子的门路/在上层圈子里被接纳; *Seine Theorien haben keinen E. in die Praxis gefunden* 他的理论没有找到实践的途径 **4.** *nur Sg*, ADM *geschr* (只用单数)【管理】[书] ≈ das Eingehen (12), Eintreffen ⟨der E. e-s Schreibens, der Ware *usw* 信收到,货已到达等⟩ ‖ K-(复合): ***Eingangs-, -datum, -stempel*** **5.** *mst Pl* (多用复数); die Postsendungen, Waren od. Geldsummen, die e-e Institution od. Firma erhält 收到的邮件,货物或款项 ‖ -K(复合): ***Post-, Waren-*** **6.** *nur Sg*, *veraltend* (只用单数)[渐旧]; der zeitliche Beginn e-s Ereignisses 开场,开始 ≈ Anfang: *am E. der Zeremonie* 仪式开始时

ein·gän·gig *Adj* (形) **1.** leicht im Gedächtnis zu behalten 容易记住的⟨*mst* e-e Melodie 曲调⟩ **2.** leicht zu verstehen 容易理解的⟨Worte 话⟩ ‖ *hierzu* (派生) **Ein·gän·gig·keit** *die*; *nur Sg* (只用单数)

ein·gangs[1] *Adv* (副); *mst geschr* 多用[书]; am Anfang 开始时,开头: *Wie ich e. bereits erwähnte, ist dieses Problem besonders kompliziert* 正如我开头提到的那样,这个问题特别复杂

ein·gangs[2] *Präp* (介); *mit Gen*, *geschr* (支配二格)[书]; am Anfang, zu Beginn 在…的开头

ein·ge·ben (*hat*) Vt (及物) **1.** ***j-m etw. e.*** j-m dabei helfen, ein Medikament einzunehmen 给…喂(药),帮…服(药): *Dem Patienten wurde die Arznei mit e-m Löffel eingegeben* 用勺子给病人喂药 **2.** ***etw.*** (***in etw.*** (*Akk* 四格)) ***e.*** Daten od. Informationen in e-n Computer tippen 将…输入(电脑)

ein·ge·bil·det **1.** *Partizip Perfekt* (过去分词); ↑ ***einbilden*** **2.** *Adj* (形); (***auf etw.*** (*Akk* 四格)) ***e.*** von der eigenen Überlegenheit sehr überzeugt (u. daher auch arrogant) 自负的,高傲的,自命不凡的,恃才傲物的⟨maßlos e. sein 极其傲慢,目空一切; auf seine Herkunft e. 因出身而高傲⟩ **3.** *Adj* (形); nur in den Gedanken u. nicht in Wirklichkeit vorhanden 思想上的,想象中的⟨e-e Krankheit 疾病⟩

Ein·ge·bo·re·ne *der/die*; *-n*, *-n*; ein Angehöriger e-s Volkes, das seit langer Zeit in e-m bestimmten Gebiet lebt u. seine eigene Kultur hat 土人,土著,土生土长的人 ‖ K-(复合): ***Eingeborenen-, -kultur, -siedlung*** ‖ NB (注意): **a)** verwendet besonders für Naturvölker (特别用于原始部族); **b)** *ein Eingeborener*; *der Eingeborene*; *den, dem, des Eingeborenen*

Ein·ge·bung *die*; *-*, *-en*; *geschr* [书]; e-e sehr gute Idee, die *mst* künstlerisch wertvoll ist od. mit der ein relativ schwieriges Problem gelöst wird 灵感≈ Inspiration ⟨e-e E. haben 有灵感; e-r plötzlichen E. folgen 按突然产生的灵感行事⟩

ein·ge·denk *nur in* 只用于 ***j-s/etw.*** (*Gen* 二格) ***e.*** (***sein/bleiben***) *geschr* [书]; indem man sich an j-n/etw. erinnert od. j-n/etw. berücksichtigt 挂念,顾念,怀念某人/某事: *E. der Toten wollen wir beten* 我们祈祷怀念死者; *E. der Tatsache, dass ...* 想起一个事实,即…

ein·ge·fal·len **1.** *Partizip Perfekt* (过去分词); ↑ ***einfallen*** **2.** *Adj* (形); *nicht adv* (不作状语); stark abgemagert 消瘦的,干瘦的,凹陷的⟨ein Gesicht, die Wangen 脸,面颊⟩

ein·ge·fleisch·t- *Adj* (形); *nur attr*, *nicht adv* (只作定语,不作状语); ⟨e-e Gewohnheit, e-e Meinung, ein Vorurteil 习惯,意见,偏见⟩ so, dass sie nicht mehr zu ändern sind 根深蒂固的 ‖ NB (注意): ↑ ***Junggeselle***

ein·ge·hakt **1.** *Partizip Perfekt* (过去分词); ↑ ***einhaken*** **2.** *Adj* (形); Arm in Arm 手挽手的 ⟨mit j-m e. gehen 同某人手挽手地走⟩

ein·ge·hen (*ist*) Vt(及物) **1. *etw.* (*mit j-m*) *e.*** zu j-m persönliche, geschäftliche od. diplomatische Beziehungen herstellen, *mst* indem man e-e Art Vertrag schließt (与…)缔结,订立,建立(私人的、业务的或外交关系)〈ein Bündnis, e-n Handel, e-e Wette mit j-m e. 与某人结盟,达成交易,打赌; Verpflichtungen e. 履行责任,承担义务〉 **2. *etw. geht*** 〈e-e Bindung, Verbindung 键合,化合(物)〉 ***mit etw. ein*** e-e chemische Substanz verbindet sich mit e-r anderen zu e-m neuen Stoff (物作主语)与…结合成(一种新物质) **3. *ein/kein Risiko* (*bei/mit etw.*) *e.*** etwas/nichts riskieren 敢/不敢冒风险 **4. *die Ehe mit j-m e.*** *geschr*[书] ≈ j-n heiraten; Vi(不及物) **5. *auf j-n/etw. e.*** sich (intensiv) mit j-m/etw. befassen 仔细研究,认真探讨〈auf j-s Fragen, j-s Probleme e. 仔细研究某人的问题、某人的疑难〉: *auf ein Thema nicht näher e.* 对某一题目不作更详细的探讨 **6. *auf etw. e.*** etw. akzeptieren 接受〈auf ein Angebot, e-n Vorschlag e. 接受提议(报价)、建议〉 **7. *etw. geht ein bes*** ein Kleidungsstück wird beim Waschen kleiner od. enger (物作主语)缩水,收缩 **8.** 〈ein Tier, e-e Pflanze 动物,植物〉 ***geht* (*an etw.* (*Dat* 三格)) *ein*** ein Tier stirbt (an e-r Krankheit *o. Ä.*)/e-e Pflanze (die krank ist) verkümmert allmählich, bis sie abgestorben ist(动、植物作主语)(因…)死亡,枯死: *Unser Hund ist aus Kummer eingegangen* 我们的狗因忧伤而死去 **9. *vor Hunger/Durst e.*** *gespr* [口]; sehr großen Hunger/Durst haben 饿/渴极了 **10. *etw. geht ein*** *gespr*[口]; e-e Firma od. ein Unternehmen macht Konkurs(物作主语)停业,倒闭,破产 **11. *j-d/etw. geht in die Geschichte/Geschichtsbücher ein*** j-d/etw. ist so wichtig u. bedeutend, dass man später noch daran denkt(人/物作主语)载入历史/史册: *Seine Entdeckungen werden in die Geschichte der Medizin eingehen* 他的发现将载入医学史 **12. *etw. geht* (*irgendwo*) *ein*** etw. kommt beim Empfänger an (物作主语)到达〈ein Brief, ein Paket, e-e Sendung, e-e Lieferung 信,包裹,邮件,供货〉 **13. *etw. geht j-m ein*** j-d versteht etw. (物作主语)为…所理解、接受、认可: *Es wollte ihm nicht e., dass er Unrecht hatte* 他不愿承认他错了

ein·ge·hend 1. *Partizip Präsens* (现在分词); ↑ ***eingehen*** **2.** *Adj* (形); sehr genau, bis ins Detail 深入的,详细的,细致的,认真的 ≈ intensiv, ausführlich ↔ oberflächlich 〈etw. e. behandeln, diskutieren 认真地处理、讨论〉: *sich e. mit e-m Problem auseinandersetzen* 深入细致地分析一个问题

Ein·ge·mach·te *das*; *-n*; *nur Sg*, *Kollekt* (只用单数)(集合); Lebensmittel (*bes* Obst), die durch Kochen (*z. B.* als Kompott) konserviert wurden 煮熟的罐装食品(如果酱): *Im Keller haben wir noch 25 Gläser Eingemachtes* 地下室里我们有 25 瓶果酱 ‖ NB(注意): **a)** *Eingemachtes*; *das Eingemachte*; *dem*, *des Eingemachten*; **b)** *mst* ohne Artikel verwendet(多不用冠词) ‖ ID[谚] ***etw. geht ans E.*** *gespr*[口]; ein Problem ist sehr kompliziert u. kann nur mit größter Anstrengung u. unter großen (finanziellen) Opfern gelöst werden 某事棘手,伤脑筋,难于解决

ein·ge·nom·men 1. *Partizip Perfekt* (过去分词); ↑ ***einnehmen*** **2.** *Adj* (形); ***von j-m/etw. e. sein*** von j-m/etw. begeistert sein 迷恋,倾慕(某人),对(某人)有好感/热衷,爱好(某事) ≈ angetan sein: *Er war von ihrer liebenswerten Art e.* 他迷恋于她那讨人喜欢的风度 **3.** *Adj* (形); ***von sich e. sein*** *pej* [贬]; arrogant u. überheblich sein 傲慢,自负,自以为是 ≈ von sich überzeugt sein

ein·ge·schwo·ren 1. *Partizip Perfekt* (过去分词); ↑ ***einschwören*** **2.** *Adj* (形); *nicht adv* (不作状语); ***auf j-n/etw. e. sein*** j-n/etw. bevorzugen 对…偏爱 **3. *e-e eingeschworene Gemeinschaft*** e-e Gruppe von Menschen, die immer zusammenhalten (4)一个有凝聚力的集体

ein·ge·ses·sen 1. *Partizip Perfekt* (过去分词); ↑ ***einsitzen*** **2.** *Adj* (形); *mst attr*, *nicht adv* (多作定语,不作状语); schon sehr lang (*mst* seit Generationen) an e-m Ort, in e-r Stadt wohnend 长期定居的,本乡本土的〈e-e Familie 家庭〉

Ein·ge·ständ·nis *das*; *geschr* [书]; das Zugeben e-r Schwäche, e-s Fehlers, e-r Schuld *o. Ä.* 承认,坦白,自白,供认

ein·ge·ste·hen (*hat*) Vt (及物) (***j-m/sich***) ***etw. e.*** etw. zugeben (*mst* wenn man nicht richtig gehandelt hat) 承认,坦白,供认,交代 ↔ leugnen 〈e-n Fehler, e-e Schwäche, e-e Tat e. 承认错误、弱点、罪行〉: *Ich muss leider e.*, dass *ich mich geirrt habe* 可惜我不得不承认,我搞错了

ein·ge·stellt 1. *Partizip Perfekt* (过去分词); ↑ ***einstellen*** **2.** *Adj* (形); *mst präd*, *nicht adv* (多作表语,不作状语); ***irgendwie e.*** mit e-r bestimmten Haltung od. Einstellung (4) zu etw. 对…具有某种思想,观点,态度 ≈ gesinnt: *Er ist sehr altmodisch e.* 他的思想很古板

Ein·ge·wei·de *die*; *Pl* (复); alle Organe, die in der Brust u. im Bauch von Menschen u. Tieren sind 内脏

Ein·ge·weih·te *der/die*; *-n*, *-n*; j-d, der über etw. informiert wurde, das nicht jeder weiß 知内情者,知情人 ‖ NB(注意): *ein Eingeweihter*; *der Eingeweihte*; *den*, *dem*, *des Eingeweihten*

ein·ge·wöh·nen (*hat*) Vt (及物) ***j-n/sich* (*irgendwo*) *e.*** j-n/sich an e-e neue Umgebung gewöhnen 使习惯,使适应/习惯,适应(新的环境): *Er hat sich in der neuen Stadt/bei uns schnell eingewöhnt* 他在新的城市/在我们这里很快就适应了 ‖ *hierzu* (派生) **Ein·ge·wöh·nung** *die*; *nur Sg* (只用单数)

ein·gie·ßen (*hat*) Vt/i (及物/不及物) ((***j-m***) ***etw.***) ***e.*** (j-m) ein Getränk in e-e Tasse od. ein Glas gießen 灌人,倒人,斟: *Gieß mir doch bitte noch e-n Schluck Kaffee ein!* 请再给我倒

E

一口咖啡！；*Darf ich e.?* 给你倒一杯，好吗？

ein·gip·sen (*hat*) [Vt] (及物) **1. etw. e.** e-n Körperteil mit e-m Gipsverband versehen 给…敷上石膏，用石膏固定 ⟨e-n Arm, ein Bein e. 给胳膊、腿敷上石膏⟩ **2. etw. e.** etw. mit Gips in e-m Loch (an der Wand) befestigen 填上石膏把…固定住 ⟨e-n Dübel, Haken e. 填上石膏把榫头、挂钩固定住⟩

ein·glei·sig *Adj* (形) **1.** mit nur einem Gleis 单轨的 ⟨e-e Bahnlinie 铁路线⟩ **2.** so, dass man dabei nicht berücksichtigt, dass es auch e-e Alternative od. andere Möglichkeiten gibt 片面的，简单的 ⟨e. denken, argumentieren 片面地想事，论证⟩ ‖ *hierzu* (派生) **Ein·glei·sig·keit** *die*; *nur Sg* (只用单数)

ein·glie·dern (*hat*) [Vt] (及物) ***j-n/sich/etw.*** (***in etw.*** (*Akk* 四格)) ***e.*** j-n/sich/etw. zu e-m Mitglied e-r Gruppe machen u. (an diese Gruppe) anpassen 使加入，纳入，融入，使成为(一个组织的成员)，使适应/使自己适应，顺应 ≈ einordnen, integrieren: *e-n Verbrecher wieder in die Gesellschaft e.* 使罪犯重新适应社会(融入社会); *sich in e-n Betrieb e.* 成为企业的成员 ‖ *hierzu* (派生) **Ein·glie·de·rung** *die*

ein·gra·ben (*hat*) [Vt] (及物) **1. etw.** (***in etw.*** (*Akk* 四格)) ***e.*** etw. in ein Loch, das man in die Erde gegraben hat, hineinlegen u. mit Erde *o.Ä.* wieder bedecken 埋入，种入: *e-e Blumenzwiebel in den Boden e.* 把花卉球茎埋入地里; [Vr] (反身) **2. sich e.** MIL【军】; e-n Graben anlegen, um sich darin vor feindlichen Geschossen[1] zu schützen 挖壕沟，挖战壕 **3. etw. gräbt sich** (***in etw.*** (*Akk* 四格)) ***ein*** etw. drückt sich in e-n weichen Untergrund u. sinkt darin immer tiefer (物作主语) 陷入，沉陷于: *Der Fluss grub sich tief in das Hügelland ein* 这条河深嵌在丘陵地带 **4. ein Tier gräbt sich ein** ein Tier gräbt ein Loch in die Erde, in den Schlamm *o.Ä.*, um sich *z.B.* vor Feinden zu verstecken (动物作主语) 挖洞 **5. etw. gräbt sich in j-s Gedächtnis** (*Akk* 四格) ***ein*** ein Erlebnis *o.Ä.* kann von j-m nie mehr vergessen werden (物作主语) 永志不忘，铭刻在脑海里，铭记在心中

ein·gra·vie·ren [-v-]; *gravierte ein, hat eingraviert*; [Vt] (及物) **etw.** (***in etw.*** (*Akk* 四格)) ***e.*** Worte, Zahlen od. Bilder mit e-m spitzen Gegenstand *mst* in Metall od. Stein ritzen 将…镌刻在，将…刻入

ein·grei·fen (*hat*) [Vi] (不及物) **1.** (***in etw.*** (*Akk* 四格)) ***e.*** eine Handlung od. Entwicklung (an der man nicht direkt beteiligt ist) lenken, stören od. stoppen 干预，干涉，过问，插手 ≈ einschreiten: *Der Lehrer griff nur manchmal in die Diskussion der Schüler ein* 老师只是时不时地过问一下学生的讨论; *Wenn die Polizei nicht bald eingreift, wird es noch e-e große Schlägerei geben* 要是警察不及时干预，还可能会发生大规模斗殴 **2. etw. greift in etw.** (*Akk* 四格) ***ein*** TECH【技】; etw. schiebt sich in e-e Vertiefung (von etw.) (物作主语) 咬合，啮合，钩住 ‖ ▶ ***Eingriff***

Ein·greif·trup·pe *die*; *mst in* ***e-e schnelle E.*** MIL【军】; e-e militärische Einheit, die für den Einsatz in Krisengebieten ausgebildet od. zusammengestellt wird 应急部队

ein·gren·zen (*hat*) [Vt] (及物) **1. etw. grenzt etw. ein** etw. umgibt etw. als Grenze od. Absperrung (物作主语) 把…围起来 ≈ etw. fasst etw. ein: *Ein Zaun grenzt den Garten ein* 篱笆把花园围住 **2. etw.** (***auf etw.*** (*Akk* 四格)) ***e.*** etw. auf ein bestimmtes Maß, e-n bestimmten Inhalt *o.Ä.* beschränken (物作主语) 将…局限于，限制在… ↔ erweitern (um etw.) ⟨e-n Begriff, ein Thema, e-n Themenkreis e. 限制概念、题目、题目范围⟩: *Die Diskussion wurde streng (auf ein Thema) eingegrenzt* 讨论严格地受到限制(限制在一个题目上) ‖ *hierzu* (派生) **Ein·gren·zung** *die*

Ein·griff *der* **1. ein E.** (***in etw.*** (*Akk* 四格)) das Verletzen der persönlichen Rechte e-r anderen Person 侵犯，侵害 ≈ Einmischung ⟨ein empfindlicher, schwerwiegender, unerhörter E. 明显的、严重的、前所未闻的侵犯⟩: *Sie wehrte sich gegen die Eingriffe ihres Chefs in ihre Privatsphäre* 她反对她的上司侵犯她的隐私 **2.** *geschr* [书] ≈ Operation (1) ⟨ein operativer, chirurgischer E. 手术，外科手术; sich e-m E. unterziehen 动(接受)手术; e-n E. vornehmen 进行(实施)手术⟩

ein·ha·ken (*hat*) [Vt] (及物) **1. etw. e.** etw. mit e-m Haken befestigen 钩住，把…钩在: *e-e Tür an der Wand e., damit sie offen bleibt* 把门钩在墙上，让它敞开着; [Vi] (不及物) **2. irgendwo e.** *gespr* [口]; j-n an e-m Punkt seiner Rede unterbrechen, um selbst etw. zu sagen 打断别人的话，接过别人的话，插话 ≈ eingreifen: *Bei dem Stichwort „Renten" hakte die Opposition im Parlament sofort ein* 在提到"养老金"的时候，反对派在议会中马上把话头接了过去; [Vr] (反身) **3. sich bei j-m e.** (beim Gehen) seinen Arm unter den angewinkelten Arm e-r anderen Person schieben 挽着某人的胳膊，与某人手挽手 ≈ sich (bei j-m) unterhaken, einhängen

-ein·halb *im Zahladj*, *begrenzt produktiv*, *indeklinabel* (构成数形，构词有限，词形不变); die genannte Zahl plus ein halb …个半，…又二分之一，…½; ***eineinhalb***, ***zweieinhalb***, ***dreieinhalb*** *usw*

Ein·halt *der*; *nur in* 只用于 **1. *j-m E. gebieten*** *geschr* [书]; verhindern, dass j-d weiterhin etw. Unangenehmes od. Schädliches *o.Ä.* tut 阻止，制止(某人干某事) **2. etw.** (*Dat* 三格) ***E. gebieten*** *geschr* [书]; veranlassen, dass e-e unangenehme od. schädliche *o.Ä.* Sache od. Entwicklung gestoppt wird 阻止，制止(坏事的发展)

ein·hal·ten (*hat*) [Vt] (及物) **1. etw. e.** sich an etw., wozu man sich verpflichtet od. entschlossen hat, halten (44) 遵守，遵循 ⟨e-n Termin, e-e Verabredung, ein Versprechen e. 遵守期限、约定、诺言; e-e Diät e. 遵照规定的饮食⟩ **2. etw. e.** etw. so lassen, wie es im Augenblick ist 保持 ↔ von etw. abweichen 〈e-e Geschwindigkeit, e-e Richtung, e-n Kurs e. 保持一个速度、一个方向、一个路线〉; Vi (不及物) **3.** ***mit etw. e.*** *geschr veraltend* [书][渐旧] ≈ mit etw. aufhören: ‖ NB(注意): *zu* (义项) **3.**: oft im Imperativ! (常用于命令句!) ‖ *zu* (义项) **1.** u. **2.** **Ein·hal·tung** *die*; *nur Sg* (只用单数)

ein·han·deln (*hat*) Vt (及物) ***sich*** (*Dat* 三格) ***etw. e.*** *gespr, pej od iron* [口][贬]或[讽]; (*mst* als Konsequenz e-s Verhaltens) etw. Unangenehmes od. Negatives erleben müssen (因自己的行为而)倒霉,吃苦头(如吃黄牌、受警告、挨耳光等)

ein·hän·gen; *hängte ein*, *hat eingehängt*; Vt (及物) **1.** ***etw. e.*** etw. an e-n Haken, an e-e Angel[2] (der Tür *o.Ä.*) hängen u. es dadurch befestigen 把…挂上,挂牢,挂住 ↔ aushängen 〈e-n Anhänger, ein Fenster, e-e Tür *usw* e. 把垂饰、窗户、门等挂上〉; Vt/i (及物/不及物) **2.** (***etw.***) ***e.*** ein Telefongespräch beenden 把…(电话)挂上 ≈ auflegen 〈*mst* 多用 das Telefon, den Telefonhörer e. 挂上电话、耳机〉: *Beim zweiten Anruf hängte sie ein* 第二次来电话时她(把电话)挂断了; Vr (反身) **3.** ***sich bei j-m e.*** *gespr* [口] ≈ sich bei j-m einhaken

ein·hau·en (*hat*) Vt (及物) **1.** ***etw. e.*** *gespr* [口] ≈ einschlagen (1,2); Vi (不及物) **2.** ***auf j-n/etw. e.*** *gespr* [口] ≈ einschlagen (6)

ein·hef·ten (*hat*) Vt (及物) **1.** ***etw. e.*** *bes* ein Blatt Papier in e-m Ordner od. in e-r Mappe *o.Ä.* befestigen 将…夹入(文件夹内): *e-n Beleg in den Ordner e.* 把单据夹入文件夹里 **2.** ***etw. e.*** beim Nähen ein Teil an ein größeres Stück (Stoff) heften 将…缝上,缝合 ↔ abtrennen 〈e-n Ärmel, ein Futter, e-n Reißverschluss *usw* e. 缝袖口、衬里、拉链等〉

ein·hei·misch *Adj* (形); *mst attr*, *nicht adv* (多作定语,不作状语) **1.** in e-m Ort/in e-m Land geboren u. dort lebend 本乡的,本地的,土生土长的 ↔ fremd 〈die Bevölkerung 居民〉 **2.** aus dem eigenen Land 本国的,国产的 〈Produkte, Erzeugnisse 产品,制品〉 ‖ *zu* (义项) **1.** **Ein·hei·mi·sche** *der/die*; *-n*, *-n*

ein·heim·sen; *heimste ein*, *hat eingeheimst*; Vt (及物) ***etw. e.*** *gespr* [口]; etw. für sich gewinnen od. bekommen 获得,得到,博得,赢得 ≈ erhalten 〈Applaus, Lob, e-n Gewinn, e-n Preis e. 博得鼓掌、表扬,获得利润、奖赏〉

ein·hei·ra·ten (*hat*) Vi (不及物) ***in etw.*** (*Akk* 四格) ***e.*** durch Heirat Mitglied e-r Familie werden, der ein Unternehmen, ein Betrieb *o.Ä.* gehört, von dem man dann profitiert 入赘或嫁入(某一家庭而成为其成员) 〈in ein Unternehmen e. 入赘或嫁到一个企业家之家〉

Ein·heit[1] *die*; *-*; *nur Sg* (只用单数); das Zusammensein einzelner, verschiedener Teile, die so ein Ganzes bilden 统一(体),团结,一致 〈e-e E. bilden, werden, darstellen, wahren, anstreben, zerstören 形成、变成一个统一体,显示、维护、争取、破坏统一; die staatliche, politische E. 国家的、政治上的统一; die E. e-s Landes, e-r Nation 一个国家的、一个民族的统一; die deutsche E. 德意志的统一〉 ‖ K-(复合): ***Einheits-***, ***-gedanke***, ***-streben***

Ein·heit[2] *die*; *-*, *-en* **1.** e-e bestimmte Größe (wie *z.B.* ein Meter, ein Kilo od. ein Liter), die als Maß verwendet wird (计量)单位(如米、公斤、升等): *In welcher E. misst man in England die Temperatur?* 英国用什么单位测量温度? ‖ -K(复合): ***Gewichts-***, ***Längen-***, ***Maß-***, ***Währungs-*** **2.** e-e relativ große Gruppe von Soldaten od. Polizisten *o.Ä.* 部队: *Er wurde in e-e andere E. versetzt* 他调到另一支部队去了 ‖ -K(复合): ***Gefechts-***, ***Polizei-***, ***Truppen-***

ein·heit·lich *Adj* (形) **1.** 〈Kleidung 衣服; e-e Regelung 规则〉 so, dass sie für alle gleich sind 相同的,同样的,一律的,同一的 **2.** 〈Ansichten, e-e Auffassung 意见,观点〉 so, dass sie keine Unterschiede enthalten 一致的,没有差别的 **3.** 〈ein Plan, ein (Kunst) Werk 计划,艺术品〉 so, dass sie e-e Einheit[1] bilden 统一的 ‖ *hierzu* (派生) **Ein·heit·lich·keit** *die*; *nur Sg* (只用单数)

Ein·heits·preis *der*; ein Preis, der für mehrere Produkte gilt, die normalerweise nicht das Gleiche kosten 统一(标准)价格,单一价格

ein·hei·zen (*hat*) Vi (不及物) **1.** e-n Ofen, e-e Heizung in Betrieb setzen, um e-n Raum zu heizen 生火取暖,供暖: *Hast du in der Küche eingeheizt?* 你在厨房生火了吗? **2.** ***j-m e.*** *gespr* [口]; j-n (be)schimpfen od. ihn antreiben 责骂,训斥 〈j-m ordentlich e. 把某人狠狠责骂一顿〉

ein·hel·lig *Adj* (形); 〈e-e Auffassung, e-e Meinung, ein Urteil 观点,意见,判决; Empörung 愤怒〉 so, dass sie von allen geteilt werden 一致的,异口同声的,一致同意的 ‖ *hierzu* (派生) **Ein·hel·lig·keit** *die*; *nur Sg* (只用单数)

ein·her- *im Verb*, *betont u. trennbar*, *begrenzt produktiv* (构成动词,重读并可分,构词有限); Die Verben mit *einher-* werden nach folgendem Muster gebildet (einher- 动词的模式如下): *einherschreiten – schritt einher – einhergeschritten*

einher- wird vor (intransitiv gebrauchten) Verben der Bewegung verwendet, um auszudrücken, dass die Bewegung *mst* langsam u. gleichmäßig ist, u. dass das Ziel nicht näher angegeben wird (einher- 置于运动(不及物)动词之前,表示运动是缓慢的、均匀的、没有明确目的的);

einherstolzieren: *Es war nicht zu übersehen, wie er mit seinem Orden an der Brust einherstolzierte* 看他胸前佩带奖章大摇大摆地走来,不能不引人注意 ≈ Er schritt voller Stolz mit seinem Orden an den Zuschauern vorbei

ebenso (同类词有): ***einherfahren***, ***einhergehen***, ***einherreiten***, ***einherschleichen***, ***einherschreiten***, ***einherspazieren***

ein·her·ge·hen (*ist*) Vi (不及物) **1.** ↑ ***einher-*** **2.** ***etw. geht mit etw. einher*** etw. passiert gleichzeitig mit etw. (od. ist unmittelbare Folge davon)(物体主语)与…同时发生,与…同时出现: *Mit dieser Krankheit gehen Fieber u. Ausschlag einher* 伴随这种病而来的是发烧和出疹子

E

ein·ho·len (*hat*) Vt (及物) **1. *j-n/etw. e.*** j-m/e-m Fahrzeug nachgehen, nachfahren *o. Ä.* u. ihn/es erreichen 赶上,追上: *Der führende Läufer wurde kurz vor dem Ziel von den anderen eingeholt* 领先的运动员在快到终点时被其他人赶上了 **2. *etw. e.*** ≈ aufholen, wettmachen ‹e-e Verspätung, e-n Vorsprung, die verlorene Zeit, das Versäumte e. 弥补延误的时间,赶上(别人)领先的距离,补上失去的时光,补上耽误的东西› **3. *etw. e.*** etw. zu sich ziehen u. dadurch vorübergehend außer Funktion setzen 收起,收回,降下‹den Anker, e-e Fahne, ein Segel e. 起锚,降旗,收帆› **4. *etw.* (*bei j-m*) *e.*** *geschr* [书]; sich von j-m etw. geben lassen 征求,取得,征询 ‹e-e Auskunft, e-e Erlaubnis, e-n Rat e. 打听消息(询问情况),取得许可,征求建议›; Vt/i (及物/不及物) **5.** (***etw.***) ***e.*** *gespr* [口] ≈ einkaufen ‖ *zu* (义项)**3.** u. **4. Ein·ho·lung** *die*; *nur Sg*(只用单数)

Ein·horn *das*; (in Märchen od. Fabeln) e-e Art weißes Pferd mit e-m langen spitzen Horn auf der Stirn(童话或寓言中的)独角兽

ein·hül·len (*hat*) Vt (及物) **1. *j-n/sich/etw. e.*** j-n/sich/etw. in e-e Hülle wickeln 把…包上,裹起来 ≈ einwickeln: *j-n/sich mit e-r Decke/in e-e Decke e.* 用一条被子把某人/自己裹起来,把某人/自己裹进一条被子里 **2. *etw. hüllt j-n/etw. ein*** etw. umgibt j-n/etw. wie e-e Hülle(物作主语)笼罩着 ≈ etw. umhüllt j-n/etw.: *Nebel hüllte den Berg ein* 雾笼罩着山 ‖ *hierzu*(派生) **Ein·hül·lung** *die*; *nur Sg*(只用单数)

ein·hun·dert, ein·hun·dert *Zahladj*(数形); (als Zahl) 100 一百,壹佰≈ hundert; ↑ ***Anhang*** (5) 见附录(五)

ein·hun·derts·t-, ein·hun·derts·t- *Zahladj* (数形); *nur attr, nicht adv*(只作定语,不作状语); in e-r Reihenfolge an der Stelle einhundert 第一百(个)≈ 100.

ei·nig *Adj*(形); *mst präd*(多作表语) **1. *sich*** (*Pl* 复) (***über etw.*** (*Akk* 四格)) ***e. sein*** die gleiche Meinung (über etw.) haben(对…)意见一致,一致同意,一致认为: *Alle Parteien sind sich* (darüber) *e.*, dass *mehr für den Umweltschutz getan werden muss* 所有党派一致认为,必须为保护环境多作一些努力 **2. *sich*** (*Dat* 三格) ***mit j-m*** (***über etw.*** (*Akk* 四格)) ***e. sein*** die gleiche Meinung wie j-d (über etw.) haben (对…)与某人意见一致: *Er ist sich mit ihr über das Projekt e.* 对这项工程,他与她意见一致 **3. *sich*** (*Dat* 三格) (***mit j-m***) ***über etw.*** (*Akk* 四格) ***e. werden*** sich mit j-m über etw. einigen (2) 对…(与…)取得一致意见 ‖ *zu* (义项)**1.** u. **2. Ei·nig·keit** *die*; *nur Sg*(只用单数)

ei·ni·g- *Indefinitpronomen*(不定代词) **1.** *nur Pl*(只用复数); verwendet, um e-e Anzahl (von Personen, Dingen *usw*) anzugeben, die nicht näher bestimmt wird, die aber nicht besonders groß ist(表示少量的人、物的不定数目)一些,几个,若干 ≈ mehrere: *für einige Tage verreisen* 外出旅行几天,出差几天; *Vor dem Gericht warteten einige Demonstranten* 有一些示威者等在法院门口; *Ich habe schon einige Mal(e) bei dir angerufen, aber du warst nie da* 我给你打了好几次电话,但你总不在 **2.** *nur Sg*(只用单数); verwendet, um e-e relativ kleine Menge od. e-n relativ kleinen Umfang (von etw.) zu bezeichnen(表示量很少或范围很小)一点,稍许: *Mit einigem guten Willen ist das Problem zu lösen* 有一点良好的愿望,这个问题就可以解决; *Dazu braucht es einige Übung* 对此需要稍许练习 **3.** (*mst betont*) (多重读)ziemlich viel 相当多,不少: *Das wird noch einige Zeit dauern* 这还得延续一段时间 ‖ NB(注意): **a)** *einig-* verwendet man wie ein attributives Adj. (*einige Fragen*) od. (in Bedeutung **3.**) wie ein Subst. (*Es gibt noch einiges zu tun*)(可以像定语形容词(*einige Fragen*)或名词(义项 **3.**)那样来使用 einig-); **b)** ↑ *Tabelle unter* 图表见 ***Adjektive***

ei·ni·gen; *einigte, hat geeinigt*; Vt (及物) **1. *j-n/etw. e.*** einzelne Personen od. Gruppen von Personen zu e-r Einheit[1] machen 使统一,联合,团结≈ vereinigen ‹Länder, Staaten, Stämme, Völker e. 使各国、国家、部族、民族团结起来›; Vr (反身) **2. *sich*** (***mit j-m***) (***auf/über etw.*** (*Akk* 四格)) ***e.*** e-e Meinungsverschiedenheit *o. Ä.* beenden, indem man e-e Lösung findet, die für alle akzeptabel ist(对…)取得(意见)一致: *Sie einigten sich auf e-n Kompromiss* 他们达成妥协

ei·ni·ger·ma·ßen *Partikel*(小品词); *betont u. unbetont*(重读和非重读) **1.** verwendet, um e-e Aussage abzuschwächen(表示缓和陈述的语气)还算,相当,有点儿 ≈ ziemlich, hinlänglich: *Die Prüfung hat e. gut geklappt* 考试还算不错; *Ich bin e. sicher, dass sie kommt* 我对她来是有点把握的 **2.** verwendet als Antwort auf e-e Frage, um auszudrücken, dass etw. nicht besonders gut, aber auch nicht besonders schlecht ist (用作回答,表示不好不坏)还可以,一般,凑合,将就≈ so lala: „*Wie gehts dir?*" – „*E.*"“你好吗?”——“还可以”

ei·ni·ges ↑ ***einig-*** (3)

Ei·ni·gung *die*; -, *-en*; *mst Sg*, *geschr*(多用单数)[书] **1.** der Vorgang od. das Ergebnis, wenn Personen od. Gruppen e-e Lösung zu e-m Problem finden, die für alle akzeptabel ist 协调,一致,和解‹e-e E. erreichen, erzielen 达到,取得一致; zu e-r E. kommen 达成和解› **2.** das Erreichen e-r Einheit[1](达到)统一,团结

ein·imp·fen (*hat*) Vt (及物) **1. *j-m etw. e.*** *gespr*, *oft pej*[口]常用[贬]; j-m etw. immer wieder sagen, damit er sich auch danach richtet 叮嘱,灌输,叮咛: *Ihre Mutter hat ihr eingeimpft, nicht mit Fremden zu sprechen* 她母亲叮嘱她,别与陌生人交谈 **2. *j-m etw. e.*** e-m Menschen od. e-m Tier e-n Impfstoff in den Körper spritzen 给…接种(疫苗) ‖ *hier-*

zu（派生）**Ein·imp·fung** *die*；*nur Sg*（只用单数）

ein.ja.gen（*hat*）Vt（及物）*nur in* 只用于 **j-d/etw. jagt j-m Angst/j-m e-n Schreck(en) ein** *gespr*［口］；j-d/etw. bewirkt, dass j-d (plötzlich) Angst od. e-n Schreck bekommt（人/物作主语）使害怕/惊恐，引起…害怕/惊恐

ein.jäh.rig *Adj*（形）；*nicht adv*（不作状语）**1.** *nur attr*（只作定语）；ein Jahr alt 一岁的：*Seine Schwester hat e-n einjährigen Jungen* 他的妹妹有一个一岁的男孩 **2.** *nur attr*（只作定语）；ein Jahr dauernd 一年的，长达一年的：*ein einjähriger Aufenthalt im Ausland* 在国外居留一年 **3.** verwendet für Pflanzen, die im Herbst absterben u. im folgenden Jahr nicht wieder wachsen（指植物）一年生的：*Tomaten sind e., Petersilie ist zweijährig* 西红柿是一年生的，香菜是两年生的

ein.kal.ku.lie.ren；*kalkulierte ein, hat einkalkuliert*；Vt（及物）**etw. e.** etw. (bei e-r Berechnung, e-r Planung od. e-r Überlegung) berücksichtigen 把…计算在内，考虑在内：*Sind in/bei dieser Rechnung alle Kosten mit einkalkuliert?* 账单上一切费用都算进去了吗？；*Er hat in seinem Zeitplan keine Pausen einkalkuliert* 在他的时间表上，他没有把休息时间考虑进去 ‖ *hierzu*（派生）**Ein·kal·ku·lie·rung** *die*；*nur Sg*（只用单数）

ein.kas.sie.ren；*kassierte ein, hat einkassiert*；Vt（及物）**1. (bei j-m) etw. e.** e-e Summe Geld von j-m verlangen u. bekommen 收进，收缴，追索〈Beiträge, Geld, Schulden e. 收缴会费，收款，追索欠款〉**2. etw. e.** *gespr*［口］；j-m etw. wegnehmen 捞走，没收，拿走，吞掉 ‖ *zu*（义项）**1. Ein·kas·sie·rung** *die*；*nur Sg*（只用单数）

Ein.kauf *der* **1.** das Einkaufen, Erwerben 采购，购物，购买 ↔ Verkauf (1)〈Einkäufe machen, seine Einkäufe erledigen 买东西，采购〉：*Achten Sie beim E. auf unsere Sonderangebote!* 购物时请您注意我们提供的特价商品！**2.** *mst Pl*（多用复数）；die Waren, die man eingekauft hat 采购的东西，购进的商品：*Sie holte ihre Einkäufe aus dem Korb* 他从筐里取出采购的东西 ‖ K-（复合）：**Einkaufs-, -korb, -netz, -tasche, -wagen 3.** *nur Sg*（只用单数）；die Abteilung in e-r Firma, die Waren für die Firma einkauft 采购部 ↔ Verkauf (2)

Einkaufswagen
购物车

ein.kau.fen（*hat*）Vt/i（及物/不及物）**1. (etw.) e.** Waren, die man täglich braucht (*mst* Lebensmittel), kaufen 购物，买东西，采购（多指食品）↔ verkaufen：*Er hat vergessen, Brot einzukaufen* 他忘记买面包了；Vt（及物）**2. etw. e.** Waren od. Rohstoffe in größeren Mengen kaufen, um sie wieder zu verkaufen od. um damit etw. zu produzieren 大批采购，大量买进（商品或原料）：*Der Autohändler hat auf der Messe zehn Sportwagen eingekauft* 汽车商在博览会上买进十辆跑车 **3. j-n e.** e-n (professionellen) Spieler für den eigenen Verein verpflichten u. dafür an dessen früheren Verein Geld zahlen (*bes* beim Fußball) 买进，引进，雇用（职业运动员）

Ein.käu.fer *der*；ein Angestellter e-r Firma, der im Einkauf (3) arbeitet 采购员 ‖ *hierzu*（派生）**Ein·käu·fe·rin** *die*

Ein.kaufs.bum.mel *der*；ein Spaziergang durch die Stadt, bei dem man etw. einkaufen möchte 逛商店，逛街买东西

Ein.kaufs.preis *der*；der Preis, den ein Händler dem Hersteller für e-e Ware zahlt, die er dann selbst wieder verkauft 批发价

Ein.kaufs.zent.rum *das*；ein Gebäude (od. ein Komplex von Gebäuden), in dem mehrere Geschäfte untergebracht sind 购物中心

ein.keh.ren（*ist*）Vi（不及物）**1. (in etw. (*Dat/selten Akk* 三格/(罕)四格)) e.** *gespr*［口］；e-e Fahrt, e-n Spaziergang *o. Ä.* unterbrechen, um in ein Gasthaus zu gehen 中途歇息，投宿：*Wir sind auf der Wanderung (in e-m gemütlichen Lokal) eingekehrt* 在徒步旅行途中，我们曾经（在一家舒适的酒店）投宿 **2. etw. kehrt (wieder) ein** *geschr*［书］；etw. erscheint od. kommt (wieder)（物作主语）（重新）出现，来到，降临〈Friede, Ordnung, Ruhe *o. Ä.* 和平，秩序，安静等〉：*Nach dem Aufstand ist jetzt wieder Ruhe im Land eingekehrt* 暴动后，现在国内又恢复了平静 ‖ *hierzu*（派生）**Ein·kehr** *die*；-；*nur Sg*（只用单数）

ein.kei.len；*keilte ein, hat eingekeilt*；Vt（及物）**mehrere Personen/Sachen keilen j-n/etw. ein** *gespr*［口］；mehrere Personen/Sachen machen e-n Platz, Raum so eng, dass sich andere nicht od. kaum noch bewegen können（人/物作主语）将…夹紧，挤紧，夹在中间，挤在中间：*Mein Auto war auf dem Parkplatz von den anderen Fahrzeugen völlig eingekeilt* 我的汽车在停车场上夹在别人的车中间动弹不了 ‖ NB（注意）：*mst* im Zustandspassiv（多用于状态被动句）！

ein.kel.lern；*kellerte ein, hat eingekellert*；Vt（及物）**etw. e.** etw. als Vorrat in den Keller legen 将…储藏在地下室里〈Äpfel, Kartoffeln, Kohlen, Wein e. 将苹果、土豆、煤、葡萄酒储存在地下室〉‖ *hierzu*（派生）**Ein·kel·le·rung** *die*

ein.ker.ben；*kerbte ein, hat eingekerbt*；Vt（及物）**etw. (in etw. (*Akk* 四格)) e.** mit dem Messer Kerben od. Zeichen *usw* in e-n Gegenstand (*mst* aus Holz) machen（用刀）刻，刻出 ‖ *hierzu*（派生）**Ein·ker·bung** *die*

ein.ker.kern；*kerkerte ein, hat eingekerkert*；Vt（及物）**j-n e.** *hist*［历］；j-n in e-n Kerker sperren 将…关押，监禁，囚禁 ‖ *hierzu*（派生）**Ein·ker·ke·rung** *die*

ein.kes.seln；*kesselte ein, hat eingekesselt*；Vt（及物）**j-n/etw. e.** Menschen/etw. an e-m Ort festhalten, indem man (*mst* in großer Zahl) von allen Seiten gleichzeitig kommt u. sich an allen Seiten aufstellt, *bes* im Krieg od. bei der Jagd 将…包围,围困: *Die Stadt war von feindlichen Truppen eingekesselt* 该城市已被敌军包围; *Die Jäger kesselten das Wild ein* 猎人们把野兽围住 ‖ *hierzu*(派生) **Ein·kes·se·lung** *die*

ein·kla·gen (*hat*) [Vt] (及物) ***etw. e.*** vor Gericht gehen, um etw. zu erreichen, worauf man ein Recht hat 对…提起诉讼,起诉: *Wenn Sie nicht freiwillig zahlen, werde ich die Schulden e.* 要是您不自动付款,我将起诉索债 ‖ *hierzu*(派生) **ein·klag·bar** *Adj*(形)

ein·klam·mern (*hat*) [Vt] (及物) ***etw. e.*** etw. Geschriebenes zwischen Klammern (2) setzen 将…括入括号内 ⟨e-n Buchstaben, ein Wort, e-e Zahl e. 将一个字母、一个单词、一个数字括入括号内⟩ ‖ *hierzu* (派生) **Ein·klam·me·rung** *die*

Ein·klang *der*; *-s*; *nur Sg* (只用单数); *geschr* [书] **1.** ***in/im E.*** **(*mit j-m/etw.*)** in e-m Zustand, in dem sich zwei Dinge miteinander so vereinbaren lassen, dass sie nicht widersprüchlich sind 协调,一致 ⟨etw. ist, steht in/im E. mit etw. 某事与某事一致; etw. (*Pl* 复) in E. bringen 使某些事协调起来⟩: *Er ist sehr zufrieden, weil er seine privaten u. beruflichen Interessen miteinander in E. bringen konnte* 他非常满意,因为他能使自己的私人利益和职业利益彼此协调一致 **2.** ***sich*** **(*mit j-m*)** ***in E.*** **(*über etw.*** (*Akk* 四格)**)** ***befinden*** die gleiche Meinung haben (wie ein anderer/ andere)(对某事与某人)彼此意见一致

ein·kle·ben (*hat*) [Vt] (及物) ***etw.*** **(*in etw.*** (*Akk* 四格)**)** ***e.*** etw. mit Klebstoff in e-m Buch, Heft *usw* befestigen 将…贴入,粘贴在: *Er hat die Fotos in sein Album eingeklebt* 他把相片贴入相册

ein·klei·den (*hat*) [Vt] (及物) **1.** ***j-n/sich neu e.*** j-m/sich viele neue Kleidungsstücke kaufen 给…买新衣服,替…购置新衣: *Unser Sohn ist so gewachsen, dass ich ihn völlig neu e. muss* 我儿子长得快,我得给他重新购置新衣服 **2.** ***j-n e.*** j-m e-e Uniform *o. Ä.* geben 给(使)…穿上制服 **3.** ***etw. in etw.*** (*Akk* 四格) ***e.*** etw. so formulieren, dass die Absicht nicht deutlich ausgesprochen wird 用…婉转地表达: *Er hat seine Mahnung in freundliche Worte eingekleidet* 他以友好的言辞含蓄地表达了自己的劝告 ‖ *hierzu*(派生) **Ein·klei·dung** *die*

ein·klem·men (*hat*) [Vt] (及物) **1.** ***etw. e.*** etw. von verschiedenen Seiten so drücken, dass es sich nicht mehr bewegen kann 把…夹住,夹紧: *ein Stück Holz in den Schraubstock e.* 用老虎钳把一块木头夹紧 **2.** ***j-m/sich etw. e.*** etw. e. (1), sodass es verletzt od. beschädigt wird 夹伤: *sich den Finger in der Tür e.* 在门缝里把手指夹伤

ein·klin·ken; *klinkte ein*, *hat/ist eingeklinkt*; [Vt] (及物) (*hat*) **1.** ***etw. e.*** etw. schließen od. befestigen, indem man e-n Hebel *o. Ä.* (*z. B.* die Klinke e-r Tür) betätigt 把…关上,碰上,撞上 ↔ ausklinken: *e-e Tür e.* 把门撞上; [Vi] (不及物) (*ist*) **2.** ***etw. klinkt ein*** etw. wird durch e-n Mechanismus geschlossen od. befestigt(物体主语)撞上,碰上,关上: *Das Fahrgestell des Flugzeugs klinkt nach dem Start ein* 飞机起飞后起落架自动收起

ein·kni·cken (*hat/ist*) [Vt] (及物) (*hat*) **1.** ***etw. e.*** etw. so umbiegen, dass es e-n Knick (2) bekommt 把…折起来,折断,折: *ein Streichholz, e-n Bogen Papier e.* 把火柴棍折断,把一张纸折起来; [Vi] (不及物) (*ist*) **2.** ***etw. knickt ein*** etw. bekommt e-n Knick (2)(物作主语)折断,倒伏: *Die Halme des Getreides sind bei dem Hagel eingeknickt* 下冰雹时,禾秆倒伏了

ein·ko·chen [Vt] (及物) (*hat*) **1.** ***etw. e.*** etw. konservieren, indem man es kocht u. so in Gläsern verschließt, dass keine Luft hineinkommt 把…煮熟装瓶封存 ≈ einmachen ⟨*mst* 多用 Gelee, Konfitüre, Marmelade e. 做果子冻、果子酱、果酱装瓶密封⟩; [Vi] (不及物) (*ist*) **2.** ***etw. kocht ein*** etw. wird beim Kochen allmählich konzentrierter u. dicker(物作主语)煮浓,熬浓,熬稠

Ein·kom·men *das*; *-s*, - das Geld, das j-d in e-m bestimmten Zeitraum bekommt, *mst* als Lohn, Gehalt od. als Gewinn aus Geschäften 收入 ≈ Einkünfte ⟨ein gutes, festes, geringes, hohes, monatliches, jährliches, regelmäßiges E. haben, bekommen, erhalten 有,得到好的、固定的、很少的、高的、月、年、定期收入; sein E. versteuern (müssen)(必须)为其收入交所得税⟩ ‖ K-(复合): ***Einkommens-***, ***-einbuße*** ‖ *hierzu* (派生) **ein·kom·mens·schwach** *Adj* (形); **ein·kom·mens·stark** *Adj*(形)

Ein·kom·mens·schicht *die*; ein Teil e-r Gesellschaft, der sich von anderen Personengruppen durch die Höhe des Einkommens unterscheidet 收入阶层,工薪阶层⟨die gehobenen, mittleren, oberen, unteren Einkommensschichten(社会地位)特薪的、中薪的、高薪、低薪阶层⟩

Ein·kom·men(s)·steu·er *die*; e-e Steuer, die jeder zahlt, der freiberuflich arbeitet od. der zusätzlich zum Lohn od. Gehalt Einkommen hat (*z. B.* Miete *o. Ä.*) od. der als Arbeitnehmer mehr als e-e bestimmte Summe verdient 所得税 ‖ NB (注意): ↑ ***Lohnsteuer***

Ein·kom·men(s)·steu·er|er·klä·rung *die*; die Angaben für das Finanzamt, wie viel Einkommen man im vorangegangenen Jahr hatte 所得税纳税申报表(单) ‖ NB(注意): ↑ ***Lohnsteuerjahresausgleich***

ein·krei·sen (*hat*) [Vt] (及物) **1.** ***j-n/etw. e.*** (von mehreren Personen) j-n/etw. von allen Seiten umgeben 包围,围困,封锁 ≈ j-n einkesseln: *Die feindliche Armee hat die Stadt völlig eingekreist* 敌军把城市完全包围了 **2.** ***etw. e.*** e-n Kreis um etw. malen u. es dadurch markieren 给…画圈(标出): *Er kreiste ihren Geburtstag auf dem Kalender rot ein* 他在日历上把她的生日画了个红圈 **3.** ***etw. e.*** in e-r

Diskussion od. Erörterung allmählich festlegen, was zu e-r Sache gehört (经讨论)使逐渐明朗,使轮廓清楚〈e-e Frage, ein Problem, ein Thema e. 使问题、疑难问题、主题逐渐明朗〉‖ *zu* (义项)**1.** u. **3. Ein·krei·sung** *die*

Ein·künf·te *die*; *Pl*(复); das Geld, das j-d in e-m bestimmten Zeitraum bekommt 收入,所得〈E. beziehen 获得收入〉: *Neben seinem Gehalt hat er noch E. aus e-m Haus, das er vermietet hat* 除工资外,他还有出租房子的收入 ‖ -K(复合): ***Neben-***

ein·la·den[1] (*hat*) [Vt] (及物) ***etw.*** (***in etw.*** (*Akk* 四格)) ***e.*** etw., das irgendwohin transportiert werden soll, in ein Fahrzeug bringen 装载,装运 ↔ ausladen: *Die Spediteure luden die vollen Kisten* (*in den Lkw*) *ein* 运输公司的人把满满的箱子装上了车(载重汽车)

ein·la·den[2] (*hat*) [Vt](及物) **1. *j-n*** (***zu etw.***) ***e.*** j-n auffordern od. bitten, als Gast (1) zu einem zu kommen 邀请: *Ich habe ein paar gute Freunde zum Abendessen/zu uns eingeladen* 我邀请了几位好友来吃晚饭/到我们家来作客 **2. *j-n*** (***irgendwohin/zu etw.***) ***e.*** mit j-m etw. gemeinsam unternehmen u. alle Kosten, die dabei entstehen, bezahlen 约请,邀约: *Mein Freund hat mich ins Kino* eingeladen 我的朋友约我去看电影

Die Einladung 邀请

Ist man privat bei jemandem zum Essen eingeladen, gehört es zur Höflichkeit, pünktlich oder höchstens mit einer Viertelstunde Verspätung zu kommen.
Es ist üblich, dem Gastgeber eine Kleinigkeit zu schenken, zum Beispeiel eine Flasche Wein oder einen Blumenstrauß. Bei näherer Bekanntschaft kann man auch nach Absprache eine Vorspeise oder einen Nachtisch zum Essen mitbringen, um dem Gastgeber Arbeit abzunehmen.
Zu Beginn des Essens wünscht man sich „**Guten Appetit**!".
Auch wartet man normalerweise mit dem Trinken, bis der Gastgeber sein Glas erhebt und alle miteinander angestoßen haben. Hierbei wünscht man sich gewöhnlich „**Zum Wohl**!" oder sage „**Prost**!", wobei man die Person, mit der man sich gerade zuprostet, direkt ansehen sollte.

如果你是被私人邀请到家里吃饭,应准时赴邀或迟到不超过一刻钟,这是礼貌。

通常给主人送点小礼物,譬如一瓶葡萄酒或一束鲜花。较亲近的朋友也可以按约定带一份餐前小吃或餐后甜食,以便减轻主人的工作。

吃饭开始时人们习惯互相祝愿"胃口好!"

酒一般也是等主人举杯,大家碰杯才喝。这时候大家互相祝愿"健康干杯!"或说"干杯",敬酒时应正视对方。

ein·la·dend 1. *Partizip Präsens*(现在分词); ↑ **einladen 2.** *Adj*(形); 〈ein Essen, e-e Geste, das Wetter 饭菜,手势,天气〉 so, dass sie angenehm, verlockend od. attraktiv aussehen 吸引人的,诱人的,动人的,赏心悦目的,令人神往的

Ein·la·dung *die*; -, *-en*; ***e-e E.*** (***zu etw.***) e-e mündliche od. schriftliche Aufforderung an j-n, als Gast zu einem zu kommen od. mit einem als Gast irgendwohin zu gehen 邀请,请贴〈e-e E. aussprechen, verschicken 提出,发出邀请; e-e E. bekommen, annehmen, ablehnen, ausschlagen 得到,接受,推辞,拒绝邀请; e-r E. folgen 应邀〉: *Ich habe ihm e-e E. zu meiner Party geschickt* 我向他发出参加我的聚会的邀请 ‖ K-(复合): ***Einladungs-***, ***-schreiben***

Ein·la·ge *die* **1.** e-e *mst* künstlerische Vorstellung, die Abwechslung in ein festes Programm bringen soll 加演节目,幕间穿插表演〈e-e E. bringen 加演一个节目〉: *Auf dem Ball gab es als E. e-n Zauberer* 舞会上有一位魔术师穿插表演 ‖ -K(复合): ***Gesangs-*** **2.** *mst Pl*(多用复数), FIN【金融】; das Geld, das j-d auf e-m Konto bei e-r Bank hat 存款: *ein Sparbuch mit e-r E. von 2000 Euro* 有2000欧元存款的银行存折; *Die Bank verfügt über Einlagen in Höhe von 50 Millionen Euro* 银行拥有5000万欧元的储蓄存款 **3.** MED【医】; e-e provisorische Füllung in e-m Zahn 补牙填料 **4.** *mst Pl*(多用复数); e-e zusätzliche Sohle, die in e-n Schuh gelegt wird (um Plattfüße *o.Ä.* zu stützen)(平脚掌用的)鞋垫 **5.** etw. (*z.B.* Nudeln od. Fleisch), das in e-e Suppe getan wird 汤内的配头(如面条,肉),汤的搀入食物: *e-e Brühe mit E.* 有内容的汤 ‖ -K(复合): ***Fleisch-***

ein·la·gern (*hat*) [Vt] (及物) **1. *etw.*** (***irgendwo***) ***e.*** etw. als Vorrat in e-n Raum bringen u. dort aufbewahren 把…存库,贮藏: *Kartoffeln* (*im Keller*) *e.* 把土豆贮藏(在地下室); [Vr] (反身) **2. *etw. lagert sich in etw.*** (*Akk* 四格) ***ein*** e-e Substanz od. ein Stoff[1] (1) dringt tief in e-n festen Körper, e-n Organismus (1) *o.Ä.* ein u. setzt sich dort fest(物作主语)沉积,积聚: *In den Stein haben sich Kristalle eingelagert* 在矿石里沉积着晶体 ‖ *hierzu*(派生) **Ein·la·ge·rung** *die*

Ein·lass *der*; *-es*, *Ein·läs·se*; *mst Sg*, *geschr*(多用单数)[书] ≈ Zutritt 〈j-m E. gewähren, sich (*Dat* 三格) E. verschaffen 同意某人入场,设法入场〉 ‖ K-(复合): ***Einlass-***, ***-zeit***

ein·las·sen[1] (*hat*) [Vt] (及物) **1. *j-n*** (***irgendwohin***) ***e.*** *geschr*[书]; j-m erlauben, ein abgesperrtes Gebiet, ein verschlossenes Gebäude *o.Ä.* zu betreten od. j-m zu diesem Zweck e-e Tür, ein Tor *o.Ä.* öffnen 准许…进入: *Der Pförtner ließ mich* (*in die Fabrik*) *ein* 门岗让我进(厂)去 **2. *etw.*** (***in etw.*** (*Akk* 四格)) ***e.*** e-n relativ großen Behälter mit Wasser füllen 使流入,把(水)放入,装入 ≈ einlaufen lassen 〈(Wasser in) ein Becken, e-n Kanal, e-e Wanne e. 把水放入水池、运河、盆里〉: *Lass bitte Wasser* (*in die Badewanne*) *ein!* 请(往浴盆)放水! **3. *etw. in etw.*** (*Akk* 四格) ***e.*** etw. so in Vertiefungen e-s Gegenstandes (aus Stein, Holz, Metall *o. Ä.*) anbringen, dass es genau hineinpasst 把…嵌入，镶嵌

ein·las·sen², **sich** (*hat*) [Vr] (反身) **1. sich mit j-m e.** *mst pej* 多用[贬]; Kontakt mit j-m haben 与…交往，打交道，为伍，混在一起: *Lass dich bloß nicht mit diesen Leuten ein!* 别和这种人混在一起！**2. sich mit j-m e.** *mst pej* 多用[贬]; ein Liebesverhältnis mit j-m anfangen 开始与…谈恋爱: *Warum hast du dich mit diesem Kerl eingelassen?* 你干吗与这个家伙搞对象？**3. sich mit j-m e.** mit j-m streiten 与…争吵: *Mit ihm würde ich mich nicht e.* 我不想同他争吵 ‖ NB(注意): *mst* verneint! (多用否定句!) **4. sich auf etw.** (*Akk* 四格) **e.** mit etw. anfangen, bei etw. mitmachen u. dabei unangenehme Folgen riskieren 开始参加，参与: *sich auf krumme Geschäfte e.* 去搞不正当的交易

Ein·lauf *der* **1.** SPORT【体】; das Einlaufen (5, 6) **2.** SPORT【体】; die Reihenfolge, in der die Läufer od. die Pferde bei e-m Rennen am Ziel ankommen(比赛时运动员或马匹到达终点的)次序 **3.** ein Ei od. e-e Art dünner Teig, die in der heißen Suppe zu Fäden werden(打入汤里的)蛋花，水淀粉 **4.** das Reinigen des (Dick-)Darms mit e-r Flüssigkeit 洗肠，灌肠; MED【医】Klistier 〈j-m e-n E. machen 给某人灌肠〉

ein·lau·fen [Vt] (及物) (*hat*) **1. etw. e.** neue Schuhe tragen, bis sie bequem sind 使(鞋子)穿着合脚〈Stiefel e. 使靴子穿着合脚〉; [Vi] (不及物) (*ist*) **2. etw. läuft ein** etw. wird beim Waschen enger (物作主语) 缩水 ≈ etw. schrumpft 〈ein Kleid, ein Pullover 连衣裙，套头衫〉 **3. etw. läuft** (**irgendwohin**) **ein** e-e Flüssigkeit (*mst* e-e relativ große Menge) fließt in ein Gefäß(物作主语)流入 **4. etw. läuft** (**irgendwo / irgendwohin**) **e.** ein Zug kommt im Bahnhof, ein Schiff im Hafen an (物作主语)驶入，开进(车站，港口): *Der Tanker lief in den / im Hafen ein* 油船进港了 **5.** 〈e-e Mannschaft *o. Ä.* 运动队等〉 **läuft** (**irgendwohin**) **ein** e-e Mannschaft *o. Ä.* betritt zu Beginn e-s Spiels *o. Ä.* das Spielfeld 入场，进入赛场 **6.** 〈in das Ziel, die Zielgerade *o. Ä.* 终点，冲刺线等〉 **e.** bei e-m Wettlauf das Ziel *usw* erreichen 跑到，跑入 **7. etw. läuft** (**bei j-m**) **ein** ADM *geschr*【管理】[书] ≈ etw. geht ein (12); [Vr] (反身) **8. sich e.** vor e-m Wettrennen die Muskeln locker machen, indem man läuft 赛前小跑，做跑步活动(放松肌肉) **9. etw. läuft sich ein** e-e Maschine kommt (nach dem Einschalten) in den normalen Lauf(物作主语)(指机器)开始正常运转

ein·le·ben, **sich** (*hat*) [Vr] (反身) **sich** (**irgendwo**) **e.** sich an e-e neue Umgebung gewöhnen 习惯，适应(生活): *Es wird lange dauern, bis ich mich in der neuen Stadt eingelebt habe* 要过好长时间，我才适应新城市的生活

Ein·le·ge·ar·beit *die* **1.** Ornamente aus vielen kleinen Teilen aus Holz, Elfenbein, Marmor *o. Ä.*, die in e-e Oberfläche (*mst* aus Holz) so eingefügt sind, dass eine glatte Fläche mit bestimmten Mustern entsteht 镶嵌工艺 ≈ Intarsien **2.** ein Gegenstand (*mst* ein Möbelstück) mit Einlegearbeiten (1) 镶嵌(工艺)品(多指家具)

ein·le·gen (*hat*) [Vt] (及物) **1. etw.** (**in etw.** (*Akk* 四格)) **e.** etw. irgendwo so anbringen od. hineintun, dass es benutzt werden kann 把…放入，装入，插入 ↔ herausnehmen 〈e-n Film, e-e Kassette, e-e Diskette, e-e CD e. 装入胶卷，安录音磁带，插入软盘，光盘; e-e Sohle in e-n Schuh e. 往鞋里放鞋垫〉 ‖ K-(复合): **Einleg(e)-, -sohle** **2. etw.** (**in etw.** (*Akk* 四格)) **e.** Lebensmittel konservieren u. würzen, indem man sie in e-e Flüssigkeit legt 腌渍，泡 ≈ einmachen: *Gurken, Bohnen* (*sauer, in Essig*), *Kirschen* (*in Rum*) *e.* (用醋)腌(酸)黄瓜、豆，把樱桃泡在朗姆酒里 **3. etw. in etw.** (*Akk* 四格) **e.** etw. als Ornament (Einlegearbeit) irgendwo anbringen 把…镶入，嵌入: *Elfenbein in e-n Tisch e.* 将象牙镶入桌子 **4. etw. mit etw. e.** etw. mit etw. als Ornament (Einlegearbeit) versehen 用…镶嵌: *e-n Tisch mit Elfenbein e.* 用象牙镶嵌桌子 **5.** 〈Beschwerde, Einspruch, sein Veto, Widerspruch 申诉，责难，否决，异议〉 (**gegen etw.**) **e.** förmlich gegen etw. protestieren (对…)提出: *Sie legten bei der Stadtverwaltung Beschwerde gegen den Bau der neuen Straße ein* 他们向市政当局对修建新街道提出了异议 **6.** 〈Berufung, Revision 上诉，复审〉 (**gegen etw.**) **e.** JUR【法】; ein Gerichtsurteil durch ein höheres Gericht überprüfen lassen 提出上诉 **7. etw. e.** e-e Zeit der Entspannung zwischen Zeiten der Arbeit, Aktivität legen (在工作、活动中间)安插，安排(间歇时间) 〈e-e Pause, e-e Rast, e-n Ruhetag e. 安排休息一会儿，歇一下，休息一天〉 **8. etw. e.** etw. Zusätzliches od. Außergewöhnliches machen (*mst* um mit etw. schneller fertig zu werden) 加码，追加，增补 〈e-n Spurt e. 发起冲刺; e-e zusätzliche Schicht e. 加班〉: *e-e Sonderschicht e., um e-n Auftrag rechtzeitig zu erfüllen* 为及时完成任务而加班 **9. etw. e.** in e-n bestimmten Gang⁴ schalten, *bes* beim Autofahren 换挡(尤指汽车) 〈*mst* den ersten, zweiten, *usw* Gang, den Rückwärtsgang e. 换第一挡、第二挡、倒车挡〉

ein·lei·ten (*hat*) [Vt] (及物) **1. etw. mit etw. e.** etw. mit etw. beginnen u. damit auf den Hauptteil vorbereiten 使开幕，使开始 ≈ eröffnen: *Er leitete die Feier mit der Begrüßung der Ehrengäste ein* 他致辞欢迎贵宾的光临以此揭开了庆祝活动的序幕 **2. etw. e.** *oft* ADM *geschr* 常用【管理】[书]; als zuständiger Beamter od. zuständige Behörde veranlassen, dass e-e Behörde tätig wird 采取，提出，着手进行 〈diplomatische, gerichtliche, juristische Maßnahmen, Schritte e. 采取外交的、诉讼的、法律的措施(步骤); e-n Prozess, e-e Untersuchung, ein Verfahren e. 提出控告，进行调

查,提起诉讼〉 **3. *e-e Geburt e.*** e-r schwangeren Frau Medikamente geben, die bewirken, dass die Geburt anfängt 催产,催生 **4. *etw. in etw.*** (*Akk* 四格) ***e.*** Flüssigkeiten in etw. fließen lassen 排入,引入,导入〈Abwässer, Rückstände in e-n Kanal, in e-n Fluss e. 将废水、残渣排入运河,排入河中〉 **5. *etw. leitet etw. ein*** etw. steht am Anfang von etw. Größerem, von e-r Reihe von Ereignissen(物作主语)引出,开创,揭开

Ein·lei·tung *die* **1.** *nur Sg*(只用单数); das Einleiten (1-4) **2.** ein relativ kurzer Text, der am Anfang e-s Buches, Aufsatzes *usw* steht u. den Leser auf das Thema vorbereitet 引言,导言,序言,引论

ein·len·ken (*hat*) [Vi](不及物) in e-m (Streit)-Gespräch od. in e-m Konflikt nicht weiter auf seiner Position bestehen, sondern nachgeben od. kompromissbereit sein(在争吵或冲突中)退让,让步: *Er lenkte ein, um e-n Kompromiss zu ermöglichen* 为了能够和解,他让步了

ein·le·sen (*hat*) [Vt](及物) **1. *etw.*** (***in etw.*** (*Akk* 四格)) ***e.*** Daten od. Informationen *mst* mithilfe e-s Geräts (Scanners) in e-n Computer übertragen(通过扫描)把…读入,输入(电脑); [Vr](反身) **2. *sich*** (***in etw.*** (*Akk* 四格)) ***e.*** sich mit e-m Thema (od. Wissensgebiet) vertraut machen, indem man viel darüber liest 通晓,熟知,熟悉,弄通 ≈ sich einarbeiten: *Ich brauchte zwei Wochen, um mich in die schwierige Materie einzulesen* 我用了两周时间来熟悉这些困难的专业内容

ein·leuch·ten (*hat*) [Vi](不及物) ***etw. leuchtet j-m ein*** etw. erscheint j-m logisch u. verständlich(物作主语)使明白,使一目了然〈etw. klingt einleuchtend 某事听起来明白易懂; einleuchtende Argumente 明显的论据〉

ein·lie·fern (*hat*) [Vt](及物) ***j-n*** (***in etw.*** (*Akk* 四格)) ***e.*** j-n als Häftling in ein Gefängnis od. als Kranken in ein Krankenhaus bringen 将…送进(监狱或医院) ‖ *hierzu*(派生) **Ein·lie·fe·rung** *die*

Ein·lie·ger·woh·nung *die*; e-e kleine, separate (Miet)Wohnung, die sich in e-m privaten (Einfamilien)Haus befindet(供出租的)单独辟出的小住房

ein·lo·chen; *lochte ein, hat eingelocht*; [Vt](及物) ***j-n e.*** *gespr*[口]; j-n in ein Gefängnis sperren 使坐牢,把…关起来,拘禁,监禁

ein·log·gen, sich; *loggte sich ein, hat sich eingeloggt*; [Vr](反身) ***sich im Internet e.*** INFORM【信息】; sich mit seinem Anwendernamen (Usernamen) anmelden 网上登记,登记上网

ein·lö·sen (*hat*) [Vt](及物) **1. *etw. e.*** j-m etw. geben u. Geld dafür bekommen 兑付,兑现〈*mst* 多用 e-n Scheck, e-n Wechsel e. 兑付支票、汇票〉 **2. *ein Pfand e.*** etw., das man verpfändet hat, zurückkaufen 赎回,赎出 **3. *etw. e.*** *geschr*[书]; sich an etw. halten, das man versprochen hat 履行,遵守,兑现〈*mst* 多用 ein Versprechen, ein Gelübde e. 履行诺言、誓言〉 ‖ *hierzu*(派生) **Ein·lö·sung** *die*

ein·lul·len; *lullte ein, hat eingelullt*; [Vt](及物) **1. *j-n e.*** j-n unvorsichtig od. unkritisch machen, indem man sehr freundlich zu ihm ist 使失去警惕,使麻痹大意,使迷糊: *j-n mit Komplimenten e.* 以恭维奉承使某人麻痹 **2. *etw. lullt j-n ein*** j-d wird schläfrig, *mst* weil die Geräusche um ihn herum gleichbleibend sind(物作主语)使昏昏欲睡,使进入梦乡

ein·ma·chen (*hat*) [Vt](及物) ***etw. e.*** Lebensmittel durch Einkochen (1) od. Einlegen (2) konservieren 煮熟或腌渍贮存〈Äpfel, Birnen, Kirschen, Gurken, Marmelade e. 把苹果、梨、樱桃、黄瓜加工贮存或制成果酱〉 ‖ K-(复合): ***Einmach-, -glas, -topf***

ein·mal¹ *Adv*(副) **1.** (nur) ein einziges Mal 一次: *Ich war nur e. in meinem Leben dort* 我一生中只到过那里一次 **2.** zu irgendeiner Zeit (in der Vergangenheit od. Zukunft): 曾经,以前(指过去某个时候); 将来,有一天,以后(指将来某个时候) *Waren Sie schon e. in Spanien?* 您曾到过西班牙吗? **3. *auf* 'e.** ≈ plötzlich: *Auf e. brach der Ast* 突然树枝断了 **4. *auf* 'e.** zur gleichen Zeit 同时,一下子: *Iss doch nicht alles auf e.!* 不要一下子什么都吃!

ein·mal² *Partikel*(小品词), *unbetont*(非重读) **1. *nun* 'e.** ≈ eben³(1): *Das ist nun e. so u. nicht anders* 就这样不变了 **2. *erst e.*** ≈ zuerst, zunächst: *Darüber muss ich erst e. nachdenken* 这件事我得先考虑一下

Ein·mal·eins *das*; -; *nur Sg*(只用单数) **1. *das kleine E.*** das Multiplizieren der Zahlen 1-10 miteinander 1—10 彼此相乘的两数乘法表,小乘法表: *Kannst du schon das kleine E.?* 你会小乘法表吗? **2. *das große E.*** das Multiplizieren der Zahlen 1-20 mit den Zahlen 1-10 (od. 1-20) 1—20 与 1—10(或 1—20)相乘的两数乘法表,大乘法表 **3.** das Grundwissen in e-m bestimmten Gebiet 基础知识,入门: *das E. des Kochens* 烹调入门

ein·ma·lig *Adj*(形); *ohne Steigerung*(无变级) **1.** drückt aus, dass etw. nur ein einziges Mal geschieht 一次性的,唯一的 ↔ mehrmalig: *e-e einmalige Abfindung, Ausgabe, Zahlung* 一次性补费、支出、支付 **2.** *gespr*[口]; sehr selten u. besonders günstig 极其罕见的,非常难得的,千载难逢的〈*mst* 多用 e-e Chance, e-e Gelegenheit 机遇,机会〉 **3.** *gespr*[口]; von besonders guter Qualität 数一数二的,出色的,拔尖儿的,无与伦比的,独一无二的: *Das Essen war e.* (*gut*) 饭菜棒极了; *Ich war bei e-m einmaligen Konzert* 我去听了一次不同凡响的音乐会 ‖ *hierzu*(派生) **Ein·ma·lig·keit** *die*; *nur Sg*(只用单数)

ein·mar·schie·ren; *marschierte ein, ist einmarschiert*; [Vi](不及物) **1.** 〈e-e Truppe *o. Ä.* 军队等〉 ***marschiert*** (***in etw.*** (*Akk* 四格)) ***ein*** MIL【军】; e-e Truppe *o. Ä.* besetzt (4) ein Land 开进,进驻 **2.** 〈Personen 人〉 ***marschieren in etw.*** (*Akk* 四格) ***ein*** viele Personen gehen in e-r geordneten Gruppe (im

E

gleichen Schritt) in e-n Raum *o.Ä.*(人作主语)列队齐步进入: *Die Athleten marschierten ins Stadion ein* 运动员们列队齐步进入运动场 ‖ *hierzu*(派生) **Ein·marsch** *der*

ein·mei·ßeln (*hat*) [Vt](及物) **etw.** (**in etw.** (*Akk* 四格)) **e.** etw. mit e-m Meißel in etw. gravieren 雕凿,雕刻: *e-e Inschrift in den Grabstein e.* 把碑文刻在墓碑上

ein·mie·ten, sich (*hat*) [Vr](反身) **sich irgendwo/bei j-m e.** in e-m Haus/bei j-m e-e Wohnung od. ein Zimmer mieten 租房住 ‖ *hierzu*(派生) **Ein·mie·tung** *die*

ein·mi·schen, sich (*hat*) [Vr](反身) **sich in etw.** (*Akk* 四格) **e.** in e-e Handlung eingreifen, die einen nicht betrifft 干涉,干预,插手: *sich in e-n Streit e.* 干预吵架; *sich in j-s Angelegenheiten e.* 干涉某人的事 ‖ *hierzu*(派生) **Ein·mi·schung** *die*

ein·mot·ten; *mottete ein, hat eingemottet*; [Vt](及物) **1. etw. e.** Stoffe od. Pelze lagern u. so behandeln, dass sie von Motten nicht zerstört werden 给…放上樟脑防蛀,对…采取防蛀措施: *e-n Pelzmantel e.* 在皮大衣中放上樟脑防蛀 **2. etw. e.** *gespr*[口]; etw. längere Zeit nicht benutzen 将…搁置起来,存放不用: *Im Winter wird mein Motorrad eingemottet* 冬天我的摩托车放起来不用

ein·mün·den (*hat/ist*) [Vi](不及物) **etw. mündet in etw.** (*Akk* 四格) **ein** etw. geht in etw. anderes über(物作主语)流入,注入,通往: *Der Fluss mündet ins Meer ein* 这条河流入大海; *Die Straße mündet in die Hauptstraße ein* 这条街通往主干道 ‖ *hierzu*(派生) **Ein·mün·dung** *die*

ein·mü·tig *Adj*(形); so, dass alle Anwesenden dafür sind 一致的,共同的 ≈ einstimmig, einhellig 〈ein Beschluss 决议; etw. e. beschließen 一致决定某事〉 ‖ *hierzu*(派生) **Ein·mü·tig·keit** *die*; *nur Sg*(只用单数)

Ein·nah·me *die*; -, -*n* **1.** *oft Pl*(常用复数); das Geld, das man für e-e Arbeit od. durch Verkaufen, Vermieten od. als Zinsen *o.Ä.* bekommt 收入,进款 ↔ Ausgaben: *Die Einnahmen der Firma sind im letzten Jahr erheblich gestiegen* 去年公司收入大大增加 ‖ -K (复合): **Jahres-**, **Tages-** **2.** *nur Sg*(只用单数); das Einnehmen (2,3) e-s Medikaments od. e-r Mahlzeit 服用(药物),进餐 **3.** *nur Sg*(只用单数); das Einnehmen (4) e-r Festung, Stadt *o.Ä.* 占领,攻下 ≈ Eroberung

Ein·nah·me|quel·le *die*; etw., das man nützen kann, um Geld zu verdienen 收入来源: *Für viele arabische Länder ist Erdöl die wichtigste E.* 对许多阿拉伯国家来说,石油是最重要的收入来源

ein·ne·beln; *nebelte ein, hat eingenebelt*; [Vt](及物) **j-n/etw. e.** j-n/etw. mit Rauch, Dampf *o.Ä.* umgeben od. erfüllen 放烟雾掩护,用烟雾把…笼罩起来 ‖ *hierzu*(派生) **Ein·ne·be·lung** *die*

ein·neh·men (*hat*) [Vt](及物) **1. etw. e.** Geld für geleistete Arbeit, durch Verkaufen, Miete, Zinsen *o.Ä.* bekommen 收入 ↔ ausgeben (1): *Durch sein Mietshaus nimmt er im Jahr 20000 Euro ein* 通过出租房屋,他每年收入两万欧元 **2. etw. e.** ein Medikament schlucken 服用(药物),吞服: *Sie müssen die Tropfen dreimal täglich e.* 您必须每天服三次药水 **3. etw. e.** *geschr*[书]; e-e Mahlzeit od. e-n Teil e-r Mahlzeit essen 吃,就餐,进餐 〈das Frühstück, das Abendessen, e-e Mahlzeit e. 进早餐,进晚餐,进餐〉 **4. j-d/**〈e-e Armee *o.Ä.* 军队等〉 **nimmt etw. ein** ein hoher Offizier/e-e Armee *o.Ä.* besetzt etw. mit Soldaten (*mst* nach e-m Kampf)(人/军队作主语)占领,攻下: *Es gelang Napoleon 1812, Moskau einzunehmen* 1812 年拿破仑占领了莫斯科 **5. etw. nimmt etw. ein** etw. füllt e-n bestimmten Raum od. ein bestimmtes Gebiet aus (物作主语)占据,占有,占去: *Der Schrank nimmt das halbe Zimmer ein* 柜子占去半间屋 **6. seinen Platz e.** sich setzen od. an seinen Platz gehen 就座,入座: *Nehmen Sie bitte Ihre Plätze ein, damit der Vortrag beginnen kann* 请你们入座,以便报告能够开始 **7. e-e Position/e-e Meinung/e-n Standpunkt e.** e-e bestimmte Position/Meinung/e-n bestimmten Standpunkt in e-m Gespräch, e-m Streit *o.Ä.* vertreten 采取(持)一种态度/一种意见/一种立场 **8. e-e liegende, sitzende, gebückte** *usw* **Stellung e.** *geschr* [书] ≈ sich hinlegen, hinsetzen, bücken *usw* 采取躺着的、坐着的、弯腰的姿势 **9. etw. nimmt j-n für/gegen j-n/etw. ein** etw. erzeugt od. weckt in j-m ein positives/negatives Gefühl gegenüber j-m/etw. (物作主语)引起…对…好感/反感: *Ihr Lächeln nahm ihn für sie ein* 她的微笑引起他对她的好感 **10. von j-m/etw. eingenommen sein** sehr starke positive Gefühle für j-n/etw. haben 对…有好感,为…所吸引

ein·neh·mend **1.** *Partizip Präsens*(现在分词); ↑ **einnehmen** **2.** *Adj*(形); *mst in* 多用于 **ein einnehmendes Wesen besitzen/haben** so (liebenswürdig u. charmant) sein, dass andere Menschen einen sofort sehr sympathisch u. vertrauenserweckend finden 有一种讨人喜欢的性格

ein·ni·cken (*ist*) [Vi](不及物) (*mst* im Sitzen) für kürzere Zeit einschlafen, ohne es zu beabsichtigen(多指坐着)打盹,打瞌睡

ein·nis·ten, sich (*hat*) [Vr](反身) **1. sich irgendwo/bei j-m e.** *gespr pej*[口][贬]; zu j-m zu Besuch kommen u. längere Zeit bei ihm bleiben, ohne dass er es will(不受欢迎地)在…住下来,在…长期留宿 **2. ein Vogel nistet sich irgendwo ein** ein Vogel baut irgendwo sein Nest 鸟在某处筑巢,做窝 **3.** 〈ein befruchtetes Ei 受精卵〉 **nistet sich ein** MED【医】; ein befruchtetes Ei setzt sich im Uterus fest 附着在子宫内,坐胎 ‖ *hierzu*(派生) **Ein·nis·tung** *die*

Ein·öde *die*; -, -*n*; *mst Sg*(多用单数); e-e Gegend, in der keine (od. nur sehr wenige) Menschen wohnen (können)荒漠,荒郊僻野

ein·ölen (*hat*) [Vt](及物) **1. j-n/sich e.** j-m/

sich Öl in die Haut reiben 给…皮肤擦油 **2.** (**j-m/sich**) **etw. e.** (j-m/sich) Öl auf die Haut geben 给…擦油：*j-m den Rücken e.* 给某人背上擦油 **3. etw. e.** Öl auf die Oberfläche von etw. tun, damit ein Mechanismus besser funktioniert 给…上油，加油〈die Scharniere e. 给铰链上油〉

ein·ord·nen (*hat*) Vt (及物) **1. etw.** (**in etw.** (*Akk* 四格)) **e.** etw. an den Platz tun, an den es nach e-r bestimmten Ordnung gehört 把…分类归入，编排：*Ich habe die Namen alphabetisch in die Kartei eingeordnet* 我把姓名按字母顺序排入索引卡 **2. j-n/etw. irgendwo e.** glauben od. denken, dass j-d/etw. an e-e bestimmte Stelle in e-m theoretischen, politischen *o. Ä.* System gehört 认为…归属于，把…列入〈j-n in e-e Kategorie e. 认为某人属于某一类型〉：*Viele hatten den neuen Präsidenten links eingeordnet, aber er erwies sich als relativ konservativ* 许多人把新总统列入左派，但是他表现得相当保守；Vr (反身) **3. sich** (**in etw.** (*Akk* 四格)) **e.** seinen Platz in e-r Gruppe od. Gemeinschaft finden u. gute Beziehungen zu den anderen haben 适应，融入，在…找到自己位置 ≈ sich integrieren：*Der neue Mitarbeiter konnte sich nicht in das Team e.* 这位新同事无法适应这个工作集体 **4. sich irgendwo e.** als Autofahrer, Radfahrer *o. Ä.* auf e-e bestimmte Spur (e-r Straße) wechseln, *z. B.* um abzubiegen(拐弯时)换道，进入另一车道上去：*Du musst dich jetzt links e.* 你现在必须拐入左转弯的车道上去 ‖ *zu* (义项) **2.** u. **3. Ein·ord·nung** *die*

ein·pa·cken (*hat*) Vt (及物) **etw.** (**in etw.** (*Akk* 四格)) **e.** etw. in e-e Hülle od. e-n Behälter tun od. mit e-m besonderen Papier umwickeln 包入，装入，把…包起来 ↔ auspacken：*die Blumen in Seidenpapier e.* 把花包在透明的薄纸里；*den Anzug in den Koffer e.* 把西装装入箱子 ‖ ID[谚] **j-n/sich warm e.** *gespr* [口]；warme Kleidung anziehen 给…穿暖和；**e. können** *gespr* [口]；aufgeben (4) (müssen) (只得)放弃，退出，算了，作罢，收场：*Wenn die nächste Prüfung wieder so schlecht ausgeht, kann ich gleich e.* 要是下次考试还考得这样糟，那我会马上放弃

ein·par·ken (*hat*) Vi (不及物) (**irgendwo**) **e.** mit e-m Fahrzeug in e-e Parklücke fahren 插空停车

ein·pas·sen (*hat*) Vt (及物) **1. etw.** (**in etw.** (*Akk* 四格)) **e.** ein Teil (*z. B.* e-e technische Konstruktion) so groß machen, dass es genau in e-n dafür vorgesehenen Raum (3) passt, u. es dort einfügen 安装，安上，配上：*Mosaiksteine e.* 镶装马赛克；*ein Schloss in die Tür e.* 在门上安锁；Vr (反身) **2. sich** (**in etw.** (*Akk* 四格)) **e.** ≈ sich einfügen (2), sich einordnen (3) ‖ *zu* (义项) **1. Ein·pas·sung** *die*

ein·pau·ken (*hat*) Vt (及物) **j-m etw. e.** *gespr*, *mst pej* [口]多用[贬]；j-n etw. durch ständiges Wiederholen lehren 让…死记硬背，向…生硬地灌输，填鸭式地教〈j-m die unregelmäßigen Verben, Vokabeln *usw* e. 让某人死记硬背不规则动词、单词等〉

ein·pen·deln, sich (*hat*) Vr (反身) **etw. pendelt sich** (**auf etw.** (*Akk* 四格)) **ein** etw. erreicht (nach extremen Werten) e-n normalen od. mittleren Wert(物作主语)趋于稳定，趋向正常水平：*Die Preise für Erdöl haben sich wieder eingependelt* 石油价格又稳住了

ein·pfer·chen (*hat*) Vt (及物) **1.** 〈Personen/Tiere 人/动物〉(**irgendwo**) **e.** e-e große Zahl von Menschen od. Tieren zwingen, in e-m sehr engen Raum zu sein 把…关押、圈在(狭小的空间内) **2. eingepfercht sein/stehen** dicht gedrängt sein/stehen 拥挤着/挤得紧紧地站着 ‖ *zu* (义项) **1. Ein·pfer·chung** *die*

ein·pflan·zen (*hat*) Vt (及物) **1. etw.** (**in etw.** (*Akk* 四格)) **e.** e-e Pflanze in ein Gefäß od. in den Boden pflanzen 将…植入，种入，栽培，种植：*Ich habe den Gummibaum in e-n größeren Topf eingepflanzt* 我把橡皮树植入一个较大的花盆里；*Kakteen kann man in Sand e.* 仙人掌可以种在沙地里 **2. j-m etw. e.** j-m ein Organ (1), e-n Herzschrittmacher *o. Ä.* einsetzen 给…移植(器官)，安装(心脏起搏器) ‖ *hierzu* (派生) **Ein·pflan·zung** *die*

ein·pla·nen (*hat*) Vt (及物) **etw.** (**bei etw.**) **e.** etw. bei e-m Plan, den man macht, berücksichtigen 把…纳入计划，把…计划在内：*Diese Verzögerung war bei dem Projekt nicht eingeplant* 在作项目规划时，这种延误没有考虑在内 ‖ *hierzu* (派生) **Ein·pla·nung** *die*

ein·prä·gen (*hat*) Vt (及物) **1. sich** (*Dat* 三格) **etw. e.** sich etw. ganz genau (in allen Einzelheiten) merken 牢记，记住 **2. j-m etw. e.** j-m etw. immer wieder sagen, damit er sich alle Einzelheiten merkt u. sie im Gedächtnis behält 反复提醒，再三嘱咐，叮嘱：*Ich habe ihm genau eingeprägt, was er sagen soll* 我认真叮嘱了他该说些什么 **3. etw.** (**irgendwo**) **e.** ≈ etw. in etw. prägen (1)；Vr (反身) **4. etw. prägt sich j-m ein** etw. bleibt wegen e-r bestimmten Eigenschaft in j-s Gedächtnis (物作主语)铭记，铭刻在某人的心里〈etw. prägt sich j-m für immer, auf ewig, unauslöschlich *usw* ein 某事永远地、永久地、不可磨灭地铭刻在某人的心里〉

ein·präg·sam *Adj* (形)；so, dass man sich leicht daran erinnern kann 容易记住的 ‖ *hierzu* (派生) **Ein·präg·sam·keit** *die*；*nur Sg* (只用单数)

ein·pu·dern (*hat*) Vt (及物) **1. j-n/sich e.** j-m/sich Puder auf die Haut (*mst* im Gesicht) geben 给…脸上扑粉 **2.** (**j-m/sich**) **etw. e.** j-m/sich Puder auf die Haut geben 在…上抹粉，扑粉〈die Nase, das Gesicht e. 在鼻子上，脸上抹粉〉

ein·quar·tie·ren; *quartierte ein, hat einquartiert*; Vt (及物) **1. j-n irgendwo e.** Soldaten *bes* während e-s Kriegs od. Manövers etw. als Unterkunft benutzen lassen 为…安排宿营 **2. j-n irgendwo e.** j-n irgendwo übernachten od. wohnen lassen 为…安排住宿 ≈ unterbringen; Vr (反身) **3. sich irgendwo e.** *mst* für relativ kurze Zeit (*z. B.* bei e-r Reise) irgendwo wohnen 留宿,歇宿,落脚,投宿〈sich bei Bekannten, Freunden *usw* e. 在熟人处、朋友处歇宿; sich in e-m Haus, Hotel *usw* e. 投宿住家、旅店等〉‖ *hierzu* (派生) **Ein·quar·tie·rung** *die*

ein·quet·schen (*hat*) Vt (及物) ***j-m/sich etw. e.*** *gespr* [口] ≈ j-m/sich etw. einklemmen (2)〈sich den Finger e. 把手指夹伤(痛)〉

ein·rah·men (*hat*) Vt (及物) ***etw. e.*** etw. in e-n Rahmen tun, *mst* um es aufzuhängen 把…配框子,把…装在镜框里 ≈ rahmen〈ein Bild, ein Foto, e-e Urkunde *usw* e. 把画、照片、证书等装上框子〉

Ein·rah·mung *die*; -, -*en* **1.** *nur Sg* (只用单数); der Vorgang des Einrahmens 配框子 **2.** ≈ Rahmen (1)

ein·ras·ten; rastete ein, ist eingerastet; Vi 不及物 ***etw. rastet ein*** etw. gleitet in e-e Vorrichtung (*z. B.* ein Türschloss od. e-e Halterung) u. bleibt dann dort durch e-e kleine Erhöhung *o. Ä.* fest (物作主语) 啮合,锁住(制动): *das Lenkradschloss e. lassen* 把方向盘的锁锁住

ein·räu·men¹ (*hat*) Vt (及物) ***etw.*** (***in etw.*** (*Akk* 四格)) ***e.*** etw. in e-r bestimmten Ordnung in e-n Raum od. e-n Behälter tun 把…(整齐地)摆入,放入,理入: *Bücher in ein Regal e.* 把书摆到书架上去

ein·räu·men² (*hat*) Vt (及物) **1.** ***etw. e.*** sagen, dass ein anderer in einem bestimmten Punkt recht hat *o. Ä.* 承认 ≈ zugeben〈e-n Fehler, e-n Irrtum *usw* e. 承认错误、失误等〉: *Der Zeuge räumte vor Gericht ein*, dass *er sich getäuscht haben könnte* 在法庭上证人承认他可能搞错了 **2.** ***j-m etw. e.*** *mst* ADM *geschr* 多用【管理】[书]; j-m etw. geben 将…让给〈j-m e-n Ehrenplatz, e-n Kredit, Rechte e. 把荣誉席、贷款、权利让给某人〉‖ *hierzu* (派生) **Ein·räu·mung** *die*; *nur Sg* (只用单数)

ein·re·den (*hat*) Vt (及物) **1.** ***sich*** (*Dat* 三格) ***etw. e.*** *gespr* [口]; sich selbst belügen 欺骗自己: *Rede dir nicht ein*, dass *du zu dick bist!* 不要说自己太胖! **2.** ***j-m etw. e.*** *gespr* [口]; j-m immer wieder dasselbe sagen, bis er es schließlich glaubt 说服,使相信,使信服: *Wer hat dir denn diesen Unsinn eingeredet?* 是谁使你相信这套鬼话的?; Vi (不及物) **3.** ***auf j-n e.*** längere Zeit zu j-m sprechen, um ihn von etw. zu überzeugen 劝导,规劝,劝说〈mit Nachdruck, ununterbrochen auf j-n e. 极力地、不断地规劝某人〉

ein·rei·ben (*hat*) Vt (及物) **1.** ***etw.*** (***in etw.*** (*Akk* 四格)) ***e.*** *mst* e-e Flüssigkeit od. e-e Art Creme durch Reiben in etw. eindringen lassen 涂抹,擦上: *e-e Salbe in die Haut e.* 往皮肤上涂油膏 **2.** ***j-m/sich etw. e.*** j-m/sich *mst* e-e Creme in die Haut reiben 给…涂抹油膏: *sich das Gesicht* (*mit Sonnencreme*) *e.* (用防晒霜)抹脸; Vr (反身) **3.** ***sich*** (***mit etw.***) ***e.*** sich *mst* Creme in die Haut reiben (用…)涂抹皮肤 ‖ *hierzu* (派生) **Ein·rei·bung** *die*

ein·rei·chen (*hat*) Vt (及物) ***etw. e.*** *mst* ADM *geschr* 多用【管理】[书]; etw. (*mst* ein Formular, Dokument *o. Ä.*) zu e-r offiziellen Stelle bringen od. als Brief dorthin senden, damit es dort geprüft, bewertet od. bearbeitet wird 递交,呈送〈e-n Antrag, e-e Beschwerde, e-n Entwurf, ein Gesuch, e-e Examensarbeit, (e-e) Klage bei Gericht e. 递交提案、申诉书、草案、申请书、考试答卷,向法院递交诉状〉‖ *hierzu* (派生) **Ein·rei·chung** *die*; *nur Sg* (只用单数)

ein·rei·hen (*hat*) Vt (及物) **1.** ***j-n/etw. unter etw.*** (*Akk* 四格) ***e.*** *geschr* [书]; sagen, dass j-d/etw. zu e-r bestimmten Gruppe gehört 把…编入,列入,排入 ≈ j-n/etw. zu etw. zählen: *Er wird unter die reichsten Männer der Welt eingereiht* 他被列入世界最富有的男人之列; Vr (反身) **2.** ***sich*** (***in etw.*** (*Akk* 四格)) ***e.*** sich an e-n Platz in e-r Reihe od. Schlange stellen 排列,加入队列: *Ich reihte mich in die Schlange vor dem Postschalter ein* 我排到邮局窗口前的队伍里 ‖ *hierzu* (派生) **Ein·rei·hung** *die*

ein·rei·hig *Adj* (形); mit nur einer Reihe von Knöpfen 单排扣的 ↔ zweireihig〈ein Anzug, Mantel, Sakko 西服上衣,大衣,短上衣〉

ein·rei·sen (*ist*) Vi (不及物) (vom Ausland her) über die Grenze in ein Land kommen 入境〈nach Italien e. 进入意大利境内〉: *Die Flüchtlinge durften in das Land nicht e.* 逃亡者不准入境 ‖ K- (复合): **Einreise-, -erlaubnis, -genehmigung, -verbot, -visum** ‖ *hierzu* (派生) **Ein·rei·se** *die*

ein·rei·ßen¹ Vt (及物) (*hat*) **1.** ***etw. e.*** ein Gebäude *o. Ä.* zerstören, um den Platz wieder nutzen zu können 拆除,拆毁 ≈ abreißen (2)〈ein Haus, e-e Mauer, e-e Wand e. 拆除住房、围墙、墙壁〉 **2.** ***etw. e.*** e-n Riss in etw. machen 撕破,撕坏,撕裂〈ein Stück Papier e. 把一张纸撕破〉; Vi (不及物) (*ist*) **3.** ***etw. reißt ein*** etw. bekommt e-n Riss (物作主语)撕裂,撕破: *Das Blatt ist unten eingerissen* 这张纸下面撕破了

ein·rei·ßen² (*ist*) Vi (不及物) ***etw. reißt*** (***bei j-m***) ***ein*** *gespr* [口]; etw. wird zu e-r schlechten Gewohnheit (物作主语)蔓延,发展,成为(一种不良的)风气: *Wir dürfen es gar nicht erst e. lassen*, dass *unsere Mitarbeiter zu spät zur Arbeit kommen* 我们绝对不准员工上班迟到的现象蔓延成风

ein·ren·ken; *renkte ein*, *hat eingerenkt*; Vt (及物) **1.** (***j-m***) ***etw. e.*** (j-m) ein Körperglied, das *z. B.* durch e-n Unfall aus seiner richtigen Lage gekommen ist, wieder in die richtige Stellung bringen 使(脱臼的关节)复位〈j-m den Arm, den Fuß, den Kiefer e. 使某人的胳臂、脚、下颌复位〉 **2.** ***etw. e.*** ein Verhältnis zwischen zwei od. mehreren Personen, das *z. B.* durch e-n Streit schlecht geworden ist, wieder in Ordnung bringen 使(关系)恢复正常,使重新言归于好,使走上正轨: *Er hat die peinliche Angelegenheit wieder eingerenkt* 他把那件令人尴尬的事态扭转过来了; Vr(反身) **3. etw. renkt sich ein** ein schlechtes Verhältnis zwischen Personen wird nach einiger Zeit (von selbst) wieder besser(物作主语)变好了,恢复正常,和好如初 ‖ *zu* (义项)**1. Ein·ren·kung** *die*

ein·rich·ten (*hat*) Vt (及物) **1. etw. e.** Möbel, Gegenstände *usw* in e-n Raum/in Räume so stellen, wie man sie zum Leben od. Arbeiten braucht 布置,整理 ‹e-n Laden, ein Zimmer, e-e Wohnung e. 布置商店、房间、住房› **2. etw. e.** e-e Institution od. e-n Teil e-r Institution neu schaffen 设立,建立,开设 ≈ eröffnen ‹e-e Beratungsstelle, e-n Kindergarten e. 开设咨询点,建立幼儿园› **3.** *mst* 多用 **es (sich (*Dat* 三格)) so e., dass ...** arrangieren od. möglich machen, dass ... 安排,使可能: *Kannst du es so e., dass du pünktlich um 12 Uhr zum Mittagessen da bist?* 你能不能安排在12点准时来吃午饭? **4. etw. (irgendwie) e.** etw. nach e-m bestimmten Plan gestalten 安排,处理,处置 ‹sein Leben, seinen Tagesablauf, seine Arbeit *usw* neu e. 重新安排自己的生活、日程、工作等›; Vr (反身) **5. sich (irgendwie) e.** sich seine Wohnung mit Möbeln, Gegenständen irgendwie gestalten 布置(家室) ‹sich elegant, gemütlich, geschmackvoll, völlig neu e. 把住房布置得雅致、舒适、有情趣、焕然一新› **6. sich auf j-n/etw. e.** sich den Umständen anpassen, sich auf j-n/etw. vorbereiten 适应,对…作准备: *Auf so viele Gäste bin ich nicht eingerichtet* 来那么多客人,我没有准备

Ein·rich·tung *die* **1.** *nur Sg* (只用单数); das Einrichten e-s Raumes, e-r Wohnung *usw* 布置(房间,居室等) **2.** *Kollekt* (集合); alle Möbel u. Gegenstände *usw* e-s Raumes od. e-r Wohnung 陈设,摆设 ≈ Ausstattung ‹e-e alte, bequeme, schöne, hässliche *usw* E. 一套旧的、舒适的、漂亮的、难看的陈设› ‖ K-(复合): **Einrichtungs-, -gegenstand 3.** ≈ Institution ‹e-e kulturelle, öffentliche, staatliche *usw* E. 文化的、公共的、国家的机构,设施›: *Die Stadtbibliothek ist e-e kommunale E.* 市图书馆是一个地区性的机构 **4. e-e ständige E.** etw., das regelmäßig od. aus Gewohnheit stattfindet 一种惯例,老规矩

ein·rol·len (*hat*) Vt (及物) **etw. e.** etw. so wickeln (od. so in etw. einwickeln), dass es die Form e-r Rolle bekommt 把…卷起: *den Teppich e.* 把地毯卷起来

ein·ros·ten (*ist*) Vi (不及物) **1. etw. rostet ein** etw. wird rostig u. funktioniert deshalb nicht mehr richtig(物作主语)锈牢,锈坏,锈住 ‹e-e Schraube, ein (Tür)Schloss 螺丝,门锁› **2. j-d/etw. rostet ein** j-s körperliche od. geistige Beweglichkeit od. e-e Fähigkeit verkümmert allmählich, weil sie nicht geübt wird (人/物作主语)僵化,僵硬,不灵活,迟钝 ‹j-s Sprachkenntnisse, j-s Glieder 某人的语言知识,某人的四肢›

ein·rü·cken Vt/i (及物/不及物) (*hat*) **1. (etw.) (um etw.) e.** beim Schreiben e-s Textes eine neue Zeile weiter rechts beginnen lassen als die anderen Zeilen 使缩行,使缩排,使空格: *nach dem Absatz (um) fünf Anschläge e.* 一段结束后起行空(缩排)五个(字符)键; Vi (不及物) (*ist*) **2. in etw. (Akk** 四格) **e.** in e-e Stadt einmarschieren 进驻,开入 ‹Truppen, Soldaten 部队,士兵› **3.** MIL【军】; mit dem Wehrdienst beginnen 开始服兵役,参军,入伍 ‹e. müssen 必须服兵役›

ein·rüh·ren (*hat*) Vt (及物) **etw. (in etw. (Akk** 四格)) **e.** etw. durch Rühren mit etw. mischen 把…拌入: *ein Gewürz in e-e Suppe e.* 把调料拌入汤内

eins[1] *Zahladj* (数形); (als Ziffer) 1,一,壹 ↑ **Anhang** (5) 附录(五): *e. plus/und e. ist/macht/gibt zwei* (1+1=2)一加一等于二; *Ein mal e. ist/macht/gibt e.* (1×1=1) 一乘一等于一 ‖ NB(注意): Gebrauch ↑ *Beispiele unter* 用法,用例见 **vier** ‖ ID[谚] **e., zwei, drei** *gespr*[口]; sehr schnell 很快,干脆利落,麻利 ‹e-n Auftrag e., zwei, drei erledigen 很快完成任务›

eins[2] *Indefinitpronomen* (不定代词) **1.** *gespr* [口] ≈ etwas: *E. verstehe ich nicht – woher hat sie meine Adresse?* 有一点我不明白——她从哪里得到我的地址呢? **2.** *gespr*[口] ≈ eines: *Ich brauche ein neues Hemd u. zwar e., das zu meiner roten Krawatte passt* 我要一件新衬衣,而且是一件配我的红领带的 ‖ NB(注意): verwendet wie ein Subst.(用作名词)

eins[3] *Adj* (形); *geschr*[书] **1. (mit j-m) e. sein** dieselbe Meinung haben (wie ein anderer) (与…)意见一致,看法相同: *Wir sind uns e.* 我们意见一致; *Ich bin mit ihr e. darin/darüber, dass ...* 对…(在…方面)我和她的看法一致 **2. (mit j-m) e. werden** zu e-r Übereinstimmung (mit j-m) kommen(跟…)取得一致

Eins *die*; -, -en **1.** die Zahl 1 一,壹: *e-e E. würfeln* 掷色子掷了个一点 **2.** die beste (Schul-)Note (auf der Skala von 1-6 bzw. *sehr gut* bis *ungenügend*)优,一分(德国学校六分制成绩中最好的得分) ≈ sehr gut ‹e-e E. in etw. (*Dat* 三格) haben, bekommen 在…(课目)得一分›: *Sie hat in Englisch e-e E.* 她英语课得一分 **3.** j-d/etw. mit der Nummer 1 (*z.B.* ein Bus, ein Sportler)1路公共汽车,1号运动员

ein·sa·gen (*hat*) Vt/i (及物/不及物) (**j-m (etw.)) e.** *bes südd* Ⓐ 尤用于[南德][奥] (als Schüler) e-m anderen Schüler, der etwas nicht weiß, zuflüstern, was er sagen soll 悄悄告诉,向…耳语,提示

ein·sam *Adj* (形) **1.** ohne Kontakt zu anderen Menschen (u. deshalb traurig) 寂寞的,孤独的,孤单的 ‹e. u. allein 孤身一人,形单影只; e. leben, sterben *usw* 孤独地生活,死去; sich e. fühlen 感到寂寞›: *Viele alte Menschen leiden darunter, dass sie so e. sind* 许多老人因孤独

E

而痛苦 **2.** weit entfernt von bewohnten Gebieten od. von der Zivilisation 偏僻的，人烟稀少的，偏远的 ≈ abgeschieden, entlegen 〈ein Gebirgsdorf, Haus *usw* 山村，住宅等；e. wohnen 住得偏远〉 **3.** ohne Menschen od. nicht von Menschen bewohnt 无人居住的，无人的，荒无人烟的 ≈ menschenleer, unbewohnt：*Sie ging nachts durch einsame Straßen* 夜间她走过空无一人的街道 ‖ *zu*（义项）**1.** u. **3. Ein·sam·keit** *die*；*nur Sg*（只用单数）

ein·sam·meln（*hat*）[Vt]（及物）**1.** ***etw.***（*Kollekt od Pl* 集合或复数）***e.*** Gegenstände, die nicht weit weg voneinander liegen, von e-r Fläche nehmen u. irgendwohin tun 把…（分散的东西）收集，收拢，收起：*im Herbst das Laub e.* 秋天收集树叶；*die Spielkarten auf dem Tisch e.* 把桌子上的牌收起来；*die Äpfel unter dem Baum e.* 把树下的苹果收集起来 **2.** ***etw.***（*Kollekt od Pl* 集合或复数）***e.*** *bes* in e-r Klasse, Gruppe *o. Ä.* sich von den einzelnen Personen etw. geben lassen 收集，收缴，筹集〈Geld, die Ausweise, die Hefte e. 收钱、证件、本子〉‖ *hierzu*（派生）**Ein·samm·lung** *die*

ein·sar·gen；*sargte ein*, *hat eingesargt*；[Vt]（及物）***j-n e.*** e-n Toten in e-n Sarg legen 把…装进棺材，使入殓〈e-e Leiche, e-n Toten e. 把尸体、死人装进棺材〉‖ *hierzu*（派生）**Ein·sar·gung** *die*

Ein·satz *der* **1.** die Verwendung od. das Benutzen e-r Maschine od. e-s Geräts 使用：*der E. e-s Computers* 使用电脑 **2.** das Einsetzen (3) von Menschen für e-e bestimmte Aufgabe od. Arbeit 投入，参与：*Wegen e-r Verletzung ist sein E. im nächsten Spiel gefährdet* 由于受伤，他可能参加不了下场比赛 **3.** e-e Handlung od. Tat, die Kraft od. Mut verlangt 勇敢的行为，英勇的举动〈j-n für seinen E. belohnen, loben 酬谢，表扬他的勇敢行为〉 **4.** e-e Handlung, an der Militär, die Polizei *usw* beteiligt ist 战斗行动，投入战斗 ‖ K-（复合）：***Einsatz-***, ***-befehl***, ***-kommando***, ***-leiter***, ***-leitung*** ‖ -K（复合）：***Feuerwehr-***, ***Polizei-***, ***Truppen-*** **5.** ein Teil, das in e-n Stoff eingesetzt (1) ist（插入）部件，接头，嵌件 **6.** das Geld, um das man spielt od. das man auf etw. wettet 赌注〈hohe, niedrige Einsätze 大量、小量赌注〉 **7.** ≈ Pfand (2)：*Auf dieser Flasche ist ein E. von 15 Cent* 这个瓶子要 15 分押金 **8.** der Zeitpunkt (während e-s Musikstücks), zu dem ein Musiker od. Sänger zu spielen bzw. singen beginnen muss（演奏时）起奏，（演唱时）进入（声部、合唱），起唱〈j-m den E. geben 给某人起奏（信号）；den E. verpassen 没跟上起唱（奏）〉‖ *zu*（义项）**1.**, **2.** u. **4. ein·satz·be·reit** *Adj*（形）；**ein·satz·fä·hig** *Adj*（形）

ein·sau·gen[1]；*saugte ein*, *hat eingesaugt*；[Vt]（及物）***etw. saugt etw. ein*** e-e Maschine od. ein Gerät (*z. B.* ein Staubsauger) nimmt etw. durch Saugen auf od. weg（物作主语）吸走，吸掉

ein·sau·gen[2]；*sog ein / saugte ein*, *hat eingesogen / eingesaugt*；[Vt]（及物）***etw. e.*** Luft od. Dämpfe tief einatmen 吸入，吸收〈frische Luft e. 吸入新鲜空气〉

ein·säu·men（*hat*）[Vt]（及物）**1.** ***etw. säumt etw. ein*** *geschr*［书］；etw. umgibt etw. als Umgrenzung（物作主语）围绕，环绕（某物的边缘）：*Der Parkweg wird von Rosen eingesäumt* 花园小道两旁栽着玫瑰花 **2.** ***etw. e.*** ein Kleidungsstück säumen[1] (2) 将…（衣服）镶边

ein·scan·nen［-skɛn-］；*scannte ein*, *hat eingescannt*；INFORM【信息】；[Vt]（及物）***etw. e.*** mithilfe e-s Scanners Informationen auf e-n Computer, e-e Kasse *o. Ä.* übertragen 扫描〈Fotos, Grafiken, Preise, Texte e. 扫描照片，图表，价格，文章〉

ein·schal·ten（*hat*）[Vt]（及物）**1.** ***etw. e.*** ein Gerät durch Betätigung e-s Schalters zum Funktionieren bringen 打开，接通，起动〈ein Radio, e-n Fernsehapparat, e-n Motor, e-n Apparat e. 打开收音机、电视机，开动马达，接通仪器；das Licht, e-n Sender e. 开灯，打开发射台〉 **2.** ***j-n / etw. e.***（*mst* bei e-m relativ komplizierten Problem）j-n veranlassen, etw. zu tun 召…参与，调…参加（与）〈die Polizei, e-n Anwalt, die Versicherung e. 让警察、律师、保险公司参加〉；[Vr]（反身）**3.** ***sich e.*** ≈ eingreifen (1) ‖ *zu*（义项）**1.**, **2.** u. **3. Ein·schal·tung** *die*

Ein·schalt·quo·te *die*；-, -*n*；der Prozentsatz der Personen, die e-e bestimmte Sendung hören od. sehen im Verhältnis zur Gesamtzahl der Rundfunkhörer *bzw.* Fernsehteilnehmer 收听率，收视率

ein·schär·fen（*hat*）[Vt]（及物）***j-m etw. e.*** j-m immer wieder etw. (energisch) sagen, damit er sich danach richtet 再三叮嘱，一再提醒：*Er schärfte seinen Kindern ein, immer nur bei Grün über die Straße zu gehen* 他再三嘱咐自己的孩子，一定要在亮绿灯时才过马路

ein·schät·zen（*hat*）[Vt]（及物）***j-n / etw. irgendwie e.*** sich e-e Meinung von j-m/etw. machen 评价，估计 ≈ beurteilen〈j-n/etw. richtig, falsch, positiv, negativ e. 正确地、错误地评价某人/某事，对某人/某事作出肯定的、否定的评价〉‖ *hierzu*（派生）**Ein·schät·zung** *die*

ein·schen·ken（*hat*）[Vt/i]（及物/不及物）（***j-m***）（***etw.***）***e.***（j-m）ein Getränk in ein Glas, e-e Tasse *usw* gießen 倒，斟：*Darf ich Ihnen noch ein Glas Wein e.?* 再给您倒上一杯葡萄酒，好吗？

ein·schi·cken（*hat*）[Vt]（及物）***etw.***（***an etw.***（*Akk* 四格））***e.*** etw., *mst* mit der Post, *bes* an e-e Institution schicken 把…寄往，寄给，邮寄到

ein·schie·ben（*hat*）[Vt]（及物）***j-n / etw.***（***in etw.***（*Akk* 四格））***e.*** j-n/etw. nachträglich od. zusätzlich an e-n Platz in e-r Reihe od. Folge von etw. setzen 将…插进去，把…补进去：*Vielleicht kann ich diese Konferenz noch in meinen Terminplan e.* 也许我还可以把这次会议安插进我的日程表 ‖ *hierzu*（派生）**Ein·schie·bung** *die*

ein·schie·ßen（*hat*）[Vt]（及物）**1.** ***etw. e.*** etw.

durch Schießen (4) zerstören 射碎,击碎: *Der Junge hat mit e-m Ball die Fensterscheibe eingeschossen* 小男孩用球把窗玻璃打碎了; [Vr] (反身) **2. sich auf j-n e.** j-n immer wieder heftig kritisieren 抨击,谴责,攻击,严厉批评: *Die Presse hat sich auf den Außenminister eingeschossen* 报界抨击了外交部长

ein·schif·fen; *schiffte ein, hat eingeschifft*; [Vt] (及物) **1. j-n/etw. e.** j-n/etw. an Bord e-s Schiffes bringen 让…上船,把…装船〈Passagiere, Transportgüter e. 让乘客登船,把货物装船〉; [Vr] (反身) **2. sich (irgendwo/irgendwohin) e.** an Bord e-s Schiffes gehen, um e-e Reise zu machen 上船,乘船,登船: *Wir schifften uns in Marseille nach Tunesien ein* 我们在马赛上船去突尼斯 ‖ *hierzu* (派生) **Ein·schif·fung** *die*

ein·schla·fen (*ist*) [Vi] (不及物) **1.** anfangen zu schlafen 睡着,入睡: *Ich bin erst weit nach Mitternacht eingeschlafen* 半夜过后很久我才睡着 **2. etw. schläft (j-m) ein** ein Körperteil (*mst* ein Bein, e-e Hand od. ein Arm) wird so, dass man für kurze Zeit damit nicht mehr richtig fühlen kann, sondern nur mehr ein prickelndes Gefühl hat (物作主语) 发麻,发僵 (多指:腿、手或胳臂) **3. etw. schläft ein** etw. wird langsam weniger u. hört schließlich auf (物作主语) 慢慢淡漠,日渐减少,逐渐停止: *Unsere Freundschaft schlief allmählich ein* 我们的友谊渐渐淡漠了 **4. (friedlich/sanft) e.** *euph* [婉]; sterben, ohne leiden zu müssen 长眠,安息

ein·schlä·fern; *schläferte ein, hat eingeschläfert*; [Vt] (及物) **1. etw. schläfert j-n ein** etw. macht j-n müde, oft bis er einschläft (作物主语) 使人睡,使困乏欲睡: *Das Rauschen des Wasserfalls ist so richtig einschläfernd* (= macht sehr müde) 瀑布的轰鸣声实在使人昏昏欲睡 ‖ NB (注意): *mst* im *Partizip Präsens* (多用现在分词)! **2. ein Tier e.** ein Tier töten, indem man ihm e-e starke Dosis e-s Narkotikums gibt 用麻醉剂杀死动物: *Unsere kranke Katze musste eingeschläfert werden* 我们那只病猫不得不被杀死 ‖ *zu* (义项) **2. Ein·schlä·fe·rung** *die*

Ein·schlag *der* **1.** der Vorgang, bei dem etw. Schweres auf etw. fällt od. trifft, u. das Ergebnis davon 击中,中弹,命中: *Beim E. der Bombe wurden mehrere Häuser zerstört* 几栋房屋被炸弹击中而毁坏 ‖ K- (复合): **Einschlag-, -trichter** ‖ -K (复合): **Bomben-, Granat(en)-** **2.** e-e Eigenschaft od. mehrere Eigenschaften, die auf e-e bestimmte (fremde) Herkunft deuten 气质,性格,特点: *An ihrem Temperament merkt man den italienischen E.* 她性格活泼,由此看得出她具有意大利人的特点

ein·schla·gen (*hat/ist*) [Vt] (及物) (*hat*) **1. etw. e.** etw. Flaches zerstören, indem man kräftig darauf schlägt 打破,击碎〈*mst* 多用 e-e Fensterscheibe, e-e Scheibe e. 打碎窗玻璃、玻璃〉 **2. etw. (in etw. (*Akk* 四格)) e.** auf e-n *mst* relativ langen Gegenstand schlagen, bis er in etw. steckt, ohne sich zu bewegen 把…打入,钉入〈e-n Nagel in die Wand, e-n Pfahl in den Boden e. 把钉子钉入墙内,把桩打入地里〉 **3. etw. (in etw. (*Akk* 四格)) e.** etw. (zum Schutz od. zur Dekoration) in ein Papier od. Tuch wickeln 将…包入,把…包起来 ≈ einwickeln, einpacken: *Das Geschenk war in Seidenpapier eingeschlagen* 礼物包在礼品纸里 **4. etw. e.** in e-e bestimmte Richtung gehen od. fahren 走,选择,确定〈e-e Richtung, e-n Weg, e-e Route *usw* e. 选择某个方向(朝某个方向走),走某条道路,采取某种路线,等〉; [Vt/i] (及物/不及物) (*hat*) **5. (etw.) e.** das Lenkrad nach links od. rechts drehen 使偏转,使转向: *Du musst nach links e.* 你应该向左转; [Vi] (不及物) **6. auf j-n/etw. e.** (*hat*) j-n/etw. längere Zeit heftig schlagen 痛打,狠揍,猛击 **7. etw. schlägt (in etw. (*Akk* 四格)) ein** (*hat/ist*) etw. dringt mit lautem Knall irgendwo ein (物作主语) 击中,击伤,击毁〈e-e Bombe, der/ein Blitz *usw* 炸弹,雷电等〉 **8. etw. schlägt ein** (*hat/ist*) *gespr* [口]; etw. hat schnell großen Erfolg (物作主语) 效果很好,成功了,打响了: *Ihr neuer Song hat/ist voll eingeschlagen* 她的新歌完全打响了; [Vimp] (无人称) (*hat*) **9.** *mst* 多用 **es hat (irgendwo) eingeschlagen** ein Blitz hat etw. getroffen 雷电击中(某物),(某处)遭雷击

ein·schlä·gig *Adj* (形) **1.** *nur attr, nicht adv* (只作定语,不作状语); zu dem entsprechenden Bereich des Handels od. der entsprechenden wissenschaftlichen Disziplin gehörend 有关的,所属的〈*mst* 多用 Geschäft, Literatur 商店,文献〉: *Sie finden unser neues Kameramodell in allen einschlägigen Fachgeschäften* 在所有有关的专业商店中,您都找得到我们的照相机新产品 **2. e. vorbestraft sein** JUR【法】; für das gleiche od. ein ähnliches Verbrechen bereits bestraft worden sein 有过前科

ein·schlei·chen, sich (*hat*) [Vr] (反身) **1. sich (in etw. (*Akk* 四格)) e.** ohne Erlaubnis (u. ohne dass es j-d bemerkt) an e-n Ort, in ein Gebäude *o. Ä.* gehen 潜入,溜进,混入: *Die Diebe schlichen sich nachts in das Haus ein* 夜里小偷溜进了住宅 **2. etw. schleicht sich (in etw. (*Akk* 四格)) ein** etw. entsteht, ohne dass es j-d bemerkt (物作主语) 不由地产生,不知不觉地出现〈*mst* ein Fehler 多指错误〉

ein·schlep·pen (*hat*) [Vt] (及物) **etw. (irgendwo/irgendwohin) e.** *mst* e-e ansteckende Krankheit od. Schädlinge (*mst* unbeabsichtigt) in ein anderes Land od. an e-n anderen Ort mitbringen 将…带入(多指传染病或害虫)

ein·schleu·sen (*hat*) [Vt] (及物) **j-n/etw. (irgendwo/irgendwohin) e.** j-n/etw. ohne Erlaubnis (u. ohne dass ein anderer es merkt) irgendwohin bringen 把…秘密地带入〈e-n Agenten e. 秘密地带进一个特务; Drogen, Rauschgift *usw* e. 把毒品等偷偷带进来〉 ‖ *hierzu* (派生) **Ein·schleu·sung** *die*

ein·schlie·ßen (*hat*) [Vt] (及物) **1. j-n (in etw.**

E

(*Dat*/*Akk* 三格/四格)) **e.** verhindern, dass j-d e-n Raum verlässt, indem man die Tür mit e-m Schlüssel *o.Ä.* verschließt 把…关起来,关在/关进: *Die Häftlinge werden in ihren/ihre Zellen eingeschlossen* 囚犯们被关在各自的囚室里/被关进各自的囚室 **2. etw.** (**in etw.** (*Dat*/*Akk* 三格/四格)) **e.** verhindern, dass j-d an etw. gelangen kann, indem man es in e-n Behälter tut u. diesen mit e-m Schlüssel *o.Ä.* verschließt 把…锁起来,锁在/锁进: *Er schloss die Diamanten im/in den Safe ein* 他把金钢钻锁在保险柜里/锁进保险柜 **3. j-d/etw. wird/ist von etw. eingeschlossen** j-d/etw. ist/wird von allen Seiten von etw. umgeben (人/物作主语)被包围,被围住: *Sie waren in den Bergen vom Schnee eingeschlossen* 他们在山里被雪困住了 **4. j-n/sich/etw. in etw.** (*Akk* 四格)/**bei etw.** (**mit**) **e.** j-n/sich/etw. in e-r Aussage auch meinen …也包括,也有…〈j-n in ein Gebet, e-e Kritik *o.Ä.* (mit) e. 责备,批评也包括某人〉 **5. etw. ist in etw.** (*Dat* 三格)/**bei etw. eingeschlossen** etw. ist in e-m bestimmten Preis schon enthalten(物作主语)包含,包括在(价格)内: *Die Bedienung ist im Preis eingeschlossen* 服务费包含在价格内; [Vr] (反身) **6. sich** (**in etw.** (*Dat*/*Akk* 三格/四格)) **e.** die Tür des Raumes, in dem man ist, mit e-m Schlüssel *o.Ä.* verschließen, damit sonst niemand in den Raum kommen kann 把自己关在屋里,自己在屋里把门锁上,闭门不出,深居简出: *Aus Angst vor Verbrechern schließt er sich nachts immer ein* 因害怕罪犯,夜间他经常闭门不出

ein·schließ·lich[1] *Präp*(介); *mit Gen*/*Dat*(支配二格/三格); drückt aus, dass das Genannte auch mit berücksichtigt wird od. wurde 也包括…,把…也计算在内,连同…一起 ≈ inklusive: *Der Preis beträgt 25 Euro e. Porto u. Verpackung* 包括邮资及包装费,价格为25欧元 ‖ NB (注意): Gebrauch ↑*Tabelle unter* 用法,图表见 ***Präpositionen***

ein·schließ·lich[2] *Adv*(副); **bis e.** verwendet bei Zeitangaben u. Zahlenangaben, um auszudrücken, dass etw. auch für die genannte Zeit od. Zahl gilt 直到(包括…在内)为止: *Das Geschäft ist bis e. Dienstag geschlossen* 商店停业一直到(含)星期二; *bis e. Seite 15* 一直到(含)第15页

ein·schlum·mern (*ist*) [Vi] (不及物) *geschr*[书] ≈ einschlafen

Ein·schluss *der*; *mst in* 多用于 **unter/mit E.** + *Gen*(二格); **unter E. von j-m/etw.** ADM *geschr*【管理】[书]; so, dass die genannte Person/Sache auch mit dabei od. enthalten ist 包括…在内: *alle Parteien unter E. der Opposition* 包括反对党在内的所有政党

ein·schmei·cheln, sich (*hat*) [Vr] (反身) **sich** (**bei j-m**) **e.** *pej*[贬]; sich bei j-m beliebt machen, indem man ihm schmeichelt 讨好,巴结,奉承,向…献媚,拍马屁 ‖ *hierzu*(派生) **Ein·schmei·che·lung**, **Ein·schmeich·lung** *die*

ein·schmei·ßen (*hat*) [Vt] (及物) *gespr* [口] ≈ einwerfen (1,2,3)

ein·schmie·ren (*hat*) [Vt] (及物) **j-n/sich/etw.** (**mit etw.**) **e.**; (**j-m/sich**) **etw.** (**mit etw.**) **e.** *gespr* [口]; j-n/sich/etw. mit Fett, Creme, Öl *o.Ä.* einreiben 给…抹油,擦油

ein·schmug·geln (*hat*) [Vt] (及物) **1. etw.** (**in etw.** (*Akk* 四格)) **e.** Waren heimlich in ein Land bringen, obwohl es verboten ist 把…私运入境,偷运…入境,走私入境〈Alkohol, Rauschgift, Tabak e. 偷运酒、毒品、烟草入境〉 **2. j-n** (**in etw.** (*Akk* 四格)) **e.** (durch e-n Trick *o.Ä.*) bewirken, dass j-d, der keine gültige Eintrittskarte hat, in e-e Veranstaltung kommt 使混入,使潜入 **3. j-n** (**in etw.** (*Akk* 四格)) **e.** j-n, der keinen gültigen Pass *o.Ä.* hat, heimlich über die Grenze in ein Land bringen 私自带…越境,使偷渡

ein·schnap·pen (*ist*) [Vi] (不及物) **1. etw. schnappt ein** etw. schließt sich (*mst* mit e-m kurzen Geräusch) (物作主语)咔哒一声锁上,碰上〈die Tür, das Schloss 门、锁〉 **2. eingeschnappt sein** *gespr*[口]; beleidigt sein 惹得生气、恼火、不高兴了、憋气

ein·schnei·den (*hat*) [Vt] (及物) **1. etw. e.** e-n Schnitt (1) in etw. machen 将…切片: *Du musst das Fleisch am Rand e., bevor du es brätst* 在烤肉之前,你必须把肉切成片 **2. etw. in etw.** (*Akk* 四格) **e.** *mst* ein Muster od. Buchstaben in e-n Baum *o.Ä.* ritzen 在…上刻出,把…刻在…上; [Vi] (不及物) **3. etw. schneidet ein** etw. ist an e-r bestimmten Stelle sehr eng u. unbequem(物作主语)勒得太紧〈ein Kleidungsstück 衣服〉: *Der Rock schneidet in der Taille ein* 这条裙子太紧,勒得腰不舒服

ein·schnei·dend **1.** *Partizip Präsens*(现在分词); ↑ **einschneiden** **2.** *Adj*(形); 〈Maßnahmen, Reformen, Veränderungen 措施,改革,变化〉 so, dass sie e-e große od. tiefgreifende Wirkung haben 深刻的,影响深远的,深入的 ≈ drastisch

Ein·schnitt *der* **1.** ein (Zeit) Punkt, an dem sich etw. stark ändert 重大的转折 ≈ Zäsur 〈ein bedeutsamer, entscheidender, tiefer *usw* E. 重要的、决定性的、深刻的转折〉: *Die Heirat bedeutete e-n E. in ihrem Leben* 结婚意味着她生活中的重大转折 **2.** e-e Art Öffnung, die in etw. geschnitten wurde 切口,切开: *ein E. bei e-r Operation* 手术的切口

ein·schnü·ren (*hat*) [Vt] (及物) **1. etw. e.** etw. mit e-r Schnur umwickeln, sodass es zusammenhält (用绳子)捆扎,系紧 **2. etw. schnürt j-n/etw. ein** ≈ etw. schneidet ein (3) ‖ *hierzu*(派生) **Ein·schnü·rung** *die*

ein·schrän·ken; *schränkte ein, hat eingeschränkt*; [Vt] (及物) **1. j-n** (**in etw.** (*Dat* 三格)) **e.** entscheiden od. bewirken, dass j-d etw. weniger tut od. von etw. weniger hat als bisher 限制,约束〈j-n in seinen Chancen, Möglichkeiten, Rechten e. 限制某人的机会、能力、权利〉: *Das Verbot der Gewerkschaften schränkt die Arbeiter in ihren Rechten ein* 取

缔工会限制了工人的权利 **2. etw. e.** etw. zu e-m geringeren Grad tun als bisher 减少，削减，限制：*Nach der Krankheit schränkte er das Rauchen ein* (= rauchte er weniger)病后他减少了抽烟 **3. irgendwo/irgendwie eingeschränkt sein** auf e-m bestimmten Gebiet od. in bestimmter Hinsicht nur wenig Möglichkeiten haben (在…方面/以…方式)受到限制，受到约束〈in seinen Rechten, Freiheiten *o.Ä.* eingeschränkt sein 某人的权利、自由等受到限制；finanziell, wirtschaftlich eingeschränkt sein 财政上、经济上受到限制〉**4. etw. e.** sagen, dass etw. nur unter bestimmten Bedingungen zutrifft 对…说话有所限制，对…注意分寸〈e-e Äußerung, e-e Behauptung *o.Ä.* e. 对发表意见、看法等有限制〉；Vr (反身) **5. sich e.** (**müssen**) mit weniger Geld auskommen (müssen) als bisher(必须)节约，减少开支

Ein·schrän·kung *die*; -, *-en* **1.** das Einschränken u. sein Ergebnis 限制，削减〈*mst* 多用 Einschränkungen machen, vornehmen 作出限制，加以削减〉：*Wenn du keine Einschränkungen machst, wirst du deine Pläne nie realisieren können* 要是你不加以收缩，你将永远无法实现自己的计划 **2.** e-e Äußerung *o.Ä.*, die etw. einschränkt (4) 保留，保留态度，保留意见〈etw. mit e-r E. versehen 有保留地完成某事；etw. mit e-r E. sagen, behaupten有保留地说、断言某事；e-e E. machen 提出保留意见，表示保留态度〉**3. ohne E.** ohne Ausnahme, ohne Vorbehalt 无例外地，无保留地，无条件地，无限制地 ≈ generell〈etw. gilt ohne E. 某事普遍适用；etw. ohne E. behaupten, sagen *usw* 无保留地断言、说某事〉

ein·schrau·ben (*hat*) Vt (及物) **etw.** (**in etw.** (*Akk* 四格)) **e.** etw. durch Drehen in etw. befestigen 把…拧进，拧紧，旋紧(在…上)：*e-e neue Birne in die Lampe e.* 给灯安上一盏新灯泡

ein·schrei·ben (*hat*) Vt (及物) **1. etw.** (**in etw.** (*Akk* 四格)) **e.** etw. in ein Buch od. Heft schreiben 把…写进，记入，登记≈ eintragen：*Sie hat seine Telefonnummer in ihr Adressbuch eingeschrieben* 她把他的电话号码记在通讯簿上 **2. etw. e.** e-n Brief od. ein Päckchen (durch die Post) registrieren u. vom Empfänger quittieren lassen 寄挂号，用挂号寄出：*Diesen wichtigen Brief solltest du e. lassen* 这封重要的信建议你寄挂号 ‖ NB(注意)：*mst* im Partizip Perfekt(多用过去分词)：*ein eingeschriebener Brief* 一封挂号信；*etw. eingeschrieben schicken* 用挂号寄某物 ‖ K-(复合)：**Einschreib**(**e**)**-, -brief, -gebühr, -sendung**; Vr (反身) **3. sich** (**irgendwo**) **e.** seinen Namen in e-e Liste eintragen, um an etw. teilzunehmen od. in etw. aufgenommen zu werden 登记，注册，报名：*sich für e-n Kurs / bei der Volkshochschule e.* 报名上培训班/上成人业余大学；*sich an der Universität e.* (= sich immatrikulieren)在大学注册 ‖ *zu* (义项)**3. Ein·schrei·bung** *die*

Ein·schrei·ben *das*; ein Brief od. ein Päckchen, das eingeschrieben (2) verschickt wird 挂号信，挂号邮包〈etw. als/per E. schicken 把某物用挂号寄出〉

ein·schrei·ten (*ist*) Vi (不及物) (**irgendwo**) **e.** *geschr*[书] ≈ eingreifen (1)

ein·schrump·fen (*ist*) Vi (不及物) ≈ schrumpfen (2)

Ein·schub *der*; ein (*mst* ziemlich kurzer) Text, der in e-n längeren eingefügt ist od. wird(文章的)插入部分，添加的文字

ein·schüch·tern; *schüchterte ein, hat eingeschüchtert*; Vt (及物) **j-n e.** j-m Angst machen, *mst* indem man ihm mit etw. droht 恐吓，吓唬，使胆怯：*Ich lasse mich durch seinen aggressiven Ton nicht e.* 我不会被他那咄咄逼人的口气所吓倒 ‖ *hierzu* (派生) **Ein·schüch·te·rung** *die*

ein·schu·len (*hat*) Vt (及物) **j-n e.** ein Kind (zum ersten Mal) in e-e Schule aufnehmen 使(学龄儿童)入学，让…上学 ‖ NB(注意)：*mst* im Passiv (多用被动语态)! ‖ *hierzu* (派生) **Ein·schu·lung** *die*

Ein·schuss *der*; das Loch an der Stelle, an der e-e Pistolen- od. Gewehrkugel in etw. eingedrungen ist 弹孔，弹眼

ein·se·hen (*hat*) Vt (及物) **1. etw. e.** sich (*mst* durch j-s Argumente) von etw. überzeugen lassen u. es akzeptieren 理解，领会，明白：*Ich sehe überhaupt nicht ein, warum ich immer die ganze Arbeit machen soll* 我根本不明白，为什么我总要干全部工作 **2. etw. e.** erkennen, sich überzeugen lassen, dass etw., das man gesagt od. getan hat, falsch war 认识到，明了，看清〈seinen Fehler, Irrtum, sein Unrecht *usw* e. 认识到自己的错误、过错、过失等〉：*Er sah ein, dass er sich getäuscht hatte, u. entschuldigte sich* 他知道他弄错了，并表示歉意 **3. etw. e.** alles sehen, was zu e-m bestimmten Gebiet od. e-m bestimmten Raum gehört, weil der Blick nicht behindert wird 看清，看得见，对…一览无遗〈etw. e. können 能洞察某事〉：*Von hier aus kann ich den ganzen Saal e.* 从这里我能看清整个礼堂 **4. etw. e.** ADM *geschr*【管理】[书]；Akten lesen, *bes* im Zusammenhang mit wichtigen Entscheidungen od. Prozessen[1] 阅读，查阅，审阅(文献，档案)

Ein·se·hen *das*; *nur in* 只用于 **mit j-m** (**k**)**ein E. haben** *geschr*[书]；(kein) Verständnis für j-n haben u. ihm (nicht) nachgeben(不)理解某人，(不)谅解某人

ein·sei·fen; *seifte ein, hat eingeseift*; Vt (及物) **1. j-n/sich/etw. e.** j-n/sich/etw. mit Seife (u. Wasser) einreiben 给…擦肥皂，给…涂皂沫：*sich vor dem Rasieren e.* 刮脸以前在自己面部涂上皂沫 **2. j-n e.** *gespr* [口] ≈ betrügen

ein·sei·tig *Adj*(形) **1.** *pej*[贬]；nur für einen bestimmten Teil od. Aspekt zutreffend (u. nicht für das Ganze) 片面的，不全面的，单方面的〈e-e Begabung, ein Interesse 天赋，兴趣；e-e Beurteilung *usw* 评论等〉：*Du siehst das*

Problem zu e. 你把这个问题看得太片面 **2.** *mst adv*(多作状语); nur auf einer Seite e-s Gegenstandes, der zwei Seiten hat 一面的,单面的: *Das Papier ist e. bedruckt* 这张纸印了一面 **3.** *mst attr od adv*(多作定语或状语); nur auf einer Seite des Körpers/Organs 一侧的,一边的,半边的,半身的〈*mst* e-e Lähmung, e-e Lungenentzündung 瘫痪,肺炎〉 **4.** nur von einer Partei, von einem Partner *o.Ä.* ausgehend 单方面的,仅从一方出发的,一厢情愿的: *Ihre Liebe zu dem Mann war leider e.* 她对这位男子的爱慕可惜是单相思; *Kein Staat will e. abrüsten* 没有国家愿意单方面裁军 ‖ *zu* (义项) **1.** u. **4. Ein·sei·tig·keit** *die*; *nur Sg*(只用单数)

ein·sen·den (*hat*) [Vt](及物) ***etw.*** (***an etw.*** (*Akk* 四格)) ***e.*** ≈ einschicken ‖ K-(复合): ***Einsende-***, ***-schluss***, ***-termin***

Ein·sen·der *der*; j-d, der etw. eingeschickt hat 投寄者,寄件人 ‖ *hierzu*(派生) **Ein·sen·de·rin** *die*; -, *-nen*

Ein·sen·dung *die* **1.** *nur Sg*(只用单数); der Vorgang des Einsendens 投寄 **2.** das, was eingeschickt wird, *z. B.* ein Brief od. e-e Postkarte 投寄物,邮件

Ein·ser *der*; *-s*, -; *gespr*[口] ≈ Eins

ein·set·zen (*hat*) [Vt](及物) **1.** ***etw.*** (***in etw.*** (*Akk* 四格)) ***e.*** ein *mst* bisher fehlendes Teil in etw. setzen 安上,装上,补上〈e-e Fensterscheibe, e-n Flicken in die Hose, j-m e-n künstlichen Zahn e. 安上窗玻璃,在裤子上打补丁,给某人镶假牙〉 **2.** ***etw. e.*** etw. unter bestimmten Bedingungen zu e-m bestimmten Zweck verwenden 投入,动用,使用: *Wegen des Schneefalls mussten Räumfahrzeuge eingesetzt werden* 因降雪不得不动用扫雪车 **3.** ***j-n e.*** j-n für e-e bestimmte Arbeit verwenden 任用,任命,委派: *Die neuen Mitarbeiter werden im Außendienst eingesetzt* 新同事被任命负责外勤工作 **4.** ***j-n als / zu etw. e.*** j-n für e-e Aufgabe, e-e Funktion *o.Ä.* bestimmen 指定…为,确定…为〈*mst* j-n als Erben, Nachfolger, Stellvertreter e. 指定某人为遗产继承人、接班人、代理人〉 **5.** ***etw.*** (***für j-n / etw.***) ***e.*** das Risiko eingehen, (für j-n/etw.) sein Leben, viel Geld *o.Ä.* zu verlieren (为…)拿…去冒险〈sein Leben, viel Geld *usw* e. 拿自己的生命、大量钱财等去冒险〉 **6.** ***etw. e.*** etw. als Einsatz (6) zahlen 把…作赌注〈viel Geld e. 把大量钱财作赌注〉; [Vi](不及物) **7.** ***etw. setzt ein*** *geschr*[书]; etw., das e-e bestimmte Zeit dauern wird, fängt an (物作主语)开始〈Lärm, Regen, Schneefall *usw* 嘈杂声,下雨,降雪等〉: *Nach der Pause setzte die Musik wieder ein* 休息后音乐又奏响了; [Vr](反身) **8.** ***sich*** (***für j-n / etw.***) ***e.*** sehr viel dafür tun, dass man selbst (od. ein anderer) ein Ziel erreicht 坚决支持,极力主张,竭力为…说情: *Sie hat sich tatkräftig für die Interessen der Mieter eingesetzt* 她极力维护房客的利益 ‖ *zu* (义项) **4. Ein·set·zung** *die*

Ein·sicht *die*; -, *-en* **1.** ***E.*** (***in etw.*** (*Akk* 四格)) e-e bestimmte Erkenntnis, die e-n komplizierten Zusammenhang betrifft(对…的)认识,了解,理解: *Die Psychoanalyse führt zu ganz neuen Einsichten in die menschliche Psyche* 心理分析使人们对人的心理获得崭新的认识 **2.** *nur Sg*(只用单数); die Erkenntnis, dass man Falsches getan hat(对错误的)认识,醒悟,明白,悔悟 ≈ Reue〈zur E. kommen 认识到,明白过来了; (späte) E. zeigen 表示后悔〉 **3.** *nur Sg*, ADM *geschr*(只用单数)【管理】[书]; der Vorgang od. die Möglichkeit des Einsehens (4) 查阅,审阅〈E. in die Akten haben, nehmen 查阅档案; j-m E. in die Unterlagen gewähren 允许某人查阅资料〉

ein·sich·tig *Adj*(形) **1.** mit Einsicht (2) 明白的,明达的,明智的,有见识的〈ein Mensch 人; sich e. benehmen, verhalten 举止、行为明智〉 **2.** verständlich, überzeugend 可以理解的,令人信服的〈ein Grund, Argumente 理由,论据; etw. ist leicht, schwer e. 某事容易理解,难以理解〉

Ein·sied·ler *der* ≈ Eremit ‖ K-(复合): ***Einsiedler-***, ***-dasein***, ***-leben*** ‖ *hierzu*(派生) **Ein·sied·le·rin** *die*

ein·sil·big *Adj*(形) **1.** 〈ein Mensch 人〉 so, dass er nur wenig u. nicht gern redet 寡言的,不爱说话的 **2.** sehr kurz, knapp 三言两语的,极简短的〈*mst* e-e Antwort 回答〉 **3.** *nicht adv*(不作状语); mit nur einer Silbe 单音节的〈ein Wort 词〉

ein·sin·ken (*ist*) [Vi](不及物) (***in etw.*** (*Dat / Akk* 三格/四格)) ***e.*** in e-n weichen Untergrund sinken 陷入,沉入〈in den/im Morast, Schlamm *o.Ä.* e. 陷入沼泽地,泥沼等〉

ein·sit·zen (*hat*) [Vi](不及物) (***in etw.*** (*Dat* 三格)) ***e.*** ADM *geschr*【管理】[书]; als Strafgefangener im Gefängnis sein 身陷囹圄,坐牢,服刑 ≈ inhaftiert sein: *Er sitzt in der Justizvollzugsanstalt* (*von*) *Bremen ein* 他在不来梅的司法执行机构(监狱)服刑

ein·span·nen (*hat*) [Vt](及物) **1.** ***j-n*** (***zu etw. / für etw.***) ***e.*** *gespr*[口]; j-n e-e bestimmte Arbeit tun lassen 让…参加(做某事): *Für die Gartenarbeit spannte er die ganze Familie ein* 他让全家都参加园艺劳动 **2.** ***etw.*** (***in etw.*** (*Akk* 四格)) ***e.*** etw. in e-e technische Vorrichtung spannen (2) 把…夹入,装入: *Sie spannte ein neues Blatt Papier in die Schreibmaschine ein* 她把一张新纸装入打字机 **3.** ***ein Tier e.*** e-m Pferd, e-m Ochsen *o.Ä.* ein Geschirr[2] anlegen, damit es/er e-n Wagen *o.Ä.* ziehen kann 套(牲口)拉车,套车

ein·spa·ren (*hat*) [Vt](及物) **1.** ***etw. e.*** etw. nicht verbrauchen od. in Anspruch nehmen 节省,节约〈Arbeitsplätze, Energie, Kosten, Material, Rohstoffe e. 〈削减工作岗位(编制),节约能源、费用、材料、原料〉 **2.** ***j-n e.*** j-n nicht länger als Arbeitskraft beschäftigen 精简,削减〈Personal, Angestellte e. 精简人员、职工〉 ‖ *hierzu*(派生) **Ein·spa·rung** *die*

ein·spei·chern (*hat*) [Vt](及物) ***etw.*** (***in etw.*** (*Dat / Akk* 三格/四格)) ***e.*** Daten od. Informationen in e-m Computer *o.Ä.* speichern

(2)将…输入,储存(数据,信息) ‖ *hierzu* (派生) **Ein·spei·che·rung** *die*

ein·sper·ren (*hat*) [Vt] (及物) **1. *j-n* (*in etw.*** (*Dat/Akk* 三格/四格)) ***e.*** ≈ einschließen (1) **2. *j-n e.*** *gespr*[口]; j-n ins Gefängnis bringen 把…关进牢房,监禁,关押; [Vr] (反身) **3. *sich* (*in etw.*** (*Dat/Akk* 三格/四格)) ***e.*** sich in etw. einschließen (6) 把自己关在…里面,锁在…里面

ein·spie·len (*hat*) [Vt] (及物) **1. *etw. spielt etw. ein*** ein Film, e-e Show *o. Ä.* bringt dem Produzenten e-e bestimmte Summe Geld ein(物作主语)(通过放映、演出)收回(费用): *Der Film hat mehrere Millionen Euro eingespielt* 这部电影通过放映收回几百万欧元; [Vr] (反身) **2. *etw. spielt sich ein*** etw. wird üblich, wird zum normalen Ablauf(物作主语)逐渐形成常规,将规范化〈e-e Arbeitsweise, e-e Methode, ein Verfahren 工作方法,方法,操作程序〉 **3.** (***gut***) ***aufeinander eingespielt sein*** miteinander gut od. harmonisch arbeiten können *o. Ä.* 能彼此(很好地)协调一致,互相配合〈e-e gut eingespielte Mannschaft 一支配合出色的运动队; ein eingespieltes Team 一个协调一致的工作集体〉

ein·spra·chig *Adj* (形); in od. mit nur einer Sprache 单语的〈Unterricht, ein Wörterbuch 授课,词典; e. aufwachsen 在单语环境中成长〉

ein·spre·chen (*hat*) [Vi] (不及物) ***auf j-n e.*** ≈ auf j-n einreden

ein·spren·gen (*hat*) [Vt] (及物) ***etw. e.*** etw. feucht machen, indem man es mit Wasser bespritzt 喷湿,浇湿〈die Wäsche (vor dem Bügeln) e. (在熨烫前)喷湿衣服〉

ein·sprin·gen (*ist*) [Vi] (不及物) (***für j-n***) ***e.*** für e-n anderen e-e Arbeit tun, weil dieser (*mst* plötzlich) verhindert od. krank geworden ist 替代…干事〈für e-n Kollegen e. 替代一个同事〉

ein·sprit·zen (*hat*) [Vt] (及物) (***j-m***) ***etw. e.*** ≈ injizieren ‖ *hierzu* (派生) **Ein·sprit·zung** *die*

Ein·spruch *der*; JUR, ADM *geschr*【法】【管理】[书]; e-e schriftliche Erklärung (in e-r vorgegebenen Form), dass man e-e Entscheidung, ein Urteil *o. Ä.* nicht akzeptiert 申诉,抗辩,(对决定、判决)不服 ≈ Protest〈E. (gegen etw.) erheben, einlegen(对某事)提出申诉; e-m E. stattgeben 准予申诉〉‖ K-(复合): ***Einspruchs-, -frist, -recht***

ein·spu·rig *Adj* (形) **1.** mit nur einer Fahrbahn 单行(车道)的,单线的〈*mst* 多用 e-e Straße 街道,公路〉 **2. *e. befahrbar*** so, dass nur auf einer der Spuren gefahren werden kann 可单线行驶: *Wegen des Unfalls ist die Autobahn nur e. befahrbar* 因事故这条高速公路只能单线行驶

einst *Adv* (副); *geschr*[书] **1.** vor langer Zeit 从前,很久以前 ≈ früher: *Auf diesem Schloss lebte einst ein König* 以前有一位国王在这座宫殿生活过 **2.** weit in der Zukunft 以后,将来: *E. wird der Tag kommen, an dem wir uns wiedersehen* 以后有一天我们会再见面的

Ein·stand[1] *der*; *mst in* 多用于 ***seinen E. geben*** ein kleines Fest für seine Kollegen veranstalten, wenn man an e-r neuen Arbeitsstelle anfängt 为担任新职而宴请同事 ↔ Ausstand

Ein·stand[2] *der*; der Spielstand in e-m Spiel e-s Tennissatzes, wenn beide Spieler 40 Punkte haben u. ab dem ein Spieler zwei Punkte hintereinander gewinnen muss, um das Spiel für sich zu entscheiden(网球比赛中双方各得 40 分时的)持平,(终局前的)平分(一方再连赢两分,即为胜者)

ein·stau·ben (*ist*) [Vi] (不及物) ***etw. staubt ein*** etw. wird (allmählich) völlig von Staub bedeckt(物作主语)积满灰尘,蒙上尘土: *Die Bücher im Regal sind eingestaubt* 书架上的书积满了灰尘

ein·ste·cken (*hat*) [Vt] (及物) **1. *etw. e.*** e-n kleinen Gegenstand in seine Tasche stecken (1), um ihn mitzunehmen 把…放入衣袋,随身带上…〈e-n Schlüssel, ein Taschentuch e. 带上钥匙、手帕〉: *Vergiss nicht, Geld einzustecken, wenn du in die Stadt gehst!* 你进城时,别忘记带钱! **2. *etw. e.*** *gespr*[口]; etw. in e-n Briefkasten werfen 把…投入信箱 ≈ einwerfen (1)〈e-n Brief, ein Päckchen, e-e Postkarte e. 把信、小邮包、明信片投入信箱〉 **3. *etw.*** (***in etw.*** (*Akk* 四格)) ***e.*** etw. in e-e Öffnung e-s Apparates od. e-s Mechanismus stecken (1), damit er funktioniert 把…塞入,插入〈e-n Stecker (in e-e Steckdose) e., den Schlüssel (ins Schloss) e. 把插头插入(插座),把钥匙插进(锁内)〉 **4. *etw. e.*** *gespr*[口]; Geld od. etw. Wertvolles (ganz) für sich behalten 把…(钱或贵重的东西)装进自己的口袋,把…占为己有,赚得,捞取; [Vt/i] (及物/不及物) **5.** (***etw.***) ***e.*** (***müssen***) *gespr*[口]; etw. erleiden od. erdulden (müssen)(必须)忍受,经受〈e-e Niederlage e. 忍受失败; Kritik, Schläge e. 忍受批评,挨打〉: *Wer viel austeilt, muss auch viel e. können* 多损人者,必多受罪

ein·ste·hen (*ist*) [Vi] (不及物) ***für j-n/etw. e.*** für etw. die Verantwortung übernehmen (müssen): (得)为…承担责任 *Der Minister muss für das Verhalten seiner Beamten e.* 部长必须为其下属官员的行为承担责任

ein·stei·gen (*ist*) [Vi] (不及物) **1.** (***in etw.*** (*Akk* 四格)) ***e.*** in das Innere e-s Fahrzeugs gehen od. steigen 登上,上 ↔ aussteigen〈in ein Auto, e-n Bus, ein Flugzeug, e-n Zug e. 登上汽车、公共汽车、飞机、火车〉 **2.** (***in etw.*** (*Akk* 四格)) ***e.*** durch das Fenster in e-n Raum gelangen, *mst* um dort etw. Verbotenes zu tun 爬入,钻进(行窃): *Die Diebe sind über den Balkon in die Wohnung eingestiegen* 小偷越过阳台钻进了居室 **3.** (***in etw.*** (*Akk* 四格)) ***e.*** *gespr*[口]; sich an e-r wichtigen Angelegenheit beteiligen, die bereits begonnen hat 参与,加入,入股,入伙 ≈ bei etw. mitmachen〈in ein Geschäft, ein Projekt e. 参与经营商店、一个工程项目〉 **4. *bei j-m/etw., in etw.*** (*Akk*

四格） **e.** sich bei od. für etw. engagieren, an j-s Firma *o. Ä.* teilnehmen 受聘，投身，厕身〈in e-e Firma, in die Politik e. 投身公司，厕身政治（从政）〉：*Er ist vor zehn Jahren bei uns eingestiegen* 十年前他就在我们这里任职 ‖ ▶ ***Einstieg***

ein·stel·len (*hat*) [Vt]（及物） **1.** ***j-n e.*** j-n zum Arbeiter, Angestellten *o. Ä.* in e-r Firma, e-m Unternehmen *o. Ä.* machen 雇用，聘用 ≈ anstellen ↔ entlassen〈Lehrlinge, Arbeiter, Lehrer e. 雇用学徒、工人，聘用教师〉 **2.** ***etw.*** (***in etw.*** (*Akk* 四格)) ***e.*** etw. in e-r Reihe in ein Regal, e-n Schrank stellen (1) 把…放置，放入，摆放〈Akten, Bücher 卷宗，书〉 **3.** ***etw.*** (***in etw.*** (*Dat/Akk* 三格/四格)) ***e.*** e-n relativ großen Gegenstand für die Zeit, in der er nicht gebraucht wird, in e-n Raum stellen (1) 存放〈Möbel im Keller e. 把家具存放在地下室里〉：*Ich stelle mein Motorrad für den Winter in der Garage ein* 冬天我把摩托车存放在车库里 **4.** ***etw.*** (***irgendwie/auf etw.*** (*Akk* 四格)) ***e.*** ein technisches Gerät so regulieren, dass es in e-r bestimmten Weise funktioniert od. dass ein bestimmter Wert (5) erreicht wird 调整，调节，校准：*ein Fernglas scharf e.* 将望远镜调清晰；*ein Radio leiser e.* 把收音机声音调小些；*e-e Kamera auf e-e Entfernung e.* 把照相机调到一个距离上；*die Zündung* (*e-s Autos*) *neu e.* 重新调好（汽车的）点火装置 **5.** ***etw. e.*** etw. sichtbar od. hörbar machen, indem man ein technisches Gerät reguliert, einstellt (4) 调好，调准，调清楚〈ein Programm, e-e Radio-/Fernsehsendung, e-n Sender e. 调好节目，广播/电视节目，电（视）台；e-e Entfernung (bei e-r Kamera) e. 对好（照相机）距离〉 **6.** ***etw. e.*** *geschr*［书］；etw., das man längere Zeit getan hat, nicht mehr tun 停止，中止 ≈ mit etw. aufhören ↔ etw. aufnehmen (1), mit etw. beginnen〈die Produktion, Zahlungen, e-e Suchaktion, das Rauchen e. 停止生产、付款、大搜查、吸烟〉；[Vr]（反身） **7.** ***sich*** (***irgendwo***) ***e.*** *geschr*［书］；an e-n bestimmten Ort zu e-r bestimmten Zeit kommen 到达〈sich pünktlich, rechtzeitig e. 准时、及时到达〉 **8.** ***etw. stellt sich*** (***irgendwo/irgendwann***) ***ein*** (*mst* von etw. Negativem) etw. erscheint als Folge von etw.（物作主语）出现，产生（多指坏事）≈ etw. tritt ein：*Nach der Operation stellten sich Komplikationen ein* 手术后出现了并发症 **9.** ***sich auf j-n/etw. e.*** sich auf j-n/etw. vorbereiten 对…作好准备，准备适应〈sich auf e-e Änderung, e-e neue Situation, e-e Veränderung e. 准备适应变化、新情况、变革；sich auf Besuch e. 准备接待来客〉：*Sie hatte sich auf e-e Schwangerschaft nicht eingestellt* 她对怀孕没有作好思想准备

ein·stel·lig *Adj*（形）；*nicht adv*（不作状语）；aus nur einer Ziffer bestehend, mit nur einer Stelle (7) 一位数的〈e-e Nummer, e-e Zahl 一个号，一个数〉

Ein·stel·lung *die* **1.** der Prozess, bei dem man j-n einstellt (1) od. j-d eingestellt wird 聘用，雇用，招收：*die E. neuer Mitarbeiter* 招聘新的员工 ‖ K-（复合）：***Einstellungs-, -gespräch, -stopp, -termin*** **2.** *nur Sg*（只用单数）；das Einstellen (4) e-s technischen Gerätes 调节（仪器） ‖ -K（复合）：***Fein-*** **3.** das Aufhören mit etw. 停止，中止：*die E. der Feindseligkeiten* 停止敌对行为 **4.** ***e-e E.*** (***zu etw.***) die Art, wie man über etw. denkt od. etw. beurteilt 态度，看法，观点，见解〈e-e fortschrittliche, negative, offene E. 进步的、反面的、公开的观点；j-s E. zu e-m Problem 某人对一个问题的看法〉

Ein·stieg *der*; *-(e)s, -e* **1.** die Tür od. Öffnung, durch die man in ein *mst* relativ großes Fahrzeug, *z.B.* e-n Autobus, ein Flugzeug, e-e Straßenbahn *o. Ä.* einsteigt (1)（上汽车、上飞机、上电车等的）车门，舱门，入口 **2.** *nur Sg*, *geschr*（只用单数）［书］；das Einsteigen (1, 2) in ein Fahrzeug od. in ein Haus 登上（车），爬进（住宅） **3.** ***der E.*** (***in etw.*** (*Akk* 四格)) der Anfang bei e-r neuen Aufgabe od. Arbeit 开始，迈入，着手〈der E. in das Berufsleben 开始职业生活；der E. in e-e Problematik 着手解决疑难问题〉

eins·ti·g- *Adj*（形）；*nur attr*, *nicht adv*（只作定语，不作状语）≈ ehemalig-, früher-：*das einstige Kaiserreich* 从前的帝国

ein·stim·men (*hat*) [Vt]（及物） **1.** ***etw. e.*** ein (Musik)Instrument stimmen[2] (2) 给…（乐器）调音，校音 **2.** ***j-n/sich*** (***auf etw.*** (*Akk* 四格)) ***e.*** j-n/sich vor einem bestimmten Ereignis in die richtige innere Stimmung (1) versetzen 使（对…）有正确的心态，使在情绪上有所准备，调正心态；[Vi]（不及物） **3.** (***in etw.*** (*Akk* 四格)) ***e.*** anfangen, mitzusingen od. mitzuspielen, wenn andere bereits singen od. Musikinstrumente spielen 开始合唱或合奏 **4.** (***in etw.*** (*Akk* 四格)) ***e.*** die gleiche Meinung haben od. die gleiche Reaktion zeigen wie andere（对…）表示赞同，同意，附和，有同感〈in das Lob e., in das Gelächter e. 同意表扬，同声欢笑〉

ein·stim·mig *Adj*（形） **1.** mit allen Stimmen[2] (2) der Anwesenden, ohne Gegenstimme 异口同声的，一致的〈ein Beschluss 决议；etw. e. beschließen, verabschieden 一致决定某事，一致通过某事〉 **2.** mit nur einer Stimme[1] (4) 单声部的〈ein Lied 歌曲〉 ‖ *hierzu*（派生） **Ein·stim·mig·keit** *die*

einst·mals *Adv*（副）；*geschr veraltend*［书］［渐旧］≈ einst (1)

ein·streu·en (*hat*) [Vt]（及物） ***etw.*** (***in etw.*** (*Akk* 四格)) ***e.*** etw. *mst* in e-m Text, e-r Rede *o. Ä.* nebenbei erwähnen（在文章、报告中）插入，加进

ein·stu·die·ren; *studierte ein, hat einstudiert*; [Vt]（及物） **1.** ***etw. e.*** etw. üben, um es vor e-m Publikum vorzuführen 排演，排练〈e-e Rolle, e-n Tanz, ein Musikstück e. 排练一个角色、一个舞蹈、一支乐曲〉 **2.** ***etw. e.*** (als Regisseur *o. Ä.*) e-e Gruppe von

Schauspielern, Tänzern *o. Ä.* etw. üben lassen, damit es vor e-m Publikum gespielt werden kann 教练,指导排练、排演〈ein Ballett, ein Theaterstück e. 教练芭蕾舞,指导排戏〉

ein·stu·fen (*hat*) Vt (及物) **j-n/etw.** (**irgendwie**) **e.** ADM *geschr*【管理】[书]; j-m/etw. e-n Platz in e-r Ordnung od. Klassifikation geben 把…归属、列入: *Er wurde in die Steuerklasse I eingestuft* 他被列入一级税率; *Sein Verhalten wird von der Polizei als gefährlich eingestuft* 他的行为被警方列入危险类行为 ‖ *hierzu* (派生) **Ein·stu·fung** *die*

ein·stün·di·g- *Adj* (形); *nicht adv* (不作状语); 〈e-e Rede, e-e Veranstaltung 讲话,演出〉 so, dass sie eine Stunde dauert 持续一小时的

ein·stür·men (*ist*) Vi (不及物) (**mit etw.**) **auf j-n e.** (von mehreren Personen) sich mit sehr vielen Bitten, Fragen od. Problemen auf einmal an j-n wenden 冲向,涌向,扑向 ≈ j-n bestürmen: *Nach dem Vortrag stürmten die Zuhörer auf den Redner ein* 报告结束后,听众涌向报告人

Ein·sturz *der*; das Einstürzen *z. B.* e-s Hauses, e-r Mauer *o. Ä.* 倒塌,坍塌 ‖ K-(复合): **Einsturz-**, **-gefahr**; **einsturz-**, **-bedroht**, **-gefährdet**

ein·stür·zen (*ist*) Vi (不及物) **etw. stürzt ein** etw. fällt od. stürzt in Teilen od. als Ganzes nach unten(物作主语)倒塌,坍塌,崩塌〈ein Dachstuhl, ein Gebäude, ein Haus, e-e Mauer 屋架,楼房,房屋,墙〉 ‖ ID[谚] ***e-e Welt stürzt* (*für j-n*) *ein*** j-d muss wegen e-s Ereignisses an allem zweifeln, an das er bisher geglaubt hat(某人认为)天要塌下来,世界要毁灭(指某人丧失信心而对一切表示怀疑)

einst·wei·len *Adv* [副] **1.** ≈ vorläufig, zunächst einmal **2.** ≈ in der Zwischenzeit, unterdessen

einst·wei·lig *Adj* (形); *mst attr*, *nicht adv*, JUR, ADM *geschr* (多作定语,不作状语)【法】【管理】[书]; bis zu e-m endgültigen Beschluss od. Urteil gültig 暂时的,临时的〈e-e Anordnung, e-e Verfügung 规定,处分〉

Ein·tags|flie·ge *die* **1.** ein Insekt, das e-r Fliege ähnlich ist u. nur kurze Zeit lebt, wenn es aus der Larve geschlüpft ist 蜉蝣目昆虫 **2. etw. ist e-e E.** *gespr* [口]; etw. ist nur für sehr kurze Zeit interessant od. aktuell(物作主语)是一种暂时现象(一阵风)

ein·tau·chen (*hat/ist*) Vt (及物) (*hat*) **1. etw.** (**in etw.** (*Akk* 四格)) **e.** etw. in etw. tauchen 把…浸入,蘸,沾〈den Pinsel in die Farbe e. 用画笔蘸颜料〉; Vi (不及物) (*ist*) **2.** unter die Oberfläche e-r Flüssigkeit (*mst* von Wasser) kommen 潜入,沉入〈ins Wasser e. 潜入水中〉

ein·tau·schen (*hat*) Vt (及物) **etw.** (**gegen/für etw.**) **e.** j-m etw. geben u. dafür etw. anderes (Gleichwertiges) bekommen 用…换取,用…(与…)交换: *Der kleine Junge tauschte sein Taschenmesser gegen zehn Comics ein* 这位小男孩用自己的小刀换了 10 本连环漫画书 ‖ *hierzu* (派生) **Ein·tausch** *der*; *nur Sg* (只用单数)

ein·tei·len (*hat*) Vt (及物) **1. etw.** (**in etw.** (*Akk* 四格)) **e.** ein Ganzes in mehrere Teile gliedern 把…分成,把…划分为(把整体分成若干部分): *Das Buch ist in drei Kapitel eingeteilt* 该书被分成三章 **2. j-n** (**zu/für etw.**) **e.** j-m für e-e bestimmte Zeit eine von mehreren möglichen Aufgaben geben 分配,分派: *Der Soldat wurde zum Wachdienst eingeteilt* 这个士兵被派去值勤 **3. j-n/etw.** (**nach etw.**) (**in etw.** (*Akk* 四格)) **e.** bestimmen, dass j-d/etw. wegen e-r bestimmten Eigenschaft zu e-r Gruppe gehört, die Teil e-r größeren Gruppe ist 把…分成,把…划分为(按特征把人/事物分类): *Die Boxer werden nach ihrem Gewicht in Klassen eingeteilt* 拳击手按其体重分成若干等级 **4.** (**sich** (*Dat* 三格)) **etw. e.** (sich) e-e Arbeit od. die Zeit für etw. in verschiedene Abschnitte teilen 安排,调配,计划: *Du teilst dir den Tag so schlecht ein, dass du deine Arbeit nicht schaffen kannst!* 你把一天的时间安排得不好,使你无法完成自己的工作! ‖ *hierzu* (派生) **Ein·tei·lung** *die*

ein·tei·lig *Adj* (形); nur aus einem Teil bestehend 单项的,连体的〈*mst* ein Badeanzug 多指:游泳衣〉

ein·tö·nig *Adj* (形); langweilig od. monoton, weil keine besonderen Eigenschaften da sind od. weil es keine Abwechslung gibt 单调的,乏味的,无聊的,无生气的〈e-e Arbeit, e-e Landschaft, ein Leben 工作,风景,生活; etw. läuft e. ab, verläuft e. 某事进行得单调乏味,进行得毫无生气〉 ‖ *hierzu* (派生) **Ein·tö·nig·keit** *die*; *nur Sg* (只用单数)

Ein·topf *der*; ein einfaches Essen (2), für das verschiedene Gemüse od. Gemüse u. Fleisch zusammen in einem Topf gekocht werden (由各种蔬菜和肉一起煮成的)烩什锦,一锅煮,烩饭 ‖ K-(复合): **Eintopf-**, **-gericht**

Ein·tracht *die*; -; *nur Sg*, *geschr* (只用单数) [书]; ein Zustand, in dem zwei od. mehr Menschen gut zusammenleben, weil sie die gleichen Meinungen od. Absichten haben, sich gegenseitig respektieren u. sich gut verstehen 和睦,融洽,友善〈in E. miteinander leben 彼此生活得很和睦(和睦相处); in Frieden u. E. 在和睦和友善的气氛中〉

ein·träch·tig *Adj* (形); *mst adv* (多作状语); so, dass Eintracht vorhanden ist 和睦的,友善的,融洽的 ‖ *hierzu* (派生) **Ein·träch·tig·keit** *die*; *nur Sg* (只用单数)

Ein·trag *der*; -(*e*)*s*, *Ein·trä·ge* **1.** *nur Sg* (只用单数); das Eintragen (1) **2.** die Worte, die eingetragen (1) werden 登记、填写的文字内容〈e-n E. vornehmen 进行填写〉

ein·tra·gen (*hat*) Vt (及物) **1. j-n/sich/etw.** (**in** (*Akk/seltener Dat* 四格/(罕)三格))/**auf** (*Dat/seltener Akk* 三格/(罕)四格)) **etw.**) **e.** j-s Namen/seinen eigenen Namen/etw. in etw., *z. B.* ein Buch, Heft od. e-e Liste, schreiben 登记: *Wer die Prüfung machen*

E

will, soll sich bitte auf dieser Liste e. 谁要参加考试，请在这份名单上登记 **2. etw. trägt (j-m) etw. ein** etw. hat etw. (Positives od. Negatives) zum Ergebnis (物作主语) 带来，产生 ≈ etw. bringt (j-m) etw. ein: *Das Geschäft hat ihm viel Geld eingetragen* 这笔交易使他赚了很多钱；*Seine Bemerkung hat ihm viel Kritik eingetragen* 他的看法给他招来许多批评 ‖ *zu* (义项) 1. **Ein·tra·gung** *die*

ein·träg·lich *Adj* (形)；〈e-e Arbeit, ein Geschäft 工作，生意〉 so, dass sie j-m relativ viel Geld bringen 能获利的，有利可图的，有赢利的 ≈ rentabel

ein·tref·fen (*ist*) [Vi] (不及物) **1. (irgendwo) e.** nach e-r Reise od. e-m Transport irgendwo ankommen 到达，抵达〈ein Brief, ein Paket 信，包裹；ein Autobus, ein Zug 公共汽车，火车；ein Reisender 旅行者〉: *Der Zug trifft in Hamburg mit Verspätung ein* 火车到汉堡误点了 **2. etw. trifft ein** etw. wird Realität (物作主语) 应验，实现，兑现，证实〈e-e Befürchtung, e-e Prophezeiung, e-e Vermutung, e-e Vorhersage 担忧，预见，猜测，预言〉: *Alles ist so eingetroffen, wie ich es mir vorgestellt hatte* 一切正如我所想象的那样，都实现了

ein·trei·ben (*hat*) [Vt] (及物) **etw. e.** j-n dazu zwingen, seine Schulden od. Steuern zu zahlen 催付，索回，征收〈Geld, Schulden, Steuern e. 催款，讨债，征税〉

ein·tre·ten (*hat/ist*) [Vt] (及物) (*hat*) **1. etw. e.** in etw. ein Loch machen od. etw. mit Gewalt öffnen, indem man mit dem Fuß dagegen- od. darauftritt 踹开，踢坏，踩碎: *e-e Tür e.* 踹开门; *das Eis e.* 把冰踩碎; [Vi] (不及物) (*ist*) **2. (in etw. (Akk** 四格**)) e.** (durch die Tür od. ein Tor) in e-n Raum gehen 进入，走进，跨入 **3. (in etw. (Akk** 四格**)) e.** Mitglied in e-r Organisation, Gruppe *o. Ä.* werden 加入，参加〈in e-e Partei, e-n Verein, e-n Orden e. 加入政党、社团、教团〉 **4. etw. tritt (in etw. (Akk** 四格**)) ein** etw. gelangt in etw. hinein (物作主语) 渗入，进入〈Gas, Wasser 气，水〉: *Wo ist die Kugel eingetreten?* 子弹是从哪里穿进去的? **5. etw. tritt ein** etw. geschieht, beginnt zu sein (物作主语) 发生，开始，出现: *Der Tod trat um acht Uhr ein* 死亡发生在八点; *Es ist noch keine Besserung eingetreten* 还没有出现好转 **6. für j-n/etw. e.** sich für j-n/etw. einsetzen (8) 为…说情、辩护，支持，主张，赞成

ein·trich·tern; *trichterte ein, hat eingetrichtert*; [Vt] (及物) **j-m etw. e.** *gespr* [口]; j-m etw., das er lernen od. sich merken soll, immer wieder sagen 向…灌输，反复教导

Ein·tritt *der*; *mst Sg* (只用单数) **1.** die Berechtigung, etw. zu besuchen, an etw. teilzunehmen *o. Ä.* 入场: *Was kostete der E.?* 入场费多少?; *Der E. (ins Museum) ist frei* 参观(博物馆)免费 ‖ K-(复合): **Eintritts-, -geld, -karte, -preis 2.** das Eintreten (4) von etw. in etw. 进入，入内 ‖ K-(复合): **Eintritts-, -stelle 3.** das Eintreten (3) in e-e Organisation 加入，入会: *Durch viele neue Eintritte hat unser Verein jetzt über 100 Mitglieder* 由于许多新会员的加入，我们的协会现有成员已超过一百 **4.** das Eintreten (5), der Beginn e-r Veränderung 开始，来临: *Bei E. der Dämmerung passierte der Unfall* 在破晓时发生了事故

ein·trock·nen (*ist*) [Vi] (不及物) **etw. trocknet ein** etw. wird langsam trocken (u. fest) u. ist daher nicht mehr zu verwenden od. verschwindet ganz (物作主语) 变干，干缩，干瘪，干枯，干涸〈die Farbe, die Tinte 颜料，墨水; ein Teich, ein See 池塘，湖〉

ein·tru·deln (*ist*) [Vi] (不及物) (**irgendwo/bei j-m**) **e.** *gespr* [口]; ohne Eile (*mst* mit Verspätung) irgendwo ankommen (wo man erwartet wird) 姗姗来迟，慢慢腾腾地来到

ein·üben (*hat*) [Vt] (及物) **etw. e.** etw. durch systematisches Üben u. ständiges Wiederholen lernen 练熟，练会: *Der Chor übt ein neues Lied ein* 合唱队练一支新歌 ‖ *hierzu* (派生) **Ein·übung** *die*

ein·ver·lei·ben; *verleibte ein, hat einverleibt*; [Vt] (及物) **1. sich** (*Dat* 三格) **etw. e.** etw. zu seinem Besitz hinzufügen (*mst* mit Gewalt u. ohne ein Recht dazu zu haben) 并吞，强占 **2. sich** (*Dat* 三格) **etw. e.** *gespr hum* [口][谐]; etw. (*mst* in großer Menge) essen 吞食，狼吞虎咽

Ein·ver·nah·me *die*; *-, -n*; *bes* Ⓐ Ⓒⓗ JUR 尤用于[瑞][奥]【法】≈ Vernehmung (vor Gericht)

Ein·ver·neh·men *das*; *-s*; *nur Sg*, *geschr* (只用单数) [书] **1.** e-e gute Beziehung zwischen Menschen, die dieselben Ansichten haben od. sich gut miteinander verstehen 和睦，融洽，和洽 **2. E. (mit j-m) (über etw. (Akk** 四格**))** e-e Einigung über das, was zu tun ist 步调一致，意见一致〈mit j-m E. herstellen, etw. im E. mit j-m beschließen 与某人采取一致步调，与某人一致决定某事〉

ein·ver·nehm·lich *Adj* (形); *mst adv*, *geschr* (多作状语) [书]; so, dass Einvernehmen (2) besteht 和睦的，融洽的，意见一致的〈*mst* 多用 etw. e. regeln, beschließen, festlegen 和睦地处理某事，意见一致地决定、确定某事〉

ein·ver·stan·den *Adj* (形); **(mit etw.) e. sein** etw., das j-d sagt od. tut, akzeptieren 同意，赞成: *Ich bin mit deinem Vorschlag e.* 我同意你的建议; *Ich bin (damit) e., dass es so gemacht wird* 我同意这样干

Ein·ver·ständ·nis *das*; *mst Sg* (多用单数) **1. das E. (zu etw.)** e-e Äußerung, mit der man sagt, dass man mit etw. einverstanden ist od. etw. erlaubt 赞同，认可，同意，允诺 ≈ Zustimmung〈sein E. geben, j-s E. einholen, im E. mit j-m handeln 给予认可，取得某人的赞同，在某人允诺下行动〉 **2. das E. (über etw. (Akk** 四格**))** die gleiche Meinung od. Ansicht 意见一致 ≈ Einigkeit: *Zwischen den beiden Staaten bestand E. über die zukünftige Zusammenarbeit* 两国(之间)对未来的合作意见一致

Ein·waa·ge *die*；-；*nur Sg*（只用单数）；das Gewicht von Lebensmitteln ohne Zusätze wie Wasser, Saft *o.Ä.*, bevor sie in Dosen *o.Ä.* abgefüllt werden（罐头食品中不包括流质等的）净重

Ein·wand *der*；-(*e*)*s*, *Ein·wän·de*；e-e Äußerung, mit der e-e andere Meinung, Kritik *o.Ä.* ausgedrückt wird 异议，不同意见，批评意见〈e-n E. erheben/vorbringen 提出异议/提出不同意见〉：*Gibt es irgendwelche Einwände gegen den Plan?* 对这个计划有什么不同意见吗？

ein·wan·dern（*ist*）[Vi]（不及物）（***irgendwohin***）***e.*** in ein fremdes Land gehen, um dort für immer zu bleiben 移居，迁入（别国）≈ immigrieren ↔ auswandern, emigrieren：*in die Schweiz, nach Italien e.* 移居瑞士，迁往意大利 ‖ *hierzu*（派生）**Ein·wan·de·rer** *der*；**Ein·wan·de·rin** *die*

Ein·wan·de·rung *die*；*mst Sg*（多用单数）；das Einwandern ‖ K-（复合）：***Einwanderungs-***, ***-behörde***, ***-beschränkung***, ***-erlaubnis***, ***-verbot***, ***-welle***

ein·wand·frei *Adj*（形）**1.** ohne jeden Fehler 无可指摘的，无瑕疵的，无缺点的 ≈ tadellos ↔ mangelhaft〈e-e Arbeit, ein Benehmen, ein Verhalten 工作，态度，行为；etw. funktioniert e. 某物运转良好，完全正常〉**2.** *mst adv*, *gespr*（多作状语）[口]；ohne dass man daran zweifeln könnte 毋庸置疑的，清清楚楚的，毫不含糊的，无可争辩的 ≈ eindeutig〈etw. steht e. fest 某事确凿无疑〉：*Er konnte seine Unschuld e. beweisen* 他能无可置疑地证明自己的清白无辜

ein·wärts *Adv*（副）；nach innen od. zur Mitte von etw. gerichtet 向内，向里，往里面

ein·wech·seln（*hat*）[Vt]（及物）***j-n***（***gegen j-n***）***e.*** SPORT【体】；e-n neuen Spieler als Ersatz für e-n anderen ins Spiel bringen 将…换上场，以…换下 ‖ *hierzu*（派生）**Ein·wechs·lung** *die*

ein·we·cken（*hat*）[Vt]（及物）***etw. e.*** ≈ einmachen ‖ K-（复合）：***Einweck-***, ***-glas***, ***-topf***

Ein·weg- *im Subst*, *wenig produktiv*（构成名词，构词少）；verwendet, um auszudrücken, dass etw. nur ein einziges Mal benutzt u. dann weggeworfen wird（使用后即丢弃的）一次性的…；die ***Einwegflasche***, die ***Einwegspritze***；die ***Einwegverpackung***

ein·wei·chen；*weichte ein*, *hat eingeweicht*；[Vt]（及物）**1.** ***etw. e.*** etw. längere Zeit in Wasser od. e-e andere Flüssigkeit legen, um es weich zu machen 把…泡软，浸透〈Bohnen, Erbsen, Linsen *o.Ä.* e. 泡菜豆、豌豆、扁豆等；e-n Pinsel e. 把画笔泡软〉**2.** ***etw. e.*** etw. vor dem eigentlichen Waschen in Wasser mit Waschpulver *o.Ä.* legen 将…泡、浸（在有洗涤剂的水中）〈Wäsche e. 泡衣服〉

ein·wei·hen（*hat*）[Vt]（及物）**1.** ***etw. e.*** *mst* ein neues Gebäude mit e-r feierlichen Zeremonie eröffnen 为…举行落成典礼，为…举行庆典：*Am Sonntag wurde unser neues Rathaus eingeweiht* 星期天我们新市政大楼举行了落成典礼 **2.** ***j-n***（***in etw.***（*Akk* 四格））***e.*** j-n mit etw., das nicht jeder weiß od. wissen darf, vertraut machen 向…透露，让…了解〈j-n in seine Absichten, Pläne e. 向某人透露自己的意图，打算〉‖ *hierzu*（派生）**Ein·wei·hung** *die*

ein·wei·sen（*hat*）[Vt]（及物）**1.** ***j-n***（***irgendwohin***）***e.*** veranlassen, dass j-d, der krank ist, ein Verbrechen begangen hat *o.Ä.*, an e-n bestimmten Ort kommt u. dort *mst* längere Zeit untergebracht wird 安置，安顿，安排；把…送往〈j-n in e-e Klinik, ein Heim, in das Gefängnis e. 安排某人住院、疗养，送某人进监狱〉**2.** ***j-n***（***in etw.***（*Akk* 四格））***e.*** j-m e-e neue Arbeit od. Aufgabe erklären, sodass er weiß, was er tun muss 指导，使入门，使领会，使熟悉 **3.** ***j-n / etw.***（***in etw.***（*Akk* 四格））***e.*** dem Fahrer e-s Fahrzeugs *o.Ä.* Zeichen geben, damit er an e-e bestimmte Stelle fährt 给…指明行车方向〈j-n/ ein Fahrzeug in e-e Parklücke e. 指引一辆机动车驶入停车空位〉‖ *hierzu*（派生）**Ein·wei·sung** *die*

ein·wen·den；*wandte / wendete ein*, *hat eingewandt / eingewendet*；[Vt]（及物）***etw.***（***gegen j-n / etw.***）***e.*** ein Argument od. Gründe nennen, die gegen e-e bestimmte Person od. e-n Plan, ein Projekt *o.Ä.* sprechen 提出异议，提出（理由、依据）反对…〈etw./nichts gegen den Plan einzuwenden haben 有某种理由/没有理由反对这项计划〉：*Ich möchte e., dass der Plan nicht realisierbar ist* 我想表示反对，这个计划是不可能实现的

ein·wer·fen（*hat*）[Vt]（及物）**1.** ***etw.***（***in etw.***（*Akk* 四格））***e.*** e-n Brief *o.Ä.* in e-n Briefkasten stecken 把…（信等）投入（邮筒）：*Kannst du die Karte an meine Eltern e., wenn du zur Post gehst?* 要是你去邮局，能把给我父母的明信片投入邮筒吗？**2.** ***etw.***（***in etw.***（*Akk*））***e.*** Geldstücke *o.Ä.* in e-n Automaten stecken 把…（钱币）投入（自动装置）：*In diesen Kaffeeautomaten musst du einen Euro einwerfen* 你得往这架自动咖啡机里投入一个欧元 **3.** ***etw. e.*** ein Fenster, e-e Scheibe (2) *o.Ä.* durch Werfen zerstören 掷破，（因投掷而）砸破 **4.** ***etw. e.*** j-n, der spricht, unterbrechen, um kurz selbst etw. zu sagen（别人谈话时）插入〈e-e Bemerkung, e-e Frage *o.Ä.* e. 插进去发表一种意见，提出一个问题等〉；[Vt/i]（及物/不及物）**5.**（***etw.***）***e.*** SPORT【体】；e-n Ball, der sich außerhalb des Spielfelds befindet, durch e-n Wurf wieder ins Spiel bringen 发界外球〈den Ball e. 发界外球〉

ein·wi·ckeln（*hat*）[Vt]（及物）**1.** ***etw.***（***in etw.***（*Akk* 四格））***e.*** etw. in etw. wickeln (4), *mst* um es zu schützen od. zu schmücken 把…包入，把…包起来 ↔ auswickeln〈ein Geschenk, ein Paket *o.Ä.* in Papier e. 用纸把礼物、包裹等包起来〉‖ K-（复合）：***Einwickel-***, ***-papier*** **2.** ***j-n e.*** *gespr*［口］；j-n（durch Charme od. Überredungskünste）zu etw. überreden 诓骗，欺骗，使上当，愚弄：*Lass dich von ihm nicht e.!*（= sei vorsichtig – er könnte dich dazu bringen, Dinge zu tun, die du gar nicht tun willst）别让他把你诓了！

E

ein·wil·li·gen; *willigte ein*, *hat eingewilligt*; Vi(不及物)(**in etw.**(*Akk* 四格)) **e.** sagen, dass man e-n Vorschlag, e-e Entscheidung *o. Ä.* gut findet u. damit einverstanden ist 赞同,同意 ≈ etw. (*Dat* 三格) zustimmen 〈in die Scheidung, in e-n Vorschlag e. 同意离婚,同意一个建议〉 ‖ *hierzu*(派生) **Ein·wil·li·gung** *die*

ein·wir·ken (*hat*) Vi(不及物) **1. auf j-n/etw. e.** bestimmen od. zu bestimmen versuchen, wie sich j-d entscheidet *o. Ä.* 对…产生影响,影响,左右. ≈ j-n beeinflussen 〈auf j-s Denken, Urteil e. 影响某人的思想、判断〉 **2. etw. wirkt auf j-n/etw. ein** etw. hat e-e Wirkung auf j-n/etw. (物作主语)对…产生影响,对…起作用

ein·wö·chi·g- *Adj*(形); *nur attr*, *nicht adv*(只作定语,不作状语); eine Woche dauernd 为期一周的,长达一周的

Ein·woh·ner *der*; *-s*, *-*; j-d, der in e-r Gemeinde/Stadt od. in e-m Land wohnt u. nicht nur zu Besuch dort ist 居民: *München hat mehr als eine Million Einwohner* 慕尼黑有一百多万居民 ‖ K-(复合): ***Einwohner-***, ***-zahl*** ‖ *hierzu* (派生) **Ein·woh·ne·rin** *die*; *-*, *-nen*; **Ein·woh·ner·schaft** *die*; *-*, *-en*; *mst Sg*(多用单数)

Ein·woh·ner|mel·de·amt *das*; e-e Behörde, bei der man sich (bei e-m Umzug) an-, um- od. abmelden muss 户籍管理处,派出所

Ein·wurf *der* **1.** das Einwerfen (1,2) *z. B.* e-s Briefes od. e-s Geldstücks 投入,掷入 **2.** das, was j-d in e-m Gespräch, e-r Diskussion einwirft (4) 插话 **3.** die Öffnung, durch die etw. eingeworfen (1,2) werden kann (投入信件、钱币等的)投入口〈der E. am Briefkasten, Spielautomaten 信箱投信口,游戏机投币口〉 **4.** SPORT【体】; das Einwerfen (5) des Balles in ein Feld 界外发球

Ein·zahl *die*; *mst Sg* (多用单数) ≈ Singular

ein·zah·len (*hat*) Vt/i (及物/不及物) (**etw.**) (**auf etw.** (*Akk* 四格)) **e.** bei e-r Bank *o. Ä.* Geld zahlen, damit es auf ein Konto kommt 把…存入账户: *Ich möchte € 200 auf mein Konto e.* 我想把200欧元存入我的账户

Ein·zah·lung *die* **1.** das Einzahlen 存款,存入银行 **2.** der Betrag, den man einzahlt od. eingezahlt hat 存款数额

ein·zäu·nen; *zäunte ein*, *hat eingezäunt*; Vt (及物) **etw. e.** ein Gelände mit e-m Zaun umgeben 把…用篱笆围起来: *ein Grundstück e.* 用篱笆把一块地皮围起来 ‖ *hierzu*(派生) **Ein·zäu·nung** *die*

ein·zeich·nen (*hat*) Vt (及物) **etw.** (**in etw.** (*Dat*/*Akk* 三格/四格)) **e.** etw. *mst* in e-n (technischen) Plan od. e-e Landkarte zeichnen od. eintragen 在…上标明,把…画入,记入: *Ich habe unsere Route in den Plan eingezeichnet* 我把我们的路线在地形图上标出来了; *Die Route ist im Plan eingezeichnet* 路线已在地形图中标明 ‖ *hierzu*(派生) **Ein·zeich·nung** *die*

Ein·zel *das*; *-s*, *-*; (bei Badminton, Tischtennis u. Tennis) das Spiel, bei dem nur ein einzelner Spieler gegen e-n anderen spielt (羽毛球、乒乓球、网球比赛中的)单打(比赛) ↔ Doppel (1) ‖ -K(复合): ***Damen-***, ***Herren-***

Ein·zel- *im Subst*, *sehr produktiv*(构成名词,构词强) **1.** nur für eine einzige Person gemacht, nur eine einzige Person betreffend(表示为单独一个人准备的)单人…,单独…; der ***Einzelarrest***, der ***Einzelfahrschein***, das ***Einzelgrab***, die ***Einzelhaft***, die ***Einzelkabine***, das ***Einzelschicksal***, der ***Einzelunterricht***, die ***Einzelzelle***, das ***Einzelzimmer*** **2.** von nur einer Person gemacht, durchgeführt(表示由单独一个人进行的)单个…,个人…; der ***Einzelkampf***, die ***Einzelleistung***, die ***Einzelreise*** **3.** drückt aus, dass der Betroffene etw. allein tut(表示行为者独自行事)单身的…,独自…; der ***Einzelreisende***, der ***Einzeltäter*** **4.** drückt aus, dass die genannte Sache nur einmal vorhanden ist(表示所指事物只存在一次)孤…,单…,独一无二…,单独…,特殊…; die ***Einzelanfertigung***, das ***Einzelbeispiel***, das ***Einzelexemplar***, der ***Einzelfall***, das ***Einzelstück***

Ein·zel·fra·ge *die*; *mst Pl* (多用复数); e-e Frage, die nur einen Aspekt e-s größeren Zusammenhangs betrifft 个别问题: *Die Einzelfragen können wir später klären* 个别问题我们可以以后澄清

Ein·zel·gän·ger *der*; *-s*, *-*; j-d, der nur wenig Kontakt zu anderen Menschen hat (u. daher *mst* allein handelt, entscheidet u. der oft e-e andere Meinung hat als die meisten) 独来独往的人,孤僻的人,不合群的人

Ein·zel·han·del *der*; *-s*; *nur Sg*, *Kollekt*, WIRTSCH(只用单数)(集合)【经】; alle Geschäfte, die ihre Waren nicht an andere Geschäfte, sondern an den Verbraucher direkt verkaufen 零售 ↔ Großhandel ‖ K-(复合): ***Einzelhandels-***, ***-geschäft***, ***-preis*** ‖ *hierzu*(派生) **Ein·zel·händ·ler** *der*; **Ein·zel·händ·le·rin** *die*

Ein·zel·han·dels|kauf·mann *der*; verwendet als berufliche Bezeichnung für j-n, der e-e Lehre als Verkäufer im Einzelhandel abgeschlossen hat 零售商

Ein·zel·heit *die*; *-*, *-en*; ein einzelner, *mst* kleiner Teil e-s größeren Ganzen 细节,个别部分,细枝末节,详情≈ Detail 〈charakteristische, (un)wichtige Einzelheiten 典型的、(不)重要的细节; etw. in allen Einzelheiten erzählen 详尽地讲述某事; (nicht) auf Einzelheiten eingehen(不)探讨细节〉

Ein·zel·kind *das*; ein Kind, das keinen Bruder u. keine Schwester hat 独生子女

ein·zeln *Adj*(形); *nur attr od. adv*(只作定语或状语) **1.** verwendet, um auszudrücken, dass e-e Person/Sache allein u. nicht mit anderen zusammen ist 单个的,单独的,孤单单的,逐个的: *ein einzelner Schuh* 单只鞋; *ein einzelnes Auto auf dem Parkplatz* 停车场上的一辆孤单单的车; *die Geschenke e. verpacken* 将礼物分别单独包装 **2. jeder/jede/jedes** *usw* **einzelne** /

Einzelne (+ *Subst* 名词) verwendet, um sich auf alle od. alles ohne Ausnahme zu beziehen 每一个,一个个的: *Jeder einzelne Fehler muss verbessert werden* 每一个错误都必须改正; *Jeder Einzelne von uns muss seinen Beitrag leisten* 我们每一个人都必须作出自己的贡献 **3.** verwendet, um die Teile e-s Ganzen jeweils für sich allein zu bezeichnen 各个的,单个的: *die einzelnen Kapitel des Buchs* 书的各个章节 **4.** ***im Einzelnen*** so, dass alle Details dabei berücksichtigt werden 详尽地: *Dazu kann ich im Einzelnen noch nichts sagen* 对此我还没法一一细说

ein·zel·n- *Indefinitpronomen*(不定代词) **1.** ***einzelne*** + *Subst*(名词) verwendet, um sich auf e-e unbestimmte, relativ geringe Zahl zu beziehen 少数的,个别的,几个 ≈ vereinzelte, einige wenige + Subst.: *Nur einzelne Zuschauer waren gekommen* 只有少数几个观众来了; *Einzelne Fragen blieben noch ungeklärt* 个别问题尚未澄清 ‖ NB(注意): nur im Plural verwendet(只用复数) **2.** ***Einzelnes*** verwendet, um einige (wenige), *mst* nicht sehr wichtige Einzelheiten zu bezeichnen 某些细节,一些无关紧要的事,细枝末节: *Einzelnes kritisieren* 批评(评论)某些细节

Ein·zel·teil *das*; ein relativ kleines Teil e-s Apparats, e-r Maschine *o.Ä.* 零件,小部件,单件: *die Einzelteile e-s Radios* 收音机的零件

ein·zie·hen [Vt](及物) (*hat*) **1.** ***etw. e.*** etw., das im Wasser od. in der Luft war, (wieder) zu sich holen 把…收起来,收拢来,降下来 ≈ einholen (3) 〈e-e Fahne, ein Netz, ein Segel e. 降旗,收网,落帆〉: *Der Fischer musste das Netz e., ohne etwas gefangen zu haben* 渔夫什么也没捕着,只得收网 **2.** ***etw. e.*** e-n Teil des Körpers an den Körper ziehen, *mst* um ihn zu schützen od. um ihn kleiner erscheinen zu lassen 收缩(部分躯体),把…缩进去 〈*mst* 多用 den Kopf, den Bauch e. 缩脑袋,收腹〉 **3.** ***etw.*** (***in etw.*** (*Akk* 四格)) ***e.*** etw. in ein Gebäude, das bereits besteht, einbauen(在…内部)安装,装上,嵌入 〈e-n Balken, e-e Holzdecke, e-e Wand e. 装梁,装木顶棚,砌隔断〉: *Wir ziehen e-e Wand ein, um das Wohnzimmer zu teilen* 为隔开起居室,我们砌了一道隔断 **4.** ***j-n e.*** MIL【军】≈ einberufen (1) **5.** ***etw. zieht etw. ein*** e-e Institution, e-e Firma *o.Ä.* kassiert Geld, auf das sie Anspruch hat(物作主语)收回,收取,索取(钱款) **6.** ***etw. e.*** ungültige Münzen, Banknoten *o.Ä.* aus dem Verkehr ziehen 回收,回笼(旧的硬币、纸币等) **7.** *mst* 多用 ***der Staat zieht etw. ein*** der Staat beschlagnahmt das Geld od. den Besitz von e-r Person, Firma *o.Ä.* 国家没收…,将…充公: *Nach dem Verbot der Partei wurde ihr Besitz eingezogen* 该政党被禁止后,其财产被没收 **8.** ***etw. e.*** sich Informationen über j-n/etw. geben lassen 收集(信息),查询 〈Erkundigungen e. 收集调查材料〉; [Vi](不及物) (*ist*) **9.** (***irgendwohin***) ***e.*** in neue Räume, in ein neues Haus *o.Ä.* ziehen (19), um dort zu wohnen od. zu arbeiten 迁入,搬进 〈in ein Haus, e-e Wohnung, ein neues Zimmer e. 搬进住宅、住房、新房间〉 **10.** ***j-d*** (*Kollekt od Pl* 集合或复数) ***zieht*** (***in etw.*** (*Akk* 四格)) ***ein*** mehrere Personen gehen od. marschieren in e-r bestimmten Ordnung in etw. (人作主语)(列队)开进,进入 〈e-e Mannschaft, Soldaten 运动队,士兵们〉: *Die Truppen zogen in die Stadt ein* 部队开进了市区 **11.** ***etw. zieht*** (***in etw.*** (*Akk* 四格)) ***ein*** etw. dringt in etw. od. unter die Oberfläche von etw. ein(物作主语)渗入,透进 〈Wasser, Öl, Creme *o.Ä.* zieht ein 水、油渗进去了,润肤膏渗入皮肤〉: *Das Wasser zog schnell in die trockene Erde ein* 水很快就渗透入干涸的土地 ‖ *zu* (义项)**1.**, **5.**, **6.** u. **7.** **ein·zieh·bar** *Adj*(形); *zu* (义项)**4.-7.** **Ein·zie·hung** *die*

ein·zig *Adj* (形) **1.** auf die genannte(n) Person(en)/Sache(n) *o.Ä.* beschränkt 唯一的,仅有的,独一无二的〈der Grund 理由; der, die, das Einzige, die Einzigen, kein Einziger 唯一的,不是唯一的〉 **2.** *nur adv* (只作状语); ausschließlich 唯一的≈ allein 〈das e. Richtige 唯一正确的东西〉 **3.** ***e. und allein*** ≈ nur[3] (1): *E. und allein er ist daran schuld* 唯独他对此负有罪责

ein·zig·ar·tig *Adj*(形) **1.** von e-r sehr hohen Qualität 无与伦比的,独一无二的 ≈ einmalig, unvergleichlich **2.** *nur adv*(只作状语); verwendet, um Adjektive od. Verben zu verstärken(用来加强形容词或动词的语气) ≈ sehr: *e. gut* 好极了

Ein·zug *der*; *mst Sg*(多用单数) **1.** das Einziehen (1) e-r Fahne, e-s Netzes *o.Ä.* 收拢,降下 **2.** das Einziehen (5,6,7) von Geld, Vermögen *o.Ä.* 索取,回收,没收 **3.** das Einziehen (9) in e-e neue Wohnung 迁入,搬进,搬家 **4.** das Einziehen (10) 列队进入: *der E. der Sportler in das Olympiastadion* 运动员列队进入奥林匹克体育场

Ein·zugs·be·reich *der* ≈ Einzugsgebiet

Ein·zugs·er·mäch·ti·gung *die* **1.** die Erlaubnis, die der Inhaber e-s Bankkontos j-m gibt, regelmäßig Geld von seinem Konto einzuziehen (5)授权收款 〈j-m e-e E. erteilen 授与某人收款权〉 **2.** ein Formular für e-e E. (1)授权收款的表格

Ein·zugs·ge·biet *das*; das Gebiet um e-e Stadt *o. Ä.* herum, dessen Bewohner zu e-m großen Teil in dieser Stadt arbeiten, einkaufen *usw* 城市周边地区〈im E. e-r Stadt, e-r Großstadt, e-s Zentrums liegen, wohnen 位于、住在一个城市的、一个大城市的、一个市中心的周边地区〉

Eis *das*; *-es*; *nur Sg*(只用单数) **1.** Wasser, das zu e-r festen Masse gefroren ist 冰〈das Eis schmilzt, taut, bricht 冰融化,融解,破裂; das Eis aufhacken 把冰凿开〉 ‖ K-(复合): ***Eis-***, ***-block***, ***-fläche***, ***-glätte***, ***-kristall***, ***-schicht***, ***-scholle***; ***eis-***, ***-frei***, ***-bedeckt*** **2.** Eis (1) in Form von Würfeln *o.Ä.* 小冰块(供食用的): *Whisky mit Eis* 加冰块的威士忌 ‖ K-(复合):

Eis-, ***-würfel***; ***eis-***, ***-gekühlt*** **3.** e-e Fläche von Eis (1) in e-m Stadion, auf e-m Weiher, e-m See *o. Ä.* 冰面,冰层,冰场〈aufs Eis gehen 去溜冰〉: *Das Eis trägt noch nicht* 冰面还不能走人 ‖ K-(复合): ***Eis-***, ***-sport***, ***-stadion*** **4.** e-e süße, kalte Masse aus Milch od. Wasser, Zucker u. Früchten *o. Ä.*, die man *bes* im Sommer isst 冰冻甜食,如冰淇淋,冰糕等〈Eis essen 吃冰淇淋; ein Eis lutschen 嘬冰淇淋; Eis am Stiel 冰棍〉‖ -K(复合): ***Speise-***; ***Frucht-***, ***Milch-***; ***Himbeer-***, ***Vanille-*** *usw* ‖ K-(复合): ***Eis-***, ***-maschine***, ***-sorten***, ***-torte***, ***-tüte***, ***-verkäufer***, ***-waffel*** ‖ ID[谚] ***etw. auf Eis legen*** an etw. nicht mehr arbeiten, weil es im Augenblick nicht sinnvoll od. erfolgreich ist 把某事暂时搁置起来、先放一放、先凉着〈Pläne auf Eis legen 把计划暂时搁置起来〉; *mst* 多用 ***Das Eis ist gebrochen*** das Verhältnis zwischen Personen, die sich gerade erst kennengelernt haben, ist entspannter u. lockerer geworden 冰解冻了(隔阂消除了,气氛活跃起来了); ***sich auf dünnes / aufs Eis begeben*** sehr viel riskieren 冒极大风险,如履薄冰

Eis·bahn *die*; e-e Fläche gefrorenen Wassers (in e-m Stadion), auf der man Schlittschuh laufen kann 滑冰场

Eis·bär *der*; ein Bär mit weißgelbem Fell, der in der Arktis lebt 北极熊,白熊

Eis·be·cher *der*; e-e Art großer Becher mit Eis (4), *mst* mit Früchten, Sahne *usw*(配有水果、奶油花等的)一大杯冰淇淋

Eis·bein *das*; *nordd*[北德]; ein gepökeltes u. gekochtes Stück Bein vom Schwein 腌肘子〈E. mit Sauerkraut 腌肘子配酸泡菜〉

Eis·berg *der*; e-e sehr große schwimmende Masse Eis (1) im Meer, von der nur ein kleiner Teil über Wasser zu sehen ist(海中)冰山 ‖ ID[谚] ↑ ***Spitze***[1]

Eis·beu·tel *der*; e-e Art kleiner Sack aus Gummi *o. Ä.*, den man mit Eis füllt, um sich damit *z. B.* bei Fieber den Kopf zu kühlen 冰袋(供冷敷用)

Eis·blu·me *die*; -, *-n*; *mst Pl*(多用复数); kristallisiertes Eis an Fensterscheiben, das wie Blumen aussieht(结在玻璃上的)冰花,霜花

Eis·bre·cher *der*; ein Schiff, das mit e-m speziellen Bug ausgestattet ist, damit es Eisflächen aufbrechen kann, um den Weg für andere Schiffe frei zu machen 破冰船

Ei·schnee *der*; Eiweiß, das zu festem Schaum geschlagen worden ist 打成泡沫的蛋白

Eis·creme die ≈ Speiseeis, Eis (4)

Eis·die·le *die*; e-e Art Café, das vor allem Eis (4) verkauft 冷饮店

Ei·sen *das*; *-s*, - **1.** *nur Sg*(只用单数); ein relativ schweres Metall von grauer Farbe, das in feuchter Luft leicht rostet (u. dann rötlichbraun wird) 铁; CHEM【化】Fe〈E. schmelzen, gießen, schmieden 熔铁,铸铁,打铁; hart wie E. 像铁一样坚硬的,硬如铁的〉‖ K-(复合): ***Eisen-***, ***-erz***, ***-gießerei***, ***-industrie***, ***-kette***, ***-oxyd***, ***-stange***, ***-teil*** **2.** *geschr*[书] ≈ Hufeisen ‖ ID[谚] ***ein heißes E.*** ein problematisches, heikles Thema od. Projekt, das heftige Kontroversen mit sich bringt — 个(引起激烈争论的)棘手的问题(项目); ***ein heißes E. anfassen / anpacken*** sich an ein problematisches, heikles Thema heranwagen 敢碰(抓)棘手的问题,敢于碰硬; *mst* 多用 ***noch ein E. im Feuer haben*** noch e-e andere Möglichkeit, noch e-n anderen Ausweg aus e-r Situation haben 还有(摆脱困境的)另一个可能性,另一条出路; ***zum alten E. gehören / zählen*** *gespr*[口]; wegen seines hohen Alters nicht mehr gebraucht werden 年迈无用了,老了不顶用了,成了废铁了 ‖ *zu* (义项)**1.** **ei·sen·hal·tig** *Adj*(形); *nicht adv*(不作状语)

Ei·sen·bahn *die* **1.** *nur Sg*(只用单数); ein System für den Transport von Personen u. Gütern, das aus Zügen besteht, die auf Schienen fahren u. an Bahnhöfen halten 铁道,铁路 **2.** ein Zug, der aus e-r Lokomotive u. *mst* mehreren Wagen od. Waggons besteht 火车,列车 ‖ K-(复合): ***Eisenbahn-***, ***-fahrkarte***, ***-fahrplan***, ***-linie***, ***-schaffner***, ***-schiene***, ***-schranke***, ***-signal***, ***-strecke***, ***-tunnel***, ***-unglück***, ***-verkehr***, ***-waggon*** **3.** *mst Sg*, *gespr*(多用单数)[口]; die Institution, der die Züge, Bahnhöfe *usw* gehören u. die den Zugverkehr durchführt 铁路部门 ‖ ID[谚] ***es ist höchste E.*** *gespr*[口]; es eilt sehr, es ist nur noch wenig Zeit 事情刻不容缓;时间紧迫,不能再拖了

Ei·sen·bahn|brü·cke *die*; e-e Brücke, auf der die Eisenbahn (1) fährt 铁路桥

Ei·sen·bah·ner *der*; *-s*, -; *gespr*[口]; j-d, der bei der Eisenbahn (3) arbeitet 铁路员工

Ei·sen·bahn|netz *das*; *Kollekt*(集合); alle Eisenbahnstrecken in e-m bestimmten Gebiet 铁路网 ≈ Schienennetz〈ein dichtes, gut ausgebautes E. 密集的、四通八达的铁路网〉

Ei·sen·bahn|wa·gen *der*; ein einzelner Wagen in e-m Zug, in dem entweder Passagiere od. Gepäck transportiert werden 火车车厢

Ei·sen·hüt·te *die*; ein industrieller Betrieb, in dem aus Erz Eisen gewonnen wird 炼铁厂,冶铁厂 ‖ K-(复合): ***Eisenhütten-***, ***-industrie***, ***-werk***

Ei·sen·wa·ren *die*; *Pl*(复); *mst* relativ kleine Gegenstände aus Eisen (*z. B.* Werkzeuge, Draht, Nägel) 铁制品,小五金

Ei·sen·werk *das* ≈ Eisenhütte

Ei·sen·zeit *die*; *nur Sg*(只用单数); die Zeit (etwa vom 8 Jahrhundert vor Christus bis zum 1 Jahrhundert nach Christus), in der man begann, Werkzeuge u. Waffen aus Eisen (u. nicht mehr aus Bronze) zu machen 铁器时代(约公元前八世纪至公元一世纪)

ei·sern *Adj*(形); *ohne Steigerung*(无变级) **1.** *nur attr*, *nicht adv*(只作定语,不作状语); aus Eisen bestehend 铁的,铁制的〈ein Haken, ein Nagel, ein Gitter 钩,钉,栅〉**2.** von großer Stärke 坚定的,坚强的,不可动摇的,不屈的,钢铁般

的,强健的 ≈ fest, unerschütterlich〈Disziplin, Energie, Prinzipien, ein Wille, Gesundheit 纪律,毅力,原则,意志,身体〉: *Daran halte ich e. fest* 对此我紧抓不放 **3.** mit großer Härte 严厉的,铁面无私的,无情的,铁的 ≈ unnachgiebig〈mit eiserner Hand regieren, mit eiserner Faust durchgreifen 实行铁腕统治,采取严厉的措施〉‖ ID[谚] ↑ ***Lunge***, ***Hochzeit***[1], ***Ration***, ***Regiment***, ***Vorhang***

Ei·ses·käl·te *die*; *geschr*[书]; e-e sehr große Kälte 严寒,冰冷,天寒地冻

Eis·hei·li·gen *die*; *Pl*(复); die Tage vom 11 bis 15 Mai, an denen es nachts oft Frost gibt 冰圣日(指 5 月 11 日至 15 日,其夜晚常常出现冰冻天气)

Eis·ho·ckey *das*; ein Spiel zwischen zwei Mannschaften, die mit Schlittschuhen auf e-r Eisfläche laufen u. versuchen, mit Schlägern e-e Art Scheibe aus hartem Gummi (den Puck) in das Tor des Gegners zu schießen 冰球(运动) ‖ K-(复合): ***Eishockey-***, ***-schläger***; ***-spieler***

ei·sig *Adj*(形) **1.** sehr kalt 冰冷的,寒冷的〈Wind, Wasser, Kälte 风,水,寒冷〉 **2.** sehr unfreundlich u. ablehnend 冷冰冰的,冷漠的,冷淡的〈ein Blick, e-e Begrüßung, ein Schweigen 目光,欢迎,沉默〉

Eis·kaf·fee *der*; ein gekühlter Kaffee, der in e-m Glas mit Vanilleeis u. Sahne serviert wird 加香草冰淇淋和奶油的冰咖啡,冰淇淋咖啡

eis·kalt *Adj*(形); *ohne Steigerung*(无变级) **1.** sehr kalt 冰冷的,寒冷的〈ein Getränk, Wasser, ein Wind 饮料,水,风〉 **2.** ohne menschliche Gefühle wie Liebe od. Mitleid 冷酷的,无情的 ≈ gefühllos〈ein Killer, ein Verbrecher 杀手,罪犯〉 **3.** *nur adv*(只作状语); rücksichtslos u. ohne Skrupel 无顾虑的,不顾情面的,很冷静的〈e. kalkulieren, rechnen 很冷静地计算,核算〉 **4.** ***j-m wird e.*** j-d wird von sehr starker Angst u. Sorge erfasst 感到恐惧,毛骨悚然,不寒而栗,心惊胆战: *Ihr wurde e. bei dem Gedanken, ihr Mann könnte verunglückt sein* 一想到她丈夫可能出事故,她就心惊胆战 ‖ ID[谚] ↑ ***Rücken***

Eis·kunst·lauf *der*; *nur Sg*(只用单数); e-e künstlerische Form des Eislaufs, bei der bestimmte Sprünge u. Drehungen gemacht werden müssen 花样滑冰,冰上舞蹈 ‖ *hierzu*(派生) **Eis·kunst·läu·fer** *der*; **Eis·kunst·läu·fe·rin** *die*

Eis·lauf *der*; *nur Sg*(只用单数); die Fortbewegung mit Schlittschuhen auf dem Eis (3) 滑冰,溜冰 ‖ *hierzu*(派生) **eis·lau·fen** (*ist*) *Vi*(不及物); **Eis·läu·fer** *der*; **Eis·läu·fe·rin** *die*

Eis·re·gen *der*; *-s*; *nur Sg*(只用单数) **1.** kalter Regen, der, wenn er auf den Boden fällt, sofort zu Glatteis wird 雨淞 **2.** e-e Art Regen aus feinen Eiskörnern 霰,米雪

Eis·schnell·lauf *der*; *nur Sg*(只用单数); e-e Sportart, bei der man mit Schlittschuhen e-e Strecke auf Eis (3) möglichst schnell laufen muss 速度滑冰(比赛) ‖ *hierzu*(派生) **Eis·schnell·läu·fer** *der*; **Eis·schnell·läu·fe·rin** *die*

Eis·schrank *der*; *veraltend*[渐旧] ≈ Kühlschrank

Eis·tanz *der*; *nur Sg*(只用单数); e-e Form des Eislaufs, bei der sich ein Paar ähnlich wie beim Tanzen bewegt 冰上舞蹈(双人舞) ‖ *hierzu*(派生) **Eis·tän·zer** *der*; **Eis·tän·ze·rin** *die*

Eis·tee *der*; ein gekühlter Tee, der in einem Glas mit Eis (2) serviert wird 冰茶

Eis·zap·fen *der*; e-e Art Zapfen aus Eis (1), der entsteht, wenn Wasser von irgendwo herabtropft u. sofort gefriert 冰柱,冰锥,冰溜子

Eis·zeit *die*; e-e relativ lange Periode in der Geschichte der Erde, in der es sehr kalt war u. in der sich das Eis von den Polen aus sehr weit ausbreitete 冰河时代,冰川期

ei·tel, *eitler*, *eitelst-*; *Adj*(形) **1.** *pej*[贬]; 〈ein Mensch 人〉 so, dass er bewundert werden will u. sich daher in besonderer Weise benimmt od. kleidet 爱虚荣的,徒务虚名的,爱显耀自己的〈e. wie ein Pfau 像孔雀那样洋洋自得,自鸣得意〉 **2.** *geschr veraltend*[书][渐旧] ≈ sinnlos, zwecklos: *eitles Geschwätz* 无聊的废话,无稽之谈 **3.** *nur attr*, *nicht adv*, *geschr veraltet*(只作定语,不作状语)[书][旧]; in reiner Form 纯粹的,真正的〈Gold 金〉 **4.** 〈es herrscht 呈现〉 ***eitel Freude / eitel Sonnenschein*** *oft iron* 常用[讽]; verwendet, um e-e Situation zu beschreiben, in der (oft nach e-m Streit *o. Ä.*) Friede u. Harmonie herrschen 融洽欢乐/喜笑颜开(常指争吵后出现的平静和睦气氛): *Sie hatten letzte Woche Krach, aber jetzt ist wieder eitel Sonnenschein* 上周他们又吵又闹,现在又喜笑颜开了 ‖ NB(注意): *eitel* → *ein eitler Mann*

Ei·tel·keit *die*; -, *-en*; *mst Sg*(多用单数) **1.** die Eigenschaft, eitel (1) zu sein 虚荣,虚荣心 **2.** ***j-n in seiner E. verletzen*** j-s Stolz verletzen 伤害某人的虚荣心

Ei·ter *der*; *-s*; *nur Sg*(只用单数); e-e dicke, gelbliche Flüssigkeit, die in infizierten Wunden entsteht 脓: *Die Wunde sondert E. ab* 伤口流脓 ‖ K-(复合): ***Eiter-***, ***-erreger***, ***-pickel*** ‖ *hierzu*(派生) **eit·rig** *Adj*(形)

Ei·ter·herd *der*; die (infizierte, wunde) Stelle im Körper, an der sich Eiter gebildet hat 脓灶

ei·tern; *eiterte*, *hat geeitert*; *Vi*(不及物) ***etw. eitert*** etw. produziert Eiter(物作主语)化脓,生脓: *Die Wunde eitert* 伤口化脓 ‖ *hierzu*(派生) **Ei·te·rung** *die*

Ei·weiß *das*; *-es*, *-/-e* **1.** (*Pl* 复 *Eiweiß*) das Weiße im (Hühner)Ei 蛋白,蛋清: *Man nehme drei Eiweiß* 取三个蛋清 **2.** (*Pl* 复 *Eiweiße*) e-e chemische Verbindung, deren relativ große Moleküle aus Kohlenstoff, Wasserstoff, Stickstoff u. Sauerstoff bestehen 蛋白质,朊 ≈ Protein ‖ *zu*(义项) **2. ei·weiß|hal·tig** *Adj*(形); *nicht adv*(不作状语); **ei·weiß|reich** *Adj*(形); *nicht adv*(不作状语)

Eja·ku·la·ti·on [ejakula'tsi̯oːn] *die*; -, *-en*; *geschr* [书] ≈ Samenerguss ‖ *hierzu*(派生) **eja·ku·lie·ren** (*hat*) *Vi*(不及物)

EKD [eːkaː'deː] *die*; -; *nur Sg*(只用单数); (*Abk für* 缩写, 全称为 Evangelische Kirche in Deutschland) die Organisation der Evangelischen Kirchen in Deutschland 德国福音派教会

Ekel¹ *der*; *-s*; *nur Sg*(只用单数); ***E.*** (***vor/gegenüber j-m/etw.***) e-e sehr starke Abneigung gegen j-n/etw., die sich oft in e-r physischen Reaktion zeigt(对…)厌恶,恶心,讨厌,憎恶〈E. vor etw. haben 讨厌某事; etw. erregt E. in j-m 某事引起某人讨厌〉: *Ich empfinde E. vor/gegenüber Schlangen u. Spinnen* 我对蛇和蜘蛛感到厌恶 ‖ K-(复合): ***Ekel-, -gefühl***

Ekel² *das*; *-s*, -; *gespr* [口]; ein sehr unangenehmer, unsympathischer Mensch 讨厌鬼,使人讨厌的家伙

ekel·er·re·gend, Ekel er·re·gend *Adj* (形) ≈ ekelhaft (1) 〈ein Geruch 气味〉‖ NB (注意): *äußerst ekelerregend*; aber (但是): *großen Ekel erregend*

ekel·haft *Adj*(形) **1.** Ekel¹ verursachend 令人讨厌的,令人恶心的,令人作呕的〈ein Geruch, ein Geschmack 气味,味道〉: *Ich finde Regenwürmer e.* 我觉得蚯蚓很恶心 **2.** sehr unangenehm od. lästig 很烦人的,讨人嫌的: *Er ist ein ekelhafter Kerl* 他是个讨人嫌的家伙; *Das Wetter ist wirklich e.* 这天气真烦人 **3.** nur *adv*, gespr(只作状语)[口]; verwendet, um negative Adjektive od. Verben zu verstärken(用来强调消极意义的形容词或动词)非常,极端

ekeln; *ekelte*, *hat geekelt*; **Vr** (反身) **1.** ***sich*** (***vor j-m/etw.***) ***e.*** Ekel¹ (vor/gegenüber j-m/etw.) empfinden (对…)感到恶心: *Er ekelte sich vor dem Geruch* 他闻到这种气味就恶心; **Vimp** (无人称) **2.** ***es ekelt j-m/j-n vor j-m/etw.*** j-d empfindet Ekel¹ vor/gegenüber j-m/etw. 使感到厌恶、恶心: *Es ekelte ihr/sie vor Würmern* 蠕虫使她恶心 ‖ ID [谚] ***j-n aus dem Haus e.*** *gespr* [口]; sich so unfreundlich verhalten, dass j-d freiwillig das Haus verlässt 把…气得离家出走

EKG [eːkaː'geː] *Abk* 缩写 ↑ ***Elektrokardiogramm***

Ek·lat [e'klaː(ː)] *der*; *-s*, *-s*; ein Vorfall, bei dem sich zwei od. mehrere Personen *mst* öffentlich streiten, sich gegenseitig beleidigen *o.Ä.* od. bei dem j-d (*mst* in e-r feinen Gesellschaft) etw. sehr Unpassendes tut od. sagt 争吵,吵闹,纷纷议论,轰动事件 ≈ Skandal 〈es gibt e-n E., es kommt zu e-m E. 发生争吵,引起轰动〉: *Es kam zu e-m E., als die Opposition der Regierung Betrug vorwarf* 当反对派指责政府进行欺骗时,引起了轰动

ek·la·tant *Adj*(形)〈Schwächen 弱点; ein Widerspruch 矛盾〉so groß od. deutlich, dass sie nicht übersehen od. ignoriert werden können 明显的,引人注目的,轰动一时的: *ein eklatanter Fall von Betrug* 一起引起轰动的骗局

ek·lig *Adj*(形) **1.** Ekel¹ verursachend 令人恶心的,使人厌恶的〈ein Geruch, ein Geschmack 气味,味道〉**2.** *gespr* [口] ≈ unfreundlich, unhöflich: *Unser Chef kann ganz schön e. werden* 我们的上司会变得很粗暴

Eks·ta·se [-st-] *die*; -, *-n*; ein Zustand wie in e-m Drogenrausch, in dem man sich sehr glücklich fühlt 陶醉,沉醉,狂热,极度兴奋,心醉神迷,神魂颠倒〈religiöse, fieberhafte, wilde E. 宗教性的神魂颠倒,极度的兴奋状态,不可抑制的狂热; in E. kommen/geraten 进入/陷入极度兴奋之中; j-n in E. versetzen 使某人心醉神迷〉‖ *hierzu*(派生) **eks·ta·tisch** *Adj*(形)

Ek·zem [ɛk'tseːm] *das*; *-s*, *-e*; e-e Entzündung der Haut, die stark juckt 湿疹

Elan *der*; *-s*; *nur Sg*(只用单数); e-e große innere Kraft od. Begeisterung, die j-n zum Handeln treibt 热情,干劲,内在的巨大动力〈jugendlicher E. 年轻人的热情; etw. mit (großem) E. tun 以(冲天的)干劲做某事〉

elas·tisch *Adj*(形) **1.** 〈e-e Binde, ein Material, ein Stoff 带子,材料,衣料〉so, dass sie sich leicht dehnen lassen 有弹性的,可伸缩的 ≈ dehnbar **2.** elegant u. harmonisch 灵活的,轻捷的 ≈ geschmeidig 〈Bewegungen, ein Gang 动作,步子〉‖ *hierzu* (派生) **Elas·ti·zi·tät** *die*; -; *nur Sg*(只用单数)

Elch *der*; *-(e)s*, *-e*; ein sehr großer Hirsch mit e-m Geweih in Form von Schaufeln, der in Nordeuropa, Nordasien u. im Norden Amerikas lebt 驼鹿

El·do·ra·do *das*; *-s*, *-s*; ein Land od. Gebiet, in dem es viele Möglichkeiten gibt, das zu tun, was man (*mst* als Hobby) gerne tun möchte 黄金国,富庶之邦,神奇之国,天堂,乐园 ≈ Paradies (4): *ein E. für Bergsteiger, Angler, Skifahrer* 登山者、垂钓者、滑雪者的乐园

Ele·fant *der*; *-en*, *-en*; das größte in Afrika u. Indien lebende Tier mit großen Ohren, langen Stoßzähnen u. e-m langen Rüssel, mit dem es greifen kann 象 ‖ K-(复合): ***Elefanten-, -bulle, -kuh*** ‖ ID [谚] ***sich wie ein E. im Porzellanladen benehmen*** *gespr* [口]; taktlos die Gefühle anderer Menschen verletzen 就像大象进了瓷器店(喻:举止粗鲁笨拙,行为莽撞,捅娄子)

Elefant

ele·gant, *eleganter*, *elegantest-*; *Adj*(形) **1.** sehr hübsch u. geschmackvoll (geformt) 时髦的,优雅的,漂亮的〈e-e Frisur, ein Kleid, ein Kostüm, ein Mantel 发式,连衣裙,服装,大衣〉**2.** geschmackvoll gekleidet u. frisiert 穿戴雅致的,注重修饰的,衣着考究的〈e-e Dame, ein Herr 女士,先生〉**3.** so, dass die Bewegungen sehr harmonisch wirken u. gekonnt

E

ausgeführt sind 优美的，灵巧的〈ein Sprung, e-e Verbeugung 跳跃，鞠躬〉: *Sie tanzt sehr e.* 她舞姿很优美 **4.** flüssig u. gekonnt 流畅的，畅达精练的〈ein Stil, e-e Formulierung 文风，措辞〉 **5.** ***e-e elegante Lösung*** e-e Lösung, mit der man Probleme geschickt umgeht 一种绝妙的解决办法 **6.** ***sich e. aus der Affäre ziehen*** auf geschickte Art e-n Weg aus e-r (*mst* unangenehmen) Situation finden 巧妙地摆脱窘境 ‖ *zu* (义项) **1.-4. Ele·ganz** *die*; -; *nur Sg* (只用单数)

Ele·gie *die*; -, -*n* [-ˈgiːən]; e-e bestimmte Art von Gedicht, das *mst* von Sehnsucht, Trauer, Abschied od. vom Tod handelt 悲歌，哀歌，挽歌

elek·t·ri·fi·ziert *Adj* (形); *nicht adv* (不作状语); 〈e-e Eisenbahnstrecke 铁路路段〉 so, dass die Züge darauf mit elektrischer Energie fahren können 电气化的 ‖ *hierzu* (派生) **Elek·tri·fi·zie·rung** *die*

Elek·t·rik *die*; -, -*en* **1.** *Kollekt* (集合); alle elektrischen Teile od. Geräte *mst* e-s Fahrzeugs (机动车的) 电气设备〈die E. e-s Autos, Flugzeugs 汽车的、飞机的电气设备〉 **2.** *nur Sg*, *gespr* (只用单数) [口] ≈ Elektrotechnik

Elek·t·ri·ker *der*; -*s*, -; j-d, der beruflich alle Arbeiten ausführt, die mit elektrischem Strom zusammenhängen 电气技术人员，电工 ‖ *hierzu* (派生) **Elek·t·ri·ke·rin** *die*; -, -*nen*

elek·t·risch *Adj* (形) **1.** *mst attr* (多作定语); auf Elektrizität beruhend, sie betreffend 电的，电气的，电力的〈Strom, Spannung, Ladung, Widerstand 电流，电压，电荷，电阻〉: *Der Zaun ist e. geladen* 这栅栏带电; *Er bekam e-n elektrischen Schlag, als er das defekte Kabel berührte* 他碰上破损的电缆时，挨了电击 **2.** mit Elektrizität betrieben 电动的，用电的〈e-e Heizung, ein Rasierapparat, e-e Kaffeemaschine 取暖器，剃须刀，煮咖啡机; e. kochen, heizen 用电煮饭、取暖〉

Elek·t·ri·sche *die*; -*n*, -*n*; *gespr veraltend* [口] [渐旧] ≈ Straßenbahn

elek·t·ri·sie·ren; *elektrisierte*, *hat elektrisiert*; [Vt/i] (及物/不及物) **1.** ***etw. elektrisiert*** (***j-n***) etw. begeistert j-n spontan (物作主语) 使激奋，使振奋，使振作: *Die Popmusik wirkte elektrisierend auf die Fans* 这首流行乐曲使歌迷们感到振奋 ‖ NB (注意): *mst* im Partizip Präsens od. Partizip Perfekt (多用现在分词或过去分词); [Vi] (不及物) **2.** ***etw. elektrisiert*** etw. ist elektrisch geladen u. sendet Stromstöße aus (物作主语) 带电: *Der Teppichboden aus Kunststoff elektrisiert* 化纤地毯带电

Elek·t·ri·zi·tät *die*; -; *nur Sg* (只用单数) **1.** e-e bestimmte Form der Energie, die *z. B.* in e-m Generator erzeugt wird u. in e-r Batterie gespeichert wird 电 ≈ Strom, Elektroenergie〈E. erzeugen 生产电，发电; die Versorgung mit E., der Verbrauch von E. 供电，用电〉 **2.** PHYS【物】; die Kraft, die zwischen positiv u. negativ geladenen Elementarteilchen wirkt 电学〈statische, dynamische E. 静电，动电(学)〉 ‖ K- (复合): ***Elektrizitäts-lehre***

Elek·t·ri·zi·täts·werk *das*; ein Betrieb, in dem Elektrizität in großer Menge erzeugt u. an die öffentlichen u. privaten Verbraucher verteilt wird 发电厂

Elek·t·ro- *im Subst*, *wenig produktiv* (构成名词，构词弱) ≈ elektrisch (2); das ***Elektroauto***, die ***Elektroenergie***, das ***Elektrofahrzeug***, das ***Elektrogerät***, der ***Elektroherd***, die ***Elektrolok***, der ***Elektromotor***, der ***Elektroofen***

Elek·t·ro·de *die*; -, -*n*; eines von zwei Metallstücken in e-m Stromkreis, zwischen denen der elektrische Strom durch ein anderes Medium (e-n anderen Leiter[1] (2)) fließt. Die positive E. heißt Anode, die negative E. heißt Kathode 电极

Elek·t·ro·ge·schäft *das*; *gespr* [口]; ein Laden, in dem man elektrische Geräte wie *z. B.* Radios, Fernsehapparate od. Bügeleisen kaufen kann 电器商店

Elek·t·ro·in·dust·rie *die*; der Teil der Industrie, der mit der Herstellung von elektrischen Maschinen u. Geräten zu tun hat 电气工业，电气制造工业

Elek·t·ro·in·ge·ni·eur *der*; ein Ingenieur, der Elektrotechnik studiert hat 电气工程师 ‖ *hierzu* (派生) **Elek·t·ro·in·ge·ni·eu·rin** *die*

Elek·t·ro·in·stal·la·teur *der*; j-d, der beruflich elektrische Geräte u. Anlagen *z. B.* in ein Haus einbaut 电气安装工

Elek·t·ro·kar·dio·gramm *das*; MED【医】 **1.** e-e Untersuchung des Herzens, bei der die schwachen elektrischen Ströme des Herzens gemessen u. dargestellt werden 心电图检查 **2.** die graphische Darstellung dieser Untersuchung 心电图; *Abk* 缩写 EKG ‖ *hierzu* (派生) **Elek·t·ro·kar·dio·gra·phie** [-ˈfiː] *die*

Elek·t·ro·ly·se [-ˈlyːzə] *die*; -, -*n*; CHEM, PHYS【化】【物】; das Trennen e-r flüssigen chemischen Verbindung in ihre einzelnen Bestandteile, indem Strom durchgeleitet wird 电解 ‖ *hierzu* (派生) **elek·t·ro·ly·tisch** *Adj* (形)

Elek·t·ro·lyt [-ˈlyːt] *der*; -*s*/-*en*, -*e*; CHEM, PHYS【化】【物】; e-e flüssige chemische Verbindung, e-e Lösung[2], die aus Basen, Säuren od. Salzen besteht, u. die man durch die Elektrolyse in ihre einzelnen Bestandteile auftrennen kann 电解质，电解液

Elek·t·ro·mag·net *der*; e-e Spule (2) mit e-m Kern aus Eisen, die unter Strom gesetzt wird, wobei ein starkes Magnetfeld entsteht 电磁铁

Elek·t·ro·mag·ne·tis·mus *der*; PHYS【物】; ein Magnetismus, der durch elektrischen Strom erzeugt wird 电磁(学) ‖ *hierzu* (派生) **elek·t·ro·mag·ne·tisch** *Adj* (形)

Elek·t·ro·me·cha·ni·ker *der*; ein (Fach-)Arbeiter in der Industrie, der aus einzelnen Teilen elektrische Geräte zusammensetzt u. an der Herstellung der Einzelteile mitarbeitet 电机工 ‖ *hierzu*（派生）**Elek·t·ro·me·cha·ni·ke·rin** *die*

Elek·t·ron [ˈeːlɛktrɔn, eˈlɛkt-] *das*; *-s*, *Elek·t·ro·nen*; ein kleines Teilchen innerhalb des Atoms, das um den Atomkern kreist u. elektrisch negativ geladen ist 电子

Elek·t·ro·nen·mik·ro·skop *das*; TECH【技】; ein Mikroskop, bei dem anstatt Lichtstrahlen Elektronenstrahlen verwendet werden u. das viel stärker vergrößert als ein normales (Licht)Mikroskop 电子显微镜

Elek·t·ro·nik *die*; -; *nur Sg*（只用单数）**1.** ein Teilgebiet der Elektrotechnik, das sich mit der Leitung von Elektronen beschäftigt u. ihre Erkenntnisse bei der Konstruktion sehr kleiner u. komplizierter Bauteile anwendet, die man *z.B.* für Computer benötigt 电子学 **2.** *Kollekt*（集合）; alle (Elektronik) Geräte od. Bauelemente in e-m größeren Gerät *o.Ä.* 电子仪器，电子部件: *die E. in e-m Auto* 一辆汽车上的电子仪器 ‖ *hierzu*（派生）**elek·t·ro·nisch** *Adj*（形）

Elek·t·ro·smog *der*; *nur Sg*, *gespr*（只用单数）[口]; die Strahlung *bes* von Hochspannungsleitungen u. Elektrogeräten im Haushalt, von der man annimmt, dass sie der Gesundheit schadet 电子烟雾，电子雾（指产生电子污染的电磁波）

Elek·t·ro·tech·nik *die*; *nur Sg*（只用单数）; ein Teilgebiet der Technik, das sich mit der praktischen technischen Anwendung des physikalischen Wissens über die Elektrizität beschäftigt 电工学 ‖ *hierzu*（派生）**elek·t·ro·tech·nisch** *Adj*（形）

Elek·t·ro·tech·ni·ker *der*; j-d, der in der Elektrotechnik arbeitet, *z. B.* ein Ingenieur, ein Techniker od. ein Elektroinstallateur 电气技术人员 ‖ *hierzu*（派生）**Elek·t·ro·tech·ni·ke·rin** *die*

Ele·ment *das*; -(*e*)*s*, *-e* **1.** e-e *mst* typische, charakteristische Eigenschaft von etw. 基本特点，典型特征: *die Elemente des Impressionismus* 印象主义的基本特征 **2.** ein Teil e-r Konstruktion, e-s Systems 元件，部件 ‖ -K(复合): ***Konstruktions-***, ***Bau-*** **3.** *nur Pl*（只用复数）; die wichtigsten Begriffe e-r Theorie, e-s Faches 基本概念，原理: *die Elemente der Geometrie* 几何学的原理 **4.** *nur Pl*（只用复数）; Erscheinungen der Natur, gegen die der Mensch machtlos ist (*z.B.* Sturm, Erdbeben, Gewitter)（人无法抗御的）自然力，自然现象（如风暴，地震，雷雨）: *die Elemente der Natur* (= die Naturgewalten) 自然力 **5.** einer der ca. 100 chemischen (Grund)Stoffe, wie *z. B.* Wasserstoff, Kupfer, Uran 元素（如氢，铜，铀）〈ein radioaktives E. 放射性元素〉 **6.** MATH【数】; ein einzelner Teil e-r (mathematischen) Menge（集的）元素 **7.** *mst Pl*, *pej*（多用复数）[贬]; Menschen, die am Rande der Gesellschaft stehen 分子（指社会边缘人物）〈asoziale, kriminelle, radikale Elemente 对社会有害的分子，犯罪分子，激进分子〉 **8.** ***die vier Elemente*** Feuer, Wasser, Luft u. Erde 四大元素（火，水，风，土）**9.** ***das feuchte/nasse E.*** *hum*[谐] ≈ Wasser ‖ ID[谚] ***j-d ist in seinem E.*** j-d hat die Möglichkeit, etw. zu tun, das er gern tut u. gut tun kann 某人感到得心应手，感到如鱼得水

ele·men·tar *Adj*（形）**1.** *mst attr*（多作定语）; 〈Bedürfnisse 需要〉 so, dass sie grundlegend u. wichtig sind 基本的 **2.** *mst attr*（多作定语）; sehr einfach, das Grundwissen betreffend 初步的，起码的，基础的〈ein elementarer Fehler 基本的错误〉: *die elementaren Regeln der Orthographie* 正字法的基本规则 ‖ K-(复合): ***Elementar-***, ***-begriff***, ***-kenntnisse***, ***-regel*** **3.** stark wie die Elemente (4) 自然力的，强大的，有威力的，不可抗拒的 ≈ heftig, wild 〈Gewalt, Leidenschaft 力，激情〉

Ele·men·tar·teil·chen *das*; eines der kleinsten Teilchen e-s Atoms (*z.B.* Proton, Neutron, Elektron) 基本粒子

elend *Adj*（形）**1.** in sehr schlechtem Zustand 贫穷的，简陋的 ≈ ärmlich 〈e-e Baracke, e-e Behausung, e-e Hütte 工棚，住处，茅舍〉 **2.** durch Armut, Not od. Krankheit geprägt 清贫的，寒苦的，贫病交迫的，困苦的〈ein Dasein, ein Leben 生存，生活〉 **3.** *nur adv*（只作状语）; auf schreckliche Art u. Weise 可怕的，悲惨的，可悲的 ≈ jämmerlich 〈e. zugrunde gehen 可怕地毁灭〉 **4.** *nur adv*, *gespr*（只作状语）[口]; krank od. unglücklich 虚弱的，不舒服的，衰弱的〈sich e. fühlen 感到虚弱; e. aussehen 看上去病恹恹的〉 **5.** *nur attr od adv*, *gespr pej*（只作定语或状语）[口][贬] ≈ gemein, böse 〈e-e Lüge, ein Schurke, e-e Verleumdung 谎言，无赖，诬蔑〉 **6.** *nur attr*, *nicht adv*, *gespr*（只作定语，不作状语）[口]; sehr groß, sehr intensiv 厉害的，使人难以忍受的，强烈的〈elenden Durst/Hunger haben 渴/饿极了〉 **7.** *nur adv*（只作状语）; verwendet, um negative Adjektive zu verstärken（用来强调形容词的负面意义）≈ schrecklich: *e. kalt* 冷得不得了

Elend *das*; *-s*; *nur Sg*（只用单数）**1.** Armut u. Not 贫困，贫穷，贫苦: *das E. der Kinder in der Dritten Welt* 第三世界儿童的贫困 ‖ K-(复合): ***Elends-***, ***-quartier***, ***-viertel*** **2.** e-e Lage, in der j-d viel Kummer hat u. sehr unglücklich ist 不幸，愁闷，烦恼，痛苦 ‖ ID[谚] ***wie ein Häufchen E.*** 〈dastehen, dasitzen 站着，坐着〉 *gespr*[口]; traurig od. bedrückt dastehen, dasitzen 满脸苦丧地，沮丧地，闷闷不乐地，愁眉苦脸地; ***das heulende E. kriegen*** sehr traurig od. depressiv werden (u. *mst* weinen) 难过，悲伤，伤感，悲观，悲痛万分

elf *Zahladj*（数形）; (als Zahl) 11 十一，拾壹; ↑ ***Anhang*** (5) 见附件(5) ‖ NB(注意): Gebrauch ↑ *Beispiele unter* 用法，用例见 ***vier***

Elf *die*; -, *-en* **1.** die Zahl 11 十一，拾壹 **2.** *nur Sg*（只用单数）≈ Fußballmannschaft ‖ -K(复合): ***National-*** **3.** j-d/etw. mit der Ziffer/Nummer 11 (*z. B.* ein Spieler, ein Bus *o.Ä.*) 11 号球员（运动员），11 路公共汽车

El·fe *die*; -, *-n*; ein zartes, weibliches Wesen

aus der Märchenwelt(童话世界里的)女精灵,女妖 ‖ *hierzu*(派生) **Elf** *der*; *-en*, *-en*; **el·fen·haft** *Adj*(形)

El·fen·bein *das*; *nur Sg*(只用单数); das Material, aus dem die Stoßzähne des Elefanten bestehen 象牙: *geschnitzte Figuren aus E.* 象牙雕像 ‖ *hierzu*(派生) **el·fen·bei·ner·n·** *Adj*(形); *nur attr*, *nicht adv*(只作定语,不作状语)

El·fen·bein|turm *der*; *mst* 多用 ***im E. sein/sitzen*** als Künstler od. Wissenschaftler ganz für sich allein arbeiten, ohne an die gesellschaftliche u. politische Wirklichkeit zu denken 生活在象牙塔里(比喻艺术家或科学家处在脱离社会现实的小天地中)

Elf·me·ter *der*; (beim Fußball) ein Strafstoß als direkter Schuss auf das Tor des Gegners von e-m Punkt aus, der elf Meter vor dem Zentrum des Tores liegt 点球 ⟨e-n E. geben, verhängen, ausführen, verschießen, verwandeln (= ein Tor schießen) 给予点球处罚,判罚点球,罚点球,罚点球未中,罚点球命中⟩ ‖ K-(复合): ***Elfmeter-***, ***-punkt***, ***-schießen*** ‖ *zu*(义项) ***Elfmeterpunkt*** ↑ *Abb. unter* 图见 ***Fußball***

elf·t- *Zahladj*, *nur attr*, *nicht adv*(数形)(只作定语,不作状语) **1.** in e-r Reihenfolge an der Stelle elf 第十一的 ≈ 11. ‖ NB(注意): Gebrauch ↑ *Beispiele unter* 用法,用例见 ***viert-*** **2.** ***der elfte Teil*** (***von etw.***) ≈ 1/11

elf·tel *Adj*(形); *nur attr*, *indeklinabel*, *nicht adv*(只作定语,词形不变,不作状语); den 11 Teil von etw. bildend 十一分之一的 ≈ 1/11

Elf·tel *das*; *-s*, *-*; der 11 Teil (1/11) von etw., *mst* e-r Menge od. Masse 十一分之一

elf·tens *Adv*(副); verwendet bei e-r Aufzählung, um anzuzeigen, dass etw. an 11 Stelle kommt 第十一(点)(罗列事实、列举内容时用)

eli·mi·nie·ren; *eliminierte*, *hat eliminiert*; [Vt](及物) *geschr*[书] **1.** ***etw. e.*** etw. beseitigen 消除,除掉 ⟨e-n Fehler e. 消除一个错误⟩ **2.** ***j-n e.*** e-n Gegner (im Sport) besiegen u. so in die nächste Runde kommen 战胜,淘汰(对手) **3.** ***j-n e.*** *euph* [婉] ≈ töten ‖ *hierzu*(派生) **Eli·mi·nie·rung** *die*; **Eli·mi·na·ti·on** *die*; *-*, *-en*; *mst Sg*(多用单数)

eli·tär *Adj*(形) **1.** *pej*[贬]; von dem Gefühl geprägt, dass man zur Elite gehört (u. dabei arrogant, überheblich) 自命不凡的,自以为是的 ⟨ein Denken, Verhalten, Benehmen 想法,行为,举止⟩ **2.** zur Elite gehörend 精华的,精粹的,优秀的,杰出的 ⟨ein Kreis, ein Zirkel 社会圈子,社团⟩

Eli·te *die*; *-*, *-n*; *mst Sg*(多用单数); e-e Gruppe ausgewählter Personen, der Besten 杰出人物,优秀分子,精英 ⟨die sportliche, gesellschaftliche, akademische E. 优秀运动员,社会杰出人物,学术精英(学术带头人)⟩; die E. e-s Landes 国家的瑰宝; zur E. gehören 属优秀者之列 ‖ K-(复合): ***Elite-***, ***-mannschaft***, ***-regiment***, ***-truppe***

Eli·xier [elɪˈksiːɐ] *das*; *-s*, *-e*; ein Getränk, das (auf magische Weise) Kraft gibt, Krankheiten heilt *usw* 长命圣水,万应灵药

-ell *im Adj*, *betont*, *begrenzt produktiv*(构成形容词,重读,构词有限) **1.** in Bezug auf die im ersten Wortteil genannte Sache od. Person (与人或物有关的)在…上的,…方面的; ***finanziell*** ⟨Probleme 问题⟩, ***industriell*** ⟨die Entwicklung 发展⟩, ***intellektuell*** ⟨e-e Leistung 成绩⟩, ***sexuell*** ⟨das Verhalten 行为⟩ **2.** durch das im ersten Wortteil genannte Amt, die genannte Sache (bewirkt, verursacht *o.Ä.*) (表示由…发出,引起或促成的); ***bakteriell*** ⟨verseucht 传染的⟩, ***maschinell*** ⟨lesbar, gefertigt 字迹清楚的,制作的⟩, ***ministeriell*** ⟨ein Erlass 布告⟩, ***notariell*** ⟨e-e Beglaubigung 公证⟩ **3.** drückt aus, dass j-d/etw. die im ersten Wortteil genannte Eigenschaft hat, im genannten Zustand ist od. als etw. bezeichnet werden kann(表示性质、状态、特征的); ***emotionell***, ***exzeptionell***, ***konventionell***, ***sensationell***

Ell·bo·gen *der*; *-s*, *-* **1.** das Gelenk (am oberen Ende der Elle (1)), das den Unterarm u. den Oberarm verbindet 肘 ⟨die Ellbogen aufstützen 把两肘支撑起来⟩ ‖ K-(复合): ***Ellbogen-***, ***-gelenk*** **2.** ***die Ellbogen einsetzen/gebrauchen*** keine Rücksicht auf andere nehmen, wenn man sein Ziel erreichen will 不顾一切地去干,肆无忌惮地去干 ‖ K-(复合): ***Ellbogen-***, ***-gesellschaft***

Ell·bo·gen|frei·heit *die*; *nur Sg*(只用单数); der Spielraum od. die persönliche Freiheit, die der Mensch braucht 个人活动余地,个人活动自由

El·le *die*; *-*, *-n* **1.** der Knochen des Unterarms, der auf der Seite des kleinen Fingers liegt 尺骨 **2.** *hist*[历]; ein Längenmaß von ca. 55-85cm 旧长度单位(约合 55—85 厘米) **3.** *hist*[历] ≈ Messstab ‖ ID[谚] ***alles mit gleicher E. messen*** unterschiedliche Dinge nur aus e-r Perspektive sehen u. alles gleich bewerten od. beurteilen 一视同仁,同等对待,同样看待(衡量)一切

El·len·bo·gen *der* ≈ Ellbogen

el·len·lang *Adj*(形); *ohne Steigerung*(无变级) **1.** *gespr*[口]; sehr lang 很长的 ⟨e-e Rede, ein Brief 讲话,信⟩ **2.** *gespr hum*[口][诙]; sehr groß (in Bezug auf die Körpergröße)(身材)很高大的 ⟨ein Kerl 小伙子⟩

El·lip·se *die*; *-*, *-n* **1.** e-e geometrische Figur von der Form e-s Ovals 椭圆形 ‖ ↑ *Abb. unter* 图见 ***geometrische Figuren*** ‖ K-(复合): ***Ellipsen-***, ***-achse*** **2.** e-e Aussage, in der ein Wort od. mehrere Wörter ausgelassen werden, die man aber aus dem Zusammenhang erschließen kann 省略句: *Die Antwort „Danke" auf die Frage „Wie gehts?" ist ein Beispiel für e-e E.* (*u. bedeutet eigentlich „Danke, mir gehts gut" o.Ä.*) 对问题"Wie gehts?"的回答"Danke"是省略句的例子(非省略句原应是"Danke, mir gehts gut") ‖ *zu*(义项) **1. el·lip·sen·för·mig** *Adj*(形)

elo·quent [-kv-] *Adj*(形); *geschr*[书]; ⟨ein

Mensch, ein Redner 人,讲演者〉so, dass sie gut u. überzeugend reden können 雄辩的,有口才的 ‖ *hierzu*(派生) **Elo·quẹnz** *die*; -; *nur Sg*(只用单数)

Ẹls.ter *die*; -, *-n*; ein relativ großer Vogel mit schwarzen u. weißen Federn 喜鹊 ‖ ID [谚] ***e-e diebische E.*** *gespr*[口]; j-d, der oft kleinere od. nicht sehr kostbare Dinge stiehlt爱小偷小摸的人; ***geschwätzig wie e-e E. sein*** *gespr pej*[口][贬]; sehr viel reden 是(像喜鹊一样)爱多嘴的人,爱唧唧喳喳的人,碎嘴子

ẹl.ter.li.ch- *Adj*(形); *nur attr*, *nicht adv*(只作定语,不作状语) **1.** Vater u. Mutter betreffend 双亲的,父母亲的〈die Pflichten 义务〉**2.** von Vater u. Mutter kommend 出自父母的〈Liebe, Sorge, die Erziehung 爱,关心,教育〉**3.** Vater u. Mutter gehörend 属于父母的〈die Wohnung, der Haushalt 住房,家务〉

Ẹl.tern *die*; *Pl*(复); Vater u. Mutter 父母,双亲,二老,爹娘〈gute, liebevolle, strenge E. 好的,慈爱的,严厉的父母〉‖ K-(复合): ***Eltern-, -liebe, -paar*** ‖ ID[谚] *mst* 多用〈Das ist 这〉***nicht von schlechten E.*** *gespr hum*[口][诙]; das ist gut, kräftig *o. Ä.* (好得)不能再好了,太好了,太棒了 ‖ *hierzu*(派生) **ẹl·tern·los** *Adj*(形)

Ẹl.tern.abend *der*; ein Treffen der Eltern von Schülern mit deren Lehrern (am Abend), um über schulische Dinge zu sprechen(晚上召开的)学生家长会

Ẹl.tern.bei.rat *der*; e-e Gruppe von Vätern u. Müttern, die die Eltern aller Schüler e-r Schule vertreten u. die bei bestimmten Angelegenheiten od. Problemen, die die Schule od. die Schüler betreffen, mitentscheiden dürfen 学生家长委员会

Ẹl.tern.haus *das* **1.** der soziale Hintergrund (*bes* die Familie u. die Art der Erziehung), den j-d von seinen Eltern hat 家庭(出身)〈aus e-m bürgerlichen, guten, schlechten E. kommen 出身于普通市民的、好的、坏的家庭〉**2.** das Haus der Eltern, in dem man seine Kindheit verbringt od. verbracht hat 父母的家

Ẹl.tern.schaft *die*; -; *-en*; *mst Sg*, *Kollekt*(多用单数,集合); **1.** alle Eltern, deren Kinder gemeinsam in e-m Kindergarten od. e-r Schule sind(幼儿院或学校学生的)全体家长 **2.** *nur Sg* (只用单数); das Elternsein 父母

Ẹl.tern.teil *der*; der Vater od. die Mutter 父亲或母亲,父母之一

Ẹl.tern.ver.samm.lung *die*; e-e Versammlung, bei der sich die Eltern von Schülern treffen, um über schulische Probleme zu sprechen 学生家长会

Email [eˈmai; eˈmaːj] *das*; *-s*, *-s*; ein harter, glänzender Überzug, der als Schutz od. zur Dekoration auf Metall aufgetragen wird 搪瓷,珐琅 ‖ K-(复合): ***Email-, -eimer, -lack, -schmuck, -topf*** ‖ *hierzu*(派生) **e·mail·lie·ren** [emaˈjiː-] (*hat*) *Vt* (及物)

E-Mail [ˈiːmeɪl] *die*; -; *-s*; INFORM【信息】**1.** das Senden u. Empfangen von elektronischen Nachrichten über Computer 收发电子邮件 **2.** e-e solche elektronische Nachricht 电子邮件〈e-e E-Mail senden, bekommen 发送,接到一封电子邮件〉‖ K-(复合): ***E-Mail-Ad·resse*** ‖ *zu*(义项) **2. e-mai·len**; *nur Infinitiv* (只用不定式); *Vt* (及物)

Email.le [eˈmaljə; eˈmaj] *die*; -, *-n* ≈ Email

Eman.ze *die*; -, *-n*; *gespr*, *oft pej* [口] 多用[贬]; e-e (sehr selbstbewusste) Frau, die für die Rechte der Frauen eintritt 主张女权的妇女

Eman.zi.pa.ti.on [-ˈtsioːn] *die*; -, *-en*; *mst Sg* (多用单数); die Befreiung aus sozialer, rechtlicher u. wirtschaftlicher Abhängigkeit 解放(解脱社会的、法律上的、经济的从属关系)〈für die E. kämpfen 为解放而斗争〉: *die E. der Frau* 妇女解放 ‖ -K(复合): ***Frauen-*** ‖ *hierzu*(派生) **eman·zi·pie·ren, sich** (*hat*) *Vr* (反身)

Em.bạr.go *das*; *-s*, *-s*; ein (von e-m Staat od. e-r Staatengemeinschaft verhängtes) Verbot, mit e-m bestimmten Land Handel zu treiben 禁运,禁止出口或进口〈ein E. (über ein Land) verhängen, ein E. durchsetzen 禁止出口,实行禁运〉

Emb.lem *das*; *-s*, *-e* **1.** ein Zeichen (*mst* ein Bild), das für e-n Begriff steht 标志,象征,图案: *die Taube als E. des Friedens* 鸽子作为和平的象征 **2.** ein Zeichen, das e-n Staat repräsentiert 国徽 ‖ *hierzu* (派生) **emb·le·ma·tisch** *Adj*(形)

Em.bo.lie *die*; -, *-n* [-ˈliːən]; MED【医】; ein Zustand, bei dem das Blut nicht mehr durch e-e Ader fließen kann (weil die Ader durch Luft od. durch e-e Verdickung des Blutes versperrt ist) 血管栓塞

Ẹmb.ryo [ˈɛmbryo] *der*; Ⓐ *auch* [奥]也用 *das*; *-s*, *-s*/*auch* 也用 *Em·bry·o·nen*; ein Lebewesen am Anfang seiner Entwicklung im Körper der Mutter bzw. in der Eischale 胚,胚胎,胎儿 ‖ *hierzu* (派生) **emb·ry·o·nal** *Adj* (形)

eme.ri.tie.ren; *emeritierte*, *hat emeritiert*; [Vt] (及物) ***j-n e.*** (ADM) *geschr* (【管理】) [书]; e-n Professor pensionieren 使(教授)退休: *ein emeritierter Professor* 一位退休教授 ‖ *hierzu* (派生) **Eme·ri·tie·rung** *die*; **Eme·ri·tus** *der*; -, *Eme·ri·ti*

Emi.grant *der*; *-en*, *-en*; j-d, der wegen bedrohlicher wirtschaftlicher, politischer od. religiöser Verhältnisse sein Heimatland verlässt(迁居国外的)移民,难民,流亡者 ‖ NB(注意): *der Emigrant*; *den*, *dem*, *des Emigranten* ‖ *hierzu*(派生) **Emig·ran·tin** *die*; -, *-nen*; **emi·grie·ren** (*ist*) *Vi* (不及物)

Emi.gra.ti.on [-ˈtsioːn] *die*; -, *-en* **1.** *nur Sg* (只用单数); fremdes Land, in dem Emigranten leben 移民国,流亡国〈in die E. gehen 流亡、移居海外; in der E. leben 在国外过流亡生活〉**2.** das Emigrieren 流亡、移居海外 **3. *die innere E.*** die Weigerung, aktiv in der Gesellschaft od. der Politik zu arbeiten (als Ausdruck der Opposition *bes* gegenüber e-r Diktatur)（拒绝参与社会或政治活动）精神流亡

emi·nent *Adj*（形）**1.** *mst attr*（多作定语）；sehr groß od. hoch 非常重大的，杰出的，卓越的〈von eminenter Bedeutung 意义重大〉**2.** *nur adv*（只作状语）；verwendet, um Adjektive zu verstärken（用来加强形容词语义）非常，很，极其 ≈ sehr：*Er ist e. fleißig* 他很用功；*e-e e. wichtige, schwere Frage* 一个非常重要的、困难的问题

Emi·nenz *die*；-，*-en* **1.** *nur Sg*，KATH（只用单数）【天主】；verwendet als Titel u. Anrede für e-n Kardinal（对红衣主教的尊称及头衔）阁下 **2.** KATH【天主】；j-d, der den Titel E.（1）trägt（红衣）主教阁下 ≈ Kardinal **3.** ***e-e graue E.*** j-d, der sehr viel Einfluss u. Macht hat, aber in der Öffentlichkeit nicht bekannt ist 幕后实权派，后台

Emir *der*；*-s*，*-e*；e-e Art Fürst in islamischen Ländern 埃米尔（伊斯兰国家中的王公贵族）‖ *hierzu*（派生）**Emi·rat** *das*；*-(e)s*，*-e*

Emis·si·on [-ˈsio:n] *die*；-，*-en* **1.** das Abgeben von（*mst* schädlichen）Stoffen aus Schornsteinen *o. Ä.* in die Atmosphäre 排放有害物质，排放废气 ‖ K-（复合）：***Emissions-，-quelle*** **2.** WIRTSCH【经】；die Ausgabe von neuen Wertpapieren auf dem Kapitalmarkt 发行（有价证券）‖ *hierzu*（派生）**emit·tie·ren**（*hat*）*Vt*（及物）

Em·men·ta·ler *der*；*-s*，-；e-e Sorte von hartem Schweizer Käse mit großen Löchern 艾门塔尔干酪，瑞士硬干酪

Emo·ti·on [-ˈtsio:n] *die*；-，*-en*；e-e（*mst* starke）seelische Erregung wie *z.B.* Liebe, Hass（强烈的）感情冲动，情感，激情 ≈ Gefühl〈durch, mit etw. in j-m Emotionen wecken 用某事激发某人的情感〉‖ *hierzu*（派生）**emo·tio·nal** *Adj*（形）

emp·fahl *Imperfekt*，*1. u. 3. Person Sg*（过去时，第一和第三人称单数）；↑ ***empfehlen***

emp·fand *Imperfekt*，*1. u. 3. Person Sg*（过去时，第一和第三人称单数）；↑ ***empfinden***

emp·fän·de *Konjunktiv II*，*1. u. 3. Person Sg*（虚拟式 II，第一和第三人称单数）；↑ ***empfinden***

Emp·fang *der*；*-(e)s*，*Emp·fän·ge* **1.** *nur Sg*，*oft* ADM *geschr*（只有单数）常用【管理】[书]；der Vorgang, bei dem j-d etw. von j-m empfängt（1），bekommt 接到，收到〈etw. in E. nehmen 收到某物〉：*Ich bestätige den E. Ihres Schecks* 我确认已收到您的支票 ‖ K-（复合）：***Empfangs-，-bescheinigung，-bestätigung；empfangs-，-berechtigt*** **2.** *nur Sg*（只用单数）；der Vorgang der Begrüßung 欢迎，迎接，接待〈j-m e-n begeisterten, freundlichen, frostigen E. bereiten 热烈地、友好地、冷淡地接待某人〉‖ K-（复合）：***Empfangs-，-komitee，-raum，-zimmer*** **3.** e-e（offizielle）Feier zu Ehren e-r wichtigen Persönlichkeit（官方的）欢迎会，招待会〈für j-n e-n E. geben 为某人举行欢迎会；an e-m E. teilnehmen 参加招待会〉**4.** *nur Sg*（只用单数）；die technische Qualität, die（Ton）Qualität e-r Sendung od. e-s Funkspruchs 接收（情况），收视，收听（质量）〈e-n guten, schlechten E. haben 接收效果好、差〉‖ K-（复合）：***Empfangs-，-gerät，-qualität*** **5.** ≈ Rezeption ‖ K-（复合）：***Empfangs-，-halle*** **6.** ***j-n（irgendwo）in E. nehmen*** j-n（irgendwo）abholen（2）迎接（欢迎）某人

emp·fan·gen；*empfängt*，*empfing*，*hat empfangen*；[Vt]（及物）**1.** ***etw.（von j-m）e.*** etw.（von j-m）bekommen 收到，接到〈ein Geschenk, ein Telegramm, e-n Brief, e-n Auftrag e. 收到礼物、电报、信、定单〉**2.** ***j-n（irgendwie）e.*** j-n（irgendwie）begrüßen 欢迎，接待〈j-n freundlich, höflich, herzlich, kühl e. 友好地、礼貌地、热心地、冷淡地接待某人〉**3.** ***j-n e.*** j-n als Besucher od. Gast *mst* bei e-r offiziellen Veranstaltung begrüßen 迎接，欢迎，接见（来访者或客人）：*Die ausländische Delegation wurde im Festsaal des Schlosses empfangen* 外国代表团在宫殿宴会厅里受到接见 **4.** ***etw. e.*** mithilfe entsprechender Geräte etw. hören od. sehen 接收，收看，收听〈e-n Funkspruch, e-e Sendung e. 接收无线电话，收听广播〉

Emp·fän·ger *der*；*-s*，- **1.** j-d, der etw. empfängt（1,4）收件人，接收人，受领者 **2.** ein Gerät, mit dem man Sendungen od. Funksprüche empfangen（4）kann 接收机（器），收报机 ‖ -K（复合）：***Rundfunk-*** ‖ *zu*（义项）**1. Emp·fän·ge·rin** *die*；-，*-nen*

emp·fäng·lich *Adj*（形）；*nicht adv*（不作状语）**1.** ***für etw. e. sein*** bereit sein, bestimmte Eindrücke od. Empfindungen offen aufzunehmen od. bestimmte Anregungen von anderen zu akzeptieren 易受影响的，容易接受的，易受感动的〈e. für Lob, Schmeicheleien sein 爱听表扬，爱受恭维奉承〉**2.** ***für etw. e. sein*** immer wieder bestimmte Krankheiten bekommen 易受感染的 ≈ für etw. anfällig sein〈e. für Infektionskrankheiten sein 易受传染病感染〉‖ *hierzu*（派生）**Emp·fäng·lich·keit** *die*；*nur Sg*（只用单数）

Emp·fäng·nis *die*；-；*nur Sg*，*geschr*（只用单数）[书]；（bei Menschen）die Befruchtung e-r weiblichen Eizelle durch e-e männliche Samenzelle 受胎，怀孕

Emp·fäng·nis·ver·hü·tung *die*；*mst Sg*（多用单数）；die Verhinderung e-r Schwangerschaft（*z.B.* durch Medikamente od. Kondome）避孕 ‖ *hierzu*（派生）**emp·fäng·nis·ver·hü·tend** *Adj*（形）

Emp·fangs·chef *der*；ein Angestellter *mst* in e-m großen Hotel, der die Gäste empfängt（2）（大饭店里的）接待主任

emp·fängt *Präsens*，*3 Person Sg*（现在时，第三人称单数）；↑ ***empfangen***

emp·feh·len；*empfiehlt*，*empfahl*，*hat empfohlen*；[Vt]（及物）**1.** ***（j-m）j-n/etw. e.*** j-m e-e Person od. Sache nennen, die für e-n bestimmten Zweck geeignet od. günstig wäre 推荐，介绍：*Dieses Buch kann ich dir sehr e.* 我可以向你大力推荐这本书；*Können Sie mir e-n guten Augenarzt e.?* 您能给我介绍一位好的眼科医生吗？**2.** ***（j-m）e. + zu + Infinitiv***

(不定式)；(*j-m*) ***etw. e.*** j-m raten, etw. zu tun 劝告,劝说: *Der Arzt hat mir empfohlen, auf Alkohol zu verzichten* 医生劝我戒酒; *Ich habe empfohlen*, dass *er mit der Bahn fährt* 我劝他乘火车; Vr (反身) **3.** ***etw. empfiehlt sich*** etw. ist für e-n bestimmten Zweck gut od. sinnvoll(物作主语)适合,合适,有利于: *Diese Behandlung empfiehlt sich besonders bei inneren Verletzungen* 这种疗法特别适合治内伤 **4.** ***es empfiehlt sich*** + ***zu*** + *Infinitiv*(不定式) es ist sinnvoll od. ratsam, etw. zu tun …是值得的,明智的,可取的: *Unter den jetzigen Umständen empfiehlt es sich, noch etwas zu warten* 在目前情况下还是再等一会儿好 **5.** ***sich e.*** ≈ sich verabschieden ‖ ID *mst*[谚]多用 ***Empfehlen Sie mich Ihrer Gattin / Ihrem Gatten*** *veraltend*[渐旧]; grüßen Sie Ihre Frau/Ihren Mann von mir 请代我向您夫人/您丈夫问候

emp·feh·lens·wert *Adj*(形) **1.** gut od. für e-n bestimmten Zweck sehr geeignet 值得推荐的,很适宜的,相当好的〈ein Buch, ein Medikament, e-e Reise 书,药,旅游〉 **2.** ***es ist e.*** + ***zu*** + *Infinitiv*(不定式) es ist ratsam od. sinnvoll…是值得的,可取的,明智的: *Es ist e., diese Reise früh zu buchen* 提早登记这次旅行是明智的

Emp·feh·lung *die*; -, *-en* **1.** ein (guter) Rat od. Vorschlag 劝告,忠告: *Auf seine E. habe ich den Arzt gewechselt* 按他的劝告,我换了个大夫 **2.** ein lobendes Urteil 推荐,介绍(信)〈j-m e-e E. schreiben 给某人写推荐信〉: *Auf die E. seines Chefs hin wurde er Abteilungsleiter* 由他上司推荐,他当上了部门领导人 ‖ K-(复合): ***Empfehlungs-***, ***-brief***, ***-schreiben*** **3.** *veraltend*[渐旧] ≈ Gruß: *Eine E. an den Herrn Gemahl!* 请向您丈夫(夫君)问候!

emp·fiehlt *Präsens, 3 Person Sg*(现在时,第三人称单数); ↑ ***empfehlen***

emp·fin·den; *empfand, hat empfunden*; Vt (及物) **1.** ***etw. e.*** ein bestimmtes (körperliches od. seelisches) Gefühl haben 感觉到,感受到,觉察到〈Durst, Hitze, Schmerzen e. 感到渴、热、痛; Liebe, Angst, Trauer, Hass e. 感到爱、怕、悲伤、仇恨〉 **2.** ***etw. als etw. e.*** von etw. e-e bestimmte Meinung, e-n bestimmten Eindruck haben 觉得是,认为是: *Was du da Musik nennst, empfinde ich als (puren) Lärm* 你所指的音乐,我觉得是(纯属)噪音 **3.** ***(sehr) viel für j-n e.*** j-n (sehr) gern mögen (非常)喜欢,对…(很)有感情 **4.** ***j-d empfindet nichts für j-n*** j-d ist j-m gleichgültig(人作主语)对…冷淡,无丝毫感情

Emp·fin·den *das*; *-s*; *nur Sg*, *geschr*(只用单数)[书]; ***das E.*** (***für etw.***) die Gefühle u. Meinungen, die j-d in Bezug auf etw. hat(对…的)感觉,看法,感受,灵感〈das sittliche, ästhetische, künstlerische E. 道德上的、美学的、艺术的感受; ein starkes E. 强烈的感受; das E. für Gerechtigkeit, Verantwortung 正义感,责任感〉

emp·find·lich *Adj*(形) **1.** 〈ein Zahn, e-e Stelle am Körper 牙,身上的某一部位〉 so, dass sie schnell u. oft wehtun 易痛的,一碰就痛的,敏感的 **2.** nicht sehr kräftig u. robust u. deshalb oft krank 体弱多病的,体质差的〈ein Kind 孩子〉 **3.** 〈e-e Haut 皮肤; ein Stoff, ein Teppich 衣料,地毯; e-e Pflanze 植物〉 so, dass sie schonend behandelt werden müssen (*mst* da sie leicht zu beschädigen sind)容易损坏的,易脏的,敏感的,难护理的 **4.** ***e. gegen etw. sein*** auf etw. schnell negativ reagieren, durch etw. schnell krank od. geschädigt werden 对…很敏感,经受不住,害怕: *e. gegen Kälte, Sonne, Zugluft sein* 怕冷,怕晒,怕穿堂风 ‖ -K(复合): ***hitze-***, ***kälte-***, ***licht-*** **5.** sehr leicht zu verletzen od. zu beleidigen 神经过敏的,容易受伤害的 ≈ sensibel 〈ein Mensch 人〉 **6.** 〈ein Messgerät 测量仪器〉 so, dass es sehr schnell auf entsprechende Impulse *o. Ä.* reagiert 灵敏的 **7.** *nur attr*, *nicht adv*(只作定语,不作状语); (im negativen Sinne) sehr stark od. intensiv 厉害的,严重的,重大的,惨重的〈e-e Kälte 寒冷; e-e Niederlage, ein Schaden, ein Verlust 失败,亏损,损失〉 **8.** *nur adv*(只作状语); verwendet, um negative Adjektive u. Verben zu verstärken(用来加强形容词和动词的语义)很,非常,厉害 ≈ sehr〈e. kalt 冷极了; etw. tut e. weh 某处痛得厉害; j-n e. treffen 狠狠打击某人〉 **9.** ***e-e empfindliche Stelle*** e-e Schwäche, ein Schwachpunkt 敏感点,弱点,痛处,易受伤害的地方: *j-n an e-r empfindlichen Stelle treffen* 触及某人的痛处 ‖ *zu* (义项)**1.-6.** **Emp·find·lich·keit** *die*; *nur Sg*(只用单数)

emp·find·sam *Adj*(形) ≈ gefühlsbetont 〈ein Mensch, e-e Seele 人,心灵〉 ‖ *hierzu*(派生) **Emp·find·sam·keit** *die*; *nur Sg*(只用单数)

Emp·fin·dung *die*; -, *-en*; ein bestimmtes (körperliches od. seelisches) Gefühl 感觉,感受〈die E. von Kälte, Schmerz, Freude, Liebe, Leid 冷感,痛感,愉快的感觉,爱的感觉,痛苦的感觉〉 ‖ *hierzu*(派生) **emp·fin·dungs·los** *Adj*(形)

emp·fing *Imperfekt, 1. u. 3. Person Sg*(过去时,第一和第三人称单数); ↑ ***empfangen***

emp·foh·len *Partizip Perfekt*(过去分词); ↑ ***empfehlen***

emp·fun·den *Partizip Perfekt*(过去分词); ↑ ***empfinden***

Em·pha·se [-f-] *die*; -, *-n*; *mst Sg*, *geschr*(多用单数)[书]; ein Mittel (*z. B.* Lautstärke), mit dem man beim Reden das Wichtige besonders betont 加重语气,强调 ≈ Nachdruck 〈mit E. reden, auf etw. hinweisen 强调说,强调指出〉 ‖ *hierzu*(派生) **em·pha·tisch** *Adj*(形)

Em·pire [ã'piːɐ] *das*; -(*s*); *nur Sg*(只用单数); ein (klassizistischer) Kunststil in der Zeit Napoleons I. 拿破仑一世时代的(古典的)艺术风格 ‖ K-(复合): ***Empire-***, ***-möbel***, ***-stil***

em·pi·risch *Adj*(形); auf objektiven (u. nachvollziehbaren) Tatsachen beruhend (u. nicht auf Theorien)基于实践的,凭经验的,以客观事实为依据的〈nach neuesten empirischen

Erkenntnissen 根据最新的基于实践的认识〉: *Die empirische Seite* (= die konkrete Forschungsarbeit) *meiner Diplomarbeit ist schon fertig* 我的大学毕业论文的实践经验方面的工作已经做完了 ‖ *hierzu*(派生) **Em·pi·rie** *die*; -; *nur Sg*(只用单数)

em·por [ɛmˈpoːɐ] *geschr*[书]; (von unten) nach oben(由下)向上 ≈ hinauf 〈zum Himmel, zum Licht, zu den Sternen e. 升上天空,飞向光明,登上星球〉

em·por- [ɛmˈpoːɐ] *im Verb, betont u. trennbar, begrenzt produktiv, geschr*(构成动词,重读并可分,构词有限)[书]; Die Verben mit *empor-* werden nach folgendem Muster gebildet (empor- 动词的模式如下): *emporfliegen – flog empor – emporgeflogen*

empor- drückt e-e Bewegung von unten nach oben (in die Höhe) aus(表示由下往上,由低处往高处的动作)向上,往上;

emporflammen: *Das Feuer flammte hoch empor* 烈火熊熊燃烧,火焰往上蹿得很高 ≈ Die Flammen des Feuers gingen hoch nach oben

ebenso(同类词有): **emporblicken, emporfliegen, j-n/etw. emporheben, emporlodern, emporschauen, emporschweben, emporsehen, emporstreben, j-n/etw. emporziehen**

em·por·ar·bei·ten, sich (*hat*) Vr (反身) **sich** (**zu etw.**) **e.** *geschr*[书]; sehr fleißig arbeiten u. dadurch in e-e höhere Stellung kommen 努力工作,争取升迁(提升职位): *Sie hat sich von der einfachen Buchhalterin (bis) zur Prokuristin emporgearbeitet* 她拼命工作,由普通会计提升为公司代理

Em·po·re *die*; -, -n; e-e Art Galerie² (1) od. Balkon, *bes* in Kirchen od. großen Sälen(尤指教堂或大厅的)楼厢,廊台,上敞廊,厢座

em·pö·ren; *empörte, hat empört*; Vt (及物) **1. etw. empört j-n** etw., das j-d sagt od. tut, macht j-n wütend(物作主语)激怒,使发怒,使恼怒; Vr (反身) **2. sich über j-n/etw. e.** über j-n/etw. wütend werden 对…感到愤慨,气愤,不满: *Ich habe mich über seine Bemerkungen empört* 我对他的评语感到气愤 **3. sich gegen j-n/etw. e.** *veraltet*[旧]; gegen j-n/etw. rebellieren od. e-n Aufstand machen 愤起反抗,反对,起来造反

em·por·kom·men (*ist*) Vi (不及物) *geschr*[书] **1.** e-e höhere Stellung in der Gesellschaft erreichen 发迹,高升,飞黄腾达,青云直上 **2.** nach oben, an die Oberfläche von etw. kommen 升上去,浮到上面来

Em·por·kömm·ling *der*; -s, -e; *pej*[贬]; verwendet als negative Bezeichnung für j-n, der in kurzer Zeit zu Reichtum u. Macht gekommen ist (u. *mst* von der höheren Gesellschaft nicht akzeptiert wird) 暴发户,发迹者

Em·pö·rung *die*; -, -en **1.** *nur Sg, geschr*(只用单数)[书]; Zorn, Entrüstung, *mst* als Reaktion auf ein Benehmen od. e-e Handlung, die man nicht akzeptieren kann 愤怒,愤慨,气愤,气恼,不满: *Seine taktlosen Bemerkungen riefen allgemein E. hervor* 他那不得体的评语引起了普遍的不满 **2.** *veraltet*[旧] ≈ Revolte, Aufstand

em·sig *Adj*(形) **1.** 〈e-e Ameise, e-e Biene 蚂蚁,蜜蜂〉 so, dass sie mit großem Fleiß (u. ununterbrochen) arbeiten 勤奋的,勤勉的,勤劳的 **2.** mit viel Fleiß u. Konzentration verbunden 勤恳的,孜孜不倦的,笃行不倦的 〈Betriebsamkeit, Tätigkeit 忙碌,活动〉: *Er trug in emsiger Kleinarbeit das Material zusammen* 他在勤恳的琐碎工作中搜集了资料 ‖ *hierzu*(派生) **Em·sig·keit** *die*

Emul·si·on [-ˈzioːn] *die*; -, -en; CHEM【化】; e-e Mischung von zwei Flüssigkeiten, wie *z.B.* von Öl u. Wasser, bei der sich die Flüssigkeiten aber nicht im chemischen Sinne verbinden 乳剂,乳状液

En·de *das*; -s, -n **1.** *nur Sg*(只用单数); die Stelle, an der etw. aufhört, nach der es etw. nicht mehr gibt 终点,尽头,结尾(指地点) ↔ Anfang 〈am E. der Straße, der Stadt, des Zuges 在街道的尽头,在城市的尽头,在火车尾部; am E. des Buches 在书的结尾〉 ‖ K-(复合): **End-, -silbe, -ziffer** **2.** *nur Sg*(只用单数); der Zeitpunkt, zu dem etw. aufhört, nach dem es etw. nicht mehr gibt 终了,末了,底,尾(指时间) 〈am E. der Woche, des Monats, des Jahres 周末,月底,年终〉 ‖ K-(复合): **End-, -phase, -stadium** **3.** *nur Sg, euph*(只用单数)[婉] ≈ Tod 〈ein leichtes, qualvolles E. 无痛苦的、极痛苦的死亡; sein E. nahen fühlen 感到死期临近〉 **4.** das letzte Stück od. der letzte Teil von etw. 端,末端,最后一段(节) 〈das E. e-r Schnur, e-r Wurst 绳子、香肠的末端〉 **5.** *nordd gespr*[北德][口]; ein kleines Stück von etw. 一小块,一角 〈ein E. Wurst, Käse 一小块香肠、干酪〉 **6. E.** + *Zeitangabe*(时间说明语) am E. (2) des genannten Zeitraumes(所指时间的)末,底,终,尾: *Er kommt E. nächster Woche, E. Januar* 他下周末、一月底来; *bis, gegen E. des Monats* 到月底,大约月底 **7. E.** + *Zahl*(数词) ungefähr so alt wie die genannte Zahl plus 7-9 Jahre 大几,快,奔 〈E. zwanzig, dreißig, vierzig *usw* sein 二十大几(快三十)了,三十大几了,四十大几了〉 ‖ ID [谚] *mst* 多用 **es ist noch ein ganzes / ziemliches E.** es ist noch ziemlich weit 路程还远着呢; **etw. nimmt kein E.** etw. Negatives, Lästiges *o.Ä.* hört nicht auf 某事没完没了(无尽无休); **etw. nimmt ein gutes / schlimmes / trauriges E.** etw. endet (3) auf positive/sehr negative/traurige Weise 某事会产生好的/糟糕的/悲惨的结局 **etw. geht zu Ende** etw. endet (3) 某事快结束(到尽头,到期)了; **am Ende a)** zuletzt, schließlich 最终,归根到底,说到底; **b)** *gespr* [口]; verwendet, um Erstaunen auszudrücken(用来表示惊讶) 难道,也许 ≈ etwa² (1): *Hast du das am E. selbst gemacht?* 难道这是你自己做的?; **am E. sein** erschöpft sein u. nicht mehr wissen, was man tun soll 累得晕头转向,累傻了; **etw. zu E. bringen** e-e Aufgabe od. e-e Arbeit (erfolgreich)

E

beenden(圆满地)完成某事,把某事(出色地)干完;**etw. am falschen E. anpacken** bei der Lösung e-s Problems falsch beginnen 没抓住要害,某事抓瞎了;**etw. (*Dat* 三格) ein E. machen** mit etw. zum Schluss kommen, zu e-r (oft schnellen) Lösung kommen 结束(了结)某事;**am E. der Welt** 〈wohnen 住〉 weit weg von jeder größeren Stadt (wohnen)在人迹罕至的地方,在荒僻之处,在天涯海角;**das E. vom Lied** der (*mst* negative) Ausgang od. Schluss e-s Vorgangs 结局(令人失望)不妙 ‖ ID[谚] ↑ **Weisheit**

Ẹnd·ef·fekt *der*; *nur Sg* (只用单数) **1.** das schließliche Ergebnis 末端效应,边缘效应,最终效果 **2. im E.** wenn man es vom Ergebnis her sieht 最终,最后 ≈ letztlich: *Im E. kommt nichts dabei heraus* 最终是得不出什么结果的

ẹn·den; *endete*, *hat/ist geendet*; [Vi] (不及物) **1. etw. endet irgendwo** (*hat*) etw. kommt räumlich an ein Ende (1)(物作主语)在…地方终止,到头: *Dort endet die Straße* 街道在那里到头了; *Der Rock endet knapp über dem Knie* 裙子刚过膝盖 **2. etw. endet irgendwann** (*hat*) etw. kommt zeitlich zu e-m Ende (2)(物作主语)在…时候终止,终了,结束: *Der Kurs endet im Mai* 培训班五月结束; *nicht e. wollender* (= sehr langer) *Applaus* 经久不息的掌声 **3. etw. endet irgendwie** (*hat*) etw. kommt irgendwie zum Schluss(物作主语)以…方式终止,告终,结束: *Das Stück endet mit dem Tod des Helden* 该剧以主人公的死而告终; *Das wird nicht gut e.* 这事可能结局不好; *Unsere Diskussionen enden immer im Streit* 我们的讨论总是在争吵中结束 **4. j-d endet irgendwie** (*hat/ist*) *geschr euph*[书][婉]; j-d stirbt auf die genannte Art(人作主语)以…方式去世,身亡〈j-d endet tragisch, durch Selbstmord, durch fremde Hand 某人不幸、自杀、被害身亡〉 **5. etw. endet auf etw.** (*Dat* 三格) (*hat*) LING【语】; etw. hat den genannten Buchstaben, die genannte Silbe, das genannte Wort *o.Ä.* am Schluss stehen(物作主语)尾音为…: *„Vater" endet auf „r"* “Vater”一词的尾音为“r”

Ẹnd·er·geb·nis *das*; das endgültige Ergebnis 最终结局,最后结果〈das amtliche E. (e-r Wahl)(选举的)官方最后结果〉

ẹnd·gül·tig *Adj*(形); *ohne Steigerung*(无变级); 〈ein Bescheid 决定; ein Entschluss, e-e Entscheidung 决断,抉择; e-e Fassung, e-e Version 稿本,文本; e-e Niederlage 失败〉 so, dass sie nicht mehr verändert werden (können) 最终的,最后的,已成定局的,不再变更的,彻底的: *Ich habe noch nichts Endgültiges gehört* 我还没有听到任何最终的东西 ‖ *hierzu* (派生) **Ẹnd·gül·tig·keit** *die*

Ẹnd·hal·te·stel·le *die* ≈ Endstation

En·di·vie [ɛnˈdiːviə] *die*; -, *-n*; e-e Pflanze mit leicht bitter schmeckenden Blättern, aus denen man Salat macht 苣荬菜 ‖ K-(复合): **Endivien-, -salat**

Ẹnd·kampf *der*; der letzte u. entscheidende Wettkampf, für den sich die Sportler vorher qualifizieren müssen 决赛〈sich für den E. qualifizieren 取得决赛资格〉

Ẹnd·la·ger *das*; e-e besonders sichere u. geschützte Deponie, vor allem für chemische u. radioaktive Abfälle(化学和放射性废物的)最终存放场 ‖ *hierzu* (派生) **ẹnd·la·gern** (*hat*) *Vt* (及物)(*nur im Infinitiv u. Partizip Perfekt verwendet* 只用不定式和过去分词); **Ẹnd·la·ge·rung** *die*; *nur Sg*(只用单数)

Ẹnd·lauf *der*; SPORT【体】; der letzte u. entscheidende Wettlauf(赛跑、滑雪等的)决赛

ẹnd·lich *Adj* (形) **1.** *nur adv* (只作状语); verwendet, um (nach e-r langen Wartezeit) Erleichterung auszudrücken(表示长久期待以后的轻松心情)总算,终于,到底: *Gott sei Dank, wir sind e. da!* 谢天谢地,我们终于到了!; *Na e.!* 噢,终于来了! **2.** *nur adv* (只作状语); verwendet, um Ungeduld auszudrücken(表示不耐烦)总算,毕竟,高低,终归: *Kommst du jetzt e.?* 你现在总算来了? **3.** *nur adv* (只作状语); nach langer Zeit 终究,终于,最后,最终 ≈ schließlich: *E. begriff er den Sinn ihrer Worte* 他终于明白了她说话的意思 **4.** so, dass es e-n Anfang u. ein Ende hat 有限的: *Nach Meinung vieler Physiker ist das Weltall e.* 许多物理学家认为,宇宙是有限的 ‖ *zu* (义项)**4. Ẹnd·lich·keit** *die*

ẹnd·los *Adj*(形); so, dass es (scheinbar) kein Ende (1,2) hat 无限的,无止境的,无尽头的,没完没了的,无休止的〈e-e Autokolonne, e-e Diskussion, die Wartezeit 汽车队,讨论,等待的时间〉: *Die Reise zieht sich e. hin* 这次旅行无限期地推迟 ‖ *hierzu*(派生) **Ẹnd·lo·sig·keit** *die*

Ẹnd·los·pa·pier *das*; Papier, das *bes* zum Ausdruck von Computerdateien verwendet wird u. dessen einzelne Seiten durch Perforationen abgeteilt sind 无头纸(一种记录计算机数据的用纸,其单页用齿孔分开)

Ẹnd·lö·sung *die*; *mst in* 多用于 **die E. (der Judenfrage)** *hist*[历]; ein Begriff aus der Zeit des Nationalsozialismus, der verwendet wurde, um die geplante Vernichtung aller Juden in Europa zu bezeichnen(犹太人问题的)最终解决(纳粹用来表示打算在欧洲灭绝犹太人的用语)

Ẹnd·pro·dukt *das*; das Produkt, das am Ende (2) e-s *mst* relativ langen Prozesses entsteht 成品,最终产品

Ẹnd·punkt *der* **1.** der letzte Punkt e-r Strecke, das letzte Ziel e-r Reise *o.Ä.* 端点,终点,目的地 **2.** *gespr*[口]; e-e Situation, in der es für ein Problem keine Lösung mehr gibt 无法解决的境地,无计可施的地步: *Wir sind in unserer Beziehung an e-m E. angelangt u. müssen uns trennen* 我们的关系已经到了无可挽救的地步,只得分手

Ẹnd·re·sul·tat *das* ≈ Endergebnis

Ẹnd·run·de *die*; SPORT【体】; die letzte Serie von Spielen od. Wettkämpfen bei e-m großen sportlichen Wettbewerb, *z.B.* e-r Weltmeisterschaft, Europameisterschaft *o.Ä.* 最后一轮比赛,决赛圈 ↔ Vorrunde 〈in die

E. kommen 进入决赛圈；die E. erreichen 取得最后一轮比赛资格〉‖ NB(注意)：Endrunde ≠ Endspiel

End·spiel *das*；SPORT【体】；das letzte u. entscheidende Spiel, bei dem der Sieger e-s Wettbewerbs od. Wettkampfes ermittelt wird (nachdem vorher um die Teilnahme daran gekämpft wurde) 决赛(资格) ≈ Finale 〈das E. erreichen, bestreiten 取得决赛资格,负责组织决赛〉

End·spurt *der* **1.** SPORT【体】；der Spurt auf der letzten Strecke kurz vor dem Ziel 冲刺(阶段) **2.** e-e letzte besondere Anstrengung, um e-e Arbeit fertig zu machen, e-e Prüfung zu bestehen *usw* 最后的冲刺,最后的努力

End·sta·ti·on *die* **1.** die letzte Haltestelle e-r Bus-, Straßenbahn-, U-Bahnlinie *o. Ä.* 终点站 **2.** *gespr*〔口〕；ein Punkt, von dem aus es nicht mehr (positiv) weitergeht 最后的着落,归宿：*E. Krankenhaus, E. Zuchthaus, E. Rollstuhl* 最后的归宿:医院、监狱、轮椅

End·sum·me *die*；die Summe, die nach der Addition von mehreren (Zwischen) Summen entsteht 总数,总额

En·dung *die*；-, *-en*；LING【语】；der letzte Teil e-s Wortes, der (je nach Gebrauch des Wortes) verändert werden kann od. der der Wortbildung dient 词尾：*Im Akkusativ hat das Wort „Pilot" die Endung „-en" (den Piloten)* "Pilot"一词第四格词尾是"-en" ‖ *hierzu* (派生) **en·dungs·los** *Adj* (形)

End·ver·brau·cher *der*；j-d, der etw. zum eigenen Gebrauch kauft 最终消费者 ‖ K-(复合)：***Endverbraucher-, -preis*** ‖ *hierzu* (派生) **End·ver·brau·che·rin** *die*

Ener·gie *die*；-, *-n* [-ˈgiːən] **1.** *mst Sg* (多用单数)；jede Art von (körperlicher, geistiger, seelischer) Kraft, die ein Mensch hat, um etw. zu leisten 精力,干劲,能力,活力,毅力〈voller E. sein 精力充沛,生气勃勃；mit E. an etw. herangehen 干劲十足地着手干某事；alle E. aufbieten 全力以赴,不遗余力；mit E. geladen sein 浑身是劲,精力旺盛〉**2.** *mst Sg, Kollekt* (多用单数,集合)；e-e Art Kraft, die durch Bewegung, Verbrennung, Kernspaltung *o. Ä.* frei wird u. die in andere Energien (wie *z. B.* Strom) umgewandelt werden kann 能,能量 ‖ K-(复合)：***Energie-, -bedarf, -einsparung, -erzeugung, -gewinnung, -quelle, -verbrauch, -verschwendung, -versorgung*** ‖ -K(复合)：***Atom-, Solar-, Sonnen-, Wind-*** **3.** *mst Sg*, PHYS (多用单数)【物】；e-e physikalisch messbare Größe, die ein Körper besitzt (*z. B.* Magnetismus, Elektrizität, Bewegung, Wärme) 能,能量(如磁性,电能,动能,热能) ‖ -K(复合)：***Bewegungs-, Ruhe-, Masse-*** ‖ *zu* (义项) **1. ener·gie·los** *Adj* (形)

Ener·gie·kri·se *die*；ein großer Mangel an Energie (2), der zu wirtschaftlichen Problemen in e-m hoch industrialisierten Land führt 能源危机

Ener·gie·spar|lam·pe *die*；e-e Art eckige Glühbirne, die viel weniger Strom verbraucht u. länger hält als e-e normale Glühbirne 节能灯泡

ener·gisch *Adj* (形) **1.** voller Energie (1) 精力充沛的,有力的,全力以赴的,奋力的,富有活力的〈ein Mensch 人；ein Auftreten 登台演出；e. handeln, vorgehen 全力行动,采取有力的措施；etw. e. anpacken 竭尽全力抓住某事〉**2.** *mst adv* (多用状语)；mit Temperament 感情激动的,强烈的,果断的,断然的,坚决的 ≈ nachdrücklich 〈e. protestieren 强烈地反对；e-n Vorwurf e. von sich weisen 断然拒绝指责〉

En·fant ter·ri·ble [ãfãtɛˈribl] *das*；-/-s, -s；*geschr* [书]；j-d, der ständig gesellschaftliche Normen u. Konventionen verletzt u. dadurch seine Umgebung provoziert 冒失鬼,鲁莽汉,愣头儿青

eng *Adj* (形) **1.** von relativ geringer Ausdehnung 狭窄的,狭小的,狭隘的,窄小的 ↔ breit 〈e-e Gasse, e-e Straße, ein Tal 胡同,马路,山谷〉‖ ↑ *Abb. unter* 图见 ***Eigenschaften*** **2.** (von mehreren Personen/Sachen) sehr dicht nebeneinander 紧挨的,紧密的,紧紧的：*eng schreiben* 写得紧密；*e-e enge Umarmung, eng umschlungen* 紧紧的拥抱,紧紧搂着 **3.** (von Kleidungsstücken) so, dass sie direkt am Körper liegen 紧贴着身的,紧的,瘦的,窄小的 ↔ weit 〈eng anliegend 紧贴在身上的；etw. wird (j-m) zu eng〉某物(对某人)太瘦(太紧)：*e-e enge Jeans* 绷得紧紧的牛仔裤 ‖ ↑ *Abb. unter* 图见 ***Eigenschaften*** **4.** sehr gut od. freundschaftlich 密切的,亲密的〈Beziehungen, Kontakte 关系,交往；mit j-m eng befreundet sein 与某人有深交(是亲密的朋友)〉**5.** *nur adv* (只作状语)；so, dass man sich sehr genau an Vorschriften hält 严格的,一丝不苟的〈etw. eng auslegen, befolgen 严格地注释,遵循某事〉‖ ID[谚] ***im engeren Sinne*** verwendet, um die Bedeutung e-s Begriffs in e-m bestimmten Zusammenhang einzuschränken 就狭义而言,严格地说：*Demokratie im engeren Sinne schließt soziale Gerechtigkeit mit ein* 严格地说,民主包括社会正义；***im engsten Familienkreis*** nur mit den Mitgliedern der Familie 在最亲近的家庭成员之间；*mst* 多用 ***Das darf man nicht so eng sehen*** hier muss man toleranter od. großzügiger sein 不能把这事看得太死(对此应该宽容些或大度些)；***e-n engen Horizont haben*** geistig beschränkt sein, ungebildet sein 眼界狭隘

En·ga·ge·ment [ãgaʒ(ə)ˈmãː] *das*；-s, -s **1.** *nur Sg* (只用单数)；der persönliche Einsatz für etw., das einem sehr wichtig erscheint 投身,义务感〈etw. mit großem E. tun 全身心投入某事〉**2.** e-e Anstellung e-s Künstlers an e-m Theater *o. Ä.* 聘用,聘请(艺术家等)：*ein E. für zwei Jahre bekommen* 受聘两年

en·ga·gie·ren [ãgaˈʒiːrən]；*engagierte, hat engagiert*；[Vt] (及物) **1.** ***j-n e.*** j-n, *mst* e-n Künstler, anstellen od. ihm e-n (Arbeits)-Vertrag geben 聘请(多指艺术家)〈e-n Schauspieler an ein Theater e. 聘用一位演员到剧院工作; Vr (反身) 2. **sich** (**für j-n/etw.**) **e.** sich für j-n/etw. einsetzen(为…)投身 ‹sich politisch, sozial e. 投身政治,投身社会›: *Sie engagierte sich sehr für die Rechte verfolgter Minderheiten* 他致力于争取受迫害的少数人的权利; *Er ist politisch engagiert* 他忙于从政

En·ge *die*; -, -*n* 1. *nur Sg* (只用单数): der Mangel an Platz 狭小,狭窄 2. *veraltend* [渐旧]; e-e enge Stelle 狭小的地方,狭窄处 ≈ Engpass ‖ ID [谚] ***j-n in die E. treiben*** j-n *mst* mit Fragen od. Argumenten in e-e Situation bringen, in der er nicht mehr weiß, was er sagen soll 使某人为难,弄得某人很窘

En·gel *der*; -*s*, - 1. ein überirdisches Wesen in Gestalt e-s Menschen mit Flügeln, das (nach christlicher Vorstellung) von Gott als Bote zu den Menschen geschickt wird 天使,安琪儿 ‖ K-(复合): ***Engel-, -schar*** ‖ -K(复合): ***Schutz-*** 2. ein guter Mensch, der anderen hilft 助人者,拯救者,积善者,做好事的人 ‹ein guter, hilfreicher, rettender E. 一个行善的、助人为乐的、救苦救难的好人›: *Du bist wirklich ein E.* 你真是一个救星 ‖ ID *mst* [谚] 多用 ***du ahnungsloser E.!*** *gespr* [口]; du weißt von nichts, du bist naiv 你真天真! 你真糊涂!; ***die Engel/Englein im Himmel singen hören*** *gespr* [口]; (plötzlich) starke Schmerzen haben (突然)痛得无法忍受 ‖ *zu* (义项) 1. **en·gel·haft** *Adj* (形)

En·gels·ge·duld *die*; *mst in* 多用于 ***e-e E. (mit j-m) haben*** sehr geduldig (mit j-m) sein(对…)怀着极大的忍耐,有很好的耐性

En·gels·zun·gen *die*; *Pl* (复); *nur in* 只用于 ***mit E. (zu j-m) reden*** geduldig u. eindringlich e-e lange Zeit mit j-m sprechen, *mst* um ihn von etw. zu überzeugen 以其三寸不烂之舌耐心地说服(某人),鼓其如簧之舌耐心地说服(某人)

eng·ma·schig *Adj* (形); *ohne Steigerung* (无变级); mit kleinen Maschen 细网眼的,网眼紧密的 ‹ein Netz 网; ein e. gestrickter Pullover 一件针眼打得紧密的套头毛衣›

Eng·pass *der* 1. e-e sehr enge (1) Stelle, *z.B.* auf e-r Straße 关隘,峡谷,道路的狭窄处,瓶颈口,狭道 2. ***ein E.*** (***an etw.*** (*Dat* 三格)) ein Mangel an bestimmten Produkten (*mst* nur für kurze Zeit) 紧缺,不足(暂时短缺) ‖ -K(复合): ***Versorgungs-***

en gros [ã'gro] *Adv* (副); in großen Mengen 大批地,成批地,大量地 ‹etw. en gros einkaufen 大批购进某物›

eng·stir·nig *Adj* (形); *pej* [贬]; ‹ein Mensch, Ansichten 人,见解› von Vorurteilen od. festen, traditionellen Meinungen geprägt 狭隘的,死板的,墨守成规的 ‖ *hierzu* (派生) **Eng·stir·nig·keit** *die*; *nur Sg* (只用单数)

En·kel ['ɛŋkl] *der*; -*s*, - 1. das Kind von j-s Sohn od. Tochter 孙,外孙 ‖ K-(复合): ***Enkel-, -kind, -sohn, -tochter*** 2. *nur Pl* (只用复数) ≈ Nachkommen ‖ *zu* (义项) 1. **En·ke·lin** *die*; -, -*nen*

En·kla·ve [-v-] *die*; -, -*n* 1. ein (*mst* kleines) Gebiet e-s Staates, das vollständig von Gebieten e-s anderen Staates umgeben ist 飞地 ↔ Exklave 2. ein Gebiet, das ganz anders ist als die Umgebung 不同于周围环境的地区

enorm *Adj* (形) 1. außergewöhnlich groß, hoch od. stark 极大的,巨大的,极高的,剧烈的 ‹ein Erfolg, ein Preis, ein Wert 成就,价格,价值; e-e Begabung, e-e Summe 才华,金额; e-e Aufregung, e-e Belastung 激动,精神负担› 2. *nur adv* (只作状语); verwendet, um Adjektive od. Verben zu verstärken(用来加强形容词或动词的语义)很,非常,极 ≈ sehr: *e. kalt* 极冷; *Er strengt sich e. an* 他非常卖劲(努力)

en pas·sant [ãpa'sã] *Adv* (副) ≈ beiläufig, nebenbei

En·sem·ble [ã'sã:bl] *das*; -*s*, -*s*; e-e Gruppe von Künstlern, *mst* Musikern od. Tänzern, die gemeinsam auftreten 文艺团体,歌舞团,文工团,乐团,剧团 ‖ K-(复合): ***Ensemble-, -mitglied, -musik*** ‖ -K(复合): ***Musik-, Theater-***

ent- *im Verb, unbetont u. nicht trennbar, sehr produktiv* (构成动词,非重读并不可分,构词强); Die Verben mit *ent-* werden nach folgendem Muster gebildet (ent- 动词的模式如下): *entknoten – entknotete – entknotet*

1. *ent-* drückt aus, dass etw. von etw. weggenommen, etw. von etw. befreit wird (表示消除,取掉,除去,排掉,解除);

etw. entrußen: *Der Ofen muss von Zeit zu Zeit entrußt werden* 炉子必须经常除去烟尘 ≈ Der Ofen muss von Zeit zu Zeit von Ruß befreit werden

ebenso(同类词有): ***etw. enteisen, etw. entfetten, etw. entflechten, etw. entgiften, j-n/etw. enthüllen, etw. entkernen, etw. entknoten, etw. entkorken, etw. entrosten, j-n entwaffnen, etw. entwässern***

2. *ent-* drückt aus, dass e-e Bewegung, Handlung aus der Richtung von j-m/etw. kommt. Die Verben mit *ent-*, die so gebildet werden, gehören *mst* der geschriebenen Sprache an(表示从某物中脱离出来,来源于某物,这类动词多属书面用语);

etw. entströmt (***etw.*** (*Dat* 三格)): *Es wurde befürchtet, dass dem defekten Reaktor größere Mengen radioaktiven Gases entströmt seien* 担心大量放射性气体从出了故障的反应堆中泄漏出来 ≈ Es wurde befürchtet, dass aus dem defekten Reaktor größere Mengen radioaktiven Gases herausgeströmt seien

ebenso(同类词有): (***j-m/etw.***) ***entfliehen, etw.*** (*Dat*) ***entquillt etw.*** (*Dat*), ***etw.*** (*Dat*) ***entstammen, etw.*** (*Dat*) ***entsteigen, etw.*** (*Dat*) ***entspringen***

3. *ent-* drückt aus, dass sich die Richtung e-r Bewegung, Handlung von j-m/etw. wegbewegt. Die Verben mit *ent-*, die so gebildet werden, gehören *mst* der geschriebenen Sprache an(表示脱离、离开某人/某物,这类动词多属书面用语);

(***j-m***) ***enteilen***: *Er enteilte ihnen* 他匆忙离他们而去 ≈ Er eilte ihnen davon

E

ebenso(同类词有)：(*j-m* / *etw*.) **entschweben**, **etw. entsinkt j-m**

ent·ar·ten; *entartete*, *ist entartet*; [Vi](不及物) **etw.** / *seltener* 罕 **j-d entartet zu etw.** etw./j-d entwickelt sich in negativer Weise weg von dem, was normal ist od. erwartet wird (物/人作主语)蜕变,退化,变坏,堕落,变质: *Die Diskussion entartete zu e-r Beschimpfung* 讨论演变成了谩骂 ‖ NB(注意): ↑ **Kunst** (9) ‖ *hierzu*(派生) **Ent·ar·tung** *die*

ent·beh·ren; *entbehrte*, *hat entbehrt*; [Vt](及物) **1. etw. e.** *geschr*[书]; ohne etw. auskommen (müssen)(只得)在缺少…情况下艰难度日,过紧日子: *Nach dem Krieg mussten die Menschen vieles e.* 战后人们不得不在许多东西紧缺的情况下艰辛度日 **2. j-n** (**nicht**) **e. können** auf j-n (nicht) verzichten können(不)能缺少,(不)能没有: *Wir können keinen unserer Arbeiter hier e.* 我们这里的工人一个也不能缺少; [Vi](不及物) **3. etw. entbehrt etw.** (*Gen* 二格) *geschr*[书]; etw. hat etw. nicht, das eigentlich da sein sollte(物作主语)缺少,缺乏: *Seine Aussage entbehrt der Glaubwürdigkeit / der Genauigkeit* 他的证词缺乏可信性/精确性

ent·behr·lich *Adj*(形); ⟨Menschen, Dinge 人,物⟩ so, dass man sie nicht braucht od. darauf verzichten kann 可缺少的,不需要的,多余的,非必需的

Ent·beh·rung *die*; -, *-en*; *geschr*[书]; ein Mangel an etw., das man notwendig braucht 贫困,穷苦,清贫,拮据,缺衣少食 ⟨große Entbehrungen auf sich nehmen 生计窘迫,生活清苦⟩ ‖ *hierzu*(派生) **ent·beh·rungs·reich** *Adj*(形)

ent·bie·ten; *entbot*, *hat entboten*; [Vt](及物) **j-m e-n Gruß / Grüße e.** *geschr veraltend*[书][渐旧]; j-n (be)grüßen 向…致以问候

ent·bin·den; *entband*, *hat entbunden*; [Vt](及物) **1. j-n von etw. e.** *geschr*[书]; j-n von e-r Pflicht, e-r Aufgabe *o. Ä.* befreien od. aus e-m Amt entlassen 免除,解除 ⟨j-n von seinem Versprechen, Eid, e-m Amt e. 解除某人的承诺、誓言、职务⟩ **2. e-e Frau wird** (**von e-m Kind**) **entbunden** e-e Frau bringt (mit der Hilfe e-r Hebamme *o. Ä.*) ein Kind zur Welt 帮助一位妇女分娩(一位妇女生下一个小孩): *Sie wurde von e-m gesunden Mädchen entbunden* (= Sie gebar ein gesundes Mädchen)她生下一个健康的女孩; [Vi](不及物) **3.** (als Frau) ein Kind gebären 分娩,生孩子: *Sie hat gestern entbunden* 昨天她分娩了

Ent·bin·dung *die*; -, *-en* **1.** *nur Sg*(只用单数); das Entbinden (1) 免除,解除 **2.** das Entbinden (2,3)分娩,生孩子 ‖ K-(复合): **Entbindungs-**, **-station**

ent·blö·ßen; *entblößte*, *hat entblößt*; *geschr*[书] [Vt](及物) **1. etw. e.** die Kleidung von e-m bestimmten Teil des Körpers wegnehmen 使袒露,裸露 ⟨die Brust, das Haupt e. 袒露胸脯,脱下帽子⟩; [Vr](反身) **2. sich e.** sich nackt ausziehen od. Kleidung von e-m bestimmten Körperteil nehmen 赤膊,脱光衣服,敞胸露怀,光膀子 ‖ ▶ **bloß**[1] (1)

ent·bren·nen; *entbrannte*, *ist entbrannt*; [Vi](不及物) *geschr*[书] **1. etw. entbrennt** etw. fängt plötzlich mit Heftigkeit an(物作主语)爆发,激烈地开始 ⟨e-e Diskussion, ein Krieg, ein Streit 讨论,战争,争吵⟩ **2. in etw.** (**für j-n / zu j-m**) **e.** plötzlich ein sehr starkes Gefühl von Liebe, Hass *o. Ä.* bekommen 燃起(强烈的感情): *Er entbrannte in Liebe für sie / zu ihr* 他对她燃起炽热的爱

ent·de·cken; *entdeckte*, *hat entdeckt*; [Vt](及物) **1. etw. e.** etw., das allen od. den meisten Menschen bisher unbekannt war, finden 发现: *Kolumbus hat Amerika entdeckt* 哥伦布发现了美洲 **2. etw. e.** etw., das für einen selbst unbekannt od. neu ist, plötzlich erkennen od. herausfinden 发觉,发现,找到: *Auch wenn man die Stadt gut kennt, entdeckt man immer wieder etw. Neues* 即使有人对这个城市很熟悉,他们也总会发现一些新鲜事儿 **3. j-n / etw.** (**irgendwo**) **e.** j-n/etw. irgendwo (überraschenderweise) treffen od. finden(意外地)发觉,碰见,看到,发现: *Ich entdeckte Blutspuren am Boden* 我发觉地上有血迹

Ent·de·cker *der*; *-s*, *-*; j-d, der etw. entdeckt (1) (hat)发现者 ‖ *hierzu* (派生) **Ent·de·cke·rin** *die*; *-*, *-nen*

Ent·de·ckung *die*; -, *-en* **1.** *nur Sg*(只用单数); das Entdecken (1): *die E. Amerikas durch Kolumbus* 哥伦布发现美洲 ‖ K-(复合): **Entdeckungs-**, **-fahrt** **2.** das, was entdeckt (1) worden ist 发现(指研究、探索所得的事物或规律): *Der Forscher veröffentlichte seine wissenschaftlichen Entdeckungen* 这位研究人员发表了自己的科学发现 **3.** das Entdecken (3) ⟨e-e E. machen 发现,发觉⟩: *Der Arzt machte e-e überraschende E. auf dem Röntgenbild* 大夫在 X 光照片上得出了意外的发现

En·te[1] *die*; -, *-n* **1.** ein (Schwimm) Vogel mit breitem Schnabel u. kurzem Hals 鸭 ⟨die E. quakt, schnattert 鸭子嘎嘎叫,呱呱叫⟩ ‖ ↑ *Abb. unter* 图见 **Gans** ‖ K-(复合): **Enten-**, **-braten**, **-jagd**, **-küken**, **-schnabel**, **-teich** **2.** e-e weibliche E. (1)雌鸭 ↔ Erpel **3.** *nur Sg*(只用单数) ≈ Entenbraten **4.** *gespr hum*[口][诙]; ein französisches Auto des Typs Citroën 2 CV(法国的雪铁龙 2 型小汽车)鸭型车 ‖ ID[谚] **e-e lahme E.** *gespr hum*, *oft pej*[口][诙]常用[贬]; ein Mensch, der kein Temperament hat 慢慢腾腾的人,没精打采的人,没朝气的人,蔫不唧的人

En·te[2] *die*; -, *-n*; e-e falsche Nachricht, die in der Presse veröffentlicht wurde(报刊登载的)错误报道,谣言,讹传,假新闻 ‖ -K(复合): **Zeitungs-**, **Presse-**

ent·eh·ren; *entehrte*, *hat entehrt*; [Vt](及物) **1. j-n e.** so handeln, dass j-d seine Ehre verliert 损害…的名誉,诽谤,侮辱 **2. ein Mädchen e.** *veraltet*[旧]; ein Mädchen (vor der Ehe) zum Geschlechtsverkehr verführen od.

zwingen 奸污一个姑娘

ent·eig·nen; *enteignete*, *hat enteignet*; [Vt] (及物) ***j-n e.*** j-m sein Eigentum (*mst* Häuser, Fabriken *o. Ä.*) nehmen u. es aufgrund von Gesetzen zum Eigentum des Staates machen 剥夺、没收…的财产,将…的财产收归国家所有 ‖ *hierzu* (派生) **Ent·eig·nung** *die*

ent·ei·sen; *enteiste*, *hat enteist*; [Vt] (及物) ***etw. e.*** etw. von Eis befreien 除去…上的冰(霜) 〈das Türschloss (beim Auto) e. 除去(汽车)门锁上的冰〉 ‖ *hierzu* (派生) **Ent·ei·sung** *die*

En·tente [ãˈtãːt(ə)] *die*; -, *-n*; *mst Sg* (只用单数); e-e Art Bündnis zwischen zwei od. mehreren Staaten (国家之间的) 协约,联盟

ent·er·ben; *enterbte*, *hat enterbt*; [Vt] (及物) ***j-n e.*** bestimmen, dass j-d, der ein Recht auf ein Erbe hat od. dem man früher ein Erbe versprochen hat, das Erbe nicht bekommt 剥夺…的继承权,使失去继承权 ‖ *hierzu* (派生) **Ent·er·bung** *die*

En·te·rich *der*; *-s*, *-e*; e-e männliche Ente[1] (1) 公鸭 ≈ Erpel

en·tern; *enterte*, *hat geentert*; [Vt] (及物) ***etw. e.*** *hist* [历]; von einem Schiff auf ein anderes gehen (*mst* mitten auf dem Meer), um es zu erobern (在海上) 强行登上,攻占(一只船)

ent·fa·chen; *entfachte*, *hat entfacht*; *geschr* [书]; [Vt] (及物) **1. *etw. e.*** etw. zum Brennen bringen 点燃,燃起 〈ein Feuer e. 点燃火〉 **2. *j-d/etw. entfacht etw.*** j-d/etw. bewirkt, dass etw. anfängt (人/物作主语) 挑起,引起 〈etw. entfacht e-n Krieg 某事引起战争; j-d entfacht e-n Streit 某人挑起争吵〉 **3. *etw. entfacht etw.* (*in j-m*)** etw. bewirkt, dass ein starkes Gefühl (in j-m) entsteht (物作主语) (在某人心里) 激起,燃起 〈etw. entfacht Begeisterung, Hass 某事激起热情、仇恨〉

ent·fah·ren; *entfuhr*, *ist entfahren*; [Vi] (不及物) ***j-m entfährt etw.*** *geschr* [书]; j-d sagt spontan etw. od. stößt e-n Laut aus (物作主语) 由某人脱口说出,无意中说出 〈j-m entfährt e-e Bemerkung, ein Schrei 某人无意中吐露出一种看法,发出一声叫喊〉

ent·fal·len; *entfällt*, *entfiel*, *ist entfallen*; [Vi] (不及物) **1. *etw. entfällt j-m*** j-d kann sich (für kurze Zeit) an etw. nicht erinnern (物作主语) 被忘掉,想不起来: *Es tut mir Leid, aber ihr Name ist mir entfallen* 很遗憾,她的名字我忘掉了 **2. *etw. entfällt j-m*** *geschr* [书]; j-d lässt etw. (zu Boden) fallen (物作主语) (从某人手中) 掉,落,滑落 **3. *etw. entfällt*** *geschr* [书]; etw. findet nicht statt (物作主语) 取消: *Meine Sprechstunde muss heute leider e.* 遗憾的是今天我的会客时间得取消 **4. *etw. entfällt*** (ADM) *geschr* 【管理】[书]; ein bestimmter Teil e-s Formulars *o. Ä.* kann unberücksichtigt bleiben (物作主语) 不用考虑,不用填写 **5. *etw. entfällt auf j-n/etw.*** etw. wird j-m/etw. gegeben od. zugeteilt (物作主语) 分摊给,落在…身上: *Der Gewinn entfällt auf das Los Nr. 30* 30 号奖券中彩

ent·fal·ten; *entfaltete*, *hat entfaltet*; [Vt] (及物) **1. *etw. e.*** *geschr* [书]; etw., das gefaltet ist, ausbreiten 摊开,展开,铺开 〈ein Taschentuch, e-e Tischdecke, e-e Zeitung e. 打开手帕,铺开桌布,展开报纸〉 **2. *etw. e.*** etw. zeigen od. entwickeln 发挥,施展,显示 〈Aktivitäten, Initiative e. 发挥积极性、首创精神〉; [Vr] (反身) **3. *sich e.* (*können*)** die individuellen Eigenschaften u. Fähigkeiten entwickeln (können) (能) 发挥,发展(个人特长和才能) 〈sich frei e. können 能自由发展〉 **4. *etw. entfaltet sich*** etw. öffnet sich (物作主语) 展开,开放,张开 〈e-e Blüte, Blume 花朵,花〉 ‖ *zu* (义项) **2., 3.** u. **4. Ent·fal·tung** *die*

ent·fer·nen; *entfernte*, *hat entfernt*; [Vt] (及物) *geschr* [书] **1. *etw.* (*aus/von etw.*) *e.*** bewirken, dass etw. nicht mehr da ist 除掉,清除,去掉 ≈ beseitigen: *e-n Fleck aus e-r Hose, den Schimmel von der Wand e.* 去掉裤子上的污渍,清除墙上的霉斑 **2. *j-n e.*** bewirken, dass j-d e-e Position nicht mehr hat 撤销…的职务,免去…的职务,开除 〈j-n aus/von seinem Amt e. 免去某人的职务〉; [Vr] (反身) **3. *sich e.*** ≈ weggehen, wegfahren *o. Ä.*

ent·fernt **1.** *Partizip Perfekt* (过去分词); ↑ ***entfernen*** **2.** *Adj* (形); *nur attr*, *nicht adv* (只作定语,不作状语); weit weg (*mst* vom Standpunkt des Sprechers aus gesehen) 远的,遥远的 〈ein Ort, ein Gebiet 地点,地区; ein weit entferntes Land 偏僻的农村〉 **3.** *Adj* (形); *nur präd od adv* (只作表语或状语); (nur in Verbindung mit e-r adverbiellen Bestimmung) in der genannten Entfernung (1) 离…远,相距…: *weit e. von hier*, *20km von der Stadt e.* 离这里很远,离城 20 公里 **4.** *Adj* (形); *nur attr od adv* (只作定语或状语); nur in geringem Maße (vorhanden) 稍微的,略微的,粗略的,模糊的: *sich e.* (= ungenau) *an etw. erinnern*, *e-e entfernte Ähnlichkeit* 对某事记忆模糊,略微相似 **5. *nicht im Entferntesten*** überhaupt nicht 丝毫不,一点也不 **6. *weit davon e. sein* + *zu* +** *Infinitiv* (不定式) etw. überhaupt nicht tun wollen 根本无意去做…

Ent·fer·nung *die*; -, *-en* **1.** der Abstand zwischen zwei Punkten 距离,相距 ≈ Distanz 〈in angemessener, respektvoller E. (von j-m) stehen 与某人保持适当的距离,对某人敬而远之〉: *Die E. zwischen den beiden Städten beträgt 60km* 两个城市之间的距离为 60 公里 **2.** *nur Sg* (只用单数); das (Sich) Entfernen von e-r Stelle 离去,离开

ent·fes·seln; *entfesselte*, *hat entfesselt*; [Vt] (及物) ***etw. entfesselt etw.*** etw. verursacht etw., das mit starken Gefühlen od. mit großer Gewalt verbunden ist (物作主语) 激起,挑起,引起 〈etw. entfesselt e-n Krieg, e-n Aufstand 某事挑起战争,引发起义〉

ent·flam·men; *entflammte*, *hat/ist entflammt*; *geschr* [书]; [Vt] (及物) (*hat*) **1. *j-n* (*für etw.*) *e.*** j-n (für etw.) begeistern 激起,激发,燃起(对…热情); [Vi] (不及物) (*ist*) **2. *in Liebe zu j-m e.*** sich leidenschaftlich in j-n verlieben 深深地爱上,热恋 **3. etw. entflammt** ≈ etw. entbrennt (1) ‖ ▶ ***Flamme***

ent·flie·gen; *entflog, ist entflogen*; [Vi](不及物)〈ein Vogel 鸟〉**entfliegt** ein Vogel fliegt aus e-m offengelassenen Käfig, aus e-m offenen Fenster 飞掉,飞走,飞出

ent·flie·hen; *entfloh, ist entflohen*; [Vi](不及物) **1.** (**aus etw.**) **e.** aus e-m Gefängnis *o. Ä.* in die Freiheit fliehen(从…中)逃走,逃掉 **2. etw.** (*Dat* 三格) **e.** *geschr* [书]; versuchen, bestimmten unangenehmen Dingen aus dem Weg zu gehen 躲开,逃脱,逃离〈dem Gestank, dem Lärm, der Hektik der Großstadt e. 躲开臭味、噪音,逃离大城市的纷扰〉

ent·frem·den; *entfremdete, hat entfremdet*; [Vt](及物) **1. j-n j-m e.** bewirken, dass zwei andere Menschen kein enges Verhältnis (mehr) zueinander haben 使与…疏远,离间与…的关系 **2. etw. seinem Zweck e.** etw. so verwenden, dass es nicht mehr dem ursprünglichen Zweck dient 将…挪作他用; [Vr](反身) **3. sich j-m/von j-m e.** j-m innerlich fremd werden 跟…疏远、生分,变得有隔膜

Ent·frem·dung *die*; -; *nur Sg* (只用单数); die Situation, in der man kein enges Verhältnis mehr zu j-m/etw. hat 疏远,隔阂: *die E. zwischen Kindern u. Eltern* 子女与父母之间的隔阂; *die E. des Menschen von der Natur* 人同自然界的疏远

ent·füh·ren; *entführte, hat entführt*; [Vt](及物) **1. j-n/etw. e.** j-n gegen dessen Willen od. etw. mit Gewalt an e-n bestimmten Ort bringen u. ihn/es nur dann freigeben, wenn bestimmte Forderungen erfüllt werden 劫持,绑架〈ein Flugzeug, ein Kind e. 劫持飞机,绑架孩子〉 **2.** (**j-m**) **etw. e.** *gespr hum* [口][诙]; j-m für kurze Zeit etw. wegnehmen 抄走,拿走: *Wer von euch hat meinen Bleistift entführt?* 你们谁把我的铅笔抄走了? ‖ *zu* (义项)**1. Ent·füh·rung** *die*

Ent·füh·rer *der*; *-s, -*; j-d, der j-n/etw. entführt (1)劫持者,绑架者

ent·ge·gen[1] **1.** *Präp* (介); *mit Dat* (支配三格); im Gegensatz od. im Widerspruch zu 与…相反,违背,违反: *e. unserer Abmachung* 违背我们的协议 ‖ NB(注意): auch nach dem Subst. verwendet(也可置于名词后): *e-m Befehl e.* 违抗命令 **2.** *Adv* (副); in Richtung auf 迎着,朝着,对着: *der Sonne e.* 迎着太阳 ‖ NB(注意): *mst* in Liedern *o. Ä.* (多用于歌词中)

ent·ge·gen[2] *Adv* (副); *nur präd* (只作表语); **etw. ist etw.** (*Dat* 三格) **e.** etw. steht im Gegensatz od. im Widerspruch zu etw. (物作主语)是与…相反的,相左的,相矛盾的,相抵触的: *Das ist allem e., was wir bisher beschlossen hatten* 这与我们迄今为止所决定的一切都是相矛盾的

ent·ge·gen- *im Verb, betont u. trennbar, wenig produktiv* (构成动词,重读并可分,构词弱); Die Verben mit *entgegen-* werden nach folgendem Muster gebildet (entgegen- 的动词模式如下): *entgegenlaufen – lief entgegen – entgegengelaufen*

1. *entgegen-* drückt aus, dass e-e Bewegung, Handlung in Richtung auf j-n/etw. geht(表示朝某个方向运动)迎着,向着,朝着;

j-m/etw. entgegenlaufen: *Er lief ihr entgegen* 他迎着她跑过去了 ≈ Er lief auf sie zu, in die Richtung, aus der sie kam

ebenso (同类词有): **j-m/etw. entgegenblicken, j-m/etw. entgegeneilen, j-m/etw. entgegenfahren, j-m/etw. entgegengehen, j-m/etw. entgegenhalten, j-m/etw. entgegenschicken, j-m/etw. entgegensehen, j-m/etw. entgegentreten**

2. *entgegen-* drückt aus, dass e-e Handlung in Opposition od. im Widerspruch zu j-m/etw. steht(表示对立、反对的行为)违背,相反,对立,抵制;

j-m/etw. entgegenhandeln: *Sie hatten den Befehlen entgegengehandelt* 他们违抗命令 ≈ Sie hatten etw. im Gegensatz zu den Befehlen getan

ebenso (同类词有): **j-m/etw. entgegenarbeiten, j-m/etw. entgegenwirken**

ent·ge·gen·brin·gen (*hat*) [Vt](及物) **j-m etw. e.** gegenüber j-m/etw. ein bestimmtes *mst* positives Gefühl od. e-e bestimmte *mst* positive Haltung zeigen 对…表示(某种好感或积极的态度)〈j-m Respekt, Vertrauen, Zuneigung e. 对某人表示尊敬、信任、好感; e-r Sache Interesse e. 表示对某件事情感兴趣〉

ent·ge·gen·ge·setzt 1. *Partizip Perfekt* (过去分词); ↑ **entgegensetzen 2.** *Adj* (形); in der umgekehrten Richtung liegend 相反的,反方向的: *Sie ist in die entgegengesetzte Richtung gefahren* 她驾车朝相反的方向开去了 **3.** *Adj* (形) ≈ gegenüberliegend: *Sie steht auf der entgegengesetzten Straßenseite* 她站在街道的另一边 **4.** *Adj* (形); in Opposition zueinander stehend 对立的,截然不同的(观点): *Wir vertreten entgegengesetzte Ansichten in dieser Frage* 在这个问题上我们所持的观点截然不同

ent·ge·gen·hal·ten (*hat*) [Vt](及物) **1.** ↑ **entgegen-** (1) **2. j-m etw. e.** j-m etw. als Gegenargument vorbringen(向…)提出(反驳、反证、异议)

ent·ge·gen·kom·men (*ist*) [Vi](不及物) **1. j-m e.** sich j-m aus der entgegengesetzten Richtung nähern 朝…迎面而来: *Das Auto kam ihm mit großer Geschwindigkeit entgegen* 汽车朝他迎面高速开来 **2. j-m e.** die Wünsche od. Forderungen von j-m zum Teil mit berücksichtigen 迎合,迁就,对…妥协(让步): *Wir kommen Ihnen mit dem Preis etwas entgegen* 我们在价格上向您作一点让步 **3. j-m** (**irgendwie**) **e.** sich gegenüber j-m positiv verhalten(以…态度)对待〈j-m freundlich, höflich, respektvoll e. 友好地、礼貌地、恭恭敬敬地对待某人〉‖ *zu* (义项)**2.** u. **3. Ent·ge·gen·kom·men** *das*; *-s*; *nur Sg* (只用单数); **ent·ge·gen·kom·mend** *Adj* (形)

ent·ge·gen·neh·men (*hat*) [Vt](及物) **etw.** (**von j-m**) **e.** *geschr* [书]; etw., das man (offiziell) bekommt, annehmen 接受,收下,领受〈e-n Brief, ein Paket (vom Briefträger) e.(从邮递员手里)接过信、邮包〉

ent·ge·gen·se·hen (*hat*) Vi (不及物) **1.** ↑ ***ent-gegen-*** (1) **2.** ***j-m/etw.*** (***irgendwie***) ***e.*** *geschr* [书]; j-n/etw. (mit e-m bestimmten Gefühl) erwarten(怀着…心情)盼望,期待: *Evi sieht ihrer Hochzeit mit großer Freude entgegen* 埃维非常高兴地盼着自己的婚礼

ent·ge·gen·set·zen (*hat*) Vt (及物) ***j-m/etw. etw. e.*** j-m/etw. etw. als andere Möglichkeit od. als Gegenargument vorbringen 以…反对、对抗,针对…提出(反驳,异议,反证): *Was hast du meiner Behauptung entgegenzusetzen?* 你用什么来反对我的论点?

ent·geg·nen; *entgegnete, hat entgegnet*; Vt (及物) (***j-m***) ***etw. e.*** *geschr*[书]; antworten (indem man e-e entgegengesetzte Meinung vertritt)回答,答复: *„Kommt nicht infrage!" entgegnete sie* "不予考虑!"——她回答 ‖ *hierzu*(派生) **Ent·geg·nung** *die*

ent·ge·hen; *entging, ist entgangen*; Vi (不及物) **1.** ***j-m/etw. e.*** (durch Glück) von e-r Gefahr od. unangenehmen Situation nicht betroffen werden(侥幸地)躲开,避免,逃脱,幸免〈e-r Gefahr, Strafe, Verfolgung e. 逃脱危险、惩罚、追捕〉 **2.** ***etw. entgeht j-m*** j-d bemerkt etw. nicht(物作主语)没被…觉察,被…忽略 **3.** ***sich*** (*Dat* 三格) ***etw. e. lassen*** e-e Chance nicht nutzen 放过,错过〈sich e-e einmalige Gelegenheit e. lassen 错过一次难得的机会〉

ent·geis·tert *Adj* (形); unangenehm überrascht, verstört 惊愕的,发愣的,不知所措的〈j-n e. anstarren 目瞪口呆地凝视着某人〉

Ent·gelt *das*; -(e)s, -e; *mst Sg, veraltend*(多用单数)[渐旧] ≈ Bezahlung, Lohn 〈für/gegen ein geringes E. arbeiten 为一点微薄的报酬工作〉

ent·gel·ten; *entgilt, entgalt, hat entgolten*; Vt(及物) ***j-m etw.*** (***mit etw.***) ***e.*** *geschr veraltend*[书][渐旧]; j-m für etw., das er getan hat, danken, indem man ihm etw. gibt(以…)报答,酬谢,补偿

ent·gif·ten; *entgiftete, hat entgiftet*; Vt (及物) ***etw. e.*** etw. von giftigen Bestandteilen befreien 使解毒,给…消毒〈Abgase e. 消除废气的毒素〉 ‖ *hierzu*(派生) **Ent·gif·tung** *die*

ent·glei·sen; *entgleiste, ist entgleist*; Vi (不及物) **1.** ***etw. entgleist*** etw. kommt aus den Gleisen(物作主语)脱轨,出轨〈ein Zug, e-e Straßenbahn, ein Waggon 火车,电车,车厢〉 **2.** sich taktlos benehmen 失礼,失言,(言行)出轨

Ent·glei·sung *die*; -, -en **1.** *mst Sg*(多用单数); das Entgleisen (1) **2.** e-e taktlose, unhöfliche Äußerung od. Handlung 超出常规的言行,失礼,怠慢,(言行)出轨

ent·glei·ten; *entglitt, ist entglitten*; Vi (不及物) *geschr* [书] **1.** ***etw. entgleitet j-m*** etw. fällt od. rutscht j-m aus den Händen(物作主语)(从手中)脱落,滑脱 **2.** ***j-d/etw. entgleitet j-m*** j-d/etw. löst sich allmählich von j-s Einfluss od. Kontrolle los(人/物作主语)摆脱,脱离(指影响或控制)

ent·grä·ten; *entgrätete, hat entgrätet*; Vt (及物) 〈e-n Fisch 鱼〉 ***e.*** die Gräten von e-m Fisch herausnehmen 剔去…的刺,把…的刺剔掉

ent·hal·ten[1]; *enthält, enthielt, hat enthalten*; Vt (及物) **1.** ***etw. enthält etw.*** etw. hat etw. als Inhalt od. als Teil des Inhalts(物作主语)包含,含有,包括: *Die Flasche enthält einen Liter Milch* 这瓶子装有一升牛奶; *Orangen enthalten viel Vitamin C* 橙子含有许多维生素 C; *Das Kochbuch enthält gute Rezepte* 这本烹调书有很好的烹调法 ‖ NB(注意): kein Passiv (不用被动语态)! **2.** ***etw. ist in etw.*** (*Dat* 三格) ***enthalten*** etw. ist bei e-m Preis *o. Ä.* bereits eingerechnet(物作主语)包括在…内,算入: *In dem Mietpreis sind alle Nebenkosten enthalten* 所有杂费都包括在租金内

ent·hal·ten[2], **sich**; *enthält sich, enthielt sich, hat sich enthalten*; Vr (反身) **1.** ***sich etw.*** (*Gen* 二格) ***e.*** *geschr*[书]; auf etw., das als Genuss od. als angenehm gilt, verzichten 放弃,戒除〈sich des Alkohols, des Nikotins e. 戒酒, 戒烟〉 **2.** ***sich*** (***sexuell***) ***e.*** auf Sex verzichten 节欲 **3.** ***sich der Stimme e.*** bei e-r Abstimmung weder mit Ja noch mit Nein stimmen(投票时)弃权 ‖ *zu* (义项) **1.** u. **2.** **ent·halt·sam** *Adj* (形); **Ent·halt·sam·keit** *die*; *nur Sg*(只用单数); *zu* (义项) **3.** **Ent·hal·tung** *die*

ent·haup·ten; *enthauptete, hat enthauptet*; Vt (及物) ***j-n e.*** j-n *mst* als Strafe für ein Verbrechen töten, indem man ihm den Kopf mit e-m Schwert od. e-m Beil *o. Ä.* abschlägt 将…砍头,斩首 ‖ *hierzu*(派生) **Ent·haup·tung** *die*

ent·häu·ten; *enthäutete, hat enthäutet*; Vt (及物) ***etw. e.*** die Haut od. Hülle von etw. entfernen 剥去…的皮〈e-n Fisch, e-e Zwiebel e. 剥去鱼皮、洋葱〉 ‖ *hierzu*(派生) **Ent·häu·tung** *die*

ent·he·ben; *enthob, hat enthoben*; Vt (及物) *geschr*[书] **1.** ***j-n etw.*** (*Gen* 二格) ***e.*** j-m offiziell verbieten, weiterhin e-e bestimmte (offizielle) Funktion zu erfüllen 解除,罢免,革除(职务)〈j-n seines Amtes, aller Funktionen e. 将某人撤职,解除某人的一切职务〉 **2.** ***j-n etw.*** (*Gen* 二格) ***e.*** j-n von etw., das er machen muss, befreien 使免除,使解脱〈aller Pflichten enthoben sein 解脱所有的义务〉 ‖ *hierzu*(派生) **Ent·he·bung** *die*

ent·hei·li·gen; *entheiligte, hat entheiligt*; Vt (及物) ***etw. e.*** ≈ entweihen ‖ ▶ ***heilig***

ent·hem·men; *enthemmte, hat enthemmt*; Vt/i (及物/不及物) **1.** (***j-n***) ***e.*** j-m seine Hemmungen od. Ängste nehmen 消除…的障碍,消除…的恐惧 **2.** ***etw. enthemmt*** (***j-n***) etw. beeinflusst j-n so, dass er die Kontrolle über sich verliert(物作主语)使失去控制(或自制力): *Alkohol enthemmt* 酒会使人失态 ‖ *hierzu*(派生) **Ent·hem·mung** *die*; **ent·hemmt** *Adj* (形); *zu* (义项) **2.** **Ent·hemmt·heit** *die*

ent·hül·len; *enthüllte, hat enthüllt*; Vt (及物)

geschr［书］；**1. etw. e.** etw. zum ersten Mal der Öffentlichkeit zeigen 为…揭幕〈ein Denkmal, Kunstwerke 纪念碑，艺术品〉**2.** **(*j-m*) etw. e.** etw., das geheim od. verborgen war, in der Öffentlichkeit od. e-r anderen Person sagen 揭露，揭穿，揭破，揭开〈ein Geheimnis, die Wahrheit e. 揭穿秘密，揭开真相〉‖ ▶ ***Hülle***

Ent·hül·lung *die*; -, *-en* **1.** das Enthüllen (1,2) **2.** *oft Pl*（常用复数）；e-e Nachricht, ein Artikel in e-r Zeitung *o.Ä.*, durch die *mst* negative Dinge über bestimmte Personen öffentlich bekannt werden 揭露性的消息，揭露性的报道〈sensationelle Enthüllungen 引起轰动的揭露性消息〉

En·thu·si·as·mus [ɛntuˈziasmʊs] *der*; -; *nur Sg*（只用单数）≈ Begeisterung〈voll/voller E. an etw. herangehen 满怀热情地着手干某事〉‖ *hierzu*（派生）**En·thu·si·ast** *der*; *-en*, *-en*; **en·thu·si·as·tisch** *Adj*（形）

ent·jung·fern; *entjungferte*, *hat entjungfert*; Vt（及物）***ein Mädchen e.*** (als Mann) mit e-m Mädchen den (für sie) ersten Geschlechtsverkehr haben 使一个姑娘失去贞节，使一个姑娘破贞 ‖ *hierzu*（派生）**Ent·jung·fe·rung** *die*

ent·kal·ken; *entkalkte*, *hat entkalkt*; Vt（及物）***etw. e.*** etw. von Kalk befreien 使脱钙，清除…的石灰质，除垢〈e-n Boiler, e-e Kaffeemaschine e. 除去锅炉、煮咖啡机的水垢〉‖ *hierzu*（派生）**Ent·kal·kung** *die*

ent·ker·nen; *entkernte*, *hat entkernt*; Vt（及物）***etw. e.*** Obst von Kernen befreien 去掉…的核〈Kirschen, Zwetschgen e. 去掉樱桃、李子的核〉

ent·klei·den; *entkleidete*, *hat entkleidet*; *geschr*［书］；Vt（及物）**1. *j-n/sich e.*** ≈ j-n/sich ausziehen **2. *j-n etw.*** (*Gen* 二格) ***e.*** j-n etw. (*Gen* 二格) entheben (1,2) 解除，免去〈j-n seines Amtes, seiner Würden e. 解除某人的职务、要职〉‖ *hierzu*（派生）**Ent·klei·dung** *die*

ent·kof·fe·i·niert *Adj*（形）；*nicht adv*（不作状语）；〈ein Kaffee 咖啡〉so, dass er nur noch sehr wenig Koffein enthält 脱咖啡因的

ent·kom·men; *entkam*, *ist entkommen*; Vi（不及物）**1. (*j-m*) *e.*** vor seinen Verfolgern *o.Ä.* fliehen können 逃脱〈seinen Verfolgern e. 逃脱追捕者〉**2. *aus etw./irgendwohin e.*** es schaffen, aus e-m Gebäude *o.Ä.*/in ein anderes Land *o.Ä.* zu fliehen 逃出，逃往

ent·kor·ken; *entkorkte*, *hat entkorkt*; Vt（及物）***etw. e.*** den Korken aus e-r verschlossenen Flasche nehmen 拔去…的塞子，〈e-e Flasche e. 打开瓶塞〉‖ ▶ ***Korken***

ent·kräf·ten; *entkräftete*, *hat entkräftet*; Vt（及物）**1. *etw. e.*** e-m Argument *o.Ä.* die Wirkung nehmen, indem man ein gutes Gegenargument bringt 驳倒，反驳〈e-e Aussage, Behauptung, e-n Verdacht e. 驳倒证词、看法、怀疑〉**2. *etw. entkräftet j-n*** etw. macht j-n schwach（物作主语）使丧失体力，使身体虚弱：*Sie war nach der Erkrankung völlig entkräftet* 病后她的身体十分虚弱

ent·la·den; *entlädt*, *entlud*, *hat entladen*; Vt（及物）**1. *etw. e.*** Dinge, die transportiert worden sind, von e-m Fahrzeug herunternehmen od. aus e-m Fahrzeug herausnehmen 给…卸货，把…上的货卸下〈e-n Möbelwagen, e-n Waggon e. 给家具搬运车、车厢卸货〉**2. *etw. e.*** die Munition aus e-r Waffe nehmen 退出（弹药），把…的子弹退出来〈ein Gewehr, e-e Pistole e. 把枪、手枪内的子弹退出来〉；Vr（反身）**3. *etw. entlädt sich (irgendwie/in etw.*** (*Dat* 三格)**)** ein starkes negatives Gefühl tritt heftig u. abrupt auf（物作主语）发泄出来，爆发出来：*Seine Wut entlud sich in Beschimpfungen* 他的愤怒在骂声中发泄出来 **4. *etw. entlädt sich*** etw. verliert die elektrische Ladung（物作主语）放电〈ein Akkumulator, e-e Batterie 蓄电池，电池〉**5.** ***ein Gewitter entlädt sich*** es gibt ein Gewitter 一场雷雨倾泻而下 ‖ *zu*（义项）**4. Ent·la·dung** *die*

ent·lang *Präp*（介）；*mit Dat od Akk od* (*selten*) *Gen*（支配三格或四格或（罕）二格）；verwendet, um auszudrücken, dass etw. parallel zu etw. od. an der ganzen Länge von etw. verläuft 沿着，顺着：*Die Straße e. waren viele Autos geparkt* 沿街停着许多汽车；*E. der Straße standen viele Zuschauer* 街旁站着许多观众 ‖ NB（注意）：**a)** mit *Akk* u. nach dem Subst.（支配四格，置于名词后）：*den Weg e.* 沿着道路；seltener mit *Dat* u. vor dem Subst.（较少支配三格，置于名词前）：*e. dem Weg* 沿着道路；selten mit *Gen* u. vor dem Subst.（很少支配二格，置于名词前）：*e. des Weges* 沿着道路；**b)** auch adverbiell verwendet mit e-r weiteren Präp. (an + *Dat* 三格)（也可与另一个介词连用作状语）：*Die Zuschauer stellten sich an der Straße e. auf, um das Rennen zu sehen* 观众沿街站立着观看赛跑

ent·lang- *im Verb*, *betont u. trennbar*, *begrenzt produktiv*（构成动词，重读并可分，构词有限）；Die Verben mit *entlang-* werden nach folgendem Muster gebildet (entlang- 动词模式如下)：*entlangfahren – fuhr entlang – entlanggefahren*

entlang- drückt e-e Bewegung an/neben der ganzen Länge von etw. (*z.B.* e-r Straße, Mauer, Grenze) aus（表示沿着某物或在某物旁边运动）沿着，顺着；

(*etw.* (*Akk* 四格)**/*an etw.*** (*Dat* 三格)**) *entlangwandern***: *Wir wanderten den Bach/an dem Bach entlang* 我们曾经顺着小溪徒步旅行 ≈ Wir wanderten neben dem Bach

ebenso（同类词有）：**(*etw.*** (*Akk*)**/*an etw.*** (*Dat*)**) *entlangfliegen***, **(*etw.*** (*Akk*)**/*an etw.*** (*Dat*)**) *entlanggehen***, **(*etw.*** (*Akk*)**/*an etw.*** (*Dat*)**) *entlanglaufen***, **(*etw.*** (*Akk*)**/*an etw.*** (*Dat*)**) *entlangschwimmen***, **(*etw.*** (*Akk*)**/*an etw.*** (*Dat*)**) *entlangspazieren***

ent·lar·ven [-f-]; *entlarvte*, *hat entlarvt*; Vt

E

(及物) **j-n/etw. (als etw.) e.** den wahren Charakter, die wahre Identität von j-m/etw. entdecken (u. öffentlich bekannt machen) 揭露,揭穿,揭发〈j-n als Hochstapler, Spion e. 揭露某人是骗子、密探; etw. als Lüge e. 揭穿某事是谎言〉‖ *hierzu* (派生) **Ent·lar·vung** *die*

ent·las·sen; *entlässt, entließ, hat entlassen*; Vt (及物) **1. j-n e.** j-n nicht weiter bei sich arbeiten lassen 解雇,把…免职 ≈ j-m kündigen: *Wegen der Wirtschaftskrise mussten 200 Arbeiter entlassen werden* 由于经济危机 200 名工人不得不被解雇 **2. j-n (aus etw.) e.** j-m erlauben, e-e Institution zu verlassen, weil der Zweck des Aufenthalts dort erfüllt ist 允许…离去〈j-n aus der Schule, aus dem Krankenhaus, aus dem Gefängnis e. 让某人离校、出院、出狱〉

Ent·las·sung *die*; -, *-en* **1.** ≈ Kündigung (1) ‖ -K(复合): **Massen-** **2.** die Erlaubnis, *mst* e-e Institution (*z.B.* ein Gefängnis, ein Krankenhaus) zu verlassen (允许)离开(如离校、出狱、出院、等) ‖ K-(复合): **Entlassungs-, -feier, -gesuch, -zeugnis**

ent·las·ten; *entlastete, hat entlastet*; Vt (及物) **1. j-n e.** j-m bei dessen Arbeiten u. Pflichten helfen 减轻…的(工作)负担、压力(指人): *Man muss die Krankenschwestern durch zusätzliches Personal e.* 必须通过增加人员来减轻护士的负担 **2. etw. e.** die Belastung ganz od. teilweise von etw. wegnehmen 减轻…的压力(指物): *den Straßenverkehr durch den Ausbau der Eisenbahn e.* 用扩建铁路的办法来减轻公路交通的压力 **3. j-n (mit etw.) e.** etw. sagen, das e-n Angeklagten von e-m Verdacht (ganz od. teilweise) befreit 使免受嫌疑: *Der Zeuge entlastete den Angeklagten mit seiner Aussage* 证人以其证词使被告摆脱了嫌疑 ‖ *hierzu* (派生) **Ent·las·tung** *die*

Ent·las·tungs·zeu·ge *der*; ein Zeuge, der j-n entlastet (3) 辩护证人 ‖ *hierzu* (派生) **Ent·las·tungs·zeu·gin** *die*

ent·lau·fen; *entläuft, entlief, ist entlaufen*; Vi (不及物)〈ein Hund, e-e Katze *o.Ä.* 狗,猫等〉**entläuft** ein Hund, e-e Katze *o.Ä.* läuft weg (u. kommt nicht zurück) 逃跑,逃走

ent·le·di·gen, sich; *entledigte sich, hat sich entledigt*; Vr (反身) *geschr* [书] **1. sich j-s/etw. e.** sich von e-r Person/Sache befreien 摆脱,解脱〈sich seiner Gegner, Verfolger, Schuldner e. 摆脱对手、追捕者、债务人〉**2. sich etw.** (*Gen* 二格) **e.** etw. fertig machen od. erfüllen u. dadurch frei davon werden 完成,了结,完结〈sich e-r Aufgabe, e-r Verpflichtung e. 完成一项任务、一项义务〉: *Sie entledigt sich aller Aufgaben mit Bravour* 她出色地完成一切任务 **3. sich etw.** (*Gen* 二格) **e.** etw. ausziehen 脱掉,脱去〈sich der Kleider e. 脱去衣服〉

ent·lee·ren; *entleerte, hat entleert*; Vt (及物) **etw. e.** etw. leer machen 把…腾空,掏空,排空,倒干净〈e-n Aschenbecher e. 把烟灰缸倒干净〉‖ *hierzu* (派生) **Ent·lee·rung** *die*

ent·le·gen *Adj* (形); *nicht adv, geschr* (不作状语) [书]; weit entfernt (von allen größeren Städten *o.Ä.*) 偏僻的,遥远的〈in e-m entlegenen Ort wohnen 住在遥远的地方〉

ent·leh·nen; *entlehnte, hat entlehnt*; Vt (及物) **etw. e.** etw. aus e-m fremden geistigen od. kulturellen Gebiet nehmen u. so verändern, dass es in das eigene passt 借用,吸收,移植: *Das Wort „Fenster" ist aus dem Lateinischen entlehnt* "窗户"一词是从拉丁语借用来的 ‖ *hierzu* (派生) **Ent·leh·nung** *die*

ent·lei·hen; *entlieh, hat entliehen*; Vt (及物) **etw. e.** sich etw. leihen 借,借来〈*mst* ein Buch e. 多指借书〉‖ *hierzu* (派生) **Ent·lei·her** *der*

ent·lo·cken; *entlockte, hat entlockt*; Vt (及物) **j-m etw. e.** j-n dazu bewegen, etw. zu sagen od. e-e bestimmte Reaktion zu zeigen 引诱…说出,诱出,逗引〈j-m ein Geheimnis, ein Lächeln, ein Zugeständnis e. 诱使某人说出秘密,逗某人笑,诱供〉

ent·loh·nen; *entlohnte, hat entlohnt*; Vt (及物) **j-n (für etw.) e.** *veraltet* [旧]; j-m den Lohn für etw. zahlen 付给…报酬

ent·lüf·ten; *entlüftete, hat entlüftet*; Vt (及物) **etw. e.** die Luft aus etw. herauslassen 给…排气〈die Heizung e. 给暖气排气〉‖ *hierzu* (派生) **Ent·lüf·tung** *die*

ent·mach·ten; *entmachtete, hat entmachtet*; Vt (及物) **j-n e.** j-m Macht u. Einfluss nehmen 剥夺…的权力: *e-n Despoten e.* 剥夺一个专制君主的权力 ‖ *hierzu* (派生) **Ent·mach·tung** *die*

ent·mi·li·ta·ri·sie·ren; *entmilitarisierte, hat entmilitarisiert*; Vt (及物) **etw. e.** alle Soldaten u. militärischen Einrichtungen aus e-m Gebiet entfernen 使非军事化〈e-e entmilitarisierte Zone 非军事区〉‖ *hierzu* (派生) **Ent·mi·li·ta·ri·sie·rung** *die*

ent·mün·di·gen; *entmündigte, hat entmündigt*; Vt (及物) *mst* 多用 **das Gericht entmündigt j-n** JUR【法】; ein Gericht (2) beschließt, dass j-d bestimmte Rechte nicht mehr hat, weil er *z.B.* geisteskrank od. Alkoholiker ist 法院剥夺…的行为能力 ‖ *hierzu* (派生) **Ent·mün·di·gung** *die*

ent·mu·ti·gen; *entmutigte, hat entmutigt*; Vt (及物) **j-n e.** j-m den Mut nehmen, weiterhin etw. zu tun 使丧失勇气,使无斗志,使泄气〈sich nicht e. lassen 不泄气,不气馁〉: *sich durch e-n Misserfolg nicht e. lassen* 不因失败而气馁 ‖ *hierzu* (派生) **Ent·mu·ti·gung** *die*

Ent·nah·me *die*; -, *-n*; der Vorgang u. das Ergebnis des Entnehmens (1) 提取,取出,抽取 ‖ -K(复合): **Blut-, Wasser-**

Ent·na·zi·fi·zie·rung *die*; die Untersuchungen (in Deutschland nach dem 2 Weltkrieg) *z.B.* mit Fragebogen, welche Rolle jeder einzelne Deutsche im Nationalsozialismus gespielt hat. Ziel war es, Verbrecher zu bestrafen u. zu verhindern, dass ehemalige Nazis wichtige Funktionen im neuen Staat bekamen 非纳粹化(肃清纳粹的影响) ‖ *hierzu*(派生) **ent·na·zi·fi·zie·ren** (*hat*) *Vt*(及物)

ent·neh·men; *entnimmt*, *entnahm*, *hat entnommen*; Vt(及物) *geschr*[书] **1. *j-m*/(*aus*) *etw. etw. e.*** etw. aus j-m/etw. nehmen(从…处)提取,取出,抽取〈e-r Kasse Geld, e-m Menschen Blut/e-e Blutprobe/e-e Gewebeprobe e. 从出纳处取款,取某人的血/血样/组织细胞试样〉 **2.** (***aus***) ***etw.*** (*Dat* 三格) ***etw. e.*** aus dem, was j-d sagt od. tut, e-m Text *o.Ä.* bestimmte Schlüsse ziehen 从…中得知,获悉,推断出:(*Aus*) *ihren Andeutungen habe ich entnommen*, dass *das Projekt sehr bald starten wird* 从他们的暗示中我得知,该工程很快就要上马

ent·nervt *Adj*(形); *gespr*[口]; nach e-r *mst* geistigen Anstrengung od. nach Stress nervös u. erschöpft 疲惫不堪的,筋疲力尽的,精力衰竭的,精神不济的 ‖ *hierzu*(派生) **ent·nerven** (*hat*) *Vt*(及物)

ent·pflich·ten; *entpflichtete*, *hat entpflichtet*; Vt(及物) ***j-n*** (***von etw.***) ***e.*** ≈ entbinden (1) ‖ *hierzu*(派生) **Ent·pflich·tung** *die*

ent·pup·pen, sich; *entpuppte sich*, *hat sich entpuppt*; Vr(反身) **1. *sich als etw. e.*** nach einiger Zeit andere Eigenschaften zeigen, als es vorher angenommen wurde 现出原形,露出真相,显示出:*Der charmante junge Mann entpuppte sich als Heiratsschwindler* 那位风度翩翩的青年男子露出了婚姻骗子的本来面目 **2. *etw. entpuppt sich als etw.*** etw. ist etw. anderes als vorher angenommen wurde(物作主语)表明是,原来是,实际是:*Das Bild entpuppte sich als Fälschung* 这幅画实际是赝品

ent·rah·men; *entrahmte*, *hat entrahmt*; Vt(及物) ***etw. e.*** den Rahm von der Milch nehmen od. trennen 使脱脂〈Milch e. 使牛奶脱脂〉:*Magermilch ist entrahmte Milch* 脱脂奶是脱去乳脂的牛奶 ‖ *hierzu*(派生) **Ent·rahmung** *die*

ent·rät·seln; *enträtselte*, *hat enträtselt*; Vt(及物) ***etw. e.*** die Bedeutung von etw. Geheimnisvollem od. schwer Verständlichem nach langem Überlegen schließlich begreifen 揭开,猜出,识破,辨认出〈ein Geheimnis, e-e Schrift e. 猜出秘密,辨认出笔迹〉 ‖ *hierzu*(派生) **Ent·rät·se·lung** *die*

ent·rech·ten; *entrechtete*, *hat entrechtet*; Vt(及物) ***j-n e.*** *geschr*[书]; j-n unterdrücken u. ihm Rechte (wie *z.B.* das Wahlrecht, das Recht auf Freizügigkeit) nehmen 剥夺…的权利〈ein entrechtetes Volk 被剥夺了权利的人民〉 ‖ *hierzu*(派生) **Ent·rech·tung** *die*

ent·rei·ßen; *entriss*, *hat entrissen*; Vt(及物) **1. *j-m etw. e.*** j-m etw. mit Gewalt wegnehmen 抢走,夺走:*Der Dieb entriss der alten Frau die Handtasche* 小偷抢走了那位老妇的手提包 **2. *j-n j-m/etw. e.*** *geschr*[书]; j-n aus e-r lebensgefährlichen Situation retten 把…救出来〈j-n den Flammen, den Fluten, dem Tod e. 把某人从烈火中,从洪水中,从死亡线上救出〉

ent·rich·ten; *entrichtete*, *hat entrichtet*; Vt(及物) ***etw. e.*** ADM *geschr*【管理】[书]; e-e bestimmte Summe Geld zahlen 缴纳,交付,交纳〈e-e Gebühr, Steuern e. 交纳费用,交税〉 ‖ *hierzu*(派生) **Ent·rich·tung** *die*

ent·rin·gen; *entrang*, *hat entrungen*; *geschr*[书]; Vt(及物) **1. *j-m etw. e.*** j-m etw. in e-m Kampf wegnehmen 从…手中夺下,夺取:*Er entrang ihm die Pistole* 他夺下他的手枪; Vr(反身) **2. *sich etw.*** (*Dat* 三格) ***e.*** sich mit großer Anstrengung von j-m befreien, der einen festhält 挣脱〈sich j-s Griff, Umarmung e. 挣脱某人的抓持、拥抱〉

ent·rin·nen; *entrann*, *ist entronnen*; Vi(不及物) (***j-m/etw.***) ***e.*** *geschr*[书] ≈ entkommen〈e-r Gefahr, dem Tod, den Verfolgern e. 逃脱危险、死亡、追捕者〉

ent·rol·len; *entrollte*, *hat entrollt*; Vt(及物) **1. *etw. e.*** etw. auseinander rollen 展开,摊开,铺开,打开 **2. *etw. e.*** *geschr*[书]; etw. in ausführlicher Weise darstellen 详尽地阐述

ent·ros·ten; *entrostete*, *hat entrostet*; Vt(及物) ***etw. e.*** den Rost von etw. entfernen 除去…的锈斑,给…去锈:*ein Auto vor dem Lackieren e.* 在喷漆前给汽车除锈 ‖ *hierzu*(派生) **Ent·ros·tung** *die*

ent·rückt *Adj*(形); mit seinen Gedanken weit weg von der normalen Welt(思想)脱离现实(世界)的:*der Wirklichkeit e. sein* 脱离现实 ‖ *hierzu*(派生) **Ent·rückt·heit** *die*

ent·rüm·peln; *entrümpelte*, *hat entrümpelt*; Vt(及物) ***etw. e.*** e-n Raum von Gerümpel frei machen 清除…的废旧物品〈den Dachboden, den Keller e. 把顶楼、地下室的废旧物品清除掉〉 ‖ *hierzu* 派生 **Ent·rüm·pe·lung** *die*

ent·rüs·ten, sich; *entrüstete sich*, *hat sich entrüstet*; Vr(反身) ***sich über j-n/etw. e.*** sich über j-n/etw. sehr ärgern (u. diesen Ärger auch zeigen)对…表示愤怒,对…发怒:*sich über j-s unverschämtes, unmoralisches Verhalten e.* 对某人厚颜无耻的、不讲道德的行为表示愤怒 ‖ *hierzu*(派生) **Ent·rüs·tung** *die*

ent·rüs·tet 1. *Partizip Perfekt*(过去分词); ↑ ***entrüsten* 2.** *Adj*(形); ***e.*** (***über j-n/etw.***) ≈ empört, wütend:*e. protestieren* 愤怒地抗议

ent·saf·ten; *entsaftete*, *hat entsaftet*; Vt(及物) ***etw. e.*** Früchte pressen *o.Ä.*, um den Saft daraus zu gewinnen 榨取…的汁〈Beeren e. 榨取浆果汁〉

ent·sa·gen; *entsagte*, *hat entsagt*; Vi(不及物) ***j-m/etw. e.*** *geschr*[书]; freiwillig auf etw. verzichten, das man gern haben od. tun würde 舍弃,放弃,戒除 ‖ *hierzu*(派生) **Ent·sagung** *die*

ent·sal·zen; *entsalzte*, *hat entsalzt*; Vt(及物) ***etw. e.*** das Salz aus/von etw. entfernen 使脱盐,除去…的盐分〈Meerwasser e. 除去海水中的盐分,使海水淡化〉 ‖ *hierzu*(派生) **Ent·sal·zung** *die*

ent·schä·di·gen; *entschädigte*, *hat entschä-*

digt; Vt (及物) ***j-n* (*für etw./irgendwie*) *e.*** j-m mst Geld geben, um e-n Schaden wieder gutzumachen, *bes* den man selbst verursacht hat(对…/以…方式)给予赔偿,补偿〈j-n für e-n Verlust angemessen, reichlich e.适当地,充分地赔偿某人的损失,对某人的损失给予适当的、充分的赔偿; Kriegsopfer e.赔偿战争牺牲者〉

Ent·schä·di·gung *die*; -, *-en* **1.** *nur Sg*(只用单数); das Entschädigen **2.** das, womit j-d entschädigt wird, *mst* Geld 赔款,赔偿费,补偿费〈j-m e-e E. zusprechen 答应给某人一笔赔偿费; e-e E. erhalten 得到一笔赔款〉‖ K-(复合): ***Entschädigungs-, -summe***

ent·schär·fen; *entschärfte, hat entschärft*; Vt (及物) **1.** ***etw. e.*** e-e problematische Situation so beeinflussen, dass es nicht zu e-m Konflikt kommt 使缓和,使缓解 ↔ verschärfen: *Mit ein paar versöhnlichen Worten entschärfte der Diskussionsleiter die Debatte* 讨论会主持人用几句调解的话使争论缓和下来 **2.** ***etw. e.*** den Zünder an e-r Bombe, Mine *o. Ä.* entfernen, sodass sie nicht mehr explodieren kann 拔掉,拆除…的引信

ent·schei·den; *entschied, hat entschieden*; Vt (及物) **1.** ***etw. e.*** bei e-r Auseinandersetzung, e-m Zweifelsfall *o. Ä.* eine Lösung (von mehreren) annehmen u. so das Problem beenden 决定,确定: *E-e so wichtige Angelegenheit kann ich nicht allein e.* 对这样一件重大的事情,我无法独自决定 **2.** ***etw. für 'sich e.*** SPORT【体】; e-n Wettkampf gewinnen 取得…(竞赛)的胜利〈das Rennen für sich e.取得赛跑的胜利〉; Vi (不及物) **3.** ***über etw.*** (*Akk* 四格) ***e.*** in e-r schwierigen, unklaren Situation e-n Entschluss treffen u. damit festlegen, was zu tun ist *o. Ä.* 裁定,判定: *Über Schuld od. Unschuld des Angeklagten wird ein Gericht e.* 被告有罪还是无罪,将由法院裁定 **4.** ***etw. entscheidet über etw.*** (*Akk* 四格) etw. ist ausschlaggebend für etw.(物作主语)对…十分重要,具有决定性意义,决定着: *Die Wahl des Studienfachs entschied über ihr weiteres Leben* 学习专业的选择决定了她今后的人生; Vr (反身) **5.** ***sich (für j-n/etw.) e.*** nach längerem Überlegen eine von zwei od. mehreren Personen/Möglichkeiten wählen 选择,抉择: *Ich kann mich nicht e., wohin ich in Urlaub fahren soll* 我拿不定主意该到哪里去度假 **6.** ***etw. entscheidet sich*** eine von zwei od. mehreren Möglichkeiten tritt ein(物作主语)有定局,有眉目,见分晓: *Es wird sich bald e., ob ich den neuen Job bekomme od. nicht* 我能否得到一份新工作,很快就会有眉目

ent·schei·dend **1.** *Partizip Präsens*(现在分词); ↑ ***entscheiden*** **2.** *Adj*(形); *nur attr, nicht adv*(只作定语,不作状语); 〈die Phase, das Tor 阶段,进球〉 so, dass durch sie etw. entschieden (1) wird 决定性的,十分重要的,关键的 **3.** *Adj*(形); *nur adv*(只作状语) ≈ massiv (4), sehr stark, grundlegend: *Unsere Beziehung hat sich e. verändert* 我们的关系发生了很大的变化

Ent·schei·dung *die*; -, *-en*; das Entscheiden (1-5) od. dessen Ergebnis 决定,抉择,裁定,判定,定夺〈e-e E. treffen 作出裁定; zu e-r E. kommen 作出决定; e-r E. ausweichen, aus dem Weg gehen 回避作出抉择,避而不作定夺〉

ent·schie·den **1.** *Partizip Perfekt*(过去分词); ↑ ***entscheiden*** **2.** *Adj*(形); *nur attr od adv*(只作定语或状语); sehr energisch 坚决的,断然的,果断的〈ein entschiedener Gegner von etw. 某事的坚决的反对者; etw. e. ablehnen, verneinen 断然拒绝、否定某事〉 **3.** *Adj*(形); *nur adv*(只作状语); ***e. + zu*** + *Adj*(形); verwendet, um auszudrücken, dass etw. in sehr hohem Maße zutrifft 确实,肯定,显然: *Das ist mir e. zu teuer* (= viel zu teuer) 这对我来说确实太贵 ‖ *zu* (义项) **2.** **Ent·schie·den·heit** *die*; *nur Sg*(只用单数)

ent·schla·fen; *entschläft, entschlief, ist entschlafen*; Vi (不及物) *geschr euph*[书][婉] ≈ sterben 〈sanft entschlafen 安祥地长眠〉

ent·schlei·ern; *entschleierte, hat entschleiert*; Vt (及物) ***etw. e.*** *geschr*[书]; die Bedeutung e-s Geheimnisses od. Rätsels verständlich machen 揭开,揭露,揭破 ‖ *hierzu* (派生) **Entschlei·e·rung** *die*

ent·schlie·ßen, sich; *entschloss sich, hat sich entschlossen*; Vr (反身) ***sich zu etw. e.*** den Willen haben, etw. zu tun (*mst* nach genauer Überlegung)下定决心,作出决定: *Wir haben uns entschlossen, ein Haus zu kaufen* 我们下决心买房子

ent·schlos·sen **1.** *Partizip Perfekt*(过去分词); ↑ ***entschließen*** **2.** *Adj*(形); *mst in* 多用于 ***zu etw. fest e. sein*** den festen Willen zu etw. haben 坚决地决心要干某事 ‖ *hierzu*(派生) **Ent·schlos·sen·heit** *die*

ent·schlüp·fen; *entschlüpfte, ist entschlüpft*; Vi (不及物) **1.** ***etw. entschlüpft j-m*** j-d sagt etw. spontan od. ohne dass er es eigentlich sagen wollte(物作主语)脱口而出,无意中说出: *Entschuldige, die dumme Bemerkung ist mir so entschlüpft* 对不起,这种愚蠢的看法是我无意中说出来的 **2.** ***j-m e.*** vor j-m schnell mit e-r flinken Bewegung fliehen können 在…面前溜走,从…身边溜脱,脱身

Ent·schluss *der*; *-es, Ent·schlüs·se*; der feste Wille, etw. zu tun (*mst* nach genauer Überlegung) 决断,决心,决定〈ein fester, plötzlicher, weiser, schwerer E.坚定的决心,突然的、明智的、重大的决定; e-n E. fassen, in die Tat umsetzen, bereuen 作出决定,把决定付诸实施,对决定感到后悔; zu e-m/keinem E. kommen 作出决定/作不出决定〉‖ K-(复合): ***Entschluss-, -kraft***; ***entschluss-, -freudig, -los***

ent·schlüs·seln; *entschlüsselte, hat entschlüsselt*; Vt (及物) **1.** ***etw. e.*** aus e-m kodierten Text die eigentliche Nachricht herausfinden 破译,译出 ↔ verschlüsseln: *Der Geheim-*

dienst entschlüsselte die Botschaft des feindlichen Agenten 秘密警察破译了敌方密探的情报 **2.** ***etw. e.*** ≈ enträtseln ‖ *hierzu*（派生）**Ent·schlüs·se·lung** *die*

ent·schuld·bar *Adj*（形）；*nicht adv*（不作状语）；so, dass man es entschuldigen kann 可以原谅的〈ein Fehler, ein Verhalten 错误，行为〉

ent·schul·di·gen；*entschuldigte, hat entschuldigt*；Vt（及物）**1.** ***j-n/etw.*** **(*mit etw.*)** ***e.*** Gründe für j-s Verhalten/für etw. nennen u. um Verständnis bitten（以…为理由）请求谅解，为…申辩（辩解）：*Sie entschuldigte ihr Zuspätkommen mit den schlechten Straßenverhältnissen* 她迟到是因路况不好，故请求谅解 **2.** ***j-n*** **(*irgendwo*)** ***e.*** begründen, warum j-d nicht seiner Verpflichtung nachkommen kann 替…请假：*Die Mutter entschuldigte das kranke Kind in der Schule* 母亲替有病的孩子到学校请假 **3.** ***etw. e.*** nicht böse od. ärgerlich über etw. sein 请原谅，请包涵：*Entschuldigen Sie bitte die Störung!* 请原谅，打扰了！；Vr（反身）**4.** ***sich*** **(*bei j-m für etw.*)** ***e.*** (j-n für etw.) um Verzeihung bitten（为…向…）道歉，请求原谅：*Du musst dich dafür nicht e.* 你不必为此道歉

Ent·schul·di·gung *die*；*-, -en* **1.** die Rechtfertigung, die man angibt, um ein (falsches) Verhalten zu erklären 申辩，辩解，辩白〈nach e-r E. suchen 寻找辩解〉‖ K-（复合）：***Entschuldigungs-, -grund*** **2.** Worte, mit denen sich j-d für etw. entschuldigt (4) 请求原谅（的话语），表示道歉（的言辞）〈e-e E. stammeln 结结巴巴请求原谅〉**3.** ≈ Nachsicht, Verzeihung 〈j-n für etw. um E. bitten 请某人原谅某事〉**4.** e-e schriftliche Nachricht, mit der j-d j-n entschuldigt (2) 请假条 ‖ K-（复合）：***Entschuldigungs-, -schreiben***

ent·schwe·feln；*entschwefelte, hat entschwefelt*；Vt（及物）***etw. e.*** Schwefel von Rauch od. Gasen trennen 使脱硫〈Rauchgase aus Kohlekraftwerken e. 给火力发电厂里冒出的烟气脱硫〉‖ *hierzu*（派生）**Ent·schwe·fe·lung** *die*

ent·schwin·den；*entschwand, ist entschwunden*；Vi（不及物）***irgendwo*** **(*hin*)** ***e.*** *geschr*［书］≈ verschwinden 〈im Dunkeln e. 在黑暗中消失；j-s Blicken e. 从某人的视线中消失〉

ent·sen·den；*entsandte/entsendete, hat entsandt/entsendet*；Vt（及物）***j-n*** **(*irgendwohin*)** ***e.*** *geschr*［书］；j-n irgendwohin schicken, damit er e-e offizielle Aufgabe erfüllt 派遣，将…派往〈e-e Delegation e. 派遣代表团〉‖ *hierzu*（派生）**Ent·sen·dung** *die*

ent·set·zen；*entsetzte, hat entsetzt*；Vt（及物）**1.** ***j-n e.*** j-n sehr stark erschrecken od. schockieren 使大吃一惊，使惊慌失措；Vr（反身）**2.** ***sich*** **(*über etw.*** (*Akk* 四格)) ***e.*** sehr erschrocken od. schockiert sein (u. entsprechend reagieren)（对…）惊慌，恐惧，吃惊，震惊

Ent·set·zen *das*；*-s*；*nur Sg*（只用单数）；ein sehr großer Schreck od. Schock 惊恐，惊惶失措，震惊 ≈ Grauen 〈vor E. wie gelähmt sein 惊瘫了〉

ent·setz·lich *Adj*（形）**1.** sehr schlimm, schrecklich 可怕的，令人吃惊的〈ein Verbrechen 罪行〉**2.** *nicht adv, gespr*（不作状语）［口］；sehr groß, sehr intensiv 厉害的，极大的〈ein Durst, e-e Wut 口渴，愤怒〉**3.** *nur adv, gespr*（只作状语）［口］；verwendet, um Adjektive od. Verben zu verstärken（加强形容词或动词的语义）很，非常，极 ≈ sehr, schrecklich 〈e. kalt 冷极了；e. frieren 冻得够呛〉

ent·setzt **1.** *Partizip Perfekt*（过去分词）；↑ ***entsetzen*** **2.** *Adj*（形）；***e.*** **(*über etw.*** (*Akk* 四格)) (über etw.) sehr erschrocken od. schockiert（对…）感到惊慌，惊恐，吃惊，震惊

ent·seu·chen；*entseuchte, hat entseucht*；Vt（及物）***etw. e.*** e-n Raum, ein Gebiet od. Gegenstände von Giften, Radioaktivität od. Krankheitserregern säubern 给…消毒，给…杀菌 ‖ *hierzu*（派生）**Ent·seu·chung** *die* ‖ ▶ ***Seuche***

ent·sin·nen, sich；*entsann sich, hat sich entsonnen*；Vr（反身）***sich*** **(*j-s/etw., an j-n/etw.*)** ***e.*** *geschr*［书］≈ sich erinnern

ent·sor·gen；*entsorgte, hat entsorgt*；Vt（及物）***etw. e.*** ADM *geschr*【管理】［书］；gefährlichen, giftigen Müll von e-r Fabrik *o.Ä.* wegbringen, um ihn irgendwo zu lagern od. ungefährlich zu machen 把…的有毒废物运走，清除掉…的有毒垃圾〈radioaktive Abfälle e. 清除放射性废料〉‖ *hierzu*（派生）**Ent·sor·gung** *die*

ent·span·nen；*entspannte, hat entspannt*；Vt/i（及物/不及物）**1.** ***etw. entspannt*** **(*j-n*)** etw. macht j-n für e-e Zeit frei von e-r Belastung, so dass er sich erholen kann（物作主语）使松弛，使放松：*Lesen entspannt* 读书可以怡情养性 **2.** ***etw. entspannt*** **(*etw.*)** etw. macht die Muskeln locker（物作主语）使（肌肉，身体）放松、松弛：*Massage entspannt den Körper* 按摩使身体放松；Vt（及物）**3.** ***j-d/etw. entspannt etw.*** j-d/etw. macht e-n Konflikt, e-e brisante Situation *o.Ä.* weniger gefährlich（人/物作主语）使缓和，使缓解：*Es gelang ihr, die gereizte Stimmung mit einigen freundlichen Worten zu e.* 她说了几句友好的话，使激动的情绪缓和了下来；Vr（反身）**4.** ***sich*** **(*bei etw./mit etw.*)** ***e.*** sich bei e-r angenehmen Tätigkeit erholen 休息，松快，轻松，自在：*Manche Leute können sich nur beim Fernsehen e.* 有些人只有看电视才能松快 **5.** ***etw. entspannt sich*** der Körper od. ein Teil des Körpers wird locker（物作主语）放松，松弛，松快，轻松（指身体）**6.** ***etw. entspannt sich*** ein Konflikt wird weniger gefährlich（物作主语）缓和，和缓，缓解（指形势）〈ein Konflikt, die Lage, die Situation 冲突，局势，情况〉

Ent·span·nung *die* **1.** der Vorgang, bei dem j-d/etw. locker (6) wird od. sich entkrampft od. das Ergebnis dieses Vorgangs 放松，松弛，休息 **2.** der Vorgang, bei dem ein Konflikt an Gefährlichkeit verliert (od. das Ergebnis dieses Vorgangs) 缓和，和缓，缓解

Ent·span·nungs·po·li·tik *die*；e-e Politik, bei

der sich die Partner bemühen, bestehende Konflikte zu lösen 缓和政策

ent·spre·chen; *entspricht*, *entsprach*, *hat entsprochen*; Vi (不及物) **1. etw. entspricht etw.** (*Dat* 三格) etw. ist e-r anderen Sache (ungefähr) gleich od. mit ihr gleichwertig (物作主语)与…相符合、相适应,相当于: *100 Eruo entsprechen ungefähr 195 D-Mark* 100 欧元大约相当于 195 个马克; *Seine Darstellung entspricht der Wahrheit* 他的描述与事实相符; *Der Erfolg entsprach leider nicht den Erwartungen* 可惜,这一成果不符合期望 **2. etw. entspricht j-m** *veraltet*[旧]; etw. gefällt j-m od. passt zu j-m(物作主语)适合,使喜欢、称心 **3. etw.** (*Dat* 三格) **e.** ADM *geschr*【管理】[书]; e-e Bitte od. Forderung erfüllen 满足: *Ich darf Sie bitten, meinem Antrag zu e.* 我请求您满足我的申请

ent·spre·chend[1] **1.** *Partizip Präsens*(现在分词); ↑ **entsprechen 2.** *Adj*(形); so, dass es passend od. richtig für e-e bestimmte Gelegenheit ist 相应的,与…相符合的,与…匹配的: *Zu meinem Rock brauche ich noch e-e entsprechende Bluse* 我需要一件与我的裙子相配的上衣; *Ich hoffe, du hast die entsprechende Antwort gegeben, ihm e. geantwortet* 我希望,你已作了相应的回答,你已给他作了相应的回答

ent·spre·chend[2] *Präp*(介); *mit Dat*(支配三格); in Übereinstimmung mit 依照,按照,根据 ≈ gemäß[2] ⟨e-r Anordnung, e-m Befehl e. 按照规定,根据命令⟩: *Er wurde e. seiner beruflichen Qualifikation bezahlt* 他所得报酬是按其业务技能支付的 ‖ NB(注意): steht vor od. nach dem Subst(可置于名词前或名词后)

Ent·spre·chung *die*; -, *-en* **1.** etw., das e-r Sache entspricht (1) 类似,类比,相似 ≈ Analogie **2.** *nur Sg* (只用单数); das Entsprechen (1) 与之相符,相适应,相当

ent·sprin·gen; *entsprang*, *ist entsprungen*; Vi (不及物) **1. etw. entspringt etw.** (*Dat* 三格) etw. hat seinen Grund, Ursprung in etw. (物作主语)来源于,出自,产生: *Diese Tat entsprang seinem Wunsch nach Anerkennung* 他作出这一举动,是希望受到表扬 **2.** (**aus etw.** (*Dat* 三格)) **e.** ≈ entfliehen ⟨ein entsprungener Häftling 逃跑的囚犯⟩ **3. ein Fluss** *o. Ä.* **entspringt irgendwo** ein Fluss *o. Ä.* hat irgendwo seine Quelle 河流发源于: *Der Rhein entspringt in der Schweiz* 莱茵河发源于瑞士

ent·stam·men; *entstammte*; *nur Präsens u. Imperfekt*(只用现在时和过去时); Vi (不及物) **etw.** (*Dat* 三格) **e.** in e-m bestimmten Bereich seinen Ursprung haben 出身于,来源于: *Er entstammte e-r angesehenen Familie* 他出身名门

ent·ste·hen; *entstand*, *ist entstanden*; Vi (不及物) **1. etw. entsteht** etw. (Neues) fängt an zu sein od. sich zu entwickeln(物作主语)产生,形成,兴起,出现,发展起来: *Hier entsteht e-e Schule* (= sie wird hier gebaut) 这里将建起一所学校; *Über den Vorschlag entstand e-e hitzige Debatte* 关于这一建议出现了一场激烈的争论 **2. etw. entsteht** etw. wird durch etw. hervorgerufen(物作主语)引起,造成: *Bei dem Unfall entstand am Auto ein erheblicher Sachschaden* 事故中汽车造成重大损失 ‖ *hierzu* (派生) **Ent·ste·hung** *die*

ent·stel·len; *entstellte*, *hat entstellt*; Vt (及物) **1. etw. entstellt j-n** etw. verändert j-s Aussehen sehr negativ(物作主语)使变丑,使破相,损坏…的容貌: *Er war durch die Narben fast bis zur Unkenntlichkeit entstellt* 他的相貌因疤痕累累变得几乎难以辨认 **2. etw. e.** etw., *bes* e-n Text falsch wiedergeben 歪曲,使走样: *In der Zeitung ist die Aussage des Politikers völlig entstellt worden* 在报上这位政治家的讲话完全被歪曲了

ent·strö·men; *entströmte*, *ist entströmt*; Vi (不及物) **etw. entströmt** (**etw.** (*Dat* 三格)/ **aus etw.**) *geschr* [书]; aus e-m Behälter, Rohr *o. Ä.* gelangt Dampf, Gas, Wasser *o. Ä.* nach außen(物作主语)(从…中)流出,涌出,漏出,冒出

ent·tar·nen; *enttarnte*, *hat enttarnt*; Vt (及物) **j-n e.** e-n vorher nicht identifizierten Spion als solchen erkennen 揭穿…伪装,识别…真面目

ent·täu·schen; *enttäuschte*, *hat enttäuscht*; Vt (及物) **j-n e.** nicht so sein, wie j-d es erwartet hat u. ihn dadurch traurig od. unzufrieden machen 使失望,使沮丧,使扫兴: *Sie war enttäuscht*, dass *ihrem Mann das Kleid nicht gefiel* 她感到失望,因为她的丈夫不喜欢这件连衣裙; *Du hast mich bitter enttäuscht* 你使我大失所望; *ein enttäuschender Tag* 令人扫兴的一天

Ent·täu·schung *die* **1.** das, was j-n enttäuscht 失望: *Dieser Abend war e-e einzige* (*große*) *E. für mich* 这个晚会使我非常扫兴(让我大失所望) **2.** *nur Sg*(只用单数); das Enttäuschtsein 失望的心情,沮丧的情绪: *Er konnte seine E. nicht verbergen* 他无法掩饰自己沮丧的情绪

ent·thro·nen; *entthronte*, *hat entthront*; Vt (及物) **j-n e.** *geschr*[书]; e-m Herrscher die Macht wegnehmen 废黜,推翻,把…赶下王位 ≈ j-n absetzen ⟨e-n König e. 废黜国王⟩ ‖ *hierzu*(派生) **Ent·thro·nung** *die*

ent·waff·nen; *entwaffnete*, *hat entwaffnet*; Vt (及物) **1. j-n e.** j-m die Waffe(n) wegnehmen 解除…的武装,缴…的械: *Die Polizei entwaffnete den Verbrecher* 警察缴了罪犯的械 **2. j-n mit/durch etw. e.** durch sein freundliches od. ehrliches Verhalten *o. Ä.* j-m jeden Grund nehmen, aggressiv od. ärgerlich zu sein 使消除怒气,使解除(精神上的)武装,使失去反抗能力⟨ein entwaffnendes Lächeln 令人折服的微笑⟩ ‖ *zu* (义项)**1. Ent·waff·nung** *die*

Ent·war·nung *die*; die Mitteilung od. das Signal (*z.B.* der Sirene), dass e-e Gefahr vorüber ist 解除警报 ‖ *hierzu* (派生) **ent·war·nen** (*hat*) *Vi* (不及物)

Ent·wäs·se·rung *die* **1.** das Beseitigen von

Wasser, damit etw. besser zu verwenden ist od. besser funktioniert 排水〈die E. von Wiesen, Sümpfen 草坪、沼泽地的排水〉 2. das System von Röhren, um das Abwasser abzuleiten 排水设备,下水道 ‖ zu (义项) 1. **ent-wäs·sern** (*hat*) *Vt* (及物)

ent·we·der [ˈɛntveːdɐ, ɛntˈveː-] *Konjunktion* (连) 1. ***e. ... oder*** verwendet, um auszudrücken, dass es zwei od. mehr Möglichkeiten gibt (von denen aber nur eine gewählt wird)(表示在两种或多种可能性中只能选择一种)不是…就是…: *Nächstes Jahr fahren wir im Urlaub e. nach Italien oder nach Frankreich (oder vielleicht in die Schweiz)* 明年我们不是去意大利就是去法国(或者兴许去瑞士)度假 2. ***e. ... oder*** verwendet, um e-r Ermahnung, e-r Drohung *o. Ä.* Nachdruck zu verleihen(用来强调劝告、威胁等)要么…要么…: *E. du bist jetzt still oder du gehst ins Bett!* 要么你现在安静下来,要么你上床睡觉去!

ent·wei·chen; *entwich, ist entwichen*; *Vi* (不及物) ***etw. entweicht (aus etw.)*** aus e-m Behälter, Rohr *o. Ä.* gelangt etw. nach außen(物作主语)漏出,泄出〈Gase, Dämpfe 气体,蒸汽〉: *Aus dem Kernkraftwerk sind radioaktive Dämpfe entwichen* 从核电厂泄漏出放射性雾气

ent·wei·hen; *entweihte, hat entweiht*; *Vt* (及物) ***etw. e.*** *geschr* [书]; durch sein Handeln od. Benehmen die Heiligkeit od. Würde von etw. verletzen 亵渎,玷污 ‖ *hierzu* (派生) **Ent·wei·hung** *die*

ent·wen·den; *entwendete, hat entwendet*; *Vt* (及物) **(*j-m*) *etw. e.*** *geschr euph* [书][婉] ≈ stehlen 〈aus der Kasse Geld e. 从钱柜里偷钱〉

ent·wer·fen; *entwirft, entwarf, hat entworfen*; *Vt* (及物) ***etw. e.*** etw. Neues (in der Art e-r Skizze) darstellen 草拟,起草,设计,勾画〈e-n Bauplan, ein Kleid, ein Modell, ein Programm, ein Projekt e. 草拟一项建筑计划,勾画一件连衣裙,设计一款时装,起草一个纲领,拟订一项工程〉: *In diesem Roman wird e-e neue Gesellschaftsform entworfen* 在这部长篇小说中勾画了一种新的社会形式 ‖ ▶ ***Entwurf***

ent·wer·ten; *entwertete, hat entwertet*; *Vt* (及物) 1. ***etw. e.*** e-e Briefmarke, Fahrkarte *o. Ä.* mit e-r Markierung kennzeichnen, damit sie kein zweites Mal benutzt werden kann 使失去继续使用的价值,检票,剪票 2. ***etw. e.*** den Wert von etw. reduzieren 使贬值〈Geld e. 使货币贬值〉 ‖ *hierzu* (派生) **Ent·wer·tung** *die* ‖ ▶ ***Wert***

Ent·wer·ter *der*; *-s, -*; ein Gerät in Staßenbahnen, Bussen *usw*, in das man seine Fahrkarte steckt, um sie zu stempeln, damit sie für diese Fahrt gültig ist (检票机,剪票机) ‖ -K: ***Fahrkarten-, Fahrschein-***

ent·wi·ckeln; *entwickelte, hat entwickelt*; *Vt* (及物) 1. ***etw. e.*** etw. erfinden u. dann auch (*mst* nach relativ langer Zeit) herstellen 发展,研制,开发: *neue Motoren, Kunststoffe, Verfahren e.* 研制新的发动机、塑料、程序 2. ***etw. e.*** sich etw. ausdenken u. darüber schreiben 阐明,解释〈e-e Theorie, e-n Plan e. 阐明理论、计划〉 3. ***e-n Film e.*** e-n (belichteten) Film chemisch so behandeln, dass man die Negative od. die Fotos selbst erhält 冲洗胶片,把胶片显影 4. ***etw. e.*** etw. entstehen lassen od. vervollkommnen 发挥,发扬〈e-e Fähigkeit e. 发挥才能; Fantasie, Initiative e. 发挥想象、主动性〉 5. ***etw. entwickelt etw.*** etw. lässt etw. entstehen (物作主语)散发,产生: *Der Ofen entwickelt Wärme* 炉子散发热量; *Vr* (反身) 6. ***etw. entwickelt sich (irgendwie)*** etw. entsteht od. wird verursacht(物作主语)散发出来,产生出来: *Bei dem Brand entwickelten sich giftige Gase* 燃烧时散发出有毒的气体 7. ***sich (irgendwie, zu j-m/etw.) e.*** *mst* über längere Zeit zu etw. werden 变成,形成,发展成,长成,育成: *Die Stadt hat sich zu e-m kulturellen Zentrum entwickelt* 这个城市发展成一个文化中心

Ent·wick·lung *die*; *-, -en* 1. die Phase od. das Ergebnis der Erforschung od. Ausarbeitung von etw. 研制,开发: *Die Wissenschaftler arbeiten an der E. des neuen Medikaments* 科学家们正在研制新的药物; *revolutionäre Entwicklungen auf dem Gebiet der Mikrobiologie* 在微生物学领域的革命性的研制成果 ‖ K-(复合): ***Entwicklungs-, -phase, -prozess, -stadium, -stufe*** 2. der Prozess, bei dem sich j-d/etw. verändert 成长,发展,发育: *Die Medien üben e-n starken Einfluss auf die E. junger Menschen aus* 新闻媒体对年轻人的成长有强大的影响作用 ‖ K-(复合): ***Entwicklungs-, -möglichkeit, -phase, -prozess, -stadium, -stufe*** 3. das Entstehen von etw. 产生,发生,形成: *die E. von Rauch, Dämpfen* 烟、气的形成 ‖ K-(复合): ***Entwicklungs-, -prozess*** 4. die Behandlung e-s belichteten Films, bei der fertige Bilder od. Negative entstehen 显影,冲洗

Ent·wick·lungs·hel·fer *der*; j-d, der den Menschen in Entwicklungsländern bei der Lösung *mst* medizinischer od. technischer Probleme hilft(对发展中国家进行医疗、技术等援助的)援外人员 ‖ *hierzu* (派生) **Ent·wick·lungs·hel·fe·rin** *die*

Ent·wick·lungs·hil·fe *die*; *nur Sg* (只用单数); die *mst* finanzielle Unterstützung von Ländern der Dritten Welt durch die großen Industrienationen(对第三世界国家的)发展援助,经济援助

Ent·wick·lungs·land *das*; ein Land der Dritten Welt, das nur wenig Industrie hat u. sehr arm ist 发展中国家

ent·win·den; *entwand, hat entwunden*; *Vt* (及物) ***j-m etw. e.*** *geschr* [书]; j-m etw. mit Gewalt wegnehmen, das dieser in den Händen hält 从…夺走,夺取,抢走

ent·wir·ren; *entwirrte, hat entwirrt*; *Vt* (及物) 1. ***etw. e.*** etw., *mst* Fäden, die ineinander verschlungen sind, wieder so ordnen, dass sie einzeln liegen 解开，拆开〈ein Knäuel, e-n Knoten e. 把线团、结解开〉**2.** ***etw. e.*** e-e komplizierte Sache allmählich verstehen od. einfach u. übersichtlich machen 将…理出头绪，弄明白，整理出眉目 ‖ *hierzu*（派生）**Ent·wir·rung** *die* ‖ ▶ ***wirr***

ent·wi·schen; *entwischte*, *ist entwischt*; Vi（不及物）（***j-m***）***e.*** *gespr*［口］≈（j-m）entkommen

ent·wöh·nen; *entwöhnte*, *hat entwöhnt*; Vt（及物）**1.** ***j-n***（***von etw.***）***e.*** bewirken, dass j-d mit etw.（*bes* mit Drogen *o. Ä.*）aufhört, an das er gewöhnt ist 使戒掉，使戒除〈j-n von Alkohol, von Drogen e. 使某人戒酒、戒毒〉**2.** ***ein Baby e.*** ein Baby daran gewöhnen, allmählich statt der Muttermilch andere Nahrung zu sich zu nehmen 给婴儿断奶〈ein Baby, e-n Säugling e. 给婴儿、乳儿断奶〉‖ *hierzu*（派生）**Ent·wöh·nung** *die*

ent·wür·di·gend *Adj*（形）;〈ein Benehmen, e-e Behandlung, Zustände 举止，待遇，状况〉so, dass sie die Würde e-s Menschen verletzen 侮辱人格的，伤害人格的

Ent·wurf *der* **1.** e-e Zeichnung, anhand der man etw. bauen, konstruieren *o. Ä.* kann 草图，图样 ≈ Skizze〈e-n E. ausarbeiten 设计草图〉; *der E. e-s Bungalows* 一幢别墅的草图 **2.** ein Text, der die wichtigsten Punkte od. Gedanken schon enthält, aber noch nicht ganz fertig ist 草稿，提纲，草案，构思〈der E. e-s Gesetzes, e-s Vertrages,（zu）e-r Novelle, e-r Rede, e-r Verfassung 一项法律草案，一份合同草稿，一部中篇小说的构思，一次讲演的提纲，一部宪法的草案〉‖ -K（复合）: ***Gesetzes-*** ‖ ▶ ***entwerfen***

ent·wur·zelt *Adj*（形）**1.** umgefallen u. mit den Wurzeln nicht mehr im Boden 连根拔起的〈ein Baum 树〉**2.**〈e-e Person 人〉so, dass sie ohne Freunde ist u. keinen Halt mehr im Leben hat 离乡背井的，生活无依无靠的

ent·zer·ren; *entzerrte*, *hat entzerrt*; Vt（及物）***etw. e.*** TECH【技】; Verfälschungen beseitigen, die beim Übertragen von akustischen Signalen, beim Fotografieren *o. Ä.* entstehen 矫正（音像录制或摄影时产生的）失真、偏差 ‖ *hierzu*（派生）**Ent·zer·rung** *die*

ent·zie·hen; *entzog*, *hat entzogen*; Vt（及物）**1.** ***j-m etw. e.*** j-m etw. nicht länger geben, gewähren 不再给予，不再提供，取消，收回〈j-m seine Hilfe, Unterstützung, Freundschaft, sein Vertrauen e. 不再给予某人帮助、支持，收回对某人的友谊、信任〉**2.** ***j-m etw. e.*** j-m ein Recht od. e-e Erlaubnis nehmen 撤销（权利或许可），吊销〈j-m den Führerschein, e-e Konzession, die Kompetenzen e. 吊销某人的驾驶执照，撤销某人的许可证、权限〉**3.** ***j-m seine Hand e.*** die eigene Hand, die ein anderer halten möchte, zurückziehen 抽回自己的手，把手缩回: *Sie entzog ihm ihre Hand* 她把向他伸出去的手缩了回来; Vr（反身）**4.** ***sich j-m/etw. e.*** e-r körperlichen Berührung mit j-m ausweichen 避开，躲开（身体接触）: *Sie entzog sich ihm/seiner Umarmung* 她避开了他/他的拥抱 **5.** ***sich j-m/etw. e.*** sich vom Einfluss von j-m/etw. befreien 摆脱（影响）**6.** ***sich etw.***（*Dat* 三格）***e.*** etw. nicht mehr tun 不再做…〈sich seinen Pflichten, Verpflichtungen, der Verantwortung e. 不再负责，不再履行职责，不再承担责任〉**7.** ***etw. entzieht sich j-s Kenntnis*** j-d weiß etw. nicht（物作主语）某事不为某人所知，某人不知道某事 ‖ *zu*（义项）**1.**, **2.**, **3.** u. **6. Ent·zie·hung** *die* ‖ ▶ ***Entzug***

Ent·zie·hungs·kur *die*; e-e Kur, die *z. B.* ein Alkoholiker od. Drogenabhängiger macht, um von seiner Sucht geheilt zu werden 戒除（饮酒、吸毒）瘾癖的治疗

ent·zif·fern; *entzifferte*, *hat entziffert*; Vt（及物）**1.** ***etw. e.*** ≈ dekodieren, dechiffrieren **2.** ***etw. e.*** es schaffen, e-n Text zu lesen, der schwer zu verstehen ist od. der sehr undeutlich geschrieben ist 读懂，辨认出 ‖ *hierzu*（派生）**Ent·zif·fe·rung** *die*; **ent·zif·fer·bar** *Adj*（形）

ent·zü·cken; *entzückte*, *hat entzückt*; Vt（及物）***j-n e.*** *geschr*［书］; j-m sehr gefallen u. ihn begeistern 使喜爱，使心醉神迷，使狂喜，使着迷，使陶醉

Ent·zü·cken *das*; *-s*; *nur Sg*, *geschr*（只用单数）［书］; große Freude über etw. Schönes od. Angenehmes 欣喜若狂，心驰神往，入迷，陶醉

ent·zü·ckend **1.** *Partizip Präsens*（现在分词）; ↑ ***entzücken*** **2.** *Adj*（形）≈ reizend, sehr hübsch〈ein Kind, Mädchen, Kleid, e-e Bluse 小孩，姑娘，连衣裙，女衬衣; e. aussehen 长得很迷人，长得很甜〉

ent·zückt **1.** *Partizip Perfekt*（过去分词）; ↑ ***entzücken*** **2.** *Adj*（形）; ***e.***（***über etw.***（*Akk* 四格）/ ***von etw.***）begeistert（von etw.）为…而兴高采烈的〈sehr, wenig, nicht gerade e. sein 非常高兴，不是很高兴，恰恰不很高兴〉: *Ich bin e. über Ihr Angebot!* 对您的提议我非常高兴！

Ent·zug *der*; *-(e)s*; *nur Sg*（只用单数）**1.** die Verweigerung von Hilfe, Unterstützung *o. Ä.* 不再提供，取消（帮助，支持）**2.** das Wegnehmen, das Entziehen (2) e-r Erlaubnis, e-s Rechts *o. Ä.* 撤销，吊销（许可，权利）**3.** *gespr*［口］≈ Entziehungskur〈auf E. sein 正在戒毒（酒）〉

Ent·zugs·er·schei·nung *die*; *mst Pl*（多用复数）**1.**（schmerzhafte）körperliche Reaktionen, *z. B.* Schüttelfrost, die ein Süchtiger hat, wenn er keine Drogen mehr bekommt 毒瘾发作，上了瘾头 **2.** *hum*［诙］; das（unangenehme）Gefühl, das man bekommt, wenn man längere Zeit auf etw. verzichten muss, an das man sich schon gewöhnt hat 无所适从的感觉，失落感

ent·zün·den[1]; *entzündete*, *hat entzündet*; Vt（及物）**1.** ***etw. e.*** *geschr*［书］≈ anzünden〈ein Feuer, Streichholz, e-e Kerze *o. Ä.* e. 把火、火柴、蜡烛等点燃〉; Vr（反身）**2.** ***etw. entzündet sich*** etw. fängt von selbst zu brennen an（物作主语）着火，燃着:

Das Heu hat sich im Stall entzündet 牲口棚内的干草着火了 **3. etw. entzündet sich an etw.** (*Dat* 三格) *mst* e-e Diskussion, e-e Debatte, e-e Auseinandersetzung od. ein Konflikt beginnt wegen etw. (物作主语)因…而激起,引起(讨论,争论,分歧,争执): *An der Behauptung des Redners entzündete sich e-e lebhafte Diskussion* 报告人的看法激起了热烈的讨论

ent·zün·den², **sich**; *entzündete sich*, *hat sich entzündet*; [Vr] (反身) **etw. entzündet sich** e-e Stelle am/im Körper wird rot, schwillt an u. erzeugt e-n *mst* brennenden Schmerz (物作主语)发炎,红肿〈die Augen, die Mandeln, e-e Wunde 眼睛,扁桃腺,伤口〉‖ *hierzu* (派生) **ent·zünd·lich** *Adj* (形)

Ent·zün·dung¹ *die*; -, -*en*; *mst Sg* (多用单数); das Entzünden¹ (1,3) von etw. 点燃,燃着,激起

Ent·zün·dung² *die*; -, -*en*; MED【医】; e-e kranke Stelle am od. im Körper, die rot u. angeschwollen ist 炎症,发炎〈e-e chronische, schmerzhafte E. 慢性的、痛苦的炎症; die E. der Augen, e-r Wunde *o. Ä.* 眼睛、伤口等发炎〉‖ -K (复合): **Blinddarm-**, **Gehirnhaut-**, **Lungen-**, **Mandel-**

ent·zwei *Adj* (形); *nur präd*, *nicht adv* (只作表语,不作状语); **etw. ist e.** *veraltend* [渐旧]; etw. ist in mehrere Teile zerbrochen 某物破碎了,断裂了 ≈ etw. ist kaputt 〈ein Glas, e-e Fensterscheibe, ein Spielzeug, e-e Vase *o. Ä.* ist e. 玻璃杯,窗玻璃,玩具,花瓶等破碎了〉

ent·zwei·en; *entzweite*, *hat entzweit*; *geschr* [书]; [Vt] (及物) **1. j-d / etw. entzweit j-n** (*Kollekt od Pl* (集合或复数)) j-d/etw. zerstört das gute Verhältnis zwischen zwei od. mehr Personen (人/物作主语)使失和,使关系破裂,离间〈Freunde, e-e Familie e. 使朋友、家庭不和〉: *Der Streit um das Erbe hat die Geschwister entzweit* 遗产的争执使得姐妹关系破裂; [Vr] (反身) **2. sich (mit j-m) e.** Gegner od. Feind von j-m werden, zu dem man vorher ein gutes Verhältnis hatte (与…)关系破裂,彼此不和: *Wir haben uns entzweit* 我们的关系破裂了 ‖ *hierzu* (派生) **Ent·zwei·ung** *die*

ent·zwei·ge·hen; *ging entzwei*, *ist entzweigegangen*; [Vi] (不及物) **etw. geht entzwei** etw. zerbricht, etw. geht kaputt (物作主语)破碎,断裂〈e-e Fensterscheibe, ein Teller 窗玻璃,盘子〉

En·zi·an *der*; -*s*, -*e*; e-e kleine Pflanze mit *mst* leuchtend blauen Blüten in Form von Glocken, die im Gebirge wächst 龙胆

En·zyk·lo·pä·die *die*; -, -*n* [-ˈdiːən]; ein Lexikon, das Informationen über ein Gebiet od. viele Gebiete des Wissens enthält 百科全书 ‖ *hierzu* (派生) **en·zyk·lo·pä·disch** *Adj* (形)

Epi·de·mie *die*; -, -*n* [-ˈmiːən]; e-e (Infektions)Krankheit, die viele Menschen zur gleichen Zeit in e-m bestimmten Gebiet haben 传染病,流行病 ‖ -K (复合): **Cholera-**, **Grippe-** ‖ *hierzu* (派生) **epi·de·misch** *Adj* (形)

Epi·go·ne *der*; -*n*, -*n*; *geschr*, *mst pej* [书]多用[贬]; ein Künstler, der in der Art anderer Künstler arbeitet, sie nachahmt u. selbst keine guten Ideen hat (艺术方面的)模仿者,追随者 ‖ NB (注意): *der Epigone*; *den*, *dem*, *des Epigonen* ‖ *hierzu* (派生) **epi·go·nal** *Adj* (形); **epi·go·nen·haft** *Adj* (形); **Epi·go·nen·tum** *das*; -*s*; *nur Sg* (只用单数)

Epik *die*; -; *nur Sg*, *Kollekt*, LIT (只用单数)(集合)【文学】; alle erzählenden literarischen Gattungen, *z. B.* Roman, Novelle 叙事文学(如长篇小说、中篇小说) ‖ *hierzu* (派生) **episch** *Adj* (形)

Epi·lep·sie *die*; -; *nur Sg*, MED (只用单数)【医】; e-e Krankheit, die plötzliche Anfälle von unkontrollierten Zuckungen, starken Krämpfen u. kurzer Bewusstlosigkeit verursacht 癫痫病,羊痫风,羊角风 ≈ Fallsucht ‖ *hierzu* (派生) **Epi·lep·ti·ker** *der*; -*s*, -; **epi·lep·tisch** *Adj* (形)

Epi·so·de *die*; -, -*n*; ein Ereignis od. Erlebnis, das keine besonders wichtigen Folgen hat 一个情节,小插曲,故事片段

Epi·zen·trum *das*; GEOL【质】; das Gebiet an der Erdoberfläche, das sich direkt über dem Zentrum e-s Erdbebens befindet 地震震中

epo·chal *Adj* (形); von sehr großer Bedeutung (für e-e bestimmte Zeit od. für die Zukunft) 划时代的,具有时代意义的,开创新纪元的

E·po·che *die*; -, -*n*; ein relativ langer Zeitabschnitt, der durch bestimmte Ereignisse od. Bedingungen gekennzeichnet ist 时代,纪元,时期〈am Beginn e-r neuen E. stehen 处在一个新时代的开端; der Stil e-r E. 时代的风格; die E. der Gotik, der Renaissance, des Kolonialismus *usw* 哥特式时代,文艺复兴时代,殖民主义时代等〉

Epos *das*; -, *Epen* **1.** e-e *mst* relativ lange Erzählung in Versen, *z. B.* die Odyssee von Homer 史诗,叙事诗(如荷马的《奥德赛》) ‖ -K (复合): **Helden-**, **National-** **2.** ein relativ langer Film od. Roman, der die Geschichte vieler Personen über e-e lange Zeit darstellt 史诗式著作,史诗式作品(如长篇小说,影视大片)

er *Personalpronomen der 3 Person Sg* (人称代词,第三人称单数); verwendet anstatt e-s Substantivs, um e-e Person od. Sache zu bezeichnen, deren grammatisches Geschlecht maskulin ist 他,它: *Mein Bruder ist im Moment nicht da – er kommt erst am Abend wieder* 我兄弟眼下不在,他晚上才回来; *Was ist denn mit dem Hund los? Er bellt die ganze Zeit* 那狗到底出了什么事?它没完没了地叫着; *Ich habe mir den roten Rock gekauft. Er hat mir am besten gefallen* 我买了那条红裙子,它最让我满意 ‖ NB (注意): ↑ *Tabelle unter* 图表见 **Personalpronomen**

Er *der*; -, -*s*; *gespr* [口]; ein Mensch od. Tier männlichen Geschlechts 男的,公的,雄的 ↔ Sie: *Ist euer Hund ein Er?* 你们的狗是公的?

er- *im Verb*, *unbetont u. nicht trennbar*, *sehr produktiv* (构成动词,非重读并不可分,构词强); Die Verben mit *er-* werden nach folgendem Muster gebildet（er- 动词的模式如下）：*erglühen* – *erglühte* – *erglüht*

1. *er-* drückt aus, dass etw. zu etw. wird, j-d/etw. e-e bestimmte Eigenschaft annimmt. Die Verben mit *er-*, die so gebildet werden, gehören *mst* e-r relativ gehobenen Sprache an（表示人/物获得某种特征，这类动词属高雅语言）变，变成：

erkalten: *den Pudding vor dem Servieren erkalten lassen* 上桌前让布丁变凉 ≈ den Pudding vor dem Servieren kalt werden lassen

ebenso（同类词有）：**erblassen**, **erblinden**, **ergrauen**, **ergrünen**, **erkranken**, **erlahmen**, **erröten**, **erstarren**

2. *er-* drückt aus, dass j-d durch e-e Handlung od. e-n Denkprozess ein bestimmtes Ergebnis erreicht（表示通过行为或思考得到某种结果）：

etw. ertasten: *Sie ertastete im Dunkeln den Lichtschalter* 在黑暗中她摸到了电灯开关 ≈ Sie fand durch Tasten im Dunkeln den Lichtschalter

ebenso（同类词有）：**etw. erahnen**, （**sich**（*Dat* 三格））**etw. erbetteln**, （**sich**（*Dat* 三格））**etw. erbitten**, （**sich**（*Dat* 三格））**etw. erdenken**, **etw. erflehen**, **etw. erforschen**, （**sich**（*Dat* 三格））**etw. ergaunern**, （**sich**（*Dat* 三格））**etw. erkaufen**, **etw. erklettern**, **etw. erlernen**, **j-n ermorden**, **etw. errechnen**, （**sich**（*Dat* 三格））**etw. erschwindeln**, （**sich**（*Dat* 三格））**etw. erwandern**

3. *er-* drückt aus, dass ein Vorgang beginnt, dass etw. beginnt, irgendeine Reaktion zu zeigen. Die Verben mit *er-*, die so gebildet werden, gehören *mst* der geschriebenen Sprache an（表示事态开始，事物有所反应，这类动词属书面语言）：

erbeben: *Als das alte Haus gesprengt wurde, erbebten die umliegenden Gebäude* 当旧住宅被炸毁时，周围的楼房都颤动了 ≈ Als das alte Haus gesprengt wurde, fingen die umliegenden Gebäude an zu beben

ebenso（同类词有）：**erglänzen**, **erglimmen**, **erglühen**, **erstrahlen**

-er[1] *der*; *-s*, *-*; *im Subst*, *sehr produktiv*（构成名词，构词强）**1.** bezeichnet den, der etw. tut od. sich damit beschäftigt（表示行为的人）；**Arbeiter**, **Fahrer**, **Leser**, **Spieler**; **Aufsteiger**, **Fußballer**, **Sportler** *usw* **2.** bezeichnet j-n, der an dem Ort wohnt, zu e-r Gruppe gehört（表示住地的或某一群体的人）；**Berliner**, **Bremer**, **Österreicher** *usw*; **Gewerkschafter**, **Metaller** **3.** bezeichnet das Instrument, mit dem die genannte Arbeit getan wird（表示行为工具）；**Öffner**, **Bohrer**, **Entsafter**, **Rasenmäher** **4.** bezeichnet Lebewesen od. Dinge nach e-m wichtigen Merkmal od. auch nur nach e-r Zahlgröße（表示具有某种特征或数量的生物或事物）；**Paarhufer**, **Dickhäuter**, **Vierbeiner**; **Fünfakter**, **Sechser**, **Hunderter**, **Dreitausender**

-er[2] *Adj*（形）；*nur attr*, *produktiv*（只作定语，有构词能力），in Verbindung mit Ortsnamen（与地点名词连用）；der **Bremer Stadtrand**, das **Thüringer Würstchen**, **Lübecker Marzipan** ‖ NB（注意）：Diese Adjektive werden immer großgeschrieben（这类形容词总是大写）

er·ạch·ten; *erachtete*, *hat erachtet*; Vt（及物）**j-n als/für etw. e.**; **etw. als/für etw./irgendwie e.** *geschr*［书］；von j-m/etw. e-e bestimmte Meinung haben od. j-n/etw. für etw. halten 认为是，看作是：**e-e Maßnahme als dringend, erforderlich, notwendig, unerlässlich e.** 认为一项措施是紧急的，必需的，必要的，不可缺少的；**etw. als seine Pflicht, Aufgabe e.** 把某事看作是自己的义务、任务

Er·ạch·ten *das*; *geschr*［书］**1. meines Erachtens** meiner Ansicht / Meinung nach 我认为，在我看来，依我看；*Abk.*（缩写）m. E. **2. nach meinem E.** meines Erachtens (1)

er·ạr·bei·ten; *erarbeitete*, *hat erarbeitet*; Vt（及物）**1. etw. e.** e-n *mst* relativ langen Text schreiben, in dem ein Plan, e-e Idee *o.Ä.* genau u. bis in die Einzelheiten dargestellt wird 写出，起草，制订，拟就，拟出：*Die Kommission hat e-n Bericht über das Waldsterben erarbeitet* 该委员会拟出了一份有关森林死亡的报告 **2. sich**（*Dat* 三格）**etw. e.** etw. lernen, indem man sich intensiv damit beschäftigt 领会，弄懂，掌握 **3. sich**（*Dat* 三格）**etw.**（**irgendwie**）**e.** etw. durch Arbeit bekommen od. erreichen（通过劳动）获得，挣得，赚得：*Er hat sich sein Haus hart e. müssen* 他的住房是他苦干挣来的 ‖ *hierzu*（派生）**Er·ạr·bei·tung** *die*

Ẹrb·an·la·ge *die*; *-*, *-n*; *mst Pl*（多用复数）；die Eigenschaften u. Merkmale, die ein Mensch od. ein anderes Lebewesen geerbt (2) hat 遗传因素，遗传特征

er·bar·men; *erbarmte*, *hat erbarmt*; *geschr veraltend*［书］［渐旧］；Vt（及物）**1. etw. erbarmt j-n** etw. lässt in j-m Mitleid entstehen（物作主语）使同情，使怜悯：*Der Anblick der hungernden Kinder erbarmte sie* 看到那些饥饿的儿童使她产生了怜悯心；Vr（反身）**2. sich j-s e.** mit j-m Mitleid haben u. ihm helfen 同情，怜悯：*Er erbarmte sich der Armen u. gab ihnen zu essen* 他同情穷人并给他们食物

Er·bar·men *das*; *-s*; *nur Sg*（只用单数）≈ Mitleid ⟨*mst* 多用 E. mit j-m haben 同情某人；kein E. kennen 无怜悯心⟩ ‖ ID［谚］**Das ist zum E.!** das ist e-e sehr schlechte Leistung! 这太差劲了！这糟透了！

er·bar·mens·wert *Adj*（形）≈ mitleiderregend

er·bärm·lich *Adj*（形）**1.** ≈ erbarmenswert ⟨ein Anblick 外貌，样子；in e-m erbärmlichen Zustand 家境贫寒⟩ **2.** *gespr*［口］；von sehr schlechter Qualität 很差的，很糟的⟨e-e Leistung 成绩⟩ **3.** *gespr*［口］；moralisch schlecht 卑鄙的，可耻的⟨sich e. verhalten 行为低贱（卑劣）⟩ **4.** *nicht adv*, *gespr*（不作状语）［口］；im negativen Sinn sehr groß, sehr intensiv 非常的，极大的，极度的⟨erbärmlichen Hunger haben 饿极了⟩ **5.** *nur adv*, *gespr*（只作状语）

[口]; verwendet, um Adjektive od. Verben mit negativem Sinn zu verstärken(用来强调形容词或动词的负面意义)极大地,非常,很〈e. kalt 冷极了; e. frieren 冻得不得了〉‖ zu (义项)1., 2. u. 3. **Er·bärm·lich·keit** *die*

er·bar·mungs·los *Adj*(形); ohne Erbarmen, ohne Mitleid 毫无同情心的,冷酷无情的,铁石心肠的 ≈ herzlos, unmenschlich

er·bar·mungs·wür·dig *Adj*(形); *geschr*[书] ≈ erbarmenswert

er·bau·en[1]; *erbaute, hat erbaut*; Vt (及物) ***etw. e.*** etw. (*mst* ein relativ großes Gebäude) bauen 建造,建成: *Diese Kirche wurde im 15 Jahrhundert erbaut* 这座教堂建于十五世纪

er·bau·en[2]; *erbaute, hat erbaut*; Vt (及物) *geschr veraltend*[书][渐旧] 1. ***etw. erbaut j-n*** etw. ruft in j-m ein Gefühl von innerer Ruhe, Zufriedenheit od. Freude hervor(物作主语)使遂心,使高兴,使满意; Vr (反身) 2. ***sich an etw.*** (*Dat* 三格) ***e.*** etw. Schönes sehen od. hören u. sich daran freuen 对…感到高兴、振奋、满意 ‖ ID[谚] ***über etw.*** (*Akk* 四格)/ ***von etw. nicht*** (***gerade***) ***erbaut sein*** etw. nicht sehr gut finden, aber dennoch akzeptieren 对…感到不(那么)满意 ‖ *hierzu*(派生) **Er·bau·ung** *die*

Er·bau·er *der*; *-s, -*; j-d, der etw. erbauen[1] ließ od. erbaut hat 建造者,缔造者,建设者

Er·be[1] *das*; *-s*; *nur Sg*(只用单数) 1. *Kollekt*(集合); der Besitz, der nach dem Tod e-r Person *mst* an die Verwandten weitergeht (家族继承的)遗产〈das elterliche, väterliche, mütterliche E. 父母的,父亲的,母亲的遗产; auf sein E. verzichten 放弃自己的遗产〉‖ K-(复合): ***Erb-, -anspruch, -onkel, -tante, -teilung, -vertrag***; ***erb-, -berechtigt*** 2. ***ein E. antreten*** Eigentümer e-s Erbes (1) werden 继承一笔遗产 3. ***ein E. ausschlagen*** auf ein E. (1) verzichten 拒绝一笔遗产 4. *Kollekt*(集合); die Leistungen u. Traditionen, die aus der Vergangenheit überliefert sind (历史传承的)遗产〈das geschichtliche, kulturelle E. 历史的,文化的遗产〉

Er·be[2] *der*; *-n, -n* 1. j-d, der ein Erbe[1] bekommt 继承人〈der alleinige, gesetzliche, rechtmäßige *o. Ä.* E. 单独的、法定的、合法的继承人; j-n als/zum Erben einsetzen/machen 指定某人为继承人〉‖ NB(注意): *der Erbe; den, dem, des Erben* 2. *nur Pl*(只用复数); die spätere, folgende Generation 后代 ‖ *zu* (义项)1. **Er·bin** *die*; *-, -nen*

er·ben; *erbte, hat geerbt*; Vt/i (及物/不及物) 1. (***etw.***) (***von j-m***) ***e.*** etw. von j-m nach dessen Tod bekommen 继承,承受: *Er hat ein Grundstück von seinem Onkel geerbt* 他继承了叔父的一份地产; Vt (及物) 2. ***etw.*** (***von j-m***) ***e.*** e-e Eigenschaft der Eltern od. Großeltern haben 由遗传而得到: *Die braunen Augen hat sie von ihrem Vater geerbt* 她那褐色的眼睛像她的父亲 3. ***etw. von j-m e.*** *gespr hum*[口][诙]; e-n gebrauchten Gegenstand von j-m übernehmen 接受,承继: *Den Mantel habe ich von meiner Schwester geerbt* 这件大衣是我姐姐送给我的

er·bet·teln; *erbettelte, hat erbettelt*; Vt (及物) 1. ***etw. e.*** etw. durch Betteln bekommen 通过乞讨而得到 2. (***sich*** (*Dat* 三格)) ***etw. e.*** etw. bekommen, weil man lange bittet 通过恳求而得到,由于一再请求而得到: *sich e-e Erlaubnis e.* 通过恳求得到允许

er·beu·ten; *erbeutete, hat erbeutet*; Vt (及物) ***etw. e.*** etw. durch Kampf od. Raub als Beute bekommen 缴获,抢到,夺得

Erb·feind *der*; ein (*mst* militärischer) Gegner, der schon sehr lange Zeit Feind ist(多指军事上的)死敌,宿敌,世仇

Erb·gut *das*; *nur Sg*, BIOL *Kollekt*(只用单数)【生】(集合); die Gesamtheit aller Erbanlagen od. Gene 遗传特征

er·bie·ten, sich; *erbot sich, hat sich erboten*; Vr (反身) ***sich e. + zu + Infinitiv***(不定式), *geschr veraltet*[书][旧]; anbieten, etw. zu tun 主动提出做某事,自荐做某事,自告奋勇做某事,自愿做某事≈ sich zu etw. bereit erklären

er·bit·ten; *erbat, hat erbeten*; Vt (及物) (***sich*** (*Dat* 三格)) ***etw.*** (***von j-m***) ***e.*** *geschr*[书]; j-n um etw. bitten 请求,恳求,央求,祈求(得到)〈j-s Hilfe, Rat, Verzeihung, Gottes Segen e. 请求某人帮助,请求某人出主意,请求某人原谅,祈求上帝祝福〉

er·bit·tern; *erbitterte, hat erbittert*; Vt (及物) ***etw. erbittert j-n*** etw. bewirkt, dass j-d sehr enttäuscht od. zornig ist (物作主语)使恼怒,使大失所望,使痛心 ‖ *hierzu*(派生) **Er·bit·te·rung** *die*; *nur Sg*(只用单数)

er·bit·tert 1. *Partizip Perfekt*(过去分词); ↑ ***erbittern*** 2. *Adj*(形); (***über j-n/etw.***) ***e.*** enttäuscht von j-m/etw. od. zornig über j-n/etw. 对…很恼火,对…感到气愤,对…大失所望,对…感到痛心 3. *Adj*(形); sehr heftig, sehr intensiv 激烈的,顽强的,厉害的〈ein Kampf, ein Streit, ein Feind 战斗,争吵,敌人; erbitterten Widerstand leisten 进行顽强的抵抗〉

Erb·krank·heit *die*; e-e Krankheit, die durch e-e besondere Erbanlage entstanden ist 遗传病

er·blas·sen; *erblasste, ist erblasst*; Vi (不及物)(***vor etw.***) ***e.*** *geschr*[书]; plötzlich blass werden 变得苍白,失色,脸色发白〈vor Neid, vor Schreck e. 由于妒忌而失色,吓得脸色发白〉

Erb·las·ser *der*; *-s, -*; JUR【法】; die Person, deren Eigentum andere erben 立遗嘱者,遗赠人,留下遗产者 ‖ *hierzu* (派生) **Erb·las·se·rin** *die*; *-, -nen*

er·blei·chen; *erbleichte*/(*veraltet* [旧]) *erblich, ist erbleicht*/(*veraltet* [旧]) *erblichen*; Vi (不及物) *geschr*[书] ≈ erblassen

erb·lich *Adj*(形) 1. so, dass es Teil der Erbanlage ist 遗传的: *Die Farbe der Augen ist e.* 眼睛的颜色是遗传的 2. ***e. belastet sein*** e-e negative Eigenschaft od. Krankheit (aufgrund der Erbanlage) haben 有遗传缺陷,有遗传疾病 3. 〈*mst* Adel, ein Titel 多指贵族、头衔〉 so, dass sie von den Eltern an die Kinder weitergegeben werden 世袭的,继承的

er·bli·cken; *erblickte*, *hat erblickt*; **Vt** (及物) **1.** ***j-n/etw. e.*** *geschr* [书]; j-n/etw. sehen 看见,瞥见,瞧见 **2.** ***das Licht der Welt e.*** geboren werden 诞生,出世,降生

er·blin·den; *erblindete*, *ist erblindet*; **Vi** (不及物) **1.** blind (1) werden 变瞎,失明 ‹auf e-m Auge, auf beiden Augen e. 瞎了一只眼睛,双目失明› **2.** ***etw. erblindet*** etw. wird matt[1] (3) (物作主语)变模糊了 ‹ein Spiegel 镜子› ‖ *zu* (义项) **1. Er·blin·dung** *die*

er·blü·hen; *erblühte*, *ist erblüht*; **Vi** (不及物) ***etw. erblüht*** *geschr* [书]; etw. fängt an zu blühen(物作主语)开花,鲜花绽放: *Über Nacht ist der Flieder erblüht* 一夜之间丁香就开花了

Erb·mas·se *die*; *mst Sg* (多用单数) **1.** JUR *Kollekt* 【法】(集合); alles, was j-d als Erbe[1] hinterlässt 全部遗产 **2.** BIOL *Kollekt* 【生】(集合); die Gesamtheit der Erbanlagen od. Gene 遗传型

er·bo·sen; *erboste*, *hat erbost*; *veraltend* [渐旧]; **Vt** (及物) **1.** ***etw. erbost j-n*** etw. macht j-n wütend(物作主语)使发怒,触怒,激怒,惹恼; **Vr** (反身) **2.** ***sich über j-n/etw. e.*** über j-n od. etw. wütend werden 对…发火,气愤

er·bost 1. *Partizip Perfekt* (过去分词); ↑ ***erbosen*** **2.** *Adj* (形); (***über j-n/etw.***) ***e.*** ≈ wütend, ärgerlich

er·bre·chen; *erbrach*, *hat erbrochen*; **Vt/i** (及物/不及物) **1.** (***etw.***) ***e.*** den Inhalt des Magens durch den Mund nach außen bringen 呕吐,吐出: *Er erbrach (alles, was er gegessen hatte)* 他(把吃的都)吐了; **Vr** (反身) **2.** ***sich e.*** sich übergeben 呕吐: *Vor Aufregung musste sie sich e.* 她一定是因情绪激动而呕吐的 ‖ ID [谚] (***etw. ist***) ***zum Erbrechen*** *gespr* [口]; (etw. ist) sehr unangenehm(某事)令人作呕,使人厌烦 ‹zum E. langweilig 无聊透顶›

er·brin·gen; *erbrachte*, *hat erbracht*; *geschr* [书]; **Vt** (及物) **1.** ***etw. erbringt etw.*** etw. hat e-e bestimmte Summe als Ergebnis(物作主语)带来,产生,提供: *Die Versteigerung erbrachte über 40000 Euro* 拍卖获得了4万多欧元 **2.** ***etw. e.*** e-e bestimmte Summe Geld zahlen 支付,交付: *e-e Kaution e.* 支付押金 **3.** ***etw. e.*** verwendet zusammen mit e-m Subst., um ein Verb zu umschreiben(与名词连用,改换动词的表达); ***e-n Beweis e.*** ≈ etw. beweisen; ***e-e Klärung e.*** ≈ etw. (auf)klären

Erb·schaft *die*; *-*, *-en*; das Erbe[1] (1) ‹e-e E. machen, antreten, ausschlagen 承受,继承,拒绝一笔遗产› ‖ K-(复合): ***Erbschafts-***, ***-steuer***

Erb·schlei·cher *der*; *-s*, *-*; j-d, der versucht, durch Betrug od. List ein Erbe[1] zu bekommen, auf das andere Personen ein Recht haben 图谋骗取遗产的人 ‖ *hierzu* (派生) **Erb·schlei·che·rin** *die*; *-*, *-nen*

Erb·se *die*; *-*, *-n* **1.** e-e Pflanze mit relativ großen, kugelförmigen grünen Samen, die sich in e-r länglichen Hülse befinden 豌豆(植物) **2.** *mst Pl* (多用复数); die Samen der E. (1), die als Gemüse gegessen werden 豌豆(果实) ‖ ↑ *Abb. unter* 图见 ***Gemüse*** ‖ K-(复合): ***Erbsen-***, ***-eintopf***, ***-gericht***, ***-suppe***; ***erbsen-***, ***-groß***

Erb·stück *das*; ein *mst* wertvoller Gegenstand, den man geerbt (1) hat 传家宝,珍贵的遗物: *ein E. (von) seiner Großmutter* 他祖母的传家宝

Erb·teil *das*; das, was j-m als Anteil von e-m Erbe[1] (1) gehört 遗产继承的份额,归属某人的那份遗产 ‹j-m sein E. auszahlen 把某人的那份遗产(钱)支付给他›

Erd·ach·se *die*; *nur Sg* (只用单数); e-e (gedachte) Linie zwischen Nord- u. Südpol, um die sich die Erde (1) dreht 地轴

Erd·an·zie·hung *die*; *nur Sg* (只用单数); die Kraft, mit der die Erde (1) (aufgrund ihrer Masse) kleinere Körper anzieht 地球引力

Erd·ap·fel *der*; *südd* Ⓐ [南德][奥] ≈ Kartoffel

Erd·be·ben *das*; *-s*, *-*; e-e Erschütterung der (Oberfläche der) Erde (1), die manchmal so stark ist, dass sie Häuser zerstört 地震: *Auf das E. folgten in den nächsten Tagen noch einige leichtere Erdstöße* 地震过后几天又发生了几次轻微余震 ‖ K-(复合): ***Erdbeben-***, ***-gebiet***, ***-herd***, ***-opfer***, ***-warte***

Erd·bee·re *die* **1.** e-e Pflanze mit weißen Blüten u. roten Früchten 草莓(植物) **2.** die (rote, süße, saftige) Frucht der E. (1) 草莓(果实) ‖ K-(复合): ***Erdbeer-***, ***-bowle***, ***-konfitüre***, ***-kuchen***, ***-marmelade***, ***-torte*** ‖ -K(复合): ***Garten-***, ***Wald-***

die Erdbeere 草莓 die Himbeere 覆盆子

Erd·bo·den *der*; *nur Sg* (只用单数); die Oberfläche der Erde (1), auf der man geht u. steht 地面,地,土地: *sich auf den (nackten) E. setzen*, *auf dem blanken E. schlafen* 坐在(光秃秃的)地上,睡在光秃秃的地上 ‖ ID [谚] ‹e-e Stadt 一个城市› ***dem E. gleichmachen*** e-e Stadt völlig zerstören 将…夷为平地; ***wie vom E. verschluckt sein*** *gespr* [口]; plötzlich verschwunden sein 像被大地吞食掉(喻:突然消失); ***Ich könnte (vor Scham) im Erdboden versinken*** ich schäme mich sehr 我(羞愧到)真恨不得钻进地里去,我(羞愧得)实在无地自容

Er·de *die*; *-*, *-n* **1.** *nur Sg* (只用单数); der Planet, auf dem wir leben 地球 ≈ Erdball, Erdkugel (1): *Die E. dreht sich in einem Jahr einmal um die Sonne* 地球一年绕太阳旋转一圈 ‖ K-(复合): **Erd-**, **-atmosphäre**, **-bewohner**, **-bevölkerung**, **-geschichte**, **-kern**, **-kruste**, **-magnetismus**, **-mittelpunkt**, **-oberfläche**, **-satellit**, **-schatten**, **-trabant**, **-umfang**, **-umkreisung**, **-wärme**; **erd-**, **-fern**, **-nah** **2.** *nur Sg* (只用单数): die Oberfläche der E. (1), auf der man geht u. steht 地,地面≈ Erdboden, Boden[1] (2): *Pass auf, dass das Glas nicht auf die/zur E. fällt* 小心,别让玻璃杯掉到地上了; *Der Maulwurf lebt unter der E.* 鼹鼠生活在地下 ‖ K-(复合): **Erd-**, **-höhle**, **-loch**, **-spalte** **3.** der Stoff[1] (1), in dem Pflanzen wachsen (können) u. aus dem die oberste Schicht der E. (1) besteht 土壤,土地,泥土≈ Erdreich, Boden[1] (1) ⟨e-e fruchtbare, humusreiche, krümelige, sandige E. 富饶的、富于腐殖质的、疏松的、沙质的土壤⟩: *im Garten die E. umgraben* 在花园里翻土; *e-n Blumentopf mit E. füllen* 将花盆装上土 ‖ K-(复合): **Erd-**, **-bestattung**, **-brocken**, **-haufen**, **-hügel**, **-klumpen**, **-scholle**, **-wall**; **erd-**, **-braun**, **-farben** ‖ -K(复合): **Blumen-**, **Kompost-** **4.** *nur Sg* (只用单数): ein Gebiet der E. (1) 土地: *auf fremder, heimatlicher E. sterben* 死在异乡,死在故土; *Das ist ein idyllisches Fleckchen E.* 这是一片宁静安逸的土地 **5.** (in Religionen) die materielle Welt im Gegensatz zum Himmel, Jenseits *o. Ä.* 尘世,人世间: *Gottes Wille geschehe im Himmel und auf der E.* 愿上帝的意志在天堂和人间都能实现 ‖ K-(复合): **Erden-**, **-dasein**, **-leben** ‖ NB(注意): In dieser Verwendung sagt man oft auch *auf Erden* (这一用法也常说 *auf Erden*): *Das Paradies auf Erden* 人间天堂 **6.** das Gemisch von Mineralien, aus der die E. (3) besteht 含有矿物质的土壤,矿物土 ‖ -K(复合): **Heil-**, **Porzellan-**, **Ton-** **7.** ELEK【电】: der Draht, mit dem etw. geerdet wird 地线,接地 **8.** ***Mutter E.*** *lit* [文]: (in Naturreligionen) die E. (1), aus der das Leben von Pflanzen u. Tieren hervorgeht (自然拜物教中的)大地母亲 ‖ ID[谚] ***E. zu E., Staub zu Staub*** verwendet bei e-r Beerdigung, um auszudrücken, dass der Körper des Menschen vergänglich ist (u. nur die Seele weiterlebt) 仙逝,涅槃,千古; ***j-n unter die E. bringen*** *gespr* [口]: j-n psychisch od. physisch so belasten, dass er stirbt 把…折磨致死,使…身心忧伤而死: *Die Trauer um ihren Sohn hat sie unter die E. gebracht* 失去儿子的悲痛夺去了她的性命; ***unter der E. sein/liegen*** (*mst* schon längere Zeit) tot sein (多指早已)入土,归天,不在人世,长眠九泉 ‖ ▶ ***irdisch***

er·den; *erdete, hat geerdet*; [Vt] (及物) ***etw. e.*** ELEK【电】: ein elektrisches Gerät über e-e Leitung mit dem (Erd)Boden verbinden (zum Schutz vor e-m Stromschlag *o. Ä.*) 将…接地: *e-e Antenne e.* 将天线接地 ‖ *hierzu* (派生) **Er·dung** *die*

er·den·ken; *erdachte, hat erdacht*; [Vt] (及物) (***sich*** (*Dat* 三格)) ***etw. e.*** *geschr* [书]: etw. Neues durch relativ langes Überlegen (in Gedanken) entwickeln 想出,寻思出≈ sich etw. ausdenken: *e-e Methode, e-n Plan e.* 想出一种方法、一个计划

er·denk·lich *Adj* (形); *geschr* [书]; *nur nach all- od jed- verwendet* (只用于 all- 或 jed- 之后); möglich od. vorstellbar 可能的,能想得到的: *j-m alles e. Gute wünschen* 祝某人万事如意; *Ich habe auf jede erdenkliche Weise versucht, ihr zu helfen* 我想尽了一切办法去帮助她

Erd·gas *das*; *nur Sg* (只用单数): ein Gemisch aus Gasen (2), das es tief unter der Erde gibt u. mit dem man heizen u. kochen kann 天然气

Erd·ge·schoss, Ⓐ [奥] **Erd·ge·schoß** *das*; das Stockwerk e-s Hauses, das auf der gleichen Höhe wie die Straße liegt 底层(房屋的地面层) ≈ Parterre

er·dich·ten; *erdichtete, hat erdichtet*; [Vt] (及物) ***etw. e.*** e-e (unwahre) Geschichte erfinden (2) 编造,臆造,虚构

er·dig *Adj* (形) **1.** *geschr* [书]: so, dass Erde (3) daran klebt 沾着泥土的,带土的: *Die Kartoffeln/Meine Gummistiefel sind e.* 土豆是带泥的/我的靴子沾着泥土 **2.** wie Erde (3) 泥土味的,泥土气的 ⟨ein Geruch 气味; etw. riecht, schmeckt e. 某物闻着,吃着有泥土味⟩

Erd·ku·gel *die* **1.** *nur Sg* (只用单数) ≈ Erde (1) **2.** *veraltend* [渐旧] ≈ Globus

Erd·kun·de *die*; *nur Sg* (只用单数) **1.** die Wissenschaft, die sich mit den Ländern, Meeren, dem Klima, der wirtschaftlichen Nutzung der Erde *usw* beschäftigt 地理学≈ Geographie **2.** ein Fach in der Schule, in dem E. (1) unterrichtet wird 地理课 ‖ K-(复合): ***Erdkunde-***, ***-arbeit***, ***-buch***, ***-lehrer***, ***-note***, ***-stunde***, ***-unterricht*** ‖ *zu* (义项) **1. erd·kund·lich** *Adj* (形)

Erd·nuss *die*; e-e Nuss, die in heißen Ländern unter der Erdoberfläche wächst u. die geröstet (u. gesalzen) gegessen wird 落花生,花生 ‖ K-(复合): ***Erdnuss-***, ***-öl***

Erd·nuss|but·ter *die*; e-e Substanz (e-e Art Paste) aus Öl u. geriebenen Erdnüssen, die man aufs Brot streicht 花生酱

Erd·öl *das*; *nur Sg* (只用单数): ein Öl, das in tiefen Schichten der Erde (2) vorkommt u. aus dem man *z. B.* Benzin, Heizöl, Petroleum *usw* produziert 石油,原油 ⟨E. exportierend 石油出口的⟩ ‖ K-(复合): ***Erdöl-***, ***-feld***, ***-förderung***, ***-raffinerie***, ***-vorkommen***

Erd·reich *das*; *nur Sg* (只用单数) ≈ die Erde (3): *das steinige, trockene E. lockern, umgraben* 把多石的、干涸的土地刨松,掘松

er·dreis·ten, sich; *erdreistete sich, hat sich erdreistet*; [Vr] (反身) ***sich e.*** + ***zu*** + *Infinitiv* (不定式), *geschr* [书]: die Frechheit haben, etw. (Unerlaubtes od. Provozierendes) zu tun od. zu sagen 竟敢,胆敢,居然放肆地,胆大妄为地要干某事≈ wagen, sich unterstehen + zu + *Infinitiv* (不定式) ‖ ▶ ***dreist***,

Dreistigkeit

er·dros·seln; *erdrosselte*, *hat erdrosselt*; Vt (及物) ***j-n e.*** j-n töten, indem man ihm so lange die Kehle zudrückt, bis er tot (erstickt) ist 掐死,勒死,绞死≈ erwürgen ‖ *hierzu* (派生) **Er·dros·se·lung**, **Er·dross·lung** *die*

er·drü·cken; *erdrückte*, *hat erdrückt*; Vt (及物) **1. *etw. erdrückt j-n*** etw. drückt so gegen j-s Brust(korb), dass er stirbt(物作主语)将…压死: *Die Bergleute sind von den nachrutschenden Erdmassen erdrückt worden* 矿工们被塌下来的泥块压死了 **2. *etw. erdrückt j-n*** etw. belastet j-n psychisch od. auf andere Weise so stark, dass er es nicht mehr ertragen kann(物作主语)(精神上)使负担过重,使压抑,把…压垮: *Die Last der Sorgen/der Verantwortung erdrückte sie fast* 沉重的忧虑/责任几乎把她压垮了; *erdrückende Schulden* 非常沉重的债务 **3. *etw. erdrückt etw.*** *gespr* [口]; *mst* etw. ist so (groß u.) auffällig, dass andere Gegenstände kaum wahrgenommen werden u. nicht richtig zur Geltung kommen 压倒,使逊色,使相形见绌: *Die Hochhäuser erdrücken die Altstadt* 高楼大厦使旧城大为逊色

er·drü·ckend **1.** *Partizip Präsens*(现在分词); ↑ ***erdrücken*** **2.** *Adj*(形); *nicht adv*(不作状语); so groß, stark od. umfangreich, dass man sich nicht dagegen wehren kann 压倒的,确凿的,毋庸置疑的 ≈ überwältigend: *e-e erdrückende Übermacht* 压倒的优势; *Der Staatsanwalt legte erdrückendes Beweismaterial gegen den Angeklagten vor* 监察官对被告提出了确凿的证据

Erd·rutsch *der*; das (*mst* plötzliche, unerwartete) Rutschen nach unten von großen Erdmassen 塌方,滑坡

Erd·rutsch|sieg *der*; ein sehr großer Sieg (bei Wahlen)大获全胜,巨大的胜利(选举中)

Erd·stoß *der*; e-e kurze (heftige) Erschütterung der Erde (2) (*mst* als Teil e-s längeren Erdbebens)地震产生的震动,余震

Erd·teil *der* ≈ Kontinent: *Australien ist ein E., Grönland ist e-e Insel* 澳大利亚是一个洲,格陵兰是一个岛

er·dul·den; *erduldete*, *hat erduldet*; Vt (及物) ***etw. e.*** etw. (*bes* Leid u. Not) hinnehmen, ohne sich dagegen zu wehren 忍受,经受≈ erleiden, ertragen 〈Erniedrigungen, Schmerzen, Unrecht e. (müssen)(不得不)忍受侮辱、痛苦、不公平〉

Erd·um·dre·hung *die*; die Bewegung, die die Erde um ihre eigene Achse macht 地球自转

Erd·um·lauf·bahn *die*; die (gedachte) Linie, auf der sich ein Satellit um die Erde bewegt (卫星的)地球轨道

-e·rei ↑ ***-ei***

er·ei·fern, sich; *ereiferte sich*, *hat sich ereifert*; Vr (反身) ***sich (über j-n/etw.) e.*** *oft pej* 常用[贬]; mit viel Emotion u. heftigem Engagement über ein Thema reden 十分激动地说,急躁地讲,很不冷静地谈论: *sich unnötig e.* 不必要地发急 ‖ *hierzu* (派生) **Er·ei·fe·rung** *die* ‖ ▶ ***Eifer*** (2)

er·eig·nen, sich; *ereignete sich*, *hat sich ereignet*; Vr (反身) ***etw. ereignet sich*** etw. (*mst* Ungewöhnliches) geschieht 发生,出现 ≈ etw. passiert 〈ein Unfall, ein Unglück, ein Vorfall, ein Zwischenfall 事故,灾祸,意外事件,冲突〉: *Das Zugunglück ereignete sich am frühen Morgen* 火车事故是清晨发生的; *Heute hat sich bei mir den ganzen Tag nicht viel/nichts Besonderes/nichts Außergewöhnliches ereignet* 今天整整一天我这里没有发生什么特别的/什么异常的事情

Er·eig·nis *das*; *-ses*, *-se* **1.** etw. (*mst* Besonderes od. Ungewöhnliches), das (oft überraschend) geschieht 不寻常的、意外的事情,事件≈ Begebenheit 〈ein E. tritt ein 意外的事情发生了; die Ereignisse überstürzen sich 意外的事情接踵而来〉: *Das Konzert war ein großes E. für das kleine Dorf* 音乐会对这个小村庄是一件了不起的大事 ‖ NB(注意): ↑ ***Vorkommnis*** **2. *ein freudiges E.*** die Geburt e-s Kindes 喜事(指生小孩) ‖ *hierzu* (派生) **er·eig·nis·los** *Adj*(形); **er·eig·nis·reich** *Adj*(形)

er·ei·len; *ereilte*, *hat ereilt*; Vt (及物) ***etw. ereilt j-n*** *geschr* [书]; etw. (Unangenehmes od. Gefährliches) passiert j-m (物作主语)落到…的头上,发生在…的身上 〈ein Schicksalsschlag, der Tod, ein Unglück 命运的打击,死亡,灾祸〉: *Auf dem Heimweg ereilte ihn ein Herzinfarkt* 在回家的路上,他突然发生心肌梗塞 ‖ ▶ ***Eile***

Erek·ti·on [-ˈtsioːn] *die*; -, *-en*; *geschr* [书]; die Schwellung u. Versteifung der (Geschlechts)Organe, *bes* des Penis (*mst* bei sexueller Erregung)(阴茎)勃起

Ere·mit *der*; *-en*, *-en*; *geschr* [书]; j-d, der (*mst* aus religiösen Gründen) freiwillig allein u. fern von anderen Menschen lebt, oft um nachzudenken u. zu beten 隐居者,遁世者,隐士≈ Einsiedler ‖ NB(注意): *der Eremit*; *den*, *dem*, *des Eremiten*

er·erbt *Adj*(形); *nicht adv*(不作状语) **1.** 〈ein Grundstück, ein Vermögen 一块地产,一笔财富〉 so, dass sie j-d durch Erbschaft bekommen hat 继承下来的,继承所得的 **2.** durch die Gene bedingt 遗传的,先天的≈ angeboren 〈e-e Eigenschaft, e-e Krankheit, ein Leiden, e-e Missbildung 特征,疾病,疾患,畸形〉 ‖ ▶ ***erben***, ***vererben***

er·fah·ren[1]; *erfährt*, *erfuhr*, *hat erfahren*; Vt (及物) **1. *etw. (durch j-n/von j-m) (über j-n/etw.) e.; etw. (von/aus etw.) (über j-n/etw.) e.*** e-e neue Information (über j-n/etw.) bekommen 获悉,得知: *Ich habe durch e-n/von e-m Freund, aus der Zeitung erfahren*, dass *sie gestorben ist* 我从一位朋友那里、从报纸上得知她去世了; *Wir haben gerade jetzt davon erfahren* 我们刚听说这件事 **2. *etw. e.*** *geschr* [书]; etw. selbst erleben od. zu spüren bekommen 亲身经历到,体验到,感受到 〈Freude, Glück, Liebe, Trauer e. 亲自体验到

E

愉快、幸福、爱情、悲痛〉 **3.** (**von j-m**) **etw. e.** *geschr*[书]; von j-m in e-r bestimmten Weise behandelt werden 受到,遭到,得到〈von j-m Hass, Mitleid e. 遭到某人的仇恨,得到某人的同情〉‖ *zu* (义项) **2. er·fahr·bar** *Adj*(形)

er·fah·ren[2] **1.** *Partizip Perfekt*(过去分词); ↑ **erfahren**[1] **2.** *Adj*(形); (**in etw.** (*Dat* 三格)) **e.** (auf e-m bestimmten Gebiet) geübt u. sicher有经验的: *Er ist ein erfahrener Pilot* 他是一位有经验的飞行员; *Er ist sehr e. im Fliegen* 在飞行领域他富有经验 ‖ -K(复合): **lebens-**, **welt-**

Er·fah·rung *die*; -, -*en* **1.** ein Wissen od. Können, das man nicht theoretisch aus Büchern, sondern in der Praxis (durch eigene Erlebnisse) bekommt 经验,体会,阅历〈E. haben, etw. aus eigener E. wissen 有经验,经亲身体验得知某事〉: *Er hat viel E. als Arzt, auf diesem Gebiet, in seinem Beruf, mit Autos* 他作为医生,在这一领域,在自己的专业中,对汽车很有经验 ‖ K-(复合): **Erfahrungs-**, **-austausch**; **erfahrungs-**, **-gemäß** ‖ -K(复合): **Auslands-**, **Geschäfts-**, **Lebens-**, **Unterrichts-** **2.** *mst Pl*(多用复数); Erlebnisse, aus denen man etw. lernt 经验,阅历,体会〈Erfahrungen machen, sammeln 去体验,积累经验〉 **3.** **etw. in E. bringen** durch (intensives) Nachforschen Kenntnis von etw. erhalten 设法探悉≈ herausfinden

Er·fah·rungs·wert *der*; etw., das man aus vielen Beobachtungen u. Erfahrungen (u. nicht aus exakten Messungen) weiß 经验值,经验数据

er·fas·sen; *erfasste*, *hat erfasst*; [Vt](及物) **1.** **etw. e.** das Wesentliche e-r Sache verstehen 领会,理解,抓住≈ begreifen: *Er hat sofort erfasst*, worum *es mir ging* 他很快就领会到我关心的是什么 **2.** **j-n / etw. e.** ADM *geschr*【管理】[书]; e-e Gruppe von Personen od. Sachen in e-r Liste, Statistik *o. Ä.* sammeln od. registrieren 将…列入,登记,统计,考虑进去〈etw. statistisch e. 将某事统计进去〉 **3.** **etw. erfasst j-n / etw.** etw. nimmt od. reißt j-n/etw. durch seine eigene Bewegung mit(物作主语)碰撞,剐蹭: *Der Radfahrer wurde von e-m Auto erfasst* 骑自行车的人被一辆汽车剐着了 **4.** **etw. erfasst j-n** etw. versetzt j-n in e-n Zustand, in dem er sich kaum od. nicht beherrschen kann(物作主语)控制,侵袭,充满,攫住: *Er wurde von Abscheu, Angst erfasst* 他内心充满厌恶,他突然害怕起来 ‖ NB(注意): *mst* im Passiv (多用被动语态)! **5.** **etw. e.** e-n Text *o. Ä.* (*mst* am Computer) tippen (在电脑上)输入,打入 ‖ ID[谚] **Du hasts erfasst!** *gespr iron*[口][讽]; verwendet, wenn j-d etw. Selbstverständliches endlich versteht 你终于开窍了! ‖ *zu* (义项)**1.**, **2.** u. **5.** **Er·fas·sung** *die*

er·fin·den; *erfand*, *hat erfunden*; [Vt](及物) **1.** **etw. e.** durch Forschung *o. Ä.* etw. Neues konstruieren od. etw. auf e-e neue Art nutzen 发明,创造: *Alfred Nobel hat das Dynamit erfunden* 阿尔弗雷德·诺贝尔发明了黄色炸药‖ NB(注意): ↑ **entdecken** **2.** **j-n / etw. e.** von e-r Person/Sache erzählen, die es nur in der Fantasie gibt 臆造,杜撰,捏造,虚构: *Die Figuren des Films sind frei erfunden* 这部电影的人物是凭空虚构的 ‖ *hierzu*(派生) **Er·fin·der** *der*; -*s*, -; **Er·fin·de·rin** *die*; -, -*nen*

er·fin·de·risch *Adj*(形); mit vielen Ideen, wie man in der Technik od. auch im Alltag Probleme einfach lösen kann 有创新才能的,脑子灵的,办法多的: *ein erfinderischer Geist* (= j-d, der e. ist)一位头脑灵、办法多的人

Er·fin·dung *die*; -, -*en* **1.** *nur Sg*(只用单数); das Erfinden (1,2) **2.** das Neue, das j-d erfunden (1) hat 发明,创造: *Das Rad war e-e sehr wichtige E.* 轮子是一项很重大的发明 **3.** das, was sich j-d ausgedacht (erfunden (2)) hat 捏造,虚构,臆想≈ Fiktion: *Seine Abenteuer sind (e-e) reine E.* 他的传奇故事纯属虚构 **4.** **e-e E. machen** etw. Neues erfinden (1)搞个新发明,发明新东西

Er·folg *der*; -(*e*)*s*, -*e* **1.** das positive Ergebnis (od. Ziel), das man haben wollte (u. erreicht hat)成果,成就,成功,成效 ↔ Misserfolg 〈etw. ist ein großer, guter, schöner, voller, zweifelhafter E. 某事是伟大的、出色的、漂亮的、圆满的、靠不住的成果; mit etw. E. haben, E. (bei j-m) haben 干某事有成效,在某人身上取得效果; e-n E. mit etw. erzielen, etw. mit/ohne E. tun 在某方面获得成功,干某事很成功/徒劳无功〉: *Seine Bewerbung hat wenig Aussicht auf E.* 他谋职成功的希望很小 ‖ K-(复合): **Erfolgs-**, **-aussichten**, **-chancen**, **-meldung**, **-quote** ‖ -K(复合): **Publikums-**, **Wahl-** **2.** **etw. ist von E. gekrönt** etw. hat das gewünschte Ergebnis 某事取得预期效果 **3.** **E. versprechend** 〈e-e Idee, ein Plan *o. Ä.* 想法,计划等〉 so, dass sie wahrscheinlich E. (1) bringen werden 有成功希望的,有望取得成功的 ‖ NB(注意): *großen Erfolg versprechend*; aber(但是): *äußerst erfolgversprechend*

er·fol·gen; *erfolgte*, *ist erfolgt*; [Vi](不及物) **1.** **etw. erfolgt** (**auf etw.** (*Akk* 四格) / **nach etw.**) etw. geschieht als Folge, Konsequenz von etw.(物作主语)随之发生,接着出现 ≈ etw. tritt ein ↔ etw. bleibt aus: *Auf sein Klopfen erfolgte keine Antwort* 他敲门没有回音; *Auf den Skandal (hin) erfolgte der Rücktritt des Ministers* 丑闻一发生,部长就辞职了‖ NB(注意): ↑ **folgen**[1](5) **2.** **etw. erfolgt** (**irgendwann / irgendwo**) ADM *geschr*【管理】[书]; etw. wird (irgendwann/irgendwo) getan (物作主语)实现,实行,进行,举行≈ etw. findet statt ↔ etw. unterbleibt: *Die Unterzeichnung des Vertrags erfolgte vor dem Notar* (= der Vertrag wurde vor dem Notar unterzeichnet)合同签字是当着公证人的面进行的; *Die Auszahlung des Geldes erfolgt später* 以后付款

er·folg·los *Adj*(形) **1.** ohne positives Ergebnis 无效果的,无成效的,无结果的,徒劳的 ≈

vergeblich ↔ erfolgreich: *ein erfolgloser Versuch* 徒劳的尝试 **2.** ohne Erfolg 不成功的，失败的↔ erfolgreich 〈e. sein 是不成功的〉: *ein erfolgloser Unternehmer* 不成功的企业家 ‖ *hierzu*（派生）**Er·folg·lo·sig·keit** *die*; *nur Sg*（只用单数）

er·folg·reich *Adj*（形）**1.** mit positivem Ergebnis 有效果的，有成就的，成功的↔ erfolglos: *ein erfolgreicher Versuch* 成功的尝试 **2.** mit häufigen Erfolgen 卓有成效的，成功的↔ erfolglos (2) 〈e. sein, abschneiden, bestehen 是成功的，取得成功，成功地通过（考试）〉: *ein erfolgreicher Sänger, Unternehmer* 富有成就的歌唱家、企业家

Er·folgs·aus·sicht *die*; *mst Pl*（多用复数）; die Wahrscheinlichkeit, dass etw. Erfolg (1) haben wird 成功的希望〈geringe, große, gute, keine, schlechte Erfolgsaussichten haben 成功希望很小，很大，成功前景看好，没有成功希望，成功前景渺茫〉

Er·folgs·er·leb·nis *das*; ein Gefühl der Freude (u. Selbstbestätigung), das j-d empfindet, dem etw. Schwieriges gelungen ist 成功的经历〈*mst* 多用 ein E. haben, etw. ist ein E. für j-n 有成功的经历，某事对某人来说是一次成功的经历〉

Er·folgs·zwang *der*; die Notwendigkeit, mit etw. (oft in e-r bestimmten Zeit) Erfolg (1) zu haben 必须取得成功的强制要求，只能成功不能失败的压力〈unter E. stehen 处在只能成功不能失败的压力之下〉

er·folg·ver·spre·chend ↑ ***Erfolg*** (3)

er·for·der·lich *Adj*（形）; *nicht adv*（不作状语）; ***e.*** (***für etw.***) unbedingt nötig 必需的，不可缺少的，必要的 ≈ notwendig, unerlässlich ↔ überflüssig: *Für das Studium an e-r Universität ist in Deutschland das Abitur e.* 在德国上大学必须高级中学毕业; *die erforderlichen Maßnahmen treffen* 采取必要的措施 ‖ *hierzu*（派生）**er·for·der·li·chen·falls** *Adv*（副）

er·for·dern; *erforderte, hat erfordert*; [Vt]（及物）***etw. erfordert*** 〈Geduld, Konzentration, Mut, viel Geld, Zeit *o. Ä.* 忍耐，集中注意力，勇气，很多钱，时间等〉 *geschr* [书]; für etw. ist Geduld, Konzentration *usw* unbedingt nötig（物作主语）要求，需要，必需 ≈ etw. verlangt etw.: *Diese Aufgabe erfordert viel Sachkenntnis* 这项任务需要具备许多专业知识

Er·for·der·nis *das*; *-ses, -se*; *geschr* [书]; das, was notwendig ist 需要，要求 ≈ Notwendigkeit, Anforderung

er·for·schen; *erforschte, hat erforscht*; [Vt]（及物）***etw. e.*** etw. (*mst* wissenschaftlich) so genau untersuchen, dass man etw. Neues darüber lernt 研究，考察，探索: *das All, fremde Länder, Ursachen u. Zusammenhänge e.* 研究宇宙、外国、原因和相互关系 ‖ *hierzu*（派生）**Er·for·schung** *die*; *nur Sg*（只用单数）

er·fra·gen; *erfragte, hat erfragt*; [Vt]（及物）***etw.*** (***von j-m***) ***e.*** etw. durch (*mst* wiederholtes) Fragen herausfinden（向…）打听，问清楚〈den Weg, j-s Meinung e. 打听路，询问某人的看法〉

er·freu·en; *erfreute, hat erfreut*; [Vt]（及物）**1.** ***j-n mit etw. / durch etw. e.*** j-m (mit etw. / durch etw.) e-e Freude machen 使高兴，使愉快: *Ich habe meine Mutter mit e-m kleinen Geschenk erfreut* 我送给母亲一件小礼物使她很高兴; [Vr]（反身）**2.** ***sich an j-m / etw. e.*** Freude über j-n/etw. haben 对…感到高兴、愉快，喜爱，欣赏: *Sie erfreute sich an den blühenden Bäumen* 她喜爱正在开花的树 **3.** ***sich großer Beliebtheit e.*** sehr beliebt sein 很受欢迎

er·freu·lich *Adj*（形）; so (schön), dass man froh od. glücklich darüber ist 令人高兴的，令人愉快的，令人满意的，可喜的↔ unangenehm, unerfreulich: *Es ist sehr e., dass du die Prüfung bestanden hast* 你通过了考试，这令人很高兴 ‖ *hierzu*（派生）**er·freu·li·cher·wei·se** *Adv*（副）

er·freut **1.** *Partizip Perfekt*（过去分词）; ↑ ***erfreuen*** **2.** (***über etw.*** (*Akk* 四格)) ***e.*** voller Freude über etw. 心怀喜悦的，欣喜的，感到高兴的≈ froh: *Ich war sehr e., dass er kam* 他来了，我非常高兴

er·frie·ren; *erfror, hat/ist erfroren*; [Vi]（不及物）(*ist*) **1.** (von Menschen, Tieren od. Pflanzen) durch die Einwirkung von großer Kälte sterben 冻死: *Die verunglückten Bergsteiger sind im Schnee erfroren* 遇难的登山运动员是在雪地里冻死的 **2.** ***etw. erfriert j-m*** ein Körperteil wird durch die Einwirkung von großer Kälte starr u. gefühllos (u. stirbt ab)（物作主语）冻坏，冻伤，冻僵〈die Nase, ein Finger, e-e Zehe 鼻子，一个手指，一个脚趾〉 **3.** ***etw. erfriert*** Obst od. Gemüse verliert an Qualität u. Geschmack durch die Einwirkung von Frost（物作主语）冻了，冻坏（指水果、蔬菜）〈Äpfel, Kartoffeln 苹果，土豆〉; [Vt]（及物）(*hat*) **4.** ***sich*** (*Dat* 三格) ***etw. e.*** durch die Einwirkung von großer Kälte an e-m Körperteil Schaden erleiden, sodass er starr u. gefühllos wird (u. abstirbt) 把…冻僵，冻伤，冻坏

Er·frie·rung *die*; *-, -en*; *mst Pl*（多用复数）; e-e Stelle am Körper, an der das Gewebe durch große Kälte geschädigt wurde 肢体冻伤〈*mst* 多用 sich (*Dat* 三格) Erfrierungen zuziehen 引起冻伤; Erfrierungen ersten, zweiten Grades 一度、二度冻伤〉

er·fri·schen; *erfrischte, hat erfrischt*; [Vt]（及物）**1.** ***etw. erfrischt j-n*** etw. macht j-n (wieder) frisch u. munter od. gibt ihm neue Kraft（物作主语）使精神焕发，使精神恢复: *Nach der langen Reise hat mich das Bad jetzt so richtig erfrischt* 长途旅行后洗了个澡，那时使我真正恢复了精神; [Vr]（反身）**2.** ***sich*** (***mit etw. / durch etw.***) ***e.*** etw. tun od. etw. zu sich nehmen, das einen (wieder) frisch u. munter macht 消除疲劳，提神，清醒: *sich durch e-e Dusche, durch ein paar Stunden Schlaf, mit e-m Kaffee e.* 冲个澡、睡几个小时觉、喝杯咖啡消除疲劳

er·fri·schend **1.** *Partizip Präsens*（现在分词）; ↑

E

erfrischen* 2.** *Adj*（形）；angenehm kühl u. wohlschmeckend 清凉的，凉爽的〈ein Getränk 饮料〉 **3.** *Adj*（形）；geistig anregend, angenehm offen od. direkt 令人振奋的，坦率的：*e-n erfrischenden Humor haben* 有令人为之振奋的幽默感 ‖ ▶ ***frisch (5,6,7)

Er·fri·schung *die*；-，*-en* **1.** ein kühles Getränk od. e-e leichte Speise 冷饮，点心〈e-e (kleine) E. anbieten, zu sich nehmen 供应，吃冷饮（或点心）〉 ‖ K-（复合）：***Erfrischungs-***, ***-getränk*** **2.** *nur Sg*（只用单数）；das Erfrischen (1)

er·fül·len[1]；*erfüllte*, *hat erfüllt*；[Vt]（及物） **1.** ***etw. e.*** das tun, was man j-m versprochen hat od. was j-d von einem erwartet od. fordert 完成，执行〈e-e Aufgabe, e-n Auftrag, e-n Vertrag, e-e Pflicht e. 完成任务、委托，执行合同，履行义务〉 **2.** ***etw. erfüllt etw.*** etw. funktioniert in der gewünschten Weise（物作主语）满足，发挥，实现〈etw. erfüllt e-e Funktion, e-e Norm, e-n Zweck, j-s Bedürfnisse 某物能发挥功能，完成指标，满足目的、某人的需要〉：*Die Schuhe sind zwar alt, aber sie erfüllen noch ihren Zweck* 这双鞋虽已旧了，但它还能穿 **3.** ***etw. erfüllt den Tatbestand*** + *Gen*（二格），ADM *geschr*【管理】[书]；etw. ist so, dass es als bestimmtes Delikt bestraft werden kann 某事构成…犯罪事实：*Seine Handlungsweise erfüllt den Tatbestand des schweren Betrugs* 他的行为已构成严重诈骗罪 **4.** ***etw. erfüllt j-n*** etw. ist so befriedigend, dass der Betroffene sich keinen anderen Beruf *o. Ä.* wünscht（物作主语）使满意，使满足：*Ihre neue Arbeit erfüllt sie voll u. ganz* 她的新工作使她非常满意 **5.** ***j-m/sich etw. e.*** das tun, was man/j-d sich gewünscht hat 满足〈j-m e-e Bitte, j-m/sich e-n Traum, e-n Wunsch e. 满足某人的请求、梦想、意愿〉；[Vr]（反身） **6.** ***etw. erfüllt sich*** etw. wird Wirklichkeit（物作主语）成为现实，成为事实，兑现≈ etw. tritt ein〈e-e Ahnung, e-e Befürchtung, e-e Hoffnung erfüllt sich 预感、担心、希望成为现实〉

er·fül·len[2]；*erfüllte*, *hat erfüllt*；*geschr*[书]；[Vt]（及物） **1.** ***etw. erfüllt etw.*** (***mit etw.***) ein Geräusch, ein Geruch *o. Ä.* ist so intensiv, dass man den Eindruck hat, ein Raum sei voll davon（物作主语）使充满，使洋溢：*Die Blumen erfüllten den Raum mit ihrem Duft* 花卉使得满屋飘香 **2.** ***etw. erfüllt j-n*** etw. ist (als Gefühl) so stark, dass j-d nichts anderes mehr fühlen kann（物作主语）使心中充满着〈Freude, Hass, Wut, ein Glücksgefühl 欢快，仇恨，愤怒，幸福感〉 **3.** ***etw. erfüllt j-n mit etw.*** etw. lässt in j-m ein bestimmtes Gefühl entstehen（物作主语）使心里充满，使强烈地感到：*Die Nachricht über den Tod ihrer Freundin erfüllte sie mit tiefer Trauer* 女友去世的消息使她深感悲痛

er·füllt **1.** *Partizip Perfekt*（过去分词）；↑ ***erfüllen*** **2.** *Adj*（形）；***von etw. e.*** *geschr* [书]；voll von etw. 充满…的〈ein von Arbeit, Mühen, Pflichten, kleinen Freuden *o. Ä.* erfülltes Dasein, Leben 工作紧张的，非常劳累的，承担着大量义务的，充满细小乐趣的生活〉 **3.** *Adj*（形）；***ein erfülltes Leben*** ein Leben, das den Menschen zufrieden macht 充实美满的生活

Er·fül·lung *die*；-；*nur Sg*（只用单数） **1.** das Erfüllen[1] od. Verwirklichen 完成，实现 **2.** ***etw. geht in E.*** ein Wunsch, ein Traum, e-e Vorstellung *o. Ä.* wird wahr, verwirklicht sich 某事（愿望、梦想、设想等）得到实现，成为现实 **3.** ***als etw./in etw.***（*Dat* 三格）(***seine***) ***E. finden*** e-e Funktion, e-n Beruf *o. Ä.* haben, die einen erfüllen[1] (4) od. zufrieden machen 对担任…感到满意，找到自己满意的工作：*Er hat als Priester/in seinem Beruf (seine) E. gefunden* 他担任神甫/对自己的职业很满意

er·gän·zen；*ergänzte*, *hat ergänzt*；[Vt]（及物） **1.** ***etw.*** (***durch etw.***) ***e.*** etw. vollständig machen, indem man etw. (Fehlendes) hinzufügt 充实，补足〈e-e Sammlung, seine Vorräte e. 充实收藏品，充实自己的储存〉 **2.** ***etw.*** (***zu etw.***) ***e.*** e-e Bemerkung od. e-n Kommentar zu e-m Text, e-r Rede hinzufügen 补充，补上：*Zu diesem Punkt möchte ich noch e.*, dass *das Problem inzwischen gelöst ist* 对这一点我还想补充说明，这个问题在此期间已解决 **3.** ***sich*** (*Pl* 复)/***einander e.*** (*mst* von zwei Personen) e-e (harmonische) Einheit bilden, weil der eine Partner die Eigenschaften, Fähigkeiten *o. Ä.* hat, die dem anderen fehlen 相互补充，彼此取长补短

Er·gän·zung *die*；-，*-en* **1.** *nur Sg*（只用单数）；das Hinzufügen von etw. an etw. (zur Vervollständigung) 充实：*e-e E. der Sammlung* 充实收藏品 **2.** etw., das etw. anderem (zur Vervollständigung) hinzugefügt wird od. wurde 补充，补遗，增补：*Ich habe bei Ihrem Manuskript ein paar Ergänzungen angebracht* 在您的手稿中我作了一些补充

er·gat·tern；*ergatterte*, *hat ergattert*；[Vt]（及物） ***etw. e.*** *gespr*[口]；es schaffen, etw., das selten od. knapp ist, zu bekommen 设法弄到手，搞到：*Ich habe gerade noch zwei Karten für das Konzert ergattert* 我刚好搞到了两张音乐会的票

er·gau·nern；*ergaunerte*, *hat ergaunert*；[Vt]（及物） (***sich*** (*Dat* 三格)) ***etw. e.*** *gespr*[口]；etw. durch illegales Handeln (*mst* Betrug) in seinen Besitz bringen 骗得，诈骗到，勒索到≈ erschwindeln ‖ ▶ ***Gauner***

er·ge·ben[1]；*ergibt*, *ergab*, *hat ergeben*；[Vt]（及物） **1.** ***etw. ergibt etw.*** etw. bringt ein konkretes Resultat (hervor)（物作主语）得出，带来，提供（结果）：*Diese Aussage ergibt keinen Sinn* 这个见解毫无意义 **2.** ***etw. ergibt etw.*** etw. hat zum Ergebnis, dass etw. bekannt od. bewiesen wird（物作主语）表明：*Die Untersuchung hat ergeben, dass er völlig gesund ist* 检查表明他非常健康 **3.** ***etw. ergibt etw.*** etw. hat e-n bestimmten Ertrag（物作主语）产生，带来（效果）≈ einbringen：*Die Sammlung ergab genug Geld für den Bau e-r* *neuen Schule* 这次募捐筹集到足够建设一所新学校的钱 **4. etw. ergibt etw.** MATH【数】≈ etw. hat etw. als Ergebnis: *Die Summe von vier u. zwei ergibt sechs* (4+2=6)四加二得六 **5. etw. ergibt etw.** etw. ist (von der Menge her gesehen) genug od. ausreichend für etw. (物作主语)足够用于: *Ein Liter Suppe ergibt etwa vier Portionen* 一升汤大约够分四份; [Vr] (反身) **6. etw. ergibt sich (aus etw.)** etw. ist der Schluss, die Folgerung e-r Analyse od. e-s intellektuellen Prozesses (从…中)可得出,可产生出: *Aus diesen Beobachtungen ergibt sich folgende Regel*: …从这些观察中可得出下述规则:... **7. etw. ergibt sich (aus etw.)** etw. ist die (oft unerwartete) Folge e-s Sachverhalts (物作主语)由于…而产生,引发出(往往意外的结果)≈ etw. entsteht: *Aus seiner neuen Tätigkeit ergaben sich auch Veränderungen in seinem Privatleben* 他的新工作使他的私生活也发生了变化 **8.** *mst* 多用 **es ergibt sich so, dass ...** die Situation entwickelt sich so, dass ... 事情是这样发生的…,情况是这样发展的…,结果是…: *Es hat sich so ergeben, dass sie in die gleiche Schule kamen* 结果是,他们进了同一所学校 **9.** *mst* 多用 **wenn sich die Gelegenheit ergibt** wenn es gerade passt od. möglich ist 如果情况可能,要是合适的话

er·ge·ben², **sich**; *ergibt sich, ergab sich, hat sich ergeben*; [Vr] (反身) **1. sich (j-m) e.** (*z. B.* im Krieg od. als Verbrecher) aufhören zu kämpfen/nicht mehr zu flüchten versuchen 投降,屈服,认输 ≈ kapitulieren ⟨sich dem Feind, dem Gegner, der Polizei, e-r Übermacht *o. Ä.* e. 向敌人、对手、警察投降,屈服于强势等⟩: *Als er von den Soldaten eingekreist war, hob er die Hände u. ergab sich* 当他被士兵包围时,他举起双手投降 **2. sich etw.** (*Dat* 三格) **e.** *geschr*[书]; e-e Leidenschaft, e-e Sucht *o. Ä.* so stark werden lassen, dass man völlig davon beherrscht wird 沉湎于,醉心于,迷恋⟨sich dem Alkohol, e-m Laster, e-r Leidenschaft, dem Spiel, der Trunksucht *o. Ä.* e. 沉湎于饮酒、一种恶习、一种爱好、赌博、酗酒等⟩: *Er hatte sich dem Glücksspiel ergeben u. nach wenigen Wochen sein ganzes Vermögen verloren* 他沉湎于赌博,几周后输光了自己的全部财产 **3. sich in etw.** (*Akk* 四格) **e.** etw. akzeptieren, ohne sich dagegen zu wehren 听从,屈从,顺从 ≈ etw. ertragen ⟨sich in sein Los/Schicksal, in e-e Notwendigkeit *o. Ä.* e. 听从命运的摆布,听天由命(听其自然)等⟩

er·ge·ben³ **1.** *Partizip Perfekt* (过去分词); ↑ **ergeben¹**, **ergeben²** **2.** *Adj* (形); *geschr veraltend*[书][渐旧]; bereit, (kritiklos) e-m anderen zu gehorchen u. auf e-e eigene Meinung zu verzichten 顺从的,随和的,谦恭的 **3.** *Adj* (形); **j-m e.** ganz von j-m abhängig 忠实于某人的,顺从某人的 **4.** *Adj* (形); **Ihr sehr ergebener / Ihre sehr ergebene** (*n*) + *Name* (*n*) (姓名), *veraltet*[旧]; verwendet als Schlussformel in Briefen (用作信尾的敬语)您的非常忠实的…

Er·geb·nis *das*; *-ses, -se* **1.** das, was aus e-m Ereignis od. e-r Handlung resultiert od. dabei herauskommt 结果,成果,成绩≈ Resultat ‖ -K (复合): **Abstimmungs-**, **Forschungs-**, **Prüfungs-**, **Verhandlungs-**, **Wahl-** **2.** das gewünschte Ziel, der gewünschte Erfolg e-r Handlung (期待的)结果,效果⟨ein E. erzielen 获得结果; etw. führt zu e-m guten, mageren E., hat etw. zum E., bleibt ohne E. 某事导致良好的、微小的结果,某事的结果是,某事仍无结果⟩: *Die Verhandlungen führten bislang zu keinem E. / blieben bislang ohne E.* 谈判至今没有取得结果/仍无结果 **3.** e-e (Schluss) Folgerung, die sich aus bestimmten Tatsachen ergibt 结论,推论: *Ich bin zu dem E. gekommen, dass es keinen Sinn hat, mit ihr zu reden* 我得出了结论,同她谈没有意义 **4.** die Zahl, die bei e-r Rechenaufgabe als Lösung ermittelt wird 答案,解,和数 ⟨ein falsches, richtiges E. 一个错误的、正确的答案⟩: *Das E. der Addition von drei u. zwei ist fünf* 三加二的和(数)是五 ‖ -K (复合): **End-**, **Teil-**, **Zwischen-** ‖ *zu* (义项) **2. er·geb·nis·los** *Adj* (形)

er·ge·hen; *erging, hat / ist ergangen*; [Vi] (不及物) (*ist*) **1. etw. ergeht an j-n** *geschr*[书]; etw. wird an j-n geschickt (物作主语)向…发出: *Die Einladungen sind bereits an die Gäste ergangen* 已向客人们发出邀请 **2. etw. ergeht an j-n** ADM *geschr*【管理】[书]; etw. ist (offiziell) an j-n gerichtet (物作主语)向…(正式)颁布,发布,发出⟨e-e Anordnung, e-e Aufforderung, ein Befehl, e-e Berufung 规定,要求,命令,聘任⟩: *An die Bevölkerung erging die Aufforderung, sich an den Wahlen zu beteiligen* 向居民发出参加选举的要求 **3. etw. über sich e. lassen** sich nicht wehren, wenn man von j-m in e-r Weise behandelt wird, die einem unangenehm ist 忍受,容忍≈ etw. ertragen: *Er musste die Behandlung über sich e. lassen* 他只得任人处置; [Vr] (反身) (*hat*) **4. sich in etw.** (*Dat* 三格) **e.** *geschr pej*[书][贬]; ausführlich (u. oft ohne konkretes Wissen) über etw. reden 赘述,啰嗦,烦琐地诉说≈ sich über etw. verbreiten ⟨sich in Andeutungen, Behauptungen, Mutmaßungen, Prophezeiungen, Vermutungen *o. Ä.* e. 没完没了地作出种种提示、断言、猜测、预言、推测⟩: *Er erging sich in Lobeshymnen über die Sängerin* 他喋喋不休地为这位女歌唱家唱赞歌; [Vimp] (无人称) (*ist*) **5. j-m ergeht es irgendwie** j-m geht es irgendwie 生活境况,情况,处境: *Bei seinen Eltern ist es ihm gut ergangen* 他在他父母那里生活得很好; *Wenn du weiter so frech bist, wird es dir noch schlecht e.* 要是你继续这样蛮不讲理,你的处境还要糟糕

er·gie·big *Adj* (形) **1.** so, dass es sehr lang od. sehr häufig verwendet werden kann 充足的,充裕的: *Diese Farbe ist sehr e.* (= reicht für

E

e-e große Fläche) 这些颜料很充裕 **2.** so, dass es e-e große Menge von etw. enthält 丰富的, 富饶的,富足的〈e-e Quelle, e-e Goldmine 水源, 金矿〉 **3.** so, dass es viele Anregungen bietet od. Nutzen bringt 很有用的,给人启迪的〈ein Thema, e-e Diskussion 题目,讨论〉

er·gie·ßen, sich; *ergoss sich, hat sich ergossen*; [Vr] (反身) **1.** ***etw. ergießt sich in / auf / über etw.*** (*Akk* 四格) *geschr* [书]; etw. fließt in großer Menge od. mit großer Gewalt irgendwohin(物作主语)倾泻,流注,奔流,涌入: *Der Damm brach, u. die Fluten ergossen sich über die Felder* 堤坝决口,洪水直泻到田野上 **2.** ***etw. ergießt sich über j-n / etw.*** etw. wird (unabsichtlich) über j-n/etw. geschüttet(物作主语)灌注,倾泻,泼洒到…上

er·go *Adv*(副); *geschr* [书]≈ also, folglich

er·go·no·misch *Adj* (形); so, dass bei der Arbeit keine Zeit u. Energie verschwendet wird, j-s Gesundheit nicht unnötig belastet wird 工效学的(研究如何在工作环境中不浪费时间、精力,尽量少增加身体负荷)〈ein Arbeitsplatz, Büromöbel 工地,办公家具; e. gestaltet 按工效学原理设计的〉: *Dieser Drehstuhl wurde nach ergonomischen Gesichtspunkten entwickelt* 这张转椅是按工效学的观点研发的 ‖ *hierzu* (派生) **Er·go·no·mie** *die*; -; *nur Sg* (只用单数)

er·göt·zen; *ergötzte, hat ergötzt*; *geschr* [书]; [Vt] (及物) **1.** ***etw. ergötzt j-n*** *veraltend* [渐旧]; etw. macht j-m Spaß od. Freude (物作主语)使赏心悦目,使心旷神怡,使轻松愉快≈ etw. amüsiert j-n; [Vr] (反身) **2.** ***sich an etw.*** (*Dat* 三格) ***e.*** *oft pej* 常用[贬]; Spaß, Freude an etw. haben 为…而洋洋自得,为…而沾沾自喜≈ sich an etw. erfreuen ‖ *hierzu* (派生) **er·götz·lich** *Adj*(形)

er·grau·en; *ergraute, ist ergraut*; [Vi] (不及物) **1.** ***etw. ergraut*** etw. wird grau (物作主语)变白,变成花白〈*mst* j-s Haar(e) 多指某人的头发〉 **2.** graue Haare bekommen 头发变白,变老,变苍老: *Er ist schon stark ergraut, dabei ist er noch gar nicht so alt* 他的头发已经白了很多,其实他还并不很老 **3.** ***im Dienst e.*** sehr lange irgendwo im Dienst sein (u. dort alt werden) 工作到头发变白,干一辈子 ‖ NB(注意): *zu* (义项) **1.-3.**: *mst* im Zustandspassiv (多用于状态被动句)!

er·grei·fen; *ergriff, hat ergriffen*; [Vt] (及物) **1.** ***j-n irgendwo / etw. e.*** j-n/etw. mit der Hand fassen u. (fest) halten 抓住,握住: *Er ergriff sie am Arm / bei der Hand u. führte sie auf den Balkon* 他抓住她的胳臂/手,把她领到阳台上; *Er ergriff sein Glas u. hob es hoch* 他握住酒杯,把它高高举起 **2.** ***j-n e.*** j-n (der gesucht wird od. auf der Flucht ist) fangen od. verhaften 捉住,逮住,抓住≈ fassen: *Die Polizei ergriff den Dieb, als er über die Grenze fliehen wollte* 当小偷想越境逃跑时,警察逮住了他 **3.** ***etw. ergreift j-n / etw.*** etw. wirkt plötzlich u. *mst* zerstörerisch auf j-n/etw. ein(物作主语)侵袭,袭击: *Das Haus wurde vom Feuer ergriffen* 这栋房屋被火吞没 ‖ NB(注意): *mst* im Passiv (多用被动语态)! **4.** ***etw. ergreift j-n*** ein starkes Gefühl wirkt plötzlich auf j-n(物作主语)(情感)攫住,支配,充满: *Er wurde von Angst / Panik / Zorn ergriffen* 他突然害怕起来,一时不知所措,顿时恼怒起来 ‖ NB(注意): *mst* im Passiv (多用被动语态)! **5.** ***etw. ergreift j-n*** etw. ruft ein starkes Mitgefühl bei j-m hervor(物作主语)感动,触动,打动 ≈ etw. erschüttert j-n: *Die Nachricht vom Tod seines Freundes hat ihn tief ergriffen* 他朋友去世的消息深深地触动了他 ‖ NB(注意): kein Passiv (不用被动语态)! **6.** verwendet (als Funktionsverb) in Verbindung mit e-m Subst., um auszudrücken, dass sich der Betroffene für e-e bestimmte Handlungsweise *o. Ä.* entscheidet od. mit etw. anfängt(作为功能动词与名词连用,表示当事人决定采取某种行为方式或开始做某事): ***e-n Beruf e.*** e-n Beruf wählen 选择职业; ***von etw. Besitz e.*** etw. in Besitz nehmen 将某物据为己有; ***die Flucht ergreifen*** flüchten 逃跑; ***die Gelegenheit*** (***zu etw.***) ***e.*** die Gelegenheit nutzen, etw. zu tun 抓住机会(做某事); ***die Initiative e.*** als erster aktiv werden 采取主动; ***Maßnahmen e.*** versuchen, mit bestimmten Mitteln etw. zu ändern 采取措施; ***die Macht e.*** die Herrschaft über etw. (oft mit Gewalt) übernehmen 夺取政权; ***für j-n Partei e.*** sich für j-n einsetzen 支持某人,站在某人一边; ***das Wort e.*** (*mst* in e-r Debatte, Diskussion *o. Ä.*) über etw. zu sprechen anfangen 发言 ‖ *zu* (义项) **2. Er·grei·fung** *die*

er·grei·fend 1. *Partizip Präsens* (现在分词); ↑ ***ergreifen*** **2.** *Adj* (形); von starker (erschütternder) Wirkung auf das Gemüt 非常感人的,扣人心弦的〈e-e Szene, e-e Geschichte, ein Film 场面,故事,电影〉

er·grif·fen *Partizip Perfekt* (过去分词); ↑ ***ergreifen***

er·grün·den; *ergründete, hat ergründet*; [Vt] (及物) ***etw. e.*** *geschr* [书]; e-n Grund od. e-e Ursache für etw. finden od. e-n komplizierten Zusammenhang erkennen 探索,探究,研究

Er·guss *der*; *-es, Er·güs·se* **1.** MED【医】; Kurzw(略) ↑ ***Bluterguss*** **2.** *Kurzw*(略) ↑ ***Samenerguss*** **3.** *mst Pl, geschr pej od iron* (多用复数)[书][贬]或[讽]; ein Text, der reich an (überflüssigen) Worten ist 长篇大论,连篇累牍: *politische Ergüsse* 政治上的长篇大论

er·ha·ben *Adj*(形) **1.** *geschr* [书]; so (großartig), dass es j-n mit Ehrfurcht u. e-m feierlichen Gefühl erfüllt 高雅的,庄严的,宏伟的: *e-e erhabene Musik* 高雅音乐; *der erhabene Anblick der Berge* 山岭的壮观景象 **2.** *geschr* [书]; sehr edel u. würdevoll 崇高的,高尚的≈ erhebend ↔ nieder 〈*mst* Gedanken, Gefühle 思想,感情〉 **3.** ***über etw.*** (*Akk* 四格) ***e.*** *mst präd* (多用表语); von so hoher Moral, dass niemand etw. Schlechtes von einem denken/sagen kann (品格)高尚,高洁,清高,超

E

然,对… 不在乎 ⟨über Kritik, e-n Verdacht, Zweifel *o.Ä.* e. sein(某人)人品高洁,对批评、置疑、怀疑等不以为然(无可挑剔,无可怀疑,毋庸置疑)⟩: *Seine Aufrichtigkeit ist über (jeden/alle) Zweifel e.* 他的真诚毋庸置疑; *Er ist über den Verdacht des Betrugs e.* 他很清高,不在乎别人怀疑欺骗 **4. sich über j-n e. fühlen** *pej* [贬]; glauben, dass man ein besserer/vornehmerer Mensch ist als j-d anders 自以为比…高明,高贵 **5. sich über etw.** (*Akk* 四格) **e. fühlen** *pej* [贬]; glauben, dass e-e bestimmte Tätigkeit (für einen) nicht akzeptabel ist 自以为了不起,不愿干(某种工作): *Sie fühlte sich über primitive Schreibarbeiten e.* 她自以为了不起,不愿干简单的抄写工作 **6.** TECH【技】; (gegenüber e-r ebenen Fläche) erhöht, *z. B.* in e-m Relief 凸出的,隆起的,突起的(如浮雕) ↔ eingraviert, vertieft ‖ *zu* (义项) **1.** u. **2.** **Er·ha·ben·heit** *die*; *nur Sg* (只用单数)

Er·halt *der*; -(*e*)*s*; *nur Sg*, ADM *geschr* (只用单数)【管理】[书]; das Erhalten (1) ≈ Eingang (4), Empfang (1): *den E. e-s Briefes bestätigen/quittieren* 证实/签字证明收到一封信

er·hal·ten[1]; *erhält, erhielt, hat erhalten*; [Vt] (及物) (*kein Passiv!* 不用被动语态!) **1. etw.** (**von j-m/e-r Behörde** *o.Ä.*) **e.** in den Besitz von etw. kommen, das einem ein anderer gibt/schickt/schreibt/schenkt *usw* 收到,接到,获得 ≈ bekommen[1] ⟨ein Schreiben, e-e Antwort, e-n Bescheid e. 接到信函,答复,通知; e-n Auftrag, e-n Befehl e. 接到任务,命令; e-n Orden e. 获得勋章⟩ **2. etw.** (**von j-m**) (**für etw.**) **e.** e-e (direkte) Reaktion auf das eigene Verhalten erfahren 受到,得到 ⟨e-e Ohrfeige 挨一记耳光; ein Lob, e-e Rüge, e-e Strafe, e-n Tadel, e-n Verweis e. 受到表扬、训斥、处分、责难、责备⟩ **3. etw.** (**von j-m**) **e.** verwendet zusammen mit e-m Subst., um ein Verb zu umschreiben (与名词连用,以变换动词的表达); **Unterstützung e.** unterstützt werden 得到支持; **den Segen e.** gesegnet werden 接受祝福 **4.** ⟨e-e Vorstellung, e-n Eindruck *o.Ä.* 想法,印象等⟩ **von j-m/etw. e.** etw. erfahren u. sich darüber e-e Meinung bilden 产生,获得 **5. etw. e.** etw. als Endprodukt od. Ergebnis bekommen 炼出,制出,得到,提取到: *Wenn man Kupfer u. Messing mischt, erhält man Bronze* 如果将紫铜和黄铜混合,能炼出青铜

er·hal·ten[2]; *erhält, erhielt, hat erhalten*; [Vt] (及物) **1. etw. e.** (durch bestimmte Maßnahmen) bewirken, dass etw. im gleichen Zustand fortbesteht, weiterhin existiert 保存,保持,保护,维护: *ein historisches Bauwerk e.* 保护历史建筑; *Gemüse frisch e.* 使蔬菜保持新鲜; *den Frieden e.* 维护和平; *sich* (*Dat* 三格) *seine Gesundheit e.* 保持自己的健康; *e-e gut erhaltene alte Uhr* 一只保存良好的古钟(表) **2. j-n** (**irgendwie**) **am Leben e.** durch medizinische Maßnahmen bewirken, dass j-d weiterlebt 使维持生命,使活下来: *Der Patient wurde künstlich am Leben erhalten* 这位病人是由人工维持生命的; [Vr] (反身) **3. sich** (**durch etw.**) **irgendwie e.** durch bestimmte Aktivitäten bewirken, dass man in e-m guten körperlichen Zustand bleibt 保持健康: *sich durch Diät schlank, gesund e.* 通过特种饮食保持身材苗条、健康 **4. sich e.** in derselben Form bestehen bleiben 保持原貌: *Die mittelalterliche Burg hat sich über Jahrhunderte erhalten* 中世纪的城堡历经几百年的沧桑仍保持原来风貌; *Der Brauch hat sich unverändert erhalten* 这一习俗风貌未改 ‖ *zu* (义项) **1. Er·hal·tung** *die*; *nur Sg* (只用单数)

er·hält·lich *Adj* (形); *ohne Steigerung, nicht adv* (无变级,不作状语); **irgendwo e.** so, dass man es irgendwo kaufen, bekommen kann 可买到的,可得到的: *Das Medikament ist nur in Apotheken e.* 这药只有在药房才能买到

er·hän·gen; *erhängte, hat erhängt*; [Vt] (及物) **j-n/sich e.** j-n/sich töten, indem man ihn/sich an e-m Seil, das um den Hals gelegt ist, aufhängt 绞死,吊死: *Tod durch Erhängen* 被处绞刑而死,上吊而死

er·här·ten; *erhärtete, hat/ist erhärtet*; [Vt] (及物) (*hat*) **1. etw. e.** *geschr* [书]; etw. allmählich fest, hart[1] (1) machen 使变硬,使硬化 ≈ härten: *Ton im Brennofen e.* 使陶土在窑炉中烧硬 **2. etw. erhärtet etw.** etw. erhöht die Wahrscheinlichkeit, dass etw. richtig od. wahr ist (物作主语) 证实,证明,给…以有力论证 ≈ etw. untermauert etw. ⟨e-e Annahme, e-e These, e-n Verdacht, e-n Zweifel *o.Ä.* e. 证实假设、论题、怀疑、疑惑等⟩: *Die Experimente haben unsere These erhärtet, ein Beweis konnte jedoch noch nicht erbracht werden* 实验有力地论证了我们的论题,但论据还无法提供; [Vi] (不及物) (*ist*) **3. etw. erhärtet** *geschr* [书]; etw. wird hart[1] (1) (物作主语) 变硬: *Wenn die Lava erkaltet, erhärtet sie auch* 如果火山熔岩冷却,它也就变硬了; [Vr] (反身) (*hat*) **4. etw. erhärtet sich** etw. wird stärker (物作主语) 变得更强烈,加重 ⟨*mst* 多指 ein Verdacht, ein Zweifel 怀疑,疑惑⟩ ‖ *hierzu* (派生) **Er·här·tung** *die*; *nur Sg* (只用单数)

er·ha·schen; *erhaschte, hat erhascht*; [Vt] (及物) *geschr* [书] **1. j-n/etw. e.** nach e-r Person/Sache, die schwer zu erreichen od. in Bewegung ist, greifen u. sie festhalten 捉住,捕获,抓住 ≈ fangen **2. etw. e.** etw. hören od. sehen, das nur sehr kurze Zeit od. nur undeutlich wahrnehmbar ist (猛地)看见,瞥见,(隐约)听见 ⟨e-n Blick e., ein paar Worte e. 看见一个眼神,听见片言只语⟩

er·he·ben; *erhob, hat erhoben*; *geschr* [书]; [Vt] (及物) **1. etw. e.** etw. aus e-m bestimmten Grund in die Höhe heben 举起,抬起 ≈ emporheben ⟨das/sein Glas auf j-s Wohl, die Hand zum Gruß/Schwur e. 举杯祝某人健康,举手致意/宣誓; etw. mit erhobener Hand tun 抬起手干某事⟩ **2. etw. e.** verwendet mit e-m Subst, um auszudrücken, dass ein Recht *o.Ä.* (*mst* bei e-r offiziellen Stelle) geltend gemacht wird (与名词连用) 提出,提起

〈Anspruch auf etw. e. 提出对…的要求; Anklage, e-e Beschuldigung, Klage, e-n Vorwurf (gegen j-n wegen etw.) e. (因某事对某人)提起诉讼,提出指控,提出起诉,提出指责; e-e Beschwerde über etw. e. 对…提出申诉; Einspruch, e-n Einwand gegen etw. e. 对…提出异议,反对意见〉 **3.** ***etw. e.*** etw. als Zahlung von j-m fordern 收取,征收〈Beiträge, e-e Gebühr, e-e Steuer e. 收取会费、费用,征收赋税〉 **4.** ***j-n/etw. zu etw./ in etw.*** (*Akk* 四格) ***e.*** j-n/etw. offiziell in e-e höhere Rangstufe befördern od. zu etw. ernennen 提升,提拔,把…升格(级): *e-e Straße zur Bundesstraße, ein Dorf zur Stadt, j-n in den Adelsstand e.* 把一条公路升格为联邦公路,把一个村庄升格为城市,将某人晋升为贵族 **5.** ***den Blick zu j-m/etw. e.*** zu j-m/etw. hinaufblicken 举目仰望 **6.** ***seine Stimme*** (***für/gegen j-n/etw.***) ***e.*** in e-r öffentlichen Diskussion *o. Ä.* für/gegen j-n/etw. sprechen发出呼声,发表意见(支持/反对): *Die Naturschützer erhoben ihre Stimme gegen den geplanten Bau des neuen Flughafens* 自然保护主义者发出呼声,反对计划修建新机场 **7.** ***die Hand gegen j-n e.*** j-n schlagen 动手打人 **8.** *mst* 多用 ***erhobenen Hauptes*** stolz, in stolzer Haltung 昂首,仰起脑袋,骄傲地: *Als sie ihn verspotteten, schritt er erhobenen Hauptes davon* 当他们嘲讽他的时候,他昂首走开了; [Vr] (反身) **9.** ***sich e.*** aus e-r sitzenden od. liegenden Stellung aufstehen 站起来,起立,起来: *sich aus dem Sessel, vom Boden e.* 从椅子上、从地上站起来; *Der Angeklagte möge sich e.* 请被告站起来 **10.** 〈ein Flugzeug, ein Vogel 飞机,鸟〉 ***erhebt sich*** ein Flugzeug/ein Vogel fliegt in die Höhe 飞起,升空 **11.** ***etw. erhebt sich*** etw. ragt hoch u. steil(物作主语)耸立,矗立,凸起: *Vor seinen Augen erhob sich ein gewaltiges Felsmassiv, ein hoher Berg, ein großer Dom* 在他眼前耸立着一块大岩石、一座高山、一座大教堂 **12.** ***sich*** (***gegen j-n/etw.***) ***e.*** e-n Aufstand, e-e Revolution machen 奋起(反对): *Das Volk erhob sich gegen den Diktator* 人民奋起反对独裁者 **13.** ***etw. erhebt sich*** etw. entsteht als Reaktion des Publikums, der Öffentlichkeit *o. Ä.* auf etw. (物作主语)兴起,出现,发生,爆发〈Aufruhr, Beifall, Gelächter, Geschrei, Jubel, Lärm erhebt sich 发生暴动,响起掌声、笑声、叫喊声、欢呼声、嘈杂声〉: *Ein Sturm der Entrüstung erhob sich, als der Betrug bekannt wurde* 欺诈行为一曝光,兴起了一股愤怒的浪潮(群情激愤) **14.** 〈Wind, Sturm 风,风暴〉 ***erhebt sich*** ein (starker) Wind fängt an zu wehen 刮起,起 **15.** ***e-e Frage erhebt sich*** e-e Frage stellt sich, entsteht als Folge von etw. 出现,提出一个问题: *Es erhebt sich die Frage, wie ...* 提出的问题是怎样…

er·he·bend **1.** *Partizip Präsens* (现在分词); ↑ **erheben** **2.** *Adj* (形); *nicht adv* (不作状语); 〈ein Anblick, ein Augenblick, ein Gefühl, ein Moment 景象,瞬间,感觉,时刻〉 so, dass sie e-e feierliche od. andächtige Stimmung verursachen 庄严的,隆重的,雄伟的,崇高的,令人振奋的,使人肃然起敬的

er·heb·lich *Adj* (形); *geschr* [书] **1.** wichtig od. groß (in Ausmaß od. Menge) 巨大的,显著的,很大的 ≈ beträchtlich: *ein erheblicher Unterschied* 显著的区别; *Der Unfall hat erhebliche Kosten verursacht* 事故造成巨大的经济负担 **2.** *nur adv* (只作状语); verwendet vor e-m Komparativ, um e-n großen Unterschied auszudrücken (用在比较级前,表示差距大) 比…得多 ≈ viel, wesentlich ↔ kaum: *Er ist e. größer als sie* 他比她高得多; *Du leistest e. weniger, als ich von dir erwartet habe* 你做的要比我对你期待的少得多

Er·he·bung *die*; -, *-en* **1.** *geschr* [书]; ein Hügel od. Berg 山峰,高地: *Der Montblanc ist die höchste E. in den Alpen* 勃朗峰是阿尔卑斯山脉的最高峰 **2.** *mst Pl*, ADM *geschr* (多用复数)【管理】[书]; e-e Untersuchung, die Material *bes* für große Berechnungen u. Statistiken sammelt 调查,统计数据,统计资料: *nach neuesten Erhebungen* 根据最新的统计资料 **3.** *geschr* [书]; ein Aufstand od. e-e Revolution 起义,暴动: *Die bewaffnete E. der Bauern im 16 Jahrhundert wurde blutig niedergeschlagen* 16 世纪的农民武装起义被血醒镇压 **4.** *nur Sg* (只用单数); das Erheben (2,3,4)

er·hei·tern; *erheiterte, hat erheitert*; [Vt] (及物) ***j-n e.*** j-n in e-e heitere, fröhliche Stimmung versetzen 使快乐,使开心,使高兴 ≈ amüsieren, belustigen ‖ *hierzu* (派生) **Er·hei·te·rung** *die*; *nur Sg* (只用单数)

er·hel·len; *erhellte, hat erhellt*; [Vt] (及物) **1.** ***etw. e.*** etw. durch (mehr) Licht hell u. sichtbar machen 使明亮,使亮堂,照亮 ≈ erleuchten ↔ verdunkeln: *Die Lampe ist zu schwach, um das Zimmer richtig zu e.* 灯光太差,无法使这个房间真正亮起来 **2.** ***etw. e.*** e-n Sachverhalt, der schwer zu verstehen ist, deutlicher machen/erklären 澄清,说明,阐明 ≈ aufklären ↔ verschleiern: *Ihre Erläuterungen sollten die komplizierten Zusammenhänge e.* 您的解释理应说明复杂的联系; [Vi] (不及物) **3.** ***etw. erhellt aus etw.*** *geschr* [书]; etw. ergibt sich aus e-r Voraussetzung (物作主语)由…可知,由…可以看出 ≈ etw. geht aus etw. hervor: *Daraus erhellt*, dass *seine These falsch ist* 由此可见,他的命题是错误的; [Vr] (反身) **4.** ***etw. erhellt sich*** etw. wird durch Licht hell(物作主语)明亮起来,明朗起来: *Nach dem Gewitter erhellte sich der Himmel wieder* 暴风雨过后天空又晴朗了 **5.** ***etw. erhellt sich*** etw. sieht wieder freundlich od. fröhlich aus (物作主语)开朗起来,喜形于色,露出喜色〈*mst* j-s Gesicht, Miene 多指某人的脸,表情〉

er·hit·zen; *erhitzte, hat erhitzt*; [Vt] (及物) **1.** ***etw. e.*** etw. heiß machen 把…加热 ↔ etw. kühlen: *Die Milch wird erhitzt, um Bakterien abzutöten* 牛奶加热是为了杀灭细菌 **2.** ***etw. erhitzt j-n/etw.*** etw. macht j-n wütend (u.

veranlasst zu heftigen, spontanen Reaktionen)（物作主语）使愤怒,使激动: *Die Diskussion über die Legalisierung der Abtreibung erhitzte die Gemüter* 关于使堕胎合法化的讨论使得大家情绪很激动; [Vr]（反身）**3. etw. erhitzt sich** etw. wird heiß（物作主语）发热,热起来 ↔ etw. kühlt sich ab: *Der Motor hatte sich bei der Fahrt so stark erhitzt, dass das Kühlwasser kochte* 行驶时马达热得厉害,使冷却水都开了 **4. sich e.** ins Schwitzen kommen 热得出汗: *Sie hatte sich durch das schnelle Laufen erhitzt* 她快跑跑出了汗 **5. sich (an etw.** (*Dat* 三格)**) e.** über etw. in Streit od. Erregung geraten（为…）激动起来,争吵起来: *Sie erhitzten sich an der Frage, wer für das Unglück zu bezahlen habe* 在讨论谁该为这次事故作出赔偿的问题上,他们争论了起来 ‖ ▶ ***Hitze***

er·hịtzt 1. *Partizip Perfekt*（过去分词）; ↑ ***erhitzen*** **2.** *Adj*（形）; *mst* 多用 ***j-d ist e.*** j-m ist (nach e-r körperlichen Anstrengung) sehr heiß（人作主语）浑身发热,热得出汗

er·ho̲·ben *Partizip Perfekt*（过去分词）; ↑ ***erheben***

er·họf·fen, sich; *erhoffte sich, hat sich erhofft;* [Vr]（反身）**sich etw. (von j-m / etw.) e.** erwarten od. hoffen, dass j-d/etw. einem etw. Positives bringt 期待,企盼,希望得到: *Er erhoffte sich e-n großen Gewinn von dem Auftrag* 他希望从这份订单中得到巨额赢利

er·hö̲·hen; *erhöhte, hat erhöht;* [Vt]（及物）**1. etw. (um etw.) e.** etw., *mst* ein Bauwerk *o.Ä.*, höher machen 加高,增高: *e-e Mauer, e-n Damm (um zwei Meter), ein Haus (um ein Stockwerk) e.* 把墙、堤坝增高（两米）,把房屋加高（一层）**2. etw. (um etw.) e.** bewirken od. veranlassen, dass etw. ansteigt, größer, intensiver od. mehr wird 提高,增加 ≈ steigern, vermehren ↔ senken, herabsetzen: *Die Löhne werden um fünf Prozent erhöht* 工资提高了 5%; Wirksame Werbung erhöht den Umsatz 有效的广告能增加营业额; Bei Nebel muss man mit erhöhter Aufmerksamkeit fahren 雾天开车必须加倍小心; [Vr]（反身）**3. etw. erhöht sich um / auf etw.** (*Akk* 四格) etw. wird höher（物作主语）提高,增长（了/到）≈ etw. wächst, nimmt zu ↔ etw. sinkt, geht zurück: *Die Miete hat sich im letzten Jahr um zehn Prozent erhöht* 去年房租提高了 10%; *Nach neuesten Meldungen hat sich die Zahl der Opfer des Erdbebens auf siebzig erhöht* 根据最新报道,地震死亡人数增至 70 人 ‖ ID［谚］***erhöhte Temperatur*** leichtes Fieber 低烧,低热

er·ho̲·len, sich; *erholte sich, hat sich erholt;* [Vr]（反身）**1. sich (von etw.) e.** sich ausruhen u. entspannen, um Kräfte, die man durch Arbeit, Krankheit, Stress verloren hat, wiederzubekommen 休养,休息,恢复健康,恢复体力,痊愈〈sich gut, kaum, völlig e. 休息得很好,几乎没得到休息,得到充分休息〉: *sich im Urlaub ganz von der Arbeit e.* 在假期里完全摆脱工作得到休息; *sich von e-r schweren Krankheit in e-m Sanatorium e.* 生了一场重病在疗养院休养 **2. sich (von etw.) e.** nach e-m Schreck od. Schock wieder ruhig werden od. ausgeglichen sein（受惊吓后）重新平静下来

er·ho̲l·sam *Adj*（形）; so, dass man sich dabei erholen kann 可以恢复健康的,有助于养身的〈ein Urlaub 休假〉

Er·ho̲·lung *die*; -; *nur Sg*（只用单数）; der Prozess, bei dem man sich ausruht u. wieder zu Kräften kommt 休养,休息,恢复健康〈*mst* 多用 E. brauchen, nötig haben, suchen, finden 需要、有必要、要、得到休养; etw. zur E. tun 为恢复健康而做某事〉: *Er fährt zur E. ins Gebirge* 他去山里休养 ‖ K-（复合）: ***Erholungs-, -aufenthalt, -gebiet, -heim, -ort, -pause, -reise, -urlaub; erholungs-, -bedürftig***

er·hö̲·ren; *erhörte, hat erhört;* [Vt]（及物）***j-n / etw. e.*** *geschr*［书］; (*mst* verwendet in Gebeten) j-s Bitte erfüllen（多用在祈祷中）满足…请求,听取: *Gott hatte seine Gebete erhört* 上帝听到了他的祈祷

E̲ri·ka *die*; -, *-s / Eri·ken*; *mst Sg*（多用单数）; e-e Pflanze mit vielen kleinen rosa bis violetten Blüten, die im Moor u. auf der Heide wächst 石南目 ≈ Heidekraut

er·ịn·nern; *erinnerte, hat erinnert;* [Vt]（及物）**1. *j-n an etw.*** (*Akk* 四格) ***e.*** j-n ermahnen, etw. nicht zu vergessen, od. j-n veranlassen, an etw. zu denken 提醒: *j-n an e-n Termin, an sein Versprechen e.* 提醒某人别忘记约定的日期,别忘记自己的许诺; [Vt/i]（及物/不及物）**2. *j-d / etw. erinnert (j-n) an j-n / etw.*** j-d/etw. lässt j-n an j-n/etw. denken (*mst* wegen bestimmter Ähnlichkeiten)（人/物作主语）使想起,使回忆起: *Seine Art zu lächeln erinnerte mich an seinen Vater* 他微笑的神情使我想起他的父亲; [Vr]（反身）**3. *sich (an j-n / etw.) e.*** j-n/etw. im Gedächtnis behalten od. wieder an ihn/daran denken 想起,记起,回忆起: *sich genau / nur dunkel / vage an ein Erlebnis, an seine Großmutter e.* 清楚地/只是隐约地/模糊地回忆起一次经历、自己的祖母; *Wenn ich mich recht erinnere, haben wir uns schon einmal getroffen* 要是我没有记错的话,我们曾经见过一次面; *Jetzt erinnere ich mich wieder, wo ich die Tasche hingelegt habe* 现在我又记起我放手提包的地方了

Er·ịn·ne·rung *die*; -, *-en* **1. *e-e E. (an j-n / etw.)*** ein Eindruck, den man im Bewusstsein bewahrt, von e-r Person/Sache, die man gekannt, erfahren, erlebt, gelernt *usw* hat 记忆,回忆,留在记忆中的印象〈e-e E. wird wach, knüpft sich an etw., verblasst 记忆清醒起来,回想起某事,记忆渐渐淡薄; e-e E. in j-m wecken 唤醒某人的记忆; Erinnerungen mit j-m austauschen 与某人交换记忆中的印象,与某人一起回忆; e-e E. verdrängen, zurückrufen, e-r E. nachhängen, von e-r E. zehren 驱散回忆,唤醒回忆,沉浸于回忆中,缅怀往事〉: *Ich habe nur noch schwache Erinnerungen daran, wie es in meiner frühen Kindheit war* 我对自己幼年时的情景只留下淡淡的

印象 **2.** *nur Sg*(只用单数); e-e Art Speicher im Gehirn, in dem Informationen bewahrt werden 记忆,记念,怀念 ≈ Gedächtnis (2) ⟨j-n/etw. in E. behalten, in der E. bewahren 将某人/某事保留在记忆里,记念某人/记着某事; sich etw. in E. rufen, in die E. zurückrufen 唤起对某事的回忆,回忆起某事⟩ **3.** *mst Sg*(多用单数); die Fähigkeit, sich an etw. zu erinnern (3) 记忆力,记性 ≈ Gedächtnis (1), Erinnerungsvermögen: *Wenn mich meine E. nicht täuscht, dann sind wir uns schon einmal begegnet* 要是我的记忆没有弄错的话,我们曾经见过一次面 **4.** *nur Sg*(只用单数) ≈ das Gedenken: *In/zur E. an die Opfer des Krieges wurde ein Mahnmal errichtet* 为纪念战争的牺牲者建了一座纪念碑 **5.** ein kleiner Gegenstand, der j-m hilft, etw. Vergangenes nicht zu vergessen 纪念品 ≈ Andenken (2), Souvenir: *Er hat sich ein Foto als E. an seine ehemalige Freundin aufgehoben* 他保存了一张他以前女友的照片作为纪念

Er·in·ne·rungs·ver·mö·gen *das*; *-s*; *nur Sg*(只用单数); die Fähigkeit, sich an etw. zu erinnern (3) 记忆力,记性≈ Gedächtnis (1): *ein gutes/schlechtes E. haben* 有好的/坏的记忆力,记性好/不好

er·kal·ten; *erkaltete*, *ist erkaltet*; [Vi](不及物) **1. etw. erkaltet** etw. wird kalt(物作主语)变冷,冷却 ↔ etw. erwärmt sich: *Die Lava ist erkaltet* 火山熔岩冷却了 **2. etw. erkaltet** *geschr*[书]; etw. hört auf, etw. ist nicht mehr vorhanden(物作主语)冷淡,淡薄,冷漠,消退 ⟨j-s Leidenschaft, Gefühle, Eifer, Liebe *o. Ä.* 某人的激情、感情、热情、爱情等⟩

er·käl·ten, sich; *erkältete sich*, *hat sich erkältet*; [Vr](反身) **1. sich e.** e-e Erkältung bekommen 伤风,感冒,着凉: *Wenn du dich nicht wärmer anziehst, wirst du dich noch e.* 你不穿暖和些,准会着凉的; [Vt](及物) **2. sich** (*Dat* 三格) **etw. e.** wegen Kälte e-e Entzündung an e-m Körperorgan bekommen 使受凉发炎⟨sich die Blase, die Nieren e. 使胆囊、肾脏因着凉发炎⟩

er·käl·tet 1. *Partizip Perfekt*(过去分词); ↑ **erkälten 2.** *Adj*(形); mit e-r Erkältung 受了凉的,得了伤风的,患感冒的: *Ich bin zurzeit stark e.* 现在我伤风很厉害

Er·käl·tung *die*; *-*, *-en*; e-e Krankheit (mit Schnupfen, Husten), die man meistens im Winter hat 着凉,感冒 ⟨e-e leichte, starke E. haben, e-e E. bekommen 得了轻感冒,得了重感冒,得了感冒⟩

er·kämp·fen; *erkämpfte*, *hat erkämpft*; [Vt](及物) (**sich** (*Dat* 三格)) **etw. e.** etw. erreichen od. bekommen, indem man dafür kämpft od. sehr hart arbeitet(通过斗争或经过努力)得到,获得,争得,取得,夺取

er·kannt *Partizip Perfekt*(过去分词); ↑ **erkennen**

er·kau·fen; *erkaufte*, *hat erkauft*; [Vt](及物) **1.** (**sich** (*Dat* 三格)) **etw.** (**mit etw.**) **e.** etw. (Positives) *mst* nur auf Kosten von etw. anderem erreichen(用代价)换来,换取: *Der Sieg war teuer/mit hohen Verlusten erkauft* 这一胜利是用高昂的代价/巨大的损失换来的 **2.** (**sich** (*Dat* 三格)) **etw.** (**mit/durch etw.**) **e.** etw. durch Bestechung bekommen (用贿赂)收买,购买来: *Er hatte (sich) ihr Schweigen durch Geld erkauft* 他用金钱收买了她的沉默

er·ken·nen; *erkannte*, *hat erkannt*; [Vt](及物) **1. j-n/etw. e.** j-n/etw. so deutlich sehen, dass man weiß, wen od. was man vor seinen Augen hat 看出,看清: *Aus dieser Entfernung kann ich die Zahlen nicht e.* 离这么远我看不清那些数字 **2. j-n/etw.** (**an etw.** (*Dat* 三格)) **e.** aufgrund bestimmter Merkmale sofort wissen, um welche Person od. Sache es sich handelt(根据…特征)辨认出,认出,鉴别出: *j-n an e-r typischen Geste e.* 从特有的手势认出某人; *Der Experte erkannte sofort, dass das Gemälde e-e Fälschung war* 专家马上鉴别出这幅画是赝品 ‖ K-(复合): **Erkennungs-**, **-zeichen 3. etw. e.** etw. richtig beurteilen od. einschätzen (das man bisher nicht so gesehen hatte)认清,认识到,正确估计,正确判断: *seinen Fehler, Irrtum e.* 认清自己的错误、失误; *den Ernst der Lage e.* 认清形势的严峻; *j-s Absichten zu spät e.* 对某人的意图认识得太晚 **4. etw. als etw. e.** etw. als etw. akzeptieren 认识到…是,认定…是: *etw. als seine Pflicht e.* 认识到某事是自己的义务 **5. etw. e. lassen** ≈ etw. zeigen: *Sie lässt ihre Hilfsbereitschaft e.* 她表现出助人为乐的精神; [Vi](不及物) **6. auf etw.** (*Akk* 四格) **e.** JUR【法】; ein gerichtliches Urteil fällen 判决: *Das Gericht erkannte auf Freispruch* 法庭判决无罪 ‖ zu (义项)1., 2. u. 3. **er·kenn·bar** *Adj*(形)

er·kennt·lich *Adj*(形) **1. als etw. e.** ADM *geschr*【管理】[书]; so, dass es erkannt (1) werden kann 可识别的,可辨认的 ≈ erkennbar: *Sie müssen das Paket deutlicher als Luftpost e. machen* 您应该清清楚楚把包裹标明是航空邮件 **2. sich j-m** (**für etw.**) **e. erweisen/zeigen** *geschr* [书]; *mst* etw. tun als Zeichen seiner Dankbarkeit 向某人表示感激,向某人表示谢意: *Ich möchte mich Ihnen gern mit e-m Geschenk e. zeigen* 我想送您一件礼物表示谢意 ‖ *hierzu*(派生) **Er·kennt·lich·keit** *die*; *mst Sg*(只用单数)

Er·kennt·nis *die*; *-*, *-se* **1.** *mst Pl*(多用复数); ein neues Wissen, das j-d durch wissenschaftliches Forschen od. durch Nachdenken bekommt(通过科研或思索获得的)认识,认知: *Aus dieser Testreihe sollen Erkenntnisse über die Ursachen von Krebs gewonnen werden* 从这一系列的实验中会获得对癌症起因的认识 **2.** die Einsicht, dass etw. so ist od. so getan werden muss 了解,理解,认识 ⟨zu e-r E. gelangen, kommen 认识到,醒悟到; sich e-r E. nicht verschließen können 不能不看到⟩: *Die Politiker sind zu der E. gekommen, dass der Umweltschutz bisher vernachlässigt worden ist* 政治家们认识到,环境保护至今一直被忽视

3. *nur Pl*, ADM *geschr*（只用复数）【管理】[书]；Informationen über kriminelle *o. Ä.* Taten e-r Person, die die Polizei od. ein Geheimdienst hat 案情，消息，情报：*Der Regierung liegen neue Erkenntnisse über den internationalen Terrorismus vor* 政府掌握了关于国际恐怖活动的新情报

Er·ker *der*；*-s*，*-*；ein Teil e-s Raumes in e-m Haus, der (nach außen) aus der Mauer hervorragt u. Fenster hat 建筑物外墙上的凸出部分，挑楼，悬楼，凸窗 ‖ K-（复合）：***Erker-***，***-fenster***，***-zimmer***

er·kie·sen；*erkor*，*hat erkoren*；[Vt]（及物）(**sich**（*Dat* 三格）) ***j-n / etw.*** (***zu / als etw.***) ***e.*** *geschr* [书] ≈ erwählen：*Sie hat ihn (sich) zum Freund erkoren* 她选中他作男朋友 ‖ NB（注意）：nur noch in den Vergangenheitsformen verwendet（只用过去时态）

er·klä·ren；*erklärte*，*hat erklärt*；[Vt]（及物）**1.** (***j-m***) ***etw. e.*** j-m e-n Sachverhalt, den er nicht versteht, klar u. verständlich machen 说明，解释：*Er erklärte mir ausführlich, wie ein Radio funktioniert* 他向我详细说明了收音机是怎样工作的；**2.** ***etw. erklärt etw.*** etw. ist der Grund für etw.（物作主语）表明，说明（原因），是…的原因：*Der Riss im Tank erklärt, warum wir e-n so hohen Benzinverbrauch hatten* 油箱的裂缝说明为什么我们的汽油消耗量这样高 **3.** ***etw. e.*** etw. aufgrund seines Amtes offiziell verkünden od. mit seiner Unterschrift bestätigen 声明，宣布，宣告，表示〈sein Einverständnis, seinen Beitritt / Austritt / Rücktritt e. 表示赞同，宣布参加/退出/辞职〉**4.** ***j-m / etw. den Krieg e.*** (offiziell) verkünden, dass man j-n / ein Land / das organisierte Verbrechen *o. Ä.* mit allen Mitteln bekämpfen will 向…宣战 **5.** ***j-n zu etw. e.*** (offiziell) bestimmen, dass j-d etw. ist 宣布…是：*j-n zum Sieger e.* 宣布某人是胜者；*Der Pfarrer erklärte sie zu Mann u. Frau* 牧师宣布他们结为夫妻 **6.** ***j-n / sich / etw. für etw. e.*** *geschr* [书]；j-n / sich / etw. als etw. (offiziell) bezeichnen 宣称…为，宣布…是〈etw. für ungültig e. 宣布某事无效〉：*Er hat das Ergebnis für falsch erklärt, aber er hat sich geirrt* 他宣布结果有误，但他搞错了 **7.** ***j-n für tot e.*** j-n, der schon lange vermisst wird, offiziell als tot ansehen 宣告…死亡 **8.** ***j-m seine Liebe e.*** j-m das erste Mal sagen, dass man ihn liebt 向…求爱（表露爱情）**9.** ***sich*** (*Dat* 三格) ***etw.*** (***irgendwie***) ***e.*** den Grund für etw. finden 说明，说清，解释：*Ich kann mir nicht e., wo er die ganze Zeit bleibt* 我没法说清，这整段时间里他呆在哪里；[Vr]（反身）**10.** ***sich mit j-m solidarisch e.*** (offiziell) sagen, dass man j-s Aktionen, Einstellung *o. Ä.* unterstützt 声明与…团结一致，表示声援… **11.** ***sich mit etw. einverstanden, zufrieden e.*** (offiziell) sagen, dass man mit etw. einverstanden od. zufrieden ist 声明赞同某事，对某事表示满意 **12.** ***etw. erklärt sich von selbst / von allein*** etw. ist ganz klar od. selbstverständlich（物作主语）是非常清楚的，是不言而喻的 ‖ *zu*（义项）**1.** u. **2.** **er·klär·bar** *Adj*（形）；*ohne Steigerung*，*nicht adv*（无变级，不作状语）

er·klär·lich *Adj*（形）；*nicht adv*（不作状语）**1.** 〈ein Fehler, ein Irrtum 错误，失误〉so, dass man sich vorstellen kann, dass einem in e-r ähnlichen Situation auch so etwas passieren könnte 可理解的，可以想象的 ≈ begreiflich, verständlich **2.** so, dass es für etw. e-e (logische) Erklärung (2) gibt 可说明的，可解释的，容易说清的 ≈ erklärbar, plausibel ↔ unerklärlich：*Der Unfall hat e-e leicht erklärliche Ursache* 这个事故的起因容易说清 ‖ *zu*（义项）**1.** **er·klär·li·cher·wei·se** *Adv*（状）

er·klärt **1.** *Partizip Perfekt*（过去分词）；↑ ***erklären*** **2.** *Adj*（形）；*nur attr*，*nicht adv*；（只作定语，不作状语）〈ein Wille, ein Ziel, ein Zweck 意图，宗旨，目的〉bereits deutlich ausgesprochen (u. allgemein bekannt) 公开表明的，公开宣称的，公认的，众所共知的：*Sein erklärtes Ziel ist es, den Betrieb zu vergrößern* 他公开表明的目标是扩大企业；*Er ist ein erklärter Gegner dieser Idee* 他是这一思想的公认的反对者 ‖ *hierzu*（派生）**er·klär·ter·ma·ßen** *Adv*（状）；**er·klär·ter·wei·se** *Adv*（状）

Er·klä·rung *die*；*-*，*-en* **1.** das Erklären (1) ≈ Erläuterung〈j-m e-e E. geben, schuldig sein 向某人说明，还没有向某人说明〉**2.** etw., das die Ursache von etw. ist od. sein könnte 解释，说明，注解 ≈ Deutung〈e-e E. suchen, finden, auf e-e E. stoßen, über e-e E. stolpern 寻求解释，找到解释，碰上解释，因不懂解释而卡住；etw. ist die E. für etw. 某事是对某事的说明〉**3.** e-e offizielle Mitteilung 声明，宣布，宣告〈e-e E. über etw. (*Akk* 四格) / zu etw. abgeben, machen, unterschreiben 对某事发表声明，对某事作出说明（表明态度），在关于某事的声明上签字〉：*Die Regierung gab e-e E. zu dem Skandal ab* 政府对丑闻发表了一项声明 ‖ -K（复合）：***Austritts-***，***Bankrott-***，***Beitritts-***，***Eintritts-***，***Einverständnis-***，***Kriegs-***，***Regierungs-***，***Rücktritts-***

er·kleck·lich *Adj*（形）；*veraltend* [渐旧] ≈ groß, beträchtlich〈ein Gewinn, ein Profit, ein Sümmchen 盈利，利润，款项〉

er·klet·tern；*erkletterte*，*hat erklettert*；[Vt]（及物）***etw. e.*** zur höchsten Stelle von etw. klettern 攀登，爬上〈e-n Baum, e-n Berg, e-n Gipfel *usw* e. 爬树，登山，登上峰顶等〉

er·klim·men；*erklomm*，*hat erklommen*；[Vt]（及物）***etw. e.*** *geschr* [书]；mit großer Anstrengung zur höchsten Stelle von etw. klettern 费力地登上，爬上，攀登〈e-n Baum, e-n Berg *usw* e. 费力地爬上树、山等〉

er·klin·gen；*erklang*，*ist erklungen*；[Vi]（不及物）***etw. erklingt*** etw. ist zu hören（物作主语）发出响声，响起来，传来〈*mst* 多用 ein Lied, e-e Stimme, e-e Glocke, ein Instrument 歌，声音，钟，乐器〉

er·klomm *Imperfekt*, *1. u. 3. Person Sg*（过去时，第一和第三人称单数）；↑ ***erklimmen***

er·klom·men *Partizip Perfekt*（过去分词）；↑

erklimmen

er·kor *Imperfekt, 1. u. 3. Person Sg*（过去时，第一和第三人称单数）；↑ **erkiesen**

er·ko·ren *Partizip Perfekt*（过去分词）；↑ **erkiesen**

er·kran·ken; *erkrankte, ist erkrankt*; [Vi]（不及物）（**an etw.**（*Dat* 三格））**e.** krank werden 得病，生病，害病〈ernstlich, schwer, an e-r Lungenentzündung e. 病得严重、厉害，得肺炎〉‖ *hierzu*（派生）**Er·kran·kung** *die*

er·kun·den; *erkundete, hat erkundet*; [Vt]（及物）**etw. e.** *mst* MIL 多用【军】; versuchen, genaue Informationen (über ein Gelände) zu bekommen 侦察，查明，探明〈ein Gebiet, ein Terrain, e-e Sachlage *usw* e. 侦察一个地区，探明地情，摸清实际情况等〉‖ *hierzu*（派生）**Er·kun·dung** *die*

er·kun·di·gen, sich; *erkundigte sich, hat sich erkundigt*; [Vr]（反身）**sich nach j-m/etw. e.** (j-m) Fragen stellen, um Informationen über j-n/etw. zu erhalten 打听，探询，了解：*sich nach dem Weg, nach j-s Befinden e.* 打听路，询问某人的健康情况；*Ich habe mich am Bahnhof erkundigt*, wann *der nächste Zug nach Essen fährt* 我在火车站打听了，下一班去埃森的火车什么时候开车

Er·kun·di·gung *die*; -, -*en*; *mst Pl*（多用复数）; e-e Nachfrage od. das Ergebnis davon 询问，调查，打听，了解情况〈Erkundigungen über j-n/etw. einholen 打听或调查某人/某事〉

er·la·bend *Adj*（形）; *geschr lit*［书］［文］; so, dass j-d davon erfrischt u. gestärkt wird 令人心旷神怡的，令人精神抖擞的

er·lah·men; *erlahmte, ist erlahmt*; [Vi]（不及物）**1. j-d/etw. erlahmt** j-d (od. ein Teil des Körpers) wird müde u. schwach, weil man sich körperlich sehr angestrengt hat（人/物作主语）倦怠，疲乏，疲倦，无力〈j-s Arm, Beine, Finger, Hand, Kräfte 某人的胳膊、双腿、手指、手、精力〉**2. etw. erlahmt** etw. wird schwächer od. weniger intensiv（物作主语）减弱，衰退，松弛 ≈ etw. lässt nach〈j-s Aufmerksamkeit, Eifer, Enthusiasmus, Interesse *o. Ä.* 某人的注意力、努力、热情、兴趣等〉: *Deine Begeisterung für das neue Hobby ist aber schnell erlahmt* 你对新的业余爱好的热情减退得真快

er·lan·gen; *erlangte, hat erlangt*; [Vt]（及物）**1. etw. e.** etw. (*mst* Positives) erreichen od. bekommen 获得，得到〈Achtung, Berühmtheit, die Freiheit, Geltung, Gewissheit, die Herrschaft über j-n/etw. e. 获得尊敬、声誉、自由、效果、确信、对某人/某事的支配权〉**2. etw. e.** *geschr*［书］; zu e-m Ziel kommen od. gelangen 达到（目的）

Er·lass *der*; *-es, -se* **1.** ADM *geschr*【管理】［书］; e-e allgemeine Vorschrift, die für Ämter u. Behörden gilt 通告，规定 ≈ Anordnung, Verwaltungsvorschrift **2.** *hist*［历］; ein Befehl von e-r Regierung, e-m König, e-r Kirche *o. Ä.* an die Bevölkerung 公告，布告，谕示，诰命 **3.** *nur Sg, geschr*（只用单数）［书］; das Erlassen (1) (e-s Aufrufs *o. Ä.*) 发布，发出（号召等）**4.** *nur Sg, geschr*（只用单数）［书］; die Aufhebung (e-r Strafe *o. Ä.*) 取消，赦免，免除（处分等）

er·las·sen; *erlässt, erließ, hat erlassen*; [Vt]（及物）**1. etw. e.** etw. Offizielles schriftlich beschließen (u. der Öffentlichkeit bekannt machen) 颁发，发布，公布，宣布〈e-e Amnestie, e-n Aufruf, ein Gesetz, e-n Haftbefehl gegen j-n, e-e Richtlinie, e-e Verordnung e. 宣布大赦，发出号召，公布法令、对某人的拘捕令、方针、规定〉**2. j-m etw. e.** j-n von e-r (unangenehmen) Verpflichtung od. Strafe befreien 免除，取消，豁免：*Wegen guter Führung wurde ihm der Rest der Haftstrafe erlassen* 由于他表现好，剩余监禁时间被免除了 ‖ *hierzu*（派生）**Er·las·sung** *die*; *nur Sg*（只用单数）

er·lau·ben; *erlaubte, hat erlaubt*; [Vt]（及物）**1.** (**j-m**) **etw. e.** einverstanden sein, dass j-d etw. tun darf 允许，同意 ↔ verbieten: *Erlauben Sie, dass ich rauche?* 您允许我抽烟吗？; *Wer hat dir erlaubt wegzugehen?* 谁同意你离开的？**2. etw. erlaubt (j-m) etw.** etw. macht etw. für j-n möglich（物作主语）使有可能，允许〈die Mittel, die Umstände, die Verhältnisse, die Zeit erlauben etw. 资金、周围情况、生活条件、时间使某事有可能〉: *Die drängenden Probleme erlauben nicht, noch länger mit e-r Entscheidung* zu *warten* 问题紧迫，不允许再迟迟不决 **3. sich** (*Dat* 三格) **etw. e.** sich das Recht nehmen, etw. zu tun (*mst* gegen den Willen e-s anderen) 擅自，随意，胆敢，冒昧〈sich e-e Frechheit, e-n Scherz mit j-m, e-e Unverschämtheit e. 竟敢放肆，同某人开玩笑，肆无忌惮〉: *Ich erlaube mir, darauf hin*zu*weisen, dass Sie mir noch Geld schulden* 我冒昧提醒您还欠我钱 ‖ ID［谚］**Erlaube mal / Erlauben Sie mal!** *gespr*［口］; verwendet, um auszudrücken, dass man empört ist（表示生气）你/您怎么能这样呢！

Er·laub·nis *die*; -, -*se*; *mst Sg*（多用单数）**1.** die Genehmigung, dass man etw. tun darf 允许，同意，许可〈*mst* 多用 (j-n) um E. (für etw.) bitten 请（某人）允许（某事）; die E. zu etw. erhalten, haben 得到做某事的许可，被允许做某事; j-m die E. (zu etw.) geben, erteilen, verweigern 允许，同意，拒绝某人（做某事）〉**2.** ein Dokument, das bestätigt, dass j-d etw. tun darf 批准书，许可证 ‖ -K（复合）: **Aufenthalts-, Ausfuhr-, Druck-, Einreise-, Einwanderungs-, Fahr-**

er·laucht- *Adj*（形）; *nur attr, nicht adv, geschr veraltend*（只作定语，不作状语）［书］［渐旧］; verwendet für Personen(gruppen), die e-r gesellschaftlichen Elite angehören 显贵的，显赫的，尊贵的，至尊的〈ein Herr, e-e Gesellschaft, ein Kreis, e-e Versammlung *usw* 先生，社会团体，人士，会议等〉‖ NB（注意）: wird heute *mst* nur noch ironisch gebraucht（现在多半只用作讽刺）

er·läu·tern; *erläuterte, hat erläutert*; [Vt]（及物）(**j-m**) **etw. e.** j-m e-n komplizierten

Sachverhalt ausführlich erklären (1)解释，阐明，讲解：*j-m e-n Plan, e-e Theorie e.* 向某人讲解计划、理论 ‖ *hierzu*(派生) **Er·läu·te·rung** *die*

Er·le *die*; -, -*n*; ein Laubbaum, der der Birke ähnlich sieht u. an feuchten Orten wächst 赤杨，桤木

er·le·ben; *erlebte, hat erlebt*; [Vt](及物) **1. j-n/etw. e.** e-e Erfahrung machen, indem man etw. fühlt, etw. mit einem geschieht od. getan wird, od. indem man an e-m Geschehen aktiv od. als Zuschauer beteiligt ist 经历，体验到，亲自听(看)到，感受到，遇到：*Er erlebte große Genugtuung/e-e Überraschung, als sie sich bei ihm entschuldigte* 当她向他表示道歉时，他感到很满意/意外；*Sie musste viele Niederlagen u. Enttäuschungen e.* 她不得不经历许多挫折和失望；*Hast du sie schon einmal wütend erlebt?* 你看见她发过火吗?；*Diesen Sänger muss man einmal erlebt haben, er ist einfach toll* 这位歌唱家简直棒极了，你一定得亲自听他唱一次 **2. etw. erlebt etw.** *geschr*[书]；mit e-r Sache geschieht etw., etw. macht e-n bestimmten Prozess od. e-e bestimmte Phase durch(物作主语)经历，走过：*Das Land erlebte e-e Blütezeit, Jahre des Friedens* 这个国家经历了一段昌盛时期、和平年代；*Die Wirtschaft erlebte e-n Aufschwung/e-e Rezession* 经济有过高涨/衰退 **3. etw. e.** zum Zeitpunkt e-s bestimmten Ereignisses noch am Leben sein 活到：*Er hat die Geburt seines Enkels leider nicht mehr erlebt* 可惜他没有活到他的孙子出世的时候；*Sie will noch ihren hundertsten Geburtstag e.* 她还想过百岁生日 ‖ ID[谚] ***Hat man so etwas schon erlebt?*** *gespr*[口]；verwendet, um auszudrücken, dass man über etw. sehr erstaunt (u. oft verärgert) ist(表示惊讶、气愤)哪有这样的事?(岂有此理！真不像话！)；*mst*(多用) **'Du kannst noch was (von mir) erleben!** *gespr*[口]；verwendet, um j-m mit e-r Strafe zu drohen(用于威胁)你可要受到(我的)惩罚的！(你等着瞧吧，我不会饶你的！有你好看的！)

Er·leb·nis *das*; -*ses*, -*se* **1.** etw., das einem passiert 经历的事，阅历：*Gestern hatte ich ein schreckliches E. – Ich bin überfallen worden* 昨天我遇到了一件可怕的事——我遭到了袭击 **2.** ein sehr schönes, eindrucksvolles Ereignis *o.Ä.*(美好的、印象深刻的)经历，事件：*Das Konzert war wirklich ein E.* 这次音乐会的确是一次难忘的经历

er·le·di·gen; *erledigte, hat erledigt*; [Vt](及物) **1. etw. e.** etw. tun, das man tun soll (*mst* e-e Arbeit od. Aufgabe)办成，做好，完成：*Er hat den Auftrag gewissenhaft/spielend* (= sehr leicht) *erledigt* 他认真地/轻松地完成了这项任务；*Ich muss noch meine Einkäufe e.* 我还得去采购 **2. j-n e.** *gespr*[口]；j-n so demütigen od. lächerlich machen, dass er sein Ansehen u. seine Würde verliert 毁掉…的名声，使完蛋，使丢脸，把…搞臭：*Nach dem Skandal ist der Minister erledigt, er wird zurücktreten müssen* 丑闻发生后部长名誉扫地，他不得不辞职引退 **3. j-n e.** *gespr!*[粗]j-n ermorden, töten 干掉，结果，杀死 **4. etw. erledigt sich von selbst** etw. muss nicht mehr getan werden, weil keine Notwendigkeit, kein Grund mehr dafür da ist(物作主语)自行解决：*Das Problem hat sich erledigt* 问题已解决了

er·le·digt **1.** *Partizip Perfekt*(过去分词)；↑ **erledigen 2.** *Adj*(形)；*mst präd, nicht adv*(多作表语，不作状语)；abgeschlossen, beendet 已了结的，已完成的，已办妥的 (*mst* ein Fall, e-e Sache 多指事件，事情)：*Entschuldige dich bei ihm, dann ist der Fall (für mich) e.* 你对他道一声歉，这事(对我)就算了 **3.** *Adj*(形)；**für j-n e. sein** *gespr*[口]；von j-m verachtet werden 为某人所不齿，被某人瞧不起：*Seit er so gemein zu ihr war, ist er für mich e.* 他对她很卑鄙，从此在我心目中他一文不值 **4.** *Adj*(形)；*gespr*[口]；sehr müde, erschöpft, ruiniert 精疲力尽的，累垮了的

er·le·gen; *erlegte, hat erlegt*; [Vt](及物) **ein Tier e.** *geschr*[书]；ein relativ großes Tier bei der Jagd töten, *mst* durch e-n Schuss 用枪打死野兽

-er·lei *im Zahladj u. Indefinitpronomen, betont u. unbetont, indeklinabel, wenig produktiv*(构成数形和不定代词，重读和不重读，词形不变，构词弱)；verwendet, um auszudrücken, dass etw. in der im ersten Wortteil genannten Zahl od. Menge von Sorten/Arten vorkommt(表示种类或样式的数量)；**zweierlei, dreierlei** *usw*；**mancherlei, mehrerlei, verschiedenerlei, vielerlei** ‖ NB(注意)：wie ein attributives Adj.(如同作定语的形容词) (*mancherlei Fragen*) od. wie ein Subst.(或名词) (*Es gibt noch vielerlei zu tun*) verwendet

er·leich·tern; *erleichterte, hat erleichtert*; [Vt](及物) **1. (j-m) etw. e.** für j-n etw. einfacher, bequemer od. erträglicher machen 使减轻，使变得简单(容易，方便)：*Moderne Geräte erleichtern oft die Arbeit* 现代器械常常能减轻工作；*Die Abbildungen in dem Buch erleichtern mir, den Stoff zu verstehen* 书中插图便于我理解内容 **2. etw. (um etw.) e.** das Gewicht von etw. reduzieren, verringern 减少，减轻 ≈ leichter machen **3. etw. erleichtert j-n** etw. befreit j-n von Kummer od. Sorgen(物作主语)使摆脱，消除…的苦恼，使轻松愉快：*Diese Nachricht hat uns alle sehr erleichtert* 这一消息使我们大家心情大大轻松了(如释重负) **4. j-n um etw. e.** *gespr hum*[口][诙]；(*mst* beim Spiel, durch Betrug od. Diebstahl) von j-m Geld gewinnen od. stehlen 赢走，偷走，窃取，骗走(钱财)：*j-n beim Pokern um 100 Euro e.* 打扑克时赢走某人 100 欧元 **5. sein Gewissen/Herz e.** über Dinge, die einem Kummer od. Sorgen machen, mit anderen reden u. sich so von seelischem Druck befreien 倾吐心里的苦闷(烦恼)，诉说苦衷以求宽慰

er·leich·tert **1.** *Partizip Perfekt*(过去分词)；↑

erleichtern 2. *Adj*（形）; **e.**（**über etw.**（*Akk* 四格））froh, dass etw. Schlimmes nicht eingetreten ist 如释重负的，心情轻松的，放心的：*Sie war e.*（darüber）, dass *ihm nichts passiert war* 他没有出什么事，（对此）她放心了

Er·leich·te·rung *die*; -, *-en* 1. *nur Sg*（只用单数）; das Erleichtern（1）：*E-e Waschmaschine stellt e-e große E. im Haushalt dar / ist e-e große E.* 一台洗衣机能大大减轻家务/能省很多事 ‖ -K（复合）：**Arbeits-** 2. *nur Sg*（只用单数）; **E.**（**über etw.**（*Akk* 四格））das Gefühl, von e-m schweren seelischen Druck befreit zu sein 松快，轻松感：*Tränen, ein Seufzer der E.* 眼泪，是舒松精神压力的叹息

er·lei·den; *erlitt*, *hat erlitten*; Vt（及物）1. **etw. e.** etw.（körperlich od. seelisch Unangenehmes）erleben 忍受，经受（身心的痛苦）〈Angst, Enttäuschungen, Schmerzen *o. Ä.* e. 经受害怕、失望、痛苦等〉 2. **etw. e.** e-e unangenehme Erfahrung machen 遭受，遭到（不愉快的经历）〈e-e Einbuße, e-e Niederlage, Verluste e. 遭受损伤、失败、损失〉 3. **den Tod e.** in e-m Kampf od. bei e-m Unfall sterben（在战斗或事故中）死亡，牺牲，身亡

er·ler·nen; *erlernte*, *hat erlernt*; Vt（及物）**etw. e.** etw., das viel Zeit beansprucht, so lernen, dass man es beherrscht 学会，学到〈e-n Beruf, ein Handwerk, e-e Sprache e. 学会职业、手艺、语言〉 ‖ *hierzu*（派生）**er·lern·bar** *Adj*（形）; *ohne Steigerung*, *nicht adv*（无变级，不作状语）

er·le·sen *Adj*（形）; *nicht adv*, *geschr*（不作状语）[书]; von besonders guter u. seltener Qualität 精选的，卓越的，（品质）上等的，精美的≈ ausgezeichnet, hervorragend, exquisit〈ein Genuss, e-e Kostbarkeit, ein Mahl, ein Wein *o. Ä.* 享受，珍品，饭菜，葡萄酒等〉

er·leuch·ten; *erleuchtete*, *hat erleuchtet*; Vt（及物）1. **etw. e.** etw. durch Licht hell machen 照亮 ≈ erhellen（1）：*Der Raum wurde von den Kerzen festlich erleuchtet* 这间屋子烛光通明，很有节日气氛；*Die Fenster waren hell erleuchtet* 窗户照得铮亮 ‖ NB（注意）：*mst* im Passiv od. im Zustandspassiv!（多用于被动语态或状态被动句!）2.（**von etw.**）**erleuchtet werden** *gespr hum*[口][诙]; e-n guten Einfall *o. Ä.* haben od. plötzlich etw. verstehen 恍然大悟，突然醒悟

Er·leuch·tung *die*; -, *-en*; *hum*[诙]; e-e gute Idee, die j-m plötzlich einfällt（突然产生的）好主意，醒悟 ≈ Eingebung, Erkenntnis〈e-e E. haben, j-m kommt e-e E. 突然有一个好主意，某人突然醒悟（如梦初醒）〉

er·lie·gen; *erlag*, *ist erlegen*; Vi（不及物）1. **etw.**（*Dat* 三格）**e.**（*mst* nach anfänglichem Zögern）etw. schließlich nicht widerstehen können 屈服于，被折服，对…束手无策〈j-s Charme, e-r Verlockung, e-r Versuchung *o. Ä.* e. 被某人的魅力所折服，对诱惑、引诱等无能为力〉 2. **etw.**（*Dat* 三格）**e.** an etw. sterben 死于，因…死亡：*Er erlag gestern seiner Krankheit / seinen schweren Verletzungen* 昨天他因疾病/伤势过重而死亡 3. **e-m Irrtum / e-r Täuschung e.** sich irren/sich täuschen 搞糊涂/弄错（发蒙）4. **j-m / etw. e.** von j-m im Kampf besiegt werden 被战胜，被压倒：*Er erlag der feindlichen Übermacht u. musste sich ergeben* 他被敌人的优势力量所压倒，不得不投降 5. **etw. bringt etw. zum Erliegen** etw. setzt etw.（e-e Zeitlang）außer Betrieb od. bringt es zum Stillstand（物作主语）使停顿，使陷于瘫痪〈*mst* 多用 etw. bringt die Arbeiten, den Betrieb, die Produktion, den Verkehr zum Erliegen 某事使工作、企业、生产、交通陷于停顿〉：*Das Gewitter brachte den Funkverkehr zum Erliegen* 雷雨使无线电通讯中断 6. **etw. kommt zum Erliegen** etw. wird durch j-n/etw. zum Stillstand gebracht（物作主语）陷于瘫痪，停顿

er·lischt *Präsens*, *3 Person Sg*（现在时，第三人称单数）; ↑ **erlöschen**

er·lo·gen *Adj*（形）; ↑ **erstunken**

Er·lös *der*; *-es*, *-e* ≈ Gewinn：*Der E. aus der Tombola kommt e-r gemeinnützigen Stiftung zugute* 有奖义卖所得的款项用于社会福利基金

er·losch *Imperfekt*, *3 Person Sg*（过去时，第三人称单数）; ↑ **erlöschen**

er·lo·schen *Partizip Perfekt*（过去分词）; ↑ **erlöschen**

er·lö·schen; *erlischt / erlöscht*, *erlosch*, *ist erloschen*; Vi（不及物）1. **etw. erlischt** etw. hört auf zu brennen od. zu leuchten（物作主语）熄灭，熄火〈ein Feuer, e-e Kerze, ein Licht *o. Ä.* 火，蜡烛，灯光等〉 2. **ein Vulkan erlischt** ein Vulkan hört auf, tätig zu sein 火山停止活动，熄灭 3. **etw. erlischt** etw. verliert seine rechtliche Gültigkeit（物作主语）失效〈ein Anspruch, ein Patent, ein Recht, ein Vertrag 要求，专利，权利，条约〉 4. **etw. erlischt** etw. wird aufgelöst od. aus e-r offiziellen Liste gestrichen（物作主语）被取消，被撤销，被废除，被勾销〈e-e Firma, ein Konto, j-s Schulden 公司，账户，某人的债务〉 5. **etw. erlischt** etw. wird schwächer u. hört schließlich auf（物作主语）减弱，逐渐消失，破灭，幻灭〈j-s Hass, Hoffnung, Leidenschaft, Liebe, Sehnsucht 某人的仇恨，希望，激情，爱情，渴望〉

er·lö·sen; *erlöste*, *hat erlöst*; Vt（及物）1. **j-n**（**von etw.**）**e.** j-n von der Schuld der Sünde befreien 解救，拯救：*Christus hat die Menschheit*（*von ihren Sünden*）*erlöst* 基督把人类（从罪孽中）拯救了出来 2. **j-n**（**von etw.**）**e.** j-n von Schmerzen, Sorgen od. Kummer befreien 解除，使摆脱（痛苦，忧虑，苦恼），使解脱：*Der Lottogewinn hat ihn von seinen Geldsorgen erlöst* 抽彩中奖使他摆脱了经济上的困扰；*Der Tod erlöste ihn nach langer Krankheit*（*von seinen Leiden*）久病之后去世使他解脱了（病痛）3. **j-n aus etw. e.** j-n aus e-r unangenehmen Situation befreien 使摆脱（困境），将…从…解救出来〈j-n aus der Gefangenschaft, e-r Notlage, e-r peinlichen Situation, der Sklaverei e. 将某人从监禁中，从困境中，从危难中，从奴隶

制度下解救出来〉‖ *hierzu*（派生）**Er·lö·sung** *die*

Er·lö·ser *der*；*-s*；*nur Sg*（只用单数）：Jesus Christus, der die Menschen erlöst (1) hat 救世主（指耶稣基督）

E

er·mäch·ti·gen；*ermächtigte*，*hat ermächtigt*；Vt（及物）***j-n zu etw. e.*** j-m das Recht od. die Vollmacht geben, etw. zu tun 授予…权力，授权，委托：*Er ermächtigte seine Frau* (*da-zu*), *von seinem Konto Geld abzuheben* 他委托他妻子从他的账户上取钱 ‖ *hierzu*（派生）**Er·mäch·ti·gung** *die* ‖ ▶ ***Macht*** (1)

er·mah·nen；*ermahnte*，*hat ermahnt*；Vt（及物）***j-n*** (***zu etw.***) ***e.*** j-n nachdrücklich dazu auffordern, etw. zu tun od. sich in bestimmter Weise zu verhalten 告诫，劝告，提醒：*j-n zur Ruhe*，*Vorsicht e.* 提醒某人保持安静、谨慎；*Die Mutter ermahnte die Kinder*，*nicht auf der Straße zu spielen* 母亲告诫孩子们不要在马路上玩 ‖ *hierzu*（派生）**Er·mah·nung** *die*

Er·man·ge·lung *nur in* 只用于 ***in E.*** (+ *Gen* 二格/***von j-m/etw.***) *geschr*［书］；weil die genannte Person/Sache fehlt od. nicht vorhanden ist 由于缺乏，由于没有：*in E. von Beweisen* 由于缺乏证明；*in E. besserer Vorschläge* 由于没有更好的建议

er·mä·ßi·gen；*ermäßigte*，*hat ermäßigt*；Vt（及物）***etw. e.*** den Preis für etw. senken 降低，减低，减少 ↔ erhöhen〈e-n Beitrag, e-e Gebühr, e-n Preis *o. Ä.* e. 降低会费、费用、价格等〉：*Für Kinder gelten auf unseren Flügen stark ermäßigte Preise* 儿童乘我们的航班享有特惠价 ‖ *hierzu*（派生）**Er·mä·ßi·gung** *die*

er·mat·ten；*ermattete*，*hat/ist ermattet*；Vt（及物）(*hat*) **1.** ***etw. ermattet j-n*** *geschr*［书］；etw. macht j-n müde（物作主语）使疲乏，使疲劳：*Nach der langen Krankheit ermatten ihn schon wenige Schritte* 久病以后走几步路他就感到疲劳；Vi（不及物）(*ist*) **2.** nach e-r körperlichen Anstrengung müde werden 变得疲乏，变得虚弱 **3.** ***etw. ermattet*** etw. lässt nach, weil j-d müde wird od. die Lust verliert（物作主语）减弱，减退，松弛：*Nach langem Kampf ermattete ihr Widerstand* 经过长时间的斗争后，他们的抵抗减弱了 ‖ ▶ ***matt***

er·mes·sen；*ermisst*，*ermaß*，*hat ermessen*；Vt（及物）***etw. e.*** *geschr*［书］；etw. im vollen Umfang seiner Bedeutung begreifen u. einschätzen 衡量，估量，估计：*Die wahre Bedeutung dieser Entdeckung lässt sich im Augenblick noch nicht e.* 这项发现的真正意义目前还难以估计

Er·mes·sen *das*；*-s*；*nur Sg*（只用单数）**1.** die Beurteilung e-r Sache, die e-r Entscheidung vorausgeht 判断，估计〈etw. j-s E. überlassen 把某事交给某人判断；etw. liegt in j-s E. 某事符合某人的判断；nach j-s E. 按照某人的判断〉：*Nach unserem E. sollte die Fabrik geschlossen werden* 据我们判断，这家工厂该关闭了；*Es liegt nicht in meinem E.*，*darüber zu entscheiden* 对此作出决定，超出了我的判断 **2.** ***nach bestem E.*** so objektiv u. sachlich wie nur möglich 按照最好的判断：*sich nach bestem E. entscheiden*，*etw. zu tun* 根据最好的判断决定干某事 **3.** ***nach menschlichem E.*** mit größter Wahrscheinlichkeit 按常情判断，十有八九：*Nach menschlichem E. müsste die Brücke dieser Belastung standhalten* 按常情判断，这座桥理应承受得住这种负荷

Er·mes·sens·fra·ge *die*；***etw. ist e-e E.*** e-e Entscheidung kann nicht durch objektive Kriterien festgelegt werden, sondern ist von j-s Beurteilung abhängig 某事是自作决断的问题

er·mit·teln；*ermittelte*，*hat ermittelt*；Vt（及物）**1.** ***j-n/etw. e.*** j-n/etw. suchen u. schließlich finden 查明，查出，查到 ≈ feststellen：*j-s Adresse*，*Aufenthaltsort e.* 查明某人的地址、居留地；*Die Polizei konnte den Mörder nicht e.* 警察未能查出杀人犯 **2.** ***j-n e.*** j-s Position in e-r Rangfolge, *z. B.* bei e-m Wettkampf, errechnen od. feststellen 确定，核定〈den Besten, den Gewinner, den Sieger *o. Ä.* e. 确定优胜者、获胜者、得胜者〉 **3.** ***etw. e.*** etw. errechnen 算出：*e-n Durchschnittswert*，*ein Ergebnis e.* 算出平均值、结果；Vi（不及物）**4.** ***gegen j-n e.*** JUR【法】：Beweise od. Indizien für j-s Schuld sammeln, um ihn vor Gericht stellen zu können 对…调查，取证 ‖ *hierzu*（派生）**Er·mitt·lung** *die*

Er·mitt·ler *der*；*-s*，*-*；ADM【管理】：ein Polizist, der ein Verbrechen untersucht 侦查员〈ein verdeckter E. 一位隐蔽的侦查员〉‖ *hierzu*（派生）**Er·mitt·le·rin** *die*；*-*，*-nen*

er·mög·li·chen；*ermöglichte*，*hat ermöglicht*；Vt（及物）(***j-m***) ***etw. e.*** (j-m) etw. möglich machen 使有可能，使有机会，使有利于，使能够：*Das feuchtwarme Klima ermöglicht den Anbau von Bananen* 湿热的气候有利于种植香蕉；*Seine Eltern ermöglichten ihm das Studium* 他父母使他有了上大学的机会

er·mor·den；*ermordete*，*hat ermordet*；Vt（及物）***j-n e.*** an j-m e-n Mord begehen 杀害，谋杀 ‖ *hierzu*（派生）**Er·mor·dung** *die* ‖ ▶ ***Mord***, ***Mörder***

er·mü·den；*ermüdete*，*hat/ist ermüdet*；Vt（及物）(*hat*) **1.** ***etw. ermüdet j-n*** etw. macht j-n müde od. schläfrig（物作主语）使疲倦，使感到困倦：*Das Sprechen ermüdete den Schwerkranken schnell* 说话很快使那个重病人困倦了；Vi（不及物）(*ist*) **2.** müde, schläfrig werden 变得疲倦，感到困倦 **3.** ***etw. ermüdet*** TECH【技】：etw. verliert seine Härte, Stabilität od. Flexibilität, weil es zu oft benutzt wurde（物作主语）疲乏，疲劳，陈化〈*mst* ein Material, ein Metall 多指材料，金属〉‖ *hierzu*（派生）**Er·mü·dung** *die*

er·mun·tern；*ermunterte*，*hat ermuntert*；Vt（及物）***j-n zu etw. e.*** j-n freundlich auffordern, den Mut od. die Energie zu entwickeln, um etw. zu tun 鼓励，勉励，激励 ≈ j-n zu etw. anregen, j-n zu etw. ermutigen：*j-n zu e-m Entschluss*，*zum Reden e.* 鼓励某人下决心、讲话 ‖ *hierzu*（派生）**Er·mun·te·rung** *die*

er·mu·ti·gen；*ermutigte*，*hat ermutigt*；Vt（及物）***j-n*** (***zu etw.***) ***e.*** (durch sein Verhalten, freundliche Worte *o. Ä.*) bewirken, dass j-d den Mut u. das Vertrauen bekommt, etw. zu tun od. weiterzumachen 使鼓起勇气和信心，使振奋，鼓励，勉励：*Sein großer Erfolg in der Prüfung hat ihn zu e-r zusätzlichen Ausbildung ermutigt* 他考试的巨大成功，使他有了进一步参加培训的勇气和信心；*Er ermutigte seinen Freund, offen seine Meinung zu sagen* 他鼓励他朋友坦率说出自己的意见 ‖ *hierzu*（派生）**Er·mu·ti·gung** *die* ‖ ▶ **mutig**

er·näh·ren; *ernährte, hat ernährt*; [Vt]（及物）**1.** ***j-n/ein Tier*** (***mit etw.***) ***e.*** j-n/ein Tier mit Nahrung versorgen 喂养，饲养，供给…营养：*ein Baby mit Muttermilch e.* 用母乳喂养婴儿；*ein junges Tier mit der Flasche e.* 用奶瓶饲养幼畜；*er sieht schlecht ernährt aus* 他看上去营养不良 **2.** ***j-n/sich*** (***mit/von etw.***) ***e.*** (mit etw.) für j-s/den eigenen Lebensunterhalt sorgen 养活，供养，赡养，抚养：*Du bist alt genug, e-e Familie/dich selbst zu e.* 你长大了，该养家糊口了/该自食其力（自谋生计）了；*Von/Mit seiner Arbeit kann er keine Familie e.* 他工作所得还养不了家 **3.** ***etw. ernährt j-n*** etw. bringt so viel Geld ein, dass j-d davon leben kann（物作主语）能养活，能维持生计：*Dieser Bauernhof/Betrieb ernährt e-e zehnköpfige Familie* 这个农庄/企业能养活十口之家 **4.** ***j-n künstlich e.*** e-m Kranken, der nichts essen kann, flüssige Nahrung durch Infusionen, e-n Schlauch in der Nase *o. Ä.* geben 给…人工喂食；[Vr]（反身）**5.** ***sich*** (***von etw.***) ***e.*** von e-r bestimmten Nahrung leben 靠吃…生活，吃食：*Füchse ernähren sich hauptsächlich von Mäusen* 狐狸主要靠吃老鼠为生；*sich vegetarisch e.* 食素，吃素食 ‖ *hierzu*（派生）**Er·näh·rung** *die*

Er·näh·rer *der*; *-s, -*; derjenige, der für den Lebensunterhalt e-r Familie sorgt 赡养人，负担家庭生活的人，抚养人

er·nen·nen; *ernannte, hat ernannt*; [Vt]（及物）**1.** ***j-n*** (***als etw./zu etw.***) ***e.*** j-m ein Amt od. e-e Funktion geben 委派，指派，任命，委任，确定…为：*j-n als seinen/zu seinem Nachfolger, zum Bürgermeister, zum Minister e.* 任命某人为自己的接班人、市长、部长 **2.** ***j-n zu etw. e.*** j-m e-n Titel verleihen, um ihn damit zu ehren 授予…（称号）：*j-n zum Ehrenbürger e.* 授予某人荣誉市民称号 ‖ *hierzu*（派生）**Er·nen·nung** *die*

er·neu·er·bar *Adj*（形）；*nicht adv*（不作状语）；*mst in*（多用于）***erneuerbare Energien*** Energien wie Wasserkraft, Wind- u. Sonnenenergie, die immer wieder neu entstehen 再生能源

er·neu·ern; *erneuerte, hat erneuert*; [Vt]（及物）**1.** ***etw. e.*** etw., das alt, beschädigt *o. Ä.* ist, durch etw. Neues ersetzen od. mit neuen Teilen reparieren 修缮，使修葺一新，修整 〈ein Dach, e-n Zaun e. 修整屋顶、篱笆〉 **2.** ***etw. e.*** etw. noch einmal aussprechen 重新提出，重申，重提 〈e-n Antrag, e-e Einladung, e-n Vorschlag e. 重新提出申请、发出邀请、提出建议〉 **3.** ***etw. e.*** veranlassen, dass etw. wieder wirksam od. gültig wird 使恢复，使重新有效 ≈ auffrischen 〈e-e (alte) Bekanntschaft, e-e Freundschaft, e-e Erinnerung an j-n/etw. e. 恢复旧交、友情，唤醒对某人/某事的记忆〉；[Vr]（反身）**4.** ***etw. erneuert sich*** etw. wird aus sich heraus/aus eigener Kraft wieder neu 更新，再生 ≈ etw. regeneriert sich：*Haut u. Haare erneuern sich ständig* 皮肤和头发不断再生（新陈代谢）‖ *hierzu*（派生）**Er·neu·e·rung** *die*

Gesunde Ernährung　健康饮食

Der Missbrauch von Hormonen bei der Aufzucht von Tieren, der übermäßige Gebrauch von chemischen Düngemitteln und Pflanzenschutzmitteln und gentechnisch veränderte Nahrungsmittel sind Themen, die die deutsche Öffentlichkeit immer wieder sehr beschäftigen.

Schon in den Sechzigerjahren entstanden die **Reformhäuser**, die Nahrungsmittel verkaufen, die nicht mit chemischen Mitteln behandelt wurden. In den Achtzigerjahren nahm der Trend der Deutschen weiter zu, sich für Nahrungsmittel **aus ökologischem Anbau** und eine **artgerechte Tierhaltung** zu interessieren. Mit der Zeit wurde das Angebot an natürlich hergestellten Produkten, das man beim Biobauern oder im Bioladen kaufen konnte, größer. Inzwischen bieten auch gewöhnliche Läden und Supermärkte teilweise solche Produkte an.

饲养动物中滥用激素，超量使用化肥和杀虫剂以及转基因食品是德国公众不断议论的题目。

早在60年代就出现**绿色食品店**，专售未经化学处理的食品。80年代德国人对**生态种植的**食品以及**适宜种群的动物饲养**兴趣更加浓厚。随着时间的推移，人们从生态农民或生态食品店能够买到的天然产品的供应越来越多。与此同时，连普通商店及超市也部分供应此类产品。

er·neut *Adj*（形）；*nur attr od adv, geschr*（只作定语或状语）[书]；noch einmal (stattfindend) 又一次的，重新的：*Als er sich verbeugte, erklang e. Beifall* 当他鞠躬时，再度响起了掌声；*Aus dem Krisengebiet wurden erneute Kampfhandlungen gemeldet* 从危机地区报道发生了新的战斗行动

er·nied·ri·gen; *erniedrigte, hat erniedrigt*; [Vt]（及物）**1.** ***j-n e.*** j-n so behandeln, dass er seine persönliche Ehre u. Würde verliert 贬低，贬抑，侮辱，降低…的地位、身份；[Vr]（反身）**2.** ***sich*** (***zu etw.***) ***e.*** *oft pej* 常用[贬]；etw. tun, obwohl man denkt, dass man dabei seine persönliche Würde verliert 自贬，降低自己的身份，有失身份 **3.** ***sich vor j-m e.*** sich j-m gegenüber sehr demütig u. unterwürfig verhalten 在某人面前自惭形秽（抬不起头来）：*Musst du dich denn immer vor ihm e.? – Zeig ihm doch einmal, was du wirklich von ihm* *hältst* 你用得着总在他面前抬不起头来吗？——也该叫他知道知道，你到底是怎么看他的 ‖ *hierzu*（派生）**Er·nied·ri·gung** *die* ‖ ▶ ***niedrig*** (4)

ẹrnst *Adj*（形）**1.** ruhig u. nachdenklich od. traurig 严肃的，庄重的，稳重的，深沉的 ↔ fröhlich, heiter: *ein ernstes Gesicht machen* 摆出一副严肃的面孔；*Er ist immer so e., er lacht nie* 他总是那么严肃，他从来不笑；*Sie hatte Mühe, e. zu bleiben* 她竭力保持稳重 **2.** mit wichtigem od. traurigem Inhalt 严肃的，伤感的 ↔ lustig 〈ein Buch, ein Film, ein Gespräch *o. Ä.* 书，电影，谈话等〉 **3.** nicht nur zum Spaß gesagt, sondern tatsächlich so gemeint 严肃的，认真的，当真的，算数的，真诚的 〈etw. e. meinen, nehmen 对某事(的看法)是认真的，对某事是严肃的〉：*Wir nehmen die Drohung sehr e.* 我们对待这种威胁非常认真 **4.** *nicht adv*（不作状语）；mit schwerwiegenden unangenehmen Auswirkungen 严重的，重大的 〈ein Fehler, ein Mangel, ein Problem, ein Versagen *usw* 错误，不足，问题，失灵等〉 **5.** *nicht adv*（不作状语）；sehr groß od. intensiv 很大的，重大的，强烈的 〈Bedenken, ein Verdacht, ein Zweifel 疑虑，怀疑，疑惑〉 **6.** *nicht adv*（不作状语）；j-s Leben od. Gesundheit sehr bedrohend, gefährdend（对生命与健康）危急的，紧急的，严重的，厉害的 〈e-e Erkrankung, e-e Gefahr, e-e Verletzung, j-s Zustand *o. Ä.* 疾病，险情，伤势，某人的处境等〉：*Er erlitt e-n ernsten Unfall, der ihm fast das Leben kostete* 他出了严重事故，差点要了他的命 **7.** ***j-n e. nehmen*** das glauben, was j-d sagt od. j-n für fähig u. kompetent, nicht lächerlich od. dumm halten 认为…说的话是严肃的（认真的）：*Ich kann ihn einfach nicht e. nehmen, er macht immer so dumme Vorschläge* 我简直不能信他的话，他总是出傻点子 **8.** ***ernste Musik*** klassische Musik 严肃音乐 ↔ leichte Musik, Unterhaltungsmusik ‖ ID[谚] ***jetzt wirds e.*** *gespr*[口]；verwendet, wenn etw. Wichtiges/Entscheidendes anfängt, auf das man gewartet hat (*bes* e-e Auseinandersetzung, ein Kampf *o. Ä.*)现在点到要害了，现在要动真格的了，现在到了关键时刻

Ẹrnst *der*; *-es*; *nur Sg*（只用单数）**1.** e-e Haltung od. Einstellung, bei der man ruhig u. nachdenklich, nicht fröhlich ist 严肃认真的态度：*Sie ging mit viel E. an ihre neue Aufgabe heran* 她以极其严肃的态度开始自己的新任务 **2.** *mst* ***der E. der Lage*** verwendet, um auszudrücken, dass e-e Situation sehr gefährlich od. bedrohlich ist 情况危急(严重)：*Als er den E. der Lage endlich erkannte, war es schon zu spät* 当他终于认识到情况危急的时候，已经太晚了 **3.** ***etw. ist j-s E.***; ***j-m ist mit etw. E.*** verwendet, um auszudrücken, dass j-d/etw. tatsächlich so gemeint hat, wie er es gesagt hat (auch wenn das überraschend od. unerwartet ist)某人就某事所说的话是认真的（当真的）：*Du willst also gehen – ist das dein E./soll das dein E. sein?* 你说要走了——你是当真的？；*Es war ihm bitterer E. mit der Drohung* 他的威胁是认真的，不是说着玩的 **4.** ***mit etw. E. machen*** etw., das nur als Plan od. Drohung bestand, tatsächlich in die Tat umsetzen 认真实施某事：*mit dem Plan/e-r Drohung E. machen* 认真兑现计划/威胁 **5.** ***aus etw. wird E.*** etw., das nur geplant od. gespielt war, wird Wirklichkeit 某事会变成真的：*Aus dem Spiel wurde bitterer E.* 闹着玩儿的事，变当真了 **6.** ***allen Ernstes/im E.*** verwendet, um auszudrücken, dass etw. tatsächlich so (gemeint) ist, auch wenn es unwahrscheinlich erscheint 非常认真地/认真地：*Er wird die Arbeit allen Ernstes allein machen!* 他会独自非常认真地做作业的；„*Ich kündige.*" – „*Im E.?*" "我辞职了。"——"当真？" **7.** ***der E. des Lebens*** der harte Alltag 生活的艰辛，生活的严峻：*Du kommst jetzt in die Schule, da fängt der E. des Lebens für dich an* 你现在上学了，对你来说从此开始了严峻的生活

Ẹrnst·fall *der*; e-e Situation, in der etw. (*mst* Gefährliches), das man erwartet od. befürchtet hat, tatsächlich passiert 紧急情况，紧要关头：*Auf/Für den E. sind wir bestens vorbereitet* 对紧急情况我们已作了最好的准备

ẹrnst·haft *Adj*（形）；*nur attr od adv*（只作定语或状语）**1.** seriös u. verantwortungsbewusst, oft in ernster (1) Stimmung 严肃的，认真的：*Er ist ein ernsthafter Mensch/wirkt sehr e.* 他是一个严肃的人/他给人的感觉很严肃 **2.** ≈ ernst (1)：*Sie unterhielten sich e./führten ein ernsthaftes Gespräch* 他们严肃地交谈了/进行了一次认真的谈话 **3.** verwendet, um auszudrücken, dass etw. nicht vorgetäuscht *o. Ä.*, sondern echt od. wirklich so gemeint ist 确实的，真的，真实的 〈e-e Absicht, ein Angebot, e-e Bitte, ein Vorschlag 意图，提议，请求，建议；etw. e. bezweifeln, hoffen, wollen, wünschen 对某事确实怀疑，的确希望，真的想要，真的愿意得到某物〉 **4.** ≈ ernst (4)：*Die Maschine weist ernsthafte Mängel auf/ist e. beschädigt* 这台机器有严重缺陷/严重损坏 **5.** ≈ ernst (6) 〈e-e Erkrankung, e-e Verletzung 疾病，损伤；e. erkranken, j-n e. gefährden, verletzen 病得厉害，使某人遭受严重危险，严重地伤害某人〉 **6.** ≈ ernstlich (1) ‖ *hierzu*（派生）**Ẹrnst·haf·tig·keit** *die*

ẹrnst·lich *Adj*（形）；*nur attr od adv, ohne Steigerung*（只作定语或状语，无变级）**1.** tatsächlich, wirklich (so gemeint)真正的，当真的，认真的：*Ist das deine ernstliche Absicht?* 这是你的真正意图？；*Das kannst du doch nicht e. wollen!* 这你可不能真要！；*Hältst du mich e. für so dumm?* 你真把我看得那么傻？；*Er hat nie e. versucht, e-n Job zu finden* 他从来没有认真设法找一份工作 **2.** ≈ ernst (4)：*Bei ernstlichen Störungen werde ich die Sitzung schließen* 如果受到严重干扰，我将结束会议 **3.** ≈ ernst (6) 〈e-e Erkrankung, e-e Verletzung 疾病，损伤；e. erkranken, verletzt werden, gefährdet sein 病得厉害，伤得严重，遭受严重危险〉

Ern·te *die*; -, *-n* **1.** *nur Sg*（只用单数）; das Ernten (1)收获，收割: *bei der E. helfen* 帮助收割 **2.** das, was man geerntet hat 收成，收获的庄稼: *die E. einbringen* 将收割的庄稼人仓; *Dieses Jahr war die E. sehr groß/gut, mager* 今年收成很高/好，差 ‖ K-（复合）: ***Ernte-, -arbeit, -fest, -zeit*** ‖ -K（复合）: ***Baumwoll-, Getreide-, Heu-, Kartoffel-, Obst-, Reis-; Durchschnitts-, Rekord-***

Ern·te·dank|fest *das*; REL【宗】; ein kirchliches Fest, das *mst* am ersten Sonntag im Oktober gefeiert wird u. bei dem man Gott für die Ernte (2) dankt 收获感恩节（多为10月的第一个星期日））

ern·ten; *erntete, hat geerntet*; [Vt]（及物）**1. *etw. e.*** Getreide, Obst, Gemüse *o. Ä.*, das man *mst* auf dem Feld od. im Garten angebaut hat, einsammeln, mähen od. pflücken 收割，收获: *Früher wurde das Korn mit der Sense geerntet, heute macht das meist ein Mähdrescher* 以前谷物是用镰刀收割，如今多用联合收割机 **2. *etw. e.*** etw. als Reaktion auf etw. bekommen, das man gesagt od. getan hat 博得，获得，受到〈Beifall, Dank, Gelächter, Spott, Undank e. 博得掌声，受到感谢，遭到嘲笑、讽刺，遇到忘恩负义的事〉

er·nüch·tern; *ernüchterte, hat ernüchtert*; [Vt]（及物）**1. *etw. ernüchtert j-n*** etw. macht e-n Betrunkenen wieder nüchtern（物作主语）使（从酒醉中）清醒过来，使醒酒: *Die kalte Luft hat ihn ernüchtert* 冷空气使他清醒过来 **2. *etw. ernüchtert j-n*** etw. versetzt j-n, der vorher gut gelaunt war, in e-e ernste (1) Stimmung od. nimmt ihm e-e angenehme Hoffnung od. Illusion weg（物作主语）使冷静下来，使抛弃幻想，使醒悟 ‖ *hierzu*（派生）**Er·nüch·te·rung** *die*

er·obern; *eroberte, hat erobert*; [Vt]（及物）**1. *etw. e.*** ein fremdes Land, e-e Stadt *o. Ä.* in e-m Krieg dem Feind wegnehmen u. unter die eigene Herrschaft bringen 占领，征服 **2.** (***sich*** (*Dat* 三格)) ***etw. e.*** erfolgreich darum kämpfen, dass man etw. bekommt, das auch ein anderer haben will 赢得，获得，争得: *Er hat (sich) auf dem Turnier einen der ersten Plätze erobert* 在体操竞赛中，他赢得一个第一名 **3. *j-n/etw. e.*** j-s Liebe od. Freundschaft für sich gewinnen 使倾倒，迷住，博得，赢得（爱情或友谊）〈j-n, j-s Herz, j-s Sympathie, j-s Zuneigung e. 使某人倾倒，赢得某人的欢心、某人的好感、某人的爱慕〉: *Mit seinem Charme/seinen Komplimenten versucht er, die Frauen zu e.* 他企图用自己的魅力/以献殷勤来迷住女人们 ‖ *zu*（义项）**1. Er·obe·rer** *der*; *-s, -*

Er·obe·rung *die*; -, *-en* **1.** etw., das man erobert (1,2) hat 掠夺物，征服地，占领地: *Die Eroberungen aus dem Krieg musste das Land später wieder abtreten* 后来这个国家不得不把战争中掠夺来的土地重又退让出去 **2.** *hum*［谑］; j-d, den man erobert (3) hat 被吸引的人: *Auf dem Fest hat er e-e E. gemacht* 在庆祝活动中，他吸引了大家的关注 **3.** das Erobern (1,2,3)

er·öff·nen; *eröffnete, hat eröffnet*; [Vt]（及物）**1. *etw. e.*** etw., das neu gebaut od. eingerichtet wurde, den Benutzern zur Verfügung stellen 开设，开办，设立，开放，开辟 ↔ schließen〈e-n Laden, ein Lokal, ein Museum, e-e neue Autobahn, e-e Fluglinie e. 开设商店、酒店，开放博物馆，开辟新的高速公路、航线〉**2. *etw.*** (***mit etw.***) ***e.*** veranlassen, dass etw. beginnt, indem man etw. tut, das *mst* zeremoniellen Charakter hat 使开始，使开幕，揭开…序幕 ↔ schließen, beenden: *Die Diskussion e.* 开始讨论; *Der Richter erklärte die Verhandlung für eröffnet* 法官宣布审理案件开始; *Die Feier wurde mit e-r Rede des Bürgermeisters eröffnet* 庆祝会以市长讲话宣告开幕 **3.** (***j-m/etw.***) ***etw. e.*** e-e neue Möglichkeit (für j-n/etw.) schaffen（为…）开辟，创造〈(j-m) e-e neue, ungeahnte Möglichkeit/Perspektive, e-n neuen Weg e.（为某人）创造新的、意想不到的可能性/前景，开辟新的道路〉: *Die Erfindung der Dampfmaschine eröffnete der Seefahrt völlig neue Perspektiven* 蒸汽机的发明为海运开辟了崭新的前景 **4. *j-m etw. e.*** j-m etw. *mst* Unerwartetes erzählen/mitteilen 向…透露，吐露，坦白说出: *Er eröffnete seinen Angestellten*, dass *die Firma bankrott war* 他向自己的职员透露，公司已破产 **5. *das Feuer e.*** MIL【军】; anfangen zu schießen 开火 ↔ das Feuer einstellen **6. *ein Konto e.*** ein neues Konto bei e-r Bank einrichten 开立账户 **7. *ein Testament e.*** JUR【法】; ein verschlossenes Testament nach dem Tod des Verfassers offiziell öffnen u. den Inhalt den Erben u. der Familie des Toten verkünden 开启遗嘱: *Der Notar eröffnete das Testament im Beisein der Angehörigen des Verstorbenen* 公证人当着死者家属的面开启遗嘱; [Vi]（不及物）**8. *etw. eröffnet*** etw. wird für die Öffentlichkeit zugänglich（物作主语）开放，开门，开业，开始办公，开始营业〈ein Geschäft, ein Kino, ein Museum, ein Schwimmbad *o. Ä.* 商店，电影院，博物馆，游泳池等〉↔ etw. schließt: *In der Altstadt hat neulich ein neues Reisebüro eröffnet* 有一家新的旅行社不久前在旧城开业了; [Vr]（反身）**9. *etw. eröffnet sich*** (***j-m***) etw. entsteht als neue Möglichkeit (für j-n)（物作主语）（对…）呈现出，展现出 ≈ etw. ergibt sich, tut sich auf〈e-e neue, ungeahnte Chance, Möglichkeit, Perspektive 新的、意想不到的机遇，可能性，前景〉‖ *hierzu*（派生）**Er·öff·nung** *die*

ero·gen *Adj*（形）; *nur in* 只用于 ***e-e erogene Zone*** e-e Stelle des Körpers, an der Streicheln sexuell anregend wirkt 性感应区，性敏感部位

er·ör·tern; *erörterte, hat erörtert*; [Vt]（及物）***etw. e.*** *geschr*［书］; ausführlich u. detailliert über ein Problem sprechen od. schreiben 探讨，研究，讨论: *auftretende Schwierigkeiten e.* 研究正在出现的种种困难; *e-e Frage wissenschaftlich e.* 对问题进行科学探讨 ‖ *hierzu*（派生）**Er·ör·te·rung** *die*

Ero·si·on [-ˈzioːn] *die*; -, *-en*; GEOL【质】; das

Abtragen von Erde u. Gestein durch die Einwirkung von fließendem Wasser od. Wind 侵蚀,腐蚀,冲蚀 ‖ -K(复合): **Boden-**

ero·tisch *Adj*(形) **1.** 〈e-e Ausstrahlung, e-e Frau, ein Mann, ein Buch, e-e Darstellung, ein Film 神态,女人,男人,书,表演,电影〉 so, dass sie sexuell anziehend od. anregend wirken 色情的,性爱的,性感的,引起性欲的 **2.** ≈ sexuell 〈ein Bedürfnis, ein Erlebnis 要求,经历〉 ‖ *hierzu*(派生) **Ero·tik** *die*; -; *nur Sg*(只用单数)

Er·pel *der*; *-s*, -; e-e männliche Ente[1] (1)雄鸭,公鸭 ≈ Enterich

er·picht *Adj*(形); *nur in* 只用于 ***auf etw.*** (*Akk* 四格) ***e. sein*** *oft pej* 常用[贬]; großen Wert auf etw. legen u. etw. haben wollen (od. so haben wollen, wie man es sich wünscht)渴望,渴求,向往,企盼,贪求,酷嗜,热衷于,迷恋于: *Sie ist schrecklich auf Ordnung e./darauf e.*, dass *wir pünktlich sind* 她非常爱整洁/她企盼我们严守时间

er·pres·sen; *erpresste*, *hat erpresst*; Vt(及物) **1.** ***j-n*** (***mit etw.***) ***e.*** j-n (*mst* durch die Drohung, dass man etw. öffentlich bekannt gibt) dazu zwingen, einem etw. (*z. B.* Geld, Informationen) zu geben 敲诈,勒索: *Er wurde mit Fotos erpresst, die ihn mit seiner Geliebten zeigten* 他被人用他和情人在一起的照片敲诈了 **2.** ***etw. von j-m e.*** etw. von j-m durch Drohungen od. Gewalt bekommen 向…勒索,强力索取,逼取 〈ein Geständnis, e-e Unterschrift von j-m e. 逼某人承认,逼某人签字〉: *Er hat insgesamt 3000 Euro von ihr erpresst* 他总共勒索了她 3000 欧元 ‖ *hierzu*(派生) **Er·pres·sung** *die*

Er·pres·ser *der*; *-s*, -; j-d, der j-n erpresst 勒索者,讹诈分子,敲竹杠的人 ‖ *hierzu*(派生) **Er·pres·se·rin** *die*; -, *-nen*

er·pro·ben; *erprobte*, *hat erprobt*; Vt(及物) ***etw. e.*** testen, ob etw. tatsächlich so funktioniert, wie es funktionieren soll, ausprobieren 试验,证明,测试,考验,检验: *e-e neue Methode, ein Verfahren e., die Wirkung e-s Medikaments e.* 试验新方法,检验操作程序,检测一种药物的效果 ‖ *hierzu*(派生) **Er·pro·bung** *die*

er·qui·cken; *erquickte*, *hat erquickt*; Vt(及物) *geschr veraltend*[书][渐旧]; ***j-n/sich*** (***mit etw.***) ***e.*** ≈ erfrischen (1,2)

er·quick·lich *Adj*(形); *geschr veraltend*[书][渐旧] ≈ erfreulich, angenehm 〈nicht, kaum, wenig e. 不舒心的,不怎么可喜的,不太令人振奋的〉

er·ra·ten; *errät*, *erriet*, *hat erraten*; Vt(及物) ***etw. e.*** etw., das man nicht weiß, richtig raten 猜出,猜对,猜中,猜到 〈j-s Absichten, Gedanken, Gefühle e. 猜出某人的意图、心思、情感〉: *Du hasts erraten!* 你猜着了!

er·rech·nen; *errechnete*, *hat errechnet*; Vt(及物) ***etw. e.*** etw. durch Rechnen als Ergebnis bekommen 算出 ≈ ermitteln, ausrechnen: *e-e Entfernung, den Durchschnittspreis e.* 算出距离、平均价格; *Er hat errechnet*, wann *der Komet wieder an der Erde vorbeiziehen wird* 他算出慧星什么时候将再次从地球旁边擦过 ‖ *hierzu*(派生) **Er·rech·nung** *die*

er·reg·bar *Adj*(形); *nicht adv*(不作状语); 〈ein Mensch 人〉 so, dass er sehr schnell wütend, ärgerlich u. nervös wird 易激动的,易生气的,神经过敏的

er·re·gen; *erregte*, *hat erregt*; Vt(及物) **1.** ***etw. erregt j-n*** etw. macht j-n sehr wütend od. sehr nervös(物作主语)使激动,使不安,使恼怒: *Er war so erregt, dass er zitterte* 他气得发抖 ‖ NB(注意): *mst* im Zustandspassiv(多用于状态被动句)! **2.** ***j-n e.*** j-n sexuell anregen 激发…的性欲,使…性兴奋 **3.** ***j-d/etw. erregt etw.*** j-d/etw. verursacht e-e bestimmte Reaktion bei den Menschen (人/物作主语)引起,激起,使产生〈j-d/etw. erregt Aufsehen, (j-s) Besorgnis, Misstrauen, Mitleid, Widerwillen *usw* 某人/某事引起轰动、(某人的)忧虑、不信任、同情、反感等〉; Vr (反身) **4.** ***sich über j-n/etw. e.*** über j-n/etw. sehr wütend werden u. *mst* deswegen schimpfen 对…感到愤慨,恼怒,为…而发火 ‖ *hierzu*(派生) **Er·regt·heit** *die*; *nur Sg*(只用单数)

Er·re·ger *der*; *-s*, -; etw., das e-e Krankheit verursacht (*z. B.* ein Virus)病原体(如病毒)

Er·re·gung *die*; -, *-en* **1.** der Zustand, in dem j-d ist, der erregt (1,2) worden ist 激动,不安,恼怒,兴奋〈in heftige E. geraten, die E. nicht verbergen können 陷入极度不安的状态,无法掩饰激动〉 **2.** ***E. öffentlichen Ärgernisses*** JUR【法】; e-e Handlung in der Öffentlichkeit, die die moralischen od. religiösen Gefühle der meisten Leute verletzt u. die als Straftat gilt 引起公愤

er·rei·chen; *erreichte*, *hat erreicht*; Vt(及物) **1.** ***j-n/etw. e.*** so nahe an j-n/etw. herankommen, dass man ihn/ es fassen od. berühren kann 伸手碰到,触摸到,够着: *Wenn ich mich strecke, kann ich die Zimmerdecke gerade noch e.* 要是我伸直手脚,我刚好能碰到天花板 **2.** ***etw. e.*** an e-n Ort, e-e Stelle kommen 到达,抵达: *In wenigen Minuten erreichen wir Hamburg* 过几分钟我们就到达汉堡 **3.** 〈e-n Bus, e-n Zug *o. Ä.* 公共汽车,火车等〉 ***e.*** es schaffen, in e-n Bus, Zug *o. Ä.* zu kommen, bevor er wegfährt 赶上,赶到 **4.** ***etw. e.*** in e-n bestimmten (*mst* guten, positiven) Zustand kommen 进入,达到〈ein hohes Alter, e-n hohen Lebensstandard, ein Ziel e. 进入高龄,达到高级生活水平,达到目标〉 **5.** ***j-n e.*** mit j-m (*mst* telefonisch) sprechen können(多指电话)找到,与…联系上: *Ich konnte ihn zu Hause nicht e.* 我打电话到他家没找到他; *Ich bin unter der Nummer 2186 zu e.* 拨电话 2186 可以找到我 **6.** ***etw.*** (***bei j-m***) ***e.*** Wünsche, Pläne bei e-m anderen durchsetzen, verwirklichen können 能得到,能实现,能办成: *Wenn du unhöflich bist, erreichst du bei mir nichts* 要是你不礼貌,你在我这里什么也得不到 **7.** (***et***)***was/viel/wenig/nichts er-***

reicht haben Erfolg/viel/wenig/keinen Erfolg gehabt haben 有所收获，收获大，收获小，毫无收获

er·ret·ten; *errettete*, *hat errettet*; Vt（及物）*geschr*［书］**1. *j-n aus etw. e.*** j-n aus e-r unangenehmen Situation befreien 把…救出（困境），把…从…中挽救出来，解救出来，拯救出来：*Er hat sie aus e-r gefährlichen, peinlichen Lage/Situation errettet* 他把她从危险的、难堪的处境中救了出来 **2. *j-n von/vor etw.***（*Dat* 三格）***e.*** verhindern, dass j-d in e-r gefährlichen Lage ums Leben kommt 把…救活（使其免遭…）〈j-n vom/vor dem Erfrieren, Ersticken, Ertrinken, Tod *o.Ä.* e. 救活某人，使他免遭冻死、窒息、淹死、死亡等〉

er·rich·ten; *errichtete*, *hat errichtet*; Vt（及物）**1. *etw. e.*** ein großes Bauwerk bauen 建起，建造 ≈ erbauen 〈e-e Brücke, ein Hochhaus, e-n Palast, e-n Staudamm, ein Theater e. 建桥，建造高楼、宫殿、水坝、剧院〉**2. *etw. e.*** etw. aufbauen od. hinstellen（das man später wieder zerlegen u. an e-m anderen Ort aufbauen kann）筑起，树起，设置〈Barrikaden, ein Gerüst, Tribünen, Zelte e. 筑起路障，搭起脚手架、观礼台，支起帐篷〉**3.（*j-m*）*ein Denkmal e.*** ein Denkmal aufstellen（1），um j-n zu ehren（为…）树立纪念碑 **4. *etw. e.*** etw., das es vorher nicht gegeben hat, neu schaffen² (1) 创建，建立，设立〈e-e neue Gesellschaftsordnung/Weltordnung e. 创建新的社会制度/世界秩序；e-e Stiftung e. 建立基金会；Hindernisse, Schranken e. 设置障碍、拦道木〉‖ *hierzu*（派生）**Er·rich·tung** *die*

er·rin·gen; *errang*, *hat errungen*; Vt（及物）***etw. e.*** *geschr*［书］；etw. dadurch bekommen, dass man sich sehr anstrengt od. sehr darum bemüht（经过努力）争得，赢得，获得，取得 ≈ erlangen（1）〈e-n Erfolg, e-n Sieg, j-s Freundschaft, j-s Vertrauen e. 取得成功，获得胜利，赢得某人的友谊、某人的信任〉

er·rö·ten; *errötete*, *ist errötet*; Vi（不及物）*geschr*［书］；rot im Gesicht werden（*mst* weil man sich freut od. verlegen ist）脸变红，面红耳赤〈vor/aus Freude, Scham, Verlegenheit e. 由于高兴、羞愧、难为情而脸红〉

er·run·gen *Partizip Perfekt*（过去分词）；↑ ***erringen***

Er·run·gen·schaft *die*; -, *-en* **1.** *geschr*［书］；etw. Neues, das e-n großen Fortschritt od. e-e große Leistung darstellt 成绩，成就〈e-e medizinische, kulturelle, soziale, technische E. 医学上的、文化的、社会的、技术的成就〉：*Die Bürgerrechte sind e-e E. der Revolution* 公民权是革命的成就；*Strom ist e-e große technische E.* 电是一项伟大的技术成就 **2. *j-s neu(e)ste E.*** *gespr hum*［口］［谐］；etw., das sich j-d gerade gekauft hat od. j-d, den man gerade als Partner od. Mitarbeiter geworben hat 某人的新家当，某人的新伙伴：*Er hat wieder e-e neue E.* 他又有了一个新伙伴

Er·satz *der*; *-es*; *nur Sg*（只用单数）；**1.** e-e Person od. Sache, die e-e andere ersetzt（1）od. im Notfall ersetzen（1）kann 代替者（候补人员），替代物（代用品）〈ein vollwertiger, schlechter E. für j-n/etw. 某人/某物的毫不逊色的、差劲的替补（人员）/替代物；als E. für j-n einspringen 作为替补顶替某人〉：*Unser Torwart ist krank geworden, jetzt brauchen wir für das heutige Spiel unbedingt e-n E.* 我们的守门员病了，现在我们为了今天的比赛无论如何需要一名替补 ‖ K-（复合）：***Ersatz-***, ***-mann***, ***-rad***, ***-reifen***, ***-spieler*** ‖ -K（复合）：***Kaffee-***, ***Zahn-*** **2.** die Wiedergutmachung e-s Schadens od. Verlustes 补偿，赔偿 ≈ Entschädigung〈*mst* 多用（für etw.）E. fordern, leisten（为某事）要求补偿，作出补偿〉‖ K-（复合）：***Ersatz-***, ***-pflicht*** ‖ -K（复合）：***Schaden-***

Er·satz·teil *das*; etw., das in e-e Maschine od. ein Gerät eingebaut werden kann, um ein defektes Bauteil zu ersetzen（1）备件，备用件：*Der Staubsauger war so alt, dass keine Ersatzteile mehr zu bekommen waren* 这台吸尘器很旧，备用件再也买不着了 ‖ K-（复合）：***Ersatzteil-***, ***-lager***, ***-montage***

er·satz·wei·se *Adv*（状）；als Ersatz（1）作为替代

er·sau·fen; *ersäuft*, *ersoff*, *ist ersoffen*; Vi（不及物）*gespr!*［粗］≈ ertrinken

er·säu·fen; *ersäufte*, *hat ersäuft*; Vt（及物）***ein Tier e.*** *gespr!*［粗］ein Tier ertränken 把动物淹死

er·schaf·fen; *erschuf*, *hat erschaffen*; Vt（及物）***j-n/etw. e.*** *geschr*［书］；（*mst* mit göttlicher Kraft）j-n/etw. entstehen lassen（多指用神的力量）创造：*Gott erschuf den Menschen* 上帝创造了人 ‖ *hierzu*（派生）**Er·schaf·fung** *die*; *nur Sg*（只用单数）

er·schau·dern; *erschauderte*, *ist erschaudert*; Vi（不及物）（***vor etw.***（*Dat* 三格）***e.*** *geschr*［书］；plötzlich u. unwillkürlich zusammenzucken u. kurz zittern, weil man erschrickt, Angst bekommt *o.Ä.* 战栗，发抖，打战〈vor Angst, Ehrfurcht, Ekel, Grauen, Kälte *o.Ä.* e. 因害怕、敬畏、厌恶、恐惧、寒冷等而发抖〉

er·schau·ern; *erschauerte*, *ist erschauert*; Vi（不及物）（***vor etw.***）***e.*** *geschr*［书］≈ erschaudern〈vor Angst, Ehrfurcht, Glück *o.Ä.* e. 因害怕、敬畏、高兴等而战栗〉‖ NB（注意）：im Gegensatz zu *erschaudern* auch in Verbindung mit angenehmen Gefühlen verwendet（与 erschaudern 不同，它也可与愉快的感觉连用）

er·schei·nen; *erschien*, *ist erschienen*; Vi（不及物）**1. *etw. erscheint*（*irgendwo*）** etw. wird irgendwo sichtbar（物作主语）露出，显现，出现：*Nach dem Regen erschien wieder die Sonne am Himmel* 雨后天空又出太阳了；*Plötzlich erschien ein Flugzeug am Horizont* 地平线上突然出现一架飞机 **2. *j-d/etw. erscheint irgendwo*** j-d/etw. kommt dorthin, wo er/es erwartet wird（人/物作主语）露面，出场，来到：*Er ist nicht zum Frühstück erschienen* 他没有来吃早饭；*Morgen soll ich als Zeuge vor Gericht e.* 明天我要出庭作证 **3. *etw.***

erscheint (***irgendwo***) etw. wird veröffentlicht(物作主语)出版，发表〈ein Buch, e-e Zeitschrift 书，杂志; etw. erscheint täglich, wöchentlich, monatlich, regelmäßig 某物每天、每周、每月、定期出版〉: *Bei welchem Verlag erscheint das Werk?* 这本著作在哪个出版社出版? **4.** ***j-m erscheint j-d / etw.*** j-d glaubt, dass er ein Gespenst od. ein übernatürliches Wesen sieht(人/物作主语)某人似乎看见…幽灵/幻象 **5.** ***j-d / etw. erscheint*** (***j-m***) ***irgendwie*** j-d/etw. macht (auf j-n) e-n bestimmten Eindruck (人/物作主语)显得，使人觉得，好象，给人…印象 ≈ j-d/etw. kommt j-m irgendwie vor: *Es erscheint* (*mir*) *merkwürdig, dass er noch nicht da ist* 令人(我觉得)奇怪的是，他还没有来; *Seine Reaktion erschien mir verdächtig* 他的反应使我怀疑

Er·schei·nung *die*; -, *-en* **1.** etw., das man beobachten od. wahrnehmen kann 现象，表现〈e-e häufige, seltene, ungewöhnliche E. 常见的、罕见的、不平常的现象〉‖ -K(复合): ***Alters-***, ***Ermüdungs-***, ***Folge-***, ***Mangel-***, ***Mode-*** **2.** e-e Person *o. Ä.* in Gestalt e-s Gespensts, e-r Vision *o. Ä.* 幽灵，幻影，幻象〈e-e E. haben 有幻象〉**3.** ***e-e*** + *Adj*(形) + ***E. sein*** verwendet, um den äußeren Eindruck zu beschreiben, den j-d macht 外表，形象，仪表〈j-d ist e-e elegante, imposante, stattliche, sympathische E. 某人穿着很时髦、仪表非凡、形象魁伟、外表讨人喜欢〉**4.** (***als etw.***) ***in E. treten*** sichtbar od. aktiv werden 出现，出面，露面，显露: *Die Polizei trat bei der Demonstration überhaupt nicht in E.* 警察在游行时压根儿没有露面 **5.** ≈ Veröffentlichung ‖ K-(复合): ***Erscheinungs-***, ***-datum***, ***-jahr***, ***-ort***, ***-termin***

Er·schei·nungs·bild *das*; das Aussehen, das äußere Bild von j-m/etw. 形象，外观〈sein E. ändern 改变自己的形象〉: *Das E. der Landschaft hat sich unter dem Einfluss der Industrialisierung stark gewandelt* 该地区的面貌由于受工业化的影响发生了很大变化

Er·schei·nungs·form *die*; die äußere Form, die etw. annimmt 形态，表现形式: *Die Erscheinungsformen, in denen reiner Kohlenstoff auftritt, sind Diamant u. Graphit* 出现纯碳的形态是金钢石和石墨

er·schie·ßen; *erschoss*, *hat erschossen*; [Vt](及物) ***j-n / sich / ein Tier e.*** j-n, sich od. ein Tier durch e-n Schuss töten 枪杀，枪毙/(开枪)自杀/杀死(动物)

Er·schie·ßung *die*; -, *-en*; e-e Hinrichtung, Exekution durch Erschießen 枪毙，执行枪决

er·schlaf·fen; *erschlaffte*, *ist erschlafft*; [Vi](不及物) ***j-d / etw. erschlafft*** j-d/etw. wird müde u. hat keine Kraft, keine Energie mehr (人/物作主语)精疲力尽，疲劳，酸懒，松弛无力，衰退〈die Muskeln, der Wille, der Körper 肌肉，意志，身体〉‖ NB(注意): *mst* im Partizip Perfekt(多用过去分词)! ‖ *hierzu*(派生) **Er·schlaf·fung** *die*; *nur Sg*(只用单数)

er·schla·gen[1]; *erschlug*, *hat erschlagen*; [Vt](及物) **1.** ***j-n*** (***mit etw.***) ***e.*** j-n durch einen od. mehrere Schläge mit e-m schweren Gegenstand töten 打死，砸死，击毙 ≈ j-n totschlagen **2.** ***etw. erschlägt j-n*** etw. fällt auf j-n u. tötet ihn(物作主语)砸死: *von e-m Felsen erschlagen werden* 被一块坠落的岩石砸死 ‖ NB(注意): *mst* im Passiv! (多用于被动语态!) **3.** ***etw. erschlägt j-n*** *gespr*[口]; etw. erstaunt od. überrascht j-n sehr(物作主语)使大为吃惊，使惊呆，使目瞪口呆 **4.** ***von e-m Blitz erschlagen werden*** von e-m Blitz getroffen werden 遭雷击 ‖ *zu* (义项) **1.**, **2.** u. **4.** **Er·schla·ge·ne** *der / die*; *-n*, *-n*

er·schla·gen[2] **1.** *Partizip Perfekt*(过去分词); ↑ ***erschlagen***[1] **2.** *Adj*(形); *nur präd od adv*, *gespr* (只作表语或状语)[口]; sehr müde, erschöpft 疲惫不堪，精疲力尽〈ganz, total, völlig, ziemlich e. sein 非常疲惫，极其疲惫，十分劳累，相当劳累; sich e. fühlen 感到精疲力尽〉

er·schlei·chen; *erschlich*, *hat erschlichen*; [Vt](及物) (***sich*** (*Dat* 三格)) ***etw. e.*** *pej*[贬]; sich durch Betrug, Täuschung od. Schmeicheleien etw. verschaffen 骗取，诈取〈(sich) e-e Erbschaft, j-s Vertrauen e. 骗取遗产、某人的信任〉‖ *hierzu*(派生) **Er·schlei·chung** *die*; *mst Sg*(多用单数)

er·schlie·ßen; *erschloss*, *hat erschlossen*; [Vt](及物) **1.** ***etw. e.*** die notwendigen Arbeiten tun, damit etw. genutzt werden kann 开发，开拓，开垦〈Rohstoffe, Bodenschätze, Öl(vorräte), e-e Quelle e. 开发原料、地下资源、石油(矿藏)、水源; e-n neuen Markt für ein Produkt e. 为产品开拓新的市场〉**2.** ***etw. e.*** die notwendigen Arbeiten tun, damit man zu etw. kommen, gelangen kann 开拓，开辟〈e-e Gegend, ein Land e. 开辟一个地区、一个地带〉**3.** ***etw. aus etw. e.*** aufgrund von Beobachtungen u. Überlegungen etw. (ziemlich sicher) annehmen 推断，推论〈die Bedeutung e-s Wortes aus dem Zusammenhang e. 从上下文中推断一个词的词义〉‖ *hierzu*(派生) **Erschließung** *die*

er·schöp·fen; *erschöpfte*, *hat erschöpft*; [Vt](及物) **1.** ***etw. erschöpft j-n*** etw. strengt j-n so an, dass seine körperlichen od. geistigen Kräfte völlig verbraucht sind(物作主语)使耗尽精力或体力，使疲惫不堪〈völlig erschöpft sein 精疲力尽〉: *Die Strapazen der Reise hatten ihn so erschöpft, dass er krank wurde* 旅途劳顿把他累得病倒了 **2.** ***etw. e.*** etw. vollständig verbrauchen 耗尽，用光〈seine finanziellen Mittel, Reserven, Vorräte e. 耗尽自己的资金、储备、储存〉; [Vr](反身) **3.** ***etw. erschöpft sich in etw.*** (*Dat* 三格) etw. geht nicht über etw. hinaus 局限在…，仅限于…: *Der Bericht erschöpfte sich in der Aufzählung der Probleme u. ging nicht auf die Lösungen ein* 报告拘囿于罗列问题，而没有探讨解决办法 ‖ ID[谚] ***j-s Geduld ist erschöpft*** j-d hat keine Geduld mehr, j-d ist nicht mehr bereit, geduldig zu sein 某人再也没有耐心了，某人已经不耐烦了

er·schöp·fend **1.** *Partizip Präsens*(现在分词); ↑ ***erschöpfen*** **2.** *Adj*(形); so, dass dabei alle Fragen beantwortet werden 详尽的，详细的，翔实的 ≈ vollständig ↔ lückenhaft 〈e-e Auskunft, e-e Erklärung 询问，说明；ein Thema e. behandeln 详细地研究一个题目〉

Er·schöp·fung *die*; -, -en; *mst Sg*（只用单数）；ein Zustand sehr großer körperlicher od. geistiger Müdigkeit 精疲力尽，疲惫不堪〈vor E. einschlafen 因极度疲劳而睡着〉

er·schos·sen 1. *Partizip Perfekt*（过去分词）；↑ **erschießen** 2. *Adj*（形）；*gespr*［口］；sehr müde 疲惫不堪〈ganz e. sein 极其劳累〉

er·schrak *Imperfekt, 1. u. 3. Person Sg*（过去时，第一和第三人称单数）；↑ **erschrecken**¹

er·schrä·ke *Konjunktiv II, 1. u. 3. Person Sg*（虚拟式 II，第一和第三人称单数）；↑ **erschrecken**¹

er·schre·cken¹; *erschrickt, erschrak, hat/ist erschrocken*; [Vi]（不及物）（*ist*）1.（**vor j-m/etw.**）**e.**（plötzlich）e-n Schrecken bekommen（对…）吃惊，惊慌，害怕：*Er erschrickt sogar vor kleinen Hunden, wenn sie bellen* 他甚至害怕汪汪叫的小狗 2.（**über j-n/etw.**）**e.** e-e Art Angst empfinden, *z.B.* wenn man j-n/etw. sieht（weil der Anblick schockierend *o.Ä.* ist）对…感到害怕，吃惊：*Ich war über sein schlechtes Aussehen sehr erschrocken* 看到他脸色难看，我当时很吃惊 [Vr]（反身）（*hat*）3. **sich**（**vor j-m/etw., über etw.**（*Akk* 四格））**e.** *gespr*［口］≈ e.¹(1,2)

er·schre·cken²; *erschreckte, hat erschreckt*; [Vt]（及物）**j-n**（**irgendwie**）**e.** bewirken, dass j-d e-n Schreck bekommt 使害怕，使吃惊，使吓一跳〈j-n sehr, zu Tode e. 使某人很惊恐，把某人吓得要死〉：*Der laute Knall hat mich erschreckt* 很响的爆裂声吓了我一跳；*Es ist erschreckend zu sehen, wie der Verbrauch von Drogen steigt* 看到毒品消耗量的增长令人吃惊

er·schrickt *Präsens, 3 Person Sg*（现在时，第三人称单数）；↑ **erschrecken**¹

er·schro·cken *Partizip Perfekt*（过去分词）；↑ **erschrecken**¹

er·schüt·tern; *erschütterte, hat erschüttert*; [Vt]（及物）1. **etw. erschüttert j-n** etw. bewirkt, dass j-d plötzlich tiefe Trauer od. großes Mitleid fühlt（物作主语）使震惊，使悲痛，使感动：*Die Nachricht vom Tod seines Vaters hat ihn zutiefst erschüttert* 他父亲去世的消息使他深感悲痛；*Bei der Beerdigung spielten sich erschütternde Szenen ab* 在葬礼上出现令人悲痛的场面 2. **etw. erschüttert etw.** etw. bewirkt, dass sich etw. bewegt u. schwankt, das normalerweise bewegungslos ist（物作主语）使摇动，使震动，使震撼：*Der vorbeifahrende Zug/Ein Erdbeben erschütterte das Haus* 这辆从旁边驶过的火车/地震震得房屋摇晃 3. **j-d/etw. erschüttert etw.** j-d/etw. nimmt etw. die sichere Grundlage（人/物作主语）动摇，影响〈j-s Ansehen, Entschluss, Glaube, Glaubwürdigkeit e. 影响某人的威望、决心、信念、可信性〉：*Ihr Glaube an Gott kann durch nichts erschüttert werden* 她对上帝的信仰不会为任何东西所动摇

Er·schüt·te·rung *die*; -, -en 1. *mst Sg*（多用单数）；die tiefe Bestürzung *o.Ä.*, die durch ein trauriges Ereignis verursacht wird 震动，震惊，激动，悲痛 ≈ Bestürzung：*Bei der Trauerfeier war ihm seine E. anzumerken* 在追悼会上可以看出他的悲痛 2. e-e kurze Bewegung, die durch Erschüttern (2) verursacht wird 晃动，摇动，震动 3. *nur Sg*（只用单数）；der Vorgang, bei dem etw., woran j-d glaubt, erschüttert (3) wird 动摇，影响

er·schwe·ren; *erschwerte, hat erschwert*; [Vt]（及物）（**j-m**）（**durch etw.**）**etw. e.**（j-m）etw. schwieriger, mühevoller od. anstrengender machen 给…造成困难，使复杂化，使难办 ↔ erleichtern：*Nach dem Erdbeben erschwerten heftige Regenfälle die Rettungsarbeiten* 地震后，暴雨给救援工作造成困难

Er·schwer·nis *die*; -, -se; *geschr*［书］；etw., das j-m etw. erschwert 困难，麻烦 ↔ Erleichterung

er·schwin·deln; *erschwindelte, hat erschwindelt*; [Vt]（及物）**sich**（*Dat* 三格）**etw. e.** *gespr pej*［口］［贬］；sich etw. verschaffen, indem man lügt, schwindelt od. betrügt 诈骗到，骗得，诓得

er·schwing·lich *Adj*（形）；so, dass man es sich leisten kann, nicht sehr teuer 买得起的，不算太贵的，承受得了的〈ein Preis 价格〉：*Ein Auslandsurlaub ist nicht für jeden e.* 出国休假并不是人人都负担得起的

er·se·hen; *ersieht, ersah, hat ersehen*; *geschr*［书］；[Vt]（及物）1. **etw. aus etw. e.** durch etw. e-e Information bekommen od. e-e richtige Schlussfolgerung ziehen können 从…中看出，察知，获悉：*Wie Sie aus Ihren Unterlagen ersehen, ist unser Umsatz stark gestiegen* 正如您从您的材料中看出的那样，我们的销售额大大增加了；*Aus seinem Verhalten kann man nicht e., worauf er hinauswill* 从他的态度中无法看出，他的目的是什么 2. **etw. lässt sich aus etw. e.** etw. wird durch etw. erkennbar od. deutlich（物作主语）从…中可看出，得知：*Aus ihrem Brief lässt sich nicht e., wann sie uns besuchen will* 从她的信中看不出她想什么时候来看我们

er·seh·nen; *ersehnte, hat ersehnt*; [Vt]（及物）（**sich**（*Dat* 三格））**j-n/etw. e.** intensiv wünschen, dass etw. passiert od. dass man j-n findet, trifft, ein Kind bekommt *o.Ä.* 盼望，企盼，渴望，期望〈etw. heiß, heimlich e. 热切地、暗暗盼望某事；das ersehnte Ziel erreichen 达到所期望的目的；sich e-n Freund, ein Kind e. 渴望有一个朋友、一个孩子〉

er·set·zen; *ersetzte, hat ersetzt*; [Vt]（及物）1.（**j-m**）**j-n/etw. e.** an die Stelle e-r Person/Sache treten, weil diese nicht (mehr) da ist 替，替代：*Niemand kann e-m Kind die Mutter e.* 谁也不能替代一个孩子的母亲；*Nichts kann e-e gute Erziehung e.* 任何东西都无法替代良好的教育 2. **j-n/etw.**（**durch j-n/etw.**）**e.** j-n/etw. an die Stelle von j-m/etw. bringen（用…）替换，顶替，替补：*e-n alten Fernseher durch* *e-n neuen e.* 用新电视替换旧电视; *Zwei Kollegen haben in letzter Zeit die Firma verlassen, aber nur einer wird ersetzt* 最近两个同事离开了公司,但只有一个有人替补 **3.** (**j-m**) **etw. e.** j-m Geld *o.Ä.* geben als Wiedergutmachung für e-n Schaden, e-n Verlust *o.Ä.*, für den man verantwortlich ist 补偿,赔偿,弥补 ≈ für etw. aufkommen: *Bei e-m Unfall ist die Versicherung verpflichtet, Schäden an fremden Fahrzeugen zu e.* 如果发生事故,保险公司有责任赔偿他人运输工具的损失 ‖ *zu* (义项)**1.** u. **2.** **er·setz·bar** *Adj*(形) ‖ ▶ **Ersatz**

er·sịcht·lich *Adj*(形); 〈ein Grund 原因〉 so, dass man ihn erkennen u. verstehen kann 清楚的,明显的,可以看出的: *Mir ist nicht e., wie das Gerät funktioniert* 我不清楚这台仪器是怎么运行的; *Sie hat ihn ohne e-n ersichtlichen Grund verlassen* 没有明显的原因,她离开了他

er·sịn·nen; *ersann, hat ersonnen*; Vt(及物) (**sich** (*Dat* 三格)) **etw. e.** *geschr*[书]; sich etw. ausdenken 想出,编出 〈(sich) e-e Geschichte, ein Märchen, e-n Plan *o.Ä.* e. 编出一个故事、一个童话,想出一个计划等〉

er·spä·hen; *erspähte, hat erspäht*; Vt(及物) **j-n/etw.** (**irgendwo**) **e.** *geschr*[书]; j-n/etw. sehen können, weil man intensiv u. angestrengt nach ihm/danach schaut(经努力寻觅)望见,发现,瞧见: *j-n in e-r Menschenmenge e.* 在人群中发现某人

er·spa·ren; *ersparte, hat erspart*; Vt(及物) **1.** (**sich** (*Dat* 三格)) **etw. e.** e-e Summe Geld (od. das Geld für etw.) durch Sparen ansammeln 节省,积攒,积蓄 〈sich etw. mühsam e. 艰辛地节省某物〉: *Sie hatte sich monatlich hundert Euro erspart* 她每月攒下100欧元; *Er lebt von seinem Ersparten* 他靠自己的积蓄生活 **2.** **j-m/sich etw. e.** verhindern, dass j-d/man selbst von etw. Unangenehmem betroffen wird 免除,避开,省得,躲开 〈sich/j-m Ärger, Aufregung, Scherereien *o.Ä.* e. 避免使自己/某人生气、激动、烦恼等〉: *j-m e-n Vorwurf nicht e. können* 无法躲开某人的指责; *Wenn du ein bisschen ordentlicher wärst, würdest du dir das Suchen e.* 要是你稍许有条理一些,你就省得找了 ‖ ID[谚] *mst* 多用 ***Mir bleibt aber auch nichts erspart!*** *gespr*[口]; verwendet, um auszudrücken, dass einem immer wieder unangenehme Dinge passieren 我什么倒霉事都躲不掉! ≈ auch das noch!

Er·spar·nis *die*; -, *-se* **1.** *mst Pl*(多用复数); e-e Summe Geld, die man erspart hat 积蓄,存款,积攒的钱〈Ersparnisse besitzen 有积蓄; von seinen Ersparnissen leben, zehren 靠积蓄生活,靠吃积蓄为生; j-n um seine Ersparnisse bringen 骗走某人的积蓄〉 **2.** *mst Sg*(多用单数); etw., das man einspart 节省,节约≈ Einsparung: *Das neue Herstellungsverfahren ermöglicht uns e-e E. von Kosten u. Material* 新的生产程序使我们有可能节省费用和材料 ‖ -K(复合): **Arbeits-**, **Geld-**, **Kosten-**, **Kraft-**, **Material-**, **Platz-**, **Raum-**, **Zeit-**

er·sprieß·lich *Adj*(形); *nicht adv*, *geschr*(不作状语)[书]; so, dass etw. angenehm ist u. Nutzen bringt 有益的,有成效的,满意的 〈ein Gespräch, e-e Zusammenarbeit 谈话,合作〉

erst[1] *Adv*(副); *ohne Steigerung*(无变级); verwendet, um sich auf das zu beziehen, was zeitlich am Anfang steht 先,首先 ≈ zuerst, zunächst: *Ich mache e.* (*einmal*) *das Abitur, u. dann sehe ich weiter* 我先读完文理高级中学,以后再看; *Überlege dir das e.* (*einmal*) *in aller Ruhe, bevor du e-e so wichtige Entscheidung triffst* 在你作出如此重要的决定之前,你先冷静地思考一下

erst[2] *Partikel*(小品词); *unbetont*(非重读) **1.** verwendet, um e-e Aussage zu steigern od. besonders hervorzuheben(表示强调)更,更加: *Wenn du dich schon über jede Kleinigkeit aufregst, wie reagierst du e. bei e-m echten Problem!* 要是你遇到每件小事都激动,真碰上问题你就更难办了; *„Ich bin ziemlich nervös." – „Und ich e.!"* "我很烦躁。"——"我更烦躁!"; *Ich bin zwar sehr temperamentvoll, aber du müsstest e. meine Schwester kennenlernen* (*sie ist noch viel temperamentvoller*)! 虽然我性格很活泼,但你更有必要认识一下我的妹妹(她还要活泼得多)! **2.** verwendet, um auszudrücken, dass etw. später als erwartet geschieht/geschehen ist (表示事情发生得要比期待的晚)才↔ schon: *Unsere Gäste sind e. um zwei Uhr morgens gegangen* 我们的客人清晨两点才走; *Ich bin e. gegen Mittag aufgewacht* 我近中午才醒来; *E. viel später habe ich alle Einzelheiten erfahren* 很晚很晚我才得知详尽细节 **3.** verwendet, um auszudrücken, dass etw. vor nicht sehr langer Zeit geschehen ist(表示事情不久前才发生)刚,才: *Ich habe ihn e. kürzlich/e. gestern gesehen* 我前不久/昨天刚见过他 **4.** *mst* 多用 ***es ist e.*** + *Zeitangabe*(时间说明语) verwendet, um auszudrücken, dass es noch relativ früh ist (表示时间还相当早)才,刚↔ schon: *Bleib noch ein bisschen, es ist e. halb elf* 再呆一会儿,现在刚十点半; *Es ist e. Mitte Oktober, u. schon schneits!* 刚十月中旬就下雪了! **5.** verwendet, um auszudrücken, dass etw. weniger als erwartet od. erwünscht ist(表示事情比期望的少)刚,才,只 ↔ schon: *Ich habe diese Woche e. zwei Anrufe bekommen* 这星期我才接到两次电话; *Ich lese schon seit einer Stunde u. habe trotzdem e. 6 Seiten geschafft* 我已读了一个小时,但才读完六页 ‖ NB(注意): *erst* kann in diesem Sinn durch *nur* ersetzt werden, aber *nur* impliziert, dass der Vorgang bereits abgeschlossen ist, während *erst* für die Zukunft noch Möglichkeiten offenlässt(在这个意义上 erst 可用 nur 替代,但 nur 的含义是行为已结束,而 erst 还可表示将来): *Ich habe nur drei Weihnachtskarten bekommen* (dieses Jahr)/*Ich habe erst drei Weihnachtskarten bekommen* (bisher – vielleicht kommen noch welche) 我(今年)才(只)得到三张圣诞贺卡/我刚得到三张圣诞贺卡(迄今为止——也许还会收到一些) **6.** **e. 'recht** drückt aus, dass j-d etw. mit Entschlossenheit od. aus Trotz tut(表示坚决或固执地要做某事)更加厉害,有过之而无不及: *Ich habe ihr verboten, Süßigkeiten zu kaufen, aber sie tut es e. recht* 我不让她买甜食吃,但她买得更厉害 **7. e. 'recht nicht** verwendet, um e-e Verneinung intensiv zu verstärken(表示强调否定)更加不: *Auf diese Art lösen wir das Problem e. recht nicht* 我们采取这种方式更加解决不了这个问题; *Ich kann Sport überhaupt nicht leiden – u. Fußball e. recht nicht!* 我根本就不能忍受体育——而足球就更不能忍受

ers.t-[1] *Zahladj*(数形) **1.** in e-r Reihenfolge an der Stelle eins 第一的 ≈ 1. ‖ NB(注意): Gebrauch ↑ *Beispiele unter* 用法,用例见 **viert-** **2.** in e-r Reihe od. Skala den Anfang bildend 第一的: *im ersten Stock wohnen* 住在第二层(二楼); *Ich sitze in der ersten Reihe* 我坐在第一排; *Der Erste von links auf diesem Foto, das bin ich* 这张照片上左边第一个就是我; (*im Auto*) *den ersten Gang einlegen* 挂一挡(汽车); *Verbrennungen ersten Grades* 一度烧伤

ers.t-[2] *Adj*(形); *nur attr, ohne Steigerung, nicht adv*(只作定语,无变级,不作状语) **1.** den Anfang e-s Vorgangs od. e-r Erscheinung darstellend 最初的,开头的: *bei j-m die ersten grauen Haare entdecken* 在某人头上发现最初的白发; *Dieses Jahr fiel der erste Schnee bereits im September* 今年头场雪在九月份就下了; *die ersten Symptome e-r Krankheit* 疾病的最初症状 **2.** ≈ vorläufig: *e-e erste Bilanz ziehen* 作初步总结; *ein erstes Ergebnis* 初步结果 **3.** in Bezug auf Rang od. Qualität an der Spitze stehend 头等的,一流的,上等的: *im Zug erster Klasse fahren* 乘坐头等火车; *Weine erster Wahl* 上等葡萄酒 ‖ ID[谚] **fürs Erste** *gespr* [口] ≈ vorläufig, zunächst: *Mehr brauche ich nicht einzukaufen – das reicht fürs Erste* 我不用多买——这点暂时够了

er.star.ken; *erstarkte, ist erstarkt*; [Vi](不及物) **etw. erstarkt** *geschr* [书]; etw. wird stärker od. größer (nachdem es vorher nur schwach, wenig intensiv war)(物作主语)加强,增强,壮大〈j-s Freundschaft, Glaube, Hoffnung, Liebe, Widerstand 某人的友谊,信念,希望,爱情,反抗〉‖ *hierzu*(派生) **Er.star.kung** *die*; *nur Sg*(只用单数)

er.star.ren; *erstarrte, ist erstarrt*; [Vi](不及物) **1. etw. erstarrt (zu etw.)** etw. wird starr, hart od. fest(物作主语)凝固,凝结〈Gelatine, Gips, Lava, Sülze, Zement *o. Ä.* 明胶,石膏,熔岩,盐水,水泥等〉 **2. etw. erstarrt (j-m)** etw. wird als Folge großer Kälte steif u. unbeweglich(物作主语)冻僵,冻麻〈die Finger, die Glieder 手指,四肢〉 **3.** (**vor etw.** (*Dat* 三格)) **e.** nicht handeln od. sich nicht bewegen können, weil man große Angst hat, erschrickt *o. Ä.*(因…)发呆,发愣,发怔〈vor Angst, Entsetzen, Schreck, in/vor Ehrfurcht e. 吓呆,惊呆,吓得发愣,肃然起敬〉

er.stat.ten; *erstattete, hat erstattet*; [Vt](及物) **1. j-m etw. e.** *geschr*[书]; j-m das Geld, das er für e-n bestimmten Zweck ausgegeben hat, zurückzahlen 归还,偿还 ≈ j-m etw. vergüten 〈j-m alle Auslagen, Spesen, Unkosten e. 归还某人全部垫款、费用、开销〉: *Aufwendungen wie Fahrkosten o. Ä., die Ihnen im Zusammenhang mit Ihrer Bewerbung entstehen, werden Ihnen selbstverständlich erstattet* 与您求职有关的开销,如旅差费等,自然都给您报销 **2.** (**j-m über etw.** (*Akk* 四格)) **Bericht / Meldung e.** ADM *geschr*【管理】[书]; j-m über etw. in sachlicher Form berichten 作关于…的报告/汇报 **3.** (**gegen j-n**) **Anzeige e.** *geschr*[书]; j-n bei der Polizei anzeigen (2,3)(向警方)告发(某人) ‖ *hierzu*(派生) **Er.stat.tung** *die*

Erst.auf.füh.rung *die* ≈ Uraufführung

er.stau.nen; *erstaunte, hat/ist erstaunt*; [Vt](及物)(*hat*) **1. etw. erstaunt j-n** etw. ist so, dass j-d darüber überrascht ist u. staunt(物作主语)使惊讶,使感到惊奇,使吃惊: *Ihr großes Wissen über dieses schwierige Fachgebiet hat mich sehr erstaunt* 她对这一复杂的专业领域所具备的丰富知识使我感到非常惊奇; [Vi](不及物)(*ist*) **2.** (**über etw.** (*Akk* 四格)) **e.** *geschr*[书]; über etw. in Staunen, Verwunderung geraten(对…)感到惊奇,惊异 ‖ *zu*(义项) **2. er.stau.nens.wert** *Adj*(形)

Er.stau.nen *das*; *-s*; *nur Sg*(只用单数) **1.** das Erstauntsein 惊奇,惊讶,吃惊〈j-n in E. versetzen 使某人惊奇〉 **2. zu j-s E.** zu j-s großer Überraschung 令某人吃惊、惊奇: *Zu seinem größten E. öffnete sich e-e geheime Tür, als er die Wand berührte* 当他一触摸墙,一扇隐蔽的门打开了,这使他非常吃惊

er.staun.lich *Adj*(形); so, dass man darüber staunt 惊人的,令人惊叹的,令人惊奇的 ≈ überraschend: *Er verfügt über ein erstaunliches Wissen auf diesem schwierigen Gebiet* 在这一复杂的领域他具备令人惊叹的知识; *Er ist e. vital für sein Alter* 他这年纪精力旺盛得令人吃惊

er.staunt **1.** *Partizip Perfekt*(过去分词); ↑ **erstaunen** **2.** *Adj*(形); **e. sein (über j-n/etw.)** ≈ staunen

Erst.aus.ga.be *die* **1.** die erste gedruckte Veröffentlichung e-s literarischen od. wissenschaftlichen Werkes 初版,第一版 **2.** ein Exemplar der ersten Auflage e-s Buches *o. Ä.* 第一版版本

erst.bes.t- *Adj*(形); *nur attr, nicht adv, oft pej*(只作定语,不作状语)常用[贬]; **der / die / das erstbeste** e-e Person od. Sache, die als erste in Frage kommt (ohne sorgfältig ausgewählt worden zu sein)(不加挑选)最先碰上的那一个,随便哪一个(人或物): *Wir gingen ins erstbeste Café* 我们走进了就近的那个咖啡馆; *Als wir ankamen, war es schon sehr spät, u. wir mussten das erstbeste Hotel nehmen* 当我们到达时已很晚了,我们只得随便找一个旅馆住下

Ers.te[1] *der/die*; *-n, -n*; j-d, der bei e-m (sportlichen) Wettbewerb die beste Leistung erzielt hat(体育竞赛中的)第一名,优胜者: *beim 100-Meter-Lauf Erster werden* 成为百米赛跑第一名; *Sie ging als Erste durchs Ziel* 她第一个通过终点 ‖ NB(注意): *Erster*; *der Erste*; *den*, *dem*, *des Ersten*

Ers·te² *der*; *-n*; *nur Sg*(只用单数); *in* 用于 **am/zum Ersten** (**des Monats**) am/zum ersten Tag e-s bestimmten Monats(月份的第一天)一号,一日: *zum Ersten* (*des Monats*)/*zum nächsten Ersten kündigen*(这个月)一号/下个月一号辞职

er·ste·chen; *ersticht*, *erstach*, *hat erstochen*; [Vt](及物) **j-n** (**mit etw.**) **e.** j-n durch e-n od. mehrere Stiche mit e-m Messer *o.Ä.* töten 刺杀,刺死

er·ste·hen; *erstand*, *hat erstanden*; [Vt](及物) **etw. e.** etw. kaufen 买到,弄到: *Er hat gerade ein neues Auto erstanden* 他刚买了一辆新汽车; *Diesen Mantel habe ich ganz billig erstanden* 这件大衣我买得很便宜

er·stei·gern; *ersteigerte*, *hat ersteigert*; [Vt](及物) **etw. e.** etw. auf e-r Versteigerung *o.Ä.* kaufen, indem man e-n höheren Preis dafür bietet als andere Personen 出高价买到

er·stel·len; *erstellte*, *hat erstellt*; [Vt](及物) **1. etw. e.** *bes* e-n Text od. e-n Plan fertig machen (2) 制作,拟定,完成 ≈ ausarbeiten ⟨ein Gutachten, ein Protokoll, e-n Plan, e-n Kostenvoranschlag e. 写出鉴定,作记录,制定计划,作费用预算⟩ **2. etw. e.** ADM *geschr*【管理】[书]; ein Bauwerk bauen 建造,建筑 ≈ errichten: *Sozialwohnungen e.* 建造社会福利住房 ‖ *hierzu*(派生) **Er·stel·lung** *die*; *nur Sg*(只用单数)

ers·tens *Adv*(副); verwendet bei e-r Aufzählung, um anzuzeigen, dass etw. an erster Stelle kommt od. *bes* wichtig ist 第一,首先: *Ich komme nicht mit. E. ist mir der Weg zu weit u. zweitens habe ich keine Lust* (*dazu*)我不去了,首先,对我来说路太远,其次,我(对此)没兴趣

Ers·te·re *der/die*; *-n*, *-n*; von zwei Personen od. Sachen diejenige, die man zuerst genannt hat 前者 ↔ Letztere: *Peter u. Hans waren da, Ersterer ging aber früh nach Hause* 彼得和汉斯回来了,但前者回家早 ‖ NB: *Ersterer*; *der Erstere*; *den*, *dem*, *des Ersteren*

Erst·ge·burt *die*; *nur Sg*(只用单数) **1.** *geschr* [书]; das erste Kind 第一个孩子,长子(女),头胎 **2.** *hum*[诙]; e-e größere, *mst* künstlerische Arbeit, die man zum ersten Mal gemacht hat 第一部作品,第一件艺术品,处女作 ‖ *zu* (义项) **1. Erst·ge·bo·re·ne** *der*, *die*, *das*; *-n*, *-n*

er·sti·cken; *erstickte*, *hat/ist erstickt*; [Vt](及物) (*hat*) **1. j-n e.** j-n töten, indem man verhindert, dass er atmen kann 使窒息,把…闷死 **2. etw. e.** ein Feuer löschen (indem man verhindert, dass Sauerstoff dazukommt) 熄灭,扑灭: *die Flammen mit Sand, mit e-r nassen Decke e.* 用砂子、湿布扑灭火焰 **3. etw. e.** *geschr*[书] ≈ unterdrücken ⟨*mst* 多用 j-s Widerstand im Keim e. 把某人的反抗扼杀在萌芽状态⟩; [Vi](不及物) (*ist*) **4.** (**an etw.** (*Dat* 三格)) **e.** sterben, weil man nicht genug Luft zum Atmen bekommt 窒息,闷死,憋死: *Viele Bergleute sind bei dem Unglück in der Kohlengrube an den giftigen Gasen erstickt* 许多矿工在矿井事故中被有毒气体窒息致死 ‖ K-(复合): ***Erstickungs-***, ***-tod*** ‖ ID [谚] *mst* 多用 **in Arbeit e.** *gespr*[口]; sehr viel Arbeit haben 忙得喘不过气来 ‖ *zu* (义项) **1.**, **2.** u. **3. Er·sti·ckung** *die*; *nur Sg*(只用单数)

erst·klas·sig *Adj*(形); *ohne Steigerung*, *gespr* (无变级)[口]; ganz besonders gut 一等的,头等的,第一流的 ≈ ausgezeichnet, hervorragend: *ein erstklassiger Tennisspieler* 一流的网球运动员; *erstklassige Leistungen* 一流的成绩

Erst·kläss·ler *der*; *-*, *-*; ein Kind, das (mit ca. sechs Jahren) in die erste Klasse e-r Grundschule geht 一年级的小学生 ‖ *hierzu* (派生) **Erst·kläss·le·rin** *die*; *-*, *-nen*

Erst·kom·mu·ni·on *die*; *nur Sg*, KATH (只用单数)【天主】; die Feier (in der katholischen Kirche), bei der ein Kind (mit ca. neun Jahren) zum ersten Mal zur Kommunion geht(天主教会中)九岁孩子第一次参加的圣餐仪式

erst·ma·lig *Adj*(形); *geschr*[书]; zum ersten Mal (vorkommend)第一次的,初次的

erst·mals *Adv*(副); zum ersten Mal 第一次,初次,最早: *Die Stadt wurde e. in e-r Chronik des 13 Jahrhunderts erwähnt* 这个城市最早在13世纪的一份编年史中被提到过

er·stre·ben; *erstrebte*, *hat erstrebt*; [Vt](及物) **etw. e.** *geschr*[书]; etw. erreichen wollen 追求,渴求 ≈ anstreben ⟨Ansehen, Macht, Reichtum e. 追求名望、权力、财富; das erstrebte Ziel 追求的目标⟩ ‖ *hierzu* (派生) **er·stre·bens·wert** *Adj*(形)

er·stre·cken, sich; *erstreckte sich*, *hat sich erstreckt*; [Vr] (反身) **1. etw. erstreckt sich** (**von etw.**) **bis zu etw.** etw. hat e-e bestimmte räumliche Ausdehnung (in horizontaler od. vertikaler Richtung)(物作主语)延伸,扩展(纵向或横向) ≈ etw. dehnt sich aus: *Die Alpen erstrecken sich im Osten bis zur ungarischen Tiefebene* 阿尔卑斯山脉在东部一直延伸到匈牙利低地 **2. etw. erstreckt sich über/auf etw.** (*Akk*) etw. nimmt eine bestimmte Zeitspanne ein, etw. hat e-e bestimmte Dauer(物作主语)持续,延续 ≈ etw. dauert + *Zeitangabe* (时间说明语): *Die medizinischen Versuche erstreckten sich über e-n Zeitraum von acht Jahren/über acht Jahre* 医学试验持续了八年之久 **3. etw. erstreckt sich auf j-n/etw.** etw. betrifft (auch) j-n/etw.(物作主语)涉及,关系到≈etw. bezieht j-n/etw. mit ein: *Das neue Gesetz erstreckt sich auf alle Arbeitnehmer, nicht nur auf die Angestellten* 新的法律涉及到所有雇员,不只是职员 ‖ *zu* (义项) **1. Er·stre·ckung** *die*; *nur Sg*(只用单数)

er·stun·ken *Adj*(形); *nur in* 只用于 **etw. ist e.**

u. erlogen *gespr!* [粗] verwendet, um auszudrücken, dass etw. völlig unwahr ist 某事是骗人的鬼话,弥天大谎,卑鄙的谎言

er·su·chen; *ersuchte*, *hat ersucht*; Vt (及物) ***j-n / e-e Behörde*** *o. Ä.* ***um etw. e.***; ***j-n / e-e Behörde*** *o. Ä.* ***e.*** + ***zu*** + *Infinitiv*(不定式), *geschr*[书]; j-n/e-e Behörde *o. Ä.* höflich od. offiziell um etw. bitten od. zu etw. auffordern 向…请求,恳求: *das Ministerium um e-e Auskunft e.* 请求部里答复; *Sie ersuchte ihn, ihr zu helfen* 她恳求他帮忙 ‖ *hierzu*(派生) **Er·su·chen** *das*; *-s*, *-*

er·tap·pen; *ertappte*, *hat ertappt*; Vt (及物) **1. *j-n* (*bei etw.*) *e.*** bemerken od. beobachten, dass j-d (heimlich) etw. Verbotenes od. Unrechtes tut (当场)发现,抓住,捉住,逮住 ≈ erwischen, überraschen ⟨j-n beim Lügen, Stehlen e. 发现某人说谎、偷窃; j-n auf frischer Tat e. 当场逮住某人⟩; Vr (反身) **2. *sich bei etw. e.*** plötzlich bemerken, dass man etw. Verbotenes, Unrechtes *o. Ä.* denkt od. wünscht, das man bei bewusster Überlegung eigentlich ablehnt 突然发觉,突然感到(不对头)

er·tei·len; *erteilte*, *hat erteilt*; Vt (及物) (***j-m***) ***etw. e.*** *geschr* [书]; verwendet zusammen mit e-m Subst., um ein Verb zu umschreiben(与名词连用,变换动词的表达); ***j-m e-e Rüge e.*** ≈ j-n rügen; (***j-m***) ***e-n Befehl e.*** ≈ j-m etw. befehlen; ***j-m e-n Rat e.*** ≈ j-m etw. raten; (***j-m***) ***e-n Auftrag e.*** ≈ j-n mit etw. beauftragen; ***j-m e-e Erlaubnis e.*** ≈ j-m etw. erlauben; ***j-m Unterricht e.*** ≈ j-n unterrichten

er·tö·nen; *ertönte*, *ist ertönt*; Vi (不及物) ***etw. ertönt*** etw. ist zu hören (物作主语)响起,鸣响⟨Musik, e-e Stimme, e-e Melodie 音乐,声音,曲调⟩

Er·trag *der*; *-(e)s*, *Er·trä·ge*; *mst Pl*, *geschr* (多用复数)[书] **1.** *Kollekt*(集合); die Produkte, die (*bes* in der Landwirtschaft) innerhalb e-s bestimmten Zeitraums erzeugt wurden(农业)收成,产量 ⟨geringe, hohe, reiche Erträge erzielen, bringen 获得低产、高产、丰产⟩ ‖ -K(复合): ***Boden-***, ***Ernte-*** **2.** der finanzielle Gewinn, den j-d aus geschäftlichen Unternehmungen bekommt 利润,盈利,收益 ⟨E. abwerfen 取得收益,获利; von den Erträgen leben können 能够靠利润生活⟩: *Sein Unternehmen wirft gute Erträge ab* 他的企业取得好收益 ‖ K-(复合): ***Ertrags-***, ***-minderung***, ***-steigerung*** ‖ -K(复合): ***Netto-***, ***Rein-*** ‖ *hierzu*(派生) **er·trag·reich** *Adj*(形)

er·tra·gen; *erträgt*, *ertrug*, *hat ertragen*; Vt (及物) **1. *etw. e.*** etw. *mst* Unangenehmes so akzeptieren, wie es ist 忍受,忍耐 ⟨sein Schicksal e. 忍受自己的命运; Kälte, Schmerzen, e-e Krankheit e. (müssen)(只得)忍受寒冷、疼痛、疾病⟩ **2. *j-n / etw. nicht (mehr) e. können*** e-e sehr starke Abneigung gegen e-e Person/Sache haben 无法忍受,难以忍受 ≈ j-n/etw. nicht (mehr) aushalten (1) können

er·träg·lich *Adj* (形) **1.** so beschaffen, dass man es ertragen (1) kann 可忍受的 ⟨Schmerzen 痛苦⟩: *Wenn ein Wind geht, ist diese Hitze e.* 要是来阵风,这种炎热还可忍受 **2.** so beschaffen, dass man damit gerade noch zufrieden ist 还满意的,过得去的,凑合的⟨Leistungen 成绩⟩

er·trän·ken; *ertränkte*, *hat ertränkt*; Vt (及物) ***j-n / ein Tier e.*** e-n Menschen od. ein Tier so lange unter Wasser halten, bis er/es tot ist 把…淹死,把…溺死

er·träu·men; *erträumte*, *hat erträumt*; Vt (及物) (***sich*** (*Dat* 三格)) ***j-n / etw. e.*** sich vorstellen, dass man das bekommt, was man seit langer Zeit haben möchte 渴望得到,梦想得到,梦寐以求 ≈ wünschen: *Sie war genau die Frau, die er sich erträumt hatte* 她正是他梦寐以求的女子 ‖ NB(注意): *mst* im Perfekt od. Plusquamperfekt(多用现在完成时或过去完成时)!

er·trin·ken; *ertrank*, *ist ertrunken*; Vi (不及物) sterben, weil man (als Folge e-s Unfalls) zu lange unter Wasser gewesen ist 淹死,溺死: *Er ist beim Baden im Atlantik ertrunken* 他是在大西洋游泳时淹死的; *j-n vor dem Ertrinken retten* 救起某人,使其免遭淹死

er·trot·zen; *ertrotzte*, *hat ertrotzt*; Vt (及物) ***sich*** (*Dat* 三格) ***etw. e.*** das bekommen, was man will, indem man es immer wieder energisch fordert 坚持要求而得到,一再要求而得到 ⟨sich e-e Genehmigung, e-e Erlaubnis e. 坚持要求而得到批准、准许⟩

er·üb·ri·gen; *erübrigte*, *hat erübrigt*; Vt (及物) **1.** (***für j-n***) ***Zeit e.*** (***können***) sich (für j-n) Zeit nehmen (können)(为某人)抽出时间,腾出时间; Vr (反身) **2. *etw. erübrigt sich*** etw. ist überflüssig od. nicht (mehr) notwendig(物作主语)是多余的,没有必要: *Unser Problem ist bereits gelöst, alle Diskussionen darüber haben sich also erübrigt* 我们的问题已解决,因此,与此有关的一切讨论都是多余的了; *Es erübrigt sich, darüber noch weiter* zu *sprechen* 这件事再说下去就没有必要了 ‖ ▶ **übrig** (1)

eru·ie·ren; *eruierte*, *hat eruiert*; Vt (及物) ***etw. e.*** *geschr*[书]; durch Suchen u. Forschen etw. finden 查明,弄清≈ herausfinden, ermitteln: *Experten versuchten zu e., wodurch die Katastrophe zustande gekommen war* 专家们试图查明灾祸是怎么产生的

Erup·ti·on [-ˈtsio:n] *die*; *-*, *-en*; GEOL【质】; die Explosion e-s Vulkans, bei der Asche, Lava u. Gase herausgeschleudert werden(火山)爆发,喷发 ≈ Ausbruch (3)

er·wa·chen; *erwachte*, *ist erwacht*; Vi (不及物) *geschr*[书] **1.** (***aus etw.***) ***e.*** wach werden 醒来,苏醒 ≈ aufwachen ⟨aus dem Schlaf, aus der Narkose e. 从睡眠中醒来,从麻醉状态中苏醒过来⟩ **2. *aus etw. e.*** (aus e-r Art Traum) wieder in die Realität zurückfinden 觉醒,醒悟,如梦初醒 ⟨aus e-r Illusion, Fanta-

E

E

sie, aus seiner Versunkenheit e. 从幻想、空想、沉思中清醒过来〉**3. etw. erwacht (in j-m)** etw. entsteht in j-m(物作主语)产生,萌生,出现〈Misstrauen, Neugier, Interesse, ein Wunsch猜疑,好奇,兴趣,愿望〉

er·wach·sen¹ [-ks-]; *erwächst, erwuchs, ist erwachsen*; Vi (不及物) *geschr*[书] **1. etw. erwächst aus etw.** etw. entsteht allmählich aus etw.(物作主语)逐渐形成,发展成为: *Aus unserer Freundschaft erwuchs e-e tiefe Zuneigung* 我们的友谊发展成为深深的爱慕之情 **2. etw. erwächst j-m/für j-n (aus etw.)** etw. ist für j-n das Resultat od. die Folge e-r Handlung(物作主语)(由于…)产生,形成 ≈ etw. ergibt sich: *Aus seinem unhöflichen Verhalten erwuchsen ihm zahlreiche Schwierigkeiten*(由于)他的不礼貌行为(结果)造成了一大堆麻烦

er·wach·sen² [-ks-] **1.** *Partizip Perfekt*(过去分词); ↑ **erwachsen¹ 2.** *Adj*(形); aufgrund des Alters kein Kind, kein Jugendlicher/keine Jugendliche mehr 成年的,成人的,长大了的 ≈ volljährig: *Er hat zwei erwachsene Töchter* 他有两个成年的女儿 **3.** mit der Erfahrung u. dem Wissen, die ein erwachsener²(2) Mensch normalerweise hat 成熟的,老练的〈e. denken, handeln 想问题、干事老练〉

Er·wach·se·ne *der/die*; *-n, -n*; ein erwachsener²(2,3) Mensch 成年人,成人 ↔ Jugendliche(r), Kind ‖ NB(注意): *ein Erwachsener; der Erwachsene; den, dem, des Erwachsenen*

Er·wach·se·nen·bil·dung *die*; *nur Sg, Kollekt* (只用单数,集合); der Unterricht (u. die Institution) zur (Weiter)Bildung von Erwachsenen für private od. berufliche Zwecke 成人教育

er·wä·gen; *erwog, hat erwogen*; Vt (及物) **etw. e.** *geschr*[书]; etw. (sehr) gründlich überlegen, indem man auch an die Vor- u. Nachteile u. die Konsequenzen e-r Sache denkt 考虑,权衡,思考,斟酌,盘算: *e-n Vorschlag, e-n Plan gründlich e.* 认真思考建议、计划; *Sie erwog, für ein Jahr ins Ausland zu gehen* 她盘算到国外去一年

Er·wä·gung *die*; *-, -en*; *geschr*[书] **1.** e-e sorgfältige Überlegung, bei der man *bes* die Konsequenzen e-r Sache prüft 考虑,斟酌〈*mst* 多用 nach ernsthafter, reiflicher E. 经过认真的、再三的考虑〉**2. etw. in E. ziehen** etw. berücksichtigen od. als Möglichkeit in Betracht ziehen 考虑某事,对某事予以考虑

er·wäh·nen; *erwähnte, hat erwähnt*; Vt (及物) **j-n/etw. e.** (in e-m bestimmten Zusammenhang) kurz von j-m/etw. sprechen od. schreiben 说及,谈到,提到〈j-n/etw. lobend, namentlich e. 以赞赏的口吻、特别提及某人/某事〉: *Er erwähnte nur kurz, dass er e-n Unfall hatte, Genaueres hat er mir noch nicht gesagt* 他只是简单提了一下,说他出了事故,详细情况他还没有告诉我 ‖ *hierzu*(派生) **Er·wäh·nung** *die*; **er·wäh·nens·wert** *Adj*(形)

er·wär·men; *erwärmte, hat erwärmt*; Vt (及物) **1. etw. erwärmt etw.** etw. macht etw. warm(物作主语)使暖和,加热 ↔ etw. kühlt etw. ab: *Der Boiler erwärmt das Wasser auf 80°C* 加热器把水加热到摄氏 80 度 **2. j-n für j-n/etw. e.** bewirken, dass j-d j-n sympathisch findet, od. dass sich j-d für etw. interessiert 使对…产生好感、发生兴趣: *Ich konnte ihn für meine Pläne nicht e.* 我没法让他对我的计划产生兴趣; Vr (反身) **3. etw. erwärmt sich** etw. wird (allmählich) warm(物作主语)变热,变暖和 ↔ etw. kühlt sich ab: *Die Luft hat sich im Laufe des Tages von 5°C auf 20°C erwärmt* 白天空气渐渐变暖,由摄氏 5 度升到摄氏 20 度 **4. sich für j-n/etw. e. können** mit der Zeit j-n sympathisch finden/etw. gut od. interessant finden 会喜欢,会对…产生好感、感兴趣 ‖ NB(注意): *mst* verneint (多用否定句)! ‖ *zu* (义项)**1.** u. **3. Er·wär·mung** *die*; *nur Sg*(只用单数)

er·war·ten; *erwartete, hat erwartet*; Vt (及物) **1. j-n/etw. e.** darauf warten, dass j-d kommt od. dass sich etw. ereignet 等,等待,等候〈j-n/etw. sehnsüchtig, ungeduldig e. 朝思暮想地、焦急地等待(期盼)某人/某事〉: *Sie erwartete ihn an der verabredeten Stelle im Park* 她在公园里约定的地点等他 **2. etw. e.** etw. für sehr wahrscheinlich halten 估计,预料 ≈ mit etw. rechnen: *Ich habe erwartet, dass die deutsche Mannschaft in dem Fußballspiel gegen England verliert* 我估计,对英国的这场足球赛德国队要输; *Wie zu e. war/Wie erwartet, wurde sein neuer Film ein großer Erfolg* 正如预料的那样(不出所料),他新拍的电影获得巨大成功 **3. (sich** (*Dat* 三格)**) (von j-m/etw.) etw. e.** davon ausgehen (8), dass j-d e-e bestimmte Leistung erbringt, dass etw. den gewünschten Erfolg zeigt *o.Ä.* 期待,希望,指望: *Ich erwarte (mir) von dir, dass du deine Arbeit sorgfältig machst* 我希望你认真做作业 **4. (von j-m) ein Kind e.** schwanger sein 怀孕,有喜 ‖ ID[谚] **Das war zu e.** es war klar, dass das geschehen würde 这是预料之中的事

Er·war·tung *die*; *-, -en* **1.** *mst Pl*(多用复数); das, was j-d von j-m/etw. erhofft od. erwartet 期望,企望,希望,企盼〈große Erwartungen in j-n/etw. setzen 对某人/某事寄于很大希望; j-s Erwartungen erfüllen, enttäuschen 实现、辜负某人的希望; die E., dass ... 期望是…〉: *Der neue Trainer hat die in ihn gesetzten Erwartungen voll u. ganz erfüllt* 新教练完完全全实现了人们寄予他的期望 **2.** *mst Sg*(多用单数); der Zustand des Wartens¹(1)期待,期望,等待: *voller E./voll ungeduldiger E. sein* 充满期望/满怀焦急的期待 **3. in E.** + *Gen*(二格), *geschr*[书]; (ungeduldig od. sehnsüchtig) auf etw. wartend¹(1)等待,盼望: *in E. der Nachricht über den Ausgang der Wahlen* 等待关于选举结果的消息 ‖ *zu* (义项)**1. er·war·tungs·ge·mäß** *Adj*(形); *mst adv*(多作状语); *zu* (义项) **2. erwar·tungs·voll** *Adj*(形)

er·we·cken; *erweckte*, *hat erweckt*; [Vt] (及物) **1.** (**in j-m**) **etw. e.** bewirken, dass etw. (*bes* ein Gefühl od. e-e Vorstellung) in j-m entsteht 激发,唤起,引起(感情或想象) ≈ hervorrufen ⟨in j-m Mitleid, Liebe, Vertrauen *o.Ä.* e. 唤起某人的同情、爱情、信任等⟩ **2. den Anschein / Eindruck e., ...** e-e bestimmte Vorstellung, Meinung entstehen lassen 给人以…印象: *Ihr Verhalten erweckt den Anschein, als wolle sie die Firma verlassen* 她的态度给人一种印象,好像她想离开公司

er·weh·ren, sich [Vr] (反身) *mst in* 多用于 ***Ich kann mich des Eindrucks nicht e., dass ...*** *geschr* [书]; ich habe den Eindruck, den begründeten Verdacht, dass ... 我没法摆脱这种印象(怀疑)…

er·wei·chen; *erweichte*, *hat / ist erweicht*; [Vt] (及物) (*hat*) **1. j-n** (**mit / durch etw.**) **e.** j-n durch Bitten od. Weinen dazu bringen, dass er Mitleid bekommt u. nachgibt(通过请求或哭泣)使温和,使心软,使感动 **2. etw. e.** etw. weich machen 使柔软,使软化; [Vi] (不及物) (*ist*) **3. etw. erweicht** etw. wird weich (物作主语)变软,软化: *Das Wachs ist in der Hitze erweicht* 蜡因炎热而变软了

er·wei·sen; *erwies*, *hat erwiesen*; [Vt] (及物) *geschr* [书] **1. etw. e.** ≈ beweisen (1), nachweisen: Es *ist erwiesen*, dass *Rauchen schädlich ist* 吸烟有害业已证实 ‖ NB(注意): *mst* im Zustandspassiv! (多用于状态被动句!) **2. j-m etw. e.** verwendet zusammen mit e-m Substantiv, um auszudrücken, dass man etw. für j-n tut(与名词连用,表示为某人做某事); ***j-m e-n Gefallen e.*** ≈ j-m e-n Gefallen tun; ***j-m e-n Dienst e.*** ≈ e-n Dienst für j-n tun **3. j-m etw. e.** verwendet zusammen mit e-m Substantiv, um auszudrücken, dass man j-m etw. zeigt(与名词连用,表示向某人表明某种态度); ***j-m Achtung e.*** ≈ j-m Achtung zeigen; ***j-m Respekt e.*** ≈ j-m Respekt zeigen; [Vr] (反身) **4. sich als j-d / etw. / irgendwie e.** nach e-r bestimmten Zeit seine wahre Eigenschaft zeigen 经证实,被证明,表明(是…): *Die Klärung des Mordfalles hat sich als schwierig erwiesen* 经证实要查清这起谋杀案是困难的; *Der angebliche Vertreter hat sich als Betrüger erwiesen* 这位自称为代表的人经证实是一位骗子 ‖ NB(注意): oft im Perfekt(常用现在完成时)!

er·wei·tern; *erweiterte*, *hat erweitert*; [Vt] (及物) **1. etw. e.** etw. in seinem räumlichen Umfang größer od. weiter machen 放宽,加宽,拓宽,扩建,扩展: *e-e Einfahrt, e-n Flughafen e.* 加宽入口处,扩建飞机场 **2. etw. e.** *bes* durch Lernen u. durch neue Erfahrungen sein Wissen vergrößern 扩充,扩大⟨sein Wissen, seine Kenntnisse, seinen Horizont e. 扩充自己的学问、知识,扩大自己的视野⟩: *seine Sprachkenntnisse e., indem man Zeitungen liest* 通过看报纸来充实自己的语言知识; [Vr] (反身) **3. etw. erweitert sich** etw. wird in seinem räumlichen Umfang größer(物作主语)扩展,扩大: *Durch Alkohol erweitern sich die Blutgefäße* 喝酒能扩张血管; *In der Dunkelheit erweitern sich die Pupillen* 在黑暗中瞳孔会扩大 ‖ *hierzu*(派生) **Er·wei·te·rung** *die*

Er·werb *der*; -(*e*)*s*; *nur Sg*(只用单数) **1.** der Kauf 购买,购置: *der E. e-s Grundstücks* 买一块地皮 ‖ -K(复合): ***Grundstücks-*** **2.** das Erwerben (2), das Bekommen 获得,取得: *der Erwerb e-r Konzession* 取得营业许可证 **3.** das Erwerben (4) 掌握,学会: *der E. von Fähigkeiten, Wissen* 掌握能力、知识 **4.** ADM *geschr* 【管理】[书]; e-e bezahlte berufliche Tätigkeit 职业,工作⟨(k)einem E. nachgehen 从事一种职业(不从事任何职业)⟩

er·wer·ben; *erwirbt*, *erwarb*, *hat erworben*; *geschr* [书]; [Vt] (及物) **1. etw. e.** *mst* wertvolle, teure Dinge kaufen 购买,购置(贵重物品): *e-e Eigentumswohnung, ein Grundstück e.* 购买一幢私人住房、一块地皮 **2. etw. e.** ein Recht (2) od. e-e Erlaubnis erhalten, etw. zu tun 获得,取得⟨ein Recht, e-e Befugnis, e-e Berechtigung, e-e Konzession e. 取得权利、职权、资格、许可⟩ **3.** (**sich** (*Dat* 三格)) **etw. e.** etw. durch Arbeit u. Fleiß im Laufe der Zeit erlangen od. bekommen 赢得,获得: *sich als Politiker Ruhm e.* 作为政治家赢得荣誉; *im Laufe seines Lebens ein beträchtliches Vermögen e.* 一生中获得一笔可观的财产 **4.** (**sich** (*Dat* 三格)) **etw. e.** durch Lernen od. Üben Fähigkeiten od. Wissen bekommen 掌握,学会: *Sie hat sich mit viel Fleiß u. Eifer gute Spanischkenntnisse erworben* 她通过勤学苦练掌握了良好的西班牙语知识 ‖ *hierzu*(派生) **Er·wer·bung** *die*

er·werbs·los *Adj*(形); *nicht adv*, ADM *geschr* (不作状语)【管理】[书] ≈ arbeitslos ‖ *hierzu* (派生) **Er·werbs·lo·sig·keit** *die*; *nur Sg*(只用单数)

Er·werbs·lo·se *der / die*; *-n*, *-n*; ADM *geschr* 【管理】[书] ≈ Arbeitslose(r) ‖ NB(注意): *ein Erwerbsloser*; *der Erwerbslose*; *den*, *dem*, *des Erwerbslosen*

er·werbs·tä·tig *Adj* (形); ADM *geschr*【管理】[书] ≈ berufstätig ‖ *hierzu*(派生) **Er·werbs·tä·tig·keit** *die*; *nur Sg*(只用单数)

Er·werbs·tä·ti·ge *der / die*; *-n*, *-n*; ADM *geschr* 【管理】[书]; j-d, der e-n Beruf ausübt 有职业者,从事劳动者 ‖ NB(注意): *ein Erwerbstätiger*; *der Erwerbstätige*; *den*, *dem*, *des Erwerbstätigen*

er·werbs·un·fä·hig *Adj*(形); *nicht adv*, ADM *geschr*(不作状语)【管理】[书]; wegen e-r Krankheit od. wegen des Alters nicht fähig, e-n Beruf auszuüben 无劳动能力的,无力谋生的 ‖ *hierzu*(派生) **Er·werbs·un·fä·higkeit** *die*; *nur Sg*(只用单数)

Er·werbs·zweig *der*; WIRTSCH【经】; ein Bereich in der Wirtschaft e-s Landes 行业,经济部门: *Der Weinbau ist ein wichtiger E. in Italien* 种植葡萄是意大利的一个重要行业

er·wi·dern; *erwiderte*, *hat erwidert*; [Vt](及物) **1.** (**j-m**) **etw.** (**auf etw.** (*Akk* 四格)) **e.** j-m e-e Antwort auf e-e Frage od. auf e-e Aussage geben 答复，回答，反驳 ≈ antworten：*„Ich bin sechzehn"，erwiderte der Junge auf die Frage des Polizisten nach seinem Alter"* 我 16 岁"——年轻人回答警察对他的年龄的问询；*Ich wusste nicht，was ich ihm auf seinen Vorwurf e. sollte* 我不知道对他的指责该反驳什么 **2. etw. e.** als Antwort od. Reaktion auf etw. das gleiche tun，zeigen *o.Ä.* 回报，报答，回答〈*mst* 多用 j-s Gefühle，e-n Gruß，e-n Besuch，e-n Blick e. 回报某人的情谊，回答问候，回访，报以一瞥〉**3. das Feuer e.** zurückschießen，nachdem j-d angefangen hat zu schießen 回击，反击（火力）

Er·wi·de·rung *die*；-，-*en* **1. e-e E.（auf etw.（*Akk* 四格））** das，was j-d j-m erwidert (1) 回答≈ Antwort：*Seine E. auf meine Frage kam nach kurzer Überlegung* 他稍加考虑就回答了我的问题 **2.** das Erwidern (2) als Reaktion 回报，报答

er·wie·sen *Partizip Perfekt*（过去分词）；↑ ***erweisen***

er·wie·se·ner·ma·ßen *Adv*（副）；wie es sich erwiesen (1) hat 如证实的那样，经证实 ≈ nachweislich：*Der Halleysche Komet erscheint e. alle 76 Jahre* 经证实，哈雷彗星每 76 年出现一次

er·wir·ken；*erwirkte*，*hat erwirkt*；Vt（及物）**etw. e.** ADM *geschr*【管理】［书］；bei e-r Institution，*z. B.* e-m Amt od. Gericht (durch persönliche Bemühungen) etw. erreichen 使获得，取得，得到〈e-n Freispruch，j-s Freilassung，e-e Erlaubnis e. 使获得无罪释放，使某人获得释放，使获得许可；e-e Bestrafung e. 使得到惩处〉：*Der Anwalt erwirkte mithilfe e-r Kaution die Entlassung seines Mandanten aus dem Gefängnis* 律师交保使他的委托人获释出狱

er·wirt·schaf·ten；*erwirtschaftete*，*hat erwirtschaftet*；Vt（及物）**etw. e.** *bes* durch Arbeit u. kluges Planen finanzielle Gewinne erzielen 挣得，赚取：*Der Unternehmer hat in kürzester Zeit ein beträchtliches Vermögen erwirtschaftet* 企业家在极短时间内赚了一大笔财产

er·wi·schen；*erwischte*，*hat erwischt*；Vt（及物）*gespr*［口］**1. j-n e.** j-n *mst* gerade noch erreichen，um mit ihm zu sprechen，bevor er weg ist 碰到，找到，遇到：*Sieh zu，dass du ihn noch vor der Mittagspause erwischst，am Nachmittag ist er nicht mehr da* 你留神，午休前你还能碰上他，下午他就不在了 **2. etw. e.** ein Verkehrsmittel noch erreichen，bevor es abfährt 赶上，搭上 ↔ verpassen，versäumen：*den Bus in letzter Sekunde noch e.* 最后一分钟还赶上公共汽车 **3. etw. e.** etw. im letzten Augenblick greifen od. fassen können 抓住：*Ich habe die Vase gerade noch erwischt，bevor sie heruntergefallen wäre* 花瓶差点儿掉在地上，我刚好把它抓住 **4.** *bes* durch Zufall od. Glück etw. bekommen 意外获得，碰巧得到：*im Bus e-n Sitzplatz e.* 在公共汽车里碰巧得到一个座位 **5. j-n e.** j-n，der etw. Verbotenes getan hat，fangen (u. festnehmen) 拿获，抓住，逮住 **6. j-n（bei etw.）e.** sehen od. beobachten，wie j-d etw. Verbotenes tut 发觉，发现（在干坏事）≈ ertappen ‖ ID［谚］***j-n hat es erwischt*** *gespr*［口］；**a)** j-d hat sich verliebt 某人落入情网；**b)** j-d ist krank geworden od. verletzt 某人害病了或受伤了：*Alle meine Freunde haben Grippe，mich hat es Gott sei Dank noch nicht e.* 我所有的朋友都得了流感，感谢上帝，我还没有染上；**c)** j-d ist bei e-m Unfall *o.Ä.* gestorben 某人不幸（在一次事故中等）死亡

er·wog *Imperfekt*，*1. u. 3. Person Sg*（过去时，第一和第三人称单数）；↑ ***erwägen***

er·wo·gen *Partizip Perfekt*（过去分词）；↑ ***erwägen***

er·wünscht *Adj*（形）**1.** *mst attr*（多作定语）；so beschaffen，wie man es sich gewünscht hat 预期的，符合期望的：*Die wissenschaftliche Untersuchung brachte das erwünschte Resultat* 这次科学考察取得了预期的结果 **2.** *mst präd*（多作表语）；bei j-m od. an e-m Ort gern gesehen 受欢迎的≈ willkommen ‖ NB（注意）：*zu*（义项）**2.** oft verneint（常用否定句）：*nicht e. sein* 不受欢迎

er·wür·gen；*erwürgte*，*hat erwürgt*；Vt（及物）**j-n（mit etw.）e.** j-n töten，indem man ihn würgt 勒死，掐死，扼死，使窒息而死 ≈ erdrosseln

Erz，Erz *das*；-*es*，-*e*；ein Mineral，das Metall enthält 矿石，矿砂〈E. abbauen，gewinnen，verhütten 挖掘，开采，冶炼矿石〉‖ K-（复合）：***Erz-，-abbau，-ader，-bergwerk，-gießerei，-grube，-hütte；erz-，-reich*** ‖ -K（复合）：***Eisen-***

erz-，Erz- *im Adj u. im Subst，begrenzt produktiv*（构成形容词和名词，构词有限）**1.** verwendet，um e-n hohen Rang in e-r Hierarchie auszudrücken（表示等级高）大；der ***Erzbischof***，das ***Erzbistum***，die ***Erzdiözese***，der ***Erzengel***，der ***Erzherzog*** **2.** *pej*［贬］；verwendet，um e-n sehr hohen Grad an schlechten Eigenschaften auszudrücken（表示品质极坏）极端，透顶，头号；der ***Erzfeind***，der ***Erzgauner***；***erzdumm***，***erzfaul***，***erzkonservativ***，***erzreaktionär***

er·zäh·len；*erzählte*，*hat erzählt*；Vt/i（及物/不及物）**1.（j-m）etw. e.；（etw.）e.** j-m *bes* ein Erlebnis od. Ereignis (*mst* mündlich) auf unterhaltsame Weise mitteilen 讲述，叙述，描述，陈述〈(j-m) e-e Geschichte，e-e Anekdote，ein Märchen e.（给某人）讲述故事、轶事、童话；Witze e. 讲笑话〉：*Habe ich dir eigentlich schon erzählt，wen ich gestern getroffen habe?* 我不是已经给你讲过我昨天碰上谁了吗？；*Seine Großmutter kann ganz spannend e.* 他奶奶讲故事能讲得非常引人入胜 ‖ K-（复合）：***Erzähl-，-kunst，-talent***；Vt（及物）**2.（j-m）etw.（von j-m/etw.）e.；（j-m）etw.（über j-n/etw.）e.** j-m e-e Information über j-n/etw. geben 告诉，告知 ≈ mitteilen：*Sie hat uns erzählt，dass ihr Mann schwer erkrankt ist* 她告诉我们说，她丈夫病重；*Was ich dir jetzt über unseren Nachbarn erzähle，* *darf niemand erfahren* 现在我给你说的我们邻居的事，不要让任何人知道 ‖ ID *mst*［谚］多用 **Na, dem werde ich was e.!** *gespr*［口］：den werde ich schimpfen 嘿，这小子我会教训他的！；*mst* 多用 **Mir kannst du ja viel e.!** *gespr*［口］：was du mir erzählst, glaube ich nicht 你可别给我瞎吹！（我不信你说的）

Er·zäh·ler *der*; *-s*, *-* **1.** j-d, der etw. erzählt (1) 讲述者，叙述者，讲故事的人，说书人〈ein guter, lebendiger E. 一位出色的、口才生动的讲述者〉‖ -K(复合)：**Märchen-** **2.** ein Schriftsteller, der Erzählungen (2), Romane *usw* schreibt 写短篇小说的作家，小说家〈ein zeitgenössischer E. 一位当代小说家〉‖ *hierzu*（派生）**Er·zäh·le·rin** *die*; *-*, *-nen*

er·zähl·freu·dig *Adj*（形）; *nicht adv*（不作状语）; 〈ein Mensch 人〉so, dass er gern u. viel erzählt 爱闲聊的，好神侃的

Er·zäh·lung *die*; *-*, *-en* **1.** das Erzählen (1)〈j-s E. lauschen, zuhören 偷听，倾听某人的讲述; j-n in seiner E. unterbrechen 打断某人的叙述; in/mit seiner E. fortfahren 继续自己的讲述〉**2.** e-e *mst* relativ kurze (Prosa)Geschichte 短篇小说〈e-e spannende, realistische E. 一篇引人入胜的、现实主义的短篇小说〉

Er·zähl·wei·se *die*; die Art u. Weise, wie etw. mündlich od. schriftlich erzählt wird 叙述方式，叙述形式〈e-e geistreiche, temperamentvolle E. 妙趣横生的、热情洋溢的叙述方式〉

er·zeu·gen; *erzeugte, hat erzeugt*; [Vt]（及物）**1.** ***etw. e.*** bewirken, dass etw. entsteht 引起，产生，制造：*Druck erzeugt Gegendruck* 压力会产生反压力；*Der Autor erzeugt Spannung in seinem Kriminalroman* 作者在他的侦探小说中制造紧张气氛 **2.** ***etw. e.*** ≈ produzieren：*landwirtschaftliche Produkte, Strom e.* 生产农产品，发电 ‖ *hierzu*（派生）**Er·zeu·gung** *die*

Er·zeu·ger *der*; *-s*, *-* **1.** j-d, der ein (*mst* landwirtschaftliches) Produkt erzeugt (2) 生产者（多指农产品生产者）：*Die Eier direkt beim E. holen* 直接从生产者那里取鸡蛋 ‖ K-(复合)：**Erzeuger-**, **-land**, **-preis** **2.** *oft hum* 常用［诙］：verwendet, um den Vater e-s Kindes zu bezeichnen 生身父亲，亲生父亲

Er·zeug·nis *das*; *-ses*, *-se* **1.** etw., das erzeugt (2) worden ist 产品，成品 ≈ Produkt, Ware〈ein landwirtschaftliches, industrielles, technisches E. 农业的、工业的、技术的产品〉**2.** etw., das j-d in geistiger Arbeit hervorgebracht hat 作品，成果：*ein literarisches E.* 文学作品

er·zie·hen; *erzog, hat erzogen*; [Vt]（及物）***j-n (zu etw.) e.*** j-n, *mst* ein Kind, in seiner geistigen u. charakterlichen Entwicklung formen, indem man es bestimmte Normen u. Prinzipien lehrt 教育，培养〈j-n antiautoritär, frei, streng, zur Selbständigkeit e. 启发式地、自由地、严格地教育某人，教育某人具有独立能力〉：*Die Eltern haben ihren Sohn zu e-m tüchtigen Menschen erzogen* 父母把他们的儿子培养成一位能干的人

Er·zie·her *der*; *-s*, *-* **1.** j-d, der *mst* Kinder od. Jugendliche erzieht 教育者，教育工作者：*Eltern u. Lehrer sind die wichtigsten Erzieher e-s Kindes* 父母和教师是孩子的最重要的教育者 **2.** j-d, der beruflich *bes* im Kindergarten od. in e-m Internat Kinder erzieht 保育员，教养员 ‖ *hierzu*（派生）**Er·zie·he·rin** *die*; *-*, *-nen*

er·zie·he·risch *Adj*（形）**1.** die Erziehung (1) betreffend 教育方面的，有关教育的 ≈ pädagogisch〈e-e Aufgabe, ein Problem 任务，问题〉**2.** der Erziehung (1) dienend 教育的〈e-e Absicht, ein Mittel 意图，手段〉：*erzieherische Maßnahmen ergreifen* 采取教育措施

Er·zie·hung *die*; *-*; *nur Sg*（只用单数）**1.** *Kollekt*（集合）：alle Maßnahmen u. Methoden, mit denen man j-n erzieht 教育〈e-e strenge, autoritäre, nachsichtige, liebevolle, antiautoritäre E. 严格的、强制灌输的、宽容的、充满爱心的、启发式的教育〉‖ K-(复合)：**Erziehungs-**, **-fehler**, **-maßnahme**, **-methode**, **-schwierigkeiten**, **-ziel** **2.** das Benehmen u. die Manieren, die j-d als Resultat seiner E. (1) hat 教养：*Ihr fehlt jede E.* (= sie benimmt sich schlecht) 她没有教养

er·zie·hungs·be·rech·tigt *Adj*（形）; ADM *geschr*【管理】［书］; 〈e-e Person 人〉so, dass sie das Recht u. die Verantwortung hat, ein Kind od. e-e (e-n) Jugendliche(n) zu erziehen 负有教育责任的，有监护权的 ‖ *hierzu*（派生）**Er·zie·hungs·be·rech·tig·te** *der/die*; *-n*, *-n*

Er·zie·hungs·geld *das*; *nur Sg*, Ⓓ（只用单数）［德］das Geld, das e-e Frau (od. ein Mann) nach der Geburt e-s Kindes 24 Monate lang vom Staat bekommt, um in dieser Zeit das Kind betreuen zu können, ohne zur Arbeit gehen zu müssen（由国家支付的）养育费，培养费

er·zie·len; *erzielte, hat erzielt*; [Vt]（及物）**1.** ***etw. e.*** das, was man sich zum Ziel gesetzt hat, erreichen 获得，达到〈e-n Erfolg, e-n Gewinn, e-e Wirkung, gute Resultate e. 获得成果、利润、效果、好的结果〉**2.** ***Einigung (über etw.*** (*Akk* 四格)***) e.*** *geschr*［书］: sich über etw. einigen（对…）取得一致

er·zit·tern; *erzitterte, ist erzittert*; [Vi]（不及物）*geschr*［书］**1.** ***etw. erzittert*** etw. fängt an, stark zu zittern od. zu vibrieren（物作主语）开始震动，颤动，晃动 ≈ etw. erbebt：*Die Mauer erzitterte unter dem Aufprall des Lastwagens* 在载重汽车的碰撞下，这垛墙开始震动；*Die Detonation war so stark, dass die Häuser erzitterten* 爆炸很强烈，房屋都晃动了 **2.** ***etw. lässt etw. e.*** etw. bewirkt, dass etw. anfängt, stark zu zittern od. zu vibrieren（物作主语）使颤动，使摇晃：*Das Erdbeben ließ die Häuser e.* 地震使房屋都颤动了 **3.** ***etw. lässt j-n e.*** etw. bewirkt, dass j-d anfängt (*mst* aus Angst) zu zittern（物作主语）使颤抖，使发抖

er·zo·gen **1.** *Partizip Perfekt*（过去分词）; ↑ **erziehen** **2.** *Adj*（形）; ***irgendwie e. sein*** (aufgrund der Erziehung) bestimmte Manieren u. Verhaltensweisen zeigen 受…教育，受…教

养：*ein frecher u. schlecht erzogener Junge* 一个调皮捣蛋的、缺乏教养的男孩

er·zür·nen; *erzürnte, hat erzürnt*; [Vt]（及物）*geschr*［书］**1. etw. erzürnt j-n** etw. macht j-n zornig（物作主语）使恼怒，使生气：*Sein schlechtes Betragen hat den Lehrer sehr erzürnt* 他的不良表现惹得老师很生气；[Vr]（反身）**2. sich (über j-n/etw.) e.** über j-n/etw. zornig werden 对…生气，发火

er·zwin·gen; *erzwang, hat erzwungen*; [Vt]（及物）**etw. e.** etw. erreichen, indem man Zwang od. Druck auf j-n ausübt 迫使，逼迫，强迫〈e-e Entscheidung, j-s Einwilligung, ein Geständnis e. 迫使作决定，强迫某人同意、承认；sich (*Dat* 三格) Zutritt zu etw. e. 强迫自己进入…〉

er·zwun·ge·ner·ma·ßen *Adv*（副）；unter Zwang, nicht freiwillig 被迫地：*Das Abkommen kam nur e. zustande* 这个协议是被迫达成的

es[1] *Personalpronomen der 3 Person Sg*（人称代词，第三人称单数）**1.** verwendet anstatt des Substantivs, um e-e Person od. Sache zu bezeichnen, deren grammatisches Geschlecht Neutrum ist（替代人或物的中性名词）他，它：*Das Baby weint. Nimm es doch auf den Arm!* 婴儿哭了，把他抱起来吧！；*Wo ist mein Kaninchen? Hast du es gesehen?* 我的兔子呢？你看见（它）了吗？；*Das ist ein großes Problem; Es wird nicht leicht zu lösen sein* 这是个大问题，（它）可能不容易解决 ‖ NB（注意）：**a)** verwendet im Nominativ u. Akkusativ（用作第一格和第四格）；↑ *Tabelle unter* 图表见 **Personalpronomen**；**b)** als Akkusativobjekt steht *es* nie am Anfang des Satzes（第四格时 es 永远不能位于句首）：*Ich suche es* 我找它 **2.** verwendet mit dem Verb *sein* anstelle von *er* od. *sie*, wenn ein Substantiv auf das Verb folgt（与动词 sein 连用，替代位于动词后的阳性或阴性名词）：*Ich glaube, ich kenne den Mann da – ja, es (od. er) ist mein Onkel* 我想我认识那边的那个男人——是的，他是我叔叔；*Da kommt j-d – es ist Herr Meyer* 那边来了个人——他是迈耶尔先生 ‖ NB（注意）：Die Verbform wird vom Substantiv bestimmt u. kann deswegen auch im Plural stehen（动词的形式取决于名词，故也可用复数）：*Ich kenne sie alle – es sind Schüler aus meiner Klasse* 他们我都认识——那是我班的同学们 **3.** verwendet, um sich auf den Inhalt e-s Satzes (*mst* des vorhergehenden) zu beziehen（用来指前面句子的内容）：*Er hat sein Versprechen nicht gehalten. – Ich habe es leider auch nicht anders erwartet* 他没有遵守诺言。——遗憾，这也是我意料到的；*Die anderen waren alle erkältet – nur Martin war es nicht* 其他人都感冒了——只有马丁没病 ‖ NB（注意）：*es* wird in der gesprochenen Sprache oft zu *s* abgekürzt. Es wird dann einfach an das vorhergehende Wort angehängt od. mit Apostroph geschrieben（es 在口语中常常可缩略成 s 或 's）：*Er ists / ist's, ich kanns / kann's nicht*; *'s ist nicht schlecht*

es[2] *unpersönliches Pronomen*（无人称代词）**1.** verwendet als formales, inhaltsleeres Subjekt bei e-r Reihe von Verben（作形式主语，与许多动词连用）：*Es klingelt* 铃响了；*Mach doch das Fenster zu – es zieht!* 把窗子关了吧——有穿堂风！；*Es bedarf e-r genauen Untersuchung*（这）需要详细的调查；*Mich juckts/juckt's/Mich juckt es überall* 我痒/我浑身痒；*Es geht ihr gut* 她身体很好；*Es kommt auf das Wetter an*（这）要看天气好不好；*Es geht um Ihre Bewerbung* 这关系到您的谋职 **2.** verwendet als formales Subjekt bei Verben der Witterung（作形式主语，与表示气象的动词连用）：*Es regnet/schneit/hagelt/donnert/blitzt* 下雨了，下雪了，下冰雹了，打雷了，打闪了 **3.** verwendet als formales, inhaltsleeres Objekt in festen Wendungen（在固定词组中作形式宾语）：*Ich habe es eilig* (= Ich bin in Eile) 我急着有事；*Er meint es nur gut mit dir* (= Er will nur das Beste für dich) 他对你完全是好意；*Du wirst es noch weit bringen* (= Du wirst Erfolg haben im Leben) 你肯定大有作为；*Er hat es am Herzen* (= Er ist herzkrank) 他心脏有毛病 **4.** verwendet als formales Objekt in bestimmten Wendungen, in denen man sich auf das Vorangegangene bezieht（作形式宾语，指前面提到的）：*Ich werds/werd's ihm sagen* 这我会告诉他的；*Ich versuchs/versuch's* 这我要试试；*Ich vermute es* 这是我猜测的；*Ich nehme es an* 这我买了；*Ich weiß (es) nicht*（这）我不知道；*Ich halts/halt's hier nicht mehr aus* 这里我再也呆不住了 ‖ NB（注意）：*zu*（义项）**3.** u. **4.**: in der gesprochenen Sprache wird *es* oft zu *-s* abgekürzt（在口语中 es 常简化成 -s）**5.** verwendet am Satzanfang als Stellvertreter e-s Substantivs, e-s substantivischen Pronomens od. e-s Nebensatzes (die dann später im Satz folgen)（用于句首，作名词、代名词或从句的替代词）：*Es ist etwas Schlimmes passiert* (= Etwas Schlimmes ist passiert) 发生了倒霉的事；*Es hat sich ein Unfall ereignet* (= Ein Unfall hat sich ereignet) 出了事故；*Es wird sich zeigen, ob er recht hat* (= Ob er Recht hat, wird sich zeigen) 他是否对，会弄清的 ‖ NB（注意）：**a)** Die Verbform wird vom Substantiv bestimmt u. kann deswegen auch im Plural stehen（动词形式取决于名词，故也可用复数）：*Es herrschen chaotische Zustände* (= Chaotische Zustände herrschen) 一片混乱状态；**b)** Bei Passivsätzen ist die Konstruktion auch ohne Substantiv *o.Ä.* möglich（在被动句中，也可能出现无名词结构）：*Es wurde viel gelacht* 笑得很欢 **6.** verwendet im Satzinneren als Stellvertreter e-s Nebensatzes, der dann folgt（用于句子中间，作后面从句的替代词）：*Mir fällt es schwer, Nein zu sagen* (= Nein zu sagen, fällt mir schwer) 要我说“不”很困难；*Ich kann es nicht verantworten, dass du hier allein bleibst* (= Dass du hier allein bleibst, kann ich nicht verantworten) 你一个人留在这里，这我可不能负责

‖ NB(注意): In den meisten Fällen kann *es* auch weggelassen werden(在多数情况下, es 可省略): *Mich freut (es) besonders, dass Sie gekommen sind* 您来了,我特别高兴; *Ich verspreche (es) dir, dass das nie wieder vorkommen wird* 我向你保证,这事再也不会发生 **7.** verwendet in Reflexivkonstruktionen mit dem Verb *lassen*(用于带动词 *lassen* 的反身结构中): *Hier lässt es sich leben!* (= Hier kann man gut leben!)这里生活得很好! **8.** verwendet in Reflexivkonstruktionen mit zwei adverbialen Angaben(用于带两个状语的反身结构中): *In dem Stuhl sitzt es sich bequem* (= In dem Stuhl sitzt man bequem)坐在这个椅子上很舒适 **9.** verwendet mit den Verben *sein*, *werden* u. *bleiben* + *Adj*.(与动词 *sein*, *werden* 和 *bleiben* + 形容词连用): *Es ist/wird/bleibt kalt* 天冷了,天要冷,天仍然冷 **10.** verwendet bei Zeitangaben(与时间说明语连用): *Es ist ein Uhr*(现在)一点了; *Es ist schon Nacht*(现在)已是夜里了 ‖ NB(注意): **a)** ↑ ***geben*** (20,21,26-30); **b)** ↑ ***es***[1]

es[3], **Es** *das*; -, -; MUS【音】; der Halbton unter dem e 降E ‖ K-(复合): ***Es-Dur***; ***es-Moll***

Esche *die*; -, *-n* **1.** ein Laubbaum, dessen Holz *bes* zur Herstellung von Möbeln verwendet wird 梣,白蜡树 ‖ K-(复合): ***Eschen-***, ***-holz*** **2.** *nur Sg*(只用单数); das Holz der E. (1)梣木: *ein Schrank aus E.* 梣木柜

Esel *der*; *-s*, - **1.** ein Tier mit oft grauem Fell u. langen Ohren, das e-m relativ kleinen Pferd ähnlich ist 驴〈e-n E. bepacken 把东西驮在驴背上〉: *In Griechenland u. in Spanien wird der E. oft noch dazu verwendet, Lasten zu tragen* 在希腊和西班牙驴常用来驮重物 **2.** *gespr!* [粗]verwendet als Schimpfwort(用作骂人话) ≈ Dummkopf ‖ *zu* (义项)(义项)**1.** **Ese lin** *die*; -, *-nen* ‖ *zu* (义项) ***Eselei*** ↑ ***-ei***

Esels.brü.cke *die*; *gespr*[口]; e-e Art kleiner Spruch, oft ein Reim, mit dem man sich Daten u. Fakten besser merken kann 备忘记号〈j-m/sich e-e E. bauen 给某人/自己做一个记号〉

Esels.ohr *das* **1.** *gespr*[口]; die umgeknickte Ecke e-s Blattes in e-m Buch(书或本子页上的)(备忘用的)折角 **2.** das Ohr e-s Esels (1)驴耳朵

Es.ka.la.ti.on [-ˈtsioːn] *die*; -, *-en*; *geschr* [书]; die Zunahme od. Verstärkung von aggressiven Handlungen u. von Gewalt(进攻性行为和暴力的)升级,扩大: *die E. der Gewalt im internationalen Terrorismus* 国际恐怖主义的暴力行为升级

es.ka.lie.ren; *eskalierte*, *ist eskaliert*; Vi (不及物) ***etw. eskaliert (zu etw.)*** *geschr*[书]; etw. weitet sich aus u. wird immer stärker (物作主语)升级,扩大 ≈ etw. artet in etw. (*Akk* 四格) aus: *Die gegensätzlichen Meinungen eskalierten zu e-m offenen Konflikt* 分歧意见升级成为公开冲突

Es.ka.pa.de *die*; -, *-n*; *geschr* [书] **1.** e-e Handlung, durch die j-d gesellschaftliche (*mst* moralische) Normen verletzt 越轨行为,非法行为〈sich tolle Eskapaden leisten 作出极端的越轨行为〉 **2.** ***e-e E. (mit j-m)*** e-e kürzere Liebesbeziehung(与…的)一段风流韵事,暧昧关系

Es.ki.mo *der*; -(*s*), -(*s*); ein Angehöriger e-s Volkes, das weit im Norden, *bes* in Kanada u. Alaska lebt 爱斯基摩人 ‖ K-(复合): ***Eskimo-***, ***-iglu***, ***-kajak***, ***-schlitten*** ‖ *hierzu* (派生) **Es.ki.mo.frau** *die*; -, *-en*

Es.kor.te *die*; -, *-n*; e-e Gruppe *mst* von Soldaten od. Polizisten, die j-n begleiten, um ihn zu schützen od. zu bewachen(武装)护送队,护卫队 ‖ *hierzu* (派生) **es.kor.tie.ren** (*hat*) *Vt* (及物)

eso.te.risch *Adj* (形); *geschr* [书]; nur e-m bestimmten exklusiven Kreis von Personen verständlich, die sich mit (intellektuell anspruchsvollen) Dingen beschäftigen 秘密的,秘传的,奥秘的,深奥难解的,神秘的〈Denken, Literatur, Lyrik 思想,文学,抒情诗〉 ‖ *hierzu* (派生) **Eso.te.rik** *die*; -; *nur Sg*(只用单数)

Es.pe *die*; -, *-n*; ein Laubbaum mit relativ kleinen u. zarten Blättern 欧洲山杨,白杨树 ≈ Zitterpappel

Es.pen.laub *das* **1.** *Kollekt*(集合); die Blätter der Espe 白杨树叶 **2.** ***zittern wie E.*** *gespr* [口]; (vor Angst, Kälte) am ganzen Körper heftig zittern(吓得、冻得)浑身颤抖(像杨树叶子一样)

Es.pe.ran.to *das*; -(*s*); *nur Sg*(只用单数); e-e (künstliche) Sprache, die erfunden wurde, damit Sprecher ganz verschiedener (Mutter)Sprachen sich durch sie leichter verständigen können 世界语〈etw. auf/in E. sagen 用世界语说某事物; die Welthilfssprache E. 世界辅助语——世界语〉

Es.pres.so *der*; -(*s*), *-s* **1.** ein starker Kaffee, der in e-r Maschine gemacht wird, die heißen Dampf durch das Kaffeepulver drückt 浓咖啡(把粉末状咖啡放入蒸馏壶,用蒸汽加压煮成) ‖ K-(复合): ***Espresso-***, ***-kanne***, ***-maschine***, ***-pulver***, ***-tasse*** **2.** e-e Tasse mit E. (1)一杯浓咖啡〈(sich (*Dat* 三格)) e-n E. machen 煮一杯浓咖啡; e-n E. bestellen, trinken 要、喝一杯浓咖啡〉 ‖ NB(注意): *E.* wird bei Bestellungen in Cafés od. Restaurants nach Zahlen nicht flektiert(在咖啡馆或饭店要浓咖啡时, Espresso 词尾不变): *Zwei Espresso, bitte!* 请来两杯浓咖啡!

Esp.rit [ɛsˈpriː] *der*; *-s*; *nur Sg*, *geschr*(只用单数)[书]; die Fähigkeit, sich in e-r eleganten, interessanten (oft witzigen, ironischen od. indirekten) Weise auszudrücken 机智,风趣,俏皮 ≈ Geist (1)〈E. besitzen, haben 有风趣; von/vor E. sprühen 妙趣横生,妙语连珠; etw. verrät (viel) E. 某事显示出(非凡的)机智〉

Es.say [ˈɛse] *der*, *das*; *-s*, *-s*; LIT【文学】; ein *mst* relativ kurzer Text über ein philosophisches, literarisches od. wissenschaftliches Thema, der die subjektive Meinung des Autors wiedergibt u. flüssig, nicht streng wissenschaftlich geschrieben ist 散文,小品文,短论,时评,随笔,杂文: *Montaigne u. Bacon schrieben berühmte Essays* 蒙田和培根写了许多有名的散文 ‖ *hierzu*(派生) **Es·say·ist** *der*; *-en*, *-en*; **Es·say·is·tin** *die*; *-*, *-nen*; **es·say·is·tisch** *Adj*(形)

ess·bar *Adj*(形); *nicht adv*(不作状语); 〈Beeren, Früchte, Pilze 浆果,水果,蘑菇〉 so, dass man sie essen kann (u. dass sie auch schmecken) 可吃的,可食用的 ↔ giftig ‖ NB(注意): ↑ ***genießbar*** ‖ *hierzu*(派生) **Ess·bar·keit** *die*; *nur Sg*(只用单数)

Es·se *die*; *-*, *-n* ≈ Schornstein, Kamin

Ess·ecke *die*; ein Teil e-s Zimmers (*mst* e-e Ecke) mit e-m Tisch, an dem man isst(房间中专供用餐的一角)用餐角

es·sen; *isst*, *aß*, *hat gegessen*; Vt/i (及物/不及物) **1.** (***etw.***) ***e.*** Nahrung in den Mund nehmen (kauen) u. schlucken 吃 ↔ trinken 〈Brot, Fleisch, Gemüse, Suppe, ein Stück Kuchen *usw* e. 吃面包、肉、蔬菜、汤、一块点心等; viel, wenig, hastig, langsam e. 吃得多、少、快、慢; im Restaurant e. 在饭馆吃饭〉 ‖ K-(复合): ***Ess-***, ***-besteck***, ***-geschirr***, ***-gewohnheiten***, ***-manieren*** ‖ NB(注意): Menschen *essen*, Tiere *fressen*(人吃东西用 *essen*, 动物吃东西用 *fressen*) **2.** (***etw.***) ***e. gehen*** irgendwohin gehen, um dort zu essen 去吃饭,去用餐: *Wir gehen heute Pizza e.* 我们今天去吃意大利比萨饼; Vi (不及物) **3.** ***zu Mittag / zu Abend e.*** die Mahlzeit am Mittag od. Abend zu sich nehmen 吃午饭/吃晚饭 **4.** ***irgendwie e.*** etw. essen, das die genannte Eigenschaft hat 吃得(如何) 〈billig, gesund, gut, kalt, warm e. 吃得便宜、有益于健康、好,吃冷的、热的〉; Vr (反身) **5.** ***sich krank / satt e.*** so viel essen, bis man krank/satt ist 吃出病来,吃饱 ‖ ID[谚] ***Das ist (bereits) gegessen*** *gespr*[口]; das ist vorbei od. erledigt 这事已了结了

Es·sen *das*; *-s*, *-* **1.** *nur Sg*(只用单数); der Vorgang, bei dem man Nahrung zu sich nimmt 进食,吃饭,用餐: *E. ist lebensnotwendig* 吃饭是生活的必需 **2.** ein Gericht, das man am Mittag od. am Abend zu sich nimmt 饭菜,饭食 〈ein warmes, kaltes E. 热的、冷的饭菜; das/ein E. kochen, machen, servieren, vorbereiten 煮饭(菜),做饭(菜),把饭菜端上桌子,把饭菜准备好〉: *Das E. steht auf dem Tisch* 饭菜摆在桌上 ‖ -K(复合): ***Abend-***, ***Mittag-*** ‖ NB(注意): Das Frühstück wird nicht als *Essen* bezeichnet(早餐不用 Essen 来表示) **3.** ein E. (2) *mst* mit anderen zusammen od. in e-m Restaurant *o. Ä.* (多指与其他人一起吃饭或到饭馆吃饭) 〈mit j-m zum E. gehen 与某人出去吃饭; j-n zum E. einladen 请某人吃饭〉 **4.** e-e große, festliche Mahlzeit 宴会: *Der Kanzler gab ein E. zu Ehren des Präsidenten* 总理设宴欢迎总统 ‖ -K(复合): ***Fest-***, ***Hochzeits-*** **5.** *nur Sg*(只用单数) ≈ Nahrung 〈gesundes, eiweißreiches, schwer verdauliches E. 健康的,富含蛋白质的,难以消化的膳食〉

Es·sen(s)·mar·ke *die*; *mst Pl*(多用复数); Marken[1] (Coupons), mit denen man in der Kantine e-s Betriebs od. in der Mensa e-r Universität (billiger) essen kann 饭票,菜票

Es·sens·zeit *die*; die Zeit (*mst* mittags od. abends), zu der man (normalerweise) etw. isst 吃饭(用餐)时间

Die Essenszeiten　用餐时间
Die Zeiten für das Mittagessen liegen normalerweise zwischen 12 Uhr und 13.30 Uhr, die für das Abendessen zwischen 18 Uhr und 20 Uhr, in Restaurants auch später. Es ist wichtig, sich an diese Zeiten zu halten, wenn man in ein Lokal zum Essen geht, da die Küche vor allem mittags oft ab einer bestimmten Uhrzeit geschlossen wird. 午饭时间一般在 12 点和 13:30 之间,晚饭在 18 点和 20 点之间,在饭店自然也就晚些。如果去饭馆吃饭,遵守这些时间很重要,因为厨房尤其是中午常常从某个钟点就停止工作。

Es·senz *die*; *-*, *-en* **1.** *mst Pl*(多用复数); ein Extrakt (Konzentrat) aus tierischen od. pflanzlichen Stoffen mit ihren wichtigsten (Bestand) Teilen(由动植物中提炼出来的)精华,浓缩物,精粹 ‖ -K(复合): ***Essig-***, ***Rosen-*** **2.** *geschr*[书]; der wichtigste (zentrale) Inhalt e-r Lehre, e-s Textes *o. Ä.* 精华,核心,精辟之处 ≈ Wesen: *Die E. seiner Philosophie hat er in e-m kurzen Aufsatz niedergelegt* 他把自己哲学之精髓已凝聚在一篇短文中了 ‖ *zu*(义项) **2. es·sen·zi·ell**, **es·sen·ti·ell** *Adj*(形)

Es·ser *der*; *-s*, *-*; j-d, der isst 吃饭的人,食客 〈ein schlechter, tüchtiger, guter, starker E. sein 是一位吃得不多的,食量大的,胃口好的,胃口大的人〉

Es·sig *der*; *-s*; *nur Sg*(只用单数); e-e saure Flüssigkeit, die *mst* aus Wein od. Branntwein gemacht ist, u. mit der man *z. B.* Salate würzt od. Gurken konserviert 醋,食醋 〈ein milder/scharfer E. 淡醋/浓醋; etw. in E. einlegen 将某物泡在醋里〉 ‖ K-(复合): ***Essig-***, ***-essenz***, ***-gurke*** ‖ -K(复合): ***Kräuter-***, ***Obst-***, ***Wein-*** ‖ ID[谚] ***mit etw. ist es E.*** *gespr*[口]; etw. wird keinen Erfolg haben, wird nicht klappen 某事吹了,没成,泡汤了,要吹,办不成 ‖ NB(注意): als Plural wird *Essigsorten* verwendet(复数用 Essigsorten)

Es·sig·säu·re *die*; e-e (organische) Säure, die im Essig enthalten ist 醋酸

Ess·löf·fel *der*; der (relativ große) Löffel, mit dem man *z. B.* Suppe isst 汤匙 ↔ Kaffeelöffel, Teelöffel

Ess·tisch *der*; der (*mst* relativ hohe) Tisch, an dem man (gewöhnlich) isst 饭桌,餐桌

Ess·zim·mer *das*; ein bestimmtes Zimmer in der Wohnung, in dem man (täglich) isst 饭厅,餐室

Es·tab·lish·ment [ɪsˈtæblɪʃmənt] *das*; *-s*, *-s*;

mst Sg, *oft pej*(多用单数)常用[贬]; die soziale Schicht, die in e-r Gesellschaft die meiste Macht hat (u. *mst* konservativ ist)社会上有权势的阶层〈zum E. gehören 属于权贵阶层〉

Est·rich *der*; *-s*, *-e*; der harte Boden (aus Zement od. Asphalt) in e-m Raum, auf den dann der Teppichboden, das Parkett *usw* gelegt wird(室内)用水泥或沥青铺成的地面 (CH) [瑞士] ≈ Dachboden

etab·lie·ren, sich; *etablierte sich*, *hat sich etabliert*; [Vr] (反身) **sich** (**irgendwo**) **e.** *geschr* [书]; e-n guten, sicheren Platz in e-r (gesellschaftlichen) Ordnung finden 安顿下来,稳定下来,安身: *Er wohnt schon so lange in dieser Stadt, dass er sich hier voll etabliert hat* 他在这个城市住很久了,因此在这里完全安顿下来

etab·liert 1. *Partizip Perfekt* (过去分词); ↑ ***etablieren*** 2. *Adj*(形); 〈e-e Partei 政党〉 so, dass sie ihren Platz in der gesellschaftlichen Ordnung schon gesichert hat 有社会地位的,在社会上站稳脚根的: *Die neue Partei tritt nun gegen die etablierten Parteien an* 新党起来反对那些有社会地位的政党

Eta·ge [-ʒə] *die*; *-*, *-n*; *geschr* [书] ≈ Stockwerk: *in der obersten E. wohnen* 住在最高层 ‖ K-(复合): ***Etagen-***, ***-heizung***, ***-wohnung***

Etap·pe *die*; *-*, *-n* 1. ein Abschnitt od. Teil e-r Strecke 段,地段,路段,路程: *Den Weg bis zu unserem Urlaubsziel haben wir in mehreren Etappen zurückgelegt* 我们把通往度假目的地的路程分了几段才走完; *die dritte E. der Tour de France* 环法自行车赛第三赛段 ‖ K-(复合): ***Etappen-***, ***-sieger***, ***-ziel*** 2. ein Abschnitt in e-r Entwicklung 阶段,时期 ≈ Entwicklungsstufe 〈mehrere Etappen durchlaufen 经过若干阶段〉: *In der historischen Entwicklung zum Nationalstaat sind drei Etappen zu unterscheiden* 在形成民族国家的历史进展中可以划分三个阶段 ‖ *hierzu* (派生) **etap·pen·wei·se** *Adv*(副)

Etat [e'ta:] *der*; *-s*, *-s* 1. POL, WIRTSCH【政】【经】; ein Plan für die Ausgaben u. Einnahmen e-s Staates, e-r Gemeinde *o.Ä.* 预算≈ Haushaltsplan 〈den E. aufstellen, beraten, erweitern, kürzen 编制、讨论、扩大、缩减预算〉: *Zusätzliche Mittel für den Hochschulbau sind im E. nicht vorgesehen* 预算中没有规定建设高等学校的补充资金 2. POL, WIRTSCH【政】【经】; das Geld, das ein Staat, e-e Gemeinde *o. Ä.* für den E. (1) hat (u. ausgeben kann)预算资金 ≈ Haushalt, Budget 3. *gespr hum*[口][诙]; das Geld, das j-d (monatlich) ausgeben kann(每月)开支,开销

etc. *Abk für* (缩写,全称为) et cetra, und so weiter 等等 ≈ usw.

ete·pe·te·te [e:təpe'te:tə] *Adj* (形); *nur präd od adv*, *gespr pej* (只作表语或状语)[口][贬]; besonders fein, aber allzu sehr auf Sauberkeit u. gute Manieren bedacht(清洁和仪表)过分讲究的,挑剔的 ↔ leger: *Er würde sich nie auf e-e Bank im Park setzen, ohne ein Taschentuch unterzulegen – so e. ist er!* 要是公园里的凳子不垫上一块手帕,他是从来不坐的——他真是太讲究了!

Ethik *die*; *-*; *nur Sg*(只用单数) 1. die Normen u. die Grundsätze, nach denen die Menschen handeln (sollen), damit e-e Gemeinschaft od. Gesellschaft funktioniert 伦理标准,道德规范 2. die Lehre u. Begründung der E. (1)伦理学,道德观 ‖ *hierzu*(派生) **ethisch** *Adj*(形)

eth·nisch *Adj*(形); *nur attr od adv*(只作定语或状语); 〈e-e Gruppe, e-e Minderheit 群体,少数〉 so, dass sie durch e-e besondere Abstammung, Herkunft, durch e-e eigene Kultur charakterisiert sind 人种的,种族的

Eth·no·lo·gie *die*; *-*; *nur Sg*, *geschr*(只用单数)[书]; die Wissenschaft, die sich mit der sozialen Struktur u. der Kultur *bes* von einfachen Völkern beschäftigt und diese miteinander vergleicht 人种学,民族学 ≈ Völkerkunde ‖ *hierzu*(派生) **Eth·no·lo·ge** *der*; *-n*, *-n*; **Eth·no·lo·gin** *die*; *-*, *-nen*; **eth·no·lo·gisch** *Adj*(形)

Ethos *das*; *-*; *nur Sg*, *geschr* (只用单数)[书]; die moralischen Werte, die das ethische Verhalten des Menschen steuern 道德观念 ≈ Moral ‖ -K(复合): ***Arbeits-***, ***Berufs-***

Eti·kett *das*; *-(e)s*, *-en/-s*; ein kleines Schild aus Papier od. Stoff an Waren *mst* mit dem Preis, der Größe od. dem (Herstellungs)-Datum darauf 标签,标记,标牌 ‖ -K(复合): ***Flaschen-***, ***Preis-***

Eti·ket·te *die*; *-*, *-n*; *mst Sg*, *Kollekt*(多用单数)(集合); die Regeln, die bestimmen, wie man sich in der (vornehmen) Gesellschaft od. bei bestimmten offiziellen Anlässen verhalten muss 礼节,礼仪,交际规范〈e-e strenge E.严格的礼节; die höfische E. 宫廷礼节; gegen die E. verstoßen 违反礼节〉

Eti·ket·ten·schwin·del *der*; e-e Täuschung, bei der durch geschickte Präsentation, irreführende Verpackung *o.Ä.* der wahre Inhalt von etw. verhüllt wird 骗局,圈套,假冒商品,冒牌货

eti·ket·tie·ren; *etikettierte*, *hat etikettiert*; [Vt] (及物) 1. ***etw.* e.** ein Etikett auf etw. kleben 给…贴上标记(签),把标签贴在…上 2. ***j-n/etw.* (*als etw.*) e.** j-m/etw. (*mst* zu Unrecht) eine (negative) Eigenschaft zuschreiben 硬把…说成是,硬说…是,给…戴上…的帽子≈ j-n/etw. als etw. abstempeln

et·li·ch- *Indefinitpronomen* (不定代词); verwendet, um e-e nicht genau bestimmte, aber relativ große Menge od. Anzahl zu bezeichnen 好些,相当多,若干 ≈ e-e Reihe von: *Es ist schon etliche Jahre her, dass ich ihn das letzte Mal gesehen habe* 我最后一次见到他已经过去好些年了; *Bei der Diskussion blieben etliche Fragen offen* 讨论中相当多的问题仍悬而未决 ‖ NB(注意): **a)** *etlich-* verwendet man wie ein attributives Adj. (用作形容词 *etliche Male* 好多次) od. wie ein Subst. (或用作名词

Es gibt noch etliches zu tun 还有好多事要做）；**b)** Ein nachfolgendes Adj. wird nach Deklinationstyp B flektiert（它后面的形容词按变格类型 B 变化）；↑ *Tabelle unter* 图表见 **Adjektive**

Etü.de [eˈtyːdə] *die*；-，-*n*；MUS【音】；e-e musikalische Komposition, die besondere technische Schwierigkeiten enthält u. deshalb oft zur Übung gespielt wird 练习曲：*die Etüden Chopins spielen* 弹奏肖邦的练习曲 ‖ -K（复合）：**Klavier-**

Etui [ɛtˈviː, eˈtyiː] *das*；-*s*，-*s*；e-e Art von (schmaler, kleiner) Tasche (Hülle) aus Leder, Metall od. Kunststoff, in der man Gegenstände wie *z. B.* die Brille od. den Füllfederhalter vor Schäden schützt 盒，套，袋，匣（如眼镜盒，笔盒等）〈etw. in ein E. stecken 将某物装入盒子；ein weiches/hartes E. 软盒/硬盒〉‖ -K（复合）：**Brillen-**，**Zigaretten-**

ẹt.wa[1] *Adv*（副）**1.** drückt aus, dass e-e Größen-, Mengen-, Zeit- od. Ortsangabe nur annähernd bestimmt ist 大约，约，差不多，左右 ≈ ungefähr ↔ genau：*Um fünf Uhr e./E. um fünf Uhr können wir uns treffen* 5 点左右/约摸 5 点我们可以碰面；Hier e./E. hier ereignete sich der Unfall 事故大约发生在这里；E. 20 Personen werden kommen 要来 20 人左右 **2. so e.** drückt aus, dass e-e Handlung, ein Vorfall, ein Wunsch *o. Ä.* nur annähernd beschrieben wird 大致这样，这样差不多：*So e. könntest du die Aufgabe lösen* 八九不离十，你兴许能把题算出来；*So e. muss sich das Verbrechen abgespielt haben* 想必作案的情况大致如此 **3.** (**so/wie**) **e.** drückt aus, dass j-d/etw. als Beispiel od. Möglichkeit (in e-m bestimmten Zusammenhang) genannt wird 譬如，如 ≈ zum Beispiel：*Viele amerikanische Schriftsteller, wie e. Hemingway, lebten lange in Paris* 许多美国作家，如海明威，曾长期生活在巴黎 **4. in e.** ≈ im Großen u. Ganzen, im Allgemeinen：*Du hast die Frage in e. richtig beantwortet* 你对问题回答得基本正确

ẹt.wa[2] *Partikel*（小品词）；*unbetont*（非重读）**1.** drückt in Fragesätzen aus, dass man beunruhigt, überrascht, entsetzt *o. Ä.* ist u. dass man e-e beruhigende Antwort erhofft（用于疑问句，表示不安、意外、惊讶等，以期待宽慰的回答）难道，也许，莫非：*Bist du e. krank?* 你难道病了？；*Du bist doch nicht e. krank?* (ich bin besorgt um dich) 你不会是病了吧？；*Kommt dein Bruder e. auch mit?* (das ist mir aber gar nicht recht) 你兄弟难道也来吗？‖ NB（注意）：in verneinten Fragesätzen immer in Verbindung mit *doch*（在否定性疑问句中总与 *doch* 连用）**2.** verstärkend verwendet in verneinten Aussagen, wenn ein (möglicher) Irrtum *o. Ä.* widerlegt werden soll（在直陈句中，强调否定某种错误）绝对不是，绝对没有：*Er ist nicht e. dumm, sondern nur faul* 他绝对不笨，而只是懒；*Wale sind nicht e. Fische* (= sind keine Fische), *sondern Säugetiere* 鲸可不是鱼，而是哺乳动物 **3.** verstärkend verwendet in Imperativsätzen, *mst* um j-n zurechtzuweisen（在命令句中，强调指责）可别，可不要：*Denke nicht e., du könntest mich so einfach beleidigen!* 你可别以为，你可以随便伤害我！

et.wa.ig- [ˈɛtvaɪɡ-, ɛtˈvaːɡ-] *Adj*（形）；*nur attr*, *nicht adv*（只作定语，不作状语）；als Möglichkeit vorhanden, möglicherweise auftretend 可能存在的，可能发生的，可能出现的 ≈ eventuell：*Etwaige Zweifel können in e-r Diskussion beseitigt werden* 可能出现的疑虑，可以在讨论中解决；*Ich muss mit e-r etwaigen Verspätung des Zuges einkalkulieren* 我必须估计到火车可能误点

ẹt.was[1] *Indefinitpronomen*（不定代词）**1.** verwendet als Subjekt od. (Akkusativ) Objekt, um e-n Gegenstand zu bezeichnen, der nicht näher bestimmt werden soll od. nicht bekannt ist（作主语或四格宾语）某事，某物，一些事，一些东西：*E. beunruhigt mich./Mich beunruhigt e.* 有些事使我不安；*Wir hörten plötzlich e.* 我突然听到了点啥；*Ich würde dir gern e. schenken* 我很想送点东西给你；*Ich möchte noch e. sagen* 我还想说点事 **2.** verwendet, wenn von e-r bestimmten Sache die Rede ist, die erst später genannt od. dem Hörer bekannt wird 有件事，有点事 ≈ e-e (bestimmte) Sache：*Über e. müssen wir noch reden* 有件事我们还得谈谈；*Mit e. sind wir noch nicht zurechtgekommen* 有件事我们还没有办妥；*Da ist noch e.: Du musst uns noch erklären, warum du immer so spät kommst* 还有件事要说：你还得给我们讲清楚，为什么你总是来得这么晚 **3.** verwendet vor Relativsätzen, um denselben Gegenstand zu bezeichnen wie das Relativpronomen (wenn dieser noch unbestimmt ist u. erst danach bestimmt wird)（用在关系从句前）…（那件）事，…（那个）东西：*E., das/was uns sehr bedrückt, ist die Frage der Finanzierung* 使我们心情非常沉重的事是筹资问题 **4.** verwendet vor e-m substantivierten Adj. od. Pronomen, um die Sache od. Eigenschaft zu bezeichnen, auf die sich das Adj. od. Pronomen bezieht（用在名词化的形容词或代词前）一点… ↔ nichts：*Heute wollen wir e. Neues lernen* 今天我们想学点新的；*Morgen beschäftigen wir uns mit e. anderem* 明天我们搞点别的 **5.** verwendet vor e-m Substantiv od. vor *von* ... als Angabe e-r kleinen Menge（用在名词或 von 之前）一点儿，一些 ≈ ein bisschen, ein wenig ↔ viel：*Gibst du mir noch e. Suppe?* 再给我一点儿汤好吗？；*Ich möchte e. von dem lesen, was du geschrieben hast* 我想读点儿你写的东西 **6.** (elliptisch) verwendet für e-e *mst* kleine Menge e-r vorher genannten od. bekannten Sache（前面所指事物中的）一点儿，少许：*Da ist noch Kuchen. Nimm dir doch e.* (*davon*) 那里还有点心，你自己拿点儿吃吧 ‖ NB（注意）：Oft zusammen mit *davon*（常与 davon 连用）! **7.** (elliptisch) verwendet für etwas Wichtiges

u. Bedeutendes(指重要的和有意义的事)〈es zu e. bringen 搞出名堂,会有出息; e. gelten 有声望,不能小看,有分量〉: *Unser Sohn hat es zu e. gebracht* 我们儿子已经有出息了; *Er hat e-e Eins im Examen geschrieben, u. das will e. heißen* (= das ist e-e tolle Leistung)他考试得了1分(优秀),这可是了不起 **8. so e.** *gespr, oft pej*[口]多用[贬]; *mst* ein Fehler, e-e Dummheit *o.Ä.* dieser Art(多指错误,蠢事之类)这种事,这样的事: *So e. könnte mir nie passieren* 这种事我永远也不会发生; *Wie kannst du so e. tun!* 你怎么能干这样的事呢! ‖ ID[谚] ***Nein, 'so e.!*** *gespr*[口]; verwendet, um Überraschung od. Verärgerung auszudrücken(表示惊讶或气恼)不行,真不像话!哪有这样的事!; ***e. gegen j-n haben*** *gespr*[口]; j-n nicht mögen 不喜欢某人,对某人反感: *Ich glaube, sie hat e. gegen mich* 我认为她讨厌我; ***j-d hat e. mit j-m***/*mst* 多用 ***zwei Personen haben e. miteinander*** *gespr euph*[口][婉]; j-d hat e-e sexuelle Beziehung mit j-m/zwei Personen haben e-e sexuelle Beziehung miteinander 某人与某人/他们两人有点儿那种(男女)关系; ***etw. hat e. für sich*** *gespr*[口]; etw. ist gar nicht schlecht 某事不赖,不错,蛮好: *Dein Vorschlag hat e. für sich* 你的建议不赖(有价值)

et.was² *Partikel*(小品词); *unbetont*(非重读); verwendet vor e-m Adj., um dieses einzuschränken(在形容词前,用来对它加以限制)有点儿,有些,稍稍 ≈ ein bisschen, ein wenig: *Wir sind e. früher als erwartet angekommen* 我们来得比预期的要早一点儿; *Ich bin noch e. müde* 我还有点儿累

Et.was *das*; -; *nur Sg*(只用单数) **1.** verwendet für junge Tiere od. kleine Kinder, um auszudrücken, dass sie noch sehr klein sind (指幼畜或小孩)那小东西,小家伙≈Wesen: *Das schreiende E. war e-e junge Katze* 那叫的东西是一只小猫 **2.** etw., das man hört od. sieht, ohne genau zu erkennen, was es ist(听到或看到的,但不知是什么)东西,玩意儿 ‖ ID[谚] ***das gewisse E. haben*** sehr attraktiv, angenehm od. schön wirken, ohne dass dafür ein bestimmter Grund angegeben werden kann 有一种神秘的魅力(吸引力)

Ety.mo.lo.gie *die*; -, -*n* [-'giːən] **1.** *nur Sg*(只用单数); ein Bereich der Sprachwissenschaft, der den Ursprung, die Verwandtschaft u. die Entwicklung der Wörter (u. Wortfamilien) beschreibt 词源学,语源学 **2.** LING【语】; der Ursprung u. die Entwicklung e-s Wortes 词源,语源 ‖ *hierzu*(派生) **ety.mo.lo.gisch** *Adj*(形)

EU [eː'uː] *die*; -; *nur Sg*(只用单数); (*Abk für* 缩写,全称为 Europäische Union) e-e Union von europäischen Staaten, die in allen politischen Bereichen eng zusammenarbeiten u. e-e politische Einheit Europas wollen 欧盟(欧洲联盟)

euch¹ *Personalpronomen der 2 Person Pl* (*ihr*), *Akkusativ u. Dativ*(人称代词,第二人称复数 ihr 的四格和三格); ↑ *Tabelle unter* 图表见 ***Personalpronomen***

euch² *Reflexivpronomen der 2 Person Pl* (*ihr*), *Akkusativ u. Dativ*(反身代词,第二人称复数 ihr 的四格和三格); ↑ *Tabelle unter* 图表见 ***Reflexivpronomen***

euch³ *reziprokes Pronomen der 2 Person Pl* (*ihr*), *Akkusativ u. Dativ*(相关代词,第二人称复数 ihr 的四格和三格); ↑ *Tabelle unter* 图表见 ***Reflexivpronomen***

Eu.cha.ris.tie *die*; -; *nur Sg*(只用单数); KATH【天主】; der Hauptteil e-r Messe (in christlichen Konfessionen), in dem Brot u. Wein gesegnet werden u. sich in den Leib u. das Blut von Jesus Christus verwandeln 圣餐,圣礼 ‖ K-(复合): ***Eucharistie-, -feier***

eu.er¹ ['ɔyɐ] *Personalpronomen der 2 Person Pl* (*ihr*), *Genitiv*(人称代词,第二人称复数 *ihr* 的二格); ↑ *Tabelle unter* 图表见 ***Personalpronomen***

eu.er² ['ɔyɐ] *Possessivpronomen der 2 Person Pl* (*ihr*)(第二人称复数 *ihr* 的物主代词); ↑ *Tabellen unter* 图表见 ***Possessivpronomen*** u. unter ***mein*** ‖ NB(注意): Wenn *euer* flektiert wird, fällt das zweite *e* (*bes* in der gesprochenen Sprache) *mst* weg(如变格,在口语中第二个 e 往往脱落): *eure Mutter* 你们的母亲; *Habt ihr euren Bus verpasst?* 你们错过了你们那班公共汽车?

Euer ['ɔyɐ] *Possessivpronomen der Höflichkeitsform der 2 Person Sg* (*Sie, Ihr*), *geschr* (第二人称单数尊称 *Sie*, *Ihr* 的物主代词)[书]; *bes* verwendet als Teil der Anrede *z. B.* von Kardinälen (***Eure/Euer Eminenz***) od. Fürsten (***Eure/Euer Durchlaucht***)(用作对红衣主教或侯爵的称呼)

Eu.ka.lyp.tus *der*; -, *Eu.ka.lyp.ten*; ein Baum (*bes* in Australien), dessen Blätter ein besonderes, ätherisches Öl enthalten 桉树 ‖ K-(复合): ***Eukalyptus-, -bonbon, -öl***

Eu.le *die*; -, -*n*; ein Vogel mit großen runden Augen u. e-m kurzen krummen Schnabel, der in Wäldern lebt, bei Nacht (Mäuse u. andere kleine Tiere) jagt u. als Symbol der Weisheit dient 猫头鹰(智慧的象征) ‖ ID[谚] ***Eulen nach Athen tragen*** etw. sagen, was schon alle wissen, od. etw. neu beginnen wollen, was schon ganz üblich ist 带猫头鹰到雅典去(意即:多此一举,画蛇添足)

Eu.nuch *der*; -*en*, -*en*; ein kastrierter Mann 阉人,太监,宦官 ‖ NB(注意): *der Eunuch*; *den, dem, des Eunuchen*

Eu.phe.mis.mus [-f-] *der*; -, *Eu.phe.mismen*; *geschr*[书]; ein Ausdruck od. Wort, mit dem etw. Negatives (Schlimmes od. Unangenehmes) nur indirekt u. dadurch schöner gesagt wird 委婉语,婉转表达: *„Heimgehen" ist ein E. für „sterben"* "回老家"是"死"的委婉说法 ‖ *hierzu*(派生) **eu.phe.mis.tisch** *Adj*(形)

Eu.pho.rie [ɔyfo'riː] *die*; -, -*n* [-'riːən]; *mst Sg*(多用单数); ein sehr starkes Glücksgefühl

欣快，精神愉快，高昂的情绪，欣喜感，狂热 ≈ Rausch ↔ Depression 〈etw. löst (e-e) E. aus 某事引起一阵狂热；in (e-e) E. geraten, sich im Zustand der E. befinden, eine Phase der E. 陷入狂热之中，处在欣喜若狂之中，狂热阶段〉‖ K-(复合)：**Euphorie-**，**-gefühl** ‖ *hierzu*(派生) **eu·pho·risch** *Adj*(形)

eu·r- *Possessivpronomen der 2 Person Pl* (*ihr*)(物主代词，第二人称复数)；↑ **mein**

eu·rer·seits *Adv*(副)；was euch betrifft 从你们的角度看，就你们而言 ≈ von euch aus：*Habt ihr e. etwas dagegen?* 你们看你们有什么不同意见吗？

eu·res·glei·chen *Pronomen*(代)；*indeklinabel*，*oft pej*(词形不变)常用[贬]；Leute wie ihr 像你们这样的人：*Ich kenne euch u. e.!* 我认识你们以及你们那号人！；*Hier seid ihr unter e.!* 这里，你们都是一路货

eu·ret·we·gen *Adv*(副) **1.** deshalb, weil es gut für euch ist 为了你们 ≈ euch zuliebe **2.** aus e-m Grund, der euch betrifft 为了你们，由于你们的缘故 ≈ wegen euch：*Ich habe mir e. Sorgen gemacht* 我是为你们发愁

eu·ret·wil·len *Adv*(副)；*veraltend*[渐旧]；*nur in* 只用于 **um e.** ≈ euretwegen

eu·ri·g-，**Eu·ri·g-** *Possessivpronomen*(物主代词)；*veraltend*[渐旧]；wie ein Subst. verwendet für *der/die/das eure/Eure*(作名词用) ‖ ↑ **mein-**

Eu·ro *der*；-(*s*)，-(*s*)；Bezeichnung für die gemeinsame Währung in den Staaten der Europäischen Währungsunion (Zeichen €) 欧元：*Ein E. hat 100 Cent* 一欧元含 100 分；*Dieses Buch kostet 10 Euro* 这本书价格 10 欧元

Eu·ro·card [-k-] *die*；-，-*s*；e-e Kreditkarte europäischer Banken 欧洲(信用)卡

Eu·ro·cheque [-ʃɛk-] *der*；ein bestimmter Scheck, den man *z. B.* in den Banken vieler (*bes* europäischer) Länder gegen bares Geld tauschen kann u. der bis zu e-m bestimmten Betrag garantiert gedeckt ist 欧洲支票

Eu·ro·cheque·kar·te [-ʃɛk-] *die*；*e-e* (Scheck-) Karte, mit der man (mit od. ohne Euroscheck) ohne Bargeld zahlen kann od. von e-r Bank Geld bekommt 欧洲支票卡

Eu·ro·ci·ty *der*；-(*s*)；-*s*；Ⓓ[德] ein Intercity im Auslandsverkehr 欧洲国际列车；*Abk* 缩写 EC

Eu·ro·land *das*；ein Land mit dem Euro als Währung 欧元国

Eu·ro·pa (*das*)；-*s*；*nur Sg*(只用单数)；der Kontinent, der von Portugal (im Westen) bis zum Ural (im Osten) u. von Finnland (im Norden) bis Italien (im Süden) reicht 欧洲，欧罗巴洲 ‖ K-(复合)：**Europa-**，**-politik** ‖ -K(复合)：**Nord-**，**Süd-**，**Ost-**，**West-**，**Mittel-**

Eu·ro·pa·cup *der* ≈ Europapokal

Eu·ro·pä·er *der*；-*s*，- **1.** j-d, der in Europa geboren ist u. zu e-r europäischen Nation gehört 欧洲人 ‖ -K(复合)：**Nord-**，**Süd-**，**West-**，**Ost-**，**Mittel-** **2.** *geschr*[书]；verwendet für j-n, dessen Denken u. Handeln die Einheit Europas zum Ziel hat 在思想和行动上以欧洲统一为目标的人，主张欧洲一体化的人〈ein überzeugter, wahrer, wirklicher E. sein 是一位坚定的、真正的、名符其实的主张欧洲统一的人〉‖ *hierzu*(派生) **Eu·ro·pä·e·rin** *die*；-，-*nen*

eu·ro·pä·isch *Adj*(形) **1.** Europa betreffend 欧洲的 **2.** ***die Europäische Union*** ↑ **EU** **3.** ***die Europäische Gemeinschaft*** *hist*[历]；eine politische Verbindung von eurpoäischen Staaten, die dann zur Europäischen Union wurde 欧洲共同体；*Abk* 缩写 EG

Eu·ro·pa·meis·ter *der*；SPORT【体】；e-e Person od. Mannschaft, die e-e Europameisterschaft gewonnen hat 欧洲冠军〈E. im Turnen, Skispringen *o. Ä.* sein 是体操、跳台滑雪等的欧洲冠军〉‖ -K(复合)：**Fußball-**，**Handball-** ‖ *hierzu*(派生) **Eu·ro·pa·meis·te·rin** *die*

Eu·ro·pa·meis·ter·schaft *die*；SPORT【体】；ein Wettkampf, in dem die besten Sportler od. die beste Mannschaft Europas (in e-r Sportart) bestimmt werden 锦标，欧洲锦标赛〈die E. gewinnen 获得欧洲锦标赛胜利〉：*Die Europameisterschaften werden dieses Jahr in Köln ausgetragen* 欧洲锦标赛今年在科隆举行 ‖ -K(复合)：**Fußball-**，**Handball-**

Eu·ro·pa·par·la·ment *das*；*nur Sg*(只用单数)；das Parlament der Europäischen Union 欧盟议会

Eu·ro·pa·po·kal *der*；SPORT【体】**1.** ein Wettbewerb innerhalb Europas, bei dem der Sieger e-n Pokal bekommt 争夺欧洲冠军杯赛〈der E. der Pokalsieger im Fußball 欧洲足球冠军杯争夺赛〉‖ -K：**Eishockey-**，**Handball-**，**Leichtathletik-** **2.** der Pokal, den die Sieger im E. (1) bekommen 欧洲赛冠军杯

eu·ro·pa·weit *Adj*(形)；*ohne Steigerung*(无变级)；auf ganz Europa bezogen, in ganz Europa 全欧洲的〈ein Tief, e-e Entwicklung 低气压区，发展〉

Eu·ro·scheck *der* ≈ Eurocheque

Eu·ro·scheck·kar·te *die* ≈ Eurochequekarte

Eu·ter *das*；-*s*，-；das Organ, in dem weibliche (Säuge)Tiere wie die Kühe, Schafe u. Ziegen ihre Milch haben(雌性哺乳动物如母牛、母羊等的)乳房〈ein pralles, volles E. 滚圆的、丰满的乳房〉

Eu·tha·na·sie *die*；-；*nur Sg*(只用单数) **1.** MED【医】；die Förderung des Sterbens (*z. B.* durch betäubende Mittel) bei (unheilbar) Kranken, die ohne medizinische Hilfe (*z. B.* künstliche Ernährung) nicht mehr leben können 安乐死 ‖ NB(注意)：↑ **Sterbehilfe** **2.** *hist*[历]；im Nationalsozialismus verwendet für den Mord an Menschen, die geistig krank (od. behindert) waren(纳粹时期用来杀死精神病人或残疾人的)无痛苦致死术

e.V. [eˈfau] *der*; *Abk für* 缩写,全称为 eingetragener Verein 注册协会

Eva [ˈeːfa] *die*; -, -*s*; *gespr hum*[口][诙]; e-e Frau, die man als typisch weiblich ansieht 夏娃,典型的女性

eva·ku·ie·ren [eva-]; *evakuierte*, *hat evakuiert*; [Vt](及物) **1.** ***j-n* (*aus etw.*) *e.*** j-n aus e-m Haus, Gebiet *o. Ä.* holen u. ihn an e-n Ort bringen, wo er (vor e-m Krieg, e-r Katastrophe *o. Ä.*) sicher ist 疏散,使撤离,搬迁 〈die Bevölkerung, die Bewohner e. 疏散居民、住户〉: *Wegen des Erdbebens wurde die gesamte Bevölkerung evakuiert* 由于地震,全部居民都撤走了 **2.** ***etw. e.*** alle Bewohner des genannten Orts, Gebiets *o. Ä.* e. (1)使居民撤离(某地)〈ein Haus, ein Gebäude, ein Gebiet, e-e Stadt 住房,大楼,地区,城市〉: *Das Haus, in dem man die Bombe fand, wurde sofort evakuiert* 让居民立即撤出这个发现有炸弹的住房 ‖ *hierzu*(派生) **Eva·ku·ie·rung** *die*

evan·ge·lisch [evaŋˈgeː-] *Adj* (形); zu der (protestantischen) Kirche od. Konfession gehörig, die durch Luthers Reformation entstanden ist 福音教派的,新教的 ↔ katholisch, orthodox; *Abk* 缩写: ev. 〈ein Pfarrer 牧师; die Kirche, die Konfession 教会,教派; e. sein 信仰新教〉

Evan·ge·list [evaŋg-] *der*; -*en*, -*en*; einer der Verfasser der vier Evangelien (also Markus, Matthäus, Lukas, Johannes) 福音书作者(指马可、马太、路加、约翰) ‖ NB(注意): *der Evangelist*; *den*, *dem*, *des Evangelisten*

Evan·ge·li·um [evaŋˈgeːlium] *das*; -*s*, *Evan·ge·li·en* **1.** *nur Sg* (只用单数); die Lehre, nach der Jesus Christus die Menschen vom Tode erlöst hat 基督教福音 〈das E. verkünden, predigen 宣布、传布福音〉 **2.** eines der vier Bücher (des Neuen Testaments) über das Leben Jesu 福音书(基督教圣经中新约的前四章,内载耶稣基督的生平传记和基督教的主要教义): *das E. des Lukas* 路加福音 ‖ K-(复合): ***Evangelien-***, ***-botschaft***, ***-text***, ***-verständnis***

Even·tu·a·li·tät [eventualiˈtɛːt] *die*; -, -*en*; *mst Pl* (多用复数); etw. *mst* Unangenehmes, das nicht wahrscheinlich, aber möglich ist 可能发生的情况,不测事件 〈für alle Eventualitäten gerüstet sein 为应付一切可能发生的情况而作好军事准备; auf alle Eventualitäten vorbereitet sein 作好准备以防不测〉

even·tu·ell [evenˈtuɛl] *Adj* (形); *nur attr od adv*, *ohne Steigerung* (只作定语或状语,无变级) **1.** unter bestimmten Umständen möglich 可能发生的 〈ein Notfall 紧急情况; Probleme, Schwierigkeiten 问题,困难〉: *Bei eventuellen Schwierigkeiten werde ich dir helfen* 一旦发生困难,我会帮你的; *Das Land bereitete sich auf e-n eventuellen Krieg vor* 这个国家曾经准备对付一场可能发生的战争 **2.** *nur adv* (只作状语); unter bestimmten Bedingungen 可能,也许 ≈ möglicherweise, vielleicht; *Abk* 缩写: evtl.: *E. fahre ich diesen Sommer nach Italien* 今年夏天我可能去意大利

evi·dent [-v-] *Adj* (形); *geschr* [书]; sofort deutlich sichtbar u. klar zu erkennen 显然的,明显的,显而易见的,一目了然的 ≈ offenkundig, einleuchtend 〈ein Fall, ein Mangel 情况,缺点; e-e Schwierigkeit, e-e Tatsache, ein Problem, ein Zusammenhang 困难,事实,问题,联系〉: *Die zunehmende Luftverschmutzung ist e.* 日趋严重的空气污染是显而易见的

Evi·denz [-ˈdɛnts] *die*; *geschr* [书] ≈ Offenkundigkeit

Evo·lu·ti·on [evoluˈtsioːn] *die*; -, -*en* **1.** BIOL 【生】; die Entwicklung der Tier- u. Pflanzenarten 进化,演变,演化,演进: *Darwin formulierte als Erster die Theorie der E.* 达尔文第一个提出了进化论 **2.** *geschr* [书]; e-e Entwicklung (*mst* in der Gesellschaft), die langsam u. ständig weiterläuft (u. in dem Sinn als fortschrittlich gilt) 进化,发展,渐变 〈die politische, ökonomische E. 政治的、经济的发展〉 ↔ Revolution: *die E. der bürgerlichen Gesellschaft* 资产阶级社会的进化 ‖ *hierzu*(派生) **evo·lu·tio·när** *Adj* (形)

E-Werk *das*; *Abk für* 缩写,全称为 ***Elektrizitätswerk***

ewig *Adj* (形); *ohne Steigerung* (无变级) **1.** ohne Ende in der Zeit (auch ohne Anfang) 永恒的,恒久的 **2.** für immer gültig 永恒的,永远的,不朽的 〈Wahrheiten, Gültigkeit 真理,有效性〉 **3.** *gespr* [口]; so lange dauernd (od. so oft geschehend), dass man ein Ende davon wünscht 无休止的,不间断的: *Dein ewiges Schimpfen regt mich auf!* 你那无休止的谩骂使我生气! **4.** ***das ewige Leben*** (nach vielen Religionen) das Leben nach dem Tod (bei Gott) 永生 **5.** *nur adv*, *gespr* (只作状语) [口]; sehr lange (Zeit) 长久的,多时的: *Ich habe dich schon e. nicht mehr gesehen* 我已经多时没见到你了; *Diese Konserve hält e.* 这种罐头保质期长 ‖ ID [谚] ***e. u. drei Tage*** *gespr* [口]; sehr lange Zeit 很久很久(旷日持久)

Ewig·gest·ri·ge *der/die*; -*n*, -*n*; *pej* [贬]; j-d, der immer bei seinen alten politischen Meinungen bleibt u. keinen Fortschritt (an)erkennt 政治上保守的人 〈zu den Ewiggestrigen gehören 属于政治观点守旧的人〉 ‖ NB(注意): *ein Ewiggestriger*; *der Ewiggestrige*; *den*, *dem*, *des Ewiggestrigen*

Ewig·keit *die*; -, -*en* **1.** *nur Sg*, *geschr* (只用单数) [书]; e-e Dauer ohne Ende 永恒,无穷 ↔ Vergänglichkeit: *die E. Gottes* 上帝永恒 **2.** *gespr* [口]; e-e Zeit, die viel zu lange dauert 长久,悠久,漫长: *Diese Stunden wurden ihm zur E.* 这几个小时对他来说成了漫长的岁月; *Wir haben uns ja seit e-r E. nicht mehr gesehen!* 我们确实是很久没见面了!; *Ich warte seit e-r halben E. auf dich!* 我等你好久了! **3.** REL 【宗】; das Leben bei Gott (nach dem Tode) 永生: *in die E. eingehen* 归天,与世长辞,安息; *sich auf die E. vorbereiten* 准备仙游(后事)

ex [ɛks] *Adv*（副）; *mst in* 多用于 ***etw.*** **(*auf*)** ***ex trinken*** ein Glas (mit e-m alkoholischen Getränk) schnell (u. ohne abzusetzen) trinken 一口饮尽，一口喝光

Ex- [ˈɛks-] *im Subst, begrenzt produktiv*（构成名词，构词有限）; verwendet vor Substantiven, die ein Amt, e-n Titel, e-e Rolle *o. Ä.* bezeichnen, um auszudrücken, dass diese Bezeichnung nicht mehr gilt od. zutrifft（表示某种职务、头衔、角色只适用于过去，不适用于现在）前任…，卸任…，前…; der ***Exkanzler***, der ***Exminister***, der ***Expräsident***, der ***Exweltmeister***; die ***Exfrau***, der ***Exfreund***, die ***Exgattin***, der ***Exmann***

exakt, *exakter, exaktest-*; *Adj*（形）**1.** so, dass es die Sache genau trifft 准确的，精确的 ≈ präzise ↔ ungenau ⟨ein Ausdruck, e-e Formulierung 表达，措辞⟩: *Sie drückt sich sehr e. aus* 她表达得很准确 **2.** so, dass sich alles mathematisch ausrechnen od. nachprüfen lässt 精密的，精确的 ⟨e-e Berechnung, die Wissenschaften 计算，科学⟩ **3.** sehr gründlich 严谨的，缜密的，认真的 ⟨e-e Arbeit, ein Arbeiter 工作，工人; etw. e. ausführen, durchführen 认真地阐明，执行某事⟩ ‖ *hierzu*（派生）**Exakt·heit** *die*; *nur Sg*（只用单数）

Ex·a·men *das*; *-s, -/Ex·a·mi·na*; die Prüfung, die man am Ende e-s Studiums, e-s Kurses, e-r (Schul)Ausbildung *o. Ä.* macht（毕业）考试 ≈ Abschlussprüfung ⟨ein/sein E. machen, ablegen, bestehen, wiederholen 参加考试，进行考试，通过考试，重考; durch ein E. fallen 考试落榜; ein mündliches/schriftliches E. 口试/笔试⟩: *Mein Bruder studiert Sprachen u. will nach dem E. Lehrer werden* 我兄弟学语言（专业），考完试想当老师 ‖ -K（复合）: ***Doktor-***, ***Magister-***, ***Staats-*** ‖ *hierzu*（派生）**exa·mi·nie·ren** *(hat)* [Vt]（及物）

Exe·ge·se *die*; *-, -n*; *mst Sg, geschr*（多用单数）[书]; die genaue Interpretation e-s Textes (*bes* der Bibel), der als heilig od. besonders wichtig gilt（尤指圣经的）注释，诠释 ≈ Auslegung ‖ -K（复合）: ***Bibel-***, ***Gesetzes-***, ***Schrift-*** ‖ *hierzu*（派生）**Exe·get** *der*; *-en, -en*; **exe·ge·tisch** *Adj*（形）

exe·ku·tie·ren; *exekutierte, hat exekutiert*; [Vt]（及物）***j-n e.*** *geschr* [书]; j-n zur Strafe für etw. töten 处决，处死 ≈ hinrichten ‖ *hierzu*（派生）**Exe·ku·ti·on** *die*

Exe·ku·ti·ve *die*; *-, -n*; *mst Sg, Kollekt*, JUR, POL（多用单数，集合）【法】【政】; diejenigen Institutionen in e-m Staat, die für die Durchführung der Gesetze zuständig sind, also die Regierung u. die Behörden 行政权，行政机关 ↔ Judikative, Legislative ‖ NB（注意）↑ ***Gewalt*** (5)

Ex·em·pel [-pl] *das*; *-s, -*; *geschr veraltend* [书][渐旧] ≈ Beispiel ‖ ID [谚] ***an j-m/mit etw. ein E. statuieren*** *geschr* [书]; e-e besonders harte Strafe über j-n verhängen, um so andere abzuschrecken 惩罚…以儆效尤（意即：惩一儆百，杀鸡吓猴）

Ex·emp·lar [-plaːɐ̯] *das*; *-s, -e*; ein einzelnes Stück od. Individuum (*z. B.* ein Tier, e-e Pflanze; ein Buch) aus e-r Gruppe od. Menge (von Stücken od. Individuen) der gleichen Art 份，本，册; 标本，样本 ⟨ein einzelnes, seltenes, wertvolles E. 孤本，稀有本，珍本⟩: *Diese Briefmarke existiert nur noch in wenigen Exemplaren* 这种邮票还仅存几张 ‖ -K（复合）: ***Einzel-***, ***Pracht-***

ex·emp·la·risch *Adj*（形）; *geschr* [书]; so, dass sich am Beispiel das Typische zeigt; als Beispiel 示范性的，典型的 ≈ beispielhaft ⟨von exemplarischer Bedeutung sein 具有示范意义; etw. e. veranschaulichen, deutlich machen 示范性地直观说明某物，将…作为典型例子直观地加以说明⟩: *An den Bienen lässt sich e. zeigen, dass sich Tiere zu großen Gesellschaften organisieren können* 从蜜蜂身上可以得到典型例证，动物能够组成很大的群体

ex·emp·li·fi·zie·ren; *exemplifizierte, hat exemplifiziert*; [Vt]（及物）***etw.*** **(*an etw.*** (*Dat* 三格)) ***e.*** *geschr* [书]; etw. mit e-m Beispiel erklären 举例说明 ‖ *hierzu*（派生）**Ex·emp·li·fi·ka·ti·on** *die*

ex·er·zie·ren; *exerzierte, hat exerziert*; [Vi]（不及物）MIL【军】; bestimmte Handlungen (*z. B.* das Marschieren od. Grüßen) als Teil der militärischen Ausbildung üben 操练，进行军事训练

Ex·hi·bi·ti·o·nis·mus *der*; *-s*; *nur Sg*, PSYCH（只用单数）【心】; die Neigung (die nicht als normal gilt), sich nackt zu zeigen, anderen die eigenen Geschlechtsteile zu zeigen 裸体癖 ‖ *hierzu*（派生）**Ex·hi·bi·ti·o·nist** *der*; *-en, -en*

ex·hu·mie·ren [ɛkshu-]; *exhumierte, hat exhumiert*; [Vt]（及物）***j-n e.*** ADM *geschr*【管理】[书]; e-e Leiche aus dem Grab nehmen (*z. B.* um sie zu untersuchen)（从坟墓中）挖掘，掘出，发掘（尸体以便检验）‖ *hierzu*（派生）**Ex·hu·mie·rung** *die*

Exil *das*; *-s, -e*; *mst Sg*（多用单数）**1.** das fremde Land, in das j-d flieht, der in seiner Heimat aus politischen Gründen nicht mehr (sicher) leben kann od. darf 流放地，流亡地: *Frankreich ist bis heute ein E. für Flüchtlinge aus aller Welt* 法国至今一直是世界各地逃亡者的流亡地 ‖ K-（复合）: ***Exil-***, ***-land*** **2.** das Leben als Flüchtling in e-m fremden Land 流亡生活 ⟨ins E. gehen, im (französischen, amerikanischen *o. Ä.*) E. leben 去过流亡生活，在（法国、美国等）过流亡生活⟩: *Viele Intellektuelle zogen das E. e-m Leben unter Hitler vor* 许多知识分子宁可流亡也不愿在希特勒统治下生活; *Sein E. dauerte 30 Jahre* 他过了 30 年的流亡生活 ‖ K-（复合）: ***Exil-***, ***-literatur*** ‖ NB（注意）: ↑ ***Verbannung***

exis·tent *Adj*（形）; *nicht adv*（不作状语）; *mst* 多用 ***nicht e.*** nicht vorhanden, nicht existierend 不存在的

Exis·ten·ti·a·lis·mus, **Exis·ten·zi·a·lis·mus** *der*; *-*; *nur Sg*, PHIL（只用单数）【哲】; e-e philosophische Theorie, die elementare Gefühle wie Angst, Hoffnung, Verzweiflung zum Zentrum aller Erfahrung macht 存在主义 ‖ *hierzu*（派生）**Exis·ten·ti·a·list, Exis·ten·zi·a·list** *der*; *-en*, *-en*; **exis·ten·ti·a·lis·tisch, exis·ten·zi·a·lis·tisch** *Adj*（形）

exis·ten·ti·ell, exis·ten·zi·ell [-ˈtsiɛl] *Adj*（形）; *geschr*［书］**1.** so wichtig für das Leben e-s Menschen od. e-s Tieres od. für die Existenz e-r Institution, dass alles davon abhängt 对生存至关重要的，生命攸关的，有关生死存亡的〈e-e Angelegenheit, Frage *o.Ä.* 事情，问题等…; von existentieller Bedeutung sein 具有生死攸关的意义〉: *Für Pflanzen u. Tiere sind Luft u. Nahrung von existentieller Bedeutung* 空气和食物对植物和动物具有生死存亡的意义 **2.** verwendet (in der Philosophie u. Psychologie), um zentrale Probleme, elementare Gefühle *o.Ä.* zu kennzeichnen 生存的: *existentielle Ängste, Fragen usw* 生存的恐惧，生存问题等; *von etw. e. betroffen sein* 被某事吓得死去活来

Exis·tenz *die*; *-*, *-en* **1.** *nur Sg*（只用单数）; die Tatsache, dass j-d/ein Tier/etw. (vorhanden) ist, existiert 存在，生存 ≈ Dasein〈die E. (von etw.) behaupten, bestätigen, bestreiten, leugnen 断言、证实、怀疑、否定（…的）存在〉: *Ich wusste nichts von der E. e-s Testaments* 我一点也不知道是否有遗嘱; *Die E. von Leben auf anderen Planeten ist nicht bewiesen* 其他行星上是否存在生命，尚未得到证实 **2.** *nur Sg*（只用单数）; das Leben des Menschen, *mst* in Bezug darauf, wie es geführt wird, ob es schwierig od. leicht ist, *o.Ä.* 生活条件，生活〈e-e sorglose E. führen 过着无忧无虑的生活; um die bloße, nackte, pure E. kämpfen 为了单纯的、最起码的、纯粹的生活而斗争〉‖ K-（复合）: ***Existenz-, -angst, -kampf*** **3.** der Beruf *o.Ä.* als finanzielle Lebensgrundlage 生计，生活，谋生的职业〈e-e gesicherte E. haben 生活有保障; sich e-e E. aufbauen 谋生; e-e E. als Arzt, Schriftsteller *o.Ä.* 以当医生、作家等谋生的职业; Existenzen vernichten 毁掉生存条件〉‖ K-（复合）: ***Existenz-, -grundlage, -minimum; existenz-, -bedrohend, -gefährdend*** **4.** *pej*［贬］; verwendet *mst* zusammen mit e-m Adj. als Bezeichnung für e-n armen od. schlechten Menschen（与形容词连用，表示穷人或坏人）〈e-e gescheiterte, verkrachte E. 一个一事无成的、穷困潦倒的人〉

Exis·tenz·grün·dung *die*; die Gründung e-r eigenen Firma, e-s Geschäfts *o.Ä.*, mit der sich j-d selbst e-n Arbeitsplatz schafft 创业自救，自谋出路 ‖ K-: ***Existenzgründungs-, -darlehen***

exis·tie·ren; *existierte, hat existiert*; [Vi]（不及物）**1.** da sein, vorhanden sein 存在，生存，生活 ≈ bestehen: *in (der) Wirklichkeit, in der Einbildung e.* 生活在现实里、幻想中; *Für diese Theorie existieren keine Beweise* 对这一理论尚无证明 **2.** finanziell auskommen (2) 维持生计，糊口度日〈mit/von etw. e. können/müssen/sollen 能够/必须/应该靠某事维持生计〉: *Von 400 Euro im Monat kann man nicht e.* 靠每月400欧元是无法糊口度日的

ex·klu·siv [-ˈziːf] *Adj*（形）**1.** *geschr*［书］; nur für diejenigen zugänglich, die zu der gleichen (anspruchsvollen) Gruppe gehören u. ihre Normen erfüllen 仅供少数人享用的，孤傲的，清高的: *In England gibt es viele exklusive Klubs* 在英国有许多只供少数人享用的俱乐部; *Um den Schriftsteller herum bildete sich ein exklusiver Kreis* 在这位作家周围形成一个落落寡合的圈子 ‖ NB（注意）: ↑ ***elitär*** **2.** sehr teuer u. sehr gut 高级的，上等的，高贵的，名贵的 ≈ erlesen〈Restaurant, Parfum 宾馆，香水〉**3.** *nur adv*（只作状语）; nur für einige Kunden od. e-e einzelne Zeitung bestimmt 仅仅，单单 ≈ ausschließlich: *Wir liefern diesen Wein e. an wenige Restaurants* 我们仅向少数几家饭馆供应这种葡萄酒 ‖ K-（复合）: ***Exklusiv-, -bericht, -interview*** ‖ *hierzu*（派生）**Ex·klu·si·vi·tät** *die*; *-*; *nur Sg*（只用单数）

ex·klu·si·ve [-ˈziːvə] *Präp*（介）; *mit Gen/Dat*（支配二格/三格）; unter Ausschluss von …不计算在内，把…除外 ≈ ohne ↔ inklusive: *Der Preis beträgt 60 Euro e. Porto u. Verpackung* 价格为60欧元，邮资和包装除外 ‖ NB（注意）: Gebrauch ↑ *Tabelle unter* 用法，图表见 ***Präpositionen***

Ex·kre·ment *das*; *-s*, *-e*; *mst Pl*, *geschr*（多用复数）［书］; Kot u./od. Urin 排泄物，粪便，尿 ≈ Ausscheidungen

Ex·kurs *der*; *-es*, *-e*; *geschr*［书］; ***ein E. (über etw.*** (*Akk* 四格)) der Teil e-s Textes od. e-r Rede, in dem (ausführlich) über ein Thema gesprochen wird, das nicht direkt zur Sache gehört 题外话，离题话，插入的话〈e-n E. machen 说句题外话〉

Ex·kur·si·on [-ˈzioːn] *die*; *-*, *-en*; *geschr*［书］; e-e Reise, die wissenschaftlichen Zielen dient 科学考察，参观，游览: *e-e E. nach Rom unternehmen/machen* 到罗马进行/作一次科学考察 ‖ -K（复合）: ***Forschungs-***

ex·ma·t·ri·ku·lie·ren; *exmatrikulierte, hat exmatrikuliert*; ADM *geschr*【管理】［书］; [Vt]（及物）**1.** ***j-n e.*** e-n Studenten aus der Liste der Studierenden an e-r Universität nehmen (*mst* nach Abschluss des Studiums) 注销…的大学学籍 ↔ immatrikulieren; [Vr]（反身）**2.** ***sich e.*** sich bei e-r Universität als Student abmelden 注销学籍 ↔ sich immatrikulieren ‖ *hierzu*（派生）**Ex·ma·t·ri·ku·lie·rung** *die*; **Ex·ma·t·ri·ku·la·ti·on** *die*; *-*, *-en*

Exot *der*; *-en*, *-en*; ein Mensch, ein Tier od. e-e Pflanze aus e-m ganz fernen u. fremden Land 外国人，外国种 ‖ NB（注意）: *ein Exot; der Exot; den, dem, des Exoten* ‖ *hierzu*（派生）**Exo·tin** *die*; *-*, *-nen*

Exo·te *der*; *-n*, *-n* ↑ ***Exot***

exo·tisch *Adj*（形）**1.** aus e-m ganz fernen Land (stammend) u. deshalb fremd od. ge-

E

heimnisvoll wirkend 有异国风情的，有异国情调的：*e-e exotische Schönheit* 一种有异国情调的美；*Menschen aus fernen Ländern wirken auf uns e.* 来自远方国家的人们使我们领略到异国风情 **2.** (von Tieren u. Pflanzen) aus e-m fernen (*mst* tropischen) Land 来自异国(多指热带地区)的，热带的 ↔ heimisch：*exotische Fische* 热带鱼；*die exotische Fauna u. Flora* 热带的动物和植物

ex·pan·die·ren；*expandierte*，*hat expandiert*；[Vi](不及物) ***etw. expandiert*** *mst* WIRTSCH 多用【经】；etw. wächst schnell(物作主语)膨胀，扩大，猛增 ≈ etw. dehnt sich aus ↔ etw. schrumpft 〈ein Budget, ein Unternehmen 预算，企业；die Kosten 费用〉：*Die Firma expandierte so schnell, dass sie heute doppelt so groß ist wie vor 10 Jahren* 这家公司迅速扩大，如今已是10年前的两倍

Ex·pan·si·on [-ˈzio:n] *die*；-，*-en* **1.** WIRTSCH【经】；das (rasche) Wachsen 膨胀，(快速)增长，扩展 〈die E. e-s Unternehmens, der Kosten 企业扩展，费用猛增〉 **2.** POL【政】；die Vergrößerung der Macht u. die Ausdehnung des Gebietes (*mst* durch Besetzung anderer Staaten)扩张(势力和领土)〈e-e Politik der E. betreiben 推行扩张政策〉‖ K-(复合)：***Expansions-***，***-absichten***，***-bestrebungen***，***-politik***

Ex·pe·di·ti·on [-ˈtsio:n] *die*；-，*-en* **1.** e-e Reise in ein (*mst* unbekanntes) Gebiet, die der Forschung dient 考察旅行 ≈ Forschungsreise 〈e-e E. antreten, durchführen, unternehmen 开始、进行、作考察旅行〉：*Scott starb auf e-r E. zum Südpol* 斯科特死在去南极的考察途中 ‖ -K(复合)：***Polar-***，***Urwald-*** ‖ NB(注意)：↑ ***Exkursion*** **2.** e-e Gruppe von Menschen, die e-e E. (1) unternimmt 考察队：*Die E. brach um vier Uhr morgens auf* 考察队早晨四点启程了 ‖ K-(复合)：***Expeditions-***，***-ausrüstung***，***-leiter***

Ex·pe·ri·ment *das*；-(*e*)*s*，*-e* **1.** ein wissenschaftlicher Versuch 实验，试验〈ein chemisches, physikalisches, psychologisches E. 化学的，物理的，心理的实验；ein E. durchführen 进行试验；etw. ergibt sich aus e-m E., geht aus e-m E. hervor 由一次实验得出、产生某种结果；ein E. an/mit e-m Tier 在动物身上/用动物进行的实验；ein E. glückt/gelingt, scheitert/misslingt 实验成功、失败〉：*Aus e-m E. ergab sich, dass Bienen Farben sehen können* 一次实验表明，密蜂能看见颜色 **2.** ein Versuch, ein praktisches Problem zu lösen, bei dem das Risiko groß ist, dass es nicht funktioniert 大胆尝试，风险试验：*Die wirtschaftlichen Experimente der neuen Regierung scheiterten schnell* 新政府在经济上的试验很快失败了 ‖ *zu* (义项) **1.** **Ex·pe·ri·men·ta·tor** *der*；*-s*，*Ex·pe·ri·men·ta·to·ren*

ex·pe·ri·men·tell *Adj*(形) **1.** *nur attr od adv* (只作定语或状语)；〈e-e Wissenschaft 科学：die Biologie, die Medizin, die Physik *usw* 生物学，医学，物理学等〉so (angelegt), dass sie Experimente (1) als Mittel der Forschung verwenden 实验的 ↔ theoretisch **2.** mithilfe von Experimenten (1) 通过实验的，借助实验的 〈etw. e. nachweisen 通过实验证明某事；e-n Nachweis e. führen 借助实验来提供证明〉：*Untersuchungen e. durchführen* 通过实验进行调查 **3.** auf der Suche nach neuen Formen u. Inhalten探讨新的形式与内容的，实验的，试验性的 ↔ traditionell 〈Ballett, Literatur, Musik, Theater 芭蕾舞，文学，音乐，剧院；ein Gedicht, ein Roman, e-e Oper 诗歌，长篇小说，歌剧〉

ex·pe·ri·men·tie·ren；*experimentierte*，*hat experimentiert*；[Vi] (不及物) (***mit/an e-m Tier/etw.***) ***e.*** Experimente (*z.B.* mit e-m Stoff[1] (1) od. e-m Tier) machen, durch die man etw. Neues entdecken od. erkennen will(用/在…身上)作实验：*mit Mäusen, Ratten, e-m Werkstoff e.* 用小白鼠、老鼠、一种材料作实验

Ex·per·te *der*；*-n*，*-n*；***ein E.*** (***für etw.***/***in etw.*** (*Dat* 三格)) j-d, der sehr viel über ein bestimmtes (Fach)Gebiet weiß 专家，行家 ≈ Fachmann, Sachverständige(r) ↔ Laie 〈den Rat e-s Experten einholen 听取(征求)专家的建议〉：*ein E. in Fragen der Technik, ein E. für internationale Politik, ein E. auf dem Gebiet der Atomenergie* 一位技术问题上的专家，一位国际政策方面的专家，一位原子能领域的专家 ‖ -K(复合)：***Finanz-***，***Kunst-***，***Literatur-***，***Wirtschafts-*** ‖ NB(注意)：*der Experte*；*den*，*dem*，*des Experten* ‖ *hierzu* (派生) **Ex·per·tin** *die*；-，*-nen*

ex·pli·zie·ren；*explizierte*，*hat expliziert*；[Vt] (及物) (***j-m***) ***etw.*** (***an etw.*** (*Dat* 三格)/***anhand von etw.***) ***e.*** *geschr*[书]；(j-m) etw. Abstraktes, *z.B.* e-e These od. e-n Begriff, genau erklären (用…)阐明，说明，解释 ≈ erläutern 〈etw. näher, genauer e. 将某事阐述得更详细，更精确些〉：*j-m e-e These an e-m Beispiel e.* 用例子向某人阐明一个论点 ‖ *hierzu* (派生) **Ex·pli·ka·ti·on** *die*；-，*-en*

ex·pli·zit，*expliziter*，*explizitest-*；*Adj* (形)；*mst adv*，*geschr*(多作状语)[书] **1.** deutlich u. direkt (bezeichnet) u. nicht nur angedeutet 清楚的，明确的，不含糊的 ≈ ausdrücklich ↔ implizit 〈etw. e. sagen 把某事说清楚；e. auf etw. hinweisen, eingehen 明确地指出、探讨某事；sich e. mit etw. auseinandersetzen, beschäftigen, befassen 研究、从事、探讨某事不含糊〉 **2.** so, dass auch die Details genannt werden 详尽的，细致的 ≈ ausführlich, im Einzelnen 〈e-n Sachverhalt, Zusammenhang e. darstellen 对实情、联系作详尽地描述〉

ex·plo·die·ren；*explodierte*，*ist explodiert*；[Vi] (不及物) **1.** ***etw. explodiert*** etw. wird mit e-m lauten Geräusch od. e-m Knall plötzlich zerrissen, platzt od. verbrennt(物作主语)爆炸，起爆，爆裂〈ein Gebäude, ein Haus, e-e Bombe, Sprengstoff 大楼，住房，炸弹，炸药〉：*Das Flugzeug explodierte in der Luft* 飞机在空中爆炸 **2.** *gespr*[口]；plötzlich sehr wütend werden 勃然大怒，暴跳如雷 **3.**

etw. explodiert etw. wächst in kurzer Zeit sehr schnell（物作主语）猛增，剧涨 ≈ etw. schnellt in die Höhe 〈die Kosten, die Preise 费用，价格〉: *In vielen armen Ländern explodiert die Bevölkerungszahl* 在许多穷国人口急剧增长

Ex·plo·si·on [-ˈzio:n] *die*; -, *-en* **1.** das Explodieren (1) *z. B.* e-r Bombe 爆炸，爆裂，爆破 〈e-e heftige, laute, schwere E. 一次强烈的、响亮的、猛烈的爆炸; e-e E. auslösen, verursachen 引起、引发爆炸; etw. zur E. bringen 使某物爆炸〉 ‖ K-(复合): ***Explosions-, -gefahr, -knall, -kraft, -krater*** ‖ -K(复合): ***Bomben-, Gas-, Kern-*** **2.** das Explodieren (3) von Kosten, Preisen, Zahlen *o. Ä.* (费用、价格、数量等)猛增，剧涨 ‖ -K(复合): ***Bevölkerungs-, Kosten-, Preis-***

ex·plo·si·ons·ar·tig *Adj* (形); (so laut od. schnell) wie e-e Explosion (1,3) 像爆炸一样的，爆炸性的，急剧的 〈ein Knall 碎裂声; e. steigende Preise 急剧上涨的价格; ein Bevölkerungswachstum 人口增长〉

ex·plo·siv [-f-] *Adj* **1.** so, dass es leicht explodiert (1) 易爆炸的，有爆炸危险的 〈ein Gemisch, e-e Mischung 混合物〉 ‖ -K(复合): ***hoch-*** **2.** 〈ein Mensch 人〉 so, dass er leicht wütend wird 易怒的，性子暴躁的

Ex·po·nat *das*; *-(e)s, -e*; *geschr*[书]; ein Objekt, *z. B.* ein Bild, das in e-m Museum od. e-r Ausstellung gezeigt wird 展品，陈列品 ≈ Ausstellungsstück: *Die Sammlung des Kunstliebhabers umfasst mehr als hundert Exponate* 这位艺术爱好者的收藏包括一百多件陈列品

Ex·po·nent *der*, *-en, -en* **1.** MATH【数】; e-e hochgestellte Ziffer, die angibt, wie oft man die Zahl, bei der sie steht, mit sich selbst multiplizieren muss 指数，幂 ≈ Hochzahl **2.** ***ein E.*** (+ *Gen* 二格) ein herausragender Vertreter e-r Partei, e-r Richtung *o. Ä.* (政党、思潮的)代表人物: *ein E. des europäischen Liberalismus* 欧洲自由主义的代表人物 ‖ NB(注意): *der Exponent; den, dem, des Exponenten*

ex·po·niert *Adj* (形); *geschr* [书] **1.** weiter vorne, oben *o. Ä.* als andere(s) u. deshalb deutlich sichtbar, nicht geschützt 惹人注目的，惹眼的，明显的 〈e-e Lage 处境; an exponierter Stelle 在引人注目的职位上(身居显要地位)〉 **2.** in e-r Situation, in der man Aufmerksamkeit erregt u. leicht angegriffen werden kann 招惹是非的，易受攻击的 〈e-e Person, e-e Position 人，职位〉

Ex·port¹ *der*; *-(e)s, -e* **1.** *nur Sg* (只用单数); die Lieferung von Waren in ein anderes Land 出口，输出 ≈ Ausfuhr ↔ Import 〈den E. erhöhen, fördern, drosseln, verringern 增加、促进、限制、减少出口〉: *Die Wirtschaft Japans ist auf den E. angewiesen* 日本经济依赖出口; *Der E. von Kohle u. Stahl nimmt immer mehr ab* 煤炭、钢铁的出口日趋减少 ‖ K-(复合): ***Export-, -artikel, -auftrag, -geschäft, -handel, -ware*** **2.** *mst Pl* (多用复数); exportierte Waren 出口商品，输出品，出口货 ≈ Ausfuhren ↔ Importe ‖ -K(复合) ***Getreide-, Waffen-*** ‖ *zu* (义项) **1. Ex·por·teur** [-ˈtø:ɐ] *der*; *-s, -e*

Ex·port² *das*; -, - **1.** ein helles Bier (das etwas stärker u. länger haltbar ist als normales Bier) "爱克斯波特" 啤酒 **2.** ein Glas dieses Biers 一杯 "爱克斯波特" 啤酒 ‖ NB(注意): Bei Bestellungen im Lokal *o. Ä.* sagt man (在酒馆要酒时说): *„Zwei Export, bitte!"* "劳驾，两杯'爱克斯波特'!"

ex·por·tie·ren; *exportierte, hat exportiert*; [Vt] (及物) **1. *etw. e.*** Waren in ein anderes Land bringen, um sie dort zu verkaufen 输出，出口 ≈ ausführen¹ (1) ↔ importieren, einführen: *Deutschland exportiert Maschinen u. importiert Kaffee* 德国出口机器，进口咖啡; [Vi] (不及物) **2.** (***irgendwohin***) ***e.*** Waren an ein fremdes Land verkaufen 向…出口、输出商品: *Wir exportieren in die GUS-Länder* 我们向独联体国家出口商品

Ex·press *der*; *-es*; *nur Sg* (只用单数) ≈ Schnellzug ‖ -K: ***Intercity-, Stadt-***

Ex·pres·si·o·nis·mus *der*; -; *nur Sg* (只用单数); ein Stil der (europäischen) Kunst zu Beginn des 20 Jahrhunderts, in dem elementare Erlebnisse (*z. B.* des Krieges) mit intensiven, starken Mitteln (Farben, Bildern *usw*) ausgedrückt werden 表现主义(20世纪初欧洲的一种艺术流派) ‖ *hierzu* (派生) **Ex·pres·si·o·nist** *der*; *-en, -en*; **Ex·pres·si·o·nis·tin** *die*; *-, -nen*; **ex·pres·si·o·nis·tisch** *Adj* (形) ↑ *Information Seite 582* 信息见 *582* 页

ex·pres·siv [-ˈsi:f] *Adj* (形); *geschr* [书]; so, dass dabei ein Gefühl stark u. intensiv ausgedrückt wird 富于表情的，富有表现力的 ≈ ausdrucksstark, ausdrucksvoll 〈e-e Darstellung, e-e Gebärde, ein Tanz 描述，手势，舞蹈〉 ‖ *hierzu* (派生) **Ex·pres·si·vi·tät** [-v-] *die*; -; *nur Sg* (只用单数)

ex·qui·sit *Adj* (形); *geschr* [书]; sehr gut 精选的，精良的，上等的，出色的，优质的 ≈ auserlesen, vorzüglich 〈e-e Mahlzeit, ein Wein, ein Geschmack (2,3) 膳食，葡萄酒，味道〉 ‖ NB(注意): ↑ ***exklusiv***

ex·tern *Adj* (形) **1.** 〈Schüler e-s Internats 寄宿学校的学生〉 so, dass sie nicht im Internat leben, aber die dazugehörige Schule besuchen 走读的 **2. *e-e Prüfung e. ablegen / machen*** e-e Prüfung an e-r Schule *o. Ä.* machen, in der man nicht als Schüler war od. ist 作为非在校生进行考试/参加考试

ext·ra *Adj* (形); *indeklinabel, gespr* (词形不变) [口] **1.** *nur attr od adv* (只作定语或状语); über das Übliche hinausgehend 外加的，额外的，特别的 ≈ zusätzlich: *Das Kind bekommt heute 10 Euro e.* 这个孩子今天额外得到 10 欧元; Sie bekam für ihre Antwort ein extra Lob vom Lehrer 她的回答得到了老师的特别表扬 **2.** nicht mit dem / den anderen zusammen,

E

Der Expressionismus 表现主义

Der Expressionismus war eine Kunstrichtung, die sich zu Beginn des 20 Jahrhunderts vor allem in Deutschland entwickelte und hier besonders im Bereich der Malerei und des Films stark ausgeprägt war. Der Expressionismus stellte die bis dahin gültigen formalen Regeln infrage. Wichtig war hier der emotionale Eindruck.
Die Mittel im Bereich der Malerei waren unter anderem eine vereinfachende Darstellung und starke Farbkontraste. Typische Vertreter des Expressionismus waren die Gruppen **Die Brücke** und **Der Blaue Reiter.** Auch auf den deutschen Film hatte der Expressionismus einen großen Einfluss. Wichtige Vertreter des expressionistischen Films waren Regisseure wie **Fritz Lang** – Autor des Films ***Metropolis*** (1926), einer erschreckenden Vision einer modernen Stadt – und Friedrich Wilhelm **Murnau.** Murnau hinterließ Werke wie den Horrorfilm ***Nosferatu*** (1922) oder seine Version des ***Faust*** (1926). Der deutsche expressionistische Film hatte später einen entscheidenden Einfluss auf das amerikanische Kino.

表现主义是一种艺术流派,20世纪初始发于德国,在绘画和电影领域尤为明显。表现主义对此前通行的模式化规则提出质疑,情感印象在这里是主要的。

此外,绘画方面的手法是表现简洁,色差强烈。表现主义的典型代表是**桥社**和**青骑士**。在德国电影方面表现主义也有巨大影响,其主要代表是导演弗里茨·**朗格**——影片**大都市**(1926)(一座现代化城市的骇人幻景)的作者——和弗里德里希·威廉·**茂瑙**。穆尔诺留下的作品有恐怖片**吸血鬼**(1922)及他的**浮士德**注释本(1926)。德国表现主义电影后来对美国电影有着决定性的影响。

sondern getrennt 分别的,单独的 ≈ gesondert: *Tun Sie den Käse bitte in ein e. Papier!* 请把奶酪单包在一张纸里!; *Ich muss dir den Rest e. erzählen, sonst wird es zu spät* 有点儿事我要单独给你讲,要不太晚了; *Das Menü kostet 30 Euro, die Getränke gehen/sind e.* 这份饭食30欧元,饮料另付 **3.** *nur adv*(只作状语): nur für diesen einen besonderen Zweck 专门地 ≈ speziell, ausschließlich: *Ich habe den Kuchen e. für dich gebacken* 我专门为你烤了点心 **4.** *nur adv, gespr*(只作状语)[口]: mit Absicht 特意地,有意地 ≈ absichtlich: *Ich habe ihn e. gestoßen, weil er so gemein zu mir war* 我有意撞他的,因为他对我太坏

Ext·ra *das*; *-s, -s*; *mst Pl*(多用复数); Dinge, die nicht (von vornherein) zu e-m Gegenstand, den man kauft, gehören, u. die man deshalb *mst* zusätzlich bezahlen muss 额外的东西,另外付款的部件: *ein Auto mit vielen Extras* 一辆汽车,外加许多额外的配件

ext·ra- *im Adj, wenig produktiv, nicht adv, gespr*(构成形容词,构词弱),(不作状语)[口] ≈ sehr, besonders: ***extragroß*** ⟨e-e Portion 一份⟩, ***extrafein***; ***extraflach*** ⟨e-e (Armband-)Uhr 手表⟩, ***extralang*** ⟨e-e Hose 裤子⟩, ***extrastark***

Ext·ra- *im Subst, begrenzt produktiv*(构成名词,构词有限); verwendet, um auszudrücken, dass die genannte Sache etwas Besonderes od. Zusätzliches ist 特…,专门…,额外…,单独…; die ***Extraausgabe***, das ***Extrablatt*** ⟨e-r Zeitung 报纸的⟩, der ***Extraplatz***, die ***Extraportion*** ⟨vom Nachtisch 甜食⟩, der ***Extraraum***, die ***Extravorstellung*** ⟨im Theater 剧院里的⟩ ‖ NB(注意): *mst* mit dem unbestimmten Artikel verwendet(多与不定冠词连用)

ex·tra·hie·ren; *extrahierte, hat extrahiert*; [Vt] (及物) **1.** ***etw. e.*** MED【医】: etw. (heraus-)ziehen 拔掉,拔出⟨e-n Zahn e. 拔掉一颗牙⟩ **2.** ***etw. aus etw. e.*** CHEM【化】: e-n Extrakt aus etw. herstellen 从…中提取,萃取,精选出: *Substanzen aus Pflanzen e.* 从植物中提取物质 ‖ *hierzu* (派生) **Ex·trak·ti·on** *die*; -, -en

Ext·ra·klas·se *die*; *mst* 多用 ***etw. der E.*** etw., das besonders gut, schön *o.Ä.* ist 特级…,特等…,极品…,最佳…: *ein Film, ein Sportler der E.* 最佳影片,最佳运动员

Ex·trakt *der, auch* 也用 *das*; *-(e)s, -e* **1.** ein Stoff (auch e-e Flüssigkeit), der (durch Kochen, Erhitzen *o.Ä.*) aus Pflanzen od. Teilen von Tieren gewonnen wird (u. *z.B.* als Medizin dient) 提取物,萃取物,浸膏,萃液 ≈ Konzentrat: *e-n E. aus Kräutern herstellen* 从草木植物中制作萃液 ‖ -K(复合): ***Fleisch-***, ***Pflanzen-*** **2.** *geschr* [书]; e-e Zusammenfassung der wichtigsten Punkte (des Inhalts) 摘要,精选,提要 ≈ Quintessenz: *der E. e-r wissenschaftlichen Abhandlung* 一篇科学论文的提要 ‖ NB(注意): ↑ ***Auszug***

ext·ra·va·gant, ext·ra·va·gant [-v-], *extravaganter, extravagantest-*; *Adj* (形); ganz ungewöhnlich u. so, dass es sich (auffällig) vom Üblichen unterscheidet u. sehr modern wirkt 古怪的,奇异的,怪诞的,与众不同的 ≈ außergewöhnlich ⟨ein Aussehen 外表; e-e Wohnung, ein Mensch 住房,人; sich e. kleiden 穿得怪模怪样⟩: *Sie hat e-n ausgesprochen extravaganten Geschmack* 她的口味特怪 ‖ *hierzu* (派生) **Ext·ra·va·ganz, Ext·ra·va·ganz** *die*; -, -en

Ext·ra·wurst *die*; *mst in* 多用于 ***j-m e-e E. braten*** *gespr*[口]; j-n in e-m bestimmten Fall anders (*mst* besser) behandeln als andere 给予…特殊化,让…例外,对…优惠: *Peter ist nie richtig mit dem zufrieden, was er bekommen soll. Er will immer e-e E. gebraten haben* 彼得从不真正满足于他所应该得到的东西。他总要特殊化

ext·rem[1] *Adj*(形) **1.** sehr groß, sehr intensiv 极度的,极端的,极限的⟨ein Zustand, ein Maß, e-e Meinung 状况，标准，意见〉：*In der Arktis herrscht extreme Kälte* 在北极极其冷 **2.** ≈ radikal（2）：*Er musste wegen seiner extremen politischen Ansichten ins Gefängnis* 他由于过激的政治观点不得不进监狱

ext·rem² *Partikel*（小品词）；*betont u. unbetont*（重读和非重读）；drückt aus, dass etw. in sehr hohem Grad zutrifft 极，绝，特 ≈ sehr, übermäßig：*Der Kurs des Dollars ist zurzeit e. niedrig* 现在美元汇率特低

Ext·rem *das*；*-s*，*-e*；etw.，das vom Normalen sehr stark abweicht 极端，极限（值）：*e-n Mittelweg zwischen politischen Extremen suchen* 在政治上的极端派之间寻找中间道路 ‖ K-（复合）：***Extrem-***，***-fall***，***-punkt***，***-situation***，***-wert*** ‖ ID［谚］***von e-m E. ins andere fallen*** von e-r（einseitigen）Meinung zu e-r ganz anderen wechseln od. ein extremes Verhalten durch ein anderes ersetzen 从一个极端跳到另一个极端；***etw. bis ins / zum E. treiben*** ≈ etw. auf die Spitze treiben

Ext·re·mịs·mus *der*；-，*Ext·re·mis·men*；*mst Sg*，POL *pej*（多用单数）【政】［贬］**1.** e-e radikale politische od. religiöse Position, die sich anderen Positionen gegenüber intolerant zeigt（政治或宗教上的）极端主义，过激主义 ≈ Radikalismus〈linker, rechter, christlicher, islamischer E. 左的、右的、基督教的、伊斯兰教的极端主义〉**2.** *Kollekt*（集合）；die Aktivitäten der Radikalen 极端行动：*Die Weimarer Republik wurde ein Opfer des E.* 魏玛共和国成了极端行动的牺牲品 ‖ -K（复合）：***Links-***，***Rechts-*** ‖ *zu*（义项）**1. Ext·re·mịst** *der*；*-en*，*-en*；**ext·re·mịs·tisch** *Adj*（形）

Ext·re·mi·tä·ten *die*；*Pl*（复）**1.** *Kollekt*（集合）；die Arme u. Beine（des Menschen）（人的）四肢，手足，肢体 **2.** ***die oberen E.*** die Arme 上肢 **3.** ***die unteren E.*** die Beine 下肢

Ext·rem·sport *der*；ein sehr belastender u. gefährlicher Sport, den nur wenige Menschen betreiben, wie Bergsteigen in extremen Höhen *usw* 极限运动 ‖ *hierzu* **Ext·rem·sport·ler** *der*

ex·zel·lẹnt *Adj*（形）；*geschr*［书］；sehr gut 极好的，卓越的，出众的，杰出的 ≈ ausgezeichnet, vorzüglich〈ein Essen, ein Wein 饭菜，葡萄酒；e-e Arbeit, e-e Leistung 工作，成绩〉

Ex·zel·lẹnz *die*；-，*-en*；verwendet als Anrede od. Titel für hohe Diplomaten（对高级外交官的尊称）阁下

ex·zẹnt·risch *Adj*（形）；（im Verhalten）extrem anders als normal, ganz ungewöhnlich 与众不同的，怪诞的，古怪的，乖僻的 ≈ überspannt〈ein Charakter, ein Lebensstil 性格，生活方式；ein Künstler, ein Mensch 艺术家，人〉‖ *hierzu*（派生）**Ex·zẹnt·rik** *die*；-，*nur Sg*（只用单数）；**Ex·zẹnt·ri·ker** *der*；*-s*，-；**Ex·zent·ri·zi·tät** *die*；*nur Sg*（只用单数）

ex·zer·pie·ren；*exzerpierte*，*hat exzerpiert*；[Vt]（及物）***etw. e.*** *geschr*［书］；die wichtigsten Aussagen aus e-m Text abschreiben 摘抄，摘选，节录〈e-n Aufsatz, ein Buch e. 摘录一篇文章、一本书〉‖ *hierzu*（派生）**Ex·zẹrpt** *das*；*-(e)s*，*-e*

Ex·zẹss *der*；*-es*，*-e*；*geschr*［书］；e-e Handlung, die durch Maßlosigkeit gekennzeichnet ist 无节制，过分，过度〈Exzesse der Gewalt 无法无天，为所欲为；sexuelle, alkoholische Exzesse 性生活过度，饮酒过度；etw. bis zum E. treiben 把某事搞得过分〉‖ *hierzu*（派生）**ex·zes·siv** *Adj*（形）

F, f

F, f [ɛf] *das*; -, -/*gespr auch*[口]也用 *-s* **1.** der sechste Buchstabe des Alphabets 字母表中的第六个字母〈ein großes F 大写 F; ein kleines f 小写 f〉 **2.** MUS【音】; der vierte Ton der C-Dur-Tonleiter C 大调音阶第四音 ‖ K-(复合): ***F-Dur***; ***f-Moll***

Fa. *Abk für* 缩写,全称为 Firma 公司

Fa·bel *die*; -, *-n*; e-e kurze Geschichte, in der Tiere wie Menschen handeln (u. die ein moralisches Prinzip lehren will) 寓言: *die Fabeln Lafontaines* (十七世纪法国寓言诗人)拉封丹的寓言 ‖ ID [谚] ***etw. gehört ins Reich der F.*** *geschr*, *veraltend*[书][渐旧]; etw. ist erfunden, etw. ist nicht wahr 某事纯属虚构

fa·bel·haft *Adj*(形) ≈ ausgezeichnet, fantastisch (3): *ein fabelhafter Koch* 一位出色的厨师; *Das Essen war f.* 饭菜好极了

Fa·bel·tier *das*; ein Tier, das es nur in der Mythologie od. in Märchen gibt (*z. B.* ein Drache) (神话或童话中的)怪兽(如龙)

Fa·bel·we·sen *das*; ein (Fantasie) Wesen, das es nur in der Mythologie od. in Märchen gibt (*z. B.* Feen, Elfen) (神话或童话中的)幻想形象(如女妖、精灵)

Fab·rik *die*; -, *-en* **1.** ein industrieller Betrieb[1] (1), in dem mithilfe von Maschinen Waren in großer Menge hergestellt werden 工厂,制造厂〈e-e F. gründen, leiten 建立、领导一个工厂〉: *Er arbeitet als Schlosser in e-r F.* 他在厂里当钳工 ‖ K-(复合): ***Fabrik-***, ***-anlage***, ***-arbeiter***, ***-besitzer***, ***-waren*** ‖ -K (复合): ***Chemie-***, ***Konserven-***, ***Möbel-***, ***Papier-***, ***Zement-*** **2.** die Gebäude, in denen sich e-e F. (1) befindet 厂房: *Die F. wird abgerissen* 厂房要拆除 ‖ K- (复合): ***Fabrik-***, ***-gebäude***, ***-gelände***, ***-halle***, ***-tor***

Fab·ri·kant *der*; *-en*, *-en* **1.** j-d, der e-e Fabrik besitzt 工厂主 **2.** ***ein F.*** (+ *Gen* 二格/***von etw.***) e-e Firma *o. Ä.*, die bestimmte Produkte industriell herstellt 制造商,厂家 ≈ Hersteller ‖ -K (复合): ***Schuh-***, ***Spielwaren-***, ***Textil(waren)-*** ‖ NB(注意): *der Fabrikant*; *den*, *dem*, *des Fabrikanten* ‖ *zu* (义项) **1. Fab·ri·kan·tin** *die*; -, *-nen*

Fab·ri·kat *das*; *-(e)s*, *-e* **1.** ein Produkt, das in e-r Fabrik hergestellt wird (工业)产品,制品 **2.** ein bestimmtes industrielles Produkt, ein bestimmter Typ e-s Erzeugnisses 产品,型号: *Dieser Videorekorder ist ein japanisches F.* 这台录相机是日本生产的

Fab·ri·ka·ti·on [-ˈtsio:n] *die*; -, *-en*; *geschr* [书]; das maschinelle Herstellen von Waren in e-r Fabrik (机器)生产,制造〈die F. aufnehmen, einstellen 着手(开始),停止生产〉

fab·rik·neu *Adj* (形); noch nicht benutzt, ganz neu 崭新的,刚出厂的,未使用过的 ↔ gebraucht 〈ein Auto 汽车〉

fab·ri·zie·ren; *fabrizierte*, *hat fabriziert*; [Vt] (及物) *gespr* [口] **1. *etw. f.*** *hum* [诙]; etw. mühsam, so gut es mit einfachen Mitteln u. Geschick möglich ist, herstellen 制作,搞出,弄成,做出: *Aus den Essensresten hat er ein köstliches Essen fabriziert* 他用剩下的饭菜做成了一份美餐 **2. *etw. f.*** *pej* [贬]; etw. Falsches, Dummes od. Negatives machen 搞,做,干(坏事、错事): *Was hat er denn da schon wieder fabriziert?* 他究竟又在那里干什么坏事了?

fa·bu·lie·ren; *fabulierte*, *hat fabuliert*; [Vt/i] (及物/不及物) (***etw.***) ***f.*** etw. mit viel Fantasie erzählen od. erfinden 讲述或编造充满幻想的、荒诞不经的故事〈ins Fabulieren geraten 开始编造故事〉 ‖ K-(复合): ***Fabulier-***, ***-kunst***

Fa·cet·te [faˈsɛtə] *die*; -, *-n*; *mst Pl* (多用复数); eine von vielen kleinen geschliffenen Flächen *mst* an e-m Edelstein (宝石上的)磨光面,棱角,棱边 ‖ K- (复合): ***Facetten-***, ***-schliff***

Fach[1] *das*; *-(e)s*, ***Fä·cher***; ein Teil e-s Behälters od. e-s Möbelstücks, der durch (Trenn) Wände abgegrenzt ist u. in dem etw. aufbewahrt wird 抽屉,格层: *ein Schrank*, *ein Geldbeutel*, *e-e Aktentasche mit mehreren Fächern* 多层(格)柜,多夹层的钱包,公文包; *ein F. im Bücherregal* 书架的一层 ‖ -K (复合): ***Bücher-***, ***Wäsche-***; ***Schrank-***, ***Schreibtisch-***

Fach[2] *das*; *-(e)s*, ***Fä·cher***; ein spezielles Gebiet *bes* der (wissenschaftlichen) Lehre u. Forschung, auf dem j-d arbeitet od. ausgebildet wird 学科,专业,课程〈sein F. beherrschen 掌握专业; sich auf ein F. spezialisieren 专门研究一门专业; das F. Geschichte studieren 学历史专业; ein Meister seines Fachs sein 是本行能手〉: *die Fächer Deutsch u. Englisch* 德语和英语专业 ‖ K- (复合): ***Fach-***, ***-gebiet***, ***-gelehrte(r)***, ***-kenntnis***, ***-lehrer***, ***-wissen***, ***-zeitschrift*** ‖ -K (复合): ***Lehr-***, ***Studien-***, ***Unterrichts-*** ‖ ID [谚] ***vom F. sein*** Fachmann sein 是行家(专家)

Fach- *im Subst*, *begrenzt produktiv* (构成名词,构词有限); verwendet, um auszudrücken, dass j-d mit e-m bestimmten Fach[2] zu tun hat od. dass etw. ein Fach[2] zum Inhalt hat 专业…,专科… ≈ Spezial-; die ***Fachausbil-***

dung, das **Fachbuch**, der **Fachbegriff**, das **Fachgeschäft**, der **Fachlehrer**, die **Fachliteratur**, das **Fachwissen**, das **Fachwörterbuch**, die **Fachzeitschrift**

-fach *im Adj*, *begrenzt produktiv*, *nur attr od adv* (构成形容词,构词有限,只作定语或状语); verwendet, um auszudrücken, dass etw. in der genannten Zahl/Menge von Malen vorhanden ist od. gemacht wird …倍的,…次的,…重的; **zweifach**, **dreifach**, **vierfach** *usw*; **mehrfach**, **vielfach**: *ein dreifacher Salto* 空中三滚翻; *sich mehrfach entschuldigen* 多次表示歉意

Fach·abi·tur *das*; Ⓓ [德] ein spezielles Abitur, mit dem man die Fachoberschule abschließt u. dann e-e Fachhochschule, aber keine Universität besuchen kann 专科高中毕业考试

Fach·aka·de·mie *die*; Ⓓ [德] e-e Art Hochschule, auf der j-d in theoretischem u. praktischem Unterricht in e-m Beruf ausgebildet (od. weitergebildet) wird 专科学院: *e-e F. für Sozialpädagogik* 社会教育学院

Fach·ar·bei·ter *der*; ein Arbeiter, der e-e abgeschlossene Lehre in seinem Beruf hat 技工 ⟨sich zum F. ausbilden lassen 培训成技术工人⟩ ‖ K- (复合): **Facharbeiter-**, **-zeugnis** ‖ *hierzu* (派生) **Fach·ar·bei·te·rin** *die*

Fach·arzt *der*; ein Arzt, der e-e zusätzliche Ausbildung in e-m speziellen Gebiet gemacht hat 专科医生: *ein F. für Chirurgie* 外科专业大夫 ‖ *hierzu* (派生) **Fach·ärz·tin** *die*; **fach·ärzt·lich** *Adj* (形); *nur attr od adv* (只作定语或状语)

Fach·aus·druck *der*; ein Wort, das man *mst* nur in e-m bestimmten Fach² verwendet 专业用语,术语: *Der medizinische F. für „Durchfall" ist „Diarrhö"* "拉肚子"的医学术语是"腹泻"

Fach·be·reich *der* **1.** alle Fragen u. Themen, die zu e-m Fach² gehören 专业领域,专业范围 ≈ Fachgebiet: *Das weiß ich nicht, das fällt nicht in meinen F.* 这我不知道,这不属于我的专业领域 **2.** ≈ Fakultät

fä·cheln; *fächelte*, *hat gefächelt*; [Vt] (及物) ***j-m/sich etw. f.*** *geschr* [书]; e-n Fächer od. e-e Art Fächer hin- und herbewegen, um etwas kühle Luft zu erzeugen 给…扇扇子,打扇: *Weil ihr heiß war, fächelte sie sich die Stirn (mit e-m Blatt Papier)* 因为她感觉热,她(用一张纸)给自己的额头扇风

Fä·cher [ˈfɛçɐ] *der*; *-s*, *-*; ein flacher Gegenstand aus Papier od. Stoff in der Form e-s Halbkreises, den man hin- u. herbewegt, um kühle Luft zu erzeugen 扇子: *ein japanischer F. aus Seide* 一把日本丝绸扇 ‖ *hierzu* (派生) **fä·cher·ar·tig** *Adj* (形); **fä·cher·för·mig** *Adj* (形)

fä·chern, sich; *fächerte sich*, *hat sich gefächert*; [Vr] (反身) ***etw. fächert sich (in etw.*** (*Akk* 四格)) *geschr* [书]; etw. teilt sich ab e-m bestimmten Punkt in verschiedene Richtungen od. Gebiete (物作主语)分成(不同的方向或领域) ≈ etw. spaltet sich auf: *Nach dem ersten Jahr fächert sich die Ausbildung in mehrere Zweige* 第一年后培训工作分成若干分部

Fach·ge·biet *das* ≈ Fachbereich (1)

fach·ge·recht *Adj* (形); sorgfältig u. genau (wie von e-m Fachmann gemacht) 按专业要求的,内行的 ≈ fachmännisch: *Die Reparatur wird f. durchgeführt* 修理工作是按专业要求进行的

Fach|hoch·schu·le *die* Ⓓ [德] e-e spezielle Art von Hochschule, in der die praktische Ausbildung der Studenten stärker betont wird als an Universitäten 专科高等学校(大学)

Fach·hoch·schul|rei·fe *die*; ADM *geschr* 【管理】[书]; ≈ Fachabitur

Fach·idi·ot [-|idioːt] *der*; *pej* [贬]; j-d, der sich in seinem Fach² sehr gut auskennt, aber sonst nicht viel weiß, keine gute Allgemeinbildung hat (只熟悉本专业,对其他方面知道很少的人)专业呆子

Fach·kraft *die*; j-d, der e-e Lehre (1) gemacht hat und für seinen Beruf gut ausgebildet ist 专业人员,专业力量

fach·kun·dig *Adj* (形); mit viel Wissen auf e-m speziellen Gebiet 懂专业的,内行的 ⟨e-e Beratung, ein Verkäufer 咨询,销售人员; j-n f. beraten 给某人出好主意⟩

Fach·leu·te *die*; *Pl* (复); ↑ **Fachmann**

fach·lich *Adj* (形); *mst attr* (多作定语); auf ein bestimmtes Fach² bezogen, zu ihm gehörend 专业的 ⟨Kenntnisse, Probleme 知识,问题; sich f. weiterbilden 进行专业进修⟩

Fach·mann *der*; *-(e)s*, *Fach·leu·te*; ***ein F. (für etw.)*** j-d, der seinen Beruf od. sein Fach² beherrscht 专家,内行,行家 ≈ Experte ↔ Laie: *Er ist (ein) F. für Heizungstechnik* 他是一位供暖技术专家 ‖ -K (复合): **Bank-**, **Heizungs-** ‖ *hierzu* (派生) **Fach·frau** *die* ‖ NB (注意): statt *Fachfrau* verwendet man oft *Expertin* (常用 *Expertin* 代替 *Fachfrau*)

fach·män·nisch *Adj* (形); ⟨e-e Arbeit, e-e Reparatur 工作,修理⟩ so, dass sie mit dem Wissen u. Können e-s Fachmannes ausgeführt werden 专家的,内行的

Fach|ober·schu·le *die*; Ⓓ [德] e-e Art Gymnasium, in dem die Schüler auch praktisch ausgebildet werden 专科高中,职业高中

fach·sim·peln; *fachsimpelte*, *hat gefachsimpelt*; [Vi] (不及物) *gespr* [口]; sich mit j-m lange (u. ausführlich) über ein Thema unterhalten, über das beide sehr viel wissen (长时间)谈论专业问题

Fach·spra·che *die*; alle Fachausdrücke u. spezifischen Formulierungen, die in e-m bestimmten Fach² (od. Berufszweig) verwendet werden u. für Laien *mst* nur schwer od. gar nicht zu verstehen sind 专业语言,行业语言: *die juristische, medizinische F.* 法律的,医学的专业语言 ‖ *hierzu* (派生) **fach·sprach·lich** *Adj* (形)

Fach·welt *die*; *nur Sg*, *Kollekt* (只用单数,集合); alle Fachleute e-s bestimmten Faches² (od. Berufszweiges) 专业人士,专家们,学术界: *Seine Theorie fand in der F. allgemeine*

F

F

Anerkennung 他的理论在学术界得到普遍好评

Fach·werk *das*；*nur Sg*（只用单数）；e-e Art zu bauen，bei der die Wände von vielen Holzbalken gegliedert werden，die von außen sichtbar sind 桁架建筑 ‖ K-（复合）：***Fachwerk-***，***-bau***，***-haus***

Fachwerk

Fach·wis·sen *das*；die speziellen u. detaillierten Kenntnisse，die j-d in e-m Fachbereich（1）hat 专业知识，专门知识 ↔ Allgemeinwissen

Fa·ckel *die*；-，*-n*；ein Stab（aus Holz），der am oberen Ende e-e Schicht hat，die hell brennt 火炬〈die F. flackert，lodert 火炬闪烁，熊熊燃烧；e-e F. anzünden，löschen 点燃，熄灭火炬〉

fa·ckeln；*fackelte*，*hat gefackelt*；[Vi]（不及物）*mst* 多用 ***nicht lange f.*** *gespr*［口］；nicht lange nachdenken，bevor man etw. tut，nicht zögern 当机立断，毫不犹豫，不优柔寡断：*Der Schiedsrichter fackelte nicht lange u. stellte den Spieler vom Platz* 裁判毫不犹豫，将运动员罚出场

Fa·ckel·zug *der*；e-e Veranstaltung，bei der viele Menschen mit Fackeln durch die Straßen gehen（um zu feiern od. um zu protestieren）火炬游行队伍〈e-n F. veranstalten 举行火炬游行〉

fa·de *Adj*（形）；*pej*［贬］**1.**〈Speisen 饭菜〉so，dass sie nicht gut gewürzt，ohne intensiven Geschmack sind 淡的，没有味的：*Die Suppe schmeckt f.* 汤淡而无味 **2.** *bes südd* Ⓐ *gespr* 尤用于［南德］［奥］［口］；langweilig u. unattraktiv 无聊的，乏味的，没劲的，干巴巴的〈Menschen 人；ein Konzert，e-e（Fernseh）Sendung 音乐会，电视节目〉‖ *hierzu*（派生）**Fad·heit** *die*；*nur Sg*（只用单数）

fä·deln；*fädelte*，*hat gefädelt*；[Vt]（及物）**1.** ***etw. durch etw. f.*** etw. durch das Loch *bes* e-r Nadel ziehen 把…穿过，把…从…中穿过去 ≈ einfädeln：*e-n Faden durch das Nadelöhr f.* 把线穿过针眼 **2.** ***etw. auf etw.***（*Akk* 四格）***f.*** ≈ etw. auffädeln

Fa·den *der*；*-s*，*Fä·den* **1.** ein Stück Garn od. Schnur（*mst* aus Baumwolle od. Wolle），das *z.B.* zum Nähen verwendet wird 线，细绳〈e-n F. einfädeln/auf die Nadel fädeln，verknoten，vernähen，abschneiden 把线穿过针眼/穿在针上，把线打个结，用线缝牢，把线剪断；ein F. reißt 线扯断了〉‖ ↑ *Abb. unter* 图见 ***Schnur*** ‖ K-（复合）：***Faden-***，***-ende*** ‖ -K（复合）：***Näh-***；***Baumwoll-***，***Perlon-***，***Seiden-***，***Woll-***，***Zwirns-*** **2.** etw.，das wie ein F.（1）aussieht 丝，丝状物：*Aus dem Mund des Verunglückten floss ein dünner F. Blut* 从遇害者的口中流出一道血 ‖ -K（复合）：***Nerven-***；***Spinnweb-*** ‖ ID［谚］***der rote F.*** ein（Grund）Gedanke，ein Motiv，die *z.B.* in e-m Buch od. e-m Film immer wiederkehren u. die Abschnitte verbinden 红线，主线，主题；***den F. verlieren*** beim Sprechen plötzlich nicht mehr wissen，was man eigentlich sagen wollte，u. stocken（讲话时突然）思路中断；***etw. hängt an e-m（dünnen，seidenen）F.*** etw. ist stark in seiner Existenz gefährdet，bedroht 某事岌岌可危，千钧一发：*Sein Leben hing nur noch an e-m seidenen F.* 他的生命岌岌可危；***die Fäden（fest）in der Hand haben/halten*** entscheidenden Einfluss auf etw. haben，Entscheidungen allein treffen u. alles streng kontrollieren 把一切紧紧抓在手里（总揽一切，并严加控制）‖ *zu*（义项）**2. fa·den·för·mig** *Adj*（形）；*nicht adv*（不作状语）

fa·den·schei·nig *Adj*（形）**1.** *pej*［贬］；so，dass man gleich erkennt，dass es nicht wahr ist 有破绽的，有漏洞的 ≈ unglaubwürdig〈e-e Ausrede 借口；ein Argument，e-e Begründung，e-e Erklärung 论据，理由，说明〉**2.** *veraltend*［渐旧］；〈Stoffe 料子〉so，dass sie sehr stark abgenutzt sind 麻花了的，露线的，磨损的 ≈ abgetragen ‖ *zu*（义项）**1. Fa·den·schei·nig·keit** *die*；*nur Sg*（只用单数）

Fa·gott *das*；*-(e)s*，*-e*；ein（Blas）Instrument aus Holz，das die Form e-s langen Rohres hat u. das relativ tiefe Töne erzeugt 巴松管，大管 ‖ ↑ *Abb. unter* 图见 ***Blasinstrumente*** ‖ *hierzu*（派生）**Fa·got·tist** *der*；*-en*，*-en*

fä·hig [ˈfɛːɪç] *Adj*（形）；*nicht adv*（不作状语）**1.** ***zu etw. f. sein***（aufgrund körperlicher od. intellektueller Voraussetzungen）etw. tun können 会，能，有能力做，做得到，能做出 ≈ imstande sein，etw. zu tun：*Sie war vor Schreck nicht f.，ein vernünftiges Wort zu sagen* 她吓得说不出一句理智的话来（语无伦次）；*Der Angeklagte ist durchaus zu e-m Mord f.* 被告完全有可能杀人 **2.** *mst attr*（多作定语）；durch seine Begabung，sein Können od. Wissen für etw. *bes* geeignet 有才干的，能干的，有才智的 ≈ begabt：*ein außerordentlich fähiger Arzt，Mitarbeiter* 一位特别能干的医生、同事 ‖ ID［谚］*mst* 多用 ***j-d ist zu allem f.*** *gespr pej*［口］［贬］；es ist möglich od. wahrscheinlich，dass j-d etw. Böses，Schlechtes od. etw. Unerwartetes tut 某人什么（坏事）都干得出来

-fä·hig *im Adj*，*sehr produktiv*（构成形容词，构词强）**1.** so，dass die genannte Person od. Sache etw. gut（tun）kann 能…的，会…的；***anpassungsfähig***，***denkfähig***，***flugfähig***〈ein junger Vogel 小鸟〉，***keimfähig***〈Samen 种子〉，***lernfähig***，***widerstandsfähig***〈ein Material 材料〉**2.** so，dass man mit der genannten Person od. Sache etw. tun kann 可作为…的，可用来…的；***belastungsfähig***，***manövrierfähig***〈ein Fahrzeug 飞机〉，***strapazierfähig***〈ein Teppich 地毯〉，***streichfähig***〈Käse，Wurst 奶酪，香肠〉，***vernehmungsfähig***〈ein Zeuge 证人〉**3.** drückt aus，dass j-d/etw. für etw. geeignet od. zu etw. in der Lage ist 适合…的，可…的；***ausbaufähig***〈Beziehungen 关系〉，***einsatzfähig***〈ein Sportler 运动员〉，

gebrauchsfähig 〈ein Werkzeug 工具〉, ***schulfähig*** 〈ein Kind 孩子〉, ***seefähig*** 〈ein Schiff 轮船〉, ***transportfähig*** 〈ein Patient 病人〉, ***vernehmungsfähig*** 〈das Unfallopfer, der Verletzte 事故受害者,受伤者〉, ***wettbewerbsfähig*** 〈ein Betrieb 企业〉

Fä·hig·keit *die*; -, *-en* **1.** *mst Pl* (多用复数); die positive(n) Eigenschaft(en), durch die j-d bestimmte Leistungen vollbringen kann 能力,才干,才能 ≈ Begabung 〈angeborene, erlernte, künstlerische Fähigkeiten 天生的、学会的、艺术上的能力; j-s Fähigkeiten wecken 激发起某人的才干〉 **2.** ***die F.*** (***zu etw.***) *nur Sg* (只用单数); die Eigenschaft od. das Talent, die es j-m möglich machen, etw. zu tun (有…的)能力,本领: *Sie hat die F. zu hoher Konzentration* 她有高度集中注意力的本领; *Er besaß die F., sich einfach u. verständlich auszudrücken* 他具有简明扼要的表达能力 ‖ -K (复合): ***Anpassungs-***, ***Begeisterungs-***, ***Konzentrations-***, ***Lern-***, ***Urteils-***

fahl *Adj* (形); *geschr* [书] **1.** auf e-e nicht schöne Art blass 苍白的,惨白的,灰白的 ≈ bleich 〈f. im Gesicht sein, werden 脸色惨白,变得惨白〉 ‖ -K (复合): ***asch-*** **2.** so, dass es keine große Helligkeit ausstrahlt u. dadurch kalt (5) u. nicht angenehm wirkt 暗淡的,惨淡的,灰暗的 〈Licht 光线〉

fahn·den; *fahndete*, *hat gefahndet*; [Vi] (不及物) ***nach j-m / etw. f.*** intensiv nach e-m Verbrecher od. *z. B.* gestohlenen Dingen suchen 追捕,缉捕,搜索,侦查,寻找: *Die Polizei fahndet nach dem Dieb / nach Rauschgift* 警察追捕小偷,搜索毒品

Fahn·dung *die*; -, *-en*; das Fahnden 〈e-e F. (nach j-m/etw.) einleiten, durchführen 对某人/某事开始、进行侦查; e-e F. auf etw. (*Akk* 四格) ausweiten 扩大对某事的侦查工作; e-e F. einstellen 停止侦查工作〉 ‖ K- (复合): ***Fahndungs-***, ***-foto***

Fahn·dungs·lis·te *die*; ADM *geschr* 【管理】[书]; e-e Liste mit den Namen aller Personen, die von der Polizei gesucht werden 缉捕名单: *Der Terrorist steht auf der F.* 这个恐怖分子列在缉捕名单上

Fah·ne *die*; -, *-n* **1.** ein *mst* rechteckiges Stück Stoff in bestimmten Farben (mit Zeichen), das *z. B.* e-m Land od. e-m Verein als Symbol dient u. *mst* an e-r Stange hängt 旗,旗帜,旗标 ≈ Flagge 〈e-e F. hissen, auf Halbmast setzen, einholen, schwenken 升旗,下半旗,降旗,挥动旗子; e-e F. weht, flattert im Wind 旗帜在风中飘扬,飘舞〉 ‖ K- (复合): ***Fahnen-***, ***-mast***, ***-stange*** ‖ -K (复合): ***Friedens-***, ***Staats-***, ***Truppen-***, ***Vereins-*** **2.** *gespr pej* [口][贬]; ein unangenehmer Geruch nach Alkohol, der aus dem Mund kommt (口中发出的)酒气 〈e-e F. haben 有酒气〉 ‖ -K (复合): ***Bier-***, ***Schnaps-*** ‖ ID [谚] ***die / seine F. nach dem Winde drehen / hängen*** *pej* [贬]; sich der gerade herrschenden Meinung, politischen Richtung *o. Ä.* anschließen, um Auseinandersetzungen zu entgehen od. Vorteile zu haben 见风使舵,随风转舵; ***sich*** (*Dat* 三格) ***etw. auf die Fahnen schreiben*** *geschr* [书]; sich etw. fest zum Ziel setzen (u. intensiv dafür kämpfen) 竖起…的旗帜,打起…的旗号: *Die Partei hat sich die Beseitigung der Inflation auf die Fahnen geschrieben* 党提出了消除通货膨胀的目标; ***mit fliegenden Fahnen zu j-m überlaufen*** plötzlich u. ohne Bedenken seine Meinung ändern u. dem früheren Gegner zustimmen 突然改变观点投向某人,突然转而同意某人的观点

Fah·nen·flucht *die*; *nur Sg* (只用单数); das Desertieren 开小差,逃跑 〈F. begehen 开小差,逃跑〉 ‖ *hierzu* (派生) **fah·nen·flüch·tig** *Adj* (形); *nicht adv* (不作状语); **Fah·nen·flüch·ti·ge** *der*; *-n*, *-n*

Fahr·aus·weis *der*; ADM *geschr* 【管理】[书] ≈ Fahrkarte

Fahr·bahn *die*; der Teil der Straße, der für Fahrzeuge bestimmt ist 车行道 ≈ Straße 〈von der F. abkommen 驶离车道〉: *Bei regennasser F. geriet das Auto ins Schleudern* 在湿漉漉的车道上汽车打滑失控 ‖ K- (复合): ***Fahrbahn-***, ***-rand***, ***-verengung***

fahr·bar *Adj* (形); so (mit Rädern, Rollen) konstruiert, dass man es fortbewegen kann 可行驶的,可滚动的

Fäh·re *die*; -, *-n*; ein Schiff, das regelmäßig über e-n See od. Fluss hin- u. herfährt, um Menschen u. Waren zu transportieren 渡船 〈mit der F. fahren, übersetzen 乘渡船,用渡船运载过河; die F. legt ab/an 渡船离岸/靠岸〉: *die F. zwischen Dover u. Calais* 多佛尔和加来之间的渡船 ‖ K- (复合): ***Fähr-***, ***-boot***, ***-schiff*** ‖ -K (复合): ***Auto-***, ***Personen-***

fah·ren; *fährt*, *fuhr*, *hat / ist gefahren*; [Vt] (及物) **1.** ***etw. irgendwohin f.*** (*hat*) ein Fahrzeug (*z. B.* ein Auto) an e-n bestimmten Ort bringen, indem man es selbst dorthin lenkt, steuert 把…开往,驶向: *das Auto in die Garage f.* 把汽车开进车库 **2.** ***j-n / etw.*** (***mit etw.***) ***irgendwohin f.*** (*hat*) j-n/etw. mit e-m Fahrzeug an e-n bestimmten Ort bringen, transportieren 将…运送到: *e-n Schwerverletzten* (*mit dem Krankenwagen*) *ins Krankenhaus f.* 将一位重伤员(用救护车)送进医院; *Ziegelsteine* (*mit e-m Lastwagen*) *zur Baustelle f.* 把砖(用载重车)运送到建筑工地 **3.** ***etw. f.*** (*hat*) ein Fahrzeug, *mst* ein Auto, besitzen u. benutzen 开(车): *Ihr neuer Freund fährt e-n Porsche* 她的新朋友开一辆保时捷 **4.** ***etw. f.*** (*ist*) mit e-m Fahrzeug e-e Strecke, e-n Weg zurücklegen 开车或乘车经过,走过(一段路程) 〈e-n Umweg f. 开车绕一段弯路〉: *Ich bin auf meiner Urlaubsreise fast 2000 Kilometer* (*Autobahn / Zug*) *gefahren* 我在度假旅行中开车(在高速公路上或乘火车)走了几乎 2000 公里 **5.** ***etw. f.*** (*hat*) e-n bestimmten Treibstoff für sein Fahrzeug verwenden 开车用(指燃料) 〈Diesel, Benzin f. 用柴油、汽油(开车)〉 **6.** ***etw. f.*** (*ist*) sich mit, in od. auf dem genannten Ding (*mst* zu seinem Vergnügen) fortbewegen 乘坐(娱乐器具),滑〈Karussell, Rollschuh, Schlitten, Schlittschuh, Ski f. 乘坐旋转木马,滑旱冰鞋,滑雪橇,溜冰,滑雪〉; Vi(不及物)(*ist*) **7.** ***irgendwohin f.*** sich mit e-m Fahrzeug auf ein bestimmtes Ziel hin bewegen 乘,坐,搭(运输工具前往): *ans Meer, ins Gebirge, nach München f.* 坐车去海边,去山区,去慕尼黑 **8.** ***mit etw.*** **(*irgendwohin*)** ***f.*** sich mit dem genannten Fahrzeug *o.Ä.* (irgendwohin) fortbewegen 开,驾,坐,乘,搭(车前往)〈mit dem Auto, Fahrrad, Motorrad, Bus, Taxi, Zug f. 开汽车,骑自行车、摩托车,坐公共汽车,搭出租车,乘火车; mit der Straßenbahn, U-Bahn f. 乘有轨电车、地铁; mit dem Lift, Aufzug f. 坐电梯、升降机〉 **9.** ***irgendwie f.*** sich mit e-m Fahrzeug, das man selbst steuert, auf die genannte Weise fortbewegen 驾驶,开车(指方式)〈rücksichtslos, rücksichtsvoll, sicher, vorsichtig, zügig, zu schnell f. 开车粗野、小心、安全、谨慎、顺利、太快; mit überhöhter Geschwindigkeit f. 高速开车〉: *Sie fuhren mit 160 (Stundenkilometern), als der Unfall passierte* 在出事的时候,他们的车速是每小时 160 公里 **10.** ***etw. fährt*** ein Fahrzeug bewegt sich *bes* mithilfe e-s Motors fort (物作主语)行驶,开动,运行〈ein Auto, ein Schiff, e-e Straßenbahn, ein Zug 汽车,轮船,有轨电车,火车〉: *Das Auto fährt mit e-r Geschwindigkeit von 100 Stundenkilometern* 这辆汽车每小时行驶 100 公里 ‖ K-(复合): ***Fahr-, -geschwindigkeit*** **11.** ***etw. fährt*** ein öffentliches Verkehrsmittel transportiert regelmäßig auf e-r bestimmten Strecke Personen (物作主语)运行(指公共交通工具) ≈ etw. verkehrt: *Dieser Zug/Bus fährt nicht an Sonn- u. Feiertagen* 这列火车/这路公共汽车逢周日和节日停止运行 **12.** ***in die Höhe f.*** plötzlich u. schnell aufstehen (*bes* weil man e-n Schock od. Schreck hat) (吓得)跳起来: *Bleich vor Schreck fuhr sie in die Höhe* 她吓得脸色苍白跳了起来 **13.** **(*sich* (*Dat* 三格)) (*mit etw.*) *durch, über etw.*** (*Akk* 四格) ***f.*** (*hat/ist*) mit e-r gleichmäßigen Bewegung durch, über etw. streichen 抚摸: *sich mit den Fingern durch die Haare f.* 用手指梳理头发 ‖ ID [谚] ***mit j-m/etw. gut, schlecht f.*** *gespr* [口]: mit j-m/etw. gute, schlechte Erfahrungen machen 与某人相处(觉得)很好,不好/使用某物(觉得)很好,不好: *Mit den Produkten dieser Firma sind wir noch nie gut gefahren* 用这家公司的产品我们觉得从来没有好过; *mst* 多用 ***Was ist denn in dich gefahren?*** *gespr* [口]: warum verhältst du dich plötzlich so seltsam? 你到底怎么啦? 干吗你突然变得这么怪? 你究竟出什么事了?; ***einen f. lassen*** *gespr!* [粗] Luft aus dem Darm (mit e-m lauten Geräusch) entweichen lassen 放个响屁 ‖ *zu* (义项) ***Fahrerei*** ↑ ***-ei*** ‖ ▶ ***Fahrt, Fuhre, Gefährt***

Fah.ren.heit (*die*); e-e Einheit, in der die Temperatur gemessen wird (*bes* in englischsprachigen Ländern, die das britische Maßsystem haben) 华氏温度; *Abk* 缩写 F

Fah.rer *der*; *-s*, *-*; j-d, der beruflich od. privat ein Fahrzeug selbst lenkt od. steuert 驾驶员,司机〈ein sicherer, umsichtiger, rücksichtsloser F. 一位开车安全的、谨慎的、粗野的司机〉‖ -K (复合): ***Auto-, Boots-, Bus-, Fahrrad-, Lastwagen-, Motorrad-, Taxi-*** ‖ *hierzu* (派生) **Fah.re.rin** *die*; *-*, *-nen*

Fah.rer.flucht *die*; *mst in* 多用于 ***F. begehen*** (nachdem man mit seinem Fahrzeug e-n Unfall verursacht hat) sich von der Unfallstelle entfernen, um zu verhindern, dass man (vor Gericht gestellt u.) bestraft wird 开车肇事逃逸 ‖ *hierzu* (派生) **fah.rer.flüch.tig** *Adj* (形); *mst präd* (多作表语)

Fahr|er.laub.nis *die*; ADM *geschr* 【管理】[书] **1.** die Genehmigung zum Steuern e-s Fahrzeugs 驾驶执照〈j-m die F. erteilen, entziehen 发给,吊销某人驾驶执照〉 **2.** ≈ Führerschein

Fah.rer.sitz *der*; der Platz des Fahrers *bes* in e-m Kraftfahrzeug 驾驶员座位 ↔ Beifahrersitz

Fahr.gast *der*; ADM *geschr* 【管理】[书]; j-d, der *z.B.* e-n Bus od. Zug (als öffentliches Verkehrsmittel) benutzt (公共汽车、火车等的)乘客 ‖ NB (注意): Bei e-m Flugzeug od. Schiff spricht man von e-m *Passagier* (飞机、轮船的乘客叫做 *Passagier*)

Fahr.geld *das*; *mst Sg* (多用单数); das Geld, das man für das Fahren (2) mit e-m öffentlichen Verkehrsmittel bezahlen muss 车费,船钱,买车船票的钱

Fahr.ge.mein.schaft *die*; *Kollekt* (集合); mehrere Personen (*mst* Arbeitskollegen), von denen eine mit dem eigenen Auto die anderen zum Arbeitsplatz mitnimmt (*bes* um Benzin zu sparen) 拼车(指用车带同事上班)〈e-e F. bilden 拼车上班〉

Fahr.ge.stell *das*; der Teil e-s Kraftfahrzeugs, an dem die Räder befestigt sind (*bes* die Vorder- u. Hinterachse) 车辆底盘,车架,飞机起落架 ‖ ↑ *Abb. unter* 图见 ***Flugzeug***

fah.rig *Adj* (形) **1.** hastig u. unkontrolliert (*mst* als Zeichen von Nervosität) 慌张的,仓促的,急匆匆的〈Handbewegungen 手势〉 **2.** ***f. sein*** *gespr* [口]; sich nicht auf etw. konzentrieren können, nervös sein 毛手毛脚的,心不在焉的,毛躁的 ‖ *hierzu* (派生) **Fah.rig.keit** *die*; *nur Sg* (只用单数)

Fahr.kar.te *die*; ein Zettel od. e-e kleine Karte, für die man Geld (den Fahrpreis) bezahlen muss u. die einen berechtigt, ein öffentliches Verkehrsmittel zu benutzen 车票,船票〈e-e F. lösen, entwerten (lassen) 买票,(让)检票〉‖ K- (复合): ***Fahrkarten-, -automat, -kontrolle, -schalter*** ‖ -K (复合): ***Bus-, Straßenbahn-, Zug-***

Fahr.kos.ten *die*; *Pl* (复); das Geld, das die Fahrt mit e-m (Kraft- od. Schienen) Fahrzeug kostet 车费,(乘车、船、飞机的)交通费

fahr·läs·sig *Adj*（形）；*geschr*［书］**1.** ohne die nötige Aufmerksamkeit od. Vorsicht, ohne die Gefahren od. Konsequenzen zu bedenken 轻率的，疏忽大意的，漫不经心的 ≈ leichtsinnig〈（grob）f. handeln 行动（粗野）轻率〉**2.** ***fahrlässige Tötung*** JUR【法】；die Tötung e-s Menschen, ohne es beabsichtigt zu haben（*z. B.* bei e-m Autounfall, an dem man schuld ist）误杀，过失杀人 ‖ *zu*（义项）**1. Fahr·läs·sig·keit** *die*

Fahr·leh·rer *der*；j-d, der（beruflich）andere lehrt, wie man ein Kraftfahrzeug fährt 驾驶教练员 ‖ *hierzu*（派生）**Fahr·leh·re·rin** *die*

Fahr·licht *das*；*nur Sg*（只用单数）≈ Abblendlicht ↔ Standlicht, Fernlicht

Fahr·plan *der* **1.** der festgelegte zeitliche Rhythmus, in dem ein Bus, Zug, e-e Straßenbahn *usw* an den jeweiligen Haltestellen bzw. Bahnhöfen abfährt u. ankommt 行车时刻〈den F. ändern, einhalten 改变、遵守行车时刻〉‖ K-（复合）：***Fahrplan-***，***-änderung*** ‖ -K（复合）：***Sommer-***，***Winter-*** **2.** ein Blatt Papier *o. Ä.*, auf dem steht, zu welchen Zeiten ein Bus, Zug, e-e Straßenbahn *usw* fährt 行车时刻表

fahr·plan|mä·ßig *Adj*（形）；ADM *geschr*【管理】［书］；wie es im Fahrplan (2) steht 按行车时刻表的，准点（时）的：„*Der Zug aus München, fahrplanmäßige Ankunft zehn Uhr zehn, wird voraussichtlich zehn Minuten später eintreffen*"“从慕尼黑开来的火车，准点到站是10点10分，现在预计要晚10分钟到达”

Fahr·pra·xis *die*；*nur Sg*（只用单数）；die praktische Erfahrung, die man allmählich bekommt, wenn man ein Kraftfahrzeug fährt 驾驶经验〈keine, e-e lange F. haben 没有、有多年的驾驶经验〉

Fahr·preis *der*；das Geld, das man für e-e Fahrt mit e-m Bus, Zug, e-r Straßenbahn *usw* zahlen muss 车船票价〈den F. entrichten, erhöhen, ermäßigen 支付，提高，降低车船票价〉‖ K-（复合）：***Fahrpreis-***，***-erhöhung***，***-ermäßigung***

Fahr·prü·fung *die*；die（staatliche）Prüfung, die man machen muss, bevor man den Führerschein bekommt 驾驶（执照）考试

Fahr·rad *das*；ein Fahrzeug mit zwei Rädern, ohne Motor, das durch das Treten von Pedalen angetrieben wird 自行车〈（mit dem）F. fahren 骑自行车〉‖ K-（复合）：***Fahrrad-***，***-fahrer***，***-kette***，***-reifen***，***-tour***，***-verleih*** ‖ -K（复合）：***Damen-***，***Kinder-***，***Herren-*** ‖ NB（注意）：in der gesprochenen Sprache wird anstelle von *F.* oft kurz *Rad* gesagt（口语中常用 Rad 取代 F.）

Fahr·schein *der*；ADM *geschr*【管理】［书］≈ Fahrkarte

Fahr·schu·le *die* **1.** e-e Art private Schule, in der man lernt, wie man ein Kraftfahrzeug fährt 驾驶学校 **2.** *nur Sg*，*gespr*（只用单数）［口］；der Unterricht in e-r F.（1）驾驶课〈F. haben 有驾驶课〉‖ *hierzu*（派生）**Fahr·schü·ler** *der*；**Fahr·schü·le·rin** *die*

Fahr·steig *der*；*-s*, *-e*；ein rollendes Band für Fußgänger in Flughäfen, das wie e-e Rolltreppe der Fortbewegung dient（机场内）旅客自动通道

Fahr·stuhl *der*；e-e Kabine, mit der Personen in e-m Gebäude nach oben u. unten transportiert

Fahrrad / Rad

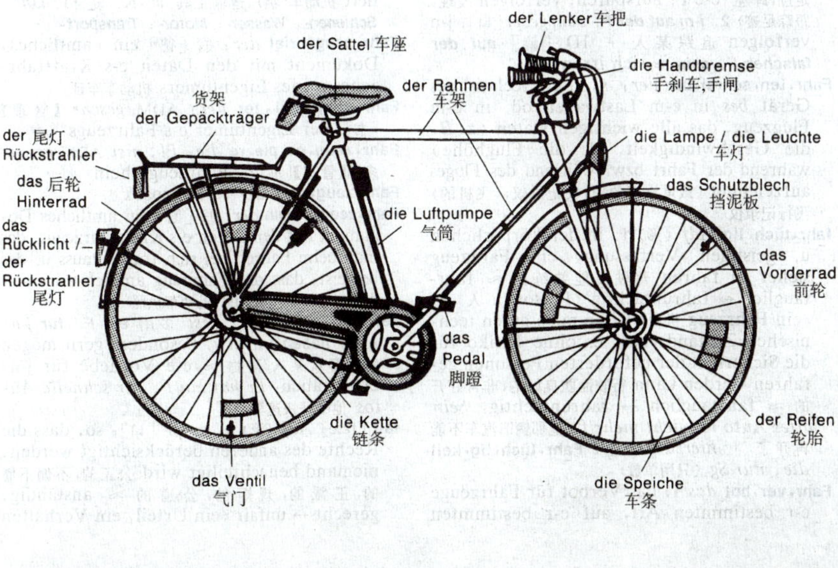

werden 升降机，电梯 ≈ Aufzug[1], Lift ⟨den F. nehmen, mit dem F. fahren 坐，乘电梯⟩

Fahr·stun·de *die*; e-e Unterrichtsstunde bei e-m Fahrlehrer, in der man praktisch übt, wie man ein Fahrzeug fährt 驾驶课

F

Fahrt *die*; -, *-en* **1.** *nur Sg*（只用单数）; das Fahren (7): *Nach sechs Stunden F. erreichten wir endlich Verona* 我们坐了六个小时的车，终于到达维罗纳 ‖ K-（复合）: ***Fahrt-***, ***-kosten***, ***-richtung***, ***-route***, ***-unterbrechung*** **2.** *nur Sg*（只用单数）; die Geschwindigkeit, mit der sich ein Fahrzeug fortbewegt 车速，行驶速度 ≈ Fahrgeschwindigkeit ⟨in voller F. sein 全速前进⟩: *Wenn der Zug in den Bahnhof einrollt, verlangsamt er die F.* 火车驶入车站时放慢车速 **3.** die Reise mit e-m Fahrzeug (zu e-m bestimmten Ziel) 旅行: *e-e F. nach Paris machen / unternehmen* 到巴黎旅行/作一次旅行 ‖ -K（复合）: ***Bus-***, ***Zug-*** **4.** ***e-e F. ins Blaue*** ein Ausflug (mit e-m Fahrzeug) zum Vergnügen ohne ganz bestimmtes Ziel 无目的的漫游 ‖ ID［谚］***in F. kommen / geraten*** *gespr*［口］; **a)** in e-e gute Stimmung kommen, Temperament entwickeln (u. viel reden) 兴奋（激动）起来，来劲了; **b)** immer wütender werden 发火，发怒; ***in F. sein*** *gespr*［口］; **a)** in guter Stimmung sein (u. viel reden u. lachen) 情绪好，兴致高（说话滔滔不绝）; **b)** sehr wütend sein u. schimpfen 发火，恼怒

fährt *Präsens, 3 Person Sg*（现在时，第三人称单数）; ↑ ***fahren***

fahr·taug·lich *Adj*（形）; *nicht adv*（不作状语）; ADM *geschr*【管理】［书］≈ fahrtüchtig (1,2) ↔ fahruntauglich ‖ *hierzu*（派生）**Fahr·taug·lich·keit** *die*; *nur Sg*（只用单数）

Fähr·te *die*; -, *-n* **1.** die (Fuß) Spuren u. der Geruch e-s Tieres, das gejagt wird（野兽的）足迹，踪迹 ⟨e-e F. aufspüren, verfolgen 发现，跟踪足迹⟩ **2.** ***j-m auf der F. sein*** *gespr*［口］; j-n verfolgen 追踪某人 ‖ ID［谚］***auf der falschen F. sein*** ≈ sich irren

Fahr·ten·schrei·ber *der*; *-s*, *-*; ein technisches Gerät *bes* in e-m Lastwagen od. in e-m Flugzeug, das alle wichtigen Daten (*z. B.* die Geschwindigkeit od. die Flughöhe) während der Fahrt bzw. während des Fluges aufzeichnet（载重汽车的）行驶记录仪，（飞机的）飞行记录仪

fahr·tüch·tig *Adj*（形）**1.** in der körperlichen u. geistigen Verfassung, ein Fahrzeug sicher zu fahren 驾驶技能熟练的 ≈ fahrtauglich ↔ fahruntüchtig ⟨Personen 人⟩ **2.** ⟨ein Fahrzeug 机动车⟩ in e-m so guten technischen Zustand, dass es ohne Risiko für die Sicherheit der beförderten Personen gefahren werden kann 行驶性能良好的，非常好开的 ≈ fahrtauglich ↔ fahruntüchtig: *Sein altes Auto ist nicht mehr f.* 他那辆旧汽车不能再开了 ‖ *hierzu*（派生）**Fahr·tüch·tig·keit** *die*; *nur Sg*（只用单数）

Fahr·ver·bot *das* **1.** das Verbot für Fahrzeuge e-r bestimmten Art, auf e-r bestimmten Straße zu fahren 禁止行驶，禁止通行令: *Auf der Autobahn besteht (ein) F. für Traktoren* 在高速公路上是禁止拖拉机行驶的 **2.** das *mst* zeitlich befristete polizeiliche bzw. gerichtliche Verbot, ein Kraftfahrzeug zu fahren（限期）停开（车），禁止开车: *Er erhielt (ein) F. für ein Jahr, weil er betrunken Auto gefahren war* 他因酒后开车，受到禁止开车一年的处罚; *F. bei Smog / wegen Smogs* 在烟雾天/由于烟雾笼罩禁止开车

Fahr·ver·hal·ten *das*; *geschr*［书］**1.** die Eigenschaften, die ein Kraftfahrzeug während der Fahrt (1) zeigt（机动车）行驶性能 **2.** die Art u. Weise, wie j-d ein Kraftfahrzeug fährt（驾驶员的）驾车行为: *ein aggressives, defensives F. zeigen* 表现出粗野的、谨慎小心的驾车行为

Fahr·was·ser *das*; *mst in* 多用于 **1.** ***in seinem / im richtigen F. sein*** *gespr*［口］; temperamentvoll u. eifrig über etw. reden bzw. etw. tun, das man gut beherrscht od. gern mag 口若悬河，侃侃而谈；驾轻就熟，得心应手 ≈ in seinem Element sein: *Wenn es um Politik geht, ist sie so richtig in ihrem F.* 只要谈起政治，她总是口若悬河，滔滔不绝 **2.** ***in j-s F. geraten*** von j-m stark beeinflusst werden 深受某人影响

Fahr·werk *das*; das Fahrgestell e-s Flugzeugs 飞机起落架 ⟨das F. ausfahren, einziehen 放下，收起起落架⟩ ‖ ↑ *Abb. unter* 图见 ***Flugzeug***

Fahr·zeit *die*; die Zeit, die man braucht, um mit e-m Fahrzeug e-e bestimmte Strecke zu fahren 行驶时间

Fahr·zeug *das*; *-(e)s*, *-e*; e-e technische Konstruktion, *z. B.* ein Auto, Fahrrad, Zug, Boot od. Schlitten, mit der man sich schnell u. bequem fortbewegt bzw. Lasten transportiert 机动车（辆），运输工具 ‖ -K（复合）: ***Luft-***, ***Schienen-***, ***Wasser-***; ***Motor-***; ***Transport-***

Fahr·zeug·brief *der*; Ⓓ［德］ein (amtliches) Dokument mit den Daten e-s Kraftfahrzeugs u. des Eigentümers 机动车车证

Fahr·zeug·hal·ter *der*; ADM *geschr*【管理】［书］; der Eigentümer e-s Fahrzeugs 车主

Fahr·zeug·pa·pie·re *die*; *Pl*, *mst* ADM *geschr* 多用【管理】［书］≈ Fahrzeugschein

Fahr·zeug·park *der* ≈ Fuhrpark

Fahr·zeug·schein *der*; Ⓓ［德］ein amtliches Dokument mit den Daten e-s Kraftfahrzeugs, das man beim Fahren bei sich tragen muss u. das beweist, dass das Fahrzeug amtlich angemeldet u. versichert ist 机动车执照

Fai·ble [ˈfɛːbl] *das*; *mst* 多用 ***ein F. für j-n / etw. haben*** j-n/etw. besonders gern mögen 特别喜欢某人/某物 ≈ e-e Vorliebe für j-n/etw. haben: *Er hat ein F. für schnelle Autos* 他嗜好快速车

fair [fɛːɐ̯] *Adj*（形）**1.** *gespr*［口］; so, dass die Rechte des anderen berücksichtigt werden, niemand benachteiligt wird 公正的，不偏不倚的，正派的，规矩的，公道的 ≈ anständig, gerecht ↔ unfair ⟨ein Urteil, ein Verhalten

判决，态度；f. bleiben，handeln，sein 保持公正，办事公道，是公道的〉 **2.**（*bes* beim Sport）so，dass die Regeln genau beachtet u. keine Tricks angewendet werden（尤指体育运动中）按规则的，公平的，正当的，合理的〈ein Wettkampf 比赛；f. kämpfen，spielen 公平地竞争、比赛；j-n f. vom Ball trennen 正当地断了某人的球〉

Fair·ness [ˈfɛːɐ̯nɛs] *die*；-；*nur Sg*（只用单数）；ein faires Verhalten，*bes* im Spiel（尤指比赛中）遵守规则，懂规矩，公正，公平，不偏不倚

Fair Play，Fair·play [ˈfɛːɐ̯ˈpleɪ] *das*；-；*nur Sg*（只用单数）≈ Fairness

Fä·ka·li·en [-iən] *die*；*Pl*，*geschr*（复）[书]；Urin u. Kot von Tieren u. Menschen 粪便，排泄物 ≈ Exkremente

Fa·kir [-kiːɐ̯] *der*；*-s*，*-e*；（*bes* in Indien）j-d，der sich durch Konzentration so unempfindlich gegen Schmerzen machen kann，dass er *z. B.* auf e-m Brett mit Nägeln liegen kann（尤指印度）苦行僧，托钵僧

Fakt *der*，*das*；*-(e)s*，*-en* **1.** *mst Pl*，*geschr*（多用复数）[书]；Tatsache 事实 ≈ Faktum **2.** ***F. ist*（, *dass* ...）** es steht fest（, dass ...）事实是…，…是肯定的

fak·tisch *Adj*（形）**1.** *nur attr*，*nicht adv*，*geschr*（只作定语，不作状语）[书] ≈ tatsächlich¹(2)，wirklich (1) ↔ theoretisch〈der Gewinn，der Nutzen，der Ertrag 利润，利益，收成〉 **2.** *nur adv*，*gespr*（只作状语）[口] ≈ praktisch²：*Es ist f. alles beim Alten geblieben* 事实上一切还是照旧

Fak·tor [-toːɐ̯] *der*；*-s*，*Fak·to·ren* **1.** ein Element，das zusammen mit anderen Elementen e-e bestimmte Wirkung hat，ein bestimmtes Ergebnis verursacht 因素，要素 ≈ Komponente，Ursache〈ein bestimmender，maßgeblicher，wesentlicher F. 决定性的、权威性的、基本的因素；das Zusammenwirken unterschiedlicher Faktoren 各种因素的共同作用〉：*Technische Mängel u. menschliches Versagen waren die Faktoren，die zur Katastrophe in dem Atomkraftwerk führten* 技术上的缺陷和人的操作失误是导致核电厂发生灾难的因素 **2.** MATH【数】；jede Zahl，die mit e-r anderen multipliziert wird 因数，因子〈die Faktoren e-s Produktes ermitteln 求得积因子〉

Fak·tum *das*；*-s*，*Fak·ten*；*geschr* [书]；e-e Tatsache，die bewiesen ist bzw. bewiesen werden kann 事实 ≈ Fakt：*Ich brauche keine Hypothesen，sondern Fakten* 我不要假设，而要事实

Fa·kul·tät *die*；-，*-en*；*Kollekt*（集合）；mehrere einzelne Fächer od. Wissenschaften，die an e-r Universität zu e-r Abteilung zusammengefasst sind（大学里的）系 ≈ Fachbereich (2)〈die Philosophische，Juristische，Theologische，Medizinische F. 哲学系，法学系，神学系，医学系〉

fa·kul·ta·tiv，fa·kul·ta·tiv [-f] *Adj*（形）；*geschr* [书]；nicht streng vorgeschrieben，sondern der eigenen Entscheidung überlassen，frei zu wählen 选修的，非硬性规定的 ↔ obligatorisch：*Die Teilnahme an dem Seminar ist f.* 参加课堂讨论是自选的

Fal·ke *der*；*-n*，*-n* **1.** ein mittelgroßer Raubvogel，mit dem man *bes* früher gern gejagt hat 鹰，鹰隼科：*e-n Falken zur Jagd abrichten* 训练鹰狩猎 ‖ K-（复合）：***Falken-***，***-horst***，***-jagd*** **2.** *mst Pl*（多用复数）；*geschr* [书]；j-d，der *bes* im politischen Bereich sehr hart u. rigoros gegen seine Gegner vorgeht 鹰派成员（人物）‖ NB（注意）：*der Falke*；*den*，*dem*，*des Falken*

Falk·ner *der*；*-s*，-；j-d，der Falken (1) für die Jagd dressiert 驯鹰者

Falk·ne·rei *die*；-，*-en* **1.** *nur Sg*（只用单数）；das Dressieren von Falken (1) für die Jagd 猎鹰训练〉 **2.** *nur Sg*（只用单数）；die Jagd mit Falken (1) 放鹰行猎 **3.** der Ort，die Anlage，in der Falken (1) gehalten u. dressiert werden 训鹰场所

Fall¹ *der*；*-(e)s*；*nur Sg*（只用单数）**1.** das Fallen (1) 落下，下降，坠落：*Während des Falls öffnete sich der Fallschirm* 在下降时降落伞打开了 **2.** das Fallen (2) 跌倒，跌落 ≈ Sturz：*sich bei e-m F. schwer verletzen* 在跌倒时受重伤 **3.** ***der freie F.*** PHYS【物】；das beschleunigte Fallen (1) e-s Körpers，auf den nur die Schwerkraft wirkt 自由落体，自由坠落 ‖ K-（复合）：***Fall-***，***-geschwindigkeit***，***-gesetz*** ‖ ID[谚] ***j-n/etw. zu F. bringen*** *geschr* [书]；verhindern，dass j-d od. ein Plan Erfolg hat 使某人/某事失败（垮台）〈e-e Regierung，j-s Pläne zu F. bringen 使政府垮台，使某人的计划失败（落空）〉；***j-d/etw. kommt zu F.*** j-d/etw. hat keinen Erfolg 某人/某事失败/受挫

Fall² *der*；*-(e)s*，*Fäl·le* **1.** ***ein Fall*** + *Gen*（二格）/ ***von etw.***，***der F.***，***dass ...*** e-e Situation，die eintreten kann od. die j-n betrifft（可能产生或遇到的）事情，情况是…〈im äußersten，schlimmsten F. 在最坏的、最糟糕的情况下；in diesem，keinem，jedem F. 在这种情况下，在任何情况下都不，无论如何；in vielen，seltenen，den meisten Fällen 在许多、罕见的、大多数情况下〉：*Für den F.，dass es regnet，habe ich e-n Schirm dabei* 为了防雨，我带了伞；*So ein F. ist noch nie eingetreten* 这种事情还从未发生过；*Im F./Falle von Blitzschlag/e-s Blitzschlags bezahlt die Versicherung den Schaden* 一旦遭雷击，保险公司会赔偿损失；*Was würdest du in meinem F.*（= wenn du in meiner Situation wärest）*tun?* 要是你处在我的地位，你会怎么办?；*Eigentlich darf ich das nicht，aber in Ihrem F.*（= dieses Mal）*will ich e-e Ausnahme machen* 这种事本来我是不能干的，但这次我想作为一次例外 ‖ -K（复合）：***Krankheits-***，***Kriegs-***，***Not-***，***Unglücks-*** **2.** ***ein F.*** + *Gen*（二格）/ ***von etw.*** ein Beispiel，das in bestimmter Weise vorkommt 事件，事例，情况〈ein alltäglicher，trauriger，ungewöhnlicher F. 日常的、悲惨的、不平常的事例〉：*Dieses Unglück ist ein typischer F. von Unacht-*

samkeit 这次灾祸是疏忽造成的典型事例 ‖ -K(复合)：**Einzel-**，**Extrem-**，**Normal-**，**Sonder-**，**Spezial-** **3.** e-e Angelegenheit, die *bes* von der Polizei od. vor Gericht untersucht wird 案件，案例〈e-n F. untersuchen, vor Gericht bringen, bearbeiten, zu den Akten legen (= nicht weiter bearbeiten) 调查案件，将案件提交法庭，处理案件，将案件归档〉：*der F. Alfred Meier* 阿尔弗雷德·迈耶尔案件 ‖ -K(复合)：**Kriminal-**，**Rechts-**，**Mord-** **4.** ein Patient, der von e-m Arzt behandelt wird 病例，病人：*Die schweren Fälle liegen auf der Intensivstation* 重症病人都躺在急救站；*Sie ist ein hoffnungsloser F.* (= man kann ihr nicht helfen) 她是一个无望救活的病例；*Er ist ein F. für den Psychiater* (= ein Psychiater sollte ihn behandeln) 他是一个应由心理医生治疗的病例 **5.** LING【语】；die jeweilige Form der Deklination 格，格位 ≈ Kasus：*Die vier Fälle im Deutschen heißen Nominativ, Akkusativ, Dativ u. Genitiv* 德语的四个格叫第一格、第四格、第三格和第二格 ‖ ID[谚] **etw. ist (nicht) der F.** etw. ist (nicht) so 某事(并不)是这么回事：*Es ist oft der F., dass übertriebener Eifer schadet* 过分热情常常是有害的；**auf jeden F./auf alle Fälle** **a)** ganz bestimmt, mit Sicherheit 当然，一定；**b)** ≈ jedenfalls；**auf/für alle Fälle** ≈ vorsichtshalber；**auf keinen F.** ganz bestimmt nicht, unter keinen Umständen 无论如何不，绝不；**von F. zu F.** für jedes einzelne Beispiel 根据各自情况，看各自情况〈etw. von F. zu F. entscheiden 按各自具体情况作决定；etw. ist von F. zu F. unterschiedlich 某事根据各自情况有所不同〉；**klarer F.!** *gespr*[口] ≈ selbstverständlich；**j-d/etw. ist (nicht) j-s F.** *gespr*[口]；j-d/etw. gefällt j-m (nicht) 某人/某事(不)合某人的胃口；**im Falle e-s Falles** *gespr*[口]；falls e-e bestimmte (*mst* schwierige) Situation eintritt 要是(一旦)出现(严重)情况

Fall·beil *das*；*hist*[历] ≈ Guillotine

Fal·le *die*；-，*-n* **1.** e-e Konstruktion, mit der man Tiere fängt(捕捉动物的)套，圈，笼，陷阱〈e-e F. aufstellen, Fallen stellen, legen 设置陷阱，布下圈套〉：*Die Maus ist in die F. gegangen* 老鼠落入了捕鼠器 ‖ -K(复合)：**Kaninchen-**，**Mause-** **2.** **j-m e-e F. stellen**；**j-n in e-e F. locken** e-n Trick anwenden, um j-n zu täuschen u. ihm zu schaden 给…设圈套；引诱…中圈套：*Der Prüfer hat mir mit seiner Frage e-e F. gestellt, u. ich bin darauf hereingefallen* 考官用问题给我设了一个陷阱，而我跟着就上了当 **3.** *gespr hum*[口][诙] ≈ Bett

fal·len；*fällt*，*fiel*，*ist gefallen*；**Vi**(不及物) **1.** **etw. fällt** etw. bewegt sich (aufgrund seines Gewichts) nach unten (u. bleibt liegen)(物作主语)降落，下降，坠落，掉下：*Im Herbst fällt das Laub von den Bäumen* 秋天树叶从树上落下来；*Das Glas ist auf den Boden gefallen u. zerbrochen* 玻璃杯掉在地上砸碎了；*Heute Nacht sind zehn Zentimeter Schnee gefallen* 今夜下雪下了 10 厘米 **2.** **j-d fällt** j-d verliert (in e-r sitzenden, stehenden *o. Ä.* Position) das Gleichgewicht u. kommt mit dem Körper auf den Boden(人作主语)摔倒，跌倒 ≈ j-d stürzt：*Als er am Ufer entlangging, rutschte er aus u. fiel in den See* 当他沿着岸边走的时候，滑倒了，并掉进了湖里 **3.** **etw. fällt (von irgendwoher) irgendwohin**〈Licht, (die) Sonne, Schatten, j-s Blick *o. Ä.* 光线，阳光，阴影，某人的眼光等〉gelangt (von irgendwoher) auf e-e bestimmte Stelle(物作主语)落在，投下，射人：*Ihr Blick fiel zufällig auf das Foto* 她的眼光偶然落在这张照片上；*Durch die Ritzen des Fensterladens fiel das Licht ins Zimmer* 光线透过百叶窗的缝隙射进房间 **4.** **etw. fällt** etw. wird in seiner Höhe, in seinem Ausmaß weniger, geringer(物作主语)下降，降低 ≈ etw. sinkt ↔ etw. steigt〈die Temperatur, der Druck 温度，压力〉：*Der Wasserspiegel des Rheins ist um einen Meter gefallen* 莱茵河的水位下降了一米 **5.** **etw. fällt** etw. wird in seinem Wert geringer(物作主语)下跌，跌价(指价值) ↔ etw. steigt〈die Preise 价格；Wertpapiere 有价证券〉 **6.** **etw. fällt** *geschr*[书]；etw. existiert nicht mehr, etw. wird eliminiert(物作主语)作废，取消，不复存在〈e-e Sprachbarriere, ein Tabu 语言障碍，禁忌〉‖ NB(注意)：*mst* im Perfekt verwendet(多用于现在完成时) **7.** **j-d fällt (im Krieg)** *euph*[婉]；ein Soldat stirbt im Kampf(人作主语)(战争中)牺牲，阵亡，倒下 **8.** **j-m um den Hals f.** j-n (vor Freude od. Begeisterung) umarmen 拥抱，搂住…的脖子 **9.** **auf die Knie f.** sich plötzlich auf den Boden werfen u. knien 跪倒在地：*Der Verurteilte fiel auf die Knie u. bat um Gnade* 被判决的人跪倒在地祈求宽恕 **10.** **etw. fällt** etw. wird ausgeführt od. durchgeführt, etw. ereignet sich(物作主语)发生，作出〈e-e Entscheidung, ein Urteil, ein Beschluss *o. Ä.* 决定，判决，决议等〉 **11.** **ein Schuss fällt** ein Schuss wird abgefeuert 一声枪响(响了一枪) **12.** **ein Name, ein Wort fällt** ein Name, ein Wort wird (nebenbei) genannt 提到一个人名、一句话：*Im Gespräch ist auch dein Name gefallen* 谈话中也提到你的名字 **13.** **etw. fällt auf/in etw.** (*Akk* 四格) etw. findet zu e-m bestimmten Zeitpunkt statt (物作主语)碰巧是，与…巧合，在…时候发生：*Der 1 Mai fällt dieses Jahr auf e-n Donnerstag* 今年五月一日碰巧是星期四；*In die Zeit um 1200 fällt die Blüte des Minnesangs* 1200 年前后恰好是宫廷抒情诗的繁荣时期 **14.** **etw. fällt in etw.** (*Akk* 四格) etw. gehört sachlich od. thematisch zu e-m bestimmten Bereich(物作主语)属于，涉及(某一范围)：*Dieser Fall fällt nicht in meinen Kompetenzbereich* 这件事不属我的职权范围 **15.** **etw. fällt an j-n** etw. kommt in j-s Besitz(物作主语)落入…之手，归属…所有：*Das Erbe fiel an seine Kinder* 这笔遗产归他的孩子所有 **16.** **j-d fällt in etw.** (*Akk* 四格) j-d kommt (plötzlich) in e-n bestimmten Zustand(人作主语)突然陷人，处于(一种状态)〈j-d fällt in schwere Depressionen, in tiefen Schlaf, in Ungnade 某人突然严重意志消沉,睡得死死的,失宠〉**17.** ***durch*** 〈e-e Prüfung, ein Examen 考试〉 ***f.*** *gespr* [口]; e-e Prüfung, ein Examen nicht bestehen(考试)没通过,不及格: *durchs Abitur f.* 文理高级中学考试没通过 **18.** 〈Haare, Locken 头发,鬈发〉 ***fallen*** **(*j-m*)** ***irgendwie*** Haare, Locken sehen so aus, wie im Adj. beschrieben 看上去,显得,使觉得: *Ihre Locken fallen sehr hübsch* (= sie hat sehr hübsche Locken) 她的鬈发显得很漂亮 **19.** ***etw. f. lassen*** aufhören (2), sich mit etw. zu beschäftigen 停止,放弃 ≈ etw. aufgeben (2) 〈ein Gedanken, e-n Plan, ein Projekt, ein Thema *o.Ä.* f. lassen 放弃想法、计划、项目、论题等〉 **20.** ***j-n f. lassen*** *gespr* [口]; j-m nicht mehr helfen 不理睬,不支持: *Nach dem Skandal ließen ihn seine Freunde f.* 吵架后,朋友们都不理他了 **21.** 〈***e-e Andeutung, e-e Bemerkung*** 暗示,评论〉(***über j-n/etw.***) ***f. lassen*** kurz sagen, was man über j-n/etw. denkt 顺便提及,说起(某人/某事)

fäl·len; *fällte, hat gefällt*; [Vt] (及物) **1.** ***e-n Baum f.*** (mit e-r Säge od. e-m Beil) e-n Baum oberhalb der Wurzel abschneiden bzw. abschlagen, sodass er zu Boden fällt 砍倒,砍伐一棵树 **2.** ***e-e Entscheidung*** (***über etw.*** (*Akk* 四格)) ***f.*** *geschr* [书]; beschließen, etw. zu tun od. sich für bzw. gegen etw. entscheiden(对…)作出决定 ≈ e-e Entscheidung treffen **3.** ***ein Urteil*** (***über j-n/etw.***) ***f.*** *geschr* [书]; ein Urteil finden u. aussprechen od. etw. beurteilen(对…)作出判决: *Das Gericht fällte das Todesurteil über den Angeklagten* 法庭对被告作出了死刑判决 **4.** ***das Lot*** (***auf etw.*** (*Akk* 四格)) ***f.*** MATH【数】; die senkrechte Linie zu e-r waagerechten (Linie) bilden(在…上)作一垂直线

fal·len·las·sen ↑ ***fallen*** (19-21)

Fal·len·stel·ler *der*; *-s, -*; j-d, der (beruflich) Fallen (1) aufstellt, um Tiere damit zu fangen 专门设置陷阱(捕捉动物)者

Fall·gru·be *die*; ein tiefes Loch (im Wald), das mit Zweigen *o.Ä.* bedeckt ist u. als Falle (1) für große Tiere dient 陷阱,陷坑

fäl·lig *Adj* (形); *nicht adv* (不作状语) **1.** ADM *geschr*【管理】[书]; zu e-m bestimmten Zeitpunkt zu bezahlen 到期该支付的: *Die Miete ist am Ersten jeden Monats f.* 房租每月一日交付; *Er hat endlich die längst fällige Rechnung bezahlt* 他终于把拖欠很久的账清了 **2.** so, dass es zu e-m bestimmten Zeitpunkt notwendig ist od. stattfindet 应该做的,必须办的,应该到达的: *Die Reparatur des Autos war schon längst f.* 这辆汽车早就该修理了; *Morgen ist e-e neue Lieferung f.* 明天新的供货该到了 **3.** ***j-d ist f.*** *gespr* [口]; j-d hat etw. getan, das andere nicht gut finden u. wird nun ermahnt od. bestraft 某人(做错了事)该整治一下,教训一下

Fäl·lig·keit *die*; *-, -en*; ADM *geschr*【管理】[书]; der Zeitpunkt, zu dem man *z.B.* bei e-r Bank seine Schulden od. e-n Kredit zurückzahlen muss (债务、贷款)到期 ‖ K-(复合): ***Fälligkeits-, -datum, -termin***

Fall·obst *das*; das Obst, das nicht gepflückt wurde, sondern vom Baum heruntergefallen ist 从树上掉落的水果,落果

Fall-out, Fall·out [ˈfɔːl|aʊt] *der*; *-s, -s*; *geschr* [书]; die radioaktiven Produkte, die als Folge von Kernspaltungen (*z.B.* nach e-r Atombombenexplosion) entstehen 放射性尘埃,(核爆炸后的)散落物,微粒回降

falls *Konjunktion* (连); verwendet, um e-n Nebensatz einzuleiten, der e-e Bedingung ausdrückt, deren Wahrscheinlichkeit relativ gering ist (geringer als beim wenn-Satz) 一旦,万一,假如: *F. du ihn noch treffen solltest/noch triffst, sagst du ihm bitte, dass ich mich bald melde* 如果你还会碰上他,请告诉他,我很快就会同他联系的

Fall·schirm *der*; e-e Art großer Schirm aus Stoff, der dazu dient, Personen (od. Dinge) langsam vom Flugzeug aus zur Erde sinken zu lassen 降落伞 ‖ K-(复合): ***Fallschirm-, -springen, -springer, -truppe***

Fall·schirm|jä·ger *der*; MIL【军】; ein Soldat, der dazu ausgebildet ist, mit dem Fallschirm im Land des Feindes zu landen 伞兵 ‖ K-(复合): ***Fallschirmjäger-, -kompanie, -truppe***

Fall·strick *der*; *gespr* [口]; e-e List, die man nicht sofort erkennen kann u. die j-m schaden soll 圈套,陷阱

Fall·stu·die *die*; *geschr* [书]; die wissenschaftliche Untersuchung e-s Problems anhand e-s typischen Beispiels, e-s charakteristischen Einzelfalles 对典型事例进行的调查,典型调查

fällt *Präsens, 3 Person Sg* (现在时,第三人称单数); ↑ ***fallen***

Fall·tür *die*; e-e Art Tür (Klappe), die in den Fußboden eingebaut ist u. die sich nach unten öffnet 朝下开的地板门;陷阱盖

falsch, *falscher, falschest-*; *Adj* (形) **1.** dem tatsächlichen, realen Sachverhalt nicht entsprechend, e-n Irrtum enthaltend 错误的,不符合实情的 ↔ richtig 〈von j-m/etw. e-n falschen Eindruck haben 对某人/某事有一个错误的印象; sich von etw. e-e falsche Vorstellung machen 对某事作不切实际的想象; etw. f. verstehen 对某事错误理解; über etw. f. informiert sein 对某事获得的消息是错误的〉: *Die Uhr geht f.* 表走得不准 ‖ K-(复合): ***Falsch-, -meldung*** **2.** der Wahrheit nicht entsprechend (in der Absicht, j-n zu täuschen od. zu betrügen) 假的,不真实的 ≈ irreführend 〈falsche Angaben, Versprechungen machen 作虚假的说明、承诺〉: *unter falschem Namen reisen* 用假名旅行; *vor Gericht f. aussagen* 在法庭提供假证词 ‖ K-(复合): ***Falsch-, -aussage, -name*** **3.** etw. Echtes, Natürliches imitierend 仿制的,人工的 ≈ künstlich ↔ echt[1] (1) 〈Edelsteine, Zähne 宝

石,牙齿〉 **4.** e-m Original nachgebildet in der Absicht, j-n damit zu betrügen 伪造的,假的 ≈ gefälscht ↔ echt[1] (1) 〈Banknoten, ein Pass 纸币,护照〉 ‖ K-(复合): ***Falsch-***, ***-geld*** **5.** anders als gewollt 搞错的,误以为真的,错误的 ≈ verkehrt 〈sich f. ausdrücken 表达拧了〉: *Ich bin versehentlich in den falschen Zug eingestiegen* 我糊里糊涂上错了火车 **6.** mit Fehlern od. Mängeln 有错误的 ≈ fehlerhaft ↔ richtig 〈ein Wort f. aussprechen, betonen, schreiben 把一个词发音发错,重音读错,写错; f. singen 唱得不对,不准,走调; falsche Schlüsse aus etw. ziehen 从某事得出错误的结论〉: *ein Zitat f. wiedergeben* 复述引文有错 **7.** *nur attr, nicht adv*(只作定语,不作状语); von der Situation od. Moral her nicht richtig 不适宜的,不恰当的 ≈ unangebracht, unangemessen 〈Bescheidenheit, Rücksichtnahme, Scham, Stolz 谦虚,考虑,害羞,骄傲〉 **8.** *pej*[贬]; so, dass die wahren Absichten verborgen bleiben 虚伪的,狡猾的,诡诈的 ≈ hinterhältig ↔ aufrichtig 〈f. lächeln 狡黠地微笑〉: *Das ist ein ganz falscher Typ!* 这是个口是心非的家伙! **9.** ***f. verbunden sein*** am Telefon e-n anderen Gesprächspartner haben, als man wollte (*mst* weil man aus Versehen nicht die richtige Nummer gewählt hat) 打错,拨错,接错(指电话) ‖ ID[谚] ***an den Falschen / die Falsche geraten*** *gespr*[口]; von j-m, den man um etw. gefragt od. gebeten hat, abgewiesen werden, obwohl man das nicht erwartet hatte 碰壁,碰钉子,找错人 ‖ NB(注意): ↑ ***falschliegen***, ***falschspielen***

fä̱l·schen; *fälschte, hat gefälscht*; [Vt](及物) ***etw. f.*** e-e genaue Kopie von etw. machen, um damit j-n zu täuschen od. zu betrügen 伪造,仿造,赝制 ≈ nachmachen 〈Banknoten, Geld, e-e Urkunde, ein Gemälde, j-s Unterschrift f. 伪造纸币、钱、证件、油画、某人的签字〉: *Die Polizei nahm ihn fest, weil seine Papiere gefälscht waren* 警察抓住了他,因为他的证件是伪造的

Fä̱l·scher *der*; *-s*, *-*; j-d, der etw. fälscht 伪造者,造假者 ‖ K-(复合): ***Fälscher-***, ***-bande*** ‖ -K(复合): ***Geld-***, ***Urkunden-*** ‖ *hierzu* (派生) **Fa̱lsch·fah·re·rin** *die*

Fä̱lsch·fah·rer *der*; j-d, der auf e-r Autobahn nicht in der vorgeschriebenen Richtung fährt u. so andere gefährdet (高速公路上的)违规驾驶员

Fa̱lsch·heit *die*; *-*; *nur Sg*(只用单数) **1.** die Tatsache, dass etw. falsch (2) ist 谬误,虚假 ↔ Richtigkeit: *die F. von j-s Aussagen beweisen* 证明某人的证词是虚假的 **2.** *pej*[贬]; die Tatsache, dass j-d falsch (8) ist 虚伪,欺诈 ≈ Hinterhältigkeit, Heuchelei ↔ Aufrichtigkeit 〈j-s F. durchschauen 看穿某人的虚伪〉

fä̱lsch·lich *Adj*(形); *nur attr od adv*, *geschr* (只作定语或状语)[书]; auf e-m Fehler od. Irrtum beruhend, nicht den Tatsachen entsprechend 错误的 ≈ irrtümlich ↔ richtig (1) 〈etw. f. annehmen, behaupten 对某事作错误的设想,作出错误的论断〉: *In der fälschlichen Annahme, es sei ihr Mann, öffnete sie ihm die Tür* 她误以为是她的丈夫,给他开了门 ‖ *hierzu*(派生) **fä̱lsch·li·cher·wei·se** *Adv*(副)

fa̱lsch·lie·gen; *lag falsch, hat / südd* Ⓐ Ⓒⓗ [南德][奥][瑞] *ist falsch gelegen*; [Vi](不及物) (***mit etw.***) ***f.*** *gespr* [口]; etw. Falsches glauben, sich irren 搞错,想错: *Wenn du glaubst, dass ich auf den Trick hereinfalle, dann liegst du falsch* 要是你以为我会上当,那你搞错了

Fa̱lsch·mün·zer *der*; *-s*, *-*; j-d, der Geld fälscht 制造假币的人,伪造货币者 ‖ *hierzu* (派生) **Falsch·mün·ze·rin** *die*; *-*, *-nen*

Fa̱lsch·par·ker *der*; *-s*, *-*; j-d, der mit seinem Fahrzeug im Halte- od. Parkverbot parkt 违章停车者 ‖ *hierzu* (派生) **Falsch·par·ke·rin** *die*; *-*, *-nen*

fa̱lsch·spie·len; *spielte falsch*, *hat falschgespielt*; [Vi] (不及物) *bes* beim Kartenspielen betrügen 打牌作弊,做手脚 ‖ *hierzu* (派生) **Fa̱lsch·spie·ler** *der*; *-s*, *-*; **Fa̱lsch·spie·le·rin** *die*; *-*, *-nen*

Fä̱l·schung *die*; *-*, *-en* **1.** etw., das falsch (4) ist 假货,赝品: *Dieses Bild ist kein Original, sondern e-e F.* 这幅画不是真品,而是一件赝品 **2.** *mst Sg*(多用单数); das Fälschen: *Bei der F. des Geldes machte er e-n Fehler* 在伪造货币时,他犯了一个错误

fä̱l·schungs·si·cher *Adj* (形); 〈ein Ausweis, ein Pass 证件,护照〉 so, dass sie nicht gefälscht werden können 无法伪造的,防伪造的

Fa̱lt·blatt *das*; *mst* ein Prospekt *bes* in e-r Zeitung, der für e-e Firma od. ein Produkt wirbt(夹在报纸里的)广告,说明书,宣传品

Fa̱lt·boot *das*; ein Paddelboot, das man auseinander nehmen kann, um es zu transportieren 组装式划艇,折叠式划艇

Fa̱l·te *die*; *-*, *-n*; *mst Pl*(多用复数) **1.** e-e Art Linie in der Haut, die *z. B.* beim Lachen entsteht, die typisch ist für das Gesicht älterer Menschen 皱纹,纹路 〈Falten im Gesicht, unter den Augen haben 脸上、眼下有皱纹; die Stirn in Falten legen 皱眉头〉 ‖ K-(复合): ***Falten-***, ***-bildung*** ‖ -K(复合): ***Lach-***, ***Sorgen-*** **2.** e-e gerade Linie, die entsteht, wenn man Stoff *o. Ä.* umbiegt u. mit der Hand od. dem Bügeleisen flach macht 褶痕,褶子,褶印: *Falten in die Hosenbeine bügeln* 在裤腿上熨出裤线 ‖ -K(复合): ***Bügel-*** **3.** e-e relativ kleine, unregelmäßige Linie in e-m Stoff, *z. B.* e-m Kleid, die entsteht, wenn man sich *z. B.* hinsetzt 褶皱,皱纹 〈etw. (ein Kleid, e-e Hose, ein Mantel *usw*) wirft Falten 某物(连衣裙、裤子、大衣等)起皱纹(打褶); die Falten ausbügeln, mit der Hand glatt streichen 把褶皱熨平、用手捋平〉 ‖ -K(复合): ***Knitter-*** **4.** das schmale, längliche, geknickte Stück Stoff, das entsteht, wenn man zwei Teile Stoff übereinanderlegt u. festbügelt od. zusammennäht (经折叠、熨烫、

缝合而成的）褶儿，褶子：*e-e F. in e-n Rock einbügeln* 给裙子熨出条褶儿 ‖ K-（复合）：**Falten-**，**-rock** ‖ *zu*（义项）**1. fal·ten·los** *Adj*（形）；*ohne Steigerung*，*nicht adv*（无变级，不作状语）；**fal·tig** *Adj*（形）；*zu*（义项）**3. fal·ten·frei** *Adj*（形）；*ohne Steigerung*（无变级）；*zu*（义项）**1.** u. **4. fal·ten·reich** *Adj*（形）；*nicht adv*（不作状语）

Falten

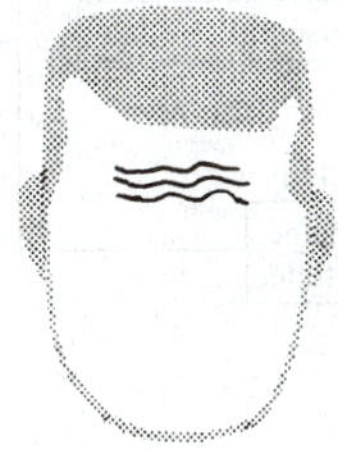

die Falten (1) *Pl* /
die Stirnfalten *Pl*
皱纹/抬头纹

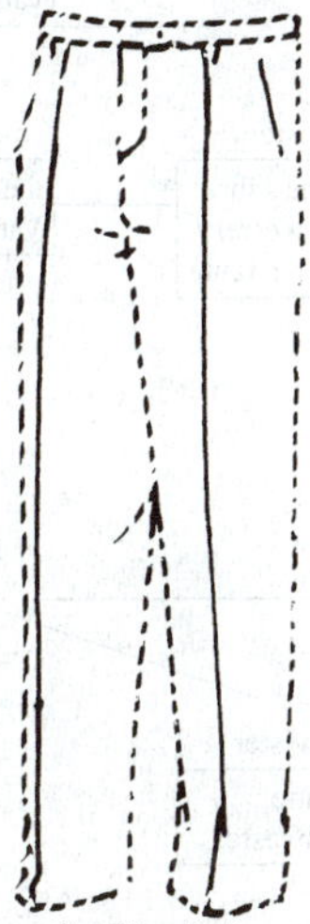

die Bügelfalte
（熨烫出来的）裤线

der Faltenrock
百褶裙

fal·ten；*faltete*，*hat gefaltet*；[Vt]（及物）**1. etw. f.**（*mst* genau in der Mitte）e-e Falte (2) in ein Stück Papier od. Stoff machen u. es dann zusammenlegen 折叠〈ein Handtuch, e-e Serviette, ein Blatt Papier genau, sauber f. 把手帕、餐巾、一张纸折叠得整齐、工整；etw. einfach, doppelt f. 把某物折叠一次、二次〉**2. die Hände f.** beide Handflächen aufeinander legen, *bes* um zu beten 合（拢双）手〈die Hände zum Gebet f. 合手祈祷〉**3. die Stirn f.** ≈ die Stirn runzeln ‖ *zu*（义项）**1. falt·bar** *Adj*（形）；**Fal·tung** *die*

Fal·ter *der*；*-s*，*-*；≈ Schmetterling ‖ -K（复合）：**Nacht-**，**Tag-**

Falz *der*；*-es*，*-e* **1.** die Stelle, an der ein Blatt Papier gefaltet ist 印张折叠处，褶缝 **2.** e-e Vertiefung zwischen dem Rücken u. dem Deckel e-s Buches 精装本书脊与书皮交接处的凹槽 **3.** die Stelle, an der die Ränder *z.B.* e-r Blechdose ineinandergebogen u. zusammengepresst sind u. e-n dicken Rand bilden（铁皮罐）咬合缝，折边，沟纹，接合槽

fal·zen；*falzte*，*hat gefalzt*；[Vt]（及物）**1. etw. f.** e-n Falz (1) in etw. machen 折叠：*e-n Prospekt f.* 折叠一份宣传品 **2. etw. f.** e-n Falz (3) in etw. machen 在…上做凹槽，折边：*e-e Blechdose f.* 在铁皮罐上压槽 ‖ *hierzu*（派生）**Fal·zung** *die*

fa·mi·li·är [famiˈli̯ɛːɐ̯] *Adj*（形）**1.** in Bezug auf die Familie (1) 家庭的〈Probleme, Schwierigkeiten, Verpflichtungen 问题，困难，义务〉：*Er zieht sich aus familiären Gründen aus der Politik zurück* 由于家庭原因，他退出了政治舞台 **2.** freundschaftlich, ungezwungen 亲密的，无拘束的，随便的 ↔ förmlich (1), steif (4)〈e-e Atmosphäre, ein Umgangston 气氛，交往方式〉

Fa·mi·lie [-i̯ə] *die*；*-*，*-n* **1.** die Eltern u. ihr Kind od. ihre Kinder 家，家庭，家族〈e-e kinderreiche, fünfköpfige F. 多子女的家庭、五口之家；F. haben 有家小；e-e F. gründen 建立家庭；etw. im engsten Kreis der F. besprechen 在最亲近的家庭成员中谈论某事〉：*Wohnt hier F. Huber?* 胡贝尔家住这里吗？ ‖ K-（复合）：**Familien-**，**-angehörige(r)**，**-ausflug**，**-feier**，**-fest**，**-foto**，**-mitglied**，**-oberhaupt**，**-vater** ‖ -K（复合）：**Arbeiter-**，**Arzt-**，**Offiziers-**；**Groß-**，**Klein-** **2.** *Kollekt*（集合）；alle miteinander verwandten Personen, auch diejenigen aus früheren Generationen, die schon tot sind 家族，宗族，门第〈e-e alteingesessene F. 一个久居本地的（本土本乡）家族；in e-e alte, vornehme F. einheiraten 嫁到一个古老家庭中，嫁入名门；aus guter F. stammen 出身于上等家庭〉 ‖ K-（复合）：**Familien-**，**-chronik**，**-grab**，**-gruft** **3.** BIOL【生】；e-e Kategorie im System der Lebewesen（生物分类）科：*In der Ordnung „Raubtiere" gibt es e-e F. „Katzen", zu der die Gattung „Großkatzen" (Löwen, Tiger usw) gehört* 在"食肉动物"目中有"猫"科，"大猫"属（如狮、虎等）属猫科 ‖ ID［谚］*mst* 多用 **So (et) was kommt in den besten Familien vor!** *gespr*［口］；das ist nicht so schlimm, das kann man verzeihen 这种事谁家都会发生，没事儿（不足为奇）！；*mst* 多用 **Das liegt (bei uns** *o. Ä.*) **in der F.** das ist e-e vererbte Eigenschaft 这是（我们）家传的遗风 ‖ ↑ Übersicht Seite 596,597 一览表见 596、597 页

Fa·mi·li·en·be·sitz *der*；das Eigentum e-r Familie (2) 家族财产，家产〈etw. gehört zum, stammt aus, befindet sich in F. 某物属于，来自，是家族财产〉：*Das Schloss befindet sich seit Jahrhunderten in F.* 这座宫殿几世纪以来一直是家族的财产

Fa·mi·li·en·be·trieb *der*；ein (*mst* ziemlich kleiner) Betrieb, *z. B.* ein Restaurant, in dem oft (fast) alle Mitarbeiter zur Familie gehören 家庭企业，家庭作坊

fa·mi·li·en·feind·lich *Adj*（形）；ungünstig für Familien (1) 对家庭抱敌意的，不利于家庭的 ↔ familienfreundlich〈e-e Politik 政策；Wohnungen 住房〉

fa·mi·li·en·freund·lich *Adj*（形）；günstig für Familien (1) 对家庭友善的，有利于家庭的 ↔ familienfeindlich〈ein Gesetz 法律；e-e Politik 政策；ein Restaurant, ein Hotel 饭馆，旅店〉

Fa·mi·li·en·kreis *der*；*nur Sg*，*Kollekt*（只用单数，集合）；die Mitglieder, die zu e-r Familie (1) gehören 家庭范围，家庭成员〈etw. im

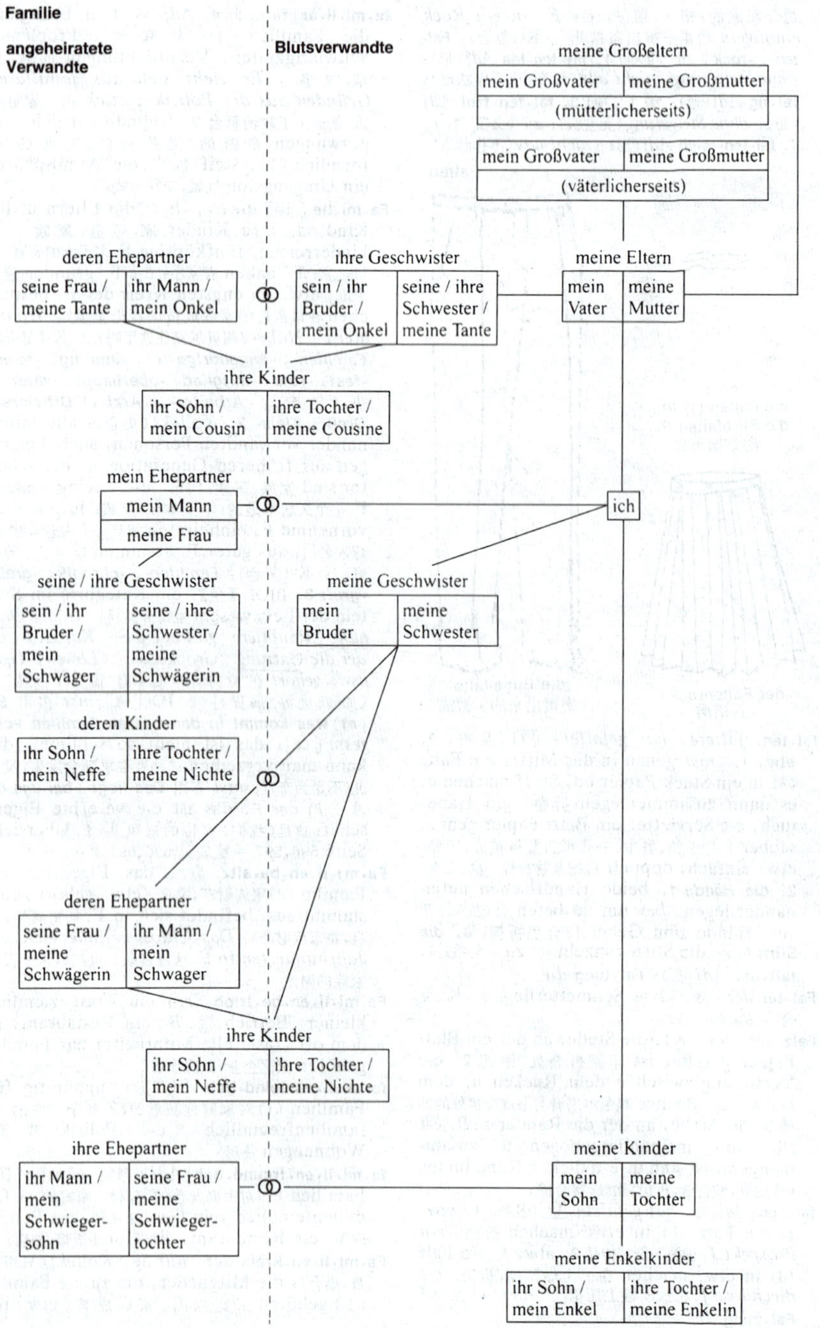
Familie
angeheiratete Verwandte
Blutsverwandte
meine Großeltern
mein Großvater
meine Großmutter
(mütterlicherseits)
mein Großvater
meine Großmutter
(väterlicherseits)
deren Ehepartner
seine Frau / meine Tante
ihr Mann / mein Onkel
ihre Geschwister
sein / ihr Bruder / mein Onkel
seine / ihre Schwester / meine Tante
meine Eltern
mein Vater
meine Mutter
ihre Kinder
ihr Sohn / mein Cousin
ihre Tochter / meine Cousine
mein Ehepartner
mein Mann
meine Frau
ich
seine / ihre Geschwister
sein / ihr Bruder / mein Schwager
seine / ihre Schwester / meine Schwägerin
meine Geschwister
mein Bruder
meine Schwester
deren Kinder
ihr Sohn / mein Neffe
ihre Tochter / meine Nichte
deren Ehepartner
seine Frau / meine Schwägerin
ihr Mann / mein Schwager
ihre Kinder
ihr Sohn / mein Neffe
ihre Tochter / meine Nichte
ihre Ehepartner
ihr Mann / mein Schwiegersohn
seine Frau / meine Schwiegertochter
meine Kinder
mein Sohn
meine Tochter
meine Enkelkinder
ihr Sohn / mein Enkel
ihre Tochter / meine Enkelin

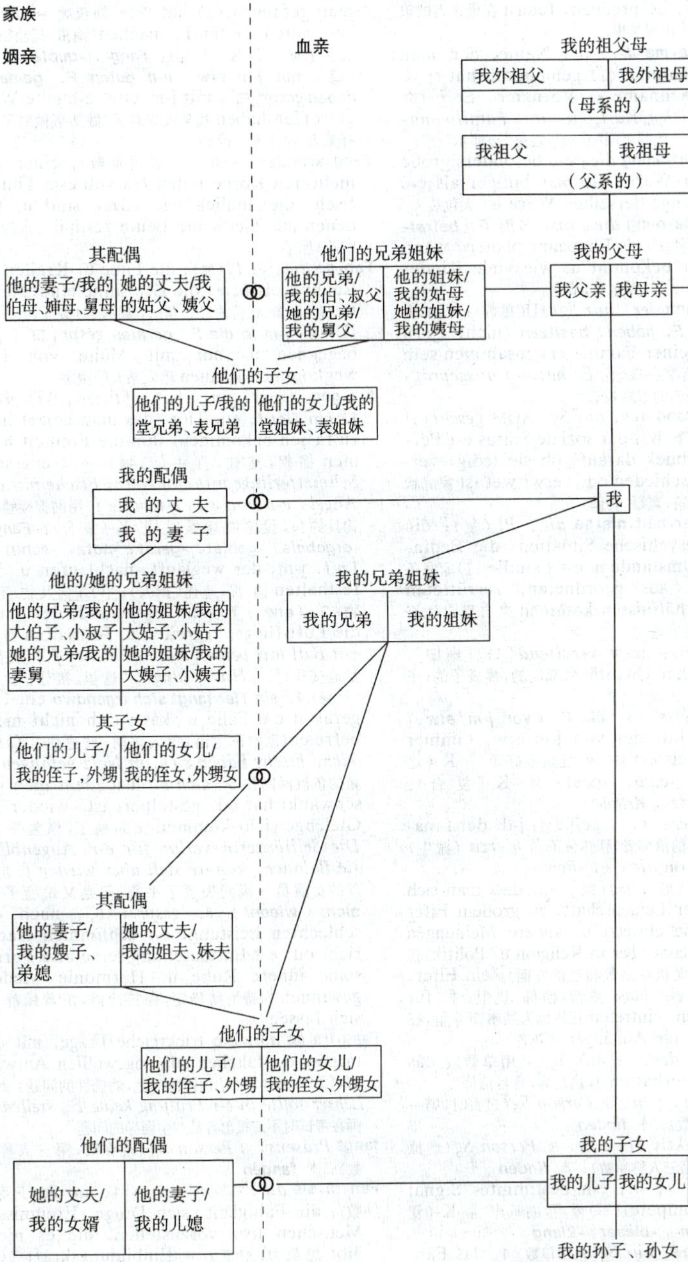
家族
姻亲
血亲
我的祖父母
我外祖父
我外祖母
（母系的）
我祖父
我祖母
（父系的）
其配偶
他的妻子/我的伯母、婶母、舅母
她的丈夫/我的姑父、姨父
他们的兄弟姐妹
他的兄弟/我的伯、叔父她的兄弟/我的舅父
他的姐妹/我的姑母她的姐妹/我的姨母
我的父母
我父亲
我母亲
他们的子女
他们的儿子/我的堂兄弟、表兄弟
他们的女儿/我的堂姐妹、表姐妹
我的配偶
我的丈夫
我的妻子
我
他的/她的兄弟姐妹
他的兄弟/我的大伯子、小叔子她的兄弟/我的妻舅
他的姐妹/我的大姑子、小姑子她的姐妹/我的大姨子、小姨子
我的兄弟姐妹
我的兄弟
我的姐妹
其子女
他们的儿子/我的侄子，外甥
他们的女儿/我的侄女，外甥女
其配偶
他的妻子/我的嫂子、弟媳
她的丈夫/我的姐夫、妹夫
他们的子女
他们的儿子/我的侄子、外甥
他们的女儿/我的侄女、外甥女
他们的配偶
她的丈夫/我的女婿
他的妻子/我的儿媳
我的子女
我的儿子
我的女儿
我的孙子、孙女
他们的儿子/我的孙子
他们的女儿/我的孙女

(engsten) F. besprechen, feiern 在最亲近的家庭成员中谈论,庆祝某事〉

Fa·mi·li·en·na·me *der*; der Name, den man mit seiner Familie (1) gemeinsam hat 姓 ≈ Zuname/Nachname ↔ Vorname: *Er heißt mit Vornamen „Karl" u. mit Familiennamen „Meier"* 他的名叫"卡尔",姓是"迈耶尔"

Fa·mi·li·en·pa·ckung *die*; e-e besonders große Packung e-r Ware, die *mst* billiger als e-e kleinere Menge derselben Ware ist 大包装

Fa·mi·li·en·pla·nung *die*; *mst* 多用 ***F. betreiben*** *geschr*[书]; (als Ehepaar) planen, wann man Kinder bekommt u. wie viele Kinder man bekommt 计划生育,节育

Fa·mi·li·en·sinn *der*; *nur Sg*(只用单数); *mst* 多用 (***keinen***) ***F. haben***, ***besitzen*** (nicht) gern u. oft mit seiner Familie (1) zusammen sein wollen(没)有家庭观念: *Er hat e-n ausgeprägten F.* 他有强烈的家庭观念

Fa·mi·li·en·stand *der*; *nur Sg*, ADM *geschr*(只用单数)【管理】[书]; der soziale Status e-r Person im Hinblick darauf, ob sie ledig, verheiratet, geschieden od. verwitwet ist 家庭状况(指未婚,已婚,离婚,丧偶)

Fa·mi·li·en·ver·hält·nis·se *die*; *Pl* (复); die soziale u. psychische Situation, die Bedingungen u. Umstände in e-r Familie (1)家庭条件(境况)〈aus geordneten, zerrütteten Familienverhältnissen kommen 来自稳定优裕的,支离破碎的家庭〉

fa·mos *Adj* (形); *gespr veraltend* [口][渐旧]; von sehr hoher Qualität 呱呱叫的,棒极了的,了不起的

Fan [fɛn] *der*; *-s*, *-s*; ***ein F.*** (***von j-m/etw.***) *gespr* [口]; j-d, der von j-m/etw. (immer wieder) begeistert ist 迷,狂热爱好者 ‖ K-(复合): ***Fan-***, ***-club***, ***-post*** ‖ -K (复合): ***Fußball-***, ***Jazz-***, ***Krimi-***

Fa·na·ti·ker *der*; *-s*, *-*; *pej*[贬]; j-d, der fanatisch ist 狂热的信仰者,狂热分子 ‖ *hierzu* (派生) **Fa·na·ti·ke·rin** *die*; *-*, *-nen*

fa·na·tisch *Adj*(形); *pej*[贬]; so, dass man sich mit zu großer Leidenschaft, zu großem Eifer für e-e Sache einsetzt u. andere Meinungen nicht gelten lässt (*bes* in Religion u. Politik)狂热的,偏激的(尤指在宗教和政治方面)〈ein Eifer, ein Glaube, ein Hass 热情,信仰,仇恨; f. für etw. kämpfen, eintreten 狂热地为某事而斗争,狂热地支持某事; ein Anhänger 追随者〉

Fa·na·tis·mus *der*; *-*; *nur Sg* (只用单数); das fanatische Verhalten 狂热行为,盲目信仰

fand *Imperfekt*, *1. u. 3. Person Sg*(过去时,第一和第三人称单数); ↑ ***finden***

fän·de *Konjunktiv II*, *1. u. 3. Person Sg*(虚拟式 II,第一和第三人称单数); ↑ ***finden***

Fan·fa·re *die*; *-*, *-n*; ein bestimmtes Signal (mit e-r Trompete)(军)号声,喇叭声 ‖ K-(复合): ***Fanfaren-***, ***-bläser***, ***-klang***

Fang *der*; *-(e)s*; *nur Sg*(只用单数) **1.** das Fangen (1) von Tieren 狩猎,捕捉,捕捞 ‖ K-(复合): ***Fang-***, ***-saison*** ‖ -K(复合): ***Fisch-***, ***Vogel-***, ***Wal-*** **2.** *Kollekt*(集合); alle Tiere, die man gefangen (1) hat 猎物,捕获物 ≈ Beute 〈e-n guten, fetten F. machen(渔猎)捕获很多,收获丰盛〉 ‖ K-(复合): ***Fang-***, ***-quote*** ‖ ID [谚] ***mit j-m/etw. e-n guten F. gemacht haben*** *gespr*[口]; mit j-m/etw. e-e gute Wahl getroffen haben 找某人找对了/做某事做对了,选择某人/某事是正确的

Fang·arm *der*; *mst Pl* (多用复数); einer von mehreren Körperteilen *bes* von e-m Tintenfisch, die ähnlich wie Arme sind u. mit denen das Tier seine Beute festhält(水螅、乌贼等)触手

Fän·ge *die*; *-*; *Pl*(复); die Füße u. Krallen e-s Raubvogels *bzw.* die Eckzähne eines Raubtiers (猛禽、猛兽的)爪,利爪,(猛兽的)尖牙,犬牙 ‖ ID[谚] ***j-m in die F. geraten*** *gespr* [口]; j-m begegnen u. nur mit Mühe von ihm wegkommen können 落入某人的魔掌

fan·gen; *fängt*, *fing*, *hat gefangen*; [*Vt*] (及物) **1.** ***ein Tier f.*** ein Tier (das man gejagt hat) zu fassen bekommen, ihm die Freiheit nehmen 捕捉,逮住,捉住(动物) ↔ freilassen: *Schmetterlinge mit e-m Netz, Fische mit der Angel, e-n Fuchs in e-r Falle f.* 用网捉蝴蝶,用钓具钓鱼,设陷阱逮狐狸 ‖ K-(复合): ***Fang-***, ***-ergebnis***, ***-gebiet***, ***-gerät***, ***-netz***, ***-schiff*** **2.** ***j-n f.*** j-m, der wegläuft, nachlaufen u. ihn festhalten 捕,捉,逮住(指人); [*Vt/i*] (及物/不及物) **3.** (***etw.***) ***f.*** e-n Gegenstand, der durch die Luft fliegt, ergreifen u. festhalten 接住: *e-n Ball mit beiden Händen sicher f.* 用双手稳稳地接住球; *„Hier, fang!"* "这里,接住!"; [*Vr*] (反身) **4.** ***ein Tier fängt sich irgendwo*** ein Tier gerät in e-e Falle u. kann sich nicht mehr befreien(动物作主语)落入陷阱,被逮住: *Zahlreiche Fische haben sich im Netz gefangen* 大量的鱼被网网住 **5.** ***sich f.*** (nachdem man geschwankt hat od. gestolpert ist) wieder ins Gleichgewicht kommen 又站稳了,恢复平衡: *Die Seiltänzerin verlor für e-n Augenblick die Balance, konnte sich aber wieder f.* 走钢丝的女演员一瞬间失去了平衡,但是又站稳了 **6.** ***sich*** (***wieder***) ***f.*** *gespr* [口]; nach e-r schlechten Leistung, e-r schlimmen Nachricht od. e-r Enttäuschung seine alte Form, seine innere Ruhe u. Harmonie wiedergewinnen 保持情绪稳定,保持冷静,沉着镇静 ≈ sich fassen

Fang·fra·ge *die*; e-e trickreiche Frage, mit der man zu e-r falschen od. ungewollten Antwort verführt wird 刁钻古怪的问题,劝诱性的问题: *Ein Lehrer sollte in e-r Prüfung keine F. stellen* 老师在考试时不应提出容易产生误导的问题

fängt *Präsens*, *3 Person Sg*(现在时,第三人称单数); ↑ ***fangen***

Fan·ta·sie *die*; *-*, *-n* [-ˈziːən] **1.** *nur Sg*(只用单数); die Fähigkeit, sich Dinge, Ereignisse, Menschen *usw* vorzustellen, die es nicht gibt 想象力,幻想力≈ Einbildungskraft 〈e-e rege, schmutzige F. haben 想象力活跃,有肮脏的念头; viel, wenig, keine F. haben 有丰富的想象力,没有多少想象力,没有想象力; seiner F.

freien Lauf lassen 让自己的想象力自由驰骋，胡思乱想；j-s F. anregen 激励某人的想象力；引起某人的遐想〉：*Grüne Männchen auf dem Mars sind Produkte der F.* 火星上的绿色小人是幻想的产物 ‖ K-（复合）：***Fantasie-***，***-gebilde***，***-kostüm***，***-welt*** **2.** *mst Pl*（多用复数）；etw.，das man sich in seiner F.（1）vorstellt u. das es in Wirklichkeit nicht gibt 想象，幻想，空想，幻象，幻觉，梦想↔ Realität〈etw. ist pure, reine, bloße F. 某事完全是，纯粹是，仅仅是空想；erotische, sexuelle Fantasien 性爱的，性的幻觉；sich in Fantasien flüchten, verlieren 沉溺于，沉缅于幻想〉**3.** *nur Pl*（只用复数）；Bilder, die j-d nur im Traum od. im Fieber sieht（在梦中或发烧时）说胡话，谵妄 ‖ -K（复合）：***Fieber-*** ‖ ID［谚］***e-e blühende F. haben*** Unwahres erzählen od. sehr stark übertreiben 夸夸其谈；信口开河 ‖ *zu*（义项）**1. fan·ta·sie·arm** *Adj*（形）；**fan·ta·sie·los** *Adj*（形）；**Fan·ta·sie·lo·sig·keit** *die*；*nur Sg*（只用单数）；**fan·ta·sie·voll** *Adj*（形）

fan·ta·sie·ren；*fantasierte*，*hat fantasiert*；[Vi]（不及物）**1.**（***von etw.***）***f.*** an etw. denken od. von etw. sprechen, das man sich in der Fantasie（1）vorstellt 想象，幻想，空想：*Er fantasiert in letzter Zeit immer* davon, *nach Amerika* zu *fliegen* 最近他老是梦想飞往美国 **2.**（im Fieber）Dinge erzählen, die niemand versteht（在发高烧中）说胡话，呓语

Fan·tast *der*；*-en*，*-en*；*pej*［贬］；ein Mensch mit Ideen, die er nicht verwirklichen kann 爱幻想的人，空想家≈ Träumer ↔ Realist ‖ NB（注意）：*der Fantast*；*den*，*dem*，*des Fantasten*

fan·tas·tisch *Adj*（形）**1.** voll von Dingen, die es nur in der Fantasie（1）gibt 幻想的，离奇古怪的，不真实的↔ realistisch〈e-e Geschichte, ein Film 故事，影片〉**2.** so ungewöhnlich, dass man es kaum glauben kann 非凡的，异乎寻常的，离奇的↔ alltäglich〈ein Abenteuer, e-e Idee, ein Erlebnis 冒险，想法，经历；etw. klingt（reichlich）f. 某事听起来（很）离奇〉**3.** *gespr*［口］；so gut, dass jeder davon/von ihm od. ihr begeistert ist 精彩的，美好的，美妙的，令人鼓舞的≈ großartig, wunderbar ↔ miserabel〈ein Schauspiel, ein Essen, Wetter 戏剧，食物，天气；f. spielen, tanzen, singen 演得，舞跳得，唱得好极了〉**4.** *gespr*［口］；sehr groß od. hoch 惊人的，难以置信的≈ ungeheuer, unglaublich〈Preise, e-e Höhe, e-e Summe 价格，高度，数额〉

Farb·band *das*；*-(e)s*，*Farb·bän·der*；das（*mst* schwarze）Band in e-r Schreibmaschine, e-m Drucker *o. Ä.*, durch das die Buchstaben auf das Papier übertragen werden 打字色带

Far·be *die*；*-*，*-n* **1.** die optische Erscheinung, die es möglich macht, *z. B.* bei e-r Ampel den Unterschied zwischen den Signalen rot, gelb u. grün zu sehen 色，颜色，色彩〈die gelbe, rote, blaue, grüne, braune, schwarze, weiße F. 黄色，红色，蓝色，绿色，褐色，黑色，白色；e-e grelle, kalte, kräftige, leuchtende, schreiende, warme F. 刺眼的颜色，冷色调，鲜艳的、耀眼的、扎眼的颜色，暖色调；die Farben des Regenbogens 彩虹的色彩；Farben aufeinander abstimmen 使颜色相互协调〉：*Welche F. hat ihr Auto – beige od. braun?* 她的汽车是什么颜色——米色还是褐色？ ‖ K-（复合）：***Farb-***，***-abstufung***，***-kontrast***，***-nuance***，***-skala*** ‖ -K（复合）：***Augen-***，***Gesichts-***，***Haar-***，***Haut-***；***Mode-*** **2.** *nur Sg*（只用单数）；die Farben（1）rot, blau, grün, gelb *usw* im Gegensatz zu schwarz u. weiß 彩色：*Das Buch enthält viele Abbildungen – die meisten sind in F.* 这本书有许多插图——大部分插图是彩色的 ‖ K-（复合）：***Farb-***，***-aufnahme***，***-dia***，***-druck***，***-fernsehen***，***-fernsehgerät***，***-film***，***-foto***，***-tafel*** **3.** die F.（1）von j-s Haut, die *bes* von der Sonne gebräunt ist 肤色 ↔ Blässe：*Du hast im Urlaub am Meer e-e richtig gesunde F. bekommen* 假期在海边你的肤色晒得真健康 **4.** e-e *mst* flüssige Substanz, mit der man e-n Gegenstand anmalt 颜料，油漆，涂料〈e-e gut deckende, lichtbeständige F. 涂盖性能好的、不怕晒的涂料；e-e F. dick, dünn（auf etw.（*Akk* 四格））auftragen 颜料涂得厚、薄；e-e F. verdünnen, Farben mischen 稀释、调和颜料〉：*Die（alte）F. blättert schon von den Wänden*（旧的）涂料已从墙上剥落；*Fass nicht an den Zaun, die F. ist noch frisch!* 别抓篱笆，油漆未干！ ‖ K-（复合）：***Farb-***，***-fleck***，***-klecks***，***-schicht***，***-tupfen*** ‖ -K（复合）：***Holz-***；***Lack-***，***Mal-***；***Öl-*** **5.** *Kurzw*（略）↑ ***Spielfarbe*** ‖ ID［谚］***F. bekennen***（***müssen***）seine tatsächliche Meinung über etw. nicht länger verbergen（können）（必须）表态，摊牌，亮相（表明自己的真实观点）

farb·echt *Adj*（形）；*ohne Steigerung*，*nicht adv*（无变级，不作状语）；〈ein Stoff 料子；e-e Bluse, ein Hemd *o. Ä.* 女衬衣，男衬衣等〉so, dass sie（*z. B.* beim Waschen）nichts von ihrer Farbe verlieren 不掉色的，不退色的

Fär·be·mit·tel *das*；ein Mittel（ein Farbstoff），mit dem man etw. färben kann 染料，染色剂

fär·ben；*färbte*，*hat gefärbt*；[Vt]（及物）**1.** ***etw. f.*** e-r Sache mithilfe e-s Farbstoffs e-e bestimmte Farbe（1）geben 给…染色，上色，着色，涂颜料〈Wolle, e-n Stoff f. 给羊毛、料子染色〉：*die Ostereier*（*bunt*）*f.* 给复活节鸡蛋上彩，染复活节彩蛋 **2.**（***j-m/sich***）***die Haare f.*** j-s/seinen Haaren e-e andere als die natürliche Haarfarbe geben 给…染发 **3.** ***etw. färbt etw. irgendwie*** etw. bewirkt, dass etw. e-e bestimmte Farbe（1）annimmt（物作主语）将…染成，使具有一种色彩：*Die Sonne färbt die Haut braun* 太阳把皮肤晒成褐色；*Safran färbt den Reis gelb* 藏红花把大米染黄；[Vi]（不及物）**4.** ***etw. färbt*** *gespr*［口］≈ etw. färbt ab：*Die neuen Jeans färben*（物作主语）新的牛仔裤褪色；[Vr]（反身）**5.** ***etw. färbt sich***（***irgendwie***）etw. nimmt e-e bestimmte Farbe（1），Färbung an（物作主语）变色，染色：*Im Herbst färben sich die Blätter bunt* 秋天树叶变得五颜六色

F

-far·ben *im Adj*, *begrenzt produktiv*(构成形容词,构词有限); mit der genannten Farbe od. Art von Farbe … 色的: ***elfenbeinfarben***, ***fleischfarben***, ***goldfarben***, ***kupferfarben***, ***orangefarben***, ***pastellfarben***

fạr·ben·blind *Adj*(形); *nicht adv*(不作状语); nicht fähig, Farben (1) (*mst* rot u. grün) zu erkennen od. zu unterscheiden 患色盲症的,不能辨色的 ‖ *hierzu*(派生) **Fạr·ben·blind·heit** *die*

fạr·ben·froh *Adj*(形); mit vielen (leuchtenden) Farben (1)色彩鲜艳的,色彩明亮的 ≈ bunt: *Sie bevorzugt farbenfrohe Kleidung* 她喜欢色彩鲜艳的衣服

Fạr·ben·pracht *die*; *geschr*[书]; e-e harmonische Fülle, Vielfalt mehrerer leuchtender Farben (1)五彩缤纷,色彩斑斓,万紫千红,姹紫嫣红 ≈ Farbigkeit: *der Garten in seiner sommerlichen F.* 夏日的花园万紫千红 ‖ *hierzu*(派生) **fạr·ben·präch·tig** *Adj*(形)

Fạ̈r·ber *der*; *-s*, *-*; j-d, der beruflich Textilien u. Leder färbt 印染工

Fär·be·rei *die*; *-*, *-en*; ein Betrieb, in dem Textilien u. Leder gefärbt werden 染坊,印染厂

fạr·big *Adj*(形) **1.** mit den Farben rot, blau, grün, gelb *usw* (im Gegensatz zu schwarz u. weiß)彩色的 ≈ bunt (1): *e-e Zeichnung f. ausmalen* 将素描画涂上颜色 ‖ -K(复合): ***ein-***, ***zwei-***, ***viel-***, ***verschieden-*** ‖ NB(注意): *f.* betont, dass mindestens eine Farbe außer schwarz u. weiß vorhanden ist, *bunt* (1) betont, dass mehrere Farben vorhanden sind(*farbig* 指除黑、白外至少有一种颜色,*bunt* 则强调有多种颜色) **2.** mit e-r bestimmten Farbe (1)有颜色的,带色的 ↔ farblos ⟨Glas, Licht 玻璃杯,光⟩ **3.** *nicht adv*(不作状语); zu den Menschen mit e-r braunen od. schwarzen Hautfarbe gehörend 有色的(指人的肤色) ↔ weiß: *die farbige Bevölkerung Südafrikas* 南非的有色居民 **4.** mit verschiedenen Farben (1), sodass ein lebhafter, fröhlicher Eindruck entsteht 绚丽的,五彩缤纷的 ≈ bunt (1): *Die Masken beim Karneval in Venedig bieten dem Betrachter ein farbiges Bild* 威尼斯狂欢节的化装面具给观看者展现了一幅五彩缤纷的画面 **5.** mit lebhaften Worten, sodass der Leser, Zuhörer od. Zuschauer e-e deutliche Vorstellung von etw. bekommt 有声有色的,形象生动的,绘声绘色的 ≈ anschaulich ↔ nüchtern (3) ⟨e-e Schilderung 描述⟩ ‖ *zu* (义项) **1.**, **2.**, **4.** u. **5.** **Fạr·big·keit** *die*; *nur Sg*(只用单数)

-far·big *im Adj*, *begrenzt produktiv*(构成形容词,构词有限) ≈ -farben

Fạr·bi·ge *der/die*; *-n*, *-n*; j-d, der farbig (3) ist 有色人种 ‖ NB(注意): *ein Farbiger*; *der Farbige*; *den*, *dem*, *des Farbigen*

Fạrb·kas·ten *der*; ein Kasten mit verschiedenen (Öl- oder Wasser) Farben (4) zum Malen 颜料盒,水彩盒 ≈ Malkasten

fạrb·lich *Adj*(形); *mst attr*(多作定语); in Bezug auf die Farbe (1) von etw. 有关颜色的,颜色方面的: *Die farbliche Zusammenstellung überlasse ich ganz Ihnen* 颜色的调配我全托您办了

fạrb·los *Adj*(形) **1.** ohne e-e (kräftige) Farbe (1) 无色的,透明的 ≈ klar, durchsichtig ⟨Lack, Glas 油漆,玻璃; e-e Flüssigkeit 液体⟩ **2.** ⟨e-e Debatte, e-e Erzählung, e-e Frau, e-e Persönlichkeit 争论,短篇小说,女人,人物⟩ so, dass sie weder durch hervorstechende positive noch besonders negative Eigenschaften u. Merkmale auffallen 单调的,平淡的,乏味的,没有特色的 ≈ langweilig ‖ *hierzu*(派生) **Fạrb·lo·sig·keit** *die*; *nur Sg*(只用单数)

Fạrb·stift *der*; ein (Holz- od. Filz) Stift, mit dem man farbig (1) zeichnen od. malen kann 彩色粉笔,彩色蜡笔,彩色铅笔 ≈ Buntstift

Fạrb·stoff *der*; e-e Substanz, mit der man e-r Sache e-e bestimmte Farbe (1) geben kann 颜料,涂料,染料,色素 ⟨pflanzliche, synthetische Farbstoffe 植物颜料,合成颜料; (Süßigkeiten) mit F. 带色素的(甜食)⟩

Fạrb·ton *der*; e-e bestimmte Schattierung e-r Farbe (1) 色调 ⟨ein heller, dunkler, gräulicher F. 浅色调,深色调,灰色调⟩: *Ihr Kleid u. ihre Schuhe passen im F. genau zusammen* 她的连衣裙和她的鞋子色调很相配

Fạ̈r·bung *die*; *-*, *-en* **1.** e-e Farbe, deren Ton[3] (noch) nicht sehr kräftig, nicht intensiv ist 色彩,色泽: *Die Haut nahm in der Sonne e-e rötliche F. an* 皮肤在阳光下泛出了红色 **2.** *mst Sg*(多用单数); das Färben (1) ⟨die F. e-s Stoffes 染料子⟩

Far·ce ['farsə, fars] *die*; *-*, *-n*; *pej*[贬]; **1.** e-e Handlung od. Situation, die lächerlich wirkt, weil sie unter den gegebenen Umständen keine Bedeutung (mehr) hat, unwichtig ist 插科打诨,滑稽动作,噱头: *Seine Ausbildung war die reinste F., er hat nichts dabei gelernt* 他的进修纯粹是装样子,他什么也没学到 **2.** ein kleines, komisches Theaterspiel (*mst* in Versen)滑稽剧,讽刺喜剧,闹剧,笑剧 ≈ Posse

Fạrm *die*; *-*, *-en*; ein landwirtschaftlicher Betrieb *bes* in englischsprachigen Ländern 农庄,农场 ‖ *hierzu*(派生) **Fạr·mer** *der*; *-s*, *-*

-farm *die*; *im Subst*, *wenig produktiv*(构成名词,构词弱); ein Betrieb, in dem die genannten Tiere in großer Zahl gehalten od. gezüchtet werden … 饲养场, … 养殖场: ***Geflügelfarm***, ***Hühnerfarm***, ***Schlangenfarm***

Fạrn *der*; *-(e)s*, *-e*; e-e Pflanze mit Blättern ähnlich wie Federn, die an schattigen u. feuchten Plätzen wächst u. keine Blüten hat 蕨,蕨类植物

Fa·san *der*; *-(e)s*, *-e(n)*; ein mit dem Huhn verwandter großer Vogel, dessen Männchen schöne, bunte Federn hat u. der in Europa viel gejagt wird 雉鸡,山鸡,野鸡 ‖ K-(复合): ***Fasanen-***, ***-gehege***, ***-jagd***, ***-zucht***

Fa·sching *der*; *-s*; *nur Sg*, *bes südd* Ⓐ (只用单数),尤用于[南德][奥] die Zeit (*bes* im Januar u. Februar), in der Maskenbälle veranstaltet werden 狂欢节,谢肉节,嘉年华会 ≈ Karneval ‖ K-(复合): ***Faschings-***, ***-ball***, ***-kostüm***, ***-prinz***, ***-prinzessin***, ***-zeit***

Fa·schings·diens·tag *der*; *bes südd* Ⓐ 尤用于[南德][奥] der letzte Tag des Faschings vor dem Aschermittwoch 狂欢节星期二,狂欢节最后一天

Fa·schings·zug *der*; *bes südd* Ⓐ 尤用于[南德][奥] ein Umzug (2) im Fasching, bei dem Kostüme u. Masken getragen werden 狂欢节游行

Fa·schis·mus *der*; -; *nur Sg*, POL (只用单数)【政】**1.** ein totalitäres, extrem nationalistisches politisches System, in dem der Staat alles kontrolliert u. die Opposition unterdrückt 法西斯统治,法西斯制度: *der deutsche F. im Nationalsozialismus* 纳粹主义下的德国法西斯制度; *der F. unter Mussolini* 墨索里尼统治下的法西斯制度 **2.** die Ideologie, auf der der F. (1) basiert (od. Teile dieser Ideologie) 法西斯主义 ‖ *hierzu* (派生) **Fa·schist** *der*; *-en*, *-en*; **fa·schis·tisch** *Adj* (形)

fa·seln; *faselte*, *hat gefaselt*; *gespr pej* [口][贬]; Vt (及物) **1. etw. f.** etw. Unsinniges sagen, ohne genau zu überlegen 胡说八道,乱侃,瞎扯: *Er hat wieder Blödsinn gefaselt* 他又胡说八道了; Vi (不及物) **2.** (**über** (*Akk* 四格)/ **von etw**) **f.** *mst* lange über Dinge reden (von denen man nichts versteht), etw. Unsinniges reden (对…)胡诌,乱弹琴,满口呓语: *Er hat von den großen Idealen der Menschheit gefaselt* 他侈谈人类的伟大理想 ‖ *zu* (义项) **Gefasel** ↑ **Ge-**

Fa·ser *die*; -, *-n* **1.** e-e Art (feiner) Faden im (natürlichen) Gewebe von Pflanzen, Tieren od. Menschen (动植物组织中的)纤维 ‖ -K (复合): **Fleisch-**, **Holz-**, **Muskel-**, **Nerven- 2.** ein pflanzliches, tierisches od. synthetisches Material, aus dem Garn u. Gewebe für Textilien gemacht werden 纤维,纱,细丝,细线 ‖ -K (复合): **Baumwoll-**, **Chemie-**, **Kunststoff-**, **Synthetik-**, **Textil-**

fa·se·rig *Adj* (形); mit vielen Fasern (1) 多纤维的,纤维状的,纤维质的 ⟨Holz, Papier 木材,纸⟩

Fas·ler *der*; *-s*, -; *gespr pej* [口][贬] ≈ Schwätzer

Fas·nacht *die*; *bes* Ⓒⓗ 尤用于[瑞] ≈ Fasching

Fass *das*; *-es*, *Fäs·ser*; ein größerer Behälter (*mst* aus Holz, Metall od. Plastik) in Form e-s Zylinders, in dem *bes* Flüssigkeiten aufbewahrt werden 桶,圆桶: *ein F. Bier*, *Wein* 一桶啤酒、葡萄酒 ‖ ↑ *Abb. unter* 图见 **Behälter und Gefäße** ‖ NB (注意): als Maßangabe bleibt *F.* oft unverändert (*Fass* 作为数量说明语常保持不变): *drei Fass / Fässer Wein kaufen* 买三桶葡萄酒 ‖ K- (复合): **Fass-**, **-bier**, **-wein** ‖ -K (复合): **Bier-**, **Holz-**, **Wasser-**, **Wein-** ‖ ID [谚] **ein F. ohne Boden** ein Problem, bei dem die Mühe u. der (finanzielle) Aufwand sich nicht lohnen 无底洞,填不满的坑,不断花钱总不见效的事

Fas·sa·de *die*; -, *-n* **1.** die vordere äußere Seite e-s Gebäudes, die *mst* zur Straße zeigt 房屋正面,临街门面 ⟨e-e F. streichen, verputzen 给房屋正面涂刷油漆,抹灰泥⟩ ↔ Rückseite ‖ -K (复合): **Außen-**; **Barock-**; **Glas- 2.** *pej* [贬]; das äußere, sichtbare Erscheinungsbild (für ein Verhalten), das den (wahren) Charakter verdeckt 表面现象,外表: *Hinter der F. aus Freundlichkeit verbirgt sich ein bösartiger Charakter* 貌似友善,内藏祸心

fass·bar *Adj* (形); *mst in* 多用于 **kaum / nicht / leicht / schwer f.** so, dass man es kaum/nicht/leicht/schwer verstehen od. innerlich verarbeiten, begreifen kann 几乎没法/无法/容易/难于理解的 ≈ kaum *usw* begreifbar, verständlich

fas·sen[1]; *fasste*, *hat gefasst*; Vt (及物) **1. j-n / etw. f.** e-e Person/Sache (mit der Hand, den Händen) greifen u. sie festhalten 抓住,握住,揪住 ↔ loslassen: *den Rettungsring mit beiden Händen f.* 双手抓住救生圈; *das Messer am Griff f.* 握住刀把; *Sie fasste den Blinden am Arm u. führte ihn über die Straße* 她抓住这位盲人的胳臂,领着他过了马路 **2. j-n f.** *mst* e-n Verbrecher finden u. gefangen nehmen 逮住,捉住 ≈ festnehmen, ergreifen (2) ↔ freilassen ⟨j-n zu f. bekommen 抓住了某人⟩: *Der Polizei gelang es, den Bankräuber nach stundenlanger Verfolgungsjagd zu f.* 警察经过几小时的追捕,终于把银行抢劫犯捉拿归案; Vi (不及物) **3. irgendwohin f.** (mit der Hand, den Händen) an e-e bestimmte Stelle greifen (u. sie prüfend berühren): 伸手去摸,触摸,试探 *an den heißen Ofen*, *ins Wasser f.* 用手去摸发烫的火炉,手伸进水里去试试

fas·sen[2]; *fasste*, *hat gefasst*; Vt (及物) **1. etw. irgendwie / in etw.** (*Akk* 四格) **f.** Gedanken od. Gefühle in bestimmter Weise formulieren 表达 ≈ ausdrücken: *e-n Gesetzestext allgemein verständlich f.* 把法律条文写得通俗易懂; *seine Gefühle in Worte f.* 用言语表达自己的感情 **2. etw. kaum / nicht f.** (**können**) kaum/nicht verstehen können, warum etw. geschehen ist u. auch die Folgen noch nicht beurteilen können 几乎无法/不能领会,体会,设想 ⟨sein Glück/ Unglück (noch) gar nicht f. können 压根儿不能体会他的幸福/不幸⟩: *Sie konnte* (*es*) *nicht f.*, dass *sie im Lotto gewonnen hatte* 她没有想到会中彩 **3. etw. nicht f.** (**können**) *geschr* [书]; etw., das sehr schwierig ist, nicht verstehen (können) 不能理解(困难的事) **4. e-n Entschluss f.** *geschr* [书]; sich zu etw. entschließen 决定,下决心 **5. e-n Beschluss f.** *geschr* [书]; etw. beschließen[1] 作出决议 **6. keinen klaren Gedanken f. können** *mst* vor Schreck od. Überraschung so verwirrt sein, dass man nicht fähig ist, klar u. logisch zu denken (因惊吓或意外)无法冷静思考,茫然不知所措; Vr (反身) **7. sich f.** sich nach e-m Schreck od. Schock wieder beruhigen 镇静,自制,克制,忍耐: *sich nach e-m Schock nur mühsam wieder f.* 惊吓后好不容易才安静下来 ‖ NB (注意): ↑ **Kurzfassen**

fas·sen[3]; *fasste*, *hat gefasst*; Vt (及物) **etw. fasst** + *Zahl / Menge / Volumen* (数/量/容积)

+ *Subst*（名词）ein Saal, ein Stadion *o. Ä.* hat Platz für die genannte Zahl von Menschen, bzw. ein Fass, ein Tank *o. Ä.* kann e-e bestimmte Menge Flüssigkeit aufnehmen（物作主语）容纳，储存，装：*Das Stadion fasst 70000 Menschen* 这个体育场能容纳七万人；*Der Tank fasst 3000 Liter / 3m³ Wasser* 这个罐能装三千升/三立方米水 ‖ NB（注意）：kein Passiv（不用被动语态）！

Fas.set.te *die*; ↑ ***Facette***

fass.lich *Adj*（形）≈ verstehbar, begreifbar

Fas.son [fa'sõː] *mst in* 多用于 ***jeder nach seiner F.*** so, wie jeder Einzelne es für richtig hält 人人按照自己的意愿

Fas.sung¹ *die*; -, *-en* **1.** e-e Art elektrische Vorrichtung, in die man etw. hineinschraubt od. hineinsteckt（*mst* e-e Glühbirne）, damit es elektrischen Kontakt hat u. hält 灯座，灯口，灯头：*e-e Glühbirne in die F. schrauben* 将灯泡旋入灯头 **2.** e-e Art Rahmen, in dem etw. befestigt ist（镶嵌用的）边框，托座 ≈ Einfassung：*die goldene F. e-s Diamanten* 一块钻石的金托座

Fas.sung² *die*; -, *-en*; die sprachliche Form u. der Inhalt e-s Textes, Filmes *o. Ä.* 文本，文稿，稿本 ≈ Version：*die erste, endgültige F. e-s Dramas* 一个剧本的第一稿、最后一稿；*Ich habe nur die deutsche F. des Films gesehen* 我只看了这部电影的德语版 ‖ -K（复合）：***Original-***

Fas.sung³ *die*; -; *nur Sg*（只用单数）；die Fähigkeit, seine Gefühle durch seinen Willen zu beherrschen u. nicht nach außen zu zeigen 自制力，镇静，冷静 ≈ Selbstbeherrschung 〈die F. bewahren, verlieren 保持镇静，失去自制；aus der F. geraten 不知所措，六神无主，失去自制，慌神儿〉：*Er ist durch nichts aus der F. zu bringen* 他无论遇到什么事情都不会惊慌失措

fas.sungs.los *Adj*（形）；so überrascht od. geschockt, dass man nichts mehr sagen kann 不知所措的，惊慌失措的〈j-n f. anschauen 惊慌失措地看着某人〉：*So viel Frechheit macht mich f.* 如此放肆的言行使我不知所措

Fas.sungs.ver.mö.gen *das*; *nur Sg*（只用单数）**1.** die Anzahl od. Menge von etw.（*mst* e-r Flüssigkeit）, die in e-n Behälter od. Raum passt 容量，容积 ≈ Kapazität：*Der Benzinkanister hat ein F. von zehn Litern* 这汽油桶有十升的容积 **2.** die Fähigkeit, etw. zu verstehen 理解力：*Diese komplizierten Rechenaufgaben übersteigen das F. der Schüler* 这些复杂的计算题超过了学生的理解力

fast *Partikel*（小品词）；*betont u. unbetont*（重读和非重读）**1.** verwendet vor Adjektiven u. Adverbien, um auszudrücken, dass die genannte Qualität od. Quantität nicht ganz erreicht wird（用在形容词和副词之前）几乎，差不多 ≈ nahezu, annähernd：*Es war schon f. dunkel, als er von der Arbeit kam* 他下班回家的时候，天已经差不多黑了；*Er wäre f. zornig geworden, wenn du ihn noch länger geärgert hättest* 要是你再多气他一会儿，他几乎就会发火的；*Der Eimer war f. voll, als sie ihn umstieß* 当她把桶撞翻的时候，桶几乎是满满的；*Wir haben uns seit f. einem ganzen Jahr nicht mehr gesehen* 我们差不多整整一年没有见面 **2.** verwendet mit Verben, um auszudrücken, dass e-e mögliche od. wahrscheinliche Handlung nicht eingetreten ist（与动词连用）差一点，差点儿，险些 ≈ beinahe：*Ich wäre f. verzweifelt, wenn du mir nicht geholfen hättest* 要是你不帮我的忙，我差不多要绝望了

fas.ten; *fastete, hat gefastet*; [Vi]（不及物）**1.**（zu bestimmten Zeiten）aus religiösen Gründen weniger（u. *bes* kein Fleisch）essen 斋戒，吃素，吃斋 ‖ K-（复合）：***Fast-***, ***-tag*** **2.** e-e Zeit lang weniger od. nichts essen, um Gewicht zu verlieren 节食，禁食（减肥）‖ K-（复合）：***Fast-***, ***-tag***; ***Fasten-***, ***-kur***

Fas.ten.zeit *die*;（in bestimmten Religionen）der Zeitraum, in dem man sich nach festen Regeln bewusst einschränkt（*bes* in Bezug auf Essen u. Trinken）斋期：*Der Ramadan ist die F. der Mohammedaner* 莱麦丹月（伊斯兰教历太阴年九月，亦称斋月）是穆斯林教徒的斋期；*Die F. der Katholiken dauert von Aschermittwoch bis Ostern* 天主教的斋期（四旬节）从圣灰星期三延续到复活节

Fast.nacht *die*; die letzten Tage des Faschings/Karnevals（*bes* Rosenmontag u. Faschingsdienstag）狂欢节的最后几天（指大斋期前的星期一和狂欢节星期二）

Fas.zi.na.ti.on [-'tsioːn] *die*; -; *nur Sg*（只用单数）；die starke Wirkung, die große Attraktivität, die j-d/etw. auf j-n hat 魅力，迷惑力，吸引力：*Dieser Schauspieler übt e-e starke F. auf sein Publikum aus* 这位演员对他的观众有着强大的魅力

fas.zi.nie.ren; *faszinierte, hat fasziniert*; [Vt]（及物）***j-d/etw. fasziniert j-n*** j-d/etw. ruft bei j-m großes Interesse u. große Bewunderung hervor（人/物作主语）令…神往，使着迷，吸引：*Die Raumfahrt hat ihn seit langem fasziniert* 很久以来宇宙飞行一直使他着迷 ‖ *hierzu*（派生）**fas.zi.nie.rend** *Adj*（形）

fa.tal *Adj*（形）；mit schlimmen Folgen/Konsequenzen 糟糕的，悲惨的，不幸的，灾难性的 ≈ verhängnisvoll〈ein Fehler, ein Irrtum 错误，疏忽；Folgen 后果；in e-r fatalen Lage, Situation sein 处境糟糕〉

Fa.ta.lis.mus *der*; *-ses*; *nur Sg*（只用单数）；e-e Einstellung, die besagt, man könne nichts gegen sein Schicksal tun 宿命论 ‖ *hierzu*（派生）**Fa.ta.list** *der*; *-en*, *-en*; **fa.ta.lis.tisch** *Adj*（形）

Fa.ta Mor.ga.na *die*; -, *Fa.ta Mor.ga.nen / Mor.ga.nas*; etw., das man in der Wüste zu sehen glaubt, das aber in Wirklichkeit nicht da ist 海市蜃楼 ≈ Trugbild

Fatz.ke *der*; *-s*, *-s*; *gespr pej*［口］［贬］；ein eitler, arroganter Mann, der sich selbst sehr wichtig nimmt 自命不凡的人，妄自尊大者

fau.chen; *fauchte, hat gefaucht*; [Vt/i]（及物/不及物）**1.**（***etw.***）***f.*** etw. mit wütender u.

unfreundlicher Stimme sagen 朝…吼叫，怒斥，呵斥，发火：„*Hau endlich ab!*“ *fauchte sie*“给我滚开！”——她吼叫着；Vi（不及物）**2. *ein Tier faucht*** ein Tier macht Geräusche wie e-e erschrockene od. wütende Katze（动物）吼叫，啸，嗥，嚎，嘶：*Der Tiger fauchte, als die Zuschauer zu nahe an seinen Käfig kamen* 当观众走近虎笼时，老虎吼叫起来

faul[1], *fauler, faulst-*; *Adj*（形）**1.** voll von Bakterien u. deshalb verdorben, nicht mehr brauchbar od. essbar 腐烂的，变质的，腐朽的〈ein Apfel, ein Ei 苹果，鸡蛋；Fleisch, Holz, Wasser 肉，木头，水；etw. riecht f. 某物发出腐烂变质的气味〉**2.** *nur attr, nicht adv, gespr*（只作定语，不作状语）［口］≈ schlecht〈*mst* e-e Ausrede, ein Witz 借口，笑话〉‖ ID［谚］*mst* 多用 ***An der Sache ist etw. f.*** *gespr pej*［口］［贬］：die Sache ist irgendwie verdächtig 这事有点不对头（让人犯疑）

faul[2], *fauler, faulst-*; *Adj*（形）；ohne Lust zu arbeiten od. aktiv zu sein 懒惰的，懒散的 ≈ träge ↔ fleißig〈ein Kerl, ein Schüler 小伙子，学生〉：*f. in der Sonne liegen* 懒洋洋地躺在阳光下；*morgens zu f. zum Aufstehen sein* 清早懒得起床 ‖ -K（复合）：***schreib-, sprech-*** ‖ *hierzu*（派生）**Faul·heit** *die*; *nur Sg*（只用单数）

Fäu·le *die*; -; *nur Sg*（只用单数）；der Zustand, in dem Pflanzen od. Früchte durch die Wirkung von Bakterien faul[1](1) sind 腐烂，腐朽 ≈ Fäulnis〈etw. geht in F. über 某物开始腐烂〉

fau·len; *faulte, hat/ist gefault*; Vi（不及物）***etw. fault*** etw. wird faul[1](1)（物作主语）烂了，变质，腐烂，霉烂 ≈ etw. verfault〈Obst, Gemüse 水果，蔬菜；die Zähne 牙齿〉

fau·len·zen; *faulenzte, hat gefaulenzt*; Vi（不及物）faul[2] sein 发懒，偷懒，无所事事：*Im Urlaub möchte ich nur in der Sonne liegen u. f.* 假期里我只想躺在阳光下好好歇一歇

Fau·len·zer *der*; *-s, -*; *hum*［诙］；j-d, der oft faulenzt 懒汉，懒虫，游手好闲者

fau·lig *Adj*（形）；in e-m faulen[1](1) Zustand od. mit faulem[1](1) Geruch 腐烂的，霉烂的，变质的，馊的〈Wasser 水；etw. riecht, schmeckt f., sieht f. aus 某物发出腐烂气味，尝着有变质味，某物看样子烂了〉

Fäul·nis *die*; -; *nur Sg*（只用单数）；der Zustand, in dem etw. faul[1](1) ist 腐烂，腐朽，霉烂〈etw. geht in F. über 某物开始霉烂〉‖ K-（复合）：***Fäulnis-, -bakterien, -erreger***

Faul·pelz *der*; *-es, -e*; *pej*［贬］；ein fauler[2] Mensch 懒汉，懒虫，游手好闲者 ≈ Nichtstuer

Faul·tier *das*; ein Säugetier in Südamerika, das auf Bäumen lebt u. sich sehr langsam bewegt（南美树林中的）树懒，树懒科动物

Fau·na *die*; -, *Fau·nen*; *mst Sg, geschr*（多用单数）［书］；*Kollekt*（集合）；die Gesamtheit der Tiere (die zu e-m bestimmten Zeitpunkt in e-m bestimmten Gebiet lebt) 动物，动物群（某个地区或某个时期的动物总称）≈ Tierwelt：*die F. u. Flora der Tropen* 热带动物和植物

Faust *die*; -, *Fäus·te*; die geschlossene Hand 拳，拳头〈e-e F. machen, die Hand zur F. ballen 挥拳，把手握成拳头；mit der F. drohen, auf den Tisch schlagen 用拳头威胁，捶打桌子（采取强硬手段）；mit den Fäusten auf j-n/etw. einschlagen, trommeln 用拳头打、敲某人/某物〉‖ K-（复合）：***Faust-, -hieb, -schlag*** ‖ ID［谚］***j-d/etw. passt zu j-m/etw. wie die F. aufs Auge*** *gespr*［口］；**a)** j-d/etw. passt überhaupt nicht zu j-m/etw. 某人/某事与某人/某事根本不相配（牛头不对马嘴）；**b)** *iron*［讽］；j-d/etw. passt in negativer Weise zu j-m/etw. 某人/某事与某人/某事正合适，太合适不过了；***auf eigene F.*** *gespr*［口］；selbst, ohne die Hilfe anderer 独自，自己负责：*Urlaub auf eigene F. machen* 独自出去度假；***mit eiserner F.***〈herrschen, regieren 统治，掌权〉sehr streng und mit Gewalt (herrschen) 用高压手段，用铁腕，以强暴手段

Faust

Faust·ball *ohne Artikel*（不带冠词）；*nur Sg*（只用单数）；ein Ballspiel zwischen zwei Mannschaften, bei dem der Ball mit der Faust über e-e Schnur geschlagen wird 拳击球 ‖ NB（注意）：≠ Volleyball

Fäust·chen *das*; *mst* ID 多用［谚］***sich*** (*Dat* 三格) (***eins***) ***ins F. lachen*** *gespr*［口］；sich über j-s Schaden od. Misserfolg (heimlich) freuen 幸灾乐祸地窃笑

faust·dick *Adj*（形）**1.** so dick wie e-e Faust 像拳头那样大的〈ein Tumor 肿瘤〉**2.** *nur attr, nicht adv*（只作定语，不作状语）；sehr groß 极大的〈*mst* e-e Lüge 谎言〉**3.** ***f. auftragen*** e-n Sachverhalt sehr übertrieben darstellen 大加渲染，过分夸大 ‖ ID［谚］↑ ***Ohr***

Faust|hand·schuh *der*; ein warmer Handschuh, bei dem alle Finger außer dem Daumen in e-r gemeinsamen Hülle stecken 连指手套（除大拇指外）↔ Fingerhandschuh ‖ ↑ *Abb. unter* 图见 ***Handschuhe***

Fäust·ling *der*; *-s, -e* ≈ Fausthandschuh ‖ ↑ *Abb. unter* 图见 ***Handschuhe***

Faust·pfand *das*; *veraltend*［渐旧］；ein *mst* wertvoller Gegenstand, der als Pfand (1) dient 抵押品

Faust·recht *das*; *nur Sg*（只用单数）；ein Zustand, in dem sich diejenigen durchsetzen, die körperlich stärker sind 用拳头解决问题的原则，暴力原则

Faust·re·gel *die*; e-e einfache Regel, die in vielen Fällen stimmt, jedoch nicht immer ganz präzise ist 粗略的原则，大概的办法，凭经验估摸的规则〈e-e alte, bewährte, einfache F. anwenden 采用古代的、有效的、简单的大概的规则〉

Faux·pas [fo'pa] *der*; -, - [-s]; *geschr*［书］；e-e Handlung gegen die Regeln des guten Benehmens 失礼，怠慢，不得体 ≈ Taktlosigkeit〈e-n F. begehen 有失礼貌；j-m unterläuft ein F. 他的行为有失体面〉

fa·vo·ri·sie·ren [-v-]; *favorisierte, hat favorisiert*; Vt（及物）***j-n/etw. f.*** *geschr*［书］；

j-n/etw. gegenüber anderen Menschen/Dingen bevorzugen 偏爱，优待，对…有利 ↔ benachteiligen: *Das alte Gesetz favorisierte die Reichen* 旧的法规对富人有利

fa·vo·ri·siert [-v-] **1.** *Partizip Perfekt*（过去分词）；↑ ***favorisieren*** **2.** *Adj*（形）；mit den besten Chancen auf den Sieg 被看好的，对胜利抱有希望的，有望获胜的：*Die favorisierte Mannschaft hat hoch verloren* 有望获胜的球队遭到惨败

Fa·vo·rit [-v-] *der*；*-en*，*-en*；**F.**（***auf etw.***（*Akk* 四格））der Teilnehmer an e-m Wettkampf, von dem die meisten Leute glauben, dass er gewinnen wird 有望获胜的参赛者〈klarer F. sein 毫无疑问是最有希望获胜的参赛者；der F. auf den Titel 最有希望获奖的参赛者〉‖ K-(复合)：***Favoriten-***，***-rolle*** ‖ -K（复合）：***Meisterschafts-*** ‖ *hierzu*（派生）**Fa·vo·ri·tin** *die*；*-*，*-nen* ‖ NB(注意)：*der Favorit*；*den*，*dem*，*des Favoriten*

Fax *das*；*-*，*-(e)* **1.** *nur Sg*（只用单数）；ein System, mit dem man über Telefonleitungen genaue Kopien von Briefen, Dokumenten *o.Ä.* senden u. empfangen kann 传真 ‖ K-(复合)：***Fax-***，***-anschluss***，***-gerät***，***-nummer*** **2.** ein Gerät zum Übertragen u. Empfangen von Faxen (1) 传真机 **3.** e-e Kopie, die per F. (1) empfangen wird 传真件 ‖ *hierzu*（派生）**fa·xen**（*hat*）*Vt/i*（及物/不及物）

fa·xen；*faxte*，*hat gefaxt*；Vt/i（及物/不及物）（***etw.***）***f.*** *gespr*[口]；j-m e-e Nachricht per Telefax schicken 发传真

Fa·xen *die*；*Pl*，*gespr*（复）[口] **1.** Gesichtsausdrücke, Bewegungen *o. Ä.*, die lustig wirken sollen 鬼脸，丑态〈F. machen 做鬼脸〉**2.** alberne Späße od. nicht durchdachte Handlungen, die auf j-d anderen negativ wirken 瞎闹，荒唐举动，胡闹，恶作剧 ≈ Unsinn, Blödsinn〈die/j-s F. satthaben 对恶作剧受够了/厌烦某人的胡闹〉：*Mach ja keine F.!* 别胡闹！‖ K-(复合)：***Faxen-***，***-macher***

Fa·zit *das*；*-s*，*-s/-e*；*mst Sg*，*geschr*（多用单数）[书]；das abschließende Urteil über e-e Sache 结论，结果 ≈ Schlussfolgerung〈ein F. ziehen 作结论〉：*Als F. der Untersuchung kann festgehalten werden, dass immer mehr Leute das Rauchen aufgeben* 愈来愈多的人不再抽烟，这一点可以作为调查结果记录下来

FC [ɛfˈtseː] *der*；*-*；*nur Sg*，*gespr*（只用单数）[口] ≈ Fußballclub

FCKW [ɛftseːkaˈveː] *der*；*-(s)*，*-s*；↑ ***Fluorchlorkohlenwasserstoff***

FDGB [ɛfdeːgeːˈbeː] *der*；*-*；*nur Sg*（只用单数）；*hist*[历]；（*Abk für* 缩写，全称为 Freier Deutscher Gewerkschaftsbund) die einzige zugelassene Gewerkschaft in der ehemaligen DDR（原民德）自由德国工会联盟

FDJ [ɛfdeːˈjɔt] *die*；*-*；*nur Sg*（只用单数）；*hist*[历]；（*Abk für* 缩写，全称为 Freie Deutsche Jugend) die einzige zugelassene Organisation für Jugendliche ab 14 Jahren in der ehemaligen DDR（原民德）自由德国青年

FDP [efdeːˈpeː] *die*；*-*；*nur Sg*（只用单数）；（*Abk für* 缩写，全称为 Freie Demokratische Partei) e-e (liberale) politische Partei in Deutschland（德国）自由民主党

Fea·ture [ˈfiːtʃɐ] *das*；*-s*，*-s*；***ein F.***（***über etw.***（*Akk* 四格））e-e Sendung od. ein Bericht über ein aktuelles Thema 专题节目，专题特写，专题报道 ≈ Dokumentation

Fe·ber *der*；*-s*，*-*；Ⓐ[奥] ≈ Februar

Feb·ru·ar [ˈfeːbruaːɐ] *der*；*-s*；*nur Sg*（只用单数）；der zweite (u. kürzeste) Monat des Jahres 二月；*Abk* 缩写 Feb.〈im F. 在二月；Anfang, Mitte, Ende F., am 1, 2, 3 F. 二月初、中、末，二月一日、二日、三日〉

fech·ten；*ficht*，*focht*，*hat gefochten*；Vi（不及物）（***mit j-m/gegen j-n***）***f.*** mit e-m Degen, Säbel *o.Ä.* gegen j-n kämpfen（同…）（持剑）格斗，斗剑，击剑 ‖ K-(复合)：***Fecht-***，***-kampf*** ‖ -K（复合）：***Degen-***，***Säbel-*** ‖ *hierzu*（派生）**Fech·ter** *der*；*-s*，*-*；**Fech·te·rin** *die*；*-*，*-nen*

Fe·der[1] *die*；*-*，*-n*；eines der vielen einzelnen Gebilde aus e-r Art Stiel aus Horn u. vielen feinen fadenartigen Verzweigungen, die den Körper e-s Vogels bedecken, ihn wärmen u. ihm zum Fliegen dienen 羽毛〈bunte, schillernde, zerzauste Federn 五彩的、闪光的、蓬乱的羽毛；ein Vogel sträubt die Federn 一只鸟竖起羽毛；ein Kissen mit Federn füllen 用羽毛填满枕头〉‖ K-(复合)：***Feder-***，***-kissen*** ‖ -K（复合）：***Daunen-***，***Flaum-***；***Schwung-***；***Schwanz-***；***Gänse-***，***Pfauen-*** ‖ ID [谚] ***nicht aus den Federn kommen*** *gespr*，*hum*[口][诙]；nicht aus dem Bett kommen, weil man noch müde ist（疲乏得）起不了床；***Federn lassen***（***müssen***）*gespr*[口]；bei e-m Streit *o.Ä.* (kleine) Nachteile od. Verluste hinnehmen (müssen)（不得不）受点损失，吃点亏，伤点元气；***sich mit fremden Federn schmücken*** *pej*[贬]；die Leistungen od. Verdienste anderer Personen als seine eigenen bezeichnen u. damit prahlen 掠人之美，贪天之功；剽窃他人成果，据为己有

Feder

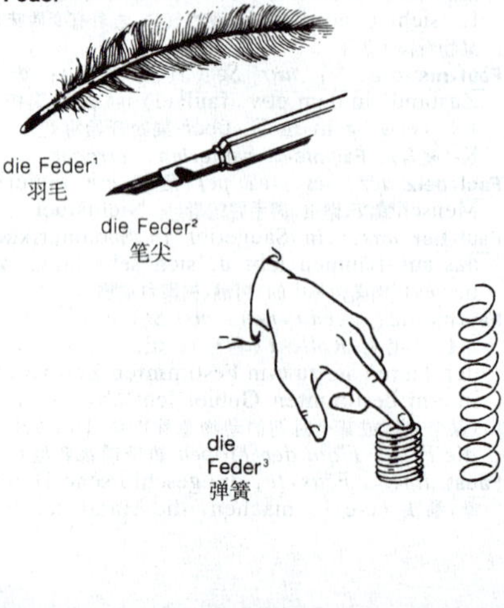

Fe·der² *die*; -, -*n*; ein kleiner, spitzer Gegenstand aus Metall, der am Ende e-s Federhalters befestigt wird u. zum Schreiben od. Zeichnen verwendet wird 笔尖,笔头〈die F. in das Tintenglas eintauchen 把笔尖浸入墨水瓶; die F. kleckst, kratzt 笔尖滴水、刮纸〉‖ K-(复合): ***Feder-, -strich, -zeichnung*** ‖ -K(复合): ***Schreib-; Stahl-*** ‖ ID[谚] ***zur F. greifen*** *veraltend od hum*[渐旧][诙]; Schriftsteller(in) werden 拿起笔来(从事写作),挥笔写作; *mst* 多用 ***etw. stammt aus j-s F.*** etw. (*mst* ein Buch od. Gedicht) ist von j-m geschrieben worden 某物(书、诗)出自某人之手,由某人所写

Fe·der³ *die*; -, -*n*; ein Teil aus Metall *mst* in Form e-r Spirale, das dazu dient, e-n Stoß, Druck od. Zug auszugleichen bzw. Druck od. Zug auszuüben 弹簧

Fe·der·ball *der*; **1.** ein kleiner, leichter Gegenstand aus e-r runden Kappe, an der Federn¹ *o. Ä.* (kreisförmig) angeordnet sind. Der F. wird *mst* von zwei Personen mit Schlägern (über ein Netz) hin u. her gespielt 羽毛球 ‖ K-(复合): ***Federball-, -netz, -schläger*** **2.** *mst ohne Artikel*(多不带冠词); ein Spiel, bei dem *mst* zwei Personen mit Schlägern e-n F. (1) (über ein Netz) hin u. her spielen 羽毛球赛,羽毛球运动〈F. spielen 打羽毛球〉‖ K-(复合): ***Federball-, -match, -spiel*** ‖ NB(注意): Die Sportart als Wettkampf heißt *Badminton*(作为一个体育竞赛项目,羽毛球运动叫做 *Badminton*)

Fe·der·bett *das*; e-e Bettdecke, die mit Federn¹ gefüllt ist 羽绒被〈ein F. aufschütteln, beziehen 将羽绒被拍松,套上被罩〉

Fe·der·ge·wicht *das*; SPORT【体】; e-e Gewichtsklasse *z.B.* beim Boxen od. Ringen, in der die Sportler nicht mehr als 62 kg wiegen dürfen 最轻量级(在拳击、摔跤中,运动员体重不超过 62 公斤为最轻量级)

Fe·der·hal·ter *der*; -*s*, -; ein dünner (Holz)-Stab für e-e Feder² 沾水钢笔杆,沾水钢笔

fe·der·leicht *Adj*(形); sehr leicht 极轻的,轻飘飘的,轻如羽毛的: *ein Kleid aus e-m federleichten Stoff* 一件由轻薄料子做的连衣裙

Fe·der·le·sen *nur in* 只用于 ***nicht viel Federlesen(s) (mit j-m / etw.) machen*** j-n in e-r bestimmten Situation ohne große Rücksicht behandeln/etw. schnell u. ohne viel Nachdenken abhandeln(对…)不搞繁文缛节,不讲客套,直截了当 ≈ (mit j-m/etw.) kurzen Prozess machen

Fe·der·mäpp·chen *das*; ein flacher, länglicher Behälter, in dem *bes* Schüler ihre Bleistifte, Füller, Kugelschreiber *o. Ä.* aufbewahren 文具盒

Fe·der·mes·ser *das*; ein kleines, scharfes Taschenmesser 小折刀

fe·dern; *federte, hat gefedert*; [Vt](及物) **1.** ***etw. f.*** etw. mit Federn³ versehen 给…装上弹簧,使有弹性: *ein schlecht gefedertes Sofa* 一张弹性不好的沙发 ‖ NB(注意): *mst* im Partizip Perfekt(多用过去分词)!; [Vi](不及物) **2.** ***etw. federt*** etw. gibt (wie e-e Feder³) unter e-m Druck nach, verändert seine Form u. geht wieder in seine ursprüngliche Stellung od. Form zurück, wenn der Druck nachlässt(物作主语)具有弹性〈ein Sprungbrett, ein Polster 跳板,坐垫〉

Fe·de·rung *die*; -, -*en*; e-e Konstruktion aus Federn³, die bewirkt, dass Stöße od. ein Druck schwächer werden 弹簧装置,减震簧〈die F. e-s Autos, e-s Bettes 汽车的减震簧,床的弹簧〉

Fe·der·vieh *das*; *gespr*, *mst hum*[口]多作[诙] ≈ Geflügel

Fe·der·wei·ße *der*; -*n*; *nur Sg*(只用单数); ein junger Wein, der noch gärt 正在发酵的葡萄酒 ‖ NB(注意): *ein Federweißer*; *der Federweiße*; *den, dem, des Federweißen*

Fee *die*; -, -*n* [ˈfeːən]; *mst* e-e (schöne) Frau im Märchen, die übernatürliche Kräfte hat (u. oft den Menschen hilft u. ihre Wünsche erfüllt) 仙女,女神,女妖〈e-e gute, böse F. erscheint j-m 某人眼前出现一位善良的仙女、凶恶的女妖〉‖ K-(复合): ***Feen-, -königin, -reich*** ‖ -K(复合): ***Glücks-, Märchen-, Zauber-***

Feed-back, Feed·back [ˈfiːdbɛk] *das*; -*s*, -*s*; *mst Sg*, *gespr*(多用单数)[口]; e-e (*mst* positive) kritische Reaktion, die j-d für etw. bekommt, das er gemacht hat 观众的反应

Fee·ling [ˈfiːlɪŋ] *das*; -*s*; *nur Sg*, *gespr*(只用单数)[口]; (*bes* von Jugendlichen verwendet) (青年人用语) ≈ Gefühl (2): *Es ist schon ein tolles F., über den Wolken zu schweben!* 在云层上空飘荡的那种感觉,真是神极了!

Fe·ge·feu·er *das*; *nur Sg*(只用单数); ein Ort, an dem (nach katholischem Glauben) die Menschen nach ihrem Tod die relativ kleinen Sünden büßen müssen, bevor sie in das Paradies kommen 炼狱,涤罪所

fe·gen; *fegte, hat / ist gefegt*; *bes nordd* 尤用于[北德]; [Vt](及物) (*hat*) **1.** ***etw. f.*** etw. sauber machen, indem man mit e-m Besen *o. Ä.* den Staub u. Schmutz entfernt 扫,清扫,打扫 ≈ kehren²(2)〈den Fußboden f. 扫地〉**2.** ***etw. von etw. f.*** mit e-m Besen etw. von e-m Ort entfernen 把…扫掉 ≈ kehren²(1): *die Scherben von der Straße f.* 把马路上的玻璃碎片扫掉 **3.** ***etw. von etw. f.*** *gespr*[口]; etw. mit e-r schnellen Bewegung seiner Hand bzw. seines Arms von irgendwo herunterwerfen 将…从…上擦掉、抹掉、蹭掉: *Sie hat mit e-r heftigen Bewegung das Glas vom Tisch gefegt* 她猛力将玻璃杯从桌上拨拉掉; [Vi](不及物) (*ist*) **4.** (CH) [瑞] ≈ putzen, reinigen 〈Töpfe 盆〉**5.** ***etw. fegt irgendwo(hin)*** etw. weht heftig irgendwo(hin)(物作主语)猛刮,呼啸而去,疾驰〈der Wind 风〉

Feh·de *die*; -, -*n*; *geschr* [书]; ein (lang dauernder) Streit 争论,争吵,争执〈mit j-m in F. liegen, e-e F. mit j-m ausfechten 与某人发生争执,与某人争论到底〉‖ -K(复合): ***Familien-, Stammes-***

F

Feh·de|hand·schuh *der*；*mst in* 多用于 ***j-m den F. hinwerfen*** *geschr*［书］；e-n（*mst* verbalen）Streit mit j-m beginnen（*z.B.* über ein Thema, über das man unterschiedliche Meinungen hat）向…提出挑战，向…挑起争端，对…发起争论 ≈ j-n herausfordern

fehl *Adj*（形）；*nur in* 只用于 **1. *etw. ist f. am Platz(e)*** etw. passt an e-m Ort, in e-r Situation nicht, ist nicht angemessen 某事不合适，不恰当 **2. *j-d ist/fühlt sich irgendwo f. am Platz(e)*** j-d sollte irgendwo nicht sein od. fühlt sich irgendwo fremd, nicht wohl 某人不该在某处，在某处感到不自在

Fehl *nur in* 只用于 ***ohne F.*（*u. Tadel*）** *geschr veraltend*［书］［渐旧］；ohne（charakterlichen）Fehler, ohne Makel 无可挑剔，无可指摘

Fehl- *im Subst, begrenzt produktiv*（构成名词，构词有限）；verwendet, um auszudrücken, dass das Genannte nicht richtig ist 错误…，不正确…，失误…：der ***Fehlalarm***, die ***Fehlbesetzung***〈e-r Filmrolle, e-r Stelle 电影角色，岗位〉, die ***Fehldiagnose***〈e-s Arztes 医生的〉, die ***Fehleinschätzung***〈e-r Leistung, e-r Situation 成绩，情况〉, die ***Fehlentwicklung***, die ***Fehlinformation***〈der Öffentlichkeit durch die Presse 报界对公众的〉, die ***Fehlkalkulation***, die ***Fehlplanung***, das ***Fehlverhalten***

Fehl·an·zei·ge *die*；*nur Sg*, *gespr*（只用单数）［口］；verwendet, um e-e Frage negativ zu beantworten, zu verneinen（用作对问题的否定回答）搞错了，不对：„*Ist er in diesem Zimmer?*" – „*Nein, F.!*" "他在这屋里吗?"——"不对，我错了!"

fehl·bar *Adj*（形）；*mst* 多用 ***f. sein*** *geschr veraltend*［书］［渐旧］；Fehler machen, nicht vollkommen sein 有错的，不是十全十美的：*Der Mensch ist f.* 人非完人 ‖ *hierzu*（派生）**Fehl·bar·keit** *die*；*nur Sg*（只用单数）

Fehl·be·trag *der*；ADM *geschr*【管理】［书］；e-e Summe Geld, die（beim Abrechnen）in der Kasse fehlt 赤字，亏空 ≈ Defizit：*In der Kasse ist ein F. von hundert Euro* 账上亏空一百欧元

feh·len；*fehlte, hat gefehlt*；[Vi]（不及物）**1. *etw. fehlt*** etw. ist nicht（mehr）vorhanden（物作主语）丢失，没了：*An seinem Mantel fehlt ein Knopf* 他大衣上缺一个扣子 **2. *etw. fehlt j-m*** etw. steht j-m nicht zur Verfügung, obwohl er es benötigt（物作主语）没有，缺：*Ihm fehlte das Geld, um sich ein neues Auto zu kaufen* 他没有钱买新车；*Ihr fehlt jegliches Selbstbewusstsein* 她缺乏任何自信；*Dem Läufer fehlte nur e-e Zehntelsekunde zum Sieg* 这位赛跑运动员只差十分之一秒没能取胜 **3. *j-d fehlt*（*irgendwo*）** j-d ist dort nicht anwesend, wo er sein sollte（人作主语）缺席，未到，没来：*Die Kinder haben zwei Tage unentschuldigt im Unterricht gefehlt* 孩子们两天没来上课，也没请假 **4. *j-d fehlt j-m*** *gespr*［口］；j-d wird von j-m vermisst（人作主语）使人惦记，叫人想念：„*Komm doch bald nach Hause, du fehlst mir sehr*", *schrieb sie in ihrem Brief* "尽早回家吧，我很想你"，她在信中写道；[Vimp]（无人称）**5. *es fehlt* (*j-m*) *an etw.***（*Dat* 三格）etw. ist（bei j-m）nicht（genügend）vorhanden 缺乏，不足，缺少 ≈ es mangelt j-m an etw.〈j-m fehlt es an Arbeitseifer, Ausdauer, Mut 某人缺乏工作热情、毅力、勇气〉：*Den Opfern des Erdbebens fehlt es an Nahrung u. Unterkünften* 地震受害者既缺食粮又缺住所 ‖ ID［谚］*mst* 多用 ***Fehlt dir was?*** *gespr*［口］；bist du krank, hast du Schmerzen? 你病了？你哪里不舒服？；*mst* 多用 ***Na, wo fehlts denn?*** *gespr*［口］；was hast du für Probleme, Sorgen? 哎，你怎么啦?（你有什么烦恼呀?）；*mst* 多用 ***Das hat/Du hast*** *o.Ä.* ***mir gerade noch gefehlt!*** *iron*［讽］；das passt nicht in meine Pläne, das/dich *o.Ä.* kann ich in dieser Situation nicht gebrauchen 这事儿偏又让我遇上了（这恰好是非我所求）！/你来得恰好不是时候！（你偏偏在这个骨节眼上来给我添麻烦!）；*mst* 多用 ***Es fehlte nicht viel, u.*** + *Konjunktiv II*（虚拟式 *II*）；etw. wäre fast, beinahe geschehen 差一点儿…；***weit gefehlt!*** verwendet, um auszudrücken, dass sich j-d völlig geirrt hat 错了！大错特错！满拧！

Fehl·ent·schei·dung *die*；e-e falsche Entscheidung 错误决定

Feh·ler *der*；*-s, -* **1.** etw., das falsch（1）ist（*bes* ein Irrtum od. e-e Störung in e-m System）错误，偏差，误差〈ein grober, häufiger, leichter, schwerer F. 大的、常犯的、轻微的、严重的错误；e-n F. machen, ausbessern, korrigieren, ausmerzen 犯，改掉，改正，消除错误〉：*Er spricht fließend Deutsch u. macht fast keine Fehler* 他德语说得很流利，几乎不出错；*Die Ursache des Unglücks war ein technischer F.* 发生不幸的原因是一个技术上的差错 ‖ K-（复合）：***Fehler-***, ***-analyse***, ***-suche*** ‖ -K（复合）：***Denk-***, ***Druck-***, ***Grammatik-***, ***Rechen-***, ***Rechtschreib-***, ***Tipp-*** **2.** ein Verhalten od. e-e Entscheidung, die der Situation od. den Umständen nicht angemessen sind 失策，错误（指行为、决定）〈e-n F. wiedergutmachen 纠正错误；immer wieder in den gleichen F. verfallen 一再犯同样的错误〉：*Es war ein F.*（*von mir*）*, ihn so anzuschreien* 大声责骂他是（我的）一个错误 **3.** e-e schlechte charakterliche Eigenschaft od. ein körperlicher Mangel *bes* e-s Menschen 缺陷，缺点〈ein angeborener, organischer F. 天生的、器官上的缺陷〉：*Jeder Mensch hat seine Fehler* 每个人都有自己的缺点 ‖ -K（复合）：***Seh-***, ***Sprach-*** **4.** e-e Stelle im Material e-r Ware, die im Aussehen od. in der Qualität nicht so gut ist, wie sie sein sollte 缺陷，毛病：*Kristallgläser mit kleinen Fehlern* 有点小毛病的结晶玻璃杯 ‖ -K（复合）：***Material-*** ‖ *zu*（义项）**1.** u. **4. feh·ler·haft** *Adj*（形）；**feh·ler·frei** *Adj*（形）；**feh·ler·los** *Adj*（形）

Feh·ler·quel·le *die*；etw., das zu e-m Fehler führt, die Ursache e-s Fehlers（1）错误根源，错误原因〈e-e mögliche, potentielle F. ermitteln, ausschalten 查出，排除可能的、潜在的错误根源〉

Fehl·ge·burt *die*；*mst* 多用 ***e-e F. haben***（als Frau）e-n Embryo gebären, der noch nicht fähig ist, außerhalb des Bauchs der Mutter zu leben 流产,小产

fehl·ge·hen; *ging fehl, ist fehlgegangen*; [Vi] (不及物) *geschr* [书] **1.** e-n falschen Weg gehen 走错路,迷路 ≈ sich verirren: *Mit der Karte kann er nicht f.* 他带着地图是不会迷路的 **2. *in etw.*** (*Dat* 三格) ***f.*** sich in etw. irren, sich täuschen (在…方面) 搞错,想错,弄错: *Er geht fehl in der Annahme, dass ...* 他设想…,那是搞错了 **3. *etw. geht fehl*** etw. trifft nicht das Ziel (物作主语) 未中靶,打空了,没打中 ≈ etw. geht daneben ⟨ein Schuss, ein Wurf *o. Ä.* 一枪,投掷等⟩

fehl·ge·lei·tet *Adj* (形); *geschr euph* [书][婉]; aufgrund e-r falschen Erziehung im normalen Verhalten gestört od. kriminell 被教坏了的,被引入歧途的 ⟨Kinder, Jugendliche 孩子们,青年人⟩

Fehl·griff *der*; *mst* 多用 (***mit j-m/etw.***) ***e-n F. tun*** e-e schlechte Entscheidung treffen (*z. B.* beim Kauf von etw. od. der Anstellung von j-m) (对某人/某事) 采取错误的做法,处置不当

fehl·in·ter·pre·tie·ren; *interpretierte fehl, hat fehlinterpretiert*; [Vt] (及物) ***etw. f.*** *geschr* [书]; etw. falsch interpretieren, etw. so deuten, wie es gar nicht (gemeint) ist 作错误解释: *Die Rede des Politikers wurde fehlinterpretiert* 这位政治家的讲话被错误地解释了 ‖ *hierzu* (派生) **Fehl·in·ter·pre·ta·ti·on** *die*

Fehl·in·ves·ti·ti·on *die*; *bes* WIRTSCH *geschr* 尤用于【经】[书]; die Investition *mst* von Geld od. Zeit in ein Projekt, das keinen Gewinn bringt 投资失误

Fehl·kauf *der*; ein Kauf, den man bereut 购置失误,购物不当 ⟨e-n F. tätigen 买得不合适,买错⟩: *Das Haus war ein F., es ist zu groß für uns* 这幢房子买得不合适,对我们太大

Fehl·kon·struk·ti·on *die*; *geschr* [书]; ein Gerät, ein Bauwerk *o. Ä.* mit technischen Fehlern 设计不当,设计错误

Fehl·leis·tung *die* **1.** e-e Handlung, bei der j-d unbewusst etw. tut od. sagt, was er eigentlich gar nicht tun od. sagen wollte 无意识行为 **2. *e-e freudsche / Freud'sche F.*** e-e (falsche) Äußerung, bei der unbewusste Wünsche *o. Ä.* zum Ausdruck kommen 弗洛伊德式的无意识行为

Fehl·schlag *der* ≈ Misserfolg: *Sein neues Projekt erwies sich als F.* 他的新设计经证明是失败的

fehl·schla·gen; *schlägt fehl, schlug fehl, ist fehlgeschlagen*; [Vi] (不及物) ***etw. schlägt fehl*** etw. ist ein Misserfolg, etw. gelingt nicht (物作主语) 失败,受挫: *Alle seine Versuche, sich mit ihr zu versöhnen, schlagen fehl* 他想与她和解的一切尝试全部失败

Fehl·start *der* **1.** ein zu frühes Starten e-s Teilnehmers bei e-m Sportwettkampf (Leichtathletik, Schwimmen, Rudern *o. Ä.*) (was dazu führt, dass der Start wiederholt wird) 抢先,抢跑,抢跳 ⟨e-n F. verursachen 引起抢跑⟩ **2.** ein misslungener Start e-s Flugzeugs od. e-r Rakete (起飞、发射) 失败,没成功

Fehl·tritt *der* **1.** ein schlecht plazierter, ungeschickter Schritt (der *z. B.* zu e-m Sturz führt) 失足,踩空,闪失: *Ein F. auf dem Seil kann e-m Artisten das Leben kosten* 钢丝上的闪失可能使杂技演员丧命 **2.** e-e Tat, die moralisch falsch ist 失足,失身

Fehl·ur·teil *das*; *geschr* [书] **1.** ein falsches, ungerechtes Urteil e-s Richters 错误判决,误判 ⟨ein F. abgeben, korrigieren⟩ 作出,纠正错误判决 **2.** e-e falsche Beurteilung, Einschätzung e-s Sachverhalts 错误的判断,错误的评价 ≈ Fehleinschätzung

Fehl·zün·dung *die*; *mst* 多用 ***etw. hat e-e F.*** ein Auto, ein Motorrad, ein Motor *o. Ä.* zündet (1) nicht zum richtigen Zeitpunkt 某物(指汽车、摩托车、发动机等)点火故障,打火失灵: *Wenn ein Auto e-e F. hat, gibt es e-n lauten Knall* 如果汽车点火有故障,就会产生很响的噼啪声

Fei·er *die*; -, *-n*; e-e festliche Veranstaltung, die *z. B.* wegen e-s Geburtstags od. Jubiläums stattfindet 庆祝活动,庆祝会 ⟨e-e öffentliche, private, glänzende, schlichte, würdige F. 公众的、私人的、盛大的、朴实无华的、隆重的庆祝活动; e-e F. im kleinen, im familiären Kreis/ Rahmen abhalten, begehen, veranstalten 在小范围内,在家庭范围内举行庆祝活动⟩ ‖ -K (复合): ***Abschieds-, Familien-, Geburtstags-, Gedenk-, Hochzeits-, Jubiläums-, Silvester-, Verlobungs-, Weihnachts-*** ‖ ID [谚] ***zur F. des Tages*** **a)** anlässlich der heutigen Feier 在举行今天的庆祝活动之际; **b)** *mst hum* 多用 [诙]; um diesen „Höhepunkt" des Tages zu feiern 为庆祝这个大喜的日子

Fei·er·abend *der* **1.** das Ende der täglichen Arbeitszeit 下班,收工 ≈ Dienstschluss ⟨F. haben, machen 下班,停止营业⟩: *Um fünf Uhr ist in der Fabrik F.* 工厂 5 点下班 **2.** die Zeit nach der täglichen beruflichen Arbeit (*mst* der Abend) 下班后的休息时间: *Am F. liest u. musiziert er immer* 下班后他经常是读书和玩乐器 ‖ K- (复合): ***Feierabend-, -beschäftigung*** ‖ ID [谚] ***Jetzt ist aber F.!*** *gespr* [口]; jetzt ist Schluss damit, jetzt habe ich genug davon 现在总算结束了! (我对此已腻烦了!)

fei·er·lich *Adj* (形) **1.** ernst u. würdevoll 庄严的,隆重的,节日的 ≈ festlich ⟨e-e Atmosphäre, e-e Umgebung 氛围,环境; e-e Handlung, e-e Rede, e-e Zeremonie 行为,讲话,典礼; e-e Stimmung 气氛⟩: *Es war ein feierlicher Augenblick, als man ihm den Nobelpreis überreichte* 当人们授予他诺贝尔奖时,那是一个庄严的时刻 **2.** *mst adv* (多作状语); mit großem Ernst u. starker Betonung 郑重的,慎重的 ⟨etw. f. geloben, erklären, versprechen 郑重地赞扬,声明,承诺⟩ ‖ ID [谚] *mst* 多用 ***Das ist (ja, schon) nicht mehr f.!*** *gespr* [口]; das ist unerträglich, das geht zu weit 这(真是,的确)令人不能忍受! 这做得太过分了!: *Das ist schon nicht mehr f., wie oft er in*

Urlaub fährt! 他这样经常去度假，未免太过分了！

Fei·er·lich·keit *die*；-，*-en* **1**. *nur Pl*（只用复数）；feierliche (1) Handlungen, e-e Reihe von Feiern 庆祝活动，庆典：*Die Feierlichkeiten anlässlich der Krönung ziehen sich über mehrere Tage hin* 加冕庆典延续了好几天 ‖ -K（复合）：***Hochzeits-***，***Begräbnis-*** **2**. *nur Sg*（只用单数）；ein feierlicher (1) Zustand 庄严，隆重

fei·ern；*feierte*，*hat gefeiert*；[*Vt*]（及物）**1**. ***etw*. *f*.** die Bedeutung e-s Ereignisses dadurch ausdrücken, dass man e-e Feier macht 庆祝，欢庆（指事）〈(den) Geburtstag, (die) Hochzeit, Weihnachten, Abschied, Wiedersehen f. 庆祝生日、结婚、圣诞节，欢送，庆祝重逢〉**2**. ***j-n*** (***als etw***.) ***f***. j-n wegen seiner Verdienste ehren, indem man ihn (öffentlich) lobt, ihm zujubelt (u. Feiern für ihn veranstaltet) 祝贺，赞美，颂扬（指人）〈das Geburtstagskind, den Star f. 向过生日者（寿星）、明星祝贺；j-n als Retter f. 赞扬某人是救星，把某人当作救星加以颂扬〉；[*Vt/i*]（及物/不及物）**3**. (***ein Fest***) ***f***. ein Fest veranstalten 举行庆祝活动：*Am Samstag feiern wir* 星期六我们开庆祝会

Fei·er·stun·de *die*；e-e offizielle Feier, *mst* mit Reden 纪念会庆典：*e-e F. zum Gedenken an die Opfer des Zweiten Weltkriegs* 缅怀第二次世界大战死难者纪念会

Fei·er·tag *der*；ein Tag, an dem man nicht arbeitet, weil an diesem Tag ein wichtiges religiöses od. geschichtliches Ereignis stattfand 节假日，节日 ↔ Werktag〈ein kirchlicher, ein gesetzlicher F. 教会的节日，法定节日〉‖ -K（复合）：***National-***，***Oster-***，***Pfingst-***，***Weihnachts-***

fei·er·tags *Adv*（副）；an Feiertagen 逢节假日：*Der Zug fährt sonn- u. feiertags nicht* 这次列车每逢星期日和节假日停驶

feig, fei·ge *Adj*（形）**1**. ohne Mut, ängstlich 胆怯的，胆小的，懦弱的 ↔ mutig, tapfer：*Er ist zu f., um seine Meinung offen zu sagen* 他胆子太小，不敢公开讲出自己的意见 **2**. so, dass das Opfer keine Chance hat, zu fliehen od. sich zu wehren 阴险的，卑鄙的〈ein Attentat, ein Mord *o. Ä*. 行刺，谋杀等；ein Mörder 杀人犯〉‖ *hierzu*（派生）**Feig·heit** *die*；*nur Sg*（只用单数）

Fei·ge *die*；-，*-n* **1**. die Frucht des Feigenbaums 无花果：*getrocknete Datteln u. Feigen* 干的海枣和无花果 **2**. ≈ Feigenbaum

Fei·gen·baum *der*；ein Baum, der in warmen

Die Feiertage in Deutschland　德国的节日

Die gesetzlichen Feiertage in Deutschland sind von Bundesland zu Bundesland unterschiedlich. Ob ein kirchlicher Feiertag in einer bestimmten Gemeinde oder Region auch gesetzlicher Feiertag ist, hängt von der religiösen Tradition (evangelisch oder katholisch) des betreffenden Gebietes ab. Bewegliche Feiertage sind nicht an ein festes Datum gebunden. Die wichtigsten Feiertage sind:
德国的法定节日在各州并不一样，一个宗教节日在某一牧区或某一区域内是否也是法定节日，取决于该地区的（新教的或天主教的）宗教传统。不定期的节日没有固定的日期。最重要的节日有：

Neujahr* 新年	1. Januar 元月一日
Heilige Drei Könige 三王来朝节（显现节）	6. Januar 元月六日
Karfreitag 耶稣受难日	beweglicher Feiertag 不定期节日
Ostersonntag 复活节星期日	beweglicher Feiertag 不定期节日
Ostermontag 复活节星期一	beweglicher Feiertag 不定期节日
1. Mai, Tag der Arbeit 五一劳动节	1. Mai 五月一日
Christi Himmelfahrt 耶稣升天节	beweglicher Feiertag, katholischer Feiertag 不定期节日，天主教的节日
Pfingstsonntag 圣灵降临节星期日	beweglicher Feiertag 不定期节日
Pfingstmontag 圣灵降临节星期一	beweglicher Feiertag 不定期节日
Fronleichnam 圣体节	beweglicher Feiertag, katholischer Feiertag 不定期节日，天主教的节日
Mariä Himmelfahrt 圣母升天节	15. August, katholisch 八月十五日，天主教
Tag der deutschen Einheit 德国统一日	3. Oktober 十月三日
Reformationstag 宗教改革纪念日	31. Oktober, evangelisch 十月三十一日，新教
Allerheiligen 万圣节	1. November 十一月一日
Buß- und Bettag** 忏悔祈祷日	beweglicher Feiertag, evangelisch 不定期节日，新教
Heiligabend 圣诞（前）夜	24. Dezember, kein offizieller Feiertag 十二月二十四日，非正式节日
1. Weihnachtsfeiertag 圣诞节的第一天	25. Dezember 十二月二十五日
2. Weihnachtsfeiertag 圣诞节的第二天	26. Dezember 十二月二十六日
Silvester 除夕	31. Dezember, kein offizieller Feiertag 十二月三十一日，非正式节日

(*) Die unterstrichenen Feiertage gelten in ganz Deutschland. 划线节日适用全德国。
(**) Der **Buß- und Bettag** wurde aus steuerlichen Gründen als gesetzlicher Feiertag abgeschafft. Er wird nur noch in Sachsen gefeiert. 忏悔祈祷日因税务原因作为法定节日已被取消，只有萨克森州还在庆祝。

Gebieten wächst u. weiche, süße Früchte trägt 无花果树

Fei·gen·blatt *das* **1.** ein Blatt des Feigenbaums 无花果树的叶子 **2.** *pej*［贬］; etw., womit man versucht, etw. zu verhüllen od. zu verbergen 遮羞布〈etw. als F. benutzen 用某物作掩饰〉

Feig·ling *der*; *-s, -e*; *pej*［贬］; j-d, der feige (1) ist 懦夫,胆小鬼

feil·bie·ten; *bot feil, hat feilgeboten*; [Vt]（及物）**etw. f.** *veraltend*［渐旧］; etw. zum Verkauf anbieten 兜售,出售

Fei·le *die*; *-, -n*; ein Werkzeug in Form e-s Metallstabes mit vielen kleinen Zähnen od. Rillen, mit dem man die Oberflächen *bes* von Holz- u. Metallstücken glatt macht 锉刀

fei·len; *feilte, hat gefeilt*; [Vt]（及物）**1. etw. f.** etw. mit e-r Feile bearbeiten 锉〈ein Brett, e-n Eisenstab f. 锉木板、铁棒; sich (*Dat* 三格) die Fingernägel f.（用小锉刀）修指甲〉; [Vi]（不及物）**2. an etw.** (*Dat* 三格) **f.** *gespr*［口］; immer wieder an e-m Aufsatz, e-r Rede *o. Ä.* arbeiten, um elegantere Formulierungen zu finden 润色,修饰（文章、讲话）: *Er feilt schon seit Tagen an seiner Rede* 几天来他一直在给自己的演讲稿润色

feil·schen; *feilschte, hat gefeilscht*; [Vi]（不及物）(**mit j-m**) (**um etw.**) **f.** lange über den Kaufpreis e-r Sache verhandeln (in der Absicht, den Preis zu senken) 讲价,还价: *Wir wollen doch nicht um ein paar Euro f.!* 我们可不想为了几个欧元而讨价还价!

fein *Adj*（形）**1.** sehr dünn 精细的,很薄的,纤细的 ↔ grob (1), dick〈Gewebe 织物; Haar 头发; e-e Linie, ein Wasserstrahl 线条,喷水水柱〉**2.** (*bes* vom menschlichen Körper 尤指人体) zart, ästhetisch wirkend, zierlich 纤细的,娇嫩的,优美的,俊俏的 ↔ grob (3)〈Hände, ein Gesicht, ein Profil 手,脸,外形〉**3.** aus sehr kleinen Teilchen (bestehend) 细小的,细微的,细粒的 ↔ grob (2)〈Mehl, Zucker 面粉,糖; Sand 沙; f. gemahlener Kaffee 磨得很细的咖啡〉‖ K-（复合）: **fein-**, **-gemahlen** **4.** *nur attr, nicht adv*（只作定语,不作状语）; fähig, mit seinen Sinnesorganen auch ganz leise Geräusche, schwache Gerüche *usw* wahrzunehmen 灵敏的,敏锐的 ≈ empfindlich〈ein Gehör, e-e Nase 听觉,鼻子〉**5.** sensibel auf äußere Eindrücke reagierend 反应灵敏的,敏感的〈ein feines Empfinden, Gespür für etw. haben 对某事有敏锐的感觉、很敏感〉**6.**〈Humor, Spott, Ironie 幽默,嘲笑,讽刺〉so, dass man sie erst bemerkt, wenn man nachdenkt 微妙的,巧妙的,机智的,难以捉摸的,回味无穷的 ≈ subtil **7.** von sehr guter, exquisiter Qualität 精美的,优质的,上等的 ≈ erlesen, hochwertig ↔ billig (2)〈Gebäck, Obst, Weine 饼干,水果,葡萄酒; etw. schmeckt f. 某物味道极好; Seife 肥皂〉**8.** *oft iron* 常用［讽］≈ elegant, vornehm〈e-e Dame, ein Herr 女士,先生〉**9.** gering od. nicht leicht zu merken 细微的,难以觉察的〈Unterschiede 区别〉**10.** *gespr*［口］; (*bes* als Lob verwendet) nett, anständig（尤用于赞扬）和蔼可亲的,正派的,规矩的〈sich f. verhalten 行为正派〉: *Du bist wirklich ein feiner Kerl!* 你确实是个规规矩矩的人! **11.** *gespr*［口］; verwendet, um auszudrücken, dass etw. positiv, schön ist 美好的,漂亮的,出色的: *Das hast du f. gemacht* 这件事你做得很出色 **12.** *nur adv*, *gespr*（只作状语）［口］; verwendet, um Adjektive zu verstärken（用来加强形容词的语义）非常,十分 ≈ sehr: *etw. f. säuberlich abschreiben* 抄写得十分工整 **13. j-n / sich f. machen** *gespr*［口］; j-n/sich schön anziehen 打扮,装扮,穿着讲究 ‖ ID［谚］**vom Feinsten** *gespr*［口］; mit sehr guter Qualität 质地优良,精美,非常出色: *Musik, Gebäck vom Feinsten* 非常出色的音乐,精美的糕点; **f. heraus sein** *gespr*［口］; in e-r glücklichen, günstigen Lage sein (*bes* nachdem man e-e Schwierigkeit überwunden hat)（尤指摆脱困境后）时来运转,熬出头了: *Peter hat e-e Lehrstelle gefunden. – Der ist f. heraus* 彼得找到了一个当学徒的工作。——他可熬出头了

Feind *der*; *-(e)s, -e* **1.** j-d, der e-e andere Person aus bestimmten Gründen hasst u. versucht, ihr zu schaden 敌对者,敌人,反对者,敌手 ↔ Freund (3)〈j-s ärgster, erbittertster F. sein 是某人的最讨厌的、最恼火的敌手; sich (*Dat* 三格) Feinde/sich (*Dat* 三格) j-n zum F. machen 给自己树敌/以某人为敌〉**2.** *nur Sg*（只用单数）; die Menschen e-s Landes bzw. die Soldaten e-s Staates, mit dem das eigene Land Krieg führt 敌人,敌军〈den F. angreifen, besiegen 攻击,战胜敌人; vor dem F. flüchten 在敌人面前逃走（临阵脱逃）; zum F. überlaufen 投奔敌人,倒戈〉‖ K-（复合）: **Feind-**, **-kontakt**; **Feindes-**, **-land** ‖ -K（复合）: **Landes-** **3. ein F.** + *Gen*（二格）/ **von j-m / etw. sein** e-e starke Abneigung gegen j-n/etw. haben, etw. ablehnen (u. es bekämpfen) 反对,憎恶,不赞成: *Er ist ein erklärter F. des Rauchens* 他坚决反对吸烟 ‖ -K（复合）: **Frauen-**, **Menschen-**; **Staats-** ‖ *zu*（义项）**1.** u. **3.** **Fein·din** *die*; *-, -nen*

feind *Adj*（形）; *nur in*（只用于）**j-m / etw. f. sein** *geschr veraltend*［书］［渐旧］; j-n/etw. absolut nicht mögen 对某人/某事厌恶,憎恶,深恶痛绝

Feind·bild *das*; bestimmte negative Vorstellungen, die man von e-r Person od. Gruppe hat 敌对意识,敌意〈ein festes F. haben 有一个明确的敌对观念; sich (*Dat* 三格) ein F. aufbauen 产生敌意; Feindbilder abbauen 消除敌意〉

feind·lich *Adj*（形）**1.** wie ein Feind (1) 如仇人的,敌人般的〈j-m f. gesinnt sein 对某人怀有敌意〉**2.** voller Abneigung 敌对的,仇视的 ≈ ablehnend〈e-e feindliche Haltung, Einstellung (gegen j-n/j-m gegenüber)（对某人的）敌对的态度、看法〉**3.** zum Gegner gehörend（属于）敌人的,敌方的〈Stellungen, ein Sender, Truppen 阵地,电台,军队〉**4.** von e-m Gegner ausgelöst 敌方的〈ein Angriff, ein Überfall, Zerstörungen 进攻,袭击,破坏〉**5. j-m / etw. f.**

F

F

gegenüberstehen j-n als Gegner betrachten, e-e Sache sehr stark ablehnen 敌视某人/极其厌恶某事

-feind·lich *im Adj*, *begrenzt produktiv*（构成形容词，构词有限）**1.** mit e-r negativen, ablehnenden Einstellung/Haltung zur genannten Person/Sache 敌视…的，仇视…的 ↔ -freundlich; ***ausländerfeindlich***, ***fortschrittsfeindlich***, ***frauenfeindlich***, ***staatsfeindlich*** **2.** für die genannte Person/Sache schlecht 对…不利的，对…有害的，无益于…的 ↔ freundlich; ***familienfeindlich***〈e-e Regelung 规定〉, ***kommunikationsfeindlich***〈e-e Situation 情况〉, ***lebensfeindlich***〈e-e Umgebung 环境〉

Feind·lich·keit *die*; -, *-en* **1.** *nur Sg*（只用单数）; ein feindliches (1) Wesen, e-e feindliche (2) Haltung 敌意，敌对态度 **2.** e-e aggressive Haltung, die voll Hass ist 仇视(态度)

Feind·schaft *die*; -, *-en*; **F.**（***zwischen j-m u. j-m / zwischen***〈Personen 人〉）*mst Sg*（多用单数）; e-e Beziehung zwischen zwei od. mehreren Personen, die durch Hass u. Aggression gekennzeichnet ist 敌对关系，仇恨，敌意 ↔ Freundschaft〈mit j-m in F. leben 与某人是冤家对头; sich j-s F. zuziehen 招来某人的仇恨，引起某人的敌意〉: *Zwischen den politischen Gegnern besteht / herrscht keine persönliche F.* 在这两位政治对手之间不存在/没有个人冤仇 ‖ *hierzu*（派生）**feind·schaft·lich** *Adj*（形）

feind·se·lig *Adj*（形）; von e-r starken Abneigung od. von Hass erfüllt 怀有敌意的，怀恨的，厌恶的 ≈ feindlich (1)〈ein Verhalten, j-n f. ansehen, behandeln 态度，以厌恶的目光看某人，抱着敌意对待某人〉

Feind·se·lig·keit *die*; -, *-en* **1.** *nur Sg*（只用单数）; das feindselige Verhalten 敌意，恶感〈j-m mit offener F. gegenübertreten 对某人怀有公开的敌意〉**2.** *nur Pl*, *geschr euph*（只用复数）[书][婉]; Kämpfe (im Krieg) 敌对行动，军事行动，战斗 ≈ Kampfhandlungen〈die Feindseligkeiten eröffnen, einstellen 开始，停止敌对行动〉: *An der Grenze kam es zu Feindseligkeiten* 在边境上发生了军事行动

fein·füh·lend *Adj*（形）; *mst präd*（多作表语）; mit Feingefühl, sensibel u. taktvoll 感觉灵敏的，敏锐的 ≈ feinfühlig ↔ abgestumpft

fein·füh·lig *Adj*（形）; mit Feingefühl 善解人意的，能体谅人的，通情达理的 ≈ einfühlsam: *Er ist ein feinfühliger Mensch* 他是一位善解人意的人 ‖ *hierzu*（派生）**Fein·füh·lig·keit** *die*; *nur Sg*（只用单数）

Fein·ge·fühl *das*; *nur Sg*（只用单数）; das Verständnis *bes* für die Gefühle anderer Menschen, das sich im taktvollen Verhalten zeigt 善解人意〈bei etw. sehr viel F. zeigen 在某事上表现出非常善解人意(能体谅别人)〉

fein·glie·de·rig, **fein·glied·rig** *Adj*（形）; *nicht adv*（不作状语）; von schlankem u. zartem Körperbau, Aussehen 苗条的，纤细的，娇嫩的〈ein Mädchen, ein Knabe 女孩，男孩; Hände 手〉

Fein·heit *die*; -, *-en* **1.** *nur Sg*（只用单数）; die feine (1) Beschaffenheit u. *bes* Struktur e-s Stoffes (*bes* von Textilien) 精致，精巧: *die F. des Gewebes* 织物的精致 **2.** *nur Sg*（只用单数）; die feine (2) Beschaffenheit *bes* der Haut 娇嫩，细嫩(尤指皮肤) ≈ Zartheit: *die F. ihres Gesichts* 她的娇嫩的脸 **3.** *mst Pl*（多用复数）; die Einzelheiten, Nuancen e-r Sache 细腻之处，细微区别: *die Feinheiten der französischen Aussprache beachten* 注意法语发音的细微区别

Fein·kost *die*; *nur Sg*（只用单数）≈ Delikatessen ‖ K-（复合）: ***Feinkost-***, ***-geschäft***, ***-laden***

fein·ma·chen ↑ ***fein*** (13)

fein·ma·schig *Adj*（形）; mit engen, kleinen Maschen[1] (2) 网眼细密的 ↔ grobmaschig〈ein Netz 网〉

Fein·me·cha·nik *die*; *nur Sg*（只用单数）; ein Gebiet der Technik, das sich mit der Herstellung von komplizierten mechanischen, elektrischen od. optischen Geräten (*z. B.* von Mikroskopen) befasst 精密机械学，精密机械 ‖ *hierzu*（派生）**Fein·me·cha·ni·ker** *der*; **Fein·me·cha·ni·ke·rin** *die*

Fein·schme·cker *der*; *-s*, -; j-d, der gern sehr gute, raffiniert zubereitete Speisen isst 美食家，精于饮食者，讲究饮食的人 ≈ Gourmet ‖ K-（复合）: ***Feinschmecker-***, ***-lokal*** ‖ *hierzu*（派生）**Fein·schme·cke·rin** *die*; -, *-nen*

fein·sin·nig *Adj*（形）; intelligent, sensibel u. mit künstlerischem Verständnis 构思精巧的，感觉细腻的〈ein Kunstwerk, ein Künstler 艺术品，艺术家〉‖ *hierzu*（派生）**Fein·sin·nig·keit** *die*; *nur Sg*（只用单数）

Fein·staub *der*; Staub in der Luft, der so fein ist, dass man ihn nicht sieht 微小尘埃: *F. schadet der Lunge, wenn man ihn einatmet* 吸入微小尘埃有损肺部

Fein·wä·sche *die*; Wäsche (*z. B.* aus Wolle od. Seide), die man bei niedrigen Temperaturen besonders vorsichtig u. schonend waschen muss（丝绸、毛料等制成的）高级衣物

feist *Adj*（形）; *mst pej* 多用[贬]; auf hässliche Weise dick 胖得难看的，肥胖的 ≈ fett (2)〈das Gesicht, die Wangen 脸，面颊〉

Feld *das*; *-(e)s*, *-er* **1.** e-e relativ große abgegrenzte Fläche Land, auf der *z. B.* Weizen, Kartoffeln od. Rüben angebaut werden 耕地，田地 ≈ Acker〈das F. bebauen, bestellen, pflügen, eggen, abernten 耕地，种地，犁地，耙地，收割田里的庄稼〉‖ K-（复合）: ***Feld-***, ***-arbeit***, ***-blume***; ***-maus*** ‖ -K（复合）: ***Baumwoll-***, ***Getreide-***, ***Kartoffel-***, ***Mais-***, ***Rüben-***, ***Tulpen-*** **2.** *nur Sg*（只用单数）; ein weites Gelände 旷野，原野: *auf freiem*, *offenem F. zelten* 在野外露营，在露天扎营 **3.** ein *mst* rechteckiger od. quadratischer Teil e-r Fläche (*z. B.* auf e-m Formular od. in e-m Schachspiel), der dadurch entstanden ist, dass die Fläche aufgeteilt wurde（表格、棋盘上的）分格，方格: *die Felder e-s Formulars ausfüllen* 填写一份表格上的空格; *Das Schachspiel hat 64 Felder* 象棋(棋盘)有 64 个格

子 ‖ ↑ *Abb. unter* 图见 **Brettspiele 4.** *nur Sg* (只用单数); (*bes* in der Wissenschaft od. Forschung) ein sachlicher od. thematischer Bereich, mit dem sich j-d beschäftigt 领域, 范围: *das reiche, weite F. der Psychologie, Politik, Wirtschaft* 心理学、政治、经济的广泛的、广阔的领域 ‖ -K (复合): **Betätigungs-, Tätigkeits- 5.** *mst Sg* (多用单数); e-e abgegrenzte, *mst* durch Linien markierte Fläche, die *bes* für Ballspiele genutzt wird 比赛场地 ≈ Spielfeld: *Wegen e-s groben Fouls wurde der Spieler des Feldes verwiesen* 由于粗暴的犯规动作,这位运动员被罚下场 ‖ -K (复合): **Fußball-, Handball-, Hockey-, Volleyball-; Spiel- 6.** *nur Sg, Kollekt* (只用单数,集合); e-e Gruppe von Sportlern in e-m Rennen, die sehr dicht nebeneinander od. hintereinander laufen bzw. fahren (径赛中紧密聚集在一起的)运动员方阵(阵列,小组): *Der Vorsprung des führenden Läufers wurde immer geringer, u. das F. rückte immer näher* 领先的赛跑运动员的优势越来越小,紧跟上来的方阵越来越近 ‖ -K (复合): **Teilnehmer-, Haupt- 7.** PHYS【物】; der (dreidimensionale) Raum, in dem elektrische u. magnetische Kräfte od. Gravitationskräfte wirken 场 ⟨ein elektromagnetisches F. 一个电磁场⟩ ‖ -K (复合): **Gravitations-, Magnet- 8.** *nur Sg, veraltend* (只用单数)[渐旧]; das Gebiet (Areal), auf dem in e-m Krieg Kämpfe stattfinden 战场, 战地, 前线 ≈ Schlachtfeld ⟨ins F. ziehen 开赴战场, 开赴前线; im F. stehen 在前线, 在战场; im F. fallen 战死疆场⟩ ‖ K- (复合): **Feld-, -arzt, -bett, -lager, -lazarett** ‖ ID [谚] **das F. behaupten** *geschr* [书]; *bes* in e-m Kampf od. in e-m Streit Sieger bleiben (战斗中)坚守阵地, (争论中)坚持立场; **j-n aus dem F. schlagen** e-n Gegner od. Konkurrenten besiegen 击败, 战胜(对手或竞争者); **das F. räumen** sich zurückziehen (weil man in e-m Kampf od. e-m Streit besiegt worden ist) 撤出阵地, 败下阵来; **etw. (gegen j-n/etw.) ins F. führen** *geschr* [书]; etw. als Argument gegen j-n/etw. vorbringen 提出某事作为论据(去反对某人/某事); *mst* 多用 **Das ist ein weites F.** verwendet, um auszudrücken, dass über ein bestimmtes Thema noch sehr viel zu sagen wäre 这是一个广阔的领域(天地); **gegen, für j-n/etw. zu Felde ziehen** *geschr* [书]; leidenschaftlich gegen od. für j-n/etw. kämpfen 为反对、支持某人/某事而进行斗争

Feld·fla·sche *die*; MIL【军】; e-e gut isolierte Trinkflasche (*mst* aus Blech) für Soldaten 军用水壶

Feld·frucht *die*; *mst Pl* (多用复数); e-e Pflanze, die auf e-m Feld (1) angebaut wird 农作物: *Zu den Feldfrüchten zählen z.B. Kartoffeln, Kohl, Mais, Rüben, Weizen* 属于农作物的例如有土豆、白菜、玉米、萝卜、小麦

Feld·herr *der*; *hist* [历]; j-d, der Feldzüge (1) plante u. leitete 统帅 ≈ Heerführer

Feld·jä·ger *der*; *-s, -*; MIL【军】**1.** *nur Pl* (只用复数); e-e Führungstruppe der Armee, die *z.B.* für Ordnung u. Sicherheit innerhalb des Militärs zu sorgen hat (负责军纪、治安的)纠察部队, 宪兵部队 ‖ K- (复合): **Feldjäger-, -truppe 2.** ein Soldat, der Mitglied der Feldjäger (1) ist 宪兵, (军队中的)纠察 ‖ *zu* (义项) **2. Feld·jä·ge·rin** *die*; *-, -nen*

Feld·sa·lat *der*; *nur Sg* (只用单数); e-e Pflanze mit kleinen ovalen grünen Blättern, die als Salat gegessen werden 野莴苣

Feld·ste·cher *der*; *-s, -*; ein *mst* großes Fernglas 野战望远镜

Feld-Wald-und-Wie·sen- *im Subst, nicht produktiv, gespr pej* (构成名词, 非构词型)[口][贬]; verwendet in Substantiven, um auszudrücken, dass j-d/etw. nur ganz normal, durchschnittlich ist, keine besonderen Qualitäten, Fähigkeiten hat (表示平庸的, 平淡无奇的, 碌碌无为的) ≈ Allerwelts-; der **Feld-Wald-und-Wiesen-Doktor**, die **Feld-Wald-und-Wiesen-Rede**, das **Feld-Wald-und-Wiesen-Thema**

Feld·we·bel *der*; *-s, -* **1.** MIL【军】; ein relativ hoher Unteroffizier (bei der Luftwaffe u. beim Heer) (空军和陆军中的)上士 **2.** *gespr pej od hum* [口][贬]或[诙]; j-d, der grob od. autoritär ist u. gern andere kommandiert 喜欢指手划脚、发号施令的人

Feld·weg *der*; ein schmaler Weg, der nicht geteert ist u. der an Feldern (1) od. an Wiesen entlangführt 田间小路, 阡陌 ‖ NB (注意): ↑ **Pfad**

Feld·zug *der* **1. ein F. (gegen j-n/etw.)** e-e große militärische Aktion im Krieg, bei dem e-e Armee ihren Feind angreift 远征, 出征, 战役, 大进军 ≈ Kriegszug ⟨e-n F. planen, führen 计划、领导一次大的战役⟩: *der F. Napoleons gegen Russland* 拿破仑对俄罗斯的远征 **2. ein F. (für, gegen j-n/etw.)** e-e öffentliche Kampagne (für, gegen j-n/etw.) (大规模的)行动, 运动: *e-n F. gegen das Rauchen starten* 发动(开展)一次反对吸烟运动 ‖ -K (复合): **Wahl-, Werbe-**

Fel·ge *die*; *-, -n*; der Teil e-s Rades, auf dem der Reifen festgemacht ist 轮圈, 轮辋 ‖ -K (复合): **Zier-**

Fell *das*; *-(e)s, -e* **1.** *mst Sg* (多用单数); die dicht wachsenden Haare, die den Körper bestimmter Tiere bedecken 兽毛, 皮毛 ⟨ein glänzendes, seidiges, struppiges, zottiges F. 有光泽的、有丝一般光泽的、蓬乱的、乱蓬蓬的毛⟩: *das F. e-r Katze, e-s Bären* 猫的、熊的皮毛; *e-m Hund das F. bürsten* 给狗梳刷身上的毛 **2.** die Haut e-s Tieres mit den dichten Haaren, die darauf wachsen 兽皮, 毛皮 ⟨e-m Tier das F. abziehen 剥下动物的皮; ein F. gerben 鞣皮, 将兽皮制革⟩ ‖ K- (复合): **Fell-, -jacke, -mütze, -schuhe** ‖ -K (复合): **Bären-, Lamm-, Löwen-, Wolfs-** ‖ ID [谚] **j-m das F. über die Ohren ziehen** *gespr* [口]; j-n betrügen 欺骗某人, 敲某人竹杠; **ein dickes F. haben** *gespr* [口]; sich über Kritik, Beleidigungen *usw* nicht ärgern (对别人的批评、责骂)

F

满不在乎,厚脸皮; *mst* 多用 ***j-m sind die Felle davongeschwommen*** *gespr* [口]; j-s Hoffnungen haben sich nicht erfüllt 某人的希望破灭了,化为乌有

Fels[1] (*der*); *nur Sg*, *mst ohne Artikel*, *indeklinabel* (只用单数,多不带冠词,词形不变); e-e große u. sehr harte Masse aus Stein 岩石: *Die Geologen sind bei den Bohrungen auf F. gestoßen* 地质工作者在钻探时钻到岩石上了

Fels[2] *der*; *-en*, *-en*; *geschr* [书] ≈ Felsen ‖ K- (复合): ***Fels-***, ***-block***, ***-brocken***, ***-massiv***, ***-trümmer***, ***-vorsprung*** ‖ ID [谚] ***wie ein F. in der Brandung*** *geschr* [书]; auch in schwierigen Situationen ruhig u. gelassen 犹如屹立波涛的岩石,像中流砥柱 ‖ NB (注意): *der Fels*; *den*, *dem*, *des Felsen*

Fel·sen *der*; *-s*, *-*; e-e große Masse aus festem Gestein (*z.B.* an der Küste des Meeres) als Teil der Erdoberfläche 岩,岩石,山崖 ⟨ein nackter, schroffer, steiler F. 裸露的、险峻的、陡峭的岩石; auf e-n F. klettern 攀登山崖⟩ ‖ K- (复合): ***Felsen-***, ***-gipfel***, ***-höhle***, ***-küste***, ***-riff*** ‖ -K (复合): ***Granit-***, ***Kalk-***, ***Kreide-***

fel·sen·fest *Adj* (形); ganz fest 坚定不移的,坚贞不屈的,坚如盘石的 ≈ unerschütterlich ⟨ein Entschluss, ein Glauben, e-e Meinung, e-e Überzeugung 决心,信仰,意见,信念; f. an etw. glauben, von etw. überzeugt sein 坚信某事⟩

fel·sig *Adj* (形) **1.** mit vielen Felsen 多岩石的 ⟨ein Berghang, ein Gelände, ein Weg 山坡,地区,道路⟩ **2.** aus Fels[1] 岩石的 ⟨e-e Bergkuppe, ein Gipfel 圆形山顶,顶峰⟩

Fels·wand *die*; ein steiler Abhang, der aus Fels[1] besteht 悬崖峭壁

Fe·me *die*; *-*; *nur Sg*, *hist* (只用单数)[历]; ein geheimes Gericht, das *mst* über Leben u. Tod e-s Angeklagten entschied 费麦法庭(中世纪德国的一种秘密法庭,采用秘密审判,秘密行刑) ‖ K- (复合): ***Feme-***, ***-gericht***

fe·mi·nin *Adj* (形) **1.** *geschr* [书]; auf positive Art typisch für Frauen 具有妇女特征的,女性的 ≈ weiblich: *Sie hat e-e sehr feminine Stimme* 她有一副典型的女性嗓音 **2.** so, dass es die weiblichen Körperformen betont 突出妇女体型的,体现女性的: *Dieses Jahr ist die Mode besonders f.* 今年的时装式样特别体现女性特征 **3.** *mst pej* 多用[贬]; (in Bezug auf e-n Mann) mit den (körperlichen u. charakterlichen) Eigenschaften, die als typisch für Frauen gelten (指男子在体形、性格方面)女性化的,具有女人气质的,女气的: *Manfred ist ein ziemlich femininer Typ* 曼弗雷德是一个相当女气的人 **4.** LING【语】≈ weiblich (6) ⟨ein Substantiv, der Artikel 名词,冠词⟩

Fe·mi·nis·mus *der*; *-*; *nur Sg* (只用单数); e-e Theorie u. Lehre u. die darauf aufbauende Bewegung[2](1), die *z.B.* zum Ziel hat, dass Frauen im Beruf die gleichen Chancen haben wie Männer u. dass sich die traditionelle gesellschaftliche Rolle der Frau ändert 女权主义,男女平等主义,女权论,争取女权运动 ‖ *hierzu* (派生) **fe·mi·nis·tisch** *Adj* (形)

Fe·mi·nis·tin *die*; *-*, *-nen*; e-e Frau, die sich für den Feminismus engagiert 女权主义者 ‖ *hierzu* (派生) **Fe·mi·nist** *der*; *-en*, *-en*

Fen·chel *der*; *-s*; *nur Sg* (只用单数); e-e Pflanze mit dicken weißen Knollen, die intensiv riecht u. die man als Gemüse od. Salat isst u. deren Samen man als Tee verwendet 茴香 ‖ K- (复合): ***Fenchel-***, ***-gemüse***, ***-salat***, ***-tee***

Fens·ter *das*; *-s*, *-* **1.** das Glas (mit e-m Rahmen aus Holz, Metall od. Kunststoff), das in e-m Haus od. Fahrzeug e-e Öffnung schließt, durch die das Licht hineinkommt 窗 ⟨aus dem F. sehen, zum F. hinausschauen 从窗口往外看,向窗外看去; das F. steht offen/auf, ist geschlossen/ zu 窗子开着/关着; das F. klemmt 这窗户卡住了(打不开); das F. öffnen, schließen 打开、关上窗户⟩: *Er kurbelte das F. herunter u. fragte e-n Passanten nach dem Weg* 他将车窗摇下来,向一个行人问路 ‖ K- (复合): ***Fenster-***, ***-glas***, ***-griff***, ***-öffnung***, ***-rahmen***, ***-scheibe***, ***-sims*** ‖ -K (复合): ***Auto-***, ***Dach-***, ***Keller-***, ***Kirchen-***, ***Küchen-***, ***Wohnzimmer-*** **2.** *gespr*, *Kurzw* [口](略) ↑ ***Schaufenster*** ⟨ein F. dekorieren 布置一个橱窗⟩ **3.** INFORM【信息】; e-e rechteckige Fläche auf dem Monitor des Computers, auf der *z. B.* e-e Liste mit Optionen steht od. in die man e-n Text hineinschreiben kann 窗口 ⟨ein F. aktivieren, anklicken, öffnen, schließen 激活,点击,打开,关闭窗口⟩ ‖ -K: ***Dialog-***, ***Listen-***, ***Text-*** ‖ ID [谚] ***weg vom F. sein*** *gespr* [书]; in der Öffentlichkeit nicht mehr beachtet werden od. keine Chance mehr haben 不再受人重视,不再有(成功的)希望,没指望 ‖ *zu* (义项) **1. fens·ter·los** *Adj* (形); *nicht adv* (不作状语)

Fenster

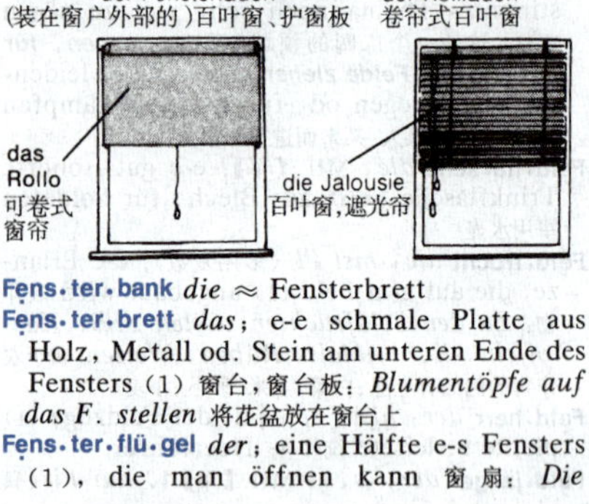

Fens·ter·bank *die* ≈ Fensterbrett

Fens·ter·brett *das*; e-e schmale Platte aus Holz, Metall od. Stein am unteren Ende des Fensters (1) 窗台,窗台板: *Blumentöpfe auf das F. stellen* 将花盆放在窗台上

Fens·ter·flü·gel *der*; eine Hälfte e-s Fensters (1), die man öffnen kann 窗扇: *Die*

Fensterflügel sind weit geöffnet 窗户敞开着 ‖ ↑ *Abb. unter* 图见 ***Flügel***

Fens·ter·la·den *der*; e-e Vorrichtung (*mst* aus Holz) außen am Fenster, die man morgens aufklappt u. abends zuklappt (装在窗户外部的)百叶窗,护窗板,外护窗 ⟨die Fensterläden aufmachen, aufschlagen, zumachen, schließen 打开、关上护窗板⟩ ‖ ↑ *Abb. unter* 图见 ***Fenster***

Fens·ter·le·der *das*; ein (kleines Stück) weiches Leder, mit dem man Fenster putzt 擦窗户用的软皮

Fens·ter·platz *der*; ein Sitzplatz neben dem Fenster, *z.B.* im Bus od. Zug (车、船、飞机等的)临窗座位 ⟨e-n F. haben, reservieren 有、订一个临窗座位⟩

Fe·ri·en [-iən] *die*; *Pl* (复) **1.** der Zeitraum, in dem Institutionen (wie *z.B.* Schulen, Universitäten od. Ämter) geschlossen sind (学校或机关的)假期,假日 ⟨F. haben, machen 有假期(放假),休假; in den F. sein 正在休假⟩: *Die F. beginnen dieses Jahr am ersten August* 今年的假期从 8 月 1 日开始 ‖ K- (复合): ***Ferien-, -beginn, -ende, -tag, -termin, -zeit*** ‖ -K (复合): ***Parlaments-; Schul-; Semester-, Sommer-, Weihnachts-*** **2.** ≈ Urlaub ⟨in die F. gehen, fahren 去度假; F. machen, haben 休假; die F. irgendwo verbringen 在某个地方度假; in F. sein 正在度假⟩: *F. an der See* 在海滨度假 ‖ K- (复合): ***Ferien-, -aufenthalt, -fahrt, -haus, -job, -reise, -wohnung*** **3.** ***die großen F.*** die langen F. (1) im Sommer an Schulen u. Universitäten (学校的)暑假 ≈ Sommerferien

Die Ferien 假期

Die Schulferien sind in Deutschland über das ganze Jahr verteilt und von Bundesland zu Bundesland unterschiedlich. Im Allgemeinen gibt es vier bis sechs Ferienzeiten: 在德国学校假期是分散在全年的,各州安排不一样,通常有4—6个假期:

1. Die **Weihnachtsferien**: etwa zwei Wochen, im Dezember und Januar
   圣诞假:大致 2 周,十二月和一月
2. Die **Winterferien**: eine oder zwei Wochen, im Januar und/oder Februar, nur in einigen Bundesländern
   寒假:1－2 周,一月和/或二月,只在几个州
3. Die **Osterferien**: zwei Wochen, im März und/oder April
   复活节假:2 周,三月和/或四月
4. Die **Pfingstferien**: eine oder zwei Wochen, im Juni und/oder Juli, nur in einigen Bundesländern
   圣灵降临节假:1 或 2 周,六月和/或七月,只在几个州
5. Die **Sommerferien**: fünf bis sechs Wochen zwischen Juli und Anfang September
   暑假:5－6 周,七月和九月初之间
6. Die **Herbstferien**: eine oder zwei Wochen, im Oktober und/oder November
   秋假:1－2 周,十月和/或十一月

Fe·ri·en·kurs *der*; ein Lehrgang, den man während der Ferien od. des Urlaubs macht 假期培训班: *ein F. in Italienisch* 意大利语假期培训班

Fe·ri·en·la·ger *das*; ein (Zelt) Lager, in dem Jugendliche ihre Ferien zusammen verbringen 青少年集体度假营,夏令营,冬令营

Fer·kel *das*; *-s*, - **1.** ein junges Schwein 小猪,猪崽: *Die Ferkel quieken* 小猪吱吱尖叫 ‖ K- (复合): ***Ferkel-, -zucht*** **2.** *gespr!* [粗] verwendet als Schimpfwort für j-n, der schmutzig od. unordentlich ist(骂人话)脏鬼,邋遢鬼: „*Wasch dir mal den Hals, du F.!*" "洗一下你的脖子去,你这个脏鬼!" **3.** *gespr!* [粗] verwendet als Schimpfwort für j-n, der etw. tut, das gegen die (Sexual) Moral ist (骂人话)下流坯,不要脸的,流氓

Fer·ment *das*; *-s*, *-e*; *veraltend* [渐旧] ≈ Enzym

fern[1] *Adj* (形) **1.** ***f.*** (***von j-m / etw.***) räumlich weit (vom Sprecher) entfernt, in großer Distanz (空间上)远的,远方的,遥远的,远处的 ↔ nahe[1] (1) ⟨Länder 国家; etw. von f. beobachten, hören 从远处观察、听某事⟩: *Von f. sah man den Zug kommen* 从老远看见火车驶来 **2.** (vom Standpunkt des Sprechers aus) zeitlich weit in der Zukunft od. Vergangenheit (时间上)远的,遥远的 ↔ nahe[1] (3) ⟨in ferner Zukunft, Vergangenheit 在遥远的将来、过去⟩: *Der Tag ist nicht mehr f., an dem wir uns wiedersehen werden* 我们再次见面的那一天已不远了 ‖ NB (注意): ↑ ***fernhalten, fernliegen***

fern[2] *Präp* (介); *mit Dat*, *geschr* (支配三格) [书]; in großer räumlicher Distanz, weit entfernt von 远离 ↔ nahe[2] ⟨f. der Heimat 远离家乡⟩: *f. dem lauten Treiben der Stadt* 远离城市的喧闹

-fern *im Adj*, *begrenzt produktiv* (构成形容词,构词有限); verwendet, um auszudrücken, dass j-d/etw. keinen Bezug zu dem Genannten hat 与…无关的,脱离…的 ≈ -fremd ↔ -nah; ***gegenwartsfern*** ⟨e-e Utopie 空想⟩, ***lebensfern*** ⟨e-e Illusion 幻想⟩, ***praxisfern*** ⟨ein Studium 学习⟩, ***realitätsfern*** ⟨e-e Einstellung 观点⟩, ***wirklichkeitsfern*** ⟨ein Denker 思想家⟩

Fern·ab·fra·ge *die*; TEL【电信】; die Möglichkeit od. die Handlung, bei längerer Abwesenheit von zu Hause die eigene Telefonnummer zu wählen u. die Anrufe abzuhören, die der Anrufbeantworter inzwischen aufgenommen hat 遥控电话查讯 ⟨ein Anrufbeantworter mit F. 带遥控电话查讯的电话录音器⟩

Fern·amt *das*; *veraltend* [渐旧]; e-e Abteilung (bei der Post) für Ferngespräche u. Auslandsgespräche (国际、国内)长途电话局

Fern·be·die·nung *die*; ein kleines technisches Gerät, mit dem man ein anderes Gerät, e-e

F

Maschine (*z. B.* e-n Fernsehapparat) von e-m weiter entfernten Platz aus bedienen kann 遥控器,遥控装置

fẹrn.blei.ben; *blieb fern*, *ist ferngeblieben*; Vi (不及物) ***etw.*** (*Dat* 三格) ***f.*** ADM *geschr* 【管理】[书]; (absichtlich) nicht an etw. teilnehmen (故意)不参加,缺席 ‹der Arbeit, dem Unterricht f. 旷工,旷课›

Fẹr.ne *die*; -; *nur Sg* (只用单数) **1.** e-e große räumliche Distanz (von e-m bestimmten Punkt aus gesehen) 远处,远方 ≈ Weite ↔ Nähe (1): *träumend in die F. blicken* 出神地看着远方; *In der F. zeichnen sich die Berge am Horizont ab* 远处地平线上显露出群山 **2.** *geschr* [书]; Gebiete od. Länder, die von e-m bestimmten Punkt weit weg (entfernt) liegen 遥远的地区,遥远的国家,外国 ≈ Fremde ↔ Heimat: *Sehnsucht nach der F. haben* 思念那遥远的地方; *in die F. reisen* 到遥远的地方(外国)去 **3.** ***in weiter F.*** von e-m bestimmten Zeitpunkt aus gesehen weit in der Vergangenheit od. Zukunft 在很久以前,在遥远的将来: *Der Tag, an dem es der Medizin gelingen wird, den Krebs zu besiegen, liegt noch in weiter F.* 医学界成功地战胜癌症的日子尚属遥远的将来 **4.** ***aus der/aus weiter F.*** von e-m Punkt, e-m Gebiet *o. Ä.*, die weit weg sind 从远处: *etw. aus der F. beobachten, miterleben* 从远处观察,共同经历(即听或看)某物

fẹr.ner *Konjunktion* (连); *geschr* [书] ≈ außerdem, des Weiteren: *Für das Dessert brauchen Sie Erdbeeren u. Zucker, f. Wein, Sahne u. ...* 做这道甜食,您要用草莓和糖,此外还要葡萄酒、奶油… ‖ ID [谚] ***unter „f. liefen"*** ‹erscheinen, rangieren 出现,名列› *bes* in e-m Wettbewerb e-n sehr schlechten Platz belegen (尤指在竞赛中)没有取得名次,被淘汰: *Obwohl er Chancen auf den Sieg hatte, rangierte er am Schluss unter „f. liefen"* 他虽曾有望取胜,但最终仍名落孙山

fẹr.ner.hin *Adv* (副) ≈ ferner, weiterhin

Fẹrn.fah.rer *der*; j-d, der beruflich mit dem Lastwagen weite Strecken fährt 长途货车司机

Fẹrn.ge.spräch *das*; ein Telefongespräch mit j-m, der an e-m anderen Ort (mit e-r anderen telefonischen Vorwahl) ist 长途电话

Fẹrn.glas *das*; *-es*, *Fern.glä.ser*; ein optisches Gerät (mit zwei Rohren), durch das man Menschen u. Dinge in der Ferne größer sieht als mit bloßem Auge (双筒)望远镜: *ein Pferderennen durch ein F. verfolgen* 用望远镜看赛马

fẹrn.hal.ten; *hält fern*, *hielt fern*, *hat ferngehalten*; Vt (及物) *geschr* [书] **1.** ***j-n/etw.*** (***von j-m/etw.***) ***f.*** verhindern, dass j-d/etw. mit j-m/etw. in Kontakt kommt 阻止…与…接触,让…远离、别接近…: *die Kinder von dem Kranken f.* 不让孩子和病人接触; Vt (反身) **2.** ***sich*** (***von j-m/etw.***) ***f.*** bewusst nicht zu j-m od. an e-n bestimmten Ort gehen 回避,避开,不介入 ≈ j-n/etw. meiden

Fẹrn.hei.zung *die*; *nur Sg* (只用单数); e-e Heizungsanlage, bei der die Wärme über Rohrleitungen von e-r zentralen Stelle aus in die einzelnen Gebäude u. Wohnungen gebracht wird 远距离供暖设施,集中供暖系统

Fẹrn.lei.he *die*; -; *nur Sg* (只用单数) **1.** das Verfahren, die Einrichtung, nach denen man Bücher aus Bibliotheken anderer Städte entleihen kann (图书馆)馆际借书业务: *ein Buch über (die) F. bestellen* 通过馆际借书业务预约借一本书 **2.** die Abteilung e-r Bibliothek, die für die F. (1) zuständig ist (图书馆)馆际借书处

fẹrn.len.ken; *lenkte fern*, *hat ferngelenkt*; Vt (及物) ***etw. f.*** ≈ fernsteuern ‖ *hierzu* (派生) **Fẹrn.len.kung** *die*; *nur Sg* (只用单数)

Fẹrn.licht *das*; *nur Sg* (只用单数); das Licht der Scheinwerfer e-s Autos, das am weitesten leuchtet (远距离照明的)远光灯 ↔ Abblendlicht ‹das F. einschalten, ausschalten 打开,关上远光灯›

fẹrn.lie.gen; *lag fern*, *hat ferngelegen*; Vi (不及物) ***etw. liegt j-m fern*** *geschr* [书]; j-d hat keine Absicht, etw. zu tun (物作主语)非…的本意,无意: *Es lag ihm fern, seinen Kollegen zu beleidigen* 他无意侮辱他的同事

Fẹrn.mel.de|amt *das*; die Abteilung der Post, die für das gesamte Fernmeldewesen zuständig ist 电信局

Fẹrn.mel.de|we.sen *das*; *nur Sg*, ADM *geschr* (只用单数)【管理】[书]; alle Einrichtungen der Post, die mit dem Telefonieren u. Telegrafieren zu tun haben 电信(事)业

fẹrn.münd.lich *Adj* (形); *geschr veraltend* [书][渐旧] ≈ telefonisch

Fẹrn.rohr *das*; ein optisches Gerät (mit einem Rohr), durch das man Dinge sieht, die sehr weit entfernt sind (单筒)望远镜 ≈ Teleskop: *den Mond durch ein F. betrachten* 用望远镜观察月球 ‖ NB (注意): ↑ ***Fernglas***

Fẹrn.schrei.ben *das*; ein Brief, ein Schreiben über e-n Fernschreiber 电传的信函,电传 ≈ Telex

Fẹrn.schrei.ber *der*; ADM *geschr* 【管理】[书]; ein Gerät in der Art e-r Schreibmaschine, das Nachrichten schreibt u. annimmt, die telegrafisch gesendet werden 电传打字机 ≈ Telex ‖ NB (注意): ↑ ***Telefax***

Fẹrn.seh.ap.pa.rat *der* ≈ Fernseher

fẹrn.se.hen; *sieht fern*, *sah fern*, *hat ferngesehen*; Vi (不及物) Sendungen im Fernsehen (3) ansehen 看电视: *Kinder sollten nicht stundenlang f.* 儿童不宜长时间看电视

Fẹrn.se.hen *das*; *-s*; *nur Sg* (只用单数) **1.** e-e Technik, mit der man über große Entfernungen Bilder u. Ton übermitteln kann 电视: *Das F. ist e-e Erfindung des 20. Jahrhunderts* 电视是20世纪的一项发明 ‖ K- (复合): ***Fernseh-***, ***-antenne***, ***-gerät***, ***-mechaniker*** ‖ -K (复合): ***Farb-***, ***Schwarz-Weiß-*** **2.** die Institution, die das F. (1) organisiert 电视台: *Das F. bringt ab nächster Woche e-e neue Familienserie* 电视台从下周起播放一部新的家庭系列片 ‖ K- (复合): ***Fernseh-***, ***-ansager***,

-anstalt, **-gebühren**, **-journalist**, **-reportage**, **-reporter**, **-sprecher**, **-studio**, **-übertragung** 3. das Programm, das vom F. (2) gesendet wird 电视节目: *Was gibt es heute Abend im F.?* 今晚有什么电视节目?; *Sie ist schon mal im F. aufgetreten* 她已经在电视节目中亮过相 ‖ K-(复合): **Fernseh-**, **-film**, **-kommentar**, **-programm**, **-sendung**, **-serie**, **-zeitschrift**, **-zuschauer** 4. *gespr*[口] ≈ Fernseher

Fern·se·her *der*; *-s*, *-*; *gespr* [口]; ein Gerät, mit dem man die Sendungen des Fernsehens (2) empfangen kann 电视机 ≈ Fernsehapparat ⟨ein tragbarer F. 可携式电视机⟩ ‖ -K (复合): **Farb-**, **Schwarz-Weiß-**

Fern·sicht *die*; *-*; *nur Sg* (只用单数); die weite Sicht, die man (von e-m Berg, Turm, Flugzeug *o. Ä.* aus) hat 远眺,远景,远处的能见度: *Im Spätherbst herrscht im Gebirge oft gute F.* 晚秋季节在山区登高远眺景色总是很美

Fern·sprech|amt *das*; ADM *geschr* 【管理】[书]; die Abteilung bei der Post, die *z. B.* Telefongespräche vermittelt u. Auskunft gibt, wenn man e-e Telefonnummer nicht weiß 电话中继站 ≈ Vermittlung

Fern·sprech|an·sa·ge·dienst *der*; ADM *geschr* 【管理】[书]; die Abteilung bei der Post, über die man bestimmte Informationen (*z. B.* über das Kinoprogramm, die Uhrzeit, das Wetter) telefonisch bekommen kann. Diese Informationen sind *mst* auf Band gesprochen 电话信息(如影院节目、报时、天气预报)服务台(中心)

Fern·sprech|aus·kunft *die*; *nur Sg*; ADM *geschr* (只用单数)【管理】[书]; die Abteilung bei der Post, bei der man nach der Telefonnummer anderer Leute fragen kann 电话查号台

Fern·spre·cher *der*; *-s*, *-*; ADM *geschr* 【管理】[书] 1. ≈ Telefon 2. ***ein öffentlicher F.*** ein Telefon, das an e-m öffentlichen Platz (*mst* in e-r Kabine) aufgestellt ist u. das jeder gegen e-e Gebühr benutzen darf 公用电话

fern·steu·ern; *steuerte fern*, *hat ferngesteuert*; [Vt] (及物) ***etw. f.*** ein technisches Gerät, ein Fahrzeug *o. Ä.* mithilfe e-s Geräts aus einiger Entfernung od. von e-r Zentrale aus steuern 远距离控制,遥控 ⟨ein Flugzeug, e-n Satelliten, e-e Rakete f. 远距离操纵飞机、卫星、火箭⟩: *ein ferngesteuertes Modellauto* 一辆遥控的模型汽车 ‖ *hierzu* (派生) **Fern·steu·e·rung** *die*; *nur Sg* (只用单数)

Fern·stu·di·um *das* ≈ Fernunterricht

Fern·uni·ver·si·tät *die*; e-e Institution, die e-e akademische Ausbildung (durch Fernunterricht) gibt 函授大学,远程教育大学

Fern·un·ter·richt *der*; e-e Art von Unterricht, bei der man nicht an e-r Schule *o. Ä.* direkt, sondern zu Hause, also ohne Lehrer, den Stoff[3] lernt 函授课程,远程授课

Fern·ver·kehr *der*; die Fahrzeuge, die Personen od. Güter über große Entfernungen transportieren 长途运输,长途交通 ‖ K-(复合): **Fernverkehrs-**, **-straße**

Fernsehen und Radio　电视和广播

In Deutschland gibt es zwei öffentliche Fernsehsender, die landesweit senden. Dies sind die **ARD**, auch das erste Programm genannt, und das **ZDF** oder zweite Programm. Die so genannten dritten Programme sind regionale Sender wie zum Beispiel der **Westdeutsche Rundfunk** (**WDR**, mit Sitz in Köln), der **Bayerische Rundfunk** (**BR**, münchen), der **Hessische Rundfunk** (**HR**, Frankfurt am Main) und der **Südwestfunk** (**SWR**, Baden-Baden und Stuttgart).
ARTE wurde von der französischen und deutschen Regierung geschaffen und ist besonders der Verbreitung der europäischen Kultur gewidmet.
Private Sender sind zum Beispiel **SAT 1**, **RTL**, **RTL 2**, **PRO 7** und **KABEL 1**.
Die öffentlichen regionalen Sender bieten meist auch eigene Radioprogramme an, es gibt verschiedene Musikprogramme und spezielle Nachrichtenprogramme. Daneben gibt es den staatlichen Sender **Deutschlandradio**, die **Deutsche Welle**, einen internationalen Sender, und eine Vielzahl privater Radiostationen.
In Deutschland muss von jedem Haushalt, der ein Radio- oder Fernsehgerät besitzt, eine **Rundfunk- und Fernsehgebühr** an die **GEZ** (**Gebühreneinzugszentrale**) bezahlt werden, die der Finanzierung der öffentlichen Sender dient. Die privaten Sender finanzieren sich allein über die Werbung.

在德国有两个向全国播送的公共电视台,它们是**ARD(德国电视一台)**,也称一台,和**ZDF(德国电视二台)**,或称二台。所谓三台就是地方台,如**德国西部广播电视台(WDR**,台址科隆),**巴伐利亚广播电视台(BR**,慕尼黑),**黑森广播电视台(HR**,法兰克福/美因河畔)和**西南电视台(SWR**,巴登—巴登州和斯图加特)。

ARTE 电台由法国和德国政府共同创建,旨在传播欧洲文化。

私人电视台如 **SAT 1 台**,**RTL 台**,**RTL 2 台**,**PRO 7 台**和 **KABEL 1 台**。

公共地方台大多也播放自己的广播节目,有各种音乐节目和专门的新闻节目。同时有国家广播台即**德意志广播台**,**德国之声**(国际台)和大量私人广播台。

在德国拥有收音机或电视机的家庭都必须向 **GEZ(收费中心)**交纳**广播费和电视费**,以资助公共广播电台、电视台,私人广播电台、电视台只通过广告筹资。

Fern·weh *das*; *-s*; *nur Sg*（只用单数）; **F.**（**nach etw.**）die Sehnsucht, das Verlangen, in ein fernes Land zu fahren 想去远方的愿望: *F. nach fremden Ländern haben* 渴望去异国他乡

Fer·se *die*; *-*, *-n* **1.** der hinterste Teil des Fußes *bes* beim Menschen 脚后跟 ≈ Hacke[2] (1): *sich e-n Dorn in die F. treten* 脚后跟扎了一根刺 ‖ ↑ *Abb. unter* 图见 **Fuß 2.** der Teil e-s Strumpfes, der die F. (1) bedeckt 袜子后跟 ‖ ID［谚］**j-m auf den Fersen sein / sitzen** *gespr*［口］; j-n verfolgen u. ganz nahe hinter ihm sein 紧紧尾随某人，跟踪某人; **j-m auf den Fersen bleiben** nicht aufhören, j-m zu folgen, j-n zu verfolgen 对某人紧跟不舍，不断跟踪某人; **sich an j-s Fersen heften** *gespr*［口］; j-m ständig folgen, nicht aufhören, j-n zu verfolgen 紧紧地跟在某人后面，对某人进行盯梢

Fer·sen·geld *das*; *nur in* 只用于 **F. geben** *gespr hum*［口］［诙］≈ fliehen, davonlaufen

fer·tig *Adj*（形）**1.** *mst präd*（多作表语）; ganz vorbereitet u. bereit, etw. zu tun 准备好的，做好准备的: *zur Abreise f. sein* 已做好动身(去旅行)的准备; *sich zur Abreise f. machen* 做好出门（旅行）准备; *Dass du aber auch nie rechtzeitig f. bist, wenn wir ins Theater gehen wollen!* 每次我们去看戏，你总是不能及时作好准备! ‖ -K（复合）: **marsch-**, **reise- 2.** als Ganzes vollständig hergestellt 完成的，制成的，做好的 ≈ vollendet: *Der Neubau ist f.* 新建筑已完工; „*Kommt bitte zu Tisch. – Das Essen ist f.*" "请大家就座。——饭已做好了。" ‖ K-（复合）: **Fertig-**, **-menü**, **-produkt**, **-teil**, **-waren** ‖ -K（复合）: **gebrauchs-**, **halb- 3.**（**mit etw.**）**f. sein**; **etw. f. haben** *mst* e-e Arbeit, Tätigkeit abgeschlossen, beendet haben 结束，做完(多指工作、活动)〈mit dem Essen, den Hausaufgaben f. sein 吃完饭，做完家庭作业〉**4. etw. f. bekommen** / *gespr*［口］**bringen** / **kriegen** e-e Arbeit abschließen, beenden können 完成，做出: *Er muss das Referat unbedingt noch heute f. bekommen* 他无论如何必须在今天完成专题报告 **5. etw. f. machen**; **mit etw. f. werden** etw. zu Ende bringen, beenden 完成，弄完: *Ich muss den Bericht bis heute Abend f. machen* 我必须将报告到今天晚上就写好; *pünktlich mit e-m Auftrag f. werden* 将准时完成任务 **6. mit j-m f. werden**（*bes* bei e-r Auseinandersetzung）gegenüber j-m der Stärkere bleiben（尤指在争论中）对付得了某人 ≈ sich gegen j-n durchsetzen **7. mit etw. f. werden** *mst* ein Problem lösen, seelisch bewältigen 对付得了某事（指疑难问题、精神困惑等）: *Er wird mit der Trennung von seiner Frau einfach nicht f.* 他简直难以忍受同妻子的分手 **8.** *mst präd*, *gespr*（多作表语）［口］; müde u. erschöpft 精疲力尽的，疲惫不堪的: *Nach der Rennerei war ich völlig f.* 经过来回奔波，我已精疲力尽了 **9. mit j-m f. sein** *gespr*［口］; keinen weiteren（freundschaftlichen）Kontakt mehr mit j-m haben wollen 不再同某人来往，与某人一刀两断 ‖ NB（注意）: ↑ **fertigbekommen**, **fertigbringen** *usw*

-fer·tig *im Adj*, *nach Subst od Verb*, *begrenzt produktiv*（与名词或动词构成形容词，构词有限）; so, dass die genannte Tätigkeit sofort od. ohne weitere Vorbereitungen ausgeführt werden kann 可以立即…的; **backfertig**〈e-e Speise 菜肴〉, **bezugsfertig**〈e-e Wohnung 住房〉, **druckfertig**〈ein Manuskript 手稿〉, **kochfertig**〈e-e Speise 菜肴〉, **versandfertig**〈e-e Ware 货，商品〉

Fer·tig·bau *der*; *-(e)s*, *-ten* **1.** ≈ Fertighaus **2.** *nur Sg*（只用单数）; e-e Methode, Häuser aus großen (Bau)Teilen herzustellen, die schon fertig sind u. nur noch zusammengesetzt werden müssen 预制构件施工方法〈ein Haus im F. errichten 用预制构件施工方法建造一所房屋〉

fer·tig·be·kom·men; *bekam fertig*, *hat fertigbekommen*; [Vt]（及物）*gespr*［口］≈ fertigbringen (1,2) ‖ NB（注意）: ↑ fertig (4)

fer·tig·brin·gen; *brachte fertig*, *hat fertiggebracht*; [Vt]（及物）*gespr*［口］**1. etw. f.** etw. Schwieriges, Außergewöhnliches tun können 完成，做出，干成(困难的，非同寻常的事): *Er hat es tatsächlich fertig gebracht, 10 km zu schwimmen* 他确实游完了 10 公里 **2. es (nicht) f. + zu + Infinitiv**（不定式）(nicht) fähig sein, etw. zu tun, womit man e-n anderen verletzt, beleidigt od. ihm Kummer macht 干得出(干不出)，(不)能(忍心)做出(伤害别人的事): *Sie brachte es nicht fertig, ihm die volle Wahrheit zu sagen* 她不忍心(下不了决心)告诉他全部真相(实情) ‖ NB（注意）*zu*（义项）2.: *mst* verneint（多用于否定句）! ‖ NB（注意）: ↑ **fertig** (4)

fer·ti·gen; *fertigte*, *hat gefertigt*; [Vt]（及物）**etw. f.** *geschr*［书］≈ herstellen, anfertigen ‖ *hierzu*（派生）**Fer·ti·gung** *die*

Fer·tig·ge·richt *das*; ein fertig gekochtes Essen, das man im Geschäft kauft u. das man nur noch warm zu machen braucht 熟食

Fer·tig·haus *das*; ein Haus, das aus großen Bauteilen, die bereits fertig sind, in kurzer Zeit zusammengesetzt wird 用预制构件建造的房屋

Fer·tig·keit *die*; *-*, *-en* **1.** *nur Sg*（只用单数）; die Fähigkeit, etw. Bestimmtes gut u. rasch tun zu können 熟练技巧，技能，能力，本领 ≈ Geschick〈e-e F. ausbilden, erwerben, erlangen 培养、学会、获得一种技能〉: *Sie hat sich e-e gewisse F. im Malen erworben* 她在绘画方面已掌握某种技能 **2.** *nur Pl*（只用复数）; die Fähigkeiten u. speziellen Kenntnisse, die man *bes* für e-n Beruf braucht 专门技能，专门知识

fer·tig·krie·gen; *kriegte fertig*, *hat fertiggekriegt*; [Vt]（及物）*gespr*［口］≈ fertigbringen

fer·tig·ma·chen; *machte fertig*, *hat fertiggemacht*; [Vt]（及物）**1. j-n f.** *gespr*［口］; j-n scharf tadeln, kritisieren 尖锐地批评，严厉指责，狠狠训斥: *Die Kritiker haben den Sänger fertiggemacht* 评论家们尖锐地批评了这位歌唱演

员 **2. j-n/sich f.** *gespr* [口]; bewirken, dass j-d/man selbst deprimiert, verzweifelt od. körperlich erschöpft ist 使垂头丧气,使精疲力尽: *Dieser ständige Stress macht mich noch völlig fertig* 这种持续不断的紧张状况弄得我确实精疲力尽了 **3. j-n f.** *gespr!* [粗] j-n brutal schlagen od. töten 狠揍,痛打,干掉,杀死 ‖ NB (注意): ↑ **fertig** (1,5)

fer·tig·stel·len, fer·tig stel·len; *stellte fertig, hat fertiggestellt / fertig gestellt*; [Vt] (及物) **etw. f.** etw. (das gebaut, produziert wird) vollenden 结束,完工,竣工 ≈ beenden: *Der Bau des Theaters konnte endlich fertiggestellt werden* 剧院的重建工作终于可以结束了 ‖ *hierzu* (派生) **Fer·tig·stel·lung** *die*; *nur Sg* (只用单数)

fesch *Adj* (形); *südd* Ⓐ *gespr* [南德][奥][口] ≈ hübsch, schick ⟨ein Kleid 连衣裙; f. aussehen 外表漂亮、时髦⟩

Fes·sel[1] *die*; -, *-n*; *mst Pl* (多用复数); e-e Kette, ein Riemen od. ein Strick, mit denen man j-n fesselt 锁链,枷锁,镣铐 ⟨j-n in Fesseln legen 用锁链(或皮带、绳子)捆住某人,给某人戴上镣铐; j-m die Fesseln abnehmen, lösen 解开某人的锁链,给某人打开镣铐; sich von seinen Fesseln befreien 挣脱锁链,从枷锁中解放出来⟩

Fes·sel[2] *die*; -, *-n* **1.** der (schmale) Teil des Beines zwischen Wade u. Fußgelenk 脚腕子,脚脖子⟨schlanke, starke Fesseln 细小的、强壮的脚腕⟩ **2.** (*bes* bei Pferden) der schmale Teil zwischen Huf u. Bein (尤指马的)蹄冠

fes·seln; *fesselte, hat gefesselt*; [Vt] (及物) **1. j-n (an etw. (Akk** 四格**)) f.** j-s Arme, Beine so (zusammen) binden, dass er sich nicht mehr bewegen kann 绑住…的手和脚,将…捆住(在…上面) ⟨j-n an Händen u. Füßen f. 捆住某人的双手和双脚; j-n f. u. knebeln 缚住某人的手脚并堵住他的嘴巴⟩ **2. etw. fesselt j-n** etw. interessiert j-n so stark, dass er sich ganz darauf konzentriert (物作主语)吸引住,迷住: *Der Kriminalroman fesselte ihn* 这本侦探小说深深地吸引住他

Fest *das*; *-(e)s, -e* **1.** e-e Veranstaltung, bei der sich mehrere Personen treffen, um miteinander zu feiern u. fröhlich zu sein 庆祝活动,庆典,节日 ≈ Feier ⟨ein ausgelassenes, frohes, fröhliches, gelungenes, rauschendes F. 纵情欢乐的、愉快的、欢乐的、成功的、盛大的节庆活动; ein F. veranstalten, feiern 举行庆祝会,庆祝节日⟩ ‖ K- (复合): **Fest-, -ansprache, -bankett, -essen, -kleid, -mahl, -rede, -saal, -tafel** ‖ -K (复合): **Familien-, Garten-, Hochzeits-, Kinder-, Neujahrs-, Sommer- 2.** der Tag od. die Tage, an denen ein wichtiges religiöses Ereignis gefeiert wird 节,节日(指重要的宗教节日): *Zu Weihnachten feiern die Christen das F. der Geburt Christi* 在圣诞节基督教徒们庆祝耶稣基督诞生的节日 ‖ K- (复合): **Fest-, -gottesdienst** ‖ -K (复合): **Oster-, Pfingst-, Weihnachts-** ‖ ID [谚] *mst* 多用 ***Man muss die Feste feiern, wie sie fallen*** *gespr* [口]; man sollte keine Gelegenheit versäumen zu feiern 别错过欢庆的机会,该庆祝就得庆祝(意即:机不可失,时不再来)

fest, *fester, festest-*; *Adj* (形) **1.** *ohne Steigerung* (无变级); nicht flüssig od. gasförmig, sondern so, dass es die äußere Form behält 固体的,干的 ⟨ein Brennstoff, e-e Nahrung 燃料,食物⟩: *Eis ist Wasser in festem Zustand* 冰是固体状态的水 ‖ K- (复合): **Fest-, -stoff 2.** so hart od. haltbar, dass es nicht reißt od. bricht 坚硬的,坚固的,牢固的,结实的 ≈ solide, stabil ⟨Gestein 岩石; ein Faden, ein Gewebe 线,织物⟩: *Für die Bergwanderung braucht man feste Schuhe* 山地徒步旅行需要结实的鞋 **3.** ohne (größeren) Zwischenraum, in engem Kontakt mit e-m Material od. e-m Körper 紧的,系紧的,捆牢的 ↔ locker (2), lose ⟨ein Verband, ein Knoten 绷带,结; etw. f. verbinden 紧紧地捆扎某物⟩: *Sie fror u. zog die Jacke fester um ihre Schultern* 她感觉很冷,因此将夹克把双肩裹得更紧些 **4.** mit (körperlicher) Kraft 强有力的,使劲的 ≈ stark, kräftig ↔ leicht[2] (2) ⟨ein Händedruck 握手⟩: *vor Wut die Lippen f. aufeinander pressen* 由于恼怒而使劲地紧闭嘴唇 **5.** (selbst)sicher u. energisch 自信的,果断的,坚定的 ↔ unsicher ⟨ein Blick 目光,眼神; mit fester Stimme sprechen 用坚定的声音说⟩: *Er bestand f. darauf, dass seine Anordnungen befolgt wurden* 他坚持要按照他的规定办 **6.** *nur attr od adv* (只作定语或状语); (im Hinblick auf Moral, Lebensanschauung *o. Ä.*) von Prinzipien bestimmt, die sich nicht ändern 坚持原则的,坚强的: *e-n festen Charakter besitzen* 他具有坚强的性格 ‖ -K (复合): **charakter- 7.** ≈ unbeirrbar, unerschütterlich: *die feste Absicht haben, etw. zu tun* 坚定不移地要做某事; *Es war sein fester Entschluss, mit dem Rauchen aufzuhören* 戒烟是他坚定的决心; *Er glaubte f. daran, dass seine Frau zu ihm zurückkehren würde* 他坚信妻子会回到他的身边 **8.** so (sicher), dass es eingehalten werden muss 确定的,必须遵循的,有约束力的 ≈ verbindlich ⟨feste Pläne, Termine haben 有具体的计划、确定的日期; etw. unterliegt festen Regeln 某事要遵守固定的规则⟩: *Sie hatte ihren Freunden f. versprochen, zu Besuch zu kommen* 她十分肯定地答应她的朋友们要去作客 **9.** so, dass es gleich bleibt u. nicht wechselt od. variiert 固定的,稳定的,不变的,永久的 ≈ konstant ⟨ein Einkommen 收入; ein Preis, ein Wohnsitz 价格,居住地(住处); ein Freundeskreis 朋友圈(子); e-e feste Bindung eingehen 承担固定义务⟩ ‖ K- (复合): **Fest-, -preis 10.** *nur adv, gespr* (只作状语)[口]; verwendet, um Verben zu verstärken (用来加强动词的语气)使劲地,狠命地,扎实地,踏实地 ⟨f. arbeiten, feiern, schlafen 加紧(起劲)工作,热烈庆祝,睡得很死⟩

fest- *im Verb, trennbar u. betont, wenig produktiv* (构成动词,可分并重读,构词弱); die Verben mit *fest-* werden nach folgendem Muster gebildet (fest-动词的模式如下): *fest-*

binden – band fest – festgebunden
fest- drückt aus, dass j-d/etw. von irgendwo nicht mehr od. nur schwer wegkommen kann, entfernt werden kann (u. dort fest (3) bleibt)(表示紧紧地固定在一起,不易分离)…紧,…牢 ≈ an-(1); **j-n/etw.** (**an etw.** (*Dat* 三格)) **festbinden**: *Er band den Hund am Zaun fest* 他把狗拴紧在栅栏上 ≈ Er band den Hund so an den Zaun, dass dieser nicht mehr weglaufen konnte ebenso(同类词有): **etw. festdrücken, etw. festhaken, etw. hängt fest, etw./sich festklammern, etw. festkleben/etw. klebt fest, etw. festklemmen, etw. festnageln, etw./sich festschnallen, etw. festschrauben, etw. festziehen**

-fest *im Adj, begrenzt produktiv*(构成形容词,构词有限); so beschaffen, dass es durch das Genannte nicht beschädigt od. zerstört werden kann(表示不易由于所加词表示的原因而损坏)不易…的,耐…的,不受…影响的 ≈ -beständig; **bruchfest** 〈Glas 玻璃〉, **feuerfest** 〈e-e Backform 烘烤用的模子〉, **hitzefest** 〈Glas 玻璃〉, **kochfest** 〈Textilien 纺织品〉, **waschmaschinenfest** 〈Wolle 毛织物〉, **wetterfest** 〈ein Regenmantel 雨衣〉

fest·bei·ßen, sich (*hat*) Vr(反身) **1. ein Tier beißt sich fest** ein Tier beißt zu u. lässt nicht mehr los(动物作主语)紧紧咬住不放 **2. sich** (**an etw.** (*Dat* 三格)) **f.** *gespr* [口]: sich nicht mehr von e-r bestimmten Vorstellung lösen (können) 坚持…(想法)不放 ≈ an etw. festhalten, sich in etw. verbeißen: *Er hat sich an dieser Idee festgebissen* 他坚持这一想法不放

fest·fah·ren, sich (*hat*) Vr(反身) **1. etw. fährt sich irgendwo fest** etw. bleibt mit den Rädern im weichen Boden stecken(物作主语)陷入,困住,卡住,抛锚: *Das Auto hat sich im Sand festgefahren* 这辆汽车陷在沙里 **2. sich f.** *gespr* [口]; mit seiner Arbeit nicht mehr weiterkommen (weil Schwierigkeiten auftreten) 陷入困境,难以进展,停顿不前: *Mit seiner Argumentation hat er sich völlig festgefahren* 他的论证已完全陷入绝境 **3. etw. fährt sich fest** *gespr* [口]; etw. kommt nicht mehr voran, kann nicht mehr fortgesetzt werden (物作主语)陷入僵局 〈Verhandlungen 会谈〉

Fest·geld *das*; FIN【金融】; Geld, das man auf der Bank für e-e bestimmte, festgelegte Zeit spart (u. nicht sofort wieder abheben kann) 定期存款

fest·gur·ten, sich; *gurtete sich fest, hat sich festgegurtet*; Vr 反身 **sich f.** sich (mit e-m Gurt) so an den Sitz binden, dass man Halt hat 给自己系好安全带 ≈ sich angurten: „*Gurten Sie sich bitte fest, bevor das Flugzeug startet!*" "在飞机起飞前,请您系好安全带!"

fest·hal·ten (*hat*) Vt(及物) **1. j-n/etw.** (**mit etw.**) (**an etw.** (*Dat* 三格)) **f.** j-n/etw. *mst* mit den Händen greifen u. halten (紧紧)抓住,握紧 ↔ loslassen 〈j-n am Arm, Mantel f. 抓住某人的手臂、大衣; e-n Hund (am Halsband) f. 抓住一条狗(的项圈); etw. mit den Zähnen f. 用牙齿咬住某物〉: *Ein mutiger Mann hielt den Einbrecher fest, bis die Polizei kam* 一个勇敢的男子紧紧抓住窃贼,直至警察赶来 **2. j-n** (**irgendwo**) **f.** j-n daran hindern, e-n Ort zu verlassen 捉住,逮住,扣留: *j-n an der Grenze f.* 在边境上扣留某人 **3. j-n/etw.** (**in etw.** (*Dat* 三格)/**mit etw.**) **f.** j-n/etw. beschreiben, fotografieren od. filmen 将…记录下来,保留下来: *j-n im Bild f.* 将某人画下来; *etw. mit der Kamera f.* 用照相机将某物拍摄下来; Vi(不及物) **4. an etw.** (*Dat* 三格) **f.** sich an etw. halten 坚持,保持,不放弃 ≈ etw. beibehalten ↔ etw. aufgeben, von etw. ablassen 〈an alten Gewohnheiten f. 保持旧的习惯; (unbeirrt) an e-m Vorsatz, an e-r Meinung f. (毫不动摇地)坚持一种打算、意见〉 **5. an j-m f.** ≈ zu j-m stehen: *Sie hielt treu an ihren alten Freunden fest* 她忠实地站在自己的老朋友们一边; Vr(反身) **6. sich** (**an j-m/etw.**) **f.** j-n/etw. ergreifen (*z.B.* damit man nicht stürzt) 扶住,抓住,把住: *sich* (*mit den Händen*) *am Geländer f.* (用双手)抓住栏杆

fes·ti·gen; *festigte, hat gefestigt*; Vt(及物) **1. etw. f.** etw. stärker, sicherer od. intensiver machen 加强,巩固,增强,增进 〈e-e Freundschaft, ein Bündnis, seine Herrschaft f. 增进友谊,巩固联盟,加强自己的统治〉; Vr(反身) **2. etw. festigt sich** etw. wird stärker, sicherer od. intensiver (物作主语)(得到)加强,巩固,增强 ≈ etw. konsolidiert sich: *Die Beziehungen zwischen den beiden Ländern haben sich in den letzten Jahren gefestigt* 两国间的关系在最近几年中得到了巩固 ‖ *hierzu*(派生) **Fes·ti·gung** *die*; *nur Sg*(只用单数)

Fes·ti·ger *der*; *-s, -*; e-e Flüssigkeit, die der Frisur Halt gibt 发型定型液,发胶 ‖ -K(复合): **Haar-**

Fes·tig·keit *die*; *-*; *nur Sg*(只用单数) **1.** die Eigenschaft e-s Materials, zu halten u. nicht zu zerbrechen (材料的)强度,坚固性,稳定性 ≈ Stabilität **2.** die Eigenschaft (e-r Beziehung, e-s Systems od. e-s Charakters), gegenüber anderen Einflüssen stabil zu bleiben (关系、制度、性格等的)稳定性,牢固性,坚强,坚定性: *die F. e-s politischen Systems, e-r Freundschaft, des Glaubens* 一种政治制度的稳定性,友谊的牢固,信仰的坚定性

Fes·ti·val [-val, -vəl] *das*; *-s, -s*; e-e große kulturelle Veranstaltung, die *mst* mehrere Tage dauert 艺术节,文艺汇演,联欢节 ≈ Festspiele: *ein F. des modernen Theaters* 现代戏剧艺术节 ‖ K-(复合): **Festival-, -besucher, -publikum** ‖ -K(复合): **Film-, Rock-, Schlager-; Theater-**

Fest·land *das*; *nur Sg*(只用单数); e-e große Masse von Land, die e-e Einheit bildet 陆地,大陆 ↔ Insel: *das griechische F. u. die griechischen Inseln* 希腊的大陆与希腊的岛屿; *die Fährverbindungen zwischen England u. dem europäischen F.* 英国与欧洲大陆间的渡轮联

系 ‖ NB（注意）：↑ ***Kontinent*** ‖ *hierzu*（派生）**fest·län·di·sch-** *Adj*（形）；*nur attr*, *nicht adv*（只作定语,不作状语）

fest·le·gen（*hat*）Vt（及物）**1.** ***etw. f.*** *geschr*［书］；（offiziell）erklären, dass etw. Bestimmtes gilt（正式）确定,规定 ≈ festsetzen 〈die Gebühren, den Preis für etw., e-n Termin, e-n Zeitpunkt, die Tagesordnung f. 确定费用、某物的价格、日期、时间、议事日程〉**2.** ***j-n/sich*（*auf etw.*（*Akk* 四格））*f.*** etw. für definitiv (endgültig) erklären 使确认,使承诺 ≈ j-n/sich zu etw. verpflichten：*Er wollte sich auf keine Zusage f. lassen* 他不想承担任何承诺

fest·lich *Adj*（形）；zu e-m Fest passend 节日的,隆重的,盛大的 ≈ feierlich, prachtvoll 〈ein Essen 宴会；Kleidung 服装；ein Empfang 招待会,欢迎会；e-e Premiere 首次公演,首映式〉：*ein f. geschmückter Saal* 装饰得具有节日气氛的大厅

Fest·lich·keit *die*；-, *-en* **1.** *geschr*［书］；e-e feierliche Veranstaltung, ein großes Fest (1) 节庆活动,庆典：*die Festlichkeiten anlässlich des Firmenjubiläums* 纪念公司成立周年的庆祝活动 **2.** *nur Sg*（只用单数）；e-e festliche Atmosphäre, Stimmung 节日气氛

fest·lie·gen（*hat/südd* Ⓐ Ⓒⓗ［南德］［奥］［瑞］*ist*）Vi（不及物）**1.** ***ein Schiff liegt fest*** ein Schiff kann nicht mehr weiterfahren, *bes* weil es auf ein Riff, e-e Sandbank *o. Ä.* gefahren ist 船只触礁,搁浅 **2.** ***etw. liegt fest*** etw. ist offiziell entschieden（物作主语）已确定下来 ≈ etw. steht fest：*Der genaue Termin für die Sitzung liegt jetzt fest* 会议的确切日期现在已确定下来

fest·ma·chen（*hat*）Vt（及物）**1.** ***etw. irgendwo f.*** bewirken, dass etw. irgendwo fest (3) bleibt 固定,安装… ≈ befestigen, anbringen **2.**（***mit j-m***）***etw. f.*** *gespr*［口］≈ vereinbaren, abmachen (2)：*mit dem Zahnarzt e-n Termin f.* 与牙科医生商定一个日期；Vi（不及物）**3.** NAUT【航海】≈ anlegen (11)

fest·na·geln（*hat*）Vt（及物）**1.** ↑ ***fest-*** **2.** ***j-n*（*auf etw.*（*Akk* 四格））*f.*** *gespr*［口］；j-n dazu bringen, dass er genau das tut, was er gesagt od. versprochen hat 牢牢抓住…不放(指说过的话或许诺)

Fest·nah·me *die*；-, *-n*；e-e Handlung（*bes* der Polizei）, durch die j-d in Haft genommen wird 逮捕,拘留 ≈ Verhaftung 〈sich der F. entziehen 逃避拘捕〉：*Die F. des Verbrechers erfolgte gestern* 这名罪犯是昨天被捕的

fest·neh·men（*hat*）Vt（及物）***j-n f.***（*bes* als Polizist）j-n (vorläufig) in Haft nehmen 拘捕,逮捕 ≈ verhaften：*Die Polizei nahm bei der Demonstration zehn Randalierer fest* 警察在游行时拘捕了 10 名闹事者

Fest·plat·te *die*；INFORM【信息】；e-e Platte in e-m Computer, die fest eingebaut ist u. auf der man Daten speichert 硬盘 ‖ NB（注意）：↑ ***Diskette***

Fest·re·de *die*；e-e Rede, die aus e-m bestimmten Anlass auf e-m Fest (1) gehalten wird 节庆演说,节日祝词 ‖ *hierzu*（派生）**Fest·red·ner** *der*

Fest·schrift *die*；***e-e F.*（*für j-n*）** ein Buch, das für j-n（*bes* für e-n Wissenschaftler）bei e-m Jubiläum herausgegeben wird（尤指对科学家的）纪念文集,纪念文章

fest·set·zen（*hat*）Vt（及物）**1.** ***etw.*（*für etw./auf etw.*（*Akk* 四格））*f.*** ≈ festlegen (1)：*e-n Termin für die nächste Sitzung f.* 确定下一次会议的日期；Vr（反身）**2.** ***etw. setzt sich irgendwo fest*** etw. bildet od. sammelt sich irgendwo u. bleibt dort haften（物作主语）附着,黏附在…上：*Am Blumentopf hat sich e-e Schicht Kalk festgesetzt* 在花盆上附着一层水垢 **3.** ***etw. setzt sich in j-m fest*** etw. kommt j-m in den Sinn u. wird für ihn so wichtig, dass er es nicht mehr vergisst（物作主语）铭刻于…的心中,深深印在…的头脑中：*Ein Gedanke, ein Plan, e-e Idee setzt sich in j-m fest* 在某人头脑中形成一种固定的想法、计划、主意 ‖ *zu*（义项）**1. Fest·set·zung** *die*

fest·sit·zen（*hat/südd* Ⓐ Ⓒⓗ［南德］［奥］［瑞］*ist*）Vi（不及物）**1.** ***etw. sitzt fest*** etw. ist so angebracht, befestigt, dass es dort (fest (3)) bleibt（物作主语）安装结实,钉得牢固,盖得严 ≈ etw. haftet：*ein festsitzender Verschluss* 装得很结实的锁,盖得很严实的盖子 **2.** *gespr*［口］；nicht mehr (weiter) fahren, (weiter) reisen können 中途受阻,耽搁,呆着走不了：*Wegen des Streiks der Fluglotsen sitzen wir hier in Rom fest* 由于飞机导航员罢工,我们滞留在罗马

Fest·spie·le *die*；*Pl*（复）；e-e Reihe von kulturellen Veranstaltungen, die in bestimmten Abständen immer am gleichen Ort stattfinden（定期、定点举行的）文艺会演,艺术节,定期联合演出：*die Salzburger Festspiele* 萨尔茨堡艺术节 ‖ K-（复合）：***Festspiel-***, ***-bühne***, ***-gast***, ***-haus***, ***-stadt***

fest·ste·cken（*hat*）Vt（及物）**1.** ***etw.*（*an etw.*（*Dat* 三格））*f.*** etw. mit Nadeln an etw. befestigen 将…别、插(在…上) ↔ etw. lösen：*den Ärmel am Mantel f.* 将袖子别在大衣上；Vi（不及物）**2.** sich nicht mehr weiterbewegen können 卡住,滞留,受阻：*Wahrscheinlich steckt er im Stau fest* 看来他是遇到塞车被堵在路上了；*in e-r engen Röhre f.* 卡在狭窄的管道内

fest·ste·hen（*hat/südd* Ⓐ Ⓒⓗ［南德］［奥］［瑞］*ist*）Vi（不及物）***etw. steht fest*** etw. ist endgültig entschieden od. bekannt, ist nicht zu ändern（物作主语）(最后)确定,定下：*Mein Entschluss steht fest* 我的决心已定；*Steht schon fest*, wann *sie heiraten?* 他们什么时候结婚定了吗?

fest·stel·len（*hat*）Vt（及物）**1.** ***etw. f.***（*bes* durch Nachforschen, Untersuchen, Prüfen）Informationen über etw. bekommen 查明,确定 ≈ ermitteln 〈j-s Personalien f. 查明某人的履历；die Windrichtung, die Todesursache f. 确定风向,查明死因〉：*Man hat festgestellt*, dass *das Waldsterben hauptsächlich durch sauren Regen verursacht wird* 人们查明,森林枯死主要是由酸雨引起的 **2.** ***etw.*（*an j-m/etw.*）*f.*** ≈

F

etw. bemerken[1], erkennen 〈e-e Veränderung (an j-m/etw.) f. 看出(某人身上/某件事上的)变化〉 **3. etw. f.** (entschieden) auf e-e Tatsache hinweisen 明确指出,强调说明: *Ich möchte einmal deutlich f., dass wir unsere Planung ändern müssen* 我想明确指出,我们必须改变自己的计划 ‖ *zu* (义项) **1.** u. **2. fest·stell·bar** *Adj* (形); *ohne Steigerung, nicht adv* (无变级,不作状语)

Fest·stel·lung *die*; -, *-en* **1.** *nur Sg* (只用单数); das Erkennen u. Bestimmen von etw. 查明,确定 ≈ Ermittlung 〈die F. der Todesursache 查明死因〉 **2.** etw., das man durch Sehen, Hören *usw* erkannt hat 发觉,察觉,看出 ≈ Beobachtung (2), Wahrnehmung (2) **3.** ***e-e F. machen/treffen*** *geschr* [书] ≈ etw. feststellen (3)

Fest·tag *der*; ein Tag, an dem man (*z.B.* e-n Geburtstag od. ein Jubiläum) feiert 节日,喜庆的日子: *Heute ist ein F. für mich* 今天对我来说是个喜庆的日子

Fes·tung *die*; -, *-en*; ein großer Bau mit starken Mauern u. Türmen, in dem sich die Menschen vor ihren Feinden schützen 要塞,堡垒,城堡 〈e-e F. belagern, stürmen, einnehmen 包围,攻占,占领一座要塞〉 ‖ K- (复合): ***Festungs-, -anlage, -bau, -gelände, -graben, -wall***

Fest·zug *der*; ein Umzug (2) während e-s Festes 节日游行队伍

Fe·te *die*; -, *-n*; *gespr* [口]; *bes* von Jugendlichen verwendet als Bezeichnung für ein privates Fest (*mst* mit Musik u. Tanz) (青年人用语)私人庆祝会,私人联欢会(多带有音乐、跳舞活动) ≈ Party 〈auf e-e F. gehen 去参加私人聚会〉

Fe·tisch *der*; -(*e*)*s*, *-e*; ein Gegenstand, von dem man glaubt, dass er magische Kräfte habe 崇拜物,偶像,物神 〈e-n F. anbeten, verehren 崇拜、敬奉物神; etw. zum F. machen 将某物奉为崇拜的偶像〉

fett, *fetter, fettest-*; *Adj* (形) **1.** mit viel Fett (1) 肥的 ↔ mager (2) 〈Fleisch, Speck 肉,板油〉 **2.** *gespr pej* [口][贬]; mit viel Fett (1) am Körper 肥胖的 ↔ mager (1), schlank: *Weil er zu viel Kuchen isst, ist er ziemlich f. geworden* 他因为糕点吃得太多,已变得相当胖了 **3.** mit/aus viel Fett (2) hergestellt od. zubereitet 含脂肪多的,油性大的,油重的 ↔ mager (2) 〈Käse, Milch, Quark 奶酪,牛奶,乳酪; e-e Suppe, e-e Mahlzeit 汤,一餐饭食〉 **4.** groß u. breit gedruckt 粗体的,黑体的(印刷符号): *e-e Überschrift, die in fetten Lettern gedruckt ist* 用黑体(粗体)字印刷的标题 ‖ K- (复合): ***Fett-, -druck*** **5.** *nicht adv, gespr* (不作状语)[口]; sehr groß 非常大的,丰厚的,油水多的 〈fette Gewinne machen 赚大钱〉 ‖ *zu* (义项) **4. fett ge·druckt, fett·ge·druckt** *Adj* (形)

Fett *das*; -(*e*)*s*, *-e* **1.** *nur Sg* (只用单数); die weiße bis gelbe Schicht, die bei Menschen u. Tieren direkt unter der Haut ist (u. *z.B.* die Aufgabe hat, den Körper warm zu halten) 脂肪层,脂肪 〈F. ansetzen 发胖,长膘〉 ‖ K- (复合): ***Fett-, -ablagerung, -ansatz, -gewebe, -polster, -zelle*** **2.** *nur Sg* (只用单数); e-e (feste) Masse, die man aus dem F. (1) von Tieren od. Pflanzen gewinnt u. die man oft beim Kochen (od. Braten) braucht (烹饪用的,从动、植物中提取的)油 〈ranziges F. 变质变味了的(有哈喇味的)油〉: *Kartoffeln in F. (an)braten* 用油煎土豆 ‖ K- (复合): ***Fett-, -tropfen*** ‖ -K (复合): ***Enten-, Gänse-, Pflanzen-, Schweine-*** **3.** e-e feste od. flüssige Substanz, die *bes* aus den Zellen von Tieren u. Pflanzen gewonnen wird (u. die im Wasser nicht löslich ist) 脂肪 〈pflanzliche, tierische Fette 植物脂肪,动物脂肪〉 ‖ K- (复合): ***Fett-, -säure*** ‖ ID [谚] ***sein F. abbekommen/abkriegen*** *gespr* [口]; die Strafe, den Tadel od. die Kritik bekommen, die man verdient hat 受到应有的惩罚(谴责),咎由自取,吃苦头 ‖ *zu* (义项) **2. fett·arm** *Adj* (形); **fett·frei** *Adj* (形); **fett·reich** *Adj* (形) ‖ ▶ ***einfetten***

fet·ten; *fettete, hat gefettet*; [Vi] (不及物) ***etw. fettet*** etw. gibt/sondert Fett (3) ab (物作主语)分泌油脂: *Die Handcreme fettet (stark)* 这种护手霜油性大; *Ihre Haare fetten schnell* 她的头发很快出油

Fett·fleck *der*; ein Fleck, der durch Fett (2) od. Öl entstanden ist 油斑,油渍,油污: *Fettflecke auf der Tischdecke* 桌布上的斑斑油迹

fet·tig *Adj* (形) **1.** voller Fett (2) 含油的,油污的,油腻的 **2.** 〈Haare, Haut 头发,皮肤〉 so, dass sie viel Fett haben, bilden 油性大的,脂肪丰富的

Fett·näpf·chen *das*; *nur in* 只用于 (***bei j-m***) ***ins F. treten*** *gespr hum* [口][诙]; etw. auf e-e falsche (od. ungeschickte) Art sagen od. tun u. damit andere beleidigen od. verärgern (因说话、做事不得当而)得罪,惹…生气

Fett·stift *der*; ein Stift aus fettiger Creme, die man auf die Lippen gibt, um sie *bes* vor Kälte zu schützen (尤指防寒的)油性唇膏

Fett·wanst *der*; *gespr pej* [口][贬]; ein dicker Mann 大胖子

fet·zen; *fetzte, hat/ist gefetzt*; *gespr* [口]; [Vt] (及物) (*hat*) **1. etw. von etw. f.** etw. heftig (u. achtlos) von etw. reißen 撕下,扯下: *ein Plakat von der Wand f.* 将一张招贴画从墙上撕下来; [Vi] (不及物) (*ist*) **2. *irgendwohin f.*** (*bes* von Jugendlichen verwendet) sehr schnell irgendwohin rennen od. fahren (青年人用语) 飞快地奔向,冲向,驶向某处 **3. *etw./das fetzt*** *gespr* [口]; (*bes* von Jugendlichen verwendet) etw. ist aufregend, weckt Begeisterung (年轻人用语)(物作主语)这很刺激,很带劲 〈Musik 音乐〉

Fet·zen *der*; *-s*, - **1.** ein abgerissenes kleines Stück Papier od. Stoff (mit e-r unregelmäßigen Form) 碎片: *ein Blatt Papier in kleine Fetzen reißen* 将一张纸撕成小碎片; *Die Tapete hing in Fetzen von der Wand* 纷纷剥落的墙纸挂在墙上 ‖ ↑ *Abb. unter* 图见

Stück 2. *mst Pl*（多用复数）；Teile, Ausschnitte e-s Gesprächs, e-r Melodie（die man zufällig hört）零星片断，片言只语 **3.** *gespr pej*［口］［贬］≈ Kleidungsstück ‖ ID［谚］*mst* 多用〈sich prügeln, streiten 彼此殴打、争吵〉***dass die Fetzen fliegen*** *gespr*［口］；sich heftig prügeln, streiten 殴打、争吵得很厉害（乱七八糟，一塌糊涂）

fet·zig *Adj*（形）；*gespr*［口］；toll, mitreißend 精彩的，动人的，吸引人的：*fetzige Musik* 扣人心弦的音乐

feucht, *feuchter*, *feuchtest-*；*Adj*（形）**1.** nicht trocken (1) u. auch nicht ganz nass 潮湿的，湿的：*Wäsche lässt sich gut bügeln, wenn sie noch f. ist* 衣服要趁还有些潮湿时能熨烫得好；*den Tisch mit e-m feuchten Lappen abwischen* 用一块湿抹布擦净桌子；*feuchte Hände* 潮湿的手 **2.** mit viel (Wasser) Dampf in der Luft 潮湿的，湿润的 ↔ trocken (2)〈Wetter, ein Klima 天气，气候〉：*Sie verträgt die feuchte Hitze der Tropen nicht* 她受不了热带的湿热 ‖ K-（复合）：***feucht-***, ***-heiß***, ***-kalt***, ***-warm***

feucht·fröh·lich *Adj*（形）；*gespr hum*［口］［诙］；in fröhlicher Stimmung u. vom Alkohol angeregt 酣畅的〈e-e Gesellschaft, ein Fest 聚会，节日〉：*e-e feuchtfröhliche Geburtstagsfeier* 开怀畅饮的生日庆祝会

Feuch·tig·keit *die*；-；*nur Sg*（只用单数）**1.** der (Wasser) Dampf od. die leichte Nässe, die in der Luft enthalten sind（空气中的）湿度，水分含量 ‖ K-（复合）：***Feuchtigkeits-***, ***-gehalt*** ‖ -K（复合）：***Luft-*** **2.** die leichte Nässe, die in etw. ist 湿气，潮气〈etw. gibt viel F. ab, saugt viel F. auf 某物散发，吸收许多湿气〉：*Durch die F. der Wand bildet sich Schimmel* 由于墙上的潮气长出了霉菌

feu·dal *Adj*（形）**1.** im Feudalismus, auf ihn bezogen 封建的，封建制度的 ≈ feudalistisch：*die feudale Oberschicht im späten Mittelalter* 中世纪后期的封建上层社会 ‖ K-（复合）：***Feudal-***, ***-adel***, ***-herr***, ***-herrschaft***, ***-system*** ‖ NB（注意）：↑ ***bürgerlich*** **2.** *gespr*［口］；sehr vornehm, üppig u. teuer (eingerichtet, zubereitet *o. Ä.*) 十分讲究的，豪华的，丰盛的，昂贵的（指陈设、饭菜）：*e-e feudale Villa* 一座豪华的别墅；*ein feudales Essen* 丰盛的饭菜

Feu·da·lis·mus *der*；-；*nur Sg*；*hist*（只用单数）［历］；ein (gesellschaftliches u. wirtschaftliches) System, in dem die Adeligen das Land besaßen u. es dafür auch verteidigen mussten 封建制度，封建主义 ‖ *hierzu*（派生）**feu·da·lis·tisch** *Adj*（形）

Feu·er *das*；*-s*, - **1.** *mst Sg*（多用单数）；e-e Form der Verbrennung von Kohle, Holz od. Öl, bei der Flammen, Licht u. Wärme entstehen 火，炉火〈ein flackerndes, loderndes, offenes, prasselndes F. 烧得很旺的火，熊熊烈火，明火，发出噼啪声的火；das olympische F. 奥林匹克圣火；das F. brennt, erlischt 火在燃烧（火着了），熄灭了；das F. (im Herd, im Ofen, im Kamin) anzünden, anmachen, schüren, ausgehen lassen 把（炉灶、火炉、壁炉中的）火点燃，点着，捅着，熄灭〉‖ K-（复合）：***Feuer-***, ***-holz*** ‖ -K（复合）：***Holz-***, ***Kamin-*** **2.** *nur Sg*（只用单数）；die Flammen u. die Hitze, die entstehen, wenn *z. B.* Holz brennt od. angezündet wird 火焰，大火，火灾 ≈ Brand (1)〈ein verheerendes F. 一场灾难性的大火；F. legen, ein F. eindämmen, löschen 放火（纵火），阻挡大火蔓延，灭火；im F. umkommen 在大火中丧生〉：*Das F. brach in e-m Lagerhaus aus u. griff rasch auf die umliegenden Häuser über* 大火是从一座库房着起来的，并很快向周围的房屋蔓延；*Wilde Tiere haben Angst vor F.* 野兽怕火 ‖ K-（复合）：***Feuer-***, ***-alarm***, ***-gefahr***, ***-schaden***；***-versicherung*** **3.** ***F.!*** verwendet als Ausruf um Hilfe od. zur Warnung, wenn ein F. (2) ausgebrochen ist 着火了！**4.** ***j-m F. geben*** j-m die Zigarette anzünden 给某人（递火）点烟 **5.** ***j-n um F. bitten*** j-n bitten, einem die Zigarette anzuzünden 向…要火点烟，向…借火点烟 **6.** *mst* 多用 ***Hast du / Haben Sie F.?*** *gespr*［口］；verwendet, um j-n zu bitten, einem die Zigarette anzuzünden 你/您有火（火柴、打火机）吗？**7.** *nur Sg*, *mst* MIL（只用单数），多用【军】；das (häufige) Schießen mit Gewehren *o. Ä.* 火力，炮火，射击 ≈ Beschuss〈das F. (auf j-n) eröffnen, einstellen（向某人）开火，停火；etw. unter F. nehmen 在火力掩护下夺取某地〉‖ K-（复合）：***Feuer-***, ***-gefecht***, ***-pause***, ***-waffe*** ‖ -K（复合）：***Geschütz-***, ***Kanonen-***, ***Maschinengewehr-*** **8.** ***F.!*** *mst* MIL 多用【军】；verwendet als Kommando zum Schießen 开火！开炮！放！打！**9.** *nur Sg*（只用单数）；*bes* der (außergewöhnliche) Glanz, der durch reflektiertes Licht entsteht 光泽：*das F. e-s Edelsteins* 宝石的光泽 **10.** *nur Sg*（只用单数）；ein starkes Temperament 激情，热情〈das F. der Leidenschaft 激情之火；jugendliches F. besitzen 具有年轻人的（火一般的）热情〉‖ ID［谚］***mit dem F. spielen*** aus Leichtsinn handeln u. dadurch sich od. andere in Gefahr bringen 玩火；***für j-n durchs F. gehen*** j-n so sehr schätzen od. lieben, dass man alles für ihn tun würde 为某人赴汤蹈火；**(*für j-n / etw.*) *F. u. Flamme sein*** von j-m/etw. begeistert sein 为某人/某事而欢欣鼓舞，兴高采烈；***F. fangen*** *gespr*［口］；sich plötzlich für j-n/etw. begeistern od. sich in j-n verlieben 突然来劲，燃起热情；爱上某人

feu·er·be·stän·dig *Adj*（形）≈ feuerfest

Feu·er·be·stat·tung *die* ≈ Einäscherung

feu·er·fest *Adj*（形）；*nicht adv*（不作状语）；so (beschaffen), dass es durch Feuer nicht verändert, beschädigt od. zerstört wird 耐火的，耐高温的，不可燃的，烧不坏的〈Glas *o. Ä.* 玻璃等〉：*ein feuerfester Anzug* 防火服

feu·er·ge·fähr·lich *Adj*（形）；*nicht adv*（不作状语）；so, dass es leicht brennt 容易着火的，易燃的，易引火的：*Benzin ist e-e feuergefährliche Substanz* 汽油是一种易燃物质

Feu·er·lei·ter *die*；e-e eiserne Leiter an (der

Rückseite von) großen Gebäuden, über die man diese verlassen kann, wenn es brennt 消防梯，大楼的太平梯，防火梯

Feu·er·lö·scher *der*; *-s*, *-*; ein Behälter aus Eisen, der Schaum enthält, mit dem man e-n kleinen Brand löschen kann 灭火器

Feu·er·mel·der *der*; *-s*, *-*; ein Gerät, mit dem man (Feueralarm geben u.) die Feuerwehr rufen kann 火灾报警器，火警信号装置〈e-n F. einschlagen, betätigen 砸开、按动火灾警报器〉

feu·ern; *feuerte*, *hat gefeuert*; [Vt]（及物）**1. *j-n f.*** *gespr*［口］; j-n (sofort) aus dem Dienst entlassen（立即）解雇，炒…的鱿鱼 ≈ j-m kündigen **2. *etw. irgendwohin f.*** *gespr*［口］; etw. (*mst* aus Wut) irgendwohin werfen（一气之下）将…扔掉 ≈ schleudern: *Am letzten Schultag feuerte er seine Schultasche in die Ecke* 在期末最后一天，他把书包扔到角落里去了; [Vi]（不及物）**3. *mit etw. f.*** mit e-m bestimmten (Brenn)Stoff heizen（用…）生火取暖: *mit Briketts, Holz f.* 烧煤砖、木柴取暖 **4. *auf j-n/etw. f.*** mit e-m Gewehr od. e-r Pistole (mehrere Male) auf j-n/etw. schießen 向…开枪射击，开火

Feu·er·pro·be *die*; *mst in* 多用于 ***die F. bestehen*** sich bei etw. bewähren 经受住考验

feu·er·rot *Adj*（形）; *nicht adv*（不作状语）; intensiv rot 火红的: *vor Wut f. im Gesicht werden* 由于生气脸涨得通红

Feu·ers·brunst *die*; *-*, *Feu·ers·brüns·te*; *geschr*［书］; ein Brand, bei dem ein großer Schaden entsteht 大火，火灾

Feu·er·schutz *der*; *mst in* 多用于 ***j-m F. geben*** heftig auf den Gegner schießen, damit j-d irgendwohin laufen kann, ohne vom Gegner erschossen zu werden, bzw. damit die eigenen Truppen vorankommen 进行火力掩护

Feu·er·stein *der*; ein Stein, mit dem man (durch Reibung) Funken erzeugen kann 火石，燧石

Feu·er·tau·fe *die*; der erste Anlass, bei dem j-d zeigen muss, was er kann, was in ihm steckt 战斗洗礼，战火考验 ≈ Feuerprobe〈die F. bestehen, erhalten 经受住战斗洗礼，初上火线; die F. noch vor sich haben 还面临战火考验〉

Feu·er·wa·che *die* **1.** das Gebäude, in dem die Geräte, Fahrzeuge *o. Ä.* der Feuerwehr (in Alarmbereitschaft) stehen 消防队，消防站 **2.** die (Feuerwehr) Leute, die ein Feuer bewachen bzw. die nach e-m gelöschten Brand aufpassen, dass das Feuer nicht wieder ausbricht 消防人员

Feu·er·waf·fe *die*; *mst Pl*（多用复数）≈ Schusswaffe

Feu·er·wehr *die*; *-*, *-en*; *Kollekt*（集合）; e-e Gruppe von Personen, deren (berufliche) Aufgabe es ist, Brände zu löschen 消防队〈die freiwillige F. 志愿消防队; die F. rückt aus 消防队出动救火〉: *Als er den Rauch aus dem Haus aufsteigen sah, alarmierte er sofort die F.* 当他看到房子冒烟时，他立即向消防队报警 ‖ K-（复合）: ***Feuerwehr-***, ***-auto***, ***-leiter***, ***-mann***, ***-spritze***, ***-übung*** ‖ -K（复合）: ***Berufs-*** ‖ ID［谚］（***schnell***）***wie die F.*** *gespr*［口］; sehr schnell 非常快，十分迅速，飞速，火速

Feu·er·werk *das*; *mst Sg*（多用单数）; bunte (Licht)Effekte, die man zu besonderen Anlässen (*z. B.* Silvester) nachts am Himmel erzeugt, indem man kleine Raketen anzündet 烟火，礼花〈ein F. abbrennen 燃放烟火〉

Feu·er·werks|kör·per *der*; e-e Art kleine Rakete *o. Ä.*, die am Himmel explodiert u. buntes Licht erzeugt 爆竹

Feu·er·zeug *das*; *-(e)s*, *-e*; ein kleines Gerät, das Gas od. Benzin enthält u. mit dem man *bes* Zigaretten u. Zigarren anzündet 打火机 ‖ -K（复合）: ***Benzin-***, ***Gas-***, ***Taschen-***

Feuerzeug

Feuil·le·ton [fœjəˈtõː] *das*; *-s*, *-s*; der kulturelle od. unterhaltende Teil e-r Zeitung（报纸的）文艺专栏，文艺副刊 ‖ K-（复合）: ***Feuilleton-***, ***-redakteur***, ***-redaktion***, ***-stil*** ‖ -K（复合）: ***Film-***, ***Theater-***

feu·rig *Adj*（形）**1.** voll Leidenschaft u. Temperament 充满激情的，热情的，激昂的 ≈ temperamentvoll〈ein Liebhaber, ein Temperament, Küsse 情人，气质，吻〉**2.** so hell u. rot wie Feuer 火红的，金光闪亮的，金灿灿的〈ein Glanz, ein Schein *o. Ä.* 光泽，亮光等〉: *Der feurige Ball der Abendsonne versinkt im Meer* 傍晚的太阳就像火球一样沉入大海 **3.** glänzend, funkelnd 闪闪发光的〈ein Edelstein 宝石〉: *ein feuriger Rubin* 闪闪发光的红宝石

FH [ɛfˈhaː] *die*; *-*, *-s*; *Abk*（缩写）↑ ***Fachhochschule***

Fi·a·ker [ˈfiakɐ] *der*; *-s*, *-*; e-e Kutsche mit zwei Pferden, mit der (*bes* in Wien) Touristen durch die Stadt (zu den Sehenswürdigkeiten) gefahren werden 旅游观光的马车

Fi·as·ko *das*; *-s*, *-s*; *mst Sg*（多用单数）; ein großer Misserfolg 大失败，惨败〈etw. endet in e-m F. 某事以（彻底）失败告终〉

Fi·bel *die*; *-*, *-n*; *veraltend*［渐旧］; das erste (Lese)Buch, nach dem Schulkinder lesen u. schreiben lernen 小学一年级课本，初级课本，识字课本 ‖ -K（复合）: ***Kinder-***, ***Schul-***

ficht *Präsens, 3 Person Sg*（现在时，第三人称单数）; ↑ ***fechten***

Fich·te *die*; *-*, *-n* **1.** ein (Nadel)Baum mit kurzen Nadeln u. hängenden Zapfen 云杉，松树 ‖ ↑ *Abb. unter* 图见 ***Nadelbäume*** ‖ K-（复合）: ***Fichten-***, ***-bestand***, ***-holz***, ***-nadel***, ***-schonung***, ***-zapfen*** **2.** *nur Sg*（只用单数）; das Holz der F. (1) 云杉木，松木: *ein Schrank aus F.* 一只云杉木柜

fi·cken; *fickte*, *hat gefickt*; *vulg*［俗］; [Vt]（及物）**1. *j-n f.*** als Mann (mit e-r Frau) Sex haben 跟…有性关系; [Vi]（不及物）**2.** (***mit j-m***) ***f.*** mit j-m Sex haben（与某人）性交

fi.del *Adj*（形）；*gespr*［口］≈ fröhlich, lustig 〈ein Mensch, e-e Gesellschaft 人,聚会〉

Fie·ber *das*; *-s*; *nur Sg*（只用单数）**1.** die zu hohe Temperatur des Körpers, die ein Symptom für e-e Krankheit ist 发烧〈hohes, leichtes F. 高烧,低烧；F. bekommen, haben 发烧,有烧；F. messen 量体温；das F. fällt, steigt 烧减退,热度升高；mit F. im Bett liegen 发烧卧床〉：*Er hat 39° F.* 他发烧 39 度 ‖ K-（复合）：**Fieber-**, **-anfall**; **-thermometer**; **fieber-**, **-heiß**, **-krank** **2.** *geschr*［书］；ein leidenschaftliches Verlangen nach etw. 热切的渴望,狂热,冲动 ≈ Besessenheit, Leidenschaft 〈ein F. ergreift j-n, kommt über j-n 一种强烈的渴望攫住某人的心,在某人心中油然而生〉‖ -K（复合）：**Arbeits-**, **Jagd-**, **Spiel-**, **Wett-**

fie·ber·frei *Adj*（形）；*nicht adv*（不作状语）；（wieder）ohne Fieber（1）不发烧的,体温正常的

fie·ber·haft *Adj*（形）；mit großer Eile, Aufregung verbunden 焦灼的,心急火燎的,烦躁的 ≈ hektisch 〈Eile, Hast 急忙,匆忙；Spannung, Unruhe 紧张,不安〉

fie·bern; *fieberte*, *hat gefiebert*; [Vi]（不及物）**1.** Fieber haben 发烧,有烧 **2.** sehr aufgeregt u. nervös sein 激动,冲动〈vor Aufregung, Erregung, Spannung f. 由于激动、兴奋、紧张而冲动(烦躁)〉**3.** ***nach etw. f.*** *geschr*［书］；etw. unbedingt haben wollen 渴望 ≈ nach etw. verlangen（9）：*Er fiebert nach Ruhm u. Anerkennung* 他渴望成名并得到人们的承认

fie·ber·sen·kend *Adj*（形）；*mst attr*（多作定语）；mit der Wirkung, dass das Fieber sinkt（u. ganz verschwindet）退烧的：*ein fiebersenkendes Medikament, Mittel* 退烧药

fieb·rig *Adj*（形）**1.** mit Fieber 发烧的,有热度的：*Der Patient ist f.* 病人在发烧 **2.** so, dass es auf Fieber hinweist 兴奋的,有激情的：*Seine Augen glänzen f.* 他的眼睛闪烁着激情 **3.** mit Fieber verbunden 有烧的：*e-e fiebrige Erkältung* 感冒又发烧 **4.** wie im Fieber 焦灼的,烦躁的,激动不已的 ≈ fieberhaft 〈Eile 匆忙；Spannung 紧张〉

Fie·del *die*; *-*, *-n*; *gespr hum*［口］［诙］≈ Geige ‖ *hierzu*（派生）**fie·deln**（*hat*）*Vt/i*（及物/不及物）

fiel *Imperfekt*, *1. u. 3. Person Sg*；（过去时,第一和第三人称单数）↑ **fallen**

fies, *fieser*, *fiesest-*; *Adj*（形）；*gespr pej*［口］［贬］≈ gemein[1]（1）〈ein Kerl, ein Typ 家伙,东西〉

fif·ty-fif·ty [ˈfɪftɪ ˈfɪftɪ] *Adv*（副）；*gespr*［口］**1.** ***etw. fifty-fifty teilen***; ***fifty-fifty machen*** etw. so teilen od. regeln, dass jeder genau die Hälfte bekommt 平分,一人一半,各拿一半：*Wenn wir bei der Lotterie gewinnen, machen wir fifty-fifty* 如果抽彩我们中奖的话,我们对半分 **2.** ***etw. steht fifty-fifty*** etw.（*bes* ein Wettbewerb）ist noch nicht entschieden（物作主语）平分秋色,不分上下,尚未决出输赢

Fight *der* [fait]; *-s*, *-s*; SPORT *gespr*【体】［口］**1.** ein（Box）Kampf 拳击比赛 **2.** das intensive Kämpfen（Fighten）um den Sieg 拼搏,决一雌雄

figh·ten [ˈfaitn]; *fightete*, *hat gefightet*; [Vi]（不及物）***irgendwie f.*** SPORT *gespr*【体】［口］；hart um den Sieg kämpfen（u. nicht aufgeben）（顽强）拼搏,决一雌雄 ‖ *hierzu*（派生）**Figh·ter** *der*; *-s*, *-*

Fi·gur *die*; *-*, *-en* **1.** *mst Sg*（多用单数）；die äußere Erscheinung, Gestalt e-s Menschen u. ihre Proportionen（人的）体形,身材,身段〈e-e gute, schlanke, tolle F. haben 有一副很好的、苗条的、漂亮匀称的身材〉：*Als Mannequin muss sie sehr auf ihre F. achten u. lebt deshalb nur von Diätkost* 作为时装模特,她必须十分注意自己的体形,因此她只能严格遵循规定的饮食 ‖ -K（复合）：**Ideal-** **2.** e-e Person, Persönlichkeit, die in e-r bestimmten Zeit sehr wichtig war（重要）人物：*Robespierre war e-e wichtige F. der Französischen Revolution* 罗伯斯庇尔是法国革命的重要人物 **3.** e-e erdachte/fiktive Person e-s literarischen Werkes（文学作品中的）人物,角色,形象：*Für die Figuren seines Romans nahm der Autor Menschen aus seinem Leben als Vorbild* 这位作家把自己生活中接触到的人作为他的长篇小说中的人物的原型 ‖ -K（复合）：**Charakter-**, **Roman-** **4.** *gespr*, *mst pej*［口］,多用［贬］；verwendet für e-e unbekannte Person, *bes* e-n Mann 身影,人影（指不认识的人）：*In der dunklen Straße schlichen ein paar seltsame, verdächtige Figuren herum* 在昏暗的大街上有几个奇怪的、可疑的人影在鬼鬼祟祟地走动 **5.** die（*mst* künstlerisch）geformte od. gezeichnete Abbildung e-s Menschen od. Tieres（人或动物的）塑像,（画出的）人物形象〈e-e F. aus Holz, Porzellan, Ton 木制雕像,瓷的、陶土的塑像〉：*e-e F. in Stein hauen* 用石头雕一座塑像 ‖ -K（复合）：**Gips-**, **Porzellan-**, **Wachs-** **6.** ein kleiner Gegenstand（*mst* aus Holz od. Plastik）, der bei Brettspielen（wie *z. B.* Schach）verwendet wird 棋子 ≈ Spielstein 〈die Figuren aufstellen 摆好棋子；mit e-r F. ziehen 移动棋子,走棋〉‖ ↑ *Abb. unter* 图见 **Brettspiele** ‖ -K（复合）：**Schach-** **7.** MATH【数】；e-e geometrische Form（*z. B.* ein Dreieck, ein Kreis od. ein Würfel）几何图形（如三角形,圆形,立方体）〈e-e geometrische F. zeichnen 画一几何图形〉**8.** SPORT【体】；（*bes* beim Eiskunstlaufen u. Tanzen）e-e（festgelegte）Folge von Bewegungen, *z. B.* in e-r Kür（尤指在花样滑冰和舞蹈项目中的）一套动作,花样,造型,姿势〈Figuren laufen 作花样滑冰〉：*Die Pirouette ist e-e schwierige F.* 旋转是很难的动作 ‖ -K（复合）：**Tanz-** ‖ ID［谚］***e-e gute***, ***schlechte F. machen / abgeben*** *gespr*［口］；durch sein Verhalten in e-r bestimmten Situation e-n guten, schlechten Eindruck auf andere machen 给人以好的、坏的印象 ‖ *zu*（义项）**5. fi·gür·lich** *Adj*（形）

Fik·ti·on [-ˈtsioːn] *die*; *-*, *-en*; *geschr*［书］；etw., das nicht wirklich, sondern nur angeblich od. in der Vorstellung existiert 虚构,杜撰,假设

fik·tiv [-f] *Adj*（形）；*geschr*［书］；nicht wirklich,

Geschichte des deutschen Films 德国电影史

Künstlerische Ausdrucksform war in den Anfangsjahren des Films der **Expressionismus. Robert Wiene** setzte 1920 mit dem Stummfilm ***Das Kabinett des Dr. Caligari*** die Maßstäbe für diese Filmgattung. In den Dreißigerjahren wurden die düsteren Stummfilme abgelöst von leichter Unterhaltungsware – der wahrscheinlich beste und erfolgreichste Film dieser Zeit war Sternbergs ***Der Blaue Engel*** (mit **Marlene Dietrich**). Im Zuge der Machtergreifung der Nationalsozialisten 1933 verließen zahllose Regisseure und Darsteller das Land. Bis 1945 diente das Medium Film nahezu ausschließlich propagandistischen Zwecken.
In der Nachkriegszeit waren vor allem Heimat- und Kriminalfilme gefragt. An künstlerischer Bedeutung gewann der deutsche Film erst wieder in den Sechziger und Siebzigerjahren. **Alexander Kluge**, **Werner Herzog**, **Wim Wenders** und mit ihnen eine ganze Generation von jungen Filmemachern begründeten den sogenannten **Autorenfilm.** Thematisiert wurden überwiegend soziale Probleme. Von Kritikern mit Lob überhäuft, war ein Großteil der „neuen deutschen Filme" an den Kinokassen nicht erfolgreich.
Anfang der Neunzigerjahre erlebte der deutsche Film erstmals seit den fünfziger Jahren wieder einen Boom – Komödien wie ***Der bewegte Mann***, aber auch innovatives Kino wie ***Lola rennt*** fanden ein Millionenpublikum.

表现主义是电影早期的艺术表现形式。1920 年**罗伯特·维纳**以无声电影**《卡里加里博士的小屋》**为这类电影提出了评判标准。30 年代这类郁闷的无声电影被轻松的娱乐性电影所替代——这一时期大概最好的,最成功的电影是斯泰恩贝格的**《蓝天使》**(**玛琳·黛德丽主演**)。在 1933 年纳粹夺权过程中,无数导演和演员背井离乡。直到1945 年电影媒体几乎只是为宣传目的服务。

战后,故园家乡片和侦探惊险片倍受欢迎。到 60、70 年代德国电影才重又获得艺术意义。**亚历山大·克鲁格,维纳·赫尔佐克,维姆·文德斯**以及整个一代年青的编剧携手共建了所谓的**作者电影**,主题主要是社会问题。这些"德国新电影"虽受评论家的大加褒扬,但大部分的票房率不高。

90 年代初德国电影自 50 年代以来再度走红,如喜剧电影**"衣柜里的男人"**,而创新电影**"罗拉快跑"**也赢得了千百万观众。

sondern frei erfunden 虚构的,杜撰的,假设的 ≈ erdacht: *ein fiktiver Dialog zwischen Newton u. Einstein* 一次虚构的牛顿与爱因斯坦之间的对话

Fi.let [fiˈleː] *das*; *-s*, *-s* **1.** ein zartes Stück Fleisch ohne Knochen vom Rücken *bes* e-s Rinds od. Schweins 里脊肉 ‖ K-(复合): ***Filet-***, ***-braten***, ***-steak*** ‖ -K(复合): ***Rinder-***, ***Schweine-*** **2.** ein Stück Fleisch aus der Brust des Geflügels 禽类的胸脯肉 ‖ -K(复合): ***Hähnchen-***, ***Puten-*** **3.** ein Stück Fleisch ohne Gräten vom Fisch 去刺鱼肉 ‖ -K(复合): ***Herings-***, ***Makrelen-***, ***Sardellen-***

Fi.li.a.le *die*; *-*, *-n* **1.** ein (*mst* kleines) Geschäft, das j-d zusätzlich zu seinem ersten Geschäft an e-r anderen Stelle führt 分店,分号: *Der Bäcker gründet e-e F. am Rand der Stadt* 这位面包房老板在城市边缘开了一家分店 ‖ K-(复合): ***Filial-***, ***-geschäft*** **2.** eines von mehreren Büros od. Geschäften *mst* e-r Bank od. e-r Versicherung, die in e-m anderen Teil der Stadt od. in e-m anderen Ort geführt werden (银行、保险公司等的)分行,分公司,支行,分理所 ⟨e-e F. eröffnen, leiten 开设,主持分公司⟩ ‖ K-(复合): ***Filial-***, ***-leiter***

Film[1] *der*; *-(e)s*, *-e* **1.** ein Streifen aus Zelluloid (der *mst* zu e-r Rolle aufgewickelt ist), auf den man beim Fotografieren od. Filmen Bilder aufnimmt 胶卷,(电影)胶片 ⟨ein hochempfindlicher F. 感光度强的胶卷(胶片); e-n neuen F. (in die Kamera/den Fotoapparat) einlegen 将一卷新的胶卷装进照相机; e-n F. entwickeln 冲胶卷,冲洗(电影)胶片⟩ ‖ K-(复合): ***Film-***, ***-spule*** ‖ -K(复合): ***Farb-***, ***Schmal-***, ***Schwarz-Weiß-***; ***Röntgen-*** **2.** e-e Geschichte *o. Ä.* in Form e-r Folge von bewegten Bildern, die *bes* im Kino od. im Fernsehen gezeigt werden 影片,电影 ⟨e-n F. (ab)drehen, machen, synchronisieren, vorführen 拍摄、制作电影,给一部电影配音,放映电影⟩: *Der F. läuft seit vielen Wochen im Kino* 这部影片在电影院已上演许多星期 ‖ K-(复合): ***Film-***, ***-atelier***, ***-aufnahme***, ***-diva***, ***-festival***, ***-festspiele***, ***-kamera***, ***-kritik***, ***-kritiker***, ***-leinwand***, ***-material***, ***-musik***, ***-premiere***, ***-produzent***, ***-projektor***, ***-regie***, ***-regisseur***, ***-reklame***, ***-schauspieler***, ***-star***, ***-studio***, ***-verleih***, ***-vorführung*** ‖ -K(复合): ***Abenteuer-***, ***Cowboy-***, ***Dokumentar-***, ***Fernseh-***, ***Kriminal-***, ***Liebes-***, ***Stumm-***, ***Ton-***, ***Wildwest-***, ***Zeichentrick-*** **3.** *nur Sg*, *Kollekt* (只用单数,集合); die Firmen, die Filme (2) produzieren 电影制片厂,电影公司 ≈ Filmbranche ⟨beim F. sein, zum F. gehen 从事电影事业,去从影⟩ ‖ K-(复合): ***Film-***, ***-branche***, ***-industrie***, ***-wirtschaft***

Film[2] *der*; *-(e)s*, *-e*; e-e dünne Schicht (auf der Oberfläche von etw.), die *mst* als Schutz dient 薄膜,薄层 ⟨ein öliger, wasserundurchlässiger F. 油膜,不透水的薄膜⟩: *Das Sonnenöl bildet e-n schützenden F. auf der Haut* 防晒油在皮肤上形成一层薄薄的保护层 ‖ -K(复合): ***Fett-***, ***Öl-***; ***Schutz-***

Fil.me.ma.cher *der*; *-s*, *-*; j-d, der als Regisseur u. *mst* auch als Autor selbst Filme macht 电影导演,电影编导 ‖ *hierzu* (派生) **Fil.me.ma.che.rin** *die*; *-*, *-nen*

fil·men; *filmte*, *hat gefilmt*; [Vt/i] (及物/不及物) **1.** (**j-n/etw.**) **f.** von j-m/etw. mit e-r (Film)Kamera Aufnahmen machen, e-n Film (2) drehen 拍摄,摄制(电影); [Vi] (不及物) **2.** in e-m Film (2) als Schauspieler mitmachen (mitwirken) 拍电影,在影片中扮演角色: *Nach dem Unfall muss er aufhören zu f.* 出事故后,他不得不停止拍电影(息影)

Film·the·a·ter *das*; *geschr* [书] ≈ Kino

Fil·ter *der*; *-s*, *-* **1.** e-e Art feines Sieb, durch das man Flüssigkeit, Gas od. Rauch leitet, damit die schädlichen von den unschädlichen od. die gewünschten von den unerwünschten Stoffen getrennt werden 过滤器 ⟨etw. durch e-n F. gießen 通过过滤器浇灌某物; e-n F. einbauen 安装一个过滤器⟩ ‖ -K (复合): ***Abgas-***, ***Rauch-***, ***Staub-*** **2.** e-e Art Tüte, in die man Kaffee *o. Ä.* gibt, um darüber heißes Wasser zu gießen 咖啡过滤器,过滤纸袋: *Gib bitte e-n neuen F. in die Kaffeemaschine!* 请在咖啡机里放上一个新的过滤纸袋 ‖ K- (复合): ***Filter-***, ***-papier***, ***-tüte*** **3.** e-e kleine Scheibe aus Glas, die man vor das Objektiv e-r Kamera setzt, um zu verhindern, dass bestimmte Lichtstrahlen auf den Film fallen (摄像机、照相机上的)滤色镜,滤光镜 ‖ -K (复合): ***Gelb-***, ***UV-Filter***

Fil·ter·kaf·fee *der*; Kaffee, der mithilfe e-s Filters (2) zubereitet wird 过滤咖啡

fil·tern; *filterte*, *hat gefiltert*; [Vt] (及物) **1.** ***etw. f.*** e-e Flüssigkeit od. ein Gas durch e-n Filter (1) leiten, damit sie sauber werden 过滤,滤清(液体或气体): *verschmutzte Luft f.* 过滤污浊的空气; *Wasser f., um es von Schlamm zu reinigen* 将水过滤,以便清除水中的脏物 **2.** ***etw. f.*** ein Getränk zubereiten, indem man kochendes Wasser über gemahlenen Kaffee *o. Ä.* gießt, der in e-m Filter (2) ist 用过滤器冲制(咖啡等,以制作饮料) ⟨Kaffee f. 冲制过滤咖啡⟩

filt·rie·ren; *filtrierte*, *hat filtriert*; [Vt] (及物) ***etw. f.*** TECH【技】≈ filtern (1)

Filz *der*; *-es*, *-e* **1.** *nur Sg* (只用单数); ein weiches Material, das aus vielen feinen (Tier)-Haaren od. Fasern (zusammen)gepresst wird u. aus dem man *z. B.* Hüte macht 毡,毛毡,毡子 ‖ K- (复合): ***Filz-***, ***-hut***, ***-pantoffeln***, ***-unterlage*** **2.** *nur Sg*, *Kollekt* (只用单数,集合); einzelne Fasern, die so ineinander verschlungen sind, dass sie e-e nicht mehr trennbare Masse zu bilden scheinen 杂乱的一团,一堆: *ein F. von Haaren*, *Wurzeln* 一团乱毛,一堆乱根 ‖ ▶ ***verfilzt***

fil·zen; *filzte*, *hat gefilzt*; [Vt] (及物) **1.** ***j-n f.*** *gespr* [口]; genau kontrollieren, ob j-d etw. Verbotenes bei sich hat 检查,搜查(是否带有违禁品): *Wir wurden beim Zoll gefilzt* 我们在海关受到仔细检查; [Vi] (不及物) **2.** ***etw. filzt*** etw. wird in der Struktur so ähnlich wie Filz (1) (物作主语)粘连在一起 ⟨ein Pullover 套头毛衣⟩

Filz·schrei·ber *der* ≈ Filzstift

Filz·stift *der*; ein Stift mit e-r weichen Spitze aus Filz (1), mit dem man farbig schreiben (u. malen) kann 唛头笔,彩色记号笔

Fim·mel *der*; *-s*, *-*; ***ein F.*** (***für etw.***) *mst Sg*, *gespr pej* (多用单数), [口] [贬]; e-e übertriebene Leidenschaft od. e-e komische Gewohnheit 过分迷恋,怪癖 ≈ Spleen: *Er hat e-n F. für schnelle Sportwagen* 他非常迷恋高速赛车 ‖ -K (复合): ***Mode-***, ***Putz-***, ***Sauberkeits-***

Fi·na·le *das*; *-s*, *-/-s* **1.** der letzte Wettkampf e-r Reihe von Wettkämpfen, dessen Sieger dann e-n Pokal od. e-n Titel gewinnt 决赛 ≈ Endkampf, Endspiel ⟨ins F. kommen, sich fürs F. qualifizieren, im F. stehen 进入决赛,获得决赛资格,进入决赛⟩ ‖ K- (复合): ***Final-***, ***-gegner***, ***-spiel***, ***-teilnehmer*** ‖ -K (复合): ***Weltmeisterschafts-*** **2.** der letzte Teil e-s längeren musikalischen Werks, *z. B.* e-r Oper (音乐作品的)终曲,最后乐章,(歌剧的)终场: *das F. von Beethovens 9 Sinfonie* 贝多芬第九交响曲最后乐章

Fi·nanz·amt *das* **1.** das Amt, an das man seine Steuern zahlt 财政局,财政署 **2.** das Gebäude, in dem das F. (1) ist 财政局(署)大楼

Fi·nan·zen *die*; *Pl* (复数) **1.** das Geld (*bes* die Einnahmen u. Ausgaben) e-s Staates, e-r Institution od. e-r Firma 财政,财务,金融,财政(务)状况 ⟨die F. prüfen 审核财政; die F. sind geordnet, zerrüttet 财政状况正常、遭到破坏⟩ ‖ K- (复合): ***Finanz-***, ***-experte***, ***-lage***, ***-ministerium*** ‖ -K (复合): ***Staats-*** **2.** *gespr*, *oft hum* [口],常作[诙]; das Geld, das j-d privat zur Verfügung hat (个人)经济(收入)状况: *Mit meinen F. sieht es zurzeit nicht gerade gut aus* 目前我手头正紧

fi·nan·zi·ell *Adj* (形); *nur attr od adv* (只作定语或状语) **1.** in Bezug auf das Geld, die Finanzen 财政的,金融的,经济的 ⟨Mittel, Reserven 资金,储备; die Situation 状况; e-e Krise, Probleme, Schwierigkeiten 危机,问题,困难⟩: *Er kann sich ein Auto f. nicht leisten* 他买不起汽车 **2.** durch/mit Geld 资金的,钱财的,经济的 ⟨Hilfe, Unterstützung 援助,支援; j-n f. unterstützen 资助某人⟩: *sich f. an e-m Unternehmen beteiligen* 向一个企业(公司)投资(入股)

fi·nan·zie·ren; *finanzierte*, *hat finanziert*; [Vt] (及物) *geschr* [书] **1.** ***etw.*** (***durch/mit etw.***) ***f.*** das nötige Geld für etw. bereitstellen 为…筹措资金,拨款,提供资金: *Mehrere Unternehmen finanzieren das Projekt* 有好几家企业向这个项目提供资金; *Er finanziert sein Studium durch Ferienarbeit* 他通过假期打工来筹措上大学的费用 **2.** ***j-m etw. f.*** j-m (e-e größere Summe) Geld geben, das er für etw. braucht 向…提供资金,负担…费用: *Sein Vater finanziert ihm das Studium* 他父亲负担他大学学习的费用 ‖ *hierzu* (派生) **Fi·nan·zie·rung** *die*

fi·nanz·kräf·tig *Adj* (形); *nicht adv* (不作状语); mit viel Kapital 有经济实力的,经济实力雄厚的 ↔ finanzschwach ⟨e-e Firma, ein Betrieb 公司,企业⟩

F

fi·nanz·schwach *Adj*（形）；*nicht adv*（不作状语）；mit nur wenig Kapital 经济实力薄弱的，缺乏资金的，资金匮乏的 ↔ finanzkräftig〈e-e Firma, ein Betrieb 公司，企业〉

fi·nanz·stark *Adj*（形）；*nicht adv*（不作状语）≈ finanzkräftig

F

Fin·del·kind *das*；ein Kind, das von seinen Eltern absichtlich irgendwo zurückgelassen (ausgesetzt) wurde, von Fremden gefunden wurde u. nun von diesen ernährt u. erzogen wird 弃婴，弃儿

fin·den；*fand*, *hat gefunden*；[Vt]（及物）**1. *j-n/etw. f.*** (zufällig od. nach gezieltem Suchen) irgendwo e-e Person/Sache sehen 拾到，找到，发现 ≈ entdecken (3)：*e-n Geldschein (auf der Straße) f.*（在马路上）拾到一张钞票；*den richtigen Weg f.* 找到正确的道路；*Nach langem Suchen fand sie den verlorenen Ring unter dem Schrank* 她找了好长时间在柜子底下找到了那只丢失的戒指；*Die Polizei hat noch keine Spur von dem Mörder gefunden* 警方尚未发现杀人犯的任何线索 **2. *j-n/etw. f.*** (durch eigenes Bemühen) j-n, den man sich gewünscht hat, für sich/e-e Arbeit *o.Ä.* gewinnen od. etw. bekommen, das man haben wollte（经努力）找到，获得，得到〈e-e neue Arbeitsstelle, e-e Wohnung, viele Freunde f. 找到新的工作岗位、住房、许多朋友；bei j-m Hilfe f. 得到某人的帮助〉：*Er hat die Frau fürs Leben gefunden* 他找到了终身伴侣 **3. *etw. f.*** durch Nachdenken erreichen, dass man e-e Idee, e-e (gute) Lösung hat（经思索）找到，发现，看出，想出（想法、方法）：*die Antwort auf e-e Frage, die Lösung e-s Problems f.* 找到问题的答案、问题的解决办法；*Er konnte den Fehler in der Rechnung nicht f.* 他未能看出计算中的错误 **4. *j-n/etw. irgendwie f.*** e-e bestimmte Meinung von j-m/etw. haben 认为…，觉得… ≈ beurteilen〈etw. gut, schlecht, interessant, witzig, zum Lachen, in Ordnung, völlig überflüssig f. 认为某事好、坏、有趣、滑稽、可笑、正常、完全多余〉：*Ich finde unseren neuen Nachbarn sehr nett* 我觉得我们的新邻居非常好；*Ich finde es kalt hier* 我觉得这里冷 **5. *etw. an j-m/etw. f.*** j-n/etw. in positiver Weise sehen, erleben, beurteilen 对…有好感，喜欢 ≈ j-n/etw. mögen〈Gefallen, Spaß an etw. f. 对某事感兴趣，感到某事有乐趣〉：*Ich weiß gar nicht, was er an dieser Frau findet – sie ist doch fade u. langweilig* 我完全不知道他喜欢这个女人（身上）的哪一点——她可是既无魅力又无情趣 **6. *etw. f.*** *gespr*［口］；verwendet mit e-m Subst., um ein Verb zu umschreiben（与名词连用，用来变换动词的表达）；***etw. findet Anwendung/Verwendung*** etw. wird angewendet 某物得到运用；***j-d/etw. findet Beachtung*** j-d/etw. wird beachtet 某人/某物受到重视；[Vt/i]（及物/不及物）**7. *f.*** (+ *Nebensatz* 从句) die Meinung haben, dass ... 认为…，觉得… ≈ meinen (1)：*Findest du nicht auch, dass er jetzt viel älter aussieht?* 你不认为他现在显得老多了吗？；*Ich finde, er lügt* 我认为他在骗人（说谎）；„*Das sieht gut aus!*" – „*Findest du?*" "这看上去很不错！"——"你是这样认为的吗？"；[Vi]（不及物）**8. *irgendwohin f.*** suchend an e-n bestimmten Ort kommen 找到…去，寻到…去 ≈ gelangen (1)：*Er war so betrunken, dass er nicht mehr nach Hause fand* 他已经醉得找不到家了；[Vr]（反身）**9. *etw. findet sich (irgendwo)*** j-d findet (1) etw. wieder（物作主语）被找到：*Die Brieftasche hat sich (wieder) gefunden* 皮夹子（又）找到了 ‖ ID［谚］*mst* 多用 ***Das wird sich alles f.*** *gespr*［口］；für all das wird es e-e Lösung geben 一切都会得到解决的 ‖ ▶ ***Fund***, ***fündig***

Fin·der *der*；*-s*, *-*；j-d, der etw. (zufällig) findet (1), was ein anderer verloren hat 失物拾得者，拾物人〈*mst* der ehrliche F. 诚实的失物拾得者〉

Fin·der·lohn *der*；*nur Sg*（只用单数）；e-e Belohnung (*mst* Geld), die j-d dafür erhält, dass er etw. findet (1), was ein anderer verloren hat 给失物拾得者的酬金

fin·dig *Adj*（形）；klug u. mit Ideen, wie man e-e schwierige Situation meistern kann 机智的，精明的 ≈ einfallsreich, gewitzt ↔ einfältig：*Sie ist ein findiger Kopf* 她是个机灵人 ‖ *hierzu*（派生）**Fin·dig·keit** *die*；*nur Sg*（只用单数）

Fi·nes·se *die*；*-*, *-n*；*geschr*［书］**1.** *mst Pl*（多用复数）；ein *mst* kompliziertes od. spezielles (technisches) Detail (*bes* an e-m technischen Gerät) 精密装置，精良部件：*Dieser Sportwagen ist mit allen Finessen ausgestattet* 这辆赛车具备一切精密装置 **2.** *mst Pl*（多用复数）；e-e Methode, etw. auf geschickte (2) Weise zu machen 诀窍，招数，巧计，手腕 ≈ Trick (1)

fing *Imperfekt*, *1. u. 3. Person Sg*（过去时，第一和第三人称单数）；↑ ***fangen***

Fin·ger [-ŋɐ] *der*；*-s*, *-*；**1.** eines der fünf Glieder an der Hand des Menschen od. des Affen, mit denen er greift 手指〈geschickte, flinke F. haben 有灵巧的、灵活的手指；die Finger krümmen, spreizen, nach etw. ausstrecken 将手指弯曲、叉开、伸向某物；mit den Fingern schnipsen（用手指）打榧子〉：*e-n goldenen Ring am F. tragen* 手指上带着一只金戒指 ‖ ↑ *Abb. unter* 图见 ***Hand*** ‖ K-（复合）：***Finger-***, ***-nagel***, ***-spitze***；***finger-***, ***-dick***, ***-lang*** ‖ *zu*（义项）***Fingernagel*** ↑ *Abb. unter* 图见 ***Nagel²*** ‖ NB（注意）：Die fünf Finger heißen *Daumen*, *Zeigefinger*, *Mittelfinger*, *Ringfinger*, *kleiner Finger* 五个手指分别称为拇指、食指、中指、无名指、小指 **2. *der kleine F.*** der kürzeste u. schmalste F. (1) der Hand 小指 **3.** der Teil des Handschuhs, der e-n einzelnen F. (1) umgibt 手套的手指 ‖ ID［谚］***keinen F. rühren/krumm machen*** *gespr*, *mst pej*［口］，多用［贬］；sehr faul sein u. nichts tun (wollen) 不愿出力，不愿帮忙/什么事也不干，袖手旁观；***sich (Dat*** 三格***) nicht gern die Finger schmutzig machen*** *mst pej* 多作［贬］；versuchen, unangenehme Arbeiten *o. Ä.* zu vermeiden (*mst* weil man sich zu fein dafür fühlt)(由于感到事情微妙)不想介入，不愿掺和；***die Finger von etw. lassen*** *gespr* [口]；sich absichtlich nicht mit etw. beschäftigen, etw. nicht tun (*mst* weil es zu riskant erscheint)(由于会有风险而)不插手，不参与某事；***sich*** (*Dat* 三格)(***bei j-m/etw.***) ***die Finger verbrennen*** *gespr* [口]；bei j-m/etw. e-n Misserfolg haben (*bes* weil man ohne Vorsicht gehandelt od. ein Risiko unterschätzt hat)(由于不谨慎或低估风险而)(在某人处/在某事上)碰壁，吃亏，倒霉，遭到失败；(***bei etw.***) ***die Finger im Spiel haben*** *gespr pej* [口][贬]；heimlich, indirekt an etw. *mst* Negativem (*z. B.* e-m kriminellen Unternehmen) beteiligt sein 暗中插手某事(多指坏事)；***seine Finger überall drinhaben*** *gespr pej* [口][贬]；(heimlich) an vielen *mst* negativen Unternehmen beteiligt sein, großen Einfluss haben 到处(在暗中)插手(干坏事)；***j-m auf die Finger schauen/sehen*** *gespr* [口]；bei j-m aus Misstrauen genau darauf achten, was er tut (出于不信任)严密注意(监视)某人；***j-m auf die Finger klopfen*** *gespr* [口]；j-n streng tadeln 严正警告(告诫)某人；***sich*** (*Dat* 三格) ***etw. aus den Fingern saugen*** *gespr, mst pej* [口]，多作[贬]；sich etw. ohne Vorbereitung ausdenken od. etw. erfinden (müssen) 凭空想出(捏造)某事；***etw. in die Finger bekommen/kriegen*** *gespr* [口]；zufällig in den Besitz e-r Sache kommen 意外地得到某物；***sich*** (*Dat* 三格) ***etw. an den fünf Fingern abzählen können*** *gespr* [口]；etw. leicht vorhersehen können 屈指可数，寥寥无几；***j-n um den (kleinen) F. wickeln*** *gespr* [口]；(*bes* durch Charme) so großen Einfluss auf j-n haben, dass man alles von ihm bekommt (用个人魅力)轻易左右，驾驭，摆布某人：*Dieser Casanova wickelt jede Frau um den kleinen F.* 这位卡萨诺瓦(意大利冒险家和浪荡公子)把一个个女人弄得晕头转向；***j-d macht lange Finger*** *gespr euph* [口][婉]；j-d stiehlt 偷窃；***sich*** (*Dat* 三格) ***die Finger nach etw. lecken*** *gespr* [口]；etw. sehr gern haben wollen 很想得到某物，垂涎某物 ‖ NB (注意)：↑ ***Fingerbreit***

Fịn·ger·ab·druck *der* **1.** das Muster auf der Haut der Finger (kuppen), das für jeden Menschen typisch ist u. das er auf den Gegenständen zurücklässt, die er berührt 指纹 ‹Fingerabdrücke hinterlassen 留下指纹› **2.** ***j-s Fingerabdrücke abnehmen*** (*mst* als Polizist) j-s Fingerkuppen zuerst in e-e Art Tinte u. dann auf ein Stück Papier drücken, um das Muster mit anderen Mustern vergleichen od. um den Betreffenden identifizieren zu können (多由警方)取下…的指纹

Fịn·ger·breit, Fịn·ger breit (*der*)；*indeklinabel* (词形不变) **1.** ***e-n F.*** ungefähr in der Breite e-s Fingers 一指宽：*Du musst deinen Fahrradsattel e-n F. höher stellen* 你必须将你自行车的车座升高一个指头 **2.** ***keinen F.*** überhaupt nicht 毫不，丝毫没有 ‹keinen F. nachgeben, von etw. abgehen 丝毫不让步，丝毫不脱离(离开)某物› ‖ zu (义项) **fin·ger·breit** *Adj* (形)

Fịn·ger·fer·tig·keit *die*；*mst Sg* (多用单数)；die Fähigkeit, das Talent, etw. mit den Fingern schnell u. geschickt zu tun 手指灵巧：*Der Cellist spielte die Sonate mit großer F.* 这位大提琴手以极其熟练的指法演奏这首奏鸣曲

Fịn·ger·hut *der*；e-e kleine Hülle (*mst* aus Metall), die *bes* beim Nähen die Spitze des Fingers schützt, der die Nadel schiebt 顶针 ‖ ↑ *Abb. unter* 图见 ***nähen*** ‖ ID [谚] ***ein F. voll*** *gespr* [口]；sehr wenig (von e-r Flüssigkeit) (指液体)一丁点儿，极少

Fịn·ger·kup·pe *die*；der oberste Teil, die Spitze des Fingers 指尖

fịn·gern；*fingerte, hat gefingert*；*gespr* [口]；[Vt] (及物) **1.** ***etw. aus etw. f.*** etw. nach längerem Suchen, mit Mühe, aus etw. hervorholen (费劲地)用手指掏出：*Schließlich fingerte er noch zwei Geldstücke aus der Hosentasche* 最后他从裤子口袋里又掏出两枚钱币；[Vi] (不及物) **2.** ***irgendwo*** (***nach etw.***) ***f.*** (nervös) mit den Fingern nach etw. suchen od. mit etw. spielen 用手指摸着寻找，用手指摆弄 ≈ etw. tasten：*Im Dunkeln fingerte er an der Tür, ohne das Schloss zu finden* 他在黑暗中用手指在门上摸来摸去，没有找到锁孔

Fịn·ger·spit·zen|ge·fühl *das*；*nur Sg* (只用单数) **1.** ***F.*** (***für etw.***) Geschicklichkeit bei feinen Arbeiten mit der Hand 心灵手巧 **2.** ***F.*** (***für etw.***) das intuitive Wissen, wie man sich in schwierigen Situationen richtig verhält 机灵的反应能力，敏锐的鉴别力，敏感 ≈ Feingefühl ‹F. für etw. besitzen/haben, brauchen 对某事具有/有/需要敏锐的鉴别能力›：*Ihm fehlt das nötige F. im Umgang mit Menschen* 他缺乏与人打交道所必要的机灵的反应能力

Fịn·ger·zeig *der* ≈ Hinweis ‹j-m e-n F. geben 给某人以提示，指点某人；ein F. des Schicksals 命运的启示›

fin·gie·ren [-ŋˈgiː-]；*fingierte, hat fingiert*；[Vt] (及物) ***etw. f.*** *geschr* [书]；etw. erfinden od. fälschen u. als Tatsache od. als richtig darstellen, um andere zu täuschen 伪造，造假 ≈ vortäuschen ‹e-e Rechnung, e-e Quittung *o. Ä.* f. 伪造账单、收据等›

Fị·nish [-ʃ] *das*；*-s, -s*；SPORT【体】≈ Endkampf, Endspurt

Fịnk *der*；*-en, -en*；ein kleiner (Sing) Vogel mit kurzem dickem Schnabel u. bunten Federn 燕雀 ‖ NB (注意)：*der Fink*；*den, dem, des Finken*

fịns·ter *Adj* (形) **1.** (völlig) ohne Licht 黑暗的，昏暗的 ≈ dunkel (1) ↔ hell ‹die Nacht 夜；ein Keller 地窖›：*Er tastete im Finstern nach dem Lichtschalter* 他在黑暗中摸索着找电灯开关 **2.** ziemlich dunkel u. deshalb unheimlich (wirkend) 阴森森的，黑魆魆的 ≈ düster (1) ‹e-e Gasse, ein Gebäude, ein Hof, e-e Kneipe 胡同，楼房，院子，小酒馆› **3.** *pej* [贬]；unfreundlich od. feindselig 阴沉的，怀有敌意

F

的,板着脸的 ≈ düster (2) ↔ heiter 〈ein Mensch 人; e-e finstere Miene aufsetzen 板起一副铁青的面孔; j-n f. ansehen 板着脸注视某人〉 **4.** *nicht adv*, *pej* (不作状语)[贬]; wie ein Verbrecher (wirkend) 可疑的,鬼鬼祟祟的,贼头贼脑的 ≈ obskur, suspekt: *In der Hafenkneipe trieben sich finstere Gestalten herum* 在码头小酒馆里有几个可疑的人在来回转悠 **5.** *pej* [贬]; so, dass es Schaden (für andere Menschen) mit sich bringen kann 阴险的,居心叵测的,不怀好意的: *finstere Gedanken haben* 怀有阴险的想法; *finstere Pläne ausbrüten* 酝酿阴险的计划

Fins·ter·nis *die*; -, *-se* **1.** *nur Sg*, *geschr* (只用单数)[书]; das (völlige) Fehlen von Licht 黑暗,昏暗,幽暗 ≈ Dunkelheit ↔ Helligkeit: *in e-e tiefe, undurchdringliche F. getaucht sein* 消失在漆黑的、伸手不见五指的黑暗之中 **2.** ASTR【天】, Kurzw (略) ↑ ***Mondfinsternis***, ***Sonnenfinsternis***

Fin·te *die*; -, *-n*; *geschr* [书]; e-e Handlung od. Aussage, mit der man j-n täuschen will 花招,遁词 ≈ Trick (2) ‖ *hierzu* (派生) **fin·ten·reich** *Adj* (形)

Fir·le·fanz *der*; *-es*; *nur Sg*, *gespr veraltend pej* (只用单数),[口][渐旧][贬] **1.** Dinge, die überflüssig od. wertlos sind 多余东西,无价值的东西: *Sie trug ein schlichtes Kleid ohne modischen F.* 她穿一件朴实无华的连衣裙,不带多余的时髦装饰 **2.** ≈ Unfug: *Statt zu lernen, treibt er nur F.* 他不学习而一味胡闹

firm *Adj* (形); *mst* 多用 ***f. in etw.*** (*Dat* 三格) ***sein*** *gespr veraltend* [口][渐旧]; etw. sehr gut können 在…上精通,学得扎实,熟练: *Im Rechnen ist Martin ganz f.* 马丁算术学得非常扎实

Fir·ma *die*; -, *Fir·men*; ein *mst* privates Unternehmen, in dem e-e Ware produziert wird od. das mit e-r Ware handelt 公司,商号,企业 ≈ Betrieb[1] (1) ‖ K- (复合): ***Firmen-, -chef, -gründer, -inhaber, -jubiläum, -kapital*** ‖ -K (复合): ***Bau-, Export-, Handels-, Import-, Liefer-***

Fir·ma·ment *das*; *-(e)s*; *nur Sg*, *geschr* (只用单数)[书] ≈ Himmel

fir·men; *firmte*, *hat gefirmt*; Vt (及物) *mst* 多用 ***j-d wird gefirmt*** KATH【天主】; j-d erhält (*bes* vom Bischof) das Sakrament der Firmung (人作主语)受坚信礼仪式 ‖ K- (复合): ***Firm-, -pate***

fir·mie·ren; *firmierte*, *hat firmiert*; Vi (不及物) ***etw. firmiert als*** + *Name* (名称)/***mit, unter dem Namen*** ... *geschr* [书]; e-e Firma, ein Unternehmen *o. Ä.* führt den (Geschäfts)Namen ... (物作主语)(某公司、企业等)使用的名称为…: *Das Unternehmen firmiert unter dem Namen Schmidt & Partner* 这家公司使用的名称是 Schmidt & Partner

Firm·ling *der*; *-s*, *-e*; KATH【天主】; j-d, der gefirmt wird 受坚信礼者

Fir·mung *die*; -; *nur Sg* (只用单数), KATH (只用单数)【天主】; ein Sakrament, das j-n in seinem Glauben stärken soll. Kinder erhalten *mst* ein paar Jahre nach der Erstkommunion die F. (天主教)坚信礼

Firn *der*; *-s*; *nur Sg* (只用单数); der Schnee weit oben im (Hoch) Gebirge, der an der Oberfläche *mst* sehr rau u. hart gefroren ist (高山上的)终年积雪,冰川

Fir·nis *der*; -; *nur Sg* (只用单数); ein farbloser, glänzender Lack 清漆,干性油,凡立水

First *der*; *-(e)s*, *-e*; die oberste, horizontale Kante des Daches, an der zwei schräge (Dach)Flächen zusammenstoßen 屋脊 ‖ -K (复合): ***Dach-***

fis, Fis *das*; -, -; MUS【音】; der Halbton über dem f 升 f (调) ‖ K- (复合): ***Fis-Dur***; ***fis-Moll***

Fisch *der*; *-(e)s*, *-e* **1.** ein Tier, das e-e *mst* längliche Form hat, im Wasser lebt u. mithilfe von Flossen schwimmt 鱼〈e-n F. angeln, fangen 钓鱼,捕鱼〉: *Fische haben Schuppen u. atmen durch Kiemen* 鱼有鳞并用鳃呼吸; *ein Schwarm junger Fische* 一群小鱼 ‖ K- (复合): ***Fisch-, -bestand, -brut, -flosse, -gräte, -händler, -laich, -schuppe, -teich, -zucht*** ‖ -K (复合): ***Meeres-, Süßwasser-*** **2.** *nur Sg* (只用单数); der F. (1) als Speise (食用)鱼〈gebackener, gebratener, geräucherter F. 烤鱼,煎鱼,熏鱼〉: *F. ist reich an Eiweiß* 鱼含有丰富的蛋白质 ‖ K- (复合): ***Fisch-, -filet, -konserve*** ‖ -K (复合): ***Brat-*** **3.** *nur Pl*, *ohne Artikel* (只用复数,不带冠词); das Sternzeichen für die Zeit vom 19. Februar bis 20. März 双鱼宫,双鱼座(2 月 19 日至 3 月 20 日) ‖ ↑ *Abb. unter* 图见 ***Sternzeichen*** **4.** *nur Sg* (只用单数); j-d, der in der Zeit vom 19. Februar bis 20. März geboren ist 双鱼座(指 2 月 19 日至 3 月 20 日内出生的人): *Sie ist ein F.* 她是双鱼座 ‖ ID [谚] ***stumm wie ein F. sein*** *gespr* [口]; nicht viel reden, schweigsam sein 沉默寡言,一言不发; *mst* 多用 ***kleine Fische*** *gespr* [口]; Personen od. Dinge von geringer Bedeutung 无足轻重的小人物,无关紧要的小事: *Das sind für ihn nur kleine Fische* 这些对他来说都是微不足道的小事; ***ein großer / dicker F.*** *gespr*, *oft hum* [口],常作[诙]; e-e wichtige, *mst* kriminelle Person 要犯,重大刑事犯: *Bei der Fahndung ist der Polizei ein dicker F. ins Netz gegangen* 警方缉捕到一个要犯; ***weder F. noch Fleisch*** *gespr* [口]; nichts Richtiges, weder so richtig das eine noch so richtig das andere 非驴非马,不伦不类

fi·schen; *fischte*, *hat gefischt*; Vt/i (及物/不及物) **1.** (***etw.***) ***f.*** versuchen, mit e-r Angel od. mit e-m Netz *bes* Fische zu fangen 捕,钓,捞(鱼): *Der Angler sitzt am Bach u. fischt (Forellen)* 垂钓者坐在小溪旁钓(鳟)鱼; Vt (及物) **2.** ***j-n/etw. aus etw. f.*** *gespr* [口]; j-n/etw. aus e-r Flüssigkeit holen (从液体中)捞出,掏出: *ein Haar aus der Suppe f.* 从汤里捞出一根头发 **3.** (***sich*** (*Dat* 三格)) ***etw.*** (***aus etw.***) ***f.*** *gespr* [口]; (sich) etw. aus etw. nehmen (从…中)取出,拿出,挑拣: *Sie* *fischte sich e-e Praline aus der Schachtel* 他从盒子里挑拣夹心巧克力

Fi·scher *der*; *-s*, -; j-d, der (*bes* beruflich) Fische fängt 捕鱼人,渔夫,渔民,渔业工人: *Die Insel ist nur von Fischern bewohnt* 这个岛上住的全是渔民 ‖ K- (复合): ***Fischer-***, ***-boot***, ***-dorf***, ***-haus***, ***-insel***, ***-netz*** ‖ -K (复合): ***Austern-***, ***Perlen-***

Fi·sche·rei *die*; -; *nur Sg* (只用单数); das Fangen von Fischen u. anderen Tieren, die im Meer leben 捕鱼,渔业 〈von der F. leben 靠捕鱼为生〉 ‖ K- (复合): ***Fischerei-***, ***-gewässer***, ***-hafen*** ‖ -K (复合): ***Hochsee-***, ***Küsten-***, ***Perlen-***

Fisch·fang *der*; *nur Sg* (只用单数); das Fangen von Fischen (als Beruf) 捕鱼 〈auf F. gehen 去捕鱼; vom F. leben 以捕鱼为生〉

Fisch·ver·gif·tung *die*; e-e Vergiftung, die man bekommt, wenn man verdorbenen Fisch gegessen hat 食鱼中毒

Fisch·zug *der*; *-(e)s*; *nur Sg* (只用单数) **1.** der Fischfang mit dem (Schlepp)Netz 用网(拖网)捕鱼 **2.** ***ein guter F.*** ein Geschäft, das reichen Gewinn bringt (一笔)赚大钱的买卖

Fis·kus *der*; -; *nur Sg*, *Kollekt* (只用单数,集合); alle Institutionen des Staates (*bes* die Finanzämter), die für Finanzen u. Steuern zuständig sind (国家的)财政税务机关,国库

Fis·tel·stim·me *die*; *gespr* [口]; e-e sehr hohe, unangenehme Stimme 假声,假嗓子;尖细的声音

fit *Adj* (形); *nur präd od adv* (只作表语或状语); (*mst* durch sportliches Training) bei guter Gesundheit 精力充沛的,竞技状态良好的 ≈ durchtrainiert, in Form: *Er hält sich durch Gymnastik u. Dauerläufe fit* 他由于做体操和练长跑而保持着充沛的精力

Fit·ness *die*; -; *nur Sg* (只用单数); e-e gute körperliche Verfassung 良好的体质,良好的竞技状况,健康 〈etw. für die/seine F. tun 为了良好的体质而从事某事〉 ‖ K- (复合): ***Fitness-***, ***-programm***, ***-studio***, ***-test***, ***-training***

Fit·ness·cen·ter *das*; ein Haus od. e-e Halle, in dem/der man bestimmte Sportarten (*z.B.* Gymnastik, Bodybuilding od. Squash) betreiben kann, die *bes* der Fitness dienen 健身中心,健身房 ≈ Fitnessstudio

Fit·tich *der*; *mst in* 多用于 ***j-n unter seine Fittiche nehmen*** *hum* [诙]; sich um j-n kümmern, indem man ihn beschützt u. ihm hilft 将某人置于自己的卵翼之下,庇护某人

fix[1], *fixer*, *fixest-*; *Adj* (形); *gespr* [口] **1.** *nur adv* (只作状语) ≈ rasch, schnell: *seine Arbeit ganz fix erledigen* 十分麻利(迅速)地完成自己的工作 **2.** fähig, etw. schnell zu verstehen od. zu tun 伶俐的,灵巧的,机灵的,手脚麻利的 ≈ flink, geschickt ↔ schwerfällig: *ein fixer Junge* 一个机灵的小伙子

fix[2] *Adj* (形); *mst attr*, *nicht adv* (多作定语,不作状语) ≈ fest (9), unveränderlich ↔ variabel 〈das Gehalt, Kosten, ein Preis 工资,费用,价格〉 ‖ K- (复合): ***Fix-***, ***-kosten***, ***-preis***

fix[3] *Adj* (形); *nur in* 只用于 ***fix u. fertig***; *nur präd od adv*, *gespr* (只作表语或状语),[口]; **a)** vollständig bis zum Ende gemacht 全部结束: *Das Kleid, das ich genäht habe, ist jetzt fix u. fertig* 我缝制的这件连衣裙现在全部完工了; *Alles ist fix u. fertig aufgeräumt* 所有东西已全部清理完毕; **b)** (körperlich od. seelisch) völlig erschöpft 精神不振,精疲力尽: *Die Hitze macht mich fix u. fertig* 热得我没一点儿精神; **c)** völlig ruiniert 完全破产,彻底垮了

fi·xen; *fixte*, *hat gefixt*; *gespr* [口]; **Vi** (不及物) sich Rauschgift in e-e Ader spritzen 给自己的静脉注射毒品 ‖ *hierzu* (派生) **Fi·xer** *der*; *-s*, -

fi·xie·ren; *fixierte*, *hat fixiert*; **Vt** (及物) **1.** ***etw. f.*** ADM *geschr* 【管理】[书]; etw., das vorher mündlich gesagt wurde, aufschreiben 将…(口头的叙述)记录下来 ≈ (schriftlich) festhalten (3): *Die Polizisten fixierten die Aussagen des Verhafteten in e-m Protokoll* 警察把被捕者的口供记录在案 **2.** ***etw. irgendwo f.*** *geschr* [书]; etw. irgendwo festmachen 将…固定在…上: *ein Plakat an der Wand f.* 将招贴画贴在墙上 **3.** ***j-n/etw. f.*** *geschr* [书]; starr u. konzentriert auf j-n/etw. blicken 凝视,目不转睛地注视 **4.** ***etw. f.*** FOT【摄影】; e-n (entwickelten) Film in e-e spezielle Flüssigkeit geben, damit sich das Bild nicht mehr durch Licht verändert 将…定影 〈e-n Film, Fotos f. 将胶卷、照片定影〉 ‖ K- (复合): ***Fixier-***, ***-bad***, ***-mittel***

fi·xiert **1** *Partizip Perfekt* (过去分词); ↑ ***fixieren*** **2.** *Adj* (形); ***auf j-n/etw. f.*** *geschr*, *mst pej* [书],多用[贬]; emotional so stark an e-e bestimmte Person od. Sache gebunden, dass man psychisch von ihr abhängt 感情上、心理上依赖于…的: *Das Kind ist stark auf seine Mutter fixiert* 这孩子心理上十分依赖他母亲

Fix·stern *der*; ASTR【天】; ein Stern (Himmelskörper) wie *z.B.* unsere Sonne, der seine Lage zu anderen Sternen nicht ändert 恒星

Fi·xum *das*; *-s*, *Fi·xa*; *geschr* [书]; ein festes (Grund) Gehalt (für e-e Arbeit), zu dem *mst* noch weitere Zahlungen (je nach Leistung) hinzukommen 固定工资,基本工资: *Das F. des Kellners ist so gering, dass er auf Trinkgelder angewiesen ist* 这位餐馆服务员的基本工资很少,他还得依靠小费收入

FKK [ɛfka:ˈka:] *indeklinabel* (词形不变); (*Abk für* 缩写,全称为 Freikörperkultur) *mst in* 多用于 ***F. machen/treiben*** *gespr* [口]; sich im Freien, in der Natur nackt bewegen, *bes* nackt baden (在露天、户外)做裸体运动,进行裸体沐浴(日光浴) ‖ K- (复合): ***FKK-Gelände***, ***FKK-Strand***, ***FKK-Urlaub***

flach, *flacher*, *flach(e)st-*; *Adj* (形) **1.** ohne (auffällige) Erhebung od. Vertiefung 平坦的,平的 ≈ eben ↔ gebirgig, uneben 〈ein Gebiet, ein Land 地区,地带; ein Brett 木板; sich f. (= ausgestreckt) auf den Boden legen 平躺到地上〉 ‖ ↑ *Abb. unter* 图见 ***Eigen-***

schaften 2. mit nur geringer Höhe 低矮的，平底的 ≈ niedrig (1) ↔ hoch ⟨ein Bau, ein Gebäude 建筑物，楼房；Schuhe 鞋⟩：*Schuhe mit flachen Absätzen* 平跟鞋 ‖ K-（复合）：**Flach-**，**-bau** 3. so, dass es sich nur ganz wenig nach unten erstreckt, nur geringe Tiefe hat 浅的 ≈ niedrig (2) ↔ tief ⟨e-e Schüssel, ein Teller 碗，盘子；ein Gewässer, ein Flussbett 水域，河床⟩ ‖ K-（复合）：**Flach-**，**-wasser** 4. *pej*［贬］；ohne etw. Wichtiges od. Neues 内容空洞的，平淡的，肤浅的，乏味的 ≈ nichtssagend ⟨e-e Unterhaltung, ein Vortrag 谈话，报告⟩ 5. so, dass der Betreffende beim Atmen nur wenig Luft in die Lungen bekommt, *bes* weil er schwach ist（呼吸）微弱的，轻的 ↔ tief ⟨f. atmen 微弱呼吸；j-s Atem geht f. 某人的呼吸很轻⟩

Flach·dach *das*；ein Dach, das horizontal auf e-m Gebäude liegt, ohne schräge Flächen 平屋顶

Flä·che *die*；-，-*n* 1. ein ebenes Gebiet mit e-r bestimmten Länge u. Breite 地面，场地：*Weite Flächen Chinas sind mit Reis bebaut* 中国有广大的地区种植水稻；*Vor dem Supermarkt kann man auf e-r großen F. parken* 在超级商场前面有一大块场地可以停车 ‖ K-（复合）：**Flächen-**，**-ausdehnung**，**-brand** ‖ -K（复合）：**Acker-**，**Anbau-**，**Eis-**，**Rasen-**，**Schnee-**，**Tanz-**，**Wasser-** 2. die flache Seite e-s geometrischen Körpers（几何体的）面，平面：*Ein Würfel besteht aus sechs quadratischen Flächen* 立方体有六个正方形平面 ‖ -K（复合）：**Seiten-**，**Spiegel-**，**Wand-** 3. MATH【数】；verwendet, um die Größe von zweidimensionalen Figuren (in Quadratzentimetern, Quadratmetern *usw*) zu berechnen 面积，面：*Die F. des Kreises beträgt 20 cm²* 这个圆的面积为 20 平方厘米 ‖ K-（复合）：**Flächen-**，**-berechnung**，**-inhalt**，**-maß** ‖ -K（复合）：**Kegel-**，**Kreis-**

flach·fal·len；*fällt flach*，*fiel flach*，*ist flachgefallen*；Vi（不及物）**etw. fällt flach** *gespr*［口］；etw. findet nicht statt（物作主语）告吹，取消，黄了 ≈ etw. fällt aus ⟨ein Fest, ein Ausflug 庆祝会，郊游⟩

Flach·heit *die*；-，-*en* 1. Geistlosigkeit, das Fehlen von guten Ideen u. Witz 平淡，乏味，干巴巴：*Die F. seines Vortrags war kaum zu übertreffen* 他的报告内容乏味至极 2. *mst Pl*，*pej*（多用复数）［贬］；e-e Äußerung, die nichts Wichtiges od. Neues enthält 平淡乏味的话，平庸的见解，肤浅的看法

-flä·chig *im Adj*，*begrenzt produktiv*（构成形容词，构词有限）；mit der genannten Zahl od. Menge von Flächen (2) … 面（体）的：**vierflächig**，**fünfflächig**，**sechsflächig** *usw*；**vielflächig**

Flach·land *das*；*nur Sg*（只用单数）；ein relativ großes, flaches Gebiet 平原 ≈ Ebene

flach·lie·gen；*lag flach*，*hat/südd* Ⓐ［南德］［奥］*ist flachgelegen*；Vi（不及物）*gespr*［口］；krank sein u. im Bett liegen 卧病在床

Flach·mann *der*；-(*e*)*s*，*Flach·män·ner*；*gespr hum*［口］［谑］；e-e kleine Flasche (für Schnaps), die so flach ist, dass man sie in die (Jacken)Tasche stecken kann（可置于上衣口袋、装烧酒用的）小扁瓶子

Flachs [flaks] *der*；-*es*；*nur Sg*（只用单数）1. e-e Pflanze, aus deren Stängeln man Bast gewinnt 亚麻 2. die Fasern des Flachses (1), aus denen man Leinen herstellt 亚麻纤维 3. *gespr*［口］；Unsinn, der aus Spaß gesagt wird 无聊的玩笑，戏弄，胡闹 ⟨F. machen 开玩笑，瞎胡闹⟩ ‖ *zu*（义项）3. **flach·sen**（*hat*）Vi（不及物）

fla·ckern；*flackerte*，*hat geflackert*；Vi（不及物）**etw. flackert** etw. brennt so, dass sich die Flamme sehr unruhig bewegt（物作主语）跳动，闪烁 ⟨e-e Flamme, e-e Lampe, ein Licht *o. Ä.* 火焰，灯，光⟩：*Im Kamin flackerte ein helles Feuer* 壁炉中跳动着炽烈的火

Fla·den *der*；-*s*，- 1. e-e Art Kuchen od. Brot in flacher, runder Form 扁圆饼，圆面包 ‖ K-（复合）：**Fladen-**，**-brot** 2. e-e (dickflüssige) Masse, die flach u. breit auseinander gelaufen ist (*z. B.* der Kot von Kühen) 糊状物（如：牛粪）‖ -K（复合）：**Kuh-**

Flag·ge *die*；-，-*n*；e-e kleine Fahne *z. B.* am Mast e-s Schiffes 旗，旗帜 ⟨e-e F. hissen, aufziehen, einholen 升旗，升旗，降旗⟩：*Die Piraten hissten die F. mit dem Totenkopf* 海盗们升起带有骷髅图案的旗子；*Der Tanker fährt unter libanesischer F.* 这条油轮挂着黎巴嫩的国旗航行 ‖ K-（复合）：**Flaggen-**，**-mast** ‖ -K（复合）：**National-**，**Piraten-**，**Schiffs-** ‖ ID［谚］**F. zeigen** seine Meinung, seinen Standpunkt klar u. deutlich zu erkennen geben 亮明自己的观点、意见，亮出旗帜

Flagg·schiff *das* 1. das größte u. wichtigste Schiff e-r Flotte 旗舰 2. das teuerste u. modernste Modell e-r Autofirma 汽车厂家的最名贵、最新型号的汽车

flag·rant *Adj*（形）；*mst attr*，*nicht adv*；*geschr*（多作定语，不作状语），［书］≈ offenkundig ⟨ein Verstoß, ein Widerspruch 违反，异议⟩

Flair [flɛːɐ] *das*；-*s*；*nur Sg*，*geschr*（只用单数），［书］；die besondere Atmosphäre, die etw. umgibt od. die ein Mensch ausstrahlt 特有的气氛，氛围 *das F. der Wiener Kaffeehäuser* 维也纳咖啡馆中特有的氛围

flam·bie·ren；*flambierte*，*hat flambiert*；Vt（及物）**etw. f.** den Alkohol anzünden, den man über e-e Speise gegossen hat (u. diese brennend servieren)（在菜肴上）用酒燎一下

Fla·min·go [-ŋg-] *der*；-*s*，-*s*；ein Vogel mit langen Beinen, langem Hals u. *mst* rosa Federn (der an See- u. Flussufern in warmem Klima lebt) 红鹳，火烈鸟

Flam·me *die*；-，-*n* 1. der obere (bläulich od. gelblich brennende) Teil des Feuers, der sich (heftig) bewegt 火焰，火苗，火舌 ⟨e-e helle, schwache, starke F. 明亮的、微弱的、猛烈的火焰；e-e F. erlischt, lodert, züngelt 火势已熄，火光冲天，火舌四窜；j-d erstickt die Flammen 某人扑灭火焰): *Flammen schlugen aus dem Dach des brennenden Hauses* 火苗从着火房子的屋顶窜出来 ‖ -K (复合): ***Gas-***, ***Kerzen-*** **2.** ***etw. steht in Flammen*** *geschr* [书]; etw. brennt als Ganzes 某物完全陷于大火之中(被大火吞没) **3.** ***etw. geht in Flammen auf*** *geschr* [书]; etw. wird ganz durch ein Feuer zerstört 某物在大火中化为灰烬: *Das ganze Gebäude ging in Flammen auf* 整幢楼房毁于大火 **4.** ***auf kleiner F.*** bei geringer Hitze 用文火: *e-e Fischsuppe auf kleiner F. kochen* 用文火煨鱼汤 **5.** *mst* 多用 ***die Flammen*** + *Gen* (二格), *geschr* [书]; verwendet, um intensive Gefühle zu beschreiben (指感情的)烈火,火焰,炽热: *Flammen der Begeisterung, der Leidenschaft, des Hasses* 火一般的热情,狂热的激情,仇恨的火焰 **6.** *gespr veraltend* [口][渐旧]; verwendet als Bezeichnung für ein Mädchen, in das ein junger Mann verliebt ist (年轻男子的)恋人,意中人,倾心的姑娘 ≈ Schwarm

flam·mend *Adj* (形) **1.** so, dass es in heller od. kräftiger Farbe strahlt 发亮的,闪光的,金光灿灿的 ≈ leuchtend: *ein flammendes Gelb* 明亮耀眼的黄颜色 **2.** von starken Gefühlen/Emotionen begleitet, mit Leidenschaft 激昂的,激情的,感情炽烈的 ≈ leidenschaftlich ⟨ein Appell, ein Plädoyer, e-e Rede 呼吁,辩护词,演说⟩

Fla·nell *der*; *-s*; *nur Sg* (只用单数); ein leichter, sehr weicher Stoff aus Wolle (od. Baumwolle), der sehr gut wärmt 法兰绒: *ein Pyjama aus F.* 法兰绒睡衣裤 ‖ K- (复合): ***Flanell-***, ***-anzug***, ***-bluse***, ***-hemd***, ***-hose***

fla·nie·ren; *flanierte*, *hat/ist flaniert*; Vi (不及物) *geschr* [书]; (ohne ein bestimmtes Ziel) durch die Straßen e-r Stadt gehen 闲逛,溜达 ≈ schlendern, spazieren

Flan·ke *die*; *-*, *-n* **1.** die weiche Seite des Körpers von Tieren zwischen Brust(korb) u. Becken (动物的)肋,肋腹: *Der Reiter drückte dem Pferd die Sporen in die Flanken* 骑手用靴刺紧夹马的两肋 **2.** MIL【军】; die rechte od. linke Seite e-r Truppe, die marschiert od. bereits (im Gelände) e-e Position zum Kämpfen eingenommen hat 侧翼,侧面 **3.** SPORT【体】; (bes beim Fußball) ein Schuss, der den Ball von e-r Seite des Spielfelds vor das Tor des Gegners bringt (尤指足球比赛时从球场边线直传对方球门前的)边线传中(球) ⟨e-e (hohe) F. schlagen 打(高吊)边线传中(球),从边线将球(高吊)传到球门前⟩ **4.** SPORT【体】; ein Sprung von der Seite über ein Turngerät, Brett *o. Ä.*, bei dem man eine Hand aufstützt 侧腾越 ⟨e-e F. machen 作侧腾越⟩ ‖ zu (义项) **3.** u. **4.** **flan·ken** (*hat*) *Vt/i* (及物/不及物)

flan·kie·rend *Adj* (形); *nur in* 只用于 ***flankierende Maßnahmen*** ⟨ergreifen 采取⟩ *geschr* [书]; Maßnahmen (ergreifen), die die Wirkung e-r Sache unterstützen 辅助的措施,补充的措施

Fla·sche *die*; *-*, *-n* **1.** ein *mst* hohes (verschließbares) Gefäß (*bes* aus Glas), das zur Öffnung hin eng wird 瓶 ⟨e-e schlanke, bauchige F. 细长的瓶子,大肚瓶; e-e F. aufmachen, entkorken, füllen, verkorken 开瓶,起瓶塞,装瓶,塞住瓶子⟩: *e-e F. Limonade, Wein, Bier, Schnaps* 一瓶汽水、葡萄酒、啤酒、烧酒; *die F. mit e-m Korken verschließen* 用软木塞塞住瓶子 ‖ K- (复合): ***Flaschen-***, ***-bier***, ***-gärung***, ***-glas***, ***-milch***, ***-pfand***, ***-verschluss*** ‖ -K (复合): ***Bier-***, ***Sekt-***, ***Wein-***; ***Milch-***; ***Sauerstoff-*** **2.** die Menge an Flüssigkeit, die sich in e-r F. (1) befindet 一瓶(液体): *e-e F. Milch trinken* 喝一瓶奶 **3.** e-e F. (1) aus Glas od. Plastik, aus der ein Baby flüssige Nahrung (*bes* Milch) trinken kann (婴儿)奶瓶 ⟨e-m Kind die F. geben 用奶瓶给孩子喂奶⟩ ‖ K- (复合): ***Flaschen-***, ***-nahrung*** ‖ -K (复合): ***Baby-*** **4.** *gespr pej* [口][贬] ≈ Versager

Fla·schen·hals *der* **1.** der obere, enge Teil e-r Flasche (1) 瓶颈 **2.** die Stelle, an der e-e (breite) Straße enger wird 道路的瓶颈地段,狭窄路段

Fla·schen·öff·ner *der*; ein kleiner Gegenstand (aus Metall), mit dem man Flaschen öffnen kann, die e-n Verschluss aus Metall haben 起子,开瓶器 ‖ NB (注意): ↑ ***Korkenzieher***

Fla·schen·post *die*; e-e schriftliche Nachricht in e-r verschlossenen Flasche, die j-d ins Meer wirft, damit sie von j-m gefunden u. gelesen wird 浮(漂)瓶传信

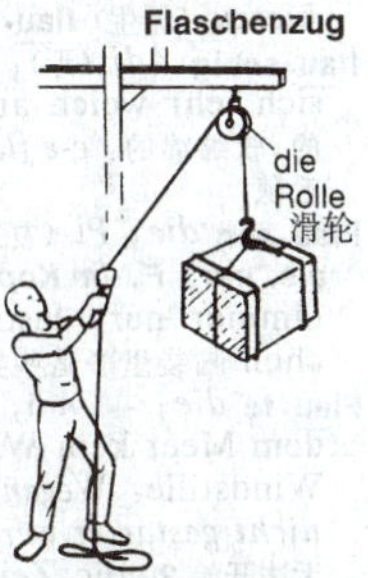

Fla·schen·zug *der*; e-e Konstruktion aus Seilen u. Rollen, mit der man schwere Lasten mit relativ wenig Kraft hochziehen kann 滑车,滑车组,复滑车

flat·ter·haft *Adj* (形); in seiner Meinung, seinem Verhalten od. seiner Überzeugung (*bes* in Bezug auf andere Personen) nicht fest, sondern schnell bereit, sie zu ändern 轻率的,轻浮的,反复无常的,多变的 ⟨ein Wesen, e-e Person 性格,人⟩ ‖ NB (注意): ↑ ***unbeständig***

flat·tern; *flatterte*, *hat/ist geflattert*; Vi (不及物) **1.** ⟨ein Vogel, ein Schmetterling *o. Ä.* 鸟,蝴蝶等⟩ ***flattert irgendwo*** (***hin***) (*ist*) ein Vogel, ein Schmetterling *o. Ä.* fliegt so, dass sich die Flügel schnell u. unruhig auf u. ab bewegen 飞翔,飞来飞去,振翅飞舞: *Der Schmetterling flattert über die Wiese* 蝴蝶在草地上飞来飞去 **2.** ⟨ein Vogel, ein Schmetterling *o. Ä.* 鸟,蝴蝶等⟩ ***flattert mit den Flügeln*** (*hat*) ein Vogel, ein Schmetterling *o. Ä.* bewegt seine Flügel heftig hin u. her 拍打翅膀,扑扇翅膀: *Die Hühner flatterten aufgeregt mit den Flügeln* 母鸡兴奋地拍打着翅膀 **3.** ***etw. flattert irgendwohin*** (*ist*) *bes* Papier fällt mit e-r ungleichmäßigen Bewegung zu

Boden od. wird vom Wind durch die Luft bewegt（物作主语）（尤指纸张）飘，飘飞，飘动 **4.** ***etw. flattert***（*hat*）etw. bewegt sich im Wind heftig hin u. her（物作主语）飘动，飘扬，飘舞：*Die Wäsche flatterte auf/an der Leine* 晾晒的衣服在绳子上随风飘动 **5.** ***j-s Herz/Puls flattert***（*hat*）j-s Herz/Puls schlägt unregelmäßig 某人的心脏/脉搏不规则地跳动

F

flau, *flauer*, *flau(e)st-*; *Adj*（形）**1.** ***j-m ist f.*** *gespr*［口］；j-d fühlt sich nicht wohl, ihm ist ein wenig übel od. schwindlig 感到不舒服：*Vor lauter Aufregung war mir ganz f. im Magen* 我气得胃里很难受 **2.** *nicht adv*, *gespr*（不作状语），［口］≈ langweilig：*Die Stimmung auf seiner Party war ziemlich f.* 在他的聚会上气氛相当单调乏味 **3.** *mst präd*（多作表语）；so, dass dabei nicht viel Geld verdient wird 萧条的，不景气的，呆滞的，疲软的〈das Geschäft, der Verkauf, der Umsatz ist f. 生意萧条，销售不景气，不畅〉‖ *hierzu*（派生）**Flau·heit** *die*; *nur Sg*（只用单数）

Flaum *der*; *-(e)s*; *nur Sg*（只用单数）**1.** die kleinen, sehr weichen Federn, die ein Vogel unter den anderen Federn direkt auf der Haut hat（鸟、禽的）绒毛 ≈ Daunen ‖ K-（复合）：***Flaum-, -feder*** **2.** *gespr*, *mst hum*［口］，多作［诙］；die ersten Barthaare e-s jungen Mannes（年轻人的）须毛 ‖ -K（复合）：***Bart-*** **3.** e-e sehr weiche Oberfläche 表皮上的茸毛，细毛，毛毛：*der F. e-s Pfirsichs* 桃子皮上的茸毛 ‖ *hierzu*（派生）**flau·mig** *Adj*（形）

flau·schig *Adj*（形）；aus e-m dicken Stoff, der sich sehr weich anfühlt 呢绒般柔软的，松软的，软绵绵的：*e-e flauschige Wolldecke* 柔软的毛毯

Flau·sen *die*; *Pl*（复）；*mst in* 多用于（***nichts als/nur***）***F. im Kopf haben*** *gespr pej*［口］［贬］；（immer nur）lustige Streiche, Unfug machen 脑袋里净是些异想天开的想法，尽胡思乱想

Flau·te *die*; *-*, *-n* **1.** der Zustand, in dem auf dem Meer kein Wind weht 风平浪静，无风 ≈ Windstille：*Wegen e-r F. konnte die Regatta nicht gestartet werden* 因为海上无风，划艇比赛无法开始 **2.** die Zeit, in der *z. B.* e-e Firma wenig Waren verkauft od. nur wenig Aufträge bekommt 萧条（期），不景气，呆滞：*In der Bauindustrie herrscht zurzeit e-e F.* 建筑工业目前不景气 **3.**（von Menschen）e-e vorübergehende Verschlechterung in der Leistung, Stimmung *o. Ä.* 萎靡不振，无精打采

Flech·te *die*; *-*, *-n*; e-e Pflanze, die sich auf Steinen od. auf Holz ausbreitet u. noch in extremen Höhen im Gebirge vorkommt 地衣，苔藓

flech·ten; *flicht*, *flocht*, *hat geflochten*; [Vt]（及物）**1.** ***etw. f.*** drei od. mehr Stränge *z. B.* von Haar, Wolle od. Stroh so über- u. untereinander legen, dass e-e Art Band od. ein Zopf entsteht 编，编结，编扎：*die Haare (e-s Mädchens) zu e-m Zopf flechten* 将（姑娘的）头发编成一条辫子 **2.** ***etw. f.*** durch Flechten (1) e-n Gegenstand herstellen 编织：*aus Binsen e-n Korb f.* 用灯心草编篮子；*aus Bast e-e Matte f.* 用韧皮纤维编席子

flechten

Fleck *der*; *-(e)s*, *-e* **1.** e-e *mst* kleine schmutzige Stelle *bes* auf Stoff 污斑，污渍，斑点，弄脏的地方：*sich mit Farbe Flecke auf das neue Hemd machen* 用颜料将自己的新衬衣弄得污迹斑斑；*e-n F. aus dem Tischtuch entfernen* 除去桌布上的一个污渍 ‖ -K（复合）：***Blut-, Farb-, Fett-, Gras-, Rost-, Rotwein-, Schmutz-, Soßen-, Tinten-*** **2.** e-e kleine Stelle（*bes* auf dem Fell von Tieren）, die e-e andere Farbe hat als ihre Umgebung（动物皮毛上的）斑点：*Unser Hund hat e-n weißen F. auf der Stirn* 我家狗的额头上有一块白斑 ‖ -K（复合）：***Haut-*** **3.** ***ein blauer F.*** ein leichter Bluterguss 紫斑，轻微的血肿：*nach e-m Sturz blaue Flecke am Bein haben* 跌了一跤后腿上起了几块青紫斑 **4.** *gespr*［口］；e-e bestimmte Stelle, ein Punkt 地点，地方〈sich nicht vom F. rühren（站在）原地一动不动，不离开原地一步〉：*Die Handbremse klemmt. – Ich kriege den Wagen nicht vom F.*（= kann ihn nicht bewegen）手闸卡住了，我无法使汽车动弹一步 **5.** *gespr*［口］；e-e kleine Fläche in e-r Landschaft, e-m Gebiet（小块）地段，（小片）地区〈ein schöner, herrlicher, stiller F. 美丽的、美好的、安静的地段（地区）〉‖ NB（注意）：*mst* in Verbindung mit positiven Adjektiven u. oft auch in der verkleinerten Form *Fleckchen*（多与褒义形容词连用，也常用 *Fleckchen*）‖ ID［谚］***ein weißer F. auf der Landkarte*** e-e Gegend der Erde, die noch nicht erforscht ist 地图上的空白点；地球上尚未勘探的地区；（***mit etw.***）***nicht vom F. kommen*** *gespr*［口］；（*bes* bei e-r Arbeit）nicht weiterkommen 停步不前，毫无进展

Fle·cken *der*; *-s*, *-* **1.** ≈ Fleck (1) **2.** *veraltend*［渐旧］；e-e kleine Ortschaft 小镇，村庄 ≈ Dorf

Fle·cken·ent·fer·ner *der*; e-e Flüssigkeit od. ein Pulver, mit denen man Flecken (1) entfernt 除斑剂，去污剂

fle·cken·los *Adj*（形）；*nicht adv*（不作状语）；ohne e-n Fleck (1,2) 无污渍的，无斑点的

Fle·cken·was·ser *das*; *mst Sg*（多用单数）；ein flüssiges Mittel, mit dem man Flecken (1) entfernt 去污液

fle·ckig Adj（形）**1.** mit (vielen) Flecken (1) 有污渍的，污迹斑斑的 ↔ sauber, fleckenlos〈ein Hemd, e-e Tischdecke 衬衫，桌布〉**2.** *pej*［贬］；mit vielen Flecken (2) bedeckt u. deshalb nicht schön 有斑点的，带疵点的〈ein Gesicht, e-e Haut 脸，皮肤；ein Apfel 苹果〉

Fle·der·maus *die*; ein kleines (Säuge)Tier mit Flügeln, das *bes* in Höhlen lebt, nachts fliegt u. beim Schlafen mit dem Kopf nach unten hängt 蝙蝠

Fle·gel *der*; *-s*, *-*; *gespr pej* [口][贬]; verwendet als Schimpfwort für e-n Mann od. Jungen, der sich schlecht (*bes* frech u. unhöflich) benimmt (骂人话)粗野无礼的家伙，没有教养的小子 ‖ *zu* (义项) **Flegelei** ↑ **-ei**

fle·gel·haft *Adj* (形); wie ein Flegel 粗野无礼的，不懂规矩的，缺乏教养的 ‹sich f. benehmen 举止粗野无礼; flegelhafte Manieren haben 举止粗野，蛮不讲理› ‖ NB (注意): *mst* für männliche Personen verwendet (多用于男人) ‖ *hierzu* (派生) **Fle·gel·haf·tig·keit** *die*

Fle·gel·jah·re *die*; *Pl* (复); e-e Zeit in der Entwicklung vieler (männlicher) Jugendlicher, in der sie sehr frech u. unhöflich sind 年少无知、血气方刚的年岁 ‹in den Flegeljahren sein 正处于年少无知、血气方刚的岁数›

fle·geln, sich; *flegelte sich*, *hat sich geflegelt*; **Vr** (反身) ***sich irgendwohin f.*** *gespr pej* [口][贬]; sich in sehr bequemer u. lässiger Haltung irgendwohin setzen 吊儿郎当地坐下，懒洋洋地坐下: *Flegel dich nicht so auf die Couch!* 别那么不像样子地往躺椅上一坐!

fle·hen [ˈfleːən]; *flehte*, *hat gefleht*; **Vi** (不及物) **1.** (***um etw.***) ***f.*** demütig u. intensiv um etw. bitten 乞求，恳求，央求 ‹um Gnade, Hilfe, Vergebung f. 乞求开恩、帮助、宽恕›; **Vt/i** (及物/不及物) **2.** ***f.*** (+ *Satz* 句子) ≈ f. (1): „*Lass mich nicht allein!*" *flehte er* "别让我单独一个人呆在这里!"，他恳求道

fle·hent·lich *Adj* (形); *nur attr od adv* (只作定语或状语), *geschr* [书]; in Demut (flehend) 谦卑的，恳切的 ‹e-e Bitte 请求; j-n f. um etw. bitten 为某事央求某人›

Fleisch *das*; *-(e)s*; *nur Sg* (只用单数) **1.** die weiche Substanz am Körper von Menschen u. Tieren, die unter der Haut liegt u. die Knochen umhüllt (*bes* Muskeln) 肉，肌肉: *Der Löwe riss ein großes Stück F. aus dem Körper der Antilope* 狮子从羚羊的身体上撕下一大块肉 ‖ K- (复合): ***Fleisch-***, ***-wunde*** **2.** Teile des Fleisches (1) von Tieren, die man *z.B.* gekocht od. gebraten isst (食用)肉 ‹fettes, frisches, mageres, rohes, zähes, gebratenes, geräuchertes F. 肥肉，鲜肉，瘦肉，生肉，老肉，烤肉，熏肉› ‖ K- (复合): ***Fleisch-***, ***-gericht***, ***-konserve*** ‖ -K (复合): ***Hühner-***, ***Kalb-***, ***Rind-***, ***Schweine-*** **3.** die weichen Teile von Früchten u. bestimmten Gemüsearten, die man isst 果肉: *das saftige F. der Kirschen*, *Tomaten* 樱桃、西红柿的多汁的果肉 ‖ -K (复合): ***Frucht-*** **4.** *geschr veraltend* [书][渐旧]; die sinnlichen, *bes* sexuellen Bedürfnisse 肉欲，性欲 ‖ K- (复合): ***Fleisches-***, ***-lust*** ‖ ID [谚] ***sich*** (*Dat* 三格/*Akk* 四格) ***ins eigene F. schneiden*** (durch e-e Dummheit, Unvorsichtigkeit) sich selbst schaden 自作自受，自食其果; *mst* 多用 ***etw. geht j-m in F. u. Blut über*** j-d hat etw. schon so lange od. oft getan, dass er es automatisch beherrscht od. tut 某事对某人来说已成自然习惯，已被某人熟练地掌握; ***sein eigen F. u. Blut*** *geschr veraltend* [书][渐旧]; sein eigenes Kind, seine eigenen Kinder 自己的孩子，亲生骨肉; ***j-d fällt vom F.*** *gespr* [口]; j-d nimmt stark ab, wird mager 某人掉了不少肉，消瘦了 ‖ *zu* (义项) **1. fleisch·far·ben** *Adj* (形)

Fleisch·be·schau *die*; *-*; *nur Sg* (只用单数) **1.** die Feststellung (durch e-e Behörde), ob das Fleisch (2) verkauft u. gegessen werden kann 肉类检验，肉类卫生检查 **2.** *pej* [贬]; (von Männern) lustvolles Betrachten der Frauen, die wenig bekleidet sind (*z.B.* am Strand) (男人)贪婪地欣赏肉体大部外露的妇女 ‖ *zu* (义项) **1. Fleisch·be·schau·er** *der*

Fleisch·brü·he *die* **1.** e-e klare Suppe, die durch Kochen von Fleisch u. Knochen entsteht 肉汁，骨头汤 **2.** ein Pulver *o.Ä.*, mit dem man Suppen würzt 肉汤汤料

Flei·scher *der*; *-s*, *-*; j-d, der beruflich schlachtet, Fleisch verkauft, Wurst macht 屠宰工人，屠夫; 肉贩，肉铺老板; 肉食加工工人 ≈ Metzger, Schlachter ‖ K- (复合): ***Fleischer-***, ***-handwerk***, ***-laden***, ***-lehrling***, ***-meister***, ***-messer***

Flei·sche·rei *die*; *-*, *-en*; ein Geschäft, in dem Fleisch u. Wurst verkauft werden 肉店，肉铺，肉食店; 肉类加工厂 ≈ Metzgerei, Schlachterei

Fleisch·fres·ser *der*; *-s*, *-*; ein Tier, das hauptsächlich von Fleisch lebt 食肉动物 ‖ *hierzu* (派生) **fleisch·fres·send**, **Fleisch fres·send** *Adj* (形); *nur attr*, *nicht adv* (只作定语，不作状语)

flei·schig *Adj* (形); *nicht adv* (不作状语) **1.** (*bes* von Körperteilen) mit viel Fleisch 胖的，肉乎乎的，胖乎乎的 ≈ dick, massig ‹ein Gesicht, e-e Nase, Lippen, Hände 脸，鼻子，嘴唇，手› **2.** (*bes* von Obst) mit viel (Frucht)Fleisch (3) 肉厚的，果肉饱满的: *fleischige Kirschen* 果肉饱满的樱桃

fleisch·lich *Adj* (形); *mst attr*, *geschr veraltend* (多作定语), [书][渐旧]; von sexueller Lust bestimmt 肉体的，肉欲的，性的 ‹Begierde, Gelüste, Lust 欲念，渴望，欲望›

Fleisch·pflan·zerl *das*; *-s*, *-*; *südd* [南德] ≈ Frikadelle

Fleisch·ver·gif·tung *die*; e-e Vergiftung, die man bekommt, wenn man verdorbenes Fleisch gegessen hat 食肉中毒

Fleisch·wa·ren *die*; *Pl* (复); Wurst u. Fleisch in verschiedenen Sorten, die es im Geschäft zu kaufen gibt 肉类食品，肉制品 ‖ K- (复合): ***Fleischwaren-***, ***-abteilung***

Fleisch·wolf *der*; ein (Küchen)Gerät, mit dem man Fleisch (2) so fein macht (zerkleinert), dass e-e weiche Masse entsteht 绞肉机，碎肉机

Fleiß *der*; *-es*; *nur Sg* (只用单数); die konzentrierte u. intensive Arbeit u. Beschäftigung mit etw. 勤奋，刻苦，努力 ↔ Faulheit: *mit ausdauerndem, unermüdlichem F. an etw. arbeiten* 坚持不懈地、孜孜不倦地努力从事某一工作; *Der Schüler zeigt keinen F. beim Lernen* 这个学生学习不用功 ‖ ID［谚］***Ohne F. kein Preis!*** nur durch F. erreicht man sein Ziel 不勤奋就不会有收获!（玉不琢，不成器）

F

Fleiß·ar·beit *die*; e-e Arbeit, die viel Fleiß erfordert, oft aber nicht sehr interessant ist 苦差事，累人的活

flei·ßig **1.** *Adj*（形）; mit Fleiß u. Ausdauer, mit viel Arbeit 勤劳的，努力的，辛勤的，勤奋的，勤勉的 ≈ emsig ↔ faul 〈ein Handwerker, e-e Hausfrau, ein Schüler 手艺人，主妇，学生; Bienen 蜜蜂〉 **2.** *nur attr od adv*, *gespr*（只作定语或状语），［口］; ziemlich intensiv（u. regelmäßig）坚持不懈的，孜孜不倦的 ≈ eifrig: *Er hat im Sommer f. Sport getrieben* 他在夏天坚持不懈地进行体育活动

flek·tie·ren; *flektierte*, *hat flektiert*; Vt（及物）***etw. f.*** LING【语】; e-m Wort（*z.B.* e-m Verb od. Substantiv）die Endung geben, die grammatisch richtig ist（das Wort also konjugieren od. deklinieren）将（动词）变位，将（名词、形容词）变格 〈ein Wort f. 将一个词变位（变格）; die flektierten Formen 已变位（变格）的形式〉: *ein schwach, stark flektiertes Adjektiv* 一个弱变化的、强变化的形容词 ‖ *hierzu*（派生）**flek·tier·bar** *Adj*（形）; *nicht adv*（不作状语）‖ ▶ ***Flexion***

flen·nen; *flennte*, *hat geflennt*; Vi（不及物）*gespr pej*［口］［贬］;（heftig）weinen 大哭

flet·schen; *fletschte*, *hat gefletscht*; Vt（及物）〈ein Hund, ein Löwe *o.Ä.* 狗，狮子等〉 ***fletscht die Zähne*** ein Hund, ein Löwe *o.Ä.* zeigt als Ausdruck der Drohung die Zähne 龇牙咧嘴

fleucht ↑ ***kreucht***

fle·xi·bel, *flexibler*, *flexibelst-*; *Adj*（形）**1.** ≈ biegsam, elastisch ↔ starr 〈(ein) Material 材料〉 **2.** in der Lage od. geeignet, sich veränderten Bedingungen anzupassen 灵活的，可变通的，机动的 〈e-e Haltung, e-e Planung *o.Ä.* 态度，计划等; f. reagieren 作出灵活的反应〉: *den Tagesablauf f. gestalten* 灵活地安排日程 ‖ NB（注意）: *flexibel* → *e-e flexible Haltung* ‖ *hierzu*（派生）**Fle·xi·bi·li·tät** *die*; *nur Sg*（只用单数）

Fle·xi·on [-ˈksi̯oːn] *die*; -, *-en*; die Abwandlung e-s Substantivs, Adjektivs od. Verbs（in der Deklination od. Konjugation）（词的）变格，变位 ‖ K-（复合）: ***Flexions-***, ***-endung***

flicht *Präsens*, *3 Person Sg*（现在时，第三人称单数）; ↑ ***flechten***

fli·cken; *flickte*, *hat geflickt*; Vt/i（及物/不及物）（***etw.***）***f.*** etw.（*mst* e-n Gegenstand aus Stoff）, das ein Loch hat od. zerrissen ist,（mit e-m Flicken）ausbessern/reparieren 缝补，修补，补缀，打补丁 〈e-e zerrissene Hose, e-n Fahrradschlauch, ein Fischernetz, ein Segel f. 缝补撕破的裤子，修补自行车内胎、渔网、帆〉 ‖ K-（复合）: ***Flick-***, ***-arbeit***

Fli·cken *der*; *-s*, -; ein kleines Stück Stoff *o.Ä.*, mit dem man etw. flickt（用于修补的）补丁，补片 ‖ -K（复合）: ***Leder-***, ***Stoff-***

Flick·werk *das*; *nur Sg*, *gespr pej*（只用单数），［口］［贬］; das Ergebnis/Produkt e-r handwerklichen od. geistigen Tätigkeit, das viele Fehler u. Mängel hat u.（in der Planung od. Ausführung）nicht einheitlich ist 拼凑出来的产物，漏洞百出的东西，东拼西凑的作品

Flick·zeug *das*; *nur Sg*, *Kollekt*（只用单数，集合）; alle Dinge, die man braucht, um etw.（*z.B.* Kleidung, e-n Fahrradschlauch）zu reparieren 缝补用品，修补工具及材料

Flie·der *der*; *-s*; *nur Sg*（只用单数）; ein Strauch mit kleinen weißen od. lila Blüten, die sehr stark duften u. in Form von Trauben wachsen 丁香，紫丁香 ‖ K-（复合）: ***Flieder-***, ***-baum***, ***-busch***, ***-strauch***, ***-strauß*** ‖ *hierzu*（派生）**flie·der·far·ben** *Adj*（形）

Flie·ge[1] *die*; -, *-n*; ein *mst* schwarzes Insekt mit zwei Flügeln u. kurzen Fühlern 苍蝇: *e-e lästige F. fangen* 捕捉讨厌的苍蝇; *Die Larve der F. heißt Made* 苍蝇的幼虫叫蛆 ‖ K-（复合）: ***Fliegen-***, ***-netz***, ***-schwarm*** ‖ ID［谚］〈Personen 人〉 ***fallen um / sterben wie die Fliegen*** *gespr*［口］; Personen sterben in großer Zahl 大批死亡; ***zwei Fliegen mit e-r Klappe schlagen*** *gespr*［口］; mit e-r Handlung zwei Ziele zugleich erreichen 一举两得，一箭双雕; ***keiner F.*** (***et***) ***was zuleide tun*** (***können***) *gespr*［口］; e-n sehr sanften Charakter haben u. niemanden verletzen（können）心肠软，不伤害任何人; 连蚂蚁都不踩死一个; ***die F. machen*** *gespr*［口］; e-n Ort（schnell）verlassen 迅速离开

Flie·ge[2] *die*; -, *-n*; e-e Art Krawatte, die zu e-r Schleife gebunden wird u. die Herren *bes* zu sehr eleganten Anzügen（*z.B.* zum Smoking）tragen 横领结，蝴蝶结领结

flie·gen; *flog*, *hat / ist geflogen*; Vt（及物）**1.** ***etw. f.***（*hat*）als Pilot etw. steuern 驾驶（飞机）: *e-n Hubschrauber, ein Flugzeug f.* 驾驶直升飞机、飞机 **2.** ***etw. f.***（*ist / hat*）e-n bestimmten Weg durch die Luft zurücklegen 飞出（作飞行动作），飞经 〈e-e Kurve, e-n Looping f. 飞出一条曲线，（驾驶飞机）翻跟斗〉: *e-n Umweg, die Strecke London-Paris f.* 绕道飞行，飞伦敦—巴黎航线 **3.** ***j-n / etw. irgendwohin f.***（*hat*）j-n/etw. durch die Luft an e-n bestimmten Ort bringen（用飞机）运送: *Die Ärzte wurden mit e-m Hubschrauber in das Katastrophengebiet geflogen* 医生们由一架直升飞机运抵灾区; Vi（不及物）（*ist*）**4.** 〈ein Vogel, ein Insekt *o.Ä.* 鸟，昆虫等〉 ***fliegt*** ein Vogel, ein Insekt *o.Ä.* bewegt sich mit Flügeln aus eigener Kraft durch die Luft fort 飞，飞翔: *Der Schmetterling fliegt von Blüte zu Blüte* 蝴蝶在花间飞来飞去 **5.** ***etw. fliegt*** etw. bewegt sich mit technischer Hilfe in der Luft fort（物作主语）飞，飞行 〈ein Flugzeug, ein Hubschrauber, ein Raumschiff 飞机，直升飞机，宇宙飞船〉: *Die Rakete* *fliegt* (*zum Mond*) 火箭在(向月球)飞行 **6.** (**irgendwohin**) **f.** (als Pilot od. als Passagier) durch die Luft an e-n bestimmten Ort reisen (作为飞行员或旅客)飞往: *Ich fliege im Urlaub nach Amerika* 假期中我将飞往美国; „*Fährst du mit dem Auto nach Paris?*" – „*Nein, ich fliege*"“你是乘汽车去巴黎吗?”——“不,我乘飞机” **7. etw. fliegt irgendwo** (**hin**) etw. wird durch e-e von außen wirkende Kraft (wie *z. B.* Wind) durch die Luft bewegt (物作主语)飞,飘: *Durch den Windstoß flogen die Blätter vom Schreibtisch* 吹来了一阵风,纸张从写字台上飞了起来; *Ihre langen Haare flogen im Wind* 她的长发在风中飘舞; *Der Ball flog durchs Fenster* (= wurde von j-m durchs Fenster geworfen) 球飞进了窗户 **8. irgendwohin f.** *gespr* [口]; sich sehr schnell (*z. B.* durch Laufen) irgendwohin bewegen 向…方向飞跑: *Sie flog in seine Arme* 她飞跑过去投入他的怀抱 **9. irgendwohin f.** *gespr* [口] ≈ fallen (1,2) **10.** *gespr* [口]; (*mst* aufgrund von unkorrektem Verhalten) den Job verlieren od. aus der Schule entlassen werden 被解雇,被开除出校 **11. durch etw. f.** *gespr* [口]; e-e Prüfung nicht bestehen 考试不及格,未通过考试 ≈ durchfallen **12. auf j-n / etw. f.** *gespr* [口]; e-e Person/Sache sehr attraktiv finden u. somit sehr stark von ihr angezogen sein 认为…很有魅力,对…倾慕不已: *Er fliegt auf große Frauen mit langen, schlanken Beinen* 他认为腿长而苗条的高个子女人很有魅力

flie·gend 1 *Partizip Präsens* (现在分词); ↑ **fliegen 2.** *Adj* (形); *nur attr*, *nicht adv* (只作定语,不作状语); sehr groß 非常(急)的,十分(匆忙)的 ⟨in fliegender Eile, Hast 十分急忙地,十分仓促地⟩ **3.** *Adj* (形); *nur attr*, *nicht adv* (只作定语,不作状语); ⟨ein Händler 商人,小商贩⟩ so, dass er von Ort zu Ort zieht 流动的

Flie·gen·fän·ger *der*; *-s*, *-*; ein langer Streifen aus Papier, der mit Leim bestrichen ist u. den man aufhängt, damit Fliegen daran kleben bleiben 捕蝇胶纸条

Flie·gen·ge·wicht *das*; SPORT【体】; e-e Gewichtsklasse (*z. B.* beim Boxen od. Ringen), in der je nach Sportart nur Sportler mit weniger als 51 bis 53 kg kämpfen dürfen (拳击)特轻量级,(摔跤)最轻量级,(举重)次轻量级

Flie·gen·pilz *der*; ein sehr giftiger Pilz mit flacher roter Kappe u. weißen Punkten darauf 蛤蟆菌,毒蛇蕈

Flie·ger *der*; *-s*, *-*; *gespr* [口] ≈ Flugzeug

flie·hen [ˈfliːən]; *floh*, *ist geflohen*; [Vi] (不及物) (**aus etw.**, **vor j-m / etw.**) (**irgendwohin**) **f.** (aus Angst od. um e-n sicheren Platz zu suchen) schnell u. *mst* heimlich e-n Ort verlassen 逃跑,逃避,躲避 ≈ flüchten ⟨vor den Feinden, dem Unwetter f. 躲避敌人、暴风雨; über die Grenze, ins Ausland f. 逃越边境,逃往国外⟩: *Der Verbrecher ist aus dem Gefängnis geflohen* 罪犯越狱了; *Der Widerstandskämpfer musste vor seinen Verfolgern f.* 抵抗运动的战士不得不躲避追捕者 ‖ NB (注意): ↑ **flüchten** ‖ ▶ **Flucht**

flie·hend 1. *Partizip Präsens* (现在分词); ↑ **fliehen 2.** *Adj* (形); *mst attr* (多作定语); mit e-r Form, die *bes* schräg (nach hinten) verläuft (向后)倾斜的 ⟨*mst* 多用 e-e Stirn, ein Kinn 额头,下巴⟩

Flieh·kraft *die*; *nur Sg* (只用单数); PHYS【物】; die Kraft, die auf jeden Körper, der sich um e-e Achse dreht, so wirkt, dass er sich von dieser Achse wegbewegt 离心力 ≈ Zentrifugalkraft

Flie·se *die*; *-*, *-n*; e-e kleine Platte (*mst* aus Keramik od. Stein), die man auf die Wand od. den Fußboden klebt 瓷砖,面砖,地砖 ≈ Kachel ⟨Fliesen legen 铺瓷砖⟩: *den Fußboden der Küche mit Fliesen auslegen* 给厨房的地面铺上地砖 ‖ K- (复合): **Fliesen-**, **-leger** ‖ -K (复合): **Boden-**, **Stein-**, **Wand-**

flie·sen; *flieste*, *hat gefliest*; [Vt] (及物) **etw. f.** Fliesen auf etw. kleben 给…铺瓷砖 ≈ kacheln: *Die Wände im Bad sind gefliest* 浴室的墙壁铺上了瓷砖

Fließ·band *das*; ein langes, breites Band in e-r Fabrik, das mechanisch bewegt wird u. auf dem einzelne Teile nach u. nach zu e-m Ganzen (*z. B.* zu e-m Auto) zusammengebaut werden 流水作业线 ⟨am F. arbeiten, stehen 在流水线上工作,站在流水线旁; etw. am F. herstellen 在流水作业线上生产(制造)某物⟩: *Heute rollt der tausendste Traktor vom F.* 今天流水作业线上生产出第1000台拖拉机 ‖ K- (复合): **Fließband-**, **-arbeit**, **-arbeiter**, **-produktion**

flie·ßen; *floss*, *ist geflossen*; [Vi] (不及物) **1. etw. fließt** (**irgendwohin**) etw. bewegt sich gleichmäßig u. ohne Unterbrechung fort (物作主语)流,流淌,流动,淌出 ≈ etw. strömt ⟨Wasser, Blut 水,血; Lava (火山)熔岩; der Fluss, der Strom 河,大河⟩: *Der Bach fließt träge, schnell* 小溪缓慢地、快速地流着; *Die Donau fließt ins Schwarze Meer* 多瑙河流入黑海 **2. etw. fließt** etw. bewegt sich gleichmäßig (ohne Stauungen od. Unterbrechungen) in bestimmten Bahnen fort (物作主语)流动,畅通,川流不息 ⟨der Verkehr, der elektrische Strom 交通,电流⟩: *Die Polizei meldet, dass auf den Autobahnen der Verkehr ungehindert fließt* 警方报道,高速公路上交通畅通无阻 **3. etw. fließt** (**irgendwohin**) etw. gelangt irgendwohin (物作主语)流到;流往: *Das Geld fließt ins Ausland* 钱流到国外 **4. etw. fließt irgendwie** etw. ist im Umlauf *o. Ä.* (物作主语)流通,流传,交流: *Die Informationen fließen spärlich* 信息很少交流 ‖ NB (注意): ↑ **rinnen** ‖ ▶ **Fluss**

flie·ßend 1 *Partizip Präsens* (现在分词) ↑ **fließen 2.** *Adj* (形); *nur adv* (只作状语); ohne Mühe u. ohne e-e Pause 流畅的,流利的 ≈ flüssig (2): *f. französisch sprechen* 流利地说法语; *f. lesen* 流利地读 **3.** *Adj* (形); *nicht adv* (不作状语); nicht deutlich markiert od.

definiert 标志或定义不明确的〈*mst* 多用 Übergänge, Grenzen 通道,边界〉

flim·mer·frei *Adj*（形）; *nicht adv*（不作状语）; 〈ein Bildschirm, ein Fernseher, ein Bild 屏幕,电视,图象〉so, dass sie nicht flimmern 不闪烁的,不颤动的

F

Flim·mer·kis·te *die*; *gespr hum od pej* [口][诙]或[贬] ≈ Fernseher

flim·mern; *flimmerte*, *hat geflimmert*; Vi（不及物）**1. etw. flimmert** etw. leuchtet unruhig u. zitternd（物作主语）闪烁,闪光,颤动〈das Licht, die Sterne, die Wasseroberfläche 灯光,星星,水面; ein Glühwürmchen 萤火虫〉: *Ein Film flimmert auf der Leinwand, im Fernsehen* 在银幕上、在电视屏幕上正放映一部影片; *Heiße Luft flimmert über dem Asphalt, in der Wüste* 在沥青(路面)上、在沙漠中热气蒸腾着 **2. das Herz flimmert** das Herz schlägt unregelmäßig 心脏不规则地跳动

flink, *flinker*, *flink(e)st-*; *Adj*（形）**1.** schnell, leicht u. geschickt in den Bewegungen 伶俐的,灵敏的,敏捷的,机灵的〈ein Bursche, ein Mädchen 小伙子,姑娘; ein Arbeiter 工人〉**2. e-e flinke Zunge / ein flinkes Mundwerk haben** *hum veraltend* [诙][渐旧] ≈ schlagfertig sein ‖ *zu*（义项）**1. Flink·heit** *die*; *nur Sg*（只用单数）

Flin·te *die*; *-*, *-n*; ein Gewehr für die Jagd, das mit vielen kleinen (Schrot)Kugeln schießt 猎枪,火枪 ‖ -K（复合）: **Jagd-**, **Schrot-** ‖ ID [谚] **die F. ins Korn werfen** *gespr* [口] ≈ aufgeben (weil man keine Hoffnung mehr hat)

Flip·per *der*; *-s*, *-*; ein Spielautomat, bei dem man Hebel bewegt u. an Knöpfen zieht, damit e-e Kugel möglichst lange auf e-r schrägen Fläche bleibt 弹子游戏机 ‖ *hierzu*（派生）**flip·pern** (*hat*) *Vi gespr*（不及物）[口]

flip·pig *Adj*（形）*gespr* [口]; voller ungewöhnlicher Ideen, auffallend u. nicht den gesellschaftlichen Konventionen entsprechend 怪里怪气的,古里古怪的,怪模怪样的〈Kleidung, ein Typ 衣服,家伙〉

Flirt [flœɐt] *der*; *-s*, *-s* **1.** das Flirten 卖俏,调情〈ein harmloser, unverbindlicher F. 善意的,有分寸的〉**2.** e-e kurze, oberflächliche erotische Beziehung 暧昧关系 ≈ Liebelei〈mit j-m e-n F. anfangen, haben 与某人开始,有暧昧关系〉

flir·ten [ˈflœːɐtn̩]; *flirtete*, *hat geflirtet*; Vi（不及物）(**mit j-m**) **f.** e-r Person durch Blicke, Gesten od. Worte zeigen, dass man sie sympathisch u. (erotisch) attraktiv findet 卖俏,调情,卖弄风情,眉来眼去

Flitt·chen *das*; *-s*, *-*; *gespr pej* [口][贬]; e-e Frau, die häufig u. mit verschiedenen Männern sexuelle Beziehungen hat 放荡的女人,轻浮的女人 ‖ NB（注意）: ↑ **Hure**

Flit·ter *der*; *-s*, *-* **1.** *nur Sg*, *Kollekt*, *pej*（只用单数,集合）,[贬]; Schmuck *o.Ä.*, den man für teuer halten könnte, der aber nicht viel wert ist 华丽而不值钱的首饰、服饰 **2.** kleine, schillernde Plättchen aus Metall, die als Schmuck auf Kleider genäht werden（缝在衣服上的）闪光小饰片

Flit·ter·wo·chen *die*; *Pl*（复）; die ersten Wochen nach der Heirat 蜜月,新婚的头几个星期

flit·zen; *flitzte*, *ist geflitzt*; Vi（不及物）(**mit etw.**) **irgendwohin f.** *gespr* [口]; sich (mit e-m Fahrzeug od. zu Fuß) sehr schnell irgendwohin bewegen 飞跑,(驾车)飞驰 ≈ sausen (1)

Flit·zer *der*; *-s*, *-*; *gespr* [口]; ein sehr schnelles, *mst* kleines Fahrzeug 高速小汽车

floa·ten [ˈfloutn̩]; *floatete*, *hat gefloatet*; Vi（不及物）WIRTSCH【经】; **e-e Währung floatet** e-e Währung schwankt innerhalb bestimmter Grenzen 币值浮动 ‖ *hierzu*（派生）**Floa·ting** *das*; *-s*; *nur Sg*（只用单数）

flocht *Imperfekt*, *1. u. 3. Person Sg*（过去时,第一和第三人称单数）; ↑ **flechten**

Flo·cke *die*; *-*, *-n* **1.** ein kleines Stück e-r weichen, lockeren Masse (wie *z. B.* Schaum, Schaumstoff, Schnee, Wolle od. Watte) 絮状物,片状物(如泡沫、雪花、棉絮等): *Der Schnee wirbelte in dicken Flocken herab* 鹅毛大雪纷纷扬扬地飘落下来; *Flocken aus Schaumstoff* 泡沫塑料的碎屑 ‖ -K（复合）: **Schnee-**, **Seifen-** **2.** *mst Pl*（多用复数）; ein (Getreide)Korn, das so bearbeitet wurde, dass es wie ein kleines, dünnes Plättchen aussieht（谷物的）精,糁,片: *Getreide zu Flocken verarbeiten* 将谷物加工成片状 ‖ -K（复合）: **Hafer-**, **Mais-**, **Weizen-**

flo·ckig *Adj*（形）; locker u. leicht 团状的,片状的、松散的〈Schaum, e-e Masse 泡沫,物体〉

flog *Imperfekt*, *1. u. 3. Person Sg*（过去时,第一和第三人称单数）; ↑ **fliegen**

floh *Imperfekt*, *1. u. 3. Person Sg*（过去时,第一和第三人称单数）; ↑ **fliehen**

Floh [floː] *der*; *-(e)s*, *Flö·he*; ein sehr kleines Insekt ohne Flügel, das hoch u. weit springt u. als Parasit *bes* auf Tieren lebt 跳蚤: *Der Hund hat Flöhe* 狗身上有跳蚤 ‖ ID [谚] **j-m e-n F. ins Ohr setzen** *gespr* [口]; in j-m e-n Gedanken od. Wunsch wecken, der schwer od. gar nicht zu verwirklichen ist 使某人产生某种不现实的想法,吊起某人的胃口,逗引某人

Floh·markt *der*; ein Markt, auf dem *mst* kleine od. bereits gebrauchte Gegenstände verkauft werden 跳蚤市场〈etw. auf dem F. kaufen 在跳蚤市场上买某物〉

Flop *der*; *-s*, *-s*; *gespr* [口]; ein *mst* geschäftlicher Misserfolg（生意场上的）失意,挫折 ≈ Reinfall

Floppy Disk, **Flop·py Disc** [ˈflɔpiˈdɪsk] *die*; *-*, *-s*; e-e flexible Kunststoffscheibe, auf der man Daten speichern kann u. die man für Computer verwendet（电脑）软盘

Flo·ra *die*; *-*, *Flo·ren*; *mst Sg*, *Kollekt*, *geschr*（多用单数）（集合）[书]; alle Pflanzen (die in e-m bestimmten Gebiet wachsen) 植物区系,植物群 ≈ Pflanzenwelt: *die F. u. Fauna der Tropen* 热带植物和热带动物

Flo·rett *das*; *-s*, *-e*; e-e lange (Stich) Waffe, die beim Fechten verwendet wird (击剑用的)花剑 ‖ ↑ *Abb*. *unter* 图见 **Waffen** ‖ K- (复合): **Florett-**, **-fechten**

flo·rie·ren; *florierte*, *hat floriert*; [Vi] (不及物) **etw. floriert** etw. hat Erfolg u. funktioniert deshalb gut (物作主语)兴隆,繁荣,兴旺发达,欣欣向荣 ≈ etw. blüht (2) ⟨ein Geschäft, ein Unternehmen 商店,企业; der Handel, die Wirtschaft 商业,经济; die Kunst, die Wissenschaft *o. Ä.* 艺术,科学等⟩

Flo·rist *der*; *-en*, *-en*; j-d, der beruflich (in e-m Blumengeschäft) Sträuße u. Kränze zusammenstellt od. bindet 扎花束、花环的工人 ≈ Blumenbinder ‖ NB (注意): *der Florist*; *den*, *dem*, *des Floristen* ‖ *hierzu* (派生) **Flo·ris·tin** *die*; *-*, *-nen*

Flos·kel *die*; *-*, *-n*; *mst pej* 多用[贬]; e-e feste (stereotype) Redewendung od. Aussage, über deren Sinn man nicht mehr nachdenkt 空话,客套话 ≈ Redensart ⟨e-e abgedroschene, abgegriffene, leere, nichts sagende, höfliche F. 陈腐的、用滥的、空洞的、毫无内容的、客气的套语⟩ ‖ -K (复合): **Höflichkeits-** ‖ *hierzu* (派生) **flos·kel·haft** *Adj* (形)

floss *Imperfekt*, *3 Person Sg* 过去时,第三人称单数; ↑ **fließen**

Floß *das*; *-es*, *Flö·ße*; ein einfaches Wasserfahrzeug, das aus großen Holzteilen (*bes* Baumstämmen) besteht, die miteinander zu e-r ebenen Fläche zusammengebunden sind 筏子,木排,竹排 ⟨auf, mit e-m F. fahren 乘筏子(木排,竹排)航行⟩ ‖ K- (复合): **Floß-**, **-fahrt**

Flos·se *die*; *-*, *-n* **1.** eines von mehreren fächerförmigen Organen am Körper von Wassertieren, *bes* Fischen, mit denen sie sich durch das Wasser bewegen 鳍 ‖ ↑ *Abb*. *unter* 图见 **Hecht** ‖ -K (复合): **Bauch-**, **Brust-**, **Rücken-**, **Schwanz-** **2.** einer von zwei Gegenständen (ähnlich wie Schuhe) aus Gummi, mit denen man (unter Wasser) besser schwimmen kann (游泳用的)脚蹼 ‖ -K (复合): **Schwimm-**, **Taucher-** **3.** *gespr hum od pej* [口][诙]或[贬] ≈ Fuß, Hand

flö·ßen; *flößte*, *hat geflößt*; [Vt] (及物) **etw. f.** etw. (*z. B.* Baumstämme) wie ein Floß od. auf e-m Floß (auf e-m Fluss) transportieren 用筏子运输,筏运 ‖ *hierzu* (派生) **Flö·ßer** *der*; *-s*, *-*

Flö·te *die*; *-*, *-n*; ein (Musik) Instrument aus Holz od. Metall in Form e-s Rohrs, auf dem man bläst 笛子,长笛 ⟨F. spielen 演奏笛子; auf der F. blasen 吹笛子⟩ ‖ K- (复合): **Flöten-**, **-konzert**, **-musik**, **-spiel**, **-spieler** ‖ -K (复合): **Block-**, **Quer-**

flö·ten; *flötete*, *hat geflötet*; [Vt/i] (及物/不及物) **1.** (**etw.**) **f.** ein Musikstück auf e-r Flöte spielen 吹奏笛子 **2.** (**etw.**) **f.** *gespr hum od pej* [口][诙]或[贬]; etw. mit zarter u. sanfter Stimme sagen, *mst* um etw. Günstiges für sich zu erreichen 说娓娓动听的话,说奉承话; [Vi] (不及物) **3.** ⟨e-e Amsel, e-e

Flöten

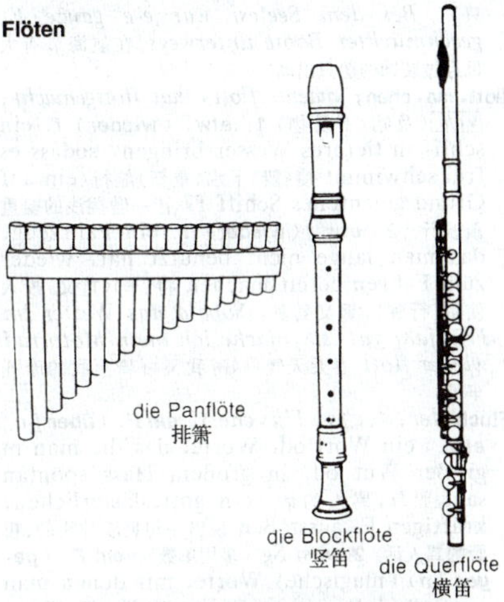

Nachtigall 乌鸦,夜莺⟩ **flötet** e-e Amsel, e-e Nachtigall gibt die Laute von sich, die für ihre Art typisch sind 鸣啭 ‖ ID [谚] **etw. geht f.** *gespr* [口]; etw. geht verloren (物作主语)丢失,消逝,成为泡影 ⟨die Zeit, das Geld 时间,金钱⟩

Flö·tist *der*; *-en*, *-en*; j-d, der (*bes* in e-m Orchester) Flöte spielt 笛子演奏者 ≈ Flötenspieler ‖ NB (注意): *der Flötist*; *den*, *dem*, *des Flötisten* ‖ *hierzu* (派生) **Flö·tis·tin** *die*; *-*, *-nen*

flott[1], *flotter*, *flottest-*; *Adj* (形); *gespr* [口] **1.** mit relativ hoher Geschwindigkeit 迅速的,敏捷的 ≈ rasch, schnell ⟨e-e Bedienung, ein Tempo 服务,速度⟩: *Der Bau (des Hauses) geht f. voran* (大楼的)建筑工程进展迅速 **2.** elegant u. geübt 灵巧熟练的 ⟨ein Tänzer 舞蹈演员⟩ **3.** rhythmisch u. gefällig 节奏轻快的 ⟨Tanzmusik 舞蹈音乐⟩ **4.** ≈ unterhaltsam ⟨e-e Geschichte 故事; f. geschrieben 写得很有趣的⟩ **5.** ≈ schick ⟨Kleidung, e-e Frisur 衣服,发型⟩ **6.** attraktiv 吸引人的,有魅力的 ⟨e-e Frau, ein Mann 女人,男人⟩

flott[2] *Adj* (形); *ohne Steigerung*, *gespr* (无变级),[口]; *mst in* 多用于 (**wieder**) **f. sein** (wieder) fahrbereit sein (又)可行驶,航行了: *Das auf Grund gelaufene Schiff ist wieder f.* 搁浅的船又可以航行了 ‖ NB (注意): ↑ **flottmachen**

Flot·te *die*; *-*, *-n*; *Kollekt* (集合) **1.** alle militärischen Schiffe, die e-m Staat gehören 舰队: *die britische F.* 英国舰队 ‖ K- (复合): **Flotten-**, **-kommandant**, **-manöver**, **-stützpunkt**, **-verband** ‖ -K (复合): **Kriegs-** **2.** alle Schiffe, die für e-n bestimmten Zweck gebaut sind 船队 ‖ -K (复合): **Fischerei-**, **Handels-** **3.** **e-e F.** (+ *Gen* 二格) e-e größere Anzahl von Schiffen, die sich gleichzeitig irgendwo befinden 大批,许多(船

只）：*Bei dem Seefest war e-e ganze F. geschmückter Boote unterwegs* 在航海节有大批经过装饰的船只出动

flott·ma·chen；*machte flott*，*hat flottgemacht*；[Vt/i]（及物/不及物）**1. etw.（wieder）f.** ein schiff in tieferes Wasser bringen, sodass es frei schwimmt 使（船）下水（重新）航行〈ein auf Grund gelaufenes Schiff f. 让一艘搁浅的船重新航行〉**2. etw.（wieder）f.** ein Fahrzeug, das man lange nicht benutzt hat, wieder zum Fahren bereit machen 将（车）（重又）投入使用（行驶），重又驾驶：*Sobald das Wetter im Frühjahr gut ist, mache ich mein Motorrad wieder flott* 春天天气一好，我又可骑上我的摩托车了

Fluch *der*；*-(e)s*，*Flü·che* **1. ein F.（über j-n/etw.）** ein Wort od. Worte, das/die man in großer Wut od. in großem Hass spontan sagt 咒骂，骂人的话〈e-n gotteslästerlichen, kräftigen F. ausstoßen 说出一句亵渎神明的、粗野的骂人话〉**2.** *mst Sg*（多用单数）；**ein F.（gegen j-n）**（magische）Worte, mit denen man j-m etw. Böses wünscht 诅咒，咒语 ≈ Verwünschung：*Die Zauberin hatte e-n F. gegen den Prinzen ausgesprochen* 巫婆念了一句诅咒王子的咒语 **3.** *nur Sg*（只用单数）；**ein F.（auf j-m/etw.）** das Böse, das Unheil od. die Strafe, die（scheinbar）durch e-n F.（2）bewirkt wurden 厄运，灾难，天谴：*Auf dem Schloss lastet seit Jahrhunderten ein fürchterlicher F.* 几个世纪来可怕的灾星一直笼罩着这座宫殿 **4.** *geschr*［书］；**ein F.（für j-n/etw.）** ≈ Unglück（3）↔ Segen（3）：*Wird die moderne Technologie zum F. für den Menschen?* 现代技术会成为人类的灾难吗？

flu·chen；*fluchte*，*hat geflucht*；[Vt/i]（及物/不及物）**1.（etw.）f.** böse Worte, Flüche aussprechen 咒骂，骂：*„Verdammt", fluchte er, als er auf der Autobahn in e-n Stau geriet* "真该死！"，在高速公路上遇到堵车时他骂了一句 ‖ NB（注意）：Das Objekt ist immer ein Satz（其宾语经常是一个句子）**2. über j-n/etw., auf etw.（Akk** 四格**）f.** mit derben Worten heftig über j-n/etw. schimpfen 骂，咒骂：*auf/über das schlechte Wetter, seinen Leichtsinn f.* 咒骂坏天气，骂他的轻率行为

Flucht[1] *die*；*-*；*nur Sg*（只用单数）**1. die F.（aus etw., vor j-m/etw.）**；**die F.（irgendwohin）** das Fliehen 逃跑，逃离，逃避〈auf der F.（vor j-m）sein 在逃；逃避（某人）；j-m zur F. verhelfen 帮助某人逃跑〉：*die F. aus dem Gefängnis* 越狱 ‖ K-（复合）：**Flucht-, -auto, -plan, -versuch, -wagen 2. die F.（aus/vor etw.（Dat** 三格**））**；**die F.（in etw.（Akk** 四格**））** *geschr*［书］；das Ausweichen vor Problemen od. vor der Realität 回避（问题），逃避（现实）；遁迹，沉湎于：*die F. aus/vor dem Alltag, in den Alkohol, in die Vergangenheit* 逃避日常生活，借酒浇愁，沉湎于以往的岁月 ‖ ID［谚］**die F. ergreifen** ≈ fliehen；**j-n in die F. schlagen** bewirken, dass j-d（*bes* ein Angreifer）flieht 将…（尤指来犯者）赶跑；**die F. nach vorn antreten** mutig u. entschlossen handeln, obwohl man in e-r schlechten Situation ist 身处逆境仍决心冒险奋斗

Flucht[2] *die*；*-*，*-en*；e-e gerade Linie, Reihe, in der *z. B.* Gebäude od. Räume stehen —排，一行（楼房或房间）〈e-e lange F. von Zimmern 一长排房间〉‖ -K（复合）：**Fenster-, Häuser-**

flucht·ar·tig *Adj*（形）；*ohne Steigerung*（无变级）；sehr schnell, *bes* um aus e-r unangenehmen Situation zu kommen 仓促的，慌忙的，仓皇的〈f. den Raum, das Land verlassen 慌忙离开房间，仓促离开国家〉

flüch·ten；*flüchtete*，*hat/ist geflüchtet*；[Vi]（不及物）（*ist*）**1.（aus etw., vor j-m/etw., irgendwohin）f.** e-n Ort schnell verlassen, *bes* weil plötzlich e-e akute Gefahr droht 逃离，逃走，逃往，逃避：*Als das Feuer ausbrach, flüchteten die Hotelgäste auf das Dach* 发生火灾时，旅馆的客人都逃到屋顶上去了 ‖ NB（注意）：Im Gegensatz zu *fliehen* sind bei *flüchten* die Bewegung u. die Geschwindigkeit betont（与 *fliehen* 不同，用 *flüchten* 时强调逃的举动和速度）；[Vr]（反身）（*hat*）**2. sich vor etw.（Dat** 三格**）irgendwohin f.** *geschr*［书］≈ f.（1）

Flucht·ge·fahr *die*；die Gefahr, dass ein Verdächtiger od. j-d, den die Polizei gefangen hat,（wieder）flieht（嫌疑犯）有逃跑的危险〈es besteht F. 有逃跑的危险〉

Flucht·hel·fer *der*；j-d, der anderen（*mst* Personen, die aus politischen Gründen aus ihrem Land fliehen wollen）bei der Flucht hilft 帮助他人逃往国外者，蛇头 ‖ *hierzu*（派生）**Flucht·hel·fe·rin** *die*

flüch·tig[1] *Adj*（形）；*mst präd*，*nicht adv*（多作表语，不作状语）；auf der Flucht 在逃的，逃跑的：*Die Verbrecher, die aus dem Gefängnis ausgebrochen sind, sind immer noch f.* 越狱的罪犯仍一直在逃

flüch·tig[2] *Adj*（形）**1.** von kurzer Dauer u. nicht sehr intensiv 短促的，匆匆的，仓促的〈ein Gruß, ein Kuss, e-e Umarmung 致意，吻，拥抱；j-n f. begrüßen, berühren 草草欢迎，匆匆提及某人〉**2.** nicht genau 表面的，肤浅的，粗略的 ≈ oberflächlich〈j-n nur f. kennen 只是肤浅地认识某人；ein Eindruck 印象〉：*Ich habe das Buch nur f. durchgeblättert* 我只是粗略地浏览了一下这本书 **3.** schnell u. ohne Konzentration, so dass Fehler entstehen 草率的，马虎的，不经心的：*Der Schüler hat in seiner letzten Klassenarbeit zu f. gearbeitet* 这个学生的最近一次课堂作业做得太马虎 **4.** *mst attr*，*geschr*（多作定语），［书］；〈Augenblicke, Stunden 瞬间，时光〉so, dass sie schnell vergehen 短暂的，易逝的 ≈ vergänglich

Flüch·tig·keits·feh·ler *der*；ein Fehler, den man（*bes* in e-r Prüfung）macht, weil man nicht aufmerksam od. nicht konzentriert ist 疏忽引起的错误，由于粗心大意造成的错误

Flücht·ling *der*；*-s*，*-e*；j-d, der（*bes* wegen e-s Krieges）sein Land, seine Heimat verlässt bzw. verlassen muss 难民,逃难者,流亡者: *e-m F. Asyl gewähren* 准许一个难民避难; *als politischer F. anerkannt werden* 承认…为政治流亡者 ‖ K-(复合): **Flüchtlings-**, **-lager** ‖ NB(注意): ↑ **Emigrant**, **Auswanderer**

Flucht·weg *der*; *mst Sg*(多用单数) **1.** der Weg, auf dem j-d flüchtet od. geflohen ist 逃跑的路(线) **2.** der Weg, auf dem man im Notfall fliehen kann 紧急出口,应急通道: *In öffentlichen Gebäuden sind die Fluchtwege ins Freie mit Pfeilen gekennzeichnet* 在公共大楼内都用箭头标明通向楼外的应急通道

Flug *der*; -(e)s, *Flü·ge* **1.** *nur Sg*(只用单数); die (Fort)Bewegung des Vogels in der Luft (鸟的)飞翔: *den ruhigen F. des Adlers beobachten* 观察鹰在空中从容不迫的飞翔 ‖ -K(复合): **Vogel-** **2.** *nur Sg*(只用单数); die schnelle Bewegung e-s Flugzeugs *o. Ä.* (飞机等的)飞行: *den F. der Rakete auf den Radarschirmen verfolgen* 在雷达屏幕上跟踪火箭的飞行情况 ‖ K-(复合): **Flug-**, **-geschwindigkeit**, **-höhe**, **-richtung**, **-route**, **-sicherheit**, **-strecke**, **-verkehr**, **-wetter**, **-zeit** ‖ -K(复合): **Probe-**, **Test-**, **Übungs-**, **Weltraum-** **3.** e-e Reise durch die Luft (im Flugzeug) 乘飞机旅行,飞行 〈e-n angenehmen, (un)ruhigen F. haben 经历愉快的、(不)平稳的空中旅行; e-n F. buchen 预订(一张)飞机票〉: *Wegen des dichten Nebels mussten alle Flüge von u. nach London gestrichen werden* 由于大雾,所有来自伦敦和前往伦敦的航班都不得不取消 ‖ K-(复合): **Flug-**, **-gast**, **-gepäck**, **-kapitän**, **-nummer**, **-passagier**, **-personal**, **-preis**, **-reise**, **-schein**, **-ticket**, **-verbindung** ‖ ID [谚] **etw. vergeht (wie) im Flug(e)** e-e Zeit vergeht sehr schnell (物作主语)过得很快,飞快地消逝: *Die Urlaubstage vergingen (wie) im F.* 假日过得飞快

Flug·bahn *die*; der Weg, die Bahn[1](2), den/die ein (fliegender) Körper durch die Luft zurücklegt 飞行轨迹,弹道: *e-e F. berechnen* 计算飞行轨迹

Flug·blatt *das*; ein bedrucktes Blatt Papier, das bei e-m aktuellen Anlass (*mst* in großen Mengen) kostenlos verteilt wird u. Informationen liefert, *z. B.* zu politischen Aktionen auffordert 传单

Flü·gel[1] *der*; *-s, -* **1.** einer der zwei bzw. vier Körperteile bei Vögeln u. Insekten, mit deren Hilfe sie fliegen (鸟和昆虫的)翅膀,翼 〈ein Vogel schlägt mit den Flügeln 鸟扑打翅膀; ein Vogel breitet die Flügel aus, legt die Flügel an (= zieht sie an den Körper) 鸟展开翅膀、收拢翅膀〉 ‖ K-(复合): **Flügel-**, **-schlag** ‖ -K(复合): **Schmetterlings-** **2.** *gespr* [口]; eine der zwei Flächen, die sich seitlich am Rumpf von Flugzeugen befinden (u. die ermöglichen, dass das Flugzeug durch die Luft gleitet) 机翼 ≈ Tragfläche ‖ ↑ *Abb. unter* 图见 **Flugzeug** **3.** der rechte od. linke Teil e-s (symmetrischen) Ganzen, das aus zwei od. mehreren Teilen besteht 侧翼,扇,侧: *die Flügel e-s Altars, e-s Fensters* 祭坛的两翼,窗扇; *der linke, rechte F. der Nase, Lunge* 鼻子的左、右翼,肺的左、右侧 ‖ K-(复合): **Flügel-**, **-altar**, **-fenster**, **-tür** ‖ -K(复合): **Altar-**, **Fenster-**, **Lungen-**, **Nasen-** **4.** *mst Pl*(多用复数); eines der flachen (Metall)-Stücke, die sich um das (rotierende) Zentrum e-s mechanischen Geräts bewegen 叶片,桨叶: *die Flügel e-s Ventilators, e-r Windmühle, e-r Schiffsschraube* 电风扇(鼓风机)的、风车的、船用螺旋桨(推进器)的叶片 ‖ -K(复合): **Windmühlen-** **5.** der seitliche Teil e-s großen komplexen Gebäudes, der sich an den zentralen Bau anschließt (建筑物的)侧翼,厢房: *Im östlichen F. des Krankenhauses ist die Chirurgie untergebracht* 外科设在医院大楼的东翼 ‖ -K(复合): **Seiten-** **6.** POL【政】; e-e *mst* größere Gruppe von Mitgliedern e-r Partei, deren politische Meinung (in einigen Bereichen) von der offiziellen Haltung der Partei abweicht (党派中的左、右)翼: *der linke, rechte F. der SPD* 德国社会民主党的左翼、右翼 ‖ K-(复合): **Flügel-**, **-kämpfe** **7.** SPORT【体】; der linke od. der rechte vordere Teil e-r Mannschaft (球队中的左前、右前)翼 ‖ K-(复合): **Flügel-**, **-stürmer** **8.** MIL【军】; der linke od. rechte äußere Teil e-r aufgestellten Truppe (军队中的左、右)翼 ‖ ID [谚] **j-m die Flügel stutzen** j-n in seiner (Handlungs)Freiheit einschränken 约束、限制某人,煞某人的傲气; **die Flügel hängen lassen** *gespr, mst hum* [口],多作[诙]; deprimiert, traurig sein 垂头丧气,萎靡不振 ‖ ↑ Abb. Seite 640 图见 640 页

Flü·gel[2] *der*; *-s, -*; e-e Art großes Klavier, *bes* für Konzerte, dessen Deckel *mst* geöffnet wird, wenn man darauf spielt (三角)大钢琴 ‖ -K(复合): **Konzert-**

flü·gel·lahm *Adj*(形) **1.** nicht fähig zu fliegen 失去飞行能力的,飞不起来的 〈ein Vogel 鸟〉 **2.** ohne Kraft od. Energie 虚弱无力的 ≈ matt 〈ein Mensch 人〉

flüg·ge *Adj*(形); *ohne Steigerung, mst präd* (无变级,多作表语) **1.** (in Bezug auf e-n jungen Vogel) so weit herangewachsen u. so groß, dass er fliegen kann (指小鸟)羽毛已丰的,已经会飞的 **2.** *gespr hum* [口][诙]; (in Bezug auf Kinder, Jugendliche) so alt (u. reif), dass sie weitgehend selbständig handeln u. ihren Willen durchsetzen (指孩子、青年)翅膀已硬的,能自立的: *Unsere Tochter wird langsam f.* 我们的女儿逐渐能独立生活

Flug·ge·sell·schaft *die*; e-e Firma, deren Flugzeuge (regelmäßig) auf bestimmten Routen fliegen 航空公司: *Die „Lufthansa" ist die größte deutsche F.* 汉莎航空公司是德国最大的航空公司

Flug·ha·fen *der*; ein großes Gelände, auf dem Flugzeuge starten u. landen 飞机场,航空港: *„Orly" u. „Charles de Gaulle" sind die zwei großen Flughäfen von Paris* 奥利机场和戴高乐机场是巴黎的两个大航空港 ‖ K-(复合): **Flughafen-**, **-gebäude**, **-gebühr**, **-gelände**

F

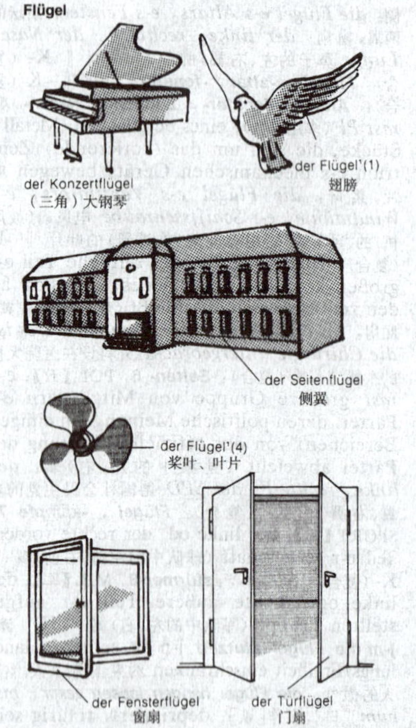

Flug·kör·per *der*; etw. (*z.B.* e-e Rakete, ein Raumschiff od. ein Satellit), das sich auf e-r festen (Flug)Bahn bewegt 飞行体(如火箭、航天飞机或人造卫星)

Flug·lärm *der*; der Lärm, den Flugzeuge verursachen, *bes* wenn sie starten, landen od. tief fliegen 飞机噪音

Flug·li·nie *die*; die Route, auf der ein Flugzeug regelmäßig fliegt (空中)航线: *die internationale F. Frankfurt – Paris* 法兰克福——巴黎国际航线

Flug·lot·se *der*; j-d, der (über Funk) das Starten u. Landen der Flugzeuge vom Boden aus steuert 地面导航员: *Der F. nimmt über Funk Kontakt mit dem Flugzeug auf u. dirigiert es auf e-e freie Landebahn* (地面)导航员通过无线电与飞机取得联系,并指挥飞机降落到一条空着的跑道上 ‖ *hierzu* (派生) **Flug·lot·sin** *die*

Flug·ob·jekt *das*; *mst in* 多用于 ***ein unbekanntes F.*** ein fliegender Gegenstand, der wahrgenommen, dessen Existenz aber nicht nachgewiesen wurde 不明飞行物,飞碟; *Abk* 缩写为 Ufo, UFO

Flug·platz *der*; ein großes Gelände, auf dem (zivile od. militärische) Flugzeuge starten u. landen 飞机场 ‖ -K (复合): ***Militär-***, ***Zivil-***

flugs *Adv* (副); *veraltend* [渐旧]; rasch, ohne zu zögern 迅速地,立刻,马上

Flug·schrei·ber *der*; ein Gerät, das in e-m Flugzeug (beim Flug) automatisch technische Daten wie *z.B.* Höhe, Geschwindigkeit *usw* aufschreibt 飞行数据自动记录器,飞行记录仪,黑匣子

Flug·si·che·rung *die* **1.** die (Dienst)Stelle, die in e-m Flughafen dafür sorgt, dass beim Starten u. Landen der Flugzeuge keine Unfälle passieren 航空调度站 **2.** *nur Sg* (只用单数); das Sichern von Start u. Landung von Flugzeugen 飞行安全保障

Flug·zeug *das*; *-(e)s*, *-e*; ein Fahrzeug mit Tragflächen, das (*mst* von starken Motoren) durch die Luft vorwärtsbewegt wird 飞机 ⟨ein F. chartern 包租一架飞机; das F. auftanken 给飞机加油; ein F. startet, hebt ab, fliegt, landet, stürzt ab 飞机起飞,飞离地面,飞行,降落,坠落⟩: *An Bord des Flugzeugs befinden sich 200 Passagiere* 机上有 200 位乘客 ‖ K- (复合): ***Flugzeug-***, ***-absturz***, ***-entführung***, ***-halle***, ***-katastrophe***, ***-rumpf***, ***-unglück*** ‖ -K (复合): ***Charter-***, ***Düsen-***, ***Modell-***, ***Passagier-***, ***Propeller-***, ***Segel-***, ***Transport-***, ***Überschall-***, ***Verkehrs-*** ‖ ↑ Abb. Seite 641 图见 641 页

Flug·zeug·trä·ger *der*; ein sehr großes Schiff, auf dessen Deck Flugzeuge landen u. starten können 航空母舰

fluk·tu·ie·ren; *fluktuierte*, *hat fluktuiert*; [Vi] (不及物) ***etw. fluktuiert*** *geschr* [书]; etw. ändert sich unregelmäßig (物作主语)波动,起伏,涨落,变动 ≈ etw. schwankt (2) ⟨Preise, Mengen, Zahlen 价格,数量,数字⟩ ‖ *hierzu* (派生) **Fluk·tu·a·ti·on** *die*; *-*, *-en*

Flun·der *die*; *-*, *-n*; ein bräunlicher (Speise-)Fisch mit sehr flachem Körper 比目鱼(鲽、鳎、鲆鱼等的统称) ⟨j-d ist platt wie e-e F. 某人万分惊讶⟩

flun·kern; *flunkerte*, *hat geflunkert*; [Vi] (不及物) *gespr hum* [口][谐]; (bei unwichtigen Dingen, *mst* im Scherz) nicht die Wahrheit sagen (多为开玩笑地)撒谎,哄骗,不说真话 ≈ schwindeln ‖ NB: ↑ ***lügen***

Flu·or·chlor|koh·len·was·ser·stoff *der*; CHEM 【化】; e-e giftige Substanz, die *z.B.* als Kühlmittel in Kühlschränken verwendet wird u. die der Ozonschicht der Atmosphäre schadet 氟氯烷,氟里昂(如冰箱中用作制冷媒质的、破坏大气层中臭氧层的有害物质); *Abk* 缩写为 FCKW

Flur[1] [fluːɐ] *der*; *-(e)s*, *-e*; ein *mst* langer, schmaler Raum im Innern e-r Wohnung, e-s Gebäudes, von dem aus man in die einzelnen Zimmer geht 走廊,过道,门厅 ≈ Gang, Korridor

Flur[2] [fluːɐ] *die*; *-*, *-en*; *geschr* [书]; Äcker u. Wiesen, die nicht mit Häusern bebaut sind 田野,农田,草地

Fluss *der*; *-es*, *Flüs·se* **1.** ein fließendes Gewässer mit seinem natürlichen Weg, das (wesentlich) länger u. breiter ist als ein Bach 河流,江,河,川 ⟨ein breiter, tiefer, reißender F. 一条宽的、深的、湍急的河; der

Lauf, die Mündung, die Quelle e-s Flusses 河道,河口,河的源头; ein F. fließt/mündet ins Meer, in e-n See 河流入大海、流入湖泊〉: *Der F. wurde durch die Abwässer der chemischen Fabrik verunreinigt* 这条河遭到化工厂的废水污染; *Der F. trat über die Ufer u. überschwemmte das Land* 河水漫过河岸,淹没了整个地区 ‖ K-(复合): **Fluss-**, **-fisch**, **-lauf**, **-mündung**, **-ufer** ‖ -K(复合): **Gebirgs-**, **Grenz-** ‖ NB(注意): ↑ **Strom¹** **2.** *nur Sg*, *geschr*(只用单数)[书]; die Kontinuität e-r Handlung od. e-s Vorgangs 接二连三,接连不断,源源不断(的行动或事情)〈der F. der Arbeit, der Ereignisse, e-r Rede 接连不断的工作,层出不穷的事件,滔滔不绝的讲话〉 ‖ -K(复合): **Gedanken-**, **Rede-** **3.** *nur Sg*(只用单数); der ungehinderte Verlauf e-r Bewegung 流畅,畅通: *E-e Baustelle behindert den F. des Straßenverkehrs* 施工现场妨碍交通的畅通 ‖ -K(复合): **Verkehrs-** **4.** **etw. kommt / gerät in F.** *geschr*[书]; etw. beginnt u. geht dann ohne Unterbrechung weiter(物作主语)开始顺利地进行〈e-e Arbeit, e-e Unterhaltung 工作,谈话〉

fluss·ab, fluss·ab·wärts *Adv*(副); in der Richtung, in der das Wasser fließt, zur Mündung e-s Flusses hin 顺流而下地,流向下游 ↔ flussauf, flussaufwärts: *ein Boot f. treiben lassen* 让一艘小船顺流漂浮而下

Fluss·arm *der*; der Teil e-s Flusses, der vom Hauptteil abzweigt 汊,河汊子: *Vom Amazonas gehen viele Flussarme ab* 从亚马孙河分出许多河汊子

fluss·auf, fluss·auf·wärts *Adv*(副); (in Richtung) zur Quelle e-s Flusses hin, gegen die Strömung 逆流而上地,(驶、游)向上游地 ↔ flussab, flussabwärts: *f. rudern* 划着船逆流而上

Fluss·bett *das*; die (vertiefte) Rinne, durch die ein Fluss fließt 河床,河槽〈ein ausgetrocknetes, schlammiges F. 干涸的、有淤泥的河床〉

flüs·sig *Adj*(形) **1.** so beschaffen, dass es fließen kann 液体的,液态的,流质的 ↔ fest, gasförmig: *Wachs wird f., wenn man es erwärmt* 将蜡加热,蜡就成为流体状 ‖ -K(复合): **dick-**, **dünn-** **2.** (in Bezug auf die Art des Lesens, Sprechens od. Schreibens) ohne Mühe, (selbst)sicher u. gewandt 流畅的,流利的,畅达的 ↔ holperig 〈etw. f. vortragen 流畅地朗诵; e-n flüssigen Stil schreiben 文笔流利〉: *Er spricht ein flüssiges Englisch* 他说一口流利的英语 **3.** ohne e-e Pause, Unterbrechung 顺利的,顺当的 ≈ zügig: *Wir wurden am Zoll f. abgefertigt* 我们顺利地办理了海关手续 **4.** 〈Gelder, Mittel 钱,资金〉 so, dass man sie gleich verwenden kann 流动的,可立即兑现的 ↔ fest angelegt **5.** (**nicht**) **f. sein** *gespr hum* [口][诙]; im Augenblick (kein) Geld haben 眼下手头有钱(没钱) ‖ NB(注意): ↑ **flüssigmachen**

Flüs·sig·keit *die*; -, -en **1.** e-e Substanz (wie z. B. Wasser), die weder fest noch gasförmig, sondern flüssig (1) ist 液体,流体,流质〈e-e ätzende, farblose, klare, trübe, klebrige F. 腐蚀性的、无色的、清澈的、混浊的、黏性的液体〉 ‖ -K(复合): **Brems-**, **Kühl-**, **Schmier-** **2.** *nur Sg*, *Kollekt*, *ohne Artikel* (只用单数,集合,不带冠词); alle (flüssigen) Substanzen, die man trinkt, weil sie der Körper braucht (饮用的)液体,水分: *Bei Fieber soll man viel F. zu sich nehmen* 人在发烧时应大量喝水 ‖ K-(复合): **Flüssigkeits-**, **-bedarf**, **-verlust** **3.** *nur Sg*(只用单数); die Tatsache, dass etw. flüssig (2) (gesprochen, geschrieben) ist 流畅,流利,通畅,畅达: *die F. seines Stils, seiner Rede* 他的文笔,他的演说流畅

flüs·sig·ma·chen; *machte flüssig*, *hat flüssig gemacht*; [Vt](及物) **etw. f.** Geld für e-n bestimmten Zweck zur Verfügung stellen od. haben 筹措,准备好(资金): *Er konnte die erforderlichen 5000 Euro nicht f.* 他无法筹措所需

Flugzeug

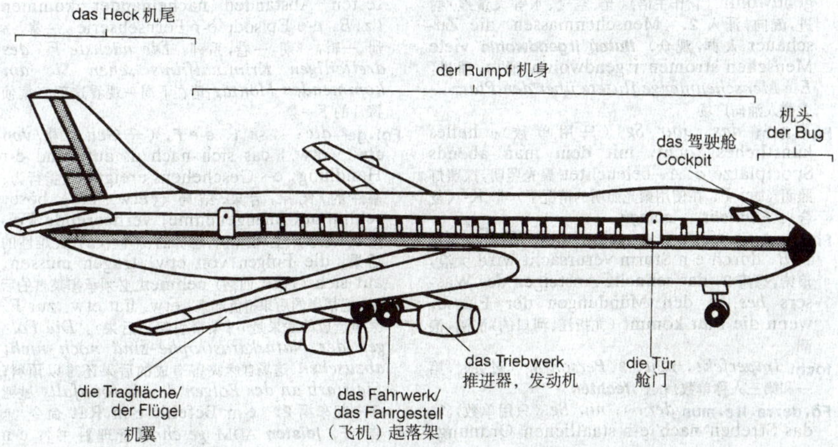

要的 5000 欧元 ‖ NB（注意）：↑ **flüssig**（1）

Fluss·pferd *das*；ein großes, massiges Tier, das in Afrika in u. an Flüssen lebt u. kleine Augen u. Ohren u. ein großes, breites Maul hat 河马 ≈ Nilpferd

flüs·tern：*flüsterte*, *hat geflüstert*；Vt/i（及物/不及物）（**etw.**）**f.** sehr leise sprechen, etw. sehr leise sagen 轻声低语，十分低声地说〈j-m etw. ins Ohr f. 向某人耳语某事〉‖ K-（复合）：**Flüster-**, **-stimme**, **-ton** ‖ ID［谚］**j-m (et)was f.** *gespr*［口］；j-n (wegen e-r bestimmten Sache) kritisieren 责备，教训，剋某人：*Na, dem werde ich was f., wenn ich ihn erwische!* 哼，要是让我当面碰上，我可要剋他一顿！‖ ▶ **Geflüster**

Flut *die*；-, *-en* **1.** *nur Sg*（只用单数）；das (An)Steigen des Wassers (Wasserspiegels) im Meer, das durch die Anziehungskraft des Mondes bewirkt wird 涨潮 ↔ Ebbe〈die F. kommt 涨潮了〉：*Das Schiff lief mit der F. aus* 船只趁涨潮时出海了 ‖ K-（复合）：**Flut-**, **-katastrophe**, **-warnung** **2.** *mst Pl*, *geschr*（多用复数）［书］；große Mengen von Wasser (die in Bewegung sind) 潮水，洪水，洪流〈aufgewühlte, tosende Fluten 翻腾的、咆哮的洪流〉：*Viele Menschen ertranken in den Fluten des Hochwassers* 许多人淹死在大水的洪流中；*sich in die Fluten stürzen* (= ins Wasser springen) 跳进洪流 ‖ -K（复合）：**Wasser-** **3. e-e F. von etw.** *geschr*［书］；e-e große Menge von etw. (das plötzlich u. unerwartet auftritt)（突然涌现出的）大量，大批，潮水般的〈e-e F. von Glückwünschen, Protesten, Beschwerdebriefen, Tränen 大量祝贺、抗议、意见书、眼泪〉：*E-e F. von Schimpfwörtern ergoss sich über ihn* 辱骂的话潮水般地向他倾泻 ‖ -K（复合）：**Bücher-**, **Farben-**, **Menschen-**, **Tränen-**

flu·ten：*flutete*, *ist geflutet*；*geschr*［书］；Vi（不及物）**1. etw. flutet irgendwohin** e-e große Menge Licht, Luft, Wasser *o.Ä.* strömt irgendwohin（物作主语）（光、空气、水等大量地）射进，流向，涌入 **2.**〈Menschenmassen, die Zuschauer 人群，观众〉**fluten irgendwohin** viele Menschen strömen irgendwohin 涌向，涌进：*E-e Menschenmenge flutete über den Platz* — 大群人涌向广场

Flut·licht *das*；*nur Sg*（只用单数）；helles künstliches Licht, mit dem man abends Sportplätze *o.Ä.* beleuchtet 聚光照明，探照灯照明〈bei F. 在使用聚光照明的情况下〉‖ K-（复合）：**Flutlicht-**, **-anlage**

Flut·wel·le *die* **1.** e-e sehr hohe Welle, die *z.B.* durch e-n Sturm verursacht wird 大浪，浪涛，怒涛 **2.** das schnelle Ansteigen des Wassers *bes* in den Mündungen der Flüsse, wenn die Flut kommt（尤指江、河口的）涨潮，浪潮

focht *Imperfekt*, *1. u. 3. Person Sg*（过去时，第一和第三人称单数）；↑ **fechten**

Fö·de·ra·lis·mus *der*；-；*nur Sg*（只用单数）**1.** das Streben nach e-r staatlichen Ordnung, in der die einzelnen Regionen ziemlich selbstständig sind 联邦主义 **2.** das Streben von Ländern, die zusammen e-n Staat bilden, nach größerer Unabhängigkeit von der zentralen Regierung 联邦制，联邦制度 ↔ Zentralismus **3.** das Prinzip e-r Politik, bei der F. (1,2) verwirklicht wird 联邦制原则，联邦制政策 ‖ *hierzu*（派生）**Fö·de·ra·list** *der*；*-en*, *-en*；**fö·de·ra·lis·tisch** *Adj*（形）

Fö·de·ra·ti·on [-ˈtsioːn] *die*；-, *-en*；ein Verband, e-e Union von Staaten od. Organisationen 联邦，联盟，联合会 ≈ Bund[1] (2)

foh·len：*fohlte*, *hat gefohlt*；Vi（不及物）**e-e Stute fohlt** e-e Stute bringt ein Fohlen zur Welt 母马产驹，生小马

Foh·len *das*；*-s*, *-*；ein junges Pferd 马驹，幼马

Föhn[1] *der*；*-(e)s*；*nur Sg*（只用单数）；ein warmer (Süd)Wind, der *bes* auf der nördlichen Seite der Alpen auftritt（尤指阿尔卑斯山脉北侧的）焚风，燥热风 ‖ K-（复合）：**Föhn-**, **-sturm**, **-wetter**, **-wind** ‖ *hierzu*（派生）**föh·nig** *Adj*（形）

Föhn[2] *der*；*-(e)s*；*-e*；ein elektrisches Gerät, mit dem man sich die Haare trocknet（把头发吹干的）吹风机，电吹风，热风器

föh·nen：*föhnte*, *hat geföhnt*；Vt（及物）**1. j-n/sich f.** j-s/seine Haare mit e-m Föhn trocknen 把头发吹干 **2.** (**j-m/sich**) **die Haare f.** j-m/sich mit e-m Föhn die Haare trocknen 将…的头发吹干

Föh·re *die*；-, *-n* ≈ Kiefer

Fol·ge[1] *die*；-, *-n* **1.** e-e Reihe von Dingen, die in zeitlich (relativ) kurzen Abständen nacheinander kommen 次序，顺序，一连串 ≈ Reihenfolge：*Die Tonleiter ist e-e F. von Tönen innerhalb e-r Oktave* 音阶是八度音程中音响的顺序排列；*Die Autos auf der Autobahn fuhren in dichter F.* 高速公路上的汽车一辆紧挨着一辆地行驶着 ‖ -K（复合）：**Bild(er)-**, **Gedanken-**, **Laut-**, **Zahlen-** **2.** eines von mehreren Teilen e-s Ganzen, e-r Serie, die in festen Abständen nacheinander kommen (*z.B.* e-e Episode e-r Fernsehserie) 一集，一册，一辑，一期，一卷，系列：*Die nächste F. des dreiteiligen Kriminalfilms sehen Sie am kommenden Montag* 请在下周一观看这部三集侦探片的下一集

Fol·ge[2] *die*；-, *-n* **1. e-e F.** (+ *Gen* 二格/**von etw.**) etw., das sich nach u. aufgrund e-r Handlung, e-s Geschehens ereignet（指行为、事件的）结果，后果，结局〈(etw. hat) böse, schlimme, unangenehme, verheerende Folgen（某事产生）很坏的、恶劣的、不愉快的、灾难性的后果；die Folgen von etw. tragen müssen, auf sich (*Akk* 四格) nehmen 必须承担某事的后果，把某事的后果担负起来；etw. hat etw. zur F. 某事造成的后果是…；某事引起…后果〉：*Die Folgen der Naturkatastrophe sind noch nicht abzusehen* 这场自然灾害造成的后果还难以预料；*Sie starb an den Folgen des Autounfalls* 她死于一起车祸 **2.**〈e-m Befehl, e-m Rat 命令，忠告〉**F. leisten** ADM *geschr*【管理】［书］；e-n

Befehl, e-n Rat *o.Ä.* akzeptieren u. befolgen 遵从,听从,服从 ‖ NB(注意): ↑ **Konsequenz**

fol·gen[1]; *folgte*, *ist gefolgt*; [Vi](不及物) **1.** ***j-m/etw.* f.** sich hinter j-m/etw. her in derselben Richtung bewegen 跟随,追随 ≈ nachgehen (1) ⟨j-m heimlich, unauffällig, auf Schritt u. Tritt, dicht, in großem Abstand f. 秘密地、不露声色地、寸步不离地、紧紧地、保持较大距离地跟随某人⟩: *Der Hund folgte der Blutspur im Schnee* 狗跟着雪地上的血迹追踪 **2.** ***etw.*** (*Dat* 三格) ***irgendwie* f.** e-m Gespräch *o.Ä.* aufmerksam zuhören, etw. beobachten 倾听,注意听,注视: *dem Vortrag des Wissenschaftlers mit Interesse f.* 饶有兴趣地倾听这位科学家的报告 **3.** ***j-m/etw.* (nicht) f. können** die Argumentation od. e-e Folge[1] (1) von Gedanken (nicht) verstehen können (不)能领会,理解,听不懂 ≈ etw. (nicht) nachvollziehen können: *Ich kann deinen Ausführungen zu diesem komplizierten Thema leider nicht f.* 很遗憾,我听不懂你对这个复杂论题的阐述 **4.** ***j-m/etw.* f.** j-n/etw. als Vorbild nehmen u. danach handeln 照着…办,学…的样: *Er ist dem Beispiel seines Vaters gefolgt u. ebenfalls Arzt geworden* 他学他父亲的榜样,也当了医生 **5.** ***etw.* folgt (auf) *etw.*** (*Dat* 三格) etw. kommt in der Reihenfolge od. ereignet sich zeitlich nach etw. (物作主语)接着出现,随之而来: *Auf Regen folgt Sonne* 雨过天晴; *im folgenden Jahr* 来年,在下一年 **6.** auf dem nächsten Platz, der nächsten Stufe in e-r Hierarchie od. Skala weiter unten erscheinen 在…之后是,排名在…之后: *Nach Sabine Binz folgt auf Platz zwei Edith Löhner* 埃迪特·勒纳尔排在扎比内·宾茨之后,名列第二 **7.** ***etw.* folgt aus *etw.*** etw. ist die logische Konsequenz von etw. (物作主语)由…得出的结论是…;由…可以得出…的结论 ≈ etw. ergibt sich aus etw.: *Aus den Berechnungen des Kopernikus folgte, dass sich die Erde um die Sonne dreht* 从哥白尼的测算得出结论,地球围绕太阳旋转

fol·gen[2]; *folgte*, *hat/ist gefolgt*; [Vi](不及物) **1.** (***j-m***) **f.** (*hat*) *gespr* [口] ≈ gehorchen: *Das Kind hat seiner Mutter nicht gefolgt* 孩子没有听母亲的话 **2.** ***etw.*** (*Dat* 三格) **f.** (*ist*) sich nach etw. richten, e-r Sache entsprechend handeln 遵循,依照…办事 ⟨j-s Rat, Anordnungen, Befehlen f. 遵从某人的劝告、指示、命令; seinem Gefühl, e-r Eingebung f. 跟着自己的感觉、灵感走⟩

fol·gend **1.** *Partizip Präsens* (现在分词); ↑ **folgen** **2.** *Adj* (形); *nur attr*, *nicht adv* (只作定语,不作状语); verwendet, um sich auf Personen/Sachen zu beziehen, die (in e-r Liste) genannt werden 如下的,以下的,下列的: *Folgende Schüler haben die Prüfung bestanden*: ... 下列学生通过了考试:…

fol·gen·der·ma·ßen *Adv* (副); auf die anschließend beschriebene Art u. Weise 以如下方式,如下,如次 ≈ wie folgt, so[1]: *Der Salat wird f. zubereitet*: ... 凉拌菜按如下方式配制: …

fol·gen·schwer *Adj* (形); *nicht adv* (不作状语); mit großen (*mst* negativen) Folgen/Konsequenzen 后果严重的 ⟨ein Fehler, ein Irrtum, ein Unfall *o.Ä.* 错误,失误,事故等⟩

fol·ge·rich·tig *Adj* (形); *geschr* [书]; logisch u. konsequent 合乎逻辑的,前后一致的 ≈ schlüssig ⟨e-e Entscheidung 决定; f. denken, handeln 合乎逻辑地思考、行动⟩ ‖ *hierzu* (派生) **Fol·ge·rich·tig·keit** *die*; *nur Sg* (只用单数)

fol·gern; *folgerte*, *hat gefolgert*; [Vt](及物) ***etw.* (aus *etw.*) f.** *geschr* [书]; aus bestimmten Anzeichen od. Fakten die logische Konsequenz ziehen (由…)得出结论,推断出 ≈ schließen[2]: *Aus seinem Verhalten folgerte sie*, dass *er derselben Meinung war* 她从他的态度推断出他也持同样的意见

Fol·ge·rung *die*; -, *-en*; ***e-e* F. (aus *etw.*)** das Ergebnis e-r Überlegung *o.Ä.* 结论,推断 ⟨e-e logische F. 合乎逻辑的结论; e-e F. aus etw. ableiten, ziehen 从某事引出,得出结论⟩ ‖ -K (复合): **Schluss-**

folg·lich *Adv* (副); als Konsequenz od. Ergebnis von etw. 因此,所以 ≈ deshalb: *Die Firma machte Bankrott*, *f. mussten alle Mitarbeiter entlassen werden* 公司破产了,因此所有员工不得不被解雇

folg·sam *Adj* (形) **1.** immer bereit zu gehorchen 顺从的,听话的,乖的 ≈ gehorsam, brav ⟨*mst* ein Kind 多指孩子⟩ **2.** ⟨ein Hund, ein Pferd 狗,马⟩ so, dass sie gehorchen 驯服的 ‖ *hierzu* (派生) **Folg·sam·keit** *die*; *nur Sg* (只用单数)

Fo·lie [-li̯ə] *die*; -, *-n* **1.** ein sehr dünnes Material (*mst* aus Kunststoff od. Metall), mit dem man Gegenstände (*z.B.* Lebensmittel) verpackt, abdeckt od. isoliert (塑料)薄膜,(金属)箔 ⟨etw. in F. verpacken, mit F. abdecken 把某物包在薄膜里,用薄膜盖住某物⟩ ‖ -K (复合): **Aluminium-**, **Kunststoff-**, **Plastik-**; **Frischhalte-** **2.** ein stück durchsichtige F. (1) mit Schrift od. Bildern, *z.B.* für e-n Overheadprojektor (投影仪上使用的带图文的)薄膜

Folk·lo·re *die*; -; *nur Sg*, *Kollekt* (只用单数,集合); alle (*mst* einfachen) Formen der Kultur (*bes* Musik, Tanz u. Dichtung), die für die Leute e-r bestimmten Region od. Landschaft typisch sind 民间艺术(尤指民间音乐、舞蹈、诗歌、服饰等),民间传说,民俗 ‖ K- (复合): **Folklore-**, **-kunst**, **-musik** ‖ *hierzu* (派生) **folk·lo·ris·tisch** *Adj* (形)

Fol·ter *die*; -, *-n* **1.** *nur Sg* (只用单数); das Foltern (1) od. das Gefoltertwerden 刑讯,拷问,用刑: *Amnesty International setzt sich gegen F. in aller Welt ein* 大赦国际反对世界各地使用刑讯; *Er ist bei der F. gestorben* 他死于严刑拷问 ‖ K- (复合): **Folter-**, **-instrument**, **-methode**, **-qual** **2.** *gespr* [口]; etw., das einem sehr unangenehm od. lästig ist 折磨,苦难,受罪 ≈ Qual: *Lange Vorträge sind für* *mich e-e wahre F.* 长篇大论的报告对我真是一种折磨 ‖ ID［谚］**j-n auf die F. spannen** *gespr*［口］; die Spannung bei j-m größer werden lassen, indem man ihm das nicht sofort erzählt, was er unbedingt wissen will 给…制造紧张心情，吊…胃口，给…卖关子，故意折磨

F

fol·tern; *folterte, hat gefoltert*; Vt（及物）**1. j-n f.** j-m mit bestimmten Mitteln körperliche Schmerzen zufügen（*bes* um ihn zu e-m Geständnis, zu e-r Aussage zu zwingen）刑讯，拷问，施刑：*Im Mittelalter wurden Frauen, die man für Hexen hielt, grausam gefoltert* 中世纪时凡被认为是巫婆的妇女都受到残酷的刑罚 **2. etw. foltert j-n** *geschr*［口］; etw. quält j-n psychisch（物作主语）（心理上）折磨，使烦恼：*Sein schlechtes Gewissen folterte ihn* 他的内疚感折磨着他 ‖ *zu*（义项）**1. Fol·te·rung** *die*

Fon *das*; ↑ **Phon**

Fön® *der*; ↑ **Föhn²**

Fond [fõː] *der*; *-s, -s*; *mst Sg, geschr*（多用单数）［书］; der hintere Teil im Innern e-s Autos（mit den Rücksitzen）汽车后座

Fonds [fõː] *der*; - [fõː(s)], - [fõːs]; Geld, das für e-n Zweck bestimmt ist 基金，资金〈ein öffentlicher F. 公共基金; e-n F. bilden, aus e-m F. schöpfen 建立一项基金，从基金中提取〉‖ -K（复合）: **Hilfs-, Studien-**

Fon·due [fõˈdyː] *das*; *-s, -s od die*; *-, -s*; ein Gericht, das man bei Tisch zubereitet, indem man mit e-r langen Gabel *z.B.* kleine Stücke Fleisch in e-n Topf mit heißem Öl od. kleine Stücke Brot in e-n Topf mit geschmolzenem Käse taucht（滚油汆肉或融化干酪用的）小火锅 ‖ K-（复合）: **Fondue-, -gabel, -teller** ‖ -K（复合）: **Fleisch-, Käse-**

fö·nen ↑ **föhnen**

Font *der*; *-s, -s*; INFORM【信息】≈ Zeichensatz

Fon·tä·ne *die*; *-, -n* **1.** ein starker Strahl Wasser, der *bes* aus e-m Brunnen nach oben spritzt 喷泉 **2.** ein Brunnen mit e-r F. 喷水池（1）≈ Springbrunnen

fop·pen; *foppte, hat gefoppt*; Vt（及物）**j-n f.** *gespr*［口］; j-m（*mst* im Scherz）etw. Unwahres sagen, um ihn zu necken od. zu ärgern 戏弄，耍弄，逗弄，拿…开心 ‖ *hierzu*（派生）**Fop·pe·rei** *die*; *-, -en*

for·cie·ren [-ˈsiː-]; *forcierte, hat forciert*; Vt（及物）**etw. f.** *geschr*［书］; bewirken, dass etw. schneller funktioniert od. intensiver (voran)geht, ausgeführt wird 加紧，加强，加快〈das Tempo f. 加快速度; seine Bemühungen f. 加紧努力〉

För·de·rer *der*; *-s, -*; j-d, der j-n/etw. durch Geld aktiv unterstützt 资助者，赞助者 ≈ Mäzen: *ein F. der Künste* 艺术事业的资助者 ‖ *hierzu*（派生）**För·de·rin** *die*; *-, -nen*

för·der·lich *Adj*（形）; *mst* 多用 **etw. ist j-m/etw. f.** *geschr*［书］; etw. ist für j-n/etw. nützlich, von Vorteil（物作主语）是有利于…的，是对…有益的 ↔ etw. schadet j-m/etw.: *Ein solches Verhalten ist seiner Karriere wenig f.* 这种态度对他的前途（升迁）没有多少好处

for·dern; *forderte, hat gefordert*; Vt（及物）**1.**（**von j-m/etw.**）**etw. f.** j-m/e-r Behörde *o.Ä.*（energisch u. nachdrücklich）sagen, dass man etw. von ihm/ihr will 要求，索取 ≈ verlangen: *Die Entführer forderten von den Eltern/der Regierung ein hohes Lösegeld* 绑架者（劫持者）向孩子的父母/政府索取巨额赎金; *Sie forderte, freigelassen zu werden* 她要求获得释放 **2. etw. fordert**〈Opfer 牺牲者〉*geschr*［书］; ein Unglück *o.Ä.* hat den Tod von Personen zur Folge（物作主语）造成人员伤亡: *Das Erdbeben forderte zahlreiche Opfer* 地震造成了大量伤亡 **3. etw. fordert j-n** etw. verlangt viel Energie *o.Ä.* von j-m, ist sehr anstrengend（物作主语）需要…花费许多精力: *Mein Beruf fordert mich nicht genug* 我干的这一行工作不需要我花费很多力气 **4. Freispruch f.**（als Rechtsanwalt）dafür plädieren, dass ein Angeklagter vor Gericht keine Strafe bekommt 要求宣判（被告）无罪: *Der Rechtsanwalt forderte Freispruch für seinen Mandanten* 律师要求法庭宣判他的委托人无罪

för·dern¹; *förderte, hat gefördert*; Vt（及物）**1. j-n/etw. f.** j-n/etw. so unterstützen（*z.B.* durch persönliches Engagement od. finanzielle Mittel）, dass er/es sich gut (weiter) entwickelt 促进，资助: *junge Künstler, die Wissenschaften f.* 资助年轻的艺术家、科学事业（的发展）**2. etw. f.** *geschr*［书］≈ verstärken: *Ihre Bemerkungen förderten seinen Ärger nur noch mehr* 您的意见只是使他更加生气

för·dern²; *förderte, hat gefördert*; Vt（及物）**j-d**（*Kollekt od Pl* 集合或复数）/〈e-e Gesellschaft *o.Ä.* 公司等〉**fördert etw.** e-e Gruppe von Personen/e-e Gesellschaft *o.Ä.* holt Kohle, Öl od. Erz *o.Ä.* in großer Menge aus der Erde（um sie wirtschaftlich zu nutzen）采掘，开采 ‖ K-（复合）: **Förder-, -anlage, -leistung, -menge, -schacht** ‖ ID［谚］↑ **zutage**

-för·dernd *im Adj, begrenzt produktiv*（构成形容词，构词有限）; so, dass es e-m Zweck erfolgreich dient 促进…（发展）的，有助于…的 ≈ -unterstützend; **bildungsfördernd, friedensfördernd**〈e-e Politik 政策〉, **schlaffördernd**〈ein Medikament 药〉, **verdauungsfördernd**

For·de·rung *die*; *-, -en* **1. e-e F.**（**an j-n**）; **e-e F.**（**nach etw.**）das, was von j-m verlangt, gefordert (1) wird 要求〈e-e berechtigte, maßlose, unannehmbare F. 合理的、过分的、无法接受的要求; e-e F. erheben, geltend machen,（an j-n）stellen 提出要求，（向某人）提出要求; e-e F. erfüllen 满足要求; auf e-r F. bestehen 坚持要求; von e-r F. ablassen 放弃一种要求〉: *Die Arbeitgeber lehnten die F. der Gewerkschaften nach mehr Lohn ab* 雇主拒绝工会提出的增加工资的要求 **2. e-e F.**（**an j-n**）WIRTSCH, ADM, *geschr*【经】【管理】［书］; der

Anspruch auf Geld, das man für gelieferte Waren od. erbrachte Leistungen von j-m bekommen soll 要账,要求付款,索款〈e-e F. anmelden, erheben, geltend machen 要求支付欠款,提出付款,索要货款〉: *Die Firma hat Forderungen in Höhe von € 50 000 an ihre Schuldner* 这家公司要求它的债务人支付50000欧元欠款 ‖ -K(复合): **Geld-**

För·de·rung[1] *die*; -; *nur Sg*(只用单数)≈ Unterstützung: *die F. begabter Schüler* 资助有天赋的学生 ‖ -K(复合): **Begabten-**, **Nachwuchs-**

För·de·rung[2] *die*; -; *nur Sg*(只用单数)≈ die Produktion durch Fördern[2], Abbauen[1] ‖ -K(复合): **Erz-**, **Kohle-**, **Öl-**

Fo·rel·le *die*; -, *-n*; ein (mittelgroßer) Fisch, der *bes* in kalten Bächen u. in kleineren Gewässern lebt u. der gut schmeckt 鳟鱼 ‖ K-(复合): **Forellen-**, **-teich**, **-zucht**

For·ke *die*; -, *-n*; *nordd* [北德] ≈ Heugabel, Mistgabel

Form[1] *die*; -, *-en* **1.** die äußere plastische Gestalt, in der ein Gegenstand erscheint, *bes* in Hinsicht auf die Linien, die ihn begrenzen 形状,式样,样子 ≈ Gestalt: *Die Erde hat die F. e-r Kugel* 地球呈圆球形 ‖ -K(复合): **Ei-**, **Hufeisen-**, **Kreis-**, **Kugel-**, **Spiral-**, **Würfel- 2. in F.** (+ Gen 二格/ **von etw.**) in der Art u. Weise, in der etw. erscheint, vorhanden ist 以…形状,状态,形式 ≈ als[3]: *Niederschläge in F. von Regen / Schnee / Hagel* 以雨/雪/冰雹形式出现的降水; *Wasser in fester, flüssiger F.* 固态、液态的水 **3.** die Art u. Weise, in der etw. existiert, in der es organisiert od. strukturiert ist 方式,形式,形态 ≈ Modus: *die Ehe als F. des Zusammenlebens von Mann u. Frau* 婚姻是夫妻共同生活的形式 ‖ -K(复合): **Gesellschafts-**, **Lebens-**, **Organisations-**, **Regierungs-**, **Staats-**, **Wirtschafts- 4.** die Art u. Weise, in der ein Inhalt (künstlerisch) gestaltet ist (艺术)形式,(文章)体裁 ↔ Inhalt: *die F. der Anekdote, der Novelle, des Sonetts, der Oper* 轶事、中短篇小说、十四行诗、歌剧的形式 ‖ -K(复合): **Brief-**, **Gedicht-**, **Lied-**, **Roman-**, **Tanz- 5.** *mst Pl*(多用复数); die vorgeschriebenen Regeln, Konventionen, die bestimmen, wie man sich gegenüber anderen Leuten verhalten soll 礼节,礼法,礼仪〈sich über gesellschaftliche Formen hinwegsetzen 无视社会礼节〉: *die strengen Formen am königlichen Hof* 严格的王室礼节 ‖ -K(复合): **Umgangs-**, **Verhaltens- 6.** die Art u. Weise, wie etw. Offizielles gestaltet ist od. werden muss 格式,程式: *die F. e-s Vertrags, e-s Testaments* 合同、遗嘱的格式; *Der Antrag wurde wegen e-s Fehlers in der F. abgelehnt* 申请书由于格式上的错误而被拒收 **7.** *nur Pl*(只用复数); die Konturen des Körpers e-r Frau, *bes* von Busen u. Hüften 女性(尤指胸、臀部)的体形,体态 ≈ Rundungen: *e-e Frau mit üppigen Formen* 一位体态丰盈的女性 ‖ ID [谚] ***etw. nimmt*** (***feste***) ***Formen an*** ein Plan, ein Projekt *o. Ä.* wird allmählich entwickelt u. realisiert 某事/物逐渐成形、有眉目; ***in aller F.*** genau so, wie es der F. (5) entspricht 郑重其事地,正式地: *Er entschuldigte sich in aller F. für seine Unhöflichkeit* 他为自己的失礼而郑重道歉

Form[2] *die*; -, *-en*; ein Gegenstand, der innen hohl ist od. der Vertiefungen hat u. in den man e-e lockere od. flüssige Masse (*z. B.* Teig od. geschmolzenes Metall) gibt, die dann fest wird 模型,模子: *den Kuchenteig in e-e F. aus Blech füllen* 将做糕饼的面团填入金属模子 ‖ -K(复合): **Back-**, **Guss-**, **Kuchen-**

Form[3] *die*; -; *nur Sg*, SPORT(只用单数)【体】; die allgemeine Verfassung in Bezug auf die Leistung (运动员的)竞技状态,身体状态〈gut, schlecht in F. sein 竞技状态良好、不佳; (nicht) in F. sein 处于良好(不佳)的竞技状态; seine F. halten 保持良好的竞技状态〉‖ -K(复合): **Best-**, **Höchst-**, **Tages-**

for·mal *Adj*(形); *mst attr*; *ohne Steigerung*(多作定语,无变级) **1.** die Form (4) von etw. betreffend 形式的,外形的 ↔ inhaltlich: *der formale Aufbau e-s Dramas, e-r Rede* 一个剧本的结构,一篇演讲的格局 **2.** in Bezug auf die Bestimmungen des Gesetzes, die Regeln *o. Ä.* 合乎规定的,合乎程序的,手续上的: *Der Prozess musste wegen e-s formalen Fehlers unterbrochen werden* 诉讼案由于程序上的错误而不得不中止 **3.** der (*bes* gesetzlichen) Form (6) nach, aber nicht in der Praxis, Wirklichkeit 形式上的,非真实的: *In vielen Staaten sind die Frauen nur f. gleichberechtigt* 在许多国家妇女只是在形式上享有平等权利

For·ma·lie [-liə] *die*; -, *-n*; *mst Pl*(多用复数); e-e formale (2) Einzelheit 形式,惯例,手续,程序: *juristische Formalien* 法律程序,法律手续

For·ma·lis·mus *der*; -, **For·ma·lis·men**; *mst Sg*, *geschr*(多用单数)[书]; die (zu) starke Betonung der äußeren Form 形式主义: *der F. in der Verwaltung, Wissenschaft* 行政管理中的,科学中的形式主义 ‖ *hierzu*(派生) **For·ma·list** *der*; *-en*, *-en*; **for·ma·lis·tisch** *Adj*(形)

For·ma·li·tät *die*; -, *-en* **1.** *mst Pl*(多用复数); e-e (bürokratische) Bestimmung, Vorschrift, die man erfüllen muss, damit etw. offiziell gültig wird *o. Ä.* 手续〈die Formalitäten einhalten, erledigen 遵照,履行手续〉**2.** e-e gesellschaftliche Regel, Konvention, die nur die äußere Form betrifft 惯例,形式上的事

For·mat *das*; -(*e*)*s*, *-e* **1.** e-e bestimmte Größe od. Form, in der *bes* Papier u. Bücher hergestellt (bedruckt) werden (尤指纸张、书册的)大小,尺寸,规格,开本: *Fotos mit dem F. 18 x 24.* 18×24(厘米)大小的照片 ‖ -K(复合): **Buch-**; **Postkarten-**; **Groß-**, **Klein-**, **Standard- 2. von F.** (von Personen) von großer Bedeutung (指人物的)重要意义,地位,声望 ≈ von Rang: *Heinrich Böll war ein Schriftsteller von (internationalem) F.* 海因

里希·伯尔是一位具有(国际)声望的作家 **3.** ***F. haben*** in Bezug auf Charakter od. Fähigkeiten sehr bedeutend, vorbildlich sein 是个重要人物,是个有影响的人物 ≈ e-e Persönlichkeit sein

for·ma·tie·ren; *formatierte, hat formatiert*; Vt/i (及物/不及物) (***etw.***) ***f.*** INFORM【信息】; in e-m Arbeitsgang e-e Diskette *o. Ä.* mit bestimmten Daten versehen u. so für den jeweiligen Computer brauchbar machen 将…格式化

For·ma·ti·on [-ˈtsio:n] *die*; -, *-en* **1.** e-e Gruppe von Personen, die in e-r bestimmten Form angeordnet od. aufgestellt sind (u. so regelmäßig spielen, tanzen *o. Ä.*) 队列,队形〈e-e militärische F. 军队队列,方阵; e-e F. von Tänzern 舞蹈队员的排列队形〉‖ -K (复合): ***Jazz-***, ***Tanz-*** **2.** die Form, Aufstellung, in der Personen od. Dinge angeordnet sind (人或物的)列队形式,组合形式 **3.** *nur Sg* (只用单数); das Formieren 编队,编组,排列,组合 **4.** GEOL【质】; e-e Folge von Schichten aus einer od. mehreren Gesteinsarten 岩层,地层,层系

form·bar *Adj* (形) **1.**〈ein Material 材料〉so, dass es (mit den Händen) geformt (1) werden kann 可塑的: *Der Ton wird mit Wasser zu e-r gut formbaren Masse verarbeitet* 黏土加水即可加工成可塑性强的泥料 **2.**〈ein Charakter, ein Kind, ein Talent 性格,儿童,才能〉so, dass man sie noch beeinflussen, prägen kann 易受影响的,可塑的

Form·blatt *das*; ADM *geschr*【管理】[书] ≈ Formular

For·mel *die*; -, *-n* **1.** e-e Kombination von Buchstaben, Zahlen od. Zeichen als (verkürzter) Ausdruck *z. B.* e-s mathematischen Lehrsatzes, e-r chemischen Verbindung od. e-r physikalischen Regel 公式,分子式,式: *Die chemische F. für Wasser ist „H_2O"* 水的化学分子式为 H_2O **2.** ein Ausdruck od. Satz, der bei vielen Anlässen immer wieder in derselben sprachlichen Form verwendet wird 惯用语,套语 ‖ -K (复合): ***Beschwörungs-***, ***Eid(es)-***, ***Gruß-***, ***Zauber-*** **3.** *mst pej* 多用[贬]; ein sprachlicher Ausdruck, der so häufig verwendet wird, dass man dabei über seinen Sinn nicht mehr nachdenkt 滥套子,套话〈e-e leere, nichts sagende F. 空洞的、毫无内容的套话〉**4.** ein kurzer Satz od. Ausdruck, der e-n komplizierten gedanklichen Zusammenhang einfach ausdrückt u. zusammenfasst 言简意赅的表达方式(措词、用语): *ein komplexes Problem auf e-e einfache F. bringen* 用简明扼要的词语表达(提出)一个复杂的问题 **5.** ***F. 1*** [-ˈains] SPORT【体】; e-e Kategorie von sehr schnellen Rennwagen 一级方程式(汽车赛分类中的一个等级) ‖ K- (复合): ***Formel-1-Rennen***, ***Formel-1-Wagen***

for·mel·haft *Adj* (形); sehr häufig verwendet od. monoton 单调的,老一套的,公式化的,刻板的 ≈ stereotyp〈ein Ausdruck 表达方式,措词; j-s Sprache, j-s Stil 某人的语言,某人的文体〉‖ *hierzu* (派生) **For·mel·haf·tig·keit** *die*; *nur Sg* (只用单数)

for·mell *Adj* (形) **1.** korrekt u. höflich, so wie es bestimmte Regeln, Konventionen erfordern 符合习俗的,礼节性的〈e-e Begrüßung, e-e Einladung, ein Empfang 欢迎,邀请,接待〉**2.** bestimmten Vorschriften entsprechend 正式的,合乎规定的 ≈ offiziell ↔ inoffiziell〈ein Abkommen, e-e Einigung 协定,统一〉**3.** sehr höflich u. korrekt u. dadurch steif (wirkend) 拘泥于礼节的,古板的,拘谨的 ≈ förmlich ↔ informell: *Er ist immer sehr f.* 他总是十分拘谨(拘泥于礼节) **4.** *mst adv* (多作状语); nur zum Schein, nicht wirklich (纯属)形式上的 ≈ formal (3): *Er ist nur noch f. der Chef, eigentlich leitet sein Sohn die Firma* 他仅在形式上还是个老板,真正主管这个公司的是他的儿子

for·men; *formte, hat geformt*; Vt (及物) **1.** ***etw.*** (***aus etw.***) ***f.*** e-n Gegenstand aus e-m *mst* weichen Material herstellen, indem man dem Material mit seinen Händen e-e bestimmte Form gibt (用…)塑成,塑出,捏出 ≈ gestalten (1): *e-n Krug aus Ton f.* 用陶土塑成一个带把的杯子; *Die Kinder formten Tiere aus Knetmasse* 孩子们用橡皮泥捏出各种动物 **2.** ***etw.*** (***zu etw.***) ***f.*** *mst* e-m weichen Material mit den Händen e-e bestimmte Form geben 将…做出,做成,使成为: *Teig zu e-m Brotlaib f.* 将生面团做成大圆面包 **3.** ***etw.*** ***formt j-n*** (***zu etw.***) ein Einfluss verändert den Charakter e-s Menschen in *mst* positiver Weise (物作主语) 培养,造就: *Die Erfahrungen in diesen Jahren haben ihn (zu e-r verantwortungsbewussten Persönlichkeit) geformt* 这几年的经验造就了他(认真负责的品格) ‖ *hierzu* (派生) **For·mung** *die*; *nur Sg* (只用单数)

For·men·leh·re *die*; *mst Sg* (多用单数) **1.** die Lehre von den Formen der Wörter e-r Sprache 词法,形态学 ≈ Morphologie **2.** MUS【音】; die Lehre von der formalen Gliederung u. Gestaltung musikalischer Werke 乐曲曲体理论

Form·feh·ler *der*; *geschr* [书]; ein Verstoß gegen e-e amtliche Vorschrift, die e-n Ablauf od. die Form (6) von Schreiben regelt 违反程序,不合规定,不符合手续: *Wegen e-s Formfehlers wurde die Wahl für ungültig erklärt* 选举因违反程序而被宣布无效

for·mie·ren; *formierte, hat formiert*; Vt (及物) **1.** ***j-d formiert etw.*** (*Kollekt* (集合)) j-d stellt e-e Gruppe von Menschen od. Dingen in e-r bestimmten Ordnung auf (人作主语) 编排,排列,布阵〈e-e Mannschaft, e-e Marschkolonne, e-e Tanzgruppe f. 把运动队进行布阵,把行军队伍、舞蹈队排好队形〉; Vr (反身) **2.** ***sich*** (*Pl* 复) (***zu etw.***) ***f.*** sich in e-r bestimmten Ordnung aufstellen 形成,组成,排成(队形): *Die Tänzer formierten sich zur Polonäse* 舞蹈演员排成了波兰舞的队形 ‖ *hierzu* (派生) **For·mie·rung** *die*; *nur Sg* (只用单数)

-för·mig *im Adj*, *sehr produktiv* (构成形容词,构

词强)；mit der genannten Form（具有)…形状的；***eiförmig***，***glockenförmig***，***herzförmig***，***hufeisenförmig***，***kreisförmig***，***sternförmig***

förm·lich[1] *Adj*（形）**1.** ≈ formell（3）〈e-e Begrüßung, ein Umgangston 欢迎，交往礼仪〉**2.** ≈ formell（2），offiziell〈e-e Abmachung, e-e Erklärung, ein Vertrag 协定，声明，合同〉‖ *hierzu*（派生）**Förm·lich·keit** *die*

förm·lich[2] *Partikel*（小品词）；*unbetont*（非重读）；verwendet（*bes* mit Verben, die e-n bildlichen Vergleich beinhalten），um e-e Aussage zu verstärken 简直，全然 ≈ regelrecht，geradezu：*Sie kochte f. vor Wut* 她简直怒不可遏；*Er hat mich mit Vorwürfen f. überschüttet* 他对我劈头盖脸地横加指责

form·los *Adj*（形）；*ohne Steigerung*（无变级）**1.** *nicht adv*（不作状语）；ohne feste Umrisse, ohne e-e erkennbare Form（1）无定形的，不成形的〈e-e Masse 物体，物质〉**2.** ohne e-e bestimmte offiziell vorgeschriebene Form（5）不合规格的，不规范的〈ein Antrag 申请(书)〉‖ *hierzu*（派生）**Form·lo·sig·keit** *die*；*nur Sg*（只用单数）

Form.sa.che *die*；*nur Sg*（只用单数）≈ Formalität（2）：*Das ist doch e-e reine F.*（= ist völlig unproblematisch）这纯粹是办个手续走走形式而已

For.mu.lar *das*；*-s*，*-e*；ein Blatt Papier（wie es *z.B.* bei e-r Behörde od. Bank verwendet wird），auf dem Angaben od. Fragen gedruckt sind, die man ergänzen od. beantworten muss 表格〈ein F. ausfüllen, unterschreiben 填写一个表格，在一份表格上签名〉‖ -K（复合）：***Anmelde-***，***Einzahlungs-***，***Überweisungs-***

for·mu·lie·ren；*formulierte*，*hat formuliert*；**Vt**（及物）***etw.***（***irgendwie***）***f.*** etw., das man（mündlich od. schriftlich）ausdrücken will, in e-e entsprechende sprachliche Form（4）bringen（口头或书面)表述，表达，拟出，撰写，起草：*e-n Gedanken präzise*，*e-n Satz knapp f.* 准确地表述一个思想，简洁地撰写一个句子；*e-e Frage f.* 表述一个问题

For·mu·lie·rung *die*；-，*-en*；*geschr*［书］**1.** *nur Sg*（只用单数）；das Formulieren 表述，表达，写出，说出：*Die F. seiner Gedanken fiel ihm schwer* 他觉得难于表述自己的思想 **2.** ein *mst* schriftlicher Ausdruck od. Satz, der in bestimmter Weise formuliert wird（多指书面的)措词，文句：*Die Formulierungen in Gesetzestexten sind für viele zu kompliziert* 法律条文的措词对许多人来说太复杂

forsch，*forscher*，*forschest-*；*Adj*（形）；selbstsicher, energisch u. entschlossen 自信的，果断的，有魄力的〈ein Benehmen 举止；f. an etw. herangehen 果断地着手某事〉‖ *hierzu*（派生）**Forsch·heit** *die*；*nur Sg*（只用单数）

for·schen；*forschte*，*hat geforscht*；**Vi**（不及物）**1.** etw. systematisch u. mit wissenschaftlichen Methoden untersuchen, um darüber ein bestimmtes Wissen zu bekommen（科学）研究，调查，考察，探讨：*Er forscht auf dem Gebiet der Kernphysik* 他在核物理领域从事科学研究 **2.** ***nach j-m / etw. f.*** *geschr*［书］；sehr gründlich, intensiv nach j-m/etw. suchen 探求，探寻，查考〈nach e-m Vermissten, den Ursachen von etw. f. 探寻失踪者，查考某事的原因〉：*Er forscht in alten Archiven nach der Herkunft seiner Familie* 他从旧档案中查考他家的祖籍

for·schend **1** *Partizip Präsens*（现在分词）；↑ ***forschen*** **2.** *Adj*（形）；*nur attr od adv*（只作定语或状语）；kritisch u. prüfend 审视的〈*mst* ein Blick 目光，j-n f. ansehen 审视某人〉

For·scher *der*；*-s*，*-*；j-d, der auf e-m bestimmten Gebiet wissenschaftlich arbeitet, forscht（1）科学工作者，研究者，学者 ≈ Wissenschaftler ‖ -K（复合）：***Altertums-***，***Bibel-***，***Natur-*** ‖ *hierzu*（派生）**For·sche·rin** *die*；-，*-nen*

For·schung *die*；-，*-en* **1.** das Forschen（1）研究工作，考察工作：*Kopernikus hat bei seinen Forschungen herausgefunden, dass sich die Erde um die Sonne bewegt* 哥白尼在其研究中发现，地球围绕太阳运转 **2.** *nur Sg*（只用单数）；die Wissenschaft（die sich mit e-m bestimmten Gebiet befasst(科学)研究〈die naturwissenschaftliche, medizinische F. 自然科学研究，医学研究；der neueste Stand der F. 最新研究水平〉：*Sie ist in der F. tätig* 她搞科研工作 ‖ K-（复合）：***Forschungs-***，***-arbeit***，***-aufgabe***，***-auftrag***，***-beitrag***，***-bereich***，***-bericht***，***-ergebnis***，***-gebiet***，***-gegenstand***，***-labor***，***-methode***，***-objekt***，***-programm***，***-projekt***，***-vorhaben***，***-zweck*** ‖ -K（复合）：***Altertums-***，***Geschichts-***，***Krebs-***，***Sprach-***，***Verhaltens-***，***Weltraum-*** **3.** *nur Sg*，*Kollekt*（只用单数，集合）；die Forscher, die auf e-m bestimmten Gebiet arbeiten, mit ihren Ergebnissen 科学界，(某个领域的)科学工作者(总称)：*Der F. ist es gelungen, Insulin synthetisch herzustellen* 科研工作人员已能人工合成胰岛素

Forst *der*；*-(e)s*，*-e*；ADM *geschr*【管理】[书]；ein（*mst* großes）Stück Wald, das von seinem privaten od. öffentlichen Besitzer wirtschaftlich genutzt wird 树林，森林：*ein staatlicher F.* 国有林 ‖ K-（复合）：***Forst-***，***-amt***，***-verwaltung***，***-wirtschaft*** ‖ -K（复合）：***Gemeinde-***，***Privat-***，***Staats-***

Förs·ter *der*；*-s*，*-*；j-d, der beruflich für e-e bestimmte Fläche Wald u. für die Tiere（*bes* für das Wild）in diesem Gebiet verantwortlich ist 森林管理员，林管所主任，林务员，护林员，守林人 ‖ *hierzu*（派生）**Förs·te·rin** *die*；-，*-nen*

Förs·te·rei *die*；-，*-en* ≈ Forsthaus

Forst·haus *das*；das Wohnhaus des Försters（in dem sich auch seine Dienststelle befindet）森林管理所(兼森林管理员住所)

fort *Adv*（副）**1.** ***j-d / etw. ist f.*** j-d/etw. befindet sich nicht（mehr）an dem Ort, an dem er/sie/es war（人/物作主语）离去，消失，丢了 ≈ j-d/etw. ist weg：*Mein Fahrrad ist f.!* 我的自行车不见了！**2.** ***f. sein*** weggegangen, weggefahren od. verreist sein 走了,外出了,出门了 ≈ weg sein: *Sie ist drei Wochen f. gewesen* 她外出了三个星期 **3. f.** (**von hier**)**!** verwendet als Aufforderung, sich von e-m Ort zu entfernen (从这里)离开! 走开! ≈ weg: *Es brennt, schnell f. von hier!* 着火了,赶快离开这里! **4. F.** (**mit j-m/etw.**)! verwendet, um j-n aufzufordern, sich/j-n/etw. sofort zu entfernen (对人)走开! 滚开! (对物)将…拿走,拿开! ≈ weg: *Fort mit ihm!* 让他走开!; *Fort damit!* 把这拿走! 把这扔掉! ‖ ID [谚] ***in einem 'f.*** *veraltend* [渐旧] ≈ ununterbrochen, ständig; ***und so f.*** ≈ u. so weiter, u. Ähnliches

Fort [foːɐ] *das*; *-s*, *-s*; *hist* [历]; e-e militärische Festung (*mst* aus Holz) *bes* in Nordamerika zur Zeit der Kolonisation (尤指北美殖民化时期的)要塞,碉堡

fort- *im Verb*, *trennbar u. betont*, *sehr produktiv* (构成动词,可分并重读,构词强); Die Verben mit *fort-* werden nach folgendem Muster gebildet (fort- 动词的模式如下): *fortfliegen – flog fort – fortgeflogen*

fort- drückt zusammen mit Verben der Bewegung aus, dass j-d/etw. e-n bestimmten Ort verlässt 离开,离去,走开 ≈ weg-; 〈ein Vogel 鸟〉 ***fliegt fort***: *Als sie die Katze sahen, flogen die Vögel fort* 小鸟看见猫时,就飞走了 ≈ die Vögel flogen weg an e-n anderen Ort, wo sie vor der Katze sicher waren ebenso (同类词有): ***sich fortbegeben, etw. fortblasen, j-n/etw. fortbringen, fortdürfen, forteilen, fortfahren, fortgehen, j-n/etw. fortholen, j-n/ein Tier fortjagen, fortkönnen, fortkriechen, fortlaufen, j-n/ein Tier fortlocken, fortmüssen, (j-m) etw. fortnehmen, etw. forträumen, fortreiten, fortrennen, etw. fortrollen/etw. rollt fort, etw. fortrücken, j-n/etw. fortschaffen, j-n/etw. fortschicken, (sich) fortschleichen, sich/etw. fortschleppen, etw. fortschleudern, fortschwimmen, etw. spült j-n/etw. fort, etw. fortstellen, j-n/etw. fortstoßen, j-n/etw. forttragen, j-n/ein Tier/etw. forttreiben, etw. fortwerfen, fortwollen, j-n/etw. fortziehen***

Fọrt·be·stand *der*; *nur Sg*, *geschr* (只用单数) [书]; die weitere Existenz, das Weiterleben in der Zukunft 继续生存,继续(存在)下去 ≈ Fortbestehen: *Der F. vieler Tierarten ist heute gefährdet* 许多动物种类的继续生存今天已受到威胁

fọrt·be·ste·hen; *bestand fort*, *hat fortbestanden*; [Vi] (不及物) ***etw. besteht fort*** *geschr* [书]; etw. gilt od. existiert weiterhin (so wie es bisher war) (物作主语)继续存在,继续保持下去 〈e-e Vereinbarung, die alten Zustände 协议,原来的状况〉

fọrt·be·we·gen; *bewegte fort*, *hat fortbewegt*; [Vt] (及物) **1.** ***j-n/sich/etw.*** (***irgendwie***) ***f.*** bewirken, dass j-d/man selbst/etw. von einem Ort an e-n anderen kommt 移动,挪动,将…搬走: *sich mühsam, auf Händen u. Knien f.* 费劲地、手膝并用(爬着)地向前移动; *e-n Felsen f.* 搬开一块岩石; [Vr] (反身) **2. *ein Tier/etw. bewegt sich fort*** ein Tier/etw. bewegt sich von einem Ort an e-n anderen (动物/物作主语)迁移,迁徙

Fọrt·be·we·gung *die*; *nur Sg*, *geschr* (只用单数), [书]; der Vorgang, sich/j-n/etw. von einem Ort zum anderen zu bewegen 走动,活动,移动: *Der Gelähmte benötigt zur F. e-n Rollstuhl* 瘫痪者为了走动需要一辆轮椅; *Die Flügel dienen dem Vogel zur F.* 翅膀是鸟用来飞翔的 ‖ K- (复合): ***Fortbewegungs-, -mittel, -organ***

fọrt·bil·den, sich (*hat*) [Vr] (反身) ***sich*** (***in etw.*** (*Dat* 三格)) ***f.*** seine beruflichen/speziellen Kenntnisse od. seine Allgemeinbildung erweitern (*mst* indem man spezielle Kurse od. Seminare besucht) 进修,深造 ≈ sich weiterbilden: *Die Sekretärin will sich in* INFORM *f.* 这位女秘书打算进修信息学 ‖ hierzu (派生) **Fọrt·bil·dung** *die*; *nur Sg* (只用单数)

fọrt·blei·ben (*ist*) [Vi] (不及物) (***e-e bestimmte Zeit***) (***von etw.***) ***f.*** für e-e bestimmte Zeit nicht an e-n bestimmten Ort (wieder) kommen 不(回)来,留在外面 ≈ wegbleiben ↔ zurückkehren 〈lange, nur kurze Zeit f. 长时间不(回)来,只是短暂地留在外面〉: *Er blieb zwei Tage von der Arbeit fort* 他有两天没来工作了

fọrt·dau·ern (*hat*) [Vi] (不及物) ***etw. dauert fort*** *geschr* [书]; etw. dauert weiterhin an, hört nicht auf (物作主语)延续下去,持续不断 ≈ etw. währt fort ↔ etw. hört auf 〈e-e Beziehung, ein Zustand 关系,状况〉 ‖ *hierzu* (派生) **Fọrt·dau·er** *die*; *nur Sg* (只用单数)

fọrt·fah·ren [Vi] (不及物) (*ist*) **1.** ↑ ***fort-*** **2. *mit etw. f./f. + zu + Infinitiv*** (不定式); *geschr* [书]; (nach e-r Unterbrechung) das wieder tun, was man vorher getan hat 继续,继续干: *Er ließ sich durch den Lärm nicht stören u. fuhr fort zu arbeiten* 他没有为嘈杂声所干扰,继续工作; [Vt] (及物) (*hat*) **3. *j-n/etw. f.*** j-n/etw. in e-m Auto *o. Ä.* wegbringen 将…运走

fọrt·fal·len (*ist*) [Vi] (不及物) ***etw. fällt fort*** etw. ist nicht mehr wirksam od. gültig, nicht mehr vorhanden (物作主语)失效,不再存在,作废 ≈ etw. fällt weg: *Wenn das neue Gesetz in Kraft tritt, fällt die alte Regelung fort* 新的法令生效时,旧的规定就作废 ‖ *hierzu* (派生) **Fọrt·fall** *der*; *nur Sg* (只用单数)

fọrt·füh·ren (*hat*) [Vt] (及物) ***etw. f.*** *geschr* [书]; mit etw., das ein anderer angefangen hat, ohne Unterbrechung weitermachen 将…继续进行下去 ≈ fortsetzen ↔ abbrechen (2): *Nach dem Tod des Vaters führt der Sohn das Unternehmen fort* 父亲死后,儿子把公司继续经营下去 ‖ *hierzu* (派生) **Fọrt·füh·rung** *die*; *nur Sg* (只用单数)

Fọrt·gang *der*; *nur Sg* (只用单数), *geschr* [书] **1.** die Art u. Weise, wie sich etw. entwickelt

进展情况：*Der Archäologe berichtete über den F. der Ausgrabungen* 考古学家汇报了发掘工作的进展情况 **2.** das Verlassen e-s Orts (*mst* für lange Zeit)(较长时间的)离开，出走：*Seit seinem F. von Berlin habe ich ihn nicht mehr gesehen* 自从他离开柏林后，我再也没有见过他 **3.** ***etw. nimmt seinen F.*** *geschr veraltend*[书][渐旧]；etw. geht weiter, entwickelt sich weiter (物作主语)继续发展

fort·ge·hen (*ist*) [Vi] (不及物) **1.** ↑ ***fort-*** **2.** ***etw. geht fort*** *gespr* [口]；etw. verläuft ohne Unterbrechung (物作主语)继续，继续进行 ≈ etw. geht weiter, setzt sich fort：*Das ging so fort, bis plötzlich e-e drastische Änderung eintrat* 这件事就这样继续下去，一直到突然发生明显的变化为止

fort·ge·schrit·ten **1.** *Partizip Perfekt* (过去分词)；↑ ***fortschreiten*** **2.** *Adj* (形)；so, dass es ein relativ spätes Stadium (der Entwicklung) erreicht hat (发展)后期的，晚期的 〈etw. befindet sich in e-m fortgeschrittenen Stadium 某事处于发展后期；j-d ist im fortgeschrittenen Alter 某人已上了年纪〉：*Die Krankheit ist so weit f., dass keine Heilung mehr möglich ist* 病已发展到晚期，没有治好的可能了 **3.** *Adj* (形)；***j-d ist*** (***in etw.*** (*Dat* 三格)) ***f.*** j-d hat auf e-m Wissensgebiet, in e-m Fach *o. Ä.* (relativ) gute Kenntnisse, ist nicht mehr Anfänger (人作主语)(在…知识领域)具有相当水平的，有所进步的：*Kurt ist in Französisch schon ziemlich f.* 库尔特在法语方面已达到一定水平

Fort·ge·schrit·te·ne *der/die*；*-n*, *-n*；j-d, der an e-r Ausbildung schon längere Zeit teilgenommen u. schon bestimmte Kenntnisse od. Fertigkeiten erworben hat 提高班学员，高年级班学员 ↔ Anfänger：*Im nächsten Semester beginnt ein Deutschkurs für Fortgeschrittene* 下学期将开办一个德语提高班 ‖ K- (复合)：***Fortgeschrittenen-, -kurs, -lehrgang, -unterricht*** ‖ NB (注意)：*ein Fortgeschrittener*；*der Fortgeschrittene*；*den, dem, des Fortgeschrittenen*

fort·ge·setzt **1.** *Partizip Perfekt* (过去分词)；↑ ***fortsetzen*** **2.** *Adj* (形)；*nur attr od adv* (只作定语或状语)；(in Bezug auf verbotene od. strafbare Handlungen) so, dass sie immer wieder vorkommen, sich ständig wiederholen 连续的，持续不断的：*j-n wegen fortgesetzten Betrugs bestrafen* 对某人一再进行欺骗作出处罚

fort·ha·ben (*hat*) [Vt] (及物) *mst in* 多用于 ***j-n/etw. f. wollen*** *gespr* [口]；wollen, dass j-d sich entfernt, dass etw. nicht mehr da ist, od. dass man sich mit etw. nicht mehr beschäftigen muss 不想同…继续打交道，想让(人)离开，打算摆脱：*j-n aus dem Haus, aus der Firma f. wollen* 打算让某人离开家，公司；*die Formulare endlich f. wollen* 想最终摆脱这些表格

fort·kom·men (*ist*) [Vi] (不及物) **1.** (***von j-m/etw.***) ***f.*** *gespr* [口]；von j-m/etw. weggehen, wegfahren können, e-n Ort verlassen können 离开，从…脱身 ↔ aufgehalten werden：*Ich bin abends wieder nicht (vom Büro) fortgekommen, weil der Chef mich noch sprechen wollte* 我晚上又没法离开办公室，因为头儿要找我谈话 **2.** (***irgendwie***) ***f.*** sich (auf bestimmte Weise) fortbewegen 向前移动，进展 ↔ stehen bleiben：*Auf dem sandigen Weg kam der Radfahrer nur mühsam fort* 在这条沙子路上自行车骑手只能艰难地前进 ‖ ID [谚] *mst* 多用 ***Mach/Schau, dass du fortkommst!*** *gespr!* [粗] verwendet als sehr unfreundliche Aufforderung wegzugehen 你滚开!

Fort·kom·men *das*；*-s*；*nur Sg* (只用单数) **1.** die Möglichkeit, sich (*bes* im Verkehr) vorwärts zu bewegen 向前移动(指交通)：*Bei diesem Verkehrsstau war an ein F. nicht zu denken* 车堵得这个样子就甭想往前动了 **2.** der Aufstieg in der beruflichen Karriere 升迁，晋级，发展(指职业生涯)：*Er hat nur sein berufliches F. im Sinn* 他头脑里只想职位晋升

fort·las·sen (*hat*) [Vt] (及物) **1.** ***j-n f.*** zulassen, dass j-d weggeht 让…离去，放…走开 **2.** ***etw. f.*** etw. nicht berücksichtigen 删去，勾掉 ≈ streichen, weglassen：*Bei der Neuauflage des Buches wurde das alte Vorwort fortgelassen* 在这本书的新版中删去了旧的前言

fort·lau·fen (*ist*) [Vi] (不及物) **1** ↑ ***fort-*** **2.** (***j-m***) ***f.*** *gespr* [口]；j-n verlassen 离开，离去，跑掉 ≈ davonlaufen, weglaufen ↔ bei j-m bleiben：*Nach e-m Streit mit seinem Vater ist er von zu Hause fortgelaufen* 跟父亲吵架后，他离家出走了；*Unserem Nachbarn ist die Frau fortgelaufen* 我们邻居的老婆跑掉了(弃家出走)

fort·lau·fend **1.** *Partizip Präsens* (现在分词)；↑ ***fortlaufen*** **2.** *Adj* (形)；*nur attr od adv* (只作定语或状语)；in kontinuierlicher Reihenfolge 连续的，按顺序的：*Die Seiten des Manuskripts sind f. nummeriert* 手稿的页数已按顺序编号

fort·le·ben (*hat*) [Vi] (不及物) ***j-d/etw. lebt*** (***in j-m/etw.***) ***fort*** j-d/etw. ist in j-m/etw. weiterhin vorhanden u. wird nicht vergessen (人/物作主语)继续活着，继续生存 〈j-d lebt in seinen Kindern, in seinen Schriften fort 某人继续活在自己孩子们的心中；某人以其著作留在人们的记忆中〉：*Alfred Nobels Name lebt in seiner Stiftung fort* 阿尔弗雷德·诺贝尔的名字以他的基金会为人们所铭记

fort·pflan·zen, sich (*hat*) [Vr] (反身) **1.** 〈Menschen/Tiere/Pflanzen 人/动物/植物〉 ***pflanzen sich fort*** Menschen/Tiere/Pflanzen zeugen Nachkommen 生殖，繁殖，增殖 ≈ Menschen/Tiere/Pflanzen vermehren (2) sich：*Vögel pflanzen sich fort, indem sie Eier legen* 鸟类繁殖的方式是下蛋 **2.** ***etw. pflanzt sich fort*** *geschr* [书]；etw. breitet sich aus (物作主语)传播：*Im Wasser pflanzen sich Schallwellen besser fort als in der Luft* 声波在水中传播比空气中好 ‖ *hierzu* (派生) **Fort·pflan·zung** *die*；*nur Sg* (只用单数)

fort·rei·ßen (*hat*) [Vt] (及物) ***etw. reißt j-n/etw.*** (***mit sich***) ***fort*** etw. reißt j-n/etw. durch seine Kraft (mit sich) von einem Ort

F

an e-n anderen (物作主语)扯掉,撕下,拽走,刮走,卷走,冲走: *Der Orkan hat viele Dächer fortgerissen* 飓风刮走许多屋顶; *Die starke Strömung riss das Boot mit sich fort* 强大的水流卷走了这只小船

fort·sche·ren, sich (*hat*) [Vr] (反身) *mst* 多用 ***Scher dich fort, schert euch fort!*** *gespr!* [粗] verwendet als unfreundliche Aufforderung an j-n, schnell wegzugehen 快滚开!

fort·schrei·ten (*ist*) [Vi] (不及物) ***etw. schreitet fort*** *geschr* [书]; etw. wird größer, intensiver, entwickelt sich weiter (物作主语)取得进展,进一步发展,加剧,加重,恶化 ↔ etw. stagniert ⟨e-e Arbeit, e-e Krankheit, der Verfall, die Zerstörung 工作,疾病,衰落,破坏⟩: *Die Vernichtung des Waldes durch die Luftverschmutzung scheint unaufhaltsam fortzuschreiten* 森林由于空气污染而遭到毁灭的现象看来正在不可阻挡地蔓延

Fort·schritt *der* **1.** *nur Sg* (只用单数); die ständige Verbesserung u. Weiterentwicklung *bes* der Wissenschaft, der Technik (u. der Lebensqualität) (尤指科学、技术的)进步 ↔ Rückschritt ⟨an den F. glauben 相信进步; für den F. kämpfen 为进步而奋斗; der medizinische, wirtschaftliche F. 医学的,经济的进步⟩: *der unaufhaltsame F. der Technik* 技术的不断进步; *der rasche F. in der Raumfahrt* 航天领域的迅速进展 **2.** *nur Pl* (只用复数); das positive Ergebnis von Bemühungen 积极成果,进展 ≈ Erfolge ⟨Fortschritte erzielen 取得进展,取得成绩⟩: *Er macht große/keine Fortschritte mit seiner Doktorarbeit* 他的博士论文取得很大进展/没有取得进展

fort·schritt·lich *Adj* (形) **1.** ⟨ein Mensch, e-e Persönlichkeit 人,人物⟩ so, dass sie im Sinne des Fortschritts denken u. handeln 进步的 ≈ modern ↔ konservativ: *f. eingestellt, gesinnt sein* 思想进步,思想先进 **2.** ⟨e-e Entwicklung, e-e Technologie 研制工作,技术⟩ so, dass sie (ein Beispiel für) den Fortschritt darstellen 先进的,领先的 ≈ zukunftsweisend ‖ *hierzu* (派生) **Fort·schritt·lich·keit** *die*; *nur Sg* (只用单数)

fort·schritts·feind·lich *Adj* (形); ⟨e-e Einstellung, e-e Haltung 观点,态度; f. gesinnt sein 思想上敌视进步⟩ so, dass sie den Fortschritt ablehnen 敌视进步的,反对进步的 ↔ fortschrittlich (1)

Fort·schritts·glau·be *der*; *geschr* [书]; der Glaube, dass es e-n ständigen Fortschritt (zum Wohl des Menschen) gibt 对(社会)进步的信念 ‖ *hierzu* (派生) **fort·schritts·gläu·big** *Adj* (形)

fort·set·zen (*hat*) [Vt] (及物) **1.** ***etw. f.*** nach e-r Unterbrechung mit etw. weitermachen 继续 ≈ weiterführen ↔ abbrechen (2): *Nach e-r kurzen Rast setzten sie die Fahrt fort* 稍事休息后,他们继续他们的行程; [Vr] (反身) **2.** ***etw. setzt sich fort*** *geschr* [书]; etw. dehnt sich zeitlich weiter aus od. verbreitet sich (物作主语)延续,延长,持续 ≈ etw. dauert an ↔ etw. hört auf: *Die Debatte des Parlaments setzte sich bis in die Abendstunden fort* 议会辩论持续至晚间

Fort·set·zung *die*; -, -*en* **1.** *nur Sg* (只用单数); das Fortsetzen (1) e-r Tätigkeit 继续 ↔ Abschluss: *die F. der Arbeit nach der Mittagspause* 午休后继续工作 **2.** der Teil *z. B.* e-s Romans od. e-r Fernsehserie, der auf e-n vorhergehenden Teil (desselben Romans bzw. derselben Fernsehserie) folgt (长篇小说的)续篇,(电视剧的)续集,后续部分 ≈ Folge[1] (2): *Jede Woche erscheint e-e neue F. des Romans in der Sonntagszeitung* 每周在周日报纸上登载这部长篇小说的新的续篇; *F. folgt!* 待续! ‖ K- (复合): ***Fortsetzungs-, -geschichte, -roman***

fort·steh·len, sich (*hat*) [Vr] (反身) heimlich von e-m Ort weggehen 偷偷地走开,溜走

fort·trei·ben [Vt] (及物) (*hat*) **1.** ***etw. f.*** *gespr* [口]; etw. (Negatives od. Lästiges) immer wieder, weiterhin tun 一再干,继续做(坏事) ≈ fortsetzen (1): *Er trieb die Betrügereien so lange fort, bis er gefasst wurde* 他长期进行诈骗,直到被抓住 **2.** ***j-n/ein Tier/etw. f.*** ↑ ***fort-***; [Vi] (不及物) (*ist*) **3.** ***etw. treibt fort*** etw. bewegt sich in der Strömung *o. Ä.* weg (物作主语)漂走

fort·wäh·ren (*hat*) [Vi] (不及物) ***etw. währt fort*** *geschr* [书]; etw. dauert weiter (物作主语)持续下去,继续进行

fort·wäh·rend **1.** *Partizip Präsens* (现在分词); ↑ ***fortwähren*** **2.** *Adj* (形); *nur attr od adv* (只作定语或状语); so, dass es lange andauert od. sich ständig wiederholt u. stört od. lästig ist 不间断的,持续不断的,没完没了的 ≈ dauernd: *Das Telefon stört ihn f. bei der Arbeit* 电话不停地打扰他的工作

fort·wir·ken (*hat*) [Vi] (不及物) ***etw. wirkt (in j-m/etw.) fort*** *geschr* [书]; etw. verliert seine Wirkung, seinen Einfluss auch nach längerer Zeit nicht (物作主语)继续(对…)发生作用,继续产生影响 ≈ etw. wirkt weiter: *Das Vorbild Buddhas wirkte in seinen Schülern fort* 佛的榜样在其弟子身上继续产生影响

fort·wün·schen (*hat*) [Vt] (及物) ***j-n/sich/etw. f.*** wünschen, dass j-d/man selbst/etw. an e-m anderen Ort wäre 希望某人/自己/某物离开

fort·zah·len (*hat*) [Vt] (及物) ***etw. f.*** etw. (über e-n bestimmten Zeitpunkt hinaus) weiterhin regelmäßig zahlen 继续支付,继续发放,继续交纳 ≈ weiterzahlen ⟨die Löhne, die Beiträge f. 继续发放工资,继续交纳保险费(会费)⟩ ‖ *hierzu* (派生) **Fort·zah·lung** *die*

fort·zie·hen [Vt] (及物) **1.** (*hat*) ↑ ***fort-***; [Vi] (不及物) **2.** (*ist*) *mst* an e-n anderen Ort ziehen (19), um dort zu leben 迁走,迁离,搬走

Fo·rum *das*; -*s*, *Fo·ren* **1.** ***ein F.*** (***über etw.*** (*Akk* 四格)) e-e öffentliche Diskussion 讨论会,座谈会,论坛 ⟨ein politisches, literarisches F. 政治讨论会(论坛),文学讨论会; an e-m F. teilnehmen 参加讨论会⟩ **2.** ***ein F.*** (***für etw.***) ein geeigneter Ort, um bestimmte Themen zu diskutieren *o. Ä.* 举行讨论会的场所,发表意

见的园地,论坛 ≈ Plattform **3.** *Kollekt*(集合); e-e Gruppe von Fachleuten, die etw. diskutieren 讨论会的参加者,论坛的参加者(总称)〈e-m F. angehören 属于讨论会的参加者; vor e-m F. sprechen 在讨论会上发言,在论坛上讲话〉 **4.** INFORM【信息】; ein F. (1,2) im Internet 网上论坛

Fos·sil *das*; *-s*, *Fos·si·li·en* [-iən]; *mst Pl*(多用复数); Überreste von Tieren od. Pflanzen, die vor langer Zeit existiert haben u. ganz od. teilweise als Abdruck im Gestein erhalten sind 化石 ≈ Versteinerung

Fo·to *das*; *-s*, *-s* **1. ein F.** (+ *Gen* 二格/**von j-m/etw.**) ein Bild, das man mit e-r Kamera macht 照片,相片 ≈ Aufnahme (6), Fotografie 〈ein (un)scharfes, verwackeltes F. 一张(不)清晰的、模糊的照片; ein F. machen/schießen 拍/抢拍照片〉: *Fotos in ein Album (ein)kleben* 将照片贴在一本相册里 ‖ K-(复合): **Foto-**, **-album**, **-atelier**, **-ausstellung**, **-labor**, **-papier**, **-reportage**, **-wettbewerb** ‖ -K(复合): **Farb-**, **Schwarz-Weiß- 2.** *gespr*[口] ≈ Fotoapparat ‖ NB(注意): Anstelle von *Foto*, *fotogen usw* schreibt man (*bes* in älteren Texten) auch *Photo*, *photogen usw* (Foto, fotogen 等词(尤其在过去的行文中)也书写成 Photo, Photogen 等)

Fo·to·ap·pa·rat *der*; ein Apparat, mit dem man fotografiert 照相机,摄影机 ≈ Kamera

fo·to·gen *Adj*(形); *mst* 多用 **f. sein** auf Fotos gut aussehen 上相,适于照相: *Ich bin leider nicht sehr f.* 可惜我不太上相

Fo·to·graf *der*; *-en*, *-en*; j-d, der beruflich Fotos macht 摄影师 ‖ K-(复合): **Fotografen-**, **-ausbildung**, **-ausrüstung** ‖ -K(复合): **Berufs-**, **Hobby-**, **Tier-** ‖ NB(注意): *der Fotograf*; *den*, *dem*, *des Fotografen* ‖ *hierzu*(派生) **Fo·to·gra·fin** *die*; *-*, *-nen*

Fo·to·gra·fie *die*; *-*, *-n* [-ˈfiː(ə)n] **1.** *nur Sg*(只用单数); die Technik od. die Kunst, mithilfe e-s Films u. e-r Kamera genaue Bilder von Menschen, Tieren od. Dingen zu machen 摄影术,照相术 **2.** ≈ Foto (1) ‖ *hierzu*(派生) **fo·to·gra·fisch** *Adj*(形); *nur attr od adv*(只作定语或状语)

fo·to·gra·fie·ren; *fotografierte*, *hat fotografiert*; [Vt/i](及物/不及物) (**j-n/etw.**) **f.** (von j-m/etw.) ein Foto machen 给…摄影,照相: *das Brautpaar vor der Kirche f.* 在教堂前面给新婚夫妇照相; *Ich fotografiere gern* 我喜欢拍照

Fo·to·han·dy *das*; *-s*, *-s*; ein Handy, mit dem man auch (digitale) Fotos (1) machen kann 可照相手机

Fo·to·ko·pie *die*; e-e genaue Kopie (*bes* von etw. Geschriebenem), die mithilfe e-s Kopiergeräts gemacht wird 影印件,照相复制品 ≈ Ablichtung ↔ Abschrift 〈e-e F. von etw. machen 做一份某物的影印件〉

fo·to·ko·pie·ren; *fotokopierte*, *hat fotokopiert*; [Vt/i](及物/不及物) (**etw.**) **f.** e-e Fotokopie von etw. machen 影印,照相复制 ≈ ablichten: *e-n Brief*, *ein Zeugnis f.* 复制一封信、一份证件 ‖ K-(复合): **Fotokopier-**, **-automat**, **-gerät**

Fo·to·mo·dell *das*; e-e Person (*mst* e-e Frau), die Geld dafür bekommt, dass man Fotos von ihr macht, die veröffentlicht werden 摄影模特儿: *Sie arbeitet als F. für e-e Werbeagentur* 她为一家广告代理公司做摄影模特儿

Fo·to·mon·ta·ge *die* **1.** *nur Sg*(只用单数); das Zusammensetzen von Teilen verschiedener Fotos zu e-m neuen Foto 拼照片,合成照片制作法 **2.** ein Foto, das durch F. (1) hergestellt wurde 合成照片,拼制出来的照片

foul [faul] *Adj*(形); *mst in* 多用于 **f. spielen** SPORT【体】; (bes in e-r Mannschaftssportart) beim Spielen ein Foul od. viele Fouls begehen 比赛作风粗暴,比赛时犯规 ↔ fair spielen

Foul [faul] *das*; *-s*, *-s*; SPORT【体】; (*bes* bei Mannschaftsspielen) e-e unsportliche u. unerlaubte Behinderung des Gegners 犯规,犯规动作〈ein böses, grobes, harmloses F. 故意犯规,严重犯规,无致伤犯规; ein verstecktes F. 隐蔽的犯规; ein F. an j-m begehen 因阻挡某人犯规〉: *Der Schiedsrichter ahndete das grobe F. des Verteidigers mit e-m Platzverweis* 由于后卫的严重犯规,裁判员罚他下场

fou·len [ˈfaulən]; *foulte*, *hat gefoult*; [Vt/i](及物/不及物) (**j-n**) **f.** SPORT【体】; j-n beim Spielen durch ein Foul behindern 犯规阻挡…

Fo·yer [foaˈjeː] *das*; *-s*, *-s*; der Vorraum *mst* in e-m Theater, in dem sich die Zuschauer während der Pause aufhalten können(多指剧院中的)休息厅,门厅

Fr. *Abk für* 缩写,全称为 Frau

Fracht *die*; *-*, *-en*; *Kollekt*(集合); die Behälter u. deren Inhalte, die mit *mst* großen Fahrzeugen irgendwohin transportiert (befördert) werden(载运的)货物,货运 ≈ Ladung 〈die F. einladen, verladen, ausladen, löschen 装载,装运,卸下,卸掉货物〉: *Die F. des Lkws bestand aus italienischem Wein* 这辆载重汽车装的货是意大利葡萄酒 ‖ K-(复合): **Fracht-**, **-flugzeug**, **-gut**, **-kosten**, **-raum**, **-schiff**, **-verkehr** ‖ -K(复合): **Eisenbahn-**, **Schiffs-**

Fracht·brief *der*; ein Dokument, das mit e-r Fracht mitgeschickt wird (u. Empfänger, Inhalt, Gewicht *o.Ä.* der Fracht nennt) 发货单,货运单,提货单,货物托运单

Frach·ter *der*; *-s*, *-*; ein Schiff, das *bes* Frachten transportiert 货船 ≈ Frachtschiff

Frack *der*; *-(e)s*, *Frä·cke*; ein (*mst* schwarzer) Anzug für Herren, der zu sehr festlichen Anlässen getragen wird u. der aus e-r Hose u. e-r Jacke besteht, die vorne kurz ist u. hinten bis zu den Knien reicht 大礼服,燕尾服

Fra·ge *die*; *-*, *-n* **1. e-e F.** (**nach j-m/etw.**) e-e mündliche od. schriftliche Äußerung, mit der sich j-d an j-n wendet, weil er von ihm e-e Information haben will(要求回答或解释

的)问题,疑问 ↔ Antwort ⟨e-e dumme, kluge, peinliche, verfängliche, vorsichtige F. 一个愚蠢的、聪明的、令人难堪的、棘手的、谨慎的问题; j-m/an j-n e-e F. stellen 向某人提一个问题; an j-n e-e F. richten 向某人提一个问题; j-n mit Fragen bombardieren, löchern 不断用问题纠缠、缠住某人; e-e F. beantworten, bejahen, verneinen 回答、肯定、否定一个问题; e-r F. (*Dat* 三格) ausweichen 回避问题⟩ ‖ K-(复合): ***Frage-***, ***-satz***, ***-steller*** ‖ -K(复合): ***Prüfungs-***, ***Quiz-***, ***Rätsel-***, ***Scherz-*** **2.** ein Problem, das gelöst werden muss (须要解决的)问题 ⟨e-e offene, strittige, ungelöste F. 一个悬而未决的、有争议的、尚未解决的问题; e-e F. anschneiden, aufwerfen, diskutieren, erörtern, klären, lösen 谈及,提出,讨论,探讨,澄清,解决一个问题⟩: *Die Außenminister beschäftigten sich mit Fragen der Abrüstung* 外长们探讨了裁军问题 **3.** *mst* 多用 ***Das/Es ist (nur) e-e F.*** + *Gen* (二格); verwendet um auszudrücken, dass die genannte Sache das Problem ist, dass von ihr alles abhängt 这(只)是…问题: *Es ist nur e-e F. des Geldes, ob wir dieses Jahr in Urlaub fahren können* 我们今年能否去度假,只是一个钱的问题 ‖ -K(复合): ***Erziehungs-***, ***Geld-***, ***Geschmacks-***, ***Kosten-***, ***Prestige-***, ***Qualitäts-***, ***Zeit-*** **4.** ***etw. steht außer F.*** *geschr* [书]; etw. ist ganz sicher, gewiss (物作主语)不成问题,完全有把握 **5.** ***ohne F.*** ganz sicher, zweifellos 毫无问题 ‖ ID [谚] *mst* 多用 ***Das/Es ist nur e-e F. von*** ⟨Sekunden, Minuten *usw* 秒,分⟩ das dauert nur ein paar Sekunden, Minuten *o.Ä.* 这只不过是(几分钟、几秒钟)的事; ***Das ist noch die F.***; ***Das ist die große F.*** das ist noch nicht entschieden (u. davon hängt viel ab) 这还是个问题;这是个大问题(指悬而未决); ***Das ist keine F.*** das ist ganz sicher 这不成问题 ‖ NB (注意): ↑ ***infrage***

Fra·ge·bo·gen *der*; ein *mst* amtliches Formular, auf dem Fragen stehen, die man beantworten soll 征询意见表,问卷调查表,调查表

fra·gen; *fragte*, *hat gefragt*; [Vt/i] (及物/不及物) **1.** ***(j-n) (etw.) f.*** zu j-m sprechen, um etw. von ihm zu erfahren 问 ≈ e-e Frage (1) an j-n richten: „*Gehst du mit mir ins Kino?*" *fragte er (sie)* "你跟我一起去看电影吗?",他问(她); *Er fragte (sie), ob sie mit ihm ins Kino gehe* 他问(她),她是否同他一起去看电影 **2.** ***(j-n) nach j-m/etw. f.*** e-e Frage (1) stellen, um e-e bestimmte Auskunft, Information über j-n/etw. zu bekommen (向…)询问,打听: *e-n Fremden nach seinem Namen, e-n Passanten nach der Zeit, e-e Verkäuferin nach dem Preis e-r Ware, e-n Freund nach seiner Meinung, e-n Bekannten nach seiner Frau f.* 询问一个陌生人的名字;向行人问时间;向女售货员询问商品价格;询问朋友的意见;向一个熟人问他的妻子的情况; *Hat er nach mir gefragt?* 他问起过我吗? 他找过我吗? **3.** ***(j-n) (um Erlaubnis) f.*** j-n bitten, dass er einem erlaubt, etw. zu tun 询问,征询,征求(同意): *Er fragte seine Mutter um Erlaubnis, bevor er ihr Auto benutzte* 他在用母亲的小汽车前征得了她的同意; *Er nahm das Auto, ohne zu f.* 他问也没问一声就用了汽车 **4.** ***(j-n) um Rat f.*** j-n bitten, dass er einem mit Ideen u. Vorschlägen hilft 请教,求教; [Vr] (反身) **5.** ***sich f., ob/warum/wie...*** über ein Problem nachdenken, zu dem man noch keine Antwort weiß 问自己,寻思,考虑: *Ich frage mich, wie sie es schafft, mit drei Kindern auch noch berufstätig zu sein* 我寻思着她怎样做到又要上班又要带三个孩子; [Vi] (不及物) **6.** ***nach etw. f.*** *geschr* [书]; etw. berücksichtigen 问及,顾及,关心: *Niemand fragt nach den Kosten* 没有人问及费用问题; *Er fragt nicht danach, was andere über ihn denken* 他不考虑别人对他有什么看法 ‖ NB (注意): *mst* verneint (多用于否定句); [Vimp] (无人称) **7.** ***es fragt sich, ob...*** es ist zweifelhaft, ob ... 是否…,这还是个问题;这还有疑问: *Es fragt sich, ob du mit deiner Behauptung wirklich recht hast* 你的论断是否正确,还得打个问号 **8.** ***es fragt sich nur, wann/wie*** *o.Ä.* ... verwendet, um auszudrücken, dass noch nicht bekannt ist, wann/wie *o.Ä.* etw. geschehen soll 问题只是还不清楚,何时/怎样…等 ≈ es ist fraglich, wann/wie *o.Ä.*: *Er kommt bestimmt zum Fest, es fragt sich nur, wann* 他肯定来参加节庆活动,只是不知道他什么时候来; *Ich würde gern wegfahren, es fragt sich nur, wohin u. von welchem Geld* 我很愿意离开这里,问题只是到哪里去,由谁出钱 ‖ NB (注意): Die Formen *du frägst*, *er frägt* werden mitunter in der gesprochenen Sprache verwendet, sie gelten jedoch für die Schriftsprache als nicht korrekt ("du frägst"和"er frägt" 在口语中有时也使用,但在书面语言中是不正确的) ‖ *zu* (义项) ***Fragerei*** ↑ ***-ei***

Fra·ge·stel·lung *die*; die Art u. Weise, wie e-e Frage (1) gestellt od. formuliert wird 提问,问题的提法: *Seine F. war undurchsichtig* 他的提问令人捉摸不透

Fra·ge·stun·de *die*; e-e Sitzung des Parlaments, in der über ein *bes* aktuelles od. wichtiges Thema diskutiert wird (在议会的)质询时间,质询: *e-e aktuelle F. zum Thema „Waldsterben" beantragen* 对"森林枯死"这一题目提出紧迫的质询

Fra·ge·wort *das*; ein Wort, mit dem e-e Frage (1) eingeleitet wird (*z. B.* „wer", „wann", „warum") 疑问词 ≈ Interrogativpronomen

Fra·ge·zei·chen *das*; das Zeichen ?, das am Ende e-s Fragesatzes steht 问号(?)

frag·lich *Adj* (形); *nicht adv* (不作状语) **1.** *mst präd* (多作表语); noch nicht entschieden 成问题的,不确定的,无把握的 ≈ unsicher, ungewiss, zweifelhaft: *Ob er e-e Anstellung erhält, ist noch sehr f.* 他能否得到应聘,还很成问题 **2.** *nur attr, nicht adv*, ADM *geschr* (只作定语,不作状语)【管理】[书]; bereits erwähnt 已涉及的,所提到的,有关的 ≈ betreffend: *Der Angeklagte* *gab an, dass er zum fraglichen Zeitpunkt* (= zur Tatzeit) *zu Hause gewesen sei* 被告陈述,他在所提到的那段时间(即作案时间)是在家里

frag·los *Adv* (副); ohne Zweifel, sicherlich 无疑地,毫无疑问 ≈ zweifellos: *Rom ist f. e-e interessante Stadt* 罗马毫无疑问是一个令人感兴趣的城市

Frag·ment *das*; -(*e*)*s*, -*e*; *geschr* [书]; ein unvollständiger Teil e-s *mst* bedeutenden, historischen Werkes (多指重要的、有历史意义的作品的)残存的碎片,残简,残卷,残篇,片断 ≈ Bruchstück: *Archäologen haben Fragmente e-r Statue gefunden* 考古工作者发现了一座塑像的残存碎片; *Der verstorbene Dichter hat das F. e-s Romans hinterlassen* 这位已故作家遗留下一部长篇小说的片断 ‖ *hierzu* (派生) **frag·men·ta·risch** *Adj* (形)

frag·wür·dig *Adj*(形); 〈Praktiken, e-e Methode, ein Verfahren 实施办法,方法,操作程序〉so, dass sie Zweifel wecken u. Anlass zu Misstrauen geben 值得怀疑的,成问题的 ≈ zweifelhaft, dubios: *Rauchen ist ein fragwürdiges Vergnügen, wenn man die gesundheitlichen Risiken bedenkt* 吸烟是一种令人怀疑的享受,如果人们考虑到这是在拿身体健康去冒险的话

Frak·ti·on [-ˈtsi̯oːn] *die*; -, -*en*; *Kollekt* (集合); die Gruppe aller Abgeordneten e-r Partei im Parlament 议会党团: *die sozialdemokratische F. im Bundestag* 联邦议院中的社会民主党议会党团 ‖ K- (复合): ***Fraktions-***, ***-ausschuss***, ***-beschluss***, ***-mitglied***, ***-sitzung***, ***-sprecher***, ***-vorsitzende***(*r*)

Frak·tur [-ˈtuːɐ] *die*; -, -*en* **1.** MED【医】; ein Knochenbruch 骨折 **2.** *nur Sg* (只用单数), TECH【技】; e-e gedruckte Schriftart mit eckig verlaufenden Linien u. durchbrochenen Buchstaben, die früher *bes* in Deutschland üblich war (尤指德语中的)哥特体字,花体字 ‖ ID [谚] (***mit j-m***) ***F. reden*** (j-m) etw. Unangenehmes deutlich sagen (对某人)说话直截了当(直来直去,不加掩饰)

frank *Adj* (形); *nur in* 只用于 ***f. u. frei*** offen u. ehrlich 直言不讳地,坦诚地: *f. u. frei reden, seine Meinung sagen* 开诚布公地谈话,直率地说出他的意见

Fran·ken *der*; -*s*, -; (***Schweizer***) ***F.*** die Währung des Geldes in der Schweiz (瑞士)法郎: *Ein F. hat hundert Rappen* 一瑞士法郎即100分(生丁)

Frank·fur·ter[1] *der*; -*s*, -; j-d, der in der Stadt Frankfurt wohnt od. dort geboren ist 法兰克福市人 ‖ *hierzu* (派生) **Frank·fur·te·rin** *die*; -, -*nen*

Frank·fur·ter[2] *die*; -, -; ein Würstchen aus Schweinefleisch, das man in Wasser heiß macht 法兰克福小香肠 ≈ Wiener 〈ein, zwei Paar Frankfurter 一对、两对法兰克福小香肠〉

fran·kie·ren; *frankierte, hat frankiert*; [Vt] (及物) ***etw. f.*** e-n Brief *o. Ä.*, den man mit der Post schickt, mit e-r Briefmarke versehen 贴邮票,付邮资 〈e-n Brief frankieren 在一封信上贴邮票〉

Fran·se *die*; -, -*n*; *mst Pl* (多用复数) **1.** einer der Fäden, die zur Zierde am Rand *bes* von Teppichen, Vorhängen, Tischdecken hängen (尤指地毯、窗帘、桌布的)穗,缘饰,缨子,流苏 **2.** *nur Pl* (只用复数); Haare, die so geschnitten sind, dass sie in die Stirn hängen 刘海儿 ≈ Pony ‖ *hierzu* (派生) **fran·sig** *Adj* (形); *nicht adv* (不作状语)

frap·pie·rend *Adj* (形); *geschr* [书] ≈ überraschend, unerwartet, verblüffend: *Sie hat e-e frappierende Ähnlichkeit mit ihrer Mutter* 她与她的母亲惊人地相似

Frä·se *die*; -, -*n* **1.** e-e Maschine, mit der man Rillen, Gewinde *o. Ä.* in Holz, Metall od. Kunststoff schneiden kann 铣床 **2.** e-e Maschine, mit der man den (Acker) Boden bearbeitet 旋转犁,旋耕机 ‖ *zu* (义项) **1.** **frä·sen** (*hat*) *Vt/i* (及物/不及物)

fraß *Imperfekt*, *3 Person Sg* (过去时,第三人称单数); ↑ ***fressen***

Fraß *der*; -*es*; *nur Sg*, *gespr! pej* (只用单数) [粗] [贬]; ein Essen, das sehr schlecht schmeckt 粗劣的食物 〈ein widerlicher F. 令人作呕的粗劣食物〉

Fratz *der*; -*es*/-*en*, -*e*/-*en*; *gespr* [口] **1.** ***ein*** + *Adj* (形) + ***F.*** ein Kind, das als nett u. niedlich empfunden wird 小孩,孩子(指讨人喜欢的) 〈ein kleiner, netter, niedlicher, süßer F. 一个小巧的、可爱的、讨人喜欢的、甜甜的孩子〉 **2.** *südd* Ⓐ *pej* [南德] [奥] [贬]; ein Kind, das als unangenehm empfunden wird 小孩,孩子(指令人讨厌的) 〈ein eitler, frecher, verzogener F. 一个慕虚荣的、调皮捣蛋的、惯坏了的孩子〉 ‖ NB (注意): *der Fratz*; *den, dem Fratz/Fratzen, des Fratzes/Fratzen*

Frat·ze *die*; -, -*n* **1.** ein verzerrtes, hässliches Gesicht 怪脸,丑陋的脸,鬼脸 〈e-e grinsende, höhnische F. 冷笑的、讥讽的丑脸〉: *die F. e-s Dämons* 魔鬼的狰狞面孔 ‖ K- (复合): ***Fratzen-***, ***-gesicht***, ***-maske*** **2.** *gespr pej* [口] [贬] ≈ Gesicht ‖ *zu* (义项) **1.** **frat·zen·haft** *Adj* (形)

frau *Indefinitpronomen* (不定代词); *oft hum* 常作[诙]; verwendet anstelle von *man*, wenn man sich ausdrücklich (auch) auf Frauen, nicht (nur) auf Männer bezieht 某一个人,某些人(相当于 man): *Das sollte man/f. inzwischen verstanden haben* 这一点按理说大家(人们)此时此刻该已经明白了; *Wenn f. ihr erstes Kind bekommt ...* 当女人怀第一个孩子的时候…

Frau *die*; -, -*en* **1.** e-e erwachsene, weibliche Person 女人,妇女 ↔ Mann (1) 〈e-e alte, junge, reife, hübsche, schöne, gepflegte, emanzipierte, berufstätige, alleinstehende, verheiratete, geschiedene F. 年老的、年轻的、成熟的、秀丽的、漂亮的、讲究修饰的、有自由思想的、有职业的、独身的、已婚的、离异的女人〉 ‖ K- (复合): ***Frauen-***, ***-beruf***, ***-emanzipation***, ***-krankheit***, ***-leiden***, ***-stimmrecht***, ***-überschuss***, ***-zeitschrift*** **2.** *Kurzw* (略) ↑ ***Ehefrau*** ↔ Mann (2) 〈seine geschiedene, verstorbene

F

F. 他的离了婚的、已去世的妻子，他的前妻，亡妻〉：*Er hat sich von seiner F. scheiden lassen* 他和他的妻子离了婚 **3.** *nur Sg*（只用单数）；verwendet *bes* in der mündlichen Anrede u. in der Anrede in Briefen vor dem Familiennamen od. Titel e-r F. (1)（用作口头上和书信中的称呼）夫人，女士，太太 ↔ Herr (2)：„*Guten Tag, F. Müller!*" "您好，米勒女士"；*Sehr geehrte F. Meier* ... 非常尊敬的迈耶尔夫人…；*F. Doktor hat heute keine Sprechstunde* 这位女医生今天不看门诊 ‖ NB（注意）：*F.* (3) wird heute für verheiratete u. unverheiratete Frauen verwendet（"Frau"释义 3 今天用来称呼已婚和未婚的女子）；↑ ***Fräulein*** (2) **4. *die F. des Hauses*** *veraltend*［渐旧］；die F. (1), die den Haushalt führt, *bes* in ihrer Funktion als Gastgeberin 女主人，主妇 ≈ Hausherrin ‖ *zu*（义项）**1. frau·en·haft** *Adj*；*mst attr*（只作定语）

Frau·chen *das*；*-s, -*；*gespr*［口］；verwendet, um die Besitzerin e-s Hundes, e-r Katze *o. Ä.* zu bezeichnen (nur in Verbindung mit dem Tier) 狗、猫等动物的女主人：„*Sei ein braver Hund u. komm zu/zum F.!*"（对狗说）"乖乖听话，到女主人那里去！"

Frau·en·arzt *der*；ein Arzt, der sich auf Frauenkrankheiten (u. Geburtshilfe) spezialisiert hat 妇科医生，妇产科医生 ≈ Gynäkologe ‖ *hierzu*（派生）**Frau·en·ärz·tin** *die*

frau·en·feind·lich *Adj*（形）；für Frauen ungünstig, nachteilig 敌视妇女的，有损于妇女的〈e-e Politik, Gesetze, e-e Gesinnung 政策，法律，思想〉

Frau·en·haus *das*；ein Haus (als soziale Institution), in dem Frauen, die von ihren Männern misshandelt werden, (mit ihren Kindern) wohnen können u. wo sie auch juristische u. finanzielle Hilfe bekommen 妇女权益保护、救济机构

Frau·en·recht·le·rin *die*；*-, -nen*；e-e Frau, die für die Gleichberechtigung der Frau kämpft 主张男女平等的妇女，为争取妇女权利而斗争的妇女

Frau·en·sa·che *die*；*nur Sg*（只用单数）；*mst in* 多用于 ***etw. ist F.*** *gespr*［口］；etw. sollte eigentlich Frauen überlassen werden 某事是女人(们)的事 ↔ etw. ist Männersache

Frau·en·zim·mer *das*；*gespr pej*［口］［贬］；e-e Frau 女人，娘儿们，婆娘〈ein liederliches, unverschämtes F. 放荡的、厚颜无耻的女人〉

Fräu·lein *das*；*-s, -/gespr auch*［口］也用 *-s* **1.** *veraltend*［渐旧］；e-e junge weibliche Person, die nicht verheiratet ist u. die kein Kind hat（未婚的）女士，小姐，姑娘：*Das (junge) F. hat mir den Weg zur Post gezeigt* 这位(年轻的)小姐指给我去邮局的路 **2.** *nur Sg, veraltend*（只用单数）［渐旧］；verwendet *bes* in der mündlichen Anrede u. in der Anrede in Briefen vor dem Familiennamen von (jungen) nicht verheirateten Frauen (1)（用于口头上和书信中对未婚女子的称呼，置姓氏前面）小姐；*Abk* 缩写为 Frl.：„*Wie gehts Ihnen, F. Huber?*" "胡贝尔小姐，您好吗？" ‖ NB（注意）：Heute wird *F.* (2) oft durch *Frau* ersetzt（这一称呼今天已经常用"*Frau*"来代替）**3.** *gespr*［口］；verwendet als Anrede für e-e Verkäuferin od. Kellnerin, deren Namen man nicht kennt（用作对女售货员或女服务员的称呼）小姐：„*F., zahlen, bitte!*" "小姐，请结账！"

frau·lich *Adj*（形）；*bes* im Aussehen u. im Verhalten e-r reifen (mütterlichen) Frau entsprechend, nicht (mehr) e-m jungen Mädchen ähnlich 妇女的，女性的，有女人气质的 ≈ feminin, weiblich (5) ↔ mädchenhaft：*Sie ist ein ausgesprochen fraulicher Typ* 她是一个非常典型的女性 ‖ *hierzu*（派生）**Frau·lich·keit** *die*；*nur Sg*（只用单数）

Freak [fri:k] *der*；*-s, -s* **1.** j-d, der nicht so lebt, wie es den Normen der Gesellschaft entspricht, der seltsame Ideen, e-n seltsamen Geschmack hat *o. Ä.* 乖僻的人，怪人，怪物 **2.** j-d, der sich übertrieben für etw. begeistert 爱好者，热心者，迷恋者 ‖ -K（复合）：***Computer-, Motorrad-, Musik-***

frech *Adj*（形）**1. f.** (***zu j-m***) ohne den üblichen Respekt gegenüber j-m 没有礼貌的，放肆的，调皮的，粗鲁的，厚颜无耻的 ≈ ungezogen, unverschämt ↔ brav, gehorsam〈ein Kind, ein Kerl, ein Lümmel 孩子，家伙，坏小子；e-e Antwort, e-e Lüge 回答，谎言；f. grinsen 无礼地冷笑〉：*Das Kind war sehr f. zu seiner Mutter u. musste zur Strafe früher ins Bett gehen* 这孩子对他母亲十分无礼，只好罚他早一点上床睡觉 **2.** auffällig u. provokativ 引人注目的，怪异的〈Kleider, Lieder 衣服，歌曲〉‖ *zu*（义项）**1. Frech·heit** *die*

Frech·dachs [-daks] *der*；*gespr hum*［口］［谑］；verwendet, um *bes* ein freches (aber nicht unangenehmes) Kind zu bezeichnen 小淘气，小调皮鬼

frei, *freier, frei(e)st-*；*Adj*（形）**1.** nicht in j-s Abhängigkeit, Gewalt od. Besitz 自由的，独立的 ≈ unabhängig〈ein Mann 男人；ein Land, ein Volk 国家，人民〉：*Nach jahrhundertelanger Kolonialherrschaft wurde Ceylon 1948 f.* 经受数百年殖民统治后，锡兰在 1948 年获得独立 **2.** nicht in e-m Gefängnis od. Käfig, sondern in der Lage, überall hingehen zu können, wo man will 自由的，被释放的〈f. lebende Tiere 野生动物〉：*Nach zehn Jahren Gefängnis ist der Verurteilte jetzt wieder f.* 坐了 10 年牢后，这个被判刑的人现在重新获得自由 **3.** *mst attr*（多作定语）；nur vom eigenen Willen, der eigenen Entscheidung abhängig 按自己的意愿的，自己独立决定的，自愿的，自主的：*Es war ihr freier Wille zu heiraten* 她是自愿嫁人的；*Er konnte f. über sein Erbe verfügen* 他可以自主地支配他得到的遗产 **4.** so, dass etw. nicht durch ein Hindernis versperrt ist 无阻的，畅通的，敞开的〈die Ausfahrt f. halten, machen 保持，使出口畅通〉：*e-n freien Blick auf die Berge haben* 有一个可以看到群山的开阔视野；*Ist der Weg jetzt f.?* 道路现在通了吗？**5.**

so, dass etw. nicht von anderen Personen benutzt wird od. besetzt ist 空着的,无人占用的〈j-m e-n Platz, Sitz f. halten, machen 给某人空出、让出一个位子、座位 *e-n freien Tisch suchen* 找一张无人占用的桌子; *Ist dieser Platz noch f.?* 这个位子有人吗? **6.** so, dass etw. nicht (mehr) bedeckt ist 坦露的,无遮盖的: *Der Schnee schmilzt, der Bürgersteig ist schon wieder f.* 雪化了,人行横道又露出来了 ‖ -K (复合): ***eis-, schnee-*** **7.** nicht von Kleidung bedeckt 赤裸的,裸露的 ≈ nackt, bloß: *Das Abendkleid lässt die Schultern f.* 这件晚礼服露肩 ‖ -K (复合): ***knie-, rücken-, schulter-*** **8.** *mst attr* (多作定语); nicht von beruflichen od. schulischen Pflichten bestimmt, sondern für Hobbys u. Erholung verfügbar 不受约束的,闲适的: *Die Mutter von den drei kleinen Kindern beklagte sich, dass sie nie e-e freie Minute hätte* 这位三个孩子的妈妈抱怨自己从没有一分钟空闲 **9.** so, dass dort nichts geschrieben steht 空白的,未写字的〈e-e Zeile, den Rand f. lassen 让一行,页边空着〉: *ein paar freie Seiten* 几张空白页; *Der Rest des Heftes blieb f.* 这个本子的剩余部分还有空白 **10.** ohne e-e Begrenzung, wie *z. B.* e-n Zaun, e-e Mauer od. ein Dach 露天的,户外的: *unter freiem Himmel schlafen* 睡在露天之下; *über das freie Feld laufen* 越野跑步 **11.** ***f. von etw.*** *mst geschr* 多作[书]; ohne etw. störendes, Belastendes 没有…的,无…的,不含…的,不受…约束的: *f. von Fieber, Schmerzen, Schuld, Sorgen, Verpflichtungen sein* 没有发烧,没有痛苦,没有债务,无忧无虑,没有义务; *Das Brot ist f. von Konservierungsmitteln* 这面包不含防腐剂; *Sie müssen sich von dieser Vorstellung f. machen!* 你得摆脱这种想法! ‖ NB (注意): ↑ ***-frei*** **12.** ***f.*** (***nach j-m/etw.***) nicht streng nach dem Original, der Vorlage 不拘泥于原文的,非逐字逐句的〈e-e Übersetzung 翻译〉: *Das Drehbuch für den Film wurde f. nach e-r Novelle von Stefan Zweig gestaltet* 这部电影脚本是根据斯蒂芬·茨威格的一部中篇小说改编的 **13.** ohne Hilfsmittel (wie *z. B.* ohne ein Manuskript beim Vortrag e-r Rede od. ohne ein Lineal beim Zeichnen) (作报告)不拿讲稿的,(画图)不用尺的,自由发挥的: *Der Redner hielt e-n einstündigen freien Vortrag* 报告人不带讲稿作了一个小时的报告; *e-n Kreis f. zeichnen* 不用圆规(徒手)画一个圆 **14.** *nicht adv* (不作状语) ≈ gratis, kostenlos: *Der Eintritt ist für Schüler u. Studenten f.* 中、小学生和大学生免费入场 ‖ K- (复合): ***Frei-, -exemplar*** **15.** *mst attr* (多作定语); 〈ein Journalist, ein Fotograf, ein Schriftsteller 记者,摄影家,作家〉 so, dass sie nicht fest angestellt sind (sondern auf der Basis von Honoraren arbeiten) 从事自由职业的,从事自由创作的,非固定聘用的 ≈ freischaffend: *Er arbeitet als freier Mitarbeiter bei e-r Zeitung* 他在一家报社作自由撰稿人 **16.** ***f. ab*** 〈12, 16, 18 Jahren 12、16、18 岁〉 in der Kino- und Filmwerbung verwendet, um anzuzeigen, dass der Film ab 12, 16 od. 18 Jahren besucht werden darf (用于影院广告,表明某片只是12、16、或18 岁以上才可以观看) …岁以下不允许, …岁以上才允许(观看) **17.** ***f. u. offen*** 〈über etw. reden 谈论某事〉 ohne etw. zu verschweigen (über etw. reden) 直率地,坦诚地,毫不隐讳地 **18.** ***etw./sich f. machen*** beim Arzt e-n Teil der Kleidung/seine ganze Kleidung ausziehen, sodass etw./man nackt ist (看病时)解开〈den Oberkörper f. machen 解开上衣〉 **19.** ***etw. steht f.*** ein Haus, e-e Wohnung *o.Ä.* ist nicht vermietet, nicht besetzt (物作主语)(大楼、住宅等)闲置着,招租 **20.** ***etw. steht f.*** ein Haus, ein Baum steht allein, weit entfernt von anderen (物作主语)(房屋、树木)孤零零地兀立着、站立着、挺立着 ‖ ID [谚] (***Danke,***) ***ich bin so f.*** verwendet als Antwort auf die Aufforderung, sich etw. zu nehmen, um auszudrücken, dass man das Angebot annimmt (用来表示接受请求的回答) (谢谢,)那我就不客气了 ‖ NB (注意): ↑ ***frei-, freibekommen, freigeben usw*** ‖ ▶ ***befreien***

frei- *im Verb, trennbar u. betont, wenig produktiv* (构成动词,可分并重读,构词弱); Die Verben mit *frei-* werden nach folgendem Muster gebildet (frei-动词的模式如下): *freikehren – kehrte frei – freigekehrt*

frei- drückt aus, dass etw. von etw. (Störendem) befreit wird (表示摆脱,脱离,解脱,去掉,清除)

etw. (***von etw.***) ***freikehren***: *Er musste den Weg vom Schnee freikehren* 他不得不将路上的积雪清扫掉 ≈ Er musste (mit e-m Besen) den Schnee vom Weg entfernen

ebenso (同类词有): ***etw. freikämpfen, etw.*** (***von etw.***) ***freikratzen, etw.*** (***von etw.***) ***freischaufeln*** ‖ NB (注意): die hier genannten Verben können auch getrennt geschrieben werden (这里所提动词也可以分开写)

-frei *im Adj, begrenzt produktiv* (构成形容词,构词有限) **1.** verwendet, um auszudrücken, dass j-d/etw. das Genannte nicht hat 没有…的,不含…的,无…的; ***akzentfrei*** 〈sprechen 说话〉; ***alkoholfrei*** 〈Bier 啤酒〉; ***fehlerfrei, störungsfrei*** 〈ein Fernsehbild 电视图象; Verkehr 交通〉 **2.** verwendet, um auszudrücken, dass das Genannte nicht bezahlt werden muss 不必支付…的,免交…的 ↔ -pflichtig; ***beitragsfrei, gebührenfrei, portofrei, steuerfrei, zollfrei*** **3.** verwendet, um auszudrücken, dass etw. das Genannte nicht tut 不会…的,防…的; ***knitterfrei*** 〈ein Stoff 料子〉, ***rostfrei*** 〈ein Messer 刀〉 **4.** verwendet, um auszudrücken, dass das Genannte nicht getan werden muss 不用…的,无需…的; ***bügelfrei*** 〈ein Hemd 衬衫〉, ***reparaturfrei, wartungsfrei*** 〈e-e Maschine 机器〉

Frei·bad *das*; ein öffentliches Schwimmbad im Freien 露天游泳池 ↔ Hallenbad

frei·be·kom·men, frei be·kom·men; *bekam frei, hat freibekommen*; [Vt] (及物) **1.** ***j-n f.*** erreichen, dass j-d seine Freiheit wieder bekommt 保释,赎回,使获释,解救: *Der Indus-*

trielle zahlte das Lösegeld, um seine entführte Tochter freizubekommen 实业家支付了赎金,以便使他被绑架的女儿获释 **2. etw. f.** erreichen, dass etw., das stecken bleibt, wieder gelöst wird 使(被夹住的东西)脱开,使松开: *den Mantel f., den man sich in der Tür eingeklemmt hat* 把夹在门缝里的大衣拿出来; Vi (不及物) **3.** aus wichtigen Gründen für kurze Zeit von der Arbeit od. von der Schule befreit werden 得到休假: *Für seine Hochzeit hat er drei Tage freibekommen* 他得到了三天婚假

frei·be·ruf·lich *Adj* (形); *nur attr od adv* (只作定语或状语); so, dass man nicht bei e-r Firma *o. Ä.* angestellt ist, sondern selbständig (3) arbeitet 从事自由职业的: *ein freiberuflicher Journalist* 自由撰稿人,自由新闻供稿人 ‖ *hierzu* (派生) **Frei·be·ruf·ler** *der*; *-s*, *-*

Frei·be·trag *der*; ein Teil des Einkommens, für den man keine Steuern zahlen muss 收入的免税金额,免税数额 ‖ -K (复合): ***Steuer-***; ***Alters-***, ***Arbeitnehmer-***, ***Kinder-***, ***Weihnachts-***

Frei·beu·ter *der*; *-s*, *-*; *hist* [历] ≈ Pirat, Seeräuber

Frei·bier *das*; *nur Sg* (只用单数); Bier, das man bei bestimmten Anlässen gratis bekommt (在特定场合)免费赠饮的啤酒

Frei·brief *der*; *mst Sg*, *geschr* (多用单数)[书]; die Erlaubnis, etw. zu tun, was normalerweise nicht erlaubt ist 特许证书 ⟨e-n F. für etw. haben 对某事具有特许证; j-m e-n F. für etw. ausstellen 给某人签发一份从事某事的特许证⟩

Freie (*das*); *nur in* 只用于 **1. *im Freien*** nicht in e-m Gebäude, sondern draußen (in der Natur) 在户外,在露天: *im Freien übernachten* 在露天过夜,露宿 **2. *ins F.*** nach draußen (in die Natur) 到野外去,到室外去,到郊外去: *Er trat ins F., um die Sterne zu beobachten* 他去室外观察星星了

frei·en; *freite*, *hat gefreit*; Vt (及物) *veraltet* [旧] **1. *j-n f.*** ≈ heiraten; Vi (不及物) **2. *um j-n f.*** um e-e Frau werben (4) 求婚

Frei·er *der*; *-s*, *-* **1.** *euph* [婉]; ein Mann, der zu e-r Prostituierten geht 嫖客 **2.** *veraltend* [渐旧]; j-d, der ein Mädchen heiraten will 求婚者

Frei·ers·fü·ße *die*; *Pl* (复), *nur in* 只用于 ***auf Freiersfüßen gehen / wandeln*** *gespr hum* [口] [诙]; als Mann (e-e bestimmte Frau) heiraten wollen 想找对象

Frei·gän·ger *der*; *-s*, *-*; ein Strafgefangener, der außerhalb des Gefängnisses arbeiten darf, aber nachts ins Gefängnis muss 白天可以在监外工作但晚上必须回监狱的刑事犯 ‖ *hierzu* (派生) **Frei·gän·ge·rin** *die*; *-*, *-nen*

frei·ge·ben, frei ge·ben (*hat*) Vt (及物) **1. *j-n f.*** *geschr* [书]; j-m die Freiheit wiedergeben 释放,放走,使自由 ≈ freilassen ↔ festhalten: *Nach langen Verhandlungen gaben die Terroristen ihre Geiseln frei* 经过长时间的谈判,恐怖分子释放了人质 **2. *etw. f.*** *geschr* [书]; etw. nicht mehr sperren od. einschränken, sondern es (allgemein, öffentlich) zur Verfügung stellen 解除(约束、封锁),开放: *Nach zwei Stunden gab die Polizei die Straße, die nach e-m Unfall blockiert war, wieder (für den Verkehr) frei* 两个小时后警方重新开放了由于交通事故而封锁的街道 **3. *etw. zu etw. f.*** *geschr* [书]; erlauben, dass etw. zu e-m bestimmten Zweck verwendet werden kann 准予,准许 ≈ zulassen: *e-n Artikel zur Veröffentlichung f.* 准许一篇文章发表; *e-e Ware zum Verkauf f.* 准许一种商品出售; *Wild zum Abschuss f.* 准予捕猎野兽; Vi (不及物) **4. *j-m f.*** j-n für kurze Zeit von der Arbeit od. vom Unterricht befreien 给(短)假: *Der Chef gab ihr drei Stunden frei, da sie zum Arzt musste* 领导给她三个小时假,因为她得去看病 ‖ *zu* (义项) **1.**, **2.** u. **3. Frei·ga·be** *die*; *nur Sg* (只用单数)

frei·ge·big *Adj* (形); gern bereit, anderen etw. zu schenken 慷慨的,大方的 ≈ großzügig ↔ geizig ‖ *hierzu* (派生) **Frei·ge·big·keit** *die*; *nur Sg* (只用单数)

frei·gie·big *Adj* (形) ≈ freigebig

frei·ha·ben, frei ha·ben (*hat*) Vi (不及物) *gespr* [口]; e-e bestimmte Zeit lang nicht zur Arbeit od. zur Schule gehen müssen 有空闲,休假,放假,不上班,没有课: *Nächste Woche habe ich einen Tag frei, da könnten wir zusammen baden gehen* 下个星期我有一天空闲,那时我们可以一起去游泳

frei·hal·ten (*hat*) Vt (及物) ***j-n f.*** für j-n in e-r Gaststätte Essen u. Getränke bezahlen 替…付账,请…下馆子 ≈ j-n einladen: *Weil er Geburtstag hatte, hielt er uns alle frei* 因为他过生日,他请我们大家吃了一顿 ‖ NB (注意): ↑ ***frei*** (4-8)

frei·hän·dig *Adj* (形); *nur attr od adv* (只作定语或状语); ohne sich mit den Händen aufzustützen od. festzuhalten 手不扶把的,无依托的,双手离把的 ⟨*mst* f. (Rad) fahren 多用双手离把骑自行车⟩

Frei·heit *die*; *-*, *-en* **1.** *nur Sg* (只用单数); der Zustand, frei (1) zu sein 自由,独立 ≈ Unabhängigkeit ⟨für seine persönliche, für die nationale F. kämpfen 为个人的自由、民族的独立而斗争; die F. der Wissenschaft 学术自由⟩: *„F., Gleichheit, Brüderlichkeit" lautete die Parole der Französischen Revolution* "自由、平等、博爱"是法国革命的口号 ‖ K- (复合): ***Freiheits-***, ***-kampf***, ***-krieg*** ‖ -K (复合): ***Meinungs-***, ***Presse-***, ***Rede-***, ***Religions-***, ***Versammlungs-*** **2.** *nur Sg* (只用单数); der Zustand, frei (2) zu sein 自由 ↔ Gefangenschaft ⟨j-n/ein Tier seiner F. berauben 剥夺(人/动物的)自由; j-m/e-m Tier die F. schenken, zurückgeben 给予,归还(人/动物)自由; die F. wiedererlangen 重新获得自由,恢复自由; (wieder) in F. sein (重新)恢复自由⟩ **3. *die F. haben + zu + Infinitiv*** (不定式) genau das tun können, was man will u. für richtig hält 有自由去干: *Du hast die F., zu tun u. zu lassen, was du willst* 你有自由干你想干的和不干

你不想干的 **4.** *mst Pl*（多用复数）；ein besonderes Recht, das j-m gewährt wird 特权，优先权 ≈ Privileg, Vorrecht：*als toleranter Vater seinen Kindern viele Freiheiten lassen* 作为宽容的父亲给自己的孩子们许多特权 **5.** *nur Pl*（只用复数）；die demokratischen Grundrechte 自由权利〈die demokratischen Freiheiten 民主的自由权利〉 **6.** ***dichterische F.*** das Recht, das man e-m Dichter gewährt, *z. B.* tatsächliche Ereignisse od. Zustände in e-m literarischen Werk anders darzustellen, als sie in Wirklichkeit waren 作家的（创作）自由

Frei·heits·ent·zug *der*；ADM *geschr*【管理】[书]；e-e Strafe, bei der j-d ins Gefängnis muss 剥夺自由，监禁，徒刑 ≈ Freiheitsstrafe：*Er wurde zu fünf Jahren F. verurteilt* 他被判了五年徒刑

Frei·heits·stra·fe *die*；*geschr*［书］；der Aufenthalt in e-m Gefängnis als Strafe für ein Delikt 监禁，徒刑 ≈ Haftstrafe：*Er wurde wegen Raubes zu e-r F. von fünf Jahren verurteilt* 他因盗窃罪被判处五年徒刑

frei·he·raus *Adv*（副）；ohne zu zögern, ohne etw. zu verheimlichen 直截了当地，坦率地，不拐弯抹角地 ≈ geradeheraus, offen, unumwunden：*Er sagt immer f., was er denkt* 他总是想什么就直截了当说什么

Frei·herr *der* **1.** *nur Sg*（只用单数）；ein Adelstitel 男爵（指贵族称号） **2.** die Person, die den Titel des Freiherrn (1) trägt 男爵（指具有该称号的人） ‖ *hierzu*（派生）**Frei·frau** *die*

Frei·kar·te *die*；e-e Eintrittskarte, die nichts kostet 免费入场券，赠票

frei·kom·men（*ist*）[Vi]（不及物）die Freiheit wiedererlangen 恢复自由，被释放〈Gefangene 俘虏，囚犯〉：*Die Geiseln, die vor zwei Wochen entführt wurden, sind heute (wieder) freigekommen* 两周前被绑架的人质今天（重新）获得自由

Frei·kör·per|kul·tur *die*；*nur Sg*（只用单数）；↑ ***FKK***

frei·krie·gen, frei krie·gen（*hat*）*gespr*［口］；[Vt]（及物）**1.** ≈ freibekommen (1,2)；[Vi]（不及物）**2.** ≈ freibekommen (3)

frei·las·sen, frei las·sen（*hat*）[Vt]（及物）**1.** ***j-n f.*** j-m, der irgendwo gefangen ist, die Freiheit wiedergeben u. ihm erlauben, dorthin zu gehen, wohin er will 释放（人）：*Der Verhaftete wurde gegen e-e hohe Kaution wieder freigelassen* 被捕者交付一笔巨额保释金又被释放了 **2.** ***ein Tier f.*** ein Tier nicht mehr (im Käfig) gefangen halten 放生，释放（动物）〈e-n Vogel f. 把一只鸟放飞〉 ‖ NB（注意）：aber（但是）：*beim Schreiben e-e Zeile frei lassen* 书写时留空行（getrennt geschrieben 分开写） ‖ *zu*（义项）**1. Frei·las·sung** *die*

frei·le·bend ↑ ***frei*** (2)

frei·le·gen, frei le·gen（*hat*）[Vt]（及物）***etw. f.*** *geschr*［书］；etw. (wieder) sichtbar machen, indem man darüber liegende Schichten entfernt 发掘，使露出：*Archäologen haben Reste e-s römischen Amphitheaters freigelegt* 考古学家发掘出罗马圆形露天剧场的遗址 ‖ *hierzu*（派生）**Frei·le·gung** *die*

frei·lich *Adv*（副）**1.** verwendet, um etw. einzuräumen od. als selbstverständlich zu charakterisieren（表示不言而喻）当然，自然 ≈ allerdings, natürlich：*Dass ich krank werden könnte, damit hatte ich f. nicht gerechnet, als ich die Urlaubsreise buchte* 在我预先登记假期旅行时，我当然没有想到我可能会生病 **2.** *gespr*［口］；verwendet, um e-e Frage nachdrücklich zu bejahen（表示强调肯定对方的问题）那当然，毫无疑问 ≈ natürlich, selbstverständlich：„*Musst du morgen in die Arbeit?*" – „*(Ja) f.*" "你明天还得去上班吧？"——"那当然！"

Frei·licht|büh·ne *die* ≈ Freilichttheater

Frei·licht|the·a·ter *das*；ein Theater, bei dem die Aufführungen im Freien stattfinden 露天剧场，露天舞台

frei·ma·chen, frei ma·chen（*hat*）[Vt]（及物）**1.** ***etw. f.*** ADM *geschr*【管理】[书] ≈ frankieren；[Vt/i]（及物/不及物）**2.** (***etw.***) ***f.*** *gespr*［口］；für e-e bestimmte Zeit Urlaut nehmen, nicht arbeiten gehen 请假，不去上班：*Morgen mache ich (den Nachmittag) frei* 明天（下午）我请假；[Vr]（反身）**3.** ***sich*** (***irgendwann***) ***f.*** *gespr*［口］；f. (2) u. sich für j-n Zeit nehmen（为…）腾出、抽出、拿出时间：*Ich kann mich morgen (für e-e Stunde) f., um dich zu treffen* 我明天可以腾出（一小时）时间来见你 ‖ NB（注意）：↑ ***frei***

frei·mü·tig *Adj*（形）；so, dass man nicht versucht, etw. zu verheimlichen 真诚的，坦率的，直言不讳的，直爽的 ≈ ehrlich, offen〈ein Geständnis 供词；etw. f. bekennen, gestehen 直言不讳地承认，供认某事〉 ‖ *hierzu*（派生）**Frei·mü·tig·keit** *die*；*nur Sg*（只用单数）

frei·pres·sen（*hat*）[Vt]（及物）***j-n f.*** durch Erpressung erreichen, dass j-d (*bes* aus dem Gefängnis) freigelassen wird 用恫吓、威胁的手段强迫，胁迫（尤指从监狱中）释放某人

Frei·raum *der*；*geschr*［书］；die Möglichkeit od. die Zeit, die j-d hat, um seine eigene Persönlichkeit zu entwickeln 自由发展的天地，可能性，条件〈sich/j-m, für sich/j-n/etw. e-n F., Freiräume schaffen 给自己/某人，为自己/某人/某事创造自由发展的天地〉

frei·schaf·fend *Adj*（形）；*mst attr*（多作定语）；(*bes* in Bezug auf künstlerische Berufe) nicht angestellt, sondern selbständig u. in eigener Verantwortung tätig（尤指艺术界）从事自由创作的，从事自由职业的，非雇用的〈ein Künstler, ein Maler, ein Schriftsteller, ein Architekt, ein Journalist 艺术家，画家，作家，建筑师，新闻记者；f. tätig sein 从事自由职业〉

Frei·schär·ler *der*；*-s*，*-*；ein Mitglied e-r militärischen Organisation, die gegen die Armee des eigenen Landes kämpft（反对本国军队的）游击队员，义军战士

frei·set·zen（*hat*）[Vt]（及物）*mst* 多用 ***etw. wird freigesetzt*** *geschr*［书］；etw. löst sich aus e-r Bindung od. entsteht als Folge e-s chemischen, physikalischen *usw* Vorgangs (物作主语)释放,放出,泄漏,散发〈Sauerstoff, Wasserstoff, Wärme, Energie, Strahlen 氧,氢,热,能,射线〉: *Bei dem Brand in der chemischen Fabrik wurde ein hochgiftiges Gas freigesetzt* 这家化工厂失火时散发出剧毒气体 ‖ NB(注意): *mst* im Passiv(多用被动语态)! ‖ *hierzu*(派生) **Frei·set·zung** *die*

F

frei·spre·chen (*hat*) Vt (及物) ***j-n*** (***von etw.***) ***f.*** (als Richter od. Gericht) in e-m Urteil erklären, dass aufgrund von Untersuchungen u. Befragungen von Zeugen j-d als nicht schuldig gilt 宣判…无罪,宣判对…的指控不能成立 ↔ schuldig sprechen: *Er wurde* (*von der Anklage des Mordes*) *freigesprochen* 他被宣告无罪(撤销对他的谋杀指控)

Frei·spruch *der*; *geschr* [书]; das Urteil e-s Richters od. Gerichts, durch das ein Angeklagter freigesprochen wird 宣判无罪,开释〈F. (für j-n) beantragen 要求宣告(某人)无罪; auf F. erkennen 判决无罪〉

Frei·staat *der*; Ⓓ [德] verwendet in der Bezeichnung für die Bundesländer Bayern, Sachsen u. Thüringen 共和国(指巴伐利亚、萨克森和图林根联邦州)

frei·ste·hen (*hat/ist*) Vi (不及物) **1.** ***etw. steht j-m frei*** (*hat*) j-d darf selbst entscheiden, ob er etw. tun will oder nicht (物作主语)任凭某人决定,由某人自行处理,随某人的便: *Es steht ihm frei, seinen Urlaub im Juli od. August zu nehmen* 是七月份休假还是八月份休假,由(随)他自己决定 ‖ NB(注意): aber(但是): *ein Baum, der frei steht* 一棵孤零零的树; eine Wohnung, die schon lange frei steht 一套长期闲置的住房(getrennt geschrieben 分开写)

frei·stel·len (*hat*) Vt (及物) **1.** ***j-m etw. f.*** *geschr* [书]; j-n zwischen zwei od. mehreren Möglichkeiten wählen od. entscheiden lassen 听任…决定,让…自行处置 ≈ überlassen: *Ich stelle Ihnen frei, wann Sie mit der Arbeit beginnen wollen* 您打算什么时候开始工作,我让您自己决定 **2.** ***j-n*** (***von etw.***) ***f.*** j-n für e-e bestimmte Zeit (zu e-m bestimmten Zweck) von seiner normalen Arbeit od. vom Militärdienst befreien 让…脱产,让…免服兵役: *Sein Chef stellte ihn für den Fortbildungslehrgang* (*vom Dienst*) *frei* 他的领导让他(脱产)参加进修班学习

Frei·stel·lungs·auf·trag *der*; Ⓓ FIN [德]【金融】; ein Auftrag an e-e Bank, bis zur genannten Summe keine Steuern von den Zinsen abzuziehen, die sie einem für ein Guthaben zahlt. Jeder darf nur Freistellungsaufträge bis zu e-r bestimmten Summe ausstellen, weitere Zinseinnahmen müssen versteuert werden 免除定额利息税合同

Frei·stil *der*; *nur Sg*(只用单数), SPORT【体】**1.** e-e Disziplin beim Schwimmen, bei der der Sportler die Technik frei wählen kann 自由泳 ↔ Brust, Rücken, Delphin: *100m F. der Herren* 男子100米自由泳 ‖ K-(复合): ***Freistil-, -schwimmen*** **2.** e-e Art zu ringen, bei der Griffe am ganzen Körper erlaubt sind 自由式摔跤,自由式角力 ‖ K-(复合): ***Freistil-, -ringen***

Frei·stoß *der*; SPORT【体】; (bei Ballspielen) ein Schuss, den e-e Mannschaft (als Strafe für ein Foul des Gegners) ausführen darf, ohne vom Gegner dabei behindert zu werden (罚)任意球〈e-n F. ausführen 罚任意球; ein direkter, indirekter F. 直接、间接任意球〉: *Der Schiedsrichter verhängte e-n/entschied auf F.* 裁判员判罚任意球

Frei·tag *der*; *-s, -e*; der fünfte (Arbeits)Tag der Woche 星期五; *Abk* 缩写为 Fr〈am F. 在星期五; letzten, diesen, nächsten F. 在上、这个、下星期五; F. früh 星期五早上〉‖ K-(复合): ***Freitag-, -abend, -mittage, -morgen, -nacht; freitag-, -abends, -mittags usw.***

frei·tags *Adv*(副); jeden Freitag 每星期五〈f. abends, mittags usw. 每星期五晚上,中午等〉: *F. schließt das Büro um 15 Uhr* 每星期五办公室在下午3点下班

Frei·tod *der*; *mst Sg*(从用单数), *geschr* [书] ≈ Selbstmord, Suizid 〈den F. wählen (= Selbstmord begehen) 自尽,自杀〉

frei·tra·gend *Adj*(形); *nicht adv*(不作状语); nicht von Pfeilern *o. Ä.* gestützt 悬梁的,张臂式的,单端固定的(*mst* 多用 e-e Brücke, e-e Konstruktion 桥,建筑结构)

Frei·trep·pe *die*; e-e breite, große Treppe, die zu e-m großen Gebäude führt (大楼前的)露天大台阶

Frei·übung *die*; e-e Turnübung ohne Sportgerät 徒手体操,自由体操

Frei·wild *das*; ***F.*** (***für j-n***) (*mst* aus Sicht e-s Mannes) e-e Person, mit der man machen kann, was man will (男人眼里的)猎物,不受保护的人,任人欺侮的人: *E-e Frau, die allein reist, wird oft als F. betrachtet* 单身外出旅行的妇女往往被视为不受保护的人

frei·wil·lig *Adj*(形); aus eigenem Willen, ohne Zwang 自愿的,志愿的,非义务的 ↔ unfreiwillig, zwangsweise: *Er musste den Aufsatz nicht schreiben, er hat es f. gemacht* 他本来不一定要写这篇文章,这是他自愿写的; *Es war sein freiwilliger Entschluss zu bleiben, es hat ihn niemand dazu gezwungen* 是他自愿决定留下来的,没有人强迫他这样做 ‖ *hierzu*(派生) **Frei·wil·lig·keit** *die*; *nur Sg*(只用单数)

Frei·wil·li·ge *der/die*; *-n, -n*; j-d, der ohne es zu müssen (freiwillig) e-n Dienst, e-e Pflicht übernimmt 志愿者 ‖ -K(复合): ***Kriegs-*** ‖ NB(注意): *ein Freiwilliger; der Freiwillige; den, dem, des Freiwilligen*

Frei·zei·chen *das*; ein Ton, den man am Telefon hört, wenn die Nummer, die man gewählt hat, nicht besetzt (4) ist (电话的)空线信号 ↔ Besetztzeichen

Frei·zeit *die*; *nur Sg*(只用单数); die Zeit (*mst* abends u. am Wochenende), in der man weder in seinem Beruf noch im Haushalt arbeiten muss 空闲时间,业余时间,闲暇时间,自由时间: *Er verbringt seine F. mit Lesen* 他把空闲时间用来读书; *In seiner F. treibt er viel Sport* 他在业余时间进行各种体育活动 ‖ K-(复合): ***Freizeit-***, ***-beschäftigung***, ***-gestaltung***, ***-kleidung***, ***-industrie***, ***-sport***, ***-vergnügen***

Frei·zeit|wert *der*; *nur Sg*(只用单数), *geschr*［书］; die Möglichkeiten, die man in e-r Stadt od. in e-r Gegend hat, seine Freizeit zu gestalten (*z. B.* durch Sport u. Kultur) 休闲值(指一个城市或地区能提供诸如体育、文化等休闲活动的可能性): *e-e Stadt mit e-m hohen F.* 一个休闲值很高(即:业余活动丰富多彩)的城市

frei·zü·gig *Adj*(形) **1.** so, dass man sich nicht streng an Regeln u. Vorschriften hält 不严格遵守规定的,不按规程的〈etw. f. handhaben 不按规程操作某物〉 **2.**〈e-e Erziehung 教育〉so, dass sie dem Betroffenen viel Freiheit lässt 自由放任的,自由宽松的,大度的 **3.**〈ein Film, e-e Unterhaltung 影片,谈话〉so, dass sie nicht auf sexuelle Tabus achten 妖艳的,肉麻的,色情的 ↔ prüde: *sich f. kleiden* 穿着妖艳 ‖ *hierzu*(派生) **Frei·zü·gig·keit** *die*; *nur Sg*(只用单数)

fremd, *fremder*, *fremdest-*; *Adj*(形) **1.** *mst attr*(多作定语); zu e-m anderen Land od. Volk als dem eigenen gehörend 外地的,异乡的,外国的〈Sitten, e-e Sprache 习俗,语言〉: *Der Autor erzählt in seinem Buch von fremden Ländern u. Völkern* 这位作者在他的书中叙述异国外族的事情 **2.** (***j-m***) ***f.*** (j-m) von früher her nicht bekannt 陌生的,不认识的: *Die meisten Gäste auf der Party waren ihm f.* 这次聚会的大部分客人他都不认识; *fremde Städte bereisen* 游历陌生的城市 **3.** nicht der Vorstellung, Erinnerung entsprechend, die man von j-m/etw. hat 生疏的,不熟悉的: *Am Telefon klang ihre Stimme ganz f.* 她的声音在电话里听起来完全是陌生人的声音 **4.** auf e-e andere Person bezogen od. zu ihr gehörend 别人的,他人的 ↔ eigen: *„Misch dich doch nicht immer in fremde Angelegenheiten!"* "你可不要老是干涉别人的事情!" **5.** ***j-m f. werden*** sich so verändern, dass kein Interesse od. keine herzliche Beziehung mehr vorhanden ist 变得淡漠,变得格格不入: *Als sie ihren ehemaligen Freund nach langer Zeit wiedersah, stellte sie fest, dass er ihr ganz f. geworden war* 很久以后,当她重新见到昔日男友时,她发觉他对她来说已变得完全格格不入 ‖ *zu*(义项) **2. Fremd·heit** *die*; *nur Sg*(只用单数) ‖ ▶ ***entfremden***

-fremd *im Adj*, *nach Subst*, *wenig produktiv*(构成形容词,置于名词后,构词弱); verwendet, um auszudrücken, dass j-d/etw. nicht am Genannten orientiert ist 脱离…的,与…脱节的,不熟悉…的 ≈ -fern ↔ -bezogen, -nah; ***fachfremd***, ***lebensfremd***〈ein Künstler 艺术家〉, ***praxisfremd***〈e-e Lehrmethode 教学方法〉, ***realitätsfremd***〈ein Mensch 人〉, ***wirklichkeitsfremd***〈ein Mensch 人〉

Fremd·ar·bei·ter *der*; *veraltend*, *neg*!［渐旧］［侮］≈ Gastarbeiter ‖ *hierzu*(派生) **Fremd·ar·bei·te·rin** *die*

fremd·ar·tig *Adj*(形); fremd u. ungewohnt 异样的,不寻常的,奇特的〈etw. erscheint f., mutet f. an 某事显得,令人觉得异样; j-d/etw. sieht f. aus 某人/物看上去与众不同〉‖ *hierzu*(派生) **Fremd·ar·tig·keit** *die*; *nur Sg*(只用单数)

Frem·de[1] *der/die*; *-n*, *-n* **1.** j-d, der einem völlig unbekannt ist 陌生人,不认识的人,生人: *Die Mutter ermahnte das Kind, nicht mit e-m Fremden mitzugehen* 母亲告诫孩子,不要跟陌生人一起走 **2.** j-d, der aus e-m anderen Ort, e-r anderen Gegend od. e-m anderen Land stammt 异乡人,外地人,外国人 ↔ Einheimische (r): *Nur selten kommt ein Fremder in das einsame Bergdorf* 很少有外地人到这个偏僻的山村来 ‖ K-(复合): ***Fremden-***, ***-hass*** ‖ NB(注意): *ein Fremder*; *der Fremde*; *den*, *dem*, *des Fremden*

Frem·de[2] *die*; *-*; *nur Sg*, *geschr*(只用单数),［书］; e-e Gegend, ein Land *o. Ä.*, die j-m nicht bekannt sind 外国,异乡 ↔ Heimat〈in der F. leben 背井离乡,生活在异乡; in die F. ziehen 移居国外(外地)〉

frem·deln; *fremdelte*, *hat gefremdelt*; [Vi](不及物) Fremden gegenüber scheu sein, vor Fremden Angst haben 认生,怕生,怯生〈*mst* ein Baby, ein Säugling 多指婴儿,乳儿〉

frem·den·feind·lich *Adj*(形); feindlich gegenüber Ausländern 敌视外国人的,排外的 ≈ ausländerfeindlich〈e-e Äußerung, e-e Gesinnung, e-e Haltung 言论,思想,态度〉‖ *hierzu*(派生) **Frem·den·feind·lich·keit** *die*; *nur Sg*(只用单数)

Frem·den·füh·rer *der*; j-d, der (beruflich) Touristen e-e Stadt, ein Land od. e-e Gegend zeigt 导游,导游员 ‖ *hierzu*(派生) **Frem·den·füh·re·rin** *die*

Frem·den·le·gi·on *die*; (in Frankreich) e-e militärische Truppe, die *bes* aus ausländischen Berufssoldaten besteht(在法国的)外籍雇佣军团

Frem·den·ver·kehr *der*; *nur Sg*(只用单数); das Reisen u. der Aufenthalt von Touristen in e-m Land, e-m Ort, e-r Gegend 旅游业 ≈ Tourismus〈den F. fördern 促进旅游业的发展; e-e Stadt, Gegend *o. Ä.* lebt vom F. 一个城市、地区等靠旅游业生存〉‖ K-(复合): ***Fremdenverkehrs-***, ***-amt***, ***-büro***, ***-verein***

Frem·den·zim·mer *das*; ein Zimmer in e-m Hotel, Gasthof *o. Ä.*, in dem Touristen schlafen können 客房

fremd·ge·hen; *ging fremd*, *ist fremdgegangen*; [Vi](不及物) *gespr*［口］; e-e sexuelle Beziehung außerhalb der Ehe od. der festen Partnerschaft haben 有外遇,私通 ↔ treu (2) sein

Fremd·herr·schaft *die*; *mst Sg*(多用单数); das Beherrschen e-s Volkes, Landes durch ein anderes Land, e-e ausländische Macht 外国统治,异族统治〈ein Land schüttelt die F. ab 一个国家正在摆脱外族统治〉

Fremd·kör·per *der* **1.** ein Gegenstand, der in e-n Körper gelangt ist u. dort nicht hingehört 异物，异体，杂质〈e-n F. verschlucken, aus dem Auge entfernen 吞下一异物，从眼睛里清除异物〉**2.** verwendet als Bezeichnung für e-e Person od. Sache, die nicht zu ihrer Umgebung passt 局外人，不相称之物：*Das moderne Kaufhaus wirkt zwischen den alten Häusern wie ein F.* 这座现代化的百货商店在这些旧房中间显得很不协调

F

fremd·län·disch *Adj*（形）；für ein fremdes Land typisch 外国的，有异国情调的 ≈ exotisch ↔ einheimisch〈ein Akzent, ein Baustil, e-e Kleidung 口音，建筑风格，服装〉

Fremd·ling *der*；*-s*，*-e*；*lit veraltend*［文］［渐旧］≈ Fremde[1]（2）

Fremd·spra·che *die*；e-e Sprache, die nicht vom eigenen Volk, Volksstamm *o. Ä.* gesprochen wird u. die man zusätzlich zu seiner eigenen Sprache erlernen kann 外国语，外语 ↔ Muttersprache〈e-e F.（er）lernen, beherrschen,（fließend）sprechen 学习，掌握，（流利地）说外语〉：*Für e-n Deutschen ist Englisch e-e F.* 对德国人来说，英语是一门外语；*Deutsch als F. lernen* 学习作为外语的德语 ‖ K-（复合）：***Fremdsprachen-***，***-erwerb***，***-unterricht***

Fremd·spra·chen|kor·res·pon·dent *der*；ein Angestellter, der selbständig für e-e Firma Briefe in einer od. mehreren Fremdsprachen liest u. schreibt（公司、企业的）外语文书 ‖ *hierzu*（派生）**Fremd·spra·chen|kor·res·pon·den·tin** *die*

fremd·spra·chig *Adj*（形）；so, dass e-e fremde Sprache benutzt wird 外语的，说外语的，用外语写的〈e-e Bevölkerungsgruppe, e-e Rundfunksendung, der Unterricht, e-e Zeitung 居民群体，广播节目，课，报纸〉‖ NB（注意）：*fremdsprachlicher* Unterricht ist ein Unterricht über e-e Fremdsprache, der auch in der Muttersprache stattfinden kann, im *fremdsprachigen* Unterricht wird nur die Fremdsprache gesprochen（"fremdsprachlicher Unterricht"是指教外国语的课，该课也可用母语讲授；而"fremdsprachiger Unterricht"则指全用外语来讲授的课程）

fremd·sprach·lich *Adj*（形）；*mst attr*（多作定语）；auf e-e Fremdsprache bezogen 外语的，外文的〈ein Lehrbuch, der Unterricht 教科书，课〉‖ NB（注意）：↑ ***fremdsprachig***

Fremd·wort *das*；*-(e)s*，*Fremd·wör·ter*；ein Wort, das aus e-r anderen Sprache in die eigene Sprache übernommen wurde u. das im Schriftbild od. in der Aussprache noch fremd wirkt 外来词，外来语：*„Sauce" ist ein F. aus dem Französischen, das heute mst als „Soße" eingedeutscht wird* "Sauce"是一个来自法语的外来词，今天已德语化成为"Soße"；Seine Ausdrucksweise ist mit Fremdwörtern gespickt 他的话语中充斥着外来语 ‖ ID［谚］***etw. ist ein F. für j-n*** verwendet, um auszudrücken, dass j-d das Genannte nicht einhält, nicht beachtet *o. Ä.* 某事对某人来说是无所谓的事，满不在乎的事：*Pünktlichkeit ist für ihn ein F., er kommt immer zu spät* "准时"对他来说是满不在乎的事，他总是迟到

fre·ne·tisch *Adj*（形）；sehr heftig u. leidenschaftlich 热烈的，狂热的，充满激情的〈Applaus, Beifall 掌声，喝采声〉

fre·quen·tie·ren；*frequentierte*，*hat frequentiert*；Vt（及物）***etw. f.*** *geschr*［书］；häufig od. regelmäßig zu e-m bestimmten Ort, Gebäude *o. Ä.* kommen 频繁光顾，经常造访：*Dieses Lokal wird von Jugendlichen stark frequentiert* 年轻人经常光顾这家酒馆；*ein schwach frequentierter Hafen* 一个使用率不高的港口 ‖ NB（注意）：*mst* im（Zustands）Passiv（多用于（状态）被动句）！

Fre·quenz *die*；*-*，*-en* **1.** PHYS【物】；die Anzahl der Schwingungen e-r Welle（3）pro Sekunde 频率：*Schallwellen haben e-e relativ niedrige, Röntgenstrahlen e-e äußerst hohe F.* 声波有比较低的频率，而 X 光射线则有异常高的频率；*Die F. wird in Hertz gemessen* 频率用赫兹计量 ‖ K-（复合）：***Frequenz-***，***-bereich***，***-messer*** ‖ -K（复合）：***Hoch-***，***Höchst-***，***Niedrig-*** **2.** e-e bestimmte F.（1），auf der ein Radiosender sein Programm sendet（无线电台的）波长，频道 ≈ Welle（4）：*Auf welcher F. liegt / sendet der Deutschlandfunk?* 德国广播电台的波长是多少？‖ -K（复合）：***Radio-***，***UKW-*** **3.** *nur Sg*（只用单数），*geschr*［书］；die Häufigkeit, mit der etw. geschieht 频率，周率，次数

Fres·ko *das*；*-s*，*Fres·ken*；ein Gemälde, das auf e-e Wand gemalt wird, während der Putz aus Kalk noch feucht ist（*bes* in Kirchen）（尤指教堂内的）（湿绘）壁画：*die Fresken der Sixtinischen Kapelle* 西斯廷小教堂的湿绘壁画 ‖ K-（复合）：***Fresken-***，***-malerei***

Fres·sa·li·en [-liən] *die*；*Pl*（复），*gespr hum*［口］［诙］；Dinge zum Essen 吃的东西，食物：*Pack noch ein paar F. für unterwegs ein* 再包一些路上吃的东西

Fres·se *die*；*-*，*-n*；*vulg*［俗］**1.** ≈ Gesicht **2.** ≈ Mund ‖ ID［谚］***j-m die F. polieren*** *vulg*［俗］；j-m（mehrmals）ins Gesicht schlagen（多次地）打某人耳光；***Halt die F.*** *vulg*［俗］；sei still! 住嘴！

fres·sen；*frisst*，*fraß*，*hat gefressen*；Vt/i（及物/不及物）**1.** ***ein Tier frisst***（***etw.***）ein Tier nimmt feste Nahrung zu sich（动物作主语）吃：*Affen fressen gern Bananen* 猴子喜欢吃香蕉；*Meine Katze frisst mir aus der Hand* 我的猫从我手中吃食 **2.**（***etw.***）***f.*** *vulg pej*［俗］［贬］；（als Mensch）viel, gierig od. unappetitlich essen（人作主语）大吃，吞食，狼吞虎咽；Vt（及物）**3.** ***etw. frisst etw.*** *gespr*［口］；etw. braucht e-e große Menge von etw.（物作主语）消耗，耗费〈etw. frisst viel（Energie, Geld, Kraft, Strom *o. Ä.*）某物消耗大量（能、钱、力量、电等）〉：*Sein Sportwagen frisst 20 Liter Benzin auf 100 Kilometer* 他的跑车 100 公里耗油 20 升 **4.** ***etw. frisst etw.***（***in etw.***（*Akk*）/ ***durch etw.***）etw. macht ein Loch od. e-e Lücke in etw.（物作主语）（在…上）蛀、咬出一个洞，吞噬掉一块：*Das*

Feuer hat e-e Schneise in/durch den Wald gefressen 大火将森林烧出一块空白地带；[Vi]（不及物）**5. etw. frisst an etw.**（*Dat* 三格）etw. beginnt, etw. langsam zu zerstören（物作主语）蔓延，侵蚀，腐蚀〈ein Feuer, Flammen, e-e Lauge, Rost, e-e Säure 火势，火焰，碱液，锈，酸〉：*Das Streusalz frisst an den Bäumen u. Fahrzeugen* 撒在路上的融雪盐腐蚀着树木和车辆 **6. etw. frisst an/in j-m** *geschr*［书］；etw. zerstört j-n seelisch（物作主语）（心灵上）折磨，啮噬〈Hass, Neid, Sorge, Verzweiflung 仇恨，嫉妒，忧虑，绝望〉；[Vr]（反身）**7. etw. frisst sich in etw.**（*Akk* 四格）/**durch etw.** etw. macht ein Loch in etw.（物作主语）钻入，锈入，锯入，腐蚀，侵蚀〈ein Bohrer, e-e Lauge, Rost, e-e Säge, e-e Säure 钻头，碱液，锈，锯子，酸〉：*Der Bagger fraß sich immer tiefer in das Erdreich* 挖土机越挖越深地掘进土层 ‖ ID［谚］**j-d ist zum Fressen/sieht zum Fressen aus** *gespr*［口］；j-d ist sehr hübsch, niedlich 某人看上去真讨人喜欢（真漂亮）；**j-n zum Fressen gernhaben** *gespr*［口］；j-n sehr gernhaben 很喜欢某人；**etw. gefressen haben** *gespr*［口］；etw. verstanden, begriffen haben, sodass man es nun weiß od. kann 弄懂，搞明白，吃透：*Er hat immer noch nicht gefressen, wie man die Fläche e-s Dreiecks berechnet* 他一直还搞不明白，怎么计算出三角形的面积；**j-n/etw. gefressen haben** *gespr*［口］；j-n/etw. hassen, verabscheuen 对某人/某事感到厌烦，很讨厌 ≈ dick haben ‖ *zu*（义项）**Fresserei** ↑ **-ei** ‖ ▶ **Fraß, gefräßig**

Fres.sen *das*; *-s*; *nur Sg*（只用单数）**1.** *gespr*［口］；das Futter für ein Tier（动物的）饲料，食物：*dem Hund sein F. geben* 给狗喂食 **2.** *vulg*, *mst pej*［俗］，多用［贬］；(schlechtes) Essen（人的）粗劣的食物，猪狗食 ≈ Fraß ‖ ID［谚］**etw. ist ein gefundenes F.（für j-n/etw.）** *gespr*［口］；etw.（*mst* Negatives aus Sicht der Betroffenen) ist j-m sehr willkommen 某事（对…）是件求之不得的事，难得的好事，正中（某人）下怀：*Die Liebesaffäre zwischen der Prinzessin u. dem Popstar war ein gefundenes F. für die Presse* 公主与流行歌星之间的风流韵事正是新闻界求之不得的事

-fres.ser *der*; *-s*, *-*; *im Subst*, *wenig produktiv*（构成名词，构词弱）；ein Tier, das sich von der genannten Sache ernährt 食…的动物；**Aasfresser, Fleischfresser, Insektenfresser, Körnerfresser, Pflanzenfresser, Planktonfresser**

Fress.napf *der*; ein kleiner Behälter, aus dem ein Haustier sein Futter frisst（鸟、狗等的）喂食盆 ≈ Futternapf

Fress.sack *der*; *gespr! pej*［粗］［贬］；j-d, der viel u. gierig isst 食量大的人，大肚汉，饭桶

Frett.chen *das*; *-s*, *-*; e-e Art kleiner Marder, der als Haustier gehalten wird 白鼬，雪貂

Freud *die*; *mst in* 多用于 **in F. u. Leid** *geschr*［书］；nicht nur solange es angenehm u. schön ist, sondern auch dann, wenn es Probleme gibt 同甘共苦，风雨同舟 ≈ in guten wie in schlechten Zeiten：*Das Ehepaar hielt in F. u. Leid treu zueinander* 这对夫妇相濡以沫，同甘苦共患难

Freu.de *die*; *-*, *-n* **1.** *nur Sg*（只用单数）；das Gefühl von Glück od. Zufriedenheit, das mit e-r Person od. Sache verbunden ist 高兴，愉快，快乐 ↔ Trauer〈e-e große, tiefe, wahre, echte F. 很大的、深深的、真实的、真正的快乐；j-m (mit etw.) e-e (kleine, große) F. bereiten, machen（以某事（物））使某人（有点、大为）高兴〉：*Es ist mir e-e F., Sie heute hier zu sehen* 我很高兴今天在这里见到您 ‖ K-（复合）：**Freuden-, -fest, -feuer, -geheul, -schrei, -träne** ‖ -K（复合）：**Wiedersehens- 2. die F.（an j-m/etw.）** der andauernde od. längerfristige Zustand des Glücks od. der Zufriedenheit in Bezug auf e-e Person od. Sache（对某人/某物的）乐趣，喜欢〈F. an den Kindern, an der Arbeit haben 喜欢孩子，怀有对工作的乐趣；seine helle (= echte, wahre) F. haben 怀有真正的乐趣；j-m die F. (an etw.) nehmen, verderben 使某人丧失（对某事的）乐趣；使某人扫兴〉‖ -K（复合）：**Arbeits-, Erzähl-, Experimentier-, Lebens- 3. die F.（über etw.**（*Akk* 四格））das kurze od. momentane Gefühl des Glücks od. der Zufriedenheit in Bezug auf etw.（为…）喜悦，愉快，高兴〈F. über etw. empfinden, äußern, zum Ausdruck bringen 感到，表达，表示对某事（物）的喜悦心情〉**4. die Freuden**〈des Lebens, des Sommers, der Liebe 生活中的，夏天的，爱情的〉*nur Pl*（只用复数）；die freudigen Ereignisse, Erlebnisse od. Momente, die mit dem Genannten verbunden sind 乐事，令人高兴的事，愉快的经历，喜事 ‖ ID［谚］**j-d ist j-s (ganze/einzige) F.** j-d bedeutet j-m sehr viel 某人对某人十分重要，是某人的（全部/唯一）欣慰；**vor F. an die Decke springen** *gespr*［口］；sich sehr freuen 高兴得跳起来，欢欣雀跃；**j-m e-e kleine F. machen** j-m etw. Nettes schenken *o. Ä.* 送给某人一件可爱的小礼物等

Freu.den.bot.schaft *die*; e-e Nachricht, die einem Freude macht 喜讯〈e-e F. erhalten 收到喜讯〉

Freu.den.haus *das*; *euph*［婉］≈ Bordell

Freu.den.mäd.chen *das*; *euph*［婉］≈ Prostituierte

Freu.den.rausch *der*; ein euphorischer Zustand, in dem man sehr starke Freude fühlt 欣喜若狂，狂喜

Freu.den.tag *der*; *mst in* 多用于 **j-s F.** ein Tag, an dem j-d Geburtstag od. ein Jubiläum hat od. e-n anderen wichtigen Grund zu feiern hat 某人的喜庆日子，大喜的日子

Freu.den.tanz *der*; *mst in* 多用于 **e-n F. aufführen/vollführen** aus Freude hüpfen u. hin u. her laufen 高兴得手舞足蹈

Freu.den.tau.mel *der*; ein plötzliches, starkes Gefühl der Freude 一阵狂喜，欣喜若狂〈von e-m F. erfasst werden 内心一阵狂喜，高兴得心花怒放；sich in e-m F. befinden 沉浸在无比欢乐之中；in e-n F. verfallen 沉醉在狂喜之中〉；

Nach dem Sieg der Mannschaft erfasste die Fans ein F. 球队赢了后，球迷们欣喜若狂

freu·de·strah·lend *Adj*（形）；*nur attr od adv*（只作定语或状语）；von großer Freude erfüllt 喜形于色的，笑逐颜开的，满脸喜气的 ≈ freudig 〈ein Blick, ein Lächeln 目光，微笑〉：*Sie begrüßte ihn f.* 她笑容满面地欢迎他

F

freu·dig *Adj*（形）；*mst attr, geschr*（多作定语），［书］**1.** so, dass es j-m e-e Freude macht 令人高兴的，可喜的 ≈ erfreulich, froh ↔ betrüblich 〈e-e Botschaft, ein Ereignis, e-e Überraschung 消息，事情，意外〉 **2.** von Freude erfüllt 愉快的，快乐的，高兴的 ≈ erfreut ↔ betrübt 〈f. bewegt, erregt, überrascht sein 内心充满喜悦，心情十分愉快，喜出望外；etw. stimmt j-n f. 某事使某人心情愉快〉：*Als sie ihn zum Essen einlud, sagte er f. zu* 当她邀请他吃饭时，他愉快地同意了 ‖ *hierzu*（派生）**Freu·dig·keit** *die*；*nur Sg*（只用单数）

-freu·dig *im Adj, begrenzt produktiv*（构成形容词，构词有限）**1.** gern zu dem im ersten Wortteil Genannten bereit 乐意做…的；***arbeitsfreudig, entschlussfreudig, kontaktfreudig, spendierfreudig*** **2.** so, dass j-d das im ersten Wortteil Genannte oft u. gern tut 喜好…的；***genussfreudig, reisefreudig, trinkfreudig***

freud·los *Adj*（形）；ohne jede Freude 没有欢乐的，悲伤的，凄凉的：*Er fristet ein freudloses Dasein* 他苦熬着悲伤忧郁的生活 ‖ *hierzu*（派生）**Freud·lo·sig·keit** *die*；*nur Sg*（只用单数）

freu·en；*freute, hat gefreut*；*Vr*（反身）**1.** ***sich*** （***über etw.***（*Akk* 四格））***f.*** wegen etw. ein Gefühl der Freude empfinden 感到高兴，感到愉快〈sich sehr, ehrlich, riesig f. 感到十分、由衷的、非常高兴〉：*sich über ein Geschenk, e-n Anruf f.* 对礼物，对来电感到高兴；*Ich habe mich sehr* darüber *gefreut*, dass *wir uns endlich kennengelernt haben* 我们终于认识了，对此我十分高兴；*Ich freue mich, Sie wiederzusehen* 我很高兴再次见到您 **2.** ***sich auf j-n / etw. f.*** j-s Ankunft, Besuch *o. Ä.*/ein bestimmtes Ereignis mit Spannung u. Freude erwarten 高兴地期待，为…到来而高兴：*sich auf den Urlaub f.* 对未来的假期感到高兴；*Ich freue mich schon auf dich!* 我已经在愉快地期待你的到来；*Vt*（及物）**3.** ***etw. freut j-n*** etw. macht j-n froh od. glücklich（物作主语）使高兴，使愉快：*Dein Lob hat ihn sehr gefreut* 你的赞扬使他十分高兴；Es *freut mich*, dass *du auch mitkommst* 你也一起去，我感到很高兴 ‖ NB（注意）：kein Passiv（不用被动语态）！‖ ID［谚］***Freut mich（, Sie kennenzulernen）!*** *gespr*［口］；verwendet als höfliche Floskel, wenn man j-m vorgestellt wird（用作社交时的客套话）很高兴（认识您）！

Freund *der*；*-(e)s, -e* **1.** ***ein F.*** （***von j-m***）j-d, den man sehr gut kennt u. zu dem man über e-e relativ lange Zeit e-e enge Beziehung hat 朋友〈ein guter, treuer, wahrer F. 一位好的、忠诚的、真正的朋友；j-n zum F. gewinnen 争取（结交）某人为朋友；viele Freunde haben/besitzen 有很多朋友〉：*mit ein paar Freunden e-e Radtour machen* 同几个朋友一起骑自行车郊游 ‖ -K（复合）：***Schul-, Studien-*** **2.** ***j-s F.*** ein Junge od. Mann, der mit e-m Mädchen od. e-r Frau befreundet ist（u. mit ihr zusammenlebt）某人的男朋友〈mein, dein, ihr F. 我的、你的、她的男朋友；ein fester, langjähriger F. 固定的、多年的男友〉：*Sie fährt mit ihrem F. in Urlaub* 她和她的男朋友一起去度假 ‖ NB（注意）：Spricht man von e-m F.（1），so sagt man meist：*ein F. von mir*（指一般朋友时说：*ein F. von mir*）；spricht man von einem F.（2），so sagt man meist：*mein F.*（指自己的男友时多用：*mein F.*）**3.** j-d, der in e-m Konflikt, Streit *o. Ä.* für einen ist 志同道合的朋友，战友 ↔ Feind, Gegner〈politische Freunde 政治上的战友〉：*Du brauchst keine Angst zu haben, hier befindest du dich unter Freunden* 你不用害怕，这里你是在自己的朋友中间 ‖ -K（复合）：***Partei-*** **4.** ***ein F.*** + *Gen*（二格）/ ***von etw.*** *geschr*［书］；j-d, der etw. sehr gern mag（u. sich dafür einsetzt）爱好者 ↔ Gegner〈ein großer, ausgesprochener F. der Kunst, der Oper, von guter Musik 艺术、歌剧、高雅音乐的热心的、地道的爱好者〉‖ -K（复合）：***Bücher-, Kinder-, Kunst-, Menschen-, Musik-, Natur-*** **5.** ***ein alter F.*** j-d, der schon lange j-s F.（1）ist 一位老相识，老朋友 **6.** ***kein F. von（vielen）Worten sein*** *geschr*［书］；lieber handeln als reden 不是说大话、空话的人 **7.** ***alter / guter / mein F.*** *gespr*［书］；verwendet als vertrauliche Anrede für e-n Mann（用作对男子的亲密称呼）老朋友/好朋友/我的朋友：„*Na, wie gehts, mein F.?*" "喂，你好吗？我的朋友！" **8.** ***dicke Freunde*** *nur Pl, gespr*（只用复数），［口］；Personen, die sehr eng miteinander befreundet sind 自己人，铁哥们儿 **9.** ***der beste F. des Menschen*** der Hund 人的忠实朋友（指狗）**10.** ***unsere gefiederten Freunde*** *hum*［诙］；die Vögel 我们的身长羽毛的朋友（指鸟）**11.** ***unsere vierbeinigen Freunde*** *hum*［诙］；*bes* Katzen u. Hunde 我们的四条腿的朋友（尤指猫和狗等宠物）‖ *zu*（义项）**1.**, **2.** u. **5.** **Freun·din** *die*；*-, -nen*

Freund·chen *das*；*-s, -*；*gespr*［口］；*mst in* 多用于（***mein***）***F.!*** verwendet als Anrede für j-n（*bes* ein Kind）, wenn man e-e Drohung ausspricht（用作威吓性的称呼）（我的）朋友！

Freun·des·kreis *der*；*Kollekt*（集合）；alle Freunde（1），die j-d hat 朋友的范围，朋友圈子，交友范围：*Er hat nur e-n kleinen F.*（= wenig Freunde）他交友不广；*Die Verlobung wird im engeren F. gefeiert*（= mit den besten Freunden）订婚仪式在最亲密的朋友中间举行

freund·lich *Adj*（形）**1.** ***f.*** （***zu j-m***）zu anderen Menschen höflich u. hilfsbereit 友好的，亲切的，和蔼的 ≈ liebenswürdig：*j-n f. anlächeln, begrüßen* 亲切地对某人微笑，欢迎某人；*Der Zahnarzt ist immer sehr f. zu unseren Kindern* 这位牙科医生对我们的孩子总是十分和蔼可亲 **2.** so, dass es einen froh stimmt, angenehm 令人愉快的，宜人的，美好的〈e-e

Atmosphäre, ein Klima, e-e Umgebung, Wetter 气氛,气候,环境,天气〉**3.** verwendet, um auszudrücken, dass die Kurse an der Börse gestiegen sind (表示交易所行情)看涨,看好 ↔ schwach, fallend 〈e-e Börse, e-e Tendenz 股市,趋势〉: *Gestern noch lustlos, war die Börse heute f.* 证券市场昨天还很不景气,今天已看好 ‖ NB(注意): ↑ ***Gruß*** (3)

-freund·lich *im Adj, begrenzt produktiv* (构成形容词,构词有限) **1.** mit e-r positiven Einstellung zur genannten Person/Sache 对…友好的,亲善的,关心的 ↔ -feindlich; ***kinderfreundlich*** 〈e-e Gesellschaft (社会)团体〉, ***menschenfreundlich*** 〈e-e Gesinnung 思想〉, ***regierungsfreundlich*** 〈Truppen 军队〉 **2.** für die genannte Person/Sache gut 有利于…的 ↔ -feindlich; ***arbeitnehmerfreundlich***, ***familienfreundlich*** 〈ein Gesetz 法律〉, ***umweltfreundlich*** 〈ein Produkt 产品〉

freund·li·cher·wei·se *Adv* (副) **1.** aus Höflichkeit, aus Freundlichkeit 友好地,亲切地: *Er hat mir f. beim Umzug geholfen* 搬家时,他热情地帮助过我 **2.** *oft iron* 常作[讽]; verwendet, um e-e Aufforderung zu verstärken (用来加强祈求的语气)出自好心,行个好: *Könntest du mir f. helfen!* 你能不能来帮我一下忙? 你行个好来帮我一把嘛!

Freund·lich·keit *die*; -, *-en* **1.** *nur Sg* (只用单数); das freundliche Verhalten gegenüber anderen Menschen 友好,亲切,善意,和蔼可亲 ≈ Liebenswürdigkeit: *Ich wurde überall mit großer F. empfangen* 我到处受到极其友好的接待 **2.** *veraltend* [渐旧]; e-e freundliche Handlung, Geste 友好姿态,乐于助人的行为 ≈ Gefälligkeit 〈j-n um e-e F. bitten 请某人帮个忙; j-m Freundlichkeiten erweisen 对某人表示友好姿态〉

Freund·schaft *die*; -, *-en*; *mst Sg* (多用单数) **1.** die Beziehung, die zwischen Freunden (1) besteht 朋友情谊,友情,交情,朋友关系 〈mit j-m F. schließen (= Freunde werden) 与某人结为朋友〉 ‖ K-(复合): ***Freundschafts-***, ***-beweis***, ***-verhältnis*** **2.** e-e (längere) sexuelle Beziehung zwischen zwei Menschen, die nicht verheiratet sind 同居关系,男女朋友关系 **3.** e-e Beziehung, die zwischen Freunden (3) besteht 友谊,友好 ↔ Feindschaft, Gegnerschaft ‖ -K(复合): ***Völker-*** **4.** ***in (aller) F.*** als Freund(e) (3), ohne Streit 友好地,善意地,和睦地 〈sich (*Pl* 复) in F. trennen 友好地分手; j-m etw. in aller F. sagen 友好地告诉某人某事〉 **5.** ***j-m in F. verbunden sein*** j-n gernhaben 对某人有好感,与某人有交情

freund·schaft·lich *Adj* (形) **1.** wie es unter Freunden üblich ist 友好的,友谊的,志同道合的 ≈ kameradschaftlich ↔ feindselig 〈ein Ratschlag, ein Verhältnis, e-e Zusammenarbeit 建议,关系,合作〉: *freundschaftlichen Umgang mit j-m pflegen* 维护与某人友好往来 ‖ NB(注意): *freundlich* kann man zu allen Menschen sein, *freundschaftlich* verhält man sich gegenüber Menschen, die man gut kennt ("freundlich"可用于所有的人,"freundschaftlich"则用于熟悉的人) **2.** ***j-m f. verbunden sein*** *geschr* [书]; j-n gernhaben 与某人情谊甚笃 ‖ *zu* (义项) **1.** **Freund·schaft·lich·keit** *die*, *nur Sg* (只用单数)

Freund·schafts·dienst *der*; etw., das man für j-n tut, weil man sein Freund ist 友好的服务,友好的帮助 〈j-m e-n F. erweisen 向某人提供友好的帮助〉

Freund·schafts·spiel *das*; SPORT【体】; ein Spiel, bei dem es nicht um e-e Meisterschaft *o.Ä.* geht 友谊比赛

Fre·vel [-f-] *der*; *-s*, - **1.** ***ein F. (an etw. (Dat*** 三格)/ ***gegen etw.)*** *geschr* [书]; e-e Handlung, bei der man *bes* Heiliges od. Göttliches nicht mit dem nötigen Respekt behandelt 亵渎行为,罪过,造孽 ‖ K-(复合): ***Frevel-***, ***-tat*** **2.** e-e unverzeihliche Handlung od. Einstellung 不可宽恕的行为,恶行,罪恶行为: *Es wäre ein F., das gute Essen wegzuwerfen* 把好端端的食物扔掉是一种罪孽

fre·vel·haft [-f-] *Adj* (形); *geschr* [书]; so sehr zu verurteilen wie ein Frevel od. ein Verbrechen 亵渎神明的,罪恶的,造孽的 ≈ verwerflich 〈Leichtsinn, Übermut 轻浮,放荡不羁〉

fre·veln [-f-]; *frevelte, hat gefrevelt*; Vi (不及物) ***gegen etw. f.*** *geschr veraltend* [书][渐旧]; etw., das j-m heilig od. äußerst wichtig ist, nicht mit Respekt behandeln, sondern verspotten, beschädigen, zerstören *o.Ä.* 亵渎,造孽,犯罪

frev·le·risch [-f-] *Adj* (形) ≈ frevelhaft

Frie·de *der*; *-ns*, *-n*; *mst Sg, geschr veraltend* (多用单数)[书][渐旧]; ↑ ***Frieden***

Frie·den *der*; *-s*, -; *mst Sg* (多用单数) **1.** *nur Sg* (只用单数); der Zustand, in dem Völker u. Staaten in Ruhe nebeneinander leben u. eventuelle Konflikte nicht mit Waffen, sondern durch Verhandlungen lösen 和平 ↔ Krieg 〈ein dauerhafter F. 持久的和平; den F. bewahren, sichern 维护,保障和平; in F. u. Freiheit leben 在和平和自由的环境中生活〉 ‖ K-(复合): ***Friedens-***, ***-nobelpreis***, ***-politik***, ***-sicherung***, ***-symbol***, ***-zeiten*** ‖ -K(复合): ***Welt-*** **2.** *geschr* [书]; ein Vertrag, in dem nach e-m Krieg die Bedingungen für den zukünftigen F. (1) festgelegt werden u. den Sieger u. Besiegte(r) gemeinsam unterschreiben 和平条约,和约 〈ein ehrenvoller, günstiger F. 光荣的、有利的和约; der Sieger diktiert den F. 战胜者强迫接受和约〉: *mit dem Gegner F. schließen* 与敌方缔结和约 ‖ K-(复合): ***Friedens-***, ***-abschluss***, ***-angebot***, ***-bedingungen***, ***-bruch***, ***-konferenz***, ***-verhandlungen***, ***-vertrag*** **3.** *nur Sg* (只用单数); der Zustand von Harmonie u. gegenseitigem Verständnis *bes* im privaten Bereich 和睦关系,融洽 ↔ Streit, Zwietracht 〈der eheliche, häusliche F. 婚姻融洽,家庭和睦; F. halten, den F. stören 保持和睦(关系); 扰乱和谐气氛〉: *mit seinen Nachbarn in Ruhe u. F. leben* 与

他的邻居平静和睦相处 ‖ -K（复合）：**Ehe-**，**Haus-** **4**. *nur Sg*，*geschr*（只用单数），[书]；der angenehme Zustand von Stille u. Zufriedenheit 安静，平静，宁静：*den F. in der Einsamkeit der Berge genießen* 在偏僻的山区享受宁静 **5**. ***F. stiften*** bewirken, dass Personen, die miteinander streiten, damit aufhören u. sich wieder vertragen 调解，促成和解：*Die Nachbarn versuchten, zwischen den streitenden Eheleuten F. zu stiften* 邻居们试图使这对反目的夫妇和解 ‖ K-（复合）：**Friedens-**，**-stifter** ‖ ID [谚] ***j-n in F. lassen*** *gespr* [口]；j-n nicht stören od. ärgern 不去打扰某人，不去干涉某人，不去烦扰某人 ≈ j-n in Ruhe lassen：*Lass mich mit diesem Problem in F.!* 别拿这个问题来打搅我了！；***keinen F. geben*** *gespr* [口]；immer wieder von neuem anfangen zu streiten od. Lärm zu machen 吵闹不休，不让人安宁；***keinen F. vor j-m haben*** *gespr* [口]；von j-m immer wieder belästigt werden 一再受到某人的打搅，由于某人而不得安宁；***dem F. nicht trauen*** *gespr* [口]；misstrauisch sein, wenn alles scheinbar ruhig u. harmonisch ist, u. befürchten, dass es bald wieder Streit, Probleme *o. Ä.* geben wird 不相信这种表面的平静；***seinen F. mit j-m machen*** e-n Streit mit j-m beenden 结束与某人的争吵，与某人言归于好；***um des lieben Friedens willen*** ⟨nachgeben, zustimmen 让步，同意⟩ nachgeben od. zustimmen, damit kein Streit entsteht 为了避免争吵，为了和睦相处 ‖ ▶ ***befrieden***

Frie·dens·be·we·gung *die*；e-e Bewegung[2] (1), die sich *bes* für den Frieden (1) einsetzt u. vor der Gefahr e-s atomaren Krieges warnt 争取和平的运动

frie·dens·för·dernd *Adj*（形）；so, dass es dem Frieden dient 促进和平的 ⟨e-e Politik 政策⟩

Frie·dens·pfei·fe *die*；*mst in* 多用于 ***mit j-m die F. rauchen*** *gespr hum* [口][诙]；sich mit j-m wieder versöhnen 与某人和解

Frie·dens·tau·be *die*；e-e weiße Taube als Symbol für den Frieden (1) 和平鸽

fried·fer·tig *Adj*（形）≈ friedlich (4), verträglich ↔ aggressiv ⟨ein Charakter, ein Mensch 性格，人⟩ ‖ *hierzu*（派生）**Fried·fer·tig·keit** *die*；*nur Sg*（只用单数）

Fried·hof *der*；ein Platz (oft neben e-r Kirche), wo die Toten begraben werden 墓地，公墓 ⟨j-d liegt auf dem F. (begraben) 某人葬于公墓；auf den F. gehen 到公墓去⟩ ‖ K-（复合）：**Friedhofs-**，**-gärtnerei**，**-kapelle**，**-mauer**，**-ruhe**

fried·lich *Adj*（形）**1**. ohne Anwendung von Gewalt u. Waffen 和平的，不使用武力的 ≈ gewaltlos ↔ gewalttätig ⟨e-e Demonstration, e-e Revolution 示威游行，革命⟩：*e-n Konflikt zwischen zwei Staaten auf friedlichem Wege beilegen, mit friedlichen Mitteln lösen* 通过和平途径，以和平方式解决两国之间的争端 **2**. im Zustand des Friedens (1)（处于）和平（状态）的：*die friedliche Koexistenz der Völker* 各国人民的和平共处 **3**. zu zivilen, nicht militärischen Zwecken 和平的，用于非军事目的的：*die friedliche Nutzung der Kernenergie* 和平利用核能 **4**. ⟨ein Mensch 人⟩ so, dass er Streit vermeidet 温和的，脾气好的，（性格）平和的 ≈ friedfertig, verträglich ↔ aggressiv **5**. *geschr* [书]；von Frieden (4) erfüllt 宁静的，安静的，静谧的 ≈ ruhig, still：*Der Wald bot in der Abenddämmerung ein friedliches Bild* 整个森林在暮色中呈现出一幅静谧的画卷 ‖ *zu*（义项）**1.**，**4.** u. **5.** **Fried·lich·keit** *die*；*nur Sg*（只用单数）

fried·lie·bend *Adj*（形）；*mst attr*（多作定语）；⟨ein Mensch, ein Volk 人，人民⟩ so, dass sie den Frieden (1,3) nicht stören wollen 热爱和平的，爱好和平的

fried·voll *Adj*（形）；*geschr* [书] ≈ friedlich (4, 5)

frie·ren；*fror*, *hat / ist gefroren*；[Vi]（不及物）**1**. (***an etw*** (*Dat* 三格)) ***f.*** (*hat*) e-e starke, unangenehme Kälte fühlen 感到（非常）冷，挨冻：*In den dünnen Schuhen wirst du im Winter (an den Füßen) f.* 你穿这么单薄的鞋，在冬天（脚）会挨冻的 **2**. ***etw. friert (zu etw.)*** (*ist*) ≈ etw. gefriert (zu etw.) ↔ etw. taut (auf)：*Das Tauwasser ist zu Eiszapfen gefroren* 融化的雪水结成冰柱；[Vimp]（无人称）(*hat*) **3**. ***es friert*** die Temperatur ist unter 0° Celsius 上冻，结冰，霜冻 ≈ es herrscht Frost：*Laut Wetterbericht wird es heute Nacht f.* 根据天气预报，今夜有霜冻 **4**. ***j-n friert (es)*** *gespr* [口]；j-d friert (1) 某人感到极冷：*Mich friert!* 我感到冷极了！我冻坏了！；*Ohne Handschuhe hat es mich (an den Händen) gefroren* 由于没有戴手套，我（双手）冻僵了

fri·gid, **fri·gi·de** *Adj*（形）；*mst pej* 多作[贬]；⟨e-e Frau 妇女⟩ so, dass sie keine sexuelle Befriedigung fühlen kann 性欲冷淡的 ‖ *hierzu*（派生）**Fri·gi·di·tät** *die*；-；*nur Sg*（只用单数）

Fri·ka·del·le *die*；-，-*n*；e-e flache, runde, gebratene Masse aus Hackfleisch, Weißbrot, Zwiebeln u. Ei 油煎肉饼

Fri·kas·see [-ˈseː] *das*；-*s*，-*s*；ein Gericht aus kleinen Fleischstücken (von Kalb od. Geflügel) mit e-r hellen Soße 清炖肉块（牛肉或鸡肉）‖ -K 复合：**Hühner-**，**Kalbs-**

frisch *frischer*, *frischest-*；*Adj*（形）**1**. gerade erst geerntet, erzeugt *o. Ä.*, nicht gelagert 新鲜的（刚收获、宰杀或烹制的）↔ alt ⟨Lebensmittel 食物；Brot, Eier, Fisch, Fleisch, Gemüse 面包，蛋，鱼，肉，蔬菜⟩ **2**. nicht haltbar gemacht, nicht konserviert 新鲜的（非罐装的）⟨Gemüse, Kräuter 蔬菜，草药⟩：*Das sind frische Erbsen, keine aus der Dose* 这是鲜豌豆，不是罐头的 ‖ K-（复合）：**Frisch-**，**-ei**，**-fisch**，**-fleisch**，**-milch** **3**. erst vor kurzem entstanden, geschehen 刚发生的，新出现的，新近的 ⟨e-e Spur, e-e Wunde 足迹，伤口⟩：*Der Zaun ist f. gestrichen* 栅栏刚油漆过；*Die Erinnerung an das schreckliche Erlebnis ist noch ganz f.* 对这可怕的经历记忆犹新 **4**. *gespr*

[口]; noch nicht benutzt 尚未用过的,新的,干净的 ≈ sauber, neu: *ein frisches Hemd anziehen* 穿一件干净的衬衣; *Ich brauche ein frisches Blatt Papier, weil ich mich verschrieben habe* 我需要一张没写过的纸,因为我写错了; *ein Bett f.* (= mit sauberer Wäsche) *beziehen* 铺上干净的床单 **5.** ausgeruht, nicht müde od. erschöpft 精力充沛的,精力旺盛的 ⟨f. u. munter 精神焕发,神采奕奕⟩: *frische Pferde anspannen* 套上精力充沛的马; *sich nach e-m Mittagsschlaf wieder f. fühlen* 午睡后又感到精力充沛 **6.** voller Lebensfreude u. jugendlicher Kraft 充满青春活力的,生气勃勃的 ⟨f. aussehen 看上去很精神⟩: *Sie besaß ein frisches Wesen* 她天性活泼,充满青春活力 **7.** wieder erholt, erneuert 恢复过来的,振作起来的 ⟨mit frischen Kräften, mit frischem Mut 以旺盛的精力,鼓起勇气⟩ **8.** *nicht adv* (不作状语); (von Luft, Wind u. Wasser) kühl u. nicht verschmutzt bzw. reich an Sauerstoff (指空气、风和水)清新的,新鲜的,清凉的,未受污染的 ↔ abgestanden: *frisches Wasser aus dem Brunnen holen* 从井里打上清凉的水; *nach draußen gehen, um frische Luft zu schnappen* 到室外去呼吸一下新鲜空气 ‖ K-(复合): ***Frisch-, -luft, -wasser*** **9.** ziemlich stark, kräftig 强劲的,有力的 ⟨e-e Brise, ein Lüftchen, ein Wind 微风,小风,风⟩: *Am Meer wehte e-e frische Brise* 海边吹起一阵凉爽的微风 **10.** leuchtend (bunt) (色彩)鲜艳的,明快的 ↔ blass, fahl: *ein Sommerkleid in frischen Farben* 一件色彩鲜艳的夏装 **11.** gerade erst von der lebenden Pflanze abgeschnitten, nicht welk od. trocken 刚摘下来的,新采摘的 ⟨Blumen, Gras, ein Zweig 花,草,树枝⟩ **12.** ***etw. f. halten*** Lebensmittel, Blumen *o.Ä.* kühl u. so lagern, dass sie relativ lange Zeit f. (1) bleiben 使某物保鲜 ‖ K-(复合): ***Frischhalte-, -beutel, -folie, -packung*** **13.** ***etw. hält sich f.*** etw. bleibt relativ lange Zeit f. (1) (物作主语)保持新鲜: *Im Kühlschrank hält sich der Salat noch ein paar Tage f.* 生菜在冰箱里还可保鲜几天 **14.** ***sich f. machen*** sich nach e-r Anstrengung *o.Ä.* waschen, kämmen (u. die Kleidung wechseln) (劳累后)洗梳打扮,换装: *sich nach e-r langen Fahrt erst einmal f. machen* 长途跋涉后首先要洗一洗,换换衣服 **15.** *nur adv* (只作副词); (in Verbindung mit Adjektiven, die die Form des Partizip Perfekts e-s Verbs haben) gerade erst in den genannten Zustand gebracht od. gekommen (与过去分词连用)刚…的,新…的: ***frisch bemalt*** ⟨e-e Truhe 箱子⟩, ***frisch bezogen*** ⟨das Bett 床铺⟩, ***frisch gebacken*** ⟨ein Brot 面包⟩, ***frisch geerntet*** ⟨Früchte 果实⟩, ***frisch gekocht*** ⟨ein Ei 蛋⟩, ***frisch gepflügt*** ⟨ein Acker, Erde 田、地⟩, ***frisch geputzt*** ⟨Schuhe 鞋⟩, ***frisch gereinigt*** ⟨Kleidung 衣服⟩, ***frisch geschlüpft*** ⟨ein Küken 小鸡⟩, ***frisch geschnitten*** ⟨Blumen 花⟩, ***frisch gestrichen*** ⟨die Tür, ein Fenster, ein Zaun 门,窗,栅栏⟩, ***frisch gewaschen*** ⟨die Haare 毛发⟩, ***frisch lackiert*** ⟨ein Auto 汽车; Fingernägel 指甲⟩, ***frisch rasiert*** ⟨das Gesicht 脸⟩, ***frisch verheiratet*** ⟨ein Paar 夫妇⟩ ‖ NB(注意) *zu*(义项)**15.**: die hier genannten Adjektive können auch mit frisch zusammengeschrieben werden (这里提及的形容词也可与 frisch 连写): *ein frischgekochtes Ei* ‖ NB(注意): ↑ ***frischgebacken***

frịsch- *im Adj* (构成形容词) ↑ ***frisch*** (15)

-frisch *im Adj, wenig produktiv* (构成形容词,构词弱); so, dass die genannte Sache gerade erst irgendwoher kommt od. dass etw. gerade erst mit der genannten Sache getan wurde 刚从…出来的,新…做的: ***druckfrisch*** ⟨e-e Zeitung 报纸⟩, ***erntefrisch*** ⟨Gemüse, Obst 蔬菜,水果⟩, ***fangfrisch*** ⟨Fische 鱼⟩, ***ofenfrisch*** ⟨Brot 面包⟩, ***postfrisch*** ⟨e-e Briefmarke 邮票⟩, ***röstfrisch*** ⟨Kaffee 咖啡⟩

Frị·sche *die*; -; *nur Sg* (只用单数) **1.** der Zustand, in dem man frisch (5,6) ist u. seine körperlichen u. geistigen Kräfte noch nicht verbraucht hat 精力充沛,健壮,朝气: *Die Pause gab mir neue F.* 稍事休息后我又精神饱满 **2.** die relativ kurze Zeit, seit der etw. existiert 新鲜 ≈ Alter (3): *Die F. von Eiern kann man feststellen, indem man sie in Wasser legt – alte Eier schwimmen, frische sinken* 把鸡蛋放入水中可确定其是否新鲜——陈鸡蛋漂起来,新鲜鸡蛋下沉 **3.** der Zustand, dass etw. kühl/frisch (8) ist 清新,清凉,凉爽: *Nach der Hitze am Strand ist die F. des Meerwassers sehr angenehm* 海滩上的炎热过后海水的凉意使人十分舒服

frị̣sch·ge·ba·cken *Adj* (形); *nicht adv, gespr hum* (不作状语)[口][诙]; gerade erst dazu geworden 新出炉的,初出茅庐的,新上任的 ⟨ein Arzt, Ehemann 医生,丈夫⟩ ‖ NB(注意): ↑ ***frisch*** (15)

Frị̣sch·kä·se *der*; e-e Art fester Quark 鲜干奶酪

Frị̣sch·ling *der*; *-s, -e*; ein junges Wildschwein 野猪崽,小野猪

frị̣sch·ma·chen, sich ↑ ***frisch*** (14)

Fri·seur [friˈzøːɐ] *der*; *-s, -e*; j-d, dessen Beruf es ist, Haare (u. Bart) anderer Menschen zu schneiden u. zu pflegen 理发师 ‖ K-(复合): ***Friseur-, -handwerk, -salon*** ‖ -K(复合): ***Damen-, Herren-*** ‖ *hierzu* (派生) **Fri·seu·se** [-ˈzøːzə] *die*; -, *-n*; **Fri·seu·rin** *die*; -, *-nen*

fri·sie·ren; *frisierte, hat frisiert*; [Vt] (及物) **1.** ***j-n/sich f.*** j-m/sich das Haar mit e-m Kamm od. mit e-r Bürste ordnen 给某人/自己梳头,整理头发 ≈ kämmen: *stets gut frisiert sein* 头发总是梳得很整齐 **2.** ***j-m/sich etw. f.*** j-m/sich die Haare, den Bart *o.Ä.* f. 给…整理,梳理 (1) ⟨j-m/sich den Bart, die Haare, die Perücke, das Toupet f. 给某人/自己梳理胡子、头发、假发、发套⟩ **3.** ***etw. f.*** *gespr* [口]; etw. fälschen, um Tatsachen, die einem schaden können, zu verbergen 粉饰,掩饰,造假 ⟨e-e Bilanz, e-e Buchführung, e-e Statistik f. 粉饰资产负债表、簿记、统计⟩: *Versuchs-*

ergebnisse f. 掩饰试验结果 **4.** ***etw. f.*** *gespr* [口]; e-n Motor so verändern, dass er e-e größere Leistung bringt 提高…的功率 ≈ tunen ⟨ein Auto, e-n Motor, ein Motorrad *o. Ä.* f. 提高汽车、发动机、摩托车的功率⟩

Fri·sier·kom·mo·de *die*; e-e Kommode, über der ein Spiegel hängt u. vor die man sich zum Kämmen, Schminken *usw* setzt 梳妆台

Fri·sier·sa·lon *der*; ein Geschäft, in dem ein od. mehrere Friseure od. Friseusen arbeiten 理发店,理发厅,发廊

Fri·sör *der*; *-s, -e*; ↑ ***Friseur*** ‖ *hierzu* (派生) **Fri·sö·se** *die*; *-, -n*; **Fri·sö·rin** *die*; *-, -nen*

frisst *Präsens, 2 u. 3 Person Sg* (现在时,第二和第三人称单数); ↑ ***fressen***

Frist *die*; *-, -en*; ***e-e F.*** (***von*** + *Zeitangabe* (时间说明语)) (***für etw.***) ein bestimmter Zeitraum, innerhalb dessen etw. erledigt sein muss 期限 ⟨e-e F. vereinbaren, festlegen, einhalten, überschreiten, verlängern 商定,规定,遵守,超过,延长期限; j-m e-e F. geben, gewähren, einräumen, setzen 给,给予,同意,规定某人一个期限; e-e F. beginnt, läuft, läuft ab 期限起算,期限生效,到期⟩: „*Ich gebe Ihnen e-e F. von acht Tagen, um den Schaden zu beseitigen*" "我给您 8 天期限修好损坏的地方" ‖ -K (复合): ***Kündigungs-, Liefer-, Zahlungs-*** ‖ ▶ ***befristen, kurzfristig, langfristig***

fris·ten; *fristete, hat gefristet*; [Vt] (及物) *mst* 多用 ***ein*** ⟨ärmliches, bescheidenes, mühevolles, trostloses 贫穷的,简朴的,艰难的,绝望的⟩ ***Dasein / Leben f.*** *geschr* [书]; ärmlich, bescheiden *usw* leben 艰难度日,苦熬日子 ‖ NB (注意): nur in Verbindung mit negativen Adjektiven verwendet (只与含负面意义的形容词连用)

Fris·ten·lö·sung *die*; e-e Regelung, nach der der Abbruch e-r Schwangerschaft nicht bestraft wird, wenn er in den ersten (drei) Monaten vorgenommen wird 对怀孕三个月内做堕胎手术者不予惩罚的规定

Fris·ten·re·ge·lung *die* ≈ Fristenlösung

frist·ge·mäß *Adj* (形); entsprechend e-r vorher festgelegten Frist 按期的,遵照规定期限的 ⟨j-m f. kündigen 按期解雇某人; etw. f. erledigen, liefern, zahlen 按期办完某事,按期交货、付款⟩ ≈ fristgerecht: *Wir garantieren fristgemäße Lieferung* 我们保证按期交货

frist·ge·recht *Adj* (形) ≈ fristgemäß

frist·los *Adj* (形); *nur attr od adv* (只作定语或状语); ⟨e-e Kündigung, e-e Entlassung 解约,辞退⟩ so, dass sie aus wichtigen Gründen sofort gilt (u. die Kündigungsfrist nicht eingehalten wird) (不按解约限期)立即(生效)的,不拖延的: *Er wurde f. entlassen* 他被立即解雇了; *j-m e-n Vertrag f. kündigen* 通知某人立即解除合同

Fri·sur *die*; *-, -en*; die Art u. Weise, wie j-s Haar geschnitten u. frisiert ist 发型,发式 ≈ Haarschnitt ⟨e-e neue, moderne F. haben 有一个新的、时髦的发型; sich e-e neue F. machen lassen 让做一个新发型⟩ ‖ -K (复合): ***Kurzhaar-, Locken-***

Frit·tate *die*; *-, -n*; *mst Pl* Ⓐ (多用复数) [奥] schmale Streifen von Pfannkuchen, die man in e-r Suppe isst (切成细条放在汤内的)煎蛋饼条 ‖ K- (复合): ***Frittaten-, -suppe***

Frit·ten *die*; *Pl*, *bes nordd gespr* (复)尤用于[北德][口] ≈ Pommes frites

frit·tie·ren; *frittierte, hat frittiert*; [Vt] (及物) ***etw. f.*** etw. so braten, dass es in heißem Fett schwimmt 油炸 ⟨Huhn, Fisch, Kartoffeln f. 炸鸡、鱼、土豆⟩

-frit·ze *der*; *-n, -n*; *im Subst, begrenzt produktiv* (构成名词,构词有限), *gespr pej* [口][贬] **1.** ein Mann, der beruflich mit etw. zu tun hat 从事…(某一职业)者,干…一行的人; ***Filmfritze, Immobilienfritze, Versicherungsfritze, Zeitungsfritze*** **2.** ein Mann, der etw. oft tut 好(作)…的人;爱(做)…的人; ***Meckerfritze, Nörgelfritze, Quasselfritze*** ‖ NB (注意): *der -fritze; den, dem, des -fritzen*

fri·vol [-v-] *Adj* (形); ⟨e-e Bemerkung, ein Buch, ein Lied, ein Witz 言语,书籍,歌曲,笑话⟩ so, dass sie auf (sexuelle) Tabus nicht achten 轻佻的,下流的,淫秽的 ≈ schlüpfrig (2)

Fri·vo·li·tät [-v-] *die*; *-, -en* **1.** *nur Sg* (只用单数); ein frivoles Verhalten 轻浮的举动,下流行为 **2.** e-e frivole Bemerkung 下流的言语

froh, *froher, froh(e)st-*; *Adj* (形) **1.** voller Freude 高兴的,愉快的 ≈ glücklich ↔ traurig: *Unter dem Weihnachtsbaum sah man nur frohe Gesichter* 圣诞树下人们见到的都是欢乐的笑脸 ‖ *hierzu* (派生) ***froh-, -gelaunt, -gestimmt*** **2.** *nur attr, nicht adv* (只作定语,不作状语); so (beschaffen), dass es Freude bringt 令人高兴的,使人欣喜的 ↔ betrüblich ⟨e-e Botschaft, e-e Nachricht 信息,消息⟩ **3.** ***f.*** (***um / über etw.*** (*Akk* 四格)) ***sein*** *gespr* [口]; dankbar, erleichtert sein 对…感到高兴,欣慰: *Sie war f. (darüber), dass ihr Sohn den Unfall ohne Verletzungen überstanden hatte* 她很欣慰她的儿子在事故中没有受伤; *Ich bin f. um jede Hilfe* 我对一切帮助都感到高兴

froh·ge·mut *Adj* (形); *veraltend* [渐旧]; in guter Laune u. zuversichtlich 乐观的,满怀信心的 ≈ optimistisch

fröh·lich *Adj* (形) **1.** in freudiger u. lebhafter Stimmung 欢乐的,愉快的,高兴的,喜悦的 ≈ vergnügt ↔ traurig ⟨ein Fest, Gelächter, ein Lied, ein Tanz 节日,笑声,歌曲,舞蹈; f. feiern, lachen 愉快地庆祝,高兴地笑⟩ **2.** *nur adv* (只作状语), *gespr* [口]; ohne viel nachzudenken 不加思索地 ⟨f. drauflosreden 不加思索地随口而说⟩ ‖ *zu* (义项) **1. Fröh·lich·keit** *die*; *nur Sg* (只用单数)

froh·lo·cken *frohlockte, hat frohlockt*; [Vi] (不及物) *geschr veraltend* [书][渐旧] **1.** ***über etw.*** (*Akk* 四格) ***f.*** ≈ triumphieren (2) **2.** das Lob Gottes singen 颂扬,赞美

Froh·na·tur *die*; *-, -en*; ein Mensch, der immer fröhlich u. gut gelaunt ist 乐观的人,性格开朗的人 ⟨e-e F. sein 是一个乐天派⟩

Froh·sinn *der*; *-(e)s*; *nur Sg* (只用单数); e-e

frohe Stimmung 愉快的心情，兴致勃勃

fromm, *frommer/frömmer*, *frommst-/frömmst-*; *Adj*（形）**1.** in festem Glauben an e-e Religion (u. in festem Gehorsam gegenüber ihren Geboten) 虔诚的，虔敬的，笃信宗教的 ↔ ungläubig ⟨ein Leben, ein Mensch 生活，人⟩: *Sie ist sehr f., geht jeden Tag in die Kirche u. betet viel* 她十分虔诚，每天去教堂长时间地祈祷 **2.** von religiösen Vorstellungen erfüllt 充满宗教色彩的 ⟨ein Lied, ein Spruch 歌曲，箴言⟩ ‖ *hierzu*（派生）**Fröm·mig·keit** *die*; *nur Sg*（只用单数）

Fröm·me·lei *die*; -; *nur Sg*（只用单数），*pej*［贬］; ein Verhalten, bei dem j-d auf übertriebene u. *mst* unehrliche Weise seine Frömmigkeit zeigt 过分的虔诚，假虔诚，伪善

Fron *die*; -, *-en*; *mst Sg*（多用单数）**1.** *geschr*［书］; e-e Arbeit, die man als Zwang empfindet 强制劳动 **2.** *hist*［历］; die Arbeit, die ein Bauer (od. Leibeigener) für den Feudalherrn verrichten musste 徭役，劳役

frö·nen; *frönte*, *hat gefrönt*; Vi（不及物）**etw.** (*Dat* 三格) **f.** *geschr*［书］; die angenehmen Seiten e-r Leidenschaft, e-s Lasters genießen 沉湎于…，耽于… ⟨e-m Laster f. 沉溺于一种恶习⟩

Fron·leich·nam (*der*); *mst ohne Artikel*（多不带冠词）; ein religiöses Fest der katholischen Kirche, das am zweiten Donnerstag nach Pfingsten mit Prozessionen gefeiert wird 基督圣体节 ⟨an F. 在基督圣体节⟩ ‖ K-（复合）: ***Fronleichnams-***, ***-fest***, ***-prozession***

Front *die*; -, *-en* **1.** die Seite e-s Gebäudes, die der Straße zugewandt ist u. an der *mst* der Haupteingang liegt（房屋等）正面，前面，前部 ≈ Vorderseite, Fassade ↔ Rückfront: *An der F. des alten Hauses wuchs Efeu empor* 在这幢旧房正面长满了常春藤 ‖ K-（复合）: ***Front-***, ***-fenster***, ***-seite*** ‖ -K（复合）: ***Fenster-***, ***Häuser-***, ***Schaufenster-*** **2.** der vordere Teil e-s Kraftfahrzeugs 机动车的前面部分，车头 ↔ Heck: *Bei dem Aufprall wurde die F. des Wagens eingedrückt* 在碰撞中汽车车头瘪进去了一块 ‖ K-（复合）: ***Front-***, ***-scheibe***, ***-scheinwerfer*** **3.** MET【气】; e-e Luftmasse, die andere Temperaturen, ein anderes Wetter mit sich bringt 前锋，前沿: *Von Westen her nähert sich e-e F. kalter Meeresluft* 有一股海上冷空气的前锋正在从西部向我们靠近 ‖ -K（复合）: ***Gewitter-***, ***Kalt-***, ***Kaltluft-***, ***Kaltwetter-***, ***Warm-*** **4.** *nur Sg*, MIL（只用单数）【军】; das Gebiet, in dem während e-s Krieges gekämpft wird 前方（战场）≈ Kriegsschauplatz ⟨an die F. kommen, müssen 奔赴前方，不得不上前方; an der F. kämpfen, sterben 在前方战斗、阵亡⟩ ‖ K-（复合）: ***Front-***, ***-bericht***, ***-einsatz***, ***-soldat*** **5.** MIL【军】; die vorderste Linie, der vorderste Abschnitt der kämpfenden Soldaten 前线，前沿阵地; 前线作战部队: *auf breiter F. angreifen* 在广阔的前沿阵地上进攻; *die feindliche F. durchbrechen* 突破敌军的前沿阵地; *auf der Karte zeigen, wo die F. verläuft* 在地图上指明前沿阵地的走向 ‖ K-（复合）: ***Front-***, ***-verlauf*** **6.** *nur Sg*（只用单数）; e-e (organisierte) Gruppe von Menschen, die sich dafür einsetzt, dass etw. durchgesetzt, verhindert, beendet od. abgeschafft wird 阵营，阵线 ⟨e-r geschlossenen F. gegenüberstehen 面对一个团结一致的阵营⟩: *Die F. der Kernkraftgegner wächst ständig* 反对修建核电站的阵营不断扩大 **7.** ***in F. gehen/liegen*** SPORT【体】; in Führung (4) gehen/liegen 领先/居于领先地位 ‖ ID［谚］***gegen j-n/etw. F. machen*** sich entschieden gegen j-n/etw. aussprechen, sich j-m/etw. widersetzen 坚决反对、抵制、抗议某人/某事: *Die Bürgerinitiative macht F. gegen den Bau des neuen Atomkraftwerks* 市民请愿团体坚决反对修建新的核电厂; ***klare Fronten schaffen*** deutlich machen, dass es in e-r Angelegenheit, e-m Streit gegensätzliche Meinungen u. Positionen gibt 表明鲜明的意见（立场），明确态度; *mst* 多用 ***die Fronten haben sich verhärtet*** keiner der Beteiligten ist bereit, bei e-m Streit e-n Kompromiss zu schließen 对立双方各不相让；争论双方态度都很强硬

fron·tal *Adj*（形）; *nur attr od adv*（只作定语或状语）; von vorn (kommend) 正面的，前面的 ⟨(im Auto o. Ä.) f. mit j-m zusammenstoßen（乘汽车）与某人正面相撞; ein Angriff 进攻⟩ ‖ K-（复合）: ***Frontal-***, ***-angriff***, ***-zusammenstoß***

fror [froːɐ] *Imperfekt*, *1. u. 3. Person Sg*（过去时，第一和第三人称单数）; ↑ ***frieren***

Frosch *der*; *-es*, *Frö·sche*; ein kleines (*mst* grünes od. bräunliches Tier) mit glatter Haut u. ohne Schwanz, das große Hinterbeine zum Springen u. Schwimmen hat 蛙，青蛙，蛤蟆: *Aus Kaulquappen werden Frösche* 由蝌蚪长成青蛙; *Frösche quaken nachts im Teich* 夜里青蛙在池塘里呱呱地叫 ‖ K-（复合）: ***Frosch-***, ***-laich***, ***-teich*** ‖ ID［谚］***e-n F. im Hals haben*** *gespr*［口］; (für kurze Zeit) heiser sein, e-e raue Stimme haben 嗓子(一时)发哑，说话声音沙哑; ***Sei kein F.!*** *gespr*［口］; verwendet, um j-m zu sagen, dass er Mut haben, etw. wagen od. sich für etw. entscheiden soll 别缩手缩脚的！果断些！别扫兴！‖ NB（注意）: ↑ ***Kröte***

Frosch·mann *der*; *-(e)s*, *Frosch·män·ner*; j-d, der bei e-m Einsatz, Notfall mit besonderer Ausrüstung (Flossen, Atemgerät *usw*) unter Wasser arbeitet 蛙人，潜水员

Frosch·per·spek·ti·ve *die* **1.** ***aus der F.*** aus der Sicht von (weit) unten 仰视 ↔ Vogelperspektive ⟨j-n/etw. aus der F. filmen, fotografieren, sehen 仰视拍电影、拍照、看⟩ **2.** ***aus der F.*** mit seinem begrenzten Horizont, aus seiner Engstirnigkeit 用狭隘的眼光，用短浅的目光，坐井观天: *Er sieht alles nur aus der F.* 他总是用狭隘的眼光看一切问题

Frost *der*; *-(e)s*, *Frös·te*; ein Wetter, bei dem die Temperatur der Luft unter 0° Celsius liegt u. bei dem Wasser gefriert 霜冻，冰

冻，严寒 ↔ Tauwetter 〈leichter, starker, strenger F. 轻微的霜冻，酷寒，天寒地冻〉: *Für morgen ist F. angesagt* 预报明天有霜冻; *Wir haben heute F.* 今天我们这里已结冰了; *Manche Pflanzen vertragen keinen F. u. müssen im Haus überwintern* 有些植物经不住严寒，必须在室内过冬 ‖ K-（复合）: ***Frost-***, ***-einbruch***, ***-gefahr***, ***-periode***, ***-schaden***, ***-schutz*** (***mittel***); ***frost-***, ***-beständig***, ***-empfindlich***, ***-geschützt*** ‖ -K（复合）: ***Boden-***, ***Nacht-*** ‖ *hierzu*（派生）**frost·frei** *Adj*（形）; *nicht adv*（不作状语）

Frost·beu·le *die*; e-e Beule (1), die j-d von großer Kälte (*bes* an den Füßen) bekommt 冻疮

frös·teln; *fröstelte, hat gefröstelt*; Vi（不及物）**1.** vor Kälte leicht zittern 冷得（微微）发抖; Vimp（无人称）**2.** ***es fröstelt j-n***; ***j-n fröstelt*** *gespr*［口］; j-d zittert vor Kälte 冷得发抖: *Ihn fröstelt / Es fröstelt ihn, weil er so dünn angezogen ist* 他冻得发抖，因为他穿得很单薄

frost·fest *Adj*（形）; *nicht adv*（不作状语）; so (beschaffen), dass Frost es nicht beschädigen od. zerstören kann 防冻的，不冻的〈ein Ventil 阀，活门〉

frost·frei *Adj*（形）; ohne Frost 无霜冻的，不冻冰的〈ein Wintertag 冬日〉

fros·tig *Adj*（形）**1.** *nicht adv*（不作状语）; sehr kalt 冰冷的，十分寒冷的 ≈ eisig 〈e-e Nacht, ein Tag, ein Wind 夜，日子，风〉**2.** sehr unfreundlich, ohne Herzlichkeit 冷淡的，冷冰冰的，极不热情的〈e-e Atmosphäre, e-e Begrüßung, ein Empfang 气氛，欢迎，接待〉‖ *zu*（义项）**2. Fros·tig·keit** *die*; *nur Sg*（只用单数）

Frot·tee, Frot·tee, Ⓐ［奥］**Flot·té** *der / das*; *-s, -s*; ein Stoff², der e-e raue Oberfläche hat, sehr warm ist u. sich zum Abtrocknen eignet 毛巾布，浴巾 ‖ K-（复合）: ***Frottee-***, ***-bademantel***, ***-betttuch***, ***-handtuch***, ***-socken***, ***-stoff***, ***-wäsche***

frot·tie·ren; *frottierte, hat frottiert*; Vt（及物）**1.** ***j-n / sich f.*** j-n/sich mit e-m Handtuch *o. Ä.* trocken reiben（用毛巾）给…擦干: *ein Kind nach dem Baden kräftig mit e-m Tuch f.* 洗完澡用毛巾给孩子用力擦干 **2.** (***j-m / sich***) ***etw. f.*** den Körper od. das Haar f. (1)（用毛巾）给…擦干（身体或头发）: *j-m / sich die nassen Haare f.* 给某人/自己擦干湿头发

frot·zeln; *frotzelte, hat gefrotzelt*; Vi（不及物）(***über j-n / etw.***) ***f.*** *gespr*［口］; ironische od. spöttische Bemerkungen machen 嘲笑，嘲讽，取笑

Frucht *die*; -, *Früch·te* **1.** etw., das *mst* an Bäumen u. Sträuchern wächst, gegessen werden kann u. *mst* süß schmeckt 水果〈e-e reife, saftige, süße F. essen 吃成熟的、多汁的、甜的水果〉: *Äpfel, Bananen, Erdbeeren u. Orangen sind Früchte* 苹果、香蕉、草莓和橘子是水果 ‖ K-（复合）: ***Frucht-***, ***-bonbon***, ***-eis***, ***-geschmack***, ***-joghurt***, ***-saft***, ***-zucker*** **2.** BIOL【生】; etw., das aus der Blüte e-r Pflanze entsteht u. den Samen der Pflanze enthält 果实: *Die Eichel ist die F. der Eiche* 橡实是橡树的果实 **3.** ***die Früchte des Feldes*** *geschr*［书］; alles, was auf dem Feld (1) angebaut wird, *bes* Getreide u. Kartoffeln 大田作物 **4.** *mst Pl, geschr*（多用复数）［书］; ein positives Ergebnis e-r Anstrengung *o. Ä.* 成果，结果 ≈ Lohn (2): *die Früchte seiner Arbeit genießen* 享受自己的劳动成果; *Der Erfolg war die F. seines Fleißes* 成绩是他勤奋努力的结果 ‖ ID［谚］***etw. trägt reiche Früchte*** *geschr*［书］; etw. führt zu guten Ergebnissen, zum Erfolg 某事取得丰硕成果

frucht·bar *Adj*（形）**1.** so, dass Pflanzen gut darauf wachsen können 肥沃的 ≈ ertragreich ↔ karg, mager (3) 〈ein Acker, ein Boden, die Erde, das Land 农田，土壤，泥土，土地〉**2.** *geschr*［书］; produktiv u. mit Erfolg 有益的，有成效的，富有成果的 ≈ nützlich 〈ein Gedankenaustausch, ein Gespräch, e-e Zusammenarbeit 思想交流，谈话，合作〉**3.** ***ein Tier ist f.*** ein Tier bekommt/zeugt viele Nachkommen（动物作主语）多产的，产仔多的: *Kaninchen sind sehr f.* 家兔非常能产仔 **4.** ***nicht f.*** (von Menschen u. Tieren) nicht fähig, Kinder bzw. Junge zu bekommen（人和动物）不育的，不能怀孕的，无生殖能力的 ≈ unfruchtbar, steril **5.** ***die fruchtbaren Tage*** (***der Frau***) die Tage, an denen e-e Frau schwanger werden kann 受孕期 ‖ *zu*（义项）**1.-4. Frucht·bar·keit** *die*; *nur Sg*（只用单数）

Frucht·bla·se *die*; e-e Hülle, die das ungeborene Kind od. Tier im Leib der Mutter umgibt 胎膜囊，胞衣

Frücht·chen *das*; *-s, -*; *pej*［贬］; ein Kind od. Jugendlicher, das/den man für schlecht erzogen hält 缺乏教养的孩子（或年轻人），坏孩子

Früch·te·brot *das*; ein süßes Gebäck aus dunklem Teig u. Früchten (1), das wie ein Brot aussieht 果子面包

fruch·ten; *fruchtete, hat gefruchtet*; Vi（不及物）***etw. fruchtet*** (***bei j-m***) etw. hat (bei j-m) e-e gute Wirkung, e-n Nutzen（物作主语）（对…）起作用，有用，有效果〈Bemühungen, e-e Ermahnung 努力，告诫〉‖ NB（注意）: *mst* verneint（多用否定句）!

Frucht·fleisch *das*; der essbare, weiche Teil e-r Frucht (1) 果肉: *das F. von Schale u. Kernen befreien / trennen* 剥皮去核取出果肉

fruch·tig *Adj*（形）;〈ein Geschmack, ein Wein 滋味，葡萄酒〉so, dass sie nach Früchten (1) schmecken 水果味的

frucht·los *Adj*（形）; ohne Nutzen od. Erfolg 徒劳的，无结果的，无成效的 ≈ vergeblich 〈Bemühungen, ein Versuch 努力，试验〉: *Die Verhandlungen blieben f., es konnte keine Einigung erzielt werden* 谈判毫无结果，无法达成一致（的意见）

Frucht·was·ser *das*; e-e Flüssigkeit, die das Kind od. Tier im Leib der Mutter umgibt 羊水

fru·gal *Adj*（形）; *geschr*［书］; einfach u. nicht besonders schmackhaft 俭仆的，简单的 ≈ karg, bescheiden ↔ üppig, reichhaltig 〈*mst*

多用 ein Mahl, f. speisen 膳食,吃粗茶淡饭〉

früh [fryː], *früher* [ˈfryːɐ], *früh(e)st-* [ˈfryː(ə)st-]; *Adj*(形) **1**. *nur attr od adv*(只作定语或状语); am Anfang e-s Zeitabschnitts (liegend)早的,早期的 ↔ spät (1) 〈f. am Morgen, Tag, Abend 在清晨、早晨、傍晚〉: *am frühen Morgen aufstehen* 黎明即起; *Er musste von frühester Jugend an hart arbeiten* 他从少年时代起就不得不艰苦工作; *In den frühen Zwanzigerjahren ist der Tango zum Gesellschaftstanz geworden* 在 20 年代初期探戈舞成为交谊舞 ‖ K-(复合): ***Früh-***, ***-barock***, ***-form***, ***-geschichte***, ***-herbst***, ***-kapitalismus***, ***-sommer***, ***-stadium***, ***-zeit*** **2**. *nur attr od adv* (只作定语或状语); vor der erwarteten, üblichen, regulären Zeit 提前的,早到的,(比正常要)早的 ↔ spät (2) 〈ein Tod 死亡; ein Winter 冬天; allzu f. 太早; f. altern, sterben 提早衰老,过早去世; f. aufstehen, zu Bett gehen 早起,早睡〉: *Sie hat schon f. die Mutter verloren* 她从小就失去母亲; *Ich habe e-n früheren Zug genommen* 我乘的是早一班火车; *Er ist zu f. gekommen* 他来得太早 ‖ K-(复合): ***Früh-***, ***-ehe***; ***-kartoffel*** **3**. *nur adv*(只作状语) ≈ am Morgen, morgens: *Gestern f. ist sie abgereist* 昨天早晨她已经动身; *Morgen f. muss ich zum Arzt* 明天早晨我必须去看病; *Er hat von f. bis spät* (= abends) *auf die Prüfung gelernt* 为了考试,他从早学到晚 ‖ K-(复合): ***Früh-***, ***-dienst***, ***-nachrichten***, ***-nebel***, ***-schicht***, ***-sport*** ‖ ID [谚] ***früher od. später*** verwendet, um auszudrücken, dass etw. mit großer Wahrscheinlichkeit irgendwann passieren wird 或早或晚地,早晚,迟早: *Früher od. später wird er schon nachgeben, es fragt sich nur, wann* 他迟早会让步的,只是个时间问题 ‖ ▶ ***verfrüht***

Früh·auf·ste·her *der*; *-s*, *-*; j-d, der (gern) morgens früh aufsteht 习惯早起的人 ↔ Langschläfer

Früh·beet *das*; ein Beet, das mit Glasscheiben *o. Ä.* vor Kälte geschützt wird 温床,暖房,温室

Frü·he *die*; *-*; *nur Sg*(只用单数), *geschr*[书]; der Beginn des Tages 黎明,拂晓,清晨: *in der kühlen F. des nebligen Tages* 在雾天的凉爽的清晨 ‖ ID[谚] ***in aller F.*** ganz früh am Morgen 在清晨,大清早

frü·her *Adv* (副); in e-r vergangenen Zeit, in der Vergangenheit 从前,以前,在过去: *Heute verkehren weniger Züge als f.* 今天运行的列车比往日要少; *Er lebte f. in Wien* 从前他住在维也纳; *Er hat alle Schulhefte von f. aufgehoben* 他保存着以前上中小学时的全部作业本; *Ich kenne ihn noch von f. her* 很早以前我就认识他了

frü·he·r- *Adj* (形); *nur attr*, *nicht adv* (只作定语,不作状语) **1**. zeitlich weit zurückliegend 从前的,以往的 ≈ vergangen- 〈in früheren Jahren 在以往的年代; e-e Epoche 时代〉 **2**. vorhergehend, ehemalig 以前的 ↔ gegenwärtig-, heutig-: *sein früherer Freund*, *Kollege*, *Mitarbeiter*, *Schüler* 他以前的朋友、同行、同事、学生

Früh·er·ken·nung *die*; *nur Sg* (只用单数); die frühzeitige Entdeckung *mst* e-r Krankheit (*z. B.* Krebs) 早期发现(多指疾病,例如癌)

frü·hes·tens *Adv* (副); nicht eher als 最早,不早于 ↔ spätestens: *Die neue Autobahn ist f. in drei Jahren fertig* 这条新建的高速公路最早在 3 年后完工

frü·hest·mög·lich *Adj* (形); *nur attr od adv* (只作定语或状语); so früh (1) wie möglich 尽早的,尽可能早的 ↔ spätestmöglich 〈zum frühestmöglichen Zeitpunkt 在尽可能早的时刻〉: *Der frühestmögliche Termin, an dem wir uns treffen können, ist Samstag* 我们可能见面的最早日期是星期六

Früh·ge·burt *die* **1**. die Geburt e-s Kindes, das noch nicht voll entwickelt ist, aber schon leben kann 早产〈e-e F. haben 早产〉 ‖ NB (注意): ↑ ***Fehlgeburt*** **2**. ein Kind, das durch e-e F. (1) zur Welt gekommen ist 早产儿

Früh·jahr *das* ≈ Frühling (1) ‖ K- (复合): ***Frühjahrs-***, ***-arbeit***, ***-katalog***, ***-kollektion***, ***-kostüm***, ***-mantel***, ***-messe***, ***-mode***, ***-müdigkeit***, ***-putz***, ***-stürme***

Früh·ling *der*; *-s*, *-e* **1**. die Jahreszeit der drei Monate, die auf den Winter folgen 春季,春天 〈ein milder, regnerischer F. 和煦的、多雨的春天; der F. kommt 春天来了; es wird F. 春天即将来临〉: *Offiziell dauert der F.* (*auf der nördlichen Hälfte der Erde*) *vom 21. März bis zum 21. Juni* 正规地说,春季(在北半球)是从 3 月 21 日延续至 6 月 21 日 ‖ K- (复合): ***Frühlings-***, ***-anfang***, ***-beginn***, ***-blume***, ***-lied***, ***-monat***, ***-tag*** **2**. ***der F. des Lebens*** *lit* [文]; die Jugend 青春年华 ‖ ID [谚] ***e-n neuen/zweiten F. erleben*** sich im Alter von etwa 45 Jahren u. älter noch einmal verlieben 经历第二个春天(指 45 岁以后再一次热恋)

Früh·lings·bo·te *der*; etw. (*z. B.* e-e Blume od. ein Zugvogel), dessen Erscheinen zeigt, dass es Frühling wird 报春的使者(指一种花或一种候鸟)

früh·lings·haft *Adj* (形); wie im Frühling 春天般的 〈e-e Stimmung, ein Wetter, e-e Witterung 气氛,天气,气候〉: *Die Luft ist f. mild* 空气像春天一样柔和

Früh·pen·si·on *die*; e-e Pension[1] (1), die j-d früher als normal bekommt, *mst* weil er krank ist (多因病)提前退休

früh·reif *Adj* (形); körperlich od. geistig weiter entwickelt als für sein Alter normal 早熟的 〈ein Kind 孩子〉

Früh·rent·ner *der*; j-d, der vor dem üblichen Alter Rentner wird, *mst* weil er krank ist (多因病)提前领养老金者 ‖ *hierzu* (派生) **Früh·ren·te** *die*

Früh·schop·pen *der*; *-s*, *-*; ein Treffen (in e-m Gasthaus) am Vormittag, bei dem *mst* Alkohol getrunken wird (在酒馆中的)午前酒会 〈zum F. gehen 去参加午前酒会; beim F. sitzen 在午前酒会上〉

Früh·stück *das*; *-(e)s*, *-e*; *mst Sg* (多用单数); die erste Mahlzeit des Tages am Morgen 早

F

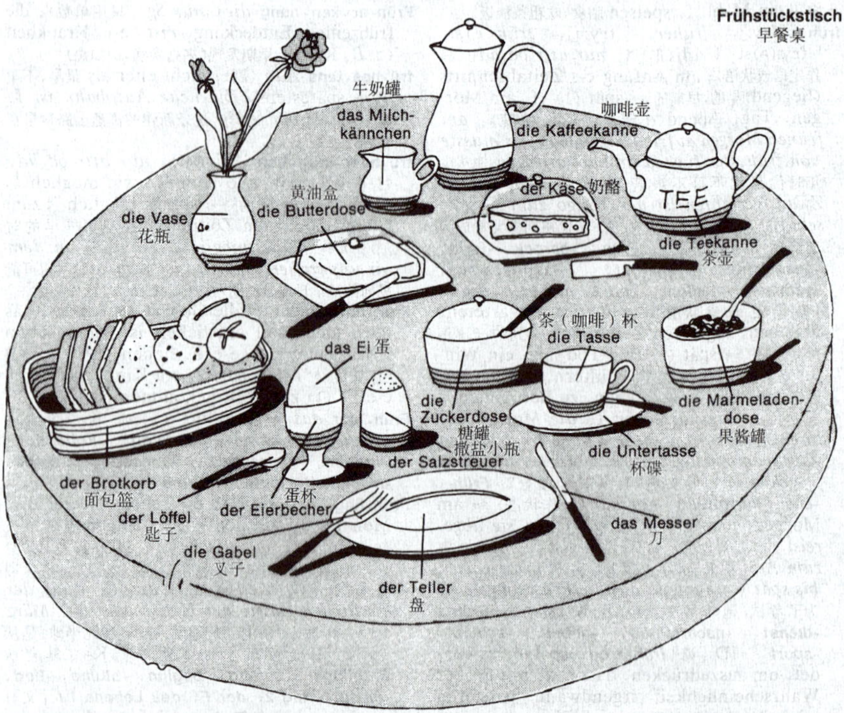

餐，早点〈das F. machen, einnehmen 做，用早餐；etw. zum F. essen 用早餐，吃早点〉：*Zum F. gibt es Tee od. Kaffee* 早餐备有茶或咖啡 ‖ K-（复合）：***Frühstücks-***，***-brot***，***-büffet***，***-ei***，***-geschirr***，***-pause***，***-tisch***

Das Frühstück　早餐

Ein traditionelles deutsches Frühstück besteht gewöhnlich aus Brötchen, Butter, Wurst, Käse und Marmelade, einem gekochten Ei und Kaffee oder Tee.
In den meisten Hotels gibt es ein **Frühstücksbüfett**, an dem man sich sein Frühstück selbst zusammenstellen kann und das zum Beispiel auch Müsli, Obst und Joghurt anbietet.

德国传统早餐通常有面包、黄油、香肠，奶酪和果酱，一个煮鸡蛋和咖啡或茶。

大多数旅馆都有**自助早餐**，客人可以自己选配早餐，况且自助早餐也提供比如果料麦片、水果和酸奶。

früh·stü·cken；*frühstückte*，*hat gefrühstückt*；[Vt/i]（及物/不及物）（***etw.***）***f.*** etw. zum Frühstück essen 用早餐，吃早点；早餐时吃…〈ausgiebig f. 早餐吃得很丰盛；ein Ei *o. Ä.* f. 早餐时吃一个鸡蛋等〉

Früh·warn|sys·tem *das*；ein System von Radargeräten, mit dem ein Land e-n militärischen Angriff e-s Feindes frühzeitig bemerken kann 雷达预警系统，雷达远程警戒系统

früh·zei·tig *Adj*（形）；zu e-m frühen Zeitpunkt 早的，提早的，早期的：*Er geht f. schlafen* 他睡觉早；*das frühzeitige Erkennen von Krebs* 癌症的早期诊断

Frust *der*；*-(e)s*；*nur Sg*（只用单数），*gespr*［口］；der Zustand, wenn j-d enttäuscht, frustriert ist 失望，沮丧，心灰意懒〈e-n F. haben 感到没有希望〉

frus·ten；*frustete*，*hat gefrustet*；[Vt]（及物）***etw. frustet j-n*** *gespr*［口］≈ etw. frustriert j-n

Frust·ra·ti·on [-'tsio:n] *die*；-，*-en*；*geschr*［书］；das Gefühl der Verärgerung über e-e Enttäuschung, e-e ausweglose Situation *o. Ä.*（因失望，受挫）黯然，懊丧，灰心丧气〈e-e F. erleben 因受挫折而气馁〉

frust·rie·ren；*frustrierte*，*hat frustriert*；[Vt]（及物）**1. *etw. frustriert j-n*** etw. macht j-n mutlos u. deprimiert（*mst* weil er keinen Erfolg hat）（物作主语）使心灰意懒，使垂头丧气：*Ihre schlechten Noten haben sie so frustiert, dass sie nicht mehr zur Schule gehen will* 她的成绩很糟，使她心灰意冷，不想再上学了 **2. *j-d frustriert j-n*（*mit etw.*）** *gespr*［口］；j-s Worte *o. Ä.* deprimieren j-n（人作主语）使希望破灭，

使意志消沉

Fuchs [-ks] *der*; *-es*, *Füch·se* **1.** ein Raubtier, das wie ein kleiner Hund aussieht, in e-r Art Höhle (dem Bau) im Wald lebt u. dessen Fell *mst* rotbraun u. am Bauch weiß ist 狐狸 ⟨schlau, listig wie ein F. 像狐狸那样狡猾,诡计多端⟩: *Füchse haben e-n buschigen Schwanz* 狐狸长着一条毛茸茸的尾巴 ‖ K-(复合): ***Fuchs-***, ***-bau***, ***-falle***, ***-jagd***, ***-pelz***, ***-schwanz***; ***fuchs-***, ***-rot*** **2.** j-d, der sehr listig, schlau od. raffiniert ist 狡猾的人,老狐狸 ⟨ein schlauer F. 一个诡计多端的人,一个狡猾的狐狸⟩ **3.** ein Pferd mit rotbraunem Fell 栗色马 ‖ ID [谚] ***wo sich F. u. Hase gute Nacht sagen*** an e-m sehr einsamen (abgelegenen) Ort 在人烟稀少偏僻的地方 ‖ *zu* (义项) **1. Füch·sin** *die*; -, *-nen*; **fuchs·far·ben** *Adj* (形)

fuch·sen [-ks-]; *fuchste*, *hat gefuchst*; *gespr* [口]; Vt (及物) **1. *etw. fuchst j-n*** etw. ärgert j-n (物作主语)使生气,使恼火; Vr (反身) **2. *sich f.*** ≈ sich ärgern

fuch·sig [-ks-] *Adj* (形) **1.** rotbraun wie das Fell e-s Fuchses (1) 赤褐色的,狐红色的 ⟨Haar 毛发⟩ **2.** *mst präd od adv*, *gespr* (多作表语或状语)[口] ≈ wütend, ärgerlich ⟨j-d/etw. macht j-n f. 某人/某物使某人大为恼怒; f. werden, sein 发怒,生气⟩

Fuchs·schwanz *der* **1.** der Schwanz e-s Fuchses (1) 狐狸尾巴 **2.** e-e Säge aus e-m breiten Sägeblatt u. e-m Griff an einem Ende 狐尾锯,手锯 ‖ ↑ *Abb. unter* 图见 ***Werkzeug***

fuchs·teu·fels|wild [-ks-] *Adj* (形); *mst präd*, *gespr* (多作表语)[口]; sehr wütend 非常生气的,怒气冲天的,气坏了的

Fuch·tel *die*; -, *-n*; *gespr*, *mst pej* [口]多作[贬] **1. *j-n unter der/seiner F. haben*** streng über j-n (*bes* e-n Verwandten) herrschen 对…进行严密控制、监督,对…进行严格管束 **2. *j-d ist/steht unter j-s F.*** j-d wird von j-m (ständig) bevormundet u. wehrt sich nicht dagegen (人作主语)受某人的控制、管束: *Obwohl sie schon lange erwachsen ist, steht sie noch ganz unter der F. ihrer Mutter* 虽然她早已长大成人,但她仍受母亲的严格管束

fuch·teln; *fuchtelte*, *hat gefuchtelt*; Vi (不及物) ***mit den Armen f.*** *gespr* [口]; die Arme schnell in der Luft hin u. her bewegen 挥舞双臂,挥动双臂

Fuff·zi·ger *der*; *-s*, -; *gespr* [口] **1.** ≈ Fünfziger **2. *ein falscher F.*** j-d, dem man nicht trauen kann, der nicht ehrlich ist 不可信赖的人,不老实的人

Fug *nur in* (只用于) ***mit F. u. Recht*** *geschr* [书]; mit vollem Recht, aus gutem Grund 有充分权利,有充分理由 ⟨etw. mit F. u. Recht behaupten können 完全有理由可以坚持某事⟩

Fu·ge[1] *die*; -, *-n*; ein sehr schmaler Zwischenraum zwischen den einzelnen Teilen, aus denen etw. gemacht ist, *z.B.* zwischen den Steinen e-r Mauer 缝隙,裂缝,接缝 ⟨Fugen abdichten, ausfüllen, verstopfen 填塞,塞满,堵塞缝隙⟩: *Der Wind pfiff durch alle Ritzen u. Fugen* 风飕飕地穿透所有的裂缝 ‖ K-(复合): ***Fugen-***, ***-kitt***, ***-material***, ***-mörtel*** ‖ ID [谚] ***etw. ist/geht/gerät aus den/allen Fugen*** ein (*mst* abstraktes) System verliert seine Ordnung 某事(多指抽象体系)陷于混乱,脱离正轨,出轨,解体,崩溃,分裂: *Die Welt gerät/geht/ist aus den Fugen* 世界陷入混乱,天下大乱 ‖ *hierzu* (派生) **fu·gen·los** *Adj* (形)

Fu·ge[2] *die*; -, *-n*; ein Musikstück, das nach strengen Regeln komponiert ist u. bei dem das Thema in verschiedenen Variationen wiederholt wird 赋格曲(一种西洋的复调乐曲): *Johann Sebastian Bach beherrschte die Kunst der F. meisterhaft* 约翰·塞巴斯蒂安·巴赫精通赋格曲艺术 ‖ K-(复合): ***Fugen-***, ***-schema***

fü·gen[1]; *fügte*, *hat gefügt*; Vt (及物) **1. *etw. an etw.*** (*Akk* 四格) ***f.*** zwei Dinge so aneinander setzen, dass daraus ein Ganzes wird 使连成整体,使结合在一起 ≈ etw. mit etw. verbinden: *Beim Bau e-r Mauer muss man einen Stein an den anderen f.* 筑墙时必须将石头一块一块砌起来 **2. *etw.*** (*Kollekt od Pl* 集合或复数) ***zu etw. f.*** *geschr* [书]; mehrere Dinge zu etw. zusammensetzen 将…结合成: *Steine zu e-r Mauer f.* 将石块砌成一堵墙 **3. *etw. in etw.*** (*Akk* 四格) ***f.*** *geschr* [书]; etw. zu e-m Teil e-s Ganzen, e-r Reihe machen 嵌入,补入 ≈ einfügen: *e-n Stein in e-e Lücke, in e-e Mauer f.* 将石块嵌入缺口、墙内; Vr (反身) **4.** ⟨Dinge 物⟩ ***fügen sich zu etw.*** zwei od. mehrere Teile ergeben ein Ganzes 组合成为,连结成为: *Die Perlen fügen sich zu e-r Kette* 珍珠串成一条项链 **5. *etw. fügt sich in etw.*** (*Akk* 四格) etw. passt zu etw. (物作主语)与…相适合,与…相称: *Dieses Bild fügt sich gut in den Hintergrund* 这幅画与背景很相配 ‖ ▶ ***Gefüge***

fü·gen[2], **sich**; *fügte sich*, *hat sich gefügt*; Vr (反身) *geschr* [书] **1. *sich (j-m/etw.) f.*** j-m gehorchen, sich e-r Sache nicht (mehr) widersetzen 听从,顺从,服从: *Sie fügte sich widerspruchslos dem Willen/den Wünschen ihres Vaters* 她毫无异议地顺从了她父亲的意愿 **2. *sich in etw.*** (*Akk* 四格) ***f.*** etw. Unangenehmes hinnehmen, ohne sich zu widersetzen 忍受,适应,迁就: *sich in sein Schicksal f.* 听凭命运安排 **3. *es fügt sich, dass ...*** *geschr* [书]; es ergibt sich als günstiger Zufall, dass ... …是机缘、缘分 ‖ ▶ ***gefügig***

füg·sam *Adj* (形); bereit, Befehlen *o. Ä.* ohne Widerspruch zu gehorchen 顺从的,听话的,温顺的 ≈ gefügig, gehorsam ⟨ein Kind 孩子⟩ ‖ *hierzu* (派生) **Füg·sam·keit** *die*; *nur Sg* (只用单数)

Fü·gung *die*; -, *-en*; *geschr* [书]; ein günstiger Zufall 幸运,运气,机遇,机缘 ⟨e-e gnädige, seltsame F. 天赐良机,难得的机遇; e-e F. des Himmels, des Schicksals 上苍的、命运的巧安排⟩: *Durch e-e glückliche F. hat er seinen vermissten Bruder wiedergefunden* 他幸运地重新找到失踪的兄弟

fühl·bar *Adj* (形) **1.** so, dass man es spüren,

fühlen (1) kann 可感觉到的：*e-n kaum fühlbaren Puls haben* 脉搏几乎摸不到，脉搏很微弱；*Das Wasser ist am Ufer f. wärmer* 岸边的水感觉要温和些 **2.** so, dass man es wahrnehmen kann 觉察得到的，显而易见的，明显的 ≈ deutlich, spürbar ↔ unmerklich ⟨ein Fortschritt, e-e Erleichterung, e-e Verschlechterung 进步，缓和，恶化⟩

füh·len; *fühlte*, *hat gefühlt*; [Vt] (及物) **1. etw. f.** etw. (mithilfe des Tastsinns, der Nerven) wahrnehmen (通过触觉、神经)感觉到，感到 ≈ spüren: *e-n Schmerz, den Stich e-s Insekts, die Wärme der Sonne auf der Haut f.* 感到痛，虫子的叮咬，太阳晒在皮肤上的温暖 **2. etw. f.** etw. in seinem Innern, seiner Seele (*z. B.* durch Intuition) wahrnehmen, empfinden (在内心，心灵上)感觉到，感知，意识到 ≈ (ver)spüren: *Mitleid mit j-m f.* 同情某人；*e-e drohende Gefahr (instinktiv) f.* (凭直觉)感觉到面临的危险 **3. (j-m) den Puls f.** die Zahl der Herzschläge pro Minute zählen, indem man zwei Finger auf die Schlagader legt (给…)诊脉，号脉，切脉：*Der Arzt fühlte dem Patienten den Puls* 医生给病人诊脉；[Vi] (不及物) **4. nach etw. f.** mit der Hand nach etw. suchen, nach etw. tasten 摸索：*Er fasste an seine Jacke u. fühlte nach der Brieftasche* 他抓住上衣，摸他的钱包；[Vr] (反身) **5. sich irgendwie f.** den Zustand seines Körpers in e-r bestimmten Art wahrnehmen 感到，觉得(对自己的身体状况) ⟨sich gesund, krank, jung, alt, wie gerädert f. 感到(自己)健康、有病、年轻、年老、精疲力尽⟩：*Hast du immer noch Kopfschmerzen, od. fühlst du dich schon besser?* 你还一直头痛吗？或许你已感到好些了？**6. sich irgendwie f.** seinen seelischen Zustand in e-r bestimmten Art wahrnehmen 感到，觉得(对自己的精神状态) ⟨sich allein, fremd, glücklich, unbehaglich, unwohl f. 感到孤独、陌生、幸福、愉快、不舒服⟩ **7. sich irgendwie f.** glauben, dass man in e-r bestimmten Lage ist 觉得，感到，认为(对自身的处境) ⟨sich bedroht, betrogen, verfolgt, schuldig, überflüssig f. 感到自己受威胁、受欺骗、受迫害(被追踪)、有错(有罪)、多余⟩：*Ich fühlte mich verpflichtet, ihm zu helfen* 我觉得(自己)有责任帮助他 **8. sich f.** *gespr pej* [口] [贬]; sehr arrogant u. übertrieben selbstbewusst sein 非常自负，十分傲慢，自命不凡，牛气：*Er fühlt sich aber!* 他可自负得很！他可觉得自己很了不起！‖ ▶ **Gefühl, feinfühlig**

Füh·ler *der*; *-s*, *-*; eines von mindestens zwei länglichen Organen, *z. B.* bei Insekten u. Schnecken, mit denen diese Tiere tasten, riechen u. schmecken können 触角，触须 ⟨ein Insekt streckt die Fühler aus, zieht die Fühler (wieder) ein 昆虫伸出触角，(又)缩进触角⟩ ‖ ID [谚] **seine / die Fühler ausstrecken** *gespr* [口]; vorsichtig Verbindung zu j-m/etw. aufnehmen, vorsichtig e-e Situation erkunden 小心地试探，谨慎地探询

Füh·lung *die*; *-*; *nur Sg*, *geschr* (只用单数)[书] ≈ Kontakt ⟨mit j-m F. aufnehmen, F. haben, in F. bleiben 与某人建立联系，有联系，保持联系⟩

Füh·lung·nah·me *die*; *-*, *-n*; *geschr* [书]; das Aufnehmen von Kontakten 建立联系 ⟨in F. (mit j-m) gehen (与某人)取得联系⟩

fuhr *Imperfekt*, *1. u. 3. Person Sg* (过去时，第一和第三人称单数)；↑ **fahren**

Fuh·re *die*; *-*, *-n*; **e-e F.** + *Subst* (名词) die Menge, die mit e-m Auto od. e-m Lastwagen bei einer Fahrt transportiert wird 一车(货) ≈ Ladung ⟨e-e F. Kohlen, Mist, Sand *o. Ä.* 一车煤、垃圾(粪肥)、沙子等⟩

füh·re **1.** *Präsens*, *1 Person Sg* (现在时，第一人称单数)；↑ **führen** **2.** *Konjunktiv II*, *1. u. 3. Person Sg* (虚拟式 II，第一和第三人称单数)；↑ **fahren**

füh·ren; *führte*, *hat geführt*; [Vt] (及物) **1. j-n/ein Tier (irgendwohin) f.** mit j-m/e-m Tier irgendwohin gehen, damit er/es an seinem Ziel ankommt 领着…走，牵着…走：*ein Kind an/bei der Hand (über die Straße) f.* 牵着小孩的手领他走(过马路)；*ein Pferd am Zügel aus dem Stall f.* 拉着缰绳把马从马厩里牵出来 ‖ NB (注意)：man *treibt* ein Tier vor sich her u. *führt* es hinter sich her (驱赶动物用 *treiben*，牵着动物走用 *führen*) **2. j-n (durch etw.) f.** mit j-m irgendwohin gehen od. fahren u. ihm dabei Informationen geben 给…导游，当向导：*Touristen durch die Stadt, durch e-e Ausstellung f.* 带着旅游者参观城市、展览会(当导游) **3. j-n irgendwohin f.** mit j-m irgendwohin gehen *o. Ä.* u. etw. für ihn bezahlen 带(邀请)…去(看戏、上餐馆等) ≈ ausführen: *seine Freundin ins Kino, in ein Restaurant f.* 请(带)他的女朋友去看电影，去饭馆吃饭 **4. etw. führt j-n irgendwohin** etw. ist der Grund dafür, dass j-d irgendwohin kommt (物作主语)把…带往，引向：*Ihre Reise führte sie in ferne Länder* 旅行使她到了一些遥远的国家；*Was führt dich hierher?* 什么风把你吹到这里来的？你到这里来有什么事呀？**5. etw. führt j-n auf etw.** (*Akk* 四格) **/ zu etw.** etw. lenkt j-s Aufmerksamkeit auf etw. (物作主语)使…的注意力转向，将…的注意力引向：*Ein anonymer Hinweis führte die Polizei auf die Spur des Täters* 一份匿名举报给警方提供了查缉作案人的线索 **6. j-n f.** (*bes* in pädagogischer Absicht) Einfluss auf j-n nehmen (尤指出于教育目的)引导，指引，训导：*Der Lehrer verstand es, die Jugendlichen zu f.* 教师懂得如何引导青年人 **7. j-n f.** j-n auf e-r Liste stehen haben 将…列人名单，报表：*auf j-s Gehaltsliste, als vermisst geführt werden* 被列入某人的工资表、失踪名单 **8. etw. f.** die Leitung e-s Geschäfts od. e-r Organisation haben 领导，主持，掌管 ≈ leiten (1) ⟨e-n Betrieb, e-e Firma, ein Unternehmen f. 领导一家工厂、公司、企业⟩ **9. etw. f.** etw. tun, für das man verantwortlich ist 经管，负责，进行 ⟨Aufsicht, den Befehl, das Kommando über j-n/etw. f. 进行监督，发出命令，指挥某人/某事；die Geschäfte, den Haushalt (für j-n) f. 经管业务,(为某人)操持家务; Regie f. 担任导演; den Vorsitz über etw. (*Akk* 四格) f. 主持某事〉 **10. etw. f.** regelmäßig Daten in e-e Liste eintragen 登记,记载〈(über etw. (*Akk* 四格) Buch, e-e Liste, e-e Kartei f. 记账,制表(列出名单),作卡片索引; ein Konto (für j-n) f. (给某人)开设账户〉 **11. etw. irgendwie f.** ein Werkzeug od. Gerät in e-r bestimmten Weise benutzen u. bewegen 运用,使用,操作〈e-n Geigenbogen, e-e Kamera, e-e Nadel, e-n Pinsel, e-e Säge geschickt, ruhig, sicher f. 熟练地、沉着地、准确无误地使用小提琴的弓、照相机、针、画笔、锯子〉 **12. etw. f.** ADM *geschr*【管理】[书]; ein Fahrzeug selbst steuern 驾驶,操纵,开 ≈ lenken (1): *Er erhielt die Erlaubnis, ein schweres Motorrad zu f.* 他领到了驾驶大型摩托车的许可证(执照) **13. etw.**〈zum Mund, an die Lippen 嘴边,唇边〉 **f.** *geschr* [书]; etw. zum Mund, an die Lippen heben 将…举到,送到 **14. etw. bei/mit sich f.** *mst* ADM *geschr* 多用【管理】[书]; etw. in e-r Tasche *o.Ä.* mit sich tragen 随身携带,随身持有〈e-n Ausweis, Gepäck, Bargeld, e-e Waffe bei/mit sich f. 随身携带证件、行李、现金、武器等〉 **15. etw. f.** *geschr* [书]; etw. als Kennzeichen od. als Bezeichnung, Titel haben 用…作标记,有(名称或头衔): *e-n Adler in seinem Wappen f.* 他的徽章(纹章)以鹰为标记; *e-n Künstlernamen, den Doktortitel f.* 有一个艺名(笔名),拥有博士头衔 **16.** 〈ein Geschäft *o.Ä.* 商店等〉 **führt etw.** ein Geschäft, ein Warenhaus *o.Ä.* bietet etw. zum Verkauf an, hat etw. im Sortiment 经营,销售: *Wir* (= unser Geschäft) *führen keine Sportartikel* 我们(本店)不经营体育用品 **17. etw. f.** verwendet zusammen mit e-m Subst., um ein Verb zu umschreiben (与名词连用,用来改换动词的表达); **Beschwerde (über j-n/etw.) f.** *geschr* [书] ≈ sich über j-n/etw. (bei e-r offiziellen Stelle) beschweren; **den Beweis für etw. f.** ≈ etw. beweisen; **ein Gespräch (mit j-m) f.** ≈ mit j-m sprechen; **ein (Telefon) Gespräch (mit j-m) f.** ≈ (mit j-m) telefonieren; **e-n Kampf (gegen j-n/etw.) f.** ≈ j-n/etw. bekämpfen; **Krieg (gegen j-n) f.** ≈ j-n bekriegen; **ein** 〈aufregendes, ruhiges *usw* 令人激动的,平静的〉 **Leben f.** ≈ aufregend, ruhig *usw* leben; **den Nachweis f., dass ...** ≈ nachweisen, dass ...; **e-n Prozess (gegen j-n/etw.) f.** ≈ gegen j-n/etw. prozessieren **18. etw. zu Ende f.** etw. (erfolgreich) beenden 完成,结束某事 ≈ etw. durchziehen ↔ etw. abbrechen **19.** *mst* 多用 **e-e glückliche Ehe f.** in der Ehe glücklich sein 婚姻美满 **20.** 〈*mst* ein Fluss 多指河流〉 **führt Hochwasser** *geschr* [书]; ein Fluss *o.Ä.* hat mehr Wasser als normal (河流)泛滥,发大水; [Vi] (不及物) **21. j-d/e-e Mannschaft** *o.Ä.* **führt** j-d/e-e Mannschaft *o.Ä.* ist an der ersten, obersten Stelle e-r Rangordnung (*bes* im Sport) (人/运动队等作主语)领先,名列前茅,处于领先地位 ≈ j-d/e-e Mannschaft liegt in Führung: *Der F.C. Bayern führt (mit fünf Punkten Vorsprung)* 巴伐利亚足球俱乐部队(以5分优势)领先; *Unsere Firma ist in dieser Branche führend* 我们公司在这个行业中处于领先地位 **22. etw. führt irgendwohin** etw. verläuft in e-r bestimmten Richtung auf ein Ziel hin (物作主语)通向,通往: *Die Brücke führt über den Bach* 桥跨越小溪; *Führt dieser Weg zum Bahnhof?* 这条路通向火车站吗? **23. etw. führt zu etw.** etw. hat etw. zur Folge, zum Ergebnis (物作主语)导致,引起,产生…结果: *Die Politik der Regierung hat zu Protesten der Bürger geführt* 政府的政策引起了公民们的抗议 **24. etw. führt zu weit** etw. gehört nicht unmittelbar zur Sache, zum Thema u. wird deswegen nicht besprochen *o.Ä.* (物作主语)离题太远: *Ich könnte Ihnen noch weitere Beispiele nennen, aber das würde jetzt zu weit f.* 我还能给您举些例子,但这会离题太远; [Vr] (反身) **25. sich irgendwie f.** sich unter Aufsicht (*mst* in der Schule, im Gefängnis) während e-s längeren Zeitraums in bestimmter Weise verhalten (在监视下的)行为,表现: *Der Strafgefangene wurde vorzeitig entlassen, weil er sich gut geführt hatte* 犯人因表现好被提前释放

Füh·rer *der*; *-s*, *-* **1.** j-d, der *mst* Touristen Sehenswürdigkeiten *o.Ä.* zeigt u. erklärt 导游,向导,带路的人: *Die Besteigung des Berges ist nur mit e-m F. möglich* 要攀登这座山只有带上向导才有可能 ‖ -K (复合): **Berg-, Fremden-, Reise- 2.** j-d, der ein Geschäft, e-e Organisation *o.Ä.* leitet, führt (8) 领导人,领队,领袖: *der F. e-r Delegation/der Opposition im Parlament* 代表团团长/议会中在野党领袖 ‖ K- (复合): **Führer-, -eigenschaften, -persönlichkeit, -rolle** ‖ -K (复合): **Geschäfts-, Konzern-, Partei- 3.** ADM *geschr*【管理】[书]; j-d, der ein Fahrzeug lenkt 驾驶员,司机 ≈ Fahrer, Fahrzeuglenker: *Der F. des Fahrzeugs ist nach dem Unfall geflüchtet* 该机动车驾驶员肇事后逃逸 ‖ -K (复合): **Flugzeug-, Kran-, Lok-, Zug- 4.** ein Heft od. Buch, in dem die Sehenswürdigkeiten e-r Stadt, e-s Landes *o.Ä.* beschrieben werden 旅行指南,游览手册: *e-n F. von Rom kaufen* 买一本罗马旅游指南 ‖ -K (复合): **Reise-, Stadt- 5. der F.** *hist* [历]; verwendet im Nationalsozialismus als Bezeichnung für Adolf Hitler 元首(专指纳粹党党魁阿道夫·希特勒) ‖ *zu* (义项) **1., 2.** u. **3. Füh·re·rin** *die*; *-*, *-nen*

Füh·rer·na·tur *die*; j-d, der die typischen Eigenschaften e-s Führers (2) hat 具有领导气质的人〈e-e F. sein 是一位有领导气质的人〉

Füh·rer·schein *der* **1.** ein Dokument, das j-n dazu berechtigt, Autos, Motorräder od. Lastwagen zu lenken 机动车驾驶证,驾驶执照: *Wegen Trunkenheit am Steuer wurde ihm der F. entzogen* 由于酒后开车,他的驾驶执照被吊销 ‖ K- (复合): **Führerschein-, -entzug, -kontrolle, -neuling, -prüfung 2. den F. machen** Fahrunterricht nehmen u. e-e Prüfung

F

ablegen, um den F. (1) zu bekommen 上驾驶学校考驾驶执照

Fuhr·ge·schäft *das*; ↑ **Fuhrunternehmen**

Fuhr·leu·te *die*; *Pl* (复) ↑ **Fuhrmann**

Fuhr·mann *der*; -(*e*)*s*, *Fuhr·leu·te*/*seltener* 较罕 *Fuhr·män·ner*; *hist* [历]; j-d, der mit e-m Pferdewagen Waren transportierte 马车夫,赶车人

Fuhr·park *der*; *Kollekt* (集合); alle Fahrzeuge, die *z.B.* e-e Firma hat 全部车辆: *Der F. der Stadt wird modernisiert* 这个城市的(全部)车辆正在更新换代

Füh·rung *die*; -, *-en* **1.** die Besichtigung (*mst* e-r Sehenswürdigkeit) mit e-r Person, die einem dazu Erklärungen gibt 导游带领下的参观: *an e-r F. durch das Museum/das Schloss teilnehmen* 参加有导游带领的对博物馆/宫殿的参观 **2.** *nur Sg* (只用单数); das Führen (8) ≈ Leitung (1): *j-m die F. e-s Betriebes übertragen* 委任某人担任一个企业的领导职务 ‖ -K (复合): **Betriebs-**, **Partei-**, **Staats-** **3.** *nur Sg* (只用单数); *Kollekt* (集合); e-e Gruppe von Personen, die *z.B.* e-n Betrieb od. e-e Organisation führt (8) 领导,全体领导人员: *Die F. der Partei traf sich zu e-m Gedankenaustausch* 党的领导开了碰头会以交流想法 ‖ K- (复合): **Führungs-**, **-gremium**, **-wechsel** ‖ -K (复合): **Betriebs-**, **Gewerkschafts-**, **Kirchen-**, **Partei-** **4.** *nur Sg* (只用单数); die führende (21) Position, die j-d (*z. B.* auf wirtschaftlichem od. sportlichem Gebiet) hat 领先地位 〈die F. übernehmen 取得领先地位; in F. gehen, liegen, sein 领先,居于领先地位〉: *Der Läufer der französischen Mannschaft liegt mit zehn Sekunden Vorsprung in F.* 法国队的赛跑运动员以10秒优势领先 ‖ K- (复合): **Führungs-**, **-anspruch** **5.** *nur Sg*, *mst* ADM *geschr* (只用单数) 多作【管理】[书]; das Führen (17) 〈die F. e-s Gesprächs, von Verhandlungen, e-s Prozesses, e-s Nachweises 进行会谈、谈判、诉讼,举证〉 ‖ -K (复合): **Beschwerde-**, **Beweis-**, **Krieg(s)-**, **Protokoll-**, **Prozess-**, **Verhandlungs-** **6.** *nur Sg* (只用单数); *mst* die Art, wie sich j-d geführt (25) hat 行为,举止,态度 ≈ Betragen, Verhalten: *Der Strafgefangene wurde wegen guter F. vorzeitig entlassen* 刑事犯因表现好被提前释放 **7.** *nur Sg* (只用单数); das Führen (6): *Die F. von Menschen erfordert e-e starke Persönlichkeit* 对人的引导需要有坚强的个性 ‖ K- (复合): **Führungs-**, **-eigenschaften**, **-qualitäten** ‖ -K (复合): **Menschen-** **8.** *nur Sg* (只用单数); das Führen (11) ≈ Handhabung: *die gekonnte F. des Geigenbogens* 熟练的小提琴弓法 ‖ -K (复合): **Ball-**, **Kamera-**, **Pinsel-** **9.** *nur Sg* (只用单数); das Führen (10) 〈die F. e-s Kontos 登账; e-r Liste, e-r Kartei 制表(列出名单),做卡片索引〉

Füh·rungs·schwä·che *die*; *nur Sg* (只用单数); die Unfähigkeit von j-m in e-r leitenden Position (*mst* in e-r Organisation, e-m Unternehmen), sich durchzusetzen 领导不力,领导软弱

Füh·rungs·spit·ze *die*; *Kollekt* (集合); e-e Gruppe von Personen, die ein großes Unternehmen, e-e Partei *o.Ä.* leitet 最高领导层: *Die gesamte F. war zum Empfang erschienen* 最高领导成员都出席了招待会

Füh·rungs·stil *der*; die Art u. Weise, wie j-d ein Unternehmen, e-e Organisation *o.Ä.* leitet 领导风格,领导作风

Füh·rungs·zeug·nis *das*; *mst in* 多用于 **ein polizeiliches F.** ADM【管理】; ein Dokument, auf dem geschrieben steht, ob j-d in den letzten Jahren von e-m Gericht bestraft wurde 警方提供的有无犯罪纪录的证明,关于守法情况的证明书: *Den Bewerbungsunterlagen muss ein polizeiliches F. beigefügt werden* 求职申请材料中必须附有关于守法情况的证明书

Fuhr|un·ter·neh·men *das*; ein Betrieb, der (*mst* mit Lastwagen) Waren transportiert 运输公司

Fuhr·werk *das*; ein Wagen (zum Transportieren von Lasten), der von Ochsen od. Pferden gezogen wird 大车,牛车,马车

Fül·le *die*; -; *nur Sg* (只用单数) **1.** **e-e F. von etw.** (*Pl* 复); **e-e F.** + *Gen* (二格) (*Pl* 复); *geschr* [书]; e-e große Menge od. Anzahl von etw. 大量,许多,一大堆: *Auf seinen Reisen gewann er e-e F. von neuen Eindrücken* 他在旅行中获得了许多新的观感; *Er schmückte seine Rede mit e-r F. literarischer Zitate* 他用大量文学著作的引文修饰自己的演讲 **2.** **die F.** + *Gen* (二格); *geschr* [书]; das reiche Vorhandensein der genannten Sache 充足,丰富,洪亮,饱满: *die F. ihres Haars* 她头发浓密; *die F. seiner Stimme* 他嗓音洪亮; *die F. des Klangs e-r Geige* 小提琴音色响亮 ‖ -K (复合): **Haar-**, **Klang-**, **Stimm-** **3.** *mst* 多用 **zur F. neigen** *euph* [婉]; dick sein 肥胖,丰盈,发福 ‖ -K (复合): **Körper-**, **Leibes-**

fül·len; *füllte*, *hat gefüllt*; **Vt** (及物) **1.** **etw.** (**mit etw.**) **f.** e-n Behälter mit etw. (ganz od. teilweise) voll machen (用…)装满,倒满,灌满,斟满,盛满: *e-n Korb (mit Früchten) f.* (用水果)装满篮子; *die Gläser (bis zum Rand/zur Hälfte) (mit Wein) f.* (用葡萄酒)把这些玻璃杯斟满(斟得满满的/斟半杯) **2.** **etw. in etw.** (*Akk* 四格) **f.** etw. in e-n Behälter geben 将…装进: *Bonbons in e-e Dose f.* 将水果糖装进罐子; *Wein in Fässer f.* 将葡萄酒装入桶内 **3.** **etw.** (**mit etw.**) **f.** etw. mit e-r bestimmten Füllung (3) versehen (用…作馅)填满: *die Ente (mit Äpfeln) f.* (用苹果)填满鸭子; *e-e Torte (mit Sahne u. Erdbeeren) f.* (用奶油和草莓)填大蛋糕 **4.** **e-n Zahn f.** (als Zahnarzt) e-n Zahn mit e-r Füllung (2) versehen 补牙 **5.** **etw.** (*Kollekt od Pl* 集合或复数) **füllt etw.** etw. braucht durch seine Menge, Anzahl e-n bestimmten Raum (物作主语)装满: *Die Akten des Staatsanwalts füllen fünf Ordner* 律师的文件装满五个卷宗夹; **Vr** (反身) **6.** **etw. füllt sich** (**mit** 〈Personen 人〉/**etw.**) (*Kollekt od Pl* 集合或复数) etw. wird voll von Personen od. etw. (物作主语)充满: *Erst nach dem zweiten Klingelzeichen füllte sich das Theater allmählich (mit Zuschauern)* 第二次铃声响过后,剧场才渐渐地坐满(观众) ‖ ▶ **überfüllt**, **voll**

Fül·len *das*; *-s*, *-*; ≈ Fohlen

Fül·ler *der*; *-s*, *-*; ≈ Füllfederhalter ‖ -K (复合): **Schul-**

Füll|fe·der·hal·ter *der*; ein Federhalter mit e-m kleinen Behälter für Tinte, der immer wieder nachgefüllt od. ausgewechselt werden kann 自来水笔,钢笔

Füllfederhalter

fül·lig *Adj* (形) **1.** *euph* [婉]; (von Personen 指人) dick u. rundlich 丰满的,丰腴的: *Sie hat e-e ziemlich füllige Figur* 她体形相当丰腴 **2.** *mst* 多用 **fülliges Haar** Haar, das locker fällt u. dicht ist 松软浓密的头发

Fül·lung *die*; *-*, *-en* **1.** ein Material, mit dem *z.B.* ein Bett, ein Kissen, e-e Matratze *o.Ä.* gefüllt ist 填充物,填料 ‖ -K (复合): **Bett-**, **Kissen-**, **Matratzen-** **2.** die Masse, mit der ein Loch in e-m Zahn ausgefüllt wird (补牙用的)填料 ‖ -K (复合): **Amalgam-**, **Gold-**; **Zahn-** **3.** e-e Masse (*mst* e-e Mischung aus verschiedenen Zutaten u. Gewürzen), mit der Speisen (Gänse, Pasteten, Rouladen *o.Ä.*) gefüllt (3) werden 馅 ‖ -K (复合): **Hackfleisch-**, **Käse-**, **Obst-**

Fum·mel *der*; *-s*, *-*; *gespr* [口]; ein Kleid aus dünnem (oft billigem) Stoff 单薄便宜的衣服

fum·meln; *fummelte*, *hat gefummelt*; *gespr* [口]; [Vi] (不及物) **1.** (**irgendwo nach etw.**) **f.** etw. tastend suchen 在…中摸,找…: *In der Handtasche nach dem Schlüssel f.* 在手提袋中找钥匙 **2.** (**an etw.** (*Dat* 三格)) **f.** versuchen, mit seinen Händen *bes* e-e schwierige Arbeit durchzuführen (die viel Geduld erfordert) 摆弄,捣鼓 **3.** **j-d fummelt mit j-m**; 〈Personen 人〉 **fummeln** *mst* zwei Personen küssen sich u. berühren sich sexuell (人作主语)单:与…接吻、抚摩亲昵;复:相互亲昵、接吻

Fund *der*; *-(e)s*, *-e* **1.** ein Gegenstand, den j-d gefunden (1) hat 拾物,发掘物,出土文物 〈ein einmaliger, seltener, überraschender F. 一件千载难逢的、稀罕的、意外的发掘物〉: *Er hat seinen F. beim Fundbüro abgeliefert* 他将拾物交到拾物招领处; *Seine These wird durch archäologische Funde gestützt* 他的论点以考古发现的实物为依据 ‖ -K (复合): **Fund-**, **-gegenstand**, **-objekt**, **-ort**, **-sache**, **-stelle** ‖ -K (复合): **Grab-**, **Münz-** **2.** *nur Sg* (只用单数); das Finden (1) **3.** **e-n F. machen** etw. finden (1) 发现,找到

Fun·da·ment *das*; *-s*, *-e* **1.** die stabile Grundlage aus Mauerwerk od. Beton, auf der *bes* Gebäude errichtet werden 墙基,地基,基座 〈ein F. errichten, gießen, legen, mauern 建造,浇灌,铺筑,砌筑地基〉: *Die Kathedrale brannte bis auf die Fundamente ab* 大教堂被彻底烧毁 ‖ K-: **Fundament-**, **-platte** ‖ -K (复合): **Beton-** **2.** e-e (geistige od. materielle) Grundlage, auf der etw. aufgebaut ist od. wird 基础,根基 ≈ Grundlage 〈ein F. legen 奠定基础; an den Fundamenten rütteln, etw. in seinen Fundamenten erschüttern 震撼基础,动摇某物的根基〉: *Mit dieser Ausbildung legst du dir ein gutes F. für deinen späteren Beruf* 经过这次进修,你将为自己今后的工作打下良好的基础

fun·da·men·tal *Adj* (形); *geschr* [书] ≈ grundlegend, wesentlich 〈e-e Erkenntnis, ein Irrtum, ein Unterschied *o.Ä.* 认识,错误,区别等〉: *Die Entdeckung des Penicillins war von fundamentaler Bedeutung* 青霉素的发现具有十分重要的意义

Fun·da·men·ta·lis·mus *der*; *-*; *nur Sg*, *geschr* (只用单数)[书]; e-e Bewegung, die fordert, dass sich ihre Anhänger exakt an den ursprünglichen Inhalt e-r religiösen od. politischen Lehre halten 原教旨主义 ‖ *hierzu* (派生) **Fun·da·men·ta·list** *der*; *-en*, *-en*; **Fun·da·men·ta·lis·tin** *die*; *-*, *-nen*; **fun·da·men·ta·lis·tisch** *Adj* (形)

Fund·amt *das*; *bes* Ⓐ 尤用于[奥]≈ Fundbüro

Fund·bü·ro *das*; *mst Sg* (多用单数); e-e Behörde, bei der man gefundene Gegenstände abgeben bzw. verlorene Gegenstände abholen kann 拾物招领处

Fund·gru·be *die*; *nur Sg* (只用单数); **e-e F.** (**für etw.** (*Kollekt od Pl* 集合或复数)) etw., das etw. Wertvolles od. Begehrtes in großer Zahl enthält 宝库,藏有大量珍品的地方: *Dieses Antiquitätengeschäft ist e-e wahre F. für alte Puppen* 这家古玩店是老式木偶的真正宝库

Fun·di *der*; *-s*, *-s*; *gespr* [口]; ein fundamentalistisches Mitglied der Partei der Grünen (德国)绿党的基干成员

fun·diert *Adj* (形) **1.** mit e-r gesicherten, soliden Grundlage 有牢固基础的,基础深厚的: *Seine Aussagen sind wissenschaftlich f.* 他的见解是具有牢固科学基础的; *Er verfügt über ein fundiertes Wissen* 他具有扎实的知识 **2.** finanziell abgesichert 有资金保障的,有(资金)担保的: *ein gut fundiertes Unternehmen* 资金雄厚的企业; *ein fundierter Kredit* 有(资金)担保的贷款 ‖ *hierzu* (派生) **Fun·die·rung** *die*

fün·dig *Adj* (形); *ohne Steigerung*, *nicht adv* (无变级,不作状语) **1.** **f. werden** bei der Suche nach *z.B.* Öl, Kohle, Erzen, Gold erfolgreich sein 成功地找到矿藏,发现矿藏: *Erst nach mehreren Bohrungen wurde die Ölgesellschaft f.* 石油公司经过多次钻探才找到矿藏 **2.** **f. werden** durch intensives Suchen etw. entdecken (经努力寻找)发现,找到所寻找的东西: *Auf der Suche nach alten Dokumenten ist er im Archiv f. geworden* 他在档案馆中发现了要找的旧文献

Fun·dus *der*; -, -; *mst Sg*（多用单数）**1.** *Kollekt*（集合）; alle Kostüme, Requisiten u. Bühnendekorationen *z.B.* e-s Theaters od. Filmateliers（戏剧、电影的）服饰道具 ‖ -K（复合）: ***Kostüm-, Theater-*** **2.** ***ein F. von/an etw.*** (*Dat Pl* 三格复数) *geschr* [书]; *mst* das gesamte Wissen od. die Fähigkeiten, die j-d erworben hat（知识或能力方面的）基础,根底,功底: *ein reicher F. von/an Erfahrungen* 丰富扎实的经验 ‖ -K（复合）: ***Wissens-***

F

fünf *Zahladj*（数形）;（als Ziffer）5 五,伍; ↑ ***Anhang***（5）附录（五）‖ NB（注意）: Gebrauch ↑ *Beispiele unter* 用法、用例见 ***vier*** ‖ ID [谚] ***f. gerade sein lassen*** *gespr* [口]; etw. nicht so genau nehmen 不认真计较,不苛求

Fünf *die*; -, *-en* **1.** die Zahl 5 五,伍 **2.** j-d/etw. mit der Nummer 5（指人/物）5 号,5 路,5 站台等 **3.** e-e sehr schlechte Schulnote (auf der Skala von 1-6), mit der man e-e Prüfung nicht (mehr) bestanden hat 5 分(德国中小学实行六分制,1 分为最高分,5 分为不及格) ≈ mangelhaft: *Sie hat in der letzten Probe e-e F. geschrieben* 她在最后一次测验中得了个 5 分

Fün·fer *der*; *-s*, -; *gespr* [口] **1.** ≈ Fünf **2.** fünf richtige Zahlen im Lotto (mit denen man e-n relativ hohen Preis gewinnt)（在彩票抽奖时）中彩的 5 个数字 **3.** *hist* [历]; ein Fünfpfennigstück 五芬尼的硬币

fünf·hun·dert *Zahladj*（数形）;（als Zahl）500 五百,伍佰

Fünf·hun·der·ter *der*; *gespr* [口]; ein Geldschein im Wert von 500 Euro *o.Ä.* 500 欧元的纸币

Fünf·pro·zent|hür·de *die*; Ⓓ [德] die Grenze von 5% der Stimmen, die e-e Partei erreichen muss, um in den Bundestag od. Landtag zu kommen 百分之五的界线(德国选举法规定,一个政党所得的选票少于百分之五,就不能在议会中占有席位): *Die Partei scheiterte an der F.* 这个政党因所得选票没有达到百分之五而失败

fünft *nur in* 只用于 ***zu f.*** (mit) insgesamt 5 Personen 五个人一起,总共五个人: *Wir sind zu f.* 我们一起是五个人; *zu f. am Tisch sitzen* 五个人一起坐在桌旁

fünf·t- *Zahladj*（数形）; *nur attr*, *nicht adv*（只作定语,不作状语）**1.** in e-r Reihenfolge an der Stelle fünf 第五位的,（顺序）第五个 ≈ 5. ‖ NB（注意）: Gebrauch ↑ *Beispiele unter* 用法、用例见 ***viert-*** **2.** ***der fünfte Teil*** (***von etw.***) 第五部分,五分之一 ≈ ⅕

Fünf·ta·ge|wo·che *die*; e-e Arbeitszeit von fünf Tagen in der Woche 每周五天工作制

fünf·tau·send *Zahladj*（数形）;（als Zahl）5000 五千,伍仟

fünf·tel *Adj*（形）; *nur attr*, *indeklinabel*, *nicht adv*（只作定语,词形不变,不作状语）; den 5 Teil e-s Ganzen bildend 五分之一的 ≈ ⅕

Fünf·tel *das*; *-s*, -; der fünfte Teil e-s Ganzen 五分之一: *ein F. des Vermögens erben* 继承五分之一的财产

fünf·tens *Adv*（副）; verwendet bei e-r Aufzählung, um anzuzeigen, dass etw. an 5 Stelle kommt 第五

fünf·zehn *Zahladj*（数形）;（als Zahl）15 十五,拾伍; ↑ ***Anhang***（5）附录（五）

fünf·zehnt *nur in* 只用于 ***zu f.*** (mit) insgesamt 15 Personen 15 人一起,总共 15 人

fünf·zehn·t- *Zahladj*（数形）; *nur attr*, *nicht adv*（只作定语,不作状语）**1.** in e-r Reihenfolge an der Stelle 15（顺序）第 15 个,第 15 位的 ≈ 15. **2.** ***der fünfzehnte Teil*** (***von etw.***) 第 15 部分,十五分之一 ≈ 1/15

fünf·zig *Zahladj*（数形）; **1.** (als Zahl) 50 五十,伍拾; ↑ ***Anhang***（5）附录（五）**2.** ***Anfang, Mitte, Ende f. sein*** ungefähr 50 bis 53, 54 bis 56,57 bis 59 Jahre alt sein 五十出头,五十五、六,五十大几(快六十)

Fünf·zig *die*; -, *-en*; *mst Sg*（多用单数）**1.** die Zahl 50,五十,伍拾 **2.** j-d/etw. mit der Zahl/Nummer 50（指人/物）50 号,50 路等

fünf·zi·ger *Adj*（形）; *nur attr*, *indeklinabel*, *nicht adv*（只作定语,词形不变,不作状语）; die zehn Jahre (e-s Jahrhunderts od. Menschenlebens) von 50bis 59betreffend 50 年代的,50 岁开外的: *ein Mann in den/seinen Fünfzigern*: 一个五十岁开外的男子; *in den f. Jahren des vorigen Jahrhunderts* 在上世纪 50 年代 ‖ K-: ***Fünfziger-, -jahre***

Fünf·zi·ger *der*; *-s*, -; *gespr* [口] **1.** j-d, der zwischen 50 u. 59 Jahre alt ist 50 至 59 岁的人,50 开外的人 ‖ -K（复合）: ***End-, Mitt-*** **2.** *hist* [历]; ein Fünfzigpfennigstück 50 芬尼的硬币 ‖ *zu*（义项）**1.** **Fünf·zi·ge·rin** *die*; -, *-nen*

fünf·zigs·t- *Zahladj*（数形）; *nur attr*, *nicht adv*（只作定语,不作状语）**1.** in e-r Reihenfolge an der Stelle 50 第 50 位的,（顺序）第 50 个 ≈ 50. **2.** ***der fünfzigste Teil*** (***von etw.***) 第 50 部分,五十分之一 ≈ 1/50.

fun·gie·ren [-ŋ'giː-]; *fungierte*, *hat fungiert*; [Vi]（不及物）***als etw. f.*** *geschr* [书]; e-e bestimmte Aufgabe erfüllen 担任…职务,执行…任务〈als Fremdenführer, Sanitäter, Schiedsrichter f. 担任导游、卫生员、裁判〉

Funk *der*; *-s*; *nur Sg*（只用单数）**1.** die (drahtlose) Übermittlung von Informationen durch elektromagnetische Wellen 无线电(技术),无线电通讯,无线电广播〈etw. über F. anfordern, mitteilen 通过无线电通讯请求、通知某事〉: *über F. erreichbar sein*, *über F. Hilfe herbeirufen* 用无线电通讯可以联系上,通过无线电通讯呼救 **2.** e-e Anlage für den F.（1）无线通讯设备,无线电收音机,无线广播电台: *Der Rotkreuzwagen ist mit F. ausgerüstet* 红十字会的汽车装有无线通讯设备 **3.** ≈ Rundfunk: *F. u. Fernsehen* 无线广播与电视 ‖ -K（复合）: ***Hör-*** ‖ NB（注意）: *mst* ohne Artikel verwendet（多不带冠词）

Fun·ke *der*; *-ns*, *-n* **1.** ein glühendes Teilchen, das von e-m brennenden od. heftig geriebenen Gegenstand wegspringt 火花,火星〈Funken fliegen, glühen, springen über, sprühen, stieben 火花飞舞,闪耀,跳跃,飞溅,飞迸〉: *Wenn man e-e Schere schleift*, *sprühen die Funken* 磨剪刀时会迸发出火星; *Bei dem*

Brand sprangen Funken auf die benachbarten Gebäude über 失火时火星跳到邻近的楼房上 **2.** *mst* 多用 ***keinen F.*** + *Subst*（名词）***haben*** sehr wenig von etw. haben 没有一点儿〈keinen Funken Hoffnung, Anstandsgefühl, Verstand *o.Ä.* haben 没有一点儿希望、礼貌观念、理智等〉: *Er hat keinen Funken Verstand* 他没有一点儿理智 ‖ NB（注意）: *der Funke; den, dem Funken, des Funkens*

fun·keln; *funkelte, hat gefunkelt*; Vi（不及物）**1.** ***etw. funkelt*** etw. wird unregelmäßig, abwechselnd sehr hell u. wieder dunkler（物作主语）闪耀，闪烁，闪闪发光 ≈ etw. glitzert〈ein Edelstein, ein Stern, ein Glas *o.Ä.* 宝石，星，玻璃杯等〉**2.**〈*mst* 多指 j-s Augen 某人的眼睛〉***funkeln*** (***vor etw.*** (*Dat* 三格)) j-s Augen lassen erkennen, dass er sehr wütend *o.Ä.* ist 流露出(…的神情)〈j-s Augen funkeln vor Zorn, Wut, Hass *o.Ä.* 某人露出恼怒、愤怒、仇恨的目光〉

fun·kel·na·gel|neu *Adj*（形）; *nicht adv*（不作状语）, *gespr*［口］; ganz neu u. noch nicht gebraucht 全新的，尚未用过的，崭新的: *ein funkelnagelneues Fahrrad* 一辆崭新的自行车

fun·ken; *funkte, hat gefunkt*; Vt/i（及物/不及物）**1.** (***etw.***) ***f.*** mithilfe von elektromagnetischen Wellen Signale (u. j-m so Informationen) geben 用无线电发报，发出无线电信号〈e-e Nachricht, e-n Notruf, e-e Warnung, Messdaten f. 用无线电发消息，呼救，发出警报，拍发测量数据〉‖ K-（复合）: ***Funk-, -anlage, -einrichtung, -gerät, -kontakt, -meldung, -signal, -sprechgerät, -störung, -technik, -telefon, -verbindung, -verkehr, -zeichen***; Vimp（无人称）**2.** ***bei j-m funkt es / hat es gefunkt*** *gespr*［口］; j-d begreift, versteht etw. / hat etw. begriffen, verstanden 某人(终于)明白，懂得/明白了，领悟了 **3.** ***bei***〈zwei Personen 两个人〉***hat es gefunkt*** *gespr*［口］; zwei Personen haben sich ineinander verliebt 两个人产生了爱情，彼此相爱了

Fun·ken *der*; *-s*; *-* ≈ Funke

Fun·ker *der*; *-s*, *-*; j-d, der (*mst* beruflich) funkt (1) 无线电报务员，无线电机务员，无线电话务员 ‖ -K（复合）: ***Amateur-, Bord-***

Funk·feu·er *das*; e-e Funkstation, die Signale sendet, damit Schiffe od. Flugzeuge ihren Kurs bestimmen können 无线电指向台，无线电航向信标，无线电航标

Funk·spruch *der*; e-e Nachricht, die über Funk weiter gegeben wird 无线电通话，无线电报〈e-n F. auffangen, durchgeben, senden, übermitteln 接收，传达，发出，传送无线电报〉

Funk·stil·le *die* **1.** die Situation, in der es keinen Kontakt zwischen den Funkern gibt 无线电停止联络，无线电静寂时间 **2.** e-e Pause zwischen zwei Rundfunksendungen 无线广播电台停播时间 ‖ ID［谚］***bei j-m herrscht*** (***gerade***) ***F.*** *gespr*［口］; j-d ist gerade unkonzentriert u. begreift nichts 某人心不在焉而茫然不解; ***es herrscht F.*** *gespr*［口］; (nach e-m Streit *o.Ä.*) haben *mst* zwei Personen keinen Kontakt miteinander（多指两个人争吵后）断绝往来

Funk·strei·fe *die*; ein Auto (od. Motorrad) der Polizei, das per Funk mit e-r Zentrale verbunden ist 有无线电装备的警察巡逻车（汽车或摩托车）: *Nachts fährt die F. regelmäßig durch das Hafenviertel* 警车每晚在港区按时巡逻 ‖ K-（复合）: ***Funkstreifen-, -wagen***

Funk·ti·on [-ˈtsioːn] *die*; *-*, *-en* **1.** der Zweck, den j-d/etw. innerhalb e-s Systems erfüllt 作用，角色 ≈ Rolle² (2): *Die Figur in diesem Roman hat e-e tragende, wichtige F.* 这部长篇小说中的这个人物是个关键的、重要的角色; *Hat dieser Knopf hier an der Maschine e-e bestimmte F.?* 这里的这个电钮在机器上有什么特定的作用吗? ‖ -K（复合）: ***Schutz-, Überwachungs-*** **2.** das Amt (1), die Stellung, die j-d in e-r Organisation, *z.B.* e-r Partei, hat 职务 ≈ Aufgabe〈e-e hohe, leitende F. ausüben, bekleiden 行使，担任高级的，领导人的职务〉: *Er hat in der Gewerkschaft die F. des Vorsitzenden inne* 他在工会担任主席职务 **3.** *nur Sg*（只用单数）; die Aufgabe e-s Teils, *z.B.* e-s Körperorgans od. e-r Maschine, in e-m System 功能，机能，官能，职能 ≈ das Funktionieren: *die F. des Herzens überprüfen* 检查心脏的功能 ‖ K-（复合）: ***Funktions-, -störung*** ‖ -K（复合）: ***Drüsen-, Körper-, Leber-*** **4.** ***etw. ist in/außer F.*** e-e Maschine, e-e Anlage *o.Ä.* arbeitet/arbeitet nicht 某物(机器、设备等)正在/没有运转: *Das Kernkraftwerk war wegen e-r technischen Panne drei Wochen lang außer F.* 核电站由于技术故障有三周没有运转 **5.** ***etw. außer F. setzen*** ADM *geschr*【管理】[书]; bewirken, dass etw. nicht weiterarbeiten, nicht weiter wirksam sein kann 使…停止运转 ↔ in Betrieb nehmen: *e-e technische Anlage außer F. setzen* 使技术设备停止运转 **6.** ***etw. tritt in F.*** ADM *geschr*【管理】[书]; *bes* ein technischer Apparat fängt an zu arbeiten, wird aktiv（物作主语）开始运转: *Im Falle e-s Stromausfalls tritt die Notbeleuchtung in F.* 一旦停电，应急照明设备就开始工作 **7.** MATH【数】; e-e Größe, die von einer od. mehreren veränderlichen Größen abhängt (wobei man die Abhängigkeit durch e-e Kurve darstellen kann) 函数: *e-e F. mit zwei Variablen* 二元函数 ‖ -K（复合）: ***Hyperbel-, Sinus-, Tangens-*** ‖ *zu*（义项）**3.** **funk·ti·ons·fä·hig** *Adj*（形）; *nicht adv*（不作状语）; *zu*（义项）**1.** **funk·ti·ons·ge·recht** *Adj*（形）

funk·ti·o·nal *Adj*（形）; *nur attr od adv*, *geschr*（只作定语或状语）[书]; e-r bestimmten Funktion (1) entsprechend 职能的，按功能的: *Diese Abteilung unseres Betriebs bildet e-e funktionale Einheit* 我们企业的这个科室是一个职能单位; *Die Architekten haben das Bürohaus f. gestaltet* 建筑师们按功能设计建造了这座办公大楼 ‖ *hierzu*（派生）**Funk·ti·o·na·li·tät** *die*; *-*; *nur Sg*（只用单数）

Funk·ti·o·när *der*; *-s*, *-e* **1.** ein Mitglied e-r

F

Partei, Gewerkschaft, Organisation *o.Ä.*, das e-e wichtige Aufgabe od. Funktion (2) hat 机关工作人员，干部〈ein führender, hoher F. 领导干部，高级干部〉‖ -K（复合）：**Gewerkschafts-**，**Partei-** **2**. *hist*（*DDR*）［历（民德）］；ein leitender Angestellter od. unbezahlter Mitarbeiter des Staates, e-r Partei od. Wirtschaftsorganisation, der gewählt wurde（国家党、政、经方面的）领导，干部 ‖ *hierzu*（派生）**Funk·ti·o·nä·rin** *die*; -, *-nen*

funk·ti·o·nell *Adj*（形）；*mst attr od adv*, *geschr*（多作定语或状语）［书］**1**. in e-r bestimmten Funktion (1) wirksam 起作用的，有效的，实用的 ≈ zweckbestimmt: *Der Arbeitsablauf folgt funktionellen Prinzipien* 工作程序遵循有效的原则进行 **2**. in Bezug auf die Leistung e-s bestimmten (Körper) Organs 机能的，功能的：*Seine Probleme mit dem Herzen sind funktioneller, nicht organischer Natur* 他的心脏问题是功能性的，非器质性的

funk·ti·o·nie·ren; *funktionierte*, *hat funktioniert*; **Vi**（不及物）**1**. ***etw. funktioniert*** etw. erfüllt seinen Zweck, seine Funktion (1)（物作主语）正常运转，正常工作，起作用：*Der Aufzug ist repariert, jetzt funktioniert er wieder* 电梯修理过了，现在又正常运转了；*Seine Nieren funktionieren nicht mehr richtig* 他的肾脏功能不正常 **2**. ***etw. funktioniert*** etw. läuft ohne größere Probleme u. Fehler ab（物作主语）正常进行：*Die Organisation der Sportveranstaltung funktionierte reibungslos* 运动会的组织工作进行得很顺利

Funk·turm *der*; ein sehr hoher Turm, über den Radio- u. Fernsehprogramme, Funksignale *usw* übermittelt werden 无线电铁塔，电视塔

Fun·zel *die*; -, *-n*; *gespr pej*［口］［贬］；e-e Lampe, die nur schwaches Licht gibt 光线暗淡的灯

für *Präp*（介）；*mit Akk*（支配四格）**1**. verwendet zur Angabe des Ziels, des Zwecks, der Bestimmung od. des Nutzens 为了（一定的目的、用途）：*für etw. sparen* 为某事而储蓄，积攒；*sich für j-n einsetzen* 为某人出力，替某人说话；*Das Geschenk ist für dich* 这件礼品是给你的；*e-e Gebrauchsanweisung für den Fernsehapparat* 电视机的使用说明书；*ein Kurs für Fortgeschrittene* 高年级课程、教程；提高班，进修班 **2**. verwendet, um auszudrücken, dass etw. zum Vorteil e-r Person od. Sache geschieht 有利于，赞同，为了 ≈ zugunsten ↔ gegen: *sich für j-n/etw. entscheiden* 选择某人/某物，决定赞成某人/某事；*Er hat bei der Wahl für den Kandidaten der Opposition gestimmt* 在选举中他投了反对党候选人的票；*Die Mutter tut alles für ihren geliebten Sohn* 母亲做的一切都是为了心爱的儿子 **3**. verwendet, um auf den Grund e-r Sache zu verweisen 由于，因为 ≈ wegen: *Der Angeklagte wurde für den Mord hart bestraft* 被告因谋杀罪已受到严惩 **4**. verwendet, um auszudrücken, dass j-d etw. als j-s Vertreter tut 代表，代替 ≈ anstelle von, statt: *Mein Vater hat für mich unterschrieben, weil ich noch nicht volljährig bin* 我父亲代我签了名，因为我还不到法定年龄；*Für den defekten Motor muss ein neuer eingebaut werden* 必须安装一台新的发动机，以代替这台有毛病的 **5**. verwendet, um e-n Vergleich zur Norm auszudrücken（表示与某一标准相比较）对…来说，就…而言：*Für die Jahreszeit ist es viel zu kalt* 对这个季节来说，这是太冷了；*Für e-n Anfänger kannst du das schon sehr gut* 对新手来说你这一点已经做得很好 **6**. verwendet, um den Preis od. Wert e-r Sache anzugeben 花，用（钱），按…价：*Er hat sich ein Auto für 20000 Euro gekauft* 他花 20000 欧元给自己买了一辆汽车 **7**. verwendet, um auf e-n Zeitpunkt od. e-e zeitliche Dauer zu verweisen 在…时候，期限为：*die Party ist für nächsten Samstag geplant* 聚会计划在下周六举行；*Er ist für drei Wochen verreist* 他外出三周；*Er hat e-n Mietvertrag für fünf Jahre unterschrieben* 他签了一份为期五年的租房合同 **8**. verwendet zwischen zwei gleichen Substantiven, um auszudrücken, dass die Aussage auf alle genannten Dinge ohne Ausnahme zutrifft（连接两个相同的名词）相继，逐一，接：*Sie wartete Tag für Tag* (= jeden Tag) *auf e-n Brief von ihm* 她一天天地等他的来信；*Der Staatsanwalt hat das wichtige Dokument Seite für Seite* (= ganz genau) *überprüft* 检察官逐页审阅这份重要文件；*etw. Wort für Wort* (= ganz gründlich) *lesen* 逐字逐句阅读某物 **9**. verwendet (*mst* in Verbindung mit Adjektiven), um auf e-e Person/Sache zu verweisen, der damit e-e bestimmte Eigenschaft zugeschrieben wird（多与形容词连用，表示认为某人/某物具有一种特性）：*j-n für intelligent, für e-n großen Künstler halten* 认为某人聪明，把某人看作大艺术家；*j-n für tot erklären lassen* 让宣布某人死亡；*etw. für sinnvoll ansehen* 认为某事有意义 **10**. verwendet bei bestimmten Verben, Adjektiven u. Substantiven, um deren Ergänzungen anzuschließen（与某些动词、形容词、名词连用，作它们的补足语）：*sich für Fußball interessieren* 对足球感兴趣；*sich für e-e bestimmte Idee einsetzen* 提出（支持）某种主张；*für e-e Arbeit besonders geeignet sein* 特别适合于某种工作；*seine Begeisterung für den Sport* 他对体育的热情；*für j-n sorgen* 关心（照顾）某人 **11**. *gespr*［口］；verwendet, um auszudrücken, dass ein schlimmer Zustand *o.Ä.* durch ein Mittel bekämpft wird（表示用途）对付，治疗 ≈ gegen[1] (9): *ein Medikament für Kopfschmerzen* (= ein Medikament, das Kopfschmerzen lindert) 头痛药；*Wasser für den Durst* (= Wasser gegen den Durst) 解渴的水 **12**. **für 'sich** ≈ allein〈für sich bleiben, leben, wohnen 独自留下，单独生活、居住〉‖ ID［谚］**das Für u. Wider**（**e-r Sache**）*geschr*［书］；Gründe, die für (10) etw., u. Gründe, die gegen[1] (4) etw. sprechen 赞同和反对的理由，有利有弊

Für·bit·te *die*; **F.**（**für j-n**）*geschr*［书］；e-e

Bitte od. ein Gebet für j-d anderen（代人）请求，说情，祈祷〈F. für j-n einlegen 为某人说情〉：*Der Gottesdienst schließt mit e-r F. für die Kranken ab* 礼拜仪式以为病人祈祷而结束

Fur·che *die*；-，-*n* **1.** e-e Art schmaler Graben, wie ihn ein Pflug *o. Ä.* im Boden macht 沟，垄沟〈e-e breite, tiefe F. 一条宽的，深的沟；Furchen ziehen 犁沟，开沟〉‖ -K（复合）：***Acker-***，***Boden-*** **2.** *geschr*［书］；e-e tiefe Falte im Gesicht e-s Menschen（脸上的）皱纹

Furcht *die*；-；*nur Sg*（只用单数）；**F.（*vor j-m/etw.*）** *geschr*［书］；das Gefühl, das man vor bevorstehendem Schmerz od. drohender Gefahr empfindet 害怕，惧怕，恐惧，畏惧 ≈ Angst（1）〈aus F. vor j-m/etw. 因惧怕某人/某物；F. vor der Einsamkeit, vor dem Tod haben 害怕孤独，怕死；ganz ohne F. sein 毫无惧色；j-d wird von F. ergriffen 某人感到恐惧；j-n in F. versetzen 使某人感到害怕；vor F. blass werden, zittern 吓得脸色发白，吓得发抖；F. u. Schrecken verbreiten 散布恐惧情绪〉：*Die Kinder versteckten sich aus F. vor Strafe* 孩子们因为害怕处罚而躲起来 ‖ ID［谚］***zwischen F. u. Hoffnung schweben*** in e-m Zustand der Angst u. Ungewissheit sein, bis sich etw. geklärt hat 祸福难测，吉凶未卜；***keine F. kennen*** sehr mutig sein 无所畏惧

furcht·bar *Adj*（形）**1.** *nicht adv*（不作状语）；so（beschaffen），dass es Furcht, Schrecken erregt 可怕的，令人恐惧不安的，令人生畏的 ≈ schrecklich, entsetzlich〈e-e Ahnung, e-e Katastrophe, ein Traum, ein Verbrechen, ein Verdacht 预感，灾难，梦，罪行，嫌疑〉：*Etwas Furchtbares ist passiert* 发生了十分可怕的事情；*Der Sturm kam mit furchtbarer Gewalt* 风暴以可怕的威力袭来 **2.** *nicht adv*, *gespr*（不作状语）［口］；sehr unangenehm 令人极其不快的，很难受的 ≈ schlimm：*Der Straßenlärm ist f.* 大街上的噪音令人难受；*Er hat e-e furchtbare Migräne* 他患了非常难受的偏头痛 **3.** *nur adv*, *gespr*（只作状语），［口］；verwendet, um（*mst* negative）Adjektive, Verben od. Adverbien zu verstärken（用来加强形容词、动词或副词的语气）十分，极其，非常，很 ≈ sehr：*Ich muss gehen – es ist schon f. spät* 我得走了——现在已经非常晚了；*Es regnet f.* 雨下得大极了；*Er ärgert sich f.* 他十分恼火；*Er ist f. erschrocken* 他被吓得够呛；*ein f. aufregender Film* 一部极为激动人心的影片；*Sie ist f. nett zu mir* 她对我好极了

fürch·ten；*fürchtete*, *hat gefürchtet*；[Vt]（及物）**1.** ***j-n/etw. f.*** Angst, Furcht vor e-r Person, e-r Institution od. etw. fühlen 怕，害怕〈die Armut, den Tod, e-n Verlust f. 害怕贫穷、死亡、亏损；den Feind, die Polizei f. 怕敌人、警察〉：*ein gefürchteter Verbrecher, Richter* 一个可怕的罪犯、法官 **2.** ***j-n f.*** *veraltend*［渐旧］；Ehrfurcht vor j-m haben 敬畏，崇敬〈Gott, die Götter f. 敬畏上帝、众神〉**3.** ***f.*，（*dass*）...；*f.* + *zu* +** *Infinitiv*（不定式）≈ befürchten：*Sie fürchtete, dass sie ihren Job verlieren würde* 她担心失去自己的工作；*Er fürchtet, e-m Attentat zum Opfer zu fallen* 他担心成为谋杀的牺牲品；*Ich fürchte*（= ich glaube leider），*das stimmt* 我看这恐怕是对的；[Vi]（不及物）**4.** ***für/um j-n/etw. f.*** wegen e-r Person/Sache in großer Sorge sein 为…担心，为…担忧〈um seine Gesundheit, sein Leben, seinen Besitz f. 为自己的健康、自己的生活、自己的财产担忧〉[Vr]（反身）**5.** ***sich f.*** von Angst, Furcht erfüllt sein 感到害怕 ≈ sich ängstigen（2）：*Das Kind fürchtet sich im Dunkeln* 这个孩子在黑暗中感到害怕 **6.** ***sich*（*vor j-m/etw.*）*f.*** Angst, Furcht vor e-r Person/Sache fühlen 害怕，担心：*sich vor Hunden, vor dem Wasser f.* 他怕狗、水；*Er fürchtet sich* davor, *ausgelacht* zu *werden* 他怕被人嘲笑

fürch·ter·lich *Adj*（形）**1.** so（beschaffen），dass es Angst u. Entsetzen hervorruft 可怕的，令人心惊胆战的 ≈ furchterregend〈ein Erlebnis, e-e Rache, ein Unglück 经历，报复，不幸〉**2.** *nicht adv*（不作状语）*gespr*［口］；sehr unangenehm, sehr stark 令人十分难受的，极其讨厌的，极为可怕的，非常厉害的：*e-e fürchterliche Hitze, fürchterliche Schmerzen, ein fürchterliches Durcheinander* 酷热，剧痛，极度混乱 **3.** *nur adv*, *gespr*（只作状语）［口］；verwendet, um Adjektive, Adverbien od. Verben zu verstärken（用来加强形容词、副词或动词的语气）非常，极其，十分 ≈ sehr：*Er ist f. groß* 他非常高大；*Sie hat sich f. gefreut* 她高兴极了

furcht·los *Adj*（形）；ohne Furcht 无所畏惧的，勇敢的 ≈ mutig ↔ furchtsam〈ein Auftreten, e-e Haltung, ein Mensch 举止，态度，人；f. handeln, für j-n/etw. f. eintreten 大胆行动，勇敢地支持某人/某事〉‖ *hierzu*（派生）**Furcht·lo·sig·keit** *die*；*nur Sg*（只用单数）

furcht·sam *Adj*（形）；sehr leicht zu erschrecken u. von Angst（1），Furcht erfüllt 胆怯的，畏首畏尾的，胆小怕事的 ≈ ängstlich ↔ furchtlos〈ein Charakter, ein Kind, ein Wesen 性格，孩子，本性〉‖ *hierzu*（派生）**Furcht·sam·keit** *die*；*nur Sg*（只用单数）

für·ein·an·der *Adv*（副）；eine Person/Sache für die andere（drückt e-e Gegenseitigkeit aus）彼此，相互（为对方）：*Sie leben f.*（= Sie lebt nur für ihn, u. er nur für sie）他们彼此为对方而活着

Fu·rie [ˈfuːriə] *die*；-，-*n* **1.** e-e Göttin der römischen Mythologie, die Rache übt u. Furcht u. Schrecken verbreitet（罗马神话中的）复仇女神 **2.** *pej*［贬］；e-e Frau, die immer wütend ist u. schimpft 泼妇，母老虎 ‖ ID［谚］***wie von Furien gejagt*** in großer Panik 犹如被复仇女神追逐而仓惶逃窜；***wie e-e F.*** sehr wütend 像泼妇一样

fu·ri·os [fuˈrioːs] *Adj*（形）；begeisternd, mitreißend 扣人心弦的，吸引人的，激动人心的：*ein furioses Finale, ein furioser Auftakt, Endspurt* 激动人心的决赛、序曲、冲刺

Fur·nier *das*；-*s*，-*e*；e-e sehr dünne Schicht（*mst* aus wertvollem Holz），die oft die Oberfläche der Möbel bildet（u. auf einfaches Holz od. Kunststoff geklebt ist）贴面板，胶合板，层板 ‖ K-（复合）：***Furnier-***，

F

-holz ‖ K-（复合）：***Buchen-***，***Eichen-***，***Kunststoff-*** ‖ *hierzu*（派生）**fur·nie·ren**（*hat*）*Vt*（及物）

Fu·ro·re *die*；-；*nur Sg*（只用单数）；*mst* 多用 ***j-d macht***（***mit etw.***）***F.*** / ***etw. macht F.*** j-d/etw. hat sehr großen Erfolg, erregt Aufsehen 某人/某事引起轰动，获得巨大成就：*Mit ihrem neuen Mantel machte sie F.* 她的新大衣曾经轰动一时；*Seine neuen Entdeckungen in der Physik werden bald F. machen* 他在物理学领域的新发现不久将会引起轰动

fürs *Präp mit Artikel*（介词与冠词合写）≈ für das：*ein Foto f. Album* 适合于装相册的照片 ‖ NB（注意）：*fürs* kann nicht durch *für das* ersetzt werden in der Wendung *fürs Erste*（惯用语fürs Erste（暂时）中的 fürs 不能用 für das 来替代）

Für·sor·ge *die*；*nur Sg*（只用单数）**1.** das persönliche Bemühen um j-n, der Hilfe braucht 关心，帮助，照顾〈die elterliche, e-e freundschaftliche, e-e liebevolle F. 父母的、友好的、充满爱心的关怀〉：*Das behinderte Kind braucht besondere F.* 残疾儿童需要特殊照顾 ‖ K-（复合）：***Fürsorge-***，***-pflicht*** **2.** die Hilfe, die der Staat für Menschen in Not organisiert 社会福利，国家救济：*von der öffentlichen F. e-e Unterstützung bekommen* 从社会福利中得到援助 ‖ K-（复合）：***Fürsorge-***，***-amt***，***-arzt***，***-einrichtung***，***-erziehung***，***-tätigkeit*** ‖ -K（复合）：***Sozial-*** **3.** das Geld, das das Sozialamt als finanzielle Hilfe（für besonders Bedürftige）zahlt 社会救济金〈F. beantragen 申请社会救济金〉：*Er muss von der F. leben* 他不得不靠社会救济款生活 ‖ K-（复合）：***Fürsorge-***，***-empfänger***，***-leistung***

für·sorg·lich *Adj*（形）；liebevoll darum bemüht, dass es j-d anderem gut geht 亲切关怀的，关心的：*Sie deckte das schlafende Kind f. zu* 她关怀备至地给睡觉的孩子盖好被子 ‖ *hierzu*（派生）**Für·sorg·lich·keit** *die*；*nur Sg*（只用单数）

Für·spra·che *die*；*nur Sg*（只用单数）；der Einsatz, das Eintreten e-r einflussreichen Person für j-n bei e-r anderen Person od. e-m Gremium 讲情，说情，说好话〈bei j-m für j-n F. einlegen 在某人处为某人说情〉：*Dank der F. seines Lehrers wurde er nicht von der Schule verwiesen* 多亏老师说情，他才没被学校开除

Für·sprech *der*；*-s*，*-e*；Ⓒⓗ［瑞］≈ Rechtsanwalt

Für·spre·cher *der* **1.** j-d, der sich für j-n bei e-m Dritten einsetzt od. der j-s Wünsche e-m Dritten gegenüber unterstützt 代言人，说情者〈j-n als F. haben 他有某人替他说话；in j-m e-n（einflussreichen, mächtigen）F. finden 发现某人是（有影响的、有力的）代言人〉：*Er ist ein F. der Unterdrückten* 他是受压迫者的代言人 **2.** j-d, der sich für e-e Sache einsetzt 支持者，致力于…者 ≈ Förderer ‖ *hierzu*（派生）**Für·spre·che·rin** *die*

Fürst *der*；*-en*，*-en* **1.** ein Adelstitel（贵族称号）侯爵，诸侯，王公：*F. Rainier von Monaco* 赖尼尔·封·摩纳哥侯爵 **2.** ein Mitglied des höchsten Adels（贵族成员）侯爵，诸侯，王公贵族：*Alle Fürsten, Herzöge u. Grafen hatten sich am Hof des Königs versammelt* 所有侯爵、公爵和伯爵在国王的宫廷里聚会 ‖ K-（复合）：***Fürsten-***，***-geschlecht***，***-gruft***，***-hof*** ‖ -K（复合）：***Landes-*** **3.** ≈ Herrscher：*Kürzlich wurde das Grab e-s keltischen Fürsten entdeckt* 不久前发现了一座凯尔特酋长的墓 ‖ NB（注意）：*der Fürst*；*den*，*dem*，*des Fürsten* ‖ *zu*（义项）**1.** u. **2.** **Fürs·tin** *die*；-，*-nen*

Fürs·ten·tum *das*；*-s*，*Fürs·ten·tü·mer*；ein Land, das von e-m Fürsten regiert wird 公国，侯爵领地，侯国：*das F. Monaco* 摩纳哥公国

fürst·lich *Adj*（形）**1.** *nur attr*，*ohne Steigerung*，*nicht adv*（只作定语，无变级，不作状语）；(zu) e-m Fürsten gehörend 侯爵的，王侯的〈e-e Residenz, ein Wappen 官邸，徽章；die Familie, die Ahnen, e-e Herkunft 家庭，祖先，出身〉**2.** in großer Menge u. hoher Qualität 丰盛的，优厚的，丰富的 ≈ reichlich ↔ ärmlich〈e-e Bewirtung, ein Gehalt 招待，薪水；f. speisen 吃得很丰盛；j-n f. bewirten 丰盛地款待某人〉

Furt *die*；-，*-en*；e-e Stelle in e-m Fluss, an der das Wasser so niedrig ist, dass man hindurchgehen od. -fahren kann 河滩，浅滩〈e-e F. durchqueren 走过河滩，驶越河中浅滩〉

Fu·run·kel *der/das*；*-s*，-；ein großer Pickel auf der Haut, der stark entzündet u. mit Eiter gefüllt ist 疖子，脓疱

Für·wort *das*；*-es*，*Für·wör·ter* ≈ Pronomen〈ein persönliches, besitzanzeigendes, rückbezügliches F. 人称代词，物主代词，反身代词〉

Furz *der*；*-es*，*Für·ze*；*vulg*［俗］；Gase, die（laut）aus dem Darm durch den After entweichen 屁〈e-n F. lassen 放屁〉‖ *hierzu*（派生）**fur·zen**（*hat*）*Vi*（不及物）；*vulg*［俗］

Fu·sel *der*；*-s*，-；*mst Sg*，*gespr pej*（多用单数）［口］［贬］；Schnaps von schlechter Qualität 劣质烧酒

Fu·si·on [fuˈzi̯oːn] *die*；-，*-en* **1.** die Vereinigung von zwei od. mehreren Firmen, Banken *o. Ä.* zu e-m größeren Unternehmen 合并，联合 ‖ K-（复合）：***Fusions-***，***-verhandlungen***，***-vertrag*** **2.** PHYS【物】；das Verschmelzen von zwei Atomkernen, um Energie zu erzeugen（原子核）聚变 ↔ Spaltung ‖ K-（复合）：***Fusions-***，***-reaktor*** ‖ -K（复合）：***Kern-*** ‖ *zu*（义项）**1.** **fu·si·o·nie·ren**（*hat*）*Vi*（不及物）

Fuß[1] *der*；*-es*，*Fü·ße* **1.** der unterste Teil des Beines, auf dem Menschen u. Wirbeltiere stehen 脚，足〈mit bloßen Füßen 赤着脚；kalte Füße haben 脚冷；j-m（versehentlich）auf den Fuß treten（不小心）踩了某人的脚〉：*angeschwollene, breite, zierliche Füße haben* 有一双肿胀的、宽大的、纤巧的脚；*Er hat sich beim Sport den Fuß verstaucht, gebrochen* 他在体育运动中扭伤了、折断了自己的脚 ‖ K-（复合）：***Fuß-***，***-abdruck***，***-pflege***，***-schweiß*** ‖ NB（注

意）：Anstatt *Fuß* sagt man bei Katzen, Hunden *usw Pfote*, bei Kühen, Pferden *usw Huf*, bei Bären, Löwen *usw Pranke* od. *Tatze*（猫、狗的爪子叫 Pfote，牛、马的蹄子叫 Huf，熊、狮子的爪子叫 Pranke 或 Tatze）**2.** der（*mst* kurze）unterste, tragende Teil e-s Gegenstands（*z.B.* e-s Möbelstücks）, auf dem der Gegenstand steht（家具等的）腿，脚：*die Füße des Schrankes* 柜子的腿；*e-e Lampe mit e-m hölzernen Fuß* 一盏有木质灯座的灯；*Der Fuß des Glases ist abgebrochen* 玻璃杯的腿断了 ‖ -K（复合）：***Bett-***, ***Lampen-***, ***Sessel-*** **3.** *mst Sg*（只用单数）；ein Block aus Stein *o.Ä.*, auf dem *z.B.* e-e Säule od. e-e Statue steht 底座，基座 ≈ Sockel：*der Fuß des Denkmals* 纪念碑的底座 **4.** *gespr*［口］；das Bein bei Tieren mit kurzen Beinen（短脚动物的）脚，足，腿：*Die Eidechse hat vier Füße* 壁虎有四条腿 **5.** *südd* Ⓐ Ⓒⓗ［南德］［奥］［瑞］≈ Bein：*Nimm deine Füße unter meinem Stuhl weg!* 把你伸到我椅子下面的腿挪开！**6.** ***zu F.***（***gehen***）nicht mit e-m Fahrzeug（fahren, sondern gehen）步行：*„Soll ich dich mit dem Auto mitnehmen?" – „Nein danke, ich gehe lieber zu Fuß"* "要我用车子带你去吗？"——"谢谢，不用了，我喜欢走一走"；*Ich bin zu Fuß hier* 我是步行来的；*Die Burg erreicht man nur zu Fuß* 只有步行才能到达城堡 **7.** ***am Fuß(e)*** + *Gen*（二格）；am untersten Punkt, an der Basis, wo *z.B.* ein Berg od. ein Gebäude nach oben ragt 山脚，山麓，（建筑物的）底部，墙根：*Wir standen am Fuß(e) des Eiffelturms u. blickten nach oben* 我们站在埃菲尔铁塔脚下抬头仰望 **8.** ***bei Fuß!*** verwendet als Befehl an e-n Hund, zu seinem Herrn zu kommen（主人对狗的命令）过来，趴下！‖ ID［谚］***sich***（*Dat* 三格）***die Füße vertreten*** *mst* nachdem man lange gesessen hat, ein bisschen hin u. her gehen 活动活动腿脚；***auf eigenen Füßen stehen*** selbständig u. unabhängig（*z.B.* von seinen Eltern）sein 生活自主，独立自主，经济上独立；***auf großem Fuß(e) leben*** verschwenderisch leben, viel Geld ausgeben 花钱大手大脚，过奢侈的生活；（***irgendwo***）（***festen***）***Fuß fassen*** sich nach e-r gewissen Zeit an e-e neue Umgebung gewöhnen（在新环境下）扎下根，站住脚；*mst* 多用 ***mit j-m auf gutem Fuß(e) stehen*** sich gut mit j-m vertragen, ein gutes Verhältnis zu j-m haben 与某人相处融洽，与某人关系良好；***sich auf freiem Fuß befinden*** nicht（mehr）im Gefängnis sein 不再坐牢，出狱；***j-m zu Füßen liegen*** j-n sehr verehren 对某人敬佩得五体投地；***schlecht zu Fuß sein*** *gespr*［口］；nicht ohne Schmerzen, ohne Probleme lange Strecken gehen können 不擅长走路；***gut zu Fuß sein*** keine Probleme beim Gehen haben 擅长走路；***kalte Füße bekommen / kriegen*** *gespr*［口］；ein geplantes Unternehmen aufgeben, weil man plötzlich Angst vor dem Risiko hat 胆怯，害怕，往回缩（指放弃原来的打算）；***j-n / etw. mit Füßen treten*** j-n/ etw. grob verletzen od. missachten 欺负，虐待，看不起某人/践踏，糟蹋某事；***j-m auf den Fuß / die Füße treten*** j-n kränken, beleidigen（感情上）伤害某人，侮辱某人；***immer***（***wieder***）***auf die Füße fallen*** *gespr*［口］；trotz vieler Schwierigkeiten keinen Schaden davontragen 总是化险为夷，转危为安 ‖ NB（注意）：↑ ***Fußbreit*** ‖ ▶ ***leichtfüßig***

Fuß

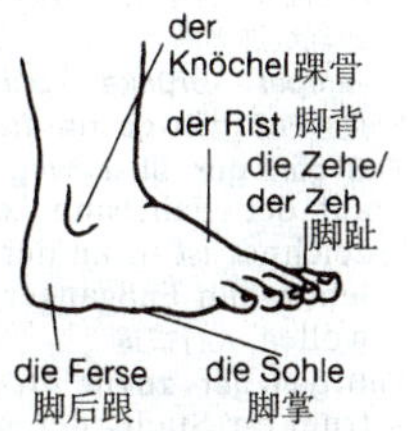

Fuß² *der*; *-es*, *-*; ein Längenmaß, das *bes* in englischsprachigen Ländern verwendet wird 英尺（约合 30 厘米）

Fuß·ab·strei·fer *der*; *-s*, *-*; e-e kleine Matte od. ein Gitter aus Metall vor der Wohnungs- od. Haustür, auf denen man den Schmutz von den Schuhsohlen abstreift（门前的）擦脚垫

Fußball

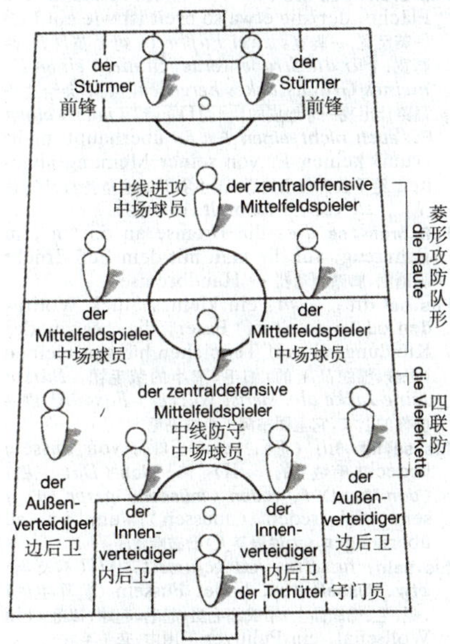

Fuß·ball *der* **1.** *ohne Artikel*（不带冠词）*nur Sg*（只用单数）；ein Ballspiel zwischen zwei Mannschaften aus je elf Spielern, bei dem jede Mannschaft versucht, den Ball mit dem Fuß od. Kopf in das Tor des Gegners zu schießen 足球运动，足球比赛〈F. spielen 踢足球，进行足球比赛〉：*F. ist sein Lieblingssport* 足球是他喜爱的运动 ‖ K-（复合）：***Fußball-***, ***-bundesliga***, ***-fan***, ***-feld***, ***-klub***, ***-match***, ***-(national)mannschaft***, ***-platz***, ***-profi***,

F

-schuh, -spiel, -spieler, -stadion, -star, -tor, -trainer, -verein, -weltmeister, -weltmeisterschaft ‖ zu Fußballschuh ↑ *Abb. unter* 图见 **Schuhe 2.** der Ball aus Leder, der beim F. (1) verwendet wird 足球‖ Abb. Seite 682 图见 682 页

Fuß·bal·ler *der*; *-s*, *-*; *gespr* [口]; j-d, der Fußball spielt 足球运动员 ‖ -K (复合): ***Amateur-, Profi-***

Fuß·bank *die*; *-*, *Fuß·bän·ke*; e-e kleine, niedrige Bank, auf die man beim Sitzen die Füße stellt (踏)脚凳

Fuß·bo·den *der*; die untere waagerechte Fläche *bes* in e-m Haus od. e-m Zimmer, auf der man geht u. auf der Möbel stehen 地板,地面 ↔ Decke ⟨den F. wischen, kehren 擦地板,扫地⟩ ‖ K- (复合): ***Fußboden-, -belag*** ‖ -K (复合): ***Holz-, Stein-***

Fuß·bo·den|hei·zung *die*; e-e Heizung, die sich unter der gesamten Fläche des Fußbodens befindet u. mit geringer Temperatur e-n Raum erwärmen kann 安装在地板下的暖气设施,地暖

Fuß·breit, Fuß breit *der*; *-*, *-*; ein Abstand, e-e Fläche, der/die etwa so breit ist wie ein Fuß 一英尺宽,一脚宽: *zwei Fußbreit* 约 2 英尺宽,两脚宽; *Für die Straße werde ich nicht einen F. meines Grundstückes hergeben!* 我不会给这条马路让出我一寸地皮的! ‖ ID [谚] (***um***) ***keinen F./auch nicht einen F.*** ≈ überhaupt nicht ⟨(um) keinen F. von seiner Meinung abgehen 绝不放弃自己的意见,寸步不让地坚持自己的意见⟩ ‖ *zu* (义项) ***fußbreit*** *Adj* (形)

Fuß·brem·se *die*; die Bremse an od. in e-m Fahrzeug, auf die man mit dem Fuß drückt 脚踏闸,脚踏制动器 ↔ Handbremse

Fus·sel *die*; *-*, *-n*; ein kleines Stück Wollfaden od. e-e (Stoff) Faser, die *bes* an der Kleidung od. auf Teppichen hängen bleiben (呢绒、棉织品上的)细毛,细小的绒毛团: *Bürste deine Jacke ab, sie ist voll(er) Fusseln!* 刷一刷你的上衣,它上面粘满了小绒毛毛

fus·se·lig *Adj* (形); *gespr* [口]; von Fusseln bedeckt 有绒毛的 ‖ ID [谚] ***sich*** (*Dat* 三格) (***den Mund***) ***f. reden*** (***müssen***) *gespr* [口]; sehr viel reden (müssen), um j-n zu überzeugen (为说服某人)磨破嘴皮子

fus·seln; *fusselte*, *hat gefusselt*; [Vi] (不及物) ***etw. fusselt*** etw. bildet Fusseln (物作主语) (呢、毛、棉织品上)结成细毛团,起毛,起球,掉毛 ⟨ein Wollschal, ein Pullover 毛围巾,套头毛衣⟩

fu·ßen; *fußte*, *hat gefußt*; [Vi] (不及物) ***etw. fußt auf etw.*** (*Dat* 三格) *geschr* [书]; etw. hat etw. zur Grundlage (物作主语)以…为依据,立足于… ≈ etw. beruht auf etw. ⟨etw. fußt auf Beobachtungen, Berechnungen, Tatsachen 某事以观察、计算、事实为依据⟩

Fuß·en·de *das*; die Stelle *bes* des Bettes, an die man die Füße legt (尤指床的)(搁)脚端,靠脚的一头 ↔ Kopfende

Fuß·gän·ger *der*; *-s*, *-*; j-d, der auf Straßen od. Wegen zu Fuß geht 行人,步行者 ↔ Radfahrer, Autofahrer: *Die Fußgänger überquerten die Straße an e-r Ampel* 行人在交通红绿灯旁横过马路 ‖ K- (复合): ***Fußgänger-, -ampel, -brücke, -pfad, -weg*** ‖ *hierzu* (派生) **Fuß·gän·ge·rin** *die*; *-*, *-nen*

Fuß·gän·ger|über·weg *der*; *-s*, *-e*; e-e Stelle auf der Fahrbahn, die besonders gekennzeichnet ist u. an der Autos *usw* halten sollen, wenn Fußgänger die Straße überqueren wollen 人行横道

Fuß·gän·ger·zo·ne *die*; ein Bereich im Zentrum e-r Stadt, der nur für Fußgänger (u. nicht für Autos) bestimmt ist 步行区

Fuß·ge·lenk *das*; das Gelenk zwischen Fuß u. Bein 脚腕子,踝关节: *Beim Turnen hat er sich das F. verstaucht* 做体操时他把脚腕儿扭伤了

Fuß·knö·chel *der*; der vorspringende Knochen, der sich innen u. außen am Fußgelenk befindet 踝,脚踝骨

Fuß·marsch *der*; e-e (längere) Wanderung 徒步行军,徒步旅行 ⟨e-n F. machen 作徒步旅行⟩

Fuß·mat·te *die* **1.** e-e Matte (2) (vor der Tür), auf der man den Schmutz von den Schuhen entfernt (门前的)擦脚垫 **2.** e-e Matte (1), *bes* in e-m Badezimmer, die *z.B.* als Schutz vor dem (kalten) Fußboden dient (浴室的)脚垫

Fuß·no·te *die*; e-e Anmerkung zu e-m Text, die am unteren Ende e-r Seite steht (u. auf die im Text mit e-r hochgestellten Zahl verwiesen wird) 脚注,注脚

Fuß·pilz *der*; e-e Hautkrankheit (ein Pilz) zwischen den Zehen 脚癣,脚气

Fuß·soh·le *die*; der untere Teil des Fußes, mit dem man auftritt 脚掌,脚底板

Fuß·spur *die*; die Abdrücke der Füße, die j-d beim Gehen in e-m weichen Boden od. mit schmutzigen Füßen macht 足迹,脚印

Fuß·stap·fen *der*; *-s*, *-*; *mst Pl* (多用复数); der Abdruck e-s Fußes *bes* in weichem Boden 脚印,足迹 ⟨Fußstapfen im Sand, im Schnee hinterlassen 在沙地、雪地上留下脚印⟩ ‖ ID [谚] ***in j-s Fußstapfen treten*** j-s (beruflichem) Vorbild folgen (工作中)以某人为榜样,学习某人的榜样,步某人的后尘

Fuß·tritt *der*; ein Stoß mit dem Fuß 踢一脚 ⟨j-m/e-m Tier/etw. e-n F. geben, versetzen 踢某人/动物/某物一脚⟩

Fuß·volk *das*; *-(e)s*; *nur Sg*, *Kollekt* (只用单数,集合) **1.** *gespr pej* [口][贬]; Personen (*bes* in e-r Organisation) in untergeordneter Stellung 职位低微者,小人物: *Er hat in diesem Verein nicht viel zu sagen, er gehört nur zum F.* 他在这个协会内没有多少发言权,他只是个普通成员 **2.** *hist* [历]; die Soldaten der Infanterie 步兵

Fuß·weg *der* **1.** ein *mst* schmaler Weg in der Landschaft für Fußgänger 人行小道 **2.** ≈ Bürgersteig **3.** die Wegstrecke, die man in e-r bestimmten Zeit zu Fuß zurücklegt 步行路程: *Zum Bahnhof ist es ein F. von fünf Minuten* 到火车站有 5 分钟步行路程

futsch *Adj* (形); *nur präd*, *nicht adv* (只作表

语,不作状语); **etw. ist f.** *gespr* [口]; etw. ist verloren, verschwunden od. kaputt (物作主语)丢了,坏了

Fut·ter[1] *das*; *-s*; *nur Sg* (只用单数); die Nahrung, die Tiere fressen 饲料 ⟨ein Tier sucht (nach) F. 动物找东西吃⟩: *dem Papagei frisches F. geben* 给鹦鹉喂新鲜饲料 ‖ K-(复合): **Futter-**, **-getreide**, **-mittel**, **-napf**, **-rübe**, **-silo**, **-trog** ‖ -K (复合): **Fisch-**, **Hühner-**, **Schweine-**, **Vieh-**, **Vogel-**; **Dosen-**, **Trocken-**

Fut·ter[2] *das*; *-s*; *nur Sg* (只用单数) **1.** der Stoff *o. Ä.* auf der Innenseite von Kleidungsstücken, Lederwaren *o. Ä.* 衣服里子,衬里: *ein Jackett mit glänzendem F.* 一件衬里考究的男上衣 ‖ -K (复合): **Leder-**, **Pelz-**, **Seiden-**, **Woll-** **2.** e-e Füllung aus dünnem Papier in e-m Briefumschlag *o. Ä.* (信封等的)衬里,衬套: *ein Briefumschlag mit grauem F.* 一个带灰色衬套的信封

Fut·te·ral *das*; *-s*, *-e*; e-e stabile Hülle für bestimmte Gegenstände aus empfindlichem od. zerbrechlichem Material (wie *z. B.* e-e Brille) 盒子,套子,鞘,罩 ≈ Etui, Schutzhülle: *e-n Schirm ins F. stecken, aus dem F. ziehen* 将伞插进套子,把伞从伞套里抽出 ‖ -K (复合): **Brillen-**, **Flöten-**, **Leder-**, **Schirm-**

Fut·ter·krip·pe *die*; ein Behälter, den man *bes* im Winter für die Tiere im Wald mit Futter füllt 秣槽,饲料槽

fut·tern; *futterte*, *hat gefuttert*; Vt/i (及物/不及物) (**etw.**) **f.** *gespr* [口]; *mst* viel u. mit gutem Appetit essen 大吃,狼吞虎咽

füt·tern[1]; *fütterte*, *hat gefüttert*; Vt (及物) **1.** **j-n** (**mit etw.**) **f.** j-m (mit e-m Löffel) das Essen in den Mund schieben 给…喂食 ⟨e-n Kranken, ein kleines Kind f. 给病人、小孩喂食⟩ **2.** **ein Tier** (**mit etw.**) **f.** e-m Tier seine Nahrung, sein Futter[1] geben (用…)喂动物: *das Vieh mit Heu f.* 用干草喂牲口; *im Winter das Wild f.* 冬季给野兽投食; *Der Storch füttert seine Jungen* 鹳给它的幼雏喂食 **3.** (**e-m Tier**) **etw. f.** e-m Tier etw. als Futter[1] geben 给…(动物)喂: *den Kühen Mais f.* 给牛喂玉米 **4.** **e-n Computer** (**mit etw.**) **f.** *gespr* [口]; in e-n Computer Daten eingeben (将…)输入电脑: *e-n Computer mit Informationen f.* 将数据输入电脑

füt·tern[2]; *fütterte*, *hat gefüttert*; Vt (及物) **etw. f.** in Kleidungsstücke, Lederwaren *o. Ä.* ein Futter[2] nähen 给(衣服、皮件等)做衬里 ⟨gefütterte Stiefel 有衬里的靴子; e-e Mütze mit Pelz f. 用毛皮做帽子的衬里⟩: *Die Sommerjacke ist nicht gefüttert* 夏天穿的上衣是不带衬里的

Füt·te·rung[1] *die*; -, *-en*; das Füttern[1] (2) von Tieren (给动物)喂饲料: *Die F. der Seelöwen im Zoo findet um 15 Uhr statt* 动物园里给海狮喂食在下午3点进行 ‖ -K (复合): **Fisch-**, **Vogel-**

Füt·te·rung[2] *die*; -; *nur Sg* (只用单数) ≈ das Futter[2] ‖ -K (复合): **Pelz-**, **Seiden-**

Fu·tur [-ˈtuːɐ̯] *das*; *-s*, *-e*; *mst Sg*, LING (多用单数)【语】; e-e grammatische Kategorie beim Verb, die mit *werden* + *Infinitiv* (*erstes F.*) od. *werden* + *Perfekt* (*zweites F.*) gebildet wird u. mit der man die genannte Handlung *usw* als zukünftig darstellt 将来时(第一将来时由 werden + 不定式构成,第二将来时由 werden + 现在完成时构成)(*z. B.* in „*Ich werde dir bald schreiben*" "我会很快给你写信"; „*Dann werde ich ihn schon gesehen haben*" "到那时我一定见到他了")

G, g

G, g [geː] *das*; -, -/*gespr auch*［口］也用 *-s* **1.** der siebente Buchstabe des Alphabets 字母表中的第七个字母〈ein großes G 大写 G; ein kleines g 小写 g〉 **2.** MUS【音】; der fünfte Ton der C-Dur-Tonleiter C 大调音阶第五音 ‖ K-(复合): ***G-Dur***; ***g-Moll***

gab *Imperfekt*, *1. u. 3. Person Sg*（过去时,第一和第三人称单数）; ↑ ***geben***

Ga·be *die*; -, *-n* **1.** *geschr*［书］; e-e außergewöhnliche geistige, künstlerische Fähigkeit od. charakterliche Eigenschaft 才能,秉性≈Begabung, Talent: *Er besitzt die G., durch sein liebenswürdiges Wesen alle Menschen fröhlich zu machen* 他有着通过自己和蔼可亲的举止让人人快活的才能 ‖ -K(复合): ***Auffassungs-***, ***Dichter-***, ***Erzähler-***, ***Kombinations-***, ***Redner-*** **2.** *geschr*［书］≈ Geschenk 礼物,赠品: *Viele Gaben lagen unter dem Weihnachtsbaum* 圣诞树下摆放着许多礼物 **3.** *nur Sg*, MED（只用单数）【医】; die Verabreichung e-s Medikaments *o. Ä.* 开药: *durch die G. von Vitamin C Krankheiten vermeiden* 通过开服维生素 C 的办法来避免生病 **4.** ***e-e milde G.*** das, was man e-m Armen gibt, *z. B.* Geld 捐款,救济,施舍≈ Almosen, Spende: *Der Bettler bat um e-e milde G.* 乞丐乞求施舍 **5.** Ⓒⓗ［瑞］≈ Gewinn, Preis[2]

gä·be[1] *Konjunktiv II*, *1. u. 3. Person Sg*（虚拟式 II,第一和第三人称单数）; ↑ ***geben***

gä·be[2] ↑ ***gang***

Gabel

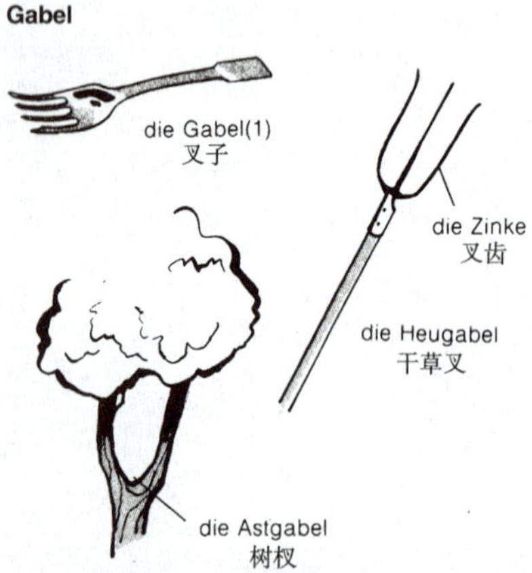

Ga·bel *die*; -, *-n* **1.** ein Gerät, mit dem man feste Speisen isst u. das e-n Griff u. mehrere (*mst* drei od. vier) Spitzen (Zinken) hat 叉,叉子,餐叉↔ Löffel, Messer〈etw. auf die G. nehmen, schieben, spießen 用叉子取、推、叉起某物; mit Messer u. G. essen 用刀叉进餐〉: *Das Besteck besteht aus Messer, G. u. Löffel* 餐具包括刀、叉和匙 **2.** ein großes Gerät, das aus e-m langen Stiel u. Spitzen (Zinken) besteht u. mit dem man Heu, Mist *o. Ä.* hochhebt u. wendet 长柄叉,大叉子 ‖ -K(复合): ***Heu-***, ***Mist-*** ‖ *zu*（义项）**1.** **ga·bel·för·mig** *Adj*（形）

ga·beln; *gabelte*, *hat gegabelt*; **Vr**（反身）**1.** ***etw. gabelt sich*** etw. trennt sich in zwei Teile（物作主语）叉开,分叉,分成两支〈ein Ast, ein Weg 树枝,道路〉; **Vt**（及物）**2.** ***etw. irgendwohin g.*** etw. mit e-r Gabel (2) hochheben u. irgendwohin werfen 用叉取物,用叉装卸: *Heu auf den Wagen g.* 用叉把干草装到车上

Ga·bel·stap·ler *der*; *-s*, -; ein Fahrzeug mit e-r (gabelförmigen) Schaufel, das dazu dient, *z. B.* schwere Waren zu heben u. zu transportieren 叉式装卸车,叉车,铲车

Ga·be·lung *die*; -, *-en*; die Stelle, an der sich etw. gabelt (1) 叉开,分枝,岔口〈e-e G. des Baumes 树的分枝处〉‖ -K(复合): ***Fluss-***, ***Weg-***

Ga·ben·tisch *der*; ein Tisch, auf dem Geschenke liegen, *bes* an Weihnachten od. an j-s Geburtstag 礼品桌〈ein reich gedeckter G. 琳琅满目的礼品桌〉

ga·ckern; *gackerte*, *hat gegackert*; **Vi**（不及物）**1.** ***ein Huhn gackert*** ein Huhn gibt die Laute von sich, die für seine Art typisch sind 母鸡咯咯叫 ‖ NB(注意): Hühner *gackern*, Hähne *krähen*（母鸡 gackern(咯咯叫),公鸡 krähen(啼叫)）**2.** *gespr*［口］; (*mst* in Bezug auf junge Mädchen verwendet) unwichtige Dinge (sehr aufgeregt) sagen (u. dabei kichern) 喋喋不休地谈笑,叽叽嘎嘎地说笑≈ schnattern

gaf·fen; *gaffte*, *hat gegafft*; **Vi**（不及物）*pej*［贬］**1.** dastehen u. starr irgendwohin schauen, sodass es dumm wirkt 张口呆视〈mit offenem Mund g. 张着嘴呆呆地看〉**2.** (oft nach e-m Unfall) neugierig zusehen 看热闹,卖呆: *Steh nicht da u. gaff, sondern hilf mir lieber!* 别傻呆着看热闹,最好来帮帮我! ‖ *hierzu*（派生）**Gaf·fer** *der*; *-s*, -

Gag [gɛk] *der*; *-s*, *-s* **1.** etw., das ein Künstler im Film, Kabarett, Zirkus *o. Ä.* sagt od. tut, um sein Publikum zu überraschen u. zum Lachen zu bringen 插科打诨,滑稽逗乐的言词或动作,噱头〈ein alter, abgegriffener, guter, neuer Gag 老的,用旧的,好的,新的噱头〉: *Der Film war nicht so toll, aber es gab ein paar gute Gags* 电影并不怎么太好,不过有几个噱头很好 **2.** *gespr*［口］; etw., das j-n sehr überrascht 意外的事,始料未及的事: *Der Gag war, dass unser Chef die Rechnung bezahlen musste!* 出乎意料的是,我们头儿不得不亲自付账!

Ga.ge [ˈgaːʒə] *die*; -, *-n*; die Bezahlung, die *z.B.* ein Künstler für e-n Auftritt od. ein Schauspieler für e-n Film bekommt(艺术家的)薪俸〈hohe Gagen einstreichen 捞取高额薪俸〉

gäh.nen; *gähnte, hat gegähnt*; [Vi](不及物) den Mund weit öffnen u. tief atmen, weil man müde ist od. sich langweilt 打哈欠〈ansteckend, herzhaft, laut g. 感染人地,尽情地,大声地打哈欠〉‖ NB(注意): ↑ ***Abgrund, Leere***[1]

Ga.la, Ga.la *die*; -, *-s* **1.** *nur Sg*(只用单数); e-e elegante Kleidung, die man bei besonderen festlichen Veranstaltungen trägt 盛装,礼服〈in G. erscheinen 穿着盛装出席〉‖ K-(复合): ***Gala-, -kleidung, -uniform*** **2.** e-e festliche Veranstaltung, bei der man G. (1) trägt 盛大活动,盛宴 ‖ K-(复合): ***Gala-, -abend, -diner, -konzert, -vorstellung***

ga.lant; *galanter, galantest-*; *Adj*(形); *veraltend*［渐旧］;〈ein Herr 男士〉so, dass er auf altmodische Art sehr höflich zu Frauen ist (对妇女)彬彬有礼的,殷勤的,献媚的: *sich g. verbeugen* 礼貌殷勤地鞠躬

Ga.lan.te.rie *die*; -, *-n* [-ˈriːən] **1.** *nur Sg*(只用单数); ein galantes Benehmen (对妇女的)礼貌,殷勤 **2.** ein (galantes) Kompliment(对妇女的)献媚,恭维

Ga.la.xie *die*; -, *-n* [-ˈksiːən]; ASTR【天】; ein System von Sternen wie *z. B.* die Milchstraße 银河系 ‖ *hierzu*(派生) **ga.lak.tisch** *Adj*(形)

Ga.lee.re *die*; -, *-n*; *hist*［历］ein großes Schiff mit Segeln u. Rudern im Altertum u. Mittelalter, auf dem *mst* Sklaven ruderten 帆桨大战船,橹舰 ‖ K-(复合): ***Galeeren-, -sklave***

Ga.le.rie[1] *die*; -, *-n* [-ˈriːən] **1.** ein großer Raum (od. ein Geschäft), in dem Kunstwerke ausgestellt (u. verkauft) werden 画廊,美术陈列馆(室) ‖ -K(复合): ***Gemälde-*** **2.** e-e Halle, ein Gang *o.Ä.* in Schlössern u. Burgen, in denen e-e Sammlung von Kunstwerken ist (宫殿、城堡中的)艺术收藏厅 ‖ -K(复合): ***Ahnen-, Bilder-, Gemälde-*** ‖ ID［谚］***e-e ganze G.*** + *Gen*(二格)/ ***von etw.*** (*Pl* 复) *hum*［诙］; sehr viele Dinge der gleichen Art 一长串,一大排: *Er hat e-e ganze G. von Pfeifen* 他有一大堆烟斗

Ga.le.rie[2] *die*; -, *-n* [-ˈriːən] **1.** ein Gang mit e-m Dach, der innen od. außen an e-e Mauer gebaut ist u. der durch Säulen od. ein Geländer vom Garten, Hof od. e-m großen Raum abgetrennt ist 长廊,游廊,回廊 ‖ -K(复合): ***Holz-, Seiten-, Spiegel-*** **2.** *veraltend*［渐旧］; die obersten (billigsten) Sitzreihen in e-m Theater(剧院的)高层楼座,次等包厢

Gal.gen *der*; *-s*, - **1.** ein Gerüst aus Balken, an dem Menschen an e-m Seil aufgehängt werden, die zum Tode verurteilt sind 绞刑架 **2.** ***an den G. kommen*** als Strafe am G. (1) aufgehängt (gehenkt) werden 走向绞刑架,受绞刑 **3.** ***j-n an den G. bringen*** bewirken, dass j-d zum Tode am G. (1) verurteilt wird 把…送上绞刑架,判处…绞刑 ‖ ID［谚］***Er / Sie ist reif für den G.*** *gespr hum*［口］［诙］; er/sie verdient e-e Strafe 他/她罪大恶极,恶贯满盈(意即:理该受到惩罚)

Gal.gen.frist *die*; *mst Sg*(多用单数); die kurze (zusätzliche) Zeit, die j-m noch bleibt, bevor er mit etw. fertig sein muss *o.Ä.* 宽限时间,宽容期限〈j-m e-e G. geben, gewähren 给某人提供宽限时间〉

Gal.gen.hu.mor *der*; e-e Art von Humor, den j-d in e-r verzweifelten Lage hat od. zeigt 绝境中的幽默,绞刑架下的幽默〈G. entwickeln 佯装诙谐〉

Gal.gen.vo.gel *der*; *gespr pej*［口］［贬］; ein Verbrecher od. j-d, den man für fähig hält, Verbrechen zu begehen 浪荡子,二流子,无赖

Ga.li.ons.fi.gur [-ˈli̯oːns-] *die* **1.** e-e geschnitzte Figur an der Spitze (am Bug) von alten Schiffen 船头的雕像 **2.** j-d, der bekannt u. beliebt ist u. der *z.B.* von e-r Partei dazu benutzt wird, für sie zu werben 招牌,幌子 ≈ Aushängeschild

Gal.le *die*; -, *-n* **1.** *nur Sg*(只用单数); e-e bittere Flüssigkeit, die von der Leber produziert wird u. die hilft, Fette zu verdauen 胆汁〈etw. schmeckt/ist (bitter) wie G. 某物味道苦似胆汁〉‖ K-(复合): ***galle(n)-, -bitter*** **2.** ein (Körper)Organ, in dem die G. (1) gespeichert wird 胆囊≈ Gallenblase ‖ K-(复合): ***Gallen-, -kolik, -stein*** ‖ ID［谚］***j-m kommt die G. hoch / läuft die G. über*** *gespr*［口］; j-d wird so wütend, dass er schimpft u. schreit 某人大为恼火,大动肝火,火冒三丈

Gal.len.bla.se *die* ≈ Galle (2)

Gal.lert, Gal.lert *das*; *-(e)s*; *nur Sg*(只用单数); e-e durchsichtige, relativ feste Masse (*z.B.* Sülze)(透明)胶体,冻胶 ‖ *hierzu*(派生) **gal.lert.ar.tig, gal.lert.ar.tig** *Adj*(形); **gal.ler.tig** *Adj*(形)

Gal.ler.te *die*; -; *nur Sg*(只用单数) ≈ Gallert

gal.lig *Adj*(形) **1.** sehr bitter (wie Galle) 味道苦的,有苦胆味的〈etw. schmeckt g. 某物味道很苦〉**2.** sehr unfreundlich (u. sarkastisch) 火气很大,冷嘲热讽的,辛辣的,尖刻的 ≈ boshaft〈e-e Äußerung, e-e Bemerkung, e-e Satire 表态,意见,讽刺〉

Gal.lo.ne *die*; -, *-n*; ein Maß, mit dem in vielen englischsprachigen Ländern Flüssigkeiten gemessen werden 加仑(英语国家容量单位): *E-e englische G. hat 4,54 Liter, e-e amerikanische 3,78 Liter* 英制 1 加仑等于 4.54 升,美制 1 加仑等于 3.78 升

Ga.lopp *der*; *-s*; *nur Sg*(只用单数) **1.** die schnellste der drei Arten e-s Pferdes *o.Ä.* zu gehen(马)飞跑,疾驰 ↔ Schritt, Trab〈in

G

vollem G. 全速奔驰；in G. fallen 骤然倒下；im G. reiten 骑马飞奔〉‖ K-(复合)：**Galopp-**, **-rennen** 2. ***in gestrecktem G.*** sehr schnell, sodass die Beine des Pferdes *o. Ä.* dabei gestreckt werden 飞跑，奔驰 ‖ ID [谚] ***im G.*** *gespr*[口]；sehr schnell 飞快地，急促地〈etw. im G. erledigen 急匆匆地了结某事〉

ga·lop·pie·ren；*galoppierte*, *hat / ist galoppiert*；[Vi] (不及物) 1. ***g.*** (*hat / ist*) im Galopp laufen od. reiten 飞跑，骑马疾驰 2. ***irgendwohin g.*** (*ist*) irgendwohin im Galopp laufen od. reiten 朝…飞跑，朝…骑马疾驰 3. ***irgendwohin g.*** (*ist*) *gespr* [口]；schnell irgendwohin laufen 朝…快跑

ga·lop·pie·rend 1. *Partizip Präsens*(现在分词)；↑ **galoppieren** 2. *Adj*(形)；*mst in* 多用于 ***galoppierende Inflation*** verwendet, um sehr schnell steigende Preise zu beschreiben 恶性通货膨胀

galt *Imperfekt*, *1. u. 3. Person Sg*(过去时，第一和第三人称单数)；↑ **gelten**

gäl·te *Konjunktiv II*, *1. u. 3. Person Sg*(虚拟式Ⅱ，第一和第三人称单数)；↑ **gelten**

gal·va·ni·sie·ren [-v-]；*galvanisierte*, *hat galvanisiert*；[Vt] (及物) ***etw. g.*** ELEK【电】；etw. mithilfe von elektrischem Strom mit e-r Schicht aus Metall überziehen 电镀〈Eisen, Schrauben g. 电镀铁、螺钉〉

Ga·ma·sche *die*；-, *-n*；*mst Pl*, *hist*(多用复数)[历]；ein Kleidungsstück aus Stoff od. Leder, das man über dem unteren Teil der Beine trug, um sie vor Kälte, Nässe od. Schmutz zu schützen 裹腿，护腿

Game·show [ˈgeːm-] *die*；e-e Show im Fernsehen mit Spielen, bei denen die Kandidaten Preise gewinnen können 电视有奖游戏，比赛节目

Gam·ma·strah·len *die*；*Pl*, PHYS (复)【物】；e-e bestimmte Art radioaktiver Strahlen (die *bes* in der Medizin verwendet werden) 伽马射线，γ 射线

gam·me·lig *Adj* (形)；*gespr* [口] 1. so, dass man es nicht mehr essen kann 不新鲜的，变质的，腐烂的 ≈ ungenießbar, verdorben〈etw. sieht g. aus, schmeckt g. 某物看上去不新鲜，味道变质〉2. *pej* [贬]；unordentlich gekleidet u. oft schmutzig 不干净的，邋遢的，不修边幅的 ≈ schmuddelig〈g. herumlaufen 穿着邋遢地到处乱跑〉

gam·meln；*gammelte*, *hat gegammelt*；[Vi] (不及物) *gespr*[口] 1. ***etw. gammelt*** etw. wird schlecht (11), verdirbt(物作主语)变质，腐烂：*Das Brot gammelt* 面包变味了 2. *pej*[贬]；(dahin) leben, ohne e-e feste Arbeit zu haben u. ohne Pläne für die Zukunft zu machen 游手好闲，东游西逛 3. (bei der Arbeit) faul sein, trödeln 磨洋工，干活磨蹭，懒散：*Ich hab heute den ganzen Tag gegammelt* 今天我一整天懒懒散散

Gamm·ler *der*；*-s*, *-*；*gespr pej*[口][贬]；j-d, der nicht arbeitet, ohne Ziel (dahin)lebt u. oft keinen festen Wohnsitz hat 浪荡子，二流子 ‖ *hierzu* (派生) **Gamm·le·rin** *die*；-, *-nen*

gamm·lig *Adj*(形)；↑ **gammelig**

Gams·bart *der*；ein Büschel aus den (Rücken)-Haaren e-r Gämse, das als Schmuck an (Trachten)Hüte gesteckt wird 雄羚羊背上成束的毛(可做帽饰)

Gäm·se *die*；-, *-n*；ein Tier, das in Europa im Gebirge lebt, sehr gut klettern kann u. e-r Ziege ähnlich sieht (欧洲山地的)岩羚羊〈ein Rudel Gämsen 一群岩羚羊〉

gang *nur in* 只用于 ***etw. ist g. u. gäbe*** etw. ist üblich 某事是常见的，习以为常的：*Bei uns ist es g. u. gäbe, dass die Kinder im Haushalt helfen* 在我们这里，孩子帮着做家务是常见的事

Gang[1] *der*；*-(e)s*, *Gän·ge* 1. *nur Sg*(只用单数)；die Art u. Weise, wie sich j-d beim Gehen (1) bewegt 步伐，脚步，步态〈ein federnder, schleppender G. 脚步轻快，步履蹒跚；j-n am G. erkennen 从步态认出某人〉2. *nur Sg*(只用单数)；das Gehen (1) zu e-m bestimmten Zweck an ein bestimmtes Ziel 行走，走一趟，前去：*e-n G. entlang der Stadtmauer machen* 沿城墙行走；*der G. zum Zahnarzt* 去牙医处一趟 ‖ -K(复合)：**Bitt-**, **Boten-**, **Buß-**, **Erkundungs-**, **Inspektions-**, **Kirch-**, **Patrouillen-**, **Spazier-**, **Streifen-** 3. *mst Sg*(只用单数)；die Bewegung e-r (mechanischen od. elektrischen) Maschine/Apparatur(机器的)运行，运转：*der G. e-r Uhr* 钟表的运转 4. ***Gänge erledigen / machen*** *gespr*[口]；(zu Fuß) Einkäufe machen 步行去购物 5. ***etw. in G. bringen / setzen*** bewirken, dass etw., das stillsteht, (wieder) anfängt, sich zu bewegen od. zu funktionieren 使运转，启动，开动：*e-e Maschine in G. bringen* 开动机器 6. ***etw. in G. bringen*** bewirken, dass Bewegung[1] (2) in etw. kommt 使进行，开始：*die Verhandlungen (wieder) in G. bringen* (重新)开始谈判 7. ***etw. in G. halten*** bewirken, dass etw. nicht zum Stillstand kommt 使继续进行，使持续运转 8. ***etw. kommt in G.*** etw. fängt an, sich (wieder) zu bewegen od. zu funktionieren (物作主语)开始运转 9. ***j-d kommt in G.*** j-d wird richtig wach, bringt die volle Leistung(人作主语)进入工作状态：*Ich komme heute irgendwie nicht in G.* 不知怎么我今天提不起精神来 10. *nur Sg*, *geschr* (只用单数)[书]；der (zeitliche) Prozess, in dem sich etw. entwickelt 进程，过程 ≈ Ablauf, Verlauf：*der G. der Ereignisse*, *der Geschichte* 事件的过程，历史的进程 ‖ -K(复合)：**Arbeits-**, **Ausbildungs-**, **Entwicklungs-** ‖ ID [谚] ***etw. ist im Gange*** etw. wird (heimlich) geplant, vorbereitet od. gerade durchgeführt 某事正在悄悄筹划中，正在预谋中，正在进行中〈e-e Verschwörung ist im Gange 阴谋正在策划中〉；***etw. geht seinen G.*** etw. verläuft so wie erwartet 某事进行正常

Gang[2] *der*；*-(e)s*, *Gän·ge* 1. ein schmaler, langer Raum in e-m Haus, e-r Wohnung, e-m Bürohaus *o. Ä.*, von dem aus man *mst* in alle Zimmer (e-r Etage) gelangen kann 通道，过道，走廊 ≈ Hausflur, Korridor：*Das Wartezimmer des Arztes war so überfüllt*, *dass ich auf dem G. warten musste* 候诊室人非常多，(使得)我不得不在过道等候 ‖ K-(复合)：***Gang-*, *-fenster*, *-tür*** ‖ -K(复合)：***Haus-*** **2.** der lange, schmale Teil e-s Theaters *o.Ä.* zwischen den Sitzreihen(剧院座位之间的)通道 **3.** ein *mst* sehr schmaler, langer Weg unter der Erde (地下)通道，地道〈ein unterirdischer G. 地下通道〉：*die Gänge in den Katakomben von Rom* 罗马地下墓穴的通道 ‖ -K(复合)：***Geheim-***

Gang³ *der*; -(*e*)*s*, *Gän•ge*; ein einzelnes Gericht in e-r Folge von Speisen, die während e-s *mst* festlichen Essens serviert werden 一道菜：*Das Diner bestand aus acht Gängen* 宴会共上了八道菜 ‖ -K(复合)：***Haupt-***

Gang⁴ *der*; -(*e*)*s*, *Gän•ge*; einer von mehreren Teilen e-s Mechanismus, durch den (beim Auto) die Kraft des Motors od. (beim Fahrrad) die Kraft des Fahrers auf die Räder übertragen wird 变速挡，挡〈den ersten, zweiten *usw* G. einlegen, e-n G. herausnehmen 挂(换)一挡、二挡等，把挡拆下〉：*im ersten G. anfahren* 用一挡启动；*vom dritten in den vierten G. schalten* 从三挡换到四挡；*ein Rennrad mit zwölf Gängen* 一部有12挡的比赛用自行车 ‖ K-(复合)：***Gang-*, *-schaltung*** ‖ -K(复合)：***Rückwärts-*, *Vorwärts-*** ‖ ID［谚］***e-n G. zulegen*** *gespr hum*［口］［诙］; sich bei etw. beeilen 换挡加速，加快速度

Gang•art *die* **1.** die Art, wie sich j-d/ein Tier vorwärts bewegt 步法，步姿，(马的)走法〈e-e schnellere G. anschlagen, e-e andere G. wählen 开始更快的步伐，选择另一种步法〉：*Das Pferd hat die Gangarten Schritt, Trab u. Galopp* 马有三种走法：行走，奔跑和疾驰 **2.** die Art, wie man *z.B.* als Vorgesetzter mit den Mitarbeitern umgeht od. als Sportler den Gegner behandelt 交往方式〈e-e härtere, weichere G. anschlagen 采取较生硬的、较温和的方式〉

gang•bar *Adj*(形)；*nicht adv*(不作状语)；〈e-e Methode, e-e Lösung, e-e Möglichkeit, ein Weg 方法，解决办法，可能性，道路〉so, dass man sich dadurch den erwünschten Erfolg verspricht 能通行的，可行的，行得通的

Gän•gel•band *das*; *mst in* 多用于 ***j-n am G. haben/halten*** *pej*［贬］; j-n bevormunden, gängeln 监护、控制/管束某人

gän•geln; *gängelte*, *hat gegängelt*; [Vt](及物) ***j-n g.*** *gespr pej*［口］［贬］; j-m immer wieder sagen, was er tun soll, obwohl er selbst darüber entscheiden könnte 监护，管束，管教≈ bevormunden：*Sie lässt sich von ihren Eltern g., als wäre sie noch ein kleines Kind* 她受其父母的管束，好像她还是个小孩子

gän•gig *Adj*(形)；*nicht adv*(不作状语) **1.** allgemein üblich 常见的，常用的≈ gebräuchlich, verbreitet〈ein Begriff, e-e Ansicht, e-e Meinung, e-e Definition, e-e Interpretation, e-e Methode 概念，观点，意见，定义，解释，方法〉**2.**〈Artikel, Größen 商品，尺寸〉so, dass sie von vielen Leuten gekauft werden 标准的，通行的≈ handelsüblich：*Mäntel in gängigen Größen* 标准尺寸的大衣

Gangs•ter [ˈgɛŋstɐ] *der*; *-s*, *-*; *gespr*［口］; ein professioneller Verbrecher 歹徒，暴徒，匪徒，恶棍〈ein berüchtigter, gefürchteter G. 臭名昭著的、可怕的歹徒〉‖ K-(复合)：***Gangster-*, *-bande*, *-boss*, *-film*, *-methoden***

Gang•way [ˈgɛŋvei] *die*; *-*, *-s*; e-e Art Treppe mit Geländer, über die man ein Flugzeug od. ein Schiff betritt/verlässt 舷梯

Ga•no•ve [-və] *der*; *-n*, *-n*; *gespr*［口］≈ Gauner, Verbrecher ‖ NB(注意)：*der Ganove*; *den*, *dem*, *des Ganoven*

Gans *die*; *-*, *Gän•se* **1.** ein großer, *mst* ganz weißer (Wasser) Vogel mit langem Hals, der *bes* wegen seines Fleisches u. seiner Federn gehalten wird 鹅〈die G. schnattert, watschelt 鹅嘎嘎地叫，摇摇摆摆地走动；Gänse halten, hüten, mästen, schlachten, rupfen 养鹅，放(牧)鹅，把鹅喂肥，宰鹅，拔鹅毛〉‖ K-(复合)：***Gänse-*, *-hirt*; *-braten*, *-feder*, *-fett*, *-leber*, *-schmalz*** **2.** e-e weibliche G. (1) 母鹅，雌鹅 ↔ Gänserich, Ganter **3.** ≈ Gänsebraten：*Zu Weihnachten gibt es bei uns immer G.* 我们这儿过圣诞节总是吃烤鹅 **4.** *gespr pej*［口］［贬］; verwendet als Schimpfwort für e-e Frau 蠢女人：*So e-e blöde G.!* 真是一个蠢女人！

die Gans
鹅

die Ente
鸭

der Schwan
天鹅

Gän·se·blüm·chen *das*; *-s*, *-*; e-e kleine Blume, deren Blüte im Zentrum gelb u. außen weiß ist 雏菊 ‖ ↑ *Abb. unter* 图见 ***Blumen*** ‖ NB(注意)：↑ ***Margerite***

Gän·se·füß·chen *die*; *Pl*, *gespr* (复)[口]≈ Anführungszeichen ⟨etw. steht in G. 某事在引号中; etw. in G. setzen 给某事加上引号⟩

Gän·se·haut *die*; *nur Sg*(只用单数); verwendet als Bezeichnung für die vielen kleinen Erhebungen auf der Haut, die entstehen, wenn sich vor Angst od. Kälte die Haare aufstellen 鸡皮疙瘩 ⟨e-e G. bekommen, haben 起,有鸡皮疙瘩⟩

Gän·se·marsch *der*; *mst in* 多用于 ***im G.*** *gespr* [口]; einer hinter dem anderen 一个跟着一个,鱼贯地,成一列纵队 ⟨im G. gehen, marschieren 成一列纵队行进⟩

Gän·se·rich *der*; *-s*, *-e*; e-e männliche Gans (1)雄鹅,公鹅

Gant *die*; *-*, *-en*; (CH) [瑞]≈ Versteigerung

Gan·ter *der*; *-s*, *-*; *nordd* [北德]≈ Gänserich

ganz[1] *Adj*(形); *nur präd od adv*, *gespr*(只作表语或状语)[口] **1.** ohne Beschädigung, nicht defekt 完整的,完好的,无损的 ≈ heil, unbeschädigt: *Das Glas, das auf den Boden gefallen ist, ist g. geblieben* 掉落地上的玻璃杯完好无损 **2.** ***etw.*** (***wieder***) ***g. machen*** *gespr* [口] ≈ reparieren: *die kaputte Puppe wieder g. machen* 把坏了的玩具娃娃重新修好

ganz[2] *Adv*(副) **1.** verwendet, um Adjektive od. Adverbien zu verstärken 很,颇,完全,甚≈ sehr: *vor Schreck g. blass werden* 吓得脸色煞白; *Dein Vorschlag ist mir g. recht* 你的建议对我完全适当; *Er wurde g. traurig, als er das hörte* 当他听到这消息时,他很悲伤 **2.** ohne Rest od. Einschränkung 全部、完全、十分地 ≈ völlig: *Er hat den Kuchen g. aufgegessen* 他把点心全都吃光了; *Das ist mir g. egal* 这对于我来说完全无所谓; *Ich bin g. deiner Meinung* 我和你的意见完全相同 **3.** verwendet, um e-e Aussage einzuschränken u. abzuschwächen 挺,够,还,尚,蛮≈ relativ, ziemlich: *Der Film hat mir g. gut gefallen* 这部电影我觉得还不错; *Er ist ja g. nett, aber ziemlich langweilig* 他人倒是挺好,但是相当乏味 ‖ NB(注意): *g.* (*3*) ist immer unbetont u. kann so von anderen Bedeutungen unterschieden werden(义项3总是非重读,这样可与其他词义区分): *Das Wasser ist 'g. warm* (= es ist sehr warm)水非常热; *Das Wasser ist g. 'warm* (= es ist ziemlich warm) 水挺热的 **4.** ***'g. schön*** *gespr* [口]≈ ziemlich: *g. schön viel Geld verdienen* 挣可多可多的钱; *Hier ist es g. schön kalt* 这地方冷得可以(够呛) **5.** ***im*** (***Großen u.***) ***Ganzen*** ≈ insgesamt **6.** ***g. u. gar*** 完全,完完全全≈ völlig, vollständig **7.** ***g. u. gar nicht*** überhaupt nicht 根本没有,根本就不,压根儿就不 ‖ ID[谚] ***g. zu schweigen von*** ... verwendet, um e-n Anschluss an e-e negative Aussage einzuleiten, auf den diese negative Aussage in besonderem Maße zutrifft(衔接否定性短语,表示更进一步)更不用谈: *Er hat privat viel Ärger im Moment, ganz zu schweigen von den Problemen im Beruf* 眼下他个人的烦心事就够多的,更甭说职业中的问题了; ***j-d ist 'g. die/seine Mutter***, ***'g. der/sein Vater*** j-d ist seiner Mutter/seinem Vater sehr ähnlich 某人完全像他的母亲/他的父亲

gan·z- *Adj*(形); *nur attr*, *nicht adv*(只作定语,不作状语) **1.** ohne Ausnahme od. Einschränkung 全部的,整个的,所有的≈ gesamt: *Die ganze Familie war versammelt* 合家老小都聚到了一起; *Ich habe dir nicht die ganze Wahrheit gesagt* 我对你没讲出全部实情 ‖ NB(注意): ohne Endung vor geographischen Namen ohne Artikel(在无冠词的地名前不加词尾): *g. Paris*, *g. Amerika* 全巴黎,全美洲(全美国) **2.** ***der/die/das*** *usw* ***ganze*** + *Subst*(名词); *gespr* [口]≈ alle, alles: *Hast du die ganzen Bonbons aufgegessen?* 是你把所有的糖块都吃光了吗?; *Das ganze Mehl ist schon verbraucht* 面粉已经全都用光 **3.** *gespr* [口]; verwendet, um e-e Mengen- od. Zahlenangabe noch zu verstärken 整整的,大大的: *Er hat e-e ganze Menge, e-n ganzen Haufen Bücher* 他有一大批、一大摞书; *Ich musste ganze vier Stunden beim Zahnarzt warten* 在牙科大夫处我不得不等了整整四小时 **4.** *gespr*[口]; verwendet zusammen mit e-r Zahlen- od. Mengenangabe im Plural, um auszudrücken, dass man die Zahl/Menge für gering hält (表示数量少)仅仅,不过,才≈ nur, bloß: *Der Pullover hat ganze dreißig Euro gekostet* 这件套头毛衣一共才花了30欧元; *In ganzen fünf Minuten war er mit der Arbeit fertig* 他才用五分钟就做完这件工作

Gan·ze *das*; *-n*; *nur Sg*(只用单数) **1.** e-e (in sich geschlossene) Einheit, die aus einzelnen Teilen besteht 整体,总体,全体 ⟨ein harmonisches, in sich gerundetes Ganzes — 个和谐的整体,浑然一体⟩: *Die einzelnen Elemente des Kunstwerks verschmelzen zu e-m ästhetischen Ganzen* 这件艺术品的各个部分融合成富于美感的整体 **2.** ***das G.*** alles, was zu e-r gerade erwähnten Angelegenheit gehört 这一切,所有这些: *Wir brauchen nicht länger darüber zu sprechen, das G. ist doch zwecklos* 我们不必再谈论这事,这一切都毫无意义 ‖ ID [谚] ***aufs*** (***große***) ***G. gesehen*** wenn man alles zusammen betrachtet 从整体来看: *Aufs (große) G. gesehen war die Expedition erfolgreich* 从总体上看,这次考察旅行是卓有成效的; ***aufs G. gehen*** *gespr*[口]; entschlossen, mutig für etw. kämpfen od. alles riskieren, um ein bestimmtes Ziel zu erreichen 决心不顾一切地去干,不达目的誓不罢休; ***es geht ums G.*** es geht um die Entscheidung in e-r Sache (*z.B.* um Sieg od. Niederlage) 问题关系到全局,关系到事情的成败 ‖ NB(注意): *ein Ganzes*; *das Ganze*; *den*, *dem*, *des Ganzen*

Gän·ze *die*; *mst in* 多用于 ***zur G.*** *geschr* [书] ≈ vollständig

Ganz·heit *die*; *-*; *nur Sg*, *geschr* (只用单数) [书]≈ Gesamtheit: *ein Kunstwerk in seiner*

G. erfassen 从整体性上来理解艺术品 ‖ *hierzu* (派生) **ganz·heit·lich** *Adj* (形)

ganz·jäh·rig *Adj* (形); *nur attr od adv* (只作定语或状语); das ganze Jahr über 全年的: *Der Campingplatz ist g. geöffnet* 露营场地全年开放

gänz·lich *Adj* (形); *nur attr od adv* (只作定语或状语) ≈ völlig, vollkommen: *Es mangelt ihm g. an Selbstvertrauen* 他完全缺乏自信

ganz·ma·chen ↑ **ganz**¹ (2)

ganz·sei·tig *Adj* (形); *nicht adv* (不作状语); ⟨e-e Abbildung, e-e Anzeige, ein Artikel 图片,广告,文章⟩ so, dass sie e-e ganze Seite (e-s Buches, e-r Zeitung) einnehmen 整页的,整版的 ↔ halbseitig

ganz·tä·gig *Adj* (形) **1.** *nur attr od adv* (只作定语或状语); (ohne größere Pause) von morgens bis abends od. vierundzwanzig Stunden am Tag 全日的,全天的: *Das Lokal ist g. geöffnet* 这家餐馆全天营业 **2. g. arbeiten** die volle Arbeitszeit (von ca. acht Stunden) am Tag arbeiten 全日制工作(约八小时)

ganz·tags *Adv* (副) ≈ ganztägig ↔ halbtags: *Seit sie ein Kind hat, arbeitet sie nicht mehr g., sondern nur noch halbtags* 自从她有了小孩,她就不再上全天班,而只上半天班了 ‖ K-(复合): **Ganztags-, -job, -tätigkeit**

Ganz·tags·schu·le *die*; e-e Schule, in der die Kinder vormittags u. nachmittags Unterricht haben 全日制学校

gar¹ [gaːɐ], *garer, garst-; Adj* (形); *mst präd* (多作表语); ⟨Fleisch, Gemüse *o. Ä.* 肉,蔬菜等⟩ so, dass sie durch Kochen, Braten *o. Ä.* weich sind u. gegessen werden können 烧熟的,熟的: *das Fleisch gar kochen* 把肉煮熟; *Das Gemüse ist noch nicht gar* 蔬菜还没烧熟

gar² [gaːɐ] *Adv* (副) **1.** verwendet, um e-e Verneinung zu verstärken (加强否定语气)一点也,根本,全然,绝对 ≈ überhaupt ⟨gar kein, gar nicht(s) 全然不,一点也不(什么都没有)⟩: *Er war vor der Prüfung gar nicht nervös* 考试前他一点也不紧张; *Diese Unverschämtheit lasse ich mir auf gar keinen Fall bieten!* 我无论如何绝不能容忍这种厚颜无耻的行径! **2. 'gar so, 'gar zu** verwendet, um *zu* u. *so* zu verstärken (加强 zu 和 so 的语气)实在太,如此,这样: *Er hätte gar zu gern gewusst, was sie über ihn denkt* 他早该知道她对他有什么想法了; *Sei doch nicht gar so aggressiv!* 你别这样好斗啦! **3.** ≈ sogar: *Das Problem der Umweltverschmutzung betrifft viele, wenn nicht gar alle Menschen* 环境污染问题即使不涉及所有的人,也涉及许多人 **4.** (CH), *sonst veraltet* [瑞]通常[旧] ≈ sehr: *Sie ist ein gar schönes Mädchen* 她是个非常美丽的姑娘

gar³ [gaːɐ] *Partikel* (小品词); *unbetont* (非重读) **1.** verwendet, um e-e (*mst* negative) Vermutung od. rhetorische Frage zu verstärken, auf die man e-e negative Antwort erwartet (用来加强猜测或反问的语气)果真,或许,难道 ≈ etwa: *Er wird doch nicht gar e-n Unfall gehabt haben?* 莫非他真的出事了? ‖ NB(注意): *mst* verneint (多用否定句)! **2.** verwendet, um e-e Aussage zu verstärken u. Erstaunen auszudrücken (用来加强语气,表示惊讶)竟,竟然,居然 ≈ tatsächlich, wirklich: *Er hat gar geglaubt, dieses Problem existiere überhaupt nicht* 他竟然认为这个问题根本不存在

Ga·ra·ge [-ʒə] *die*; -, -n; ein Gebäude od. Teil e-s Gebäudes, in dem Autos, Motorräder *o. Ä.* abgestellt werden 车库 ⟨das Auto in die G. bringen, fahren, stellen 将汽车送进,开进,放入车库; das Auto aus der G. holen 将汽车从车库取出(驶出)⟩ ‖ K-(复合): **Garagen-, -einfahrt, -tor**

Ga·rant *der*; *-en, -en*; **ein G. (für etw.)** *bes* e-e Person, die durch ihr Handeln *o. Ä.* etw. ganz sicher (1) macht 保证人,担保人,保人: *Unser Marketingleiter war bisher immer ein G. für den Erfolg unserer Firma* 我们的销售部主任迄今为止始终是我们公司取得成功的保证 ‖ NB(注意): *der Garant; den, dem, des Garanten*

Ga·ran·tie *die*; -, -n [-ˈtiːən] **1. (e-e) G. (für etw.)** e-e Erklärung, in der man sagt, dass etw. wahr ist od. dass es fest versprochen ist 保证,担保 ≈ Gewähr ⟨(keine) G. für etw. übernehmen 对某事(不)承担保证⟩: *Ich kann Ihnen keine G. geben, dass Sie den Job bekommen* 我不能担保您一定得到这个工作 **2. (e-e) G. (auf etw.** (*Akk* 四格)**)** die schriftliche Erklärung des Herstellers e-r Ware, dass bestimmte Fehler od. Schäden, die während e-r bestimmten Zeit nach dem Kauf auftreten, kostenlos beseitigt werden 保修单,保修期 ⟨etw. hat noch G., keine G. mehr 某物还在保修期内,某物已超过保修期(不再受理保修); die G. auf/für etw. ist abgelaufen 某物的保修期限已过⟩: *Auf diese Uhr gebe ich Ihnen zwei Jahre G.* 这块表我给您保修两年 ‖ K-(复合): **Garantie-, -anspruch, -schein, -zeit 3.** *mst Pl* (多用复数) ≈ Bürgschaft (1): *Die Bank fordert Garantien für den Kredit* 银行要求对贷款提供担保 **4. unter G.** *gespr* [口]; ganz sicher 一定,肯定,准保: *Er hat unter G. kein Geld mehr* 他肯定没有钱了

ga·ran·tie·ren; *garantierte, hat garantiert*; Vt (及物) **1. (j-m) etw. g.** j-m etw. ganz fest versprechen 保证,确保,保障 ≈ zusichern: *Ich garantiere Ihnen,* dass *dieses Produkt von hoher Qualität ist* 我向您保证这是高质量的产品 **2. (j-m) etw. g.** durch Verträge, Gesetze *o. Ä.* j-m bestimmte Rechte geben 保障: *In der Verfassung werden die Menschenrechte garantiert* 在宪法中人权得到保障; Vi (不及物) **3. für etw. g.** die Verantwortung für etw. übernehmen 担保(为某事承担责任) ≈ sich für etw. verbürgen: *Er garantiert für ihre Sicherheit* 他担保她的安全; *Die Firma garantiert für die Qualität der Waren* 公司担保商品的质量; *Ich garantiere* dafür, dass *das richtig ist* 我担保这是正确的

ga·ran·tiert 1. *Partizip Perfekt* (过去分词); ↑ **garantieren 2.** *Adv* (副); *gespr* [口]; ganz sicher, bestimmt 肯定地,一定地: *Er wird g.*

wieder zu spät kommen 他肯定又要迟到

Gar·aus, Ga·raus *der*; *nur in* 只用于 ***j-m/e-m Tier/etw. den G. machen*** *gespr hum*［口］［诙］; j-n/ein Tier töten, e-r Sache ein Ende machen 干掉，弄死，清除，了结: *e-r Fliege den G. machen* 打死苍蝇; *j-s Hoffnungen den G. machen* 使某人的希望破灭

Gar·be *die*; -, -*n* **1.** ein Bündel Getreidehalme, die nach der Ernte zusammengebunden (u. zum Trocknen aufgestellt) werden（稻、麦等的）捆，把，束〈e-e G. binden 扎成捆〉**2.** mehrere Schüsse (aus e-r automatischen Schusswaffe), die rasch aufeinander folgen 连续射击，一梭子子弹〈e-e G. abfeuern 发射一梭子子弹〉

Gar·de *die*; -, -*n*; e-e Gruppe *mst* ausgewählter Soldaten zum persönlichen Schutz *z.B.* e-s Königs 侍卫队，卫队 ‖ K-(复合): ***Garde-, -korps, -offizier, -regiment, -soldat*** ‖ -K(复合): ***Leib-*** ‖ ID［谚］(***einer***) ***von der alten G. sein*** ein langjähriger Mitarbeiter sein od. j-d sein, der noch an alten Idealen festhält 是一位多年的老战友(老同事); 传统老派人物 ‖ *hierzu*（派生）**Gar·dist** *der*; -*en*, -*en*

Gar·de·ro·be *die*; -, -*n* **1.** die Kleidung (mit Ausnahme der Unterwäsche), die j-d besitzt（除去内衣的）所有衣着，衣服，外衣〈e-e elegante, feine G. besitzen 有时髦的，华美的衣服〉**2.** die Kleidungsstücke wie Handschuhe, Hut, Mantel, die j-d anzieht, wenn er ins Freie geht（个人外出时穿戴的）衣帽: *Ihre G. können Sie hier abgeben/ablegen!* 您可以在此处存放衣帽/请您在此宽衣!; *Für G. übernimmt das Lokal keine Haftung* 餐馆不负责看管衣帽（衣帽遗失，餐馆概不负责）**3.** ein Ding mit Haken, an das man *bes* Mäntel u. Jacken hängt 衣帽架，衣帽钩: *den Mantel an die G. hängen* 将大衣挂到衣帽架上 ‖ K-(复合): ***Garderoben-, -haken, -schrank, -ständer*** **4.** ein Raum (*bes* in einem Theater, Museum *o.Ä.*), in dem die Besucher ihre G. (2), oft gegen e-e Gebühr, aufbewahren können 衣帽间〈etw. an der G. abgeben, abholen 将某物寄存衣帽间，从衣帽间取某物〉**5.** ein Raum in e-m Theater, *o.Ä.*, in dem sich die Künstler vor u. nach dem Auftritt umziehen（演员的）更衣化装室

Gar·de·ro·ben·frau *die*; e-e Frau, die die Mäntel, Jacken *usw* von Besuchern e-s Theaters, Museums *o.Ä.* in der Garderobe (4) aufbewahrt 衣帽间女服务员

Gar·di·ne *die*; -, -*n*; e-e Art Vorhang aus dünnem, fast durchsichtigem Stoff, der im Zimmer vor dem Fenster hängt 窗帷，窗帘 ≈ Store〈die G./Gardinen aufziehen, vorziehen/zuziehen, aufhängen, abnehmen 拉开、拉上/拉拢、挂上、拆下窗帘〉‖ K-(复合): ***Gardinen-, -leiste, -stange*** ‖ ID［谚］***hinter schwedischen Gardinen*** *gespr*［口］; im Gefängnis 坐牢，坐班房

Gar·di·nen·pre·digt *die*; *mst in* 多用于 ***j-m e-e G. halten*** *gespr hum*［口］［诙］; j-n streng tadeln 严厉责备

ga·ren; *garte, hat gegart*; Vt（及物）**1.** ***etw. g.*** Speisen gar[1] werden lassen 做熟，煮熟〈Gemüse, Fleisch g. 把蔬菜、肉煮熟〉; Vi（不及物）**2.** ***etw. gart*** etw. wird gar[1] 变熟，煮熟: *Während das Gemüse garte, bereitete er die Soße vor* 煮菜的时候，他准备调味汁

gä·ren; *gärte/gor, hat gegärt/hat/ist gegoren*; Vi（不及物）**1.** ***etw. gärt*** (*hat*) etw. wird sauer, weil durch chemische Prozesse Alkohol od. Säure entsteht (*z.B.* bei der Herstellung von Bier, Wein, Essig)（物作主语）发酵〈Most, Wein, (Sauer)Teig 果汁，葡萄酒，生面团（加了面肥的面团）〉‖ K-(复合): ***Gär-, -mittel, -prozess*** **2.** ***etw. gärt zu etw.*** (*ist*) etw. wird durch Gären (1) zu etw. anderem（物作主语）经发酵变为: *Der Wein ist zu Essig gegoren* 葡萄酒发酵变为醋 **3.** ***etw. gärt in j-m*** (*hat*) etw. entsteht in j-m u. wird allmählich sehr stark（物作主语）酝酿着，蕴蓄着〈Hass, Unzufriedenheit, Wut 仇恨，不满，愤怒〉; Vimp（无人称）**4.** ***es gärt*** Unzufriedenheit macht sich bemerkbar 酝酿着不满: *Es hatte schon lange im Volk gegärt, bis schließlich die Revolution ausbrach* 革命最终爆发之前，早已民怨沸腾 ‖ *zu*（义项）**1.** u. **2.** **Gä·rung** *die*

gar·ko·chen ↑ ***gar***[1]

Garn *das*; -(*e*)*s*/-*e*; ein Faden aus mehreren Fasern zum Nähen od. Stricken 线〈Baumwolle, Flachs, Wolle zu G. spinnen 将棉花、亚麻、羊毛纺成线; etw. aus grobem G. stricken, weben 用粗线编结，织造某物; mit feinem G. nähen, sticken 用细线缝，绣〉‖ ↑ *Abb. unter* 图见 ***nähen*** ‖ K-(复合): ***Garn-, -knäuel, -rolle, -spule*** ‖ -K(复合): ***Näh-, Stopf-, Woll-*** ‖ ID［谚］(***s***)***ein G. spinnen*** e-e erfundene Geschichte erzählen 编述奇谈，编造虚幻故事; ***j-m ins G. gehen*** *veraltend*［渐旧］; von j-m gefangen werden 落入某人的圈套 ≈ j-m in die Falle gehen

Gar·ne·le *die*; -, -*n*; ein kleiner Krebs mit langen Fühlern u. zehn Beinen, dessen Fleisch als Delikatesse gegessen wird 海虾，小虾 ‖ ↑ *Abb. unter* 图见 ***Schalentiere***

gar·nie·ren; *garnierte, hat garniert*; Vt（及物）***etw.*** (***mit etw.***) ***g.*** Speisen mit essbaren Dingen schmücken（用…）点缀，给…配上: *e-e Torte mit Weintrauben u. Kirschen g.* 用葡萄和樱桃装饰蛋糕; *e-e Fleischplatte mit Salatblättern u. Kräutern g.* 用生菜叶和香草叶点缀一盘肉 ‖ *hierzu*（派生）**Gar·nie·rung** *die*

Gar·ni·son *die*; -, -*en*; MIL【军】**1.** der Ort, an dem e-e (Besatzungs)Truppe (im Frieden) stationiert ist 卫戍地，驻防地 ≈ Standort〈die Truppe liegt, steht in G. 部队位于，停留在驻防地〉‖ K-(复合): ***Garnisons-, -stadt*** **2.** die Truppen, die an e-m bestimmten Ort stationiert sind 卫戍部队，守备部队

Gar·ni·tur [-ˈtuːɐ̯] *die*; -, -*en* **1.** mehrere Dinge, die zu e-m bestimmten Zweck gleichzeitig benutzt werden u. die in Farbe

u. Stil zueinander passen (*z. B.* die Unterwäsche für e-e Person od. die wichtigsten Möbelstücke für ein Zimmer)一套，一副：*e-e G. Unterwäsche kaufen* 购买全套(一套)内衣‖ -K(复合)：***Couch-***，***Schlafzimmer-***，***Wohnzimmer-***；***Baby-***，***Damen-***，***Herren-***；***Wäsche-***；***Besteck-***，***Schreibtisch-***，***Toiletten-*** **2.** (**die**) **erste/zweite/dritte G.** *gespr*[口]；die besten/weniger guten/schlechten Vertreter e-r Gruppe 最好的/次好的/较差的一套班子(人员)：*Die Mannschaft spielte mit der zweiten G.* 运动队用第二套队员进行比赛

gars·tig *Adj*(形) **1.** hässlich u. böse 丑陋的，恶劣的〈e-e Hexe, ein Tier, ein Ungeheuer, ein Zwerg 巫婆，动物，怪物，侏儒〉 **2.** *veraltend* [渐旧]；sehr unangenehm 讨厌的，令人作呕的≈ abscheulich, ekelhaft 〈ein Gefühl, ein Geruch, (das) Wetter 感觉，气味，天气〉 **3.** *veraltend* [渐旧]≈ ungezogen 〈ein Kind 孩子；sich g. benehmen 举止无礼，行为没有教养〉

Gar·ten *der*；*-s*，*Gär·ten* **1.** ein Stück Land *mst* mit Rasen u. von e-m Zaun umgeben (*mst* bei e-m Haus)；auf diesem Land kann man *bes* Blumen, Obst u. Gemüse anbauen 园圃，花园，园〈e-n G. anlegen, im G. arbeiten, etw. im G. anbauen 修建花园，在园圃里劳动，在花园里种植某物〉‖ K-(复合)：***Garten-***，***-anlage***，***-arbeit***，***-bank***，***-beet***，***-fest***，***-grill***，***-grundstück***，***-laube***，***-mauer***，***-möbel***，***-party***，***-schaukel***，***-schere***，***-schlauch***，***-stuhl***，***-tisch***，***-tor***，***-tür***，***-weg***，***-zaun*** ‖-K (复合)：***Kloster-***；***Blumen-***，***Gemüse-***，***Kräuter-***，***Obst-***，***Rosen-*** ‖ *zu* (义项)***Gartenschere*** ↑ *Abb. unter* 图见 **Gartengeräte** **2. ein botanischer G.** ein öffentlicher Park, in dem man viele (auch seltene) Pflanzen sehen kann 植物园 **3. ein zoologischer G.** ADM *geschr*【管理】[书]≈ Zoo, Tierpark

Gar·ten·ar·chi·tekt *der*；j-d, der beruflich Gärten plant u. gestaltet 园林建筑师‖ *hierzu* (派生)**Gar·ten·ar·chi·tek·tin** *die*；**Gar·ten·ar·chi·tek·tur** *die*；*nur Sg*(只用单数)

Gar·ten·bau *der*；*nur Sg*(只用单数)；der (*bes* berufliche) Anbau von Blumen, Gemüse u. Obst 园艺‖ K-：***Gartenbau-***，***-architekt***，***-architektur***，***-ausstellung***，***-betrieb***

Gar·ten·ge·rät *das*；*-(e)s*，*-e*；*mst Pl*(多用复数)；ein Gerät, mit dem man im Garten den Boden bearbeitet od. die Pflanzen pflegt 园艺工具

Gar·ten·haus *das*；ein kleines Haus od. e-e Hütte im Garten (in die man die Gartengeräte u. -möbel stellt)园中小屋(工具房)

Gar·ten·schau *die*；e-e große Ausstellung, in der Gärtner Blumen, Pflanzen *usw* zeigen 花木展览，园艺展览

Gar·ten·zwerg *der*；e-e Figur (in Form e-s Zwerges) aus Keramik od. Kunststoff, die im Garten aufgestellt wird 点缀在花园里的(陶制或塑料的)小型塑像

Gärt·ner *der*；*-s*，*-*；j-d, der (beruflich) *bes* Gemüse, Bäume u./od. Blumen anbaut u.

Gartengeräte

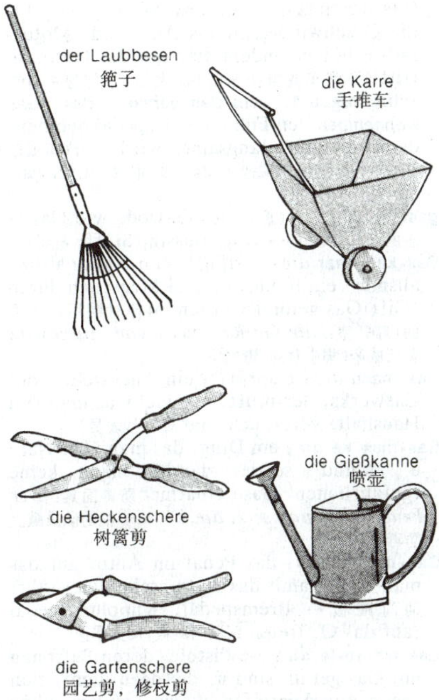

verkauft 园丁，园林工人，花匠‖ -K(复合)：***Friedhofs-***；***Hobby-*** ‖ *hierzu* (派生)**Gärt·ne·rin** *die*；*-*，*-nen*

Gärt·ne·rei *die*；*-*，*-en*；e-e Firma, die *bes* Pflanzen u. Sträucher anbaut u. verkauft 园圃，苗圃，花圃

gärt·ne·risch *Adj*(形)；*nur attr od adv*(只作定语或状语) **1.** den Gartenbau betreffend 园艺的，园圃的〈ein Betrieb 经营〉 **2.** als Gärtner 园丁的〈j-s Qualitäten, Talente, Tätigkeiten 某人的素质，才能，活动〉

gärt·nern；*gärtnerte*，*hat gegärtnert*；[Vi](不及物)(als Hobby) im Garten arbeiten(作为爱好)在园圃里劳作，搞园艺

Gas *das*；*-es*，*-e* **1.** e-e nicht feste, nicht flüssige Substanz, die wie Luft ist 气，气态，气体〈ein brennbares, giftiges, (hoch) explosives Gas 可燃的，有毒的，(极)易爆炸的气体；Gase strömen aus 气体漏出；ein Gas verflüssigen〉使气体液化：*e-n Luftballon mit Gas füllen* 给气球充气‖ K-(复合)：***Gas-***，***-flasche***；***-vergiftung*** ‖ -K(复合)：***Gift-*** **2.** *nur Sg*(只用单数)；ein Gas (1), das leicht brennt u. das man zum Kochen u. Heizen verwendet 煤气：*Aus der defekten Leitung im Herd strömte Gas aus* 煤气从损坏的煤气灶管道中泄漏出来了‖ K-(复合)：***Gas-***，***-ableser***，***-explosion***，***-feuerzeug***，***-flamme***，***-geruch***，***-hahn***，***-heizung***，***-herd***，***-kocher***，***-lampe***，***-leitung***，

-ofen, **-rechnung** ‖ -K(复合): **Brenn-**, **Heiz-** 3. *gespr*, *Kurzw* [口](略)↑ **Gaspedal** 〈aufs Gas treten 踩油门〉 4. **Gas geben** *gespr* [口]; die Geschwindigkeit e-s Autos od. Motorrads erhöhen, indem man auf das Gaspedal tritt (开汽车或摩托车时)加大油门,加速≈ beschleunigen 5. **vom Gas gehen**; (**das**) **Gas wegnehmen** den Fuß vom Gaspedal nehmen, damit das Auto langsamer wird (开汽车或摩托车时)减小油门,减速 ‖ *zu* (义项) 1. u. 2. **gas·hal·tig** *Adj*(形)

G

gas·för·mig *Adj*(形); aus Gas od. wie Gas 气态的,气体状态的↔ fest, flüssig 〈Stoffe 材料〉

Gas·kam·mer *die*; *hist*[历]; (im Nationalsozialismus) ein Raum, in dem Menschen durch (Gift)Gas getötet wurden(纳粹时期用以杀人的)毒气室: *die Gaskammern von Auschwitz* 奥斯威辛(集中营的)毒气室

Gas·mann *der*; *gespr*[口]; ein Angestellter des Gaswerks, der prüft, wie viel Gas man (im Haushalt) verbraucht hat 煤气抄表员

Gas·mas·ke *die*; ein Ding, das man über Nase u. Mund setzt, damit man keine (gefährlichen) Gase einatmet 防毒面具: *Der Feuerwehrmann setzt die G. auf* 消防队员戴上防毒面具

Gas·pe·dal *das*; das Pedal im Auto, auf das man tritt, damit das Auto (schneller) fährt 油门踏板↔ Bremspedal, Kupplungspedal 〈auf das G. treten 踩油门踏板,加大车速〉

Gas·pis·to·le *die*; e-e Pistole, deren Patronen mit Gas gefüllt sind u. die dazu dient, sich gegen e-n Angreifer zu verteidigen, ohne ihn schwer zu verletzen 气弹手枪

Gas·se *die*; -, -*n* 1. e-e schmale Straße, an der links u. rechts Häuser stehen 胡同,小巷,里弄 〈e-e düstere, enge, kleine, schmale, verwinkelte G. 阴暗的,狭窄的,小的,狭长的,偏僻的小巷〉 2. ein schmaler Weg, der von etw. umgeben ist 小路,小径,狭窄通道: *Sie gelangte durch e-e von Hecken gesäumte G. zum Schloss* 她穿过一条两旁栽着树篱的小路来到宫殿 3. ein schmaler Weg durch e-e Menschenmenge (在人群中的)通道〈(für j-n) e-e G. bilden(为某人)让出一条通道〉: *Sie bahnten sich e-e G. durch die Menge* 他们从人群中开辟出一条路

Gas·sen·hau·er *der*; -*s*, -; *veraltend* [渐旧]; ein sehr bekannter u. beliebter Schlager 流行(于街头巷尾的)小调,小曲〈e-n G. pfeifen, singen 吹、唱小调〉

Gas·si *mst in* 多用于 1. ***e-n Hund G. führen***; (***mit e-m Hund***) ***G. gehen*** *gespr*[口]; mit e-m Hund aus dem Haus gehen, damit er sich frei bewegen (u. Blase u. Darm entleeren) kann 遛狗 2. ***ein Hund muss G.*** *gespr*[口]; ein Hund muss ins Freie, um Blase u. Darm zu entleeren 狗必须到户外大小便

Gast *der*; -(*e*)*s*, *Gäs·te* 1. j-d, den man zu e-m *mst* relativ kurzen Besuch in sein Haus eingeladen hat 客人,来宾↔ Gastgeber 〈ein gern gesehener, willkommener, seltener G. 受人欢迎的,受欢迎的客人,稀客; Gäste bewirten, (zum Essen) einladen, erwarten, wieder ausladen 款待客人,邀请客人吃饭,等客人,又取消对客人的邀请〉: *Wir haben heute Abend Gäste* 今天晚上我们有客人 ‖ K-(复合): ***Gäste-***, ***-bett***, ***-liste***, ***-zimmer*** 2. *mst* 多用 ***mein G.*** j-d, für den man den Preis e-s Essens od. e-r Veranstaltung zahlt 我的客人: *Du kannst essen, was du willst, du bist heute mein G.* 你想吃什么都可以,今天我请客 3. j-d, der in e-m Hotel wohnt od. in e-m Lokal isst u. dafür bezahlt 旅客,顾客〈zahlende Gäste 付款的顾客〉 ‖ K-(复合): ***Gäste-***, ***-haus*** ‖ -K(复合): ***Ferien-***, ***Hotel-***, ***Kur-***, ***Urlaubs-*** 4. e-e Persönlichkeit (*bes* ein Politiker od. Künstler), die an e-r Veranstaltung *o. Ä.* teilnimmt 客串,来宾,嘉宾: *Heute Abend ist der Bundespräsident G. in e-r Fernsehdiskussion* 今晚联邦总统作为特邀嘉宾出席电视讨论会 ‖ K-(复合): ***Gast-***, ***-dirigent***, ***-dozent***, ***-konzert***, ***-professor***, ***-redner***, ***-vortrag*** 5. *mst Pl*, SPORT (多用复数)【体】; die Mannschaft, die nicht auf dem eigenen, sondern auf dem Sportplatz des Gegners spielt 客队↔ Gastgeber ‖ K-(复合): ***Gäste-***, ***-mannschaft*** 6. ***irgendwo zu G. sein*** irgendwo als G. (1,3) sein 在…作客

Gast·ar·bei·ter *der*; *oft neg* ① 常用[侮][德] j-d, der in ein für ihn fremdes Land geht, um dort e-e bestimmte Zeit zu arbeiten, u. dann oft wieder in seine Heimat zurückkehrt: 客籍工人,外籍工人 *die türkischen Gastarbeiter in Deutschland* 在德国的土耳其籍工人 ‖ *hierzu* (派生) **Gast·ar·bei·te·rin** *die*

Gäs·te·buch *das*; ein Buch, in das die Gäste e-r Familie, e-r Stadt *usw* ihren Namen schreiben 来宾登记簿〈sich in das G. eintragen 把自己的姓名登入来宾簿,在来宾登记簿上登记〉

Gast·fa·mi·lie *die*; e-e Familie, bei der *bes* ein Schüler od. Student aus e-m anderen Land für mehrere Wochen od. Monate als Gast (1) wohnt(接待外国学生短期作客的)东道家庭

gast·freund·lich *Adj* (形); gern bereit, Gäste (1) bei sich aufzunehmen u. ihnen Essen *usw* zu geben 好客的,殷勤招待的〈e-e Familie, ein Haus 家庭,住家〉 ‖ *hierzu* (派生) **Gast·freund·lich·keit** *die*; *nur Sg*(只用单数)

Gast·freund·schaft *die*; *nur Sg*(只用单数); das freundliche Benehmen gegenüber Gästen (1) 热情好客,热情款待〈j-s G. genießen/in Anspruch nehmen 享受/承蒙某人的热情款待〉

Gast·ge·ber *der* 1. j-d, der gerade Gäste (1) hat 主人,邀请者,东道主〈ein aufmerksamer, freundlicher G. 殷勤周到的,和蔼可亲的主人〉 2. *mst Pl*, SPORT (多用复数)【体】; die Mannschaft, auf deren Sportplatz das Spiel stattfindet 主队↔ Gäste (5): *Die Gastgeber schossen das erste Tor* 主队先踢进一球 ‖ *zu* (义项) 1. **Gast·ge·be·rin** *die*; -, -*nen*

Gast·ge·schenk *das*; ein Geschenk, das der Gast (1) dem Gastgeber mitbringt 来宾赠送主

人的礼品

Gast·haus *das*; ein Lokal, in dem man gegen Bezahlung essen u. trinken (u. übernachten) kann（供食宿的）旅店，客栈，饭馆≈ Wirtshaus〈in e-m G. einkehren, im G. essen 到旅店投宿，在饭馆用餐〉

Gast·hof *der*; ein Haus, in dem man gegen Bezahlung essen, trinken u. *mst* übernachten kann 旅店，客栈

Gast·hö·rer *der*; j-d, der an einzelnen Vorlesungen u. Seminaren e-r Universität teilnimmt, obwohl er an dieser Universität nicht immatrikuliert ist 旁听生

gas·tie·ren; *gastierte*, *hat gastiert*; [Vi]（不及物）*irgendwo g.* als Künstler in e-r fremden Stadt auftreten (*z. B.* bei e-r Tournee)（在…）客串演出、巡回演出：*Die Band gastiert gerade in Bonn* 乐队正在波恩巡回演出

Gast·land *das*; ein Land, in dem sich ein Ausländer als Besucher (für kurze Zeit) aufhält（外国人短期作客的）东道国

gast·lich *Adj*（形）; so, dass sich dort ein Gast wohl fühlen kann 好客的，殷勤招待的〈ein Haus 住家; j-n g. aufnehmen, bewirten 热情殷勤地接待、款待某人〉‖ *hierzu*（派生）**Gast·lich·keit** *die*; *nur Sg*（只用单数）

Gast·ri·tis *die*; -; *nur Sg*, MED（只用单数）【医】; e-e Entzündung der Magenschleimhaut 胃炎

Gast·ro·nom *der*; *-en*, *-en*; ADM *geschr*【管理】[书]≈ Gastwirt ‖ NB（注意）: *der Gastronom*; *den*, *dem*, *des Gastronomen* ‖ *hierzu*（派生）**Gast·ro·no·min** *die*; -, *-nen*

Gast·ro·no·mie *die*; -; *nur Sg*（只用单数）; das Gewerbe, das die Unterbringung u. Bewirtung von Gästen in Hotels od. Restaurants betreibt 餐饮业，旅馆行业〈in der G. tätig sein 在餐饮行业工作〉‖ *hierzu*（派生）**gast·ro·no·misch** *Adj*（形）

Gast·spiel *das*; ein Auftritt, e-e Vorstellung als Gast (4) 访问演出，特约演出，巡回演出：*Das russische Ballett gibt mehrere Gastspiele in Deutschland* 俄罗斯芭蕾舞团在德国举行数场访问演出 ‖ K-（复合）: ***Gastspiel-***, ***-reise*** ‖ ID [谚]（***irgendwo***）***nur ein kurzes G. geben*** nur kurze Zeit irgendwo dabei sein, in e-r Firma arbeiten *o. Ä.*（在某处）做短暂的临时工作

Gast·stät·te *die* ≈ Gasthaus, (Speise) Lokal ‖ K-（复合）: ***Gaststätten-***, ***-gewerbe***

Gast·stu·be *die*; der Raum in e-m Gasthaus, in dem die Gäste essen u. trinken 饭铺，酒馆

Gast·wirt *der*; j-d, der beruflich ein Gasthaus, ein Restaurant *o. Ä.* betreibt（旅店，饭馆的）店主 ‖ *hierzu*（派生）**Gast·wir·tin** *die*

Gast·wirt·schaft *die* ≈ Gasthaus

Gas·werk *das*; ein Betrieb, der Gas (2) herstellt u. in Leitungen (an die einzelnen Haushalte u. Firmen) liefert 煤气厂

Gas·zäh·ler *der*; ein Gerät, das misst, wie viel Gas (2) (in e-m Haushalt) verbraucht wird 煤气表〈den G. ablesen 查煤气表，抄下煤气用量字数〉

Gat·te *der*; *-n*, *-n*; *geschr* [书]≈ Ehemann ‖ *hierzu*（派生）**Gat·tin** *die*; -, *-nen* ‖ NB（注意）: **a**) Für viele Sprecher sind *Gatte* u. *Gattin* veraltende Wörter. Ehepartner verwenden die Bezeichnungen *meine Frau* bzw. *mein Mann*（*Gatte* 和 *Gattin* 渐旧。表示夫妻关系常用 *meine Frau* 或 *mein Mann*）; **b**) *der Gatte*; *den*, *dem*, *des Gatten*

Gat·ter *das*; *-s*, -; ein Tor od. Zaun aus breiten Latten 栅门，栅栏

Gat·tung *die*; -, *-en* **1**. e-e Gruppe von einzelnen Dingen mit denselben (wesentlichen) Eigenschaften 种类，种属，类型，类别：*Lyrik*, *Epik u. Dramatik sind literarische Gattungen* 抒情诗、叙事文学和戏剧是几个文学类别 ‖ K-（复合）: ***Gattungs-***, ***-bezeichnung***, ***-name***; ***gattungs-***, ***-fremd***, ***-gleich***, ***-spezifisch*** ‖ -K（复合）: ***Kunst-***, ***Literatur-*** **2**. BIOL【生】; e-e Kategorie im System der Lebewesen 属：*In der Familie „Katzen" gibt es e-e G. „Großkatzen", zu der z. B. die Arten Löwe, Tiger u. Leopard gehören* 在猫科中有一个大猫属，狮、虎和豹等种都属于这个属

Gau *der*; *-(e)s*, *-e*; *veraltend* [渐旧]; ein großes Gebiet, dessen Landschaft u. Bewohner e-e Einheit bilden 区，管辖区

GAU [gau] *der*; *-(s)*, *-s*; *mst Sg*（只用单数）;（*Abk für* 缩写，全称为 größter anzunehmender Unfall）der schlimmste Unfall, mit dem man in e-m Atomkraftwerk rechnet 恶性核泄漏事故 ‖ NB（注意）: ↑ ***Super-GAU***

Gau·di *die*; -; *nur Sg*, *südd* Ⓐ *gespr*（只用单数）[南德][奥][口]; großer Spaß, viel Vergnügen 快乐，开心，玩得高兴〈e-e riesige G. haben 快乐极了〉

gau·keln; *gaukelte*, *ist gegaukelt*; [Vi]（不及物）〈ein Schmetterling *o. Ä.* 蝴蝶等〉***gaukelt*** ein Schmetterling *o. Ä.* fliegt ohne ein bestimmtes Ziel hin u. her 飞来飞去，翩翩飞舞

Gauk·ler *der*; *-s*, -; *veraltend* [渐旧]; ein Akrobat od. Zauberkünstler 杂耍艺人，变戏法者，魔术师 ‖ *hierzu*（派生）**Gauk·le·rin** *die*; -, *-nen*

Gaul *der*; *-(e)s*, *Gäu·le* **1**. *pej* [贬]; ein schlechtes Pferd 驽马，老马〈ein alter, kranker, lahmer G. 老的、有病的、瘸腿的马〉**2**. *bes südd gespr* 尤用于[南德][口]≈ Pferd ‖ -K（复合）: ***Acker-***, ***Droschken-***, ***Karren-*** ‖ ID（谚）***E-m geschenkten G. schaut man nicht ins Maul*** wenn man etw. geschenkt bekommt, soll man damit zufrieden sein u. es nicht kritisch (auf Fehler od. Nachteile) prüfen 送来的马不看它的牙口；馈赠之物勿加挑剔; ***j-m geht der G. durch*** *gespr* [口]; j-d verliert die Beherrschung über sich 某人失去自制力

Gau·lei·ter *der*; *hist* [历];（im Nationalsozialismus）ein hoher Funktionär, der e-n großen Bezirk leitete u. nach 1933 auch staatliche Ämter hatte（纳粹党的）行政区头目

Gau·men *der*; *-s*, - **1**. der Teil, der das Innere des Mundes nach oben abschließt 腭，上膛〈e-n wunden, gespaltenen G. haben 上腭受

伤，腭裂）‖ K-（复合）：***Gaumen-***，***-zäpfchen*** **2.** *geschr*［书］：der G.（1）als Organ, mit dem man schmeckt 味觉，口味〈etw. kitzelt den G., etw. schmeichelt dem G.（= schmeckt sehr gut）某物很可口，某物很合口味；e-n feinen, verwöhnten G. haben（= Feinschmecker sein）精于饮食，讲究吃喝〉‖ K-（复合）：***Gaumen-***，***-freude***，***-kitzel***

Gau·ner *der*; *-s*, *-*; *gespr*［口］**1.** j-d, der stiehlt od. andere betrügt 小偷，骗子，流氓≈ Schwindler ‖ K-（复合）：***Gauner-***，***-bande***，***-sprache*** **2.** j-d, der schlau ist u. viele Tricks anwendet 滑头，狡猾的人：*Der alte G. hat mich schon wieder überlistet!* 这老滑头又一次蒙了我！‖ *zu*（义项）***Gaunerei*** ↑ ***-ei***

Gau·ner·stück *das*; ein raffinierter Betrug od. Diebstahl 欺诈行径，骗局

Ga·ze [ˈgaːzə] *die*; *-*, *-n*; ein sehr dünner, locker gewebter Stoff 网纱，纱罗，纱布〈ein Fliegennetz, ein Verband aus G. 防蝇纱罩，纱布绷带〉

Ga·zel·le *die*; *-*, *-n*; e-e Antilope mit langen, schlanken Beinen, die in Afrika lebt 瞪羚

Ga·zet·te *die*; *-*, *-n*; *veraltend*［渐旧］；e-e Zeitung（mit nicht besonders hohem Niveau）报纸，日报

Ge- *das*; *im Subst*, *sehr produktiv*（构成名词，构词强）**1.** verwendet, um aus e-m Verb ein Substantiv zu machen（由动词构成名词）；das ***Gebell***（= das Bellen）, das ***Gebrüll***（= das Brüllen）〈des Löwen 狮子的〉, das ***Geflüster***, das ***Geheul***〈der Wölfe 狼的〉, das ***Geläut***, das ***Gemetzel***, das ***Gemurmel***, das ***Geplapper***, das ***Geraschel***, das ***Gerangel***, das ***Geschrei***, das ***Geschwätz***, das ***Gezwitscher*** ‖ NB（注意）：*mst* hat *Ge-* e-n negativen Charakter. Bei einigen Begriffen kann durch Anhängen von *-e* am Ende des Wortes das Pejorative verstärkt werden（Ge 多含贬义，加词尾-e 则加强贬义）：*das Gebelle* 不断的狂吠，*das Gekläffe* 怒骂不休 **2.** *bes gespr pej* 尤用于［口］［贬］；verwendet, um auszudrücken, dass die genannte Handlung lästig ist, dass sie oft geschieht od. lange dauert（表示所指行为经常发生或持续时间长，令人厌烦）≈ -ei（3）；das ***Gebrabbel***, das ***Gedudel***, das ***Gefasel***, das ***Gegrinse***, das ***Gehämmer***（***e***）, das ***Gehupe***, das ***Gejammer***, das ***Gekicher***, das ***Geklimper***, das ***Gelärme***, das ***Gemecker***, das ***Genuschel***, das ***Gequassel***, das ***Gequatsche***, das ***Geschwafel***, das ***Getuschel*** ‖ NB（注意）：auch mit zusammengesetzen Verben（也用于复合动词）：das ***Herumgehopse*** **3.** etw., das durch die genannte Handlung entsteht（表示所指行为的结果）；das ***Gedränge***, das ***Gedrängel***, das ***Gekritzel***, das ***Gemisch***, das ***Geschmier***, das ***Gestammel***, das ***Gewimmel*** **4.** *Kollekt*（集合）；verwendet, um e-e Gruppe von Dingen, Tieren *o. Ä.* zu bezeichnen（表示事物、动物的总称）；das ***Geäst***（= die Äste e-s Baumes）, das ***Gebäck***, das ***Gebälk***, das ***Gebüsch***, das ***Gedärm***, das ***Getier***（= die Tiere, *bes* kleine Tiere）, das ***Gewässer***

ge·ädert *Adj*（形）；*nicht adv*（不作状语）；mit Linien（die wie Adern aussehen）用条纹装饰的，布满脉络的，有许多纹理的〈Marmor 大理石〉

ge·ar·tet *Adj*（形）；*nicht adv*（不作状语）；***irgendwie g.*** in der genannten Art, mit der genannten Eigenschaft 具有…性质的，有…特征的：*Das Problem ist komplizierter g., als ich dachte* 问题的性质比我所想的更为复杂

geb. *Abk* 缩写；↑ ***geboren***（2）

Ge·bäck *das*; *-(e)s*; *nur Sg*, *Kollekt*（只用单数）（集合）；kleine gebackene（*mst* süße）Stücke aus Teig 烘制的糕饼，点心：*seinen Gästen zum Tee G. anbieten* 喝茶时用小点心招待客人 ‖ K-（复合）：***Gebäck-***，***-dose***，***-stück*** ‖ -K（复合）：***Blätterteig-***，***Salz-***，***Weihnachts-***

ge·ba·cken *Partizip Perfekt*（过去分词）；↑ ***backen***

ge·bannt **1.** *Partizip Perfekt*（过去分词）；↑ ***bannen*** **2.** ***wie g.*** voller Spannung 充满吸引力的，充满魅力的≈ fasziniert, gefesselt〈(j-m) wie g. zuhören, zuschauen 入迷地倾听（某人说话），着了魔似地盯着（某人）〉

ge·bar *Imperfekt*, *1. u. 3. Person Sg*（过去时，单数第一和第三人称）；↑ ***gebären***

Ge·bär·de *die*; *-*, *-n*; e-e Bewegung des Körpers（*bes* der Hand od. der Arme）, durch die man Gefühle, Wünsche *o. Ä.* ausdrückt 手势，表情，神情≈ Geste〈e-e abweisende, drohende, einladende, nervöse, ungeduldige, unwillige G. machen 做出拒绝的、威胁的、吸引人的、烦躁的、不耐心的、不乐意的表情〉‖ K-（复合）：***Gebärden-***，***-sprache***

ge·bär·den, sich; *gebärdete sich*, *hat sich gebärdet*; [Vr]（反身）***sich irgendwie g.*** sich in der genannten Weise verhalten, benehmen 做出某种动作，举动〈sich wie toll, wie verrückt, wie ein Wahnsinniger g. 举止疯狂、疯疯癫癫、似疯子〉

Ge·ba·ren *das*; *-s*; *nur Sg*, *geschr*（只用单数）［书］；e-e bestimmte Art, sich zu verhalten, zu benehmen 行为，举止，派头〈ein seltsames, sonderbares, unfreundliches G. 罕见的，奇怪的，不友好的举止〉‖ -K（复合）：***Geschäfts-***

ge·bä·ren; *gebärt / veraltend*［渐旧］*gebiert*, *gebar*, *hat geboren*; [Vt/i]（及物/不及物）（***ein Kind***）***g.*** als Frau ein Baby zur Welt bringen 生，养，分娩：*Wann bist du geboren?* 你是何时出生的？‖ NB（注意）：*mst* im Perfekt od. Passiv（多用现在完成时或被动语态）！‖ ID［谚］***Der Mann / Die Frau*** *usw* ***muss erst***（***noch***）***geboren werden***, ***der / die ...*** *gespr*［口］；es gibt niemanden, der etw. Bestimmtes tun könnte …的男人/女人还没生出来：*Der Mann muss erst geboren werden, der mir Angst macht!* 能吓住我的人还没出世呢！（意即谁也吓不住我！）‖ ▶ ***geboren***

ge·bär·fä·hig *Adj*（形）；*nur in* 只用于 ***im gebärfähigen Alter***（von Frauen）in dem Alter, in dem sie ein Kind gebären können 正是生育年龄，处在育龄期

Ge·bär·mut·ter *die*; *nur Sg*（只用单数）；（bei Menschen u. Säugetieren）das Organ, in dem ein Embryo heranwächst 子宫；MED【医】Uterus

ge·bauch·pin·selt *nur in* 只用于 **sich g. fühlen** *gespr hum*［口］［诙］；sich durch ein Kompliment *o.Ä.* geschmeichelt fühlen 感到受宠若惊，感到洋洋得意

Ge·bäu·de *das*; *-s*, *-*; ein（großes）Haus, das aus Ziegeln, Beton *o. Ä.* gebaut wurde, damit j-d darin wohnen od. arbeiten kann 建筑物，大厦，楼房：„*Was ist das für ein G.?*" – „*Das ist das Nationaltheater*" "这是一座什么大楼?"——"这是国家剧院" ‖ K-（复合）：**Gebäude-**, **-flügel**, **-komplex**, **-reinigung**, **-trakt** ‖ -K（复合）：**Bahnhofs-**, **Bank-**, **Parlaments-**, **Schul-**, **Universitäts-**; **Haupt-**, **Neben-**

ge·baut 1. *Partizip Perfekt*（过去分词）；↑ **bauen** 2. *Adj*（形）；*mst in* 多用于 **gut g. sein** *gespr*［口］；e-e gute Figur haben 身材匀称，身材好

Ge·bei·ne *die*; *Pl*, *geschr*（复）［书］；die Knochen e-s Toten 骸骨，遗骨≈ Skelett

ge·ben; *gibt*, *gab*, *hat gegeben*; Vt（及物）**1. j-m etw. g.** etw. in j-s Hände od. in seine Nähe legen/tun, sodass er es nehmen kann 递给，交给，给≈ j-m etw. reichen ↔ j-m etw. (weg)nehmen：*j-m ein Buch g.* 交给某人一本书；*e-m Kind ein Glas Milch g.* 递给孩子一杯牛奶 **2. j-m etw. g.** j-m etw. als Geschenk zukommen lassen 送给，赠送，给≈ j-m etw. schenken：*dem Kellner（ein）Trinkgeld g.* 给招待员小费；*Für das gute Zeugnis hat mir mein Vater ein Fahrrad gegeben* 由于我的成绩好，爸爸送给我一辆自行车 **3.（j-m）etw. für etw. g.** etw. für etw. bezahlen 付…钱，支付：*Wie viel gibst du mir für das Bild?* 这幅画你出多少钱? **4. j-m（etw.）+ zu + Infinitiv**（不定式）**g.** j-m etw. g.（1），damit er damit etw. tut 提供，给…做（干）：*e-m Gast zu essen u. zu trinken g.* 给客人吃的和喝的（东西）；*j-m viel zu tun g.* 给某人许多事做；*Gibst du mir das Hemd zum Waschen?* 你是不是把衬衣交给我洗? **5. etw. zu etw./in etw.**（*Akk* 四格）**g.** etw. irgendwohin bringen, damit dort etw. getan wird 将…送交：*den Fernseher in/zur Reparatur g.* 把电视机送去修理；*j-m etw. zur Aufbewahrung g.* 将某物交给某人保存（保管）. **6. j-n/ein Tier in Pflege g.** j-n/ ein Tier in ein Heim *o.Ä.* bringen, damit sie dort versorgt werden 将某人/动物送去照料 **7. etw. irgendwohin g.** etw. irgendwohin legen, stellen *usw* 把…放进，放到：*den Kuchen in den Ofen g.* 把点心放进烤炉；*Backpulver an den/zum Teig g.* 把发酵粉和人面团 **8.（j-m）etw. g.** erlauben, dass j-d etw. bekommt 给予，准许，允许：*e-m Reporter ein Interview g.* 准许记者采访；*j-m noch e-e Chance g.* 再给他一次机会 **9. j-d/etw. gibt j-m etw.** j-d/etw. bewirkt, dass j-d etw. bekommt（人/物作主语）赋予，使获得：*Der Erfolg gab ihr neuen Mut* 成功赋予她新的勇气 **10. j-d gibt j-m/etw. etw.** j-d äußert die Meinung, dass j-d/etw. etw. hat（人作主语）认为，表示看法：*Die Ärzte geben ihr noch ein Jahr（zu leben）*医生们表示，她还能活一年；*Gibst du dem Projekt e-e Chance?* 你认为这个项目有机会吗? **11. j-m j-n/etw. g.** j-n am Telefon mit j-m/e-m Vertreter e-r Abteilung *o.Ä.* sprechen lassen 使与…通话，给…接通（电话）≈ j-n mit j-m/etw. verbinden：*Geben Sie mir bitte die Versandabteilung* 请为我接通销售部；*Ich gebe Ihnen Herrn Müller* 我给您接通米勒先生 **12. etw. g.** ein großes Fest, e-e Party *o.Ä.* stattfinden lassen 举行，举办≈ veranstalten：*ein Bankett g.* 举行宴会 **13. etw. g.** *gespr*［口］≈ unterrichten：*Unser Klassenlehrer gibt außer Englisch auch noch Deutsch u. Geschichte* 我们的班主任除教英语课之外还教德语和历史课；*Sie gibt Gitarrestunden* 她讲授吉他课 **14. etw. g.** ein Theaterstück aufführen 上演：*Heute wird im Nationaltheater „Die Zauberflöte" gegeben* 今天在国家剧院上演《魔笛》‖ NB（注意）：*mst* im Passiv（多用被动语态）! **15. etw. gibt etw.** *gespr*［口］；etw. hat etw. als Ergebnis（物作主语）得出，产生，等于≈ etw. ergibt etw.：*Vier mal fünf gibt zwanzig* 4 乘 5 等于 20；*Wenn man Zement, Sand, Kies u. Wasser mischt, gibt das Beton* 把水泥、沙子、砾石和水拌和，就成为混凝土；*Was du da schreibst, gibt keinen Sinn* 你所写的东西毫无意义 ‖ NB（注意）：kein Passiv（不用被动语态）! **16. ein Tier/etw. gibt etw.** ein Tier/etw. erzeugt, produziert etw., was der Mensch nutzt（动物/物作主语）产生，发出，生产：*Der Ofen gibt Wärme* 炉子发出热量；*Die Kuh gibt Milch* 奶牛产奶；*Die Hühner geben Eier* 母鸡下蛋 **17. etw. 'von sich g.** etw. sagen 表达，说出：*Er gibt viel Unsinn von sich* 他净说傻话 **18. etw. gibt etw. 'von sich** etw. produziert Laute（物作主语）由自身发出：*Das Radio ist kaputt, es gibt keinen Ton von sich* 收音机坏了，不出声了 **19.（et）was/viel/wenig/nichts auf etw.**（*Akk* 四格）**g.** e-r Sache e-e gewisse Bedeutung/e-e große Bedeutung/wenig Bedeutung/keine Bedeutung zumessen（对某事）在意（重视，注意），很在意，不大在意，一点也不在意：*Sie gibt nicht viel auf teure Kleider* 她并不大看重华贵的衣着 **20. es j-m g.** *gespr*［口］；j-m deutlich sagen, dass er sich falsch od. schlecht verhalten hat 告诫，教训：*Er hat versucht, mich zu ärgern – aber dem habe ich es ordentlich gegeben!* 他试图和我过不去——可是我好好教训了他一下! ‖ NB（注意）：*mst* im Perfekt（多用现在完成时）! **21. es j-m g.** *gespr*［口］；j-n verprügeln 揍，痛打 **22. etw. g.** verwendet zusammen mit e-m Subst., um ein Verb zu umschreiben（与名词连用，改换动词的表达）；**（j-m）e-e Antwort g.** ≈ j-m antworten；**（j-m）e-n Befehl g.** ≈（j-m）etw. befehlen；**（j-m）seine Einwilligung（zu etw.）g.** ≈（in etw.（*Akk* 四格））einwilligen；**（j-m）e-e Erlaubnis g.** ≈（j-m）etw. erlauben；**j-m**

e-n Kuss g. ≈ j-n küssen; ***j-m Nachricht* (*von etw.*) *g.*** ≈ j-n (von etw.) benachrichtigen; ***j-m e-n Rat g.*** ≈ j-m etw. raten; ***j-m e-n Stoß g.*** ≈ j-n stoßen; ***j-m e-n Tritt g.*** ≈ j-n treten; (***j-m***) ***Unterricht g.*** ≈ (j-n) unterrichten; ***j-m ein Versprechen / sein Wort g.*** ≈ j-m etw. versprechen; Vi (不及物) **23.** beim Kartenspielen die Karten verteilen 发牌,分牌: *Du gibst* 你发牌; *Wer ist dran mit G./zu g.?* 该谁发牌了?; Vr (反身) **24. sich irgendwie g.** durch ein Verhalten e-n bestimmten Eindruck erwecken (wollen) 作出…样子,表现…态度: *Sie gab sich ganz gelassen / ruhig* 她表现出十分从容/平静的神态; *Er gibt sich gern als Kunstkenner, aber in Wirklichkeit versteht er nicht viel davon* 他喜欢作出一副艺术鉴赏家的样子,而实际上他懂得并不多 **25. etw. gibt sich** (**wieder**) etw. wird (wieder) schwächer, hört allmählich auf (物作主语) 减弱,平息,好转 ≈ etw. lässt nach: *Zurzeit bin ich sehr beschäftigt, aber das gibt sich wieder* 现在我特别忙,不过不久就会好转; Vimp (无人称) **26. es gibt j-n / etw.** j-d/etw. existiert, ist tatsächlich vorhanden 有,存在: *In Australien gibt es Kängurus* 澳大利亚有袋鼠; *Damals gab es noch kein Telefon* 那时还没有电话; *Du bist der netteste Mensch, den es gibt* 你是所有人中最和蔼的一个人; *Was gibt es für Probleme?* 有些什么问题? **27. es gibt etw.** etw. kommt, etw. tritt ein 发生,有,出现: *Morgen soll es Regen g.* 据说明天有雨; *Wenn Vater das hört, gibt es Ärger* 这事儿爸爸要是知道可就有麻烦了 **28. es gibt etw.** etw. wird (im Fernsehen, Kino, Theater) angeboten 播放,演出 ≈ etw. steht auf dem Programm: *Was gibts heute Abend im Fernsehen?* 今天晚上电视有什么节目? **29. es gibt etw.** etw. wird zu essen od. zu trinken angeboten 有…吃的或喝的: *Was gibts heute zum Mittagessen?* 今天午饭有什么吃的?; *Auf der Party gab es exotische Cocktails* 聚会上有异国风味的鸡尾酒 **30. es gibt etw. + zu + Infinitiv** (不定式) es ist möglich od. nötig, etw. zu tun 有…要(做),可(做): *Was gibt es da zu sehen?* 那里有什么可看的啊?; *Vor der Reise gibt es noch viel zu erledigen* 旅行前还有许多事要料理 ‖ ID [谚] ***Was gibts?*** *gespr* [口]: was willst du von mir? 你找我有什么事吗?; ***Was es nicht alles gibt!*** *gespr* [口]: verwendet, um Überraschung auszudrücken (表示意外惊奇) 居然有这种事! (真是无奇不有!); ***Das gibts ja gar nicht!*** *gespr* [口]: verwendet, um Ärger od. Verwunderung auszudrücken (表示生气或惊讶) 这是根本不可能的!; *mst* 多用 ***Gibt es dich auch noch?*** *gespr iron* [口][讽]: verwendet, wenn man j-n nach langer Zeit endlich wiedersieht (作久别重逢用语) 你别来无恙啊? 你还健在啊?; ***Wenn ... nicht ..., dann gibts was!*** *gespr* [口]: verwendet als Drohung e-m Kind gegenüber (damit es tut, was es tun soll) (用作对孩子的威胁) 如果不…,就要挨揍啦!; ***Da gibts* (*gar*) *nichts!*** *gespr* [口]: verwendet, um e-e Aussage zu verstärken (强调陈述的内容) 这事儿一点问题也没有 (毫无问题!): *Auf Peter kann man sich immer verlassen, da gibts gar nichts!* 彼得一贯可以信赖,这是毫无问题的!; *mst* 多用 ***ich gäbe viel / (et) was darum, wenn / + zu + Infinitiv*** (不定式) ich habe den starken Wunsch nach etw. 我很想做…,我非常愿意做…: *Ich gäbe etwas darum zu wissen, warum er das getan hat* 我很想弄明白,他为什么这样做; ***etw. ist j-m gegeben*** j-d hat e-e natürliche Fähigkeit 某人有干某事的天才,某人善于干某事: *Es ist dem Menschen nicht gegeben, in die Zukunft zu sehen* 人无法洞察未来 ‖ ▶ **Gabe**

Ge·ber *der*; *-s*, *-* **1.** j-d, der j-m etw. gibt od. schenkt 给予者,赠送者 ‖ -K (复合): ***Arbeit-***, ***Geld-*** **2.** derjenige, der beim Kartenspiel die Karten verteilt 发牌者

Ge·ber·lau·ne *die*; *mst in* 多用于 **in G. sein** *hum* [诙]: in großzügiger Laune sein 慷慨大度,出手大方

Ge·bet *das*; *-(e)s*, *-e* **1.** das Beten (als Handlung) 祈祷: *die Hände zum G. falten* 合拢双手做祈祷 **2.** das Sprechen mit Gott (oft in Form e-s feststehenden Textes), um ihn zu verehren, ihn um etw. zu bitten od. ihm für etw. zu danken 祷告 ⟨ein G. sprechen 做祷告⟩ ‖ K- (复合): ***Gebet-***, ***-buch***; ***Gebets-***, ***-teppich***, ***-übung*** ‖ -K (复合): ***Abend-***, ***Morgen-***; ***Tisch-***; ***Dank-*** ‖ ID [谚] ***j-n ins G. nehmen*** *gespr* [口]: j-n mit Nachdruck ermahnen, etw. zu tun od. etw. nicht zu tun 告诫,劝戒,开导某人

ge·be·ten *Partizip Perfekt* (过去分词); ↑ **bitten**

ge·biert *Präsens*, *3 Person Sg* (现在时,第三人称单数); ↑ **gebären**

Ge·biet *das*; *-(e)s*, *-e* **1.** ein bestimmter (*mst* relativ großer) Teil e-r Gegend od. Landschaft 地区,地带 ⟨ein fruchtbares, sumpfiges G. 肥沃的,泥泞的地带⟩: *Die Lüneburger Heide ist ein G., das unter Naturschutz steht* 吕内堡草原是一个被列入自然保护的地区 ‖ -K (复合): ***Industrie-***, ***Sumpf-***, ***Wald-*** **2.** POL【政】: ein staatliches Territorium od. ein Teil davon 领土,疆土: *Der von Interpol gesuchte Verbrecher wurde auf französischem G. gefasst* 那个受国际警察组织追捕的罪犯在法国领土已被抓获 ‖ K- (复合): ***Gebiets-***, ***-anspruch***, ***-erweiterung***, ***-hoheit*** ‖ -K (复合): ***Bundes-***, ***Staats-*** **3.** das Fach od. das Thema, mit dem sich j-d (beruflich) beschäftigt 领域,学科 ≈ Bereich: *auf dem G. der Kernenergie arbeiten* 在核能领域工作; *Die Mechanik u. die Elektronik sind zwei wichtige Gebiete der Physik* 力学和电子学是物理学的两个重要领域 ‖ -K (复合): ***Arbeits-***, ***Fach-***, ***Forschungs-***, ***Wissens-*** ‖ zu (义项) **1. ge·biets·wei·se** *Adj* (形); *mst adv* (多作状语)

ge·bie·ten; *gebot*, *hat geboten*; *geschr* [书]; Vt/i (及物/不及物) **1.** (***j-m***) (***etw.***) ***g.*** j-m etw. befehlen 命令,要求: *Mein Gewissen gebietet mir zu sprechen* 我的良心要求我讲话; Vt (及物) **2. etw. gebietet etw.** etw. macht etw. dringend nötig (物作主语)急需，要求≈ etw. erfordert etw. 〈der Ernst der Lage gebietet etw. 严峻的局势要求…〉: *Die Situation gebietet rasches Handeln* 形势要求迅速采取行动; *Wenn wir rechtzeitig fertig werden wollen, ist höchste Eile geboten* 如果我们想按时完成，就必须加紧努力; Vi (不及物) **3. über j-n/etw. g.** ≈ über j-n/etw. herrschen 统治，治理，掌管: *Der König gebietet über ein großes Land u. viele Untertanen* 国王统治着一个大国和众多臣民 ‖ ▶ **Gebot**

Ge·bie·ter *der*; *-s*, *-*; *veraltet* [旧]≈ Herr (4) ‖ *hierzu* (派生) **Ge·bie·te·rin** *die*; *-*, *-nen*

ge·bie·te·risch *Adj* (形); *geschr* [书]; mit der Erwartung, dass den Befehlen sofort gefolgt wird 发号施令的，专横独断的，命令式的≈ herrisch 〈e-e Geste, e-e Stimme 姿态，声音〉: *Mit e-r gebieterischen Handbewegung winkte sie ihn zu sich* 她用命令的手势招呼他过来

Ge·bil·de *das*; *-s*, *-* **1.** ein Gegenstand, der in e-r bestimmten, konkreten Form vorhanden ist 形体，形成物，构成物: *Ein Atom ist ein sehr kompliziertes G. aus Protonen, Neutronen u. Elektronen* 原子是由质子、中子和电子组成的非常复杂的构成物 ‖ -K (复合): **Wolken- 2.** ein Produkt der Fantasie (wie *z.B.* Kobolde od. Zwerge) 想象的产物 ‖ -K (复合): **Fantasie-**, **Traum-**

ge·bil·det 1. *Partizip Perfekt* (过去分词); ↑ **bilden 2.** *Adj* (形); mit e-r guten Erziehung u. Bildung 有教养的，有文化的≈ kultiviert: *ein sehr gebildeter Mensch* 一个受过良好教育的人 **3.** so, dass deutlich wird, dass j-d g. (2) ist 有训练的，有修养的: *e-e gebildete Konversation* 有素养的交谈

Ge·bin·de *das*; *-s*, *-*; mehrere Blumen, die zu e-m schönen Strauß gebunden wurden 束，扎，把 ‖ -K (复合): **Blumen-**

Ge·bir·ge *das*; *-s*, *-*; *Kollekt* (集合); e-e Gruppe von hohen Bergen 山脉，丛山 〈im G. leben, ins G. fahren 在山区生活，开车(乘车)进山〉: *Der Himalaya ist das höchste G. der Welt* 喜马拉雅山是世界上最高的山脉 ‖ K- (复合): **Gebirgs-**, **-bach**, **-dorf**, **-landschaft**, **-see**, **-tal**

ge·bir·gig *Adj* (形); *nicht adv* (不作状语); so, dass dort viele Berge sind 多山的，山区的 〈e-e Landschaft, ein land 地区，国家〉

Ge·birgs·jä·ger *der*; MIL【军】**1.** ein Soldat, der für den Einsatz im Gebirge ausgebildet ist 山地步兵 **2.** *nur Pl* (只用复数); e-e Truppe von Gebirgsjägern (1) 山地步兵部队 ‖ *zu* (义项) **1. Ge·birgs·jä·ge·rin** *die*

Ge·birgs·ket·te *die*; e-e lange Reihe von Gebirgen od. von hohen Bergen e-s Gebirges 连绵不断的山岭，山脉，山峦≈ Gebirgszug

Ge·birgs·rü·cken *der*; der oberste Teil (der Kamm) e-s Gebirgszuges 山脊，山背

Ge·birgs·zug *der*; ein schmales, lang gestrecktes Gebirge od. ein Teil e-s Gebirges, der aus e-r schmalen Reihe von Bergen besteht 连绵不断的山峦，山脉

Ge·biss *das*; *-es*, *-e* **1.** *Kollekt* (集合); alle Zähne e-s Menschen od. Tieres 全副牙齿，全副牙口 〈ein gesundes, gutes, prächtiges G. 一口健康的、良好的、漂亮的牙齿〉: *das scharfe G. e-s Wolfes* 狼的锋利牙齿 **2.** (zusammenhängende) künstliche Zähne (für einen od. beide Kiefer) als Ersatz für die natürlichen Zähne 全副假牙≈ Zahnersatz 〈ein künstliches G. 全副假牙; ein G. einsetzen, tragen, herausnehmen 装上，戴着，取出假牙〉 ‖ K- (复合): **Gebiss-**, **-träger 3.** der Teil des Zaumzeuges, den das Pferd im Maul hat 马的衔铁，嚼子

ge·bis·sen *Partizip Perfekt* (过去分词); ↑ **beißen**

Ge·blä·se *das*; *-s*, *-*; ein Gerät, das e-n Luftstrom erzeugt, damit man etw. wärmen, kühlen od. lüften kann 鼓风机，吹风机，风箱 ‖ -K (复合): **Heiz-**, **Kühl-**

ge·bla·sen *Partizip Perfekt* (过去分词); ↑ **blasen**

ge·bli·chen *Partizip Perfekt* (过去分词); ↑ **bleichen**[2]

ge·blie·ben *Partizip Perfekt* (过去分词); ↑ **bleiben**

ge·blümt *Adj* (形); *nicht adv* (不作状语); mit e-m Muster aus Blumen 有花样的，有花纹的 〈ein Stoff, e-e Tapete 衣料，糊墙纸〉: *ein blau geblümtes Kleid* 一件蓝色花纹衣裙

Ge·blüt *das*; *-(e)s*; *nur Sg*, *geschr* (只用单数) [书]≈ Abstammung, Herkunft (1) 〈*mst* 多用 von edlem, vornehmem G. sein 贵族出身，有高贵血统〉

ge·bo·gen *Partizip Perfekt* (过去分词); ↑ **biegen**

ge·bo·ren 1. *Partizip Perfekt* (过去分词); ↑ **gebären 2.** *Adj* (形); *nur attr*, *nicht adv* (只作定语，不作状语); verwendet, um den Familiennamen zu nennen, den j-d vor der Ehe hatte 原姓，娘家的姓; *Abk* 缩写 geb.: *Frau Meier, geborene Müller* 麦耶尔夫人，娘家姓米勒; *Sie ist e-e geborene Winkler* 她原姓温克勒 **3.** *Adj* (形); *nur attr*, *nicht adv* (只作定语，不作状语); verwendet um auszudrücken, dass j-d an dem genannten Ort geboren wurde 原籍的，…出生的，土生土长的≈ gebürtig: *Er ist ein geborener Berliner* 他是柏林人，他出生于柏林 **4.** *Adj* (形); *nicht adv* (不作状语); sehr begabt, gut geeignet für e-e besondere Tätigkeit 天生的，天赋的 〈für/zu etw. g. sein 天生适合做某事〉: *Er ist der geborene Sänger* 他是一位天生的歌唱家; *Er ist zum Dichter geboren* 他天生具有诗人才华，他具有诗人的天赋

ge·bor·gen 1. *Partizip Perfekt* (过去分词); ↑ **bergen 2.** *Adj* (形); *nur präd od adv* (只作表语或状语); beschützt, sicher 安全的，保险的 〈irgendwo, bei j-m g. sein, sich irgendwo, bei j-m g. fühlen 在某处、在某人处安全，感到在某处、在某人处安全〉 ‖ *hierzu* (派生) **Ge·bor·gen·heit** *die*; *nur Sg* (只用单数)

ge·bors·ten *Partizip Perfekt* (过去分词); ↑ **bersten**

Ge·bot[1] *das*; *-(e)s*, *-e* **1. ein G.** (+ *Gen* 二格)

etw., das man tun soll, weil es ein Gesetz, ein moralischer od. religiöser Grundsatz od. die Vernunft vorschreibt 信条,戒律: *Es ist ein G. der Nächstenliebe, den Armen zu helfen* 接济穷苦人是博爱的信条; *In dieser Situation ist oberstes G./das G. der Stunde, (die) Ruhe zu bewahren* 在这种情况下,最高准则/当务之急就是保持镇静 **2.** *geschr*[书]; e-e (amtliche) Anordnung 规定,指示≈ Weisung ⟨ein G. beachten, befolgen, missachten, übertreten 重视、遵守、蔑视、触犯规定⟩ ‖ K-(复合): ***Gebots-***, ***-schild***, ***-zeichen*** **3.** ***die Zehn Gebote*** die Gesetze, die Moses von Gott auf dem Berg Sinai empfangen hat 十诫,十条诫命(犹太教和基督教的诫条,为耶和华所授,摩西在西奈山接受实行): *Das fünfte G. lautet: „Du sollst nicht töten!"* 第五诫说:"你不许杀人!" **4.** ***etw. steht j-m zu Gebote*** *geschr veraltend* [书][渐旧]; etw. steht j-m zur Verfügung(物作主语)某物供某人使用(支配): *Ihm standen nur geringe finanzielle Mittel zu Gebote* 只有少量资金供他支配 ‖ ▶ ***gebieten***

Ge·bot² *das*; -*(e)s*, -*e*; die (Geld)Summe, die j-d bei Versteigerungen/Auktionen für etw. zahlen will 报价,出价,开价⟨ein G. machen, erhöhen 提出,提高报价⟩ ≈ Angebot ‖ ▶ ***bieten***

ge·bo·ten **1.** *Partizip Perfekt*(过去分词); ↑ ***bieten*** **2.** *Partizip Perfekt*(过去分词); ↑ ***gebieten***

ge·bracht *Partizip Perfekt*(过去分词); ↑ ***bringen***

ge·brannt **1.** *Partizip Perfekt*(过去分词); ↑ ***brennen*** **2.** *Adj*(形); *mst attr*(多作定语); geröstet u. dabei mit e-r braunen Schicht aus Zucker überzogen 炒熟并裹上一层糖衣的⟨Erdnüsse, Mandeln 花生米,杏仁⟩ ‖ NB(注意): ↑ ***Kind***

ge·bra·ten *Partizip Perfekt*(过去分词); ↑ ***braten***

Ge·bräu *das*; -*(e)s*, -*e*; *gespr pej*[口][贬]; verwendet als Bezeichnung für ein Getränk, wenn es schlecht schmeckt (*bes* bei Bier u. heißen Getränken)劣质的混合饮料,浑浊味不正的饮料(尤指啤酒和热饮料): *Was ist denn das für ein komisches G.?* 这是一种什么样的怪味破饮料?

Ge·brauch *der*; -*(e)s*; *nur Sg*(只用单数) **1.** ***der G.*** + *Gen*(二格)/***von etw.*** das Verwenden, Gebrauchen (1) 使用,利用,应用≈ Benutzung: *der G. vieler Fremdwörter* 许多外来语的使用 ‖ K-(复合): ***Gebrauchs-***, ***-gegenstand***, ***-wert*** ‖ -K(复合): ***Dienst-***, ***Privat-***; ***Sprach-*** **2.** das Anwenden, das Gebrauchen (2) 运用,操作≈ Handhabung: *Die Schüler müssen den G. e-s Wörterbuches üben* 中小学生必须训练运用字典 **3.** ***etw. in G. nehmen*** etw., das man regelmäßig gebrauchen wird, zum ersten Mal verwenden 开始使用 **4.** ***etw. kommt in/außer G.*** etw. wird üblich/unüblich(物作主语)开始流行/不再使用 **5.** ***etw. in/im G. haben*** etw. regelmäßig benutzen 使用,利用 **6.** ***etw. ist in/im G.*** etw. wird regelmäßig benutzt, verwendet(物作主语)正在使用 **7.** ***von etw. G./keinen G. machen*** *geschr*[书]; etw. (in e-r bestimmten Situation) verwenden/nicht verwenden 利用,使用/不利用,不使用: *Die Polizei macht von der Schusswaffe G.* 警察使用射击武器; *Sie hat von den vertraulichen Informationen keinen G. gemacht* 她没有利用那些机密情报 **8.** ***vor/nach G.*** bevor man etw. verwendet/nachdem man etw. verwendet hat 使用(服用)前/后: *die Flasche vor G. gut schütteln, nach G. wieder verschließen* 服用前请将瓶内物摇匀,服用后再把瓶子盖紧

Ge·bräu·che *die*; *Pl*, *geschr veraltend* (复)[书][渐旧]≈ Bräuche, Sitten ⟨die Sitten u. G. e-s Volkes 一个民族的风俗习惯(习俗)⟩

ge·brau·chen; *gebrauchte*, *hat gebraucht*; [Vt](及物) **1.** ***etw. g.*** etw. verwenden, benutzen 用,利用,使用: *Er gebraucht Fremdwörter, um die Leute zu beeindrucken* 他使用外来语,为的是给人们留下深刻印象 **2.** ***etw.*** (***irgendwie***) ***g.*** mit e-m Werkzeug, e-m Instrument *o. Ä.* irgendwie umgehen 运用,使用,操作: *Ihr Junge gebraucht die Säge schon sehr geschickt* 她的儿子已经能熟练地使用锯子 **3.** ***j-n/etw.*** (***irgendwie***) ***g. können*** *gespr*[口]; j-n/etw. in e-r Situation nützlich, nicht störend finden 能派上用处,能用得上: *Heute können wir e-n Regenschirm gut g.* 今天带上伞肯定用得着; *Dich kann ich hier nicht g.* 这儿我用不上你 ‖ ID[谚] ***j-d/etw. ist zu nichts zu g.*** *gespr pej*[口][贬]; j-d/etw. ist zu nichts nütze 某人/某物一点用处也没有

ge·bräuch·lich *Adj*(形); *nicht adv*(不作状语); häufig od. allgemein verwendet 通用的,常用的,习惯的,常见的≈ üblich ⟨ein Name, e-e Redensart, e-e Methode 名字,熟语,方法⟩: *Es ist hier nicht g., zur Mittagszeit Besuche zu machen* 这里不习惯中午时间拜访他人 ‖ ▶ ***Brauch***

Ge·brauchs·an·lei·tung *die* ≈ Gebrauchsanweisung

Ge·brauchs·an·wei·sung *die*; ein Text, den man zusammen mit e-r gekauften Ware bekommt u. in dem erklärt wird, wie man sie verwendet 使用说明书: *Lies erst die G. durch, bevor du das Gerät einschaltest!* 开机之前请仔细阅读使用说明书!

Ge·brauchs·ar·ti·kel *der*; e-e Ware, die man täglich braucht, *z. B.* Seife 日用品

ge·brauchs·fer·tig *Adj*(形); *nicht adv*(不作状语); ⟨ein Erzeugnis, ein Produkt 成品,产品⟩ so (beschaffen), dass man sie sofort gebrauchen (1) kann 即可使用的

ge·braucht **1.** *Partizip Perfekt*(过去分词); ↑ ***brauchen*** **2.** *Partizip Perfekt*(过去分词); ↑ ***gebrauchen*** **3.** *Adj*(形); schon verwendet u. daher nicht mehr neu od. frisch 用过的,旧的 ↔ frisch (4), neu (2) ⟨ein Handtuch, Möbel 毛巾,家具⟩: *Ich habe mir ein gebrauchtes, aber noch sehr gut erhaltenes Auto gekauft*

我买了一辆保养得很好的旧汽车 ‖ K-(复合): **Gebraucht-**, **-möbel**

Ge·braucht·wa·gen *der*; ein (zum Verkauf angebotenes) Auto, das nicht (fabrik)neu ist, sondern schon gefahren worden ist 旧汽车 ‖ K-(复合): **Gebrauchtwagen-**, **-handel**, **-markt**

Ge·braucht·wa·ren *die*; *Pl*(复); Waren, die schon einmal gebraucht worden sind u. die zum Verkauf angeboten werden 旧货 ‖ K-(复合): **Gebrauchtwaren-**, **-handel**, **-händler**, **-laden**, **-markt**

ge·bre·chen; *gebricht*, *gebrach*, *hat gebrochen*; **Vimp** (无人称) **es gebricht j-m an etw.** (*Dat* 三格) *geschr veraltend od hum*[书][渐旧]或[诙]; j-d besitzt etw. nicht in ausreichendem Maß 缺乏,不足,缺少≈ es fehlt/mangelt j-m an etw.: *Er kann sich nicht in deine Probleme hineindenken, dazu gebricht es ihm an Fantasie* 他无法设身处地地设想你这些问题,他缺乏这方面的想象力

Ge·bre·chen *das*; *-s*, *-* **1.** *geschr*[书]; e-e körperliche od. geistige Behinderung, die lange anhält (身体上或精神上的)缺陷,残疾,损伤 ‹ein schweres G. haben, mit e-m G. behaftet sein 有严重残疾,有身体缺陷› ‖ -K(复合): **Alters-** **2.** **ein technisches G.** Ⓐ[奥] ≈ Defekt

ge·brech·lich *Adj*(形); wegen hohen Alters od. e-s Gebrechens schwach u. anfällig für Krankheiten 虚弱的,年老体衰的≈ hinfällig (2) ‹alt u. g. sein 年老体弱›: *Unser Großvater ist schon sehr g.* 我们的祖父已经老态龙钟(衰朽不堪) ‖ *hierzu* (派生) **Ge·brech·lich·keit** *die*; *nur Sg*(只用单数)

ge·bro·chen **1.** *Partizip Perfekt*(过去分词); ↑ **brechen** **2.** *Partizip Perfekt*(过去分词); ↑ **gebrechen** **3.** *Adj*(形); durch ein Ereignis tief deprimiert u. ohne Lebensmut 沮丧的,垂头丧气的,抑郁的: *Seit dem Tod seiner Frau ist er ein gebrochener Mann* 自从妻子去世以后,他变成一个郁郁寡欢的人 **4.** *Adj*(形); *mst* 多用 **mit gebrochener Stimme** mit schwacher, rauer Stimme (*mst* weil man sehr traurig od. schwach ist) 以嘶哑的声音 **5.** *Adj*(形); *nur attr od adv*(只作定语或状语); mit vielen Fehlern u. deswegen schwer verständlich 断断续续的,结结巴巴的,生硬的≈ holperig ↔ fließend: *Ich spreche leider nur g. Schwedisch* 很遗憾,我只能结结巴巴的讲一点瑞典语 **6.** *Adj*(形); *mst attr*(多作定语); durch Hinzufügen e-s weiteren Farbtons gedämpft, nicht mehr leuchtend 非纯的‹ein Blau, ein Rot *usw* 蓝色,红色等›

Ge·brü·der *die*; *Pl*, *veraltet*(复)[旧]; verwendet als Bezeichnung für zwei od. mehrere Brüder, die gemeinsam ein Geschäft *o.Ä.* besitzen(合股经营的)兄弟公司

Ge·bühr [gəˈbyːɐ] *die*; *-*, *-en* **1.** *oft Pl*(常用复数); e-e (Geld)Summe, die man für bestimmte (öffentliche) Dienste e-r Institution, e-s Anwalts, e-s Arztes *usw* zahlen muss 费用,费‹e-e G. erheben, erhöhen, bezahlen/entrichten 收取,提高,支付/缴纳费用; j-m e-e G. erlassen 对某人免费; etw. gegen (e-e) G. bekommen, leihen 付费得到,借到某物›: *Muss ich beim Geldwechseln Gebühren bezahlen?* 我兑换货币是否必须支付费用? ‖ K-(复合): **Gebühren-**, **-erhöhung**, **-erlass**, **-ermäßigung** ‖ -K(复合): **Anmelde-**, **Autobahn-**, **Beitritts-**, **Prüfungs-**, **Rundfunk-**, **Transport-**, **Vermittlungs-**; **Sonder-** **2.** **nach G.** *geschr*[书]; so, wie es j-d/etw. verdient (3) 恰当地,恰如其分地≈ gebührend, genügend: *Wir haben seine Bilder nach G. bewundert* 我们恰如其分地赞赏了他的画 **3.** **über G.** *geschr*[书]; mehr als nötig od. angemessen 不适当地,过分地: *Die Kinder haben meine Geduld über G. beansprucht* 孩子们过分地要求我宽容 ‖ *zu* (义项) **1.** **ge·büh·ren·frei** *Adj*(形)

ge·büh·ren; *gebührte*, *hat gebührt*; *geschr*[书]; **Vi** (不及物) **1.** **etw. gebührt j-m/etw.** etw. steht j-m/etw. (als Recht) zu(物作主语)应得,应有,应给予: *Für diese Tat gebührt ihm unser Dank* 我们应当对他这种行为表示感谢; *Dieser Tat gebührt unser Dank* 这一行为值得我们感谢; *Gebt ihm, was ihm gebührt* 请你们给予他应得的东西; **Vr** (反身) **2.** **etw. gebührt sich** es ist richtig u. angemessen, etw. zu tun (物作主语)应该,合乎道理,合适≈ etw. gehört sich, schickt sich: Es *gebührt sich nicht, in der Kirche* zu *lachen u.* zu *schreien* 在教堂不应当笑闹喧哗 ‖ NB(注意): *mst* in der Form (多用于下述形式): **es gebührt sich nicht** + **zu** + *Infinitiv*(不定式)

ge·büh·rend **1.** *Partizip Präsens*(现在分词); ↑ **gebühren** **2.** *Adj*(形); *nur attr od adv*(只作定语或状语); so, wie es j-d/etw. verdient (3) 适当的,应有的,恰如其分的≈ nach Gebühr: *j-n/etw. in gebührender Weise würdigen* 以恰当的方式评价某人/某物; *Ihr neues Kleid wurde g. bewundert* 她的新连衣裙受到应有的赞赏

Ge·büh·ren·ein·heit *die*; ADM *geschr*【管理】[书]; e-e festgelegte Maßeinheit für die Berechnung der Telefongebühren 电话计费单位

Ge·büh·ren·ord·nung *die*; e-e Art Tabelle, in der bestimmt wird, welche Gebühren für welche (öffentlichen) Leistungen (1) verlangt werden dürfen 收费条例,收费规定

ge·büh·ren·pflich·tig *Adj*(形); *nicht adv*, ADM *geschr*(不作状语)【管理】[书]; so, dass man dafür e-e Gebühr zahlen muss 有缴费义务的,应交费的,收费的‹e-e Bescheinigung, e-e Verwarnung, ein Parkplatz 证明,警告,停车场›

ge·bühr·lich *Adj*(形); *veraltet*[旧]; so, wie es sich gebührt, wie es sein soll 适当的,应有的,恰如其分的 ↔ ungebührlich ‹sich g. benehmen 举止恰当得体›

ge·bun·den **1.** *Partizip Perfekt*(过去分词); ↑ **binden** **2.** *Adj*(形); *nur in* 只用于(**an etw.** (*Akk* 四格)) **g. sein** wegen e-r Person/Sache bestimmte Verpflichtungen haben u. daher etw. anderes nicht tun können 受…制约,受…束缚,受…限制,受…约束: *an sein*

Geschäft g. sein 受其业务限制；*Als Mutter von drei Kindern ist man meist* (*ans Haus*) *g.* 作为三个孩子的母亲，她经常被束缚在家务上

-ge.bun.den *im Adj, begrenzt produktiv,* (ADM) *geschr*（构成形容词，构词有限）【管理】[书]；verwendet, um auszudrücken, dass etw. ganz von j-m/etw. abhängt 受…制约的，受…约束的；***ortsgebunden*** 〈e-e Tätigkeit 活动〉, ***situationsgebunden*** 〈ein Handeln 行动〉, ***termingebunden*** 〈e-e Lieferung 供货〉, ***zweckgebunden*** 〈e-e Spende, ein Zuschuss 捐款，补贴〉

Ge.burt *die*; -, *-en* **1.** der Vorgang, bei dem ein Baby/ein Tier aus dem Leib der Mutter/des Muttertieres kommt 分娩，生育，出生〈vor, bei, nach j-s G. 产前，分娩时，产后；von G. an 从出生起〉：*Bei ihrem ersten Kind hatte sie e-e schwere G.* 她生头胎时是难产；*Das Baby wog bei der G.* (= als es auf die Welt kam) *fast acht Pfund* 婴儿诞生时近八磅重 ‖ K-(复合)：***Geburten-***, ***-rate***, ***-rückgang***, ***-statistik***, ***-zahl***; ***Geburts-***, ***-anzeige***, ***-datum***, ***-haus***, ***-jahr***, ***-land***, ***-ort***, ***-stadt***, ***-urkunde***, ***-wehen*** ‖ NB(注意)：↑ ***Entbindung*** **2.** *geschr* [书]；die Position (in Bezug auf den sozialen Rang od. die Nationalität), in die man hineingeboren wird 出身，原籍，血统≈ Abstammung, Herkunft 〈von niedriger, hoher G. sein 出身卑贱，高贵〉：*Er ist Deutscher von G.* 他生于德国 **3.** *geschr* [书]≈ Anfang：*Die Entdeckung Amerikas war die G. e-s neuen Zeitalters* 美洲的发现是新纪元的开端 ‖ ID[谚] ***etw. ist e-e schwere G.*** *gespr* [口]；etw. braucht viel Mühe u. Zeit, bis es getan ist（物作主语）是件费力的事，难产：*Ich habe die Mathematikaufgaben gelöst, aber das war e-e schwere G.!* 我把这些数学题解开了，不过做起来实在费劲！

Ge.bur.ten.kon.trol.le *die*; *nur Sg*（只用单数）；(beim Menschen) das Planen von Anzahl u. Zeitpunkt der Geburten 控制生育，节制生育，计划生育≈ Familienplanung：*Empfängnisverhütung ist ein Mittel zur G.* 避孕是计划生育的一个手段

Ge.bur.ten.re.ge.lung *die*; *nur Sg*（只用单数）≈ Geburtenkontrolle

ge.bur.ten.schwa.ch- *Adj*（形）；*nur in* 只用于 ***ein geburtenschwacher Jahrgang*** ADM *geschr*【管理】[书]；ein Jahrgang mit wenigen Geburten 出生率低的年份↔ ein geburtenstarker Jahrgang

ge.bur.ten.star.k- *Adj*（形）；*nur in* 只用于 ***ein geburtenstarker Jahrgang*** ADM *geschr*【管理】[书]；ein Jahrgang mit vielen Geburten 出生率高的年份↔ ein geburtenschwacher Jahrgang

Ge.bur.ten.über.schuss *der*; die Tatsache, dass es mehr Geburten als Todesfälle gibt 人口的自然增长，人口净增数

ge.bür.tig *Adj*（形）；*mst attr, nicht adv*（多作定语，不作状语）；verwendet, um anzugeben, wo j-d geboren ist 出生的，原籍的≈ geboren (3)：*Er ist gebürtiger Schweizer* 他原籍瑞士

Ge.burts.feh.ler *der*; e-e körperliche od. geistige Behinderung, die man von Geburt an hat 先天缺陷

Ge.burts.hel.fe.rin *die*; e-e Frau, die Frauen bei der Geburt hilft (*z.B.* e-e Ärztin, e-e Hebamme) 女助产士，产科女医生，接生婆 ‖ *hierzu*（派生）**Ge.burts.hel.fer** *der*

Ge.burts.hil.fe *die*; *nur Sg*（只用单数）；die Hilfe bei der Geburt, die *mst* von e-m Arzt od. e-r Hebamme geleistet wird 助产，接生〈G. leisten 进行接生〉

Ge.burts.na.me *der*; der (Familien)Name der Eltern, den man nach der Geburt erhalten hat 父母的姓氏，出生姓氏

Ge.burts.tag *der* **1.** der Jahrestag von j-s Geburt 生日，诞辰，寿辰〈G. feiern, haben, j-m zum G. gratulieren 庆祝生日，过生日，向某人祝贺生日〉：*Alles Gute zum G.!* 祝你生日快乐！‖ K-(复合)：***Geburtstags-***, ***-feier***, ***-fest***, ***-gast***, ***-geschenk***, ***-karte***, ***-kuchen***, ***-party***, ***-torte***, ***-wunsch*** **2.** ***j-s G.*** ADM *geschr*【管理】[书]；j-s Geburtsdatum 某人的出生日期

Ge.burts.tags.kind *das*; *hum* [诙]；j-d, der gerade Geburtstag hat 过生日者，寿星：*Das G. lebe hoch!* 祝寿星长命百岁！

Ge.büsch *das*; -(e)s, -e; *mst Sg*（多用单数）；mehrere Büsche, die dicht beieinander stehen 灌木丛，矮树丛〈ein dichtes G. 茂密的灌木丛〉

Geck *der*; *-en*, *-en*; *pej*[贬]；ein eitler Mann, der sich auffällig u. modisch kleidet 花花公子，纨绔子弟 ≈ Dandy ‖ NB(注意)：*der Geck; den, dem, des Gecken* ‖ *hierzu*（派生）**ge.cken.haft** *Adj*（形）

ge.dacht **1.** *Partizip Perfekt*（过去分词）；↑ ***denken*** **2.** *Partizip Perfekt*（过去分词）；↑ ***gedenken*** **3.** *Adj*（形）；*nicht adv*（不作状语）；***für j-n/etw. (als etw.) g.***; ***irgendwie/als etw. g.*** für e-n bestimmten Zweck bestimmt 为…准备的，设想的：*Die Blumen sind als Geschenk für Mutter g.* 这鲜花是送给妈妈的礼物；*So war das nicht g., dass du alles allein aufisst!* **4.** *Adj*（形）；*nicht adv*（不作状语）；nur in der Vorstellung, nicht wirklich vorhanden 想象中的，虚构的：*e-e gedachte Linie entlanggehen* 沿着想象中的路线走

Ge.dächt.nis *das*; *-ses*, *-se* **1.** *mst Sg*（多用单数）；die Fähigkeit, sich an etw. erinnern zu können 记忆力，记性≈ Erinnerungsvermögen 〈ein gutes/schlechtes G. haben 记忆力好/差；das G. verlieren 丧失记忆力；j-s G. lässt nach 某人的记忆力减退〉‖ K-(复合)：***Gedächtnis-***, ***-kraft***, ***-schwäche***, ***-störung***, ***-training*** ‖ -K (复合)：***Namens-***, ***Personen-***, ***Zahlen-*** **2.** *nur Sg*（只用单数）；das G. (1) als e-e Art Speicher im Gehirn, in dem Informationen aufbewahrt sind u. aus dem sie wieder entnommen werden können 记忆〈etw. im G. behalten, bewahren 记住某事；etw. aus dem G. verlieren 记不起某事；sich (*Dat* 三格) etw. ins G. (zurück)rufen 回忆某事〉：*ein Gedicht aus dem G. zitieren* 背诵一首诗 **3.** *nur Sg*, *geschr*

(只用单数)[书]; die Erinnerung an e-e Person od. an ein Ereignis 纪念 ≈ Andenken, Gedenken ⟨j-n in gutem G. behalten 纪念(怀念)某人; e-e Feier zum G. an j-n/etw. veranstalten 为纪念某人/某事而举行庆祝活动⟩ ‖ K-(复合): ***Gedächtnis-***, ***-ausstellung***, ***-feier***, ***-rede*** ‖ ID[谚] ***kein G. für etw. haben*** *gespr* [口]; sich etw. (*z. B.* Gesichter, Namen, Zahlen) schlecht merken können 对某事没记性,记不住某事; ***ein G. wie ein Sieb haben*** *gespr hum*[口][诙]; schnell u. immer wieder Dinge vergessen 记性糟透了,像筛子一样的记性(转眼就忘)

Ge.dạcht.nis.hil.fe *die*; ein Hinweis, der hilft, etw. im Gedächtnis (2) zu behalten 帮助记忆的提示≈ Eselsbrücke, Gedächtnisstütze

Ge.dạcht.nis.lü.cke *die*; *mst* 多用 ***e-e G. haben*** sich an die Ereignisse od. Vorgänge während e-s bestimmten Zeitraums nicht erinnern können 有一段时间记忆空白

Ge.dạcht.nis.schwund *der*; ein krankhafter Zustand des Gehirns, bei dem j-d plötzlich od. allmählich das Gedächtnis (1) verliert 记忆力丧失,衰退

Ge.dạcht.nis.stüt.ze *die* ≈ Gedächtnishilfe

Ge.dạn.ke *der*; *-ns*, *-n* **1.** das Resultat des Denkens 思想,想法,念头≈ Überlegung ⟨ein kluger, vernünftiger G. 聪慧的,合乎理智的想法; e-n Gedanken fassen, haben 抓住、有一个想法; seine Gedanken sammeln 集中思想⟩ ‖ -K(复合): (*mit Pl* 与复数连用) ***Flucht-***, ***Heirats-***, ***Rache-***, ***Selbstmord-*** **2.** das, was j-m plötzlich in den Sinn, ins Bewusstsein kommt (突如其来的)念头,想法,主意≈ Einfall, Idee ⟨der rettende G. 解救的想法; j-m kommt ein guter G. 他想出一个好主意⟩: *Dein Hinweis bringt mich auf e-n (guten) Gedanken* 你的提示使我想到一个(好)主意; *Wie bist du bloß auf den Gedanken gekommen, das* zu *tun*/dass *du das tun darfst?* 你怎么偏要想去/想让自己去干这种事呢? **3.** *nur Pl* (只用复数); der Vorgang des Denkens 考虑,思考⟨j-n/ sich seinen Gedanken überlassen 使某人/自己沉浸于思考中; (tief/ganz) in Gedanken verloren, versunken sein (深深地/完全)陷入沉思; aus seinen Gedanken gerissen werden 被人打断思路,从沉思中被惊醒; j-s Gedanken erraten/lesen (können)(能够)猜出/看出某人的想法⟩ ‖ K-(复合): ***Gedanken-***, ***-arbeit***; ***gedanken-***, ***-verloren***, ***-versunken*** **4.** ***der G.*** (***an j-n/etw.***) das (bildliche/konkrete) Denken an j-n/etw. 想,想起,想象 ≈ Vorstellung ⟨sich an e-n Gedanken gewöhnen 习惯想事; vor e-m Gedanken zurückschrecken 害怕想事,一想就害怕⟩: *Der bloße G. an die Prüfung verursacht mir Magenschmerzen* 只要一想到考试,我就胃疼; *Der G., dass mein Mann e-e Geliebte haben könnte, ist mir unerträglich* 一想到我丈夫可能有情人,我就无法忍受 **5.** das (gedankliche) Bild, die Vorstellung von etw. (Abstraktem) 概念,观念≈ Begriff, Idee: *der G. der Freiheit, des Friedens* 自由的,和平的观念 ‖ -K (复合): ***Abrüstungs-***, ***Freiheits-***, ***Friedens-***, ***Gleichheits-***, ***Gottes-*** ‖ ID [谚] ***mit dem Gedanken spielen/ sich mit dem Gedanken tragen*** + ***zu*** + *Infinitiv* (不定式) darüber nachdenken, ob man etw. Bestimmtes tun soll 想要/打算要,琢磨着干某事; ***sich*** (*Dat* 三格) ***seine Gedanken*** (***über j-n/ etw.***) ***machen*** sich über j-n/etw. e-e Meinung bilden 形成(对某人/某事的)看法; ***j-n auf andere Gedanken bringen*** j-n von etw., das ihn seelisch bedrückt, ablenken 将某人思路引开; ***auf dumme Gedanken kommen*** *gespr* [口]; etw. tun, das falsch, dumm od. unmoralisch ist 冒出坏主意; (***j-s***) ***Gedanken lesen*** (***können***) erraten (können), was j-d denkt (能)看出某人的想法; ***Kein G.*** (***daran***)***!*** *gespr* [口]; ganz sicher nicht 想也不要想! 休想! (肯定不行) ‖ NB (注意): *der Gedanke*; *den*, *dem Gedanken*, *des Gedankens*

Ge.dạn.ken.aus.tausch *der*; *geschr* [书]; ein Gespräch od. Briefwechsel, bei dem jeder seine Gedanken (1) äußert 交流思想,交换想法: *Die Minister trafen sich zu e-m G.* 部长们会晤交换看法

Ge.dạn.ken.blitz *der*; *gespr* [口]; e-e plötzliche (gute) Idee 闪念,好主意,好点子⟨e-n G. haben 有一个好主意⟩

Ge.dạn.ken.gang *der*; e-e Folge von Gedanken (1), die auf ein bestimmtes Ziel gerichtet sind 思路,思想进程⟨e-m G. folgen (können)(能够)跟上思路⟩

Ge.dạn.ken.le.sen *das*; die Fähigkeit zu erraten, was j-d denkt 猜透别人心思的能力,测心术

ge.dạn.ken.los *Adj* (形); *pej* [贬]; unüberlegt, ohne nachzudenken 心不在焉的,漫不经心的,不加考虑的,轻率的↔ überlegt ⟨g. handeln, etw. g. tun 造次行事,漫不经心地做某事⟩: *Das war g. von dir!* 你这是太冒失了! ‖ *hierzu* (派生) **Ge.dạn.ken.lo.sig.keit** *die*

Ge.dạn.ken.sprung *der*; ein plötzlicher Wechsel von e-m Thema zu e-m anderen (*mst* im Gespräch) 思路跳跃,突然变换话题

Ge.dạn.ken.strich *der*; das Zeichen -, das verwendet wird, um in e-m geschriebenen Text e-n Einschub od. e-e Pause in e-m Satz zu markieren 破折号

Ge.dạn.ken.über.tra.gung *die*; *nur Sg* (只用单数); die (scheinbare) Übertragung der eigenen Wünsche, Gedanken *o. Ä.* auf j-d anderen 心灵感应,传心术: *„Ich habe gerade an dich gedacht, u. jetzt rufst du an“ – „Das war G.!“* “我刚才想你来着,现在你就来电话”——“这就是心灵感应!”

ge.dạnk.lich *Adj* (形); *nur attr od adv* (只作定语或状语) **1.** auf Gedanken (1) beruhend 思维的,思想上的⟨e-e Anstrengung, e-e Leistung 劳累(紧张),能力⟩: *Der gedankliche Aufbau des Romans ist unklar* 这部长篇小说的思维结构不清; *etw. steht in keinem gedanklichen Zusammenhang zu etw. anderem* 某事和另一事之间不存在思想上的联系 **2.** *nur adv* (只作状语); in seinen Gedanken 内心里，思想上〈ein Problem g. durchdringen, erfassen, verarbeiten 思想上把问题深入研究，理解，领会〉

Ge·deck *das*; -(*e*)*s*, -*e*; *geschr*［书］; das Geschirr u. das Besteck, das e-e Person bei e-r Mahlzeit benutzt(一个人就餐时使用的)一套餐具

ge·deckt 1. *Partizip Perfekt*(过去分词); ↑ ***decken*** 2. *Adj*(形); *nicht adv*(不作状语); (von Farben) nicht hell u. bunt 无光泽的，灰暗的，黯淡的≈ gedämpft, matt: *Stoffe in gedeckten Farben* 灰暗色调的衣料 3. *Adj*(形); *nicht adv*(不作状语); 〈ein Scheck 支票〉 so, dass man ihn einlösen kann, weil genügend Geld auf dem Konto ist 有担保的，有保付能力的，能兑付的 ↔ ungedeckt

Ge·deih *nur in* 只用于 ***auf G. u. Verderb*** *geschr*［书］≈ bedingungslos 〈sich j-m auf G. u. Verderb anvertrauen 不管遇上什么情况都信赖某人; auf G. u. Verderb zusammenhalten 患难与共，风雨同舟; j-m auf G. u. Verderb (= völlig) ausgeliefert sein 完全听凭某人摆布〉

ge·dei·hen; *gedieh*, *ist gediehen*; [Vi](不及物) *geschr*［书］1. (***irgendwie***) ***g.*** gesund u. kräftig (heran)wachsen 生长良好，繁茂，健康成长，发育良好≈ sich gut entwickeln 〈Kinder, Pflanzen, Tiere 孩子们，植物，动物〉: *Hier gedeihen die Blumen sehr gut* 这里花卉长得枝繁叶茂; *Auf diesem kargen Boden gedeiht nichts* 在这块贫瘠的土地上什么都长不好 2. ***etw. gedeiht*** (***irgendwie***) etw. entwickelt sich (gut) (物作主语) 进展快，发展顺利≈ etw. schreitet (gut) voran 〈Pläne, Vorhaben 计划，打算〉: *„Wie weit ist sein neues Haus schon gediehen?" – „Er kann bald einziehen"* "他新盖的房子进展到什么程度了?"——"很快他便可以搬进去了"

ge·deih·lich *Adj*(形); *geschr*［书］≈ gut, fruchtbar (2) 〈*mst* e-e Zusammenarbeit 合作〉

ge·den·ken; *gedachte*, *hat gedacht*; *geschr*［书］; [Vt](及物) 1. ***g.*** + ***zu*** + *Infinitiv* (不定式) die Absicht haben, etw. zu tun 打算，想要(干): *Was gedenken Sie zu tun?* 您打算干什么? ‖ NB(注意): kein Passiv(不用被动语态)!; [Vi](不及物) 2. ***j-s/etw. g.*** an e-n Toten/ein vergangenes Ereignis denken u. damit den Toten ehren, das Ereignis feiern od. darüber trauern 纪念，怀念，回想起: *Wir gedenken heute der Opfer des Zweiten Weltkriegs* 今天我们纪念第二次世界大战的死难者 ‖ K-(复合): ***Gedenk-***, ***-feier***, ***-minute***, ***-münze***, ***-stätte***, ***-stein***, ***-stunde***, ***-tafel***, ***-tag*** ‖ *zu* (义项) 2. **Ge·den·ken** *das*; -*s*; *nur Sg*(只用单数)

Ge·dicht *das*; -(*e*)*s*, -*e*; ein (kurzer) Text *mst* in Reimen, der in Verse u. Strophen gegliedert ist 诗，诗歌〈ein G. schreiben/verfassen, auswendig lernen, aufsagen 写/作，背诵，朗诵诗〉: *„Der Erlkönig" ist ein bekanntes G. von Goethe* 《魔王》是歌德的一首著名诗篇 ‖ K-(复合): ***Gedicht-***, ***-interpretation***, ***-sammlung***, ***-zyklus*** ‖ ID［谚］***etw. ist ein G.*** *gespr*［口］; etw. schmeckt, ist sehr gut(物作主语)味道极好，美极了: *Die Nachspeise war heute ein G.!* 今天的饭后甜点真是好极了! ‖ ▶ ***dichten***

ge·die·gen *Adj*(形) 1. *nicht adv*(不作状语); nicht mit anderen Metallen vermischt 纯粹的，纯真的，未掺杂质的≈ rein: *ein Schmuck aus gediegenem Gold* 一件纯黄金首饰 2. von besonders guter Qualität, (handwerklich) solide u. gut verarbeitet 精良的，结实耐用的，优质的: *In unserem Möbelgeschäft finden Sie nur gediegene Stücke* 在我们的家具店您只能找到结实耐用的精品 3. ≈ gründlich, solide: *gediegene Kenntnisse in seinem Fachgebiet besitzen* 具有本专业扎实的知识 ‖ *hierzu* (派生) **Ge·die·gen·heit** *die*; *nur Sg*(只用单数)

ge·dieh *Imperfekt*, *1. u. 3. Person Sg* 过去时，第一和第三人称单数; ↑ ***gedeihen***

ge·die·hen [gəˈdiːən] *Partizip Perfekt*(过去分词); ↑ ***gedeihen***

Ge·döns *das*; -*es*; *nur Sg*, *nordd gespr pej*(只用单数)［北德］［口］［贬］; viel Aufregung über e-e unwichtige Angelegenheit 无谓的吵嚷，小题大做

Ge·drän·ge *das*; -*s*; *nur Sg*(只用单数); ein Durcheinander von vielen Menschen/Tieren auf engem Raum 拥挤，拥挤的人群≈ Gewühl: *Im Kaufhaus herrschte ein fürchterliches G.* 商店里十分拥挤; *Er kämpfte sich durchs G.* 他艰难地穿过了拥挤的人群 ‖ ID［谚］(***mit etw.***) ***ins G. geraten/kommen*** *gespr*［口］; zu wenig Zeit für etw. (eingeplant) haben u. sich deshalb beeilen müssen(由于时间短促而)处境窘迫，陷入窘境

ge·drängt 1. *Partizip Perfekt*(过去分词); ↑ ***drängen*** 2. *Adj*(形); so, dass das Wichtigste kurz zusammengefasst wird 简练的，简洁的，简明扼要的≈ gerafft, konzentriert ↔ breit: *den Lehrstoff in gedrängter Form vortragen* 以简明扼要的形式宣讲教案

ge·dro·schen *Partizip Perfekt*(过去分词); ↑ ***dreschen***

ge·drückt 1. *Partizip Perfekt*(过去分词); ↑ ***drücken*** 2. *Adj*(形)≈ bedrückt, deprimiert, niedergeschlagen 〈in gedrückter Stimmung sein 情绪消沉〉 ‖ *hierzu* (派生) **Ge·drückt·heit** *die*; *nur Sg*(只用单数)

ge·drun·gen 1. *Partizip Perfekt*(过去分词); ↑ ***dringen*** 2. *Adj*(形); breit(schultrig) u. nicht sehr groß 敦实的，矮壮的≈ untersetzt 〈e-e Gestalt 敦实的身材; von gedrungenem Körperbau, Wuchs 矮壮的体格、体形〉

Ge·duld *die*; -; *nur Sg*(只用单数) 1. die Fähigkeit od. die Bereitschaft, lange u. ruhig auf etw. zu warten 耐心，耐性〈viel, wenig, keine, e-e engelhafte G. haben 很耐心，不太耐心，没有耐心，有着天使般的耐心〉 2. die Fähigkeit, sich zu beherrschen u. etw. zu ertragen, das unangenehm od. ärgerlich ist 耐心，容忍，忍耐≈ Beherrschung 〈die G. verlieren, mit seiner G. am Ende sein 失去耐心，忍无可忍; G. mit j-m/etw. haben 宽容(容忍)某人/某事〉 3. ***G.*** (***für/zu etw.***) die

Fähigkeit, e-e schwierige u. lange dauernde Arbeit zu machen 耐久力,耐性,恒心,韧性≈ Ausdauer: *Ich habe keine G.* (dazu/dafür), *das Modell zu bauen* 我不具备建造这个模型的耐力 ‖ ID [谚] ***sich in G. fassen/üben*** geduldig auf etw. warten 耐着性子等待; ***mit G. u. Spucke*** *gespr* [口]; mit viel Ausdauer 有耐心地,有毅力地

ge.dul.den, sich; *geduldete sich, hat sich geduldet*; Vr (反身) ***sich g.*** *geschr* [书]; mit Geduld warten 耐心等待,忍耐: *Bitte, gedulden Sie sich noch e-n Augenblick!* 请您耐心地再等一小会儿!

ge.dul.dig *Adj* (形); mit Geduld 能忍耐的,有耐心的 ⟨etw. g. ertragen, erwarten, über sich ergehen lassen 耐心地忍受、期待某事,耐心地听凭某事发展⟩

Ge.dulds.fa.den *der*; *nur in* 只用于 ***j-m reißt der G.*** *gespr* [口]; j-d verliert die Ruhe/Geduld u. wird ärgerlich 某人失去耐心(再也忍耐不住)

Ge.dulds.pro.be *die*; e-e langwierige Sache, bei der man viel Geduld aufbringen muss 对耐心的考验: *Das lange Warten beim Arzt ist für mich e-e große G.* 在医生处的长时间等待是对我耐心的巨大考验

Ge.dulds.spiel *das* **1.** ein Spiel (2) *mst* für e-e einzelne Person, bei dem man viel Geschicklichkeit u. Geduld braucht (要求精力集中,动作灵巧的)练耐心的游戏 **2.** *pej* [贬]; e-e Arbeit *o. Ä.*, bei der man viel Geduld braucht 磨练耐性的活计

ge.durft *Partizip Perfekt* (过去分词); ↑ ***dürfen***[2]

ge.ehrt **1.** *Partizip Perfekt* (过去分词); ↑ ***ehren*** **2.** *Adj* (形); verwendet als Teil e-r höflichen Anrede, *bes* in Briefen (用作敬语,特别是在书信中)尊敬的: *Sehr geehrter Herr ...* 尊敬的…先生; *Sehr geehrte Frau ...* 尊敬的…女士

ge.eig.net *Adj* (形); (***als/für/zu etw.***) ***g.*** für e-n bestimmten Zweck passend 合适的,适宜的,适当的≈ (für etw.) brauchbar, (für/zu etw.) tauglich ⟨e-e Maßnahme, ein Mittel 措施,手段; im geeigneten Moment 在适当的时刻⟩: *Bücher sind immer als Geschenk g.* 书作为礼物总是适宜的; *Sie ist für schwere Arbeit nicht g.* 她不适合从事繁重劳动

Geest *die*; -; *nur Sg* (只用单数); flache (etwas höher gelegene) Gebiete an der Küste der Nordsee mit nicht sehr fruchtbarem, sandigem Boden (北海沿岸的)高燥地 ‖ K-(复合): ***Geest-***, ***-land***

Ge.fahr [gəˈfaːɐ] *die*; -, *-en*; die Möglichkeit od. die Wahrscheinlichkeit, dass e-e Person verletzt *o. Ä.* wird od. dass e-e Sache beschädigt wird 危险,危急,危害↔ Sicherheit ⟨in akuter, ernster, tödlicher G. sein, schweben 处于紧迫的、严重的、致命的危险中; in G. geraten, kommen 陷入危险(危急)之中; sich in G. begeben 去冒险,铤而走险; j-n in G. bringen 将某人置于险境; e-e G. heraufbeschwören, abwenden, bannen 招致,避开,排除危险; außer G. sein 脱离危险⟩: *Schadstoffe in der Luft sind e-e G. für den Wald* 空气中的有害物质是对森林的一种危害 ‖ K-(复合): ***Gefahren-***, ***-bereich***, ***-quelle***, ***-stelle***, ***-zone*** ‖ -K (复合): ***Ansteckungs-***, ***Explosions-***, ***Feuer-***, ***Kriegs-***, ***Unfall-*** ‖ ID [谚] (***auch***) ***auf die G. hin, dass ...*** (auch) wenn man damit rechnen muss, dass ... 即使有…的危险: *Auch auf die G. hin, dass er mich feuert, sage ich dem Chef meine Meinung* 即使有被上司炒鱿鱼的危险,我也要对他讲明我的意见; ***G. laufen + zu + Infinitiv*** (不定式); *geschr* [书]; ein Risiko eingehen 冒险: *Ein betrunkener Autofahrer läuft G., seinen Führerschein zu verlieren* 一个醉酒驾车的司机要冒失去驾驶执照的危险; ***auf eigene G.*** auf eigene Verantwortung 自担风险,责任自己承担: *Der Patient wurde auf eigene G. vorzeitig aus dem Krankenhaus entlassen* 患者自担风险提前出院了 ‖ *hierzu* (派生) **Ge.fahr.brin.gend**, **ge.fahr.brin.gend** *Adj* (形); **ge.fahr.los** *Adj* (形); **ge.fahr.voll** *Adj* (形)

ge.fähr.den; *gefährdete, hat gefährdet*; Vt (及物) ***j-n/etw. g.*** j-n/etw. in Gefahr bringen 使遭受危险,危害,使损害: *Durch seinen Leichtsinn hat der Busfahrer die Fahrgäste unnötig gefährdet* 公共汽车司机由于自己的轻率而使乘客遭受了不必要的损害 ‖ *hierzu* (派生) **Ge.fähr.dung** *die*

ge.fähr.det **1.** *Partizip Perfekt* (过去分词); ↑ ***gefährden*** **2.** *Adj* (形); *nicht adv* (不作状语); in Gefahr, kriminell, drogensüchtig *o. Ä.* zu werden 受危害的 ⟨Jugendliche 年轻人⟩

ge.fah.ren *Partizip Perfekt* (过去分词); ↑ ***fahren***

Ge.fah.ren.herd *der*; e-e Quelle besonderer od. häufiger Gefahr 危险根源,危险的发源地

Ge.fah.ren.zu.la.ge *die*; e-e Geldsumme, die man zusätzlich zum normalen Lohn/Gehalt bekommt, wenn die Arbeit, die man macht, gefährlich ist 危险工种的附加津贴

ge.fähr.lich *Adj* (形); ***g.*** (***für j-n/etw.***) so, dass e-e Gefahr für j-n/etw. besteht 危险的,有危害的,冒险的: *Krebs ist e-e sehr gefährliche Krankheit* 癌症是一种十分危险的疾病; *Rennfahrer leben g.* 赛车运动员活得富于冒险性 ‖ ID [谚] ***j-d/etw. sieht g. aus*** *gespr hum* [口][诙]; j-s Kleidung, Frisur *o. Ä.* macht ihn hässlich od. lächerlich 某人/某物看上去怪模怪样的,滑稽可笑的; *mst* 多用 ***Er/Sie könnte mir g. werden*** *gespr* [口]; er/sie ist so attraktiv, dass ich mich vielleicht in ihn/sie verlieben könnte 他/她对我有危险(喻:我有可能爱上他/她) ‖ *zu* (义项) **Ge.fähr.lich.keit** *die*; *nur Sg* (只用单数)

Ge.fährt *das*; -(*e*)*s*, *-e*; *veraltend, sonst gespr hum* [渐旧]通常[口][诙]≈ Fahrzeug: *In diesem klapprigen G. soll ich mit dir nach Italien fahren?* 你要我坐着这辆破旧不堪的车和你一起去意大利?

Ge·fähr·te *der*; *-n*, *-n*; j-d, mit dem man befreundet ist u. mit dem man viel Zeit verbringt 伴侣,同伴 ‖ -K(复合): ***Lebens-***, ***Reise-***, ***Spiel-*** ‖ NB(注意): *der Gefährte*; *den*, *dem*, *des Gefährten* ‖ *hierzu*(派生) **Ge·fähr·tin** *die*; *-*, *-nen*

Ge·fäl·le *das*; *-s*, *-*; *mst Sg*(多用单数) **1.** der Grad, mit dem etw. (*z. B.* ein Gelände, e-e Straße, ein Fluss *usw*) schräg nach unten verläuft, sich neigt 坡度,倾斜,落差≈ Neigung ↔ Steigung 〈ein leichtes, starkes G. 坡度不大,坡度很大〉: *Die Straße hat ein G. von 8%* 马路坡度为 8% ‖ -K(复合): ***Fluss-***, ***Straßen-*** **2.** *geschr*[书]; der Unterschied (im Wert od. im Niveau) zwischen zwei od. mehreren Dingen, die verglichen werden 反差,落差,差异: *das starke / große wirtschaftliche u. soziale G. zwischen den Industriestaaten u. den Ländern der Dritten Welt* 工业国与第三世界各国之间强烈的/巨大的经济和社会反差 ‖ -K(复合): ***Bildungs-***, ***Einkommens-***

ge·fal·len[1]; *gefällt*, *gefiel*, *hat gefallen*; **Vi** (不及物) (***j-m***) ***g.*** so sein, dass sich j-d anderer darüber freut od. es schön findet 使满意,喜欢,中意〈j-d/etw. gefällt j-m gut, sehr, wenig, gar nicht 某人/某事使某人很满意,非常满意,不大满意,一点也不满意; etw. gefällt j-m an j-m/etw. 某人/某物的…使某人喜欢〉: Es *gefällt mir gar nicht*, dass *ich heute länger arbeiten muss* 今天我得加班,我很不高兴; *Gefalle ich dir mit meiner neuen Frisur?* 我的新发型你喜欢吗?

ge·fal·len[2] *nur in* 只用于 ***sich*** (*Dat* 三格) ***etw. g. lassen*** *gespr*[口]; sich gegen etw. nicht wehren, sondern es ruhig ertragen 容忍,将就,凑合≈ etw. hinnehmen: *Warum lässt du dir seine Gemeinheiten g.?* 为什么你能容忍他的卑鄙行为?; *Lass dir das doch nicht g.!* 这事你一定不可将就! ‖ ID [谚] '***Das lasse ich mir g.!***; '***So lasse ich mir das g.!*** *hum gespr*[诙][口]; verwendet, um auszudrücken, dass man mit etw. sehr zufrieden ist 这事我满意了(称心了)!

ge·fal·len[3] **1.** *Partizip Perfekt*(过去分词); ↑ ***fallen*** **2.** *Partizip Perfekt*(过去分词); ↑ ***gefallen[1]***

Ge·fal·len[1] *der*; *-s*; *nur Sg*(只用单数); etw., das man aus Freundlichkeit für j-n tut 帮忙,效劳,好意≈ Gefälligkeit 〈j-m e-n (großen, kleinen) G. tun/erweisen 帮某人一个(大、小)忙〉: *Tu mir bitte den G. u. hör mit diesem Lärm auf!* 劳驾请行行好,别这么吵行不行!; *Kannst du mir e-n großen G. tun u. mir ein Buch aus der Stadt mitbringen?* 劳驾你能帮个大忙从城里给我捎本书来吗?

Ge·fal·len[2] *das*; *-s*; *nur Sg*(只用单数); *mst in* 多用于 ***G. an j-m/etw. finden***, ***haben*** j-n sympathisch finden, etw. mögen 对…感兴趣,有兴趣: *an e-m Mädchen G. finden* 对姑娘感兴趣(喜欢); *kein G. an der neuesten Mode haben* 对于最新的流行款式不感兴趣

Ge·fal·le·ne *der*; *-n*, *-n*; ein Soldat, der im Krieg getötet worden ist 阵亡战士,阵亡者 ‖ NB(注意): *ein Gefallener*; *der Gefallene*; *den*, *dem*, *des Gefallenen*

ge·fäl·lig *Adj*(形) **1.** so (beschaffen), dass man es gern ansieht 讨人喜欢的,引人注目的,动人的≈ ansprechend ↔ abstoßend 〈e-e Aufmachung, ein Aussehen *usw* 打扮,外貌等〉: *Unsere Verkäuferinnen müssen auf ein gefälliges Äußeres achten* 我们的女营业员必须注意使自己的外表讨人喜欢 **2.** (***j-m***) ***g.*** gern bereit, j-m zu helfen 乐于助人的,殷勤的≈ hilfsbereit, zuvorkommend ↔ ungefällig 〈sich (j-m) g. erweisen/zeigen(对某人)表现出热情,表现得热心〉 ‖ ID [谚] *mst* 多用 (***ist***) (***sonst***) ***noch etwas g.?*** *oft iron* 常用[讽]; wünschst du/wünschen Sie (sonst) noch etwas? (另外)还想要点什么吗?

Ge·fäl·lig·keit *die*; *-*, *-en* **1.** etw., das man aus Freundlichkeit u. Hilfsbereitschaft für j-n tut (u. das nicht sehr schwierig ist u. nicht sehr viel Zeit kostet) 好意,盛情,帮忙,效劳〈j-m e-e G. erweisen 帮某人一个忙〉 **2.** *nur Sg*(只用单数); die Bereitschaft, j-m e-e G. (1) zu tun 乐于助人,热心肠,急人所难≈ Hilfsbereitschaft 〈etw. aus (reiner) G. tun (完全)出于热心肠做某事〉

ge·fäl·ligst **1.** *Superlativ*(最高级); ↑ ***gefällig*** **2.** *Partikel*(小品词); *betont*, *gespr*(重读)[口]; verwendet in Befehlen u. Forderungen, um auszudrücken, dass man ungeduldig u. ärgerlich ist(表示不愉快或不耐烦的请求或命令)请: *Komm g. sofort her!* 请你过来!; *Warte g. auf mich!* (请)等着我!

ge·fan·gen **1.** *Partizip Perfekt*(过去分词); ↑ ***fangen*** **2.** ***j-n/ein Tier g. halten*** j-n in e-m Gefängnis *o. Ä.*, ein Tier in e-m Käfig *o. Ä.* (fest) halten u. nicht weggehen lassen 囚禁,拘禁,拘押(在监狱里)/关(在笼子里) **3.** ***j-n g. nehmen*** *mst* im Krieg e-n Soldaten fangen 捕获,抓获(战俘) ‖ NB(注意): Ein Verbrecher wird von der Polizei *festgenommen* od. *verhaftet* (罪犯被警察逮捕) **4.** ***etw. nimmt j-n g.*** etw. zieht j-s Aufmerksamkeit auf sich (物作主语)吸引住,使着迷≈ etw. fesselt j-n: *Ihr Charme hat ihn ganz gefangen genommen* 她的魅力使他如醉如痴 ‖ *zu* (义项) **1. Ge·fan·gen·nah·me** *die*; *-*; *nur Sg*(只用单数)

Ge·fan·ge·ne *der/die*; *-n*, *-n* **1.** j-d, der (zur Strafe für ein Verbrechen) im Gefängnis ist 被拘留者,囚犯,囚徒≈ Häftling, Sträfling 〈ein politischer Gefangener 政治犯〉 ‖ -K(复合): ***Straf-*** **2.** j-d, *bes* ein Soldat, der im Krieg vom Feind gefangen genommen worden ist 战俘,俘虏〈Gefangene machen, austauschen, freilassen 捕获,交换,释放战俘〉 ‖ K-(复合): ***Gefangenen-***, ***-austausch***, ***-lager*** ‖ -K(复合): ***Kriegs-*** ‖ NB(注意): *ein Gefangener*; *der Gefangene*; *den*, *dem*, *des Gefangenen*

Ge·fan·gen·schaft *die*; *-*; *nur Sg*(只用单数) **1.** der Zustand, ein Gefangener zu sein (*z. B.* als Soldat in e-m Gefangenenlager) 俘获,拘禁〈in G. geraten, sein 被俘获; aus der G.

entlassen werden, heimkehren 从战俘营中被释放,从战俘营中被遣送回家〉‖ -K(复合): **Kriegs-** **2.** (von Tieren) der Zustand, in e-m Käfig, Zoo *o. Ä.* leben zu müssen (动物关在笼中或在动物园里的)圈养状况〈Tiere in G. halten 将动物关在笼中饲养〉

Ge.fäng.nis *das*; *-ses*, *-se* **1.** ein Gebäude, in dem Personen eingesperrt sind, die ein Verbrechen begangen haben (u. vom Gericht zu e-r Haftstrafe verurteilt worden sind) 监狱,牢房〈ins G. kommen 进牢房,进监牢; im G. sein, sitzen 坐牢〉‖ K-(复合): **Gefängnis-**, **-aufseher**, **-direktor**, **-insasse**, **-wärter**, **-zelle** ‖ -K(复合): **Frauen-**, **Untersuchungs-** **2.** *nur Sg*, *Kurzw* (只用单数)(略) ↑ **Gefängnisstrafe**: *Auf Raub steht G./stehen fünf Jahre G.* 抢劫要判刑/判五年徒刑; *zu zwei Jahren G. verurteilt werden* 被判处两年徒刑

Ge.fäng.nis.stra.fe *die*; e-e Strafe für ein Verbrechen, die darin besteht, dass man e-e bestimmte Zeit im Gefängnis bleiben muss 囚禁,监禁,有期徒刑 ≈ Freiheitsstrafe, Haftstrafe ↔ Geldstrafe〈e-e G. absitzen, verbüßen 坐满刑期,服刑〉

Ge.fäß *das*; *-es*, *-e* **1.** ein relativ kleiner Behälter, *mst* für Flüssigkeiten 容器,器皿〈etw. in ein G. füllen/schütten, tun 将某物装入/倒入,装入器皿〉: *Krüge u. Schüsseln sind Gefäße* 罐和碗是容器 ‖ -K(复合): **Trink-** **2.** *mst Pl* (多用复数) sehr kleine Röhren im Körper von Menschen u. Tieren (die Blut od. Lymphe führen) 血管,淋巴管≈ Ader ‖ K-(复合): **Gefäß-**, **-chirurg**, **-erweiterung**, **-krankheit**, **-verengung**, **-wand** ‖ -K(复合): **Blut-**, **Lymph-**

ge.fasst **1.** *Partizip Perfekt* (过去分词); ↑ **fassen** **2.** *Adj*(形); so, dass man seine Gefühle unter Kontrolle hat u. nicht weint u. klagt 镇静的,沉着的,克制的≈ beherrscht, ruhig: *Sie nahm die Nachricht von seinem Tod g. auf* 她接到他去世的消息时表现得很镇静 **3.** **auf etw.** (*Akk* 四格) **g. sein** mit etw. Unangenehmem rechnen 对…有所准备的,作准备〈auf das Schlimmste g. sein 作好最坏的准备〉**4.** **sich auf etw.** (*Akk* 四格) **g. machen** *gespr* [口]; etw. Schlimmes od. Unangenehmes erwarten u. sich seelisch darauf einstellen 作好(应付不测的)准备,准备应付…的情况: *Nach dem Urlaub kannst du dich auf einiges g. machen!* 休假以后你可能要准备应付一些麻烦事

Ge.fecht *das*; *-(e)s*, *-e* **1.** ein *mst* kurzer Kampf zwischen zwei feindlichen Gruppen in e-m Krieg *o. Ä.* 交战,战斗,交火: *Sie lieferten sich (= hatten)/Er lieferte sich mit ihm ein (blutiges, hartes) G.* 他们/他与他进行了一场(流血的,艰苦的)战斗 ‖ -K(复合): **Feuer-**, **Schein-** **2.** ein Streit mit Worten 舌战,论战,辩论: *Gegner u. Befürworter der Abtreibung lieferten sich ein hitziges G.* 堕胎的反对者和支持者展开了一场激烈的辩论 ‖ -K(复合): **Wort-** ‖ ID[谚] **j-n außer G. setzen** **a)** j-n so verletzen od. behindern, dass er nicht mehr kämpfen kann 使某人失去战斗力; **b)** j-n daran hindern, wirksam zu handeln *o. Ä.* 使某人不起作用: *Der Schnupfen hat ihn völlig außer G. gesetzt* 感冒使他彻底病倒了; **etw. ins G. führen** in e-r Diskussion etw. als Argument vorbringen 在辩论中提出某种论据 ‖ *zu* (义项) **1.** **ge.fechts.be.reit** *Adj*(形)

ge.feit *Adj* (形); *geschr* [书]; **gegen etw. g. sein** vor etw. geschützt, sicher sein 得到保护,能防御,不怕: *Der Bär ist durch sein dickes Fell gegen die Kälte g.* 熊由于皮厚不怕寒冷; *Er glaubt, gegen Alkohol g. zu sein* 他认为他能抵御酒类的诱惑

Ge.fie.der *das*; *-s*, *-*; *Kollekt* (集合); alle Federn e-s Vogels 鸟类的羽毛〈ein Vogel putzt, sträubt sein G., plustert sein G. auf 鸟清洁,竖起,展开自己的羽毛〉

ge.fie.dert *Adj* (形); *nicht adv* (不作状语) **1.** mit Federn 有羽毛的: *die Vögel, unsere gefiederten Freunde* 鸟类,我们的长有羽毛的朋友 **2.** BOT【植】; e-r Feder ähnlich 羽状的〈ein Blatt 叶子〉

Ge.fil.de *das*; *-s*, *-*; *mst Pl* (多用复数), *lit* [文]; e-e schöne Landschaft od. Gegend 原野,平川,大地

Ge.flecht *das*; *-(e)s*, *-e* **1.** etw. Geflochtenes 编织物 ≈ Flechtwerk ‖ -K(复合): **Bast-**, **Draht-**, **Weiden-** **2.** ein dichtes Gewirr aus länglichen Teilen 茂密处: *Ein Vogel hat sich im G. des Busches ein Nest gebaut* 鸟在灌木的枝桠丛中为自己筑了一个巢 ‖ -K(复合): **Wurzel-**

ge.fleckt *Adj* (形); *nicht adv* (不作状语); mit (farbigen) Flecken 有斑纹的,有花斑的≈ gesprenkelt〈ein Fell, ein Gefieder, ein Stoff 毛皮,羽毛,衣料〉: *e-e schwarz-weiß gefleckte Kuh* 带黑白斑纹的奶牛 ‖ NB(注意): ↑ **fleckig**

ge.flis.sent.lich *Adv* (副); *geschr* [书] ≈ absichtlich〈j-n g. ignorieren, übersehen 有意不理睬某人,故意冷落某人〉: *j-s Vorwurf g. überhören* 故意不理会某人的责备

ge.floch.ten *Partizip Perfekt* (过去分词); ↑ **flechten**

ge.flo.gen *Partizip Perfekt* (过去分词); ↑ **fliegen**

ge.flo.hen [gəˈfloːən] *Partizip Perfekt* (过去分词); ↑ **fliehen**

ge.flos.sen *Partizip Perfekt* (过去分词); ↑ **fließen**

Ge.flü.gel *das*; *-s*; *nur Sg* (只用单数), *Kollekt* (集合) **1.** alle Vögel wie *z. B.* Hühner, Enten od. Gänse, die man isst od. wegen der Eier hält 家禽 ‖ K-(复合): **Geflügel-**, **-farm**, **-zucht** ‖ -K(复合): **Wild-** **2.** das Fleisch von G. (1) 家禽肉 ‖ K-(复合): **Geflügel-**, **-salat**, **-wurst**

ge.flü.gelt *Adj* (形); *nicht adv* (不作状语); (*mst* von Insekten *o. Ä.*) mit Flügeln[1] (1) 有翅膀的(多指昆虫等) ‖ NB(注意): ↑ **Wort**

ge.foch.ten *Partizip Perfekt* (过去分词); ↑ **fechten**

G

Ge·fol·ge *das*; *-s*, *-*; *mst Sg*, *Kollekt*（多用单数）(集合）**1.** alle Leute, die e-e wichtige Person begleiten u. für sie arbeiten 随员，随从，侍卫队：*Etwa vierzig Ritter bildeten das G. des Königs* 大约 40 个骑士组成国王的侍卫队 ‖ K-(复合)：**Gefolgs-**, **-herr** **2.** alle Leute, die bei e-r Beerdigung den Toten zum Grab begleiten 出殡队伍

G

Ge·folg·schaft *die*; *-*, *-en* **1.** *Kollekt*（集合）; alle treuen Anhänger e-r (berühmten) Person 扈从，护卫，随从≈ Anhängerschaft **2.** *nur Sg*, *veraltend*（只用单数）[渐旧]; Gehorsam, Treue (*bes* gegenüber e-m Herrscher) 服从，追随，效忠〈j-m G. leisten 追随(顺从)某人〉**3.** ***j-m die G. (auf) kündigen / verweigern*** *geschr* [书]; sich weigern, weiterhin für j-n zu arbeiten 拒绝为某人效力，拒绝顺从某人

Ge·folgs·mann *der*; *-es*, *Ge·folgs·leu·te/Ge·folgs·män·ner*; *veraltend* [渐旧]≈ Anhänger 〈seine Gefolgsleute um sich scharen/versammeln 使追随者聚集/集合在自己的周围〉

ge·fragt **1.** *Partizip Perfekt*（过去分词）; ↑ ***fragen*** **2.** *Adj*（形）; *nicht adv*（不作状语）;〈ein Künstler, ein Artikel 艺术家，文章〉so, dass viele Leute sie gern haben, beschäftigen *o. Ä.* möchten 受人欢迎的，热门的，有需求的，畅销的：*ein gefragtes Fotomodell* 很受欢迎的摄影模特儿；*Dieser Autotyp ist stark g.* 这一型号的汽车非常畅销

ge·frä·ßig *Adj*（形）; *pej* [贬];（von Menschen u. Tieren) so, dass sie gern sehr viel essen 贪食 的，饕餮的，吃不够的，嘴馋的≈ unersättlich：*gefräßige Heuschrecken* 贪食的蝗虫 ‖ *hierzu*（派生）**Ge·frä·ßig·keit** *die*; *nur Sg*（只用单数）

Ge·frei·te *der*; *-n*, *-n*; MIL【军】; ein Soldat mit dem zweitniedrigsten Rang 二等兵 ‖ NB（注意）: *ein Gefreiter*; *der Gefreite*; *den*, *dem*, *des Gefreiten*

ge·fres·sen *Partizip Perfekt*（过去分词）; ↑ ***fressen***

Ge·frier- *im Subst*, *wenig produktiv*（构成名词，构词有限）; verwendet *mst* in Bezeichnungen für Geräte u. Behälter, in denen man Lebensmittel durch Gefrieren konserviert (供保存食品的)冷藏的，冷冻的，冰的；das ***Gefrierfach***, der ***Gefrierschrank***, die ***Gefriertruhe***, der ***Gefrierbeutel***, die ***Gefrierdose***

ge·frie·ren; *gefror*, *ist gefroren*; [Vi]（不及物）***etw. gefriert*** etw. wird durch Kälte zu Eis od. fest u. hart(物作主语)结冰，冻结，凝固：*Der Boden ist gefroren* 地面上冻了

ge·frier·ge·trock·net *Adj*（形）; *nicht adv*（不作状语）; bei niedrigen Temperaturen im Vakuum gefroren u. getrocknet 冷冻干燥的，冻干的〈Kaffee 咖啡〉

Ge·frier·punkt *der*; *nur Sg*（只用单数）; die Temperatur, bei der etw. (*bes* Wasser) gefriert 冰点↔ Siedepunkt ‖ ID [谚] *mst* 多用 ***die Stimmung sank unter den G.*** *gespr* [口]; die Stimmung wurde sehr unfreundlich u. kühl (2)气氛降到冰点以下(即：非常冷淡，极不融洽)

ge·fro·ren **1.** *Partizip Perfekt*（过去分词）; ↑ ***frieren*** **2.** *Partizip Perfekt*（过去分词）; ↑ ***gefrieren***

Ge·fü·ge *das*; *-s*, *-* **1.** etw., das aus einzelnen Teilen (sachgerecht) zu e-m Ganzen zusammengesetzt ist 构造，结构≈ Konstruktion：*ein G. aus Balken* 梁结构 **2.** die Art u. Weise, in der einzelne Elemente/Teile ein (harmonisches) Ganzes bilden 结构≈ Aufbau, Struktur：*das wirtschaftliche u. soziale G. e-s Staates* 国家的经济和社会结构 ‖ -K(复合)：**Lohn-**, **Preis-**, **Sozial-**, **Wirtschafts-**

ge·fü·gig *Adj*（形）; *pej*（贬）;〈ein Mensch 人〉so, dass er immer das tut, was ein anderer will 柔顺的，驯服的：*sich j-n (durch Drohungen) g. machen*（通过威胁）使某人顺从自己 ‖ *hierzu*（派生）**Ge·fü·gig·keit** *die*; *nur Sg*（只用单数）

Ge·fühl *das*; *-s*, *-e* **1.** ***ein G.*** (+ *Gen* 二格/ ***von etw.***) *nur Sg*（只用单数）; das, was man mithilfe der Nerven (des Tastsinns) am Körper spürt 触觉，感觉，知觉≈ Empfindung〈ein G. der/von Kälte, Wärme, Nässe *usw* haben, verspüren 有冷的、热的、湿的感觉(觉得冷、热、湿)〉：*Nach dem Unfall hatte sie kein G. mehr in den Beinen* 出事故之后她双腿再也没有知觉了 ‖ -K(复合)：**Durst-**, **Hunger-**, **Schwindel-** **2.** ***ein G.*** (+ *Gen* 二格) das, was man in seinem Inneren (nicht mit dem Verstand) empfindet, spürt 感受，感情，心情≈ Emotion, Empfindung〈ein beglückendes, beruhigendes G. 令人高兴的，令人放心的感觉；ein G. der Angst, Erleichterung, Freude, Geborgenheit, Unsicherheit 恐惧感，轻松感，喜悦感，安全感，不安全感；ein G. beherrschen, unterdrücken, verdrängen, verbergen, zeigen 控制，压抑，消除(驱散)，隐藏，表现感情；sich seiner Gefühle schämen 为自己的感情害羞〉：*das G. zu ersticken* 窒息感 ‖ *K-*(复合)：**Gefühls-**, **-ausbruch**; **gefühls-**, **-betont** ‖ -K(复合)：**Abhängigkeits-**, **Angst-**, **Glücks-**, **Hass-**, **Rache-**, **Schuld-** **3.** *nur Sg*（只用单数）; ein undeutliches Wissen, das auf Intuition, nicht auf dem Verstand beruht 预感，直觉≈ Ahnung, Vermutung〈ein mulmiges, ungutes G. bei etw. haben 预感到某事不妙，不好〉：*Ich habe das dumpfe G., dass heute noch etwas Schlimmes passiert* 我隐约感到今天要出事 **4.** ***ein G.*** (***für etw.***) *nur Sg*（只用单数）; die Fähigkeit, etw. instinktiv richtig einzuschätzen od. zu machen 感受(力)，(本能的)感觉≈ ein Gespür für etw.〈etw. im G. haben 感受到某物，对某物有本能的感觉〉：*ein G. für Farben u. Formen, Rhythmus, Recht u. Unrecht haben* 有色彩感和形象感，有节奏感，对正义和非正义具有感知力 ‖ -K(复合)：**Pflicht-**, **Scham-**, **Verantwortungs-**, **Zeit-** ‖ ID [谚] ***j-s Gefühle erwidern*** *geschr* [书]; j-s Zuneigung erwidern (indem man ihm seine Zuneigung zeigt) 回报某人的感情；***mit gemischten Gefühlen*** mit positiven u. zugleich negativen Gefühlen (2)怀着复杂的(喜忧参半，悲喜交加的)感情；***etw. ist das höchste der Gefühle*** *gespr*, *oft iron*[口]常用[讽]; etw. ist das Beste, was man sich vorstellen od. erwarten kann 某事是最好不过的了,好到顶了 ‖ *zu* (义项)**1.** u. **2. ge·fühl·los** *Adj*(形); *zu* (义项) **2. ge·fühls·arm** *Adj*(形); *nicht adv*(不作状语)

Ge·fühls·du·se·lei *die*; -, *-en*; *mst Sg*, *pej*(多用单数)[贬]; ein Verhalten, bei dem j-d zu viele Gefühle (2) zeigt 多愁善感,伤感≈ Sentimentalität

ge·fühls·kalt *Adj*(形) **1.** nicht fähig od. bereit, auf die Gefühle anderer einzugehen 无同情心的,冷漠的,冷淡的,冷酷的≈ gefühllos, herzlos **2.** ≈ frigide ‖ *hierzu* (派生) **Ge·fühls·käl·te** *die*

Ge·fühls·le·ben *das*; alle Gefühle (2), die j-d hat 情感,内心的情感生活: *Eintönige Arbeit wirkt sich negativ auf das G. aus* 单调的工作对人的内心情感生活产生消极影响

ge·fühls·mä·ßig *Adj* (形); *nur attr od adv* (只作定语或状语); so, wie es dem Gefühl (2) entspricht 凭感情的,按感情的 ↔ verstandesmäßig ⟨e-e Reaktion 反应; etw. g. entscheiden 对某事凭感情作决定⟩

Ge·fühls·mensch *der*; j-d, der in seinem Verhalten hauptsächlich vom Gefühl (2) u. nicht vom Verstand beeinflusst wird 重感情的人,易动感情的人,爱感情用事的人↔ Verstandesmensch

Ge·fühls·sa·che *die*; *mst in* 多用于 ***etw. ist (reine) G.*** etw. wird nur nach dem Gefühl (4) beurteilt 某事(完全)是只可意会,不可言传的事,各人感觉的事: „*Woher willst du wissen, dass sie es war?*" – „*Das ist reine G.*" "你怎么知道是她干的?"——"这纯属个人的感觉."

ge·fühl·voll *Adj*(形) **1.** zu tiefen Gefühlen (2) fähig 富于情感的,富于同情心的≈ empfindsam, sensibel ↔ gefühlsarm ⟨ein Mensch 人⟩ **2.** *oft pej* 常用[贬]; mit Gefühl, etwas sentimental 感情丰富的,伤感的⟨e-e Schwärmerei 狂热举动; ein Gedicht g. vortragen 感情丰富地朗诵诗⟩

ge·fun·den *Partizip Perfekt*(过去分词); ↑ ***finden***

ge·gan·gen *Partizip Perfekt*(过去分词); ↑ ***gehen***

ge·ge·ben **1.** *Partizip Perfekt*(过去分词); ↑ ***geben*** **2.** *Adj*(形); *nicht adv*, *geschr*(不作状语)[书]; als Tatsache bestehend 已存在的,既成的,已有的≈ unumstößlich ⟨etw. als g. hinnehmen, voraussetzen 承认某事是既成事实,以某事是既成事实为前提; unter den gegebenen Umständen 在目前情况下⟩ **3.** *Adj*(形); *nur attr*, *nicht adv*(只作定语,不作状语); für e-n bestimmten Zweck geeignet, passend 适当的≈ günstig: *Wir werden zum gegebenen Zeitpunkt auf ihr Angebot zurückkommen* 我们将在适当时刻再谈他们的报价 **4.** *Adj*(形); *nicht adv*, MATH (不作状语)【数】; vor dem Rechnen bereits bekannt 已知的↔ gesucht ⟨e-e Größe, e-e Zahl 尺寸,数⟩ ‖ *zu* (义项)**1. Ge·ge·ben·heit** *die*

ge·ge·be·nen·falls *Adv* (副); *geschr* [书]; wenn ein bestimmter Fall eintritt 如果必要的话,一旦有必要; *Abk* (缩写)ggf.: *G. wird die Regierung neue Gesetze erlassen* 一旦必要,政府将颁布新法令

ge·gen[1] *Präp*(介); *mit Akk*(支配四格) **1.** in Richtung auf j-n/etw. hin 向,朝,对着: *sich mit dem Rücken g. die Wand lehnen* 背靠着墙; *ein Dia g. das Licht halten* 拿着幻灯片对着光看 **2.** in die Richtung, aus der j-d/etw. kommt 逆,顶着≈ entgegen, wider: *g. die Strömung schwimmen* 逆水游泳 **3. g.** + *Zeitangabe* (时间说明语); ungefähr zu dem genannten Zeitpunkt 将近,临近,大约,左右: *Wir treffen uns dann (so) g. acht Uhr auf dem Rathausplatz* 那么我们就在八点来钟在市政厅广场碰面 **4.** verwendet mit bestimmten Substantiven, Adjektiven u. Verben, um e-e Ergänzung anzuschließen(与某些名词、形容词和动词搭配)对,反对: *der Kampf g. die Umweltverschmutzung* 反对环境污染的斗争; *misstrauisch g. j-n sein* 对某人不信任; *allergisch g. Pollen sein* (对)花粉过敏; *g. etw. protestieren* 抗议某事; *sich g. die Todesstrafe aussprechen* 反对实行死刑 **5.** verwendet, um e-n Gegensatz, e-n Widerstand *o. Ä.* zu bezeichnen 反对,违反,对立,违背≈ entgegen, wider: *g. alle Vernunft*, *g. j-s Willen handeln* 违背一切理智地,违反某人意志地行动 **6.** verwendet, um die Bedingung auszudrücken, unter der man etw. erhält (表示交换条件)凭≈ im Austausch für: *Diese Arznei ist nur g. Rezept erhältlich* 这种药只有凭处方才买得到; *Die Ware wird nur g. Barzahlung geliefert* 只凭现金交货(一手交钱,一手交货) **7.** *gespr* [口] ≈ im Vergleich zu: *G. ihn bist du ein Riese* 和他相比,你是巨人 **8.** SPORT【体】; verwendet, um bei e-m sportlichen Wettkampf *o. Ä.* den Gegner anzugeben 对,对抗(竞赛中的对手)⟨g. j-n spielen, gewinnen, verlieren 对某人比赛,战胜、负于某人⟩: *Das Pokalspiel Hamburg g. Köln endete 3:1* 汉堡对科隆的杯赛结果为三比一 **9.** drückt aus, dass etw. zur Bekämpfung e-r Krankheit *o. Ä.* verwendet wird 防治,医治≈ für (11): *ein Mittel g. Kopfschmerzen* 治头痛的药

ge·gen[2] *Adv* (副); *gespr* [口]; **g.** + *Zahlenangabe* (数量说明语)≈ ungefähr, etwa: *Es waren g. fünftausend Menschen zu der Demonstration erschienen* 大约五千人参加了游行

Ge·gen- *im Subst*, *betont*, *sehr produktiv* (构成名词,重读,构词强) **1.** drückt aus, dass j-d/etw. aus der entgegengesetzten Richtung kommt(表示相反方向)逆,反,顶; das ***Gegenlicht***, die ***Gegenströmung*** **2.** drückt aus, dass etw. zur Widerlegung od. zur Bekämpfung von etw. verwendet wird(表示反驳,反抗)反,相反,相对; das ***Gegenbeispiel***, der ***Gegenbeweis***, das ***Gegengewicht***, die ***Gegenmaßnahme***, das ***Gegenmittel*** **3.** drückt aus, dass etw. e-e Reaktion auf etw. Ähnliches od. Vergleichbares ist(表示类似的反应,回应)反,

还，回；das ***Gegenangebot***，der ***Gegenangriff***，das ***Gegenargument***，die ***Gegenbehauptung***，der ***Gegenbesuch***，die ***Gegenforderung***，die ***Gegenfrage***，das ***Gegengeschenk***，die ***Gegengewalt***，die ***Gegenleistung***，die ***Gegenliebe***，die ***Gegenoffensive***，die ***Gegenspionage***，der ***Gegenvorschlag***

Ge·gen·an·zei·ge *die*；MED【医】≈Kontraindikation

Ge·gen·be·such *der*；*mst in* 多用于 ***e-n G. machen*** j-n besuchen，der einen（kurz）vorher selbst besucht hat 进行回访

Ge·gen·be·we·gung *die* **1.** e-e Bewegung¹（2）in die andere Richtung 相反的运动〈e-e G. auslösen 引起相反的运动〉**2.** e-e organisierte Gruppe，die in Opposition zu etw. steht 反对派的运动

Ge·gend *die*；-，*-en* **1.** ein（*mst* relativ kleiner）Teil e-r Landschaft，dessen Grenzen nicht genau bestimmt sind 地带，地区，地方〈e-e einsame，verlassene，gebirgige G. 偏僻的、荒凉的地方，山区；durch die G. fahren，sich die G. ansehen 开车驶过，参观这地区〉：*Unsere Reise führte uns durch die schönsten Gegenden Frankreichs* 我们的旅行使我们游历了法国最美丽的地方 **2.** ein Teil der Stadt，dessen Grenzen nicht genau bestimmt sind 市区≈Stadtviertel：*in e-r vornehmen G. wohnen* 住在富人区‖ -K（复合）：***Bahnhofs-***，***Villen-*** **3.** ***die G. um*** + *Ortsbezeichnung*（地点说明语）die（nähere）Umgebung e-r Stadt 近郊区：*Sie wohnt in der G. um Frankfurt* 她住在法兰克福近郊 **4.** ***in der G.*** + *Gen*（二格）an e-m nicht näher bestimmten Bereich am Körper（身体的）部位：*Schmerzen in der G. des Herzens* 心脏部位疼痛‖ -K（复合）：***Blinddarm-***，***Herz-***，***Magen-*** **5.** *nur Sg*，*gespr*（只用单数）［口］；die Bewohner e-r bestimmten G.（2）附近地区的居民：*Die ganze G. strömte zusammen，als die Kirche brannte* 当教堂失火时，全区居民都涌来了‖ ID［谚］***j-d macht die G. unsicher*** *gespr*［口］；j-d streift irgendwo herum u. begeht kleine（kriminelle）Delikte 某人搅得当地居民不安宁：*E-e Bande von Halbstarken machte die G. unsicher* 一帮小流氓搅得当地居民不安宁

Ge·gen·dar·stel·lung *die*；e-e Darstellung e-s Sachverhalts durch e-n Betroffenen，mit der e-e anders lautende Darstellung in der Presse od. im Fernsehen korrigiert werden soll. Die Medien können rechtlich gezwungen werden，e-e solche Darstellung zu veröffentlichen（针对已发表的报道进行更正的）反报道〈e-e G. veröffentlichen 发表反报道〉

ge·gen·ei·nan·der *Adv*（副）；e-e Person/Sache gegen die andere（drückt e-e Gegenseitigkeit aus）相互对抗、反对，彼此：*Gerd u. Peter kämpften g.*（= Gerd kämpfte gegen Peter，u. Peter gegen Gerd）格尔特和彼得俩人彼此作对；*Die Spione wurden g. ausgetauscht* 双方彼此交换间谍；*zwei Freundinnen g. ausspielen* 唆使两个女友相互争夺

ge·gen·ei·nan·der- *mit Verb*，*wenig produktiv*（与动词连用，构词弱）；Die Verben mit *gegeneinander werden nach folgendem Muster gebildet*（gegeneinander-动词的模式如下）：*gegeneinander stoßen – stießen gegeneinander – gegeneinander gestoßen*

gegeneinander bezeichnet die Richtung von j-m/etw. auf j-d anderen/etw. anderes zu（u. umgekehrt）（表示双方方向相对）；

gegeneinander stoßen：*Die beiden Autos stießen gegeneinander*（= Ein Auto stieß gegen das andere u. umgekehrt）两辆汽车彼此相撞

ebenso（同类词有）：***etw.***（*Pl* 复）***gegeneinanderdrücken***，***etw.***（*Pl* 复）***gegeneinanderpressen***，***etw.***（*Pl* 复）***gegeneinanderschlagen***

Ge·gen·fahr·bahn *die*；die Fahrbahn，auf der der Gegenverkehr fährt 反方向的车行道，汽车逆行道

Ge·gen·ge·wicht *das* **1.** ***ein G.***（***zu etw.***）ein Gewicht（6），das ein anderes Gewicht ausgleicht，aufhebt 平衡重，对重，配重 **2.** ***ein G.***（***zu etw.***）ein Gegensatz als（notwendiger）Ausgleich 平衡力量，均势：*Ihre Liebe war ein G. zu seiner Härte u. Ungeduld* 她的爱曾是对他的生硬与不耐烦态度的平衡力

Ge·gen·gift *das*；ein Gift，das gegen die Auswirkungen e-s anderen Giftes hilft 解毒药，抗毒药

Ge·gen·kan·di·dat *der*；j-d，der bei e-r Wahl²（1）gegen e-n Konkurrenten kandidiert 竞选对手：*Die Opposition stellte e-n Gegenkandidaten auf* 反对党提出一位竞选对手

ge·gen·läu·fig *Adj*（形）；in entgegengesetzter Richtung 方向相反的，对流的〈e-e Bewegung 运动；e-e Entwicklung，e-e Tendenz 发展，倾向〉

Ge·gen·leis·tung *die*；***e-e G.***（***für etw.***）etw.，das man j-m gibt od. das man für ihn tut，weil er einem etw. gegeben od. etw. für einen getan hat 回报，报答，报效：*Er reparierte ihr kaputtes Auto. Als G.*（*dafür*）*bekam er fünf Flaschen Wein* 他把她坏了的汽车修好了，作为（对此）回报，他得到五瓶葡萄酒；*Keine Leistung ohne G.* !有业绩必有回报！

Ge·gen·licht *das*；*nur Sg*（只用单数）；（beim Fotografieren）Licht，das genau in die Richtung der Kamera fällt 逆光‖ K-（复合）：***Gegenlicht-***，***-aufnahme***

Ge·gen·lie·be *die*；*mst in* 多用于（***bei j-m***）***auf G. stoßen*** von j-m e-e positive Reaktion auf etw. erhalten 得到（某人的）积极反应：*Er ist mit seinen Vorschlägen auf wenig G. gestoßen* 他的建议没有得到多少积极反响‖ NB（注意）：*mst* verneint od. eingeschränkt verwendet（多用于否定句或限制性句子）

Ge·gen·mit·tel *das*；ein Mittel，das gegen e-e Krankheit，ein Gift *usw* hilft 对症药，解毒药

Ge·gen·par·tei *die* **1.** e-e Gruppe，die e-e andere（entgegengesetzte）Meinung hat als e-e andere Gruppe 对方，（持相反立场或观点的）另一方 **2.** JUR【法】；der Gegner vor Gericht（*z.*

B. einer der Ehepartner bei e-r Scheidung) 对方，另一方 **3. die G. ergreifen** sich (als Dritter) auf die Seite der G. (1) stellen 袒护对方，站在对方一边

Ge·gen·pol *der* **1.** der andere (entgegengesetzte) Pol (3) 对极，相反极 **2.** ***j-s G.*** j-d, der (*mst* in seinem Charakter u. Temperament) ganz anders ist als e-e andere Person (性格气质上)另一类

Ge·gen·pro·be *die*; die Überprüfung e-s (Rechen)Ergebnisses *o.Ä.* durch umgekehrtes Rechnen (also *z. B.* durch Subtrahieren vom Ergebnis, wo man vorher zum Ergebnis hin addierte) 复核验算

Ge·gen·re·ak·ti·on *die*; e-e Reaktion als Antwort auf e-e Reaktion, die vorher erfolgt ist 回应，反应

Ge·gen·re·de *die*; *mst Sg* (多用单数) **1.** *geschr* [书] ≈ Antwort, Erwiderung **2.** ≈ Widerspruch

Ge·gen·rich·tung *die*; die (Fahrt)Richtung, die der eigenen Richtung entgegengesetzt ist 相反的方向: *In der G. war ein kilometerlanger Stau* 在反方向堵车长达几公里

Ge·gen·satz *der* **1.** ein großer, wichtiger Unterschied zwischen zwei Personen, Dingen, Eigenschaften *usw* 对比，对立，对照，矛盾 ≈ Kontrast: *Diese beiden Aussagen stehen in e-m eklatanten, krassen G. zueinander / stellen e-n eklatanten G. dar* 这两种说法显著地、明显地相互矛盾/形成鲜明对比 **2. *im G. zu j-m / etw.*** im Unterschied zu j-m/etw., als Kontrast zu j-m/ etw. 不同于…，跟…相反: *Er ist 1,90m groß – Im G. zu ihm ist sein Vater ziemlich klein* 他身高一米九——跟他相反，他父亲个子相当矮

ge·gen·sätz·lich *Adj* (形); ⟨ Meinungen, Standpunkte 意见，立场 ⟩ so, dass sie sich stark voneinander unterscheiden 对立的，相反的，矛盾的 ≈ unterschiedlich

Ge·gen·schlag *der* **1.** ein Schlag als Reaktion auf e-n Schlag, den man vorher von j-m bekommen hat 还手 **2.** e-e (militärische od. polizeiliche) Maßnahme als Reaktion auf e-e vorausgegangene Provokation od. e-n (militärischen) Angriff 还击措施，反击，回击: *Die Polizei holte zum G. gegen die Drogenmafia aus* 警察准备对贩毒集团进行反击

Ge·gen·sei·te *die* **1.** die andere, gegenüberliegende Seite von etw. 对立面，对面: *Er grüßte von der G. der Straße freundlich herüber* 他从马路对面朝这边友好致意 **2.** ≈ Gegenpartei (1,2), Gegner

ge·gen·sei·tig *Adj* (形) **1.** so, dass einer für den anderen tut, was der andere für ihn tut 相互的，相互间的，彼此的 ≈ wechselseitig ⟨ Beeinflussung, Hilfe 影响，帮助 ⟩: *Sie haben sich g. bei der Arbeit geholfen* 他们在工作上互相帮助 **2.** beide Seiten betreffend 双方的: *Sie trennten sich im gegenseitigen Einvernehmen* 他们在双方谅解的情况下分手了

Ge·gen·sei·tig·keit *die*; -; *nur Sg* (只用单数); *mst in* 多用于 ***etw. beruht auf G.*** etw. ist in gleichem Maße (sowohl bei dem einen als auch bei dem anderen) vorhanden (某事)建立在相互关系的基础上: *Das gute Verhältnis zu seinen Nachbarn beruht auf G.* 他和邻居的融洽关系建立在双方努力基础上

Ge·gen·spie·ler *der* **1.** ≈ Gegner, Widersacher **2.** ein Spieler (beim Sport od. bei Spielen wie *z. B.* Schach), der gegen e-n anderen spielt, kämpft 对手 ‖ *hierzu* (派生) **Ge·gen·spie·le·rin** *die*

Ge·gen·sprech·an·la·ge *die*; e-e Sprechanlage an Türen *usw*, bei der man durch Drücken e-s Knopfes (2) mit j-m im Inneren e-s Hauses sprechen kann (大门上的)对讲器

Ge·gen·stand *der* **1.** ein *mst* relativ kleiner, fester Körper, den man nicht genauer benennen kann od. will 东西，物件，物品 ≈ Ding ⟨ ein eckiger, kantiger, runder, ovaler, schwerer G. 一件方形的、有棱角的、圆形的、椭圆形的、重的东西 ⟩ ‖ -K (复合): ***Gebrauchs-***; ***Glas-***, ***Metall-***; ***Kunst-*** **2.** *mst Sg* (多用单数); ***der G. + Gen*** (二格) das, worauf j-s Handeln gerichtet ist …的对象 ≈ Objekt (1), Ziel (4): *Die Rede des Ministers wurde zum G. heftiger Kritik der Opposition* 部长的讲话成了反对派激烈批评的对象 **3.** *mst Sg* (多用单数); ***der G. + Gen*** (二格) der zentrale Gedanke e-s Gesprächs, e-r (wissenschaftlichen) Untersuchung, Abhandlung *o.Ä.* 题目，话题，题材 ≈ Thema: *Die Manipulation von Genen war der G. seines Vortrags* 他报告的题目是遗传基因的控制 ‖ -K (复合): ***Diskussions-***, ***Forschungs-***, ***Gesprächs-***

ge·gen·ständ·lich *Adj* (形); so, dass die gemalten od. geformten Gegenstände aussehen wie in der Wirklichkeit (u. dass man sie erkennen kann) 具体的，客观的，形象的 ≈ konkret ↔ abstrakt ⟨ e-e Darstellung, Kunst, Malerei 描绘，艺术，绘画 ⟩ ‖ *hierzu* (派生) **Ge·gen·ständ·lich·keit** *die*; *nur Sg* (只用单数)

ge·gen·stands·los *Adj* (形) **1.** nicht gerechtfertigt 没有理由的，站不住脚的，无根据的 ≈ unbegründet ⟨ ein Verdacht, ein Vorwurf 怀疑，指责 ⟩ **2.** nicht mehr notwendig, weil sich die Umstände geändert haben 多余的，不必要的 ≈ hinfällig, überflüssig: *Falls Sie bereits gezahlt haben sollten, betrachten Sie diese Mahnung als g.!* 如您已付款，请把这封催款信视为多余的吧! ‖ *hierzu* (派生) **Ge·gen·stands·lo·sig·keit** *die*; *nur Sg* (只用单数)

ge·gen·steu·ern; *steuerte gegen, hat gegengesteuert*; Vi (不及物) **1.** (beim Autofahren) das Auto kurz in e-e andere Richtung lenken, um *z. B.* die Wirkung des Windes auszugleichen 逆向驾驶(掌舵) **2.** ***etw.*** (*Dat* 三格) ***g.*** Maßnahmen ergreifen, um e-e unerwünschte Entwicklung zu bremsen od. zu stoppen 反向控制，逆向调控，制止: *Politiker u. Kirchen versuchen, dem Trend zum Extremismus gegenzusteuern* 政治家和教会试图制

止极端主义发展的倾向

Ge·gen·stim·me *die*；e-e Stimme, die bei e-r Abstimmung gegen e-n Kandidaten od. e-n Antrag abgegeben wird 反对票：*Der Antrag wurde mit einer G. angenommen* 提案以一票反对获得通过

Ge·gen·stoß *der* **1.** ein Stoß als Reaktion auf e-n Stoß, den man vorher von j-m bekommen hat 回撞，反冲击 **2.** ≈ Gegenschlag (2)

Ge·gen·stück *das* **1.** e-e Person/Sache, die j-d/etw. anderem genau entspricht 匹配的人/物，相应的人/物 **2.** ≈ Gegenteil

Ge·gen·teil *das*；*mst Sg*（多用单数）；e-e Person, Sache, Eigenschaft *usw*, die völlig andere Merkmale hat als e-e andere Person, Sache, Eigenschaft *usw*（指人、物、性格等）对立物，相反物，反面，对立面：*Das G. von „groß" ist „klein"* "大"的反面是"小"；*Rita ist ein sehr ruhiges Mädchen – ihr Bruder ist genau das G. von ihr* 丽塔是个十分文静的姑娘——她哥哥和她恰好相反；*Zuerst schienen unsere Pläne erfolgreich zu sein, doch bald schlug alles ins G. um* 起初我们的计划看起来进展顺利，可是不久一切都转向反面 ‖ ID［谚］（***ganz***）***im G.*** verwendet, um e-e Antwort einzuleiten, durch die e-e Frage verneint wird, od. um e-r Aussage völlig zu widersprechen 完全相反，正相反 ≈ keineswegs：*„Du bist sicher todmüde!" – „Oh nein, ganz im G.!"* "你肯定累坏了!"——"噢，不，正好相反!" ‖ *hierzu*（派生）**ge·gen·tei·lig** *Adj*（形）

Ge·gen·tor *das*；SPORT【体】；ein Tor[2] (2), das von der Gegenmannschaft erzielt wird 对方球门

ge·gen·über[1] *Präp*（介）；*mit Dat*（支配三格）**1.** das Gesicht od. die Vorderseite genau dem Gesicht/der Vorderseite von j-m/etw. zugewandt 面对，在…对面：*Er setzte sich seinem Nachbarn g.* 他在邻居对面落座；*Ihr Haus steht g. der Kirche* 她的住房面对教堂 **2.** verwendet, um e-n Vergleich herzustellen 跟…相比：*G. der Hochsaison ist die Nachsaison besonders billig* 和旺季相比，淡季物价格外便宜；*Sie ist dir g. im Vorteil* 和你相比，她处于优势 **3.** ***j-m g.*** im Verhalten, Umgang mit j-m 对，对待：*Mir g. ist sie immer sehr nett* 她对我总是十分和蔼 ‖ NB（注意）：Bei Personalpronomen wird g. immer nachgestellt（与人称代词连用时，g. 总是后置）：*Er wohnt ihr g.* 他住在她的对面

ge·gen·über[2] *Adv*（副）；auf der entgegengesetzten Seite von etw 对面〈direkt, genau, schräg g. 正对面，正好对面，斜对面〉：*Wir stehen hier am Nordufer des Bodensees – direkt g. liegt die Schweiz* 我们站在博登湖北岸——瑞士就在我们的正对面

Ge·gen·über *das*；-s, -；***j-s G.*** j-d, der sich gegenüber[1] (1) von j-m befindet 某人对面的人：*Im Zug kam ich mit meinem G. ins Gespräch* 在火车上我和坐我对面的人攀谈起来

ge·gen·über- *im Verb, betont u. trennbar, wenig produktiv*（构成动词，重读并可分，构词弱）；Die Verben mit *gegenüber-* werden nach folgendem Muster gebildet（gegenüber-动词的模式如下）：*gegenübersitzen – saß gegenüber – gegenübergesessen*

gegenüber- drückt (in Verbindung mit *sich* od. *einander*) aus, dass j-s Gesicht od. die Vorderseite von etw. genau dem Gesicht/der Vorderseite von j-m/etw. zugewandt ist bzw. wird（与 sich 或 einander 连用）面对面，相对；

sich（*Dat Pl* 三格复数）/***einander gegenübersitzen***：*Sie saßen sich/einander im Zug gegenüber* 在火车上他们面对面地坐着/相对而坐 ≈ Der eine saß auf der einen Seite (des Abteils), u. ihm zugewandt saß auf der anderen Seite der andere

ebenso（同类词有）：***j-m/etw./sich***（*Pl* 复）/***einander gegenüberliegen, gegenüberstehen***；***sich j-m/etw. gegenübersetzen, gegenüberstellen***

ge·gen·über·ste·hen（*hat*）[Vi]（不及物）**1.** ***j-m/etw. g.*** so stehen, dass das Gesicht dem Gesicht von j-d anderem od. e-m Gebäude, Objekt *o.Ä.* zugewandt ist 站在对面，放在对面，位于对面：*Als sie um die Ecke bog, stand sie plötzlich e-r alten Freundin gegenüber* 她一拐过弯，突然，她的一位老友站在对面 **2.**〈Personen 人〉***stehen sich gegenüber*** zwei od. mehrere Personen stehen so, dass sie sich gegenseitig anblicken 彼此相视，面面相视：*Sie standen sich lange schweigend gegenüber, bevor sie sich in die Arme fielen* 他们在相互拥抱之前彼此相对默默地站了很久 **3.**〈zwei Mannschaften, feindliche Truppen *o.Ä.* 两支运动队，敌对军队等〉***stehen sich gegenüber*** zwei Mannschaften spielen (bald) gegeneinander/feindliche Truppen kämpfen (bald) gegeneinander 对垒，对峙 **4.**〈Gebäude, Objekte *o.Ä.* 楼房，物体等〉***stehen sich gegenüber*** zwei od. mehrere Gebäude, Objekte *o.Ä.* stehen auf verschiedenen Seiten von etw. (*z.B.* e-r Straße) u. sind einander zugewandt 矗立两旁，相对而立 **5.**〈Meinungen, Ansichten 意见，看法〉***stehen sich/einander gegenüber*** zwei od. mehr verschiedene Meinungen, Ansichten treffen aufeinander, widersprechen sich 彼此对立，相互排斥，相互抵触 **6.** ***etw.***（*Dat* 三格）***g.*** mit etw. konfrontiert werden 面对〈Problemen, Schwierigkeiten g. 面对问题，困难〉**7.** ***j-m/etw. irgendwie g.*** e-e bestimmte Haltung od. Einstellung gegenüber j-m/etw. haben 对…持…态度，以…方式对待，面对：*e-m Plan skeptisch g.* 对计划持怀疑态度

ge·gen·über·stel·len（*hat*）[Vt]（及物）**1.** ***etw.***（*Akk* 四格）***etw.***（*Dat* 三格）***g.*** etw. so hinstellen, dass es etw. anderem zugewandt ist 把…置于…对面：*Den Fernseher stellen wir der Couch gegenüber* 我们把电视机放到长沙发对面 **2.** ***j-n j-m g.*** *mst* e-n Verdächtigen mit Zeugen od. dem Opfer e-s Verbrechens konfrontieren, um zu sehen, ob diese ihn als den Täter wieder erkennen 让…辨认：*Der vermeintliche Täter wurde dem Opfer gegenübergestellt* 假定的作案者已经让被害人辨认过‖ NB(注意)：*mst* im Passiv(多用于被动语态)! **3.** 〈Personen, Dinge 人，物〉 ***einander g.*** zwei od. mehrere Personen/Dinge miteinander vergleichen 相互对比，彼此对照：*Nachdem wir die Bewerber einander gegenübergestellt hatten, wussten wir, dass nur zwei in Frage kamen* 在我们将申请者进行相互对比之后，我们了解到，只有两个人可以考虑‖ *zu* (义项) **2. Ge·gen·über·stel·lung** *die*

Ge·gen·ver·kehr *der*; die Fahrzeuge, die einem auf der Straße aus der anderen Richtung entgegenkommen 对面来的车辆，迎面车流〈G. haben 有迎面车流；es herrscht starker G. 对面来的车辆很多〉

Ge·gen·wart *die*; -; *nur Sg* (只用单数) **1.** die Zeit zwischen Vergangenheit u. Zukunft, also jetzt 现在，现代，当代〈in der G. 在当前〉‖ K-(复合)：***Gegenwarts-***, ***-kunst***, ***-literatur***, ***-sprache*** **2.** *mst* 多用 ***in j-s G.*** in Anwesenheit von j-m 当…的面，在…在场时：*In seiner G. ist sie immer sehr nervös* 只要他在场，她总是很烦躁

ge·gen·wär·tig *Adj* (形) **1.** *nur attr od adv* (只作定语或状语)；in der Gegenwart (1) 现在的，当前的，目前的 ≈ derzeitig-, zurzeit：*die gegenwärtige Situation auf dem Arbeitsmarkt* 劳工市场上的目前情况；*Er befindet sich g. im Ausland* 目前他在国外 **2.** *nicht adv*, *geschr* (不作状语)[书]；persönlich anwesend 在场的，出席的：*Er war bei der Versammlung nicht g.* 他没有出席这次会议 **3.** *geschr* [书]；im Gedächtnis gespeichert 想起，记得，忆及〈etw. g. haben 记得某事；j-m ist etw. g. 某人想起某事〉

Ge·gen·wehr *die*; -; *nur Sg*, *geschr* (只用单数) [书] ≈ Widerstand 〈ohne G. 没有抵抗；(keine) G. leisten (不)进行抵抗〉：*Die Bankräuber leisteten bei ihrer Festnahme keine G.* 银行抢劫犯被捕获时未进行抵抗

Ge·gen·wind *der*; der Wind, der gegen die Richtung weht, in die sich j-d/etw. bewegt 逆风，迎面风，顶风：*Wegen des starken Gegenwindes hatte der Flug Verspätung* 因为逆风强劲，飞机晚点了

ge·gen·zeich·nen; *zeichnete gegen*, *hat gegengezeichnet*; Vt (及物) ***etw. g.*** etw. unterschreiben, das schon j-d anderer unterschrieben hat 副署，连署〈e-n Vertrag, ein Dokument g. 在合同，文件上副署〉‖ *hierzu* (派生) **Ge·gen·zeich·nung** *die*; *nur Sg* (只用单数)

Ge·gen·zug *der* **1.** e-e Maßnahme als Reaktion auf e-e (vorhergehende) Maßnahme *mst* seines politischen Gegners 对策，对抗举措〈e-n taktisch klugen G. machen 采取策略上明智的对策〉 **2.** ***im G.*** (***zu etw.***) als Reaktion auf e-e Maßnahme 作为对…的对策(对抗措施)：*Im G. zur Verhaftung ihrer Attachés brach die Regierung die diplomatischen Beziehungen ab* 作为对逮捕该国使馆职员的对抗举措，该国政府中断了外交关系

ge·ges·sen *Partizip Perfekt* (过去分词)；↑ ***essen***

ge·gli·chen *Partizip Perfekt* (过去分词)；↑ ***gleichen***

ge·glit·ten *Partizip Perfekt* (过去分词)；↑ ***gleiten***

ge·glom·men *Partizip Perfekt* (过去分词)；↑ ***glimmen***

Geg·ner *der*; *-s*, - **1.** die Person(en), gegen die man kämpft, spielt od. mit der/denen man Streit hat 敌人，敌手，对手，竞争者 ≈ Feind, Widersacher 〈ein fairer, persönlicher, politischer, militärischer, ebenbürtiger, überlegener, unerbittlicher, zäher G. 遵守规则的、个人的、政治上的、军事上的、势均力敌的、占优势的、不退让的、顽强的对手 e-n G. besiegen, schlagen, ausschalten, überlisten, überrennen 战胜、打击、挫败、智胜、突然袭击对手；e-m G. unterliegen 败于对手；j-n zum G. haben 以某人为对手〉：*Gleich in der ersten Runde des Turniers stieß er auf den schwersten G* 在比赛的第一轮，他便遇上强劲的对手. **2.** ***ein G.*** + *Gen* (二格) / ***von etw.*** j-d, der etw. ablehnt, gegen etw. kämpft 反对者 ↔ Verfechter：*ein entschiedener G. der Rassendiskriminierung, der Todesstrafe sein* 种族歧视的，死刑的坚决反对者‖ *hierzu* (派生) **Geg·ne·rin** *die*; -, *-nen*

geg·ne·ri·sch- *Adj* (形)；*nur attr*, *nicht adv* (只作定语，不作状语)；zum Gegner (1) gehörend, den Gegner (1) betreffend 敌对的，敌方的，对手的〈die Seite, die Mannschaft, die Partei, die Truppe 方面，运动队，党派，军队〉

Geg·ner·schaft *die*; -, *-en*; *mst Sg* (多用单数) ≈ Opposition (2)：*seine G. gegen die Todesstrafe* 他对死刑的反对态度

ge·gol·ten *Partizip Perfekt* (过去分词)；↑ ***gelten***

ge·go·ren *Partizip Perfekt* (过去分词)；↑ ***gären***

ge·gos·sen *Partizip Perfekt* (过去分词)；↑ ***gießen***

ge·grif·fen *Partizip Perfekt* (过去分词)；↑ ***greifen***

Ge·ha·be *das*; *-s*; *nur Sg*, *pej* (只用单数) [贬]；ein Verhalten, durch das j-d zeigen will, wie wichtig er zu sein glaubt 装腔作势，装模作样，矫揉造作 ≈ Getue 〈ein auffälliges, dummes G. 惹人注意的、愚蠢的装腔作势〉

ge·habt, **ge·habt** **1.** *Partizip Perfekt* (过去分词)；↑ ***haben***[1] **2.** *Adj* (形)；*nur in* 只用于 ***wie g.*** *gespr* [口]；wie es bisher geplant od. üblich war 像往常一样：*Es bleibt alles wie g.* 一切照常

Ge·hack·te *das*; *-n*; *nur Sg* (只用单数) ≈ Hackfleisch：*ein Pfund Gehacktes kaufen* 买一磅肉馅‖ NB(注意)：*Gehacktes*; *das Gehackte*; *dem*, *des Gehackten*

Ge·halt[1] *der*; *-(e)s*, *Ge·häl·ter*; das Geld, das ein Angestellter für seine Arbeit (*mst* jeden Monat) bekommt (职员的)薪金，工资〈ein hohes, niedriges, festes, anständiges, ordentliches G. haben, bekommen, beziehen 有，得到，领取高的、低的、固定的、合理的、正式的薪金〉‖ K-(复合)：**Gehalts-**，**-abrechnung**，**-anspruch**，**-empfänger**，**-erhöhung**，**-fortzahlung**，**-konto**，**-kürzung**，**-zulage** ‖ -K(复合)：**Anfangs-**，**Jahres-**，**Monats-** ‖ NB(注意)：↑ **Lohn**

Ge·halt² *der*；*-(e)s*，*-e*；*mst Sg*(多用单数) **1. der G.** (**an etw.** (*Dat* 三格)) der Anteil, den ein bestimmter Stoff in e-m Gemisch, e-r Verbindung hat 含量，成分：*Der G. an Eisen in diesem Erz ist gering* 这种矿石中铁的含量很小 **2.** *geschr*[书]；die Gedanken u. Ideen, die in e-m (*mst* literarischen) Werk enthalten sind 内容，内涵，含义 ‖ *hierzu* (派生) **ge·halt·los** *Adj*(形)；**ge·halt·voll** *Adj*(形)

G

ge·han·di·kapt [gəˈhɛndikɛpt] *Adj*(形)；*ohne Steigerung*，*mst präd*(无变级)(多作表语)；(*bes* in Bezug auf sportliche Wettkämpfe verwendet) wegen e-r Verletzung *o.Ä.* behindert od. benachteiligt(在体育竞赛中因受伤)处于不利地位的，攻势受挫的

ge·han·gen *Partizip Perfekt*(过去分词)；↑ **hängen¹**

ge·har·nischt *Adj*(形)；energisch u. scharf formuliert (weil man empört od. wütend ist) 强烈的，强硬的，措词尖锐的〈ein Brief, ein Protest 信件，抗议〉

ge·häs·sig *Adj*(形)；voller Bosheit 充满敌意的，满怀愤恨的，恶意的 ≈ bösartig, missgünstig 〈e-e Bemerkung, ein Kommentar 意见，评论〉：*Er ist ein missgünstiger Mensch, der g. über andere Leute redet* 他是个好猜疑的人，谈起别人总是满怀恼恨 ‖ *hierzu* (派生) **Ge·häs·sig·keit** *die*

ge·häuft **1.** *Partizip Perfekt*(过去分词)；↑ **häufen** **2.** *gehäufter*，*gehäuftest-*；*Adj*(形)；*mst adv*(多作状语) ≈ häufig 〈etw. tritt g. auf, kommt g. vor 某事大量产生，某事屡屡出现〉：*In diesem Monat kam es g. zu Unfällen* 这个月事故频繁发生 **3.** *Adj*(形)；*ohne Steigerung*，*nicht adv*(无变级)(不作状语)；〈ein Löffel 匙〉so gefüllt, dass ein kleiner Berg (von Zucker, Salz, Kaffeepulver *o.Ä.*) daraufliegt(盛得)满满的，尖尖的 ↔ gestrichen：*ein gehäufter Teelöffel Zucker* 满满的一茶匙糖

Ge·häu·se *das*；*-s*，*-* **1.** die relativ harte, schützende Hülle *bes* e-r Schnecke 罩，壳，套，盒 ‖ -K(复合)：**Schnecken-** **2.** der Teil e-s Apfels od. e-r Birne, in dem die Kerne sind 果核，果心 ‖ -K(复合)：**Kern-** **3.** die feste Hülle e-s (elektrischen) Geräts, e-r Maschine 外壳：*das G. e-r Uhr* 钟壳，表壳 ‖ -K(复合)：**Holz-**，**Metall-**

Ge·he·ge *das*；*-s*，*-*；ein Gelände mit e-m Zaun, in dem Tiere gehalten werden, *z.B.* in e-m Zoo (圈养鸟兽的)饲养场 ‖ ID [谚] ***j-m ins G. kommen*** *gespr*[口]；j-s Absichten u. Pläne stören 干涉(插手)某人的事，管闲事

ge·heim *Adj*(形) **1.** so, dass andere Personen nichts davon erfahren (sollen) 机密的，秘密的，隐藏心中的〈ein Auftrag, Pläne 任务，计划；e-e Verschwörung 阴谋；Gedanken, Wünsche 想法，愿望〉：*Pläne über militärische Stützpunkte sind streng g.* 军事基地的地图是绝密的 ‖ K-(复合)：**Geheim-**，**-abkommen**，**-agent**，**-akte**，**-bund**，**-dokument**，**-nummer**，**-organisation**，**-rezept**，**-schrift**，**-sprache**，**-versteck**，**-waffe** **2. im Geheimen** ohne dass j-d etw. erfährt od. bemerkt 秘密地，暗地里〈etw. bleibt im Geheimen 某事仍处在秘密状态(未公开)；etw. im Geheimen planen, vorbereiten 暗中策划，准备某事〉 **3.** *mst attr*(多作定语)；mit dem Verstand nicht zu erklären 神秘的，不可思议的 ≈ mysteriös, rätselhaft, seltsam：*Der Hellseher schien geheime Kräfte zu besitzen* 有先见之明者似乎具有神秘的力量 **4. etw.** (**vor j-m**) **g. halten** e-n Vorfall nicht öffentlich bekannt werden lassen 保守秘密，对…隐瞒：*Die ganze Affäre wurde von der Regierung geheim gehalten* 对整个事件政府都秘而不宣 ‖ *zu* (义项) **4. Ge·heim·hal·tung** *die*；*nur Sg*(只用单数)

Ge·heim·dienst *der*；e-e staatliche Organisation, die geheime Informationen aus anderen Ländern beschaffen u. geheime Dinge des eigenen Landes vor fremden Spionen schützen soll 情报部门，情报机关

Ge·heim·nis *das*；*-ses*，*-se* **1.** etw., das andere Leute nicht erfahren sollen 秘密，机密〈ein streng gehütetes G. 严格保守的秘密；j-m ein G. anvertrauen, offenbaren, verraten 向某人吐露，披露，泄露秘密；j-n in ein G. einweihen 使某人知道秘密的内情；ein G. bewahren, lüften 保守，揭开秘密；(keine) Geheimnisse vor j-m haben 对某人(不)保守秘密〉 ‖ -K(复合)：**Amts-**，**Beicht-**，**Berufs-**，**Staats-** **2.** *mst Pl*，*oft hum*(多用复数)常用[诙]；etw., das für den Normalmenschen sehr schwer zu verstehen ist 神秘的事，不可捉摸的事，奥秘：*j-n in die Geheimnisse der Chemie einweihen* 使某人了解化学的奥妙；*Die Natur birgt viele Geheimnisse* 自然界蕴藏着许多奥秘 **3. ein offenes G.** etw., das allgemein bekannt ist, aus bestimmten Gründen aber offiziell nicht erwähnt od. bekannt gegeben wird 公开的秘密 **4. kein G. aus etw. machen** etw. offen aussprechen od. zugeben 对某事不保密，决不隐瞒某事

Ge·heim·nis·krä·me·rei *die*；*-*，*-en*；*mst Sg*，*gespr*(多用单数)[口]；ein Verhalten, bei dem man so tut, als hätte man Geheimnisse 故弄玄虚，故作神秘(的举动) ‖ *hierzu* (派生) **Ge·heim·nis·krä·mer** *der*；**Ge·heim·nis·krä·me·rin** *die*

Ge·heim·nis·trä·ger *der*；j-d, der durch seinen Beruf *bes* militärische od. politische Geheimnisse kennt, die er nicht verraten darf 接触机密的人，了解机密的人员 ‖ *hierzu* (派生) **Ge·heim·nis·trä·ge·rin** *die*

ge·heim·nis·um·wit·tert *Adj*(形)；*geschr*[书]；mit seltsamen, geheimnisvollen Geschichten verbunden 笼罩着神秘气氛的：*ein geheimnisumwittertes altes Schloss* 一座笼罩着神秘气

氛的古老宫殿

ge·heim·nis·voll *Adj*(形) **1.** so, dass man es nicht (mit dem Verstand) erklären kann 神秘的,深奥莫测的,不可思议的≈ mysteriös, rätselhaft ⟨e-e Kraft 力量⟩: *seit seinem geheimnisvollen Verschwinden* 自从他神秘地消失以来 **2.** so, als ob man ein Geheimnis hätte 神秘的,诡秘的⟨g. lächeln, tun 神秘地微笑,做事⟩

Ge·heim·po·li·zei *die*; e-e Polizei, deren Aufgabe es ist, alles, was gegen den Staat gerichtet ist, zu bekämpfen 秘密警察

Ge·heim·rats·ecken *die*; *Pl*, *gespr hum* (复)[口][诙]; zwei Stellen rechts u. links an der Stirn von Männern, an denen die Haare ausgefallen sind (男人)头发脱落的额角⟨G. bekommen 额头两角头发脱落⟩

Ge·heim·tipp *der*; *mst hum* 多用[诙]; ein Ort, ein Lokal *o.Ä.*, die relativ unbekannt od. neu sind, aber als sehr empfehlenswert gelten 鲜为人知的地点

Ge·heiß *das*; *nur in* 只用于 **auf (j-s) G.** *veraltend* [渐旧]≈ auf j-s (mündlichen) Befehl

ge·hemmt **1.** *Partizip Perfekt* (过去分词); ↑ **hemmen** **2.** *gehemmter*, *gehemmtest-*; *Adj* (形); mit Hemmungen, seine Gefühle zu zeigen 拘束的,拘谨的,矜持的↔ gelöst, locker: *Fremden gegenüber ist er immer sehr g.* 在陌生人面前他总是很拘束 ‖ *hierzu* (派生) **Ge·hemmt·heit** *die*; *nur Sg*(只用单数)

ge·hen ['ge:ən]; *ging*, *ist gegangen*; [Vi] (不及物) **1.** sich aufrecht auf den Füßen mit relativ langsamen Schritten fortbewegen 走,步行,走路⟨barfuß, gebückt, langsam, schnell, am Stock, auf Zehenspitzen, geradeaus, auf u. ab g. 赤脚、弯腰、慢、快、拄着拐杖、踮起脚尖、笔直地、上上下下地走(路)⟩: „*Willst du im Auto mitfahren?*" – „*Nein, ich gehe lieber*" "你想乘车同往吗?"——"不,我更愿意步行" ‖ K- (复合): **geh-**, **-behindert**, **-fähig** ‖ NB(注意): ↑ **laufen** **2.** **irgendwohin g.**; **g.** + *Infinitiv* (不定式) sich irgendwohin begeben (um etw. zu tun) 朝…方向走去,去做某事: *einkaufen*, *schlafen*, *schwimmen g.* 去购物,去睡觉,去游泳; *ins/zu Bett g.* 去睡觉; *nach Hause g.* 回家去; *Ich muss bald zum Arzt g.* 我近日得看病去; *Gehst du mit mir ins Kino?* 你和我一起看电影去吗? **3.** e-n Ort verlassen 离开,走开,离去≈ weggehen: „*Willst du schon wieder g.? Du bist doch gerade erst gekommen!*" "你又要走吗? 你不是刚刚来吗!" **4.** **irgendwohin g.** e-e Schule *o.Ä.* regelmäßig besuchen, e-e Ausbildung machen 去(上学,学习)⟨in den Kindergarten, zur Schule, in die Hauptschule, ins/aufs Gymnasium, auf die Universität g. 上幼儿园,上学,上普通中学,上高级文理中学,上大学⟩ **5.** **irgendwohin g.** sich irgendwohin begeben, um dort zu leben (u. zu arbeiten) 前往,到…去: *ins Ausland*, *nach Afrika*, *ins Kloster g.* 出国,去非洲,出家(进修道院) **6.** **irgendwohin g.** e-e berufliche Tätigkeit in e-m bestimmten Bereich aufnehmen 到…单位去(任职、工作): *in die Industrie*, *in den Staatsdienst*, *zum Film g.* 到工业部门,到国家机关,到电影界去工作 **7.** **an etw.** (*Akk* 四格) **g.** mit e-r Tätigkeit beginnen 开始,着手⟨an die Arbeit, ans Werk g. 开始工作,着手(进行)工作⟩ **8.** **in etw. g.** e-n neuen Lebensabschnitt anfangen 进入(新的生活历程)⟨in Pension, in Rente, in den Ruhestand g. (官员)退休,(职工)退休,过退休生活⟩ **9.** **irgendwohin g.** e-e Reise irgendwohin machen 去,赴…(旅行)⟨auf Reisen g. 去旅游; in Urlaub g. 去度假⟩ **10.** seinen Arbeitsplatz aufgeben od. aufgeben müssen 退职,离职,离开工作岗位≈ ausscheiden (4): *Zwei unserer Mitarbeiter gehen Ende des Jahres* 我们的两名职工年底退职 **11.** **etw. geht zu Ende / zur Neige** etw. wird bald zu Ende sein(物作主语)临近结束,即将到期,将到尽头 **12.** **j-d geht auf die** + *Zahl* (数词) j-d wird bald ein bestimmtes Alter erreichen(人作主语)接近…年龄,快到…岁数: *Er geht auf die 50* 他快50了 **13.** **irgendwie g.** e-e bestimmte Kleidung tragen 穿着…服式: *Sie geht in Schwarz / in Trauer* 她穿着丧服/带孝; *Im Fasching gehe ich dieses Jahr als Indianer* 今年狂欢节我穿印地安服装 **14.** **mit j-m g.** *gespr* [口]; (als Jugendlicher) mit j-m e-e feste Liebesbeziehung haben 与…相好,相爱(年轻人) **15.** **an etw.** (*Akk* 四格) **g.** ohne Erlaubnis etw. benutzen *o.Ä.* 触摸,触动: *Geh ja nicht an meinen Computer, wenn ich nicht da bin!* 我不在时,你可别动我的电脑! **16.** **etw. geht irgendwohin** etw. findet irgendwo genügend Platz (物作主语)装得进,放得下,过得去≈ etw. passt irgendwohin: *In den Krug gehen drei Liter* 这个罐装得下三升; *Der Tisch geht nicht durch die Tür* 桌子过不去这个门 **17.** **j-d / etw. geht (j-m) bis an etw.** (*Akk* 四格)/ **bis zu etw.** j-d/etw. reicht bis zu e-m bestimmten Punkt(人/物作主语)达到,直到…: *Sie geht ihm bloß bis an die Schulter* 她(身高)只到他的肩膀; *Das Wasser geht mir bis zum Knie* 水没到我的膝盖 **18.** **etw. geht nach j-m / etw.** etw. richtet sich nach j-s Wünschen, e-m Maßstab *o.Ä.* (物作主语)按照…(意愿)办,进行: *Es kann nicht immer alles nach dir / deinem Kopf* (= deinen Wünschen) *g.!* 不能事事总按你的意愿/想法办 **19.** **j-d geht nach etw.** j-d richtet seine Handlungsweise *o.Ä.* nach etw. (人作主语)以…为依据行事: *Normalerweise ist das Wetter um diese Zeit schön, aber danach kann man nicht unbedingt g.* 在正常情况下这个时候的天气是晴朗的,不过人们不能以此为依据来行事 **20.** **in sich** (*Akk* 四格) **g.** etw. bereuen u. intensiv darüber nachdenken (对…)内心悔恨不已,追悔莫及 **21.** **zu weit g.** das akzeptable Maß überschreiten(做得,走得)过分: *Als er seinen Chef anschrie, ist er wohl zu weit gegangen* 他朝他的上司高声喊叫,实在是太过分了 **22.** *mst* 多用 **Das geht zu weit!** das ist übertrieben, das ist nicht mehr akzeptabel 这太过分了!: *Sie will, dass wir alles noch einmal machen, aber das geht wirklich zu* *weit!* 她要我们一切重做一遍，可这实在太过分了！ **23. *etw. geht irgendwohin/irgendwann/irgendwie*** etw. fährt od. fliegt wie auf dem Fahrplan *o.Ä.* angegeben(物作主语)(按时刻表)开车，起飞，运行：*Dieser Zug geht nur bis Zürich – dort müssen wir umsteigen* 这辆火车只开到苏黎世，我们必须在那儿转车；*Wann geht das nächste Flugzeug nach Frankfurt?* 下一班到法兰克福的飞机什么时候起飞？；*Geht der Zug pünktlich?* 火车准点(运行)吗？ **24. *etw. geht irgendwohin*** etw. zeigt in e-e bestimmte Richtung(物作主语)朝…方向，面对…方向：*Das Fenster geht auf die Straße* 窗子朝着街道 **25. *etw. geht irgendwohin*** etw. führt zum genannten Ziel, etw. verläuft in die genannte Richtung(物作主语)通往，通向：*Der Weg geht nach Bonn, zum See, entlang der Stadtmauern* 这条路通向波恩，通往湖边，沿着城墙走 **26. *etw. geht irgendwohin*** etw. trifft etw. (物作主语)射入，打入，进入：*Der Schuss ging ins Auge* 子弹射中眼睛；*Der Ball ging ins Tor, gegen die Latte* 球踢入球门，踢到球门横木上 **27. *etw. geht irgendwohin*** etw. gelangt irgendwohin, wird weitergegeben od. verbreitet(物作主语)传递，传播：*Der Zettel ging von Hand zu Hand* 纸条从一个人手里传到另一个人手里；*Die Nachricht ging durch die Presse* 消息通过报刊传播开来 **28. *etw. geht an j-n/irgendwohin*** etw. ist an j-n gerichtet/für ein Ziel bestimmt(物作主语)寄往，寄给，发往：*Der Brief geht an Oma, nach Köln, nach Amerika* 信寄给祖母，寄往科隆，发往美国 **29. *etw. geht irgendwie*** etw. läuft irgendwie ab, verläuft irgendwie(物作主语)进行，进展(如何)：*Bei der Prüfung ist alles gut gegangen* 考试时一切进行顺利；*In dieser Firma geht es drunter u. drüber* 这个公司的一切都(搞得)乱七八糟；*Versuchs mal, es geht ganz leicht!* 你试试嘛，挺容易的！；*Kannst du mir erklären, wie dieses Spiel geht?* 你能给我讲讲这个游戏怎么玩吗？ **30. *etw. geht gut*** etw. entwickelt sich, endet positiv (物作主语)进展顺利↔ etw. geht/läuft schief：*Das ist gerade noch einmal gut gegangen, beinahe wäre ich ausgerutscht!* 还好又顺利了，我差点滑出去了 ‖ NB (注意)：↑ ***glattgehen, schiefgehen*** [Vimp] (无人称) **31.** *mst* 多用 **mit**〈*ihnen, den beiden o.Ä.* 他们，他俩等〉 ***geht es gut*** die Beziehung zwischen zwei Personen entwickelt sich positiv 关系良好：*Meinst du, dass es mit den beiden gut geht od. werden sie sich trennen?* 你认为他俩是好了呢还是要分手呢？ **32. *j-m geht es irgendwie*** j-d befindet sich (körperlich od. seelisch) in der genannten Verfassung (身体或精神)健康状况(如何)：*„Wie geht es dir?“ – „Mir gehts ganz gut, danke.“* “你好吗？”——“我挺好，谢谢” **33. *etw. geht (irgendwie)*** etw. wird (von vielen Leuten) gekauft (物作主语)买卖，生意，销路(如何)：*Seidenhemden gehen zurzeit sehr gut* 时下丝绸衬衣很走哨 **34. *etw. geht (irgendwie)*** etw. funktioniert (irgendwie) (物作主语)运行，运转(如何)：*Die Uhr geht falsch* 表(钟)走得不准；*Er fuhr gegen den Zaun, weil seine Bremsen nicht gingen* 他开车撞到篱笆上，因为刹车不灵 **35. *etw. geht*** etw. läutet (*mst* als Signal *o.Ä.* 信号等) (物作主语)鸣，响〈die Alarmanlage, die Sirene, das Telefon, die Türklingel geht 警报，汽笛，电话，门铃响了〉 **36. *etw. geht*** etw. ist möglich (物作主语)行，成，可以：*Es geht leider nicht, dass wir uns morgen tereffen* 很遗憾，明天我们见面的事儿不成；*„Ich hätte morgen gern frei. Geht das?“* “我想明天休息一天，行吗？” **37. *j-d/etw. geht*** *gespr* [口]；j-d / etw. ist zwar nicht besonders gut *o.Ä.*, aber doch noch akzeptabel (人/物作主语)过得去，还行，还可以接受：*Sie geht ja noch, aber er ist wirklich unmöglich!* 她倒还行，可他实在难相处(不像话)；*Geht das so* (= ist das so in Ordnung) *od. soll ich mich umziehen?* 这样行吗，还是我得换件衣服？；*Die Vorspeise war nicht sehr gut, aber die Hauptspeise ging* 餐前凉菜不怎样，但主菜还行 **38. *etw. geht*** etw. bekommt allmählich (durch Hefe od. Sauerteig) ein größeres Volumen (物作主语)发酵，发起来 ≈ etw. geht auf：*den Hefeteig, Kuchen g. lassen* 让加酵母的面团、做糕点的面团发一发 **39. *etw. geht (irgendwo) vor sich*** etw. geschieht, läuft ab (物作主语)发生，出现：*In diesem Haus gehen seltsame Dinge vor sich – Türen öffnen u. schließen sich von selbst, u. alles Mögliche verschwindet spurlos* 在这所住房里发生了一些离奇古怪的事——门自动地打开又关上，各种东西不翼而飞 **40. *etw. geht über etw.*** (*Akk* 四格) etw. ist mit etw. nicht zu bewältigen, etw. übersteigt etw. (物作主语)超过…范围，高于…，非…所能及〈etw. geht über j-s kräfte, Geduld, Verstand, Horizont, Möglichkeiten 某事超出某人的力量、耐心、理解力、水平、可能性〉：*Das Vorhaben geht über unsere finanziellen Moglichkeiten* 这项计划非我们的财力所能及 **41. *etw. geht in etw.*** (*Akk* 四格) etw. tritt in e-e neue Phase, in ein neues Stadium *o.Ä.* (物作主语)进入，跨入：*Die Verhandlungen gehen in die dritte Runde, ins zweite Jahr* 谈判进入第三轮，进入第二个年头 **42. *etw. geht*** + *Präp*(介词) + *Subst* (名词) verwendet, um ein Verb zu umschreiben(用来改换动词的表达)；***etw. geht zu Bruch*** ≈ etw. zerbricht；***etw. geht in Druck*** ≈ etw. wird gedruckt；***etw. geht in Erfüllung*** ≈ etw erfüllt sich；***etw. geht in Produktion*** ≈ etw. wird produziert； [Vt] (及物) **43. *etw. g.*** e-e bestimmte Strecke zu Fuß zurücklegen 走过，走完：*e-n Umweg g.* 走弯路，绕道而行：*Gehst du ein Stück mit mir* (= begleitest du mich ein Stück)? 你陪我走一段好吗？；*Ich bin die Strecke in zwei Stunden gegangen* 这段路我走了两个小时； [Vimp] (无人称) **44. *es geht um etw.*** etw. ist das Thema, der Inhalt, der Anlass *o.Ä.* von etw. 这涉及到，这关系到(题目、内容、原因等)：*Worum ging es bei eurem Streit?* 你们为什么争吵来着？；*Worum geht es in dem Buch?* 这本书写的是什么？

45. j-m geht es um etw. etw. ist j-m in e-r Angelegenheit wichtig 对某人来讲重要的是,问题在于:*Mir geht es nur* darum, *die Wahrheit herauszufinden* 对我来说,重要的是弄清真相 **46.** *mst* **es geht gegen Mitternacht** es wird bald Mitternacht 临近午夜 ‖ ID [谚] **sich g. lassen** sich nicht beherrschen (人作主语)不克制自己,放纵,恣睢,任性 ↔ sich zusammennehmen, sich zusammenreißen: *Auf der Party ließ er sich ziemlich g.* 在聚会上他表现得放纵不羁; **j-d wird gegangen** *gespr hum* [口][恢]; j-d verliert seine Stellung, wird entlassen 某人丢了饭碗,被炒鱿鱼,被解雇; **wo er / sie geht u. steht** immer u. überall 时时处处,不论何时何地: *Er raucht Pfeife, wo er geht u. steht* 不论何时何地,他总在抽烟斗; **nichts geht über j-n / etw.** es gibt nichts besseres als j-n / etw. 没有比…更好的,任何东西都比不过; **Gehen Sie / Geh mir doch damit (vom Leib)!** *gespr* [口]; lassen Sie / lass mich damit in Ruhe 请(您/你)离我远点!让我安静一下!; **Wie gehts, wie stehts?** *gespr* [口];verwendet als formelhafte Frage nach j-s Verfassung 近况如何?; **Er / Sie ist von uns gegangen** *euph* [婉]; er / sie ist gestorben 他/她离开了我们(去世了) ‖ ▶ **Gang**

Ge·hen *das*; *-s*; *nur Sg*, SPORT(只用单数)【体】; e-e Disziplin der Leichtathletik, bei der (anders als beim Laufen) immer ein Fuß den Boden berühren muss 竞走 ‖ -K(复合): **20-km-Gehen, 50-km-Gehen** ‖ *hierzu* (派生) **Ge·her** *der*; *-s*, *-*; **Ge·he·rin** *die*; *-*, *-nen*

ge·hen·las·sen ↑ **gehen** ID [谚]

ge·heu·er [gəˈhɔyɐ] *Adj* (形); *mst in* 多用于 **etw. ist j-m nicht (ganz) g.** etw. ruft Angst od. Zweifel bei j-m hervor 某事使某人感到恐惧,不安,可疑 ≈ etw. ist j-m unheimlich, verdächtig: *Der Weg durch den dunklen Park war mir nicht g.* 通过黑洞洞的公园的这条路使我毛骨悚然

Ge·hil·fe *der*; *-n*, *-n* **1.** j-d, der in e-m Betrieb *o. Ä.* in e-r untergeordneten Position arbeitet 助手,副手,帮手 ‖ -K(复合): **Büro-, Haus-, Kanzlei- 2.** j-d, der j-m hilft, ein Verbrechen zu begehen, ohne jedoch die Tat selbst auszuführen 帮凶,罪犯同伙 ≈ Komplize **3.** *geschr* [书] ≈ Helfer ‖ NB(注意): *der Gehilfe*; *den*, *dem*, *des Gehilfen* ‖ *hierzu* (派生) **Ge·hil·fin** *die*; *-*, *-nen*

Ge·hirn *das*; *-(e)s*, *-e* **1.** das Organ im Kopf von Menschen u. Tieren, mit dem sie denken u. fühlen 脑,脑髓 ≈ Hirn: *Der Schädel schützt das G. vor Verletzungen* 颅骨保护脑子免受损伤 ‖ K-(复合): **Gehirn-, -blutung, -chirurgie, -nerv, -operation, -tumor, -windung, -zelle 2.** *gespr* [口] ≈ Verstand, Denkvermögen ⟨sein G. anstrengen 开动脑筋,使劲想⟩

Ge·hirn·er·schüt·te·rung *die*; e-e zeitweise Schädigung des Gehirns (*bes* durch e-n Schlag od. Sturz), die mit Kopfweh u. Übelkeit verbunden ist 脑震荡

Ge·hirn·haut|ent·zün·dung *die*; e-e Entzündung der Hirnhaut 脑膜炎; MED【医】Meningitis

Ge·hirn·schlag *der*; MED【医】≈ Schlaganfall

Ge·hirn·schmalz *das*; *gespr hum* [口][诙] ≈ Verstand: *Für diese Arbeit brauchst du viel G.* 干这件工作你要有聪明才智(要费很多脑筋)

Ge·hirn·wä·sche *die*; der Versuch, j-n durch Folter dazu zu bringen, *bes* seine politische Einstellung zu ändern od. Geheimnisse zu verraten 逼供,洗脑筋⟨j-n e-r G. unterziehen, e-e G. mit j-m machen 使某人经受洗脑之苦,对某人进行逼供⟩

ge·ho·ben 1. *Partizip Perfekt* (过去分词); ↑ **heben 2.** *Adj* (形); *mst attr* (多作定语); auf e-r relativ hohen (sozialen) Stufe 社会地位高的 ⟨e-e Position, e-e Stellung 职位,地位; der Mittelstand 中产阶层⟩ **3.** *Adj* (形); *mst attr* (多作定语) ≈ gewählt ⟨*mst* e-e Ausdrucksweise 表达方式⟩ **4.** *Adj* (形); *mst attr* (多作定语) ≈ froh, heiter ⟨*mst* in gehobener Stimmung sein 情绪高昂⟩ **5.** *Adj* (形); *mst attr* (多作定语) ≈ anspruchsvoll (2) ⟨für gehobene (= hohe) Ansprüche 高要求⟩

Ge·höft, Ge·höft *das*; *-(e)s*, *-e* ≈ Bauernhof

ge·hol·fen *Partizip Perfekt* (过去分词); ↑ **helfen**

Ge·hölz *das*; *-es*, *-e* **1.** e-e kleine Gruppe von Sträuchern u. niedrigen Bäumen 小树丛 **2.** *nur Pl*, *Kollekt* (只用复数,集合); Bäume u. Sträucher 木本植被

Ge·hör [-ˈhøːɐ] *das*; *-(e)s*; *nur Sg* (只用单数) **1.** der Sinn (1), mit dem man hören kann 听觉⟨ein gutes, feines G. haben 有灵敏的、敏锐的听觉; sich nach dem G. richten/orientieren 根据听觉行事/辨别方向⟩: *nach G. Klavier spielen* 凭听觉演奏钢琴 ‖ K-(复合): **Gehör-, -fehler, -sinn 2. das absolute G.** MUS【音】; die Fähigkeit, die Höhe e-s Tones zu bestimmen, wenn man ihn hört (ohne ihn mit anderen zu vergleichen) 绝对精确的辨音能力 **3. (j-n) um G. bitten** *geschr* [书]; j-n bitten, einem zuzuhören 请求倾听 **4. (bei j-m) G. finden** *geschr* [书]; von j-m angehört werden 得到支持,得到理解 ≈ (bei j-m) auf Verständnis stoßen: *Er fand mit seinem Gesuch bei dem Amt kein G.* 他的申请没有得到当局的支持 **5. j-m G. schenken** *geschr* [书]; j-m zuhören 倾听,关注 **6. sich** (*Dat* 三格) **G. verschaffen** *geschr* [书]; bewirken, dass andere einen hören od. einem zuhören 受到他人倾听,关注 **7. etw. zu G. bringen** *geschr veraltend* [书][渐旧]; ein Lied od. Gedicht (feierlich) vortragen 演奏,演唱,朗诵 ‖ *zu* (义项)**1. ge·hör·los** *Adj* (形); *nicht adv* (不作状语)

ge·hor·chen; *gehorchte*, *hat gehorcht*; [Vi] (不及物) **1. (j-m/etw.) g.** das tun, was j-d verlangt od. was ein Gesetz *o. Ä.* vorschreibt 听从,遵从,服从⟨j-m blind (= unkritisch), willig, aufs Wort g. 盲目地、甘心情愿地顺从某人,对某人言听计从⟩: *Er gehorchte dem Wunsch seines Vaters u. ging auf die höhere*

Schule 他遵从父亲愿望，上了高级中学 **2.** *mst* 多用 ***etw. gehorcht j-m nicht*** ein Teil des Körpers funktioniert nicht so, wie man es wünscht（物作主语）不听使唤（指身体一部位）：*Die Arme, Beine gehorchen j-m nicht mehr* 某人的胳膊、腿再也不听使唤了；*Seine Stimme gehorchte ihm nicht mehr* 他的嗓子再也不听使唤了

ge·hö·ren; *gehörte, hat gehört*; Vi（不及物）**1.** ***ein Tier/etw. gehört j-m*** ein Tier/etw. ist j-s Eigentum od. Besitz（动物/物作主语）属于，归…所有，是…所有的：*Das Haus, in dem wir wohnen, gehört meinen Eltern* 我们住的这座房子属于我的父母所有；*Weißt du, wem diese Katze gehört?* 你知道这只猫是谁的吗？**2.** ***etw. gehört j-m*** etw. ist vollständig für j-n bestimmt（物作主语）属于，供…使用，奉献给≈ etw. ist j-m gewidmet：*Unserem einzigen Sohn gehört unsere ganze Liebe* 我们全部的爱倾注在我们的独生子身上 **3.** ***j-d/etw. gehört zu etw.*** j-d/etw. ist (wichtiger) Teil e-s Ganzen, e-r Einheit（人/物作主语）是…的一员，属于（范畴，类型）≈ j-d/etw. zählt zu etw.：*Sie gehört zur Familie, zum engsten Freundeskreis* 她是家里的一个成员，是我们最亲密的朋友之一；*Das gehört zum Allgemeinwissen* 这属于常识 **4.** ***ein Tier/etw. gehört irgendwohin*** irgendwo ist der richtige Ort, Platz *o. Ä.* für ein Tier/etw.（动物/物作主语）该放在，该在，该：*Die Fahrräder gehören in die Garage* 自行车该放入车库；*Ein großer Hund gehört nicht in e-e kleine Wohnung* 小的住房不该养大狗；*Gehört die Bemerkung überhaupt zum Thema?* 这个意见究竟是否该属本题？**5.** ***etw. gehört zu etw.*** etw. ist für etw. notwendig（物作主语）需要，要求：*Es gehört viel Geschick* dazu, *sein Auto selbst zu reparieren* 自己修车，需要高度的技巧 **6.** ***j-d/etw. gehört*** + *Partizip Perfekt*（过去分词）；*bes südd gespr* 尤用于［南德］［口］；verwendet, um auszudrücken, dass etw. (mit j-m) getan werden sollte od. müsste（人/物作主语）必须，应该：*So ein Lärm gehört doch verboten!* 这种噪音必须禁止！；Vr（反身）**7.** ***etw. gehört sich*** etw. entspricht den guten Sitten, den gesellschaftlichen Normen（物作主语）适合，适宜，恰当≈ etw. schickt sich：*Unanständige Witze gehören sich nicht in e-r solchen Gesellschaft* 有伤大雅的笑话不适于在这种交际场合讲；Es *gehört sich nicht, so etwas zu sagen* 讲这样的话是不适宜的

Ge·hör·gang *der*; MED【医】；die Verbindung zwischen der Ohrmuschel u. dem Trommelfell 耳道

ge·hö·rig *Adj*（形）**1.** *nur attr od adv*（只作定语或状语）；so, wie es richtig od. angemessen ist 恰当的，恰如其分的，应有的≈ gebührend ↔ ungenügend 〈der Respekt 尊敬；sich g. entschuldigen 适当地道歉〉 **2.** *nur attr od adv, gespr*（只作定语或状语）［口］；viel, groß od. intensiv 厉害的，狠狠的≈ anständig (4), tüchtig 〈e-e gehörige Tracht Prügel, ein Schrecken 一顿痛打，惊吓；j-n g. ausschimpfen, verprügeln, erschrecken 痛骂，痛打某人，把某人吓一大跳〉：*Es gehört e-e gehörige Portion Glück dazu* 这是很大的福份 **3.** (***zu***) ***j-m/etw. g.*** *geschr*［书］；j-m gehörend, e-n Teil von etw. bildend 属于…的，归…所有的

Ge·hörn *das*; *-(e)s, -e*; *Kollekt*（集合）；die Hörner bestimmter Tiere, *z. B.* von Rindern, Schafen, Ziegen od. Antilopen（牛、羊、羚羊等的）角 ‖ NB（注意）：↑ ***Geweih***

ge·hörnt *Adj*（形）；*nicht adv*（不作状语）**1.** mit Hörnern 有角的，长角的〈ein Dämon, ein Tier 魔鬼，动物〉 **2.** *mst attr, veraltend*（多作定语）［渐旧］；von seiner Ehefrau (sexuell) betrogen 戴绿帽子的〈*mst* der Ehemann 丈夫〉

ge·hor·sam *Adj*（形）**1.** (***j-m gegenüber***) ***g.*** sich so verhaltend, wie es die Eltern, Lehrer *usw* wünschen 听话的，顺从的，乖的≈ artig, folgsam ↔ störrisch 〈ein Kind, ein Sohn, e-e Tochter 孩子，儿子，女儿〉：*g. zu Bett gehen* 乖乖地去睡觉 **2.** *veraltend*［渐旧］；ohne den Willen od. die Fähigkeit, Kritik an j-m zu äußern, der in der (sozialen) Hierarchie höher steht 服从的，顺从的〈ein Diener, ein Soldat, ein Untertan 仆人，士兵，臣民〉 ‖ *hierzu*（派生）**Ge·hor·sam·keit** *die*; *nur Sg*（只用单数）

Ge·hor·sam *der*; *-s*; *nur Sg*（只用单数）；ein gehorsames Verhalten 服从，顺从，遵从〈blinder (= absoluter, unkritischer) G. 盲目服从；(j-m) G. leisten, den G. verweigern 顺从某人，拒绝服从；unbedingten G. (von j-m) fordern 要求（某人）无条件服从〉

Geh·steig *der*; *-(e)s, -e*; (in Städten) ein besonderer, *mst* erhöhter Weg für Fußgänger an der Seite e-r Straße 人行道≈ Bürgersteig 〈den G. benutzen 走人行道；auf dem G. bleiben 在人行道上停留〉

Geht·nicht·mehr *nur in* 只用于 ***bis zum G.*** *gespr*［口］；so lange, oft, viel *o. Ä.*, bis man es nicht mehr erträgt 直到忍受不了、不行了、精疲力尽：*Ich hab das bis zum G. geübt* 这我一直练到精疲力尽

Geh·weg *der* **1.** *südd*［南德］≈ Gehsteig, Bürgersteig **2.** ≈ Fußweg

Gei·er [ˈɡai̯ɐ] *der*; *-s, -* **1.** ein großer Vogel, der *bes* vom Fleisch toter Tiere lebt 兀鹰≈ Aasgeier **2.** *gespr pej*［口］［贬］；ein sehr habgieriger Mensch 贪得无厌的人 ‖ ID［谚］***Hol dich/Hols der G.!*** *gespr!*［粗］verwendet, um seinen Ärger über j-n/etw. auszudrücken 你见鬼去吧！滚你的罢！

Gei·fer *der*; *-s*; *nur Sg*（只用单数）；Speichel, der e-m Tier aus dem Maul rinnt（动物嘴里流出的）口涎

gei·fern; *geiferte, hat gegeifert*; Vi（不及物）**1.** ***ein Tier geifert*** ein Hund, ein Wolf *o. Ä.* lässt Speichel aus dem Maul fließen（动物作主语）流口涎 **2.** (***gegen j-n***) ***g.*** *pej*［贬］；mit wütenden u. gehässigen Worten über j-n schimpfen 谩骂，辱骂，臭骂 ‖ *zu*（义项）**2. Gei·fe·rer** *der*; *-s, -*

Gei·ge *die*, *-, -n*; ein Musikinstrument mit

vier Saiten, das mit e-m Bogen[1] (3) gestrichen wird u. das man zum Spielen an die Schulter legt 小提琴≈ Violine ⟨(auf e-r) G. spielen 拉(演奏)小提琴⟩ ‖ ↑ *Abb. unter* 图见 ***Streichinstrumente*** ‖ K-(复合): ***Geigen-***, ***-bogen***, ***-saite***, ***-virtuose*** ‖ ID [谚] ***die erste G. spielen*** *gespr* [口]; e-e führende Position haben 当主角,起主导作用; ***die zweite G. spielen*** *gespr* [口]; wenig Einfluss haben 充当副手,起次要作用

gei·gen; *geigte*, *hat gegeigt*; Vt/i (及物/不及物) (***etw.***) ***g.*** *gespr* [口]; etw. auf der Geige spielen 拉(演奏)小提琴 ‖ ID [谚] ***es j-m g.*** *gespr* [口]; j-n lange u. heftig schimpfen 斥责,责骂某人≈ j-m e-e Standpauke halten

Gei·gen·kas·ten *der*; ein Behälter, in dem man e-e Geige aufbewahrt od. transportiert 小提琴盒

Gei·ger·zäh·ler *der*; PHYS【物】; ein Gerät, mit dem man radioaktive Strahlung misst 盖革计数器

geil *Adj* (形); *gespr* [口] **1.** *mst pej* 多用[贬]; begierig auf Sex 色欲的,好色的,贪色的⟨j-n g. machen 挑逗某人的性欲⟩: *Er ist ein geiler Bock!* 他是个色鬼! 他是个好色之徒! **2.** (*bes* von Jugendlichen) verwendet, um Anerkennung auszudrücken (青年人用语)妙极了的,棒极了的,盖了帽的≈ super, toll: *Echt g., dein neues Auto!* 你这辆新车真是盖了帽儿了! **3.** ***auf etw.*** (*Akk* 四格) ***g. sein*** (*bes* von Jugendlichen verwendet) etw. sehr gern tun, haben od. erreichen wollen (青年人用语)狂热地盼望,疯狂地迷恋 ≈ auf etw. scharf/wild sein: *Er ist ganz g. auf den Job* 他狂热地盼着得到这份工作 ‖ *hierzu* (派生) **Geil·heit** *die*; *nur Sg* (只用单数)

-geil *im Adj*, *begrenzt produktiv*, *gespr*, *mst pej* (构成形容词,构词有限) [口] 多用[贬]; verwendet, um auszudrücken, dass j-d etw. sehr gern tun, haben od. erreichen möchte 渴求…的,贪图…的,对…贪得无厌的≈ -gierig; ***arbeitsgeil***, ***karrieregeil***, ***machtgeil***, ***profitgeil***, ***sensationsgeil***

Gei·sel *die*; -, *-n*; e-e Person, die j-d gefangen genommen hat u. die er erst freilässt, wenn e-e andere Person bestimmte Forderungen erfüllt (*z. B.* Geld zahlt) 人质⟨e-e G. nehmen 抓住人质; j-n als/zur G. nehmen 抓住某人作为人质⟩ ‖ K-(复合): ***Geisel-***, ***-befreiung***, ***-drama***, ***-gangster***

Gei·sel·nah·me *die*; -, *-n*; das Gefangennehmen einer Geisel od. mehrerer Geiseln 抓获人质 ‖ *hierzu* (派生) **Gei·sel·neh·mer** *der*; -s, -

Geiß *die*; -, *-en*; *südd* Ⓐ Ⓒⓗ [南德][奥][瑞] e-e weibliche Ziege 雌山羊,母山羊

Geiß·bock *der*; *südd* Ⓐ Ⓒⓗ [南德][奥][瑞] e-e männliche Ziege 雄山羊,公山羊≈ Ziegenbock

Gei·ßel *die*; -, *-n* **1.** *geschr* [书]; e-e sehr große Plage (1) 苦难,灾祸≈ Heimsuchung: *Die Pest war e-e G. der Menschheit* 鼠疫是人类的灾祸 **2.** *hist* [历]; ein Stab mit Riemen, mit dem j-d zur Strafe geschlagen wurde (用于鞭笞的)鞭子 **3.** *bes südd* Ⓐ Ⓒⓗ 尤用于[南德][奥][瑞]≈ Peitsche

gei·ßeln; *geißelte*, *hat gegeißelt*; Vt (及物) **1.** ***etw. g.*** *geschr* [书]; etw. scharf verurteilen 谴责,抨击,鞭挞≈ anprangern: *die Korruption der Regierung g.* 谴责政府的腐败; *soziale Missstände g.* 抨击社会弊端 **2.** ***etw. geißelt j-n*** (*Kollekt od Pl* 集合或复数) *geschr* [书]; e-e Katastrophe peinigt, quält das Volk *o. Ä.* (物作主语)折磨,使受痛苦: *Die Pest geißelte das Volk im Mittelalter* 鼠疫折磨着中世纪百姓 **3.** ***j-n/sich g.*** *hist* [历]; j-n/sich mit e-r Geißel (2) schlagen 鞭打某人/自行鞭笞 ‖ *hierzu* (派生) **Gei·ße·lung** *die*

Geist[1] *der*; -(e)s; *nur Sg* (只用单数) **1.** die Fähigkeit des Menschen zu denken, sein Bewusstsein (4) 智力,才智,思想,理解力,头脑≈ Intellekt, Verstand ⟨e-n regen, wachen, scharfen G. haben, seinen G. anstrengen 有灵活的思想,清醒的头脑,敏锐的理解力,动脑筋⟩ **2.** die innere Einstellung od. Haltung, die *mst* e-e Bewegung[2] (1) charakterisiert 精神,宗旨,根本特征≈ Gesinnung: *der demokratische*, *olympische G.* 民主精神,奥林匹克精神 ‖ K-(复合): ***Geistes-***, ***-haltung***, ***-richtung***, ***-strömung***, ***-verwandtschaft*** ‖ -K (复合): ***Gemeinschafts-***, ***Kampf-***, ***Klassen-***, ***Mannschafts-*** **3.** das Charakteristische *bes* e-r Epoche (时代的)精神,思想面貌,本质特征⟨der G. der Zeit 时代的精神⟩ ‖ -K (复合): ***Zeit-*** **4.** PHIL【哲】; das, was e-n Körper zum Lebewesen macht 精神,心灵,灵魂↔ Körper, Materie: *Gott hauchte Mensch u. Tier den G. ein* 上帝给了人和动物以灵魂 **5.** ***im Geiste*** nicht wirklich, sondern nur in j-s Fantasie 在想象中,在精神上,在思想里⟨j-n/etw. im Geiste vor sich sehen, im Geiste bei j-m sein 脑海里浮现出某人/某事,心里想着某人⟩: *Er sah sich im Geiste schon als neuen Abteilungsleiter* 他在思想上已把自己视为新任部门领导人 **6.** ***in j-s Geist(e)*** *geschr* [书]; so, wie es j-d getan od. gewollt hätte 按…意图,以…精神≈ in j-s Sinn(e) ⟨in j-s Geist(e) handeln 按某人意图行事⟩: *Die Firma wird ganz im Geiste des verstorbenen Gründers geführt* 这家公司完全遵循已故创办人的精神经营 ‖ ID [谚] ***den/seinen G. aufgeben*** *gespr hum* [口][诙] ≈ sterben; ***etw. gibt den/seinen G. auf*** *gespr* [口]; ein Gerät od. e-e Maschine hört auf zu funktionieren 某物(指机器)不灵了,不转了; ***j-m auf den G. gehen*** *gespr* [口]; j-m lästig sein 使某人烦燥,心神不定≈ j-m auf die Nerven gehen; ***seinen G. sprühen lassen/vor G. sprühen*** viele kluge Gedanken interessant u. witzig formulieren 讲话妙趣横生,情趣盎然; ***Der G. ist willig, aber das Fleisch ist schwach*** *oft hum* 常用[诙]; verwendet, wenn man erklären will, warum man das nicht einhalten konnte, was man sich vorgenommen hatte 心有余而力不足,力不从心 ‖ *zu* (义项) **1.** **geist·los** *Adj* (形); **geist·reich** *Adj* (形); **geist·voll** *Adj*

(形)

Geist[2] *der*; -(*e*)*s*, -*er* **1.** ein gedachtes (überirdisches) Wesen ohne Körper, das gut od. böse zu den Menschen ist, *z.B.* e-e Fee od. ein Dämon 鬼神,精灵,魔怪〈ein guter, ein böser G. 善神,恶魔; Geister beschwören 召遣鬼神; an Geister glauben 信鬼神〉‖ K-(复合): ***Geister-***, ***-beschwörung***, ***-glaube***, ***-welt*** ‖ -K(复合): ***Brunnen-***, ***Luft-***, ***Wald-*** **2.** ein Mensch, den j-d nach dessen Tod als G. (1) zu hören od. zu sehen glaubt 亡灵,鬼魂,幽灵〈ein G. erscheint j-m, geht um, spukt 幽灵显现在某人面前,幽灵在游荡,闹鬼〉: *In dem alten Schloss geht nachts der G. e-s Ritters um* 夜里,在那座古老的宫殿里骑士显灵 ‖ K-(复合): ***Geister-***, ***-erscheinung***, ***-haus***, ***-schloss***, ***-spuk***, ***-stimme*** **3.** ***ein*** + *Adj*(形容词) + ***G.*** ein Mensch mit der genannten Eigenschaft 一个…人(物)〈ein dienstbarer, freundlicher, hilfreicher, unruhiger G. 热心服务的、友善的、乐于助人的、坐不住(不安宁)的人〉‖ -K(复合): ***Plage-***, ***Quäl-*** **4.** ***ein großer G.*** j-d, der wegen seiner Intelligenz u. seiner neuen Ideen wichtig ist 杰出的(伟大的)人物,英才,精英: *Rousseau war einer der größten Geister seiner Zeit* 卢梭是他那个时代最伟大的思想家之一 **5.** ***der Heilige G.*** die Erscheinung des christlichen Gottes, die *mst* als Taube dargestellt wird 圣灵 ‖ ID [谚] *mst* 多用 ***Daran / Hier scheiden sich die Geister*** über dieses Thema gibt es unterschiedliche Meinungen 对此仁者见仁,智者见智; *mst* 多用 ***Du bist wohl von allen guten Geistern verlassen!*** *gespr* [口]; du spinnst wohl! 你简直是胡思乱想(太不懂事了)! ‖ *zu* (义项) **2.** **geis·ter·haft** *Adj*(形)

Geis·ter·bahn *die*; ein großes Gebäude auf Jahrmärkten, in dem man mit kleinen Wagen durch dunkle Räume fährt u. durch unheimliche Geräusche u. Gegenstände erschreckt wird 年市上通向鬼神世界的小轨道

Geis·ter·fah·rer *der*; ein Autofahrer, der auf der Autobahn in die falsche (entgegengesetzte) Fahrtrichtung fährt 着了魔的驾驶员(逆向开车的司机)

Geis·ter·hand *die*; *mst in* 多用于 ***wie von / durch G.*** als hätte es e-e unsichtbare Hand od. Kraft getan 犹如鬼使神差似的

geis·tern; *geisterte*, *hat / ist gegeistert*; Vi (不及物) (*ist*) **1.** ***irgendwohin g.*** zu e-r Zeit, in der alle schlafen, wach sein u. umhergehen 深夜游荡,鬼魂似地东游西逛: *nachts durchs Haus, durch den Garten g.* 夜间幽灵般穿过房屋、花园 **2.** ***etw. geistert irgendwohin*** ein Licht leuchtet schwach u. bewegt sich irgendwo(物作主语)惊过,闪过: *Lichter, die durch den Nebel, über den Himmel geistern* 点点灯光在烟雾中掠过天空 **3.** ***etw. geistert durch j-s Kopf*** etw. gibt j-m keine Ruhe, fällt ihm immer wieder ein (物作主语)萦回,闪现在某人的脑际〈ein Gedanke, e-e Idee, e-e Vorstellung 想法,思想,设想〉; Vimp (无人称) (*hat*) **4.** ***irgendwo geistert es*** an e-m Ort gehen Geister[2](2), Gespenster um 鬼魂出没,闹鬼 ≈ irgendwo spukt es

Geis·ter·stun·de *die*; *nur Sg*(只用单数); die Stunde nach Mitternacht, in der nach altem Aberglauben die Geister[2](2) erscheinen 鬼魂出没之时(多指午夜之后)

geis·tes·ab·we·send *Adj* (形) ≈ unkonzentriert, zerstreut ‖ *hierzu* (派生) **Geis·tes·ab·we·sen·heit** *die*; *nur Sg*(只用单数)

Geis·tes·blitz *der*; *gespr* [口]; e-e plötzliche (gute) Idee 突然想起的好主意,巧妙的想法,灵机 ≈ Gedankenblitz〈e-n G. haben 有个好主意,好点子〉

Geis·tes|ge·gen·wart *die*; die Fähigkeit, in e-r gefährlichen od. unangenehmen Situation schnell u. richtig zu handeln 沉着,镇定,果断,魄力〈die G. haben + zu + *Infinitiv*(不定式) 有魄力做某事〉: *Durch die G. des Fahrers wurde ein Unfall vermieden* 由于司机沉着果断,避免了一次事故 ‖ *hierzu* (派生) **geis·tes|ge·gen·wär·tig** *Adj*(形)

Geis·tes·ge·schich·te *die*; *nur Sg*(只用单数); die Geschichte der wissenschaftlichen, philosophischen u. politischen Ideen e-r Zeit, e-s Landes *o.Ä.* 思想史 ‖ *hierzu*(派生) **geis·tes·ge·schicht·lich** *Adj*(形)

geis·tes·ge·stört *Adj*(形); *nicht adv* (不作状语) ≈ geisteskrank ‖ *hierzu* (派生) **Geis·tes·ge·stör·te** *der / die*; -*n*, -*n*; **Geis·tes·stö·rung** *die*

geis·tes·krank *Adj*(形); *nicht adv*(不作状语); an e-r Krankheit des Geistes u. der Psyche leidend 患精神病的 ‖ *hierzu* (派生) **Geis·tes·kran·ke** *der / die*; -*n*, -*n*; **Geis·tes·krank·heit** *die*

Geis·tes·wis·sen·schaft *die*; e-e Wissenschaft, die sich mit Kunst, Kultur od. Sprache beschäftigt 人文科学,社会科学 ↔ Naturwissenschaft ‖ *hierzu* (派生) **geis·tes·wis·sen·schaft·lich** *Adj*(形); **Geis·tes·wis·sen·schaft·ler** *der*; **Geis·tes·wis·sen·schaft·le·rin** *die*

Geis·tes·zu·stand *der*; *nur Sg* (只用单数); die gesundheitliche Verfassung, in der j-s Verstand u. Psyche sind 精神状态

geis·tig *Adj*(形); *nur attr od adv*(只作定语或状语) **1.** in Bezug auf den menschlichen Verstand, Geist[1](1) 精神的,脑力的,智力的〈e-e Arbeit, e-e Tätigkeit 劳动,活动; g. behindert, rege, umnachtet, verwirrt, zurückgeblieben 弱智的,头脑灵活的,神经错乱的,精神混乱的,智力落后的〉: *Trotz ihres hohen Alters ist sie g. noch sehr aktiv* 她虽然年事已高,精神却十分旺盛 **2.** *geschr*[书]; in Bezug auf die Ansichten u. Überzeugungen 思想上的,信念上的〈j-s Einstellung, Haltung 某人的看法、态度〉: *Die beiden Freunde verband e-e geistige Verwandtschaft* 思想上的相近把两个朋友联系在一起 ‖ NB(注意): ↑ ***Eigentum***, ***Getränk***, ***Vater***

geist·lich *Adj*(形); *nur attr od adv*(只作定语或状语) **1.** in Bezug auf die (christliche)

Kirche als Institution 宗教的，教会的 ≈ kirchlich ↔ weltlich〈Musik, die Welt 音乐，界；ein Herr（= ein Priester），der Stand（= alle Geistlichen）教士（牧师，神甫），神职人员〉**2.** in Bezug auf den Glauben 信仰方面的〈Beistand 支持；j-m g. beistehen 信仰上支持（帮助）某人〉

Geist·li·che *der*；*-n*，*-n*；j-d, der als Theologe *bzw* Theologin für die Kirche, in der Seelsorge *usw* tätig ist 神职人员，神甫，牧师：*e-n Geistlichen zu e-m Sterbenden rufen* 为垂死者请神甫 ‖ NB（注意）：*ein Geistlicher*；*der Geistliche*；*den*，*dem*，*des Geistlichen*

Geist·lich·keit *die*；*-*；*nur Sg*，*Kollekt*（只用单数）（集合）；alle Geistlichen 教士，僧侣（总称）≈ Klerus

geist·tö·tend *Adj*（形）；*nicht adv*（不作状语）；sehr langweilig, eintönig 枯燥无味的，机械单调的，索然无味的 ↔ interessant〈e-e Beschäftigung 职业（活动）〉

Geiz *der*；*-es*；*nur Sg*，*pej*（只用单数）［贬］；e-e starke Neigung, kein Geld auszugeben 吝啬，悭吝〈großer, krankhafter G. 严重的，病态的吝啬〉：*Ihre Sparsamkeit grenzt schon an G.* 她的节省已经接近悭吝 ‖ *hierzu*（派生）**gei·zig** *Adj*（形）

gei·zen；*geizte*，*hat gegeizt*；Vi（不及物）***mit etw. g.*** mit etw. zu sparsam sein, nur wenig von etw. hergeben 吝啬，舍不得 ↔ etw. verschwenden〈mit jedem Tropfen Wasser g. 吝啬，舍不得每一滴水；nicht mit Beifall, Lob g. 不断地鼓掌，称赞不迭〉：*Der Lehrer geizte nicht mit guten Noten*（= gab viele gute Noten）教师慷慨地给出了高分

Geiz·hals *der*；*pej*［贬］；ein geiziger Mensch 吝啬鬼，守财奴

Geiz·kra·gen *der*；*gespr pej*［口］［贬］≈ Geizhals

ge·kannt *Partizip Perfekt*（过去分词）；↑ ***kennen***

ge·klun·gen *Partizip Perfekt*（过去分词）；↑ ***klingen***

ge·knickt **1.** *Partizip Perfekt*（过去分词）；↑ ***knicken*** **2.** *geknickter*，*geknicktest-*；*Adj*（形）；*gespr*［口］≈ enttäuscht, niedergeschlagen〈g. aussehen, sein 显出沮丧的神情，垂头丧气〉

ge·knif·fen *Partizip Perfekt*（过去分词）；↑ ***kneifen***

ge·konnt **1.** *Partizip Perfekt*（过去分词）；↑ ***können²*** **2.** *Adj*（形）；mit viel Geschick, von großem Können zeugend 精湛的，灵巧的，熟练的 ≈ meisterhaft ↔ stümperhaft〈e-e Darbietung, e-e Reparatur 表演，修理技术〉：*Er hat alle Schwierigkeiten g. gemeistert* 他内行地克服了所有困难

Ge·krit·zel *das*；*-s*；*nur Sg*，*pej*（只用单数）［贬］；etw., das in e-r sehr kleinen od. unleserlichen Handschrift geschrieben ist 潦草而细小的字迹：*Ich kann sein G. nicht entziffern / lesen* 我认不出/看不懂他那潦草的字迹

ge·kro·chen *Partizip Perfekt*（过去分词）；↑ ***kriechen***

ge·küns·telt *Adj*（形）；*pej*［贬］；so, dass es unnatürlich wirkt 装模作样的，矫揉造作的 ≈ affektiert, gestelzt, geziert〈g. lachen, sprechen 做作地笑，装模作样地说话〉

Ge·la·ber *das*；*-s*；*nur Sg*（只用单数）；*gespr pej*［口］［贬］；oberflächliches, dummes Gerede 闲言碎语，无聊的闲话

Ge·läch·ter *das*；*-s*，*-*；*mst Sg*（多用单数）；das Lachen 笑声，哄堂大笑〈dröhnendes, großes, herzhaftes, lautes, schallendes G. 哈哈大笑，大笑，纵情大笑，放声大笑，响亮的笑声；in G. ausbrechen 爆发出哄堂大笑；etw. mit（höhnischem, spöttischem）G. quittieren 对某事报以笑声（讥笑、嘲笑）〉：*Seine Erklärungen gingen im G. der Schüler unter* 他的讲解被学生的笑声淹没了

ge·lack·mei·ert *Adj*（形）；*gespr hum*［口］［诙］≈ betrogen, hereingelegt〈sich g. fühlen 感到上当受骗；g. werden, sein 遭受欺骗，上当受骗〉‖ *hierzu*（派生）**Ge·lack·mei·er·te** *der / die*；*-n*，*-n*

ge·la·den **1.** *Partizip Perfekt*（过去分词）；↑ ***laden*** **2.** *Adj*（形）；*mst in* 多用于 ***g. sein*** *gespr*［口］；sehr wütend sein 生气，发火

Ge·län·de *das*；*-s*，*-* **1.** ein Teil der Erdoberfläche mit seinen topographischen Eigenschaften 地域，地带，地形 ≈ Gebiet, Gegend, Terrain〈ein bergiges, hügeliges, unwegsames G. 山地，丘陵地带，难通行的地带；ein G. erkunden, durchkämmen 侦察地形，仔细搜索一个地区〉‖ K-（复合）：***Gelände-***，***-fahrt*** **2.** ein Stück Land, das j-m gehört od. das für e-n bestimmten Zweck abgegrenzt wurde 场地，地段，地区〈ein unbebautes G. 尚未建房的地段；ein G. absperren 将一个地段圈起来，封锁起来〉‖ -K（复合）：***Ausstellungs-***，***Bahnhofs-***，***Bau-***，***Fabrik-***，***Firmen-***，***Messe-*** **3.** MIL【军】；das G.（1）im Gegensatz zur Kaserne u. zu Ortschaften 野外，野地〈ins G. fahren, gehen 驶向、走向野外〉‖ K-（复合）：***Gelände-***，***-marsch***，***-übung***

Ge·län·de- *im Subst*，*wenig produktiv*（构成名词，构词弱）；nicht nur für asphaltierte Straßen, sondern auch für Gras, Sand, Schotterwege *usw* gut geeignet 越野…；das ***Geländefahrrad***，das ***Geländefahrzeug***，der ***Geländewagen***

Ge·län·der *das*；*-s*，*-*；e-e Stange od. e-e Holz- od. Metallkonstruktion *mst* mit Stangen am Rand von Treppen, Balkonen *usw*, an denen man sich festhalten kann, damit man nicht hinunterfällt 扶手，栏杆〈sich am G. festhalten, sich über das G. beugen / lehnen, über das G. klettern 扶着栏杆，向栏杆弯着身子/倚着栏杆，爬越栏杆〉‖ ↑ *Abb. unter* 图见 ***Treppenhaus*** ‖ -K（复合）：***Balkon-***，***Treppen-***

ge·lang *Imperfekt*，*3 Person Sg*（过去时，第三人称单数）；↑ ***gelingen***

ge·län·ge *Konjunktiv II*，*3 Person Sg*（虚拟式 II，第三人称单数）；↑ ***gelingen***

ge·lan·gen；*gelangte*，*ist gelangt*；Vi（不及物）

1. *irgendwohin* g. ein bestimmtes Ziel, e-n bestimmten Ort erreichen 到达，达到：*j-d gelangt ans Ziel* 某人到达目的地(某人达到目的)；*Er konnte nicht ans andere Ufer g.*他无法到达对岸；*Das Paket ist an e-e falsche Adresse gelangt* 邮包投错了地址 **2. *etw. gelangt irgendwohin*** etw. kommt, etw. gerät irgendwohin(物作主语)传到，落到：*etw. gelangt an die Öffentlichkeit, in j-s Besitz, in j-s Hände* 某事传到社会上(人人知道)，某物归属某人所有，落到某人手中 **3. *zu etw.* g.** e-n wünschenswerten Zustand erreichen 获得，达到(期望的状态) ≈ zu etw. kommen 〈zu e-r Einigung, Verständigung (mit j-m) g., zu Ruhm u. Ehre, zu Reichtum g. (与某人)取得一致，达成谅解，获得声望和荣誉，获得财富〉 **4. *zu etw.* g.** sich e-e Meinung, ein Urteil bilden 形成，取得，达到(某种认识)〈zu e-r Ansicht, e-m Urteil g.形成一种见解、判断；zu der Erkenntnis g., dass ... 认识到…〉 **5. *zu etw.* g.** *geschr*[书]；verwendet, um e-e Passivkonstruktion zu umschreiben (表示被动结构)得以，得到 ≈ zu etw. kommen; ***zum Einsatz g.*** ≈ eingesetzt werden; ***etw. gelangt zur Ausführung*** ≈ etw. wird ausgeführt

ge·las·sen 1. *Partizip Perfekt* (过去分词)；↑ ***lassen***[1] 2. *Adj*(形)；(seelisch) ganz ruhig, nicht nervös 镇静的，沉着的，冷静的，泰然自若的 ≈ beherrscht, gefasst, gleichmütig ↔ aufgeregt 〈g. bleiben, etw. g. hinnehmen 保持镇静，泰然地忍受某事〉‖ *zu* (义项)2. **Ge·las·sen·heit** *die*; *nur Sg*(只用单数)

Ge·la·ti·ne [ʒela'tiːnə] *die*; -; *nur Sg*(只用单数)；e-e Substanz, aus der man *bes* Sülze u. Gelee macht 明胶，(动物)胶，冻胶：*G. in Form von Pulver* 粉末状凝胶体

ge·lau·fen *Partizip Perfekt* (过去分词)；↑ ***laufen***

ge·läu·fig *Adj*(形) **1.** *nicht adv*(不作状语)；weit verbreitet, vielen Leuten bekannt 常用的，流行的，熟悉的 ↔ ausgefallen 〈e-e Redensart 常用的套语〉 **2. *etw. ist j-m g.*** etw. ist j-m bekannt, vertraut(物作主语)对某人是熟悉的：*Dieser Begriff ist mir nicht g.* 这个概念我不熟悉 **3.** ohne Fehler u. Unterbrechung 熟练的，流利的 ≈ fließend, flüssig ↔ stockend, gebrochen: *Als ich ihn auf Englisch ansprach, antwortete er mir in geläufigem Deutsch* 当我用英语和他攀谈时，他以流利的德语回答我 ‖ *hierzu* (派生) **Ge·läu·fig·keit** *die*; *nur Sg*(只用单数)

ge·launt *Adj*(形)；*nicht adv*(不作状语)；***irgendwie* g.** mit e-r bestimmten Laune, Stimmung (1) 有(某种)情绪的，有(某种)心情的 ≈ irgendwie aufgelegt 〈gut, schlecht, übel g. sein 心情好，坏，很不好〉‖ K-(复合)：***gut-, schlecht-, übel-***

gelb *Adj*(形)；von der Farbe e-r Zitrone, e-s Eidotters 黄的，黄色的：*ein gelbes Kleid tragen* 穿着一件黄色连衣裙；*e-e Wand g. streichen* 把墙壁涂上黄色 ‖ K-(复合)：***gelb-, -braun, -grün*** ‖ -K(复合)：***dotter-, gold-, honig-, mais-, senf-, stroh-, zitronen-***

Gelb *das*; *-s, -/gespr auch* [口]也作 *-s*; *mst Sg* (多用单数) **1.** die gelbe Farbe 黄颜色〈ein kräftiges, leuchtendes, warmes G. 深黄色，亮黄色，暖黄色〉 **2.** das Licht e-r Ampel, das zwischen dem grünen u. dem roten Licht aufleuchtet 黄(色交通)灯：*bei G. noch schnell über die Kreuzung fahren* 趁黄灯亮时迅速通过十字路口

Gel·be *das*; *nur in* 只用于 **das G. vom Ei** *gespr* [口]；das, was am besten, günstigsten ist 最佳的事物 ≈ das Wahre: *Die neue Regelung ist auch noch nicht das G. vom Ei, da muss noch einiges verbessert werden* 新规则也还不是最佳的，有些地方仍需改进

Gelb·fie·ber *das*; *nur Sg* (只用单数)；e-e Krankheit, die in den Tropen vorkommt u. bei der man Fieber u. Gelbsucht bekommt 黄热病

gelb·lich *Adj*(形)；fast gelb, der Farbe Gelb ähnlich 淡黄的，带黄色的：*Beim Sonnenuntergang verfärbte sich der Himmel g.* 落日余晖把天空染成一片淡黄

Gelb·sucht *die*; *nur Sg* (只用单数)；e-e Krankheit, bei der die Leber nicht mehr richtig funktioniert u. deshalb die Haut u. der weiße Teil des Auges gelb werden 黄疸病〈G. haben 患黄疸病〉‖ *hierzu* (派生) **gelb·süch·tig** *Adj*(形)；*nicht adv* (不作状语)

Geld *das*; *-es, -er* **1.** *nur Sg* (只用单数)；Münzen od. Banknoten, die man dazu benutzt, etw. zu kaufen, od. die man bekommt, wenn man etw. verkauft 钱，货币〈die Kaufkraft, der Wert des Geldes 货币的购买力、价值；G. (ein)kassieren, verdienen, einnehmen, einstreichen, scheffeln, zählen, zur Bank tragen, bei der Bank einzahlen, sparen, auf der Bank/auf dem Konto haben, anlegen, vom Konto abheben, flüssig haben, für etw. verjubeln/verprassen/verpulvern/verschleudern (= in großer Menge ausgeben), verspielen, fälschen, umtauschen, wechseln, unterschlagen, zurückzahlen 收款，挣钱，把钱收进来，捞钱(挣很多钱)，攫取金钱，数钱，把款送往银行，在银行存款，攒钱，在银行/账户上有存款，存(投入)钱，从账户上取钱，有现钱，为某事大肆挥霍金钱，输钱，伪造货币，兑换钱，换钱，贪污钱，还款；j-n um sein G. bringen 骗走某人的钱；j-m G. auslegen/borgen/leihen/pumpen, vorschießen, schulden, zustecken 为某人垫付款项/借给某人钱，预付给某人钱，欠某人钱，暗中塞给某人钱；etw. kostet viel/e-n Batzen/e-n Haufen/e-n Sack voll/e-e Stange G. 某物值(要花)很多钱/一大摞钱/一大堆钱/满满一袋钱/一大摞钱；etw. bringt viel G. ein 某事能挣到许多钱〉：*Von dem G., das er beim Lotto gewonnen hat, will er ein Haus bauen* 他想用中彩的钱盖一所房子；*Wenn wir Karten spielen, spielen wir immer um G.* 我们每次玩牌都是赌钱的 ‖ K-(复合)：***Geld-, -betrag, -buße, -entwertung, -gier, -knappheit, -mangel, -sorgen, -spende, -strafe,***

-summe，***-umtausch*** ‖ -K（复合）：***Bar-***；***Münz-***，***Papier-***，***Silber-***；***Falsch-***；***Buß-***，***Eintritts-***，***Haushalts-***，***Schul-*** **2.** *mst Pl*（多用复数）；*mst* relativ viel G.（1），das für e-n bestimmten Zweck ausgegeben werden soll 资金，资本〈öffentliche，private Gelder 公共的，私人的资金；Gelder beantragen，veruntreuen 申请，私吞资金〉：*Der Bau des Krankenhauses hat wesentlich mehr Gelder verschlungen，als ursprünglich vorgesehen war* 建造医院耗费的资金比最初预计的要多得多 ‖ -K（复合）：***Lohn-***，***Staats-***，***Steuer-*** **3.** ***hartes/kleines G.*** *nur Sg*（只用单数）；G.（1）in Form von Münzen 硬币/零钱 ≈ Hartgeld，Kleingeld **4.** ***großes G.*** *nur Sg*（只用单数）；G.（1）in Form von Banknoten 纸币 ≈ Papiergeld ‖ ID［谚］***etw. geht ins G.*** etw. ist sehr teuer 某物昂贵，很费钱；***etw. bedeutet bares G.*** etw. wird j-m sicher G.（1）einbringen 某事肯定有利可图；***sein G. arbeiten lassen*** sein G.（1）auf der Bank *o.Ä.* anlegen，damit es Zinsen bringt 让钱生利息；***j-d sitzt auf dem/seinem G.*** *gespr*［口］；j-d ist geizig 某人是个守财奴（吝啬鬼）；***etw. zu G. machen*** etw. verkaufen 变卖某物；***j-d/etw. ist nicht mit G. zu bezahlen*** j-d/etw. ist für j-n sehr wichtig od. wertvoll 某人/某事不是用钱能买得到的；***etw. nicht für G. u. gute Worte tun*** sich nicht zu etw. überreden lassen 不为金钱和动听言辞做某事，无论如何不做某事；***etw. für teures G. kaufen*** viel G.（1）für etw. bezahlen 花大价钱买某物；***j-d hat G. wie Heu/schwimmt im G./stinkt vor G.*** *gespr*［口］；j-d ist reich 某人钱多得堆成山/钱多得流溢/钱多得发臭（指非常富有）；***j-m（das）G. aus der Tasche ziehen*** *gespr*［口］；j-n dazu bringen，G.（1）auszugeben 使某人掏腰包付钱；***j-d wirft/schmeißt das/sein G. zum Fenster hinaus*** j-d verschwendet sein G.（某人）挥霍金钱，挥金如土；***G. stinkt nicht*** verwendet，um auszudrücken，dass man nicht erkennen kann，auf welche Weise j-d sein G.（1）verdient hat 金钱没有臭味；*mst* 多用 ***Ich habe mein G. nicht auf der Straße gefunden*** verwendet，um auszudrücken，dass man sein G.（1）nicht für etw.（Sinnloses）ausgeben will 我的钱不是大街上拣来的（喻：我不想随便把钱花掉）

Geld·adel *der*；sehr reiche Leute，die wegen ihres Geldes Einfluss und Prestige haben 金融贵族，豪富

Geld·au·to·mat *der*；ein Automat bei e-r Bank，aus dem man mithilfe e-r Scheckkarte *o.Ä.* Geld entnehmen kann 自动取款机，自动柜员机

Geld·beu·tel *der*；e-e kleine Tasche（*mst* aus Leder）für das Geld，das man bei sich trägt 皮夹子，钱包 ≈ Börse，Portemonnaie〈etw. in den G. tun 将某物装进皮夹子〉‖ ID［谚］***e-n dicken/dünnen G. haben*** *gespr*［口］；viel/wenig Geld haben 有很多钱/没有多少钱（钱包鼓鼓的/钱包是瘪的）；***tief in den G. greifen*** *gespr*［口］；viel Geld ausgeben 花掉很多钱

Geld·bör·se *die* ≈ Geldbeutel

Geld·kar·te *die* e-e kleine Karte aus Plastik mit e-m Chip，auf dem ein bestimmter Geldbetrag gespeichert ist. Die G. kann man benutzen，um an Automaten *o.Ä.* ohne Bargeld zu zahlen 银行卡：*In Deutschland gibt es Zigaretten am Automaten nur noch mit G.* 在德国，自动售货机上的香烟只用银行卡购买

Geld·mit·tel *die*；*Pl*（复）；das Geld，das j-m（für e-n bestimmten Zweck）zur Verfügung steht 资金〈über geringe，große G. verfügen 拥有少量的、大笔的资金〉

Geld·rol·le *die*；e-e bestimmte Anzahl von Münzen mit dem gleichen Wert，die mithilfe von Papier zu e-r Rolle gewickelt sind 硬币卷（用纸包成一卷的硬币）

Geld·sack *der*；*gespr pej*［口］［贬］；ein sehr reicher，aber geiziger Mensch 吝啬的富人，守财奴

Geld·schein *der* ≈ Banknote ↔ Münze

Geld·schrank *der*；ein stabiler Behälter aus Metall，in den man Geld，Schmuck，Dokumente *usw* einschließt，um sie vor Dieben，Feuer *o.Ä.* zu schützen 保险柜，银箱 ≈ Tresor，Panzerschrank〈e-n G. aufbrechen/knacken，ausrauben 撬开/撬窃保险柜，抢光保险柜的财物〉

Geld·stück *das*；ein（*mst* rundes）Stück Metall，auf dem ein bestimmter Wert steht u. das zur Zahlung benutzt wird 硬币 ≈ Münze ↔ Geldschein

Geld·wä·sche *die*；*gespr*［口］Handlungen，mit denen man illegal eingenommenes Geld so verwendet，dass es legal wirkt 洗钱

Geld·wech·sel *der*；das Umtauschen von Geld einer Währung in Geld e-r anderen Währung 货币兑换，换钱

Ge·lee [ʒeˈleː] *das*，*der*；*-s*，*-s*；Fruchtsaft，der mit Zucker gekocht wurde u. der dadurch so dickflüssig geworden ist，dass man ihn auf Brot streichen kann 果冻 ‖ -K（复合）：***Apfel-***，***Himbeer-***，***Johannisbeer-*** *usw* ‖ NB（注意）：↑ ***Konfitüre***，***Marmelade***

Ge·le·ge *das*；*-s*，*-*；*Kollekt*（集合）；alle Eier，die ein Vogel od. ein Reptil gelegt hat（鸟类或爬虫类生下的）（一窝）蛋，卵：*Die Schildkröte vergräbt ihr G. im Sand* 龟将其产下的卵埋在沙里

ge·le·gen **1.** *Partizip Perfekt*（过去分词）；↑ ***liegen*** **2.** *Adj*（形）；*mst in* 多用于 ***etw. kommt j-m g.*** etw. geschieht zu e-r Zeit，die für j-n günstig ist（物作主语）对…来得，发生得正是时候：*Dein Besuch kommt mir sehr g.，denn ich brauche deine Hilfe* 你的来访对我来说正是时候，因为我正需要你的帮助 **3.** *Adj*（形）；*mst in* 多用于 ***j-m ist an etw.***（*Dat* 三格）***g.*** *geschr*［书］；j-m ist etw. wichtig 某人关注，重视某事：*Der Polizei ist an e-r schnellen Klärung des Mordfalls g.* 警方对于迅速查清这起谋杀案颇为关注

Ge·le·gen·heit *die*；*-*，*-en* **1.** ein Zeitpunkt od. e-e Situation，die für e-n bestimmten

Zweck günstig sind 机会，时机，机遇〈e-e einmalige, günstige, gute, seltene G. 千载难逢的、有利的、好的、罕见的机会；die G. ergreifen, verpassen 抓住，错过机遇〉：*Er nutzt jede G., von seinem Urlaub zu erzählen* 他利用一切机会讲述他的假期见闻 **2.** die Möglichkeit, etw. zu tun 可能性，机会〈j-m (die) G. zu etw. geben 给予某人从事某事的可能性；etw. bei der ersten G. tun 一有可能性就做某事；j-m bietet sich e-e G. 为某人提供可能性〉：*Ich hatte keine G., sie anzurufen* 我没有可能给她打电话 **3.** ≈ Gelegenheitskauf (2)：*Das Kleid war e-e G. – so was kriege ich zu dem Preis nie wieder!* 这条连衣裙是碰巧买到的——花这样(便宜)的价钱我再也买不到这样的东西了！**4.** ≈ Anlass (1)：*ein Kleid nur zu besonderen Gelegenheiten tragen* 只有在特殊场合才穿连衣裙 ‖ ID［谚］**die G. beim Schopf ergreifen / fassen / packen** e-e günstige G. (1) nutzen 抓住有利时机，利用有利时机

Ge·le·gen·heits- *im Subst, wenig produktiv*（构成名词，构词弱）；verwendet, um auszudrücken, dass j-d etw. nur manchmal, nicht regelmäßig tut（表示并非经常，而是有时做某事）偶尔，偶然 ↔ Gewohnheits-；der ***Gelegenheitsdieb***, der ***Gelegenheitsraucher***, der ***Gelegenheitstrinker***

Ge·le·gen·heits·ar·beit *die*；e-e (berufliche) Arbeit, die j-d nur kurze Zeit (u. ohne feste Anstellung) macht 临时工作 ‖ *hierzu*（派生）**Ge·le·gen·heits·ar·bei·ter** *der*；**Ge·le·gen·heits·ar·bei·te·rin** *der*

Ge·le·gen·heits·kauf *der* **1.** ein Einkauf, bei dem man etw. zu e-m günstigen Preis bekommt 碰巧的购买机会 **2.** etw., das man zu e-m günstigen Preis gekauft hat 碰巧买到的便宜货 ≈ Gelegenheit (3)

ge·le·gent·lich *Adj*（形）**1.** manchmal, hin u. wieder (erfolgend) 偶尔的，偶然的：*Sie trinkt nur g. Wein, meist trinkt sie Bier* 她只是偶尔喝葡萄酒，多半她都喝啤酒 **2.** *mst adv*（多作状语）；bei passenden, günstigen Umständen 有机会，有时，适逢其会(时) ≈ bei Gelegenheit：*Ich werde dich g. besuchen* 有机会我会来看你的

ge·leh·rig *Adj*（形）；mit der Fähigkeit, leicht zu lernen, etw. schnell zu verstehen 容易教的，容易训练的，领悟快的〈ein Kind, ein Schüler, ein Tier 孩子，学生，动物〉：*Papageien sind sehr gelehrige Tiere* 鹦鹉是很容易训练的动物 ‖ *hierzu*（派生）**Ge·leh·rig·keit** *die*；*nur Sg*（只用单数）

ge·lehr·sam *Adj*（形）≈ gelehrig ‖ *hierzu*（派生）**Ge·lehr·sam·keit** *die*；*nur Sg*（只用单数）

ge·lehrt **1.** *Partizip Perfekt*（过去分词）；↑ ***lehren*** **2.** *gelehrter, gelehrtest-*；*Adj*（形）；mit großem wissenschaftlichem Wissen 有学问的，学识渊博的，博学的〈e-e Frau, ein Mann 女人，男人〉**3.** *Adj*（形）；mit wissenschaftlichem Inhalt 学术性的，研究性的，有学术水平的〈e-e Abhandlung, Ausführungen 论文，论述〉**4.** *Adj*（形）；*gespr*［口］；abstrakt u. kompliziert formuliert u. deshalb schwer verständlich 高深的，深奥的，玄妙的〈g. sprechen, sich g. ausdrücken 讲得深奥，说话高深难懂〉‖ *hierzu*（派生）**Ge·lehrt·heit** *die*；*nur Sg*（只用单数）

Ge·lehr·te *der / die*；*-n, -n*；j-d, der große wissenschaftliche Kenntnisse hat 博学的人，学者〈ein bedeutender, namhafter Gelehrter 知名的、著名的学者〉‖ NB（注意）：*ein Gelehrter; der Gelehrte; den, dem, des Gelehrten*

Ge·leit *das*；*-(e)s*；*nur Sg*（只用单数）**1.** ***j-m das G. geben*** *geschr*［书］；j-n begleiten, um ihn zu ehren od. zu schützen 护送，陪送某人：*Drei Polizeiwagen gaben dem Botschafter das G. zum Flughafen* 三辆警车护送大使去机场了 ‖ K-（复合）：***Geleit-, -schutz, -zug*** **2.** ***freies / sicheres G.*** JUR【法】；die Garantie, dass j-d weder gefangen genommen noch angegriffen wird, während er etw. Bestimmtes tut 保证人身自由/人身安全〈j-m freies/sicheres G. gewähren 保证某人的人身自由/人身安全〉**3.** ***zum G.*** *geschr*［书］；verwendet als Überschrift für ein Vorwort zu e-m Buch 引言，前言 ‖ K-（复合）：***Geleit-, -wort*** ‖ ID［谚］***j-m das letzte G. geben*** *geschr*［书］；an j-s Beerdigung teilnehmen 参加某人的葬礼

ge·lei·ten；*geleitete, hat geleitet*；Vt（及物）***j-n irgendwohin g.*** *geschr*［书］≈ j-n irgendwohin begleiten

Ge·lenk *das*；*-(e)s, -e* **1.** e-e bewegliche Verbindung zwischen Knochen 关节〈ein entzündetes, gebrochenes, geschwollenes, schmerzendes, steifes G. 发炎的、折断的、肿胀的、疼痛的、僵硬的关节〉‖ K-（复合）：***Gelenk-, -entzündung, -schmerzen, -versteifung*** ‖ -K（复合）：***Hand-, Hüft-, Knie-*** **2.** e-e bewegliche Verbindung zwischen Maschinenteilen *o.Ä.* 铰节，活节，联杆

Ge·lenk·bus *der*；ein langer Bus mit e-m beweglichen Verbindungsteil 带铰盘的大公共汽车

ge·len·kig *Adj*（形）；zu geschickten, flinken Bewegungen fähig 敏捷的，灵巧的，灵活的，麻利的 ≈ beweglich, geschmeidig, gewandt ↔ steif, ungelenk：*Trotz seines hohen Alters ist er noch sehr g.* 他虽然年纪大，但还很灵活 ‖ *hierzu*（派生）**Ge·len·kig·keit** *die*；*nur Sg*（只用单数）

Ge·lenk·ku·gel *die*；MED【医】；das runde Ende e-s Knochens, das Teil e-s Gelenks ist 关节头

Ge·lenk·pfan·ne *die*；MED【医】；e-e Vertiefung an e-m Knochen, die Teil e-s Gelenks ist 关节窝

ge·lernt **1.** *Partizip Perfekt*（过去分词）；↑ ***lernen*** **2.** *Adj*（形）；*nur attr, nicht adv*（只作定语，不作状语）；mit e-r abgeschlossenen Ausbildung in dem entsprechenden Beruf 受过专门培训的：*Er ist gelernter Koch* 他是受过专业培训的厨师；*Sie ist gelernte Verkäuferin* 她是受过专业培训的营业员 ‖ NB（注意）：ohne Artikel verwendet（不用冠词）

ge·le·sen *Partizip Perfekt*（过去分词）；↑ ***lesen***

Ge·lieb·te *der/die*; *-n*, *-n* **1.** j-d, zu dem man e-e sexuelle Beziehung hat (oft neben e-r bestehenden Ehe) 情人,情妇,情夫〈e-n Geliebten/e-e G. haben 有情夫/情妇; der/die G. von j-m sein 是某人的情夫/情妇〉 **2.** *veraltend* [渐旧]; verwendet als Anrede für den Mann/die Frau, den/die man liebt (对所爱的人的称呼)心上人 ‖ NB(注意): *ein Geliebter*; *der Geliebte*; *den*, *dem*, *des Geliebten*

ge·lie·fert **1.** *Partizip Perfekt* (过去分词); ↑ ***liefern*** **2.** *Adj* (形); *nur in* 只用于 ***g. sein*** *gespr* [口]; ruiniert, erledigt (4), verloren (2) sein 完蛋,糟糕,倒霉,玩儿完

ge·lie·hen *Partizip Perfekt* (过去分词); ↑ ***leihen***

ge·lie·ren [ʒe-]; *gelierte*, *hat geliert*; [Vi] (不及物) ***etw. geliert*** etw. wird zu Gelee (物作主语)(果汁)结冻,明胶化〈e-e Brühe, ein Fruchtsaft, e-e Sülze 肉汁,果汁,盐汤〉 ‖ K-(复合): ***Gelier-***, ***-mittel***, ***-zucker***

ge·lin·de *Adj* (形) **1.** *geschr* [书]; von geringer Intensität 轻度的,柔和的,温和的 ≈ leicht, milde ↔ heftig, stark〈ein Schmerz, e-e Strafe 疼痛,惩罚〉 **2.** ***g. gesagt*** vorsichtig formuliert 婉转地,温和地,客气地说: *Er ist hier*, *g. gesagt*, *nicht gerade willkommen* 说得客气些,他在此不怎么受欢迎

ge·lin·gen; *gelang*, *ist gelungen*; [Vi] (不及物) **1.** ***etw. gelingt*** **(*j-m*)** etw. verläuft so, wie es j-d gewollt od. geplant hat, hat ein positives Ergebnis (物作主语)成功,达到预期目的 ≈ etw. funktioniert, glückt ↔ etw. misslingt, scheitert〈ein Plan, ein Versuch, j-s Flucht 计划,试验,某人的逃跑〉: *zum Gelingen e-s Unternehmens beitragen* 为企业的成功作出贡献; *Der Kuchen ist dir gut gelungen* 你的点心(烤制得)很成功; [Vimp] (无人称) **2.** ***es gelingt j-m + zu + Infinitiv*** (不定式) j-d kann etw. erfolgreich durchführen, beenden 某人能成功地做某事: *Es gelang mir nicht*, *sie vom Gegenteil zu überzeugen* 我未能说服她改弦更张

ge·lit·ten *Partizip Perfekt* (过去分词); ↑ ***leiden***

gell[1] *Adj* (形); unangenehm laut u. schrill 尖声的,尖锐的,刺耳的〈ein Pfiff, ein Schrei 吹哨声,叫喊〉

gell[2] *Partikel* (小品词); *betont*, *südd gespr* (重读)[南德][口]; verwendet am Ende e-s Satzes, wenn der Sprecher Zustimmung erwartet od. sich erhofft 是吧,对吗,不是吗 ≈ nicht wahr, oder?: *Das denkst du auch*, *g.?* 你也这样想,对吗?; *Du hilfst mir doch*, *g.?* 你会帮我的,不是吗?

gel·len; *gellte*, *hat gegellt*; [Vi] (不及物) **1.** ***etw. gellt*** ein Ruf, e-e Stimme klingt sehr laut (u. schrill) (物作主语)尖叫,发出尖锐刺耳的声音 **2.** ***j-m gellen die Ohren*** **(*von etw.*)** j-m tun die Ohren weh, weil etw. so laut ist/war (某种声响)刺得某人耳朵直痛

ge·lo·ben; *gelobte*, *hat gelobt*; [Vt] (及物) **(*j-m*)** ***etw. g.*** *geschr* [书]; (j-m) etw. feierlich (in e-r Zeremonie) versprechen 发誓,许愿 ≈ schwören〈j-m Besserung, (ewige) Treue g. 向某人发誓改过,对某人誓守忠诚〉: *Er gelobte*, *die Wahrheit* zu *sagen* 他发誓讲真话

Ge·löb·nis *das*; *-ses*, *-se*; *geschr* [书]; ein feierliches (rituelles) Versprechen 发誓,誓言,誓约 ≈ Schwur〈ein G. ablegen, einhalten, brechen 宣誓,遵守誓言,违背誓言〉 ‖ K-(复合): ***Gelöbnis-***, ***-feier*** ‖ -K(复合): ***Treue-*** ‖ NB(注意): ↑ ***Vereidigung***, ***Gelübde***

ge·lo·gen *Partizip Perfekt* (过去分词); ↑ ***lügen***

ge·löst **1.** *Partizip Perfekt* (过去分词); ↑ ***lösen*** **2.** *gelöster*, *gelöstest-*; *Adj* (形); ruhig u. nicht nervös 不紧张的,放松的,神情自然的 ≈ entspannt ↔ angespannt: *Er macht e-n ruhigen u. gelösten Eindruck* 他给人一种文静而自然的印象

gelt *Partikel* (小品词); *südd* Ⓐ *gespr* [南德][奥][口] ≈ gell

gel·ten; *gilt*, *galt*, *hat gegolten*; [Vt] (及物) **1.** ***etw. gilt etw.*** etw. hat e-n bestimmten Wert (物作主语)值,有某种价值 ≈ etw. zählt etw.: *„Was gilt die Wette?" – „Zwei Flaschen Sekt"* "打什么赌?"——"赌两瓶香槟酒"; *Deine Meinung gilt hier nichts!* 你的意见在这里没有价值(不受重视); [Vi] (不及物) **2.** ***etw. gilt*** etw. kann e-e bestimmte Zeit lang od. unter bestimmten Umständen rechtmäßig benutzt od. angewandt werden (物作主语)起作用,有效,适用 ≈ etw. ist gültig〈ein Ausweis, e-e Fahrkarte, e-e Regel, e-e Vorschrift 证件,车票,规则,规定〉: *Die Fahrkarte gilt eine Woche* 车票一周内有效; *nach geltendem Recht* 按照现行法律; *Der Pass gilt nicht mehr*, *er ist gestern abgelaufen* 护照失效,昨天到期了 **3.** ***etw. gilt für j-n/etw.*** etw. betrifft j-n/etw. (物作主语)适用于: *Das Rauchverbot gilt nur für Inlandflüge* 禁止吸烟的规定只适用于国内航班 **4.** ***etw. gilt j-m/etw.*** etw. ist für j-n/etw. bestimmt, an j-n/etw. gerichtet(物作主语)针对,涉及: *Der Gruß galt dir* 问候是对你(发出)的; *Der Schuss*, *der den Hund traf*, *hatte eigentlich dem Hasen gegolten* 打中狗的这一枪原本是针对兔子的 **5.** ***etw. gilt etw.*** (*Dat* 三格) *geschr* [书]; etw. ist auf ein bestimmtes Ziel gerichtet(物作主语)针对,旨在: *All sein Hoffen u. Sehnen galt der Erlangung der Freiheit* 他的全部企盼与渴望旨在获得自由 **6.** ***j-d/etw. gilt als etw.***/*veraltend auch* [渐旧]也作 ***für etw.*** j-d/etw. hat nach Meinung vieler Menschen e-e bestimmte Eigenschaft (人/物作主语)被认为是,被视为,被看作是 ≈ j-d/etw. wird als etw. angesehen: *Diese Straße gilt als gefährlich* 这条马路被认为是危险的; *Er gilt als großer Künstler* 他被视为一位伟大的艺术家 **7.** ***etw. gilt*** etw. ist nach den (Spiel)Regeln erlaubt od. gültig(物作主语)许可,有效,算数: *Das Tor gilt nicht*, *weil ein Spieler im Abseits stand* 这个球不算(无效),一个球员越位了 **8.** ***etw. g. lassen*** etw. als rechtmäßig od. gerechtfertigt akzeptieren 承认,同意 ≈ etw. zulassen ↔ etw. zurückweisen〈e-n Einwand, e-e Entschuldigung, e-n Widerspruch g. lassen 对异议认可,同意请假(准假),承认矛盾〉;

G

Vimp（无人称）**9. es gilt + zu +** *Infinitiv*（不定式）*geschr*［书］；jetzt ist der Zeitpunkt gekommen，an dem etw. getan werden muss 正需要，正是…的时候：*Jetzt gilt es，Ruhe zu bewahren* 现在需要保持镇静；*Es gilt，keine Zeit zu verlieren* 现在正需要分秒必争 **10. es gilt etw.** *geschr veraltend*［书］［渐旧］；es geht um etw.（das irgendwie gefährdet ist）关系到，与…利害攸关：*Es galt ihr Leben* 事关她的性命 ‖ ID［谚］**Das gilt nicht!** *gespr*［口］；das ist unfair 这无效！；**etw. geltend machen** *geschr*［书］；ein Recht *o. Ä.* in Anspruch nehmen 提出某事（作为要求或理由）

Gel·tung *die*；-；*nur Sg*，*geschr*（只用单数）［书］**1.** ≈ Gültigkeit〈etw. hat/besitzt G. 某事有效/具有效力〉：*Dieses Gesetz hat immer noch G.* 这项法律仍然有效 ‖ K-（复合）：**Geltungs-，-bereich，-dauer 2. sich/etw.**（*Dat* 三格）**G. verschaffen** dafür sorgen，dass man/etw. Respekt erhält 使自己/某事产生影响，使自己/某事赢得威信 **3. etw. kommt**（**irgendwie**）**zur G.** etw. hat e-e bestimmte Wirkung（物作主语）（以…方式）发挥作用，显出效果〈etw. kommt gut，voll zur G. 很好地、充分地发挥作用〉：*Vor dem bunten Hintergrund kommt das Bild nicht zur G.* 这幅画放在彩色背景前显不出它的效果 **4. etw. zur G. bringen** etw. positiv wirken lassen 使发挥作用，使突出特色，使显出长处：*Der helle Hintergrund bringt die dunklen Möbel gut zur G.* 明亮的背景突出了暗色调家具的特色

Gel·tungs·sucht *die*；*nur Sg*（只用单数）；das（übertriebene）Bedürfnis，beachtet u. anerkannt zu werden 风头主义，强烈的虚荣心，出人头地的欲望〈e-e krankhafte G. 病态的表现欲〉‖ *hierzu*（派生）**gel·tungs·süch·tig** *Adj*（形）

Ge·lüb·de *das*；*-s*，*-*；*geschr*［书］；ein feierliches Versprechen，das man aus e-r *mst* religiösen Überzeugung heraus macht 誓言，誓愿 ≈ Gelöbnis〈ein G. ablegen，brechen 起誓（立下誓言），违背誓言〉‖ -K（复合）：**Armuts-，Demuts-，Keuschheits-，Schweige-**

ge·lun·gen 1. *Partizip Perfekt*（过去分词）；↑ **gelingen 2.** *gespr*［口］≈ komisch，witzig〈etw. ist g.，sieht g. aus 某事滑稽可笑，某事看上去希奇古怪〉：*Das ist wirklich e-e gelungene Idee!* 这真是个希奇古怪的主意！

Ge·lüs·te *die*；*Pl*，*gespr*（复）［口］；**G.**（**auf etw.**（*Akk* 四格））ein momentanes starkes Verlangen nach etw.（一时的或心血来潮的）欲望：*Während der Schwangerschaft hatte sie oft seltsame G. auf ausgefallene Speisen* 她在怀孕期间常常奇怪地突然想吃不常见的饭菜

ge·lüs·ten；*gelüstete*，*hat gelüstet*；Vimp（无人称）**j-n gelüstet es nach etw.** *geschr od hum*［书］或［诙］；j-d hat ein starkes Verlangen nach etw. 某人对…有强烈的欲望

Ge·mach *das*；*-(e)s*，*Ge·mä·cher*；*geschr*［书］；ein（großer）Wohnraum *mst* in e-r Burg，e-m Schloss *o. Ä.*（城堡、宫殿里的）房间，居室〈die königlichen Gemächer 王宫内室，后宫〉‖ ID［谚］**sich in seine Gemächer zurückziehen** *hum*［诙］；in sein Zimmer gehen 返回自己的居室（小天地）

ge·mäch·lich *Adj*（形）；ohne Eile，ohne Hast 从容的，缓慢的，悠闲的〈ein Tempo 缓慢的速度；etw. g. tun 从容地做某事〉‖ *hierzu*（派生）**Ge·mäch·lich·keit** *die*；*nur Sg*（只用单数）

Ge·mahl *der*；*-s*，*-e*；*mst Sg*（多用单数）**1.**（**j-s**）**G.** *geschr*［书］≈ Ehemann，Gatte：*der G. der Königin* 女王的丈夫 **2.** verwendet als höfliche Bezeichnung für j-s Ehemann，wenn man sich nach ihm erkundigt *o. Ä.*（表示问候某人丈夫时的敬语）≈ Gatte：*Herzliche Grüße an Ihren G.* 谨向您的丈夫致以衷心的问候；*Wie gehts dem Herrn G.?* 您的丈夫先生身体可好？‖ *hierzu*（派生）**Ge·mah·lin** *die*；*-*，*-nen*

ge·mah·len *Partizip Perfekt*（过去分词）；↑ **mahlen**

ge·mah·nen；*gemahnte*，*hat gemahnt*；Vt/i（及物/不及物）（**j-n**）**an j-n/etw. g.** *geschr*［书］；j-m e-e Person/ein vergangenes Ereignis ins Gedächtnis rufen 提醒，使想起 ≈（j-n）an j-n/etw. erinnern：*Das Denkmal gemahnt uns an die Toten* 这座纪念碑使我们缅怀死者

Ge·mäl·de *das*；*-s*，*-*；ein Bild，das ein Künstler（*mst* in Öl）gemalt hat 绘画，油画〈ein G. anfertigen，rahmen 制作油画，给油画装上框架〉‖ K-（复合）：**Gemälde-，-ausstellung，-galerie，-sammlung**

ge·ma·sert *Adj*（形）；*nicht adv*（不作状语）；mit e-r Maserung 有纹理的〈Holz，Marmor 木材，大理石〉

ge·mäß[1] *Adj*（形）；**j-m/etw. g.** so，wie es angemessen ist，wie es zu j-m/etw. passt 与…相适应的，相一致的，相称的 ≈ j-m/etw. entsprechend ↔ unangemessen：*Es wird um e-e dem feierlichen Anlass gemäße Kleidung gebeten* 着装请与隆重场面相适应

ge·mäß[2] *Präp*（介）；*mit Dat*，*geschr*（支配三格）［书］；in Übereinstimmung mit 按照，遵照，依照，根据 ≈ entsprechend，laut，nach ↔ entgegen〈j-s Erwartungen，Forderungen，Wünschen g. 按照某人的期望、要求，根据某人的愿望〉：*Sie handelten seinem Vorschlag g.* 他们是按照他的建议行事的；*g. Paragraph 19 des Strafgesetzbuches* 遵照刑法法典第 19 条 ‖ NB（注意）：*mst* nach dem Subst.（多置于名词之后）

-ge·mäß *im Adj*，*nach Subst*，*unbetont*，*begrenzt produktiv*（构成形容词，在名词后，非重读，构词有限）**1.** so，dass es zu dem im ersten Wortteil Genannten passt，ihm entspricht 符合…的，与…相当的，根据…的；**altersgemäß**〈ein Verhalten 举止〉，**auftragsgemäß**〈e-e Lieferung 供货〉，**erfahrungsgemäß**，**erwartungsgemäß**，**ordnungsgemäß**，**standesgemäß**，**traditionsgemäß**，**vereinbarungsgemäß**，**wahrheitsgemäß**〈e-e Antwort 回答〉，**wunschgemäß**，**zeitgemäß 2.** so，wie es das im ersten Wortteil Genannte erfordert，nötig macht 与…相适应的，符合…要求的 ≈ -gerecht；**artgemäß**〈die Haltung，die Unterbringung e-s Tieres 态度，对动物的安置〉，

G

fachgemäß 〈e-e Durchführung 实施〉, **fristgemäß** 〈e-e Lieferung 供货〉, **sachgemäß** 〈e-e Reparatur 维修〉, **termingemäß**

ge·mä·ßigt 1. *Partizip Perfekt*（过去分词）；↑ **mäßigen 2.** *Adj*（形）；mit e-m normalen (nicht übertriebenen) Ausmaß 不过分的，适度的 ↔ maßlos 〈ein Alkoholkonsum, ein Optimismus 酒类消费，乐观主义〉 **3.** *Adj*（形）；politisch nicht extrem 温和的，非极端的 ↔ radikal 〈Ansichten, ein Politiker 见解，政治家〉 **4.** *Adj*（形）；GEOG【地】；zu den Gebieten mit ausgeglichenem Klima gehörend (die jeweils zwischen dem Polarkreis u. den Tropen liegen 气候温和的，温带的) ↔ arktisch, tropisch 〈die Breiten(grade), e-e Zone 纬度区，地带〉

Ge·mäu·er [gəˈmɔyɐ] *das*; *-s*, *-*; die Mauern e-s alten Gebäudes, *mst* e-r Ruine 残垣断壁，颓垣断壁 〈ein verfallenes G. 废墟〉

ge·mein¹ *Adj*（形）**1.** moralisch schlecht u. mit der Absicht, j-d anderem zu schaden 卑鄙的，无耻的，下流的，下贱的，可恶的 ≈ boshaft, niederträchtig ↔ anständig, edel 〈e-e Lüge, e-e Tat, ein Mensch, ein Verbrecher 谎言，行为，人，罪犯；g. zu j-m sein, j-n g. behandeln 对某人卑鄙，卑鄙地对待某人〉：*Warum hast du sie nicht mitkommen lassen? – Das ist g. (von dir)!* 你为什么不让她一起来？——（你）不怀好意！（你真卑鄙！）‖ NB（注意）：um *g.* zu verstärken, verwendet man in der gesprochenen Sprache（为加强语气，口语中用）*hundsgemein* 极其卑劣的，非常下贱的，粗俗不堪的 **2.** ≈ abstoßend 〈ein Gesicht(sausdruck), ein Lachen 表情，笑〉 **3.** *nicht adv*, *gespr*（不作状语）[口]；sehr stark, sehr intensiv 极端的，极度的，非常的 〈Schmerzen 疼痛，痛苦〉 **4.** *nur adv*, *gespr*（只作状语）[口]；verwendet, um Adjektive od. Verben negativ zu verstärken（加强形容词或动词的负面意义）非常，十分≈ sehr: *Das tut g. weh* 这疼得要命（这真是伤心透了）**5** ≈ ordinär, unanständig 〈ein Witz, e-e Redensart 笑话，习惯用语〉

ge·mein² *Adj*（形）；*nur in* 只用于〈Personen 人们〉 ***haben etw. g.***; ***j-d/etw. hat etw. mit j-m/etw. g.***; ***etw. ist j-m/etw.*** (*Pl*（复）) ***g.*** zwei od. mehrere Personen/Dinge haben e-e gemeinsame Eigenschaft（人/物作主语）与…有…是共同的，有共同之处、共通点：*Sie haben viele Ansichten g.* 他们有许多见解是共同的；*Den Brüdern ist e-e gewisse Schüchternheit g.* 他们弟兄二人的共同之处是都有些谨小慎微

ge·mei·n- *Adj*（形）；*nur attr*, *nicht adv*（只作定语，不作状语）**1.** *veraltend* [渐旧]；durchschnittlich, ohne besondere Kennzeichen 平凡的，常见的，普通的 〈*mst* der Mann, das Volk 普通人，平民百姓〉 **2.** BIOL【生】；verwendet vor dem Namen e-r Art, um auszudrücken, dass diese Variante der Art am weitesten verbreitet ist 普通的，最常见的：*die Gemeine Brennnessel* 普通荨麻 ‖ NB（注意）：in dieser Bedeutung wird *g.* großgeschrieben（该词用于本义要大写）

Ge·mein·de *die*; *-*, *-n* **1.** das kleinste Gebiet innerhalb e-s Staates, das seine eigene Verwaltung hat 乡，镇，区，乡镇 ≈ Kommune 〈e-e ländliche, städtische, arme, reiche G. 农村的乡镇，城市的区，社区，贫困的、富裕的乡镇〉：*Zu welchem Landkreis gehört diese G.?* 这个乡（乡镇）属于哪一县？‖ K-（复合）：***Gemeinde-***, ***-bezirk***, ***-haushalt***, ***-kindergarten***, ***-steuern***, ***-vertreter***, ***-vertretung***, ***-verwaltung***, ***-wahl*** ‖ -K（复合）：***Grenz-***, ***Stadt-*** **2.** ein Gebiet mit e-r Kirche, das von e-m Priester betreut wird 教区 ≈ Pfarrei: *Die Gottesdienste der katholischen G. finden in der St.-Martins-Kirche statt* 天主教教区的礼拜在圣马丁教堂举行 ‖ K-（复合）：***Gemeinde-***, ***-mitglieder*** ‖ -K（复合）：***Kirchen-***, ***Pfarr-*** **3.** die Menschen, die in e-r G. (1) leben 全乡（镇，区）居民：*Die G. wählt heute e-n neuen Bürgermeister* 本乡今天选举新乡长 **4.** die Menschen, die zu e-r G. (2) gehören 教区全体教徒：*Die G. hat für die Armen gesammelt* 教区为贫困者募捐 **5.** die Verwaltung e-r G. (1) od. die Räume, in denen sich diese Behörde befindet 乡、镇、区的管理机关 〈etw. bei der G. beantragen 在乡公所申请某事；auf die/zur G. gehen 到乡（镇）公所去〉 ‖ K-（复合）：***Gemeinde-***, ***-beamte(r)***, ***-beschluss***, ***-haus*** **6.** die Personen, die bei e-m Gottesdienst anwesend sind 一起做礼拜的教徒们：*„Liebe G." sagte der Pfarrer ...* 教士说："亲爱的教民们" **7.** ***e-e G.*** + *Gen*（二格）/ ***von j-m*** (*Pl* 复) e-e Gruppe von Menschen mit e-m gemeinsamen, *mst* religiösen Interesse 会社，团体（多为宗教的）≈ Gemeinschaft: *die G. der Mönche/von Mönchen in e-m Kloster* 修道院的僧侣会 ‖ -K（复合）：***Christen-***, ***Fan-***, ***Glaubens-*** **8.** das Publikum bei e-r künstlerischen Darbietung od. die Anwesenden bei e-r Feier 观众，追随者，参加者：*e-e dankbare G. haben* 有叫好的（捧场的）观众 ‖ -K（复合）：***Hochzeits-***, ***Trauer-***

Ge·mein·de·rat *der* **1.** e-e Gruppe von Personen, die von den Einwohnern e-r Gemeinde (1) in Deutschland gewählt werden. Der G. entscheidet darüber, wie die Gemeinde verwaltet wird 乡镇议会 **2.** ein Mitglied des Gemeinderats (1) 乡镇议会议员 ‖ zu（义项）**2. Ge·mein·de·rä·tin** *die*

Ge·mein·de·schwes·ter *die*; e-e Krankenschwester, die Kranke zu Hause besucht u. dort pflegt（护理家庭患者的）乡镇护士，社区护士

Ge·mein·de·zent·rum *das*; ein Gebäude, in dem sich die Verwaltung e-r Gemeinde (1) befindet u. in dem *mst* auch Veranstaltungen stattfinden 乡（镇、区）中心

Ge·mein·ei·gen·tum *das*; POL, WIRTSCH【政】【经】；Eigentum, das e-r Gemeinschaft (*mst* e-m Staat) u. nicht einzelnen Personen gehört 公共财产，公有制 ↔ Privateigentum

ge·mein·ge·fähr·lich *Adj*（形）；für seine Mitmenschen sehr gefährlich 对公众有危险的，危害社会秩序的，危害治安的 〈ein Verbrecher, ein Verrückter 罪犯，精神失常者〉

Ge·mein·gut *das*; *nur Sg*, *geschr*（只用单数）［书］≈ Gemeineigentum ‖ ID［谚］***etw. wird zum G.*** etw. wird allgemein bekannt 某事尽人皆知〈e-e Neuigkeit, ein Wissen 新消息，知识〉

Ge·mein·heit *die*; -, *-en* **1.** *nur Sg*（只用单数）; e-e gemeine[1]（1）Art, Einstellung 卑鄙，下流，卑劣动机 ≈ Schlechtigkeit ↔ Güte: *Er hat seinen Bruder aus purer G. geschlagen* 他纯粹出于恶意打了他的兄弟 **2.** e-e gemeine[1]（1）Tat 卑劣行为 ≈ Schikane: *Es war e-e große G., den Hund auszusetzen* 把狗丢弃是严重的卑劣行为 **3.** *gespr*［口］; etw., das Grund zu Ärger gibt 令人恼火的事: *Gerade heute geht der Fernseher kaputt – So e-e G.!* 电视机偏偏今天坏了——多让人生气! **4.** *mst Pl*（多用复数）; beleidigende Worte 侮辱、伤害他人的话，下流话 ↔ Nettigkeit〈j-m Gemeinheiten an den Kopf werfen 当面侮辱某人，当面辱骂某人〉

ge·mein·hin *Adv*（副）≈ im Allgemeinen, für gewöhnlich, normalerweise〈es wird g. angenommen, dass ... 人们通常（一般）认为，…〉

ge·mein·nüt·zig *Adj*（形）; so, dass es der Allgemeinheit, der Gesellschaft dient u. nicht einzelnen Personen 公益的，公共福利的，社会福利的 ≈ sozial〈ein Verein, ein Zweck 团体，目的〉: *Der Sportverein wurde als g. anerkannt* 体育协会被公认为公益单位 ‖ *hierzu*（派生）**Ge·mein·nüt·zig·keit** *die*; *nur Sg*（只用单数）

Ge·mein·platz *der*; *pej*［贬］; etw., das schon oft so formuliert wurde u. oberflächlich（u. nichts sagend）ist 空洞的客套话，陈词滥调，老生常谈〈sich in Gemeinplätzen ausdrücken, ergehen 尽说些老生常谈，空话连篇〉

ge·mein·sam *Adj*（形）**1.** so, dass mehrere Personen/Dinge etw. gleichzeitig od. miteinander tun, erleben od. haben 共同的，共有的，公共的，联合的 ↔ getrennt, separat, verschieden: *Sie haben gemeinsame Interessen u. Ziele* 他们有共同的利益和目标; *Der Hund gehört den beiden Kindern g.* 这只狗是这两个孩子共有的; *e-e gemeinsame Erklärung abgeben* 发表联合声明; *Wollen wir g. nach Hause gehen?* 我们一块儿回家吧?; *Die beiden Zimmer haben e-n gemeinsamen Balkon* 两个房间共用一个阳台 **2.**〈Personen 人〉***haben etw. g.***; ***j-d/etw. hat etw. mit j-m/etw. g.*** zwei od. mehrere Personen/Dinge ähneln sich in e-r Hinsicht（人作主语）复：有相同之处，共同之处;（人/物作主语）与…有共同之处 ↔ sich in etw. unterscheiden: *Sie haben viel（miteinander）g.* 他们（彼此）有许多相同之处

Ge·mein·sam·keit *die*; -, *-en* **1.** e-e Eigenschaft *o. Ä.*, die mehrere Personen od. Dinge teilen 共同之处，共同性，一致性 **2.** das Zusammensein（in Harmonie u. Freundschaft）共同生活，共事，合作〈etw. in trauter G. tun 亲密合作做某事〉

Ge·mein·schaft *die*; -, *-en* **1.** e-e Gruppe von Menschen（od. Völkern）, die etw. gemeinsam haben, durch das sie sich verbunden fühlen 集体，团体，组织 ≈ Gruppe〈e-e dörfliche, unzertrennliche, verschworene G. 乡村的，不可分割的，密谋性的团体; j-n in e-e G. aufnehmen, Mitglied/Teil e-r G. sein, j-n aus e-r G. ausschließen/ausstoßen 吸收某人加入一个集体，是一个团体的成员/一部分，将某人开除/驱逐出一个组织〉: *Die Dorfbewohner bildeten e-e verschworene G.* 村民们建立了一个密谋性团体 ‖ K-（复合）: ***Gemeinschafts-***, ***-besitz***, ***-geist***, ***-leben***, ***-sinn*** ‖ -K（复合）: ***Aktions-***, ***Arbeits-***, ***Christen-***, ***Dorf-***, ***Sprach-*** **2.** die organisierte Form e-r G.（1）结盟，联盟，共同体〈e-e kirchliche G., die Europäische G. 教会联盟，欧洲共同体〉: *Er ist e-r G. zur Wahrung der Menschenrechte beigetreten* 他加入了维护人权联盟 ‖ -K（复合）: ***Forschungs-***, ***Glaubens-***, ***Interessen-***, ***Religions-***, ***Wirtschafts-*** **3.** das Zusammensein mit anderen Menschen, die Anwesenheit anderer Menschen 结合，联合，交往，共同生活，共事，合作 ≈ Gesellschaft（6）〈j-s G. suchen 寻求和某人在一起聚聚〉: *sich nur in G. mit Gleichgesinnten wohl fühlen* 只有和志趣相投的人共处才感到愉快 ‖ K-（复合）: ***Gemeinschafts-***, ***-erlebnis***, ***-fahrt***, ***-grab***, ***-raum***, ***-unterkunft*** **4.** *mst* 多用 ***in ehelicher/häuslicher G. mit j-m leben*** als Ehepaar zusammenleben/mit j-m zusammenleben, als wäre man mit ihm verheiratet 与…过共同的夫妻生活/与…有同居关系 **5.** ***in G. mit j-m/etw.*** in Zusammenarbeit mit j-m/etw. 与…协作，与…合作: *Diese Straße hat das Land Bremen in G. mit dem Bund gebaut* 这条道路是不来梅州与联邦合作修建的 ‖ K-（复合）: ***Gemeinschafts-***, ***-arbeit***, ***-produktion***, ***-sendung***, ***-werk***

ge·mein·schaft·lich *Adj*（形）**1.** e-r Gemeinschaft（1）, e-r Gruppe von Menschen gehörend, sie betreffend 公共的，共有的，共同的，集体的 ↔ individuell〈ein Besitz, Eigentum, Interessen 所有物，财产，利益〉: *das gemeinschaftliche Anliegen aller Mieter* 所有房客的共同要求 **2.** so, dass mehrere Menschen daran beteiligt sind 共同的，协同的，共谋的 ≈ gemeinsam〈e-e Arbeit, ein Verbrechen 工作，犯罪; etw. g. tun 一起做某事〉

Ge·mein·schafts·an·ten·ne *die*; e-e Antenne, die mehreren Wohnungen（u. Anschlüssen）dient 公用天线

Ge·mein·schafts·ge·fühl *das*; *nur Sg*（只用单数）; das Gefühl, zu e-r Gruppe von Menschen zu gehören 团结友爱精神，集体精神 ≈ Zusammengehörigkeitsgefühl

Ge·mein·schafts·kun·de *die*; *nur Sg*（只用单数）; ein Fach in der Schule, in dem die Kinder Geographie, Geschichte u. Sozialkunde lernen 社会常识课（包括地理、历史和社会学）

Ge·mein·schafts·ver·pfle·gung *die*; Essen, das für e-e große Zahl von Menschen（in e-r Großküche）zubereitet wird 集体伙食，公共伙食〈G. bekommen 吃集体伙食〉

Ge·mein·spra·che *die*; *nur Sg*, LING（只用单数）【语】; der Teil e-r Sprache, den die meisten Menschen verstehen u. benutzen können, die diese Sprache als Muttersprache haben 标准语，共同语 ↔ Fachsprache, Mundart ‖ *hierzu*（派生）**ge·mein·sprach·lich** *Adj*（形）

Ge·mein·wohl *das*; das Wohlergehen e-r Gemeinschaft (*z.B.* e-s Staates) u. ihrer Mitglieder 公益，公共福利

Ge·men·ge *das*; *-s*, *-*; **ein G.**（+ *Gen* 二格/ **aus, von etw.**）≈ Gemisch

ge·mes·sen **1.** *Partizip Perfekt*（过去分词）; ↑ **messen** **2.** *Adj*（形）; ruhig u. mit Würde 从容不迫的，落落大方的，稳重的〈ein Auftreten, e-e Haltung 登台，态度; j-m gemessenen Schrittes folgen 迈着稳重的脚步跟着某人〉 **3.** *Adj*（形）≈ angemessen, gebührend〈j-m in gemessenem Abstand folgen 隔开适当的距离跟随某人〉 ‖ *zu*（义项）**2.** **Ge·mes·sen·heit** *die*; *nur Sg*（只用单数）

Ge·met·zel *das*; *-s*, *-*; das Töten von vielen (*mst* wehrlosen) Menschen od. Tieren 大屠杀，残杀，杀戮 ≈ Blutbad〈ein blutiges, grausames, sinnloses G. 血腥的、惨无人道的、丧失理智的大屠杀〉

ge·mie·den *Partizip Perfekt*（过去分词）; ↑ **meiden**

Ge·misch *das*; *-(e)s*, *-e*; **ein G.**（+ *Gen* 二格 / **aus, von etw.**）etw., das dadurch entstand, dass mehrere Dinge od. Stoffe miteinander gemischt wurden 混合物，搀和物 ≈ Mischung: *Er spricht ein G. verschiedener Dialekte* 他讲的话是各种不同方言的混合; *Viele Motorräder brauchen ein G. aus Öl u. Benzin* 许多摩托车用的是油和汽油的混合物

ge·mischt **1.** *Partizip Perfekt*（过去分词）; ↑ **mischen** **2.** *Adj*（形）; drückt aus, dass Frauen u. Männer od. Mädchen u. Jungen gleichzeitig daran teilnehmen 混合的，男女同时参加的〈ein Doppel (beim Tennis), e-e Sauna, ein Chor 双打（网球），桑拿浴，合唱〉 ‖ ID［谚］**Jetzt wirds g.!** jetzt gibt es Ärger 现在瞎胡闹了!（现在胡来了!）

ge·mocht *Partizip Perfekt*（过去分词）; ↑ **mögen²**

ge·mol·ken *Partizip Perfekt*（过去分词）; ↑ **melken**

ge·mop·pelt ↑ **doppelt**

Gem·se *die*; ↑ **Gämse**

Ge·mü·se *das*; *-s*, *-* **1.** (Teile von) Pflanzen, die man (*mst* gekocht) isst 蔬菜〈frisches, rohes, gedünstetes, gekochtes G. 新鲜的、生的、炖熟的、煮熟的蔬菜; G. anbauen, ernten, putzen, schneiden, kochen 种植，收获，摘拣，切，煮蔬菜〉: *gemischtes G. aus Erbsen, Bohnen u. Karotten* 由豌豆、豆角和胡萝卜搭配在一起的蔬菜; *Heute gibt es Fleisch, Kartoffeln, G. u. Salat* 今天有肉、土豆、蔬菜和沙拉 ‖ K-（复合）: **Gemüse-, -(an)bau, -beet, -brühe, -eintopf, -garten, -händler, -saft, -suppe** ‖ -K（复合）: **Blatt-, Wurzel-; Dosen-, Frisch-; Garten-** ‖ NB（注意）: Kartoffeln, Obst u. Getreide sind kein G.（土豆，水果和粮食不是蔬菜）**2.** **junges G.** *gespr hum*［口］［诙］; Kinder u. junge Leute, die unerfahren sind 毛头小伙子，小毛丫头，小青年: *Er hatte auf seine Party nur junges G. eingeladen* 他只邀请了小青年参加聚会

Gemüse

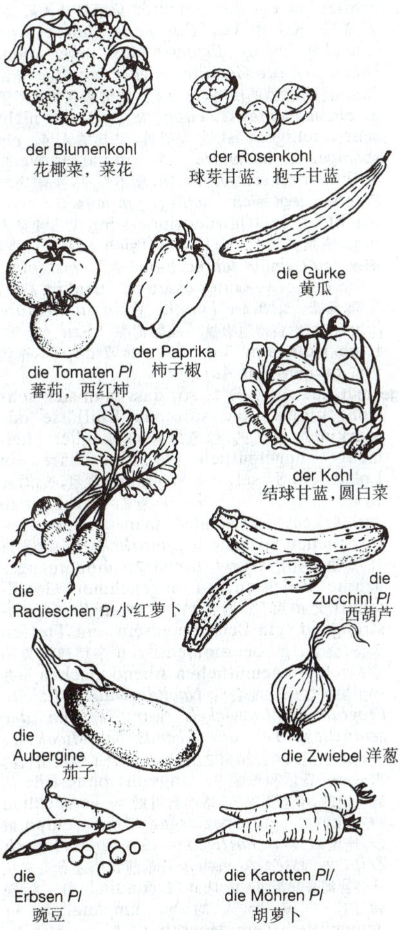

ge·musst *Partizip Perfekt*（过去分词）; ↑ **müssen²**

ge·mus·tert *Adj*（形）; *nicht adv*（不作状语）; mit e-m Muster 有图案的，花的，带花纹的 ↔ uni〈ein Stoff, e-e Tapete 衣料，糊墙纸〉: *e-e bunt gemusterte Bluse* 一件有五彩花纹的女衬衣

Ge·müt *das*; *-(e)s*, *-er* **1.** *nur Sg*（只用单数）; die Gesamtheit der Gefühle, die ein Mensch entwickeln kann u. die sein Wesen bestimmen 性情，心情，感情，脾气，气质 ≈ Psyche, Seele ↔ Verstand〈ein ängstliches, freundliches, heiteres, kindliches, sanftes G. (haben), j-s G. bewegen, erschüttern (具有)胆怯的、和善的、开朗的、天真的、温柔的性情,触动某人的感情,使某人的内心震动〉 ‖ K-(复合): **Gemüts-**, **-verfassung**, **-zustand** **2.** *nur Pl*(只用复数); Menschen im Hinblick auf ihre Gefühle 人心,人的情绪,感情〈etw. bewegt, erhitzt, erregt die Gemüter 某事打动人心,使人愤怒,惹人恼火〉: *Das neue Gesetz löste zunächst heftige Proteste aus, aber dann haben sich die Gemüter wieder beruhigt* 新法律起初引起激烈的反对,但后来人的情绪恢复了平静 **3. ein schlichtes G.** *euph*[婉]; j-d, der nicht sehr intelligent ist 为人质朴,平凡的人 **4. ein sonniges G. haben** *iron*[讽]; in naiver Weise optimistisch sein 大大咧咧,满不在乎,头脑简单 **5. etw. legt sich, schlägt j-m aufs G.** etw. macht j-n traurig, deprimiert ihn 某事使某人伤感,使某人泄气 ‖ ID[谚] **sich** (*Dat* 三格) **etw. zu Gemüte führen** *hum*[诙]; *mst* etw. lesen od. etw. Gutes essen od. trinken 品读,品尝,品味: *sich e-e Flasche Wein zu Gemüte führen* 怡然自得地啜饮一瓶葡萄酒 ‖ *zu* (义项) **1. ge·müts·arm** *Adj*(形); *nicht adv*(不作状语); **ge·müt·voll** *Adj*(形)

ge·müt·lich *Adj*(形) **1.** so, dass man sich sehr wohl fühlt, ohne störende Einflüsse od. Merkmale 舒适的,惬意的 ≈ behaglich, heimelig ↔ ungemütlich 〈e-e Atmosphäre, ein Lokal, ein Sessel, e-e Wohnung 气氛,饭馆,沙发椅,住房〉 ‖ NB(注意): um *g.* zu verstärken, verwendet man in der gesprochenen Sprache *urgemütlich* (为了加强语气,口语中使用 *urgemütlich*) **2.** ohne unangenehme Pflichten, in angenehmer Gesellschaft 无拘束的,愉快的 ≈ zwanglos ↔ anstrengend 〈ein Beisammensein, ein Treffen 聚会,会面; g. beisammensitzen 亲切地聚集一堂; sich e-n gemütlichen Abend machen 举办一个愉快欢乐的晚会〉: *Nachdem das offizielle Programm abgewickelt war, begann der gemütliche Teil des Abends bei Musik u. Tanz* 在正式节目结束之后,晚会开始了轻松愉快的部分——音乐和舞蹈 **3.** langsam, ohne Eile 从容不迫的,不急不躁的,悠然自得的 ≈ gemächlich ↔ gehetzt 〈ein Spaziergang, ein Tempo 散步,速度〉: *Wir hatten vor der Abfahrt noch Zeit, g. essen zu gehen* 开车前我们还有工夫从从容容地去吃饭 **4.** nett u. freundlich 和气的,随和的,平易近人的 ≈ umgänglich ↔ ungemütlich 〈ein Mensch 人〉 **5. es sich irgendwo g. machen** (sich hinlegen od. -setzen u.) sich entspannen(躺下或坐下)让自己放松、松弛一下 ‖ *zu* (义项) **1.-4. Ge·müt·lich·keit** *die*; *nur Sg*(只用单数)

Ge·müts·be·we·gung *die*; ein Gefühl, das sich deutlich zeigt 内心的激动,内心的感动

ge·müts·krank *Adj*(形); *nicht adv*(不作状语); psychisch krank (*mst* depressiv) 郁郁寡欢的,患忧郁症的,情绪不正常的 ‖ *hierzu*(派生) **Ge·müts·krank·heit** *die*

Ge·müts·mensch *der*; j-d, der immer freundlich ist u. der sich nicht aus der Ruhe bringen lässt 和气而处事稳当的人,冷静行事的人

Ge·müts·ru·he *die*; *mst in* 多用于 **in aller G.** *gespr*[口]; ruhig u. ohne Hast, obwohl nicht viel Zeit übrig ist 冷静沉着地,平心静气地,从容不迫地: *Fünf Minuten vor dem Abflug schlenderte er in aller G. zum Flugsteig* 起飞前五分钟,他从容自若地溜达到登机通道

Gen *das*; *-s*, *-e*; *mst Pl*, BIOL (多用复数)【生】; der kleinste Träger von Eigenschaften in den Zellen e-s Lebewesens, durch den ein Merkmal vererbt wird 基因,遗传因子 ≈ Erbanlage: *Gene sind die Träger der Erbinformation* 遗传因子是遗传信息的载体 ‖ K-(复合): **Gen-**, **-forscher**, **-forschung**, **-manipulation**, **-material**, **-mutation**

gen *Präp*(介); *mit Akk*, *veraltet*(支配四格)[旧] ≈ gegen[1] (1), nach (3): *Die Vögel fliegen gen Süden* 鸟儿飞向南方

ge·nannt *Partizip Perfekt*(过去分词); ↑ **nennen**

ge·nas *Imperfekt*, *1. u. 3. Person Sg*((过去时,第一和第三人称单数); ↑ **genesen**

ge·nau, *genauer*, *genau(e)st-*; *Adj*(形) **1.** so, dass es in allen Einzelheiten mit der Wirklichkeit, e-r Regel, e-m Vorbild *o. Ä.* übereinstimmt 准确的,精确的,确切的,严格的 ≈ exakt, korrekt, präzise ↔ ungefähr 〈e-e Übersetzung 译文; die Uhrzeit 时间; sich g. an etw. halten 严格遵守某事; etw. ist g. das Richtige 某事完全正确(分毫不差)〉: *Sie traf g. ins Ziel* 她恰好(准确地)击中目标; *Die Schnur ist g. zwölf Meter lang* (= nicht kürzer u. nicht länger)绳子正好 12 米(不多也不少) **2.** so, dass nichts Wichtiges fehlt, dass alle Einzelheiten berücksichtigt sind 详尽的,详细的 ≈ sorgfältig ↔ oberflächlich 〈e-e Beschreibung, ein Bericht, e-e Untersuchung, e-e Zeichnung 描述,报告,调查,图纸〉: *Wisst ihr schon Genaues über den Unfall?* 你们已经知道事故的详细情况吗? **3.** *nur adv*(只作状语); sehr gut 确切的,透彻的〈j-n/etw. g. kennen 透彻地了解某人/某事〉 **4.** *nur adv*(只作状语); bewusst u. konzentriert 密切的,专心的〈sich etw. g. merken 专心记住某事; g. aufpassen 密切注意〉 **5. G!** / **Stimmt G.!** *gespr*[口]; verwendet, um e-e Frage positiv zu beantworten od. um e-e Vermutung zu bestätigen(表示肯定回答或证实推测)对,是的,正是这样,的确如此: *„Wir verdienen alle viel zu wenig!" – „Stimmt g.!"*"我们大伙儿都挣得太少了!"——"正是这样!" **6. es mit etw. g. nehmen** in bestimmter Hinsicht sehr gewissenhaft u. sorgfältig sein 认真地,严格地对待某事〈es mit der Arbeit, dem Geld, den Vorschriften g. nehmen 认真(仔细)地对待工作、金钱、规章制度〉 ‖ NB(注意): *zu* (义项) **1.-6.**: um *g.* zu verstärken, verwendet man in der gesprochenen Sprache *haargenau* (为了加强语气,口语中用 *haargenau*) **7. g. genommen** wenn man es genau nimmt 准确地说,严格地讲 ≈ streng genommen: *Sie nennt ihn „Vater", aber g. genommen ist er ihr Stiefvater* 她称呼他"父亲",但严格地讲,他

是她的继父 **8.** *gespr*［口］≈ endgültig, definitiv: *Ich weiß noch nicht g., ob wir kommen* 我们来不来，我还说不准

ge.nau.ge.nom.men ↑ **genau** (7)

Ge.nau.ig.keit *die*; -; *nur Sg*（只用单数）**1.** ≈ Präzision: *Die Uhr funktioniert mit großer G.* 这块表走时高度精确 **2.** e-e strenge Sorgfalt 精确性，精密度，仔细 ↔ Oberflächlichkeit 〈etw. mit pedantischer, peinlicher G. tun 做某事太苛求，极其仔细(一丝不苟)〉 **3.** ***mit G.*** ≈ endgültig, sicher 〈etw. nicht mit G. wissen, sagen können 某事知道得不透彻，不可能讲得确切〉

ge.nau.so *Adv*（副）; ***g.*** (... ***wie*** ...) in der gleichen Weise od. im gleichen Maße wie j-d anderer/etw. anderes 跟…完全一样 ≈ ebenso: *Ein Würfel ist g. hoch wie breit* 色子的高和宽完全相同; *Er ist g. klug wie sein Bruder* 他和他兄弟一样聪明; *Mach es doch g. (wie ich)!* 请你完全照我这样做! ‖ K-（复合）: ***genauso, gut, lange, oft, viel, weit, wenig*** *usw* ‖ NB（注意）: aber: „*Habe ichs richtig gemacht?*" – „*Ja, genau so macht mans*" "我做得对吗?"——"没错，就是这样做的"（getrennt geschrieben 分开写）

Gen.bank *die*; -, *Gen•ban•ken*; e-e Institution, in der *bes* Samen von sehr vielen verschiedenen Planzen konserviert werden, um möglichst viele Gene zu bewahren 基因库

Gen.darm [ʒan-] *der*; *-en, -en*; Ⓐ Ⓒⓗ［奥］［瑞］ein Polizist in Uniform, der auf dem Land eingesetzt wird 警察，宪兵 ‖ NB（注意）: *der Gendarm; den, dem, des Gendarmen*

Gen.dar.me.rie [ʒan-] *die*; -, *-n* [-ˈriːən]; Ⓐ Ⓒⓗ［奥］［瑞］**1.** *Kollekt*（集合）; alle Gendarmen 宪兵队 **2.** e-e Einheit² (2) der Polizei (*bes* auf dem Land) 地方警察

ge.nehm *Adj*（形）; *nicht adv, geschr*（不作状语）［书］; ***j-m g.*** j-m willkommen, angenehm 对…称心的，受…欢迎的，合…心意的

ge.neh.mi.gen; *genehmigte, hat genehmigt*; **Vt**（及物）(***j-m***) ***etw. g.*** j-m etw. (offiziell) erlauben, um das er gebeten hat od. für das er e-n Antrag gestellt hat 允许，赞同，批准，准许 ↔ verbieten: *Die Demonstration war von der zuständigen Behörde genehmigt worden* 游行得到有关当局的批准 ‖ ID［谚］***sich*** (*Dat* 三格) ***etw. g.*** *gespr hum*［口］［诙］; etw. essen od. trinken, auf das man Lust hat 喝一杯，吃一点: *sich ein Glas Wein g.* 喝上一杯葡萄酒; ***sich*** (*Dat* 三格) ***einen g.*** *gespr hum*［口］［诙］; (ein Glas) Alkohol trinken 喝上一盅

Ge.neh.mi.gung *die*; -, *-en* **1.** ***e-e G.*** (***für/zu etw.***) die Erlaubnis, etw. zu tun 批准，允许，准许，赞同 ↔ Ablehnung 〈e-e befristete, behördliche, polizeiliche, schriftliche G. 有期限的，当局的，警方的，书面的批准; e-e G. einholen, erhalten 取得，得到批准; j-m e-e G. erteilen 给予某人许可〉: *Er bekam keine G., das militärische Gebiet* zu *betreten* 他未获准进入军事区 ‖ K-（复合）: ***Genehmigungs-, -pflicht*** **2.** das Blatt Papier, auf dem e-e G. (1) steht 批准书，许可证，批照，批件 〈e-e G. vorlegen, vorzeigen 呈交、出示批准书〉

ge.neigt **1.** *Partizip Perfekt*（过去分词）; ↑ ***neigen*** **2.** *Adj*（形）; ***zu etw. g. sein*** *geschr*［书］; bereit, willig sein, etw. zu tun 乐意…，愿意…，准备…，倾向于…: *Er war nicht g., ihr zu glauben* 他不想相信她 **3.** *Adj*（形）; ***j-m g. sein*** *geschr*［书］; zu j-m freundlich u. wohlwollend sein 对某人怀有善意，同情某人，对某人友好 ≈ j-m wohl gesonnen sein

Ge.ne.ral *der*; *-s, -e/Ge•ne•rä•le*; MIL【军】; der höchste Offizier in e-r Armee 将军 ‖ K-（复合）: ***Generals-, -rang, -titel***

Ge.ne.ral- *im Subst, begrenzt produktiv*（构成名词，构词有限）**1.** drückt aus, dass etw. (fast) alles/alle betrifft 总…，全…; die ***Generalamnestie***, der ***Generalbevollmächtigte***, die ***Generalinspektion***, die ***Generalvollmacht*** **2.** drückt aus, dass j-d den höchsten Rang hat bzw. dass etw. die höchste Instanz ist 最高…，总…; der ***Generaldirektor***, der ***Generalintendant***, der ***Generalstaatsanwalt***

Ge.ne.ral.bun.des.an.walt *der*; Ⓓ［德］der oberste Staatsanwalt beim Bundesgerichtshof 联邦总检察长 ‖ *hierzu*（派生）**Ge•ne•ral•bun•des•an•wäl•tin** *die*

Ge.ne.ral.in.s.pek.teur *der*; Ⓓ［德］der ranghöchste Offizier der Bundeswehr（联邦国防军）总监 ‖ *hierzu*（派生）**Ge•ne•ral•in•s•pek•teu•rin** *die*

ge.ne.ra.li.sie.ren; *generalisierte, hat generalisiert*; **Vt/i**（及物/不及物）(***etw.***) ***g.*** *geschr*［书］≈ (etw.) verallgemeinern ‖ *hierzu*（派生）**Ge•ne•ra•li•sie•rung** *die*

Ge.ne.ral.pro.be *die*; die letzte Probe vor der ersten Aufführung (der Premiere) e-s Theaterstückes, Konzerts *o. Ä.*（正式演出前的）彩排

Ge.ne.ral.se.k.re.tär *der*; der Leiter der Verwaltung e-r großen Organisation, e-r Partei *o. Ä.* 秘书长，总书记: *der G. der Vereinten Nationen* 联合国秘书长 ‖ *hierzu*（派生）**Ge•ne•ral•se•k•re•tä•rin** *die*

Ge.ne.ral.stab *der*; e-e Gruppe von Offizieren, die den obersten Befehlshaber e-r Armee beraten 总参谋部

Ge.ne.ral.streik *der*; ein Streik, an dem sich die meisten Arbeiter aller Arbeitsbereiche e-s Landes beteiligen 总罢工 〈den G. ausrufen, in den G. treten 宣布，进入总罢工〉

ge.ne.ral.über.ho.len; *hat generalüberholt*; **Vt**（及物）***etw. g.*** e-e Maschine gründlich überprüfen u. alle Mängel reparieren 总(全面)检修，大修 〈ein Auto, ein Flugzeug g. 全面检修汽车，飞机〉 ‖ NB（注意）: nur im Infinitiv u. Partizip Perfekt（只用不定式和过去分词）! ‖ *hierzu*（派生）**Ge•ne•ral•über•ho•lung** *die*

Ge.ne.ral.ver.samm.lung *die*; e-e Versammlung, zu der alle Mitglieder e-s Vereins, e-r Organisation *o. Ä.* eingeladen werden 全体大会，全体会议 〈e-e G. einberufen 召开全体大会〉

G

Ge·ne·ral·ver·tre·ter *der*; j-d, der in e-m bestimmten Gebiet den Verkauf von Versicherungen od. von Produkten e-r Firma leitet u. betreut 总代表，总代理，全权代理人 ‖ *hierzu*（派生）**Ge·ne·ral·ver·tre·te·rin** *die*; **Ge·ne·ral·ver·tre·tung** *die*

Ge·ne·ra·ti·on [-ˈtsi̯oːn] *die*; -, -*en* **1.** alle Menschen, die ungefähr gleich alt sind 辈，代〈die junge, ältere, heutige G. 年轻的，较老的，今天的一代；die G. der Eltern, der Kinder 父母辈，子女辈〉：*e-e Meinungsumfrage unter der G. der Zwanzig- bis Dreißigjährigen durchführen* 在 20 和 30 岁之间的一代人中进行民意调查 **2.** e-e Stufe in der zeitlichen Abfolge von Nachkommen u. Vorfahren e-r Familie, *z.B.* Großeltern, Eltern, Kinder（家族中的）代，辈，世：*Seit drei Generationen wohnt Familie Meier in München* 迈耶尔一家三代一直居住在慕尼黑 ‖ K-（复合）：***Generations-***, ***-wechsel*** **3.** ein Zeitraum von etwa dreißig Jahren 一代（的时间），一个时代〈in/vor zwei, drei *usw* Generationen 在两代、三代的时间里/在两代、三代以前〉**4.** alle Maschinen, Geräte *o.Ä.*, die auf dem gleichen Stand der Entwicklung stehen 一代（处于同一发展水平的）产品：*e-e neue G. von Computern* 新一代电子计算机（电脑）

Ge·ne·ra·ti·o·nen·ver·trag *der*; *nur Sg*（只用单数）das System, nach dem die Renten e-r Generation jeweils von der nächsten Generation bezahlt werden 隔代支付养老金合同

Ge·ne·ra·ti·ons·kon·flikt [-tsi̯oːns-] *der*; Probleme u. Konflikte zwischen jüngeren u. älteren Menschen（*z.B.* Kindern u. ihren Eltern）, die verschiedene Ansichten u. Lebensweisen haben 代沟，代际冲突

Ge·ne·ra·tor *der*; -*s*, *Ge·ne·ra·to·ren*; e-e Maschine, die elektrischen Strom erzeugt 发电机 ≈ Dynamo

ge·ne·rell *Adj*（形）；nicht auf e-n einzelnen, bestimmten Fall beschränkt, sondern allgemein 普通的，普遍的，一般（适用）的 ↔ speziell〈e-e Entscheidung, e-e Lösung, ein Problem 决定，解决办法，问题；etw. g. ablehnen, erlauben, verbieten 一般性地拒绝、允许、禁止某事〉：*Er hat e-e generelle Abneigung gegen alle Milchprodukte* 凡是奶制品，他都不喜欢

ge·ne·rös, *generöser*, *generösest-*; *Adj*（形）；*geschr*［书］≈ großzügig 慷慨大方的，豪爽的，丰厚的〈ein Geschenk 礼物〉‖ *hierzu* **Ge·ne·ro·si·tät** *die*; *nur Sg*（只用单数）

Ge·ne·se *die*; -, -*n*; **die G.** + *Gen*（二格）; *geschr*［书］≈ Entstehung〈die G. e-r Krankheit, e-s Romans 疾病的形成，长篇小说的产生〉

ge·ne·sen; *genas*, *ist genesen*; [Vi]（不及物）（**von etw.**）**g.** *geschr*［书］；nach e-r Krankheit wieder gesund werden 痊愈，病愈，复元 ↔（an etw.）erkranken ‖ *hierzu*（派生）**Ge·ne·sen·de** *der/die*; -*n*, -*n*

Ge·ne·sis, **Ge·ne·sis** *die*; -; *nur Sg*, REL（只用单数）【宗】；die Geschichte von der Erschaffung der Welt, wie sie in der Bibel steht（圣经旧约中的）创世记 ≈ Schöpfungsgeschichte

Ge·ne·sung *die*; -, -*en*; *mst Sg*（多用单数）；（**j-s**）**G.**（**von etw.**）das Gesundwerden, Genesen 痊愈，康复，复原〈j-m e-e baldige, schnelle G. wünschen 祝愿某人早日痊愈，迅速康复；sich auf dem Wege der G. befinden 正在病愈康复中〉‖ K-（复合）：***Genesungs-***, ***-prozess***, ***-urlaub***

ge·ne·tisch *Adj*（形）**1.** die Erbanlagen betreffend 遗传的，生物起源的〈ein Experiment, e-e Manipulation 实验，控制〉：*e-e Krankheit mit genetischen Ursachen* 遗传性疾病；*die genetische Information in den Körperzellen* 人体细胞的遗传信息 **2.** die Wirkung der Vererbung betreffend 遗传作用的，遗传学的〈Forschungen, Untersuchungen 研究，探讨〉‖ *hierzu*（派生）**Ge·ne·tik** *die*; -; *nur Sg*（只用单数）

ge·ni·al [-ˈni̯aːl] *Adj*（形）**1.** *nicht adv*（不作状语）；mit e-r außergewöhnlich großen intellektuellen u./od. künstlerischen Begabung 天才的，独创的 ≈ hoch begabt〈ein Erfinder, ein Künstler 发明家，艺术家〉**2.** außergewöhnlich klug, gut（gemacht）绝妙的，独到的 ↔ mittelmäßig〈e-e Erfindung, e-e Idee, ein Kunstwerk 发明，见解，艺术品〉‖ *hierzu*（派生）**Ge·ni·a·li·tät** *die*; *nur Sg*（只用单数）

Ge·nick *das*; -(*e*)*s*, -*e*; *mst Sg*（多用单数）；der hintere Teil des Halses 后颈，脖颈，脖梗〈j-m/sich das G. brechen 断送，毁了某人/自己，把某人搞垮，使某人失败/破产，失败，遇难，出事故〉：*Von der Zugluft bekam sie ein steifes G.* 因穿堂风，她的脖子吹僵了 ‖ ↑ *Abb. unter* 图见 **Mensch** ‖ K-（复合）：***Genick-***, ***-starre*** ‖ ID［谚］***etw. bricht j-m das G.*** *gespr*［口］；etw. ruiniert j-n/j-s Karriere 某事毁了某人的前途

Ge·nie [ʒeˈniː] *das*; -*s*, -*s* **1.** ein Mensch mit ganz außergewöhnlicher Begabung 天才，天才人物〈ein großes, verkanntes G. 伟大的、被埋没的天才〉：*Sie ist ein mathematisches G.* 她是一位数学天才 **2.** *nur Sg*（只用单数）；geniale Fähigkeiten 才能，才华，天赋〈G. besitzen, haben 具备才能，享有天赋〉：*das G. e-s Malers* 画家的天赋；*Seine Bilder zeugen von großem G.* 他的画作证明他很有才华

ge·nie·ren, sich [ʒe-]; *genierte sich*, *hat sich geniert*; [Vr]（反身）**sich g.** sich unsicher u. verlegen fühlen, weil man etw. als peinlich empfindet 害羞，感到不自在，不好意思，受拘束，难为情 ≈ sich schämen〈sich vor j-m g. 在某人面前感到拘束〉：*Sie genierte sich in ihrem neuen Bikini* 穿着新比基尼泳装，她感到难为情

ge·nieß·bar *Adj*（形）；*nicht adv*（不作状语）；*mst* 多用 ***etw. ist nicht mehr g.*** e-e Speise, ein Getränk *o.Ä.* schmeckt nicht mehr, ist verdorben *o.Ä.* 某物不能再食用了 ‖ ID［谚］*mst* 多用 ***Er/Sie ist nicht g.*** *gespr*［口］；er/sie ist schlecht gelaunt u. unfreundlich 他/她脾气不好（情绪很坏）‖ *hierzu*（派生）**Ge·nieß·bar·keit** *die*; *nur Sg*（只用单数）

ge·nie·ßen; *genoss*, *hat genossen*; [Vt]（及物）**1.** ***etw. g.*** Freude, Genuss bei etw.

empfinden 享受，欣赏，品尝〈gutes Essen, Musik, die Ruhe, den Urlaub *usw* g. 享用可口的饭菜，欣赏音乐，享受宁静，享受假期等等〉: *Sie genießt es, am Sonntag lange zu schlafen* 星期天多睡会儿觉，对她是一种享受 **2. etw. g.** etw., das nützlich od. erfreulich ist, besitzen 享有，获得〈*mst* 多用 hohes Ansehen, j-s Hochachtung, j-s Wertschätzung g. 享有崇高威望，获得某人的尊敬、某人的敬重〉: *Er genießt bei allen große Sympathie* 他获得大家极大的同情(好感) **3. e-e Ausbildung, e-e Erziehung g.** *geschr* [书]; e-e Ausbildung, e-e Erziehung bekommen 得到培训，受到教育 **4.** *mst* 多用 **etw. ist nicht / kaum zu g.** etw. schmeckt nicht(物作主语)没法吃/几乎没法吃: *Das Essen ist so stark gewürzt, dass es kaum zu g. ist* 这食物作料太重，几乎没法吃 ‖ ID [谚] *mst* 多用 **Er / Sie ist nicht / kaum / nur mit Vorsicht zu g.** *gespr* [口]; er/sie ist schlecht gelaunt u. unfreundlich 他/她情绪不好，叫人受不了/叫人几乎受不了/和他/她打交道可得留神 ‖ ▶ **Genuss, genüsslich**

Ge·nie·ßer *der*; *-s*, *-*; j-d, der gern etw. genießt (1) u. sein Leben entsprechend gestaltet 会享受的人，讲究享乐者〈ein stiller G. 悠闲享乐的人〉 ‖ *hierzu* (派生) **Ge·nie·ße·rin** *die*; *-*, *-nen*

ge·nie·ße·risch *Adj* (形); mit großem Genuss, wie ein Genießer 善于品味的，会享受的〈etw. g. auf der Zunge zergehen lassen 仔细品味某物〉

Ge·nie·streich *der*; e-e sehr kluge u. fantasievolle, oft unerwartete Tat 绝招，妙计，惊人之举，令人佩服的成就

Ge·ni·tal·be·reich *der*; der Teil des Körpers, an dem die Geschlechtsorgane sind 生殖器部位

Ge·ni·ta·li·en [-liən] *die*; *Pl*, MED (复)【医】≈ Geschlechtsorgane

Ge·ni·tiv [-f] *der*; *-s*, *-e* [-v-]; LING【语】; der Kasus, in dem *bes* ein Substantiv steht, das auf die Frage „wessen" antwortet. Dieser Kasus wird auch von einigen Präpositionen (*z.B. anlässlich, seitens*) u. intransitiven Verben (*z.B. sich erbarmen*) regiert 第二格 ≈ Wesfall, zweiter Fall 〈das Substantiv steht im G. 名词处于第二格〉: *In der geschriebenen Sprache steht nach „wegen" der G.* 在书面语言中"wegen"后面用第二格: *„wegen des schlechten Wetters"* "因(由于)天气不好" ‖ K-(复合): **Genitiv-, -attribut, -objekt**

Ge·ni·us [-iʊs] *der*; *-*, *Ge·ni·en* [-iən]; *geschr* [书] ≈ Genie

gen·ma·ni·pu·liert *Adj* (形); *nicht adv*, *mst pej* (不作状语) 多用[贬]〈Pflanzen, Tiere 植物，动物〉mit neuen Eigenschaften, die nicht durch Züchtung, sondern durch Gentechnik geschaffen wurden 基因控制的，转基因的: *die Kennzeichnung von genmanipulierten Lebensmitteln* 转基因食品的标志 ‖ *hierzu* (派生) **Gen·ma·ni·pu·la·ti·on** *die*

ge·nom·men *Partizip Perfekt* (过去分词); ↑ **nehmen**

ge·noss *Imperfekt*, *1. u. 3. Person Sg* (过去时，第一和第三人称单数); ↑ **genießen**

Ge·nos·se *der*; *-n*, *-n* **1.** verwendet von Mitgliedern e-r Gewerkschaft, e-r sozialdemokratischen, sozialistischen od. kommunistischen Partei als Anrede u. Bezeichnung für andere Mitglieder dieser Organisationen (工会、社会民主党，社会党，共产党内部成员彼此间的称呼)同志 **2.** *hist* (*DDR*) [历(民德)]; verwendet als Anrede für Offiziere, Funktionäre *usw* in der DDR(民德对官员、机关工作人员等的称呼)同志〈der G. Direktor, Major, Staatsratsvorsitzende *usw* 校长同志，少校同志，国务委员会主席同志等〉 **3.** *veraltet* [旧] ≈ Gefährte, Kamerad ‖ NB (注意): *der Genosse; den, dem, des Genossen* ‖ *hierzu* (派生) **Ge·nos·sin** *die*; *-*, *-nen*

ge·nos·sen *Partizip Perfekt* (过去分词); ↑ **genießen**

Ge·nos·sen·schaft *die*; *-*, *-en*; e-e Organisation *mst* von Bauern od. Handwerkern, die sich zusammengeschlossen haben u. *z.B.* gemeinsam Maschinen kaufen od. gemeinsam den Verkauf ihrer Produkte organisieren 合作社，协作社 ‖ K-(复合): **Genossenschafts-, -bank, -bauer** ‖ -K(复合): **Landwirtschafts-, Produktions-** ‖ *hierzu* (派生) **Ge·nos·sen·schaf·ter, Ge·nos·sen·schaft·ler** *der*; *-s*, *-*; **Ge·nos·sen·schaf·te·rin, Ge·nos·sen·schaft·le·rin** *die*; *-*, *-nen*; **ge·nos·sen·schaft·lich** *Adj* (形)

Gen·re [ˈʒãːrə] *das*; *-s*, *-s*; *geschr* [书]; e-e Art von Werken (der bildenden Kunst, Literatur od. Musik), die in Inhalt u. Form (zum Teil) übereinstimmen(文学艺术作品的)种类，体裁

Gen·tech·nik *die*; *nur Sg*, BIOL (只用单数)【生】; die Anwendung von Gentechnologie 基因工程，生物工程技术 ‖ *hierzu* (派生) **gen·tech·nisch** *Adj* (形)

Gen·tech·no·lo·gie *die*; BIOL【生】; das Gebiet der Biologie, das sich mit der künstlichen Veränderung von Genen beschäftigt 遗传基因工程 ‖ *hierzu* (派生) **gen·tech·no·lo·gisch** *Adj* (形)

Gen·tle·man [ˈdʒɛntlmən] *der*; *-s*, *Gen·tle·men* [-mən]; ein Mann mit sehr guten Manieren u. gutem charakter 绅士，有教养的人，有身份的人

ge·nug *Adv* (副) **1.** so viel, so sehr, wie nötig ist 足够，够 ≈ ausreichend, genügend: *Sie hat nicht g. Geld für e-e Urlaubsreise* 她没有足够的钱作一次假期旅行; *Zeit g./g. Zeit haben, um e-e Arbeit fertigzustellen* 有做完一项工作的足够时间，有足够的时间做完一项工作; *nicht g. zu essen haben* 不够吃; *Er verdient kaum g., um seine Familie zu ernähren* 他挣的钱几乎不够养家糊口 **2.** *Adj* (形) + **g.** verwendet, um auszudrücken, dass die im Adj. genannte Eigenschaft in ausreichendem Maße vorhanden ist 够…的(表示某种特性): *Er ist schon alt genug, um das zu verstehen* 他已经够大了，能理解此事了，他的年龄已经足够理解此

事了；*Es ist noch nicht warm g. für kurze Hosen* 天气还不够暖，不能穿短裤 **3.** *Adj*（形）+ **g.** verwendet, um e-e negative Aussage zu verstärken 够…的（用来加强负面意义）：*Das Problem ist schwierig g.* 这问题够棘手的；*Das ist schlimm g.!* 这够呛！这糟透了！‖ ID［谚］*mst* 多用 ***Er/Sie kann nie g. bekommen*** er/sie will immer noch mehr haben 他/她从不知足，贪得无厌 ≈ er/sie ist unersättlich；***von j-m/etw. g. haben*** *gespr*［口］；e-r Person od. Sache überdrüssig sein 对某人/某事腻了，厌烦了；***G. damit!***；***Jetzt ist aber g.!*** verwendet, um auszudrücken, dass j-s Geduld zu Ende ist（表示不耐烦）够了！现在该结束了！现在该收场了！

Ge·nü·ge *die*；*nur in* 只用于 **1.** ***zur G.*** *mst pej* 多用［贬］；in ausreichendem Maß（bis zum Überdruss）充分，足够：*Hör mit diesen Vorwürfen auf. Die kenn ich schon zur G.!* 不要再埋怨了，对这些人我有足够的了解！**2.** ***etw.***（*Gen* 二格）***G. tun/leisten*** *geschr*［书］；etw. erfüllen, etw. ausreichend beachten 满足，符合，遵守，充分考虑〈j-s Bitten, Forderungen G. tun/leisten 充分考虑某人的请求，要求〉

ge·nü·gen；*genügte*, *hat genügt*；Vi（不及物）**1.** ***etw. genügt*** **(*j-m*) (*für/zu etw.*)** etw. ist in ausreichendem Maß bzw. in ausreichender Qualität vorhanden, ist genug (1)（物作主语）够，足够 ≈ etw. reicht (5)〈etw. genügt fürs Erste, vollkommen, vollauf 某物暂时、完全、充分地够用〉：*Ich habe nur 10 Euro dabei – genügt das?* 我身边只有 10 欧元——够吗？；*Bei diesem Wetter genügt e-e Strickjacke nicht, nimm lieber den Mantel!* 这种天气一件毛线外套不够，最好带上大衣！；*Genügt dir eine Stunde zum Einkaufen/für den Einkauf?* 一个小时够你买东西吧？**2.** ***etw.***（*Dat* 三格）***g.*** *geschr*［书］；etw. in befriedigender Weise erfüllen 符合，满足，适合于 ≈ etw. gerecht (6)

Das Genus der Substantive　名词的性		
Bei vielen Substantiven im Deutschen muss das Genus mit dem Substantiv mitgelernt werden, da es keine allgemeingültigen Regeln für die Zuordnung gibt. Es gibt aber einige Hinweise, die helfen können, das Genus zu bestimmen 德语中许多名词的词性必须与名词一起学，因为没有普遍适用的归类规则。但有几点提示，可能有助于确定词性：		
Gewöhnlich sind maskulin 通常是阳性的有： 1. Ableitungen von Verben ohne Suffix (außer denen, die auf **-t** enden) 不带后缀的动词派生名词（以-t 结尾的词除外）： **siegen：der Sieg** 2. Substantive auf **-er**, **-ig**, **-ling**, **-s** 以**-er**，**-ig**，**-ling**，**-s** 结尾的名词： **der Becher** **der Käfig** **der Liebling** **der Fuchs** 3. Die Namen der Jahreszeiten, Monate und Wochentage 季，月和星期的名称： **der Sommer** **der März** **der Samstag**	Gewöhnlich sind feminin 通常是阴性的有： 1. Substantive mit den Suffixen **-ei**, **-heit**, **-keit**, **-schaft** und **-ung** 带后缀**-ei**，**-heit**，**-keit**，**-schaft** 和 **-ung** 的名词： **die Bücherei** **die Helligkeit** **die Sauberkeit** **die Gesellschaft** **die Anerkennung** 2. Ableitungen von Verben, die auf **-t** enden 以-t 结尾的动词派生名词： **fahren：die Fahrt** **säen：die Saat** 3. Die Mehrzahl der Substantive auf **-e** 多数以**-e** 结尾的名词： **die Tomate** **die Seite** **die Buche**	Gewöhnlich sind sächlich 通常是中性的有： 1. Die Verkleinerungsformen auf **-chen** und **-lein** 以 **-chen** 和**-lein** 结尾的指小形式： **das Häuschen** **das Fräulein** 2. Die Kollektivbegriffe mit dem Präfix **Ge-** 带前缀 **Ge-**的集合概念： **das Geschrei** **das Getue** 3. Substantivierte Infinitive 名词化的不定式： **das Wandern** **das Lernen** 4. Die Namen der physikalischen Einheiten, chemischen Elemente, Buchstaben, Farben und Sprachen 物理单位、化学元素、字母、颜色和语言的名称： **das Kilogramm** **das Chlor** **das A** **das Rot** **das Deutsch(e)**

werden ⟨e-r Aufgabe, den Anforderungen, seinen Pflichten g. 胜任某个任务,符合要求,符合他的职责⟩: *Der Schüler hat den Anforderungen nicht genügt, er muss die Klasse wiederholen* 这个学生不符合要求(不及格),他不得不留级

ge·nü·gend **1.** *Partizip Präsens*(现在分词); ↑ **genügen** **2.** *Adj*(形); *indeklinabel*(词形不变); so, dass es genügt (1)充分的,足够的 ≈ genug (1,2): *Ist g. Kaffee für alle da?* 咖啡够大伙儿喝的吗?; *Sie hat nicht g. für die Prüfung gelernt* 她为考试下的功夫还不够

ge·nüg·sam *Adj*(形); mit wenig zufrieden 知足的,易于满足的,要求不高的 ≈ anspruchslos ⟨ein Mensch, ein Tier 人,动物; g. leben 生活(得)俭朴⟩ ‖ *hierzu* (派生) **Ge·nüg·sam·keit** *die*; *nur Sg*(只用单数)

Ge·nug·tu·ung *die*; -; *nur Sg*(只用单数) **1.** ***G.*** (***über etw.*** (*Akk* 四格)) ein Gefühl der Zufriedenheit 满意,知道≈ Befriedigung ⟨etw. mit G. hören, sehen 满意地听到,看到某事; G. empfinden 感到满意(满足)⟩: *Er empfand große G.* darüber, dass *der Täter hart bestraft wurde* 作案人受到严厉惩罚,对此他感到很满意 **2.** ***G.*** (***für etw.***) ein Ersatz für e-n (körperlichen od. seelischen) Schaden(为…)赔偿,补偿,赔礼,赔罪 ≈ Entschädigung, Wiedergutmachung ⟨(von j-m) (für e-n Schaden, e-e Beleidigung) G. fordern, erhalten(向某人)(为损失,受侮辱)要求赔偿、赔罪,得到赔偿; j-m G. leisten 给予某人赔偿,向某人赔罪⟩

Ge·nus, Ge·nus *das*; -, *Ge·ne·ra*; LING【语】; eine der drei Klassen (männlich/maskulin, weiblich/feminin, sächlich), in die die Substantive eingeteilt werden 名词的性 ≈ (grammatisches) Geschlecht ‖ ↑ Tabelle Seite 732 图表见 732 页

Ge·nuss *der*; *-es*, *Ge·nüs·se* **1.** die Freude, die man empfindet, wenn man etw. Angenehmes mit den Sinnen wahrnimmt 享受,乐趣,欣赏 ⟨etw. mit G. essen, hören, ansehen *usw* 美滋滋地吃,津津有味地听,看⟩: *Die Lektüre dieses Romans ist wirklich ein großer literarischer G.* 阅读这部长篇小说确实是文学上的一大享受 **2.** ***der G.*** (+ *Gen* 二格/***von etw.***) *nur Sg*, *geschr*(只用单数)[书]; das Essen od. Trinken 食用,饮用: *Vor dem übermäßigen G. von Pilzen wird gewarnt* 告诫人们不要过量地食用蘑菇 **3.** ***in den G.*** (+ *Gen* 二格/***von etw.***) ***kommen*** etw. (Angenehmes) bekommen, das man gern haben will od. das einem zusteht 享受,享用⟨in den G. e-r Vergünstigung, e-r Wohltat kommen 享受优惠,得到好处⟩

ge·nüss·lich *Adj*(形); voller Genuss (1)津津有味的,享乐的,有乐趣的 ≈ genießerisch

Ge·nuss·mit·tel *das*; etw. (wie *z.B.* Schokolade od. Kaffee), das man isst, trinkt od. raucht, weil es gut schmeckt od. anregend wirkt u. nicht, weil man Hunger od. Durst hat 嗜好品,享乐品,享受品(巧克力,咖啡等) ↔ Nahrungsmittel

Ge·nuss·sucht *die*; *nur Sg*(只用单数); das zu große Verlangen, die Gier nach e-m Genuss (1)追求享受,贪图享受 ‖ *hierzu*(派生) **ge·nuss·süch·tig** *Adj*(形)

ge·nuss·voll *Adj*(形) ≈ genüsslich

ge·öff·net *Adj*(形); *nur präd*, *nicht adv*(只作表语,不作状语) ≈ offen (3) ↔ geschlossen (6) ⟨das Amt, das Geschäft, die Bibliothek, das Schwimmbad, das Theater ist g. 局(所,厅),商店,图书馆,游泳池,剧院开门(办公,营业)⟩: *Die Museen sind im August nur vormittags g.* 博物馆在八月份只是上午开门

Geo·gra·fie, Geo·gra·phie *die*; -; *nur Sg*(只用单数) **1.** die Wissenschaft, die sich mit den Erscheinungen auf der Erdoberfläche u. ihrer Beziehung zum Menschen beschäftigt 地理学⟨G. studieren(大学)攻读地理学⟩ **2.** das Schulfach, in dem G. (1) gelehrt wird 地理课(中学) ≈ Erdkunde ‖ *zu*(义项) **1. Geo·graf, Geo·graph** *der*; *-en*, *-en*; **Geo·gra·fin, Geo·gra·phin** *die*; -, *-nen*; **geo·gra·fisch, geo·gra·phisch** *Adj*(形)

Geo·lo·gie *die*; -; *nur Sg*(只用单数); die Wissenschaft, die sich mit der Geschichte der Erde (u. *bes* dem Aufbau der Erdkruste) beschäftigt 地质学 ‖ *hierzu*(派生) **Geo·lo·ge** *der*; *-n*, *-n*; **Geo·lo·gin** *die*, -, *-nen*; **geo·lo·gisch** *Adj*(形)

Geo·met·rie *die*; -; *nur Sg*(只用单数); das Gebiet der Mathematik, das sich mit Linien, Flächen u. Körpern befasst 几何学 ‖ *hierzu* (派生) **geo·met·risch** *Adj*(形) ‖ Abb. Seite 734 图见 734 页

Ge·päck *das*; *-(e)s*; *nur Sg*, *Kollekt*(只用单数)(集合); die Koffer u. Taschen, die man auf Reisen mitnimmt 行李⟨mit leichtem, großem, viel, wenig G. reisen 携带轻便的、大的、多的、少的行李旅行⟩ ‖ K-(复合): ***Gepäck-, -karren, -kontrolle, -stück, -wagen, -versicherung*** ‖ -K(复合): ***Reise-***

Ge·päck·auf·be·wah·rung *die*; die Stelle in e-m Bahnhof, an der man sein Gepäck zur Aufbewahrung abgeben kann 行李寄存处

Ge·päck·netz *das*; e-e Art Netz od. Gitter, das in der Eisenbahn od. e-m Bus über den Sitzplätzen befestigt ist u. auf das man sein Gepäck legen kann 行李网架

Ge·päck·schein *der*; e-e Quittung, die man bekommt, wenn man sein Gepäck mit der Bahn transportieren lässt 行李托运单,行李托运凭证

Ge·päck·trä·ger *der* **1.** das Gestell über dem hinteren Rad e-s Fahrrades, auf dem man *z.B.* e-e Tasche befestigen kann(自行车后的)行李架,货架子 ‖ ↑ *Abb. unter* 图见 ***Fahrrad*** **2.** j-d, der an e-m Bahnhof arbeitet u. den Reisenden hilft, das Gepäck zu tragen 行李搬运工

Ge·pard *der*; *-s*, *-e*; e-e schlanke, mittelgroße Raubkatze, die ein gelbliches Fell mit kleinen dunklen Flecken hat u. sehr schnell laufen kann 猎豹 ‖ ↑ *Abb. unter* 图见 ***Raubkatzen***

G

ge·pfef·fert 1. *Partizip Perfekt*（过去分词）；↑ ***pfeffern*** 2. *Adj*（形）；*nicht adv*, *gespr*（不作状语）［口］；sehr hoch, zu hoch 过高的，哄抬起来的，数额过大的〈*mst* 多用 Preise, e-e Rechnung 物价，账单〉 3. *Adj*（形）；*nicht adv*, *gespr*（不作状语）［口］≈ derb, unanständig〈*mst* 多用 ein Witz 笑话〉

ge·pfif·fen *Partizip Perfekt*（过去分词）；↑ ***pfeifen***

ge·pflegt 1. *Partizip Perfekt*（过去分词）；↑ ***pflegen***[1], ***pflegen***[2] 2. *Adj*（形）；（durch sorgfältige Pflege）in e-m guten Zustand u. deshalb angenehm, ästhetisch wirkend 精心保养的，照管得好的：*Der Garten ist sehr g.* 花园照管得很好；*Dieser Wagen wirkt sehr g.* 这辆车看上去维护得很精细 3. *Adj*（形）；so, dass der Betroffene sehr auf seine äußere Erscheinung achtet 注意修饰的，讲究外表的：*Er macht e-n sehr gepflegten Eindruck* 他给人一个讲究整洁的印象 4. *Adj*（形）；von e-m hohen（kulturellen, gesellschaftlichen）Niveau, das als angenehm empfunden wird 高雅舒适的，考究的〈e-e Atmosphäre, ein Stil, ein Restaurant 气氛，风格（作风），餐馆〉：*In unserer Weinstube können Sie g. speisen* 在我们的小酒店您可以舒适地用膳

Ge·pflo·gen·heit *die*；*-, -en*；*mst Pl*, *geschr*（多用复数）［书］≈ Brauch, Gewohnheit〈entgegen den sonstigen Gepflogenheiten 违反通常的惯例；etw. entspricht（nicht）den Gepflogenheiten 某事（不）符合习俗〉 ‖ ▶ ***pflegen***[2]（2）

Ge·plän·kel *das*；*-s*, *-*；e-e Art harmloser Streit, bei dem man sich gegenseitig neckt u. verspottet 斗嘴，争吵，拌嘴

Ge·prä·ge *das*；*-s*；*nur Sg*, *geschr*（只用单数）［书］；das charakteristische Aussehen 特征，印记 ≈ Eigenart〈etw.（*Dat* 三格）sein/ein bestimmtes G. geben/verleihen 给某物打上一定的印记/赋予某物一定的特征〉：*Die Stadt hat noch ein ganz mittelalterliches G.* 这座城市还有一种完全是中世纪的风貌

ge·prie·sen *Partizip Perfekt*（过去分词）；↑ ***preisen***

ge·punk·tet *Adj*（形）；*nicht adv*（不作状语）；mit vielen Punkten 有点状花纹的，带点的〈ein Stoff 衣料〉：*ein rot gepunktetes Kleid* 一条红点连衣裙

ge·quält 1. *Partizip Perfekt*（过去分词）；↑ ***quälen*** 2. *gequälter*, *gequältest-*；*Adj*（形）≈ unnatürlich, gezwungen〈*mst* 多用 ein Lächeln 微笑；g. lächeln 强颜欢笑，苦笑〉

ge·quol·len *Partizip Perfekt*（过去分词）；↑ ***quellen***

ge·ra·de[1] *Adj*（形） 1. ohne Änderung der Richtung, ohne Kurve, Bogen, Knick o. Ä. 直的，笔直的 ↔ gebogen, krumm〈g. sitzen, stehen 坐直，站直，直挺挺地坐着、站着〉：*mit dem Lineal e-e gerade Linie ziehen* 用尺子画一条直线；*e-n Draht g. biegen* 将一

geometrische Figuren
几何图形

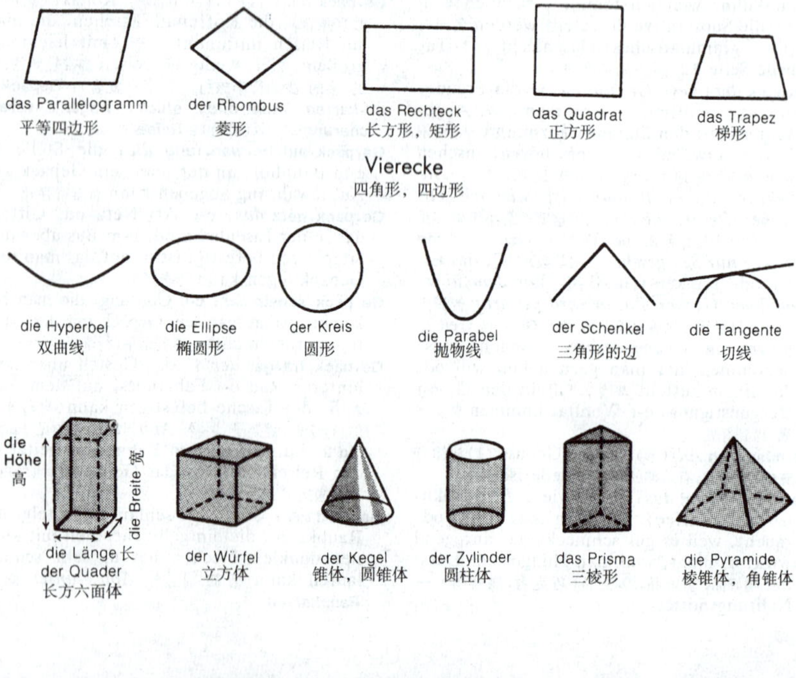

根铁丝撑直;Der Baum ist g. gewachsen 树长得笔直 **2.** ohne Abweichung von e-r waagrechten od. senkrechten Linie 垂直的,水平的,平正的 ↔ schief, schräg: *e-e gerade Ebene* 水平的平面; *Das Bild hängt g.* 画挂得平正; *Er wohnt g. gegenüber der Kirche* 他住在教堂的正对面 ‖ ↑ *Abb. unter* 图见 **Eigenschaften** **3.** ≈ aufrichtig 〈ein Charakter, ein Mensch 性格,人〉: *g. u. offen seine Meinung sagen* 直率而开诚布公地讲出自己的意见 **4.** *nur attr od adv* (只作定语或状语) ≈ genau (1) 〈das gerade Gegenteil 恰好相反; g. umgekehrt, entgegengesetzt 正好相反,截然对立〉: *Du kommst g. im rechten Augenblick* 你来得正是时候 **5. sich g. halten** e-e aufrechte (Körper) Haltung einnehmen 挺起身子,坐正,立正: *Halt dich gerade u. mach keinen so krummen Rücken!* 挺直身子,不要弯腰曲背! ‖ NB(注意): ↑ **Zahl** ‖ *zu* (义项) **3. Ge·rad·heit** *die*; *nur Sg*(只用单数)

ge·ra·de² *Adv*(副) **1.** in diesem od. dem genannten Augenblick 恰巧,刚才,正好 ≈ jetzt: *Ich habe g. keine Zeit* 我正好没空; *Er ist g. unterwegs* 他正好在路上出差 **2.** *mst* 多用 **ich usw wollte g.** + *Infinitiv* (不定式) ich war kurz davor, etw. zu tun 我刚好要做某事…: *Ich wollte g. gehen, als er anrief* 我刚要走开,他来电话了; *Was wolltest du g. sagen?* 你刚才想说什么? **3.** vor sehr kurzer Zeit 刚才,就在这时 ≈ soeben: *Ich bin g. erst zurückgekommen* 我刚才回来

ge·ra·de³ *Partikel*(小品词) **1.** *betont u. unbetont* (重读和非重读); verwendet, um auszudrücken, dass e-e Aussage auf j-n/etw. besonders zutrifft u. dabei e-n Gegensatz zu etw. Vorausgegangenem bildet(表示话题正好适用于某人/某事)恰恰,正好: *„Nach e-m langen Arbeitstag bin ich zu müde, um Sport zu treiben" – „G. dann würde dir ein bisschen Bewegung aber guttun!"* "上了一整天班,我太累了,不能进行体育锻炼"——"而恰恰这时候稍微活动活动,对你大有益处!"; *G. du solltest das besser wissen!* 恰好你应当对此事知道得更加清楚! **2.** *unbetont* (非重读); verwendet, um Ärger od. Überraschung darüber auszudrücken, dass etw. zu e-m ungünstigen Zeitpunkt passiert od. dass etw. Unangenehmes e-e bestimmte Person trifft(表示不快或意外)偏偏,正好 ≈ ausgerechnet (2,3): *Musste es g. heute regnen, wo wir e-n Ausflug machen wollten?* 我们今天想去郊游,老天爷干吗偏偏今天下雨!; *Warum passiert so etwas g. mir?* 为什么这种事偏偏叫我碰上? **3. nicht g.** *unbetont*(非重读); verwendet, um e-e verneinte Aussage ironisch od. höflich klingen zu lassen(表示讥讽或客气)并不怎么,不那么: *Sie ist nicht g. ein Genie* 她并不那么有才华; *Das ist nicht g. das, was ich erwartet habe* 这并不恰好是我所期望的; *Das war nicht g. geschickt von dir* 这事你做得并不怎么机灵 **4. g. noch** *betont u. unbetont* (重读和非重读); verwendet, um auszudrücken, dass etw. nur knapp eingetreten ist od. zutrifft(表示勉强达到要求)刚好,恰好: *Das Essen war g. noch genießbar* 食物刚刚算能吃; *Er hat den Zug g. noch erreicht* 他刚好赶上火车; *Sie hat die Prüfung g. noch bestanden* 她考试刚刚及格 **5. g. noch** *betont*, *iron* (重读)[讽]; verwendet, um auf ironische Weise seinen Ärger auszudrücken(以讥讽口吻表示不快)偏偏还: *Auf den haben wir g. noch gewartet!* (= den können wir jetzt nicht gebrauchen)他偏偏还来添乱!; *Das hat uns g. noch gefehlt!* 我们偏偏还遇上这事! ‖ ID[谚] **Jetzt 'g.!** *gespr* [口]; verwendet, um auszudrücken, dass man *bes* aus Trotz od. Ärger etw. tut, obwohl es j-d ablehnt od. obwohl die Umstände sehr ungünstig sind 现在反倒要去做! 现在偏要做! ≈ jetzt erst recht

Ge·ra·de *die*; -, -*n* **1.** MATH【数】; e-e gerade¹ (1) Linie ohne festgelegte Endpunkte 直线 **2.** SPORT【体】; ein Teil e-r Rennstrecke, der gerade¹ (1) verläuft 直道(跑道的直线部分) ‖ -K(复合): **Gegen-**, **Ziel-**

ge·ra·de·aus, ge·ra·de·aus *Adv*(副); ohne die Richtung zu ändern, weiter nach vorn 笔直地,方向不变地,径直地〈g. gehen, fahren *usw* 笔直往前走、行驶等〉

ge·ra·de·bie·gen; *bog gerade, hat geradegebogen*; [Vt](及物) **etw. (wieder) g.** *gespr* [口]; etw. wieder in Ordnung bringen 使(关系)恢复正常,重新言归于好 ≈ einrenken (2) ‖ NB (注意): ↑ **gerade¹** (1)

ge·ra·de·her·aus *Adv* (副); *gespr* [口] ≈ freimütig, offen (9): *seine Meinung g. sagen* 坦率地说出自己的意见

ge·rä·dert *Adj*(形); *nur präd od adv*, *gespr*(只作表语或状语)[口]; völlig erschöpft 精疲力尽的,累得要命的〈vollkommen g. sein 累坏了,累得散架儿了; sich wie g. fühlen 感觉累得要命〉

ge·ra·de·so *Adv*(副) ≈ ebenso〈g. gut, viel 同样好,多〉

ge·ra·de·ste·hen; *stand gerade, hat/südd* Ⓐ Ⓒⓗ [南德][奥][瑞] *ist geradegestanden*; [Vi](不及物) **für etw. g.** die negativen Folgen von etw. tragen, die Verantwortung für etw. übernehmen 对…负责,对…承担责任: *Die anderen haben die Fehler gemacht, aber ich muss dafür g.!* 别人犯的错,可责任得我承担! ‖ NB (注意) aber 但是: *nicht krumm, sondern gerade stehen* 别弯着腰,站直了(getrennt geschrieben 分开写)

ge·ra·de·wegs *Adv*(副) **1.** ohne e-n Umweg zu machen 直接地,径直地 ≈ direkt: *Sie ist g. nach Hause gegangen* 她直接回家去了 **2.** ohne zu zögern od. vorher etw. anderes zu tun od. zu sagen 直截了当地,坦率地 ≈ ohne Umschweife, direkt: *Sie kam g. auf unseren Streit zu sprechen* 她直截了当地谈及我们那场争吵

ge·ra·de·zu *Partikel* (小品词); *unbetont* (非重读); verwendet, um *mst* ein Adj. od. Subst. zu verstärken u. um auszudrücken, dass die Aussage in besonders hohem Maße zutrifft 全然,简直: *Ihr Benehmen war nicht nur unangebracht, sondern g. lächerlich!* 她的举

G

止不仅不得体，而且简直是可笑！；*Es wäre g. ein Wunder, wenn er pünktlich käme* 他要是准时来，那简直是奇迹

ge.rad.li.nig *Adj*（形）**1.** ≈ gerade[1]（1）〈etw. verläuft g. 某物笔直走向〉**2.** ≈ gerade[1]（3）〈g. sein, denken 为人爽直，坦率地认为〉‖ *hierzu*（派生）**Ge.rad.li.nig.keit** *die*；*nur Sg*（只用单数）

ge.ram.melt *Adv*（副）；*nur in* 只用于 **g. voll** *gespr*［口］；sehr voll（von Menschen），überfüllt 挤满人的，满座的：*Das Kino war g. voll* 电影院里座无虚席

Ge.ra.nie [-niə] *die*；-, -*n*；e-e Blume mit großen, leuchtend roten od. rosaroten Blüten, mit der man *bes* Balkons schmückt 天竺葵，老鹳草

ge.rann *Imperfekt, 3 Person Sg*（过去时，第三人称单数）；↑ **gerinnen**

ge.rannt *Partizip Perfekt*（过去分词）；↑ **rennen**

ge.rät *Präsens, 3 Person Sg*（现在时，第三人称单数）；↑ **geraten[1]**

Ge.rät *das*；-(*e*)*s*, -*e* **1.** ein Gegenstand, den man benutzt, um *bes* e-e Arbeit zu erledigen u. der zu diesem Zweck hergestellt wurde（*z.B.* ein Werkzeug）工具，用具，器具，器械〈ein G. handhaben 使用工具〉‖ K-（复合）：**Geräte-, -haus, -raum, -schuppen** ‖ -K（复合）：**Garten-, Küchen-; Arbeits-, Schreib-, Sport-** ‖ NB（注意）：Ein *Rasenmäher* ist ein *Gartengerät*, ein *Kochlöffel* ein *Küchengerät*, ein *Kugelschreiber* ein *Schreibgerät* und ein *Speer* ein *Sportgerät* 割草机是园艺工具，勺子是厨房用具，圆珠笔是书写工具，标枪是体育器械 **2.** ein technisches G.（1），das mit elektrischem Strom betrieben wird 机器装置，技术设备，仪器，电器 ≈ Apparat〈ein G. bedienen 操纵设备，使用电器〉‖ -K（复合）：**Elektro-, Fernseh-, Haushalts-, Küchen-, Radio-, Video- 3.** *mst Pl*（多用复数）；e-e Konstruktion aus Stangen, Seilen, Balken *o. Ä.*, an od. auf der man turnt（*z.B.* Barren, Reck）器械，体育器械〈an den Geräten turnen 在器械上做体操〉‖ K-（复合）：**Geräte-, -turnen, -turner, -übung** ‖ -K（复合）：**Turn- 4.** *nur Sg, Kollekt*（只用单数）（集合）；alle Geräte（1），die man zu etw. braucht 装备，器械 ≈ Ausrüstung：*Die Bergsteiger überprüften ihr gesamtes G., bevor sie aufbrachen* 爬山运动员们在出发前检查了全部器械

ge.ra.ten[1]；*gerät, geriet, ist geraten*；[Vi]（不及物）**1. irgendwohin g.** zufällig an den falschen Ort *o. Ä.* kommen, ohne Absicht irgendwohin kommen（无意中）走到，（偶然）出现在，（不知怎样）落到：*auf die falsche Fahrbahn g.*（不经意地）驶入错误的车道；*Wie ist denn der Brief hinter den Schrank geraten?* 信是怎么掉到柜子后面去的？**2. in etw.**（*Akk* 四格）**g.** zufällig in e-e unangenehme Situation kommen 陷入，落入，碰上〈in Gefahr, in Not, in Schwierigkeiten, in Verdacht g. 陷入危险，陷入困境，碰上困难，受到怀疑；in e-n Stau, in e-n Sturm g. 遇上堵车，遭遇风暴〉**3. in etw.**（*Akk* 四格）**g.** in e-n neuen, *mst* unangenehmen Zustand kommen 感到，发生，陷入，变得〈in Panik, in Wut g. 陷入慌乱（混乱）之中，发怒；etw. gerät in Brand（= fängt an zu brennen）某物着火了〉：*Früher war er ein bekannter Popstar, aber heute ist er in Vergessenheit geraten* 以前他是一位知名的流行歌星，可今天他被遗忘了 **4. an j-n/etw. g.** zufällig mit e-r *mst* unangenehmen Person/Sache zu tun bekommen *o. Ä.* 遇到，碰上：*Sie ist an e-e Sekte, an e-n Scharlatan geraten* 她遇到了教派，碰上了江湖骗子；*Mit so e-r Bitte bist du bei ihm an den Falschen geraten – er hilft dir bestimmt nicht* 你向他提出这样的要求是找错了人——他肯定不会帮助你 **5. außer sich g.**（vor Freude od. Wut）die Beherrschung verlieren（由于高兴或生气而）失去自制 **6. j-d/etw. gerät irgendwie** j-d/etw. entwickelt sich irgendwie（人/物作主语）长得，生长得：*Bei diesem Wetter gerät das Gemüse schlecht* 这种天气蔬菜生长得不好；*Die Kinder sind gut geraten* 孩子们长得很好 **7. etw. gerät (j-m) irgendwie** j-d produziert etw. mit e-m bestimmten Erfolg（物作主语）对于…做得：*Der Kuchen ist dir gut/schlecht/nicht geraten* 你的点心做得好/不好/不成 **8. nach j-m g.**（als Kind 小孩）im Charakter od. Aussehen j-m ähnlich werden（性格或长相）像，与…相似 ≈ j-m nachschlagen[2]：*Meine Tochter gerät ganz nach der Großmutter* 我的女儿完全像祖母

ge.ra.ten[2] **1.** *Partizip Perfekt*（过去分词）；↑ **raten 2.** *Adj*（形）；*mst in* 多用于 **etw. (er)scheint (j-m) g.** *geschr*［书］；etw. scheint（j-m）ratsam, empfehlenswert zu sein（物作主语）对于…看来是妥当的，适宜的，合适的，可取的

Ge.ra.te.wohl *das*；*nur in* 只用于 **aufs G.** *gespr*［口］；in der Hoffnung, dass es gut geht（ohne das Ergebnis absehen zu können）碰运气，随便瞎碰，无把握地试试看 ≈ auf gut Glück：*Wir sind im Urlaub ohne festen Plan, einfach aufs G. losgefahren* 我们度假没有固定计划，干脆开车外出碰碰运气

Ge.rät.schaf.ten *die*；*Pl*（复），*Kollekt*（集合）；mehrere Geräte（1），die zusammengehören u. e-m Zweck dienen 整套装备，整套器具，全套工具器械

Ge.räu.cher.te *das*；-*n*；*nur Sg*（只用单数）；geräuchertes（Schweine）Fleisch 熏（猪）肉 ‖ NB（注意）：*Geräuchertes; das Geräucherte; dem, des Geräucherten*

ge.raum *Adj*（形）；*geschr*［书］；*nur in* 只用于 **1. vor, nach, seit geraumer Zeit** vor, nach, seit langer Zeit 很久以前、以后、以来 **2. e-e geraume Weile/Zeit** relativ lange 很久，较长时间

ge.räu.mig *Adj*（形）；〈ein Haus, e-e Wohnung, ein Zimmer, ein Schrank *usw* 房屋，住房，房间，柜子等〉so, dass sie viel Platz bieten 宽敞的，宽大的 ‖ *hierzu*（派生）**Ge.räu.mig.keit** *die*；*nur Sg*（只用单数）

Ge.räusch *das*；-(*e*)*s*, -*e*；etw., das man hören kann 声响，噪声，嘈杂声〈ein lautes, leises, dumpfes, durchdringendes, störendes, (un)angenehmes G. 响的、轻的、沉闷的、刺耳的、扰人的、悦耳的(难听的)声音〉 ‖ K-(复合): ***Geräusch-***, ***-minderung***, ***-pegel***; ***geräusch-***, ***-empfindlich*** ‖ NB(注意): ↑ ***Laut***, ***Ton***[1] ‖ *hierzu* (派生) **ge·räusch·arm** *Adj* (形); **ge·räusch·los** *Adj* (形); **ge·räusch·voll** *Adj* (形)

Ge·räusch·ku·lis·se *die*; *nur Sg* (只用单数); die Geräusche im Hintergrund, die man oft nicht bewusst od. nicht deutlich wahrnimmt 音响效果

ger·ben; *gerbte*, *hat gegerbt*; [Vt] (及物) ***etw. g.*** die Haut od. das Fell e-s Tieres zu Leder verarbeiten 鞣(革),硝(皮),制革 ‖ K-(复合): ***Gerb-***, ***-mittel***, ***-säure***, ***-stoff*** ‖ *hierzu* (派生) **Ger·ber** *der*; *-s*, *-*

ge·recht, *gerechter*, *gerechtest-*; *Adj* (形) **1.** moralisch richtig u. angemessen 正义的,有正义感的,公正的 ↔ ungerecht 〈e-e Entscheidung, e-e Strafe, ein Urteil 决断,惩罚,判决; j-n g. behandeln, bestrafen, beurteilen 公正地对待,惩罚,判断某人〉: *Es ist nicht g., dass immer ich im Haushalt helfen muss u. mein Bruder nie* 总是我必须帮着做家务,我的兄弟从来不做,这不公平; *Findest du es g., ihn für den Diebstahl so hart zu bestrafen?* 因为他偷窃而这样严厉处罚他,你觉得公正吗? **2.** *nicht adv* (不作状语); 〈ein Richter, ein Vater 法官、父亲〉 so, dass sie g. (1) entscheiden, niemanden bevorzugen *o. Ä.* 公平的,公道的,公正的,不偏不倚的 ↔ ungerecht **3.** so, dass jeder dabei gleich viel bekommt 公平的,平均的 ↔ ungerecht 〈e-e Verteilung 分配; etw. g. (mit j-m) teilen 公平地(与某人)分配某物〉 **4.** *nur attr*, *nicht adv* (只作定语,不作状语); 〈ein Anspruch, Zorn 要求,愤怒〉 so, dass j-d guten Grund dafür hat 合理的,理由充足的,有根据的 ≈ berechtigt, begründet **5.** ***etw.*** (*Dat* 三格) ***g.*** so, wie es e-e Sache verlangt, nötig macht 与…符合的,与…相适应的: *e-e dem Bedarf gerechte Stromversorgung* 能满足需求的电力供应; *Seine Leistungen werden den steigenden Anforderungen nicht g.* 他的成绩不能适应越来越高的要求 **6.** ***j-m / etw. g. werden*** j-n/etw. richtig u. angemessen beurteilen od. behandeln 正确评价,恰当地处理: *Der Film wird dem Thema nicht g.* 这部电影不切题; *Der Kritiker wurde dem Dichter nicht g.* 批评家没有正确评价诗人

-ge·recht *im Adj*, *nach Subst*, *unbetont*, *begrenzt produktiv* (构成形容词,在名词后,非重读,构词有限); so, wie es etw. erfordert, nötig macht 符合…,按…要求的,适合… ≈ -gemäß (2); ***artgerecht*** 〈die Haltung e-s Tieres 对动物的饲养〉; ***bedarfsgerecht***, ***familiengerecht*** 〈e-e Wohnung 住房〉, ***fristgerecht*** 〈e-e Lieferung 交货〉, ***kindgerecht*** 〈e-e Ausstatung 陈设〉, ***maßstabsgerecht*** 〈e-e technische Zeichnung 技术制图〉, ***termingerecht*** 〈e-e Lieferung 交货〉

Ge·rech·tig·keit *die*; *-*; *nur Sg* (只用单数) **1.** das Gerechtsein, die gerechte (1) Beschaffenheit 正义性,公平性,公正性: *Zweifel an der G. e-s Urteils, e-s Richters haben* 对判决、法官的公正性有怀疑 **2.** etw., das man für gerecht (1) hält, *bes* ein Verhalten od. e-e Handlung 正义,公平,公正,公道 ↔ Ungerechtigkeit 〈G. üben/walten lassen (= j-n gerecht behandeln) 主持公道/伸张正义; G. fordern 要求公平(公道); j-m/etw. G. widerfahren/zuteilwerden lassen 公正地对待/公道地处理某人/某事; j-m/sich/etw. G. verschaffen 使某人/自己/某事得到公正的对待(处理); die G. nimmt ihren Lauf 正义得以伸张〉 ‖ K-(复合): ***Gerechtigkeits-***, ***-fanatiker***, ***-liebe*** **3.** *geschr* [书] ≈ Justiz 〈j-n der G. ausliefern, übergeben, überantworten 将某人送交,交付法庭审理〉 **4.** *veraltet* [旧] ≈ Berechtigung, Legitimität: *Niemand zweifelte an der G. ihres Zorns* 没有人怀疑她发火的合理性 ‖ ID [谚] *mst* 多用 ***Das ist ausgleichende G.*** das gleicht etw. aus, das man als ungerecht empfunden hat 这是补偿性的公正(对不公正的补偿),纠偏,昭雪

Ge·rech·tig·keits·ge·fühl *das*; *nur Sg* (只用单数); das (instinktive) Gefühl dafür, was gerecht (1) u. was ungerecht ist 正义感 〈ein ausgeprägtes G. besitzen 具有鲜明的正义感; j-s G. verletzen 伤害某人的正义感〉

Ge·rech·tig·keits·sinn *der*; *nur Sg* (只用单数) ≈ Gerechtigkeitsgefühl

Ge·re·de *das*; *-s*; *nur Sg*, *pej* (只用单数)[贬] **1.** langes, sinnloses Reden über etw. (*mst* Unwichtiges) 闲话,空话,废话 ≈ Geschwätz 〈dummes, törichtes, unnötiges G. 无聊的、愚蠢的、多余的闲话〉 **2.** ***G.*** (***über j-n / etw.***) das (Negative u. *mst* Falsche), was über j-n/etw. gesagt u. verbreitet wird (对…)风言风语,流言蜚语,谣传 ≈ Klatsch 〈es gibt böses, viel G. 有恶意的谣言,有许多闲言絮语〉 **3.** ***j-d / etw. kommt ins G.*** j-d/etw. wird das Thema von G. (2) (人/物作主语)成为话柄,遭人议论 **4.** ***j-n / etw. ins G. bringen*** bewirken, dass j-d/etw. das Thema von G. (2) wird 使遭受背后议论

ge·rei·chen; *gereichte*, *hat gereicht*; [Vi] (不及物) ***etw. gereicht j-m*** 〈zur Ehre, zur Schande, zum Vorteil, zum Nachteil 荣誉,耻辱,好处,损失〉 *geschr* [书]; etw. bringt j-m Ehre, Schande, e-n Vorteil, e-n Nachteil (物作主语)给…带来,招致

ge·reizt **1.** *Partizip Perfekt* (过去分词); ↑ ***reizen*** **2.** *gereizter*, *gereiztest-*; *Adj* (形); nervös u. aggressiv 被激怒的,激动的,紧张的,敏感的,神经过敏的 ↔ gelassen 〈e-e Atmosphäre, e-e Stimmung 气氛,情绪; g. sein, reagieren 被惹恼,反应很生气〉 ‖ *zu* (义项) **2. Ge·reizt·heit** *die*; *nur Sg* (只用单数)

Ge·richt[1] *das*; *-(e)s*, *-e* **1.** *mst Sg* (多用单数); e-e öffentliche Einrichtung, bei der *mst* ein Richter, ein Staatsanwalt *usw* darüber entscheiden, ob j-d/etw. gegen ein Gesetz verstoßen hat u. wenn ja, welche Strafe dafür angemessen ist 法院,法庭 〈das zuständige G. 主管的法庭; das G. tagt, vertagt sich, tritt zusammen, lädt j-n vor (= fordert j-s Anwesenheit)法院开庭,延期开庭,开会,传讯某人出庭; j-n bei G. verklagen 向法院控告某人; das G. anrufen (= um ein Urteil bitten)向法院起诉; e-e Sache vor G. bringen 对某事提起诉讼; mit e-r Sache vor G. gehen 上法院状告某事; vor dem G. erscheinen, aussagen 出庭,在法庭上陈述; sich vor dem G. verantworten müssen 必须出庭答辩〉‖ K-(复合): ***Gerichts-***, ***-akte***, ***-medizin***, ***-termin***, ***-verfahren***, ***-verhandlung***, ***-vorsitzende(r)*** ‖ -K(复合): ***Schwur-***, ***Schieds-*** **2.** *nur Sg*, *Kollekt*(只用单数,集合); die Richter *o. Ä.*, die das Urteil in e-m Prozess sprechen审判人员,法官(们)〈das G. zieht sich zur Beratung zurück, spricht j-n frei, verurteilt j-n, entscheidet auf etw. (*Akk* 四格)〉法官们退庭商议,宣告某人无罪,对某人作出判决,对某事作出判决 ‖ K-(复合): ***Gerichts-***, ***-beschluss***, ***-urteil*** **3.** das Gebäude, in dem das G. (1) zusammenkommt 法院(建筑物): *Ich habe noch auf dem/im G. zu tun, muss aufs/ins G.* 我在法院还有事,必须去法院 ‖ K-(复合): ***Gerichts-***, ***-gebäude***, ***-saal*** **4.** ***vor G. kommen/stehen*** angeklagt werden/sein 上法庭受审 **5.** ***etw. kommt vor G.*** etw. wird von e-m G. (2) entschieden(物作主语)被告到法院,由法院裁决 **6.** ***Hohes G.!*** verwendet als Anrede für das G. (2)尊敬的法官先生们! **7.** ***das Jüngste G.*** REL【宗】; (nach christlichem Glauben) e-e Art G. (1), das Gott beim Weltuntergang hält u. bei dem er entscheidet, wer für seine Handlungen belohnt u. wer bestraft wird 最后审判,末日审判(按照基督教的信仰,到了世界末日,由上帝对世人进行审判) ‖ ID[谚] ***über j-n G. halten*** **a)** wie ein G. (2) über j-n urteilen 对某人进行审判; **b)** j-s Ansichten od. Verhalten verurteilen, ablehnen 谴责,批判某人; ***mit j-m hart/streng ins G. gehen*** j-n streng kritisieren od. bestrafen 严厉责罚某人

Ge·richt² *das*; *-(e)s*, *-e*; ein warmes Essen (热的)菜肴,一道菜〈ein G. zubereiten, auftragen/auf den Tisch bringen 烹调,端上一道菜/将一道菜端上桌〉‖ -K(复合): ***Fisch-***, ***Fleisch-***, ***Pilz-*** *usw*; ***Fertig-***, ***Schnell-***, ***National-***, ***Haupt-***

ge·richt·lich *Adj*(形) **1.** 〈ein Verfahren, e-e Verhandlung 程序,审理〉so, dass sie vor dem Gericht¹(1) stattfinden 法院的,法庭的,依照法律的: *j-n g. belangen* 上法院控告某人,依法对某人提起诉讼 **2.** zum Gericht¹(1) gehörend 法院的,法的 ≈ forensisch〈Medizin, Psychologie 医学,心理学〉**3.** vom Gericht¹(2), mithilfe des Gerichts (durchgeführt)由法官作出的,法庭的〈ein Beschluss, ein Urteil, ein Vergleich, e-e Verfügung 决定,判决,调解,指令〉

Ge·richts·bar·keit *die*; *-*, *-en*; *mst Sg*, *geschr* (多用单数)[书] **1.** das Recht u. die Pflicht (des Staates), dafür zu sorgen, dass die Gesetze beachtet werden 司法权,审判权,法院管辖权 **2.** *Kollekt*(集合); alle Gerichte¹(1)法院

Ge·richts·hof *der*; *mst Sg* (多用单数); ein Gericht¹(1) e-r höheren Instanz 高级法院 ‖ -K(复合): ***Bundes-***

Ge·richts·kos·ten *die*; *Pl* (复); die (Geld-)Summe, die ein Prozess (vor Gericht¹(1)) kostet 诉讼费用〈die G. tragen 承担诉讼费用〉

Ge·richts·stand *der*; *mst Sg*, JUR (多用单数)【法】; der Ort, dessen Gericht¹(1) für eventuelle Prozesse zuständig ist 受理案件的(法院)所在地

Ge·richts·voll·zie·her *der*; *-s*, *-*; ein Mitarbeiter der Justizbehörde, der (auf Anordnung e-s Gerichts) *z. B.* Pfändungen durchführt 法院执行人员

Ge·richts·weg *der*; *mst in* 多用于 ***auf dem G.*** (ADM) *geschr*【管理】[书]; mithilfe e-s Gerichts¹(1)通过法律途径〈gegen j-n auf dem G. vorgehen 对某人采取法律行动,同某人打官司〉

ge·rie·ben **1.** *Partizip Perfekt* (过去分词); ↑ ***reiben*** **2.** *Adj*(形); *gespr*, *mst pej*[口]多用[贬] ≈ schlau (1), durchtrieben, gerissen 〈ein Bursche 家伙〉

ge·riet *Imperfekt*, *1. u. 3. Person Sg*(过去时,第一和第三人称单数); ↑ ***geraten¹***

ge·ring *Adj*(形) **1.** klein (in Bezug auf die Menge, das Ausmaß, die Dauer *usw*) 少量的,不大的,为数不多的,很小的,短暂的(指量、尺寸、规模、期限长短等)〈ein Gewicht, e-e Größe, e-e Höhe, e-e Tiefe, ein Abstand, e-e Entfernung, e-e Dauer, e-e Verspätung, e-e Verzögerung 重量,尺寸,高度,深度,间隔,距离,期限,迟到,拖延〉: *Der Zug fuhr mit geringer Verspätung in den Bahnhof ein* 列车进站有些晚点 **2.** klein, unerheblich 很小的,微不足道的,〈ein Unterschied 区别; von geringer Bedeutung 意义不大,无足轻重〉: *Er hat nur noch e-e geringe Chance zu siegen* 他只有很微小的获胜机会 **3.** wenig intensiv 不费劲的,很小的〈e-e Anstrengung, (e-e) Mühe 努力,辛劳〉: *Er gibt sich nicht die geringste Mühe bei seiner Arbeit* 他工作一点也不努力; *Ich habe nicht die geringste Lust, sie anzurufen* 我丝毫没有兴趣给她打电话 **4.** *geschr*[书]; klein, niedrig (in Bezug auf den Wert e-r Sache, den sozialen Status e-r Person)低微的,微小的(指价值、地位) ↔ hoch: *Er schämt sich seiner geringen Herkunft* 他对自己出身低微感到羞愧; *Dieser Stoff ist nur von geringer Qualität* 这块衣料质地低劣 **5.** ***nicht im Geringsten*** ≈ überhaupt nicht: *Das interessiert mich nicht im Geringsten!* 这事根本引不起我的兴趣! **6.** ***j-n / etw. g. achten / schätzen*** j-n/etw. als unbedeutend ansehen 藐视,轻视,蔑视 ≈ verachten ‖ *zu*(义项) **6.** **Ge·ring·schät·zung** *die*; *nur Sg* (只用单数)

ge·ring·ach·ten ↑ ***gering*** (6)

ge·ring·fü·gig *Adj*(形) ≈ unbedeutend, unerheblich〈e-e Änderung, ein Anlass, ein Unterschied, e-e Verletzung 改变,动机(理由),差别,轻伤〉: *Das Manuskript muss nur noch g. geändert werden, dann kann es gedruckt werden* 稿子只需稍作改动,即可付印 ‖ *hierzu*(派

生) **Ge·ring·fü·gig·keit** *die*

ge.ring.schät.zen ↑ *gering* (6)

ge.ring.schät.zig *Adj* (形); so, dass der Betroffene in seinem Verhalten Verachtung ausdrückt 藐视的,轻视的,蔑视的 ≈ abschätzig, verächtlich 〈j-n/etw. g. ansehen, behandeln 蔑视地注视,对待某人/某事〉‖ *hierzu* (派生) **Ge·ring·schät·zig·keit** *die*; *nur Sg* (只用单数)

ge.rin.nen; *gerann*, *ist geronnen*; [Vi] (不及物) ***etw. gerinnt*** e-e Flüssigkeit (bildet Flocken od. Klumpen u.) wird fest (物作主语) 凝结成块,凝固 ≈ etw. stockt 〈Blut, Milch 血液,牛奶〉‖ *hierzu* (派生) **Ge·rin·nung** *die*; *nur Sg* (只用单数)

Ge.rinn.sel *das*; *-s*, *-*; ein kleiner Klumpen von geronnenem Blut in e-r Ader *o. Ä.* 血块,血栓 ‖ -K(复合): ***Blut-***

Ge.rip.pe *das*; *-s*, *-* **1.** das Knochengerüst von (toten) Menschen u. Tieren 骨骼 ≈ Skelett **2.** ***ein*** (***wandelndes***) ***G.*** *gespr hum* [口][诙]; ein sehr magerer Mensch 瘦得皮包骨头的人,骨瘦如柴的人,瘦猴 **3.** die innere Konstruktion e-s Gegenstandes aus Stäben, Balken *o. Ä.* 骨架,架子,结构 〈das G. e-s Flugzeugs, e-s Schiffes 飞机、船只的龙骨〉

ge.rippt *Adj* (形); *nicht adv* (不作状语); mit Rippen (2) 有突起条纹的 〈ein Pullover, ein Stoff 套头毛衣,衣料〉

ge.ris.sen **1.** *Partizip Perfekt* (过去分词); ↑ ***reißen*** **2.** *Adj* (形); *gespr*, *mst pej* [口] 多用 [贬]; 〈ein Bursche, Kerl, ein Betrüger, ein Geschäftsmann 家伙,人,骗子,商人〉 so, dass sie alle Tricks kennen u. anwenden, um alle Vorteile für sich zu nutzen 狡猾的,诡诈的,奸诈的 ≈ schlau (1) ‖ *zu* (义项) **2. Ge·ris·sen·heit** *die*; *nur Sg* (只用单数)

ge.rit.ten *Partizip Perfekt* (过去分词); ↑ ***reiten***

ge.ritzt *Adj* (形); *mst in* 多用于 (***Die Sache***/ ***Das ist***) ***g.!*** *gespr* [口]; verwendet, um auszudrücken, dass etw. wie vereinbart od. geplant geschehen wird 就这么定了! 行! 解决了!

Germ *der*; *-s*; Ⓐ [奥] *auch* 也作 *die*; *-*; *nur Sg*, *südd* Ⓐ (只用单数) [南德] [奥] ≈ Hefe ‖ K-(复合): ***Germ-***, ***-knödel***, ***-teig***

Ger.ma.ne *der*; *-n*, *-n*; ein Angehöriger e-r Völkergruppe, die zur Sprachfamilie der Indoeuropäer gehört 日耳曼人 ‖ NB (注意): *der Germane*; *den*, *dem*, *des Germanen* ‖ *hierzu* (派生) **Ger·ma·nin** *die*; *-*, *-nen*; **ger·ma·nisch** *Adj* (形)

Ger.ma.nis.tik *die*; *-*; *nur Sg* (只用单数); die Wissenschaft, die sich mit der Erforschung germanischer Sprachen u. Literaturen (*bes* der deutschen Sprache u. Literatur) beschäftigt 日耳曼语言文学,德语语言文学 〈G. studieren, lehren (大学) 攻读、讲授日耳曼语言文学〉‖ *hierzu* (派生) **Ger·ma·nist** *der*; *-en*, *-en*; **Ger·ma·nis·tin** *die*; *-*, *-nen*; **ger·ma·nis·tisch** *Adj* (形)

gern, **ger.ne**, *lieber*, *am liebsten*; *Adv* (副) **1.** mit Freude u. Vergnügen 乐意,高兴,喜欢 〈etw. g. tun, mögen 乐意做某事,喜欢某事〉: *Im Sommer gehe ich g. zum Schwimmen* 夏天我喜欢去游泳; *Meinen alten Mantel trage ich viel lieber als den neuen* 我更乐意穿我的旧大衣,而不愿穿新的; *Am liebsten würde ich jetzt e-n Spaziergang machen* 最好是现在我能去散散步; *Hättest du jetzt auch gern ein Eis?* 你现在想吃冰淇淋吗? ‖ NB (注意): aber (但是): *Popmusik gernhaben* (zusammengeschrieben 合写) **2.** ≈ bereitwillig, ohne Weiteres: *Das glaube ich dir g.!* 这一点我完全相信你!; *Du kannst g. ein Stück von meinem Kuchen haben* 你可以随便吃一块我的点心 **3.** *gespr* [口]; gewöhnlich 通常,一般 ≈ leicht³ (1): *In diesen Ecken sammelt sich g. der Staub* 在这些角落通常容易积灰尘 **4.** ≈ ***g. gesehen*** willkommen 〈ein Gast, bei j-m stets g. gesehen sein 客人,在某人处经常受欢迎〉‖ NB (注意): ↑ ***geschehen***, ***gernhaben***, ***gut***

gern.ge.se.hen ↑ ***gern*** (4)

gern.ha.ben; *hatte gern*, *hat gerngehabt*; [Vt] (及物) ***j-n / etw. g.*** j-n / etw. mögen 喜欢: *Ich habe ihn gern, aber ich liebe ihn nicht* 我喜欢他,但我不爱他; *Unsere Katze hat es gern, wenn man sie streichelt* 我们的猫喜欢人抚摸它 ‖ NB (注意): aber (但是): *j-n/etw. sehr gern haben* 特别喜欢某人/某物 (getrennt geschrieben 分开写) ‖ ID [谚] *mst* ***Du kannst mich*** (***mal***) ***g.!*** *bzw.* ***Der/Die kann mich*** (***mal***) ***g.!*** *gespr iron* [口][讽]; verwendet, um auszudrücken, dass man mit j-m nichts mehr zu tun haben will od. j-s Wünsche nicht erfüllen will 我不想理你/他/她! 我嫌你/他/她讨厌! 我不想和你/他/她打交道!

ge.ro.chen *Partizip Perfekt* (过去分词); ↑ ***riechen***

Ge.röll *das*; *-(e)s*; *nur Sg*, *Kollekt* (只用单数) (集合); viele Steine, die sich an Berghängen u. in Flusstälern ablagern 卵石,碎石,乱石堆 ‖ K-(复合): ***Geröll-***, ***-halde***, ***-lawine***

ge.ron.nen **1.** *Partizip Perfekt* (过去分词); ↑ ***rinnen*** **2.** *Partizip Perfekt* (过去分词); ↑ ***gerinnen***

Gers.te *die*; *-*; *nur Sg* (只用单数) **1.** ein Getreide mit kurzem Halm u. langen Borsten an den Ähren, das *z. B.* zur Herstellung von Bier verwendet wird 大麦 〈G. anbauen 种植大麦〉 **2.** die (Samen)Körner der G. (1) 大麦 (籽粒) 〈G. mahlen 碾大麦,把大麦磨成面粉〉

Gers.ten.korn *das* **1.** ein (Samen)Korn der Gerste 大麦 (籽粒) **2.** e-e eitrige, entzündete Schwellung am (Augen)Lid 麦粒肿

Gers.ten.saft *der*; *nur Sg*, *gespr hum* (只用单数) [口][诙] ≈ Bier

Ger.te *die*, *-*, *-n*; ein dünner, elastischer Stock, der *mst* beim Reiten verwendet wird 树枝,鞭子 ‖ -K(复合): ***Reit-***

ger.ten.schlank *Adj* (形); *ohne Steigerung* (无变级); sehr schlank 身材苗条的,细长的 〈ein Mädchen 姑娘〉

Ge.ruch *der*; *-(e)s*, *Ge·rü·che* **1.** etw., das man mit der Nase wahrnehmen kann 气味

〈ein（un）angenehmer，beißender，säuerlicher，süß(lich)er，stechender，strenger，muffiger G. 好(难)闻的、刺鼻的、酸不拉唧的、甜丝丝的、呛人的、辛辣的、陈腐的气味〉‖ K-(复合)：**Geruchs-**，**-belästigung**，**-stoff** **2.** *nur Sg*(只用单数) ≈ Geruchssinn ‖ K-(复合)：**Geruchs-**，**-nerv**，**-organ** **3.** *nur Sg*，*geschr*(只用单数)[书] ≈ Ruf (3) ‖ *zu*（义项）**1.** **ge·ruch·los** *Adj*(形)；**ge·ruch(s)·frei** *Adj*(形)

G

Ge·ruchs·sinn *der*；die Fähigkeit (von Menschen u. Tieren)，etw. zu riechen 嗅觉

Ge·rücht *das*；-(*e*)*s*，-*e* **1.** e-e Neuigkeit od. Nachricht，die sich verbreitet，ohne dass man weiß，ob sie wirklich wahr ist 传闻，谣传〈ein G. kursiert/geht um，verbreitet sich 谣言流传/扩散，传播；ein G. ausstreuen/in Umlauf setzen/in die Welt setzen，weitertragen 散布/传播/扩散，继续传播谣言〉：*Es geht das G., dass er im Lotto gewonnen habe* 传说他抽彩票中奖了 **2.** *mst* 多用 **Das halte ich für ein G.** *gespr*[口]：das glaube ich nicht 我认为这是谣言(我不相信这话)

Ge·rüch·te·kü·che *die*；*gespr pej*[口][贬]；e-e Stelle，an der viele Gerüchte entstehen 造谣工厂

ge·rücht·wei·se *Adv*(副)；als Gerücht 据谣传，据传闻，通过道听途说〈etw. g. gehört/erfahren haben 通过道听途说听到，得知某事〉

ge·ru·hen；*geruhte*，*hat geruht*；**Vi**（不及物）**g.** + **zu** + *Infinitiv*(不定式) *iron*[讽]；sich (gnädig) herablassen，etw. zu tun 屈尊，赏光，劳驾(做某事) ≈ belieben + zu + *Infinitiv*

ge·ruh·sam *Adj*(形)；ohne Eile u. Aufregung 安逸的，悠闲的，从容不迫的 ≈ gemächlich，ruhig〈ein Nachmittag，ein Abend *usw*，ein Lebensabend 下午，晚上，晚年；g. frühstücken，spazieren gehen *usw* 悠闲舒适地用早餐，散步〉‖ *hierzu*（派生）**Ge·ruh·sam·keit** *die*；*nur Sg*(只用单数)

Ge·rüm·pel *das*；-*s*；*nur Sg*，*Kollekt*，*pej*(只用单数)(集合)[贬]；alte Dinge，die kaputt od. nutzlos sind (u. irgendwo aufbewahrt werden)旧物，破旧的家具什物，破烂：*Unser Dachboden ist voll(er) G.* 我们家的阁楼堆满破旧杂物

ge·run·gen *Partizip Perfekt*（过去分词）；↑ **ringen**

Ge·rüst *das*；-(*e*)*s*，-*e* **1.** e-e Konstruktion aus Stangen u. Brettern，die *z.B.* Maler aufbauen，wenn sie ein Haus streichen 脚手架，支架〈ein G. aufbauen/errichten，abbauen 搭建/支起，拆除脚手架；auf ein G. klettern 攀登脚手架〉‖ K-(复合)：**Gerüst-**，**-bau**，**-bauer** ‖ -K(复合)：**Bau-**；**Holz-**，**Stahl-** **2.** die grobe Gliederung e-s Textes(文章、报告等的)轮廓，框架

ge·rüt·telt *Partizip Perfekt*（过去分词）；↑ **rütteln** ‖ ID[谚] ↑ **Maß**[1]

ges，**Ges** *das*；-，-；MUS【音】；der Halbton unter dem g 降 g，降 G

ge·sal·zen **1.** *Partizip Perfekt*（过去分词）；↑ **salzen** **2.** *Adj*(形)；*nicht adv*，*gespr*(不作状语)[口]；sehr hoch，zu hoch 过高的，哄抬起来的，宰人的〈*mst* Preise 多指价格〉**3.** *Adj*(形)；*nicht adv*，*gespr*(不作状语)[口] ≈ unfreundlich，grob (4)〈ein Brief，ein Schreiben，e-e Antwort 信，信函，答复〉

ge·sam·t- *Adj*(形)；*nur attr*，*nicht adv*(只作定语，不作状语) **1.** drückt aus，dass etw. auf alle，die zu e-r Gruppe gehören，zutrifft 全部的，全体的，所有的：*die gesamte Familie* 全家；*die gesamte Belegschaft der Firma* 公司全体职工；*die gesamte Bevölkerung* 全体居民 **2.** drückt aus，dass etw. auf alles，das zu etw. gehört，zutrifft 总体的，总的：*die gesamte Ernte* 总收获量；*der gesamte Ertrag* 总产量；*sein gesamtes Einkommen* 总收入 ‖ *hierzu* (派生) **Ge·samt·heit** *die*；*nur Sg*(只用单数)

Ge·samt- *im Subst*，*betont*，*wenig produktiv* (构成名词，重读，构词弱)；drückt aus，dass alle Einzelteile od. Details dabei zusammengenommen werden (so dass e-e Einheit entsteht) 总，全，汇总；die **Gesamtausgabe**〈der Werke e-s Dichters 某诗人作品的〉，der **Gesamtbetrag**〈e-r Rechnung 账目的〉，der **Gesamteindruck**，das **Gesamtergebnis**，das **Gesamtgewicht**，die **Gesamtnote**，die **Gesamtsumme**，der **Gesamtwert**

Ge·samt·ar·beits·ver·trag *der*；(CH) [瑞] ≈ Tarifvertrag

ge·samt·deutsch *Adj*(形)；*hist*[历]；in Bezug auf die Bundesrepublik Deutschland u. die DDR 全德国的，两个德国(联邦德国与民主德国)之间的，德德的 ≈ deutschdeutsch〈Beziehungen，Verhandlungen 关系，会谈〉

ge·samt·haft *Adv*(副)；(CH) [瑞] ≈ insgesamt

Ge·samt·heit *die*；-；*nur Sg*(只用单数) **1.** alle Personen，Dinge，Erscheinungen *o.Ä.*，die (aufgrund gemeinsamer Merkmale) zusammengehören 全体，全部，总体：*die G. der Lehrer e-r Schule* 学校的全体教师 **2.** **in seiner/ihrer G.** unter Berücksichtigung aller (Einzel)Personen，aller Einzelheiten 总体上，整体上，全面，全盘，通盘：*die Schulklasse in ihrer G.* 全班同学；*das Phänomen der Umweltverschmutzung in seiner G. betrachten* 全面地考察环境污染现象

Ge·samt·schu·le *die*；e-e Schule，in der Schüler，die verschiedene Schulabschlüsse u. Ausbildungen machen wollen，gemeinsam unterrichtet werden (anstatt in verschiedene Schulen zu gehen)(小学、初中、高中)一贯制学校，综合型学校

ge·sandt *Partizip Perfekt*(过去分词)；↑ **senden**

Ge·sand·te *der*；-*n*，-*n*；ein Diplomat，der e-n Staat in e-m anderen Staat vertritt (u. der im Rang unter dem Botschafter steht) 公使 ‖ NB(注意)：*ein Gesandter*；*der Gesandte*；*den*，*dem*，*des Gesandten*

Ge·sandt·schaft *die*；-，-*en* **1.** die diplomatische Vertretung (im Ausland)，die von e-m Gesandten geleitet wird 公使馆 **2.** das Gebäude，in dem die G. (1) arbeitet 公使馆(建筑物)

Ge·sang *der*；-(*e*)*s*，*Ge·sän·ge* **1.** *nur Sg* (只用单数)；das Singen 歌唱，歌咏，鸣唱，啼啭

〈der G. e-s Vogels, e-s Chores 鸟鸣声,合唱队的歌声; der G. von Liedern 唱歌(曲)〉 ‖ K-(复合): ***Gesangs-***, ***-kunst***, ***-solist***, ***-stimme***, ***-verein*** **2.** etw., das man singen kann 歌曲 ≈ Lied 〈geistliche, weltliche Gesänge 宗教的,世俗的歌曲〉 ‖ K-(复合): ***Gesangs-***, ***-stück*** **3.** *nur Sg*(只用单数); das (Studien) Fach, in dem man das Singen lernt 声乐(专业) 〈G. studieren, lehren 攻读,讲授声乐专业〉 ‖ K-(复合): ***Gesang(s)-***, ***-lehre***, ***-schule***, ***-stunde***, ***-unterricht***

Ge·sang·buch, Ge·sangs·buch *das*; e-e Sammlung von (Kirchen)Liedern in e-m kleinen Buch, das im Gottesdienst verwendet wird 宗教歌曲集,圣歌集 ‖ -K(复合): ***Kirchen-***

Ge·säß *das*; *-es*, *-e*; *geschr*[书]; der Teil des Körpers, auf dem man sitzt 臀部 ≈ Hintern, Hinterteil ‖ ↑ *Abb. unter* 图见 ***Mensch*** ‖ K-(复合): ***Gesäß-***, ***-backe***, ***-muskel***

Ge·säß·ta·sche *die*; e-e Tasche hinten in e-r Hose 后裤兜

ge·sät·tigt **1.** *Partizip Perfekt*(过去分词); ↑ ***sättigen*** **2.** *Adj*(形); *nicht adv*, CHEM (不作状语)【化】; 〈e-e Lösung 溶液〉 so, dass man nicht noch mehr von e-r Substanz darin (auf)lösen kann 饱和的 **3.** *Adj*(形); *mst* 多用 ***der Markt ist g.*** man kann kaum noch Produkte (e-r bestimmten Art) verkaufen 市场饱和了

ge·schaf·fen *Partizip Perfekt*(过去分词); ↑ ***schaffen***[2]

Ge·schäft[1] *das*; *-(e)s*, *-e* **1.** das Kaufen od. Verkaufen von Waren od. Leistungen mit dem Ziel, e-n (finanziellen) Gewinn zu machen 买卖,生意,交易 ≈ Handel 〈(mit j-m) Geschäfte machen, (mit j-m) ein G. abschließen, abwickeln, tätigen(与某人)做生意,(与某人)达成一笔交易,办理商务,做成一桩买卖; in ein G. einsteigen, aus e-m G. aussteigen (作为合伙人)加入、退出一商贸公司或一桩买卖; die Geschäfte gehen gut, schlecht, schleppend, stockend 生意兴旺、不景气,买卖不好做、不振〉: *Mein Bruder versucht, aus allem ein G. zu machen – sogar für kleine Hilfen im Haushalt will er bezahlt werden* 我的兄弟试图把一切都变成交易——甚至为了一点家务活儿,他也要索取报酬 ‖ K-(复合): ***Geschäfts-***, ***-abschluss***, ***-freund***, ***-partner***, ***-reise***, ***-schädigung***, ***-verbindung***; ***geschäfts-***, ***-schädigend*** ‖ -K(复合): ***Abzahlungs-***, ***Tausch-***, ***Verlust-*** **2.** *nur Sg*, *Kollekt*(只用单数)(集合); alle Geschäfte (1), die in e-m bestimmten Bereich in e-m Zeitraum gemacht werden 生意,买卖(总称) 〈das G. belebt sich, blüht, flaut ab 交易活跃,生意兴隆、萧条〉: *Wenn im Sommer die Touristen in die Badeorte kommen, blüht das G.* 当夏季旅游者来到疗养地时,生意就兴旺起来; *Was macht das G.?* 生意怎么样? **3.** e-e (*mst* kaufmännische) Firma 商店,商行,贸易公司 ≈ Betrieb[1] (1), Unternehmen[2] 〈ein G. gründen, führen/leiten, aufgeben, auflösen 创办,管理/掌管一家商店,使一家商店停业,解散〉: *Nach dem Tode seines Vaters übernahm er die Leitung des Geschäfts* 他在父亲去世后接管了这家贸易公司 ‖ K-(复合): ***Geschäfts-***, ***-führer***, ***-inhaber***, ***-leiter***, ***-leitung*** **4.** ein Gebäude od. ein Teil e-s Gebäudes, in dem Dinge zum Verkauf angeboten werden 商行,商店,铺子,店面 ≈ Laden: *Dieses G. ist/hat/bleibt über Mittag geöffnet* 这家商店中午也开门; *Die Geschäfte schließen um 18.00 Uhr* 商店18点关门 ‖ K-(复合): ***Geschäfts-***, ***-räume***, ***-straße***, ***-viertel***, ***-zentrum*** ‖ -K(复合): ***Lebensmittel-***, ***Sportartikel-***, ***Schmuck-***, ***Schreibwaren-*** *usw* **5.** e-e Aufgabe, die j-d (regelmäßig) tun muss 工作,任务 ≈ Funktion 〈ein G. übernehmen, erfüllen, abgeben 承担,完成,交给一项工作〉 **6.** *nur Pl*(只用复数); berufliche, dienstliche Aufgaben, die man in e-r Firma od. e-m Amt regelmäßig erfüllen muss 职务,事务,商务 〈die laufenden Geschäfte erledigen 处理经常性(日常)的事务; wichtige Geschäfte zu erledigen haben 必须解决重要事务〉: *Ich muss wegen dringender Geschäfte ins Ausland* 由于有紧急事务,我必须出国 ‖ -K(复合): ***Dienst-*** **7.** ***(mit etw.) ein (gutes) G. machen*** (mit etw.) e-n (großen) Gewinn machen(与…)做一笔(赚钱的)生意 **8.** 〈Personen 人〉 ***kommen (miteinander) ins G.***; ***j-d kommt mit j-m ins G.*** zwei od. mehrere Personen verhandeln über ein G. (1) u. schließen dieses ab(人作主语)复:彼此洽谈生意,单:同某人洽谈生意: *Wenn Sie Ihr Angebot erhöhen, können wir (miteinander) ins G. kommen* 如果您提高报价,我们就可以彼此洽淡 **9.** ***sein G. verstehen*** seine (beruflichen) Aufgaben gründlich u. gut machen 精通业务,行家,内行

Ge·schäft[2] *das*; *-(e)s*, *-e*; *gespr euph*[口][婉] **1.** ***sein G. verrichten*** seinen Darm u./od. seine Blase entleeren 大便,小便,解手,出恭 **2.** ***ein großes/kleines G. machen*** seinen Darm/scinc Blasc cntlceren 大便/小便,解手,出恭

Ge·schäf·te·ma·cher *der*; *pej*[贬]; j-d, der immer Geschäfte[1] (1) machen will, um möglichst viel Gewinn zu haben 唯利是图者,投机牟利者 ‖ *zu* ***Geschäftemacherei*** ↑ ***-ei***

ge·schäf·tig *Adj*(形); so sehr beschäftigt u. voller Eifer, dass man in Eile ist u. keine Zeit für anderes hat 忙碌的,勤快的,手脚麻利的 〈g. hin u. her eilen 忙忙碌碌地跑来跑去; es herrscht ein geschäftiges Treiben 一片繁忙景象〉 ‖ *hierzu*(派生) **Ge·schäf·tig·keit** *die*; *nur Sg*(只用单数)

ge·schäft·lich *Adj*(形) **1.** in Bezug auf ein Geschäft[1] (1) 商业的,商务的 ↔ privat 〈e-e Unterredung, e-e Vereinbarung 会谈,协议; mit j-m g. verhandeln, g. verreisen 与某人进行商务谈判,因商务出差; das Geschäftliche erledigen 办理商务〉 **2.** ≈ formell, unpersönlich ↔ persönlich 〈sich (rein) g. verhalten 采取(纯粹)公事公办的态度; etw. in geschäftlichem

G

Ton sagen 用办公务的口气说某事；g. werden 变得一本正经〉

Ge·schäfts·be·din·gun·gen *die*；*Pl*（复）；die (in e-m Vertrag festgelegten) Bedingungen, zu denen ein Geschäft[1]（1）abgeschlossen wird od. *z. B.* zu denen ein Betrieb Waren liefert 交易条件，成交条件

Ge·schäfts·es·sen *des*；e-e Mahlzeit im Restaurant mit Geschäftspartnern od. Mitarbeitern, bei der man berufliche Dinge bespricht 商务餐，公务餐

ge·schäfts·fä·hig *Adj*（形）；*nicht adv*，JUR（不作状语）【法】；(z. B. aufgrund des Alters) fähig, selbständig rechtlich gültige Geschäfte[1]（1）zu machen 有行为能力的（指能按自己的意志独立行动，行使权利并承担义务的）↔ geschäftsunfähig ‖ *hierzu*（派生）**Ge·schäfts·fä·hig·keit** *die*；*nur Sg*（只用单数）

Ge·schäfts·frau *die* **1.** e-e Frau, die ein Geschäft[1]（3）leitet od. besitzt 女店主，女商人 **2.** ***e-e*（*gute*）*G.*** e-e Frau, die geschickt Geschäfte[1]（1）macht 精明干练的女商人

Ge·schäfts·jahr *das*；der Zeitraum von zwölf Monaten, nach dem e-e Firma Bilanz über die abgeschlossenen Geschäfte[1]（1）macht 决算年度，营业年度 ≈ Wirtschaftsjahr

Ge·schäfts·kos·ten *die*；*Pl*（复）；*mst in* 多用于 ***auf G.*** so, dass die Firma die Kosten bezahlt 由公司负担费用，用公费，用公款：*auf G. reisen, in e-m Hotel übernachten* 用公费旅行，住旅馆

Ge·schäfts·le·ben *das* ≈ Geschäftswelt (2)

Ge·schäfts·mann *der*；-(*e*)*s*，*Ge·schäfts·leu·te* **1.** ein Mann, der ein Geschäft[1]（3）leitet od. besitzt 商人，店主 **2.** ***ein*（*guter*）*G.*** ein Mann, der geschickt Geschäfte[1]（1）macht 精明干练的生意人、商人 ‖ NB（注意）：Wenn man von *Geschäftsleuten* spricht, können auch *Geschäftsfrauen* dabei sein（谈及Geschäftsleute 时，其中也可能包含 Geschäftsfrauen）

ge·schäfts·mä·ßig *Adj*（形）≈ geschäftlich (2)

Ge·schäfts·ord·nung *die*；Vorschriften, die regeln, wie die Handlungen in e-m Amt, e-m Parlament, e-m Verein *o. Ä.* ablaufen müssen 议事规程〈e-e G. aufstellen, ändern 制定，改变议事规程；gegen die G. verstoßen 违反议事规程〉

Ge·schäfts·schluss *der*；*nur Sg*（只用单数）；das Schließen der Geschäfte[1]（4）am Abend（商店）停止营业，打烊 ≈ Ladenschluss

Ge·schäfts·sinn *der*；*nur Sg*（只用单数）；das (instinktive) Wissen, was man tun muss, damit Geschäfte Erfolg haben 商业头脑，经商意识〈G. besitzen/haben 具备/有经商意识〉

Ge·schäfts·stel·le *die*；*mst Sg*（多用单数）；das Büro e-r Organisation, e-r Partei od. e-s Vereins, das *z. B.* dem Kontakt mit der Öffentlichkeit dient 营业处，办事处

Ge·schäfts·stun·den *die*；*Pl*（复）≈ Geschäftszeit

ge·schäfts·tüch·tig *Adj*（形）；fähig, geschickt Geschäfte[1]（1）zu machen 会做生意的，善于经商的

Ge·schäfts·welt *die*；*nur Sg*，*Kollekt*（只用单数）（集合）**1.** alle Geschäftsleute (*z. B.* in e-r Stadt) 商界人士 **2.** der Bereich (des öffentlichen Lebens), zu dem die Geschäfte[1]（3）gehören 商界，贸易界：*Das ist in der G. nicht üblich* 在商界这是行不通的（不常见的）

Ge·schäfts·zeit *die*；die Zeit, in der die Geschäfte[1]（4）geöffnet sind（商店）营业时间，办公时间 ≈ Öffnungszeit

ge·schah *Imperfekt*，*3 Person Sg*（过去时，第三人称单数）；↑ ***geschehen***

ge·schä·he *Konjunktiv II*，*3 Person Sg*（虚拟式II，第三人称单数）；↑ ***geschehen***

ge·scheckt *Adj*（形）；*nicht adv*（不作状语）；mit unregelmäßigen Flecken 有斑点的，杂色的〈ein Fell 兽皮；ein Hund, e-e Kuh, ein Pferd 狗，奶牛，马〉

ge·sche·hen [gəˈʃeːən]；*geschieht*，*geschah*，*ist geschehen*；**Vi**（不及物）**1.** ***etw. geschieht*** etw. ist in e-r bestimmten Situation da (u. führt somit *bes* e-e Veränderung herbei)（物作主语）发生，出现 ≈ etw. ereignet sich, passiert〈ein Unfall, ein Unglück, ein Unrecht, ein Wunder *usw* 事故，不幸，不公正的事，奇迹等〉：*Der Unfall geschah, kurz nachdem wir in die Hauptstraße eingebogen waren* 在我们拐入主要街道后不久，发生了这起车祸；*Es geschieht immer wieder*, dass ... 一而再，再而三地发生…… **2.** ***etw. geschieht j-m*** etw. Unangenehmes tritt ein u. betrifft j-n（物作主语）某人遭到，遭受 ≈ etw. widerfährt, passiert j-m：*Wenn er weiterhin so unvorsichtig ist, wird ihm noch ein Unglück g.* 如果他仍然这么不小心，他还要遭受不幸；*Keine Angst, hier kann dir nichts g.!* 你别怕，这里不会出什么事的！ **3.** ***etw. geschieht*（*mit j-m/etw.*）** etw. wird (mit j-m/etw.) getan, etw. wird (mit j-m) unternommen（物作主语）（对…）采取，处置：*In dieser Angelegenheit muss endlich etwas g.!* 在这件事上非采取行动不可！；„*Was geschieht mit den Kindern, wenn ihr in Urlaub seid?*" – „*Sie bleiben bei der Oma*"“你们度假时，孩子们怎么办？”——“他们呆在奶奶家” **4.** ***etw. g. lassen*** etw. dulden, ohne etw. dagegen zu unternehmen 听任，容忍，允许某事发生：*Wie konntest du nur g. lassen*, dass *er zu Unrecht beschuldigt wurde?* 你怎么能听任他受诬告？；*Er war so müde, dass er alles ohne Protest mit sich g. ließ* 他累极了，对一切只能听之任之 ‖ ID［谚］***Gern*（*e*）*geschehen!*** verwendet, um höflich zu antworten, wenn einem j-d dankt（对表示感谢的礼貌答话）乐于效劳！别客气！不用谢！：„*Vielen Dank für deine Hilfe*" – „(*Bitte*,) *gern g.!*"“多谢您的帮助”——“不客气，乐于效劳！”；*mst* 多用 ***Das geschieht ihm/ihr recht!*** *gespr*［口］；das hat er/sie verdient 这正是他/她所应得的！他/她活该如此！：„*Er ist in der Prüfung durchgefallen.*" – „*Das geschieht ihm recht – er hätte sich ein bisschen besser vorbereiten müssen*"“他考试不及格。”——“他活该如此——他本该准备得更好一点才

是"; ***um j-n/etw. ist es geschehen*** j-d/etw. kann nicht mehr gerettet werden 某人/某事已无可挽回,没救了,完了 ≈ j-d/etw. ist verloren; ***geschehe, was da wolle*** ohne Rücksicht darauf, was in der Zukunft passieren mag 不管发生什么情况,无论如何

Ge·sche·hen [gəˈʃeːən] *das*; *-s*; *nur Sg*, *geschr* (只用单数)[书]; etw., das geschieht, sich ereignet 事情,事件,情节 ≈ Ereignisse, Vorgänge: *Interessiert verfolgten die Zuschauer das G. auf der Bühne* 观众饶有兴趣地注视舞台上的剧情发展

-ge·sche·hen *das*; *im Subst*, *nach Subst*, *unbetont*, *nicht produktiv*(构成名词,在名词后,非重读,非构词型); verwendet, um e-n Prozess od. e-n Ablauf zu bezeichnen…过程,情况; das ***Krankheitsgeschehen*** ⟨genau dokumentieren 详细记载⟩, das ***Unterrichtsgeschehen*** ⟨aufmerksam verfolgen 密切地注视⟩, das ***Verkehrsgeschehen***, das ***Wettergeschehen*** ⟨beobachten 观察⟩

Ge·scheh·nis *das*; *-ses*, *-se*; *geschr*[书] ≈ Ereignis

ge·scheit; *gescheiter*, *gescheitest-*; *Adj*(形) **1.** mit viel Verstand, Intelligenz 聪颖的,聪明的 ≈ klug ⟨e-e Äußerung, e-e Idee 意见,主意; Menschen 人⟩ **2.** *gespr* [口] ≈ vernünftig: *Sei doch g.!* 请你放理智些!(可别犯糊涂啊!); *Es wäre das Gescheiteste, wenn du mit der Entscheidung noch warten würdest* 最理智的办法是你再等一等,不急于作决定 **3.** *nicht adv*, *südd gespr*(不作状语)[南德][口]; groß, intensiv *o.Ä.* 大的,强的: *sich ein gescheites Stück Kuchen abschneiden* 给自己切下一大块蛋糕 **4.** *nur adv*, *südd gespr*(只作状语)[南德][口] ≈ richtig: *Machs doch g.!* 这事你可得做好啊! **5.** *nur adv*, *südd gespr*(只作状语)[南德][口]; verwendet, um Verben u. Adjektive zu verstärken 很,极,非常(用来加强动词和形容词的语气) ≈ sehr: *sich g. ärgern*, *freuen* 特别恼火,非常高兴; *Gestern war es g. kalt draußen* 昨天外面着实冷极了 **6.** ***etw./nichts Gescheites*** *gespr*[口]; etw./nichts Sinnvolles 一点儿/无好主意: *Er weiß mit seiner Freizeit nichts Gescheites anzufangen* 对于怎么打发自己的业余时间,他没有一点儿主意 **7.** *mst* 多用 ***aus j-m/etw. nicht g. werden*** j-n/etw. nicht verstehen können 弄不懂某人/某事 ‖ NB(注意): *mst* als Frage od. verneint(多作为问题或用于否定句) ‖ ID [谚] *mst* 多用 ***Du bist wohl nicht ganz/recht g.!*** *gespr* [口]; verwendet, um auszudrücken, dass man j-s Verhalten od. Vorschlag für unvernünftig hält 我看你很不/真不理智(冷静)! ‖ *zu* (义项) **1. Ge·scheit·heit** *die*; *nur Sg*(只用单数)

Ge·schenk *das*; *-(e)s*, *-e* **1.** ***ein G.*** (***von j-m***) (***für j-n***) *mst* ein Gegenstand, den man j-m kostenlos gibt, *mst* um ihm e-e Freude zu machen 礼物,礼品 ⟨ein kleines, nettes, großzügiges, wertvolles, geeignetes, (un)passendes G. 小的、可爱的、丰厚的、贵重的、合适的、(不)适宜的礼品⟩: *Hast du schon ein G. für Mutter zum Geburtstag?* 你已为母亲的生日准备好礼物了吗?; ‖ K-(复合): ***Geschenk-***, ***-gutschein***, ***-idee***, ***-packung*** ‖ -K(复合): ***Abschieds-***, ***Geburtstags-***, ***Hochzeits-***, ***Weihnachts-*** **2.** ***ein G. des Himmels*** etw., das einem in e-r Situation sehr hilft, das einen rettet 天赐的礼物,出乎意外的高兴事: *Dieser kleine Fernseher war bei dem schlechten Wetter ein G. des Himmels!* 天气不好时,这台小电视机就成了天赐的礼物! **3.** ***j-m ein G. machen***; ***j-m etw. zum G. machen*** ≈ j-m etw. schenken: *Ich möchte dir ein kleines Geschenk machen* 我想送你一件小礼物

Ge·schenk·korb *der*; ein Korb mit teuren Lebensmitteln, Alkohol *o.Ä.*, den man als Geschenk für j-n kaufen kann 礼品筐,一篮子礼物

Ge·schenk·pa·pier *das*; *nur Sg*(只用单数); buntes, dekoratives Papier, mit dem man Geschenke verpackt 礼品包装纸 ⟨ein Bogen G. 一张礼品包装纸; etw. in G. einschlagen/(ein)wickeln 用包装纸把某物包起来⟩

Ge·schich·te[1] *die*; *-*; *nur Sg*(只用单数) **1.** ***die G.*** (*+ Gen* 二格) die Entwicklung (e-s Teils) der menschlichen Kultur od. der Natur 历史 ⟨der Gang/Lauf der G. 历史的进程/过程⟩: *die G. Deutschlands*, *Amerikas usw* 德国历史,美国历史等; *Das Land kann auf e-e lange, wechselhafte G. zurückblicken* 这个国家可以追忆漫长而饱经沧桑的历史; *die G. der Malerei*, *der Medizin*, *der Musik*, *des Altertums*, *des Mittelalters*, *der Neuzeit* 美术史,医学史,音乐史,古代史,中世纪史,近代史; *die G. der Französischen Revolution* 法国革命史 ‖ K-(复合): ***Geschichts-***, ***-auffassung***, ***-forscher***, ***-forschung***, ***-wissenschaft***, ***-wissenschaftler*** ‖ -K(复合): ***Kirchen-***, ***Kultur-***, ***Kunst-***, ***Literatur-***, ***Musik-***, ***Natur-***, ***Sprach-*** **2. die G.** (*+ Gen* 二格) der Vorgang u. Verlauf, wie etw. entsteht, sich j-d/etw. (zu etw.) entwickelt 发展史 ‖ -K(复合): ***Entstehungs-***, ***Entwicklungs-***; ***Leidens-***, ***Kranken-***, ***Krankheits-*** **3.** die Wissenschaft, die sich mit der G. (1) beschäftigt 历史,历史科学,史学 ⟨G. studieren, lehren(在大学)攻读史学,讲授史学⟩ **4.** ***e-e G.*** (*+ Gen* 二格) ein Buch *o.Ä.*, das sich mit der G. (1) beschäftigt(…的)历史著作: *e-e G. des Zweiten Weltkriegs schreiben* 撰写第二次世界大战史; *e-e G. der Technik lesen* 阅读技术史 **5.** ein Fach in der Schule, in dem die Kinder *bes* die gesellschaftliche, politische u. wirtschaftliche G. (1) der Menschheit lernen 历史课 ‖ K-(复合): ***Geschichts-***, ***-arbeit***, ***-buch***, ***-lehrer***, ***-note***, ***-stunde*** ‖ ID[谚] ***j-d/etw. geht in die G. ein*** j-d/etw. ist so wichtig, dass sich spätere Generationen an ihn/daran erinnern werden 某人/某事载入史册; ***etw. gehört der G. an*** etw. existiert nicht mehr 某事已成为往事; ***j-d/etw. macht G.*** j-d/etw. ist für die Menschheit sehr wichtig, j-d tut etw. sehr Wichtiges 某人/某事创造历史; *Die Erfindung des Ot-*

G

tomotors hat G. gemacht 奥托发动机的发明开创了历史新篇章

Ge·schịch·te² *die*; -, -n **1. e-e G. (über j-n/etw.)**; **e-e G. (von j-m/etw.)** ein mündlicher od. schriftlicher Text, in dem von Ereignissen berichtet wird, die wirklich geschehen sein od. erfunden sein können 故事 ≈ Erzählung ⟨e-e erfundene, wahre, spannende, unterhaltsame, lustige, rührende G. 杜撰的、真实的、紧张的、轻松的、有趣的、动人的故事; (j-m) e-e G. erzählen, vorlesen(给某人)讲,朗诵一个故事⟩: *Sie schrieb e-e G. über Drachen* 她写了一个关于龙的故事 ‖ K-(复合): **Geschichten-, -erzähler** ‖ -K(复合): **Abenteuer-, Detektiv-, Gespenster-, Grusel-, Indianer-, Liebes-, Räuber-, Spuk-, Tier-, Weihnachts-; Bilder- 2.** *gespr, mst pej* [口]多用[贬] ≈ Angelegenheit, Sache ⟨e-e dumme, unangenehme, langwierige, verzwickte G. 愚蠢的、不愉快的、费时间的、棘手的事; sich aus e-r G. heraushalten 从一件事情中脱身,摆脱一件事情; in e-e G. hineingezogen werden 卷入一个事件; sich auf e-e G. einlassen 参与一件事情; e-e G. aus der Welt schaffen 取消(抹杀)一件事情⟩: *Mach bloß keine große G. daraus!* 千万别把这事张扬出去! ‖ ID [谚] *mst* 多用 **Du machst/Das sind ja schöne Geschichten**; **Was machst du denn für Geschichten?** *gespr* [口]; **a)** verwendet, um j-n zu tadeln, der etw. Dummes gemacht hat(表示指责)瞧你干的好事! 你干的究竟是什么(傻)事?; **b)** *hum* [诙]; verwendet, um Bedauern darüber auszudrücken, dass j-d krank od. verletzt ist(表示遗憾)瞧你这是怎么回事? 这是怎么搞的?; **Mach keine Geschichten!** *gespr* [口]; **a)** mach keine Dummheiten! 别淘气! 别干傻事!; **b)** verwendet, um j-n aufzufordern, nicht länger zu zögern, sich nicht länger zu weigern 别推三阻四了! 别推辞了!; **Mach keine langen Geschichten!** *gespr* [口]; beeil dich! 别磨磨蹭蹭! 别拖拉! 快点吧!; **die ganze G.** *gespr* [口]; alles zusammen 所有这一切,全包在内,总共: *Wir machten zwei Wochen Urlaub. Mit Flug, Hotel u. Essen hat mich die ganze G. zweitausend Euro gekostet* 我们度假两周。飞机、旅馆和伙食全包在内,花了 2000 欧元

-ge·schich·te *die*; *im Subst, begrenzt produktiv, gespr* (构成名词,构词有限)[口] **1.** e-e Erkrankung am genannten Teil des Körpers, *bes* eine, die relativ lange dauert (指身体某部位的)慢性疾病; **Herzgeschichte, Magengeschichte, Nierengeschichte, Unterleibsgeschichte 2.** *oft pej* 常用[贬]; bezeichnet ein sexuelles Abenteuer 艳史,风流韵事; **Bettgeschichte, Dreiecksgeschichte** (= e-e Liebesbeziehung zwischen drei Personen 三角恋爱), **Frauengeschichte** (= zu e-r Frau 与一女子), **Männergeschichte** (= zu e-m Mann 与一男子), **Weibergeschichte**

ge·schịcht·lich *Adj*(形) **1.** *nur attr od adv*(只作定语或状语); in Bezug auf die Geschichte¹ (1)历史的 ⟨ein Rückblick, ein Überblick, e-e Entwicklung 回顾,概述,发展⟩ **2.** tatsächlich in der Geschichte¹ (1) geschehen 历史的,根据历史的 ≈ historisch ⟨ein Ereignis, e-e Tatsache, e-e Wahrheit 事件,事实,真实情况⟩ **3.** für die Geschichte¹ (1) wichtig 历史性的,有历史意义的 ≈ historisch ⟨ein Ereignis, e-e Leistung 事件,功绩⟩

Ge·schịchts·schrei·bung *die*; *mst Sg*(多用单数); die schriftliche Darstellung der Geschichte¹ (1)历史编纂学

Ge·schịck¹ *das*; -(e)s; *nur Sg*(只用单数); die Fähigkeit, etw. gut u. schnell zu machen 灵巧,熟巧 ⟨ein, kein G. für/zu etw. haben 做某事很熟练(很灵巧),做某事不灵巧(笨手笨脚)⟩

Ge·schịck² *das*; -(e)s, -e; *geschr* [书] **1.** ≈ Schicksal **2.** *mst Pl*(多用复数); die politischen bzw. wirtschaftlichen Belange 命运: *die Geschicke des Staates lenken* 掌控国家的命运

Ge·schịck·lich·keit *die*; -; *nur Sg*(只用单数) **1.** die Fähigkeit, etw. gut u. schnell zu machen 灵敏,熟巧,机灵,技巧 ≈ Geschick¹ ⟨handwerkliche, manuelle G. 手艺,手工技巧⟩ **2.** die Fähigkeit, sich schnell u. gewandt zu bewegen 灵活,机敏,灵巧: *Mit großer G. kletterte sie auf e-n Baum* 她十分灵巧地爬上了树 ‖ K-(复合): **Geschicklichkeits-, -spiel, -übung**

ge·schịckt¹ *Partizip Perfekt*(过去分词); ↑ **schicken**

ge·schịckt², *geschickter, geschicktest-*; *Adj* (形) **1.** mit großer Geschicklichkeit (1)灵巧的,熟练的,麻利的 ⟨ein Handwerker 工匠; geschickte Hände haben, (handwerklich) g. sein 有灵巧的手,(手艺)熟练; sich bei etw. g. anstellen 做某事动作灵巧⟩ **2.** mit großer Geschicklichkeit (2)机敏的,灵巧的 ≈ gewandt, flink: *g. über ein Hindernis setzen* 机敏地跳过栏架 **3.** gut, gewandt u. klug 精明的,机智的 ≈ diplomatisch (3) ⟨g. vorgehen 机警(机智)行事⟩: *durch geschickte Fragen j-m ein Geheimnis entlocken* 通过巧妙提问诱使某人说出秘密; *Sein Anwalt hat ihn g. verteidigt* 他的律师机智地为他辩护 ‖ *hierzu*(派生) **Ge·schịckt·heit** *die*; *nur Sg*(只用单数)

ge·schie̲·den *Partizip Perfekt*(过去分词); ↑ **scheiden**

Ge·schie̲·de·ne *der/die*; -n, -n; j-d, dessen Ehe geschieden worden ist 婚姻离异者,离了婚的人 ‖ NB(注意): *ein Geschiedener; der Geschiedene; den, dem, des Geschiedenen*

ge·schieht *Präsens, 3 Person Sg*(现在时,第三人称单数); ↑ **geschehen**

ge·schie̲·nen *Partizip Perfekt*(过去分词); ↑ **scheinen**

Ge·schịrr¹ [gəˈʃɪr] *das*; -(e)s; *nur Sg, Kollekt* (只用单数)(集合) **1.** die Dinge aus Glas, Porzellan *o.Ä.*, aus/von denen man isst od. trinkt, *bes* Teller, Schüsseln u. Tassen 餐具,器皿 ‖ -K(复合): **Glas-, Holz-, Porzellan-, Steingut- 2.** alle Dinge, die man beim Kochen, Essen u. Trinken benutzt u. schmutzig macht, *bes* G. (1), Besteck u. Töpfe 炊具,器皿 ⟨das G. abräumen, (ab)spülen, abwaschen, abtrocknen 收拾，冲洗，洗净，擦干炊具〉‖ K-(复合)：***Geschirr-***, ***-schrank***, ***-spülmaschine***, ***-spülmittel***

Geschirr

Ge·schirr[2] [gəˈʃɪr] *das*; -(*e*)*s*, *-e*; die Riemen u. Gurte, mit denen ein Tier (*bes* ein Pferd) vor e-n Wagen gespannt wird, damit es ihn zieht 挽具，马具〈e-m Tier das G. anlegen, abnehmen 给牲口套上，卸去挽具; ein Tier legt sich ins G. (= fängt an, kräftig zu ziehen) 牲口开始使劲拉车〉‖ -K(复合)：***Pferde-***

Ge·schirr·spü·ler *der*; *-s*, *-*; *gespr* [口]; ein Gerät, in dem schmutziges Geschirr gereinigt wird 洗碗机，餐具洗涤机 ≈ Geschirrspülmaschine ‖ NB(注意)：Menschen, die in e-m Restaurant *o. Ä.* Geschirr spülen, nennt man *Tellerwäscher*(在餐馆洗涤餐具的人叫 Tellerwäscher)

Ge·schirr·tuch *das*; ein Tuch, mit dem man gespültes Geschirr[1] abtrocknet 擦拭餐具的布，擦碗布 ↔ Handtuch

ge·schis·sen *Partizip Perfekt*(过去分词)；↑ ***scheißen***

ge·schla·fen *Partizip Perfekt*(过去分词)；↑ ***schlafen***

ge·schla·gen **1.** *Partizip Perfekt*(过去分词)；↑ ***schlagen*** **2.** *Adj*(形)；*nur attr*, *nicht adv*(只作定语，不作状语)；***g*** + *Zeitangabe*(时间说明语) verwendet, um Ärger darüber auszudrücken, dass etw. so lang gedauert hat(表示对时间太长不耐烦) 足足的，整整的：*Ich habe e-e geschlagene Stunde vor dem Kino auf sie gewartet!* 我在电影院门口等了她足足一小时！‖ NB(注意)：*mst* zusammen mit e-r bestimmten Zahl von Stunden(多与和小时连用的数词搭配)

Ge·schlecht *das*; -(*e*)*s*, *-er* **1.** *nur Sg*(只用单数)；die Merkmale, durch die ein Mensch od. Tier als männlich od. weiblich bezeichnet wird 性，性别：*ein Kleinkind weiblichen Geschlechts* 一个小女孩，女婴；*Welches G. hat die Katze?* 这只猫是公的还是母的？‖ K-(复合)：***Geschlechts-***, ***-chromosom***, ***-hormon***; ***geschlechts-***, ***-spezifisch*** **2.** *Kollekt*(集合)；alle Menschen od. Tiere mit dem gleichen G. (1) 同一性别的人或动物〈das männliche, weibliche G. 男人，雄性动物；女人，雌性动物(总称)〉**3.** *nur Sg*, *Kurzw*(只用单数)(略) ↑ ***Geschlechtsteile*** **4.** *geschr*[书]；e-e große, *mst* bekannte Familie u. die Verwandten 家族，家世，宗族：*aus e-m edlen G. stammen* 出身贵族 ‖ -K(复合)：***Adels-*** **5.** *mst Pl*, *geschr*(多用复数)[书] ≈ Generation〈kommende Geschlechter 后代〉**6.** *nur Sg*, LING(只用单数)【语】≈ Genus〈männliches, weibliches, sächliches G. 阳性，阴性，中性〉**7.** ***das starke G.*** *gespr hum*[口][谐]；die Männer u. Jungen 男性，男人 **8.** ***das schwache / zarte G.*** *gespr hum*[口][谐]；die Frauen u. Mädchen 女性，女人

ge·schlecht·lich *Adj*(形)；*nur attr od adv*(只作定语或状语) **1.** in Bezug auf sexuelle Gefühle u. auf sexuelles Verhalten 性的 ≈ sexuell〈Triebe, Lust 冲动，欲望〉**2.** BIOL【生】；〈die Fortpflanzung, die Vermehrung 繁殖，繁衍〉so, dass dabei beide Geschlechter (1) von Tieren/Pflanzen beteiligt sind 有性的，两性的 ↔ ungeschlechtlich

Ge·schlechts·akt *der*; *geschr*, JUR [书]【法】≈ Beischlaf, Koitus〈den G. vollziehen 发生性行为，进行性交〉

Ge·schlechts·krank·heit *die*; e-e (Infektions)-Krankheit, die *bes* beim Sex übertragen wird 性病：*Syphilis ist e-e G.* 梅毒是一种性病 ‖ *hierzu*(派生) **ge·schlechts·krank** *Adj*(形)；*nicht adv*(不作状语)

Ge·schlechts·merk·mal *das* **1.** ein Merkmal, das männliche u. weibliche Lebewesen voneinander unterscheidet 性征 **2.** ***primäre Geschlechtsmerkmale*** die Geschlechtsmerkmale (1), die man von Geburt an hat, wie *z. B.* Penis, Hoden u. Vagina 第一性征(如阴茎、睾丸、阴道) **3.** ***sekundäre Geschlechtsmerkmale*** die Geschlechtsmerkmale (1), die man erst im Laufe des Lebens (*bes* in der Pubertät) entwickelt, wie *z. B.* Schamhaare, Bartwuchs u. Busen 第二性征(如阴毛、胡须、乳房)

Ge·schlechts·or·gan *das*; ein Organ, das zur Fortpflanzung dient 性器官，生殖器官：*Die Eierstöcke u. die Gebärmutter sind Geschlechtsorgane der Frau* 卵巢和子宫是女子的生殖器官

Ge·schlechts·part·ner *der*; j-d, mit dem man sexuellen Kontakt hat 性伙伴，性伴侣 ≈ Sexualpartner ‖ *hierzu*(派生) **Ge·schlechts·part·ne·rin** *die*

ge·schlechts·reif *Adj*(形)；*nicht adv*(不作状语)；mit Geschlechtsorganen, die so weit entwickelt sind, dass Nachkommen gezeugt werden können 性成熟的，有生殖能力的 ‖ *hierzu*(派生) **Ge·schlechts·rei·fe** *die*; *nur Sg*(只用单数)

Ge·schlechts·teil *das*, *der*; ein äußerlich sichtbarer Körperteil, der der Fortpflanzung dient, *bes* Penis u. Vagina 生殖器(尤指阴茎和阴道)

Ge·schlechts·ver·kehr *der*; *nur Sg*(只用单数)；der Akt, in dem sich Mann u. Frau sexuell vereinigen 性交 ≈ Sex〈(mit j-m) G. haben

〈与某人〉有性关系〉

Ge·schlechts·wort *das*; *Pl*（复）*Ge·schlechts·wör·ter*, LING【语】≈ Artikel

ge·schli·chen *Partizip Perfekt*（过去分词）; ↑ **schleichen**

ge·schlif·fen **1.** *Partizip Perfekt*（过去分词）; ↑ **schleifen**[1] **2.** *Adj*（形）; perfekt in Bezug auf die äußere Form od. auf das Verhalten 洗炼的，经过严格训练的，有教养的：*Er hat e-e geschliffene Ausdrucksweise/geschliffene Manieren* 他的措辞洗练/他举止文雅 ‖ *zu*（义项）**2. Ge·schlif·fen·heit** *die*; *nur Sg*（只用单数）

ge·schlos·sen **1.** *Partizip Perfekt*（过去分词）; ↑ **schließen** ‖ ↑ *Abb. unter* 图见 **Eigenschaften** **2.** *Adj*（形）; *mst adv*（多作状语）; so, dass jedes Mitglied e-r Gruppe beteiligt ist 全部的，全体的，一致的 ≈ ausnahmslos, einheitlich 〈ein Vorgehen 行动; g. abstimmen, auftreten, vorgehen 全体表决，表态，行动; sich g. zurückziehen 一致退出〉：*Die Abgeordneten stimmten g. gegen die geplante Reform* 议员们一致反对拟议中的改革；*Die Regierung ist g. zurückgetreten* 政府全体辞职 **3.** *Adj*（形）; *nur attr, nicht adv*（只作定语，不作状语）;〈e-e Gesellschaft, ein Kreis 社交聚会，圈子〉so, dass nur Eingeladene dazugehören 内部的，封闭的，没有外人参加的 **4.** *mst* 多用 ***e-e geschlossene Ortschaft*** ein Dorf od. e-e Stadt (im Gegensatz zu e-m ländlichen Gebiet mit einzelnen Häusern) 密集的居民区，密集的居民点：*Innerhalb geschlossener Ortschaften beträgt die Höchstgeschwindigkeit 50 km/h* 在密集的居民区最高速度为每小时 50 公里 **5.** *nicht adv*, LING（不作状语）【语】; mit nur geringer Öffnung des Mundes gebildet 闭合的，闭口的 ↔ offen 〈Vokale 元音〉 **6.** so, dass Kunden *o. Ä.* nicht hinein können 关门的，关闭的 ↔ geöffnet：*Das Geschäft ist g.* 商店关门（不营业）‖ *hierzu*（派生）**Ge·schlos·sen·heit** *die*; *nur Sg*（只用单数）

ge·schlun·gen *Partizip Perfekt*（过去分词）; ↑ **schlingen**

Ge·schmack *der*; -(e)s, *Ge·schmä·cke*, *gespr hum*［口］［诙］*Ge·schmä·cker* **1.** *nur Sg*（只用单数）; das, was man mit der Zunge u. dem Gaumen beim Essen od. Trinken wahrnimmt 味道，滋味，口味〈ein süßer, salziger, saurer, bitterer, unangenehmer, guter, fader, schlechter, milder, intensiver G. 甜的、咸的、酸的、苦的、怪的、好的、平淡的、不好的、清淡的、强烈的味道〉：*Das Brot hat wenig G.* 这面包没有什么滋味；*Die Wurst hat e-n seltsamen G. – Ich glaube, sie ist schlecht geworden* 香肠有一股怪味道——我觉得这香肠坏了 **2.** *nur Sg*（只用单数）; die Fähigkeit, Schönes von Hässlichem u. Gutes von Schlechtem zu unterscheiden 鉴赏力，鉴别力，审美能力〈ein guter, sicherer, schlechter G. 鉴赏力强，鉴赏力准确，鉴赏力差; viel, wenig, (keinen) G. haben 审美能力很强，不强，（没）有审美能力〉：*Sie kleidet sich immer mit viel G.* 她的穿着总是很有风度；*Die Auswahl seiner Freunde zeugt nicht gerade von G.* 他对朋友的选择证明他的鉴别力不怎么强 **3.** e-e persönliche Vorliebe für etw. 爱好，喜好，兴趣〈etw. ist nach j-s G. 某事合乎某人的口味; etw. entspricht (nicht) j-s G. 某事（不）符合某人的爱好〉：*Wir haben in vielen Dingen den gleichen G. – wir mögen die gleiche Musik, die gleichen Filme usw* 在许多事情上我们有相同的爱好——我们喜爱相同的音乐、相同的电影等等 **4.** *geschr*［书］; ein Modetrend, dem viele Leute in e-r bestimmten Zeit folgen 时装潮流，时尚：*Mode nach neuestem G.* 最新时尚的款式 ‖ -K（复合）：**Zeit-** **5.** *nur Sg*, *Kurzw*（只用单数）（略）↑ **Geschmackssinn** **6. der gute G.** die Regeln für moralisches Verhalten, die in e-r Gesellschaft gelten 好的风尚、风气，俗尚〈etw. verstößt gegen den guten G. 某事违反道德风尚〉‖ ID［谚］***an etw.*** (*Dat* 三格) ***G. finden***; ***etw.*** (*Dat* 三格) ***G. abgewinnen*** beginnen, etw. gern zu tun, e-e Vorliebe für etw. entwickeln 对某事发生兴趣，从某事中找到乐趣；*mst* 多用 ***Jetzt bin ich auf den G. gekommen*** jetzt möchte ich das nicht mehr missen 现在我的兴趣上来了，现在我尝到甜头了；***Die Geschmäcker sind verschieden*** *gespr hum*［口］［诙］; verwendet, um auszudrücken, dass man j-s Vorliebe für j-n/etw. seltsam findet, nicht teilt 各人的爱好不同，各人的口味不同（众口难调）‖ ▶ **schmecken**

ge·schmack·lich *Adj*（形）; *nur attr od adv*（只作定语或状语）; in Bezug auf den Geschmack (1)：有滋味的，有味道的 *das Essen g. verfeinern* 使饭菜美味可口

ge·schmack·los *Adj*（形）**1.** ohne od. mit wenig Geschmack (1) 没有滋味的，不可口的 ≈ fade ↔ würzig：*Diese Brühe ist ja völlig g.!* 这道汤一点滋味也没有！**2.** ohne guten Geschmack (2) 难看的，不美观的，无情趣的 ↔ geschmackvoll 〈Kleidung 服装〉：*e-e g. eingerichtete Wohnung* 一套布置得无审美情趣的住房 **3.** nicht den guten Manieren u. Sitten entsprechend 不体面的，不文雅的，不得体的 ↔ anständig, taktvoll 〈e-e Bemerkung, ein Witz 意见，笑话〉‖ *hierzu*（派生）**Ge·schmack·lo·sig·keit** *die*

Ge·schmacks·rich·tung *die* **1.** ein bestimmter Geschmack (1) (*z. B.* nach e-r Frucht, e-m Aroma *o. Ä.*) 口味：*Liköre in verschiedenen Geschmacksrichtungen* 各种不同口味的利口酒 **2.** ein bestimmter Stil, e-e bestimmte Variante des Geschmacks (4) 风格，爱好：*Möbel in verschiedenen Geschmacksrichtungen* 各种不同风格的家具

Ge·schmacks·sa·che *die*; *mst in* 多用于 **das ist G.** verwendet, um auszudrücken, dass jeder e-n anderen Geschmack (3) hat (u. man deshalb in e-r bestimmten Sache anderer Meinung ist) 这是个人的爱好问题，个人兴趣的问题，仁者见仁，智者见智的问题

Ge·schmacks·sinn *der*; *nur Sg*（只用单数）; die Fähigkeit, (mit Zunge u. Nase) den Geschmack (1) von etw. wahrzunehmen 味觉

ge·schmack·voll *Adj*（形）; so, dass es guten

Geschmack (2) erkennen lässt 美观的，和谐的，富于鉴赏力的 ↔ geschmacklos (2)：*Sie haben ihr neues Haus g. eingerichtet* 他们把自己的新居布置得美观雅致

Ge·schmei·de *das*；*-s*，*-*；*geschr veraltend*［书］［渐旧］；kostbarer Schmuck 贵重首饰，金银珠宝（首饰）

ge·schmei·dig *Adj*（形）**1.** voll Kraft u. Eleganz 轻捷的，灵活的，矫健的〈Bewegungen 动作〉：*Sie bewegt sich so g. wie e-e Raubkatze* 她的动作山猫般轻捷 **2.** weich 柔韧的〈Leder 皮革〉‖ *hierzu*（派生）**Ge·schmei·dig·keit** *die*；*nur Sg*（只用单数）

Ge·schmier *das*；*-(e)s*；*nur Sg*，*pej*（只用单数）［贬］**1.** das unschöne u. undeutliche Schreiben e-s Texts *o. Ä.* 潦草的字迹，乱写，乱画，乱涂，涂鸦 ≈ Schmiererei **2.** *gespr*［口］；ein Text, den man nicht lesen kann, weil er so schnell u. unsauber geschrieben wurde 字迹潦草而难于辨认的文章 ≈ Schmiererei：*Dein G. kann doch keiner entziffern!* 你那天书没人认得出！**3.** ein Buch *o. Ä.* ohne Niveau 拙劣的作品，粗制滥造的文章

ge·schmis·sen *Partizip Perfekt*（过去分词）；↑ ***schmeißen***

ge·schmol·zen *Partizip Perfekt*（过去分词）；↑ ***schmelzen***

Ge·schnet·zel·te *das*；*-n*；*nur Sg*（只用单数）；*bes südd* Ⓐ Ⓒⓗ 尤用于［南德］［奥］［瑞］ein Gericht, das aus kleinen Stücken von Fleisch besteht 调汁肉片 ‖ NB（注意）：*Geschnetzeltes*；*das Geschnetzelte*；*dem*，*des Geschnetzelten*

ge·schnie·gelt *Adj*（形）；*gespr*，*mst pej*［口］多用［贬］；（in Bezug auf Männer verwendet）übertrieben sorgfältig gekämmt u. gekleidet 穿戴考究的，衣冠楚楚的，打扮时髦的（指男子）〈g. aussehen 看上去非常讲究穿戴〉

ge·schnit·ten *Partizip Perfekt*（过去分词）；↑ ***schneiden***

ge·scho·ben *Partizip Perfekt*（过去分词）；↑ ***schieben***

ge·schol·ten *Partizip Perfekt*（过去分词）；↑ ***schelten***

Ge·schöpf *das*；*-(e)s*，*-e* **1.** jedes Lebewesen (das Gott geschaffen hat) 造物，人，生物：*ein G. Gottes* 上帝的造物 **2.** *geschr*［书］；e-e Person od. Gestalt, die *mst* ein Dichter erfunden hat 创作出来的人物，形象

ge·scho·ren *Partizip Perfekt*（过去分词）；↑ ***scheren***[1]

Ge·schoss[1] *das*；*-es*，*-e*；das, was aus e-r (Feuer) Waffe abgeschossen wurde 子弹，炮弹，抛射物 ≈ Kugel (3)〈ein gefährliches G. 一发危险的子弹（炮弹）；von e-m G. getroffen werden 被子弹击中〉

Ge·schoss[2]，Ⓐ［奥］**Ge·schoß** *das*；*-es*，*-e* ≈ Etage, Stockwerk：*ein Haus mit drei Geschossen*/Ⓐ［奥］*Geschoßen* 一幢三层的房屋 ‖ -K（复合）：***Erd-***，***Ober-***，***Unter-***

ge·schos·sen *Partizip Perfekt*（过去分词）；↑ ***schießen***

-ge·schos·sig，Ⓐ［奥］**-ge·scho·ßig** *im Adj*，*begrenzt produktiv*（构成形容词，构词有限）；mit der genannten Zahl von Stockwerken …层的 ≈ -stöckig；***eingeschossig***，***zweigeschossig***，***dreigeschossig*** *usw*

ge·schraubt **1.** *Partizip Perfekt*（过去分词）；↑ ***schrauben*** **2.** *Adj*（形）；*pej*［贬］；mit schwierigen u. (schwer verständlichen Wörtern 装腔作势的，矫揉造作的，晦涩难懂的 ≈ gestelzt ↔ natürlich〈e-e Ausdrucksweise, ein Stil 表达方式，文笔；g. reden 咬文嚼字地讲话〉‖ *hierzu*（派生）**Ge·schraubt·heit** *die*；*nur Sg*（只用单数）

Ge·schrei *das*；*-s*；*nur Sg*（只用单数）**1.** *pej*［贬］；das (dauernde) Schreien（不停的）叫喊，喧嚷 ‖ -K（复合）：***Kinder-*** **2.** *gespr pej*［口］［贬］；lautes Jammern u. Klagen wegen e-r unwichtigen Sache 大声喧闹，大喊大叫：*Mach doch deswegen nicht so ein G.!* 为这点事别这么大吵大嚷！

ge·schrie·ben *Partizip Perfekt*（过去分词）；↑ ***schreiben***

ge·schrien *Partizip Perfekt*（过去分词）；↑ ***schreien***

ge·schrit·ten *Partizip Perfekt*（过去分词）；↑ ***schreiten***

ge·schun·den *Partizip Perfekt*（过去分词）；↑ ***schinden***

Ge·schütz *das*；*-es*，*-e*；e-e (fahrbare) schwere Feuerwaffe, mit der man Granaten abschießen kann 炮，火炮〈ein G. laden, abfeuern, in Stellung bringen 给火炮装炮弹，开炮，把火炮推入阵地〉‖ K-（复合）：***Geschütz-***，***-feuer***，***-rohr*** ‖ ID［谚］（***gegen j-n/etw.***）***schweres G. auffahren*** *gespr*［口］；(bei e-m Streit *o. Ä.*) j-n/etw. sehr energisch kritisieren（对…）进行严厉批评，严词驳斥，大肆指责

Ge·schwätz *das*；*-es*；*nur Sg*，*gespr pej*（只用单数）［口］［贬］**1.** langes, sinnloses Reden über etw. (*mst* Unwichtiges) 唠叨，空谈，废话 ≈ Gerede (1)〈dummes, leeres G. 蠢话，空话〉**2.** ≈ Gerede (2), Klatsch, Tratsch：*Sie gibt nichts auf das G. der Leute* 她对人们的流言蜚语不予理睬

ge·schwät·zig *Adj*（形），*pej*［贬］；〈Personen 人〉so, dass sie zu viel reden 爱唠叨的，爱耍贫嘴的

ge·schweift **1.** *Partizip Perfekt*（过去分词）；↑ ***schweifen*** **2.** *Adj*（形）；leicht gebogen 弧形的，弓形的：*geschweifte Klammern* 大括号，花括号（{}）；*ein Tisch mit geschweiften Beinen* 一张弧形腿的桌子

ge·schwei·ge *Konjunktion*（连）；**g.** (***denn***) verwendet nach e-r verneinenden od. einschränkenden Aussage, um auszudrücken, dass das, was folgt, noch viel weniger zutrifft 何况，更谈不上，更别提 ≈ schon gar nicht, ganz zu schweigen von：*Ich konnte kaum gehen, g. denn laufen* 他连走道都勉强，更谈不上跑步了

ge·schwie·gen *Partizip Perfekt*（过去分词）；↑

G

schweigen

ge·schwịnd *Adj*(形); *bes südd* Ⓐ 尤用于[南德][奥] ≈ rasch, schnell

Ge·schwịn·dig·keit *die*; -, *-en* **1.** das Verhältnis der zurückgelegten Strecke zu der Zeit, die man/etw. dafür braucht 速度≈ Tempo 〈mit großer, hoher, rasanter, rasender, affenartiger (= sehr großer), niedriger G. fahren 以快的、高的、迅捷的、迅猛的、飞快的、低的速度行驶; die G. messen, kontrollieren, erhöhen, verringern, beibehalten 测定,检查,提高,减低,保持速度〉: *Er bekam e-e Strafe, weil er mit e-r G. von 70 Stundenkilometern durch die Stadt fuhr* 他在市区以每小时 70 公里的速度开车因而受到处罚 ‖ K-(复合): **Geschwindigkeits-**, **-begrenzung**, **-beschränkung**, **-kontrolle**, **-messung**, **-überschreitung** **2.** das Verhältnis der geleisteten Arbeit *o. Ä.* zu der Zeit, die dafür gebraucht wird 速率,效率 ≈ Schnelligkeit, Tempo: *Der Computer verarbeitet die Daten mit rasender G.* 电子计算机以极高的速率处理各种数据

Ge·schwịs·ter *die*; *Pl*(复); die (männlichen u. weiblichen) Kinder derselben Eltern 兄弟姐妹: *„Hast du noch G.?" – „Ja, ich habe noch einen Bruder u. zwei Schwestern"* "你还有兄弟姐妹吗?"——"有的,我还有一个兄弟和两个姐妹" ‖ *hierzu*(派生) **ge·schwịs·ter·lich** *Adj*(形)

ge·schwọl·len **1.** *Partizip Perfekt*(过去分词); ↑ **schwellen[1]** **2.** *Adj*(形); *pej*[贬]; so formuliert, dass es wichtiger klingt, als es ist 浮夸的,词藻华丽的 ≈ affektiert, geschraubt, hochtrabend 〈e-e Ausdrucksweise, ein Stil 表达方式,文风; g. reden 夸夸其谈〉

ge·schwọm·men *Partizip Perfekt*(过去分词); ↑ **schwimmen**

ge·schwo̲·ren *Partizip Perfekt*(过去分词); ↑ **schwören**

Ge·schwo̲·re·ne *der/die*; *-n*, *-n* **1.** (*bes* in den USA) ein Bürger, der zusammen mit mehreren anderen unabhängig vom Richter darüber entscheidet, ob j-d schuldig od. unschuldig ist 陪审员(尤用于美国) **2.** *veraltet*[旧] ≈ Schöffe ‖ NB(注意): *ein Geschworener*; *der Geschworene*; *den*, *dem*, *des Geschworenen*

Ge·schwụlst *die*; -, *Ge·schwụ̈ls·te*; e-e Schwellung, die durch schnelles u. unkontrolliertes Wachsen von Gewebe entstanden ist 肿瘤 ≈ Wucherung 〈e-e (bösartige, gutartige) G. entfernen 切除一个(恶性的,良性的)肿瘤〉

ge·schwụn·den *Partizip Perfekt*(过去分词); ↑ **schwinden**

ge·schwụn·gen *Partizip Perfekt*(过去分词); ↑ **schwingen**

Ge·schwü̲r [gəˈʃvyːɐ̯] *das*; *-(e)s*, *-e*; ein geschwollener Teil der Haut, der sich entzündet hat (u. eitert) 溃疡,脓肿,疮疖〈ein G. bildet sich, bricht auf, platzt auf, heilt ab 溃疡形成,脓肿破裂,绽开,愈合〉 ‖ -K(复合): **Darm-**, **Magen-**

Ge·sẹlch·te *das*; *-n*; *nur Sg*, *südd* Ⓐ (只用单数)[南德][奥] geräuchertes Fleisch 熏肉 ‖ NB(注意): *Geselchtes*; *das Geselchte*; *dem*, *des Geselchten*

Ge·sẹl·le *der*; *-n*, *-n* **1.** ein Handwerker, der seine Lehrzeit mit e-r Prüfung abgeschlossen hat 满师的徒工,帮工 ↔ Lehrling, Meister ‖ K-(复合): **Gesellen-**, **-prüfung** **2.** *gespr veraltend*[口][渐旧]; ein *mst* jüngerer Mann 年轻人,小伙子: *ein munterer, trinkfreudiger G.* 快活的、爱喝酒的小伙子 ‖ NB(注意): *der Geselle*; *den*, *dem*, *des Gesellen* ‖ *zu* (义项) **1.** **Ge·sẹl·lin** *die*; -, *-nen*

ge·sẹl·len, sich; *gesellte sich*, *hat sich gesellt*; [Vr](反身) **1.** **sich zu j-m g.** zu j-m gehen, um bei ihm zu sein, sich mit ihm zu unterhalten 与…结伴,交往,结交,攀谈 ≈ sich j-m anschließen: *Nachdem er eine Stunde allein am Tisch neben uns gesessen hatte, gesellte er sich zu uns* 他独自坐在邻桌,一小时后,就坐过来同我们攀谈开了 **2.** **etw. gesellt sich zu etw.** etw. kommt zu etw. hinzu(物作主语) 伴随,加上,添上: *Zu seinen finanziellen Sorgen gesellen sich noch Probleme mit seiner Freundin* 他除了经济上的烦心事之外,又添上与女友的问题

ge·sẹl·lig *Adj*(形) **1.** gern mit anderen Menschen zusammen 好社交的,爱合群的,爱交际的 ≈ umgänglich ↔ eigenbrötlerisch: *Peter ist nicht gern allein, er ist ein sehr geselliger Typ* 彼得不喜欢独处,他是个好与人交往的人 **2.** 〈ein Abend, ein Beisammensein 一个晚会,一次聚会〉 so, dass dabei mehrere Menschen zu ihrem Vergnügen zusammen sind 欢乐的,欢快的,无拘束的 ‖ *hierzu*(派生) **Ge·sẹl·lig·keit** *die*; *nur Sg*(只用单数)

Ge·sẹll·schaft[1] *die*; -, *-en* **1.** *mst Sg*(多用单数); die Gesamtheit der Menschen, die in e-m politischen, wirtschaftlichen u. sozialen System zusammen leben 社会 〈die menschliche G. 人类社会〉 **2.** *mst Sg*(多用单数); die Verhältnisse, Strukturen u. dominanten Merkmale, durch die e-e G. (1) bestimmt ist 社会 〈die bürgerliche, sozialistische, klassenlose G. 资产阶级社会,社会主义社会,无阶级的社会〉: *Die Studentenbewegung der 60 er Jahre in Deutschland u. Frankreich wollte e-e Veränderung der G. erreichen* 60 年代德国和法国的大学生运动想要实现社会的变革 ‖ K-(复合): **Gesellschafts-**, **-form**, **-kritik**, **-ordnung**, **-schicht**, **-struktur**, **-system**; **gesellschafts-**, **-kritisch** ‖ -K(复合): **Agrar-**, **Dienstleistungs-**, **Feudal-**, **Industrie-**, **Klassen-**, **Massen-**, **Sklavenhalter-** **3.** die obere Schicht der Bevölkerung 社交界,上流社会,上层人物 〈die feine/vornehme G. 上流社会; die Damen der G. 社交界的女士们〉 **4.** *mst Sg*(多用单数); die Menschen, die beieinander sind od. einen umgeben 社交圈 〈e-e fröhliche, langweilige, steife G. 快乐的,无聊乏味的,呆板的社交圈; sich in guter/schlechter G. befinden 处在好人/坏人圈里(与好人/坏人往来) ‖ -K(复合): **Hochzeits-**, **Jagd-** **5. e-e geschlossene G.** ein ganz bestimmter Kreis von Personen od. e-e Veranstaltung, die nur für diesen Kreis vorgesehen ist 私人的,内部的聚会 **6. j-s G.** *nur Sg*(只用单数); das Zusammensein mit j-m(与某人)交往,结伴 ≈ Umgang ⟨j-s G. suchen, meiden 寻求,回避与某人交往⟩: *Sie legt auf seine G. keinen großen Wert* 她不太重视与他交往 **7. j-m G. leisten** bei j-m bleiben, damit er nicht allein ist 陪伴某人 **8. zur G.** nur aus Gründen der Geselligkeit od. weil man j-m e-n Gefallen tun will 陪同,作陪 ‖ ID[谚] *mst* 多用 **Da bist du/befindest du dich in guter G.** da bist du nicht der einzige (der das sagt, denkt, tut *o. Ä.*)(说错话,做错事)大有人在,你算不了什么

Ge·sell·schaft² *die*; -, *-en*; WIRTSCH【经】**1.** e-e Vereinigung von mehreren Personen, die zusammen ein wirtschaftliches Unternehmen führen 公司 ≈ Firma, Unternehmen² ‖ -K(复合): **Aktien-**, **Bau-**, **Eisenbahn-**, **Flug-**, **Handels-**, **Transport-** **2. e-e G. mit beschränkter Haftung** e-e G.²(1), die im Falle des Konkurses nur so viel Schulden zurückzahlen muss, wie sie eigenes Kapital hat 股份有限公司,有限责任公司; *Abk* 缩写 GmbH

Ge·sell·schaf·ter *der*; *-s*, - **1.** WIRTSCH【经】; j-d, der mit seinem Kapital an einer Gesellschaft²(1) beteiligt ist 股东,合伙人 ≈ Teilhaber **2. ein stiller G.** ein G. (1), der am Gewinn beteiligt ist, aber keine Rechte u. Pflichten hat(不参与经营的)隐名合伙者(股东) ≈ stiller Teilhaber ‖ *hierzu*(派生) **Ge·sell·schaf·te·rin** *die*; -, *-nen*

ge·sell·schaft·lich *Adj*(形); *nur attr od adv*(只作定语或状语) **1.** so, dass es die ganze Gesellschaft¹(1) betrifft 社会的 ≈ sozial (2) ⟨Entwicklungen, Zusammenhänge 发展,联系⟩: *Der neu gewählte Präsident versprach, die gesellschaftlichen Verhältnisse zu ändern* 新当选的总统许诺改变社会状况 **2.** in der Gesellschaft¹(1)社会上的: *Er hat seine beruflichen Erfolge der gesellschaftlichen Stellung seines Vaters zu verdanken* 他的职业成就应归功于他父亲的社会地位

Ge·sell·schafts·leh·re *die*; *nur Sg*(只用单数) **1.** ≈ Soziologie **2.** ≈ Gemeinschaftskunde

Ge·sell·schafts·ro·man *der*; ein Roman, in dem die Bedingungen u. Probleme (e-r *mst* gehobeneren) Schicht der Gesellschaft¹ (1) in e-r bestimmten Epoche behandelt werden(描写某一时代上流社会的境况与问题的)社会长篇小说

Ge·sell·schafts·spiel *das*; ein Spiel, das zwei od. mehrere Personen (zum Zeitvertreib) gemeinsam spielen 社交游戏,休闲游戏 ‖ NB(注意): *Gesellschaftsspiele* sind *bes* Spiele mit Würfeln, Spielbrettern, Karten *usw*, bei denen man im Zimmer an e-m Tisch sitzt(社交游戏尤指在室内围桌而坐的掷色子、下棋、玩纸牌等游戏)

Ge·sell·schafts·tanz *der*; ein Tanz (wie *z. B.* der Walzer), bei dem ein Partner u. e-e Partnerin bei e-m Fest miteinander tanzen 交谊舞,交际舞

ge·ses·sen *Partizip Perfekt*(过去分词); ↑ **sitzen**

Ge·setz *das*; *-es*, *-e* **1.** e-e rechtliche Norm, die vom Staat (*mst* vom Parlament) zum geltenden Recht gemacht worden ist u. die alle beachten müssen 法律,法令 ⟨die geltenden Gesetze 现行法律; ein G. (im Parlament) einbringen, beraten, verabschieden/erlassen/beschließen, in/außer Kraft setzen (在议会)提出,讨论,通过/颁布/通过法律,使法律生效/失效; ein G. einhalten, brechen/übertreten/verletzen 遵守,违反/触犯/违犯法律; gegen ein G. verstoßen 违反一项法律; ein G. tritt in/außer Kraft 法律生效/失效⟩: *ein G. zur Bekämpfung des Drogenmissbrauchs* 反滥用药物法 ‖ K-(复合): **Gesetz-**, **-buch**, **-entwurf**; **Gesetzes-**, **-text**, **-vorschrift** ‖ -K(复合): **Einwanderungs-**, **Jugendschutz-**, **Notstands-**, **Straf-** **2.** *mst Pl*(多用复数); ein Prinzip od. e-e feste Regel, die allgemein beachtet werden 规则,准则,规范: *die ungeschriebenen Gesetze der Höflichkeit* 不成文的礼仪规范 ‖ -K(复合): **Form-**, **Moral-** **3.** e-e feste Regel, nach der ein Vorgang in der Natur od. in der Gesellschaft verläuft (u. die man oft durch e-e mathematische Formel ausdrücken kann) 规律,定律,法则⟨ein physikalisches, ökonomisches G. 物理学的定律,经济学的规律⟩: *das G. von der Erhaltung der Energie* 能量守恒定律 ‖ -K(复合): **Natur-** ‖ ID[谚] **mit dem G. in Konflikt kommen/geraten** e-e Straftat begehen 做违法的事,触犯法律

Ge·setz·blatt *das*; e-e amtliche Veröffentlichung neuer Gesetze u. Verordnungen 公布法令的公报

Ge·set·zes·bre·cher *der*; j-d, der gegen ein Gesetz verstößt 违法者 ≈ Rechtsbrecher ‖ *hierzu*(派生) **Ge·set·zes·bre·che·rin** *die*

Ge·set·zes·hü·ter *der*; *-s*, -; *oft iron* 常用[讽] ≈ Polizist ‖ *hierzu*(派生) **Ge·set·zes·hü·te·rin** *die*

Ge·set·zes·vor·la·ge *die*; ein Vorschlag für ein neues Gesetz (1)法案,法律草案 ⟨e-e G. einbringen 提出法案⟩

Ge·setz·ge·ber *der*; *-s*; *nur Sg*(只用单数); die parlamentarischen Gremien, die Volksversammlung *o. Ä.*, die die Gesetze beschließen od. ändern 立法者 ≈ Legislative ↔ Exekutive, Judikative: *Das Parlament erfüllt meist die Funktion des Gesetzgebers* 议会在大多数情况下是履行立法职能的

ge·setz·lich *Adj*(形); durch ein Gesetz (1) festgelegt, geregelt 法律上的,法定的 ≈ rechtlich ⟨Bestimmungen, Feiertage 规定,假日⟩: *Die Bürger mit eigenem Einkommen sind g. dazu verpflichtet, Steuern zu zahlen* 有个人收入的公民按照法律负有纳税的义务

ge·setz·mä·ßig *Adj*(形) **1.** e-m (Natur)Gesetz

entsprechend 有规律的，合乎规律的 ↔ zufällig 〈e-e Entwicklung 发展；etw. läuft g. ab, kehrt g. wieder 某事按规律进行，有规律地反复出现〉 **2.** durch ein Gesetz (1) bestimmt, festgelegt 依法的，合法的 ≈ rechtmäßig, legal ‖ *hierzu*（派生） **Ge·setz·mä·ßig·keit** *die*; *nur Sg*（只用单数）

ge·setzt **1.** *Partizip Perfekt*（过去分词）；↑ **setzen** **2.** *Adj*（形）；durch Alter u. Erfahrung ruhig u. vernünftig 老练的，稳重的，有阅历的，老成持重〈ein Herr 先生；im gesetzten Alter 处于中年、壮年〉 ‖ *zu*（义项） **2. Ge·setzt·heit** *die*; *nur Sg*（只用单数）

ge·setz·wid·rig *Adj*（形）；im Gegensatz zu dem, was ein Gesetz (1) bestimmt 违法的，不合法的 ↔ gesetzmäßig 〈e-e Handlung 行为〉

Ge·sicht *das*; *-(e)s, -er* **1.** der vordere Teil des (menschlichen) Kopfes vom Kinn bis zu den Haaren 脸，面孔，面貌〈ein hübsches, hässliches, schmales, rundliches, markantes, ausgemergeltes, ausdrucksloses G. 漂亮的、难看的、狭长的、圆圆的、特点明显的、憔悴的、呆板的面孔〉 ‖ K-（复合）：**Gesichts-, -ausdruck, -hälfte, -muskel, -nerv** ‖ -K（复合）：**Kinder-, Madonnen-, Verbrecher-** **2.** *gespr*［口］；der momentane Ausdruck des Gesichts (1), der *mst* die Gefühle der betroffenen Person widerspiegelt 面部表情，神情 ≈ Gesichtsausdruck, Miene 〈ein ängstliches, beleidigtes, bestürztes, ernstes, fröhliches, skeptisches, verlegenes G. machen 脸上露出胆怯的、受侮辱的、惊愕的、严肃的、快活的、怀疑的、尴尬的表情〉 **3. *über das ganze G. strahlen*** in seinem G. (1) große Freude zeigen 容光焕发，满面春风 **4.** *mst* 多用 ***ein neues, fremdes, unbekanntes G.*** e-e neue, fremde, unbekannte Person 新的、陌生的、不认识的人 **5. *das G.*** + *Gen*（二格） das charakteristische Aussehen e-s großen Gebäudes, e-r Stadt *o. Ä.* 面貌，外观：*Das G. der Stadt hat sich nach dem Krieg völlig gewandelt* 战后城市面貌彻底改观 ‖ ID［谚］ ***j-d macht ein langes G.*** j-d sieht enttäuscht aus（某人）拉长脸（露出失望的表情）；***j-d zeigt sein wahres G.*** j-d zeigt nach e-r Zeit der Täuschung seinen wahren (*mst* schlechten) Charakter, seine tatsächlichen Absichten（某人）露出真面目，暴露真相；***j-n/etw. zu G. bekommen*** j-n/etw. sehen 看到某人/某物：*Ich habe meinen neuen Nachbarn noch nicht zu G. bekommen* 我还没见到我的新邻居；***j-m etw. ins G. sagen/schleudern*** j-m etw. (Unangenehmes) direkt/rücksichtslos sagen 直截了当地把某事当面告诉某人/把某事当着某人的面端出来；***j-d ist j-m wie aus dem G. geschnitten*** j-d ist j-m sehr ähnlich 某人与某人像是一个模子里刻出来的，某人长得酷似某人；***das G. verlieren*** seine persönliche Würde verlieren 丢脸，丢面子；*mst* 多用 ***Ich wollte ihm/ihr ins G. springen*** *gespr*［口］；ich war sehr wütend auf ihn/sie 我对他/她非常生气

Ge·sichts·feld *das*; *mst Sg*（多用单数）；der Teil der Umgebung, den j-d sehen kann, ohne den Kopf zu bewegen 视野，视界

Ge·sichts·kreis *der*; *mst Sg*, *geschr*（多用单数）［书］**1.** das, was j-d geistig erfassen kann 视野，眼界，见识，知识面 ≈ Horizont (2) **2.** der Raum, den j-d überblicken kann 视界，视线范围：*Der Radfahrer tauchte ganz plötzlich in seinem G. auf* 骑车人突然在他的视线内浮现 **3. *j-n aus dem G. verlieren*** den Kontakt zu j-m verlieren 与某人失去联系，失去接触

Ge·sichts·mas·ke *die* **1.** e-e Maske (1), die man vor dem Gesicht trägt 面具，面罩 **2.** e-e Art dicke Creme, die man zur Pflege der Haut aufs Gesicht aufträgt u. nach einiger Zeit wieder abwischt 美容面膜 ≈ Maske (5)

Ge·sichts·punkt *der*; e-e bestimmte Art u. Weise, etw. zu beurteilen 观点，视角，角度 ≈ Aspekt (1), Blickwinkel, Standpunkt: *e-n Sachverhalt vom juristischen G. aus betrachten* 从法律角度来观察事实真相

Ge·sichts·was·ser *das*; *-s*, *Ge·sichts·wässer*; e-e kosmetische Flüssigkeit (mit Alkohol), mit der man die Haut reinigt u. pflegt 美容洗涤液，洁面柔肤水

Ge·sichts·zug *der*; *mst Pl*（多用复数）；e-e charakteristische Eigenschaft e-s Gesichtes 面部特征，面部表情〈edle, feine, weiche, harte, strenge Gesichtszüge 高雅的、漂亮的、温和的、严厉的、严肃的面部表情〉

Ge·sims *das*; *-es, -e*; die schmalen, waagrecht hervortretenden Teile e-r Mauer, die diese gliedern（墙上突出的）檐，飞檐 ‖ -K（复合）：**Dach-, Fenster-**

Ge·sin·de *das*; *-s*; *nur Sg*, *veraltet*（只用单数）［旧］；alle Knechte u. Mägde, *bes* auf e-m Bauernhof（庄园的）仆役，雇工（总称）

Ge·sin·del *das*; *-s*; *nur Sg*, *pej*（只用单数）［贬］；die Menschen, die von anderen (*mst* wegen ihrer Armut u. e-r Neigung zur Kriminalität) verachtet werden 恶棍，无赖，坏家伙，歹徒，坏蛋 ≈ Pack

ge·sinnt *Adj*（形）；*nicht adv*（不作状语） **1. *irgendwie g.*** mit bestimmten Meinungen, Ansichten 有…见解的，有…思想倾向的：*ein fortschrittlich, politisch, demokratisch gesinnter Mensch* 一个思想进步的、有政治观点的、有民主思想的人 **2. *j-m irgendwie g. sein*** j-m gegenüber e-e bestimmte Haltung haben 对…怀有…意向的〈j-m feindlich, gut, wohlwollend *usw* g. sein 对某人怀有敌意，怀有好意，怀有善意等〉 ‖ NB（注意）：↑ **gesonnen, gutgesinnt**

Ge·sin·nung *die*; *-, -en*; *mst Sg*（多用单数）；die grundsätzliche geistige Haltung, die j-d gegenüber j-d anderem od. e-r Sache hat 信念，观点，思想品质 ≈ Einstellung: *seine politische G. ändern/wechseln* 变更/改变自己的政治观点 ‖ K-（复合）：**Gesinnungs-, -treue, -wandel-, -wechsel**

Ge·sin·nungs·ge·nos·se *der*; j-d, der dieselbe (*mst* politische) Gesinnung hat wie j-d anderer（多指政治上的）志同道合者，观点一致者，同道

者 ‖ *hierzu*（派生）**Ge·sin·nungs·ge·nos·sin** *die*

ge·sit·tet *Adj*（形）；so，wie es die guten Sitten，die allgemeinen gesellschaftlichen Normen verlangen 有礼貌的，有教养的，文明的 ≈ wohlerzogen〈ein Verhalten 行为；sich g. benehmen，verhalten 举止文明，（态度）有礼貌〉

Ge·socks *das*；-；*nur Sg*，*gespr! pej*（只用单数）［粗］［贬］≈ Gesindel

Ge·söff *das*；-(*e*)*s*；*nur Sg*，*gespr*，*mst pej*（只用单数）［口］多用［贬］；ein schlecht schmeckendes Getränk 劣质酒

ge·sof·fen *Partizip Perfekt*（过去分词）；↑ **saufen**

ge·so·gen *Partizip Perfekt*（过去分词）；↑ **saugen**

ge·son·dert 1. *Partizip Perfekt*（过去分词）；↑ **sondern**[1] **2.** *Adj*（形）；von anderen Personen/Dingen getrennt 分别的，分开的，另外的 ≈ einzeln ↔ gemeinsam：*Für diese Waren stellen wir e-e gesonderte Rechnung aus* 我们给这些商品单开账单；*Dieses Problem wollte er mit jedem Angestellten g. besprechen* 他要和每一位职员分别商谈这个问题

ge·son·nen 1. *Partizip Perfekt*（过去分词）；↑ **sinnen 2.** *Adj*（形）；（**nicht**）**g. sein** + **zu** + *Infinitiv*（不定式）；*geschr*［书］；etw.（nicht）tun wollen（无意）有意做，（不）想做 ≈（nicht）bereit/gewillt sein + zu + *Infinitiv*（不定式）：*Sie war nicht g.*，*diese Ungerechtigkeit weiter hinzunehmen* 她不想继续容忍这类不公正的事 ‖ NB（注意）：*mst* verneint（多用否定句）！ **3.** *Adj*（形）；**j-m irgendwie g. sein** ≈ j-m irgendwie gesinnt sein

ge·sot·ten *Partizip Perfekt*（过去分词）；↑ **sieden**

ge·spal·ten *Partizip Perfekt*（过去分词）；↑ **spalten**

Ge·spann *das*；-(*e*)*s*，-*e*；*Kollekt*（集合）**1.** zwei od. mehrere Tiere，die e-n Wagen od. ein landwirtschaftliches Gerät ziehen 套在一辆车（一台农具）上的几头牲口：*ein G. Ochsen* 拉一辆车（一台农具）的牛 **2.** ein Wagen od. landwirtschaftliches Fahrzeug mit e-m G.（1）畜力车 ‖ -K（复合）：**Ochsen-**，**Pferde- 3.** *gespr hum*，*Kollekt*［口］［谑］（集合）；zwei Menschen，die miteinander leben od. arbeiten（一起生活或工作的）俩人，一对搭档 ≈ Paar（2）：*Die beiden neuen Kollegen bilden ein gutes G.* 两位新同事组成很好的搭档

ge·spannt 1. *Partizip Perfekt*（过去分词）；↑ **spannen 2.** *Adj*（形）；（**auf j-n/etw.**）**g.** voller Erwartung darauf，wie j-d/etw. sein wird，was geschehen wird *o.Ä.*（对…）急切的，迫切的，殷切的，好奇的，急于想知道的 ≈ neugierig：*Wir sind alle*（darauf）*g.*，*wie die Wahlen ausgehen werden* 我们大家都急切地等待选举结果；*G. lauschten die Kinder seiner Erzählung* 孩子们好奇地听他讲故事；*Ich bin g.*，ob *er kommt* 我急于想知道他来还是不来 **3.** *Adj*（形）；voller Spannungen[1]（2）u. deshalb so，dass es leicht zu Konflikten kommen könnte 紧张的 ↔ entspannt〈Beziehungen，Verhältnisse，e-e Lage 关系，情况，局势〉：*Zwischen den beiden Staaten herrschten seit jeher gespannte Beziehungen* 两国之间以往一直关系紧张

Ge·spenst *das*；-(*e*)*s*，-*er* **1.** der Geist e-s toten Menschen，der（angeblich）den Lebenden erscheint（*bes* in alten Schlössern *o.Ä.*）鬼，鬼神，幽灵，鬼魂〈（nicht）an Gespenster glauben（不）相信鬼神〉≈ Geist[2]（2），Spuk **2. das G.** + *Gen*（二格）；*geschr*［书］；eine drohende Gefahr 幽灵，恶魔：*das G. e-s neuen Krieges*，*e-r Hungersnot heraufbeschwören* 召来新战争的、饥荒的幽灵 ‖ ID［谚］**Gespenster sehen** *gespr*［口］；sich Sorgen machen od. Angst haben，obwohl kein Grund dazu besteht 活见鬼（表示自寻烦恼）‖ *zu*（义项）**1. ge·spens·ter·haft** *Adj*（形）

ge·spens·tisch *Adj*（形）；unheimlich，wie von Gespenstern geschaffen 鬼魂般的，幽灵似的，阴森可怕的 ≈ geisterhaft〈ein Geräusch，ein Luftzug，ein Schatten，e-e Stille 声响，阵风，影子，寂静〉

ge·spien *Partizip Perfekt*（过去分词）；↑ **speien**

Ge·spinst *das*；-(*e*)*s*，-*e*；ein sehr dünner Stoff（der leicht zerreißt）很薄的纤维织物 ‖ -K（复合）：**Seiden-**

ge·spon·nen *Partizip Perfekt*（过去分词）；↑ **spinnen**

Ge·spött *das*；-(*e*)*s*；*nur Sg*（只作单数）；**1.** andauerndes Spotten 嘲笑，嘲弄，挖苦 ≈ Hohn，Spott〈j-s G. nicht mehr ertragen können 忍受不了某人的嘲弄；sein G. mit j-m treiben 挖苦（或嘲弄）某人〉**2. j-n/sich zum G. machen** j-n/sich lächerlich machen 使某人/自己成为笑柄 **3. zum G. der Leute werden** von vielen Leuten verspottet werden 成为人们嘲笑的对象

Ge·spräch *das*；-(*e*)*s*，-*e* **1. ein G.**（**mit j-m/zwischen j-m**（*Pl* 复数））（**über etw.**（*Akk* 四格））das，was zwei od. mehrere Personen sich sagen od. einander erzählen 谈话，交谈，会话，会谈 ≈ Unterhaltung，Unterredung〈ein offenes，vertrauliches，dienstliches，fachliches G. 公开的、机密的、公务的、专业的谈话；mit j-m ein G. anfangen，führen 与某人开始，进行一次谈话；das G. auf etw.（*Akk* 四格）bringen（= ein Thema ansprechen）把话题转到某事上；j-n in ein G. verwickeln 使某人卷入谈话；j-n ins G. ziehen 引某人参加谈话；mit j-m ins G. kommen 与某人攀谈起来；in ein G. vertieft sein 专心于谈话〉：*Gespräche mit seinem Geschäftspartner führen* 和商务伙伴进行交谈；*Unsere Gespräche drehten sich nur um private Themen* 我们的谈话单纯涉及私事；*Die Gespräche*（= Verhandlungen）*zwischen den Regierungen wurden nach längerer Pause wieder aufgenommen* 经过较长时间的休息以后，两国政府间的会谈重新开始 ‖ K-（复合）：**Gesprächs-**，**-partner**，**-stoff**，**-teilnehmer**，**-thema**；**gesprächs-**，**-bereit** ‖ -K（复合）：**Streit- 2.** *nur Sg*（只用单数）；das Thema，über das man sich unterhält 话题，谈话资料：

Die Hochzeit der Millionenerbin war das G. des Tages 那个继承了百万产业的女人的婚礼成了近日人们谈论的话题 ‖ -K（复合）：**Stadt-**，**Tages-** **3. ein G.**（**mit j-m**）（**über etw.**（*Akk* 四格））ein G.（1），das man am Telefon mit j-m führt 电话通话 ≈ Telefonat 〈ein dienstliches, privates G. führen 打公务的、私人的电话；ein G. anmelden, vermitteln 挂、接通一个电话〉‖ K-（复合）：**Gesprächs-**，**-teilnehmer** ‖ -K（复合）：**Auslands-**，**Fern-**，**Telefon-** ‖ ID［谚］**j-d ist**（**als etw.**）**im G.** j-d ist Gegenstand von（öffentlichen）Diskussionen *o. Ä.* 某人被人们公开议论：*Er ist als neuer Direktor im G.* 他作为新任经理被人们公开谈论；**etw. ist im G.** etw. wird in Erwägung gezogen 某事正在考虑中

ge·sprä·chig *Adj*（形）；〈ein Mensch 人〉so, dass er gern redet, viel erzählt 爱说话的，健谈的 ≈ mitteilsam ↔ schweigsam：„*Du bist ja heute nicht sehr g. – bist du etwa beleidigt?*"“你今天怎么不大爱说话呀——莫非你生气了？”‖ *hierzu*（派生）**Ge·sprä·chig·keit** *die*；*nur Sg*（只用单数）

Ge·sprächs·gut·ha·ben *das*；ein bestimmter Geldbetrag, für den man telefonieren darf. Man kann *z. B.* für Handys Karten mit e-m bestimmten G. kaufen 充值话费〈ein G. abtelefonieren 打完充值话费〉：*Bei Vertragsabschluss erhalten Sie ein G. in Höhe von 60 € gratis* 如果签约，您将得到60欧元免费的充值话费

Ge·sprächs·run·de *die*；*Kollekt*（集合）；mehrere Personen, die miteinander diskutieren 彼此交谈者 ≈ Diskussionsrunde

ge·spreizt **1.** *Partizip Perfekt*（过去分词）；↑ **spreizen** **2.** *gespreizter, gespreiztest-*；*Adj*（形）；*pej*［贬］；unnatürlich u. übertrieben vornehm 不自然的，矫揉造作的 ≈ gekünstelt, gestelzt ↔ natürlich 〈ein Stil 风格〉：*Wenn sie nicht so g. daherreden würde, wäre sie mir viel sympathischer* 如果她不这样装腔作势地瞎讲一通，也许我对她会更有好感

ge·spren·kelt *Adj*（形）；*nicht adv*（不作状语）；mit kleinen, unregelmäßigen Flecken 有斑点的〈ein Gefieder, Federn, Vogeleier 一支羽毛，羽毛，鸟蛋〉

ge·spro·chen *Partizip Perfekt*（过去分词）；↑ **sprechen**

ge·spros·sen *Partizip Perfekt*（过去分词）；↑ **sprießen**

ge·sprun·gen *Partizip Perfekt*（过去分词）；↑ **springen**

Ge·spür [gəˈʃpyːɐ] *das*；*-s*；*nur Sg*（只用单数）；**ein G.**（**für etw.**）die Fähigkeit, etw. mit dem Gefühl（instinktiv richtig）zu erfassen 感觉，敏感，鉴别力，辨别力〈ein（feines, sicheres）G. für etw. haben 对于某事有（敏锐的、准确无误的）感觉；j-m fehlt das G. für etw. 某人对某事缺乏敏感（辨别力）〉

Ge·sta·de *das*；*-s, -*；*mst Pl*，*lit*（多用复数）［文］≈ Küste, Ufer：*an den Gestaden des Meeres* 在海滨

Ge·stalt *die*；*-, -en* **1.** *mst Sg*（多用单数）；die äußere Erscheinung, die Form e-s Lebewesens（*bes* in Bezug auf den Bau seines Körpers）外形，外表，身材〈von gedrungener, hagerer, schmächtiger, untersetzter G. sein 矮壮的、瘦长的、瘦弱的、敦实的身材〉：*Zeus entführte Europa in der G. e-s Stiers* 宙斯变成公牛的模样拐走了欧罗巴 **2.** *mst Sg*（多用单数）；die sichtbare äußere Form von etw. 形状，形态 ≈ Form[1]（1）：*Die Erde hat die G. e-r Kugel* 地球呈球体的形状 **3.** e-e Person, die man nicht kennt od. die man（*mst* wegen der Entfernung）nicht deutlich erkennen kann 身影，人影：*In der Ferne sah man e-e dunkle G.* 人们看见远处有一个暗淡的身影；*Im Hafenviertel trieben sich zwielichtige Gestalten herum* 在港口区有些可疑的人在游荡 **4.** e-e bedeutende Persönlichkeit（*bes* der Geschichte）（历史上的）人物，人物形象：*die G. Napoleons* 拿破仑的形象 **5.** e-e（fiktive）Person in e-m（*mst* literarischen）Kunstwerk（文学作品中的）人物，人物形象 ≈ Charakter（4），Figur（3）：*Die Gestalten des Romans sind frei erfunden* 这部长篇小说中的人物都是虚构的 ‖ -K（复合）：**Märchen-**，**Fantasie-**，**Roman-** **6. in G.** + *Gen*（二格）/ **von etw.** mit dem Aussehen von etw., in Form von etw. …的形式：*Hilfe in G. von Geld* 金钱形式的帮助；*Er erschien auf dem Faschingsball in G. e-s Harlekins* 他以小丑的形象出现在狂欢节舞会上；*Das Unglück kam in G. von mehreren Erdbeben* 这场灾难是以多次地震的形式出现的 **7. etw. nimmt**（**feste**）**G. an** etw. bekommt allmählich konkrete Formen u. kann durchgeführt werden（物作主语）逐渐形成，定形〈Ideen, Pläne 思想，计划〉‖ *zu*（义项）**2. ge·stalt·los** *Adj*（形）

ge·stal·ten；*gestaltete, hat gestaltet*；**Vt**（及物）**1. etw. irgendwie g.** e-e Sache in die gewünschte Form bringen, ihr die gewünschten Merkmale geben 布置，组织，安排，使变得：*ein Schaufenster künstlerisch, den Abend abwechslungsreich, sein Leben angenehm g.* 将橱窗布置得富有艺术性，将晚会组织得多姿多彩，将生活安排得愉快；**Vr**（反身）**2. etw. gestaltet sich irgendwie** *geschr*［书］；etw. bekommt e-e bestimmte Form, entwickelt sich in e-r bestimmten Art（物作主语）变得，发展得：*Die Verhandlungen über die Rückgabe der eroberten Gebiete gestalten sich als äußerst schwierig* 关于归还被占领地区的谈判变得极其艰难 ‖ *zu*（义项）**1. Ge·stal·tung** *die*

ge·stal·te·risch *Adj*（形）；*mst attr*（多作定语）≈ künstlerisch 〈Fähigkeiten 能力〉

ge·stan·den **1.** *Partizip Perfekt*（过去分词）；↑ **stehen** **2.** *Partizip Perfekt*（过去分词）；↑ **gestehen** **3.** *Adj*（形）；*nur attr, nicht adv, südd* Ⓐ（只作定语，不作状语）［南德］［奥］groß u. stark 强壮的，魁梧的〈*mst* ein Mannsbild 男子汉〉**4.** *Adj*（形）；CH［瑞］relativ alt 上年纪的〈Menschen 人〉

ge·stän·dig *Adj*（形）；*nicht adv*（不作状语）；〈Menschen 人〉so, dass sie bei der Polizei od. vor Gericht ein Verbrechen zugeben 供认的，自供的：*Der Tatverdächtige war in vollem Umfang g.* 肇事嫌疑人对一切都供认不讳

Ge·ständ·nis *das*；*-ses*，*-se* **1.** die Aussage（*bes* vor Gericht od. vor der Polizei），dass man etw. Verbotenes getan hat 供词，供认〈ein G. ablegen, verweigern, widerrufen 作出供认，拒绝供认，撤回供认（翻供）〉‖ -K（复合）：***Schuld-*** **2.** ***j-m ein G. machen*** *gespr*［口］；j-m sagen（obwohl es einem schwerfällt），dass man *z.B.* etw. Falsches getan hat 向某人承认，坦白 ↔ j-m etw. verschweigen ‖ ▶ ***gestehen***

Ge·stank *der*；*-(e)s*；*nur Sg*（只用单数）；ein unangenehmer Geruch 臭味，臭气，恶臭：*der G. fauler Eier* 坏蛋的臭味 ‖ -K（复合）：***Schwefel-*** ‖ ▶ ***stinken***

Ge·sta·po *die*；*-*；*nur Sg*，*hist*（只用单数）［历］；（*Abk für* 缩写，全称为 Geheime Staatspolizei）die politische Polizei im Nationalsozialismus 盖世太保，纳粹德国的秘密警察

ge·stat·ten；*gestattete*，*hat gestattet*；Vt（及物）*geschr*［书］**1.**（***j-m***）***etw.*** ***g.*** ≈ j-m etw. erlauben ↔ j-m etw. verbieten：*Es ist den Schülern nicht gestattet, in der Schule zu rauchen*（中、小学校）学生在学校不准吸烟 **2.** ***etw. gestattet*** （***j-m***）***etw.*** etw. ermöglicht j-m etw.（物作主语）允许，使可能：*Sein geringes Einkommen gestattet ihm nicht, jedes Jahr in Urlaub* zu *fahren* 他的微薄收入不允许他每年外出度假 ‖ NB（注意）：*mst* verneint（多用否定句）**3.** ***sich***（*Dat* 三格）***etw. g.*** sich die Freiheit nehmen, etw. zu tun od. zu lassen（谦辞）允许自己，不揣冒昧，胆敢 ↔ sich etw. versagen：*Ich habe mir gestattet, Sie persönlich aufzusuchen, um Ihnen e-e Bitte vorzutragen* 我冒昧前来拜访您本人，为的是向您提出一个请求 ‖ ID［谚］***Gestatten***（***Sie***（, ***dass ...***））***?*** verwendet als höfliche Frage, *z.B.* wenn man sich zu j-m setzen will, wenn man ihm ein Getränk eingießen will od. wenn er zur Seite gehen soll（谦辞，比如，在想与某人坐在一起，想为某人斟饮料，或者想请某人让开时，用来礼貌地征询对方的意见）可以吗？劳驾…行吗？能不能…？

Ges·te, Ges·te *die*；*-*，*-n* **1.** e-e Bewegung, die j-d *mst* mit den Händen od. Armen macht, um etw. zu signalisieren 手势 ≈ Gebärde〈e-e abwehrende, einladende, ungeduldige G. 拒绝的、邀请的、不耐烦的手势；mit lebhaften Gesten 以生动的手势〉：*Mit stummer G. forderte er die Gäste auf, sich zu setzen* 他默默地以手势招呼客人们入座 **2.** e-e Handlung mit symbolischem Charakter 姿态，表示〈e-e höfliche, nette G. 礼貌的、友善的姿态〉：*Es war e-e nette G., ihr Blumen ins Krankenhaus zu schicken* 给她往医院送鲜花是一个友善的表示

Ge·steck *das*；*-(e)s*，*-e*；ein（*mst* kunstvoll zusammengebundener）Strauß aus Blumen, Zweigen *usw* 花束，一束鲜花 ‖ -K（复合）：***Blumen-***

ge·steckt **1.** *Partizip Perfekt*（过去分词）；↑ ***stecken*** **2.** *Adj*（形）；*nur adv*（只作状语）；***g. voll*** *gespr*［口］；sehr voll 拥挤不堪的，挤得满满的：*Der Bus war g. voll* 公共汽车拥挤不堪

ge·ste·hen；*gestand*，*hat gestanden*；Vt/i（及物/不及物）**1.**（（***j-m***）***etw.***）***g.*** zugeben, dass man etw. Verbotenes od.（moralisch）Falsches getan od. ein Verbrechen begangen hat 供认，招认，承认 ↔ etw. verschweigen：*Der Angeklagte weigert sich zu g.* 被告拒绝招认；*Er hat den Mord gestanden* 他供认犯谋杀罪；*Er gestand, das Auto gestohlen* zu *haben* 他招认偷了汽车；*Ich muss zu meiner Schande g., dass ich unsere Verabredung vergessen habe* 我必须惭愧地承认，我把此次约会忘记了；Vt（及物）**2.** ***j-m etw. g.*** j-m gegenüber zugeben, dass man etw. Verbotenes od.（moralisch）Falsches getan hat 向…承认，向…坦白：*Sie hat ihm ihre Untreue gestanden* 她向他承认了自己的不忠 **3.** ***j-m etw. g.*** sagen, dass man ein bestimmtes Gefühl（für j-n）empfindet 表白，坦露：*Er gestand ihr seine Liebe* 他向她表白了自己的爱情 ‖ ▶ ***Geständnis***，***geständig***

Ge·stein *das*；*-(e)s*，*-e* **1.** der feste, harte Teil der Erde, der aus Mineralien besteht 岩石，矿石，脉岩〈kristallines, vulkanisches G. 结晶的岩石，火山岩〉‖ K-（复合）：***Gesteins-***，***-art***，***-formation***，***-kunde***，***-probe***，***-schicht*** ‖ NB（注意）：Die Pluralform wird nur bei verschiedenen Arten von Gestein verwendet（复数只用于岩石分类）**2.** *nur Sg*（只用单数）；e-e relativ große Menge von Steinen od. von zusammenhängendem Stein 岩石，山崖 ≈ Fels〈brüchiges, glattes, zerklüftetes G. 风化的，光滑的，有裂缝的岩石〉‖ K-（复合）：***Gesteins-***，***-block***，***-brocken***

Ge·stell *das*；*-(e)s*，*-e* **1.** ein Gegenstand, der aus Stangen, Brettern od. Latten zusammengefügt ist u. auf den man *z.B.* Flaschen, Gläser od. Bücher stellen kann 支架，架子 ≈ Regal ‖ -K（复合）：***Draht-***，***Holz-***；***Bücher-***，***Flaschen-*** **2.** der Rahmen e-s Gegenstands, e-r Maschine od. e-s Apparats, an dem andere, kleinere Teile befestigt sind 框架，底座，托架，台座 ‖ -K（复合）：***Bett-***，***Brillen-***，***Fahrzeug-***

ge·stelzt **1.** *Partizip Perfekt*（过去分词）；↑ ***stelzen*** **2.** *gestelzter*，*gestelztest-*；*Adj*（形）；*pej*［贬］；（mit zu vielen Fremdwörtern u. gehobenen Ausdrücken u. deshalb）unnatürlich u. übertrieben vornehm 不自然的，装腔作势的，艰涩拗口的 ≈ geschraubt, gespreizt ↔ natürlich〈e-e Ausdrucksweise, ein Stil 表达方式，文风；g. reden 讲话咬文嚼字〉

ges·tern *Adv*（副）**1.** an dem Tag, der direkt vor dem heutigen Tag war 昨天，昨日 ↔ morgen〈g. früh, Vormittag, Mittag, Nachmittag, Abend 昨天一早，上午、中午、下午、晚上〉：

G

G. Abend kamen wir in Hamburg an, heute besichtigten wir die Stadt, u. morgen wollen wir eine Hafenrundfahrt machen 昨天晚上我们抵达汉堡，今天游览了城市，明天我们想参观港口

ge·stie·felt 1. *Partizip Perfekt*（过去分词）；↑ ***stiefeln*** 2. *Adj*（形）；*nur in* 只用于 ***g. und gespornt*** *gespr hum*［口］［诙］；vollständig angezogen u. bereit, wegzugehen od. wegzufahren 穿着停当的，整装待发的，准备启程的

ge·stie·gen *Partizip Perfekt*（过去分词）；↑ ***steigen***

Ges·tik, Ges·tik *die*；-；*nur Sg*（只用单数）；*Kollekt*（集合）；die Bewegungen der Hände/Arme（Gesten（1）），mit denen sich j-d zusätzlich zur Sprache ausdrückt 手势，姿势：*Südeuropäer haben e-e lebhafte G.* 南欧人的手势很生动

ges·ti·ku·lie·ren；*gestikulierte*，*hat gestikuliert*；[Vi]（不及物）*mst* die Arme heftig bewegen, um die Aufmerksamkeit auf sich zu ziehen（讲话时）打手势〈heftig, lebhaft, wild g. 激烈地、生动地、非常使劲地作手势；mit den Armen g. 用手臂打手势〉

Ge·stirn *das*；-(*e*)*s*，-*e*；*geschr*［书］；ein Himmelskörper（wie *z. B.* die Sonne, der Mond, ein Stern）日月星辰，天体：*den Lauf der Gestirne beobachten* 观察天体的运行

ge·sto·ben *Partizip Perfekt*（过去分词）；↑ ***stieben***

ge·sto·chen 1. *Partizip Perfekt*（过去分词）；↑ ***stechen*** 2. *Adv*（副）；*mst* ***g. scharf*** sehr scharf 非常清晰的，线条分明的〈ein Bild, ein Foto 画，照片；etw. g. scharf sehen 把某物看得一清二楚〉

ge·stoh·len *Partizip Perfekt*（过去分词）；↑ ***stehlen***

ge·stor·ben *Partizip Perfekt*（过去分词）；↑ ***sterben***

ge·stört 1. *Partizip Perfekt*（过去分词）；↑ ***stören*** 2. *gestörter*，*gestörtest-*；*Adj*（形）；（***geistig***）***g.*** geistig nicht normal, psychisch krank 精神失常的，神经错乱的

Ge·sträuch *das*；-(*e*)*s*，-*e*；*mst Sg*，*Kollekt*（多用单数）（集合）；mehrere Sträucher, die dicht beieinander stehen 灌木，树丛，丛林〈dichtes G. 茂密的丛林〉

ge·streift 1. *Partizip Perfekt*（过去分词）；↑ ***streifen*** 2. *Adj*（形）；*nicht adv*（不作状语）；mit Streifen 有条纹的：*Die Hose ist rotweiß g.* 裤子是红白条纹相间的；*Das Zebra hat ein gestreiftes Fell* 斑马有一身条纹状的皮

ge·stri·chen 1. *Partizip Perfekt*（过去分词）；↑ ***streichen*** 2. *Adj*（形）；〈ein Löffel 一匙；g. voll 满满地〉so gefüllt, dass der Zucker, das Salz, das Kaffeepulver *usw* genau bis zum Rand reicht 装得平平的 ↔ gehäuft：*ein gestrichener Teelöffel Zucker* 一平茶匙的糖 ‖ ID［谚］↑ ***Hose***，***Nase***，***Schnauze***

gest·ri·g- *Adj*（形）；*nur attr*，*nicht adv*（只作定语，不作状语）1. vom vorangehenden Tag 昨天的 ≈ von gestern：*Die Anzeige stand in der gestrigen Zeitung* 广告登在昨天的报纸上 2. ***der gestrige Tag/Abend*** gestern/gestern Abend 昨天/昨天晚上 3. *geschr*［书］≈ altmodisch, rückständig ↔ modern, zeitgemäß：*gestrige Ansichten vertreten* 代表昔日（过时）的观点

ge·strit·ten *Partizip Perfekt*（过去分词）；↑ ***streiten***

Ge·strüpp *das*；-(*e*)*s*，-*e*；*mst Sg*（多用单数）；*Kollekt*（集合）；viele wild wachsende Sträucher, die sehr dicht beieinander stehen 茂密的灌木丛，低矮的树林：*Als er versuchte, sich durch das G. hindurchzukämpfen, zerriss er sich die Hose* 当他试图穿过低矮的树丛时，他把裤子撕破了

Ge·stühl *das*；-(*e*)*s*，-*e*；*mst Sg*（多用单数）；*Kollekt*（集合）；alle Stühle od. Bänke, die（*mst* in e-r festen Anordnung u. fest miteinander verbunden）in e-m Saal od. in e-r Kirche aufgestellt sind 全部排好的椅子，整排的座位 ‖ -K（复合）：***Chor-***，***Kirchen-***

ge·stun·ken *Partizip Perfekt*（过去分词）；↑ ***stinken***

Ge·stüt *das*；-(*e*)*s*，-*e*；ein Betrieb, in dem Pferde gezüchtet werden 养马场

Ge·such *das*；-(*e*)*s*，-*e*；***ein G.***（***um etw.***）ein Schreiben, mit dem j-d e-e Behörde um e-e Bewilligung, e-e Genehmigung *o. Ä.* bittet 书面申请，申请书 ≈ Eingabe〈ein G. einreichen, befürworten, bewilligen, ablehnen 呈递，支持，批准，拒绝一份书面申请；e-m G. entsprechen 满足书面申请〉‖ -K（复合）：***Bitt-***，***Entlassungs-*** ‖ NB（注意）：↑ ***Antrag***

ge·sucht 1. *Partizip Perfekt*（过去分词）；↑ ***suchen*** 2. *gesuchter*，*gesuchtest-*；*Adj*（形）；*nicht adv*（不作状语）≈ begehrt：*Seltene alte Bücher sind sehr g.* 罕见的古籍颇受青睐 3. *Adj*（形）；*pej*［贬］≈ gewählt（2）〈mit gesuchten Worten 字斟句酌地，咬文嚼字地；sich g. ausdrücken 说话矫揉造作〉

ge·sund，*gesünder/gesunder*，*gesündest-/gesundest-*；*Adj*（形）1. frei von Krankheit 健康的，康复的 ↔ krank（1）：*nach e-r Krankheit wieder g. werden* 患病之后重新恢复健康 2. ohne die Schäden, die durch e-e Krankheit verursacht werden 健全的，健壮的，正常的〈ein Herz 心脏；Zähne, Haare *usw* 牙齿，头发等〉3. von Gesundheit（1）zeugend 健康的 ↔ blass：*Sie hat e-e gesunde Gesichtsfarbe* 她的脸色很好（她脸色健康）4. mit e-r positiven Wirkung für die Gesundheit（1）促进健康的，有益于健康的 ↔ gesundheitsschädlich〈die Ernährung, e-e Lebensweise 生活方式；g. leben 健康地生活〉：*Rauchen ist nicht g.* 吸烟不利于健康；*Meeresluft ist g.* 海滨的空气有益于健康 5. auf e-r gefestigten wirtschaftlichen Basis, nicht von Konkurs bedroht 资金充实的，经济实力雄厚的，经济基础扎实的 ↔ angeschlagen（2）〈ein Betrieb, ein Unternehmen 工厂，企业〉6.（nach Meinung der meisten Menschen）natürlich, normal u. vernünftig 正常的，自然的，健康的，理智的，合乎常情的 ↔ übertrieben, überzogen〈Ansichten 看法；ein Ehrgeiz 好胜心〉：*e-e gesunde Einstellung zur*

Sexualität haben 对性的问题持有正确的看法 ‖ ID［谚］*mst* 多用 ***Das ist*（*ganz*）*g. für ihn/sie*** *gespr*［口］；das schadet ihm/ihr nicht 这事对他/她是(很)有好处的：*Das bisschen Warten ist ganz g. für ihn. Dann sieht er endlich mal, wie das ist!* 稍许等待一下对他是有好处的。那时你就会最终看到，这究竟是怎么回事！

Ge·sụn·de *der/die*；*-n*，*-n*；j-d，der gesund ist 健康者，健康人 ↔ Kranke(r) ‖ NB(注意)：*ein Gesunder*；*der Gesunde*；*den*，*dem*，*des Gesunden*

ge·sụn·den；*gesundete*，*ist gesundet*；[Vi](不及物) *geschr*［书］；(nach e-r Krankheit) wieder gesund werden 痊愈，康复 ≈ genesen ↔ erkranken ‖ *hierzu*(派生) **Ge·sụn·dung** *die*；*nur Sg*(只用单数)

Ge·sụnd·heit *die*；*-*；*nur Sg*(只用单数) **1.** der Zustand des körperlichen Wohlseins，das Gesundsein 健康，健康状况 ↔ Kranksein〈e-e angegriffene G. haben 身体受过损害；sich bester G. erfreuen 为最佳健康状况而高兴；etw. greift j-s G. an 某事损害某人的健康；auf j-s G. trinken 为某人的健康干杯〉：*Rauchen schadet der G.* 吸烟有害于健康 ‖ K-(复合)：***Gesundheits-***，***-fanatiker***，***-risiko***，***-schaden***，***-zustand***；***gesundheits-***，***-gefährdend***，***-schädlich*** **2.** der Zustand，gesund（2）zu sein 健康状况，保健：*auf die G. der Zähne u. des Zahnfleischs achten* 注意牙齿与齿龈的保健 **3.** ***e-e eiserne/robuste G. haben*** sehr selten krank sein 有一副铁打的身子骨/强壮的体魄 **4.** ***G.!*** *gespr*［口］；verwendet als Höflichkeitsformel，wenn j-d niest 祝你健康！(别人打喷嚏时说) ‖ zu（义项）**1.** u. **2. ge·sụnd·heit·lich** *Adj*(形)

Ge·sụnd·heits·amt *das*；e-e Behörde，die in e-r Stadt (od. in e-m Landkreis) für die Gesundheit der Bevölkerung verantwortlich ist 卫生局

Ge·sụnd·heits·apos·tel *der*；*hum*［诙］；j-d，der sich auf übertriebene Weise um ein gesundes Leben bemüht u. auch andere davon überzeugen will 健康的狂热追求者

ge·sụnd·heits·be·wusst *Adj*(形)；bewusst auf seine Gesundheit achtend 有健康意识的，注意保健的：*sich g. ernähren* 饮食注意保健 ‖ *hierzu*(派生) **Ge·sụnd·heits·be·wusst·sein** *das*

Ge·sụnd·heits·we·sen *das*；*nur Sg*(只用单数)；die Institutionen in e-m Staat，die sich um die Erhaltung u. Wiederherstellung der Gesundheit der Bevölkerung kümmern 卫生保健事业：*ein gut organisiertes G.* 组织健全的卫生保健业

Ge·sụnd·heits·zeug·nis *das*；ein geschriebener Text，in dem ein Arzt od. das Gesundheitsamt bestätigt，dass j-d gesund ist u. *bes* keine ansteckende Krankheit hat 健康证明(证书)：*dem Arbeitgeber ein G. vorlegen müssen* 必须向雇主提交健康证明

ge·sụnd·schrei·ben；*schrieb gesund*，*hat gesundgeschrieben*；[Vt](及物) ***j-n g.*** als Arzt (in e-m Attest) bestätigen，dass j-d wieder gesund ist u. arbeiten kann 给…开具健康证明，开康复证明

ge·sụnd·schrump·fen；*schrumpfte gesund*，*hat gesundgeschrumpft*；[Vt](及物) ***etw./sich g.*** *gespr*［口］；die Produktion u. die Zahl der Angestellten reduzieren，um so finanzielle Verluste zu vermeiden 为避免亏损而减产裁员：*Das Unternehmen hat sich gesundgeschrumpft* 企业实行减产裁员，以避免亏损 ‖ *hierzu*(派生) **Ge·sụnd·schrump·fung** *die*

ge·sụnd·sto·ßen, sich；*stößt sich gesund*，*stieß sich gesund*，*hat sich gesundgestoßen*；[Vr](反身) ***sich*（*an etw.*（*Dat* 三格））*g.*** *gespr*［口］；bei e-m Geschäft sehr viel Geld verdienen 捞钞票，发横财：*Viele Firmen konnten sich am Bau des neuen Flughafens g.* 许多公司是能在新机场的建设工程上发大财的

ge·sụn·gen *Partizip Perfekt*(过去分词)；↑ ***singen***

ge·sụn·ken *Partizip Perfekt*(过去分词)；↑ ***sinken***

ge·tan *Partizip Perfekt*(过去分词)；↑ ***tun***

ge·tị·gert **1.** *Partizip Perfekt*(过去分词)；↑ ***tigern*** **2.** *Adj*(形)；*nicht adv*(不作状语)；mit Streifen wie auf dem Fell e-s Tigers 有虎纹的〈ein Fell，e-e Katze 兽皮，猫〉

Ge·tö̱·se *das*；*-s*；*nur Sg*(只用单数)；ein andauernder großer Lärm 呼啸，咆哮，怒号，轰鸣声〈das G. e-s Wasserfalls，der Brandung，des Verkehrs *usw* 瀑布、海浪的轰鸣声，交通的喧闹声等〉

ge·tra̱·gen **1.** *Partizip Perfekt*(过去分词)；↑ ***tragen*** **2.** *Adj*(形)；langsam u. feierlich 缓慢而庄严的，稳重的 ↔ bewegt，lebhaft，spritzig〈e-e Melodie 曲调；im getragenen Tempo 以缓慢的速度〉 **3.** *Adj*(形)；bereits benutzt，nicht neu od. frisch 穿过的，穿旧的〈ein Hemd，e-e Hose *o. Ä.* 衬衣，裤子等〉

Ge·trạ̈nk *das*；*-(e)s*，*-e* **1.** e-e Flüssigkeit，die man trinkt 饮料〈ein alkoholisches，alkoholfreies，erfrischendes，heißes G. 含酒精的、不含酒精的、清凉的、热的饮料〉：*Tee u. Kaffee sind aromatische Getränke* 茶和咖啡是芳香型饮料 ‖ K-(复合)：***Getränke-***，***-automat***，***-karte***，***-kellner***，***-steuer*** ‖ -K(复合)：***Erfrischungs-***，***Fruchtsaft-***，***Milchmix-*** **2.** ***geistige Getränke*** alkoholische Getränke (1)含酒精的饮料

Ge·trạ̈n·ke·markt *der*；ein Geschäft，in dem man (*mst* billig) Getränke kaufen kann 饮料市场

ge·trau·en, sich；*getraute sich*，*hat sich getraut*；[Vr](反身) ***sich etw. g.*** *veraltend*［渐旧］≈ sich etw. trauen[2] (1)：*Er getraute sich nicht*，*sie zum Tanz* zu *bitten* 他不敢请她跳舞

Ge·trei·de *das*；*-s*；*nur Sg*，*Kollekt*(只用单数)(集合)；alle Pflanzen (wie Weizen，Roggen，Gerste，Hafer *o. Ä.*)，aus deren Körnern *bes* Mehl gewonnen wird 粮食，谷物，庄稼〈G. anbauen，mähen，ernten，dreschen 种植，收割，收获庄稼，给庄稼脱粒；das G. steht gut 庄稼长势良好〉‖ K-(复合)：***Getreide-***，***-anbau***，***-art***，***-ernte***，***-export***，***-feld***，***-handel***，***-im-***

G

port, ***-lieferung***, ***-mühle***, ***-silo***, ***-sorte*** ‖ -K（复合）: ***Futter-***; ***Sommer-***, ***Winter-***

ge·tre·ten *Partizip Perfekt*（过去分词）; ↑ ***treten***

ge·treu[1] *Adj*（形）; *mst attr*（多作定语）**1.**（***etw.***（*Gen* 二格））***g.*** *geschr*［书］; e-m Original, e-r Vorlage genau entsprechend 与…一致的, 与…完全相符的, 忠实于…的〈ein Abbild, e-e Wiedergabe 写照, 再现〉: *e-e der Wirklichkeit getreue Schilderung der Zustände* 完全符合实际的情况描述 **2.** *veraltet*［旧］≈ treu ‖ *hierzu*（派生）**ge·treu·lich** *Adv*（副）

ge·treu[2] *Präp*（介）; *mit Dat*, *geschr*（支配三格）［书］≈ entsprechend, gemäß, in Übereinstimmung mit: *g. seinem letzten Willen* 遵照他的遗愿

-ge·treu *im Adj*, *wenig produktiv*（构成形容词, 构词弱）; der im ersten Wortteil genannten Sache genau entsprechend 与…完全相符的, 与…一致的: ***maßstabsgetreu***〈e-e Zeichnung 图纸〉, ***naturgetreu***〈e-e Attrappe 模拟物〉, ***originalgetreu***〈e-e Nachbildung 复制品〉, ***wirklichkeitsgetreu***〈e-e Darstellung 描绘〉

Ge·trie·be *das*; *-s*, *-* **1.** TECH【技】; der Teil e-r Maschine, der die Kraft u. die Bewegungen überträgt, die der Motor erzeugt 驱动装置, 联动装置, 传动机构〈ein automatisches, hydraulisches, synchronisiertes G. 自动的、液压的、同步的驱动装置〉‖ K-（复合）: ***Getriebe-***, ***-öl***, ***-schaden*** ‖ -K（复合）: ***Fünfgang-*** **2.** *nur Sg*, *Kollekt*（只用单数）（集合）; das lebhafte Kommen u. Gehen von vielen Menschen 奔忙, 熙熙攘攘, 人来人往 ≈ Gewühl

ge·trie·ben *Partizip Perfekt*（过去分词）; ↑ ***treiben***

ge·trof·fen *Partizip Perfekt*（过去分词）; ↑ ***treffen***

ge·tro·gen *Partizip Perfekt*（过去分词）; ↑ ***trügen***

ge·trost *Adv*（副）; ohne etw. befürchten zu müssen 放心地, 安心地, 心安理得地 ≈ ruhig: *sich g. auf den Weg machen* 放心地上路; *Das kannst du g. mir überlassen!* 你可以放心地把这事交给我办!

ge·trun·ken *Partizip Perfekt*（过去分词）; ↑ ***trinken***

Get·to *das*; *-s*, *-s* **1.** *pej*［贬］; ein Teil e-r Stadt, in dem viele Menschen e-r einzigen（*mst* armen）sozialen Gruppe leben 城市内某类人群（多为贫民）聚居区 ‖ K-（复合）: ***Getto-***, ***-bildung*** **2.** *hist*［历］; der abgeschlossene Teil e-r Stadt, in dem die jüdische Bevölkerung leben musste（城市内强行划定的）犹太人居住区

Ge·tue *das*; *-s*; *nur Sg*, *gespr pej*（只用单数）［口］［贬］**1.** ein unnatürlich wirkendes Verhalten, mit dem j-d Aufmerksamkeit erwecken will 装腔作势, 无谓忙碌, 故作姿态, 扭捏作态: *Ihr aufgeregtes G. ärgert mich schon lange!* 她那起劲的故作姿态早已让我生气! **2.** *mst* 多用 ***viel G. um j-n/etw. machen*** übertriebene Aufmerksamkeit für j-n/etw. zeigen 对…过分操心, 过于体贴, 娇惯: *Du machst viel zu viel G. um deine Kinder!* 你对你的孩子们太娇惯了!

Ge·tüm·mel *das*; *-s*; *nur Sg*（只用单数）; das lebhafte, oft laute Durcheinander e-r relativ großen Anzahl von Menschen od. Tieren 嘈杂, 纷乱, 热闹, 喧闹 ‖ -K（复合）: ***Kampf(es)-***, ***Schlacht(en)-***

ge·tupft *Adj*（形）; *nicht adv*（不作状语）; mit kleinen, *mst* farbigen Punkten bedeckt 有小点的〈ein Kopftuch, e-e Krawatte *o. Ä.* 头巾, 领带〉: *ein rot getupftes Kleid* 带红点儿的连衣裙

ge·übt **1.** *Partizip Perfekt*（过去分词）; ↑ ***üben*** **2.** *geübter*, *geübtest-*; *Adj*（形）;（***in etw.***（*Dat* 三格））***g.*** durch Übung mit etw. vertraut u. gut darin 熟练的, 经过训练的, 训练有素的〈ein Redner 演讲者〉: *im Klettern g. sein* 在攀登方面经过训练; *ein geübter Tennisspieler* 训练有素的网球运动员 **3.** *geübter*, *geübtest-*; *Adj*（形）; *mst attr*（多作定语）; schnell u. sicher in der Wahrnehmung 敏锐的, 机敏的, 老练的〈*mst* 多用 ein geübtes Auge, Gehör, e-n geübten Blick haben 老练的眼睛, 机敏的听觉, 有敏锐的目光〉‖ *hierzu*（派生）**Ge·übt·heit** *die*; *nur Sg*（只用单数）

Ge·wächs [-ks] *das*; *-es*, *-e* **1.** BOT【植】≈ Pflanze〈ein heimisches, tropisches G. 本地的（家乡的）、热带的植物〉**2.** MED【医】≈ Geschwulst, Tumor

ge·wach·sen [-ks-] **1.** *Partizip Perfekt*（过去分词）; ↑ ***wachsen***[1] **2.** *Adj*（形）; ***j-m g.*** fähig, mit j-m auf e-m bestimmten Gebiet（körperlich od. geistig）mitzuhalten 敌得过…的, 与…能匹敌的, 与…不相上下的: *Seinen Konkurrenten war er nicht g.* 他敌不过他的竞争者 **3.** *Adj*（形）; ***etw.***（*Dat* 三格）***g.*** fähig, e-e schwierige Aufgabe od. Situation zu bewältigen 能胜任的, 能应付的, 对付得了的〈etw. g. sein 应付得了某事; sich etw. g. fühlen, zeigen 感觉能胜任、表现出能胜任某事〉: *Der Doppelbelastung durch Beruf u. Haushalt war sie nicht g.* 要挑起职业和家务这两副重担, 她是力不从心

Ge·wächs·haus *das*; e-e Art Haus, *mst* aus Glas, in dem Pflanzen unter sehr günstigen Bedingungen wachsen können 暖房, 温室 ≈ Treibhaus, Glashaus

ge·wagt **1.** *Partizip Perfekt*（过去分词）; ↑ ***wagen*** **2.** *gewagter*, *gewagtest-*; *Adj*（形）;〈ein Unternehmen 行动; e-e Tat 行为〉so, dass sie viel Mut erfordern, ein hohes Risiko mit sich bringen 冒险的, 大胆的 ≈ mutig, riskant: *Mit so wenig Kapital ein Geschäft zu eröffnen, ist ein gewagtes Unternehmen* 以这样微薄的资本开办一个商店, 这是一个冒险行动 **3.** *Adj*（形）;〈ein Witz, e-e Filmszene 玩笑, 电影场景〉so, dass sie bestimmte Moralvorstellungen verletzen u. daher Anstoß erregen können 不得体的, 令人反感的: *ein Abendkleid mit e-m gewagten Dekolleté* 一件过分袒露的晚礼服

ge·wählt **1.** *Partizip Perfekt*（过去分词）; ↑

wählen 2. *gewählter, gewähltest-*; *Adj*(形); bewusst vornehm, um anders, besser zu wirken als das Alltägliche, Normale 文雅的，精致的，讲究的〈e-e Ausdrucksweise 讲话方式; sich g. ausdrücken 说话文雅〉

ge·wahr [gəˈvaːɐ̯] *Adj*(形); *nur in* 只用于 ***j-n/etw. g. werden***; ***j-s/etw. g. werden*** *geschr* [书]; j-n/etw. wahrnehmen od. erkennen 觉察，看到，发现，认出

Ge·währ [gəˈvɛːɐ̯] *die*; -; *nur Sg*, *geschr* (只用单数)[书]; die Sicherheit od. Garantie, dass etw. richtig ist, dass etw. in der vereinbarten Weise abläuft *o. Ä.* 保障，担保，保证 ≈ Bürgschaft〈für etw. G. leisten 为某事担保〉: *Ich kann keine G. dafür übernehmen, daß die Informationen richtig sind* 我不能担保这些消息正确; *Diese Angaben sind ohne G.* 这些说明不保准

ge·wäh·ren; *gewährte, hat gewährt*; Vt (及物) *geschr* [书] **1. *j-m etw. g.*** j-m etw. geben, worum er gebeten hat (weil man die Möglichkeit u. die Macht dazu hat) 同意，准许，给予，提供 ≈ bewilligen〈j-m Asyl, Obdach, Schutz g. 准许某人避难，给某人以容身之处，为某人提供保护; j-m e-n Kredit g. 向某人提供贷款〉: *Der Papst gewährte den Pilgern e-e Audienz* 教皇同意接见朝圣者 **2. *j-m etw. g.*** j-m etw. erlauben, worum er gebeten hat od. das er sich gewünscht hat 满足 ≈ j-m etw. erfüllen〈*mst* j-m e-e Bitte, e-n Wunsch g. 满足某人的请求、愿望〉 **3. *etw. gewährt j-m etw.*** etw. bietet e-e Möglichkeit *o. Ä.*, die j-d braucht (物作主语) 提供，给予〈etw. gewährt j-m Schutz, Sicherheit, Trost 某事给某人提供保护，提供保证，给某人以安慰〉; Vi (不及物) **4. *j-n g. lassen*** Geduld haben u. j-n das tun lassen, was er möchte 听…自便，让某人随便行事，对某人的行动不再过问或干预

ge·währ·leis·ten; *gewährleistete, hat gewährleistet*; Vt (及物) ***(j-m) etw. g.*** dafür sorgen od. garantieren, dass etw. geschieht od. j-d etw. bekommt 保证，保障，担保: *Können Sie g., dass die Lieferung rechtzeitig ankommt?* 您能保证货物及时送到吗? ‖ *hierzu* (派生) **Ge·währ·leis·tung** *die*

Ge·wahr·sam *der*; *-s*; *nur Sg*, *geschr* (只用单数)[书]; *mst in* 多用于 **1. *j-n in (polizeilichen) G. nehmen*** ≈ j-n verhaften **2. *in (polizeilichem) G. sein*** ≈ in Haft sein

Ge·währs·mann *der*; *-(e)s, Ge·währs·män·ner / Ge·währs·leu·te*; j-d, auf dessen Aussage od. Auskunft man sich beruft, weil man ihn für zuverlässig u. kompetent hält 提供消息的人，可靠人士，权威人士: *Diese Nachricht stützt sich auf die Aussagen mehrerer Gewährsleute* 这条消息依据的是若干权威人士的说法

Ge·walt *die*; *-, -en* **1.** *nur Sg* (只用单数); ***G. (gegen j-n/etw.)*** das Benutzen von körperlicher Kraft, Macht, Drohungen *o. Ä.*, um j-n zu verletzen od. um j-n zu zwingen, etw. zu tun 暴力，威力，武力〈brutale, rohe G. 野蛮的，凶残的暴力; G. anwenden 施行暴力; etw. mit G. erzwingen 以暴力强求某物; j-m G. androhen, antun 威胁要对某人使用暴力，对某人施加暴力〉: *j-m etw. mit G. wegnehmen* 用暴力手段夺走某人的某物; *Wird im Fernsehen zu viel G. gezeigt?* 电视里是否播放暴力太多了? ‖ K-(复合): **Gewalt-, -androhung, -anwendung, -herrschaft, -maßnahme, -verbrechen, -verbrecher** ‖ -K (复合): **Waffen-** **2.** *nur Sg* (只用单数); das Benutzen von körperlicher Kraft, um etw. zu erreichen 力量，力气，劲儿: *Die Kiste ließ sich nur mit G. öffnen* 箱子只有使劲儿才能打开 ‖ K-(复合): **Gewalt-, -anwendung** **3.** *nur Sg* (只用单数); die große natürliche Kraft, die Heftigkeit e-s Naturphänomens 威力: *die G. e-r Explosion, e-s Sturmes, der Wellen* 爆炸、风暴、波涛的威力 **4.** *nur Sg* (只用单数); ***G. (über j-n/etw.)*** die Macht, über j-n/etw. zu herrschen od. zu bestimmen 权力，威力，控制(权)，支配(权)〈die elterliche, richterliche, staatliche G. 家长的、法庭的、国家的权力; G. über j-n gewinnen, haben 赢得，具有对某人的控制权; j-n/ etw. in seine G. bekommen, bringen 支配，占有某人/某物，把某人/某物置于自己的控制之中; die G. an sich (*Akk* 四格) reißen 夺取权力; die G. über j-n verlieren 对某人失去控制; in j-s G. geraten, sein/stehen 落入某人控制之中，受某人支配〉: *Der Bankräuber brachte mehrere Geiseln in seine G.* 银行抢劫犯劫持了几名人质 **5.** *mst Pl*, POL (多用复数)【政】; verwendet als Bezeichnung für die drei Bereiche, in die die Aufgaben u. die Macht e-s Staates unterteilt werden (Legislative, Exekutive u. Judikative) 权，权力〈die drei Gewalten 三权; die gesetzgebende, ausführende, richterliche G. 立法权，行政权，司法权〉 ‖ K-(复合): **Gewalten-, -teilung, -trennung** **6. *höhere G.*** *nur Sg* (只用单数); ein Ereignis (wie *z. B.* ein Unfall, e-e Naturkatastrophe *o. Ä.*), das nicht zu erwarten war u. nicht verhindert werden konnte 一种无法预见的劫难，一种不可抗御的力量(如：事故，自然灾害): *Ein Blitzschlag ist höhere G.* 雷击是无法抗御的力量 **7. *sich/etw.*** (*Akk* 四格) ***in der G. haben*** sich/etw. beherrschen können, unter Kontrolle haben 有自制能力/能控制某物: *Sie erschrak, hatte sich aber sofort wieder in der G.* 她大吃一惊，但很快又恢复自制力; *Er hatte den Wagen nicht mehr in der G.* 他控制不住自己的汽车 **8. *die G. über etw.*** (*Akk* 四格) ***verlieren*** *bes* ein Fahrzeug nicht mehr unter Kontrolle haben 对某物失去控制力，无法再控制某物 **9. *mit (aller) G.*** *gespr* [口] ≈ unbedingt, um jeden Preis: *etw. mit aller G. durchsetzen wollen* 想要竭尽一切力量(不惜一切代价)实现某事 **10. *mit sanfter G.*** mit leichtem Zwang od. Druck, freundlich, aber sehr bestimmt 略带强制 **11. *etw.*** (*Dat* 三格) ***G. antun*** 歪曲 ≈ etw. verfälschen〈den Tatsachen, der Wahrheit G. antun 歪曲事实，歪曲真相〉 **12. *j-m G. antun*** *geschr euph* [书][婉] ≈ j-n vergewaltigen **13. *sich*** (*Dat* 三格) ***G. an-***

tun geschr euph［书］［婉］≈ Selbstmord begehen ‖ ID［谚］***G. geht vor Recht*** verwendet, um auszudrücken, dass sich der Stärkere oft durchsetzt, auch wenn er nicht im Recht ist 强权胜于公理 ‖ *zu*（义项）**1. ge·walt·frei** *Adj*（形）；**ge·walt·los** *Adj*（形）；**Ge·walt·lo·sig·keit** *die*；*nur Sg*（只用单数）

Ge·walt·akt *der* **1.** e-e Handlung, bei der in sehr kurzer Zeit sehr viel erreicht wird, die aber auch sehr anstrengend ist 突击行动 **2.** e-e Handlung, bei der Gewalt (1) angewendet wird 暴力行为，暴力行动

Ge·walt·be·reit·schaft *die*；die Neigung, bei Konflikten körperliche Gewalt anzuwenden 施暴意图，准备动武（打人）‖ *hierzu* **ge·walt·be·reit** *Adj*

ge·walt·frei *Adj*（形）**1.** ohne Anwendung von Gewalt (1) ≈ gewaltlos 非暴力的，不动武的 ↔ gewaltsam **2.** POL【政】；〈e-e Blockade, e-e Demonstration 封锁，游行〉ohne dass dabei körperliche Gewalt angewendet wird 不动用武力的，非暴力冲突的

ge·wal·tig *Adj*（形）**1.** sehr groß, hoch od. kräftig u. deshalb beeindruckend 巨大的，高大的，宏大的〈ein Baum, ein Bauwerk, ein Berg 树，建筑物，山〉**2.** ungewöhnlich intensiv od. stark 强劲的，强大的，强烈的〈ein Sturm, e-e Hitze, e-e Kraft 风暴，炎热，力量〉**3.** sehr groß in Zahl od. Menge od. Umfang 大量的，大宗的，大规模的〈e-e Last, e-e Menge, e-e Zahl 负担，数量，数目〉**4.** sehr groß 很大的，极大的〈ein Irrtum, ein Unsinn 错误，胡言〉**5.** sehr beeindruckend 给人留下深刻印象的〈e-e Leistung, ein Werk 业绩，著作〉**6.** *nur adv*, *gespr*（只作状语）［口］；verwendet, um Adjektive od. Verben zu verstärken（用来加强形容词或动词的语气）非常，十分，大大地 ≈ mächtig〈sich (ganz) g. irren, täuschen 完全弄错，大大地误会；j-n/ sich/etw. g. überschätzen 大大地过高估计某人/自己/某事；g. aufpassen müssen 必须非常留心〉

-ge·wal·tig *im Adj*, *wenig produktiv*（构成形容词，构词弱）；verwendet, um auszudrücken, dass j-d in Bezug auf etw. (*bes* das Reden) enorme Wirkung hat…强劲有力的，…有感染力的；***redegewaltig***，***sprachgewaltig***，***stimmgewaltig***〈ein Redner, ein Sänger 演讲者，歌手〉，***wortgewaltig***；***schussgewaltig***〈ein Stürmer 前锋〉

Ge·walt·marsch *der*；*gespr*［口］；ein langer, anstrengender Marsch[1] (1,2) über e-e große Strecke 强行军

ge·walt·sam *Adj*（形）**1.** mithilfe von Gewalt (1) od. großer körperlicher Kraft 暴力的，强制的，强迫的：*g. in ein Haus eindringen* 强行闯入一所房屋；*j-n g. festhalten* 强行扣押某人；*e-e Kiste g. öffnen* 猛力打开箱子 **2.** nur mit großer Mühe 使劲的，用力的，费力的〈sich g. beherrschen, wach halten 尽力地克制自己，保持清醒〉**3.** durch Unfall, Mord od. Selbstmord 悲惨的，不幸的 ↔ natürlich〈e-s gewaltsamen Todes sterben 横死，惨遭非命；ein gewaltsames Ende nehmen 惨死，惨遭非命〉

Ge·walt·tat *die*；e-e oft kriminelle Tat, die j-d begeht, indem er Waffen od. körperliche Gewalt anwendet 暴行，残暴行为 ≈ Verbrechen〈zu Gewalttaten neigen 喜好行凶作恶〉‖ *hierzu*（派生）**Ge·walt·tä·ter** *der*

ge·walt·tä·tig *Adj*（形）**1.**〈Menschen 人〉so, dass sie dazu neigen, körperliche Gewalt anzuwenden 强暴的，粗暴的，残暴的 ≈ brutal **2.** ***g. werden*** körperliche Gewalt anwenden, j-n schlagen *o. Ä.* 动武，动手打人 ≈ handgreiflich werden ‖ *hierzu*（派生）**Ge·walt·tä·tig·keit** *die*

Ge·walt·ver·zicht *der*；der Verzicht auf die Anwendung militärischer Gewalt, der von zwei od. mehreren Staaten in e-m Vertrag geregelt ist 放弃暴力，放弃使用武力 ‖ K-（复合）：***Gewaltverzichts-***，***-abkommen***，***-erklärung***

Ge·wand *das*；-(e)s, *Ge·wän·der* **1.** ein langes, weites Kleidungsstück (ohne Gürtel), das *bes* bei bestimmten feierlichen Anlässen od. in verschiedenen Kulturen als Oberbekleidung getragen wird/wurde 长袍，节日服装，礼服〈ein G. anlegen, ablegen 穿上，脱下长袍〉：*die Gewänder der alten Griechen* 古希腊人的盛装；*Der Opernchor schritt in wallenden Gewändern auf die Bühne* 歌剧合唱团身着飘动的盛装走上舞台 **2.** *südd* Ⓐ Ⓒⓗ［南德］［奥］［瑞］≈ Kleidung **3.** *nur Sg*（只用复数）；die äußere Gestaltung, die Aufmachung e-r Sache 外包装，式样，装潢，装帧：*Ab Januar bieten wir unseren Katalog in neuem G. an* 从一月份开始，我们提供新装帧的目录

ge·wandt **1.** *Partizip Perfekt*（过去分词）；↑ ***wenden*** **2.** *gewandter*, *gewandtest-*；*Adj*（形）；(im Auftreten *o. Ä.*) besonders geschickt 机灵的，熟练的，精明的：*ein gewandter Redner*, *Tänzer* 熟练的演说家、舞蹈家；*Sie ist sehr g. im Umgang mit Kunden* 她很善于和客户交往 ‖ *hierzu*（派生）**Ge·wandt·heit** *die*；*nur Sg*（只用单数）

ge·wann *Imperfekt*, *1. u. 3. Person Sg*（过去时，第一和第三人称单数）；↑ ***gewinnen***

ge·wän·ne *Konjunktiv II*, *1. u. 3. Person Sg*（虚拟式 II，第一和第三人称单数）；↑ ***gewinnen***

ge·wär·tig *Adj*（形）；*geschr veraltend*［书］［渐旧］；*nur in* 只用于（**sich** (*Dat* 三格)）**etw.** (*Gen* 二格) **g. sein** damit rechnen, dass etw. *mst* Unangenehmes geschehen kann 预料到，对…有所准备 ≈ auf etw. (*Akk* 四格) gefasst sein：*Sie müssen sich* (dessen) *g. sein*, dass *sie damit ein großes Risiko eingehen* 他们必须对自己因此而遭遇的风险有所准备

Ge·wäsch *das*；-(e)s；*nur Sg*, *gespr pej*（只用单数）［口］［贬］≈ Geschwätz

ge·wa·schen *Partizip Perfekt*（过去分词）；↑ ***waschen***

Ge·wäs·ser *das*；-s, - **1.** e-e (relativ große) natürliche Ansammlung von Wasser, *z. B.* ein Fluss, See od. Meer 水，水流，水域，水体，领水〈ein stilles, sumpfiges, trübes, verschmutztes G. 平静的、沼泽的、混浊的、受到污染的

水域；die heimischen Gewässer 本国水域〉‖ K-(复合)：**Gewässer-**, **-schutz** ‖ -K(复合)：**Binnen-**, **Küsten-** **2. fließendes G.** ein natürlicher Wasserlauf, *z. B.* ein Bach, Fluss od. Strom 活水,流动的水 **3. stehendes G.** ein G. (1), dessen Wasser nicht fließt, *z. B.* ein Teich, See od. Meer 静水,死水

Ge·we·be *das*; *-s*, - **1.** ein Stoff[2], der durch Weben hergestellt worden ist 织物〈ein dichtes, feines, grobes, synthetisches G. 厚实的、精致的、粗糙的、合成的织品〉**2.** BIOL, MED【生】【医】; die feste Substanz, aus der der Körper od. ein Organ e-s Menschen od. Tieres besteht 组织〈menschliches, tierisches G. 人体的、动物的组织; G. entnehmen, verpflanzen 取出、移植组织〉‖ K-(复合)：**Gewebe-**, **-flüssigkeit**, **-probe**, **-transplantation** ‖ -K(复合)：**Haut-**, **Lungen-**, **Muskel-**, **Nerven-**

Ge·wehr [gəˈveːɐ] *das*; *-(e)s*, *-e*; e-e relativ lange Schusswaffe, die man mit beiden Händen hält 枪,步枪,火枪〈das G. laden, (an die Schulter) anlegen, abfeuern, nachladen, schultern (= zum Tragen über die Schulter hängen) 把枪装上子弹,端起枪(顶在肩上)瞄准,开枪,给枪续装子弹,扛起枪(枪上肩)〉: *Er legte das G. auf das Reh an u. schoss* 他把枪瞄准那只鹿并射击 ‖ ↑ *Abb. unter* 图见 **Schusswaffen** ‖ K-(复合)：**Gewehr-**, **-kolben**, **-kugel**, **-salve**, **-schuss** ‖ -K(复合)：**Jagd-** ‖ ID [谚] **G. bei Fuß stehen** aufmerksam warten u. bereit sein, sofort aktiv zu werden 已准备好等待行动,枕戈待旦,整装待发

Ge·wehr·lauf *der*; das Rohr e-s Gewehrs, durch das die Kugel abgefeuert wird 枪管

Ge·weih *das*; *-(e)s*, *-e*; ein Gebilde aus e-r Art Knochen mit mehreren Verästelungen, das an der Stirn von männlichen Hirschen *o. Ä.* wächst 鹿角〈ein Hirsch *o. Ä.* wirft das G. ab 鹿脱去鹿角〉‖ -K(复合)：**Elch-**, **Hirsch-** ‖ NB(注意)：↑ **Horn**, **Gehörn**

Ge·wer·be *das*; *-s*, - **1.** e-e selbständige berufliche Tätigkeit im Bereich des Handels, des Handwerks od. der Dienstleistungen 行当,职业,手艺(指商业、手工业或服务行业中的工作,活计)〈ein G. ausüben, betreiben 从事一种职业,经营一种行当〉‖ K-(复合)：**Gewerbe-**, **-betrieb**, **-recht** ‖ -K(复合)：**Bau-**, **Gaststätten-**, **Hotel-** **2.** ein kleinerer od. mittlerer privater Betrieb im Bereich des Handwerks, des Handels od. der Dienstleistungen(手工业、商业或服务行业中的私营的)中小型企业〈ein G. betreiben 经营一家企业〉**3.** (CH) [瑞] ≈ Bauernhof, Gutsbetrieb **4. das horizontale G.**; **das älteste G. der Welt** *mst hum* 多作[诙]; die Prostitution 卖淫

Ge·wer·be·ge·biet *das*; ein Gebiet *bes* am Rand e-r Stadt, in dem es viele Firmen, Gewerbe (2) gibt(城市边缘的)工商业区

ge·werb·lich *Adj* (形); in Bezug auf ein Gewerbe 职业的,行业的,工商业的〈e-e Tätigkeit 职业活动〉: *Das Gelände hinter dem Bahnhof ist für gewerbliche Nutzung bestimmt* 火车站后面的地段规定为工商业用地

ge·werbs·mä·ßig *Adj* (形); so, dass man dadurch regelmäßig Geld verdient 职业性的,职业上的 ≈ berufsmäßig〈e-e Tätigkeit g. ausüben, betreiben 从事职业性活动; ein Dieb, ein Schwindler *o. Ä.* 小偷,骗子〉

Ge·werk·schaft *die*; -, *-en*; e-e Organisation, die die Interessen der Arbeitnehmer (*mst* e-r bestimmten Berufsgruppe) gegenüber den Arbeitgebern bzw. dem Staat vertritt 工会: *die G. der Angestellten* 职员工会 ‖ K-(复合)：**Gewerkschafts-**, **-beitrag**, **-bewegung**, **-führer**, **-funktionär**, **-mitglied**, **-sekretär**, **-sitzung**, **-vorsitzende(r)** ‖ -K(复合)：**Drucker-**, **Eisenbahner-**, **Polizei-** *usw* ‖ *hierzu* (派生) **ge·werk·schaft·lich** *Adj* (形)

Ge·werk·schaf·ter, **Ge·werk·schaft·ler** *der*; *-s*, -; ein Mitglied od. Funktionär e-r Gewerkschaft 工会会员,工会干部 ‖ *hierzu* (派生) **Ge·werk·schaf·te·rin**, **Ge·werk·schaft·le·rin** *die*; -, *-nen*

Ge·werk·schafts·bund *der*; e-e Vereinigung von verschiedenen einzelnen Gewerkschaften 工会联合会

ge·we·sen *Partizip Perfekt* (过去分词); ↑ **sein[1]**

ge·wi·chen *Partizip Perfekt* (过去分词); ↑ **weichen**

Ge·wicht *das*; *-(e)s*, *-e* **1.** *nur Sg* (只用单数); die Schwere e-s Körpers, die man in e-r Maßeinheit (*z. B.* Gramm, Kilogramm) angeben kann 重量,重〈ein geringes, großes G. haben 重量小、大; an G. verlieren, zunehmen 减轻、增加重量〉: *Das zulässige G. des Lastwagens beträgt 30 Tonnen* 这辆卡车允许的载重量为30吨; *Bei der Geburt hatte das Kind ein G. von dreieinhalb Kilogramm* 孩子生下时重三公斤半 ‖ K-(复合)：**Gewichts-**, **-kontrolle**, **-verlust**, **-zunahme** ‖ -K(复合)：**Brutto-**, **Gesamt-**, **Körper-**, **Netto-** **2.** PHYS【物】; die Kraft, mit der ein Körper von der Erde angezogen wird 重力 **3. das spezifische G.** PHYS【物】; das Verhältnis des Gewichts (1) e-s Körpers zu seinem Volumen 比重 **4.** *mst Pl* (多用复数); Gegenstände mit e-m bestimmten G. (1), die *bes* beim Wiegen (*z. B.* auf e-r Waage mit Waagschalen) zur Feststellung des Gewichts (1) von etw. verwendet werden 砝码,秤砣〈kleine, große Gewichte 小的、大的砝码〉‖ -K(复合)：**Blei-**, **Kilo-** **5.** *mst Pl*, SPORT (多用复数)【体】; die schweren eisernen Scheiben an e-r Stange, die in die Höhe gestemmt werden 杠铃 **6.** *nur Sg* (只用单数); die Bedeutung, Wichtigkeit e-r Sache 份量,重要性,影响,无足轻重: *Sie maß seinen Versprechungen kein großes G. bei* 她对他的许诺并不给予高度重视; *Seine Stimme hat in der Kommission G.* 他的意见在委员会中举足轻重 **7. etw. fällt (kaum, nicht) ins G.** etw. ist (nicht) von entscheidender Bedeutung(物作主语)(几乎不,不)起决定作用,(几乎没,没)有影响,无足轻重: *Bei e-m so großen*

Projekt fällt diese Rechnung kaum ins G. 对于这样一个大项目来说，这笔账目影响很小 **8. auf etw.** (*Akk* 四格) **G. legen** etw. für wichtig halten 重视某事 ‖ ▶ **Waage, wiegen**

ge·wịch·ten; *gewichtete, hat gewichtet*; Vt (及物) **etw. irgendwie g.** *geschr*[书]; etw. in Bezug auf seine Bedeutung od. Wichtigkeit ordnen 评价，评估：*Wir müssen unsere Zielsetzungen neu g.* 我们必须重新评估我们的各项目标

G

Ge·wịcht·he·ben *das*; *-s*; *nur Sg* (只用单数); e-e Sportart, bei der man versucht, e-e Stange mit Gewichten (5) (auf verschiedene Arten) in die Höhe zu bewegen 举重：*Die drei Disziplinen des Gewichthebens sind Reißen, Stoßen u. Drücken* 举重运动的三个项目是抓举、挺举和推举 ‖ *hierzu* (派生) **Ge·wịcht·he·ber** *der*; *-s*, *-*

ge·wịch·tig *Adj* (形) **1.** *geschr* [书]; (in e-r bestimmten Hinsicht) wichtig, von großer Bedeutung 重要的，有影响的，有份量的，举足轻重的 〈Gründe, Probleme 理由，问题；e-e Persönlichkeit 人物〉 **2.** *hum* [诙] ≈ dick, korpulent

Ge·wịchts·klas·se *die*; SPORT【体】; eine der Kategorien *bes* bei e-m Sport wie Boxen, Judo, Ringen, in die die Athleten aufgrund ihres Körpergewichts eingeteilt werden 重量等级，体重等级：*Fliegen- u. Schwergewicht sind zwei Gewichtsklassen* 最轻量级与重量级是两个体重级别

ge·wieft, *gewiefter, gewieftest-*; *Adj* (形); *gespr* [口]; 〈ein Geschäftsmann, ein Taktiker 商人，策略家〉 aufgrund von Erfahrung geschickt u. schlau (sodass sie sich nicht so leicht täuschen od. übervorteilen lassen) 老练的，精明的，狡猾的

ge·wie·sen *Partizip Perfekt* (过去分词); ↑ **weisen**

ge·wịllt *Adj* (形); *nur präd, nicht adv* (只作表语，不作状语); mit der Absicht od. Bereitschaft, etw. zu tun 愿意的，有意的，对…有准备的 ≈ willens, bereit: *Ich bin nicht g., diese Unordnung zu ertragen* 我不愿忍受这种杂乱无章的现象

Ge·wịm·mel *das*; *-s*; *nur Sg* (只用单数); ein Durcheinander von vielen (kleinen) Lebewesen 成群集结，麇集

Ge·wịn·de *das*; *-s*, *-*; TECH【技】; e-e Rille, die außen an e-r Schraube od. innen in e-r Mutter² in Form e-r Spirale verläuft 螺纹，螺线 〈ein G. bohren, fräsen, schneiden 钻出，铣上，切削螺纹〉 ‖ ↑ *Abb. unter* 图见 **Werkzeug, Glühbirne** ‖ K-(复合): **Gewinde-, -bohrer, -schneider**

Ge·wịnn *der*; *-(e)s*, *-e* **1.** das Geld, das j-d od. ein Unternehmen bei e-m Geschäft (*z.B.* beim Verkauf e-r Ware) verdient (nachdem alle Kosten wie Lohn, Miete *o.Ä.* bezahlt sind) 赢利，利润，盈余，收益 ↔ Verlust 〈(e-n) G. machen, erzielen 赚钱，获利；aus etw. G. schlagen, ziehen 从某事中得到好处；etw. mit G. verkaufen 赢利出售某物；j-n am G. beteiligen 分红给某人；etw. bringt G. ein, wirft G. ab 某事带来赢利，获得赢利〉: *e-n G. (in Höhe) von 10% machen, erzielen* 获得赢利10% ‖ K-(复合): **Gewinn-, -orientiert** ‖ -K(复合): **Brutto-, Netto-, Rein- 2.** die Geldsumme od. der Preis, die man bei e-m Spiel od. in e-r Lotterie gewinnen (2) kann 奖，彩，彩票中奖 ‖ K-(复合): **Gewinn-, -anteil, -aussichten, -auszahlung, -chance** ‖ -K(复合): **Lotto-, Millionen- 3.** *nur Sg* (只用单数); **ein G. (für j-n / etw.)** etw. sehr Positives 好处，益处，利益 ≈ Bereicherung: *Der neue Mitarbeiter ist ein G. für den Betrieb* 这位新来的同事是企业的有用人才 ‖ *zu* (义项) **1.** u. **3. ge·wịnn·brin·gend, Gewịnn brin·gend** *Adj* (形)

ge·wịn·nen; *gewann, hat gewonnen*; Vt/i (及物/不及物) **1. (etw.) g.** in e-m Kampf, Wettstreit od. e-r Auseinandersetzung der Erste, Beste od. der Sieger sein 获得…的胜利，赢得，取得…胜利 ↔ verlieren² 〈e-e Schlacht, den Krieg 获得一次战役的胜利，赢得战争的胜利；den Pokal, das Rennen, e-n Wettkampf g. 取得优胜杯赛、赛跑、比赛的胜利；e-e Wette g. 打赌赢了；ein Spiel knapp, (haus) hoch g. 勉强取得比赛的胜利，比赛中险胜；以悬殊比分，以很大优势赢得比赛的胜利，在比赛中获得大胜〉: *Der Schachweltmeister gewann jede Partie* 象棋世界冠军赢得各局胜利；*Letztes Jahr hat Bayern München (mit) 3:0 gegen Werder Bremen gewonnen* 去年拜仁慕尼黑队以3:0打败了不来梅魏尔德队 **2. (etw.) g.** bei e-m Wettkampf od. Glücksspiel e-n Preis bekommen 赢得(奖金) ↔ verlieren² (5): *beim Roulette tausend Euro g.* 在轮盘赌上赢得1000欧元；Vt (及物) **3. etw. g.** durch eigene Bemühungen, Anstrengungen etw. bekommen (通过努力)赢得，得到，取得 ↔ verlieren¹ (4) 〈j-s Achtung, Liebe, Vertrauen g. 赢得某人的尊重、爱情、信任；Ansehen, Einfluss g. 赢得威信、影响〉 **4. j-n für etw. g.** j-n dazu bewegen, sich an etw. zu beteiligen od. für etw. aktiv zu werden 争取，动员…参加，争取…赞成，拥护：*Er konnte sie für die Partei g.* 他成功地动员她入了党 **5. etw. aus etw. g.** etw. aus etw. (*mst* e-m Naturprodukt) herstellen 从…中提取，用…制造：*Wein gewinnt man aus Trauben* 用葡萄生产葡萄酒 **6. etw. g.** TECH【技】; Bodenschätze wie *z.B.* Kohle od. Metalle aus der Erde holen 开采 ≈ abbauen (1), fördern² 〈Eisen, Erze, Gold g. 开采铁矿、矿石、金矿〉; Vi (不及物) **7. an etw.** (*Dat* 三格) **g.** mehr von etw. bekommen (在…方面)得到提高，增加 ≈ an etw. zunehmen ↔ verlieren¹ (22) 〈an Höhe, an Geschwindigkeit, an Macht, an Einfluss g. 增加高度，提高速度，增大权力，扩大影响〉 **8. durch etw. g.** durch etw. schöner od. besser werden, seinen Wert steigern (由于…)变得更好，更美，更有价值：*Das Zimmer gewinnt durch die neuen Tapeten* 这个房间贴了新墙纸后变得漂亮多了 ‖ *zu* (义项) **1.** u. **2. Ge·wịn·ner** *der*; *-s*, *-*; **Ge·wịn·ne·rin**

die；-，*-nen*

ge·win·nend 1. *Partizip Präsens*（现在分词）；↑ **gewinnen** 2. *Adj*（形）；freundlich u. sympathisch 讨人喜欢的，逗人的，动人的〈ein Lächeln 微笑；g. lächeln 和蔼可亲地微笑〉

Ge·winn·span·ne *die*；der Unterschied zwischen dem Preis, zu dem man e-e Ware kauft od. produziert u. dem Preis, zu dem man sie verkauft（成本和售价之间的差额）毛利，利润率

Ge·winn·zahl *die*；*mst Pl*（多用复数）；die Zahlen, mit denen man in e-r Lotterie *o.Ä.* gewinnt (2)中奖号码：*Die Gewinnzahlen der 30 Ausspielung im Lotto sind* ... 第30次抽奖（开奖）的中奖号码为…

Ge·wirr [gəˈvɪr] *das*；*-(e)s*；*nur Sg*（只用单数）**1. *ein G. von etw.*** （*Pl* 复）ein Durcheinander von Fäden, Drähten, Haaren *o.Ä.* 乱七八糟，混乱，凌乱，杂乱 **2. *ein G. von etw.*** （*Pl* 复）e-e große, verwirrende Menge von etw., das schwer zu ordnen ist 杂乱无章，混杂，嘈杂≈ Durcheinander〈ein G. von Gassen, Stimmen 杂乱无章的胡同，嘈杂的声音〉‖ NB（注意）：Wenn ein Adj. vor dem Subst. steht, ist auch e-e Genitivkonstruktion möglich（若名词前有形容词，也可用二格）：*ein G. verschiedenster Stimmen* 嘈杂的声音

ge·wiss, *gewisser*, *gewissest-*；*Adj*（形）**1.** *nur präd*, *nicht adv*（只作表语，不作状语）；**(*j-m*) *g.*** so, dass es ganz sicher eintreten wird 肯定的，确凿的，无疑的：*Der Sieg ist uns g.* 胜利肯定属于我们；*Sie hielt es für g., dass er kommen würde* 她认为他毫无疑问是会来的；*Eins/Soviel ist g. – dir helfe ich nie mehr* 有一点是肯定的，也就是我再也不帮你了 **2.** *nur adv*（只作状语）；mit Sicherheit 一定，肯定 ≈ sicherlich, zweifellos：*Wenn du dich nicht beeilst, kommst du g. zu spät* 如果你不快一点，你肯定迟到；*„Rufst du mich einmal an?" – „Aber g. (doch)!"*“你给我打电话吗?”——“那是肯定的！” **3. *sich*** （*Dat* 三格）***j-s/etw. g. sein*** ganz sicher sein, dass man fest auf j-n/etw. vertrauen kann 对…有把握，确信无疑，毫不怀疑 **4. *etw./nichts Gewisses*** genaue/keine genauen Informationen über j-n/etw. 某些确切情况/毫无确切情况 ≈ etw./nichts Genaues：*Man weiß noch nichts Gewisses über den Unfall* 人们还不知道任何有关事故的确切情况

ge·wis·s- *Adj*（形）；*nur attr*, *ohne Steigerung*, *nicht adv*（只作定语，无变级，不作状语）**1.** verwendet, um auf e-e bestimmte Person/Sache hinzuweisen, die man nicht näher bezeichnen kann od. will bzw. von denen man annimmt, dass sie dem Gesprächspartner bekannt sind 某种，某个，某种程度的：*E-e gewisse Frau Meier, die in der Nelkenstraße wohnt, möchte dich sprechen* 有位住在乃尔肯大街的迈耶尔夫人想和你谈谈；*In gewissen politischen Kreisen denkt man an e-n Ausstieg aus der Kernenergie* 某些政界人士正在考虑淘汰核能的问题 **2.** verwendet, um auszudrücken, dass etw. nicht sehr stark od. ausgeprägt, aber bis zu e-m bestimmten Grad doch vorhanden ist 一定的，相当的，某种的：*Bei den Geschwistern kann man e-e gewisse Ähnlichkeit feststellen* 人们总是能够找出兄弟姐妹的某些相像之处

Ge·wis·sen *das*；*-s*，*-*；*mst Sg*（多用单数）**1.** ein Gefühl, das einem sagt, ob man richtig od. falsch gehandelt hat, ob etw. gut od. böse ist/war 良心，天良，良知〈ein gutes, schlechtes G. haben 问心无愧，心安理得；问心有愧，感到亏心，内疚；sein G. beruhigen, erleichtern 使自己的良心得到安慰，使自己的良心过得去；j-s G. wachrütteln 唤醒某人良知；etw. vor seinem G. (nicht) verantworten können（不）能对自己的良心负责〉：*Er bekam ein schlechtes G., als er sah, wie weh er ihr getan hatte* 当他看到自己使她那样痛苦时，他深感内疚 **2. *ein reines/ruhiges G.*** ein gutes G. (1)问心无愧，心安理得 ‖ ID［谚］***j-m ins G. reden*** j-n in e-r Angelegenheit tadeln u. versuchen, ihn zu e-r Änderung seiner Einstellung, Handlungsweise *o.Ä.* zu bewegen（严肃地）劝诫，规劝，叮嘱某人；***j-n/etw. auf dem G. haben*** schuld an etw., *bes* an e-m Unglück od. j-s Tod sein 对某人/某事负有责任，负疚，问心有愧；***ein reines G. haben*** keine Schuld an etw. haben 问心无愧，（对…）心里很坦然；***j-s G. regt/rührt sich*** j-d ist traurig, weil er etw. Böses getan hat od. weil etw. ungerecht ist 某人良心发现；***Ein gutes/reines G. ist ein sanftes Ruhekissen*** wenn man ein gutes G. hat, schläft man auch gut 不做亏心事，不怕鬼敲门（问心无愧，高枕无忧）

ge·wis·sen·haft *Adj*（形）；sich seiner Verantwortung od. Pflicht bewusst u. deswegen sorgfältig u. genau 有责任心的，认真负责的，认真仔细的，勤勤恳恳的：*ein gewissenhafter Mitarbeiter* 一位认真仔细的同事；*etw. g. prüfen* 认真地审查某事；*e-n Befehl g. ausführen* 认真负责地执行命令 ‖ *hierzu*（派生）**Ge·wis·sen·haf·tig·keit** *die*；*nur Sg*（只用单数）

ge·wis·sen·los *Adj*（形）；ohne moralische Bedenken 没有良心的，丧尽天良的，不负责任的≈ skrupellos〈ein Betrüger, ein Mörder 骗子，杀人犯〉‖ *hierzu*（派生）**Ge·wis·sen·lo·sig·keit** *die*；*nur Sg*（只用单数）

Ge·wis·sens·bis·se *die*；*Pl*（复）；**(*wegen etw.*** （*Gen* 二格，*gespr*［口］*auch Dat* 也用三格））***G. haben***；***sich*** （***über etw.*** （*Akk* 四格）/ ***wegen etw.*** （*Gen* 二格，*gespr*［口］*auch Dat* 也用三格））***G. machen*** sich schuldig fühlen, weil man etw. Unerlaubtes *o.Ä.* getan hat（因…）感到问心有愧，感到内疚；（由于…）受到良心责备，感到亏心

Ge·wis·sens·grün·de *die*；*Pl*（复）；Gründe für ein Verhalten od. e-e Überzeugung, die vom Gewissen bestimmt sind 良心上的原因，道义原因：*den Wehrdienst aus Gewissensgründen verweigern* 由于道义原因拒绝服兵役

ge·wis·ser·ma·ßen *Adv*（副）；in e-m gewissen Sinn 在某种程度上，多少可算是 ≈ sozusagen

Ge·wiss·heit *die*；*-*；*nur Sg*（只用单数）；das

sichere Wissen in Bezug auf etw. 有把握，可靠性，确实性，可信性 ≈ Sicherheit ‹sich G. über etw. (*Akk* 四格) verschaffen 弄到有关某事的可靠情况；etw. nicht mit G. sagen können 不能有把握地说某事›

Ge·wit·ter *das*; *-s*, *-*; Wetter mit Blitz u. Donner u. *mst* auch starkem Regen u. Wind 雷雨，暴风雨 ‹ein G. zieht auf, braut sich zusammen, entlädt sich, zieht ab 暴风雨来临，酝酿一场暴风雨，暴雨倾泻而下，暴风雨正在过去›：*Gestern Abend gab es ein heftiges G.* 昨天晚上雷雨交加 ‖ K-(复合)：***Gewitter-***, ***-front***, ***-regen***, ***-schauer***, ***-sturm***, ***-wolken***

ge·wit·tern; *gewitterte*, *hat gewittert*; *Vimp* (无人称) ***es gewittert*** es gibt ein Gewitter 下雷阵雨

ge·wit·trig *Adj*(形)；*nicht adv*(不作状语) **1.** mit Blitz u. Donner 雷电交加的 ‹Regenschauer, Sturmböen 阵雨，风暴› **2.** ‹e-e Schwüle, ein Wetter 闷热，天气› so, dass sie ein Gewitter ankündigen 将有雷雨的，雷雨前的，有雷雨似的

ge·witzt, *gewitzter*, *gewitztest-*; *Adj*(形) ≈ schlau ‹ein Bursche, ein Geschäftsmann 年轻人，商人› ‖ *hierzu*(派生) **Ge·witzt·heit** *die*; *nur Sg*(只用单数)

ge·wo·ben *Partizip Perfekt*(过去分词)；↑ ***weben***

ge·wo·gen **1.** *Partizip Perfekt*(过去分词)；↑ ***wiegen***[1] **2.** *Adj*(形)；*nur präd*, *nicht adv*, *geschr*(只作表语，不作状语)[书]；***j-m g.*** mit viel Sympathie für j-n 对某人亲切的，善意的，友爱的 ‹sich j-m g. zeigen 对某人表现友好›：*Ihr Chef war ihr sehr g. u. förderte ihre berufliche Karriere* 她的上司对她非常友善，并且在业务上一步步提拔重用她

ge·wöh·nen; *gewöhnte*, *hat gewöhnt*; *Vt*(及物) **1.** ***j-n/sich an etw.*** (*Akk* 四格) ***g.*** j-n/sich (durch Übung, Wiederholung *o. Ä.*) mit etw. so vertraut machen, dass es für ihn/einen normal, selbstverständlich wird 使某人/自己习惯于，适应于(某事)：*sich an die neue Umgebung g.* 使自己习惯于新环境；*sich allmählich an e-n unangenehmen Gedanken g.* 使自己逐渐适应一种令人不快的想法 **2.** ***j-n/sich an j-n g.*** durch häufigen Kontakt j-n/sich allmählich mit j-m vertraut machen 使某人/自己适应于，习惯于(某人)：*Es war schwierig, das Kind aus dem Waisenhaus an seine neue Familie zu gewöhnen* 使这个来自孤儿院的孩子适应他的新家是困难的 ‖ *hierzu*(派生) **Ge·wöh·nung** *die*; *nur Sg*(只用单数)

Ge·wohn·heit *die*; *-*, *-en* **1.** ***die G.*** (+ ***zu*** + *Infinitiv* 不定式) e-e Handlung, e-e Verhaltensweise *o. Ä.*, die durch häufige Wiederholung *mst* automatisch u. unbewusst geworden ist 习惯，习性，癖好 ‹e-e alte, feste, liebe, schlechte G. 老的、固定不变的、令人喜欢的、坏的习惯；etw. aus reiner G. tun 完全出于习惯而做某事；seine Gewohnheiten ändern 改变他的习惯›：*Unsere Sitzungen sind zur G. geworden* (= haben keine besondere Bedeutung mehr) 我们的会议已成为一种习惯；*Sie hat die G., nach dem Essen e-e Zigarette zu rauchen* 她有饭后抽一支烟的习惯 ‖ K-(复合)：***Gewohnheits-***, ***-trinker***, ***-verbrecher*** ‖ -K(复合)：***Denk-***, ***Lebens-***, ***Trink-*** **2.** ***die Macht der G.*** das, was uns etw. machen lässt, weil wir es sonst auch immer so machen (auch wenn wir es in diesem konkreten Fall nicht machen wollten) 习惯势力，习俗，风俗 ‖ *zu* (义项) **1. ge·wohn·heits·ge·mäß** *Adj*(形)；*nur attr od adv* (只作定语或状语)；**ge·wohn·heits·mä·ßig** *Adj*(形)；*nur attr od adv* (只作定语或状语)

Ge·wohn·heits·mensch *der*; j-d, dessen Leben von Gewohnheiten geprägt ist u. der wenig spontan u. flexibel ist 按习惯行事的人，墨守成规的人

Ge·wohn·heits·recht *das*; *nur Sg*, JUR (只用单数)【法】；ein Recht, das sich aufgrund e-r relativ langen Tradition (heraus) bildet, aber nicht schriftlich fixiert ist(由悠久传统形成的，具有法律效力的)习惯法

Ge·wohn·heits·tier *das*; *hum* [诙] ≈ Gewohnheitsmensch

ge·wöhn·lich *Adj*(形) **1.** so wie immer, nicht von der Regel abweichend 通常的，习惯的，寻常的 ≈ gewohnt, üblich：*Sie wachte zur gewöhnlichen Zeit auf* 她按时间醒来；*Er benahm sich wie g.* 他的举止如常 **2.** qualitativ nicht besonders auffallend, dem Durchschnitt, der Norm entsprechend 一般的，平凡的，日常的 ≈ normal：*Heute war ein ganz gewöhnlicher Arbeitstag ohne besondere Vorkommnisse* 今天又是一个平平常常的工作日，没有任何特别事件 **3.** *veraltend pej*[渐旧][贬]；mit e-m niedrigen od. primitiven Niveau *bes* in Bezug auf das Benehmen 粗俗的，下等的，低级的 ↔ gebildet, kultiviert ‹ein Mensch 人；sich g. benehmen 举止粗俗› ‖ *zu* (义项) **2.** u. **3. Ge·wöhn·lich·keit** *die*; *nur Sg*(只用单数)

ge·wohnt *Adj*(形) **1.** *mst attr*(多作定语)；vertraut, üblich geworden 习以为常的，惯常的，熟悉的 ‹die Umgebung 环境；etw. in gewohnter Weise erledigen 以惯常方式处理某事；etw. wie g. tun 习以为常地做某事›：*Die Dinge gehen ihren gewohnten Gang* 事情正按常规进行 **2.** ***etw.*** (*Akk* 四格) ***g. sein*** etw. als selbstverständlich ansehen, weil es immer so abläuft od. gemacht wird 习惯于某事 ≈ an etw. gewöhnt sein：*Ich bin (es) g., spät ins Bett zu gehen* 我已习惯于晚睡觉；*Er war schwere körperliche Arbeit nicht g.* 他不习惯于重体力劳动

Ge·wöl·be *das*; *-s*, *-* **1.** e-e gemauerte, nach oben runde Decke, *mst* in e-r Kirche, e-m Saal od. e-m Keller 拱，拱顶，拱门 ‖ -K(复合)：***Kreuz-*** **2.** ein fensterloser niedriger (Keller)-Raum, der gemauert ist u. e-e Decke mit e-m G. (1) hat 有拱顶的地窖 ‹ein dumpfes, feuchtes, finsteres, muffiges G. 有霉味的、潮湿的、昏暗的、发霉的拱顶地窖›

ge·wollt 1. *Partizip Perfekt*（过去分词）；↑ **wollen**² 2. *Adj*（形）；absichtlich u. deswegen oft unnatürlich od. übertrieben 故意的，不自然的，勉强的：*ein g. lockeres Benehmen* 一副故意轻佻的举止

ge·won·nen *Partizip Perfekt*（过去分词）；↑ **gewinnen**

ge·wor·ben *Partizip Perfekt*（过去分词）；↑ **werben**

ge·wor·den *Partizip Perfekt*（过去分词）；↑ **werden**¹

ge·wor·fen *Partizip Perfekt*（过去分词）；↑ **werfen**

ge·wrun·gen *Partizip Perfekt*（过去分词）；↑ **wringen**

Ge·wühl *das*; -(e)s; *nur Sg*（只用单数）；ein Durcheinander von vielen Menschen od. Tieren, die sich auf engem Raum hin u. her bewegen（人群或动物的）拥挤，熙熙攘攘，杂乱忙碌

ge·wun·den *Partizip Perfekt*（过去分词）；↑ **winden**

ge·wun·ken *Partizip Perfekt*（过去分词）；*gespr*［口］；↑ **winken**

Ge·würz *das*; -es, -e; e-e Substanz (wie *z. B.* Salz od. Pfeffer), die man in kleinen Mengen zum Essen gibt, damit es e-n besonderen Geschmack bekommt 调味品，调料，佐料〈ein getrocknetes, exotisches, mildes, scharfes G. 干的、异国风味的、味淡的、辛辣的调料〉‖ K-(复合)：**Gewürz-**, **-essig**, **-kuchen**, **-mischung**

Ge·würz·gur·ke *die*; e-e Gurke, die in Essig, Wasser u. bestimmten Gewürzen eingelegt ist 腌黄瓜，醋渍黄瓜

Ge·würz·nel·ke *die*; *mst Pl*（多用复数）；die getrocknete Blütenknospe e-s bestimmten Baumes, die als Gewürz verwendet wird 调味用的干丁香 ‖ K-(复合)：**Gewürznelken-**, **-baum**

ge·wusst *Partizip Perfekt*（过去分词）；↑ **wissen**

Gey·sir [ˈgaizi:ɐ̯] *der*; -s, -e; e-e natürliche Quelle, aus der von Zeit zu Zeit heißes Wasser in die Luft schießt 间歇热喷泉

gez. *Abk für* 缩写，全称为 gezeichnet; verwendet, wenn ein vervielfältigtes Schreiben nicht von Hand unterschrieben ist 由…署名的，由…签字的

Ge·zei·ten *die*; *Pl*（复）；das regelmäßige Anund Abschwellen des Meeresspiegels an der Küste 潮汐 ≈ Ebbe u. Flut ‖ K-(复合)：**Gezeiten-**, **-wechsel**

Ge·zei·ten|kraft·werk *das*; ein Kraftwerk, das die Strömung des Wassers bei Ebbe u. Flut ausnutzt u. Elektrizität erzeugt 潮汐发电厂

ge·zie·hen *Partizip Perfekt*（过去分词）；↑ **zeihen**

ge·zielt 1. *Partizip Perfekt*（过去分词）；↑ **zielen** 2. *gezielter*, *gezieltest-*; *Adj*（形）；auf ein bestimmtes Ziel od. e-n bestimmten Zweck ausgerichtet 有目的的，目标明确的，对准目标的〈ein Schuss 射击；e-e Frage, Maßnahmen 问题，措施〉：*Sie ging bei ihrer Suche g. vor* 她在寻找时采取了目标明确的行动

ge·zie·men; *geziemte*, *hat geziemt*; *geschr veraltend*［书］［渐旧］；**Vi**（不及物）1. **etw. geziemt j-m** ≈ etw. gebührt j-m; **Vr**（反身）2. **etw. geziemt sich** ≈ etw. gehört sich

ge·zie·mend 1. *Partizip Präsens*（现在分词）；↑ **geziemen** 2. *Adj*（形）；*geschr veraltend*［书］［渐旧］；so, dass es den Normen entspricht (*bes* solchen, die durch die soziale Stellung bedingt sind) 适当的，恰如其分的，客气的〈in geziemendem Abstand, mit geziemender Höflichkeit 保持恰如其分的距离，以应有的礼貌〉

ge·ziert 1. *Partizip Perfekt*（过去分词）；↑ **zieren** 2. *gezierter*, *geziertest-*; *Adj*（形）；übertrieben vornehm 矫揉造作的，不自然的，扭扭捏捏的 ≈ affektiert〈e-e Ausdrucksweise, ein (Brief)Stil 表达方式，(写信)风格〉‖ *hierzu*（派生）**Ge·ziert·heit** *die*; *nur Sg*（只用单数）

ge·zo·gen *Partizip Perfekt*（过去分词）；↑ **ziehen**

Ge·zwit·scher *das*; -s; *nur Sg*（只用单数）；das Zwitschern 啾啾声，叽叽叫声〈das G. der Vögel 鸟的啾啾叫声，鸟鸣〉‖ -K-(复合)：**Vogel-**

ge·zwun·gen 1. *Partizip Perfekt*（过去分词）；↑ **zwingen** 2. *Adj*（形）；nicht freiwillig u. deshalb unnatürlich wirkend 勉强的，被迫的，不自愿的，不自然的：*Mit e-m gezwungenen Lächeln begrüßte sie die Gäste* 她强作欢颜迎接来宾 ‖ *zu*（义项）2. **Ge·zwun·gen·heit** *die*; *nur Sg*（只用单数）

ge·zwun·ge·ner·ma·ßen *Adv*（副）；(*mst* unfreiwillig) e-r Pflicht, e-r Notwendigkeit od. e-m Zwang folgend 被迫地，迫不得已地 ≈ notgedrungen：*Da ich kein Auto habe, muss ich g. mit dem Bus fahren* 我既然没有小汽车，便不得不乘公共汽车

ggf. *Abk*（缩写）；↑ **gegebenenfalls**

Ghet·to *das*; ↑ **Getto**

Ghost·wri·ter [ˈgoustraɪtə] *der*; -s, -; j-d, der für e-n anderen (*z. B.* e-n Politiker) Reden, Bücher *o. Ä.* schreibt u. dabei anonym bleibt 代笔人，捉刀人，笔杆子 ‖ *hierzu*（派生）**Ghost·wri·te·rin** [ˈgoustraɪtərɪn] *die*; -, -nen

gibt *Präsens*, 3 *Person Sg*（现在时，第三人称单数）；↑ **geben**

Gicht *die*; -; *nur Sg*（只用单数）；e-e Krankheit, bei der sich die Gelenke entzünden (u. verformen) 痛风；MED【医】Arthritis ‖ K-(复合)：**Gicht-**, **-anfall**, **-knoten**; **gicht-**, **-krank**

gich·tig *Adj*（形）；an Gicht erkrankt 患痛风的〈ein Greis 老人；Gelenke 关节〉

Gie·bel *der*; -s, -; der obere, *mst* dreieckige Teil der Wand an der schmalen Seite e-s Gebäudes 山墙，三角墙：*ein Haus mit e-m spitzen G.* 一幢有尖顶山墙的房屋 ‖ K-(复合)：**Giebel-**, **-fenster**, **-seite**, **-wand**, **-zimmer**

Gier [gi:ɐ̯] *die*; -; *nur Sg*（只用单数）；**die G.** (**nach etw.**) das starke (oft ungezügelte) Verlangen, etw. zu haben od. zu bekommen 贪婪，贪欲，贪得无厌 ≈ Begierde〈unersättliche, maßlose, grenzenlose G. 不知

餍足的、极度的、无止境的贪婪〉：*die grenzenlose G. nach Macht u. Reichtum* 对权力与财富的无止境的贪欲

gie·ren；*gierte*，*hat gegiert*；[Vi]（不及物）***nach etw. g.*** ein sehr starkes Verlangen nach etw. haben 渴望，贪求

gie·rig *Adj*（形）；***g.*（*auf etw.*（*Akk* 四格）/*nach etw.*）** voller Gier 贪婪的，贪得无厌的〈ein Mensch 人；Blicke 目光；etw. g. verschlingen 狼吞虎咽地吃某物；g. essen, trinken 贪婪地吃、喝〉：*g. nach Geld u. Ruhm sein* 追名逐利

-gie·rig *im Adj*，*begrenzt produktiv*（构成形容词，构词有限）；voll Gier, die genannte Sache zu tun, zu bekommen od. zu erleben 对…有贪欲的，贪图…的，渴求…的；***geldgierig***，***goldgierig***，***machtgierig***，***mordgierig***，***profitgierig***，***rachgierig***，***raffgierig***

gie·ßen；*goss*，*hat gegossen*；[Vt]（及物）**1. *etw. irgendwohin g.*** e-e Flüssigkeit aus e-m Gefäß irgendwohin fließen lassen（indem man das Gefäß neigt）（往…）倒，注，斟，灌，浇：*Wein in ein Glas g.* 把葡萄酒斟入玻璃杯中；*Vanillesoße über den Pudding g.* 将香草汁浇到布丁上 **2. *etw. irgendwohin g.*** e-e Flüssigkeit ohne Absicht über/auf etw. fließen lassen（无意中）泼，倒，洒：*beim Einschenken Rotwein auf die Tischdecke g.* 斟酒时将红葡萄酒洒到桌布上；[Vt/i]（及物/不及物）**3. (*etw.*) *g.*** Blumen od. anderen Pflanzen（mit e-r Gießkanne）Wasser geben 浇，淋，喷洒（花，植物）**4. (*etw.*) *g.*** etw. herstellen, indem man *z.B.* Wachs od. Metalle durch Erhitzen flüssig macht u. die Masse dann in e-e Form fließen lässt, damit sie hart wird 浇铸，浇制〈Glocken, Kerzen g. 铸造钟，浇制蜡烛〉；[Vimp]（无人称）**5. *es gießt*** *gespr*［口］；es regnet sehr stark 下起倾盆大雨，大雨如注 ‖ ▶ ***Guss***

Gie·ße·rei *die*；-，*-en*；ein Betrieb, in dem aus flüssigem Metall Gegenstände hergestellt（gegossen（4））werden 铸造车间，翻砂场 ‖ K-（复合）：***Gießerei-***，***-arbeiter***，***-betrieb***

Gieß·kan·ne *die*；ein Behälter（e-e Kanne）mit e-m langen Rohr, mit dem man die Pflanzen（im Haus u. im Garten）gießt 喷壶 ‖ ↑ *Abb. unter* 图见 ***Gartengeräte***

Gieß·kan·nen|prin·zip *das*；*nur Sg*（只用单数）；ein System, staatliche Mittel zu gleichen Teilen auf viele Empfänger zu verteilen（ohne auf die tatsächlichen Bedürfnisse zu achten）均分的原则，平均分配的原则〈etw. nach dem G. verteilen 按均分原则分配某物〉

Gift *das*；-(*e*)*s*，*-e* **1.** e-e Substanz, die dem Organismus stark schadet u. tödlich für ihn sein kann 毒物，毒品，毒药〈G. auslegen, mischen, spritzen 投放毒药（投毒），调制（准备）毒药，喷毒物〉：*G. gegen Ratten auslegen* 投放毒剂灭鼠；*Der Fliegenpilz enthält ein G., das für den Menschen sehr gefährlich ist* 蛤蟆菌含有一种对人十分危险的毒素 ‖ K-（复合）：***Gift-***，***-drüse***，***-gas***，***-mord***，***-mörder***，***-pfeil***，***-pflanze***，***-pilz***，***-schlange***，***-stachel***，***-stoff***，***-zahn*** ‖ -K（复合）：***Insekten-***，***Pflanzen-***，***Ratten-***，***Schlangen-*** **2. *G. nehmen*** absichtlich G.（1）essen od. trinken, um zu sterben 服毒（自杀）‖ ID［谚］***etw. ist*（*das reinste*）*G.*（*für j-n/etw.*）** etw. schadet j-m/etw. sehr 某物对某人/某物极为有害：*Für ihn ist Alkohol das reinste G.* 喝酒对他的健康特别有害；***G. u. Galle spucken***；***sein G. versprühen*** bösartige Bemerkungen machen 大发雷霆，破口大骂，恶言相向；*mst* 多用于 ***Darauf kannst du G. nehmen!*** *gespr*［口］；darauf kannst du dich verlassen, das ist ganz bestimmt so 这一点你尽可放心（这是完全可靠的）! ‖ *zu*（义项）**1. gif·hal·tig** *Adj*（形）；*nicht adv*（不作状语）

gif·ten；*giftete*，*hat gegiftet*；*gespr*［口］；[Vt]（及物）**1. *etw. giftet j-n*** etw. macht j-n sehr böse/ärgerlich（物作主语）使恼火，使恼怒：*Die Beförderung seines Kollegen hat ihn so richtig gegiftet* 他同事的晋升使他大为恼火；[Vi]（不及物）**2.** seinen Ärger mit Beschimpfungen *o.Ä.* zum Ausdruck bringen 责骂，发脾气：*Sie giftet den ganzen Tag* 她整天发脾气，她整天骂骂咧咧的；[Vr]（反身）**3. *sich*（*über etw.*（*Akk* 四格））*g.*** wegen etw. sehr ärgerlich werden（对…）恼火，生气：*Über die Ungerechtigkeit seines Chefs giftete er sich gewaltig* 他对他的上司的不公正极为恼火

gift·grün *Adj*（形）；von e-m sehr grellen, hellen Grün 鲜绿的，绿得刺眼的

gif·tig *Adj*（形）**1.** *nicht adv*（不作状语）；Gift（1）enthaltend 毒的，有毒的〈e-e Pflanze, ein Pilz 植物，蘑菇〉**2.** *nicht adv*（不作状语）；so, dass sie beim Beißen, Stechen *o.Ä.* Gift von sich geben 释放毒素的，有毒的〈Schlangen, Skorpione 蛇，蝎〉**3.** *nicht adv*（不作状语）；（gesundheits）schädliche Stoffe enthaltend 有害的〈Dämpfe, Abwässer 蒸汽，废水〉**4.** *gespr*［口］；boshaft u. voller Hass 恶毒的，毒辣的，恶狠狠的，怀有仇恨的〈Bemerkungen, Blicke, Spott 评论，眼光，嘲讽〉：*Als er bemerkte, dass er verlieren würde, wurde er sehr g.* 当他发现自己要输时，他变得非常凶狠 **5.** *nicht adv*（不作状语）≈ grell〈*mst* ein Grün 绿色〉

Gift·müll *der*；*nur Sg*，*Kollekt*（只用单数，集合）；giftige Abfallstoffe, die die Umwelt schädigen 有毒的垃圾，有毒的废料

Gift·zwerg *der*；*gespr pej*［口］［贬］；ein Mensch, der klein, sehr boshaft u. missgünstig ist 歹毒的小人，心地狠毒的小人

Gi·gant *der*；*-en*，*-en*；*geschr*［书］**1.** ≈ Riese **2.** e-e Person/Sache, die auf e-m bestimmten Gebiet besonders mächtig od. dominant ist 巨人，巨子，巨匠，显赫人物/巨物：*die Giganten im Bereich der Elektronik* 电子行业的巨擘；*die Giganten des Tennissports* 网球巨星 **3.** etw. von außergewöhnlicher Größe 庞然大物，规模、体积巨大的东西：*Das Matterhorn zählt zu den Giganten der Bergwelt* 马特峰（瑞士）算得上是世界高峰之一 ‖ NB（注意）：*der Gigant*；*den, dem, des Giganten* ‖ *zu*（义项）**3. gi·gan·tisch** *Adj*（形）

Gil·de *die*；-，*-n*；*hist*［历］；e-e Vereinigung

von Handwerkern od. Kaufleuten (*bes* im Mittelalter), die sich gegenseitig schützten u. ihre Interessen sichern wollten 行会,同业公会,基尔特 ≈ Zunft

gilt *Präsens, 3 Person Sg*(现在时,第三人称单数); ↑ ***gelten***

ging *Imperfekt, 1. u. 3. Person Sg*(过去时,第一和第三人称单数); ↑ ***gehen***

Gins·ter *der*; *-s*; *nur Sg*(只用单数); ein relativ kleiner Strauch mit vielen grünen Zweigen, kleinen Blättern (u. vielen gelben Blüten)金雀枝,金雀花

Gip·fel *der*; *-s*, - **1.** die oberste Spitze e-s Berges 山峰,顶峰 〈e-n G. besteigen, bezwingen, mit letzter Kraft erreichen 攀登,征服,用尽全力抵达顶峰〉 **2.** ***der G.*** + *Gen*(二格) der höchste Grad, das höchste Ausmaß der genannten Sache 顶点,极点: *Er hat den G. seines Ruhmes längst überschritten* 他早已超越自身荣誉的顶峰; *Das ist der G. der Geschmacklosigkeit* 这是庸俗无聊到了极点 **3.** Verhandlungen zweier od. mehrerer Regierungen auf höchster Ebene 首脑会议,最高级会晤 ≈ Gipfelkonferenz, Gipfeltreffen: *Der G. über Umweltprobleme findet nächste Woche in Brüssel statt* 环境问题首脑会议下周在布鲁塞尔举行 ‖ -K(复合): ***Wirtschafts-*** ‖ ID[谚] ***Das ist (doch) der G.!*** *gespr*[口]; das ist e-e Unverschämtheit! 这真是无耻之尤!

Gip·fel·kon·fe·renz *die* ≈ Gipfel (3)

Gip·fel·tref·fen *das* ≈ Gipfel (3)

gip·feln; *gipfelte, hat gegipfelt*; [Vi](不及物) ***etw. gipfelt in etw.*** (*Dat* 三格) *geschr*[书]; etw. erreicht mit etw. seinen (oft negativen) Höhepunkt(物作主语)达到顶峰,达到高潮: *Seine Rede gipfelte in e-m Aufruf an alle Mitglieder zum Streik* 他的讲话在号召全体会员进行罢工时达到高潮; *Die Demonstration gipfelte schließlich in e-r gewalttätigen Auseinandersetzung zwischen Demonstranten u. Polizei* 游行示威最终以游行者和警方之间的武力冲突而达到高潮

Gip·fel·tref·fen *das* ≈ Gipfel(3)

Gips *der*; *-es*; *nur Sg*(只用单数) **1.** ein weißgraues Mineral 石膏; CHEM【化】 Kalziumsulfat **2.** ein Pulver aus G. (1), das zusammen mit Wasser e-e Masse gibt, mit der man *bes* Löcher in e-r Wand zumacht od. Formen herstellt 石膏粉,灰泥 〈G. anrühren 搅拌石膏粉; der G. bindet schnell ab 石膏很快变硬〉: *ein Loch mit G. zuspachteln* 用石膏填平一个窟窿 ‖ K-(复合): ***Gips-, -abdruck, -büste, -figur*** **3.** *Kurzw*(略) ↑ ***Gipsverband*** 〈e-n G. haben 上了,打了石膏(绷带)〉 ‖ *zu*(义项) **2.** ***gip·ser·n-*** *Adj*(形); *nur attr, nicht adv*(只作定语,不作状语)

Gips·bein *das*; *gespr*[口]; ein Bein od. ein Fuß mit e-m Gipsverband 上了石膏的腿(脚) 〈ein G. haben 腿上上了石膏〉

gip·sen; *gipste, hat gegipst*; [Vt](及物) **1.** ***etw. g.*** etw. mit Gips (2) reparieren, füllen *o. Ä.* 用石膏涂抹,填补 〈ein Loch, e-n Riss g. 用石膏补洞,填补裂缝〉 **2.** ***j-n/etw. g.*** *gespr*[口]; j-m an e-m Körperteil e-n Gipsverband anlegen 给…上石膏(绷带),给…打石膏

Gips·ver·band *der*; ein Verband aus Binden, die in Gips (2) getränkt sind, der dann hart wird. Er wird verwendet, um e-n verletzten od. gebrochenen Körperteil ruhig zu stellen 石膏绷带 〈j-m e-n G. anlegen, abnehmen 给…扎上,取下石膏绷带〉

Gi·raf·fe *die*; -, *-n*; ein großes Säugetier mit braunen Flecken, langen Beinen u. e-m sehr langen Hals, das in den Savannen Afrikas lebt u. Pflanzen frisst 长颈鹿

Gir·lan·de *die*; -, *-n*; e-e Art lange Kette aus Papier, Blumen *o. Ä.*, mit der man Säle, Häuser od. Straßen festlich schmückt 彩带,花带,彩花纸链 ‖ K-(复合): ***Girlanden-, -schmuck***

Gi·ro [ˈʒiːro] *das*; *-s*, *-s*; FIN【金融】; der bargeldlose Zahlungsverkehr zwischen verschiedenen Konten(银行)转账,汇划,背书,转让签法 ‖ K-(复合): ***Giro-, -bank, -scheck, -verkehr***

Gi·ro·kon·to [ˈʒiː-] *das*; ein Bankkonto mit sehr niedrigen Zinsen, von dem jederzeit Geld abgehoben werden kann od. auf das Geld überwiesen werden kann(活期存款)转账账户,结算账户,汇划账户: *Der Lohn wird jeden Monat auf das G. überwiesen* 工资每月汇入转账账户中

gis, Gis *das*; -, -; MUS【音】; der Halbton über dem g 升 g,升 G ‖ K-(复合): ***gis-Moll***

Gischt *die*; -; *nur Sg*(只用单数); der Schaum u. das sprühende Wasser, die sich oben auf Wellen bilden 浪花,(海浪的)泡沫,飞沫

Gi·tar·re *die*; -, *-n*; ein Musikinstrument mit sechs Saiten, das man mit den Fingern od. mit e-r kleinen Plastikscheibe spielt 吉他,六弦琴 〈G. spielen, j-n auf der G. begleiten 弹吉他,用吉他给某人伴奏; zur G. singen 用吉他伴唱〉 ‖ K-(复合): ***Gitarren-, -solo, -spieler, -verstärker*** ‖ -K(复合): ***Bass-, Elektro-, Rhythmus-; E-Gitarre***

Gitarre

Gi·tar·rist *der*; *-en*, *-en*; j-d, der (beruflich) Gitarre spielt 吉他演奏者 ‖ -K(复合): ***Bass-, Solo-*** ‖ NB(注意): *der Gitarrist; den, dem, des Gitarristen* ‖ *hierzu*(派生) ***Gi·tar·ris·tin*** *die*; -, *-nen*

Git·ter *das*; *-s*, -; e-e flache Konstruktion aus senkrechten u. waagrechten Stäben, mit der man *bes* Öffnungen (Fenster, Türen, Schächte) versperrt od. Heizkörper *o. Ä.* verkleidet 栅,栅栏 ‖ K-(复合): ***Gitter-, -fenster, -stab, -tür, -zaun*** ‖ ID[谚] ***hinter***

Gitter kommen ins Gefängnis kommen 关进牢房，进班房；***hinter Gittern sein*** im Gefängnis sein 坐牢

Git·ter·bett *das*；ein Bett *bes* für kleine Kinder，das außen von Stäben umgeben ist，damit das Kind nicht hinausfällt 有栏杆的儿童床

Glace [glas] *die*；-，-*n*；(CH)［瑞］≈ Speiseeis

Gla·cee|hand·schuh，Gla·cé|hand·schuh [gla'seː-] *der*；*mst in* 多用于 ***j-n mit Glacéhandschuhen anfassen*** *gespr*［口］；j-n sehr vorsichtig u. höflich behandeln，um ihn nicht zu beleidigen od. zu kränken 小心翼翼地对待某人

Gla·di·a·tor [gla'di̯aːtoːɐ̯] *der*；-*s*，*Gla·di·a·to·ren*；*hist*［历］；j-d，der im alten Rom in der Arena mit e-r Waffe gegen Menschen od. wilde Tiere kämpfte 古罗马角斗士

Gla·di·o·le [gla'di̯oːlə] *die*；-，-*n*；e-e Blume mit großen（trichterförmigen）Blüten in leuchtenden Farben 唐菖蒲

Glanz *der*；-*es*；*nur Sg*（只用单数）**1. *der G.*** + *Gen*（二格）/ ***von etw*** . das Licht，das von e-m glatten Gegenstand zurückgestrahlt wird 光泽，光辉，光华〈der G. e-s Diamanten 钻石的光泽；der G. von Gold，von Haaren 黄金的、头发的光泽〉‖ K-(复合)：***Glanz-，-lack，-leder，-papier*** ‖ -K(复合)：***Seiden-，Silber-*** **2.** das Leuchten 闪光，发光〈*mst* der G. der Sterne 星星的闪光〉‖ -K(复合)：***Lichter-*** **3. *der G.*** + *Gen*（二格）das sehr Positive，das etw. an sich hat 光彩，荣光，辉煌〈der G. der Jugend，der Schönheit，des Ruhmes，des Sieges 青春的、美丽的光彩，荣誉的、胜利的辉煌〉‖ ID［谚］***mit Glanz u. Gloria untergehen*** e-e schwere Niederlage erleiden 遭到彻底失败

glän·zen；*glänzte*，*hat geglänzt*；[Vi]（不及物）**1. *etw. glänzt*** etw. strahlt Glanz (1) aus（物作主语）发亮，闪光，发出光芒 ≈ etw. leuchtet〈Gold，ein Spiegel，die Wasseroberfläche 金子，镜子，水面；die Augen，Haare 眼睛，头发〉**2. *j-d glänzt*** j-d ruft aufgrund e-r bestimmten Eigenschaft od. Fähigkeit Bewunderung hervor（人作主语）出众，引人注目，令人赞叹 ≈ j-d sticht hervor：*durch Geist*，*Schönheit*，*Wissen g.* 由于才智、美貌、学识而出众；*Er wollte vor seinen Freunden g.* 他想在朋友们面前显示自己 ‖ ID［谚］↑ ***Abwesenheit***

glän·zend **1.** *Partizip Präsens*（现在分词）；↑ ***glänzen*** **2.** *Adj*(形)；sehr gut，hervorragend 出色的，辉煌的，卓越的〈ein Tänzer，ein Tenor，ein Redner 舞蹈家，男高音歌唱家，演说者；e-e Idee 主意；sich（mit j-m）g. verstehen（与某人）彼此非常理解；g. aufgelegt sein 兴高采烈，心情极好〉：*Mir geht es g.* 我的境况极好

Glanz·idee *die*；*gespr*，*oft iron*［口］，常用［讽］；e-e sehr gute Idee 极好的主意：*Das war keine G.!* 这可不是一个好主意！

Glanz·leis·tung *die*；*oft iron* 常用［讽］；e-e sehr gute Leistung 卓越的成绩，辉煌的成就〈e-e G. vollbringen 作出辉煌成就〉：*Das war nicht gerade e-e G.* 这件事可不怎么辉煌

glanz·los *Adj*(形) **1.** ohne Glanz (1) 不发亮的，暗淡的，无光泽的 **2.** mittelmäßig 一般的，中等水平的〈e-e Leistung 成就〉

Glanz·stück *das*；*oft iron* 常用［讽］；e-e sehr gute Leistung，ein Meisterwerk 杰作，杰出的成就

glanz·voll *Adj*（形）**1.** sehr gut 出色的，杰出的，卓越的，辉煌的 ≈ hervorragend，ausgezeichnet〈e-e Leistung，ein Sieg 成绩，胜利〉**2.** voll Prunk 华丽的，壮观的，富丽堂皇的〈ein Fest 节日〉

Gläser

Glas *das*；-*es*，*Glä·ser* **1.** *nur Sg*（只用单数）；ein durchsichtiges，hartes Material，das leicht zerbricht u. aus dem man *z. B.* Fensterscheiben u. Trinkgefäße herstellt 玻璃〈geschliffenes，kugelsicheres，unzerbrechliches G. 磨光的、防弹的、不易碎的玻璃；G.（zer）bricht，splittert，springt 玻璃破碎，碎裂，崩裂〉‖ K-(复合)：***Glas-，-auge，-behälter，-flasche，-gefäß，-kasten，-kugel，-perle，-platte，-scheibe，-scherbe，-schüssel，-splitter，-tisch，-tür*** ‖ -K(复合)：***Fenster-，Flaschen-；Alt-*** ‖ *zu*（义项）***Glasscherbe*** ↑ *Abb. unter* 图见 ***Stück***[1] **2.** ein Trinkgefäß aus G. (1) 玻璃杯〈mit seinem G. anstoßen 碰杯（祝酒）；die Gläser klirren 杯子叮当作响〉‖ -K(复合)：***Bier-，Cognac-，Schnaps-，Sekt-，Wasser-，Wein-；Kristall-*** **3.** die Menge e-r Flüssigkeit，die in ein G. (2) passt 一杯（表示容量）〈ein G. einschenken，austrinken 斟上，（喝）干一杯〉：*Sie hat schon drei Glas / Gläser Wein getrunken* 她已经喝了三杯葡萄酒 ‖ NB（注意）：als Maßangabe bleibt *G.* im Pl. oft unverändert（作为计量说明语 *Glas* 用作复数时常保持不变）**4.** ein Behälter aus G. (1)（für Marmelade *o. Ä.*）玻璃瓶，玻璃容器（如果酱瓶等）：*Auf dem Regal stehen Gläser mit Kompott* 在架子上放着几瓶糖煮的水果 ‖ -K(复合)：***Einkoch-，Marmeladen-*** **5.** *mst Pl*（多用复数）；ein geschliffenes Stück G. (1) für e-e

Brille 眼镜片〈ein konkaves, konvexes G. 凹镜片,凸镜片〉: *e-e Brille mit dicken Gläsern* 厚镜片眼镜(即高度数近视镜) ‖ -K(复合): ***Brillen-*** **6.** *Kurzw*(略)↑ ***Fernglas*** ‖ -K(复合): ***Opern-*** ‖ ID[谚] ***zu tief ins G. geschaut haben; ein G. über den Durst getrunken haben*** *gespr hum*[口][诙]; zu viel Alkohol getrunken haben 多喝了些酒,喝酒过量 ‖ *zu*(义项)**1. glas·ar·tig** *Adj*(形)

Glas·blä·ser *der*; j-d, der beruflich aus geschmolzenem Glas Gegenstände herstellt 玻璃吹制工人 ‖ *hierzu*(派生) ***Glas·blä·se·rin*** *die*

Gla·ser *der*; *-s*, *-*; ein Handwerker, der Glasscheiben zuschneidet u. einsetzt *o.Ä.* 玻璃装配工人 ‖ K-(复合): ***Glaser-, -meister***

Gla·se·rei *die*; *-*, *-en*; die Werkstatt od. das Geschäft des Glasers 玻璃作坊,玻璃制品商店

glä·ser·n- *Adj*(形); *nur attr, nicht adv*(只作定语,不作状语); aus Glas (1)玻璃制的〈e-e Figur 人物形象〉

Glas·fa·ser|ka·bel *das*; ein Kabel aus Glas in Form von langen, dünnen Fäden, das *bes* für die gleichzeitige Übertragung großer Mengen von Daten dient (*z.B.* im ISDN-Netz) 玻璃纤维电缆

Glas·fi·ber *die*; *-*; *nur Sg*(只用单数); ein Kunststoff, der aus geschmolzenem Glas (1) gemacht wird 玻璃纤维 ‖ K-(复合): ***Glasfiber-, -boot, -kabel, -stab***

glas·hart *Adj*(形); sehr hart 坚硬的〈ein Material 材料〉

Glas·haus *das* ≈ Treibhaus, Gewächshaus ‖ ID[谚] ***Wer (selbst) im G. sitzt, soll nicht mit Steinen werfen*** Fehler, die man selbst hat, sollte man nicht bei anderen kritisieren 自坐玻璃房,不该扔石头(意即:自己有错误,别指责别人不是)

Glas·hüt·te *die*; ein Industriebetrieb, in dem Glas hergestellt u. verarbeitet wird 玻璃厂

gla·sie·ren; *glasierte, hat glasiert*; [Vt](及物) **1. *etw. g.*** ein Gefäß (aus Keramik od. Porzellan) mit e-r Glasur (1) überziehen 给…上釉: *e-e Vase g.* 给花瓶上釉 **2. *etw. g.*** Gebäck mit e-r Glasur (2) überziehen 给…涂糖浆: *ein Nusshörnchen g.* 给角状果仁点心涂上糖浆

gla·sig *Adj*(形) **1.** starr u. ausdruckslos 呆滞的,迟钝的〈Augen, ein Blick 眼睛,目光〉 **2.** leicht glänzend u. fast durchsichtig 发亮的,有光泽的: *Zwiebeln dünsten, bis sie g. sind* 把洋葱焖到发亮为止

Glas·ke·ra·mik *die*; ein sehr hartes Material aus Glas (1), aus dem die Oberfläche mancher Elektroherde besteht 玻璃陶瓷 ‖ K-(复合): ***Glaskeramik-, -kochfeld***

glas·klar *Adj*(形) **1.** so klar u. durchsichtig wie Glas 清澈透明的〈Wasser 水〉 **2.** klar u. deutlich 清楚的,明白的〈sich g. ausdrücken 表达得一清二楚〉

Glas·nost (*die*); *-*; *nur Sg*(只用单数); (*bes* in der ehemaligen Sowjetunion) e-e Politik, die dadurch gekennzeichnet ist, dass die Ziele u. Entscheidungen in Partei u. Staat für die Bürger verständlicher u. durchsichtiger sind 公开性,透明度 ≈ Transparenz

Glas·pa·last *der*; *gespr*[口]; ein großes modernes (Büro)Gebäude mit vielen, großen Fenstern 玻璃宫,水晶宫,玻璃大厦

Gla·sur [-ˈzuːɐ̯] *die*; *-*, *-en* **1.** ein durchsichtiger, harter, glasartiger Überzug auf Keramik- od. Porzellanwaren 釉,搪瓷,珐琅 **2.** ein glänzender Überzug aus Zucker od. Schokolade auf Gebäck od. Konfekt(食品上的)糖浆或巧克力涂层 ≈ Guss (3) ‖ -K(复合): ***Schokolade-, Zucker-***

Glas·wol·le *die*; ein Isoliermaterial aus Fasern aus Glas (1), das ähnlich wie Watte aussieht 玻璃绒,玻璃棉

glatt[1], *glatter/glätter, glattest-/glättest-*; *Adj*(形) **1.** ohne Löcher, Risse od. Erhebungen 平的,平坦的 ↔ rau〈e-e Oberfläche 表面〉 **2.** ohne Falten, Unebenheiten *o.Ä.* 平滑的,平整的: *Wäsche bügeln, damit sie g. wird* 熨烫衣服,使其平整 **3.** so g. (1), dass man leicht darauf ausrutschen kann 光滑的,平滑的,滑溜的〈ein Parkettboden 复合地板〉: *Die Straße war sehr g.* (= vereist) 街上(结了冰)很滑 ‖ NB(注意) *zu*(义项)**3.**: Um *g.* zu verstärken, verwendet man *spiegelglatt*(为加强语气,可以说 spiegelglatt(平滑如镜的)) **4.** ohne Locken 不鬈曲的,直的〈Haar(e) 头发〉 **5. *etw. g.* +** *Verb*(动词); so, dass etw. glatt (1-4) wird (由于动词表示的动作而)使变得平整〈etw. g. bügeln, hobeln, kämmen, machen, polieren, rasieren, schleifen, streichen, ziehen 把某物熨平,刨光,梳直,弄平,抛光,剃光,磨光,捋平,拉平〉: *das Bettlaken g. streichen / ziehen* 将床单捋/拉平 **6.** *nicht adv*(不作状语); (verwendet in Bezug auf Zahlen) (指数目)整的 ≈ rund[1] (3)〈e-e Summe 数目〉 **7.** *nur attr od adv*(只作定语或状语); ohne Schwierigkeiten od. Probleme 顺利的〈e-e Fahrt, Landung 旅行,着陆; etw. verläuft g. 某事进行得很顺利〉: *der glatte Ablauf e-r Veranstaltung* 一次活动的顺利经过 ‖ *NB*(注意): ↑ ***glattgehen*** **8.** *nur attr od adv, gespr*(只作定语或状语)[口] ≈ eindeutig, offensichtlich〈Betrug, Blödsinn, e-e Lüge 欺骗,胡闹,谎言〉: *Das ist g. gelogen!* 这明显是谎言! **9.** *nur attr od adv, gespr*(只作定语或状语)[口]; ohne Zögern 直截了当的,毫不犹豫的〈e-e Absage, ein Nein 拒绝,不行; etw. g. ablehnen 直截了当地拒绝某事〉 **10. *e-e glatte*** + *Zahl*(数字), *gespr*[口]; verwendet in Bezug auf (Schul)Noten, um auszudrücken, dass sie klar u. unzweifelhaft erreicht wurden(指分数)完整的,完美的: *Sie hat in Englisch e-e glatte Eins bekommen!* 她的英语得了大满分! **11.** *pej*[贬]; übertrieben höflich u. schmeichlerisch 圆滑的,虚伪的〈ein Typ 人〉 ‖ NB(注意) *zu*(义项)**11.**: um *g.* zu verstärken, verwendet man *aalglatt*(为了加强语气,可以说 *aalglatt*(像泥鳅一样圆滑的)) ‖ ID[谚] ***etw. geht j-m g. runter*** *gespr*[口];

etw. schmeichelt j-m 某事是讨好(取悦)某人 ‖ zu (义项)**1.** u. **3. Gla̲t·te** *die*; -; *nur Sg*(只用单数)

gla̲tt² *Partikel*, *betont u. unbetont*, *gespr*(小品词,重读和非重读)[口]; verwendet, um e-e Aussage zu verstärken(表示加强语气)统统,干脆,索性 ≈ schlichtweg: *Stell dir vor, er hat das g. geglaubt!* 你猜怎么着,他居然全信了!; *Gut, dass du mich daran erinnerst, ich hätte es g. vergessen* 你提醒我这一点,很好,否则我差一点儿全给忘了

gla̲tt- *im Verb*, *betont u. trennbar*(构成动词,重读且可分); ↑ **glatt¹** (5)

gla̲tt·bü·geln ↑ **glatt¹** (5)

Gla̲tt·eis *das*; *nur Sg*(只用单数); e-e glatte (3) Eisschicht auf Straßen u. Wegen 光滑的薄冰(层): *Bei G. muss man vorsichtig bremsen, um nicht ins Rutschen zu kommen* 道路结冰时,刹车必须小心,以防打滑 ‖ K-(复合): ***Glatteis-***, ***-bildung***, ***-gefahr*** ‖ ID[谚] ***j-n aufs G. führen*** j-n überlisten 使某人上当; ***sich*** (*Akk* 四格) ***aufs G. begeben*** (unbeabsichtigt) in e-e heikle Situation kommen 陷入窘境

glä̲t·ten; *glättete*, *hat geglättet*; [Vt](及物) **1. *etw. g.*** etw. Unebenes od. Zerknittertes glatt (1) machen 弄平,捋平,抹平: *ein zerknülltes Stück Papier g.* 将一张揉皱的纸弄平; *e-n zerknitterten Stoff mit dem Bügeleisen g.* 将一块压皱的布料用熨斗熨平; [Vr](反身) **2. *etw. glättet sich*** etw. wird (wieder) glatt (1)(物作主语)变得平滑 ‖ ID[谚] *mst* 多用于 ***die Wogen*** 〈der Empörung *o.Ä.* 愤慨的〉 ***haben sich geglättet*** *geschr*[书]: die Empörung *o.Ä.* ist jetzt vorbei(愤慨的)心情又平静下来

gla̲tt·ge·hen; *ging glatt*, *ist glattgegangen*; [Vi](不及物) ***etw. geht glatt*** *gespr*[口]; etw. verläuft ohne Probleme(物作主语)顺利进行: *Wenn alles glattgeht, sind wir in einer Stunde zu Hause* 如果一切顺利,一小时之内我们就到家

gla̲tt·ho·beln, gla̲tt·käm·men; *usw.* ↑ **glatt¹** (5)

gla̲tt·ma·chen; *machte glatt*, *hat glattgemacht*; [Vt](及物) ***etw. g.*** ≈ bezahlen, begleichen 〈e-e Rechnung, e-e Summe g. 结清一份账单,一笔款项〉 ‖ NB(注意): ↑ **glatt¹** (5)

gla̲tt·po·lie·ren, gla̲tt·ra·sie·ren *usw* ↑ **glatt¹** (5)

gla̲tt·weg *Adv*(副); *gespr*[口] **1.** ohne zu zögern 毫不犹豫地,直截了当地,干脆地 ≈ entschieden, glatt (8) 〈etw. g. leugnen 不假思索地否认某事〉: *ein Angebot g. ablehnen* 直截了当地拒绝报价 **2.** ≈ eindeutig, glatt (7): *Das ist g. erfunden/gelogen!* 这事纯属捏造/谎言!

gla̲tt·zie·hen ↑ **glatt¹** (5)

Gla̲t·ze *die*; -, *-n* **1.** e-e Kopfhaut ohne Haare 头部脱发之处, **2.** e-e relativ große Stelle auf dem Kopf, an der keine Haare mehr sind 秃顶,秃头 ‖ -K(复合): ***Stirn-***

Gla̲tz·kopf *der* **1.** ein Kopf ohne Haare od. mit nur wenig Haaren 秃顶,秃头,光头 **2.** *gespr*, *oft pej*[口]常作[贬]; j-d, der e-e Glatze hat 秃头,秃子 ‖ *hierzu*(派生) **gla̲tz·köp·fig** *Adj*(形)

Gla̲u·be *der*; *-ns*; *nur Sg*(只用单数) **1. *der G.*** (***an etw.*** *Akk* 四格) die feste Überzeugung, dass j-d/etw. existiert od. dass etw. wahr, richtig od. möglich ist 信任,信仰,信念〈ein blinder, fanatischer, felsenfester, unerschütterlicher G. 盲目的、狂热的、坚如磐石的、不可动摇的信念; den Glauben an j-n/etw. verlieren 对某人/某事失去信任; j-m/j-s Worten (keinen) Glauben schenken(不)信任某人/某人的话〉: *der G. an das Gute im Menschen* 对人类本性善良的信仰 ‖ -K(复合): ***Fortschritts-*** **2. *der Glaube an j-n*** das Vertrauen in j-n 信赖、信任(某人): *Sie hat den Glauben an ihn verloren* 她失去对他的信任 **3.** ≈ Konfession, Religion 〈der christliche, jüdische G. 基督教的、犹太教的信仰,基督教,犹太教; zu e-m anderen Glauben überwechseln 改变宗教信仰; j-n zu e-m anderen Glauben bekehren 使某人信奉另一宗教〉 ‖ K-(复合): ***Glaubens-***, ***-gemeinschaft*** **4. *der G.*** (***an Gott*** (*Akk* 四格)) die religiöse Überzeugung, dass es e-n Gott gibt 信奉上帝,信神〈seinen Glauben bekennen, verlieren, wiederfinden 宣布,失去,重新找到自己的宗教信仰〉 ‖ K-(复合): ***Glaubens-***, ***-lehre***, ***-streit*** ‖ NB(注意): *der Glaube*; *den*, *dem Glauben*, *des Glaubens*

gla̲u·ben; *glaubte*, *hat geglaubt*; [Vt/i](及物/不及物) **1.** (***etw.***) ***g.*** e-e bestimmte Meinung zu etw. haben 以为,认为: *Ich glaube, dass er kommen wird* 我认为他会来的; *Ich glaube, er kommt* 我觉得他会来; *Sie glaubte, im Recht zu sein* 她认为她自己是对的; „*Wird es regnen?*" – „*Ich glaube nicht/schon*" "会下雨吗?"——"我认为下不了/会下" ‖ NB(注意): ↑ Erläuterungen auf Seite 99(说明见第99页) **2. *j-m*** (***etw.***) ***g.*** das, was j-d gesagt od. behauptet hat, für wahr halten 相信,信任,信赖: *Sie glaubte ihm nicht/kein Wort* 她不信任他/他的话她一句也不信; [Vt](及物) **3.** (***j-m***) ***etw. g.*** ≈ g. (2): *Ich kann einfach nicht g., dass er das machen wollte* 我简直不能相信,他竟愿意做这件事 **4. *j-n/sich irgendwie/irgendwo g.*** der Überzeugung sein, dass etw. in Bezug auf j-n/einen selbst zutrifft 认为…(怎样/在某处): *sich unbeobachtet g.* 认为自己未被监视; *sich im Recht g.* 认为自己是对的; *Er glaubte sie in Berlin* 他认为她是在柏林; [Vi](不及物) **5. *etw.*** (*Dat* 三格) ***g.*** ≈ g. (2): *Wir glaubten seiner Aussage nicht* 我们不相信他的陈述 **6. *an etw.*** (*Akk* 四格) ***g.*** der Meinung sein, dass etw. möglich ist, existieren od. geschehen wird 相信(事): *an den Sieg g.* 相信胜利; *Ich glaube nicht an Wunder!* 我不相信奇迹! **7. *an j-n g.*** Vertrauen zu j-m haben u. überzeugt sein, dass er das Richtige tut 信任,相信某人 **8. *an Gott g.*** fest davon überzeugt sein, dass Gott existiert 信奉上帝,信神 ‖ ID[谚] ***dran g. müssen*** *gespr*[口]; **a)** sterben (müssen) 注定要死,死定了,没命了; **b)** von etw. Unangenehmem betroffen werden 不得不(吃苦头),理应承担(某种后果),肯定要(遭殃),该轮到(倒霉): *„Wer ist dran mit dem Abwasch?" – „Heute musst du dran g.!"* "今天该谁洗碗?"——"今天该轮到你了!"; *Beim letzten Sturm hat der Apfelbaum dran g. müssen* 这株苹果树是上次风暴中遭到毁坏的; ***j-d will j-n etw.*** (*Akk* 四格) ***g. machen*** j-d versucht, j-n von etw. zu überzeugen, das *mst* nicht wahr ist 某人试图劝说某人相信某事: *Sie wollte mich g. machen*, dass ... 她想使我相信…; *mst* 多用于 ***Das ist ja nicht/kaum zu g.!*** *gespr* [口]; verwendet, um Zweifel u. Entrüstung auszudrücken 这真是令人难以置信! 这实在是不可思议!; ***Ob du es glaubst od. nicht*** *gespr* [口]; verwendet zur Verstärkung, wenn man j-m etw. Überraschendes mitteilt 信不信由你; ***Wers glaubt, wird selig!*** *gespr hum* [口][诙]; das glaube ich nicht 鬼才相信呢!

Glau·ben *der*; *-s*; *nur Sg*(只用单数); ↑ ***Glaube***

Glau·bens·be·kennt·nis *das* **1.** die Zugehörigkeit zu e-r Religionsgemeinschaft 宗教信仰,信仰 ≈ Konfession **2.** *nur Sg*(只用单数); die wichtigsten religiösen Prinzipien, *mst* in der Art e-s Gebets 信条,教义,信经 ≈ Kredo ⟨das G. sprechen, ablegen 背诵、宣布信条⟩ **3.** die (öffentliche) Darlegung seiner prinzipiellen Ansichten, Überzeugungen *usw* 主要主张,基本观点,根本信念: *In seiner Rede hat er sein politisches G. abgelegt* 在讲话中他宣布了自己的政见

Glau·bens·frei·heit *die*; *nur Sg*(只用单数); das Recht, seine Religion, seinen Glauben frei zu wählen 信仰自由: *Die G. ist in der Verfassung verankert* 信仰自由已在宪法中确定下来

glaub·haft *Adj*(形); so, dass man es (j-m) glauben (3) kann 可信的 ≈ überzeugend ⟨Argumente, ein Zeuge 论据,证人; etw. g. darstellen, versichern 把某事描述得真实可信,可信地保证某事⟩: *Seine Entschuldigung klingt nicht g.* 他的辩解听来不可信 ‖ *hierzu*(派生) **Glaub·haf·tig·keit** *die*; *nur Sg*(只用单数)

gläu·big *Adj*(形) **1.** von der Lehre e-r Religionsgemeinschaft überzeugt 信教的,虔诚的 ≈ fromm: *ein gläubiger Christ, Jude* 虔诚的基督教徒、犹太教徒 ‖ -K(复合): ***anders-, recht-, streng-*** **2.** mit vollem Vertrauen in j-n深信不疑的,信赖的: *Unter den Zwanzigjährigen hatte er zahlreiche gläubige Anhänger* 在20岁的人当中,他有许多坚定的追随者

-gläu·big *im Adj*, *begrenzt produktiv*, *mst pej* (构成形容词,构词有限)多用[贬]; mit zu großem Vertrauen in die genannte Sache, ohne vernünftige Kritik od. Zweifel 笃信……的,崇奉…的,迷信…的; ***autoritätsgläubig, fortschrittsgläubig, obrigkeitsgläubig, wissenschaftsgläubig, zukunftsgläubig***

Gläu·bi·ge *der/die*; *-n*, *-n*; j-d, der gläubig (1) ist 信徒,教徒,信教者 ‖ NB(注意): *ein Gläubiger*; *der Gläubige*; *den*, *dem*, *des Gläubigen*

Gläu·bi·ger *der*; *-s*, *-*; j-d, der berechtigt ist, an j-n finanzielle Forderungen zu stellen, weil dieser ihn für Waren od. Leistungen nicht bezahlt hat 债权人,债主 ↔ Schuldner: *Seine Gläubiger fordern das geliehene Geld zurück* 他的债主催还借款 ‖ *hierzu*(派生) **Gläu·bi·ge·rin** *die*; *-*, *-nen*

glaub·wür·dig *Adj*(形); ⟨ein Zeuge; Berichte 证人;报告⟩ so, dass man ihnen glauben (5) kann 可信的,可靠的,值得信任的 ↔ unglaubwürdig ‖ *hierzu*(派生) **Glaub·wür·dig·keit** *die*; *nur Sg*(只用单数)

gleich[1] *Adj*(形) **1.** ohne Unterschied, von derselben Größe, Form, Zahl, Art *o.Ä* 相同的,一样的,同样的 ≈ identisch: *e-n Kuchen in zwölf gleiche Teile schneiden* 将蛋糕切成一样大小的12份; *Die Frauen verlangen gleichen Lohn für gleiche Arbeit* (*wie Männer*) 妇女要求(与男子)同工同酬; *Christa u. ich sind g. groß u. g. alt* 克里丝塔和我一般高又同岁 ‖ K-(复合): ***gleich-, -geschlechtlich*** ‖ NB(注意) ↑: ***gleichlautend*** **2.** sehr ähnlich, in vielen Merkmalen übereinstimmend 极其相似的,相同的: *Sie hat die gleiche Frisur wie du* 她的发型和你的一模一样; *Sie sind sich in vielem g.* 他们在许多方面具有相同之处; *Solche Feste laufen immer g. ab* 这种节日总是过得千篇一律 **3.** (***ist***) ***g.*** MATH【数】; ist identisch mit, ergibt 相等的,等于: *Zwei plus drei* (*ist*) *g. fünf* 2加3等于5 **4.** *nur attr*, *nicht adv*, *gespr*(只作定语,不作状语)[口] ≈ derselbe/dieselbe/dasselbe: *Petra u. Kerstin leben in Bonn – obwohl sie im gleichen Stadtteil wohnen, sehen sie sich nur selten* 蓓特拉和凯丝汀都生活在波恩——虽然她们住在同一个市区,但是很少见面 **5.** in keiner Weise verändert 没有变化的,老样子的,(和以往)一样的: *Der Umsatz ist in den letzten Jahren praktisch g. geblieben* 近年来销售额实际上保持不变; *j-m immer g.* (= in gleichem Maße) *freundlich u. höflich antworten* 总是以同样的友好礼貌态度回答某人; *Er ist immer noch der Gleiche* (= hat sich gar nicht geändert) 他还是老样子(没有变化) ‖ NB(注意): ↑ ***gleichbleibend*** **6.** ***etw. ist j-m g.*** etw. ist nicht interessant, wichtig *o.Ä.* für j-n (物作主语)对某人来说无所谓,无关紧要 ≈ etw. ist j-m egal: *Wenn ich arbeiten muss, ist es mir g.*, wie *das Wetter ist* 在我必须工作时,天气的好坏对我无所谓; *Es sollte dir nicht g. sein*, was *er von dir denkt* 他对你的想法,对你来说不该是无关紧要的 **7.** ***g., wann/wer/was*** *usw* verwendet, um auszudrücken, dass etw. keinen Einfluss auf etw. hat 不论何时/谁/什么(都不受影响) ≈ egal, wann/wer/was *usw*: *G., was ich mache, sie hat immer was zu kritisieren* 不管我做什么事,她总有的可指责; *Ganz g., wer anruft, ich bin nicht zu sprechen* 不管谁打来电话我一概不接 ‖ ID[谚] ***Gleiches mit Gleichem vergelten*** j-n genauso behandeln, wie er einen behandelt hat 以牙还牙,以眼还眼;以其人之道还治其人之身; *mst* 多用 ***Das kommt/läuft auf das Gleiche hinaus***

gespr；[口]egal，wie man etw. macht，das Ergebnis ist immer dasselbe 不论怎样进行，归根到底结果还是一样的；**G. u. G. gesellt sich gern** *oft pej* 常用[贬]；Menschen mit denselben Absichten u. Interessen schließen sich oft zusammen 物以类聚，人以群分

gleich² *Adv*（副）**1.** in sehr kurzer Zeit 立即，马上 ≈ sofort，unverzüglich：*Muss ich das g. erledigen，od. kann ich mir Zeit lassen?* 这事我必须立刻处理呢，还是可以从容些?；*Sie hat den Arzt angerufen，u. er ist g. gekommen* 她打电话给大夫，大夫很快就来了；*Das haben wir g.* 这事我们马上就办(说) **2. g.** (+ *Präp* 介词) + *Ortsangabe*（地点说明语）in unmittelbarer Nähe 就在…附近：*Die Bäckerei ist g. um die Ecke* 面包房就在拐角处；*Er wohnt g. nebenan* 他就住隔壁

gleich³ *Partikel*（小品词）**1.** *unbetont*（非重读）；verwendet in Fragesätzen，um auszudrücken，dass sich der Sprecher im Augenblick an etw. nicht erinnern kann，das er aber schon mal wusste(在问句中表示说话者对已知之事一下子想不起来)…来着：*Wie war doch g. ihre Telefonnummer?* 她的电话号码是多少来着? **2.** *betont u. unbetont*（重读和非重读）；verwendet in Aussage- u. Aufforderungssätzen，um Ungeduld od. Unmut auszudrücken(在陈述句和命令句中表示不耐烦和不悦)：*Wenn du keine Lust zum Tanzen hast，dann lässt du es am besten g. bleiben!* 如果你不想跳舞，那最好你就别跳了；*Ich habe dir doch g. gesagt，dass das nicht geht!* 我不是当时就对你说过，这是不行的呀! **3.** *unbetont*（非重读）；verwendet，um auszudrücken，dass etw. überraschend viel ist(表示分外多)一下子：*Die Hemden haben mir so gut gefallen，da habe ich g. fünf davon gekauft* 衬衣我特别喜欢，于是我一下子买了五件

gleich⁴ *Präp*（介）；*mit Dat*，*geschr*（支配三格）[书]；genauso wie 与…相似，与…相等，像…似的：*G. seinem Vater ist auch er Arzt geworden* 与父亲一样，他也当了医生；*E-m Adler g. flog er durch die Luft* 他像雄鹰一般飞过天空 ‖ NB(注意)：oft nachgestellt(常后置)

gleich·alt·rig *Adj*(形)；*nicht adv*(不作状语)；im gleichen Alter 同龄的，同岁的〈Freunde 朋友〉

gleich·ar·tig *Adj*(形)；von der gleichen Art 同类的，类似的 ↔ verschiedenartig〈Probleme，Situationen 问题，境况〉 ‖ *hierzu*（派生）**Gleich·ar·tig·keit** *die*；*nur Sg*(只用单数)

gleich·be·deu·tend *Adj*(形)；*nicht adv*(不作状语)；*mst in* 多用于 ***etw. ist g. mit etw.*** etw. hat die gleiche Bedeutung wie etw. anderes 某事与某事的意义相同：*Ihre Reaktion war g. mit e-r Absage* 她的反应等于是拒绝

gleich·be·rech·tigt *Adj*（形）**1.** mit den gleichen Rechten 有同样权利的，权利平等的：*In unserer Firma sind alle Partner g.* 在我们公司全体伙伴享有平等权利 **2.** (in Bezug auf e-e Frau) mit den gleichen Rechten wie der Mann(关于妇女)与男子享有平等权利的 **3.** mit dem gleichen Stellenwert 具有同等意义的：*Die beiden Lösungswege stehen g. nebeneinander* 两种解题(解决)方法并存，具有同等意义 ‖ *zu* (义项) **1.** u. **2. Gleich·be·rech·ti·gung** *die*；*nur Sg*(只用单数)

gleich·blei·bend；**gleich blei·bend**；*Adj*（形）；sich nicht ändernd 照旧，不变的，跟原来一样的：*mit gleichbleibender Geschwindigkeit fahren* 保持等速行驶；*Das Wetter war g. gut* 天气仍旧很好 ‖ NB（注意）：aber（但是）：*gleich bleiben* 保持不变（getrennt geschrieben 分开写）

glei·chen；glich，hat geglichen；**Vi**（不及物）***j-m/etw.*** (***in etw.*** (*Dat* 三格)) ***g.*** j-m/etw. im Aussehen od. e-r anderen Eigenschaft sehr ähnlich od. mit ihm/damit fast identisch sein 与…相似，与…相同 ≈ j-m/etw. ähneln：*Er gleicht seinem Vater nicht nur äußerlich，sondern auch in seinem Temperament* 他不仅外表和他父亲相似，而且脾性也一样；*Die Zwillinge gleichen sich/einander wie ein Ei dem anderen* 这一对双胞胎完全一个模样

glei·cher·ma·ßen *Adv*(副)；im gleichen Grad od. Maß 同样地，完全一样地 ≈ ebenso：*Sie ist bei ihren Kollegen wie bei ihren Vorgesetzten g. beliebt* 她在同事和上司眼里同样受喜爱

glei·cher·wei·se *Adv*(副) ≈ gleichermaßen

gleich·falls *Adv*（副）**1.** verwendet，um e-n Wunsch od. e-n Gruß zu erwidern：同样，一样（表示对祝愿的回敬）„*Schönen Tag noch!*" – „*Danke g.!*"“祝全天愉快!”——“谢谢，彼此，彼此!”(“谢谢，我也同样祝愿您!”) **2.** *geschr*[书]；auch¹，ebenfalls 也，同样：*Wir weisen Sie g. darauf hin，dass Ihr Versicherungsschutz zum Quartalsende abläuft* 我们也提醒您，您的保险到本季度末到期

gleich·för·mig *Adj*（形）；ohne Änderung od. Abwechslungen (über längere Zeit)，in gleicher Weise 同形式的，同式样的，同样的：*Bei der Gymnastik gleichförmige Bewegungen machen* 做相同姿势的体操动作；*Die stundenlange gleichförmige Arbeit macht mich krank* 几个小时千篇一律的工作使我得病 ‖ *hierzu*（派生）**Gleich·för·mig·keit** *die*；*nur Sg*(只用单数)

Gleich·ge·wicht *das*；-(*e*)*s*；*nur Sg*(只用单数) **1.** die Ruheposition，in der die einander entgegengesetzten Kräfte，die auf den Körper wirken，gleich groß sind 平衡，均衡 ≈ Balance〈im G. sein 处于平衡状态；das G. halten，verlieren 保持，失去平衡；aus dem G. kommen 失去平衡〉 ‖ K-(复合)：***Gleichgewichts-***，***-lage***，***-sinn*** **2.** e-e innere Ruhe u. Ausgeglichenheit(内心的)平静，安宁，平衡：*sich nicht so leicht aus dem (seelischen) G. bringen lassen* 不能轻易地使自己失去心理平衡 **3.** die gleichmäßige Verteilung von etw. unter *mst* zwei konkurrierenden Seiten 均势，势均力敌的局面〈das militärische，kräftemäßige G. 军事上的均势，力量方面的平衡〉 **4. *das ökologische G.*** das natürliche Verhältnis zwischen den verschiedenen Bestandteilen u. Phänomenen der Umwelt 生态平衡〈das ökologische G. stärken 加强生态平衡〉 ‖ *zu*

(义项)**3. gleich·ge·wich·tig** *Adj*(形)

Gleich·ge·wichts|stö·rung *die*; -, -*en*; *mst Pl*(多用复数); die Unfähigkeit, das Gleichgewicht (1) zu halten 平衡障碍〈Gleichgewichtsstörungen haben 有平衡障碍〉

gleich·gül·tig *Adj*(形) **1.** ohne Interesse 漠不关心的,冷淡的,无所谓的 ≈ desinteressiert: *ein gleichgültiger Schüler* 一个凡事无所谓的学生; *sich (j-m gegenüber) g. verhalten*(对…)态度冷漠 **2.** *nicht adv*(不作状语); ***j-m g.*** für j-n völlig unwichtig 对…无关紧要,无所谓 ≈ j-m egal: (*Es ist mir*) *g., ob du mitkommst, wir gehen auf jeden Fall ins Kino* 不管你来不来(对于我都不重要),我们无论如何一定去看电影 ‖ *zu*(义项)**1. Gleich·gül·tig·keit** *die*; *nur Sg*(只用单数)

Gleich·heit *die*; -; *nur Sg*(只用单数) **1.** die gleiche[1] (1,2) Beschaffenheit von Personen/Sachen(人/事的)一致,相同,相似 **2.** das Gleichsein in Bezug auf Rechte *o. Ä.*(权利上的)平等: *die G. aller Menschen vor dem Gesetz* 在法律面前人人平等 ‖ K-(复合): ***Gleichheits-, -grundsatz, -prinzip***

Gleich·heits·zei·chen *das*; das mathematische Zeichen =, das ausdrückt, dass die Größen links u. rechts von ihm den gleichen Wert haben 等号

Gleich·klang *der* **1.** das gleichzeitige, harmonische Klingen von Tönen 同音 **2.** ≈ Harmonie〈der G. der Herzen, Gefühle 心灵的、感情的和谐一致〉

gleich·kom·men; *kam gleich, ist gleichgekommen*; [Vi](不及物) **1. *etw. kommt etw.*** (*Dat* 三格) ***gleich*** etw. hat die gleichen Merkmale wie etw.(物作主语)等于,与…相同: *Seine Aussagen kommen e-m Geständnis gleich* 他的陈述与供认一致 **2. *j-m*** (***in/an etw.*** (*Dat* 三格)) ***g.*** (in Bezug auf die Leistung) so gut sein wie j-d anderer(在…方面)比得上,与…相等,可以与…匹敌,与…不相上下 ≈ es j-m gleichtun: *In seinem/An Organisationstalent kam ihm so schnell keiner gleich* 在组织才能方面,近期没有谁能与他匹敌

gleich·lau·tend, gleich lau·tend *Adj*(形); *nicht adv*(不作状语); mit denselben Worten formuliert 措词(文本、文辞)相同的〈Äußerungen, Erklärungen, Meldungen 表态,声明,报道〉

gleich·ma·chen; *machte gleich, hat gleichgemacht*; [Vt](及物) ***etw.*** (*Pl* 复) ***g.***; ***etw. etw.*** (*Dat* 三格) ***g.*** die Unterschiede zwischen verschiedenen Sachverhalten od. Dingen beseitigen 使相同,均等,使成为一样 ≈ angleichen: *Es wird nie gelingen, die Lebensbedingungen für alle Menschen gleichzumachen* 使人人的生活条件变得完全一样,这永远办不到 ‖ ID[谚] ↑ ***Erdboden***

Gleich·ma·che·rei *die*; -; *nur Sg*, *pej*(只用单数)[贬]; das Missachten von (wesentlichen) Unterschieden 平均主义,强求一律

gleich·mä·ßig *Adj*(形) **1.** so, dass man den Rhythmus, den Druck, das Tempo *o. Ä.* dabei nicht ändert 均匀的,有规律的,同样的 ≈ gleichbleibend: *g. atmen* 均匀地呼吸; *sich in gleichmäßigem Tempo bewegen* 以均匀的速度运动 **2.** zu gleichen Teilen od. im gleichen Ausmaß 均等的,均匀的,一样大的 ≈ ausgewogen: *die Bonbons an die Kinder g. verteilen* 把糖果均等地分给孩子们; *die Torte g. mit Glasur bestreichen* 把糖浆均匀地抹在蛋糕上 ‖ *hierzu*(派生) **Gleich·mä·ßig·keit** *die*; *nur Sg*(只用单数)

Gleich·mut *der*; *nur Sg*(只用单数); die innere Ausgeglichenheit 镇定,沉着,平静 ≈ Gelassenheit〈etw. voller G. über sich ergehen lassen, ertragen, hinnehmen 非常镇定地忍受,忍耐,承受某事〉‖ *hierzu*(派生) **gleich·mü·tig** *Adj*(形); **Gleich·mü·tig·keit** *die*; *nur Sg*(只用单数)

gleich·na·mig *Adj*(形); *nicht adv*(不作状语) **1.** mit dem gleichen Namen 同名的: *Herr Weber ist Inhaber der gleichnamigen Firma* 魏伯先生是他同名公司的老板 **2.** MATH【数】; mit gleichem Nenner 同分母的: *Nur gleichnamige Brüche dürfen addiert werden* 只有同分母的分数才可相加 ‖ *hierzu*(派生) **Gleich·na·mig·keit** *die*; *nur Sg*(只用单数)

Gleich·nis *das*; -*ses*, -*se*; e-e (*mst* religiöse) Erzählung, deren Aussage mithilfe von Vergleichen dargestellt wird 比喻,譬喻,寓言故事 ≈ Parabel〈in Gleichnissen reden 讲话用比喻; etw. durch ein G. veranschaulichen 借助一个譬喻使某事形象化〉: *das G. vom verlorenen Sohn* 关于浪子回头的寓言故事 ‖ *hierzu*(派生) **gleich·nis·haft** *Adj*(形)

gleich·ran·gig *Adj*(形); *nicht adv*(不作状语); mit gleichem Rang, gleicher Wichtigkeit 相同级别的,同等重要的〈Probleme 问题〉

gleich·sam *Adv*(副); *geschr veraltend*[书][渐旧] ≈ gewissermaßen, sozusagen〈g. als (ob (+ *Konjunktiv* 虚拟式))仿佛,似乎,好似〉

gleich·schal·ten; *schaltete gleich, hat gleichgeschaltet*; [Vt](及物) ***etw.*** (*Pl* 复) ***g.***; ***etw. etw.*** (*Dat* 三格) ***g.*** *pej*[贬]; (in e-r Diktatur) alle Vereine, Institutionen und Organisationen dazu zwingen, die Ideologie der Regierung zu vertreten 强制(思想)统一,强使保持一致: *Hitler ließ 1933 die Gewerkschaften g.* 1933 年希特勒强令工会与之保持一致 ‖ *hierzu*(派生) **Gleich·schal·tung** *die*; *nur Sg*(只用单数)

gleich·schen·ke·lig, gleich·schenk·lig *Adj*(形); GEOM【几】; mit zwei gleich langen Seiten 等腰的〈*mst* 多用 ein Dreieck 三角形〉‖ NB(注意): ↑ ***gleichseitig***

Gleich·schritt *der*; *nur Sg*(只用单数); *mst in* 多用于〈Soldaten *o. Ä.* 士兵等〉***gehen/marschieren im G.*** Soldaten *o. Ä.* halten (als Gruppe) beim Gehen od. Marschieren e-n genauen Rhythmus 齐步走/以整齐步伐行进

gleich·se·hen; *sieht gleich, sah gleich, hat gleichgesehen*; [Vi](不及物) **1. *j-m g.*** so aussehen wie e-e andere Person 像,酷似,与…相似 ≈ j-m ähnlich sehen: *Er sieht seinem Vater* *gleich* 他很像他父亲 **2. etw. sieht j-m gleich** *gespr*［口］; etw.（*mst* ein bestimmtes Verhalten）ist typisch für j-n（物作主语）像是…干出来的，具有…的特征

gleich·sei·tig *Adj*（形）; so, dass alle Seiten gleich lang sind 等边的〈*mst* 多用 ein Dreieck 三角形〉‖ *hierzu*（派生）**Gleich·sei·tig·keit** *die*; *nur Sg*（只用单数）

G

gleich·set·zen; *setzte gleich*, *hat gleichgesetzt*; [Vt]（及物）**etw.**（*Pl* 复）**g.**; **etw. mit etw. g.** zwei od. mehrere Dinge als gleich ansehen 把…看成一样，把…与…相提并论 ‖ *hierzu*（派生）**Gleich·set·zung** *die*; *nur Sg*（只用单数）

Gleich·stand *der*; *nur Sg*（只用单数）; die gleiche Anzahl von Punkten od. Toren, die die Gegner bei e-m Wettkampf erreicht haben 分数相等，平局: *Bei G. nach 90 Minuten wird das Spiel verlängert* 如果比赛90分钟后打成平局，则延时

gleich·stel·len; *stellte gleich*, *hat gleichgestellt*; [Vt]（及物）**j-n/etw.**（*Pl* 复）**g.**; **j-n/etw.**（**mit**）**j-m/etw. g.** zwei od. mehreren Personen od. Sachen die gleiche Bedeutung zumessen, sie als gleichwertig ansehen od. gleich behandeln 使相等，赋予…（与…）同等地位（意义、权利）: *die Arbeiter*（*mit*）*den Angestellten finanziell g.* 使工人与职员在经济上享有同等待遇 ‖ *hierzu*（派生）**Gleich·stel·lung** *die*; *nur Sg*（只用单数）

Gleich·strom *der*; elektrischer Strom, der immer in dieselbe Richtung fließt 直流电 ↔ Wechselstrom

gleich·tun; *tat gleich*, *hat gleichgetan*; [Vt]（及物）**es j-m**（**in/an etw.**（*Dat* 三格））**g.** dieselbe gute Leistung erreichen wie ein anderer（den man sich als Vorbild genommen hat）（在…方面）达到…的同样水平，赶上: *Viele jüngere Geschwister versuchen, es den älteren gleichzutun* 许多做妹妹的都试图赶上她们的姐姐 ‖ NB（注意）: auf *in* folgt ein Subst. mit Pronomen od. Artikel, auf *an* nicht（in 后面要求名词带代词、冠词，an 后面不要求）

Glei·chung *die*; -, *-en*; MATH【数】; ein mathematischer Ausdruck, bei dem das, was rechts u. links des Gleichheitszeichens ist, denselben mathematischen Wert hat 方程式〈e-e G. aufstellen, lösen 列出，解方程式; die G. geht（nicht）auf 方程式解得开（解不开）〉: „*x + 3 = 5*“ *ist e-e G. mit einer Unbekannten* “x + 3 = 5”是一个有一个未知数的方程式

gleich·viel *Adv*（副）; *veraltend*［渐旧］≈ gleichgültig, egal

gleich·wer·tig *Adj*（形）; *nicht adv*（不作状语）; von gleichem Wert, gleicher Bedeutung od. gleichem Rang 具有同等价值的，势均力敌的，对等的〈Gegner 对手; Partner 伙伴〉: *Der neue Kollege ist kein gleichwertiger Ersatz für seinen Vorgänger* 新到任的同事顶不上他的前任 ‖ *hierzu*（派生）**Gleich·wer·tig·keit** *die*; *nur Sg*（只用单数）

gleich·wohl *Adv*（副）; *veraltend*［渐旧］≈ dennoch, trotzdem

gleich·zei·tig *Adj*（形）; *nur attr od adv*（只作定语或状语）; zur gleichen Zeit（stattfindend）同时（发生）的: *Ich kann doch nicht fünf Dinge g. machen!* 我总不能五件事同时做啊！‖ *hierzu*（派生）**Gleich·zei·tig·keit** *die*; *nur Sg*（只用单数）

gleich·zie·hen; *zog gleich*, *hat gleichgezogen*; [Vi]（不及物）**1. mit j-m g.**（beim Sport）den Vorsprung seines Gegners wieder aufholen 把比分拉平 **2. etw. zieht mit etw. gleich** etw. kommt auf dasselbe Niveau, dieselbe Stufe *o. Ä.* wie etw. anderes（物作主语）与…取得同样水平: *Das Land braucht Zeit, um technologisch mit seinen Nachbarn gleichzuziehen* 为了在技术上达到与邻国同样的水平，这个国家需要时间

Gleis *das*; *-es*, *-e*; die zwei Schienen, die parallel zueinander verlaufen u. auf denen *z. B.* Züge, Straßenbahnen od. U-Bahnen fahren 轨道〈Gleise verlegen 铺设轨道〉: *Der Zug fährt/läuft auf G. 2 ein* 火车驶进第二站台 ‖ K-（复合）: **Gleis-, -anlage, -bau**（**ten**）‖ -K（复合）:（**Eisen**）**Bahn-, Rangier-, Straßenbahn-** ‖ ID［谚］**aus dem**（**gewohnten/rechten**）**G. geworfen werden/geraten/kommen**（durch ein außergewöhnliches Ereignis）aus der gewohnten Ordnung, dem normalen Rhythmus seines Lebens geraten 脱离常规，变得不正规，越出常规; **etw. wieder ins rechte G. bringen** e-n Fehler wiedergutmachen 使某事重新走上正轨，使某事恢复正常; **etw. bewegt sich in ausgefahrenen Gleisen** *pej*［贬］; etw. ist immer dasselbe, ändert sich nicht 某事在老轨道上运动，习故，因袭旧套，蹈常习故

glei·ßend *Adj*（形）; *geschr*［书］; sehr hell glänzend 铮亮的，耀眼的，闪耀的〈Licht 光〉: *im gleißenden Scheinwerferlicht stehen* 被闪耀的探照灯光照亮

glei·ten; *glitt*, *ist geglitten*; [Vi]（不及物）**1. über etw.**（*Akk* 四格）**g.** sich leicht u.（scheinbar）mühelos über e-e Fläche bewegen 在…上（轻松地）滑动，滑行: *Die Schlittschuhläufer glitten über das Eis* 滑冰者在冰上滑行; *Das Segelboot glitt über die Wasseroberfläche* 帆船掠过水面 ‖ K-（复合）: **Gleit-, -fläche 2. irgendwohin g.** sich langsam u. mühelos nach unten bewegen（朝…方向）滑动，滑行，滑入: *Er ließ sich vom Rand des Schwimmbeckens ins Wasser g.* 他使自己从游泳池边滑落水中 **3. ein Vogel/etw. gleitet irgendwo**（**hin**）ein Vogel schwebt durch die Luft（ohne mit den Flügeln zu schlagen）, etw. fliegt schwebend（also ohne Antrieb durch e-n Motor）irgendwohin（鸟/物作主语）飞翔，滑翔〈ein Adler, ein Drachenflieger *o. Ä.* 鹰，风筝等〉‖ K-（复合）: **Gleit-, -flug, -flugzeug 4. etw. gleitet über etw.**（*Akk* 四格）*geschr*［书］; etw. bewegt sich langsam über etw.（物作主语）掠过某物，在某物上慢慢移动: *Sie ließ ihre Zunge über ihre Lippen g.* 她的舌头舔舔嘴唇; *Sein Blick glitt über das Bild* 他的

目光掠过这幅画 **5. etw. gleitet j-m aus der Hand** j-d kann etw. (Glattes) nicht mehr festhalten, sodass es *mst* zu Boden fällt(物作主语)从…手中滑落 ≈ etw. rutscht j-m aus der Hand ‖ NB(注意): ↑ **Arbeitszeit** (3)

Gleit·schirm *der*; ein Sportgerät (ähnlich e-m Fallschirm), mit dem man von Bergen herab durch die Luft gleiten kann 滑翔伞 ‖ NB(注意): Drachen (2) haben ein festes Gestell, Gleitschirme nicht ‖ K-: **Gleitschirm-, -fliegen, -flieger(in)**

Gleit·zeit *die*; *nur Sg*(只用单数); *gespr*[口] ≈ gleitende Arbeitszeit ‖ K-(复合): **Gleitzeit-, -regelung** ‖ NB(注意): ↑ **Arbeitszeit** (3)

Glet·scher *der*; *-s*, *-*; e-e große Masse von Eis (im hohen Gebirge od. an den Polen) 冰川, 冰河 ‖ K-(复合): **Gletscher-, -eis, -spalte** ‖ -K(复合): **Eiszeit-, Hochgebirgs-**

Glet·scher·zun·ge *die*; das vordere schmale Ende e-s Gletschers 冰舌

glich *Imperfekt, 1. u. 3. Person Sg*(过去时,第一和第三人称单数); ↑ **gleichen**

Glied[1] *das*; *-(e)s*, *-er* **1.** ein beweglicher Körperteil e-s Menschen od. e-s Tieres, *bes* ein Arm od. ein Bein 肢体,四肢: *Er hatte Rheuma u. ständig Schmerzen in allen Gliedern* 他患有风湿病,四肢经常疼痛 ‖ K-(复合): **Glieder-, -bau, -schmerz(en) 2.** BIOL【生】; ein Teil e-s Gliedes (1) (*bes* bei Fingern od. Zehen) zwischen zwei Gelenken (手指或脚趾的)节,关节 ‖ -K(复合): **Finger-, Zehen- 3.** das Geschlechtsorgan des Mannes 男性生殖器,阴茎 ≈ Penis

Glied[2] *das*; *-(e)s*, *-er* **1.** eines der ringförmigen Teile, die e-e Kette bilden 环节,链环 ‖ -K(复合): **Ketten- 2.** ein einzelnes Element, das die Verbindung zwischen dem vorhergehenden u. dem nachfolgenden Element bildet(承上启下的)环节: *Die Wissenschaftler suchen noch immer das fehlende G. in der Entwicklung vom Affen zum Menschen* 科学家仍然在探索从猿到人的发展过程中所缺少的那个衔接部分 ‖ -K(复合): **Binde-, Zwischen- 3.** der einzelne Teil e-s Ganzen(整体中的)部分 ‖ -K(复合): **Satz-, -glied**

-glie·de·rig ↑ **-gliedrig**

glie·dern; *gliederte, hat gegliedert*; [Vt](及物) **1. etw. (in etw. (*Akk* 四格)) g.** ein Ganzes nach bestimmten Gesichtspunkten in einzelne Teile od. Abschnitte einteilen 划分,把…分成: *Der Bericht ist in fünf Kapitel gegliedert* 报告分成五章; [Vr](反身) **2. etw. gliedert sich in etw.** (*Akk* 四格) etw. ist in verschiedene einzelne Teile od. Abschnitte unterteilt, die zusammen ein Ganzes bilden(物作主语)划分成,分为: *Dieser Satz gliedert sich in Haupt- u. Nebensatz* 这个句子分为主句和从句

Glie·de·rung *die*; *-*, *-en* **1.** das Einteilen in einzelne Abschnitte *o. Ä.* 分段,划分, **2.** ≈ Aufbau, Struktur: *die G. e-r gotischen Kathedrale in Haupt- u. Nebenschiffe* 一座哥特式大教堂分为中堂与侧厅; *Sein Aufsatz lässt keine G. erkennen* 他的文章让人弄不清章节结构 **3.** e-e Art Plan der inhaltlichen Struktur u. des gedanklichen Aufbaus, *z.B.* e-s Aufsatzes od. Buches 提纲,提要: *Die Schüler müssen zu ihrem Aufsatz zuerst e-e G. anfertigen* 中学生写作文首先必须拟定一个提纲

Glied·ma·ßen *die*; *Pl*(复); die Glieder[1] (1) von Menschen od. Tieren(人和动物的)四肢,手脚,四条腿

-glied·rig *im Adj*, *wenig produktiv*(构成形容词,构词弱) **1.** mit der genannten Art von Gliedern[1] (1, 2) 体形…的,肢体…的; **feingliedrig, schmalgliedrig, zartgliedrig 2.** mit der genannten Zahl od. Menge von Gliedern[2] …项的,…节的,…肢的; **zweigliedrig, dreigliedrig, viergliedrig** *usw*, **mehrgliedrig, vielgliedrig**

Glied·satz *der*; LING【语】≈ Nebensatz

glim·men; *glimmte / geschr* [书] *glomm, hat geglimmt / geschr* [书] *geglommen*; [Vi](不及物) **etw. glimmt** etw. brennt schwach u. ohne Flamme(物作主语)发出微光,闪烁: *Im Ofen glimmen noch Reste des Feuers* 炉内余火未熄

Glimm·stän·gel *der*; *gespr*, *mst pej*[口],多用[贬] ≈ Zigarette

glimpf·lich *Adv*(副); ohne (großen) Schaden od. Nachteil 损失不大的,没出大事的,后果不严重的 ⟨g. davonkommen 勉强过关(闯过来); etw. läuft g. ab 某事将就进行⟩: *Bei dem Autounfall bin ich noch einmal g. davongekommen* 在这次车祸中我又一次侥幸脱险

glit·schen; *glitschte, ist geglitscht*; [Vi](不及物) *mst in* 多用于 **etw. glitscht j-m aus der Hand** *gespr*[口]; etw., das glatt u. feucht ist, gleitet od. rutscht j-m aus der Hand(物作主语)从…手中滑落,滑出 ⟨Seife, ein Fisch 肥皂,鱼⟩

glit·sche·rig, glitsch·rig ↑ **glitschig**

glit·schig *Adj*(形); *nicht adv*, *gespr*(不作状语)[口]; feucht u. glatt 又湿又滑的,滑溜溜的 ≈ schlüpfrig ⟨ein Fisch, ein Frosch 鱼,青蛙; die Seife 肥皂⟩: *Nach dem Regen waren die Wege im Wald ganz g.* 雨后林中道路很滑

glitt *Imperfekt, 1. u. 3. Person Sg*(过去时,第一和第三人称单数); ↑ **gleiten**

glit·zern; *glitzerte, hat geglitzert*; [Vi](不及物) **etw. glitzert** etw. leuchtet in vielen (Licht)Reflexen immer wieder hell(物作主语)闪烁,发亮 ⟨die Sterne, der Schnee, das Wasser, Diamanten 群星,雪,水,钻石⟩: *Die Regentropfen glitzerten im Sonnenlicht* 雨滴在阳光中闪闪发亮

glo·bal *Adj*(形); *geschr*[书] **1.** die ganze Erde umfassend, auf alle ihre Länder, Staaten bezogen 全球的,全世界的: *Für die Umweltprobleme müssen globale Lösungen gefunden werden* 必须找到有关环境问题的全球性解决办法 **2.** *nicht adv*(不作状语) ≈ umfassend ⟨*mst* ein Wissen 知识⟩ **3.** *mst adv*, *oft pej*(多作状语)常用[贬]; ohne ins Detail zu gehen 大致的,一般的,总体的 ≈ allgemein, pauschal

G

↔ detailliert 〈g. gesehen 总体上看来〉: *In der kurzen Zeit konnten wir die Themen nur g. behandeln* 在短时间内，我们只能一般地论及那些题目

Glo·ba·li·sie·rung *die* **1.** e-e (unzulässige) Verallgemeinerung 一般化 **2.** die Ausdehnung e-s Zustands, Systems *o. Ä.* auf die ganze Erde 全球化〈die G. der Märkte, der Wirtschaft 市场、经济全球化〉

Glo·be·trot·ter *der*; *-s*, *-*; j-d, der Reisen durch die ganze Welt macht 环球旅游者，周游世界的人 ≈ Weltenbummler

Glo·bus *der*; *-(ses)*, **Globus** *-se/geschr* [书] *Globen* **1** e-e Kugel, auf die die Landkarte der Erde, des Monds *o. Ä.* gemalt ist u. die man um ihre eigene Achse drehen kann 地球仪，天体仪 ‖ -K (复合): ***Erd-***, ***Mond-*** **2.** *gespr hum* [口][诙]: der Planet Erde 地球: *Auf unserem G. wird es immer enger* 我们的地球上越来越拥挤

Glo·cke *die*; *-*, *-n* **1.** ein hohler Gegenstand (*mst* aus Metall), der oben geschlossen u. schmal, unten aber offen u. weit ist u. der innen e-n Klöppel hat. Wenn man die G. bewegt, schlägt der Klöppel gegen die Seite der G. u. macht dabei e-n Ton 钟，铃〈e-e bronzene G. 一口青铜的钟; Glocken gießen 铸造钟; e-e G. klingt, läutet, (er)tönt 钟(铃)响了〉‖ K-(复合): ***Glocken-***, ***-geläut(e)***, ***-gießerei***, ***-klang***, ***-klöppel***, ***-läuten***, ***-schlag***, ***-schwengel***, ***-ton***, ***-turm*** ‖ -K (复合): ***Kirchen-***, ***Kloster-***, ***Schiffs-***, ***Turm-*** **2.** *veraltend* [渐旧] ≈ Türklingel〈die G. läuten, ziehen 按响、拉门铃〉‖ -K (复合): ***Haus-***, ***Tür-***, ***Wohnungs-*** **3.** ein Gong, e-e Klingel *o. Ä.*, mit denen man ein Signal gibt (als Zeichen, dass etw. beginnt od. endet, als Warnung *o. Ä.*)(报信号的)钟，锣，铃等: *Die G. läutet zur Pause* 钟(铃)声响了，该休息了 ‖ -K(复合): ***Alarm-***, ***Feuer-***, ***Schul-***, ***Signal-***, ***Sturm-*** **4.** ein Gegenstand, der die Form e-r G. (1) hat, *z. B.* e-e Blüte 钟形物(如花、罩、帽、盖、裙等): *die Glocken der Narzissen* 水仙花的钟形花朵 ‖ K-(复合): ***Glocken-***, ***-rock*** ‖ ID [谚] ***etw. an die große G. hängen*** *gespr pej* [口][贬]; etw., das eigentlich privat od. geheim ist, vielen Leuten erzählen 四处张扬某事; ***wissen, was die G. geschlagen hat*** erkennen, dass die Situation (für einen) ernst od. bedrohlich ist 知道情况的严重性 ‖ *zu* (义项) **1.** **glo·cken·för·mig** *Adj*(形); *zu* (义项) **4.** **glo·ckig** *Adj*(形)

-glo·cke *die*; *im Subst*, *wenig produktiv*(构成名词，构词弱) **1.** drückt aus, dass etw. ungefähr die Form e-r Glocke (1) hat u. (zum Schutz) über Lebensmittel *o. Ä.* gestülpt wird 钟形的罩、盖; ***Butterglocke***, ***Käseglocke***, ***Kuchenglocke*** **2.** drückt aus, dass etw. in der Atmosphäre ungefähr die Form e-r Glocke (1) hat (大气中的)烟雾罩; ***Dunstglocke***, ***Rauchglocke***

Glo·cken·blu·me *die*; e-e Blume mit *mst* blauen Blüten mit der Form von kleinen Glocken 风铃草

glo·cken·hell *Adj*(形); sehr hell u. klar 清脆响亮的，银铃般的〈ein Ton, ein Lachen 声响，笑声〉

Glo·cken·schlag *der* **1.** der Schlag e-r Glocke (3) 敲钟，钟鸣，钟声〈die Glockenschläge zählen 数钟声〉 **2.** ***mit dem/auf den G.*** 〈kommen, gehen 来到，前往〉 ganz pünktlich kommen, gehen 踩着钟点来、前往(十分准时)

Glo·cken·spiel *das* **1.** ein Musikwerk aus mehreren kleinen Glocken (1) (*bes* im Turm e-s Rathauses *o. Ä.*), die zu bestimmten Zeiten automatisch e-e bestimmte Melodie spielen (钟楼上的)组钟乐曲: *das G. des Münchner Rathauses* 慕尼黑市政厅钟楼的组钟乐曲 **2.** ein Musikinstrument aus mehreren, verschieden langen Plättchen od. Röhren aus Metall, die mit e-r Art kleinem Hammer zum Tönen gebracht werden 编钟(乐器)

Glo·cken·stuhl *der*; die Balken in e-m Turm, an denen die Glocke (1) hängt 钟架

Glöck·ner *der*; *-s*, *-*; *hist* [历]; j-d, der die Glocken (1) e-r Kirche läutete 教堂鸣钟人

glomm *Imperfekt*, *3 Person Sg* (过去时，第三人称单数); ↑ ***glimmen***

Glo·ria *das*; *-s*, *-s* **1.** *nur Sg*, *mst iron* (只用单数)多用[讽] ≈ Ruhm ‖ NB(注意): ↑ ***Glanz*** **2.** ein Gesang im christlichen Gottesdienst, in dem Gott gelobt wird (做弥撒时的)颂歌〈das G. singen 唱颂歌〉

glo·ri·fi·zie·ren; *glorifizierte*, *hat glorifiziert*; [Vt] (及物) ***j-n/etw.*** (***als etw.***) ***g.*** *geschr* [书] ≈ verherrlichen〈j-n als Held, als Märtyrer g. 把某人当作英雄，当作殉难者来颂扬〉‖ *hierzu* (派生) **Glo·ri·fi·zie·rung** *die*; **Glo·ri·fi·ka·ti·on** *die*; *-*, *-en*

glo·ri·os [glo'ri̯oːs]; *glorioser*, *gloriosest-*; *Adj*(形); *gespr iron* [口][讽] ≈ glorreich

glor·reich *Adj*(形); *mst attr* (多作定语) **1.** *gespr iron* [口][讽]; 〈ein Einfall, ein Gedanke, e-e Idee 念头，想法，思想〉 so, dass sie überhaupt nichts bringen, ganz sinnlos sind 了不起的，妙不可言的，绝妙的 **2.** ≈ ruhmvoll〈ein Sieg 胜利〉

Glos·sar *das*; *-s*, *-e*; e-e *mst* alphabetisch geordnete Liste von Wörtern (mit kurzen Angaben zur Bedeutung od. mit e-r Übersetzung *o. Ä.*) 难词释义词汇表，附有注解的词汇表

Glos·se *die*; *-*, *-n*; (in der Presse, im Rundfunk u. im Fernsehen) ein kurzer (*mst* polemischer od. ironischer) Kommentar zu aktuellen Ereignissen *bes* aus Politik u. Kultur 短评，讽刺性评论 ‖ K-(复合): ***Glossen-***, ***-schreiber***

Glọt·ze *die*; -, -*n*; *mst Sg*, *gespr pej*(多用单数)[口][贬] ≈ Fernsehapparat 〈vor der G. sitzen 呆坐在电视机前〉

glọt·zen; *glotzte*, *hat geglotzt*; [Vi](不及物) *gespr pej*[口][贬] **1.** (*irgendwie*) **g.** starr u. konzentriert auf etw. schauen u. dabei e-e dumme Miene machen 呆视,直愣愣地看: *Glotz nicht so (dämlich)!* 别这么傻乎乎地瞅着! **2.** ≈ fernsehen

glụck! *Interjektion*(叹); *mst* 多用 **g.**, **g.!** verwendet, um das Geräusch nachzuahmen, wenn sich *z.B.* Wasser bewegt od. wenn man etw. trinkt(表示水流的潺潺声,喝水时的咕嘟声)哗啦! 咕嘟!

Glück *das*; -(*e*)*s*; *nur Sg*(只用单数) **1.** günstige Umstände od. erfreuliche Zufälle, auf die man keinen Einfluss hat u. die einem e-n persönlichen Vorteil od. Erfolg bringen 运气,幸运,福份,幸福 ↔ Pech 〈großes, unverdientes, unverschämtes G. 好运气,受之有愧的福份,鸿运; (kein, wenig, viel) G. (in der Liebe, im Spiel) haben(在爱情、赌博中)不走运,运气不好,运气很好; etw. bringt j-m G. 某事给某人带来运气; j-m (viel) G. für/zu etw. wünschen 祝愿某人(做某事)幸福,愉快,成功; sich auf sein G. verlassen 相信(靠)自己的运气〉: *Er hat noch einmal G. gehabt – der Unfall hätte schlimmer ausgehen können!* 他又一次走了大运——否则车祸的后果可能更可怕; *Wenn du G. hast, ist vielleicht noch Kuchen übrig* 要是你有口福,也许蛋糕还有点儿; *Viel G. im Neuen Jahr!* 祝新年诸事吉利! ‖ -K(复合): **Jagd-** **2.** die Personifizierung des Glücks (1)幸福,幸运之神,命运 ≈ Fortuna 〈das blinde, launische, wechselhafte G. 盲目的、变化无常的、变幻莫测的命运; j-m lacht, winkt das G. 幸福(幸运之神)在向某人微笑,招手; das G. ist auf j-s Seite, ist j-m hold 某人走运了,福星高照; j-n verlässt das G. 幸福(好运)离他而去〉 ‖ K-(复合): **Glücks-**, **-göttin** **3.** der Gefühlszustand, in dem man große Freude od. Befriedigung empfindet (*z.B.* wenn man etw. bekommen hat, das man sich sehr gewünscht hat)幸福感 〈ein dauerndes, kurzes, tiefes, stilles, ungetrübtes, verlorenes G. 持久的、短暂的、深深的、平静的、纯真的、失去的幸福; etw. fehlt j-m noch zum/zu seinem G. 某人运气不佳碰上某种倒霉事〉: *das G. des jungen Ehepaars nicht stören wollen* 不想扰乱年轻夫妇的幸福 ‖ K-(复合): **Glücks-**, **-gefühl** ‖ -K(复合): **Ehe-**, **Familien-**, **Mutter-** **4.** (**es ist**) **ein G.** (**dass** ...) es ist gut, günstig, dass ... 有运气,运气好: *Es war ein G., dass ich den Zug noch erwischt habe* 总算运气,我赶上了火车 ‖ ID[谚] **zum G.** ≈ glücklicherweise; **auf gut G.** ohne die Gewissheit, dass man Erfolg haben wird 碰碰运气(没有成功把握); **sein G. probieren/versuchen** etw. tun in der Hoffnung, dass man Erfolg damit hat 试一试自己的运气(希望成功); **sein G. machen** *veraltend* [渐旧]; großen Erfolg im Leben haben 获得成功,交上好运; (**mit etw.**) **bei j-m kein G. haben** (mit etw.) bei j-m nichts erreichen können, nicht zum Ziel kommen 在某人处办不成事,捞不着油水; *mst* 多用 **Er/Sie hat mehr G. als Verstand** (**gehabt**) er/sie hat (in e-r gefährlichen, riskanten Situation, die er/sie *mst* selbst verursacht hat) viel G. (1) gehabt 他/她与其说靠本事,不如说靠运气; **j-d kann** (**noch**) **von G. reden, dass** ... j-d hat G. (1), dass etw. nicht (noch) unangenehmer, schlechter *o.Ä.* ist(某人)总算走运,算他有福气; *mst* 多用 **G. im Unglück haben** bei e-m Unfall *o.Ä.* nicht so schwer verletzt *o.Ä.* werden, wie es hätte sein können 不幸中之大幸,幸免于难; **Man kann niemanden zu seinem G. zwingen** drückt die Verärgerung *o.Ä.* des Sprechers darüber aus, dass ein anderer seinen guten Rat, seine Hilfe *o.Ä.* nicht annimmt 幸福不能强加于人(牛不喝水强按头,没用); **Jeder ist seines Glückes Schmied** jeder ist selbst dafür verantwortlich, wie es ihm geht 每个人的幸福靠自己去创造; **G. u. Glas, wie leicht bricht das** ein Zustand des Glücks (3) kann sehr schnell enden 幸福就像玻璃,很容易破碎;好运难持久 ‖ zu (义项) **1. glück·los** *Adj*(形)

glụ̈·cken; *glückte*, *ist geglückt*; [Vi](不及物) **etw. glückt j-m** etw. gelingt j-m nach Wunsch(物作主语)如愿以偿,成功: *Ihm glückt alles, was er anfängt* 他干任何事情都能如愿以偿

glụ·ckern; *gluckerte*, *hat gegluckert*; [Vi](及物) **etw. gluckert** (**irgendwohin**) e-e Flüssigkeit bewegt sich leicht u. macht dabei ein Geräusch(物作主语)发出咕嘟声,发出汩汩声: *Das Wasser gluckert in den Abfluss* 水哗啦哗啦地流入下水道

glück·lich *Adj*(形) **1.** *nur attr od adv*(只作定语或状语); mit Glück (1)幸运的,成功的 ≈ erfolgreich ↔ erfolglos: *der glückliche Gewinner des Preisausschreibens* 有奖竞赛的幸运获奖者 **2.** *nur attr od adv*(只作定语或状语); mit günstigem Verlauf, ohne Probleme 顺利的,平安的 〈e-e Heimkehr 平安回家(回国); irgendwo g. gelandet sein 顺利抵达(着陆)某处〉 **3. g.** (**über etw.** (*Akk* 四格)) von Glück (3) u. innerer Zufriedenheit erfüllt 幸福的,美满的 ↔ unglücklich (1) 〈ein Ehepaar, e-e Familie, e-e Mutter 夫妻(伉俪),家庭,母亲; e-e Zeit 时刻(时代); wunschlos g. sein 幸福无比,心满意足; j-n g. machen 使某人感到幸福(快乐)〉: *Sie waren 40 Jahre lang g. verheiratet* 他们结婚40年,日子过得很美满; *Ich bin g.* (darüber), *dich kennengelernt* zu *haben*/dass *ich dich kennengelernt habe* 认识了你,我感到很高兴 **4.** 〈ein Umstand, ein Zufall 处境,偶然事件〉 so, dass sie j-m e-n Vorteil bringen 有利的,顺利的 ≈ günstig ↔ unglücklich (2): *Die Verhandlungen nahmen e-n glücklichen Verlauf* 谈判进行得顺利

glụ̈ck·li·cher·wei·se *Adv*(副); durch e-n günstigen Umstand od. Zufall 幸亏,幸好,幸而 ≈ zum Glück ↔ leider: *G. wurde bei dem Unfall niemand verletzt* 幸好事故没伤着人

G

Glücks- *im Subst*, *nicht produktiv*（构成名词,构词弱）; verwendet, um bestimmte Dinge zu bezeichnen, die（*bes* im europäischen Kulturkreis）als Symbole gelten, die Glück（1）bringen（表示具有吉祥、幸福、幸运象征的）; der ***Glückskäfer***（= Marienkäfer）, der ***Glücksklee***（mit vier Blättern）, der ***Glückspfennig***, das ***Glücksschwein***, der ***Glücksstern***, der ***Glückstag***, die ***Glückszahl***

Glück·sa·che *die*; ↑ ***Glückssache***

Glücks·brin·ger *der*; *-s*, *-*; e-e Person od. Sache, die j-m Glück（1）bringen soll 带来吉祥（吉利、幸福）的人或物

glück·se·lig *Adj*（形）; sehr glücklich（3）充满幸福的,内心喜悦的 ≈ überglücklich ‖ *hierzu*（派生）**Glück·se·lig·keit** *die*; *nur Sg*（只用单数）

gluck·sen; *gluckste*, *hat gegluckst*; [Vi]（不及物）**1.** ***etw. gluckst*** ≈ etw. gluckert **2.** ein Lachen unterdrücken u. dabei ein dunkel klingendes Geräusch von sich geben 格格地笑

Glücks·fall *der*; ein besonders günstiger Umstand od. Zufall（der j-m e-n großen Vorteil bringt）碰巧的好事,幸运,机遇

Glücks·kind *das*; j-d, der bei allem, was er tut, immer Glück（1）hat 幸运儿

Glücks·pilz *der*; *gespr*［口］; j-d, der（oft u. überraschend）Glück（1）hat 幸运儿,走运的人 ≈ Glückskind

Glücks·rit·ter *der*; *mst pej* 多用［贬］; j-d, der leichtsinnig（u. verantwortungslos）handelt, weil er glaubt, dass er immer Glück（1）hat 靠碰运气的人,相信自己运气好的人

Glücks·sa·che *die*; *mst in* 多用于 ***das ist***（***reine***）***G.*** *gespr*［口］; das kann man nicht beeinflussen, weil es von e-m günstigen Zufall abhängt 这（完全）是碰运气的事

Glücks·spiel *das*; ein Spiel（*z.B.* mit Würfeln od. Karten）, bei dem es nur vom Zufall abhängt, ob man gewinnt od. verliert 赌博

Glücks·sträh·ne *die*; *mst in* 多用于 ***e-e G. haben*** e-e（relativ）lange Zeit Glück（1）haben（一段时期内）连交好运 ↔ e-e Pechsträhne haben

glück·strah·lend *Adj*（形）; sehr glücklich（3）（aussehend）满面春风的,喜气洋洋的: *Sie erzählte g., dass sie die Prüfung bestanden habe* 她喜气洋洋地讲述她通过了考试

Glück·wunsch *der* **1.** e-e Äußerung, mit der man ausdrückt, dass man sich mit j-m über e-n Erfolg, ein schönes Ereignis（*z.B.* Geburtstag od. Hochzeit）*o.Ä.* freut 祝贺,庆贺,祝愿 ≈ Gratulation〈j-m die besten, seine Glückwünsche aussprechen, senden, übermitteln 向某人表示,寄去,转达最良好的祝愿,祝贺〉‖ K-（复合）: ***Glückwunsch-***, ***-adresse***, ***-karte***, ***-telegramm*** **2.** ***Herzlichen G.***（***zu etw.***）! verwendet, um j-m zu etw. zu gratulieren 衷心祝贺!: *Herzlichen G. zum Geburtstag!* 衷心祝（您）生日快乐!

Glüh·bir·ne *die*; ein hohler Gegenstand aus Glas（oft von der Form e-r Birne）, in dem ein Draht glüht, wenn elektrischer Strom hindurchfließt. Man schraubt e-e G. in e-e Lampe, damit sie leuchtet 白炽灯泡: *e-e G. mit 60 Watt* 一只60瓦的灯泡

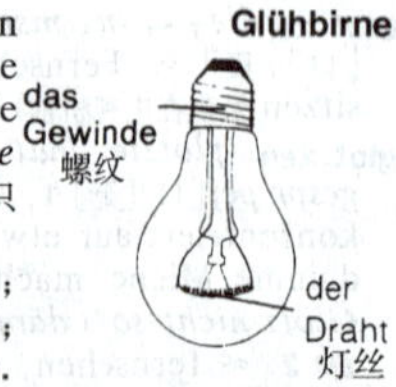

glü·hen [ˈglyːən]; *glühte*, *hat geglüht*; [Vi]（不及物）**1.** ***etw. glüht*** etw. brennt ohne Flamme u. Rauch rot（bzw. bei sehr hohen Temperaturen weiß）（物作主语）灼热,燃烧: *Unter der Asche glühen die Kohlen noch* 灰烬下面的煤炭还在燃烧; *Er hat sich mit der glühenden Zigarette verbrannt* 他让燃着的香烟烫着了 **2.** ***etw. glüht***（***vor etw.***（*Dat* 三格））ein Körperteil wird rot u. heiß, weil j-d Fieber hat, aufgeregt ist *o.Ä.*（物作主语）（因…）发烧,发红,发热〈j-s Gesicht, j-s Ohren, j-s Stirn, j-s Wangen 某人的脸,某人的耳朵,某人的额头,某人的面颊〉: *Ihr Gesicht glühte vor Eifer* 她激动得满脸通红 **3.** ***vor etw.***（*Dat* 三格）***g.*** *geschr*［书］; ein Gefühl intensiv erleben 充满,燃烧着某种激烈的感情〈vor Begeisterung, Erregung g. 满怀热情,非常激动〉‖ ▶ ***Glut***

glü·hend [ˈglyːənt] **1.** *Partizip Präsens*（现在分词）; ↑ ***glühen*** **2.** *Adj*（形）; sehr stark od. intensiv 炽热的,热烈的,强烈的〈ein Verlangen, ein Wunsch 要求,愿望; Liebe, Hass 爱情,仇恨; j-n g. beneiden, bewundern 强烈地妒忌,羡慕某人〉**3.** *Adj*（形）≈ leidenschaftlich（2）〈ein Bewunderer, ein Verehrer 钦佩者,崇拜者〉**4.** *Adj*（形）; ***g. heiß*** sehr heiß 炽热的,灼热的,酷热的

Glüh·lam·pe *die* ≈ Glühbirne

Glüh·wein *der*; *nur Sg*（只用单数）; ein heißes Getränk aus Rotwein, Zucker u. Gewürzen 热的甜红葡萄酒（用红葡萄酒加糖和香料制成的热饮料）

Glüh·würm·chen *das*; *-s*, *-*; *gespr*［口］; ein kleiner Käfer, dessen Körper in der Dunkelheit leuchten kann 萤火虫 ≈ Leuchtkäfer

Glu·ko·se *die*; *-*; *nur Sg*, CHEM（只用单数）【化】≈ Traubenzucker

Glupsch·au·ge *das*; *mst in* 多用于 ***Glupschaugen kriegen***, ***machen*** *nordd gespr*［北德］［口］;（mit weit geöffneten Augen）staunen 瞪大眼睛瞅着,眼睁睁地看着

Glut *die*; *-*, *-en* **1.** *mst Sg*（多用单数）; die rote, glühende Masse, die übrig bleibt, wenn *z.B.* Holz od. Kohle mit heller Flamme verbrannt ist 余火,余烬〈die G. schüren, wieder anfachen, löschen 拨动,重新吹燃,熄灭余火〉: *Unter der Asche glimmt noch G.* 灰烬下面还闪着余火 ‖ -K（复合）: ***Kohlen-***, ***Ofen-*** **2.** *nur Sg*（只用单数）; e-e sehr große Hitze 炎热,灼热: *die sengende G. der Sonne Afrikas* 非洲阳光的烫人的灼热 ‖ K-（复合）: ***Glut-***, ***-hitze*** ‖ -K（复合）: ***Mittags-*** **3.** *nur Sg*, *geschr*（只用单数）［书］; ***die G.*** + *Gen*（二格）die Leidenschaftlichkeit（e-r Emotion *o.Ä.*）热烈的感情,激情

glut·rot *Adj*（形）; von sehr dunkler roter Farbe 火红的〈die Abendsonne 夕阳〉‖ *hierzu*（派生）**Glut·rö·te** *die*; *nur Sg*（只用单数）

Gly·ze·rin *das*; *-s*; *nur Sg*（只用单数）; e-e Substanz, die in allen Fetten enthalten ist u. aus der man Cremes, Salben u. Sprengstoff (Nitroglyzerin) macht 甘油

GmbH [ge:embe:'ha:] *die*; *-*, *-s*; WIRTSCH, *Kurzw*【经】(略) ↑ **Gesellschaft**² (2)

Gna·de *die*; *-*, *-n* **1.** *nur Sg*（只用单数）; das Wohlwollen gegenüber e-m sozial od. beruflich Schwächeren (das oft auf arrogante Weise zum Ausdruck gebracht wird) 仁慈，怜悯，慈悲〈j-m e-n Beweis seiner G. geben 对某人表示怜悯; von j-s G. abhängen 依赖于某人的善心〉‖ K-（复合）: **Gnaden-**, **-akt** **2.** e-e Tat aus G. (1) 恩惠，恩赐，乐善好施〈j-m e-e G. erweisen 向某人行善〉**3.** *nur Sg*（只用单数）; die Milderung e-r Strafe, die j-d eigentlich verdient hätte, od. die Befreiung von ihr (aus Mitleid, Güte od. Nachsicht) 宽宥，饶恕，赦免〈(j-n) um G. bitten 请求宽恕; um G. flehen 乞求宽恕; G. walten lassen 宽恕，饶恕〉‖ K-（复合）: **Gnaden-**, **-gesuch** **4.** *nur Sg*（只用单数）; die Verzeihung der Sünden durch Gott (上帝的，主的) 慈悲，恩典〈die G. Gottes, die göttliche G. 上帝的慈悲〉**5.** ***Euer Gnaden*** *hist* [历]; verwendet als Anrede für Richter od. andere Personen von hohem Rang (对法官、尊贵人物的称呼) 老爷，大人，阁下 ‖ ID [谚] ***G. vor j-s Augen / j-m finden*** von j-m akzeptiert u. anerkannt werden 受某人赏识、青睐; ***G. vor*** / *veraltet* [旧] ***für Recht ergehen lassen*** Nachsicht üben, j-m e-e Strafe, die er eigentlich verdient hätte, erlassen 宽大处理，宽恕，赦免; ***auf G. u. / od. Ungnade*** ohne Möglichkeit, über das zu bestimmen, was mit einem geschieht 无条件地 ≈ bedingungslos〈j-m auf G. u./od. Ungnade ausgeliefert, ergeben sein 向某人无条件投降，无条件地屈从于某人的好恶〉; ***j-d hat die G. + zu + Infinitiv***（不定式）; *iron* [讽]; j-d tut etw. od. lässt etw. auf herablassende, arrogante Art zu 某人发善心，赏光，开恩，发慈悲做某事: *Sie hatte die G., die Einladung anzunehmen* 她赏光接受了邀请 ‖ *zu*（义项）1. u. 3. **gna·den·los** *Adj*（形）‖ ▶ **begnadigen**

gna·den; [Vi]（不及物）*nur in* 只用于 ***Wenn ..., dann gnade (dir, ihm usw) Gott!*** verwendet, um e-e Drohung auszudrücken u. e-e Strafe anzukündigen (表示威胁) 要是…，可饶不了(你，他等)啊!; 如果…，(你，他等)可要当心啊!: *Wenn du nicht sofort dein Zimmer aufräumst, dann gnade dir Gott!* 如果你不立即清理房间，你可要倒霉的!

Gna·den·brot *das*; *nur Sg*（只用单数）; *mst in* 多用于 ***e-m Tier das G. geben / gewähren*** *mst* ein Pferd, das jetzt alt u. schwach ist, weiter füttern u. pflegen (weil es früher viel gearbeitet hat) 继续喂养照管(老弱的)牲口

Gna·den·frist *die*; *nur Sg*（只用单数）; *mst in* 多用于 ***j-m e-e G. einräumen / geben / gewähren / zugestehen*** j-m zum letzten Mal e-e Frist verlängern, bis zu der etw. getan werden muss 给予某人宽限期，为某人提供延缓期，允许某人延期

Gna·den·schuss *der*; *nur Sg*（只用单数）; *mst in* 多用于 ***e-m Tier den G. geben*** *geschr* [书]; ein schwer verletztes, krankes Tier (*mst* Pferd) mit e-r Schusswaffe töten 给(重伤、重病的)牲口致命的一枪(让它解脱痛苦)

Gna·den·weg *der*; *nur Sg*（只用单数）; *mst in* 多用于 ***auf dem G.*** mittels e-r Begnadigung durch den Präsidenten, Monarchen *o. Ä.* (der ausdrücklich darum gebeten wurde) 用给予赦免的办法，用给予宽恕的办法

gnä·dig *Adj*（形）**1.** *oft iron* 常用[讽]; verwendet, um auszudrücken, dass der Sprecher j-s Verhalten herablassend findet (auch wenn er davon e-n Vorteil hat) 赏脸的，开恩的，发善心的: *Es ist wirklich g. von dir, dass du mir hilfst!* 你肯帮助我，这真是赏脸!; *Sie war so g., es mir zu sagen* 她行好把这事告诉了我 **2.** REL【宗】; voller Gnade (4) 仁慈的: *Es beschütze uns der gnädige Gott!* 愿仁慈的上帝保佑我们平安! **3.** nachsichtig u. bereit, Gnade (3) zu zeigen 慈和的，宽容的，宽大为怀的 ≈ milde ↔ streng〈ein Richter 法官〉**4.** ***gnädige Frau*** *veraltend* [渐旧] / ***gnädiger Herr*** *veraltet* [旧]; verwendet als höfliche Anrede für e-e Frau / e-n Mann (对女士和男士的尊称) 太太，夫人/大人，先生: „*Kann ich Ihnen behilflich sein, gnädige Frau?*" "夫人，我可以帮助您吗?"

Gnom *der*; *-en*, *-en*; (in Märchen u. Sagen) e-e Art Zwerg, den man sich *mst* als hässlich od. böse vorstellt 土地神，地精(童话和传说中长相丑陋的侏儒) ‖ NB（注意）: *der Gnom*; *den, dem, des Gnomen* ‖ *hierzu*（派生）**gno·men·haft** *Adj*（形）

Gnu *das*; *-s*, *-s*; e-e Art große afrikanische Antilope 角马

Goal [go:l] *das*; *-s*, *-s*; Ⓐ Ⓒⓗ SPORT [奥] [瑞]【体】≈ Tor (*bes* beim Fußball)

Go·be·lin [gobə'lɛ̃:] *der*; *-s*, *-s*; ein fein gewebter Teppich für die Wand, der (wie ein Bild) etw. darstellt 哥白林织花壁毯

Go·ckel *der*; *-s*, *-*; *südd* Ⓐ [南德] [奥] ≈ Hahn¹

Go·kart *der*; *-(s)*, *-s* **1.** SPORT【体】; ein niedriger, kleiner Rennwagen 微型赛车 ‖ K-（复合）: **Gokart-**, **-rennen** **2.** e-e Art kleines Auto mit Pedalen, mit dem Kinder fahren können 带踏板的小型儿童汽车

Gold *das*; *-(e)s*; *nur Sg*（只用单数）**1.** ein relativ weiches, wertvolles (Edel)Metall mit gelblichem Glanz, aus dem man vor allem Münzen u. Schmuckstücke macht 金，黄金，金子; CHEM【化】Au〈echtes, massives, pures, reines, gediegenes G. 真金，纯金; G. suchen, waschen (= mithilfe von Wasser von anderen Substanzen trennen) 采金，淘金; nach G. graben, schürfen 挖掘黄金，勘探金矿〉: *ein Armband aus reinem G.* 一只纯金手镯; *Diamanten in G. fassen* 给钻石镶金，用金子把钻石

镶起来 ‖ K-(复合)：***Gold-***，***-ader***，***-barren***，***-faden***，***-gehalt***，***-kette***，***-klumpen***，***-krone***，***-legierung***，***-mine***，***-münze***，***-ring***，***-schmuck***，***-sucher***，***-wäscher***，***-zahn***；***gold-***，***-blond***，***-braun***，***-gelb*** **2.** ein Gegenstand, *mst* ein Schmuckstück, aus G. (1)黄金饰品：*Aus dem Juwelierladen wurden G. u. Edelsteine im Wert von mehreren tausend Euro geraubt* 这家珠宝店价值好几千欧元的黄金首饰和宝石遭抢劫 **3.** *ohne Artikel*, *gespr* (不带冠词)［口］≈ Goldmedaille 〈olympisches G. 奥运会金牌；G. gewinnen 赢得金牌；sich (*Dat* 三格) G. holen 摘取金牌〉‖ ID［谚］***treu wie G.*** *veraltend*［渐旧］≈ sehr treu；***j-d/etw. ist G./Goldes wert*** j-d/etw. ist von großem Wert od. Nutzen 某人/某物极其珍贵,大有用处；***j-d/etw. ist nicht mit G. zu bezahlen/aufzuwiegen*** j-d/etw. ist sehr wichtig od. kostbar (für j-n)某人/某物是无价之宝；*mst* 多用 ***Es ist nicht alles G., was glänzt*** was nach außen kostbar od. großartig zu sein scheint, ist in Wirklichkeit oft wertlos od. unbedeutend 闪光的未必都是金子；*mst* 多用 ***Er/Sie hat G. in der Kehle*** er/sie kann sehr schön singen 他/她有一副金嗓子 ‖ *zu* (义项)**1.** **gold·far·ben** *Adj* (形)；**gold·hal·tig** *Adj* (形)

Johann Wolfgang von Goethe
约翰·沃尔夫冈·冯·歌德

Johann Wolfgang von Goethe ist wohl der herausragendste Schriftsteller des deutschsprachigen Raums.
Er wurde am 28 August 1749 in Frankfurt am Main geboren. Mit 16 Jahren begann er Jura zu studieren, ab 1771 arbeitete er als Anwalt in Frankfurt. 1775 wurde er als Privatlehrer und Minister an den Hof des jungen Herzogs Karl August in Weimar berufen. Weimar wurde unter Goethes Einfluss zu einem wichtigen Kulturzentrum, das bedeutende Schriftsteller und Philosophen anzog. 1786 unternahm Goethe eine zweijährige Italienreise, deren Eindrücke seine späteren Werke beeinflussten. Ab 1794 vertiefte sich die Freundschaft zu Schiller und führte zu einer engen Zusammenarbeit der beiden Schriftsteller. Goethe starb am 22 März 1832 in Weimar.
Sein umfangreiches Werk umfasst Gedichte, Dramen, Romane und naturwissenschaftliche Abhandlungen. Zu seinen bekanntesten Werken zählen ***Götz von Berlichingen***, ***Die Leiden des jungen Werther***, ***Die italienische Reise***, ***Wilhelm Meisters Lehrjahre***, ***West-östlicher Divan*** und natürlich vor allem die beiden Teile des ***Faust***.

约翰·沃尔夫冈·冯·歌德是德语区最杰出的作家。

他于1749年8月28日出生于美因河畔的法兰克福,16岁开始学习法律,1771年在法兰克福当律师,1775年受聘于魏玛年轻公爵卡尔·奥古斯特宫廷,任私人教师及大臣。在歌德的影响下,魏玛成为重要的文化中心,吸引了知名的作家和哲学家。1786年歌德作了一次为期两年的意大利旅行,其观感影响着他日后的著作。从1794年以后他与席勒的友谊日益加深,致使两位作家紧密合作。1832年3月22日歌德在魏玛与世长辞。

他的著作包罗万象,有诗歌、戏剧、长篇小说和自然科学论著,他最有名的作品是:**《葛兹·冯·贝利欣根》**,**《少年维特之烦恼》**,**《意大利游记》**,**《威廉·迈斯特的学习时代》**,**《西东合集》**,当然以两部**《浮士德》**为最。

gol·den *Adj* (形) **1.** *nur attr*, *nicht adv* (只作定语,不作状语)；aus Gold (1) bestehend od. gemacht 金的,金制的〈ein Armband, ein Becher, ein Ring, e-e Uhr *usw* 手镯,杯子,戒指,表等〉**2.** mit der Farbe u. dem Glanz von Gold (1)金黄色的,金灿灿的〈Haar, die Sonne, die Sterne 头发,太阳,星星；etw. glänzt, scheint, schimmert g. 某物放射出金色光芒,金光闪闪,闪着金光〉**3.** ***e-e goldene Regel*** e-e Lebensweisheit *o. Ä.*, die immer gilt 金科玉律,金箴 **4.** ***e-e goldene Zukunft*** e-e Zukunft (1,2,3) mit viel Erfolg *o. Ä.* 金色的未来,前程似锦 **5.** *mst* 多用 ***ein goldenes Herz haben*** sehr gütig sein 心地善良 ‖ NB(注意)：↑ ***Mitte*** (5), ***Mittelweg*** (2)

Gold·fisch *der*；ein kleiner Fisch von gelblicher bis rötlicher Farbe, den man gern in Zierteichen u. Aquarien hält 金鱼 ‖ K-(复合)：***Goldfisch-***，***-teich***

Gold·grä·ber *der*；*-s*, *-*；j-d, der in der Erde nach Gold (1) sucht 采金者,淘金者 ‖ *hierzu* (派生) **Gold·grä·be·rin** *die*；*-*, *-nen*

Gold·gru·be *die* **1.** *gespr*［口］；*mst* ein Geschäft od. ein Unternehmen, mit dem man viel Geld verdient 聚宝盆,赚钱的商店、企业：*Sein Restaurant ist e-e wahre G.* 他开的餐馆可真是个聚宝盆 **2.** *veraltend*［渐旧］；e-e Mine[1], in der Gold gewonnen wird 金矿

Gold·hams·ter *der*；ein kleiner Hamster mit gelblich braunem Fell, den man *bes* für Kinder im Haus hält 金仓鼠

gol·dig *Adj* (形)；*gespr*［口］**1.** (verwendet in Bezug auf Kinder od. junge Tiere)(指小孩或幼畜)≈ süß, niedlich **2.** sehr nett 可爱的,友好的 ≈ entzückend：*Das war richtig g. von ihm, sich um meine Blumen zu kümmern* 他照料了我家的花,他真是太友好啦

Gold·me·dail·le *die*；e-e goldene od. vergoldete Medaille, die j-d für die beste Leistung in e-m (sportlichen) Wettbewerb bekommt 金牌,金质奖章：*Er gewann die G. im Boxen* 他赢得了拳击的金牌

Gold·rausch *der* **1.** der übertrieben starke Wunsch, Gold zu finden od. zu besitzen 淘金迷 **2.** e-e Zeit, in der viele Menschen an e-n bestimmten Ort gehen, weil sie hoffen, dort leicht Gold zu finden 淘金热

Gold·re·gen *der*；ein Strauch mit leuchtend gelben Blüten, die wie Trauben herabhängen 金链花

gold·rich·tig *Adj*(形); *mst präd*, *gespr*(多作表语)[口] **1.** völlig richtig, sehr gut 完全正确的, 非常恰当的: *Die Entscheidung war g.* 这项决定是完全正确的 **2.** sehr sympathisch, nett 极其友善的,可爱的: *Unser neuer Mitarbeiter ist g.* 我们这位新来的同事非常和蔼可亲

Gold·schatz *der* **1.** ein Schatz aus Gold (1) 黄金财宝 **2.** *gespr hum*[口][诙]; verwendet als Kosewort für j-n, dem man für etw. dankt(昵称)金宝贝: *Du bist ein richtiger G.!* 你真是个金宝贝!

Gold·schmied *der*; j-d, der beruflich Schmuck(stücke) aus Gold, Silber, Edelsteinen *usw* herstellt 首饰匠, 金匠 ‖ K-(复合): ***Goldschmiede-***, ***-arbeit***, ***-kunst***, ***-werkstatt*** ‖ *hierzu* (派生) **Gold·schmie·din** *die*

Gold·staub *der*; sehr kleine Körner aus Gold (1)金沙,黄金颗粒

Gold·stück *das* **1.** *hist* [历]; e-e Münze aus Gold (1)金币 **2.** *gespr hum*[口][诙] ≈ Goldschatz (2)

Gold·waa·ge *die*; e-e Waage für sehr kleine Mengen von Gold *o. Ä.* 金秤,戥子 ‖ ID[谚] ***jedes Wort/alles auf die G. legen*** *gespr*[口]; **a)** sehr vorsichtig sein u. sich sehr genau überlegen, was man sagt 字斟句酌,反复推敲(指说话谨慎) **b)** jedes Wort, das gesprochen wird, völlig ernst nehmen 仔细琢磨,认真掂量(别人说的)每一句话

Golf[1] *der*; *-(e)s, -e*; e-e große Meeresbucht 湾,海湾: *der Persische G.* 波斯湾; *der G. von Mexiko* 墨西哥湾 ‖ NB(注意): *mst* in geographischen Eigennamen verwendet(多用于地理专有名词)

Golf[2] *das*; *-s*; *nur Sg*(只用单数); e-e Sportart, bei der man versucht, mit e-m Schläger e-n kleinen, harten Ball mit möglichst wenigen Schlägen in e-e bestimmte Anzahl von Löchern (*mst* 18) zu bringen 高尔夫球〈G. spielen 打高尔夫球〉‖ K-(复合): ***Golf-***, ***-ball***, ***-klub***, ***-platz***, ***-schläger***, ***-spieler***, ***-turnier*** ‖ *hierzu* (派生) **Gol·fer** *der*; *-s, -*; **Gol·fe·rin** *die*; *-, -nen*

Golf·strom *der*; *nur Sg*, GEOG(只用单数)【地】; e-e Strömung im Atlantik, die warmes Wasser vom Golf von Mexiko in den Norden (nach Europa) bringt u. dort das Klima beeinflusst 海湾暖流,墨西哥湾暖流

Gon·del *die*; *-, -n* **1.** ein schmales, *mst* verziertes Boot, mit dem man auf den Kanälen von Venedig fährt 威尼斯游艇(一种狭长的平底小船) ‖ K-(复合): ***Gondel-***, ***-fahrt*** **2.** die Kabine, die an dem (Draht)Seil e-r Seilbahn hängt u. in der Personen befördert werden 缆车吊舱 ‖ K-(复合): ***Gondel-***, ***-bahn*** **3.** der große Korb, der unter e-m Ballon hängt u. in dem sich die (Ballon)Fahrer befinden(气球的)吊篮

gon·deln; *gondelte*, *ist gegondelt*; [Vi](不及物) ***irgendwohin g.*** *gespr*[口]; mit e-m Fahrzeug ohne Eile u. ohne festes Ziel irgendwohin fahren 乘游艇出游,漫游

Gon·do·li·e·re [-ˈli̯eːrə] *der*; *-*, *Gon·do·li·e·ri*; j-d, der (beruflich) e-e Gondel (1) rudert 威尼斯游艇的划手

Gong *der*; *-s, -s* **1.** e-e *mst* frei hängende Metallscheibe, an die man mit e-m Klöppel schlägt, um ein Signal zu geben 锣〈den G. schlagen 敲锣〉**2.** ein elektrisches Gerät, das e-n Ton wie bei e-m G. (1) erzeugt (u. *z.B.* in Schulen *o. Ä.* ein Signal gibt)(报时的)电钟,电锣〈der G. ertönt 钟鸣〉**3.** ein Musikinstrument (wie ein G. (1))锣(一种乐器) ‖ ↑ *Abb. unter* 图见 ***Schlaginstrumente***

gon·gen; *gongte*, *hat gegongt*; [Vi](不及物) **1.** e-n Gong zum Tönen bringen 敲锣: *Der Steward gongt (zum Abendessen)* 服务(乘务)员敲锣开晚饭; [Vimp](无人称) **2.** ***es gongt*** ein Gong ertönt 锣声响起来了,鸣锣了

gön·nen; *gönnte*, *hat gegönnt*; [Vt](及物) **1.** ***j-m etw. g.*** sich mit j-m ohne Neid darüber freuen, dass er Glück od. Erfolg hat 不忌妒,为…的幸福或成功而高兴: *Er gönnte ihr den beruflichen Erfolg von Herzen* 他为她职业上的成功而由衷地高兴; *Ich gönne es dir, dass du jetzt ein bisschen mehr Ruhe hast* 我为你现在多休息一会儿感到高兴 **2.** ***j-m/sich etw. g.*** dafür sorgen, dass j-d/man selbst etw. Angenehmes bekommt 赏赐,赐予,给予,让…享受到〈j-m/sich e-e Pause, e-e Rast g. 让某人/自己休息休息,歇歇脚〉

Gön·ner *der*; *-s, -*; j-d, der reich ist u. andere Menschen (*bes* Künstler) fördert u. unterstützt(给艺术家等经济支持的)资助者,施主 ≈ Mäzen ‖ *hierzu*(派生) **Gön·ne·rin** *die*; *-, -nen*

gön·ner·haft *Adj* (形); *pej* [贬]; auf herablassende Art freundlich 施主似的,以恩人自居的〈g. nicken 俨然恩人似地点点头; j-n g. belehren 施主似地教诲某人; mit gönnerhafter Miene 摆出一副恩人的面孔〉‖ *hierzu* (派生) **Gön·ner·haf·tig·keit** *die*; *nur Sg*(只用单数)

Gön·ner·mie·ne *die*; *nur Sg*(只用单数); *mst in* 多用于 ***mit G.*** ≈ gönnerhaft: *Mit G. teilte er uns mit, dass er Bücher zu verschenken habe* 他以一副恩赐者的模样通知我们,他要赠送书籍

gor *Imperfekt*, *3 Person Sg*(过去时,第三人称单数); ↑ ***gären***

Gör [gøːɐ̯] *das*; *-s, -en*; *bes nordd gespr*, *mst pej* 尤用于[北德][口],多用[贬] **1.** *mst Pl*(多用复数) ≈ Kind **2.** ein freches Mädchen 顽皮的小姑娘

Gö·re *die*; *-, -n*; ↑ ***Gör***

Go·ril·la *der*; *-s, -s* **1.** ein großer Menschenaffe, der in den Urwäldern Afrikas lebt 大猩猩 **2.** *gespr pej*[口][贬] ≈ Leibwächter

goss *Imperfekt*, *1. u. 3. Person Sg*(过去时,第一和第三人称单数); ↑ ***gießen***

Gos·se *die*; *-, -n* **1.** *veraltend*[渐旧] ≈ Rinnstein **2.** *pej*[贬]; die niedrigste Schicht der Gesellschaft, die aufgrund ihrer Lebensweise als moralisch schlecht gilt 社会渣滓,社会底层,流氓无赖〈die Sprache der G. 贫困堕落

G

者的语言；in der G. aufwachsen, leben, landen, enden 在堕落的环境中成长，生活，陷于堕落，在堕落中毁灭；ein Mädchen, Junge aus der G. 跳出堕落泥坑的女孩、男孩〉

Go·tik *die*; -; *nur Sg*（只用单数）; ein Stil der europäischen Kunst, *bes* der Architektur, von der Mitte des 12 bis Ende des 15 Jahrhunderts 哥特式（欧洲的一种建筑艺术风格）: *Die Kathedrale Notre-Dame in Paris ist ein Meisterwerk der G.* 巴黎圣母院大教堂是哥特式建筑艺术的杰作 ‖ -K（复合）: ***Früh-***, ***Spät-*** ‖ *hierzu*（派生）**go·tisch** *Adj*（形）; *nicht adv*（不作状语）

G

Gott *der*; -(e)s, *Göt·ter* **1.** *nur Sg*（只用单数）; (im Christentum, Judentum u. im Islam) das höchste Wesen außerhalb der normalen Welt, das die Welt erschaffen hat u. ihr Schicksal lenkt 上帝，创世主，天主，神〈der allmächtige, liebe G. 万能的、心爱的主（上帝）; G. anrufen, fürchten, lästern, preisen 祈祷，敬畏，亵渎，赞美上帝; an G. glauben 信上帝，信神; zu G. beten 向上帝祷告; auf G. vertrauen 信赖上帝〉 ‖ K-（复合）: ***Gott-***, ***-vertrauen***; ***Gottes-***, ***-beweis*** ‖ NB（注意）: außer in Verbindung mit e-m attributiven Adj. ohne Artikel（不用冠词，与定语形容词连用时除外）**2.** (in vielen Religionen) eines von vielen (überirdischen) Wesen, die e-e übernatürliche Macht haben (oft als Verkörperung von Naturkräften gedacht) 神，老天爷，上天，苍天: *die germanischen, griechischen, heidnischen Götter* 日耳曼的、希腊的、异教的诸神; *Amor ist der römische G. der Liebe* 阿莫尔是古罗马的爱神 ‖ K-（复合）: ***Götter-***, ***-geschlecht***, ***-sage*** ‖ -K（复合）: ***Kriegs-***, ***Liebes-***, ***Meeres-***, ***Sonnen-***, ***Wetter-*** ‖ ID［谚］***G. sei Dank!*** *gespr*［口］; verwendet, um Erleichterung auszudrücken（表示欣慰）谢天谢地！幸好！; ***O 'G.!***; ***(Ach,) du 'lieber G.!***; ***Großer G.!***; ***Mein 'G.!***; ***G. im 'Himmel!***; ***Um Gottes willen*** *gespr*［口］; verwendet, um Überraschung, Entsetzen, Bedauern *o.Ä.* auszudrücken（表示惊奇、惊愕、遗憾等）噢，上帝！啊！慈爱的主！万能的上帝！我的天哪！老天爷！; ***Da sei 'G. vor!*** *gespr*［口］; verwendet, um auszudrücken, dass man die Vorstellung von etw. entsetzlich findet od. dass man etw. vollkommen ablehnt 上帝保佑！不，决不！；这万万不行！（但愿不是这样！）; ***leider Gottes*** *gespr*［口］≈ leider, bedauerlicherweise; ***so G. 'will*** *gespr*［口］; wenn alles wie geplant verläuft 但愿一切顺利; ***weiß G.*** *gespr*［口］; verwendet, um e-e Aussage zu betonen 的确，确实，谁都知道 ≈ wirklich: *Es war weiß G. nicht leicht* 这事的的确确不容易; *Er ist weiß G. nicht dumm* 谁都知道他并不笨; ***G. weiß, wann/wer/wo*** *usw* *gespr*［口］; niemand weiß, wann/wer/wo *usw* 天晓得（谁都不知道）什么时候/谁/在哪里; ***in Gottes Namen*** *gespr*［口］; verwendet, wenn man j-m etw. (*mst* nach wiederholtem Bitten) gewährt 那好罢，那就随你（他）的意; ***G. steh mir bei!*** *gespr*［口］; verwendet, um Entsetzen od. große Angst auszudrücken（表示惊慌或害怕）愿上帝保佑我！; ***so wahr mir G. helfe!*** verwendet am Ende e-s Schwures od. e-s Eides, um ihn zu verstärken（用于发誓结尾，以加强誓言）天地良心！句句实话！; ***G. hab ihn/sie selig*** *gespr*［口］; verwendet als floskelhafter Zusatz, nachdem man den Namen e-s/e-r Toten genannt hat（对死者的祝福）愿他/她在天堂安息; ***Grüß (dich/euch/Sie) G.!*** *südd* Ⓐ［南德］［奥］verwendet als Gruß, wenn man j-n trifft *o.Ä.* 你好/你们好/您好！≈ Guten Tag!〈(j-m) Grüß/grüß G. sagen（对某人）道声好〉; ***Behüt dich G.*** *südd* Ⓐ *veraltend*［南德］［奥］［渐旧］; verwendet, wenn man sich von j-m verabschiedet（告别语）愿上帝保佑你; ***Vergelts G.!*** *südd* Ⓐ［南德］［奥］≈ danke; ***G. zum Gruß!*** *veraltet*［旧］; verwendet als Gruß 你好; ***gebe G., dass ...*** ≈ hoffentlich; ***von Gottes Gnaden*** *hist*［历］; verwendet als Teil des Titels von Herrschern *o.Ä.*（用作统治者头衔的一部分）受上帝恩赐，天赐，神授; ***Das wissen die Götter!*** *gespr*［口］; das weiß niemand 这只有天知道（没人知道这事）!; *mst* 多用 ***Dein Wort in Gottes Ohr*** *gespr*［口］; das wäre schön, das wollen wir hoffen 但愿如此; ***den lieben G. spielen*** *gespr*［口］; versuchen, etw. nach seinen eigenen Wünschen zu bestimmen 随心所欲; ***den lieben G. e-n guten Mann sein lassen*** *gespr*［口］; faul sein, nichts tun 无所事事，得过且过; *mst* 多用 ***Du bist wohl ganz (u. gar) von G. verlassen!*** *gespr*［口］≈ du spinnst wohl!; ***G. u. die Welt kennen*** *gespr*［口］; viele Leute kennen 天南地北，无所不知；许多人都知道; ***über G. u. die Welt reden*** *gespr*［口］; über viele verschiedene Dinge reden 高谈阔论，神侃; ***etw. um Gottes Lohn tun*** *gespr*［口］; etw. ohne Bezahlung, umsonst tun 无偿地做某事; ***wie G. ihn/sie geschaffen hat*** *gespr*［口］; völlig nackt 裸体的，一丝不挂的，赤条条的; ***leben wie G. in Frankreich*** *gespr*［口］; in Luxus, in Überfluss leben 过着神仙般的日子; ***Gottes Mühlen mahlen langsam*** böse Taten werden oft erst spät bestraft 行恶必报；天网恢恢，疏而不漏; ***Hilf dir selbst, so hilft dir G.!*** verwendet, um auszudrücken, dass man selbst aktiv werden muss, wenn man etw. erreichen/haben will 求人不如求己; ***wie ein junger G.*** 〈singen, spielen, tanzen 歌唱，表演，跳舞〉*gespr*［口］; sehr gut singen, spielen od. tanzen 唱得，演得，跳得出神入化 ‖ *zu*（义项）**2. Göt·tin** *die*; -, -nen

Gott·er·bar·men *nur in* 只用于 ***zum G.*** *gespr*［口］**1.** qualitativ sehr schlecht 很蹩脚，质量很差，很糟糕: *Der Kinderchor hat zum G. gesungen* 儿童合唱团唱得很糟糕 **2.** so, dass man Mitleid spürt 可怜巴巴的，值得怜悯的 ≈ bemitleidenswert: *Das kleine Mädchen weinte zum G.* 小女孩哭得挺可怜的 ‖ *hierzu*（派生）**gott(s)·er·bärm·lich** *Adj*（形）; *mst adv*（多作状语）

gott·er·ge·ben *Adj*（形）; *mst adv, oft pej od iron*（多作状语）常用［贬］或［讽］; untertänig u.

demütig（gegenüber j-m）恭顺的，听天由命的〈etw. g. hinnehmen 顺从地忍受某事〉‖ *hierzu*（派生）**Got·ter·ge·ben·heit** *die*；*nur Sg*（只用单数）

Göt·ter·spei·se *die*；*mst Sg*（多用单数）；e-e durchsichtige, bunte, weiche Masse aus süßem Fruchtsaft u. Gelatine, die wackelt, wenn man sie bewegt 果子冻甜食

Got·tes·acker *der*；*lit*［文］≈ Friedhof

Got·tes·dienst *der*；e-e religiöse Feier zur Verehrung Gottes (1)（*bes* bei den christlichen Religionen）礼拜〈ein evangelischer, katholischer, ökumenischer G. 福音教派的，天主教的，普世基督教的礼拜；zum G. gehen 去做礼拜；e-n G. abhalten, besuchen 举行礼拜仪式，去做礼拜〉

Got·tes·haus *das*；*geschr*［书］≈ Kirche

Got·tes·läs·te·rung *die*；e-e Äußerung od. e-e Handlung, mit der man Gott (1) beschimpft od. beleidigt 亵渎神明 ≈ Blasphemie ‖ *hierzu*（派生）**got·tes·läs·ter·lich** *Adj*（形）

Got·tes·mut·ter *die*；*nur Sg*，REL（只用单数）【宗】；Maria, die Mutter von Jesus Christus 圣母（马利亚）

Got·tes·sohn *der*；*nur Sg*，REL（只用单数）【宗】；Jesus Christus 圣子（耶稣基督）

Got·tes·ur·teil *das*；*hist*［历］；ein (Gerichts)-Verfahren *bes* im Mittelalter. Man glaubte, den Schuldigen durch den Ausgang e-s Kampfes *o.Ä.* finden zu können（中世纪的）神意裁判（指用当庭决斗来解决纠纷）

gott·ge·fäl·lig *Adj*（形）；*geschr*［书］；so, dass es den religiösen Vorstellungen entspricht 虔诚的，虔敬的：*g. leben* 虔敬地生活

Gott·heit *die*；-，*-en*；ein Gott (2) od. e-e Göttin, die nicht näher bezeichnet od. nicht genau bekannt sind 神，神灵，神祇：*In der Grabkammer wurden Statuen verschiedener ägyptischer Gottheiten entdeckt* 在墓室中发现了各种埃及神灵的雕像

gött·lich *Adj*（形）**1.** zu Gott (1) gehörend 神的，神灵的〈die Allmacht, die Gnade, die Güte, die Weisheit 万能，恩惠，慈悲，智慧〉**2.** von Gott (1)（kommend）来自上帝的，神圣的〈e-e Eingebung, e-e Erleuchtung 灵感，醒悟〉**3.** so, wie es e-m Gott gebührt 似神的，作为神的：*In einigen Naturreligionen genoss die Sonne göttliche Anbetung* 在某些自然拜物教中，太阳作为神灵受到崇拜 **4.** *geschr*［书］；außerordentlich gut od. schön 非凡的，绝妙的，美妙的，出神入化的 ≈ herrlich, wunderbar〈e-e Musik, e-e Stimme, ein Weib, ein Sänger 音乐，嗓音，女子，歌手；g. singen, spielen 唱得，演得无比美妙〉**5.** *gespr hum*［口］［诙］；köstlich, herrlich 神了，引人入胜的：*Es war g., wie sie ihre Kollegin nachgeahmt hat* 她模仿她的女同事别提有多神啦 ‖ *zu*（义项）**1.-4. Gött·lich·keit** *die*；*nur Sg*（只用单数）

gott·lob *Adv*（副）；*veraltend*［渐旧］≈ Gott sei Dank

gott·los *Adj*（形）；nicht nach den Geboten Gottes（u. der geltenden Moral）gerichtet od. lebend 不信神的，渎神的，不信宗教的，邪恶的 ≈ unmoralisch ↔ fromm〈ein Leben, ein Mensch 生活，人〉

Gott·va·ter *der*；*nur Sg*，REL（只用单数）【宗】；Gott als Vater von Jesus Christus u. als eine der drei Gestalten des christlichen Gottes（三位一体中的）圣父，天父

gott·ver·dammt *Adj*（形）；*mst attr*，*gespr!*（多作定语）［粗］verwendet, um e-n starken Ärger auszudrücken 该天诛地灭的，该死的 ≈ verflucht

gott·ver·las·sen *Adj*（形）；*gespr pej*［口］［贬］；so einsam gelegen, dass man es als deprimierend empfindet 偏僻的，荒凉的，遭上帝摈弃的〈ein Dorf, e-e Gegend 村庄，地方〉：*Ich langweile mich in diesem gottverlassenen Nest!* 我在这个连上帝都不关心的荒巢中感到无聊之极！

Göt·ze *der*；*-n*，*-n*；*mst Pl*，*pej*（多用复数）［贬］**1.** ein Tier, e-e Person od. ein Ding, die wie ein Gott verehrt werden 神像，神祇，偶像〈heidnische Götzen 非基督教的神像，异教的偶像；Götzen anbeten 崇拜偶像〉‖ K-（复合）：***Götzen-***，***-bild***，***-dienst***，***-verehrung*** ‖ NB（注意）：nicht für die Götter der großen Weltreligionen verwendet（不用于世界性的三大宗教的神）**2.** etw., das j-d übertrieben wichtig nimmt 崇拜对象，不可缺少的东西：*Sind Autos die Götzen des modernen Menschen?* 汽车是现代人不可缺少的东西吗？‖ NB（注意）：*der Götze*；*den*，*dem*，*des Götzen*

Gour·met [gʊrˈmeː] *der*；*-s*，*-s*；*geschr*［书］≈ Feinschmecker

Gou·ver·nan·te [gu-] *die*；-，*-n*；*hist*［历］；e-e Privatlehrerin od. Erzieherin für Kinder aus reichen Familien 家庭女教师

Gou·ver·neur [guvɛrˈnøːɐ̯] *der*；*-s*，*-e* **1.** der höchste Vertreter der Regierung e-s (Bundes)Staates in den USA（美国联邦州的）州长 **2.** *hist*［历］；（zur Zeit der Kolonialherrschaft）j-d, der e-e Kolonie regierte u. verwaltete 总督

Grab *das*；*-(e)s*，*Grä·ber* **1.** das Loch in der Erde (3), in das ein Toter bei der Beerdigung gelegt wird 墓穴，坟墓〈ein G. ausheben, schaufeln, zuschaufeln, zuschütten 挖，掘，掩埋，填平墓穴〉**2.** der Platz（auf e-m Friedhof）, an dem ein Toter begraben ist 墓地，坟墓〈ein G. bepflanzen, pflegen, schmücken 在墓地种植花草，照管，装饰墓地〉：*Blumen auf j-s G. legen* 在某人的坟墓上献花 ‖ K-（复合）：***Grab-***，***-beigabe***，***-hügel***，***-inschrift***，***-kreuz***，***-platte***，***-schmuck*** ‖ -K（复合）：***Einzel-***，***Familien-***，***Kinder-***，***Massen-***，***Soldaten-***，***Urnen-*** ‖ ID［谚］***j-n zu Grabe tragen*** *geschr*［书］≈ j-n beerdigen；***verschwiegen sein/schweigen wie ein G.*** *gespr*［口］；ein Geheimnis bewahren (können) 守口如瓶，缄口不言；(***sich*** (*Dat* 三格)) ***sein eigenes G. graben/schaufeln*** sich (durch sein leichtsinniges Verhalten) selbst sehr schaden 自掘坟墓，自取灭亡；*mst* 多用 ***Er/Sie/Das bringt***

mich noch ins G.! *gespr*, *mst hum*[口]多用[诙]; er/sie/das ärgert mich sehr, macht mich ganz nervös 他/她/这把我烦死了,气死了!: *Die Kinder bringen mich noch ins G. mit ihrer ewigen Streiterei!* 孩子们无休止的争吵烦死我了!; **j-d würde sich im G. umdrehen, wenn er wüsste, dass ...** *gespr*, *mst hum*[口]多用[诙]; j-d würde sich, wenn er noch lebte, sehr ärgern od. entsetzt sein, wenn er wüsste, dass... 如果某人知道…,他在九泉之下也会不得安宁

G

gra·ben; *gräbt*, *grub*, *hat gegraben*; Vt/i (及物/不及物) **1.** **(etw.) g.** ein Loch, e-n Graben *o.Ä.* in die Erde machen, indem man (*z.B.* mit e-m Spaten od. e-m Bagger) Erde wegschaufelt 挖,翻,掘,刨: *Wühlmäuse graben Gänge in die/der Erde* 田鼠挖掘进入地下的通道/在地下挖掘通道; *Die Geologen mussten tief g., bis sie auf Erdöl stießen* 地质工作者不得不挖得很深,直到他们发现石油 ‖ K-(复合): **Grab-**, **-werkzeug**; Vi (不及物) **2.** **nach etw. g.** in der Erde nach etw. (*z.B.* Kohle, Gold, Münzen) suchen 采掘,开采,发掘: *Die Archäologen gruben nach den Überresten der verschütteten Stadt* 考古工作者发掘被掩埋城市的遗址; Vr (反身) **3.** **etw. gräbt sich in etw.** (*Akk* 四格) etw. dringt mit Kraft od. Gewalt in etw. ein od. sinkt allmählich irgendwo ein(物作主语)陷进,挤进,钻进,埋入,掐进: *Die Räder gruben sich in den Schlamm* 车轮陷入泥泞 **4.** *mst* 多用 **etw. hat sich in j-s Gedächtnis gegraben** *geschr*[书]; etw. ist so interessant, aufregend *o.Ä.* gewesen, dass der Betroffene es nie vergessen kann 某事铭刻,铭记在某人心中

Gra·ben *der*; *-s*, *Grä·ben* **1.** e-e lange, relativ schmale Vertiefung in der Erde (3), die *z.B.* zur Bewässerung von Feldern dient 沟,渠,壕沟 ⟨ein flacher, tiefer, künstlicher, natürlicher G. 浅的、深的、人工的、天然的水沟; e-n G. ausheben, ziehen 挖沟,开渠⟩: *Um die Burg führt ein tiefer, mit Wasser gefüllter G.* 一条深深的灌满了水的壕沟环绕城堡 ‖ K-(复合): **Graben-**, **-rand**, **-wand** ‖ -K(复合): **Bewässerungs-**, **Burg-**, **Entwässerungs-**, **Stadt-**, **Wasser-** **2.** *Kurzw* (略) ↑ **Schützengraben** ‖ K-(复合): **Graben-**, **-kampf**, **-krieg** ‖ -K(复合): **Panzer-** **3.** **der G. zwischen j-m/etw. u. j-m/etw.** die sehr starken ideologischen *o.Ä.* Unterschiede zwischen verschiedenen Personen, Gruppen *o.Ä.* 在某人/某物与某人/某物之间的鸿沟: *der G. zwischen Regierung u. Opposition* 政府与反对派之间的鸿沟

Gra·bes·stil·le *die*; *geschr*[书]; völlige Stille 死一般的寂静,死寂

Gra·bes·stim·me *die*; *mst in* 多用于 **mit G.** mit tiefer, unheimlich klingender Stimme 以阴森而低沉的声音

Grab·mal *das*; *-(e)s*, *Grab·mä·ler/geschr*[书] *-e*; ein großer Stein, e-e Statue *o.Ä.* auf dem Grab e-r bekannten od. reichen Person 墓碑

Grab·schän·der *der*; *-s*, *-*; j-d, der ein Grab ausraubt od. beschädigt 盗墓者,毁坟者 ‖ *hierzu*(派生) **Grab·schän·dung** *die*

Grab·stät·te *die*; *geschr*[书] ≈ Grab (2)

Grab·stein *der*; ein großer Stein auf e-m Grab, auf dem der Name (u. der Geburts- u. Sterbetag) des Toten steht 墓碑,墓石

gräbt *Präsens*, *3 Person Sg*(现在时,第三人称单数); ↑ **graben**

Gra·bung *die*; *-*, *-en*; das Graben (2) *mst* zu archäologischen od. geologischen Zwecken (考古)挖掘,发掘

grad *gespr*[口]; ↑ **gerade**

Grad *der*; *-(e)s*, *-/-e* **1.** (*Pl* 复 *Grad*) die Einheit, mit der man Temperaturen misst 度,度数; Zeichen ° 符号为 ° ⟨ein G. Celsius, Fahrenheit 摄氏、华氏 1 度⟩: *Das Thermometer zeigt zwölf Grad (12°) unter Null/minus* 温度计指示为零下 12 度; *Tageshöchsttemperaturen bei zwei Grad über Null/plus* 白天最高气温为零上 2 度; *Der Patient hatte vierzig Grad Fieber* 病人曾高烧 40 度; *Gestern hatte es dreißig Grad im Schatten* 昨天在背阴处气温为 30 度; *Wie viel Grad hat es?* 气温多少度? ‖ K-(复合): **Grad-**, **-einteilung** ‖ -K(复合): **Hitze-**, **Kälte-**, **Wärme-**; **Minus-**, **Plus-** **2.** (*Pl* 复 *Grad*) die Einheit, mit der man Winkel misst(圆周的)度,角度; Zeichen ° 符号为 °: *Der Kreis wird in 360 Grad eingeteilt* 圆周分为 360 度 ‖ -K(复合): **Winkel-** **3.** (*Pl* 复 *Grad*) eine der gedachten Linien, die von Norden nach Süden od. von Osten nach Westen um die Erde verlaufen(地球的)经纬度 ⟨der erste, zweite *usw* G. nördlicher, südlicher Breite, östlicher, westlicher Länge 北纬,南纬,东经,西经一度,二度等⟩: *München liegt auf dem 48 G. nördlicher Breite* 慕尼黑位于北纬 48 度 ‖ -K(复合): **Breiten-**, **Längen-** ‖ NB(注意): *zu* (义项) **1.-3.**: Die Pluralform der Komposita lautet *-grade* (复合词的复数形式为 *-grade*) **4.** (*Pl* 复 *Grade*) **der G. + Gen**(二格)/**an etw.** (*Dat* 三格) das Maß, die Stärke od. Intensität, in der etw. vorhanden ist 程度,强度 ⟨ein geringer, hoher G. 低的、高的程度⟩: *Der G. der Umweltverschmutzung hat bedrohliche Ausmaße angenommen* 环境污染达到了危险的程度; *Bis zu e-m gewissen G.* (= in gewissem Maße) *gebe ich dir recht, aber ...* 我在一定程度上同意你的看法,但是… ‖ -K(复合): **Entwicklungs-**, **Schwierigkeits-**, **Verschmutzungs-** **5.** (*Pl* 复 *Grade*) **ein (akademischer) G.** ein Titel, den man von e-r Universität bekommt(大学的)学位,学衔: *der G. e-s Doktors der Theologie* 神学博士学位 ‖ -K(复合): **Doktor-**, **Magister-** ‖ ID [谚] *mst* 多用 **Er/Sie hat sich um 180 Grad geändert/gedreht** er/sie ist völlig anders geworden 他/她来了个 180 度的变化(转变)/转弯 ‖ *zu* (义项) **4.** **grad·wei·se** *Adj* (形); *mst adv*(多作状语)

gra·de *gespr*[口]; ↑ **gerade**

Grad·mes·ser *der*；*geschr*［书］；der Maßstab für den Grad (4), in dem etw. vorhanden ist 标准,尺度,准绳：*Steigende Aktienkurse sind ein G. für das Wachstum der Wirtschaft* 股票行情上涨是经济增长的标准

gra·du·ell [graˈdu̯ɛl] *Adj*（形）；*geschr*［书］**1.** 〈*mst* Unterschiede 区别〉 nicht sehr deutlich ausgeprägt, aber doch erkennbar 不很明显的,不十分清晰的 **2.** in kleinen Schritten 逐渐的,逐步的,渐次的 ≈ allmählich, gradweise 〈e-e Veränderung 变化〉

gra·du·iert [graduˈiːɐ̯t] *Adj*（形）**1.** mit e-m akademischen Grad (5) od. Titel 获得学位的 **2.** Ⓓ［德］mit dem Abschlusszeugnis e-r Fachhochschule 获得大学(大专)毕业文凭的；*Abk* 缩写 grad.：*ein graduierter Ingenieur* (*Ing.* (*grad.*))大学毕业的工程师,有学位的工程师 ‖ *hierzu*（派生）**Gra·du·ier·te** *der/die*；*-n*, *-n*

Graf *der*；*-en*, *-en*；ein Adeliger (mit e-m Rang zwischen Freiherr u. Fürst)伯爵 ‖ K-（复合）：***Grafen-***, ***-stand***, ***-titel*** ‖ NB（注意）：**a)** *der Graf*；*den*, *dem*, *des Grafen*；**b)** der Titel *Graf* ist heute in Deutschland u. in der Schweiz nur noch Bestandteil des Familiennamens(今天伯爵的头衔在德国和瑞士只不过是姓氏的一部分) ‖ *hierzu*（派生）**Grä·fin** *die*；*-*, *-nen*；**gräf·lich** *Adj*（形）

Graf·fi·ti *die*；*Pl*（复）；Sprüche od. Zeichnungen an Wänden od. Mauern *bes* von öffentlichen Gebäuden(公共场所墙壁上的)乱涂乱画(标语,绘画)

Gra·fik *die*；*-*, *-en* **1.** *nur Sg*（只用单数）；die Kunst u. Technik des Zeichnens u. der Vervielfältigung durch verschiedene Arten des Druckens (*z. B.* als Holzschnitt, Kupferstich od. Radierung) 版画艺术,书画刻印艺术 **2.** ein Blatt (Papier) mit e-r (gedruckten) künstlerischen Zeichnung 版画,书画刻印品 ‖ -K：***Druck-***, ***Original-*** **3.** e-e Zeichnung, mit der ein Sachverhalt (*mst* mathematisch, prozentual *o. Ä.*) illustriert wird 图解 ≈ Diagramm ‖ *zu*（义项）**1. Gra·fi·ker** *der*；*-s*, *-*；**Gra·fi·ke·rin** *die*；*-*, *-nen*

Gra·fik·kar·te *die*；INFORM【信息】；ein elektronisches Bauteil, das das Bild auf dem Monitor des Computers produziert(图形)显卡：*Für dieses Computerspiel brauchst du e-e bessere G.* 对这款电脑游戏你要有块较好的显卡

gra·fisch *Adj*（形）；*nur attr od adv*（只作定语或状语）**1.** zur Grafik (1) gehörend 版画的,书画刻印的：*die grafische Kunst* 版画艺术；*das grafische Werk Rembrandts* 伦勃朗的版画作品 **2.** mit e-r od. durch e-e Grafik (3) 图解的,图示的 〈e-e Darstellung 图解法,图示法〉：*e-e wirtschaftliche Entwicklung g. darstellen* 用图表阐明经济发展情况

Gra·fit, **Gra·fit** *der*, *das*；*-s*, *-e*；*mst Sg*（多用单数）；ein weiches, graues Mineral, aus dem man z. B. die Mine von Bleistiften macht 石墨

Gra·fo·lo·gie *die*；*-*；*nur Sg*（只用单数）；die Wissenschaft, die sich damit beschäftigt, was man an der Handschrift e-s Menschen erkennen kann, *bes* in Bezug auf seinen Charakter 笔相术,笔相法(由笔迹测人的性格) ‖ *hierzu*（派生）**Gra·fo·lo·ge** *der*；*-*, *-n*；**Gra·fo·lo·gin** *die*；*-*, *-nen*；**gra·fo·lo·gisch** *Adj*（形）；*nur attr od adv*（只作定语或状语）

Graf·schaft *die*；*-*, *-en* **1.** *hist*［历］；das Gebiet, in dem ein Graf herrschte 伯爵领地 **2.** ein Verwaltungsbezirk *bes* in Großbritannien(英国的)郡：*die G. Essex* 埃塞克斯郡

gram *Adj*（形）；*mst in* 多用于 ***j-m g. sein*** *geschr veraltet*［书］［旧］；über j-n verärgert sein 对某人生气,怨恨某人 ≈ j-m böse (3) sein

Gram *der*；*-(e)s*；*nur Sg*, *geschr*（只用单数）［书］；ein starker, lang dauernder Kummer 悲哀,伤心,忧伤 〈tiefer G. 深切的悲痛；von G. erfüllt, gebeugt sein 充满悲伤,悲痛不已〉 ‖ K-（复合）：***gram-***, ***-erfüllt***, ***-gebeugt***

grä·men；*grämte*, *hat gegrämt*；*geschr veraltend*［书］［渐旧］；[Vt]（及物）**1.** ***etw. grämt j-n*** etw. macht j-n sehr traurig(物作主语)使忧伤,使难过：Es *grämte ihn*, *sie verlassen zu müssen* 他不得不离开她,这使他十分悲伤；Es *grämte sie*, dass *er sie nicht liebte* 他不爱她,这使她非常痛苦；[Vr]（反身）**2.** ***sich*** (***über etw.*** (*Akk* 四格)) ***g.*** über etw. sehr traurig sein (为…)感到悲伤,忧伤

Gramm *das*；*-s*, *-* **1.** e-e Einheit, mit der man das Gewicht misst 克(重量单位)；*Abk* 缩写 g：*Tausend Gramm sind ein Kilo* (*gramm*) 1000 克是一公斤；*Ein Pfund hat 500 Gramm* 一磅是 500 克 ‖ -K（复合）：***Kilo-***, ***Milli-*** **2.** PHYS【物】；e-e Einheit, mit der man die Masse (6) misst克(质量单位)；*Abk* 缩写 g

Gram·ma·tik *die*；*-*, *-en* **1.** *nur Sg*（只用单数）；die (Lehre von den) Regeln e-r Sprache, nach denen Wörter in ihrer sprachlichen Form verändert u. zu Sätzen kombiniert werden 语法 〈die deskriptive, historische, strukturelle, vergleichende G. 描述的、历史的、结构的、比较的语法〉：*die deutsche*, *französische*, *italienische G. beherrschen* 掌握德语、法语、意大利语语法；*die G. des Deutschen* 德语的语法 ‖ K-（复合）：***Grammatik-***, ***-prüfung***, ***-regel***, ***-theorie*** **2.** ein Buch, in dem die G. (1) e-r Sprache dargestellt ist 语法(教科)书

gram·ma·ti·ka·lisch *Adj*（形）≈ grammatisch

gram·ma·tisch *Adj*（形）**1.** die Grammatik (1) betreffend 语法的 〈e-e Theorie, e-e Darstellung 理论,说明〉 **2.** nach den Regeln in den Grammatiken (2)符合语法规则的 〈g. richtig, falsch 语法上正确的、错误的〉

Gram·mo·fon, **Gram·mo·phon**® [-ˈfoːn] *das*；*-s*, *-e*；*hist*［历］；ein mechanisches Gerät, mit dem man Schallplatten abspielen konnte 留声机,唱机

Gra·nat *der*；*-(e)s*, *-e* Ⓐ［奥］*-en*, *-en*；ein (dunkel)roter Halbedelstein 石榴石(一种暗红

色的次等天然宝石） ‖ K-（复合）：**Granat-**，**-brosche**，**-kette**，**-schmuck** ‖ NB（注意）：*der Granat*；*den*，*dem Granat/Granaten*，*des Granat(e)s/Granaten*

Gra·na·te *die*；-，-*n*；e-e Art kleine Bombe，die mit e-r schweren Waffe（e-m Geschütz）geschossen od. mit der Hand geworfen wird 榴弹，手榴弹〈e-e G. detoniert，schlägt ein 榴弹起爆，击中；j-n/etw. mit Granaten beschießen 用榴弹射击某人/某物〉 ‖ K-（复合）：**Granat-**，**-feuer**，**-splitter** ‖ -K（复合）：**Hand-**

Grand·ho·tel [ˈgrãː-] *das*；ein großes，luxuriöses Hotel 高级旅馆，豪华宾馆

gran·di·os [-ˈdioːs]，*grandioser*，*grandiosest-*；*Adj*（形）≈ großartig，hervorragend

Gra·nit，**Gra·nit** *der*；-*s*，-*e*；*mst Sg*（多用单数）；ein sehr hartes，graues Gestein（aus dem *z.B.* Pflastersteine für den Straßenbau gemacht werden）花岗岩，花岗石 ‖ K-（复合）：**Granit-**，**-block**，**-felsen**，**-gestein**，**-platte** ‖ ID［谚］ **bei j-m**（**mit etw.**）**auf G. beißen** *gespr*［口］；bei j-m（*z.B.* mit e-r Bitte od. e-r Forderung）auf absolute Ablehnung stoßen，nichts erreichen können（在…处）碰壁，碰了个硬钉子 ‖ *hierzu*（派生）**gra·ni·te·n-**，**gra·ni·te·n-** *Adj*（形）；*nur attr*，*nicht adv*（只作定语，不作状语）

Gran·ne *die*；-，-*n*；e-e Art dicke Borste an den Körnern von Gräsern u. Getreide（谷物，草类的）芒：*Die Gerste hat sehr lange Grannen* 大麦麦芒很长

gran·teln；*grantelte*，*hat gegrantelt*；[Vi]（不及物）*südd* Ⓐ *gespr pej*［南德］［奥］［口］［贬］；alles u. jeden kritisieren（weil man schlecht gelaunt ist）（由于情绪恶劣）见了谁都有气，看什么都不顺眼 ‖ *hierzu*（派生）**Grant·ler** *der*；-*s*，-；**Grant·le·rin** *die*；-，-*nen*

gran·tig *Adj*（形）；*südd* Ⓐ *gespr pej*［南德］［奥］［口］［贬］；schlecht gelaunt 情绪不好的，生气的，闷闷不乐的 ≈ verdrießlich ‖ *hierzu*（派生）**Gran·tig·keit** *die*；*nur Sg*（只用单数）

Gra·nu·lat *das*；-(*e*)*s*，-*e*；e-e（*mst* chemische）Substanz in Form von Körnern，*z.B.* Wasch- od. Düngemittel 颗粒（如洗涤剂或肥料）

Grape·fruit [ˈgreːpfruːt] *die*；-，-*s*；e-e große（Zitrus）Frucht mit gelber Schale，deren Fleisch leicht bitter schmeckt 柚子，葡萄柚，文旦 ≈ Pampelmuse ‖ K-（复合）：**Grapefruit-**，**-saft**

Gra·phik，**Gra·phi·ker** [-f-] *usw*；↑ **Grafik**，**Grafiker** *usw*

Gra·phit [-ˈfi(ː)t] *der*，*das*；-*s*，-*e*；↑ **Grafit**

Gra·pho·lo·gie [-f-] ↑ **Grafologie** *usw*

grap·schen；*grapschte*，*hat gegrapscht*；*gespr*［口］；[Vt]（及物）**1.**（**sich**（*Dat* 三格））**j-n/etw. g.** j-n/etw. schnell mit der Hand fassen od. greifen 抓住，夺得，抢到：*Der kleine Junge hat sich die Bonbons gegrapscht* 小男孩将糖果一把抢到手；[Vi]（不及物）**2. nach j-m/etw. g.** rasch nach j-m/etw. greifen 急忙去抓，拿起

Gras *das*；-*es*，*Grä·ser* **1.** *nur Sg*，*Kollekt*（只用单数，集合）；die dicht wachsenden grünen Pflanzen，die den Boden bedecken u. von Kühen，Schafen，Ziegen *usw* gefressen werden 青草，草，草地〈frisches，saftiges，dürres，hohes，niedriges G. 鲜嫩的、水灵的、干枯的、长得高高的、矮矮的青草；das G. mähen 割草；im G. liegen 躺在草地上〉 ‖ K-（复合）：**Gras-**，**-büschel**，**-fläche**，**-samen**，**-wuchs** ‖ -K（复合）：**Steppen-**，**Wiesen-** **2.** e-e Pflanze mit e-m hohen，schlanken Halm，langen，schmalen Blättern u. kleinen，unauffälligen Blüten，die in vielen Arten in der ganzen Welt vorkommt 禾本科植物，牧草 ‖ K-（复合）：**Gras-**，**-art**，**-halm** **3.** *gespr*［口］≈ Haschisch，Marihuana ‖ ID［谚］**das G. wachsen hören** *gespr iron*［口］［讽］；aus den kleinsten（od. auch eingebildeten）Anzeichen u. Symptomen zu erkennen glauben，was sich in Zukunft ereignen wird 自诩能洞察秋毫，预卜未来；**ins G. beißen** *gespr!*［粗］≈ sterben；**über etw.**（*Akk* 四格）**wächst G.** *gespr*［口］；ein Skandal，ein Verbrechen *o.Ä.* wird allmählich wieder vergessen 关于某事慢慢被遗忘；**über etw.**（*Akk* 四格）**G. wachsen lassen** *gespr*［口］；warten，bis ein Skandal，ein Verbrechen *o.Ä.* vergessen wird 不再提起某事，把某事忘却

Gras·de·cke *die*；das dichte Gras (1)，das den Boden（vollständig）bedeckt 草坪，草地 ≈ Grasnarbe

gra·sen；*graste*，*hat gegrast*；[Vi]（不及物）〈e-e Kuh，ein Pferd *o.Ä.* 奶牛，马等〉 **grast** e-e Kuh，ein Pferd *o.Ä.* frisst Gras auf e-r Wiese 吃草 ≈ e-e Kuh *usw* weidet

gras·grün *Adj*（形）；von leuchtendem，hellem Grün 草绿色的：*ein grasgrüner Frosch* 一只草绿色的青蛙

Gras·hüp·fer *der*；-*s*，-；*gespr*［口］≈ Heuschrecke

Gras·nar·be *die* ≈ Grasdecke

gras·sie·ren；*grassierte*，*hat grassiert*；[Vi]（不及物）**etw. grassiert** etw. verbreitet sich schnell（物作主语）传播，蔓延，流行〈e-e Epidemie，e-e Krankheit，e-e Seuche 传染病，疾病，瘟疫〉：*Die Grippe grassiert in unserer Stadt* 流感正在我市蔓延

gräss·lich *Adj*（形）**1.**〈ein Verbrechen，ein Gestank 罪恶，臭味〉so，dass sie Ekel od. sehr negative Gefühle hervorrufen 可怕的，讨厌的，令人恶心的 ≈ abscheulich **2.** *gespr*［口］；sehr unangenehm 令人不快的，讨厌的〈ein Kerl 人；Wetter 天气〉 **3.** *nicht adv*，*gespr*（不作状语）［口］；sehr groß，sehr intensiv 极大的，极度的〈Kälte 寒冷；Angst，Schmerzen 害怕，疼痛〉 **4.** *nur adv*，*gespr*（只作状语）［口］；verwendet，um negative Adjektive，Adverbien od. Verben zu verstärken（加强形容词、副词、动词的负面意义）非常，极其：*g. langweilig* 极其无聊；*sich g. fürchten* 非常害怕，怕极了 ‖ *zu*（义项）**1.** u. **2. Gräss·lich·keit** *die*

Günter Grass 君特·格拉斯

Günter Grass ist einer der führenden Autoren der deutschen Nachkriegsliteratur. Er wurde 1927 in Danzig geboren, das damals zu Deutschland gehörte. Mit seinem Roman ***Die Blechtrommel*** (1959) erreichte er weltweiten Ruhm. Grass schrieb neben mehreren Romanen unter anderem Gedichte, Erzählungen, Theaterstücke und Essays. Gleichzeitig ist er als Graphiker tätig. Er ist stark politisch engagiert, was auch immer wieder in seinen Werken zum Ausdruck kommt. Weitere bekannte Romane von ihm sind ***Hundejahre*** (1963), ***Der Butt*** (1977), ***Die Rättin*** (1986) und ***Unkenrufe*** (1992). 1999 erhielt Grass den Nobelpreis für Literatur.

君特·格拉斯是德国战后文学具有领先地位的作家之一。1927年他生于但泽(当时归属德国)。他的长篇小说**《铁皮鼓》**(1959)使他誉满全球。格拉斯写过多部长篇小说,此外,他也写诗、短篇小说、戏剧和散文,同时又是版画家。他积极参加政治活动,这一点经常在他作品中反映出来。他的其他成名小说有:**《狗年月》**(1963),**《比目鱼》**(1977),**《母鼠》**(1986)和**《不祥的预言》**(1992)。1999年格拉斯获得诺贝尔文学奖。

Grat *der*; -(*e*)*s*, -*e*; die oberste schmale Linie (Kante), auf dem Rücken e-s Berges od. Gebirges 山脊,岩峰 ‖ -K(复合): ***Gebirgs-*** ‖ NB(注意): ↑ ***Kamm³***

Grä·te *die*; -, -*n*; einer der feinen, *mst* spitzen Teile, aus denen das Skelett e-s Fisches besteht 鱼刺,鱼骨 ⟨e-e G. in den Hals bekommen 鱼刺卡在嗓子里; sich an e-r G. verschlucken 让鱼刺卡着⟩ ‖ -K(复合): ***Fisch-*** ‖ *hierzu*(派生) **grä·ten·los** *Adj*(形)

Gra·ti·fi·ka·ti·on [-ˈtsio:n] *die*; -, -*en*; e-e Geldsumme, die j-d, der e-e feste Arbeit hat, bei e-r besonderen Gelegenheit (*z. B.* zu Weihnachten) zusätzlich zum normalen Lohn od. Gehalt von seiner Firma bekommt 额外津贴,奖金,补贴 ‖ -K(复合): ***Urlaubs-***, ***Weihnachts-***

gra·ti·nie·ren; *gratinierte*, *hat gratiniert*; [*Vt*] (及物) ***etw. g.*** e-e Speise mit Käse *o. Ä.* im Ofen überbacken 将(食品)稍加烘烤

gra·tis *Adj*(形); *nur präd od adv*(只作表语或状语); so, dass man nichts dafür bezahlen muss 免费地,无偿地 ≈ umsonst, kostenlos: *Der Eintritt ist heute g.* 今天免费人场; *Diese Warenprobe bekommen Sie g.* 这件样品免费送给您 ‖ K-(复合): ***Gratis-***, ***-beilage***, ***-exemplar***, ***-probe***; ***-vorstellung***

Grät·sche *die*; -, -*n*; *mst in* 多用于 ***e-e G. machen***; ***in die G. gehen*** die Beine grätschen 作分腿跳,分腿腾越

grät·schen; *grätschte*, *hat gegrätscht*; [*Vt*] (及物) ***die Beine g.*** (*bes* beim Turnen) im Sprung *o. Ä.* beide Beine so weit wie möglich voneinander wegstrecken u. gerade halten 分腿跳,分腿腾越 ‖ K-(复合): ***Grätsch-***, ***-schritt***, ***-sprung***, ***-stellung***

Gra·tu·lant *der*; -*en*, -*en*; j-d, der e-m anderen (*bes* zum Geburtstag od. zu e-m Jubiläum) gratuliert 祝贺者 ‖ -K(复合): ***Geburtstags-*** ‖ NB(注意): *der Gratulant*; *den*, *dem*, *des Gratulanten* ‖ *hierzu*(派生) **Gra·tu·lan·tin** *die*; -, -*nen*

Gra·tu·la·ti·on [-ˈtsio:n] *die*; -, -*en* **1.** das Gratulieren 祝贺,致贺: *Viele Freunde kamen zur G.* 许多朋友前来祝贺 **2. die G.** (**zu etw.**) ≈ Glückwunsch (1): *Meine G. zur bestandenen Prüfung!* 我祝贺你通过考试

gra·tu·lie·ren; *gratulierte*, *hat gratuliert*; [*Vi*] (不及物) (***j-m***) (***zu etw.***) ***g.*** j-m zu e-m bestimmten Anlass seine Glückwünsche sagen 祝贺,致贺 ≈ j-n beglückwünschen: *j-m (herzlich) zum Geburtstag*, *zur Hochzeit*, *zum bestandenen Examen g.* (衷心)向某人祝贺生日、结婚、通过考试; *„Du hast den Führerschein schon vor zwei Wochen gemacht? Da muss ich ja noch nachträglich g.!"* "你在两周前已取得驾驶执照了? 对此我得向你补致祝贺!" ‖ ID[谚] ***sich zu j-m/etw. g. können*** *gespr hum*[口][诙]; Grund haben, froh u. dankbar für j-n/etw. zu sein 可以因某人/某事而庆幸,幸喜,多亏: *Zu dieser Frau kannst du dir g.!* 你多亏这位夫人相助! ‖ NB(注意): *g.* wird häufiger verwendet als *j-n beglückwünschen*, aber *Glückwunsch* häufiger als *Gratulation* (g. 比 j-n beglückwünschen 更常用,而 Glückwunsch 则比 Gratulation 更常用)

Grat·wan·de·rung *die* **1.** die Wanderung auf dem Grat e-s Berges 山脊漫游 **2.** e-e heikle Situation, die viel Diplomatie erfordert 窘境,尴尬局面,棘手的事 ⟨etw. ist e-e G. 某事很棘手⟩

grau, *grauer*, *grau*(*e*)*st-*; *Adj*(形) **1.** von der Farbe, die entsteht, wenn man schwarz u. weiß mischt 灰色的 ⟨g. gefärbt, gestreift, lackiert, meliert 染成、刷成、漆成、夹杂灰色的⟩: *e-n grauen Anzug tragen* 穿灰色西服; *Er hat schon graue Haare bekommen* 他已经头发斑白 ‖ K-(复合): ***Grau-***, ***-gans***, ***-hai***, ***-schimmel***; ***grau-***, ***-blau***, ***-braun***, ***-grün***; ***grau-***, ***-gefärbt***, ***gestreift***, ***-lackiert***, ***-meliert*** ‖ -K(复合): ***asch-***, ***blau-***, ***dunkel-***, ***grün-***, ***hell-***, ***maus-***, ***silber-*** **2. *j-d wird g.*** j-d bekommt graue (1) Haare(人作主语)头发变白(花白),渐渐衰老 **3.** von e-r Farbe (im Gesicht), die blutleer u. krank wirkt 脸色苍白的,脸无血色的: *vor Übermüdung g. im Gesicht sein* 由于过度疲劳而脸色苍白 **4.** trostlos u. langweilig 空虚的,无望的,平淡无味的 ⟨der Alltag 日常生活⟩: *Das Leben schien ihm g.* 生活对他来说显得空虚无望 **5.** *nur attr*, *nicht adv*(只作定语,不作状语); zeitlich sehr weit entfernt u. nicht genau bestimmt 远古的,遥远的,渺茫的 ⟨in grauer Ferne, Vorzeit, Zukunft 在渺茫的远处,在远古时代,在遥远的未来⟩ ‖ *zu* (义项)**1.**, **2.**

G

u. **3. Grau** *das*；*nur Sg*（只用单数）；*zu*（义项）**1. grau·äu·gig** *Adj*（形）；*nicht adv*（不作状语）；**grau·bär·tig** *Adj*（形）；*nicht adv*（不作状语）；**grau·haa·rig** *Adj*（形）；*nicht adv*（不作状语）

Gräu·el *der*；*-s*，*-* **1.** *mst Pl*，*geschr*（多用复数）[书]；entsetzliche，unmenschliche Taten，die die Menschen schockieren u. abstoßen 恐怖（行动），残暴行径，骇人听闻的暴行，令人憎恶的行为：*die Gräuel des Krieges* 战争的恐怖 ‖ *K-*：***Gräuel-*，*-geschichte*，*-szene*，*-tat*** **2.** ***j-d/etw. ist j-m ein G.*** j-d empfindet j-n/etw. als sehr unangenehm（人/物作主语）使某人极端厌恶，让某人憎恶：*Die Steuererklärung ist mir ein G.* 对纳税申报单我极讨厌

grau·en[1]；*graute*，*hat gegraut*；[Vi]（不及物）***der Morgen/der Tag graut*** *geschr*[书]；es wird hell，Tag 曙色微明，天已破晓 ≈ es dämmert

grau·en[2]；*graute*，*hat gegraut*；[Vr]（反身）**1.** ***sich*（*vor etw.*（*Dat* 三格））*g.*** vor etw.（große）Furcht empfinden 害怕，恐惧：*Er graut sich* davor，*allein* zu *sein* 他独自一人时觉得很害怕；[Vimp]（无人称）**2.** ***j-m/j-n graut*（*es*）（*vor j-m/etw.*）** j-d fürchtet sich（vor j-m/etw.）（对…）感到害怕：*Mir/Mich graut*，wenn *ich an das Examen denke* 只要想起考试，我就感到害怕；*Es graut ihm vor nichts* 他什么都不怕

Grau·en *das*；*-s*，*-* **1.** ***G.*（*vor j-m/etw.*）** *nur Sg*（只用单数）；große Furcht vor e-r Person/Sache，die einem unheimlich ist 恐惧，害怕 ≈ Entsetzen〈ein eisiges，leises，tiefes G. 极度的、轻微的、深深的恐惧；G. erregen 引起恐惧；von G. erfüllt，erfasst，gepackt（sein）充满恐惧，突然感到害怕〉**2.** ein Ereignis，das Entsetzen hervorruft 恐怖，恐惧（的事）：*die Grauen des Bürgerkriegs* 内战的恐怖 **3.** ***etw. bietet ein Bild des Grauens*** *geschr*[书]；etw. wirkt schockierend auf den Betrachter（物作主语）呈现恐怖景象：*Die Unfallstelle bot ein Bild des Grauens* 事故现场呈现出一片可怕景象

grau·en·er·re·gend，**Grau·en er·re·gend** *Adj*（形）；so，dass man großes Entsetzen spürt 令人恐惧的，引起恐怖的〈ein Anblick，ein Verbrechen 景象，罪行〉

grau·en·haft *Adj*（形）**1.**〈e-e Überschwemmung，e-e Verletzung 洪水，伤口；ein Mord，ein Unfall 谋杀，事故〉so，dass sie Angst od. Entsetzen hervorrufen 可怕的，恐怖的，使人生畏的，令人胆寒的：*e-e g. verstümmelte Leiche* 一具令人毛骨悚然的肢体残缺的尸体 **2.** *nicht adv*，*gespr*（不作状语）[口]；sehr groß，sehr intensiv 严重的，极度的〈e-e Hitze，e-e Kälte 酷暑，严寒；Schmerzen 疼痛〉**3.** *gespr*[口]；sehr schlecht 糟糕的，恶劣的，坏透了的：*Das Spiel war g.!* 这场比赛糟透了！**4.** *nur adv*（只作状语）；*gespr*[口]；verwendet，um negative Adjektive od. Verben zu verstärken（用来加强形容词或动词的负面意义）非常，十分 ≈ sehr：*Hier ziehts ja g.!* 这里穿堂风实在太厉害；*ein g. hässliches Bild* 一幅极其丑陋的图像

grau·en·voll *Adj*（形）≈ grauenhaft

grau·len；*graulte*，*hat gegrault*；*gespr*[口]；[Vt]（及物）**1.** ***j-n aus etw. g.*** durch unfaire Handlungen erreichen，dass j-d（*z.B.* aus e-r Firma，e-r Gemeinschaft）weggeht 把…撵走，赶走 ≈ hinausekeln：*Seine Stiefmutter will ihn aus der Wohnung g.* 他的继母要把他撵出家门；[Vr]（反身）**2.** ***sich*（*vor j-m/etw.*）*g.*** ≈ sich grauen[2]（1）；[Vimp]（无人称）**3.** ***j-m/j-n grault*（*es*）（*vor j-m/etw.*）** ≈ j-m graut[2]（2）es（vor j-m/etw.）

gräu·lich *Adj*（形）≈ grässlich

Grau·peln *die*；*Pl*（复）；Körnchen aus gefrorenem Regen od. Schnee（die kleiner u. weicher sind als Hagelkörner）小冰雹：*Der Wetterbericht hat Niederschläge in Form von Regen od. G. vorhergesagt* 天气预报说有雨或者小冰雹 ‖ K-（复合）：***Graupel-*，*-körner*，*-regen*，*-schauer*，*-wetter***

Graus *der*；*-es*；*nur Sg*，*gespr*；（只用单数）[口] **1.** ***O G.!*** *veraltend*[渐旧]；verwendet als Ausdruck des Erschreckens（表示惊恐）啊，真吓死人！≈ o je！**2.** ≈ Gräuel〈etw. ist（j-m）ein G. 某事使某人极为厌恶，非常反感〉

grau·sam *Adj*（形）**1.** ***g.*（*zu/gegenüber j-m*）**〈ein Mensch 人〉so，dass er ohne Mitleid handelt，Menschen od. Tiere absichtlich quält *o. Ä.* 残酷的，凶残的，残忍的 ≈ gefühllos **2.** so，dass es für den Betroffenen sehr leidvoll ist 冷酷无情的，狠毒的，残暴的〈e-e Rache，e-e Strafe，e-e Tat 报复（复仇），惩罚，行为；j-n g. quälen，bestrafen，behandeln 无情地折磨，惩罚，对待某人；sich g. rächen 凶狠地报仇〉**3.** *nicht adv*（不作状语）；sehr unangenehm 非常难受的，难以忍受的〈e-e Enttäuschung，e-e Hitze，e-e Kälte，Schmerzen 失望，炎热，寒冷，疼痛〉**4.** *nur adv*（不作状语）；verwendet，um negative Adjektive u. Verben zu verstärken（用来加强形容词和动词的负面意义）厉害，非常，极：*g. frieren* 冷得要命；*Es ist g. kalt* 天气冷极了；*Das tut g. weh* 疼死了

Grau·sam·keit *die*；*-*，*-en* **1.** *nur Sg*（只用单数）；Herzlosigkeit u. Kaltblütigkeit gegenüber anderen Menschen 残酷，冷酷，残忍性：*Die G. mancher Menschen ist unfassbar* 某些人的冷酷令人难以置信 **2.** *nur Sg*（只用单数）；die grausame（2）Art u. Weise，wie etw. durchgeführt wird 残暴，惨无人道：*Die G. des Mordes schockierte die Öffentlichkeit* 谋杀的残暴使公众极为震惊 **3.** *mst Pl*（多用复数）；grausame（2）Taten 暴行：*Bei der mittelalterlichen Hexenverfolgung wurden ungeheuerliche Grausamkeiten begangen* 在中世纪对女巫的迫害中犯下了惊人的暴行

Grau·schlei·er *der*；*mst in* 多用于 ***etw. hat e-n G.*** etw. ist nicht ganz weiß，wirkt leicht grau u. schmutzig 某物显得灰不溜秋（不洁白）〈die Wäsche 衣服〉

grau·sen；*grauste*，*hat gegraust*；[Vr]（反身）**1.** ***sich*（*vor j-m/etw.*）*g.*** sich（vor j-m/etw.）ekeln（u. fürchten）厌恶，害怕，腻烦：*Sie graust sich vor Würmern* 她讨厌蠕虫；[Vimp]

(无人称) **2. j-m/j-n graust (es) (vor j-m/etw.)** j-d empfindet Ekel u. Furcht (vor j-m/etw.)(对…)感到害怕,(对…)感到厌恶: *Mir graust vor Schlangen* 我怕蛇; *Es graust einem/einen bei dem Gedanken, dass ...* 某人一想到…就觉得害怕

Grau·sen *das*; *-s*; *nur Sg*(只用单数); große Furcht u. Abscheu 惊恐,厌恶 ⟨ein eisiges, kaltes G. erfasst, erfüllt, packt j-n 某人(突然)浑身战栗,毛骨悚然; sich mit G. (von etw.) abwenden 怀着恐惧(厌恶)远离某事⟩ ‖ ID[谚] ***j-m kommt/j-d kriegt das große G.*** *gespr*[口]; j-d fühlt Entsetzen, Ekel od. Angst (*z. B.* wenn er an etw. Unangenehmes denkt, das bevorsteht)某人大惊失色/某人不禁心惊胆战

grau·sig *Adj*(形); ⟨e-e Entdeckung, ein Mord 发现,谋杀⟩ so, dass sie bei j-m Schrecken u. Ekel hervorrufen 可怕的,令人恐惧的,令人吃惊的 ≈ grauenerregend, schrecklich

Grau·zo·ne *die*; ein Bereich, in dem sich Tätigkeiten abspielen, die nicht ganz korrekt, aber nicht ausdrücklich verboten sind 灰色领域(指发生某种并不完全符合规定,但尚未明令禁止的活动的领域)

gra·vie·ren [-v-]; *gravierte, hat graviert*; [Vt] (及物) **1. etw. in etw.** (*Akk* 四格) **g.** Linien (Ornamente od. e-e Schrift) *mst* in ein hartes Material, *z. B.* Metall od. Glas, schneiden 雕刻,镂刻 **2. etw. g.** etw. schmücken, indem man es mit e-r Gravur versieht 在…上雕出,刻出花纹,图饰: *e-n Pokal, e-n Ring g.* 雕饰奖杯,戒指 ‖ *hierzu*(派生) **Gra·vie·rung** *die* ‖ ▶ ***Gravur***

gra·vie·rend [-v-] **1.** *Partizip Präsens*(现在分词); ↑ ***gravieren*** **2.** *Adj*(形); *nicht adv*, *geschr*(不作状语)[书]; (im negativen Sinne) von großer Bedeutung(负面意义)严重的,重大的 ≈ schwerwiegend ⟨ein Fehler, ein Unterschied 错误,区别⟩

Gra·vi·ta·ti·on [gravita'tsio:n] *die*; *-*; *nur Sg*, *geschr*(只用单数)[书]; die Anziehungskraft (2) (der Erde) 万有引力,地心引力,重力 ≈ Schwerkraft

Gra·vur [-'vu:ɐ] *die*; *-, -en*; e-e Schrift od. e-e Verzierung, die in etw. (ein)graviert ist 雕刻出来的文字或花纹,雕饰图案

Gra·zie [-tsiə] *die*; *-, -n* **1.** *nur Sg*(只用单数); (*bes* von e-r Frau od. e-m Mädchen) e-e Art, sich zu bewegen, die sehr leicht u. elegant aussieht (尤指女性)优美,典雅,优雅,雅致 ≈ Anmut: *Die Tänzerin bewegt sich mit viel G.* 女舞蹈演员舞姿优美 **2.** *hum*[诙]; e-e hübsche junge Frau 俊秀的少妇

gra·zil *Adj*(形); *geschr*[书]; schlank u. zierlich 身材苗条的,窈窕的,亭亭玉立的 ≈ zart (1) ⟨ein Mädchen 姑娘; e-e Figur 身材⟩

gra·zi·ös ['tsiøs] *Adj*(形); mit Grazie 姿态优雅的 ≈ anmutig ⟨e-e Bewegung, e-e Figur 动作,身材; g. tanzen 舞姿优美动人⟩

Greif *der*; *-(e)s/-en*, *-e/-en*; *geschr*[书] ≈ Raubvogel ‖ NB(注意): *der Greif*; *den, dem Greif/Greifen, des Greif(e)s/Greifen*

greif·bar *Adj*(形) **1.** so (nahe), dass man es leicht finden u. nehmen od. benutzen kann 在手边的,伸手可及的: *die Akten g. haben* 有卷宗在手边 **2.** ≈ konkret, offensichtlich ⟨ein Erfolg, Beweise 成就,证据⟩ **3. (etw. ist) g. nahe** (etw. ist) sehr gut zu sehen(物作主语)清晰可见的: *Bei gutem Wetter sind die Berge g. nahe* 天气晴朗时山峦清晰可见 **4. etw. ist g. nahe**; **etw. rückt in greifbare Nähe** etw. wird sehr bald geschehen, stattfinden *o. Ä.*(物作主语)即将实现,将要举行(发生),临近: *Der Prüfungstermin ist in greifbare Nähe gerückt* 考期在即

grei·fen; *griff, hat gegriffen*; [Vt] (及物) **1. sich** (*Dat* 三格) **etw. g.** *gespr*[口]; sich etw. nehmen (1,9)抓,拿,抓住,握住: *Er griff sich e-e Zeitschrift u. machte es sich auf dem Sofa bequem* 他拿起一本杂志,舒服地坐在沙发上; [Vi] (不及物) **2. nach j-m/etw. g.** die Hand nach j-m/etw. ausstrecken u. ihn/es festhalten od. versuchen, ihn/es mit der Hand zu fassen 伸手抓住,接住: *Sie griff rasch nach dem fallenden Glas* 她迅速抓住了那只跌落的杯子; *Das Kind griff ängstlich nach der Hand der Mutter* 孩子怯生生地去抓妈妈的手 **3. zu etw. g.** *geschr*[书]; etw. *mst* regelmäßig tun(有规律地)拿起,经常干: *Wenn sie Zeit hat, greift sie gern zu e-m guten Buch* (= liest sie gern)只要有空,她就喜欢拿起一本好书来读; *Er greift gern zur Flasche* (= trinkt viel Alkohol)他好酒贪杯; *Sie griff zur Feder* (= wurde Schriftstellerin)她拿起了笔杆写作 **4. zu etw. g.** etw. (*mst* Negatives) anwenden 采取,使用,动用: *zu e-r List, zu unkorrekten Mitteln g.* 采取计谋,不正当手段 **5. etw. greift um sich** etw. breitet sich schnell aus(物作主语)传播开来,蔓延 ⟨e-e Epidemie, ein Feuer 流行病,火势⟩ **6. in die Saiten, Tasten g.** auf e-m Saiten- bzw. Tasteninstrument spielen 操起琴弦,弹击琴键(指演奏乐器) **7. etw. greift** etw. stellt e-e Berührung od. Verbindung her, damit ein technischer Vorgang ablaufen kann(物作主语)使着顺手,用着得劲: *Auf der regennassen Fahrbahn griffen die Räder nicht mehr* 车轮在雨湿的车道上打滑 **8. etw. greift** etw. hat e-e bestimmte Wirkung u. den gewünschten Erfolg(物作主语)奏效,起作用: *Die Maßnahmen zur Verringerung der Arbeitslosigkeit haben gegriffen* 减少失业人数的措施奏了效 ‖ ID[谚] **(etw. ist) zum Greifen nah(e)** (etw. ist) sehr nahe 某事近在咫尺,垂手可得; **etw. ist zu hoch/niedrig gegriffen** *geschr*[书]; e-e geschätzte Zahl ist zu hoch/zu niedrig 某事被估计过高/过低 ‖ ▶ ***Griff***

Grei·fer *der*; *-s, -*; der Teil e-s Baggers, Krans *o. Ä.*, mit dem man nach etw. greift 抓斗,抓具

Greif·vo·gel *der* ≈ Raubvogel

grei·nen; *greinte, hat gegreint*; [Vi] (不及物) *gespr pej*[口][贬] **1.** leise u. jammernd weinen 哭闹,哭诉 **2.** ≈ jammern

greis; *greiser, greisest-*; *Adj*(形); *mst attr*,

nicht adv, *geschr*（多作定语，不作状语）［书］：sehr alt 年迈的，高龄的，白发苍苍的：*Ihr greiser Vater ist sehr krank* 他的年迈的父亲病重

Greis *der*；*-es*，*-e*；*geschr*［书］：ein sehr alter Mann 老翁，老者 ‖ K-（复合）：***Greisen-***，***-alter***，***-stimme*** ‖ *hierzu*（派生）**Grei·sin** *die*；-，*-nen*

grei·sen·haft *Adj*（形）：wie ein Greis，wie bei e-m Greis 高龄的，老态龙钟的，老迈的：*Der Mann wirkte g.* 这位男人显得老态龙钟 ‖ *hierzu*（派生）**Grei·sen·haf·tig·keit** *die*；*nur Sg*（只用单数）

Greiß·ler *der*；*-s*，*-*；j-d，der ein kleines Lebensmittelgeschäft hat 食品杂货店老板，食品零售商，小商贩 ≈ Krämer

grell *Adj*（形）**1.** so hell，dass es blendet（u. den Augen wehtut）耀眼的，晃眼的〈das Licht，die Sonne，ein Blitz 光线，阳光，闪电〉：*Der Sänger trat auf die Bühne ins grelle Scheinwerferlicht* 歌唱家登上舞台进入耀眼的灯光圈内 ‖ K-（复合）：***grell beleuchtet*** **2.** hell u. oft unangenehm intensiv 刺眼的 ≈ schreiend（2）↔ gedeckt〈Farben 颜色；ein Orange，ein Rot 橙黄，红〉‖ K-（复合）：***grell-***，***-bunt***，***-gelb***，***-rot*** **3.** unangenehm hoch 尖锐的，刺耳的 ≈ schrill〈ein Ton，ein Pfiff，ein Schrei 声音，哨音，叫声；e-e Stimme 嗓音〉‖ *hierzu*（派生）**Grell·heit** *die*；*nur Sg*（只用单数）

Gre·mi·um ［-mium］ *das*；*-s*，*Gre·mi·en*［-miən］；*geschr*［书］：e-e Gruppe *mst* von Experten，die e-e bestimmte Aufgabe erfüllen od. ein bestimmtes Problem lösen soll（专门）委员会 ≈ Ausschuss，Kommission〈ein G. bilden 成立委员会；in e-m G. mitwirken 在委员会内合作，共事〉‖ K-（复合）：***Gremien-***，***-arbeit*** ‖ -K（复合）：***Führungs-***，***Partei-***，***Vorstands-***

Grenz·baum *der* ≈ Schlagbaum

Grenz·be·am·te *der*；ein Beamter，der（*z.B.* als Polizist）an e-r Staatsgrenze od. beim Zoll arbeitet 边防官员 ‖ *hierzu*（派生）**Grenz·be·am·tin** *die*

Grenz·be·reich *der* **1.** der Bereich，in dem sich zwei benachbarte Wissenschaften *o. Ä.* überschneiden（学科之间的）边界领域，边缘领域：*der G. zwischen Physik u. Chemie* 物理和化学之间的边缘领域 **2.** der Bereich an beiden Seiten e-r Grenze（1）边界地区

Gren·ze *die*；-，*-n* **1.** ***die G.***（***zu/nach etw.***）e-e markierte Linie，die durch Zoll u. Polizei kontrolliert wird u. zwei benachbarte Länder bzw. Staaten voneinander trennt 边界，国界〈die Grenzen befestigen，sichern，öffnen，schließen 在边界设防，确保，开放，关闭边界；（irgendwo）die G. passieren，überschreiten（在某处）通过、越过边境〉：*Weil die Zöllner streikten，mussten wir an der G. lange warten* 由于海关人员罢工，我们不得不在边境上等了很长时间 ‖ K-（复合）：***Grenz-***，***-bahnhof***，***-bewohner***，***-bezirk***，***-konflikt***，***-kontrolle***，***-linie***，***-ort***，***-polizei***，***-stadt***，***-verkehr***，***-wall*** ‖ -K（复合）：***Landes-***，***Staats-*** **2.** e-e Linie，die *z. B.* durch Berge od. Flüsse gebildet wird u. zwei（geographische od. politische）Gebiete voneinander trennt 界线，界限：*Der Rhein bildet e-e natürliche G. zwischen Deutschland u. Frankreich* 莱茵河形成德国和法国之间的天然国境线 ‖ K-（复合）：***Grenz-***，***-fluss***，***-gebirge***，***-gewässer*** **3.** e-e Linie，die den äußeren Rand e-s Grundstücks markiert 界线，地界 ‖ -K（复合）：***Grundstücks-*** **4.** ***die G. zwischen etw.***（*Dat* 三格）***u. etw.***（*Dat* 三格）e-e imaginäre Linie，die zwei unterschiedliche，aber nahe beieinanderliegende od. verwandte Bereiche voneinander trennt（…和…之间的）界线：*die G. zwischen Kindheit u. Jugend* 童年和青年之间的界线；*Die Grenzen zwischen Physik u. Chemie sind fließend* 物理和化学之间的界线不易分清 ‖ K-（复合）：***Grenz-***，***-wissenschaft*** **5.** das äußerste Maß，das nicht überschritten werden kann od. darf 极限，限度〈j-m/etw. sind（enge）Grenzen gesetzt 某人/某事受到（严格）限制〉：*Auch meine Geduld hat Grenzen!* 我的忍耐也是有限度的！‖ -K（复合）：***Alters-***，***Einkommens-***，***Leistungs-***，***Preis-***，***Schmerz-*** **6.** ***die grüne G.*** ein Teil der G.（1）zwischen zwei Ländern，der nicht od. nur wenig bewacht wird 绿色国境线（即不设防或很少设防的边防地段）〈über die grüne G. fliehen，Rauschgift schmuggeln，illegal einwandern 偷越国境，走私毒品出境，非法偷渡入境〉‖ ID［谚］***etw. hält sich in Grenzen*** *mst hum* 多用［诙］：etw. ist in nur geringem Maß vorhanden，ist nicht sehr ausgeprägt（物作主语）保持在一定范围（限度）内：*Seine Begeisterung für die Schule hält sich in Grenzen* 他对学校的热情有限；***seine Grenzen kennen*** wissen，was man noch leisten od. ertragen kann u. was nicht mehr 知道自己的能力有多大，知道自己应遵守的分寸

gren·zen；*grenzte*，*hat gegrenzt*；［Vi］（不及物）**1.** ***etw. grenzt an etw.***（*Akk* 四格）etw. hat e-e gemeinsame Grenze（1,2,3）mit etw.（物作主语）与…接壤，同…交界，与…毗邻：*Sein Grundstück grenzt an den Wald* 他那块地皮靠近森林 **2.** ***etw. grenzt an etw.***（*Akk* 四格）etw. ist fast mit etw. anderem（u. Negativem）gleichzusetzen（物作主语）接近，近乎，近似：*Sein Mut grenzt an Tollkühnheit* 他的胆量接近于莽撞

gren·zen·los *Adj*（形）**1.**（scheinbar）ohne Ende，ohne räumliche Grenzen 无边无际的，无限的，一望无垠的〈e-e Ebene，e-e Weite 平原，辽阔〉**2.** ohne Einschränkung 无穷的，无限度的，无止境的〈Freiheit 自由；j-n g. bewundern 无限钦佩某人；g. glücklich sein 无比幸福〉**3.** *nicht adv*（不作状语）；sehr groß，sehr intensiv 极端的，极度的，无比的〈Angst，Begeisterung，Ehrgeiz，Geduld，Güte，Hass，Leid 害怕，兴奋，虚荣，耐心，善良，恨，遗憾〉**4.** *nur adv*（只作状语）；unendlich viel 无限度的，无量的，无穷的：*Ich habe nicht g. Zeit für dich，also beeil dich!* 我给你的时间不是无限度的，就是说请你

快些！‖ *hierzu*（派生）**Gren·zen·lo·sig·keit** *die*; *nur Sg*（只用单数）

Gren·zer *der*; *-s*, *-*; *gespr*［口］≈ Grenzbeamte(r) ‖ *hierzu*（派生）**Gren·ze·rin** *die*; *-*, *-nen*

Grenz·fall *der*; ein Problemfall, der nicht eindeutig geklärt werden kann, weil es mehrere Möglichkeiten der Interpretation（od. Zuordnung）gibt 难以界定的两可情况：*juristische Grenzfälle* 法律上界于两可之间的案情

Grenz·gän·ger *der*; *-s*, *-*; j-d, der regelmäßig u. häufig über e-e Grenze (1) geht, *z.B.* weil er jenseits der Grenze arbeitet 经常出入国境的人(如住在境内而在境外工作) ‖ *hierzu*（派生）**Grenz·gän·ge·rin** *die*; *-*, *-nen*

Grenz·land *das*; *nur Sg*（只用单数）≈ Grenzbereich (2)

Grenz·pos·ten *der*; e-e Wache (2), ein Wachtposten an der Grenze (1)边防岗哨，边防哨所

Grenz·si·tu·a·ti·on *die*; *geschr*［书］; e-e außergewöhnliche Situation, in der j-d extreme Maßnahmen ergreifen u. dabei oft gegen allgemeine od. persönliche moralische Prinzipien verstoßen muss 非常局面，非常情况

Grenz·über·gang *der* **1.** die Stelle, an der man offiziell über e-e Grenze (1) geht (u. an der sich der Zoll[1] (3) befindet)边卡，边关，边境通道 ≈ Grenze (1) **2.** das Überschreiten e-r Grenze (1)越境，过境：*Wir wurden beim G. kontrolliert* 我们通过边境时受到检查

grenz·über·schrei·ten·d- *Adj*（形）; *nur attr*, *nicht adv*（只作定语，不作状语）; *mst in* 多用于 ***der grenzüberschreitende Handel***, ***Verkehr*** *mst* ADM *geschr* 多用【管理】［书］; der Handel, Verkehr über die Grenzen (1) hinweg 过境贸易，过境交往

Grenz·ver·let·zung *die*; das illegale Überschreiten e-r Grenze (1) von bewaffneten Truppen(武装)侵犯边界

Grenz·wert *der* **1.** ein extremer Wert (5), der nicht unter-/überschritten werden darf 极限值：*Grenzwerte bei der Radioaktivität* 放射现象的极限值 **2.** ein mathematischer Wert (5), auf den sich die einzelnen Glieder e-r Folge von Zahlen zubewegen 极限(值); MATH【数】Limes：*Die Folge der Zahlen* 1, ½, ⅓, ¼ *... strebt dem G. Null zu* 数的序列 1, ½, ⅓, ¼…趋向极限零

Gret·chen·fra·ge *die*; *nur Sg*, *geschr*（只用单数）［书］; die entscheidende Frage (*mst* nach der grundsätzlichen persönlichen Einstellung von j-m zu e-m Problem), die man nur schwer beantworten kann 棘手的问题，难回答的问题，令人难堪的问题〈(j-m) die G. stellen(向某人)提出一个棘手的难题〉

Greuel, **greulich** ↑ ***Gräuel***, ***gräulich***

grie·nen; *griente*, *hat gegrient*; [Vi]（不及物）*nordd gespr*［北德］［口］≈ grinsen

Gries·gram *der*; *-(e)s*, *-e*; *pej*［贬］; ein schlecht gelaunter, mürrischer Mensch 心情恶劣的人，郁郁寡欢的人，爱发脾气的人 ‖ *hierzu*（派生）**gries·grä·mig** *Adj*（形）

Grieß *der*; *-es*; *nur Sg*（只用单数）; e-e Art grobes (körniges) Pulver aus gemahlenem Weizen od. gemahlenen Maiskörnern, aus dem man *mst* Suppe od. Brei macht 麦糁，碎麦米，玉米楂，玉米糁 ‖ K-(复合)：***Grieß-***, ***-brei***, ***-klöße***, ***-pudding***, ***-suppe*** ‖ -K(复合)：***Mais-***, ***Weizen-***

griff *Imperfekt*, *1. u. 3. Person Sg*（过去时，第一和第三人称单数）; ↑ ***greifen***

Griff[1] *der*; *-(e)s*, *-e* **1.** ***der G. irgendwohin*** der Vorgang des Greifens (2)手伸向，伸进：*Beim G. in seine Jackentasche erschrak er – seine Brieftasche war verschwunden* 当他把手伸进夹克口袋时，他大吃一惊——他的钱包不见了 **2.** ***mit eisernem G.*** ganz fest, mit Gewalt 使劲地，用力地，紧紧地，牢牢地：*Der Polizist hielt den Dieb mit eisernem G. fest* 警察紧紧地抓住小偷不松手 ‖ -K(复合)：***Würge-*** **3.** ***der G. zu etw.*** das Zurückgreifen auf etw. (*mst* Negatives) 采用，采取：*der G. zu unlauteren Mitteln* 采用不正当的手段 **4.** e-e gezielte Bewegung mit der Hand bei e-r bestimmten Tätigkeit 动作，手法，操作 ≈ Handgriff〈ein geübter, falscher G. 熟练的、错误的动作〉：*Damit die Bedienung der Maschine reibungslos funktioniert, muss jeder G. sitzen* 为了使机器的操作能顺利进行，每一个动作都必须正确到位 ‖ ID［谚］***j-n / etw. im G. haben*** ≈ j-n/etw. beherrschen, unter Kontrolle haben：*Wir hatten den Gegner voll im G.* 我们完全控制了对手；***etw. in den G. bekommen*** / *gespr*［口］***kriegen*** etw. unter Kontrolle bringen 熟练掌握某事，对某事运用自如，驾轻就熟；***mit j-m / etw. e-n guten G. getan haben*** mit j-m/etw. e-e gute Wahl getroffen haben 挑选某人/某物选得很恰当、选对了；***der G. zur Droge***, ***Flasche***, ***Zigarette*** *euph*［婉］; der (regelmäßige, suchtbedingte) Drogen-, Alkohol-, Nikotinkonsum 对药物、酒、烟的瘾头，癖好

Griff[2] *der*; *-(e)s*, *-e*; der Teil e-s Gegenstandes (*z.B.* e-r Tasche), an dem man ihn gut festhalten kann 柄，把，把手，拉手〈der G. e-s Koffers, e-s Löffels, e-s Messers, e-s Schirms, e-r Schublade, e-r Tür *usw* 箱子把手，匙柄，刀把，伞把，抽屉拉手，门把手等〉‖ -K(复合)：***Fenster-***, ***Koffer-***, ***Schirm-***, ***Tür-***; ***Holz-***, ***Messing-*** ‖ Abb. Seite 790 图见 790 页

griff·be·reit *Adj*（形）; so, dass man es rasch u. bequem nehmen kann (ohne lange danach suchen zu müssen) 随手可取的，就在手边的〈etw. g. haben 有某物在身边; etw. liegt g. 某物随手可取用〉

Griff·brett *das*; e-e Art schmales Brett an (Saiten)Instrumenten, an dem man die Saiten mit den Fingern drückt, damit die Töne verschieden hoch klingen(弦)乐器的指板，按弦板：*das G. e-r Gitarre*, *e-r Violine*, *e-r Zither* 吉他、小提琴、齐特琴的指板 ‖ ↑ *Abb. unter* 图见 ***Zither***

G

Griff²

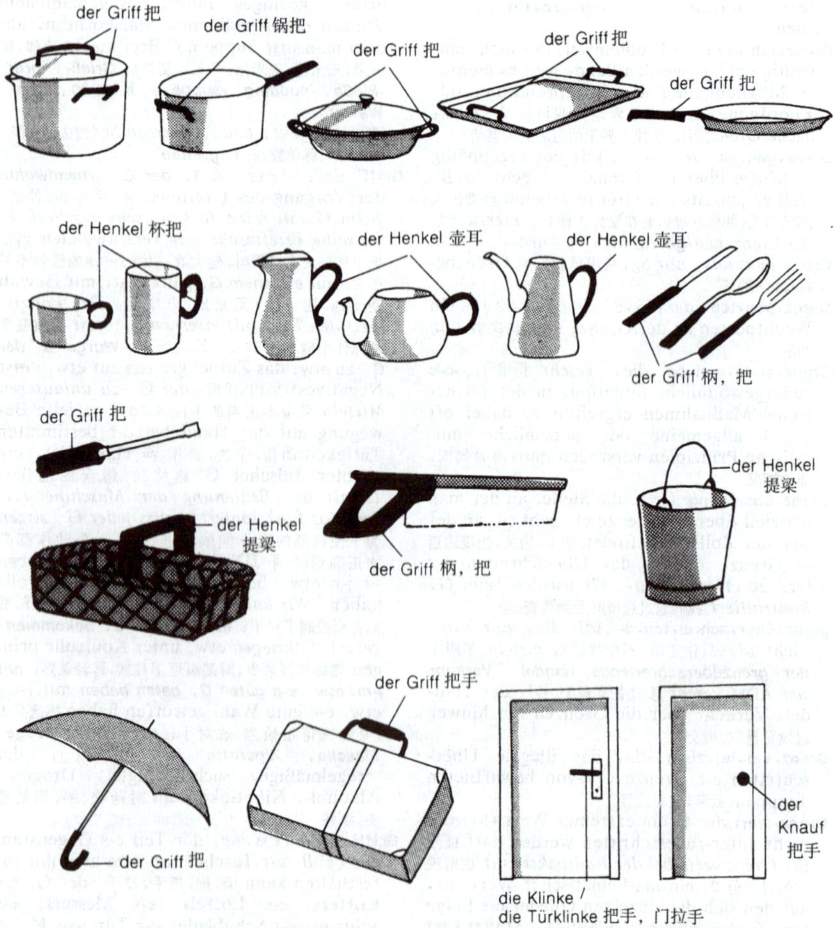

Grif·fel *der*; *-s*, *-* **1**. ein Stift, mit dem man auf (Schiefer)Tafeln schreibt 石笔 ‖ K-(复合)：***Griffel-***, ***-kasten***, ***-spitzer*** **2**. *mst Pl*, *gespr!*(多用复数)[粗] ≈ Finger

grif·fig *Adj*(形)；*nicht adv*(不作状语) **1**. 〈e-e Parole, ein Schlagwort 口号,标语〉so einfach (u. prägnant), dass man sie sich gut merken kann 简单好记的,言简意赅的 **2**. 〈ein Hammer, e-e Zange *usw* 锤子,钳子等〉so geformt, dass man sie gut greifen u. benützen kann 轻便好使的,好用的 ≈ handlich **3**. so beschaffen, dass etw. nicht rutscht 不滑的 ↔ glatt 〈e-e Fahrbahn, e-e Piste, Schnee 车道,跑道,雪地〉 **4**. 〈ein (Reifen)Profil(轮胎表面)凸起的条纹〉so, dass es gut greift (7)附着力好的,不易打滑的 **5**. aus e-m festen, stabilen Gewebe 手感好的〈ein Stoff 衣料〉 ‖ *hierzu*(派生) **Grif·fig·keit** *die*; *nur Sg*(只用单数)

Grill *der*; *-s*, *-s* **1**. ein Gerät, mit dem man (auf e-m Rost² od. Spieß) Fleisch *usw* röstet (über glühender Kohle od. durch elektrisch erzeugte Hitze)烤肉架：*ein Steak*, *ein Hähnchen vom G.* 烤架上的肉排,仔鸡 ‖ -K(复合)：***Elektro-***, ***Holzkohlen-***; ***Garten-*** **2**. *Kurzw*(略) ↑ ***Kühlergrill***

Gril·le *die*; *-*, *-n* **1**. ein Insekt, das den Heuschrecken ähnlich ist u. in (Erd)Höhlen lebt. Die Männchen machen in der Nacht

G

ein monotones Geräusch 蟋蟀〈die Grillen zirpen 蟋蟀嚯嚯地叫着〉 **2.** *veraltend* [渐旧]; ein komischer Gedanke, e-e Laune 古怪的想法,怪念头,忧郁的情绪

gril.len; *grillte*, *hat gegrillt*; [Vt/i] (及物/不及物) (***etw.***) ***g.*** Fleisch *o. Ä.* bei großer Hitze u. ohne Fett (auf e-m Grill od. über offenem Feuer) braten 把…放在烤架上烤,烧烤〈ein Steak, ein Hähnchen, Würstchen g. 烤肉排、仔鸡、小香肠〉‖ K-(复合): ***Grill-***, ***-gerät***, ***-kohle***, ***-party***, ***-pfanne***, ***-platz***, ***-rost***, ***-spieß***, ***-würstchen***

Grillen 烧烤

Grillen ist „in“: Wenn es das Wetter erlaubt, zieht es die Grill-Fans in die Gärten, auf die Balkons und zu den in öffentlichen Parks angelegten **Grillplätzen.** Der Duft von glimmender Holzkohle und dem Fleisch, das auf den **Grillrosten** gart, ist unwiderstehlich.

Gegrillt werden saftige, vorher marinierte, Steaks, **Grillwürstchen**, aber auch Fische. Dazu isst man Salate und Brot, sowie würzige Soßen, die man selbst anmacht oder fertig kauft. Wer es mag, trinkt zu Gegrilltem ein gut gekühltes Bier. Zu einer **Grillparty** werden Freunde eingeladen und man bereitet gemeinsam die Mahlzeit für alle zu.

Vor dem Grillen auf dem Balkon sollte man sich allerdings erkundigen, ob es nach der Hausordnung auch erlaubt ist.

烧烤很时尚:只要天气好,烧烤迷就会到庭院,阳台以及公园里开辟的**烧烤场地**去。烧得红彤彤的木炭味,**烤箅子**上散发出的肉香味令人陶醉。

供烧烤的是事先在调味汁中浸泡过的,有滋有味的肉排、**香肠**,也可烤鱼。配食有色拉、面包还有调味汁(自制的或买现成的),谁有情趣,就吃着烤肉喝冰镇啤酒。邀请来参加**烧烤聚会**的是朋友,吃的喝的都是大家一齐动手。

若在阳台上烤肉,之前最好了解一下,住房条例是否允许。

Gri.mas.se *die*; -, *-n*; ein verzerrtes Gesicht, das man macht, um j-n zum Lachen zu bringen od. um so ein bestimmtes Gefühl auszudrücken 鬼脸,怪相〈e-e G./Grimassen machen, schneiden 做鬼脸,扮鬼脸; das Gesicht zu e-r G. verziehen 把脸做出一副怪相〉

Grimm *der*; *-(e)s*; *nur Sg*, *geschr* (只用单数) [书] ≈ Groll

grim.mig *Adj* (形) **1.** voller Zorn od. Groll 愤怒的,狂怒的 ≈ zornig, wütend〈ein grimmiges Gesicht machen 满脸怒容; g. aussehen, dreinschauen 看起来怒气冲冲,愤怒地盯望〉 **2.** *geschr* [书]; 〈ein Löwe, ein Wächter 狮子,看门人〉 von so bösem Aussehen, dass sie Furcht erregen 令人生畏的,一脸凶相的,凶狠的 **3.** *geschr* [书]; sehr groß, sehr intensiv 严重的,厉害的,可怕的〈e-e Kälte, ein Winter, Frost, Hunger 寒冷,冬天,霜冻,饥饿〉‖ *zu* (义项) **1.** u. **2.** **Grim-mig.keit** *die*; *nur Sg* (只用单数)

Grind *der*; *-(e)s*, *-e* **1.** ≈ Schorf **2.** *gespr* [口]; ein Hautausschlag, auf dem sich e-e trockene Kruste bildet 痂

grin.sen; *grinste*, *hat gegrinst*; [Vi] (不及物) mit breit auseinandergezogenen Lippen (*mst* mit spöttischer Absicht) lächeln 咧嘴冷笑,嗤笑〈frech, höhnisch, schadenfroh, spöttisch g. 放肆地,讥讽地,幸灾乐祸地,挖苦地笑; j-n grinsend ansehen 冷笑地看着某人; ein grinsendes Gesicht 一副奸笑的面孔〉: *Er verzog sein Gesicht zu e-m breiten Grinsen* 他扭歪着脸作出一副丑陋的奸笑相 ‖ *zu* (义项) ***Gegrinse*** ↑ ***Ge-***

grip.pa.l- *Adj* (形); *nur attr*, *nicht adv*, *geschr* (只作定语,不作状语) [书]; von e-r Grippe (1) verursacht od. e-r Grippe (1) ähnlich 流行性感冒引起的,似流行性感冒的〈*mst* 多用 ein Infekt 感染〉

Grip.pe *die*; -; *nur Sg* (只用单数) **1.** e-e ansteckende Viruskrankheit mit hohem Fieber, Kopfschmerzen, Durchfall *o. Ä.* 流行性感冒,流感; MED【医】Influenza〈(die/e-e) G. haben 得了流感; mit G. im Bett liegen 患上流感卧病在床; an G. erkranken 得了流感〉‖ K-(复合): ***Grippe-***, ***-epidemie***, ***-impfung***, ***-mittel***, ***-welle*** **2.** *gespr* [口]; e-e Erkältung mit (hohem) Fieber 重感冒

Grips *der*; *-es*; *nur Sg*, *gespr* (只用单数) [口] ≈ Verstand, Auffassungsgabe〈nicht viel G. (im Kopf) haben 脑瓜不怎么灵,理解力差; seinen G. anstrengen, zusammennehmen 动脑筋〉

grob, *gröber*, *gröbst-*; *Adj* (形) **1.** rau, nicht glatt, nicht weich 毛糙的,粗糙的,手感粗的 ↔ fein (1)〈Leinen, ein Schuhwerk, ein Stoff 亚麻布,鞋,衣料〉 **2.** nicht fein (3), sondern in relativ großen Teilchen 粗的,颗粒大的〈Kies, Mehl, Sand 砾石,面粉,沙子; g. gehackte, gemahlene Nüsse 粗剁的,粗磨的坚果〉‖ K-(复合): ***grob-***, ***-gehackt***, ***-gemahlen***, ***-körnig*** **3.** derb od. plump aussehend, wirkend 粗笨的,粗俗的,大老粗的 ↔ zart, fein (2)〈Gesichtszüge, Hände 面貌,双手〉‖ K-(复合): ***grob-***, ***-knochig*** **4.** *pej* [贬]; (im Verhalten gegenüber anderen Menschen) rücksichtslos u. ohne Gefühl, unhöflich 粗野的,粗劣的,粗鲁的〈ein Mensch 人; Späße 玩笑; j-n g. anfahren (= kritisieren), zurechtweisen 粗暴地呵斥,责备某人; g. gegen j-n werden 对待某人态度变得粗鲁〉 **5.** ***g. sein*** j-n fest anfassen u. ihm dabei wehtun (对人)粗鲁,粗暴 ↔ behutsam sein: *Au, sei doch nicht so g.!* 噢,请不要这么粗野! **6.** *nur attr od adv* (只作定语或状语); nicht ganz genau, sondern nur ungefähr u. ohne Details 粗略的,粗线条的,大致的〈e-n groben Überblick über etw. geben 对某事作粗略的概述; etw. in groben Umrissen schildern 概略地描述某事; etw. in groben Zügen wiedergeben 简要地复述某事〉‖ K-(复合): ***Grob-***, ***-struktur*** **7.** *mst attr* (多作定语); mit (möglichen) schlimmen Folgen 重大的,严

重的〈ein Irrtum, Unfug, ein Verstoß 错误, 不法行为,违规行为; g. fahrlässig handeln 发生重大的失职行为〉‖ ID[谚] ***aus dem Gröbsten heraus sein*** *gespr* [口]; **a**) die größten Schwierigkeiten überwunden haben 最大的难关已过,熬出了头; **b**) als Kind relativ selbständig geworden sein(孩子)长大懂事了: *Die Kinder sind jetzt aus dem Gröbsten heraus, da kann ich wieder berufstätig werden* 现在孩子们总算拉扯大了,我可以重新工作了

G

Grob·heit *die*; -, *-en* **1.** *mst Pl*(多用复数); unhöfliche, beleidigende Worte 难听的话,骂人的话〈j-m Grobheiten an den Kopf werfen 辱骂某人〉**2.** *nur Sg*(只用单数); e-e grobe (rücksichtslose u. unhöfliche) Handlung 粗鲁无礼的行为

Gro·bi·an *der*; *-s*, *-e*; *gespr pej*[口][贬]; ein Mann od. Junge, der oft grob (5) od. rücksichtslos ist 粗鲁的人,没有礼貌的家伙

gröb·lich *Adj*(形); *nur attr od adv*, *geschr*(只作定语或状语)[书]; auf e-e grobe (7) Art u. Weise 严重的,粗暴的〈j-n/etw. g. vernachlässigen, missachten 严重地冷落某人/疏忽某事,粗暴地蔑视某人/某事〉

grob·schläch·tig *Adj*(形); *nicht adv*(不作状语); von plumper, unförmiger Gestalt(形体)粗笨的〈ein Kerl, ein Mensch 家伙,人〉

Grog *der*; *-s*, *-s*; ein heißes Getränk aus Rum, Zucker u. Wasser 格罗格热酒(用朗姆酒加糖和水制成的热饮料)〈ein steifer G. (= mit viel Rum) 浓烈的格罗格酒〉

grog·gy [ˈgrɔgi] *Adj*(形); *nur präd od adv*, *indeklinabel*, *gespr*(只作表语或状语)(词形不变)[口] ≈ müde, erschöpft

grö·len; *grölte*, *hat gegrölt*; **Vt/i**(及物/不及物) (***etw.***) ***g.*** *gespr pej*[口][贬]; (etw.) laut u. unschön singen od. schreien 怪声喊叫,怪声怪气地唱: *Betrunkene zogen grölend durch die Straßen* 醉汉怪声怪气地唱着踉跄街头

Groll *der*; *-s*; *nur Sg*(只用单数); ***(ein) G. auf/gegen j-n/etw.*** starker Ärger od. Hass, den man *mst* nicht offen zeigt(对…的)恼怒,怨恨〈ein heimlicher, tiefer, versteckter G. 暗中的,深深的,隐藏的怨恨; e-n G. auf j-n/etw. haben 对某人/某事心怀恼怒; e-n G. gegen j-n hegen 对某人怀恨在心〉

grol·len[1]; *grollte*, *hat gegrollt*; **Vi** *geschr*(不及物)[书]; ***(mit) j-m (wegen etw.*** (*Gen* 二格, *gespr auch Dat* [口]也用三格)) ***g.*** auf j-n böse sein, verärgert sein 因某事对某人心怀恼怒

grol·len[2]; *grollte*, *hat gegrollt*; **Vi**(不及物) ***etw. grollt*** etw. macht (in weiter Ferne) ein dumpfes Geräusch(物作主语)作隆隆声〈der Donner, das Gewitter, die Kanonen 雷声,雷雨,炮声〉

Gros[1] [groː] *das*; *-*; *nur Sg*(只用单数); ***das G.*** + *Gen*(二格); der größte Teil (*mst* e-r Personengruppe) 大部分,大多数: *Das G. der Bevölkerung ist gegen das geplante Kraftwerk* 大多数居民反对计划中的修建发电厂一事

Gros[2] [grɔs] *das*; *-ses*, *-se*; *veraltet*[旧]; ***ein G.*** + *Subst*(名词) 144 Stück des genannten Gegenstands 罗(即十二打,144 件物品) ‖ NB(注意): Mit e-r Zahl lautet die Pluralform *Gros*(与数字连用,其复数为 Gros): 4 Gros 4 罗

Gro·schen *der*; *-s*, *-* **1.** *hist*[历] die ehemals kleinste Währungseinheit in Österreich 格罗申(奥地利最小的货币单位): *Ein Schilling hat hundert Groschen* 1 先令等于 100 格罗申 **2.** *hist* [历] e-e Zehnpfennigmünze 十芬尼的硬币 **3.** *nur Pl*, *gespr*(只用复数)[口] ≈ (wenig) Geld: *Er verdient als Zeitungsjunge ein paar Groschen nebenbei* 他当报童顺便挣几个钱 ‖ ID [谚] ***bei j-m fällt (endlich) der G.*** *gespr*[口]; j-d versteht endlich, wovon die Rede ist 某人终于明白了,开窍了 ‖ NB(注意): Die Idiome, die unter *Pfennig* aufgeführt sind, hört man auch mit *Groschen*(带有 Pfennig 的谚语也可用 Groschen 来代替)

Gro·schen·heft *das*; *pej*[贬]; ein billiges (Roman)Heft, dessen Inhalt keinen literarischen Wert hat 低级趣味的廉价小说

Gro·schen·ro·man *der*; *pej*[贬]; ein billiger u. literarisch wertloser Roman 低级趣味的长篇小说

groß, *größer*, *größt-*; *Adj*(形) **1.** *Maßangabe* (量度说明语) + ***g.*** verwendet, um die Maße e-s Gegenstandes, e-s Raumes od. e-r Fläche od. die Länge des Körpers e-s Menschen anzugeben(指物体大小、高低、面积)大的,高的: *Das Regal ist drei mal vier Meter g.* 书架的大小是 3×4 米; *Das Schwimmbecken ist* $250m^2$ *g.* 游泳池面积为 250 平方米; *Mein Bruder ist einen Meter achtzig g.* 我兄弟身高 1 米 8 **2.** so, dass es in Bezug auf die Länge, Höhe, den Umfang, das Volumen *o. Ä.* Vergleichbares übertrifft(指长度,高度,体积,容量)大的,高的,长的 ↔ klein (1): *Der große Zeiger der Uhr zeigt die Minuten an, der kleine die Stunden* 表的长针指示分钟,短针指示小时; *Der Elefant ist ein großes Tier* 大象是一种大型动物 ‖ ↑ *Abb. unter* 图见 ***Eigenschaften*** ‖ K-(复合): ***Groß-***, ***-baustelle***, ***-feuer***, ***-format***; ***groß-***, ***-flächig*** **3.** *nicht adv*(不作状语); mit vergleichsweise vielen Personen, Tieren od. Dingen(指数量)多的,大的 ↔ klein (2)〈e-e Familie, e-e Gruppe, e-e Herde, ein Orchester, ein Verein *usw* 家庭,团体,畜群,乐团,协会等〉: *Die Sendung erreichte ein großes Publikum* 这次播出获得大批观众; *Hier finden Sie e-e große Auswahl an Radios* 这里您有许多品种的收音机可以选择 ‖ K-(复合): ***Groß-***, ***-angriff***, ***-betrieb***, ***-einsatz***, ***-fahndung***, ***-familie***, ***-kundgebung***, ***-packung***, ***-unternehmen***, ***-veranstaltung*** **4.** *nicht adv*(不作状语); in der Menge od. im Wert über dem Durchschnitt 大量的,大笔的,大宗的,大额的 ↔ klein (3)〈ein Betrag, ein Gewinn, e-e Summe, ein Verlust, ein Vermögen *usw* 款项,赢利,金额,亏损,财富等等; ein (Geld)Schein 钞票〉‖ K-(复合): ***Groß-***, ***-auftrag***, ***-einkauf***, ***-kredit*** **5.** *mst* *attr*, *nicht adv*(多作定语,不作状语); zeitlich relativ lang(指时间)较长的,大的 ↔ klein (4) ⟨e-e Pause, ein Zeitraum 休息,时间段⟩: *Wo fahren Sie in den großen Ferien* (= Sommerferien) *hin?* 长假(暑假)里您到哪儿去? **6.** *nicht adv*(不作状语); von besonderer Bedeutung, besonders wichtig(指意义)重大的,伟大的,著名的 ≈ bedeutend: *Picasso war ein großer Künstler* 毕加索是一位伟大的艺术家; *Kaiser Karl der Große* 卡尔(查理)大帝 **7.** *nicht adv* (不作状语); sehr gut 优异的,非同寻常的,头等的,拔尖的: *Das war e-e große Leistung* 这是一项了不起的功绩; *In Physik ist sie ganz g.* 在物理学方面她成就显赫 **8.** *nicht adv*(不作状语); mit sehr starken Auswirkungen 严重的,重大的 ↔ klein (5) ⟨ein Fehler, ein Irrtum 错误,误解⟩ ‖ K-(复合): ***Groß-***, ***-tat*** **9.** *nicht adv*(不作状语); wichtig, bedeutend 大的,重要的⟨ein Unterschied 区别⟩ **10.** *nicht adv*(不作状语); intensiv, stark 非常的,厉害的 ↔ gering: *Ich habe große Angst*, *großen Hunger* 我非常害怕,我饿得慌 **11.** *nicht adv*(不作状语); heftig, stark 巨大的,激烈的,热烈的: *Nach der Rede gab es großen Beifall* 讲话后响起了热烈的掌声; *Im Saal herrschte große Unruhe* 大厅里笼罩着巨大的不安 **12.** *mst attr*, *nicht adv*, *gespr*(多作定语,不作状语)[口]; älter 较年长的,成年的 ↔ klein (7) ⟨*mst* 多用 j-s Bruder, j-s Schwester 某人的哥哥,某人的姐姐⟩: *Ich habe zwei große Brüder* 我有两个哥哥 **13.** *nicht adv*, *gespr*(不作状语)[口] ≈ erwachsen ↔ klein (8): *Was willst du werden*, *wenn du einmal g. bist?* 你长大想做什么? **14.** *nur attr od adv*(只作定语或状语); mit viel Aufwand, Kosten *usw* verbunden 盛大的,奢侈的,开销大的 ↔ klein (9) ⟨ein Empfang, ein Fest, e-e Veranstaltung 招待会,节日,活动; g. ausgehen 出去挥霍; j-n/etw. g. herausbringen 大肆吹捧某人/某事⟩: *Das müssen wir g. feiern* 此事我们得好好(大大地)庆祝一番 **15.** *nur attr od adv*(只作定语或状语); in Bezug auf das Wesentliche, ohne unwichtige Details 概略的,大略的,扼要的⟨die Zusammenhänge 联系⟩: *Er schilderte seine Pläne in großen Zügen* 他概略地描述了自己的计划; *Das große Ganze* (= die Gesamtsituation) *darf man nicht vergessen* 不可忘记全局(大局) **16.** in der Form, die man *z. B.* am Anfang e-s Satzes od. Namens verwendet (*z. B. A*, *B*, *C* im Unterschied zu *a*, *b*, *c*) 大写的 ↔ klein (10) ⟨Buchstaben 字母⟩: *„Zu Fuß" schreibt man auseinander u. mit e-m großen F* "Zu Fuß"要分开写,字母 F 大写 ‖ K-(复合): ***Groß-***, ***-buchstabe*** **17.** ⟨das Gas, die Heizung, den Herd, die Platte *usw* 煤气,暖气,炉灶,炉盘⟩ (***auf***) ***g. schalten***, ***stellen***, ***drehen*** mithilfe e-s Schalters *o. Ä.* die Hitze od. Leistung e-s Geräts auf die höchste Stufe stellen 开大,调大,转大(到最高档) ↔ etw. (auf) klein schalten, stellen, drehen **18.** *nur adv*(只作状语); besonders, sehr 特别,很,非常,大: *sich nicht g. um j-n/etw. kümmern* 对某人/某事不大关心; *Was sollen wir g. darüber streiten?* 我们干吗要为这事大加争论呢? **19.** *nur adv*(只作状语); verwendet (*mst* mit *denn* od. *schon*), um e-e rhetorische Frage zu verstärken(与 denn 或 schon 连用,用来加强反诘问句的语气)什么大不了的事,什么了不起的事: *Was ist schon g. dabei?* (= es ist doch nichts dabei)能有什么了不起的事? (意即:什么事都没有); *„Na, was war denn gestern los?" – „Was soll schon g. gewesen sein?"* (= du erwartest doch nicht, dass etw. Besonderes passiert ist)"哎,昨天出什么事啦?"——"能出啥大不了的事?"(意即:你别总盼着出什么特别的事) ‖ ID[谚] ***g. angelegt*** mit großen Aufwand, vielen Personen *usw* geplant u. durchgeführt 大规模的,大型的,大范围的⟨e-e Fahndung, e-e Untersuchung 追捕,调查⟩; ***im Großen u. Ganzen*** in Bezug auf das Ganze 总的来说,大体上 ≈ im Allgemeinen: *Im Großen u. Ganzen kann man mit dem abgelaufenen Geschäftsjahr zufrieden sein* 大体上人们对已结束的营业年度可以说是满意的; ***G. u. Klein*** alte u. junge Menschen 老老少少 ≈ alle, jeder; ***g. machen/müssen*** *gespr*[口]; (*bes* von u. gegenüber Kindern verwendet) den Darm entleeren (müssen)(儿童用语,对儿童用语)大便/要大便 ↔ klein machen/müssen ‖ NB(注意): ↑ ***großschreiben***

Groß·ab·neh·mer *der* ≈ Großkunde ‖ *hierzu*(派生) **Groß·ab·neh·me·rin** *die*

Groß·alarm *der*; ein Alarm, bei dem viele Menschen beteiligt sind (*z. B.* viele Feuerwehrleute *usw*)大(规模)警报⟨G. auslösen, geben 拉响、发出大(规模)警报⟩

groß·an·ge·legt ↑ ***groß*** ID[谚]

groß·ar·tig *Adj*(形); von hervorragender Qualität, sehr gut 了不起的,出色的,卓越的: *Das war e-e großartige Leistung* 这是一项出色的成就; *Das Wetter im Urlaub war g.* 假期里的天气极好; *Unsere Mannschaft hat g. gespielt* 我们的运动队打得漂亮极了 ‖ *hierzu*(派生) **Groß·ar·tig·keit** *die*; *nur Sg*(只用单数)

Groß·auf·nah·me *die*; e-e Aufnahme (6) in e-m Film, bei der ein Objekt (*z. B.* ein Gesicht) das ganze Bild ausfüllt 特写镜头⟨etw. in G. zeigen 以特写镜头表现某物⟩

Groß·brand *der*; ein Feuer, von dem e-e große Fläche od. ein großes Gebäude betroffen ist 大火,特大火灾

Groß·bür·ger·tum *das*; *nur Sg*, *bes hist*(只用单数)尤用于[历]; der reichere u. mächtigere Teil des Bürgertums, *bes* in der Gesellschaft des 19 Jahrhunderts 富裕市民阶级,大资产阶级 ‖ *hierzu*(派生) **Groß·bür·ger** *der*; **Groß·bür·ge·rin** *der*; **groß·bür·ger·lich** *Adj*(形)

groß·deutsch *Adj*(形) **1.** darauf bestrebt, alle deutschsprachigen Länder zu vereinigen 大德意志的: *der großdeutsche Gedanke der Nationalsozialisten* 纳粹党分子的大德意志思想 **2.** ***das Großdeutsche Reich*** *hist*[历]; verwendet als Bezeichnung für das nationalsozialistische Deutschland (einschließlich Österreich) von 1938 bis 1945 大德意志帝国

Gro·ße *der/die*; *-n*, *-n* **1.** ein großer Junge / ein großes Mädchen 小子/丫头: *Unser Großer kommt schon in die Schule!* 我们的小子已上学了! **2.** *nur Pl*(只用复数)(von u. gegenüber Kindern verwendet 小孩用语) Erwachsene 大人 ‖ NB(注意): *ein Großer*; *der Große*; *den*, *dem*, *des Großen*

Grö·ße *die*; *-*, *-n* **1.** ***die G.*** + *Gen*(二格)/ ***von j-m/etw.*** die Maße (Breite, Länge, Höhe, Tiefe, Umfang, Volumen *usw*), die e-e Fläche, ein Gegenstand od. ein Raum hat (指宽度,长度,高度,深度,范围,容量等)大小,尺寸: *Die G. des Zimmers beträgt vier mal fünf Meter/zwanzig Quadratmeter* 房间的面积为 4 ×5 米/20 平方米; *Schüsseln in verschiedenen Größen* 大小不等的碗; *die beeindruckende G. e-s Gebirges* (= das Gebirge ist sehr groß u. beeindruckend) 山岭的巍峨 ‖ K-(复合): ***Größen-***, ***-angabe***, ***-unterschied***, ***-verhältnis*** **2.** *nur Sg*(只用单数); die Höhe, Länge des Körpers e-s Menschen od. Tieres 身高,身长: *Er hat ungefähr meine G.* 他大约像我这么高; *Mit seiner G. überragt er die Menge* (= er ist sehr groß) 他在身高方面超出许多人 ‖ -K(复合): ***Körper-*** **3.** ein genormtes Maß für die G. (1) von Kleidungsstücken, Schuhen *usw* (衣服、鞋等的)型号,尺码,大小: *Schuhe der G. 38* 38 码的鞋; *Welche G. haben Sie?* 您穿什么尺寸(尺码)? ‖ -K(复合): ***Handschuh-***, ***Kleider-***, ***Kragen-***, ***Schuh-***; ***Konfektions-***, ***Über-***, ***Zwischen-*** **4.** *mst Sg*(多用单数); die Zahl der Mitglieder od. Komponenten e-r Gruppe von Personen, Tieren od. Dingen 数量的大小: *die G. e-r Familie*, *e-r Herde*, *e-r Auswahl*, *e-s Angebots* 家庭、畜群、花色品种、供货量的大小(多少) **5.** *mst Sg*(多用单数); die Menge od. der Wert von etw. 价值,数额的大小: *die G. e-r Summe*, *e-s Gewinns*, *e-s Verlustes* 金额、赢利、亏损的大小 **6.** *mst Sg*(多用单数); die Bedeutung, die Wichtigkeit von etw. 重要性,意义,价值: *die G. e-r Leistung einschätzen* 评价某一成就的意义; *die G. e-s Unterschieds messen* 测量区分值 **7.** die Bedeutsamkeit e-r Person 伟大,出类拔萃: *die G. Goethes* 歌德的伟大 **8.** *mst Sg*(多用单数); die Intensität od. das Ausmaß von etw. 强度,程度: *die G. seiner Liebesfähigkeit* 他恋爱本领的大小 **9.** *mst Sg* (多用单数); der gute u. edle Charakter e-r Person 崇高品格,高尚品质 ⟨menschliche, seelische G. (zeigen)(表现出)人性的,心灵的高贵品质⟩ **10.** e-e wichtige Persönlichkeit, die sehr viel leistet 杰出人物,伟大人物,大师: *Michelangelo zählt zu den Größen der italienischen Kunst* 米开朗基罗是意大利艺术的大师 ‖ -K(复合): ***Geistes-*** **11.** MATH, PHYS【数】【物】; ein Begriff, mit dem man rechnen, den man in Zahlen ausdrücken kann (*z. B.* ein Gewicht, e-e Länge, e-e Temperatur)(指重量、长度、温度的)值,量,数值: *die unbekannte G. x* 未知数 x

Groß·el·tern *die*; *Pl*(复); die Eltern der Mutter od. des Vaters 祖父母,外祖父母 ‖ *hierzu* (派生) **groß·el·ter·lich** *Adj*(形); *mst attr*(多作定语)

Groß·en·kel *der* ≈ Urenkel ‖ *hierzu* (派生) **Groß·en·ke·lin** *die*

Grö·ßen·ord·nung *die*; ein (ungefährer) Bereich, in den das Ausmaß, der Umfang *o.Ä.* von etw. einzuordnen ist 数量级,等级,档次: *Der Verbrauch liegt in der G. zwischen 1000 u. 2000l* 消耗量在 1000 升到 2000 升之间

gro·ßen·teils *Adv*(副); zum großen Teil 大半,大部分 ≈ überwiegend: *Unsere Produkte werden g. im Ausland verkauft* 我们的产品大部分在国外销售

Grö·ßen·wahn *der*; die (krankhafte) Tendenz, sich selbst, seine eigenen Fähigkeiten u. Möglichkeiten maßlos zu überschätzen 妄自尊大,自大狂: *Seit er die neue Stelle hat, leidet er an G.* 他自从得到新职位,就患上自大狂 ‖ *hierzu*(派生) **grö·ßen·wahn·sin·nig** *Adj*(形); *nicht adv*(不作状语)

Groß|grund·be·sit·zer *der*; j-d, der sehr viel Grund besitzt 大地主,大土地占有者 ‖ *hierzu* (派生) **Groß|grund·be·sit·ze·rin** *die*; **Groß|grund·be·sitz** *der*

Groß·han·del *der*; *Kollekt* 集合; alle Betriebe od. Händler, die Waren in großen Mengen bei den Produzenten einkaufen u. an einzelne Geschäfte weiterverkaufen 批发贸易,批发商业 ↔ Einzelhandel ‖ K-(复合): ***Großhandels-***, ***-kaufmann***, ***-preis*** ‖ -K(复合): ***Getreide-***, ***Holz-*** ‖ *hierzu* (派生) **Groß·händ·ler** *der*; **Groß·hand·lung** *die*

groß·her·zig *Adj*(形); *geschr*[书] **1.** tolerant u. großzügig 宽宏大量的,为人宽厚的,大度的 ≈ selbstlos ↔ kleinlich ⟨ein Mensch 人⟩ **2.** ⟨ein Angebot, e-e Spende, e-e Tat 供给,捐献,行为⟩ so, dass sie von Großzügigkeit zeugen 慷慨的 ‖ *hierzu*(派生) **Groß·her·zig·keit** *die*; *nur Sg*(只用单数)

Groß·hirn *das*; der vordere Teil des Gehirns, der aus zwei Hälften besteht u. der den meisten Raum im Schädel einnimmt 大脑

Groß·in·dust·ri·el·le *der/die*; j-d, der einen großen Industriebetrieb od. mehrere Firmen besitzt od. leitet 大工业家,大实业家

Gros·sist *der*; *-en*, *-en* ≈ Großhändler ↔ Einzelhändler ‖ NB(注意): *der Grossist*; *den*, *dem*, *des Grossisten*

Groß·kind *das*; (CH)[瑞] ≈ *Enkel(kind)*

groß·kot·zig *Adj*(形); *gespr*, *pej*[口][贬] ≈ aufschneiderisch, prahlerisch ⟨g. daherreden 睁着眼睛说瞎话,胡乱吹牛,大言不惭地瞎说⟩

Groß·kü·che *die*; e-e Küche (*z.B.* in e-m Betrieb, e-r Kaserne), in der für viele Menschen gekocht wird 大厨房

Groß·kun·de *der*; ein Kunde, der Waren in großen Mengen kauft 大客户,大主顾,大买主

Groß·macht *die*; ein wirtschaftlich u. militärisch starker Staat, der die Weltpolitik entscheidend beeinflusst 大国，强国：*die G. USA* 大国美国 ‖ K-(复合)：***Großmacht-***, ***-politik***, ***-stellung***, ***-streben***

Groß·markt *der*; ein Markt, bei dem Händler ihre Waren kaufen 批发市场

Groß·maul *das*; *mst Sg*, *gespr! pej*（多用单数）[粗][贬] ≈ Angeber ‖ *hierzu*（派生）**groß·mäu·lig** *Adj*（形）; *gespr! pej*[粗][贬]

groß·mü·tig *Adj*（形）; mit großzügiger, toleranter Gesinnung 宽容的，大度的，慷慨的〈g. auf etw. verzichten 大度地放弃某事; j-m g. verzeihen 宽容地原谅某人〉‖ *hierzu*（派生）**Groß·mut** *die*; -; *nur Sg*（只用单数）; **Groß·mü·tig·keit** *die*; *nur Sg*（只用单数）

Groß·mut·ter *die*; die Mutter des Vaters od. der Mutter 祖母，外祖母，外婆 ‖ *hierzu*（派生）**groß·müt·ter·lich** *Adj*（形）; *mst attr*（多作定语）

Groß·nef·fe *der*; der Enkel des Bruders od. der Schwester 侄孙，外侄孙，外甥孙子

Groß·nich·te *die*; die Enkelin des Bruders od. der Schwester 侄孙女，外侄孙女，外甥孙女

Groß·on·kel *der* **1.** der Bruder des Großvaters od. der Großmutter 舅公，伯公，叔祖，叔公 **2.** der Ehemann der Großtante 姑姥爷，姨姥爷

Groß·rat *der*; (CH) [瑞] ein Mitglied des Parlaments e-s Kantons（瑞士）州议会议员 ‖ NB（注意）: ↑ ***Rat***² (4)

Groß·raum *der*; **der G.** + *Ortsname*（地名）; ein relativ großes Gebiet um e-e Stadt herum 大区域，大市区：*der G. München* 慕尼黑大市区

Groß·raum- *im Subst*, *wenig produktiv*（构成名词，构词弱）; nicht in einzelne, kleinere Räume od. Abteilungen eingeteilt（表示具有大容量，提供宽大空间）大…，大型…; das ***Großraumbüro***, das ***Großraumflugzeug***, der ***Großraumwagen***

groß·räu·mig *Adj*（形）**1.** über ein großes Gebiet 大区域的，大范围的〈e-e Absperrung, e-e Brandbekämpfung, e-e Fahndung 封锁，灭火，追捕; die Wetterlage 天气形势〉: *Es wird empfohlen, die Unfallstelle g.* (= in weitem Abstand) *zu umfahren* 有人建议远远绕开事故地点 **2.** mit viel Platz 广阔的，宽敞的，占地面积大的〈ein Park, e-e Wohnung 公园，住宅〉‖ *hierzu*（派生）**Groß·räu·mig·keit** *die*; *nur Sg*（只用单数）

Groß|rei·ne·ma·chen, Groß|rein·ma·chen *das*; *-s*; *nur Sg*, *gespr*（只用单数）[口]; ein gründliches Putzen der Wohnung od. des Hauses 大扫除

groß·schnäu·zig *Adj*（形）; *pej*[贬] ≈ angeberisch

groß·schrei·ben; *schrieb groß*, *hat großgeschrieben*; [Vt]（及物）**1.** ***etw. g.*** ein Wort mit e-m großen (16) Buchstaben beginnen 将…大写 ↔ etw. kleinschreiben: *Im Deutschen schreibt man Substantive groß* 德语中名词（第一个字母）大写 **2.** ***etw. g.*** etw. als besonders wichtig ansehen 对…很重视、看重 ≈ etw. wichtig nehmen: *Bei uns wird Kundendienst großgeschrieben* 我们这里很重视客户服务 ‖ NB（注意）*zu*（义项）**2.**: a) *mst* im Passiv（多用被动态）! b) *aber*（但是）: *etw. sehr groß schreiben* 极重视某物 (getrennt geschrieben 分开写) ‖ *zu*（义项）**1. Groß·schreibung**

> **Die Großschreibung** 大写
>
> Substantive beginnen immer mit einem Großbuchstaben 名词第一个字母要大写：
>
> **Ein schönes Land.**
>
> Das Gleiche gilt für substantivierte Verben, Adjektive und Pronomen 名词化的动词，形容词和代词同样要大写：
>
> **Das Gehen fällt ihr schwer.**
> **Er sucht immer das Gute im Menschen.**
> **Jedem das Seine.**
>
> Auch die Personal- und Possessivpronomen der Höflichkeitsform werden großgeschrieben 人称代词，物主代词的礼貌语形式也大写：
>
> **Wie heißen Sie?**
> **Ist das Ihre Brille?**

groß·spre·che·risch *Adj*（形）; *pej*[贬] ≈ angeberisch

groß·spu·rig *Adj*（形）; *pej*[贬] ≈ arrogant, anmaßend〈ein Auftreten, Reden 表现，言词〉‖ *hierzu*（派生）**Groß·spu·rig·keit** *die*; *nur Sg*（只用单数）

Groß·stadt *die*; e-e Stadt mit mehr als 100000 Einwohnern 大城市 ↔ Kleinstadt ‖ K-(复合): ***Großstadt-***, ***-kind***, ***-lärm***, ***-leben***, ***-luft***, ***-mensch***, ***-verkehr*** ‖ *hierzu*（派生）**Groß·städ·ter** *der*; **Groß·städ·te·rin** *die*; **groß·städ·tisch** *Adj*（形）

Groß·tan·te *die* **1.** die Schwester des Großvaters od. der Großmutter 姑奶奶，舅姥姥 **2.** die Ehefrau des Großonkels 伯祖母，伯婆，叔祖母，叔婆

Groß·teil *der*; *nur Sg*（只用单数）**1.** der größere Teil von etw. 大部分：*Er verbringt e-n G. seiner Ferien im Gebirge* 他在山区度过他的大部分假期 **2.** ein großer Teil, e-e große Anzahl 大批，大量：*Ein G. der Schulabgänger ist noch ohne Lehrstelle* 许多中学毕业生还没有学徒岗位

größ·ten·teils *Adv*（副）; in der Hauptsache 绝大部分，绝大多数：*Unsere Produkte werden g. nach Übersee exportiert* 我们的产品绝大部分出口海外

größt·mög·li·ch- *Adj*（形）; *nur attr*, *nicht adv*（只作定语，不作状语）; so groß wie möglich 尽量大的，尽最大可能的：*etw. bietet größtmögliche Sicherheit* 某事提供最大可能的安全保障

groß·tu·e·risch *Adj*（形）; *pej*[贬] ≈ angeberisch, prahlerisch

groß·tun; *tat groß*, *hat großgetan*; [Vi]（不及物）**1.** (***mit etw.***) ***g.*** *gespr pej*[口][贬] ≈ angeben, prahlen: *Sie muss immer mit ihrem Cabrio g.* 她总是要吹嘘自己有一部敞篷轿车; Vr (反身) **2. sich** (**mit etw.**) **g.** ≈ g. (1)

Groß·va·ter *der*; der Vater der Mutter od. des Vaters 祖父,外祖父 ‖ *hierzu* (派生) **groß·vä·ter·lich** *Adj* (形); *mst attr* (多作定语)

Groß·vieh *das*; *Kollekt* (集合); Pferde, Rinder, Schweine, Schafe u. Ziegen 大牲畜(指马,牛,猪,羊等) ↔ Kleinvieh

Groß|wet·ter·la·ge *die*; MET【气】; die Wetterlage in e-m relativ großen Gebiet über mehrere Tage 大(区域)天气形势

Groß·wild *das*; *Kollekt* (集合); große Tiere (*z.B.* Löwen, Tiger, Elefanten), die gejagt werden, *bes* in Afrika u. Indien 大猎兽,大猛兽(如狮,虎,象等) ‖ K-(复合): ***Großwild-, -jagd, -jäger***

groß·zie·hen; *zog groß, hat großgezogen*; Vt (及物) ***j-n/ein Tier g.*** für ein Kind od. ein junges Tier so lange sorgen, bis es selbständig geworden ist 养大,抚育大,抚养大,饲养大 ≈ aufziehen

groß·zü·gig *Adj* (形) **1.** von e-r Art, die zeigt, dass man von dem, was man besitzt, gern u. viel gibt 慷慨大方的,豪爽的 ‹ein Mensch 人; ein Geschenk, e-e Spende 礼物,捐赠; g. sein 慷慨,大方; j-n g. beschenken, unterstützen 慷慨地馈赠,支援某人›: *Es war sehr g. von ihr, uns alle zum Essen einzuladen* 她慷慨解囊邀请我们大家吃饭 **2.** von e-r Art, die zeigt, dass man Dinge, die einen stören, nicht beachtet 气度大的,胸怀坦荡的,宽宏大量的,豁达大度的 ≈ tolerant ‹ein Mensch 人; j-m g. verzeihen 大度地原谅某人; g. über etw. hinwegsehen 豁达大度地不计较某事›: *Durch sein großzügiges Entgegenkommen konnte ein Kompromiss erreicht werden* 由于他采取豁达的和解态度,才得以达成谅解 **3.** groß u. mit viel Platz 宽敞的,面积大的: ***e-e großzügige Wohnung*** 一套宽敞的住房 ‖ *hierzu* (派生) **Groß·zü·gig·keit** *die*

gro·tesk *Adj* (形); mit e-r komischen od. lächerlichen Wirkung, weil einzelne Merkmale übertrieben sind 滑稽可笑的,怪诞的,荒诞的 ‹e-e Aufmachung, e-e Erscheinung, e-e Erzählung, e-e Situation 打扮,现象,故事,情况; g. aussehen, wirken 看上去很滑稽,显得荒诞›: *Mit dem kleinen Kopf u. den viel zu langen Armen wirkt diese Skulptur g.* 这座雕塑脑袋小而两臂过长,显得滑稽可笑 ‖ *hierzu* (派生) **gro·tes·ker·wei·se** *Adv* (副)

Gro·tes·ke *die*; -, -*n* **1.** ein Kunstwerk, das die Wirklichkeit grotesk darstellt 荒诞的艺术品 **2.** ein Ereignis, das man als grotesk empfindet 荒诞不经的事

Grot·te *die*; -, -*n*; e-e kleine natürliche od. künstliche Höhle (1) in e-m Felsen 岩洞,洞穴: *die Blaue G. auf Capri* 卡普里岛上的"兰洞"

Grou·pie [ˈgruːpi] *das*; -*s*, -*s*; *gespr* [口]; ein weiblicher Fan *bes* e-s Popstars, der versucht, persönlichen (u. sexuellen) Kontakt zu ihm zu bekommen (歌星的)追星少女

grub *Imperfekt*, *1. u. 3. Person Sg* (过去时,第一和第三人称单数); ↑ ***graben***

Grüb·chen *das*; -*s*, -; e-e kleine Vertiefung in der Wange od. am Kinn 酒窝: *Wenn sie lacht, hat sie Grübchen neben den Mundwinkeln* 她笑起来嘴角边显出两个小酒窝

Gru·be *die*; -, -*n* **1.** e-e (*mst* relativ große, breite, rechteckige) Vertiefung im Erdboden (die *mst* j-d gegraben hat) 坑,穴 ‹e-e G. graben, ausheben 挖出、刨出一个坑› ‖ -K (复合): ***Abfall-, Müll-; Jauche(n)-; Fang-*** **2.** ≈ Bergwerk: *Die Bergleute fahren in die G. ein* 矿工下矿井 ‖ K-(复合): ***Gruben-, -arbeit, -arbeiter, -beleuchtung, -explosion, -lampe, -unglück*** ‖ -K (复合): ***Erz-, Kies-, Kohlen-, Sand-, Zinn-***

grü·beln; *grübelte, hat gegrübelt*; Vi (不及物) (**über etw.** (*Akk/Dat* 四格/三格)) **g.** lange u. intensiv über etw. nachdenken 思索,苦思,反复考虑 ‹vor sich hin g. 闷头思索; über e-e/e-r Aufgabe, ein/e-m Problem g. 苦苦思索一道题,反复考虑一个问题› ‖ *hierzu* (派生) **Grüb·ler** *der*; -*s*, -; **grüb·le·risch** *Adj* (形)

grü·e·zi! [ˈgryːətsi] (CH) [瑞] verwendet als Begrüßungswort in der Schweiz 你好! ≈ Guten Tag

Gruft *die*; -, *Grüf·te*; ein gemauertes Grab, *bes* unter e-r Kapelle od. e-r Kirche 墓室,墓穴 ‹j-n in e-r G. beisetzen 将某人葬入墓穴› ‖ -K (复合): ***Familien-***

Gruf·ti *der*; -*s*, -*s*; *gespr* [口]; *bes* von Jugendlichen verwendet als Bezeichnung für e-n etablierten Menschen (青年人用语) 成家的人,成年人

grün *Adj* (形) **1.** von der Farbe des Grases u. der Blätter 绿色的: *Wenn die Ampel für die Fußgänger grünes Licht zeigt, dürfen sie die Straße überqueren* 只有在信号灯为行人开绿灯时,行人才可以穿行马路 ‖ K-(复合): ***grün-, -blau*** ‖ -K (复合): ***dunkel-, gras-, hell-, moos-, oliv-, smaragd-; gelb-, grau-*** **2.** noch nicht reif u. deswegen *mst* sauer 生的,未成熟的,发青的 ‹Äpfel, Erdbeeren, Pflaumen *usw* 苹果,草莓,李子等; Tomaten 西红柿› **3.** *mst pej od iron* 多用[贬]或[讽]; jung u. ohne Erfahrung 不成熟的,没有经验的 ≈ unreif ‹ein Junge 青年› **4.** zur Partei der Grünen gehörig 绿党的 ‹ein Abgeordneter 议员› ‖ K-(复合): ***grün-alternativ*** **5.** ‹Ideen, Vorstellungen 思想,设想; Politik 政治(政策)› so, dass sie den Umweltschutz in den Vordergrund stellen 主张保护环境的,注重环保的 ‖ NB (注意): ↑ ***Punkt*** (12) **6. *ein Baum wird g.*** ein Baum bekommt (im Frühling) frische Blätter 树返青了 ‖ ID [谚] ***sich g. u. ˈblau ärgern*** *gespr* [口]; sich sehr ärgern 气得脸色发青; ***j-n g. u. ˈblau schlagen*** *gespr* [口]; j-n heftig verprügeln 把某人打得青一块紫一块、鼻青脸肿; *mst* 多用 ***Die sind sich*** (*Dat* 三格) / ***Wir sind uns*** (*Dat* 三格) ***nicht g.*** *gespr* [口]; sie mögen sich nicht/wir mögen uns nicht 他们/我们彼此不喜欢(不相爱)

Grün *das*; *-s*, *-/gespr*[口] *-s* **1.** die grüne (1) Farbe 绿色: *Das Kleid ist in zartem G. gehalten* 连衣裙保持着嫩绿色彩 **2.** *nur Sg*, *Kollekt* (只用单数, 集合); die Gesamtheit der Pflanzen, die Blätter haben 绿叶, 绿草, 绿树丛, 绿荫 〈das frische, junge, zarte G. 这一片新绿、嫩绿、翠绿〉 ‖ -K(复合): ***Birken-*** **3.** *nur Sg*, *Kollekt* (只用单数, 集合); e-e Fläche mit Gras, Bäumen u. Büschen 绿地 ≈ Grünanlage: *e-e Stadt mit viel G.* 绿地很多的城市 **4.** *nur Sg*, SPORT (只用单数)【体】; (beim Golfspiel) die relativ kleine Fläche (mit kurz geschnittenem Rasen), in deren Mitte das Loch für den (Golf)Ball ist 高尔夫球场的草坪 **5.** e-e Spielfarbe im deutschen Kartenspiel od. e-e Karte dieser Farbe 黑桃(德国纸牌) ≈ Blatt ‖ NB(注意): ↑ ***Herz*** (6,7) ‖ ID [谚] (***Das ist***) ***dasselbe in G.*** *gespr*[口]; (das ist) das Gleiche, auch nichts anderes 这没什么两样, 这千篇一律

Grün·an·la·ge *die*; ein öffentlicher Park in e-r Stadt 街心花园, (城市)绿化地带

Grund[1] *der*; -(*e*)*s*; *nur Sg* (只用单数) **1.** der Erdboden als Fläche, auf der man steht bzw. geht 地, 地面 〈auf felsigem, festem, schlüpfrigem, sumpfigem G. stehen 站在多岩石的、坚实的、湿滑的、泥泞的地面上〉 **2.** *veraltend* [渐旧]; der Erdboden als Fläche, auf der etw. angebaut wird od. wächst 土地, 耕地, 田地 ≈ Boden, Erde 〈fetter, magerer, lehmiger, sandiger G. 肥沃的, 贫瘠的, 粘性的, 砂质的土地〉 ‖ -K(复合): ***Acker-*** **3.** *Kurzw* (略) ↑ ***Grundbesitz***: *eigenen G. haben* 有自己的地产 ‖ K-(复合): ***Grund-***, ***-erwerb***, ***-steuer*** **4.** ***j-s G. u. Boden*** verwendet als Bezeichnung für ein Grundstück od. Grundstücke in j-s Besitz 地产 **5.** der feste Boden e-s Gewässers(水域的)底: *Das Wrack liegt auf dem G. des Meeres* 残骸沉在海底 ‖ -K(复合): ***Meeres-*** **6.** e-e einheitliche (*mst* einfarbige) Fläche, die den Hintergrund od. Untergrund *z. B.* für ein Muster bildet 背景, 底子, 底色: *Dieser Stoff zeigt schwarze Streifen auf rotem G.* 这块衣料红底黑条 ‖ -K(复合): ***Gold-*** ‖ ID[谚] ***von G. auf/aus*** ≈ radikal, völlig 〈etw. von G. auf/aus ändern, erneuern, kennen, lernen 从根本上改变、彻底更新、了解、从头学习某事物〉; ***im Grunde*** (***genommen***) ≈ eigentlich[2] (7); ***sich in G. u. 'Boden schämen*** *gespr*[口]; sich sehr schämen 羞愧得无地自容; ***etw. in G. u. 'Boden wirtschaften*** *gespr* [口]; durch schlechtes Wirtschaften etw. ruinieren 将某事经营得一塌糊涂, 因经营不善使某事破产; ***etw.*** (*Dat* 三格) ***auf den G. gehen*** versuchen, die (verborgenen) Ursachen *o. Ä.* von etw. zu finden 对某事寻根究底, 探究某事的来龙去脉 ‖ NB (注意): ↑ ***zugrunde***

Grund[2] *der*; -(*e*)*s*, *Grün·de*; das Motiv, der Anlass od. die Ursache, warum j-d etw. Bestimmtes tut, warum etw. geschieht 动机, 原因, 理由 〈ein einleuchtender, schwer wiegender, stichhaltiger, zwingender G. 明显的, 重大的, 有根据的, 令人信服的理由; aus beruflichen, privaten Gründen 由于职业的, 个人的原因; den G. für etw. angeben 说明某事的理由; Gründe für etw. vorbringen 提出某事的理由〉: *Ich habe meine Gründe für diese Entscheidung* 我作出这一决定有自己的理由; *Es besteht kein G. zur Aufregung* 没有理由激动; *Sie hat allen G., sich zu ärgern* 她不高兴是完全有道理的 ‖ -K (复合): ***Entlassungs-***, ***Entschuldigungs-***, ***Krankheits-***, ***Scheidungs-***, ***Verhaftungs-*** ‖ NB (注意): ↑ ***aufgrund*** ‖ zu (义项) **1. grund·los** *Adj* (形); **Grund·lo·sig·keit** *die*; *nur Sg* (只用单数)

grund- *im Adj*, *betont*, *wenig produktiv* (构成形容词, 重读, 构词弱) verwendet um auszudrücken, dass die im zweiten Wortteil genannte Eigenschaft in großem Maße zutrifft (表示所指的性质完全准确) 十分…, 非常…, 完全…, 很… ≈ sehr, ganz u. gar; ***grundanständig***, ***grundehrlich***, ***grundfalsch***, ***grundgescheit***, ***grundgütig***, ***grundhässlich***, ***grundschlecht***, ***grundsolide***

Grund- *im Subst*, *betont*, *sehr produktiv* (构成名词, 重读, 构词强) **1.** verwendet, um auszudrücken, dass etw. e-r Sache zugrunde liegt, die Basis von etw. bildet (表示构成某物的基础) 基本…; die ***Grundbedeutung*** 〈e-s Wortes 一个词的〉, die ***Grundform*** 〈e-s Verbs 动词的〉, der ***Grundgedanke***, die ***Grundidee***, das ***Grundprinzip***, die ***Grundtendenz*** 〈e-r Entwicklung 发展的〉 **2.** verwendet, um auszudrücken, dass etw. das Wichtigste bei etw. ist (表示某事物是最重要的因素) 基本…, 主要…, 根本…, 基础…; die ***Grundbedingung***, der ***Grundbestandteil***, die ***Grundfrage***, die ***Grundregel***, die ***Grundvoraussetzung***, das ***Grundwissen*** **3.** verwendet, um auszudrücken, dass etw. die Mindestform von etw. bildet (die immer gilt, zu der aber Zusätzliches hinzukommen kann) (表示某事物是最低的要求) 基本…, 最低… die ***Grundausstattung***, die ***Grundgebühr***, das ***Grundgehalt***, der ***Grundlohn*** **4.** verwendet, um auszudrücken, dass etw. als Erstes kommt (表示最先出现的事物) 原…, 基…; der ***Grundanstrich***

Grund·aus·bil·dung *die*; *nur Sg*, MIL (只用单数)【军】; der erste Teil der Ausbildung e-s Soldaten 基本训练

Eine Grundoperation ist nach der Lehre der Verfahrenstechnik der einfachste Vorgang bei der Durchführung eines Verfahrens.

Grund·bau·stein *der*; einer der wichtigsten Teile, aus denen etw. besteht 基本粒子, 基本成分

Grund·be·dürf·nis *das*; *-ses*, *-se*; *mst Pl* (多用复数); das, worauf man nicht verzichten kann (*bes* Essen, Trinken, Schlafen u. Kleidung) 基本需要

Grund·be·griff *der*; *-es*, *-e* **1.** *mst Pl* (多用复数); die einfachsten, wichtigsten, elementarsten Regeln u. Zusammenhänge in e-m Fach, auf e-m Gebiet *o. Ä.* 基本概念: *j-m die Grundbegriffe der Mathematik*, *des Tennis beibringen* 教某人数学、网球的基本概念 **2.** ein sehr wichtiges, häufig gebrauchtes Wort in e-r (*z.B.* wissenschaftlichen) Terminologie 基本专业术语

Grụnd·be·sitz *der*; die Grundstücke od. das Land, das j-d besitzt 地产 ‖ *hierzu* (派生) **Grụnd·be·sit·zer** *der*

Grụnd·buch *das*; ein amtliches Verzeichnis, in dem alle Grundstücke e-s bestimmten Gebiets u. deren Besitzer eingetragen werden 土地登记簿，地籍簿 ‖ K-(复合)：***Grundbuch-, -amt, -eintrag***

Grụnd·ei·gen·tum *das* ≈ Grundbesitz ‖ *hierzu* (派生) **Grụnd·ei·gen·tü·mer** *der*

grụ̈n·deln; *gründelte, hat gegründelt*; [Vi] (不及物) 〈e-e Ente *o.Ä.* 鸭等〉 ***gründelt*** ein Wasservogel sucht am Boden *mst* von flachen Seen *o.Ä.* nach Futter u. taucht dabei den Kopf tief ins Wasser 把头伸进水里觅食

grụ̈n·den; *gründete, hat gegründet*; [Vt] (及物) **1. *etw. g.*** etw. neu schaffen 成立，建立，创立，创办 〈e-e Firma, e-e Partei, e-n Staat, e-e Stadt, ein Unternehmen, e-n Verein g. 创立公司、党派、国家、城市、企业、协会〉：*Rom wurde 753 v. Chr. gegründet* 罗马创建于公元前 753 年 **2. *e-e Familie g.*** *veraltend* [渐旧] ≈ heiraten (in der Absicht, Kinder zu bekommen) **3. *etw. auf etw.*** (*Akk* 四格) ***g.*** *geschr* [书]；etw. mit etw. erklären, rechtfertigen *o.Ä.* 把…建立在…基础上，把…作为…的论据(理由) ≈ etw. auf etw. (*Akk* 四格) aufbauen：*Der Richter gründete den Freispruch des Angeklagten auf die entlastenden Zeugenaussagen* 法官把能够免除罪责的证人证词作为宣布被告无罪的论据；[Vi] (不及物) **4. *etw. gründet auf etw.*** (*Dat* 三格) *geschr* [书]；etw. beruht auf etw. (*Dat* 三格), stützt sich auf etw. (*Akk* 四格) (物作主语) 基于，依据，建立在…基础上：*Meine Theorie gründet auf folgenden Überlegungen ...* 我的理论是以下列考虑为基础的…；[Vr] (反身) **5. *etw. gründet sich auf etw.*** (*Akk* 四格) ≈ g. (4) ‖ *zu* (义项) **1. Grụ̈n·der** *der*; *-s, -*; **Grụ̈n·de·rin** *die*; *-, -nen*

Grụ̈n·der·jah·re *die*; *Pl*, *hist* Ⓓ (复) [历] [德] die Zeit von 1871 bis ungefähr 1900 in Deutschland, in der viele (industrielle) Unternehmen gegründet wurden u. es dem Staat wirtschaftlich gut ging(德国)经济创业年代，纷纷创设企业的年代(约 1871—1900 年)

Grụ̈n·der·zeit *die*; *nur Sg* Ⓓ (只用单数) [德] ≈ Gründerjahre

Grụnd·far·be *die* **1.** eine der drei Farben Gelb, Rot u. Blau, aus denen man alle anderen Farben mischen kann 基色，原色 **2.** die Farbe, die den Untergrund von etw. bildet od. die als erste Farbe auf etw. gestrichen, gemalt *o.Ä.* wird 底色

Grụnd·fes·ten *die*; *Pl* (复) **1. *an den G. von etw. rütteln*** *geschr* [书]；etw. grundsätzlich in Frage stellen u. es dadurch in seiner Existenz gefährden 动摇…的基础，从根本上动摇：*an den G. der Monarchie rütteln* 从根本上动摇君主政体 **2. *etw. wird in seinen G. erschüttert*** *mst* e-e These, e-e Ideologie *o.Ä.* wird grundsätzlich in Frage gestellt (物作主语)从根本上开始动摇

Grụnd·flä·che *die*; die untere Fläche e-s Körpers (3), auf der er steht(某物体的)底面：*die G. e-s Würfels berechnen* 计算立方体的底面

Grụnd·ge·setz *das*; *nur Sg* Ⓓ (只用单数) [德] verwendet als Bezeichnung für die geltende Verfassung[1] der Bundesrepublik Deutschland 基本法(联邦德国宪法)；*Abk* 缩写 GG

Grụnd·hal·tung *die*; die grundsätzliche Einstellung, die j-d gegenüber e-r Person od. Sache hat 基本态度：*e-e positive G. gegenüber dem Fortschritt haben* 对进步持积极态度

grun·die·ren; *grundierte, hat grundiert*; [Vt/i] (及物/不及物) (***etw.***) ***g.*** etw. mit e-r ersten Schicht Farbe od. e-r speziellen, *bes* haltbaren Flüssigkeit versehen 给…涂底色，打底子：*das Auto vor dem Lackieren mit e-m Rostschutzmittel g.* 在上漆之前用防锈剂给汽车打底 ‖ *hierzu* (派生) **Grun·die·rung** *die*

Grụnd·kennt·nis *die*; *-, -se*; *mst Pl* (多用复数)；das erste Wissen, das man braucht, um mehr über etw. lernen zu können 基础知识：*sich Grundkenntnisse in e-r Sprache aneignen* 获得一种语言的基础知识

Grụnd·kurs *der*; der erste Kurs, in dem man das Wichtigste über etw. lernt 基础课程，基础班

Grụnd·la·ge *die*; etw. (bereits Vorhandenes), auf das man etw. aufbauen od. von dem aus man etw. weiterentwickeln kann 地基，基础 ≈ Basis (1) 〈e-e feste, solide, stabile, tragfähige G. 牢固的、坚实的、稳定的、有承重能力的基础；etw. auf e-e neue G. stellen 重新安排某事；die Grundlagen für etw. schaffen 为某事打下基础〉：*E-e gute Ausbildung ist die G. für den beruflichen Erfolg* 良好的教育是职业成功的基础

Grụnd·la·gen|for·schung *die*; *nur Sg* (只用单数)；die Forschung, die sich mit den allgemeinen theoretischen Grundlagen e-r Wissenschaft (u. nicht mit ihrer praktischen Anwendung) befasst 基础研究，基础理论研究

grụnd·le·gend *Adj* (形)；*geschr* [书] **1.** von entscheidender Bedeutung 基本的，基础的，主要的 ≈ fundamental, wesentlich 〈e-e Erkenntnis, e-e Voraussetzung 认知，前提〉：*Zwischen ihren Ansichten besteht ein grundlegender Unterschied* 他们的见解存在着一个主要的差别 **2.** radikal, völlig 根本的，彻底的 〈e-e Änderung, e-e Erneuerung, e-e Umgestaltung 变化，更新，改造；etw. g. ändern, erneuern 将某事进行彻底改变，更新〉

grụ̈nd·lich *Adj* (形) **1.** sehr sorgfältig u. genau 认真细致的，周密的，精心的，扎实的 〈e-e Ausbildung, e-e Reinigung, e-e Vorbereitung 培训，洗涤，准备；etw. g. säubern, planen, vorbereiten 认真地清扫，周密地计划，切实地筹备某事；sich (*Dat* 三格) etw. g. überlegen 认真地考虑某事〉 **2.** *nur adv*, *gespr* (只作状语) [口]

≈ sehr 〈sich g. irren, täuschen 彻底搞错,完全弄错〉 ‖ zu (义项) **1.** **Gründ·lich·keit** *die*; *nur Sg*(只用单数)

Grund·li·nie *die* **1.** SPORT【体】; (*bes* beim Tennis u. Volleyball) eine der beiden hinteren Linien, die das Spielfeld begrenzen u. hinter denen der Ball im Aus ist(赛场)底线 **2.** MATH【数】; die unterste Linie e-r geometrischen Figur(几何图形的)底边,底线

Grund·mau·er *die*; *mst Pl*(多用复数); die Fundamente e-s Gebäudes 墙基 〈etw. brennt bis auf die Grundmauern ab 某物直至墙基全都烧毁〉

Grund·nah·rungs·mit·tel *das*; ein sehr wichtiges Nahrungsmittel wie *z. B.* Kartoffeln, Brot, Reis 基本食品,主食

Grün·don·ners·tag *der*; der Donnerstag vor Ostern濯足节(复活节前的星期四)

Grund·ord·nung *die*; *Kollekt*(集合); die wichtigsten Gesetze u. Regeln, die in e-m Staat gelten 基本制度 〈die freiheitlich-demokratische G. 自由一民主的基本制度〉

Grund|re·chen·art *die*; *mst in* 多用于 ***die vier Grundrechenarten*** Addition, Subtraktion, Multiplikation u. Division 四则运算法,基本计算方法(加、减、乘、除的统称)

Grund·recht *das*; -*(e)s*, -*e*; *mst Pl*(多用复数) **1.** eines der (politischen) Rechte des Bürgers in e-m demokratischen Staat, *z.B.* das Wahlrecht(公民的)基本权利 **2.** eines der elementaren Rechte menschlicher Würde u. Unabhängigkeit, *z.B.* die Freiheit der Person od. die Gleichheit aller Menschen vor dem Gesetz 基本人权 ≈ Menschenrecht

Grund·ren·te *die*; ein bestimmte Geldbetrag, den jeder Rentner mindestens bekommen soll, unabhängig davon, wie viel Beiträge er gezahlt hat 基本退休金,最低退休金

Grund·riss *der* **1.** e-e technische Zeichnung, die den waagerechten Schnitt e-s Gebäudes wiedergibt 平面图,轮廓线: *e-n G. e-s Bungalows anfertigen* 绘制单层别墅的平面图 **2.** MATH【数】; die senkrechte Projektion e-s Körpers (3) auf e-e waagrechte Ebene 投影 **3.** e-e einfache, kurze, schematische Darstellung e-s umfangreichen Themas 大纲,概要,概论: *die Grundrisse der Anatomie* 解剖学概论

Grund·satz *der* **1.** e-e feste Regel, nach der j-d lebt u. handelt 原则,准则 ≈ Prinzip (1) 〈moralische, politische, religiöse Grundsätze 道德的、政治的、宗教的准则; e-n G. streng befolgen 严格遵循一项原则; an e-m G. festhalten 坚持一项原则; nach festen Grundsätzen handeln, leben 按照固定原则行动、生活; von seinen Grundsätzen nicht abgehen 不背离自己的原则〉 **2.** e-e allgemein anerkannte Regel, e-e Norm, auf der etw. aufgebaut ist 原理,公理 ≈ Prinzip (2): *Seine Theorie beruht auf bestimmten wissenschaftlichen Grundsätzen* 他的理论建立在一定的科学原理基础上

Grund·satz- *im Subst*, *wenig produktiv*(构成名词,构词弱); drückt aus, dass sich etw. auf Grundlegendes bezieht (u. oft auch normativen Charakter hat)有关原则的…,基本的…; die ***Grundsatzdebatte***, die ***Grundsatzdiskussion***, die ***Grundsatzentscheidung***, das ***Grundsatzurteil***

grund·sätz·lich, grund·sätz·lich *Adj*(形) **1.** *mst attr*(多作定语); e-n Grundsatz (2) betreffend (u. deshalb wichtig)原则性的,原则上的,根本性的 ≈ prinzipiell (2) 〈Bedenken, Fragen 顾虑,问题; e-e Entscheidung, ein Unterschied 决定,区别; sich g. zu etw. äußern 对某事作原则性表态〉 **2.** *mst attr*(多作定语); wegen e-s (*z.B.* moralischen od. religiösen) Grundsatzes (1) 从原则上 ≈ aus Prinzip: *Apartheid g. ablehnen* 从原则上拒绝种族隔离 **3.** *nur adv*(只作状语) ≈ eigentlich[2] (8), an u. für sich, im Grunde (genommen): *Er ist zwar g. damit einverstanden, aber ...* 虽然他对这一点其实是赞成的,但是…

Grund·schu·le *die*; Ⓓ[德] die Schule, in die die Kinder die ersten vier Jahre gehen 小学 ‖ K-(复合): ***Grundschul-***, ***-lehrer***, ***-unterricht*** ‖ *hierzu*(派生) **Grund·schü·ler** *der*

Grund·stein *der*; der erste Stein, mit dem man bei e-r Feier beginnt, die Mauern e-s öffentlichen Gebäudes zu bauen 基石,奠基石 〈den G. legen, setzen 奠基〉 ‖ K-(复合): ***Grundstein-***, ***-legung*** ‖ ID[谚] ***den G. für/zu etw. legen*** die Basis, den Ausgangspunkt für die Entwicklung von etw. schaffen 为某事奠定基础: *den G. für ein neues/zu e-m neuen Leben legen* 为新的生活奠定基础; ***etw. ist der G. für/zu etw.*** etw. ist der Anfang von etw. 某事为某事奠定基础(开创局面): *Der Auslandsaufenthalt war der G. zu seiner Karriere als Dolmetscher* 国外逗留为他的译员生涯奠定了基础

Grund·stock *der*; ***der G.*** + *Gen*(二格)/***für/zu etw.*** die (wenigen) Dinge, die als Ausgangsbasis für etw. Größeres dienen, das man nach u. nach dazukauft, -bekommt *o.Ä.* 基础,起步的底子: *einfache Möbel als G. für den Aufbau e-s Haushalts kaufen* 购买简单家具作为家居建设的基础

Grund·stoff *der* **1.** ein Material, aus dem die Industrie etw. macht 原料,材料 ≈ Rohstoff ‖ K-(复合): ***Grundstoff-***, ***-industrie*** **2.** ein chemisches Element (5)元素

Grund·stück *das*; ein Stück Land, dessen Lage u. Größe genau festgelegt ist u. das j-m gehört 地皮,地产 〈ein G. (ver)pachten, bebauen 出租地皮,在地皮上建造房屋〉 ‖ K-(复合): ***Grundstücks-***, ***-eigentümer***, ***-makler***, ***-nachbar***, ***-preis***

Grund·stu·di·um *das*; der erste Teil des Studiums an e-r Hochschule, der *mst* mit e-r Prüfung endet 高等学校基础课阶段 ↔ Hauptstudium

Grund·übel *das*; ein Fehler, Mangel *o.Ä.*, der Ursache für andere Fehler, Mängel *usw* ist 主要弊端,基本弊病,弊端的根源,病根

Grün·dung *die*; -, -*en* **1.** die ganz neue Schaf-

G

fung von etw. 建立，创立，成立，创办：*die G. e-r neuen Partei* 创建新党 ‖ K-(复合)：**Gründungs-**，**-feier**，**-jahr**，**-kapital**，**-mitglied**，**-tag**，**-versammlung** ‖ -K(复合)：**Orts-**，**Partei-**，**Staats-**，**Vereins-** **2. die G. e-r Familie** das Heiraten (in der Absicht, Kinder zu bekommen)建立家庭，成家 ‖ -K(复合)：**Familien-**

G

grund·ver·kehrt *Adj*(形)；*ohne Steigerung*(无变级)；völlig falsch 根本错误的，完全颠倒的

grund·ver·schie·den *Adj*(形)；*ohne Steigerung* (无变级)；ganz verschieden 根本不同的，完全不一样的

Grund·ver·sor·gung *die*；die Versorgung mit dem unbedingt Nötigen 基本供应

Grund·was·ser *das*；*nur Sg*(只用单数)；der natürliche Vorrat an Wasser, das unter der Erdoberfläche ist 地下水：*Versickerndes Heizöl gefährdet das G.* 正在渗透的燃料油危害地下水 ‖ K-(复合)：**Grundwasser-**，**-spiegel**

Grund·wehr·dienst *der*；der gesetzlich vorgeschriebene Militärdienst, den j-d leisten (= machen) muss(法定)义务兵役

Grund·wort·schatz *der*；die wichtigsten Wörter e-r Sprache, die man zuerst lernt od. die man kennen muss, um sich in e-r Sprache zu verständigen 基本词汇

Grund·zahl *die*；eine der ganzen Zahlen 1, 2, 3 *usw* 基数 ≈ Kardinalzahl, natürliche Zahl ↔ Ordnungszahl

Grund·zug *der*；*mst Pl*(多用复数)；das wichtigste Merkmal von etw. 基本特征，基本特点：*die Grundzüge der deutschen Geschichte* 德国历史的基本特点；*e-e Entwicklung in ihren Grundzügen darstellen* 描述发展的基本特征

Grü·ne[1] *das*；*-n*；*nur Sg*(只用单数)；*mst in* 多用于 **1. im Grünen** in der freien Natur, nicht in der Stadt 在郊外，在大自然中：*im Grünen wohnen* 在野外住(露)宿 **2. ins Grüne** in die freie Natur 到郊外去：*ins Grüne fahren* 驱车到郊外去

Grü·ne[2] *der/die*；*-n*，*-n*；ein Mitglied od. Anhänger der Partei der Grünen 绿党党员，绿党支持者 ‖ NB(注意)：*ein Grüner*；*der Grüne*；*den*，*dem*，*des Grünen*

grü·nen；*grünte*，*hat gegrünt*；*geschr*[书]；[Vi](不及物) **1. etw. grünt** etw. entwickelt junge, frische Blätter od. Triebe(物作主语)变绿，发青，抽芽 (die Bäume, die Sträucher, die Wiesen 树木，灌木，草坪)；[Vimp](无人称) **2. es grünt** (**u. blüht**) die Pflanzen bekommen grüne Blätter (im Frühling)春意盎然，万象回春

Grü·nen *die*；*Pl*(复)；e-e politische Partei *bes* in der Bundesrepublik Deutschland 绿党 ‖ NB(注意)：ohne Artikel (*z. B.* auf e-m Wahlzettel)(不用冠词(例如：在选票上))：*Grüne* 绿党

Grün·flä·che *die*；ADM *geschr*【管理】[书] **1.** *mst Pl*(多用复数) ≈ Grünanlagen **2.** *mst Pl* (多用复数)；die Gesamtheit der Gärten, Parks, Wiesen u. Wälder, die zu e-r Stadt gehören 绿化面积，绿地面积

Grün·fut·ter *das*；frische Pflanzen (*bes* Gras), die Tiere als Futter bekommen 青饲料

Grün·kern *der*；ein Getreide (unreifer Dinkel), das man *bes* für Suppen verwendet 嫩麦粒

Grün·kohl *der*；dunkelgrüner Kohl, der keinen Kopf bildet u. den man erst im Winter erntet 羽衣甘蓝

grün·lich *Adj*(形)；von leicht grüner Farbe 淡绿的，浅绿色的

Grün·schna·bel *der*；*oft pej* 常用[贬]；ein junger Mensch, der noch keine (Lebens)Erfahrung hat (aber vorlaut ist u. immer alles besser weiß)不懂装懂的小年轻，毛头小伙子

Grün·span *der*；*-(e)s*；*nur Sg*(只用单数)；ein Belag, der sich durch die Einwirkung *mst* von Luft (allmählich) auf Kupfer u. Messing bildet 铜绿，铜锈

Grün·strei·fen *der*；ein schmaler Streifen aus Gras (u. Sträuchern), der *mst* zwischen zwei Fahrbahnen od. am Rand e-r Straße ist(两车道之间的或公路两旁的)绿化带

grun·zen；*grunzte*，*hat gegrunzt*；[Vi](不及物) **1. ein Schwein grunzt** ein Schwein gibt die Laute von sich, die für seine Art typisch sind 猪发出哼哼声；[Vt](及物) **2. etw. g.** *gespr* [口]；etw. sehr undeutlich sagen 嘟哝，嘟囔

Grün·zeug *das*；*nur Sg*，*gespr*，*Kollekt*(只用单数)[口](集合) **1.** frisches, rohes Gemüse od. Salat 新鲜蔬菜，生菜 **2.** frische Kräuter, mit denen man etw. würzt 新鲜调味蔬菜

Die Gruppe 47　47 社

Die **Gruppe** 47 war eine Gruppierung deutscher Schriftsteller, die 1947 gegründet wurde. Die Mitglieder standen der politischen Linken nahe und brachten in ihren Werken einen kritischen Realismus gegenüber der deutschen Nachkriegsgesellschaft und der neueren Geschichte zum Ausdruck. Wichtige Vertreter der Gruppe waren **Alfred Andersch**, **Heinrich Böll**, **Günter Eich**, **Günter Grass** un **Martin Walser.** Die Gruppe wurde 1977 aufgelöst.

47 社是一个德语作家团体，成立于 1947 年。其成员与政治上的左派亲近，在他们的作品中对德国战后社会和近代历史表现出一种批判现实主义。该社主要代表人物有：**阿尔弗雷德·安德施，海因里希·伯尔，君特·艾希，君特·格拉斯和马丁·瓦尔泽**。1977 年该社解体。

Grup·pe *die*；*-*，*-n* **1. e-e G.** + *Gen*(二格)/**von Personen/Tieren/Dingen** mehrere Personen, Tiere, Dinge *o. Ä.*, die gleichzeitig an einem Ort sind, die zusammengehören od. bestimmte gemeinsame Merkmale haben 组，群，队，批(人/动物/事物)〈Gruppen bilden 编组，分组；Personen/Dinge in Gruppen einordnen, einteilen 将人编(分)组/将事物归(分)类〉：*Die Kinder verließen das Schulhaus einzeln*

u. in Gruppen 孩子们单个地或成群地离开了学校；e-e G. von Bäumen 一排树木 ‖ K-(复合)：**Gruppen-**, **-bild**, **-fahrkarte**, **-foto**, **-reise** ‖ -K(复合)：**Baum-**, **Felsen-**, **Insel-**, **Menschen-** usw；**Alters-**, **Berufs-**, **Blut-**, **Gehalts-**, **Lohn-**, **Sach-** usw；**Bevölkerungs-** **2.** e-e G. (1) von Menschen, die sich regelmäßig treffen, um gemeinsam etw. zu tun, bestimmte Ziele zu verfolgen *o.Ä.* 班组,团体,队〈in e-r G. mitarbeiten 同在一个班组工作〉：*e-e Therapie in e-r G. machen* 进行小组疗法(治疗)；*Unsere G. kämpft für die Abschaffung der Tierversuche* 我们小组为废除动物试验而斗争 ‖ K-(复合)：**Gruppen-**, **-leiter**, **-therapie** ‖ -K(复合)：**Bastel-**, **Frauen-**, **Sport-**, **Theater-**, **Therapie-**, **Trachten-**, **Volkstanz-**, **Wander-** usw ‖ zu (义项) **1.** **grup·pen·wei·se** *Adj*(形)；*mst adv*(多作状语)

Grup.pen.sex *der*；sexuelle Handlungen zwischen mehr als zwei Personen 多人集体淫乱行为

grup.pie.ren; *gruppierte, hat gruppiert*; [Vt] (及物) **1.** **j-n/ etw.** (*Kollekt od Pl* 集合或复数) **irgendwie/irgendwo g.** Personen od. Sachen in e-r bestimmten Weise als Gruppe (1,2) anordnen 将…编成(班、组、队等)：*den Chor vor der Orgel g.* 将合唱团在管风琴前编队；*Er gruppierte die Sessel um die Couch, zu e-m Kreis* 他将沙发椅放在长沙发周围,排成一个圆圈；[Vr] (反身) **2.** **sich** (*Kollekt od Pl* 集合或复数) **irgendwie/irgendwo g.** sich als Gruppe (1) in e-r bestimmten Ordnung aufstellen, formieren 围成队列站立：*Die Tänzer gruppierten sich an den Seiten der Bühne um den Solotänzer* 伴舞演员们围绕独舞演员分站在舞台两侧

Grup.pie.rung *die*; -, -en **1.** das Einteilen in Gruppen (1) 分组,编班,排列,组合 **2.** ≈ Anordnung[2]：*Er änderte die G. der Stühle noch einmal* 他再次改变椅子的排列 **3.** e-e Gruppe von Personen *mst* innerhalb e-r politischen Partei, die Ansichten vertreten, die von der grundsätzlichen Richtung der Partei abweichen(从政党分离出来的)小团体,小组

gru.se.lig *Adj*(形)；〈e-e Geschichte, ein Erlebnis 故事,经历〉so unheimlich (1), dass sie Angst hervorrufen 令人毛骨悚然的,可怕的

gru.seln; *gruselte, hat gegruselt*; [Vr] (反身) **1.** **sich** (**vor j-m/etw.**) **g.** sich vor j-m/etw., das einem unheimlich od. gespenstisch vorkommt, fürchten(对…)感到害怕,惶恐,胆寒；[Vimp] (无人称) **2.** **j-n/j-m gruselt** (**es**) (**vor j-m/ etw.**) j-d fürchtet sich vor j-m/etw., das ihm unheimlich od. gespenstisch vorkommt (对…)感到害怕,心里惶惶不安,不寒而栗：*Es gruselt ihn/ihm vor der Dunkelheit* 他害怕黑暗 ‖ K-(复合)：**Grusel-**, **-film**, **-geschichte**

Gruß *der*; -es, *Grü·ße* **1.** *mst Sg*(多用单数)；Worte od. Gebärden, die man aus Höflichkeit austauscht, wenn man sich trifft od. Abschied voneinander nimmt(相遇或分别时的)致意,问候〈j-m die Hand zum G. reichen 向某人握手问候(致意)；j-s G. erwidern 回答某人问候〉‖ K-(复合)：**Gruß-**, **-formel** ‖ -K(复合)：**Abschieds-**, **Willkommens-** **2.** etw., das man j-m als Zeichen seiner Freundschaft *o.Ä.* übermittelt 问候,问好〈j-m Grüße (von j-m) ausrichten, bestellen, überbringen 向某人转达、转告、转致某人的问候；j-m Grüße schicken, senden 向某人致以问候〉：*Ich schicke dir die Blumen als G.* 我送你鲜花表示问候 ‖ -K(复合)：**Blumen-**, **Geburtstags-**, **Neujahrs-**, **Weihnachts-** **3.** **mit freundlichen Grüßen** verwendet als Schlussformel in Geschäftsbriefen(用作信尾套语)致友好问候 **4.** *mst* 多用 **viele/herzliche/schöne Grüße** (**von j-m**) (**an j-n**) verwendet, wenn man j-s beste Wünsche übermittelt bzw. sie ihm ausrichten lässt(代…向…)多多问候/致以衷心的/美好的问候：*Schöne Grüße von meiner Frau/an Ihren Mann* 代我夫人向您先生致以美好的问候；*Sag Maria herzliche Grüße von mir!* 请代我向玛丽亚衷心问候!

Gruß.ad.res.se *die* ≈ Grußwort (2)

grü.ßen; *grüßte, hat gegrüßt*; [Vt] (及物) **1.** **j-n g.** j-m e-n Gruß (2) zusenden 问候,致意：*Grüße bitte deine Schwester von mir!* 请代我问候你的姐妹!；[Vt/i] (及物/不及物) **2.** (**j-n**) **g.** j-n mit (formelhaften) Worten od. (ritualisierten) Gebärden willkommen heißen bzw. sich von ihm verabschieden(相遇或分别时)礼貌致意,打招呼问好〈(j-n) freundlich, höflich, flüchtig g. 友好地、礼貌地、匆匆地向某人打招呼(致意)〉：*Er zog grüßend den Hut* 他脱帽致意 **3.** **j-d lässt** (**j-n**) **g.** j-d lässt Grüße (2) ausrichten(人作主语)让人向…致意：*Die Gabi lässt g.* (= sie sagte mir, ich solle dir ihre besten Wünsche überbringen)佳碧让我向你问好 ‖ ID [谚] **Grüß dich!** *gespr* [口]；als Grußformel verwendet, wenn man j-n trifft, zu dem man „du" sagt 你好!(彼此以"你"相称的人们之间的打招呼用语)

gruß.los *Adj*(形)；*mst adv*(多作状语)；ohne zu grüßen (2) 不打招呼的,不理睬的：*Nach dem Streit verließ er g. den Raum* 争吵之后他不打招呼就离开了房间

Gruß.wort *das*; -(e)s, *Gruß·wor·te* **1.** e-e kurze, offizielle Ansprache, mit der j-d die Teilnehmer *z.B.* e-s Kongresses begrüßt 欢迎词 **2.** ein Schreiben, mit dem die Teilnehmer e-r Veranstaltung offiziell begrüßt werden 欢迎光临的函件 ≈ Grußadresse

Grüt.ze *die*; -; *nur Sg*(只用单数) **1.** ein Brei, den man aus gemahlenen Hafer- od. Gerstenkörnern macht 用燕麦糁或大麦糁做的粥 **2.** **grüne/ rote G.** e-e Süßspeise aus grünen/ roten Früchten, deren Saft u. Zucker 水果甜羹 **3.** **G.** (**im Kopf**) *gespr veraltend* [口][渐旧] ≈ Verstand〈viel, wenig, keine G. (im Kopf) haben 脑袋瓜儿灵活,脑子转得不快,头脑不灵；zu etw. braucht man G. 对某事要动脑筋〉

gu.cken ['gʊkn]; *guckte, hat geguckt*; *gespr* [口]；[Vi] (不及物) **1.** **irgendwohin g.** seinen Blick (bewusst) auf etw. richten 瞧,望,瞅 ≈

sehen (10): *aus dem Fenster, durchs Schlüsselloch g.* 从窗口向外瞧，从锁孔里窥探 **2. irgendwie g.** e-n bestimmten Gesichtsausdruck haben 露出…的神情，显得…〈freundlich, finster, überrascht, verständnislos g. 露出友善的、阴沉的、吃惊的、不理解的表情〉 **3. etw. guckt aus etw.** etw. ragt aus etw. heraus(物作主语)(从…中)露出来: *Dein Hemd guckt aus der Hose* 你的衬衣从裤子里露出来了 ‖ ID[谚] ↑ **Wäsche**

G

Guck·loch *das*; ein Loch in e-r Tür od. e-r Wand, durch das man j-n/etw. beobachten kann, ohne selbst gesehen zu werden 窥视孔，观察孔

Gue·ril·la[1] [ge'rɪlja] *der*; *-s*, *-s*; *mst Pl* (多用复数); ein Mitglied e-r bewaffneten Organisation, die (*mst* im eigenen Land) e-n Krieg gegen die Regierung od. e-e Besatzungsmacht führt 游击队员 ‖ K-(复合): ***Guerilla-***, ***-kampf***, ***-krieg***, ***-organisation***

Gue·ril·la[2] [ge'rɪlja] *die*; *-*, *-s*; e-e Gruppe von Guerillas[1] 游击队

Guil·lo·ti·ne [gijo'tiːnə] *die*; *-*, *-n*; *hist* [历]; e-e Maschine, mit der (*bes* zur Zeit der Französischen Revolution) durch ein herabfallendes Beil Menschen der Kopf abgeschlagen wurde(法国革命时期的)断头台，斩首机

Gu·lasch *das*, *der*; *-(e)s*, *-s/-e*; ein Gericht *mst* aus Rind- od. Schweinefleisch in Form kleiner Würfel mit Soße, das *bes* mit Paprika sehr scharf gewürzt wird 辣味红烧肉(牛肉或猪肉) ‖ K-(复合): ***Gulasch-***, ***-suppe*** ‖ -K (复合): ***Kalbs-***, ***Rinder-/Rinds-***, ***Schweine-/Schweins-***; ***Paprika-***

Gul·den *der*; *-s*, *-* **1.** *hist* [历]; die ehemalige Währung der Niederlande 盾(原荷兰币名): *der Holländische G.* 荷兰盾 **2.** *hist* [历]; e-e Gold- bzw. später Silbermünze, die man vom 14 bis 19 Jahrhundert *bes* in Deutschland verwendet hat 古尔登(德国旧金、银币名)

Gul·ly ['gʊli] *der*; *-s*, *-s*; e-e Art Schacht mit Gitter in der Straße, durch den Regen u. Abwässer in die Kanalisation fließen 街道下水道口，阴沟孔，排水沟

gül·tig *Adj* (形) **1.** 〈ein Ausweis, e-e Eintrittskarte, e-e Fahrkarte, ein Vertrag 证件，入场券，车票，合同〉 so, dass sie bestimmten (gesetzlichen od. rechtlichen) Vorschriften entsprechen (u. daher wirksam sind bzw. für den vorgesehenen Zweck verwendet werden können) 有效的 ↔ ungültig (1): *Der Reisepass ist noch bis Ende September g.* 这本旅行护照到 9 月底还有效 **2.** von der Gesellschaft od. e-r kompetenten Gruppe (*z.B.* im wissenschaftlichen Bereich) allgemein anerkannt u. daher verpflichtend 通用的，有约束力的 ≈ verbindlich (2) 〈ein Grundsatz, e-e Maxime, ein Maßstab, ein Lehrsatz 原则，座右铭，标准，定理〉 ‖ *hierzu* (派生) **Gül·tig·keit** *die*; *nur Sg* (只用单数)

Gum·mi[1] *der*, *das*; *-s*, *-s* **1.** *nur Sg* (只用单数); ein glattes, elastisches Material, das kein Wasser durchlässt 橡胶，树胶: *Aus G. werden Reifen, Schuhsohlen u. Stiefel hergestellt* 车轮、鞋底和靴子是由橡胶制成的 ‖ K-(复合): ***Gummi-***, ***-absatz***, ***-dichtung***, ***-handschuh***, ***-reifen***, ***-schlauch***, ***-schürze***, ***-sohle***, ***-stiefel*** ‖ *zu* (义项) ***Gummistiefel*** ↑ *Abb. unter* 图见 **Schuhe 2.** *Kurzw* (略) ↑ **Gummiband**, **Gummiring** ‖ *hierzu* (派生) **gum·mi·ar·tig** *Adj* (形)

Gum·mi[2] *der*; *-s*, *-s*; *gespr* [口] **1.** *Kurzw* (略) ↑ **Radiergummi 2.** *gespr!* [粗] ≈ Kondom

Gum·mi·band *das*; *-(e)s*, *Gum·mi·bän·der* **1.** ein schmales, elastisches Band, das in Kleidungsstücke eingenäht wird, um sie *z.B.* in der Taille eng zusammenzuhalten 橡皮筋，松紧带 **2.** ≈ Gummiring (1)

Gum·mi·bär·chen *das*; *-s*, *-*; *mst Pl* (多用复数); e-e Süßigkeit aus e-r weichen, elastischen Masse in Form von bunten, kleinen Bären 小熊橡皮糖

Gum·mi·baum *der*; ein tropischer Baum mit großen, dicken, dunkelgrünen Blättern, der in Europa gern als Zimmerpflanze verwendet wird 橡皮树

gum·miert *Adj* (形); *nicht adv* (不作状语); (*bes* auf der Rückseite) mit e-m Klebstoff überzogen 涂上胶的，涂胶的〈Briefmarken, Briefumschläge, Etiketten 邮票，信封，标签〉

Gum·mi·knüp·pel *der*; e-e Art Stock aus hartem Gummi, den *bes* die Polizei als (Schlag) Waffe verwendet 橡皮警棍

Gum·mi·pa·ra·graf *der*; *gespr* [口]; e-e Vorschrift, die so allgemein formuliert ist, dass man sie auf sehr unterschiedliche Weise interpretieren kann 弹性条款，有伸缩性的(可作不同解释的)条款

Gum·mi·ring *der* **1.** ein schmaler, dünner Ring aus Gummi[1], den man *z.B.* verwendet, um ein gerolltes Blatt Papier zusammenzuhalten(包装用的)橡皮筋 **2.** ein flacher Ring aus Gummi[1], den man beim Einkochen zwischen den Deckel u. den Rand des (Einkoch) Glases legt 橡皮密封垫圈

Gum·mi·zug *der* **1.** ≈ Gummiband (1) **2.** ein dehnbares (elastisches) Stück Stoff (in das einzelne dünne Fäden aus Gummi[1] eingewebt sind) 松紧带

Gunst *die*; *-*, *nur Sg*, *geschr* (只用单数) [书] **1.** ein freundliches, wohlwollendes Gefühl, e-e positive Haltung gegenüber j-m (der sich vorher *mst* sehr bemüht hatte, einem zu gefallen) 好意，厚意，宠爱，善意，好感〈j-s G. erringen, gewinnen, genießen, verlieren 博得、赢得、享受、失去某人的宠爱(厚爱); j-m seine G. schenken 对某人厚爱; um j-s G. werben 追求某人恩宠; sich um j-s G. bemühen 力求获得某人的好感〉: *Die politischen Parteien müssten sich mehr um die G. der Wähler bemühen* 各政党想必是要做更大的努力去取悦选民 ‖ K-(复合): ***Gunst-***, ***-beweis*** ‖ -K (复合): ***Wähler-*** **2.** etw., das man für j-n als Zeichen der G. (1) tut, *z.B.* ein Gefallen, den man ihm erweist 恩惠,好处,优待 ⟨e-e große, kleine G.大的恩典,小的恩惠(大恩小惠); j-m e-e G. erweisen, gewähren 给某人以恩惠(好处),关照某人; um e-e (letzte) G. bitten 恳求(最后的)照顾⟩ **3.** ***zu j-s Gunsten*** so, dass es für j-n ein Vorteil od. Nutzen ist 有利于某人 ↔ zu j-s Ungunsten ⟨etw. zu j-s Gunsten auslegen 对某事作有利于某人的解释⟩: *Die Kassiererin hat sich zu meinen Gunsten verrechnet* 女出纳员算错了账,少收了我的款(或多找给我钱) ‖ NB(注意): ↑ ***zugunsten*** ‖ ID[谚] ***die G. des Augenblicks/der Stunde*** ⟨nutzen 利用⟩ e-e günstige Gelegenheit (ausnutzen)有利时机

güns·tig *Adj*(形) **1.** ***g.*** (***für j-n/etw.***) für j-n von Vorteil, für e-n bestimmten Zweck, ein bestimmtes Vorhaben gut geeignet 有利的,有益的,良好的 ⟨Umstände, Voraussetzungen, e-e Gelegenheit 情况,前提,机会; etw. wirkt sich g. aus 某事效果良好,发生有利的影响; etw. g. beeinflussen 对某事产生良好影响⟩: *Die Verhandlung verlief für ihn sehr g.* 谈判进行得对他十分有利; *Der Wind war g., u. wir konnten gut segeln* 风是顺风,这样我们可以顺利地扬帆航行 **2.** *nur präd od adv, geschr veraltend*(只作表语或状语)[书][渐旧] ≈ wohlwollend

-güns·tig *im Adj, wenig produktiv*(构成形容词,构词弱); mit Vorteilen im Hinblick auf die genannte Sache …有利的,…优惠的; ***kostengünstig*** ⟨e-e Produktionsweise 生产方式⟩, ***preisgünstig*** ⟨ein Angebot 供应⟩, ***verkehrsgünstig*** ⟨e-e Lage 位置⟩, ***zinsgünstig*** ⟨Wertpapiere 有价证券⟩

güns·ti·gen·falls, güns·tigs·ten·falls *Adv*(副); wenn alles optimal läuft 在顺利的情况下,在最好的情况下,充其量,至多 ≈ bestenfalls: *Er kann in dem Wettkampf g. noch den dritten Platz erreichen* 这次比赛他充其量能得第三名

Günst·ling *der*; *-s, -e*; *mst pej* 多用[贬]; ***j-s G.*** j-d, der von e-r einflussreichen Person bevorzugt wird 某人的宠儿、得宠者 ≈ Protegé ‖ K-(复合): ***Günstlings-, -wirtschaft***

Gur·gel *die*; *-, -n*; der vordere Teil des Halses 咽喉 ≈ Kehle ⟨j-n an der G. packen 掐住某人的脖子; j-m die G. zudrücken 使劲按住某人的脖子,扼住某人的喉咙; j-m/e-m Tier die G. durchschneiden 切断某人咽喉,杀死一只动物⟩ ‖ ID[谚] ***j-m an die G. springen*** *gespr*[口]; sehr wütend auf j-n werden u. ihn beschimpfen 跳起来怒骂某人

gur·geln; *gurgelte, hat gegurgelt*; [Vi](不及物) **1.** (***mit etw.***) ***g.*** (bei zurückgelegtem Kopf) den Rachen mit e-r Flüssigkeit ausspülen. Man bewegt die Flüssigkeit, indem man Luft ausstößt (wobei Geräusche im Hals entstehen)漱口,漱喉: *Bei Halsschmerzen gurgelt er mit Salbeitee* 他喉咙疼时就用鼠尾草沏的水漱喉; *beim Zähneputzen g.* 刷牙时漱口 **2.** ***etw. gurgelt*** e-e Flüssigkeit bewegt sich mit e-m Geräusch wie beim Gurgeln (1)(物作主语)发出(漱口般的)咕噜声,发出汩汩声

Gur·ke *die*; *-, -n* **1.** e-e Pflanze mit rauen Blättern u. gelben Blüten, die im Garten wächst u. deren Früchte man als Gemüse isst黄瓜(植物) ‖ K-(复合): ***Gurken-, -beet, -ranke*** **2.** die längliche grüne Frucht der G. (1), die man *bes* roh als Salat isst 黄瓜(果实) ⟨Gurken schälen, (in Scheiben) schneiden, raspeln 削黄瓜皮,切黄瓜(片),把黄瓜擦成丝⟩ ‖ ↑ *Abb. unter* 图见 ***Gemüse*** ‖ K-(复合): ***Gurken-, -hobel, -kern, -schale, -salat*** ‖ -K(复合): ***Salat-*** **3.** ***e-e (saure) G.*** e-e kleine G. (2), die *mst* mit gewürztem Essig haltbar gemacht u. in Gläsern verkauft wird 酸黄瓜: *ein Salamibrot mit (saurer) G. garnieren* 萨拉米香肠夹面包配酸黄瓜 ‖ K-(复合): ***Gurken-, -glas*** ‖ -K(复合): ***Essig-, Salz-, Senf-*** **4.** *gespr! hum*[粗][诙]; e-e *mst* hässliche, große Nase(大而难看的)黄瓜鼻子 ‖ *zu* (义项) **2.** **gur·ken·för·mig** *Adj*(形)

gur·ren; *gurrte, hat gegurrt*; [Vi](不及物) ***e-e Taube gurrt*** e-e Taube gibt die Laute von sich, die für ihre Art typisch sind 鸽子咕咕地叫

Gurt *der*; *-(e)s, -e* **1.** ein breites, stabiles Band *bes* zum Tragen od. Halten von etw. (宽而结实的)带子,腰带,吊带,背带: *die Gurte e-s Fallschirms* 降落伞吊带 ‖ -K(复合): ***Halte-, Leder-, Patronen-, Schulter-, Trag(e)-*** **2.** *Kurzw*(略) ↑ ***Sicherheitsgurt*** ‖ K-(复合): ***Gurt-, -muffel*** **3.** ein breiter u. stabiler Gürtel (1) (*bes* bei e-r Uniform)军服腰带 ⟨den G. umschnallen, abnehmen 扣住、解开腰带⟩

Gür·tel *der*; *-s, -* **1.** ein festes Band aus Leder od. Stoff (*mst* mit e-r Schnalle), das man um die Taille trägt, um den Rock od. die Hose zu halten od. um ein weites Kleidungsstück zusammenzuhalten 腰带,裤带,带子 ⟨ein breiter, schmaler G.宽的、窄的带子; den G. enger, weiter machen/schnallen 将裤带系紧一点、系松一点; sich e-n G. umbinden, umschnallen 系上、扣住腰带⟩ ‖ K-(复合): ***Gürtel-, -schließe, -schnalle*** ‖ -K(复合): ***Kleider-, Leder-, Mantel-, Stoff-*** **2.** ein Streifen Land od. e-e bestimmte Landschaft, die etw. umgeben 地带: *Nördlich u. südlich des Äquators erstreckt sich der G. der Tropen* 沿赤道南北两侧是热带 ‖ -K(复合): ***Baum-, Berg-, Minen-*** ‖ ID[谚] *mst* 多用 ***Wir müssen den G. enger schnallen*** *gespr*[口]; wir müssen sparen 我们必须勒紧裤带(指节衣缩食) ‖ *zu* (义项) **1.** **gür·tel·los** *Adj*(形); *nicht adv*(不作状语)

Gür·tel·li·nie *die*; *nur Sg*(只用单数); *mst in* 多用于 **1.** ***ein Schlag unter die G.*** **a)** (*bes* beim Boxen) ein (verbotener) Schlag in den Unterkörper 向腰围下部的一击(拳击运动中的违规动作),向下身的一击; **b)** e-e unfaire, verletzende Handlung od. Bemerkung 不正派的、伤人的动作或言语 **2.** (***etw. ist***) ***unterhalb der G.*** **a)** (etw. ist) unanständig 某事不正经,有伤风化 ⟨*mst* 多用 ein Witz 俏皮话⟩; **b)** (etw. ist) unfair 某事不正派,不得体 ⟨e-e Bemerkung 说法

(言语)〉

Gür·tel·ro·se *die*; *nur Sg*(只用单数); e-e schmerzhafte Virusinfektion, bei der sich auf der Haut Bläschen bilden 带状疱疹

Gür·tel·tier *das*; ein Tier, das in Mittel- u. Südamerika lebt u. e-n Panzer aus kleinen Hornplatten um den Körper trägt 犰狳

gür·ten, sich; *gürtete sich*, *hat sich gegürtet*; [Vr](反身) ***sich*** (***mit etw.***) ***g.*** *geschr veraltet* [书][旧]; sich etw. als Gürtel (1) umlegen 系上带子,(把…)系在腰间

G

Gu·ru *der*; *-s*, *-s* **1.** ein religiöser Lehrer im Hinduismus u. Buddhismus 古鲁(印度教和佛教的师傅) **2.** *gespr hum od pej*[口][诙]或[贬]; j-d, der in e-m bestimmten Bereich ein Vorbild ist u. e-e Leitfunktion hat 代表人物,头面人物: *ein G. der Popmusik* 流行音乐的代表人物

GUS [ge:|u:ˈ|ɛs] *die*; *-*; *nur Sg* (只用单数); (*Abk für* 缩写,全称为 Gemeinschaft Unabhängiger Staaten) ein Staatenbund von Republiken der ehemaligen Sowjetunion 独联体,全称为:独立国家联合体(原苏联的一些共和国国家联盟)

Guss *der*; *-es*, *Güs·se* **1.** e-e relativ große Menge e-r Flüssigkeit, die mit e-m Schwung ausgeschüttet od. ausgegossen wird 浇注(液体) **2.** das Gießen e-s Gegenstandes aus Metall *o. Ä.* 浇铸,铸造: *der Guss e-r neuen Glocke* 浇铸一口新钟 ‖ K-(复合): ***Guss-***, ***-beton***, ***-form***, ***-stahl*** **3.** e-e Schicht aus (verflüssigter u. wieder fest gewordener) Schokolade *o. Ä.* (*mst* auf e-m Kuchen)(巧克力)糖衣,糖汁: *den G. für die Torte vorbereiten* 准备浇蛋糕的糖汁 ‖ -K(复合): ***Torten-***; ***Schokoladen-***, ***Zucker-*** ‖ ID[谚] ***wie aus einem G.*** vollkommen einheitlich (in der Gestaltung)完全统一,浑然一体,完美无缺 ≈ homogen: *Architektur u. Ausgestaltung der Kirche wirken wie aus einem G.* 教堂的建筑与装饰显得浑然一体

Guss·ei·sen *das*; *nur Sg*(只用单数); e-e besondere Art von Eisen, die man gut zum Gießen (4) verwenden kann 铸铁,生铁 ‖ *hierzu*(派生) **guss·ei·sern** *Adj*(形)

Gus·to *der*; *-s*; *nur Sg*(只用单数); ***nach*** (***j-s***) ***G.*** nach j-s Geschmack od. Vorliebe 按照某人的口味,根据某人的爱好: *Du kannst die Wohnung ganz nach deinem G. einrichten* 你可以完全按照自己的爱好来布置住房

gut, *besser*, *best-*; *Adj*(形) **1.** so, wie es sein sollte, ohne Mängel, von od. mit hoher Qualität 好的(指质量) ↔ schlecht (1): *e-e gute Leistung* 好成绩; *Hast du gut geschlafen?* 你睡得好吗?; *Er kann gut tanzen* 他很会跳舞; *Er tanzt gut* 他舞跳得好; *Er ist ein guter Tänzer* 他是一个优秀的舞蹈家 **2.** *nicht adv*(不作状语); 〈Augen, Ohren, e-e Nase, ein Gedächtnis, ein Gehör 眼睛,耳朵,鼻子,记忆力,听力〉 so, dass sie besser als durchschnittlich funktionieren 好的,良好的(指功能) ↔ schlecht (2) **3.** *nicht adv*(不作状语); 〈ein Schüler, ein Student 学生,大学生; ein Anwalt, ein Arzt, ein Lehrer *usw* 律师,医生,老师等〉 so, dass sie ihre Aufgaben u. Pflichten sehr gewissenhaft erfüllen 好的,优秀的,出色的(指尽职) ↔ schlecht (3): *Gute Eltern sind immer für ihre Kinder da* 好的家长时时刻刻为子女着想 **4.** bemüht, kein Unrecht zu tun u. anderen zu helfen 好的,乐于助人的,善良的(指品行) ↔ böse (1), schlecht (4) 〈ein Mensch 人; gut zu j-m sein 对某人好; j-n gut behandeln 善待某人〉: *das Gute im Menschen* 人的善良 **5.** 〈e-e Tat, ein Werk 行为,事业〉 so, dass anderen dadurch geholfen wird 慈善的,好心的(指助人) **6.** so, wie es *bes* in e-r Gesellschaft üblich ist, den Erwartungen u. moralischen Prinzipien entspricht 好的,完美的(指符合道德规范) ↔ schlecht (5) 〈etw. verstößt gegen den guten Geschmack/die guten Sitten 某事违反了良好的风尚/有损良好的品德(有伤风化/伤风败俗)〉 **7.** von etw. überzeugt u. bemüht, nach dieser Überzeugung zu handeln 好的,忠诚的(指信念) 〈ein Christ, ein Demokrat 基督教徒,民主主义者〉 **8.** ***gut*** (***für j-n***) für j-n nützlich(对…)有好处的,有益的 ↔ schlecht (7): *Es wäre gut für dich, dich einmal auszuruhen/wenn du dich einmal ausruhen würdest* 你休息一下/如果你能休息一下的话,这会对你有好处的 **9.** ≈ wirksam: *Kennst du ein gutes Mittel für/gegen Halsschmerzen?* 你知道治嗓子疼有什么疗效好的药吗? **10.** ≈ positiv, erfreulich 〈e-e Nachricht 消息〉: *Er macht e-n guten Eindruck auf mich* 他给我留下一个好的印象(指积极的、愉快的) **11.** ≈ angenehm, problemlos: *Hattet ihr e-e gute Fahrt/Reise?* 你们一路/旅行顺利吗?(指愉快、平安) **12.** mit mehr Ertrag od. Erfolg als durchschnittlich od. als erwartet 好的,良好的(指成果、收获) ↔ schlecht (12) 〈e-e Ernte, ein Jahr 收成,年成〉 **13.** *gespr*[口]; 〈ein Kind, ein Junge, ein Mädchen, ein Hund 孩子,男孩,女孩,狗〉 so, dass sie einem gehorchen 好的(指听话、温顺) ≈ brav, artig ↔ böse (5): *Willst du jetzt wieder gut sein?* 你现在愿意好好听话了吗? **14.** *nur attr*, *nicht adv*(只作定语,不作状语); seit langem bekannt u. vertraut 好的,亲密的(指关系) 〈ein Bekannter, ein Freund, e-e Freundin 熟人,朋友,女友〉 **15.** so, dass j-d (mit etw.) viel Geld verdient od. bekommt (报酬、收入、待遇)高的,好的,丰厚的,优厚的 〈ein Job, ein Geschäft 工作,生意; j-n gut bezahlen, entlohnen 高薪支付某人,优厚地酬劳某人; ein gut bezahlter/verdienender Angestellter, Manager *usw* 一位高薪的/收入优厚的职员,经理等; ein gut bezahlter/dotierter Job, Posten *usw* 一个薪酬高的工作,职位等; ein gut gehendes (= mit vielen Kunden und hohen Einnahmen) Geschäft, Restaurant *usw* 一个生意兴隆的商店,餐馆等〉 ‖ K-(复合): ***gut-***, ***-bezahlt***, ***-dotiert***, ***-gehend***, ***-verdienend*** **16.** Ⓓ [德] verwendet als Bezeichnung für die zweitbeste (Schul)Note „2" (auf der Skala 1-6 bzw. *sehr gut* bis *ungenügend*)(德国六分制的)2 分

(即良)〈„gut“ in etw. (*Dat* 三格) haben, bekommen 某课目得 2 分〉**17. sehr gut** Ⓓ[德] verwendet als Bezeichnung für die beste (Schul)Note „1“(德国六分制的)1 分(即优)〈„sehr gut“ in etw. (*Dat* 三格) haben, bekommen 某课目得 1 分〉**18.**〈Nerven 神经〉≈ belastbar〈gute Nerven haben/brauchen (= belastbar sein/sein müssen)有/需要健全的神经〉**19.** wichtig od. nützlich für j-n 好的(指重要或有用): *Gut, dass du mich daran erinnert hast!* 你提醒我此事,这很好! **20.** *nur attr od adv*(只作定语或状语); ein bisschen mehr als durch das angegebene Zeit-, Längenmaß *o.Ä.* bezeichnet wird 充裕的,充足的,至少(指超过规定的时间、长度等) ↔ knapp: *e-e gute/gut eine Stunde warten* 足足等待一个小时; *Ich habe schon gut die Hälfte erledigt* 我已完成至少一半; *Noch gut(e) zehn Kilometer, dann sind wir am Ziel* 再走十公里多一点我们就到了 **21.** *nur attr, nicht adv*(只作定语,不作状语); verwendet als Teil von Grüßen u. höflichen Wünschen(用作问候、祝愿、敬语的一部分)〈Guten Abend!, Guten Morgen!, Guten Tag!, Gute Nacht! 晚上好! 早安! 日安! 晚安!; Guten Appetit!, Gute Fahrt/Reise!, Gute Besserung! 祝胃口好! 祝旅途愉快(祝一路平安)! 祝早日康复!〉**22. Alles Gute (zu etw.)!** verwendet, um j-m Glück zu wünschen 祝一切顺利!: *Alles Gute zum Geburtstag!* 祝生日快乐! **23.** *nur attr, nicht adv*(只作定语,不作状语); nur für besondere Anlässe 好的,节日穿的(指用于特殊场合的)〈Kleidung 衣服〉: *Zum Vorstellungsgespräch zog er seinen guten Anzug an* 为了参加招聘面试,他穿上他那套漂亮的西服 **24.** *nur adv*(只作状语); ohne Mühe 好,不费力地,轻易地 ≈ leicht² (1) ↔ schlecht (14)〈sich (*Dat* 三格) etw. gut merken können 能够不费力地记住某事; gut lernen 学习好(不吃力); sich gut an etw. erinnern 清楚地回忆起某事〉**25.** *nur adv*(只作状语); ohne, dass es Probleme gibt 没问题,轻易地,无牵挂 ↔ schlecht (15), kaum: *Ich kann hier nicht gut weg* 我不能就这样一走了之 **26.** verwendet, um seine Zustimmung auszudrücken(表示赞同)好吧,行: *Gut, einverstanden!* 好吧,同意!; „*Darf ich?*“ – „*Also/Nun gut, wenn du unbedingt willst*“ "我可以吗?"——"那么好吧,如果你一定要做" **27. j-d hat es gut/ist gut dran** *gespr* [口]; j-d hat Glück, hat im Vergleich zu einem selbst e-n Vorteil(人作主语)运气好,有福气 **28. j-m ist nicht gut** j-d fühlt sich gesundheitlich nicht wohl, hat das Gefühl, erbrechen zu müssen 某人身体感觉不舒服,恶心 ≈ j-m ist schlecht (17) **29. j-m ist wieder gut/besser** j-d fühlt sich gesundheitlich wieder wohl/wohler 身体感觉又好了/好些了 **30. gut aussehend** ≈ attraktiv〈e-e Frau, ein Mann 女人,男人〉**31. gut gemeint** in der freundlichen Absicht gemacht, j-m zu helfen *o.Ä.* (aber *mst* nicht wirksam od. durchführbar od. hat e-e gegenteilige Wirkung) 善意的,好心的〈ein Rat, ein Vorschlag 忠告,建议〉**32. gut informiert/unterrichtet** genau u. richtig informiert 消息灵通的: *gut informierte/unterrichtete Kreise* (= Personen, die über etw. genaue Informationen haben) 消息灵通人士 ‖ ID[谚] **so gut wie** *gespr* [口] ≈ beinahe, fast: *Bitte warte noch – ich bin schon so gut wie fertig* 请再等一下——我差不多已经做完; **im Guten** ohne Streit 心平气和地,和睦地,温和地〈sich im Guten einigen, trennen 心平气和地取得一致、分离; im guten auseinandergehen 心平气和地分手〉; **es mit j-m im Guten wie im Bösen versuchen** versuchen, j-n durch freundliche u. auch durch strenge Behandlung zu beeinflussen *o.Ä.* 对某人软硬兼施,刚柔相济; **schon gut!** verwendet, um auszudrücken, dass man bereit ist, j-m zuzustimmen, nachzugeben od. zu verzeihen, ohne dass weiter darüber geredet werden muss, ohne dass noch etw. geschehen muss(表示已同意或原谅,不必再提起)好了! 没关系!; **gut u. gern(e)** *gespr* [口] ≈ mindestens: *Das dauert gut u. gern zwei Wochen* 这事至少得两周时间; *Das Geschenk hat gut u. gern hundert Euro gekostet* 这份礼物的价格不少于 100 欧元; **j-m wieder gut sein** nicht mehr wütend auf j-n sein 不再生某人的气; **sich (*Dat* 三格) für etw. zu gut sein** *pej* [贬]; sich für zu wichtig, zu intelligent *o.Ä.* für e-e bestimmte Tätigkeit halten 不屑于、犯不着,不屈尊做某事; **sich (*Dat* 三格) gut vorkommen** *pej* [贬]; (zu Unrecht) stolz auf etw. sein 自以为是,自命不凡,自以为了不起; *mst* 多用 **Er/Sie hat gut lachen/reden** er/sie muss sich keine Sorgen machen, er/sie kann gute Ratschläge erteilen, weil er/sie selbst von etwas Unangenehmen nicht betroffen ist 他/她笑/说得倒轻松(因事情与他/她无关); **j-d ist immer gut für etw.** *gespr* [口]; von j-m kann man etw. immer erwarten 某人总会做成某事(总能满足对某事期待): *Konrad ist immer gut für e-n Witz* 康拉德总是会说个俏皮话; **etw. kann gut sein/ist gut möglich** *gespr* [口]; etw. ist durchaus vorstellbar 某事很有可能; **des Guten zu viel tun** etwas Gutgemeintes übertreiben u. dadurch ins Gegenteil verkehren 好事做过头,适得其反; *mst* 多用 **Das ist des Guten zu viel** *iron* [讽]; das geht zu weit 这太过分了,好过了头; **es gut sein lassen** *gespr* [口]; in e-r Angelegenheit nichts mehr unternehmen 算了,随它去吧(甭管了); *mst* 多用 **Wofür/Wozu soll das gut sein/ist das gut?** welchen Zweck hat das? 这事有什么意思(有什么好的)?; **etw. hat sein Gutes** etw. an sich Negatives hat auch positive Aspekte 某事有其好的一面; *mst* 多用 **Er/Sie führt nichts Gutes im Schilde** er/sie plant etw. Böses 他/她心怀叵测,没安好心,居心不良; **Wer weiß, wofür/wozu das (noch) gut ist!** *gespr* [口]; verwendet, um auszudrücken, dass aus etw. an sich Negativem auch etwas Positives herauskommen könnte 谁知道这(还)是不是好事呢(这事还会因祸得福)!; *mst* 多用 **'Du bist (vielleicht) gut!** *gespr iron* [口][讽]; verwen-

G

det, um e-n Vorschlag als unmöglich abzulehnen 你想得倒好！你（真是）一厢情愿！；(**Und**) **damit gut!** *gespr*［口］；verwendet, um e-e Diskussion *o. Ä.* zu beenden 好，就这样吧！那好，就此结束！≈ Schluss jetzt ‖ NB（注意）：↑ **gutgesinnt**, **guttun**, **jenseits**, **Stube**

Gut[1] *das*; *-(e)s*, *Gü·ter* **1.** Dinge, die j-m gehören 财产，财物 ≈ Besitz 〈bewegliche (= transportable) Güter 动产；herrenloses Gut auffinden 发现无主的财产；sich an fremdem Gut vergreifen 侵占他人财产〉：*Die Polizei fand bei dem Hehler gestohlenes Gut* 警察在窝藏者那里找到了被盗的财物 ‖ -K（复合）：**Beute-**, **Diebes-**, **Schmuggel-** **2.** *geschr*［书］；etw., das für j-n e-n bestimmten Wert hat 财富 〈geistige, irdische, materielle Güter 精神的、人世间的、物质的财富〉：*Freiheit ist ein kostbares Gut* 自由是一种宝贵的财富 ‖ -K（复合）：**Bildungs-**, **Ideen-**, **Kultur-**, **Sprach-**, **Wissens-**; **Volks-** **3.** *mst Pl*（多用复数）；Waren, *bes* solche, die transportiert werden (sollen)（运输的）物资，货物〈verderbliche, sperrige Güter 易变质的、笨重的货物；Güter lagern, verladen, befördern, transportieren, verzollen 贮存、装载、运送、运输货物，给货物缴税〉‖ K-（复合）：**Güter-**, **-transport**, **-verkehr**, **-versand**, **-wagen** ‖ -K（复合）：**Bahn-**, **Post-**; **Sammel-**, **Stück-**; **Eil-**, **Express-**; **Fracht-**, **Versand-**; **Gebrauchs-**, **Handels-**, **Konsum-**, **Luxus-**, **Massen-**, **Nahrungs-** ‖ ID［谚］**Unrecht Gut gedeihet nicht** Besitz, den man durch Diebstahl, Betrug, Ausbeutung *o. Ä.* bekommen hat, bringt kein Glück 不义之财招灾引祸

Gut[2] *das*; *-(e)s*, *Gü·ter*; ein großer landwirtschaftlicher Betrieb[1] 庄园，农场〈ein Gut bewirtschaften, verwalten, (ver)pachten 经营、管理、出租庄园；auf e-m Gut arbeiten 在一个农场工作〉‖ K-（复合）：**Guts-**, **-besitzer**, **-verwalter** ‖ -K（复合）：**Kloster-**, **Ritter-**, **Staats-**; **Land-**, **Muster-**, **Wein-**

-gut *das*; *im Subst*, *begrenzt produktiv*（构成名词，构词有限）；*mst Sg*（多用单数）；Dinge, die Objekt der genannten Handlung sind（表示所述行为的对象）…物品，…货物，…材料，…东西；**Backgut**, **Einmachgut**, **Gefriergut**, **Kochgut**, **Pflanzgut**, **Saatgut**, **Waschgut**

Gut·ach·ten *das*; *-s*, *-* **1. ein G.** (**über j-n / etw.**) ein Bericht, in dem ein Experte nach sorgfältiger, *mst* wissenschaftlicher Untersuchung seine Meinung zu e-r Person, e-m Sachverhalt *o. Ä.* abgibt 鉴定，（专家的）意见，评价〈ein ärztliches, juristisches, psychiatrisches G. 医生的、法律的、心理的鉴定；ein G. anfordern, erstellen, vorlegen 要求、作出、提交一份鉴定；bei j-m ein G. einholen 征求某人的意见〉**2.** e-e schriftliche Darstellung der Eignung u. der Qualitäten *mst* e-s Studenten 评语，鉴定书，资格证明：*Für das Stipendium benötigen Sie ein G. von zwei Professoren* 为了得到奖学金，您需要两位教授写的推荐书 ‖ *hierzu*（派生）**Gut·ach·ter** *der*; *-s*, *-*; **Gut·ach·te·rin** *die*; *-*, *-nen*; **gut·ach·ter·lich** *Adj*（形）；*nur attr od adv*（只作定语或状语）‖ ▶ **begutachten**

gut·ar·tig *Adj*（形）**1.** gehorsam u. nicht aggressiv 听话的，顺从的，驯服的〈ein Hund, ein Pferd *usw* 狗，马等〉**2.** 〈e-e Geschwulst, ein Tumor 肿瘤，瘤子〉so, dass sie nur an e-m einzelnen Organ sind u. keine Metastasen bilden 良性的，不严重的 ‖ *hierzu*（派生）**Gut·ar·tig·keit** *die*; *nur Sg*（只用单数）

gut·aus·se·hend ↑ **gut** (30)

gut·be·zahlt ↑ **gut** (15)

gut·bür·ger·lich *Adj*（形）**1.** *oft pej* 常用［贬］；so, wie es dem (wohlhabenden) Bürgertum entspricht, solide (u. manchmal etwas bieder) 富裕市民的，殷实的〈e-e Familie 家庭；aus gutbürgerlichem Elternhaus sein 出身殷实人家〉**2.** einfach u. reichlich, wie es in einfachen Gasthäusern angeboten wird 丰富而实惠的〈Essen, die Küche 饭食，伙食〉

gut·do·tiert ↑ **gut** (15)

Gut·dün·ken *das*; *-s*; *nur Sg*（只用单数）；*mst in* 多用于 **nach j-s G.** so wie j-d es für richtig hält 按某人的意愿，由某人酌定：*Er kann sein Taschengeld nach eigenem / seinem G. ausgeben* 给多少小费，随他个人的意愿

Gü·te[1] *die*; *-*; *nur Sg*（只用单数）；e-e freundliche, großzügige Einstellung gegenüber anderen 善良，好意，亲切：*die G. Gottes* 上帝的善良（宽容）；*Hätten Sie bitte die G., mir zu helfen?* 劳您驾给我帮个忙好吗？‖ ID［谚］(**Ach**) **du 'meine / 'liebe G.!** *gespr*［口］；verwendet, um Erschrecken od. Überraschung auszudrücken（表示惊讶）哎呀，我的天哪！

Gü·te[2] *die*; *-*; *nur Sg*, *veraltend*（只用单数）［渐旧］；die (gute) Qualität (2)（商品的）质地，性能：*Dieser Markenname bürgt für die G. der Ware* 这个品牌能保证商品的质量 ‖ K-（复合）：**Güte-**, **-klasse**, **-kontrolle**, **-siegel** ‖ -K（复合）：**Bild-**

Gu·te·nacht- *im Subst*, *wenig produktiv*（构成名词，构词弱）；verwendet, um auszudrücken, dass etw. kurz vor dem Zubettgehen (in der Familie) gemacht wird（表示就寝前要做的事）晚安…，睡前…；das **Gutenachtgebet**, die **Gutenachtgeschichte**, der **Gutenachtkuss**, das **Gutenachtlied**

Gü·ter *Pl*（复）；↑ **Gut**

Gü·ter·bahn·hof *der*; ein Bahnhof nur für Güterzüge（铁路）货运站

Gü·ter·ge·mein·schaft *die*; JUR【法】; die rechtliche Regelung, dass beide Ehepartner nach der Heirat ihr Vermögen gemeinsam verwalten 夫妇财产共同所有

Gü·ter·tren·nung *die*; JUR【法】; die rechtliche Regelung (*bes* im Hinblick auf e-e spätere Trennung), dass nach der Heirat jeder Ehepartner sein eigenes Vermögen behält u. es nach eigenem Willen u. eigener Verantwortung verwaltet 夫妻财产分别占有（法）（指夫妻婚后各自支配和处理自己的财产）↔ Gütergemeinschaft ‖ NB（注意）：↑ **Zugewinngemeinschaft**

Gü·ter·zug *der*; ein Zug[1], der nur Lasten transportiert 货运列车

Gü·te·zei·chen *das*; e-e Art Etikett auf e-r Ware, mit dem bestätigt wird, dass die Ware auf ihre Qualität hin überprüft wurde 质量合格标记,质量验讫记号 ≈ Gütesiegel

gut·ge·hen ↑ ***gehen*** (29-33)

gut·ge·launt ↑ ***gelaunt***

gut·ge·meint ↑ ***gut*** (31)

gut·ge·sinnt *Adj*(形); *nicht adv*(不作状语); j-m g. mit e-r freundlichen Haltung gegenüber j-m 对某人友好的,和善的

gut·gläu·big *Adj*(形); mit dem naiven u. unkritischen Glauben, dass auch andere gut u. ehrlich sind 轻信的: *Er hat dich doch reingelegt – du bist einfach zu g.!* 他把你骗了——你简直太轻信了! ‖ *hierzu*(派生) **Gut·gläu·big·keit** *die*; *nur Sg*(只用单数)

Gut·ha·ben *das*; *-s*, *-*; die Summe Geld auf der Habenseite, die man auf dem Bankkonto hat 存款,结存余额 ‖ -K(复合): ***Bank-***, ***Spar-***, ***Zins-***

gut·hei·ßen; *hieß gut*, *hat gutgeheißen*; [Vt] (及物) ***etw. g.*** *geschr*[书]; etw. für gut od. richtig halten 赞成,赞许,核准 ≈ billigen: *Diese Verschwendung kann man nicht g.* 这种挥霍浪费不可取

gut·her·zig *Adj*(形) ≈ gutmütig ‖ *hierzu*(派生) **Gut·her·zig·keit** *die*; *nur Sg*(只用单数)

gü·tig *Adj*(形); ***g.*** (***gegenüber j-m / zu j-m / gegen j-n***) freundlich u. voll Verständnis, Geduld *o. Ä.* (对…)亲切的,体谅的,友爱的,慷慨的 ‹ein Mensch 人; g. lächeln 亲切地微笑› ‖ ID[谚] ***zu g.!*** *gespr iron*[口][讽]; verwendet, um auszudrücken, dass man j-n für nicht so großzügig od. freundlich hält, wie er tut od. selbst glaubt 真够大方的!(真小气!)

gut·in·for·miert ↑ ***gut*** (32)

güt·lich *Adj*(形) **1.** ohne Streit, in gegenseitigem Einverständnis 心平气和的,平和的,和睦的,友好的 ‹e-e Einigung, e-e Lösung 达成一致(看法),解决方法; etw. g. regeln 平心静气地调整某事› **2.** ***sich*** (*Akk* 四格) ***an etw.*** (*Dat* 三格) ***g. tun*** *mst hum* 多用[谐]; viel u. mit gutem Appetit essen od. trinken 津津有味地吃(或喝)

gut·ma·chen; *machte gut*, *hat gutgemacht*; [Vt] (及物) ***etw. g.*** e-n Schaden, den man verursacht hat, od. ein Unrecht, das man j-m zugefügt hat, wieder in Ordnung bringen 纠正,修正,改正,弥补: *Ich habe bei dir einiges gutzumachen* 我对你做的有些事必须修正 ‖ NB(注意): aber(但是): *seine Arbeit gut machen* 把自己的工作干好 (getrennt geschrieben 分开写) ‖ ▶ ***Wiedergutmachung***

gut·mü·tig *Adj*(形); sehr geduldig u. friedlich u. immer bereit, die Wünsche u. Bitten anderer zu erfüllen 好心肠的,好脾气的,和善的,敦厚的,乐善好施的: *G. wie sie ist, wird sie es schon machen* 她这样乐善好施,这事她就会办理的 ‖ *hierzu*(派生) **Gut·mü·tig·keit** *die*; *nur Sg* (只用单数)

gut·nach·bar·lich *Adj*(形); so freundschaftlich u. friedlich, wie es zwischen guten Nachbarn üblich ist 邻里和睦的,睦邻友好的: *Zwischen den beiden Ländern bestehen gutnachbarliche Beziehungen* 两国之间有着睦邻友好关系

Gut·schein *der*; ein Schein[3], für den man Waren *o. Ä.* (bis zu e-m bestimmten Wert) bekommt 凭单,收据,单据,票证,息票等有价票证 ≈ Bon ‹e-n G. (für etw.) ausstellen 开一张…凭单; e-n G. einlösen 兑现一张有价票证›: *ein G. im Wert von 100 Euro* 一张100欧元的有价票证; *Sie hat bei der Tombola e-n G. für e-n Kinobesuch gewonnen* 她在抽奖时抽到一张电影入场券 ‖ K-(复合): ***Gutschein-***, ***-heft*** ‖ -K(复合): ***Essens-***, ***Getränke-***, ***Waren-***

gut·schrei·ben; *schrieb gut*, *hat gutgeschrieben*; [Vt] (及物) ‹e-e Bank *o. Ä.* 银行等› ***schreibt*** (***j-m***) ***etw. gut*** ADM *geschr*【管理】[书]; e-e Bank *o. Ä.* trägt e-e Geldsumme, die j-m zusteht, auf dessen Konto (als Guthaben) ein 给…将钱款记入(存入)账户: *Die Zinsen wurden Ihrem Sparkonto gutgeschrieben* 利息已记入你的储蓄账号

Gut·schrift *die* **1.** ein Transfer auf dem Bankkonto, bei dem man Geld bekommt 贷方项,贷方款项,贷记 **2.** e-e Quittung über e-e G. (1) 贷方凭证

Guts·haus *das*; das Wohnhaus e-s Gutsherrn 地主宅院

Guts·herr *der*; *veraltet*[旧]; der Besitzer e-s Gutes[2] 地主,庄园主,农场主

Guts·hof *der* ≈ Gut[2]

gut·si·tuiert ↑ ***situiert***

gut·ste·hen ↑ ***stehen***[1] (14)

gut·tun; *tut gut*, *tat gut*, *hat gutgetan*; [Vi] (不及物) **1.** ***etw. tut*** (***j-m***) ***gut*** etw. hat e-e positive Wirkung auf j-n (物作主语)对…有好处,效果好: *Bei dieser Hitze tut e-e kalte Dusche gut* 这样炎热的天气冲一次冷水淋浴很舒服 **2.** ***etw. tut*** (***j-m / etw.***) ***gut*** etw. ist für j-s Gesundheit nützlich (物作主语)对…的健康有益,有利: Süßigkeiten tun den Zähnen nicht gut 甜食对牙齿不利

gut·un·ter·rich·tet ↑ ***gut*** (32)

gut·ver·die·nend ↑ ***gut*** (15)

gut·wil·lig *Adj*(形) **1.** *mst adv*(多作状语); ohne zu widersprechen, ohne dass Zwang angewendet werden muss 乐意的,自愿的,顺从的 ≈ bereitwillig ‹sich g. zeigen, j-m g. folgen 表现得很乐意,顺从地跟随某人› **2.** ≈ gutartig (1) ‖ *hierzu*(派生) **Gut·wil·lig·keit** *die*; *nur Sg* (只用单数)

gym·na·si·al [gʏmnaˈziaːl] *Adj*(形); am Gymnasium 文理中学的,高级中学的 ‹die Ausbildung, der Unterricht 教育,课程› ‖ K-(复合): ***Gymnasial-***, ***-bildung***, ***-lehrer***

Gym·na·si·ast [gʏmnaˈziast] *der*; *-en*, *-en*; ein Schüler e-s Gymnasiums 文理(高级)中学学生 ‖ NB(注意): *der Gymnasiast*; *den*, *dem*, *des Gymnasiasten* ‖ *hierzu*(派生) **Gym·na·si·as·tin** *die*; *-*, *-nen*

Gym·na·si·um [gʏmˈnaːzi ʊm] *das*; *-s*, *Gym·na·si·en* **1.** e-e Schule, die die Kinder nach

G

der Grundschule besuchen können u. die mit dem Abitur abschließt(德国)文理中学,高级中学 ⟨ein neusprachliches, ein mathematisch-naturwissenschaftliches, ein humanistisches G.现代语言的、数理的、人文的高级中学; das G. besuchen 就读文理(高级)中学; aufs G. kommen, gehen 上文理(高级)中学⟩ **2.** das Gebäude, in dem sich ein G. (1) befindet 文理(高级)中学(指校舍)

G

Gym·nas·tik [gʏ-] *die*; -; *nur Sg*(只用单数); Bewegungen u. Übungen, mit denen man den Körper trainiert, damit er elastisch bleibt od. wieder beweglich wird 体操 ⟨G. treiben 做体操⟩ ‖ K-(复合): ***Gymnastik-, -kurs, -lehrer*** ‖ -K(复合): ***Ball-, Heil-, Kranken-, Morgen-*** ‖ *hierzu*(派生) **gym·nas·tisch** *Adj*(形); *nur attr od adv*(只作定语或状语)

Gy·nä·ko·lo·ge *der*; *-n*, *-n*; ein Arzt mit e-r (Spezial) Ausbildung in Gynäkologie 妇科医生,妇科大夫 ≈ Frauenarzt ‖ NB(注意): *der Gynäkologe*; *den*, *dem*, *des Gynäkologen* ‖ *hierzu*(派生) **Gy·nä·ko·lo·gin** *die*; -; *-nen*

Gy·nä·ko·lo·gie *die*; -; *nur Sg*(只用单数); das Gebiet der Medizin, das sich mit den Krankheiten von Frauen u. mit der Geburtshilfe beschäftigt 妇科,妇科学 ≈ Frauenheilkunde ‖ *hierzu*(派生) **gy·nä·ko·lo·gisch** *Adj*(形)

H, h

H, h [haː] *das*; -, -/*gespr auch*［口］也用 *-s* **1.** der achte Buchstabe des Alphabets 字母表中的第八个字母〈ein großes H 大写 H; ein kleines h 小写 h〉 **2.** MUS【音】; der siebte Ton der C-Dur-Tonleiter C 大调音阶的第七音 ‖ K-(复合): ***H-Dur***; ***h-Moll***

ha! *Interjektion*（叹）; drückt aus, dass man Genugtuung empfindet od. dass man über etw. erstaunt ist（表示满意或惊讶）哈!: *Ha, das geschieht dir ganz recht!* 哈，你这是活该!

ha, ha!, ha, ha! *Interjektion*（叹）**1.** der Laut, den man hört, wenn j-d lacht（笑声）哈哈! 哈哈! **2.** ironisch verwendet, um zu signalisieren, dass etw. überhaupt nicht lustig ist（用于讽刺，表示某事根本不可笑）哈，哈: *Ha, ha, sehr witzig!* 哈，哈，真有趣!

hä?[1] *Interjektion*（叹）; *gespr!*［粗］; drückt aus, dass man etw. Gesagtes nicht verstanden hat（表示没听明白）嗯? 哦? 啊? 什么?

hä![2] *Interjektion*（叹）; *gespr*［口］; (*mst* mehrmals hintereinander) drückt Schadenfreude aus（表示幸灾乐祸）嘿! ≈ ätsch

Haar *das*; -(*e*)*s*, *-e* **1.** ein feines Gebilde, das wie ein Faden aussieht u. aus der Haut von Menschen und vielen (Säuge)Tieren wächst（人和兽的）毛，毛发，头发〈ein blondes, braunes, graues *usw* H. 金黄色的、棕色的、灰色的头发; j-m/sich ein H. ausreißen 拔掉某人/自己的一根头发; sich die Haare an den Beinen, unter den Achseln rasieren 剃去腿上、腋下的汗毛〉 ‖ K-(复合): ***Haar-, -ausfall, -büschel, -wuchs, -wurzel*** ‖ -K(复合): ***Achsel-, Bart-, Brust-, Kopf-; Flaum-; Scham-; Schwanz-*** **2.** ***das H./die Haare*** *Kollekt*（集合）; alle Haare (1) auf dem Kopf e-s Menschen 头发〈dünnes, feines, glattes, krauses, lockiges, strähniges, schütteres, volles H. (haben)（有）稀少的、纤细的、直的、鬈曲的、打绺的、稀疏的、浓密的头发; die Haare fallen/hängen j-m ins Gesicht/in die Augen/in die Stirn/gehen j-m aus 某人头发耷拉在脸上/眼睛上/前额上/某人头发脱落; das H./die Haare lang, kurz, offen, in der Mitte/seitlich gescheitelt tragen 留着长的、短的、松散的头发，中间/一边分开梳的头发; das H./die Haare fönen, kämmen, bürsten, frisieren, toupieren, flechten, tönen, färben, bleichen, schneiden 吹、梳、刷、做头发，把头发梳得隆起来，编发辫，染发(把头发染成深色)，将头发染色，把头发染成淡黄色(把头发染成浅色)，理发; (sich (*Dat* 三格)) die Haare wachsen lassen 让头发长长〉 ‖ ↑ *Abb. unter* 图见 ***Kopf*** ‖ K-(复合): ***Haar-, -bürste, -farbe, -klemme, -spange, -spray, -strähne, -transplantation, -wäsche, -waschmittel*** ‖ *zu* ***Haarbürste*** ↑ *Abb. unter* 图见 ***Bürste*** **3.** *nur Sg*（只用单数）; das Fell von bestimmten Tieren（某些动物的）毛: *e-e Katze mit langem H.* 长毛猫 ‖ ID［谚］***aufs H.*** *gespr*［口］; ganz genau 分毫不差，异常精确〈j-m aufs H. gleichen 与某人长得一模一样〉; ***um ein H./ums H.*** *gespr*［口］; beinahe, fast 几乎，差一点儿: *Ich hätte ihn um ein H. überfahren* 我(开着车)差一点就压着他了; ***nicht um ein H./um kein H.*** *gespr*［口］; überhaupt nicht 丝毫不，丝毫没有，压根儿不: *Er hat sich um kein H. verändert* 他丝毫没变; ***Da hat er/sie Haare lassen müssen*** er/sie hat bei diesem (erfolgreichen) Unternehmen auch e-n Schaden erlitten 他/她不得不蒙受损失; ***etw. ist an den Haaren herbeigezogen*** *pej*［贬］; etw. ist sehr unwahrscheinlich, sehr weit hergeholt 某事是牵强附会: *Seine Ausrede war an den Haaren herbeigezogen* 他的借口很牵强; ***j-m stehen die Haare zu Berge/sträuben sich die Haare*** j-d ist über etw. (*mst* über schlimme Fehler von anderen) entsetzt 某人感到震惊，某人被吓得毛骨悚然; ***j-m die Haare vom Kopf fressen*** *gespr hum*［口］［诙］; auf j-s Kosten sehr viel essen 把某人吃穷; ***kein gutes H. an j-m/etw. lassen*** j-n/etw. sehr stark kritisieren 把某人/某事说得一无是处; ***ein H. in der Suppe finden*** e-n Nachteil, Mangel, Fehler bei etw. entdecken 吹毛求疵，挑剔，鸡蛋里挑骨头，象牙筷上挑刺; *mst* 多用 ***Sie hat Haare auf den Zähnen*** sie ist sehr streitsüchtig u. aggressiv u. will immer recht haben 她好争辩，强词夺理，常有理; ***niemandem ein H./ein Härchen krümmen können*** sehr sanftmütig sein 不碰任何人一根毫毛(心地很善良); 〈Personen 人们〉 ***geraten/kriegen sich in die Haare*** *gespr*［口］; zwei od. mehrere Personen fangen an, miteinander zu streiten 两人或多人发生争执(互不相让); 〈Personen 人们〉 ***liegen sich in den Haaren*** *gespr*［口］; zwei od. mehrere Personen haben Streit miteinander 两人或多人互相争吵; ***sich*** (*Dat* 三格) ***wegen e-r Person*** (*Gen* 二格, *gespr auch Dat*［口］也用三格)/***etw., über etw.*** (*Akk* 四格) ***keine grauen Haare wachsen lassen*** sich keine (allzu) großen Sorgen wegen e-r Person/Sache machen 不为某人/某事操心担忧; *mst* 多用 ***Ich bekomme noch graue Haare deinetwegen/deswegen!*** du bereitest/das bereitet mir viel Sorgen 我为你/为此都愁白了头啊! ‖ ▶ ***be-***

H

haart, ***enthaaren***

Haar·an·satz *der*; *mst Sg*(多用单数); die Stelle an der Stirn, an der das Kopfhaar beginnt 发际〈ein niedriger, hoher H. 发际低、高〉

haa·ren; *haarte*, *hat gehaart*; [Vi](不及物) ***ein Tier haart*** ein Hund, e-e Katze *o. Ä.* verliert Haare(狗、猫等)掉毛,脱毛

Haa·res·brei·te *die*; *nur in* 只用于 ***um H.*** so, dass nur wenig fehlt(e) 丝毫之差,差一点儿 ≈ knapp: *ein Ziel um H. verfehlen* 差一点击中目标; *nur um H. e-m Unglück entgehen* 幸免于难,勉强逃脱不幸

haar·fein *Adj*(形); so dünn wie ein Haar 纤细的,极细的〈ein Riss, ein Strich 裂纹,线条; etw. ist h. gezeichnet 某物画得极细〉

haar·ge·nau *Adj*(形); *gespr*[口]; sehr genau, in allen Details 非常精确的,十分确切的〈e-e Beschreibung 说明; etw. stimmt h. 某事分毫不差; etw. h. (nach) erzählen, wissen, kennen, ausrechnen 对某事叙述、知道、了解、计算得毫发不爽〉

haa·rig *Adj*(形) **1.** *nicht adv*(不作状语); 〈Arme, Beine, Schultern 胳膊,腿,肩膀〉 so, dass sie (viele) Haare haben 有毛的,多毛的,毛茸茸的 **2.** *gespr*[口]; schwierig u. unangenehm 棘手的,伤脑筋的 ≈ heikel〈e-e Angelegenheit, e-e Sache, e-e Geschichte 事情,事,事由〉

-haa·rig *im Adj*, *wenig produktiv*(构成形容词,构词弱); mit Haaren von der genannten Art od. Farbe 有…色头发的,留…发型的; ***dunkelhaarig***, ***glatthaarig***, ***grauhaarig***, ***kraushaarig***, ***kurzhaarig***, ***langhaarig***, ***rothaarig***, ***schwarzhaarig***, ***weißhaarig***

Haar·klam·mer *die*; e-e Art Klammer aus Metall, Plastik *o. Ä.*, mit der man das Haar od. etw. im Haar befestigt 发卡,发夹 ≈ Haarklemme〈e-e Frisur, e-n Knoten mit Haarklammern feststecken 用发卡固定发型、发髻; (sich (*Dat* 三格)) Haarklammern ins Haar stecken 往头发里别上发卡〉

haar·klein *Adv*(副); *gespr*[口] ≈ haargenau

Haar·na·del *die*; ein kleines Stück Draht in der Form e-s „U“, mit dem man e-e Frisur festhält "U"形发叉,发卡

Haar·na·del·kur·ve *die*; e-e sehr enge Kurve 急转弯处

Haar·netz *das*; ein feines Netz, mit dem man die Haare zusammenhält 发网

Haar·riss *der*; ein sehr dünner (oft nicht od. kaum sichtbarer) Riss 极细的裂纹,不明显的裂纹

haar·scharf *Adj*(形); *gespr*[口] **1.** ganz nahe od. knapp 贴近的,紧挨着的: *h. am Ziel vorbeischießen*(子弹、箭等)擦着目标飞过; *h. e-r Verhaftung entgehen* 差点被逮捕 **2.** sehr präzise u. exakt 非常精确的,十分仔细的〈h. überlegen, kalkulieren 仔仔细细地思考、计算〉

Haar·schnitt *der* **1.** die Form, in der die Kopfhaare geschnitten sind 发型,发式 ≈ Frisur〈ein flotter, frecher, gewagter H. 时髦的、古怪的、大胆的发型〉 **2.** das Schneiden der Kopfhaare 剪发,理发〈e-n H. brauchen 该理发了; j-m e-n H. machen 给某人理发〉

Haar·spal·te·rei *die*; -, *-en*; *pej*[贬]; der Streit um unwichtige Details 小题大作,吹毛求疵,挑剔 ‖ *hierzu*(派生) **haar·spal·te·risch** *Adj*(形)

haar·sträu·bend *Adj*(形); *gespr*[口]; so, dass es Empörung od. Entsetzen bewirkt 令人发指的,令人震惊的,骇人听闻的,令人毛骨悚然的 ≈ unerhört〈j-s Benehmen, e-e Geschichte, ein Skandal, Unsinn 某人的行为,事情,丑闻,胡闹〉

Haar·teil *das*; fremde Haare (*z. B.* in der Form e-s Zopfes), die man an den eigenen Haaren befestigt(固定在自己头发上的)假发

Haar·was·ser *das*; e-e Flüssigkeit, mit der man die Kopfhaare pflegt 润发水,护发水

Haar·wuchs *der* **1.** das Wachsen der Haare 头发的生长 **2.** die Dichte (1) der Haare, die j-d (auf dem Kopf) hat 头发的密度〈e-n dichten, starken, spärlichen H. haben 头发长得密、浓密、稀疏〉

Hab *nur in* 只用于 ***Hab u. Gut*** *geschr*[书]; die Dinge, die j-d besitzt 全部财产: *sein gesamtes Hab u. Gut verlieren* 倾家荡产

ha·ben[1]; *hat*, *hatte*, *hat gehabt*; [Vt](及物) (*kein Passiv!* 不用被动语态!) **1.** ***j-d hat etw.*** j-d besitzt etw. als Eigentum(人作主语)有,拥有(指财产): *Sie hat ein Auto, ein Haus, viel Geld* 她有一辆车、一座房子、很多钱 **2.** ***j-d/ein Tier hat etw.*** j-d/ein Tier besitzt etw. als Eigenschaft, Charakterzug, Merkmal *o. Ä.* (人/动物作主语)具有,具备(指品质、性格、特征等): *Peter hat Mut* 彼得有勇气,彼得胆子很大; *Unser Hund hat lange Haare* 我家的狗长着长长的毛 **3.** ***etw. hat etw.*** zu etw. gehört etw. (物作主语)带有,包括,含有: *Die Wohnung hat e-n Balkon* 这套房子带阳台 **4.** ***j-d/etw. hat etw.*** j-d/etw. ist in e-m bestimmten Zustand(人/物作主语)有(指状况): *Das Kind hat e-n wunden Finger* 孩子的一个手指破了(有伤); *Das Auto hat e-n Motorschaden* 这辆汽车的发动机有毛病 **5.** ***j-d/ein Tier hat etw.*** j-d/ein Tier spürt (*mst* vorübergehend) ein körperliches od. emotionales Gefühl (人/动物作主语)感到,感觉(指身体或情绪上的感觉)〈j-d hat Angst, Durst, Heimweh, Hunger, Schmerzen, Sorgen 某人感到害怕、口渴、想家、饿,觉得疼,发愁〉 **6.** ***j-d hat etw.*** j-d leidet an e-r Krankheit (人作主语)患,得,害(指疾病)〈j-d hat Durchfall, Krebs, Masern, Schnupfen 某人拉肚子,得了癌症、麻疹、感冒〉 **7.** ***j-d hat etw.*** etw. ist für j-n/bei j-m vorhanden (人作主语)有(指客观存在的事)〈j-d hat viel Arbeit 某人有很多工作要干; j-d hat Erfahrung, e-e Idee, Schwierigkeiten, j-s Vertrauen, Zeit 某人有经验,有个主意,有困难,受到某人的信任,有时间; j-d hat die Absicht, die Erlaubnis, die Muße, die Pflicht, das Recht, etw. zu tun 某人打算,获准,有闲空、义务、权利做某事〉: *Er hat Beziehungen* 他有关系(门路) **8.** ***j-d hat etw.*** j-d wird von e-m Ereignis, e-m Einfluss betroffen, j-d erlebt etw.（人作主语）经历，遇上〈j-d hat ein Abenteuer, Glück, Pech, e-n Unfall 某人有奇遇，运气好，倒霉，出了事故〉：*Gestern hatten wir schlechtes Wetter* 昨天我们碰上了坏天气 **9. j-d hat Dienst/ Schule/ Unterricht** j-d muss arbeiten bzw. in die Schule gehen（人作主语）得上班/上学/上课 **10. j-d hat frei/Ferien/Urlaub** j-d muss für kurze od. längere Zeit nicht arbeiten bzw. nicht in die Schule *o. Ä.* gehen（人作主语）有空/放假/休假 **11. j-d hat etw.** j-d wird in e-m bestimmten Fach unterrichtet od. nimmt im Unterricht etw. durch（人作主语）学，上，有（指课程、专业）：*Im Gymnasium wirst du auch Chemie h.* 在高级中学你还要学化学；*In Geschichte haben wir gerade den Ersten Weltkrieg* 在历史课上我们刚好学到第一次世界大战 **12. etw. hat etw.**（*Pl* 复）etw. besteht aus etw., ist aus etw. zusammengesetzt（物作主语）有，由…组成，等于：*Ein Kilometer hat tausend Meter* 一公里等于 1000 米；*Der Ort hat fünfhundert Einwohner* 这个地方有五百居民；*Der Verein hat 200 Mitglieder* 这协会有 200 名成员 **13. j-d/etw. hat etw.** j-d/etw. ist mit etw. versorgt, bekommt etw.（人/物作主语）得到，收到：*Die Pflanze hat am Fenster viel Licht* 植物靠窗户放能接受到很多阳光；*Hat der Hund genug Futter?* 狗食够了吗？**14.** *mst* 多用 **wir haben** + *Zeitangabe*（时间说明语）verwendet, um e-e Uhrzeit *o. Ä.* anzugeben 现在是…点（钟）：*Wir haben jetzt fünf Uhr* 现在五点；*In Amerika haben sie jetzt Nacht* 美国现在是夜里 **15. etw. h.** verwendet zusammen mit e-m Subst., um ein Verb zu umschreiben（与名词连用，用来变换动词的表达）；**etw. in Besitz h.** ≈ etw. besitzen；**mit j-m Streit h.** ≈ mit j-m streiten；**ein Einsehen h.** ≈ etw. einsehen **16. etw. h.** *gespr*［口］；（elliptisch）verwendet, um auszudrücken, dass etw. geschehen, vollendet ist（用于省略句，表示某事已发生，已完成）：*Hast du die Hausaufgaben*（gemacht）？你做完家庭作业了吗？；*Die Polizei hat den Mörder*（gefangen）警察捉到凶手了；*Er hat den Schlüssel*（gefunden, mitgenommen *usw*）他找到/带钥匙了；*Hat sie ihr Kind schon*（geboren）？她把孩子生下来了吗？‖ NB（注意）：↑ **haben²** **17. j-d hat j-n** j-d steht in der angegebenen Beziehung zu j-m（人作主语）有（指人际关系）〈j-d hat e-n Bruder, e-e Schwester, Geschwister, Kinder 某人有一个哥哥（弟弟）、一个姐姐（妹妹）、兄弟姐妹、孩子；j-d hat Feinde, Freunde, e-e Geliebte 某人有仇人、朋友、一个情人〉 **18. etw. nicht h. können** *gespr*［口］；e-e starke Abneigung gegen etw. fühlen 受不了，讨厌，无法忍受：*Ich kann seine blöden Bemerkungen nicht h.!* 我无法忍受他愚蠢的意见！ **19. j-d hat j-n als etw.**（*Akk* 四格）/ **zu etw.** j-d steht in e-r bestimmten Beziehung zu j-m（人作主语）有…作为（当）：*Er hat e-e Frau als Vorgesetzte* 他的上司是位女士；*Sie hat e-n Politiker zum Vater* 她的父亲是位政治家（她有个作为政治家的父亲）**20. j-d hat j-n für sich** j-d wird von j-m unterstützt（人作主语）得到…支持，有…站在自己一边：*Bei dem Streit hatte er viele Freunde/seine Nachbarn/die halbe Klasse für sich* 在争吵中他的许多朋友/他的邻居/班里的一半人都站在他这边 **21. etw. an j-m/etw. h.** die Vorteile von j-m/etw. schätzen 在…上得到、懂得（指好处，价值）：*Er hat viel Freude an seinem Garten* 在培植自己的花园上，他得到很多乐趣；*Erst als sie weg war, merkte er, was er an ihr gehabt hatte*（= wie wichtig sie für ihn war）直到她离开后，他才发觉自己是多么需要她 **22. j-d/etw. hat etw. 'an sich**（*Dat* 三格）j-d/etw. besitzt e-e bestimmte Eigenschaft, etw. verhält sich (oft) in e-r bestimmten Weise（人/物作主语）具备、具有（指特性、行为方式）：*e-n unverschämten Ton, ein schlechtes Benehmen an sich h.* 语气放肆，举止不端；*Was regst du dich so auf? – Das haben Autos nun mal so an sich, dass sie kaputtgehen* 你干吗这么生气？——汽车全有毛病，都坏了 **23. j-d/etw. hat es 'in sich**（*Dat* 三格）*gespr*［口］；（*mst* verwendet, um Anerkennung auszudrücken od. um auf unerwartete Probleme hinzuweisen）j-d/etw. hat e-e Eigenschaft, die man ihm nicht sofort ansieht（人/物作主语）不可低估，真看不出来（对其特性表示赞许或指出问题）：*Dieser Artikel hats in sich!*（= ist sehr schwierig）这篇文章（看不出）倒真够难的！ **24. j-d hat etw. hinter sich**（*Dat* 三格）/（**noch**）**vor sich**（*Dat* 三格）j-d hat etw. schon/noch nicht getan od. erlebt（人作主语）经受，度过，做完/打算干，面临：*Du hast noch dein ganzes Leben vor dir* 你的人生之路才刚刚开始；*Wenn ich die Prüfung hinter mir habe, wird gefeiert* 等我考完了试，就好好欢庆一下 **25. j-n/etw. zu** + *Infinitiv*（不定式）+ **h.** etw.（mit j-m）tun müssen 有…要、得做：*Sie hat noch e-n weiten Weg zurückzulegen* 她还有很长一段路要走；*Der Herr Doktor hat noch einen Patienten zu behandeln, bevor er für Sie Zeit hat* 大夫还要再给一位病人治疗，然后就该您了；*Hast du nichts zu tun?* 你没事可干？ **26. nichts zu** + *Infinitiv*（不定式）+ **h.** zu etw. nicht berechtigt sein 无权做…〈j-m/irgendwo nichts zu befehlen, sagen, verbieten h. 无权对某人/在某地指手划脚，说三道四，下禁令〉：*Du hast hier nichts zu suchen, verschwinde!* 这儿没有你要找的东西，走开！ **27. j-d hat j-n/etw. irgendwo**（**liegen, sitzen, stehen**）j-d, der in e-r Beziehung zu j-m steht/etw., das j-m gehört, befindet sich an e-m bestimmten Ort（人作主语）有…（在…放着，坐着，站着）：*Geld auf der Bank*（*liegen*）*h.* 有钱在银行（存着）；*das Telefon am Bett*（*stehen*）*h.* 有电话在床边（放着）；*Sie hat immer Besucher im Vorzimmer*（*sitzen*）在接待室里她总有客人（坐着） **28. j-d hat es irgendwo** *gespr*［口］；j-d hat ein Leiden an e-m Körperteil（人作主语）（指身体一部位）有毛病〈j-d hat es am Knie, im Rücken, an/mit der Leber 某人膝盖、背部、肝有毛病〉 **29. es irgendwie h.** verwendet, um j-s Lebensumstände bzw. jetzige Situation zu

H

beschreiben（用来描述生活境况或眼前的处境）〈es eilig，leicht，schwer，schön *o. Ä.* h.匆匆忙忙，生活不错，生活困难，日子过得美等〉：*Sehr gemütlich habt ihr es hier* 你们这儿日子过得很舒适 **30** *mst* 多用 **Du hast es gut!** *gespr*［口］；verwendet，um auszudrücken，dass man j-n（ein bisschen）um etw. beneidet（表示羡慕）你真不错！：*Du hasts gut，du kannst Urlaub machen* 你真不错，可以去休假 **31. es nicht mit j-m/etw. h.** *gespr*［口］；j-n/etw. nicht mögen 不喜欢 **32. es**（**sehr**）**mit j-m/etw. h.** j-n/etw. sehr mögen（u. deshalb überbewerten）醉心于，对…人迷（上瘾）：*Er hats mit der Musik* 他对音乐很迷恋 **33. es mit j-m h.** *gespr pej*［口］［贬］；e-e sexuelle Beziehung zu j-m unterhalten 和某人有男女关系（关系暧昧）**34.**（**et**）**was gegen j-n/etw. h.** j-n/etw. nicht mögen 讨厌，对…反感：*Er hat was gegen Raucher in seiner Wohnung* 他不喜欢有人在他家里抽烟；„*Was hast du denn gegen sie?*" – „*Sie ist mir zu arrogant.*""你到底哪儿不喜欢她?"——"我觉得她太狂了"**35. nichts gegen j-n/etw. h.** sich nicht gestört fühlen durch j-n/etw. 对…毫不反感，不讨厌 **36.**（**et**）**was/nichts von j-m/etw. h.** es genießen/nicht genießen können，dass j-d da ist bzw. dass man etw. hat（1，7，10）能享受到/享受不到，能得到/得不到：*Hoffentlich ist das Wetter schön，dann hast du was von deinem Urlaubstag* 但愿天气会好，那样你就能好好度个假了；*Wenn du so viel arbeitest，habe ich gar nichts mehr von dir* 你要是工作这么忙，我就没法指望你了 **37.**（**et**）**was/nichts von j-m h.** Ähnlichkeit/keine Ähnlichkeit mit j-m haben 和…相像/不像：*Er hat viel von seinem Vater* 他很像他的父亲 **38.**（**et**）**was mit j-m h.** *gespr*［口］≈ h.（33）：*Er hat was mit seiner Sekretärin* 他和他的女秘书关系有些暧昧 **39. etw. ist zu h.** etw. wird zum Verkauf angeboten（物作主语）供出售，可买到，上市：*Ist das Haus noch zu h.，od. ist es schon verkauft?* 这座房子还出售吗？还是已经卖出去了？**40. e-e Frau/ein Mann ist noch/wieder zu h.** *gespr*［口］；e-e Frau/ein Mann ist noch nicht/nicht mehr an e-n festen Partner od. Ehepartner gebunden（人作主语）还没有对象/还是单身 **41. für etw. zu h. sein** etw. mögen od. gern tun 喜欢做：*Für ein Glas Wein bin ich immer zu h.* 喝一杯葡萄酒我总是很喜欢的；*Für solche Spiele ist er nicht mehr zu h.* 这种游戏他不再喜欢玩了；[Vt/i]（及物/不及物）**42.**（**etw.**）**zu** + *Infinitiv*（不定式）+ **h.** etw. tun müssen 必须干，得做：*Ich habe*（*viel*）*zu tun，zu arbeiten* 我很忙，事情很多；[Vr]（反身）**43. sich h.** *gespr pej*［口］［贬］≈ sich zieren：*Jetzt habt euch nicht so，vertragt euch wieder!* 你们现在别再装模作样了，和好吧！‖ NB（注意）：*mst* verneint（多用否定句）！**44. sich mit etw. h.** *gespr pej*［口］［贬］；übertrieben ängstlich，vorsichtig mit etw. umgehen 对…过分小心谨慎，对…太经心：*Der hat sich vielleicht mit seinem Auto! – Niemand außer ihm darf es benutzen* 他对自己的汽车大概太经心了！除了他自己谁也不让用；[Vimp]（无人称）**45. es hat etw.** *gespr*［口］；die Luft hat e-e bestimmte Temperatur（指气温）：*Wie viel Grad hat es?*（今天）几度？‖ ID［谚］**Ich habs!** *gespr*［口］；verwendet，um seine Freude darüber auszudrücken，dass man die Lösung zu e-m Problem，e-r Aufgabe *o. Ä.* gefunden hat（表示喜悦）我有主意了！我有办法了！；*mst* 多用 **Er/Sie 'hats ja** *gespr*［口］；er/sie hat genug Geld，um großzügig damit umgehen zu können 他/她有的是钱；**Da/Jetzt hast dus/haben wirs/habt ihrs!** *gespr*［口］；verwendet，um auszudrücken，dass etw.，das man befürchtet hat，eingetreten ist（表示发生了所担心的事）果不其然！果然不出所料！；*mst* 多用 **Du hast gut lachen!** *gespr iron*［口］［讽］；du kannst lachen，weil du diese Probleme nicht hast 你倒称心了！；*mst* 多用 **Das hab ich** *usw* **nun davon/von etw.!** *gespr*，*oft iron*［口］，常用［讽］；verwendet，um auf die unangenehmen Folgen von etw. an sich Positivem aufmerksam zu machen 我真是自作自受！我真是自讨苦吃！这是我…的报应！：*Das hab ich nun von meiner Gutmütigkeit!* 我这是好心没好报！；*Das hat er nun davon，dass er immer so viel arbeitet. Seine Frau hat ihn verlassen!* 他工作总是那么忙，现在可有报应了。他夫人离开他了！；**Das werden wir gleich h.** verwendet，um auszudrücken，dass man glaubt，ein Problem leicht lösen，e-n Schaden schnell beheben zu können（表示相信问题容易解决）这是小事一桩！这我们马上就能解决！；（**Und**）**damit hat sichs** *gespr*［口］；das ist alles 就这样，就这些 ≈ basta；**Hat sich was!** *gespr*［口］≈ von wegen；**Dich hats wohl!**；**Hats dich**（**jetzt ganz**）**?** *gespr*［口］；verwendet，um j-n stark zu kritisieren 胡说八道！你疯了？你有病呀？≈ du spinnst wohl；**wie gehabt** ≈ unverändert；**Haste was，biste was!** *gespr*［口］；wer reich ist，hat auch Macht，Ansehen u. Einfluss 有钱大三辈，有钱能使鬼推磨，钱能通神；*mst* 多用 **Was man 'hat，das 'hat man** was man besitzt，kann einem nicht so leicht genommen werden 拥有的东西谁也不会轻易失去；**Wer 'hat，der 'hat** *gespr hum od iron*［口］［诙］或［讽］；verwendet，um auszudrücken，dass man stolz darauf ist，etw. zu besitzen，das andere nicht haben 有就是有，是谁的就是谁的；**Wie hätten Sies denn gern**（**e**）**?** *oft hum od iron* 常用［诙］和［讽］；**a**）wie würden sie entscheiden? 不知你们的意见到底怎么样？；**b**）wie wäre es Ihnen recht? 不知您到底合适不合适？‖ ↑ **dick**；**dicke**

ha̱·ben² *Hilfsverb*（助动词）；verwendet，um（zusammen mit dem Partizip Perfekt）das Perfekt，Plusquamperfekt u. zweite Futur von allen transitiven，reflexiven u. von bestimmten intransitiven u. unpersönlichen Verben zu bilden（与所有及物动词和反身动词、一部分不及物动词和无人称动词的过去分词连用，构成现在完成时、过去完成时和第二将来时）：*Er hat ge-*

schlafen 他睡过觉了；*Sie hatte geweint* 她哭过；*Ich habe sie nicht gesehen* 我没看见她；*Falls es im Laufe des Tages geregnet h. sollte, brauchst du die Blumen morgen nicht zu gießen* 要是今天下了雨，明天你就不用浇花了 ‖ NB(注意)：↑ **sein²**

Ha·ben *das*; *-s*; *nur Sg*, WIRTSCH(只用单数)【经】; die Summe Geld, die j-d einnimmt od. (*z.B.* auf e-r Bank) hat 贷方，贷方项目↔ Soll

Ha·be·nichts *der*; *-(es)*, *-e*; *veraltend hum od pej*[渐旧][诙]或[贬]; j-d, der nur wenig besitzt/der arm ist 穷光蛋，赤贫者，一无所有的人

Hab·gier *die*; *nur Sg*, *pej*(只用单数)[贬]; das (ständige) Verlangen, immer mehr zu besitzen 贪婪，贪得无厌 ‖ *hierzu* (派生) **hab·gie·rig** *Adj*(形)

hab·haft *Adj*(形); *nur in* 只用于 ***j-s/etw. h. werden*** *geschr*[书]; j-n/etw. finden, zu fassen bekommen 获得，搞到，捕获，发现〈des Täters, des Mörders, des Diebs h. werden 捕获作案人、杀人犯、小偷〉

Ha·bicht *der*; *-s*, *-e*; ein mittelgroßer Raubvogel, der in Europa u. Asien vorkommt u. am Tag jagt 苍鹰

ha·bi·li·tie·ren; *habilitierte*, *hat habilitiert*; [Vi](不及物) **1.** e-e längere wissenschaftliche Arbeit schreiben u. dadurch die Berechtigung bekommen, an e-r Universität, Hochschule (als Privatdozent od. Professor) zu lehren 取得在大学授课的资格；[Vr](反身) **2.** ***sich h.*** ≈ h. (1) ‖ *hierzu* (派生) **Ha·bi·li·ta·ti·on** *die*; *-*, *-en*

Hab·se·lig·kei·ten *die*; *Pl*(复); j-s Besitz, der nur aus ein paar (*mst* wenig wertvollen) Dingen besteht(不太值钱的)家当，必备的行装：*Auf ihrer Flucht konnten sie nur ein paar H. mitnehmen* 逃跑时他们只来得及带几件家当

Hab·sucht *die*; *nur Sg* (只用单数)≈ Habgier ‖ *hierzu* (派生) **hab·süch·tig** *Adj*(形)

Hach·se *die*; *-*, *-n* **1.** der untere Teil des Beines von Kalb u. Schwein (牛和猪的)小腿，胫 ‖ -K(复合)：***Kalbs-***, ***Schweins-*** **2.** *gespr hum* [口][诙]≈ Bein〈lange Hachsen haben 长两条长腿〉

Hack·bra·ten *der*; ein Braten aus Hackfleisch 煎肉饼

Hack·brett *das*; ein Musikinstrument mit vielen Saiten, die man mit zwei kleinen Hämmern (Klöppeln) schlägt 扬琴

Ha·cke¹ *die*; *-*, *-n*; ein einfaches Werkzeug, mit dem man den Erdboden locker macht 锄头

Ha·cke² *die*; *-*, *-n*; *nordd*[北德] **1.** ≈ Ferse **2.** der Absatz e-s Schuhs 鞋后跟〈sich die Hacken schief treten 把鞋后跟磨斜〉：*Schuhe mit hohen Hacken* 高跟鞋 ‖ ID [谚] ***sich*** (*Dat* 三格) ***die Hacken nach etw. ablaufen*** lange suchen müssen, um etw. zu bekommen 为寻找某物跑掉鞋跟(踏破铁鞋) ‖ ▶ ***hochhackig***

ha·cken; *hackte*, *hat gehackt*; [Vt](及物) **1.** ***etw. h.*** etw. mit kräftigen Hieben in Stücke teilen (od. zerstören), *bes* mit e-r Axt, e-m Beil od. e-m Messer 劈开，剁碎，凿开〈Holz h. 劈木头；e-n Stuhl *o.Ä.* in Stücke/zu Brennholz h. 把椅子劈碎/劈成柴禾，ein Loch ins Eis h. 在冰上凿个洞〉；[Vt/i](及物/不及物) **2.** (***etw.***) ***h.*** (*mst* mit e-r Hacke) die Erde (um etw.) lockern 锄松，松土〈die Erde, ein Beet *usw* h. 锄松土地、苗床；im Garten h. 在花园里松土；Kartoffeln, Rüben h. 给土豆、萝卜地松土〉；[Vi](不及物) **3.** ***ein Vogel hackt nach j-m/etw.*** ein Vogel sticht od. stößt mit dem Schnabel nach j-m/etw. 鸟啄人/物：*Der Papagei hat nach mir gehackt* 鹦鹉啄了我

Ha·cker *der*; *-s*, *-*; j-d, der ohne Erlaubnis mit seinem Computer in ein fremdes Datensystem eindringt 电脑杀手，黑客(擅自侵入别人计算机网络的人)

Hack·fleisch *das*; Fleisch, das in sehr kleine Stücke gehackt ist (u. aus dem man Hackbraten, Hamburger, Frikadellen *usw* macht) 碎肉，肉末，肉糜≈ Gehacktes ‖ NB(注意)：gehacktes Rindfleisch wird oft *Tatar* genannt(牛肉末常称为 Tatar)

Hack·klotz *der*; ein großes Stück Holz, auf das man Fleisch, Holz *o.Ä.* legt, um es klein zu hacken 菜墩子，砧板，柴墩子

Hack·ord·nung *die* **1.** die Hierarchie in e-r Gruppe von Tieren, die durch Drohgebärden u. Kämpfe aufrechterhalten wird (动物群体中弱肉强食的)等级制度 **2.** *hum od iron*[诙]或[讽]; die Rangordnung unter den Menschen (*z.B.* im Beruf, in der Familie)(人在职业、家庭等中的)等级制度

Häck·sel *der*, *das*; *-s*; *nur Sg*(只用单数); Heu, Stroh *o.Ä.*, das in kurze Stücke zerschnitten ist 切碎的干草、秸杆等 ‖ *hierzu* (派生) **häck·seln** (*hat*) *Vt*(及物)

Hack·steak *das*; gebratenes Hackfleisch, das so ähnlich wie ein Steak aussieht 煎肉饼

Ha·der *der*; *-s*; *nur Sg* (只用单数); *veraltend* [渐旧]≈ Streit

ha·dern; *haderte*, *hat gehadert*; [Vi](不及物) ***mit etw. h.*** *geschr*[书]; mit etw. (dauernd) unzufrieden sein u. darüber jammern (无休止地)抱怨，埋怨〈*mst* 多用 mit seinem Schicksal h. 抱怨命运(不济)〉

Ha·fen¹ *der*; *-s*, *Hä·fen* **1.** ein geschützter Platz, an dem Schiffe landen u. Passagiere u. Ladung an Bord nehmen 港口，码头〈*mst* 多用 ein Schiff läuft e-n H. an, läuft in den/im H. ein, läuft aus dem H. aus, liegt, ankert im H. 船停靠港口，驶入港口，驶出港口，在港口停泊、抛锚〉‖ K-(复合)：***Hafen-***, ***-anlagen***, ***-arbeiter***, ***-ausfahrt***, ***-becken***, ***-behörde***, ***-einfahrt***, ***-gebühr***, ***-gelände***, ***-polizei***, ***-rundfahrt***, ***-stadt***, ***-viertel*** ‖ -K(复合)：***Boots-***, ***Fischerei-***, ***Handels-***, ***Jacht-***, ***Kriegs-*** **2.** *nur Sg*, *lit*(只用单数)[文]; ein Ort, an dem man sich geschützt u. sicher fühlt 安全场所，避难所，藏身之地 ‖ ID [谚] ***in den H. der Ehe einlaufen***; ***im H. der Ehe landen*** *gespr hum* [口][诙]≈ heiraten

Ha·fen² *der*; *-s*, *Hä·fen*; (A) (CH) [奥][瑞]ein

H

Topf, e-e Schüssel *o.Ä.*, *mst* aus Ton od. Porzellan(陶或瓷制的)钵,锅,罐

Ha·fer *der*; *-s*; *nur Sg*(只用单数); e-e Getreidesorte, die *bes* in kühlen Gegenden wächst u. die als Nahrung für Menschen (*bes* in Form von Flocken) u. Pferde dient 燕麦 ‖ K-(复合): ***Hafer-***, ***-brei***, ***-flocken***, ***-korn***, ***-mehl***, ***-stroh*** ‖ ID [谚] ***j-n sticht der H.*** *gespr* [口]; j-d ist in e-r vergnügten u. leichtsinnigen Laune 某人高兴得飘飘然(忘乎所以),得意忘形

Ha·fer·schleim *der*; e-e Suppe aus gekochten Haferflocken 燕麦糊

Haff *das*; *-(e)s*, *-e/-s*; ein Teil des Meeres an e-r Küste (*bes* der Ostsee), der durch e-n schmalen Landstreifen, Inseln *o.Ä.* vom offenen Meer abgetrennt ist 泻湖

Haft *die*; *-*; *nur Sg*(只用单数) **1.** das Festgehaltenwerden od. Eingesperrtsein (*mst* von der Polizei) 拘禁,拘留,监禁≈ Arrest ⟨sich in H. befinden, in H. sein 被扣押,在押; *mst* 多用 die Polizei nimmt j-n in H., entlässt j-n aus der H. 警察拘捕某人,释放某人⟩ ‖ K-(复合): ***Haft-***, ***-anstalt***, ***-befehl***, ***-dauer***, ***-entlassene***, ***-entlassung***, ***-strafe*** ‖ -K(复合): ***Dunkel-***, ***Einzel-***, ***Kerker-***, ***Untersuchungs-*** **2.** e-e Strafe, bei der man in H. (1) ist 徒刑,拘役 ≈ Haftstrafe ↔ Geldstrafe: *Für den Diebstahl hat er zwei Jahre H. bekommen/ist er zu zwei Jahren H. verurteilt worden* 他因盗窃罪被判处两年徒刑 ‖ ▶ ***Häftling***

-haft *im Adj*, *unbetont*, *sehr produktiv*(构成形容词,非重读,构词强) **1.** drückt aus, dass etw. so ist wie das im ersten Wortteil genannte Substantiv 像…似的,…般的; ***albtraumhaft*** ⟨ein Erlebnis 一次经历⟩, ***automatenhaft*** ⟨j-s Bewegungen 某人的动作⟩, ***bildhaft*** ⟨e-e Darstellung 描述⟩, ***elfenhaft*** ⟨e-e Gestalt 身材⟩, ***feenhaft*** ⟨j-s Aussehen 某人的外表⟩, ***märchenhaft*** ⟨schön 漂亮的⟩, ***traumhaft*** ⟨schön 美丽的⟩ **2.** nach Art des im ersten Wortteil genannten Substantivs …式的; ***heldenhaft*** ⟨j-s Mut 某人的勇气⟩, ***meisterhaft*** ⟨Können 才能⟩, ***rüpelhaft*** ⟨j-s Benehmen 某人的举止⟩, ***schalkhaft***, ***stümperhaft*** ⟨e-e Arbeit 工作⟩ **3.** mit e-r Neigung zu etw. 爱…的,有…倾向的; ***lasterhaft***, ***schwatzhaft***

haft·bar *Adj*(形); *nur in* 只用于 **1.** ***für etw. h. sein*** JUR【法】; dazu verpflichtet sein, e-n entstandenen Schaden wiedergutzumachen 对…负责,承担责任 **2.** ***j-n für etw. h. machen*** JUR【法】; j-n dazu verpflichten, e-n entstandenen Schaden wiedergutzumachen 使对…负责: *Der Benutzer wird für eventuelle Schäden an der Maschine h. gemacht* 机器一旦受到损坏,则由使用者负责

Haft·be·fehl *der*; JUR【法】; der schriftliche Beschluss (e-s Richters od. Gerichts), j-n zu verhaften 逮捕令⟨der Richter erlässt (e-n) H. gegen j-n 法官下令逮捕某人⟩

haf·ten[1]; *haftete*, *hat gehaftet*; [Vi](不及物) **1.** ***etw. haftet irgendwo*** etw. bleibt auf e-r Oberfläche (auf der es aufgetragen, angebracht wird od. wurde) (物作主语)贴在,黏附在,粘在↔ etw. geht ab, löst sich: *Auf nasser Haut haften Pflaster schlecht* 湿皮肤上橡皮膏贴不牢; *Schmutz haftete an seinen Schuhen* 他的鞋上粘着些脏东西 **2.** ***etw. haftet*** etw. rutscht nicht (物作主语)不打滑⟨Räder, Reifen 轮子,轮胎⟩ **3.** ***etw. haftet an j-m/etw.*** etw. Negatives bleibt j-m/etw. erhalten (物作主语)缠住,粘住,摆不脱⟨ein Makel, ein Verdacht, ein schlechter Ruf haftet an j-m 污点、嫌疑、坏名声总是死缠着他⟩ **4.** ***etw. bleibt irgendwo h.*** etw. klebt irgendwo (物作主语)贴在,黏在: *Das Etikett will nicht auf der Flasche h. bleiben, es geht immer wieder ab* 标签在瓶子上粘不住,总是一个劲儿地往下掉 **5.** ***etw. bleibt irgendwo h.*** etw. bleibt im Gedächtnis (物作主语)铭记,铭刻⟨etw. bleibt bei j-m, im Gedächtnis, in der Erinnerung h. 某物铭刻在某人的记忆里、脑海中⟩

haf·ten[2]; *haftete*, *hat gehaftet*; [Vi](不及物) **1.** ***für etw. h.*** verpflichtet sein, e-n entstandenen Schaden wiedergutzumachen 对…负责任(指损失): *Bitte achten Sie selbst auf Ihre Sachen, wir haften nicht für eventuelle Verluste* 请您保管好自己的物品,如有丢失,我们概不负责 **2.** ***für j-n h.*** dazu verpflichtet sein, Schäden wiedergutzumachen, die ein Kind *o.Ä.* verursacht 为…负责赔偿损失,承担责任: *Eltern haften für ihre Kinder* 父母为自己孩子承担责任 **3.** (***j-m***) ***für etw. h.*** (j-m gegenüber) für etw. verantwortlich sein(向…)保证,担保: *Sie haften* (*mir*) *dafür, dass die Ware rechtzeitig eintrifft* 她(向我)保证按时到货

Haf·ten·blei·ben ↑ ***haften***[1] (4,5)

Häft·ling *der*; *-s*, *-e*; j-d, der in e-m Gefängnis ist, weil er e-e Straftat od. ein Verbrechen begangen hat 囚徒,囚犯≈ Gefangene(r) ⟨ein weiblicher, männlicher, politischer H. 女犯人,男犯人,政治犯⟩ ‖ K-(复合): ***Häftlings-***, ***-kleidung***, ***-revolte***

Haft·pflicht *die*; *nur Sg*, JUR(只用单数)【法】 **1.** die gesetzliche Pflicht, e-n Schaden wiedergutzumachen, den man selbst od. den j-d, für den man verantwortlich ist, e-m anderen zugefügt hat 赔偿责任 ‖ K-(复合): ***Haftpflicht-***, ***-versicherung*** ‖ -K(复合): ***Amts-***, ***Auto-***, ***Privat-*** **2.** *gespr* [口]≈ Haftpflichtversicherung

Haft·scha·le *die* ≈ Kontaktlinse

Haf·tung *die*; *-*, *-en*; *mst Sg*(多用单数); die Verpflichtung, e-n entstandenen Schaden wiedergutzumachen 担保,保证,责任⟨(keine) H. für etw. übernehmen 对某物(不)负有责任; e-e Gesellschaft mit beschränkter H. 股份有限公司⟩

Haft·ur·laub *der*; e-e kurze Unterbrechung der Haft 刑期假

Ha·ge·but·te *die*; *-*, *-n*; die rote Frucht der Heckenrose, aus der man *bes* Tee macht 野蔷薇果实 ‖ K-(复合): ***Hagebutten-***, ***-tee***

Ha·gel *der*; *-s*; *nur Sg*（只用单数）**1.** Niederschlag in Form von harten Körnern aus Eis 冰雹 ‖ K-(复合)：***Hagel-***, ***-korn***, ***-schaden***, ***-schauer*** **2.** ***ein H. von etw.***（*Pl* 复）e-e Menge von (bedrohlichen) Dingen, die j-n/etw. plötzlich treffen 劈头盖脸的，一阵连珠炮式的〈ein H. von Vorwürfen, Protesten, Flüchen *usw* 劈头盖脸的指责、抗议、咒骂〉‖ -K(复合)：***Bomben-***, ***Kugel-***, ***Pfeil-***, ***Stein-***

ha·geln; *hagelte*, *hat gehagelt*; **Vimp**（无人称）**1.** ***es hagelt*** Hagel (1) fällt 下冰雹 **2.** ***es hagelt etw.***（*Pl* 复）etw. trifft e-e Person od. Sache in großer Zahl 下冰雹似的落下，纷纷袭来：*Nach der Rede hagelte es Proteste, Vorwürfe* 演讲过后，抗议、谴责之声纷纷袭来

Ha·gel·schlag *der*; ein heftiger Hagel (1), der *mst* große Schäden *bes* in der Landwirtschaft verursacht 猛烈的阵雹，下大冰雹

ha·ger *Adj*（形）；mager u. *mst* groß gewachsen 干瘦的，瘦高个的，细长的，骨瘦如柴的↔ rundlich〈ein Jüngling, e-e Frau, ein Gesicht, e-e Gestalt, Arme 小青年，女子，脸，身材，胳膊〉‖ *hierzu*（派生）**Ha·ger·keit** *die*; *nur Sg*（只用单数）

Hä·her [ˈhɛːɐ] *der*; *-s*, *-*; ein Vogel mit bunten Federn u. langem Schwanz, der in Europa im Wald lebt 松鸦，地鸦，星鸦

Hahn[1] *der*; *-(e)s*, *Häh·ne*; ein männliches Huhn (1) 公鸡↔ Henne〈der H. kräht, kratzt im Mist 公鸡打鸣(啼)，刨粪〉：*Der Hahn hat e-n roten Kamm auf dem Kopf* 公鸡头上长着一顶红冠子 ‖ K-(复合)：***Hahnen-***, ***-feder***, ***-kamm***, ***-kampf***, ***-schrei*** ‖ ID［谚］***(irgendwo) der H. im Korb sein*** *gespr*［口］；*mst* als einziger Mann unter vielen Frauen sein 妇女群中唯一的男子(大家关注的中心人物)；*mst* 多用 ***Danach kräht kein H.*** *gespr*［口］；das interessiert niemanden 此事没有人关心(对此没人感兴趣)

Hahn[2] *der*; *-(e)s*, *Häh·ne*; der Teil e-r Wasser- od. Gasleitung *usw*, der dazu dient, diese zu öffnen u. zu schließen 开关，龙头，阀门〈der H. tropft, klemmt 水龙头滴水，打不开；den H. öffnen, schließen, aufdrehen, zudrehen 打开，关上，拧开，拧紧开关〉‖ -K：***Gas-***, ***Wasser-***, ***Zapf-***

Hähn·chen *das*; *-s*, *-*; ein Hahn (od. Huhn) zum Essen 仔鸡，童子鸡〈ein H. rupfen, würzen, braten, grillen 给仔鸡拔毛、加调料，炸、烤仔鸡〉‖ -K(复合)：***Back-***, ***Brat-***, ***Grill-***; ***Mast-***

Hah·nen·fuß *der*; *nur Sg*（只用单数）；e-e giftige Blume mit mehreren kleinen gelben Blüten, die auf Wiesen wächst 毛茛 ‖ K-(复合)：***Hahnenfuß-***, ***-gewächs***

Hai *der*; *-(e)s*, *-e*; ein *mst* großer, grauer Fisch, der *bes* in warmen Meeren vorkommt, mehrere Reihen von scharfen Zähnen hat u. manchmal Menschen angreift 鲨鱼 ‖ K-(复合)：***Hai-***, ***-fisch***

Hain *der*; *-(e)s*, *-e*; *bes lit* 尤用于［文］；ein kleiner, heller Wald 小树林 ‖ -K(复合)：***Birken-***, ***Buchen-***, ***Erlen-***, ***Oliven-***

Hä·ke·lei *die*; *-*, *-en*; etw., das gehäkelt wird/ist 钩织品，钩织物

hä·keln; *häkelte*, *hat gehäkelt*; **Vt/i**（及物/不及物）***(etw.) h.*** etw. aus Garn, Wolle *o. Ä.* herstellen, indem man mit e-r Nadel, die vorne e-n Haken hat, Maschen macht 钩织，钩结〈e-e Borte, e-n Topflappen h. 钩花边，锅垫〉：*Taschentücher mit feinen, gehäkelten Spitzen* 带有精致的钩织花边的手帕 ‖ K-(复合)：***Häkel-***, ***-arbeit***, ***-garn***, ***-nadel***

ha·ken; *hakte*, *hat gehakt*; **Vt**（及物）**1.** ***etw. in/an etw.***（*Akk* 四格）***h.*** etw. mit e-m Haken irgendwo befestigen 将…挂在：*e-n Schlüsselbund an den Gürtel h.* 将钥匙串儿挂在腰带上；**Vi**（不及物）**2.** ***etw. hakt (irgendwo)*** etw. hängt irgendwo fest u. kann nicht bewegt werden（物作主语）钩住，卡住，挂住（不能动）〈ein Schlüssel, e-e Schreibmaschine 钥匙，打字机〉

Ha·ken *der*; *-s*, *-* **1.** ein Stück Metall, Plastik *o. Ä.*, das gebogen ist u. das *mst* dazu verwendet wird, etw. festzuhalten od. irgendwo zu befestigen 钩子，挂钩：*e-n Spiegel mit Haken an der Wand befestigen* 用钩子将一面镜子固定在墙上；*den Hut vom H. nehmen* 从衣帽钩上取下帽子 ‖ -K(复合)：***Angel-***, ***Bilder-***, ***Kleider-***; ***Fleischer-***, ***Mauer-***, ***Metzger-***; ***Eisen-***, ***Plastik-***, ***Stahl-*** **2.** e-e Linie, die die Form e-s Hakens (1) hat 钩形符号：*Die Lehrerin macht unter jede richtige Rechnung e-n H.* 老师在每道算对的算题下打个钩 **3.** *gespr*［口］；ein Nachteil, der mit e-r Sache verbunden ist (den man aber noch nicht kennt)（隐含的）困难，麻烦：*Das Angebot klingt zu gut – da muss irgendwo ein H. sein* 这个建议听起来好过头了——这里面肯定有不对的地方；*Pass auf, die Sache hat bestimmt e-n H.!* 注意！这事肯定有麻烦 **4.** SPORT【体】；(beim Boxen) ein Schlag von unten nach oben（拳击时的）钩拳 ‖ -K(复合)：***Aufwärts-***, ***Kinn-*** **5.** ***ein Tier schlägt e-n H.*** ein Hase *o. Ä.* wechselt beim Fliehen ganz plötzlich die Richtung（动物作主语）逃跑时突然改变方向 ‖ *zu*（义项）**1.** **ha·ken·för·mig** *Adj*（形）

Ha·ken·kreuz *das*; ein Kreuz mit Haken, das in Deutschland als Zeichen des Nationalsozialismus diente 卐字(纳粹标志) ‖ K-(复合)：***Hakenkreuz-***, ***-fahne***

Ha·ken·na·se *die*; e-e stark gebogene Nase 鹰钩鼻〈e-e H. haben 长着鹰钩鼻〉

halb[1] *Adj*（形）；*ohne Steigerung*（无变级）**1.** *nur*

attr od adv（只作定语或状语）；so, dass etw. die Hälfte von etw. umfasst, beträgt 一半，半个↔ ganz（*attr* 定语）, genau（*adv* 状语）：*ein halbes Brot, ein halber Liter* 半块面包，半升；*Die Züge fahren jede halbe Stunde* 每隔半小时都有火车开出；*Dieses Jahr war der Urlaub nur h. so teuer* 今年度假不很贵 ‖ K-(复合)：**Halb-, -jahr, -kreis, -kugel, -leinen, -mond, -rund** **2.** *nur attr od adv*（只作定语或状语）；zum Teil, nicht vollständig 部分的，不完整的，不充分的↔ ganz〈ein Satz, ein Sieg, die Wahrheit 句子，胜利，事实；sich nicht mit halben Sachen zufriedengeben 不满足于一知半解（有始无终）；etw. h. zugeben 半吞半吐地承认某事；h. lächeln, h. weinen 似笑非笑，似哭非哭；半笑半哭；h. automatisch, blind, erfroren, fertig, gar, nackt, offen, tot, verhungert, voll *usw* 半自动，快瞎了，冻得半僵，快完了，半生不熟，部分裸露，半公开，半死不活，饿个半死，半满〉：*Er ist nur h. angezogen* 他只穿了一半衣服；*Ihre Augen sind h. geschlossen* 她的眼睛半闭着；*Die Arbeit ist erst h. getan* 工作才完成一部分；*die Flasche ist h. leer* 酒瓶一半空了；*ein h. rohes Steak* 一块半生不熟的肉排 ‖ K-(复合)：**Halb-, -gebildete(r), -dunkel, -schlaf, -wahrheit, -wissen** **3.** *nur attr, nicht adv*（只作定语，不作状语）；(ironisch od. übertrieben) verwendet, um e-e sehr große Gruppe von Menschen zu bezeichnen（用于讽刺或夸张）很多人：*Das halbe Land kennt ihn schon* 半个国家的人都认识他了；*Zur Feier war die halbe Stadt eingeladen* 半个城市的人都被邀请参加庆祝活动 **4.** *nur attr od adv*（只作定语或状语）；nicht so stark od. intensiv wie sonst 不足的，不够（精心，卖力，使劲）的〈mit halber Kraft 敷衍地，不怎么使劲地〉 **5.**（*nur*）*mit halbem Ohr/h. zuhören* nicht genau hinhören, was gesagt wird 没心思听，心不在焉地听 **6.** *nur attr, nicht adv*（只作定语，不作状语）；an der Mitte e-r Strecke, e-s Zeitabschnitts *o. Ä.*（路程、时间的）中间，一半〈auf halbem Weg/auf halber Strecke aufgeben, stehen bleiben, umkehren 半途而废，半途止步，半途而归〉：*Der Wecker klingelte zur halben Stunde* 半个钟头闹钟就响了 ‖ K-(复合)：**Halb-, -jahr** ‖ ID［谚］***etw. ist nichts Halbes u. nichts Ganzes*** etw. ist nicht vollständig, nicht gut genug, um e-n (Qualitäts) Anspruch erfüllen zu können 某事不够完善，不完美，不周全

halb² *Adv*（副）**1.**（als Zeitangabe verwendet）dreißig Minuten vor der vollen Stunde（指钟点）…点半，…点三十分：*Wir treffen uns um h. zwölf* 我们十一点半见面 **2.** ***h. ..., h. ...*** von beiden genannten Dingen, Tätigkeiten, Eigenschaften *usw* etwas 一半…一半…（指事情、活动、特点等）≈ sowohl ..., als auch ...; teils ..., teils ...〈h. Mensch, h. Tier sein 一半是人，一半是动物（半人半兽）；h. lachen, h. weinen 半笑半哭〉 **3.** ***h. u. h.*** ≈ einigermaßen：*Er hatte sich schon wieder h. u. h. beruhigt* 他已经有些平静下来了 **4.** ***h. u. h.*** mit zwei Bestandteilen in gleicher Menge 各半，一半…，一半… ≈ zu gleichen Teilen：*Ein Pfund gemischtes Gulasch, h. u. h.*（= die Hälfte Rindfleisch, die andere Hälfte Schweinefleisch）一磅混合辣味红烧肉，一半（牛肉）一半（猪肉）‖ ID［谚］***h. so wild*** *gespr*［口］；nicht so schlimm wie befürchtet od. wie es j-d sagt 没那么严重，没什么了不得的

halb- *im Adj, begrenzt produktiv*（构成形容词，构词有限）**1.** nur zum Teil, nicht ganz/völlig 部分…，不完全…；**halbbitter**〈e-e Schokolade 巧克力〉，**halbfest**〈ein Käse 奶酪〉，**halblaut**，**halbtrocken**〈ein Wein 葡萄酒〉‖ NB（注意）：**a)** ↑ ***halb¹*** (2)；**b)** die hier genannten Adjektive müssen immer, die unter *halb¹* (2) genannten Adjektive und Patizipien können auch mit *halb* zusammengeschrieben werden（这里提及的形容词全都必须连写，halb¹ (2)中提及的形容词和分词也可以连写）**2.** *nur attr od adv*（只作定语或状语）；verwendet, um den im Adj. genannten Zeitraum zu halbieren（指时间）半…；**halbjährig**，**halbjährlich**，**halbstündig**，**halbstündlich**，**halbtägig**，**halbtäglich**

Halb.af.fe *der*；ein (Säuge) Tier, das zu den Affen gehört, große Augen hat u. *bes* nachts aktiv wird 狐猴

halb.amt.lich *Adj*（形）**1.** von j-m berichtet, der guten Kontakt zur Nachrichtenquelle hat, aber nicht offiziell bestätigt 半官方的，未经官方证实的〈e-e Meldung, e-e Nachricht, e-e Verlautbarung 报道，消息，公告〉 **2.** herausgegeben mit Unterstützung eines od. mehrerer Ämter (3) 半官方的，经官方资助的〈e-e Zeitung *o. Ä.* 报纸等〉‖ NB（注意）：aber：*Er macht das halb amtlich, halb privat* 他干这事半公半私（getrennt geschrieben 分开写）

Halb.blut *das* **1.** ein Tier (*bes* ein Pferd), dessen Eltern verschiedenen Rassen angehören 杂交动物（尤指马）**2.** *mst pej* 多用［贬］；(in Bezug auf Menschen 指人) ≈ Mischling

Hal.be *die*; *-n, -n*; *südd gespr*［南德］［口］；ein halber Liter Bier 半升啤酒 ‖ NB（注意）：**a)** in Verbindung mit Zahlen ist die Pluralform *Halbe*（与数词连用时复数为 *Halbe*）：*Zwei Halbe, bitte!* 请来两杯半升啤酒！；**b)** Genitiv u. Dativ Sg.（二格和三格单数为）：*e-r Halben*

Halb|edel.stein *der*；ein Stein, der *mst* als Schmuck verwendet wird, aber nicht so wertvoll wie ein Edelstein ist 次等天然宝石：*Opale u. Türkise sind Halbedelsteine* 蛋白石和绿松石都是次等天然宝石

hal.be-hal.be *nur in* 只用于（***mit j-m***）***h. machen*** *gespr*［口］；etw. so mit j-m teilen, dass jeder die Hälfte bekommt（与某人）平分，五五开，对半开

-hal.ben *im Adv, nach Pronomen, nicht produktiv, veraltend*（构成副词，位于代词后，非构词型）［渐旧］≈ -wegen；**deinethalben**，**dere(n)thalben**，**dessenthalben**，**eurethalben**，**ihrethalben**，**meinethalben**，**seinethalben**，**unser(e)thalben**

hal.ber *Präp*（介）；*mit Gen, nachgestellt,*

geschr(支配二格,后置)[书]; verwendet, um den Grund für etw. anzugeben 由于,为了…起见,鉴于 ≈ wegen 〈der Einfachheit, Ordnung, Vollständigkeit h. 为了简便起见,鉴于规定,为了完整起见〉

-hal·ber *im Adv, nach Subst, begrenzt produktiv*(构成副词,位于名词后,构词有限); verwendet, um e-n Grund für etw. zu nennen 由于…原因,为了…缘故(起见),出于…; ***anstandshalber*** 〈sich entschuldigen 道歉〉, ***ehrenhalber***, ***gesundheitshalber***, ***interessehalber*** 〈etw. wissen wollen 想知道某事〉, ***krankheitshalber***, ***ordnungshalber***, ***sicherheitshalber***, ***spaßeshalber***, ***umständehalber*** 〈ein Geschäft schließen müssen 不得不把商店关门〉, ***vorsichtshalber***

halb·fett *Adj*(形) **1.** mit relativ wenig Fettanteil 半脂的,含脂少的 〈*mst* 多用 ein Käse 奶酪〉 **2.** in dickerer Schrift als die Normalschrift 半粗体的 〈ein Buchstabe 字母; etw. h. drucken 用半粗体字印刷某物〉

Halb·fi·na·le *das*; SPORT【体】; die Runde e-s Wettkampfs, deren Sieger ins Finale kommen 半决赛

Halb·gott *der* **1.** (in der Mythologie) ein Wesen, das halb Mensch, halb Gott ist(神话中的)半神半人 **2.** *iron*[讽]; j-d, der sehr stark u. kritiklos verehrt wird 被神化的人,备受崇拜的人物 ≈ Abgott **3.** ***ein H. in Weiß*** *iron*[讽]; ein (Chef) Arzt (im Krankenhaus) 白衣神仙(指医院医生)

Halb·hei·ten *die*; *Pl*(复); Dinge, die nicht fertig geworden sind od. die nicht das gewünschte Resultat gebracht haben 干得不彻底的事,有始无终的事,半拉子的事 〈sich nicht mit H. zufriedengeben 不满足于有始无终(一知半解)〉

halb·her·zig *Adj*(形); ohne wirkliche Überzeugung u. Interesse 半心半意的,敷衍的 〈ein Versuch, e-e Antwort, ein Lächeln 尝试,回答,微笑〉 ‖ *hierzu*(派生) **Halb·her·zig·keit** *die*; *nur Sg*(只用单数)

halb·hoch *Adj*(形); mit e-r Höhe, die weder hoch noch niedrig ist 半高不矮的 ≈ mittelhoch 〈ein Schrank, ein Tisch 柜子,桌子〉

hal·bie·ren; *halbierte, hat halbiert*; [Vt](及物) **1.** ***etw. h.*** etw. in zwei Hälften teilen 将…二等分,分为两半: *e-e Melone mit e-m Messer h.* 用刀把西瓜切成两半; *e-e Strecke mit dem Zirkel h.* 用圆规将线段平分为两段 **2.** ***etw. h.*** etw. auf die Hälfte reduzieren 将…减少一半,减少百分之五十 ↔ verdoppeln: *Wir können den Arbeitsaufwand h., wenn wir e-n Computer verwenden* 如果使用电脑,我们的工作就可以事半功倍 ‖ *hierzu*(派生) **Hal·bie·rung** *die*

Halb·in·sel *die*; ein Stück Land, das auf drei Seiten von Wasser umgeben ist 半岛: *Italien ist e-e H.* 意大利是一个半岛; *die iberische H.* (*Spanien u. Portugal*) 伊比利亚半岛(西班牙和葡萄牙)

Halb·jah·res|zeug·nis *das*; ein Zeugnis, das ein Schüler nach der ersten Hälfte des Schuljahres bekommt 半学年的成绩单

halb·lang *Adj*(形); weder lang noch kurz 半长不短的,半长的 〈Haare, ein Rock 头发,裙子〉 ‖ ID[谚] (***Nun***) ***mach/machs*** (***aber***) ***mal h.!*** *gespr*[口]; übertreib nicht so 别夸大其词!

Halb·lei·ter *der*; PHYS【物】; ein Stoff, dessen elektrische Leitfähigkeit mit steigender Temperatur sehr stark zunimmt 半导体

halb·mast *Adv*(副); (***auf***) ***h.*** (in Bezug auf Fahnen) so, dass sie auf halber Höhe des Mastes wehen (*mst* als Zeichen der Trauer) (下)半旗(表示哀悼) 〈e-e Fahne (auf) h. setzen 下半旗(致哀); e-e Fahne steht, weht (auf) h. 降半旗(致哀)〉

Halb·mes·ser *der*; *-s, -*; der halbe Durchmesser e-s Kreises 半径 ≈ Radius

Halb·pen·si·on *die*; *nur Sg*(只用单数); das Wohnen u. Essen (Frühstück u. eine warme Mahlzeit) in e-m Hotel *o.Ä.* (旅馆里)兼供半日膳食(早餐和一顿热餐)的住宿 〈H. buchen, haben, nehmen 预订、有、要兼供半日膳食的住宿; ein Zimmer mit H. 兼供半日膳食的一个房间〉 ‖ NB(注意): ↑ ***Vollpension***

Halb·schuh *der*; ein *mst* leichter u. geschlossener Schuh, der den Knöchel nicht bedeckt 矮腰鞋 ↔ Stiefel, Sandale ‖ ↑ *Abb. unter* 图见 ***Schuhe***

Halb·schwes·ter *die*; e-e Schwester, mit der man nur einen gemeinsamen Elternteil hat 同父异母或同母异父的姐妹 ≈ Stiefschwester

halb·sei·den *Adj*(形); *gespr pej*[口][贬]; moralisch zweifelhaft u. nicht seriös 不三不四的,不太正经的 〈ein Publikum, ein Lokal, ein Milieu 观众,场所,环境〉

halb·sei·tig *Adj*(形) **1.** *nur attr od adv*(只作定语或状语); e-e halbe Seite lang 半页纸长的 〈ein Artikel, ein Bericht 文章,报道〉 **2.** so, dass die linke od. die rechte Seite des menschlichen Körpers betroffen ist 半身的,半边的,半侧的 〈e-e Lähmung 瘫痪; h. gelähmt sein 半身瘫痪,半身不遂,偏瘫〉

Halb·star·ke *der*; *-n, -n*; *pej*[贬]; (*mst* verwendet von älteren Personen) ein Jugendlicher, der sich *bes* in der Gruppe stark fühlt u. sich oft respektlos benimmt(年长者用语)(不知天高地厚的)半彪子,流里流气的家伙 ‖ NB(注意): *ein Halbstarker; der Halbstarke; den, dem, des Halbstarken*

halb·tags *Adv*(副); halb so viele (Arbeits-) Stunden wie üblich od. gesetzlich festgelegt 半天 ≈ halbtägig ↔ ganztags 〈h. arbeiten, beschäftigt sein 每日工作半天,上半天班〉: *Die Ausstellung ist zurzeit nur h. geöffnet* 目前展览每日只开馆半天 ‖ K-(复合): ***Halbtags-, -arbeit, -job, -stelle, -tätigkeit***

Halb·ton *der*; MUS【音】; der kleinste Abstand zwischen zwei Tönen od. der dazugehörige Ton 半音: *Das Fis ist der H. zwischen dem F u. dem G* 升 *F* 是 *F* 调和 *G* 调之间的半音

Halb·wai·se *die*; ein Kind, dessen Vater od. Mutter tot ist 丧父或丧母的孤儿 ‖ NB(注意): ↑ ***Waise, Vollwaise***

halb·wegs *Adv*(副); *gespr*[口]; so, dass man

H

gerade noch zufrieden sein kann 差不多,过得去,还可以,凑合 ≈ einigermaßen, mehr od. weniger: *Kannst du nicht einmal h. höflich sein!* 你就不能礼貌一点儿吗?

Halb·welt *die*; *nur Sg*(只用单数); ein gesellschaftliches Milieu von Menschen, die elegant wirken, aber keinen guten Ruf haben 半上流社会(貌似高雅但名声不好的社会阶层)

Halb·werts|zeit *die*; PHYS【物】; der Zeitraum, in dem ein radioaktiver Stoff zur Hälfte zerfällt 半衰期⟨etw. hat e-e kurze, lange H. 某物半衰期短、长⟩

halb·wüch·sig *Adj*(形); *nicht adv*(不作状语); noch nicht erwachsen 未成年的,半大不小的⟨ein Kind, ein Junge, ein Mädchen 孩子,男孩,女孩⟩

Halb·zeit *die*; SPORT【体】**1.** (*bes* beim Fußball) die Pause zwischen den beiden Hälften e-s Spiels(尤指足球赛时)中场休息时间: *Zur H. steht es null zu null* 中场休息时比分为零比零 **2.** eine der beiden Spielhälften e-s Fußballspiels *o. Ä.* 半场⟨die erste, zweite H. 上、下半场⟩

Hal·de *die*; -, *-n*; e-e große Menge von Abfall, Kies, Kohle *usw*, die die Form e-s Hügels hat 垃圾堆,瓦砾堆,矸石山⟨etw. zu e-r H. aufschütten 把某物堆成小山, e-e H. abräumen 清除垃圾堆⟩ ‖ -K(复合): ***Müll-***, ***Schutt-***

half *Imperfekt*, *1. u. 3. Person Sg*(过去时,第一和三人称单数); ↑ ***helfen***

häl·fe *Konjunktiv II*, *1. u. 3. Person Sg*(虚拟式Ⅱ,第一和三人称单数); ↑ ***helfen***

Hälf·te *die*; -, *-n* **1.** einer von zwei gleich großen Teilen von etw. 一半,二分之一⟨die H. e-s Betrags, e-r Fläche, e-r Größe, e-r Menge, e-r Zeit *usw* 款项、面积、大小、数量、时间的一半; j-d hat, etw. hat/ist um die H. mehr, weniger 某人得到/某物(比原先)多一半、少一半⟩: *Schneide den Apfel in der Mitte durch u. gib mir die H.* 把苹果从中间切开,给我一半 **2.** einer von zwei Teilen e-s Ganzen(两部分中的)一块,一半⟨die größere, kleinere H. 大块,小块(一大半,一小半); gut (= mehr als) die H. 至少一半(一多半)⟩ **3.** ***zur H.*** (nur) zu 50 Prozent 一半 ≈ halb: *e-e Arbeit zur H. erledigen* 把工作完成一半; *Schulden zur H. bezahlen* 偿还债务的一半 ‖ ID[谚] ***j-s bessere H.*** *gespr hum*[口][诙]; j-s Ehepartner 某人的另一半(指丈夫或妻子)

Half·ter *das*, *der*; *-s*, - **1.** die Seile oder Lederriemen (ohne Gebiss), die man *mst* e-m Pferd um den Kopf legt, um es zu führen (不带嚼子的)笼头⟨ein Tier am H. führen, nehmen 拉着笼头,领着、牵着一头牲畜; e-m Tier ein H. umlegen, abnehmen 给动物套上、取下笼头⟩ ‖ ↑ *Abb. unter* 图见 ***Pferd*** ‖ -K(复合): ***Pferde-*** **2.** e-e Tasche für e-e Pistole, die an e-m Gurt befestigt ist(挂在腰带上的)手枪套 ‖ -K(复合): ***Pistolen-***, ***Schulter-***

half·tern; *halfterte*, *hat gehalftert*; [Vt](及物) ***ein Tier h.*** e-m Tier ein Halfter (1) umlegen 给牲畜套上笼头 ↔ abhalftern

Hall *der*; -(*e*)*s*; *nur Sg*(只用单数); ein dumpfes, schwingendes Geräusch 响声,回响⟨der H. von Schritten, Tritten, Stimmen 脚步声,走路声,说话声⟩

Hal·le *die*; -, *-n* **1.** ein großes, lang gestrecktes Gebäude, das *mst* nur einen hohen u. weiten Raum hat 大厅,厅堂,礼堂⟨e-e große, lange H. 大型、长型礼堂⟩: *die Hallen e-r Fabrik, e-s Flughafens, e-s Messegeländes* 工厂、机场、博览会的大厅 ‖ K-(复合): ***Hallen-***, ***-(schwimm)bad***, ***-fußball***, ***-handball***, ***-turnier*** ‖ -K(复合): ***Ausstellungs-***, ***Bahnhofs-***, ***Fabrik-***, ***Flugzeug-***, ***Kongress-***, ***Kühl-***, ***Lager-***, ***Markt-***, ***Schwimm-***, ***Sport-***, ***Turn-***, ***Wartungs-*** **2.** ein großer Raum gleich hinter dem Eingang e-s Hotels, e-s großen repräsentativen Hauses *o. Ä.* 前厅 ‖ K-(复合): ***Eingangs-***, ***Empfangs-***, ***Hotel-***

hal·le·lu·ja! *Interjektion*(叹); REL【宗】; verwendet, um (im Gottesdienst) Gott zu loben u. zu preisen(祷告时赞美上帝之辞)哈利路亚

hal·len; *hallte*, *hat gehallt*; [Vi](不及物) **1.** ***etw. hallt*** etw. klingt so wie in e-m großen, leeren Raum(物作主语)发出响声,发出回响⟨etw. hallt laut, unheimlich 某物发出很大的、可怕的响声⟩: *Ihre Schritte hallten in dem weiten Korridor* 她的脚步声在宽阔的走廊里回响 **2.** ***etw. hallt*** etw. gibt Geräuschen einen hallenden (1) Klang, ruft ein Echo hervor (物作主语)有回声⟨ein Raum, ein Saal 房间,大厅⟩ **3.** ***etw. hallt*** *geschr*[书]; etw. ist laut zu hören(物作主语)发出响亮的声音 ≈ etw. schallt: *Ein Schrei, ein Schuss hallt durch die Nacht* 一声尖叫响彻夜空,一声枪响划破夜空

hal·li hal·lo! *Interjektion*(叹); *gespr hum*[口][诙] ≈ hallo (2)

Hal·lig *die*; -, *-en* [-lɪgn]; e-e kleine Insel aus der Inselgruppe (der Halligen) vor der deutschen Nordseeküste 哈利希岛(德国北海沿岸的浅滩群岛中的一个小岛)

hal·lo! *Interjektion*(叹) **1.** verwendet, um j-s Aufmerksamkeit auf sich zu lenken(用来引起对方注意)喂!: *H., hören Sie mich?* 喂,您在听我说话吗? **2.** (*bes* von jüngeren Leuten) verwendet als saloppe Form der Begrüßung(青年人打招呼用语)嗨! 你好! **3.** verwendet, um sich am Telefon zu melden, wenn man angerufen wird(电话用语)喂! **4.** (*oft* 常用 ***hallo***) verwendet, um auszudrücken, dass man (angenehm) überrascht ist(表示惊讶)喂!: *H., was seh ich denn da!* 喂,瞧我看到什么啦!

Hal·lo *das*; *-s*, *-s*; *gespr*[口]; lautes, fröhliches Rufen 欢呼声: *War das ein H.!* 这是欢呼声!; *Wir wurden mit großem H. begrüßt* 我们受到了热烈欢迎

Hal·lu·zi·na·ti·on [-ˈtsio:n] *die*; -, *-en*; etw., das man zu sehen od. hören glaubt, das aber nicht da ist 幻觉 ≈ Sinnestäuschung ⟨Halluzinationen haben, an/unter Halluzinationen leiden 有幻觉,出现幻觉症状⟩

Halm *der*; -(*e*)*s*, *-e*; der (*mst* hohle) Stängel

von Gräsern u. Getreide(禾)秆,秆子,草茎: *Die Halme im Weizenfeld biegen sich im Wind* 麦田中的麦子在风中弯下了腰 ‖ -K(复合): **Getreide-**, **Gras-**

Ha·lo·gen *das*; *-s*, *-e*; CHEM【化】; ein Element, das ohne Sauerstoff mit Metallen Salz bildet 卤素,卤化物: *Brom u. Chlor gehören zu den Halogenen* 溴和氯都属于卤素

Ha·lo·gen- *im Subst*, *wenig produktiv*(构成名词,构词弱); verwendet für Lampen, die sehr hell sind u. Halogene u. Edelgase enthalten 卤化的,卤素的; die **Halogenlampe**, der **Halogenscheinwerfer**, der **Halogenstrahler**

Hals *der*; *-es*, *Häl·se* **1**. (beim Menschen u. bei vielen Wirbeltieren) der schmale Teil des Körpers zwischen Kopf u. Schultern 颈,脖子 ⟨den H. beugen, strecken, (ver)drehen 弯下,伸长,扭转脖子; ein Tuch um den H. binden, legen 将围巾系在,围在脖子上; j-n am H. packen, würgen 揪住,掐住某人的脖子; sich (*Dat* 三格) den H. verrenken, brechen 扭伤脖子,毁了自己,败事; sich bis zum/bis an den H. zudecken(用被子)把自己一直盖到脖子上⟩: *Giraffen haben e-n langen, schlanken H.* 长颈鹿有长长的,细长的脖子 ‖ ↑ *Abb. unter* 图见 **Mensch**, **Kopf** ‖ K-(复合): **Hals-**, **-kette**, **-schlagader**, **-tuch**, **-wirbel** ‖ *zu* **Halswirbel** ↑ *Abb. unter* 图见 **Skelett** **2**. der H. (1) als Organ, durch das Luft u. Nahrung in den Körper gelangen u. in dem die Laute gebildet werden 喉咙,咽喉,嗓子 ≈ Kehle, Rachen ⟨e-n entzündeten, rauen, trockenen, wunden H. haben 喉咙发炎,嘶哑,发干,受伤; j-m tut der H. weh 某人嗓子疼; j-m bleibt etw. im H. stecken 某物卡在某人嗓子里⟩: *Der Arzt schaute ihr in den H. u. stellte fest, dass die Mandeln entzündet waren* 医生看了看她的嗓子,断定是扁桃体发炎了 ‖ K-(复合): **Hals-**, **-entzündung**, **-schmerzen**, **-weh** **3**. die Stelle in der Nähe der Öffnung, an der ein Gefäß, ein hohler Körper od. ein Organ schmal ist(容器的)颈 ⟨der H. e-r Flasche, e-r Vase 瓶颈,花瓶颈⟩ ‖ -K(复合): **Flaschen-**, **Gebärmutter-** **4**. ein langer, schmaler Teil e-s Musikinstruments, auf dem die Saiten (u. das Griffbrett) sind(乐器的)颈 ⟨der H. e-r Geige, e-r Gitarre 提琴颈,吉他颈⟩ ‖ ID [谚] **aus vollem Hals(e)** ⟨rufen, schreien, singen 呼喊,叫喊,唱歌⟩ ≈ laut (rufen *usw*); **j-m um den H. fallen** j-n plötzlich u. heftig umarmen 扑上去拥抱某人; **e-n langen H. machen/kriegen** sich strecken, um besser sehen zu können 伸长脖子(张望); **etw. in den falschen H. bekommen/kriegen** *gespr*[口]; **a)** sich verschlucken 吃呛,呛着; **b)** etw. falsch verstehen u. zu Unrecht gekränkt sein 因误解…而恼怒; **den H. nicht voll kriegen/nicht voll genug kriegen (können)** *gespr*, *mst pej* [口],多用[贬]; immer noch mehr von etw. haben wollen, obwohl man schon viel davon hat 胃口大,不知满足,贪得无厌; **etw. hängt j-m zum H. (he)raus** *gespr*[口]; j-d hat genug von etw., findet etw. nur noch lästig 某事使某人厌恶、腻烦、反感 ≈ j-d ist etw. (*Gen* 二格) überdrüssig; **bis an den/bis über den/bis zum H. in etw.** (*Dat* 三格) **stecken** *gespr* [口]; Probleme haben, weil man sehr/zu viel von etw. hat 陷进,被缠住 ⟨bis zum H. in Arbeit, in Schulden, in Schwierigkeiten stecken 陷在工作、债务、麻烦里⟩; **H. über Kopf** (zu) plötzlich 慌慌张张,不知所措,匆忙 ≈ überstürzt; **etw. bricht j-m den H.**; **etw. kostet j-n/j-m den H.** *gespr*[口]; ein Ereignis od. e-e (leichtsinnige) Handlung ruiniert j-n, kostet j-n seine Karriere *o. Ä.* 某事毁了某人(的前途); **sich j-m an den H. werfen** *gespr pej*[口][贬]; **a)** sich j-m aufdrängen, sich bei j-m anbiedern 死缠着某人; **b)** j-m deutlich zeigen, dass man sexuelles Interesse an ihm hat 纠缠某人,向某人调情; **sich** (*Dat* 三格) **j-n/etw. auf den H. laden** *gespr*[口]; sich um j-n kümmern, der einem immer lästiger wird/e-e lästige Verpflichtung auf sich nehmen 牵挂某人/某事,为某人/某事担责任,牵肠挂肚; **j-n/etw. auf dem/am H. haben** *gespr*[口]; etw. (für j-n) tun müssen, was lästig ist 得替某人/某事操心; **j-m/sich j-n/etw. vom Hals(e) halten** *gespr*[口]; verhindern, dass j-d/man mit etw./von j-m belästigt wird 不让某人/某事缠住某人/自己,不与某人交往/不去纠缠某事; **j-m/sich j-n/etw. vom Hals(e) schaffen** *gespr*[口]; j-n/sich von j-m/etw. Lästigem befreien 使某人/自己摆脱某人/某事; **j-m mit etw. vom Hals(e) bleiben** *gespr*[口]; j-n nicht mit etw. belästigen 不以某事纠缠,打扰某人; **j-m j-n auf den H. hetzen** *gespr*[口]; j-n bei j-m (*mst* e-r staatlichen Institution) denunzieren, sodass er verfolgt u. bestraft wird 叫某人(多指国家机关)去对付,查处某人 ⟨j-m die Polizei, die Steuerfahndung auf den H. hetzen 叫警方,税务稽查人员去对付,查处某人⟩; **den/seinen H. aus der Schlinge ziehen** e-n Ausweg aus e-r gefährlichen Situation finden 摆脱险境,死里逃生,绝路逢生

Hals·ab·schnei·der *der*; *-s*, *-*; *gespr pej*[口][贬] ≈ Wucherer ‖ *hierzu*(派生) **hals·ab·schnei·de·risch** *Adj*(形)

Hals·band *das*; ein Band, das man *mst* e-m Hund um den Hals bindet, um daran e-e Leine zu befestigen(多指狗的)项圈 ⟨e-m Tier ein H. anlegen, abnehmen 给一只动物带上、取下项圈⟩

hals·bre·che·risch *Adj*(形); so gefährlich, dass man Glück hat, wenn man sich nicht verletzt 有生命危险的,惊险的 ≈ lebensgefährlich ⟨ein Tempo 速度⟩: *Sie machte e-e halsbrecherische Tour durch das Hochgebirge* 她作了一次穿越高山的惊险旅游

Hals-Na·sen-Oh·ren·arzt *der*; ein Arzt, der sich auf die Behandlung von Krankheiten des Halses, der Nase u. der Ohren spezialisiert hat 耳鼻喉科大夫; *Abk* 缩写 HNO-Arzt

hals·star·rig *Adj*(形); *pej*[贬]; überhaupt nicht bereit, seine Meinung od. seinen Willen zu ändern 固执的,执拗的,死心眼的 ≈

eigensinnig, stur ↔ nachgiebig ‖ *hierzu*（派生）**Hals·star·rig·keit** *die*; *nur Sg*（只用单数）

Hals- und Bein·bruch *gespr hum*［口］［诙］;（als Formel）verwendet, um j-m für e-e *mst* gefährliche Aktion Glück zu wünschen（对去参加危险活动的人的祝福语）—切顺利: „*Hals- und Beinbruch bei eurer Kletterpartie!*“ “祝你登山一切顺利!”

halt[1] *Partikel*（小品词）; *unbetont*, *südd* Ⓐ Ⓒⓗ *gespr*（非重读）［南德］［奥］［瑞］［口］ **1.** verwendet, um zu betonen, dass an e-r Tatsache nichts geändert werden kann（用来强调某事实无可更改）就是 ≈ eben, nun mal: *So ist das h. im Leben* 生活中的事就是这样; „*Ist das kalt heute!*“ – „*Na ja, es wird h. Winter*“ “今天真冷!”——“是呀,快入冬了” **2.** verwendet, um e-e Aufforderung zu verstärken（用来加强祈使语气）干脆,索性: *Fahr h. mit dem Bus, das geht schneller!* 干脆乘公共汽车吧,那要快一些!; *Ruh dich h. aus, wenn du müde bist!* 你要是累了就干脆休息!

halt![2] *Interjektion*（叹）; verwendet, um j-n aufzufordern, nicht weiterzugehen, etw. nicht zu tun od. e-e Tätigkeit zu beenden/zu unterbrechen（用来命令人止步、停止工作或活动）站住,且慢,住嘴,够了,停止: *H.! Hier können sie nicht durch* 停下! 这儿不能通行; *H.! Bleiben Sie stehen!* 站住! 不许动!

Halt[1] *der*; -(*e*)*s*; *nur Sg*（只用单数）**1.** etw., das verhindert, dass man/etw. fällt, von irgendwo abrutscht *usw*（手可攀脚可踏的）支撑物,踏脚处,攀附物〈ein fester, sicherer H. 牢靠的、安全的攀附处（踏脚处）; irgendwo H. suchen,（keinen）H. finden/haben, den H. verlieren 在某处寻找、找（不）到/（没）有、失去支撑点; etw. gibt j-m/etw. H. 某物支撑着某人/某物〉: *Zum Bergsteigen braucht man feste Schuhe, in Sandalen hat man nicht genügend H.* 登山要穿结实的鞋,穿凉鞋不够牢靠 **2.** e-e Person od. Sache, die j-m hilft, der unsicher wird od. verzweifelt 依靠,支持,支撑（指人或物）≈ Stütze〈ein innerer, moralischer, sittlicher H. 内心的、道义上的、道德上的支持; j-m ein H. sein, j-m (e-n) H. geben 是某人的依靠,给予某人支持; etw. nimmt j-m den H. 某事使某人失去依靠〉

Halt[2] *der*; -(*e*)*s*, -*e*/-*s*; *mst Sg*（多用单数）**1.** *geschr*［书］; das Anhalten, Unterbrechen e-r Bewegung od. Tätigkeit 停止,停留 ≈ Stopp: *Sie fuhren ohne H. durch bis ans Ziel* 他们马不停蹄地一直驶往目的地 **2.** ≈ Haltepunkt, Haltestelle: *Am nächsten H. müssen Sie aussteigen* 下一站您就该下车了 **3.** *geschr*［书］≈ Einhalt〈j-m/etw. H. gebieten 制止某人/某事〉‖ NB（注意）: ↑ ***haltmachen***

hält *Präsens, 3 Person Sg*（现在时,第三人称单数）; ↑ ***halten***

halt·bar *Adj*（形）; *nicht adv*（不作状语）**1.**（von Lebensmitteln）so, dass sie lange Zeit gegessen werden können（食物）耐储存的,可长久保存的 ↔ leicht verderblich〈etw. ist lange, nur kurz h. 某物可长久保存/只能短期存放; etw. h. machen 使某物可长期存放〉: *Durch Konservierung werden Lebensmittel länger h.* 用装制罐头的办法食物可以保存更长的时间 **2.** lange Zeit fest u. stabil 结实的,牢固的,持久的 ≈ strapazierfähig〈e-e Frisur, Schuhe, e-e Verbindung 发型,鞋,联系〉**3.**〈e-e Theorie, e-e These 理论,论点〉so, dass man sie beibehalten kann u. sie nicht aufgeben od. ändern muss 站得住脚的,讲得通的 ↔ unhaltbar: *Seine altmodischen Ansichten über Frauen sind wirklich nicht mehr h.* 他的关于妇女的陈旧观点确实再也站不住脚了 ‖ NB（注意）: *mst* verneint（多用否定句）! ‖ *hierzu*（派生）**Halt·bar·keit** *die*; *nur Sg*（只用单数）

Halt·bar·keits·da·tum *das*; *nur Sg*（只用单数）; der Zeitpunkt, bis zu dem garantiert ist, dass ein Lebensmittel gut ist 保质期 ≈ Verfallsdatum〈etw. hat das H. überschritten 某物已过了保质期〉

hal·ten; *hält, hielt, hat gehalten*; [Vt]（及物）**1.** ***j-n/etw. h.*** bewirken, dass e-e Person od. Sache irgendwo ist/bleibt, indem man sie *mst* mit der Hand fasst u. nicht loslässt 拿着,持,握着;抓住,牵着 ≈ festhalten〈etw. in der Hand, in seinen Händen, mit beiden Händen, in/mit den Zähnen, mit e-r Zange h. 手里、在他手里、用双手拿着,用牙咬着,用钳子夹着某物; j-n an/bei der Hand, am Arm, im Arm, in seinen Armen h. 牵着某人的手,挽着某人的胳膊,抱着某人〉: (*j-m*) *die Leiter h.* 给（某人）扶着梯子; *Haltet den Dieb!* 抓住小偷!; *Hältst du bitte mal den Koffer? Ich muss nach dem Schlüssel suchen* 请你扶一下箱子好吗? 我得找找钥匙 **2.** ***etw. irgendwohin h.*** etw. in e-e bestimmte Position, an e-e bestimmte Stelle bringen 把…放在: *die Hand an/vor den Mund h.* 用手捂住嘴; *e-n Schirm über den Kopf h.* 把伞撑在头顶上 **3.** ***etw. hält etw.*** (***irgendwo***) etw. bewirkt, dass etw. irgendwo (befestigt) bleibt（物作主语）把…固定在: *Der Nagel hält das Bild an der Wand* 用钉子把画固定在墙上 **4.** ***j-d/etw. hält j-n*** (***irgendwo***) j-d/etw. bewegt od. veranlasst j-n dazu, irgendwo zu bleiben（人/物作主语）留住,挽留: *Was hält dich noch in dieser Firma, wenn dir die Arbeit gar nicht gefällt?* 既然这项工作你根本不喜欢,那又是什么使你还呆在这个公司里不走呢? **5.** ***etw. h.*** etw. nicht ändern 保持,维持（不变）≈ beibehalten〈den Kurs, das Tempo, den Ton h. 保持航线、速度、声调（不变）; e-e Theorie, e-e These nicht h. können 无法维持一种理论、一个论点（不变）〉**6.** ***etw. h.*** etw. nicht beenden, stören od. unterbrechen 遵守,维护,维持 ≈ wahren〈Diät, Disziplin, Frieden, Ordnung, Ruhe h. 遵守规定的饮食,遵守纪律,维护和平,维持秩序,保持安静〉**7.** ***etw. hält etw.*** etw. bewirkt, dass etw. bestehen bleibt（物作主语）保持,维持: *Der Ofen hält die Hitze lange* 这炉子保热时间长 **8.** *mst* 多用 ***j-d kann etw.*** (***nicht***) ***h.*** j-d kann e-n Betrieb *o.Ä.* vor dem Bankrott (nicht) retten（人作主语）（不）能经营下去,（不）能支撑下去: *Er* *konnte den Betrieb nicht mehr h.* 他再也不能把工厂经营下去了 **9. j-n/etw. irgendwie h.** bewirken, dass j-d/etw. in e-m bestimmten Zustand bleibt 使维持,使保持…状态: *das Essen warm h.* 使饭菜保温; *j-n bei Laune, am Leben h.* 使某人保持好情绪,维持某人的生命; *etw. in Gang, in Ordnung h.* 使某物保持运行、整齐 **10. etw. h.** SPORT【体】; als Torwart verhindern, dass der Ball ins Tor gelangt 扑住,挡住〈den Ball, e-n Elfmeter, e-n Freiwurf h. 挡住球,十二码球(点球),任意球〉 **11. etw. h.** MIL【军】; etw. erfolgreich verteidigen 守住〈e-e Festung, e-e Stadt, e-e Stellung h. 要塞,城市,阵地〉 **12. etw. h.** SPORT【体】; etw. nicht an andere abgeben müssen 保持〈die Führung, e-n Rekord h. 保持领先,纪录〉 **13. etw. h.** das tun, was man versprochen hat 履行,遵守〈*mst* 多用 ein Versprechen, (sein) Wort h. 履行(信守)诺言〉 **14. etw. h.** etw. (das man vorbereitet hat) vor e-m Publikum sagen 讲,作〈e-e Predigt, e-e Rede, ein Referat, e-e Unterrichtsstunde, e-n Vortrag h. 讲道(布道),讲话,作(专题)报告,讲一节课,作报告〉 **15.** *mst* 多用 ***das Wasser nicht mehr h. können*** nicht mehr verhindern können, dass Urin aus der Blase (3) fließt 憋不住尿 **16.** (***sich*** (*Dat* 三格) ***ein Tier h.*** ein Tier besitzen od. haben 饲养动物: (*sich*) *e-e Katze, Kühe, Schweine h.* 养猫、牛、猪; *ein Pferd im Sommer auf der Koppel u. im Winter im Stall h.* 夏天将马放在牧场,冬天关在马厩里饲养 **17. sich** (*Dat* 三格) ***j-n h.*** *oft pej* 常用[贬]; **a)** j-n (in seinem Haushalt) beschäftigen 雇用: *sich e-n Butler, ein Hausmädchen h.* 雇男管家、女佣; **b)** neben dem Ehepartner e-n anderen Sexualpartner haben (u. diesen finanziell unterstützen) 养着(指婚外性伙伴): *Er hält sich e-e Freundin/Geliebte* 他(外面)养着一个女朋友/情妇 **18. etw. irgendwie h.** etw. in e-r be stimmten Weise gestalten 把…安排成,布置成: *ein Zimmer ganz in Grün h.* 将整个房间都布置成绿色; *Das Referat war zu allgemein gehalten* 这个(专题)报告内容过于空泛 ‖ NB(注意): *mst* im Zustandspassiv(多用于状态被动句)! **19. j-n/sich/etw. für etw. h.** e-e bestimmte Ansicht über j-n/sich/etw. haben, die falsch od. noch nicht bestätigt ist 认为,把…看作: *Falschgeld für echt* (*es Geld*) *h.* 将假钞当成真的; *j-n für mutig, sich für e-n Helden h.* 认为某人有勇气,认为自己是英雄 **20. j-n/etw. für j-n/etw. h.** zwei Dinge od. Personen miteinander verwechseln 把…错当作,以为…是: *Wegen ihrer kurzen Haare u. ihrer Kleidung hielt ich sie zuerst für e-n Mann* 由于她的短发和衣着,我一开始以为她是个男的 **21. (et)was/viel/nichts von j-m/etw. h.** e-e bestimmte/e-e gute/e-e schlechte Meinung von j-m/etw. haben 对…评价(看法)好/不好: *Was hältst du von der Idee?* 你认为这个主意怎么样?; *Der Chef hielt nicht viel von seinem Stellvertreter* 老板对他的副手评价不高 **22.** *Subst* (名词) + **h.** verwendet, um ein Verb zu umschreiben(用来变换动词的表达方式); ***nach j-m/etw. Ausschau h.*** ≈ nach j-m/etw. ausschauen; ***e-n Mittagsschlaf h.*** ≈ mittags schlafen; ***Unterricht h.*** ≈ unterrichten; ***Wache h.*** ≈ wachen; [Vi](不及物) **23.** mit e-r Fortbewegung aufhören 停,停住 ≈ anhalten, stehen bleiben: *Der Zug hält* (*in fünf Minuten am Bahnhof*) 火车(5 分钟后)靠站 **24. etw. hält** etw. wird durch Belastungen nicht zerstört(物作主语)维持住,保持住,没破裂〈e-e Ehe, e-e Freundschaft 婚姻,友谊〉 **25. etw. hält** etw. geht nicht auseinander(物作主语)牢固,结实〈ein Knoten, e-e Naht 绳结,接缝〉 **26. etw. hält** etw. bleibt in e-m guten Zustand (物作主语)保持良好状态〈Blumen, e-e Frisur, Lebensmittel 花, 发型, 食品〉: *Das Wetter wird nicht h. – Es sieht nach Regen aus* 天气要变了——看起来像是要下雨 **27. zu j-m h.** j-n in e-r Auseinandersetzung, e-r unangehmen Situation unterstützen 支持,站在…一边 ≈ j-m beistehen: *Ihr Mann hält zu ihr, was auch geschieht* 不管发生什么事情,她的丈夫都支持她 **28. es mit j-m h.** nach j-s Vorbild handeln 效仿,跟…学,按…样做: *Sie hält es mit ihrem Vater, der immer sagte: „Spare in der Zeit, dann hast du in der Not"* 她的父亲总是说:"平时节约,急时不缺",她也便跟着这么做 **29. es irgendwie** (***mit etw.***) ***h.*** e-e bestimmte Einstellung zu etw. (Problematischem) haben (u. sich danach richten)(以…方式)看待,对待,处理: *Wie haltet ihr es mit der neuen Regelung?* 对这些新规定你们是怎么做的? **30. gehalten sein** + **zu** + *Infinitiv*(不定式) *geschr*[书]; den Befehl bekommen haben, etw. zu tun 按规定要,应该,必须 ≈ zu etw. angehalten sein: *Die Schüler sind gehalten, mit Füllhalter zu schreiben* 学生们都要用自来水笔书写 **31. nicht zu h. sein** von etw. nicht abgehalten werden können 忍不住,憋不住,挡不住 ≈ nicht zu bremsen sein: *Wenn er hört, dass j-d e-e Party gibt, ist er nicht* (*mehr*) *zu h.* 他只要听说有人搞聚会,就忍不住要去参加 **32. auf etw.** (*Akk* 四格) **h.** Wert auf etw. legen 注重,重视 ≈ auf etw. (*Akk* 四格) bedacht sein: *Er hält viel auf Höflichkeit* 他很注意礼节 **33. auf sich** (*Akk* 四格) **h.** darauf achten, dass man gut gekleidet ist, e-n guten Ruf hat 注重自己的衣着、声誉、外表、健康,洁身自好: *Wer auf sich hält, verkehrt nicht in zwielichtigen Lokalen* 洁身自好的人是不会出入可疑的酒馆的 **34. irgendwie h.; auf j-n/etw. h.** (mit e-r Waffe) auf j-n/etw. zielen(用武器)瞄准〈zu hoch, zu niedrig h. 瞄得太高、太低; auf j-s Herz h. 瞄准某人的心脏〉 **35. irgendwohin h.** NAUT【航海】; in e-e bestimmte Richtung fahren 驶往,驶向: *landwärts, ostwärts, nach Süden, auf die Küste h.* 向陆地、向东、向南、向海岸驶去 **36. 'an sich** (*Akk* 四格) **h.** (**müssen**) ≈ sich beherrschen, sich zusammenreißen (müssen): *Ich musste an mich h., um nicht laut loszulachen/zu* *schreien* 为了不放声大笑/不大声喊叫，我不得不强忍住自己； [Vr] (反身) **37. j-d/etw. hält sich** j-d/etw. bleibt in e-m (guten) Zustand(人/物作主语)保持新鲜，保持不坏、不变，保养得好〈Blumen, Lebensmittel, das Wetter 花，食品，天气〉: *Er hat sich gut gehalten. – Man sieht ihm sein Alter nicht an* 他保养得很好。——从外表上看不出他的年龄 **38. sich (irgendwo) h. (können)** das Gleichgewicht bewahren (können)保持平衡，坐稳: *sich auf e-m bockenden Pferd h. (können)*(能)在不断蹦跳的马背上坐住 **39. sich h. können** seine Position behalten können 能保持自己的位置，能顶住，坚持住: *sich als Parteivorsitzender h. können* 保住了党主席的位置; *Die Armee konnte sich nicht mehr h.* 部队已经顶不住了 **40. sich irgendwo h.** e-e Position einnehmen, an e-r Stelle bleiben 呆在，站在〈sich neben j-m, in sicherer Entfernung, in der Mitte, dicht hinter j-m h. 呆在某人身边、安全距离内、中间，紧贴在某人身后〉 **41. sich irgendwo (hin) h.** e-e bestimmte Richtung einschlagen 朝…方向走〈sich rechts, links, nach Norden, nördlich h. 朝右、朝左、朝北走〉 **42. sich irgendwie h.** e-e bestimmte Körperhaltung haben 保持…姿势〈sich aufrecht, gerade, gut, krumm, schief h. 保持端正、直立、良好的体态，弯着腰，歪着身子〉 **43. sich irgendwie h.** ≈ bei etw. gut, schlecht *usw* sein: *sich in e-m Kampf, beim Wettkampf wacker, in e-r Diskussion gut, in e-r Prüfung schlecht h.* 在战斗中、在比赛中表现很勇敢，在讨论中表现好，在考试中发挥不好 **44. sich an etw.** (*Akk* 四格) **h.** sich nach etw. richten, nicht von etw. abweichen 遵循，遵守，信守〈sich an e-e Abmachung, ein Gesetz, die Regeln, die Tatsachen, e-n Vertrag, e-e Vorlage, die Wahrheit h. 遵守协约、法律、规定，以事实为根据，信守合同，依据提案、真实情况〉: *Der Film hält sich eng an den gleichnamigen Roman* 这部电影严格忠实于同名的长篇小说 **45. sich an j-n h. a)** in e-r Angelegenheit mit j-m sprechen, der zuständig ist 找…谈话(反映问题) ≈ sich an j-n wenden: *Bei Beschwerden halten Sie sich bitte an den Geschäftsführer* 如有意见，请找业务经理; **b)** mit j-m Kontakt pflegen, bei ihm Rat suchen, weil man ihm vertraut 求助于，找…求教: *Halte dich nur an mich, wenn es Probleme gibt!* 有问题的话，尽管来找我！

Hạl·te·punkt *der*; e-e Haltestelle (*bes* an e-r Bahnlinie)(火车)停靠站点，停车站点

Hạl·ter¹ *der*; *-s, -*; e-e Konstruktion, mit der man etw. stützt od. an e-r bestimmten Stelle befestigt(用来支撑、夹挂物件的)夹，架，带，托，杆等: *Der Radrennfahrer nahm die Trinkflasche aus dem H. u. trank e-n Schluck* 自行车运动员从支架上取下水壶喝了一口 ‖ -K(复合): **Flaschen-, Handtuch-, Kerzen-, Socken-, Strumpf-**

Hạl·ter² *der*; *-s, -*; **der H. + Gen**(二格)/**von etw.** ADM【管理】≈ Eigentümer, Besitzer: *der H. des Fahrzeugs* 车主; *die Halter von Hunden* 狗的主人 ‖ -K(复合): **Fahrzeug-, Hunde-, Katzen-, Pferde-, Schweine-, Tier-** ‖ *hierzu*(派生) **Hạl·te·rin** *die*; *-, -nen*

Hạl·te·rung *die*; *-, -en*; e-e Konstruktion, die als Halter¹ für etw. dient 支架，托座，夹具〈etw. aus der H. nehmen, in die H. hängen 从架子上取下某物，把某物挂在架子上〉

Hạl·te·stel·le *die*; die Stelle, an der Busse u. Bahnen (regelmäßig) stehen bleiben, damit man ein- od. aussteigen kann 车站 ≈ Halt² (2), Station ‖ -K(复合): **Bus-, Straßenbahn-, S-Bahn-, U-Bahn-**

Hạl·te·ver·bot *das*; *nur Sg*(只用单数) **1.** ein Bereich, in dem man mit dem Auto nicht stehen bleiben darf 禁止停车区〈absolutes, eingeschränktes H. 绝对的、有限制的禁止停车区; im H. stehen 停在禁止停车区〉 **2.** das Verbot, im H. (1) stehen zu bleiben 禁止停车: *In unserer Straße besteht auf beiden Seiten H.* 我们街道的两侧都禁止停车 ‖ K-(复合): **Halteverbots-, -schild**

-hal·tig *im Adj, sehr produktiv, nicht adv*(构成形容词，构词强，不作状语); so, dass die genannte Substanz darin enthalten ist 含…的; **eisenhaltig, goldhaltig, nikotinhaltig, sauerstoffhaltig, zuckerhaltig**

hạlt·los *Adj*(形); *ohne Steigerung*(无变级) **1.** *nicht adv*(不作状语); ohne jeden sachlichen Grund 站不住脚的，毫无根据的 ≈ unbegründet, gegenstandslos〈ein Gerücht, e-e Anklage, e-e Behauptung, e-e Anschuldigung *o. Ä.* 谣言，控告，论断，指控等〉 **2.** ohne psychische u. moralische Festigkeit 散漫的，放纵的，轻浮的 ≈ labil: *Seit dem Tod ihrer Eltern ist sie völlig h.* 自从她的父母去世后，她放荡不羁 ‖ *hierzu*(派生) **Hạlt·lo·sig·keit** *die*; *nur Sg*(只用单数)

hạlt·ma·chen, Hạlt ma·chen; *machte halt/Halt, hat haltgemacht/Halt gemacht*; [Vi] (不及物) **1. (irgendwo) h.** (*bes* beim Gehen, Wandern, Fahren *o. Ä.*) die Bewegung unterbrechen u. e-e Pause machen (尤指走路、远足和旅行时)停下来(歇息) ≈ Rast machen: *Auf halbem Weg zum Gipfel machen wir halt, um uns auszuruhen* 在攀登山顶的半道上，我们停下来休息 **2. vor j-m/etw. nicht h.; vor nichts (u. niemandem) h.** keine Skrupel haben u. niemanden/nichts mit etw. Negativem od. Schädlichem vorschonen (在…面前)无所顾忌，不肯罢手 ↔ vor j-m/etw. zurückschrecken: *Sie machten mit ihrer Zerstörungswut nicht einmal vor Kirchen u. Klöstern halt* 面对教堂和修道院，他们也毫不收敛他们的破坏狂

Hạl·tung *die*; *-, -en* **1.** *nur Sg*(只用单数); die Art, wie j-d steht od. seinen Körper (beim Gehen, Sport *o. Ä.*) bewegt od. hält 姿势，姿态，体态 ≈ Stellung (1)〈e-e gute, schlechte, aufrechte H. haben 姿势良好、不好、端正; e-e gebückte H. einnehmen 弯着腰〉: *Weil er so e-e schlechte H. hat, macht er jeden Tag zehn Minuten Gymnastik* 由于体态不好，他每天都做十分钟体操 ‖ K-(复合):

Haltungs-, ***-fehler***, ***-schaden*** ‖ -K（复合）：***Arm-***, ***Bein-***, ***Kopf-***, ***Körper-*** **2.** *mst Sg*（多用单数）；***die H.***（***zu/gegenüber j-m/etw.***）die individuelle Art u. Weise, wie j-d denkt, seine Umwelt betrachtet u. sich ihr gegenüber verhält 态度，观点，立场，看法 ≈ Einstellung, Anschauung 〈e-e konservative, progressive, fortschrittliche, autoritäre, liberale, ablehnende, feindliche H. haben 持保守的、进步的、先进的、专横的、自由主义的、拒绝的、敌对的态度〉：*die zögernde H. der Regierung zu den Problemen der Luftverschmutzung* 政府对于空气污染问题持犹豫不决的态度 ‖ -K（复合）：***Abwehr-***；***Geistes-*** **3.** *nur Sg*（只用单数）；***die H.***（+ *Gen* 二格/***von etw.***（*Pl* 复））das Halten (15) von Tieren 养，饲养（指动物）：*In diesem Haus ist die H. von Hunden verboten* 这所房屋里不准养狗 ‖ -K（复合）：***Haustier-***, ***Geflügel-***, ***Hunde-***

Ha.lun.ke *der*; *-n*, *-n*; *oft hum* 常用［诙］；ein Mann, der Tricks anwendet u. andere betrügt 捣蛋鬼，骗子，无赖 ≈ Schurke, Gauner ‖ NB（注意）：*der Halunke*; *den*, *dem*, *des Halunken*

Ham.bur.ger *der*; *-s*, *-* **1.** j-d, der in der Stadt Hamburg wohnt od. dort geboren ist 汉堡人 〈ein gebürtiger, waschechter (= typischer) H. 地地道道的汉堡人〉 **2.** ［*auch* 'hembœɐgɐ］ ein weiches Brötchen, das mit gebratenem Hackfleisch belegt ist (u. *mst* mit Ketschup gegessen wird) 汉堡包 ‖ zu（义项）**1.** **Ham.bur.ge.rin** *die*; *-*, *-nen*

hä.misch *Adj*（形）；voller Freude darüber, dass j-m etw. Unangenehmes od. Schlimmes passiert ist 幸灾乐祸的 ≈ boshaft, schadenfroh 〈ein Grinsen, Blicke, Bemerkungen *o. Ä.* 奸笑，目光，评论等；h. grinsen 幸灾乐祸地讥笑；sich h. über etw.（*Akk* 四格）freuen 对某事幸灾乐祸〉

Ham.mel *der*; *-s*, *-* **1.** ein kastriertes männliches Schaf 阉羊，骟羊 ‖ K-（复合）：***Hammel-***, ***-herde*** **2.** *nur Sg*（只用单数）；das Fleisch des Hammels (1), das man isst 骟羊肉 ‖ K-（复合）：***Hammel-***, ***-braten***, ***-fleisch***, ***-keule***, ***-kotelett***, ***-spieß*** **3.** *gespr pej*［口］［贬］；verwendet als Schimpfwort für j-n, den man für sehr dumm od. unverschämt hält（骂人话）笨蛋，无耻之徒

Ham.mer *der*; *-s*, *Häm.mer* **1.** ein Werkzeug (mit e-m Stiel), mit dem man *bes* Nägel in Bretter od. Wände schlägt 锤子，榔头 ‖ ↑ *Abb. unter* 图见 ***Werkzeug*** ‖ K-（复合）：***Hammer-***, ***-stiel*** **2.** SPORT【体】；e-e Kugel aus Metall, die an e-m Draht befestigt ist u. weit geschleudert wird 链球 ‖ K-（复合）：***Hammer-***, ***-werfen***, ***-werfer*** **3.** *gespr*［口］；ein großer Fehler 大错误 ≈ Schnitzer 〈sich einige grobe Hämmer leisten 犯一些重大错误〉 ‖ ID［谚］ ***etw. kommt unter den H.*** etw. wird versteigert 某物被拍卖；***Das ist (ja) ein H.!*** *gespr*［口］；das ist e-e Unverschämtheit! 这真是无耻！；***j-d hat einen H.*** *gespr pej*［口］［贬］；j-d tut verrückte Dinge 某人精神不太正常，脑子有毛病 ≈ j-d spinnt

häm.mern; *hämmerte*, *hat gehämmert*; [Vi]（不及物）**1.** mit dem Hammer (1) mehrere Male schlagen 用锤子敲，锤击 **2.** ***irgendwohin h.*** (in kurzen Abständen) mehrere Male kräftig gegen e-e Fläche schlagen (u. ein lautes Geräusch erzeugen) 连续敲打 ≈ klopfen, pochen: *Er hämmerte mit den Fäusten gegen die Tür* 他用双拳敲打门 **3.** ***auf etw.***（*Dat* 三格）***h.*** ungeschickt u. kräftig (aber *mst* langsam) die Tasten e-s Klaviers od. e-r Schreibmaschine anschlagen（笨拙地）弹击，击打，敲打 〈auf dem Klavier, auf e-r Schreibmaschine h.（笨拙地）击打钢琴、打字机〉 ‖ *zu*（义项）***Gehämmer(e)*** ↑ ***Ge-***

hämmern (1)

Ham.pel.mann *der* **1.** e-e Art Puppe aus Holz, Karton *o. Ä.*, deren Arme u. Beine sich gleichzeitig nach oben bewegen, wenn man an e-m Faden zieht（拉线）木偶 **2.** *gespr pej*［口］［贬］；j-d, der keinen eigenen Willen hat u. das tut, was andere wollen 傀儡，俯首帖耳的人 ≈ Schwächling

Hams.ter *der*; *-s*, *-*; ein kleines (Nage) Tier, das in seinen dicken Backen viel Futter sammelt (u. das oft als Haustier gehalten wird) 仓鼠

Hams.ter.kauf *der*; das (panikartige) Kaufen großer Mengen bestimmter Waren (*mst* Lebensmittel) (*bes*, wenn diese knapp od. teuer werden) 抢购，囤货，囤积：*Als die Regierung e-e Erhöhung der Preise ankündigte, kam es zu Hamsterkäufen* 政府一宣布提价，就发生了抢购现象

hams.tern; *hamsterte*, *hat gehamstert*; [Vt/i]（及物/不及物）（***etw.***）***h.*** *gespr*［口］；*bes* Lebensmittel in viel größeren Mengen kaufen, als man gerade braucht 囤积 ≈ horten 〈Lebensmittel h. 囤积食品；Brot, Mehl, Zucker h. 囤积面包、面粉、糖；Zigaretten, Brennholz h. 囤积香烟，木柴〉

Hand *die*; *-*, *Hän.de* **1.** der Körperteil am Ende des Armes, mit dem man *z. B.* nach etw. greift, e-n Gegenstand hält *usw* 手 〈die

Hand

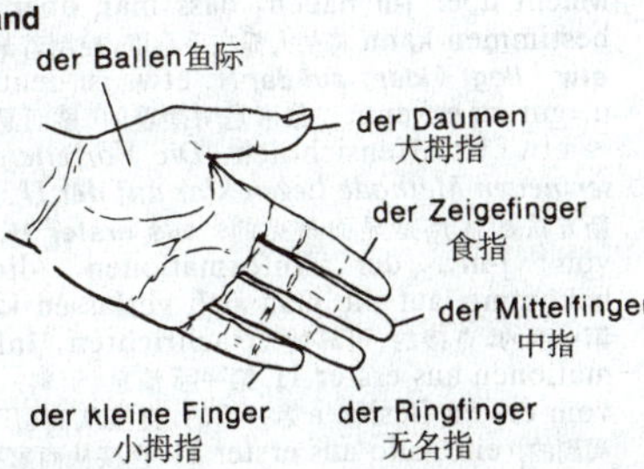

rechte, linke H. 右手,左手; e-e feine, zartgliedrige, grobe H. 一只纤巧的、娇嫩的、粗糙的手; feuchte, kalte Hände haben 双手潮湿、冰凉; etw. in die H. nehmen, in der H. halten, aus der H. legen 拿起、抓住、放下某物〉: *sich vor dem Essen die Hände waschen* 饭前洗手; *die Hände in die Hosentaschen stecken* 把手揣到裤兜里; *ein Buch in die H. nehmen u. darin blättern* 拿起书来浏览 ‖ K-(复合): **Hand-, -bürste, -creme, -knochen; Hände-, -trockner**, ‖ -K(复合): **Frauen-, Kinder-, Männer-** **2. j-m die H. geben/schütteln** die rechte H. (1) ausstrecken u. damit die Hand von j-d anderem fassen, sie drücken (u. schütteln), um ihn zu begrüßen 与某人握手〈j-m zur Begrüßung, zum Abschied die H. geben/schütteln 与某人握手表示欢迎,握手告别〉 **3. j-n bei der H. nehmen** die H. (1) *bes* e-s Kindes fassen, um es zu führen 拉着(…的手),领着 **4. etw. zur H. nehmen** etw. *mst* Kleines mit der H. (1) fassen (um es zu benutzen)握住,拿起 **5. j-s rechte H.** der engste u. wichtigste Mitarbeiter e-s Chefs od. Vorgesetzten 某人的得力助手(左右手) **6. linker H./rechter H.** auf der linken/rechten Seite 左边/右边 ≈ links/rechts: *Direkt vor uns haben wir das Rathaus, u. linker H. können Sie die Türme der Frauenkirche sehen* 我们面前的就是市政厅,左边您可以看到圣女教堂的塔楼 **7. unter der H.** nicht öffentlich od. offiziell 私下,暗地里 ≈ heimlich〈etw. unter der H. kaufen, verkaufen, erfahren, weitergeben 私下买,卖,得知,转告〉 **8. zu Händen (von) Herrn/Frau X** verwendet in Anschriften auf Briefen, um anzuzeigen, für wen (in e-r Institution od. Firma) der Brief ist…先生/女士亲启; *Abk* 缩写 z. H./z. Hd.: *An das Finanzamt Wuppertal, z. H. Frau Wagner* 乌珀塔尔财政局瓦格纳夫人亲启 **9.** *ohne Artikel, nur Sg*, SPORT(无冠词,只用单数)【体】; beim Fußball e-e unerlaubte Berührung des Balles mit der H. (1)(足球比赛中的)手球 ≈ Handspiel: *Der Schiedsrichter entschied auf H. im Strafraum u. gab Elfmeter* 裁判判罚球区手球,并判罚点球 ‖ ID[谚] **etw. in die H. nehmen** die Leitung e-s Projekts od. e-r Arbeit übernehmen (damit sie schneller zu Ende geführt werden)接手某事,将某事揽下来; **j-n in der H. haben** so viel Macht über j-n haben, dass man über ihn bestimmen kann 将某人抓在手心里,控制着某人; **etw. liegt (klar) auf der H.** etw. ist deutlich u. gut zu erkennen 某事是明摆着的(显而易见) ≈ etw. ist offensichtlich: *Die Vorteile dieser neuen Methode liegen klar auf der H.* 这种新方法的优点是显而易见的; **aus erster H. a)** von j-m, der Informationen direkt bekommt, auf die man sich verlassen kann 第一手的,直接的,可靠的〈Nachrichten, Informationen aus erster H. 第一手消息、资料〉; **b)** vom ersten Besitzer 第一手的,直接从商(厂)家买到的〈ein Auto aus erster H. 直接从商家买到的新车〉; **aus zweiter/dritter** *usw* **H. a)** von j-m, der nicht direkt beteiligt war 第二/三手的,间接的〈Nachrichten, Informationen aus zweiter/dritter *usw* H. 第二/三手的消息、资料〉; **b)** von dem (in e-r Reihenfolge) zweiten/dritten *usw* Besitzer 旧的,二手的: *Er kaufte sich ein altes Auto aus zweiter H.* 他买了一辆二手车; **sich** (*Dat* 三格) **etw. an beiden Händen abzählen können** leicht erkennen können, wie die Zusammenhänge sind 不难看出某事,容易想象得出某事; **mit leeren Händen a)** ohne ein Geschenk *o. Ä.* mitzubringen 空着手(指不带礼物等); **b)** ohne ein positives Ergebnis erreicht zu haben 两手空空,一无所获: *mit leeren Händen von den Verhandlungen zurückkommen* 谈判一无所获,空手而归; **mit vollen Händen** in zu großen Mengen 大手大脚 ≈ verschwenderisch; **j-m zur H. gehen** j-m bei e-r Arbeit helfen 向某人伸出援手,帮助某人 ≈ j-m behilflich sein; **etw. (nicht) aus der H. geben** etw., das man besitzt, (nicht) an andere weitergeben *o. Ä.*, od. e-e Funktion, die man innehat, (nicht) an andere abtreten(不)放手,(不)交出,(不)让出: *Er ist nicht bereit, wichtige Aufgaben aus der H. zu geben* 他不愿意把重要的任务交出来; **hinter vorgehaltener H.** nicht offen od. offiziell 偷偷地,不公开地,非正式地 ≈ im Geheimen〈j-m etw. hinter vorgehaltener H. sagen 偷偷地把某事告诉某人〉; **etw. fällt j-m in die Hände** etw. kommt (oft durch Zufall) in j-s Besitz 某物落入某人之手,被某人意外得到〈geheime Pläne, Dokumente *o. Ä.* fallen j-m in die Hände 秘密计划、文件等落入某人的手中〉; **j-d fällt j-m in die Hände** j-d gerät in j-s Gewalt 某人落到某人的手中: *Mehrere Soldaten der Regierungstruppen fielen den Feinden in die Hände* 政府军的一些士兵落入了敌人之手; **etw. geht mit etw. H. in H.** e-e Entwicklung ist eng mit e-r anderen verbunden 某事与某事息息相关,紧密相连,同时发生 ≈ etw. geht mit etw. einher: *E-e höhere Zahl von/an Arbeitslosen geht meistens H. in H. mit sozialer Unruhe* 失业人数增加和社会的不安定多半是紧密相连的; **von der H. in den Mund leben** das wenige Geld, das man bekommt, für Essen u. Trinken, Miete *usw* ausgeben müssen (u. nichts sparen können)勉强糊口; **alle/beide Hände voll zu tun haben** *gespr*[口]; sehr viel Arbeit haben 忙得不可开交; **in festen Händen sein** *gespr hum*[口][诙]; e-e feste Beziehung mit e-m Freund od. e-r Freundin haben 关系已定,已成家; **j-m rutscht die H. aus** *gespr*[口]; j-d schlägt j-n, gibt ihm e-e Ohrfeige (weil er geärgert od. provoziert wurde)掴某人一记耳光; **j-n an der H. haben** *gespr*[口]; j-n kennen, der einem in e-r bestimmten Situation helfen kann 有某人帮忙: *e-n versierten Steuerberater an der H. haben* 认识一位有经验的税务顾问(可提供帮助); **zwei linke Hände haben** *gespr*[口]; sehr ungeschickt bei handwerklichen Tätigkeiten sein 笨手笨脚; ***e-e ruhige / sichere H. haben*** die Hände geschickt u. ohne Zittern benutzen können 手巧,有把握; ***e-e sichere / gute H. (bei etw.) haben*** etw. geschickt tun können(做某事时)手灵巧,精明: *Sie hat e-e sichere H. bei der Zusammenstellung von Farben* 她很擅长调色; ***etw. hat H. u. Fuß*** etw. ist gut durchdacht, vorbereitet od. geplant 某事是经过深思熟虑的,作了周到考虑的,有根有据的: *Der neue Kollege scheint gut zu sein. – Alles, was er macht, hat H. u. Fuß* 这位新同事看起来不错。——所有他干的事都考虑得很周到; ***die Hände über dem Kopf zusammenschlagen*** *gespr* [口]; sehr erstaunt od. erschrocken sein 大吃一惊: *Ihre Mutter schlug die Hände über dem Kopf zusammen, als sie ihre neue Frisur sah* 她母亲看到她的新发型时,不禁大吃一惊; ***für j-n / etw. die / seine H. ins Feuer legen*** *gespr* [口]; volles Vertrauen zu j-m haben, von j-s Unschuld überzeugt sein bzw. e-r Sache vollkommen sicher sein 为某人/某事担保,打包票: *Manfred hat das Fahrrad nicht gestohlen. – Dafür lege ich die H. ins Feuer* 曼弗雷德没偷自行车。——我敢打包票; ***sich mit Händen u. Füßen gegen j-n / etw. wehren*** *gespr* [口]; sich heftig gegen j-n/etw. wehren 竭尽全力抵制,拼命反对 ≈ sich j-m/ etw. widersetzen: *Die Beschäftigten wehrten sich mit Händen u. Füßen gegen die Abschaffung der Gleitzeit in ihrem Betrieb* 职工们竭力抵制在工厂里取消浮动工时; ***mit Händen u. Füßen*** mit vielen deutlichen, übertriebenen Gesten 连说带比划地,比划着 〈mit Händen u. Füßen reden, etw. mit Händen u. Füßen erklären, beschreiben 比划着讲话,连说带比划地解释、描述〉; ***seine Hände in Unschuld waschen*** *geschr* [书]; beteuern, dass man für etw. nicht verantwortlich ist 宣称自己没有责任,洗刷自己; ***um j-s H. anhalten*** *veraltend* [渐旧]; (als Mann) e-r Frau e-n Heiratsantrag machen od. die Eltern fragen, ob man ihre Tochter heiraten darf 向某人(女性)求婚 ‖ NB (注意): ↑ ***Handbreit***, ***Handvoll*** ‖ ▶ ***anhand***

Hand.ar.beit *die* **1.** etw., das j-d gestrickt, gehäkelt, gestickt *o.Ä.* hat 编织品,针织品,刺绣,绣品: *Sie macht gerade e-e H. aus Seide* 她正在做一件丝绸的绣品 ‖ K-(复合): ***Handarbeits-***, ***-geschäft***, ***-lehrer(in)***, ***-unterricht*** **2.** ein Gegenstand, der als einzelnes Stück u. nicht maschinell hergestellt worden ist 手工制品: *Dieses Paar Schuhe ist e-e echte indianische H.* 这双鞋是真正的印第安手工制品 **3.** *nur Sg* (只用单数); e-e Arbeit, für die man *bes* geschickte Hände braucht (wie *z.B.* beim Schnitzen od. Nähen) 手工工艺,手工劳动,手工活: *Um e-e Holzfigur zu schnitzen, ist viel H. nötig* 雕刻一件木雕需要精工细作 ‖ *zu* (义项) **1. hand.ar.bei.ten** (*hat*) *Vi* (不及物)

Hand.ball *der* **1.** *ohne Artikel, nur Sg* (无冠词,只用单数); e-e Sportart, bei der zwei Mannschaften versuchen, e-n Ball in das Tor der jeweils anderen Mannschaft zu bringen, wobei der Ball mit der Hand geworfen wird 手球运动 〈H. spielen 打手球〉 ‖ K-(复合): ***Handball-***, ***-spiel***, ***-spieler***, ***-turnier*** ‖ -K(复合): ***Feld-***, ***Hallen-*** **2.** ein Ball, mit dem man H. (1) spielt 手球

Hand.bal.len *der*; *-s*, *-*; der dicke Muskel an der Innenseite der Hand unter dem Daumen 鱼际(掌上大拇指根部的突出肌肉)

Hand.be.sen *der*; ein kleiner Besen mit kurzem Stiel (den man zusammen mit e-r Schaufel verwendet) (短把)扫帚

Hand.be.we.gung *die*; e-e Bewegung mit der Hand, die *mst* etw. Bestimmtes bedeutet 手势 ≈ Geste 〈e-e H. machen 打手势〉: *Mit e-r H. brachte er alle zum Schweigen* 他打了个手势,使所有人静了下来; *e-n Einwand mit e-r verächtlichen H. abtun* 以轻蔑的手势把不同意见搁置一旁

Hand.breit, **Hand breit** *die*; *-*, *-*; die Breite von ungefähr 10 Zentimetern 一手宽(大约 10 厘米): *ein Kleid e-e H. kürzer machen* 把连衣裙改短一手宽度 ‖ *zu* (义项) ***handbreit*** *Adj* (形)

Hand.brem.se *die*; e-e Bremse an e-m Fahrzeug, die man mit der Hand zieht 手闸,手刹车 ↔ Fußbremse 〈die H. ziehen, lösen 拉闸(捏闸),松闸〉 ‖ ↑ *Abb. unter* 图见 ***Fahrrad***

Hand.buch *das*; ein Buch, das alles Wichtige über ein Gebiet zusammenfasst 手册,便览: *ein H. der Fotografie* 摄影手册

Händ.chen *das*; *-s*, *-* **1.** e-e kleine Hand 小手 **2. *j-d hält mit j-m Händchen***; 〈ein Paar 一对(情侣)〉 ***hält Händchen*** ein (Liebes) Paar hält sich (zärtlich) bei der Hand (人作主语)手拉(牵)着手 ‖ *zu* (义项) **2. Händ.chen hal.tend**, **händ.chen.hal.tend** *Adj* (形); *nur attr od adv* (只作定语或状语)

Hän.de.druck *der*; *nur Sg* (只用单数); die Geste, bei der zwei Menschen einander die rechte Hand geben (*bes* wenn sie sich begrüßen od. verabschieden) 握手(欢迎或告别) 〈ein leichter, kräftiger H. 轻轻的,有力的一握〉: *Sie begrüßte jeden Gast mit e-m herzlichen H.* 她用热烈握手来欢迎每一位客人

Han.del *der*; *-s*; *nur Sg* (只用单数) **1. H. (mit etw.)** das Einkaufen u. Verkaufen von Waren 贸易,商业,生意,买卖,交易 〈lebhafter, blühender H. 活跃的、繁荣的贸易; (mit etw.) H. treiben 做…生意〉: *Der H. mit Gewürzen floriert / stagniert / geht zurück* 香料生意很兴隆/不景气/衰退 ‖ K-(复合): ***Handels-***, ***-abkommen***, ***-beziehungen***, ***-partner***, ***-schiff***, ***-vertrag*** ‖ -K(复合): ***Drogen-***, ***Gewürz-***, ***Pelz-***, ***Rauschgift-***, ***Tabak-***, ***Teppich-*** **2. der H.** *Kollekt* (集合); alle Geschäftsleute u. Geschäfte, die mit dem H. (1) zu tun haben 商界,商业界,贸易界 〈etw. wird aus dem H. gezogen 某物在市场上不出售了〉: *Der H. sah sich zu e-r Erhöhung der Preise gezwungen* 商业界认为不得不提高价格 ‖ -K(复合): ***Buch-*** **3. *etw. ist im H.*** etw. wird zum Verkauf angeboten (物作主语)某物可以买到(市

场有售）：*Das Buch, das Sie suchen, ist seit einiger Zeit nicht mehr im H*. 您要的书近一段时间已经不销售了 ‖ ▶ **handeln¹**, **Händler**

han·deln¹; *handelte, hat gehandelt*; [Vt]（及物）**1. etw. h.** etw. auf e-m Markt (od. an der Börse) verkaufen 出售，销售：*Im Sommer werden Tomaten zu viel günstigeren Preisen gehandelt als im Winter* 夏天西红柿的价格比冬天便宜得多 ‖ NB(注意)：*mst* im Passiv(多用被动语态)!; [Vi]（不及物）**2. mit etw. h.** e-e bestimmte Ware einkaufen u. verkaufen 经销，做…买卖：*mit Antiquitäten, Gebrauchtwagen h.* 经销古董、旧汽车 **3.** (**mit j-m**) (**um etw.**) **h.** (beim Kauf e-r Ware) versuchen, die Ware billiger zu bekommen 还价，讲价，侃价 ≈ um etw. feilschen：*mit e-m Händler um den Preis e-s Teppichs h.* 和商贩就一块地毯讨价还价；*In manchen Ländern ist es üblich, beim Kauf bestimmter Waren zu h.* 在有些国家，买某些商品时通常都要讨价还价

han·deln²; *handelte, hat gehandelt*; [Vi]（不及物）**1.** (**irgendwie**) **h.** in e-r bestimmten Situation aktiv werden, sich in der genannten Weise verhalten 行动，采取行动，办事 ⟨fahrlässig, verantwortungslos; eigenmächtig, selbstsüchtig, übereilt, unüberlegt, vorschnell h. 办事漫不经心、不负责任、专横、自私、仓促、不慎重、冒失⟩：*Als er den Unfall sah, handelte er sofort u. leistete dem Verletzten Erste Hilfe* 当他看到发生了车祸时，他立刻就行动起来，给伤者进行急救；*Der Angeklagte wurde freigesprochen, da er in Notwehr gehandelt hatte* 由于被告是正当防卫，他被宣告无罪 **2. etw. handelt von etw.** etw. hat etw. zum Thema (物作主语)主题是，涉及，论及… ≈ etw. erzählt von etw., behandelt etw.：*Der Film handelt vom Untergang des Römischen Reiches* 电影讲的是罗马帝国的衰落；[Vimp]（无人称）**3.** (**bei j-m/etw.**) **handelt es sich um j-n/etw.** *geschr*[书]；j-d/etw. ist das, was über ihn/es gesagt wird 关系到，涉及，是：*Bei dem Angeklagten handelt es sich um e-n mehrfach vorbestraften Mann* 被告是个曾多次被判刑的人；*Bei diesem Fund handelt es sich um e-e Vase aus dem 3 Jahrhundert* 这次出土的文物是三世纪的一个花瓶 **4. es handelt sich darum, dass.../+ zu + Infinitiv**（不定式）es ist wichtig, notwendig, etw. Bestimmtes zu tun 问题在于，关键在于，重要的是 ≈ es geht darum, dass.../+ zu + Infinitiv(不定式)：*Es handelt sich darum, den Opfern schnell u. unbürokratisch zu helfen* 关键是要抛弃官僚作风，迅速向受害者提供帮助

Han·dels·aka·de·mie *die*; Ⓐ[奥]ein Typ von Schulen in Österreich, die auf e-e Tätigkeit im kaufmännischen Bereich vorbereiten. Die Ausbildung dauert fünf Jahre u. wird mit der Matura abgeschlossen(五年制)商业学校 ‖ NB(注意)：↑ **Handelsschule**

han·dels·ei·nig *Adj*(形)；*mst in* 多用于 **j-d ist/wird** (**sich** (*Dat* 三格) **mit j-m h.**; ⟨Personen⟩ **sind/werden** (**sich** (*Dat* 三格)) **h.** zwei od. mehrere Personen haben/finden e-e Basis für ein Geschäft(人作主语)单：与某人成交，达成协议；复：双方成交，达成协议：*Nach langem Hin u. Her wurde er mit seinem Geschäftspartner h.* 经过长时间的反复谈判，他和他的生意伙伴达成了协议

Han·dels·klas·se *die*; e-e Kategorie, der Waren je nach ihrer Qualität zugeordnet werden 商品质量等级(质量标准) ≈ Güteklasse：*Die großen Eier sind H. I* 这些大个的鸡蛋是一等品

Han·dels·schu·le *die*; ein Typ von Schulen in Deutschland, der Schweiz u. in Österreich, die auf e-e Tätigkeit im kaufmännischen Bereich vorbereiten. Die Ausbildung dauert *mst* zwei od. drei Jahre(两年或三年制)商业学校 ‖ K-(复合)：**Handelsschul-, -abschluss, -lehrer** ‖ *hierzu*（派生）**Han·dels·schü·ler** *der*; **Han·dels·schü·le·rin** *die*

Han·dels·span·ne *die*; die Differenz zwischen den Preisen, zu denen ein Händler e-e Ware kauft u. wiederverkauft 商品购销差价 ≈ Verkaufsspanne

han·dels·üb·lich *Adj*(形)；*nicht adv*(不作状语)；so, wie im Handel üblich 商业上惯用的，商业上通用的，符合商业惯例的 ⟨*mst* 多用 e-e Packung, e-e Größe 包装，尺寸⟩

Han·dels·ver·tre·ter *der*; j-d, der für Firmen Waren an Geschäfte verkauft 商务代表，商务代理

hän·de·rin·gend *Adj*(形)；*mst adv*(多作状语)；sehr dringend, verzweifelt 迫切的，紧急的，急切的 ⟨j-n h. um etw. bitten 为某事恳求某人；etw. h. suchen, brauchen 急切地寻找某物，急需某物⟩

Hand·fe·ger *der*; *-s, -*; ≈ Handbesen

Hand·fer·tig·keit *die*; *mst Sg*(多用单数)；die Fähigkeit, mit den Händen geschickt zu arbeiten 手工灵巧，手艺熟练，手巧

hand·fest *Adj*(形)；*mst attr*(多作定语) **1.** von großer Intensität u. so, dass man es ernst nehmen muss 严重的，激烈的，重大的 ⟨e-e Drohung, e-e Auseinandersetzung, ein Streit, ein Krach, ein Skandal 威胁，争论，争吵，吵闹，丑闻⟩ **2.** ≈ kräftig, nahrhaft ⟨e-e Mahlzeit 一顿饭菜；etw. Handfestes essen 大吃一顿⟩

Hand·flä·che *die*; die ganze innere Seite e-r Hand (1) 手掌，手心 ↔ Handrücken

Hand·ge·lenk *das*; das Gelenk zwischen der Hand u. dem unteren Teil des Arms 手腕：*sich bei e-m Sturz das H. verstauchen* 摔倒时扭伤手腕 ‖ ID［谚］**etw. aus dem H. schütteln, etw. aus dem H.** (**heraus**) **tun** etw. ganz ohne Mühe u. ohne Vorbereitung tun 不费力地，轻而易举地做某事

Hand·ge·men·ge *das*; *-s, -*; *mst Sg*(多用单数)；ein Streit zwischen mehreren Personen, bei dem sie sich schlagen 斗殴，打架，打群架，撕打，混战 ≈ Schlägerei：*Als die Polizei mit Tränengas gegen die Demonstranten vorging, kam es zu e-m H.* 当警察用催泪瓦斯来对付示威群众时，发生了斗殴

Hand·ge·päck *das*; e-e kleine Tasche u. andere Dinge, die man auf Reisen (*bes* im Flugzeug) bei sich behält 手提行李,小件行李: *Passagiere dürfen nur ein H. mitnehmen* 乘客只允许随身携带一件手提行李

hand·ge·schrie·ben *Adj*(形); *nicht adv*(不作状语); mit der Hand geschrieben 手写的〈ein Brief, ein Lebenslauf, e-e Bewerbung, ein Testament 信,简历,申请书,遗嘱〉

Hand·gra·na·te *die*; e-e Art kleine Bombe, die man mit der Hand auf ein Ziel wirft, an dem sie explodiert 手榴弹,手雷

hand·greif·lich *Adj*(形) **1.** (**gegen j-n**) **h. werden** j-n körperlich angreifen/beginnen, sich mit j-m zu prügeln 对…动手,大打出手 ≈ tätlich, gewalttätig werden **2.** *mst attr*(多作定语); konkret u. deutlich 清楚的,明显的,确凿的 ≈ offenkundig 〈ein Beweis, ein (Miss-)Erfolg, e-e Lüge, ein Widerspruch 证据,成功(失败),谎言,矛盾〉‖ *zu* (义项) **1. Hand·greif·lich·keit** *die*; *mst Pl*(多用复数)

Hand·griff *der* **1. etw. ist nur ein H.** etw. kann ohne Mühe gemacht werden(物作主语)不过是举手之劳(一挥而就) **2. mit ein paar Handgriffen** schnell u. ohne Mühe 熟练地,麻利地,轻而易举地: *etw. mit ein paar Handgriffen reparieren* 熟练地修理某物 **3.** ≈ Griff[1] (4)

Hand·ha·be *die*; -; *nur Sg*(只用单数); **e-e H.** (**zu** + *Infinitiv* 不定式/**für etw.**) die Möglichkeit od. gesetzliche Grundlage, auf etw. zu reagieren 有理由、有依据: *Die Polizei hatte keine gesetzliche H. zu schießen/für den Schusswaffengebrauch* 警察没有开枪/使用轻武器的合法依据

hand·ha·ben; *handhabte, hat gehandhabt*; [Vt] (及物) **1. etw. h.** ein Werkzeug nehmen u. richtig (sachgerecht) anwenden 使用,运用,操作 ≈ mit etw. umgehen 〈Werkzeuge, Geräte, Maschinen, Instrumente h. 使用工具、器械、机器、仪器; e-n Hammer, e-n Pinsel, e-e Bohrmaschine h. 用锤子、毛笔、钻床; etw. (un)sachgemäß h. 正确地(错误地)操作某物〉 **2. etw. irgendwie h.** (nach e-r Interpretation o. Ä.) etw. irgendwie anwenden, praktizieren *o. Ä.* (以…方式)执行,运用〈ein Gesetz, e-e Vorschrift, e-e Regelung, e-e Bestimmung lax, großzügig, kleinlich, übergenau h. 马虎潦草地、宽松地、吹毛求疵地、生硬地执行一项法令、规章、规定、决定〉‖ *hierzu*(派生) **Hand·ha·bung** *die*; *nur Sg*(只用单数)

Han·di·cap [ˈhɛndikɛp] *das*; *-s, -s*; ↑ **Handikap**

-hän·dig *im Adj, wenig produktiv*(构成形容词,构词弱); mit der genannten Hand od. mit der genannten Zahl von Händen 用…手的; **beidhändig** 〈lenken 驾驶〉, **eigenhändig** 〈unterschreiben 签名〉, **einhändig**, **linkshändig**, **rechtshändig**, **vierhändig** 〈Klavier spielen 弹奏钢琴〉, **zweihändig**

Han·di·kap [ˈhɛndikɛp] *das*; *-s, -s*; etw., das für j-n/etw. e-n (schweren) Nachteil darstellt (auch bei sportlichen Wettkämpfen) 不利让步,不利条件(体育比赛中强者所作的让步) ‖ ▶ **gehandikapt**

Hand·kuss *der*; e-e (heute seltene) Art der Begrüßung, bei der ein Mann mit seinen Lippen die Hand e-r Frau leicht berührt 吻手礼 ‖ ID [谚] **etw. mit H. nehmen** *gespr* [口]; etw. sehr gern u. ohne zu zögern nehmen 非常乐意(欣然)买下某物

Hand·lan·ger *der*; *-s, -* **1.** j-d, der für e-n anderen sehr einfache (körperliche) Arbeiten macht 小工,帮手,下手 ≈ Gehilfe ‖ K-(复合): **Handlanger-, -arbeiten 2.** *pej* [贬]; j-d, der anderen bei etw. hilft, das moralisch nicht in Ordnung ist 帮凶,狗腿子,走狗 ≈ Helfershelfer: *ein H. des Regimes, des Geheimdienstes* 政府当局的、秘密警察的帮凶 ‖ K-(复合): **Handlanger-, -dienste**

Händ·ler *der*; *-s, -* **1.** j-d, der bestimmte Waren kauft u. wiederverkauft (*mst* als Besitzer e-s kleinen Geschäfts) 商人,商贩,小商店老板 ≈ Kaufmann ‖ K-(复合): **Antiquitäten-, Auto-, Blumen-, Buch-, Gemüse-, Kohlen-, Rauschgift-, Vieh-, Wein-, Zeitungs- 2. ein fliegender H.** j-d, der seine Waren nicht in e-m bestimmten Geschäft verkauft, sondern von Ort zu Ort fährt od. zu Fuß umherzieht 流动商贩 ≈ Hausierer ‖ ▶ **Handel, handeln[1]**

hand·lich *Adj*(形); (*mst* klein u. einfach gebaut u. deshalb) leicht zu verwenden 轻便的,便于使用的,便携式的〈e-e Schreibmaschine, e-e Nähmaschine, e-e Bohrmaschine, ein Staubsauger, e-e Kamera *o. Ä.* 打字机,缝纫机,钻孔机,吸尘器,照相机等; e-e Packung, ein Format 包装,规格〉: *Dieser Koffer ist recht h., weil er schmal ist u. wenig wiegt* 这只箱子比较窄,分量也轻,所以相当便于携带 ‖ *hierzu* (派生) **Hand·lich·keit** *die*; *nur Sg*(只用单数)

Hand·lung[1] *die*; *-, -en* **1.** der Ablauf od. das Resultat dessen, was j-d tut od. getan hat 行为,行动,动作 ≈ Tat 〈e-e unbedachte, (un)überlegte, unreflektierte, strafbare H. 草率的、深思熟虑(欠考虑)的、未经考虑的、违法的行为; e-e symbolische H. 具有象征意义的动作; e-e H. begehen, bereuen 干某种行为,为某种行为感到懊悔〉: *sich zu kriegerischen Handlungen provozieren lassen* 听任(让)挑起战争行动 ‖ K-(复合): **Handlungs-, -freiheit, -spielraum, -weise** ‖ -K(复合): **Amts-, Gewalt-; Kurzschluss-, Willkür- 2.** *mst Sg*(多用单数); die Abfolge der einzelnen Geschehnisse, Handlungen (1), die die Basis e-r Geschichte, e-s Romans, Dramas od. Films bilden (故事、小说、戏剧等的)情节,剧情〈e-e spannende, langweilige, verwickelte H. 紧张的、无聊的、复杂的情节〉: *Der Film ist ziemlich langweilig, da er zu wenig H. hat* 这部电影情节太简单,很没意思 ‖ K-(复合): **Handlungs-, -ablauf, -kette** ‖ -K(复合): **Haupt-, Neben-** ‖ *zu* (义项) **1. hand·lungs·fä·hig** *Adj* (形); *nicht adv*(不作状语); *zu* (义项) **2. hand·lungs·arm** *Adj* (形); *nicht adv* (不作状语); **hand·lungs·reich** *Adj*(形); *nicht adv*(不作状语) ‖ ▶ **handeln[2]**

H

Hand.lung² *die*；-，*-en*；*veraltet*［旧］≈ Geschäft，Laden ‖ -K(复合)：***Buch-***，***Fahrrad-***，***Kohlen-***，***Wein-***，***Zoo-*** ‖ ▶ ***Handel***，***handeln¹***

Hand.out［ˈhɛndaut］*das*；*-s*，*-s*；eine od. mehrere Seiten mit kurzen Informationen，*bes* für die Teilnehmer e-s Kurses，Seminars *o.Ä.*（培训班、研讨会等发给与会者的）资料，简报

Hand.rü.cken *der*；die äußere Seite e-r Hand 手背 ↔ Handfläche

Hand.schel.len *die*；*Pl*（复）；zwei Ringe aus Metall，die durch e-e Kette miteinander verbunden sind u. mit denen man Gefangenen die Hände fesselt 手铐〈j-m H. anlegen，die H. abnehmen 给某人戴上手铐，打开手铐；j-n mit H. abführen 将某人戴上手铐押走〉

Hand.schlag *der*；*nur Sg*（只用单数）；ein Händedruck，der in bestimmten Situationen als Symbol dient（*z.B.* um e-n Vertrag für gültig zu erklären）（具有一定象征意义的）握手，拍手，击掌〈e-n Vertrag，e-e Abmachung mit/durch/per H. bekräftigen，besiegeln 用握手强调，保证合同、协议的实施〉‖ ID［谚］***keinen H. tun*** *gespr*，*mst pej*［口］，多用［贬］；überhaupt nicht arbeiten 什么事都不做

Hand.schrift *die* **1.** die Art，die Buchstaben zu schreiben，die für j-n typisch ist 字迹，笔迹，字体〈e-e (un)saubere，(un)leserliche，(un)ordentliche H. haben 字写得（不）整洁，（不）易辨认，（不）工整〉 **2.**（*bes* bei e-m Kunstwerk）Merkmale，die für den typisch sind，der es gemacht hat 手笔，风格〈etw. trägt，verrät j-s H. 某物具有，显示出某人的风格〉 **3.** ein Buch，das mit der Hand geschrieben ist 手写本，手抄本 ↔ Druck²(4)：*Handschriften des 13 Jahrhunderts* 13 世纪的手抄本

hand.schrift.lich *Adj*（形）**1.** mit der Hand geschrieben 手写的 ≈ handgeschrieben ↔ maschinengeschrieben，getippt〈ein Lebenslauf，e-e Bewerbung，e-e Notiz 简历，申请书，笔记〉 **2.** in alten Handschriften (3)（古代）手抄本的，手稿的 ↔ gedruckt〈Texte，Quellen，e-e Überlieferung 原文，原始资料，传说〉

Hand.schuh *der*；ein Kleidungsstück für die Hände，das sie（vor Kälte，Schmutz od. Verletzungen）schützt 手套 ‖ -K（复合）：***Box-***，***Finger-***；***Damen-***，***Herren-***；***Gummi-***，***Leder-***，***Pelz-***，***Woll-***

Handschuhe

der Fingerhandschuh 分指手套 | der Fausthandschuh/der Fäustling 连指手套 | der Boxhandschuh 拳击手套

Hand.schuh|fach *das*；das Fach vorn im Auto（vor dem Beifahrer），in das man etw.（hinein）legen kann 汽车里司机旁座前的杂物格

Hand.stand *der*；-(*e*)*s*；*nur Sg*（只用单数）；e-e sportliche Übung，bei der man mit den Händen am Boden u. dem Kopf nach unten die Arme u. die Beine senkrecht in die Höhe streckt 倒立〈e-n H. machen 做倒立，竖蜻蜓，拿大顶〉

Hand.ta.sche *die*；e-e Tasche，in der man *bes* kleine Dinge（wie Geld，Schlüssel，Ausweise *usw*）bei sich trägt 手提包，提包 ‖ -K（复合）：***Damen-***，***Herren-***

Hand.tel.ler *der* ≈ Handfläche ↔ Handrücken

Hand.tuch *das*；ein Tuch（*mst* aus Frottee），mit dem man sich nach dem Waschen abtrocknet 手巾，毛巾 ‖ K-(复合)：***Handtuch-***，***-halter*** ‖ -K（复合）：***Bade-***，***Frottee-*** ‖ ID［谚］***das H. werfen/schmeißen*** *gespr*［口］；nicht mehr weitermachen，weil etw. zu schwierig ist（知难而）放弃，舍弃 ≈ aufgeben

Hand.um.dre.hen *nur in* 只用于（***etw.***）***im H.***（***tun***）（etw.）in sehr kurzer Zeit（tun）反掌之间，一转眼，很快地（办某事）

Hand.voll，**Hand voll** *die*；-，-；***e-e H.*** + *Subst*（名词）e-e kleine Menge od. Anzahl 一把，一小撮，几个，很少的 ≈ wenig(e)：*e-e H. Reis* 一把米；*Zu der Veranstaltung war(en) nur e-e H. Leute gekommen* 只来很少几个人参加活动

Hand.wä.sche *die* **1.** das Waschen von Wäsche mit der Hand 手洗 **2.** *nur Sg*（只用单数）；Wäsche，die man mit der Hand u. nicht mit der Waschmaschine wäscht 手洗的衣物

Hand.werk *das*；*-s*；*nur Sg*（只用单数）**1.** e-e Tätigkeit，die man als Beruf ausübt u. bei der man *bes* mit den Händen arbeitet u. mit Instrumenten u. Werkzeugen etw. herstellt 手工艺，手艺〈ein H. erlernen，ergreifen，ausüben 学会，选中，从事一门手艺〉：*das H. des Zimmermanns*，*des Tischlers*，*des Elektrikers*，*des Metzgers* 木匠、细木工、电工、屠宰手艺 ‖ K-(复合)：***Handwerks-***，***-beruf***，***-betrieb***，***-geselle***，***-meister*** ‖ -K（复合）：***Metzger-***，***Schreiner-***，***Schuster-***，***Tischler-***，***Zimmer(er)-*** **2.** *Kollekt*（集合）；alle Leute u. Betriebe，die ein H.（1）ausüben 手工业 ↔ Handel，Industrie ‖ ID［谚］***j-m ins H. pfuschen*** *gespr*［口］；in e-m Bereich etw. tun，für den j-d anderer zuständig u. geeigneter ist 瞎管某人的事，不适当地干预某人的事 ≈ j-m (d)reinreden；***j-m das H. legen*** *gespr*［口］；bewirken，dass j-d nichts Böses mehr tun kann 使某人停止恶劣行径（洗手不干）：*e-m Taschendieb das H. legen* 使小偷洗手不干；***H. hat goldenen Boden*** *gespr*［口］；wenn man ein H.（1）erlernt hat，hat man immer gute Chancen，durch seine Arbeit（viel）Geld zu verdienen 手艺犹如黄金地，手艺就是聚宝盆

Hand.wer.ker *der*；*-s*，-；j-d，der als Beruf ein Handwerk ausübt 手工业者，手艺人，工匠：*Schlosser，Schreiner u. Maurer sind Handwerker* 锁匠、木工和泥瓦匠都属于手工业者 ‖

hierzu (派生) **Hand·wer·ke·rin** *die*; -, *-nen*

hand·werk·lich *Adj*(形); *nur attr od adv*(只作定语或状语); in Bezug auf das Handwerk (1) 手艺的,手工业的〈Können, Geschick 才能,技巧; Fähigkeiten 能力; h. geschickt, begabt sein 干活手巧,有灵性〉

Hand·werks·zeug *das*; *nur Sg*, *Kollekt*(只用单数)(集合); alle Dinge, Werkzeuge, Kenntnisse *o.Ä.*, die man braucht, um e-e Arbeit machen zu können 手工工具: *Hammer u. Meißel gehören zum H. des Maurers* 锤子和凿子是泥瓦匠的工具

Han·dy [ˈhɛndɪ] *das*; *-s*, *-s*; ein drahtloses Telefon 无绳电话,手机

Hand·zei·chen *das*; ein Zeichen od. ein Signal, das man mit der Hand gibt 手势〈per H. abstimmen 举手表决〉

Hanf *der*; *-(e)s*; *nur Sg* (只用单数) **1.** e-e Pflanze, aus der man Haschisch gewinnt u. aus deren Stängeln man Schnüre, Seile *o.Ä.* macht 大麻 **2.** die Samen des Hanfs (1) 大麻籽 **3.** die Fasern des Hanfs (1) 麻纤维: *e-e Hängematte aus H.* 麻制吊床 ‖ K-(复合): ***Hanf-, -garn, -seil, -strick***

Hang[1] *der*; *-(e)s*, *Hän·ge*; der schräg abfallende Teil e-s Berges od. Hügels 坡,斜面 ≈ Abhang 〈ein steiler, steil abfallender H. — 处陡坡,一处悬崖峭壁〉 ‖ -K(复合): ***Berg-***

Hang[2] *der*; *-(e)s*; *nur Sg*(只用单数); ***der H. zu etw.*** die Tendenz, etw. tun zu wollen, was sich oft negativ od. unangenehm auswirkt (不好的)苗头,倾向,趋势,爱好,偏好,癖好 ≈ Neigung: *e-n H. zum Faulenzen haben* 好偷懒,有游手好闲的习气; *Er hat den H., aggressiv zu werden, wenn er zu viel getrunken hat* 他一喝多酒,就爱惹事生非

Hän·ge·brü·cke *die*; e-e *mst* sehr lange Brücke, die an starken (Stahl)Seilen hängt, die an hohen Pfeilern befestigt sind 吊桥,悬索桥: *Die „Golden Gate Bridge" in San Francisco ist e-e berühmte H.* 旧金山的金门桥是一座著名的悬索桥

Hän·ge·bu·sen *der*; *pej* [贬]; Brüste, die schlaff nach unten hängen 松弛下垂的乳房

Hän·ge·glei·ter *der*; *-s*, *-*; SPORT【体】; ein Drachen (2), ähnlich e-m Segelflugzeug, bei dem der Pilot nicht sitzt, sondern in e-m Gestell hängt (三角翼)滑翔(飞行)器

Hän·ge·mat·te *die*; ein Netz od. Tuch, das man (*z.B.* zwischen Bäumen) aufhängt, um darin zu liegen 吊床: *e-e H. zwischen zwei Bäumen spannen* 在两棵树之间扯起一张吊床

hän·gen[1]; *hing*, *hat*/*südd* Ⓐ Ⓒⓗ [南德][奥][瑞] *ist gehangen*; [Vi](不及物) **1.** ***etw. hängt irgendwo*** etw. ist mit dem oberen Teil an e-r Stelle festgemacht *o.Ä.* (sodass der untere Teil *mst* frei beweglich bleibt)(物作主语)挂着,吊着,悬着,坠着(指方位): *An unserem Baum hängen viele reife Birnen* 我们的树上挂满了成熟的梨子; *Die Wäsche hängt zum Trocknen an der Leine* 洗好的衣服晾在绳子上; *Das Bild hängt an der Wand* 画挂在墙上; *Der Mantel hängt auf dem Kleiderbügel* 大衣挂在衣架上 **2.** ***etw. hängt irgendwie*** etw. hängt (1) in der genannten Stellung od. Lage(物作主语)挂,吊,悬(指状态): *Wir müssen unseren Spiegel zurechtrücken. – Er hängt schief* 我们得把镜子扶正。——它挂歪了; **3.** ***j-d/etw. hängt irgendwo*** j-d/etw. ist irgendwo befestigt(人/物作主语)被固定在,挂在,吊在: *Der Anhänger hängt am Auto* 拖斗挂在汽车上; *Der Artist hing am Seil* 杂技演员吊在绳子上 **4.** ***irgendwo h.*** sich *bes* mit den Händen an e-r Stelle festhalten, sodass der Rest des Körpers frei in der Luft ist(用手抓住)吊在,悬在: *Der Turner hing am Reck* 那位体操运动员悬在单杠上 **5.** ***etw. hängt irgendwohin*** etw. ist (weil es sehr schwer od. ohne Kraft ist) nach unten gebogen, fällt nach unten *o.Ä.* (物作主语)下垂到,耷拉到,披垂: *Die schneebedeckten Zweige hingen bis auf den Boden* 满是积雪的树枝一直垂到地面; *Seine Haare waren so lang, dass sie ihm ins Gesicht hingen* 他的头发长得都披散到脸上了; *Sie hat hängende Schultern* 她是溜肩膀 **6.** ***etw. hängt irgendwo*** etw. klebt od. haftet an der genannten Stelle(物作主语)粘在: *An seinen Stiefeln hing Schlamm* 他的靴子上粘着污泥 **7.** ***etw. hängt irgendwo*** etw. bewegt sich nicht von der genannten Stelle(物作主语)一动不动地盯着,着了迷地倾听: *Sein Blick hing an ihren Lippen* 他的目光全神贯注地盯着她的嘴唇(意即:着迷地听她讲述) **8.** ***etw. hängt irgendwo*** *geschr*[书]; etw. ist in der Luft u. bleibt (bedrohlich) am genannten Ort(物作主语)笼罩在,悬挂在: *E-e Dunstglocke hing über der Innenstadt* 阴霾笼罩在市中心上空 **9.** ***an j-m/etw. h.*** e-e Person/Sache sehr mögen u. sich nicht von ihr/davon trennen wollen 依恋,难舍难分,眷恋,珍爱: *sehr an den Eltern h.* 非常依恋父母; *Er hing sehr an seinem alten Auto* 他很珍爱自己的那辆旧车 **10.** ***an der Strippe/am Telefon h.*** *gespr*[口]; (lange) telefonieren 抱着电话打个没完 **11.** ***etw. hängt an j-m/etw.*** *gespr*[口]; etw. hängt von j-m/etw. ab(物作主语)取决于,有赖于: Ob *wir gewinnen, hängt jetzt nur noch an dir* 我们能不能赢,现在就全看你了 **12.** ***etw. hängt (an j-m/etw.)*** *gespr*[口]; etw. entwickelt sich (wegen j-m/etw.) nicht weiter(物作主语)(由于…)卡住了,出问题了,没有进展: *Du solltest doch schon längst fertig sein. Woran hängt es denn noch?* 你本来早该干完了。问题究竟出在哪儿? **13.** ***etw. hängt voller*** + *Subst* (名词) (*Pl* 复) viele Dinge hängen (1) irgendwo(物作主语)挂满…,挂着很多…: *Der Baum hängt voller Früchte* 树上果实累累; *Der Schrank hängt voller Kleider* 柜子里挂满了衣服 **14.** ***h. bleiben*** nicht weiterkommen, da man von etw. (e-m Hindernis) festgehalten wird 挂住,钩住 ≈ stecken bleiben: *Als er über den Zaun klettern wollte, blieb er mit der Hose h. u. stürzte* 他想爬过篱笆时,裤子被挂住摔了下来 **15.** (***irgendwo***) ***h. bleiben*** *gespr* [口]; sehr

H

lange irgendwo od. bei j-m/etw. bleiben (长时间)停留,耽搁: *Ich wollte schon um 10 Uhr zurück sein, aber dann traf ich noch ein paar alte Freunde u. blieb h.* 我本想十点就回来,但后来遇见几个老朋友就耽搁了 **16.** ***etw. bleibt an j-m h.*** *gespr* [口]; etw. muss von j-m getan werden (*bes* weil die anderen es nicht tun wollen) (物作主语)落在…头上,不得不由…承担 ≈ etw. fällt j-m zu: *Die unangenehmen Arbeiten bleiben mal wieder an mir h.!* 不好干的活儿怎么又都扔给我了! **17.** ***h. bleiben*** *gespr* [口]; e-e Schulkasse wieder holen müssen 留级,蹲班 ≈ sitzen bleiben **18.** ***von etw. bleibt bei j-m viel/nichts/wenig/(et) was h.*** *gespr* [口]; j-d kann viel/nichts/wenig/e-n Teil von etw. im Gedächtnis behalten 某人对某事还记得很多/什么都不记得了/记不清了/还记得一些: *Von seiner Rede ist bei mir kaum etwas h. geblieben* 他讲的内容我差不多都忘记了 **19.** ***etw. (irgendwo) h. lassen*** *mst* 多用 Kleidung, die man irgendwo aufgehängt hat, vergessen 把…(多指衣物)忘记带走,忘在: *Er hat seine Jacke im Hotel h. lassen* 他把夹克忘在饭店里了 **20.** ***j-n h. lassen*** *gespr* [口]; j-m nicht helfen, obwohl man es versprochen (od. vereinbart) hat 把…扔下不管,把…晾着 ≈ j-n sitzen lassen, im Stich lassen: *Er hatte ihr versprochen, beim Tapezieren zu helfen, doch dann ließ er sie h.* 他答应帮她贴壁纸,可是后来扔下她不管了 **21.** ***sich h. lassen*** *gespr* [口]; keine Lust u. Energie (mehr) haben, etw. zu tun 甩手不干,半途而废: *Los, wir müssen weiterarbeiten, wir dürfen uns nicht h. lassen!* 来,我们必须接着干下去,我们不能半途而废! ‖ ID [谚] ***mit Hängen u. Würgen*** *gespr* [口]; mit sehr großer Anstrengung 花费很大力气,费尽九牛二虎之力 ≈ knapp, gerade noch, mit knapper Not: *das Ziel mit Hängen u. Würgen erreichen* 费尽九牛二虎之力达到目的; *mst* 多用 ***Lass den Kopf nicht h.!*** *gespr* [口]; sei nicht traurig 别难过! 别垂头丧气!

hän·gen²; *hängte, hat gehängt*; Vt (及物) **1.** ***etw. irgendwohin h.*** etw. so an e-r Stelle befestigen, dass der untere Teil frei beweglich bleibt 把…挂在,把…悬在,把…吊在: *e-n Mantel auf den Kleiderbügel h.* 把大衣挂在衣架上; *Wäsche auf die Leine h.* 把洗好的衣物晾在绳子上; *e-e Tasche über die Schulter h.* 把包挎到肩上; *ein Bild an die Wand h.* 把一幅画挂到墙上 **2.** ***etw. irgendwohin h.*** etw. (*bes* ein Körperteil) in e-e bestimmte Richtung gleiten lassen (oft weil man müde ist) 把…(身体的某一部分)耷拉,下垂到…: *die Füße, Hände ins Wasser, den Arm aus dem Fenster hängen* 把脚、手耷拉到水里,把胳膊耷拉到窗外 **3.** ***ein Tier/etw. irgendwohin h.*** ein Tier irgendwo festmachen/etw. irgendwo befestigen 把…拴在/把…固定在: *den Hund an die Leine h.* 用绳把狗拴起来; *den Wagen an den Traktor h.* 把车挂在拖拉机上 **4.** ***j-n h.*** j-n mit e-m Strick um den Hals an e-n Galgen h. (1), um ihn zu töten 把…绞死 ≈ aufhängen: *Der Mörder wurde gehängt* 杀人犯被绞死; Vr (反身) **5.** ***sich irgendwohin h.*** sich mit den Händen festhalten u. den Körper frei in der Luft schwingen lassen 悬空吊在…上: *Er hängte sich an den Ast u. schaukelte hin u. her* 他吊在树枝上来回晃荡 **6.** ***sich ans Telefon/an die Strippe h.*** *gespr* [口]; anfangen zu telefonieren 开始打电话

hän·gen·blei·ben ↑ ***hängen¹*** (14—18)

hän·gen·las·sen ↑ ***hängen¹*** (19—21)

Hän·ge·schrank *der*; e-e Art kleiner Schrank, der an der Wand aufgehängt wird 吊橱,吊柜

Hans·dampf *der*; *mst in* 多用于 ***ein H. in allen Gassen*** *gespr* [口]; j-d, der sich mit vielen verschiedenen Dingen (oberflächlich) beschäftigt 万金油,百事通

Die Hanse 汉萨同盟

Die Hanse war eine Gemeinschaft von deutschen Kaufleuten, die im 12. Jahrhundert mit dem Ziel gegründet worden war, sich bei Handelsgeschäften im Ausland gegenseitig zu unterstützen und Schutz zu gewähren. Unter der Leitung von Lübeck gehörten der Hanse zur Zeit ihrer größten Macht über 150 Städte an. Der Schwerpunkt lag im Seehandel, die wichtigste Handelsroute verlief über Ostsee und Nordsee zwischen Nowgorod (Russland) und London. Handelsgüter waren vor allem Erz, Pelze, Wachs, Getreide, Fisch, Salz und Wein. Aufgrund ihrer wirtschaftlichen Macht wurde die Hanse auch zu einer einflussreichen politischen Kraft in Europa.
Im 15. Jahrhundert verlagerte sich der Handel mehr auf den Atlantik. Damit begann der Niedergang der Hanse, die jedoch noch bis ins 17. Jahrhundert bestand. In den alten Hansestädten **Bremen**, **Greifswald**, **Hamburg**, **Lübeck** und **Rostock** findet man noch viele Spuren ihrer großen Vergangenheit. Hamburg und Bremen sind eigene Bundesländer und haben damit auch heute noch den politischen Status von Stadtstaaten.

汉萨同盟是一个德国商人同盟,建于 12 世纪,旨在在国外贸易中相互支持和保护。在吕贝克的领导下,影响力最大的时候加入汉萨同盟的有 150 个城市。其重点是海上贸易,最主要的商路是跨越诺夫哥罗德(俄罗斯)与伦敦之间的波罗的海和北海,商货主要是矿产、皮革、蜡、粮食、鱼、盐和酒,由于其经济影响力,汉萨同盟也成为欧洲富有影响的一支政治力量。

在 15 世纪贸易更多地朝大西洋转移,因此汉萨同盟开始衰落,但还一直延续到 17 世纪。在古老的汉萨同盟城市**不来梅**,**格赖夫斯瓦尔德**,**汉堡**,**吕贝克**和**罗斯托克**还能寻觅到许多辉煌过去的足迹。汉堡和不来梅是自成一体的联邦州,因此至今仍具有城邦的政治地位。

hän·seln; *hänselte*, *hat gehänselt*; [Vt](及物) *mst* 多用〈ein Kind 孩子〉**hänselt**〈ein Kind 孩子〉ein Kind ärgert ein anderes Kind wegen etw., das es an ihm komisch findet 讥笑,寒碜,取笑: *Ich mag ihre Sommersprossen, aber ihre Brüder hänseln sie deswegen* 我很喜欢她的雀斑,可她的兄弟们却以此取笑她

Hans·wurst, Hans·wurst *der*; *-(e)s*, *-e/Hans·würs·te*; *pej*[贬]; j-d, der dumm ist u. über den man lacht 愚蠢可笑的人

Han·tel *die*; *-*, *-n*; e-e Konstruktion mit Gewichten an beiden Enden, die man hochdrückt, um die Muskeln zu trainieren 哑铃〈mit Hanteln trainieren 用哑铃锻炼身体; Hanteln wuchten 举哑铃〉‖ K-(复合): ***Hantel-, -training***

Hanteln
哑铃

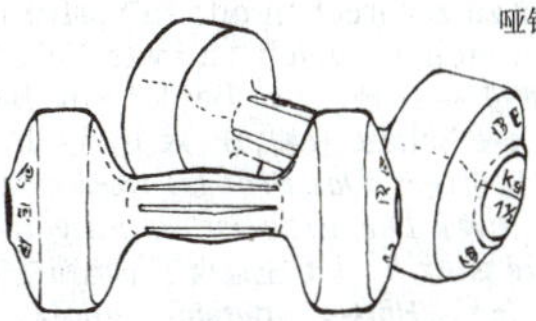

han·tie·ren; *hantierte*, *hat hantiert*; [Vi](不及物) (***mit etw.***) ***h.*** etw. (*mst* ein Gerät od. Werkzeug) für e-e Tätigkeit verwenden 操作,使用(多指器械或工具) ≈ etw. handhaben, mit etw. umgehen: *An Tankstellen sollte man nicht mit offenem Feuer h.* 加油站不准使用明火; *Man hörte sie in der Küche h.* 大家听到她在厨房里忙活

ha·pern; *haperte*, *hat gehapert*; [Vimp](无人称) *gespr*[口] **1.** ***es hapert (j-m/etw.) an etw.*** (*Dat* 三格) es gibt (zurzeit) von etw. zu wenig od. nichts 缺乏,缺少 ≈ es mangelt, fehlt an etw. (*Dat* 三格): *Die Firma ging bankrott, weil es (ihr) an Aufträgen haperte* 由于缺少定单,公司破产了 **2.** ***bei j-m hapert es mit etw./in etw.*** (*Dat* 三格) j-d ist auf e-m (Wissens)Gebiet nicht sehr gut 在…方面不理想,在…方面不太好: *Er schreibt gute Aufsätze, aber mit/in der Rechtschreibung hapert es noch bei ihm* 他作文写得不错,但正字法方面还有问题

Hap·pen *der*; *-s*, *-*; *gespr*[口] **1.** e-e Kleinigkeit zum Essen, ein kleiner Imbiss 一点儿,一口(吃的东西) ≈ Bissen: *Ich habe zwar keinen großen Hunger, aber e-n H. könnte ich schon vertragen* 我虽然不很饿,但再来一点儿没什么问题 **2.** ***ein fetter H.*** *gespr*[口]; e-e Sache, bei der man e-n großen finanziellen Gewinn macht 有利可图的事情,有油水的事,美差

Hap·pe·ning [ˈhɛpənɪŋ] *das*; *-s*, *-s*; e-e spontane öffentliche (oft provozierende) Aktion (*bes* von Künstlern) 即兴表演

hap·pig *Adj*(形); *gespr*[口]; zu hoch 过高的,过分(严厉)的〈ein Preis, e-e Strafe 价格,惩罚〉‖ ID[谚] ***Das ist ganz schön h.*** *gespr*[口]; das (ist riskant u.) kann negative Folgen haben 这未免太过分了

hap·py [ˈhɛpi] *Adj*(形); *ohne Steigerung*, *gespr* (无变级)[口]; sehr glücklich 幸福的,快乐的

Hap·py End, Hap·py·end [ˈhɛpi | ˈɛnt] *das*; *-(s)*, *-s*; (in Filmen, Romanen, Märchen *usw*) ein Ende, das schön u. harmonisch ist, weil alle Konflikte gelöst worden sind (电影、小说、童话等的)美满结局,大团圆结局〈etw. endet mit e-m H., kommt zu e-m H. 某事结局圆满〉

Här·chen *das*; *-s*, *-*; ein kleines, dünnes Haar 细发,茸毛,汗毛,毫毛 ‖ ID[谚] ↑ ***Haar***

Hard·ware [ˈhaːdvɛːɐ] *die*; *-*; *nur Sg*, *Kollekt* (只用单数)(集合); alle Geräte u. Teile e-r Datenverarbeitungsanlage (Computer, Drucker *usw*) (计算机)硬件↔ Software

Ha·rem *der*; *-s*, *-s* **1.** *hist*[历]; der Teil des Palastes e-s Scheichs, Sultans *usw*, in dem seine (Ehe)Frauen lebten(阿拉伯国家酋长、苏丹等的)后宫 ‖ K-(复合): ***Harems-, -dame, -frau, -wächter*** **2.** *Kollekt*, *hist*(集合)[历]; die Frauen, die im H. (1) lebten 后宫嫔妃 **3.** *Kollekt*, *gespr hum*(集合)[口][诙]; mehrere Frauen, mit denen ein Mann viel zusammen ist od. zu tun hat 妻妾,女眷

Har·fe *die*; *-*, *-n*; ein großes Musikinstrument mit e-m dreieckigen Rahmen u. senkrechten Saiten, auf denen man mit beiden Händen spielt 竖琴〈die H. zupfen 拨竖琴; auf der H. spielen 弹竖琴〉‖ K-(复合): ***Harfen-, -spiel*** ‖ *hierzu*(派生) **Har·fe·nist** *der*; *-en*, *-en*; **Har·fe·nis·tin** *die*; *-*, *-nen*

Har·ke *die*; *-*, *-n*; *bes nordd* 尤用于[北德] ≈ Rechen ‖ ID[谚] *mst* 多用 ***Dem werde ich zeigen, was e-e H. ist!*** *gespr*[口]; verwendet, um auszudrücken, dass man e-m Dritten deutlich seine Meinung sagen wird 我要让他知道点厉害! 对他我要直言相告!

har·ken; *harkte*, *hat geharkt*; [Vt](及物) **1.** ***etw. h.*** etw. mit der Harke glatt od. sauber machen (用钉耙)耙地,平整土地〈Beete, Wege, den Rasen h. 耙平苗床,平整道路、草坪〉 **2.** ***etw. (von etw.) h.*** etw. mit der Harke von etw. entfernen(用耙)清除〈Laub *o. Ä.* (vom Rasen) h. 耙走(草坪上的)落叶〉

Har·le·kin *der*; *-s*, *-e*; *mst Sg*(多用单数); e-e lustige Gestalt in e-m besonderen Kostüm (*bes* in e-m Theaterstück)(尤指戏剧中的)丑角,小丑

harm·los *Adj*(形) **1.**〈ein Mensch, ein Zeitgenosse, ein Typ 人,同时代的人,类型; ein Hund 狗; e-e Bemerkung, e-e Frage 意见,问题〉so, dass sie nichts Böses wollen od. tun 心地善良的,善意的,不怀恶意的,不伤人的,无危险的 ≈ ungefährlich ↔ bösartig: *Vor dieser Dogge brauchst du keine Angst zu haben. – Sie ist völlig h.* 你不用怕这条哈叭狗。——它不咬人的 **2.** ohne negative od. schädliche Wirkungen 无害的,无副作用的,无危险的 ↔ gefährlich〈ein Medikament, ein Schlafmittel 药物,安眠药; e-e Verletzung, e-e Wunde 伤势,伤口〉 **3.** sittlich u. moralisch in Ordnung (u. manchmal langweilig) 严肃的，正经的，无害的〈ein Buch, ein Film, ein Witz, ein Vergnügen, ein Zeitvertreib *o.Ä.* 书，电影，笑话，娱乐，消遣等〉‖ *hierzu*（派生）**Harm·lo·sig·keit** *die*

Har·mo·nie *die*; -, -*n* [-ˈniːən] **1. *die H.* +** *Gen*（二格）; ***die H. von etw. u. etw.*** der angenehme Effekt, wenn verschiedene Dinge gut zusammenpassen (u. ein Ganzes bilden) 和谐，协调〈die H. der Töne, Klänge, Farben 声音、音色、颜色的协调; die H. von Körper u. Geist, von Form u. Inhalt 肉体和精神、形式与内容的和谐(形神兼备，表里如一)〉**2.** *nur Sg*（只用单数）; ein friedlicher Zustand ohne größere Konflikte, Kämpfe *o.Ä.* 和睦，融洽 ≈ Eintracht, Einklang ↔ Zwietracht, Streit〈in H. mit j-m/etw. leben 同某人/某物和睦相处〉: *die H. zwischen zwei Menschen, verschiedenen Bevölkerungsgruppen* 两人之间、各不同类别的居民之间的和睦相处

har·mo·nie·ren; *harmonierte, hat harmoniert*; Vi（不及物）**1. *etw. harmoniert mit etw.***; 〈Dinge 物〉 ***harmonieren*** zwei od. mehrere Dinge passen gut zusammen（物作主语）单：与…相协调；复：彼此协调: *Die Farben der Häuser harmonieren sehr gut mit den Farben des Meeres u. des Himmels* 房子的颜色与大海和天空的色彩十分协调 **2. *j-d harmoniert mit j-m***; 〈Personen 人〉 ***harmonieren*** zwei od. mehrere Personen verstehen sich gut (u. leben od. arbeiten deshalb gut zusammen)（人作主语）单：与…和睦相处；复：彼此相处得很融洽

har·mo·nisch *Adj*（形）**1.** MUS【音】; so, dass alle Töne gut klingen, wenn sie gleichzeitig od. nacheinander gespielt werden 和谐的，悦耳的 ↔ disharmonisch〈ein Akkord, ein Dreiklang 和弦，三和弦; e-e Melodie 旋律〉**2.** so, dass die einzelnen Teile gut zueinanderpassen 和谐的，协调的 ≈ (gut) aufeinander abgestimmt: *die harmonischen Formen e-r Statue* 塑像造型和谐 **3.** so, dass man sich gut miteinander versteht (u. kein Streit entsteht) 和睦的，和谐的，融洽的，相互体谅的: *e-e harmonische Ehe führen* 婚姻生活和谐

har·mo·ni·sie·ren; *harmonisierte, hat harmonisiert*; Vt（及物）〈Dinge 物〉 ***h.*** bewirken, dass zwischen verschiedenen Dingen Harmonie entsteht 使和谐，使协调 ‖ *hierzu*（派生）**Har·mo·ni·sie·rung** *die*

Harn *der*; -(*e*)*s*; *nur Sg*（只用单数）**1.** die gelbliche Flüssigkeit, die in den Nieren gebildet wird u. mit der Stoffe aus dem Körper ausgeschieden werden 尿 ≈ Urin〈H. ausscheiden 排尿〉**2. *H. lassen*** *geschr*[书]; die Blase (3) entleeren 排尿 ≈ urinieren

Harn·bla·se *die*; ein Organ im Körper des Menschen u. vieler Tiere, in dem sich der Harn sammelt 膀胱

Har·nisch *der*; -(*e*)*s*, -*e*; *hist*[历]; die eiserne Rüstung e-s Ritters(骑士的)铠甲 ‖ ID[谚] ***in H. sein/geraten*** wütend sein/werden 勃然大怒; ***j-n in H. bringen*** j-n wütend machen 使某人发怒

Harn·lei·ter *der*; e-e Art Schlauch zwischen der Niere u. der Harnblase 输尿管

Harn·röh·re *die*; der Teil e-s Organs, der aus der Harnblase nach außen führt 尿道

Har·pu·ne *die*; -, -*n*; e-e Art Speer, mit dem man Fische fängt(捕鱼用的)大鱼叉，镖枪

har·ren; *harrte, hat geharrt*; Vi（不及物）***j-s/etw. h.***; ***auf j-n/etw. h.*** *geschr*[书]; geduldig (aber neugierig od. sehnsüchtig) auf j-n/etw. warten 期望，企盼，期待，等候: *der Dinge h., die da kommen sollen* 期待(瞩望)终将来到的事情

harsch *Adj*（形）; unfreundlich 生硬的，粗鲁的，不礼貌的，不客气的 ≈ barsch〈e-e Äußerung, e-e Bemerkung, Worte 讲话，说明，话〉: *j-n h. ansprechen* 很不礼貌地和某人谈话

hart[1], *härter, härtest-*; *Adj*（形）**1.** fest u. nur schwer zu zerbrechen od. zu verformen 硬的 ≈ fest, steif ↔ weich〈h. wie Fels/Stein 像岩石/石头一样硬; e-e Bank, ein Bett, ein Holz, e-e Schale 长椅，床，木头，壳; h. gefroren 冻得很硬〉: *Das Brot ist trocken u. h.* 面包又干又硬; *Die Erde ist so ausgetrocknet, dass sie ganz h. ist* 土地由于干涸而变得很硬 ‖ K-(复合): ***Hart-, -gummi, -holz, -käse, -metall***; ***hart-, -gefroren*** ‖ -K(复合): ***eisen-, knochen-, stahl-, stein-*** **2.** ohne Mitleid, Rücksicht od. andere freundliche Gefühle 冷酷无情的，严厉的，冷冰冰的 ≈ streng, grausam ↔ mild, freundlich〈ein Blick, ein Herz, e-e Strafe, ein Urteil, Worte 目光，心，惩罚，判决，话语; h. zu j-m sein 对某人严厉; j-n h. anfassen, bestrafen 冷酷地对待某人，严厉地惩罚某人〉: *Die vielen Enttäuschungen haben ihn h. gemacht* 太多的失望使他变得冷酷无情 **3.** so, dass sehr viel Kraft u. Anstrengung nötig ist (od. aufgewendet wird) 困难的，费力的，艰苦的，刻苦的 ≈ schwer ↔ leicht〈e-e Arbeit, ein Kampf, ein Training 工作，战斗，训练; h. arbeiten, lernen 刻苦地工作、学习〉‖ K-(复合): ***hart-, -umkämpft*** **4. *h.*** (***für j-n***) kaum zu ertragen 艰难的，难耐的，难忍的〈Bedingungen, ein Leben, ein Los, Strapazen, ein Winter 条件，生活，命运，劳累，冬天; etw. nimmt j-n h. mit, trifft j-n h. 某事使某人劳累不堪，某事对某人打击很大; j-m h. zusetzen 拼命逼迫，纠缠某人〉: *Es ist h. für ihn, dass seine Eltern so früh gestorben sind* 他的父母死得这么早，这使他难以忍受 **5.** mit großer Wucht, heftig 剧烈的，猛烈的 ↔ sanft〈ein Aufprall, e-e Landung, Schläge, ein Sturz 碰撞，着陆，击打，坠落; h. aufschlagen, bremsen 猛地坠落，急刹车〉: *Das Flugzeug setzte h. auf* 飞机着陆很猛 **6.** *nicht adv*（不作状语）; mit hohem Alkoholgehalt 烈性的〈ein Drink 酒〉: *Er trinkt auch härtere Sachen* (= Schnaps *o.Ä.*) 他也喝些烈性酒 **7.** so, dass man davon süchtig wird 会上瘾的〈Drogen 毒品〉**8.** (physisch u. psychisch) widerstandsfähig(身心上)有抵抗力的，坚强的，坚定的 ≈ robust〈ein Bursche, ein Mann 小伙子，男人〉: *Sein Motto ist: „Gelobt sei, was h. macht“* 他的座右铭是:"苦尽甘来(磨

炼人是好事)" **9.** mit starkem Kontrast 反差强的,清晰的 ≈ deutlich, scharf 〈ein Gegensatz, Konturen, ein Umriss 对比,轮廓,外形〉 **10.** so, dass der Betreffende Konsonanten stimmlos u. stark betont ausspricht 生硬的,艰涩的 ↔ weich 〈ein Akzent, e-e Aussprache 口音,发音〉 **11.** *nur attr, nicht adv*(只作定语,不作状语); mit e-m stabilen Kurs 汇率稳定的,坚挺的,硬的 〈Devisen, e-e Währung 外汇,通货〉: *in harten Franken zahlen* 用硬通货瑞士法朗支付 **12.** *nicht adv*(不作状语); so, dass man damit feine Striche machen kann 硬芯的,硬的 ↔ weich 〈ein Bleistift, e-e Mine 铅笔,笔芯〉 **13.** *mst adv, gespr*(多作状语)[口]; (*bes* von Jugendlichen) verwendet, um auszudrücken, dass etw. erstaunlich od. empörend/entsetzlich ist(青年人用语)(表示惊讶、愤慨或吃惊)真够狠的,够损的,够绝的 〈e-e Sache 事情〉: *Ganz schön h., wie er seine Freundin behandelt* 他对他女朋友的态度真够损的 **14.** ***h. gekocht*** 〈*nur* ein Ei 只用蛋〉 so lange gekocht, dass Dotter u. Eiweiß fest sind 煮得硬黄的,煮老了的 ↔ weich gekocht ‖ ID[谚] ***Es geht h. auf h.*** *gespr*[口]; es wird schonungslos u. mit vollem Einsatz gekämpft 硬碰硬,针尖对麦芒,针锋相对; ***h. im Nehmen sein*** *gespr*[口]; viele Niederlagen ertragen können 能经受得住(失败) ‖ NB (注意): ↑ ***harttun***

hart² *Adv*(副); sehr nahe, dicht 紧挨着,紧贴着 〈h. an der Grenze (zu etw.)紧挨着…的边境; h. am Abgrund 濒临深渊〉

Här·te *die*; -, *-n* **1.** *mst Sg*(多用单数); die Eigenschaft e-s Körpers od. e-r Substanz, hart (1) zu sein 硬度,强度,坚硬,刚度 ≈ Festigkeit 〈etw. ist von großer, geringer H. 某物很硬,硬度不高〉: *Stoffe mit unterschiedlicher H.* 不同强度的物质; *die H. e-s Kristalls ermitteln* 测出晶体的硬度 ‖ K-(复合): ***Härte-, -grad, -prüfung, -stufe*** **2.** *nur Sg*(只用单数); die Eigenschaft, hart (2), streng zu sein od. zu reagieren 严厉,严酷 ≈ Strenge ↔ Güte 〈etw. mit grausamer, rücksichtsloser H. ahnden, bestrafen, verfolgen 极其严厉地,毫不留情地制裁、惩罚、追究某事; mit äußerster H. gegen j-n/etw. vorgehen 对某人采取非常严厉的措施〉: *Ihn traf die ganze H. des Gesetzes* 他受到了法律的严惩 **3.** *mst Sg*(多用单数); der Kalkgehalt des Wassers(水的)硬度 〈Wasser von großer, mittlerer, geringer H. 硬度大的、硬度中等的、硬度小的水〉: *ein Waschmittel entsprechend der H. des Wassers dosieren* 根据水的硬度确定洗涤剂的用量 ‖ K-(复合): ***Härte-, -bereich*** **4.** etw. Unangenehmes, das kaum zu ertragen ist 艰难,艰苦,困苦 〈e-e unzumutbare H. 意想不到的艰难〉: *die Härten des Lebens tapfer ertragen* 勇敢地承受生活的艰辛 **5.** *nur Sg*(只用单数); die Grausamkeit e-r Sache, Situation 残酷性,严酷性 〈die H. des Elends, der Not, j-s Schicksals lindern 减轻贫困、苦难、某人命运的残酷性〉 **6.** *nur Sg*(只用单数); die Eigenschaft, hart (5) zu sein, die Heftigkeit e-s Stoßes, Falls *usw* 剧烈程度,猛烈程度(指冲击) ≈ Wucht: *die H. des Aufpralls* 碰撞的猛烈程度 **7.** *nur Sg*(只用单数); die *mst* unangenehme Stärke od. Intensität von etw. 浓烈(强烈)程度 〈die H. der Farben, e-s Gegensatzes, der Konturen 颜色的浓烈度,对比的强烈度,轮廓的极不协调〉 **8.** die Festigkeit e-r Bleistiftmine, die bestimmt, wie stark die Striche werden(铅笔芯的)硬度: *Stifte in verschiedener Härten kaufen* 买各种硬度的铅笔

Här·te·fall *der* **1.** e-e Situation großer Not, in der sich j-d befindet 困难情况,困境: *In Härtefällen kann der Kredit verlängert werden* 倘若情况困难,贷款期限可以延长 **2.** *gespr*[口]; j-d, der sich in e-r besonderen Notsituation befindet 陷入困境的人 〈ein H. sein 陷入困境〉

här·ten; *härtete, hat gehärtet*; [Vt](及物) ***etw. h.*** e-e Substanz hart (1) od. härter machen 将…淬火,使硬化 〈Stahl h. 将钢淬火〉 ‖ K-(复合): ***Härte-, -verfahren***

hart·ge·kocht ↑ ***hart*** (14)

Hart·geld *das*; *nur Sg*(只用单数); Geld in Form von Münzen 硬币 ↔ Papiergeld

hart·ge·sot·ten *Adj*(形); *ohne Steigerung, nicht adv, gespr*(无变级,不作状语)[口]; ohne Mitleid u. ohne Skrupel 铁石心肠的,冷酷的 ≈ gefühllos 〈ein Bursche, ein Geschäftsmann, ein Manager 家伙,商人,经理〉

hart·her·zig *Adj*(形); ohne Mitleid, Rücksicht od. andere freundliche Gefühle 铁石心肠的,冷酷无情的 ≈ hart (2), unbarmherzig 〈ein Mensch 人〉 ‖ *hierzu*(派生) **Hart·her·zig·keit** *die*; *nur Sg*(只用单数)

hart·ma·chen ↑ ***hart***

hart·nä·ckig *Adj*(形) **1.** so, dass der Betreffende trotz aller Hindernisse sein Ziel u. seine Meinung nicht ändert u. sich ständig dafür einsetzt 固执的,刚愎的,执着的,坚强的 ≈ beharrlich, ausdauernd 〈e-e Bitte, ein Verfolger, ein Widerstand 请求,跟踪者,反抗; etw. h. behaupten, fordern 固执地坚持、要求某物; sich h. weigern 固执地拒绝〉: *Wir bestürmten sie mit Fragen, aber sie schwieg h.* 我们不断地向她发问,但她坚持一言不发 **2.** (in Bezug auf e-e (*mst* leichte) Krankheit) so, dass sie lange dauert 久治不愈的 〈e-e Erkältung, e-e Heiserkeit, ein Schnupfen 感冒,嗓子沙哑,伤风〉 ‖ *hierzu*(派生) **Hart·nä·ckig·keit** *die*; *nur Sg*(只用单数)

hart·tun, sich; *tut sich hart, tat sich hart, hat sich hartgetan*; *südd* Ⓐ *gespr* [南德][奥][口]; [Vr] (反身) ***sich (mit etw.) h.*** Schwierigkeiten (mit etw.) haben 有困难,吃力: *Sie tut sich hart in der Schule* 她在学校学习困难; *sich mit dem Lernen h.* 学习有困难

Hartz IV [harts'fiːɐ] *ohne Artikel, indeklinabel* (不加冠词,词形不变); Ⓓ [德] **1.** e-e Reform, nach der in Deutschland Menschen, die lange arbeitslos sind, statt Arbeitslosen- u. Sozialhilfe jetzt Arbeitslosengeld Ⅱ bekommen 哈尔茨四号方案(对长期失业人员不再

支付失业救济金和社会救济金，而是失业补助金 II，即特殊失业补助金）**2.** ≈ Arbeitslosengeld II ‖ K-（复合）：***Hartz-IV-Empfänger***

Harz *das*；*-es*，*-e*；e-e klebrige Flüssigkeit，die (*bes* Nadel) Bäume absondern，wenn ihre Rinde beschädigt wird 树脂 ‖ -K（复合）：***Fichten-***，***Kiefern-***，***Tannen-*** ‖ *hierzu*（派生）**har·zig** *Adj*（形）

Hasch *das*；*-s*；*nur Sg*，*gespr*，*Kurzw*（只用单数）[口]（略）↑ ***Haschisch***

Ha·schee *das*；*-s*，*-s*；ein Gericht aus gehacktem Fleisch，Fisch *o. Ä.* 用肉末或鱼胶做的菜肴

ha·schen¹；*haschte*，*hat gehascht*；*geschr* [书]；Vt（及物）**1.** ***j-n/ein Tier h.*** j-n/ein Tier，der/das sich bewegt，fangen 捉，捕，扑：*e-n Schmetterling h.* 捉蝴蝶；Vi（不及物）**2.** ***nach j-m/etw. h.*** versuchen，j-n/etw. zu fangen/zu h. (1) 追逐，谋求，追求

ha·schen²；*haschte*，*hat gehascht*；Vi（不及物）*gespr*[口]；Haschisch rauchen 吸大麻 ‖ *hierzu*（派生）**Ha·scher** *der*；*-s*，*-*；**Ha·sche·rin** *die*；*-*，*-nen*

Hä·scher *der*；*-s*，*-*；*geschr pej*[书][贬]；j-d，der auf Befehl (e-r Regierung *o. Ä.*) Menschen sucht，um sie gefangen zu nehmen 密探，暗探

Ha·schisch *das*，*der*；*-(s)*；*nur Sg*（只用单数）；e-e Droge，die als Zigarette (mit Tabak vermischt) geraucht wird 大麻：*e-n Joint aus H. rauchen* 抽搀入大麻的香烟 ‖ K-（复合）：***Haschisch-***，***-pfeife***，***-zigarette***

Ha·se *der*；*-n*，*-n* **1.** ein (Säuge)Tier mit hellbraunem Fell，sehr langen Ohren u. e-m kurzen，weißen Schwanz. Hasen leben *mst* auf Feldern u. Wiesen，können sehr schnell laufen u. schnell die Richtung ändern 兔，野兔 ‖ K-（复合）：***Hasen-***，***-braten***，***-fell***，***-jagd***，***-pfote*** ‖ -K（复合）：***Feld-*** **2.** ein männlicher H. (1) 雄兔，公兔 ↔ Häsin **3.** *gespr*[口] ≈ Kaninchen **4.** *gespr veraltend*[口][渐旧]；*bes* von Männern verwendet als Bezeichnung für e-e (attraktive) junge Frau（男人用语）美妞，年轻美貌的姑娘〈ein flotter H. 漂亮妞〉**5.** ***falscher H.*** ≈ Hackbraten ‖ ID[谚] ***ein alter H. sein*** *gespr*[口]；(in e-m bestimmten Bereich) viel Erfahrung haben 是个老手，是个有经验的人；***Da liegt der H. im Pfeffer*** *gespr*[口]；das ist die Sache，die Schwierigkeiten macht 这就是麻烦的地方，这便是困难所在；〈*mst* 多用 erkennen，wissen 看出，知道〉***wie der H. läuft*** *gespr*[口]；erkennen，wissen，wie die Zusammenhänge sind，wie e-e Angelegenheit verläuft 事情将如何进展（事情的来龙去脉）；***Mein Name ist H.*** (，***ich weiß von nichts***) *gespr*[口]；von dieser Angelegenheit habe ich nichts gewusst (u. habe deshalb keine Schuld daran) 我对此事一无所知 ‖ NB（注意）：*der Hase*；*den*，*dem*，*des Hasen*

Ha·sel *die*；*-*，*-n* ≈ Haselnuss (2) ‖ K-（复合）：***Hasel-***，***-busch***，***-kätzchen***，***-rute***，***-strauch***，***-zweig***

Ha·sel·nuss *die* **1.** e-e kleine，runde Nuss，die e-e braune，harte，glänzende Schale hat 欧洲榛子 ‖ K-（复合）：***Haselnuss-***，***-staude***，***-strauch***；***haselnuss-***，***-groß*** **2.** der Strauch，an dem die H. (1) wächst 榛子灌木

Ha·sen·fuß *der*；*gespr pej*[口][贬]；ein ängstlicher Mensch 胆小鬼 ≈ Angsthase，Feigling

Ha·sen·schar·te *die*；MED【医】；e-e Spalte in der Oberlippe (die ein Mensch als Missbildung von Geburt an hat) 兔唇，唇裂

Hä·sin *die*；*-*，*-nen*；ein weiblicher Hase (1) 雌兔，母兔

Hass *der*；*Has·ses*；*nur Sg*（只用单数）**1.** ***H. gegen/gespr***[口] ***auf j-n/etw.*** e-e sehr starke Abneigung gegen j-n/etw. 恨，憎恨，仇恨，怨恨 ↔ Liebe〈(abgrund)tiefer，glühender，leidenschaftlicher H. 深仇大恨，强烈的恨，切骨之仇；j-d ist von H. erfüllt，ist voller H. 某人怀着满腔仇恨；H. empfinden/fühlen 感到憎恨；H. gegen j-n/etw. hegen 对某人/某物怀恨在心；sich j-s H. zuziehen 招致某人的憎恨〉：*Die blutige Niederschlagung der Revolte schürte den H. der Bevölkerung gegen das Regime* 对起义的血腥镇压激起了人民对政府当局的仇恨 ‖ K-（复合）：***Hass-***，***-gefühl***，***-liebe***，***-tirade*** **2.** ***ein H.*** (***auf j-n/etw.***) *gespr*[口] ≈ Wut〈e-n H. auf j-n/etw. haben 对某人/某物感到恼火；e-n H. schieben (= über etw. sehr verärgert sein) 感到很恼火〉‖ *hierzu*（派生）**hass·er·füllt** *Adj*（形）

has·sen；*hasste*，*hat gehasst*；Vt/i（及物/不及物）**1.** (***j-n/etw.***) ***h.*** Hass (gegen j-n/etw.) fühlen 恨，憎恨，仇恨 ↔ lieben〈j-n blind，erbittert，zutiefst，auf den Tod，aus ganzem Herzen h. 对某人盲目地恨，怨恨，痛恨，恨得要死，怀着满腔仇恨〉；Vt（及物）**2.** ***etw. h.*** etw. als sehr unangenehm empfinden 厌恶，讨厌：*Sie hasst es，früh aufstehen zu müssen* 她讨厌必须早起

has·sens·wert *Adj*（形）；so，dass man Hass gegen die betreffende Person/Sache empfinden muss 可恨的，可憎的，招人恨的 ≈ abscheulich〈ein Mensch，e-e Tat，ein Verbrechen 人，行为，罪行〉

häss·lich *Adj*（形）**1.** optisch unschön 难看的，丑陋的〈ein Gesicht 脸〉**2.** moralisch verwerflich od. abstoßend 卑鄙的，下流的〈ein Mensch，Worte，Szenen 人，话语，场面；sich h. benehmen 举止下流〉‖ *hierzu*（派生）**Häss·lich·keit** *die*

Hast *die*；*-*；*nur Sg*（只用单数）；die Unruhe，mit der man etw. tut，wenn man sehr wenig Zeit hat 匆忙，急忙，慌慌张张 ≈ Eile ↔ Ruhe〈etw. in，mit，ohne，voller H. tun 急急忙忙地，忙不及地，从容地，急匆匆地做某事〉：*In großer H. packte sie ihre Koffer u. floh durch die Hintertür* 她慌里慌张地收拾好箱子，然后从后门逃走了

hast *Präsens*，*2 Person Sg*（现在时，第二人称单数）；↑ ***haben***

has·ten；*hastete*，*ist gehastet*；Vi（不及物）***irgendwohin h.*** voller Unruhe irgendwohin laufen 急忙去，赶忙去，慌慌张张地奔向 ≈ eilen

has·tig *Adj*（形）≈ eilig u. unruhig ↔

bedächtig

hat *Präsens, 3 Person Sg*(现在时,第三人称单数); ↑ ***haben***

hät·scheln, hät·scheln; *hätschelte, hat gehätschelt*; Vt(及物) **1.** ***j-n/ein Tier h.*** e-n Menschen od. ein Tier (*mst* ein bisschen zu zärtlich) streicheln, küssen *o.Ä.* 抚摩,抚爱: *Der alte Mann sitzt schon seit e-r Stunde auf der Bank u. hätschelt sein Hündchen* 一个小时以来,那位老人就一直坐在长凳上抚摩他的小狗 **2.** ***j-n h.*** j-n allzu freundlich behandeln u. ihn bevorzugen 偏爱,宠爱,为…捧场: *ein von der Presse gehätschelter Künstler* 受新闻界青睐的艺术家

hat·schi!, hat·schi! *Interjektion*(叹); verwendet, um das Niesen nachzuahmen 阿嚏! 阿嚏!

hat·te *Imperfekt, 1.u. 3.Person Sg*(过去式,第一和第三人称单数); ↑ ***haben***

hät·te *Konjunktiv II, 1.u. 3.Person Sg*(虚拟式Ⅱ,第一和第三人称单数); ↑ ***haben***

Hau·be *die*; -, *-n* **1.** e-e Kopfbedeckung für Frauen, bei der Haare u. Ohren (fast) vollständig bedeckt sind 女帽〈die H. e-r Nonne, e-r Krankenschwester 修女帽,护士帽〉 **2.** *Kurzw*(略) ↑ ***Motorhaube*** **3.** ein elektrisches Gerät zum Trocknen der Haare, das den Kopf bedeckt 干发器(烘干头发的帽罩)〈unter der H. sitzen 戴着干发器坐着〉 **4.** etw., das e-n Gegenstand bedeckt (u. ihn wärmt, schützt *o.Ä.*)(护)盖、(保温)罩,保温盖: *den Kaffee unter die H. stellen* 把咖啡放在保温罩下; *Der Baum hat e-e H. aus Schnee* 树上覆盖着一层白雪 ‖ -K(复合): ***Eier-, Kaffee-, Käse-*** **5.** *südd* Ⓐ [南德][奥] ≈ Mütze ‖ ID[谚] ***unter die H. kommen*** *gespr hum*[口][诙]; (als Frau) heiraten 出嫁; ***unter der H. sein*** *gespr hum*[口][诙]; (als Frau) verheiratet sein 已嫁人,已出嫁

Hauch *der*; *-(e)s*; *nur Sg*(只用单数) **1.** die Luft, die j-d (hörbar od. sichtbar) ausatmet (人呼出的)气,气息 ≈ Atem **2.** ein sehr leichter Wind 微风〈ein kühler, kalter H. 一丝凉爽的风,一股冷风〉: *Es regte sich kaum ein H.* 几乎一丝风也没有 ‖ -K(复合): ***Luft-, Wind-*** **3.** ***ein H. (von etw.)*** e-e sehr geringe, kaum spürbare Menge von etw. 一丝,一缕,一点 ≈ Anflug〈ein leichter, rosiger, zarter H. 一缕轻风,一抹红润,一丝柔情; ein H. von Parfüm, Rouge 淡淡的香水味、胭脂; ein H. von Schwermut 一丝忧郁〉: *Er zeigte nicht den leisesten H. von Reue* 他没有哪怕一点点后悔之意

hauch·dünn *Adj*(形); sehr dünn 极薄的,薄如蝉翼的〈ein Schleier, ein Stoff, Strümpfe, e-e Scheibe 纱,布料,袜子,片〉

hau·chen; *hauchte, hat gehaucht*; Vi(不及物) **1.** (***irgendwohin***) ***h.*** durch den offenen Mund Luft ausstoßen 吹气,哈气: *auf e-e Brille h., um sie zu putzen* 往眼镜上哈气,以便擦净它; *in die Hände h., um sie zu wärmen* 对着双手哈气,好让手暖和暖和; Vt(及物) **2.** ***j-m e-n Kuss auf die Wange, die Lippen o.Ä. h.*** j-m e-n sehr leichten, flüchtigen Kuss geben 轻吻某人的面颊、嘴唇 **3.** ***etw. h.*** etw. sehr leise (u. schüchtern) sagen 低语,轻声说,喃喃细语 ‖ NB(注意): Das Objekt ist immer ein Satz(宾语均为句子形式)

hauch·zart *Adj*(形); sehr zart 极柔软的,极薄的

Hau·de·gen *der*; *-s*, *-*; ein erfahrener (älterer) Mann 有经验的人,老练的人,老手

Haue[1] *die*; *Pl*, *gespr*(复)[口]; (*bes* bei Kindern) Schläge od. Prügel als Bestrafung (尤指孩子挨的)揍,打〈H. kriegen, verdienen 挨打,该打〉

Haue[2] *die*; -, *-n*; *südd* Ⓐ ⒸⒽ [南德][奥][瑞] ≈ Hacke[1]

hau·en; *haute/geschr*[书] *hieb, hat/ist gehauen*; Vt(及物) (*hat*) **1.** ***j-n h.*** (*haute*) *gespr*[口]; (*bes* von Kindern verwendet)(儿童用语) ≈ schlagen, verprügeln: *Ich sags meinem Bruder, der haut dich!* 我告诉我哥哥去,让他揍你! **2.** ***etw. in etw.*** (*Akk* 四格) ***h.*** (*haute/hieb*) etw. herstellen, indem man mit e-m Werkzeug Stücke von etw. wegschlägt 凿,雕刻,凿开,凿出〈ein Bildnis in Marmor, ein Loch ins Eis, Stufen in den Fels/Stein h. 在大理石上雕像,在冰上凿出一个洞,在岩石/石头上凿出阶梯〉 **3.** ***etw. irgendwohin h.*** (*haute*) *gespr*[口]; etw. mit Schwung irgendwohin werfen(往…)扔,甩,掷: *seine Sachen in den Schrank, in die Ecke h.* 把他的东西往柜子里,往角落里扔 **4.** ***etw. in Stücke h.*** (*haute/hieb*) etw. durch Schläge zerstören 劈开,砸碎,剁 ≈ zerschlagen **5.** ***etw. kurz u. klein h.*** (*haute*) *gespr*[口]; heftig auf etw. einschlagen u. es ganz zerschlagen 把…打得粉碎 **6.** ***Bäume h.*** (*haute*) Bäume fällen 伐树,砍树 ≈ schlagen **7.** ***Holz h.*** (*haute*) Holz mit e-m Beil kleiner hacken(用斧子)劈木头; Vi(不及物) **8.** ***irgendwohin h.*** (*hat*) (*haute/hieb*) irgendwohin schlagen 向…砸去,向…打去〈mit der Faust auf den Tisch, mit dem Stock nach j-m h. 用拳头捶击桌子,用棍子向某人抡去〉 **9.** ***irgendwohin h.*** (*ist*) (*haute*) *gespr*[口] ≈ stürzen, fallen: *aufs Knie, aufs Straßenpflaster h.* 跪倒在地,摔倒在石子路面上 **10.** (***mit etw.***) ***irgendwohin h.*** (*ist*) (*haute*) *gespr*[口]; unabsichtlich gegen etw. stoßen 磕到,撞到,碰到: *mit dem Kopf an/gegen die Wand, (mit dem Knie) an/gegen den Tisch h.* 头撞到墙上,(膝盖)碰到桌子上; Vr(反身) (*hat*) (*haute*) **11.** ***sich*** (*Pl* 复) ***h.*** *gespr*[口]; (*bes* von Kindern verwendet 儿童用语) ≈ raufen, sich prügeln **12.** ***sich irgendwohin h.*** *gespr*[口]; sich irgendwohin fallen lassen 扑到,倒在: *sich aufs Bett, in den Sessel h.* 扑到床上,倒在沙发里

Hau·er *der*; *-s*, *-*; einer von zwei langen (Eck)Zähnen des männlichen Wildschweins (野猪的)獠牙

Häuf·chen *das*; *-s*, *-*; ein kleiner Haufen 一小堆 ‖ ID[谚] ***wie ein H. Elend/Unglück*** 〈aussehen, dasitzen 看起来,坐在那儿〉 *gespr*[口]; sehr traurig, niedergeschlagen aussehen, dasitzen 很沮丧,垂头丧气

Hau·fen *der*; -*s*, - **1**. **ein H**. + *Subst*(名词)/+ *Gen*(二格) e-e Menge einzelner Dinge, die so übereinanderliegen, dass sie die Form e-s kleinen Hügels/Berges bilden 堆〈ein H. Kartoffeln, Sand, Schutt, schmutziger Wäsche *o.Ä.* 一堆土豆、沙子、垃圾、脏衣物等; alles auf e-n H. legen, werfen 把所有的东西放到、扔到一堆〉: *Die Putzfrau kehrte den Schmutz zu e-m H. zusammen/auf e-n H.* 清洁女工把脏东西扫成一堆/扫到一块 ‖ ↑ *Abb. unter* 图见 **Stapel** ‖ -K(复合): **Abfall-**, **Blätter-**, **Heu-**, **Holz-**, **Kies-**, **Kompost-**, **Mist-**, **Sand-**, **Schutt-**, **Trümmer- 2. ein H**. + *Subst*(名词)/+ *Gen*(二格); *nur Sg*, *gespr*(只用单数)[口]; e-e große Anzahl od. Menge, sehr viel(e)很多,许多,大量: *Das Auto hat e-n H. Geld gekostet* 这辆汽车花去很大一笔钱; *An der Unfallstelle hatte sich ein H. Neugieriger versammelt* 出车祸的地方围了一群看热闹的人 **3. auf einen H.** *gespr* [口] ≈ zusammen, gleichzeitig: *Zuerst kam niemand, u. dann kamen gleich alle auf einen H.* 开始没人来,接着又忽拉一下子全来了 ‖ ID[谚] ***etw. über den H. werfen*** *gespr*[口]; etw. (*bes* e-n Plan) schnell aufgeben 放弃某事,使某事成为泡影; ***j-n über den H. rennen/fahren*** *gespr* [口]; j-n (versehentlich od. mit Absicht) umrennen, umfahren 奔跑中/驾着车撞倒某人; ***j-n über den H. schießen*** *gespr*[口]; j-n niederschießen 击毙某人,崩了某人 ‖ *zu* (义项)**2**. **hau·fen·wei·se** *Adv*(副)

häu·fen; *häufte*, *hat gehäuft*; [Vt] (及物) **1**. ***etw.*** (*Kollekt od Pl* 集合或复数) ***irgendwohin h***. einzelne Dinge so legen, dass ein Haufen (1) entsteht 堆在,把…摞成堆: *Er häufte Holz in den Ofen u. zündete es an* 他将木头堆到炉子里,然后点上; [Vr] (反身) **2**. ***etw.*** (*Kollekt od Pl* 集合或复数) ***häuft sich*** etw. sammelt sich in großer Menge an(物作主语)积聚,堆积,积累,摞成堆: *Auf ihrem Schreibtisch häufen sich die Akten* 他的写字台上文件堆积如山; *Die Beschwerden häufen sich* 投诉越积越多 ‖ *zu* (义项) **2**. **Häu·fung** *die*; *nur Sg*(只用单数) ‖ ▶ **gehäuft**

Hau·fen·wol·ke *die*; e-e große dichte Wolke am Himmel 积云 ≈ Kumuluswolke

häu·fig *Adj* (形); so, dass es immer wieder vorkommt 经常的,常见的,频繁的 ≈ oft, immer wieder ↔ selten 〈etw. tritt h. auf, geschieht h. 某事经常发生〉: *ein häufiger Fehler* 常见的错误; *e-e h. gestellte Frage* 经常被提出的问题; *Er ist h. bei uns zu Gast* 他是我们这儿的常客 ‖ *hierzu*(派生) **Häu·fig·keit** *die*; *nur Sg* (只用单数)

Haupt *das*; -(*e*)*s*, *Häup·ter*; *geschr*[书] **1**. der Kopf e-s Menschen(人的)首,头,头颅〈mit stolz erhobenem H. 骄傲地高昂着头; mit bloßem/entblößtem H. 光着头〉: *das H. der Medusa* 美杜莎的头 ‖ K-(复合): **Haupt-**, **-haar** ‖ -K(复合): **Greisen- 2**. der Kopf e-s edlen Tieres(珍贵动物的)头颅: *das gewaltige, majestätische H. des Löwen* 巨大的、威严的狮子头 ‖ -K(复合): **Drachen-**, **Löwen- 3**. j-d, der an der Spitze e-r Gruppe von Menschen steht u. sie führt 首领,头儿,首脑 ≈ Oberhaupt: *Der Großvater war das H. der Familie* 爷爷是一家之主

Haupt- *im Subst*, *betont*, *sehr produktiv*(构成名词,重读,构词强); verwendet, um auszudrücken, dass es sich um das Zentrale od. Wichtigste handelt 主要…,关键的…,首要…,总… ↔ Neben-; der **Hauptabschnitt** 〈e-s Buches 书的〉, der **Hauptakzent** 〈e-s Wortes 词的〉, der **Hauptangeklagte** 〈in e-m Prozess 诉讼案中的〉, die **Hauptarbeit**, die **Hauptaufgabe**, die **Hauptbeschäftigung**, der **Hauptbestandteil** 〈e-r Mischung 混合物的〉, der **Haupteingang** 〈e-s Theaters 剧院的〉, das **Haupterzeugnis** 〈e-r Firma 公司的〉, die **Hauptfunktion** 〈e-r Maschine 机器的〉, das **Hauptgebäude**, der **Hauptgewinn** 〈in e-m Preisausschreiben 有奖竞赛的〉, das **Hauptinteresse**, die **Hauptlast** 〈tragen 承担〉, die **Hauptmahlzeit** 〈des Tages 一天中的〉, die **Hauptperson** 〈in e-m Film 电影中的〉, das **Hauptproblem**, der **Hauptpunkt** 〈e-r Tagesordnung 议事日程的〉, die **Hauptreisezeit** 〈im Jahr 一年中的〉, die **Hauptschwierigkeit**, die **Hauptverantwortung**, die **Hauptverkehrsstraße**, der **Hauptzweck**

haupt·amt·lich *Adj*(形); so, dass der Betreffende es als (Haupt)Beruf ausübt (u. nicht als Nebentätigkeit) 专职的,本职的 ↔ ehrenamtlich: *der hauptamtliche Leiter e-s Vereins* 协会的专职领导

Haupt|an·schluss *der*; diejenige Telefonleitung, die direkt mit dem Telefonnetz verbunden ist 直拨电话,直线电话 ↔ Nebenanschluss: *Er hat in seinem Haus einen H. u. zwei Nebenanschlüsse* 他家有一部直拨电话和两部分机

Haupt|bahn·hof *der*; der größte Bahnhof in e-r (Groß)Stadt 火车总站; *Abk* 缩写 Hbf.

Haupt·be·ruf *der*; *mst Sg*(多用单数); (in Bezug auf j-n, der mindestens zwei Berufe hat) der Beruf, in dem j-d hauptsächlich arbeitet 主要职业,固定职业,本职: *Er ist im H. Lehrer, aber er arbeitet manchmal auch als Musiker* 他的本职是教师,但他有时也搞搞音乐 ‖ *hierzu* (派生) **haupt·be·ruf·lich** *Adj*(形)

Haupt·dar·stel·ler *der*; der Schauspieler, der in e-m Theaterstück od. Film die wichtigste od. e-e sehr wichtige Rolle spielt 主要演员 ‖ *hierzu*(派生) **Haupt·dar·stel·le·rin** *die*

Haupt·fach *das* **1**. ein wichtiges Fach in der Schule(中学的)主要课程,主课 ↔ Nebenfach: *In den Hauptfächern Deutsch, Englisch u. Mathematik hat der Schüler gute Zensuren* 该学生的德语、英语和数学这几门主课成绩很好 **2**. das Fach, das im Studium die größere Bedeutung hat(大学中的)主科,第一专业 ↔ Nebenfach

Haupt·fi·gur *die*; die wichtigste od. eine der

wichtigsten Personen in e-m Roman, Film od. Theaterstück 主角,主要人物

Haupt·film *der*; *mst Sg*(多用单数); der Film, der im Kinoprogramm angekündigt ist u. der nach der Reklame (u. den Vorfilmen) gezeigt wird 主片,正片

Haupt·gang *der* ≈ Hauptgericht

Haupt·ge·richt *das*; der Teil e-r Mahlzeit, der nach der Vorspeise u. vor dem Dessert serviert wird u. *mst* Fleisch od. Fisch enthält 主菜

Haupt·ge·schäfts|zeit *die*; die Zeit (am späten Nachmittag), in der die meisten Leute einkaufen gehen 营业高峰时间

Häupt·ling *der*; *-s*, *-e*; der Anführer e-s Stammes bei Naturvölkern 酋长,头人 ‖ -K(复合): ***Indianer-***

Haupt·mann *der*; *-(e)s*, *Haupt·leu·te*; MIL【军】; ein relativ hoher Offizier (mit e-m Rang zwischen Oberleutnant u. Major) 上尉

Haupt·quar·tier *das*; MIL【军】; der Ort, an dem sich (im Krieg) die Führer e-r Armee aufhalten 司令部,大本营,总部

Haupt·red·ner *der*; j-d, der auf e-r Veranstaltung/Versammlung die wichtigste (u. längste) Rede hält 主讲人,主要的发言人 ‖ *hierzu*(派生) **Haupt·red·ne·rin** *die*

Haupt·rol·le *die*; die wichtigste od. eine der wichtigsten Rollen in e-m Theaterstück od. Film 主角,主要人物 ⟨die H. bekommen, übernehmen, spielen 领演,担任,扮演主角⟩ ‖ ID[谚] ***j-d/etw. spielt*** (***für j-n***) ***die H.*** j-d/etw. ist (für j-n) am wichtigsten 某人/某事对某人举足轻重(至关重要): *Seine Tochter spielt die H. in seinem Leben* 他女儿在他生活中举足轻重

Haupt·sa·che *die* **1.** das Wichtigste, der entscheidende Punkt in e-r Angelegenheit 主要的事,最重要的事,关键的事 ↔ Nebensache: *Lassen Sie uns jetzt zur H. kommen* 现在让我们谈谈最主要的事情吧; *Die H. ist, dass Sie hier glücklich sind/H., Sie sind hier glücklich* 重要的是您在这儿过得愉快 **2.** ***in der H.*** ≈ hauptsächlich, vor allem: *Dieses Geschäft verkauft in der H. exklusive Modellkleider* 这家商店主要经营高档时装

haupt·säch·lich *Adj*(形) **1.** *nur adv*(只作状语) ≈ vorwiegend, vor allem: *Er interessiert sich h. für Kunst* 他对艺术最感兴趣 **2.** *nur attr, nicht adv*(只作定语,不作状语) ≈ wichtigst-, größt-: *Sein hauptsächliches Interesse galt ihr* 他最感兴趣的是她

Haupt·sai·son *die*; *mst Sg*(多用单数); die beliebteste Reisezeit 旅游旺季 ≈ Hochsaison ↔ Nebensaison

Haupt·satz *der* **1.** LING【语】; ein Satz, der allein stehen kann u. nicht von e-m anderen Satz abhängig ist 主句 ↔ Nebensatz **2.** MUS【音】; der Teil e-s längeren Musikstückes, der das Hauptthema in der Grundtonart enthält 主旋律

Haupt·schlag·ader *die*; die größte Arterie, von der alle anderen Arterien ausgehen 主动脉; MED【医】Aorta

Haupt·schuld *die*; der größte Teil e-r Schuld, der am schwersten wiegt 主要责任,主要过失 ⟨die H. an etw. tragen 对某事承担主要责任; j-m die H. an etw. (*Dat* 三格) zuschreiben, zusprechen, zumessen 将某事的主要责任归咎于,推给,委过于某人⟩ ‖ *hierzu*(派生) **Haupt·schul·di·ge** *der/die*

Haupt·schu·le *die*; Ⓓ[德] die Schule, die man (nach der Grundschule) von der fünften bis zur neunten Klasse besucht, wenn man nicht e-e höhere Schule (Realschule, Gymnasium) wählt(五至九年级的)普通中学,初级中学 ‖ K-(复合): ***Hauptschul-***, ***-abschluss***, ***-lehrer*** ‖ *hierzu*(派生) **Haupt·schü·ler** *der*; **Haupt·schü·le·rin** *die*

Haupt·se·mi·nar *das*; ein Seminar (1) an der Universität, das Studenten nach mehreren Semestern besuchen 大学高年级讨论课,专业讨论课

Haupt·stadt *die*; die (oft größte) Stadt e-s Landes, in der die Regierung ihren Sitz hat 首都,首府: *Paris ist die H. von Frankreich* 巴黎是法国的首都 ‖ *hierzu*(派生) **haupt·städ·tisch** *Adj*(形)

Haupt·stra·ße *die* **1.** die größte u. wichtigste Straße e-s Ortes 主要街道,大街 ↔ Nebenstraße: *Sein Haus liegt direkt an der H.* 他的家紧挨着大街 **2.** e-e Straße, auf der man Vorfahrt hat 先行主干道

Haupt·stu·di·um *das*; der Teil des Studiums, der auf das Grundstudium folgt u. mit dem Abschluss des Studiums endet 大学高年级(专业阶段)

Haupt·tref·fer *der*; der größte Gewinn od. einer der größten Gewinne in e-m Glücksspiel 头奖,头彩,大奖⟨e-n H. im Lotto haben 在彩票抽奖中中了大奖⟩

Haupt·ver·die·ner *der*; das Mitglied e-r Familie, das am meisten verdient 一家经济上的靠山,顶梁柱 ‖ *hierzu*(派生) **Haupt·ver·die·ne·rin** *die*

Haupt·ver·hand·lung *die*; JUR【法】; die Verhandlung in e-m Prozess, in der das Urteil verkündet wird 主要审理程序,法庭宣判

Haupt·ver·kehrs|zeit *die*; die Zeit, in der besonders viel Verkehr ist (*mst* kurz vor Beginn u. kurz nach dem Ende der normalen Arbeitszeit) 交通高峰时间 ≈ Stoßzeit

Haupt·ver·samm·lung *die*; die Versammlung, bei der e-e Organisation (*z. B.* e-e Aktiengesellschaft) über wichtige Themen spricht u. zu der sie alle Mitglieder einlädt 全体成员(如股东)大会 ‖ -K(复合): ***Jahres-***

Haupt·wasch·gang *der*; *mst Sg*(多用单数); der Teil des Programms e-r Waschmaschine, in dem die Wäsche gründlich gereinigt wird 主要洗涤程序

Haupt·wohn·sitz *der*; ADM *geschr*【管理】[书]; der Wohnsitz, der im Ausweis eingetragen wird u. an dem man seine Steuern zahlen muss 主要居住地,住所: *Er hat seinen H. ins Ausland verlegt, um Steuern zu sparen* 为了少交税,他把住所迁到国外去了

Haupt·wort *das* ≈ Substantiv

hau ruck! *Interjektion* (叹); *gespr* [口]; verwendet als Ruf beim Bewegen e-r schweren Last(搬运重物时的呼喊声)杭育!

Haus *das*; *-es*, *Häu·ser* **1.** ein Gebäude, in dem Menschen wohnen 房子,房屋,住房〈ein einstöckiges, mehrstöckiges, baufälliges, modernes, ruhiges H. 两层的、多层的、失修的、新式的、僻静的房屋; ein H. bauen, einrichten, beziehen, bewohnen, besitzen 建造,布置,搬入,住着,拥有一幢房子; ein H. renovieren, umbauen, abreißen 修缮,改建,拆除一幢房子; ein H. (ver)kaufen, (ver)mieten 买(卖)、租(出租)房屋〉: *Das alte H. steht unter Denkmalschutz* 这座旧房子被列为文物保护对象 ‖ K-(复合): ***Haus-***, ***-besitzer***, ***-bewohner***, ***-eigentümer***, ***-eingang***, ***-fassade***, ***-flur***, ***-glocke***, ***-kauf***, ***-nummer***, ***-tür***, ***-verwalter***, ***-wand*** ‖ -K(复合): ***Bauern-***, ***Einfamilien-***, ***Hoch-***, ***Miets-***, ***Reihen-***, ***Wohn-*** **2.** *geschr* [书]; ein großes Gebäude, in dem *mst* viele Leute arbeiten, e-e Veranstaltung besuchen *o. Ä.* 办公楼,演出大楼,剧院: *Bei dem Gastspiel der berühmten Sängerin war das H. ganz ausverkauft* 当著名的女歌唱家来访问演出时,剧场门票销售一空 ‖ -K(复合): ***Kur-***, ***Schul-*** **3.** *nur Sg*(只用单数); das Gebäude, in dem man ständig lebt 家,家园: *Er hat um sieben Uhr das H. verlassen, um zur Arbeit zu gehen* 他七点钟就离开家去上班了 **4.** ***j-d ist/bleibt zu Hause*** j-d ist/bleibt dort, wo er wohnt 某人在家,呆在家里 ‖ NB(注意): aber(但是): *Hier ist mein Zuhause* 这是我的家,我住在这儿 **5.** ***j-d geht/kommt nach Hause*** j-d geht/kommt dorthin, wo er wohnt(人作主语)回家 **6.** *nur Sg*, *Kollekt*, *gespr*(只用单数)(集合)[口]; alle Menschen, die in e-m H. (1) wohnen 全楼的住户: *Durch den Knall wachte das ganze H. auf* 爆裂声使全楼的人都醒了 **7.** *nur Sg*, *Kollekt*, *gespr*(只用单数)(集合)[口]; alle Personen, die sich aus e-m bestimmten Anlass in e-m H. (2) befinden 所有在场的人,全体听众,全体观众 ≈ alle Anwesenden: *Bei dem Konzert des Popstars tobte das ganze H. vor Begeisterung* 在流行歌星的演唱会上,全场情绪激昂 **8.** *geschr*[书] ≈ Familie: *Sie verkehrt in den besten Häusern der Stadt* 她与城里的上流人家有交往 **9.** *geschr*[书] ≈ Dynastie: *das H. Hohenzollern* 霍恩索伦王朝 ‖ -K(复合): ***Fürsten-***, ***Herrscher-***, ***Königs-*** **10.** *nur Sg*, *veraltend*(只用单数)[渐旧], *Kurzw* (略) ↑ ***Haushalt*** (1) **11.** *mst Sg*(多用单数) ≈ Firma: *Unser traditionsreiches H. hat seit über 50 Jahren nur zufriedene Kunden* 我们这家富有传统的公司 50 多年来始终使顾客非常满意 ‖ -K(复合): ***Versand-***, ***Waren-*** **12.** ***das Weiße H.*** das Gebäude in Washington, in dem der Präsident der USA arbeitet(美国)白宫 ‖ ID [谚] ***altes H.*** *gespr hum*[口][诙]; verwendet in der Anrede für e-n guten Freund 老朋友,伙计,哥们 ≈ Kumpel: *„Na, wie gehts, altes H.?"* "喂,老伙计,过得怎么样啊?"; ***j-m (wegen etw.) das H. einrennen*** *gespr pej*[口][贬]; wegen derselben Sache immer wieder zu j-m kommen (u. ihn damit belästigen)(因某事)踏破某人家的门槛,(因某事)经常登门麻烦某人; ***j-m ins H. platzen/schneien/geschneit kommen*** *gespr*[口]; j-n überraschend besuchen 突然登门拜访某人,闯进某人的家作客; ***in etw.*** (*Dat* 三格) ***zu Hause sein*** *gespr*[口]; sich auf e-m bestimmten Gebiet gut auskennen 在某方面很在行; ***etw. steht (j-m) ins H.*** *gespr*[口]; j-m steht etw. (*mst* Unangenehmes) bevor(某人)面临某事(多指不愉快的事),(某人)要倒霉; ***von H. aus*** *gespr*[口] ≈ von vornherein: *Er meint, er habe von H. aus das Recht dazu* 他认为他原本就有这个权利; ***H. u. Hof*** 〈verlieren, verspielen 失去,赌光〉 alles, was man besitzt, verlieren, verspielen 全部家产; ***das H. hüten*** zu Hause bleiben (*mst* weil man krank ist(多指因病)呆在家里; ***frei H.*** so, dass für den Transport nichts bezahlt werden muss 免费送货〈etw. frei H. liefern 免费运送某物〉; ***mit etw. H. halten*** mit etw. sparsam umgehen 对…精打细算,节俭使用,合理安排 ≈ etw. (gut) einteilen ↔ etw. verschwenden 〈mit den Vorräten, dem Wirtschaftsgeld, seinen Kräften H. halten 合理使用储存,对日常开支精打细算,节省自己的力气〉

Haus·an·ge·stell·te *die*; e-e Frau, die j-m im Haushalt (1) hilft u. dafür bezahlt wird 家庭女佣人,家庭女服务员 ≈ Haushaltshilfe

Haus·apo·the·ke *die*; *Kollekt*(集合); Medikamente u. andere Dinge (*z. B.* Binden), die man zu Hause bereithält 家庭常备药,家庭药箱

Haus·ar·beit *die* **1.** *nur Sg*(只用单数); Putzen, Waschen, Kochen *usw* 家务活 ≈ Haushalt (1) **2.** e-e schriftliche u. *mst* längere Arbeit, die ein Schüler od. Student zu Hause macht (中小学的)家庭作业,(大学的)课外论文〈e-e H. schreiben 写课外论文或家庭作业〉 **3.** ≈ Hausaufgabe

Haus·ar·rest *der*; e-e Strafe, bei der man sein Haus od. seine Wohnung nicht verlassen darf 软禁(在家)〈j-n unter H. stellen 将某人软禁在家; H. haben, bekommen 被判软禁在家; unter H. stehen 被软禁在家〉

Haus·arzt *der*; der Arzt, zu dem man regelmäßig zuerst geht, wenn man krank ist (u. der einen auch zu Hause besucht)家庭医生 ‖ *hierzu*(派生) **Haus·ärz·tin** *die*

Haus·auf·ga·be *die*; e-e Arbeit, die ein Schüler zu Hause machen soll 家庭作业〈j-m e-e H. aufgeben 给某人布置家庭作业; viele, wenig Hausaufgaben aufhaben, aufbekommen 有、领到很多、少许家庭作业要做; die/seine Hausaufgaben machen 做家庭作业〉

haus·ba·cken *Adj*(形); *pej*[贬]; sehr einfach u. ohne Besonderheit 普通的,平淡无奇的,一般的 ≈ bieder, schlicht 〈e-e Kleidung, Ansichten 衣服,观点; h. aussehen, gekleidet sein 长相普通,衣着平常〉

Haus·bar *die* **1.** *mst* ein Schrank, ein Regal *o.Ä.*, in dem man zu Hause starke alkoholische Getränke aufbewahrt 家用酒柜 **2.** ein Raum in e-m (Privat)Haus, der als Bar eingerichtet ist 家庭酒吧

Haus·be·set·zer *der*; *-s*, *-*; *mst Pl*(多用复数); j-d, der in ein leeres Haus einzieht, ohne es gemietet od. gekauft zu haben (u. damit gegen die Wohnungspolitik protestiert)(为抗议住房政策而)抢占空房的人: *Die Hausbesetzer wollen mit ihrer Aktion gegen die hohen Mieten protestieren* 抢占房屋的人想以他们的行动对高房租表示抗议 ‖ *hierzu*(派生) **Haus·be·set·ze·rin** *die*; *-*, *-nen*; **Haus·be·set·zung** *die*

Haus·be·sor·ger *der*; *-s*, *-*; Ⓐ[奥] ≈ Hausmeister ‖ *hierzu*(派生) **Haus·be·sor·ge·rin** *die*; *-*, *-nen*

Haus·be·such *der*; ein Besuch *mst* von e-m Arzt (od. e-m Sozialarbeiter) bei j-m zu Hause, um ihm dort zu helfen(医生)出诊,(社会福利工人)登门服务

Haus·boot *das*; *mst* ein kleines Schiff, das als Wohnung eingerichtet ist u. in dem man wohnen kann 住家用船

Häus·chen *das*; *-s*, *-* **1.** ein kleines Haus 小屋 **2.** *gespr!* [粗] ≈ Toilette, Klo 〈aufs H. müssen 得上厕所去〉 ‖ ID[谚]〈vor Freude 由于高兴〉 ***ganz/völlig aus dem H. sein*** *gespr* [口]; (*mst* vor Freude) sehr aufgeregt sein 非常激动,欣喜若狂

Haus·dra·chen *der*; *gespr pej* [口][贬]; e-e (Ehe)Frau, die viel streitet 母老虎,泼妇,悍妇

Haus·durch·su·chung *die*; e-e Aktion, bei der Polizisten j-s Haus od. Wohnung durchsuchen, *z.B.* um gestohlene Gegenstände zu finden 搜查住所,搜家

haus·ei·gen *Adj*(形); *mst attr*(多作定语); zu e-m Haus (2,11) gehörig 单位自己的,属于公司的: *Meine Firma hat e-n hauseigenen Parkplatz* 我们公司拥有自己的停车场

hau·sen; *hauste*, *hat gehaust*; [Vi](不及物) **1.** ***irgendwo h.*** irgendwo unter schlechten Bedingungen wohnen 栖身于,安身于: *in e-r Wellblechhütte, e-r Baracke, e-r Höhle h.* 栖身于波纹白铁皮搭的棚子里,临时木板棚里,洞穴中 **2.** ***j-d/etw. haust*** (***irgendwie***) *gespr* [口]; j-d/etw. bewirkt große Unordnung (u. Zerstörungen)(人/物作主语)毁坏,劫掠,糟蹋 ≈ j-d/etw. wütet 〈h. wie die Wandalen 像汪达尔人一样烧杀抢掠〉: *Die Einbrecher haben in der Wohnung fürchterlich gehaust* 窃贼把屋子翻了个底朝天 **3.** Ⓒⓗ[瑞] im Haushalt sparen 勤俭持家,节俭

Häu·ser·block *der*; *Kollekt*(集合); mehrere große Mietshäuser, die aneinandergebaut sind 住宅群

Häu·ser·front *die*; die (vordere) Seite von mehreren Häusern, die zur Straße hin liegt 一排住房临街的一面 〈an e-r H. entlangfahren, entlanggehen 沿房屋临街的一面行驶,步行; e-e H. abschreiten 步测房屋临街的一面〉

Häu·ser·meer *das*; *nur Sg*, *Kollekt*(只用单数,集合); sehr viele Häuser, *z.B.* in e-r großen Stadt 大片建筑群

Haus·frau *die*; e-e (*mst* verheiratete) Frau, die für die eigene Familie die Arbeit im Haus macht (*bes* kocht u. putzt) u. oft keinen anderen Beruf ausübt 家庭妇女,家庭主妇: *Sie ist als H. u. Mutter stärker belastet als in ihrem erlernten Beruf* 她当家庭妇女和母亲比做驾轻就熟的工作累多了 ‖ *hierzu*(派生) **haus·frau·lich** *Adj*(形); *nur attr od adv*(只作定语或状语)

Haus·frau·en|art (*die*); *nur in* 只用于 ***nach H.*** so zubereitet, wie es auch e-e Hausfrau machen würde 按家常烹调的方式,按家常菜做法: *ein Kartoffelsalat nach H.* 家常土豆色拉

Haus·freund *der*; *gespr hum* [口][诙]; der Liebhaber e-r verheirateten Frau 情夫

Haus·frie·de(n) *der*; ein gutes, harmonisches Verhältnis zwischen den Bewohnern e-s Hauses od. e-r Wohnung (*z.B.* zwischen den Mitgliedern e-r Familie) 家庭和睦,邻里和睦 〈den Hausfrieden stören, wiederherstellen 破坏,恢复邻里之间的和睦〉 ‖ ID[谚] ***der H. hängt schief*** es gibt Streit innerhalb der Familie, zwischen zwei Leuten, die sich e-e Wohnung teilen *o.Ä.* 家庭不和,邻里不和

Haus·frie·dens|bruch *der*; JUR【法】; e-e (strafbare) Handlung, bei der j-d illegal *z.B.* die Wohnung od. das Grundstück e-s anderen betritt 非法进入他人住宅,非法侵犯住宅

Haus·gang *der*; *südd* Ⓐ Ⓒⓗ [南德][奥][瑞] ≈ (Haus)Flur

Haus·ge·brauch *der*; *nur in* 只用于 ***für den H.*** **1.** für die eigene Familie (od. den eigenen Haushalt) gedacht 为了家用,私用,自用: *Wir musizieren nur für den H.* 我们演奏只是为了自己消遣 **2.** so, dass es für einen selbst, für die eigenen Ansprüche ausreicht 为了满足自己(家)的需求: *Ich bin kein großer Techniker, aber für den H. reicht es* 我不是个技师,但应付家居杂事是足够了

haus·ge·macht *Adj*(形); von j-m selbst hergestellt 自制的 ↔ gekauft: *hausgemachte Marmelade* 自制果酱

Haus·ge·mein·schaft *die* **1.** *Kollekt*(集合); alle Bewohner e-s Hauses (*bes* e-s Mietshauses) (一幢住宅、公寓的)全体住户: *Die gesamte H. war bei der Versammlung anwesend* 全楼住户都出席了会议 **2.** die sozialen Beziehungen in e-r H. (1)(一幢住宅、公寓里的)邻里关系: *Wir haben e-e gute, intakte H.* 我们这栋楼邻里关系融洽

Haus·halt *der*; *-(e)s*, *-e*; *Kollekt*(集合) **1.** *mst Sg*(多用单数); alle Arbeiten (*z.B.* Kochen, Putzen, Waschen, Einkaufen), die in e-m Haus od. e-r Wohnung getan werden müssen 家务,家务活,家政 〈(j-m) den H. besorgen/erledigen/führen/machen(为某人)操持,处理,料理,做家务〉: *Er hilft seiner Frau täglich im H.* 他每天都帮夫人做家务 ‖ K-(复合): ***Haushalts-, -führung, -kasse*** **2.** *mst*

Sg(多用单数); die Wohnung u. die Möbel u. Gegenstände, die dazugehören 家产,家当,家业,家里的东西: *Nach dem Tod unserer Großmutter mussten wir ihren H. auflösen* (= mussten wir alle Gegenstände aus ihrer Wohnung entfernen)祖母去世后,我们不得不把她家里的东西都清理掉 ‖ K-(复合): ***Haushalts-***, ***-auflösung***, ***-gründung*** **3.** alle Personen, die in e-r Wohnung zusammenleben, *mst* e-e Familie 家,户: *Die Broschüren wurden an alle privaten Haushalte verschickt* 这个小册子每家每户都发了一本 ‖ -K(复合): ***Einzel-***, ***Geschäfts-***, ***Privat-*** **4.** ADM【管理】; die Einnahmen u. Ausgaben e-r Gemeinde/e-s Landes/Staates od. e-r (öffentlichen) Institution(一个国家、单位的)财政,预算 ≈ Etat ⟨(über) den H. beraten, den H. beschließen 讨论,通过预算⟩: *Der Bundestag beriet den H. für das kommende Jahr* 联邦议会讨论了明年的财政预算 ‖ K-(复合): ***Haushalts-***, ***-ausschuss***, ***-debatte***, ***-defizit***, ***-gesetz***, ***-plan***, ***-politik*** ‖ -K(复合): ***Bundes-***, ***Sozial-***, ***Staats-***, ***Verteidigungs-***

-haus·halt *der*; *im Subst*, *wenig produktiv*(构成名词,构词弱); verwendet, um den Prozess des Austauschs von Stoffen od. Energie im Körper od. in der Natur zu bezeichnen…(物质或能量的代谢)平衡: ***Körperhaushalt***, ***Naturhaushalt***; ***Energiehaushalt***, ***Hormonhaushalt***, ***Mineralhaushalt***, ***Vitaminhaushalt***, ***Wärmehaushalt***, ***Wasserhaushalt***, ***Zuckerhaushalt***

haus·hal·ten *nur im Infinitiv*(只用于不定式); ↑ ***Haus*** ID[谚]

Haus·häl·te·rin *die*; -, *-nen*; e-e Frau (e-e Angestellte), die j-m den Haushalt (1) führt 女管家 ≈ Wirtschafterin

Haus·halts|ar·ti·kel *der*; *mst Pl*(多用复数); ein Gegenstand, den man im Haushalt (1) braucht 日用百货,日用杂品: *Töpfe, Gläser u. Geschirr finden Sie in unserer Abteilung für H.* 锅、杯子和餐具您可在我们的日用百货部买到

Haus·halts|geld *das*; *nur Sg*(只用单数); e-e bestimmte Summe Geld, die j-d für e-n Haushalt (1) ausgeben kann 家用钱,日常开销 ≈ Wirtschaftsgeld

Haus·halts|ge·rät *das*; ein (elektrisches) Gerät, das man im Haushalt braucht, *z.B.* ein Staubsauger 家用电器

Haus·halts|hil·fe *die*; *mst* e-e Frau, die j-m im Haushalt (1) hilft u. die dafür bezahlt wird 家务女帮工 ≈ Hausangestellte ‖ NB(注意): ≠ ***Haushälterin***

Haus·halts|jahr *das*; ADM【管理】; der Zeitraum, für den ein bestimmter Etat, Haushalt (4) berechnet ist 财政年度

Haus·halts|mit·tel *die*; *Pl*(复); das Geld, das in e-m Haushaltsjahr ausgegeben werden kann 预算资金,预算拨款

Haus·halts|rei·ni·ger *der*; ein *mst* flüssiges Mittel, mit dem man *bes* Bad u. Küche putzt 家用(浴室、厨房)清洗剂,洗涤液

Haus·halts|wa·ren *die*; *Pl*(复) ≈ Haushaltsartikel ‖ K-(复合): ***Haushaltswaren-***, ***-geschäft***

Haus·herr *der*; *mst Sg*(多用单数) **1.** der Gastgeber bei e-m Fest od. e-r Party 东道主,主人 ↔ Gast: *Der H. führte seine Gäste ins Wohnzimmer* 主人将客人领进起居室 **2.** *mst* der Vater, der in e-r Familie über alles bestimmt 一家之主,家长 ≈ Familienoberhaupt **3.** *südd* Ⓐ[南德][奥] der Besitzer e-s (Miets)Hauses 房东,房主: *Der H. hat uns die Kündigung geschickt* 房东给我们发了解约通知 ‖ *hierzu*(派生) **Haus·her·rin** *die*

haus·hoch *Adj*(形); *ohne Steigerung*(无变级) **1.** sehr hoch u. gewaltig 很高的,房子般高的 ⟨Wellen, Brecher 波浪,激浪⟩: *Der Geysir jagte haushohe Fontänen aus dem Boden* 间歇热水喷泉从地底喷出很高的水柱 **2.** *gespr*[口]; sehr hoch (4) 远比别人强的,高出许多的 ⟨ein Favorit, ein Sieg 最有希望的获胜者,胜利; ein Spiel h. gewinnen, verlieren 在比赛中大胜,大败; j-m h. überlegen, unterlegen sein 远远胜过某人,比某人差很多⟩ ‖ NB(注意): *haushoch* → *ein haushoher Sieg*

hau·sie·ren; *hausierte*, *hat hausiert*; Vi(不及物) **1.** (***mit etw.*** (*Pl* 复) ***h.*** (***gehen***)) von Haus zu Haus gehen, um Waren (die man bei sich hat) zu verkaufen 挨户兜售,登门推销,沿街叫卖: *Er hausierte mit Schreibwaren* 他挨户推销文具; *Betteln u. Hausieren verboten!* 禁止乞讨和登门兜售! **2.** ***mit etw. h. gehen*** *gespr pej*[口][贬]; mit vielen Leuten (in aufdringlicher Weise) über e-e bestimmte Sache sprechen 到处游说,四处兜售 ⟨mit e-r Idee, e-r Neuigkeit, e-m Vorschlag h. gehen 四处兜售想法、新闻、建议⟩ ‖ *zu*(义项) **1.** **Hau·sie·rer** *der*; -*s*, -

häus·lich *Adj*(形) **1.** im eigenen Haus, in der eigenen Familie 家中的,家庭的 ⟨das Glück, die Umgebung, Pflichten, Sorgen 幸福,环境,义务,烦恼⟩: *Die häuslichen Arbeiten verrichtet er meist am Wochenende* 家里的事他大都在周末处理 **2.** gern zu Hause u. bei der Familie 喜欢呆在家里的,恋家的 ⟨ein Mädchen, e-e Frau, ein Mann 小姑娘,妇女,男子⟩ ‖ ID[谚] ***sich*** (***irgendwo/bei j-m***) ***h. niederlassen*** *gespr*[口]; lange irgendwo/bei j-m bleiben (obwohl man nicht erwünscht ist)赖在…家里/那里不走 ‖ *hierzu*(派生) **Häus·lich·keit** *die*; *nur Sg*(只用单数)

Haus·mann *der*; ein (*mst* verheirateter) Mann, der (für die eigene Familie) den Haushalt (1) macht u. keinen anderen Beruf ausübt 操持家务而无职业的丈夫 ↔ Hausfrau

Haus·manns|kost *die* **1.** ein einfaches Essen 简单的饭食,家常便饭 ↔ Delikatesse **2.** (*bes* im Sport) e-e nicht besonders gute Leistung(尤指体育比赛中)成绩不佳: *Beide Teams boten nur biedere H.* 两个队只取得了平平的成绩

Haus·meis·ter *der*; j-d, der in e-m größeren Haus (*z.B.* e-m Mietshaus od. e-r Firma) für die Reinigung, kleinere Reparaturen u. Ordnung sorgt(公寓或公司)大楼物业管理员,楼监

‖ *hierzu*（派生）**Haus·meis·te·rin** *die*

Haus·müll *der*；die Abfälle，die in privaten Haushalten entstehen 生活垃圾

Haus·mu·sik *die*；das private Musizieren mit der Familie od. mit Freunden 家庭音乐会，家庭演奏活动

Haus·müt·ter·chen *das*；*gespr pej*［口］［贬］；verwendet als Bezeichnung für e-e langweilige（u. biedere）Hausfrau 管家婆，女当家

Haus·ord·nung *die*；Vorschriften，die das Zusammenleben in e-m Haus（*bes* in e-m Mietshaus）regeln 住房规则，住户须知〈die H. beachten，einhalten，gegen die H. verstoßen 注意，遵守，违反住房规则〉

Haus·putz *der*；die gründliche Reinigung e-s Hauses od. e-r Wohnung 住房大扫除〈（e-n）H. machen 做大扫除〉

Haus·rat *der*；*-s*；*nur Sg*，*Kollekt*（只用单数）（集合）；alle Dinge，die zu e-m Haushalt（2）gehören 家用器具，家当 ≈ Einrichtung ‖ K-（复合）：***Hausrats-***，***-versicherung***

Haus·recht *das*；*nur Sg*，JUR（只用单数）【法】；das Recht e-s Mieters od. Hausbesitzers，anderen zu verbieten，seine（eigene od. gemietete）Wohnung zu betreten 住房权，居住权〈von seinem H. Gebrauch machen 行使住房权〉

Haus·schlüs·sel *der*；der Schlüssel für die Eingangstür e-s Hauses（住房）大门钥匙

Haus·schuh *der*；ein bequemer Schuh，den man zu Hause trägt（室内穿的）便鞋 ↔ Straßenschuh

Hausse［ˈ(h)oːs(ə)］*die*；-，*-n*；WIRTSCH【经】；das Steigen der Preise von Aktien（u. anderen Wertpapieren）an der Börse 股价上扬，涨风市场，牛市 ↔ Baisse

Haus·se·gen *der*；*nur in* 只用于 ***bei j-m hängt der H. schief*** *gespr hum*［口］［诙］；in e-r Familie/e-r Ehe gibt es Streit 某人家夫妻不和

Haus·stand *der*；*mst Sg*，*veraltend*（多用单数）［渐旧］≈ Haushalt（3）〈e-n eigenen H. haben，gründen 有家有业，成家立业〉

Haus·su·chung *die*；-，*-en*；ADM *geschr*【管理】［书］；e-e Aktion，bei der Polizisten j-s Haus od. Wohnung durchsuchen，*z. B.* um gestohlene Gegenstände od. Beweise für ein Verbrechen zu finden（警方）搜家

Haus·tier *das*；ein Tier，das man sich aus Freude od. zum（wirtschaftlichen）Nutzen hält 家畜：*Hunde*，*Katzen*，*Kühe*，*Ziegen u. Schafe sind Haustiere* 狗、猫、牛、山羊和绵羊都是家畜

Haus·tür *die*；die Tür，durch die man ein Haus betritt 住宅大门 ‖ K-（复合）：***Haustür-***，***-schlüssel***

Haus·ver·bot *das*；das Verbot，ein bestimmtes Haus od. e-e Wohnung zu betreten 禁止入内，闭门谢客〈bei j-m/irgendwo H. haben 某家/某处不准进门，在某家/某处吃闭门羹；j-m H. erteilen 禁止某人入内，给某人吃闭门羹〉

Haus·wirt *der*；j-d，der ein Haus besitzt u. es vermietet hat 房东，房主：*Diese Reparatur muss der H. übernehmen* 这类修缮的事要由房东来管 ‖ *hierzu*（派生）**Haus·wir·tin** *die*

Haus·wirt·schaft *die* **1.** ≈ Haushalt（1）〈bei j-m die H. führen 在某人处干家务活〉**2.** *nur Sg*（只用单数）；ein Fach（an bestimmten Schulen），in dem die Schüler in allen Arbeiten unterrichtet werden，die notwendig sind，um e-n Haushalt（1）zu führen 家政课 ‖ K-（复合）：***Hauswirtschafts-***，***-lehrerin***，***-schule*** ‖ *zu*（义项）**1. haus·wirt·schaft·lich** *Adj*（形）；**Haus·wirt·schaf·te·rin** *die*；-，*-nen*

Haut *die*；-，*Häu·te* **1.** *nur Sg*（只用单数）；die äußerste dünne Schicht des Körpers von Menschen u. Tieren，aus der die Haare wachsen 皮，皮肤〈e-e helle，dunkle，empfindliche，weiche，zarte，lederne，raue，trockene，fettige，großporige，unreine，straffe，faltige，welke H.（haben）（有）浅色的、深色的、敏感的、柔软的、细嫩的、老粗的、粗糙的、干燥的、油性的、毛孔大的、不光洁的、绷紧的、有皱纹的、皱缩的皮肤；sich die H. abschürfen，eincremen 擦破皮，往皮肤上擦护肤霜；die H. e-s Tieres abziehen 剥下动物的皮〉‖ K-（复合）：***Haut-***，***-arzt***，***-ausschlag***，***-creme***，***-entzündung***，***-farbe***，***-fetzen***，***-jucken***，***-krankheit***，***-krebs***，***-pflege***，***-rötung***，***-salbe***，***-transplantation*** ‖ -K（复合）：***Gesichts-***，***Kopf-*** **2.** die H.（1）（u. das Fell）bestimmter Tiere，*z. B.* Rinder，die zwar schon haltbar gemacht，aber noch nicht zu Leder verarbeitet ist（未鞣的）兽皮，毛皮〈rohe Häute 生皮子；die H. gerben 鞣皮〉‖ -K（复合）：***Büffel-***，***Kuh-***，***Schlangen-*** **3.** e-e Hülle，die（oft unter der Schale）*z. B.* e-e Frucht umgibt（常指硬壳下的）膜，皮，衣：*die sieben Häute der Zwiebel* 洋葱的七层外皮；*die H. von den Mandeln abziehen* 剥去杏仁皮 ‖ ↑ *Abb. unter* 图见 ***Obst*** ‖ -K（复合）：***Ei-***，***Pfirsich-***，***Wurst-*** **4.** *nur Sg*（只用单数）；e-e glatte，feste Schicht，die e-n Gegenstand wie e-e Art H.（1）umgibt/ihn schützt 外壳：*Die H. des Flugzeugs besteht aus Aluminium* 飞机的外壳是铝制的 ‖ -K（复合）：***Boots-***，***Schiffs-***；***Kupfer-***，***Stahl-*** **5.** e-e dünne Schicht，die sich auf der Oberfläche e-r Flüssigkeit gebildet hat（指液体表层的凝结物）膜，薄层，衣：*die H. auf der heißen Milch* 热奶表面的奶皮 ‖ -K（复合）：***Milch-*** ‖ ID［谚］***e-e ehrliche/gute H.*** *gespr*［口］；ein ehrlicher/guter Mensch 诚实的人/好人；***nur noch H. u. Knochen sein***；***nur noch aus H. u. Knochen bestehen*** *gespr*［口］；sehr dünn sein，stark abgemagert sein 瘦得皮包骨头；***mit H. u. Haar(en)*** *gespr*［口］≈ völlig，ganz u. gar；***aus der H. fahren*** *gespr*［口］；wütend werden 发起火来，耐不住性子；***j-d fühlt sich in seiner H. nicht wohl***；***j-m ist in seiner H. nicht wohl*** *gespr*［口］；j-d fühlt sich（wegen e-r Situation/der Umstände）unwohl 某人感到浑身别扭，憋气（指对处境不满）；***sich seiner H. wehren*** *gespr*［口］；sich energisch verteidigen 极力为自己辩护；***nicht aus seiner H.（heraus）***

H

können *gespr*［口］；sich nicht ändern，anders verhalten können 本性难移；***mit heiler H. davonkommen*** *gespr*［口］；etw. ohne Verletzung/ohne Schaden überstehen 平安地脱离险境，安然脱险；***nicht in j-s H. stecken wollen/ mögen*** *gespr*［口］；nicht an j-s Stelle sein wollen，weil sich dieser in e-r ungünstigen Lage befindet 不愿像某人那样，不愿置身于某人的处境；***etw. geht j-m unter die H.*** etw. berührt j-n emotional sehr stark 某事使某人深受感动；***seine H. retten*** *gespr*［口］；sich/seine Existenz retten 逃命；***seine H. zu Markte tragen*** *gespr*［口］；**a**）sich für j-n/etw. einsetzen u. sich dadurch selbst in Gefahr bringen 为某人/某事冒生命危险，为某人/某事卖命；**b**）*hum*［诙］；als Prostituierte，Stripteasetänzerin *o.Ä.* arbeiten（指妓女、脱衣舞女的工作）卖身，卖笑，出卖肉体；***seine H. so teuer wie möglich/ （möglichst）teuer verkaufen*** *gespr*［口］；sich mit allen Kräften u. Mitteln wehren/verteidigen 尽力保护自己，拼命自卫；***auf der faulen H. liegen***；***sich auf die faule H. legen*** *gespr*［口］；nichts tun，faulenzen 游手好闲，无所事事

häu·ten；*häutete*，*hat gehäutet*；Vt（及物）**1.** ***ein Tier h.*** von e-m geschlachteten Tier die Haut（1）（ab）ziehen 剥动物的皮〈e-n Hasen，e-e Kuh h. 剥掉兔子皮、牛皮〉**2.** ***etw. h.*** die Haut（3）e-r Frucht *o.Ä.* entfernen 剥皮，削皮（指果实）〈Mandeln，e-n Pfirsich h. 把杏仁的表皮剥掉，削掉桃子的皮〉；Vr（反身）**3.** ***ein Tier häutet sich*** ein Tier streift die oberste Schicht der Haut（1）ab（动物作主语）蜕皮：*Eidechsen u. Schlangen häuten sich* 壁虎和蛇都会蜕皮

haut·eng *Adj*（形）；*ohne Steigerung*（无变级）；so eng am Körper（anliegend），dass sich dessen Formen deutlich zeigen 紧身的〈ein Pullover，ein Kleid，Jeans 套头毛衣，连衣裙，牛仔裤〉

haut·freund·lich *Adj*（形）；nicht schädlich für die Haut 对皮肤无害的，不伤皮肤的〈e-e Creme，ein Puder，e-e Seife 润肤霜，香粉，肥皂〉

haut·nah *Adj*（形）；*ohne Steigerung*（无变级）；so，dass man es direkt u. intensiv fühlen/wahrnehmen kann 逼真的，真切的〈ein Bericht 报道；etw. h. miterleben 亲身经历某事〉：*In den Nachrichten waren hautnahe Bilder vom Kriegsschauplatz zu sehen* 新闻中可以看到反映战争场景的逼真画面

Ha·va·rie *die*；-，*-n*［-riːən］**1.** ein Schaden *mst* an e-m Schiff od. Flugzeug 海损，空损 **2.** ein Unfall e-s Flugzeugs od. Schiffes 空难，海难

Ha·xe *die*；-，*-n*；*südd*［南德］≈ Hachse ‖ -K（复合）：***Kalbs-***，***Schweins-***

Hbf *Abk*（缩写）；↑ ***Hauptbahnhof***

H-Bom·be [ˈhaː-] *die* ≈ Wasserstoffbombe

he! *Interjektion*（叹）；*gespr*［口］；verwendet als Ausdruck des Erstaunens od. der Empörung，od. wenn man j-n auf etw. aufmerksam machen will（表示惊讶、气愤，或用来引起注意）嗨！喂！

Head·hun·ter [ˈhɛthantɐ] *die*；*-s*，*-*；*gespr*［口］；j-d，der im Auftrag für Unternehmen *o.Ä.* Führungskräfte od. Talente（*z.B.* Modelle，Schauspieler）sucht 受企业委托为其物色、挖掘人才的人，从事猎头服务的人 ‖ *hierzu*（派生）**Head·hun·te·rin** [ˈhɛthantərɪn] *die*；-，*-nen*

Head·set [ˈhɛt-] *das*；-（*s*），*-s*；ELEK【电】；Kopfhörer mit Mikrofon，die man *z.B.* am Computer od. beim Telefonieren im Auto benutzt 带麦克的耳机，带话筒的耳机

Heb·am·me *die*；-，*-n*；e-e Frau，die beruflich bei Geburten hilft 助产士

He·be·büh·ne *die*；e-e technische Anlage，mit der *bes* Autos hochgehoben werden（尤指修理汽车的）升降台，升降架：*Um den Auspuff richtig zu sehen，fuhr er das Auto auf die H.* 为了看清排气管，他把汽车开到升降台上

He·bel *der*；*-s*，- **1.** e-e Art einfacher Griff，mit dem man ein Gerät od. e-e Maschine *z.B.* ein- od. ausschalten kann 把手，操纵杆，柄〈e-n H. bedienen，betätigen，（her）umlegen，herunterdrücken，hochdrücken 操纵，使用，移动，压下，向上扳起把手〉‖ -K（复合）：***Brems-***，***Einstell-***，***Kupplungs-***，***Schalt-*** **2.** ein einfaches Werkzeug in Form e-r Stange od. e-s Bretts，mit dem man schwere Gegenstände heben u. fortbewegen kann 杠杆〈*mst* den H.（irgendwo）ansetzen（在某处）使用杠杆〉‖ K-（复合）：***Hebel-***，***-arm***，***-wirkung*** ‖ ID［谚］（***irgendwo***）***den H. ansetzen*** an e-m bestimmten（Ansatz）Punkt mit e-r Sache beginnen（从某处）着手进行某事；***alle Hebel in Bewegung setzen*** alles Mögliche tun，um etw. zu erreichen 全力以赴，采取一切措施；***am längeren H. sitzen*** in e-r besseren Position als der Gegner sein u. mehr Einfluss u. Macht haben 占有优势，占据有利的位置：*Gegen unseren Lehrer können wir nichts ausrichten. – Er sitzt immer am längeren H.* 我们不能把老师怎么样。——他总是占有优势

he·ben；*hob*，*hat gehoben*；Vt 及物 **1.** ***j-n/ etw. h.*** j-n/etw. nach oben bewegen 举起，抬起，扛起：*Er macht Bodybuilding u. hebt mühelos Gewichte von hundert Kilo* 他在做健身锻炼，能毫不费力地举起100公斤的重量；*Sie hob den Kopf u. lauschte aufmerksam* 她抬起头来，仔细地听着 **2.** ***j-n/ etw. irgendwohin，irgendwoher h.*** j-n/etw. hochnehmen u. an e-n anderen Ort，in e-e andere Lage bringen 把…举到，抬到，提到；把…从…举起，抬起，提起，抱起：*Sie hob das Baby aus der Wiege* 她把孩子从摇篮里抱起来；*Er hob den Sack Kartoffeln auf die Schultern* 他把一袋土豆扛到肩上 **3.** ***etw. hebt etw.*** *geschr*［书］；etw. verbessert，steigert etw.（物作主语）提高，增强 ↔ etw. senkt etw.〈etw. hebt den Lebensstandard，den Wohlstand，das Niveau 某事提高生活水平，使生活更富裕，提高水准〉：*Der berufliche Erfolg hat ihr Selbstbewusstsein gehoben* 业务上的成就增强了她的自信心 **4.** ***etw. h.*** *geschr*［书］；etw.，das vergraben od. in e-m Gewässer versunken ist, nach oben holen 挖掘，打捞 ≈ bergen (1) 〈e-n Schatz, ein Schiff h. 挖掘宝藏，打捞船只〉: *Die Forscher haben das alte spanische Kriegsschiff gehoben* 研究人员们将这艘古老的西班牙战舰打捞上来了; [Vr] (反身) **5.** ***etw. hebt sich*** *geschr* [书]; etw. wird nach oben bewegt, geht in die Höhe (物作主语) 升起，上升，上涨 ↔ etw. senkt sich: *Im Theater hob sich langsam der Vorhang* 剧场里幕布缓缓升起 **6.** ***etw. hebt sich*** *geschr* [书]; etw. wird besser, steigert sich (物作主语) 变好，不断改善，好转，高涨 ↔ etw. sinkt: *Im Lauf des Abends hob sich die Stimmung auf der Party* 整个晚上聚会的气氛越来越好 ‖ ID [谚] ***einen h.*** *gespr* [口]; etw. Alkoholisches, *mst* Schnaps, trinken 喝一杯(酒) ‖ *zu* (义项) **3.** u. **4. He-bung** *die*

he·cheln; *hechelte, hat gehechelt*; [Vi] (不及物) 〈ein Hund 狗〉 ***hechelt*** ein Hund atmet mit offenem Maul, so dass die Zunge heraushängt 呼呼地喘气

Hecht *der*; -(*e*)*s*, -*e* **1.** ein (Raub) Fisch mit langem Kopf u. starken Zähnen, der bis zu 1,50 Meter lang ist u. im Süßwasser lebt 狗鱼，梭子鱼 〈e-n H. angeln, fangen 钓，捕狗鱼〉 **2.** *gespr* [口] ≈ Hechtsprung **3.** ***ein toller H.*** *gespr* [口]; j-d, der (*mst* wegen seines Mutes od. seiner Männlichkeit) sehr bewundert wird 了不起的家伙，有能耐的男子汉

Hecht
狗鱼

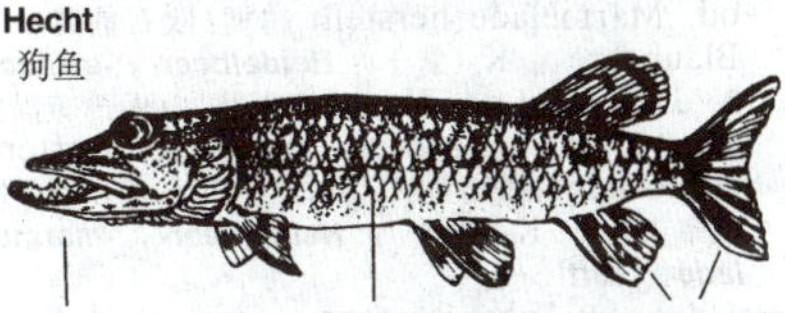

hech·ten; *hechtete, ist gehechtet*; [Vi] (不及物) **1.** (***irgendwohin***) ***h.*** mit dem Kopf voraus u. mit nach vorne gestreckten Armen ins Wasser springen (游泳时) 倒坠式跳水: *vom Dreimeterbrett ins Wasser h.* 从三米跳板倒坠式跃入水中 **2.** ***irgendwohin h.*** mit dem Kopf voraus u. mit nach vorne gestreckten Armen springen, um e-n Ball zu fangen (打球时) 鱼跃(救球) 〈nach dem Ball h. 鱼跃救球〉: *Der Torwart hechtete ins rechte untere Eck* 守门员一个鱼跃向右下角扑去

Hecht·sprung *der*; der Sprung mit dem Kopf voraus u. mit nach vorne gestreckten Armen (*mst* ins Wasser od. über ein (Turn)-Gerät) 鱼跃(救球)，倒坠式跳水: *e-n H. ins Schwimmbecken machen* 头朝下倒坠跳入游泳池

Heck *das*; -*s*, -*e*/-*s*; der hinterste Teil e-s Schiffes, Autos od. Flugzeugs (船、汽车、飞机的) 尾部 ↔ Bug ‖ ↑ *Abb. unter* 图见 ***Flugzeug***, ***Segelboot*** ‖ K- (复合): ***Heck-***, ***-antrieb***, ***-fenster***, ***-motor***, ***-scheibe***, ***-spoiler***, ***-tür*** ‖ *zu* ***Heckscheibe*** ↑ *Abb. unter* 图见 ***Auto***

He·cke *die*; -, -*n*; Büsche od. Sträucher, die in e-r Reihe so eng aneinandergepflanzt sind, dass sie e-e Art Zaun bilden 矮树篱 〈die H. schneiden, stutzen 修剪树篱〉: *e-e H. um den Garten pflanzen* 在花园四周种上树篱 ‖ K- (复合): ***Hecken-***, ***-schere*** ‖ -K (复合): ***Dornen-***, ***Flieder-***, ***Rosen-*** ‖ *zu* ***Heckenschere*** ↑ *Abb. unter* 图见 ***Gartengeräte***

He·cken·schüt·ze *der*; *pej* [贬]; j-d, der aus e-m Versteck heraus auf j-n schießt 暗箭伤人者 ‖ *hierzu* (派生) **He·cken·schüt·zin** *die*

Heck·klap·pe *die*; e-e Art Tür mit Fenster hinten an bestimmten Autos, die nach oben aufgeklappt wird 向上翻开的后车门

Heer *das*; -(*e*)*s*, -*e* **1.** der Teil der Armee e-s Landes, der *bes* auf dem Land kämpft 陆军，军队 ↔ Luftwaffe, Marine **2.** ***ein H. von*** 〈Personen/Dingen 人/物〉 e-e sehr große Anzahl von Personen od. Dingen 大批，众多 ≈ e-e Menge, ein Haufen Personen/Dinge: *Jeden Sommer strömt ein H. von Touristen in Richtung Süden* 每年夏天，大批的旅游者涌向南方

Heer·schar *die* **1.** *mst Pl*, *veraltend* (多用复数) [渐旧]; ein Teil e-s Heeres (1) 军队，陆军部队 **2.** ***Heerscharen von*** 〈Personen 人〉 *gespr* [口]; große Mengen 一大群，一大批: *Heerscharen von Besuchern* 大批的参观者

He·fe *die*; -; *nur Sg* (只用单数); e-e weißliche Masse, (die aus sehr kleinen Pilzen besteht u.) die bewirkt, dass e-e Flüssigkeit gärt od. dass Teig größer wird (aufgeht) 酵母，曲: *die H. in den Teig rühren u. den Teig gehen lassen* 将酵母和进面里，使面发酵 ‖ K- (复合): ***Hefe-***, ***-kuchen***, ***-pilz***, ***-teig*** ‖ -K (复合): ***Back-***

Heft *das*; -(*e*)*s*, -*e* **1.** e-e Art dünnes Buch mit mehreren leeren (unbedruckten) Blättern, die durch Fäden *o. Ä.* zusammengehalten u. in e-m Umschlag (aus Karton) sind 簿子，本子，练习本: *Der Lehrer sammelt die Hefte mit den Hausaufgaben ein* 老师把家庭作业本收上来 ‖ -K (复合): ***Aufsatz-***, ***Diktat-***, ***Rechen-***, ***Schul-***, ***Vokabel-*** **2.** e-e Art kleines, dünnes Buch, dessen Seiten nur durch Fäden od. Klammern zusammengehalten werden 小册子 ≈ Bändchen **3.** die einzelne Folge e-r Zeitschrift, die regelmäßig erscheint (杂志的) 期 ≈ Nummer (6): *Die Zeitschrift erscheint jährlich in zwölf Heften* 这种杂志每年出版 12 期 ‖ -K (复合): ***Comic-***, ***Mode-***, ***Porno-***, ***Programm-***

hef·ten; *heftete, hat geheftet*; [Vt] (及物) **1.** ***etw. h.*** Blätter mit Fäden od. Klammern zu e-m Heft od. Buch zusammenfügen 装订: *e-e Broschüre h.* 装订一本小册子 **2.** ***etw. irgendwohin h.*** etw. mit e-r Nadel od. Klammer an etw. befestigen 将…钉在，别在: *ein Poster an die Wand h.* 将招贴画钉在墙上; [Vt/i] (及物/不及物) **3.** (***etw.***) ***h.*** die Teile e-s Kleidungsstücks, die man zugeschnitten hat, mit Nadeln od. großen Stichen provisorisch zusammennähen(用大针脚临时)缝合(衣片): *e-e Naht, e-n Saum h.* 将缝、贴边粗粗缝上

Hef·ter *der*; *-s*, *-* **1.** ein kleines Gerät, mit dem man Klammern in Papiere drückt, um sie aneinander festzumachen 订书机 **2.** ≈ Schnellhefter

hef·tig *Adj*(形) **1.** von großer Intensität, sehr stark 激烈的,强烈的,剧烈的,猛烈的 ≈ gewaltig 〈ein Gewitter, ein Regen, ein Sturm 雷雨,雨,风暴; ein Schlag, ein Stoß 打击,碰撞; Schmerzen 疼痛; e-e Kontroverse, ein Streit, ein Kampf, (e-e) Abneigung, (e-e) Leidenschaft, Liebe 争论,争吵,战斗,反感,激情,爱情; h. weinen, erschrecken, h. aneinandergeraten, sich (*Pl* 复) h. streiten, j-n h. tadeln 痛哭,大为吃惊,大吵起来,激烈争吵,强烈指责某人〉 **2.** plötzlich u. mit viel Kraft 猛然的,遽然的,冷不防的,突如其来的 ≈ abrupt, ruckartig 〈e-e Bewegung 动作〉 **3.** so, dass der Betreffende leicht wütend wird 容易上火的,性急的,急躁的 ≈ aufbrausend, aufschäumend, unbeherrscht 〈e-e heftige Art (an sich) haben(生性)急躁; h. reagieren 反应激烈〉‖ *hierzu*(派生) **Hef·tig·keit** *die*; *nur Sg*(只用单数)

Heft·klam·mer *die*; e-e kleine Klammer aus Draht, mit der man mehrere Blätter Papier verbindet 订书钉 ‖ ↑ *Abb. unter* 图见 ***Klammer***

Heft·pflas·ter *das*; ein kleiner Streifen aus Plastik *o.Ä.* u. (Mull)Stoff, den man über kleinere Wunden klebt 医用胶布,创口贴 〈ein H. über e-e Wunde kleben 在伤口上贴上胶布; ein H. abziehen 揭掉胶布〉

He·ge *die*; *-*; *nur Sg*, *Kollekt*(只用单数)(集合); alles, was man tut, damit es (wilden) Tieren od. Pflanzen gut geht(野生)动植物保护

he·gen; *hegte*, *hat gehegt*; [*Vt*](及物) **1.** ***etw.*** (*Kollekt od Pl* 集合或复数) ***h.*** sich (beruflich) um Tiere od. Pflanzen kümmern, damit es ihnen gut geht 看护,保护(动植物): *Der Förster hegt das Wild* 看林人守护着森林 **2.** ***j-n h.*** (***u. pflegen***) *geschr*[书]; sich intensiv u. mit viel Liebe um j-n kümmern, der krank ist od. Hilfe braucht 精心看护,照顾,护理: *Die Mutter hegte u. pflegte ihren Sprössling* 母亲精心护养着她的孩子 **3.** ***etw. h.*** *geschr*[书]; verwendet zusammen mit e-m Subst., um ein Verb zu umschreiben(与名词连用,改换动词的表达); ***Abscheu gegen j-n/ etw. h.*** ≈ j-n/etw. verabscheuen; ***Hass gegen j-n/etw. h.*** ≈ j-n/etw. hassen; ***Groll gegen j-n/etw. h.*** ≈ j-m/etw. grollen; ***Misstrauen gegen j-n/etw. h.*** ≈ j-m/etw. misstrauen; ***e-n Verdacht*** (***gegen j-n***) ***h.*** ≈ j-n verdächtigen; ***e-n Wunsch h.*** ≈ sich etw. wünschen; ***Zweifel an etw.*** (*Dat.* 三格) ***h.*** ≈ an etw. zweifeln

Hehl *das*, *der*; *nur in* 只用于 ***kein***(***en***) ***H. aus etw. machen*** *geschr*[书]; etw. (*bes* seine Emotionen) deutlich zeigen 毫不隐讳,毫不掩饰 ≈ etw. offenbaren ↔ etw. verbergen: *Er machte kein(en) H. aus seiner maßlosen Enttäuschung* 他毫不掩饰自己的极度失望

Heh·ler *der*; *-s*, *-*; j-d, der Dinge kauft (u. wiederverkauft), obwohl er genau weiß, dass sie j-m gestohlen worden sind 销赃者 ‖ *hierzu*(派生) **Heh·le·rin** *die*; *-*, *-nen*

Heh·le·rei *die*; *-*; *nur Sg*, JUR(只用单数)【法】; die kriminelle Tat (Straftat), die ein Hehler begeht 销赃罪 〈sich der H. schuldig machen 犯销赃罪〉

hei! *Interjektion*(叹); drückt aus, dass man sich freut od. lustig ist(表示喜悦或愉快)嘿!嗨!

Hei·de[1] *die*; *-*; *nur Sg*(只用单数); e-e *mst* sandige, trockene Landschaft, in der *bes* Büsche, Gräser u. Sträucher wachsen 草原,荒原,荒野: *die Lüneburger H.* 吕内堡草原 ‖ K-(复合): ***Heide-***, ***-land***

Hei·de[2] *der*; *-n*, *-n*; *veraltend*[渐旧]; j-d, der keiner der großen Religionen angehört (不属于基督教、佛教或伊斯兰教的)异教徒〈die Heiden bekehren 劝异教徒改变信仰〉‖ NB(注意): **a)** oft *pej* aus der Sicht der Christen verwendet(常被基督教徒用为贬义); **b)** *der Heide*; *den*, *dem*, *des Heiden* ‖ *hierzu*(派生) **Hei·din** *die*; *-*, *-nen*

Hei·de·kraut *das*; *nur Sg*(只用单数) ≈ Erika

Hei·del·bee·re *die* **1.** ein niedriger Strauch, an dem kleine dunkelblaue bis schwarze Beeren wachsen, aus denen man *bes* Saft od. Marmelade herstellt 越橘(欧石楠属) ≈ Blaubeere ‖ K-(复合): ***Heidelbeer-***, ***-strauch*** **2.** die Frucht der H. (1) 欧越橘,山桑子(紫黑色浆果)〈Heidelbeeren pflücken, saften, einkochen 采摘山桑子,将山桑子榨汁,将山桑子制成罐头〉‖ K-(复合): ***Heidelbeer-***, ***-marmelade***, ***-saft***

Hei·den- *im Subst*, *betont*, *wenig produktiv*, *gespr*(构成名词,重读,构词弱)[口]; sehr viel od. sehr intensiv 极多,极大,非常,巨大,大量; die ***Heidenangst***, die ***Heidenarbeit***, das ***Heidengeld***〈ein H. verdienen 挣一大笔钱〉, der ***Heidenlärm***〈e-n H. machen 制造大量噪音〉, der ***Heidenrespekt***, der ***Heidenspaß***, der ***Heidenspektakel***〈e-n H. veranstalten 制造轰动事件〉‖ NB(注意): **a)** *mst* mit unbestimmtem Artikel(多与不定冠词连用); **b)** Beide Teile dieser Begriffe werden betont(这些复合词的前后部分均须重读): *Heidenspaß*

heid·nisch *Adj*(形); die Heiden[2] betreffend 异教的〈ein Kult, ein Brauch 迷信,风俗〉

hei·kel, *heikler*, *heikelst-*; *Adj*(形) **1.** 〈ein Mensch 人〉sehr schwer zufriedenzustellen, *bes* in Bezug auf das Essen 难满足的,(饮食上)挑剔的,难侍候的 ≈ wählerisch, anspruchsvoll ↔ anspruchslos: *Was Sauberkeit angeht, ist Ilse sehr h.* 在清洁这个问题上,伊尔莎非常挑剔 **2.** *mst attr*(多作定语); so kompliziert (u. mit Emotionen beladen), dass man sehr vorsichtig (u. taktvoll) mit j-m darüber sprechen muss 棘手的,尴尬的,难处理的 ≈ diffizil 〈ein Thema, ein Problem, e-e Frage, e-e Angelegenheit 话题,难题,问题,事情〉: *Der*

Redner schnitt das heikle Problem der Rassendiskriminierung an 演讲者谈到了种族歧视这一棘手的问题

heil *Adj*(形); *mst präd*, *ohne Steigerung*(多作表语,无变级) **1.** ohne Verletzung 未受损伤的,未受损害的,安然无恙的 ≈ unverletzt ⟨(bei etw.) h. davonkommen 安然脱险⟩: *Sie hat den schweren Unfall h. überstanden* 她在这起严重的事故中平安无事 **2.** *gespr*[口]; nach e-r Verletzung wieder gesund 痊愈的,康复的,治好的 ↔ krank: *Das Bein ist wieder h.* 这条腿治好了 **3.** *gespr*[口]; ohne Schaden od. Beschädigung 完好无损的 ≈ ganz[1] ↔ kaputt: *Mir ist das Glas auf den Boden gefallen, aber es ist h. geblieben* 我的杯子掉在了地上,但它仍然完好无损

Heil *das*; -(*e*)*s*; *nur Sg*, *geschr*(只用单数)[书] **1.** etw., das für j-n das höchste Glück bedeutet 幸福,福气⟨sein H. in etw. (*Dat* 三格) suchen, finden 在某事中寻求,得到幸福⟩: *nach dem H. streben* 追求幸福 **2.** REL【宗】; Glückseligkeit u. Erlösung von den Sünden 幸福,解脱,拯救⟨das ewige H. 永恒的解脱,永恒的幸福⟩ ‖ K-(复合): ***Heils-***, ***-botschaft*** ‖ -K(复合): ***Seelen-*** ‖ ID[谚] ***sein H. in der Flucht suchen*** *mst iron* 多用[讽]≈ fliehen; ***sein H. (bei j-m) versuchen*** *gespr*[口]; versuchen, bei j-m etw. zu erreichen (was man oft bei anderen nicht erreicht)(在某人处)碰碰自己的运气

Hei·land *der*; -(*e*)*s*; *nur Sg*(只用单数); ***der H.*** REL【宗】; Jesus Christus 救世主(指耶稣基督)⟨der gegeißelte, gekreuzigte H. 被鞭笞、被钉在十字架上的救世主⟩

Heil·an·stalt *die*; e-e Art Krankenhaus für Menschen, die an lange andauernden (chronischen) Krankheiten leiden od. psychisch krank sind 疗养院,疗养所⟨j-n in e-e H. einweisen 将某人送进疗养院⟩ ‖ -K(复合): ***Lungen-***, ***Nerven-***, ***Trinker-***

Heil·butt *der*; -(*e*)*s*, -*e*; ein flacher (platter) Fisch, der *bes* in Meeren des nördlichen Teils der Erde lebt u. dessen Fleisch sehr gut schmeckt 庸鲽

hei·len; *heilte*, *hat/ist geheilt*; Vt (及物) (*hat*) **1.** ***j-n (von etw.) h.*** e-n Kranken wieder gesund machen 治愈,治好(指人) ≈ kurieren: *Der Arzt hat den Patienten (von seinem Leiden/seinen Beschwerden) geheilt* 医生治好了病人(的病痛) **2.** ***etw. h.*** e-e Erkrankung od. Krankheit durch e-e Behandlung od. Medikamente beseitigen 治愈,治好(指病): *Der Arzt hat die Entzündung mit Penizillin geheilt* 医生用青霉素治愈了炎症; Vi(不及物) **3.** ***etw. heilt*** (*ist*) etw. wird gesund (物作主语)痊愈,康复⟨Verletzungen, Wunden 伤,伤口⟩: *Die Brandwunde ist gut/schnell geheilt* 烧伤治好了/好得很快; *Muskeln u. Gewebe heilen besser als Knochen u. Bänder* 肌肉和组织比骨骼、韧带好得快 ‖ ID[谚] ***(von j-m/etw.) geheilt sein*** *gespr*[口]; aufgrund negativer Erfahrungen nichts mehr mit j-m/etw. zu tun haben wollen 学乖了,学聪明了 ‖ *zu* (义项) **2.** ***heil·bar*** *Adj*(形); *nicht adv*(不作状语); ***Heil·bar·keit*** *die*; *nur Sg*(只用单数)

heil·froh *Adj*(形); *nur präd*, *ohne Steigerung*, *nicht adv*, *gespr*(只作表语,无变级,不作状语)[口]; froh u. glücklich, dass e-e *mst* unangenehme Situation gut zu Ende gegangen ist 轻松愉快,眉开眼笑,笑逐颜开 ≈ erleichtert: *Wir waren alle h., dass die Prüfungen endlich vorbei waren* 考试终于完了,我们一个个笑逐颜开

hei·lig *Adj*(形) **1.** durch den Bezug zu (e-m) Gott u. zur Religion von besonderem Wert od. besonderer Würde 神圣的,至高无上的,极其庄严的,无比荣耀的: *Der Ganges ist für die Hindus ein heiliger Fluss* 恒河对于印度教徒来讲是一条圣河 **2.** REL【宗】; so, dass man dadurch das Heil (2) Gottes bekommt 圣洁的,神圣的⟨die Sakramente, die Messe, die Taufe 圣餐,弥撒,洗礼⟩ **3.** von der katholischen Kirche als Heilige/Heiliger (1) anerkannt (天主教会承认的)圣徒; *Abk* 缩写 hl.: *die heilige Elisabeth* 圣徒伊丽莎白; *der heilige Franz von Assisi* 阿西西的圣徒弗兰茨 **4.** *geschr*[书]; von höchstem Wert 神圣不可侵犯的,圣高无上的 ≈ unantastbar: *Die Freiheit ist ein heiliges Gut* 自由是一种神圣不可侵犯的财产 **5.** *gespr*[口]; sehr groß 巨大的,无限的: *e-n heiligen Zorn haben* 大怒,火冒三丈; *Ich habe e-n heiligen Schrecken bekommen* 我吓了一大跳 **6.** ***j-m ist nichts h.*** j-d hat vor nichts Respekt (od. Ehrfurcht)某人天不怕,地不怕 ‖ NB(注意): ↑ ***heiligsprechen***

Die Heiligen Drei Könige　三王来朝节(显现节)

Die Weihnachtszeit endet mit dem 6. Januar, dem Tag der Heiligen Drei Könige. In den katholischen Gebieten Deutschlands, vor allem auf dem Land, gibt es noch den Brauch der **Sternsinger**: Gruppen von Kindern, die als die Heiligen Drei Könige verkleidet sind, gehen von Haus zu Haus und singen Lieder. Zum Dank bekommen sie Süßigkeiten oder kleine Geldbeträge für einen guten Zweck geschenkt. Die Kinder schreiben mit Kreide die Buchstaben C + M + B – die Initialen eines lateinischen Segensspruchs – und die Jahreszahl auf die Haustür, was den Bewohnern Glück für das kommende Jahr bringen soll.

圣诞节的最后一天是一月六日,即三王来朝节。在德国天主教地区,主要在乡村仍盛行颂星习俗:小孩们打扮成三圣王挨家挨户唱歌颂星。乡亲们赠送些糖果或赞助些钱,供他们做些有意义的事。小孩们用粉笔在大门上写上C+M+B(拉丁语表示祝福的三个大写字母)及年份,愿来年赐福乡民。

Hei·lig·abend (*der*); der 24 Dezember 12月24日,圣诞前夜 ‖ NB(注意): man sagt(人们常说): *Er kommt (an) Heiligabend/am Heiligen*

Abend nach Hause 他圣诞前夕回家

Hei·li·ge *der/die*; *-n*, *-n*; KATH【天主】**1**. j-d, der im Sinne der katholischen Kirche ein sehr frommes u. tugendhaftes Leben gelebt hat u. der verehrt wird 圣徒,圣者: *Franz von Assisi wird als Heiliger verehrt* 阿西西的弗兰茨被奉为圣徒 ‖ K-(复合): **Heiligen-**, **-bild**, **-legende**, **-verehrung** ‖ -K(复合): **Schutz-** **2**. *gespr*, *mst iron* [口], 多用[讽]: ein sehr frommer Mensch, der nach übertrieben moralischen Prinzipien lebt 清教徒,苦行僧 ‖ ID [谚] *mst* 多用 **ein seltsamer/komischer Heiliger** *gespr*, *mst iron od pej* [口], 多用[讽]或[贬]: ein Mensch, der sich seltsam benimmt 怪人 ≈ Sonderling ‖ NB(注意): *ein Heiliger*; *der Heilige*; *den*, *dem*, *des Heiligen*

Hei·li·gen·schein *der*; der Lichtschein, der auf Bildern den Kopf *mst* e-s Heiligen umgibt(圣像头上的)光环

hei·lig·spre·chen *spricht heilig*, *sprach heilig*, *hat heiliggesprochen*; [Vt] (及物) ⟨der Papst 教皇⟩ **spricht j-n heilig** der Papst erklärt, dass j-d ein Heiliger (1) ist(教皇作主语)敕封某人圣徒称号 ‖ *hierzu* (派生) **Hei·lig·spre·chung** *die*

Hei·lig·tum *das*; *-s*, *Hei·lig·tü·mer* **1**. ein Ort, an dem ein Gott verehrt wird 圣地: *das H. des Apollo in Delphi* 德尔斐的阿波罗圣地 **2**. ein Gegenstand, den man verehrt 圣物 **3**. *gespr*, *oft iron* [口], 常用[讽]: ein Gegenstand, der für j-n e-n sehr hohen Wert hat 宝贝,宝物: *Sein Auto ist sein H.* 他的汽车是他的宝贝

Heil·kraft *die*; die Eigenschaft, heilen zu können 疗效,功效,药效: *die Heilkräfte der Kamille* 甘菊的药效 ‖ *hierzu* (派生) **heil·kräf·tig** *Adj* (形)

Heil·kun·de *die*; *-*; *nur Sg* (只用单数); die Wissenschaft, die sich mit der Heilung von Krankheiten beschäftigt 医学,医疗知识,医术,医道 ≈ Medizin

Heil·kunst *die*; *nur Sg* (只用单数); das Wissen u. die Fähigkeit, *bes* mit medizinischen Mitteln Krankheiten zu heilen 医术

heil·los *Adj* (形); *pej* [贬]; verwendet, um auszudrücken, dass ein negativer Zustand sehr schlimm ist 没治的,不可救药的,糟透了的,一塌糊涂的 ≈ ungeheuer, furchtbar ⟨ein Durcheinander, e-e Unordnung, e-e Verwirrung 混乱,杂乱,纷乱⟩

Heil·mit·tel *das*; ein Mittel (ein Medikament od. ein medizinisches Verfahren), mit dem man versucht, e-e Krankheit zu heilen 药物,药剂,疗法

Heil·prak·ti·ker *der*; j-d, der die Erlaubnis hat, (beruflich) Kranke zu behandeln u. zu heilen, der jedoch *mst* andere Methoden anwendet als die traditionelle Medizin 行医者 ‖ NB(注意): ↑ **Arzt** ‖ *hierzu* (派生) **Heil·prak·ti·ke·rin** *die*

Heil·quel·le *die*; e-e *mst* warme Quelle, die Mineralien *o.Ä.* enthält u. bei bestimmten Krankheiten hilft 矿泉,温泉

heil·sam *Adj* (形); j-m nützlich, indem es ihm zeigt, dass sein Verhalten od. Denken falsch war od. ist 有益的,有教益的⟨e-e Erfahrung, ein Schock 经验,刺激⟩

Hei·lung *die*; *-*, *-en*; der Vorgang des Heilens (1,3) 治疗,治愈: *die H. e-s Kranken* 对病人的治疗 ‖ K-(复合): **Heilungs-**, **-aussichten**, **-chance**, **-prozess**

heim *Adv* (副) ≈ nach Hause ‖ NB(注意): ↑ **heim-**

Heim *das*; *-(e)s*, *-e* **1**. *nur Sg* (只用单数); das Haus od. die Wohnung, in dem/der j-d lebt (u. sich wohlfühlt) 家,住处 ≈ Zuhause ⟨ein behagliches, gemütliches, trautes H. 温馨的、舒适的、亲切安适的家⟩: *Sie richtete sich ihr H. geschmackvoll ein* 她把自己的家布置得很有情趣 **2**. **ein eigenes H.** das Haus, das einem selbst gehört 自己的家,私人住宅: *Der Wunsch nach e-m eigenen H.* 拥有一套自己住宅的愿望 ‖ -K(复合): **Eigen-** **3**. ein Haus, in dem Personen od. Tiere, die Hilfe brauchen, leben u. betreut werden 疗养院,休养所,福利院,收容所,孤儿院,动物收养所 ⟨in ein H. kommen, eingewiesen werden 进,被送进疗养院; in e-m H. untergebracht sein 被安置在收容院里⟩: *Das Kind ist in e-m/im H. aufgewachsen* 这个孩子是在孤儿院里长大的 ‖ K-(复合): **Heim-**, **-erziehung**; **-kind**, **-tier** ‖ -K(复合): **Alten-**, **Alters-**, **Blinden-**, **Kinder-**, **Obdachlosen-**; **Tier-**; **Erholungs-**, **Ferien-**; **Pflege-**, **Wohn-** **4**. ein Haus, in dem sich die Mitglieder e-s Klubs od. Vereins treffen 会所,俱乐部: *Alle Mitglieder haben geholfen, das neue H. zu bauen* 所有成员都为建设新会所出了力 ‖ -K(复合): **Klub-**, **Vereins-**

heim- *im Verb*, *betont u. trennbar*, *sehr produktiv* (构成动词,重读并可分,构词强); Die Verben mit *heim-* werden nach folgendem Muster gebildet (heim-动词的模式如下): *heimbringen – brachte heim – heimgebracht*

heim- bezeichnet die Richtung zur eigenen Wohnung, zum eigenen Haus *o.Ä.* hin(表示回家,回自己的家) ≈ nach Hause;

heimkommen: *Am Dienstag kommt sie wieder heim* 星期二她又回家了 ≈ Am Dienstag kommt sie wieder dahin zurück, wo sie zu Hause ist

ebenso (同类词有): **j-n heimbegleiten**, **j-n heimbringen**, **j-n heimfahren**, **j-n heimholen**, **j-n/etw. heimschaffen**, **j-n heimschicken**; **heimdürfen**, **heimfinden**, **(j-n) heimfliegen**, **heimgehen**, **heimkommen**, **heimkönnen**, **heimlaufen**, **heimmüssen**, **heimsollen**, **heimwollen**; **sich heimbegeben**, **sich heimtrauen**

Heim·ar·beit *die*; *nur Sg* (只用单数); e-e *mst* einfache Arbeit, die man für e-e Firma zu Hause gegen Bezahlung macht 家庭手工劳动 ⟨etw. in H. anfertigen 在家里制作某物⟩

Hei·mat *die*; *-*; *nur Sg* (只用单数) **1**. das Land, die Gegend od. der Ort, wo j-d (geboren u.) aufgewachsen ist od. wo j-d e-e sehr lange Zeit gelebt hat u. wo er sich (wie) zu Hause fühlt 家乡,故乡,家园,祖国〈seine H. verlieren 失去家园;(irgendwo) e-e neue H. finden(在某处)寻找到新的家园〉: *Nach zwanzig Jahren kehrten sie in ihre alte H. zurück* 20年后她又回到了故乡 ‖ K-(复合): **Heimat-, -dorf, -land, -liebe, -museum, -ort, -stadt** **2. die zweite H.** ein fremdes Land, e-e fremde Gegend, ein fremder Ort, wo man sich nach einiger Zeit sehr wohl fühlt 第二故乡: *Sie stammt aus Hamburg, aber inzwischen ist Würzburg zu ihrer zweiten H. geworden* 她是汉堡人,但是现在维尔茨堡成了她的第二个故乡 ‖ -K(复合): **Wahl-** **3.** das Land, die Gegend od. der Ort, wo etw. seinen Ursprung hat 原产地,老家,原籍: *Australien ist die H. des Kängurus* 澳大利亚是袋鼠的原产地; *Die H. der „Commedia dell' arte" ist Italien* "即兴喜剧"的老家是意大利 ‖ *zu* (义项) **1. hei·mat·los** *Adj*(形)

Hei·mat·dich·ter *der*; ein Dichter, der in seinen Werken Themen aus der Region beschreibt, in der er lebt, u. dazu oft den Dialekt dieser Region benutzt 乡土诗人,方言诗人 ‖ *hierzu*(派生) **Hei·mat·dich·te·rin** *die*; **Hei·mat·dich·tung** *die*

Hei·mat·kun·de *die*; ein Fach in der (Grund-) Schule, in dem die Kinder die Geschichte u. Geografie, die Tiere u. Pflanzen *usw* der näheren Umgebung kennenlernen (让小学生了解本地历史、地理以及动植物知识的)乡土课程,方志学,地方志 ‖ *hierzu*(派生) **hei·mat·kund·lich** *Adj*(形)

hei·mat·lich *Adj*(形); *ohne Steigerung*(无变级); (so wie) in j-s Heimat (1)家乡的,祖国的,有乡土感的,家乡般的〈die Sprache 语言; Klänge 音乐; die Berge, das Meer 山,海; Bräuche 习俗〉

Hei·mat·ver·trie·be·ne *der/die*; *-n, -n*; Ⓓ[德] ein Deutscher/e-e Deutsche, der/die nach 1945 *bes* das Gebiet östlich der Flüsse Oder bzw. Neiße verlassen musste 1945年后被驱逐出奥得河、尼斯河以东地区的德国难民 ‖ NB(注意): *ein Heimatvertriebener; der Heimatvertriebene; den, dem, des Heimatvertriebenen*

Heim·chen *das*; *-s, -*; *mst in* 多用于 **ein H. am Herd(e)** *pej od iron*[贬]或[讽]; e-e Hausfrau, die damit zufrieden ist, ihre Familie zu versorgen, u. die sonst keine Interessen hat 只知围着灶台转的家庭妇女

Heim·com·pu·ter *der*; ein relativ einfacher Computer für zu Hause (*bes* für Spiele u. einfache Programmieraufgaben)家用电脑

hei·me·lig *Adj*(形); *nicht adv*(不作状语); so eingerichtet, dass man sich darin sehr wohl fühlt 舒适的,温馨的 ≈ behaglich, gemütlich

Heim·fahrt *die*; die Fahrt nach Hause/zu dem Ort, wo man wohnt 回家之行

heim·ge·hen (*ist*) [Vi](不及物) **1.** ↑ **heim- 2.** *geschr euph* [书][婉] ≈ sterben ‖ NB(注意): *mst* im Perfekt(多用于现在完成时); [*Vimp*](无人称) **3. es geht heim** (**bei j-m**) *gespr*[口]; die Reise nach Hause (*z. B.* nach dem Urlaub) beginnt 启程回家: *Wir fliegen am Montag nach Deutschland zurück. – U. wann geht es bei euch heim?* 我们星期一乘飞机回德国。——那你们什么时候回家? ‖ *zu* (义项) **2. Heim·gang** *der*; *nur Sg*(只用单数)

hei·misch *Adj*(形) **1.** *nur attr, nicht adv*(只作定语,不作状语); zur Heimat gehörig 本地的,家乡的,本国的 ≈ einheimisch: *die heimische Tier- u. Pflanzenwelt* 本地生长的动植物; *die heimische Bevölkerung* 本地居民 **2. irgendwo h.** so, dass es aus der genannten Gegend stammt 产于: *Der Tiger ist in Indien h.* 这种虎产于印度 **3. sich irgendwo h. fühlen** sich am genannten Ort so wohl wie in seiner Heimat fühlen 感到像在自己的家乡一样

Heim·kehr [-keːɐ] *die*; *-*; *nur Sg*(只用单数); das Zurückkommen in die Heimat (*bes* nachdem man längere Zeit fort war)返回家园,回归故里,还乡 ≈ Heimkunft: *die H. der Soldaten aus dem Krieg* 战争后士兵返回家园; *ein Fest zu j-s H. vorbereiten* 为某人的还乡安排庆典

heim·keh·ren (*ist*) [Vi](不及物) (nachdem man längere Zeit fort war) in seine Heimat zurückkommen 返回家园,还乡: *von e-r Expedition in den Urwald wieder heil h.* 在进行原始森林考察活动后平安归来 ‖ *hierzu*(派生) **Heim·keh·rer** *der*; *-s, -*; **Heim·keh·re·rin** *die*; *-, -nen*

Heim·kunft *die*; *-*; *nur Sg, geschr* (只用单数)[书] ≈ Heimkehr

heim·lich *Adj*(形); so, dass es andere nicht sehen, hören od. bemerken 秘密的,机密的,隐蔽的,暗地里的 ≈ im Verborgenen: *ein heimliches Treffen im Wald* 在树林中的秘密碰头; *e-e heimliche Vereinbarung treffen* 达成秘密协议 ‖ ID[谚] **h., still u. leise** *gespr*[口]; so, dass es niemand hört u. sieht 悄悄儿地,悄没声儿地 ≈ unbemerkt: *Er schlich sich h., still u. leise ins Haus* 他蹑手蹑脚地悄悄溜进屋子 ‖ *hierzu*(派生) **Heim·lich·keit** *die*

heim·lich·tun; *tut heimlich, tat heimlich, hat heimlichgetan*; [Vi](不及物) *pej*[贬]; sich so verhalten, dass die anderen Leute merken, dass man etw. geheim hält 行动诡秘,鬼鬼祟祟地,遮遮掩掩地行事: *Wenn sie über ihren Beruf spricht, tut sie immer furchtbar heimlich* 每当谈到她的职业,她总是搞得神秘兮兮的 ‖ *hierzu*(派生) **Heim·lich·tu·er** *der*; *-s, -*; **Heim·lich·tu·e·rin** *die*; *-, -nen*

Heim·spiel *das*; SPORT【体】; ein Spiel/Match auf dem eigenen Sportplatz (u. nicht auf dem des Gegners)主场比赛 ↔ Auswärtsspiel 〈ein H. haben 进行主场比赛〉

heim·su·chen (*hat*) [Vt](及物) *geschr*[书] **1. j-n h.** in j-s Haus od. Wohnung eindringen u. ihn belästigen od. schädigen 闯入…的家,侵扰,突然造访: *von Einbrechern heimgesucht werden* 家中被盗 **2. etw. sucht j-n/etw. heim**

etw. hat e-n schädlichen Einfluss auf j-n od. auf e-e Gegend（物作主语）袭击，侵袭〈Krankheiten, Epidemien, Seuchen 疾病，传染病，流行病〉: *Sie wurden von e-m Erdbeben heimgesucht* 他们受到了地震的袭击; *Das Land wurde von e-m Krieg u. von der Pest heimgesucht* 该国遭到战争和鼠疫的侵袭 ‖ NB（注意）: *mst* im Passiv（多用被动语态）!

Heim·su·chung *die*; -, *-en*; *geschr*［书］; ein großes Unglück（das man als Schicksalsschlag empfindet）灾难，灾祸

Heim·tü·cke *die*; -; *nur Sg*（只用单数）**1.** e-e hinterhältige Handlungsweise, mit der man j-m schaden will 算计，坑害 ≈ Arglist, Boshaftigkeit: *unter j-s H. zu leiden haben* 遭某人暗算 **2.** die Eigenschaft（*bes* e-r Krankheit）, sich（oft lange unbemerkt）sehr schlimm（für j-n）zu entwickeln 潜伏，恶化: *die H. von Aids* 艾滋病的潜伏性 ‖ *hierzu*（派生）**heim·tü·ckisch** *Adj*（形）

heim·wärts *Adv*（副）; in Richtung zu seiner Wohnung, zu seinem Haus, zu seiner Heimat 回家去，朝回家的方向〈h. ziehen, fahren 朝家走，开车回家去〉

Heim·weg *der*; *nur Sg*（只用单数）; der Weg nach Hause 回家的路，归途〈auf dem H. sein 正在回家途中〉

Heim·weh *das*; *-s*; *nur Sg*（只用单数）; ***H.*（*nach j-m / etw.*）**（wenn man weit weg von zu Hause ist）der starke Wunsch, nach Hause, in die Heimat zurückzukehren 乡思，怀乡，想家，思念 ↔ Fernweh〈H. haben, bekommen 怀乡，想家〉

Heim·wer·ker *der*; *-s*, -; j-d, der zu Hause handwerkliche Arbeiten macht（*z.B.* tapeziert od. repariert）家庭手工业者 ‖ *hierzu*（派生）**Heim·wer·ke·rin** *die*; -, *-nen*

heim·zah·len（*hat*）Vt（及物）***j-m etw. h.*** j-m etw. Böses tun, weil er einem auch etw. Böses getan hat 报复，回敬 ≈ sich an j-m rächen: *Ich werde ihm seine boshaften Bemerkungen schon noch gewaltig h.!* 对他的恶毒意见，我将给予有力的报复!

-hei·ni *der*; *im Subst, begrenzt produktiv, gespr pej*（构成名词，构词有限）［口］［贬］; verwendet, um auszudrücken, dass j-d mit der genannten Sache *mst* beruflich zu tun hat 搞…（行当、职业）的人 ≈ -fritze: ***Filmheini, Versicherungsheini, Zeitungsheini***

Hein·zel·männ·chen *das*;（in Sagen u. Märchen）ein freundlicher Zwerg, der heimlich die Arbeit der Menschen macht, wenn sie nicht zu Hause sind（传说、童话中）暗中助人的小矮人

Hei·rat *die*; -, *-en*; ***die H.*（*mit j-m*）** die Verbindung zur Ehe 结婚，婚配，婚事: *die H. des reichen Geschäftsmannes mit e-r jungen Schauspielerin* 这个富商和一位年轻女演员的婚事 ‖ K-（复合）: ***Heirats-, -absichten, -annonce, -urkunde***

hei·ra·ten; *heiratete, hat geheiratet*; Vt/i（及物/不及物）**1.**（***j-n***）***h.*** als Mann od. Frau gemeinsam mit dem Partner zum Standesamt（u. in die Kirche）gehen u. dort in e-r Zeremonie erklären, dass man sein Leben zusammen verbringen will 结婚，嫁，娶〈kirchlich, standesamtlich h. 按宗教仪式，在户籍登记处办理结婚手续〉: *Er heiratet morgen（seine langjährige Freundin）*明天他（和他多年的女友）结婚; Vi（不及物）**2.** ***irgendwohin h.*** j-n h.（1）u. mit ihm/ihr an e-n bestimmten Ort ziehen 嫁到…，到…去结婚: *Vor drei Jahren lernte unsere Tochter e-n Italiener kennen u. heiratete nach Florenz* 三年前我们的女儿认识了一个意大利人，于是嫁到了佛罗伦萨 **3.** ***h. müssen*** *gespr*［口］; h.（1）, weil die Frau schwanger ist（由于女方已怀孕）不得不结婚: *Sie mussten h.* 他们不得不结婚

Hei·rats·an·trag *der*; ein Vorschlag, *mst* von e-m Mann an e-e Frau gerichtet, zu heiraten（1）（多由男方向女方提出的）求婚〈e-r Frau e-n H. machen 向一位女士求婚; e-n H. bekommen 受到别人求婚〉

hei·rats·fä·hig *Adj*（形）; *nicht adv*（不作状语）; *mst in* 多用于 ***im heiratsfähigen Alter sein*** alt genug sein, um heiraten zu können 已到结婚年龄

Hei·rats·schwind·ler *der*; ein Mann, der so tut, als wolle er e-e Frau heiraten, damit sie ihm Geld schenkt *o.Ä.* 婚姻骗子 ‖ *hierzu*（派生）**Hei·rats·schwind·le·rin** *die*; **Hei·rats·schwin·del** *der*

hei·ser *Adj*（形）; so, dass die Stimme（*z.B.* wegen e-r Erkältung）sehr rau klingt 沙哑的，嘶哑的〈h. sein, sich h. schreien 嗓子沙哑，把嗓子喊哑〉: *Er war so erkältet, dass seine Stimme ganz h. klang* 他感冒得厉害，因此嗓子完全沙哑了 ‖ *hierzu*（派生）**Hei·ser·keit** *die*; *nur Sg*（只用单数）

heiß, *heißer, heißest-*; *Adj*（形）**1.** mit/von sehr hoher Temperatur, sehr warm 热的，烫的，炎热的，火辣辣的 ↔ kalt〈glühend, kochend, siedend h. 炽热，滚烫，滚热〉: *ein heißes Bad nehmen* 洗个热水澡; *An heißen Tagen gehe ich gern schwimmen* 在炎热的日子里，我喜欢去游泳; *Das Kind hat e-e ganz heiße Stirn, bestimmt hat es Fieber* 孩子的额头很烫，他肯定是发烧了 ‖ K-（复合）: ***Heiß-, -luft*** **2.** *nur attr od adv*（只作定语或状语）; sehr intensiv 赤诚的，热切的，热诚的 ≈ leidenschaftlich〈e-e Liebe, e-e Sehnsucht, ein Verlangen, ein Wunsch 爱情，渴望，要求，愿望; j-n h. begehren, h. u. innig lieben 热烈追求某人，深切地热恋着某人; etw. h. ersehnen 热切期望某物; h. begehrt, ersehnt, geliebt sein 受到热烈的追求，期望，被热恋〉: *Das kind hat seinen h. geliebten Teddy verloren* 孩子把他心爱的泰迪熊丢了 ‖ K-（复合）: ***heiß-, -begehrt, -ersehnt, -geliebt*** **3.** mit heftigen Worten u. starken Gefühlen 激烈的，热烈的〈e-e Debatte, e-e Diskussion, ein Kampf, e-e Kontroverse 辩论，讨论，斗争，争论; h. umkämpft, umstritten 激烈争得的，激烈争论的〉‖ K-（复合）: ***heiß-umkämpft, -umstritten*** **4.** *nicht adv, gespr*

（不作状语）［口］；so, dass es zu Streit od. Konflikten führt 棘手的，令人恼火的，伤脑筋的，不好办的 ≈ brisant, heikel 〈*mst* 多用 ein Thema 题目〉**5.** *nicht adv*, *gespr*（不作状语）［口］；mit Streit, Protest od. politischen Aktionen 多事的，不平静的，要采取行动的：*Die Atomkraftgegner kündigten e-n heißen Herbst an* 核能反对者们宣布将有个多事之秋 **6.** *nur attr*, *nicht adv*, *gespr*（只作定语，不作状语）［口］；mit sehr guten Aussichten auf Erfolg, auf den Sieg 热门的，被看好的〈ein Favorit 最有希望取胜的人物〉：*ein heißer Tipp beim Pferderennen* 赛马比赛中被看好的一轮 **7.** *gespr*［口］；mit e-m schnellen, erregenden（Tanz）-Rhythmus（wie *z.B.* bei Rockmusik）节奏激越的，节奏感很强的，急促而热烈的〈Musik, Rhythmen 音乐，节奏〉**8.** *gespr*［口］；（von sportlichen Autos, schnellen Motorrädern）sehr schnell（指赛车、摩托车）飞快的：*ein heißer Ofen* 一辆大马力汽车或摩托车 **9.** *gespr*［口］；（*bes* von Jugendlichen verwendet）sehr gut, sehr schön（青年人用语）棒极了，好极了，漂亮极了 ≈ stark, toll：*Den Film finde ich echt h.!* 我觉得这部电影真是棒极了！**10.** ***j-m ist h.*** j-d schwitzt 某人觉得热 ↔ j-m ist kalt **11.** ***etw. läuft h.*** etw. wird durch starke Reibung h. (1)（物作主语）（因摩擦厉害而）发热〈ein Getriebe, ein Rad, e-e Maschine *o.Ä.* 驱动装置，轮子，机器等〉‖ ID［谚］***es läuft j-m h. u. kalt den Rücken hinunter / herunter*** es schaudert j-n, j-d hat Angst（wenn er an etw. denkt）吓得某人脊背上冷一阵热一阵 ‖ NB（注意）：↑ ***heißmachen***

heiß·blü·tig *Adj*（形）≈ leidenschaftlich, temperamentvoll 〈ein Typ 类型〉

hei·ßen; *hieß*, *hat geheißen*; [Vi]（不及物）**1.**（*Name* 姓名 +）***h.*** e-n bestimmten Namen haben 名叫：„*Wie heißen Sie?*" – „*Ich heiße Helga Huber*" "您贵姓?"——"我叫赫尔加·胡贝尔"；*Wie heißt er denn mit Vornamen / Nachnamen?* 他叫什么名字/他姓什么？**2.** ***etw. heißt ...*** etw. entspricht e-m Wort, Satz *o.Ä.* e-r anderen Sprache（物作主语）称为，叫作：„*Wasser*" *heißt im Lateinischen* „*aqua*" "水"在拉丁文中叫作"aqua" **3.** ***etw. heißt ...*** etw. hat e-n bestimmten Sinn, e-e bestimmte Bedeutung, be stimmte Konsequenzen（物作主语）意味着，意即：„*Das heißt also, du hast morgen keine Zeit für mich?*" "这就是说，你明天没有时间见我啦?"；*Wenn er anruft, heißt das, ich habe den Job* 如果他打来电话，这就意味着我得到这份工作了 **4.** ***das heißt ...*** verwendet, um e-n Teilsatz einzuleiten, der das vorher Gesagte näher erklärt od. einschränkt（带起从句）这是指…，这是说…；*Abk* 缩写 d.h.：*Ich lese viel, das heißt, wenn ich die Zeit dazu habe* 我经常读书，这是指只要我有时间的话；[Vt]（及物）**5.** ***j-n / etw.*** + *Name*（名称，姓名）+ ***h.*** *geschr veraltend*［书］［渐旧］；j-m/etw. e-n bestimmten Namen geben 给…取名为，将…命名为 ≈ j-n/etw. + Name + nennen：*Sie hießen das Schiff* „*Titanic*" 他们将这艘船命名为"泰坦尼克号" **6.** ***j-n / etw. etw.*** (*Akk* 四格) ***h.*** *geschr veraltet*［书］［旧］；j-n/etw. als etw. bezeichnen 把…叫作，把…称为：*Sie hieß ihn e-n Lügner* 她称他是个说谎者 **7.** ***j-n h.*** + ***zu*** + *Infinitiv*（不定式）*geschr veraltet*［书］［旧］；j-m etw. befehlen, j-n auffordern, etw. zu tun 命令，吩咐：*Er hieß sie, Platz zu nehmen* 他叫她坐下；[Vimp]（无人称）**8.** ***es heißt***, (***dass***) ***...*** man vermutet, behauptet, dass ... 据说 ≈ man sagt, dass ...：*Es heißt, er habe geheiratet / dass er geheiratet habe* 据说他结婚了 **9.** ***irgendwo heißt es***, (***dass***) ***...*** es steht irgendwo geschrieben, dass ...（在…上）称，写着，写道：*In der Reklame hieß es, die Uhr sei wasserdicht* 广告上写着，这表是防水的 **10.** ***irgendwo / irgendwann heißt es*** + *Partizip Perfekt*（过去分词）/（+ ***zu***）+ *Infinitiv*（不定式）es ist ratsam, notwendig, etw. zu tun 必须，有必要：*Hier heißt es, sich schnell zu entscheiden* 这得快点作决定；*Jetzt heißt es zugreifen / zugegriffen* 现在必须采取行动了 ‖ ID［谚］***Was soll das h.?*** verwendet, um gegen etw. zu protestieren, Kritik zu äußern（表示异议）这是什么意思?：„*Die Schnellste bist du ja nicht gerade!*" – „*Was soll das h.?*" "你可算不上是最快的!"——"（你）这是什么意思?"

Heiß·hun·ger *der*; ***ein H.*** (***auf etw.*** (*Akk* 四格)) ein sehr starker Appetit auf e-e bestimmte Speise（对…）很馋，很想吃 ‖ *hierzu*（派生）***heißhung·rig*** *Adj*（形）

heiß·lau·fen ↑ ***heiß*** (11)

heiß·ma·chen *mst in* 多用于 ***Was ich nicht weiß, macht mich nich heiß!*** *gespr*［口］；verwendet, um auszudrücken, dass es manchmal besser ist, wenn man von etw. nichts erfährt, damit man sich nicht ärgern u. nicht nervös werden kann 眼不见，心不烦 ‖ NB（注意）：↑ ***heiß*** (1)

Heiß·man·gel *die* ≈ Mangel[2]

-heit *die*; -, *-en*; *im Subst*, *sehr produktiv*（构成名词，构词强）**1.** *nur Sg*（只用单数）；wird e-m Adj. od. Partizip hinzugefügt, um daraus ein Subst. zu machen, das den entsprechenden Zustand, die entsprechende Eigenschaft *o.Ä.* bezeichnet（作形容词或分词后缀，构成表示相应状态、性质的名词）；***Berühmtheit***, ***Besonnenheit***, ***Freiheit***, ***Geborgenheit***, ***Klarheit***, ***Schönheit*** **2.** bezeichnet e-e Person od. Sache, die die im ersten Wortteil genannte Eigenschaft hat od. die im genannten Zustand ist（表示具有某种状态或性质的人或物）；***Berühmtheit***, ***Neuheit***, ***Seltenheit***, ***Unebenheit***, ***Unklarheit*** ‖ NB（注意）：*bes* auf Adjektive, die auf *-bar*, *-ig*, *-lich*, *-sam* enden, folgt *-keit*（以 *-bar*, *-ig*, *-lich*, *-sam* 结尾的形容词加后缀 *-keit*）

hei·ter *Adj*（形）**1.** froh u. von innerer Ruhe u. Humor bestimmt 开朗的，快活的 ≈ vergnügt ↔ bedrückt 〈ein Mensch 人；ein Gemüt, ein Wesen 性情，天性；in e-r heiteren Laune, Stimmung sein 兴致很高，情绪很好；

H

etw. stim j-n mt h. 某事使某人愉快〉**2.** mit blauem Himmel u. Sonnenschein 晴的,晴朗的 ↔ trüb (3)〈*mst* 多用 ein Tag, Wetter 天,天气〉: *Morgen wird das Wetter h. bis wolkig* 明天天气晴转多云 ‖ ID [谚] *mst* 多用 **Das kann ja h. werden**! *gespr iron* [口][讽]; verwendet, um auszudrücken, dass man befürchtet, dass etw. Unangenehmes passieren wird 这下可有好戏看了!

Hei·ter·keit *die*; -; *nur Sg* (只用单数) **1.** der Zustand, in dem j-d froh u. heiter (1) ist 快乐,愉快〈H. ausstrahlen, um sich verbreiten 满面春风,喜气洋洋,使欢快情绪在周围蔓延开; von H. erfüllt sein 满心欢喜〉**2.** *mst* 多用 ***j-d löst mit etw./ etw. löst H. aus*** j-d bewirkt mit e-m (naiven) Vorschlag *o. Ä.*, dass die Leute lachen(人/物作主语)引起哄堂大笑: *Er löste mit seinem Vorschlag/Sein Vorschlag löste allgemeine H. aus* 他的建议引起了哄堂大笑 ‖ K-(复合): ***Heiterkeits-, -ausbruch***

heiz·bar *Adj*(形); *ohne Steigerung, nicht adv* (无变级,不作状语); mit e-r Heizung 可取暖的,有取暖设备的〈ein Keller, ein Raum *o. Ä.* 地下室,房间等〉

Heiz·de·cke *die*; e-e Art Bettdecke, die man elektrisch warm machen kann 电热毯

hei·zen; *heizte, hat geheizt*; [Vt/i] (及物/不及物) **1.** (***etw.***) ***h.*** e-n Raum od. ein Haus *usw* mithilfe e-s Ofens od. e-r Heizung (1) warm machen 给…供暖〈ein Haus, ein Schwimmbad, e-e Wohnung, ein Zimmer *o. Ä.* h. 给房屋、游泳池、住房、房间等供暖〉: *In unserem Schlafzimmer wird nicht geheizt* 我们的卧室没有暖气 ‖ K-(复合): ***Heiz-, -gerät, -kosten, -kraftwerk, -ofen***; [Vt] (及物) **2** ***etw.*** (***mit etw.***) ***h.*** e-n Ofen *o. Ä.* mit Holz od. Kohle versehen u. Feuer darin machen 用…生火(炉子): *e-n Ofen, e-n Herd mit Holz, Briketts, Gas, Öl h.* 用木柴、煤球、煤气、油烧炉子 ‖ K-(复合): ***Heiz-, -material, -öl*** **3.** ***etw. h.*** etw. als Brennstoff verwenden 烧〈Briketts, Holz, Kohle h. 烧煤球、木柴、煤〉; [Vi] (不及物) **4.** ***irgendwie/mit etw. h.*** auf bestimmte Weise, mit e-m bestimmten Brennstoff in e-m Ofen, e-r Heizung (1) Wärme erzeugen 用…取暖〈elektrisch, mit Gas, Kohle, Öl h. 用电、煤气、煤、油取暖〉

Hei·zer *der*; *-s*, -; j-d, dessen Beruf es ist, Öfen, Dampfkessel *o. Ä.* zu bedienen 司炉,锅炉工: *ein H. auf e-m Dampfer* 轮船上的司炉

Heiz·flä·che *die*; der Teil e-s Ofens, e-r Heizung, der die Hitze ausstrahlt 散热面,受热面: *Nicht die H. berühren!* 勿触摸散热面!

Heiz·kes·sel *der*; ein Kessel (3) (als Teil e-r Heizung), in dem die Wärme produziert wird 采暖锅炉

Heiz·kis·sen *das*; e-e Art Kissen, das man elektrisch warm machen kann 电热枕头,电热垫

Heiz·kör·per *der* **1.** ein Gerät (als Teil e-r Heizung), durch das heißes Wasser od. heißer Dampf geleitet wird, um e-n Raum zu heizen暖气片,加热器 ≈ Heizung (2) **2.** ein elektrisches Gerät, das wie ein H. (1) aussieht u. das man (vorübergehend) in e-n Raum stellt, um ihn zu heizen 电热器,电暖气 ≈ Radiator

Heiz·lüf·ter *der*; *-s*, -; ein elektrisches Gerät, das mit warmer Luft heizt 热风供暖器

Heiz·pe·ri·o·de *die*; die Zeit des Jahres, in der man Häuser u. Wohnungen heizen muss 采暖期,(冬季)供暖期

Hei·zung *die*; -, *-en* **1.** e-e technische Anlage, mit der man Räume bzw. Häuser heizt (1) u. die *mst* mit Gas, Öl od. Elektrizität betrieben wird 供暖装置,暖气设备〈die H. anstellen, abstellen, bedienen, warten 打开,关掉,使用,维护暖气设备〉: *Die H. ist außer Betrieb* 暖气停了 ‖ K-(复合): ***Heizungs-, -anlage, -keller, -monteur, -tank*** ‖ -K (复合): ***Dampf-, Elektro-, Gas-, Öl-*** **2.** *gespr* [口] ≈ Heizkörper: *Er legt die Socken zum Trocknen auf die H.* 他把袜子放在暖气片上烘干 **3.** *nur Sg* (只用单数); das Heizen (1) 供暖: *Die H. des großen Hauses kommt sehr teuer* 大房子的采暖费用昂贵

Heiz·werk *das*; ein Kraftwerk, das Wärme zum Heizen von Gebäuden produziert 热电厂

Heiz·wert *der*; *mst Sg* (多用单数); die Menge an Wärme, die ein Stoff beim Verbrennen abgibt 热值,卡值〈etw. hat e-n hohen, geringen H. 某物热值高、低〉

Hek·tar *der, das*; *-s*, -; das Maß für e-e Fläche von 10000m^2 公顷(1 公顷 = 10000 平方米); *Abk* 缩写 ha: *3 Hektar Ackerland* 三公顷耕地 ‖ K-(复合): ***Hektar-, -ertrag***

Hek·tik *die*; -; *nur Sg* (只用单数); große Eile, die nervös macht 忙碌,急忙,匆忙〈irgendwo herrscht H. 某处人们忙个不停; etw. voller H. tun 急急忙忙做某事〉: *In der H. (des Aufbruchs) hat er seinen Reisepass vergessen* 他(出发时)忙忙叨叨的,(结果)忘了带旅行护照; *die H. des Alltags* 平日的忙碌

hek·tisch *Adj* (形); mit großer Eile, Nervosität u. Unruhe 急急忙忙的,慌里慌张的,仓促的 ≈ fieberhaft〈e-e Atmosphäre 气氛; ein Mensch 人; etw. h. tun 慌慌张张做某事; hektische Betriebsamkeit entwickeln 开展繁忙的活动〉

Hek·to·li·ter, Hek·to·li·ter *der, das*; 100 Liter 一百升; *Abk* 缩写 hl

he·lau! *Interjektion* (叹); *gespr* [口]; verwendet im Karneval (*bes* in Mainz), um j-n zu grüßen od. um Begeisterung auszudrücken (尤在美因茨的狂欢节中使用的招呼用语)嗨!

Held *der*; *-en*, *-en* **1.** j-d, der mit sehr großem Mut e-e gefährliche Aufgabe löst (u. damit anderen Menschen hilft) 勇士,英雄: *Die Feuerwehrleute, die ihr Leben riskiert hatten, wurden als Helden gefeiert* 曾经冒生命危险的消防队员们被颂扬为英雄 ‖ K-(复合): ***Helden-, -mut, -tat*** **2.** ein Soldat, der im Krieg sehr tapfer gekämpft hat u. zum Vorbild für andere (gemacht) wird 战斗英雄〈ein großer, tapferer H. 伟大的,勇敢的战斗英雄;

die gefallenen Helden 烈士〉‖ K-(复合): ***Helden-***, ***-friedhof*** ‖ -K(复合): ***Kriegs-*** **3.** e-e mythologische Gestalt (wie *z. B.* Odysseus), die *bes* im Krieg u. in Kämpfen sehr tapfere Taten vollbracht hat 英雄人物 ‖ K-(复合): ***Helden-***, ***-dichtung***, ***-epos***, ***-sage*** **4.** ***der H. des Tages***, ***des Abends*** j-d, der wegen e-r besonderen (*z. B.* sportlichen) Leistung für kurze Zeit im Mittelpunkt des allgemeinen Interesses steht 一时的中心人物,焦点人物: *Nach dem Tor in der letzten Minute war er der H. des Tages* 当他在最后一分钟射中一球后,他便成了风云一时的人物 **5.** die männliche Hauptperson in e-m literarischen Werk(文学作品中的)男主人公,主角: *der tragische H. des Dramas* 剧中的悲剧性主人公 ‖ K-(复合): ***Helden-***, ***-darsteller***, ***-rolle*** ‖ -K(复合): ***Film-***, ***Märchen-***, ***Roman-***, ***Sagen-*** **6.** ***H. der Arbeit*** *hist* (*DDR*)[历(民德)]; verwendet als Bezeichnung für j-n, der Außerordentliches für die damalige Deutsche Demokratische Republik geleistet hatte 劳动模范,英雄 **7.** ***in etw.*** (*Dat* 三格) ***kein H. sein*** *gespr*[口]; auf e-m Gebiet keine guten Leistungen erbringen 在…方面不行(没有作出成绩): *In der Schule ist er kein (großer) H.* 他在学习上成绩不行(不怎么样) **8.** ***den Helden spielen*** so tun, als wäre man mutig, od. sich unnötig e-r Gefahr aussetzen 充英雄,逞英雄 ‖ NB(注意): *der Held*; *den*, *dem*, *des Helden* ‖ *zu* (义项) **1. hel·denhaft** *Adj*(形); *zu* (义项) **1.**, **4.** u. **5. Hel·din** *die*; -, *-nen*

Hel·den·stück *das*; *gespr iron* [口][讽]; e-e dumme (unüberlegte) Tat 鲁莽的行为,莽撞的举动

Hel·den·tum *das*; *-s*; *nur Sg*(只用单数); ein Verhalten, Denken u. Handeln, das j-n zum Helden (1,2) macht 英雄行为,英雄气概 ≈ Tapferkeit

hel·fen; *hilft*, *half*, *hat geholfen*; [Vi](不及物) **1.** (***j-m***) (***bei etw.***) ***h.*** j-n (durch bestimmte Mittel) unterstützen, damit er sein Ziel (schneller u. leichter) erreicht 帮助,帮忙 ≈ beistehen 〈j-m bereitwillig, freiwillig, spontan, finanziell, mit Rat u. Tat h. 乐意,自愿,自发地,从经济上,大力帮助某人〉: *Die Kinder helfen ihrer Mutter im Haushalt* 孩子们帮助母亲做家务; *Er half der alten Frau beim Einsteigen ins Auto* 他帮老太太上了汽车; *Er hat ihr suchen / beim Suchen geholfen* 他帮她找东西 **2.** ***etw. hilft*** (***j-m***) (***bei / gegen etw.***) etw. bringt (j-m) bei e-r Krankheit Besserung od. Heilung(物作主语)对…见效,有效,有用: *Vitamin C hilft bei Erkältung* 维生素C对感冒有疗效 **3.** ***etw. hilft nicht*** (***s***) *gespr* [口]; etw. kann e-e unangenehme Situation nicht ändern od. verhindern(物作主语)无济于事,于事无补: *Weinen u. Schreien hilft nicht (s)* 哭和喊是不起作用的; *Du musst jetzt ins Bett. – Da hilft alles nichts!* 你必须现在就上床睡觉去。——现在说什么都不管用! **4.** ***sich*** (*Dat* 三格) ***nicht*** (***mehr***) ***zu h. wissen*** in e-r schwierigen Situation nicht (mehr) wissen, was man tun soll 不知所措,手足无措 ‖ ID[谚] ***j-m ist nicht zu h.*** *gespr pej*[口][贬]; bei j-m sind alle guten Ratschläge zwecklos, weil er sie doch nicht befolgt 某人不可救药,不堪造就 ‖ *zu* (义项) **1. Hel·fer** *der*; *-s*, -; **Hel·ferin** *die*; -, *-nen* ‖ ▶ ***Hilfe***

Hel·fers·hel·fer *der*; j-d, der j-m hilft, ein Verbrechen zu begehen od. Böses zu tun 同谋,帮凶,从犯 ≈ Komplize, Mittäter

He·li·kop·ter *der*; *-s*, -; ≈ Hubschrauber

He·li·um *das*; *-s*; *nur Sg* (只用单数); ein chemisches Element (Edelgas), mit dem man *z. B.* Ballons u. Leuchtröhren füllt 氦; CHEM【化】He

hell *Adj*(形) **1.** mit (viel) Licht 明亮的,光亮的 ↔ dunkel (1) 〈ein Lichtstrahl, Mondschein, ein Raum, ein Treppenhaus 光线,月光,房间,楼梯间; ein h. erleuchtetes Fenster 照得通亮的窗户〉: *Die Kerze brennt h.* 烛光很亮 **2.** ***es wird h.*** die Sonne kommt hervor, der Morgen dämmert 天亮了 **3.** mit Weiß vermischt, pastellartig 淡的,浅色的 ↔ dunkel (4) 〈Farben 颜色〉: *ein helles Rot* 浅红色 ‖ K-(复合): ***hell-***, ***-blau***, ***-grau***, ***-grün*** *usw* **4.** ≈ blond 〈Haar 头发〉: *Sie hat ihre Haare h. getönt* 她把头发染成了浅色的 **5.** mit wenig Farbe, Pigmenten 白净的(含色素少) ≈ blass 〈*mst* Haut 多指皮肤〉: *Sie liegt nicht gern in der Sonne, weil sie e-e helle Haut hat* 她不喜欢晒日光浴,因为她的皮肤白净 **6.** mit e-r hohen Frequenz 响亮的,嘹亮的,清脆的 ≈ hoch, klar ↔ tief, dunkel 〈ein Ton, e-e Stimme, ein Lachen 声音,嗓音,笑声; etw. klingt, tönt h. 某物声音响亮〉: *Das Glöckchen hat e-n hellen Klang* 这口小钟声音很嘹亮 **7.** *gespr*[口] ≈ intelligent 〈ein Bursche, ein Junge 小伙子,男孩; ein Verstand 理解力; j-d ist h. 某人很聪明〉: *Er ist / hat ein helles Köpfchen* 他脑子很机灵(脑瓜很灵) **8.** *nur attr*, *nicht adv*(只作定语,不作状语); sehr intensiv, groß 极大的,强烈的,非常的 〈Aufregung, Begeisterung, Empörung, Freude, Panik, Wut 激动,兴奋,愤慨,喜悦,恐慌,愤怒〉: *Das ist doch heller (= reiner) Wahnsinn, so schnell Auto zu fahren!* 车开得这么快,简直是疯了! ‖ *zu* (义项) **1. Hel·le** *die*; -; *nur Sg*(只用单数); **Hel·lig·keit** *die*

hell·auf *Adv*(副) ≈ sehr 〈*mst* 多用 h. begeistert sein 非常兴奋〉

hel·le *Adj*(形); *nordd gespr*[北德][口] ≈ klug, intelligent 〈j-d ist h. 某人很机灵〉

Hel·le *das*; *-n*, *-n*; *gespr* [口]; (ein Glas) helles Bier(一杯)淡啤酒(指通常饮用的色泽浅黄透明的啤酒): *Ein kleines Helles, bitte!* 请来一小杯淡啤酒! ‖ NB(注意): *ein Helles*; *das Helle*; *dem*, *des Hellen*

Hel·ler *der*; *-s*, -; *hist* [历]; e-e Münze mit geringem Wert, die vor 1900 benutzt wurde (1900年前使用的一种硬币)赫勒 ‖ ID[谚] ***keinen / nicht einen*** (***lumpigen***, ***roten***) ***H.***

〈haben, für etw. hergeben/zahlen wollen 拥有,愿为某物付出〉 *gespr*[口]; kein Geld, nichts haben *usw* 身无分文,一文不名: *Das Bild ist keinen H. wert* 这幅画一文不值; **etw. auf H. u. Pfennig/etw. bis auf den letzten H. zurückzahlen** *gespr* [口]; Schulden vollständig zurückzahlen 如数还清(分文不缺)

hell·hö·rig *Adj*(形) **1.** aus e-m bestimmten Grund misstrauisch u. deswegen aufmerksam 警觉的,戒备的〈h. werden 变得警觉起来; etw. macht j-n h. 某事使某人警觉起来〉 **2.** 〈ein Haus, e-e Wohnung 房屋,居室〉 so gebaut, dass man fast alle Geräusche hört, die aus e-m anderen Zimmer od. Haus kommen 不隔音的,隔音条件差的

hell·lich·t- *Adj*(形); *nur attr, nicht adv*(只作定语,不作状语); *mst in* 多用于 **am helllichten Tag** während des Tages 在光天化日之下,在大白天: *Das Verbrechen geschah am helllichten Tag* 罪行就发生在光天化日之下 ‖ NB(注意): verwendet, um Erstaunen od. Empörung auszudrücken(用来表示惊讶或气愤)

hell·se·hen *Vi*(不及物) *nur im Infinitiv*(只用于不定式); (vorgeben zu) wissen, was in der Zukunft passieren wird bzw. was gerade an e-m weit entfernten Ort passiert 预知未来,看得远〈h. können 能够预知未来〉 ‖ *hierzu*(派生) **Hell·se·her** *der*; **Hell·se·he·rin** *die*; **hell·se·he·risch** *Adj*(形)

hell·sich·tig *Adj*(形); so, dass alle wichtigen Gesichtspunkte beachtet u. richtig beurteilt werden 目光敏锐的,有预(远)见的,有先见之明的 ≈ vorausschauend 〈etw. h. mit einplanen 有先见之明地将某事列入计划〉 ‖ *hierzu*(派生) **Hell·sich·tig·keit** *die*; *nur Sg*(只用单数)

hell·wach *Adj*; ganz wach, überhaupt nicht müde 清醒的,毫无倦意的 ↔ schläfrig 〈h. sein, daliegen 清醒,清醒地躺着〉

Helm *der*; *-(e)s, -e*; e-e harte Kopfbedeckung aus Metall, Plastik *o.Ä.*, die den Kopf vor Verletzungen schützen soll 盔,头盔,安全帽〈der H. e-s Bauarbeiters, e-s Ritters, e-s Soldaten 建筑工人的安全帽,骑士的、士兵的头盔; e-n H. aufsetzen, tragen, abnehmen 戴上,戴着,取下头盔〉 ‖ -K(复合): **Schutz-, Stahl-, Sturz-**

Hemd *das*; *-(e)s, -en* **1.** ein Kleidungsstück für den Oberkörper mit e-m festen Kragen, Ärmeln u. e-r (*mst* durchgehenden) Reihe von Knöpfen 衬衫,衬衣 ≈ Oberhemd 〈ein bügelfreies, kurzärmeliges, langärmeliges H. 免熨烫的、短袖的、长袖的衬衫; ein H. anziehen, zuknöpfen, aufknöpfen, ausziehen 穿上,扣上,解开,脱掉衬衫; H. u. Krawatte tragen 穿着衬衣,打着领带〉: *Er trägt e-n Pullover über dem H.* 他在衬衫外面套了件毛衣 ‖ ↑ *Abb. unter* 图见 **Bekleidung** ‖ K-(复合): **Hemd(s)-, -ärmel; Hemd(en)-, -knopf, -kragen** ‖ -K(复合): **Freizeit-; Herren-; Smoking-; Karo-, Seiden-, Streifen- 2.** ein Kleidungsstück für den Oberkörper (*mst* aus Baumwolle) ohne Kragen u. oft ohne Ärmel, das zur Unterwäsche gehört 短袖衫,背心 ≈ Unterhemd: *Im Winter trägt sie ein warmes H. unter der Bluse* 冬天她在外套里穿一件暖和的背心 ‖ -K(复合): **Angora-, Spitzen-, Träger- 3. nass bis aufs H.** *gespr* [口] ≈ durchnässt ‖ ID[谚] **sein letztes H. hergeben** *gespr* [口]; alles hergeben (verschenken), was man hat 倾其所有,倾囊相助; **j-n bis aufs H. ausplündern/ausziehen** *gespr* [口]; j-m alles (Geld) wegnehmen 把某人抢得精光,洗劫一空; **j-n** (*mst Pl* 多用复数)**/etw. wie das H. wechseln** *gespr pej*[口][贬]; j-n/etw. oft gegen j-d anderen/etw. anderes austauschen(像衬衣一样)换来换去,朝三暮四,朝令夕改,反复无常: *Er wechselt seine Freundinnen wie das H.* 他天天换女朋友; *Sie wechselt ihre Meinung wie das H.* 她的主意一天三变; *mst* 多用 **Mach dir nicht ins H.!** *gespr!*[粗] sei nicht so ängstlich! 别那么胆小! ≈ stell dich nicht so an!

Hemd·blu·se *die*; e-e Bluse, die wie ein Hemd (1) aussieht 女式衬衫 ‖ K-(复合): **Hemdblusen-, -kleid, -stil**

hemds·är·me·lig, hemds·ärm·lig *Adj*(形) **1.** *mst adv*(多作状语); mit hochgekrempelten Hemdsärmeln 高挽着衬衣袖子的〈h. dasitzen, herumlaufen 高挽着衬衣袖子坐着,跑来跑去〉 **2.** *gespr*[口]; mit saloppen Umgangsformen 随便的,粗俗的 ↔ vornehm, zurückhaltend: *Seine Art ist mir ein bisschen zu h.* 我觉得他有点过于随便了 ‖ *zu* (义项) **2. Hemds·är·me·lig·keit, Hemds·ärm·lig·keit** *die*; *nur Sg* (只用单数)

He·mi·sphä·re *die*; *-, -n*; eine der beiden Hälften der Erdkugel 半球〈die nördliche, südliche H. 北半球,南半球〉

hem·men; *hemmte, hat gehemmt*; *Vt* *geschr* (及物)[书] **1. j-d/etw. hemmt etw.** j-d/etw. macht durch e-n Widerstand die Bewegung von etw. langsamer (u. bringt sie zum völligen Stillstand)(人/物作主语)阻止,挡住,制止,阻拦 ≈ j-d/etw. bremst etw. ↔ j-d/etw. beschleunigt etw.: *Die Bäume hemmten die Lawine/den Lauf der Lawine* 树木挡住了雪崩 **2. etw. hemmt j-n in etw.** (*Dat* 三格) etw. behindert j-n in bestimmter Weise (*z.B.* in e-r Tätigkeit od. e-m Entwicklungsprozess) (物作主语)阻碍,妨碍,影响(指活动或发育) ↔ etw. fördert etw.: *Die schwere Krankheit hat das Kind in seiner körperlichen Entwicklung gehemmt* 重病妨碍了孩子的身体发育 **3. j-d/etw. hemmt etw.** (**in etw.** (*Dat* 三格)) j-d/etw. behindert od. verzögert den Ablauf, die Entwicklung von etw. (人/物作主语) 妨碍,阻碍,影响(指事物的进程、发展) ↔ j-d/etw. fördert etw.: *den technischen Fortschritt h.* 妨碍技术进步; *die Wirtschaft in ihrer Entwicklung h.* 阻碍经济的发展

Hemm·nis *das*; *-ses, -se*; *geschr*[书]; etw., das j-n/etw. in e-r Bewegung, Entwicklung od. Tätigkeit hindert 障碍,阻碍 ≈ Hindernis 〈etw. bedeutet ein (großes) H. für j-n/etw.

某物对某人/某物来说是个（很大的）障碍；alle Hemmnisse überwinden 排除一切障碍〉

Hemm·schuh *der* **1.** e-e Person od. Sache, die e-e Bewegung, Entwicklung od. Tätigkeit hemmt, behindert 障碍，阻碍，绊脚石 **2.** ≈ Bremsklotz

Hemm·schwel·le *die*; moralische Bedenken, Angst *o. Ä.*, die j-n daran hindern, etw. zu tun 担心，顾虑，心理障碍〈e-e H. überwinden 消除顾虑〉

Hem·mung *die*; -, *-en* **1.** *nur Pl*（只用复数）; *mst* ein Gefühl, weniger wert zu sein als andere, unfähig zu sein *o. Ä.*, das dazu führt, dass j-d sehr schüchtern, ängstlich u. unsicher ist, auftritt 拘束，拘谨，矜持，束手束脚 ≈ Gehemmtheit〈große, starke Hemmungen haben, voller Hemmungen sein, unter Hemmungen leiden 很不自然，束手束脚，非常拘谨，太拘礼〉: *Sie hat Hemmungen, e-n Bikini anzuziehen, weil sie sich für zu dick hält* 她顾虑重重，不好意思穿比基尼泳衣，因为她觉得自己太胖了 **2.** *mst Pl*（多用复数）; e-e Scheu davor, bestimmte Dinge zu tun, die sittlich od. moralisch nicht (völlig) von anderen akzeptiert werden 顾虑，顾忌 ≈ Skrupel〈keine Hemmungen haben, kennen 毫无顾忌，无拘无束〉: *Er nimmt sich immer ohne jegliche Hemmungen das größte Stück Kuchen* 他从来都是不管不顾地拿最大块的点心 **3.** *geschr*［书］; der Vorgang, der etw. hemmt (2,3) 阻碍，束缚，制约 ↔ Förderung: *die H. j-s geistiger Entwicklung* 对某人智力发展的阻碍; *die H. der wirtschaftlichen Entwicklung* 对经济发展的制约 ‖ *zu*（义项）**2. hem·mungs·los** *Adj*（形）

Hengst *der*; -*(e)s*, *-e*; das männliche Tier bei Pferd, Esel, Zebra, Kamel *o. Ä.* 雄性动物，如牡马，牡驴，牡斑马，牡骆驼等 ↔ Stute ‖ K-（复合）: ***Hengst-***, ***-fohlen*** ‖ -K（复合）: ***Zucht-***

Hen·kel *der*; *-s*, *-*; ein schmaler Griff in Form e-s Bogens an e-m Behälter 把儿，把手，柄〈der H. e-r Kanne, e-s Korbs, e-r Tasche, e-r Tasse 壶的、篮子的、提包的、杯子的把手; etw. am H. fassen, nehmen 抓住，拿住某物的把手; ein H. bricht ab, reißt ab 一个把儿断了，掉了〉 ‖ ↑ *Abb. unter* 图见 ***Griff***, ***Schüssel*** ‖ K-（复合）: ***Henkel-***, ***-korb***, ***-krug***, ***-topf*** ‖ *hierzu*（派生）**hen·kel·los** *Adj*（形）

hen·ken; *henkte*, *hat gehenkt*; [Vt]（及物）***j-n h.*** j-n töten (hinrichten), indem man ihn (am Galgen) aufhängt 绞死，绞杀 ‖ NB（注意）: *mst* im Passiv（多用于被动语态）!

Hen·ker *der*; *-s*, *-*; j-d, der j-n tötet (hinrichtet), der zum Tode verurteilt worden ist 刽子手 ≈ Scharfrichter ‖ *hierzu*（派生）**Hen·ke·rin** *die*; -, *-nen*

Hen·kers|mahl·zeit *die*; *hum*［诙］; die letzte Mahlzeit (mit j-m) *mst* vor e-m unangenehmen Ereignis od. e-m Abschied 多指不快事件或临行前的最后一餐

Hen·na *die*; *- od*（或）*das*; *-s*; *nur Sg*（只用单数）; ein Pulver, das aus den Blättern e-s Strauches gewonnen wird u. mit dem man *mst* Haare rot färbt 散沫花，指甲花 ‖ K-（复合）: ***henna-***, ***-rot***

Hen·ne *die*; -, *-n*; ein weibliches Huhn 雌鸡，母鸡 ↔ Hahn

He·pa·ti·tis *die*; *-*; *nur Sg*（只用单数），MED【医】; e-e Entzündung der Leber 肝炎 ≈ Gelbsucht

her *Adv*（副）**1. *etw. ist*** + *Zeitangabe*（时间说明语）***her*** etw. war/geschah *o. Ä.* vor e-r bestimmten Zeit（物作主语）发生在…之前 ≈ etw. liegt + *Zeitangabe*（时间说明语）zurück: Es *ist drei Jahre her*, dass *wir uns das letzte Mal gesehen haben* 我们最后一次见面至今已经三年了 **2. *von irgendwo her*** von e-m bestimmten Ort in Richtung auf den Sprecher zu 从…（向说话人的方向）来: *Er hat mich von der anderen Straßenseite her gerufen* 他从街的另一边喊我; *Sie kam von rechts her* 她从右边来 **3. *wo ist j-d/etw. her?*** *gespr*［口］; aus welchem Ort, Land kommt j-d, woher stammt etw.？某人来自哪里？/某物出自何处？: *Weißt du, wo er her ist*？你知道他从哪里来的吗？; *Wo ist das denn her*？这究竟是哪里来的？ **4. *von irgendwann her*** seit e-m bestimmten Zeitpunkt, seit e-r bestimmten Zeit 从…起，从…至今: *Ich kenne ihn von der Schulzeit her* 我从学生时代就认识他; *Sie kannte ihn noch von früher her* 她认识他还要早些 **5. *von etw. her*** unter e-m bestimmten Gesichtspunkt betrachtet 从…（角度、观点、方面）来看: *Der Film ist von der schauspielerischen Leistung her sehr interessant* 这部影片从演员的成就来看很有意思; *Das Kleid gefällt mir vom Stoff her sehr gut* 这件连衣裙就料子而言很合我意; *Die Wohnung ist von der Größe her nicht für mich geeignet* 这套住房的大小对我不合适 **6. *her zu mir!*** *gespr!*［粗］verwendet als (aggressive od. unhöfliche) Aufforderung, zu einem zu kommen（表示强硬的、不客气的要求）到我这儿来！过来！ **7. *her mit*** + *Subst*（名词）/ *Pronomen*（代词）! *gespr!*［粗］; verwendet als (aggressive od. unhöfliche) Aufforderung, einem etw. zu geben od. zu bringen（表示强硬的、不客气的要求）把…带来，拿来: *Her mit dem Geld!* 把钱带来！; *Her damit!* 拿来吧！带来吧！ ‖ ID［谚］***hinter j-m her sein*** *gespr*［口］; **a)** j-n verfolgen, nach j-m fahnden 跟踪，侦查: *Die Polizei ist hinter ihm her* 警察正在跟踪他; **b)** *oft pej* 常用［贬］; e-e Liebesbeziehung zu j-m haben wollen 追求某人; ***hinter etw. her sein*** *gespr*, *oft pej*［口］，常用［贬］; etw. unbedingt haben wollen 追求，追逐（物）: *Er ist hinter ihrem Geld her* 他在追求她的钱; ***mit j-m/etw. ist es nicht weit her*** *gespr*［口］; j-s Leistung, Gesundheit / die Qualität von etw. ist relativ schlecht 某人/某物（指某人的成绩、健康，某物的质量）没有什么了不起，不怎么样

her- *im Verb*, *betont u. trennbar*, *sehr produktiv*（构成动词，重读并可分，构词强）; Die

H

Verben mit *her-* werden nach folgendem Muster gebildet（her-动词的模式如下）：*herkommen – kam her – hergekommen*
1. *her-* bezeichnet die Richtung von irgendwo zum Sprecher od. Erzähler hin（表示从某处朝着说话人的方向来）从…过来 ↔ fort-, weg-；
j-n / etw. herbringen：*Bring bitte den Hammer her!* 请把榔头拿来！≈ Bring den Hammer bitte zu mir, hierher
ebenso（同类词有）：***j-n / etw. herholen, j-n / etw. herschicken, j-n / ein Tier hertreiben; herdürfen, herkommen, herkönnen, hermüssen, herschwimmen, hersehen, hersollen, herwollen; sich hertrauen, sich herwagen*** ‖ NB（注意）：↑ ***hin-***
2. *her-* drückt in Verbindung mit Verben der Bewegung（*mst* nach 多在 ***neben, hinter, vor*** + *Dat* 三格之后）aus, dass dieselbe Richtung eingehalten wird（与动向动词连用，表示沿着同一个方向运动）同往，一起前往，随同走（去）；
herfahren：*Sie fuhr im Auto neben ihm her* 她驾车跟他并排行驶 ≈ Sie fuhr mit dem Auto neben ihm in dieselbe Richtung
ebenso（同类词有）：***neben, hinter, vor j-m hergehen / herschwimmen / hersteigen***
3. *her-* weist auf die Herkunft von j-m, den Ursprung von etw. hin（表示出身、出生地、来源）出生于，来自；
aus / von etw. herstammen：*Sie stammt aus Frankreich her* 她生于法国 ≈ Sie wurde in Frankreich geboren
ebenso（同类词有）：***etw. von irgendwo herhaben; von irgendwo herkommen***

he·r·ab [hɛˈrap] *Adv*（副）；bezeichnet die Richtung von irgendwo (oben) nach unten, häufig zum Sprecher od. Erzähler hin 下来，向下，往下 ≈ herunter ↔ hinauf 〈von oben h. 高傲地，傲慢地，vom Himmel h. 从天上（下来）〉 ‖ NB（注意）：↑ ***hinab***

he·r·ab- [hɛˈrap-] *im Verb, betont u. trennbar, begrenzt produktiv*（构成动词，重读并可分，构词有限）；Die Verben mit *herab-* werden nach folgendem Muster gebildet（herab-动词的模式如下）：*herabfallen – fiel herab – herabgefallen*
herab- bezeichnet die Richtung von irgendwo (oben) nach unten, häufig zum Sprecher od. Erzähler hin（表示从上向下，往往朝着说话人的方向）下来 ≈ herunter- ↔ hinauf-；
etw. fällt herab：*Ein Apfel fiel vom Baum herab* 一个苹果从树上掉下来≈ Ein Apfel fiel vom Baum auf die Erde
ebenso（同类词有）：***etw. herabwerfen; etw. baumelt herab, herabblicken, herabdürfen, etw. hängt herab, herabkönnen, herabsehen, herabsollen, herabsteigen; sich herabtrauen, sich herabwagen*** ‖ NB（注意）：↑ ***hinab-***

he·r·ab·bli·cken（*hat*）[Vi]（不及物）**1.** ↑ ***herab-*** **2.** ***auf j-n h.*** 俯视，傲视 ≈ j-n verachten, gering schätzen, auf j-n herabsehen (2) 〈hochmütig, mit Verachtung auf j-n h. 高傲地，轻蔑地俯视某人〉

he·r·ab·las·sen（*hat*）[Vt]（及物）**1.** ***j-n / sich / etw. h.*** ein Seil *o. Ä.* dazu benutzen, um j-n/sich/etw. nach unten zu bringen（利用绳索等）使降下，使落下，使放下 ≈ herunterlassen：*Der Bergsteiger ließ sich an e-m Seil (von der Felswand) zu seinen Kameraden herab* 登山者借助绳子（从悬崖上）降落到他的同伴身边；[Vr]（反身）**2.** ***sich zu etw. h.*** *iron*［讽］；etw. tun, obwohl man es für unter seiner Würde hält 俯就，屈尊：*sich dazu h., mit j-m zu sprechen* 屈尊去同某人说话；*sich zu e-r niedrigen, schmutzigen Arbeit h.* 将就去作低贱的，肮脏的工作 **3.** ***j-d lässt sich zu j-m herab*** *iron*［讽］；j-d spricht mit j-m od. nimmt Kontakt auf, obwohl er glaubt, das sei unter seiner Würde（人作主语）屈尊去找…（联系）

he·r·ab·las·send **1.** *Partizip Präsens*（现在分词）；↑ ***herablassen*** **2.** *Adj*（形）；so, dass der Betreffende j-m deutlich zeigt, dass er sich für viel besser hält als er (u. auf e-r höheren Stufe in der sozialen Hierarchie stehe) 高傲的，屈尊俯就的，恩赐的 ≈ arrogant, gönnerhaft 〈ein Verhalten 行为，态度；j-n h. behandeln, grüßen 高傲地对待某人，向某人问好〉

he·r·ab·se·hen（*hat*）[Vi]（不及物）**1.** ↑ ***herab-*** **2.** ***auf j-n h.*** ≈ j-n verachten, gering schätzen：*Er ist arrogant u. sieht auf jeden herab, der weniger Geld hat als er* 他为人傲慢，看不起所有比他钱少的人

he·r·ab·set·zen（*hat*）[Vt]（及物）**1.** ***etw. h.*** etw. auf e-e niedrigere Stufe, ein niedrigeres Niveau bringen 降低，削减 ≈ senken, reduzieren 〈die Geschwindigkeit, die Kosten, die Preise h. 降低速度，费用，价格〉 **2.** ***j-n / etw. h.*** e-e Person od. Sache zu Unrecht kritisieren, ihnen e-n geringeren Wert zuschreiben, als sie haben 轻视，贬低 ≈ herabwürdigen 〈j-s Leistungen, j-s Verdienste, j-s Wert h. 贬低某人的成绩，某人的功绩，某人的价值〉：*j-n vor allen Leuten h. u. demütigen* 当着所有人的面贬低并侮辱某人 ‖ *hierzu*（派生）**He·r·ab·set·zung** *die*

he·r·ab·wür·di·gen（*hat*）[Vt]（及物）***j-n / etw. h.*** ≈ j-n/etw. herabsetzen (2) ‖ *hierzu*（派生）**He·r·ab·wür·di·gung** *die*

he·r·an [hɛˈran] *Adv*（副）；bezeichnet die Richtung von irgendwoher zu e-m Objekt hin u. zugleich oft näher zum Sprecher od. Erzähler hin（表示朝一物体、朝说话者的方向）靠近，走近，走过来：*Etwas weiter rechts / an die Seite h.* 靠右边一点/靠边一点

he·r·an- [hɛˈran-] *im Verb, betont u. trennbar, sehr produktiv*（构成动词，重读并可分，构词强）；Die Verben mit *heran-* werden nach folgendem Muster gebildet（heran-动词的模式如下）：*herankommen – kam heran – herangekommen* *heran-* bezeichnet die Richtung von irgendwoher zu e-m Objekt hin od. näher zum Sprecher od. Erzähler hin(表示朝一物体、朝说话者的方向)靠近,接近,走近 ≈ her- ↔ weg-;

herankommen: *Auf der Safari kamen die Elefanten bis auf wenige Meter an uns heran* 在去非洲考察野生动物的旅行中,大象曾经走到我们跟前只有几米的地方来≈ Die Elefanten kamen ganz in unsere Nähe

ebenso(同类词有): **j-n/etw.** (**an j-n/etw.**) **heranführen**, **j-n/etw.** (**an j-n/etw.**) **heranlassen**, **j-n/etw.** (**an j-n/etw.**) **herantragen**, **j-n/etw.** (**an j-n/etw.**) **heranziehen**; (**an j-n/etw.**) **herandürfen**, (**an j-n/etw.**) **heranfahren**, (**an j-n/etw.**) **herangehen**, (**an j-n/etw.**) **herankommen**, (**an j-n/etw.**) **herankönnen**, (**an j-n/etw.**) **heranmüssen**, (**an j-n/etw.**) **heranrücken**, (**an j-n/etw.**) **heransollen**, (**an j-n/etw.**) **herantreten**, (**an j-n/etw.**) **heranwollen**; **sich** (**an j-n/etw.**) **herantasten**, **sich** (**an j-n/etw.**) **herantrauen**, **sich** (**an j-n/etw.**) **heranwagen**

he·r·an·bil·den (*hat*) Vt(及物) **j-n** (**zu etw.**) **h.** j-m e-e spezielle berufliche Ausbildung geben 培养,培训,造就: *Die Computerfirmen bilden neue Fachkräfte heran* 各计算机公司正在培养新的专业力量 ‖ *hierzu*(派生) **He·r·an·bil·dung** *die*

he·r·an·füh·ren (*hat*) Vt(及物) **1.** ↑ **heran- 2. j-n an etw.** (*Akk* 四格) **h.** j-m etw. zeigen u. sein Interesse dafür wecken 使接触,使熟悉,引导学习 ≈ j-n mit etw. vertraut machen: *die Mitarbeiter an neue Technologien h.* 引导同事们学习新工艺,使同事们熟悉新技术; Vi(不及物) **3. etw. führt an etw.** (*Akk* 四格) **heran** etw. führt in die Nähe von etw.(物作主语)通向,延伸到: *Der Weg führt an den Fluss heran* 道路通向河边

he·r·an·ge·hen (*ist*) Vi(不及物) **1.** ↑ **heran- 2. an etw.** (*Akk* 四格) **h.** ≈ etw. beginnen, in Angriff nehmen 〈mit Eifer, Elan, Freude, Lust, Unlust an e-e Arbeit h. 怀着热情、干劲,高兴地,有兴趣地,没有兴趣地着手工作〉

he·r·an·kom·men (*ist*) Vi(不及物) **1.** ↑ **heran- 2.** (**an etw.** (*Akk* 四格)) **h.** es schaffen, *bes* mit der Hand e-n bestimmten Gegenstand zu berühren 够得着,够到 ≈ (an etw.) heranreichen (1): *Kommst du an die Bücher heran, die oben im Regal stehen?* 你能够得到书架上面放着的那些书吗? **3. an etw.** (*Akk* 四格) **h.** es schaffen, etw. zu bekommen 弄到,搞到 ≈ sich etw. beschaffen: *In vielen Großstädten kommen Jugendliche leicht an Rauschgift heran* 在许多大城市,青年人很容易弄到麻醉品 **4. an j-n/etw. h.** es schaffen, genauso gut wie j-d anderer zu sein od. dessen Leistungen zu erreichen 赶上,比上 ≈ an j-n/etw. heranreichen (2)

he·r·an·las·sen (*hat*) Vt(及物) **1.** ↑ **heran- 2. j-n an j-n/etw. h.** zulassen, dass j-d bei j-m sein darf, etw. genau ansieht od. es in die Hand nimmt 允许靠近,允许细看或拿在手中 ↔ j-n von j-m/etw. fernhalten: *Er lässt niemanden an seine Münzsammlung heran* 他不让任何人动他的钱币收藏品 ‖ NB(注意): *mst* verneint(多用于否定句)

he·r·an·ma·chen, sich (*hat*) Vr(反身) **sich an j-n h.** *gespr*[口]; versuchen, mit j-m (sexuellen) Kontakt zu bekommen 追,追求 ≈ j-m nachlaufen, nachsteigen: *Er macht sich schon seit längerer Zeit an seine Nachbarin heran* 他较长时间以来就在追求他的女邻居

he·r·an·neh·men (*hat*) Vt(及物) **j-n** (**zu etw.**) **h.** *gespr*[口]; j-n e-e Arbeit tun lassen, die ziemlich anstrengend ist 让干相当费力的工作,让干累活: *Der Meister nimmt den Lehrling zu sämtlichen schweren Arbeiten heran* 师傅让学徒干全部重活

he·r·an·rei·chen (*hat*) Vi(不及物) **1.** (**an etw.** (*Akk* 四格) **h.** e-n Punkt erreichen (1), (an etw.) herankommen (2)够得到,接触到: *Das Kind kann an den Schalter nicht h.* 孩子不可能够到开关 **2. an j-n/etw. h.** die Leistung e-s anderen erreichen (4)达到,赶上,比上

he·r·an·rei·fen (*ist*) Vi(不及物) **1. etw. reift heran** etw. wird allmählich reif (物作主语)逐渐成熟〈Früchte, Getreide 水果,谷物〉 **2. j-d reift** (**zu etw.**) **heran** j-d entwickelt sich in e-r bestimmten Hinsicht langsam (auf ein Ziel hin)(人作主语)逐渐成熟到(可做某事) **3. etw. reift** (**in j-m**) **heran**(物作主语)在…头脑中酝酿成熟 ≈ etw. reift (3) (in j-m)〈ein Plan, e-e Idee 一项计划,一种想法〉

he·r·an·tas·ten, sich (*hat*) Vr(反身) **1.** ↑ **heran- 2. sich an etw.** (*Akk* 四格) **h.** durch intensives (vorsichtiges) Suchen etw. allmählich verstehen od. zu e-r Lösung kommen 摸索到,探索出: *sich an den Kern e-s Problems h.* 摸索到问题的核心

he·r·an·tra·gen (*hat*) Vt(及物) **1.** ↑ **heran- 2. etw. an j-n h.** j-m sagen, was man wünscht od. worum man ihn bitten will 提出,告知,表示,表达 ≈ etw. (j-m gegenüber) vorbringen 〈e-e Bitte an j-n h. 提出请求〉

he·r·an·trau·en, sich (*hat*) Vr(反身) *gespr*[口] **1.** ↑ **heran- 2. sich an etw.** (*Akk* 四格) **h.** den Mut, das Selbstvertrauen haben, e-e schwierige Arbeit zu machen od. ein schwieriges Problem zu lösen 敢于从事,敢于承担

he·r·an·tre·ten (*ist*) Vi(不及物) **1.** (**an etw.** (*Akk* 四格) **h.** von irgendwo näher an etw. treten (9)走近: *Ein Mann trat plötzlich an unseren Tisch heran u. forderte uns auf, mitzukommen* 一个男人突然走到我们的桌子边,要求我们一同前往 **2.** (**mit etw.**) **an j-n h.** *geschr*[书]; sich mit e-r Bitte, e-m Problem *o.Ä.* an j-n wenden 向…提出(请求、问题等)

he·r·an·wach·sen (*ist*) Vi(不及物) **j-d/ein Tier wächst** (**zu etw.**) **heran** ein Mensch od. ein Tier wird allmählich erwachsen(人/动物作主语)逐渐成长起来

he·r·an·wa·gen, sich (*hat*) Vr(反身) **1.** ↑ **he-**

ran- 2. sich an etw. (*Akk* 四格) **h.** ≈ sich an etw. herantrauen (2)

he·r·an·zie·hen Vt (及物) (*hat*) **1.** ↑ **heran- 2. j-n zu etw. h.** j-n an e-e bestimmte Arbeit gewöhnen 培养…去从事：*die Kinder zu Arbeiten im Haushalt h.* 培养孩子们干家务劳动 **3. j-n h.** e-n Experten bitten, etw. zu beurteilen od. zu entscheiden 叫来，请来，召来 ≈ einschalten：*Der Stadtrat zog zur Klärung der rechtlichen Lage e-n Juristen heran* 为了弄清法律状况，市议会请来了一位法学家 **4. etw. h.** etw. *bes* als Beweis vorlegen 提出(作为证明) ≈ geltend machen：*Der Rechtsanwalt zog mehrere Paragrafen heran, die als Grundlage für e-e Milderung der Strafe dienen sollten* 律师提出了几项可以作为减轻处罚根据的条款 **5. etw. h.** sich um junge Tiere od. Pflanzen kümmern, bis sie groß sind 饲养(幼小动物)，培植，培育(植物)：*Ferkel h.* 饲养小猪仔；*Tomatenpflanzen h.* 培植番茄；Vi (不及物) (*ist*) **6. etw. zieht heran** etw. nähert sich(物作主语)渐近，临近，来临：*Ein Gewitter zieht heran* 雷雨来临

he·r·auf [hɛˈrauf] *Adv* (副)；bezeichnet die Richtung von irgendwo (unten) nach oben, häufig zum Sprecher od. Erzähler hin(表示由下向上，往往朝说话者的方向)上来，向上 ↔ hinab, hinunter：*Vom Tal bis zu uns h. wanderte er zwei Stunden* 他从山谷徒步上来走到我们这里用了两个小时 ‖ NB(注意)：↑ **hinauf**

he·r·auf- [hɛˈrauf-] *im Verb, betont u. trennbar, sehr produktiv* (构成动词，重读并可分，构词强)；Die Verben mit *herauf-* werden nach folgendem Muster gebildet (herauf-动词的模式如下)：*heraufkommen – kam herauf – heraufgekommen*

herauf- bezeichnet die Richtung von irgendwo (unten) nach oben, häufig zum Sprecher od. Erzähler hin(表示由下向上，往往朝说话者的方向)上来，向上 ↔ hinab-, hinunter-；

heraufkommen：*Der Briefträger kam zu uns in den vierten Stock herauf* 邮递员上到五楼我们家 ≈ Er kam in den vierten Stock, wo sich unsere Wohnung befindet

ebenso(同类词有)：**j-n/etw.** (**irgendwohin**) **heraufbringen**, **j-n/ein Tier** (**irgendwohin**) **heraufführen**, **j-n/etw.** (**irgendwohin**) **heraufholen**, **j-n** (**irgendwohin**) **herauflassen**, **j-n/etw.** (**irgendwohin**) **heraufschicken**, **j-n/etw.** (**irgendwohin**) **herauftragen**, **etw.** (**irgendwohin**) **heraufransportieren**; (**irgendwohin**) **heraufblicken**, (**irgendwohin**) **heraufdürfen**, (**irgendwohin**) **herauffahren**, (**irgendwohin**) **heraufkönnen**, (**irgendwohin**) **heraufmüssen**, (**irgendwohin**) **heraufsehen**, (**irgendwohin**) **heraufsollen**, (**irgendwohin**) **heraufsteigen**; **sich** (**irgendwohin**) **herauftrauen/heraufwagen** ‖ NB(注意)：**a)** Anstelle e-r Richtungsangabe (*in den vierten Stock usw*) steht häufig nur e-e Angabe im Akk.(往往只用四格名词取代方向说明语)：*Er kam den Berg herauf* 他来到山上；*Er führte die alte Frau die Treppe herauf* 他领着老妇上楼；**b)** ↑ **hinauf-**

he·r·auf·ar·bei·ten, sich (*hat*) Vr (反身) **1. sich** (**etw.** (*Akk* 四格)) **h.** unter großen Mühen von irgendwo (unten) nach oben gelangen 艰难地爬上：*Die Bergsteiger arbeiteten sich mühsam die steile Felswand herauf* 登山者艰难地爬上陡峭的悬崖 **2. sich** (**zu etw.**) **h.** ≈ sich (zu etw.) hocharbeiten：*Sie hat sich zur Abteilungsleiterin heraufgearbeitet* 她高升当上了部门领导人

he·r·auf·be·schwö·ren; *beschwor herauf, hat heraufbeschworen*; Vt (及物) **etw. h.** *bes* durch unüberlegte Handlungen e-e schlimme od. gefährliche Situation entstehen lassen 引起，惹出，招致 ≈ verursachen ↔ verhindern 〈e-e Krise, e-n Krieg, ein Unheil *o. Ä.* h. 引起危机、战争、灾祸等〉：*durch seinen Leichtsinn e-e Gefahr, durch sein aggressives Verhalten e-n Streit h.* 由于他的轻率招致危险，由于他的好斗行为引起争执

he·r·auf·bit·ten (*hat*) Vt (及物) **j-n h.** j-n freundlich auffordern, e-e Treppe hochzusteigen u. *mst* in seine Wohnung mitzukommen 请…上来，请…上楼 〈j-n zu sich h. 请某人上楼到自己家里〉

he·r·auf·set·zen (*hat*) Vt (及物) **etw. h.** ≈ erhöhen, anheben[1] (2) 〈die Miete, den Preis h. 提高租金，价格〉

he·r·aus [hɛˈraus] *Adv* (副) **1.** bezeichnet die Richtung von irgendwo (drinnen) nach draußen, häufig aus der Sicht des Sprechers od. Erzählers(表示由里向外，从说话者的角度考虑)出来 ≈ *gespr* [口] raus ↔ hinein：*H. mit dir (in den Garten)!* 你出来(到花园里来)！‖ NB(注意)：↑ **hinaus 2. aus etw. h.** verwendet, um die räumliche Präp. *aus*[1] (1) zu verstärken(用来加强空间介词 aus)从…里面出来：*Aus dem Saal h. hörte man laute Stimmen* 人们听到从大厅里传来响亮的声音 **3. aus etw. h.** verwendet, um die kausale Präp. *aus*[1] (6) zu verstärken(用来加强原因介词 aus)出自…，出于…，由于… 〈etw. aus bestimmten Überlegungen h., aus e-r Notlage h., aus e-r Laune h. tun 由于一定的考虑，出于无奈，凭一时的兴致而做某事〉 **4. h. sein** *gespr* [口]；herausgekommen sein 走出来：*Jetzt ist die Maus aus ihrem Loch h.* 现在老鼠从洞中走了出来 **5. etw. ist h.** *gespr* [口]；etw. ist zum Verkauf im Handel od. auf dem Markt (物作主语)出版，发表，问世 ≈ etw. ist veröffentlicht, erschienen：*Ist das neue Lexikon schon h.?* 新词典出版了吗？**6. etw. ist h.** *gespr* [口]；etw. ist (allgemein) bekannt (物作主语)查明，弄清：*Inzwischen ist h., wer die Autos aufgebrochen hat* 在这期间查明了是谁撬开这些汽车的 **7. aus etw. h. sein** *gespr* [口]；*mst* 多用 e-e bestimmte Phase seines Lebens hinter sich haben 超过，过了：*Unser Sohn ist aus dem Alter h., in dem er heimlich geraucht hat* 我们的儿子已经过了偷偷吸烟的年纪 ‖ ID [谚] *mst* 多用 **Jetzt ist es**

(**endlich**) **h.!** *gespr* [口]; verwendet, um auszudrücken, dass man selbst od. j-d anderer endlich etw. gesagt hat, das man / er lange Zeit verschwiegen hatte 现在终于开口(说话)了!

he·r·aus- [hɛˈraus-] *im Verb, betont u. trennbar, sehr produktiv*(构成动词,重读并可分,构词强); Die Verben mit *heraus-* werden nach folgendem Muster gebildet (heraus-动词的模式如下): *herausfahren – fuhr heraus – herausgefahren*

heraus- bezeichnet die Richtung von irgendwo (drinnen) nach draußen, häufig zum Sprecher od. Erzähler hin(表示由里向外,往往朝说话者的方向)出来 ↔ hinein-; (**aus etw.**) **herausfahren**: *Er fuhr mit seinem Auto aus der Garage heraus* 他驾自己的汽车从车库里出来≈ Er fuhr mit seinem Auto von der Garage nach draußen (auf die Straße)

ebenso(同类词有): (**aus etw.**) **herausbrechen**, **j-n / etw.** (**aus etw.**) **herausbringen**, **j-n / sich / etw.** (**aus etw.**) **herausdrücken**, **etw.** (**aus etw.**) **herausfiltern**, **j-n / ein Tier** (**aus etw.**) **herausführen**, **etw. herausgeben**, **etw.** (**aus etw.**) **heraushalten**, **sich / etw.** (**aus etw.**) **heraushängen**, **j-n / etw.** (**aus etw.**) **herausheben**, **j-n / etw.** (**aus etw.**) **herausholen**, **etw.** (**aus etw.**) **herauskehren**, **j-n / ein Tier / etw.** (**aus etw.**) **herauslassen**, **etw. herauslegen**, **j-n aus etw. / etw. aus j-m herauslocken**, **sich / etw.** (**aus etw.**) **herauslösen**, **etw.** (**aus etw.**) **herausnehmen**, **etw.** (**aus etw.**) **herauspressen**, **etw. herausrücken**, **j-n / etw.** (**aus etw.**) **herausschicken**, **etw. herausschlagen**, **etw.** (**aus etw.**) **herausschrauben**, **j-n / sich / etw. herausstellen**, **etw.** (**aus etw.**) **herausstrecken**, **j-n / etw.** (**aus etw.**) **heraustragen**, **j-n / etw.** (**aus etw.**) **herauswerfen**, **j-n / sich / etw.** (**aus etw.**) **herausziehen**; (**aus etw.**) **herausdürfen**, (**aus etw.**) **herausfallen**, **etw. fließt** (**aus etw.**) **heraus**, (**aus etw.**) **herausgehen**, (**aus etw.**) **herausklettern**, (**aus etw.**) **herauskommen**, (**aus etw.**) **herauskönnen**, (**aus etw.**) **herauslaufen**, (**aus etw.**) **herausmüssen**, **etw. ragt** (**aus etw.**) **heraus**, (**aus etw.**) **herausrutschen**, (**aus etw.**) **heraussehen**, (**aus etw.**) **heraussollen**, (**aus etw.**) **herausspringen**, (**aus etw.**) **herauswollen**; **sich** (**aus etw.**) **heraustrauen / herauswagen** ‖ NB(注意): ↑ **hinaus-**

he·r·aus·ar·bei·ten (*hat*) [Vt] (及物) **1. etw. h.** die wichtigen Teile od. Aspekte e-r Sache ganz deutlich zeigen 明确指出,突出,强调: *in e-m Aufsatz die Gründe der Arbeitslosigkeit h.* 在一篇文章中明确指出失业的原因; [Vr] (反身) **2. sich** (**aus etw.**) **h.** sich unter großer Mühe aus etw. befreien 努力(从…中)解脱出来,摆脱出来,熬出来,挣扎出来: *sich aus dem Schlamm h.* 尽力从泥潭中挣扎出来 ‖ *zu* (义项) **1. He·r·aus·ar·bei·tung** *die*

he·r·aus·be·kom·men; *bekam heraus, hat herausbekommen*; [Vt] (及物) **1. etw.** (**aus etw.**) **h.** es schaffen, etw. aus etw. anderem zu entfernen 把…(从…中)取出,拔出 ↔ hineinbekommen: *den Nagel nicht aus dem Brett h.* 钉子从木板上拔不出来; *Der Ball ist in den Bach gefallen, u. ich bekomme ihn nicht mehr heraus!* 球掉进了小溪中,我再也捡不回来了! **2. etw. h.** (beim Bezahlen) die Summe Geld zurückbekommen, die man zu viel gegeben hat 找回(钱): *Wenn ein Buch € 18,90 kostet, u. man mit e-m Zwanzigeuroschein bezahlt, bekommt man € 1,10 heraus* 一本书的价格为18.9欧元,有人拿出一张20欧元的钞票来付款,他可找回1.1欧元 **3. etw.** (**aus j-m**) **h.** es schaffen, etw. Unbekanntes (von j-m) zu erfahren, indem man sucht od. forscht od. (ihn) fragt 查明,打听出,弄清楚 ≈ etw. ermitteln, herausfinden: *Die Polizei muss erst noch h., wie sich der Unfall ereignet hat* 警察局得先查明,事故是怎样发生的 **4. etw. h.** *gespr*[口]; e-e mathematische Aufgabe lösen 解出,解开 ≈ das Ergebnis von etw. ermitteln: *e-e Bruchrechnung nicht h.* 解不出一道分数计算题

he·r·aus·bil·den, sich (*hat*) [Vr] (反身) **etw. bildet sich heraus** etw. entwickelt sich allmählich(物作主语)形成,产生: *Zwischen seinem Nachbarn u. ihm hat sich im Lauf der Jahre e-e freundschaftliche Beziehung herausgebildet* 多年来在他的邻居和他之间形成了友好的关系 ‖ *hierzu*(派生) **He·r·aus·bil·dung** *die*

he·r·aus·bre·chen [Vt] (及物) (*hat*) **1.** ↑ **heraus-**; [Vi] (不及物) (*ist*) **2. etw. bricht** (**aus etw.**) **heraus** etw. löst sich von selbst aus e-m größeren Ganzen(物作主语)脱出,掉出,崩出: *Große Stücke sind aus der Felswand herausgebrochen* 大量土石从峭壁上崩塌下来 **3. etw. bricht aus j-m heraus** ein Gefühl zeigt sich plötzlich, weil sich j-d nicht mehr beherrschen kann (物作主语)发作,爆发,突然迸发(指情感)〈Wut, Zorn, Hass, ein Schluchzen bricht aus j-m heraus 某人突然大发雷霆,怒气冲冲,发泄仇恨,抽泣起来〉

he·r·aus·brin·gen (*hat*) [Vt] (及物) **1.** ↑ **heraus- 2. etw. h.** ein neues Produkt auf den Markt bringen 使上市,供应: *Der Sänger hat dieses Jahr schon seine zweite Schallplatte herausgebracht* 今年这位歌手已经把自己的第二张唱片推上市场; *ein neues Waschmittel h.* 使新洗涤剂上市 **3. etw. h.** e-n Laut od. Ton erzeugen 发声,说话 ≈ hervorbringen: *Er war so heiser, dass er keinen Ton mehr herausbrachte* 他嗓子沙哑得再也发不出声来了 **4. etw.** (**aus j-m**) **h.** *gespr*[口]; j-n dazu bringen, etw. Bestimmtes zu sagen 查明,弄清,打听出,探听出: *Aus den Kindern war nicht herauszubringen, wer die Fensterscheibe eingeworfen hatte* 从孩子们口中打听不出是谁把窗玻璃打破的 **5. etw. h.** *gespr* [口]; das Ergebnis von etw. ermitteln 解出,得出,算出

≈ herausbekommen (4): *Was hast du bei der dritten Aufgabe herausgebracht?* 第三道题你得出什么结果?

he·r·aus·fah·ren Vt (及物) (*hat*) **1.** ↑ **heraus- 2.** **etw. h.** (bei Rad- od. Autorennen) etw. erreichen (4) (在自行车赛或汽车赛中)取得,赢得 ⟨e-e Medaille, e-n dritten Platz, e-e gute Zeit h.赢得奖牌,取得第三名,跑出好成绩⟩; Vi (不及物) (*ist*) **3.** ↑ **heraus-**

he·r·aus·fin·den (*hat*) Vt (及物) **1.** **j-n/etw. (aus etw.) h.** j-n/etw. in e-r großen Menge entdecken(从…中)找到,发现,找出: *seinen Freund sofort aus der Menschenmenge h.* 从人群中立即发现自己的朋友 **2.** **etw. h.** etw., das man wissen will, durch Suchen u. Forschen entdecken 弄清,查明 ≈ ermitteln, herausbekommen (3): *Habt ihr schon herausgefunden, wie der neue Laserdrucker funktioniert?* 你们是否已经弄清楚那台新的激光打印机是怎样运转的?; Vi (不及物) **3.** **(aus etw.) h.** es schaffen, den Weg nach draußen zu finden 设法找到出路: *Er hat sich im Wald verirrt u. findet nicht mehr heraus* 他在森林里迷了路,再也找不到出路

he·r·aus·for·dern (*hat*) Vt (及物) **1.** **j-n (zu etw.) h.** j-n (*bes* e-n Sportler) dazu auffordern, gegen einen zu kämpfen *o.Ä.* 向…挑战,要求与…进行比赛,要求与…决一胜负: *den Weltmeister im Schwergewicht zum Titelkampf h.* 要求与重量级世界冠军进行冠军争夺战 **2.** **etw. h.** durch sein Verhalten erreichen, dass etw. *mst* Negatives entsteht 挑起,引起,惹起 ≈ heraufbeschwören ⟨e-e bedrohliche Situation, e-e Gefahr, e-e Krise, Protest, herbe Kritik h. 引起危急的局势,危险,危机,抗议,辛辣的批评⟩ **3.** **j-n h.** ≈ provozieren: *j-n herausfordernd ansehen* 挑衅地盯着某人 ‖ *zu* (义项) **1.** **He·r·aus·for·de·rer** *der*; *-s*, *-*

he·r·aus·for·de·rung *die*; *-*, *-en* **1.** ein Kampf, bei dem j-d e-n Titelverteidiger herausfordert (1)挑战 **2.** e-e schwierige od. außergewöhnliche Aufgabe, die j-n reizt 挑战(指有吸引力的、困难的或不寻常的任务): *Es war für ihn e-e H., den Mont Blanc zu besteigen* 登上勃朗峰对他曾经是一种挑战

he·r·aus·ge·ben (*hat*) Vt (及物) **1.** **(j-m) etw. h.** ↑ **heraus- 2.** **j-n/etw. h.** j-n, den man gefangen genommen hat, od. etw., das man an sich genommen hat, wieder zurückgeben 交出,退还 ≈ aushändigen: *Die Entführer gaben die Geisel nach drei Wochen wieder heraus* 绑架者在三个星期以后又交出了人质; *Der Dieb gab seine Beute freiwillig heraus* 小偷自愿退还了他的赃物 **3.** **etw. h.** für die Veröffentlichung e-r Zeitung, Zeitschrift od. e-s Buches verantwortlich sein 出版,发行 ≈ veröffentlichen, publizieren ⟨e-e Zeitung, ein Magazin, ein Wörterbuch h. 出版一家报纸,一种杂志,一部词典⟩ **4.** **(j-m) etw. h.** j-m das Geld zurückgeben, das er zu viel gezahlt hat 找还(零钱): *Die Kassiererin hat mir zu wenig herausgegeben!* 女出纳员找给我的零钱没找够!; Vi (不及物) **5.** **(j-m) auf etw.** (*Akk* 四格) **h.** j-m das Geld zurückgeben, das er (*bes* mit e-m bestimmten Geldschein) zu viel gezahlt hat 找还,找得开(零钱): *Können Sie mir auf fünfzig Euro h.?* 我这50欧元您能找得开吗? ‖ *zu* (义项) **3.** **He·r·aus·ge·ber** *der*; *zu* (义项) **2.** u. **3.** **He·r·aus·ga·be** *die*; *nur Sg* (只用单数)

he·r·aus·ge·hen (*ist*) Vi (不及物) **1.** ↑ **heraus- 2.** **etw. geht (aus etw.) heraus** etw. lässt sich aus etw. entfernen(物作主语)可除去,可弄掉,易脱落 ≈ etw. löst sich (aus etw.): *Der Tintenfleck geht nur sehr schwer aus dem Hemd heraus* 衬衣上的墨渍很难除掉; *Der Kuchen geht nicht aus der Backform heraus* 点心从烘烤模子上弄不下来 **3.** **aus sich h.** nicht mehr schüchtern sein, sondern lebhaft werden u. den anderen seine Gefühle/Emotionen zeigen 不再拘束,不再胆怯 ↔ gehemmt sein, verklemmt sein: *Zuerst war er sehr zurückhaltend, doch dann ging er voll aus sich heraus* 起初他很拘谨,但是后来他就完全放开了

he·r·aus·grei·fen (*hat*) Vt (及物) **j-n/etw. (aus etw.** (*Kollekt od Pl* 集合或复数)) **h.** e-e Person od. Sache aus e-r Menge, Anzahl auswählen 挑出,选出: *aus der Klasse e-n Schüler h., um ihn zu prüfen* 从班里选出一名学生,以便对他进行考试

he·r·aus·ha·ben (*hat*) Vt (及物) *gespr* [口] **1.** **etw. h.** die Lösung gefunden haben 弄懂,弄清,懂得,知道⟨den Trick, den Dreh h. 知道办法,找到窍门⟩: *Er hatte bald heraus, wie die Maschine funktioniert* 他很快就弄清楚机器是怎样运转的 **2.** **etw. h.** durch Suchen, Fragen u. Forschen erfahren, was unbekannt war 查明,侦破 ≈ ermitteln: *Die Kripo hat schnell herausgehabt, wer den Mord verübt hatte* 刑警队迅速查明了是谁进行谋杀的

he·r·aus·hal·ten (*hat*) Vt (及物) **1.** ↑ **heraus- 2.** **j-n/sich/etw. (aus etw.) h.** versuchen, dass j-d/man selbst/etw. nicht in eine schwierige Situation verwickelt wird 使摆脱,使脱身: *Aus diesem Streit halte ich mich heraus* 我从这一争执中摆脱出来了

he·r·aus·hän·gen[1]; *hängte heraus, hat herausgehängt*; Vt (及物) **1.** ↑ **heraus- 2.** **etw. h.** *gespr pej* [口][贬]; auf arrogante Weise zeigen, dass man im Gegensatz zu anderen etw. Bestimmtes hat od. kann 炫耀,显摆 ≈ herauskehren (2): *den Doktor(titel), die Direktorin h.* 炫耀博士头衔,摆出女经理派头 ‖ ID[谚] **sich** (*Dat* 三格) **etw. h. lassen** *gespr pej* [口][贬]; auf arrogante Weise zeigen, dass man im Gegensatz zu anderen etw. Bestimmtes hat od. kann 炫耀,显摆

he·r·aus·hän·gen[2]; *hing heraus, hat herausgehangen*; Vi (不及物) **j-d/etw. hängt (aus etw.) heraus** j-d/etw. hängt aus etw. nach draußen(人/物作主语)悬挂在外面,吊在外面,露出来

he·r·aus·ho·len (*hat*) Vt (及物) **1.** ↑ **heraus-**

2. etw. h. (große) Erfolge od. Gewinne bei etw. haben 获得，取得，赚得 ≈ erkämpfen, erzielen: *Bei den Verhandlungen konnte er viel h.* 在谈判中他能够获得许多好处 **3. etw. h.** *gespr*［口］≈ etw. herausarbeiten (1)

he·r·aus·hö·ren (*hat*) [Vt]（及物）**1. etw. (aus etw.) h.** aus e-m Gemisch von Tönen od. Stimmen e-e Einzelheit hören 听出：*Aus dem Chor war ihre Stimme deutlich herauszuhören* 从合唱中可以清晰地听出她的声音 **2. etw. (aus etw.) h.** an der Art, wie j-d etw. sagt, merken, was er denkt od. fühlt 听出，觉察出〈Ärger, Enttäuschung, Freude, Wut *o.Ä.* aus j-s Stimme h. 从某人的声音中听出生气、失望、高兴、愤怒等；Ironie, Kritik, Zustimmung *o.Ä.* aus j-s Worten h. 从某人的话语中听出讥讽、批评、同意等〉

he·r·aus·keh·ren (*hat*) [Vt]（及物）**1.** ↑ **heraus- 2. etw. h.** *gespr pej*［口］［贬］; anderen gegenüber seine (berufliche) Stellung, seinen Titel od. e-e bestimmte Eigenschaft (auf unangenehme Weise) deutlich zeigen 炫耀，显摆，摆架子：*Er kehrt immer den Chef heraus* 他总是摆出领导者的架子

he·r·aus·kom·men (*ist*) [Vi]（不及物）**1.** ↑ **heraus- 2. etw. kommt heraus** etw. wird zum Verkauf in den Handel gebracht（物作主语）上市，问世 ≈ etw. kommt auf den Markt: *Das neue Automodell kommt nächstes Jahr heraus* 新款车型将在明年上市 **3. etw. kommt heraus** *gespr*［口］; etw. wird (allgemein) bekannt（物作主语）暴露，公开，败露：Es *ist nie herausgekommen, wer den Mord begangen hat* 从未公开是谁干的谋杀案 **4. etw. kommt (bei etw.) heraus** *gespr*［口］; etw. ist das Ergebnis von etw.（物作主语）得出（结果）：*Ich habe schon dreimal nachgerechnet, aber es ist immer etw. anderes herausgekommen* 我已经复算了三次，但总是得出不同的结果；*Bei unserer Diskussion ist nichts Vernünftiges herausgekommen* 我们这样讨论是得不出任何合理的结果的 **5. etw. kommt irgendwie heraus** *gespr*［口］; etw. ist so (deutlich, klar), dass man es gut erkennen kann（物作主语）显现出来，表现出来（清晰可认）：*Auf diesem Foto kommen die Farben nicht gut heraus* 这张照片的色彩效果不好 **6. etw. kommt (irgendwie) heraus** *gespr*［口］; etw. wird deutlich, verständlich（物作主语）表现、体现得（明了易懂）：*In der Verfilmung des Romans kommt die eigentliche Problematik gar nicht richtig heraus* 在把长篇小说拍成电影时，原来的问题没有得到正确的体现 **7. (irgendwie / irgendwann) mit etw. h.** *gespr*［口］; erst nach einigem Zögern anfangen, über etw. Unangenehmes zu sprechen 终于说出，讲出：*Allmählich kam er mit der Wahrheit heraus* 他逐渐说出了真话 **8. groß h.** *gespr*［口］; (*bes* von Künstlern) großen Erfolg in der Öffentlichkeit haben 出名，走红（尤指艺术家）：*Die Schauspielerin ist im Fernsehen groß herausgekommen* 女演员在电视上出了名 **9.** *gespr*［口］; als Erster e-e Karte spielen 先出牌 ≈ ausspielen ‖ ID［谚］**aus dem Lachen, Staunen nicht h.** nicht aufhören können zu lachen, zu staunen 笑个不停，惊讶不已；**etw. kommt auf dasselbe heraus** *gespr*［口］; etw. macht keinen Unterschied, hat das gleiche Ergebnis 某事得出的结果一样

he·r·aus·krie·gen (*hat*) [Vt]（及物）**etw. h.** *gespr*［口］; etw. in Erfahrung bringen 打听出，弄清楚

he·r·aus·las·sen (*hat*) [Vt]（及物）*gespr*［口］**1.** ↑ **heraus- 2. etw. h.** etw. (nach längerem Zögern *o.Ä.*) aussprechen（终于）说出，透露：*Er wollte lange nicht h., dass er sich verliebt hatte* 他很长时间不愿透露他曾经热恋过一个人

he·r·aus·le·sen (*hat*) [Vt]（及物）**etw. (aus etw.) h.** an j-s Gesicht, Verhalten od. Formulierung zu erkennen glauben, was er denkt od. fühlt 看出，觉察出，猜出：*Ich habe aus seinem Brief herausgelesen, dass er unglücklich ist* 我从他的信中看出他是不幸的

he·r·aus·ma·chen (*hat*) *gespr*［口］; [Vt]（及物）**1. etw. (aus etw.) h.** etw. Unerwünschtes aus etw. entfernen 除去，去掉：*e-n Fleck aus der Hose h.* 除去裤子上的污渍；[Vr]（反身）**2. sich h.** sich positiv entwickeln, seine Fähigkeiten verbessern 长进了，成熟了，干练了 ≈ sich mausern

he·r·aus·neh·men (*hat*) [Vt]（及物）**1.** ↑ **heraus- 2. (j-m) etw. h.** (als Arzt *o.Ä.*) j-m ein inneres Organ entfernen（给…）切除，摘除〈j-m die Mandeln, den Blinddarm h. 给某人切除扁桃腺、盲肠〉；[Vr]（反身）**3. sich** (*Dat* 三格) **etw. h.** *gespr*［口］; etw. tun, das andere frech finden 擅自做，放肆地做 ≈ sich etw. anmaßen〈sich allerhand, zu viel, einiges h.（言行举止）太无礼，太随便，有点放肆〉：*sich seinem Chef gegenüber zu viele Freiheiten h.* 面对自己的领导狂妄自大 ‖ *zu*（义项）**1. he·r·aus·nehm·bar** *Adj*（形）; *nicht adv*（不作状语）; *zu*（义项）**2 He·r·aus·nah·me** *die*; *nur Sg*（只用单数）

he·r·aus·plat·zen (*ist*) [Vi]（不及物）*gespr*［口］**1.** plötzlich (ungewollt) anfangen zu lachen 忍不住大笑，突然放声大笑，忍俊不禁 **2. mit etw. h.** plötzlich u. ohne viel zu überlegen etw. sagen 脱口而出〈mit e-r Frage, e-m Vorschlag, e-r Neuigkeit h. 脱口而出地提出问题，提出建议，说出一个消息〉

he·r·aus·pres·sen (*hat*) [Vt]（及物）**1.** ↑ **heraus- 2. etw. (aus j-m) h.** j-n dazu zwingen, etw. zu tun od. zu sagen ≈ j-m etw. entlocken 强迫…做出或说出〈ein Geständnis, eine große Summe Geld aus j-m h. 对某人逼供，逼某人拿出一大笔钱〉

he·r·aus·put·zen (*hat*) [Vt]（及物）**j-n / sich h.** *gespr*［口］; j-n/sich für e-n bestimmten Zweck sehr hübsch machen 装饰，修饰，打扮

he·r·aus·ra·gen (*hat*) [Vi]（不及物）**1.** ↑ **heraus- 2. j-d / etw. ragt (aus etw.)** (*Kollekt od Pl* 集合或复数)) **heraus** j-d/etw. ist viel

H

besser als andere Personen/Dinge(人/物作主语)突出,超出,高出

he·r·aus·ra·gend 1. *Partizip Präsens*(现在分词);↑ **herausragen** 2. *Adj*(形);viel besser als der Durchschnitt 突出的,卓越的,超群的,杰出的 ≈ ausgezeichnet, exzellent: *herausragende Leistungen in der Chemie vollbringen* 在化学方面作出卓越的成就; *Mozart u. Bach waren herausragende Komponisten* 莫扎特和巴赫是杰出的作曲家

he·r·aus·re·den, sich (*hat*) Vr (反身) **sich** (**aus etw.**) **h.** *gespr*[口]; versuchen, andere davon zu überzeugen, dass man unschuldig ist (obwohl man schuldig ist) 开脱,抵赖 ↔ etw. zugeben, eingestehen: *Erst wollte er sich h., aber dann gab er doch zu, dass er den Unfall verursacht hatte* 起初他想开脱自己,但是后来他承认是他肇的事

H

he·r·aus·rei·ßen (*hat*) Vt (及物) 1. **etw.** (**aus etw.**) **h.** so stark an etw. reißen, dass es sich löst od. von etw. getrennt wird(从…中)把…扯下,撕下: *ein Foto aus dem Album h.* 把一张照片从相册上扯下来; *ein Blatt aus e-m Heft h.* 从笔记本上撕下一页纸 2. **etw. reißt etw.** (**wieder**) **heraus** *gespr*[口]; e-e positive Leistung gleicht e-e negative Leistung wieder aus(物作主语)补救,弥补,补偿 ≈ etw. macht etw. wett: *Die Zwei in der mündlichen Prüfung hat seine schlechte Note im schriftlichen Examen wieder herausgerissen* 口试中的"良"弥补了他在笔试中得的低分

he·r·aus·rü·cken Vt (及物) (*hat*) 1. ↑ **heraus-** 2. **etw. h.** *gespr*[口]; etw. hergeben, nachdem man lange gezögert hat(经过犹豫)拿出,交出,给: *Nach langem Hin u. Her rückte sein Vater endlich fünfzig Euro heraus* 经过长时间的反复考虑,他父亲终于给了50欧元; Vi (不及物) (*ist*) 3. **mit etw. h.** *gespr*[口]; etw. sagen, verraten *o. Ä.*, nachdem man zuerst gezögert hat (经过犹豫)说出,吐露出〈mit e-r Bitte, e-m Anliegen, e-r Kritik, e-m Geheimnis h. 吞吞吐吐地提出要求、请求、批评,吐露秘密〉

he·r·aus·rut·schen (*ist*) Vi (不及物) 1. ↑ **heraus-** 2. **etw. rutscht j-m heraus** *gespr*[口]; etw. wird von j-m ausgesprochen, ohne dass es beabsichtigt war(物作主语)随便说出,不经意地讲出,说漏嘴 ≈ etw. entschlüpft j-m: *Entschuldige, ich wollte dich nicht beleidigen, das ist mir nur so herausgerutscht* 对不起,我本来不想得罪你,这话是我不经意地说出来的

he·r·aus·schin·den (*hat*) Vt (及物) **etw. h.** *gespr*[口]; *mst* durch Tricks e-n Vorteil od. Gewinn bekommen(多指用手腕)获得(好处),谋取(利益)

he·r·aus·schla·gen (*hat*) Vt (及物) 1. ↑ **heraus-** 2. **etw. h.** *gespr*[口]; *mst* etw. durch Tricks *o. Ä.* für sich gewinnen(多指用手腕)谋利,赚钱

he·r·aus·schme·cken (*hat*) Vt (及物) 1. **etw.** (**aus etw.**) **h.** e-n bestimmten Geruch od. Geschmack aus e-r Speise wahrnehmen(从…中)尝出,吃出(味道): *Den Knoblauch konnte man deutlich aus der Tomatensoße h.* 人们可以明显地从番茄酱中吃出蒜味; Vi (不及物) 2. **etw. schmeckt** (**aus etw.**) **heraus** etw. ist durch seinen intensiven Geschmack aus e-r Speise wahrzunehmen(物作主语)尝出,吃出(味道): *Aus dem Salat schmeckt der Essig zu sehr heraus* 色拉的醋味太浓

he·r·aus·schrei·ben (*hat*) Vt (及物) **etw.** (**aus etw.**) **h.** Teile aus e-m Text abschreiben(从…中)抄录,摘录: *interessante Daten aus e-m Zeitungsartikel h.* 从一篇报上文章中摘录有趣的资料

he·r·aus·sprin·gen (*ist*) Vi (不及物) 1. ↑ **heraus-** 2. **etw. springt** (**für j-n**) (**bei etw.**) **heraus** *gespr*[口]; ein Gewinn od. Vorteil entsteht für j-n (am Ende e-r Transaktion *o. Ä.*)(物作主语)赚到,赢得: *Beim Verkauf seines alten Autos sprang für ihn noch unerwartet viel Geld heraus* 他在出售自己的旧汽车时意外地捞到一大笔钱

he·r·aus·ste·hen (*hat*) Vi (不及物) **etw. steht heraus** *gespr*[口] ≈ etw. ragt heraus, steht hervor

he·r·aus·stel·len (*hat*) Vt (及物) 1. ↑ **heraus-** 2. **j-n/sich/etw. h.** deutlich zeigen, wie wichtig od. gut j-d/man selbst/etw. ist 强调指出,突出,明确提出: *Der Politiker stellte die Grundsätze seiner Partei deutlich heraus* 这位政治家明确地提出了他那个政党的原则; Vr (反身) 3. **etw. stellt sich heraus** etw. wird (zum Schluss) deutlich(物作主语)表明,被证实,被证明 ≈ etw. erweist sich, zeigt sich: *In der Verhandlung stellte sich heraus, dass der Angeklagte unschuldig war* 在审理过程中证实了被告是无辜的; *Es wird sich noch h., wer von uns beiden recht hat* 结果还将表明,我们两人中谁是对的

he·r·aus·stre·cken (*hat*) Vt (及物) 1. ↑ **heraus-** 2. **j-m die Zunge h.** (*mst* von Kindern untereinander) j-m die Zunge zeigen, um ihn zu ärgern od. um ihm zu zeigen, dass man ihn nicht mag *o. Ä.* 向某人伸舌头(多指在孩子们之间,以此戏弄某人或表示不喜欢某人)

he·r·aus·strei·chen (*hat*) Vt (及物) 1. **etw.** (**aus etw.**) **h.** Wörter od. Sätze in e-m Text streichen删去,删除,划掉 ↔ etw. hinzufügen: *bei der Korrektur e-s Textes ganze Sätze h.* 在校对正文时删去一些完整的句子 2. **j-n/sich/etw. h.** deutlich zeigen od. sagen, wie wichtig od. gut j-d/man selbst/etw. ist 夸奖,夸耀,表彰,表扬 ≈ herausstellen (2): *Er streicht ständig seine Leistungen als Sportler heraus* 他经常夸耀自己作为运动员的成绩

he·r·aus·su·chen (*hat*) Vt (及物) **j-n/etw.** (**aus etw.** (*Kollekt od Pl* 集合或复数)) **h.** j-n/etw. aus e-r Menge wählen 找出,挑出,挑选出: *sein Lieblingshemd h.* 找出自己心爱的衬衣

he·r·aus·wach·sen (*ist*) Vi (不及物) **aus etw. h.** *gespr*[口]; wachsen u. deshalb für ein Kleidungsstück zu groß u. zu dick werden 因

长大而穿不下：*Unser Sohn wächst alle paar Monate aus seinen Schuhen heraus* 我们的儿子每过几个月就穿不下他的鞋子了

he·r·aus·win·den, sich (*hat*) Vr (反身) **sich** (**aus etw.**) **h.** es schaffen, sich (mit Tricks od. Ausreden) aus e-r unangenehmen Situation zu befreien(竭力)摆脱：*Mit vielen Ausreden u. Vorwänden gelang es ihm, sich aus der peinlichen Situation herauszuwinden* 他找了许多借口和遁词，终于摆脱了尴尬的处境

herb *Adj* (形) **1.** mit e-m Geschmack od. Geruch, der nicht süß, sondern leicht bitter od. sauer ist 酸涩的，涩口的，带涩味的，略带酸味的↔ lieblich (3), süßlich (1) 〈(ein) Wein, ein Parfüm 酒，香水〉 **2.** so, dass die betreffende Person/Sache sehr ernst u. streng wirkt 严肃的，不易亲近的，冷冰冰的 ↔ weich 〈ein Typ 类型的人；e-e herbe Schönheit sein 是个不易亲近的美人，herbe Züge haben 有严肃的外貌；h. wirken 显得严肃〉 **3.** sehr streng 严厉的、生硬的 ≈ hart, scharf 〈Kritik, Worte 批评，话〉 **4.** sehr schlimm 痛苦的，难于忍受的 ≈ bitter, schmerzlich：*e-e herbe Enttäuschung erleben* 经受令人痛苦的失望；*herbe Verluste hinnehmen müssen* 必须忍受难于忍受的损失 ‖ *hierzu*(派生) **Herb·heit** *die*; *nur Sg*(只用单数)

her·bei [hɛɐ̯ˈbai̯] *Adv* (副)；bezeichnet die Richtung (von irgendwoher) zu e-m Objekt u. häufig auch zum Sprecher od. Erzähler hin(表示朝某物体，往往朝说话人的方向)过来，到这里来 ↔ weg

her·bei- [hɛɐ̯ˈbai̯-] *im Verb, betont u. trennbar, nicht mehr produktiv*(构成动词，重读并可分，不再构词)；Die Verben mit *herbei-* werden nach folgendem Muster gebildet (herbei-动词的模式如下)：*herbeieilen – eilte herbei – herbeigeeilt*

herbei- bezeichnet die Richtung (von irgendwoher) zu e-m Objekt u. häufig auch zum Sprecher od. Erzähler hin(表示朝某物体，往往朝说话人的方向)过来，到这里来 ≈ heran-, her-;

herbeieilen：*Als er mich sah, eilte er herbei* 当他看到我时，他赶忙过来≈ Als er mich sah, eilte er zu mir

ebenso(同类词有)：***j-n/etw. herbeibringen, j-n/etw. herbeifahren, j-n/etw. herbeiholen, j-n/etw. herbeischaffen; herbeikommen, herbeilaufen,*** 〈Personen 人〉 ***strömen herbei; sich herbeitrauen, sich herbeiwagen***

her·bei·füh·ren (*hat*) Vt (及物) **etw. h.** bewirken, dass etw. (*mst* Wichtiges, Entscheidendes) passiert 引起，招致，促成，导致〈e-e Entscheidung, das Ende h. 决定胜负，导致结束；etw. führt den Tod herbei 某事引起死亡〉：*Dem Vermittler gelang es, ein klärendes Gespräch zwischen den zerstrittenen Parteien herbeizuführen* 调停人终于促成关系破裂的政党之间进行澄清问题的对话

her·bei·re·den (*hat*) Vt (及物) **etw. h.** etw. Unangenehmes verursachen, indem man unnötig oft darüber redet 因侈谈而招致，惹来〈Probleme, Schwierigkeiten h. 因胡乱谈论而招来麻烦，造成困难〉

her·bei·seh·nen (*hat*) Vt (及物) ***j-n/etw. h.*** den dringenden Wunsch haben, dass j-d/etw. da wäre 渴望看到，渴望得到：*den Tag h., an dem der Krieg zu Ende ist* 渴望看到战争结束的日子

her·bei·wün·schen (*hat*) Vt (及物) ***j-n/etw. h.*** ≈ herbeisehnen

her·be·kom·men; *bekam her, hat herbekommen*; Vt (及物) *gespr* [口]; ***j-n/etw. h.*** es schaffen, j-n/etw. zu bekommen, den/das man (dringend) braucht(急切要)获得，得到 ≈ beschaffen, auftreiben：*Wo soll ich denn mitten in der Nacht e-n Installateur h.?* 深更半夜我到哪里去找安装工人?

Her·ber·ge *die*; -, -*n*; *veraltend* [渐旧] **1.** ein *mst* einfaches Gasthaus, in dem man schlafen u. essen kann 简易旅馆，方便客店≈ Unterkunft ‖ -K(复合)：***Jugend-*** **2.** *nur Sg* (只用单数)；die Aufnahme als Gast 住宿，过夜〈um H. bitten 请某人留宿；irgendwo H. finden 找个地方住宿〉

Her·bergs·mut·ter *die*; die Leiterin e-r Jugendherberge 青年旅店的女老板

Her·bergs·va·ter *der*; der Leiter e-r Jugendherberge 青年旅店的老板

her·be·stel·len; *bestellte her, hat herbestellt*; Vt (及物) ***j-n/etw. h.*** den Auftrag geben, dass j-d von irgendwoher kommt/dass etw. gebracht wird 要求…来，叫…来，叫把…带来〈j-n zu j-m/sich h. 把某人叫过来〉：*den Kellner wegen e-r Reklamation h.* 因提意见把服务员叫来

her·bit·ten (*hat*) Vt (及物) ***j-n h.*** j-n bitten, zu einem zu kommen 请…过来，邀请…来 ≈ j-n zu sich bitten 〈j-n zu sich h. 邀请某人到自己家来〉

Her·bi·zid *das*; -(*e*)*s*, -*e*; ein chemisches Mittel, mit dem man Unkraut vernichtet 除莠剂，灭草剂

Herbst *der*; -(*e*)*s*, -*e*; *mst Sg*(多用单数)；die Jahreszeit zwischen Sommer u. Winter, in der die Blätter der Laubbäume bunt werden 秋季，秋天〈ein milder, schöner, sonniger, regnerischer, stürmischer H. 和煦的、美好的、晴朗的、多雨的、多风暴的秋天〉：*Die Sonne scheint nicht mehr so stark. – Es wird langsam H.* 阳光已不再灼热了。——秋季慢慢要来了 ‖ K-(复合)：***Herbst-, -anfang, -blume, -ferien, -messe, -monat, -nebel, -sonne, -sturm, -tag*** ‖ -K(复合)：***Früh-, Spät-*** ‖ *hierzu*(派生) **herbst·lich** *Adj*(形)

Herbst·zeit·lo·se *die*; -, -*n*; e-e Pflanze, die im Herbst blüht. Die Blüten der H. haben e-e (hell)violette Farbe u. sehen ähnlich wie Krokusse aus 秋水仙

Herd *der*; -(*e*)*s*, -*e* **1.** ein großes Gerät in der Küche, auf dem man kochen kann 灶，炉灶〈ein elektrischer H. 电炉灶；den H. anschalten, ausschalten 打开，关掉炉灶(的开关)；e-e Pfanne, e-n Topf auf den H. stellen, vom H. nehmen 把平底锅、锅放到炉灶上，从炉灶

上拿下来) ‖ K-(复合): ***Herd-***, ***-platte*** ‖ -K(复合): ***Elektro-***, ***Gas-***; ***Küchen-*** ‖ NB(注意): ↑ ***Ofen*** **2. *der H.*** (+ *Gen* 二格) der Ort, an dem e-e Krankheit od. e-e unangenehme Entwicklung beginnt od. zuerst auftritt 发生地,发源地,策源地 ≈ Ausgangspunkt, Zentrum ⟨der H. der Unruhen, des Aufruhrs, des Erdbebens, der Seuche 骚乱、动乱的策源地,地震震源,流行病疫源地⟩ ‖ -K(复合): ***Brand-***, ***Eiter-***, ***Entzündungs-***, ***Infektions-***, ***Krankheits-***, ***Krisen-***, ***Seuchen-***, ***Unruhe-*** **3. *am H. stehen*** *gespr* [口] ≈ kochen **4. *der häusliche H.*** *veraltend* [渐旧]: die eigene Wohnung od. das eigene Haus 家,家园 ≈ das Zuhause

Herd
炉灶

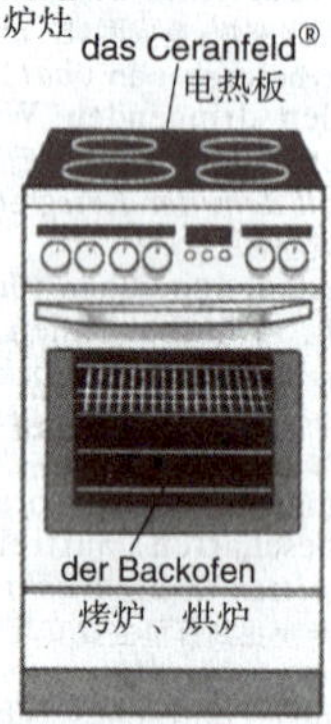

Her.de *die*; -, -*n* **1. *e-e H.*** (+ *Gen* 二格) e-e Gruppe großer (pflanzenfressender) Säugetiere derselben Art, die miteinander leben (同一种食草类哺乳动物的)兽群,畜群 ⟨Schafe *o. Ä.* leben in der H. 羊等成群地生活⟩; *e-e H. (ängstlicher) Elefanten* (胆怯的)象群; *e-e H. Schafe, Rinder* 羊群,牛群 ‖ -K(复合): ***Elefanten-***, ***Kuh-***, ***Rinder-***, ***Pferde-***, ***Schaf-***, ***Vieh-*** *usw* ‖ NB(注意): ↑ ***Rudel*** **2.** e-e Gruppe von (Haus)Tieren, die einem Besitzer gehören 属于一个主人的畜群,牧群⟨die H. weidet 畜群在吃草; die H. auf die Weide treiben, zusammentreiben 把畜群赶到草地上去,把畜群赶到一起; die H. hüten 放牧畜群⟩ **3.** *pej* [贬]: e-e große Gruppe von Menschen, die sich oft gleich verhalten u. das tun, was ein Anführer ihnen befiehlt (听人指挥、往往一致行动的)一帮人,人群⟨in der H. mitlaufen 随波逐流; der H. folgen 随大流⟩

Her.den.trieb *der*; *nur Sg* (只用单数) **1.** der Instinkt bestimmter Tiere, bei ihrer Herde zu bleiben 合群性,合群本能 **2.** *pej* [贬]: die Neigung mancher Menschen, sich großen Gruppen anzuschließen, um nicht selbständig denken u. handeln zu müssen 随大流

he.rein [hɛˈrain] *Adv* (副) **1.** bezeichnet die Richtung von irgendwo (draußen) nach drinnen, häufig zum Sprecher od. Erzähler hin (表示由外向里,朝说话人的方向)进来 ≈ *gespr* [口] rein ↔ hinaus: *Bis ins Zimmer h. drang der Lärm* 嘈杂声一直传进房间里来 ‖ NB(注意): ↑ ***hinein*** **2. *Herein!*** (nach e-m Klopfen an der Tür) verwendet, um j-m zu erlauben, ins Zimmer zu kommen (用在听到敲门声以后,表示允许进屋)进来! 请进!

he.rein- [hɛˈrain-] *im Verb, betont u. trennbar, sehr produktiv* (构成动词,重读并可分,构词强); Die Verben mit *herein-* werden nach folgendem Muster gebildet (herein-动词的模式如下): *hereinkommen – kam herein – hereingekommen*

herein- bezeichnet die Richtung von irgendwo (draußen) nach drinnen, häufig zum Sprecher od. Erzähler hin (表示由外往里,朝说话人的方向)进来 ↔ hinaus-;

hereinkommen: *Sie öffnete die Tür u. kam ins Zimmer herein* 她把门打开,走进房间里 ≈ Sie öffnete die Tür u. kam (von draußen) ins Zimmer

ebenso (同类词有): ***j-n / etw. (irgendwohin) hereinbringen***, ***j-n / ein Tier (irgendwohin) hereinführen***, ***(j-m) etw. hereingeben***, ***j-n / etw. (irgendwohin) hereinholen***, ***j-n / etw. (irgendwohin) hereinlegen***, ***j-n (irgendwohin) hereinschicken***, ***etw. (irgendwohin) hereinstecken***, ***j-n / etw. (irgendwohin) hereintragen***, ***etw. (irgendwohin) hereinwerfen***, ***j-n / etw. (irgendwohin) hereinziehen***; ***(irgendwohin) hereindrängen***, ***(irgendwohin) hereindürfen***, ***(irgendwohin) hereinfallen***, ***(irgendwohin) hereinfahren***, ⟨ein Vogel *o. Ä.* 鸟等⟩ ***fliegt (irgendwohin) herein***, ***(irgendwohin) hereingehen***, ***(irgendwohin) hereinkommen***, ***(irgendwohin) hereinkönnen***, ***(irgendwohin) hereinmüssen***, ***(irgendwohin) hereinsehen***, ***(irgendwohin) hereinsollen***, ⟨Personen / Wassermassen *o. Ä.* 人们/水流等⟩ ***strömen (irgendwohin) herein***, ***(irgendwohin) hereinstürzen***, ***(irgendwohin) hereinwollen***; ***(sich) (irgendwohin) hereinschleichen***, ***sich (irgendwohin) hereintrauen***, ***sich (irgendwohin) hereinwagen*** ‖ NB(注意): ↑ ***hinein-***

he.rein.be.kom.men; *bekam herein, hat hereinbekommen*; Vt (及物) **1. *etw. h.*** *gespr* [口]; *mst* e-e Ware, die man verkaufen will, vom Hersteller bekommen 收到,收进(多指货物): *die neue Winterkollektion h.* 收到新的冬季货样 **2. *etw. h.*** *gespr* [口]; e-n Sender (mit dem Radio od. mit dem Fernseher) empfangen können 能收听到,能收看到(指广播或电视): *Hier ist der Empfang so gut, dass wir sogar das Schweizer Programm h.* 这里的接收情况很好,我们甚至可以收到瑞士的节目

he.rein.bit.ten (*hat*) Vt (及物) ***j-n h.*** j-n bitten, ins Zimmer zu kommen 请…进来⟨j-n zu j-m/sich h. 请某人到某人/自己那里来⟩

he.rein.bre.chen (*ist*) Vi (不及物) ***etw. bricht (über j-n / etw.) herein*** etw. geschieht od. beginnt plötzlich u. unerwartet (u. betrifft j-n) (物作主语)袭来,冲来,降临,来临 ⟨ein Unglück, e-e Katastrophe bricht über j-n herein 不幸,灾祸向某人袭来; die Nacht, der Winter bricht herein 夜幕降临,冬季来临⟩

he.rein.brin.gen (*hat*) Vt (及物) **1.** ↑ ***herein-*** **2. *etw. (wieder) h.*** *gespr* [口]; etw.

Versäumtes später durch mehr Arbeit *o.Ä.* wieder ausgleichen（又）补回来 ≈ hereinholen（2）: *die versäumten Arbeitsstunden wieder h.* 把耽误的劳动小时又补回来

he.rein.fal.len（*ist*）[Vi]（不及物）*gespr*［口］**1.** ↑ **herein- 2. auf j-n / etw. h.** von j-m/durch etw. getäuscht od. betrogen werden 受…的骗，上…的当，中…的圈套〈auf e-n Betrüger, e-n Trick h. 上了骗子的当，中了圈套〉**3.**（**bei / mit etw.**）**h.** durch etw. e-n Nachteil od. Schaden haben 吃亏上当: *Bei dem neuen Auto ist er ganz schön hereingefallen* 在新汽车上他吃了大亏

he.rein.ho.len（*hat*）[Vt]（及物）**1.** ↑ **herein- 2. etw. h.** *gespr*［口］≈ hereinbringen（2）

he.rein.kom.men（*ist*）[Vi]（不及物）**1.** ↑ **herein- 2. etw. kommt herein** etw. wird j-m（als Gehalt od. Gewinn）gegeben（物作主语）来，得到，进腰包（指工资或赢利）: *Überstunden machen, damit mehr Geld hereinkommt* 加班，以便得到更多钱 **3. etw. kommt herein** e-e bestimmte Ware wird geliefert（物作主语）来货，进货: *Die neuen Jacken kommen nächste Woche herein* 新的夹克衫下星期来货

he.rein.krie.gen（*hat*）[Vt]（及物）**etw. h.** *gespr*［口］≈ hereinbekommen

he.rein.las.sen（*hat*）[Vt]（及物）**j-n / ein Tier h.** *gespr*［口］; es j-m/e-m Tier erlauben（od. möglich machen）hereinzukommen 让…进来，容许…进来，放进来: *die Tür öffnen, um die Katze hereinzulassen* 打开门，让猫进来

he.rein.le.gen（*hat*）[Vt]（及物）**1.** ↑ **herein- 2. j-n h.** *gespr*［口］; j-n betrügen od. täuschen 欺骗，愚弄: *Der Händler hat mich hereingelegt. – Das Gerät funktioniert nicht* 商人把我骗了——这个机器不运转（开动不起来）

he.rein.plat.zen（*ist*）[Vi]（不及物）**j-d platzt**（**irgendwo**）**herein** *gespr*［口］; j-d kommt plötzlich in e-e Veranstaltung, Versammlung *o.Ä.* u. stört sie so（人作主语）突然来到，意外出现 ≈ j-d platzt（irgendwo）hinein

he.rein.reg.nen（*hat*）[Vimp]（无人称）**es regnet herein** es regnet（*z.B.* durch ein Loch im Dach）in e-n Raum 雨落进来，雨潲进来 ≈ es regnet hinein

he.rein.schau.en（*hat*）[Vi]（不及物）*gespr*［口］**1.** *südd* Ⓐ Ⓒⓗ［南德］［奥］［瑞］≈ hereinsehen **2.** j-n kurz besuchen 看一看，看望，稍坐一会儿，串门儿 ≈ vorbeischauen: *Ich wollte bloß mal kurz bei dir h.* 我本来只想到你那里去坐一会儿

he.rein.schnei.en [Vi]（不及物）（*ist*）**1.** *gespr*［口］; überraschend zu j-m（auf Besuch）kommen 突然造访，令人意外地来到〈hereingeschneit kommen 令人意外地来到〉; [Vimp]（无人称）（*hat*）**2. es schneit herein** es schneit（*z.B.* durch ein offenes Fenster）in e-n Raum 雪飘进来

he.rein.spa.zie.ren（*ist*）[Vi] *gespr*, *oft hum*（不及物）［口］常用［诙］≈ hereinkommen（1）: *„Hereinspaziert, hereinspaziert!" rief ein Mann vor dem Zirkuszelt* "进来吧，进来吧!"——一个男子在杂技团的帐篷前喊道

he.rein.zie.hen [Vt]（及物）（*hat*）**1.** ↑ **herein-**; [Vi]（不及物）（*ist*）**2.**〈Personen 许多人〉**ziehen**（**irgendwohin**）**herein** *mst* e-e große Anzahl von Personen geht ins Innere e-s Gebäudes *o.Ä.* 开进，列队进入: *Die Demonstranten zogen in den Saal herein* 示威者进入了大厅; [Vimp]（无人称）（*hat*）**3. es zieht herein** kalte Luft dringt von außen in e-n Raum 有风从外面吹进来，这里有穿堂风

her.fah.ren [Vt]（及物）（*hat*）**1. j-n / etw. h.** j-n/etw. *mst* mit dem Auto von irgendwoher bringen 用车把…运来，送来: *Er hat die Möbel hergefahren* 他用车把家具运来了; [Vi]（不及物）（*ist*）**2.** von irgendwoher mit dem Auto, Fahrrad, Zug, Bus *o.Ä.* kommen 乘车或驾车来: *Bist du mit dem Auto hergefahren?* 你是乘车来的吗? **3. neben, hinter, vor j-m / etw. h.** neben, hinter, vor j-m/etw. in dieselbe Richtung fahren 乘车或驾车并排…，跟着…，在…前面行驶 ‖ *zu*（义项）**1.** u. **2. Her.fahrt** *die*

her.fal.len（*ist*）[Vi]（不及物）**1. über j-n h.** j-n plötzlich mit brutaler Gewalt angreifen 袭击，攻击 **2. über etw. h.** etw. voller Gier essen（贪婪地）大吃，大嚼〈über das Essen h. 大吃起来; über den Kuchen, den Braten, das Dessert *usw* h. 大吃点心、烤肉、饭后甜食等〉**3. über j-n / etw. h.** *gespr*［口］; j-n/etw. stark kritisieren 攻击，指摘，诽谤 **4. mit etw. über j-n h.** j-n mit etw. belästigen 用…打扰，纠缠，难为 ≈ j-n mit etw. bestürmen〈mit Fragen, Bitten über j-n h. 提出问题、请求去麻烦某人〉

her.fin.den（*hat*）[Vi]（不及物）den Weg von irgendwoher finden zu e-m bestimmten Ziel 找到来路: *Hast du leicht hergefunden?* 你很容易就找到（来这里的）路了吗?

her.flie.gen（*ist*）[Vi]（不及物）von irgendwoher mit dem Flugzeug kommen 乘飞机来到，飞抵 ‖ *hierzu*（派生）**Her.flug** *der*

her.füh.ren（*hat*）[Vt]（及物）**1. j-n / etw. h.** j-m/etw. von irgendwoher den Weg weisen 给…指路，把…带来，引路; [Vi]（不及物）**2. etw. führt her** ein Weg, e-e Straße *o.Ä.* führt von irgendwoher zum Sprecher od. Handelnden hin（物作主语）通向（这里）: *Dieser Weg führt direkt（zum Haus）her* 这条道路直接通向家里

Her.gang *der*; *nur Sg*（只用单数）; die Art, wie etw. geschehen ist 经过，过程 ≈ Ablauf, Verlauf: *den H. des Unfalls schildern* 描述事故的经过

her.ge.ben（*hat*）[Vt]（及物）**1. etw. h.** j-m etw. reichen 递给: *Gib mir das Buch her!* 请把书递给我! **2. etw. h.** etw. verschenken od. verkaufen 拿出，交出，送给，卖给〈etw. freiwillig, ungern h. 自愿地，不愿意交出某物〉**3. etw. / sich für etw. h.** etw./sich für etw. zur Verfügung stellen 参与，投身于，献身于，尽力〈seinen Namen für e-n guten Zweck h. 为美好的目的而献身; sich für e-e niedrige Arbeit h. 委身于低贱的工作〉**4. etw. gibt etw. her** *gespr*［口］; etw. enthält etw., das nützlich od. interessant ist（物作主语）有用，有意义

〈etw. gibt viel, wenig, nichts her 某物很有意义、意义不大、毫无意义〉: *Dieses Thema gibt nichts her* 这个题目毫无意义

her·ge·hen (*ist*) [Vi] (不及物) **1. neben, hinter, vor j-m/etw. h.** neben, hinter, vor j-m/etw. in dieselbe Richtung gehen 在…的旁边、后面、前面同行(一起走来): *Sie ging neben ihm her u. hielt ihn bei der Hand* 她同他一起走来并拉着他的手 **2.** *südd* Ⓐ [南德][奥] von irgendwoher näher treten 走近, 过来 ≈ herkommen (1) ‖ NB(注意): *mst* im Imperativ(多用命令式); [Vimp] (无人称) **3. es geht irgendwie her** *gespr* [口]; etw. geschieht, verläuft in der genannten Weise 进行, 发生: *Auf der Party ging es laut her* 聚会上闹得很; *Bei der Diskussion ging es heiß her* 讨论进行得很热烈 ‖ ID[谚] **h. u. etw. tun** *gespr* [口]; (ohne lange zu überlegen) etw. tun u. dadurch e-n unangenehmen Eindruck machen 做事随心所欲, 不加考虑: *Der geht einfach her u. benutzt meine Sachen, ohne mich zu fragen!* 他问也不问我一下, 就随便用我的东西! ‖ ▶ **Hergang**

her·ge·holt **1.** *Partizip Perfekt* (过去分词); ↑ **herholen 2.** *Adj* (形); *nur in* 只用于 **etw. ist weit h.** etw. ist sehr unwahrscheinlich od. unglaubwürdig(物作主语)是不符合事实的, 不可信的, 牵强附会的 〈e-e Ausrede ist weit h. 借口是很牵强的〉

her·ge·lau·fen **1.** *Partizip Perfekt* (过去分词); ↑ **herlaufen 2.** *Adj* (形); *nur attr, nicht adv* (只作定语, 不作状语); 〈ein Bursche, ein Kerl, ein Typ 小伙子, 家伙, 人物〉 so, dass (sie e-n schlechten Eindruck machen u.) man nichts über sie weiß 不知哪里来的, 来历不明的, 流浪的, 外来的 ‖ *zu* (义项) **2. Her·ge·lau·fe·ne** *der/die*; *-n, -n*

her·ha·ben (*hat*) [Vt] (及物) *mst* 多用 **Wo hat er/sie (nur)** 〈das Geld, diese Begabung *o. Ä.* 钱, 这种本事等〉 **her?** *gespr* [口]; verwendet, um sein Erstaunen darüber auszudrücken, dass j-d so viel Geld hat, so begabt ist *o. Ä.* (表示惊讶)他/她哪里来的(钱, 这种本事等)?: *Wo hat er nur die vielen Autos her?* 他哪里来的这许多汽车?

her·hal·ten (*hat*) [Vt] (及物) **1. etw. h.** etw. so halten, dass es in die Nähe des Sprechers kommt 把…伸过来, 把…拿近一点: *Halt deinen Teller her, du kriegst e-n Nachschlag* 把你的盘子拿过来, 你可以得到一份添加的饭食; [Vi] (不及物) **2. j-d/etw. muss (als etw./für j-n/etw.) h.** *gespr* [口]; j-d/etw. muss (an Stelle von j-d/etw. anderem) e-e bestimmte Funktion übernehmen (人/物作主语)充当, 充作, 承担, 担当 〈etw. muss als Beweis, Vorwand h. 某物不得不充当证据、借口; j-d muss als Opfer h. 某人不得不成为牺牲品〉: *Seine Erkältung musste als Ausrede für sein schlechtes Spiel h.* 他的感冒只好充当他表演不好的借口; *Sie muss für ihre beiden erkrankten Kollegen h.* 她不得不为她的两个生病的同事承担责任

her·ho·len (*hat*) [Vt] (及物) **j-n/etw. h.** j-n/etw. von irgendwoher holen 叫来, 请来 〈e-n Arzt, e-n Krankenwagen, ein Taxi h. 请医生来, 叫救护车来, 叫出租汽车来〉

her·hö·ren (*hat*) [Vi] *gespr* (不及物) [口]; aufmerksam auf das hören, was der Sprecher sagt 仔细听, 注意听: *Hört mal alle her!* 大家注意听!

He·ring[1] *der*; *-s, -e*; ein silbern glänzender (Meeres)Fisch, der in großen Gruppen *bes* in nördlichen Meeren lebt u. gern gegessen wird 鲱鱼, 青鱼 〈gesalzene, gepökelte, geräucherte, marinierte Heringe 咸的、盐浸的、熏的、腌制的鲱鱼; e-n H. ausnehmen, braten 清除鲱鱼的内脏, 煎(烤)鲱鱼〉 ‖ K-(复合): **Herings-, -fang, -filet, -schwarm** ‖ -K(复合): **Brat-, Räucher-, Salz-**

He·ring[2] *der*; *-s, -e*; einer von mehreren kleinen Stäben aus Metall, die man in die Erde steckt, *bes* um die Schnüre e-s Zeltes daran zu befestigen 帐篷桩

her·kom·men (*ist*) [Vi] (不及物) **1.** von irgendwoher (*mst* zum Sprecher) kommen 来, 过来, 走过来: *Komm sofort her zu mir!* 马上到我这里来! **2. Wo kommst du/kommt er** *usw* **her?** verwendet, um zu fragen, wo j-d geboren ist, woher j-d stammt 你/他的籍贯, 老家在哪里? **3. Wo kommt** 〈*mst* das Geld 多指钱〉 **her?** verwendet, um danach zu fragen, wie j-d zu Geld *o. Ä.* gekommen ist od. kommt 钱是哪里来的? 钱从哪里来?: *Wo soll das Geld h., wenn niemand arbeitet?* 如果谁都不工作, 钱从哪里来?; *Sie machen ständig Urlaub. Wo kommt denn nur das Geld her?* 您经常休假。可是哪里来的钱呢? ‖ ▶ **Herkunft**

her·kömm·li·ch- *Adj* (形); *nur attr, nicht adv* (只作定语, 不作状语); 〈*mst* Methoden, Verfahren 多指方法, 处理办法〉 so, wie sie seit langem bekannt sind (u. angewendet werden) 传统的, 习惯的 ≈ traditionell ↔ modern, neu ‖ *hierzu* (派生) **her·kömm·li·cher·wei·se** *Adv* (副)

her·krie·gen (*hat*) [Vt] (及物) **j-n/etw. h.** *gespr* [口] ≈ herbekommen

Her·kunft *die*; *-, Her·künf·te*; *mst Sg* (多用单数) **1.** das Land, die Familie, die soziale Schicht *usw*, in denen j-d geboren u. aufgewachsen ist 出身, 原籍, 祖籍 ≈ Abstammung 〈adeliger, bäuerlicher, bürgerlicher H. sein 贵族、农民、资产阶级出身〉: *seiner H. nach Schotte sein* 祖籍是苏格兰人 **2.** der Ort od. Bereich, an bzw. in dem etw. entstanden ist od. produziert worden ist 来源, 来历, 产地 ≈ Ursprung 〈die H. e-s Wortes, e-s Kunstwerkes, e-r Ware 词的来源, 艺术品、商品的产地〉: *Dieser Käse ist holländischer H.* 这奶酪是荷兰产的, 是荷兰货 ‖ K-(复合): **Herkunfts-, -angabe, -land, -ort** ‖ ▶ **herkommen**

her·le·gen (*hat*) [Vt] (及物) **j-n/sich/etw. h.** *gespr* [口]; j-n/sich/etw. in die Nähe des Sprechers legen 让…躺过来, 把…放过来、搁到这里来: *Leg dich zu mir her* 躺到我这边来

her·lei·ten (*hat*) [Vt] (及物) **1. etw.** (**aus etw.**) **h.** durch logische Schlüsse zu e-m bestimmten Resultat kommen(从…)推论出,引申出 ≈ ableiten 〈e-e Formel, e-n Rechtsanspruch h.推出公式,引申出合法要求〉 **2. etw.** (**von/aus etw.**) **h.** von etw. den Ursprung angeben od. erkennen 指出,弄清…的来源,追溯出…来自… ≈ etw. auf etw. zurückführen: *ein Wort aus dem Griechischen h.* 指出词来源于希腊文; [Vr] (反身) **3. etw. leitet sich von/aus etw. her** etw. hat in etw. seinen Ursprung(物作主语)来源于,来自: *Das Wort „Demokratie" leitet sich vom griechischen „demos" her* "Demokratie"一词来源于希腊文的"demos"

her·ma·chen (*hat*) *gespr*[口]; [Vi] (不及物) **1. j-d/etw. macht** (**et**)**was/viel/**(**gar**) **nichts** *usw* **her** j-d/etw. ist schön/sehr schön/(überhaupt) nicht schön (u. macht deshalb e-n guten bzw. keinen guten Eindruck) (人/物作主语)有点/很/根本不讨人喜欢,引人注目: *Mit ihrer flotten neuen Frisur macht sie ziemlich was her* 她那漂亮的新发型相当讨人喜欢; [Vr] (反身) **2. sich über etw.** (*Akk* 四格) **h.** etw. mit viel Energie (zu tun) beginnen 积极着手,开始 〈sich über die Arbeit, das Essen h. 积极着手工作,大吃起来〉 **3. sich über j-n/etw. h.** j-n/etw. stark kritisieren 攻击,抨击,指责 ≈ über j-n/etw. herfallen (3)

Her·me·lin[1] *das*; *-s*, *-e*; ein kleines (Raub-)Tier, das im Winter ein weißes Fell hat 白鼬,银鼬

Her·me·lin[2] *der*; *-s*, *-e*; *mst Sg*(多用单数); das weiße Fell e-s Hermelins[1], das früher *bes* Könige u. Fürsten trugen 白鼬皮,银鼬皮 ‖ K-(复合): **Hermelin-**, **-kragen**, **-mantel**

her·me·tisch *Adj*(形); *mst adv*, *geschr*(多作状语)[书]; so, dass niemand u. nichts eindringen kann 不透气的,不漏水的,严密的,密封的 〈etw. h. abriegeln, abschließen, verschließen 对某物严密封锁,隔离,密不泄露〉: *Die Polizei riegelte das Gelände h. ab* 警察当局严密封锁了这个地区

her·nach *Adv*(副); *bes südd* Ⓐ 尤指[南德][奥]≈ danach, später

her·neh·men (*hat*) [Vt] (及物) **1. etw. irgendwo h.** etw. von irgendwoher bekommen 从…得到: *Wo nimmt sie bloß die Geduld her?* 她哪里来的耐心? ‖ NB(注意): nur nach *wo*(只用于 *wo* 之后) **2. j-d/etw. nimmt j-n her** j-d/etw. beansprucht od. belastet j-n körperlich od. psychisch stark (人/物作主语)使劳累,使损伤元气,使消耗体力: *Die Krankheit hat ihn sehr hergenommen* 疾病使他大伤元气; *Der Trainer nahm unsere Mannschaft ordentlich her* 教练把我们运动队搞得很疲劳

her·nie·der *Adv*(副); *geschr*[书] ≈ herunter, herab

he·ro·ben *Adv*(副); *südd* Ⓐ [南德][奥] ≈ (hier) oben ↔ herunten

He·roe [-ˈroːə] *der*; *-n*, *-n*; *geschr*[书] ≈ Held (1,3) ‖ NB(注意): *der Heroe*; *den*, *dem*, *des Heroen* ‖ *hierzu*(派生) **He·ro·in** *die*; *-*, *-nen*

He·ro·in *das*; *-s*; *nur Sg*(只用单数); ein starkes Rauschgift in Form e-s weißen Pulvers, das sich Süchtige *mst* in den Arm spritzen 海洛因〈(sich (*Dat* 三格)) H. spritzen(给自己)注射海洛因〉 ‖ K-(复合): **Heroin-**, **-tote**(**r**); **heroin-**, **-abhängig**, **-süchtig**

he·ro·isch *Adj*(形); *geschr*[书] ≈ heldenhaft 〈ein Entschluss, e-e Tat, ein Kampf 决定,行为,斗争; sich h. zur Wehr setzen 英勇地进行自卫〉

Her·pes *der*; *-*; *nur Sg* (只用单数); e-e ansteckende Krankheit, die schmerzhafte kleine Blasen auf der Haut verursacht (*z.B.* an den Lippen)疱疹 ‖ K-(复合): **Herpes-**, **-bläschen**, **-virus**

Herr *der*; *-*(*e*)*n*, *-en* **1.** verwendet als höfliche Bezeichnung für e-e erwachsene männliche Person (mit der man nicht befreundet ist od. die man nicht näher kennt) 男子↔ Dame 〈ein junger, älterer, freundlicher H. 年轻的,年纪大一些的,友好的男子〉: *Ein H. hat angerufen* 有个男子来过电话; *Die Herren fordern die Damen zum Tanzen auf* 男士们邀请女士们跳舞 ‖ K-(复合): **Herren-**, **-bekleidung**, **-fahrrad**, **-friseur**, **-handschuh**, **-hemd**, **-konfektion**, **-magazin**, **-mantel**, **-mode**, **-rad**, **-sakko**, **-sattel**, **-schneider**, **-schuh**, **-socken**, **-toilette**, **-uhr**, **-unterwäsche** **2. H.** (+ *Titel* 头衔) + *Name*(名字)/**H.** + *Titel* (头衔) verwendet als höfliche Anrede od. Bezeichnung für e-e erwachsene männliche Person 先生 ↔ Frau: *Guten Tag, Herr Dr. Müller!* 你好,米勒博士先生! **3.** *nur Pl*, SPORT(只用复数)【体】; die männlichen Sportler 男运动员 ↔ Damen: *Bei den Herren siegte Hans Maier* 男子项目是汉斯·迈耶尔获胜; *der Slalom der Herren* 男子障碍滑雪 ‖ K-(复合): **Herren-**, **-doppel**, **-einzel** **4. H.** (**über j-n/etw.**) j-d, der große Macht über Menschen, Tiere u. Dinge (die er besitzt) hat 控制、统治、主宰、驾驭、支配…的人,主人 ≈ Gebieter 〈ein gütiger, strenger, gerechter H. 善良的,严厉的,公正的主人; sich zum Herrn machen 使自己成为主人; H. über Leben u. Tod sein 是操生死之权者,是操生杀予夺之权者〉: *Der Hund gehorcht seinem Herrn aufs Wort* 狗听主人的话 ‖ -K(复合): **Burg-**, **Fabrik**(**s**)**-**, **Feudal-**, **Grund-**, **Guts-**, **Kolonial-**, **Landes-**, **Leh**(**e**)**ns-** **5.** REL【宗】≈ Gott 〈der H. im Himmel 天国的上帝,上天的主; den Herrn loben, preisen 颂扬,赞美上帝; dem Herrn danken 感谢上帝〉 **6. der H. des Hauses** der Vorstand e-r Familie, *bes* in seiner Funktion als Gastgeber 家长,户主,一家之主 **7. die Herren der Schöpfung** *hum*[诙]; die Männer 男人们 **8. j-s Alter H.** *gespr hum*[口][诙]; (*bes* von Jugendlichen verwendet(青年人用语)) j-s Vater 某人的老头子(指父亲) ‖ ID [谚] **der H. im Haus sein** in e-r Familie die Entscheidungen treffen 是当家人,是当家作主的

人；***sein eigener H. sein*** (*bes* finanziell) unabhängig sein 自己作主(尤指经济独立)；***H. der Lage/Situation sein, bleiben*** e-e schwierige Situation unter Kontrolle haben 控制着局势，仍然控制着局势；***j-s/etw. H. werden***；***über j-n/etw. H. werden*** sich gegen j-n durchsetzen bzw. e-e Situation unter seine Kontrolle bringen 控制着，掌握着某人/某事；***nicht mehr H. seiner Sinne sein*** so verwirrt sein, dass man nicht weiß, was man tut 再也不能控制自己，六神无主，不知所措；***aus aller Herren Länder(n)*** *geschr*[书]；von überall her 来自世界各地，来自天南海北 ‖ NB(注意)：*der Herr*；*den, dem, des Herr(e)n*

Her·chen *das*；*-s, -*；*gespr*[口]；der Besitzer e-s Hundes *o. Ä.* 狗的主人↔ Frauchen

Her·ren·abend *der*；*veraltend*[渐旧]；ein (*mst* geselliges) Beisammensein von Männern (ohne deren Frauen) 男子联欢晚会

Her·ren·ar·ti·kel *die*；*Pl*(复)；Waren (*bes* Kleidung)，die für Männer hergestellt werden 男人用的物品(尤指服装)↔ Damenartikel

Her·ren·aus·stat·ter *der*；*-s, -*；ein (elegantes) Geschäft, das Kleidung für Männer verkauft 男式服装专卖店

her·ren·los *Adj*(形)；ohne Besitzer (der darauf aufpasst) 无主的，无人过问的〈ein Hund, e-e Katze 狗，猫；Gepäck 行李；etw. liegt, steht h. herum 某物乱放着，无人过问〉

Herr·gott *der*；*nur Sg*(只用单数) **1.** *gespr*[口] ≈ Gott 〈unser H. 我们的主；der liebe H. (im Himmel) 亲爱的(天国的)主〉 **2.** *südd* Ⓐ[南德][奥] ≈ Kruzifix (2) ‖ K-(复合)：***Herrgotts-, -schnitzer, -winkel*** **3.** ***H. (noch mal)!*** *gespr!*[粗] verwendet, um seine Ungeduld od. seinen Ärger auszudrücken(表示不耐烦或生气)天哪！

Herr·gotts·frü·he *die*；*nur in* 只用于 ***in aller H.*** *gespr*[口]；sehr früh am Morgen 清晨，大清早，拂晓，黎明〈in aller H. aufbrechen 一早就启程，一清早就出发〉

her·rich·ten (*hat*) [Vt](及物) **1. *etw. h.*** etw. für e-n bestimmten Zweck fertig machen 整理好，准备好，收拾好 ≈ vorbereiten：*die Betten für die Gäste h.* 为客人们准备好床铺 **2. *etw. h.*** etw., das kaputt od. alt ist, wieder in Ordnung bringen 补缀，修补，修复，修理 ≈ renovieren, restaurieren：*die alte Kirche wieder h.* 重新修复旧教堂 **3. *j-n/sich h.*** j-n/sich durch Frisieren, Schminken *o. Ä.* schönmachen 给某人/(给自己)穿戴好，把某人/(把自己)梳妆打扮好：*sich ein bisschen h., weil man ausgehen will* 因为要外出，稍微打扮一下

her·risch *Adj*(形)；*pej*[贬]；so, dass der Betreffende j-n auf unfreundliche Art zwingt, ihm zu gehorchen 家长式的，专横的，霸道的，粗暴的〈e-e Person, e-e Frau 人，女人；ein herrisches Wesen haben 具有粗暴的性格〉

herr·je!, herr·je·mi·ne! *Interjektion*(叹)；drückt aus, dass man (unangenehm) überrascht od. entsetzt ist(表示意外或惊讶)天哪！

herr·lich *Adj*(形)；in hohem Maß schön, gut od. angenehm 美妙的，精采的，极美的，极好的，美味的〈Wetter, ein Tag, Sonnenschein, ein Essen, ein Ausblick *usw* 天气，日子，阳光，饭菜，景色等；etw. klingt, riecht, schmeckt h. 某物好听，好闻，好味道〉 ‖ *hierzu*(派生) **Herr·lich·keit** *die*

Herr·schaft *die*；*-, -en* **1. *die H.* (*über j-n/etw.*)** *nur Sg*(只用单数)；die absolute Kontrolle (über j-n/etw.) 统治，控制，政权，执政，统治地位〈die H. des Volkes, des Diktators, des Staates 人民的统治，独裁者的统治，国家政权；die H. an sich reißen, antreten, ausüben, innehaben 夺取政权，上台执政，行使统治权，掌握政权；an die H. gelangen, kommen 取得统治权，获得政权〉：*Dieses Schloss wurde während der H.* (= Regierungszeit) *von Kaiserin Maria-Theresia erbaut* 这个宫殿是女皇玛丽·泰蕾莎执政时建造的 ‖ K-(复合)：***Herrschafts-, -anspruch, -bereich, -form, -ordnung, -struktur, -system*** ‖ -K(复合)：***Allein-, Feudal-, Fremd-, Gewalt-, Schreckens-; Welt-*** **2.** *mst Sg, veraltend*(多作单数)[渐旧]；j-d, der Diener, Dienstmädchen *usw* hat 主人，东家：*Der Kutscher wartet auf seine H.* 马车夫在等他的主人 **3.** *nur Pl, gespr*(只用复数)[口]；alle (anwesenden) Damen u. Herren(在场的)女士们和先生们：*Meine Herrschaften, ich begrüße Sie herzlich!* 女士们和先生们，我衷心地欢迎你们！；*Ich bitte die Herrschaften, mir zu folgen!* 我请女士们和先生们跟着我来(做)！ **4. *unter j-s H.*** während der Zeit, in der j-d herrscht (1) 在某人的统治下，在某人当政的时期 **5. *die H. über etw.*** (*Akk* 四格) ***verlieren*** etw. nicht mehr unter Kontrolle haben 对…失去控制：*Er verlor die H. über seinen Wagen u. fuhr in den Straßengraben* 他对车辆失去了控制，把车开到马路路沟里去了 **6. *H. (noch mal)!*** *gespr!*[粗] verwendet, um seinen Ärger auszudrücken(用来表示生气、不满)老天啊！哎呀！活见鬼！ ‖ *zu*(义项) **2. herr·schaft·lich** *Adj*(形)

herr·schen；*herrschte, hat geherrscht*；[Vi](不及物) **1. (*über j-n/etw.*) *h.*** (*bes* als Monarch) ein Land regieren 统治，治理：*Alexander der Große herrschte über ein riesiges Reich* 亚历山大大帝曾经统治一个庞大的帝国 **2. *etw. herrscht*** etw. hat großen Einfluss *bes* auf die Politik(物作主语)占统治地位，起支配作用〈die herrschende Klasse, Schicht, Partei 统治的阶级，阶层，政党〉：*In unserer Zeit herrscht das Geld* 在现代金钱占统治地位 **3. *etw. herrscht*** etw. bestimmt (als Zustand) die Lage od. das Verhalten der Menschen(物作主语)充满，笼罩，盛行，流行，普遍存在〈es herrscht Armut, Not, Schweigen, Freude, Trauer 普遍存在贫困、匮乏，一片寂静，充满欢乐，笼罩着悲哀的气氛；die herrschenden Verhältnisse, Ansichten 普遍的状况，看法〉：*Nach der langen Trockenheit herrscht nun e-e große Hungersnot* 在长时间的旱灾以后出现大

饥荒 ‖ ▶ **beherrschen**

Herr·scher *der*; *-s*, *-*; **ein H.** (**über j-n** (*Kollekt od Pl* 集合或复数)/**etw.**) j-d, der die Kontrolle über ein Land, e-n großen Besitz *o.Ä.* hat 统治者,君主,执政者,摄政王 ‖ K-(复合): **Herrscher-**, **-geschlecht**, **-haus**, **-paar** ‖ -K(复合): **Allein-**; **Welt-** ‖ *hierzu*(派生) **Herr·sche·rin** *die*; *-*, *-nen*

herrsch·süch·tig *Adj*(形); *pej*[贬]; seinem Charakter nach so, dass man andere immer unter seiner Kontrolle haben (beherrschen) will 有权势欲的,贪权的,嗜权的〈ein Mensch, ein Weib 人,女人〉 ‖ *hierzu*(派生) **Herrschsucht** *die*; *nur Sg*(只用单数)

her·rüh·ren (*hat*) [Vi](不及物) **etw. rührt von etw. her** etw. wird od. wurde durch etw. verursacht(物作主语)来源于,起因于: *Die Narbe rührt von e-r Operation her* 伤疤是手术引起的

her·sa·gen (*hat*) [Vt](及物) **etw. h.** *mst* e-n Text auswendig vortragen 背诵 ≈ aufsagen (1)〈ein Gedicht h. 背诵一首诗〉

her·schau·en (*hat*) [Vi] *südd* Ⓐ Ⓒⓗ (不及物)[南德][奥][瑞] ≈ hersehen ‖ ID[谚] '**Da schau her!** *südd* Ⓐ Ⓒⓗ [南德][奥][瑞] verwendet, um sein Erstaunen auszudrücken (表示惊讶)看啊! 真想不到!

her·schen·ken (*hat*) [Vi](不及物) **etw. h.** *südd* Ⓐ[南德][奥]≈ verschenken

her·se·hen (*hat*) [Vi](不及物) **1.** ↑ **her-** (1) **2.** ≈ aufpassen: *Wenn niemand hersieht, laufen wir schnell weg* 当没有人注意的时候,我们迅速跑开了

her·stam·men (*hat*) [Vi](不及物) **von irgendwo h.** an e-m bestimmten Ort, in e-m bestimmten Land geboren sein, von dort stammen (3)原籍在,老家在,生于 ‖ NB(注意): nur nach *wo*(只用在 *wo* 之后)

her·stel·len (*hat*) [Vt](及物) **1. etw. h.** ein Produkt machen 制造,生产 ≈ anfertigen, produzieren〈etw. maschinell, industriell, von Hand h. 用机器,以工业方式,用手制造某物〉: *Diese Firma stellt Autos her* 这家公司生产汽车 **2. etw. h.** bewirken, dass etw. entsteht 建立,确立 ≈ schaffen〈e-e telefonische Verbindung, e-n Kontakt h. 接通电话,建立联系〉 **3. etw. h.** etw. von irgendwo bringen u. in die Nähe des Sprechenden stellen 把…放过来,把…放到这里来; [Vr](反身) **4. etw. stellt sich her** etw. entsteht(物作主语)产生,形成〈das Gleichgewicht, die Ordnung 平衡,秩序〉 **5. sich h.** sich in die Nähe des Sprechenden stellen 站过来,站到这里来: *Stell dich ruhig her (zu mir)!* 你放心地站过来(站到我这里来)! ‖ *zu*(义项) **1. Her·stel·ler** *der*; *-s*, *-*; **Her·stel·le·rin** *die*; *-*, *-nen*

Her·stel·lung *die*; *-*; *nur Sg*(只用单数) **1.** der Vorgang, bei dem Waren produziert werden 制造,生产 ≈ Erzeugung, Produktion: *Bei der H. von Aluminium wird viel Energie benötigt* 生产铝需要大量能源 ‖ K-(复合): **Herstellungs-**, **-fehler**, **-kosten**, **-land**, **-verfahren** ‖ -K(复合): **Auto-**, **Glas-**, **Papier-** *usw* **2.** der Vorgang, bei dem etw. hergestellt (2) wird 建立: *die H. e-r telefonischen Verbindung* 接通电话

her·trei·ben (*hat*) [Vt](及物) **1.** ↑ **her-** (1) **2. j-n/ein Tier vor sich** (*Dat* 三格) **h.** hinter j-m/e-m Tier gehen u. ihn/es zwingen, (schneller) weiterzugehen 驱赶,赶着…往前走

Hertz *das*; *-*, *-*; PHYS【物】: die Einheit, mit der man die Frequenz von Wellen misst 赫兹(频率的单位); *Abk* 缩写为 Hz ‖ -K(复合): **Kilo-**

he·rü·ben *Adv*(副); *südd* Ⓐ[南德][奥]hier auf dieser Seite 在这一边 ≈ diesseits

he·rü·ber [hɛ'ry:bɐ] *Adv*(副); bezeichnet die Richtung von irgendwo (drüben) auf die Seite des Sprechers od. Handelnden hin(表示从对面朝说话人一边的方向)过来: *Wie lange dauert e-e Schiffsreise von Amerika h. nach Eurpoa?* 从美洲到欧洲来的航程有多长? ‖ NB(注意): ↑ **hinüber**

he·rü·ber- [hɛ'ry:bɐ-] *im Verb*, *betont u. trennbar*, *begrenzt produktiv*(构成动词,重读并可分,构词有限); Die Verben mit *herüber-* werden nach folgendem Muster gebildet (herüber-动词的模式如下): *herübergehen – ging herüber – herübergegangen*

herüber- bezeichnet die Richtung von irgendwo (drüben) auf die Seite des Sprechers, Erzählers od. Handelnden hin(表示从对面朝说话人一边的方向)过来 ≈ *gespr*[口] rüber-;

(**über etw.** (*Akk*)) **herübergehen**: *Sie ging über die Brücke zu mir herüber* 她过了桥朝我这边走来 ≈ Sie ging vom anderen Ufer über die Brücke auf die Seite, auf der ich war

ebenso(同类词有): **j-n/etw.** (**über etw.** (*Akk* 四格)) **herüberbringen**, **etw. herübergeben**, **j-n/etw.** (**über etw.** (*Akk*)) **herüberholen**, **j-n/etw.** (**über etw.** (*Akk*)) **herüberlassen**, (**j-m**) **etw. herüberreichen**, **j-n/etw.** (**über etw.** (*Akk*)) **herüberschicken**, **j-n/sich/etw. herüberstellen**, **etw.** (**über etw.** (*Akk*)) **herüberwerfen**, **j-n/sich/etw.** (**über etw.** (*Akk*)) **herüberziehen**; (**über etw.** (*Akk*)) **herüberdürfen**, (**j-n/etw.**) (**über etw.** (*Akk*)) **herüberfahren**, (**über etw.** (*Akk*)) **herübergehen**, (**über etw.** (*Akk*)) **herübergrüßen**, (**über etw.** (*Akk*)) **herüberhängen**, (**über etw.** (*Akk*)) **herüberklettern**, (**über etw.** (*Akk*)) **herüberkommen**, (**über etw.** (*Akk*)) **herüberkönnen**, (**über etw.** (*Akk*)) **herüberlaufen**, (**über etw.** (*Akk*)) **herübermüssen**, (**über etw.** (*Akk*)) **herüberschauen**, (**über etw.** (*Akk*)) **herüberschwimmen**, (**über etw.** (*Akk*)) **herübersehen**, (**über etw.** (*Akk*)) **herüberspringen**, (**über etw.** (*Akk*)) **herüberziehen**; **sich** (**über etw.** (*Akk*)) **herübertrauen**, **sich** (**über etw.** (*Akk*)) **herüberwagen** ‖ NB(注意): ↑ **hinüber-**

H

he·rü·ber·bit·ten（*hat*）[Vt]（及物）***j-n h.*** j-n bitten, zu einem herüberzukommen 请…过来

he·rü·ber·kom·men（*ist*）[Vi]（不及物）**1.** ↑ ***herüber-*** **2.**（*bes* als Nachbar）j-n kurz besuchen 来坐坐，来串门：*Kommen Sie doch mal auf e-n Kaffee zu uns herüber!* 您到我们这里来坐坐，喝杯咖啡！

he·rü·ber·rei·chen（*hat*）[Vt]（及物）**1.** ↑ ***herüber-***；[Vi]（不及物）**2.** ***etw. reicht herüber*** etw. ist so lang, dass es sich von irgendwo drüben bis auf die Seite des Sprechenden erstreckt（物作主语）伸展过来，够得到：*Das Seil reicht leicht zu mir herüber* 绳子很容易够到我这里来

he·rü·ber·zie·hen [Vt]（及物）（*hat*）**1.** ↑ ***herüber-*** **2.** ***j-n*** （***zu sich***）***h.*** j-n（*bes* Wähler）von seiner eigenen Meinung überzeugen 把…争取过来，拉过来（尤指选民）≈ j-n für sich gewinnen；[Vi]（不及物）（*ist*）**3.** ↑ ***herüber-***

he·rum [hɛˈrʊm] *Adv*（副）**1.**（in Bezug auf Bewegungen）in e-m Bogen od. Kreis um sich selbst/j-n/etw. 围绕着…转动 ≈ *gespr*［口］rum〈nach rechts, nach links h. 转向右边，转向左边，im Kreis h. 转圈子〉：*den Kopf nach links h. drehen* 把脑袋转向左边 ‖ -K（复合）：***links-***，***rechts-*** **2.** ***um j-n/etw. h.***（in Bezug auf e-e Lage, Anordnung）in e-m Bogen od. Kreis um j-n/etw. 在…四周，在…周围 ≈ *gespr*［口］rum：*Um das ganze Haus h. wachsen Rosen* 在整个房子周围都长着玫瑰；*Der Weg um den See h. ist verschneit* 环湖道路被雪覆盖 ‖ -K（复合）：***rings-***，***rund-*** **3.** ***um j-n/etw. h.*** in der Umgebung od. Nähe von j-m/etw. 在…周围，在…附近 ≈ *gespr*［口］rum：*Um München h. gibt es viele Seen* 在慕尼黑四周有许多湖；*Alle um sie h. wussten von ihrem Leid* 她周围的人都知道她的痛苦 **4.** ***um*** + *Zeit- od. Maßangabe*（时间或计量说明语）+ ***h.*** *gespr*［口］≈ ungefähr（um），zirca（um）：*Ich komme um vier h. bei dir vorbei* 我4点左右来你那里一趟 **5.** ***verkehrt h.*** mit der falschen Seite nach außen, vorne, oben *o. Ä.*（里外，前后，上下）颠倒，反过来：*Du hast den Pullover verkehrt h. an* 你把套头毛衣穿反了 **6.** ***etw. ist h.*** *gespr*［口］；etw. ist zu Ende, vorüber（物作主语）已经结束，过去：*Die Pause ist gleich h.* 休息时间马上就过去了 **7.** ***um j-n h. sein*** *gespr*［口］；in der Nähe von j-m sein u. sich um ihm kümmern 在…身边照料：*Sie ist ständig um ihre kranke Mutter h.* 她总在生病的母亲身边照料她

he·rum- [hɛˈrʊm-] *im Verb, betont u. trennbar, sehr produktiv*（构成动词，重读并可分，构词强）；Die Verben mit *herum-* werden nach folgendem Muster gebildet（herum-动词的模式如下）：*herumgehen – ging herum – herumgegangen*

1. *herum-* bezeichnet e-e Bewegung od. Anordnung in e-m Kreis od. mit j-m/etw. als Mittelpunkt（表示围绕某人/某物的运动或状态）绕…转动，在…周围，围绕着…；***um j-n/etw. herumgehen***：*Wir gingen um das Haus herum* 我们围绕着这座房屋走 ≈ Wir gingen（im Kreis）um das Haus（sodass wir es von allen Seiten sehen konnten）

ebenso（同类词有）：***etw. um j-n/etw. herumbinden***，***um j-n/etw. herumlaufen***，***um j-n/etw. herumreiten***，〈Personen 人们〉***stehen/tanzen um j-n/etw. herum***

2. *herum-* bezeichnet e-e Bewegung in die andere（entgegengesetzte）Richtung（表示转向另一个（相反的）方向）朝…转过去 ≈ *gespr*［口］rum-；

herumdrehen：*Er drehte den Hebel*（*nach links*）*herum* 他（向左）转动杠杆 ≈ Er drehte den Hebel in die andere Richtung（von rechts nach links）

ebenso（同类词有）：***etw. herumbiegen***，***etw. herumdrücken***，***etw. herumreißen***，***etw. herumwerfen***

3. *herum-* drückt aus, dass e-e Bewegung kein bestimmtes Ziel u. keine bestimmte Richtung hat（表示运动无特定目的和方向）转悠，走走，遛，逛 ≈ umher-, *gespr*［口］rum-；

（***irgendwo***）***herumspazieren***：*Wir spazierten stundenlang in der Stadt herum* 我们在城里逛了几个钟头 ≈ Wir spazierten ohne bestimmtes Ziel durch die Stadt

ebenso（同类词有）：（***irgendwo***）***herumfahren/herumgehen/herumirren/herumlaufen***

4. *herum-* drückt aus, dass etw. längere Zeit versucht wird, ohne dass man genau weiß, wie es enden wird（表示较长时间地、没完没了地试图做什么）翻来复去，一再地，三番五次，频繁地 ≈ *gespr*［口］rum-；

an j-m/etw.，***mit j-m/etw. herumexperimentieren***：*Sie experimentieren schon lange mit dem neuen Treibstoff herum* 他们翻来复去地试验新的燃料已经很久了 ≈ Sie experimentieren schon lange mit dem neuen Treibstoff, haben aber keine besonders positiven Ergebnisse erzielt

ebenso（同类词有）：***an etw.***（*Dat* 三格）***herumbasteln***，***an etw.***（*Dat* 三格）/***mit etw. herumprobieren***，***herumraten***，（***an etw.***（*Dat* 三格））***herumrätseln***

5. *herum-* drückt aus, dass etw. ohne konkrete Absicht, ohne Sinn od. ohne Konzentration auf etw. Bestimmtes geschieht（表示无具体意图、想法的动作）心不在焉地，无目的地，随意地，懒散地 ≈ *gespr*［口］rum-；

（***irgendwo***）***herumblättern***：*Er blätterte lustlos in der Zeitschrift herum* 他无精打采地翻阅杂志 ≈ Er sah die Zeitschrift nur kurz durch, ohne viel zu lesen

ebenso（同类词有）：（***irgendwo***）***herumbrüllen/herumschreien/herumsitzen/herumstehen***

6. *herum-* drückt aus, dass man über längere Zeit mit j-d/etw. Unangenehmem zu tun hat od. sich darüber beklagt（表示持久地同某种不快的人/事打交道或对此抱怨）反复，屡屡，再三，一而再，再而三 ≈ *gespr*［口］rum-；

sich （***mit j-m/etw.***）***herumquälen***：*Er quält*

sich schon seit Jahren mit seiner Doktorarbeit herum 他写博士论文折磨来折磨去已好多年了 ≈ Er versucht seit Jahren, seine Doktorarbeit fertig zu schreiben, aber ohne Lust u. ohne Erfolg

ebenso(同类词有): **sich (mit j-m/etw.) herumärgern**, **(an j-m/etw.) herummäkeln/herumnörgeln**, **sich (mit j-m/etw.) herumplagen**

he·rum·al·bern (*hat*) [Vi] (不及物) *gespr* [口]; *mst* über längere Zeit Witze, Späße machen 乱开玩笑,瞎闹腾

he·rum·är·gern, sich (*hat*) [Vr] (反身) **sich (mit j-m/etw.) h.** *gespr* [口]; mit j-m/etw. immer wieder Probleme haben u. sich ärgern 经常为…生气,烦恼

he·rum·bal·gen, sich (*hat*) [Vr] (反身) **j-d balgt sich mit j-m herum**; 〈zwei Personen 两个人〉 **balgen sich herum** *gespr* [口]; *mst* zwei Personen balgen sich längere Zeit miteinander 长时间嬉戏,打闹

he·rum·bas·teln (*hat*) [Vi] (不及物) (**an etw.** (*Dat* 三格)) **h.** *gespr* [口]; an etw. über längere Zeit immer wieder basteln (oft ohne je zu e-m Ende zu kommen) 来回鼓捣,摆弄: *Er bastelt jeden Sonntag an seinem Auto herum* 他每个星期日都摆弄自己的汽车

he·rum·be·kom·men (*hat*) [Vt] (及物) *gespr* [口] **1. j-n h.** durch Reden u. mit kleinen Tricks bewirken, dass j-d das tut, was man will 再三劝说,说服,劝诱 ≈ überreden: *Sie hat ihren Mann doch noch herumbekommen mitzugehen* 她终于说服自己的丈夫一起去 **2. etw. h.** eine bestimmte Zeit hinter sich bringen 消磨,打发(时间) ≈ herumbringen 〈die Zeit irgendwie h.〉: *Wie soll ich bloß die zwei Stunden h., bis der Zug fährt?* 我该如何打发这两个小时,直到火车开车呢?

he·rum·brin·gen (*hat*) [Vt] (及物) **etw. h.** *gespr* [口]; sich irgendwie beschäftigen u. so e-e bestimmte Zeit verbringen 消磨,打发(时间) ≈ herumbekommen (2): *Wir werden die zehn Tage schon irgendwie h.* 我们会设法打发这十天时间的

he·rum·bum·meln [Vi] *gespr* (不及物) [口] **1.** (*ist*) ohne Eile u. ohne bestimmtes Ziel spazieren gehen 到处闲逛,蹓跶: *in der Stadt h.* 在城里闲逛 **2.** (*hat*) *pej* [贬]; langsam u. ohne Eifer arbeiten 磨洋工,瞎胡混: *Sie hat während ihres Studiums ziemlich herumgebummelt* 她在上大学时东游西逛,消磨时间

he·rum·deu·teln (*hat*) [Vi] (不及物) (**an etw.** (*Dat* 三格)) **h.** *gespr pej* [口][贬]; versuchen, die Aussage e-s Textes durch kleinliches Interpretieren so zu deuten, wie es einem passt 删繁就简地说明,解释

he·rum·dok·tern; *dokterte herum, hat herumgedoktert*; [Vi] *gespr* (不及物) [口] **1.** (**an j-m/sich**) **h.** versuchen, ohne dass man Arzt ist (u. das nötige Wissen hat), j-n/sich zu heilen 胡乱医治,瞎治: *Geh doch zum Arzt, statt selbst an dir herumzudoktern!* 去看医生吧,别自己胡乱医治了! **2.** (**an etw.** (*Dat* 三格)) **h.** versuchen, etw. zu reparieren 设法修理,搬弄,鼓捣: *Er hat lange an der Waschmaschine herumgedoktert* 他修理这台洗衣机很长时间

he·rum·dre·hen (*hat*) [Vt] (及物) **1. j-n/sich/etw. h.** j-n/sich/etw. auf die andere Seite drehen 转动,旋转,翻转 〈den Schlüssel im Schloss h. 转动锁中的钥匙; sich im Kreis h. 旋转(身体)〉; [Vi] (不及物) **2. an etw.** (*Dat* 三格) **h.** *gespr* [口]; über längere Zeit gedankenlos an etw. drehen(心不在焉地,不停地)转动,旋转: *Sie drehte so lange an dem Knopf herum, bis er abriss* 她把旋钮长时间拧来拧去,直到旋钮断裂

he·rum·drü·cken (*hat*) [Vt] (及物) **1. etw. h.** etw. auf die andere Seite drücken 把…扳转过来〈e-n Hebel h. 把操纵杆扳转过来〉; [Vr] (反身) **2. sich um etw. h.** *gespr* [口]; versuchen, etw. Unangenehmes nicht tun zu müssen 逃避,回避 ≈ sich vor etw. drücken: *sich ums Geschirrspülen h.* 逃避洗碗 **3. sich irgendwo h.** *gespr* [口]; sich an e-m bestimmten Ort aufhalten, ohne etw. Nützliches zu tun 闲荡,流浪,东游西逛,泡 ≈ sich (irgendwo) herumtreiben 〈sich auf der Straße, in Lokalen h. 在街上闲荡,在饭馆里泡〉

he·rum·druck·sen *druckste herum, hat herumgedruckst*; [Vi] *gespr* (不及物) [口]; sich nur zögernd u. nicht direkt zu etw. äußern 说话支支吾吾,吞吞吐吐

he·rum·er·zäh·len (*hat*) [Vt] (及物) **etw. h.** *mst pej* 多用[贬]; etw. vielen Leuten erzählen 到处去说: *überall h., dass j-d seinen Job verloren hat* 到处去说某人没有了工作

he·rum·fah·ren *gespr* [口]; [Vt] (及物) (*hat*) **1. j-n/etw. h.** j-n/etw. ohne bestimmtes Ziel von einem Ort zum anderen fahren 驾车(或船)带着…兜风,游逛: *Wir haben die Gäste in der Stadt herumgefahren* 我们驾车带着客人在城里兜风; [Vi] (不及物) (*ist*) **2.** ohne bestimmtes Ziel von einem Ort zum anderen (hin u. her) fahren 乘车(或船)兜风,游逛 ≈ umherfahren: *Wir sind in der Stadt herumgefahren* 我们乘车到城里兜风去了 **3. um j-n/etw. h.** in e-m Bogen an j-m/etw. vorbeifahren 绕过…行驶: *um ein Hindernis h.* 绕过障碍行驶 **4.** (*bes* vor Schreck) sich plötzlich u. schnell umdrehen 突然转身(尤指由于受惊): *Als die Tür hinter ihr aufging, fuhr sie erschrocken herum* 当门在她身后打开时,她突然惊讶地转过身去 **5. mit etw. irgendwo h.** *bes* Hände u. Arme ziellos hin u. her bewegen(无目的地)挥舞手臂,打手势: *j-m mit den Händen vor dem Gesicht h.* 用手在某人面前来回晃动

he·rum·fra·gen (*hat*) [Vi] *gespr* (不及物) [口]; viele verschiedene Leute (dasselbe) fragen 四处打听,询问: *Ich werde in der Nachbarschaft h., ob j-d unseren Hund gesehen hat* 我将向邻居打听一下,是否有人看见了我们的狗; *ein bisschen h., um sich e-e Meinung zu bilden* 打听(询问)一下,以便形成一种意见

H

he·rum·fuch·teln (*hat*) [Vi] *gespr*（不及物）[口]：die Hände ohne bestimmtes Ziel heftig hin u. her bewegen 来回挥舞双手：*mit den Händen in der Luft h.* 在空中来回挥舞双手

he·rum·füh·ren (*hat*) [Vt]（及物）**1.** ***j-n*** (***irgendwo***) ***h.*** j-n von einem Platz zum anderen führen, um ihm bestimmte Dinge zu zeigen 引导…四处参观，游览〈j-n in der Stadt, im Haus, in der Bibliothek, im Museum h. 带领某人在城里、在房子里、在图书馆、在博物馆里参观〉 **2.** ***j-n um j-n/etw. h.*** j-n in e-m Kreis um j-n/etw. führen od. in e-m Bogen an j-m/etw. vorbeiführen 领着…环绕，绕过〈j-n um den See, um ein Hindernis h. 领着某人环湖走一圈，使某人绕过障碍〉 **3.** ***etw. um etw. h.*** etw. in e-m geschlossenen Kreis um etw. bauen 在…周围建立：*e-n Zaun um den Garten h.* 在花园四周围起一道篱笆；[Vi]（不及物）**4.** ***etw. führt um etw. herum*** etw. umgibt etw. in Form e-s geschlossenen Kreises（物作主语）绕行：*Die Allee führt um den ganzen See herum* 这条林阴道绕着整个湖而行

he·rum·fuhr·wer·ken; *fuhrwerkte herum, hat herumgefuhrwerkt*; [Vi] *gespr*（不及物）[口]：auf grobe od. dilettantische Art mit etw. arbeiten od. spielen 胡乱摆弄：*Er wird mit dem Messer noch so lange h., bis er etw. kaputt macht* 他一直还在摆弄那把刀，直到把东西弄坏

he·rum·fum·meln (*hat*) [Vi] *gespr*（不及物）[口] **1.** ***an etw.*** (*Dat* 三格) ***h.*** etw. immer wieder nervös berühren 摸弄，乱摸：*am Tischtuch h.* 乱摸桌布 **2.** ***an etw.*** (*Dat* 三格) ***h.*** *pej* [贬]：auf ungeschickte Art versuchen, etw. zu reparieren 乱修理 **3.** ***an j-m h.*** j-n berühren, u. ihn sexuell erregen od. belästigen 摸弄，调戏

he·rum·ge·ben (*hat*) [Vt]（及物）***etw. h.*** etw. von einer Person zur anderen in e-r Runde *o.Ä.* geben 轮流传递：*ein Bild h.* 轮流传递一幅画

he·rum·ge·hen (*ist*) [Vi] *gespr*（不及物）[口] **1.** ***um j-n/etw. h.*** in einem Kreis um j-n/etw. gehen od. in e-m Bogen an j-m/etw. vorbeigehen 围绕…走，绕开…走：*Wir gingen um den Turm herum, um ihn von allen Seiten zu fotografieren* 我们围绕着钟楼而走，以便从各个方向给它照相；*um ein Hindernis h.* 躲开障碍 **2.** (***irgendwo***) ***h.*** ohne festgelegten Weg (hin u. her) gehen 漫步，蹓跶，闲逛 ≈ umhergehen〈in der Stadt, im Park, im Museum, in der Wohnung h. 在城里，在公园里，在博物馆蹓跶，在住房里踱步〉 **3.** von einer Person zur anderen gehen 挨个儿走一圈 ≈ die Runde machen：*Nach dem Essen ging ein Kellner herum u. bot Kaffee an* 饭后服务员挨个儿走一圈，递上咖啡 **4.** ***etw. geht herum*** etw. wird von einer Person zur anderen gereicht（物作主语）依次传递，轮流传看〈e-e Unterschriftenliste, Fotos 签名单，照片〉 **5.** ***etw. geht herum*** ein Gerücht, e-e Neuigkeit *o.Ä.* wird von einer Person zur anderen weitererzählt（物作主语）互相传播（指传闻，消息） **6.** ***etw. geht j-m im Kopf herum*** etw. beschäftigt j-n gedanklich sehr（物作主语）在头脑中打转，萦回于脑际：*Der Film ist mir noch lange im Kopf herumgegangen* 这个电影很长时间还萦回在我的脑际 **7.** ***etw. geht*** (***irgendwie***) ***herum*** e-e bestimmte Zeit vergeht (irgendwie)（物作主语）（时间）过去了：*Das Wochenende ging schnell herum* 周末很快就过去了

he·rum·geis·tern (*ist*) [Vi] *gespr*（不及物）[口]：(*bes* nachts) anstatt zu schlafen noch irgendwo umhergehen（尤指夜里）到处转悠，游荡

he·rum·gon·deln (*ist*) [Vi]（不及物）(***irgendwo***) ***h.*** *gespr*, *mst pej* [口] 多用 [贬]；zum Vergnügen Reisen machen od. ohne festes Ziel herumfahren (2)（乘船）漫游，四处游玩，到处游逛：*Sie gondelt in der Welt herum* 她在世界上到处游玩

he·rum·ha·cken (*hat*) [Vi]（不及物）***auf j-m h.*** *gespr* [口]；j-n ständig kritisieren 不断挑剔，吹毛求疵，找岔子 ≈ an j-m herumnörgeln

he·rum·hän·gen; *hing herum, hat herumgehangen*; [Vi] *gespr*（不及物）[口] **1.** ***etw. hängt herum*** *mst* etw. hängt irgendwo ohne Ordnung（物作主语）乱挂：*In ihrem Zimmer hängen viele Fotos herum* 在她房间里乱挂着许多照片 **2.** ***j-d hängt*** (***irgendwo***) ***herum*** j-d ist irgendwo, ohne etw. Nützliches zu tun（人作主语）闲呆着，泡〈in der Kneipe, zu Hause, auf der Straße h. 在小酒馆里，在家里，在街上闲呆着〉

he·rum·ho·cken (*hat / südd* Ⓐ Ⓒⓗ [南德] [奥] [瑞] *ist*) [Vi] *gespr*（不及物）[口] ≈ herumsitzen (2) ‖ zu ***Herumhockerei*** ↑ ***-ei***

he·rum·hor·chen (*hat*) [Vi] *gespr*（不及物）[口]；(um etw. in Erfahrung zu bringen) viele verschiedene Leute (dasselbe) fragen 到处打听，探听 ≈ herumfragen：*Ich werde im Betrieb h., ob j-d weiß, was passiert ist* 我将在工厂里打听一下，看是否有人知道发生了什么事情

he·rum·ir·ren (*ist*) [Vi]（不及物）durch e-e Gegend gehen od. fahren, ohne den (richtigen) Weg zu wissen 到处乱走，乱开车，四处找路 ≈ umherirren：*im Wald h.* 在森林里四处找路

he·rum·kno·beln (*hat*) [Vi]（不及物）(***an etw.*** (*Dat* 三格)) ***h.*** *gespr* [口]；lange Zeit immer wieder versuchen, ein Rätsel od. Problem zu lösen 冥思苦想，想法猜出、解决 ≈ herumrätseln

he·rum·kom·man·die·ren (*hat*) [Vt]（及物）***j-n h.*** *gespr* [口]；j-m ständig Befehle geben 不断向…发号施令，指挥，调遣：*seine Angestellten h.* 不断向他的雇员发号施令

he·rum·kom·men (*ist*) [Vi] *gespr*（不及物）[口] **1.** ***um etw. h.*** e-r unangenehmen Sache entgehen können 躲避，回避 ≈ etw. vermeiden, umgehen können：*Um diese Prüfung wirst du nicht h.* 这次考试你将躲不过去了 ‖ NB（注意）：*mst* verneint（多用于否定句） **2.** *mst* 多用 (***in der ganzen Welt***) ***viel/weit h.*** durch häufige Reisen viel sehen u. erleben 到过（全世界的）许多地方，游历过（世界上）很远的地方 **3.**

um etw. h. es schaffen, um etw. herumzugehen od. herumzufahren 拐弯，驶过弯道：*Er kam mit seinem großen Auto nicht um die enge Kurve herum* 他驾驶他的大汽车没有拐过窄弯道

he·rum·krie·gen（*hat*）[Vt]（及物）**1. etw. h.** *gespr*［口］≈ herumbekommen **2. j-n h.** *gespr*［口］；j-n (durch gutes Zureden *o. Ä.*) dazu bringen, etw. zu tun 再三劝说，说服

he·rum·kri·ti·sie·ren（*hat*）[Vi]（不及物）**an j-m / etw. h.** *gespr*［口］；j-n/etw. ständig kritisieren 不断批评，指责

he·rum·kur·ven（*ist*）[Vi] *gespr* 不及物［口］≈ herumfahren (2)〈in der Gegend h. 在附近兜风〉

he·rum·kut·schie·ren; *kutschierte herum, hat / ist herumkutschiert*; *gespr*［口］；[Vt]（及物）（*hat*）**1. j-n / etw. h.** ≈ herumfahren (1)；[Vi]（不及物）（*ist*）**2.** ≈ herumfahren (2)

he·rum·lau·fen（*ist*）[Vi] *gespr*（不及物）［口］**1. um j-n / etw. h.** in e-m Kreis um j-n/etw. laufen od. in e-m Bogen an j-m/etw. vorbeilaufen 围绕…跑 **2. irgendwo h.** ohne bestimmtes Ziel von einem Ort zum anderen (hin u. her) laufen 到处乱跑，闲逛 ≈ umherlaufen：*in der Stadt h.* 在城里闲逛 **3. irgendwie h.** auf e-e bestimmte Art gekleidet sein 穿着…：*Sie läuft neuerdings im Minirock herum* 她最近穿上了超短裙（到处乱走）

he·rum·lie·gen（*hat / südd* Ⓐ Ⓒⓗ［南德］［奥］［瑞］*ist*）[Vi] *gespr*（不及物）［口］**1. etw.** (*Kollekt od Pl* 集合或复数) **liegt irgendwo herum** verschiedene Sachen liegen *mst* unordentlich irgendwo（物作主语）乱放，乱摆：*Überall liegen Zeitschriften herum* 到处乱放着杂志 **2. j-d liegt (irgendwo) herum** j-d liegt irgendwo u. tut nichts Nützliches（人作主语）懒散地躺着：*Sie liegt ständig im Bett herum u. liest Comics* 她常常懒散地躺在床上看连环漫画

he·rum·lun·gern; *lungerte herum, hat / ist herumgelungert*; [Vi]（不及物）**j-d lungert (irgendwo) herum** *gespr*［口］；j-d ist irgendwo u. tut nichts Nützliches（人作主语）闲荡，游荡 ≈ j-d hängt (irgendwo) herum〈auf der Straße h. 在街上闲荡〉

he·rum·mä·keln（*hat*）[Vi]（不及物）（**an j-m / etw.**）**h.** *gespr*［口］；j-n/etw. ständig kritisieren 爱挑剔，吹毛求疵，尽找岔儿 ≈ herumnörgeln

he·rum·murk·sen（*hat*）[Vi]（不及物）（**an etw.** (*Dat* 三格)）**h.** *gespr*［口］；*mst* (dilettantisch) versuchen, etw. zu reparieren, aber keinen Erfolg haben 乱修理，瞎忙乎，瞎鼓捣：*am kaputten Radio h.* 鼓捣破收音机

he·rum·nör·geln（*hat*）[Vi]（不及物）（**an j-m / etw.**）**h.** *gespr*［口］；j-n/etw. ständig kritisieren 爱挑剔，吹毛求疵，找岔儿 ≈ herummäkeln

he·rum·pla·gen, sich（*hat*）[Vr]（反身）**sich (mit j-m / etw.) h.** *gespr*［口］；immer wieder mit j-m/etw. Mühe, Probleme haben 受尽折磨，受尽劳累，吃尽苦头：*Er plagt sich schon seit Stunden mit dem kaputten Rad herum* 他已经有几个小时吃尽破自行车的苦头了；*sich mit e-m faulen Schüler h.* 长期为懒惰的学生操劳

he·rum·pro·bie·ren（*hat*）[Vi] *gespr*（不及物）［口］**1.** es immer wieder probieren, versuchen 反复试验，不断尝试 **2. an etw.** (*Dat* 三格)) **h.** *mst* ein Gerät zu bedienen od. zu reparieren versuchen 对…反复摸索，试图使用或修理

he·rum·quä·len, sich（*hat*）[Vr]（反身）**sich (mit j-m / etw.) h.** *gespr*［口］≈ sich (mit j-m/etw.) herumplagen

he·rum·rät·seln（*hat*）[Vi]（不及物）（**an etw.** (*Dat* 三格)）**h.** *gespr*［口］；lange Zeit immer wieder versuchen, ein Rätsel, e-e Frage od. ein Problem zu lösen 反复辨认，不断猜测，想法猜出 ≈ herumknobeln, herumraten：*h., wie etw. passieren konnte* 想法猜出某事是怎么可能发生的

he·rum·re·den（*hat*）[Vi]（不及物）（**um etw.**）**h.** *gespr*［口］；von unwichtigen Dingen sprechen, um nicht über das eigentliche (*mst* unangenehme) Thema reden zu müssen 支吾搪塞，避开正题，拐弯抹角地讲话〈um den heißen Brei (= ein unangenehmes Thema) h. 避开关键问题，支吾其词〉

he·rum·rei·chen（*hat*）*gespr*［口］；[Vt]（及物）**1. etw. h.** etw. nacheinander mehreren Leuten geben, reichen 轮流传递，依次递送：*die Schnapsflasche in der Runde h.* 把烧酒瓶轮流传饮一遍 **2. j-n h.** j-n vielen Leuten vorstellen 向许多人一一介绍：*Sie wurde auf allen Partys herumgereicht* 在所有聚会上都把她作了介绍；[Vi]（不及物）**3. etw. reicht um etw. herum** etw. ist lang genug, um e-n Kreis um etw. bilden zu können（物作主语）足够围绕（捆扎）：*Die Schnur reicht nicht um das Paket herum* 这根绳子不够把包裹捆一圈

he·rum·rei·sen（*ist*）[Vi] *gespr*（不及物）［口］；viele Reisen machen 周游，环游，遍游：*Für ihre Firma muss sie viel in der Welt h.* 为了自己的公司，她必须到世界各地出差

he·rum·rei·ßen（*hat*）[Vt]（及物）**etw. h.** etw. mit e-r schnellen Bewegung in die andere Richtung drehen 用力把…转过弯来，使…掉头，迅速拨转 ≈ herumwerfen (1)〈*mst* 多用 das Steuer, das Lenkrad h. 轮舵，方向盘〉

he·rum·rei·ten（*ist*）[Vi] *gespr*（不及物）［口］**1. auf etw.** (*Dat* 三格) **h.** *pej*［贬］；immer wieder von derselben (unangenehmen) Sache sprechen 三番五次地谈论，唠叨〈auf j-s Fehlern h. 三番五次地谈论某人的错误〉 **2. auf j-m h.** j-n ständig kritisieren 再三指责，不停地责备 ≈ auf j-m herumhacken **3. um j-n / etw. h.** in e-m Kreis um j-n/etw. reiten od. in e-m Bogen an j-m/etw. vorbeireiten 围绕…骑马，骑马绕过 **4.** ohne bestimmtes Ziel von einem Ort zum anderen reiten 骑马闲逛

he·rum·ren·nen（*ist*）[Vi]（不及物）*gespr*［口］**1. um j-n / etw. h.** schnell in e-m Kreis um j-n/etw. laufen od. in e-m Bogen an j-m/

H

etw. vorbeilaufen 围绕…奔跑,绕过…奔跑：*um das Haus h.* 围着房子奔跑 **2.** ohne bestimmtes Ziel von einem Ort zum anderen rennen 到处奔跑,来回奔走 ≈ umherrennen：*Die Kinder rannten ausgelassen im Garten herum* 孩子们顽皮地在花园里来回奔跑 **3.** ***irgendwie h.*** irgendwie gekleidet sein 穿着…：*im Sommer in Shorts h.* 夏天穿着运动短裤

he·rum·rüh·ren (*hat*) Vi (不及物) **1.** (***in etw.*** (*Dat* 三格)) ***h.*** *gespr* [口]; immer wieder in e-m Topf *o.Ä.* rühren 不停地搅拌,翻动：*im Suppentopf h.* 不停地搅拌汤锅 **2.** (***in etw.*** (*Dat* 三格)) ***h.*** über unangenehme Dinge sprechen, die weit in der Vergangenheit liegen 再三谈论不愉快的旧事：*in alten Geschichten h.* 一再谈论旧事 *3*

he·rum·rut·schen (*ist*) Vi *gespr* (不及物)[口] **1.** auf e-r glatten Oberfläche rutschen 来回滑动,滑行〈auf dem Eis h. 在冰上滑行〉**2.** sich hin u. her bewegen (statt ruhig zu sitzen) 动来动去：*auf dem Stuhl h.* 在椅子上动来动去(坐着不安宁)

he·rum·schar·wen·zeln; *scharwenzelte herum, ist herumscharwenzelt*; Vi (不及物) (***um j-n***) ***h.*** *gespr pej* [口][贬]; immer in j-s Nähe sein u. ihm bei jeder Gelegenheit (unaufgefordert) zu helfen versuchen, um e-n guten Eindruck zu machen 不断讨好,取悦,奉承,巴结

he·rum·schi·cken (*hat*) Vt (及物) ***j-n/etw. h.*** *gespr* [口]; j-n/etw. nacheinander zu mehreren Leuten, Institutionen *o.Ä.* schicken 一一分发,分送,分派(到各人处)：*Er hat seine neue Idee in der ganzen Firma herumgeschickt* 他把自己新的想法在整个公司中一一传达给大家

he·rum·schla·gen (*hat*) Vt (及物) **1.** ***etw.*** (***um etw.***) ***h.*** Papier, Stoff *o.Ä.* um etw. wickeln 用…包起来,裹起来 ≈ etw. (um etw.) herumwickeln：*e-n Verband um das verletzte Knie h.* 用绷带把受伤的膝盖包扎起来; Vi (不及物) **2.** Schläge austeilen, ohne e-e bestimmte Person treffen zu wollen 乱打一气 ≈ um sich schlagen 〈wild h. 疯狂地乱打一气〉; Vr (反身) **3.** ***sich mit j-m/etw. h.*** *gespr* [口]; mit j-m/etw. Schwierigkeiten u. Ärger haben 为…而烦恼、伤脑筋,与…有纠纷〈sich mit Problemen, Zweifeln h. 为问题、怀疑而烦恼; sich mit seinem Chef, seiner Vermieterin, seinen Nachbarn h. (müssen) 与自己的上司,自己的女房东,自己的邻居有纠纷〉

he·rum·schlep·pen (*hat*) Vt *gespr* (及物)[口] **1.** ***etw.*** (***mit sich***) ***h.*** etw. (*mst* e-n schweren Gegenstand) lange Zeit bei sich tragen 费力地随身携带,随身带来带去〈e-n Rucksack, e-n Koffer, Bücher mit sich h. 随身带着旅行背包、箱子、书籍〉**2.** ***etw. mit sich h.*** ein Problem, Sorgen, Kummer *o.Ä.* haben 心里有…困扰,受…折磨 **3.** ***etw. mit sich h.*** seit längerer Zeit e-e Krankheit haben 受…(疾病)拖累：*Diesen Schnupfen schleppe ich schon lange mit mir herum* 我受这次感冒的拖累已经很长时间了 **4.** ***j-d schleppt j-n irgendwo herum*** *oft hum* 多用[诙]; j-d nimmt j-n (gegen seinen Willen) von einem Ort zum anderen mit (人作主语) 硬拖着,硬拉着〈j-n in der Stadt, im Museum h. 硬拖着某人在城里转悠,去博物馆参观〉

he·rum·schnüf·feln (*hat*) Vi (不及物) *gespr pej* [口][贬]; (heimlich) versuchen, Informationen über j-n/etw. zu bekommen 东嗅西闻,到处窥探 ≈ herumspionieren：*in j-s Privatleben h.* 偷偷打听某人的私生活

he·rum·schrei·en (*hat*) Vi *gespr* (不及物)[口] ≈ herumbrüllen

he·rum·schwän·zeln (*ist*) Vi (不及物) ***um j-n h.*** *gespr pej* [口][贬] ≈ (um j-n) herumscharwenzeln

he·rum·set·zen, sich (*hat*) Vr (反身) ***sich*** (*Pl* 复) ***um j-n/etw. h.*** *gespr* [口]; (von mehreren Personen) sich setzen u. dabei e-n Kreis um j-n/etw. bilden 围着…坐下,坐到…周围去：*Die Gäste setzten sich um den Tisch herum* 客人们围着桌子坐下

he·rum·sit·zen (*hat/südd* Ⓐ Ⓒⓗ [南德][奥][瑞] *ist*) Vi (不及物) **1.** 〈Personen 人〉 ***sitzen um j-n/etw. herum*** mehrere Personen sitzen in e-m Kreis um j-n/etw. 围着…而坐,坐在…四周：*um das offene Feuer h.* 围着篝火而坐 **2.** *gespr* [口]; (längere Zeit) irgendwo sitzen, ohne etw. Nützliches zu tun 闲坐〈müßig, tatenlos h. 闲散无事地,不干活地闲坐着〉

he·rum·spi·o·nie·ren (*hat*) Vi *gespr pej* (不及物)[口][贬]; (heimlich) versuchen, Informationen über j-n/etw. zu bekommen 暗中窥探,偷偷刺探 ≈ herumschnüffeln

he·rum·spre·chen, sich (*hat*) Vr (反身) ***etw. spricht sich herum*** etw. wird von einem zum andern weitergesagt u. so allgemein bekannt (物作主语) 流传,传开：*Ein Skandal spricht sich in e-r so kleinen Stadt schnell herum* 丑闻在一个如此小的城市很快就传开了

he·rum·sprin·gen (*ist*) Vi *gespr* (不及物)[口]; ohne bestimmte Absicht hin u. her springen 四处跳跃,跳来跳去：*Das Kind sprang fröhlich im Garten herum* 孩子高兴地在花园里跳来跳去

he·rum·ste·hen (*hat/südd* Ⓐ Ⓒⓗ [南德][奥][瑞] *ist*) *gespr* [口]; Vi (不及物) **1.** 〈Personen 人〉 ***stehen um j-n/etw. herum*** mehrere Personen stehen in e-m Kreis um j-n/etw. 围着…站着,站在…四周：*Um den Verletzten standen viele Schaulustige herum* 围着受伤者站着许多看热闹的人 **2.** irgendwo stehen, ohne etw. Nützliches zu tun 闲站,闲立：*in der Kneipe h.* 在小酒馆里闲站着 **3.** ***etw. steht irgendwo herum*** etw. steht unordentlich irgendwo u. stört (物作主语) 乱放着,乱摆着：*In der Küche steht viel Geschirr herum, das noch nicht gespült ist* 厨房里乱放着许多还没有洗的餐具

he·rum·stel·len, sich (*hat*) Vr (反身) ***sich*** (*Pl* 复) ***um j-n/etw. h.*** sich in e-m Kreis um j-n/etw. stellen 站到…四周去,围着…站立

he·rum·stö·bern (*hat*) Vi *gespr* (不及物)[口]; irgendwo (heimlich) etw. suchen (u. dabei Unordnung machen) 翻腾,搜寻,翻找：*in den Schubladen h.* 在抽屉里翻寻; *auf dem Dach-*

boden h. 在阁楼上翻找

he·rum·sto·chern (*hat*) Vi (不及物) (**in etw.** (*Dat* 三格)) **h.** *gespr* [口]; in etw. immer wieder mit etw. (*z. B.* e-r Gabel, e-m Zahnstocher) stechen od. bohren 反复拨弄, 剔, 捅 ‹mit e-m Stock im Mülleimer h. 用棍子在垃圾桶里反复拨弄; mit der Gabel im Teller, im Essen h. 用叉子在盘中挑拣, 拨弄饭菜›

he·rum·stol·zie·ren (*ist*) Vi *gespr* (不及物) [口]; stolz u. mit steifer (Körper) Haltung ohne bestimmtes Ziel von einem Ort zum anderen (hin u. her) gehen 趾高气扬地来回走动, 神气十足地走来走去: *am Strand h.* 在海滩上神气十足地走来走去

he·rum·sto·ßen (*hat*) Vt (及物) **j-n h.** *gespr* [口]; *bes* ein Kind immer wieder zu e-r anderen (Pflege) Person geben, damit es dort lebt 一再把…(孩子)推给别人抚养 ‹ein Pflegekind h. 屡次把一个收养的孩子推给别人抚养›

he·rum·strei·fen (*ist*) Vi *gespr* (不及物) [口]; *mst* auf der Suche nach etw. in e-m Gebiet hin u. her gehen 漫步(来回寻找) ≈ umherstreifen: *im Wald h.* 在森林中漫步

he·rum·strei·ten, sich (*hat*) Vr (反身) ***j-d streitet sich mit j-m herum***; ‹Personen 人们› ***streiten sich herum*** *gespr* [口]; zwei od. mehrere Personen streiten immer wieder (人作主语) 单: 与…争吵不休; 复: 相互不停争吵

he·rum·streu·nen (*ist*) Vi *gespr* (不及物) [口]; ***ein Tier streunt herum*** e-e Katze, ein Hund *o. Ä.* läuft hin u. her, (auf Nahrungssuche) durch die Gegend (动物作主语) 到处乱跑, 四处乱窜

he·rum·tan·zen (*ist*) Vi *gespr* (不及物) [口] **1.** ‹Personen 人› ***tanzen um j-n/etw. herum*** mehrere Personen tanzen in e-m Kreis um j-n/etw. 围着…跳舞: *Sie tanzten um das Feuer herum* 他们围着火跳舞 **2. um j-n h.** *pej* [贬]; immer in j-s Nähe sein u. alles tun, um ihm zu gefallen 讨好, 取悦, 奉承 **3.** sich hin u. her bewegen, als ob man tanzte (*mst* in Bezug auf Kinder) 跳来跳去(多指孩子) ‹vor Freude h. 高兴得跳来跳去›

he·rum·te·le·fo·nie·ren (*hat*) Vi *gespr* (不及物) [口]; wegen e-r Sache viele verschiedene Leute anrufen 给许多人打电话, 打好多电话

he·rum·to·ben Vi *gespr* (不及物) [口] **1.** (*hat/ist*) spielen u. dabei hin u. her laufen u. Lärm machen 喧闹, 欢闹, 嬉闹 ≈ umhertoben: *Die Kinder toben im Garten herum* 孩子们在花园里喧闹 **2.** (*hat*) *pej* [贬]; laut u. wütend über etw. schimpfen 吵闹, 吵骂

he·rum·tol·len (*hat/ist*) Vi *gespr* (不及物) [口] ≈ herumtoben (1)

he·rum·tra·gen (*hat*) Vt *gespr* (及物) [口] **1. j-n/etw. h.** j-n/etw. tragen u. dabei hin u. her gehen 带着, 抱着…走来走去: *das Baby h., bis es einschläft* 抱着婴儿走来走去, 直到他入睡 **2. etw. mit sich h.** etw. immer bei sich haben 随身带着: *den Ausweis mit sich h.* 随身带着证件 **3. etw. mit sich h.** sich in seinen Gedanken ständig mit etw. beschäftigen 心里有, 想着 ‹e-n Plan, e-e Idee, ein Problem mit sich h. 心里有个计划, 想法, 疑难问题›

he·rum·tram·peln (*hat*) Vi *gespr* (不及物) [口] **1.** (**auf etw.** (*Dat* 三格)) **h.** immer wieder auf etw. treten u. es so zerstören 践踏, 乱踩: *auf dem Blumenbeet h.* 在花坛上乱踩 **2. auf j-m h.** j-s Gefühle (durch ständige harte Kritik) verletzen 作践, 伤害 ≈ j-n beleidigen **3. auf j-s Gefühlen h.** durch rücksichtsloses, egoistisches Verhalten j-s Gefühle ständig verletzen 糟践某人的感情

he·rum·trei·ben, sich (*hat*) Vr (反身) **sich** (**irgendwo**) **h.** *gespr pej* [口][贬]; einmal hier u. einmal dort sein u. nichts Nützliches tun 闲逛, 闲荡, 游荡: *Hast du dich heute wieder auf der Straße herumgetrieben, statt in die Schule zu gehen?* 你今天没有上学, 又在街上闲逛了吧? ‖ *hierzu* (派生) **He·rum·trei·ber** *der*

he·rum·trö·deln (*hat*) Vi *gespr* (不及物) [口] ≈ trödeln

he·rum·tun (*hat*) Vi (不及物) (**mit/an etw.** (*Dat* 三格)) **h.** *südd* Ⓐ *gespr* [南德][奥][口]; sich umständlich mit etw. beschäftigen 瞎花工夫, 白费力气

he·rum·tur·nen Vi *gespr* (不及物) [口] **1.** (*hat*) nicht ernsthaft, sondern spielerisch turnen 作体操玩 **2. irgendwo h.** (*ist*) irgendwo klettern 爬来爬去, 东蹦西跳: *an der Dachrinne h.* 在檐沟上爬来爬去; *Die Affen turnen in den Bäumen herum* 猴子们在树上东蹦西跳

he·rum·wer·fen (*hat*) Vt (及物) **1. etw. h.** etw. mit e-r schnellen, plötzlichen Bewegung in die andere Richtung drehen 猛然拨转, 急速扳动 ≈ herumreißen ‹*mst* 多用 das Steuer, das Lenkrad h. 拨转轮舵, 方向盘› **2. etw. h.** *gespr* [口]; etw. unordentlich irgendwohin legen, werfen 乱扔, 乱放: *die Kleider im Zimmer h.* 在房间里乱扔衣服; Vi (不及物) **3. mit etw. h.** *gespr* [口]; etw. oft od. viel von etw. verwenden, gebrauchen 乱花, 乱用 ≈ mit etw. um sich werfen ‹mit Geld, mit Fremdwörtern, mit Fachausdrücken h. 乱花钱, 乱用外来语、专业用语›

he·rum·wi·ckeln (*hat*) Vt (及物) **j-m/sich etw. h.; etw.** (**um j-n/sich/etw.**) **h.** *gespr* [口]; etw. um j-n/sich/etw. wickeln 用…包、捆、扎, 给…包上、捆上、扎上

he·rum·zie·hen (*ist*) Vi *gespr* (不及物) [口]; von einem Ort zum anderen ziehen u. nirgends lange bleiben 东游西荡, 四处漂泊: *in der Welt h.* 游历世界

he·run·ten *Adv* (副); *südd* Ⓐ [南德][奥] ≈ dort unten, wo sich der Sprecher befindet od. befand ↔ heroben

he·run·ter [hɛˈrʊntɐ] *Adv* (副); **1.** bezeichnet die Richtung von irgendwo (oben) nach unten, häufig zum Sprecher, Erzähler od. Handelnden hin (表示由上向下, 朝说话人的方向) 下来 ≈ herab ↔ hinauf: *H. mit dir!* 你下来! (= komm von dort herunter) **2. etw. ist h.** *gespr* [口]; etw. ist heruntergelassen, ist unten (物作主语)垂挂着,垂落 ⟨die Jalousien, die Rollläden, der (Theater) Vorhang 百叶窗,卷帘,(剧场的)帷幕⟩ **3.** *mst* 多用 **völlig mit den Nerven h. sein** *gespr* [口]; kurz vor e-m Nervenzusammenbruch sein 神经快崩溃了 ‖ NB(注意): ↑ **hinunter**

he·run·ter- [hɛˈrʊntɐ-] *im Verb, betont u. trennbar, sehr produktiv* (构成动词,重读并可分,构词强); Die Verben mit *herunter-* werden nach folgendem Muster gebildet (herunter-动词的模式如下): *herunterblicken – blickte herunter – heruntergeblickt*

herunter- bezeichnet die Richtung von irgendwo (oben) nach unten, häufig zum Sprecher od. Erzähler hin(表示由上向下,朝说话人的方向)下来 ≈ herab- ↔ hinauf-;

(**irgendwohin**) **herunterblicken**: *Er blickte aus dem Fenster des zweiten Stocks in den Hof herunter* 他从三层的窗户往庭院看下来≈ Er blickte aus dem Fenster des zweiten Stocks nach unten in den Hof

ebenso(同类词有): **etw. herunterbiegen, j-n/etw.** (**irgendwohin**) **herunterbringen, etw. herunterdrücken, etw.** (**irgendwohin**) **heruntergeben, j-n/etw.** (**irgendwohin**) **herunterheben, j-n/etw.** (**irgendwohin**) **herunterholen, etw. herunterklappen, etw. herunterkurbeln, j-n/etw. herunternehmen,** (**j-m**) **etw. herunterreichen/etw. reicht** (**irgendwohin**) **herunter,** (**etw.**) **herunterrufen, j-n/etw.** (**irgendwohin**) **herunterschicken,** (**etw.**) **herunterschlucken, j-n/etw.** (**irgendwohin**) **herunterstoßen,** (**j-n/sich/etw.**) (**irgendwohin**) **herunterstürzen, j-n/etw.** (**irgendwohin**) **heruntertragen, j-n/etw.** (**irgendwohin**) **herunterwerfen, j-n/etw.** (**irgendwohin**) **herunterziehen**; **etw. baumelt herunter,** (**irgendwohin**) **herunterdürfen,** (**j-n/etw.**) (**irgendwohin**) **herunterfahren,** (**irgendwohin**) **herunterfallen,** ⟨ein Vogel o.Ä. 鸟等⟩ **fliegt** (**irgendwohin**) **herunter, etw. fließt** (**irgendwohin**) **herunter,** (**irgendwohin**) **heruntergehen, herunterhängen,** (**irgendwohin**) **herunterklettern,** (**irgendwohin**) **herunterkommen,** (**irgendwohin**) **herunterkönnen,** (**irgendwohin**) **heruntermüssen,** (**irgendwohin**) **herunterrennen,** (**irgendwohin**) **herunterutschen,** (**irgendwohin**) **heruntersehen,** (**irgendwohin**) **heruntersinken,** (**irgendwohin**) **herunterspringen,** (**irgendwohin**) **heruntersteigen, j-d/etw. rollt** (**irgendwohin**) **herunter; sich herunterbeugen, sich** (**irgendwohin**) **heruntertrauen, sich** (**irgendwohin**) **herunterwagen** ‖ NB(注意): **a)** Anstelle e-r Richtungsangabe (*in den Hof usw*) steht häufig nur e-e Angabe im Akk. (往往只用四格名词来取代方向说明语): *Er kam den Berg herunter* 他下山来了; *Er führte die alte Frau die Treppe herunter* 他领着老妇人下楼来了; **b)** ↑ **hinunter**

he·rụn·ter·be·kom·men; *bekam herunter, hat heruntergekommen*; [Vt] (及物) **1. etw.** (**irgendwohin**) **h.** *gespr* [口]; etw. von irgendwo (oben) nach unten tragen od. transportieren können 搬下去,运下去: *Die schwere Waschmaschine bekommen wir nie in den Keller herunter!* 这台沉重的洗衣机我们永远搬不进地下室! ‖ NB(注意): Anstelle e-r Richtungsangabe (*in den Keller usw*) steht häufig nur e-e Angabe im Akk. (往往只用四格名词来取代方向说明语): *etw. die Treppe h.* 把某物搬下楼来 **2. etw.** (**von etw.**) **h.** *gespr* [口]; etw. (von etw.) entfernen können 去掉,除去 ≈ etw. (von etw.) lösen, wegmachen: *Diese Farbspritzer bekommst du nie mehr herunter!* 这个带色的污渍你再也除不掉了! **3. etw. h.** *gespr* [口]; Nahrung hinunterschlucken können 把…吞下肚 ⟨keinen Bissen mehr h. 再也吃不进一点东西⟩ ‖ NB(注意): *mst* verneint(多用于否定句)!

he·rụn·ter·bren·nen (*ist*) [Vi] (不及物) **1. etw. brennt herunter** etw. brennt u. wird dabei kürzer (物作主语)烧短了 ⟨*mst* e-e Kerze 多指蜡烛⟩ **2. etw. brennt herunter** etw. wird durch Feuer völlig zerstört(物作主语)烧毁,烧完,烧尽,烧光: *Das Schloss ist bis auf die Grundmauern heruntergebrannt* 宫殿直到墙基都被烧光了

he·rụn·ter·drü·cken (*hat*) [Vt] (及物) **1.** ↑ **herunter- 2. etw. h.** *gespr* [口]; bewirken, dass etw. auf ein niedrigeres Maß, Niveau kommt 使降低,压低,把…压下去 ≈ senken (3) ⟨*mst* 多用 die Kosten, die Preise h. 使费用、价格降低⟩

he·rụn·ter·flie·gen (*ist*) [Vi] (不及物) **1.** ↑ **herunter- 2.** *gespr* [口] ≈ herunterfallen

he·rụn·ter·ge·hen (*ist*) [Vi] (不及物) **1.** ↑ **herunter- 2.** (**von etw.**) **h.** *gespr* [口]; sich vom genannten Ort entfernen 离开,挪开: *Los, geh mit den Füßen vom Tisch herunter!* 挪开,把脚从桌子上放下来! **3.** (**mit etw.**) **h.** *gespr* [口]; etw. in seiner Höhe reduzieren 把…降下来 ≈ senken (3) ↔ hinaufgehen (3): *Der Händler ging letzte Woche mit den Preisen stark herunter* 上星期这个商人把价格大大降下来了

he·rụn·ter·han·deln (*hat*) [Vt] (及物) **j-n/etw.** (**auf etw.** (*Akk* 四格)) **h.** *gespr* [口]; durch Handeln[1] (3) e-n geringeren Preis zahlen müssen 通过讨价还价把…降下来 ⟨e-n Preis h. 通过讨价还价把价格降下来⟩: *Er kaufte den Teppich, nachdem er den Preis von 1000 auf 850 Euro heruntergehandelt hatte* 经讨价还价把价格从 1000 欧元降到了 850 欧元之后,他把地毯买了下来

he·rụn·ter·hau·en (*hat*) [Vt] (及物) nur in 只用于 **j-m eine/ein paar h.** *gespr* [口] ≈ j-n ohrfeigen

he·rụn·ter·kom·men (*ist*) [Vi] (不及物) **1.** ↑ **herunter- 2.** dem Aussehen nach, finanziell, gesundheitlich u./od. psychisch in e-n sehr schlechten Zustand geraten 衰落,衰败,潦倒,衰弱 ≈ verkommen, verwahrlosen: *Das alte Schloss ist völlig heruntergekommen* 古老的宫

殿完全衰败了 **3. von etw.**（**auf etw.**（*Akk* 四格））**h.** *gespr*［口］；von e-r schlechten Leistung zu e-r besseren kommen 从…（坏成绩）提高到（好成绩），摆脱…（争取…）〈von e-r schlechten Schulnote h. 摆脱差分数〉：*Sie möchte in Englisch von ihrer Fünf auf e-e Drei h.* 她想把英语成绩从五分提高到三分

he·run·ter·krat·zen（*hat*）Vt（及物）**etw.**（**von etw.**）**h.** ≈ abkratzen：*die Farbe vom Fensterrahmen h.* 把油漆从窗框上刮掉

he·run·ter·krie·gen（*hat*）Vt（及物）**etw. h.** *gespr*［口］≈ herunterbekommen

he·run·ter·la·den（*hat*）Vt（及物）**etw. h.** INFORM【信息】；etw. aus dem Internet in den Speicher des eigenen Computers holen 下载〈Informationen, ein Programm h. 下载讯息，程序〉

he·run·ter·lei·ern（*hat*）Vt（及物）**etw. h.** *gespr pej*［口］［贬］；e-n Text ohne Betonung vortragen, sodass er langweilig wirkt 单调而死板地朗读，念：*Der Schüler leierte das Gedicht herunter* 这个学生单调而死板地朗读了那首诗

he·run·ter·ma·chen（*hat*）Vt *gespr*（及物）［口］ **1. j-n / etw. h.** j-n/etw. sehr negativ beurteilen 贬低，贬损：*Die Kritiker haben den neuen Film total heruntergemacht* 批评者对新影片全盘否定 **2. j-n h.** j-n auf erniedrigende Weise tadeln 斥责，责骂 ≈ abkanzeln：*Die Direktorin hat den Lehrer vor der ganzen Klasse heruntergemacht* 女校长当着全班的面斥责了教师 **3. etw.**（**von etw.**）**h.** ≈ entfernen：*das Etikett vom Marmeladenglas h.* 把标价签从果酱瓶上撕下来

he·run·ter·put·zen（*hat*）Vt（及物）**j-n h.** *gespr*［口］≈ heruntermachen (2)

he·run·ter·ras·seln（*hat*）Vt（及物）**etw. h.** *gespr pej*［口］［贬］；e-n Text (ohne Fehler, aber) sehr schnell u. monoton vortragen 快速而单调地背出〈ein Gedicht, e-n Vortrag h. 快速而单调地背诵一首诗，一篇演讲稿〉

he·run·ter·rei·ßen（*hat*）Vt（及物）（**j-m / sich / etw.**）**etw. h.**；**etw.**（**von etw.**）**h.** *gespr*［口］≈ etw. (von etw.) abreißen〈ein Plakat (von der Mauer), die alten Tapeten (von der Wand) h. 把标语（从墙上）扯下，把旧壁纸（从墙上）撕下〉：*sich mit e-r schnellen Bewegung das Pflaster h.* 用很快的动作把身上的胶布撕下来

he·run·ter·schlu·cken（*hat*）Vt（及物）**1.** ↑ **herunter- 2. etw. h.** *gespr*［口］；etw. nicht sagen 不说，不讲，把…（话）咽下去：*e-e bissige Bemerkung h.* 闭口不说刻薄的意见

he·run·ter·se·hen（*hat*）Vi（不及物）**1.** ↑ **herunter- 2. auf j-n h.** ≈ j-n verachten, gering schätzen

he·run·ter·set·zen（*hat*）Vt（及物）**etw. h.** ≈ herabsetzen (1)：*e-e Ware im Preis h.* 降低，削减一种商品价格

he·run·ter·spie·len（*hat*）Vt（及物）**1. etw. h.** (mit Absicht) etw. als weniger wichtig od. weniger schlimm beschreiben, als es in Wirklichkeit ist 有意缩小，有意掩饰，轻描淡写 ↔ etw. hochspielen：*das Ausmaß der Katastrophe h.* 有意缩小灾难的程度 **2. etw. h.** *gespr*［口］；ein Musikstück ohne die nötige Konzentration (ausdruckslos) spielen 漫不经心地、毫无表情地演出，演奏：*e-e Sonate lieblos h.* 毫无激情地（冷淡地）演奏一首奏鸣曲

he·run·ter·stu·fen（*hat*）Vt（及物）**1. etw. h.** etw. auf ein niedrigeres Niveau senken 降低（等级）〈die Gehälter, die Löhne h. 降低薪金、工资〉 **2. j-n h.** (als Arbeitgeber) j-n in e-e niedrigere Gehalts- od. Lohngruppe einordnen, sodass er weniger als vorher verdient 降低…的薪金、工资的级别

he·run·ter·wirt·schaf·ten（*hat*）Vt（及物）**etw. h.** *gespr*［口］；*mst* e-e Firma *o. Ä.* durch schlechtes Management ruinieren（多指由于经营不善而）使…衰败，使…破产

he·run·ter·wür·gen（*hat*）Vt（及物）**etw. h.** *gespr*［口］；etw. das zäh ist od. schlecht schmeckt, mit Mühe herunterschlucken 把…强咽下去，硬吞下去 ≈ hinunterwürgen：*e-n zähen Bissen h.* 把一块硬的东西硬吃下去

her·vor [hɛɐ̯ˈfoːɐ̯] *Adv*（副）；von irgendwo (drinnen, hinten, unten od. dazwischen) nach draußen, vorn (so, dass man ihn/sie/es sehen kann)（表示由里向外、从后到前或从中间）出来

her·vor- [hɛɐ̯ˈfoːɐ̯-] *im Verb, betont u. trennbar, begrenzt produktiv*（构成动词，重读并可分，构词有限）；Die Verben mit *hervor-* werden nach folgendem Muster gebildet (hervor-动词的模式如下)：*hervorstecken – steckte hervor – hervorgesteckt*

hervor- bezeichnet e-e Bewegung od. Handlung, bei der e-e Person od. Sache, die vorher unter, hinter od. in etw. (versteckt) war, sichtbar wird od. nach vorn kommt（表示人或物从下面、后面或里面出来，出现的动作或行为）出来，出现，露出来；

etw. hervorstecken：*Der Junge steckte seinen Kopf aus dem Fenster hervor* 这个男孩把头伸出窗外 ≈ Der Junge steckte seinen Kopf so weit aus dem Fenster, dass man ihn sehen konnte

ebenso 同类词有：**j-n / etw. hervorholen**, **j-n / ein Tier hervorlocken**, **j-n / etw. hervorziehen**；**hervorblicken**, **hervorkommen**, **hervorspringen**, **hervortreten**；**sich hervortrauen**, **sich hervorwagen**

her·vor·brin·gen（*hat*）Vt（及物）**1. etw. bringt etw. hervor** etw. bewirkt, dass etw. wächst（物作主语）生产，产生，使生长，长出 ≈ etw. trägt (6) etw.：*Der Boden, die Landschaft bringt viel hervor* 土地，农业生产许多东西；*Die Kakteen brachten große Blüten hervor* 仙人掌长出了很大的花朵 **2. etw. h.** etw. produzieren, *bes* e-e künstlerische Arbeit 生产出，创作出，创造出 ≈ schaffen：*auf e-m Instrument Töne h.* 在乐器上弹出调子 **3.**〈ein Land, e-e Stadt *o. Ä.* 国家，城市等〉**bringt j-n**（*mst Pl* 多用复数）**/ etw. hervor** ein Land, e-e

Stadt *o. Ä.* ist die Heimat von j-m/der Ursprung von etw. od. bietet die (politischen, kulturellen) Möglichkeiten, dass sich j-d/etw. zu etw. entwickeln kann 产生,养育出(人才),(为…)创造机遇: *Österreich hat große Musiker hervorgebracht* 奥地利产生了许多伟大的音乐家

her·vor·ge·hen (*ist*) [Vi] *geschr* (不及物)[书] **1. etw. geht aus etw. hervor** man kann etw. an etw. erkennen, erfährt etw. aus e-r Quelle (4)(物作主语)由…得知,表明,看出: *Aus unseren Akten geht hervor*, dass *Sie rechtzeitig informiert wurden* 由我们的文件表明,您们是及时得到通知的 **2.** *mst* 多用 **aus etw. als Sieger h.** am Ende von etw. Sieger sein 最终取得胜利 ‹aus e-m Kampf, e-m Wettstreit als Sieger h. 在斗争中,在比赛中取得胜利› **3.** *mst* 多用 **aus e-r Ehe gingen** ‹zwei (*usw*) Kinder 两个孩子› **hervor** das Ehepaar hatte zwei (*usw*) Kinder 婚后生了(两个孩子) ‖ NB(注意): nur verwendet in Biografien *o. Ä.* (只用于传记、履历等)

her·vor·gu·cken (*hat*) [Vi] *gespr* (不及物)[口] **1. hinter etw.** (*Dat* 三格)**/aus etw. h.** ↑ **hervor-** **2. etw. guckt aus/hinter etw.** (*Dat* 三格) **hervor**; **etw. guckt zwischen etw.** (*Kollekt od Pl* 集合或复数)(*Dat* 三格) **hervor** etw. ist teilweise noch zu erkennen, obwohl es zum größten Teil durch etw. anderes verdeckt wird(物作主语)(从…中/后面)显露出来

her·vor·he·ben (*hat*) [Vt] (及物) **etw. h.** etw. besonders betonen 强调,突出 ≈ unterstreichen (2), herausstellen (2) ‹etw. lobend h. 赞赏地强调某事›: *Ich möchte insbesondere Ihre Treue u. Ihr Pflichtbewusstsein h.* 我想特别强调指出您的忠诚和责任感

her·vor·ra·gen (*hat*) [Vi] (不及物) **1.** (**unter j-m** (*Pl* 复)**/aus etw.** (*Kollekt od Pl* 集合或复数)) **h.** *geschr*[口]; durch etw. *mst* Positives im Vergleich mit anderen auffallen 表现突出,出众: *Er ragt aus der Klasse hervor* 他在本班级中表现突出 **2. etw. ragt** (**aus etw.**) **hervor** etw. erstreckt sich über die seitliche Begrenzung von etw. hinaus, ist länger als die anderen Teile(物作主语)凸出来,伸出来,耸立: *Ein Brett ragt (aus e-m Stapel von Brettern) hervor* 一块木板(从一堆木板中)伸出来

her·vor·ra·gend **1.** *Partizip Präsens* (现在分词); ↑ **hervorragen** **2.** *Adj* (形); (in Bezug auf Leistung, Talent *o. Ä.*) viel besser als der Durchschnitt 突出的,杰出的,卓越的,优秀的 ≈ ausgezeichnet, exzellent ↔ durchschnittlich: *Sie ist e-e hervorragende Ärztin* 她是一个卓越的女医生 **3.** *Adj* (形); besonders wichtig od. gut 显著的,重要的,重大的 ≈ bedeutend ‹ein Ereignis, e-e Position, e-e Stellung 事件,职位,地位; etw. ist von hervorragender Bedeutung (für j-n) 某事(对某人来说)具有重大意义›

her·vor·ru·fen (*hat*) [Vt] (及物) **etw. ruft** (**bei j-m**) **etw. hervor** etw. führt zu e-m bestimmten Effekt(物作主语)引起,招致,惹来 ≈ etw. verursacht, bewirkt etw.: *Zugluft ruft oft Erkältungen hervor* 穿堂风常常引起伤风; *Das Konzert rief e-n Sturm der Begeisterung hervor* 音乐会引起了热烈的欢呼

her·vor·sprin·gen (*ist*) [Vi] (不及物) **1.** ↑ **hervor-** **2. etw. springt hervor** etw. ragt stark nach außen (物作主语)凸出来,突起 ‹j-s Kinn, j-s Nase springt scharf/stark hervor 某人的下巴,某人的鼻子高高突起›: *ein hervorspringender Fels* 突兀的岩石,高耸的岩石 ‖ NB(注意): oft im Partizip Präsens(常用现在分词)

her·vor·ste·chen (*hat*) [Vi] (不及物) **etw. sticht** (**irgendwo**) **hervor** etw. zieht (durch seine besondere Form, Farbe, Größe, Bedeutung *o. Ä.*) die Aufmerksamkeit auf sich(物作主语)引人注目,醒目,突出 ≈ etw. fällt auf: *Das Rot sticht auf diesem Bild deutlich hervor* 红色在这幅画中格外引人注目 ‖ NB(注意): oft im Partizip Präsens(常用现在分词)!

her·vor·ste·hen (*hat*) [Vi] (不及物) **etw. steht hervor** etw. steht deutlich nach vorn od. nach außen 突出,伸出,露出 ‹j-s Backenknochen, j-s Zähne 某人的颧骨,某人的牙齿› ‖ NB(注意): oft im Partizip Präsens(常用现在分词)!

her·vor·tun, sich (*hat*) [Vr] (反身) **1. sich** (**als etw.**) **h.** etw. ungewöhnlich gut machen u. damit andere beeindrucken 出名,出众 ≈ sich (als etw.) auszeichnen ‹sich ganz/nicht besonders/sonderlich h. 很/不特别/尤其出名›: *Sie hat sich als Flötistin hervorgetan* 她作为笛子吹奏者而出名 **2. sich** (**mit etw.**) **h.** *gespr pej*[口][贬]; (vor anderen) die eigenen Leistungen, Fähigkeiten bewusst betonen 出风头,卖弄自己 ≈ sich in den Vordergrund spielen, (mit etw.) angeben: *Sie tut sich bei jeder Gelegenheit mit ihren Spanischkenntnissen hervor* 她利用一切机会卖弄自己的西班牙语知识

her·vor·zau·bern (*hat*) [Vt] (及物) **etw. h.** etw. plötzlich durch (Zauber)Tricks erscheinen lassen 用魔术变出: *Der Magier zauberte ein Kaninchen aus seinem Hut hervor* 魔术师从他的帽子里变出一只家兔

Her·weg *der*; der Weg (2) von irgendwo zu dem Ort, an dem sich der Sprecher befindet 来的路 ‖ NB(注意): ↑ **Hinweg**

Herz *das*; *-ens, -en/Herz* **1.** (*Pl* 复 *Herzen*) das Organ im Inneren der Brust, das das Blut durch die Adern pumpt 心,心脏 ‹das H. schlägt, pocht, hämmert, arbeitet, funktioniert 心脏跳,跳动,搏动,工作,运转; ein kräftiges, starkes, schwaches H. haben 有一个强有力的、强健的、衰弱的心脏› ‖ K-(复合): **Herz-, -beschwerden, -chirurg, -flattern, -kranke(r), -krankheit, -operation, -schmerzen, -schwäche, -transplantation, -verpflanzung; herz-, -krank** **2.** (*Pl* 复 *Herzen*) das H. (1), wenn man es sich als Zentrum der Gefühle vorstellt 心灵,心肠,心情 ≈ Seele ‹ein gütiges, reines, fröhliches, warmes, weiches, gutes, hartes H. haben 有一颗仁慈

的、纯洁的心、高兴的心情、热心肠，软心肠、好心肠、硬心肠〉**3.** (*Pl* 复 *Herzen*) ein Gegenstand, der e-e ähnliche Form wie ein H. (1) hat 心形的东西：*ein H. aus Lebkuchen* 心形的胡椒蜂蜜饼 ‖ K-(复合)：**Herz-**, **-form** ‖ -K(复合)：**Lebkuchen-**, **Marzipan-**, **Schokoladen-** **4.** (*Pl* 复 *Herzen*) der innerste Teil mancher Pflanzen(若干植物的)核心部分：*Der beste Teil e-r Artischocke ist ihr H.* 洋蓟的最好部分是其核心部分 ‖ -K(复合)：**Artischocken-**, **Palmen-** **5.** *nur Sg*(只用单数)；das geografische Zentrum von etw. 中心 ≈ Mittelpunkt：*Innsbruck liegt im Herzen Europas* 因斯布鲁克位于欧洲的中心 **6.** *ohne Artikel*, *nur Sg*(不用冠词，只用单数)；e-e Spielfarbe im französischen u. im deutschen Kartenspiel 红桃(扑克牌的一种花色)：*H. ist Trumpf* 红桃是王牌 ‖ ↑ *Abb. unter* 图见 **Spielkarten** ‖ K-(复合)：**Herz-**, **-ass**, **-bube**, **-dame**, **-könig**, **-ober**, **-unter**, **-zehn** *usw*, **-zwei** **7.** (*Pl* 复 *Herz*) e-e Karte der Spielfarbe H. (6) 红桃牌〈ein kleines/niedriges, großes/hohes H. ausspielen, zugeben 先出，加上红桃小牌，红桃大牌〉 ‖ ID [谚] **ein H. für j-n/etw. haben** j-n/etw. lieben, Rücksicht auf j-n/etw. nehmen 对…有一片爱心，很有同情心：*ein H. für Kinder, für die Natur haben* 对孩子，对自然界有一片爱心；**leichten/schweren Herzens** ohne/voller Zweifel u. Sorge 轻松愉快地，无忧无虑地/心情沉重地，疑虑重重地；**etw. auf dem Herzen haben** e-e Bitte, e-n Wunsch haben u. mit j-m darüber sprechen wollen 心里有事，有心事；**sich** (*Dat* 三格) **ein H. fassen** seine Angst überwinden (u. etw. tun) 鼓起勇气；**aus tiefstem Herzen** *geschr* [书]；**von (ganzem) Herzen** aus e-m ehrlichen od. intensiven Gefühl heraus 从心底里，由衷地，真挚地〈j-m von (ganzem) Herzen alles Gute wünschen 衷心地祝愿某人万事如意；von Herzen gern 非常乐意地；j-n/etw. aus tiefstem Herzen bedauern, verabscheuen 从心底里同情，憎恶〉；**alles, was das H. begehrt** alles, was man sich wünscht 内心向往的一切东西；**j-d/etw. liegt j-m am Herzen** j-d/etw. ist für j-n sehr wichtig 某人对某人/某事十分关心，非常关切；**j-s H. hängt an etw.** (*Dat* 三格) j-d möchte etw. unbedingt haben od. behalten 某人的心都放在某物上(总惦记着)；**j-m etw. ans H. legen** j-n bitten, e-r Sache besondere Aufmerksamkeit zu schenken 请某人细心照料某物；**j-m ans H. gewachsen sein** von j-m sehr gemocht werden 是长在某人心头的肉，是某人的心肝宝贝；**j-n in sein/ins H. schließen** j-n mögen, gernhaben 疼爱某人；**j-m sein H. schenken** j-n lieben 把自己的心献给某人，钟情于某人；**j-d/etw. lässt j-s H. höherschlagen** j-d/etw. bewirkt, dass j-d sich sehr freut 某人/某物使某人非常高兴；**etw. zerreißt j-m das H.** etw. macht j-n sehr traurig 某事使某人心碎；**j-d/etw. bricht j-m das H.** j-d/etw. macht j-n sehr traurig od. unglücklich 某人/某事使某人心碎、悲痛欲绝；**sich** (*Dat* 三格) **etw. zu Herzen nehmen** genau über etw. nachdenken u. entsprechend handeln 把某事铭记在心〈sich j-s Ratschläge, Ermahnungen, Vorwürfe, Kritik zu Herzen nehmen 把某人的劝告、告诫、责备、批评铭记在心〉；**etw. nicht übers H. bringen**；**nicht das H. haben** + **zu** + *Infinitiv*(不定式)；etw. nicht tun können, was für einen selbst od. für andere Schmerzen od. Kummer bringt 没有勇气(不忍心)做某事；**j-m schmilzt das H.** j-d, der vorher streng, verbittert *o.Ä.* war, wird freundlich 某人的心软下来了；**j-m wird das H. schwer** j-d wird traurig 某人心情沉重；**j-m blutet/bricht das H.** j-d ist voller Mitleid od. Trauer über etw. 某人心里十分难过；**j-m lacht das H. im Leib(e)** j-d freut sich sehr 某人乐得心花怒放，心里乐开了花；**j-m sein H. ausschütten** j-m alle seine Sorgen erzählen 向某人倾诉衷肠，说心里话；**j-m rutscht/fällt das H. in die Hose** *gespr*[口]；j-d verliert plötzlich den Mut 某人怕得要命，吓得魂不附体；**sein H. sprechen lassen** sich von seinen Gefühlen (*bes* seinem Mitleid *o.Ä.*) beeinflussen lassen 受自己的感情影响，让自己的心灵说话；**seinem Herzen e-n Stoß geben** sich plötzlich für etw. entscheiden (nachdem man lange gezögert hat) 迅速下定决心；**das H. auf dem rechten Fleck haben** *gespr*[口]；ein vernünftiger u. liebenswürdiger Mensch sein 办事严谨，待人和蔼；*mst* 多用作 **Sie sind 'ein H. u. 'eine Seele** sie mögen sich sehr gern 他们相处得很好，同心同德；**j-n/etw. auf H. u. Nieren prüfen** j-n/etw. sehr genau prüfen, untersuchen (um zu sehen, ob alles in Ordnung ist) 严格考验某人，彻底检验某事；〈e-e Frau 一个女人〉**trägt ein Kind unter dem Herzen** *veraltend geschr*[渐旧][书]；e-e Frau ist schwanger 一个女人怀孕了；**aus seinem Herzen keine Mördergrube machen** seine Meinung offen sagen 襟怀坦白，不隐瞒自己的意见，说心里话 ‖ NB(注意)：*das Herz*; *dem Herzen*, *des Herzens* ‖ *zu*(义项) **1.** u. **3.** **herz·för·mig** *Adj*(形)

Herz·an·fall *der*; starke Herzschmerzen, die plötzlich auftreten. Bei e-m H. spürt man Angst u. kann nicht gut atmen 心脏病发作〈e-n H. bekommen, haben 突发心脏病〉

her·zei·gen (*hat*) **Vt** (及物) **etw. h.** *gespr* [口]；j-m etw. zeigen 出示，让…看

her·zens·gut *Adj*(形)；*ohne Steigerung*(无变级)；sehr gütig u. herzlich (in seiner Art) 心地善良的，好心肠的〈*mst* ein Mensch 多指人〉‖ *hierzu*(派生) **Her·zens·gü·te** *die*; *nur Sg*(只用单数)

Her·zens·lust *nur in* 只用于 **nach H.** wie es sich j-d gerade wünscht 随心所欲，随便 ≈ nach Belieben：*Auf der Party konnte jeder nach H. essen, trinken u. tanzen* 在聚会上每个人可以随心所欲地吃、喝和跳舞

Her·zens·wunsch *der*; *nur Sg*(只用单数)；**j-s H.** etw., das sich j-d sehr stark wünscht 心愿

herz|er·fri·schend *Adj*(形)；natürlich u. deshalb angenehm u. anregend 令人心旷神怡的，

H

令人兴奋的 ↔ langweilig: *Sie hat ein herzerfrischendes Lachen* 她笑得很动人

herz|er·grei·fend *Adj*(形); ⟨e-e (Liebes) Geschichte 一个(恋爱)故事⟩ so, dass sie den Zuhörer *o. Ä.* emotional sehr bewegt (u. zum Weinen bringt) 扣人心弦的,激动人心的,感人肺腑的 ≈ rührend

Herz·feh·ler *der*; ein (angeborener) Defekt am Herzen, durch den das Herz nicht normal arbeitet 心脏病,心瓣膜缺损 ⟨e-n H. haben 有心瓣膜缺损; j-n wegen e-s Herzfehlers operieren 由于心瓣膜缺损而给…做手术⟩

Herz·ge·gend *die*; *nur Sg* (只用单数); der Bereich des Körpers, der das Herz umgibt 心区: *Stiche in der H. verspüren* 感到心区刺痛

herz·haft *Adj* (形) **1.** ≈ intensiv, kräftig (2) ⟨ein Händedruck, ein Kuss 握手,接吻; h. gähnen, lachen 深深地打呵欠,纵情大笑⟩ **2.** ≈ kräftig (3), nahrhaft ⟨Speisen 食物⟩: *Es gab ein herzhaftes Frühstück mit Eiern, Speck u. Schwarzbrot* 一顿有蛋、熏板肉和黑面包的营养丰富的早餐

her·zie·hen [Vt] (及物) (*hat*) **1.** ***etw. h.*** *gespr* [口]; etw. von irgendwo zu einem selbst ziehen (2) 把…拉过来: *den Tisch ein bisschen näher* (*zu sich*) *h.* 把桌子拉近一点 **2.** ***j-n/etw. hinter sich*** (*Dat* 三格) ***h.*** j-n/etw. ziehen (u. so mit sich führen) (后面)拉,拖曳,拽: *e-n Schlitten hinter sich h.* 拉雪橇; [Vi] (不及物) **3.** (*ist*) von irgendwo an den Ort ziehen (19), in dem man sich gerade befindet 迁来 ↔ fortziehen, wegziehen: *Sie sind erst vor kurzem aus Hamburg hergezogen* 他们不久前刚从汉堡迁来 **4.** ***hinter/vor/neben j-m/etw. h.*** (*ist*) hinter/vor/neben j-m/etw. gehen od. laufen (u. ihn/es so begleiten) 在…后面/前面/旁边(陪着)走或跑 **5.** ***über j-n/etw. h.*** (*hat/ist*) *gespr* [口]; etw. Schlechtes über j-n erzählen, der nicht anwesend ist (在背后)说坏话,说长道短 ≈ j-n/etw. schlechtmachen: *Die Angestellten ziehen immer über ihre Chefin her* 职员们总是(在背后)说他们女上司的坏话

her·zig *Adj* (形); *veraltend* [渐旧]; hübsch u. lieb 可爱的,逗人喜爱的 ≈ niedlich, reizend ⟨ein Kind, ein junges Tier 孩子,幼小动物⟩

-her·zig *im Adj*, *wenig produktiv* (构成形容词,构词弱); so, dass j-s Gemüt, Charakter die genannte Eigenschaft hat 具有…心肠的、性格的; ***gutherzig, hartherzig, kaltherzig, mildherzig, treuherzig, warmherzig, weichherzig***

Herz·in·farkt *der*; e-e plötzliche Erkrankung, bei der das Herz (wegen schlechter Durchblutung) nicht mehr richtig funktioniert 心机梗塞 ⟨e-n H. bekommen 得了心机梗塞⟩

Herz·kam·mer *die*; einer der beiden Teile des Herzens, die das Blut zur Lunge od. in den Körper pumpen 心室 ⟨die linke, rechte H. 左、右心室⟩

Herz·klop·fen *das*; *-s*; *nur Sg* (只用单数); *mst in* 多用于 ***H. haben*** sehr aufgeregt sein 心嘣嘣跳 ⟨vor Angst, Aufregung, Freude H. haben 害怕,激动,高兴得心里嘣嘣直跳⟩

Herz|kranz·ge·fäß *das*; *-es*, *-e*; *mst Pl* (多用复数), MED【医】; eine der großen Adern am Herzen 心脏冠状血管

herz·lich *Adj* (形) **1.** freundlich u. liebevoll 真诚的,热心的,真挚的,衷心的,诚恳的 ⟨Worte, ein Blick, ein Lächeln 话语,一瞥,微笑; j-n h. begrüßen, empfangen 热烈欢迎、接待某人, j-n h. zu etw. beglückwünschen, j-m h. danken 衷心祝贺、感谢某人⟩ **2.** *nur adv*, *gespr* (只作副词) [口]; verwendet, um negative Adjektive u. Verben zu verstärken (加强形容词、动词的负面意义) 很,十分,全然,非常 ≈ sehr: *Der Vortrag war h. langweilig* 报告十分枯燥乏味; *Ich habe mich h. geärgert* 我非常生气,我被气得要命; *h. schlechtes Wetter* 很坏的天气 **3.** *mst* 多用 ***Herzlichen Dank!*** 衷心感谢!; ***Herzlichen Glückwunsch!*** 衷心祝贺!; ***Herzliche Grüße!*** 衷心问好!; ***Herzliches Beileid!*** 深切的哀悼! verwendet in formelhaften Redewendungen, um das Subst. zu verstärken (用于礼节性的套语) ‖ *zu* (义项) **1. Herz·lich·keit** *die*; *nur Sg* (只用单数)

herz·los *Adj* (形); ohne Mitleid, ohne Mitgefühl 无情的,冷酷的,残暴的,没良心的 ≈ gefühllos, grausam, hart[1] (2) ⟨ein Mensch 人; h. handeln 无情地对待⟩ ‖ *hierzu* (派生) **Herz·lo·sig·keit** *die*; *nur Sg* (只用单数)

Herz·mus·kel *der*; *nur Sg* (只用单数); der Muskel, aus dem das Herz besteht u. der das Blut in den Körper pumpt 心肌 ‖ K-(复合): ***Herzmuskel-, -entzündung, -schwäche***

Her·zog *der*; *-(e)s*, *Her·zö·ge* **1.** *nur Sg* (只用单数); ein Adelstitel, der höher als der des Grafen, aber niedriger als der des Königs ist 公爵,大公(封号) **2.** j-d, der den Titel H. (1) trägt 公爵,大公(获得封号者): *der H. von York* 约克公爵 ‖ *hierzu* (派生) **Her·zo·gin** *die*; *-*, *-nen*

Her·zog·tum *das*; *-s*, *Her·zog·tü·mer*; das Gebiet, in dem ein Herzog herrscht 公爵领地,公国,大公国

Herz·schlag *der* **1.** ein einzelner Schlag des Herzens 心(脏)搏(动),心(脏)跳(动),脉搏 ≈ Pulsschlag: *56 Herzschläge pro Minute* 每分钟心搏 56 次 **2.** *nur Sg* (只用单数); das wiederholte, rhythmische Schlagen des Herzens 心律 ≈ Pulsschlag ⟨e-n schnellen, langsamen, unregelmäßigen H. haben 心律快,慢,不齐(失常)⟩ **3.** *nur Sg* (只用单数); das plötzliche Ende der Tätigkeit des Herzens 心力衰竭,心脏突然停止跳动 ≈ Herzversagen ⟨an e-m H. sterben, e-n H. erleiden, e-m H. erliegen 死于心力衰竭,猝死⟩

Herz|schritt·ma·cher *der*; ein Gerät, das man in den Körper einpflanzt, um die Tätigkeit e-s schwachen Herzens zu unterstützen 心脏起搏器

Herz·tä·tig·keit *die*; *nur Sg* (只用单数); die Arbeit des Herzens, durch die das Blut durch den Körper gepumpt wird 心脏机能

Herz·trop·fen *die*; *Pl*（复）; ein flüssiges Medikament, das das Herz stärkt 强心剂

her·zu *Adv*（副）; *geschr veraltend*［书］［渐旧］≈ herbei

her·zu- *im Verb, betont u. trennbar, nicht mehr produktiv, geschr veraltend*（构成动词，重读并可分，不再构词）［书］［渐旧］≈ herbei-

Herz·ver·sa·gen *das*; *-s*; *nur Sg, geschr*（只用单数）［书］; die Tatsache, dass das Herz aufhört zu schlagen 心脏停止跳动 56

herz·zer·rei·ßend *Adj*（形）; so, dass es großes Mitleid erregt 撕肝裂肺的，令人伤心的，令人心碎的 ≈ erschütternd 〈ein Geschrei, ein Gejammer, ein Anblick 叫喊，悲叹，场面; h. weinen, heulen 令人伤心地哭泣，哀号〉

he·te·ro·gen *Adj*（形）; so, dass die einzelnen Teile nicht zueinanderpassen od.（sehr）unterschiedlich sind 不均匀的，不同的，非均质的，异质的，异类的，多相的 ≈ uneinheitlich ↔ homogen, einheitlich: *ein heterogenes Gemisch aus Wasser u. Öl* 水和油的异质混合物; *e-e heterogene Klasse* 异类纲 ‖ *hierzu*（派生）**He·te·ro·ge·ni·tät** *die*; *-*; *nur Sg*（只用单数）

he·te·ro·se·xu·ell *Adj*（形）; so, dass das sexuelle Interesse des Betreffenden auf das andere Geschlecht gerichtet ist 异性爱的 ↔ homosexuell 〈e-e Beziehung 关系〉

Hetz·blatt *das*; *pej*［贬］; e-e Zeitung, Zeitschrift *o. Ä.*, die immer gegen j-n/etw. hetzt[2] 煽动性报刊

Het·ze[1] *die*; *-*; *nur Sg, gespr*（只用单数）［口］; e-e Situation, in der man etw. sehr schnell u. unter großem Druck tut 匆忙，急忙，匆促 ≈ Eile, Hast, Hetzerei

Het·ze[2] *die*; *-*; *nur Sg*（只用单数）; ***e-e H.***（***gegen j-n/etw.***）*pej*［贬］; Äußerungen u. Handlungen, die man macht, um bei j-m Hass, Aggression, Wut *o. Ä.* gegen j-n/etw. zu erzeugen 煽动，唆使，挑拨，攻讦〈politische, antisemitische, rassistische H. 政治性的，反犹太主义的，种族主义的煽动; e-e H. gegen j-n/etw. betreiben, veranstalten 从事，进行反对某人/某事的煽动〉‖ -K-（复合）: ***Juden-***, ***Kommunisten-***

het·zen[1]; *hetzte, hat/ist gehetzt*; [Vt]（及物）（*hat*）**1.** ***j-n/ein Tier h.*** e-n Menschen od. ein Tier verfolgen, um sie zu fangen 追猎，追捕，追赶 ≈ jagen〈Wild h. 追赶猎物，追赶野兽〉: *Die Hunde hetzten den Hasen* 狗追赶兔子 **2.** ***ein Tier auf j-n/ein Tier h.*** e-m Tier（*bes* e-m Hund）befehlen, e-n Menschen od. ein anderes Tier zu verfolgen u. zu fangen 唆使动物去追猎，追赶: *die Hunde auf e-n Hirsch h.* 唆使狗去追猎一头鹿 **3.** ***j-n h.*** *gespr*［口］; j-m immer wieder befehlen, etw. schneller zu tun 催促 ≈ j-n（zeitlich）unter Druck setzen: *Unser Chef hetzt uns immer* 我们的上司总是催促我们; [Vi]（不及物）**4.**（*hat*）*gespr*［口］; sich sehr beeilen 赶快，赶忙: *h. müssen, um alles rechtzeitig zu erledigen* 必须赶快干，以便及时把一切办完 **5.** ***irgendwohin h.***（*ist*）*gespr*［口］≈ irgendwohin eilen（1）, hasten: *zum Bahnhof h., um den Zug noch zu erreichen* 为了能赶上火车，赶快上火车站; [Vr]（反身）（*hat*）**6.** ***sich h.*** *gespr*［口］≈ h.（4）

het·zen[2]; *hetzte, hat gehetzt*; [Vi]（不及物）（***gegen j-n/etw.***）***h.*** *pej*［贬］; bestimmte Dinge sagen od. tun, um bei j-m Hass, Aggression, Wut *o. Ä.* gegen j-n/etw. zu erzeugen 煽动，挑拨，攻讦 ≈ j-n gegen j-n/etw. aufwiegeln ‖ K-（复合）: ***Hetz-***, ***-artikel***, ***-kampagne***, ***-propaganda***, ***-rede*** ‖ *hierzu*（派生）**Het·zer** *der*; *-s*, *-*

Hetz·jagd *die* **1.** e-e Art der Jagd, bei der man Tiere mit Hunden hetzt[1]（1）追猎，狩猎〈e-e H. veranstalten 进行追猎〉**2.** ***e-e H.***（***auf j-n***）*gespr*［口］; die systematische Verfolgung von j-m（um ihn zu fangen）od. wiederholte Äußerungen（*z. B.* in der Presse）, um j-n zu diskriminieren（对…的）追捕；攻讦，诋毁

Heu *das*; *-(e)s*; *nur Sg*（只用单数）; geschnittenes u. getrocknetes Gras, das man *bes* als Futter für Vieh verwendet 干草〈H. machen 把草割下来晒干〉‖ K-（复合）: ***Heu-***, ***-ernte***, ***-gabel***, ***-haufen***, ***-schober***, ***-stadel*** ‖ zu（义项）***Heugabel*** ↑ *Abb. unter* 图见 ***Gabel***

Heu·bo·den *der*; *mst* der Dachboden über den（Vieh）Ställen, auf dem das Heu aufbewahrt wird 贮藏干草的顶棚

Heu·che·lei *die*; *-*, *-en* **1.** *nur Sg*（只用单数）; das Heucheln 虚伪，伪善: *Ihr Mitleid ist doch nur H.!* 你们的同情只不过是伪善! **2.** e-e Äußerung od. Handlung, mit der man etw. heuchelt 伪善的、虚伪的言词或行为，虚情假意

heu·cheln; *heuchelte, hat geheuchelt*; [Vt/i]（及物/不及物）（***etw.***）***h.*** so tun, als ob man Gefühle od. Eigenschaften hätte, die man nicht hat 假装，佯装 ≈ etw. vortäuschen〈Freude, Liebe, Sympathie, Mitgefühl, Mitleid, Reue, Interesse h. 假装高兴，爱慕，有好感，有同感，同情，懊悔，感兴趣〉‖ *hierzu*（派生）**Heuch·ler** *der*; *-s*, *-*; **Heuch·le·rin** *die*; *-*, *-nen*; **heuch·le·risch** *Adj*（形）

heu·er *Adv*（副）; *südd* Ⓐ Ⓒⓗ［南德］［奥］［瑞］ in diesem Jahr 今年

Heu·er *die*; *-*, *-n*; *mst Sg*（多用单数）; der Lohn, den ein Seemann bekommt 海员的工资

heu·len; *heulte, hat geheult*; [Vi]（不及物）**1.** ***ein Tier heult*** ein Tier gibt die langen（klagenden）Laute von sich, wie es *z. B.* Wölfe od. Hunde nachts tun（动物作主语）嗥，吼叫 **2.** ***etw. heult*** etw. erzeugt lange u. laute（durchdringende）Töne（物作主语）鸣叫，轰鸣〈e-e Sirene, ein Motor 汽笛，发动机〉‖ K-（复合）: ***Heul-***, ***-ton*** **3.**〈*mst* der Wind, der Sturm 多指风，风暴〉***heult*** der Wind, der Sturm weht sehr stark u. macht dadurch laute Geräusche 怒吼，呼啸 **4.** *gespr*［口］≈ weinen〈vor Angst, Schmerz, Wut h. 由于害怕，疼痛，愤怒而号哭; j-m ist zum Heulen zumute 某人情绪坏得要大哭一场〉: *Hör endlich auf zu h.!* 别再大哭大叫了! ‖ ID［谚］***etw. ist zum Heulen*** *gespr*［口］; etw. ist so, dass es traurig macht 某事糟透了，真让人丧气 ≈ etw.

H

ist deprimierend ‖ *zu* **Heulerei** ↑ **-ei**

Heul·su·se *die*; -, *-n*; *gespr pej*［口］［贬］; *bes* ein Mädchen, das oft weint 爱哭的女孩

heu·ri·g- *Adj*（形）; *nur attr*, *nicht adv*（只作定语，不作状语）, *südd* Ⓐ Ⓒⓗ［南德］［奥］［瑞］≈ diesjährig-: *das heurige Osterfest* 今年的复活节

Heu·ri·ge *der*; *-n*, *-n*; *südd* Ⓐ［南德］［奥］der Wein der letzten Ernte 新酿的酒〈e-n Heurigen trinken 喝新酿的酒〉‖ NB（注意）: *ein Heuriger*; *der Heurige*; *den*, *dem*, *des Heurigen*

Heu·schnup·fen *der*; *nur Sg*（只用单数）; e-e Krankheit, die durch e-e Allergie gegen Blütenstaub verursacht wird u. die wie ein Schnupfen ist 枯草热，花粉热

Heu·schre·cke *die*; -, *-n*; ein Insekt, das fliegen u. sehr weit springen kann 蝗虫，飞蝗: *Die Heuschrecken fielen in Schwärmen über die Felder her u. vernichteten die Ernte* 一群群蝗虫飞到庄稼地里毁掉了收成 ‖ K-（复合）: **Heuschrecken-**, **-plage**, **-schwarm**

heu·te *Adv*（副）**1.** am gegenwärtigen/der gegenwärtige Tag 今日，今天 ↔ gestern, morgen 〈h. früh, Morgen, Mittag, Abend, Nacht 今天早上、早晨、中午、晚上、夜里; ab, bis, seit h. 从今天起，直到今天，从今天起; von h. ab/an 从今天起，从今天开始〉: *H. scheint die Sonne* 今天出太阳; *H. ist mein Geburtstag* 今天是我的生日; *H. ist Montag, der 10 April* 今天是星期一，4 月 10 日 **2.** in der Gegenwart 目前，现在，如今 ≈ heutzutage: *H. besitzen viele Leute ein Auto* 目前许多人都拥有汽车 ‖ ID［谚］**lieber h. als morgen** *gespr*［口］; verwendet, um auszudrücken, dass man möchte, dass etw. sehr bald geschieht 尽可能快，尽快，不拖: *Ich würde lieber h. als morgen kündigen!* 我宁可今天马上辞职，决不拖到明天; **von h. auf morgen** *gespr*［口］≈ rasch, schnell, sofort: *E-e Fremdsprache lernt man nicht von h. auf morgen* 不能一下子就学会一门外语

heu·tig *Adj*（形）; *mst attr*（多作定语）**1.** heute, an diesem Tag (stattfindend) 今日的，今天的 ↔ gestrig, morgig: *das heutige Konzert* 今天的音乐会; *das heutige Gastspiel* 今天的特邀演出 **2** von heute, von diesem Tag 今日的，今天的 ↔ gestrig, morgig: *die heutige Post* 今天的邮件; *In der heutigen Zeitung ist ein langer Bericht über den Unfall* 在今天的报纸上有一篇关于这场事故的长篇报道 **3.** zur gegenwärtigen Zeit (Epoche) gehörend 目前的，现在的，当前的 ≈ derzeitig, jetzig ↔ früher, zukünftig 〈die Generation, die Jugend, die Technik 一代，青年，技术〉: *der heutige Stand der Wissenschaft* 目前的科学水平 **4.** **am heutigen / der heutige Tag** ≈ heute (1): *Am heutigen Tag wollen wir feiern* 今天我们想举行庆祝活动

heut·zu·ta·ge *Adv*（副）; in der Gegenwart 目前，现今，如今

He·xe *die*; -, *-n* **1.** (in Märchen) e-e *mst* alte u. hässliche Frau, die zaubern kann u. böse ist（童话中的）女妖，魔女，女巫: *Die böse H. verzauberte den Prinzen in e-n Frosch* 恶毒的女妖把王子变成了青蛙 ‖ K-（复合）: **Hexen-**, **-besen**, **-häuschen** **2.** *hist*［历］; e-e Frau, von der man glaubte, dass sie mit dem Teufel verbündet sei 巫婆，妖婆，妖妇: *Sie wurde als H. angeklagt u. auf dem Scheiterhaufen verbrannt* 她作为巫婆受到指控并在木柴垛上被烧死 ‖ K-（复合）: **Hexen-**, **-glaube**, **-prozess**, **-verbrennung**, **-verfolgung**, **-wahn** **3.** *gespr pej*［口］［贬］; als Schimpfwort verwendet für e-e (*mst* ältere) Frau, die man hässlich u./od. böse, unsympathisch findet（骂人用语）泼妇，悍妇，老丑婆，恶婆

he·xen; *hexte*, *hat gehext*; Vi（不及物）≈ zaubern: *Ich kann doch nicht h.!* 我可不会变戏法！我可不会耍魔术！(= ich bin auch nur ein Mensch)

He·xen·kes·sel *der*; ein Durcheinander, das dadurch entsteht, dass viele Menschen vor Begeisterung od. aus Wut schreien u. toben 喧闹的混乱场面: *Während des Endspiels glich das Fußballstadion e-m brodelnden H.* 在决赛时足球场简直乱七八糟一片混乱

He·xen·schuss *der*; *nur Sg*（只用单数）; ein sehr starker, plötzlicher Schmerz im Rücken 腰痛，腰部风湿病

Hg., **Hrsg.** *Abk für* 缩写，全称为 Herausgeber(in)

hg., **hrsg.** *Abk für* 缩写，全称为 herausgegeben

Hick·hack *das/der*; *-s*, *-s*; *gespr pej*［口］［贬］; sinnloser Streit 毫无意义的争吵，争执

hie *Adv*（副）; *nur in* 只用于 **hie u. da** *veraltend*［渐旧］≈ hier u. da

hieb *Imperfekt*, *1. u. 3. Person Sg*（过去时，第一和第三人称单数）; ↑ **hauen**

Hieb *der*; *-(e)s*, *-e* **1.** ein starker Schlag (*bes* mit e-r Waffe od. e-r Axt) 打，击，砍〈j-m e-n H. versetzen 给某人一击〉: *Ein einziger H. mit seiner Axt genügte, u. der Baum fiel um* 用他的斧子一砍就够了，树就倒了 ‖ K-（复合）: **Hieb-**, **-waffe** ‖ -K（复合）: **Peitschen-**, **Schwert-** **2.** *mst Pl*（多用复数）; e-e Bemerkung, die j-n scharf kritisiert 抨击，攻击〈Hiebe austeilen, einstecken 进行抨击，遭受抨击〉: *Bei seiner Ansprache teilte er nach allen Seiten Hiebe aus* 他在讲话中对各方面进行抨击 ‖ -K（复合）: **Seiten-** **3.** *nur Pl*, *gespr*（只用复数）［口］≈ Prügel, Schläge (2) 〈Hiebe bekommen/kriegen, einstecken (müssen), austeilen（不得不）挨打，挨揍，给予打击; es setzt Hiebe 挨打 (= j-d bekommt Prügel)〉

hieb·fest *Adj*（形）; *nur in* 只用于 **hieb- u. stichfest** gut begründet u. deshalb nicht zu widerlegen 确凿的，无懈可击的 ≈ überzeugend 〈ein Alibi, ein Argument, e-e Argumentation 不在案发现场的证明，论据，论证〉

hielt *Imperfekt*, *1. u. 3. Person Sg*（过去时，第一和第三人称单数）; ↑ **halten**

hier [hiːɐ̯] *Adv*（副）**1.** an diesem Ort, an dieser Stelle (1) (an der sich der Sprecher befindet) 这儿，这里，这边 ↔ dort 〈h. oben, unten, draußen, drinnen, vorn, hinten 这上面,这下面,这外边,这里边,这前面,这后面〉: *Wo ist denn Petra? Vorhin war sie noch h.!* 佩特拉在哪儿?她刚刚还在这儿呢!; *Wann wird der Brief endlich h. sein?* 信什么时候才能到这儿呀?; *H. soll e-e Schule gebaut werden* 这里要建一所学校; *Ich hole dich in zwei Stunden h. wieder ab* 我两小时后再到这里来接你; *Deine Brille liegt h. auf dem Schrank* 你的眼镜放在这里的柜子上; *Von h. bis zu unserem Haus sind es nur noch ein paar Schritte* 从这里到我们家只有几步路; *Komm rauf – h. oben ist es warm!* 上来——这上边暖和! **2. h.** + *Richtungsangabe* (方向说明语) von dieser Stelle (1) aus (an der sich der Sprecher befindet) in e-e bestimmte Richtung (由)这里,这儿(往前) 〈h. um die Ecke, gegenüber 这里拐角处,这里对面〉: *H. schräg gegenüber/über die Straße war früher e-e Bäckerei* 这里街道斜对面以前是个面包铺; *Gleich h. um die Ecke wohnt ein Freund von mir* 这里一拐弯住着我的一位朋友 **3. von h. sein** *gespr* [口]; in diesem Ort od. dieser Gegend wohnen bzw. geboren sein 住在这里或在这里出生 **4.** *Subst/Pronomen* (名/代) + **h.** verwendet, um auf j-n/etw. (in der Nähe des Sprechers) hinzuweisen 这里的…: *Mein Freund h. hat uns sehr geholfen* 我这里的一位朋友给我们帮了大忙; *In dem Sessel h. saß ich, als mich der Einbrecher überfiel* 当闯人者袭击我时,我就坐在这里的安乐椅上 **5.** in diesem Zusammenhang, an dieser Stelle (bei e-r Unterhaltung, e-r Diskussion, e-r Rede, e-m Vortrag) 在这里,在这方面,在这一点上: *Dieser Einwand tut h. nichts zur Sache* 这个反对意见在这里与事情本身无关; *Darauf kann h. nicht näher eingegangen werden* 对此我在这里不能细谈 **6.** in diesem Fall 在这种场合,在这种情况下: *H. liegt ein Irrtum vor* 这里有误会; *H. geht es um das Wohl des Kindes* 这里涉及孩子的健康 **7.** zu diesem Zeitpunkt 这时,这当儿 〈von h. ab/an 从这时起〉: *H. endet nun ein Zeitalter, u. ein neues beginnt* 这时一个时代结束了,新的时代开始了 ‖ ID [谚] **h. u. da a)** ≈ manchmal, ab u. zu, hin u. wieder; **b)** stellenweise, da u. dort 在有些地方; **h. u. jetzt/heute** ≈ sofort, unverzüglich: *Darauf will ich h. u. jetzt e-e Antwort haben!* 对此我希望立即有一个答复! ‖ NB (注意): ↑ ***hierbehalten, hierbleiben*** *usw*

hie·ran, *betont* (重读) **hie·ran** *Adv* (副); verwendet, um auf etw. hinzuweisen, das man j-m zeigt od. gerade (mit der Präposition *an*) erwähnt hat 在这里,在这上面,对此,在这点上: *H.* (an diesen Haken) *kannst du das Bild hängen* 在这里(在这个钩上)你可以把画挂上; *H.* (an dieser Tatsache) *ist kein Zweifel möglich* 对此(在这个事实上)不可能有任何怀疑

Hie·rar·chie *die*; -, *-n* [-ˈçiːən] **1.** e-e strenge Ordnung (*mst* in e-m Staat od. e-r Organisation), die von oben nach unten geht u. in der jeder e-n bestimmten (hohen od. niedrigen) Rang hat 等级,等级制,等级制度 ≈ Rangordnung 〈e-e strenge, strikte, lockere H. 严格的,严密的,松散的等级制; die staatliche, kirchliche H. 国家的,教会的等级制; in e-r H. aufsteigen, absteigen, 在等级制中升级、降级, e-e H. durchbrechen 突破等级制〉 ‖ -K (复合): ***Partei-, Staats-*** **2.** *Kollekt* (集合); alle Mitglieder in e-r H. (1), die e-n hohen Rang haben 上层人物,领导层 ≈ Führungsspitze ‖ *zu* (义项) **1. hie·rar·chisch** *Adj* (形)

hie·rauf, *betont* (重读) **hie·rauf** *Adv* (副) **1.** verwendet, um auf etw. hinzuweisen, das man j-m zeigt u. das in der Nähe des Sprechers ist od. das gerade (mit der Präposition *auf*) erwähnt wurde 在这里,在这上边,这一点: *H.* (auf diesem Bett) *schlief einst König Ludwig* 国王路德维希从前曾在这里(在这张床上)睡觉; *H.* (auf diese Aussage) *bezog sich seine Kritik* 他的批评涉及这一点(这一意见) **2.** zeitlich kurz nach der eben erwähnten Sache od. Handlung 然后,此后 ≈ danach: *Um acht Uhr frühstückte er, h. fuhr er weg* 八点钟他吃了早饭,然后就乘车走了 **3.** zeitlich nach (u. *mst* wegen) der eben erwähnten Sache od. Handlung 因此,为此,于是 ≈ daraufhin: *Er beleidigte den Schiedsrichter u. wurde h. vom Platz gestellt* 他侮辱了裁判,为此被勒令离场

hie·raus, *betont* (重读) **hie·raus** *Adv* (副); verwendet, um auf etw. hinzuweisen, das man j-m zeigt u. das in der Nähe des Sprechers ist od. das gerade (mit der Präposition *aus*) erwähnt wurde 由此,从此,用这: *H.* (aus diesem Kelch) *wurde früher feierlich getrunken* 以前曾用这个(高脚杯)郑重地喝酒; *H.* (aus dieser Tatsache) *ergaben sich große Probleme* 由此(因这个事实)产生了一些大问题

hier·be·hal·ten; *behält hier, behielt hier, hat hierbehalten*; Vt (及物) **1. j-n/etw. h. (können)** j-n/etw. bei sich lassen (u. auf ihn/darauf aufpassen) (能)把…留下加以照管: *Kannst du Thomas/meinen Gummibaum h., während ich weg bin?* 我不在时你能否把托马斯/我的橡皮树留下加以照管? **2. j-n h. (müssen)** j-n nicht weggehen lassen (können) (*z. B.* aus e-m Krankenhaus, e-r Polizeistation) (必须)把…留下,不让…离开(医院,警察局): *Wenn die Wunde nicht ausheilt, müssen wir Sie noch eine Woche h.* 如果伤未痊愈,我们必须把您再留下一个星期

hier·bei, *betont* (重读) **hier·bei** *Adv* (副); verwendet, um auf etw. hinzuweisen, das man j-m zeigt od. das man gerade (mit der Präposition *bei*) erwähnt hat 在这时,在这里,在这种情况下,为此: *H.* (bei diesem Fall) *handelt es sich um Mord* 这里(在这种情况下)涉及谋杀; *H.* (bei diesem Anlass) *kam es zu Krawallen* 为此(由于这一原因)发生了争吵

hier·blei·ben; *blieb hier, ist hiergeblieben*; Vi

(不及物) an diesem Ort (an dem der Sprecher ist) bleiben 留在这里,不走,停留: *Mir gefällt es in dem Garten, ich möchte noch e-e Weile h.* 我喜欢在花园里,我想再呆一会儿

hier·durch, *betont* (重读) **hier·durch** *Adv* (副); verwendet, um auf etw. hinzuweisen, das man j-m zeigt od. das man vorher (mit der Präposition *durch*) erwähnt hat 经此,借此,由此: *H.* (durch dieses Loch) *ist der Fuchs in den Stall gekommen* 经此(通过这个洞)狐狸钻进了禽舍; *H.* (durch diesen Brief) *wird bestätigt, dass Frau Meier in unserer Firma ein Praktikum macht* 由此(通过这封信)得到证实,迈耶尔夫人正在我们公司实习

hier·für, *betont* (重读) **hier·für** *Adv* (副); verwendet, um auf etw. hinzuweisen, das man j-m zeigt od. das man vorher (mit der Präposition *für*) erwähnt hat 为此,对此: *Die Vorbereitungen h.* (für dieses Fest) *sind abgeschlossen* 为此(为这个节庆)而作的准备工作已经结束; *Die Beweise h.* (für diese Tatsache) *sind eindeutig* 对此(对这一事实的)证据确凿

hier·ge·gen, *betont* (重读) **hier·ge·gen** *Adv* (副); verwendet, um auf etw. hinzuweisen, das man j-m zeigt od. das man vorher (mit der Präposition *gegen*) erwähnt hat 对着这里,对着这个东西,对此,反对这一点: *H.* (gegen diese Wand) *lehnte er die Leiter* 他把梯子靠在这里(靠在墙上); *H.* (gegen diese Maßnahme) *protestieren wir* 对此(对这一措施)我们提出抗议

hier·her, *betont* (重读) **hier·her** *u.* **hier·her** *Adv* (副) **1.** an diesen Ort, nach hier 到这里来 ↔ dorthin: *Sie wird nach der Feier h.* (in unsere Wohnung) *kommen* 在庆祝会后,她将到这里来(到我们房里来) **2.** ***bis h.*** bis zu diesem Zeitpunkt, bis zu diesem Stadium *o. Ä.* 直到现在,直到目前为止: *Bis h. habe ich den Text verstanden, aber jetzt wirds schwierig* 直到目前这篇课文我是理解的,可是现在觉得变难了 ‖ ID [谚] ***bis h. u. nicht weiter*** dies ist die Grenze, die nicht überschritten werden darf 到此为止 ‖ NB(注意): ↑ ***hierhin***

hier·her- *im Verb, betont u. trennbar, begrenzt produktiv* (构成动词,重读并可分,构词有限); Die Verben mit *hierher-* werden nach folgendem Muster gebildet (hierher-动词的模式如下): *hierherkommen – kam hierher – hierhergekommen*

hierher- bezeichnet die Richtung von irgendwo an den Ort, an dem sich der Sprecher befindet (表示朝说话人的方向) 到这里来,向这边来 ≈ her-;

hierherkommen: *Komm sofort hierher!* 马上到我这里来! ≈ Komm sofort zu mir/an den Ort, an dem ich bin!

ebenso (同类词有): ***j-n/etw. hierherbringen***, ***(j-n/etw.) hierherfahren***, ***j-n hierherführen/etw. führt hierher***, ***j-n/etw. hierherholen***, ***j-n/etw. hierherlegen***, ***j-n/etw. hierherschicken***, ***j-n/sich hierhersetzen***, ***etw. hierherstellen***, ***j-n/etw. hierhertragen***, ***j-n/etw. hierherziehen***; ***hierherlaufen***, ***hierherschauen***; ***sich hierherwagen***

hier·her·ge·hö·ren (*hat*) [Vi] (不及物) **1.** ***etw. gehört hierher*** etw. gehört an diesen Ort (物作主语) 属于,归入这里 ↔ etw. gehört dorthin: *Bring den Hund aus dem Schlafzimmer, er gehört nicht hierher!* 把狗带出卧室,它不该到这里来! **2.** ***etw. gehört hierher*** etw. gehört in diesen Zusammenhang u. muss dort besprochen, diskutiert werden (物作主语) 与此有关 ≈ etw. gehört zur Sache: *Dieses Thema gehört nicht hierher* 这个题目与此无关

hier·her·zie·hen [Vt] (及物) (*hat*) **1.** ↑ ***hierher-***; [Vi] (不及物) (*ist*) **2.** an diesen Ort ziehen (19), um hier zu wohnen 迁到这里,搬到这里: *Wir sind vor zwei Jahren hierhergezogen* 两年前我们迁到这里

hier·hin, *betont* (重读) **hier·hin** *Adv* (副); an diesen Ort hin (auf den der Sprecher hinweist) 到这里 ↔ dorthin: *Stellen Sie den Schrank bitte h.!* 请您把柜子摆放到这里!; (*Füllen Sie das Glas*) *bis h., bitte!* 请(把玻璃杯装)到这里为止! ‖ NB(注意): ↑ ***hierher***

hier·hin- *im Verb, betont u. trennbar, begrenzt produktiv* (构成动词,重读并可分,构词有限) ≈ hierher-

hier·rin, *betont* (重读) **hier·rin** *Adv* (副) **1.** in diesem (vorher genannten) Gegenstand, Raum *o. Ä.* 在这里: *H.* (in diesem Gebäude) *befand sich früher die Bibliothek* 这里(在这座楼里)从前是图书馆 **2.** in dieser (vorher genannten) Tatsache, Angelegenheit 在这方面,在这一点上: *H.* (in diesem Punkt) *liegt das Problem* 问题就在这里(在这一点上)

hier·las·sen; *lässt hier, ließ hier, hat hiergelassen*; [Vt] (及物) ***j-n/etw. h.*** j-n/etw. an dem Ort lassen, an dem sich der Sprecher befindet 放在这里,存放在这里,留在这里 ↔ wegbringen: *Du kannst deine Tasche h. u. sie später wieder abholen* 你可以把你的手提包留在这里,过后再把它取走

hier·mit, *betont* (重读) **hier·mit** *Adv* (副) **1.** verwendet, um auf etw. hinzuweisen, das man j-m zeigt od. das man vorher (mit der Präposition *mit*) erwähnt hat 以此,用此,就此,就这样: *H.* (mit dieser Waffe) *wurde der Mord begangen* 是用这个(用这武器)进行谋杀的; *H.* (mit diesem Thema) *beschäftigt sie sich schon lange* 她从事这个(这个题目)已经很长时间 **2.** (als floskelhafte Wendung) verwendet, um *mst* e-e feierliche Erklärung einzuleiten 特此,兹,谨(客套用语): *H. taufe ich das Schiff auf den Namen „Admiral"* 我谨为这艘舰船取名为"海军上将号"; *H. erkläre ich die Ausstellung für eröffnet* 我特此宣布展览会开幕; *H. erkläre ich meinen Sohn Martin zum Alleinerben meines gesamten Vermögens* 我特宣布我的儿子马丁为我的全部财产的唯一继承人

Hie·ro·gly·phe [hiero'gly:fə] *die*; -, -*n* **1.** ein Zeichen der alten ägyptischen (Bilder)-

Schrift（古埃及）象形文字 **2.** *nur Pl*, *gespr hum*（只用复数）［口］［诙］；e-e（Hand）Schrift, die man kaum lesen kann 难以辨认的字体，潦草的字迹：*Deine Hieroglyphen kann ich nicht entziffern* 我看不懂你那难认的字体

hie·rü·ber, *betont*（重读）**hie·rü·ber** *Adv*（副）；verwendet, um auf etw. hinzuweisen, das man j-m zeigt od. das man vorher（mit der Präposition *über*）erwähnt hat 经过这里，关于这事，在这上面：*H.*（über diese Brücke）*können wir gehen* 我们可以从这里（从这座桥上）走过去；*H.*（über dieses Thema）*schrieb er ein Buch* 关于这事（关于这个题目）他曾写过一本书

hie·run·ter, *betont*（重读）**hie·run·ter** *Adv*（副）；verwendet, um auf etw. hinzuweisen, das man j-m zeigt od. das man zuvor（mit der Präposition *unter*）erwähnt hat 在这下面，对此，在此项目下：*H.*（unter diesem Tisch）*lag der Schlüssel* 钥匙曾经放在这下面（在这桌子下面）；*H.*（unter diesem Begriff）*verstehen wir Folgendes* 对此（对此概念）我们作如下的理解；*H.*（unter dieser Beleidigung）*litt er sehr* 他吃尽了这方面（这种侮辱）的苦头

hier·von, *betont*（重读）**hier·von** *Adv*（副）；verwendet, um auf etw. hinzuweisen, das man j-m zeigt od. das man vorher（mit der Präposition *von*）erwähnt hat 从这里，从中，关于这事，由此，因此：*Unser Haus ist nicht weit h.*（von diesem Ort）我们家离这里（这个地方）不远；*H.*（von diesen Tabletten）*nahm sie zehn Stück* 她从中（从这些药片中）拿了十片；*H.*（von dieser Bedingung）*hängt alles ab* 一切都取决于此（这一条件）

hier·zu, *betont*（重读）**hier·zu** *Adv*（副）**1.**（als Zusatz, Ergänzung）zu dieser（vorher genannten）Sache（作为补充）为此，此外，对此：*H. brauchen Sie dieses Kabel*（*z.B.* zu dieser Stereoanlage）为此（为这台音响设备）您需要用这种电缆；*H. passen rote Schuhe*（*z.B.* zu diesem Kleid）与此（例如，与这件连衣裙）相配的是红色的鞋 **2.** zu diesem（vorher genannten）Zweck 为此（目的）：*Er möchte in die USA reisen. – H. braucht er ein Visum* 他想去美国旅游。——为此他需要签证 **3.** zu diesem（vorher genannten）Sachverhalt, zu dieser Angelegenheit 关于此事，在这方面：*H. habe ich mir noch keine Meinung gebildet*（*z.B.* zu diesem Problem）对此事（例如，对这个问题）我还没有形成自己的看法；*H. sage ich nichts*（*z.B.* zu diesem Vorwurf）对此（例如，对这一责难）我什么也不说

hier·zu·lan·de, **hier zu Lan·de** *Adv*（副）；*veraltend*［渐旧］；in diesem Land od. diesem Gebiet（in dem sich der Sprecher befindet）此地，本地，在我们这里：*H. sind die Leute sehr konservativ* 此地人们很保守

hie·si·g- *Adj*（形）；*nur attr*, *nicht adv*（只作定语，不作状语）；in, aus dieser Gegend（in der sich der Sprecher befindet）本地的，这里的〈die Bevölkerung, die Sitten, die Gebräuche 居民，习俗，风俗〉：*Sie ist keine Hiesige*（= Sie ist nicht von hier）她不是本地人

hieß *Imperfekt*, *1. u. 3. Person Sg*（过去时，第一和第三人称单数）；↑ ***heißen***

hie·ven; *hievte*, *hat gehievt*; [Vt]（及物）***etw.***（***irgendwohin***）***h.*** etw.（*mst* Schweres）nach oben ziehen 把…往上拉〈den Anker h. 起锚，etw. an Deck h. 把某物拉到甲板上〉

Hi-Fi [ˈhaifi, ˈhaiˈfai] TECH【技】, Kurzw（略）↑ ***High Fidelity*** ‖ K-（复合）：***Hi-Fi-Anlage***, ***Hi-Fi-Turm***

high [hai] *Adj*（形）；*mst präd*, *gespr*（多作表语）［口］**1.** in e-m euphorischen Zustand, nachdem man Rauschgift genommen hat（服用麻醉品后的）精神快感状态〈h. werden, sein 将进入精神快感状态，处于精神快感状态〉**2.** ≈ glücklich ↔ down

High Fi·de·li·ty [haifiˈdelɪtɪ] *die*; -; *nur Sg*, TECH（只用单数）【技】；e-e sehr hohe Qualität bei der Wiedergabe *bes* von Musik（*z.B.* durch e-n CD-Spieler od. e-e Stereoanlage）高保真度，高保真性

High·life [ˈhailaif] *das*; -(*s*); *nur Sg*（只用单数）；*mst in* 多用于 ***irgendwo ist H.*** *gespr*［口］；irgendwo wird laut u. lebhaft gefeiert 在某个地方正在热烈庆祝，正热闹着呢

High·tech [ˈhaiˈtɛk] *das*; -(*s*) *od die*; -; *nur Sg*（只用单数）；sehr moderne technische Geräte, Verfahren *usw*, die *bes* mit Computern u. Mikroelektronik zu tun haben 高技术，高新技术

Hil·fe *die*; -, *-n* **1.** *nur Sg*（只用单数）；das Helfen (1), die Unterstützung 帮助，帮忙，扶助，援助，资助〈ärztliche, nachbarliche, finanzielle, materielle, uneigennützige, wirksame, gegenseitige H. 医疗的、邻居的、财政的、物质的、无私的、有效的、相互的帮助；H.（von j-m）erwarten 等待，期待（某人的）帮助（援助）；j-m H. leisten, zusagen 对某人进行帮助，答应给某人帮助；j-m zu H. eilen, kommen 急忙去，前来帮助某人；j-m（seine）H. anbieten 帮某人的忙，给予某人帮助；bei j-m/irgendwo H. suchen 向某人/到某处寻求帮助；j-n um H. bitten 请求某人帮助；um H. flehen, rufen, schreien 恳求帮助，呼救，高喊救命；auf j-s H. angewiesen sein 依靠（依赖）某人的帮助〉：*Ein echter Freund ist immer da, wenn man H. braucht* 患难见真情 ‖ K-（复合）：***Hilfe-***, ***-leistung***, ***-ruf***, ***-schrei***, ***-stellung***; ***Hilfs-***, ***-aktion***, ***-maßnahme*** **2.** j-d, der hilft (1) 助手，帮手，帮忙的人〈H. herbeirufen, holen 叫来，请来帮手〉：*Keine Angst, gleich kommt H.* 别害怕，马上就来帮忙的人了 **3.** etw., das man als Unterstützung bekommt, *mst* Geld 资助〈e-e H. beantragen, beziehen, erhalten 申请，领取，收到资助〉‖ K-（复合）：***Hilfs-***, ***-bedürftigkeit***, ***-dienst***, ***-fonds***, ***-gelder***, ***-kasse***, ***-organisation***; ***hilfs-***, ***-bedürftig*** ‖ -K（复合）：***Alters-***, ***Entwicklungs-***, ***Sozial-***, ***Wirtschafts-*** **4.** j-d, der einem bei e-r Arbeit hilft, *mst* ohne dafür ausgebildet zu sein 帮工，零杂工〈e-e H. einstellen, suchen 雇用，寻找一个帮工〉：*Die alte Dame sucht e-e H. für den*

Haushalt 老太太寻找一个帮干家务的人 ‖ -K(复合): ***Ernte-***, ***Haushalts-***, ***Küchen-***, ***Laden-***, ***Putz-*** **5.** ***erste H.*** die ersten u. *mst* sehr wichtigen medizinischen Maßnahmen, mit denen man e-m Verletzten hilft (bevor der Arzt da ist) 急救〈j-m erste H. leisten 对某人进行急救〉 ‖ K-(复合): ***Erste-Hilfe-Kurs*** **6.** (***zu***) ***H.!*** verwendet, um H. (1) zu rufen, wenn man in Gefahr ist 救命! **7.** ***mit H.*** + Gen(二格)/***von etw.*** indem man etw. anwendet, durch Unterstützung von etw. 借助于…: *Mit H. e-s Hebels gelang es ihm, den schweren Stein fortzubewegen* 借助于杠杆(起重器), 他终于把一块重石块搬走了 **8.** ***etw. zu H. nehmen*** etw. benutzen, um dadurch etw. zu erreichen 求助于, 借助于: *e-n Stock zu H. nehmen, um etw. aus dem Bach zu fischen* 借助于手杖, 把某物从小溪中捞上来 **9.** ***j-d/etw. ist j-m e-e H.*** j-d unterstützt j-n od. hilft ihm/etw. ist von Vorteil(人/物作主语)是某人的帮手/对某人有好处: *Unser Sohn ist mir im Haushalt schon e-e große H.* 我们的儿子已成为我家务上的好帮手; *Ist es dir e-e H., wenn wir mit der Entscheidung noch warten?* 要是我们等着作出决定, 对你是否有好处? **10.** ***H. suchend*** 〈ein Blick, ein (Gesichts) Ausdruck 目光, 表情〉 so, dass sie ausdrücken, dass der Betreffende Hilfe braucht 寻求帮助的, 求助的: *sich H. suchend umblicken/umsehen* 环顾四周寻求帮助 ‖ NB (注意): ↑ ***mithilfe***

hil·fe·su·chend ↑ ***Hilfe*** (10)

hilf·los *Adj*(形) **1.** nicht fähig, sich selbst zu helfen 无法自救的, 束手无策的, 无能为力的: *Nach dem Unfall war sie im Auto eingeklemmt u. völlig h.* 在发生车祸之后, 她被紧夹在汽车里, 完全不能动弹; *Seinen Aggressionen stand sie h. gegenüber* 她面对他的侵犯束手无策 **2.** unbeholfen, ungeschickt 笨拙的, 不灵活的: *Seine hilflosen Ausreden wirkten eher peinlich* 他那些笨拙的遁词倒是显得很尴尬 ‖ *hierzu*(派生) **Hilf·lo·sig·keit** *die*; *nur Sg*(只用单数)

hilf·reich *Adj* (形) **1.** so, dass man anderen Menschen e-e große Hilfe ist 乐于助人的〈ein Mensch 人; j-m h. zur Hand gehen, zur Seite stehen 乐于伸手帮助某人, 帮某人的忙〉 **2.** ≈ nützlich (1) 〈ein Hinweis, ein Umstand 提示, 情况〉

Hilfs- *im Subst, betont, wenig produktiv*(构成名词, 重读, 构词弱) **1.** ohne Ausbildung für den ausgeübten Beruf 辅助性的 ↔ Fach-; der ***Hilfsarbeiter***, die ***Hilfskraft***, das ***Hilfspersonal*** **2.** nicht ständig in e-m Beruf tätig od. noch nicht voll für e-n Beruf ausgebildet 临时的; der ***Hilfsgeistliche***, der ***Hilfslehrer***, der ***Hilfspolizist***

hilfs·be·reit *Adj* (形); gern bereit zu helfen 乐于助人的 ≈ gefällig (2) 〈ein Mensch 人〉: *Der Junge ist alten Menschen gegenüber sehr h.* 这个年轻人很乐于帮助老年人 ‖ *hierzu*(派生) **Hilfs·be·reit·schaft** *die*; *nur Sg*(只用单数)

Hilfs·mit·tel *das* **1.** etw., das e-e Arbeit (od. ein Vorhaben) einfacher macht 辅助工具 〈ein (un)erlaubtes, (un)geeignetes H., ein technisches H. (未)经许可的, (不)适当的, 技术性的辅助工具; ein H. anwenden, benutzen 使用, 利用辅助工具〉 **2.** *nur Pl*(只用复数); Geld od. Gegenstände, die j-m helfen sollen, der in Not ist 救济金, 捐助款, 捐赠物: *Nach dem Erdbeben trafen die Hilfsmittel von überall ein* 地震以后收到了从各地来的捐款捐物

Hilfs·verb *das*; LING【语】; ein Verb, mit dem man *z.B.* die zusammengesetzten Zeiten u. das Passiv e-s Verbs bildet 助动词: *„Haben“, „sein“ u. „werden“ sind im Deutschen Hilfsverben* “haben”, “sein”和“werden”是德语的助动词

> **Die Hilfsverben *haben* und *sein***
> **助动词 haben 和 sein**
>
> Um die zusammengesetzten Formen der Vergangenheit im Deutschen zu bilden, werden die Hilfsverben **haben** und **sein** verwendet. 德语中用助动词 **haben** 和 **sein** 来构成过去时复合形式。
>
> **sein**
> – verwendet man bei Verben, die einen Zustand oder eine Zustandsänderung ausdrücken 遇表示状态或状态变化的动词时用:
> **Ich bin krank gewesen.** 我病了。
> **Die Temperatur ist gestiegen.** 温度上升了。
>
> – verwendet man mit Verben der Fortbewegung 遇表示运动的动词时用:
> **Ich bin durch Spanien gereist.** 我在西班牙旅游了。
>
> **haben**
> – wird in allen anderen Fällen verwendet 遇上述情况以外的其他所有的动词时用:
> **Ich habe eine Übung gemacht.** 我作了一次训练。

hilft *Präsens, 3 Person Sg* (现在时, 第三人称单数); ↑ ***helfen***

Him·bee·re *die* **1.** e-e rote Beere, die man essen kann u. die aus vielen kleinen Teilen besteht 覆盆子(浆果) ‖ ↑ *Abb. unter* 图见 ***Erdbeere*** ‖ K-(复合): ***Himbeer-***, ***-eis***, ***-geschmack***, ***-saft***, ***-strauch*** **2.** ein Strauch mit Stacheln u. weißen Blüten, an dem die Himbeeren (1) wachsen 覆盆子(灌木)

Him·mel *der*; *-s*, - **1.** *nur Sg* (只用单数); der (Luft)Raum über der Erde 天, 天空〈ein blauer, bewölkter, bedeckter, klarer, wolkenloser, (wolken)verhangener, düsterer H. 蓝色的、多云的、云层密布的、明朗的、无云的、乌云密布的、阴沉的天空; der H. klart (sich) auf 天空晴朗起来, 放晴〉: *Am H. funkeln die Sterne* 星星在天空闪耀 ‖ K-(复合): ***Himmels-***, ***-gewölbe***, ***-kugel***; ***himmel-***, ***-blau*** ‖ -K (复合): ***Sternen-***, ***Wolken-*** **2.** *nur Sg* (只用单数); der Ort, an dem (im Glauben mancher Religionen) Gott ist u. an den die Menschen nach dem Tod kommen wollen 天堂,天国,极乐世界 ≈ Paradies ↔ Hölle ⟨in den H. kommen 来到天国,进入天堂⟩ ‖ K-(复合): **Himmels-, -fürst, -pforte, -tor, -tür** **3.** *nur Sg*(只用单数) ≈ Gott: *Der H. beschütze uns!* 愿上天保佑我们!; *ein Zeichen des Himmels* 上帝的象征 **4.** e-e Art Dach aus Stoff (*z. B.* über e-m Thron od. e-m Bett)顶,天盖,华盖 ≈ Baldachin ‖ K-(复合): **Himmel-, -bett** **5. unter freiem H.** im Freien 在露天 ⟨unter freiem H. schlafen, übernachten 在露天睡觉,过夜⟩ **6. zwischen H. u. Erde** hoch über der Erde (u. *mst* in gefährlichen Situationen, ohne sicheren Halt) 在空中,在半空中: *Der Artist hing hoch oben an e-m Seil zwischen H. u. Erde* 杂技演员高挂在半空中的绳子上 **7.** *gespr*[口]; verwendet in Ausrufen der Verwunderung u. des Schreckens u. in Flüchen(用在表示惊奇和吃惊的呼语或在骂人的话中): *Um Himmels willen!* 哎呀,我的天哪! 看在上天的份上!; *(Ach) du lieber H.!*(哎呀)我的老天爷!; *Weiß der H.!*天晓得!; *Gütiger H.!*仁慈的老天啊!; *H. noch mal!* 天哪! ‖ ID[谚] **aus heiterem H.** plötzlich u. ohne dass man damit rechnen, es erwarten konnte 从天而降地,完全出人意外地; **der H. auf Erden** ein sehr angenehmes Leben 人间天堂; **H. u. Hölle in Bewegung setzen** alles tun od. veranlassen, um ein bestimmtes Ziel zu erreichen 想尽办法,想方设法,无所不用其极; **im siebten H. sein**; **sich (wie) im sieb(en)ten H. fühlen** überglücklich sein(好像)置身于七重天,感到置身于天堂(感到无比幸福); **j-n/etw. in den H. heben** j-n/etw. sehr loben 把某人/某事捧上天; **etw. schreit zum H.** etw. ist empörend 某事令人气愤,令人震惊,令人发指⟨ein Unrecht, e-e Ungerechtigkeit 不公正,不公平⟩; **etw. stinkt zum H.** *gespr* [口]; etw. ist empörend, skandalös 某事真是闻所未闻,可耻至极; **j-m hängt der H. voller Geigen** *veraltend*[渐旧]; j-d ist sehr glücklich 某人觉得非常快活; **j-n/etw. schickt der H.** j-d/etw. kommt in e-m günstigen Augenblick (in dem man ihn/es dringend braucht)某人/某物来得正是时候

him·mel·angst *Adj*(形); *nur in* 只用于 **j-m ist/wird (es) h.** *gespr*[口]; j-d hat/bekommt große Angst 某人非常害怕,吓得要命

Him·mel·fahrt (*die*); *nur Sg*(只用单数); **(Christi) H.** ein (christlicher) Feiertag (am 40 Tag nach Ostern), an dem die Rückkehr von Jesus Christus in den Himmel gefeiert wird 耶稣升天节(复活节后第 40 天)

Him·mel·fahrts|kom·man·do *das* **1.** e-e (lebens)gefährliche Aktion (*bes* im Krieg)送命的差事 **2.** *Kollekt*(集合); alle Personen, die an e-m H. (1) teilnehmen 一起去干送命差事的全体人员

him·mel·hoch *Adj*(形); *gespr*[口]; sehr hoch 摩天的,参天的,极高的,极大的⟨ein Unterschied 差别; j-m h. überlegen sein 大大胜过某人,大大强于某人⟩ ‖ NB(注意): *himmelhoch* → *ein himmelhoher Unterschied* ‖ ID[谚] **h. jauchzend, zu Tode betrübt** verwendet, um e-n Charakter zu beschreiben, der abwechselnd allzu fröhlich u. allzu traurig gestimmt ist 忽喜忽忧,喜怒反复无常

Him·mel·reich *das* ≈ Himmel (2)

him·mel·schrei·end *Adj*(形); *nicht adv*(不作状语); *gespr*[口]; (in Bezug auf etw. Negatives) auffallend stark ausgeprägt 令人发指的,骇人听闻的,闻所未闻的 ≈ empörend ⟨*mst* ein Unrecht, e-e Ungerechtigkeit 多指不公正,不公平⟩

Him·mels·kör·per *der*; ASTR【天】; ein Stern (Gestirn) im Weltraum 天体

Him·mels·rich·tung *die* **1.** e-e Richtung, mit der man sich *mst* auf der Erde orientiert (u. die sich auf die Lage der (Erd)Pole bezieht) 方位: *Nord, Süd, West u. Ost sind die Himmelsrichtungen* 东南西北是方位 **2. aus allen Himmelsrichtungen** von allen Seiten, von überall her 从四面八方来 **3. in alle Himmelsrichtungen** nach allen Seiten, überallhin 向四面八方去

Him·mels·zelt *das*; *lit*[文] ≈ Himmel (1)

him·mel·weit *Adj*(形); *nur attr od adv*, *gespr* (只作定语或状语)[口]; sehr groß 极大的,极远的 ⟨*mst* ein Unterschied 多指差别⟩

himm·lisch *Adj*(形) **1.** *gespr*[口] ≈ herrlich, wunderbar ⟨ein Tag, ein Wetter, e-e Ruhe *o. Ä.* 日子,天气,寂静等⟩ **2.** im od. aus dem Himmel (2)天的,天空的,上天的⟨Mächte, die Engel, ein Wesen 力量,天使,神祇⟩ **3. der himmlische Vater** ≈ Gott (*bes* in der christlichen Religion)

hin *Adv*(副) **1.** *räumliche Angabe*(空间说明语) + **hin** in Richtung vom Sprecher (od. von dem vorher genannten Punkt) weg auf j-n/etw. zu 往…去,向…去,去…: *Der Weg zum Stadion hin wird neu geteert* 去体育场的道路新铺了柏油; *nach links hin* 向左走去 **2.** *zeitliche Angabe*(时间说明语) + **hin** in Richtung auf e-n bestimmten Zeitpunkt od. Zeitraum 将近,快到: *Gegen Abend hin wurde es kalt* 傍晚时分就冷了 **3.** *räumliche Angabe*(空间说明语) + **hin** verwendet, um e-e räumliche Ausdehnung auszudrücken(表示空间的延伸): *Der Kanal erstreckt sich über viele Kilometer hin* 运河有几千米长 **4.** *zeitliche Angabe*(时间说明语) + **hin** verwendet, um e-e zeitliche Ausdehnung auszudrücken(表示时间的延伸): *Die Entwicklung vollzog sich über mehrere Monate hin* 研发进行了若干个月; *Durch viele Jahre hin trafen sie sich regelmäßig* 多年来他们一直定期会面 **5. auf etw.** (*Akk* 四格) **hin** in Richtung auf ein bestimmtes Ziel od. e-n Zweck 为了…,针对⟨etw. auf etw. hin anlegen, planen 为了某事而安排,计划某事⟩: *Unser Betrieb ist auf e-e kleine Produktion hin ausgerichtet* 我们企业是为了进行小生产而办起来的 **6. auf etw.** (*Akk* 四格) **hin** wegen, auf Grund von etw. 由于…,根据…⟨auf e-n Verdacht, e-e Vermutung, e-n Hinweis hin 根据

怀疑，猜测，提示〉：*Er wurde auf e-n bloßen Verdacht hin festgenommen* 他完全是由于受到怀疑而被逮捕的 **7. auf etw.**（*Akk* 四格）**hin** im Hinblick auf etw.（oft e-e Krankheit od. e-n Fehler, die vermutet werden）鉴于…，考虑到…：*j-n auf Krebs hin untersuchen* 给某人检查癌症；*e-n Plan auf Fehler hin überprüfen* 审查计划是否有错误 **8. hin u. zurück** für Hin- u. Rückfahrt（od. Rückflug）来回，往返：*Bitte einmal*（*e-e Fahrkarte nach*）*Frankfurt hin u. zurück* 请买一张去法兰克福的往返票 **9. hin u. her** ohne bestimmte Richtung bzw. mit ständig wechselnder Richtung 来来回回地 ≈ kreuz u. quer 〈hin u. her gehen, fahren, laufen *usw* 走来走去，乘车走来走去，跑来跑去〉：*Er war so nervös, dass er ständig hin u. her ging* 他很烦躁，以致不停地走来走去 ‖ NB（注意）：aber（但是）：*hin- u. herfahren, hin- u. herfliegen, hin- u. hergehen, hin- u. herpendeln usw*（= hin u. wieder zurück（zusammengeschrieben））（表示往返则连写）**10. ... hin, ... her** *gespr*［口］；verwendet, um auszudrücken, dass man trotzdem etw. tun od. sich in bestimmter Weise verhalten muss（表示让步）尽管，虽然，不管，是（有）…也好，不是（没有）…也好：*Lust hin, Lust her, das muss gemacht werden* 不管有没有兴趣（有兴趣也好，没有兴趣也好），这事都必须办成；*Freundin hin, Freundin her, ich sage ihr meine Meinung* 虽然是女朋友（是女朋友也好，不是女朋友也好），我要向她说出我的看法 **11. hin sein** *gespr*［口］；（elliptisch verwendet）≈ hingegangen, hingefahren, hingekommen *o. Ä.* sein：*Als er so traurig war, ist sie zu ihm hin*（= hingegangen）*u. hat ihn getröstet* 当他非常伤心时，她就去他那里安慰他 **12. j-d/ein Tier ist hin** *gespr!*［粗］j-d/ein Tier ist tot 某人/动物死了：*Die Katze rührt sich nicht mehr. – Die ist hin* 猫不再动了。——它死了 **13. hin sein** *gespr*［口］；sehr erschöpft sein 精疲力竭，疲惫不堪 ≈（fix u.）fertig sein：*Nach dem Training war er ganz hin* 训练过后，他累极了 **14. etw. ist hin** *gespr*［口］；etw. ist kaputt, funktioniert nicht（物作主语）损坏，毁坏 ↔ etw. ist ganz：*Sein Auto ist hin* 他的汽车坏了 **15. etw. ist hin** *gespr*［口］；etw. ist verloren, ruiniert od. nicht mehr zu verwirklichen（物作主语）完了，吹了〈j-s Hoffnung, j-s Pläne, j-s Ruf 某人的希望，计划、名声〉**16.**（**von j-m/etw.**）**ganz h. sein** *gespr*［口］；vorn j-m/etw. begeistert sein 被吸引，被迷住：*Als er ihre Stimme hörte, war er ganz hin* 当他听到她的声音时，完全被她迷住了 **17. es ist nicht mehr lange/noch lange hin bis**（**zu**）**etw.** *gespr*［口］；es dauert nicht mehr/noch lange, bis etw. geschehen wird 离…没有多少时间了/还有很多时间呢：*Bis zu deinem Geburtstag ist*（*es*）*noch lange hin* 离你的生日还早着呢 ‖ ID［谚］**hin u. wieder** ≈ manchmal；**hin u. her gerissen sein** sich（zwischen mehreren Möglichkeiten）nicht entscheiden können 犹豫不决，迟疑不决；**hin u. her überlegen** *gespr*［口］；über alle Aspekte e-s Problems *o. Ä.* nachdenken 反复考虑；**hin od. her** *gespr*［口］；mehr od. weniger 左右：*Zwei Tage hin od. her, darüber brauchen wir uns nicht zu streiten* 两天左右，对此我们不需要争论了；**das ist hin wie her** *gespr*［口］；das bleibt sich gleich, ist egal 完全一样，换汤不换药；**nach einigem/langem/ewigem Hin u. Her** nachdem etw. lange besprochen, diskutiert wurde 经过反复讨论以后；**nach außen hin** nur äußerlich, dem Anschein nach 从外表上看：*sich nach außen hin liberal geben* 外表上装出宽宏大量的样子

hịn- *im Verb, betont u. trennbar, sehr produktiv*（构成动词，重读并可分，构词强）；Die Verben mit *hin-* werden nach folgendem Muster gebildet（hin-动词的模式如下）：*hinfahren – fuhr hin – hingefahren*

hin- bezeichnet die Richtung auf ein bestimmtes Ziel zu, häufig weg vom Sprecher, Erzähler od. Handelnden（表示朝一个目标，往往是离说话人而去）向、朝、前往、到…去 ↔ her-；

（**j-n/etw.**）**irgendwohin hinfahren**：*Morgen fahre ich zu ihr hin, um sie zu besuchen* 明天我开车去她那里看望她 ≈ Morgen werde ich zu ihr fahren, um sie zu besuchen

ebenso（同类词有）：**j-n/etw. irgendwohin hinbringen, irgendwohin hindeuten,**（**j-n zu etw.**）**hindrängen,**（**etw.**）**irgendwohin hindrücken, hinfallen, irgendwohin hinfinden,**（**j-n/etw.**）**irgendwohin hinfliegen,**（**irgendwohin**）**hingehen, irgendwohin hinkommen,**（**irgendwohin**）**hinkönnen, j-n irgendwohin hinlassen, irgendwohin hinlaufen, j-n/etw. irgendwohin hinlegen,**（**etw.**）**irgendwohin hinlenken, j-n/ein Tier irgendwohin hinlocken, irgendwohin hinmüssen, j-n/etw. irgendwohin mit hinnehmen, j-m etw. hinreichen, irgendwohin hinreisen, irgendwohin hinrennen,**（**etw.**）**irgendwohin hinrücken,**（**irgendwohin**）**hinschauen, j-m etw./etw. irgendwohin hinschieben, etw. irgendwohin hinschlagen, j-n/sich/etw. irgendwohin hinschleppen,**（**irgendwohin**）**hinsehen,**（**irgendwohin**）**hinsollen, irgendwohin hinstarren, j-n/sich/etw. irgendwohin hinstellen,** 〈Personen/Wassermassen *o. Ä.* 人们/大量的水等〉**strömen irgendwohin hin, j-n/etw. irgendwohin hintragen,**（**j-n/Tiere**）**irgendwohin hintreiben, j-n/sich/etw. irgendwohin hinwenden, etw. irgendwohin hinwerfen, irgendwohin hinwollen, etw. irgendwohin hinzeichnen, j-n/etw. irgendwohin hinziehen; sich**（**irgendwohin**）**hinhocken/hinkauern/hinknien/hinsetzen/hinstellen/hintrauen/hinwagen**

hi·nạb *Adv*（副）；*geschr*［书］≈ hinunter：*Ins Tal h. geht man mehrere Stunden* 人们走几个钟头才下到山谷

hi·nạb- *im Verb, betont u. trennbar, begrenzt produktiv*（构成动词，重读并可分，构词有

限)；*geschr*[口] ≈ hinunter-

hi.nan *geschr* [书] ≈ hinauf

hin.ar.bei.ten (*hat*) [Vi] (不及物) ***auf etw.*** (*Akk* 四格) ***h.*** sich (zielstrebig) bemühen, etw. zu erreichen od. zu verwirklichen 努力争取，奋力投身〈auf e-e Prüfung h. 奋力投入考试〉：*Die Bürgerinitiative arbeitet* darauf *hin*, dass *das geplante Kernkraftwerk nicht gebaut wird* 公民的倡议是要努力争取不建造拟议中的原子能发电站

hi.nauf *Adv*(副)；bezeichnet die Richtung von unten nach oben, *bes* weg vom Sprecher od. Erzähler(表示由下向上，离说话人而去)向上，往上，朝上 ↔ herab, herunter：*Vom Tal bis zur Skihütte h. braucht man eine Stunde* 从山谷上到滑雪棚需要一个小时 ‖ NB(注意)：↑ ***herauf-***

hi.nauf- *im Verb, betont u. trennbar, sehr produktiv*(构成动词，重读并可分，构词强)；Die Verben mit *hinauf-* werden nach folgendem Muster gebildet (hinauf-动词的模式如下)：*hinaufgehen – ging hinauf – hinaufgegangen*

hinauf- bezeichnet die Richtung von unten nach (irgendwo) oben, häufig weg vom Sprecher od. Erzähler(表示从下向上，往往离说话人的方向而去)向上，朝上，往上 ↔ herab-, herunter-；

(***irgendwohin***) ***hinaufgehen***：*Er ging zur Hütte hinauf* 他朝茅舍走上去 ≈ Er ging zur Hütte nach oben

ebenso(同类词有)：***j-n*** (***irgendwohin***) ***hinaufbegleiten***, (***irgendwohin***) ***hinaufblicken***, ***j-n/etw.*** (***irgendwohin***) ***hinaufbringen***, (***irgendwohin***) ***hinaufdürfen***, (***j-n/etw.***) (***irgendwohin***) ***hinauffahren***, ***j-n/ein Tier*** (***irgendwohin***) ***hinaufführen***, (***irgendwohin***) ***hinaufgehen***, (***irgendwohin***) ***hinaufklettern***, (***irgendwohin***) ***hinaufkommen***, (***irgendwohin***) ***hinaufkönnen***, ***j-n/etw.*** (***irgendwohin***) ***hinauflassen***, (***irgendwohin***) ***hinauflaufen***, (***irgendwohin***) ***hinaufmüssen***, (***j-m***) ***etw. hinaufreichen/etw. reicht*** (***bis nach***) ***irgendwohin hinauf***, (***irgendwohin***) ***hinaufschauen***, ***j-n/etw.*** (***irgendwohin***) ***hinaufschicken***, ***j-n/sich/etw.*** (***irgendwohin***) ***hinaufschieben***, (***irgendwohin***) ***hinaufsehen***, ***etw.*** (***irgendwohin***) ***hinaufsetzen***, (***irgendwohin***) ***hinaufsollen***, (***irgendwohin***) ***hinaufsteigen***, ***j-n/etw.*** (***irgendwohin***) ***hinauftragen***, ***j-n/ein Tier*** (***irgendwohin***) ***hinauftreiben***, (***irgendwohin***) ***hinaufwollen***, ***j-n/etw.*** (***irgendwohin***) ***hinaufziehen***; ***sich*** (***irgendwohin***) ***hinauftrauen/hinaufwagen*** ‖ NB (注意)：**a**) Anstelle e-r Richtungsangabe (*zur Hütte usw*) steht häufig nur e-e Angabe im Akk.(往往直接用第四格名词替代方向说明语)：*Er ging den Berg hinauf* 他走上山去了；*Er führte die alte Frau die Treppe hinauf* 他领着老妇上楼梯；**b**) ↑ ***herauf-***

hi.nauf.ar.bei.ten, sich (*hat*) [Vr] (反身) **1.** ***sich h.*** unter großen Mühen nach oben gelangen 艰难地往上走，向上爬：*sich e-e Felswand h.* 历尽艰辛地爬悬崖峭壁 **2.** ***sich*** (***zu etw.***) ***h.*** Schritt für Schritt e-e hohe berufliche Position erreichen 一步一步地往上爬(谋求高职) ≈ sich (zu etw.) hocharbeiten：*sich zum Direktor h.* 一步一步地朝经理的职位爬

hi.nauf.bit.ten (*hat*) [Vt] (及物) ***j-n h.*** j-n freundlich auffordern, nach oben zu kommen 请…上去：*Die Sekretärin bat den Besucher zum Chef hinauf* 女秘书请来访者上去见领导者

hi.nauf.ge.hen (*ist*) [Vi] (不及物) **1.** ↑ ***hinauf-*** **2.** ***etw. geht hinauf*** *gespr* [口]；etw. wird höher(物作主语)上涨 ≈ etw. steigt 〈die Miete, der Preis 租金，价格〉 **3.** (***mit etw.***) ***h.*** *gespr*[口]；etw. erhöhen, steigern 提高〈mit dem Preis, der Geschwindigkeit h. 提高物价、速度〉

hi.nauf.set.zen (*hat*) [Vt] (及物) **1.** ↑ ***hinauf-*** **2.** ***etw. h.*** ≈ erhöhen 〈die Miete, den Preis h. 提高租金，抬高物价〉

hi.nauf.trei.ben (*hat*) [Vt] (及物) **1.** ↑ ***hinauf-*** **2.** ***etw. h.*** bewirken, dass etw. höher wird, steigt 抬高，提高〈die Preise h. 抬高价格〉

hi.naus *Adv* (副) **1.** bezeichnet die Richtung von drinnen nach irgendwo draußen, häufig weg vom Sprecher od. Erzähler(表示由里向外，往往是离说话人的方向而去)向外，到外边去，出去 ↔ herein：(*zur Tür*) *h. ins Freie gehen* 到户外去，(朝门外)走出去 **2.** ***h.*** + *räumliche Angabe*(空间说明语)；in Richtung auf e-n freien Raum 向外，朝外：*h. aufs Land, aufs Meer fahren* 乘车(船)外出到乡下去，到海边去；*ein Fenster zum Hof h.* 窗户外朝院子；(*e-e Wohnung*) *nach hinten, zur Straße h.*(住宅)朝后面，朝街道 **3.** ***über etw.*** (*Akk* 四格) ***h.*** so, dass e-e Grenze, ein Maß *o. Ä.* überschritten wird 超过，超出：*j-n über die Dauer e-s Vertrags h. beschäftigen* 雇用某人超过合同期限 **4.** ***auf/über etw.*** (*Akk* 四格) ***h.*** e-e unbestimmte, längere Zeit lang 为期…之久〈auf Tage, Wochen, Monate, Jahre *usw* h. 为期数天，数周，数月，数年之久〉：*Das Konzert ist auf Wochen h. ausverkauft* 音乐会的票几周就卖完了 **5.** ***h. sein*** *gespr* [口]；hinausgegangen, -gefahren *o. Ä.* sein(走或乘车)出去了：*Er ist auf die Felder h.* 他到野外去了 **6.** ***über etw.*** (*Akk* 四格) ***h. sein*** *gespr* [口]；e-e bestimmte Zeit hinter sich haben 超出，超过(指时间) ≈ aus etw. heraus sein (7)：*Er ist über das Alter h., in dem man jeden Abend in die Disko geht* 他已超过了每天晚上去跳迪斯科的年龄

hi.naus- *im Verb, betont u. trennbar, sehr produktiv*(构成动词，重读并可分，构词强)；Die Verben mit *hinaus-* werden nach folgendem Muster gebildet (hinaus-动词的模式如下)：*hinaustragen – trug hinaus – hinausgetragen*

hinaus- bezeichnet die Richtung von drinnen nach irgendwo draußen, häufig weg vom Sprecher, Erzähler od. Handelnden(表

示由里向外，往往离说话人的方向而去）向外，出去，到外边去 ↔ herein-；
j-n / etw. hinaustragen：*Die Sanitäter trugen den Verletzten (aus dem Haus / zur Tür) hinaus* 卫生员抬着伤员（从屋里/朝门口）出去 ≈ Die Sanitäter trugen den Verletzten nach draußen
ebenso（同类词有）：***j-n / etw. hinausbefördern***，***j-n / etw. hinausbringen***，***j-n / etw. hinausfahren***，***j-n / ein Tier hinausführen***，***j-n / ein Tier hinausjagen***，***j-n hinauskomplimentieren***，***j-n / ein Tier / etw. hinauslassen***，***sich / etw. hinauslehnen***，***etw. hinausreichen***，***j-n / etw. hinausschieben***，***j-n / sich / ein Tier hinaussetzen***，***j-n / sich / etw. hinausstellen***，***j-n / etw. hinauswerfen***，***j-n / etw. hinausziehen***；***hinausblicken***，***hinausdürfen***，***hinauseilen***，***hinausfallen***，***hinausfinden***，〈ein Vogel *o. Ä.* 鸟等〉***fliegt hinaus***，***etw. führt hinaus***，***hinausgehen***，***hinausklettern***，***hinauskommen***，***hinauskönnen***，***hinauslaufen***，***hinausmüssen***，***etw. ragt hinaus***，***etw. schießt (aus etw.) hinaus***，***hinaussehen***，***hinaussollen***，***hinausspringen***，***hinaussteigen***，***aus etw. / über etw.*** (*Akk* 四格) ***hinauswachsen***，***hinauswollen***，***hinausziehen***；***sich hinausbeugen***，***sich hinaustrauen***，***sich hinauswagen*** ‖ NB（注意）：**a)** Wenn ausgedrückt werden soll, woher j-d/etw. hinauskommt *o. Ä.*, wird *mst* die Präposition *aus* verwendet（如果要表示某人/某物从某处出去，多用介词 aus）：*Er lief aus dem Zimmer heraus* 他从房间里跑出去了；Wenn ausgedrückt werden soll, wohin j-d/etw. kommt *o. Ä.*, wird *mst* die Präposition *zu* (bzw. *zur / zum*) verwendet（如果要表示某人/某物到某处去，多用介词 zu）：*Ich wollte gerade zur Tür hinaus* 我刚想出门；**b)** ↑ ***heraus-***

hi·naus·ekeln (*hat*) Vt（及物）***j-n (aus etw.) h.*** j-n so ärgern, dass er weggeht, kündigt *o. Ä.* 把…气走，逼走：*Ihre Kollegen haben sie aus der Firma hinausgeekelt* 她的同事们把她从公司里气走了

hi·naus·fah·ren Vt（及物）(*hat*) **1.** ↑ ***hinaus-***；Vi（不及物）(*ist*) **2.** ↑ ***hinaus-*** **3.** ***über etw.*** (*Akk* 四格) ***h.*** weiter als bis zu e-r bestimmten Grenze, e-m bestimmten Punkt fahren 乘车超过，开（乘）过了：*über das Ziel h.* 开（乘）车开（乘）过目的地

hi·naus·flie·gen (*ist*) Vi（不及物）**1.** ↑ ***hinaus-*** **2.** (***aus etw.***) ***h.*** *gespr*［口］≈ (aus etw.) hinausfallen **3.** (***aus etw.***) ***h.*** *gespr*［口］；gekündigt werden 被解雇，被撵走，被炒鱿鱼〈in hohem Bogen h. 立马被解雇〉：*aus der Firma h.* 从公司被解雇 **4.** ***etw. fliegt über etw.*** (*Akk* 四格) ***hinaus*** etw. fliegt weiter als bis zu e-r bestimmten Grenze, e-m bestimmten Punkt（物作主语）越过…飞出去，飞出：*Der Ball ist über das Spielfeld hinausgeflogen* 球飞出了赛场

hi·naus·füh·ren (*hat*) Vt（及物）**1.** ↑ ***hinaus-***；Vi（不及物）**2.** ↑ ***hinaus-*** **3.** ***etw. führt über etw.*** (*Akk* 四格) ***hinaus*** etw. führt/geht weiter als bis zu e-r bestimmten Grenze, e-m bestimmten Punkt（物作主语）超过，超出：*Die Bremsspur führt über den Mittelstreifen der Straße hinaus* 刹车痕迹超过了马路的中央隔离带

hi·naus·ge·hen (*ist*) Vi（不及物）**1.** ↑ ***hinaus-*** **2.** ***etw. geht über etw.*** (*Akk* 四格) ***hinaus*** etw. überschreitet ein bestimmtes Maß *o. Ä.*（物作主语）超过，超出：*Diese Arbeit geht über meine Kräfte hinaus* 这个工作超出我的能力范围 **3.** ***etw. geht irgendwohin hinaus*** *gespr*［口］；etw. liegt in e-r bestimmten Richtung（物作主语）朝向：*Das Fenster / Die Wohnung geht nach vorn, zur Straße, nach hinten, zum Hof hinaus* 窗户/住宅面朝前，朝街道，朝后，朝院子

hi·naus·hän·gen[1]；*hängte hinaus, hat hinausgehängt*；Vt（及物）***etw. h.*** etw. von drinnen nach irgendwo draußen hängen 把…挂出去：*Er hängte die Fahne aus dem Fenster hinaus* 他把旗子从窗户里挂出去

hi·naus·hän·gen[2]；*hing hinaus, hat / südd* Ⓐ ⒸⒽ［南德］［奥］［瑞］*ist hinausgehangen*；Vi（不及物）***etw. hängt hinaus*** etw. hängt von drinnen nach irgendwo draußen（物作主语）挂出去：*Die Fahne hing zum Fenster hinaus* 旗子挂到窗外

hi·naus·kom·men (*ist*) Vi（不及物）**1.** ↑ ***hinaus-*** **2.** ***j-d / etw. kommt über etw.*** (*Akk* 四格) ***hinaus*** j-d/etw. überschreitet ein bestimmtes Maß, e-e bestimmte Grenze *o. Ä.*（人/物作主语）超过，超出：*Sein altes Auto kommt nicht mehr über 100 Stundenkilometer hinaus* 他的旧汽车（速度）再也超不过每小时100公里了 **3.** ***etw. kommt auf etw.*** (*Akk* 四格) ***hinaus*** ≈ etw. läuft auf etw. hinaus

hi·naus·lau·fen (*ist*) Vi（不及物）**1.** ↑ ***hinaus-*** **2.** ***etw. läuft über etw.*** (*Akk* 四格) ***hinaus*** etw. geht weiter als bis zu e-r bestimmten Grenze, e-m bestimmten Punkt（物作主语）超过，超出 **3.** ***etw. läuft auf etw.*** (*Akk* 四格) ***hinaus*** etw. hat ein bestimmtes Ergebnis（物作主语）结果是，导致：*Der Plan läuft auf e-e Modernisierung der Fabrik hinaus* 计划的目标是工厂的现代化

hi·naus·po·sau·nen；*posaunte hinaus, hat hinausposaunt*；Vt（及物）***etw. h.*** *gespr, oft pej*［口］常用［贬］；e-e Information, die nicht bekannt werden sollte, bekannt machen 把…宣扬出去，张扬出去

hi·naus·ra·gen (*hat*) Vi（不及物）**1.** ↑ ***hinaus-*** **2.** ***etw. ragt über etw.*** (*Akk* 四格) ***hinaus*** etw. überschreitet ein bestimmtes Maß, e-e bestimmte Grenze *o. Ä.*（物作主语）超过，超出：*Der Baum darf nicht über die Gartenmauer h.* 树不允许超出花园的墙；*Seine Leistungen ragen weit über den Durchschnitt hinaus* 他的成绩远远超出平均分

hi·naus·rei·chen (*hat*) Vt（及物）**1.** ↑ ***hinaus-***；Vi（不及物）**2.** ***etw. reicht über etw.*** (*Akk* 四格) ***hinaus*** etw. überschreitet ein bestimmtes Maß, e-e bestimmte Grenze *o. Ä.*（物作主语）超过，超出

hi·naus·schau·en (*hat*) Vi（不及物）(***aus etw.***)

h. südd Ⓐ Ⓒⓗ *gespr*［南德］［奥］［瑞］［口］≈（aus etw.）hinausblicken

hi·naus·schi·cken（*hat*）Vt（及物）*j-n*（**aus etw.**）*h.* j-n auffordern, e-n Raum zu verlassen 让…离开、出去，把…撵走

hi·naus·schie·ben（*hat*）Vt（及物）**1.** ↑ **hinaus- 2. etw. h.** etw. nicht sofort tun, sondern auf e-n späteren Zeitpunkt verschieben 推迟，延迟 ≈ hinauszögern〈den Abschied, e-e Entscheidung h. 把告别的时间，决定的时间推迟〉

hi·naus·schie·ßen Vi（不及物）（*ist*）**1.** ↑ **hinaus- 2.**（**aus etw.**）*h.* *gespr*［口］；sehr schnell von drinnen nach irgendwo draußen rennen 飞奔出去〈wie der Blitz, wie ein geölter Blitz（= sehr schnell）h. 像闪电一样很快飞奔出去〉**3. über etw.**（*Akk* 四格）*h.* *gespr*［口］；weiter als bis zu e-r bestimmten Grenze, e-m bestimmten Punkt rennen 跑过（界限），飞奔超越

hi·naus·schmei·ßen（*hat*）Vt（及物）*gespr*［口］≈ hinauswerfen

Hi·naus·schmiss *der*；*-es*，*-e*；*gespr*［口］≈ Hinauswurf

hi·naus·schwim·men（*ist*）Vi（不及物）（**irgendwohin**）*h.* weit weg vom Ufer schwimmen 游出去〈aufs Meer, auf den See h. 游出海去，向湖中游去〉

hi·naus·set·zen（*hat*）Vt（及物）**1. j-n h.** *gespr*［口］；j-s Mietvertrag kündigen u. bewirken, dass er die Wohnung *o. Ä.* aufgeben muss 撵出去，轰出去：*Als er ein halbes Jahr mit der Miete im Rückstand war, hat ihn sein Vermieter hinausgesetzt* 当他拖欠了半年房租时，他的房东把他撵出去了；Vr（反身）**2.** ↑ **hinaus-**

hi·naus·steh·len, sich（*hat*）Vr（反身）**sich h.** sich heimlich u. leise aus e-m Raum entfernen 溜出去，悄悄地走出去，偷偷地跑掉

hi·naus·wach·sen（*ist*）Vi（不及物）**1.** ↑ **hinaus- 2. über j-n/etw. h.** größer, höher werden als j-d/etw. 长得超过，高过：*Er ist über seinen Vater hinausgewachsen* 他已长得比他父亲高了；*Der Baum ist weit über das Haus hinausgewachsen* 树已远远高过房子 **3. über sich**（*Akk* 四格）（**selbst**）*h.* seine bisherige Leistung sehr steigern 超过自己以往的成绩

hi·naus·wer·fen（*hat*）Vt（及物）**1.** ↑ **hinaus- 2. j-n h.** *gespr*［口］；j-m kündigen 把…解雇，辞退：*Sie haben ihn hinausgeworfen, weil er so unzuverlässig ist* 他们把他解雇了，因为他很不可信赖 **3. j-n h.** *gespr*［口］；j-n zwingen, e-n Raum, ein Gebäude *o. Ä.* zu verlassen 把…赶出去，撵走

hi·naus·wol·len（*hat*）Vi（不及物）**1. auf etw.**（*Akk* 四格）*h.* e-e bestimmte Absicht, ein Ziel haben 谋求，争取，指望 ≈ etw. beabsichtigen：*Worauf willst du mit dieser Frage hinaus?* 你提出这个问题有什么用意？**2. hoch h.** ehrgeizig sein, e-e hohe Leistung, e-e hohe Position im Beruf *o. Ä.* anstreben 雄心勃勃，力争达到高目标，谋求升迁 **3.** ↑ **hinaus-**

hi·naus·wurf *der*；*gespr*［口］；der Vorgang, bei dem j-d j-n hinauswirft（2,3）od. hinausgeworfen（2,3）wird 解雇，辞退，赶走，撵走或被解雇，被辞退，被赶走，被撵走

hi·naus·zie·hen Vt（及物）（*hat*）**1.** ↑ **hinaus-**；Vi（不及物）（*ist*）**2.** ↑ **hinaus-**；Vr（反身）（*hat*）**3. etw. zieht sich hinaus** ≈ etw. zögert sich hinaus

hi·naus·zö·gern（*hat*）Vt（及物）**1. etw. h.** etw. auf e-n späteren Zeitpunkt verschieben 推迟 ≈ etw. hinausschieben（2）〈den Abschied, e-e Entscheidung h. 推迟告别，推迟作决定〉；Vr（反身）**2. etw. zögert sich hinaus** etw. findet später statt als erwartet od. geplant（物作主语）延迟，拖延：*Der Beginn des Konzerts zögert sich noch etwas hinaus. Haben Sie bitte Geduld!* 音乐会开始的时间还要延迟一会儿。请您忍耐些！

hin·be·kom·men；*bekam hin*，*hat hinbekommen*；Vt *gespr*（及物）［口］≈ hinkriegen

hin·bie·gen（*hat*）Vt *gespr*（及物）［口］**1. etw. h.** ein Problem durch geschicktes Handeln（od. Manipulieren）beseitigen（巧妙地）办妥，解决，做好〈etw. geschickt, wieder h. 把某事巧妙地、重新解决〉：*Obwohl er an dem Unfall schuld war, bog er es so hin, dass er den Schaden nicht bezahlen musste* 虽然他对事故负有责任，但是他解决得好，以致他不必付赔偿费 **2. j-n h.** j-n so beeinflussen, dass er sich so verhält, wie man es wünscht 使某人转过弯来

hin·blät·tern（*hat*）Vt（及物）**etw. für etw. h.** *gespr*［口］；（viel）Geld für etw. bezahlen 破费，花费：*Für das Haus musste er ein hübsches Sümmchen*（= viel Geld）*h.* 为房子他不得不破费一笔可观的钱

Hin·blick *der*；*nur in* 只用于 **im/in H. auf etw.**（*Akk* 四格）etw. betreffend 鉴于，考虑到，由…来看 ≈ in Bezug auf, hinsichtlich：*Im/In H. auf unser gestriges Gespräch möchte ich Ihnen noch die versprochenen Dokumente geben* 鉴于我们昨天的谈话，我还想把许诺的文件交给您

hin·brin·gen（*hat*）Vt（及物）**1.** ↑ **hin- 2. etw. h.** *gespr*［口］；etw. machen können 搞成，完成，做到 ≈ etw. zustande bringen：*Er will das Radio reparieren, bringt es aber einfach nicht hin* 他想修理收音机，但是他简直是修不了

hin·den·ken *nur in* 只用于 **Wo denkst du/Wo denken Sie hin?** *gespr*［口］；verwendet, um（mit Entrüstung）auszudrücken, dass etw. nicht so ist, wie j-d anderer glaubt, od. dass man etw. ablehnt（表示恼怒）你/您想到哪里去了？：„*Gehst du bis auf den Gipfel*（*des Berges*）？“–„*Ach, wo denkst du hin!*““你要走上山顶去呀？”——“噢，你想到哪里去了！”

hin·der·lich *Adj*（形）；*mst präd*（多作表语）；（**j-m/etw.**）*h.*，（**für j-n/etw.**）*h.* so, dass j-d/etw. behindert, gestört wird 有妨碍的，不方便的 ≈ störend ↔ förderlich：*Der Mantel war ihm beim Reifenwechseln h., deshalb zog er ihn aus* 大衣妨碍他换轮胎，因此他把它脱了

hịn.dern; *hinderte*, *hat gehindert*; [Vt] (及物) **1.** ***j-d/etw. hindert j-n/etw. an etw.*** (*Dat* 三格) j-d/etw. bewirkt, dass j-d etw. nicht tut/nicht tun kann od. dass etw. nicht passiert(人/物作主语)阻碍,妨碍: *Der Gipsverband hindert sie am Schwimmen* 石膏绷带妨碍她游泳; *Niemand hindert Sie daran zu gehen!* 没有人会阻碍您去干这事! **2.** ***j-d/etw. hindert j-n nicht + zu + Infinitiv*** (不定式); *gespr* [口]; j-d lässt sich durch j-n/etw. nicht davon abbringen, etw. zu tun(人/物作主语)不影响,不妨碍: *Der Regen hinderte ihn nicht, im Wald spazieren zu gehen* 下雨不妨碍他在林中散步; [Vt/i] (及物/不及物) **3.** ***etw. hindert (j-n) bei etw.*** etw. stört j-n bei e-r Tätigkeit(物作主语)妨碍,影响,干扰 ≈ etw. behindert j-n (bei etw.): *Helles Licht hindert (mich) beim Schlafen* 明亮的灯光妨碍人(我)睡觉 ‖ ▶ ***ungehindert***

Hịn.der.nis *das*; *-ses*, *-se* **1.** etw., das e-n Weg versperrt u. das Weiterkommen schwer od. unmöglich macht 障碍,路障 ≈ Barriere ⟨ein H. aufbauen, errichten, umgehen, überwinden/nehmen, überspringen 安置,设置,绕开,克服,跳越障碍⟩: *Das Pferd setzte mühelos über die Hindernisse* 马不费劲地跳过各种障碍; *Ohne die Fähre wäre der Fluss für uns ein unüberwindliches H. gewesen* 如果没有渡船,那条河对我们会是一个不可克服的障碍 ‖ K-(复合): ***Hindernis-, -lauf, -rennen*** **2.** ***ein H. (für j-n/etw.)*** etw., das es schwierig macht, etw. zu tun 障碍,困难 ≈ Schwierigkeit ⟨ein H. beseitigen/aus dem Weg räumen/überwinden 排除,扫除,克服障碍; j-m Hindernisse in den Weg legen 为某人设置障碍,制造障碍⟩: *Das Inserat lautete: „Reparaturen Tag u. Nacht, Entfernung kein H.“* 广告写道:“昼夜修理,距离不是障碍。”

Hịn.de.rungs.grund *der*; ein Grund, der etw. schwierig od. unmöglich macht 阻碍的原因 ⟨etw. ist für j-n kein H. 某事不是阻碍某人的原因⟩

hịn.deu.ten (*hat*) [Vi] (不及物) **1.** ***etw. deutet auf etw.*** (*Akk* 四格) ***hin*** etw. bewirkt, dass man etw. vermutet, annimmt(物作主语)表明,预示,暗示 ≈ etw. weist auf etw. hin: *Alle Indizien deuten darauf hin, dass er der Mörder ist* 所有证据都表明,他就是谋杀者; **2.** ↑ ***hin-***

Hịn.du *der*; -(*s*), -(*s*); j-d, der an die Lehre des Hinduismus glaubt 印度教信仰者,印度教徒

Hin.du.ịs.mus *der*; -; *nur Sg* (只用单数); e-e Religion, die *bes* in Indien verbreitet ist u. deren Anhänger an die Wiedergeburt glauben 印度教 ‖ *hierzu* (派生) **hin.du.ịs.tisch** *Adj* (形)

hin.dụrch *Adv* (副) **1.** ***durch etw. h.*** verwendet, um die Präp. *durch*[1] (1, 2, 3, 4) zu verstärken 穿过,通过: *Ich höre die Musik durch die Wand h.* 我隔着墙听音乐 **2.** *räumliche Angabe* (空间说明语) + ***h.*** verwendet, um e-e Strecke, e-e Distanz *o.Ä.* zu bezeichnen(表示间隔、地段)穿过,通过: *Die ganze Stadt h. hielt der Bus nur ein einziges Mal* 穿过整个城市公共汽车只停唯一的一次 **3.** *Zeitangabe* (时间说明语) + ***h.*** verwendet, um e-n Zeitraum zu bezeichnen, von dessen Anfang bis zu dessen Ende etw. dauert od. getan wird(表示从开始到结束的时间)整整,经过 ≈ durch (7), während: *Sie wachte die ganze Nacht h. an seinem Bett* 她整整一夜守护在他的床边; *All die Jahre h. habe ich dich nicht vergessen* 多年以来我一直没忘记过你

hin.dụrch- *im Verb*, *betont u. trennbar*, *wenig produktiv* (构成动词,重读并可分,构词弱); Die Verben mit *hindurch-* werden nach folgendem Muster gebildet (hindurch-动词的模式如下): *hindurchfahren – fuhr hindurch – hindurchgefahren*

hindurch- bezeichnet die Richtung in etw. hinein u. (am anderen Ende) wieder hinaus (表示从一头进入从另一头出去)经过,通过 ≈ durch-;

(durch etw.) hindurchfahren: *Der Zug fuhr durch e-n Tunnel hindurch* 火车穿过了隧道 ≈ Der Zug fuhr auf der einen Seite in den Tunnel hinein u. auf der anderen Seite wieder hinaus

ebenso(同类词有): ***(durch etw.) hindurchdürfen***, ***(durch etw.) hindurchdringen***, ***etw. fließt durch etw. hindurch***, ***(durch etw.) hindurchgehen***, ***(durch etw.) hindurchkönnen***, ***(durch etw.) hindurchkriechen***, ***(durch etw.) hindurchlaufen***, ***(durch etw.) hindurchmüssen***, ***(durch etw.) hindurchschwimmen***, ***(durch etw.) hindurchsehen***, ***(durch etw.) hindurchsollen***, ***(durch etw.) hindurchwollen***; ***j-n/etw. (durch etw.) hindurchlassen***, ***etw. (durch etw.) hindurchstecken***, ***j-n/sich/etw. (durch etw.) hindurchziehen***, ***j-n/sich/etw. (durch etw.) hindurchzwängen***; ***sich (durch etw.) hindurchtrauen***, ***sich (durch etw.) hindurchwagen***

hi.nein *Adv* (副) **1.** bezeichnet die Richtung von draußen nach (irgendwo) drinnen, häufig weg vom Sprecher od. Erzähler(表示从外向里,往往离说话人而)进去,进入 ≈ *gespr* [口] rein ↔ heraus: *H. (ins Bett) mit dir!* 你上床睡觉去吧! ‖ NB(注意): ↑ ***herein-*** **2.** ***bis in etw.*** (*Akk* 四格) ***h.*** verwendet, um die Präp. *in*[1] (11) zu verstärken(用来加强介词 in 的语气)直至,直到: *Das Fest dauerte bis in die späte Nacht h.* 庆祝活动一直持续到深夜; *Die Zeichnung ist bis ins letzte Detail h. sehr exakt* 图纸直到最后一个细节都很准确

hi.nein- *im Verb*, *betont u. trennbar*, *sehr produktiv* (构成动词,重读并可分,构词强); Die Verben mit *hinein-* werden nach folgendem Muster gebildet (hinein-动词的模式如下): *hineinfahren – fuhr hinein – hineingefahren*

hinein- bezeichnet die Richtung von draußen nach (irgendwo) drinnen, häufig weg vom Sprecher od. Erzähler(表示由外向

里,常常离开说话人而)进入,进去 ↔ heraus-;(**irgendwohin**) **hineinfahren**: *Er fuhr mit dem Auto in die Garage hinein* 他开车进入车库(他把车开进车库) ≈ Er fuhr mit dem Auto, das sich auf der Straße befand, in die Garage
ebenso(同类词有):(**etw. in etw.**(*Akk* 四格)) **hineinbohren, etw. bohrt sich in etw.**(*Akk* 四格) **hinein, j-n/etw.**(**irgendwohin**) **hineinbringen,**(**j-n**)(**irgendwohin**) **hineindrängen,**(**j-n/etw.**)(**irgendwohin**) **hineinfahren, j-n/ein Tier**(**irgendwohin**) **hineinführen, etw.**(**irgendwohin**) **hineingießen, etw.**(**irgendwohin**) **hineinhalten, j-n/etw.**(**irgendwohin**) **hineinlassen, j-n/sich/etw.**(**irgendwohin**) **hineinlegen, j-n/etw.**(**irgendwohin**) **hineinschicken, etw.**(**irgendwohin**) **hineinschütten, j-n/sich/etw.**(**irgendwohin**) **hineinsetzen, j-n/etw.**(**irgendwohin**) **hineinstecken, j-n/sich/etw.**(**irgendwohin**) **hineinstellen, j-n/etw.**(**irgendwohin**) **hineinstoßen,**(**j-n/sich/etw.**)(**irgendwohin**) **hineinstürzen, j-n/etw. hineintragen, j-n/Tiere/etw.**(**irgendwohin**) **hineintreiben, j-n/sich/etw.**(**irgendwohin**) **hineinwerfen, j-n/sich/etw.**(**irgendwohin**) **hineinziehen;**(**irgendwohin**) **hineinblasen,**(**irgendwohin**) **hineinblicken,**(**irgendwohin**) **hineindürfen,**(**irgendwohin**) **hineinfallen,**(**irgendwohin**) **hineingehen,**(**irgendwohin**) **hineingelangen,**(**irgendwohin**) **hineingreifen,**(**irgendwohin**) **hineinklettern,**(**irgendwohin**) **hineinkommen,**(**irgendwohin**) **hineinkönnen,**(**irgendwohin**) **hineinkriechen,**(**irgendwohin**) **hineinlaufen,**(**irgendwohin**) **hineinmüssen, etw. ragt**(**irgendwohin**) **hinein,**(**irgendwohin**) **hineinreiten,**(**irgendwohin**) **hineinrennen,**(**irgendwohin**) **hineinrufen,**(**irgendwohin**) **hineinrutschen,**(**irgendwohin**) **hineinschauen,**(**sich**)(**irgendwohin**) **hineinschleichen,**(**irgendwohin**) **hineinsehen,**(**irgendwohin**) **hineinsollen,**(**irgendwohin**) **hineinspazieren,**(**irgendwohin**) **hineinspringen,**(**irgendwohin**) **hineinstolpern,**〈Personen/Wassermassen *o.Ä.* 许多人/大量水等〉 **strömen**(**irgendwohin**) **hinein,**(**irgendwohin**) **hineintreten,**(**irgendwohin**) **hineinwollen; sich**(**irgendwohin**) **hineinbegeben/hineintrauen/hineinwagen** ‖ NB(注意): ↑ **herein-**

hi.nein.bei.ßen (*hat*) Vi (不及物)(**in etw.**(*Akk* 四格)) **h.** ≈ in etw. beißen: *herzhaft in e-n Apfel h.* 使劲地把苹果咬了一口

hi.nein.be.kom.men (*hat*) Vt (及物) **etw.**(**in etw.**(*Akk* 四格)) **h.** *gespr*[口] ≈ etw.(in etw.) hineinkriegen

hi.nein.bit.ten (*hat*) Vt (及物) **j-n**(**in etw.**(*Akk* 四格)) **h.** j-m höflich sagen, er solle e-n Raum betreten 请…进去: *Der Arzt bat den Patienten (zu sich) hinein* 医生请患者进去

hi.nein.den.ken, sich (*hat*) Vr (反身) **sich in j-n/etw. h.** sich vorstellen, man wäre j-d anderer od. man wäre in e-r anderen Situation, um diesen/diese besser zu verstehen 为…设想,为(替)…着想: *versuchen, sich in den Gegner hineinzudenken* 试图为对手着想

hi.nein.fin.den (*hat*) Vi (不及物) **1.** (**in etw.**(*Akk* 四格)) **h.** den richtigen Weg in etw., den Zugang zu etw. finden 找到进入…的路: *Er fand nicht in das Haus hinein, weil der Eingang versteckt lag* 他找不到进入房屋的路,因为入口是隐蔽的; Vr (反身) **2. sich in etw.**(*Akk* 四格) **h.** sich mit etw. vertraut machen 熟悉: *sich schnell in e-e neue Arbeit h.* 很快熟悉新的工作

hi.nein.fres.sen (*hat*) Vt *gespr* (及物)[口] **1. etw. in sich**(*Akk* 四格) **h.** Wut od. Trauer, die man fühlt, nicht zeigen, obwohl man darunter leidet 把…强忍下去,咽在肚里〈Ärger, Kummer, Wut, Zorn in sich h. 把不快、苦恼、恼怒、愤怒强咽到肚子里去〉; Vt/i (及物/不及物) **2.**(**etw.**) **in sich**(*Akk* 四格) **h.** gierig sehr viel essen 贪婪地吞食; Vr (反身) **etw. frisst sich in etw.**(*Akk* 四格) **hinein** e-e Säure, e-e ätzende Flüssigkeit dringt durch die Oberfläche von etw.(物作主语)侵蚀,腐蚀

hi.nein.ge.bo.ren *Adj* (形); *nur in* 只用于 **in etw.**(*Akk* 四格) **h. sein, werden** von Geburt an zu etw. dazugehören 生于,生在〈in e-e Familie, ein Geschlecht h. sein, werden 生在一个家庭,一个家族〉: *Sie wurde in eine der reichsten Familien des Landes h.* 她生在乡村一个最富有的家庭里

hi.nein.ge.heim.nis.sen; *geheimnisste hinein, hat hineingeheimnisst*; Vt (及物) **etw. in etw.**(*Akk* 四格) **h.** *gespr*[口]; glauben, dass bestimmte Gründe, Motive od. Absichten bei etw. e-e Rolle spielen, die in Wirklichkeit nicht da sind 穿凿附会地认为在…中隐藏着…,硬说在…中有…〈etw. in j-s Verhalten, Worte h. 穿凿附会地认为某人的态度、话中隐藏着某种东西〉

hi.nein.ge.hen (*ist*) Vi (不及物) **1.** ↑ **hinein- 2. etw. geht in etw.**(*Akk* 四格) **hinein** *gespr*[口] ≈ etw. passt in etw. hinein: *In den Tank gehen 50 Liter (Benzin) hinein* 油箱装得了 50 升(汽油); *Der Schlüssel geht nicht ins Loch hinein* 钥匙插不进钥匙孔

hi.nein.ge.ra.ten (*ist*) Vi (不及物) **in etw.**(*Akk* 四格) **h.** ≈ in etw. geraten (2,3): *in e-n Schneesturm h.* 遭遇暴风雪

hi.nein.hei.ra.ten (*hat*) Vi (不及物) **in etw.**(*Akk* 四格) **h.** durch Heirat Mitglied e-r Familie *o.Ä.* (u. dadurch oft reich) werden 入赘,嫁入,因入赘或嫁入而取得财产〈in e-e Familie, e-e Firma h. 入赘于(或嫁到)一个家庭,因入赘或嫁入而继承一个公司的股权〉

hi.nein.in.ter.pre.tie.ren; *interpretierte hinein, hat hineininterpretiert*; Vt (及物) **etw. in etw.**(*Akk* 四格) **h.** glauben, dass man etw. in e-r Aussage, Handlung *o.Ä.* erkennt, obwohl kein Grund dafür vorhanden ist 捕风捉影地硬说在…中有…,无中生

H

有地编造说在…中有…

hi·nein·knien, sich (*hat*) [Vr] (反身) ***sich in etw.*** (*Akk* 四格) ***h.*** *gespr*[口]; sich intensiv mit etw. beschäftigen 埋头于,专心于〈sich in e-e Arbeit, e-e Aufgabe, ein Problem h. 埋头一项工作,专心从事一项任务、研究一个问题〉

hi·nein·krie·gen (*hat*) [Vt] (及物) ***etw.*** (***in etw.*** (*Akk* 四格)) ***h.*** *gespr*[口]; es schaffen, dass etw. in etw. gelangt 放、弄、装、搞、塞进去: *den Schlüssel nicht ins Schloss h.* 没法把钥匙插进锁里去

hi·nein·la·chen (*hat*) [Vi] (不及物) ***in sich*** (*Akk* 四格) ***h.*** sich heimlich freuen 暗自发笑

hi·nein·mi·schen (*hat*) [Vt] (及物) **1.** ***etw.*** (***in etw.*** (*Akk* 四格)) ***h.*** ≈ etw. in etw. mischen: *den Verdünner in die Farbe h.* 把稀释剂掺入颜料中去; [Vr] (反身) **2.** ***sich in etw.*** (*Akk* 四格) ***h.*** ≈ sich in etw. einmischen

hi·nein·pas·sen (*hat*) [Vi] (不及物) **1.** 〈Personen/Dinge(人/物)〉 ***passen in etw.*** (*Akk* 四格) ***hinein*** e-e bestimmte Anzahl von Personen/Dingen hat in etw. Platz 容纳得下,装得进: *In den Saal passen tausend Menschen hinein* 礼堂能容纳一千人 **2.** ***etw. passt*** (***in etw.*** (*Akk* 四格)) ***hinein*** etw. hat e-e Form, die in etw. passt(物作主语)配得进,合得上: *Der Schlüssel passt ins Schloss hinein* 钥匙对得上锁 **3.** ***j-d passt in etw.*** (*Akk* 四格) ***hinein*** j-m passt (1) etw. (人作主语)适应

hi·nein·plat·zen (*ist*) [Vi] (不及物) ***in etw.*** (*Akk* 四格) ***h.*** *gespr*[口]; plötzlich in e-n Raum, e-e Versammlung *o. Ä.* kommen u. die Leute, die dort sind, stören 突然闯进去,硬闯进去〈in e-e Feier, in e-e Gesellschaft, in e-e Versammlung h. 突然闯进庆祝会场,聚会场所,会场〉

hi·nein·reg·nen (*hat*) [Vimp] (无人称) ***es regnet*** (***irgendwohin***) ***hinein*** Regen kommt durch e-e offene Stelle in etw. (ein Zimmer, e-e Tasche *usw*) hinein 雨漏进,潲进(房间,手提包等)

hi·nein·rei·chen (*hat*) [Vt] (及物) **1.** (***j-m***) ***etw. h.*** (j-m) etw. von draußen nach irgendwo drinnen reichen (1) 把…递进去,递入; [Vi] (不及物) **2.** ***etw. reicht irgendwohin hinein*** etw. erstreckt sich von außen bis in das Innere von etw. (物作主语)伸进,延伸到: *Die Zweige des Baumes reichen weit in den Hof hinein* 树枝远远伸进了院里

hi·nein·rei·ßen (*hat*) [Vt] (及物) *gespr*[口] **1.** ***j-n*** (***in etw.*** (*Akk* 四格)) (***mit***) ***h.*** bewirken, dass j-d in e-e unangenehme Situation kommt (in der man selbst ist) 把…拖入,卷入,牵连进去: *Er wurde in den Skandal* (*mit*) *hineingerissen* 他被(一起)卷进了这桩丑闻 **2.** ***etw. reißt j-n hinein*** etw. kostet j-n viel Geld(物作主语)耗费许多钱: *Der Urlaub hat mich ganz schön hineingerissen* 休假花掉了我不少钱

hi·nein·rei·ten [Vt] (及物) (*hat*) **1.** ***j-n/sich in etw.*** (*Akk* 四格) ***h.*** *gespr*[口]; bewirken, dass j-d/man selbst in e-e unangenehme Situation kommt 使陷入(困境): *Er hat sich in den Schlamassel hineingeritten* 他使自己陷入困境; [Vi] (不及物) (*ist*) **2.** ↑ ***hinein-***

hi·nein·rie·chen (*hat*) [Vi] (不及物) ***in etw.*** (*Akk* 四格) ***h.*** sich kurz mit etw. beschäftigen u. e-n ersten Eindruck davon bekommen 初步熟悉,肤浅了解〈in e-e Arbeit, e-n Betrieb h. 对工作、企业有初步了解〉

hi·nein·schlin·gen (*hat*) [Vt] (及物) ***etw. in sich*** (*Akk* 四格) ***h.*** etw. sehr schnell essen od. hastig sehr viel von etw. essen 狼吞虎咽地吃

hi·nein·schlit·tern (*ist*) [Vi] (不及物) ***in etw.*** (*Akk* 四格) ***h.*** *gespr* [口]; ohne es zu merken, allmählich in e-e unangenehme Situation geraten 滑进,陷进,陷入(困境)

hi·nein·spie·len (*hat*) [Vi] (不及物) ***etw. spielt*** (***in etw.*** (*Akk* 四格)) (***mit***) ***hinein*** etw. gehört zu den Ursachen od. wichtigen Aspekten e-r Sache(物作主语)(对…)起很大作用: *Viele Gesichtspunkte spielen in die Entscheidung mit hinein, die Fabrik hier zu bauen* 许多观点对决定在这里建工厂起很大作用

hi·nein·stei·gern, sich (*hat*) [Vr] (反身) **1.** ***sich*** (***in etw.*** (*Akk* 四格)) ***h.*** mit übertrieben heftigen, immer stärker werdenden Gefühlen auf etw. reagieren 越来越陷入,越来越沉溺于〈sich in (e-e) Wut h. 越来越愤怒〉 **2.** ***sich*** (***in etw.*** (*Akk* 四格)) ***h.*** sich mit etw. so intensiv beschäftigen, dass man immer daran denkt 专心致志地想,一心一意地考虑〈sich in ein Problem, e-e Sache h. 专心致志地思考一个问题、一件事情〉

hi·nein·stol·pern (*ist*) [Vi] (不及物) **1.** ↑ ***hinein-*** **2.** ***in etw.*** (*Akk* 四格) ***h.*** durch Zufall in e-e *mst* unangenehme Situation kommen 偶然陷入,偶然遭到〈in e-e Falle h. 偶然陷入圈套〉

hi·nein·ver·set·zen, sich; *versetzte sich hinein, hat sich hineinversetzt*; [Vr] (反身) ***sich in j-n/etw. h.*** ≈ sich in j-n/etw. hineindenken 设身处地为…着想,体谅: *Versetz dich doch einmal in meine Lage hinein: Was würdest du denn tun?* 你为我的处境设想一下:到底你会怎么办?

hi·nein·wach·sen (*ist*) [Vi] (不及物) **1.** ***in etw.*** (*Akk* 四格) ***h.*** so wachsen, dass einem ein Kleidungsstück *o. Ä.* passt 长大些穿上合适: *Du wächst noch in den Mantel hinein* 你长大些再穿这件大衣就合适了 **2.** ***in etw.*** (*Akk* 四格) ***h.*** sich so entwickeln, dass man etw. nach u. nach immer besser tun kann 逐渐熟悉、适应,慢慢学会做好〈in e-e Aufgabe h. 逐渐熟悉一项任务〉: *Sie muss in ihre Rolle als Mutter erst noch h.* 她还必须先逐渐适应当好母亲的角色

hi·nein·zie·hen [Vt] (及物) (*hat*) **1.** ↑ ***hinein-*** **2.** ***j-n in etw.*** (*Akk* 四格) (***mit***) ***h.*** bewirken, dass j-d in e-e (unangenehme) Situation kommt, in der man auch ist 使也陷入,也卷入: *Ich möchte nicht in Ihre Angelegenheiten hineingezogen werden!* 我不想被卷入你们的事务中去; [Vi] (不及物) (*ist*) **3.** ↑ ***hinein-***

hin·fah·ren [Vi] (不及物) (*ist*) **1.** ↑ ***hin-*** **2.** ***über***

etw. (*Akk* 四格) **h**. mit der Hand über etw. streichen 用手抚平,捋: *über das Tuch h*. 用手把料子抚平; Vt (及物) (*hat*) **3**. ↑ ***hin-***

Hin·fahrt *die*; die Fahrt zu e-m bestimmten Ort od. Ziel hin 往程,去的路程 ↔ Rückfahrt: *Als er nach Irland fuhr, machte er auf der H. ein paar Tage in England halt* 当他去爱尔兰的时候,他在去的途中在英国停留了几天

hin·fal·len (*ist*) Vi (不及物) **1**. beim Gehen, Stehen *o. Ä.* zu Boden fallen 摔倒,跌倒 ≈ stürzen ⟨der Länge nach h. 笔直地摔倒在地; sich h. lassen 容易摔倒⟩: *Er stolperte über die Teppichkante u. fiel hin* 他在地毯边上绊了一下就摔倒了 **2**. ***etw. fällt (j-m) hin*** etw. (rutscht j-m aus der Hand u.) fällt zu Boden(从…的手里)掉下来,滑落下来 ≈ etw. fällt herunter: *Mir sind die Gläser hingefallen, jetzt sind sie kaputt* 我手中的几个玻璃杯掉在地上,打碎了

hin·fäl·lig *Adj*(形) **1**. ⟨e-e Entscheidung, ein Plan, e-e Regelung *usw* 决定,计划,规则等⟩ so, dass sie nicht mehr nötig od. gültig sind, weil sich die Umstände geändert haben 失效的,作废的 ≈ gegenstandslos, ungültig: *Der neue Bauplan für das Haus macht den alten Plan h*. 房屋的新建筑计划使旧的计划失效了; **2**. *geschr*[书]; alt u. schwach 年老体衰的,衰弱的 ≈ gebrechlich, schwächlich ⟨ein Greis 白发老人; h. werden 变得衰弱⟩ ‖ *zu* (义项) **2**. **Hin·fäl·lig·keit** *die*; *nur Sg*(只用单数)

hin·flie·gen (*ist*) Vi (不及物) **1**. ↑ ***hin-*** **2**. *gespr*[口] ≈ hinfallen

Hin·flug *der*; der Flug zu e-m bestimmten Ort, Ziel hin 去的航程,飞往 ↔ Rückflug

hing *Imperfekt, 1. u. 3. Person Sg*(过去时,第一和第三人称单数); ↑ ***hängen***[1]

Hin·ga·be *die*; *nur Sg*(只用单数); der leidenschaftliche Einsatz, Eifer, mit dem man etw. tut, das einem sehr wichtig ist 献身精神,专心致志 ≈ Hingebung ⟨etw. mit/voller H. tun 全神贯注地做某事⟩: *Erfolg hatte sie nur durch absolute H. an ihre Arbeit* 只是由于完全献身于自己的工作,她才获得成功

hin·ge·ben (*hat*) Vt (及物) **1**. (***j-m/etw.***) ***etw. h.***; ***etw.*** (***für j-n/etw.***) ***h.*** *geschr*[书] ≈ (j-m/etw.) etw. opfern (2) ⟨für j-n sein Leben h. 为某人献出自己的生命⟩: *Er gab sein Hab u. Gut für die Armen hin* 他为穷人献出了自己的财产; Vr (反身) **2**. ***sich etw.*** (*Dat* 三格) ***h***. etw. mit Eifer u. voller Aufmerksamkeit tun 献身于,热衷于,沉醉于 ≈ sich etw. (*Dat* 三格) widmen ⟨sich e-r Arbeit, e-r Aufgabe h. 专心致志地从事一项工作、一项任务⟩ **3**. ***sich etw.*** (*Dat* 三格) ***h***. sich gegen ein Gefühl, e-n Gedanken *o. Ä.* nicht wehren 沉溺于,沉缅于 ≈ etw. (*Akk* 四格) zulassen ⟨sich Illusionen, (ganz/völlig) seinem Schmerz h. 耽于幻想,(完全)陷于痛苦之中⟩: *Sie gab sich der trügerischen Hoffnung hin, er könne wieder gesund werden* 她沉溺于虚假的希望之中,以为他可能恢复健康 **4**. ***sich j-m h. verhaltend euph***[渐旧][婉]; (*bes* als Frau) Sex mit j-m haben(尤指妇女)委身于某人,与某人共寝

Hin·ge·bung *die*; -; *nur Sg*(只用单数) ≈ Hingabe ‖ *hierzu*(派生) **hin·ge·bungs·voll** *Adj*(形)

hin·ge·gen *Konjunktion*(连); verwendet, um e-n Gegensatz auszudrücken 与此相反,反之,而 ≈ dagegen: *Eulen können nachts sehr gut sehen. Am Tag h. sind sie fast blind* 猫头鹰在夜里能够很清楚地看见东西。而在白天它们几乎什么也看不见

hin·ge·hen (*ist*) Vi (不及物) **1**. ↑ ***hin-*** **2**. ***etw. geht hin*** etw. ist gerade noch annehmbar/akzeptabel(物作主语)过得去,凑合 ≈ etw. geht durch ⟨etw. geht hin, mag (gerade noch) h. 某事过得去,勉强可以; (j-m) etw. h. lassen 让某事凑合算了,容忍(某人做)某事⟩: *Wenn du die paar Fehler noch verbesserst, mag der Aufsatz so h*. 如果你再改正几个错误,这篇作文还算过得去 **3**. ***etw. geht hin*** *geschr*[书] ≈ etw. vergeht, verstreicht(物作主语)过去,逝去,流逝: *Die Monate gingen hin, u. der Winter kam ins Land* 几个月过去了,冬天就来到了大地 **4**. *euph*[婉] ≈ sterben ‖ NB(注意): *mst* im Perfekt(多用现在完成时)! **5**. *geschr*[书] ≈ weggehen: *Der Priester sprach: „Gehet hin in Frieden!"* 牧师说:"你们安息吧!"

hin·ge·hö·ren (*hat*) Vi (不及物) **1**. *mst* 多用 ***etw. gehört da/dort/hier hin*** *gespr*[口]; etw. hat an e-m bestimmten Ort seinen Platz od. wird dort aufbewahrt(物作主语)该放到那儿/那里/这里: *„Wo gehört das Messer hin?" – „Es gehört dort hin, in die Schublade"* "刀该放到哪里去?"——"放到那边抽屉里去" **2**. *mst* 多用 ***da/dort/hier h***. *gespr*[口]; zu anderen Personen gehören od. passen 在那里/这里合得来,合拍,投缘: *Ich fühle mich hier nicht wohl. Ich gehöre hier einfach nicht hin* 我在这里感觉不自在。这里简直不是我该来的地方

hin·ge·ris·sen **1**. *Partizip Perfekt*(过去分词); ↑ ***hinreißen*** **2**. *Adj*(形); (***von j-m/etw.***) ***h***. von j-m/etw. fasziniert u. begeistert 被…吸引的,入迷的,着迷的 ⟨h. lauschen, zuhören 入迷地聆听,倾听⟩: *Er war von der Schauspielerin h*. 他被女演员迷住了; *Sie war von seinem Charme h*. 她被他的魅力迷住了

hin·hal·ten (*hat*) Vt (及物) **1**. ***j-m etw. h***. etw. so halten, dass j-d anderer es nehmen od. sehen kann 把…伸过去,递给: *An der Grenze hielt er dem Beamten seinen Ausweis hin* 在边境上他把自己的证件递给官员 **2**. ***j-n h***. j-n darauf warten lassen, dass man ein Versprechen einlöst, ihm Bescheid gibt *o. Ä*. 让…等待,等下去: *Ich lasse mich nicht länger h. – Wenn ich mein Geld nicht bald bekomme, gehe ich vor Gericht* 我不会让自己等待更长的时间。——如果我不能立刻得到自己的钱,我就告到法院去 ‖ K-(复合): ***Hinhalte-, -taktik***

hin·hau·en (*hat*) *gespr*[口]; Vt (及物) **1**. ***etw. h***. ≈ hinwerfen (1) 扔掉: *seine Klamotten einfach h*. 干脆把自己的一些衣服扔掉; **2**. ***etw. h***. etw. schnell u. ohne Sorgfalt machen 马

虎地做，草率从事〈e-e Arbeit, e-n Aufsatz h. 马虎地干工作，草率地写一篇文章〉**3. etw. h.** ≈ hinwerfen (2)〈seine Arbeit, seinen Job h. 放弃自己的工作，自己的临时工作〉; [Vi] (不及物) **4. etw. haut hin** etw. ist richtig, funktioniert (物作主语)成功，顺利，正常进行 ≈ etw. klappt: *Mach dir keine Sorgen, das wird schon h.* 你别担心，这事准行 **5.** auf e-e bestimmte Stelle schlagen 砍，敲，打 ≈ zuschlagen: *mit dem Hammer h.* 用榔头敲打; [Vr] (反身) **6. sich h.** sich hinlegen (um zu schlafen) 躺下

H

hin·hö·ren (*hat*) [Vi] (不及物) konzentriert auf etw. hören 仔细听，注意听 ≈ zuhören〈genau, kaum, nicht richtig h. 认真地听，几乎没有注意听，不是真的注意听〉

hin·ken; *hinkte, hat/ist gehinkt*; [Vi] (不及物) **1.** (*hat*) mit ungleichmäßigen Schritten gehen, wenn sich ein Bein weniger leicht bewegen lässt als das andere 跛行，一瘸一拐地走〈auf/mit dem linken/rechten Bein h. 左腿/右腿瘸了〉**2. irgendwohin h.** (*ist*) irgendwohin gehen u. (wegen e-r Verletzung *o. Ä.*) h. (1) 瘸着朝…走去 **3. ein Vergleich hinkt** (*hat*) ein Vergleich passt nicht, trifft nicht zu 比喻不恰当，不合适，不中肯

hin·kom·men (*ist*) [Vi] (不及物) **1.** ↑ **hin- 2.** *mst* 多用 **Wo kommt das hin?** wohin soll das gebracht werden? 这东西该放到哪里去?: „*Wo kommt der Koffer hin?*" – „*Der kommt dorthin, aufs Bett*" "箱子该放到哪里去?"——"放到那边床上去" **3. j-d kommt (mit etw.) an etw.** (*Akk* 四格) **hin** *gespr* [口]; j-d berührt etw. versehentlich (人作主语)无意中碰到: *Komm ja nicht an die Stromleitung hin!* 可别碰到电线呀! **4. (mit etw.) h.** *gespr* [口] ≈ mit etw. auskommen: *Kommen wir mit dem Brot hin, od. soll ich noch eins kaufen?* 我们的面包够吃了吗，或者我还应该再买一个? **5. etw. kommt hin** *gespr* [口] ≈ etw. reicht aus: *Die Brötchen kommen für heute gerade noch hin* 这些小面包正好还够今天吃的 **6. etw. kommt hin** *gespr* [口]; etw. ist richtig (物作主语)对，正确 ≈ etw. stimmt: *Das sind dann zusammen dreißig Euro, kommt das hin?* 那么这总共是30欧元，对吧? ‖ ID [谚] **Wo kommen/kämen wir da hin (, wenn ...)?** verwendet, um gegen etw. zu protestieren (表示反对某事)(如果…)我们会落得什么结果呢?: *Wo kämen wir da hin, wenn jeder so faul wäre wie du?* 如果每个人都像你那样懒，我们会落得什么结果呢?

hin·krie·gen (*hat*) [Vt] *gespr* (及物)[口] **1. etw. h.** etw. erfolgreich tun 干完，办成，搞好 ≈ fertig bekommen: *Die Arbeit ist ja schon fertig. Wie hast du das bloß so schnell hingekriegt?* 工作真的已经完成了。你怎么这么快就干完了? **2. etw. h.** etw. reparieren können 能修理好: *Das Radio kriegst du ja doch nicht mehr hin. – Wirf es weg!* 收音机你是再也修不好了。——扔掉它吧! **3. j-n wieder h.** j-n heilen, gesund machen 医治好，使康复 ‖ NB (注意): ↑ **kriegen**

hin·läng·lich *Adj* (形); *nur attr od adv* (只作定语或状语); so, dass es genügt 足够的，充分的 ≈ ausreichend, genügend〈etw. ist h. bekannt 某物是大家够熟悉的〉

hin·le·gen (*hat*) [Vt] (及物) **1.** ↑ **hin- 2. etw. h.** *gespr* [口]; etw. sehr gut (meisterhaft) tun 出色地表演，扮演〈e-n Tanz, e-e Vorführung h. 出色地，精彩地表演舞蹈，进行演出〉: *Der Schlagzeuger legte ein Solo hin, dass alle staunten* 打击乐演奏者出色地表演了独奏，使所有人惊叹不已; [Vr] (反身) **3. sich h.** sich auf ein Bett *o. Ä.* legen, um zu ruhen/schlafen 躺下(休息或睡觉): *sich für ein Stündchen h.* 躺下歇一会儿

hin·lüm·meln, sich (*hat*) [Vr] (反身) **sich (irgendwohin) h.** *gespr pej* [口][贬]; sich in nachlässiger Haltung irgendwohin setzen 懒洋洋地坐下: *sich auf ein Sofa h.* 懒洋洋地坐在沙发上

hin·ma·chen (*hat*) *gespr* [口]; [Vt] (及物) **1. etw. h.** etw. irgendwo befestigen 使固定，装上，安上: *ein Regal an die Wand h.* 把架子安在墙上 **2. etw. h.** ≈ zerstören, kaputt machen **3. etw. macht j-n hin** etw. verbraucht all j-s Kräfte (物作主语)搞垮，累坏，使耗尽精力: *Dieser Job macht ihn noch hin, wenn er nicht bald kündigt* 如果他不很快提出辞职，这个临时工作还会把他的身体搞垮 **4. j-n/ein Tier h.** *gespr!* [粗] ≈ töten; [Vi] (不及物) **5. irgendwo h.** Kot od. Urin an e-m Ort ausscheiden, der nicht dafür vorgesehen ist 乱拉屎或撒尿: *Die Katze hat hier irgendwo im Wohnzimmer hingemacht* 猫在这里的客厅里某个地方拉了屎; [Vr] (反身) **6. j-d macht sich hin** j-d verbraucht all seine Kräfte (人作主语)搞垮身体，累坏，耗尽精力

hin·neh·men (*hat*) [Vt] (及物) **1.** *gespr* [口]; ↑ **hin- 2. etw. h.** sich gegen etw. nicht wehren 忍受，容忍 ≈ sich etw. gefallen lassen〈etw. schweigend, wortlos, geduldig h. 默默地，一声不吭地，耐着性子地忍受某事〉: *Seine Beleidigungen nehme ich nicht länger hin!* 我不能再忍受他的欺负了! **3. etw. als etw. h.** akzeptieren, dass etw. so ist, wie es ist, u. es nicht verändern wollen 把…看作，当作…; 接受，承认〈etw. als gegeben, selbstverständlich, unvermeidlich h. 承认某事是真有其事，是理所当然的，不可避免的; etw. als Tatsache h. 承认某事是事实〉

hin·pas·sen (*hat*) [Vi] (不及物) **j-d/etw. passt** 〈hier, da, dort *usw* 这里，那里，那里等〉 **hin** *gespr* [口]; j-d/etw. passt (2) an e-e besondere Stelle od. in e-e bestimmte Umgebung (人/物作主语)不适于: *Das Bild passt da nicht hin* 这幅画不适于挂在那里

hin·rei·chend *Adj* (形); so, dass es genügt 足够的，充分的 ≈ ausreichend ↔ mangelhaft, ungenügend〈h. über etw. informiert sein 对某事消息十分灵通〉

Hin·rei·se *die*; die Reise zu e-m bestimmten Ort, Ziel hin 往程，去程 ↔ Rückreise

hin·rei·ßen *mst in* 多用于 **sich zu etw. h. las-**

sen etw. Unüberlegtes tun, weil man emotional heftig reagiert 不由自主地干(感情冲动的事) ↔ sich beherrschen: *Er ließ sich dazu h., im Streit seinen Bruder zu schlagen* 他情不自禁地在争吵中打了自己的兄弟

hin·rei·ßend 1 *Partizip Präsens*(现在分词); ↑ **hinreißen** 2. *Adj*(形); sehr schön, sehr gut 吸引人的,迷人的,有魅力的 ≈ bezaubernd, zauberhaft 〈ein Geschöpf, e-e Frau, ein Mädchen 人,女人,姑娘; h. sein, aussehen, singen, spielen, tanzen 招人喜爱,长得迷人,唱得、演得、跳舞跳得令人着迷〉

hin·rich·ten (*hat*) Vt (及物) ***j-n h.*** j-n töten, nachdem er von e-m Gericht zum Tode verurteilt wurde 处死,处决〈j-n auf dem elektrischen Stuhl h. 在电椅上把某人处决; j-n öffentlich h. (lassen)(让人)把某人公开处决〉 ‖ *hierzu*(派生) **Hin·rich·tung** *die*

hin·schei·den (*ist*) Vi *geschr euph*(不及物)[书][婉] ≈ sterben

hin·schla·gen Vi (不及物) **1.** (*hat*) ↑ ***hin-*** **2.** (*ist*) *gespr*[口]; mit großer Wucht hinfallen, stürzen 重重地跌倒,摔倒,跌跤〈lang h. 直挺挺地跌倒〉

hin·schmei·ßen (*hat*) Vt (及物) ***etw. h.*** *gespr*[口] ≈ hinwerfen (1,2)

hin·schmie·ren (*hat*) Vt (及物) ***etw. h.*** *gespr*[口]; etw. schnell schreiben, sodass man es nur schlecht lesen kann 潦草写下,仓促草就: *ein paar Zeilen h.* 仓促写下几行字

hin·schrei·ben (*hat*) Vt (及物) **1. *etw.* (*irgendwohin*) *h.*** etw. an e-e bestimmte Stelle schreiben 写上,记下: *Schreib die Rechnung da hin, auf die Tafel!* 把演算写在那边黑板上!; Vi (不及物) **2.** *gespr*[口]; e-n Brief *o. Ä.* an e-e Person, Firma od. Institution schreiben 给…写信

hin·set·zen (*hat*) Vt (及物) **1. *j-n/sich/etw.* (*irgendwohin*) *h.*** j-n/sich/etw. auf e-n bestimmten Platz setzen 让…坐到/自己坐到/把…放到: *Setz dich dort aufs Sofa hin!* 你坐到那边沙发上去吧!; **2. *etw. h.*** etw., das man in der Hand hält, irgendwohin stellen 把…放下 ≈ hinstellen: *e-e Tasse h.* 把杯子放下; Vr (反身) **3. *sich h. u.*** 〈lernen, lesen, rechnen, schreiben *usw* 学习,读书,计算,写字等〉 beginnen, e-e geistige Arbeit konzentriert zu tun 安心坐下来…: *Setz dich hin u. lern!* 你坐下,学吧!

Hin·sicht *die*; -, -*en*; *mst Sg*(多用单数) **1. *in ... H.*** unter e-m bestimmten Aspekt, unter dem etw. betrachtet wird 在…方面,从…方面看 ≈ in Beziehung (6) 〈in dieser, gewisser, mancher, vieler, jeder H. 在这方面,在某个方面,在某些方面,在许多方面,在每一个方面; in künstlerischer, wirtschaftlicher, wissenschaftlicher *usw* H. 在艺术、经济、科学等方面〉: *In finanzieller H. geht es ihm gut* 他的经济状况良好 **2. *in H. auf etw.*** (*Akk* 四格) verwendet, um sich auf etw. Bestimmtes zu beziehen 在…方面,鉴于,关于,就…而言 ≈ in Bezug auf, hinsichtlich: *Gibt es in H. auf den Vertrag noch irgendwelche Fragen?* 在合同方面是否还有什么问题?

hin·sicht·lich *Präp*(介); *mit Gen*, *geschr*(支配二格)[书]; verwendet, um sich auf etw. Bestimmtes zu beziehen 关于,鉴于,就…而言 ≈ in Bezug auf, in Hinsicht auf: *H. seiner Gesundheit brauchen Sie sich keine Sorge zu machen* 关于他的健康,你们不用担心; *H. der Qualität unserer Produkte gibt es keine Klagen* 对我们产品的质量,没有人表示不满 ‖ NB(注意): Gebrauch ↑ *Tabelle unter* 用法,图表见 ***Präpositionen***

Hin·spiel *das*; SPORT【体】; das erste von zwei Spielen zwischen denselben Mannschaften (两个运动队之间主客场制两场比赛中的)第一场比赛 ↔ Rückspiel

hin·stel·len (*hat*) Vt (及物) **1.** ↑ ***hin-*** **2. *j-n/sich/etw. als etw. h.*** (oft zu Unrecht) behaupten, dass j-d/man selbst/etw. e-e bestimmte Eigenschaft hat 把…称作,把…视为,把…说成是 ≈ j-n/sich/etw. als etw. bezeichnen 〈j-n als Dummkopf, Trottel, Versager, Genie, Vorbild *usw* h. 把某人视为傻瓜,白痴,窝囊废,天才,榜样等〉: *Er stellt sich immer als naiv u. harmlos hin, dabei ist er sehr schlau* 他总是把自己说成单纯质朴、心地善良,其实他鬼得很; *Sie hat das Problem als unwichtig hingestellt* 她把问题描绘成无关紧要的

hin·stre·cken (*hat*) Vt (及物) **1. *j-m etw. h.*** etw. mit ausgestrecktem Arm so halten, dass es nahe bei j-m ist 把…伸给… ≈ hinhalten: *j-m die Hand h.* 把手伸给某人; Vr (反身) **2. *sich auf etw.*** (*Akk* 四格) ***h.*** sich gestreckt auf etw. legen 伸开四肢躺倒 ≈ sich auf etw. hinlegen: *sich auf das Bett h.* 伸开四肢躺到床上 **3. *etw. streckt sich irgendwo (hin) hin*** etw. hat e-e große Ausdehnung in e-e Richtung, etw. erstreckt sich irgendwo(hin)(物作主语)延伸,伸展: *Der Wald streckt sich bis zum Fluss hin* 森林一直延伸到江边; *Die Straße streckt sich entlang der Grenze hin* 马路沿着边界延伸

hin·stür·zen (*ist*) Vi (不及物) **1.** ≈ hinfallen (1): *Sie rutschte aus u. stürzte hin* 她滑倒了,摔了一跤 **2. *zu etw. h.*** sehr schnell irgendwohin laufen 朝…冲过去: *Sie stürzte zur Tür hin* 她向着门冲了过去

hint·an·set·zen; *setzte hintan, hat hintangesetzt*; Vt (及物) ***j-n/etw. h.*** *geschr*[书]; e-e Person od. Sache weniger wichtig nehmen als e-e andere Person od. Sache u. sie deswegen vernachlässigen 不顾,把…置于一旁,不理会,忽视: *der Karriere zuliebe die Familie h.* 为了升迁发迹而不顾家庭 ‖ *hierzu*(派生) **Hint·an·set·zung** *die*; *nur Sg*(只用单数)

hint·an·ste·hen; *stand hintan, hat/südd* Ⓐ Ⓒⓗ[南德][奥][瑞] *ist hintangestanden*; Vi (不及物) ***j-d/etw. steht hintan*** *geschr*[书]; j-d/etw. wird zu Gunsten von j-d/etw. anderem vernachlässigt(人/物作主语)退后,退让,靠后站,往后放 ≈ j-d/etw. steht zurück: *Bis zur Lösung der finanziellen Probleme* *muss alles andere h.* 在财政问题解决以前，其他一切都必须往后放

hint·an·stel·len; *stellte hintan, hat hintangestellt*; [Vt]（及物）*j-n/etw.* **h.** *geschr*［书］≈ hintansetzen ‖ *hierzu*（派生）**Hint·an·stel·lung** *die*; *nur Sg*（只用单数）

hin·ten *Adv*（副）**1.** an e-m Ort, der relativ weit/am weitesten vom Ziel entfernt ist 在后面，末尾，在最后 ↔ vorne: *sich in der Schlange h. anstellen* 排在长队的末尾; *Beim Einlauf ins Ziel war der Läufer mit der Startnummer 3 weit h.* 在抵达终点时，佩带3号号码的赛跑运动员远远落在了后面 **2.** dort(hin), wo (oft aus der Blickrichtung des Sprechers) das Ende e-s Gegenstandes, Raumes *usw* ist 在最后边，末尾（从说话人的视线来看）↔ vorne: *Das Register ist h. im Buch* 索引在书的末尾; *Der Geldbeutel lag ganz h. in der Schublade* 钱包放在抽屉的最里边 **3.** (**da/dort**) **h.** an e-m Ort, der (relativ) weit vom Sprecher entfernt ist 在那后面（离说话人很远）↔ hier/da vorne: *Den Schlüssel habe ich da/dort h. gefunden* 钥匙我在那后面找到了 **4.** auf der Seite e-s Hauses, die am weitesten von der Straße entfernt ist 屋后，房后，背后，后面（离街很远的房后）↔ vorne: *Das Haus hat h. e-n zweiten Ausgang* 房子后面有第二个出口; *Die Fenster gehen nach h. auf den Hof* 窗户朝后面开向着院子; *Er ist h. im Garten* 他在后面花园里 **5.** auf der Seite des Körpers, an der der Rücken ist 背后 ↔ vorne 〈j-n von h. packen 从背后把某人抓住; sich j-m von h. nähern 从背后靠近某人; nach h. schauen 向背后看〉 **6.** *gespr euph*［口］［婉］; am Hintern, Gesäß 臀部，屁股: *h. wund sein* 屁股上受伤 ‖ ID［谚］**h. u. vorn(e) nicht** *gespr*［口］; überhaupt nicht 根本不，完全不〈etw. klappt, reicht, stimmt h. u. vorn(e) nicht 某事根本不成，不够，不对〉; ***j-n von h. u. vorn(e) bedienen*** *gespr*［口］; sich übertrieben intensiv um j-n kümmern 处处为某人操心，无微不至地（跑前跑后地）侍候某人; ***nicht (mehr) wissen, wo h. u. vorn(e) ist*** *gespr*［口］; sehr verwirrt sein 辨不清前后左右，糊里糊涂，完全不知所措; ***j-n am liebsten von h. sehen*** *gespr*［口］; j-n nicht mögen (u. froh sein, wenn er bald wieder weggeht) 不愿看到某人，不喜欢看到某人

hin·ten·dran *Adv*（副）; *gespr*［口］; an e-r/e-e Stelle, die hinten an j-m/etw. ist 在后边一旁，到后边一旁去 ↔ vorndran

hin·ten·drauf *Adv*（副）; *gespr*［口］; hinten auf etw. 在后面、后头、后部（物体的）上面〈etw. hat etw. h. 某物的后面上头有某物; etw. (auf etw.) h. legen, tun, werfen 把某物放到，搁到，扔到后头上面去〉: *Der Lastwagen hat zehn Säcke Kartoffeln h.* 载重汽车的后部有10袋马铃薯 ‖ ID［谚］***eins/ein paar/(et)was h.*** 〈bekommen, kriegen〉 *gespr*［口］; einen Schlag od. ein paar (leichte) Schläge aufs Gesäß (bekommen) 后面屁股上挨了一下/几下（打）

hin·ten·drein *Adv*（副）≈ hinterher

hin·ten·her·um *Adv*（副）; *gespr*［口］**1.** hinten um j-n/etw. herum 从后面绕: *Wir suchen den Garten rund ums Haus ab*: *Du schaust vorne, u. ich gehe h.* 我们在房屋四周的花园里搜索：你看着前面，我从后面绕过去 **2.** auf Umwegen, nicht offen od. direkt 间接地，私下里〈etw. h. erfahren, hören 间接地了解到，听到某事〉

hin·ten·hin *Adv*（副）; an das hintere Ende, zur Rückseite hin 到最后、后面、后头、后边去: *Stell dich h., ans Ende der Schlange* 你排到后边，队伍的末尾去

hin·ten·nach *Adv*（副）; *südd* Ⓐ［南德］［奥］≈ hinterher

hin·ten·raus *Adv*（副）; *gespr*［口］; nach hinten heraus/hinaus 从后面出来/出去: *Der Dieb ist h. gelaufen* 小偷从后面跑出去了; *Seine Wohnung liegt h.* 他的住房背朝大街（是门朝后开的）

hin·ten·rum *Adv*（副）; *gespr*［口］≈ hintenherum

hin·ten·über *Adv*（副）; nach hinten 向后: *h. ins Wasser fallen* 向后跌落水中，仰天跌进水里

hin·ten·über|fal·len; *fällt hintenüber, fiel hintenüber, ist hintenübergefallen*; [Vi]（不及物）nach hinten umfallen 向后跌倒，仰天倒下，摔个仰八叉: *mit dem Stuhl h.* 连椅子一起向后跌倒

hin·ten·über|kip·pen; *kippte hintenüber, ist hintenübergekippt*; [Vi]（不及物）nach hinten umkippen 向后翻倒，仰天翻倒

hin·ter[1] *Präp*（介）**1.** *mit Dat*（支配三格）; auf od. an der Rückseite von j-m/etw. 在…后面，在…背后 ↔ vor: *im Auto h. dem Fahrer sitzen* 在汽车里坐在驾驶员后面; *ein Garten h. dem Haus* 房子后面的花园; *sich h. der Tür verstecken* 藏在门后面; *h. e-m Auto herlaufen* 跟着汽车跑过来 **2.** *mit Dat*（支配三格）; in e-r Reihenfolge od. Hierarchie nach j-m/etw. 在…后面，不及 ↔ vor 〈h. j-m zurückstehen 落后于某人，不及某人，h. j-m/etw. zurückbleiben 比…走得慢，落在…后面，h. j-m an die Reihe kommen 排在某人后面，走在某人后面〉 **3.** *mit Dat*（支配三格）; verwendet um auszudrücken, dass e-e Zeit od. e-e Handlung abgeschlossen ist（表示时间或行为已结束）经历过，结束，置于身后 ↔ vor 〈etw. liegt h. j-m 某事已置于某人身后（了结）; j-d hat, bringt etw. h. sich 某人经历（结束）某事〉: *e-e schwere Zeit h. sich haben* 结束一段困难的时间 **4.** *mit Akk*（支配四格）; in Richtung auf die Seite, die hinten ist 到…后面，到…背后（去）↔ vor: *sich h. das Lenkrad setzen* 坐到方向盘后面去; *sich h. das Rednerpult stellen* 站到讲台后面去; **5. h.** ***j-m/etw.*** **her irgendwohin** verwendet, um auszudrücken, dass j-d/etw. h. (1) j-m/etw. ist u. sich in die gleiche Richtung bewegt 跟在…后面: *Die Entchen watschelten hinter ihrer Mutter her zum See* 小鸭跟在鸭妈妈后面摇晃着身子朝湖边走去

hin·ter[2] *Adv*（副）; *südd* Ⓐ *gespr*［南德］［奥］［口］; nach hinten 向后，往后，朝后去

hin·te·r- *Adj*（形）; *nur attr, nicht adv, ohne*

Komparativ（只作定语，不作状语，无比较级）；da, wo hinten ist 后面的 ↔ vorder- 〈das Ende, die Seite, der Teil 一端，那边，部分〉：*sich in die hinterste Reihe setzen* 坐在最后一排；*die Lösungen im hinteren Teil des Buches* 答题（案）在书的后部 ‖ K-（复合）：**Hinter-**，**-achse**，**-ausgang**，**-eingang**，**-huf**，**-lauf**，**-pforte**，**-rad**，**-seite**，**-treppe** ‖ *zu* **Hinterrad** ↑ *Abb. unter* 图见 **Fahrrad** ‖ ID［谚］**das Hinterste zuvorderst kehren** *gespr*［口］；**a**）etw. sehr gründlich suchen 前后翻了一个遍；**b**）etw. suchen u. dabei alles in Unordnung bringen 翻得乱七八糟

Hịn·ter·ba·cke *die*；-，*-n*；*mst Pl*（多用复数）；*gespr!*［粗］≈ Gesäß

Hịn·ter·bänk·ler *der*；*-s*，*-*；*pej*［贬］；ein Mitglied des Parlaments, das nicht bedeutend ist u. dort *mst* keine Reden hält 后座议员 ‖ *hierzu*（派生）**Hịn·ter·bänk·le·rin** *die*；-，*-nen*

Hịn·ter·bein *das*；eines der hinteren Beine e-s Tieres 后腿 ‖ ID［谚］**sich auf die Hinterbeine stellen** *gespr*［口］；sich wehren, sich etw. nicht gefallen lassen 奋起抵抗，不让步

Hin·ter·blie·be·ne *der/die*；*-n*，*-n*；*geschr*［书］；ein Mitglied der Familie e-s Toten, *bes* dessen Kind od. Ehepartner 遗属，死者家属 ‖ K-（复合）：**Hinterbliebenen-**，**-rente** ‖ NB（注意）：*ein Hinterbliebener*；*der Hinterbliebene*；*den*，*dem*，*des Hinterbliebenen*

hin·ter·brịn·gen；*hinterbrachte*，*hat hinterbracht*；**Vt**（及物）**j-m etw. h.** j-m etw.（*mst* Unangenehmes）erzählen, das er nicht erfahren sollte 向…密告，偷偷泄露

hin·ter·drein *Adv*（副）；*veraltend*［渐旧］≈ hinterher

hin·ter·ei·nạn·der *Adv*（副）**1.** eine Person/Sache hinter die andere od. hinter der anderen 一个接着一个 ↔ nebeneinander 〈sich h. aufstellen, h. herfahren, hergehen, herlaufen *usw* 一个接一个地排队，乘车前来，走来，跑来等〉**2.** in e-r ununterbrochenen Reihenfolge 连续地，接连不断地 ≈ nacheinander：*Es regnet nun schon an fünf Wochenenden h.* 现在已经连续五个周末下雨了；*Er gewann zweimal h. bei der Weltmeisterschaft die Goldmedaille* 他连续两次在世界冠军赛上赢得金牌

hin·ter·ei·nạn·der- *im Verb*，*betont u. trennbar*，*wenig produktiv*（构成动词，重读并可分，构词弱）；Die Verben mit *hintereinander-* werden nach folgendem Muster gebildet（hintereinander-动词的模式如下）：*hintereinanderfahren* – *fuhren hintereinander* – *hintereinandergefahren*

hintereinander- drückt aus, dass mehrere Personen od. Dinge in e-r Reihe sind（einer/eines hinter dem anderen）bzw. in e-e Reihe kommen 前后一个接（挨）一个，前后依次，鱼贯 ↔ nebeneinander-；

〈Personen 人们〉**sitzen hintereinander**：*Die drei Mädchen saßen im Bus hintereinander* 三个姑娘前后一个接一个坐在公共汽车里 ≈ Ein Mädchen saß im Bus, hinter ihm das zweite Mädchen, dahinter das dritte Mädchen ebenso（同类词有）：〈Personen/Autos *o. Ä.* 人们/汽车等〉**fahren hintereinander**，〈Personen 人们〉**gehen hintereinander**，〈Personen/Dinge 人们/事物〉**liegen hintereinander**，〈Personen 人们〉**stehen hintereinander**；〈Personen/Dinge 人们/事物〉**hintereinanderlegen/hintereinandersetzen/hintereinanderstellen**，〈Personen 人们〉**legen sich / setzen sich/stellen sich hintereinander**

hin·ter·fra·gen；*hinterfragte*，*hat hinterfragt*；**Vt**（及物）**etw. h.** *geschr*［书］；prüfen, warum etw. so ist, wie es ist, od. was es bedeutet 探究，根究，对…寻根究底〈Klischees, Vorurteile h. 深究陈腐的思想、成见〉

Hịn·ter·ge·dan·ke *der*；e-e verborgene Absicht 隐念，私心，私下的盘算，内心的想法，潜台词〈e-n Hintergedanken bei etw. haben 对某事有私下的想法〉

hin·ter·ge·hen；*hinterging*，*hat hintergangen*；**Vt**（及物）**j-n h.** j-s Vertrauen missbrauchen 欺骗，背后捣鬼 ≈ j-n betrügen：*Sein Geschäftspartner hat ihn hintergangen* 他的经营合伙人把他欺骗了

Hin·ter·glas|ma·le·rei *die* **1.** ein Bild, das auf Glas gemalt ist u. das man von der unbemalten Seite des Glases aus betrachtet 玻璃版画（在玻璃上绘成的，从玻璃的另一面欣赏的画）**2.** *nur Sg*（只用单数）；das Malen e-r H.（1）画玻璃版画

Hịn·ter·grund *der* **1.** *mst Sg*（多用单数）；der Bereich des Blickfeldes od. e-s Bildes, der relativ weit vom Betrachter entfernt ist od. hinter den Personen/Dingen ist, die man betrachtet 背景，远景，衬托 ↔ Vordergrund：*ein Bild mit e-m grünen H.* 有绿色背景的图画；*Das Foto zeigt im Vordergrund e-e Stadt u. im H. die Berge* 照片以城市为前景，以山岭为背景 **2.** das, was man *mst* unbewusst wahrnimmt, weil etw. anderes e-n stärkeren Eindruck macht, die Aufmerksamkeit beansprucht 背景 ≈ Untermalung ↔ Vordergrund 〈der akustische, ein neutraler H. 音响背景，中性背景；etw. gibt e-n guten H. ab 某物可充当好背景〉：*Auf dem Tonband mit dem Interview hört man im H. ein Stimmengewirr* 在那个有采访谈话的录音带上，人们听到伴有噪杂声 ‖ K-（复合）：**Hintergrund-**，**-geräusche**，**-musik** **3.** e-e Position, in der j-d/etw. nicht bemerkt od. beachtet wird, relativ unauffällig od. unwichtig ist 幕后，次要地位 ↔ Vordergrund 〈in den H. geraten, treten, im H. stehen, bleiben, aus dem H. hervortreten 退居幕后，居于幕后，从幕后走出来〉：*Bei den Verhandlungen hielt er sich im H.* 在谈判中他没有露面（隐身幕后）**4.** *nur Sg*（只用单数）；die Situation, die j-n/etw. prägt 背景〈der gesellschaftliche, politische, ökonomische H., j-s familiärer H. 社会、政治、经济背景，某人的家庭背景〉：*Der Roman*

H

spielt vor dem H. des Bürgerkriegs 长篇小说是以内战为背景展开的 **5.** *mst Pl*（多用复数）≈ Gründe, Motive 〈die Hintergründe e-r Tat ahnen, erkennen, erklären, suchen 预感到,认清,说明,寻找行动的背景〉: *Vermutlich hatte der Mord politische Hintergründe* 谋杀大概有政治背景 **6.** ***etw. hat e-n historischen/realen H.*** etw. beruht auf Tatsachen, ist nicht frei erfunden（物作主语）有历史的/现实的背景: *Die Legende von König Artus hat e-n historischen H.* 关于阿尔图斯国王的传说有历史的背景

hin·ter·grün·dig *Adj*（形）; mit e-r Bedeutung, die nicht deutlich gezeigt wird 隐秘的,难以捉摸的,不易看透的 ≈ schwer durchschaubar 〈e-e Frage, j-s Humor, ein Lächeln 问题,某人的幽默,微笑; h. lächeln 神秘莫测地微笑〉‖ *hierzu*（派生）**Hin·ter·grün·dig·keit** *die*

Hin·ter·grund|in·for·ma·ti·on *die*; e-e Information über den Hintergrund (4,5) e-r Sache 背景新闻,幕后消息

Hin·ter·halt *der*; -(*e*)*s*, -*e*; *mst Sg*（多用单数）; ein Ort, an dem sich j-d versteckt, um j-n zu überfallen, wenn er dort vorbeikommt 设伏地点,埋伏处〈im H. liegen 埋伏着, in e-n H. geraten 中埋伏, j-n aus dem H. überfallen 从设伏地点袭击某人〉: *Er wurde durch e-n Schuss aus dem H. getötet* 他是被伏击的枪弹打死的

hin·ter·häl·tig *Adj*（形）; nach außen hin freundlich, aber mit bösen Absichten 诡计多端的,阴险的,别有用心的 ≈ heimtückisch ‖ *hierzu*（派生）**Hin·ter·häl·tig·keit** *die*; *mst Sg*（多用单数）

Hin·ter·hand *die*; *nur Sg*（只用单数）; das hintere Bein e-s großen Tieres (*z.B.* e-s Pferdes)（大型动物,如马的）后腿: *Das Pferd lahmt auf der H.* 马的后腿瘸了 ‖ ID［谚］***in der H. sitzen*** beim Kartenspielen als letzter ausspielen können（打牌时）作末家; ***etw. in der H. haben*** etw. in Reserve haben 留有,存有,备有某物

hin·ter·her[1] *Adv*（副）; so, dass sich j-d/etw. hinter j-m/etw. in die gleiche Richtung bewegt 跟在后面,跟随着 ↔ voraus: *Beide sprangen ins Wasser: das Kind voraus, u. der Hund h.* 两个都跳入水中:孩子先跳,狗跟着跳

hin·ter·her, hin·ter·her[2] *Adv*（副）**1.** ≈ danach, nachher ↔ vorher: *Wir wollen erst ins Kino u. h. essen gehen* 我们想先去看电影,然后去吃饭 **2.** ***j-m h. sein*** *gespr*［口］; versuchen, j-n einzuholen od. zu fangen 追赶,追捕 ≈ j-n verfolgen 〈e-m Verbrecher h. sein 追赶罪犯〉**3.** ***j-m/etw. h. sein*** *gespr*［口］; aufpassen u. dafür sorgen, dass j-d richtig arbeitet, etw. getan wird 关注,一心想着: *sehr h. sein*, dass *alles aufgeräumt wird* 一心想着要把一切都收拾出来 **4.** ***j-m/etw. h. sein*** *gespr*［口］; sich sehr darum bemühen, j-n/etw. für sich zu gewinnen 拼命追求,想方设法获得: *Er ist ihr/ihrem Geld hinterher* 他拼命追求她/他想方设法要把她的钱搞到手 **5.** ***mit etw./in etw.*** (*Dat* 三格) ***h. sein*** *gespr*［口］; (hinter) etw. hinterherhinken (2) 跟不上,拖沓,拖拉〈in der Entwicklung, mit der Arbeit h. sein 跟不上发展,工作拖沓〉

hin·ter·her- *im Verb, betont u. trennbar, wenig produktiv*（构成动词,重读并可分,构词弱）; Die Verben mit *hinterher-* werden nach folgendem Muster gebildet（hinterher-动词的模式如下）: *hinterherlaufen – lief hinterher – hinterhergelaufen*

hinterher- drückt aus, dass sich zwei od. mehrere Personen od. Dinge hintereinander in die gleiche Richtung bewegen（表示前后朝一个方向）跟随,跟着 ≈ nach- ↔ voraus-;

(***j-m/etw.***) ***hinterherlaufen***: *Sie ging durch den Garten, u. ihr Hund lief ihr hinterher* 她穿过公园,她的狗在后头跟着她跑 ≈ Sie ging durch den Garten, u. ihr Hund lief hinter ihr in die gleiche Richtung

ebenso（同类词有）: (***j-m/etw.***) ***hinterherfahren***, (***j-m/etw.***) ***hinterhergehen***, (***j-m/etw.***) ***hinterherhinken***, ***hinterherkommen***, (***j-m/etw.***) ***hinterherlaufen***, (***j-m/etw.***) ***hinterherrennen***; (***j-m***) ***j-n/etw. hinterherschicken***, (***j-m***) ***j-n/etw. hinterhertragen***, (***j-m***) ***etw. hinterherwerfen***

hin·ter·her|hin·ken (*ist*) [*Vi*]（不及物）**1.** ↑ ***hinterher-*** **2.** (***hinter***) ***etw.*** (*Dat* 三格) ***h.*** *gespr*［口］; nicht schnell genug mit etw. (fertig) sein 跟在…后头跛行,跟不上,拖沓,拖拉: *Wir hinken (hinter) der Entwicklung hinterher* 我们跟不上发展; *mit der Arbeit um zwei Wochen h.* 把工作拉下两周

hin·ter·her|lau·fen (*ist*) [*Vi*]（不及物）**1.** ↑ ***hinterher-*** **2.** (***j-m/etw.***) ***h.*** *gespr*［口］; (zu) eifrig versuchen, j-n für sich zu gewinnen, etw. zu bekommen 追求,为获得…而奔忙〈e-m Mädchen h. 追求一个姑娘; seinem Geld h. (müssen)（必须）为了赚钱而奔走〉: *als Architekt e-m Auftrag h.* 作为建筑师为获得一项委托而奔忙

Hin·ter·hof *der*; ein *mst* dunkler Hof zwischen mehreren Häusern 后院

Hin·ter·kopf *der*; der hintere Teil des Kopfes 头的后部,后脑勺: *e-n Schlag auf den H. bekommen* 后脑勺挨打了一下 ‖ ID［谚］***etw. im H. haben/behalten*** etw. nicht vergessen, sich etw. (für später) merken 牢记不忘

Hin·ter·land *das*; *nur Sg*（只用单数）; ein Gebiet um e-e große Stadt herum od. hinter e-r Grenze, das von der Stadt od. der Umgebung wirtschaftlich, politisch, kulturell *usw* beeinflusst wird 后方,内地,腹地: *Truppen aus dem H. an die Front verlegen* 把部队从后方调往前线

hin·ter·las·sen; *hinterlässt, hinterließ, hat hinterlassen*; [*Vt*]（及物）**1.** ***etw. h.*** Spuren *o.Ä.* produzieren, die noch da sind, wenn man wieder fort ist od. etw. vorbei ist 留下,遗留 ≈ zurücklassen: *Der Einbrecher hat überall Fingerabdrücke hinterlassen* 盗窃犯到处留下了指纹; *Das Buch hat e-n guten Eindruck bei mir hinterlassen* 这本书给我留下了良

好印象 **2.** ***j-m etw. h.*** ≈ vererben：*j-m sein Haus h.* 把自己的房屋传给某人 **3.** ***j-n h.*** sterben u. j-n zurücklassen 死后留下：*Er hinterlässt e-e Frau u. zwei Kinder* 他身后留下一个妻子和两个孩子

Hin·ter·las·sen·schaft *die*；-，*-en* **1.** das, was j-d j-m vererbt 遗物，遗产 ≈ Erbe **2.** *geschr*［书］；das, was j-d/etw. irgendwo zurücklässt 遗留下的东西 **3.** ***j-s H. antreten*** nach j-s Tod etw. von ihm erben od. übernehmen, seine Arbeit fortführen *usw* 继承某人的遗产，接过某人未完成的工作

hin·ter·le·gen；*hinterlegte*，*hat hinterlegt*；*Vt*（及物）***etw. irgendwo h.*** j-m etw. geben, damit er es aufbewahrt 把…存放在，储存在，把…交给…保管：*den Schlüssel beim Hausmeister h.* 把钥匙交给房东保管；*sein Geld im Safe h.* 把自己的钱放在保险箱里

Hin·ter·leib *der*；der hintere Teil des Körpers von Insekten（昆虫的）腹部

Hin·ter·list *die*；*nur Sg*（只用单数）**1.** das Bestreben, j-n zu täuschen u. ihm dadurch zu schaden 诡计，阴险，欺诈 ≈ Tücke 〈voller H. sein 诡计多端〉 **2.** e-e Handlung, mit der man j-n täuschen u. ihm schaden will 阴险伎俩，欺诈行为 〈e-e gemeine H. 卑鄙的欺诈行为〉 ‖ *zu*（义项）**1. hin·ter·lis·tig** *Adj*（形）*2*

hin·term *Präp mit Artikel*（介词与冠词合写）；*gespr*［口］≈ hinter dem：*etw. liegt h. Haus* 某物放在房子后面 ‖ NB（注意）：*hinterm* kann nicht durch *hinter dem* ersetzt werden in Wendungen wie（在成语中 hinterm 不能用 hinter dem 替换，例如）：*niemanden hinterm Ofen hervorlocken* 引不起任何人的兴趣，没有任何诱惑力

Hin·ter·mann *der* **1.** ***j-s H.*** j-d, der hinter j-m ist（站在或坐在）后面的人 ↔ Vordermann 〈sich zu seinem H. umdrehen 转身面向他后面的人，sich mit seinem H. unterhalten 与他后面的人谈话〉 **2.** *mst Pl*（多用复数）；j-d, der für etw. verantwortlich ist, aber nicht bekannt wird 幕后操纵者，背后策划者，后台 〈die Hintermänner e-s Putsches, e-s Regierungsumsturzes, e-s Terroranschlags 暴动、政变、恐怖性袭击的幕后策划者〉

hin·tern *Präp mit Artikel*（介词与冠词合写）；*gespr*［口］≈ hinter den：*h. Ofen kriechen* 躲在家里

Hin·tern *der*；*-s*，*-*；*gespr*［口］**1.** der hintere Teil des Körpers, auf dem man sitzt 屁股 ≈ Gesäß 〈auf den H. fallen 摔了一个屁股蹲儿；e-m Kind den H. versohlen 打小孩的屁股，j-n/j-m in den H. treten, kneifen 踢，拧某人的屁股，j-n/j-m auf den H. hauen 打某人的屁股〉 **2.** ***j-m ein paar auf den H. geben*** *gespr*［口］；j-m mehrere Schläge auf den H. (1) geben 打几下某人的屁股 **3.** ***ein paar auf den H. bekommen / kriegen*** *gespr*［口］；Schläge auf den H. (1) bekommen 挨打几下屁股 ‖ ID［谚］***sich auf den H. setzen*** *gespr*［口］；**a)** auf den H. (1) fallen 摔个屁股蹲儿；**b)** fleißig lernen od. arbeiten 埋头苦干；*mst* 多用 ***ich könnte mir / mich (vor Wut, Ärger) in den H. beißen*** *gespr*［口］；ich ärgere mich sehr darüber, dass ich etw. nicht getan bzw. dass ich etw. Falsches getan habe 我恼火极了；***j-m in den H. kriechen*** *gespr! pej*［粗］［贬］≈ j-m schmeicheln 拍某人的马屁；***j-m / j-n in den H. treten*** *gespr*［口］；j-n unfreundlich zur Arbeit, zur Eile antreiben 死命催促某人

hin·ter·rücks *Adv*（副）**1.** von hinten 从背后 〈j-n h. erschießen, erstechen, überfallen 从背后枪杀，刺死，袭击某人〉 **2.** ohne dass die betroffene Person es weiß 背地里，暗中，阴险地 ≈ heimtückisch 〈j-n h. anschuldigen, verleumden 暗中指控某人，背地里中伤（诽谤）某人〉

hin·ters *Präp mit Artikel*（介词与冠词合写）≈ hinter das：*h. Haus gehen* 到房子后面去，到屋后去 ‖ NB（注意）：*hinters* kann nicht durch *hinter das* ersetzt werden in Wendungen wie（在成语中 hinters 不能用 hinter das 代替，例如）：*j-n h. Licht führen* 欺骗某人，迷惑某人

Hin·ter·sinn *der*；*nur Sg*（只用单数）**1.** e-e verborgene zusätzliche Bedeutung 背后的含义，隐蔽的含义，言外之意 〈etw. ohne H., mit bösem H. fragen, sagen 直截了当地，含沙射影地问，说某事〉 **2.** die eigentliche Bedeutung, die man nicht sofort versteht 深层的含义，潜在的内涵：*der H. e-r Fabel, e-s Gleichnisses* 寓言、比喻的深层含义 ‖ *hierzu*（派生）**hin·ter·sin·nig** *Adj*（形）

Hin·ter·teil *das*；*gespr*［口］≈ Gesäß, Hintern

Hin·ter·tref·fen *das*；*mst in* 多用于 ***ins H. geraten / kommen*** in e-m Wettbewerb, Vergleich *o. Ä.* in e-e ungünstige Position kommen（在比赛中或与别人相比）陷于不利地位，落在后面，被甩下来

hin·ter·trei·ben；*hintertrieb*，*hat hintertrieben*；*Vt*（及物）***etw. h.*** heimlich u. auf unfaire Weise versuchen, etw. zu verhindern 暗里地阻挠，破坏：*j-s Beförderung h., indem man schlecht über ihn redet* 用说某人的坏话的办法来阻挠他的提升

Hin·ter·tür *die*；e-e Tür auf der hinteren Seite e-s Hauses 后门 ‖ ID［谚］***durch die H.*** auf Umwegen 通过隐蔽的手法，通过走后门：*etw. abschaffen u. durch die H. wieder einführen* 取消某事但又通过隐蔽的手法加以提倡；***sich*** (*Dat* 三格) ***e-e H. offenhalten*** sich e-e Möglichkeit offenhalten, durch die man etw. (*z. B.* ein Versprechen) wieder rückgängig machen kann 为自己准备退路，给自己留后路

Hin·ter·wäld·ler *der*；*-s*，*-*；*pej*［贬］；j-d, der nichts Neues kennt u. bei seinen alten Ansichten u. Gewohnheiten bleibt 土包子，老憨，乡巴佬 ‖ *hierzu*（派生）**hin·ter·wäld·le·risch** *Adj*（形）

hin·ter·zie·hen；*hinterzog*，*hat hinterzogen*；*Vt*（及物）***etw. h.*** Geld, das einem nicht gehört, heimlich für sich behalten 侵吞，贪污，逃避 ≈ unterschlagen 〈Staatsgelder, Steuern h. 侵吞国家资金，逃避纳税〉 ‖ *hierzu*（派生）**Hin·ter·zie·hung** *die*

H

Hin·ter·zim·mer *das* **1.** ein Zimmer im hinteren Teil des Hauses 后面的房间，后室 **2.** ein Zimmer, in das man kommt, wenn man *z.B.* durch ein Geschäft od. ein Restaurant hindurchgeht 里面的房间，里屋：*e-e geschlossene Veranstaltung im H.* 在里面的房间举行的没有外人参加的活动

hin·tre·ten (*ist*) [Vi] (不及物) **1.** ***irgendwohin h.*** den Fuß an e-e bestimmte Stelle setzen 踩去，踏足：*Wo man hier auch hintritt, überall ist es schmutzig* 在这里无论踩到哪里，哪里都不干净 **2.** ***zu j-m/etw. h.*** zu j-m/etw. (vom Standpunkt des Sprechers weg) mit wenigen Schritten gehen 向…走去 **3.** (***mit etw.***) ***vor j-n h.*** mit e-r Bitte *o.Ä.* zu j-m gehen 向…提出请求：*mit e-m Anliegen vor j-n h.* 向某人提出请求

hin·tun (*hat*) [Vt] (及物) ***etw. da/dort/hier h.*** *gespr* [口]; etw. an e-e bestimmte Stelle legen, stellen 把…放到那里/这里去：„*Wo soll ich das Buch h.?*" – „*Du kannst es dort h.*" "我应该把书放到哪里去?"——"你可以放到那里去。"

hi·nü·ber *Adv* (副)；**1.** bezeichnet die Richtung von irgendwo nach e-r anderen, gegenüberliegenden Seite hin, häufig weg vom Sprecher od. Erzähler (表示朝对面的另一方，往往是离说话人而) 过去，过那边去，过对面去：*Der Wald erstreckt sich nach rechts h.* 森林向右延伸到那边去 **2.** (***über etw.*** (*Akk* 四格)) ***h. sein*** *gespr* [口]; (elliptisch verwendet 省略用语) ≈ hinübergegangen, hinübergefahren *usw* sein **3.** ***etw. ist h.*** *gespr!* [粗] etw. ist kaputt, verdorben (物作主语) 用坏了，破旧了：*Das Radio ist h.* 收音机坏了; *Die Milch war schon h., deshalb habe ich sie weggeschüttet* 奶已经坏了，因此我把它倒掉了 **4.** ***j-d/ein Tier ist h.*** *gespr!* [粗] j-d/ein Tier ist tot (人/动物作主语) 某人/某只动物死了 **5.** ***j-d ist h.*** *gespr!* [粗] j-d ist sehr betrunken (人作主语) 某人喝醉了酒 **6.** ***j-d ist h.*** *gespr!* [粗] j-d schläft od. hat das Bewusstsein verloren (人作主语) 某人睡着了或失去知觉 ‖ NB: ↑ ***herüber***

hi·nü·ber- *im Verb, betont u. trennbar, begrenzt produktiv* (构成动词，重读并可分，构词有限)；Die Verben mit *hinüber-* werden nach folgendem Muster gebildet (hinüber-动词的模式如下)：*hinüberschwimmen – schwamm hinüber – hinübergeschwommen*

hinüber- bezeichnet die Richtung von irgendwo nach e-r anderen, gegenüberliegenden Seite hin, häufig weg vom Sprecher od. Erzähler (表示朝对面的另一方，往往是离说话人而) 过去，过那边去，过对面去；

(***irgendwohin***) ***hinüberschwimmen***: *Das Kind schwamm ans andere Ufer hinüber* 这个小孩游到对岸去了 ≈ Das Kind schwamm von dieser Seite des Flusses/Sees zur anderen, gegenüberliegenden Seite

ebenso (同类词有)：(***j-m***) ***j-n/etw. hinüberbringen***, (***j-n/etw.***) ***hinüberfahren***, ***j-n/etw. hinüberführen/etw. führt irgendwohin hinüber***, ***j-n/ein Tier/etw. hinüberlassen***, (***j-m***) ***etw. hinüberreichen/etw. reicht irgendwohin hinüber***, (***j-m***) (***etw.***) ***hinüberrufen***, (***j-m***) ***j-n/etw. hinüberschicken***, ***j-n/etw. hinübertragen***, (***j-n/sich/etw.***) ***hinüberziehen***; ***hinüberblicken***, ***hinüberdürfen***, ***hinübergehen***, ***hinübergelangen***, ***hinübergreifen***, ***hinüberklettern***, ***hinüberkommen***, ***hinüberkönnen***, ***hinüberlaufen***, ***hinübermüssen***, ***hinüberschauen***, ***hinübersehen***, ***hinübersollen***, ***hinüberspringen***, ***hinübersteigen***, ***hinüberwollen***; ***sich hinüberbeugen***, ***sich hinüberlehnen***, ***sich hinübertrauen***, ***sich hinüberwagen*** ‖ NB (注意)：**a)** Wenn ausgedrückt werden soll, wohin j-d/etw. kommt *o.Ä.*, werden *mst* die Präpositionen *in* (+ *Akk*) od. *zu* verwendet (如果要表示到某处去，多用介词 in(+四格) 或 zu)：*Ich sah ins Tal hinüber/zu ihr hinüber* 我向山谷里/朝她看去; Mit *über* (+ *Akk*) drückt man etw. aus, das zwischen einem selbst u. seinem Ziel ist (如果表示经过或越过，则用介词 über (+四格))：*Ich muss über den Fluss hinüber* 我必须渡过河去; **b)** ↑ ***herüber-***

hi·nü·ber·hel·fen (*hat*) [Vi] (不及物) **1.** ***j-m*** (***über etw.*** (*Akk* 四格)) ***h.*** j-m helfen, ein Hindernis zu überwinden 帮助…过去，扶…过去 (跨越障碍)：*j-m über e-n Zaun h.* 帮助某人越过篱笆 **2.** ***j-m über etw.*** (*Akk* 四格) ***h.*** j-m helfen, Probleme *o.Ä.* zu bewältigen 帮助…解决问题 (j-m über Schwierigkeiten, e-e schwere Zeit h. 帮助某人克服一个个困难，度过困难的时光)

hin- und her- *im Verb, betont u. trennbar, wenig produktiv* (构成动词，重读并可分，构词弱)；Die Verben mit *hin- und her-* werden nach folgendem Muster gebildet (hin- und her-动词的模式如下)：*hin- und herlaufen, lief hin und her, hin- und hergelaufen*

hin- und her- bezeichnet e-e Bewegung zu e-m bestimmten Ort hin u. wieder zurück 来去，来回，往返；

hin- und herpendeln: *Er pendelt täglich zwischen Rosenheim u. München hin und her* 他每天往返于罗森海姆与慕尼黑之间 ≈ Er fährt täglich von Rosenheim nach München u. wieder nach Rosenheim zurück

ebenso (同类词有)：(***j-n/etw.***) ***hin- und herfahren***, ***hin- u. herfliegen***, ***hin- und hergehen***, ***hin- und herrennen***

hi·nun·ter *Adv* (副)；**1.** bezeichnet die Richtung von oben nach (irgendwo) unten, häufig weg vom Sprecher od. Erzähler (表示由上往下，往往离说话人而) 向下，下去 ≈ hinab ↔ herauf: *Wir sahen vom Turm h. zu ihr* 我们从塔楼上向下朝她那边看; *Zur Talstation h. wandert man zwei Stunden* 人们徒步漫游下到山谷里的车站用两小时 **2.** ***h. sein*** *gespr* [口]; (elliptisch verwendet 省略用语) ≈ hinuntergegangen, hinuntergefahren *usw* sein ‖ NB (注意)：↑ ***herunter***

hi·nun·ter- *im Verb, betont u. trennbar, sehr produktiv* (构成动词，重读并可分，构词强)；Die

Verben mit *hinunter-* werden nach folgendem Muster gebildet (hinunter-动词的模式如下): *hinuntergehen – ging hinunter – hinuntergegangen*

hinunter- bezeichnet die Richtung von oben nach (irgendwo) unten, häufig weg vom Sprecher od. Erzähler(表示由上往下,往往离说话人而)下去,向下 ≈ hinab- ↔ herauf-;

(irgendwohin) hinuntergehen: *Er ging ins Wohnzimmer hinunter* 他下楼去起居室 ≈ Er ging vom oberen Stock nach unten in das Wohnzimmer

ebenso (同类词有): **(irgendwohin) hinunterblicken, (j-m) j-n/etw. (irgendwohin) hinunterbringen, (irgendwohin) hinunterdürfen, (irgendwohin) hinuntereilen, (j-n/etw.) (irgendwohin) hinunterfahren, (irgendwohin) hinunterfallen, etw. fließt irgendwohin hinunter, j-n/ein Tier (irgendwohin) hinunterführen, etw. (irgendwohin) hinunterkippen, (irgendwohin) hinunterklettern, (irgendwohin) hinunterkommen, (irgendwohin) hinunterkönnen, j-n/etw. (irgendwohin) hinunterlassen, (irgendwohin) hinunterlaufen, (irgendwohin) hinuntermüssen, (j-m) etw. hinunterreichen; etw. reicht (bis nach) irgendwohin hinunter, j-d/etw. rollt (irgendwohin) hinunter, (j-m) etw. hinunterrufen, (irgendwohin) hinunterschauen, j-n/etw. (irgendwohin) hinunterschicken, (irgendwohin) hinuntersehen, (irgendwohin) hinuntersollen, (irgendwohin) hinunterspringen, etw. irgendwohin hinunterspülen, (irgendwohin) hinuntersteigen, j-n/etw. (irgendwohin) hinunterstoßen, j-n/sich/etw. (irgendwohin) hinunterstürzen, j-n/etw. (irgendwohin) hinuntertragen, (irgendwohin) hinunterwollen, j-n/etw. (irgendwohin) hinunterziehen; sich (irgendwohin) hinuntertrauen/hinunterwagen** ‖ NB (注意): **a)** Anstelle e-r Richtungsangabe (*ins Wohnzimmer usw*) steht häufig nur e-e Angabe im Akk.(往往直接用名词四格替代用介词的方向说明语): *Er ging den Berg hinunter* 他走下山来; *Er führte die alte Frau die Treppe hinunter* 他领着年老的妇女下楼梯; **b)** ↑ ***herunter-***

hi·nụn·ter·kip·pen [Vt] (及物) (*hat*) **1.** ↑ ***hinunter-*** **2. *etw. h.*** *gespr*[口]; etw. sehr schnell (*bes* in e-m Zug, Schluck) trinken 把…一饮而尽〈e-n Schnaps h. 把一盅烧酒一口喝下去〉; [Vi] (不及物) (*ist*) **3. *etw. kippt hinunter*** *gespr*[口]; etw. kippt nach unten(物作主语)翻倒,倾覆

hi·nụn·ter·schlin·gen (*hat*) [Vt] (及物) ***etw. h.*** etw. sehr schnell essen, ohne richtig zu kauen 把…吞下去,狼吞虎咽地吃下去〈etw. hastig, gierig h. 匆忙地,贪婪地把某物吞下去〉

hi·nụn·ter·schlu·cken (*hat*) [Vt] (及物) **1. *etw. h.*** schlucken, damit etw. vom Mund in den Magen gelangt 咽下,吞下: *e-n Bissen h.* 把小吃吞下去 **2. *etw. h.*** *gespr*[口]; dem Wunsch, ein Gefühl zu zeigen od. etw. zu sagen, nicht nachgeben 强忍下去 ≈ etw. unterdrücken 〈e-e Bemerkung, e-n Kommentar h. 把意见、解释强忍下去不说; seinen Ärger, die Tränen, seine Wut h. 强忍住自己的不快、泪水、自己的愤怒〉

hi·nụn·ter·wür·gen (*hat*) [Vt] (及物) ***etw. h.*** etw. mit großer Mühe od. großem Ekel schlucken 把…强咽下去: *trockenes Brot h.* 把干面包强咽下去

hịn·wärts *Adv*(副); auf dem Hinweg 在去的途中

Hịn·weg *der*; der Weg, die Reise (von zu Hause *o.Ä.* weg) zu e-m Ziel hin 去程,往程 ↔ Rückweg

hin·wẹg *Adv*(副) **1. *über j-n/etw. h.*** verwendet, um die räumliche Distanz auszudrücken, die zwischen den genannten Personen/Dingen ist 隔着(空间): *Er winkte ihr über die Straße h. zu* (die Straße lag zwischen den beiden) 他隔着街道向她示意 **2. *über j-n/etw. h.*** verwendet, um auszudrücken, dass sich etw. über ein Hindernis *o.Ä.* bewegt 越过(障碍): *Der Ball flog über das Tor h. ins Aus* 球越过球门飞出了界外 **3. *über etw.*** (*Akk* 四格) ***h.*** e-e bestimmte Zeit lang 超过(时间): *Sie hatten sich über Jahre h. nicht gesehen* 他们多年没有见面了 **4. *über etw.*** (*Akk* 四格) ***h.*** ohne sich von etw. aufhalten zu lassen 越过,摆脱: *über alle Grenzen, Schwierigkeiten o.Ä. h.* 越过一切界线,摆脱各种困难等 **5. *über j-s Kopf/j-n h.*** ohne j-n zu berücksichtigen, der wegen seiner Stellung in e-r Hierarchie hätte gefragt *o.Ä.* werden müssen 越过,不顾〈etw. über j-n h. entscheiden 越过某人决定某事〉**6.** *geschr*[书]; weg, fort von hier 离去,走开: *H. mit ihm!* 让他走开! **7. *über etw.*** (*Akk* 四格) ***h. sein*** *gespr*[口]; etw. überwunden haben 克服了,摆脱了

hin·wẹg- *im Verb, betont u. trennbar, begrenzt produktiv*(构成动词,重读并可分,构词有限); Die Verben mit *hinweg-* werden nach folgendem Muster gebildet (hinweg-动词的模式如下): *hinwegspringen – sprang hinweg – hinweggesprungen*

hinweg- drückt in Verbindung mit *über + Akk*(四格) e-e Bewegung aus, die mehr od. weniger hoch über ein Hindernis *o.Ä.* führt(与 über + 四格连用时,表示越过障碍)越过,超越过去 ≈ hinüber-;

(über etw. (*Akk* 四格)**) hinwegspringen**: *Das Pferd sprang über alle Hindernisse hinweg* 那匹马跳过了一切障碍≈ Das Pferd sprang über die Hindernisse, ohne sie zu berühren

ebenso(同类词有): ***sich über etw.*** (*Akk* 四格) ***hinwegbewegen, über j-n/etw. hinwegsehen***

hin·wẹg·ge·hen (*ist*) [Vi] (不及物) **1. *über etw.*** (*Akk* 四格) ***h.*** etw. nicht beachten, sondern weitersprechen *o.Ä.* 不顾,不理睬,不理会…而继续(谈下去)〈über e-e Bemerkung, e-n Ein-

H

wand lächelnd, taktvoll, mit e-m Scherz h. 不顾意见、异议而微笑着，得体地，开着玩笑继续讲下去〉 **2. etw. geht über etw.** (*Akk* 四格) **hinweg** *geschr* [书]; etw. geschieht u. beeinflusst ein (*mst* großes) Gebiet (物作主语) 掠过，席卷：*Im Winter gehen über den Nordatlantik viele Stürme hinweg* 冬天许多次风暴要席卷北大西洋

hin·weg·hel·fen (*hat*) Vi (不及物) ***j-m* über etw.** (*Akk* 四格) **h.** j-m helfen, ein Problem *o. Ä.* zu überwinden 帮助…摆脱，克服，战胜 〈j-m über e-n Verlust, j-s Tod, e-e schwere Zeit h. 帮助某人弥补损失，冷静对待某人的死亡，度过困难的时光〉

hin·weg·kom·men (*ist*) Vi (不及物) **über etw.** (*Akk* 四格) **h.** ≈ etw. überstehen, überwinden 〈über e-e Enttäuschung, j-s Tod, e-n Verlust h. 摆脱失望，冷静对待某人的死亡，克服损失〉

hin·weg·kön·nen (*hat*) Vi *gespr* (不及物) [口]; *mst in* 多用于 **nicht über etw.** (*Akk* 四格) **h.** etw. nicht als relativ unwichtig ansehen können 不能忽视，不能轻视，不能不理会：*nicht darüber h., dass man schon 50 ist* 不能忽视人已经 50 岁了

hin·weg·le·sen (*hat*) Vi (不及物) **über etw.** (*Akk* 四格) **h.** etw. beim Lesen nicht bemerken, beachten 阅读时不考虑，没重视，没理会，不注意，读漏：*über e-n Fehler h.* 阅读时没理会一个错误

hin·weg·raf·fen (*hat*) Vt (及物) **etw. rafft j-n hinweg** *geschr* [书]; etw. bewirkt j-s Tod (物作主语) 夺去…生命，使死亡 ≈ etw. rafft j-n dahin 〈der Hunger, der Krieg, die Malaria, die Pest 饥饿，战争，疟疾，瘟疫〉50

hin·weg·re·den (*hat*) Vi (不及物) **über etw.** (*Akk* 四格) **h.** beim Reden etw. (Wichtiges) nicht berücksichtigen 回避，避开不谈，绕开 ≈ an etw. vorbeireden 〈über die eigentlichen Probleme, die Tatsachen h. 避而不谈真正的问题、事实〉

hin·weg·schau·en (*hat*) Vi (不及物) *südd* (A) (CH) *gespr* [南德] [奥] [瑞] [口] ≈ hinwegsehen

hin·weg·se·hen (*hat*) Vi (不及物) **1.** ↑ **hinweg- 2. über *j-n* h.** so tun, als ob man j-n nicht sähe 视若无睹，不屑一顾，不理会 ≈ j-n ignorieren **3. über etw.** (*Akk* 四格) **h.** etw. nicht wichtig nehmen u. so tolerieren 视而不见，不闻不问：*über kleine Mängel / die Unordnung h.* 对小缺点/杂乱现象视而不见

hin·weg·set·zen Vi (不及物) (*hat / ist*) **1. *j-d* / ein Tier setzt über etw.** (*Akk* 四格) **hinweg** j-d/ein Tier bewegt sich mit e-m großen Sprung über ein Hindernis (人/动物作主语) 跳过，跳越：*Das Pferd setzte über den Zaun hinweg* 马跳过了栅栏; Vr (反身) (*hat*) **2. sich über etw.** (*Akk* 四格) **h.** etw. absichtlich nicht beachten (u. *z. B.* etw. Verbotenes trotzdem tun) 无视，不顾，置之不顾 〈sich über ein Verbot, j-s Bedenken, j-s Einwände h. 无视禁令、某人的疑虑、某人的反对〉

hin·weg·täu·schen (*hat*) Vt (及物) **1. *j-n* über etw.** (*Akk* 四格) **h.** j-n so täuschen, dass er etw. nicht bemerkt 向…隐瞒，瞒过，蒙骗; Vr (反身) **2.** *mst* 多用 **sich über etw.** (*Akk* 四格) **h. lassen** es zulassen, dass j-d einen über e-n Sachverhalt *o. Ä.* täuscht 故意对…视而不见：*sich über die schlechte Lage der Wirtschaft h. lassen* 故意对不好的经济形势视而不见

hin·weg·trös·ten (*hat*) Vt (及物) ***j-n* / sich (mit etw.) über etw.** (*Akk* 四格) **h.** j-n/sich (mithilfe von etw.) trösten, damit er/man e-n Verlust vergisst u. Kummer bewältigt 安慰…/自慰来忘掉或摆脱 〈j-n über e-e Enttäuschung, über e-n Verlust h. 安慰某人使摆脱失望，忘掉损失〉：*sich mit Alkohol über e-n Verlust h.* 以喝酒自慰来忘掉损失

Hịn·weis *der*; *-es*, *-e* **1. ein H.** (**auf etw.** (*Akk* 四格)) e-e Äußerung, die j-n auf etw. aufmerksam machen soll 指点，提示 〈ein deutlicher, freundlicher H. 明确的，友好的提示; ein bibliografischer H. 书目方面的提示; j-m e-n H. geben, e-n H. beachten, e-m H. folgen 给以提示，重视提示，按照（听从）提示〉：*Die Polizei erhielt anonyme Hinweise auf den Täter, die zu seiner Verhaftung führten* 警察当局收到了对作案人的匿名举报，从而把作案人拘捕归案 ‖ K-(复合)：**Hinweis-, -schild, -tafel 2. ein H. für / auf etw.** (*Akk* 四格) e-e Tatsache, aus der man bestimmte logische Schlüsse ziehen kann 根据，迹象，证据 ≈ Anhaltspunkt, Anzeichen, Indiz 〈ein H. liegt vor, existiert 有，存在根据〉：*Wir haben keinen H.* dafür/darauf, dass *diese Krankheit ansteckend sein könnte* 我们没有任何根据说明这种病可能是传染病 **3. ein H. für / zu etw.** e-e Erklärung, Erläuterung, die j-m bei e-r bestimmten Tätigkeit helfen soll 说明书 ≈ Rat：*Hinweise für die / zur Bedienung e-s elektrischen Geräts* 电器使用说明书 **4. unter H. auf etw.** (*Akk* 四格) ADM *geschr* 【管理】[书]; indem der Betreffende auf etw. aufmerksam gemacht wird 在提到…时，在谈到…的场合，在指出…的条件下：*Der Zeuge wurde unter H. auf sein Recht der Aussageverweigerung vernommen* 证人是在指出他有拒绝作证的权利的情况下受审问的

hịn·wei·sen (*hat*) Vt/i (及物/不及物) **1. (*j-n*) auf etw.** (*Akk* 四格) **h.** (j-n) auf e-e bestimmte Tatsache aufmerksam machen 向…指出，指明：*Ich möchte* (*Sie*) darauf *h.*, dass *das Rauchen hier verboten ist* 我想（向您）指出，这里是禁止吸烟的; Vi (不及物) **2. etw. weist auf etw.** (*Akk* 四格) **hin** etw. erweckt e-n bestimmten Eindruck, macht e-e bestimmte Schlussfolgerung möglich (物作主语) 暗示，表明：*Die Umstände seines Todes weisen auf e-n Mord hin* 他死亡的情节表明这是一次谋杀 **3.** *mst* 多用 **ein Schild** *o. Ä.* **weist auf etw. hin** ein Schild *o. Ä.* zeigt in die Richtung, wo etw. Bestimmtes ist 牌子指向…

hịn·wen·den (*hat*) Vt (及物) **1.** ↑ **hin-**; Vr

(反身) **2. sich** (**an j-n**) **h.** *gespr* [口]; bei j-m Rat, Hilfe, Trost, Auskunft suchen 求,求助,找: *Hier sind so viele Büros. – Wo muss ich mich nun h.?* 这里有这许多办公室。——我必须找哪里呀? ‖ NB(注意): *mst* im Fragesatz(多用于疑问句)!

hin·wer·fen (*hat*) [Vt] (及物) **1.** ↑ **hin- 2. etw. h.** *gespr* [口]; plötzlich entscheiden, etw. nicht länger zu tun 扔下,丢开,撂下 ‹die Arbeit, den ganzen Kram h. 把工作、全部琐碎事务撂下不管›: *Ich möcht am liebsten alles h.!* 我想最好把一切都丢开不管! **3. etw. h.** etw. kurz u. rasch sagen 草率说出,随口说出 ‹e-e Frage, e-n Satz, ein Wort h. 草率提出一个问题,随口说出一句话,一个词›: *e-e flüchtig hingeworfene Bemerkung* 仓促提出的意见 **4. etw. h.** etw. schnell u. nicht sehr sorgfältig zeichnen od. schreiben 草拟,匆忙画成或写就 ‹einige Zeilen, e-e Skizze h. 匆匆写下几行字,匆忙画出一个草图›: *Er hat den Plan mit ein paar Strichen hingeworfen* 他用寥寥几笔草拟了计划; [Vr] (反身) **5. sich h.** sich auf den Boden fallen lassen 倒下,倒地

hin·wir·ken (*hat*) [Vi] (不及物) **auf etw.** (*Akk* 四格) **h.** alles tun, damit etw. Bestimmtes geschieht 致力于,谋求: *auf e-e Einigung der streitenden Parteien h.* 致力于各争执政党的团结; darauf *h.*, dass *die Umwelt besser geschützt wird* 谋求环境得到更好的保护

Hinz *nur in* 只用于 **H. u. Kunz** *gespr pej* [口] [贬] ≈ jedermann, Krethi u. Plethi

hin·zau·bern (*hat*) [Vt] (及物) **etw. h.** *gespr* [口]; etw. Gutes od. Schönes mit einfachen Mitteln in kurzer Zeit herstellen 魔术般地搞出: *ein gutes Essen h.* 一下子做成一顿美餐

hin·zie·hen [Vt] (及物) (*hat*) **1.** ↑ **hin- 2. etw. zieht j-n zu j-m / etw. hin** etw. bewirkt, dass j-d j-n/etw. gern mag(物作主语)把…拉向,把…吸引到 ≈ etw. zieht j-n an ‹sich zu j-m hingezogen fühlen 身感自己已被某人吸引过去›: *Die angenehme Atmosphäre zieht mich immer wieder zu diesem Lokal hin* 愉悦的氛围总是一再把我吸引到这家饭馆去 **3. etw. h.** etw. unnötig lange dauern lassen 拖延,耽搁 ≈ etw. in die Länge ziehen ‹e-n Prozess, ein Verfahren h. 拖延诉讼、审讯程序›; [Vi] (不及物) (*ist*) **4. irgendwohin h.** seinen Wohnsitz an e-n anderen Ort verlegen 迁往,移居; [Vr] (反身) (*hat*) **5. etw. zieht sich hin** etw. dauert unangenehm od. unnötig lange od. geschieht später als erwartet(物作主语)拖拉下去;延续下去,持续下去: *Ihre Ausbildung zog sich über Jahre hin* 她的培训拖了好几年; *Die Sitzung zog sich bis zum Abend hin* 会议一直拖到晚上 **6. etw. zieht sich hin** etw. erstreckt sich in e-e bestimmte Richtung(物作主语)延伸,伸展到: *Die Straße zieht sich am Waldrand h.* 街道延伸到森林边缘

hin·zu- *im Verb, betont u. trennbar, wenig produktiv*(构成动词,重读并可分,构词弱); Die Verben mit *hinzu-* werden nach folgendem Muster gebildet (hinzu-动词的模式如下): *hinzugeben – gab hinzu – hinzugegeben*

hinzu- drückt aus, dass j-d/etw. durch j-n/etw. ergänzt wird 添补上,加上 ≈ dazu-;

etw. ((**zu**) **etw.** (*Dat*)) **hinzugeben**: *Die Suppe schmeckt fade. – Gib noch ein bisschen Salz hinzu* 汤的味淡了。——你再加点盐进去 ≈ Gib noch ein bisschen Salz in die Suppe, damit sie besser schmeckt

ebenso(同类词有): **etw.** (**zu etw.**) **hinzuaddieren, j-n/etw.** (**zu j-m/etw.**) **hinzubekommen,** (**etw.**) **hinzulernen, j-n/etw. hinzunehmen, j-n/etw.** (**zu j-m/etw.**) **hinzurechnen,** (**etw.**) **hinzuverdienen, j-n/etw.** (**zu j-m/etw.**) **hinzuzählen; sich** ((**zu**) **j-m**) **hinzugesellen**

hin·zu·fü·gen (*hat*) [Vt] (及物) **1.** (**etw.** (*Dat* 三格)) **etw. h.** etw. als Zusatz, Ergänzung in/zu etw. geben 添加,补充: *e-r Geschichte e-e Fortsetzung h.* 给故事添加一个续篇 **2.** (**etw.** (*Dat* 三格)) **etw. h.** etw. noch zusätzlich sagen 补充说: *Er hatte seiner Rede nichts mehr hinzuzufügen* 他对自己的讲话没有再作任何补充

hin·zu·kom·men (*ist*) [Vi] (不及物) **1. j-d kommt hinzu** j-d kommt dorthin, wo schon andere Leute sind(人作主语)到来,来到: *Sie kamen gerade hinzu, als der Unfall passierte* 事故发生时,他们刚好到来 **2. j-d kommt** (**zu j-m**) **hinzu** ≈ j-d schließt sich j-m an: *Zuerst waren wir zu dritt, aber dann kamen (zu unserer Gruppe) noch Peter u. Susi hinzu* 起初我们三人在一起,但是后来彼得和苏西也参加进来了 **3. etw. kommt** (**zu etw.**) **hinzu** etw. ereignet sich auch noch od. muss auch noch erwähnt werden (物作主语)此外,还要补充 ‹es kommt hinzu/hinzu kommt, dass ... 此外,还有›: *Er war vollkommen betrunken. Hinzu kam, dass er auch noch Tabletten geschluckt hatte* 他完全喝醉了。此外,他还吃了药片 **4. etw. kommt** (**zu etw.**) **hinzu** etw. wird zu etw. dazugegeben(物作主语)加上,添加: *Zu den zwei Eigelb kommen drei Esslöffel Zucker hinzu* 两个蛋黄上再加三汤匙糖

hin·zu·set·zen (*hat*) [Vt] (及物) **1. etw. h.** ≈ hinzufügen (2); [Vr] (反身) **2. sich h.** ≈ sich dazusetzen

hin·zu·sto·ßen (*ist*) [Vi] (不及物) zu j-m kommen, stoßen (10) 参加,加入,和…会合

hin·zu·tre·ten (*ist*) [Vi] (不及物) ≈ hinzukommen (1)

hin·zu·tun (*hat*) [Vt] (及物) **etw.** (**zu etw.**) **h.** *gespr* [口] ≈ hinzufügen (1)

hin·zu·zie·hen (*hat*) [Vt] (及物) **j-n** (**bei etw.**) **h.** j-n (zusätzlich) um Rat bitten, etw. fragen *o. Ä.* 求教,请教 ‹e-n Arzt, e-n Experten h. 向医生,专家请教›

Hi·obs·bot·schaft *die*; e-e sehr schlechte Nachricht 凶讯,噩耗,坏消息 ≈ Schreckensnachricht

hipp, hipp, hurra! *Interjektion* (叹); SPORT, *gespr* 【体】[口]; verwendet, um Freude über etw. auszudrücken(表示欢呼)呜啦! ‖ *hierzu*

(派生) **Hipp·hipp·hur·ra** *das*; *-s*, *-s*

Hip·pie *der*; *-s*, *-s*; *hist*[历]; (*bes* in den 60 er u. 70er Jahren des 20 Jahrhunderts) ein junger Mensch, der seinen Protest gegen die Gesellschaft *bes* dadurch zeigte, dass er lange Haare u. bunte Kleider trug, in Gruppen lebte u. Drogen nahm 嬉皮,嬉皮士(指 20 世纪 60 和 70 年代用蓄长发、穿彩色服装、群居、吸毒来表现对社会不满的年青人)

Hirn *das*; *-(e)s*, *-e* **1.** ≈ Gehirn (1) 〈das menschliche H.人脑〉 ‖ K-(复合): ***Hirn-***, ***-blutung***, ***-haut***, ***-masse***, ***-schädel***, ***-schale***, ***-tumor***, ***-zelle***; ***hirn-***, ***-geschädigt***, ***-verletzt*** ‖ -K(复合): ***Groß-***, ***Klein-*** **2.** das Gehirn e-s geschlachteten Tieres, das man gebraten od. gebacken essen kann(动物的)脑髓 ‖ -K (复合): ***Kalbs-***, ***Schweine-*** **3.** *gespr* [口]≈ Verstand 智力,理解力〈sein H. anstrengen 费尽脑筋; sich das H. zermartern 绞尽脑汁; kein H. haben (= dumm sein)没有头脑〉

Hirn.ge.spinst *das*; *pej*[贬]; e-e absurde Idee 幻象,幻影,幻觉,荒唐的想法

Hirn.kas.ten *der*; *nur Sg*(只用单数); *mst in* 多用于 ***nichts im H. haben*** *gespr*[口]; dumm sein 笨头笨脑

hirn.los *Adj* (形); *gespr pej* [口][贬]; so dumm, dass man sich darüber ärgert 没有头脑的,愚笨的〈ein Geschwätz, ein Verhalten 废话,行为〉

hirn·ris·sig *Adj*(形); *gespr pej*[口][贬]; dumm u. unrealistisch 糊涂的,荒诞的,荒唐的,疯癫的 ≈ verrückt 〈e-e Idee, ein Vorschlag 想法,建议〉

Hirn·schlag *der*; ein plötzliches Auftreten von Lähmungen *usw*, wenn die Adern an einer Stelle des Gehirns nicht mehr genug Blut durchlassen 脑中风,卒中

Hirn.tod *der*; MED【医】; der Zeitpunkt, zu dem das Gehirn aufhört zu funktionieren u. j-d nicht mehr lebensfähig ist, auch wenn das Herz noch schlägt 脑死亡

hirn.ver.brannt *Adj*(形); *gespr pej* [口][贬]≈ hirnrissig 〈Blödsinn, Unsinn 胡言,瞎扯〉

Hirsch *der*; *-(e)s*, *-e* **1.** ein relativ großes Tier mit glattem, braunem Fell, das in Wäldern lebt u. Gras frisst. Das männliche Tier hat ein Geweih auf dem Kopf 鹿 ‖ K-(复合): ***Hirsch-***, ***-art***, ***-geweih***, ***-jagd***, ***-kalb***, ***-leder***, ***-rudel*** **2.** ein männlicher H. (1)牡鹿,雄鹿〈ein kapitaler H.一头上等的牡鹿; der H. röhrt 牡鹿(在交尾期)在叫(唤),鸣叫〉 **3.** ***ein (blöder) H.*** *gespr! pej* [粗][贬]; j-d, der etw. Dummes getan hat 一头蠢鹿,一个笨蛋

Hirsch.horn *das*; *nur Sg* (只用单数); die Substanz, aus der das Geweih e-s Hirsches besteht u. aus der man *z.B.* Knöpfe macht 鹿角 ‖ K-(复合): ***Hirschhorn-***, ***-knopf***

Hirsch.kä.fer *der*; ein großer, schwarzer Käfer, bei dem die Kiefer des Männchens wie ein Geweih aussehen 麋螂,锹形甲虫,鹿角甲虫

Hirsch.kuh *die*; ein weiblicher Hirsch 牝鹿,雌鹿

Hir.se *die*; *-*, *-n* **1.** ein Getreide mit kleinen, runden gelben Körnern 稷,黍,黄米,谷子 ‖ K-(复合): ***Hirse-***, ***-korn*** ‖ -K(复合): ***Kolben-*** **2.** die Körner der H. (1) 粟 ‖ K-(复合): ***Hirse-***, ***-auflauf***, ***-brei***

Hirt *der*; *-en*, *-en*; *veraltend* [渐旧]≈ Hirte ‖ -K(复合): ***Schaf-***, ***Schweine-***, ***Vieh-***, ***Ziegen-*** ‖ NB(注意): *der Hirt*; *den*, *dem*, *des Hirten*

Hir.te *der*; *-n*, *-n*; j-d, der e-e Herde von Tieren (auf der Weide) bewacht 牧人,放牧者〈der H. hütet, weidet die Schafe 牧人牧羊,放羊〉 ‖ K-(复合): ***Hirten-***, ***-flöte***, ***-hund***, ***-junge***, ***-lied***, ***-stab***, ***-volk*** ‖ NB(注意): *der Hirte*; *den*, *dem*, *des Hirten* ‖ *hierzu* (派生) **Hir·tin** *die*; *-*, *-nen*

Hir.ten.brief *der*; KATH【天主】; ein Text, in dem sich ein Bischof zu e-m religiösen od. politischen Problem äußert u. der während der Messe vorgelesen wird 主教通告

his, His *das*; *-*, *-*; MUS【音】; der Halbton über dem h 升 b,升 B

his.sen; *hisste*, *hat gehisst*; [Vt] (及物) ***etw. h.*** *mst* e-e Fahne, e-e Flagge, ein Segel an e-r Stange/an e-m Mast nach oben ziehen u. festmachen 升(旗),扬(帆)

His.tör.chen *das*; *-s*, *-*; *hum*[诙] ≈ Anekdote

His.to.ri.ker *der*; *-s*, *-*; ein Wissenschaftler im Fach Geschichte 历史学家 ≈ Geschichtswissenschaftler ‖ *hierzu*(派生) **His·to·ri·ke·rin** *die*; *-*, *-nen*

his.to.risch *Adj*(形) **1.** *nur attr od adv*(只作定语或状语); in Bezug auf die Geschichte[1] (1)历史的,历史性的 ≈ geschichtlich (1) 〈e-e Entwicklung, Studien 发展,研究〉 **2.** *nur attr*, *nicht adv*(只作定语,不作状语); mit e-m Thema aus der Geschichte[1](1)历史的,历史题材的〈ein Roman, ein Film 长篇小说,电影〉 **3.** (*mst* im kulturellen od. politischen Bereich) von außergewöhnlicher Bedeutung 历史性的,有历史意义的 ≈ geschichtlich (3) 〈ein Augenblick, ein Moment, ein Ereignis 时刻,时机,事件〉: *Der Bau der Berliner Mauer am 13 August 1961 war ein historisches Ereignis* 1961 年 8 月 13 日柏林墙的兴建是一个具有历史意义的事件 **4.** *nur attr*, *nicht adv* (只作定语,不作状语); 〈e-e Stätte, e-e Landschaft, ein Ort 胜地,地方,地点〉 so, dass dort (*mst* politisch) bedeutende Dinge geschehen sind 历史上发生过重大事件的,有历史意义的 **5.** *mst adv*(多作状语); so (sicher), dass es wirklich geschehen ist 在历史上,从历史上: *Die Schlacht ist h. belegt* 会战在历史上被证实了 **6.** *nur attr*, *nicht adv*(只作定语,不作状语); mit alten, frühen Stufen e-s Phänomens als Forschungsgegenstand 历史的: *die historische Sprachwissenschaft* 历史语言学

Hit *der*; *-(s)*, *-s*; *gespr*[口] **1.** ein Lied, das sehr populär u. erfolgreich ist 热门歌曲,流行歌曲〈e-n Hit komponieren, schreiben 谱,写一支流行歌曲〉: *Der Schlager wurde ein Hit / zu e-m Hit* 这首流行歌曲成为一支很受欢迎的热门歌曲 ‖ K-(复合): ***Hit-***, ***-liste*** **2.** ein Produkt, das sehr viele Leute kaufen 热门货，畅销货，俏货 ≈ Renner, Schlager (1): *Hausröcke sind der Hit der Saison* 休闲服是当今季节的畅销货 ‖ -K(复合): ***Verkaufs-, -hit*** ‖ ID[谚] ***etw. ist der Hit*** *gespr*[口]; etw. ist sehr gut, erfolgreich *o. Ä.* 某物很受欢迎，很成功，很走俏，很红

Hit·ler·gruß *der*; *nur Sg*(只用单数); *hist*[历]; der offizielle Gruß im Nationalsozialismus. Dabei streckte man den rechten Arm nach oben u. sagte „Heil Hitler!" 希特勒式的敬礼

Hit·ler·ju·gend *die*; *hist*[历]; e-e Organisation für die Jugend im Nationalsozialismus 希特勒青年团(德国纳粹党的青年组织); *Abk* 缩写 HJ

Hit·ler·jun·ge *der*; *hist*[历]; ein Junge, der Mitglied in der Hitlerjugend war 希特勒青年团团员

Hit·pa·ra·de *die* **1.** die Liste der beliebtesten Hits (1) 热门歌曲目录，金曲榜 **2.** e-e Sendung im Fernsehen od. Radio, in der die beliebtesten Hits (1) gespielt werden(电视或广播中的)热门歌曲节目，名歌选播节目

Hit·ze *die*; -; *nur Sg*(只用单数) **1.** e-e hohe Temperatur, e-e große Wärme 高温，高热 ↔ Kälte ⟨etw. bei mäßiger, mittlerer, starker H. kochen, braten, backen 用文火、中火、猛火煮，煎，烤某物⟩: *Der Ofen strahlt große H. aus* 火炉散发出大量的热气 ‖ K-(复合): ***Hitze-, -einwirkung*** **2.** ein Wetter mit hohen Temperaturen, die *mst* als unangenehm empfunden werden 酷热，炎热 ↔ Kälte ⟨es herrscht (e-e) brütende, drückende, glühende, große, lastende, schwüle, sengende, tropische H. 笼罩着闷人的、令人窒息的、灼人的、厉害的、令人透不过气来的、湿闷的、火辣辣的、热带的炎热⟩: *Die Luft flimmert vor H.* 空气由于酷热而蒸腾; *Ich vertrage diese H. nicht* 我受不了这种酷热 ‖ K-(复合): ***Hitze-, -periode, -welle*** ‖ -K(复合): ***Mittags-, Sommer-; Tropen-*** ‖ NB(注意): um H. zu verstärken, verwendet man in der gesprochenen Sprache *Affenhitze* od. *Bullenhitze* (为了强调炎热的厉害程度，在口语中使用 *Affenhitze* 或 *Bullenhitze*) **3.** ein Zustand, in dem man sehr aufgeregt od. wütend ist 激动，激怒⟨sich in H. reden 激动地说，冲冲地说; in H. geraten/kommen 激动起来，发起火来⟩ ‖ ID[谚] ***in der H. des Gefechts*** *gespr hum*[口][诙]; weil man aufgeregt ist od. in Eile ist 无比激动中或匆忙中⟨etw. in der H. des Gefechts sagen, übersehen, vergessen 无比激动中(或匆忙中)说出，忽略，忘记某事⟩ ‖ *zu* (义项)**1. hit·ze·be·stän·dig** *Adj*(形), **hit·ze·fest** *Adj*(形)

hit·ze·frei *Adj*(形); *mst in* 多用于 ***h. bekommen/kriegen, haben*** nicht in die Schule gehen müssen, weil es draußen sehr heiß ist 因高温而停课或停工

hit·zig *Adj*(形) **1.** leicht (emotionell) erregbar u. mit heftigen Reaktionen 容易激动的，容易动气的，易怒的 ≈ aufbrausend ⟨ein Mensch 人; ein hitziges Temperament haben 是个火性子的人⟩ **2.** mit erregten Worten (geführt)(言辞)激烈的，热烈的 ≈ heftig (1), leidenschaftlich ↔ beherrscht, kühl ⟨e-e Debatte, e-e Diskussion, ein Wortgefecht 辩论，讨论，舌战; h. über etw. (*Akk* 四格) streiten激烈地争论某事⟩

Hitz·kopf *der*; j-d, der sehr schnell ärgerlich wird u. zu streiten beginnt 容易发脾气的人，性情急躁的人 ‖ *hierzu* (派生) **hitz·köp·fig** *Adj* (形)

Hitz·schlag *der*; das plötzliche Versagen des Kreislaufs, wenn man zu lange in großer Hitze war 中暑

HIV [haː|iːˈfau] *das*; -(s); *nur Sg*, MED(只用单数)【医】; das Virus, von dem man Aids bekommt 艾滋病病毒 ‖ K-(复合): ***HIV-Infektion, HIV-Infizierte(r), HIV-Test***

HIV-ne·ga·tiv *Adj* (形); ohne e-e Infektion durch HIV 未受艾滋病病毒感染的，艾滋病病毒测试反应呈阴性的

HIV-po·si·tiv *Adj*(形); durch HIV infiziert 受到艾滋病病毒感染的，艾滋病病毒测试反应呈阳性的

HJ [haːˈjɔt] *die*; -; *nur Sg*, *Kurzw*(只用单数)(略) ↑ ***Hitlerjugend***

hm *Interjektion*(叹); ein Laut, den man von sich gibt, wenn man überrascht, erfreut, verunsichert *o. Ä.* ist od. wenn man gerade über etw. nachdenkt(表示惊奇、高兴、迟疑或沉思)嗯！哼！

H-Milch [ˈhaː-] *die*; e-e Milch, die speziell behandelt wird, damit sie vier bis sechs Wochen lang hält 经快速灭菌处理的牛奶，耐保存的牛奶

HNO-Arzt [haː|ɛnˈ|oː-] *der*; *Kurzw* (略) ↑ ***Hals-Nasen-Ohrenarzt***

ho! *Interjektion*(叹); *gespr*[口]; verwendet, um Erstaunen od. Protest auszudrücken(表示惊讶或反对)噢！

hob *Imperfekt, 1. u. 3. Person Sg*(过去时，第一和第三人称单数); ↑ ***heben***

Hob·by [ˈhɔbi] *das*; *-s, -s*; etw., das man (regelmäßig) in seiner Freizeit zum Vergnügen tut 业余爱好 ≈ Steckenpferd ⟨ein H. haben, etw. als H. betreiben 有一种业余爱好，作为业余爱好从事某事⟩: *Ihre Hobbys sind Reiten u. Skifahren* 她的业余爱好是骑马和滑雪

Hob·by- *im Subst, begrenzt produktiv*(构成名词，构词有限); verwendet, um auszudrücken, dass j-d etw. nicht beruflich, sondern als Hobby macht 业余…家，…爱好者; der ***Hobbyfotograf***, der ***Hobbygärtner***, der ***Hobbykoch***

Hob·by·kel·ler *der*; ein Zimmer im Keller, in dem j-d sein Hobby ausübt (*z. B.* Basteln) 搞业余爱好活动的地下室

Ho·bel *der*; *-s, -* **1.** ein Werkzeug mit e-r scharfen Klinge, die dünne Stücke (Späne) von Gegenständen aus Holz wegnimmt u. so die Oberfläche glatt macht 刨，刨刀 ‖ ↑ *Abb. unter* 图见 ***Werkzeug*** ‖ K-(复合): ***Hobel-, -maschine*** **2.** ein (Küchen) Gerät mit e-r scharfen Klinge, mit dem man *z. B.* Gemüse in dünne Scheiben schneiden kann 蔬菜切片器，切菜器 ‖ -K(复合): ***Gurken-, Kraut-***

H

Ho̱·bel·bank *die*; e-e Art Tisch, auf dem man große Stücke Holz befestigt, um sie zu hobeln 木工刨台，刨床

ho̱·beln; *hobelte*, *hat gehobelt*; [Vt/i]（及物/不及物）**1.**（*etw.*）*h.* Holz mit e-m Hobel (1) glatt machen 刨平，刨光〈Balken, Bretter h. 刨方木料，木板〉‖ K-(复合)：***Hobel-***, ***-span***; [Vt]（及物）**2.** ***etw. h.*** Gemüse mit e-m Hobel (2) in dünne Scheiben schneiden 把…刨成，切成薄片〈e-e Gurke, Kraut h.（用切菜器）把黄瓜、圆白菜切成片〉

ho̱ch, *höher*, *höchst-*; *Adj*（形）**1.** verwendet, um die relativ große Ausdehnung/Länge e-s Gegenstandes nach oben zu bezeichnen 高的 ↔ niedrig, flach: *ein hoher Berg*, *e-e hohe Mauer* 高山，高墙; *Schuhe mit hohen Absätzen* 高跟鞋; *Das Gras ist schon h., es muss gemäht werden* 草已经长高了，要割了; *Der Schrank ist so h., dass er nicht durch die Tür geht* 柜子太高，进不了门 ‖ ↑ *Abb. unter* 图见 **Eigenschaften** ‖ NB(注意)：Menschen u. Tiere sind *groß*, nicht *hoch*（说人和动物高大用 groß，不用 hoch）‖ K-(复合)：***Hoch-***, ***-gebirge***, ***-haus*** ‖ ***-K***（复合）：***haus-***, ***meter-***, ***turm-*** **2.** *Maßangabe*（量度说明语）+ ***h.*** verwendet, um die Ausdehnung nach oben zu bezeichnen 高度为…的，…高的 ↔ tief: *ein zweitausend Meter hoher Berg* 一座 2000 米高的山; *Der Tisch ist nur sechzig Zentimeter h.* 桌子只有 60 厘米高 **3.** in relativ großer Entfernung über dem Boden, dem Meeresspiegel *o. Ä.*（与地面，海平面等相比而言）高的 ↔ niedrig, tief: *die Hände h. über den Kopf heben* 把双手高举过头; *Mittags steht die Sonne h. am Himmel* 中午太阳高挂在当空; *ein h. gelegenes Tal* 高处的山谷 ‖ K-(复合)：***Hoch-***, ***-alm***, ***-ebene***, ***-land***, ***-nebel***, ***-parterre***, ***-plateau***; ***hoch-***, ***-alpin***, ***-gelegen*** **4.** im Vergleich zum Durchschnitt groß, sehr viel od. sehr intensiv（与平均水平、一般水平相比）高的: *hohes Fieber* 高烧; *hohen Blutdruck haben* 患有高血压病; *e-e hohe Geschwindigkeit* 高速度; *ein hohes Gewicht* 大重量; *e-e hohe Miete* 高租金; *ein hoher Preis* 高价格; *hohe Schulden* 高额债务; *e-e hohe Summe* 高数额; *hohe Verluste* 高额亏损; *die hohe Auflage e-r Zeitung* 报纸的高印数，高销量 **5.** in e-r Hierarchie relativ weit oben 高等的，高级的，高贵的〈ein Gast, ein Offizier, ein Rang 客人，军官，级别; etw. auf höherer Ebene entscheiden 在较高的一级上决定某事〉‖ K-(复合)：***Hoch-***, ***-adel***, ***-aristokratie*** **6.** 〈e-e Stimme, ein Ton 声音，语调〉so, dass sie durch viele Schwingungen hell klingen 高的 ↔ dunkel, tief **7.** moralisch od. sittlich gut 崇高的 ≈ edel ↔ nieder〈Ideale, Ziele 理想，目标〉**8.** in der Qualität auf e-m guten Niveau 高的，高质量的，高标准的，高水平的 ≈ groß ↔ niedrig〈j-s Ansprüche, j-s Lebensstandard 某人的要求，某人的生活水平〉‖ K-(复合)：***Hoch-***, ***-kultur*** **9.** zeitlich weit fortgeschritten, relativ spät（表示经历的时间长，较晚）高的，晚期的，后期的: *im hohen Alter* 年事已高，高龄; *bis h. ins 17 Jahrhundert* 直至 17 世纪后期 **10.** *nur adv*（只作状语）; verwendet, um Verben u. Adjektive zu verstärken（加强动词和形容词的语义）十分，非常，很，高度 ≈ sehr (stark)〈j-m etw. h. anrechnen 十分赞赏某人做某事; h. erfreut, willkommen sein 非常高兴，非常受欢迎; h. verehrt sein 非常受尊敬〉**11.** *Zahl*（数字）+ ***h.*** + *Zahl*（数字）; MATH【数】; verwendet, um e-e mathematische Potenz zu bezeichnen（表示乘方）: *zehn h. drei* (10^3) 10 的三次方 **12.** ***drei/vier/fünf*** *usw* ***Mann h.*** *gespr*［口］; verwendet, um e-e Zahl von Personen anzugeben, die etw. gemeinsam als Gruppe tun 三个/四个/五个人一起: *Wir gingen acht Mann h. zum Chef u. beschwerten uns* 我们八个人一起去见领导并向他提意见（诉苦）**13.** ***j-n/etw. h. achten/schätzen*** *geschr*［书］; j-n/etw. sehr achten/schätzen 非常尊重，敬重，很重视: *e-e h. geachtete Autorin* 一位受人尊敬的女作家; *H. geschätztes Publikum!* 受高度重视的观众 **14.** ***h. aufgeschossen*** sehr groß u. dünn 瘦长的，瘦高个的: *ein h. aufgeschossener junger Mann* 一个瘦高个的年轻人 **15.** ***etw. ist zu h. gegriffen*** e-e Zahl od. Menge wird überschätzt（物作主语）某物（指数量）被估计过高: „*Von 200 Bewerbern werden rund 180 die Prüfung bestehen.*" – „*Das ist zu h. gegriffen*" "在 200 名申请者中，大约有 180 人考试会及格。"——"这是估计过高了。" ‖ NB(注意)：vor e-m Subst. verwendet man *hoh-* statt *hoch*（名词前面用 hoh-，不用 hoch）: Das Haus ist hoch; aber（但是）: *das hohe Haus* **16.** *nur adv*（只作状语）; verwendet, um Adjektive u. Verben zu intensivieren（加强形容词和动词的语义）≈ sehr: ***hoch angesehen***〈ein Wissenschaftler 科学家〉, ***hoch begabt***, ***hoch bezahlt***〈ein Angestellter, ein Mitarbeiter 职员，同事; eine Stellung 职位〉, ***hoch dosiert***〈ein Mittel 药〉, ***hoch dotiert***〈ein Job, ein Posten 工作，职位〉, ***hoch entwickelt***〈ein Land 国家〉, ***hoch geehrt***〈das Publikum 观众〉, ***hoch industrialisiert***, ***hoch kompliziert***〈e-e Angelegenheit, e-e Aufgabe 事件，任务〉, ***hoch konzentriert***〈zuhören 倾听〉, ***hoch qualifiziert***〈ein Fachmann 专家〉‖ NB(注意)：zu（义项）16.: ↑ ***hoch-¹***, ***höchst*** ‖ ID［谚］***etw. ist j-m/für j-n zu h.*** *gespr*［口］; etw. wird von j-m nicht verstanden 某事对某人来说太难理解; ***(j-m) etw. h. u. heilig versprechen*** j-m etw. ganz fest versprechen 向某人郑重其事地允诺; ***h. hinauswollen*** *gespr*［口］; sehr ehrgeizig sein u. e-e wichtige berufliche, gesellschaftliche *o. Ä.* Position erreichen wollen 胸怀大志，抱负不凡，有雄心壮志; ***wenn es h. kommt*** *gespr*［口］≈ höchstens 充其量，最多: *Auf der Party waren zwanzig Leute, wenn es h. kommt* 最多有 20 人参加聚会; ***nach Höherem streben*** **a)** versuchen, beruflich höher zu steigen 追求高位，企求升迁; **b)** sein Leben stark an geistigen Idealen orientieren 追求崇高的生活理想; ***sich zu***

Höherem berufen fühlen *mst iron* 多用[讽]; überzeugt sein, dass man für etw. Anspruchsvolleres geeignet ist 自视甚高，自命不凡；*mst* 多用 ***es wird höchste Zeit*** verwendet, um auszudrücken, dass man sich beeilen muss 时间已很紧迫，刻不容缓：*Wir müssen gehen, es wird höchste Zeit!* 我们必须走了，时间已很紧迫

Hoch[1] *das*; *-s*, *-s*; MET【气】, *Kurzw*（略）↑ ***Hochdruckgebiet*** ↔ Tief 〈ein ausgedehntes, kräftiges H. 开阔的、强大的高压区〉: *Das H. verlagert sich ostwärts* 高压区向东转移

Hoch[2] *das*; *-s*, *-s*; verwendet als Ausruf, *bes* um j-n zu ehren（祝颂语）万岁〈ein H. auf j-n ausbringen 向某人呼万岁〉: *Ein dreifaches H. auf den Sieger!* 向胜利者三呼万岁！‖ K-（复合）: ***Hoch-, -ruf***

Hoch- *im Subst*, *nicht produktiv*（构成名词，非构词型）; verwendet, um den Höhepunkt od. die Mitte e-s Zeitraums zu bezeichnen…（鼎）盛期或中期 ↔ Früh-, Spät-; der ***Hochbarock***, die ***Hochgotik***, die ***Hochrenaissance*** *usw*; das ***Hochmittelalter***; der ***Hochsommer***

hoch-[1] *im Adj*, *sehr produktiv*（构成形容词，构词强）; verwendet, um Adjektive zu verstärken（用来加强形容词的语义）高度，非常，很，极，十分… ≈ sehr (stark); ***hochaktuell*** 〈ein Thema 题目〉, ***hochanständig***, ***hochbetagt*** 〈e-e Frau, ein Mann 女人，男人〉, ***hochelegant***, ***hochempfindlich*** 〈ein Gerät 仪器〉, ***hocherfreut***, ***hochexplosiv***, ***hochgebildet***, ***hochgelehrt***, ***hochgelehrt***, ***hochgiftig***, ***hochintelligent***, ***hochinteressant***, ***hochkonzentriert*** 〈e-e Säure 酸〉, ***hochmodern***, ***hochmodisch*** 〈h. gekleidet 穿着很时髦的〉, ***hochoffiziell*** 〈e-e Nachricht 消息〉, ***hochrot*** 〈ein Kopf 脑袋〉, ***hochschwanger*** 〈sein 临产的〉, ***hochverehrt***, ***hochwillkommen*** 〈ein Gast 客人〉, ***hochwirksam*** 〈ein Gift 毒剂〉 ‖ NB（注意）: **a)** ↑ ***hoch*** (16); **b)** die hier genannten Adjektive müssen immer, die unter *hoch* (16) genannten Adjektive können auch mit *hoch* zusammengeschneben werden 〈这里提及的形容词必须与 hoch 连写，而在 hoch 的第 16 项释义中提及的形容词也可以与 hoch 连写〉

hoch-[2] *im Verb*, *betont u. trennbar*, *sehr produktiv*（构成动词，重读并可分，构词强），*oft gespr* 常用[口]; Die Verben mit *hoch-* werden nach folgendem Muster gebildet（hoch-动词的模式如下）: *hochsteigen – stieg hoch – hochgestiegen*

hoch- bezeichnet die Richtung von unten nach oben（表示由下向上）向上，往上，往高处 ≈ herauf-, hinauf- ↔ herunter-, hinunter-;

(***irgendwohin***) ***hochsteigen***: *Er stieg ins oberste Stockwerk hoch* 他登上了最高层 ≈ Er ging alle Treppen hinauf bis ins oberste Stockwerk

ebenso（同类词有）: ***etw. hochbinden***, (***irgendwohin***) ***hochblicken***, ***j-n/etw.*** (***irgendwohin***) ***hochbringen***, (***irgendwohin***) ***hochdürfen***, (***j-n/etw.***) (***irgendwohin***) ***hochfahren***, (***irgendwohin***) ***hochgehen***, (***irgendwohin***) ***hochgucken***, ***j-n/etw.*** (***irgendwohin***) ***hochheben***, ***j-n/etw.*** (***irgendwohin***) ***hochholen***, (***irgendwohin***) ***hochhüpfen***, ***etw. hochklappen***, (***irgendwohin***) ***hochklettern***, (***irgendwohin***) ***hochkönnen***, (***irgendwohin***) ***hochkriechen***, ***j-n/etw.*** (***irgendwohin***) ***hochlassen***, (***irgendwohin***) ***hochlaufen***, ***etw.*** (***irgendwohin***) ***hochlegen***, (***irgendwohin***) ***hochmüssen***, ***etw. ragt hoch***, ***etw. rankt sich*** (***irgendwohin***) ***hoch***, ***sich/den Kopf hochrecken***, ***j-n/etw.*** (***irgendwohin***) ***hochreißen***, ***etw. rutscht*** (***j-m***) ***hoch***, (***irgendwohin***) ***hochschauen***, ***j-n/sich/etw.*** (***irgendwohin***) ***hochschieben***, (***sich***) (***irgendwohin***) ***hochschleichen***, (***irgendwohin***) ***hochsollen***, ***etw. hochstecken***, ***etw.*** (***irgendwohin***) ***hochstellen***, ***etw. hochstemmen***, ***j-n/etw.*** (***irgendwohin***) ***hochtragen***, ***etw. wächst*** (***irgendwohin***) ***hoch***, ***j-n/etw.*** (***irgendwohin***) ***hochwerfen***, ***etw. wölbt sich hoch***, (***irgendwohin***) ***hochwollen***, ***j-n/sich/etw.*** (***irgendwohin***) ***hochziehen***; ***sich*** (***irgendwohin***) ***hochtrauen/hochwagen*** ‖ NB（注意）: Anstelle e-r Richtungsangabe (*ins oberste Stockwerk usw*) steht häufig nur e-e Angabe im Akk.（往往直接用第四格名词取代方向说明语）: *Sie stieg die Treppe hoch* 她上了楼; *Er zog den Schlitten den Berg hoch* 他把雪橇拉上了山

hoch·ach·ten ↑ ***hoch*** (13)

Hoch·ach·tung *die*; *-*; *nur Sg*（只用单数）; ***die H.*** (***vor j-m/etw.***) e-e sehr große Achtung, ein sehr großer Respekt vor j-m/etw. 对…高度尊敬、重视〈H. vor j-m/etw. haben 非常尊敬某人，高度重视某事; seine H. zum Ausdruck bringen 表示崇高的敬意〉

hoch·ach·tungs·voll *Adv*（副）; *veraltend* [渐旧]; verwendet als Formel am Schluss e-s offiziellen Briefes (*z. B.* an e-e Behörde od. e-e Firma)（正式信函结尾时的敬语）顺致崇高的敬意 ‖ NB（注意）: Heute verwendet man eher（现今人们宁可用）: *Mit freundlichen Grüßen* 致友好的敬礼，问候

hoch·ar·bei·ten, sich (*hat*) [Vr]（反身）***sich h.*** im Beruf in e-r bestimmten Zeit von e-r niederen zu e-r relativ hohen Position kommen 升上高职位: *Er hat sich vom Kellner zum Direktor des Hotels hochgearbeitet* 他努力从服务员升到了旅店经理的位置

hoch·auf·ge·schos·sen ↑ ***hoch*** (14)

Hoch·bau *der*; *nur Sg*（只用单数）; der Bereich des Bauwesens, der sich mit der Herstellung von Bauten befasst, die über dem Erdboden konstruiert werden 地上建筑，房屋建筑 ↔ Tiefbau: *e-e Firma für Hoch- u. Tiefbau* 经营地上建筑和地下工程的公司

hoch·be·gabt, hoch be·gabt *Adj*（形）; ohne Steigerung（无变级）; sehr begabt od. intelligent 天赋高的，极具天赋的〈ein Kind, ein Schüler 孩子，学生〉

Hoch·be·trieb *der*; *nur Sg*（只用单数）; *mst* 多用 ***irgendwo herrscht H.*** *gespr* [口]; in e-m Geschäft, Gasthaus *o. Ä.* sind sehr viele

Leute (die dort einkaufen, essen *usw*) 某处熙熙攘攘,顾客盈门,生意兴隆

hoch·brin·gen (*hat*) Vt (及物) **1.** ↑ ***hoch-***[2] **2.** ***j-n h.*** *gespr*[口]; j-n mit nach oben in die Wohnung bringen 把…带上家里来: *Ich bring morgen meine Freundin mit hoch* 明天我把我的女朋友带上家里来 **3.** ***j-n (wieder) h.*** j-n gesund pflegen 使恢复健康,使复原 **4.** ***j-n h.*** *gespr*[口]≈ ärgern

Hoch·burg *die*; ein Ort, an dem *mst* e-e politische, religiöse od. kulturelle Bewegung besonders stark vertreten ist(政治、宗教或文化方面的)堡垒,中心

hoch·deutsch *Adj*(形); in deutscher Sprache, wie sie nicht in den Mundarten od. der Umgangssprache gesprochen wird, sondern so, wie es der genormten deutschen (Hoch)Sprache entspricht 规范德语的,标准德语的〈die Aussprache, die Sprache 发音,语言; h. mit j-m reden, sprechen 与某人讲、说标准德语〉

Hoch·deutsch *das*; -(*s*); *nur Sg*(只用单数); die deutsche Hochsprache, frei von Dialektausdrücken u. mit e-r allgemein anerkannten Aussprache 标准德语〈auf, in H. 用标准德语〉: *Viele Schulkinder müssen lernen, ihren Dialekt abzulegen u. H. zu sprechen* 许多小学生必须学会不说方言,而说标准德语

Hoch·deut·sche *das*; *-n*; *nur Sg* (只用单数)≈ Hochdeutsch: *Ich verstehe die Leute hier kaum. – Sie müssen für mich alles ins H. übersetzen!* 我几乎听不懂这里人说的话。——您必须为我把全部内容译成标准德语! ‖ NB(注意): Im Gegensatz zu *Hochdeutsch* immer mit dem bestimmten Artikel verwendet! (与 Hochdeutsch 相反,总是与定冠词连用!)

hoch·die·nen, sich (*hat*) Vr (反身) ***sich h.*** sehr fleißig u. hart arbeiten u. dadurch von e-r niederen in e-e hohe (berufliche) Position kommen 勤奋努力谋求高职

Hoch·druck *der*; *nur Sg*(只用单数) **1.** ein hoher Druck in e-r Flüssigkeit 高压: *Im Behälter herrscht H.* 容器中有高压 **2.** MET【气】; hoher Luftdruck 高气压,高压 ‖ K-(复合): ***Hochdruck-, -zone*** **3.** *mst* 多用 ***mit/unter H.*** *gespr*[口]; konzentriert u. mit großer Eile 十分紧张地,全力以赴地〈etw. mit H. betreiben, unter H. arbeiten 高度紧张地从事某事,十分紧张地工作〉

Hoch·druck|ge·biet *das*; MET【气】; ein Gebiet mit hohem Luftdruck 高压区

hoch·fah·ren Vt (及物) (*hat*) **1.** ↑ ***hoch-***[2] **2.** ***etw. h.*** die Leistung e-r Maschine, e-s Reaktors *o. Ä.* kontinuierlich bis zur Höchstleistung steigern 不断提高…的功率; Vi (不及物) (*ist*) **3.** ↑ ***hoch-***[2] **4.** schnell (vom Stuhl od. von seinem Bett) aufstehen, weil man erschrocken ist 惊跳起来,吓得跳起来 ≈ auffahren

hoch·fah·rend 1. *Partizip Präsens*(现在分词); ↑ ***hochfahren*** **2.** *Adj*(形); arrogant u. aggressiv 高傲的,傲慢的,自负的,盛气凌人的 ≈ aufbrausend

Hoch·fi·nanz *die*; *nur Sg*, *Kollekt*(只用单数)(集合); die Besitzer von Großbanken u. Großunternehmen e-s Landes, die politisch sehr einflussreich sind 金融寡头,财政巨头

hoch·flie·gen (*ist*) Vi (不及物) **1.** ↑ ***hoch-***[2] **2.** ***etw. fliegt hoch*** *gespr*[口]; etw. wird durch e-e Explosion zerstört(物作主语)炸飞了

hoch·flie·gend 1 *Partizip Präsens*(现在分词); ↑ ***hochfliegen*** **2.** *Adj*(形); *mst attr*(多作定语); voller Idealismus u. Optimismus u. *mst* unrealistisch 雄心勃勃的,抱负不凡的(往往不切实际) ≈ ehrgeizig〈*mst* Pläne 多指计划〉

Hoch·form *die*; *nur Sg*(只用单数); ein sehr guter *bes* körperlicher Zustand, in dem man gute Leistungen bringt 最佳竞技状态〈in H. sein, zur H. auflaufen 处于,接近最佳竞技状态〉

Hoch·ge·bir·ge *das*; ein Gebirge mit steilen Hängen u. spitzen Felsgipfeln, die *mst* über 2000 Meter liegen(超过 2000 米的)高山脉 ↔ Mittelgebirge

Hoch·ge·fühl *das*; *nur Sg* (只用单数); ein starkes Gefühl großer Freude od. des Stolzes 兴高采烈,欢欣鼓舞,欢腾

hoch·ge·hen (*ist*) Vi (不及物) **1.** ↑ ***hoch-***[2] **2.** ***etw. geht hoch*** etw. bewegt sich nach oben (物作主语)上升,升起〈die Schranke, der Vorhang (im Theater) 道口杆,(剧场的)幕布〉 **3.** ***etw. geht hoch*** *gespr* [口]≈ etw. explodiert (物作主语)爆炸〈e-e Bombe, e-e Mine 炸弹,地雷〉 **4.** *gespr*[口]; wütend werden 暴跳,发怒 ≈ aufbrausen: *Geh doch nicht immer gleich hoch, wenn ich dich ein bisschen necke!* 当我跟你开点玩笑时,你别总是马上就跳起来! **5.** ***j-n/etw. h. lassen*** j-n/etw. an die Polizei verraten od. (in Bezug auf die Polizei) j-n/etw. entdecken u. j-n verhaften od. etw. verhindern 使…败露,揭发,使被捕〈e-e Bande, e-n Plan h. lassen 使一帮人事发被捕,使计划败露受阻〉 **6.** ***etw. h. lassen*** in e-m Gebäude *o. Ä.* e-e Bombe explodieren lassen u. es so zerstören 把…炸掉,炸毁

hoch·geis·tig *Adj*(形); *ohne Steigerung*(无变级); auf e-m hohen intellektuellen Niveau 有高度智慧的,很有才智的,才智横溢的〈ein Gespräch 谈话〉

Hoch·ge·nuss *der*; ein besonders großer Genuss 很高的享受,巨大的享受: *Dieser edle Wein ist ein H.* 这种名贵的葡萄酒是一种巨大的享受

hoch·ge·schlos·sen *Adj*(形); *ohne Steigerung*, *nicht adv*(无变级)(不作状语);〈e-e Bluse, ein Kleid *o. Ä.* 女上装,连衣裙等〉so, dass sie den Oberkörper bis hinauf zum Hals ganz bedecken 高领的 ↔ ausgeschnitten

hoch·ge·schraubt *Adj* (形); *nicht adv*, *gespr* (不作状语)[口]≈ hochgespannt〈*mst* Erwartungen 多指期望〉

hoch·ge·spannt *Adj* (形); an e-m Ideal, an (häufig) unrealistischen Vorstellungen orientiert 不胜翘企的,期望值过高的〈*mst* Erwartungen 多指期望,期待〉

hoch·ge·steckt *Adj*（形）；≈ hochgespannt〈Pläne, Ziele 计划,目标〉

hoch·ge·stellt *Adj*（形）**1.** *mst* 多用 ***e-e hochgestellte Zahl*** *bes* MATH 尤用于【数】；e-e Zahl in kleiner Schrift, die (im Verhältnis zur normalen Schrift) nach oben versetzt ist 上标；幂,乘方；注码 ‖ NB（注意）：↑ ***Index***（3,4），***Exponent***（1）**2.** in e-r Hierarchie relativ weit oben 身居高位的，威望高的〈e-e Persönlichkeit 名流〉

hoch·ge·stimmt *Adj*（形）；*ohne Steigerung*, *nicht adv*, *geschr*（无变级,不作状语）[书]；mit großen Erwartungen u. voller Freude 情绪高昂的,兴高采烈的,兴致勃勃的〈ein Publikum 听众,观众,公众〉

hoch·ge·sto·chen *Adj*（形）；*gespr pej*［口］［贬］；übertrieben kompliziert, affektiert 繁琐的,矫饰的，装腔作势的 ≈ geschraubt〈Formulierungen, Reden 措词,讲话；sich h. ausdrücken 表达得极不自然〉

hoch·ge·wach·sen *Adj*（形）；*nur attr*, *ohne Steigerung*, *nicht adv*（只作定语,无变级,不作状语）；groß u. schlank 身材高大的,瘦高个的〈ein Mädchen, ein Junge 姑娘,小伙子〉

hoch·ge·züch·tet *Adj*（形）；*ohne Steigerung*, *nicht adv*（无变级,不作状语）；sehr leistungsfähig, aber gleichzeitig sehr empfindlich 尖端的,复杂的,高级的,灵敏度高的〈ein Motor, e-e Maschine 发动机,机器〉

Hoch·glanz *der*；ein starker Glanz 高光泽,锃亮〈etw. auf H. polieren, putzen 把…擦得锃亮〉‖ K-（复合）：***Hochglanz-, -papier*** ‖ ID［谚］***etw. auf H. bringen*** *gespr*［口］；etw. sehr sauber putzen 把…洗刷(或擦,打扫)得干净明亮：*seine Wohnung auf H. bringen* 把自己的住房打扫得干净明亮

hoch·gra·dig *Adj*（形）；*nur attr od adv*, *ohne Steigerung*（只作定语或状语,无变级）；in hohem Grad, Maß 高度的,非常的,剧烈的 ≈ äußerst〈Erregung, Nervosität 激动,紧张不安；etw. ist h. veraltet 某物已非常陈旧〉：*Der Erdboden war durch Chemikalien h. verseucht* 地面受到化学药品的严重污染

hoch·ha·ckig *Adj*（形）；*ohne Steigerung*, *nicht adv*（无变级,不作状语）；mit hohen Absätzen 高跟的〈Schuhe, Pumps, Sandaletten, Stiefel *usw* 鞋,女式便鞋,轻便凉鞋,靴子等〉

hoch·hal·ten (*hat*) [Vt]（及物）**1.** ***j-n/etw. h.*** j-n/etw. hoch in die Luft halten 高举,高高举起：*ein Schild h.* 把牌子高高举起 **2.** ***etw. h.*** etw. Wichtiges weiter in Erinnerung behalten od. praktizieren 尊重,珍视,维护〈j-s Andenken, Bräuche, Traditionen h. 珍视某人的怀念,维护风俗、传统〉

Hoch·haus *das*；ein sehr hohes Haus mit vielen Etagen u. Wohnungen 高楼,大厦,高层楼房

hoch|herr·schaft·lich *Adj*（形）；*ohne Steigerung*（无变级）；sehr vornehm 华贵的,豪华的〈h. leben, wohnen 生活,住得豪华〉

hoch·her·zig *Adj*（形）；*geschr*［书］≈ edel, großmütig, großzügig ↔ engherzig, kleinlich〈e-e Tat, j-s Handeln 行为,某人的举止〉‖ *hierzu*（派生）**Hoch·her·zig·keit** *die*；*nur Sg*（只用单数）

hoch·ja·gen (*hat*) [Vt]（及物）**1.** ***j-n/ein Tier h.*** bewirken, dass e-e Person od. ein Tier sehr schnell aufsteht 把…惊醒,惊起 ≈ aufscheuchen **2.** ***den Motor h.*** *gespr*［口］；(beim Auto) in e-m niedrigen Gang schneller als normal fahren (u. danach schnell in den höheren Gang schalten) 换高挡急驶

hoch·ju·beln (*hat*) [Vt]（及物）***j-n/etw. h.*** *gespr*［口］；j-n/etw. (zu) sehr loben u. dadurch bekannt machen 把…大加吹捧：*Die Presse hat den Sänger hochgejubelt* 报刊把歌唱家大加吹捧

hoch·kant *Adv*（副）；mit einer der beiden schmalsten u. kürzesten Seitenflächen nach unten 竖起地,竖放地：*e-e Kiste h. stellen* 把盒子竖起来放 ‖ ID［谚］***j-n h. hinauswerfen/rausschmeißen*** *gespr*［口］；j-n mit Worten od. mit körperlicher Gewalt aus einer Wohnung od. seinem Job entfernen 直截了当地把某人赶走

hoch·ka·rä·tig *Adj*（形）；*ohne Steigerung*, *nicht adv*, *gespr*（无变级,不作状语）［口］**1.** von besonders großer Bedeutung od. Qualität 高克拉的（含金量高的），高质量的〈Politiker, Schauspieler 政治家,观众〉**2.** SPORT【体】；sehr gut 非常好的,宝贵的：*e-e hochkarätige Chance vergeben* 错过非常好的机会

hoch·kom·men (*ist*) [Vi] *gespr*（不及物）［口］**1.** (***irgendwohin***) ***h.*** nach oben, auf etw. hinauf kommen od. gelangen können 走上来：*Ich komme den Berg nicht hoch!* 这座山我爬不上去！‖ NB（注意）：Anstelle e-r Richtungsangabe steht *mst* e-e Angabe im Akk.（多用四格名词取代方向说明语）：*die Treppe h.* 上楼梯 **2.** ≈ aufstehen, sich erheben〈aus e-m Sessel, von e-r Bank h. 从安乐椅上,从长凳上站起来〉**3.** e-e berufliche Karriere machen 晋升,向上爬：*Der Chef lässt niemanden neben sich h.* 上司不让身边的任何人晋升 **4.** wieder gesund werden 康复,恢复健康 ≈ wieder auf die Beine kommen：*Nach der Operation kam sie schnell wieder h.* 手术后她很快就康复了 **5.** ***etw. kommt j-m hoch*** etw. kommt aus dem Magen wieder nach oben (in den Hals)（物作主语）反胃：〈j-m kommt das Essen wieder hoch 某人感到反胃,食物往上翻〉**6.** ***etw. kommt j-m wieder hoch*** etw. kommt j-m wieder in Erinnerung（物作主语）又想起某事：*Da kam ihr die Erinnerung an den Unfall wieder hoch* 那时她又回想起那次事故 ‖ ID［谚］↑ ***Galle***

Hoch·kon·junk·tur *die*；*mst Sg*（多用单数）**1.** WIRTSCH【经】；e-e Phase in der Konjunktur, in der es der Wirtschaft sehr gut geht 繁荣,景气,昌盛 ≈ Boom ↔ Rezession **2.** ***etw. hat (gerade) H.*** *gespr*［口］；etw. ist gerade besonders beliebt od. wird oft gekauft（物作主语）很畅销,走俏,走红

hoch·kön·nen (*hat*) *gespr*［口］；[Vi]（不及物）**1.**

↑ **hoch-²** 2. aufstehen können 能起床: *Kannst du allein aus dem Bett hoch, od. soll ich dir helfen?* 你能不能自己从床上起来,还是我应该帮你一把?

hoch·krem·peln (*hat*) Vt (及物) **etw. h.** ≈ aufkrempeln

hoch·krie·gen (*hat*) Vt (及物) **1. j-n/etw. h.** *gespr* [口]; j-n/etw. nach oben bringen können 把…搬上去,扛上去,抬上去 **2.** (**k**) **einen h.** *vulg* [俗]; (k) eine Erektion bekommen können(不)能勃起(阳痿)

hoch·le·ben *mst in* 多用于 **j-n/etw. h. lassen** j-n/etw. feiern, indem man ein Hoch² ausbringt 对某人/某事高呼万岁

hoch·le·gen (*hat*) Vt (及物) 〈e-n Körperteil 肢体〉 **h.** e-n Körperteil für längere Zeit in e-e erhöhte Position bringen(长时间)把…搁置(放在)高处,高抬: *die Beine h.* 把双腿搁得高高的

Hoch·leis·tung *die*; e-e sehr hohe/große Leistung bei äußerster Anspannung 高效率 〈e-e (geistige, sportliche) H. vollbringen 实现(脑力的,体育的)高效率〉

Hoch·leis·tungs|sport *der*; der Sport, bei dem professionell trainiert wird, damit man an Wettkämpfen teilnehmen u. sehr gute Leistungen bringen kann 职业体育 ↔ Breitensport 〈H. betreiben 从事职业体育〉

Hoch·mut *der*; ein Denken od. Handeln, das zeigt, dass sich der Betreffende für besser, klüger od. schöner hält als andere Menschen 高傲,傲慢,自大 ≈ Arroganz, Überheblichkeit ↔ Bescheidenheit, Demut ‖ ID [谚] **H. kommt vor dem Fall** verwendet, um j-n davor zu warnen, arrogant zu sein 骄者必败 ‖ *hierzu* (派生) **hoch·mü·tig** *Adj* (形)

hoch·nä·sig *Adj* (形); *gespr pej* [口][贬] ≈ hochmütig, eingebildet ‖ *hierzu* (派生) **Hoch·nä·sig·keit** *die*; *nur Sg* (只用单数)

hoch·neh·men (*hat*) Vt (及物) **1. j-n/etw. h.** j-n/etw. vom Boden, Tisch *o. Ä.* nehmen (u. irgendwohin tragen)抱起,拿起 〈ein Kind h. (= auf den Arm nehmen)抱起孩子〉: *e-e schwere Kiste h. u. wegtragen* 把一个很重的箱子抱起来扛走 **2. j-n h.** *gespr* [口]; j-n auf freundliche, gutmütige Weise verspotten (ohne ihn zu demütigen)(善意地)讥笑,讪笑 **3.** *mst* 多用 〈die Polizei 警察局〉 **nimmt j-n hoch** *gespr* [口]; die Polizei fängt u. verhaftet e-n Verbrecher 逮捕: *Die Polizei hat die Bande hochgenommen* 警察局逮捕了一帮人

Hoch·ofen *der*; TECH【技】; ein Ofen, in dem *bes* Eisenerz geschmolzen wird (um daraus (Roh)Eisen zu gewinnen)高炉

hoch·päp·peln; *päppelte hoch, hat hochgepäppelt*; Vt (及物) **j-n/ein Tier h.** *gespr* [口]; e-e Person od. ein Tier, die sehr schwach od. krank sind, wieder stark u. gesund machen 伺候好,喂养好: *ein krankes Kind, e-n jungen Vogel h.* 把生病的孩子伺候好,把小鸟喂养好

hoch·po·li·tisch *Adj* (形); *ohne Steigerung* (无变级); von großer politischer Bedeutung 有重大政治意义的 〈e-e Frage, ein Problem, ein Thema 问题,疑难问题,题目〉

hoch·pro·zen·tig, *höherprozentig, höchstprozentig*; *Adj* (形); *nicht adv* (不作状语); 〈Alkohol, e-e Lösung 酒精,溶液〉 so, dass sie e-n großen Anteil (Prozentsatz) von etw. enthalten 百分比高的,浓度高的,度数高的

hoch·ran·gig, *höherrangig, höchstrangig*; *Adj* (形); *nicht adv* (不作状语); mit e-m hohen Rang 高级的 〈ein Offizier 军官〉

Hoch·rech·nung *die*; e-e (vorläufige) Rechnung, bei der man mit bereits vorhandenen Daten versucht, das (endgültige) Ergebnis vorherzusagen (*z. B.* bei Wahlen)预测,推算: *Die ersten Hochrechnungen haben ergeben, dass die Regierungspartei viele Wählerstimmen verloren hat* 最初的预测表明,执政党失去了许多选票 ‖ *hierzu* (派生) **hoch·rech·nen** (*hat*) *Vt* (及物)

Hoch·rüs·tung *die*; *nur Sg* (只用单数) ≈ Aufrüstung 〈die militärische H. 扩充军备〉 ‖ *hierzu* (派生) **hoch·rüs·ten** (*hat*) *Vi* (不及物)

Hoch·sai·son *die* **1.** *mst Sg* (多用单数) ≈ Hauptsaison ↔ Nebensaison, Vorsaison **2.** *mst* 多用 〈ein Geschäft 生意,买卖〉 **hat H.** ein Geschäft verkauft mehr Waren als sonst im Jahr, hat mehr Kunden als sonst 出现旺季: *Zu Weihnachten haben die Geschäfte H.* 圣诞节期间买卖出现旺季

hoch·schal·ten (*hat*) Vi (不及物) (**in etw.** (*Akk* 四格)) **h.** in e-n höheren Gang (4) schalten(汽车)换高挡: *in den dritten Gang h.* 换到第三挡

hoch·schät·zen ↑ **hoch** (13)

hoch·schau·keln (*hat*) Vt *gespr* (及物)[口] **1. etw. h.** e-e Sache wichtiger nehmen als sie ist 看得过重,过分看重 〈e-e Lappalie, ein Problem h. 把微不足道的琐事、问题看得过重〉 **2.** 〈Personen 人们〉 **schaukeln sich hoch** zwei od. mehrere Personen machen sich gegenseitig wütend, aggressiv *o. Ä.* 彼此动怒,发火

hoch·scheu·chen (*hat*) Vt (及物) ≈ aufscheuchen

hoch·schie·ßen Vt (及物) (*hat*) **1. j-n/etw. h.** j-n/etw. durch e-n Schuss od. mit e-r Rakete nach oben befördern 发射升空,送上太空: *e-n Astronauten ins Weltall h.* 把一名宇宙航行员送上宇宙; Vi (不及物) (*ist*) **2. j-d/e-e Pflanze** *o. Ä.* **schießt hoch** j-d/e-e Pflanze *o. Ä.* wächst sehr schnell in die Höhe(人/植物作主语)很快长高,蹿高: *Durch den vielen Regen sind die Bohnen schnell hochgeschossen* 由于雨水多,豆子很快就蹿高了 **3.** *gespr* [口]; (**irgendwohin**) **h.** schnell nach oben laufen 蹿上,飞奔而上: *in den Speicher h.* 飞跑上了仓库 ‖ NB (注意): Anstelle e-r Richtungsangabe (*in den Speicher usw*) steht *mst* nur e-e Angabe im Akk. (多只用第四格名词取代方向说明语): *die Treppe h.* 飞身上楼梯 **4. etw. schießt hoch** etw. bewegt sich schnell nach oben, steigt schnell an（物作主语）蹿高，升高〈der Blutdruck, die Flammen 血压，火焰〉

hoch·schrau·ben（*hat*）Vt（及物）**1.** ***etw. h.*** etw. drehen u. dadurch nach oben bewegen 通过旋转使…升高，旋高，拧高：*den Klavierhocker h.* 通过旋转使钢琴凳升高 **2.** ***etw. h.*** etw. immer größer/höher werden lassen 不断提高，增加〈seine Ansprüche, seine Erwartungen, die Preise h. 不断提高自己的要求、自己的期望、价格〉；Vr（反身）**3.**〈ein (Segel)Flugzeug, ein Vogel（滑翔）飞机，鸟〉***schraubt sich hoch*** ein (Segel)Flugzeug, ein Vogel bewegt sich in Form e-r Spirale nach oben 螺旋形上升

hoch·schre·cken[1] *schreckt/schrickt hoch, schreckte/schrak hoch, ist hochgeschreckt*；Vi（不及物）(aus Angst *o. Ä.*) sehr schnell aus dem Liegen od. Sitzen aufspringen 惊跳起来，吓得跳起来 ≈ auffahren (3), aufschrecken：*Er schreckte aus dem Schlaf hoch* 他吓得从睡梦中跳起来

hoch·schre·cken[2]（*hat*）Vt（及物）***j-n/ein Tier h.*** bewirken, dass j-d/ein Tier (aus Angst *o. Ä.*) schnell aufspringt 使惊跳起来，把…吓得跳起来 ≈ aufschrecken：*Wild h.* 把野兽吓跑

Hoch·schu·le *die*；e-e Institution, an der man als Erwachsener wissenschaftliche Fächer studieren kann 高等学校，大学 ‖ NB（注意）：↑ ***Universität***, ***Fachhochschule*** ‖ K-（复合）：***Hochschul-***, ***-abschluss***, ***-absolvent***, ***-bildung***, ***-didaktik***, ***-gesetz***, ***-lehrer***, ***-reform***, ***-studium*** ‖ *hierzu*（派生）**Hoch·schü·ler** *der*；**Hoch·schü·le·rin** *die*

Hoch·schul|rei·fe *die*；ADM *geschr*【管理】［书］≈ Abitur〈die H. haben（高中毕业）已具备高等学校入学的资格〉

hoch·schwan·ger *Adj*（形）；*ohne Steigerung, nicht adv*（无变级，不作状语）；im 8 od. 9 Monat der Schwangerschaft 临产的，即将分娩的〈h. sein 临产，即将分娩〉

Hoch·see *die*；*nur Sg*（只用单数）；die Teile des Meeres, die weit von der Küste u. den Küstengewässern entfernt sind 远洋，公海 ‖ K-（复合）：***Hochsee-***, ***-fischer***, ***-fischerei***, ***-flotte***, ***-jacht***

Das Hochschulsystem 高等学校体制

In Deutschland nimmt etwa jeder dritte junge Mensch ein Studium an einer Hochschule auf. Außer den **Universitäten** und **Technischen Universitäten** gibt es zum Beispiel auch **Technische Hochschulen**, **Pädagogische Hochschulen** oder **Kunst-** und **Musikhochschulen**. **Die Fachhochschulen** haben eine weitgehend praktische Ausrichtung. Für den Besuch einer Fachhochschule ist kein Abitur erforderlich, viele Studenten haben die Fachhochschulreife an einer Fachoberschule erworben.

Der Großteil der Hochschulen wird von den Bundesländern finanziert. An den staatlichen Einrichtungen war das Studium bis 2006 kostenlos. Seither haben die meisten Bundesländer nach und nach Studiengebühren eingeführt, für die oft ein Darlehen gewährt wird, das erst nach Ende des Studiums zurückgezahlt werden muss. Studenten können außerdem vom Staat **BAföG** erhalten. Diese finanzielle Unterstützung wird zum Teil als Stipendium und zum Teil als zinsloser Kredit gewährt; der Kredit kann zu günstigen Bedingungen zurückgezahlt werden.

Es wird in **Semestern** studiert. Jedes Semester besteht durchschnittlich aus vier Monaten Lehrveranstaltungen und zwei weiteren, in denen es keinen Unterricht gibt. Diese vorlesungsfreie Zeit wird von den Studenten genutzt, um ihre Arbeiten zu schreiben, ein Praktikum zu machen oder Geld zu verdienen.

1999 beschlossen die Mitgliedsländer der EU, ihre Hochschulsysteme bis 2010 zu vereinheitlichen. Als Folge davon werden die alten deutschen Studienabschlüsse **Diplom**, **Magister** und **Staatsexamen** allmählich durch die europäische Abschlüsse *Bachelor* und **Master** abgelöst.

Ein Bachelorstudiengang dauert 3 bis 4 Jahre, in denen mindestens 180 Leistungspunkte, sogenannte Credits, zu erwerben sind. Ein Credit soll dabei 30 Stunden Arbeit entsprechen. Gute Studenten können in weiteren 1 bis 2 Jahren Masterstudium absolvieren. Mit einer zusätzlichen **Promotion** kam ein Doktortitel erworben werden.

在德国大约每三个年青人就有一个在高等学校就读。除**综合大学和理工大学**外，还有**工科高等学校**，**师范高等学校或艺术和音乐高等学校**。专科高等学校有广泛的实践课程设置。上高等专科学院不要求文理高中毕业，许多大学生是在专科高中取得上专科高等学校的入学资格的。

大部分高等学校都是由各联邦州投资的。在国办的高等学校上学直到 2006 年为止是免费的。从那时起，大多数联邦州逐渐实行大学收费制度，对学费常常提供贷款，只是在学业结束后必须偿还。此外大学生可获得**国家助学金**，这是与奖学金、无息贷款相辅相成的一种经济资助，贷款偿还，条件优惠。

大学学习按**学期**进行安排。每个学期平均有 4 个月的教学活动，另外两个月没有课程设置。不上课的时间大学生用来写论文，进行实习或挣钱。

1999 年欧盟各成员国决定在 2010 年以前把高等学校体制统一起来。其结果原来的德国大学毕业的**理工硕士(Diplom)**、**文科硕士(Magister)**和**国家考试(Staatsexamen)**将逐渐为欧洲大学毕业的**学士(Bachelor)**和**硕士(Master)**所接替。

学士(Bachelor)学习过程持续三至四年，这期间至少应得到 180 个成绩分，即所谓学分(Credits)。一个学分相当于 30 个学时。优秀的大学生可以继续用一至两年修完硕士(Master)课程。再通过读博士(**Promotion**)，可以获得博士学位。

Hoch·si·cher·heits|trakt *der*; ein Teil e-s Gefängnisses mit sehr hohen Sicherheitsmaßnahmen 严密警戒的特别监狱

Hoch·sitz *der*; e-e Art Plattform (*z.B.* in e-m Baum), von der aus der Jäger Tiere beobachtet(猎人观察用的)猎台,高台,瞭望台

Hoch·span·nung *die* **1.** *nur Sg*(只用单数); e-e sehr große Erwartung u. Spannung[1] (1)急切的期待,高度紧张,紧张情绪: *Vor seinem Auftritt herrschte H. im Saal* 在他登台以前,大厅里都急切地等待着 **2.** e-e hohe elektrische Spannung[2] 高(电)压 ‖ K-(复合): ***Hochspannungs-, -leitung, -mast***

H

hoch·spie·len (*hat*) [Vt](及物) ***etw. h.*** *gespr*[口]; etw. wichtiger machen, als es eigentlich ist 渲染,吹捧 ↔ herunterspielen, bagatellisieren

Hoch·spra·che *die*; *nur Sg*(只用单数); LING【语】; die (*bes* geschriebene) Form e-r Sprache, die keine regionalen od. sozialen Merkmale hat 标准语言,规范语言 ≈ Standardsprache ↔ Dialekt ‖ *hierzu*(派生) **hoch·sprach·lich** *Adj*(形)

Hoch·sprung *der*; *nur Sg*(只用单数); SPORT【体】; e-e Disziplin in der Leichtathletik, bei der man über e-e Latte springen muss, die immer höher gelegt wird 跳高 ‖ *hierzu*(派生) **Hoch·sprin·ger** *der*; **Hoch·sprin·ge·rin** *die*

höchst *Adv*(副) ≈ sehr, äußerst ⟨h. erfreut, gefährlich, interessant, leichtsinnig, naiv, ungenau, unwahrscheinlich, zufrieden 非常高兴、危险、有趣、轻率、天真、不准确、不可能、满意⟩ ‖ NB(注意): ↑ ***hoch*** (15)

hoch·sta·peln (*hat*) [Vi](不及物) **1.** so tun, als hätte man e-e hohe gesellschaftliche Position u. viel Geld, obwohl es nicht wahr ist, um so (*bes* finanzielle) Vorteile zu bekommen(伪装成有地位、有钱的人)诈骗,诓骗 **2.** so tun, als hätte man ein großes Wissen od. bedeutende Dinge getan, obwohl es nicht wahr ist(装成有学问,有本事)招摇撞骗 ‖ *hierzu*(派生) **Hoch·stap·ler** *der*; *-s, -*; **Hoch·stap·le·rin** *die*; *-, -nen*; **Hoch·sta·pe·lei** *die*; *-, -en*

hoch·ste·hen (*hat / südd* Ⓐ Ⓒⓗ [南德][奥][瑞] *ist*) *mst* 多用 ***j-s Haare stehen hoch*** j-s Haare stehen weg vom Kopf 某人的头发竖起来

hoch·ste·hend 1. *Partizip Präsens*(现在分词); ↑ ***hochstehen*** **2.** *Adj*(形); *höherstehend*, *höchststehend*; *nicht adv*(不作状语); ⟨*mst* e-e Persönlichkeit 多指人物⟩ von e-m hohen (gesellschaftlichen) Rang 地位高的,身份高的,身居要职的

hoch·stei·gen (*ist*) [Vi](不及物) **1.** ↑ ***hoch-***[2] **2.** ***etw. steigt in j-m hoch*** ein Gefühl entsteht langsam bei j-m (u. beeinflusst sein Denken u. Handeln)(物作主语)(感情)在某人心中升起,涌上心头⟨Ärger, Wut, Freude, Hass *o.Ä.* 不快,愤怒,欣喜,仇恨等⟩

höchs·tens *Adv*(副) **1.** ***h.*** + *Zahl*(数字) auf keinen Fall mehr, wahrscheinlich aber weniger (als die Zahl angibt)最多,至多 ↔ mindestens: *Sie ist h. 15 Jahre alt* 她最多有15岁; *Das Auto darf h. 15000 Euro kosten* 这辆汽车最多能值15000欧元; *Er trinkt keinen Alkohol, h. einmal ein Glas Sekt zu Silvester* 他不喝任何含酒精的饮料,至多在除夕喝一杯香槟酒 **2.** drückt aus, dass nur das Genannte überhaupt in Frage kommt (u. auch das unwahrscheinlich ist)只有,除非: *Dieses Problem könnte h. ein Genie lösen* (= kann praktisch nicht gelöst werden)这个问题兴许只有天才能够解决; *H. ein Wunder könnte ihn jetzt noch retten* (= wahrscheinlich kann er nicht mehr gerettet werden)除非出现奇迹,现在还可能救他

Höchst·fall *der*; *nur in* 只用于 ***im H.*** im besten Fall 在最好的情况下,最多: *Im H. können wir 500 Stück verkaufen* 最多我们能卖500个

Höchst·form *die*; *nur Sg*(只用单数); der Zustand, in dem j-d (*bes* sportlich) am meisten leisten kann 最佳状态 ⟨in H. sein 处于最佳状态; sich in H. befinden 处于最佳状态⟩

Höchst·ge·schwin·dig·keit *die*; *mst Sg*(多用单数); die höchste Geschwindigkeit, die möglich od. erlaubt ist 最高速度

hoch·sti·li·sie·ren; *stilisierte hoch*, *hat hochstilisiert*; [Vt](及物) ***j-n / etw. (zu etw.) h.*** *pej*[贬]; j-n/etw. besser u. wichtiger erscheinen lassen, als er/es in Wirklichkeit ist 把…装扮为,冒充为…: *e-n unbedeutenden Klavierspieler zu e-m großen Pianisten h.* 让一个无足轻重的钢琴演奏者冒充为大钢琴家

Hoch·stim·mung *die*; *nur Sg*(只用单数); e-e sehr gute (ausgelassene od. feierliche) Stimmung 高昂情绪,乐观情绪 ⟨in H. sein 情绪高昂; es herrscht H. 笼罩着一片欢快情绪⟩

Höchst·leis·tung *die*; die beste (mögliche) Leistung 最高成就,最佳成绩: *sportliche Höchstleistungen vollbringen* 取得体育上的最佳成绩

Höchst·maß *das*; ***ein H. (an etw.*** (*Dat* 三格)**)** ein sehr hoher Grad (von etw.)最大限度,最高极限,高度 ≈ Maximum: *Diese Arbeit fordert ein H. an Konzentration* 这种工作要求思想高度集中

Höchst·men·ge *die*; die größte mögliche od. erlaubte Menge 最高数量,最高限额: *Was ist die H. an Alkohol, die man zollfrei importieren kann?* 可以免税进口的含酒精饮料的最高限额是多少?

höchst·mög·li·ch- *Adj*(形); *nur attr*, *ohne Steigerung*, *nicht adv*(只作定语,无变级,不作状语) ≈ größtmöglich-

höchst·per·sön·lich, **höchst·per·sön·lich** *Adv*(副); *oft hum* 常用[诙]; selbst, in eigener Person 亲自: *Der Chef hat mir h. gratuliert* 上司亲自向我祝贺; *Sie hat h. angerufen* 她亲自打了电话

Höchst·stand *der*; *nur Sg*(只用单数); der höchste Stand, das höchste Niveau 最高水平 ⟨etw. erreicht den H., ist auf dem (technischen, wissenschaftlichen) H. 某物达到最高水平,处于(技术上的、学术上的)最高水平⟩

Höchst·tem.pe.ra.tur *die*; die höchste (mögliche) Temperatur 最高温度: *mit Höchsttemperaturen von 30 Grad* 最高温度为30度

höchst|wahr.schein.lich, höchst|wahr.schein-lich *Adv*(副); sehr wahrscheinlich 非常可能,极可能: *Sie werden h. zu spät kommen* 他们极可能晚来

höchst.zu.läs.si.g- *Adj*(形); *nur attr, nicht adv*(只作定语,不作状语), ADM *geschr*【管理】[书]; so hoch, wie es höchstens erlaubt ist 允许的最高的〈das Gesamtgewicht, die Geschwindigkeit 总重量,速度〉

Hoch.tal *das*; ein Tal, das in relativ großer Höhe im Hochgebirge liegt 高地山谷

Hoch.tech.no.lo.gie *die*; sehr komplizierte Technologie aufgrund neuester Forschungsergebnisse 高技术,最新技术

Hoch.tou.ren (*die*); *Pl*(复); *nur in* 只用于 **1. auf H.** so, dass die Leistung am größten ist 高速地,全力以赴地〈etw. läuft auf H. 某物在高速运转,紧张进行; j-d arbeitet auf H. 某人在全力以赴地工作; etw. auf Hochtouren bringen 促使某物高速运转,充分发挥效能; auf H. kommen 开始大干〉: *Die Maschine läuft auf H.* 机器在高速运转 **2. etw. läuft auf H.** etw. ist in der Phase der größten Aktivität(物作主语)在高速运转,紧张进行〈die Kampagne, die Vorbereitungen 运动,准备工作〉

hoch.tou.rig *Adj*(形); *mst* 多用 **h. fahren** so fahren, dass der Motor mit hoher Drehzahl läuft u. man erst sehr spät in e-n höheren Gang schaltet 驾车高速行驶

hoch.tra.bend *Adj*(形); *pej*[贬]; übertrieben vornehm u. feierlich 浮夸的,夸夸其谈的 ≈ gespreizt ↔ schlicht〈Worte 话; etw. klingt h. 某物听起来觉得虚夸〉

hoch.trei.ben (*hat*) [Vt](及物) **etw. h.** (bewusst) bewirken, dass *bes* Preise, Aktienkurse *o. Ä.* steigen 使升高,使上扬,使攀升〈die Preise, Aktienkurse h. 使价格、股票行情上涨〉

hoch.ver.dien.t- *Adj*(形); *nur attr, ohne Steigerung, nicht adv, geschr*(只作定语,无变级,不作状语)[书];〈e-e Persönlichkeit, ein Politiker, ein Wissenschaftler 人物,政治家,科学家〉so, dass sie viel geleistet haben u. dafür geehrt worden sind 功勋卓著的,劳苦功高的,有功绩的 ‖ NB(注意): aber(但是): *Ihr Sieg war hoch verdient* 他们的胜利立了大功(getrennt geschrieben 分开写)

Hoch.ver.rat *der*; *nur Sg*(只用单数); ein Verbrechen, bei dem j-d sein Land in (große) Gefahr bringt (*z. B.* weil er feindlichen Staaten geheime Dokumente gibt) 叛逆罪,谋反罪,叛国罪〈H. begehen 犯有叛逆罪; des/wegen Hochverrats angeklagt sein 被控犯有叛逆罪〉‖ *hierzu*(派生) **Hoch.ver.rä.ter** *der*; **hoch.ver.rä.te.rin** *die*; **hoch.ver.rä.te.risch** *Adj*(形); *ohne Steigerung, nicht adv*(无变级,不作状语)

Hoch.was.ser *das*; *nur Sg*(只用单数) **1.** die Situation, wenn *bes* ein Fluss so viel Wasser hat, dass es zu e-r Überschwemmung kommen kann 高水位,涨水: *Der Fluss hat H.* 这条河涨水了,发大水 **2.** ≈ Überschwemmung ‖ K-(复合): ***Hochwasser-, -gefahr, -katastrophe, -schaden, -schutz***

hoch.wer.tig *Adj*(形); von hoher Qualität 质量高的,价值高的,高值的,优质的,第一流的 ↔ minderwertig〈Produkte, Nahrungsmittel, Lebensmittel, Stahl, Textilien 产品,食品,食物,钢,纺织品; sich h. ernähren (= mit hochwertigen Lebensmitteln) 吃营养丰富的食品〉: *hochwertige Stoffe* 优质的材料

hoch.wol.len (*hat*) [Vi] *gespr*(不及物)[口] **1.** ↑ ***hoch-*** [2] **2.** (**aus etw.**) **h.** aufstehen wollen, sich aufsetzen wollen 想起床,想站起来

Hoch.wür.den *mst in* 多用于 ***Euer H.!*** *veraltend* [渐旧]; verwendet als Anrede für katholische u. höhere evangelische Geistliche(对天主教和新教神职人员的称呼)大人,阁下

Hoch.zahl *die*; MATH【数】; die Zahl, die angibt, wie oft man e-e Zahl mit sich selbst multiplizieren muss 幂,指数 ≈ Exponent (1)

Hoch.zeit[1] *die*; -, -*en* **1.** *mst Sg*(多用单数); die Zeremonie, bei der ein Mann u. e-e Frau auf dem Standesamt od. in der Kirche erklären, dass sie ihr Leben zusammen verbringen wollen 结婚 ≈ Heirat, Trauung, Eheschließung ↔ Scheidung〈die kirchliche, standesamtliche H. 按宗教仪式举行的,在户籍登记处办理的结婚〉‖ K-(复合): ***Hochzeits-, -bild, -brauch, -feier, -fest, -foto, -gast, -geschenk, -kleid, -kutsche, -paar, -reise*** **2.** e-e Feier, die am Tag von j-s H. (1) stattfindet 婚礼〈H. feiern, halten 庆祝、举行婚礼; e-e H. ausrichten 办婚事, (j-n) zur H. (ein)laden 邀请(某人)参加婚礼〉‖ K-(复合): ***Hochzeits-, -mahl, -tafel*** **3.** (***die***) ***silberne / goldene / diamantene / eiserne H.*** der 25./50./60./65 Jahrestag e-r H. (1) od. e-e Feier an diesem Tag 银婚/金婚/钻石婚/铁婚 ‖ ID [谚] *mst* 多用 ***nicht auf zwei Hochzeiten tanzen können*** *gespr*[口]; zwei Dinge nicht gleichzeitig machen können 不能同时做两件不同的事,不能同时参加两项活动 ‖ *zu*(义项) **1.** u. **2. hoch-zeit.lich** *Adj*(形); *ohne Steigerung*(无变级)

Hoch.zeit[2] *die*; *geschr* [书] ≈ Blütezeit

Hoch.zei.ter *der*; -*s*, -; *südd* Ⓐ Ⓒⓗ [南德][奥][瑞] ≈ Bräutigam ‖ *hierzu*(派生) **Hoch-zei.te.rin** *die*; -, -*nen*

Hoch.zeits|nacht *die*; die erste Nacht nach der Hochzeit, die ein Paar miteinander verbringt 新婚之夜

Hoch.zeits|tag *der* **1.** der Tag der Hochzeit (1) 结婚日 **2.** ein Jahrestag e-r Hochzeit 结婚周年纪念日: *den fünften H. feiern* 庆祝结婚五周年纪念日

Ho.cke *die*; -; *nur Sg*(只用单数) **1.** die Körperhaltung, in der man hockt (1) 蹲,蹲坐〈in der H. sitzen 蹲着; in die H. gehen 蹲下〉 **2.** SPORT【体】; ein Sprung über ein Gerät mit angewinkelten Beinen 蹲腾越，屈腿腾越〈e-e H. über den Kasten, das Pferd machen 做一个跨越跳箱、鞍马的屈腿腾越〉

ho·cken *hockte, hat/ist gehockt*; Vi（不及物）**1.**（***irgendwo***）***h.***（*hat/südd* Ⓐ Ⓒⓗ［南德］［奥］［瑞］*ist*）die Knie so beugen, dass man auf den Unterschenkeln sitzt 蹲着 ≈ in der Hocke sitzen：*Sie hockte auf dem Boden u. pflückte Erdbeeren* 她蹲在地上采摘草莓 **2.** ***irgendwo h.***（*hat/südd* Ⓐ Ⓒⓗ［南德］［奥］［瑞］*ist*）*gespr*［口］；so（*mst* auf dem Boden）sitzen, dass die Beine an den Körper herangezogen sind 盘腿而坐 ≈ kauern：*Sie hockten um das Lagerfeuer u. wärmten sich die Hände* 他们盘腿坐在营火周围，暖和自己的双手 **3.** ***irgendwo h.***（*ist*）*südd* Ⓐ［南德］［奥］≈ sitzen（1）：*auf der Bank h.* 坐在长凳上 **4.** ***irgendwo h.***（*hat/südd* Ⓐ［南德］［奥］*ist*）*gespr*［口］，*mst pej* 多用［贬］；längere Zeit immer nur an ein u. demselben Ort bleiben 老呆在：*Sie hockt jeden Abend zu Hause u. geht nie aus* 她每天晚上老呆在家里，从不出门；*Er hockt stundenlang vor dem Fernseher* 他几个钟头总呆在电视机前 **5.** ***über etw.***（*Akk* 四格）***h.***（*ist*）SPORT【体】；e-e Hocke（2）machen 做蹲腾越，屈腿腾越的动作：*über das Pferd h.* 做跨越鞍马的屈腿腾越；Vr（反身）（*hat*）**6.** ***sich irgendwohin h.*** sich in hockender（1）Stellung an e-n bestimmten Platz setzen 蹲，蹲坐：*Er hockte sich vor die Katze u. kraulte sie* 他蹲到猫的前面并轻轻地抓挠它 **7.** ***sich irgendwohin h.*** *gespr*［口］；sich in hockender（2）Stellung an e-n bestimmten Platz setzen 盘腿坐到：*Sie hockte sich vor den Kamin* 她盘腿坐到壁炉前 **8.** ***sich irgendwohin h.*** *südd* Ⓐ［南德］［奥］≈ sich irgendwohin setzen（1）：*Hock dich auf den Stuhl!* 坐到椅子上去！

Hocker

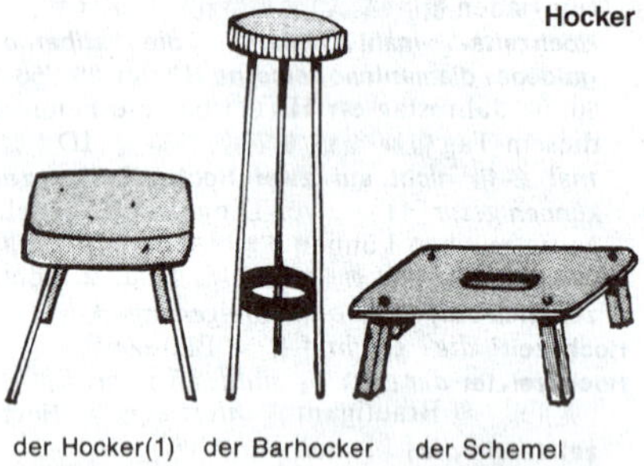

der Hocker(1) 凳子 der Barhocker 酒吧凳 der Schemel 矮凳子

Ho·cker *der*; *-s, -* **1.** ein Stuhl ohne Lehne（oft mit drei Beinen）凳子，板凳：*auf e-m H. am Klavier sitzen* 坐在钢琴旁的凳子上 ‖ -K（复合）：***Bar-, Klavier-, Küchen-*** **2.** ein niedriger H.（1），auf den man *z.B.* steigt, wenn man etw. in der Höhe erreichen will 矮凳子，小板凳，踏脚凳 ≈ Schemel〈auf e-n H. steigen 登上矮凳子〉‖ ID［谚］***etw. reißt j-n nicht vom H.*** *gespr*［口］；etw. interessiert j-n nicht od. gefällt ihm nicht sehr（物作主语）引不起某人的兴趣

Hö·cker *der*; *-s, -* **1.** e-e Art kleiner Buckel（aus Fett）auf dem Rücken von Kamelen u. Dromedaren 驼峰：*Das Kamel hat zwei Höcker* 这峰骆驼有双峰 **2.** e-e kleine, ziemlich feste Erhöhung an irgendeinem Teil des Körpers 躯体某一部分的隆起物，茧子：*Vom vielen Schreiben hat er e-n H. am Finger bekommen* 由于写字多了，他手指上鼓起一个老茧

hö·cke·rig *Adj*（形）；*nicht adv*（不作状语）**1.** mit einem od. mehreren Höckern（2）隆起的，突起的〈e-e Nase 鼻子〉**2.** nicht eben 不平的 ≈ bucklig, holperig〈ein Boden 地面〉

Ho·ckey [ˈhɔki, ˈhɔke]（*das*）；*-s*；*nur Sg*（只用单数）；ein Spiel, bei dem zwei Mannschaften versuchen, e-n kleinen Ball mit Stöcken ins gegnerische Tor zu schlagen 曲棍球〈H. spielen 打曲棍球〉‖ K-（复合）：***Hockey-, -schläger, -spieler*** ‖ -K（复合）：***Eis-, Feld-, Rasen-***

höck·rig *Adj*（形）；↑ ***höckerig***

Ho·den *der*; *-s, -*; *mst Pl*（多用复数）；der Teil der（Geschlechts）Organe bei Männern, in dem die Samen produziert werden 睾丸 ‖ ↑ *Abb. unter* 图见 ***Mensch***

Ho·den·sack *der*; die Hülle aus Haut, in der sich die Hoden befinden 阴囊

Hof *der*; *-(e)s*; *Hö·fe* **1.** e-e Fläche hinter e-m Haus od. zwischen Häusern, die von Mauern *o.Ä.* umgeben ist（u. die von den Hausbewohnern zu verschiedenen Zwecken benutzt wird）院子，庭院，大院 ↔ Garten〈ein gepflasterter, geteerter H. 用石块铺设的、铺了柏油的院子；auf dem/im H. spielen 在院子里玩；Fahrräder im H. abstellen 把自行车停放在院子里，Wäsche im H. aufhängen 在院子里晾晒洗好的衣服〉：*Das Fenster geht auf den/zum H. hinaus* 窗户朝向院子 ‖ K-（复合）：***Hof-, -tor*** ‖ -K（复合）：***Hinter-; Schul-*** **2.** das Haus e-s Bauern mit den Ställen, dem Garten, den（angrenzenden）Feldern *usw* 农家院落，农家，庄园 ≈ Gehöft〈e-n H. erben, pachten, verpachten 继承，租用，出租一家农家院落；in e-n H. einheiraten 嫁入（或入赘）农家〉：*Nur noch wenige Höfe im Dorf werden bewirtschaftet* 村里只有几家庄园还进行耕作 ‖ K-（复合）：***Hof-, -erbe; -hund*** ‖ -K（复合）：***Bauern-, Guts-*** **3.** der Ort u. die Häuser, in denen ein König, Fürst *o.Ä.* lebt u. von wo aus er ein Gebiet regiert 宫廷，朝廷〈der königliche, kaiserliche H. 王室宫廷，皇室宫廷；bei Hofe/am H. eingeführt werden 被引荐到宫廷；am H. leben 在宫廷中生活〉：*der H. Ludwigs XIV. in Versailles* 在凡尔赛的路易十四的宫廷 ‖ K-（复合）：***Hof-, -adel, -dame, -gesellschaft, -garten, -kirche, -lieferant, -narr, -poet*** ‖ -K（复合）：***Fürsten-, Kaiser-, Königs-*** **4.** *nur Sg, Kollekt*（只用单数）（集合）；die Personen, die am Hof（3）e-s Herrschers leben 宫廷臣仆，宫廷侍从 ≈ Hofstaat：*Die Schauspieltruppe führte ihr Stück vor dem H. des Königs auf* 剧团给国王的宫廷臣仆演了一出戏 **5.** *nur Sg*（只用

单数); ein heller Bereich *bes* um den Mond, der wie Nebel aussieht 晕,晕圈 **6.** *nur Sg*(只用单数); verwendet als Teil von Namen von Gasthöfen u. Hotels(用作饭店、旅馆的名称)…宫旅馆: *im Bamberger H. absteigen* 在班贝克宫旅馆投宿(下榻) **7.** ‹ein Fürst, ein König 侯爵,国王› ***hält*** (***irgendwo***) ***Hof*** *hist*[历]; ein Fürst, ein König *o. Ä.* ist mit seinem Hofstaat irgendwo u. regiert 驻跸,临朝,视朝: *Karl der Große hielt in Aachen Hof* 查理大帝驻跸亚琛 ‖ ID [谚] ***j-m den H. machen*** *veraltend*[渐旧]; als Mann charmant um e-e Frau werben 向(女人)献殷勤 ‖ *zu* (义项) **7. Hof·hal·tung** *die*; *nur Sg* (只用单数)

hof·fen; *hoffte, hat gehofft*; [Vt] (及物) **1.** ***etw. h.*** den Wunsch haben, dass etw. geschehen wird, u. gleichzeitig glauben, dass es geschehen kann 希望,盼望,指望 ≈ sich etw. wünschen ↔ etw. befürchten: *Ich hoffe, dass es morgen schönes Wetter gibt* 我希望明天有好天气; *Hoffen wir das Beste!* 让我们作最好的设想吧!; [Vi](不及物) **2.** (***auf etw.*** (*Akk* 四格)) ***h.*** ≈ etw. h.(1): *Ich hoffe auf ein baldiges Wiedersehen!* 我盼望不久能再见; *Das Kind war schon so lange krank, dass die Eltern kaum noch (auf e-e Genesung) zu h. wagten* 孩子已经病了很久,(以致)父母都不敢再指望(他痊愈)了; *Ich hoffe u. bete* 我盼望并祈祷 ‖ ID [谚] *mst* 多用 ***Das will ich*** (***doch stark***) ***h.!*** verwendet, um e-e indirekte Drohung od. Warnung auszusprechen(表达间接的威胁或警告)这正是我所(迫切)希望的!(我正等着瞧呢!) ≈ das setze ich voraus, davon gehe ich aus

hof·fent·lich *Adv* (副) **1.** verwendet, um auszudrücken, dass man etw. sehr stark wünscht 但愿: *H. hatte er keinen Unfall!* 但愿他不会出事!; *Du hast doch h. nicht vor, diesen Mann zu heiraten?* 但愿你不会打算同这个男人结婚吧? **2.** verwendet als Antwort auf e-e (Entscheidungs) Frage, um e-n leichten Zweifel auszudrücken(用于回答问题,表示略有怀疑): „*Kann er das Fahrrad reparieren?*" – „*H.!*" "他会修理自行车吗?"——"但愿他会!"

Hoff·nung *die*; -, *-en* **1.** ***e-e H.*** (***auf etw.*** (*Akk* 四格)) der starke Wunsch od. Glaube, dass etw. geschehen wird 希望,期望 ‹e-e begründete, berechtigte, falsche, schwache H. 有根据的、合理的、错误的、微弱的希望; sich/j-m Hoffnung(en) machen 产生希望/使某人产生希望; in j-m Hoffnung(en) (er)wecken 引起某人的希望; H. schöpfen 产生希望; (keine, wenig) H. haben 有(没有,很少有)希望; j-m e-e/die H. nehmen 使某人失去希望; die H. aufgeben, verlieren 放弃,失去希望›: *Es gibt kaum noch H., dass er gesund wird* 对他的康复几乎没有希望了; *Sie ging voller H. in die Prüfung* 她满怀希望去参加考试; *Mach dir keine falschen Hoffnungen!* 别抱不切实际的希望了! **2.** j-d/etw., von dem man e-e gute Leistung od. Hilfe erwartet 可寄于希望的人或物: *Er ist die große H. seiner Eltern, er soll einmal ein berühmter Künstler werden* 他是他父母的莫大希望,他有朝一日会成为著名的艺术家; *Du bist/das ist meine letzte H.!* 你是/这是我的最后一线希望! **3.** ***H. in j-n/etw. setzen*** von j-m/etw. e-e gute Leistung od. Hilfe erwarten 对…抱有希望,寄希望于… **4.** ***guter H. sein*** *veraltend euph*[渐旧][婉]; (als Frau) ein Kind erwarten, schwanger sein 有喜,怀孕 ‖ *zu* (义项) **1. hoff·nungs·los** *Adj*(形); **hoff·nungs·voll** *Adj*(形)

hoff·nungs·froh *Adj* (形); *geschr* [书]; voller Hoffnung 满怀希望的 ≈ optimistisch ‹h. in die Zukunft blicken 满怀希望地展望未来›

Hoff·nungs·schim·mer *der*; *geschr* [书]; ein bisschen Hoffnung 微弱的希望,一线希望

Hoff·nungs·trä·ger *der*; j-d, von dem man viel (an Leistung od. Hilfe) erwartet 被寄于希望的人 ‖ *hierzu* (派生) **Hoff·nungs·trä·ge·rin** *die*

hof·hal·ten ↑ ***Hof*** (7)

ho·fie·ren; *hofierte, hat hofiert*; [Vt] (及物) ***j-n h.*** sehr hilfsbereit u. höflich zu j-m sein u. ihm schmeicheln 向…献媚,向…献殷勤 ‹seinen Chef, e-n Gönner h. 向他的上司、施主献媚›

hö·fisch *Adj* (形) **1.** *hist* [历]; so, wie es an e-m Hof (3) üblich war 宫廷的,朝廷的 ↔ bürgerlich ‹Sitten, Manieren, ein Tanz 礼仪,风度,舞蹈› **2.** LIT【文学】; der Kultur u. den Idealen der ritterlichen Gesellschaft des Mittelalters entsprechend 与中世纪骑士社会的文化和理想相适应的,高雅的,优雅的,显贵的 ‹die Dichtung, die Epik, die Kunst 文学,叙事文学,艺术›

Hof·knicks *der*; *hist*[历]; e-e Art Knicks, mit dem Frauen e-n Fürsten (u. seine Familie) begrüßen mussten 宫廷屈膝礼

höf·lich *Adj*(形); ***h.*** (***zu j-m***) von e-m Verhalten geprägt, das auf die Gefühle anderer Menschen Rücksicht nimmt u. den sozialen Normen entspricht 有礼貌的,客气的,周到的,殷勤的 ≈ rücksichtsvoll, zuvorkommend ↔ unhöflich ‹e-e Antwort, ein Benehmen, e-e Geste, ein Gruß 回答,举止,手势,问候; ein Mensch 人; (j-n) h. um etw. bitten, j-n h. grüßen 恭敬地请求某人作某事,有礼貌地向某人问好; sich h. bedanken 客气地感谢; ausgesucht, übertrieben h. sein 极其客气,过于客气; so h. sein, etw. zu tun 非常客气地做某事›: *Er war so h., mir die Tür aufzuhalten* 他非常客气地为我把门敞着; *Als höflicher Mensch unterbricht er nie ein Gespräch* 他作为一个有礼貌的人从不打断别人的谈话

Höf·lich·keit *die*; -, *-en* **1.** ***H.*** (***j-m gegenüber***) *nur Sg*(只用单数); ein höfliches Benehmen 礼貌,客气,殷勤 ‹j-n mit ausgesuchter, großer, übertriebener H. begrüßen, behandeln 极其、十分、过分客气地向某人问好、对待某人; es nicht an H. fehlen lassen 周到地招待; etw. aus reiner/nur aus H. tun 纯粹/只是出于礼貌而做某事› ‖ K-(复合): ***Höflichkeits-, -besuch, -bezeigung, -floskel*** **2.** *mst Pl* (多用复数); höfliche, aber *mst* nichtssagende (unverbindliche) Worte 客套话,恭维话

H

〈Höflichkeiten austauschen 相互寒暄〉‖ *zu*（义项）**1. höf·lich·keits·hal·ber** *Adv*（副）

Höf·ling *der*; *-s*, *-e*; *hist*［历］; j-d, der zum Hofstaat e-s Fürsten *o. Ä.* gehörte 朝臣，廷臣，宫廷侍从

Hof·rat *der*; Ⓐ［奥］**1.** ein (Ehren) Titel für Beamte 枢密顾问(头衔) **2.** j-d, der den Titel „H."(1) trägt 枢密官，内廷参事(获此头衔者)

Hof·staat *der*; *-s*; *nur Sg*, *Kollekt*（只用单数）（集合）; alle Personen, die am Hof (3) e-s Fürsten *o. Ä.* leben 宫廷臣仆，宫廷侍从: *Der König u. sein ganzer H. versammelten sich im Thronsaal* 国王及其全体宫廷臣仆聚集在御前大厅

ho·h- ↑ **hoch**

Hö·he [ˈhøːə] *die*; *-*, *-n* **1.** die Ausdehnung von etw. nach oben 高度，高 ↔ Tiefe: *e-e Mauer von zwei Meter H.* 两米高的墙; *Dieser Berg hat e-e H. von 3000 Metern* 这座山高3000米; *die Länge, Breite u. H. e-s Schranks abmessen* 量出柜子的长、宽和高 ‖ ↑ *Abb. unter* 图见 **geometrische Figuren** ‖ K-(复合): **Höhen-, -angabe, -unterschied; höhen-, -gleich** ‖ -K(复合): **Schrank-, Stuhl-, Tisch-** *usw* **2.** die Entfernung, die etw. von e-m bestimmten Punkt (*mst* der Erdoberfläche, des Meeresspiegels) hat, der darunterliegt 高，高度，海拔〈etw. fliegt, liegt in großer H. 某物在高空飞行，位于高空; etw. befindet sich in e-r bestimmten H. 某物处在一定的高度〉: *etw. aus großer H. fallen lassen* 让某物从高空落下; *Der Ort liegt in sechshundert Meter H. (über dem Meeresspiegel)* 这个地方位于海拔600米 ‖ K-(复合): **Höhen-, -lage, -messer, -unterschied, -wanderung, -weg, -wind** ‖ -K(复合): **Augen-, Brust-, Knie-, Schulter-; Flug-, Meeres-, Wasser- 3.** e-e (mathematische) Größe, die sich messen u. in Zahlen darstellen lässt 数目，数额(高低，大小)〈die H. e-s Betrags, e-s Drucks, e-s Lohnes, e-r Steuer, e-r Temperatur 款项、压力、工资、税额、温度的高低(大小); die H. bestimmen, ermitteln, festlegen, variieren, verändern 规定，算出，确定，变化，变更数目〉: *Die H. der Preise richtet sich nach Angebot u. Nachfrage* 价格的高低取决于供给和需求 ‖ -K(复合): **Druck-, Preis-, Schadens-, Temperatur- 4.** *geschr*［书］; ein Punkt od. e-e Gegend, die (weit) über e-e Ebene herausragen, *z. B.* ein Hügel 高处，高地，山，山丘 ≈ Anhöhe〈e-e H. erklimmen, ersteigen 爬上，登上高地; auf e-r H. stehen 站在高处〉: *Er machte e-e Wanderung zur H. der Klippe* 他做了一次到悬崖顶峰的漫游 ‖ -K(复合): **Berges-, Pass-, Waldes- 5.** die Frequenz, die ein Geräusch hat 音高〈die H. e-s Tons 音的高度，音高〉: *beim Singen nicht die richtige H. treffen* 在唱歌时没有发出正确的音高 ‖ -K(复合): **Ton- 6.** *nur Pl*（只用复数）; **die Höhen** alle hohen Töne (*z. B.* in e-m Musikstück) im Gegensatz zu den mittelhohen u. tiefen Tönen 高音 **7.** *nur Sg*（只用单数）; ein bestimmtes, relativ gutes Niveau 高度，高峰，水平〈(etw. hat) e-e beachtliche, beträchtliche H.（某物有）相当的、可观的水平〉: *Der technische Fortschritt hat in den letzten Jahrzehnten e-e gewaltige H. erreicht* 在最近几十年中技术进步达到了极高的水平 **8. auf der H. + Gen**（二格）**/ von j-m / etw.; auf gleicher H.**（**mit j-m / etw.**）auf derselben (gedachten) Linie wie j-d/etw. 与…并排，与…在同一地平纬度上: *Sie parkte das Auto auf der H. der evangelischen Kirche* 她把汽车并排停放在新教教堂一侧; *Die beiden Pferde befinden sich kurz vor der Ziellinie auf gleicher H.* 两匹马在快到终点线时跑得一样快(齐头并进) **9.** MATH【数】; der senkrechte Abstand, den der äußerste Punkt e-r Figur von der Grundlinie od. Grundfläche hat 高，高度〈die H. e-s Dreiecks, e-r Pyramide 三角形、棱锥体的高; die H. bestimmen, errechnen, ermitteln, messen, einzeichnen 求，算出，得出，测定，画出高〉 **10.** ASTR【天】; der Abstand, den ein Planet, ein Stern *o. Ä.* vom Horizont hat 仰角，地平纬度: *Die Venus steht gerade in einundzwanzig Grad, sechzehn Minuten (21° 16') H.* 金星恰好位于地平纬度21°16' **11. auf der H. + Gen**（二格）; am höchsten Punkt e-r Entwicklung 顶点，顶峰 ≈ Höhepunkt: *Er befindet sich auf der H. seines Ruhms* 他正处在其荣誉的顶峰 ‖ ID［谚］**Das ist (ja) die H.!** *gespr*［口］; verwendet, um seine Empörung auszudrücken(表示愤慨)这(真)是太过分了！这(简直)是到了极点！这(实在)是忍无可忍！≈ das geht zu weit, das ist unerhört; **auf der H. der Ereignisse sein** über ein aktuelles Thema informiert sein 对最新情况消息灵通 ≈ auf dem laufenden sein; **etw. ist auf der H. der Zeit** etw. entspricht e-m bestimmten Stand der Entwicklung 某物符合时代发展的水平; **nicht (ganz) auf der H. sein** *gespr*［口］; nicht ganz gesund sein 身体不(太)舒服

Ho·heit *die*; *-*, *-en* **1. die H.** (**über etw.** (*Akk* 四格)) *nur Sg*（只用单数）; das Recht (e-s Staates), ein bestimmtes Gebiet zu regieren, u. die Verpflichtung, es zu schützen(国家)主权 ≈ Souveränität〈die H. über ein Land, ein Meeresgebiet 对陆地、海域的主权; die H. e-s Landes anerkennen 承认一个国家的主权; ein Land steht unter j-s H. 一个国家受某人管辖〉: *Die eroberten Gebiete wurden unter die H. der Siegermächte gestellt* 被占领的地区被置于战胜国的管辖之下 ‖ K-(复合): **Hoheits-, -gebiet, -gewalt, -gewässer, -recht, -träger, -zeichen** ‖ -K(复合): **Finanz-, Gerichts- 2.** *nur Sg*（只用单数）; *geschr*［书］; der vornehme u. edle Charakter 尊严，尊贵，威严，高贵 ≈ Erhabenheit, Würde〈die H. e-r Erscheinung, e-r Persönlichkeit, e-s Amtes 仪表、人物、职位的尊严〉 **3.** ein Angehöriger e-r adeligen (regierenden) Familie(执政贵族家族成员)殿下 **4.** verwendet als Anrede für e-e H. (3)（对执政贵族家族成员的称谓）〈Eure H. 殿下〉 ‖ *zu*（义项）**2. ho·heits·voll** *Adj*（形）

Hö·hen·angst *die*; *nur Sg*（只用单数）; die Angst

davor, *z. B.* von e-r Brücke od. e-m Berg nach unten zu sehen 登上高处的恐惧,恐高症

Hö·hen·flug *der* **1.** ein Flug in großer Höhe 高空飞行 **2.** *mst pej od iron* 多用[贬]或[讽]; die Wanderung von j-s Gedanken in sehr unrealistische, fantastische Bereiche 异想天开,遐想,心驰神往〈j-s geistige Höhenflüge 某人的想入非非〉 **3.** ein großer Erfolg 腾达,鸿运,成功: *sein H. wurde gebremst* 他的成功之路被制止了

Hö·hen·krank·heit *die*; *nur Sg*(只用单数); ein Gefühl der Übelkeit (wegen e-s Mangels an Sauerstoff), das manche Menschen bekommen, wenn sie auf sehr hohen Bergen sind 高山病,高山反应,山晕

Hö·hen·luft *die*; *nur Sg*(只用单数); die Luft im Hochgebirge mit relativ wenig Sauerstoff 高山(缺氧)空气〈die H. nicht vertragen 受不了高山空气; sich an die H. gewöhnen, anpassen (müssen)(必须)习惯,适应高山空气〉

Hö·hen·son·ne *die* **1.** *nur Sg*(只用单数); das Licht der Sonne im Gebirge, das ziemlich viel ultraviolette Strahlen enthält 高山太阳,高山阳光 **2.** ® ein Gerät, das Licht mit viel ultravioletten Strahlen erzeugt u. so bestimmte Krankheiten heilen kann 人工太阳灯,紫外线灯〈unter der H. liegen 躺在人工太阳灯下; von e-r H. bestrahlt werden 接受人工太阳灯的照射〉

hö·hen|ver·stell·bar *Adj*(形);〈e-e Lampe, ein Sitz 灯,座位〉so, dass man ihre Höhe ändern kann 可调节高度的

Hö·he·punkt *der* **1.** ***der H.*** + *Gen*(二格)/ ***der H. in etw.*** (*Dat* 三格) der wichtigste (u. schönste) Teil e-r Entwicklung od. e-s Vorgangs 最高点,顶点,顶峰,高潮〈der dramatische, musikalische H. 戏剧的、音乐的高潮; etw. geht seinem H. zu, erreicht e-n H. 某事走向、达到自己的高潮(顶峰); auf dem H. seiner Karriere, Laufbahn sein 处在其仕途、生涯的顶峰〉: *Die Wahl zum Präsidenten stellte den H. (in) seiner politischen Laufbahn dar* 总统选举是他政治生涯(中)的顶峰 **2.** ≈ Orgasmus〈zum H. kommen 达到性欲高潮〉

hö·her [ˈhøːɐ] *Komparativ*(比较级); ↑ ***hoch***

hö·he·rer·seits *Adv*(副); *geschr*[书]; von e-r höheren (vorgesetzten) Dienststelle od. von e-m Vorgesetzten aus 由上面,由上级〈etw. wird h. angeordnet, befohlen, verfügt 某事是由上面规定,命令,吩咐的〉

hö·her·grup·pie·ren; *gruppierte höher, hat höhergruppiert*; [Vt](及物) ***j-n h.*** j-n in e-e höhere Tarifgruppe einstufen 把…(级别及工资)提高一级,晋升一级 ≈ höherstufen ‖ *hierzu*(派生) **Hö·her·grup·pie·rung** *die*

hö·her·stu·fen; *stufte höher, hat höhergestuft*; [Vt](及物) ***j-n h.*** ≈ höhergruppieren ↔ j-n zurückstufen ‖ *hierzu*(派生) **Hö·her·stu·fung** *die*

hohl *Adj*(形) **1.** innen leer, ohne Inhalt 空心的,蛀空的〈ein Baum, ein Zahn 树,牙齿〉: *Die Mauer klingt an dieser Stelle h.* 这堵墙在这个地方听起来是空的 ‖ K-(复合): ***Hohl-***, ***-körper***, ***-raum*** **2.** nach innen gebogen 凹进去的,凹陷的,蜷曲的 ≈ konkav ↔ konvex〈ein hohles Kreuz, hohle Wangen haben 有驼背,凹陷的面颊〉: *Sie schöpfte mit der hohlen Hand Wasser aus dem Bach* 她用蜷曲的手掌从溪流里舀水 ‖ K-(复合): ***Hohl-***, ***-spiegel*** **3.** 〈ein Klang, ein Gelächter 声音,笑声〉so, dass es klingt, als kämen sie aus e-m leeren Raum 瓮声瓮气的,低沉的,空洞的 ≈ dumpf **4.** *pej*[贬]; ohne wichtigen (geistigen) Inhalt 空泛的,空洞的,思想贫乏的 ≈ leer, nichtssagend〈ein Gerede, Phrasen 闲话,废话〉‖ *zu* (义项) **4. Hohl·heit** *die*; *nur Sg*(只用单数)

hohl·äu·gig *Adj*(形); mit Augen, die tief (im Kopf) liegen (infolge von Krankheit od. Unterernährung) 眼窝深陷的〈Kinder, ein Gesicht 孩子们,脸〉

Höh·le *die*; -, *-n* **1.** ein Raum unter der Erde od. in e-m Berg, Felsen *usw* 洞穴,洞〈e-e (unterirdische) H. entdecken, erforschen 发现,考察一个(地下)洞穴〉: *Die Steinzeitmenschen lebten in Höhlen* 石器时代的人生活在洞穴里 ‖ -K(复合): ***Bären-***, ***Dachs-***, ***Fuchs-***, ***Wolfs-***; ***Erd-*** **2.** *Kurzw*(略) ↑ ***Augenhöhle*** 〈j-s Augen liegen tief in ihren Höhlen 某人的眼睛深陷进眼窝里〉 **3.** *pej*[贬]; e-e dunkle, feuchte, ärmliche Wohnung 栖身之所,窝〈in e-r muffigen H. hausen, wohnen 栖身于,住在一个散发着霉臭味的住所里〉 **4.** *gespr*[口]; *mst* j-s eigenes Zimmer od. seine Wohnung, wo er sich geborgen fühlt 藏身之处,安身之所〈sich in seine(r) H. verkriechen 躲进(在)自己的窝里〉‖ ID [谚] *mst* 多用 ***sich in die H. des Löwen wagen*** *hum*[诙]; mutig zu j-m hingehen, vor dem man Angst hat 敢入狮穴(敢去见人们害怕的人) ‖ ID[谚] ↑ ***aushöhlen***

Höh·len·ma·le·rei *die* **1.** e-e Art der Malerei, bei der Menschen alter Kulturen Bilder an die Wände ihrer Höhlen malten 石窟绘画 **2.** *mst Pl*(多用复数); ein Bild in dieser Art 石窟画

Hohl·kopf *der*; *gespr pej* [口][贬] ≈ Dummkopf

Hohl·kreuz *das*; e-e Wirbelsäule, die im Bereich des unteren Rückens stark nach vorn gebogen ist 驼背〈ein H. haben, machen 腰椎突出,撅着腰(弯腰)〉

Hohl·maß *das* **1.** e-e (Maß) Einheit, mit der man angibt, wie groß das Volumen von etw. ist 容量单位 ≈ Raummaß: *Kubikmeter u. Liter sind Hohlmaße* 立方米和升是容量单位 **2.** ein Gefäß mit e-r Skala, mit dem man *bes* die Menge e-r Flüssigkeit messen kann (有刻度的,量液体用的)计量容器

Höh·lung *die*; -, *-en*; *geschr*[书]; e-e *mst* natürlich entstandene kleine Höhle (1) in e-m Baum od. Felsen 孔,洞,洞穴: *Viele Seevögel nisten in Höhlungen in der Felswand* 许多海鸟在悬崖峭壁的洞穴里作巢

hohl·wan·gig *Adj*(形); *nicht adv*(不作状语);

sehr mager im Gesicht, mit eingefallenen Wangen (infolge von Krankheit od. Unterernährung)面颊凹陷的,面黄肌瘦的

Hohl·weg *der*; ein Weg zwischen steilen Felswänden 山隘,隘口,隘路

Hohn *der*; -(*e*)*s*; *nur Sg*(只用单数); böser Spott, der mit Verachtung gemischt ist 嘲弄,嘲讽〈beißender, blanker, kalter, offener, unverhüllter H. 尖刻的、明显的、冷酷的、公开的、毫不掩饰的嘲弄; j-d/etw. erntet nur Spott u. H. 某人/某物只是遭到嘲弄和讥笑〉‖ K-(复合): ***Hohn-***, ***-gelächter*** ‖ ID [谚] *mst* 多用 ***Das ist ja der blanke, reine H.!*** das ist ohne jede Vernunft, das ist völlig absurd 这简直荒谬透顶!; ***etw. spricht etw.*** (*Dat* 三格) ***H.*** *geschr*[书]; etw. steht im Widerspruch zu etw. u. macht es dadurch lächerlich u. unglaubwürdig(物作主语)与某物背道而驰,牛头不对马嘴: *Diese Theorie spricht allen empirischen Ergebnissen H.* 这种理论是与一切经验性结果背道而驰的; *ein allem Recht H. sprechendes Urteil* 与所有法律背道而驰的判决

höh·nen; *höhnte, hat gehöhnt*; [Vt] (及物) ***etw. h.*** *geschr*[书]; etw. voller Hohn sagen 讽刺地说,讥讽地说,讥诮地说: „*Das geschieht dir ganz recht*", *höhnte sie* 她讽刺地说:"这完全是你所应得的(你活该)" ‖ NB(注意): das Objekt ist *mst* ein Satz(补语多是一个句子) ‖ ▶ ***verhöhnen***

höh·nisch *Adj*(形); voller Hohn 讥讽的,恶意讥诮的,幸灾乐祸的 ≈ spöttisch 〈ein Grinsen, ein Lachen, e-e Bemerkung, e-e Antwort 冷笑,笑,意见,回答; h. grinsen, lachen 幸灾乐祸地冷笑,笑〉

hohn·lä·chelnd *Adv*(副); *geschr*[书]; mit e-m höhnischen Lächeln 讥讽地微笑着,恶意地微笑着,带着讥讽的微笑〈j-m etw. h. zur Antwort geben 讥讽地微笑着回答某人某事〉

hohn·la·chend *Adv*(副); *geschr*[书]; mit e-m höhnischen Lachen 带着讥讽的笑声

hohn·spre·chen *nur Infinitiv u. Partizip Präsens*(只用于不定式和现在完成时); ↑ ***Hohn*** ID [谚]

ho·ho! *Interjektion*(叹); *gespr* [口]; verwendet, um Erstaunen od. Protest auszudrücken(表示惊讶或反对)哎呀!

hoi! [hɔy] *Interjektion*(叹); *gespr*[口]; drückt aus, dass man überrascht u./od. erfreut ist (表示感到意外或高兴)哎呀!

Ho·kus·po·kus *der*; -; *nur Sg*(只用单数) **1.** *gespr pej* [口][贬]; ein übertriebenes, lächerliches Zeremoniell, das die Leute amüsieren soll 逗乐的夸张可笑的话和举动,噱头: *Der Sänger begleitete seinen Auftritt mit viel H.* 歌手出场时还搞了许多噱头 **2.** Zauberei od. Tricks 戏法: *Er macht den Kindern allerlei H. vor* 他给孩子们表演各种各样的戏法 **3.** *ohne Artikel, gespr hum*(无冠词)[口][诙]; verwendet als Formel, die man spricht, wenn man e-n (Zauber)Trick zeigt(变戏法者表演时说的套话): *H., da ist das Kaninchen!* 霍库斯波库斯,兔子变出来了!

hold *Adj*(形); *geschr* [书] **1.** sehr zart u. hübsch 可爱的,妩媚的,优美的 ≈ anmutig 〈ein Kind, ein Lächeln 孩子,微笑〉 **2.** ***das Glück ist j-m (nicht) h.*** j-d hat (kein) Glück 某人(不)走运

ho·len; *holte, hat geholt*; [Vt] (及物) **1.** ***j-n/etw. h.*** irgendwohin gehen, wo e-e Person od. Sache ist, u. sie mit sich zurückbringen 拿来,接来,请来 ↔ (weg)bringen: *Kartoffeln aus dem Keller h.* 从地下室把马铃薯拿来; *j-n ans Telefon h.* 请某人来接电话 **2.** ***etw. aus etw. h.*** etw. aus e-m Behälter (heraus)nehmen 把…从…中取出来,拿出来: *den Schlüssel aus der Tasche h.* 把钥匙从口袋中拿出来; *Milch aus dem Kühlschrank h.* 从冰箱中把奶取出来 **3.** ***j-n h.*** j-n (durch e-n Anruf *o. Ä.*) veranlassen zu kommen 叫来,请来 ≈ kommen lassen, rufen 〈den Arzt, den Klempner, die Polizei h. 请医生来,请白铁匠来,叫警察来〉: *Der Pfarrer wurde ans Bett des Sterbenden geholt* 牧师被请到垂死者的床前 **4.** ***etw. h.*** *gespr* [口] ≈ einkaufen: *Brötchen h.* 买小面包 **5.** ***j-n zu sich h.*** j-m erlauben, in seinem Haushalt zu wohnen 把…接到自己家里去住: *Als ihre Eltern starben, holte der Bruder die Kinder zu sich* 当她父母去世时,兄弟把孩子接到自己家去住 **6.** ***j-n aus dem Bett h.*** j-n veranlassen, aus dem Bett aufzustehen 把…从床上叫起来: *Der Telefonanruf hat mich mitten in der Nacht aus dem Bett geholt* 电话铃声深更半夜把我从床上叫起来 **7.** ***Atem/Luft h.*** ≈ einatmen 〈tief Atem/Luft h. 深深地吸气〉 **8.** (***sich*** (*Dat* 三格)) ***etw. h.*** (bei e-m Wettbewerb, beim Sport *usw*) etw. gewinnen (体育竞赛中)获得,赢得〈e-e Medaille, e-n Preis, e-n Titel h. 获得奖章,奖金,称号〉: *Der Verein hat (sich) mit diesem Spiel die Meisterschaft geholt* 该协会因这项比赛获得冠军 **9.** ***sich*** (*Dat* 三格) ***etw. h.*** *gespr*[口]; sich mit etw. infizieren u. krank werden 得病,患病〈sich die Grippe, e-n Schnupfen *usw* h. 得了流感、感冒等〉 **10.** ***sich*** (*Dat* 三格) ***etw. h.*** sich etw. geben lassen 征求,听取,请教〈sich Anregungen, (e-n) Rat, Tipps (von j-m) h. 征求建议,求教,听取(某人的)主意〉 ‖ ID [谚] *mst* 多用 ***Bei dem/der ist nichts (mehr) zu h.*** *gespr* [口]; er/sie hat kein Geld mehr (das man ihm wegnehmen könnte)在他/她那儿(再也)没有什么油水了

hol·la! *Interjektion* (叹); verwendet, um Überraschung auszudrücken(表示惊讶)嗨! 哎呀!

Höl·le *die*; -; *nur Sg*(只用单数) **1.** der Ort, von dem man (in manchen Religionen) glaubt, dass dort nach dem Tod die Seelen der Menschen für ihre Sünden bestraft werden 地狱,阴间 ↔ Himmel〈in die H. kommen 进地狱; zur H. fahren 下地狱〉 ‖ K-(复合): ***Höllen-***, ***-feuer***, ***-qualen*** **2.** ein Ort od. ein Zustand, in dem man sehr viel leidet 苦难的深渊,地狱般的生活状况〈etw. ist für j-n die H. 某物对某人来说是苦难的深渊; j-m das Leben zur H. machen 使某人过地狱般的生活〉 ‖ ID[谚]

j-m die H. heiß machen *gespr*[口]；j-m durch Drohungen angst machen 恐吓某人，威逼某人；*mst* 多用 ***Hier ist die H. los*** *gespr*[口]；hier ist großer Lärm u. ein (hektisches) Durcheinander 这里闹得天翻地覆

Höl·len- *im Subst*, *wenig produktiv*（构成名词，构词弱），*gespr*[口]；verwendet, um Substantive (*mst* mit negativem Inhalt) zu verstärken（用来加强名词的负面意义）极大，极端，很 ≈ Heiden-, Mords-; die ***Höllenangst***, der ***Höllenkrach***, der ***Höllenlärm***, der ***Höllenspektakel***, das ***Höllentempo***

höl·lisch *Adj*（形）**1.** zur Hölle gehörig 地狱的 〈das Feuer 火〉 **2.** *gespr*[口]；(im negativen Sinn) sehr stark, sehr groß 极大的，厉害的，剧烈的〈Angst, Schmerzen, e-e Hitze, ein Lärm, ein Tempo 恐惧，痛苦，炎热，喧闹声，速度〉 **3.** *nur adv*, *gespr*（只作状语）[口]；verwendet, um Verben u. Adjektive zu verstärken（用来加强动词和形容词的词义）很，非常，厉害，要命 ≈ sehr 〈h. aufpassen 十分注意，sich h. anstrengen 拼命使劲，sich h. freuen 极其高兴；es ist h. heiß, kalt 热得、冷得要命〉：*Die Wunde tut h. weh* 伤口痛得要命

Holm *der*; -*(e)s*, -*e*; einer der beiden langen Teile e-r Leiter（梯子两旁的）竖杆：*E-e Leiter besteht aus zwei Holmen u. mehreren Sprossen* 梯子由两根竖杆和若干根横木组成

Ho·lo·caust [ˈhoːlokaust] *der*; -*(s)*, -*s* **1.** *nur Sg*, *hist*（只用单数）[历]；der Massenmord an den Juden zur Zeit des Nationalsozialismus 纳粹党时期对犹太人的大屠杀 **2.** das Töten e-r sehr großen Zahl von Menschen 大屠杀 ≈ Massenvernichtung 〈ein atomarer H. 原子武器的大屠杀〉

hol·pe·rig *Adj*（形）；↑ ***holprig***

hol·pern; *holperte*, *hat / ist geholpert*; [Vi]（不及物）**1.** 〈ein Fahrzeug 运输工具〉 ***holpert irgendwohin*** (*ist*) ein Fahrzeug bewegt sich auf e-m unebenen Weg ruckartig auf u. ab 颠簸地行驶〈ein Karren, ein Wagen 手推车，车子〉：*Die Kutsche holperte / Wir holperten* (= unser Wagen holperte) *über das Pflaster* 马车颠簸地驶过/我们（我们的车子）颠簸地走过石子路 **2.** ***etw. holpert*** (*hat*) etw. bewegt sich während e-r Fahrt ruckartig auf u. ab（物作主语）颠簸地走动：*Da sein Anhänger zu sehr holperte, fiel die Ladung herunter* 因为他的拖车颠簸得太厉害，所以货物都掉下来了

holp·rig *Adj*（形）**1.** *nicht adv*（不作状语）；voller Löcher u. Unebenheiten 不平坦的，坑坑洼洼的，坎坷不平的 ≈ uneben 〈e-e Gasse, ein Pfad, ein Weg 小巷，小路，道路〉：*auf e-m holprigen Pflaster fahren* 在坎坷不平的石子路上行驶 **2.** so, dass man noch viele Pausen beim Sprechen macht od. machen muss 不流利的，结结巴巴的 ≈ stockend ↔ flüssig 〈h. lesen, sprechen, vortragen 结结巴巴地读，说，朗诵〉：*Mein Italienisch ist noch ziemlich h.* 我的意大利语还讲得结结巴巴的

hol·ter·die·pol·ter *Adv*（副）；*gespr* [口] ≈ überstürzt, Hals über Kopf 〈etw. h. machen 匆忙地，手忙脚乱地做某事；etw. geht h. 某事进行得仓促〉

Ho·lun·der *der*; -*s*; *nur Sg*（只用单数）**1.** ein Strauch od. kleiner Baum mit kleinen schwarzen Beeren 接骨木 ‖ K-（复合）：***Holunder-***, ***-beere***, ***-blüte*** **2.** die Beeren des Holunders (1) 接骨木果 ‖ K-（复合）：***Holunder-***, ***-saft***, ***-tee***

Holz *das*; -*es*, *Höl·zer* **1.** *nur Sg*（只用单数）；das Material, aus dem Äste u. Stämme von Bäumen bestehen u. aus dem man *z. B.* Möbel u. Papier macht 木，木头，木料〈dunkles, helles, gemasertes, hartes, weiches, dürres, trockenes H. 深色的、浅色的、有天然纹理的、硬的、软的、干枯的、干燥的木头（木料）；H. hacken, sägen, spalten, stapeln 劈、锯、劈开木头，把木头垛成堆；(etw. aus) H. schnitzen 雕刻木头（把木头雕刻成某物）〉：*ein Schrank aus massivem H.* 实木柜子；*H. für ein Lagerfeuer sammeln* 为举行营火会而把木头聚集起来 ‖ K-（复合）：***Holz-***, ***-bank***, ***-bein***, ***-blasinstrument***, ***-brett***, ***-brücke***, ***-figur***, ***-fußboden***, ***-gerüst***, ***-hammer***, ***-haus***, ***-hütte***, ***-industrie***, ***-kiste***, ***-klotz***, ***-kreuz***, ***-scheit***, ***-schnitzer***, ***-schnitzerei***, ***-schuhe***, ***-schuppen***, ***-ski***, ***-span***, ***-splitter***, ***-stapel***, ***-stück***, ***-zaun***; ***holz-***, ***-geschnitzt***, ***-getäfelt***, ***-verkleidet*** ‖ -K（复合）：***Buchen-***, ***Eichen-*** *usw*; ***Bau-***, ***Brenn-***, ***Möbel-***; ***Hart-***, ***Weich-*** ‖ NB（注意）：Als Plural wird *Holzarten* od. *Holzsorten* verwendet（复数用 Holzarten 或 Holzorten） **2.** *mst Pl*（多用复数）；e-e bestimmte Sorte H. (1) 一定品种的木材：*für den Geigenbau nur beste Hölzer verwenden* 只有优质木材才用来制造小提琴；*Mahagoni u. Teak sind edle Hölzer* 桃花心木和柚木是贵重的木材 ‖ -K（复合）：***Edel-***, ***Laub-***, ***Nadel-*** **3.** *veraltend* [渐旧] ≈ Wald 〈ins H. gehen, fahren 走进森林，驾车或乘车进入森林〉 **4.** ***H. machen*** Bäume fällen *od.* Brennholz klein hacken 伐木，劈碎木柴 ‖ ID[谚] ***etw. ist viel H.*** *gespr* [口]；etw. ist e-e große Menge Geld, Arbeit *o. Ä.* 某物是一大笔钱，某事是大量的工作等；***j-d ist aus hartem / weichem H. geschnitzt*** j-d ist körperlich u. geistig sehr belastbar / nicht sehr belastbar, hat e-n festen Charakter / ist charakterlich nicht gefestigt 某人性格坚强，刚强/柔弱，软弱；***j-d ist aus anderem / dem gleichen H. geschnitzt*** j-d ist charakterlich ganz anders als / genau so wie e-e bestimmte andere Person 某人具有另一种性格/具有同样的性格；***j-d steht wie ein Stück H. da*** j-d steht steif u. unbeweglich da 某人不声不响像根木头一样站在那里；***H. sägen*** *gespr hum* [口][诙] ≈ schnarchen；(***viel***) ***H. vor der Hütte haben*** *gespr hum*[口][诙]；(von Frauen) e-n großen Busen haben（指妇女）有丰满的胸脯 ‖ ► ***Gehölz***, ***hölzern***

Hölz·chen *das*; -*s*, - **1.** ein kleines Stück Holz 细木条，薄木片，小木块 **2.** ≈ Zündholz：*e-e Lokomotive aus H. basteln* 用火柴制作一台火车头

höl·zern *Adj*（形）**1.** *nur attr, nicht adv*（只作定语，不作状语）; aus Holz (1) 木制的，木质的 ⟨e-e Brücke, ein Spielzeug 桥，玩具⟩ **2.** ⟨Bewegungen 动作⟩ ungeschickt u. steif 笨拙的，生硬的，不灵活的 ≈ linkisch ↔ geschmeidig: *sich h. verbeugen* 生硬地鞠躬 **3.** ≈ taktlos, ungeschickt (3) ↔ gewandt ⟨sich h. benehmen 态度生硬⟩

Holz·fäl·ler *der*; *-s*, *-*; j-d, dessen Beruf es ist, Bäume zu fällen 伐木工 ‖ *hierzu*（派生）**Holz·fäl·le·rin** *die*; *-*; *-nen*

Holz·ham·mer|me·tho·de *die*; *pej* [贬]; e-e plumpe, nicht sehr taktvolle Methode, seine Meinung durchzusetzen u. j-n von etw. zu überzeugen 简单粗暴的方法，生硬的办法 ⟨die H. anwenden, nach der H. vorgehen 使用简单粗暴的方法，用简单粗暴的方法对付⟩

höl·zig *Adj*（形）; *nicht adv*（不作状语）**1.** so hart wie Holz 含木质纤维的，木头般坚硬的 ≈ verholzt ⟨ein Stängel 茎，杆⟩ **2.** hart u. trocken u. deshalb schwer zu kauen 坚硬干巴的，硬邦邦的

Holz·koh·le *die*; *nur Sg*（只用单数）; e-e sehr leichte Kohle, die man *bes* beim Grillen od. zum Zeichnen verwendet 木炭 ‖ K-(复合): ***Holzkohlen-, -grill***

Holz·schnitt *der* **1.** *nur Sg*（只用单数）; e-e grafische Technik, bei der man ein Bild (seitenverkehrt) mit e-m scharfen Messer aus e-r Holzplatte herausschneidet. Die Holzplatte wird dann gefärbt u. dient für den Druck des Bildes 木板雕刻技术，木版画技术 **2.** ein Blatt, das in der Technik des Holzschnitts (1) hergestellt ist 木版画: *Holzschnitte u. Kupferstiche aus dem 16. Jahrhundert* 16世纪的木板画和铜版画

Holz|schutz·mit·tel *das*; ein (chemisches) Mittel, mit dem man Holz (gegen Feuchtigkeit, Schädlinge) konserviert(防潮，防蛀的)木材防护剂

Holz·weg *der*; *nur in* 只用于 ***auf dem H. sein*** *gespr* [口]; falsche Vorstellungen von j-m/etw. haben 错了，想错了 ≈ sich irren

Holz·wurm *der*; *gespr* [口]; die Larve von verschiedenen Käfern, die Gänge ins Holz frisst 木蠹蛾幼虫，豹蠹蛾幼虫，窃蠹

Home·com·pu·ter [ˈhoːm-] *der*; ein kleiner Computer (mit e-m eigenen Programm), mit dem man zu Hause *mst* Computerspiele spielt 家用电子游戏机 ‖ NB(注意): ↑ ***PC***

Home·page [ˈhoumpeɪtʃ] *die*; *-*, *-s* [ˈpeɪdʒɪz]; INFORM【信息】; die erste Seite e-r Dokumentation im Internet, mit der sich *bes* e-e Firma, e-e Organisation darstellt (计算机，互联网)主页

Ho·mo *der*; *-s*, *-s*; *gespr* [口], *Kurzw*（略）↑ ***Homosexuelle*** ≈ Schwule(r)

ho·mo·gen *Adj*（形）; *geschr* [书], so, dass die einzelnen Teile gut zueinanderpassen, weil sie gleichartig sind 均匀的，均质的，同类的，同种的 ≈ einheitlich ↔ heterogen ⟨e-e Gruppe, e-e Masse, e-e (Gesellschafts)Schicht 族，物质，(社会)阶层⟩ ‖ *hierzu*（派生）**Ho·mo·ge·ni·tät** *die*; *-*; *nur Sg*（只用单数）

ho·mo·ge·ni·sie·ren; *homogenisierte*, *hat homogenisiert*; Vt（及物）***etw. h.*** CHEM【化】; die Bestandteile von Flüssigkeiten, die sich nicht mischen, in kleinste Teile zerlegen u. mischen 使均匀，使均质化: *homogenisierte Milch* 均质化的牛奶

Ho·möo·path [homøoˈpaːt] *der*; *-en*, *-en*; ein Arzt mit e-r Ausbildung in Homöopathie 顺势疗法医生 ‖ NB(注意): *der Homöopath; den, dem, des Homöopathen* ‖ *hierzu*（派生）**Ho·möo·pa·thin** [homøopaˈtin] *die*; *-*, *-nen*

Ho·möo·pa·thie [homøopaˈtiː] *die*; *-*; *nur Sg*（只用单数）; e-e Heilmethode, bei der Krankheiten durch sehr kleine Mengen e-r Substanz geheilt werden, die die Krankheit verursachen kann 顺势疗法

ho·mo·se·xu·ell, ho·mo·se·xu·ell *Adj*（形）; mit sexueller Neigung zu Menschen des gleichen Geschlechts 同性恋爱的，有同性性关系的 ⟨Beziehungen, e-e Veranlagung 关系，气质; h. veranlagt sein 有同性恋的气质⟩ ‖ NB(注意): Man bezeichnet *mst* nur Männer als *homosexuell* u. Frauen als *lesbisch*（人们多半只称男子为 homosexuell，而称女子为 lesbisch）‖ *hierzu*（派生）**Ho·mo·se·xu·a·li·tät** *die*; *-*; *nur Sg*（只用单数）

Ho·mo·se·xu·el·le, Ho·mo·se·xu·el·le *der*; *-n*, *-n*; ein Mann, der homosexuell ist 同性恋者(男性) ‖ NB(注意): *ein Homosexueller; der Homosexuelle; den, dem, des Homosexuellen*

Ho·nig *der*; *-s*; *nur Sg*（只用单数）**1.** die süße, weiche Substanz, die Bienen produzieren u. die man aufs Brot streicht 蜂蜜 ⟨H. sammeln 采集蜂蜜，采蜜⟩: *Die Bienen füllen ihre Waben mit H.* 蜜蜂用蜂蜜装满蜂房 ‖ K-(复合): ***Honig-, -biene, -bonbon, -brot, -glas, -milch, -wabe, -wein; honig-, -gelb, -süß*** ‖ -K (复合): ***Bienen-; Blüten-, Wald-*** **2.** ***türkischer H.*** e-e harte, weiße Süßigkeit mit Mandeln u. Nüssen, die man *bes* auf dem Jahrmarkt kaufen kann 杏仁果仁拌蜜软糖 ‖ ID [谚] ***j-m H. um den Bart/ums Maul streichen/schmieren*** *gespr* [口]; j-m schmeicheln 用甜言蜜语奉承某人 ‖ *zu*（义项）**1. ho·nig·far·ben** *Adj*（形）; *ohne Steigerung, nicht adv*（无变级，不作状语）

Ho·nig·ku·chen *der*; ein Gebäck, das Honig u. viele Gewürze enthält 蜂蜜糕点 ≈ Lebkuchen, Pfefferkuchen

Ho·nig·ku·chen|pferd *das*; *nur in* 只用于 ***grinsen/strahlen wie ein H.*** *gespr hum* [口][诙]; sich sehr freuen u. das durch sein (einfältiges) Lächeln zeigen 高兴得傻笑/满面春风

Ho·nig·le·cken *das*; *nur in* 只用于 ***etw. ist kein H.*** *gespr* [口]; etw. ist nicht so einfach u. angenehm (wie manche Leute glauben)(物作主语)决不是(像有些人想像的)那样简单惬意 ≈

etw. ist kein Zuckerlecken: *Das Leben als Filmstar ist kein H.* 当电影明星的生活决不是那样简单惬意

Ho·nig·me·lo·ne *die*; e-e relativ kleine, sehr süße gelbe Melone 蜜瓜

Ho·nig·schle·cken *das* ≈ Honiglecken

Ho·no·rar *das*; *-s*, *-e*; die Bezahlung für j-n, der in e-m freien Beruf arbeitet (*z. B.* Ärzte od. Rechtsanwälte)(给自由职业者如医生、律师的)报酬,酬金〈ein H. vereinbaren, festsetzen, fordern, auszahlen, einnehmen 商定,确定,索取,付出,收取报酬〉‖ K-(复合): ***Honorar-***, ***-abrechnung***, ***-festsetzung***, ***-forderung*** ‖ -K(复合): ***Arzt-***, ***Autoren-*** ‖ ▶ ***honorieren***

Ho·no·ra·ti·o·ren [-ˈtsi̯oːrən] *die*; *Pl*, *geschr* (复)[书]; die Bürger e-s Ortes od. e-r Stadt, die wegen ihres Berufes u. ihrer Stellung besonders geachtet sind 名流,知名人士

ho·no·rie·ren; *honorierte*, *hat honoriert*; Vt (及物) **1.** ***j-n (für etw.) h.*** j-m für e-e Leistung ein Honorar bezahlen 给…支付酬金〈sich etw. h. lassen 让人付报酬〉: *e-n Autor für seinen Roman angemessen h.* 适当地给作者支付长篇小说的稿酬; *e-n Rechtsanwalt für seine Bemühungen h.* 为律师的出力付报酬 **2.** ***etw. (mit etw.) h.*** für e-e Arbeit/Leistung ein Honorar zahlen 给…(工作)付报酬〈e-n Artikel, e-n Beitrag, j-s Mitarbeit h. 为一篇文章、一篇稿件、某人的合作付报酬〉: *Der Artikel wurde mit hundert Euro honoriert* 给那篇文章付了100欧元稿费 **3.** ***etw. (mit etw.) h.*** etw. anerkennen u. (mit etw.) belohnen 奖赏: *Seine Bemühungen um den Naturschutz wurden nicht honoriert* 他所进行的保护自然的努力没有得到奖赏 ‖ *hierzu* (派生) **Ho·no·rie·rung** *die*; *-*, *-en*; *mst Sg* (多用单数)

Hoo·li·gan [ˈhuːlig(ə)n] *der*; *-s*, *-s*; ein gewalttätiger junger Mann (*bes* ein Fußballfan) 无赖,小流氓(尤指闹事的足球迷)

Hop·fen *der*; *-s*; *nur Sg* (只用单数) **1.** e-e Pflanze, die an langen Stangen hochwächst u. deren Frucht verwendet wird, um Bier herzustellen 啤酒花,忽布,蛇麻,酒花〈H. anbauen 种植蛇麻〉‖ K-(复合): ***Hopfen-***, ***-bauer***, ***-feld***, ***-stange*** **2.** die Frucht des Hopfens (1) 啤酒花(的果穗),蛇麻子〈H. pflücken, dörren 采摘、晒干蛇麻子〉: *H., Malz u. Gerste sind wichtige Zutaten bei der Herstellung von Bier* 蛇麻子、麦芽和大麦是酿制啤酒的重要配料 ‖ K-(复合): ***Hopfen-***, ***-ernte*** **3.** ***H. zupfen*** H. (2) ernten 采摘啤酒花,蛇麻子 ‖ ID[谚] ***bei j-m ist H. u. Malz verloren*** *gespr*[口]; jeder Versuch, j-n zu ändern, ist umsonst 某人已不可救药 ≈ j-d ist ein hoffnungsloser Fall

hopp! **1.** *Interjektion*(叹); *gespr*[口]; verwendet, um j-m zu sagen, er solle sich beeilen 快!赶快!: *H., komm schon, sonst verpassen wir die Straßenbahn!* 快!快来,否则我们赶不上电车了! **2.** ***h., h.*** *Adv*(副); *gespr*[口]; sehr schnell (u. mit wenig Sorgfalt) 很快,急忙忙地,匆忙地〈etw. geht bei j-m h., h. 某事在某人那里进行得很匆忙〉: *Fürs Kochen nimmt er sich nicht viel Zeit, das geht bei ihm immer h., h.* 他没有很多时间做饭,做这事他总是很匆忙

hop·peln; *hoppelte*, *ist gehoppelt*; Vi (不及物) ***(irgendwohin) h.*** kleine u. unregelmäßige Sprünge machen 蹦蹦跳跳地前进〈Hasen, Kaninchen 兔子,家兔〉

hopp·la! *Interjektion*(叹); *gespr*[口]; verwendet als Ausruf, wenn j-d/man selbst gestolpert ist, sich ungeschickt verhalten hat *o. Ä.* (当自己或有人绊跤或举止失当时发出的叫声)喔唷!: *H., fast wäre ich gefallen!* 喔唷!我差点儿跌倒了!

hop·sen; *hopste*, *ist gehopst*; Vi (不及物) ***(irgendwohin) h.*** *gespr*[口]; hüpfen (u. sich dadurch fortbewegen) 跳跳蹦蹦地走: *Die Kinder hopsten durch das Zimmer* 孩子们跳跳蹦蹦地穿过这个房间 ‖ *hierzu* (派生) **hops!** *Interjektion*(叹)

Hop·ser *der*; *-s*, *-*; *gespr*[口]; ein kleiner Sprung 小步跳跃〈e-n H. machen 做一个小步跳跃〉

hops·ge·hen; *ging hops*, *ist hopsgegangen*; Vi (不及物) **1.** *gespr!* [粗] ≈ sterben **2.** ***etw. geht hops*** *gespr* [口] ≈ etw. geht kaputt(物作主语)破碎,毁坏了

hör·bar *Adj* (形); so, dass man es mit den Ohren wahrnehmen kann 能听见的,听得见的: *ein kaum hörbares Geräusch* 一种几乎听不见的杂音

hor·chen; *horchte*, *hat gehorcht*; Vi (不及物) **1.** heimlich bei etw. zuhören 偷听,窃听 ≈ lauschen〈an der Tür, an der Wand h. 倚门、倚墙偷听〉: *Er horchte an der Tür, um zu erfahren, was sie über ihn sagten* 他倚门偷听,想知道他们讲了他些什么 **2.** sehr aufmerksam (angestrengt) auf bestimmte Geräusche achten 倾听,谛听: *Horch, kommt da nicht j-d die Treppe herauf?* 听,是否有人上楼来了?; *Er hielt die Uhr an sein Ohr u. horchte, ob sie noch tickte* 他把表放在耳边,仔细听它是否还在滴答作响 **3.** ***auf j-n/etw. h.*** *bes südd* Ⓐ ⒸⒽ *gespr* 尤指[南德][奥][瑞][口] ≈ auf j-n/etw. hören: *Horch auf das, was ich dir sage!* 听我对你讲的话! ‖ *zu* (义项) **1. Hor·cher** *der*; *-s*, *-*

Hor·de *die*; *-*, *-n* **1.** ***e-e H.*** (+ *Gen* 二格/***von*** 〈Personen 人〉) *Kollekt*, *mst pej* (集合)多用[贬]; e-e Gruppe von Personen, in der es keine klare Ordnung gibt u. die oft als Bedrohung empfunden wird 一群(人),一帮(人),乌合之众〈e-e johlende, lärmende, ungezügelte, wilde H. 乱喊乱叫的、吵吵嚷嚷的、无所约束的、粗野的一帮人; e-e H. Halbstarker, Jugendlicher, Rocker 一帮小无赖,小年青,骑摩托的愣头青; e-e H. rottet sich zusammen 一群人聚众闹事; in e-r H. umherstreifen 结伙漫游〉: *Auf dem Flughafen hatte sich e-e H. kreischender Fans versammelt, um den Popstar bei seiner Ankunft zu begrüßen* 机场

上聚集了一群尖叫的追星族，欢迎一个流行歌曲歌星的到达 **2.** *Kollekt*（集合）；e-e Gruppe von Familien e-s Naturvolks, die zusammenleben（原始部族的）部落：*Die Jäger u. Sammler der Steinzeit lebten in Horden zusammen* 石器时代的游猎者和采集者共同生活在部落中

hö·ren；*hörte, hat gehört*；Vt/i（及物/不及物）**1.**（***j-n/etw.***）***h.*** Laute od. Geräusche mit den Ohren wahrnehmen 听见，听到〈ein Geräusch, e-n Knall, e-n Schrei, e-n Ton h. 听见嘈杂声、短促清脆的响声、叫喊声、声音；gut, schlecht, schwer h. 听觉好、坏、迟钝；nur noch auf einem Ohr h.（können）只有一个耳朵还（能）听得见〉：*Bei dem Lärm konnte er das Ticken der Uhr nicht h.* 在喧闹声中他无法听见表的滴答声；*Er hört dich nicht, da er von Geburt an taub ist* 他听不见你说话，因为他生来就是聋子；*Hast du ihn schon singen gehört?* 你听到过他唱歌吗？‖ K-（复合）：***Hör-, -behinderte(r), -test***；***hör-, -behindert***；Vt（及物）**2.** ***etw. h.*** Geräusche bewusst wahrnehmen, aufmerksam verfolgen 听 ≈ anhören〈Musik, ein Konzert, Radio, e-e Schallplatte h. 听音乐、音乐会、收音机、唱片〉**3.** ***etw.***（***über j-n/etw.***）***h.*** etw. über j-n/etw. erfahren bzw. herausfinden, dass etw. geschehen ist 听说，听到，耳闻：*Ich habe schon von den Nachbarn gehört*, dass *du umziehen willst* 我已经从邻居那里听说，你想要搬家；*Wir wollen die Gründe h., die sie zu dieser Tat getrieben haben* 我们想听到促使她采取这种行动的理由；*Ich habe nur Gutes über ihn gehört* 我听到的只是关于他的好话 **4.** ***e-n Vortrag/e-e Vorlesung h.*** e-n Vortrag/e-e Vorlesung besuchen 听报告/大课 **5.** ***j-n***（***zu etw.***）***h.*** j-n veranlassen od. ihm erlauben, zu e-m bestimmten Thema etw. zu sagen 听取…的陈述 ≈ j-n (zu etw.) anhören〈den Angeklagten, e-n Sachverständigen, e-n Zeugen h. 听取被告、专家、证人的陈述〉：*Er verlangte, als Vater des Opfers zu dem Fall gehört zu werden* 他要求能听取他作为牺牲者的父亲对这一案件的陈述 **6.** ***etw. an etw.***（*Dat* 三格）***h.*** e-n bestimmten Schluss aus dem ziehen, was j-d sagt bzw. wie j-d etw. sagt 从…听出来，分辨出 ≈ etw. an etw.（*Dat* 三格）erkennen, etw. aus etw. heraushören：*Er hörte an ihrer Stimme*, dass *sie log* 他从她的声音中听出来，她说了谎；Vi（不及物）**7.** ***auf j-n/etw. h.*** e-n Rat befolgen, den man von j-m bekommt 听从 ≈ etw. (be)folgen〈auf die Eltern, auf e-n Freund, auf e-n Rat h. 听父母的话，听朋友的话，听从劝告〉：*Er hörte nicht auf die Warnungen u. wurde abseits der Skipiste von e-r Lawine verschüttet* 他不听警告，偏离滑雪道被雪崩所掩埋 **8.**〈ein Tier 动物〉***hört auf den Namen „X.“*** ein Tier hat den Namen „X.“ von seinem Besitzer bekommen 动物的名字叫…：*Mein Wellensittich hört auf den Namen „Hansi“* 我的虎皮鹦鹉名叫“汉西” **9.** ***von j-m/etw. h.*** Informationen über j-n/etw. bekommen 听到，得知 ≈ etw. über j-n/etw. erfahren：*Ich habe schon von seinem Unfall gehört* 我已听到他出事故的消息 **10.** ***von j-m h.*** nach längerer Zeit (wieder) e-n Brief, Anruf *o. Ä.* von j-m bekommen 得到…的音信（接到信或电话）‖ ID［谚］（***et***）***was von j-m zu h. bekommen/kriegen*** *gespr*［口］；von j-m getadelt, beschimpft werden 受某人责骂：*Wenn Vater heimkommt, wirst du was zu h. bekommen!* 要是父亲回家，你就要挨骂的！；（***et***）***was/nichts von sich h. lassen*** *gespr*［口］；j-n anrufen, anschreiben *o. Ä.*/sich nicht bei j-m melden（打电话、写信）让知道/不让知道自己的情况（告诉/不告诉情况）：*Tschüs. – U. lass mal wieder was von dir h.!* 再见。——来电话（来信）谈一谈你的情况！；***etw. lässt sich h./kann sich h. lassen*** *gespr*［口］；etw., das man hört (1), ist gut, erfreulich（物作主语）值得听一听/可以接受：*Das Angebot lässt sich h.* 这建议值得听一听；*Der Preis kann sich wirklich h. lassen!* 价格确实可以接受；***sich gern reden h.*** *pej*［贬］；viel reden u. dabei sehr von sich überzeugt sein 夸夸其谈，自以为是；***j-m vergeht Hören u. Sehen*** j-d erlebt etw. Unangenehmes sehr intensiv 弄得某人晕头转向：*Wenn du so weitermachst, verprügelt er dich, dass dir Hören u. Sehen vergeht* 要是你继续这样干下去，他会狠狠揍你，揍得你晕头转向；***Man höre u. staune!*** verwendet, um seine Überraschung auszudrücken（表示惊讶）一听就会吓一跳！简直不可思议！≈ sieh an, sieh da；***Hör mal/Hören Sie mal*** verwendet, um die Dringlichkeit e-r Bitte, Forderung *o. Ä.* zu betonen（表示请求，要求的迫切性）听着/您听着：*Hör mal, du musst aber wirklich ganz vorsichtig sein, ja?* 听着，你确实要小心谨慎才是呀，不是吗？；***Na, hör mal/Na, hören Sie mal!*** verwendet, um e-n Protest auszudrücken（表示反对）这可不行！；***Wer nicht h. will, muss fühlen*** wer Ratschläge nicht beachtet, muss die negativen Folgen tragen 不听忠告，苦头自找

Hö·ren·sa·gen *das*；*nur in* 只用于 ***vom H.*** nicht aus eigener Erfahrung, sondern aus dem, was andere gesagt haben 从道听途说中〈j-n/etw. nur vom H. kennen 只是从道听途说中认识，了解某人/某事；etw. vom H. wissen 从道听途说中知道某事〉

Hö·rer *der*；*-s, -* **1.** j-d, der Musik *o. Ä.* im Radio hört 听者，听众，收听者 ↔ Leser, Zuschauer ‖ K-（复合）：***Hörer-, -brief, -post, -wunsch*** ‖ -K（复合）：***Radio-, Rundfunk-*** **2.** der Teil des Telefons, den man gegen das Ohr hält u. in den man hineinspricht 听筒，耳机〈den H. abnehmen, auflegen 拿起、挂上耳机〉‖ -K（复合）：***Telefon-*** **3.** *geschr*［书］≈ Student：*e-e Veranstaltung für Hörer der naturwissenschaftlichen Fakultät* 为自然科学系旁听生举行的活动 ‖ *zu*（义项）**1.** u. **3.** **Hö·re·rin** *die*；*-, -nen*

Hör·feh·ler *der*；ein Missverständnis, das entsteht, wenn j-d etw. akustisch nicht richtig verstanden hat 听错，误解

Hör·funk *der*；*veraltend*［渐旧］≈ Rundfunk ↔

Fernsehen

Hör·ge·rät *das*; ein Gerät für Schwerhörige, das ihnen hilft, besser zu hören 助听器

hö·rig *Adj*(形); ***j-m h.*** (***sein***) *bes* sexuell so stark an j-n gebunden (sein), dass man völlig von ihm abhängig ist(尤指性生活上)对…迷恋的,百依百顺的,难舍难分的 ‖ *hierzu*(派生) **Hö·rig·keit** *die*; *nur Sg*(只用单数)

Ho·ri·zont, Ho·ri·zont *der*; -(*e*)*s*, -*e* **1.** *nur Sg*(只用单数); die Linie in der Ferne, an der sich Himmel u. Erde/Meer zu berühren scheinen 地平线,天际线,地平圈,水平线: *Die Sonne versinkt am H.* 太阳落到地平线上 **2.** *mst Sg*(多用单数); der Bereich, den ein Mensch mit seinem Verstand beurteilen, verstehen kann 眼界,视野,水平,见识 ≈ Gesichtskreis ⟨e-n beschränkten, engen, großen, weiten H. haben 眼界有限、狭窄、广阔、宽阔; etw. erweitert j-s H., geht über j-s H. hinaus 某事扩大某人的眼界,超出了某人的理解力⟩: *(Das) Reisen erweitert den H.* 旅游能扩大眼界 **3.** ***neue Horizonte*** *geschr* [书]; neue Möglichkeiten od. Perspektiven 新天地,新前景 ⟨etw. eröffnet (j-m/etw.) neue Horizonte 某事(为某人/某物)开辟新的天地; neue Horizonte tun sich j-m auf 某人面前展现新的前景⟩

ho·ri·zon·tal *Adj*(形); parallel zum Boden 水平的 ≈ waagrecht ↔ vertikal, senkrecht: *in horizontaler Lage* 在水平位置上; *etw. verläuft h.* 某物水平走向

Ho·ri·zon·ta·le *die*; -, -*n*; *mst Sg*(多用单数); e-e horizontale Linie od. Lage 水平线,水平位置,水平面 ↔ Vertikale ⟨etw. liegt, verläuft in der Horizontalen 某物平放着,水平走向⟩

Hor·mon *das*; -*s*, -*e*; e-e Substanz, die der Körper selbst bildet u. die bestimmte Prozesse (*z.B.* das Wachstum) steuert 激素,荷尔蒙 ‖ K-(复合): ***Hormon-***, ***-behandlung***, ***-haushalt***, ***-mangel***, ***-präparat***, ***-spritze*** ‖ -K(复合): ***Sexual-***, ***Wachstums-*** ‖ *hierzu*(派生) **hor·mo·nal** *Adj*(形); **hor·mo·nell** *Adj*(形)

Hör·mu·schel *die*; der obere runde Teil des Telefonhörers, den man ans Ohr hält(电话机听筒上端贴近耳朵的)耳承,受话器 ↔ Sprechmuschel

Horn *das*; -(*e*)*s*, *Hör·ner* **1.** eines von *mst* zwei harten, bogenförmigen od. geraden Gebilden am Kopf mancher Tiere (动物的)角 ⟨ein gerades, krummes, spitzes, stumpfes H. 直的、弯的、尖的、钝的角; die Hörner e-r Kuh, e-r Ziege 母牛、山羊的双角⟩: *Der Torero wurde von e-m H. des Stiers durchbohrt* 斗牛士被公牛的一个角刺穿了 ‖ K-(复合): ***Horn-***, ***-tier***, ***-vieh*** ‖ NB(注意): Hirsche, Rentiere *usw* haben keine *Hörner*, sondern ein *Geweih*(鹿,驯鹿的角不叫 *Hörner*,而叫 *Geweih*) **2.** *nur Sg*(只用单数); das Material, aus dem Haare, Nägel u. die äußere Schicht der Haut bestehen 角,角质物,角质 ‖ K-(复合): ***Horn-***, ***-brille***, ***-kamm***, ***-knopf*** **3.** ein Musikinstrument aus Blech (zum Blasen)号,圆号,号角 ⟨das H. blasen, ins H. stoßen 吹圆号⟩ ‖ ↑ *Abb. unter* 图见 ***Blasinstrumente*** ‖ K-(复合): ***Horn-***, ***-signal***; ***Hörner-***, ***-klang*** ‖ -K(复合): ***Jagd-***, ***Wald-*** **4.** ≈ Hupe ⟨das H. ertönen lassen 让喇叭响起来,按喇叭⟩ ‖ ID[谚] ***j-m Hörner aufsetzen*** *gespr* [口]; seinen (Ehe)Mann mit e-m anderen Mann betrügen 给某人(丈夫)戴绿帽子; ***sich*** (*Dat* 三格) ***die Hörner ablaufen/abstoßen*** *gespr* [口]; (*bes* sexuelle) Erfahrungen sammeln u. dadurch ruhiger, reifer werden 磨去棱角,变得老成起来;不再胡闹,不再放荡; ***ins gleiche H. blasen/stoßen*** *gespr* [口]; die gleichen Ansichten wie j-d anderer äußern 吹同一个喇叭(唱一个调儿),一唱一和,意见一致

Hörn·chen *das*; -*s*, -; ein süßes Gebäckstück, das wie ein Horn (1) gebogen ist 牛角形小面包 ‖ ↑ *Abb. unter* 图见 ***Brot*** ‖ -K(复合): ***Nuss-***

Horn·haut *die*; *nur Sg*(只用单数) **1.** die harte, trockene Haut, die man *mst* durch Reibung *z.B.* an der Ferse od. innen auf der Hand bekommt 茧子,老茧,角质化皮肤 ⟨e-e H. bekommen 长茧子⟩ **2.** die durchsichtige äußere Haut über dem Augapfel 角膜 ‖ ↑ *Abb. unter* 图见 ***Auge*** ‖ K-(复合): ***Horn-haut-***, ***-entzündung***, ***-übertragung***, ***-verletzung***

Hor·nis·se *die*; -, -*n*; ein Insekt, das wie e-e große Wespe aussieht 胡蜂,大黄蜂 ‖ ↑ *Abb. unter* 图见 ***Biene*** ‖ K-(复合): ***Hornissen-***, ***-nest***

Hor·nist *der*; -*en*, -*en*; j-d, der (beruflich) das Horn (3) bläst 号手 ‖ NB(注意): *der Hornist*; *den*, *dem*, *des Hornisten*

Horn·och·se *der*; *gespr pej* [口][贬]; verwendet als Schimpfwort für j-n, der etw. Dummes getan hat(骂人话)傻瓜,笨蛋: *So ein H.!* 真是笨蛋!

Ho·ro·skop *das*; -(*e*)*s*, -*e*; e-e Aussage über j-s Schicksal u. Zukunft, die ein Astrologe (nach der Position der Sterne) macht 星象,星相,占星,算命天宫图⟨j-m (s)ein H. stellen 为某人占星⟩: *Er liest regelmäßig sein H. in der Wochenzeitung* 他定期在周报上看他的星相; *Er ließ sich von e-r berühmten Astrologin sein H. stellen* 他让一个著名的女占星术士为自己占星

hor·rend *Adj*(形); *pej*[贬]; viel zu hoch, viel schlimmer, höher, stärker als üblich 过高的,昂贵的 ⟨Preise, e-e Summe 价格,款项⟩: *Die Preise sind h. gestiegen* 价格上涨得太高了

Hor·ror [-roːɐ] *der*; -*s*; *nur Sg*(只用单数) **1.** ≈ Entsetzen, Grauen ‖ K-(复合): ***Horror-***, ***-film***, ***-geschichte***, ***-video*** **2.** (***e-n***) ***H.*** (***vor j-m/etw.***) ***haben*** *gespr* [口]; Angst u. Abscheu vor j-m/etw. haben 极其害怕和厌恶: *Ich habe (e-n) H. vor Spinnen/vor der Schule* 我很怕(讨厌)蜘蛛/上学 ‖ ID[谚] ***etw. ist der H.*** *gespr*[口]; etw. ist extrem unangenehm, grausam 某物非常可怕(讨厌)

Hör·saal *der*; ein großer Raum in der Universität für Vorträge u. Vorlesungen 大教室(大学里的)

H

Hör·spiel *das*; e-e Art (Theater)Stück, das im Radio gesendet wird 广播剧〈sich (*Dat* 三格) ein H. anhören 听广播剧〉‖ K-(复合): ***Hörspiel-, -autor***

Horst *der*; -(*e*)*s*, -*e*; das Nest e-s großen Raubvogels, das auf hohen Felsen gebaut ist (猛禽的)巢 ‖ -K(复合): ***Adler-***

Hort *der*; -(*e*)*s*, -*e* **1.** e-e Einrichtung, in der Kinder betreut werden, während die Eltern tagsüber arbeiten 托儿所 ‖ K-(复合): ***Hort-, -kind, -leiter*** ‖ -K(复合): ***Kinder-*** **2.** ***ein H.*** (+ *Gen* 二格/ ***von etw.***) *geschr*[书]; ein Ort, wo (geistige) Werte u. Ideale gepflegt u. geschützt werden 摇篮，宝地，圣地: *die Universität als H. der Gelehrsamkeit* 大学作为求知的摇篮 **3.** *lit* [文] ≈ Schatz: *der H. der Nibelungen* 尼伯龙根人的珍宝

hor·ten; *hortete, hat gehortet*; [Vt](及物) ***etw.*** (*Kollekt od Pl* 集合或复合) ***h.*** große Mengen von etw. sammeln, das wertvoll od. schwer zu bekommen ist 储藏，积聚，珍藏: *Waren für schlechtere Zeiten h.* 为萧条时期屯积商品

Hor·ten·sie [-ziə] *die*; -, -*en*; e-e Pflanze mit weißen, roten od. blauen Blüten in Form von Kugeln 绣球花

Hör·ver·mö·gen *das*; *nur Sg*(只用单数); die Fähigkeit, (genau) zu hören 听觉，听力〈ein gutes, schlechtes H. besitzen/haben 听力好、不好〉

Hör·wei·te *die*; *mst in* 多用于 ***j-d/etw. ist in/außer H.*** j-d/etw. ist in dem Bereich/außerhalb des Bereichs, bis zu dem j-d ihn/es hören kann(人/物作主语)在听觉范围以内/以外，处在能听得见/听不见的地方

Hös·chen *das*; -*s*, - **1.** e-e kleine Hose (1,2)小裤子 ‖ -K(复合): ***Kinder-, Strampel-*** **2.** e-e Unterhose für Frauen 女内裤 ≈ Schlüpfer

Ho·se *die*; -, -*n* **1.** ein Kleidungsstück, das beide Beine röhrenförmig umgibt u. von der Taille bis zu den Oberschenkeln, Knien od. den Füßen reicht 裤，裤子 ↔ Rock〈e-e lange, kurze, (haut)enge, weite H. 长的、短的、紧身的、宽大的裤子; e-e H. waschen, bügeln, anziehen, in e-e H. schlüpfen 洗，熨烫，穿上，快速穿上裤子〉: *Als es kühler wurde, zog er seine kurze H. aus u. schlüpfte in e-e lange* 天变冷了时，他脱下短裤，穿上了长裤 ‖ ↑ *Abb. unter* 图见 ***Bekleidung*** ‖ K-(复合): ***Hosen-, -bein, -knopf, -saum, -tasche*** ‖ -K(复合): ***Damen-, Herren-; Jeans-, Leder-, Stoff-; Anzugs-, Schlafanzug(s)-; Spiel-, Sport-, Turn-; Strampel-; Sonntags-; Latz-*** ‖ NB(注意): die Pluralform wird in der gesprochenen Sprache oft auch für *eine* Hose verwendet(复数形式在口语中也常用来表示一条裤子): *Er hat lange Hosen an* 他穿着长裤 **2.** *Kurzw* (略) ↑ ***Unterhose***: *E-e Garnitur Unterwäsche besteht aus Hemd u. H.* 一套内衣由衬衣和内裤组成; *Das Kind hat in die H. gemacht* 孩子尿裤子了 ‖ ID [谚] ***die H. (gestrichen) voll haben; sich*** (*Dat* 三格) ***(vor Angst) in die H. machen*** *gespr* [口]; große Angst haben 吓得屁滚尿流; ***die Hosen anhaben*** *gespr*[口]; derjenige sein, der (*mst* zu Hause) bestimmt, was geschieht 说了算，作主，当家: *Bei ihm zu Hause hat die Frau die Hosen an* 在他家老婆说了算; ***etw. geht in die H.*** *gespr* [口] ≈ etw. misslingt, geht schief; ***irgendwo ist tote H.*** *gespr*[口]; *bes* von Jugendlichen verwendet, um auszudrücken, dass irgendwo nichts Interessantes geschieht(年轻人用语)某地死气沉沉，没劲 ≈ irgendwo ist nichts los: *Abends ist in diesem Kaff doch nur tote H. – Kein Kino, keine einzige Kneipe hat offen!* 晚上在这个穷地方完全是死气沉沉。——没有一家电影院，没有一家小酒馆开门!

Ho·sen·an·zug *der*; ein Kleidungsstück für Frauen, das aus e-r langen Hose u. e-r (dazu passenden) Jacke besteht 女式上衣长裤套装 ↔ Kostüm

Ho·sen·rock *der*; ein Kleidungsstück für Frauen, das wie ein Rock aussieht, aber zwei sehr weite Beinteile wie bei e-r Hose (1) hat, u. *mst* bis zum Knie reicht 女式裙裤

Ho·sen·schei·ßer *der*; *vulg, pej*[俗][贬]; ein ängstlicher Mensch 胆小鬼，孬种

Ho·sen·trä·ger *der*; -*s*, -; *mst Pl*(多用复数); zwei schmale Bänder (*mst* aus Gummi), die oben an der Hose befestigt werden u. über beide Schultern gehen, um zu verhindern, dass die Hose nach unten rutscht 裤背带，吊裤带 ‖ -K(复合): ***Gummi-, Leder-***

Hos·pi·tal *das*; -*s*; *Hos·pi·tä·ler*/*Hos·pi·ta·le*; *veraltend* [渐旧] ≈ Krankenhaus ‖ -K(复合): ***Armen-***

Hos·piz *das*; -*es*, -*e* **1.** e-e Art Krankenhaus für todkranke alte Menschen 收治危重老年病人的医院，临终关怀医院 **2.** *veraltend*[渐旧]; ein christliches Hotel, Gasthaus *o. Ä.* für Pilger 基督教会为朝圣者办的旅馆

Hos·tess *die*; -, -*en* **1.** e-e *mst* junge Frau, die *bes* bei Messen od. Reisen Gäste u. Besucher begleitet u. informiert 女招待员，女向导，女导游员，女服务员 **2.** *euph* [婉] ≈ Prostituierte, Modell (10)

Hos·tie [ˈhɔstiə] *die*; -, -*n*; REL【宗】; e-e Oblate, die bei der Feier des Abendmahls gegessen wird 圣饼〈die Hostien verteilen 分圣饼〉

Hot·dog, Hot Dog *das, der*; -*s*, -*s*; ein heißes Würstchen in e-r Semmel (mit Ketschup od. Senf) (抹上蕃茄酱或芥茉，夹在小面包里的)热香肠，熏红肠，热狗

Ho·tel *das*; -*s*, -*s*; ein Haus, in dem man gegen Bezahlung schlafen (u. essen) kann 旅馆，饭店〈ein erstklassiges, teures, vornehmes, kleines, schäbiges H. 一流的、昂贵的、雅致的、小的、年久失修的旅馆; in e-m H. absteigen, übernachten 在旅馆投宿，过夜〉: *Das Hotel „Royal" ist während der Messe ausgebucht* "罗亚尔"旅馆在博览会期间被预订一空 ‖ K-(复合): ***Hotel-, -angestellte(r), -bar, -besitzer, -bett, -detektiv, -direktor, -fachschule, -gast, -gewerbe, -halle, -kette, -küche, -personal, -rechnung, -verzeichnis, -zimmer***

‖ -K(复合): ***Berg-, Luxus-, Sport-*** ‖ NB(注意): einfache Hotels heißen *Pensionen* od. *Gasthöfe* (简易旅馆称为 Pensionen 或 Gasthöfe)

Ho·te·li·er [hotɛˈlieː] *der*; *-s*, *-s*; j-d, der ein Hotel besitzt u./od. leitet 旅馆的老板或经理

Hot·line [ˈhɔtlaɪn] *die*; *-*, *-s*; e-e Telefonnummer, unter der *z. B.* Computerhersteller Rat u. Auskunft anbieten 咨询电话

hott ↑ ***hü***

Hr./Hrn. *Abk. für* 缩写, 全称为 Herr/Herrn od. Herren (*Pl* 复)

hu! *Interjektion* (叹); *gespr* [口]; ein Laut, den man von sich gibt, wenn man überrascht ist od. sich fürchtet (表示惊讶或害怕)噢! 啊!

hü! *Interjektion* (叹); *gespr* [口]; ***hü (hott)!*** verwendet, um *bes* e-m Pferd das Signal zu geben, dass es anfangen soll zu laufen (吆喝牲口的声音)吁! ‖ ID[谚] ***einmal hü u. einmal hott sagen*** *gespr* [口]; seine Meinung immer wieder ändern, weil man nicht weiß, was man will 不断改变自己的意见, 说话矛盾, 说话前三后四(没准儿)

hü·ben *Adv* (副); *nur in* 只用于 ***h. wie drüben*** auf dieser Seite u. auch auf der anderen Seite (*z. B.* e-s Flusses, e-r Grenze) 这边和那边, 这方面和那方面: *H. wie drüben wird Wein angebaut* 这边和那边都种植葡萄

Hub·raum *der*; *nur Sg* (只用单数), TECH【技】**1.** das Volumen des Zylinders, in dem sich der Kolben e-r Maschine auf- u. abbewegt (活塞在汽缸中的)工作容积 **2.** (bei Kraftfahrzeugen) das Volumen der Zylinder des Motors (机动车)发动机汽缸容积, 汽缸工作容积: *ein Motor mit e-m H. von 1600cm*^{3} 有 1600 立方厘米汽缸工作容积的发动机

hübsch[1] *Adj* (形) **1.** in seiner äußeren Form angenehm, gefällig 好看的, 漂亮的, 秀丽的, 俊俏的 ≈ ansprechend ↔ hässlich ⟨e-e Frau, ein Mädchen, ein Mann, ein Gesicht, ein Kleid 女人, 姑娘, 男人, 容貌, 连衣裙; h. aussehen, sich h. machen 长得漂亮, 打扮得漂亮⟩ **2.** so (angenehm), dass man es gern hört 美妙的, 悦耳的 ≈ wohlklingend ⟨e-e Melodie, e-e Stimme 曲调, 声音⟩ **3.** *gespr* [口]; relativ gut, aber noch nicht perfekt 可观的, 相当大的, 相当多的 ⟨e-e Leistung 成就, 成绩⟩ ‖ NB(注意): *zu* (义项) **1.**, **2.** u. **3.**: mit *h.* drückt man oft ein eingeschränktes Lob aus (人们常常用 h. 表示有限的称赞) **4.** *gespr* [口], *oft iron* 常用[讽]; ziemlich groß, viel 相当大, 相当多 ⟨e-e hübsche Stange (= Menge) Geld, ein hübsches Sümmchen (Geld), ein hübsches Stück Arbeit 一笔相当多的钱、款子, 一项相当繁重的工作⟩

hübsch[2] *Partikel* (小品词); *betont u. unbetont* (重读和不重读) **1.** *gespr* [口], *oft iron* 常用[讽]; verwendet, um Adjektive od. Verben zu verstärken (用来加强形容词或动词的语义)相当, 非常 ≈ ganz schön: *Es ist heute h. kalt/warm* 今天相当冷/暖和 **2.** verwendet, um Aufforderungen zu verstärken (加强要求)乖乖地, 好好地: *Sei h. brav!* 乖乖儿听话!; *Immer h. der Reihe nach!* 都好好地按先后次序来!

Hub·schrau·ber *der*; *-s*; *-*; e-e Art Flugzeug mit Tragflächen, die sich sehr schnell drehen u. gleichzeitig als Propeller dienen. Ein H. kann senkrecht nach oben fliegen, in der Luft stehen bleiben u. auf kleinen Flächen landen 直升飞机 ≈ Helikopter

Hubschrauber

der Rotor / der Propeller 旋翼 / 推进器, 螺旋桨

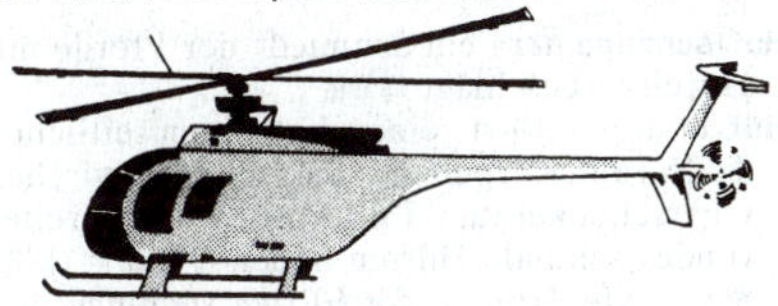

huch! *Interjektion* (叹); *gespr* [口]; ein Laut, den man von sich gibt, wenn man erschrickt, mit etw. Unangenehmem in Berührung kommt *o. Ä.* (人们惊恐或碰到讨厌的东西时发出的声音)嗬! 哎呀!

Hu·cke *die*; *mst in* 多用于 **1.** ***j-m die H. vollhauen*** *gespr* [口]; j-n verprügeln 狠揍某人, 痛打某人; **2.** ***die H. vollkriegen*** *gespr* [口]; verprügelt werden 挨狠揍, 遭痛打; **3.** ***j-m die H. volllügen*** *gespr* [口]; j-m viele (extreme) Lügen erzählen 向某人肆意说谎 **4.** ***sich*** (*Dat* 三格) ***die H. vollsaufen*** *gespr* [口]; sich sinnlos betrinken 醉得不省人事

hu·cke·pack *Adv* (副); *mst in* 多用于 ***j-n/etw. h. nehmen/tragen*** j-n/etw. auf dem Rücken tragen 背, 扛, 驮: *Als sein kleiner Sohn beim Wandern müde wurde, trug er ihn h. nach Hause* 当他的小儿子在徒步旅行中走累时, 他把他背回了家

hu·deln; *hudelte*, *hat gehudelt*; Vi (不及物) *gespr*, *südd* [口][南德]; *mst* e-e Arbeit sehr schnell u. nicht gut machen 草率从事, 马虎了事, 粗制滥造: *Nur nicht h.!* 可别马虎从事! (= Lass dir Zeit)

Huf *der*; *-(e)s*, *-e*; der harte, unterste Teil des Fußes *z. B.* e-s Pferdes od. Esels 蹄 ⟨e-m Pferd die Hufe beschlagen 给马打掌; ein Pferd scharrt mit den Hufen 马用蹄子刨地⟩ ‖ ↑ *Abb. unter* 图见 ***Pferd*** ‖ K-(复合): ***Huf-, -beschlag, -geklapper, -krankheit, -pflege*** ‖ -K(复合): ***Pferde-***

Huf·ei·sen *das* **1.** ein gebogenes Stück Eisen, das man am Huf e-s Pferdes mit Nägeln befestigt 马蹄铁, 马掌 ⟨e-m Pferd die Hufeisen anpassen, abnehmen 给马配马掌, 给马摘下马掌⟩: *Das Pferd hat ein H. verloren* 马丢失一个马掌; *Viele Menschen glauben, dass ein H. Glück bringt* 许多人认为, 马掌会带来好运 **2.** etw. in der Form e-s Hufeisens (1) 马掌形的东西, 马蹄形, 蹄铁状 ⟨etw. bildet, formt ein H. 某物呈马蹄形⟩: *die Tische im Klassenzimmer bilden ein Hufeisen* 教室里的桌子摆成马蹄形 ‖ K-(复合): ***Hufeisen-, -form*** ‖ *zu* (义项) **2.**

huf·ei·sen·för·mig *Adj*（形）
Huf·lat·tich *der*；*-s*；*nur Sg*（只用单数）；e-e kleine Pflanze mit gelben Blüten, die sehr früh im Frühjahr blüht 款冬
Huf·schlag *der* **1.** *nur Sg*（只用单数）；das Geräusch, das entsteht, wenn *z. B.* Pferde od. Esel über e-n harten Boden laufen 马蹄声，驴蹄声：*von weitem den H. e-s Pferdes hören* 听到远处的马蹄声 **2.** ein heftiger Tritt, Schlag mit dem Huf 用蹄子践踏：*durch e-n H. seines Pferdes verletzt werden* 被他的马踩伤
Huf·schmied *der*；ein Schmied, der Pferde mit Hufeisen beschlägt 马掌匠
Hüf·te *die*；*-*, *-n* **1.** einer der beiden seitlichen Teile（am Körper des Menschen）zwischen Oberschenkel u. Taille 髋，臀部〈breite, runde, schmale Hüften haben 臀部宽大、丰满、窄小〉：*die Arme in die Hüften stemmen* 两臂叉腰 ‖ ↑ *Abb.* *unter* 图见 ***Mensch*** ‖ K-(复合)：***Hüft-***, ***-gelenk***, ***-knochen***, ***-leiden***, ***-schwung***, ***-umfang***, ***-weite*** **2.** ***sich in den Hüften wiegen*** die Hüften（beim Gehen *o. Ä.*）leicht hin u. her bewegen 臀部扭来扭去
Hüft·hal·ter *der*；e-e Art breiter, elastischer Gürtel, an dem Frauen ihre Strümpfe befestigen（女子）紧身褡，吊袜围腰
hüft·hoch *Adj*（形）；*ohne Steigerung*, *nicht adv*（无变级，不作状语）；so, dass es vom Boden bis zu j-s Hüfte reicht 齐腰高的 ‖ NB（注意）：*hüfthoch* → *hüfthohes Gras*
Huf·tier *das*；ein Tier mit Hufen 有蹄类哺乳动物：*Antilopen sind Huftiere* 羚羊是有蹄类哺乳动物
Hü·gel *der*；*-s*, *-*；e-e Art kleiner Berg, der *mst* mit Gras od. Bäumen bewachsen ist 山丘，小山〈ein bewaldeter H. 林木覆盖的山丘；e-n H. hinaufsteigen 登上小山〉：*Rom wurde auf sieben Hügeln erbaut* 罗马建在七座小山上 ‖ K-(复合)：***Hügel-***, ***-kette***, ***-kuppe***, ***-land***, ***-landschaft*** ‖ -K（复合）：***Ameisen-***, ***Erd-***, ***Sand-*** ‖ *hierzu*（派生）**hü·gel·reich** *Adj*（形）；*nicht adv*（不作状语）
hü·ge·lig, **hüg·lig** *Adj*（形）；mit（vielen）Hügeln 丘陵起伏的〈ein Gebiet, e-e Gegend, e-e Landschaft 地方，地区，景区〉
Huhn *das*；*-(e)s*, *Hüh·ner* **1.** ein *mst* weißer od. brauner Vogel, den *bes* Bauern halten u. dessen Fleisch u. Eier man isst 鸡〈Hühner picken Körner, baden im Sand, kratzen/scharren im Mist, sitzen auf der Stange 鸡啄食谷粒，在沙堆里沐浴，在粪堆里抓/扒、蹲在杆子上；ein H. schlachten, rupfen, braten 杀鸡，煺鸡毛，炸鸡〉：*Ein weibliches H. heißt Henne, ein männliches nennt man Hahn, u. ein junges Küken* 母鸡叫做 Henne，公鸡称作 Hahn，小鸡则是 Küken ‖ K-(复合)：***Hühner-***, ***-bein***, ***-brühe***, ***-ei***, ***-farm***, ***-fleisch***, ***-frikassee***, ***-futter***, ***-hof***, ***-leber***, ***-leiter***, ***-stall***, ***-suppe*** ‖ -K（复合）：***Brat-***, ***Suppen-*** ‖ NB（注意）：ein *H.*, das gegessen wird, heißt *mst Hühnchen* od. *Hähnchen*（食用的鸡多称 *Hühnchen* 或 *Hähnchen*）**2.** ein weibliches H.（1）母鸡 ≈ Henne ↔ Hahn〈ein H. gackert, legt Eier, brütet 母鸡咯咯地叫，下蛋，在孵蛋〉**3.** das Fleisch e-s Huhns（1）鸡肉：*Reis mit H.* 鸡肉米饭 **4.** ***ein verrücktes H.*** *gespr hum*［口］［诙］；j-d, der ungewöhnliche Dinge tut od. lustige Ideen hat 怪诞的人，乖僻的人，蛮不讲理的人 **5.** ***ein dummes H.*** *gespr pej*［口］［贬］；verwendet, um e-e Frau zu bezeichnen, die man für dumm hält 呆鸡，傻婆娘 ‖ ID［谚］***mit den Hühnern*** *hum*［诙］；sehr früh 很早〈mit den Hühnern aufstehen, schlafen gehen 鸡出窝，就起床；鸡进窝，就上床〉；***Da lachen ja die Hühner!*** *gespr*［口］；das ist lächerlich 这真荒唐可笑；***Ein blindes H. findet auch einmal ein Korn*** *oft iron* 多用［讽］；j-d, der normalerweise nie Erfolg hat, hat auch einmal Erfolg 瞎鸡有时也会找到谷粒（意即：傻瓜有时也会想出好主意）‖ *zu*（义项）**1.** **hüh·ner·ar·ti·g-** *Adj*（形）；*nur attr*, *ohne Steigerung*, *nicht adv*（只作定语，无变级，不作状语）
Hühn·chen *das*；*-s*, *-*；ein Huhn（1）, das man（*mst* gebraten）isst（食用）鸡 ≈ Hähnchen ‖ ID［谚］***Mit dem/der habe ich（noch）ein H. zu rupfen*** *gespr*［口］；ihm/ihr muss ich noch zu etw. Bestimmtem, das er/sie getan hat, ganz deutlich meine negative Meinung sagen 我要同某人算算老账（指个人恩怨）
Hüh·ner·au·ge *das*；e-e schmerzende dicke Stelle an der Haut e-s Zehs, die *bes* durch zu enge Schuhe entsteht 鸡眼 ‖ K-(复合)：***Hühneraugen-***, ***-pflaster***
hu·hu![1]［ˈhuːhu］*Interjektion*（叹）；*gespr*［口］；verwendet, um j-n auf sich aufmerksam zu machen, der relativ weit weg ist（向远处呼唤人的喊声）嗨！喂！≈ hallo
hu·hu![2]［huˈhuː］*Interjektion*（叹）；*gespr*［口］；verwendet, um j-n zu erschrecken, *bes* wenn man Gespenst spielt（指装神弄鬼吓唬人的声音）噢！嘀！
hui! *Interjektion*（叹）**1.** verwendet, um das Geräusch nachzuahmen, das durch e-e schnelle Bewegung od. starken Wind entsteht（表示快速运动或大风发出的声音）呼呼！：*Hui, wie das heute stürmt!* 像今天刮大风那样呼呼作响！**2.** ≈ hoi
Huld *die*；*-*；*nur Sg*, *geschr veraltend*, *heute mst iron*（只用单数）［书］［渐旧］今天多用［讽］；≈ Gunst, Wohlwollen ‖ *hierzu*（派生）**huld·voll** *Adj*（形）
hul·di·gen; *huldigte*, *hat gehuldigt*; [Vi] *geschr*（不及物）［书］**1.** ***etw.*** (*Dat* 三格) ***h.*** *mst iron* 多用［讽］；etw. mit（übertriebenem）Eifer vertreten 拼命坚持，死抱住…不放〈e-r Anschauung, e-m Grundsatz, e-r Überzeugung h. 拼命坚持某种观点、原则、信念〉**2.** ***j-m h.*** *veraltend*［渐旧］；j-m zeigen, dass man ihn sehr verehrt 向…表示敬意：*Das Publikum huldigte dem berühmten Dirigenten* 公众向这位著名的乐队指挥表示敬意 ‖ *hierzu*（派生）**Hul·di·gung** *die*

hül·fe *Konjunktiv II, 1. u. 3. Person Sg*（虚拟式Ⅱ，第一和第三人称单数）；↑ ***helfen***

Hül·le *die*；-，-*n* **1.** etw.，mit dem ein Gegenstand（*mst* zum Schutz vor Beschädigung od. Staub）bedeckt ist，in das er gehüllt ist 包裹物，遮盖物，套子，罩子，夹〈e-e H. aus Plastik，Stoff，Zellophan 塑料的、织物的、玻璃纸的套；etw. mit e-r H. bedecken，umgeben 用罩把某物盖起来，围起来；etw. in e-e H. tun/stecken 把某物放进/塞进套子里，etw. aus e-r H. nehmen 把某物从套子里取出〉：*die Dokumente in e-e schützende H. stecken* 把文件塞进防护夹里 ‖ -K（复合）：***Papp-***；***Platten-***，***Schirm-***；***Schutz-*** **2.** ***die Hüllen fallen lassen*** *gespr hum*［口］［诙］；sich（nackt）ausziehen 脱掉（光）衣服：*Die Stripteasetänzerin ließ die Hüllen fallen* 女脱衣舞演员脱光了衣服 **3.** ***die sterbliche H.*** *geschr*［书］；der Körper e-s toten Menschen 遗体 ‖ ID［谚］ ***in H. u. Fülle*** in großen Mengen 大量，丰富，充足：*Greift zu，es ist Essen in H. u. Fülle da* 请用吧，饭菜丰盛得很呢

hül·len；*hüllte*，*hat gehüllt*；**Vt**（及物）**1.** ***j-n/sich/etw. in etw.***（*Akk* 四格）***h.*** etw. um j-n/sich selbst/etw. legen（um ihn/sich/es zu bedecken，zu wärmen od. zu schützen）把…包起来，裹起来 ≈ j-n/sich/etw. in etw.（*Akk* 四格）wickeln：*j-n/sich in e-e Decke，in e-n Mantel h.* 给某人/自己裹上毯子，穿上大衣；*e-e Vase in Geschenkpapier h.* 把花瓶包在礼品纸里 **2.** ***etw. um j-n/etw. h.*** etw. um j-n/etw. wickeln 把…围（包，披）在…上：*ein Tuch um seine Schultern h.* 把围巾披在他的肩上 **3.** ***j-d/etw. ist in etw.***（*Akk* 四格）***gehüllt*** etw. umgibt e-e Person od. Sache so，dass man sie kaum noch sehen kann（人/物作主语）被某物包围，笼罩：*Der Berggipfel ist in Nebel，Wolken gehüllt* 山峰笼罩在雾霭中，云层中；**Vr**（反身）**4.** ***sich in Schweigen h.*** *geschr*［书］≈ schweigen

hül·len·los *Adj*（形）；*ohne Steigerung*，*hum*（无变级）［诙］；völlig nackt 毫无遮盖的，裸露的，赤身露体的：*h. am Strand liegen* 赤身露体地躺在海滩上

Hül·se *die*；-，-*n* **1.** e-e Art kleines Rohr，in das man etw. hineinsteckt，damit es geschützt ist 壳，套，管，筒，鞘〈die H. e-s Bleistifts，e-r Patrone，e-s Thermometers 铅笔套，子弹壳，温度计的盒套〉‖ -K（复合）：***Metall-***，***Papp-***；***Patronen-*** **2.** der längliche，schmale Teil verschiedener Früchte（*z. B.* Bohnen，Erbsen），in dem die Samen reif werden 豆荚，谷壳：*Vor dem Kochen streift man die grünen Erbsen aus den Hülsen heraus* 在煮以前人们把鲜豌豆从豆荚里剥出来

Hül·sen·frucht *die*；-，*Hül·sen·früch·te*；*mst Pl*（多用复数）；（e-e Gemüsepflanze mit）Samen，die in e-r Hülse（2）wachsen 荚果：*Bohnen u. Erbsen sind Hülsenfrüchte* 菜豆和豌豆是荚果

hu·man *Adj*（形）；*geschr*［书］**1.** gut zu anderen Menschen 和善的，宽厚的，有人情的 ≈ menschenfreundlich ↔ inhuman〈j-s Einstellung，ein Vorgesetzter 某人的态度，上司〉**2.** so，dass die Würde des Menschen geachtet/respektiert wird 人道的，合乎人道的，人性的 ≈ menschenwürdig ↔ unmenschlich：*humaner Strafvollzug* 合乎人道的执行判决；*Der Stadtrat versucht，die Wohnviertel humaner zu gestalten* 市议会试图将住宅区建设得更人性化；*Gefangene h. behandeln* 人道地对待俘虏

Hu·man- *im Subst*，*wenig produktiv*，*geschr*（构成名词，构词弱）［书］；den Menschen betreffend 人的，人类的；die ***Humanbiologie***，die ***Humangenetik***，die ***Humanmedizin***

hu·ma·ni·sie·ren；*humanisierte*，*hat humanisiert*；**Vt**（及物）***etw. h.*** *geschr*［书］；etw. so verändern，dass es für die Menschen angenehmer wird 使具有人性，使合乎人道〈die Arbeit，den Strafvollzug h. 使劳动、判决的执行变得合乎人道〉‖ *hierzu*（派生）**Hu·ma·ni·sie·rung** *die*；*nur Sg*（只用单数）

Hu·ma·nis·mus *der*；-；*nur Sg*，*geschr*（只用单数）［书］**1.** e-e geistige Haltung，die großen Wert auf die Würde des Menschen u. die Entfaltung seiner Persönlichkeit u. seiner Fähigkeiten legt 人道主义，人本主义〈die Ideale des H. 人道主义的理想〉**2.** e-e geistige Strömung in Europa（*bes* im 15 u. 16 Jahrhundert），die sich an den Idealen der antiken römischen u. griechischen Kulturen orientiert hat 人文主义：*Erasmus von Rotterdam war einer der bedeutendsten Vertreter des H.* 鹿特丹的伊拉斯谟是人文主义的最著名的代表 ‖ *hierzu*（派生）**Hu·ma·nist** *der*；-*en*，-*en*；**Hu·ma·nis·tin** *die*；-，-*nen*

hu·ma·nis·tisch *Adj*（形）**1.** *geschr*［书］；nach den Ideen u. Idealen des Humanismus 人道主义的：*der humanistische Geist e-r Schrift* 一篇文章的人道主义精神 **2** ***ein humanistisches Gymnasium*** Ⓓ［德］ein Gymnasium，in dem die Schüler Latein u. Griechisch lernen 人文中学，文科中学 ≈ ein altsprachliches Gymnasium ↔ ein neusprachliches Gymnasium

hu·ma·ni·tär *Adj*（形）；mit der Absicht，dem Ziel，Menschen zu helfen，die arm od. krank sind 慈善的，博爱的 ≈ karitativ，mildtätig，wohltätig〈Aufgaben，Bestrebungen，Zwecke，Einrichtungen 任务，志向，目的，机构；aus humanitären Gründen 出于慈善的原因〉：*Das Rote Kreuz u. der Arbeiter-Samariter-Bund sind humanitäre Organisationen* 红十字会和工人救护联盟是慈善组织

Hu·ma·ni·tät *die*；-；*nur Sg*（只用单数）；die Eigenschaft，human（1）zu sein 人性，博爱，仁爱 ≈ Menschlichkeit ↔ Inhumanität：*Seine H. zeigt sich darin，dass er sich um die Armen kümmert* 他的仁爱表现在他关心穷人

Hum·bug *der*；-*s*；*nur Sg*，*gespr pej*（只用单数）［口］［贬］**1.** etw.，woran viele Leute glauben，das aber im Grunde Betrug ist 欺骗，骗术：*Astrologie ist nichts als H.!* 占星术无非是骗术罢了！**2.** ≈ Unsinn〈H. reden 胡说八道〉

H

Hum·mel *die*; -, *-n*; ein Insekt, das wie e-e dicke, dicht behaarte Biene aussieht 野蜂,土蜂,山蜂〈die H. brummt 野蜂在嗡嗡叫〉‖ ↑ *Abb. unter* 图见 **Biene**

Hum·mer *der*; *-s*, - **1.** ein großer (Meeres)-Krebs mit kräftigen Scheren, dessen Fleisch als Delikatesse gegessen wird 大螯虾 ‖ ↑ *Abb. unter* 图见 **Schalentiere** ‖ K-(复合): ***Hummer-***, ***-fang***, ***-fleisch*** **2.** das Fleisch des Hummers (1) 螯虾肉 ‖ K-(复合): ***Hummer-cocktail***, ***-salat***

Hu·mor [-ˈmoːɐ] *der*; *-s*; *nur Sg*(只用单数) **1.** ein heiteres Wesen(2) 性格开朗、诙谐、风趣〈H. haben 有开朗风趣的性格〉 **2.** die Fähigkeit, unangenehme Dinge heiter u. gelassen zu ertragen 幽默诙谐的能力〈ein goldener, unverwüstlicher H. 金色的、不气馁的幽默; j-d hat viel, wenig, keinen H. 某人很有,没有多少,没有幽默感; etw. mit H. ertragen/nehmen 以幽默的态度(幽默地)忍受、对待某事〉: *Auch in den schwierigsten Situationen behält er seinen H.* 即使在最困难的情况下,他也保持着自己的幽默感 **3.** die Fähigkeit, selbst Witze zu machen u. zu lachen, wenn andere Witze über einen machen 幽默感〈(keinen) Sinn für H. haben(没)有幽默感; vor H. sprühen 闪耀出幽默的火花,妙语连珠〉 **4.** die gute Laune 好心境,好情绪: *Der ewige Regen kann einem wirklich den H. verderben!* 连续不断的下雨的确能够破坏一个人的心境! **5.** ***e-n trockenen H. haben*** die Fähigkeit haben, knappe, sehr passende (oft ironische od. sarkastische) Bemerkungen zu machen, die auf andere erheiternd wirken 有一语道破的,一针见血的幽默感 ‖ zu(义项) **1.-3.** **hu·mor·los** *Adj*(形); **Hu·mor·lo·sig·keit** *die*; **hu·mor·voll** *Adj*(形)

hu·mo·rig *Adj*(形); von Humor (1,2,3) zeugend 幽默的,诙谐的,有趣的,逗人乐的 ≈ launig, witzig〈e-e Bemerkung, e-e Rede 意见,谈话〉

Hu·mo·rist *der*; *-en*, *-en* ≈ Komiker ‖ NB (注意): *der Humorist*, *den*, *dem*, *des Humoristen* ‖ *hierzu*(派生) **Hu·mo·ris·tin** *die*; -, *-nen*

hu·mo·ris·tisch *Adj*(形); voll Humor (3), mit Witzen u. Späßen 幽默的,诙谐的,风趣的 ≈ humorvoll〈e-e Darbietung, e-e Erzählung, e-e Zeichnung 表演,叙述,画; etw. h. betrachten, erzählen 幽默地看待、讲述某事〉

hum·peln; *humpelte*, *hat/ist gehumpelt*; *Vi* (不及物) **1.** (*hat*) (wegen Schmerzen im Fuß *o. Ä.*) mit einem Fuß nicht richtig auftreten können u. deshalb ungleichmäßig gehen 跛行,蹒跚地行走 ≈ hinken: *Nach seinem Unfall hat er eine Woche lang gehumpelt* 在出了事故以后,他有一个星期都瘸着走路 **2.** ***irgendwohin h.*** (*ist*) sich humpelnd (1) fortbewegen 朝…瘸着走去: *Nach dem Sturz mit dem Rad ist er nach Hause gehumpelt* 他骑自行车摔倒后,一瘸一拐地走回了家

Hum·pen *der*; *-s*, -; ein (Trink)Gefäß *mst* mit e-m Henkel u. e-m Deckel, aus dem man *bes* Bier trinkt 大酒杯

Hu·mus *der*; -; *nur Sg*(只用单数); die oberste, fruchtbare (Erd)Schicht des Bodens 腐殖质层〈den H. abtragen 铲掉腐殖质层〉‖ K-(复合): ***Humus-***, ***-bildung***, ***-boden***, ***-erde***, ***-schicht*** ‖ *hierzu*(派生) **hu·mus·reich** *Adj*(形); *nicht adv*(不作状语)

Hunde

Hund *der*; *-(e)s*, *-e* **1.** ein Tier, das dem Menschen bei der Jagd hilft, sein Haus bewacht u. *bes* als Haustier gehalten wird 狗,犬,家犬〈ein struppiger, reinrassiger, herrenloser, streunender, treuer, bissiger H. 毛发蓬乱的、纯种的、无主的、野的、忠实的、咬人的狗; ein H. bellt, jault, knurrt, winselt, japst, hechelt, beißt, wedelt mit dem Schwanz, hebt sein Bein (an e-m Zaun, an e-r Mauer) 狗吠叫,狂叫,作狺狺声,哀鸣,喘气,喘息,咬人,摇尾乞怜,(在篱笆上、墙上)抬起腿; e-n H. halten, an die Leine nehmen, an die Kette legen, in e-n Zwinger sperren, ausführen, dressieren, (zur Jagd) abrichten 饲养狗,把狗拴在皮带上,拴在链条上,关在狗舍里;遛狗,驯狗,训练狗(去打猎)〉: *Ein männlicher H. heißt Rüde, ein weiblicher heißt Hündin u. ein junger Welpe* 公狗叫 Rüde, 母狗叫 Hündin, 小狗则叫 Welpe; *Manche Hunde werden abgerichtet, um Blinde zu führen* 有些狗被训练来给盲人带路 ‖ K-(复合): ***Hunde-***, ***-besitzer***, ***-futter***, ***-gebell***, ***-haare***, ***-halter***, ***-hütte***, ***-kot***, ***-leine***, ***-rasse***, ***-rennen***, ***-schnauze***, ***-zucht***, ***-züchter***, ***-zwinger*** ‖ -K(复合): ***Blinden-***, ***Haus-***, ***Hirten-***, ***Hof-***, ***Hütten-***, ***Jagd-***, ***Polizei-***, ***Schlitten-***, ***Wach-*** ‖ *zu* **Hundeleine** ↑ *Abb. unter* 图见 **Schnur** **2.** ***ein scharfer H.***

ein H. (1), der so dressiert ist, dass er j-n auf Befehl angreift 经过训练的,会按命令袭击人的狗 **3. *ein scharfer H.*** *gespr*［口］；ein strenger od. aggressiver Mensch 厉害的,好斗的人 **4.** *vulg*［俗］；*mst* als Schimpfwort für e-n Menschen verwendet(骂人话)家伙,狗〈ein dummer, fauler, feiger, gemeiner H. 愚蠢的、懒惰的、胆小的、卑鄙的家伙〉: *So ein blöder H.!*真是笨蛋!；*Du H.!*你这个坏蛋!（= Schuft) **5. *ein armer H.*** *gespr*［口］；verwendet, um j-n zu bezeichnen, den man bedauert 可怜虫：*Du bist wirklich ein armer H.!*你的确是个可怜虫! **6. *ein dicker H.*** *gespr*［口］；ein grober Fehler 大错误 **7. *ein dicker H.*** *gespr*［口］；e-e Tat, über die man erstaunt ist u. die man für sehr frech hält 荒唐无耻的行为,蛮不讲理的行径；‖ ID［谚］*mst* 多用 ***Die sind wie H. u. Katze*** *gespr*［口］；sie vertragen sich nicht 他们合不来,相处得很不和睦；***j-d ist bekannt wie ein bunter / scheckiger H.*** *gespr*［口］；j-d ist sehr bekannt 某人到处闻名,尽人皆知；*mst* 多用 ***Damit kann man / kannst du keinen H. hinter dem Ofen (her)vorlocken*** *gespr*［口］；das ist völlig uninteressant, unattraktiv 用这个吸引不了人；***wie ein geprügelter H.*** *gespr*［口］；voller Scham 沮丧,垂头丧气,萎靡不振 ≈ niedergeschlagen；***wie ein H. leben*** *gespr*［口］；in armen u. schlechten Verhältnissen leben 穷困潦倒,如丧家之犬；***j-n wie e-n H. behandeln*** *gespr*［口］；j-n schlecht (u. verächtlich) behandeln 很蔑视地对待某人,鄙视某人；***j-d / etw. geht vor die Hunde*** *gespr*［口］；j-d/etw. wird ruiniert, zerstört 某人/某事毁掉,沉沦,堕落,崩溃,破产 ≈ j-d/etw. geht zu Grunde〈j-s Gesundheit, ein Mensch, die Moral 某人的健康,人,道德〉；***Da liegt der H. begraben!*** *gespr*［口］；das ist der Kern des Problems, die Ursache 这就是问题的症结所在! 原因就在这里!；***Hunde, die bellen, beißen nicht*** wer sehr laut u. aggressiv droht, macht seine Drohungen *mst* nicht wahr (weil er feige, harmlos ist) 爱叫的狗不咬人(意即:易怒的人不可怕)；***schlafende Hunde wecken*** j-n auf etw. aufmerksam machen u. dabei das Risiko eingehen, sich selbst zu schaden 弄醒睡狗咬自己(意即:自讨没趣,自讨苦吃)：*Wenn wir nicht um Erlaubnis fragen, kann er es uns nicht verbieten. Man soll keine schlafenden Hunde wecken!* 如果我们不请求他允许,他可能不会禁止我们。不应该弄醒睡狗咬自己!(真不该自寻烦恼!)；***Viele Hunde sind des Hasen Tod*** *gespr*［口］；gegen viele Gegner hat einer allein keine Chance 寡不敌众,狗多兔必死

hun·de·elend *Adj*（形）；*gespr*［口］；(gesundheitlich, seelisch) sehr schlecht, sehr elend (4)很不好,很不舒服〈*mst* 多用 sich h. fühlen, j-m ist h. zumute 感觉很不舒服,某人心情很不好〉

Hụn·de·ku·chen *der*；ein hartes Gebäck als Futter für Hunde 狗吃的糕点

Hụn·de·le·ben *das*；*gespr pej*［口］［贬］；ein Leben in Armut u. Not 穷困悲惨的生活〈*mst* 多用 ein H. führen/haben 过穷困悲惨的生活〉

Hụn·de·mar·ke *die*；e-e kleine Metallscheibe, die am Halsband des Hundes befestigt wird. Die H. dient als Nachweis, dass man die Hundesteuer bezahlt hat 系在狗颈上的税牌

hun·de·mü·de *Adj*(形)；*gespr*［口］；sehr müde 非常疲乏的,累极了的〈h. sein 极其疲倦,疲惫不堪〉

hụn·dert *Zahladj*（数形）；(als Zahl) 100 一百,壹佰；↑ ***Anhang*** (5) ‖ ID［谚］***auf h. sein*** *gespr*［口］；sehr wütend sein 非常愤怒 ‖ NB(注意)：↑ ***Hundert***[3]

Hụn·dert[1] *die*；-, -e **1.** die Zahl 100 一百,壹佰 **2.** *nur Sg*（只用单数)；j-d/etw. mit der Nummer 100 100 号

Hụn·dert[2] *das*；-s, - **1.** e-e Menge von 100 Personen od. Dingen 一百个(人或物)〈das erste, zweite *usw* H. 头一百,第二个一百；j-d/etw. macht das H. voll 人/物整一百〉 **2. *vom H.*** WIRTSCH【经】≈ Prozent；*Abk* 缩写 v. H.：*Der Zinssatz beträgt 8 v. H.* 利率为百分之八

Hun·dert[3], **hun·dert** *Zahlwort*（数词)；*indeklinabel*, *gespr*（词形不变)［口］≈ Hunderte〈einige, ein paar H. 几个,好几个一百〉：*Das hast du jetzt schon H. Mal* (= sehr oft) *gesagt* 这件事你已经说了无数遍了 ‖ NB(注意)：wie ein Adj. od. Subst. verwendet(当形容词或名词用)

Hụn·der·te, **hụn·der·te** *Zahlwort*（数词) **1. H.** (+ *Gen* 二格(*Pl* 复))；**H. (von *j-m* / *etw*** (*Pl* 复)) e-e große Menge von Personen od. Dingen 上百个,大量的(人或物)；*Das versteht nur einer von / unter Hunderten* 这一点,许多人中间只有一个人明白；*Zu Hunderten säumten die Zuschauer die Straßen* 几百观众站在道路两旁围观；*H. kleiner Kinder / von Kindern erkrankten* 大批儿童生病 ‖ NB(注意)：verwendet wie ein Adj. od. Subst.（当形容词或名词用) **2. *etw. geht in die H.*** etw. beträgt deutlich mehr als 100 (Personen, Dinge, Euro *usw*)(物作主语)过百,上百(人,物,欧元等)：*Die Kosten für die Reparatur gehen in die H.* 修理费达上百欧元；*Die Zahl der Todesopfer ging in die H.* 死亡人数已上百

Hụn·der·ter *der*；-s, - **1.** *gespr*［口］；die Zahl 100 一百,壹佰 **2.** *gespr*［口］；ein (Geld-)Schein im Wert von 100 Mark, Franken *usw* 面额为一百(马克、法郎等)的钞票：*Der Fernseher kostete mich ein paar Hunderter* 这台电视机花了我好几百块 **3.** (in e-r Zahl mit mehr als drei Stellen) die dritte Stelle (von rechts bzw.) vor dem Komma 百位,百位数：*beim Addieren alle Hunderter, alle Zehner, alle Einer untereinanderschreiben* 在做加法时,将所有百位数、十位数、个位数上下排着写 ‖ K-(复合)：***Hunderter-, -stelle*** ‖ NB(注意)：*zu*（义项) **3**：↑ ***Einer, Zehner***

Hun·dert·me·ter|lauf *der*；ein Wettlauf über hundert Meter 百米赛跑, *Abk* 缩写 100-m-Lauf：*der Start zum H.* 百米赛跑的起跑线

hụn·dert·pro·zen·tig *Adj*（形) **1.** *nicht adv*（不作状语)；so, dass es 100% e-r Menge umfasst 百分之百的；*Abk* 缩写 100%ig〈Alkohol, ein

Gewinn 酒精，盈利〉**2.** ≈ völlig, total 〈ein Erfolg 成功；e-e Sicherheit 可靠；etw. rentiert sich h. 某事完全有利可图，百分之百地能赚钱，合算〉**3.** *nur adv*, *gespr* (只作状语)[口]；ganz gewiss, ganz sicher 完完全全的，确确实实的 〈sich h. auf j-n verlassen können 完全可以信赖某人〉：*Es ist h. so, wie ich es dir erzählt habe* 这确实是像我向你讲述的那样

Hun·dert·schaft *die*; -, *-en*; *Kollekt* (集合)；e-e Gruppe aus hundert Personen (*mst* Soldaten, Polizisten) 百人组，百人队(多指军警)：*E-e H. der Grenzpolizei sucht nach den Schmugglern* 一支边防警察的百人分队正在搜捕走私者

hun·derts·t- *Zahladj* (数形)；*nur attr*, *nicht adv* (只作定语，不作状语) **1.** in e-r Reihenfolge an der Stelle hundert 第一百个 ≈ 100.：*der hundertste Teilnehmer an e-m Wettbewerb* 比赛的第一百名参加者 **2. der hundertste Teil** (**von etw.**) ≈ 1/100. ‖ ID[谚] ***vom Hundertsten ins Tausendste kommen*** (beim Erzählen od. bei e-r Unterhaltung) ständig das Thema wechseln 不断改变话题，经常离题 ≈ ständig vom Thema abschweifen

hun·derts·tel *Adj* (数形)；*nur attr*, *indeklinabel*, *nicht adv* (只作定语，词形不变，不作状语)；den hundertsten Teil von etw. bildend 百分之一的 ≈ 1/100.：*e-e h. Sekunde* 百分之一秒 ‖ NB(注意)：Bei gebräuchlichen Maßangaben ist auch die Schreibung *Hundertstelsekunde usw* üblich (在常用的计量说明语中，也常见 *Hundertstelsekunde* (百分之一秒)等连写法)

Hun·derts·tel *das*; *-s*, -; der 100 Teil von etw. 百分之一：*Die Gebühr beträgt ein H. der Summe* 费用为总额的百分之一 ‖ K-(复合)：***Hundertstel-***, ***-sekunde***

hun·dert·tau·send, **hun·dert·tau·send** *Zahladj* (数形)；(als Zahl) 100000 十万，拾万

Hun·de·sa·lon *der*; ein Geschäft, in dem Hunden die Haare geschnitten werden *usw* 狗沙龙，为狗理发等的商店：*seinen Pudel im H. scheren lassen* 在狗沙龙给他的长卷毛狗剪毛

Hun·de·schlit·ten *der*; ein großer Schlitten, der von mehreren (Schlitten) Hunden gezogen wird 狗拉的雪橇 ‖ K-(复合)：***Hundeschlitten-***, ***-führer***, ***-rennen***

Hun·de·sohn *der*; *gespr! pej* [粗][贬]；verwendet als Schimpfwort für e-n gemeinen Menschen(骂人话)狗儿子，卑鄙的家伙

Hun·de·steu·er *die*; e-e (kommunale) Steuer, die der Besitzer e-s Hundes zahlen muss 犬税，养狗税

Hün·din *die*; -, *-nen*; ein weiblicher Hund 母狗，雌狗 ↔ Rüde

hün·disch *Adj* (形)；*pej* [贬] ≈ unterwürfig 〈Gehorsam, ein Blick 顺从，眼光〉

hunds- *im Adj*; *wenig produktiv*, *gespr pej* (构成形容词，构词弱)[口][贬]；verwendet, um etw. Negatives zu verstärken(用来加强词的负面意义)极其，非常 ≈ sehr; ***hundserbärmlich*** 〈h. frieren 冷得要命，冻得够呛〉，***hundsgemein*** 〈ein Lügner 说谎者〉，***hundsjämmerlich*** 〈h. zu Grunde gehen 极其悲惨地走向毁灭〉，***hundsmiserabel*** 〈sich h. fühlen 感觉自己身体非常糟糕〉

Hunds·ta·ge *die*; *Pl* (复)；die heißesten Tage des Sommers in Europa 大伏天，大热天

Hü·ne *der*; *-n*, *-n*; ein sehr großer u. kräftiger Mann 高大强壮的人，巨人 ≈ Riese (1) 〈ein H. (an Gestalt) sein 是一个(身材)高大的人〉

Hü·nen·grab *das*; *hist* [历]；ein Grab aus der Steinzeit, das aus mehreren großen Steinen besteht 石冢(石器时代的巨石坟墓)

hü·nen·haft *Adj* (形)；sehr groß u. stark 巨人似的，高大强壮的 ≈ riesig (1) 〈ein Mensch, e-e Gestalt 人，身材〉 ‖ *hierzu* (派生) **Hü·nen·haf·tig·keit** *die*; *nur Sg* (只用单数)

Hun·ger *der*; *-s*; *nur Sg* (只用单数) **1.** das Bedürfnis, etw. zu essen 饿，饥饿 ↔ Durst 〈großen, viel, keinen H. haben 饿极了，很饿，不饿；H. wie ein Bär, Löwe, Wolf (= großen H.) haben 饿极了，像饿狼似的；H. bekommen, verspüren 饿了，感到饿；seinen H. stillen 止饿，果腹；j-n plagt der H. 饥饿折磨着某人〉：*„Hast du noch H.?" – „Nein, ich bin schon satt"* "你还饿吗?"——"不，我已经吃饱啦" ‖ K-(复合)：***Hunger-***, ***-gefühl***, ***-kur*** ‖ -K (复合)：***Bären-***, ***Löwen-***, ***Wolfs-*** **2.** ein Mangel an Nahrungsmitteln, der lange dauert u. dazu führt, dass man an Gewicht verliert (u. schließlich stirbt) 饥荒，饥饿〈H. leiden 挨饿，忍受饥荒；an, vor H. sterben 饿死〉：*In Äthiopien herrscht (großer) H.* 在埃塞俄比亚发生(大)饥荒 ‖ K-(复合)：***Hunger-***, ***-tod*** **3. *H. nach etw.*** *geschr* [书]；ein starker Wunsch nach etw. 对…的渴望，渴想 ≈ (e-e) Begierde nach etw. 〈H. nach Geld, Ruhm, Liebe, Zärtlichkeit 对金钱、荣誉、爱情、温情的渴望〉 ‖ ID[谚] ***H. ist der beste Koch*** wenn man H. hat, schmecken einem alle Speisen 饥饿是最好的厨师，饿时菜皆美(意即：饿时什么都觉得好吃)

Hun·ger·jahr *das*; ein Jahr, in dem Hunger (2) herrscht 荒年，歉岁

Hun·ger·lei·der *der*; *-s*, -; *gespr pej* [口][贬]；j-d, der sehr arm ist 饥饿汉，穷光蛋

Hun·ger·lohn *der*; *pej* [贬]；sehr wenig Geld für e-e geleistete Arbeit 不足以糊口的工资〈für e-n H. arbeiten müssen 必须挣钱糊口〉

hun·gern; *hungerte*, *hat gehungert*; Vi (不及物) **1.** nur wenig od. nichts essen können, weil man nicht genug od. keine Lebensmittel hat 饥饿，挨饿：*In der Dritten Welt hungern viele Kinder* 在第三世界有许多儿童在挨饿 **2.** (für kurze Zeit) absichtlich wenig od. nichts essen, um Gewicht zu verlieren 节食，绝食，戒口(为减轻体重)；Vr (反身) **3. *sich*** 〈fit, gesund, schlank *o. Ä.* 精力充沛，健康，苗条等〉 ***h.*** wenig od. nichts essen, bis man (wieder) fit, gesund, schlank *o. Ä.* ist 节食减肥以保持…；Vimp (无人称) **4. *j-n hungert* (*es*)** *geschr veraltend* [书][渐旧]；j-d hat Hunger (1) 某人饿了 ↔ j-n dürstet (es) **5. *j-n hungert* (*es*) *nach etw.*** *geschr* [书]；j-d hat e-n starken

Wunsch nach etw. 某人渴望着某物 ≈ j-d begehrt etw.: *Das Volk hungert nach Freiheit u. Gerechtigkeit* 人民渴望自由和公正

hun·gers *nur in* 只用于 ***h. sterben*** *geschr* ≈ verhungern

Hun·gers·not *die*; e-e Situation, in der die Menschen (in e-m bestimmten Gebiet) nicht genug zu essen haben 饥荒〈e-e H. droht irgendwo, herrscht irgendwo 一场饥荒威胁,笼罩某地〉

Hun·ger·streik *der* **1.** die Weigerung (über lange Zeit), etw. zu essen, um dadurch ein bestimmtes (*mst* politisches) Ziel zu erreichen 绝食 **2. *in den H. treten*** sich weigern, etw. zu essen, um dadurch ein bestimmtes Ziel zu erreichen 开始绝食,进行绝食: *Die Häftlinge traten in den H., um bessere Bedingungen zu erzwingen* 囚犯们开始了绝食,以求得较好的条件

Hun·ger·tuch *das*; *nur in* 只用于 ***am H. nagen*** *gespr, mst hum* [口]多用[诙]; kein Geld haben, arm sein 忍饥挨饿

hung·rig *Adj*(形) **1.** 〈Menschen, Tiere 人,动物〉 in dem Zustand, dass sie Hunger (1) haben 饥饿的 ↔ durstig 〈h. wie ein Bär, Löwe, Wolf (sein) 极度饥饿,饿极了,像饿狼似的〉 **2. *h. nach etw.*** *geschr* [书]; mit e-m starken Wunsch nach etw. 渴望的,渴求的 ≈ begierig auf etw. 〈h. nach Anerkennung, Liebe, Zärtlichkeit (sein) 渴望表彰、爱情、温情〉

-hung·rig *im Adj*; *begrenzt produktiv*(构成形容词,构词有限); mit e-m starken Verlangen nach der genannten Sache 渴望、追求…的,有…欲的; ***bildungshungrig***, ***erlebnishungrig***, ***machthungrig***, ***sensationshungrig***, ***sonnenhungrig***

Hu·pe *die*; -, *-n*; e-e Vorrichtung im Auto, auf die man drückt, um Töne (als Warnsignale) zu erzeugen (汽车上的)喇叭〈die H. betätigen, auf die H. drücken 按、揿喇叭; die H. ertönt 喇叭响〉 ‖ K-(复合): ***Hup-***, ***-signal***, ***-ton*** ‖ -K(复合): ***Auto-***

hu·pen; *hupte*, *hat gehupt* [Vi](不及物) mit e-r Hupe e-n (Signal) Ton erzeugen 按喇叭,喇叭响〈das Auto, das Taxi, der Fahrer 汽车、出租汽车,司机; ärgerlich, laut, ungeduldig h. 喇叭响得令人讨厌,响得厉害、很焦急〉: *Vor Schulen u. Krankenhäusern ist das Hupen verboten* 在学校和医院前面禁止按喇叭 ‖ K-(复合): ***Hup-***, ***-verbot*** ‖ *zu* ***Gehupe*** ↑ ***Ge-3***

hup·fen; *hupfte*, *ist gehupft*; [Vi] *südd* (A)(不及物)[南德][奥] ≈ hüpfen ‖ ID[谚] ***Das ist gehupft wie gesprungen*** *gespr*[口]; das macht keinen Unterschied 这完全是一回事,半斤八两

hüp·fen; *hüpfte*, *ist gehüpft*; [Vi](不及物) mit einem od. beiden Füßen kleine Sprünge machen (u. sich dadurch fortbewegen) 跳,蹦,蹦蹦跳跳〈in die Höhe h., auf e-m Bein h. 往高里跳,单脚跳〉: *Die Kinder hüpften den Weg entlang* 儿童们沿路蹦蹦跳跳; *Der Vogel hüpfte von Ast zu Ast* 鸟在树枝上跳来跳去

Hup·fer *der*; *-s*, -; *bes südd* (A) 尤指[南德][奥] **1.** ≈ Hüpfer **2. *ein junger H.*** *oft pej* 多用[贬]; ein junger u. unerfahrener Mann 毛头小伙儿,愣小子 ≈ Grünschnabel

Hüp·fer *der*; *-s*, -; ein kleiner Sprung (*mst* vor Schreck od. aus Freude) 跳跃,蹦跳〈e-n H. machen 作一次跳跃〉

Hup·kon·zert *das*; *gespr hum* [口][诙]; der Lärm, der entsteht, wenn mehrere Autofahrer gleichzeitig hupen 汽车喇叭齐鸣

Hür·de *die*; -, *-n* **1. *e-e H.*** (***für etw.***) etw., das j-n hindert, sein Ziel bequem u. einfach zu erreichen 困难,障碍,阻难〈bürokratische Hürden überwinden (müssen) (必须)克服官僚主义的阻难〉: *Das fehlende Abitur erwies sich als* (*unüberwindliche*) *H. für seine berufliche Karriere* 中学没有毕业成了他职业上升迁的(不可克服的)障碍 **2. *e-e H. nehmen*** e-e Schwierigkeit überwinden u. Erfolg haben 越过难关,攻克难关: *Wenn er die Abschlussprüfung besteht, ist die letzte H. auf seinem schulischen Weg genommen* 要是他通过毕业考试,他中学道路上的最后一道难关就被越过了 **3.** SPORT【体】; (in der Leichtathletik, im Reitsport) e-e Konstruktion aus Holzteilen, über die die Läufer bzw. die Pferde bei bestimmten Wettkämpfen springen müssen (田径运动、马术运动中的)栏架,跨栏〈e-e H. aufstellen, überspringen, überwinden, reißen 设置、跳过、越过、碰掉栏架〉 ‖ K-(复合): ***Hürden-***, ***-lauf***, ***-läufer***, ***-rennen*** **4. *e-e H. nehmen*** SPORT【体】; (in der Leichtathletik, im Reitsport) über e-e H. (3) springen (u. nicht stürzen) 越过跨栏 **5.** *veraltend*[渐旧]; e-e Art transportabler Zaun für Schafe(用树枝编的)活动围栅

Hu·re *die*; -, *-n*; *pej*[贬] ≈ Prostituierte

hu·ren; *hurte*, *hat gehurt*; [Vi] *pej* (不及物)[贬]; oft mit verschiedenen Partnern sexuelle Kontakte haben 乱搞两性关系 ‖ *hierzu* (派生) **Hu·rer** *der*; *-s*, -

Hu·ren·bock *der*; *vulg*, *pej*[俗][贬]; verwendet als Schimpfwort für e-n Mann, der oft mit verschiedenen Frauen Sex hat 好色之徒,色鬼

hur·ra! *Interjektion*(叹); verwendet als Ausruf der Begeisterung od. des Beifalls(激动或喝彩的呼声)好啊!乌拉!〈Hurra/hurra rufen 高呼乌拉〉: *H., morgen beginnen die Ferien!* 好啊!明天开始放假了! ‖ K-(复合): ***Hurra-***, ***-ruf***

Hur·ra *das*; *-s*, *-s*; der Ruf „hurra"“好啊”,“乌拉”的欢呼声〈j-n mit e-m (dreifachen) H. begrüßen 高呼乌拉(连呼三声乌拉)欢迎某人〉

Hur·ra·pat·ri·o·tis·mus *der*; *pej* [贬]; ein übertriebener (unkritischer) Patriotismus 狂热的爱国主义

hur·tig *Adj*(形); *veraltend* [渐旧] ≈ schnell, rasch 〈sich h. davonmachen 匆忙跑掉,急忙溜走〉 ‖ *hierzu*(派生) **Hur·tig·keit** *die*; *nur Sg* (只用单数)

Hu·sar [-ˈzaːɐ̯] *der*; *-en*, *-en*; *hist*[历]; ein Soldat e-r Reitertruppe (der e-e Uniform im Stil der ungarischen Nationaltracht trug)（15 世纪匈牙利的）轻骑兵 ‖ K-(复合)：**Husaren-**，**-mütze**，**-uniform**

Hu·sa·ren·streich *der*；*veraltend*［渐旧］；e-e (sehr) mutige Tat, die gut endet 突然袭击，奇袭，大胆的行动 ≈ Handstreich ⟨j-m gelingt ein H. 某人的突然袭击将获得成功⟩

Hu·sa·ren·stück *das*；*veraltend*［渐旧］≈ Husarenstreich ⟨ein H. vollbringen 完成突然袭击⟩

husch! *Interjektion*（叹）；*gespr*［口］；verwendet, um j-n (*mst* ein Kind) od. ein Tier aufzufordern, schnell (u. leise) wegzugehen（赶人或动物走的吆喝声）快！：*H., ins Bett!* 快，快上床（睡觉）！；*H., fort von hier!* 快，快离开这里！

hu·schen；*huschte*，*ist gehuscht*；[Vi]（不及物）**1. irgendwohin h.** sich sehr schnell u. leise irgendwohin bewegen 倏忽而过：*E-e Eidechse huschte über den Weg* 蜥蜴飞快地跑过路面 **2.** *mst* 多用 **ein Lächeln huscht über j-s Gesicht** *geschr*［书］；j-d lächelt ganz leicht u. kurz 某人脸上掠过一丝微笑

hüs·teln；*hüstelte*，*hat gehüstelt*；[Vi]（不及物）mehrmals leicht od. leise husten (*mst* aus Verlegenheit od. um j-n auf etw. aufmerksam zu machen) 连声微咳，轻咳，短咳 ⟨verlegen h. 尴尬地轻咳几声⟩

hus·ten；*hustete*，*hat gehustet*；[Vi]（不及物）**1.** Luft mehrere Male kräftig u. ziemlich laut aus dem geöffneten Mund ausstoßen 咳嗽 ⟨heftig, krampfhaft, laut h. 剧烈地、使劲地、大声地咳嗽⟩：*Das Kind war erkältet u. hustete die ganze Nacht* 孩子得了感冒，咳了一整夜 **2.** e-e Erkältungskrankheit haben, bei der man oft h. (1) muss 感冒咳嗽 ≈ an Husten leiden：*Sie hustet schon seit drei Tagen* 她已经感冒咳嗽了三天 **3. auf etw.** (*Akk* 四格) **h.** *gespr*［口］；auf etw., das einem nicht gut genug ist, verzichten 不重视，不在乎；[Vt]（及物）**4. Blut, Schleim h.** stark h. (1) u. dabei Blut/Schleim aus der Lunge hochbringen u. ausspucken (*z. B.* bei Tuberkulose) 咳出血，咳出痰 ‖ ID［谚］*mst* 多用 **Dem werd ich was/eins h.!** *gespr hum od iron*［口］［诙］或［讽］；ich werde seine Forderung od. Bitte ganz bestimmt nicht erfüllen 我不会照他的（愿望）办！我不理睬他！

Hus·ten *der*；*-s*；*nur Sg*（只用单数）**1.** e-e (Erkältungs)Krankheit, bei der man oft u. heftig husten (1) muss 感冒咳嗽 ⟨e-n starken, trockenen, chronischen H. bekommen, haben 得了严重的咳嗽、干咳、慢性咳嗽；H. haben, an H. leiden 感冒咳嗽⟩ ‖ K-(复合)：**Husten-**，**-bonbon**，**-mittel**，**-saft**，**-tee**，**-tropfen** **2.** das Husten (1) 咳嗽 ‖ K-(复合)：**Husten-**，**-anfall**，**-reiz**

Hut[1] *der*；*-(e)s*，*Hü·te* **1.** ein Kleidungsstück mit e-r stabilen Form, das man auf dem Kopf trägt 帽 ↔ Mütze ⟨ein H. mit e-r breiten Krempe, e-n H. aufsetzen, tragen, aufhaben/auf dem Kopf haben 一顶宽檐帽，戴上，戴着帽子；den H. abnehmen 脱帽；(vor j-m) den H. ziehen 脱帽（向某人致敬）⟩ ‖ K-(复合)：**Hut-**，**-band**，**-form**，**-krempe**，**-mode** ‖ -K (复合)：**Cowboy-**，**Damen-**；**Filz-**，**Leder-**，**Stoff-**，**Stroh-**；**Sonnen-**，**Trachten-**，**Zylinder-** **2.** der obere Teil e-s Pilzes, der wie ein runder Deckel aussieht（蘑菇的）菌盖 ↔ Stiel ‖ ↑ *Abb. unter* 图见 **Pilz** **3. ein alter H.** *gespr*［口］；etw., das nicht mehr neu u. interessant ist, sondern das schon jeder kennt 老皇历，老掉牙的事 ‖ ID［谚］**seinen H. nehmen (müssen)** *gespr*［口］；e-e Stellung aufgeben (müssen)（必须）辞职，（不得不）离职；*mst* 多用 **Steck dir doch ... an den H.; ... kannst du dir an den H. stecken!** *gespr!*［粗］*mst* verwendet, um j-m auf unhöfliche Weise zu sagen, er solle etw. behalten, weil man es nicht haben will（表示不客气地回绝别人给的东西）你自己留着吧！你可以自己留着！：*Steck dir doch deine Blumen an den H.! – Ich will kein Geschenk von dir* 花你自己留着吧！——我不要你的礼物；⟨Personen, Dinge 人，物⟩ **unter einen H. bringen** *gespr*［口］；bewirken, dass mehrere Personen od. verschiedene Dinge harmonisch zusammenpassen 使协调一致；**j-m geht der H. hoch** *gespr*［口］；j-d verliert die Geduld u. wird wütend 某人忍无可忍，怒发冲冠；**mit j-m/etw. nichts am H. haben** *gespr*［口］；j-n/etw. nicht mögen 不喜爱某人/某物；**j-m eins auf den H. geben** *gespr*［口］；j-n tadeln 训某人一顿，责备某人一番；**eins auf den H. bekommen/kriegen** *gespr*［口］；getadelt werden 受到训斥（责备、斥责）；**H. ab (vor j-m/etw.)!** verwendet, um seine Bewunderung auszudrücken（表示敬意）（某人/某事）值得赞扬！佩服！：*Ich muss sagen, H. ab vor Ihrer Zivilcourage, meine Damen!* 我必须说，女士们，你们直言不讳的勇气真值得赞扬！

Hut[2] *die*；*nur in* 只用于 **(vor j-m/etw.) auf der H. sein** *geschr*［书］≈ sich vor j-m/etw. hüten 对…要小心，要提防

Hut·ab·la·ge *die*；der Teil e-r Garderobe, auf den man die Hüte legt 帽架，存帽处

hü·ten；*hütete*，*hat gehütet*；[Vt]（及物）**1. ein Tier h.** aufpassen, dass e-m Tier auf der Weide nichts passiert u. dass es nicht wegläuft 放牧 ⟨Gänse, Kühe, Schafe, Ziegen h. 牧鹅，牧牛，牧羊，牧山羊⟩ ‖ K-(复合)：**Hüte-**，**-junge** **2. j-n h.** auf j-n, *mst* ein Kind, aufpassen 看护，照料 ≈ beaufsichtigen **3. ein Geheimnis h.** ein Geheimnis nicht verraten 保守秘密 ≈ ein Geheimnis bewahren **4. das Bett h.** das Bett nicht verlassen, weil man krank ist 卧床，卧病在床 **5. das Haus h.** im Haus zurückbleiben u. aufpassen, dass nichts Schlimmes geschieht (während die anderen Bewohner weg sind) 留下看家，呆在家里不外出；[Vr]（反身）**6. sich vor j-m/etw. h.** vorsichtig sein, damit j-d einem nichts Böses tut od. aufpassen, damit einem nichts passiert 提防，谨防，防备 ≈ sich vor j-m/etw. in Acht nehmen：*Die Mutter sagte zu Rotkäppchen: „Hüte dich vor dem bösen Wolf!"* 母亲对小红

帽说:"你可要提防恶狼!" **7. sich h. + zu +** *Infinitiv*(不定式) etw. aus e-m bestimmten Grund, *mst* aus Vorsicht, nicht tun 避免: *Er kann nicht schweigen, deshalb werde ich mich h., ihm noch einmal ein Geheimnis zu erzählen!* 他不会保守秘密,因此我将避免再一次把秘密告诉他 ‖ ▶ ***Hut²***

Hü·ter *der*; *-s*, *-*; *geschr*[书]; j-d, der etw. bewacht u. schützt 看守者,守护者,守卫者 ≈ Wächter ⟨ein H. der Demokratie, der Moral, der Ordnung 民主,道德,秩序的维护者⟩ ‖ NB(注意): aber j-d, der Tiere hütet (1), heißt *Hirte*! (看护牲口的人(牧人)叫作 Hirte!) ‖ *hierzu*(派生) **Hü·te·rin** *die*; *-*, *-nen*

Hut·ma·cher *der*; j-d, der beruflich Hüte produziert 制帽匠,制帽工人 ‖ *hierzu*(派生) **Hut·ma·che·rin** *die*; *-*, *-nen*

Hut·na·del *die*; e-e lange Nadel (als Schmuck), mit der Frauen den Hut im Haar befestigen können(把女式帽扣牢在头发上的)扣帽饰针

Hut·schnur *die*; *nur in* 只用于 ***etw. geht j-m über die H.*** *gespr*[口]; j-d ärgert sich sehr über etw. u. will es nicht länger ertragen 某事对某人太过分了,某人受不了某事

Hüt·te¹ *die*; *-*, *-n* **1.** ein kleines, einfaches Haus, das *mst* nur aus einem Zimmer besteht 小屋,小茅舍⟨e-e strohgedeckte H. 茅草盖顶的小屋; e-e H. aus Holz, Lehm, Wellblech 小木屋,粘土茅舍,白铁皮小棚屋⟩ ‖ -K(复合): ***Blech-***, ***Holz-***, ***Jagd-***, ***Lehm-*** **2.** e-e H. (1) in den Bergen, in der Bergsteiger, Skifahrer *usw* essen, übernachten od. Schutz suchen können 山间小屋,小客栈,小客店 ⟨die Nacht in e-r H. verbringen 在小客栈里过夜⟩ ‖ K-(复合): ***Hütten-***, ***-wirt*** ‖ -K(复合): ***Berg-***, ***Schutz-***, ***Ski-***

Hüt·te² *die*; *-*, *-n*; e-e Industrieanlage, in der Metalle aus Erzen bzw. (nichtmetallische) Rohstoffe wie Glas od. Schwefel gewonnen werden 冶金厂,冶炼厂(如玻璃厂,硫磺精炼厂) ‖ K-(复合): ***Hütten-***, ***-arbeiter***, ***-industrie***, ***-ingenieur***, ***-kunde*** ‖ -K(复合): ***Eisen-***, ***Erz-***, ***Glas-***, ***Kupfer-***, ***Schwefel-***, ***Stahl-***

Hüt·ten·abend *der*; e-e Feier am Abend in e-r Hütte¹ (2) in den Bergen 客栈晚会

Hüt·ten·kä·se *der*; e-e Art von festem Quark 一种硬奶酪

Hüt·ten·schuh *der*; *mst Pl*(多用复数); ein Hausschuh, der aussieht wie ein Strumpf mit e-r festen (Leder)Sohle 一种带皮底的袜状便鞋

Hüt·ten·werk *das* ≈ Hütte²

Hut·zel·brot *das*; *südd*[南德]; e-e Art süßes Brot mit vielen getrockneten Früchten 干果面包 ≈ Früchtebrot

hut·ze·lig, **hutz·lig** *Adj*(形); *gespr*[口]; klein, mager u. mit vielen Falten im Gesicht 干瘪的,布满皱纹的 ≈ runz(e)lig ⟨ein hutz(e)liges altes Weib(lein) 干瘪的(小)老太婆⟩

Hy·ä·ne *die*; *-*, *-n*; ein Raubtier in Afrika u. Asien, das e-m Hund ähnlich sieht 鬣狗

Hy·a·zin·the *die*; *-*, *-n*; e-e Pflanze mit langen schmalen Blättern u. e-r Blüte in Form e-r Traube aus kleinen Blüten 风信子 ‖ K-(复合): ***Hyazinthen-***, ***-blüte***, ***-zwiebel***

hyb·rid *Adj*(形); *ohne Steigerung*, *nicht adv*(无变级,不作状语); BIOL【生】; aus e-r Kreuzung entstanden 杂交的,杂种的⟨e-e Pflanze, ein Tier 植物,动物⟩ ‖ *hierzu*(派生) **Hyb·ri·de** *die*; *-*, *-n*

Hyb·ris *die*; *-*; *nur Sg*(只用单数); *geschr*[书] ≈ Hochmut

Hyd·rant *der*; *-en*, *-en*; e-e Art dickes, senkrecht stehendes Rohr *mst* an Straßen, aus dem die Feuerwehr Wasser holt, um e-n Brand zu löschen 消防取水管,消火栓 ‖ NB(注意): *der Hydrant*; *den*, *dem*, *des Hydranten*

Hyd·rat *das*; *-(e)s*, *-e*; CHEM【化】; e-e Substanz, die Wasser (chemisch gebunden) enthält 水合物,水化物

Hyd·rau·lik *die*; *-*; *nur Sg*(只用单数); TECH【技】**1.** die Wissenschaft u. Lehre von den Strömungen der Flüssigkeiten 水力学 **2.** e-e technische Konstruktion, die Kräfte mithilfe des Drucks e-r Flüssigkeit erzeugt od. überträgt 液压系统 ‖ *zu*(义项) **2. hyd·rau·lisch** *Adj*(形)

Hyd·ro·kul·tur *die* **1.** eine od. mehrere Pflanzen, deren Wurzeln in e-r speziellen Flüssigkeit, *mst* in e-m Behälter mit porösen, leichten braunen Steinen, sind 溶液培植的植物,无土栽培的植物 **2.** *nur Sg*(只用单数); das Züchten u. Halten von Pflanzen in Form e-r H. (1)(植物的)溶液培植,水栽法,无土栽培法

Hy·gi·e·ne [hy'gi̯eːnə] *die*; *-*; *nur Sg*(只用单数) **1.** MED【医】; die Wissenschaft, die sich damit beschäftigt, wie man (*bes* durch Sauberkeit u. Körperpflege) die Gesundheit erhalten u. fördern kann 卫生学 ≈ Gesundheitslehre ‖ K-(复合): ***Hygiene-***, ***-maßnahme***, ***-vorschrift*** **2.** alle Maßnahmen, mit denen man Infektionskrankheiten verhindert u. den Körper sauber hält 卫生保健措施 ≈ Gesundheitspflege, Körperpflege: *In e-m Krankenhaus muss ganz besonders auf H. geachtet werden* 在医院里必须特别重视卫生保健措施 ‖ K-: ***Hygiene-***, ***-artikel*** ‖ -K: ***Körper-***

hy·gi·e·nisch [hy'gi̯eːnɪʃ] *Adj*(形) **1.** die Hygiene (1) betreffend 卫生学的,卫生保健的⟨e-e Maßnahme, e-e Vorschrift 措施,规定⟩ **2.** sehr sauber u. ohne (Krankheits)Keime 卫生的,合乎卫生的,无病菌的 ↔ unhygienisch ⟨e-e Verpackung 包装; etw. ist (nicht) h. 某物是(不)卫生的⟩: *Lebensmittel müssen h. verpackt sein* 食品必须卫生地进行包装

Hyg·ro·me·ter *das*; *-s*, *-*; MET【气】; ein Gerät, mit dem man die Feuchtigkeit der Luft misst 测湿计,湿度计 ‖ *hierzu*(派生) **hyg·ro·met·risch** *Adj*(形)

Hym·ne *die*; *-*, *-n* **1. *e-e H.*** (***an*** / ***auf j-n*** / ***etw.***) ein feierliches Lied, in dem man j-n (*z. B.*

Gott) od. etw. (*z. B.* das Vaterland) ehrt u. lobt 赞歌,颂歌: *e-e H. auf die Freiheit* 自由颂歌 ‖ K-(复合): ***Hymnen-***, ***-melodie***, ***-sammlung***, ***-text*** ‖ -K(复合): ***National-*** **2.** ein feierliches Gedicht, in dem man j-n/ etw. sehr lobt (verherrlicht) 赞美诗 ‖ K-(复合): ***Hymnen-***, ***-dichter*** ‖ *hierzu*(派生) **hym·nisch** *Adj*(形)

hy·per- [hy:pɐ-] *im Adj, betont u. unbetont, wenig produktiv*(构成形容词,重读和非重读,构词弱), *mst pej* 多用[贬]; äußerst, in übertriebenem Maß 极度,超出,过于 ≈ über-³; ***hypergenau***, ***hyperkorrekt***, ***hypermodern***, ***hypersensibel***

Hy·per·bel *die*; -, *-n*; MATH【数】; e-e symmetrische Kurve (e-s Kegelschnitts), deren beide Enden sich voneinander entfernen 双曲线 ‖ ↑ *Abb. unter* 图见 ***geometrische Figuren*** ‖ *hierzu*(派生) **hy·per·bo·lisch** *Adj*(形)

Hyper·link [ˈhaɪpɐ-] *das*; *-s*, *-s*; INFORM【信息】; die durch ein Symbol *o. Ä.* in e-m Computertext angezeigte Verknüpfung mit e-r anderen Textstelle *o. Ä.*, die per Mausklick aktiviert wird u. zusätzliche Informationen zu e-m bestimmten Stichwort liefert 快速连接

Hyp·no·se *die*; -; *nur Sg*(只用单数); e-e Art Schlaf, den ein Hypnotiseur bei j-m durch Suggestion erzeugt u. in dem dieser Mensch keinen eigenen Willen mehr hat 催眠状态 ≈ Trance ⟨j-n in H. versetzen 使某人进入催眠状态; unter H. stehen 处于催眠状态; aus der H. erwachen 从催眠状态中醒来⟩ ‖ *hierzu*(派生) **hyp·no·tisch** *Adj*(形)

Hyp·no·ti·seur [-ˈzøːɐ] *der*; *-s*, *-e*; j-d, der durch Suggestion bei j-m bewirken kann, dass dieser in Hypnose gerät 施催眠术的医生 ‖ *hierzu*(派生) **Hyp·no·ti·seu·rin** [-ˈzøːrɪn] *die*; -, *-nen*

hyp·no·ti·sie·ren; *hypnotisierte*, *hat hypnotisiert*; Vt(及物) **1.** ***j-n h.*** bewirken, dass j-d in Hypnose gerät 对…催眠⟨e-n Patienten h. 对患者催眠⟩ **2.** ***von j-m / etw. (wie) hypnotisiert sein*** von e-r Person od. Sache so stark beeindruckt sein, dass man alles andere vergisst 被…吸引住,对…着魔,着迷 ≈ von etw. gefangen genommen sein

Hy·po·chon·der [hypoˈxɔndɐ] *der*; *-s*, -; *geschr*[书]; j-d, der immer glaubt, dass er krank sei u. deshalb klagt u. traurig ist 疑病症患者,患疑病症的人,忧郁症患者 ‖ *hierzu*(派生) **Hy·po·chon·de·rin** [hypoˈxɔndərɪn] *die*; -, *-nen*

Hy·po·chond·rie [hypoxɔnˈdriː] *die*; -, *-n* [-ˈdriːən]; *mst Sg*(多用单数); MED【医】; die ständige (zwanghafte) Einbildung, dass man krank sei 疑病症,忧郁症 ‖ *hierzu*(派生) **hy·po·chond·risch** *Adj*(形)

Hy·po·te·nu·se *die*; -, *-n*; MATH【数】; die Seite in e-m rechtwinkligen Dreieck, die dem rechten Winkel gegenüberliegt 弦,斜边 ↔ Kathete

Hy·po·thek *die*; -, *-en* **1.** ein (Geld) Kredit, den *mst* e-e Bank j-m gibt, weil er als Pfand e-e Wohnung od. ein Haus bieten kann 抵押,抵押贷款⟨e-e H. (auf sein Haus) aufnehmen(通过抵押房屋)取得贷款, e-e H. abtragen, tilgen 偿还、清偿抵押贷款⟩ ‖ K-(复合): ***Hypotheken-***, ***-schuldner***, ***-zinsen*** **2.** etw. Negatives, das j-d früher gemacht hat u. das jetzt für ihn ein Problem ist 负担,阻难 ≈ Bürde: *Seine frühere Gefängnisstrafe ist e-e schwere H. für seinen beruflichen Erfolg* 他以前被判刑对于他职业上的成功是一种沉重的负担

Hy·po·the·se *die*; -, *-n*; *geschr*[书]; etw., das man zur (wissenschaftlichen) Erklärung e-s Phänomens od. Problems vorläufig behauptet, das aber noch nicht bewiesen ist 假定,假说,假设 ≈ Annahme, Vermutung ⟨e-e H. aufstellen, widerlegen 提出,驳斥一种假说⟩: *Es ist längst keine H. mehr, dass das Waldsterben durch die Luftverschmutzung verursacht wird* 森林枯死是由于空气污染而引起的,这早已不再是假说了 ‖ *hierzu*(派生) **hy·po·the·tisch** *Adj*(形)

Hys·te·rie *die*; -, *-n* [-ˈriːən] **1.** ein Zustand, in dem j-d aus Nervosität, Angst od. übertriebener Begeisterung nicht mehr vernünftig denken u. handeln kann 病态的亢奋,歇斯底里 ‖ -K 复合: ***Massen-*** **2.** MED【医】; die Neigung zur H. (1) als Krankheit 癔病,歇斯底里 ‖ *zu*(义项) **2. Hys·te·ri·ker** *der*; *-s*, -; **Hys·te·ri·ke·rin** *die*; -, *-nen*

hys·te·risch *Adj*(形) **1.** *mst pej* 多用[贬]; in e-m Zustand der Hysterie (1) 神经质的,歇斯底里的 ≈ überspannt, übernervös ⟨ein Anfall, ein Verhalten 发作,行为; h. sein, reagieren 是神经质,作出神经质的反应; h. kreischen 神经质地尖叫⟩: *Jetzt werde doch nicht gleich h.!* 现在可别马上变得神经质! **2.** MED【医】; ⟨e-e Frau, ein Mann 女人,男人⟩ so, dass sie zur Hysterie (2) neigen 易患癔病的,易发歇斯底里的

I, i

I, i [iː] *das*; -,-/*gespr auch* [口]也作 -*s*; der neunte Buchstabe des Alphabets 字母表中的第九个字母〈ein großes I 大写 I; ein kleines i 小写 i〉

i! [iː] *Interjektion* (叹); *gespr* [口]; verwendet, um auszudrücken, dass man sich vor j-m/etw. ekelt(表示厌恶)哎!,咦!,呸!,啊!: *I, da ist e-e Fliege in meiner Suppe!* 哎! 我的汤里有一只苍蝇!

-i *im Subst, sehr produktiv*(构成名词,构词强), *gespr* [口] **1.** verwendet, um aus e-r Bezeichnung od. e-m Namen e-e vertraute, freundliche Form der Anrede od. e-n Kosenamen zu machen(表示昵称或爱称); die ***Anni***, die ***Mami***, die ***Mutti***, der ***Papi***, der ***Vati*** **2.** verwendet, um Abkürzungen zu bilden(构成缩略词); der ***Ami*** (Amerikaner 美国人), der ***Profi*** (Professionelle 职业运动员), der ***Pulli*** (Pullover 套衫,套头毛衣), der ***Schiri*** (Schiedsrichter 仲裁人,裁判)

i.A. *Abk für* 缩写,全称为 im Auftrag 受…之委托(承办某事),以…的名义 ‖ NB(注意): ↑ ***Auftrag*** (2)

IC [iˈtseː] *der*; -*s*, -*s*; *Kurzw*〈略〉; ↑ ***Intercity***

ICE [itseˈ|eː] *der*; -*s*, -*s*; *Kurzw*〈略〉; ↑ ***Intercityexpress***

ich *Personalpronomen, 1 Person Sg*(人称代词,第一人称单数); verwendet, um die eigene Person, also sich selbst (als Sprecher od. Schreiber) zu bezeichnen 我: *Du u. ich, wir beide zusammen schaffen das schon!* 你和我,我们俩一起干这个,能成!; *Ich bin müde* 我累了; *Ich Arme/Armer!* 我真倒霉! 我真可怜! ‖ NB(注意): ↑ *Tabelle unter* 图表见 ***Personalpronomen***

Ich *das*; -(*s*), -(*s*); das eigene Wesen 自我,自己,自身,本人 ≈ Selbst: *das eigene Ich erkennen, erforschen, verleugnen* 认识、研究、否认自我

ich·be·zo·gen *Adj*(形); *pej* [贬]; *mst* 多用 ***i. sein*** sich selbst immer in den Vordergrund stellen 以自我为中心的,突出自我的,自私自利的,利己的 ≈ egoistisch, egozentrisch sein ‖ *hierzu*(派生) **Ich·be·zo·gen·heit** *die*; *nur Sg* (只用单数)

Ich·form *die*; *nur Sg*(只用单数); e-e Form des Erzählens, bei der der Autor so tut, als ob er selbst an der Handlung beteiligt wäre 第一人称形式,自叙体形式

Ich·mensch *der* ≈ Egoist

Ich·sucht *die*; *nur Sg*(只用单数) ≈ Egoismus, Eigenliebe ‖ *hierzu*(派生) **ich·süch·tig** *Adj* (形)

ide·al [ideˈaːl] *Adj*(形) **1.** so, dass man es sich nicht besser vorstellen kann 理想的,完美的 ≈ perfekt, vorbildlich: *Die neue Autobahn ist i. für mich, ich komme jetzt in 10 Minuten zur Arbeit* 新的高速公路对我说来是理想的,现在我来上班只要十分钟; *Das Wetter war i. zum Skifahren* 天气对滑雪是理想的; *Er hat die ideale Frau gefunden* 他找到了理想的妻子 ‖ K-(复合): ***Ideal-***, ***-fall***, ***-gewicht***, ***-lösung***, ***-vorstellung*** **2.** nur in der Vorstellung existierend, nicht real vorhanden 观念的,想象的,理想的 ↔ real: *der ideale Staat* 理想国

Ide·al [ideˈaːl] *das*; -*s*, -*e* **1.** ein hohes (moralisches) Ziel, das j-d erreichen will 理想〈ein hohes I. 崇高的理想; seine Ideale verwirklichen, realisieren 实现他的理想; sich (*Dat* 三格) seine Ideale bewahren, erhalten 维护、保持他的理想〉: *Freiheit, Gleichheit u. Brüderlichkeit waren die Ideale der Französischen Revolution* 自由、平等和博爱是法国大革命的理想 **2.** *nur Sg*(只用单数); *mst* 多用 ***das I.*** + *Gen Sg*(二格单数); die perfekte Verkörperung/Ausführung e-r Person/Sache(人/物的)模范,典型,样板: *Er ist das I. e-s Familienvaters* 他是一家之父的典范

Ide·al·bild *das* ≈ Ideal (2)

ide·a·li·sie·ren; *idealisierte, hat idealisiert*; Vt (及物) ***j-n/etw. i.*** *geschr* [书]; j-n/etw. besser od. schöner darstellen, als er/es wirklich ist 使理想化,美化 ≈ verklären ‖ *hierzu*(派生) **Ide·a·li·sie·rung** *die*

Ide·a·lis·mus *der*; -; *nur Sg*(只用单数) **1.** die Neigung, alles so zu sehen, wie es sein sollte 理想主义 ↔ Realismus: *jugendlicher, schwärmerischer I.* 青年的、热忱的理想主义 **2.** das Bemühen, seine Ideale (1) zu verwirklichen (ohne auf den eigenen Vorteil zu achten)(为实现理想的)献身精神 ↔ Egoismus: *Er denkt nur noch an das Geld – seinen anfänglichen I. hat er ganz verloren* 他一心只想着金钱——他完全丧失了最初的献身精神 **3.** die philosophische Lehre, dass der Geist u. das Bewusstsein wichtiger für den Menschen sind als materielle Dinge 唯心主义,唯心论 ↔ Materialismus ‖ *hierzu* (派生) **Ide·a·list** *der*; -*en*, -*en*; **Ide·a·lis·tin** *die*; -, -*nen*; **ide·a·lis·tisch** *Adj*(形)

Idee *die*; -, -*n* [iˈdeː(ə)n] **1.** ein *mst* spontaner Einfall (*z. B.* wie man ein Problem lösen könnte)想法,主意,念头 ≈ Gedanke (2) 〈e-e gute I. 好主意,好想法; e-e I. haben 有一个

主意, auf e-e I. eingehen 同意、接受一种想法〉: *Die Situation schien ausweglos, aber plötzlich hatte ich e-e I.* 情况看起来像是走投无路了,但是我突然有了一个主意 **2.** *oft Pl*(常用复数); ein allgemeiner Gedanke, Vorschlag od. Plan 思想,观点,见解,意见〈fortschrittliche, neuartige, konstruktive, revolutionäre Ideen 进步的、新颖的、建设性的、革命的思想; e-e I. (weiter)entwickeln, verwerfen, vertreten, nachvollziehen(进一步)发展(发挥)、拒绝、代表、理解一种思想〉: *Die Ideen des neuen Managers wurden mit Skepsis aufgenommen* 新任经理的观点被以怀疑的态度接受了 ‖ K-(复合): **Ideen-, -gehalt** **3.** **e-e fixe I.** e-e (oft falsche) Vorstellung, die j-n einfach nicht loslässt 固定观念,固执的想法,偏见,成见〈e-e fixe I. haben 有一种固定观念; etw. wird bei j-m zur fixen I. 某物变成某人的固定观念〉 **4.** **e-e I.** + *Komparativ*(比较级); *gespr* [口] ≈ ein bisschen: *Die Hose müsste e-e I. länger sein* 裤子理应稍微长一点 ‖ ID[谚] **keine I. von etw. haben** *gespr* [口]: gar nichts von etw. wissen 对某事毫无所知,一窍不通 ‖ *zu*(义项) **2.** **ide·en·arm** *Adj*(形); **ide·en·los** *Adj*(形); **ide·en·reich** *Adj*(形)

ide·ell [ide'ɛl] *Adj*(形) **1.** von e-r Idee bestimmt od. abgeleitet 思想的,观念的,精神的: *der ideelle Gehalt e-s Buches* 一本书的思想内容 **2.** *mst* 多用 **ein ideeller Wert** ein Wert, der nicht in Geld *o. Ä.* ausgedrückt werden kann, sondern der nur für die betroffene Person von Bedeutung ist 思想价值,精神价值 ↔ ein materieller Wert: *Diese Uhr ist ein Erbstück u. hat für mich e-n hohen ideellen Wert* 这块表是一件遗物,对我有很高的精神价值

iden·ti·fi·zie·ren; *identifizierte, hat identifiziert*; [Vt](及物) **1.** **j-n/etw. (als j-n/etw.) i.** j-n/etw. *mst* an bestimmten Merkmalen (wieder)erkennen 认出,识别,鉴定,验明,证实,辨认: *Der Zeuge konnte den Täter i.* 证人能够认出作案人; *Anhand der Motornummer konnte das Auto identifiziert werden* 根据发动机号码,汽车可以被认出来 **2.** **j-n/etw. mit etw. i.** j-n/etw. mit etw. verbinden, j-n/etw. als Teil od. Vertreter von etw. ansehen 把…和…视为相同,把…和…看作一个东西,把…和…等量齐观: *Er wird immer mit e-r Figur identifiziert, die er als junger Mann gespielt hat* 人们总是把他与他扮演的年轻人那个角色等同起来; [Vr](反身) **3.** **sich mit j-m/etw. i.** mit j-m/etw. völlig einverstanden sein 完全同意,赞同: *Mit den Zielen dieser Organisation kann ich mich nicht i.* 我不能完全赞同这个组织的目的 **4.** **sich mit j-m/etw. i.** seine eigenen Erfahrungen *o. Ä.* in j-m/etw. wiedererkennen 和…打成一片,融为一体,在…身上重新认识自我: *Mit den Figuren im Roman kann ich mich sehr gut i.* 我能很好地同长篇小说中的人物融为一体 ‖ *hierzu*(派生) **Iden·ti·fi·ka·ti·on** *die*; -, *-en*; **Iden·ti·fi·zie·rung** *die*

iden·tisch *Adj*(形); *geschr*[书] **1.** ohne irgendeinen Unterschied 同一的,相同的,相等的,一致的 ≈ gleich ↔ unterschiedlich, verschieden: *Die Aussagen der beiden Zeugen waren i.* 两个证人的陈述是相同的; *Über die Außenpolitik hatten beide Politiker identische Vorstellungen* 两个政治家对外交政策有相同的想法 **2.** 〈Personen/Dinge 人/物〉 **sind i.**; **j-d/etw. ist mit j-m/etw. i.** es handelt sich bei etw. um ein u. dieselbe Person/ein u. dasselbe Ding…是同一个人,…是同一件事,同一个东西

Iden·ti·tät *die*; -, *-en*; *mst Sg*(多用单数), *geschr*[书] **1.** **j-s I.** j-s Name, Adresse *usw* als Beweis, wer er ist 某人的身份,正身〈seine I. beweisen, nachweisen, belegen 证明、证实他的身份; j-s I. feststellen, überprüfen 确认、验明某人的身份〉: *Die Polizei stellte die I. des Verhafteten fest* 警察局确认了被捕者的身份 **2.** die vollständige Gleichheit 同一性,一致,相等,相同 ↔ Verschiedenheit: *die I. von zwei Dokumenten* 两份文件的一致性 **3.** die innere Einheit, das Wesen von j-m/etw. 认同: *die österreichische I.* 奥地利的认同

Iden·ti·täts·kar·te *die*; Ⓒⓗ [瑞] ≈ Personalausweis

Iden·ti·täts·kri·se *die*; e-e psychische Krise, die man erlebt, weil man mit dem Bewusstsein vom eigenen Wesen nicht zurechtkommt 心理认同危机

Ideo·lo·ge *der*; *-n*, *-n*; j-d, der e-e bestimmte Ideologie vertritt 思想家,理论家 ‖ NB(注意): *der Ideologe; den, dem, des Ideologen* ‖ *hierzu*(派生) **Ideo·lo·gin** *die*; -, *-nen*

Ideo·lo·gie *die*; -, *-n* [-'giːən] **1.** alle Ansichten u. Werte e-r sozialen Gruppe, e-r bestimmten Gesellschaft 思想,思想体系: *die I. des Bürgertums* 资产阶级的思想 **2.** e-e (umfangreiche) politische Theorie als Grundlage e-r Staatsform 意识形态〈die westliche, östliche, kommunistische I. 西方的、东方的、共产主义的意识形态; e-e I. begründen, vertreten 创立、代表一种意识形态〉 ‖ *hierzu*(派生) **ideo·lo·gisch** *Adj*(形)

Idi·om [i'dioːm] *das*; *-s*, *-e*; LING[语] **1.** die Sprache, die für Personen e-r bestimmten Region, (Berufs)Gruppe od. sozialen Schicht charakteristisch ist(具有某一地区、职业或社会阶层特色的)方言,土语,行话 **2.** ein sprachlicher Ausdruck (aus mehreren Wörtern), dessen Bedeutung man nicht aus den Bedeutungen seiner Bestandteile ableiten kann (wie *z. B. j-m durch die Lappen gehen*)成语,谚语,惯用语 ‖ *zu*(义项) **2.** **idi·o·ma·tisch** *Adj*(形)

Idi·ot [i'dioːt] *der*; *-en*, *-en*; verwendet als Schimpfwort für j-n, den man für ganz dumm, ungeschickt *o. Ä.* hält(骂人话)白痴,笨蛋,傻瓜 ≈ Dummkopf ‖ NB(注意): *der Idiot; den, dem, des Idioten* ‖ *hierzu*(派生) **idi·o·tisch** *Adj*(形)

idi·o·ten·si·cher *Adj*(形); *gespr hum*[口][诙]; ganz einfach zu verstehen od. zu bedienen 操作简便的,容易掌握的〈ein Gerät 机具, e-e (Bedienungs)Anleitung(使用)说明〉

Idi·o·tie [idio'tiː] *die*; -, *-n* [-'tiːən]; *gespr pej* [口][贬]; ein dummes Verhalten 极端愚蠢的行为,蠢事 ≈ Dummheit, Blödsinn

Idol *das*; *-s*, *-e*; j-d, der sehr verehrt wird u. für viele ein Vorbild ist 偶像 ⟨ein I. anbeten, vergöttern, umschwärmen 崇拜、仰慕偶像,蜂拥在偶像周围⟩: *Bob Dylan war lange ein I. der Jugend* 鲍勃·迪伦(美国歌星和作曲家)曾经很长时间是青年的偶像

Idyll [i'dʏl] *das*; *-s*, *-e*; der Zustand e-s einfachen, *bes* e-s friedlichen u. harmonischen Lebens 伊甸园,田园风光,田园生活,纯朴宁静而和谐的生活状态 ⟨ein dörfliches, ländliches, häusliches I. 乡村的、农村的、家庭的田园生活⟩

Idyl·le [i'dʏlə] *die*; -, *-n* **1.** die Darstellung e-s Idylls in der Kunst 田园诗,牧歌 **2.** ≈ Idyll

idyl·lisch [i'dʏl-] *Adj*(形) **1.** wie in e-m Idyll 田园般的 **2.** ruhig u. landschaftlich schön 宁静安逸的

-ie·ren, -i·sie·ren *als Suffix in Verben*(作动词后缀); oft verwendet, um ein Tun zu bezeichnen, durch das j-d/etw. in den Zustand gebracht wird, den die *mst* entlehnte Basis (Adj., Subst.) bezeichnet(与名词、形容词构成动词,表示转变成相关的状态)使…化; ***etw. halbieren, komplettieren, etw. relativieren, legalisieren, modernisieren; etw. atomisieren, bagatellisieren, ritualisieren***

-ig *im Adj, sehr produktiv*(构成形容词,构词强); verwendet, um Adjektive zu bilden **1.** mit der im ersten Wortteil genannten Sache od. Eigenschaft 有…的,具有…特性的; ***eifrig, fleißig, geizig, gierig, mutig; dreiseitig*** ⟨ein Brief 信⟩, ***mehrgeschossig*** ⟨ein Haus 房屋⟩, ***vierbändig*** ⟨ein Roman 长篇小说⟩ **2.** wie das im ersten Wortteil Genannte 像…一样的,…般的; ***affig*** ⟨ein Benehmen 举止⟩, ***bullig*** ⟨e-e Figur 人物⟩, ***flegelig*** ⟨ein Benehmen 举止⟩, ***glasig*** ⟨Augen 眼睛⟩, ***milchig, riesig, schwammig*** **3.** in der Form dessen, was im ersten Wortteil genannt ist 有…形状的; ***bergig, bröselig, klumpig, kugelig***

Igel *der*; *-s*, -; ein kleines (Land) Tier mit vielen Stacheln auf dem Rücken 刺猬

-i·gen *als Suffix in Verben, begrenzt produktiv*(作动词后缀,构词有限); bezeichnet ein Tun, das sich auf ein Adj. od. auf ein Subst. als Ausgangswort bezieht(与名词、形容词构成动词,表示相关的行为动作); ***reinigen, festigen, j-n sättigen; peinigen, schädigen, verdächtigen***

igitt!, igitt·igitt! *Interjektion*(叹); *gespr* [口] verwendet, um auszudrücken, dass man sich vor etw. ekelt(表示厌恶)真恶心!

-ig·keit *Suffix*(后缀); ↑ ***-keit***

Ig·lu *der/das*; *-s*, *-s*; ein Haus aus (Blöcken von) Schnee 用硬雪块砌成的圆顶小屋: *die Iglus der Eskimos* 爱斯基摩人的圆顶小屋

Ig·no·rant *der*; *-en*, *-en*; *geschr pej* [书][贬]; ein dummer, unwissender Mensch 无知的人,没有知识的人,愚昧的人 ‖ NB(注意): *der Ignorant; den, dem, des Ignoranten* ‖ *hierzu* (派生) **Ig·no·ran·tin** *die*; -, *-nen* **Ig·no·ran·ten·tum** *das*; *-s*; *nur Sg*(只用单数)

Ig·no·ranz *die*; -; *nur Sg*(只用单数), *geschr pej* [书][贬] ≈ Dummheit, Unwissenheit

ig·no·rie·ren; *ignorierte, hat ignoriert*; *Vt* (及物) ***j-n/etw. i.*** j-n/etw. absichtlich nicht sehen od. erkennen wollen 忽视,无视,对…置之不理,不理睬 ↔ beachten: *Seine Ideen wurden von den Kollegen ignoriert* 他的想法被同事们所忽视

IHK [iːhaː'kaː] *die*; -; *nur Sg*(只用单数); *Abk*(缩写); ↑ ***Industrie- und Handelskammer***

ihm *Personalpronomen der 3 Person Sg*(人称代词,第三人称单数)(*er u. es*), *Dativ*(三格); ↑ *Tabelle unter* 图表见 ***Personalpronomen***

ihn *Personalpronomen der 3 Person Sg*(人称代词,第三人称单数)(*er u. es*), *Akkusativ*(四格); ↑ *Tabelle unter* 图表见 ***Personalpronomen***

ih·nen *Personalpronomen der 3 Person Pl*(人称代词,第三人称复数)(*sie*²), *Dativ*(三格); ↑ *Tabelle unter* 图表见 ***Personalpronomen***

Ih·nen *Personalpronomen der höflichen Form der 2 Person Sg u. Pl*(人称代词,第二人称单数和复数尊称)(*Sie*), *Dativ*(三格); ↑ *Tabelle unter* 图表见 ***Personalpronomen***

ihr¹ [iːɐ] *Personalpronomen der 2 Person Pl*(人称代词,第二人称复数); verwendet, um e-e Gruppe von Personen anzureden, von denen man (fast) alle mit *du* anredet(对一群以du相称的人的称呼)你们: *Kommt ihr mit zum Baden?* 你们一起来洗澡吗?; *Na, ihr beiden/Hübschen, wie gehts euch?* 喂,你们俩好吗? ‖ NB(注意): **a)** ↑ Erläuterungen auf Seite 102 (说明见第102页); **b)** ↑ *Tabelle unter* 图表见 ***Personalpronomen***

ihr² [iːɐ] *Personalpronomen der 3 Person Sg*(人称代词,第三人称单数)(*sie*¹), *Dativ*(三格); ↑ *Tabelle unter* 图表见 ***Personalpronomen***

ihr³ [iːɐ] *Possessivpronomen der 3 Person Sg u. Pl*(物主代词,第三人称单数和复数)(*sie*¹ *u. sie*²); ↑ *Tabellen unter* 图表见 ***Possessivpronomen*** u. unter 并见 ***mein***

Ihr¹ [iːɐ] *Possessivpronomen der höflichen Form der 2 Person Sg u. Pl*(物主代词,第二人称单数和复数尊称)(*Sie*); ↑ *Tabellen unter* 图表见 ***Possessivpronomen*** u. unter 并见 ***mein***

Ihr² [iːɐ] *Personalpronomen der 2 Person Sg, Höflichkeitsform*(人称代词,第二人称单数尊称), *geschr veraltet* [书][旧]; verwendet als höfliche u. respektvolle Anrede für e-e einzelne Person, *z. B.* e-n Richter od. e-n König(对单独某一个人的尊敬的称谓)您 ≈ Sie: *Habt Ihr wohl geruht, Euer Gnaden?* 阁下,您休息得好吗?

ih·r- *Possessivpronomen der 3 Person Sg u. Pl*（物主代词，第三人称单数和复数）（*sie*[1] *u. sie*[2]）；↑ **mein-**

Ih·r- *Possessivpronomen der höflichen Form der 2 Person Sg u. Pl*（物主代词，第二人称单数和复数尊称）（*Sie*）；↑ **mein-**

ih·rer *Personalpronomen der 3 Person Sg u. Pl*（人称代词，第三人称单数和复数）（*sie*[1] *u. sie*[2]），*Genitiv*（二格）；↑ *Tabelle unter* 图表见 **Personalpronomen**

Ih·rer *Personalpronomen der höflichen Form der 2 Person Sg u. Pl*（人称代词，第二人称单数和复数尊称）（*Sie*），*Genitiv*（二格）；↑ *Tabelle unter* 图表见 **Personalpronomen**

ih·rer·seits *Adv*（副）；was sie（Sg. od. Pl.）betrifft 在她（那）方面，在他（她）们（那）方面 ≈ von ihr/ihnen aus：*Sie war/waren i. sehr zufrieden* 她/他们那方面很满意

Ih·rer·seits *Adv*（副）；was Sie（Sg. od. Pl.）betrifft 在您方面，在你们方面 ≈ von Ihnen aus：*Haben Sie I. noch Einwände?* 您（或你们）是否还有不同意见？

ih·res·glei·chen *Pronomen*（代）；*indeklinabel*，（词形不变）*oft pej* 多用［贬］；Leute wie sie（Sg. od. Pl.）像她一样的人，像他们（她们）一样的人：*Ich kenne sie u. i.* 我了解她和像她一样的人

Ih·res·glei·chen *Pronomen*（代）；*indeklinabel*（词形不变），*oft pej* 多用［贬］；Leute wie Sie（Sg. od. Pl.）像您一样的人，像你们一样的人

ih·ret·we·gen *Adv*（副）**1.** deshalb, weil es für sie（Sg. od. Pl.）gut ist 为使她喜欢，为使他们（她们）喜欢 ≈ ihr/ihnen zuliebe **2.** aus e-m Grund, der sie（Sg. od. Pl.）betrifft 为了她的缘故，为了他们（她们）的缘故 ≈ wegen ihr/ihnen：*Machst du dir i. Sorgen?* 你是否为她（他们）担心？

Ih·ret·we·gen *Adv*（副）**1.** deshalb, weil es für Sie（Sg. od. Pl.）gut ist 为使您喜欢，为使你们喜欢 ≈ Ihnen zuliebe **2.** aus e-m Grund, der Sie（Sg. od. Pl.）betrifft 为了您的缘故，为了你们的缘故 ≈ wegen Ihnen

ih·ret·wil·len *Adv*（副）；*nur in* 只用于 **um i.** *geschr*［书］≈ ihretwegen

Ih·ret·wil·len *Adv*（副）；*nur in* 只用于 **um I.** *geschr*［书］≈ Ihretwegen

ih·ri·g-, ih·ri·g- *Possessivpronomen*（物主代词）；*veraltend*［渐旧］；wie ein Substantiv verwendet für（作名词用，替代）：*der, die, das ihre, Ihre* ‖ ↑ **mein-**

Ih·ri·g- *Possessivpronomen*（物主代词）；*veraltend*［渐旧］；wie ein Substantiv verwendet für（作名词用，替代）：*der, die, das Ihre* ‖ ↑ **mein-**

-i·ker *der*; *-s*, *-*; *im Subst, begrenzt produktiv*（构成名词，构词有限）**1.** j-d, der etw.（beruflich）macht, sich mit etw. beschäftigt（表示从事某种职业的人）；***Chemiker, Dramatiker, Satiriker, Sinfoniker*** **2.** j-d, der e-e Krankheit hat（表示患有某种疾病的人）；***Alkoholiker, Allergiker, Diabetiker*** **3.** j-d, der ein Verhalten zeigt, das als negativ empfunden wird（表示有某种不良行为的人）；***Choleriker, Fanatiker, Neurotiker, Zyniker***

Iko·ne *die*; *-, -n*; ein Bild（in der russisch- bzw. griechisch-orthodoxen christlichen Kirche），auf dem heilige Personen dargestellt sind（俄罗斯和希腊东正教会中的）圣像 ‖ K-（复合）：***Ikonen-, -malerei***

il- *im Adj*（构成形容词）；↑ **in-**

il·le·gal *Adj*（形）；gegen das Gesetz 非法的，违法的，不合法的 ≈ ungesetzlich ↔ legal：*Er wurde wegen illegalen Waffenbesitzes verhaftet* 他因非法拥有武器而被捕 ‖ *hierzu*（派生）**Il·le·ga·li·tät** *die*; *-*; *nur Sg*（只用单数）

il·le·gi·tim [-tiːm] *Adj*（形）；*geschr*［书］**1.** gegen die Rechtsordnung（*z. B.* e-s Staates, e-r Organisation）不法的，违法的，不合法的 ≈ unrechtmäßig 〈ein Vorgehen 行动，e-e Einmischung 干涉〉**2.** *veraltend*［渐旧］≈ unehelich 〈ein Kind, ein Sohn, e-e Tochter 孩子，儿子，女儿〉‖ *hierzu*（派生）**Il·le·gi·ti·mi·tät** *die*; *-*; *nur Sg*（只用单数）

il·lo·yal [ˈɪloajaːl] *Adj*（形）；〈Menschen 人；ein Verhalten 行为〉so, dass sie j-s Vertrauen enttäuschen *o. Ä.* 不忠诚的，不忠实的，不忠顺的 ‖ *hierzu*（派生）**Il·lo·ya·li·tät** *die*; *-*; *nur Sg*（只用单数）

Il·lu·mi·na·ti·on [-ˈtsioːn] *die*; *-, -en*; *geschr*［书］≈ Beleuchtung（1）‖ *hierzu*（派生）**il·lu·mi·nie·ren**（*hat*）*Vt*（及物）

Il·lu·si·on [-ˈzioːn] *die*; *-, -en*; *oft Pl*（常用复数）；e-e falsche, *mst* zu optimistische Vorstellung von etw. 幻想，幻觉，错觉〈kindliche, romantische Illusionen 天真的、浪漫的幻想；Illusionen haben 抱有幻想；j-s Illusionen zerstören 使某人的幻想破灭；sich（*Dat* 三格）（über j-n/ etw.）Illusionen machen 对…抱有幻想；j-m seine Illusionen lassen, rauben 使某人放弃幻想，使某人的幻想破灭〉：*Deine Idee ist nicht zu verwirklichen – reine I.* 你的想法是无法实现的——那是纯粹的幻想

il·lu·si·o·när *Adj*（形）；*geschr*［书］；auf e-r Illusion beruhend 幻想的，不能实现的 ↔ realistisch 〈ein Plan, e-e Vorstellung 计划，设想〉

il·lu·si·ons·los *Adj*（形）；ohne Illusionen 没有幻想成分的，不抱幻想的 ≈ realistisch, nüchtern ↔ realitätsfremd 〈e-e Einschätzung, e-e Beurteilung 估计，判断〉‖ *hierzu*（派生）**Il·lu·si·ons·lo·sig·keit** *die*; *nur Sg*（只用单数）

il·lu·so·risch *Adj*（形）；nur in der Vorstellung, nicht realisierbar 幻想的，不能实现的，成不了的 ≈ illusionär ↔ realistisch：*Du willst das ganz alleine schaffen? – Das ist doch i.!* 你想独立完成这件事？——这真是幻想！

il·lus·ter *Adj*（形）；*mst attr*（多用定语），*geschr*［书］≈ vornehm, erlaucht 〈e-e Gesellschaft, ein Kreis, ein Gast 团体，圈子，客人〉‖ NB（注意）：*illuster → ein illustrer Gast*

Il·lus·t·ra·ti·on [-ˈtsioːn] *die*; *-, -en* **1.** ein Bild, Foto *o. Ä.*, das e-n Text grafisch veranschaulicht 插图，插画：*die Illustrationen in e-m Lexikon* 词典中的插图 **2.** das Illustrieren（1）≈ Bebilderung：*die I. e-s Kinderbuchs* 给儿童书籍加插图 **3.** das Illustrieren（2）≈

Veranschaulichung

il.lus.t.ra.tiv [-'tiːf] *Adj*（形）；*geschr*［书］；als Erläuterung dienend 解释性的，用作说明的〈ein Beispiel 例子〉

Il.lus.t.ra.tor *der*；*-s*，*Il·lus·t·ra·to·ren*；ein Künstler, der Illustrationen (1) macht 插图画家 ‖ *hierzu*（派生）**Il·lus·t·ra·to·rin** *die*；-，*-nen*

il.lus.t.rie.ren；*illustrierte*，*hat illustriert*；[Vt]（及物）**1. etw. i.** Bilder (Abbildungen) für etw. machen 给…加插图，用插图装饰 ≈ bebildern〈ein Buch, e-n Text, ein Lexikon i. 给书、文章、词典加插图；e-e illustrierte Zeitschrift 画报，有插图的杂志〉**2. etw.（mit etw.）i.** etw. (mit etw.) erläutern, verdeutlichen（用…）说明，解释，图解 ≈ veranschaulichen：*e-e These mit e-m Beispiel i.* 举例子来说明命题；*Er illustrierte seinen Vortrag mit Tabellen* 他用图表来说明自己的报告 ‖ *hierzu*（派生）**Il·lus·t·rie·rung** *die*

Il.lus.t.rier.te *die*；*-n*，*-n*；e-e Zeitschrift, die sehr viele Bilder enthält 画报，画刊 ‖ NB（注意）：im Gen. u. Dat. Sg.（单数二格和三格为）：*der Illustrierten*

Il.tis *der*；*-ses*，*-se*；ein kleiner brauner Marder 鸡貂，白头鼬

im *Präp mit Artikel*（介词与冠词合写）**1.** ≈ in dem：*im Garten sein* 在花园里；*im Kino sein* 在电影院；*im Bett liegen* 躺在床上；*im Jahre 1989* 在1989年 ‖ NB 注意：*im* kann nicht durch *in dem* ersetzt werden in Wendungen wie（在短语中 im 不能用 in dem 来代换）：*im Grunde genommen* 其实，归根到底，*im Gegenteil* 相反，*im Großen u. Ganzen* 总的说来 **2. im** + *substantivierter Infinitiv*（名词化的不定式）in Bezug auf, in Hinsicht auf 关于…，在…方面：*Im Rechnen ist er sehr gut, aber im Schreiben von Aufsätzen hat er Schwierigkeiten* 他在算术方面很好，可是他在作文方面有困难 **3. im** + *substantivierter Infinitiv*（名词化的不定式）während e-r Handlung, e-s Vorgangs 在…时候：*Im Gehen drehte er sich noch einmal um u. winkte uns zu* 在走路时他再一次回过头来向我们示意

IM [iː'ɛm] *der*；-(*s*)，*-s*；*hist*［历］；(*Abk für* 缩写，全称为 inoffizieller Mitarbeiter) j-d, der *mst* neben seiner beruflichen Tätigkeit Informationen für den Staatssicherheitsdienst der DDR sammelte（多指在本职业务活动以外为德意志民主共和国收集情报的）非正式的工作人员，非正式的情报人员

im- *im Adj*（构成形容词）；↑ **in-**

Image ['ɪmɪtʃ, 'ɪmɪdʒ] *das*；-(*s*)，*-s* ['ɪmɪdʒɪz]；das Bild von j-m/etw., das in der Öffentlichkeit herrscht (u. oft extra zu diesem Zweck erzeugt wurde)（公众心目中的）形象〈sich ein I. aufbauen, schaffen 树立、创立一个形象；j-s I. zerstören 破坏某人的形象；j-s I. ist angeschlagen 某人的形象垮了，完蛋了〉：*das I. der Unbestechlichkeit* 廉洁无私的形象

Image.pfle.ge *die*；*nur Sg*（只用单数）；alles, was man tut, damit man/etw. ein gutes Image hat od. bekommt 形象的维护

ima.gi.när *Adj*（形）；*nicht adv*（不作状语）**1.** nur in der Vorstellung/Fantasie vorhanden 想象中的，幻想的，假设的，虚构的 ↔ wirklich, real **2. e-e imaginäre Zahl** MATH【数】；die Wurzel (5) aus e-r negativen Zahl 虚数

Im.biss *der*；*-es*，*-e*；ein kleines (oft kaltes) Essen 点心，小吃 ≈ Snack〈e-n I. zubereiten, (ein)nehmen 做小吃，吃小吃〉‖ K-（复合）：**Imbiss-**，**-bude**，**-stand**，**-stube**

Imi.tat *das*；-(*e*)*s*，*-e*；≈ Imitation (2), Nachbildung

Imi.ta.ti.on [-'tsioːn] *die*；-，*-en* **1.** das Imitieren, das Nachahmen 模仿 **2.** etw., das nachgeahmt od. e-r Sache nachgebildet wurde 仿制品，仿造的东西 ↔ Original：*Dieser Schmuck ist nicht echt, sondern e-e gut gemachte I.* 这件首饰不是真的，而是一件做得很好的仿制品 ‖ *zu*（义项）**1. imi·ta·tiv** *Adj*（形）

Imi.ta.tor *der*；*-s*，*Imi·ta·to·ren*；j-d, der (*mst* beruflich) Stimmen u. Gesten bekannter Personen od. Tierstimmen, Geräusche *usw* nachahmt, um sein Publikum damit zu unterhalten 口技演员 ‖ -K（复合）：**Stimmen-**

imi.tie.ren；*imitierte*，*hat imitiert*；[Vt]（及物）**1. j-n/etw. i.** ≈ nachahmen：*j-s Stimme, e-n Sänger i.* 模仿某人的声音，模仿一位歌手（唱歌）**2. etw. i.** ≈ nachbilden, künstlich herstellen：*imitiertes Leder* 人造革

Im.ker *der*；*-s*，*-*；j-d, der (*mst* beruflich) Bienen hält, um Honig zu gewinnen 养蜂人 ‖ *hierzu*（派生）**Im·ke·rin** *die*；-，*-nen*

Im.ke.rei *die*；-，*-en* **1.** *nur Sg*（只用单数）；die Pflege von Bienen, um Honig zu erhalten 养蜂，养蜂业 **2.** ein Betrieb, der Honig herstellt u. verarbeitet 养蜂场

im.ma.nent *Adj*（形）；*nicht adv*，*geschr*（不作状语）［书］；(**etw.**（*Dat* 三格）) **i.** in e-r Sache (als ein wichtiger Bestandteil) enthalten 内在的，固有的 ≈ innewohnend ‖ *hierzu*（派生）**Im·ma·nenz** *die*；-；*nur Sg*（只用单数）

im.ma.te.ri.ell，**im.ma.te.ri.ell** [-teri̯ɛl] *Adj*（形）；JUR【法】；*mst* 多用 **ein immaterieller Schaden** ein Schaden, der nicht j-s Geld od. Vermögen betrifft, sondern *z. B.* seine seelische od. körperliche Gesundheit od. seine Ehre 无形损失，精神损失 ↔ materiell

im.mat.ri.ku.lie.ren；*immatrikulierte*，*hat immatrikuliert*；ADM *geschr*【管理】［书］；[Vt]（及物）**1. j-n i.** j-n als Student an e-r Hochschule aufnehmen 准许…（在高等学校）注册入学，录取…入学（高等学校）；[Vr]（反身）**2. sich i.** sich als Student an e-r Hochschule anmelden（在高等学校）注册入学 ≈ sich einschreiben ‖ *hierzu*（派生）**Im·mat·ri·ku·la·ti·on** *die*；-，*-en*

im.mens *Adj*（形）；*ohne Steigerung*（无变级）；sehr groß 无法估量的，无限的，极大的，巨大的〈(Un)Kosten 费用（杂费，开销）〉

im.mer[1] *Adv*（副）**1.** zu jeder Zeit 始终，经常，总是，老是 ≈ stets, ständig, jederzeit ↔ nie, niemals：*Sie war i. freundlich zu mir* 她对我总是友好的；*Er war mir i. ein guter Freund* 他始终是我的好朋友；*Sie ist höflich wie i.* 她一如既往地客气 **2. *i. wenn*** ≈ jedesmal, wenn：*I. wenn ich ihn treffe, grüßt er freundlich* 每次我见到他，他都友好地打招呼 **3. *für / auf i.*** von e-m bestimmten Zeitpunkt an auf unbegrenzte Zeit 永远，永久：*Er kommt nicht wieder. – Er ist für i. fortgegangen* 他不会再来了。——他永远走了。**4. *i. noch / noch i.*** (schon seit relativ langer Zeit u.) auch jetzt noch 仍旧，还是：*Er hält i. noch den Weltrekord im Hochsprung* 他仍旧保持着跳高的世界纪录 ‖ NB(注意)：↑ ***immerwährend***

im·mer² *Partikel*（小品词）**1.** *betont od unbetont*（重读或非重读）；vor e-m Komparativ verwendet, um e-e ständige Steigerung auszudrücken（与比较级连用）越来越：*Das Flugzeug stieg i. höher* (= höher u. höher) 飞机升得越来越高；*Es kommen i. mehr Leute* 来的人越来越多；*Das Wasser wurde i. heißer* 水越来越热 **2.** *betont*（重读）；***wann, wo, wie, was** usw* (***auch***) ***i.*** gleichgültig, wann/wo/wie/was *usw* 无论，不论何时、何地、如何、什么：*Wo i. ich (auch) bin, was i. ich (auch) tue, ich denke nur an dich* 无论我在什么地方，无论我做什么，我只是想着你；*Was i. er dir erzählen wird, glaub ihm kein Wort* 不管他将告诉你什么，一句话都别相信他 **3.** *betont u. unbetont*（重读和非重读）；verwendet am Anfang von *mst* freundlichen Aufforderungen（用于表示友好请求的句首）：*I. mit der Ruhe!* 别着急！沉住气！；*I. rein, hier ist genug Platz!* 进来吧，这里有的是位子！

im·mer·fort *Adv*（副）；*veraltend*［渐旧］≈ immer¹(1), fortwährend

im·mer·grün *Adj*（形）；*mst attr, nicht adv*（多作定语，不作状语）；das ganze Jahr über grün, also mit Blättern od. mit Nadeln（四季）常青的，常绿的〈e-e Pflanze 植物〉

im·mer·hin *Partikel*（小品词）；*betont u. unbetont*（重读和非重读）**1.** verwendet, um e-e negative Aussage einzuschränken od. zu relativieren 至少，无论如何 ≈ zumindest：*Er hat zwar nicht gewonnen, aber i. ist er Zweiter geworden* 他虽然没有取胜，但无论如何他得了第二；*Das ist i. e-e neue Idee – wenn auch schwer zu realisieren* 这无论如何是一种新思想，尽管难于实现 **2.** verwendet als Kommentar zu e-r negativen Aussage, die durch e-e einschränkende Bemerkung schon relativiert wurde 至少，总还是 ≈ wenigstens das：*„Sie ist zwar nicht gekommen, aber sie hat sich entschuldigt." – „Na, i.!"* "她虽然没有来，但是她道歉了。"——"哦，总算道歉了！" **3.** verwendet, um auszudrücken, dass man etw. berücksichtigen, bedenken sollte 毕竟，终究 ≈ schließlich：*Das kann ich ihm nicht antun, er ist i. mein bester Freund* 我不能对他做出这种事来，他毕竟是我最好的朋友；*So solltest du nicht mit ihr reden, sie ist i. deine Mutter* 你不应该这样同她讲话，她终究是你的母亲

im·mer·wäh·rend, im·mer wäh·rend *Adj*（形）；*mst attr*（多作定语）；ohne Ende 永久的，不断的，持久的 ≈ fortwährend, ständig：*immerwährender Frieden* 持久的和平

im·mer·zu *Adv*（副）；*gespr*［口］≈ immer¹(1), ständig, dauernd：*Mein kleiner Bruder ärgert mich i.* 我弟弟经常惹我生气

Im·mi·grant *der*；*-en, -en*；j-d, der in ein Land gekommen ist, um dort zu leben u. zu arbeiten 移民，侨民 ≈ Einwanderer ‖ NB(注意)：*der Immigrant; den, dem, des Immigranten* ‖ *hierzu*（派生）**Im·mi·gran·tin** *die*；*-, -nen*；**Im·mi·gra·ti·on** *die*；*-, -en*；**im·mi·grie·ren** (*ist*) *Vi*（不及物）

Im·mis·si·on [-ˈsioːn] *die*；*-, -en*；*geschr*［书］；die negative Wirkung von Lärm, Schmutz, radioaktiven Strahlen *usw* auf Menschen, Tiere, Pflanzen 侵入，影响（指噪音、污染、放射性射线等对人、动植物的不良影响）‖ K-(复合)：***Immissions-, -schutz***

Im·mo·bi·lie [-iə] *die*；*-, -n*；*mst Pl*（多用复数）；e-e unbewegliche Sache (*mst* ein Haus, e-e Wohnung od. ein Grundstück) als Eigentum 不动产，地产〈mit Immobilien handeln 做房地产交易〉‖ K-(复合)：***Immobilien-, -besitz, -handel, -händler, -makler, -markt***

im·mun *Adj*（形）；*nur präd*（只作表语）**1. *i. gegen etw. sein*** bestimmte (Infektions-)Krankheiten nicht (mehr) bekommen 对…有免疫力：*Ich habe als Kind Masern gehabt, jetzt bin ich i. dagegen* 我小时候得过麻疹，现在我对它有免疫力 **2. *i. gegen etw. sein*** *gespr*［口］；unempfindlich gegen etw. sein 不受影响：*gegen e-e Versuchung, e-e Verlockung i. sein* 不被引诱，不受诱惑

im·mu·ni·sie·ren；*immunisierte, hat immunisiert*；*Vt*（及物）***j-n*** (***gegen etw.***) ***i.*** MED【医】；j-n (*mst* durch e-e Impfung) davor schützen, dass er e-e bestimmte Krankheit bekommt 使免疫 ‖ *hierzu*（派生）**Im·mu·ni·sie·rung** *die*

Im·mu·ni·tät *die*；*-*；*nur Sg*（只用单数）**1. *die I.*** (***gegen etw.***) das Immunsein (1) gegen bestimmte Krankheitserreger 免疫性，免疫力：*I. gegen e-n Grippevirus besitzen* 对流感病毒有免疫力 **2.** JUR【法】；e-e Regelung, nach der Diplomaten u. Abgeordnete normalerweise nicht strafrechtlich verfolgt werden dürfen. Die I. kann aber aufgehoben werden 豁免权〈I. genießen 享有豁免权；j-s I. aufheben 撤销某人的豁免权〉

Im·mun·schwä·che *die*；*nur Sg*（只用单数），MED【医】；ein krankhafter Zustand, bei dem man sehr leicht Infektionskrankheiten bekommt 免疫力弱，抵抗力差 ≈ Abwehrschwäche ‖ K-(复合)：***Immunschwäche-, -krankheit***

Im·mun·sys·tem *das*；MED【医】；das System der Zellen u. Organe im Körper, die der Abwehr von Krankheiten dienen 免疫系统〈ein intaktes, geschwächtes I. haben 免疫系

统功能完备,减弱〉

Im·pe·ra·tiv [-tiːf] *der*; *-s*, *-e* [-v-]; *mst Sg*(多用单数), LING【语】; e-e Form des Verbs, mit der man e-e Bitte, Aufforderung, Warnung, e-n Befehl *o.Ä.* ausdrückt 命令式 (*z.B.* 例如: *Komm mal bitte her!* 请过来一下!; *Seid ruhig!* 安静些!) ≈ Befehlsform ‖ *hierzu*(派生) **im·pe·ra·ti·visch** [-v-] *Adj*(形)

Im·per·fekt *das*; *-s*, *-e*; *mst Sg*(多用单数), LING【语】; e-e grammatische Kategorie beim Verb. Die Formen des Imperfekts *z.B.* von *lachen* sind *ich lachte*, *du lachtest*, *er lachte*, *wir lachten usw.* Das I. wird *bes* in Erzählungen verwendet u. drückt aus, dass e-e Handlung vorbei ist 过去时 ≈ Präteritum 〈das Verb steht im I. 动词是过去时; das I. bilden 构成过去时; etw. ins I. setzen 将某事用过去时来表达〉

Im·pe·ri·a·lis·mus [-ia-] *der*; *-*; *nur Sg*(只用单数), POL【政】; das Streben *bes* e-s Staates, sein Gebiet od. seine (politische, wirtschaftliche) Macht immer weiter auszudehnen 帝国主义 〈e-e Politik des I. betreiben 推行帝国主义的政策〉: *der koloniale I.* 殖民帝国主义 ‖ *hierzu*(派生) **Im·pe·ri·a·list** *der*; *-en*, *-en*; **im·pe·ri·a·lis·tisch** *Adj*(形)

Im·pe·ri·um [-iʊm] *das*; *-s*, *Im·pe·ri·en* [-iən] **1.** *hist*[历]; ein sehr großes (politisches) Reich 帝国 〈das römische I. 罗马帝国〉 **2.** *geschr*[书]; e-e sehr große u. mächtige wirtschaftliche Organisation 强大的(经济)集团 ‖ -K(复合): ***Rüstungs-***, ***Wirtschafts-***, ***Zeitungs-***

im·per·ti·nent *Adj*(形); *geschr*[书] ≈ unverschämt ‖ *hierzu*(派生) **Im·per·ti·nenz** *die*; *-*; *nur Sg*(只用单数)

imp·fen; *impfte*, *hat geimpft*; [Vt/i](及物/不及物) (***j-n***) (***gegen etw.***) ***i.*** j-m ein Medikament geben od. e-n (Impf)Stoff in seinen Körper spritzen, damit er vor e-r Krankheit geschützt ist 给…接种, 给…注射疫苗, 给…进行预防注射: *Kinder gegen Tuberkulose u. Kinderlähmung i.* 给孩子们接种结核病和小儿麻痹症的疫苗 ‖ -K(复合): ***Impf-***, ***-aktion***, ***-bescheinigung***, ***-schutz*** ‖ *hierzu*(派生) **Imp·fung** *die*

Impf·pass *der*; e-e Art Ausweis, in dem alle Impfungen eingetragen werden, die j-d bekommt 预防接种证明书

Impf·stoff *der*; ein Medikament, mit dem j-d geimpft wird 疫苗, 菌苗, 痘苗

im·plan·tie·ren; *implantierte*, *hat implantiert*; [Vt](及物) (***j-m***) ***etw. i.*** MED【医】; e-m Menschen od. e-m Tier ein fremdes od. ein künstliches Organ einsetzen 植入, 移植 ≈ einpflanzen: *j-m ein künstliches Herz i.* 给…移植人工心脏 ‖ *hierzu*(派生) **Im·plan·ta·ti·on** *die*; *-*, *-en*

im·pli·zie·ren; *implizierte*, *hat impliziert*; [Vt](及物) ***j-d / etw. impliziert etw.*** *geschr*[书]; j-d/etw. deutet etw. an (ohne es direkt auszusprechen)(人/物作主语)包含, 含有…意思, 暗含: *Seine Aussage impliziert, dass er von dem Verbrechen gewusst haben muss* 他的供述含有他肯定了解这次罪行的意思 ‖ *hierzu*(派生) **Im·pli·ka·ti·on** *die*; *-*, *-nen*

im·pli·zit *Adj*(形); *geschr*[书]; bei e-r Bedeutung mit eingeschlossen, aber nicht direkt ausgedrückt 含蓄的, 包含在内的, 隐晦的 ↔ explizit

im·po·nie·ren; *imponierte*, *hat imponiert*; [Vi](不及物) (***j-m***) ***i.*** ≈ j-n beeindrucken: *Diese Vorführung hat mir sehr imponiert* 这次演出给我留下了非常深刻的印象; *Er hat ein sehr imponierendes Auftreten* 他有令人印象深刻的举止 ‖ ▶ ***imposant***

Im·po·nier·ge·ha·be *das*; *-s*; *nur Sg*(只用单数) **1.** BIOL【生】; ein bestimmtes Verhalten von männlichen Tieren, mit dem sie weibliche Tiere beeindrucken u. männliche Rivalen abschrecken wollen 雄性动物的求偶行为 **2.** *pej*[贬]; ein Verhalten, mit dem man j-n beeindrucken will 故意显摆的行为, 故作姿态

Im·port *der*; *-(e)s*, *-e* **1.** *nur Sg*(只用单数); die Einfuhr von Waren aus dem Ausland (die dann im Inland weiterverkauft werden) 进口, 输入 ≈ Einfuhr ↔ Export, Ausfuhr: *Der I. von japanischen Autos hat stark zugenommen* 进口的日本汽车急剧增加了 ‖ K-(复合): ***Import-***, ***-artikel***, ***-geschäft***, ***-handel***, ***-stopp***, ***-ware*** **2.** *mst Pl*(多用复数); e-e Ware, die im Ausland gekauft wurde 进口货, 输入品: *Importe aus der Dritten Welt* 从第三世界进口的货物

im·por·tie·ren; *importierte*, *hat importiert*; [Vt](及物) **1.** ***etw. i.*** Waren im Ausland kaufen, um sie dann im Inland weiterzuverkaufen 进口, 输入 ↔ exportieren, ausführen; [Vi](不及物) **2.** (***irgendwoher***) ***i.*** Waren aus e-m fremden Land einführen(从…)进口货物, 输入货物: *Wir importieren aus Fernost* 我们从远东进口货物 ‖ *hierzu*(派生) **Im·por·teur** [-ˈtøːɐ̯] *der*; *-s*, *-e*; **Im·por·teu·rin** [-ˈtøːrɪn] *die*; *-*, *-nen*

im·po·sant *Adj*(形); sehr eindrucksvoll 庄严的, 雄伟的, 令人印象深刻的, 仪表堂堂的 〈ein Auftreten, e-e Erscheinung 举止, 外貌; ein Bau, ein Gebäude 建筑, 楼房〉

im·po·tent *Adj*(形); *nicht adv*(不作状语); (von Männern) nicht fähig, Geschlechtsverkehr zu haben bzw. ein Kind zu zeugen 阳萎的, 无生殖能力的 ‖ *hierzu*(派生) **Im·po·tenz** *die*; *-*; *nur Sg*(只用单数)

im·prä·g·nie·ren; *imprägnierte*, *hat imprägniert*; [Vt](及物) **1.** ***etw. i.*** Textilien (chemisch) so behandeln, dass kein Wasser eindringen kann(用化学制剂)进行防水处理 〈e-e Jacke, e-n Mantel i. 对夹克衫、大衣进行防水处理〉 **2.** ***etw. i.*** Holz *o.Ä.* (chemisch) behandeln, um es länger haltbar zu machen (用化学制剂)进行防腐处理, 浸渍, 浸透 ‖ *hierzu*(派生) **Im·prä·g·nie·rung** *die*

Im·pres·si·on [-ˈsioːn] *die*; *-*, *-en*; *mst Pl*(多用复数), *geschr*[书]; die Eindrücke *bes* von e-r Reise 印象,感想,感受,观感

Im·pres·si·o·nis·mus [-sio-] *der*; -; *nur Sg*(只用单数); ein Stil der (europäischen) Kunst am Ende des 19 Jahrhunderts, in dem *bes* stark individuelle Eindrücke u. Stimmungen wiedergegeben wurden(19 世纪末欧洲绘画、文艺等方面的)印象主义,印象派〈die Malerei des I. 印象主义的绘画〉: *Claude Monet u. Auguste Renoir sind Maler des I.* 克劳德·莫奈和奥古斯特·雷诺阿是印象派的画家 ‖ *hierzu*(派生) **Im·pres·si·o·nist** *der*; *-en*, *-en*; **im·pres·si·o·nis·tisch** *Adj*(形)

im·pro·vi·sie·ren [-v-]; *improvisierte*, *hat improvisiert*; [Vt/i](及物/不及物) **1.** (*etw.*) *i.* etw. ohne Vorbereitung, spontan tun 临时准备,临时安排,即兴从事: *ein Fest*, *e-e Rede*, *e-e Mahlzeit i.* 临时安排庆祝活动,即席发表演说,临时准备一顿饭; *Er hatte sich auf die Prüfung schlecht vorbereitet u. musste i.* 他对考试准备得不好,不得不仓促上场 **2.** (*etw.*) *i.* MUS【音】; (während man ein Instrument spielt) ein musikalisches Motiv entwickeln u. variieren 即兴创作,即兴演奏,即兴演唱: *In der Jazzmusik wird häufig improvisiert* 在爵士乐中往往有即兴发挥 ‖ *hierzu*(派生) **Im·pro·vi·sa·ti·on** *die*; -, *-en*

Im·puls *der*; *-es*, *-e* **1.** *mst Pl*(多用复数) ≈ Anregung (2), Anstoß (1): *Von ihm gingen wertvolle Impulse für die Arbeit unserer Firma aus* 那些对我们公司工作有价值的倡议是他提出的; *Seine persönlichen Erfahrungen geben ihm immer wieder Impulse für seine Erzählungen* 他的亲身经历不断启发他写出短篇小说 **2.** ein spontaner innerer Drang, etw. zu tun 冲动 ≈ Trieb 〈etw. aus e-m I. heraus tun 出于一时冲动干某事; e-m plötzlichen I. folgen 一时冲动〉 **3.** *mst Pl*(多用复数), ELEK【电】; ein kurzer Stromstoß 脉冲 〈etw. sendet Impulse (aus), empfängt Impulse 某物发出脉冲,接收脉冲〉

im·pul·siv [-'zi:f] *Adj*(形) **1.** e-m Impuls (2) folgend 冲动的,一时冲动的 〈e-e Bewegung, e-e Reaktion 举动,反应; i. reagieren 作出冲动的反应〉 **2.** (in seinem Charakter) so, dass man oft Impulsen (2) folgt 容易激动的,爱冲动的 ≈ spontan 〈ein Mensch, ein Charakter 人,性格〉: *Er ist sehr i. u. überlegt meist nicht lange, bevor er etw. tut* 他非常容易激动,在他做某事以前,多半不作长时间的考虑 ‖ *hierzu*(派生) **Im·pul·si·vi·tät** *die*; -; *nur Sg* (只用单数)

im·stan·de, im Stan·de *mst in* 多用于 ***i. sein* + *zu*** + *Infinitiv*(不定式) ≈ fähig (1) sein + zu + *Infinitiv* (不定式) ↔ außerstande sein + zu + *Infinitiv*(不定式): *Er ist durchaus i., die Arbeit allein zu machen* 他完全能够单独做这项工作; *Vor Aufregung war sie nicht i. zu sprechen* 她激动得说不出话来 ‖ ID[谚] ***j-d ist i. u. tut etw.*** *gespr* [口]; es ist möglich od. wahrscheinlich, dass j-d etw. (Negatives, Böses) tut 某人可能会做出某事(不好的): *Er ist i. u. erzählt alles deiner Frau* 他可能会把一切都告诉你的妻子

in[1] *Präp*(介) **1.** *mit Dat*(支配三格); verwendet, um anzugeben, dass sich j-d/etw. innerhalb e-s Gebietes, Raumes *o. Ä.* befindet(表示地点)在…里,在…中 ↔ außerhalb: *Sie lebt in Italien* 她住在意大利; *Ihr Schmuck liegt in e-r Kassette* 她的首饰放在匣子里 ‖ ↑ *Abb. unter* 图见 **Präpositionen** **2.** *mit Dat* (支配三格); verwendet, um anzugeben, dass j-d zu e-r Gruppe, Institution *o. Ä.* gehört od. etw. (Bestand) Teil von etw. ist(表示属于某团体、机构或是某一部分)在…上、内、里 ≈ bei: *in der Armee sein* 在部队上,在军队上; *in e-r Partei sein* 在党内; *e-e neue Anzeige in unserer Werbung* 我们广告部的一个新广告 **3.** *mit Dat*(支配三格); verwendet, um e-n Zeitpunkt od. Zeitraum anzugeben, zu dem/innerhalb dessen etw. geschieht(表示时间)在…内,在…期间: *In diesem Sommer bleibe ich zu Hause* 这个夏天我留在家里; *In der letzten Woche war er krank* 上个星期他病了 **4.** *mit Dat*(支配三格); verwendet, um e-e Zeit anzugeben, nach deren Ablauf etw. geschehen wird(表示时间)在…之后,过… ↔ vor: *In zwei Stunden ist Mittagspause* 两个小时后是午间休息 **5.** *mit Dat*(支配三格); verwendet zur Bezeichnung der Art u. Weise(表示方式方法)以,用: *ein Glas in einem Zug austrinken* 一饮而尽; *In aller Eile packte sie die Koffer* 她非常匆忙地收拾了行装 **6.** *mit Dat*(支配三格); verwendet zur Bezeichnung e-s Zustandes(表示某种状态): *etw. ist in Betrieb* 某物正在生产,运转, *j-d ist in Schwierigkeiten* 某人处境困难; *ein Bild in Öl* 油画; *ein Roman in drei Bänden* 三卷本的长篇小说 **7.** ***in etw.*** (*Dat Pl* 三格复数) verwendet zur Bezeichnung e-r relativ großen Menge(表示较大数量) 〈in Haufen, Massen, Mengen, Scharen 成堆地,大量地,大批地,成群地〉 **8.** ***in etw.*** (*Dat Pl* 三格复数) verwendet, um eine Maßeinheit anzugeben(表示计量单位): *Die Amerikaner messen das Benzin in Gallonen, die Deutschen in Litern* 美国人用加仑,德国人用升计量汽油 ‖ NB(注意): *zu* (义项) **7.** u. **8.**: das Subst. nach *in* wird ohne Artikel verwendet (in 后面的名词不用冠词) **9.** *mit Akk*(支配四格); verwendet, um anzugeben, dass sich j-d/etw. in ein Gebiet, e-n Raum *o. Ä.* hinein bewegt; gibt e-e Richtung, ein Ziel an(表示行为的方向和目的): *in die Stadt gehen* 进城, *in (den) Urlaub fahren* (乘车船)去度假 ‖ ↑ *Abb. unter* 图见 **Präpositionen** **10.** *mit Akk*(支配四格); verwendet, um auszudrücken, dass j-d/etw. Teil e-r Gruppe, Institution *o. Ä.* wird(表示成为某团体、机构等的一部分): *in die Schule kommen* 上学读书,入学; *in e-n Verein eintreten* 加入协会; *Sein Bericht über den Umweltskandal kommt in die Zeitung* 他的关于环境丑闻的报道登报了 **11.** (***bis***) ***in*** + *Akk*(四格); verwendet, um auszudrücken, dass etw. bis zu e-m Zeitpunkt dauert(表示时间)到: *bis spät in die Nacht* 直到深夜; *Der Win-*

ter reichte letztes Jahr bis weit in den April 去年冬天一直延续到四月份；*Dieser Zustand blieb bis in die Zwanzigerjahre bestehen* 这种状况一直继续存在到20年代 **12.** *mit Akk*（支配四格）；verwendet zur Bezeichnung e-r Zustandsänderung（表示状态的变化）：*etw. zerfällt in zwei Teile* 某物分成两部分；*Das Wasser verwandelte sich in Eis* 水变成了冰 **13.** verwendet mit bestimmten Substantiven, Adjektiven u. Verben, um e-e Ergänzung anzuschließen（与一定的名词、形容词和动词连用，作补足语）：*in j-n verliebt sein* 爱上了某人；*sich in j-n verlieben* 爱上某人；*in seinem Beruf Erfolg haben* 发迹，飞黄腾达

in² *nur in* 只用于 ***etw. ist in*** *gespr*［口］；（*bes* von Jugendlichen verwendet）etw. ist modern, aktuell（青年人用语）（物作主语）流行，时髦 ↔ etw. ist out：*Kurze Röcke sind in* 现在流行短裙；*Surfen ist in* 冲浪流行

in- *im Adj, betont, begrenzt produktiv*（构成形容词，重读，构词有限），*geschr*［书］；verwendet, um auszudrücken, dass j-d/etw. e-e Eigenschaft nicht hat, nicht so ist 不，非，无…；***inakzeptabel*** 〈ein Vorschlag 建议〉，***indiskret*** 〈e-e Frage 问题〉，***inhuman*** 〈e-e Behandlung 对待，处理〉，***inkonsequent*** 〈ein Verhalten 态度〉，***instabil*** 〈e-e Lage 形势〉‖ NB（注意）：**a)** ***in-*** steht in Verbindung mit Fremdwörtern（in-与外来语连用）；**b)** vor Wörtern, die mit *l* beginnen, steht ***il-***（以 l 开头的词前面加 il-）（*z.B. illegal*），vor Wörtern mit *m* od. *p* steht ***im-***（以 m 或 p 开头的词前面加 im-）（*z.B. immateriell, impotent*），vor Wörtern mit *r* steht ***ir-***（以 r 开头的词前面加 ir-）（*z.B. irreal*）

-in *im Subst, sehr produktiv*（构成名词，构词强）；verwendet, um aus maskulinen Personen- u. Tierbezeichnungen die femininen Formen zu bilden（用来构成女性人物和雌性动物）；***Arzt – Ärztin, Koch – Köchin, Lehrer – Lehrerin, Maler – Malerin, Professor – Professorin, Sänger – Sängerin, Sportler – Sportlerin, Zauberer – Zauberin; Hase – Häsin, Hund – Hündin, Löwe – Löwin***

in·ad·äquat, in·ad·äquat *Adj*（形）；*geschr*［书］；nicht adäquat 不合适的，不适当的，不相称的 ≈ unangemessen 〈e-e Darstellung 描写〉

in·ak·tiv, in·ak·tiv *Adj*（形）；*geschr*［书］；nicht aktiv (3) 不活跃的，不积极的 ≈ passiv (1), untätig

in·ak·zep·ta·bel, in·ak·zep·ta·bel *Adj*（形）；*geschr*［书］；nicht akzeptabel 不能接受的 ≈ unannehmbar ‖ NB（注意）：*inakzeptabel* → *ein inakzeptabler Vorschlag*

In·an·spruch·nah·me *die*；-；*nur Sg*（只用单数），*geschr*［书］ **1.** das Nutzen e-s Rechts, e-r Möglichkeit *o.Ä.* (die einem zustehen) 利用，使用：*die I. von Rechten* 权利的利用 **2.** ≈ Belastung (2)：*die I. durch berufliche Pflichten* 职务的负担（压力）

In·be·griff *der*；-(*e*)*s*；*nur Sg*（只用单数）；***der I.*** + *Gen Sg*（二格单数）e-e Person od. Sache, die e-e Eigenschaft in so großem Maße besitzt, dass sie als Symbol für diese Eigenschaft gilt 化身，典范：*Die Biene ist der I. des Fleißes* 蜜蜂是勤劳的典范；*Die Göttin Venus ist der I. der Schönheit* 女神维纳斯是美的化身

in·be·grif·fen *Adj*（形）；*mst präd*（多作表语）；(***in etw.*** (*Dat* 三格)) ***i.*** in etw. enthalten, schon dabei 包括在内的，计算在内的：*In diesem Preis ist die Mehrwertsteuer i.* 在这价格中增值税也包括在内；*Die Reise kostet zweitausend Euro, Vollpension i.* 旅行花了2000欧元，膳宿包括在内

In·be·trieb·nah·me *die*；-；*nur Sg*（只用单数），(ADM) *geschr*（【管理】）［书］ **1.** das Einschalten *o.Ä.* e-s *mst* relativ großen Geräts 开始使用，开始运转，开机：*Vor I. des Geräts sind alle Kontakte zu überprüfen* 在机器装置开始运转以前，一切接点都必须进行检查 **2.** die Eröffnung *mst* e-r Anlage (1), e-r Bahnlinie *o.Ä.* 开工，开业，开始运转，开始通车

In·brunst *die*；-；*nur Sg*（只用单数），*geschr*［书］；ein sehr starkes Gefühl, das man für e-e Person od. Sache hat, die man liebt od. von der man überzeugt ist 热情〈mit großer/voller I. beten, lieben 以巨大的热情，满怀热情地祈祷，爱着〉‖ *hierzu*（派生）**in·brüns·tig** *Adj*（形）

in·de·fi·nit *Adj*（形）；*nicht adv*, LING（不作状语）【语】；ohne Bezug auf e-e ganz bestimmte Person od. Sache 不定的 ≈ unbestimmt ↔ definit 〈der Artikel, ein Pronomen 冠词，代词〉：*„Jemand" ist ein indefinites Pronomen, es bezieht sich nicht auf e-e bestimmte Person, sondern auf irgendeine Person innerhalb e-r Gruppe* "jemand"是一个不定代词，它不涉及特定的人，而涉及某个团体内的某一个人 ‖ K-：***Indefinit-, -pronomen***

in·de·kli·na·bel, in·de·kli·na·bel *Adj*（形）；*nicht adv*, LING（不作状语）【语】；so, dass es seine Form nicht ändert (wie *z.B.* das Adjektiv „rosa") 不变格的，词形不变的〈ein Adjektiv, ein Pronomen, ein Wort 形容词，代词，词〉‖ NB（注意）：*indeklinabel* → *ein indeklinables Wort*

in·dem *Konjunktion*（连）；verwendet, um e-n Nebensatz einzuleiten, der ausdrückt, wie es zur Handlung des Hauptsatzes kommt 通过，用…方法 ≈ dadurch, dass：*Er verschloss die Tür, i. er e-n Riegel vorschob* 他（通过）插上插销把门锁上了

in·des(·sen)¹ *Adv*（副）；*geschr*［书］ **1.** ≈ jedoch **2.** ≈ inzwischen

in·des(·sen)² *Konjunktion*（连）；*geschr*［书］≈ während² (1)

In·dex *der*；-(*es*)，-*e*/*In·di·ces* [-tse:s] **1.**（*Pl* 复 *Indexe*/*Indices*）e-e alphabetische Liste von Namen od. Begriffen am Schluss e-s Buches 索引 ≈ Register, Verzeichnis 〈etw. steht im I. 某物列在索引中；etw. im I. nachschlagen 在索引中查阅某物〉 **2.**（*Pl* 复 *Indexe*）e-e Liste von Büchern, Filmen *o.Ä.*, die (*bes* von der Kirche) verboten sind 被(尤指教会)查禁的书籍、影片等的目录(清单)〈etw. kommt auf den I., steht auf dem I.某物列入禁书目录,列在禁书目录中〉**3.** (*Pl* 复 *Indices*) *bes* MATH 尤指【数】; e-e Zahl od. ein Buchstabe in kleiner Schrift, mit denen man verschiedene Begriffe, Werte od. Größen unterscheidet, die die gleiche Bezeichnung haben 指数〈ein hochgestellter, tiefgestellter I.上标,下标〉: *Bei den mathematischen Größen „n^3" u. „x_2" sind „3" u. „2" Indices* 在数学的数值"n^3"和"x_2"中,"3"和"2"是指数 ‖ NB(注意): ↑ ***Exponent*** **4.** (*Pl* 复 *Indices*) e-e hochgestellte Zahl od. ein Symbol in e-m Text, die auf e-e Anmerkung (od. Fußnote) verweisen(文章中的)注释码〈e-n I. setzen 标上注码〉**5.** (*Pl* 复 *Indices*) WIRTSCH【经】; ***der I.*** + *Gen Pl*(二格复数) e-e Statistik, die das Verhältnis der aktuellen Höhe von Preisen, Kosten *usw* zu ihrer Höhe zu e-m früheren Zeitpunkt ausdrückt 指数(表示价格、费用等的当前水平与其以前的水平的比例关系的统计法): *der I. der Lebenshaltungskosten, der Preise ist gefallen, gestiegen* 生活费用、价格的指数下降了,上升了 ‖ -K(复合): ***Preis-***

In·di·a·ner [ɪnˈdiaːnɐ] *der*; *-s*, *-*; j-d, der zu einem der Völker gehört, die schon in Amerika gelebt hatten, als die Weißen kamen (最初居住在美洲的)印第安人 ‖ K-(复合): ***Indianer-***, ***-häuptling***, ***-reservat(ion)***, ***-stamm*** ‖ *hierzu*(派生) **In·di·a·ne·rin** *die*; *-*, *-nen*; **in·di·a·ni·sch-** *Adj*(形); *nur attr*, *nicht adv* (只作定语,不作状语)

In·di·ces *Pl*(复); ↑ ***Index***

in·dif·fe·rent *Adj*[形]; *geschr*[书]; (***j-m / etw. gegenüber***) ***i.*** ohne Interesse an e-r Person od. Sache(对…)不感兴趣的,冷淡的,不关心的 ≈ gleichgültig, teilnahmslos 〈j-m/etw. i. gegenüberstehen 对某人/某事不关心; sich i. verhalten 态度冷淡〉‖ *hierzu*(派生) **In·dif·fe·renz** *die*

In·di·ka·ti·on [-ˈtsioːn] *die*; *-*, *-en* **1.** MED【医】; e-e Situation, in der es vernünftig ist, für die Heilung e-e bestimmte Methode anzuwenden 适应症 ‖ -K(复合): ***Operations-*** **2.** JUR【法】; ein (rechtlich anerkannter) Grund dafür, dass e-e Frau e-e Schwangerschaft abbrechen darf 允许中断妊娠的(法律承认的)理由〈die medizinische, ethische, soziale I. 允许中断妊娠的医学的、伦理的、社会的理由〉

In·di·ka·tiv [-f] *der*; *-s*, *-e*; *mst Sg*, LING(多用单数)【语】; die grammatische Kategorie des Verbs, bei der die Vorgänge *o. Ä.* als tatsächlich gegeben dargestellt werden 直陈式 ↔ Konjunktiv ‖ K-(复合): ***Indikativ-***, ***-form*** ‖ *hierzu*(派生) **in·di·ka·ti·visch, in·di·ka·ti·visch** [-v-] *Adj*(形)

In·di·ka·tor *der*; *-s*, *In·di·ka·to·ren*; *geschr*[书]; ***ein I.*** (***für etw.***) etw., an dem man erkennen kann, in welchem Zustand sich etw. befindet od. welche Vorgänge gerade stattfinden 指示器 ≈ Anzeiger: *Die Stabilität e-r Währung ist ein I. für den wirtschaftlichen Zustand e-s Landes* 货币的稳定性是一个国家经济状况的指示器

In·dio [-dio] *der*; *-s*, *-s*; j-d, der zu einem der Völker gehört, die ursprünglich in Süd- u. Mittelamerika gewohnt haben(最初居住在中、南美洲的)印第安人

in·di·rekt *Adj*(形) **1.** nicht direkt[1] (7)间接的,侧面的 ↔ direkt, unmittelbar 〈etw. i. sagen, zum Ausdruck bringen 间接地说、表达某事〉**2.** ***e-e indirekte Beleuchtung*** e-e Beleuchtung mit Lampen, die (versteckt angebracht sind u.) nicht direkt in den Raum strahlen 反射光照明 ‖ NB(注意): ↑ ***Rede***

in·dis·kret *Adj*(形); nicht diskret 不谨慎的,轻率的,冒失的 ≈ taktlos, eindringlich 〈e-e Frage, e-e Bemerkung 问题,意见〉‖ *hierzu*(派生) **In·dis·kre·ti·on** *die*; *-*, *-nen*

in·dis·ku·ta·bel, in·dis·ku·ta·bel *Adj*(形); *nicht adv*(不作状语); so schlecht, dass es überhaupt nicht in Frage kommt 不值得讨论的,不屑考虑的 ↔ erwägenswert 〈ein Vorschlag 建议; etw. ist vollkommen i. 某事完全不值得讨论〉‖ NB(注意): *indiskutabel* → *e-e indiskutable Leistung*

in·dis·po·niert, in·dis·po·niert *Adj*(形); *mst präd*, *geschr*(多作表语)[书]; (oft auch als floskelhafte Ausrede verwendet, wenn man j-n nicht sehen will) in schlechter körperlicher Verfassung 情绪不佳的,不舒服的,身体不适的: *Der Chef ist heute i.* 今天上司身体不适

In·di·vi·du·a·lis·mus [-v-] *der*; *-*; *nur Sg*(只用单数); die Anschauung, nach der die Rechte u. die persönliche Freiheit des einzelnen Menschen die wichtigsten Werte in e-r Gesellschaft sind 个人主义

In·di·vi·du·a·list [-v-] *der*; *-en*, *-en*; j-d, der ganz nach seinen eigenen Vorstellungen leben möchte 个人主义者 ↔ Konformist ‖ NB(注意): *der Individualist*; *den*, *dem*, *des Individualisten* ‖ *hierzu*(派生) **In·di·vi·du·a·lis·tin** *die*; *-*, *-nen*; **in·di·vi·du·a·lis·tisch** *Adj*(形)

In·di·vi·du·a·li·tät [-v-] *die*; *-*; *nur Sg*(只用单数), *geschr*[书]; das Besondere, das j-n von anderen Menschen unterscheidet 个性〈seine I. bewahren 保持他的个性〉

In·di·vi·du·al·ver·kehr *der*; ADM *geschr*【管理】[书]; der Straßenverkehr mit privaten Autos *o. Ä.* im Unterschied zum Verkehr mit Bussen, Straßenbahnen *usw* 私人交通

in·di·vi·du·ell [-viˈduɛl] *Adj*(形); *geschr*[书] **1.** in Bezug auf e-e Einzelperson 个人的,个体的,个别的,与众不同的〈Bedürfnisse, Eigenschaften, ein Geschmack, ein Stil, Wünsche 需要,特性,品味,风格,愿望〉**2.** auf die Einzelperson zugeschnitten 为单个的人设置的,适合个人的〈etw. i. gestalten 为个人单独安排某事〉

In·di·vi·du·um [-ˈviːduʊm] *das*; *-s*, *In·di·vi·du·en* [-duən] **1.** *geschr*[书]; der

Mensch als Einzelperson 个人，个体 **2.** ein Tier als Einzelexemplar e-r Art 单个的动物，动物个体 **3.** *pej*［贬］；j-d, der nicht sympathisch ist 家伙，怪人：*ein verdächtiges, seltsames I.* 可疑的，古怪的家伙

In·diz [ɪnˈdiːts] *das*; *-es*, *In·di·zi·en* [-ˈdiːtsiən]; **1.** *mst Pl*（多用复数），JUR【法】；etw., das darauf hindeutet, dass j-d ein Verbrechen begangen hat 证据，物证〈die Indizien sprechen gegen j-n 证据对某人不利；j-n aufgrund von Indizien verhaften, verurteilen 根据证据逮捕、判决某人〉‖ K-(复合)：***Indizien-, -prozess*** **2.** *geschr*［书］≈ Anzeichen〈ein sicheres I. für etw. 关于某事的可靠标志〉

in·di·zie·ren; *indizierte, hat indiziert*; [Vt]（及物）**1.** ***etw. i.*** *geschr*［书］；etw. auf e-n Index (2) setzen 把…列入禁书目录〈ein Buch i. 把一本书列入禁书目录〉**2.** *mst* 多用 ***etw. ist indiziert*** MED【医】；e-e Behandlung, e-e Methode *o.Ä.* erscheint sinnvoll od. angebracht（物作主语）…疗法是有效的：*In diesem Fall ist e-e Operation nicht indiziert* 在这种情况下手术是无效的 ‖ NB(注意)：*mst* im Zustandspassiv(多用于状态被动句)！‖ *hierzu*（派生）**In·di·zie·rung** *die*

in·do·eu·ro·pä·isch, in·do·eu·ro·pä·isch *Adj*（形）；*mst* 多用 ***die indoeuropäischen Sprachen*** LING【语】；die Sprachen in Europa, Persien u. Indien, die den gleichen Ursprung haben (*z.B.* Deutsch, Griechisch, Persisch) 印欧语系

in·do·ger·ma·nisch, in·do·ger·ma·nisch *Adj*（形）；LING【语】≈ indoeuropäisch

In·duk·ti·on [-ˈtsioːn] *die*; *-, -en* **1.** *geschr*［书］；das Schließen aus (bekannten) Tatsachen auf allgemeine Regeln 归纳法，归纳 ↔ Deduktion **2.** PHYS【物】；das Erzeugen von Elektrizität mithilfe von magnetischen Feldern 感应 ‖ K-(复合)：***Induktions-, -spannung, -strom*** ‖ -K(复合)：***Elektro-, Magnet-, Selbst-*** ‖ *hierzu*（派生）**in·duk·tiv, in·duk·tiv** *Adj*（形）；**in·du·zie·ren** (*hat*) *Vt*（及物）

in·dus·t·ri·a·li·sie·ren; *industrialisierte, hat industrialisiert*; [Vt]（及物）***etw. i.*** irgendwo e-e Industrie aufbauen 使工业化：*ein Land, e-e Region i.* 使一个国家、一个地区工业化 ‖ NB（注意）：*mst* im Passiv(多用被动语态)！‖ *hierzu*（派生）**In·dus·t·ri·a·li·sie·rung** *die*

In·dus·t·rie *die*; *-, -n* [-ˈtriːən] **1.** *mst Sg*（多用单数）；alle Betriebe der Wirtschaft, die mithilfe von Maschinen große Mengen an Waren od. Rohstoffen produzieren 工业 ↔ Handwerk〈die chemische, pharmazeutische I. 化学工业，制药工业；e-e I. aufbauen 建设工业；in der I. tätig sein 在工业部门工作，从事工业工作〉：*Die Übergänge zwischen I. u. Handwerk sind fließend* 工业和手工业之间的过渡标志不明显 ‖ K-(复合)：***Industrie-, -abgase, -abwässer, -anlage, -arbeiter, -betrieb, -erzeugnis, -gebiet, -lärm, -produkt, -roboter, -stadt, -unternehmen, -zweig*** ‖ -K（复合）：***Auto-, Baustoff-, Konsumgüter-, Lebensmittel-, Metall-, Möbel-, Papier-, Rüstungs-, Spielwaren-, Stahl-, Textil-*** **2.** Ⓒⓗ［瑞］≈ Fabrik

In·dus·t·rie|kauf·mann *der*; j-d, der e-e kaufmännische Lehre gemacht hat u. in der Industrie *z.B.* im Vertrieb od. in der Verwaltung arbeitet 工业部门的管理人员、高级职员 ‖ *hierzu*（派生）**In·dus·t·rie|kauf·frau** *die*

in·dus·t·ri·ell *Adj*（形）；*nur attr od adv*（只作定语或状语）；die Industrie betreffend 工业的〈die Entwicklung, die Fertigung, die Produktion 发展，制造，生产〉

In·dus·t·ri·el·le *der/die*; *-n, -n*; j-d, der e-n Industriebetrieb besitzt 实业家，工业家 ≈ Unternehmer ‖ -K(复合)：***Groß-*** ‖ NB(注意)：*ein Industrieller; der Industrielle; den, dem, des Industriellen*

In·dus·t·rie·staat *der*; ein Staat, in dessen Wirtschaft die Industrie der wichtigste Faktor ist 工业国家，工业国 ↔ Agrarstaat

In·dus·t·rie- und Han·dels·kam·mer *die*; Ⓓ［德］e-e Organisation, die die Interessen von Industrie u. Handel e-r Region vertritt 工商业联合会；*Abk* 缩写 IHK

In·dus·t·rie|zeit·al·ter *das*; *nur Sg*（只用单数）；die Periode in der neuesten Geschichte, in der die Industrie die Wirtschaft verändert hat (ungefähr ab dem 19 Jahrhundert) 工业时期，工业时代

in·ef·fek·tiv, in·ef·fek·tiv *Adj*（形）；*geschr*［书］；nicht wirksam 无效果的，无结果的，无用的 ↔ wirkungsvoll〈e-e Methode, ein Verfahren 方法，工艺〉

in·ef·fi·zi·ent, in·ef·fi·zi·ent *Adj*（形）；*geschr*［书］；ohne den gewünschten Erfolg 无效率的，无功效的 ≈ unwirtschaftlich：*i. arbeiten* 无效率地工作

in·ei·nan·der *Adv*（副）；e-e Person/Sache in die andere od. der anderen（drückt e-e Gegenseitigkeit aus）相互，彼此，交织地，交错地，相互交融地：*Sie sind i. verliebt*（= Er liebt sie, u. sie liebt ihn）他们彼此相爱；*Die beiden Farben gehen i. über* 两种颜色相互交融

in·ei·nan·der- *im Verb, betont u. trennbar, begrenzt produktiv*（构成动词，重读并可分，构词有限）；Die Verben mit *ineinander-* werden nach folgendem Muster gebildet（ineinander- 动词的模式如下）：*ineinandergreifen – griffen ineinander – ineinandergegriffen*
ineinander- drückt aus, dass sich zwei od. mehrere Dinge (miteinander) vermischen od. auf andere Weise e-e Einheit bilden（表示两个或两个以上的事物互相混合，融合，结合在一起，或以其他方式合而为一）↔ auseinander-;
〈Flüsse 江，河〉***fließen ineinander***：*Die beiden Flüsse fließen ineinander* 两条河流汇合成一条 ≈ Die beiden Flüsse vereinigen sich u. bilden dann einen Fluss
ebenso(同类词有)：〈Dinge, Aktionen 物，行动〉***greifen ineinander***,〈Dinge 物〉***passen ineinander***;〈Dinge 物〉***ineinanderschieben***,〈Dinge 物〉***ineinanderstecken***

I

in·ei·nan·der·grei·fen（*haben*）[Vi]（不及物）**1.**〈Dinge 物〉***greifen ineinander*** zwei od. mehrere Dinge, Teile e-r Maschine *o.Ä.* sind so gelagert, dass sie gegenseitig in den jeweils anderen Teil greifen u. so e-e gemeinsame Bewegung zustande kommt（物作主语）相互啮合〈Zahnräder 齿轮〉**2.**〈Aktionen, Maßnahmen 行为，措施〉***greifen ineinander*** zwei od. mehr Vorgänge, Unternehmungen *o.Ä.* wirken gemeinsam, weil sie zusammenpassen 相互交错

in·ei·nan·der·pas·sen（*haben*）[Vi]（不及物）〈Dinge 物〉***passen ineinander*** zwei od. mehrere Dinge haben solche Größen, dass eines in dem anderen Platz hat（大小尺寸）彼此相配：*Die Schachteln passen genau ineinander* 这些盒子正好彼此相配

in·fam *Adj*（形）；*geschr pej*［书］［贬］≈ gemein, niederträchtig〈*mst* e-e Lüge 多指谎言〉‖ *hierzu*（派生）**In·fa·mie** *die*；-；*nur Sg*（只用单数）

In·fan·te·rie, In·fan·te·rie [-təriː] *die*；-；*nur Sg*, MIL（只用单数）【军】；der Teil e-s (Kriegs-) Heeres, der zu Fuß kämpft 步兵（部队）‖ K-（复合）：***Infanterie-, -division, -regiment*** ‖ *hierzu*（派生）**In·fan·te·rist, In·fan·te·rist** *der*；*-en*，*-en*

in·fan·til *Adj*（形）；*pej*［贬］；nicht reif u. erwachsen, sondern wie ein Kind 幼稚的，不成熟的 ≈ kindisch〈ein Verhalten 行为，态度〉‖ *hierzu*（派生）**In·fan·ti·li·tät** *die*；-；*nur Sg*（只用单数）

In·farkt *der*；-(*e*)*s*，*-e* **1.** MED【医】；das plötzliche Absterben von Gewebe, das nicht mehr genug Blut bekommt（血管）梗塞，梗死〈e-n I. erleiden 得（患）梗塞症〉‖ -K（复合）：***Herz-, Lungen-, Nieren-*** **2.** *gespr, Kurzw*［口］（略）↑ ***Herzinfarkt***〈e-n I. haben 有心肌梗塞，患心肌梗塞〉

In·fekt *der*；-(*e*)*s*，*-e*；MED【医】**1.** ≈ Infektion **2.** ***ein grippaler I.*** ≈ Grippe

In·fek·ti·on [-ˈtsioːn] *die*；-，*-en* **1.** das Übertragen e-r Krankheit durch Bakterien, Viren *usw* 传染，感染 ≈ Ansteckung ‖ K-（复合）：***Infektions-, -gefahr, -krankheit*** **2.** e-e Krankheit, die durch I. (1) übertragen wird 传染病〈e-e I. haben 得传染病〉‖ -K（复合）：***Virus-***

in·fek·ti·ös [-ˈtsiøːs] *Adj*（形）；MED【医】≈ ansteckend〈e-e Erkrankung 疾病〉

in·fer·na·lisch *Adj*（形）**1.** so (böse), dass es einem Angst macht 地狱般的，恶魔似的，吓死人的 ≈ teuflisch, höllisch〈ein Gelächter 大笑〉**2.** sehr intensiv u. unangenehm 难以忍受的，可恨的，该死的 ≈ abscheulich〈ein Lärm, ein Geruch, ein Gestank 嘈杂声，气味，臭味〉

In·fer·no *das*；*-s*，*-s*；*mst Sg*，*geschr*（多用单数）［书］；***das I.*** (+ *Gen* 二格) verwendet, um etw. zu bezeichnen, das ganz schrecklich ist 地狱，阴间，灾难，恐怖景象〈das I. der Flammen, des Krieges 火焰、战争的灾难〉

in·fi·nit, in·fi·nit *Adj*（形）；LING【语】；(von e-r Verbform) dadurch gekennzeichnet, dass sie nicht nach Tempus, Numerus *usw* bestimmt ist (wie *z.B.* der Infinitiv, die Partizipien) 动词原形的，不定的，非限定的 ↔ finit

In·fi·ni·tiv [-tiːf] *der*；*-s*，*-e* [-və]；LING【语】；die Grundform e-s Verbs, in der es ins Wörterbuch eingetragen wird, *z.B. gehen, spazieren*（动词）不定式，动词原形

in·fi·zie·ren；*infizierte*，*hat infiziert*；[Vt]（及物）***j-n/sich i.*** MED【医】；j-n/sich mit e-r Krankheit anstecken 传染，感染/受到传染、感染

in flag·ran·ti *mst in* 多用于 ***j-n in flagranti ertappen/erwischen*** j-n dabei überraschen, wie er etw. (*mst* Verbotenes) tut（在某人做某种坏事（多指被禁止的事）时）当场捉住某人

In·fla·ti·on [-ˈtsioːn] *die*；-，*-en*；*mst Sg*（多用单数）；e-e wirtschaftliche Situation, die durch Preiserhöhungen u. e-e Minderung des Geldwerts gekennzeichnet ist 通货膨胀 ‖ K-（复合）：***Inflations-, -bekämpfung, -rate*** ‖ *hierzu*（派生）**in·fla·ti·o·när** *Adj*（形）

In·fo *das*；*-s*，*-s* **1.** *gespr*［口］；ein Blatt od. Heft mit Informationen (über ein Thema) 信息资料 ‖ K-（复合）：***Info-, -heft, -reise, -stand, -veranstaltung*** **2.** *nur Pl*（只用复数）≈ Informationen：*zwei Seiten mit Infos über alle Spielfilme der Woche* 有关于本星期所有故事片的信息的两页资料

in·fol·ge *Präp*（介）；*mit Gen*，*geschr*（支配二格）［书］≈ aufgrund, wegen：*I. des starken Regens kam es zu Überschwemmungen* 由于下大雨而发了洪水 ‖ NB（注意）：auch adverbiell verwendet mit *von*（也可作为副词与 *von* 连用）：*i. von einigen Zwischenfällen* 由于一些意外事件

in·fol·ge·des·sen *Adv*（副）；*geschr*［书］≈ deshalb, folglich

In·for·mant *der*；*-en*，*-en*；(***j-s***) ***I.*** j-d, der j-m (*mst* wichtige od. geheime) Informationen über etw. (weiter)gibt 提供消息或情报的人，举报者，告密者：*ein I. der Polizei* 向警察当局提供情报的人 ‖ NB（注意）：*der Informant*；*den, dem, des Informanten* ‖ *hierzu*（派生）**In·for·man·tin** *die*；-，*-nen*

In·for·ma·tik *die*；-；*nur Sg*（只用单数）；die (mathematische) Wissenschaft, die sich mit Computern u. ihrer Anwendung beschäftigt 信息科学，信息论 ‖ *hierzu*（派生）**In·for·ma·ti·ker** *der*；*-s*，-；**In·for·ma·ti·ke·rin** *die*；-，*-nen*

In·for·ma·ti·on [-ˈtsioːn] *die*；-，*-en* **1.** *mst Pl*（多用复数）；***Informationen (über j-n/etw.)*** die Fakten, Details *o.Ä.*, die man bekommt, wenn man Bücher od. Zeitungen liest, Radio hört, sich nach etw. erkundigt *o.Ä.* 信息，报道，情报〈vertrauliche, zuverlässige, einseitige Informationen 秘密的、可靠的、片面的消息；Informationen (von j-m) erbitten, einholen, erhalten 请求得到、取得、得到消息；(mit j-m) Informationen austauschen 交换情报；Informationen zurückhalten, an j-n weitergeben 不透露信息，向某人传达信息；j-m Informationen geben 向某人提供信息〉: *Ich brauche dringend einige Informationen* 我急切地需要一些信息 ‖ K-(复合): ***Informations-***, ***-angebot***, ***-austausch***, ***-bedürfnis***, ***-blatt***, ***-defizit***, ***-material***, ***-quelle***, ***-schrift***, ***-stand***, ***-wert***, ***-zentrum*** ‖ -K(复合): ***Presse-***, ***Produkt-*** **2.** *nur Sg*(只用单数); die Stelle, an der man Informationen (1) bekommen kann 问讯处 ≈ Auskunft (2): *Herr Maier bitte zur I.!* 请迈耶尔先生到问讯处来! **3.** *nur Sg* (只用单数); ***die I.*** (***über j-n/etw.***) das Informieren od. das Informiertwerden 了解情况，索取资料: *Zu Ihrer I. legen wir unserem Brief e-e Broschüre bei* 我们在信中附了一本小册子供您参考

in·for·ma·tiv [-ˈtiːf] *Adj*(形); *geschr*[书]; 〈ein Gespräch, ein Vortrag 谈话，报告〉 so, dass sie (wichtige) Informationen enthalten 提供信息的，有启发的 ≈ aufschlussreich

in·for·mell, **in·for·mell** *Adj*(形); *geschr*[书]; nicht formell, nicht förmlich 非正式的，不拘礼节的，普通的〈ein Anlass, e-e Veranstaltung 理由，活动〉

in·for·mie·ren; *informierte*, *hat informiert*; Vt (及物) **1.** ***j-n/sich*** (***über j-n/etw.***) ***i.*** j-m/sich Informationen zu e-m bestimmten Thema *o.Ä.* beschaffen 使获悉，通知，报告/了解，探听，查询: *sich über die Preise i.* 打听价格; *sich i., wie etw. funktioniert* 调查某物是如何运转的 **2.** ***j-n*** (***von etw.***) ***i.*** ≈ j-m etw. mitteilen

In·fo·tain·ment [ˈ-teɪn-] *das*; *-s*; *nur Sg*, RAD, TV(只用单数)【广播】【电视】; unterhaltsam gestaltete Nachrichten u. Informationen 娱乐新闻

in·fra·ge, **in Fra·ge** *Adv*(副) **1.** ***j-d/etw. kommt*** (***für j-n/etw.***) ***i.*** j-d/etw. ist die mögliche Lösung für ein Problem(人/物作主语)(对某人/某事)可行，可以考虑: *Für diese Stelle kommt nur ein Bewerber mit langjähriger Berufserfahrung i.* 对这一职位只有一名有多年职业经验的求职者可以考虑(录用) **2.** ***etw. stellt etw. i.*** etw. gefährdet etw., macht etw. ungewiss(物作主语)使…有问题(有危险): *Der Regen stellt unser Gartenfest am Wochenende i.* 下雨使得我们周末的花园聚会成问题了 **3.** ***etw. i. stellen*** Zweifel an etw. haben od. äußern 对…表示怀疑 ‖ ID [谚] *mst* 多用 ***das kommt*** (***gar/mir***) ***nicht i.!*** Das erlaube ich nicht, das verbiete ich(我觉得)这(根本)不行，这(我)不考虑

In·fra·rot, **In·fra·rot** *das*; *-s*; *nur Sg*, PHYS (只用单数)【物】; warme Strahlen, die im Lichtspektrum hinter den roten Strahlen liegen u. nicht mehr zu sehen sind 红外线 ‖ K-(复合): ***Infrarot-***, ***-bestrahlung***, ***-heizung***, ***-lampe***, ***-strahlung*** ‖ *hierzu*(派生) **in·fra·rot**, **in·fra·rot** *Adj*(形)

In·fra·struk·tur *die*; *geschr*[书]; alle Elemente, die notwendig sind, damit sich in e-m Gebiet e-e Wirtschaft entwickeln kann, *z.B.* Straßen, Eisenbahnen, Wohnsiedlungen, öffentliche Gebäude *usw* 基础设施，基本建设(一个地区经济发展所必需的一切要素，如公路，铁路，住宅区，公共建筑等): *ein Land mit gut, schwach entwickelter I.* 基础设施发展良好、薄弱的国家

In·fu·si·on [-ˈtsioːn] *die*; *-*, *-en*; MED【医】; die (tropfenweise) Einführung e-r Flüssigkeit mithilfe e-s Schlauches in j-s Adern 输液，打点滴〈j-m e-e I. geben 给某人输液; e-e I. bekommen 接受输液〉‖ K-(复合): ***Infusions-***, ***-flasche***, ***-kanüle***, ***-schlauch***

Ing. *Abk*(缩写); ↑ ***Ingenieur***

In·ge·ni·eur [ɪnʒeˈni̯øːɐ] *der*; *-s*, *-e*; j-d, der (an der Universität od. Fachhochschule) ein technisches Fach studiert hat 工程师; *Abk* 缩写 Ing. ‖ -K(复合): ***Bau-***, ***Elektro-***, ***Heizungs-***, ***Maschinenbau-***; ***Diplom-*** ‖ *hierzu*(派生) **In·ge·ni·eu·rin** *die*; *-*, *-nen*

In·gre·di·en·zen [-ˈdi̯ɛntsn], **In·gre·di·en·zi·en** [-ˈdi̯ɛntsi̯ən] *die*; *Pl*(复), *geschr*[书] ≈ Bestandteile, Zutaten

Ing·wer [ˈɪŋvɐ] *der*; *-s*; *nur Sg*(只用单数) **1.** e-e (asiatische) Pflanze, deren Wurzel als scharfes, süßes Gewürz verwendet wird 姜(植物) **2.** das Gewürz, das aus I. (1) gemacht wird 姜(佐料)

In·ha·ber *der*; *-s*, *-* **1.** der Eigentümer *bes* e-s Geschäftes od. Lokals 业主，店主，老板: *Das Lokal hat den I. gewechselt* 饭馆换了老板 ‖ -K(复合): ***Allein-***; ***Fabrik-***, ***Firmen-***, ***Geschäfts-***; ***Lizenz-***, ***Wohnungs-*** **2.** j-d, der ein Amt, e-e Funktion *o.Ä.* (inne)hat 持有人，主持人，保持者 ‖ -K(复合): ***Amts-***, ***Lehrstuhl-***, ***Rekord-*** ‖ *hierzu*(派生) **In·ha·be·rin** *die*; *-*, *-nen*

in·haf·tie·ren; *inhaftierte*, *hat inhaftiert*; Vt (及物) ***j-n i.*** *geschr*[书]; j-n verhaften 拘捕，逮捕，拘留，拘禁，关押 ‖ *hierzu*(派生) **In·haf·tie·rung** *die*

in·ha·lie·ren; *inhalierte*, *hat inhaliert*; Vt/i (及物/不及物) **1.** (***etw.***) ***i.*** etw. tief einatmen, *bes* aus medizinischen Gründen 吸入〈ätherische Öle i. 吸入香精油〉: *Wegen seiner Bronchitis soll er täglich i.* 由于患支气管炎，他每天都要进行吸入治疗 **2.** (***etw.***) ***i.*** den Rauch e-r Zigarette *o.Ä.* in die Lunge einatmen 把香烟的烟吸入肺里，吸入烟(气) ‖ *hierzu*(派生) **In·ha·la·ti·on** *die*; *-*, *-nen*

In·halt *der*; *-(e)s*, *-e*; *mst Sg*(多用单数) **1.** ***der I.*** (+ *Gen* 二格) das, was in e-m Behälter *o.Ä.* ist(容器里面的)东西，物品，内容: *Zeigen Sie mir bitte den I. ihres Koffers* 请把您箱子里的东西打开给我看看 **2.** das, was in e-m Behälter/Raum Platz hat 容积，体积 ≈ Volumen ‖ -K(复合): ***Raum-*** **3.** MATH【数】; die Größe e-r Fläche 面积 ‖ -K(复合): ***Flächen-*** **4.** das, was in e-m Text, Film, Theaterstück *o.Ä.* erzählt, mitgeteilt wird 内容 ↔ Form〈der gedankliche, ideologische, sprachliche I. e-r Geschichte, e-s Romans 故事、长篇小说的思想内容、语言内容;

I

etw. hat etw. zum I. 某物把某物作为内容；den I. erfassen, wiedergeben, zusammenfassen 领会、复述、概述内容〉‖ K-(复合)：**Inhalts-**, **-übersicht** ‖ -K(复合)：**Gesprächs-** **5. j-d/etw. ist der I. j-s Lebens** j-d/etw. ist das, was j-s Leben e-n Sinn gibt, was für j-n sehr wichtig ist(人/物作主语)是某人生活的意义所在 ‖ -K(复合)：**Lebens-** ‖ *zu* (义项) **4.** u. **5.**：**in·halts·arm** *Adj*(形)；**in·halt(s)·be·zo·gen** *Adj*(形)；**in·halts·leer** *Adj*(形)；**in·halts·los** *Adj*(形)；**in·halts reich** *Adj*(形) ‖ ▶ **beinhalten**

in·halt·lich *Adj*(形)；in Bezug auf den Inhalt (4)内容的，就内容而言的，从内容来看的 ↔ formal：*der inhaltliche u. formale Aufbau e-s Dramas* 剧本的内容结构和形式布局

In·halts·an·ga·be *die*；ein relativ kurzer Text, der mitteilt, welchen Inhalt (4) ein Buch, ein Film *o. Ä.* hat 内容提要，内容摘要，内容梗概 ≈ Zusammenfassung

in·halts·schwer *Adj*(形) ≈ wichtig, bedeutungsvoll 〈e-e Botschaft 消息, Worte 话〉

In·halts·ver·zeich·nis *das*；e-e Liste der Kapitel od. Abschnitte, die ein Buch *o. Ä.* hat 目录

in·hä·rent *Adj*(形)；*nicht adv*, *geschr*(不作状语)[书]；(**etw.** (*Dat* 三格)) **i.** ≈ (in etw.) enthalten：*die e-r Sache inhärente Problematik* 事情所固有的问题

in·hu·man *Adj*(形)；*geschr*[书]；unmenschlich 无人性的，非人的，不人道的〈e-e Strafe, e-e Behandlung, ein Vorgehen 处罚，对待，行动〉

Ini·ti·a·le [-ˈt͜sia:lə] *die*；-, *-n*；*mst Pl*(多用复数)；einer der (Groß)Buchstaben, mit denen j-s Vorname u. Familienname beginnen (*z. B.* G.M. für Gisela Meier)名和姓开头的大写字母(例如 Gisela Meier 写成 G.M.)

Ini·ti·a·ti·ve [-t͜siaˈti:və] *die*；-, *-n* **1.** *nur Sg* (只用单数)；der Wunsch u. die Bereitschaft, eigene Ideen zu entwickeln (u. zu realisieren)主动，主动性，主动权，积极性，首创精神 ≈ Unternehmungsgeist, Entschlusskraft 〈I. haben, besitzen 掌握主动权；j-m mangelt es an I. 某人缺乏主动性，缺乏首创精神〉**2.** e-e Anregung, die j-d gibt u. durch die er etw. ändert 倡议，发起〈etw. geht auf j-s I. zurück 某事源出于某人的倡议〉‖ -K(复合)：**Eigen-**, **Privat-**, **Regierungs-** **3. die I. ergreifen** in e-r Sache aktiv (tätig) werden 采取主动 **4. auf eigene I.** von sich aus, selbständig 主动地，独立地 **5. e-e I. (für/gegen etw.)** e-e Gruppe von Menschen, die sich aktiv für ein bestimmtes (politisches) Ziel od. gegen e-n Missstand einsetzen(主张/反对某事的)倡议团体〈e-e I. gründen 建立倡议团体〉：*Er ist Mitglied e-r I. für Umweltschutz* 他是主张环境保护的倡议团体的成员 ‖ -K(复合)：**Bürger-** **6.** POL【政】；das Recht, dem Parlament Vorschläge für Gesetze zu machen od. das Vorschlagen von Gesetzen(向议会提出法律提案的)动议权，创制权 ‖ -K(复合)：**Gesetzes-** **7.** Ⓒⓗ [瑞] ≈ Volksbegehren ‖ K-(复合)：**Initiativ-**, **-begehren**, **-komitee**

Ini·ti·a·tor [-ˈt͜sia:to:ɐ] *der*；-s, *Ini·ti·a·toren*；j-d, der etw. ins Leben ruft 首创者，发起人，发动者，带头人，主谋者

Ini·ti·ie·ren [-t͜siˈi:rən]；*initiierte*, *hat initiiert*；[Vt] (及物) **etw. i.** *geschr*[书]；den Anstoß zu etw. geben, etw. veranlassen 发动，推动：*e-e Demonstration i.* 发动游行示威

In·jek·ti·on [-ˈt͜sio:n] *die*；-, *-en*；MED【医】**1.** das Injizieren 注射〈e-e intramuskuläre, intravenöse I. 肌肉注射，静脉注射；e-e I. (= e-e Spritze) bekommen 被打一针；j-m e-e I. geben 给某人打一针〉‖ K-(复合)：**Injektions-**, **-lösung**, **-nadel**, **-spritze** **2.** die Flüssigkeit, die j-m injiziert wird 注射剂

in·ji·zie·ren；*injizierte*, *hat injiziert*；[Vt] (及物) (**j-m/sich**) **etw. i.** MED【医】；j-m/sich ein Medikament *o. Ä.* *mst* in e-e Ader od. in e-n Muskel spritzen 注射，注入：*j-m ein Betäubungsmittel i.* 给某人注射麻醉剂

In·kar·na·ti·on [-ˈt͜sio:n] *die*；-, *-en*；*geschr* [书]；**die I. + Gen Sg**(二格单数) e-e Person od. Sache, die e-e Eigenschaft in sehr hohem Maße besitzt u. deswegen ein perfektes Beispiel dafür ist 化身，体现，具体化 ≈ Inbegriff, Verkörperung：*Der Teufel ist die I. des Bösen* 魔鬼是恶的化身

In·kas·so *das*；-s, -s/Ⓐ [奥] *In·kas·si*；FIN【金融】；das Einziehen (5) von Geld (*mst* von Schulden)托收，收款 ‖ K-(复合)：**Inkasso-**, **-bevollmächtigte(r)**, **-büro**, **-vollmacht**

in·klu·si·ve [-və] *Präp*(介)；*mit Gen*(支配二格) ≈ einschließlich；*Abk* 缩写 inkl., incl.：*Der Preis beträgt neunzig Euro i. Mehrwertsteuer* 价格为 90 欧元(含增值税) ‖ K-(复合)：**Inklusiv-**, **-angebot**, **-arrangement**, **-preis** ‖ NB(注意)：**a)** auch nach dem Subst. verwendet(也可放在名词之后)：*Mehrwertsteuer i.* 增值税包括在内；**b)** Gebrauch ↑ *Tabelle unter* 用法，图表见 **Präpositionen**

in·ko·gni·to *Adj*(形)；*nur präd od adv*(只作表语或状语)；(*bes* bei bekannten Persönlichkeiten verwendet) so, dass man nicht erkannt wird 隐匿姓名身份的，化名的〈i. bleiben, reisen 仍然隐匿自己的姓名身份，化名外出旅行〉

In·ko·gni·to *das*；-s, -s；*mst Sg*, *geschr*(多用单数)[书]；das Verheimlichen der eigentlichen Identität 化名，匿名，隐匿身份〈sein I. wahren, lüften (= sagen, wer man wirklich ist)用假名隐匿身份，透露自己的真实身份〉

in·kom·pa·ti·bel *Adj*(形)；*geschr*[书]；so, dass es mit e-m anderen System, Gerät *o. Ä.* nicht kombiniert od. vereinbart werden kann 不一致的，不兼容的：*Sein Programm ist mit meinem Computer i.* 他的程序与我的计算机不兼容；*die beiden Systeme sind i.* (= können nicht miteinander verbunden werden)两个系统彼此不兼容 ‖ NB(注意)：*inkompatibel* → *inkompatible Systeme* ‖ *hierzu*(派生) **In·kom·pa·ti·bi·li·tät** *die*；-；*nur Sg*(只用单数)

in·kon·se·quent *Adj*（形）；*geschr*［书］；nicht konsequent 不连贯的，前后不一致的，不合逻辑的，矛盾的 ↔ folgerichtig ‖ *hierzu*（派生）**In·kon·se·quenz** *die*；-，-*en*

in·kor·rekt *Adj*（形）；*geschr*［书］；nicht korrekt 不正确的，错误的 ↔ richtig：*Diese Aussprache ist i.* 这种发音是不正确的 ‖ *hierzu*（派生）**In·kor·rekt·heit** *die*

In-Kraft-Tre·ten *das*；-*s*；*nur Sg*（只用单数），*geschr*［书］；das Gültigwerden von etw. 生效〈das I. e-s Gesetzes 一部法律的生效〉

In·ku·ba·ti·ons·zeit [-ˈtsioːns-] *die*；MED【医】；*mst* 多用 ***e-e I. von*** + *Zeitangabe*（时间说明语）der Zeitraum zwischen der Ansteckung mit e-m Virus *o.Ä.* u. dem Ausbrechen der Krankheit…的潜伏期：*Cholera hat e-e I. von ein bis fünf Tagen* 霍乱有一至五天的潜伏期

In·land *das*；*nur Sg*（只用单数）**1.** das Gebiet, das innerhalb der Grenzen des eigenen Staates ist 国内，本国 ↔ Ausland：*Waren im I. verkaufen* 在国内销售商品 ‖ K-（复合）：***Inlands-***，***-flug***，***-geschäft***，***-porto***，***-preis***，***-reise***，***-verkehr*** **2.** ≈ Binnenland ↔ Küstengebiet

in·lie·gen·d- *Adj*（形）；*nur attr*，*nicht adv*（只作定语，不作状语）；*geschr*［书］；bei e-m Brief *o.Ä.* zusätzlich dabei 附在内的，内附的，（随信）附上的：*Beachten Sie bitte das inliegende Formular* 请您注意随信附上的表格

In·li·ner [ˈɪnlaɪnɐ] *der*；-*s*，-；*mst Pl*（多用复数）；ein Schuh mit kleinen Rädern, die in einer Reihe hintereinander angeordnet sind 轮滑鞋，旱冰鞋

In·line·skate [ˈɪnlaɪnskeːt] *der*；-*s*，-*s*；*mst Pl*（多用复数）≈ Inliner

in me·di·as res [-diaːs-] *mst in* 多用于 ***in medias res gehen*** *geschr*［书］；ein Thema sofort u. direkt ansprechen, sofort zur Sache kommen 直奔正题，开门见山

in·mit·ten *Präp*（介）；*mit Gen*（支配二格）；*geschr*［书］；in der Mitte e-s Gebietes od. in der Mitte zwischen mehreren Personen od. Dingen 在…中间，在…当中 ≈ umgeben von：*Er saß i. der Schüler u. unterhielt sich mit ihnen* 他坐在学生们中间并同他们聊天；*Das Schloss liegt i. e-s Waldes* 宫殿座落在森林中间 ‖ NB（注意）：auch adverbiell verwendet mit *von*（也可以作为副词与 *von* 连用）：*Sie saß im Garten, i. von Blumen u. Bäumen* 她坐在花园里，在花丛和树木中

in na·tu·ra so, dass die betroffene Person/Sache selbst da ist, nicht als Kopie, Bild, Modell *o.Ä.* 本人，本身，以其本来状态，实物，原样：*Ich hätte das Haus gern in natura gesehen, das Foto sagt mir nicht viel* 我乐意看到房屋本身，照片对我来说说明不了多少问题

in·ne·ha·ben；*hat inne*，*hatte inne*，*hat innegehabt*；Vt（及物）***etw. i.*** *geschr*［书］；ein Amt ausüben od. e-e wichtige Position haben 担任〈ein Amt, e-n Posten, e-n Rang i. 担任职务、职位、级别〉

in·ne·hal·ten；*hält inne*，*hielt inne*，*hat innegehalten*；Vi（不及物）（***in etw.***（*Dat* 三格））***i.*** *geschr*［书］；e-e Tätigkeit unterbrechen u. e-e kurze Pause machen 停止，中断：*Er hielt im Reden inne, um zu warten, bis die Zuhörer wieder ruhig waren* 他中断了讲话，等待听众重新安静下来

in·nen *Adv*（副）；in dem Bereich, der in e-m Raum, Körper *usw* liegt 在内部，在里面 ↔ außen：*Die Kokosnuss ist außen braun u. i. weiß* 椰子外表是棕色的，里面是白色的；*Die Tür geht nach i. auf* 门朝里开；*Hast du schon einmal e-n Computer von i. gesehen?* 你是否已经从内部看过计算机了？

In·nen- *im Subst*，*begrenzt produktiv*（构成名词，构词有限）；verwendet, um auszudrücken, dass sich etw. auf das Innere von etw. (*z.B.* von e-m Raum, e-m Gebäude) bezieht (u. *z.B.* dort stattfindet, gemacht wird *o.Ä.*)（表示内部、里面）↔ Außen-；die ***Innenaufnahme***，die ***Innenausstattung***〈e-s Hauses 房屋的〉，die ***Innenbeleuchtung***〈des Autos 汽车的〉，der ***Innendurchmesser***〈e-s Balles 球的〉，die ***Inneneinrichtung***，die ***Innenfläche***，der ***Innenhof***，der ***Innenraum***，die ***Innenseite***〈e-s Behälters, e-s Mantels 容器的、大衣的〉，der ***Innenspiegel***〈des Autos 汽车的〉，die ***Innentemperatur***，die ***Innenwand***〈e-s Raumes 房间的〉

-In·nen *im Subst*（构成名词）；wird *bes* bei Berufsbezeichnungen e-m Subst. hinzugefügt, wenn mit einem Wort ausgedrückt werden soll, dass sowohl Frauen als auch Männer gemeint sind（加在职业名称之后，该词同时可指女士和男士）；***AutorInnen***，***StudentInnen***，***LehrerInnen***

In·nen·ar·chi·tekt *der*；ein Architekt, der Räume einrichtet u. gestaltet 室内装饰设计师 ‖ *hierzu*（派生）**In·nen·ar·chi·tek·tin** *die*；**In·nen·ar·chi·tek·tur** *die*

In·nen·le·ben *das*；die Gefühle u. Gedanken e-s Menschen 精神生活，内心生活：*sein I. vor j-m ausbreiten* 向某人展示他的内心生活

In·nen·mi·nis·ter *der*；der Minister, der *bes* für die öffentliche Ordnung, die Polizei *usw* zuständig ist 内政部长，内务大臣 ‖ *hierzu*（派生）**In·nen·mi·nis·te·rin** *die*；**In·nen·mi·nis·te·ri·um** *das*

In·nen·po·li·tik *die*；die politischen Aktivitäten, die in das Ressort des Innenministers fallen 国内政策，对内政策 ↔ Außenpolitik ‖ *hierzu*（派生）**in·nen·po·li·tisch** *Adj*（形）

In·nen·stadt *die*；das Zentrum *mst* e-r relativ großen Stadt, in dem die meisten Geschäfte sind 市中心，内城 ≈ City

in·ne·r-[1] *Adj*（形）；*nur attr*，*nicht adv*（只作定语，不作状语）**1.** innen od. auf der Innenseite befindlich 内部的，里面的 ↔ äußer-：*die inneren Teile e-s Radios* 收音机的内部零件；*die innere Tasche e-r Jacke* 夹克衫的里袋 **2.** j-s Gefühle u. Gedanken betreffend 内心的，内在的，精神的〈die Gelassenheit, die Ruhe, die Spannung 镇静，平静，紧张〉：*Seine innere Un-*

ruhe war ihm nicht anzusehen, er wirkte sehr gelassen 他内心的不安是看不出来的,他看上去很冷静 **3.** ***die inneren Organe*** die Organe (1), die sich im Körper befinden (*z. B.* Herz, Leber, Niere, Lunge *usw*) 内脏(如心脏、肝脏、肾脏、肺等) **4.** die inneren (3) Organe des Menschen betreffend 内科的,体内的 ‹e-e Blutung, e-e Krankheit 出血,疾病› **5.** das eigene Land (das Inland) betreffend 国内的 ‹Angelegenheiten, Probleme 事务,问题› **6.** als notwendiger Bestandteil in e-r Sache enthalten 内部的,内在的 ‹der Aufbau, die Ordnung, der Zusammenhang 构造,秩序,联系› **7.** ***die innere Medizin*** ein Fachgebiet der Medizin, das sich mit Krankheiten der inneren Organe beschäftigt 内科 **8.** *nur Superlativ* (只用最高级) ≈ intimst-, geheimst-: *Seine innersten Wünsche/Gedanken erzählte er niemandem* 他没有把自己最隐密的愿望/想法告诉过任何人

in·ner-² *im Adj, betont, begrenzt produktiv* (构成形容词,重读,构词有限); verwendet, um auszudrücken, dass etw. innerhalb e-s bestimmten Systems, e-r bestimmten Organisation stattfindet(表示在某种系统、组织内部发生的); ***innerbetrieblich*** ‹die Mitbestimmung 共同决定›, ***innerkirchlich*** ‹die Diskussion 讨论, 辩论›, ***innerparteilich*** ‹die Auseinandersetzung 争论›, ***innerschulisch***, ***innerstaatlich*** ‹(die) Regelungen 规章›, ***innerstädtisch*** ‹der Verkehr 交通›

in·ner·deutsch *Adj* (形); *hist* [历]; zwischen den beiden deutschen Staaten (der Bundesrepublik Deutschland u. der DDR bis 1990)两德间的,德国内部的(特指 1990 年以前德意志联邦共和国和德意志民主共和国之间的)

In·ne·re *das*; *-n*; *nur Sg* (只用单数); der innere Bereich 内部,里面,内心深处: *das I. e-s Hauses* 房子的里面; *Im Innersten hoffte sie, dass er ihr nicht glauben möge* 她内心深处希望,但愿他不相信她 ‖ NB(注意): *sein Inneres*; *das Innere*; *dem*, *des Inneren*

In·ne·rei·en *die*; *Pl* (复); die inneren Organe von Tieren, die man essen kann (*bes* Leber, Herz, Magen)(可食用的动物)内脏,下水

in·ner·halb *Präp* (介); *mit Gen* (支配二格) **1.** in e-m bestimmten Gebiet, im Bereich e-s bestimmten Gebietes 在…内部,在…里面 ↔ außerhalb: *Der Fußballplatz liegt i. der Stadt* 足球场位于城内 **2.** in e-m bestimmten Zeitraum 在…期间,在…时间内 ≈ während[1], binnen: *Der Schulbus fährt nur i. der Schulzeit* 校车只在上课期间行驶 ‖ NB(注意): auch adverbiell verwendet mit *von* (也可以作为副词与 *von* 连用): *i. von Europa* 在欧洲内部, *i. von zwei Jahren* 在两年内

in·ner·lich *Adj* (形) **1.** innerhalb e-s Körpers, Raumes *o. Ä.* (befindlich) 内部的,内服的 ↔ äußerlich: *ein Medikament zur innerlichen Anwendung* 内服药 **2.** *mst adv* (多作状语); das Seelenleben, die Gedanken u. Gefühle betreffend 精神上的,内心的 ↔ äußerlich: *Äußerlich wirkte er ruhig, aber i. war er sehr nervös* 他外表看起来冷静,可是内心很烦躁

in·nert *Präp* (介); *mit Dat* Ⓒⓗ (支配三格)[瑞] ≈ innerhalb (2)

in·ne·wer·den; *wird inne*, *wurde inne*, *ist innegeworden*; [Vi] (不及物) **etw.** (*Gen* 二格) ***i.*** *geschr* [书]; sich e-r Sache bewusst werden 觉察到,注意到,认识到,领悟,意识到 ≈ etw. (bewusst) wahrnehmen: *j-s Anwesenheit*, *e-r Gefahr*, *seiner Unzulänglichkeit i.* 注意到某人在场,意识到危险,觉察到他的不足

in·ne·woh·nen; *wohnte inne*, *hat innegewohnt*; [Vi] (不及物) ***etw.* wohnt etw.** (*Dat* 三格) ***inne*** *geschr* [书]; etw. ist in e-r Sache enthalten, ist eine ihrer Eigenschaften(物作主语)包含在…之中,存在于…之中

in·nig *Adj* (形) **1.** mit e-m tiefen, intensiven Gefühl 衷心的,真挚的,热忱的,紧密的,密切的 ‹e-e Beziehung, e-e Freundschaft, e-e Umarmung 关系,友谊,拥抱; j-n heiß u. i. (= leidenschaftlich) lieben 热烈而真挚地爱某人› **2.** *mst* 多用 ***j-s inniger/innigster Wunsch*** j-s größter Wunsch 某人的诚挚的/最诚挚的愿望 ≈ j-s Herzenswunsch ‖ *hierzu* (派生) **In·nig·keit** *die*; *nur Sg* (只用单数)

In·no·va·ti·on [-vaˈtsi̯oːn] *die*; *-*, *-en*; *geschr* [书]; etw. ganz Neues od. e-e Reform 革新,改革 ‖ *hierzu* (派生) **in·no·va·tiv** *Adj* (形); **in·no·va·ti·ons·feind·lich** *Adj* (形); **in·no·va·ti·ons·freu·dig** *Adj* (形)

in·of·fi·zi·ell *Adj* (形); nicht offiziell 非官方的,非正式的,私下的 ‹ein Besuch, e-e Feier, e-e Mitteilung 访问,庆祝活动,通知›

in·ope·ra·bel, **in·ope·ra·bel** *Adj* (形); MED【医】; so, dass e-e Operation nicht möglich ist (ohne den Patienten zu gefährden)不宜动手术的 ‖ NB(注意): *inoperabel* → *ein inoperabler Tumor*

in pet·to *nur in* 只用于 ***etw. in petto haben*** *gespr* [口]; etw. Wichtiges haben od. wissen, von dem andere nichts wissen u. von dem man sich e-n Vorteil verspricht 有某种意图,打算,准备

in punc·to ***in puncto*** + *Subst ohne Artikel* (不带冠词的名词) ≈ in Bezug auf, hinsichtlich: *In puncto Sauberkeit ist er sehr pingelig* 在整洁方面他是很挑剔的

In·put *der/das*; *-s*, *-s*; INFORM【信息】; die Daten, die in den Computer eingegeben werden 输入(计算机的数据) ↔ Output

In·qui·si·ti·on [-ˈtsi̯oːn] *die*; *-*, *-en* **1.** *nur Sg*, *hist* (只用单数)[历]; e-e Organisation der katholischen Kirche, die vom 12 bis 18 Jahrhundert Menschen suchte u. streng bestrafte, deren Glaube von der offiziellen Lehre abwich(12 至 18 世纪天主教会审判异端的)宗教法庭,宗教裁判所: *Er fiel der I. zum Opfer* 他成了宗教法庭的牺牲品 **2.** ein strenges Verhör 严刑审讯 ‖ *hierzu* (派生) **In·qui·si·tor** *der*; *-s*, *-en*; **in·qui·si·to·risch** *Adj* (形)

ins *Präp mit Artikel* (介词与冠词合写) ≈ in das ‖ NB(注意): *ins* kann nicht durch *in das* ersetzt werden in Wendungen wie(在成语中ins不能用 in das代替,例如): *sich ins Fäustchen lachen* 幸灾乐祸地窃笑, *etw. ins Leben rufen* 建立,创建

In·sas·se *der*; *-n*, *-n*; ADM【管理】**1.** j-d, der in e-m Fahrzeug sitzt(车、船、飞机的)乘客: *Vier Insassen des Busses wurden bei dem Unfall schwer verletzt* 公共汽车的四位乘客在车祸中受重伤 ‖ K-(复合): ***Insassen-***, ***-versicherung*** **2.** j-d, der in e-m Heim lebt od. im Gefängnis ist(医院、监狱、养老院等的)居住者 ⟨die Insassen e-s Altersheims, e-r Haftanstalt, e-r Nervenklinik 住养老院的老人,拘留所的犯人,神经病院的患者⟩ ‖ -K(复合): ***Gefängnis-***, ***Heim-***, ***Lager-*** ‖ NB(注意): *der Insasse*; *den*, *dem*, *des Insassen* ‖ *hierzu* (派生) **In·sas·sin** *die*; *-*, *-nen*

ins·be·son·de·re, **ins·be·sond·re** *Partikel* (小品词); *betont u. unbetont*(重读和非重读); so, dass etw. für j-n/etw. in besonders starkem Maße gilt 特别,尤其 ≈ vor allem, besonders: *Alle waren müde, Vater i./i. Vater* 大家都累了,尤其是父亲; *Ich hasse Insekten, i. Wespen* 我厌恶昆虫,尤其是马蜂

In·schrift *die*; etw., das auf Stein, Holz od. Metall geschrieben ist(刻在石头、木头或金属上的)碑文,铭文,题词等 ⟨e-e I. auf e-m Denkmal, e-m Grabstein, in e-m Tempel, über e-r Tür 纪念碑上的碑文,墓碑上的墓志铭,寺庙里的铭文,门上的匾额; irgendwo e-e I. anbringen 某处安置一个题词⟩: *die I. INRI auf dem Kreuz von Jesus Christus* 基督耶稣的十字架上的铭文 *INRI*(耶稣,拿撒勒人,犹太人的王) ‖ -K(复合): ***Denkmals-***, ***Grab-***

In·sekt *das*; *-(e)s*, *-en*; ein kleines Tier, das keine Knochen u. sechs Beine hat, *z.B.* e-e Fliege, e-e Ameise 昆虫 ⟨ein flugfähiges, giftiges, blutsaugendes, nützliches, schädliches, Staaten bildendes I. 能飞的、有毒的、吸血的、有益的、有害的、集群的昆虫⟩ ‖ K-(复合): ***Insekten-***, ***-fresser***, ***-gift***, ***-plage***, ***-spray***, ***-stich***

In·sek·ten·be·kämp·fungs|mit·tel *das*; ein chemisches Mittel, mit dem man schädliche Insekten bekämpft 杀虫剂

In·sek·ten·schutz·mit·tel *das*; ein Mittel (*bes* zum Einreiben der Haut), mit dem man sich vor Insektenstichen schützt 防止蚊虫叮咬的药膏、药剂,驱虫剂

In·sek·ten·staat *der*; ZOOL【动】; e-e relativ große Gruppe von Insekten (*z.B.* Bienen, Ameisen), die in e-r Art Gesellschaft zusammenleben 昆虫群体

In·sek·ten·ver·til·gungs|mit·tel *das* ≈ Insektenbekämpfungsmittel

In·sek·ti·zid *das*; *-(e)s*, *-e*; *geschr*[书]; ≈ Insektenbekämpfungsmittel

In·sel *die*; *-*, *-n*; ein (*mst* relativ kleines) Stück Land, das von Wasser umgeben ist 岛,岛屿 ⟨e-e I. im Meer, im See, im Fluss 海上、湖中、江河上的岛; auf e-r I. leben, sein 在岛上生活、住⟩: *Im Mittelmeer gibt es viele Inseln* 地中海有许多岛屿 ‖ K-(复合): ***Insel-***, ***-bewohner***, ***-gruppe***, ***-staat***, ***-volk*** ‖ -K(复合): ***Felsen-*** ‖ ID[谚] ***reif für die I. sein*** *gespr* [口]; mit den Nerven völlig fertig sein 神经极度紧张,神经几乎崩溃

In·se·rat *das*; *-(e)s*, *-e* ≈ Anzeige (1), Annonce ⟨ein I. aufgeben, in die Zeitung setzen 把广告交付刊登,在报纸上登广告⟩ ‖ -K(复合): ***Zeitungs-***

in·se·rie·ren; *inserierte*, *hat inseriert*; [Vt/i](及物/不及物) (***etw.***) ***i.*** etw. in e-m Inserat, e-r Anzeige (1) zum Verkauf anbieten 刊登有关…的广告: *ein Auto, e-n Fernseher i.* 刊登关于汽车、电视机的广告 ‖ *hierzu* (派生) **In·se·rent** *der*; *-en*, *-en*; **In·se·ren·tin** *die*; *-*, *-nen*

ins·ge·heim *Adv* (副) ≈ heimlich, im Stillen: *sich i. über j-n lustig machen* 私下里取笑某人

ins·ge·samt *Adv* (副); so, dass alles mitgezählt ist 总共,合计,全部 ≈ zusammen: *Sie spielt in der Woche i. zwanzig Stunden Tennis* 她一星期总共打20小时网球; *„Ich hatte drei Bier, was macht das i.?"* "我喝了三杯啤酒,总共多少钱?"

In·si·der [ˈɪnsaidɐ] *der*; *-s*, *-*; j-d, der in e-m bestimmten Bereich arbeitet (od. zu e-r bestimmten Gruppe gehört) u. sich dort deshalb sehr gut auskennt 了解内幕者,知内情者 ‖ K-(复合): ***Insider-***, ***-information***, ***-wissen*** ‖ *hierzu* (派生) **In·si·de·rin** [ˈɪnsaidərɪn] *die*; *-*, *-nen*

In·sig·ni·en [-niən] *die*; *Pl* (复), *geschr* [书]; die Symbole e-s hohen Amtes 高级职位的象征,权力的象征物: *Krone u. Zepter sind die I. des Königs* 王冠和权杖是国王的象征物

in·so·fern[1] *Adv* (副) **1.** in diesem Punkt, in dieser Hinsicht 就这点而言,就这方面来说: *„Paul ist ein guter Schüler, i. stimme ich Ihnen zu, aber sein Benehmen ist sehr schlecht"* "保罗的学习很好,就这点而言我同意您的意见,可是他的品行却很糟糕" **2.** ***i. ...*** (***als***) in der genannten Hinsicht, aus dem genannten Grund 就…而言,在…范围内,由于: *Er hatte i. noch Glück bei dem Unfall, als er sich nur die Hand gebrochen hat* 就他只是折断了手而言,他在事故中还是幸运的

in·so·fern[2] *Konjunktion* (连); ***i.*** (***als***) verwendet, um e-e Aussage auf e-e bestimmte Möglichkeit einzuschränken 倘若,只要 ≈ falls, wenn: *Ich werde kommen, i. es mir möglich ist* 只要有可能,我会来的

In·sol·venz *die*; *-*, *-en*; WIRTSCH【经】; die Tatsache, dass e-e Person, ein Geschäft, e-e Firma *usw* zahlungsunfähig ist 无支付能力,无偿债能力,破产 ‖ *hierzu* (派生) **in·sol·vent** *Adj* (形)

in·so·weit[1] *Adv* (副) ≈ insofern[1]

in·so·weit[2] *Konjunktion* (连) ≈ insofern[2]

in spe [ɪn ˈspeː] *Subst* (名词) + ***in spe*** verwendet, um auszudrücken, dass j-d e-e Funktion, Rolle übernehmen soll 将来的,未来的… ≈ künftig-: *Das ist unser Chef in spe* 这是我们未来的领导者

I

In·s·pek·teur [-ˈtøːɐ] *der*; *-s*, *-e* **1.** j-d, der etw. (amtlich) prüft u. kontrolliert 检查员，监督员，视察员 ≈ Inspektor (1) **2.** Ⓓ [德] MIL【军】: der höchste Offizier 总监〈der I. des Heeres, der Marine, der Luftwaffe 陆军、海军、空军总监〉

In·s·pek·ti·on [-ˈtsioːn] *die*; *-*, *-en* **1.** das Inspizieren 检查，考察，视察: *Bei der I. der Hotelküche wurden hygienische Mängel festgestellt* 在检查旅馆厨房时发现了卫生方面的缺点 ‖ K-(复合): ***Inspektions-***, ***-fahrt***, ***-gang***, ***-reise*** **2.** die regelmäßige Prüfung (Wartung) e-s Autos(汽车的定期)检查(保养)〈ein Auto zur I. bringen 把汽车送去检查; das Auto muss zur I. 汽车必须去进行检查〉

In·s·pek·tor *der*; *-s*, *In·s·pek·to·ren* **1.** j-d, der etw. (amtlich) prüft u. kontrolliert 检查员，监察员，监督员，视察员，检验员: *Ein I. von der Versicherung wird den Schaden schätzen* 保险公司的检查员将评估损失 **2.** Ⓓ [德] ein Beamter im öffentlichen Dienst, der e-e gehobene Laufbahn beginnt 高级官员，高级行政人员: *ein I. bei der Bundesbahn* 联邦铁路的督察 ‖ -K(复合): ***Polizei-***, ***Post-***, ***Verwaltungs-***, ***Zoll-*** ‖ *hierzu*(派生) **In·s·pek·to·rin** *die*; *-*, *-nen*

In·s·pi·ra·ti·on [-ˈtsioːn] *die*; *-*, *-en*; *geschr* [书] **1.** ein guter (schöpferischer) Einfall 灵感 ≈ Eingebung〈e-e I. haben 有灵感〉 **2.** der Vorgang, bei dem j-d durch etw. inspiriert wird 感悟，启示，启迪

in·s·pi·rie·ren; *inspirierte*, *hat inspiriert*; Vt (及物) ***j-d/etw. inspiriert j-n (zu etw.)*** *geschr*[书]; j-d/etw. regt *bes* e-n Künstler zu neuen Einfällen an(人/物作主语)激励，鼓舞，启迪，赋以灵感

in·s·pi·zie·ren; *inspizierte*, *hat inspiziert*; Vt (及物) ***j-n/etw. i.*** (*mst* als Vertreter e-s Amtes *o. Ä.*) Truppen *o. Ä.*/etw. (*bes* Räume) genau prüfen, um festzustellen, ob alles in Ordnung ist 检查，考察，视察 ≈ kontrollieren〈e-e Schule i. 视察学校; die Truppen i. 视察部队〉: *Die elektronischen Leitungen der Fabrik wurden inspiziert* 工厂的电子线路检查过了 ‖ ▶ ***Inspektion***, ***Inspekteur***, ***Inspektor***

in·sta·bil, **in·sta·bil** *Adj* (形); *geschr* [书]; nicht stabil 不稳定的 ≈ labil〈ein Gleichgewicht, ein Zustand 平衡，状态〉 ‖ *hierzu* (派生) **In·sta·bi·li·tät** *die*; *-*; *nur Sg*(只用单数)

In·stal·la·teur [-ˈtøːɐ] *der*; *-s*, *-e*; j-d, der beruflich Geräte anschließt, Leitungen u. Rohre verlegt u. repariert 安装工人 ‖ -K(复合): ***Elektro-***

in·stal·lie·ren; *installierte*, *hat installiert*; Vt (及物) **1.** ***etw. i.*** technische Geräte, Leitungen u. Rohre in ein Gebäude *o. Ä.* einbauen 安装，装置，装修〈e-e Gasleitung, e-e Heizung, e-n Herd, Wasserrohre i. 安装煤气管线、暖气、炉灶、水管〉 **2.** ***etw. i.*** INFORM【信息】: ein Programm vor der ersten Benutzung in e-m Computer teilweise od. ganz auf der Festplatte einrichten 安装程序 ‖ *hierzu*(派生) **In·stal·la·ti·on** *die*; *-*, *-en*

in·stand, **in Stand** *Adv*(副); *nur in* 只用于 **1.** ***etw. i. setzen/bringen***/Ⓒⓗ [瑞] ***stellen*** ≈ in Ordnung bringen, reparieren: *ein baufälliges Haus wieder i. setzen* 重新修理好破旧的房子 **2.** ***etw. i. halten*** dafür sorgen, dass etw. in e-m guten Zustand bleibt 把…维修好，把…保养好，使保持完整 ≈ pflegen: *den Garten i. halten* 照管好花园 **3.** ***etw. ist***〈gut, ausgezeichnet, hervorragend *usw* 良好地，极好地，出色地〉 ***i.*** etw. ist in e-m guten Zustand u. funktioniert(物作主语)状态良好，运转正常: *Die alten Maschinen sind gut i.* 这些旧机器运转良好 ‖ *zu* (义项) **1. In·stand·set·zung** *die*; *zu* (义项) **2. In·stand·hal·tung** *die*

in·stän·dig *Adj*(形); *nur attr od adv*(只作定语或状语) ≈ dringend, eindringlich, nachdrücklich〈e-e Bitte 请求; i. (auf etw.) hoffen 迫切地希望, (j-n) i. um etw. bitten 为某事恳切地请求某人〉

In·stanz *die*; *-*, *-en* **1.** ein Amt od. e-e Behörde, die für etw. zuständig sind 主管机关，有关当局〈e-e gesetzgebende, höhere, übergeordnete, politische, staatliche I. 立法的、高级的、上级的、政治上的、国家的主管机关〉: *Ein Gesetz muss durch mehrere Instanzen gehen, bis es endgültig verabschiedet wird* — 项法律必须经过若干主管机关，直到获得最后通过为止 ‖ K-(复合): ***Instanzen-***, ***-weg*** **2.** ein Gericht auf e-r bestimmten Stufe in der Hierarchie der Gerichte 审级〈die erste, zweite, dritte, letzte I. 第一审，第二审，第三审，终审〉: *Er wurde in erster I. zu zwei Jahren Haft verurteilt u. in zweiter I. schließlich freigesprochen* 他在第一审被判处两年监禁，第二审最终被宣告无罪

In·s·tinkt *der*; *-(e)s*, *-e* **1.** *mst Sg*(多用单数); die (lebensnotwendigen) Verhaltensweisen, mit denen ein Tier geboren wird (die es also nicht lernen muss) 本能，天性: *ein Tier folgt seinem I.* 动物凭本能行事 ‖ K-(复合): ***Instinkt-***, ***-handlung*** **2.** ein sicheres Gefühl für die richtige Entscheidung in e-r bestimmten Situation 直觉〈ein feiner, untrüglicher, kaufmännischer, politischer I. 敏锐的、可靠的、商人的、政治的直觉; I. beweisen, zeigen, haben 显示出、表现出直觉，具有直觉〉: *Mit seinem erstaunlichen I. für lohnende Geschäfte gelang es ihm, viel Geld zu verdienen* 他凭着自己对有利的交易的令人惊异的直觉，终于赚了许多钱 ‖ ID[谚] *mst* 多用〈das Buch/der Film 书/影片〉 ***appelliert an die niederen Instinkte des Menschen*** das Buch/der Film versucht, in j-m (unbewusst) sexuelle od. aggressive Gefühle zu wecken 激起人的卑劣的本能 ‖ *zu* (义项) **1. ins·tinkt·mä·ßig** *Adj* (形); *zu* (义项) **2. ins·tinkt·los** *Adj* (形); **ins·tinkt·si·cher** *Adj*(形)

ins·tink·tiv [-ˈtiːf] *Adj*(形); vom Instinkt, von Gefühlen, nicht vom Verstand geleitet (gesteuert）本能的，天性的，凭直觉的 ↔ rational 〈e-e Abneigung, ein Verhalten, ein Wissen 反感，行为，认识；i. handeln, reagieren 凭本能行事，作出本能的反应；etw. i. richtig machen 凭直觉正确地做某事〉：*Tiere haben e-e instinktive Angst vor Feuer* 动物对火有本能的恐惧

In·sti·tut *das*；-(*e*)*s*，-*e* **1.** e-e Einrichtung (3)，die sich mit der Lehre od. Erforschung e-s Fachgebietes beschäftigt 学院，院（或系），研究所：*ein I. für Meeresbiologie, für Archäologie* 海洋生物研究所，考古研究所 ‖ K-（复合）：***Instituts-, -direktor, -leiter*** ‖ -K（复合）：***Forschungs-, Hochschul-*** **2.** die Gebäude, in denen ein I. (1) untergebracht ist 学院，研究所（指建筑物）

In·sti·tu·ti·on [-ˈtsi̯oːn] *die*；-，-*en* **1.** e-e Gruppe von Leuten, die gemeinsam e-e Funktion erfüllen od. Tätigkeiten ausüben im Auftrag des Staates, der Kirche, der Gesellschaft *o. Ä.* 公共机构，机构 ≈ Einrichtung (3)：*Schule u. Polizei sind staatliche Institutionen* 学校和警察局是国家的公共机构；*Er arbeitet bei der Caritas, e-r kirchlichen I.* 他在慈善团体，一个教会机构工作 **2.** e-e Gewohnheit, Sitte *o. Ä.*, die es schon lange gibt 习俗，风尚，制度 ≈ Einrichtung (3) 〈e-e feste, soziale I. 固定的、社会的习俗；die I. der Ehe, der Familie, der Taufe 婚姻、家庭、洗礼习俗〉

in·sti·tu·ti·o·na·li·sie·ren [-tsi̯o-]；*institutionalisierte, hat institutionalisiert*；Vt（及物）***etw. i.*** *geschr*［书］；etw. zu e-r Institution (2) machen 使制度化，使成为人们共同生活的模式：*e-n Brauch i.* 使风俗制度化 ‖ *hierzu*（派生）**In·sti·tu·ti·o·na·li·sie·rung** *die*

in·stru·ie·ren；*instruierte, hat instruiert*；Vt（及物）*geschr*［书］**1. *j-n i.*** （+ ***zu*** + *Infinitiv* 不定式）j-m sagen, dass od. wie er etw. tun soll 给…下指示、指令 ≈ j-m Anweisungen geben：*Die Wachsoldaten wurden instruiert, nicht mit den Touristen zu sprechen* 哨兵接到指令，不要同旅游者交谈 **2. *j-n*** （***über etw.*** (*Akk* 四格)）***i.*** j-m Informationen geben, die er für e-e Tätigkeit braucht 通知，告知 ‖ *hierzu*（派生）**In·struk·ti·on** *die*；-，-*en*

in·struk·tiv [-ˈtiːf] *Adj*（形）；*geschr*［书］；so, dass man viel daraus lernen kann 有教益的，富有启发性的 ≈ lehrreich 〈ein Beispiel 例子〉

In·stru·ment *das*；-(*e*)*s*，-*e* **1.** ein Gegenstand, mit dem man Musik macht 乐器〈ein I. lernen, beherrschen, spielen, stimmen 学习、掌握、演奏一种乐器，给乐器调音〉：*Sie spielt zwei Instrumente: Klavier u. Gitarre* 她会演奏两种乐器：钢琴和吉他 ‖ -K（复合）：***Musik-; Blas-, Saiten-, Schlag-, Streich-, Tasten-*** **2.** ein Gegenstand, mit dem (auch komplizierte) Tätigkeiten ausgeführt werden 工具，仪器，器械〈feinmechanische, medizinische, optische Instrumente 精密机械仪器，医疗器械，光学仪器〉：*Die Schwester reicht dem Arzt bei der Operation die Instrumente zu* 女护士在手术时给医生递送器械 ‖ K-（复合）：***Instrumenten-, -koffer*** **3. *ein I.*** (+ *Gen* 二格) ≈ Mittel：*Presse u. Fernsehen sind Instrumente der Nachrichtenübermittlung* 报刊和电视是信息传播的手段 ‖ -K（复合）：***Macht-*** **4. *ein I.*** (+ *Gen* 二格) e-e Person, die von j-m zu e-m bestimmten Zweck benutzt wird 工具（指人）≈ Werkzeug (3)：*Er hat sie zu seinem (willenlosen) I. gemacht* 他把她变成了自己的（任人摆布的）工具

in·stru·men·tal *Adj*（形）；nur mit Musikinstrumenten, ohne Gesang 乐器的，用乐器演奏的 ↔ vokal 〈Musik, ein Stück 音乐，乐曲〉‖ K-（复合）：***Instrumental-, -begleitung, -musik, -stück***

In·stru·men·ta·ri·um *das*；-*s*，*In·stru·men·ta·ri·en* [-ri̯ən]；*geschr*, *Kollekt*［书］（集合）；alle Mittel, Instrumente, die zu e-m bestimmten Zweck verwendet werden 仪器设备，器械，手段（总称）：*das I. e-s Arztes* 医生的器械；*das I. der Macht* 统治手段

In·suf·fi·zi·enz, **In·suf·fi·zi·enz** [-tsi̯ɛnts] *die*；-，-*en*；MED【医】；die Schwäche e-s Organs *o. Ä.* 机能不健全，（心脏瓣膜）闭锁不全 ‖ -K（复合）：***Herz-, Kreislauf-***

In·su·lin *das*；-*s*；*nur Sg*（只用单数）；ein Hormon, das die Bauchspeicheldrüse produziert 胰岛素：*Viele Diabetiker müssen sich I. spritzen* 许多糖尿病患者必须注射胰岛素 ‖ K-（复合）：***Insulin-, -mangel, -präparat***

in·sze·nie·ren；*inszenierte, hat inszeniert*；Vt（及物）**1. *etw. i.*** als Regisseur ein Drama im Theater einstudieren u. aufführen 把…搬上舞台，导演：*Der neue Regisseur inszenierte als erstes Stück Schillers „Räuber"* 新导演把席勒的《强盗》作为第一个剧本搬上了舞台 **2. *etw. i.*** *oft pej* 常用［贬］；etw. (oft mit List od. Raffinesse) verursachen 策划，组织，导演〈e-n Aufstand, e-n Skandal i. 策划暴动、轰动事件〉‖ *hierzu*（派生）**In·sze·nie·rung** *die*

in·takt *Adj*（形）；*nicht adv*（不作状语）**1.** *ohne Steigerung*（无变级）；〈ein technisches Gerät 技术器械，技术仪器〉so, dass es funktioniert, keine großen Fehler (Mängel) od. Schäden hat 完整无损的，完好的，功能正常的，未受损的 ↔ kaputt：*Der Kühlschrank ist alt, aber immer noch i.* 冰箱是旧的，但是仍完好无损 **2.** harmonisch, ohne große Probleme 和谐正常的，美满的〈e-e Beziehung, e-e Ehe 关系，婚姻〉‖ *hierzu*（派生）**In·takt·heit** *die*；*nur Sg*（只用单数）

in·te·ger *Adj*（形）；*geschr*［书］；rechtschaffen, vertrauenswürdig u. loyal 正直的，正派的，廉洁的，清白的，无可指责的 ↔ korrupt：*Er ist absolut i., ihm kann man vertrauen* 他是非常正直的，可以信赖他 ‖ NB（注意）：*integer* → *e-e integre Persönlichkeit*

In·teg·ral *das*；-*s*，-*e*；MATH【数】**1.** ein mathematischer Ausdruck, mit dem *z. B.* komplizierte Flächen- u. Rauminhalte definiert werden 积分〈ein I. berechnen 求积分〉：*das I. e-r Hyperbel* 双曲线的积分 ‖ K-（复合）：***Integral-, -gleichung, -rechnung, -zeichen*** **2.** das mathematische Symbol für diesen Ausdruck 积分号 ‖ NB（注意）：↑ *Ta-*

belle ***Mathematische Zeichen*** auf Seite 1196 图表见第 1196 页

In·teg·ra·ti·on [-ˈtsi̯oːn] *die*; -, *-en*; *geschr* [书] **1.** das Eingliedern 纳入,融入,接纳为,编入: *die I. von Immigranten in die Bevölkerung* 把移民接纳为居民 **2.** das Eingebundensein in e-e Gemeinschaft 合成整体,一体化,整合 **3.** MATH【数】: das Berechnen e-s Integrals 求积分

in·teg·rie·ren; *integrierte*, *hat integriert*; Vt (及物) **1.** ***j-n/sich*** (***in etw.*** (*Akk* 四格)) ***i.*** j-n/sich zum Mitglied e-r Gruppe machen 纳入,融入,接纳为,编入: *ein neues Schulkind in die Klasse i.* 把一个新来的小学生编入班里 **2.** ***etw. in etw.*** (*Akk* 四格) ***i.*** etw. zu e-m Teil e-s Ganzen werden lassen 使成为整体,使集成,整合: *e-e Küchenzeile mit integriertem Kühlschrank* 配备组合冰箱的一排整体厨柜; Vt/i (及物/不及物) **3.** (***etw.***) ***i.*** MATH【数】; ein Integral berechnen 求积分

In·teg·ri·tät *die*; -; *nur Sg* (只用单数) **1.** *geschr* [书] ***j-s I.*** ≈ Rechtschaffenheit, Redlichkeit ⟨auf j-s I. vertrauen 相信某人的正直(正派); an j-s I. zweifeln 怀疑某人的正直(正派)⟩ **2.** POL【政】; das Recht des Staates, seine Aufgaben allein u. autonom zu regeln u. seine Grenzen zu schützen 完整,完全,完整无损 ≈ Unverletzlichkeit ⟨die politische, wirtschaftliche, territoriale I. e-s Staates 国家在政治上、经济上、领土上的完整⟩

In·tel·lekt *der*; -(*e*)*s*; *nur Sg*, *geschr* (只用单数)[书] ≈ Verstand ⟨der menschliche I. 人的智力, ein scharfer I. 敏锐的思考力; j-s I. schulen 培养(训练)某人的理解力(思考力)⟩

in·tel·lek·tu·ell *Adj* (形) **1.** *nur attr od adv* (只作定语或状语); in Bezug auf den Verstand 理智的,智力的,有才智的,善于思考的 ↔ körperlich, physisch ⟨die Entwicklung, j-s Fähigkeiten, e-e Leistung 发展,某人的能力,成绩⟩ **2.** *oft pej* 常用[贬]; so, dass Wissen, Verstand u. geistige Arbeit stark betont werden 强调(侧重)理智(才智、智力)的

In·tel·lek·tu·el·le *der/die*; *-n*, *-n*; *oft pej* 常用[贬]; j-d, der aufgrund seiner (*mst* akademischen) Ausbildung dazu fähig ist, e-e eigene u. kritische Meinung *bes* zu politischen Problemen zu haben (ohne sich von Gefühlen leiten zu lassen) 知识分子 ‖ NB(注意): *ein Intellektueller*; *der Intellektuelle*; *den*, *dem*, *des Intellektuellen*

in·tel·li·gent *Adj* (形); ⟨ein Kind, ein Tier, e-e Frage 儿童,动物,问题⟩ so, dass sie (viel) Intelligenz haben od. zeigen 聪明的,智慧的,明智的 ≈ klug

In·tel·li·genz *die*; -; *nur Sg* (只用单数) **1.** die Fähigkeit e-s Menschen (od. Tiers) zu denken u. vernünftig zu handeln 智力,智慧,才智,明智 ⟨(e-e) geringe, durchschnittliche, große I. 低的、中等的、高的智力⟩ ‖ K-(复合): ***Intelligenz-***, ***-grad***, ***-leistung***, ***-test*** **2.** *Kollekt* (集合); die Mitglieder e-r Schicht (2), die geistig arbeiten, *bes* die Wissenschaftler u. Künstler e-s Landes 知识界 **3.** Lebewesen, die I. (1) haben 有智力的生物: *Gibt es I. auf anderen Planeten?* 在其他行星上是否存在有智力的生物?

In·tel·li·genz·bes·tie *die*; *gespr pej* [口][贬]; j-d, der sehr intelligent ist (u. dies die anderen spüren lässt) 智力超群的人,显摆才智的人

In·tel·li·genz·quo·ti·ent *der*; e-e Art Skala, nach der die Intelligenz e-s Menschen nach bestimmten Kriterien gemessen wird 智力商数,智商; *Abk* 缩写 IQ ⟨e-n hohen, niedrigen Intelligenzquotienten haben 智商高、智商低⟩

In·ten·dant *der*; *-en*, *-en*; der Leiter e-s Theaters, e-s Radio- od. Fernsehsenders 剧院经理,电台或电视台台长 ‖ NB(注意): *der Intendant*; *den*, *dem*, *des Intendanten*

In·ten·danz *die*; -, *-en* **1.** die Arbeit, das Amt e-s Intendanten(剧院)经理、(电台或电视台)台长职务(工作): *die I. e-s Theaters übernehmen* 担任剧院经理职务 **2.** das Büro e-s Intendanten (剧院)经理、(电台或电视台)台长办公室

in·ten·die·ren; *intendierte*, *hat intendiert*; Vt (及物) ***etw. i.*** *geschr* [书] ≈ beabsichtigen

in·ten·siv [-ˈziːf] *Adj* (形) **1.** mit viel Arbeit, Energie, Aufmerksamkeit (verbunden) 紧张的,努力的,尽力的,聚精会神的: *sich i. auf e-e Prüfung vorbereiten* 紧张地准备考试; *e-n Kranken i. betreuen* 专心尽力地照顾病人 **2.** so, dass es sehr deutlich wahrgenommen werden kann 强烈的,厉害的,浓厚的,鲜艳的 ≈ stark ↔ schwach ⟨e-e Farbe, ein Gefühl, ein Schmerz, e-e Strahlung 颜色,感觉,痛苦,辐射⟩: *Mittags ist die Sonne am intensivsten* 中午太阳最厉害 **3.** ⟨der Ackerbau, die Landwirtschaft, die Viehzucht 耕作,农业,畜牧业⟩ so, dass sie mit hohem Aufwand u. modernster Technik betrieben werden 集约的,精耕细作的 ‖ *hierzu* (派生) **In·ten·si·tät** *die*; -; *nur Sg* (只用单数)

-in·ten·siv [-ziːf] *im Adj*, *begrenzt produktiv* (构成形容词,构词有限) **1.** so, dass viel von dem im ersten Wortteil Genannten nötig ist (表示大量需要某种东西的) 需要许多…的,很费…的,…密集的; ***arbeitsintensiv*** ⟨ein Verfahren 方法⟩, ***personalintensiv***, ***pflegeintensiv***, ***zeitintensiv*** **2.** so, dass viel von dem im ersten Wortteil Genannten dabei entsteht(表示会大量产生某种东西的) 产生许多…的; ***kostenintensiv***, ***lärmintensiv*** ⟨e-e Arbeit 工作⟩

in·ten·si·vie·ren [-ˈviː-]; *intensivierte*, *hat intensiviert*; Vt (及物) ***etw. i.*** etw. stärker od. intensiver (1) machen 增强,加强,加剧,提高,强化: *seine Bemühungen i., um doch noch zum Ziel zu kommen* 加紧努力,还是能达到目的 ‖ *hierzu* (派生) **In·ten·si·vie·rung** *die*; *nur Sg* (只用单数)

In·ten·siv·kurs *der*; ein Kurs, bei dem man in kurzer Zeit sehr viel u. intensiv (1) lernt 强化培训班,速成班: *ein I. in Englisch* 英语强化培训班

In·ten·siv·sta·ti·on *die*; e-e Abteilung im Krankenhaus, in der Patienten liegen, deren Leben in Gefahr ist (*z. B.* nach e-r Operation)（重症病人）特护室，监控室

In·ten·ti·on [-ˈtsi̯oːn] *die*; -, *-en*; *geschr*［书］≈ Absicht (1)〈etw. entspricht j-s Intentionen 某事符合某人的意图〉‖ *hierzu*（派生）**in·ten·ti·o·nal** *Adj*（形）

in·ter- *im Adj*, *begrenzt produktiv*（构成形容词，构词有限）**1.** drückt aus, dass etw. Dinge, Gebiete, Staaten *o. Ä.* verbindet（事物、地区、国家等）…相互间的，跨…的，…内在的，…际的；***interdisziplinär***〈Gespräche 交谈〉, ***intermolekular***〈Kräfte 力〉, ***international*** **2.** zwischen zwei, mehreren od. vielen Dingen od. Phänomenen (liegend) 在（事物或现象）…之间的，中间的；***interplanetarisch***〈der Raum, die Materie 空间，物质〉, ***interstellar***〈der Raum, die Materie 空间，物质〉

in·ter·ak·tiv *Adj*（形）；INFORM【信息】；so, dass der Anwender e-s Computerprogramms während des Programmablaufs immer wieder Fragen beantworten u. aktiv werden muss 交互型的，交互作用的，交互式的，对谈的

In·ter·ci·ty *der*; *-s*, *-s*; ein Schnellzug, der nur zwischen Großstädten verkehrt u. teurer ist als der normale Schnellzug（大城市间的）城际快车（火车）；*Abk* 缩写 IC ‖ K-（复合）：***Intercity-***, ***-express***, ***-zug***, ***-zuschlag***

In·ter·ci·ty·ex·press *der*; Ⓓ［德］der schnellste Zug der Deutschen Bahn, für den ein eigener Fahrpreis gilt 城际特快（火车）；*Abk* 缩写 ICE

in·ter·dis·zip·li·när *Adj*（形）；*geschr*［书］；so, dass mehrere wissenschaftliche Fächer beteiligt sind 跨学科的，多学科的〈die Forschung 研究〉

in·te·res·sant *Adj*（形）**1.** j-s Interesse (1) (er)weckend 有趣的，有趣味的，令人感兴趣的〈etw. i. finden 认为某事有趣〉：*ein interessantes Buch* 有趣的书，*ein interessantes Problem* 有趣的问题 **2.** so, dass viele Leute es haben wollen 引人注意的，有吸引力的，有利可图的 ≈ attraktiv (1), günstig〈ein Angebot, ein Geschäft 一批货，一笔交易〉**3.** j-s Neugier erweckend 令人感到新奇的，有意思的：*Ich habe gestern e-e interessante Frau kennengelernt* 昨天我认识了一个有意思的女人 **4.** ***sich i. machen (wollen)*** *pej*［贬］；ungewöhnliche Dinge sagen od. tun, damit die anderen auf einen aufmerksam werden（想）引起人们对自己的注意，（想要）显摆自己

in·te·res·san·ter·wei·se *Adv*（副）；verwendet, wenn man etw. Interessantes u. Aufschlussreiches in ein Gespräch einfließen lässt 很奇怪，说来也怪：*Mir hat er gesagt, dass er keine Zeit hat, aber i. war er bei der Party doch dabei* 他对我说，他没有时间，但他却参加了聚会，你说怪不怪

In·te·res·se [ɪntəˈrɛsə] *das*; *-s*, *-n* **1.** *nur Sg*（只用单数）；***I. (an j-m/etw.)*** der Wunsch, mehr über j-n/etw. zu wissen, etw. Bestimmtes zu tun *o. Ä.* 兴趣，趣味〈wenig, großes I. haben, zeigen 没有多大兴趣，有很大兴趣，没有表现出多大兴趣，表现出很大兴趣；I. für j-n/etw. aufbringen 对某人/某物有兴趣；etw. weckt j-s I. 某物引起某人的兴趣；etw. ist für j-n von I. 某人对某物有兴趣〉：*Er betrachtete die Bilder ohne großes I.* 他观看了这些画，没有很大兴趣；*Ich habe kein I.* daran, *ihn wiederzusehen* 我没有兴趣再见到他 **2.** ***I.*** (***an etw.*** (*Dat* 三格)) der Wunsch, etw. zu kaufen 需求，需要：*Bei diesem milden Wetter besteht kaum I. an Wintersportartikeln* 天气这样暖和，对冬季体育用品几乎没有需求 **3.** *nur Pl*（只用复数）；die Dinge, mit denen sich j-d gern beschäftigt u. die ihm Spaß machen 爱好，感兴趣的事物 ≈ Neigungen〈geistige, handwerkliche, gemeinsame Interessen 精神上的、手艺上的、共同的爱好〉‖ K-（复合）：***Interessen-***, ***-gebiet*** **4.** *mst Pl*（多用复数）；*bes* die wirtschaftlichen u. politischen Bedürfnisse *o. Ä.*, die e-e Person, ein Staat od. e-e Gruppe hat 利益 ≈ Belange〈j-s Interessen durchsetzen, wahrnehmen, vertreten 实现、考虑到、代表某人的利益〉：*Die Gewerkschaften vertreten die Interessen der Arbeitnehmer* 工会代表雇员的利益 ‖ K-（复合）：***Interessen-***, ***-gegensatz***, ***-gemeinschaft***, ***-gruppe***, ***-konflikt***, ***-verband***, ***-vertreter***, ***-vertretung*** **5.** ***etw. ist/liegt in j-s I.*** etw. bringt j-m e-n Vorteil *o. Ä.*（物作主语）关系到某人的利益，对某人有好处：*Es liegt in deinem eigenen I., es der Polizei zu melden* 向警察局报告关系到你的切身利益 **6.** ***in j-s I. handeln*** so handeln, wie es j-d will od. wie es ihm nutzt 为某人的利益行事 ‖ *zu*（义项）**1. in·te·res·se·hal·ber** *Adv*（副）；**in·te·res·se·los** *Adj*（形）；**In·te·res·se·lo·sig·keit** *die*; *nur Sg*（只用单数）

In·te·res·sent *der*; *-en*, *-en* **1.** ***ein I.*** (***für etw.***) j-d, der etw. kaufen od. mieten will（对…）感兴趣者，有兴趣购买或租赁的人，想购买者，想租赁者：*Es haben schon viele Interessenten für die Wohnung angerufen* 已经有许多对此住房感兴趣的人打电话来了 **2.** j-d, der bei etw. mitmachen, an etw. teilnehmen will 有兴趣参加的人，想参与者：*Unsere Skikurse haben bisher immer zahlreiche Interessenten gefunden* 至今越来越多的想参与者光临我们的滑雪训练班 ‖ K-（复合）：***Interessenten-***, ***-kreis*** ‖ NB（注意）：*der Interessent*; *den*, *dem*, *des Interessenten* ‖ *hierzu*（派生）**In·te·res·sen·tin** *die*; *-*, *-nen*

in·te·res·sie·ren; *interessierte*, *hat interessiert*; Vt（及物）**1.** ***j-d/etw. interessiert j-n*** j-d/etw. ist so, dass j-d mehr über ihn/darüber wissen möchte, j-d/etw. weckt j-s Interesse (1)（人/物作主语）使某人发生兴趣，引起某人注意、关心：*Am meisten interessieren mich alte Briefmarken* 最使我感兴趣的是旧邮票 **2.** ***j-n für etw. i.*** bewirken, dass j-d etw. haben möchte, an etw. teilnehmen möchte *o. Ä.* 使某人对某物感兴趣，引起某人对某物的注意、

关心〈j-n für e-n Plan, ein Projekt i. 使某人对计划、方案感兴趣〉; Vr (反身) **3. sich für etw. i.** etw. gern haben od. tun wollen, mehr über etw. wissen wollen *o. Ä.* 感兴趣,注意,关心,想要,想买,想了解,想知道,想做〈sich für Musik, für Sport, sich für den Preis e-r Reise i. 对音乐、体育、旅行的价格感兴趣〉 **4. sich für j-n i.** mehr über j-n wissen wollen, j-n näher kennenlernen wollen *o. Ä.* 想更多地了解,想结识,关心,感兴趣: *Es sieht so aus, als ob sich dein Bruder für meine Schwester interessiert* 看起来你的兄弟似乎对我的妹妹感兴趣

in·te·res·siert 1. *Partizip Perfekt* (过去分词); ↑ **interessieren** 2. *Adj* (形); (**an j-m/etw.**) **i.** mit Interesse (1,2) (对…)感兴趣的〈j-m i. zuhören, zusehen 感兴趣地倾听、观看某人〉: *an Musik, an e-m Haus i. sein* 对音乐、房子感兴趣; *ein interessierter u. aufmerksamer Schüler* 对事物感兴趣的和专心致志的学生

In·ter·face [-feɪs] *das*; *-s*, *-s* [-feɪsɪs]; INFORM【信息】≈ Schnittstelle

In·ter·fe·renz *die*; *-*, *-en*; PHYS【物】1. der Zustand, in dem sich mehrere Wellen gegenseitig beeinflussen, überlagern *o. Ä.* (电波相互)干涉,干扰 ‖ K-(复合): **Interferenz-, -erscheinung** 2. LING【语】; die Einwirkung der Muttersprache beim Erlernen e-r Fremdsprache(母语)干扰

In·te·ri·eur [ɛ̃teˈri̯øːɐ̯] *das*; *-s*, *-s/-e*; *geschr* [书]; das Innere e-s Hauses od. Raumes, *bes* in Bezug auf die Einrichtung gesehen 室内,室内布置〈ein stilvolles I. 雅致的室内布置〉

In·ter·jek·ti·on [-ˈtsi̯oːn] *die*; *-*, *-en*; LING【语】; ein Wort wie „oh", „pfui", „au" *usw*, das *mst* als Ausruf gebraucht wird 感叹词

in·ter·kon·ti·nen·tal *Adj* (形); *nur attr od adv*, *geschr* (只作定语或状语) [书]; 〈*mst* Raketen 多指导弹(火箭)〉 so, dass sie von e-m Kontinent zum anderen fliegen können 洲际的,各大洲之间的 ‖ K-(复合): **Interkontinental-, -flug, -rakete**

In·ter·mez·zo *das*; *-s*, *-s/In·ter·mez·zi* 1. e-e kleine Episode während e-s größeren Ereignisses 小插曲 ≈ Zwischenfall, Begebenheit〈ein kleines, unbedeutendes I. 小的、无关紧要的小插曲〉 2. MUS【音】; ein Zwischenspiel in e-r Oper(歌剧中的)幕间曲,幕间剧 3. MUS【音】; e-e Art kurzes Musikstück 间奏曲

in·tern *Adj* (形); *geschr* [书]; 〈Angelegenheiten 事情, e-e Regelung 规定〉 so, dass sie nur e-e bestimmte Gruppe, e-n bestimmten Betrieb *o. Ä.* betreffen 内部的,内部事务的,不对外的,秘密的: *e-e Sache auf e-r internen Sitzung besprechen* 在内部会议上讨论某事 ‖ -K(复合): **betriebs-, gewerkschafts-, universitäts-**

In·ter·nat *das*; *-(e)s*, *-e*; e-e Schule, in der die Schüler auch wohnen 寄宿学校〈ins I. kommen 上寄宿学校, im I. sein 在寄宿学校〉 ‖ K-(复合): **Internats-, -schüler**

in·ter·na·ti·o·nal, in·ter·na·ti·o·nal *Adj* (形); 〈ein Abkommen, die Beziehungen, ein Kongress, e-e Meisterschaft 协定,关系,会议,冠军赛〉 so, dass mehrere Nationen, Staaten beteiligt sind 国际的,国际间的,国际性的: *Das Rote Kreuz ist e-e internationale Organisation* 红十字会是国际组织; *Dieser Führerschein ist i. gültig* 这种驾驶执照是国际通用的

In·ter·net *das*; *-s*, *-s*; *mst Sg*, INFORM(多用单数)【信息】; e-e internationale Verbindung zwischen vielen, voneinander unabhängigen Computern, die den Austausch von Daten zwischen diesen Computern möglich macht 因特网,互联网〈das I. nutzen 使用互联网; sich ins I. einwählen 拨号上网; im I. surfen 网上冲浪,网上畅游,上网; etw. aus dem Internet herunterladen, ins I. stellen, im I. anbieten 从互联网上下载…,把…发到网上,在网上提供…〉 ‖ K-(复合): **Internet-, -adresse, -anschluss, -firma, -nutzer, -provider, -seite, -surfer, -zugang**

In·ter·net·auk·ti·on; *die*; ein Vorgang im Internet, bei dem j-d e-e (*oft* gebrauchte) Ware an denjenigen verkauft, der innerhalb e-r bestimmten Frist am meisten dafür bietet 网上拍卖

In·ter·net·ca·fé; *das*; e-e Art Geschäft, in dem nicht Waren angeboten werden, sondern die Möglichkeit, mit den Computer dort ins Internet zu gehen. Oft werden auch Getränke u. kleine Speisen angeboten 网吧

in·ter·nie·ren; *internierte*, *hat interniert*; Vt (及物) **j-n i.** während e-s Krieges *o. Ä.* j-n, der nicht am Kampf beteiligt ist, zwingen, in e-m Lager zu leben(在战争时期对敌侨的)拘留,扣留〈Flüchtlinge i. 拘押难民(流亡者)〉 ‖ *hierzu* (派生) **In·ter·nie·rung** *die*

In·ter·nist *der*; *-en*, *en*; ein Arzt mit e-r Spezialausbildung für die Krankheiten *bes* des Herzens, des Magens u. des Darms 内科医生 ‖ NB(注意): *der Internist*; *den*, *dem*, *des Internisten* ‖ *hierzu* (派生) **In·ter·nis·tin** *die*; *-*, *-nen*

In·ter·pol [-poːl] (*die*); *-*; *nur Sg* (只用单数); e-e internationale Polizeiorganisation 国际刑警组织: *ein von I. gesuchter Verbrecher* 被国际刑警组织通缉的罪犯

In·ter·pret *der*; *-en*, *-en*; j-d, der etw. interpretiert (2,3) 注释者,阐述者,解释者;演奏者,表演者 ‖ NB(注意): *der Interpret*; *den*, *dem*, *des Interpreten* ‖ *hierzu* (派生) **In·ter·pre·tin** *die*; *-*, *-nen*

in·ter·pre·tie·ren; *interpretierte*, *hat interpretiert*; Vt (及物) **1. etw. (als etw.) i.** j-s Verhalten, Worten *o. Ä.* e-e bestimmte Bedeutung zusprechen 解释,阐明,说明 ≈ auslegen, deuten: *Sein Schweigen kann man als Feindseligkeit i.* 人们可能把他的沉默解释为敌意 **2. etw. i.** versuchen, den tieferen Sinn von etw. zu erklären 注释,阐释,解释(深刻含义) ≈ deuten〈ein Gedicht, e-n Gesetzestext, e-n

Roman i. 注释、解释一首诗、一个法律条文、一部长篇小说〉**3.** ***j-n/etw.*** **(*irgendwie*)** ***i.*** das Werk e-s Komponisten *o. Ä.* (auf die genannte Weise) spielen od. singen 演奏,表演: *Chopin wurde von Rubinstein sehr einfühlsam interpretiert* 肖邦的作品被鲁宾斯坦感情细腻地演奏出来了 ‖ *hierzu* (派生) **In·ter·pre·ta·ti·on** *die*; -, *-en*

In·ter·punk·ti·on [-ˈtsi̯oːn] *die*; -; *nur Sg* (只用单数), LING【语】; das Setzen von Kommas, Punkten *usw* in e-m geschriebenen Text 标点符号应用法,加标点 ≈ Zeichensetzung 〈e-e fehlerhafte, schlechte I. 有错误的、不规范的标点符号应用法; die Regeln der I. 标点符号使用规则〉 ‖ K-(复合): ***Interpunktions-***, ***-fehler***, ***-regel***

In·ter·re·gio *der*; -(*s*), *-s*; Ⓓ[德] ein Zug, der nur an größeren Bahnhöfen hält(停靠大站的)区域间列车; *Abk* 缩写 IR

In·ter·ro·ga·tiv·pro·no·men *das*; LING【语】; ein Pronomen, das e-n Fragesatz einleitet, *z.B.* „wer" od. „was" 疑问代词 ≈ Fragepronomen

Interrogativpronomen 疑问代词

Nom 一格 *Akk* 四格 *Dat* 三格 *Gen* 二格	Bei Fragen nach einer Person 在提出关于人的问题时用: **wer** ***Wer*** *hat das getan?* 这是谁干的? ***Wen*** *hast du gesehen?* 你看见谁了? ***Wem*** *schenkst du die Blumen?* 你把花送给谁? ***Wessen*** *Bücher sind das?* 这是谁的书?
Nom 一格 *Akk* 四格	Bei Fragen nach einer Sache oder einem Sachverhalt 在提出关于物或事的问题时用: **was** ***Was*** *ist das da auf dem Bild?* 这幅图画上的是什么? ***Was*** *schenkst du ihr zum Geburtstag?* 她生日你送什么东西?

In Verbidung mit einer Präposition nimmt man statt *was* meist *wo(r)-* + Präposition 在与介词连用时不用 was, 而用 wo(r)-+介词,如 *womit*, *wonach*, *worüber usw.*

In der gesprochenen Sprache wird dafür auch *was* verwendet 在口语中也用 was 代替,如: *Um was* (= worum) *geht es?* 这是为什么呀?; *Mit was* (= womit) *fängt man Fische?* 人们用什么去捕鱼?

Als attributives Interrogativpronomen wird oft *welch* verwendet 作定语用的疑问代词,常用 welch: *Welcher Wagen?* 哪个车厢?; *Welche Frau?* 哪个女人?; *Welches Buch?* 哪本书?

In·ter·vall [-v-] *das*; *-s*, *-e* **1.** *mst Pl*, *geschr* (多用复数)[书]; ***ein I.*** **(*zwischen etw.*)** (*Pl* 复) die Zeit zwischen zwei Ereignissen 间隔,间歇: *ein I. von drei Stunden* 三个小时的间歇; *Die Intervalle zwischen seinen Fieberanfällen werden immer kürzer* 他发烧的间歇愈来愈短了 **2.** MUS【音】; der Abstand zwischen zwei Tönen (in Bezug auf die Höhe) 音程: *das I. der Oktave* 八度音程 **3.** ***in Intervallen*** *geschr*[书]; in bestimmten Abständen 隔一定时间,间歇地 〈etw. findet in Intervallen statt, kehrt in Intervallen wieder 某事隔一定时间就发生,重复出现〉

in·ter·ve·nie·ren [-v-]; *intervenierte*, *hat interveniert*; [Vi] (不及物) *geschr*[书] **1.** ***j-d/etw. interveniert*** **(*bei j-m gegen etw.*)** j-d/etw. protestiert offiziell gegen etw. (人/物作主语)提出正式抗议: *bei der UNO gegen die Verletzung der Menschenrechte in e-m Land i.* 在联合国针对某国家内部侵犯人权一事提出正式抗议 **2.** ***etw. interveniert*** das Militär, ein Staat *o. Ä.* greift in e-n Konflikt od. e-n Kampf ein(物作主语)干涉,干预,插手,介入,武装干涉他国内政 ‖ *hierzu* (派生) **In·ter·ven·ti·on** *die*

In·ter·view [-vjuː] *das*; *-s*, *-s*; ***ein I. mit j-m*** **(*zu etw.*)** ein Gespräch, das *mst* ein Reporter od. Journalist mit j-m führt u. dann in der Zeitung od. im Fernsehen bringt 采访,访问谈话 〈ein I. verabreden, machen, senden 约定、进行、播送访谈〉 ‖ K-(复合): ***Interview-***, ***-partner***

in·ter·vie·w·en [-ˈvjuːən]; *interviewte*, *hat interviewt*; [Vt] (及物) ***j-n*** **(*über etw.*)** (*Akk* 四格)) ***i.*** (als Reporter od. Journalist) j-m (zu e-m bestimmten Thema) Fragen stellen 采访,访问: *e-n Popstar i.* 采访一个流行歌星 ‖ *hierzu* (派生) **In·ter·vie·w·er** [-ˈvjuːɐ] *der*; *-s*, -; **In·ter·vie·w·e·rin** [-ˈvjuːərɪn] *die*; -, *-nen*

in·tim *Adj* (形) **1.** sehr gut, sehr eng 亲密的,密切的,知心的,知己的 〈ein Freund 朋友〉 **2.** private, persönliche Dinge betreffend 私人的,私下的,私秘的,不好公开的 〈ein Gespräch, ein Problem, Gedanken 谈话,问题,想法〉 **3.** 〈e-e Feier 庆祝活动〉 mit nur wenigen eingeladenen Gästen 私人的,小范围的 **4.** *nur attr*, *nicht adv* (只作定语,不作状语); den Bereich des Körpers betreffend, in dem die Geschlechtsorgane sind 性(器官)的 〈die Hygiene 卫生〉 ‖ K-(复合): ***Intim-***, ***-bereich***, ***-hygiene***, ***-pflege***, ***-spray*** **5.** ***mit j-m i. sein/werden*** *euph*[婉]; mit j-m sexuelle Kontakte haben/bekommen 与…有性关系 **6.** *mst attr* (多作定语); sehr genau, detailliert 通晓的,熟悉的,详尽的 〈intime Kenntnis von etw. besitzen/haben 对某事非常熟悉、了解〉: *Er ist ein intimer Kenner der Szene* 他是事件的知情人 **7.** ≈ gemütlich 〈e-e Atmosphäre 气氛, ein Restaurant 餐厅〉

In·tim·feind *der*; j-d, den man gut kennt, aber mit dem man extrem verfeindet ist 冤家对头

In·ti·mi·tät *die*; -, *-en* **1.** *nur Sg* (只用单数); das sehr enge, intime (1) Verhältnis *mst* zwischen zwei Personen 亲密关系,知己 ≈ Vertrautheit **2.** *nur Pl* (只用复数); *mst* 多用

es kommt zu Intimitäten *euph*[婉]; es kommt zu erotischen Äußerungen, Handlungen od. zum Geschlechtsverkehr 发生轻狂狎昵举动

In·tim·sphä·re *die*; die persönlichen Gedanken u. Gefühle e-s einzelnen 私事,私生活,隐私〈j-s I. verletzen 侵犯某人的私生活, in j-s I. eindringen 干涉(或偷听)某人的私事,干涉某人的私生活〉

In·tim·ver·kehr *der*; *euph*[婉] ≈ Geschlechtsverkehr

in·to·le·rant, in·to·le·rant *Adj*(形); ***i.*** (***gegen j-n/etw.***; ***gegenüber j-m/etw.***) nicht tolerant(对…)不能容忍的,不能宽容的 ≈ unduldsam〈e-e Einstellung 态度, e-e Haltung 行为〉‖ *hierzu*(派生) **In·to·le·ranz** *die*; -; *nur Sg*(只用单数)

I

In·to·na·ti·on [-ˈtsio:n] *die*; -, *-en*; LING【语】; die Art, wie man die Wörter betont u. wie die (Tonhöhe der) Stimme beim Sprechen steigt u. fällt 语调,声调

in·tran·si·tiv [-ti:f] *Adj*(形); LING【语】; ohne Akkusativobjekt 不及物的 ↔ transitiv〈ein Verb 动词 (= ein Verb, das kein Akkusativobjekt haben kann); ein Verb i. verwenden 以不及物的形式使用一个动词〉

in·tra·ve·nös, in·tra·ve·nös [-v-] *Adj*(形); *nur attr od. adv*, MED(只作定语或状语)【医】; in die Vene (gehend) 静脉内的〈e-e Injektion 注射; etw. i. spritzen, verabreichen 向静脉内注射某种药物,在静脉内使用某种药物〉

Int·ri·ge *die*; -, *-n*; *pej*[贬]; ein *mst* geheimer u. raffinierter Plan, mit dem man j-m schaden will 阴谋,诡计〈Intrigen einfädeln, aufdecken 策划、揭露阴谋; e-r I. zum Opfer fallen 成为阴谋的牺牲品〉

int·ri·gie·ren; *intrigierte*, *hat intrigiert*; [Vi] (不及物) (***gegen j-n/etw.***) ***i.*** *geschr*[书]; etw. Gemeines planen (u. ausführen), um j-m/etw. zu schaden(对…)搞阴谋、施诡计

int·ro·ver·tiert, int·ro·ver·tiert *Adj*(形); PSYCH【心】; (von Menschen) so, dass sie wenig Kontakt zu anderen Menschen suchen, sich mit ihren eigenen Gefühlen u. Gedanken beschäftigen u. diese nicht offen zeigen 内向的,内倾的,性格内向的 ≈ verschlossen ↔ extrovertiert

In·tu·i·ti·on [-ˈtsio:n] *die*; -, *-en* **1.** das Ahnen od. Verstehen von Zusammenhängen *o. Ä.* aufgrund eines Gefühls od. Instinkts 直觉,直观〈I. haben 有直觉〉 **2.** etw., das man durch I. (1) fühlt od. weiß 感知,灵感 ≈ Eingebung〈e-e I. haben 有一种感知, e-r I. folgen 跟着感觉走〉‖ *hierzu*(派生) **in·tu·i·tiv** *Adj*(形)

in·tus *Adj*(形); *nur in* 只用于 ***etw. i. haben*** **a)** etw. verstanden u. im Gedächtnis haben(理解并记住)掌握了某事; *die Vokabeln i. haben* 掌握了单词; **b)** etw. Alkoholisches getrunken haben 喝了某种酒

In·va·lid, In·va·li·de [-v-] *Adj*(形); *nicht adv* (不作状语); durch e-n Unfall od. e-e Krankheit für immer körperlich stark geschädigt(因事故或疾病)致残的,残废的,伤残的,有残疾的〈nach e-m Unfall i. sein 在一次事故后残废; i. werden 变成残疾〉‖ *hierzu*(派生) **In·va·li·de** *der/die*; *-n*, *-n*; **In·va·li·di·tät** *die*; -; *nur Sg*(只用单数)

In·va·si·on [ɪnvaˈzio:n] *die*; -, *-en* **1.** das Eindringen e-r Armee in ein fremdes Land (*z. B.* im Krieg) 入侵,侵略,侵袭 ≈ Einfall (2) **2.** ***e-e I.*** (***von*** + *Dat Pl* 三格复数) *hum od pej*[诙]或[贬]; die Ankunft von vielen Menschen od. Tieren in e-m Gebiet, e-m Ort 涌入,侵入: *e-e I. von Touristen, von Journalisten* 旅游者、记者蜂拥而至; *e-e I. von Schnecken im Garten* 蜗牛侵入花园 ‖ *zu*(义项) **1. In·va·sor** *der*; *-s*, *In·va·so·ren*; *mst Pl*(多用复数)

In·ven·tar [-v-] *das*; *-s*, *-e* **1.** alles, was ein Betrieb, e-e Firma besitzt, od. die Gegenstände, mit denen ein Haus *o. Ä.* eingerichtet ist(企业、公司所有的)财产,资产,家产 ≈ Bestand (2): *den Wert des Inventars schätzen* 估算财产的价值; *Das Vieh ist das lebende I. e-s Bauernhofes* 牲畜是农户的活的家产 ‖ K-(复合): ***Inventar-***, ***-verzeichnis*** **2.** e-e Liste, in der das I. (1) steht (aufgelistet ist) 财产清单,资产目录〈ein I. aufstellen, führen 开列、做出财产清单; etw. steht im I. 某物列入了财产清单〉

in·ven·ta·ri·sie·ren [-v-]; *inventarisierte*, *hat inventarisiert*; [Vt/i] (及物/不及物) (***etw.***) ***i.*** *geschr*[书]; etw. ins Inventar (2) aufnehmen 把…列入财产清单,把…登记在财产清单上

In·ven·tur [ɪnvɛnˈtu:ɐ] *die*; -, *-en*; die genaue Erfassung aller Waren, die zu e-m bestimmten Zeitpunkt in e-m Geschäft *o. Ä.* sind 盘存,盘货,盘点,清点存货 ≈ Bestandsaufnahme〈I. machen 盘货; wegen I. geschlossen 由于盘货而停止营业〉

In·ver·si·ons·la·ge [-ˈzio:ns-] *die*; MET【气】; e-e Wetterlage, bei der es in geringer Höhe kühler ist als weiter oben. Dadurch wird die Luft nicht erneuert, u. die Menge an Abgasen *usw* in der Luft nimmt zu 逆温气候形势

in·ves·tie·ren [-v-]; *investierte*, *hat investiert*; [Vt/i] (及物/不及物) **1.** (***etw.***) (***in etw.*** (*Akk* 四格)) ***i.*** Geld *mst* relativ lange zur Verfügung stellen, damit e-e Firma neue Maschinen kaufen kann, expandieren kann *o. Ä.* (向…)投入,投资〈Geld, Kapital in die Entwicklung neuer Produkte i. 投资开发新产品〉; [Vt] (及物) **2.** ***etw.*** (***in j-n/etw.***) ***i.*** etw. mit e-m bestimmten Ziel für j-n/etw. benutzen, opfern 投入,花费〈viel Geduld, Liebe, Zeit in j-n/etw. i. 为某人/某事花了许多耐心、爱心、时间〉: *Sie hat sehr viel Mühe in diese Arbeit investiert* 她在这项工作上投入了很多心血

In·ves·ti·ti·on [-ˈtsio:n] *die*; -, *-en* **1.** WIRTSCH【经】; das Investieren (1) od. etw., das man investiert (1) hat 投资〈e-e gewinnbringende I. 有利可图的投资〉: *die Konjunktur durch Investitionen beleben* 通过投资振兴经济 ‖ K-(复合): ***Investitions-***, ***-an-***

reiz, ***-bereitschaft***, ***-zulage*** **2.** etw., wofür man Geld ausgegeben hat (*mst* in der Hoffnung, dadurch Geld zu verdienen, zu sparen *o. Ä.*) 投资：*Der Computer war e-e gute I.* 计算机曾经是一项有利的投资

In·vest·ment [-v-] *das*; *-s*, *-s*; WIRTSCH【经】≈ Kapitalanlage ‖ K-(复合): ***Investment-***, ***-fonds***, ***-gesellschaft***, ***-papier***

in·wen·dig *Adj*(形) ≈ innen ↔ außen: *Die Kokosnuss ist i. hohl* 椰子里面是空的 ‖ ID [谚] ***j-n/etw. in- u. auswendig kennen*** *gespr* [口]; j-n/etw. sehr gut, genau kennen 深知某人/某事的表里，对某人/某事知道得一清二楚

in·wie·fern, in·wie·fern[1] *Adv*(副); (*in direkten u. indirekten Fragen*) verwendet, um danach zu fragen, in welcher Hinsicht etw. geschieht od. bis zu welchem Grad etw. zutrifft(用于直接问句和间接问句，表示询问哪方面或多大程度)多少，在哪方面，到什么程度：*I. hat er recht?* 他有多大程度是对的?

in·wie·fern, in·wie·fern[2] *Konjunktion* (连); verwendet, um e-n Nebensatz einzuleiten, in dem ausgedrückt wird, in welcher Hinsicht etw. geschieht od. bis zu welchem Grad etw. zutrifft(引出副句，表示程度、范围)多少，在哪方面，到什么程度：*Wir müssen feststellen, i. sich die Situation geändert hat* 我们必须弄清楚，情况有了多大程度的变化

in·wie·weit, in·wie·weit[1] *Adv* (副) ≈ inwiefern[1]

in·wie·weit, in·wie·weit[2] *Konjunktion*(连) ≈ inwiefern[2]

In·zest *der*; *-(e)s*, *-e*; *mst Sg*(多用单数); der (verbotene) Geschlechtsverkehr zwischen zwei Personen, die eng verwandt sind, *z.B.* zwischen Bruder u. Schwester 血亲相奸，乱伦 ≈ Blutschande ‖ *hierzu* (派生) **in·zes·tu·ös** *Adj*(形)

In·zucht *die*; *-*; *nur Sg*(只用单数); das Zeugen von Jungen unter eng verwandten Tieren od. von Kindern unter blutsverwandten Menschen(动物的)同种繁殖，近亲繁殖；(人的)近亲婚配，同族婚姻

in·zwi·schen *Adv*(副) **1.** während der Zeit, in der etw. geschieht 在此期间，在这时候 ≈ währenddessen, in der Zwischenzeit: *Geht ruhig spazieren, ich koche i. das Essen* 放心去散步吧，这段时间我来做饭 **2.** drückt aus, dass zwischen e-m Zeitpunkt in der Vergangenheit u. jetzt ein bestimmter Stand od. Zustand erreicht worden ist 从那时起，当时，到现在 ≈ unterdessen, mittlerweile: *Ich habe vor vier Jahren begonnen, Russisch zu lernen. – I. kann ich russische Zeitungen lesen* 四年前我开始学习俄语。——到现在我可以看俄文报纸 **3.** in der Zeit zwischen jetzt u. e-m Ereignis in der Zukunft ≈ einstweilen, bis dahin 从现在起，在此以前，到那时候：*Morgen gebe ich ein großes Fest. – I. habe ich noch viel zu tun* 明天我要举办盛大的庆祝活动。——在此以前我还有许多事情要做

Ion [ˈioːn] *das*; *-s*, *Io·nen*; PHYS【物】; ein Atom od. e-e Atomgruppe mit elektrischer Ladung 离子，游子 ‖ *hierzu* (派生) **io·ni·sie·ren** (*hat*) *Vt*(及物)

i-Punkt [ˈiː-] *der*; der Punkt auf dem kleinen i 字母 i 上的点

IQ [iːˈkuː, aɪˈkjuː] *der*; *-(s)*, *-(s)*; *Kurzw*(略) ↑ ***Intelligenzquotient***

ir- *im Adj*(构成形容词); ↑ ***in-***

ir·disch *Adj*(形); *nicht adv* (不作状语) **1.** in Bezug auf das alltägliche Leben (im Gegensatz zum religiösen Leben od. e-m Leben nach dem Tod) 人世间的，尘世的，世俗的，现世的 〈das Glück, Freuden 幸福，欢乐〉 **2.** *geschr* [书]; auf der Erde (vorkommend) 地球上的 〈(die) Lebewesen, die Gesteine 生物，岩石〉

ir·gend[1] *nur in* 只用于 ***i. so ein(e usw)/i. so etwas*** *gespr* [口], *oft pej* 常用[贬]; verwendet, um die Unbestimmtheit von *ein/etwas* noch zu verstärken(用来再强调 ein/etwas 的不确定性)一个什么：*Da war i. so ein Vertreter, der nach dir gefragt hat* 这里曾经有一个什么代表问到过你

ir·gend[2] *Adv* (副); *geschr* [书]; unter irgendwelchen Umständen, irgendwie 尽可能，无论如何，不管怎样：*Ich würde gerne helfen, wenn ich nur i. könnte* 只要有一点可能，我就乐于帮忙; *Kommen Sie bitte, so rasch es i. geht* (= so bald wie möglich) 请您尽快来

ir·gend·ein, ir·gend·ein, *irgendeine*, *irgendein*; *Indefinitpronomen* (不定代词) **1.** e-e Person od. Sache, die man nicht (genauer) kennt, nicht (genauer) bestimmen kann(表示不(确切)知道或不能(确切)确定的人或物)不知哪一个，有一个，某一个：*Irgendeine Frau hat angerufen* 有一个女人来过电话; *In der Rechnung habe ich irgendeinen Fehler gemacht, ich weiß nur noch nicht wo* 在账目上我犯了一个错误，只是我还不知道在什么地方 **2.** e-e beliebige Person od. Sache 任何一个，随便哪一个：*Für den Urlaub kaufe ich mir irgendein Buch – Hauptsache, es ist lustig* 我随便买一本书假期看看——主要是书的内容要轻松有趣; *Irgendeiner wird schon noch kommen* 肯定还要来一个人 ‖ NB (注意): wie ein Subst. od ein attributives *Adj.* verwendet 用法同名词或定语形容词

ir·gend·et·was, ir·gend·et·was *Indefinitpronomen*(不定代词) ≈ etwas[1] (1): *Ist dir i. aufgefallen?* 是否有什么东西引起了你的注意?; *Hast du i. gehört?* 你听到什么声音没有?

ir·gend·je·mand, ir·gend·je·mand *Indefinitpronomen*(不定代词) **1.** verwendet, um die Unbestimmtheit von *jemand* noch zu verstärken(用来着重强调 jemand 的不确定性)任何一个什么人：*I. muss das Geld doch aus der Kasse genommen haben* 肯定有个什么人从出纳处拿走了钱 **2.** ***nicht i.*** [--ˈ--] ***sein*** j-d sein, der in bestimmter Hinsicht bekannter od. wichtiger ist als andere 不是别的什么人，不是什么无关紧要的人，非等闲之辈：*Er ist nicht i., sondern unser Bürgermeister!* 他不是别的什么人，而是我们的市长!

I

ir·gend·wann, ir·gend·wann *Adv*（副）；zu einer Zeit, die man (noch) nicht kennt 不知什么时候,在某一个时候：*I. wird noch ein Unglück geschehen!* 不知什么时候还会发生不幸!；*Er möchte i. nach Indien reisen* 他想在某个时候去印度旅行

ir·gend·was, ir·gend·was *Indefinitpronomen*（不定代词）；*gespr*［口］≈ irgendetwas

ir·gend·wel·ch-, ir·gend·wel·ch- *Indefinitpronomen*（不定代词）；verwendet als Pluralform für *irgendein(e usw)*（用作 *irgendein(e usw)* 的复数形式）：*Gibt es irgendwelche Probleme?* 是否有些什么问题?

ir·gend·wer, ir·gend·wer *Indefinitpronomen*（不定代词）；*gespr*［口］；≈ irgendjemand：*Kennst du irgendwen, der ein Auto kaufen möchte?* 你是否知道谁想买汽车?

ir·gend·wie, ir·gend·wie *Adv*（副）**1.** auf irgendeine Weise 以某种方式,用某种方法：*Wir müssen das Problem i. lösen* 我们必须以某种方式解决问题；*I. werden wir es schon schaffen* 我们会想个办法办成的 **2.** *gespr*［口］≈ in gewisser Hinsicht：*I. hast du schon recht* 就某方面而言你是对的；*Sie könnte einem i. leidtun* 她在某个方面可能会使人感到遗憾

ir·gend·wo, ir·gend·wo *Adv*（副）**1.** an irgendeinem Ort, an irgendeiner Stelle 不知在一个什么地方,在某个地方：*Wir werden i. am Meer Urlaub machen* 我们将在海边某个地方休假；*Ist hier i. e-e Toilette?* 这里某个地方是否有厕所? **2.** *gespr*［口］≈ irgendwie (2)：*I. spinnt er* 他在某个方面是胡说八道

ir·gend·wo·her, ir·gend·wo·her *Adv*（副）**1.** von irgendeinem Ort 从某个地方来,不知从一个什么地方来：*I. kommt Rauch – Ich glaube, es brennt* 不知从什么地方吹来了烟雾——我认为是失火啦 **2.** durch irgendwelche (nicht näher bekannten) Umstände 通过某种途径,想办法：*Ich werde schon noch i. Geld bekommen* 我会通过某种途径弄到钱的；*Ich kenne ihn i.* 我设法认识他

ir·gend·wo·hin, ir·gend·wo·hin *Adv*（副）；an irgendeinen Ort 不知到一个什么地方去,到某个地方去：*Ich möchte i., wo nie Winter ist* 我想到一个没有冬天的地方去

Iris *die*；-, - **1.** e-e Blume mit langen, spitzen Blättern u. *mst* gelben od. violetten Blüten 鸢尾属,蝴蝶花 ≈ Schwertlilie **2.** *nur Sg*（只用单数）；der farbige (blaue, braune, schwarze od. grüne) Teil des Auges, in dessen Mitte die Pupille ist（眼球的）虹膜 ≈ Regenbogenhaut ‖ ↑ *Abb. unter* 图见 ***Auge***

Iro·nie *die*；-；*nur Sg*（只用单数）；ein Sprachmittel, bei dem man bewusst das Gegenteil von dem sagt, was man meint (*bes* um zu kritisieren od. um witzig zu sein) 讽刺,冷嘲,反话〈mit feiner, leiser, bitterer I. 用巧妙的、轻微的、辛辣的讽刺〉‖ ID［谚］***e-e I. des Schicksals*** ein Zusammentreffen von Ereignissen, die völlig unerwartet sind u. die den Menschen als Spielball des Schicksals erscheinen lassen 命运的嘲弄(指碰到完全意外的事件) ‖ *hierzu*（派生）**iro·ni·sie·ren** (*hat*) *Vt*（及物）

iro·nisch *Adj*（形）；voller Ironie 讽刺的,嘲弄的〈ein Lächeln, e-e Bemerkung 微笑,意见；i. lächeln 嘲弄地微笑；etw. i. meinen 用讽刺的口吻说某事〉

irr *Adj*（形）；*mst präd*（多作表语）；geisteskrank, verrückt, wahnsinnig 精神错乱的,发疯的,发狂的〈j-n für i. halten 以为某人精神失常〉‖ NB（注意）：↑ ***irre***

ir·ra·ti·o·nal, ir·ra·ti·o·nal *Adj*（形）；*geschr*［书］；nicht den Gesetzen der Vernunft folgend od. durch sie erklärbar 无理性的,非理性的,不合理的,无理的 ↔ vernünftig〈ein Verhalten 态度,行为；i. handeln 非理性地行事〉

ir·re *Adj*（形）**1.** ≈ irr **2.** *gespr*［口］；(*bes* von Jugendlichen verwendet) ungewöhnlich u. sehr gut（青年人用语）好极了,棒极了 ≈ toll：*Der Film war echt i.* 这部影片真是棒极了 **3.** *nicht adv*, *gespr*（不作状语）［口］；sehr groß, sehr intensiv 很大的,很厉害的：*e-e irre Hitze* 酷热 **4.** *nur adv*, *gespr*（只作状语）［口］；verwendet, um Verben, Adverbien od. Adjektive zu verstärken（用来加强动词、副词或形容词的语义）很,非常 ≈ sehr：*sich i. freuen* 很高兴；*i. aufgeregt sein* 很激动

Ir·re[1] *der/die*；*-n, -n*；*gespr, oft pej*［口］常用［贬］；j-d, der psychisch od. geistig krank ist 有精神病的人,疯子 ≈ Geisteskranke(r), Verrückte(r), Wahnsinnige(r) ‖ ID［谚］***ein armer Irrer*** *gespr*［口］；j-d, der einem wegen seiner Dummheit od. Naivität leidtut — 个可怜的大傻瓜；***wie ein Irrer*** *gespr*［口］；sehr schnell 像疯子似的(指很快)〈fahren, rennen 开车,奔跑〉‖ NB（注意）：*ein Irrer*；*der Irre*；*den, dem, des Irren*

Ir·re[2] *die*；-；*nur Sg*（只用单数）；*nur in* 只用于 ***in die I.*** in e-e falsche Richtung, auf e-n falschen Weg 走入歧途,走错方向,走入迷途〈j-n in die I. führen, locken 把某人引入歧途,欺骗某人；in die I. gehen 走错路,迷路,弄错〉：*Demagogen haben das Volk mit schönen Reden in die I. geführt* 蛊惑家们用花言巧语把人民引入了歧途

ir·re·al *Adj*（形）；*geschr*［书］**1.** nicht realistisch 不现实的,不真实的 ≈ unwirklich **2.**〈Forderungen, Vorstellungen 要求,想法〉so, dass niemand sie verwirklichen kann 不切实际的 ≈ utopisch ‖ *hierzu*（派生）**Ir·re·a·li·tät** *die*；-；*nur Sg*（只用单数）

ir·re·füh·ren；*führte irre, hat irregeführt*；**Vt**（及物）***j-n i.*** (absichtlich) bewirken, dass j-d e-e falsche Vorstellung von j-m/etw. bekommt 把…引入歧途,使迷惑不解,误导 ≈ täuschen：*j-n durch falsche Informationen i.* 用错误的消息误导某人 ‖ NB（注意）：oft im Partizip Präsens（常用现在分词）：*e-e irreführende Behauptung* 令人迷惑的论断 ‖ *hierzu*（派生）**Ir·re·füh·rung** *die*；*nur Sg*（只用单数）

ir·re·ge·hen；*ging irre, ist irregegangen*；**Vi**（不及物）***mit/in etw.***（*Dat* 三格）***i.*** *geschr*

[书]; sich mit etw. irren 弄错，搞错 ⟨in/mit e-r Annahme, Vermutung i. 在假设、猜测上弄错⟩

ir·re·gu·lär, ir·re·gu·lär *Adj*(形); *geschr*[书]; ⟨e-e Erscheinung 现象⟩ nicht den Regeln od. der Norm entsprechend 非正规的，不合常规的 ‖ *hierzu*(派生) **Ir·re·gu·la·ri·tät** *die*; -, *-en*

ir·re·lei·ten; *leitete irre*, *hat irregeleitet*; *geschr*[书]; Vt(及物) **1. *j-d/etw. leitet j-n irre*** j-d/etw. führt j-n auf den falschen Weg (人/物作主语)使走错路，把…误导、引入歧途: *durch falsche Schilder irregeleitet werden* 被错误的牌子所误导 **2. *etw. leitet j-n irre*** etw. führt j-n irre(物作主语)把…引入歧途，使迷惑，欺骗: *sich durch e-n falschen Eindruck i. lassen* 容易被错误的印象所迷惑

ir·re·le·vant, ir·re·le·vant *Adj*(形); *geschr*[书]; nicht wichtig, nicht relevant 不重要的，意义不大的，无关紧要的，微不足道的 ≈ unerheblich ⟨e-e Bemerkung, ein Unterschied 意见，差别⟩ ‖ *hierzu*(派生) **Ir·re·le·vanz, Ir·re·le·vanz** *die*; -, *-en*

ir·re·ma·chen; *machte irre*, *hat irregemacht*; Vt(及物) ***j-n i.*** bewirken, dass j-d (in seinen Ansichten *o.Ä.*) unsicher wird 使迷惑，弄糊涂，使混乱 ≈ irritieren: *Lass dich von ihm nicht i., du hast ganz recht* 你别让自己被他弄糊涂了，你是完全正确的

ir·ren[1]; *irrte*, *hat geirrt*; Vr(反身) **1. *sich*** (***mit/in etw.*** (*Dat* 三格)) ***i.*** etw. Falsches für echt, wahr od. richtig halten 弄错，搞错，把…误解了 ≈ sich täuschen (3): *sich in der Richtung i.* 搞错了方向; *sich mit e-r Vermutung i.* 猜测错了; *Du hast dich geirrt – er hat im Juni Geburtstag, nicht erst im Juli* 你弄错了——他是6月的生日，而不是7月; *Er irrt sich sehr, wenn er glaubt, dass wir ihm helfen* 如果他认为我们是在帮助他，那他大错特错了 ‖ K-(复合): ***Irr-, -glaube, -lehre*** **2. *sich in j-m i.*** e-n falschen Eindruck von j-m haben 误解，对…有错误的印象 ≈ sich in j-m täuschen (4); Vi(不及物)**3.** *geschr*[书] ≈ sich irren[1] (1) ‖ ID[谚] ***Irren ist menschlich*** alle Menschen machen Fehler 人孰无过；人无完人，金无足赤

ir·ren[2]; *irrte*, *ist geirrt*; Vi(不及物) ***irgendwohin i.*** in e-m Gebiet von einem Punkt zum anderen (hin u. her) gehen, fahren, ohne das Ziel, den richtigen Weg zu finden 瞎跑，迷路: *durch die Straßen, durch den Wald i.* 满街瞎跑，在森林里乱转; *von Ort zu Ort i.* 到处瞎跑 ‖ K-(复合): ***Irr-, -fahrt, -weg***

Ir·ren·an·stalt *die*; *gespr*[口] ≈ Nervenklinik

Ir·ren·haus *das*; *gespr*, *pej*[口][贬] ≈ Nervenklinik ‖ ID[谚] *mst* 多用 ***Hier gehts (ja) zu wie im I.*** *gespr pej od hum*[口][贬]或[讽]; hier ist es chaotisch u. sehr laut 这里简直像是疯人院(喻：混乱嘈杂)

ir·re·pa·ra·bel, ir·re·pa·ra·bel *Adj*(形); *geschr*[书]; ⟨*mst* Schäden 多指损失⟩ so, dass man sie nicht mehr reparieren kann 不能补偿的，不能修复的，不能恢复功能的 ‖ NB(注意): *irreparabel* → *irreparable Schäden*

ir·re·ver·si·bel, ir·re·ver·si·bel *Adj*(形); *geschr*[书]; ⟨ein Prozess, ein Vorgang 过程，进程⟩ nicht umkehrbar, nicht reversibel 不可逆转的，不能倒转的 ‖ NB(注意): *irreversibel* → *irreversible Vorgänge* ‖ *hierzu*(派生) **Ir·re·ver·si·bi·li·tät** *die*; -; *nur Sg*(只用单数)

ir·re·wer·den; *wird irre*, *wurde irre*, *ist irregeworden*; Vi(不及物) ***an j-m/etw. i.*** j-n/etw. nicht mehr verstehen, den Glauben an j-n/etw. verlieren 对…不理解，不信任，有怀疑

Irr·gar·ten *der* ≈ Labyrinth

ir·rig *Adj*(形); *nicht adv*(不作状语); auf e-m Irrtum beruhend 错误的，不正确的 ≈ falsch (1) ⟨e-e Annahme, e-e Ansicht 设想，观点; in der irrigen Annahme, dass ... 错误地认为…⟩ ‖ *hierzu*(派生) **ir·ri·ger·wei·se** *Adv*(副)

Ir·ri·ta·ti·on [-ˈtsioːn] *die*; -, *-en*; *geschr*[书]; das Verwirrtsein (durch äußere Umstände, Reize *o.Ä.*) 迷惘，困惑，糊涂

ir·ri·tie·ren; *irritierte*, *hat irritiert*; Vt(及物) **1. *j-d/etw. irritiert j-n*** j-d/etw. macht j-n unsicher od. nervös, j-d/etw. verwirrt j-n (人/物作主语)使迷惑，使糊涂，使困惑，使烦躁: *Ihr Lächeln irritierte ihn* 她的微笑使他困惑 **2. *j-d/etw. irritiert j-n*** j-d/etw. stört j-n bei e-r Tätigkeit(人/物作主语)干扰: *Er machte Fehler, weil ihn der Lärm irritierte* 他出了错误，因为噪声干扰了他

Irr·läu·fer *der*; etw. (*z.B.* ein Brief, ein Paket), das die falsche Adresse erreicht 错投件(如公文、邮件等)

Irr·sinn *der*; *-s*; *nur Sg*(只用单数) **1.** ein kranker Geisteszustand 精神错乱，疯狂 ≈ Wahnsinn (2) **2.** *pej*[贬]; e-e sinnlose, oft gefährliche Handlung 疯狂的、毫无理性的行为: *der I. des Wettrüstens* 军备竞赛的疯狂程度

irr·sin·nig *Adj*(形) **1.** geistig od. psychisch krank 精神错乱的，发疯的 ≈ geisteskrank, wahnsinnig (1) ⟨i. sein, werden 神经错乱，疯了⟩ **2. *i. vor etw.*** (*Dat* 三格) wegen e-s sehr intensiven negativen Gefühls nicht fähig, vernünftig zu handeln 由于…而发疯、失去理智 ⟨(halb) i. vor Angst, Verzweiflung, Wut *o.Ä.* 由于恐惧、绝望、激怒等而(快要)发疯了⟩ **3.** *nicht adv*(不作状语); *gespr*[口]; sehr groß, sehr intensiv 极大的，极度的，非常的 ⟨Angst, Hitze, Kälte, Schmerzen 害怕，炎热，寒冷，疼痛⟩ **4.** *nur adv*, *gespr*(只作状语)[口]; verwendet, um Adjektive od. Verben zu verstärken(用来加强形容词或动词的语义)极其，非常，很 ≈ sehr: *Er ist i. reich* 他富极了; *Hier ist es i. kalt* 这里冷得吓人; *Sie hat sich ganz i. gefreut* 她高兴得要疯了

Irr·sinns- *im Subst*, *mst betont*, *begrenzt produktiv*(构成名词，多重读，构词有限), *gespr*[口]; verwendet, um auszudrücken, dass etw. besonders gut od. besonders intensiv ist 极度的，非常厉害的，疯了的 ≈ Riesen-, Wahnsinns-; die ***Irrsinnshitze***, die ***Irrsinnskälte***, der ***Irrsinnspreis***

Irr·tum *der*; *-s*, *Irr·tü·mer* **1.** ein Fehler, der dadurch entsteht, dass man sich nicht richtig konzentriert, informiert *o.Ä.* 错,错误,误会,误解 ≈ Versehen ‹ein kleiner, großer, schwerer, bedauerlicher, folgenschwerer, verhängnisvoller I. 小的、大的、严重的、令人惋惜的、后果严重的、极其严重的误解; e-m I. erliegen, unterliegen, verfallen 受到、遭到、陷入误解; j-m unterläuft ein I. 某人犯了一个错误; ein I. liegt vor 有一个错误›: *Diese Annahme beruht auf e-m I.* 这种设想是以错误为基础的 **2. im I. sein/sich im I. befinden** sich irren 错了,犯了错误 **3. sich über j-n/etw. im I. befinden** *geschr* [书]; e-n falschen Eindruck von j-m/etw. haben 对…有错误的看法,有错误的印象

I

ịrr·tüm·lich *Adj* (形); auf e-m Irrtum beruhend 错误的 ≈ fälschlich ↔ richtig ‹e-e Annahme, e-e Entscheidung 设想,决定; etw. i. glauben 认为某事是错误的› ‖ *hierzu* (派生) **ịrr·tüm·li·cher·wei·se** *Adv* (副)

-isch *im Adj*, *sehr produktiv* (构成形容词,构词强); verwendet, um Adjektive zu bilden **1.** zu j-m/etw. gehörig, in Bezug auf j-n/etw. 属于…的,与…有关的; **arabisch**, **bayrisch**, **griechisch**, **russisch**, **schwäbisch**, **spanisch** *usw*; **atheistisch**, **biologisch**, **kaufmännisch**, **kommunistisch**, **modisch**, **psychisch**, **studentisch** **2.** *oft pej* 常用[贬]; so wie j-d/etw. 像…似的; **anarchistisch**, **angeberisch**, **dämonisch**, **diktatorisch**, **puristisch**, **tyrannisch** ‖ NB (注意): Bildungen auf *-istisch* gehören zu Substantiven, die auf *-ist* (*in*) enden (以-ist(in)结尾的名词,其构词后缀为-istisch)

Is·chi·as ['ɪʃias, 'ɪsçias] *der/das*; -; *nur Sg* (只用单数); Schmerzen im Bereich des Ischiasnervs 坐骨神经痛 ‹I. haben 有坐骨神经痛; an/unter I. leiden 患坐骨神经痛›

Ịs·chi·as·nerv *der*; ein Nerv, der vom unteren Teil des Rückens zum Fuß verläuft 坐骨神经

ISDN [i|ɛs|de'|ɛn] *das*; -; *nur Sg*, TEL (只用单数)【电信】; (*Abk für* 缩写,全称为 Integrated Services Digital Network) e-e besonders schnelle Form der Datenübertragung über das Telefonnetz 综合业务数字网 ‖ K-: **ISDN-Anschluss**, **-Karte**, **-Netz**, **-Nummer**

-i·sie·ren ↑ **-ieren**

Is·lam, **Ịs·lam** *der*; -(*s*); *nur Sg* (只用单数); der Glaube, der auf der Lehre Mohammeds beruht, die moslemische Religion 伊斯兰教,回教 ‹sich zum I. bekennen 信仰伊斯兰教; zum I. übertreten 改宗伊斯兰教› ‖ *hierzu* (派生) **is·la·misch** *Adj* (形)

-ịs·mus *der*; -, *-is·men*; *im Subst*, *sehr produktiv* (构成名词,构词强) **1.** *nur Sg* (只用单数); verwendet, um Religionen, politische od. philosophische Strömungen u. Systeme, Kunststile *o.Ä.* zu bezeichnen (表示主义、学说、体系、流派等); **Buddhismus**, **Katholizismus**; **Pazifismus**; **Kapitalismus**, **Kommunismus**, **Sozialismus**; **Expressionismus**, **Impressionismus** **2.** *nur Sg* (只用单数); verwendet, um e-e persönliche Einstellung auszudrücken (表示个人的观点、态度); **Idealismus**, **Optimismus**, **Perfektionismus** **3.** LING【语】; verwendet, um e-n Begriff zu beschreiben, der die genannte Herkunft od. Eigenschaft hat (描述具有某种来源或特性的概念); **Anglizismus**, **Latinismus**; **Archaismus**, **Euphemismus**, **Vulgarismus** **4.** *nur Sg* (只用单数); verwendet, um e-e Veranlagung od. Krankheit zu bezeichnen (说明某种资质或疾病的特征); **Autismus**, **Masochismus**, **Sadismus** ‖ NB (注意): *hierzu* (派生) häufig Adjektive auf *-istisch* (常用-istisch构成形容词)

Iso·la·ti·on [-'tsio:n] *die*; -, *-en*; *mst Sg* (多用单数) **1.** das Isolieren (1) 绝缘,隔离,隔绝: *die I. elektrischer Leitungen* 电线的绝缘 **2.** das Material, mit dem etw. gegen Strom, Hitze *usw* isoliert (1) ist 绝缘材料,隔离材料: *Die I. des Kabels war defekt* 电缆的绝缘材料是有毛病的 **3.** das Abgeschnittensein von dem Rest e-r Gemeinschaft *o.Ä.* 孤独,隔绝,隔离状态 ‹sich aus seiner I. befreien 摆脱孤独›: *die I. in der Großstadt* 在大城市中的隔绝状态 **4.** das Isolieren (2) 隔离: *die I. von Typhuskranken auf e-r Quarantänestation* 在检疫站隔离伤寒病患者 **5.** CHEM【化】; das Isolieren (3) 离析: *die I. von Bakterien* 细菌的离析

Iso·la·tor *der*; *-s*, *Iso·la·to·ren*; PHYS, CHEM【物,化】 **1.** e-e Substanz, die isoliert (4) 绝缘物质,绝缘材料,隔离物质,隔离材料 **2.** ein Gegenstand *bes* aus Porzellan, der gegen elektrischen Strom isoliert (4) 绝缘子

iso·lie·ren; *isolierte*, *hat isoliert*; Vt (及物) **1. etw. i.** etw. an seiner äußeren Seite mit e-r Schicht e-s geeigneten Materials bedecken, um es od. seine Umgebung vor elektrischem Strom, Hitze, Kälte, Lärm *o.Ä.* zu schützen 隔离,隔绝,使绝缘 ‹Leitungen, Rohre, Räume, Wände i. 使管线、管道、房间、墙壁绝缘(或隔绝)› ‖ K-(复合): **Isolier-**, **-band**, **-glas**, **-material**, **-schicht** **2. j-n** (**von j-m** (*Kollekt od Pl* 集合或复数)/**etw.**) **i.** verhindern, dass j-d Kontakt mit anderen bekommt 隔离起来 ‹e-n Häftling i. 把被拘禁者隔离起来; Infizierte, Cholerakranke i. 把受感染者、霍乱病人隔离起来› ‖ K-(复合): **Isolier-**, **-station** **3. etw. i.** CHEM【化】; e-e Substanz aus e-r Verbindung lösen 使离析: *e-n Wirkstoff i.* 使生物活性物质离析; Vi (不及物) **4. etw. isoliert** etw. schützt gegen Strom, Hitze, Kälte, Lärm *o.Ä.* (物作主语) 绝缘,有绝缘作用,有隔离作用: *Gummi isoliert gegen elektrischen Strom* 橡胶对电流绝缘; Vr (反身) **5. sich** (**von j-m** (*Kollekt od Pl* 集合或复数)/**etw.**) **i.** Kontakt mit anderen Leuten vermeiden 隔离起来 ≈ sich absondern

iso·liert 1 *Partizip Perfekt* (过去分词); ↑ **isolieren** **2. etw. i. betrachten** etw. nicht im größeren (*z.B.* historischen, politischen, sozialen) Zusammenhang sehen 孤立地观察: *E-e Erscheinung wie die Drogensucht von*

Jugendlichen darf man nicht i. betrachten 对于像青年人吸毒这样的现象不能孤立地观察

Iso·lie·rung *die*; -, *-en* ≈ Isolation

isst *Präsens, 2 u. 3 Person Sg*(现在时,第二和第三人称单数); ↑ **essen**

ist *Präsens, 3 Person Sg*(现在时,第三人称单数); ↑ **sein**

Ist *im Subst, betont, begrenzt produktiv*(构成名词,重读,构词有限); verwendet, um etw. zu bezeichnen, das tatsächlich (so, in dieser Art) vorhanden ist(表示实际的,实际存在的) ↔ Soll; der **Istbestand** 〈an Waren 商品的〉, die **Istleistung** 〈e-r Maschine 机器的〉, die **Istmenge**, die **Iststärke** 〈der Truppen 部队的〉, der **Istwert**

-ist *der*; *-en, -en; im Subst, sehr produktiv* (构成名词,构词强) **1.** verwendet, um e-n Anhänger od. Vertreter e-r Religion, e-r philosophischen od. politischen Überzeugung, e-s Kunststils *o. Ä.* zu bezeichnen (表示某种宗教、哲学或政治信念、艺术风格等的信徒、拥护者或代表); ***Atheist***, ***Buddhist***; ***Pazifist***; ***Faschist***, ***Kommunist***, ***Sozialist***; ***Expressionist***, ***Impressionist*** **2.** verwendet, um j-n zu bezeichnen, der ein bestimmtes Musikinstrument (in e-m Orchester) spielt(表示演奏某种乐器者); ***Bassist***, ***Flötist***, ***Gitarrist***, ***Pianist*** **3.** verwendet, um j-n zu bezeichnen, der e-e bestimmte berufliche Tätigkeit ausführt(表示从事某种职业的人); ***Maschinist***; ***Kontorist***, ***Lagerist***; ***Kabarettist***, ***Karikaturist***, ***Komponist***, ***Parodist*** **4.** verwendet, um j-n zu bezeichnen, der an etw. teilnimmt od. zu e-r Gruppe von Personen gehört(表示参加某种活动或属于某一群体的人); ***Finalist***, ***Putschist***; ***Infanterist***, ***Reservist***, ***Seminarist*** ‖ NB(注意): Substantive auf *-ist* enden auf *-en* in allen Fällen außer dem Nominativ. Die weibliche Form lautet *-istin*(由*-ist* 构成的名词除了第一格以外均以*-en* 结尾。阴性形式为*-istin*)

-i·tät *die*; -, *-en; im Subst, sehr produktiv*(构成名词,构词强) **1.** *nur Sg*(只用单数); die Eigenschaft od. Verhaltensweise, die der vorausgehende Wortteil bezeichnet(表示某种特性或行为方式); ***Frigidität***, ***Intensität***, ***Invalidität***, ***Legalität***, ***Musikalität***, ***Religiosität***, ***Stabilität*** **2.** e-e Person od. Sache, auf die die Aussage zutrifft(表示所说的人或事); ***Absurdität***, ***Autorität***, ***Formalität***, ***Normalität***, ***Rarität***, ***Realität***, ***Spezialität***

-i·tis *die*; -; *nur Sg*(只用单数); *im Subst, begrenzt produktiv*(构成名词,构词有限), MED【医】; verwendet, um von lateinischen Bezeichnungen für Körperteile *o. Ä.* Krankheitsbezeichnungen abzuleiten(由身体器官的拉丁文名称派生出某种疾病的名称); ***Appendizitis***, ***Bronchitis***, ***Dermatitis***

I-Tüp·fel·chen *das*; *-s*, -; *mst in* 多用于 **bis aufs I.** bis ins kleinste Detail 十分精细地,一丝不苟地,毫厘不差地: *etw. ist bis aufs I. richtig/vorbereitet* 某事正确得毫厘不爽/某事已做了十分精细的准备

-iv [-i:f] *im Adj, betont, begrenzt produktiv* (构成形容词,重读,构词有限); verwendet, um Adjektive zu bilden, die *z.B.* e-e bestimmte Eigenschaft(表示具有某种特征的) (***aggressiv***, ***depressiv***, ***explosiv***, ***kooperativ***, ***produktiv***), e-n Bezug zu etw. (与某物有关系的) (***qualitativ***, ***quantitativ***) od. e-e bestimmte Beschaffenheit(或具有某种性质的) (***attributiv***, ***föderativ***) kennzeichnen

J, j

J, j [jɔt], Ⓐ [奥] [jeː] *das*; -, -/*gespr auch* [口]也用 *-s*; der zehnte Buchstabe des Alphabets 字母表中的第十个字母〈ein großes J 大写J; ein kleines j 小写j〉

ja *Partikel*(小品词) **1.** *mst betont*(多重读); verwendet, um *bes* e-e Frage positiv zu beantworten(表示肯定回答)是的,对,行,可以 ↔ nein: *„Hast du Lust, mit uns baden zu gehen?" – „Ja, klar/sicher/gern"*“你有兴趣和我们一起去游泳吗?”——“是的,当然啦/没问题/很愿意”; *„Bist du schon lange in Deutschland?" – „Ja, schon seit vier Jahren"*“你在德国已经很长时间了吗?”——“是的,已经有四年了”; *„Ich gehe jetzt ins Bett" – „Ja, tu das"*“我现在要去睡觉了”——“好的,去吧”; *Ist das falsch, u. wenn ja, warum?* 这样错了吗? 如果是错了,为什么呢?; *„Willst du noch ein Glas Wein?" – „Ja, bitte!"*“你还想来一杯葡萄酒吗?”——“好,再来一杯!” **2.** *betont u. unbetont*(重读和非重读); verwendet, um auszudrücken, dass man zuhört, *z.B.* am Telefon od. wenn j-d relativ lange redet(表示倾听对方说话)嗯,是,好: *„Ja, ... ja, ich verstehe, ..."*“嗯,…嗯,我明白,…” **3.** *betont u. unbetont*(重读和非重读); verwendet, um e-n Satz einzuleiten od. e-e Pause zu füllen od. um Zeit zum Nachdenken zu gewinnen(表示引出一个句子或停顿或争取时间思考)嗯,对呀,是呀 ≈ tja: *Ja, also, das ist so ...* 嗯,就是说,是这样…; *Ja, ich weiß nicht ...* 嗯,我不知道…; *„Was ist denn damals geschehen?" – „Ja, wie war das noch gleich?"* (= *Ich muss erst noch kurz nachdenken*)“当时到底发生了什么事?”——“是呀,当时是怎么来着?” **4.** *betont*(重读); ***ja?*** verwendet, um auszudrücken, dass man darüber erstaunt ist, was der andere sagt, od. dass man das Gesagte nicht ganz glaubt(对别人的说法表示惊讶或怀疑)真的? 是吗? 哦? ≈ wirklich?: *„Ich darf jetzt doch mitfahren!" – „Ja, ehrlich?"*“这次是让我跟着去的呀!”——“哦,真的?”; *„Der Fisch war mindestens zwei Meter lang!" – „Ja?"*“那条鱼至少有两米长!”——“是吗?” **5.** *betont*(重读); ..., ***ja?*** verwendet am Ende des Satzes, wenn man vom Gesprächspartner Zustimmung erwartet u. man seine Bitte/Aufforderung *usw* freundlicher ausdrücken will(用于句末,表示期望对方赞同并舒缓请求的语气)对吗? 对不对? 是不是? 好吗?: *Du hilfst mir doch, ja?* 你会帮我的,对吗?; *Gib mir mal das Salz, ja?* 把盐递给我,好吗? **6.** *unbetont*(非重读); verwendet, um dem Gesagten besonderen Nachdruck zu geben(加强语气)是的,真的,对 ≈ wirklich (3): *Ja, das war e-e herrliche Zeit* 是的,那段日子真好; *Ich werde ihn verklagen, ja, das werde ich tun!* 我要告他,对,我一定要告他!; *Da hast du ja e-e schöne Bescherung angerichtet!* (= Das ist wirklich schlimm)你这可真够倒霉的了! **7.** *betont u. unbetont*(重读和非重读); ***ja (sogar)*** verwendet, um besonders zu betonen, dass der folgende Teil des Satzes ebenfalls richtig ist od. zutrifft(强调下文更进一层的意思)甚至,连…也…: *Mein Mann liebt Fußball über alles, ja er ist (sogar) ganz verrückt danach* 我丈夫爱足球胜过一切,简直是对它如醉如痴; *Wir waren alle schrecklich wütend, ja sogar mein Vater, der sonst immer ganz ruhig bleibt!* 我们大家都气坏了,就连我爸爸这个平时总很冷静的人也气得不得了! **8.** *unbetont*(非重读); verwendet im Aussagesatz, um e-m Teil e-r Aussage od. e-s Sachverhalts zuzustimmen u. um dazu, oft in Verbindung mit *aber*, e-e Einschränkung zu machen(用于陈述句中,表示赞同,常与aber连用加以限制)固然,虽然,倒是 ≈ zwar: *Diese Lösung ist ja momentan ganz gut, aber auf lange Sicht müssen wir uns etwas Neues einfallen lassen* 这种解决办法目前来讲固然是不错的,但长远来看我们还是得想些新招; *Ich kann es ja versuchen (aber ich glaube nicht, dass es funktioniert)* 我倒是可以试一试(但我不相信能够成功) **9.** *unbetont*(非重读); in Aussagesätzen verwendet, um auszudrücken, dass etw. bekannt ist, um daran zu erinnern od. um auszudrücken, dass man Zustimmung erwartet(用于陈述句中,表示已知事实或期待赞同)可是,是…的 ≈ doch³ (1): *Du weißt ja, wie er ist* 他为人如何你是知道的; *Er ist ja schon seit langem krank* 他可是早就病了; *Mach dir keine Sorgen, du hast ja noch genug Zeit* 别着急,你还是有足够的时间的; *Ich habe ja gleich gesagt, dass das schief gehen wird!* 我是马上就说了,这事儿成不了! **10.** *unbetont*(非重读); verwendet, um Erstaunen darüber auszudrücken, dass etw. der Fall ist(表示惊讶)唉,哎呀,喔唷,嘿,什么: *Du bist ja ganz nass!* 哎呀,你全身都湿啦!; *Da bist du ja schon – du wolltest doch erst später kommen!* 嘿,你都已经来啦——你本来不是说想晚一点才来嘛!; *Ja, kennst du mich denn nicht mehr?* 什么! 你真不认识我了? **11.** *betont*(重读); verwendet, um e-e Aufforderung zu verstärken u. gleichzeitig e-e Warnung od. Drohung auszusprechen(加强祈使语气,并表示警告或威胁)千万,一定,知道吗 ≈ bloß⁴

(4)：*Mach das ja nicht noch mal!* 千万别再这么干了！；*Dass du nach der Schule ja sofort nach Hause kommst!* 放了学你马上给我回家！；*Zieh dich nach dem Duschen ja warm an!* 洗完澡可要穿暖和点！ **12.** *betont*（重读）；**auch ˈja** in Fragen verwendet, auf die man e-e positive Antwort erwartet. Man drückt damit aus, dass einem die Sache wichtig ist（用于期待肯定回答的疑问句中，以此表示事关重要）就是，是不是也：*Wirst du bei der Oma auch ja brav sein?* 你在奶奶那儿也会这么乖吧？；*Hast du auch ja alles so gemacht, wie ich es dir gesagt habe?* 你是一切都照我说的做的吧？

Ja (*das*)；-(*s*)，-(*s*)；**1.** die Antwort „ja" od. e-e Zustimmung（作肯定回答或赞同）是，对，可以 ↔ Nein 〈mit Ja antworten, stimmen 作肯定的回答，表示赞同（投赞成票）；bei seinem Ja bleiben 仍表示同意〉 **2. Ja/ja zu etw. sagen** sagen, dass man mit etw. einverstanden ist 对…同意，赞同，支持 ≈ etw. (*Dat* 三格) zustimmen, etw. befürworten ↔ etw. ablehnen：*Der Stadtrat sagte Ja zu dem Antrag der Bürger, ein Schwimmbad zu bauen* 市议会通过了市民们关于修建游泳池的提案 **3. nicht Ja/ja u. nicht Nein/nein sagen** sich nicht entscheiden 不置可否，不做决定：*Ich sage dazu nicht Ja u. nicht Nein, ich muss noch einmal darüber nachdenken* 对此我还不想做决定，我还得再好好想一想 ‖ ID［谚］↑ **Amen**

Jacht *die*；-，-*en*；ein leichtes, schnelles Schiff mit Segeln od. Motor, das man zum Sport od. Vergnügen benutzt（比赛用）帆船，帆艇；游艇 ‖ K-（复合）：**Jacht-**，**-hafen**，**-klub** ‖ -K（复合）：**Luxus-**，**Motor-**，**Segel-**

Ja.cke *die*；-，-*n*；ein Kleidungsstück für den Oberkörper, das vorne offen ist u. mit Knöpfen *o. Ä.* geschlossen werden kann. Jacken trägt man *z. B.* als Teil e-s Anzugs (≈ Jackett), anstelle e-s Mantels od. über e-r Bluse, e-m Pullover *usw* 上衣，夹克衫，开衫，外套 ‖ ↑ *Abb. unter* 图见 **Bekleidung** ‖ K-（复合）：**Jacken-**，**-ärmel**，**-tasche** ‖ -K（复合）：**Damen-**，**Herren-**；**Leder-**，**Pelz-**，**Woll-**；**Strick-**；**Anzug-**，**Kostüm-** ‖ ID［谚］*mst* 多用 **Das ist J. wie Hose** *gespr hum*［口］［诙］；hier gibt es keinen Unterschied 这是一码事（反正一样，无所谓）≈ das ist egal

Ja.ckett [ʒa-, ʃa-] *das*；-*s*，-*s* ≈ Anzugjacke, Sakko ‖ ↑ *Abb. unter* 图见 **Bekleidung**

Jagd *die*；-；*nur Sg*（只用单数）**1. die J.**（**auf ein Tier**）das Jagen (1) von e-m Tier 打猎，狩猎〈J. auf ein Tier machen 去打猎；e-e J. veranstalten 举办狩猎活动；die J. aufnehmen 开始打猎〉：*Wir haben e-n Leoparden bei der/seiner J. auf Antilopen beobachtet* 我们观察到一只豹追捕羚羊的过程 ‖ K-（复合）：**Jagd-**，**-beute**，**-erlaubnis**，**-gebiet**，**-gewehr**，**-hund**，**-leidenschaft**，**-revier**，**-schein**，**-trophäe** ‖ -K（复合）：**Bären-**，**Elefanten-**，**Enten-**，**Fuchs-** *usw* **2. die J. auf j-n** das Jagen od. Verfolgen von j-m 追踪，追捕：*J. auf Terroristen machen* 追捕恐怖分子 ‖ -K（复合）：**Hexen-**，**Menschen-**，**Verbrecher-** **3. die J. nach etw.** die Suche nach etw., das Verfolgen e-s Ziels 追求，追逐：*die J. nach neuen Ideen, nach dem Glück* 追求新思想，追求幸福 **4.** ein Gebiet, in dem man jagen (1) kann 猎区，猎场〈e-e J. haben, pachten 拥有、租用猎场〉‖ K-（复合）：**Jagd-**，**-aufseher**，**-haus**，**-hütte**，**-pacht**，**-schloss** **5. auf die/zur J. gehen** Tiere jagen (1) 打猎，狩猎

Jagd|flug.zeug *das*；MIL【军】；ein schnelles Flugzeug für den Kampf in der Luft 歼击机，战斗机，驱逐机

Jagd.grün.de *die*；*Pl*（复）；*mst in* 多用于 **in die ewigen J. eingehen** *gespr hum*［口］［诙］≈ sterben

ja.gen；*jagte, hat/ist gejagt*；*Vt/i*（及物/不及物）(*hat*) **1.** (**ein Tier**) **j.** (als Mensch od. Tier) Tiere verfolgen, um sie zu fangen od. zu töten 追猎，狩猎，捕猎，猎取，捕杀 ≈ auf die Jagd nach e-m Tier gehen, Jagd auf ein Tier machen 〈Elefanten, Enten, Füchse, Hasen, Wildschweine *usw* j. 捕猎大象、鸭子、狐狸、兔子、野猪等；j. gehen 去打猎〉；*Vt*（及物）(*hat*) **2. j-n j.** j-n verfolgen, *bes* um ihn gefangen zu nehmen 追捕，捉拿 ≈ auf j-n Jagd machen 〈Bankräuber, Terroristen, Verbrecher *usw* j. 追捕银行抢劫犯、恐怖分子、罪犯等〉 **3.** *mst* 多用 **von etw. gejagt werden** 〈von Ängsten, Alpträumen, Gewissensbissen *o. Ä.* 恐惧，恶梦，内疚等〉gequält werden 受（被）… 煎熬、缠身、折磨 **4. j-n/ein Tier irgendwohin j.** *gespr*［口］；j-m/e-m Tier Angst machen *o. Ä.*, damit er/es irgendwohin geht 把驱赶到，驱逐到 ≈ vertreiben, verscheuchen：*Sie jagte die Kinder in den Garten, weil sie in der Wohnung zu viel Krach machten* 她把孩子们赶到花园里去了，因为他们在屋子里吵闹得太凶 **5. j-m/sich etw. irgendwohin j.** *gespr*［口］；j-m/sich selbst etw. mit großer Wucht in den Körper stoßen od. schießen 猛地给…（往…）刺，扎，射：*Der Arzt jagte dem Patienten e-e Spritze in den Arm* 医生给病人胳膊上猛地扎了一针；*Der Mörder jagte seinem Opfer eine Kugel in die Brust* 凶手朝受害者胸部开了一枪 **6.** 〈ein Ereignis/ein Termin 事件/约会〉 **jagt das andere/den anderen** mehrere Ereignisse/Termine folgen schnell aufeinander 接二连三，接连不断，频仍；*Vi*（不及物）(*ist*) **7. irgendwohin j.** schnell irgendwohin fahren od. rennen（朝…方向）疾驶，飞驰，飞奔而去 ≈ rasen, toben：*mit 80 Stundenkilometern durch die Innenstadt j.* 以每小时 80 公里的速度在市中心疾驰而过 ‖ ID［谚］*mst* 多用 **Damit kannst du mich j.!** verwendet, um auszudrücken, dass man e-e starke Abneigung gegen die genannte Sache hat 这真倒我胃口！这真让我恶心！

Jä.ger[1] *der*；-*s*，-；j-d, der beruflich od. aus Lust Tiere jagt 猎人，猎手 ‖ -K（复合）：**Großwild-**，**Löwen-** ‖ *hierzu*（派生）**Jä.ge.rin** *die*；-，-*nen*

Jä.ger[2] *der*；-*s*，-；MIL *gespr*【军】［口］≈ Jagdflugzeug ‖ -K(复合): ***Abfang-***, ***Düsen-***

-jä·ger *begrenzt produktiv*(构词有限); j-d, der alles versucht, um das Genannte zu erreichen od. zu bekommen…迷,沉醉于…的人,追求…的人,热衷于…的人: ***Autogrammjäger***, ***Kopfgeldjäger***, ***Mitgiftjäger***

Jä·ger·la·tein *das*; etw., das (*bes* von e-m Jäger) erfunden od. stark übertrieben wurde 夸张虚构的猎人故事,荒诞不经的故事,海外奇谈: *Das Ungeheuer von Loch Ness ist doch pures J.* 尼斯湖水怪纯属荒诞奇谈

Ja·gu·ar [ˈjaːguaːɐ] *der*; *-s*, *-e*; e-e große südamerikanische Raubkatze mit schwarzen Kreisen u. Flecken auf dem Fell 美洲豹 ‖ ↑ *Abb. unter* 图见 ***Raubkatzen***

jäh *Adj*(形); *mst attr*, *geschr*(多作定语)[书] **1.** plötzlich u. unerwartet (u. *mst* heftig) 猛然的,骤然的,突然的 ‹e-e Bewegung, ein Schmerz, ein Windstoß 动作,疼痛,阵风; sich jäh umdrehen 骤然转身; jäh aufspringen 突然跳起来; ein jähes Ende nehmen 嘎然而止,突然结束; e-n jähen Tod finden 暴卒› **2.** sehr steil 陡峭的,险峻的 ↔ sanft ‹ein Abgrund, ein Felsvorsprung 深渊,悬崖; etw. fällt jäh ab, steigt jäh an, geht jäh in die Höhe/Tiefe 某物突然掉下(下降),突然上升,骤然上涨/下跌›

jäh·lings *Adv*(副); *veraltend*[渐旧] ≈ plötzlich

Jahr *das*; *-(e)s*, *-e* **1.** die Zeit vom 1 Januar bis 31 Dezember 年,年份 ‹voriges, letztes, vergangenes J. 上一年,去年,头年›: *das J. 1987* 1987 年; *im J. 1839* 在1839 年; *j-m ein glückliches neues J. wünschen* 祝某人新年愉快; *Dieses Jahr fehlt uns das Geld, um wegzufahren* 今年我们没钱出去旅游 ‖ K-(复合): ***Jahres-***, ***-abonnement***, ***-abrechnung***, ***-ablauf***, ***-anfang***, ***-beginn***, ***-beitrag***, ***-bestzeit***, ***-bilanz***, ***-einkommen***, ***-ende***, ***-rückblick***, ***-umsatz***, ***-urlaub***, ***-wechsel*** **2.** ein Zeitraum von ungefähr 365 Tagen, den man von e-m beliebigen Zeitpunkt an zählt 年,岁: *Sie ist 10 Jahre (alt)* 她 10. 岁; *Heute vor zwei Jahren haben wir uns kennengelernt* 两年前的今天我们相识了 ‖ ID[谚] ***in den besten Jahren*** im Alter von 30 bis zu 50 Jahren 正当壮年,年轻力壮; ***lange Jahre*** ‹arbeiten 工作› sehr lange 常年,多年 ‖ NB(注意): ↑ ***Schaltjahr***

-jahr *das*; *sehr produktiv*(构词强) **1.** ein Jahr (1), in dem das, was im ersten Wortteil ausgedrückt wird, geschehen ist/geschieht …年,…年份; ***Baujahr*** ‹e-s Autos 一部车的›, ***Erscheinungsjahr*** ‹e-s Buches 一本书的›, ***Geburtsjahr***, ***Sterbejahr***, ***Todesjahr*** ‹e-r Person 一个人的›, ***Gründungsjahr*** ‹e-r Firma 公司的› **2.** ein Jahr (1), in dem e-e berühmte Persönlichkeit besonders geehrt wird(纪念名人的)…年; ***Goethejahr***, ***Lutherjahr*** **3.** *mst Pl* (多用复数); Jahre (2), in denen ein bestimmter Zustand herrscht…年代,时代,时期; ***Friedensjahre***, ***Kriegsjahre***, ***Notjahre*** **4.** ein Jahr (1), in dem die Bedingungen für das Genannte besonders gut od. schlecht sind 年景,年头,年成; ‹ein gutes, schlechtes 好的(丰收的)、坏的(歉收的)› ***Bienenjahr Obstjahr***, ***Weinjahr*** **5.** *mst Pl*(多用复数); Jahre (2), die als Teil e-r bestimmten Phase des Lebens charakterisiert werden(表示人生的阶段)…期,时期,龄; ***Dienstjahre***, ***Ehejahre***, ***Gesellenjahre***, ***Jugendjahre***, ***Kinderjahre***, ***Lehrjahre***, ***Studienjahre*** **6.** ein Jahr (2), das als Einheit der Zeitrechnung für etw. verwendet wird … 年 度; ***Finanzjahr***, ***Haushaltsjahr***, ***Geschäftsjahr***, ***Kalenderjahr***, ***Kirchenjahr***, ***Schuljahr***, ***Studienjahr***

jahr·aus *Adv*(副); *nur in* 只用于 ***j.***, ***jahrein***/***jahrein***, ***j.*** über e-n langen Zeitraum hin regelmäßig (geschehend) 年年,岁岁,年复一年: *J., jahrein nur kochen u. putzen. Ich habs satt!* 年复一年地就是做饭,擦洗,我干够了!

Jahr·buch *das*; ein Buch, das einmal im Jahr erscheint u. das über die Ereignisse (*z. B.* in e-m Betrieb, e-r Institution) des vorausgegangenen Jahres informiert 年鉴,年刊

jahr·ein *Adv*(副); ↑ ***jahraus***

jah·re·lang *Adj*(形); *ohne Steigerung*, *nur attr od adv*(无变级,只作定语或状语); mehrere od. viele Jahre (dauernd) 多年的,长年的,好几年的: *Unser jahrelanges Warten hat sich jetzt endlich gelohnt* 我们多年的等待今天终于是值得了; *Wir haben j. gespart, um uns ein neues Auto kaufen zu können* 为了能买辆新车,我们攒了好几年的钱

jäh·ren, sich; *jährte sich*, *hat sich gejährt*; **Vr** (反身) ***etw. jährt sich*** (***zum Ordinalzahl*** 序数词 + ***Mal***) ein Ereignis hat vor soundso vielen Jahren stattgefunden(物作主语)满…周年: *1989 jährte sich die Erfindung der Fotografie zum 150 Mal* 1989 年是摄影术发明 150 周年

Jah·res·frist *die*; *nur in* 只用于 ***vor***, ***nach***, ***binnen J.*** *geschr*[书]; vor, nach einem Jahr, innerhalb eines Jahres 一年期限前,一年期限后,一年期限内

Jah·res|haupt·ver·samm·lung *die*; das wichtigste jährliche Treffen von Mitgliedern e-s Vereins *o. Ä.*(社团等的)年会

Jah·res·kar·te *die*; e-e Fahrkarte od. e-e Eintrittskarte (*z. B.* für den Zoo, das Schwimmbad), die ein Jahr lang u. für beliebig viele Fahrten, Besuche *usw* gültig ist (车、船、入场券等的)年票

-jah·res|plan *der*; *wenig produktiv*(构词弱); ein Plan für die Entwicklung der Wirtschaft e-s Staates od. e-s Unternehmens *o. Ä.* für e-e bestimmte Zahl von Jahren…年度计划; ***Zweijahresplan***, ***Vierjahresplan***, ***Fünfjahresplan***, ***Zehnjahresplan***

Jah·res·ring *der*; *mst Pl*(多用复数); einer der Ringe, an denen man sieht, wie alt ein Baum ist, wenn man seinen Stamm durchschneidet (für jedes Jahr ein Ring) 年轮

Jah·res·tag *der*; ein Tag, an dem man sich an ein Ereignis erinnert, das genau vor einem

J

od. mehreren Jahren stattgefunden hat 周年,周年纪念日: *Der 200 J. der Französischen Revolution wurde groß gefeiert* 法国革命二百周年纪念日隆重庆祝了一番

Jah·res·wa·gen *der*; ein neues Auto, das j-d billiger vom Hersteller bekommt, weil er dort arbeitet. Ein J. darf erst nach einem Jahr wieder verkauft werden 年度优惠汽车(指员工从厂家优惠购得、一年后方可转卖的汽车)

Jah·res·zahl *die*; die Zahl, die ein bestimmtes Jahr innerhalb e-r Zeitrechnung hat (*bes* wenn es mit e-m wichtigen Ereignis verbunden wird) (标明)年份(的)数字: *Jahreszahlen der Geschichte auswendig lernen* 记住历史上的(重要)年份

Jah·res·zeit *die*; einer der vier Teile des Jahres, die sich *bes* durch das Wetter voneinander unterscheiden 季节 〈die kalte, warme J. 寒冷的、暖和的季节〉: *Die vier Jahreszeiten heißen Frühling, Sommer, Herbst u. Winter* 四季就是春季、夏季、秋季和冬季 ‖ *hierzu*(派生) **jah·res·zeit·lich** *Adj*(形); *ohne Steigerung, nur attr od adv*(无变级,只作定语或状语)

-jahr·fei·er *die*; *begrenzt produktiv*(构词有限); ein Fest, das man feiert, weil etw. seit der genannten Zahl von Jahren besteht…周年纪念,…周年庆祝会; ***Zehnjahrfeier***, ***Hundertjahrfeier***, ***Zweihundertjahrfeier***, ***Tausendjahrfeier***, ***Zweitausendjahrfeier*** *usw* ‖ NB(注意): aber mit Ziffern(用阿拉伯数字时的写法): ***1000-Jahr-Feier***

Jahr·gang *der*; *Kollekt*(集合) **1.** alle Menschen, die im selben Jahr geboren sind 同岁人,同年,同龄人: *Der J. 1984 kam 1990 in die Schule* 1984 年出生的人在 1990 年都入学了 **2.** das Jahr, in dem j-d geboren ist 出生年份: *Wir sind beide J. '50* 我们俩都是 50 年出生; *Er ist mein J.* 他和我同岁 **3.** verwendet, um auszudrücken, dass *bes* ein Wein/e-e Zeitschrift *o. Ä.* in e-m bestimmten Jahr produziert wurde/erschienen ist(酒的)酿造年份,(杂志的)发行年份; *Abk* 缩写 Jg: *die Jahrgänge e-r Zeitschrift* 杂志的发行年度; *Wir nehmen den Beaujolais, J. 1991* 我们要 1991 年酿造的博若莱葡萄酒

Jahr·gän·ger *der*; *-s*, *-*; Ⓒⓗ [瑞] 〈Personen 人〉 ***sind Jahrgänger*** zwei od. mehrere Personen sind im selben Jahr geboren 同年出生的人,同年: *Ich glaube, wir sind Jahrgänger* 我想,我们同年

Jahr·hun·dert *das*; *-s*, *-e* **1.** ein Zeitraum von 100 Jahren (der in e-r bestimmten Zeitrechnung ab e-m bestimmten Jahr gezählt wird) 世纪,一百年; *Abk* 缩写 Jh.; 〈das kommende, vergangene J. 下个世纪,上个世纪; im nächsten, vorigen J. 在下个世纪,在上个世纪〉: *Das 3 J. vor, nach Christi Geburt* 公元前 3 世纪,公元 3 世纪 ‖ K-(复合): ***Jahrhundert-***, ***-mitte***; ***jahrhunderte-***, ***-alt***, ***-lang*** **2.** ***das J. + Gen***(二格) ein J. (1), das durch das Genannte besonders geprägt war od. ist(具有所指特征的)…世纪,…时代: *das J. der Chirurgie, der Raumfahrt* 外科学时代,航天时代

Jahr·hun·dert- *im Subst, begrenzt produktiv* (构成名词,构词有限); verwendet, um etwas ganz Außergewöhnliches zu charakterisieren 世纪性的…,百年不遇的…,非凡的…,不同凡响的…,特别的…; das ***Jahrhundertauto***, das ***Jahrhundertereignis***, die ***Jahrhunderthochzeit***, das ***Jahrhundertprojekt***, die ***Jahrhundertsensation***, der ***Jahrhundertwein***, das ***Jahrhundertwerk***

Jahr·hun·dert|wen·de *die*; der Übergang von e-m Jahrhundert zum nächsten, *bes* vom 19 zum 20 Jahrhundert 世纪更迭之际,上世纪末和本世纪初,世纪之交: *Dieses Foto stammt noch aus der Zeit um die J.* 这张照片还是世纪之交拍的

-jäh·rig *im Adj, begrenzt produktiv*(构成形容词,构词有限) **1.** *mst attr*(多作定语); die genannte Zahl von Jahren alt…岁的,…年的; ***einjährig***, ***zweijährig*** *usw*: *das achtjährige Mädchen* 八岁的小姑娘; *ein 200-jähriger Baum* 一棵生长了两百年的树 **2.** die genannte Zahl von Jahren dauernd 持续…年的; ***einjährig***, ***zweijährig*** *usw*: *e-e dreijährige Ausbildung* 为期三年的培训; *e-e langjährige Freundschaft* 多年的友谊; *Der Zoo ist ganzjährig geöffnet* 动物园全年开放 **3.** *nur attr, nicht adv*(只作定语,不作状语); verwendet, um ein bestimmtes Jahr zu bezeichnen (某)年的; *nur* 只用 ***diesjährig*** 〈die Ernte 收成〉, ***letztjährig*** 〈der Wein 葡萄酒〉, ***nächstjährig***, ***vorjährig***

jähr·lich *Adj*(形); *nur attr od adv*(只作定语或状语); in jedem Jahr, jedes Jahr (wieder) stattfindend, fällig *o. Ä.* 每年的: *ein jährliches Einkommen von 35 000 Euro haben* 每年收入 35 000 欧元; *Die Weltmeisterschaften finden j. statt* 世界冠军赛每年举办一次

-jähr·lich *im Adj, begrenzt produktiv*(构成形容词,构词有限); in Abständen, die jeweils die genannte Zahl von Jahren bzw. den genannten Teil e-s Jahres dauern 每(隔)…年的; ***vierteljährlich***, ***halbjährlich***, ***zweijährlich***, ***dreijährlich*** *usw*

Jahr·markt *der*; e-e Art Markt (1) od. Volksfest, bei dem es auch Karussells, Bierzelte, Schießbuden *usw* gibt u. der einmal od. mehrere Male im Jahr stattfindet 年集,年节,集市

Jahr·tau·send *das*; *-s*, *-e*; ein Zeitraum von tausend Jahren 一千年; *Abk* 缩写 Jt: *Das zweite J. nach Christus neigt sich dem Ende zu* 20 世纪即将结束 ‖ K-(复合): ***Jahrtausend-***, ***-wende***

Jahr·zehnt *das*; *-s*, *-e*; ein Zeitraum von zehn Jahren 十年 ≈ Dekade

jäh·zor·nig *Adj*(形); 〈Menschen 人〉 so, dass sie oft plötzlich wütend werden 易怒的,性情暴躁的,爱发脾气的 ‖ *hierzu*(派生) **Jäh·zorn** *der*

ja·ja *Partikel*(小品词); *betont*(重读); *allein od am Satzanfang*(单独使用或位于句首) **1.** verwendet, um j-m zuzustimmen od. um Bedauern auszudrücken. Gleichzeitig signalisiert man damit, dass etw. bekannt ist(表示赞同或惋惜,并表示某事为已知事实)是啊,对、对,是的是的:„*Früher haben wir hier oft gebadet, aber heute geht das nicht mehr*" – „*J., so ist es*"/„*J., das waren noch Zeiten!*"“以前我们常在这里游泳,可现在不行了”——“是的,是这样的”/“是的,是的,那个时候多好啊!” **2.** verwendet, um auszudrücken, dass e-e Aufforderung, Frage *o. Ä.* lästig u. überflüssig ist(表示要求、问题是多余的)知道啦,知道知道,那还用说:„*Die Blumen müssen noch gegossen werden*" – „*J., das mach ich nachher schon noch*"“花还得浇一浇”——“知道啦,我过一会儿就浇”;„*Kommst du auch ganz bestimmt?*" – „*J.*"“你肯定也来吗?”——“会的会的”

Ja·lou·sie [ʒaluˈziː] *die*; -, -*n* [-ˈziːən]; e-e Art Vorhang innen od. außen vor dem Fenster aus waagerechten kleinen Brettern od. dünnen Streifen aus Plastik, den man herunterlässt, *z. B.* um die Sonne abzuhalten 百叶窗,遮光帘 ‖ NB(注意): *Rollläden* sind stabile *Jalousien*, die immer außen vor dem Fenster angebracht u. *bes* nachts geschlossen werden; *Rollos* sind aus einem Stück Stoff (*Rollläden* 为坚固的(卷帘式)百叶窗,安装在窗外,夜间关闭;*Rollos* 则是由整块布料制成的卷式窗帘) ‖ ↑ *Abb. unter* 图见 **Fenster**

Jạm·mer *der*; -*s*; *nur Sg*(只用单数) **1.** **der J.** (**über etw.** (*Akk* 四格)/**um j-n/etw.**) großer Kummer, der sich *mst* in lautem Klagen äußert 悲痛,悲叹,悲伤,悲怆,悲切: *der J. um e-n Verstorbenen* 为死者而悲痛; *Der J. im Dorf war groß, als der Fluss alles überschwemmte* 河水泛滥时,村庄里一片悲伤(全村悲痛万分) ‖ K-(复合): **Jammer-, -geschrei** **2.** ein Zustand des Leids 悲惨,痛苦,不幸 ≈ Elend ⟨ein Bild des Jammers bieten 呈现出一片悲惨的景象⟩ ‖ K-(复合): **Jammer-, -gestalt** **3.** *mst* 多用 **Es ist ein J., dass ...** *gespr*[口] ≈ es ist sehr schade/bedauerlich, dass ... ‖ ID[谚] **Es ist ein J. mit j-m/etw.** *gespr*[口]; es ist sehr schwierig, fast aussichtslos mit j-m/etw. 某人/某事不可救药,毫无希望

Jạm·mer·lap·pen *der*; *gespr pej*[口][贬]; ein ängstlicher, schwacher Mensch 胆小鬼,脓包,懦夫

jạm·mer·lich *Adj*(形) **1.** in e-m Zustand, der Mitleid od. Verachtung hervorruft 可怜的,悲惨的,可耻的 ≈ kümmerlich: *Nach dem Erdbeben war die Stadt in e-m jämmerlichen Zustand* 地震后,城里一片悲惨的景象; *Du bist ein jämmerlicher Verräter!* 你是一个可耻的叛徒! **2.** ⟨Geschrei, Weinen 叫喊,哭泣; j. heulen, schreien, weinen 悲伤地号哭、叫喊、哭泣⟩ so, dass es großen Kummer ausdrückt 悲伤的,难过的,悲痛的 ≈ erbärmlich **3.** *nur adv*(只作状语); verwendet, um ein Verb od. Adj., das etw. Negatives ausdrückt, zu verstärken(用来强调动词或形容词的负面语义)非常,很,十分 ≈ erbärmlich, furchtbar (2) ⟨j. frieren, weinen 冷、哭得厉害⟩ ‖ *zu* (义项) **1.** u. **2.** **Jạm·mer·lich·keit** *die*; *nur Sg*(只用单数)

jạm·mern; *jammerte, hat gejammert*; [Vi](不及物) **1.** (**über j-n/etw.**) **j.** (*mst* mit vielen Worten u. in klagendem Ton) seine Sorgen und Schmerzen äußern 抱怨,埋怨,诉苦 ≈ klagen: *über das ungezogene Verhalten der Kinder j.* 抱怨孩子们的行为没教养; *Er jammert schon wieder* (darüber), dass *er kein Geld hat* 他又在抱怨自己没钱了; [Vt](及物) **2.** **etw. j.** e-e Aussage machen, in der man über etw. klagt 抱怨,诉苦:„*Ich bin so einsam!*", *jammerte sie*“我好寂寞啊!”——她诉苦道 ‖ *zu* (义项) **Jammerei** ↑ **-ei** ‖ *zu* (义项) **Gejammere** ↑ **Ge-**

jạm·mer·scha̱·de *Adj*(形); *mst in* 多用于 **es ist** (**um j-n/etw.**) **j.** *gespr*[口]; verwendet, um sein großes Bedauern über e-e nicht genutzte Möglichkeit, e-e vergebliche Mühe, e-n vermeidbaren Schaden *usw* auszudrücken 很可惜,够可惜的 ≈ es ist sehr schade: *Es ist j. um ihre herrliche Stimme* 她的好嗓子真是可惜了; *Es ist j.*, dass *sie nicht Sängerin geworden ist* 她没成为歌唱家,真是非常可惜; *Das ist j.* 这真够可惜的

Jạn·ker *der*; -*s*, -; *südd* Ⓐ[南德][奥] e-e dicke Jacke, die *mst* zur traditionellen Kleidung e-r Gegend gehört 厚实的短上衣

Jän·ner *der*; -*s*, -; *mst Sg*, Ⓐ(多用单数)[奥] ≈ Januar

Ja̱·nu·ar *der*; -*s*, -*e*; *mst Sg*(多用单数); der erste Monat des Jahres 一月; *Abk* 缩写 Jan. ⟨im J. 在一月; Anfang, Mitte, Ende J. 一月初、中、末; am 1, 2, 3 J. 在一月一日、二日、三日⟩

jạp·sen; *japste, hat gejapst*; [Vi](不及物) *gespr*[口]; nach e-r großen Anstrengung schnell u. laut atmen 气喘吁吁,急喘,上气不接下气 ≈ keuchen: *Er war in den zehnten Stock gerannt u. stand nun* (*nach Luft*) *japsend vor der Tür* 他是跑上十一楼的,现在上气不接下气地站在门前

Jar·gon [ʒarˈgõː] *der*; -*s*, -*s*; e-e Form der Sprache mit besonderen Ausdrücken, die innerhalb e-r Gruppe von Menschen mit derselben sozialen Stellung, demselben Beruf od. Hobby gesprochen wird 行话,隐语,切口 ‖ -K(复合): **Fußball-, Insider-, Künstler-, Polizei-, Schüler-, Studenten-, Theater-, Zeitungs-**

Ja̱·sa·ger *der*; -*s*, -; *pej*[贬]; j-d, der mit der Meinung od. den Plänen anderer Menschen immer einverstanden ist 好好先生,唯命是从的人 ‖ *hierzu*(派生) **Ja̱·sa·ge·rin** *die*; -, -*nen*

Jas·min *der*; -*s*, -*e*; ein Strauch mit intensiv duftenden, gelben od. weißen Blüten 茉莉花 ‖ K-(复合): **Jasmin-, -öl, -tee**

Ja̱·stim·me *die*; die Entscheidung für j-n/etw., die j-d bei e-r Wahl od. Abstimmung trifft 赞成,赞成票: *Der Antrag wurde mit zwanzig Jastimmen bei zwei Neinstimmen u. einer Enthaltung angenommen* 提案以二十票赞成,两票反对和一票弃权获得通过

jä·ten; *jätete*, *hat gejätet*; Vt/i (及物/不及物) **1.** (**etw.**) **j.** *mst* kleine Pflanzen, die als störend empfunden werden, aus der Erde ziehen od. mit e-m Gerät entfernen 拔除,清除〈Unkraut j.除杂草〉**2.** (**etw.**) **j.** etw. manuell von Unkraut befreien 清除…的杂草,为…除草〈ein Beet j.拔除苗床上的杂草〉

Jau·che *die*; -; *nur Sg* (只用单数); ein Gemisch aus Urin u. Kot von Tieren, das man in Gruben sammelt u. als Dünger auf die Felder spritzt 粪肥 ≈ Gülle〈J. auf dem Feld ausbringen 往田里施粪肥〉‖ K-(复合): ***Jauche(n)-***, ***-grube***

jauch·zen; *jauchzte*, *hat gejauchzt*; Vi (不及物) *geschr*[书]; mit lauter (hoher) Stimme jubeln 欢呼〈vor Freude j.高兴得欢呼〉

jau·len; *jaulte*, *hat gejault*; Vi (不及物) lange, laute Töne von sich geben, die traurig klingen 狂吠,哀鸣〈Hunde 狗〉‖ NB(注意): Hunde *jaulen*, Wölfe *heulen* (狗叫用 jaulen, 狼嚎用 heulen)

Jau·se *die*; -, -*n*; Ⓐ [奥] ≈ Imbiss, Snack ‖ K-(复合): ***Jausen-***, ***-brot***, ***-zeit*** ‖ -K(复合): ***Kaffee-*** ‖ *hierzu* (派生) **jau·sen** (*hat*) *Vi* (不及物)

ja·wohl *Partikel* (小品词); *betont* (重读) **1.** verwendet, um seine Zustimmung energisch auszudrücken(用来加强赞同语气)是 ≈ ja (1) **2.** verwendet, um auszudrücken, dass man e-n Befehl befolgen wird(表示服从命令)是

ja·woll *Partikel* (小品词); *betont*, *gespr* (重读) [口] ≈ jawohl

Ja·wort *das*; *mst in* 多用于 ***j-m das/sein J. geben*** *geschr*[书]; j-n heiraten 允婚,同意某人的求婚

Jazz [dʒɛs] *der*; -; *nur Sg* (只用单数); e-e Art der modernen Musik, die aus der Musik der schwarzen Bevölkerung Nordamerikas entstanden ist. Beim J. wird der Rhythmus stark betont u. oft frei improvisiert 爵士乐 ‖ K-(复合): ***Jazz-***, ***-band***, ***-fan***, ***-festival***, ***-gitarrist***, ***-musik***, ***-sänger***, ***-trompeter***

jaz·zen [ˈdʒɛsn]; *jazzte*, *hat gejazzt*; Vi (不及物) Jazzmusik spielen 演奏爵士乐

je[1] *Adv* (副) **1.** zu irgendeinem Zeitpunkt in der Vergangenheit od. Zukunft 曾经,以往,过去;今后有一天,有朝一日 ≈ jemals: *mehr/weniger denn je* 比过去多/少; *glücklicher, schlimmer denn/als je (zuvor)* 比以往(更)幸福,(更)糟糕; *Das ist das Schönste, was ich je gehört habe* 这是我曾听说过的最美妙的事; *Wirst du dich je ändern?* 有朝一日你会改变吗? **2.** verwendet, um die Zahl von Personen/Sachen zu nennen, die auf jede Person/Sache kommt 每(指人或物) ≈ jeweils: *Gruppen von/zu je fünf (Personen) bilden* 每五人组成一组; *Die Prüflinge bekommen je drei Fragen gestellt* 每位考生都得到三个问题 **3.** ***je nach etw.*** verwendet, um die Bedingung zu nennen, von der e-e Auswahl od. Entscheidung abhängt 视…的情况而定,根据…情况(条件): *Je nach Saison gibt es Erdbeer-, Kirsch- oder Zwetschgenkuchen* 根据季节的不同有草莓点心、樱桃点心或李子点心; *Zum Essen trinkt er Bier od. Wein, je nach Laune* 他吃饭的时候喝啤酒还是葡萄酒,这要看他的情绪而定

je[2] *Konjunktion* (连) **1.** ***je*** + *Komparativ* (比较级) ... ***desto/umso*** + *Komparativ* (比较级) verwendet, um auszudrücken, dass etw. in Abhängigkeit von etw. anderem größer od. kleiner, intensiver od. weniger intensiv *usw* wird 越…越…,愈…愈…: *Je älter man wird, desto erfahrener wird man* 人年纪越大,经验就越丰富; *Je mehr er aß, umso dicker wurde er* 他吃得越是多,就长得越胖; *Er lernte das fremde Land umso besser kennen, je mehr er dort herumreiste* 他在这个陌生的国家周游得越广,对它也就越了解 **2.** ***je nachdem*** + ***ob/wie/wie viel*** *o. Ä.* verwendet, um die Bedingung zu nennen, von der e-e Entscheidung abhängt 视…情况而定: *Er kommt um zehn od. elf Uhr, je nachdem ob er den früheren Zug erreicht od. nicht* 他10点还是11点来,这要看他是否赶得上较早的那趟火车

je[3] *Interjektion* (叹); *gespr* [口]; *nur in* 只用于 ***ach/o je!*** verwendet, um Bedauern od. Erschrecken auszudrücken(表示惋惜或吃惊)哎呀,哎哟,唉,喔唷: *Ach je, jetzt komme ich zu spät!* 哎哟,我要迟到了!; *O je, das Radio ist kaputt!* 哎呀,收音机坏啦!

Jeans [dʒiːnz] *die*; -, -; e-e *mst* blaue Hose aus festem Baumwollstoff 牛仔裤 ≈ Bluejeans〈e-e J./ein Paar J. tragen 穿着一条牛仔裤〉

Jeans- [dʒiːns-] *im Subst*, *begrenzt produktiv* (构成名词,构词有限); aus dem (blauen) Stoff, aus dem Jeans sind 牛仔(的)…牛仔布(的)…; der ***Jeansanzug***, das ***Jeanshemd***, die ***Jeansjacke***, der ***Jeansrock***, der ***Jeansstoff***

je·de ↑ ***jeder***

je·den·falls *Partikel* (小品词); *unbetont* (非重读) **1.** verwendet, um auszudrücken, dass etw. unabhängig von den Bedingungen geschieht, getan wird od. so (u. nicht anders) ist 不管怎样,无论如何,反正 ≈ auf jeden Fall, so oder so: *Meinst du, es wird regnen? Ich nehme j. e-n Schirm mit* 你认为会下雨,是吗?不管怎样我得带把伞; *Ich weiß nicht warum, aber j. hat sie ihn verlassen* 我不知道为什么,但反正她是离开他了 **2.** verwendet, um e-e Aussage einzuschränken (sodass sie nur für e-e bestimmte Person od. unter e-r bestimmten Bedingung gültig ist) 至少 ≈ zumindest, wenigstens: *Wir hatten tolles Wetter im Urlaub, j. in der ersten Woche* 我们休假期间天气好极了,至少第一周是这样

je·der, *jede*, *jedes*; *Indefinitpronomen* (不定代词); verwendet, um die einzelnen Mitglieder od. Teilnehmer e-r Gruppe od. Menge hervorzuheben od. um sich auf sie zu beziehen 每,每个,每人,每种 ↔ keine(r/s): *von jedem der Getränke e-n Schluck probieren* 每种饮料尝一口; *Ich lese jedes Buch, das sie schreibt* 她写的每一本书,我都看; *Jeder in mei-*

J

ner Klasse, der genügend Geld hat, kauft sich ein Motorrad 我班里每位有钱的同学都买了一辆摩托车 ‖ NB(注意): **a)** *jeder* verwendet man wie ein attributives Adj.(jeder 用法如同定语形容词)(*jeden Tag* 每天) od. wie ein Subst.(或如同名词)(*Das kann jeder sagen!* 这谁都会说!); **b)** *jeder* betont die einzelne Person/Sache, *alle* betont die Gesamtheit der Personen/Sachen (jeder 强调单个的人/物,alle 强调人/物的整体); ↑ *Tabelle unter* 图表见 ***dieser***; **c)** ↑ ***Mal¹***

je·der·lei *Indefinitpronomen* (不定代词); *indeklinabel*(词形不变); jede Art von 各种各样的: *Sie liebt j. Schmuck* 她喜欢各种首饰 ‖ NB(注意): nur verwendet mit Plural, Kollektivbegriffen od. Stoffbezeichnungen (只同复数、集合名词或物质名称连用)

je·der·mann *Indefinitpronomen*(不定代词) **1.** ***etw. ist nicht jedermanns Sache / Geschmack*** *gespr*[口]; nicht alle Menschen finden die genannte Sache gut od. angenehm(物作主语)不是人人都喜欢: *Früh aufstehen ist nicht jedermanns Sache* 并不是人人都乐意早起 **2.** *veraltend*[渐旧] ≈ jeder ↔ niemand: *wie j. weiß* 众所周知 ‖ NB(注意): *jedermann* wird wie ein Substantiv verwendet (jedermann 用法如同名词)

je·der·zeit *Adv*(副) **1.** zu jeder beliebigen Zeit 随时,任何时候 ≈ immer: *Sie können sich j. an mich wenden* 您随时都可以找我 **2.** verwendet, um auszudrücken, dass man mit etw. rechnen muss, dass etw. sehr bald geschehen kann 每时每刻,随时,时刻 ≈ jeden Augenblick: *Die Lawine kann j. abgehen* 雪崩随时都可能发生

je·des ↑ ***jeder***

je·doch¹ *Adv*(副); verwendet, um e-n Gegensatz auszudrücken 但是,可是,然而 ≈ aber, doch: *Wie es weitergeht, weiß niemand genau, es gilt j. als sicher, dass der Minister zurücktreten wird* 下一步情况如何没有人清楚,但部长会辞职这件事是肯定的了

je·doch² *Konjunktion* (连); *geschr* [书]; verwendet, um e-n Teilsatz einzuleiten, in dem ein Gegensatz od. Widerspruch zum vorher Gesagten ausgedrückt wird(引出意思相反的句子)但是,然而 ≈ aber, doch: *Die Polizei suchte ihn überall, fand ihn j. nicht/j. sie fand ihn nicht* 警察四处找他,但是找不到他

jed·we·der, *jedwede, jedwedes*; *Indefinitpronomen*(不定代词); *veraltend*[渐旧] ≈ jeder ‖ NB(注意): ↑ *Tabelle unter* 图表见 ***dieser***

Jeep® [dʒiːp] *der*; *-s, -s*; ein sehr stabiles, *mst* offenes Auto, mit dem man *z.B.* auch durch Sand u. Gras fahren kann 吉普车,敞篷越野车 ≈ Geländewagen

jeg·li·cher, *jegliche, jegliches*; *Indefinitpronomen*(不定代词); *bes* mit abstrakten Begriffen verwendet als Verstärkung von *jede (r/s)*(尤与抽象名词连用,加强语气)每个,所有的: *Nach seinem schweren Unfall war ihm jegliche Freude am Motorradfahren vergangen* 在出了严重的车祸后,他驾驶摩托车的高兴劲就荡然无存了; *Ihm fehlt jeglicher Ehrgeiz* 他没有丝毫上进心 ‖ NB(注意): ↑ *Tabelle unter* 图表见 ***dieser***

je·her [ˈjeːheːɐ] *nur in* 只用于 ***seit / von j.*** seit man sich erinnern kann 一直,一向,向来,历来 ≈ schon immer: *Wir kennen uns schon seit j.* 我们早就认识

je·mals *Adv*(副); zu irgendeinem Zeitpunkt in der Vergangenheit od. Zukunft(指过去或将来的某一时刻)曾经,以往;任何时候,有朝一日,以后 ≈ je¹(1): *Wirst du das j. lernen?* 你以后会不会学这个?; *Hast du schon j. so etwas Schönes gesehen?* 你以前见过这么漂亮的东西(景色)吗?

je·mand *Indefinitpronomen* (不定代词); verwendet, um e-e nicht näher genannte Person zu bezeichnen(泛指)某人,有人 ↔ niemand: *J. muss doch wissen, wo Karin ist* 肯定有人知道卡琳在哪儿; *Heute habe ich jemanden getroffen, den ich seit zehn Jahren nicht mehr gesehen habe* 今天我碰到个人,我已有十年没见过他了; *Da musst du j. anders/anderen fragen* 你必须去问问其他什么人了 ‖ NB(注意): **a)** In der gesprochenen Sprache nimmt man oft *jemand* anstelle von *jemanden, jemandem, jemand(e)s* (口语中常用 jemand 代替 jemanden, jemandem, jemand(e)s): *Ich habe jemand getroffen* 我碰见一个人; **b)** *jemand* wird wie ein Subst. verwendet (jemand 用法如同名词)

je·ne ↑ ***jener***

je·ner, *jene, jenes*; *Demonstrativpronomen* (指示代词) **1.** verwendet, um auf e-e Person od. Sache hinzuweisen, die vom Standpunkt des Sprechers, Erzählers od. Subjekts weiter entfernt ist(指离说话人或主语较远的人或物)那,那个 ↔ dieser, diese, dieses: *Jenes Bild, das Sie dort sehen, ist über 400 Jahre alt* 您在那儿看到的那幅画已有 400 多年历史了; *Diese Tasche gefällt mir besser als jene* 这个提包比那个更让我喜欢 ‖ NB(注意): **a)** *bes* in der gesprochenen Sprache wird *mst dieser* od. *der/die/das ... da* anstelle von *jener usw* verwendet(口语中大多用 dieser 或 der/die/das... da 替代 jener): *Der Mann da/Dieser Mann ...* 那边那个男人/那个男人 **b)** wie ein Subst. od. ein attributives Adj. verwendet (用法同名词或定语形容词) **2.** verwendet, um auf e-e Person od. Sache hinzuweisen, die bereits erwähnt worden ist(指已提及的人或物)那,那个: *Es war der 23 Dezember. An jenem Abend beschlossen sie zu heiraten* 那是 12 月 23 日。那天晚上他们决定结婚 **3.** verwendet, um auf e-e Person od. Sache hinzuweisen, die als bekannt vorausgesetzt wird (指已知的人或物)那,那个,那种: *Was ich nicht aushalten kann, ist jene Arroganz, die ihn so kennzeichnet* 让我受不了的是他那种狂妄自大的性格 **4.** verwendet wie ein Subst., um sich auf die erste von zwei vorher erwähnten Personen zu beziehen(用法同名词,指上文提及

的两者之中的）前者：*Frau Günther u. Frau Bauer waren auch da. Jene* （= Frau Günther ）*ist Chefredakteurin bei e-r Zeitschrift* 君特夫人和鲍尔夫人也在场。前者（君特夫人）是一家杂志的主编 ‖ NB（注意）：↑ *Tabelle unter* 图表见 ***dieser***

je·nes ↑ ***jener***

jen·seits *Präp*（介）；*mit Gen*（支配二格）**1.** auf derjenigen Seite der genannten Sache, die vom Standpunkt des Sprechers, des Erzählers（od. des Subjekts）weiter entfernt ist 在…那一边，在…另一边 ↔ diesseits〈j. des Flusses 河对岸；j. des Gebirges 山的那边；j. der Grenze 边界的另一边〉：*Wir befinden uns hier in Kufstein. J. der Alpen liegt die Po-Ebene* 我们这里位于库夫施泰因，阿尔卑斯山的那一边则是波河平原 **2.** die Grenzen von etw. überschreitend 在…之外，超越，超过…界限 ≈ außerhalb：*j. des Gesetzes* 违法，法律之外 ‖ ID[谚] *mst* 多用 ***j-d ist j. von Gut u. Böse*** *hum*[诙]；j-d ist geistig od. körperlich zu schwach, um etw. zu tun, das moralisch nicht richtig ist 某人老朽了，不中用了，老糊涂了 ‖ NB（注意）：auch adverbiell verwendet mit *von*（也可作副词，与 *von* 连用）：*j. von Afrika* 非洲的那边

Jen·seits *das*；-；*nur Sg*（只用单数）**1**（*bes* nach dem Glauben der Christen）der Bereich, der außerhalb dieser Welt liegt u. in den man kommt, wenn man stirbt 天国，天堂，西天，阴间 ↔ Diesseits **2.** ***j-n ins J. befördern*** *gespr*[口]；j-n töten 送某人去见上帝，送某人上西天

Jet [dʒɛt] *der*；-(*s*)，*-s*；ein *mst* sehr schnelles Düsenflugzeug 喷气式飞机

Jet·lag [ˈdʒɛtlɛg] *der*；*-s*，*-s*；übermäßige Müdigkeit u. andere Beschwerden, nachdem man weite Strecken in westliche od. östliche Richtung geflogen ist（跨时区长距离飞行后引起的过度疲劳和不适）飞行时差反应

Jet·set [ˈdʒɛtsɛt] *der*；*-s*；*nur Sg*，*Kollekt*（只用单数）（集合）；die reichen Leute, die von einem exklusiven Ort zum anderen fliegen, um sich dort zu amüsieren 有条件乘喷气式飞机四处旅游消遣的富豪们〈zum J. gehören 属于乘飞机四处旅游消遣的富豪阶层〉

jet·ten [ˈdʒɛtn]；*jettete*，*ist gejettet*；[Vi]（不及物）***irgendwohin j.*** *gespr*[口]；mit e-m Flugzeug（sehr schnell）an e-n Ort fliegen（火速）飞往：*nach Paris j., um Kleider zu kaufen* 飞往巴黎购置衣物

jet·zi·g- *Adj*（形）；*nur attr*，*nicht adv*（只作定语，不作状语）；jetzt（gerade）existierend, bestehend *o.Ä.* 现在的，目前的，当前的 ≈ momentan, gegenwärtig：*ihr jetziger Freund* 她现在的朋友

jetzt[1] *Adv*（副）**1.** genau zu dem Zeitpunkt, zu dem man spricht 现在，目前，眼下（指正当说话的时候）≈ in diesem Augenblick, in diesem Moment：*Ich habe j. leider keine Zeit für dich. Komm bitte später wieder* 可惜我现在没时间接待你。过一会再来吧；*Heute früh hat es geregnet, aber j. kommt die Sonne wieder heraus* 今天早上下了雨，不过现在又出太阳了 **2.** im Zeitraum der Gegenwart 如今，目前，现时，当今（指当前的时期）≈ heutzutage, zurzeit ↔ früher, in der Zukunft：*Viele Leute gehen j. joggen, um etwas für ihre Gesundheit zu tun* 如今有许多人为了锻炼身体进行慢跑活动 **3.** verwendet, um e-n Zeitpunkt der Vergangenheit zu bezeichnen 当时，其时（指过去的时刻）：*Sie hatte j. alles, was sie wollte* 当时她已拥有了她想要的一切 **4.** ≈ inzwischen, mittlerweile：*Nach der Hitzewelle ist es j. wieder kühler geworden* 热浪过后，这会儿又凉快一些了 **5.** ≈ nun, bald, demnächst：*Ich bin fertig, wir können j. gehen* 我干完了，我们这就可以走了；*Sie wird j. heiraten* 她马上要结婚了

jetzt[2] *Partikel*（小品词）；*betont u. unbetont*，*gespr*（重读和非重读）[口]；verwendet *bes* in Fragesätzen, um Verärgerung, Ungeduld od. Verwunderung auszudrücken（尤用于疑问句，表示生气、不耐烦或惊讶）到底，究竟，难道，怎么：*Hast du das j. noch immer nicht verstanden?* 你难道还没弄明白吗？；*J. habe ich schon wieder vergessen, sie anzurufen!* 我怎么又忘了给她打电话！；*Was ist denn j. schon wieder los?* 到底又出了什么事啦？

Jetzt *das*；-；*nur Sg*，*geschr*（只用单数）[书]；die heutige Zeit 当今，今天 ≈ Gegenwart〈das Einst u. das J. 今昔，过去和现在；ganz im Hier u. J. leben 完全生活在当下〉

je·wei·li·g- *Adj*（形）；*nur attr*，*ohne Steigerung*，*nicht adv*（只作定语，无变级，不作状语）；in e-r bestimmten Situation gerade vorhanden 当时的：*sich den jeweiligen Umständen anpassen* 适应当时的情况

je·weils *Adv*（副）**1.** ≈ je[1] (2)：*Für die Testfragen gibt es j. maximal vier Punkte* 每一道测试题最多得四分 **2.** jedes Mal, immer 每次，总是：*Die Miete ist j. am Monatsersten zu zahlen* 房租总是在每月一日交

Jh. *Abk* 缩写；↑ ***Jahrhundert***

jid·disch *Adj*（形）**1.** zu der Sprache gehörig, die früher viele Juden *bes* in（Ost）Europa sprachen 依地语的（过去东欧各国犹太人说的一种语言）〈die Sprache 语言；ein Ausdruck, ein Wort 用语，词语〉‖ NB（注意）：die Sprache, die in Israel gesprochen wird, heißt *Hebräisch*（在以色列，人们所说的语言叫作希伯来语）**2.** in jiddischer（1）Sprache 用依地语的〈ein Lied 歌曲〉‖ *zu*（义项）**1. Jid·disch** (*das*)；-(*s*)；*nur Sg*（只用单数）；**Jid·di·sche** *das*；*-n*；*nur Sg*（只用单数）

Job [dʒɔp] *der*；*-s*，*-s*；*gespr*[口] **1.** e-e Arbeit, mit der man für relativ kurze Zeit Geld verdient（临时）工作，短工，零工：*sich in den Ferien e-n Job suchen* 在假期里找一份工作；*Im Sommer hat er e-n Job als Kellner* 夏季他找了一份服务员的活儿 ‖ K-（复合）：***Job-***，***-vermittlung*** ‖ -K（复合）：***Aushilfs-***，***Ferien-*** **2.** ≈ Arbeitsstelle〈seinen Job verlieren 失去自己的工作；e-n neuen Job suchen 寻找新工作〉‖ K-（复合）：***Job-***，***-suche*** **3.** ≈ Beruf：*In* *meinem Job muss man hart arbeiten* 从事我这份职业，就要艰苦地工作

job·ben [ˈdʒɔbn]; *jobbte*, *hat gejobbt*; [Vi]（不及物）*gespr* [口]; durch e-n Job (1) Geld verdienen 打工，当临时工〈j. gehen 去打工〉: *In den Ferien jobbt er als Briefträger* 假期里他去当临时邮递员

Job·cen·ter [ˈdʒɔb-] *das* **1.** (D) [德] e-e staatliche Behörde, deren Aufgabe es ist, sich um Menschen zu kümmern, die schon lange arbeitslos sind 就业服务中心: *Das Arbeitslosengeld II wird vom J. ausgezahlt* 特殊失业补助是由就业服务中心发放 **2.** ein Angebot od. Unternehmen zur Vermittlung von Arbeitsplätzen u. Jobs 职业介绍

Job·sha·ring [ˈdʒɔbʃɛərɪŋ] *das*; -(*s*); *nur Sg*（只用单数）; e-e Regelung, bei der sich *mst* zwei Personen e-n Arbeitsplatz teilen, der sonst von einer Person besetzt wäre（常为两人）合干一份工作（的办法）

J

Joch *das*; -(*e*)*s*, -*e* **1.** e-e Vorrichtung, die man *bes* Ochsen auf den Nacken legt, wenn sie etw. ziehen müssen 轭，牛轭 **2.** *nur Sg*, *geschr*（只用单数）[书]; ein Zustand, den man als Belastung od. Qual empfindet 压迫，束缚，枷锁，桎梏，羁绊〈das J. der Sklaverei, der Fremdherrschaft, der Ehe abschütteln 摆脱奴役、外族统治、婚姻的桎梏; sich aus dem/vom J. der Tyrannei befreien 从专制统治的压迫下解放出来〉

Joch·bein *das*; MED【医】; der Knochen, der den Oberkiefer mit der Schläfe verbindet 颧骨

Jo·ckei *der*; ↑ ***Jockey***

Jo·ckey [ˈdʒɔke, ˈdʒɔki] *der*; -*s*, -*s*; j-d, der (*mst* beruflich) bei Pferderennen reitet（多指职业的）赛马骑师

Jod *das*; -(*e*)*s*; *nur Sg*（只用单数）; ein chemisches Element, das man *bes* verwendet, um Wunden zu desinfizieren od. die Schilddrüse zu behandeln 碘，碘酒，碘酊; CHEM【化】J ‖ K-（复合）: ***Jod-***, ***-dampf***, ***-präparat***, ***-tinktur*** ‖ *hierzu*（派生）**jod·hal·tig** *Adj*（形）; *nicht adv*（不作状语）

jo·deln; *jodelte*, *hat gejodelt*; [Vi]（不及物）in schnellem Wechsel von sehr hohen u. tiefen Tönen einzelne Silben singen (wie es *bes* in den Alpen typisch ist) 用岳得尔调，岳得尔唱法，反复用常声和假声轮替的唱法，在阿尔卑斯山区尤为典型）唱歌

Jod·ler *der*; -*s*, - **1.** ein Lied, in dem gejodelt wird 岳得尔调歌曲 **2.** j-d, der jodelt 岳得尔调歌唱者 ‖ *zu*（义项）**2. Jod·le·rin** *die*; -, -*nen*

Jo·ga *das/der*; -(*s*); *nur Sg*（只用单数）**1.** e-e indische Philosophie, die lehrt, wie man durch Meditation, körperliche Übungen, enthaltsames Leben *usw* die Bedürfnisse des Körpers u. Zwänge der Psyche überwinden kann（印度哲学）瑜伽派，瑜伽学说〈ein Anhänger des J. 瑜伽派的信徒，信奉瑜伽学说者〉 **2.** die Übungen des J. (1), mit denen man lernt, sich zu konzentrieren u. zu entspannen 瑜伽〈J. betreiben 练瑜伽〉 ‖ K-（复合）: ***Joga-***, ***-übung***

jog·gen [ˈdʒɔgn]; *joggte*, *hat/ist gejoggt*; [Vi]（不及物）(um fit zu bleiben) in e-m relativ langsamen, aber gleichmäßigen Tempo ziemlich lange Strecken laufen 慢跑（锻炼）≈ e-n Dauerlauf machen ‖ *hierzu*（派生）**Jog·ger** *der*; -*s*, -; **Jog·ge·rin** *die*; -, -*nen*

Jog·ging [ˈdʒɔgɪŋ] *das*; -*s*; *nur Sg*（只用单数）; die Tätigkeit od. der Sport des Joggens 慢跑，慢跑运动 ‖ K-（复合）: ***Jogging-***, ***-hose***, ***-schuhe***

Jog·ging·an·zug *der*; Hose u. Jacke aus leichtem, weichem Stoff, die man *bes* zum Sport anzieht 健身服 ‖ ↑ *Abb. unter* 图见 ***Bekleidung***

Jo·ghurt, **Jo·gurt** [ˈjoːgʊrt] *der*, *bes* (A) 尤用于[奥] *das*; -(*s*), -*s*; ein Produkt aus Milch, das durch Bakterien leicht sauer u. dick geworden ist u. das man oft mit Früchten isst 酸奶 ‖ K-（复合）: ***Joghurt-***, ***-becher*** ‖ -K（复合）: ***Frucht-***; ***Erdbeer-***, ***Kirsch-*** *usw* ‖ *zu* ***Joghurtbecher*** ↑ *Abb. unter* 图见 ***Becher***

Jo·gi *der*; -*s*, -*s*; ein Anhänger des Joga (1) 瑜伽派信徒，信奉瑜伽学说者

Jo·han·nis·bee·re *die*; **1.** ein Strauch, an dem rote, weiße od. schwarze Beeren in kleinen Trauben (2) wachsen u. den man *mst* in Gärten findet 醋栗，茶藨子（灌木） ‖ K-（复合）: ***Johannisbeer-***, ***-strauch*** **2.** *mst Pl*（多用复数）; die Beeren dieses Strauchs 醋栗，茶藨子（果实） ‖ K-: ***Johannisbeer-***, ***-marmelade***, ***-saft***

Johannisbeere

joh·len; *johlte*, *hat gejohlt*; [Vt/i]（及物/不及物）(***etw.***) ***j.*** mit lauter u. unangenehmer Stimme schreien 狂叫，尖叫，乱叫: *Nach dem Sieg ihrer Mannschaft zogen die Fans johlend davon* 球迷们在他们的球队获胜后，狂叫着陆续离去

Joint [dʒɔɪnt] *der*; -*s*, -*s*; *gespr* [口]; e-e Zigarette, die Haschisch od. Marihuana enthält 含有大麻的香烟〈sich e-n J. drehen 卷一支含大麻的香烟; e-n J. rauchen 抽含大麻的香烟〉

Jo·ker [ˈjoːkɐ, ˈdʒoːkɐ] *der*; -*s*, - **1.** e-e (zusätzliche) Spielkarte ohne bestimmten Wert, mit der man andere Karten ersetzen kann（纸牌游戏中可代替任何一张牌或作王牌的）百搭，王，鬼 **2.** e-e Person od. Sache, von der man noch nicht weiß, wie man sie einsetzen wird, die man aber für sehr wertvoll für ein Unternehmen od. Projekt hält（指人或物）王牌，高招，绝招，锦囊妙计: *Der Rechtsanwalt hob seinen J. bis zum letzten Verhandlungstag auf* 律师直到案件审理的最后一天才亮出了王牌

Jol·le *die*; -, -*n* **1.** ein Ruderboot, das große Schiffe (als Beiboot) auf ihren Fahrten dabeihaben（大船携带的）小划子，舢板，小船 **2.** ein kleines offenes Segelboot 帆板，小帆船 ‖ -K（复合）：**Segel-**

Jong·leur [ʒɔŋˈ(g)løːɐ] *der*；*-s*，*-e*；j-d，der gut jonglieren（1）kann u. seine Kunst *mst* in e-m Zirkus *o.Ä.* zeigt 杂耍艺人，玩杂耍的人 ‖ *hierzu*（派生）**Jong·leu·rin** [ʒɔŋˈ(g)løːrɪn] *die*；*-*，*-nen*

jong·lie·ren [ʒɔŋˈ(g)liːrən]；*jonglierte*，*hat jongliert*；Vi（不及物）**1.**（***mit etw.***）***j.*** mehrere Gegenstände schnell hintereinander in die Luft werfen und wieder auffangen 要弄，杂耍〈mit Bällen，Keulen，Reifen j. 要弄球、木棒、圈〉**2. *mit etw. j.*** mit Worten od. Zahlen sehr geschickt umgehen 玩弄，巧妙地处理，巧用〈mit Worten，Ausdrücken，Begriffen，Zahlen j. 巧用词句、表达、概念、数字〉；Vt（及物）**3. *etw. j.*** etw. sehr geschickt im Gleichgewicht halten 巧妙地使…保持平衡，（杂技）顶，蹬：*Der Seehund jongliert den Ball auf der Nasenspitze* 海豹巧妙地在鼻尖上顶球

Jop·pe *die*；*-*，*-n*；e-e dicke，bequeme Jacke für Männer（aus Loden），die kürzer ist als ein Mantel 男式（厚呢子）短大衣

Jor·dan *der*；*-s*；*nur Sg*（只用单数）；ein Fluss in Israel u. Jordanien 约旦河 ‖ ID[谚] ***über den J. gehen / sein*** *euph*[婉]；sterben/tot sein 归西，仙逝，谢世

Jo·ta *das*；*mst in* 多用于（***um***）***kein / nicht***（***um***）***ein J.*** *geschr*[书]；überhaupt nicht 丝毫不，毫无：*nicht um ein J. abweichen* 丝毫不差

Joule [dʒuːl] *das*；*-(s)*，*-*；PHYS【物】；die offizielle Maßeinheit für Energie 焦耳（能量的单位）；*Abk* 缩写 J ‖ -K（复合）：**Kilo-** ‖ NB（注意）：*bes* in der gesprochenen Sprache wird die ältere Bezeichnung *Kalorie* für den Energiewert von Lebensmitteln verwendet（口语中一般用比较老的名称"卡路里"，来表示食品的能值，即能提供的热量）：*Nüsse enthalten viele Kalorien* 果仁含有许多卡（路里）的热量

Jour·nal [ʒʊr-] *das*；*-s*，*-e* **1.** e-e Zeitschrift mit Bildern，die der Unterhaltung u. Information dient（有图片的）期刊，杂志 ≈ Illustrierte ‖ -K（复合）：**Kultur-**，**Mode-** **2.** e-e Radio- od. Fernsehsendung mit ausführlichen Berichten zu verschiedenen Themen（广播、电视中的）新闻报道 ≈ Magazin[1]（2）

Jour·na·lis·mus [ʒʊr-] *der*；*-*；*nur Sg*（只用单数）**1.** die Tätigkeit von Journalisten 新闻业，新闻工作 **2.** die Art，wie Journalisten berichten，schreiben 新闻文体，报章文体，报道方式〈billiger J. 廉价的新闻报道〉‖ -K（复合）：**Sensations-**

Jour·na·list [ʒʊr-] *der*；*-en*，*-en*；j-d，der Berichte *usw* für Zeitungen，Fernsehen od. Rundfunk macht 记者，新闻工作者，报界人士：*Als Star wird er ständig von Journalisten verfolgt* 作为明星他经常被记者跟踪 ‖ -K（复合）：**Fernseh-**，**Rundfunk-**，**Sport-**，**Wirtschafts-** ‖ NB（注意）：*der Journalist*；*den*，*dem*，*des Journalisten* ‖ *hierzu*（派生）**Jour·na·lis·tin** *die*；*-*，*-nen*

Jour·na·lis·tik [ʒʊr-] *die*；*-*；*nur Sg*（只用单数）；die Wissenschaft，die sich mit der Vermittlung von Meinungen，Nachrichten *usw* in den Medien beschäftigt 新闻学

jour·na·lis·tisch [ʒʊr-] *Adj*（形）；in Bezug auf die Arbeit von Journalisten，typisch für Journalisten 新闻的，新闻学的，新闻报道的，记者的〈e-e Tätigkeit，Fertigkeiten，ein Stil 活动，能力，风格（文体）〉

jo·vi·al [-v-] *Adj*（形）；（in Bezug auf e-n Mann，der in e-r Hierarchie höher steht）freundlich u. großzügig（指地位较高的男性）和蔼的，平易近人的，随和的〈ein Chef，ein Vorgesetzter 头儿，上司〉：*j-m j. auf die Schulter klopfen* 和蔼地拍拍某人的肩膀；*j-m gegenüber j. sein* 对某人和蔼

Joy·stick [ˈdʒɔɪstɪk] *der*；*-s*，*-s*；INFORM【信息】；ein Zusatzgerät für Computer zur Steuerung bei Computerspielen（电子游戏机或电脑图形处理装置的）操纵杆，控制杆

JU [jɔtˈuː] *die*；*-*；*nur Sg*（只用单数），Ⓓ[德] *Abk für* 缩写，全称为 Junge Union ‖ ↑ **Union**（3）

Ju·bel *der*；*-s*；*nur Sg*（只用单数）；große Freude，*bes* wenn sie von vielen Menschen lebhaft gezeigt wird 欢呼，欢腾〈in J. ausbrechen 爆发出欢呼声〉：*Die Sieger wurden mit großem J. empfangen* 人们以大声的欢呼来迎接胜利者 ‖ K-（复合）：**Jubel-**，**-ruf**，**-schrei** ‖ ID[谚]〈es herrscht/ist/gibt（这里）充满/洋溢着〉***J.***，***Trubel***，***Heiterkeit***（es herrscht）e-e laute u. fröhliche Stimmung 欢声笑语

Ju·bel·fest *das*；*hum od veraltet*[诙]或[旧] ≈ Jubiläum(sfeier)，Geburtstag(sfeier)

Ju·bel·jahr *das*；*mst in* 多用于 ***alle Jubeljahre***（***einmal***）*gespr hum*[口][诙]；sehr selten 非常难得，难得一遇，极其少见，百年不遇

ju·beln；*jubelte*，*hat gejubelt*；Vi（不及物）**1.**（***über etw.***（*Akk* 四格））***j.*** seine Freude über etw. laut u. lebhaft zeigen（为…而）欢呼，兴高采烈：*Der Torschütze jubelte über seinen Treffer* 进球的队员为射门得分而欢呼；Vt（及物）**2. *etw. j.*** e-e Aussage machen，die seine Freude über etw. lebhaft zeigt 欢叫道，兴高采烈地说：„*Wir haben gewonnen!*"，*jubelte sie* "我们赢啦！"——她高兴地喊

Ju·bi·lar *der*；*-s*，*-e*；j-d，der ein Jubiläum hat 被祝贺的人，寿星，受庆贺者：*unser J.*，*der heute seinen achtzigsten Geburtstag feiert* 我们的寿星今天庆祝他的八十寿辰 ‖ *hierzu*（派生）**Ju·bi·la·rin** *die*；*-*，*-nen*

Ju·bi·lä·um *das*；*-s*，*Ju·bi·lä·en*；ein Tag，an dem man ein Ereignis feiert，das genau vor e-r bestimmten Zahl von Jahren stattgefunden hat 周年纪念日，周年纪念活动〈ein J. begehen/feiern，haben 举行周年纪念活动/庆祝周年纪念日，是周年纪念日〉≈ Jahrestag：*zum fünfzigjährigen J. e-r Firma gratulieren* 祝贺一家公司成立 50 周年；*ein J. zum hundertjährigen Bestehen e-s Vereins* 协会成立一百周年庆祝会 ‖ K-（复合）：**Jubiläums-**，**-feier**，**-tag** ‖ -K（复合）：**Betriebs-**，**Dienst-**，**Geschäfts-** ‖ NB（注意）：nicht für Geburtstage u. Hochzeitstage verwendet（不用于生日

和结婚纪念日）

ju.bi.lie.ren; *jubilierte*, *hat jubiliert*; Vi（不及物）**1.** ***über etw.***（*Akk* 四格）***j.***（oft aus Freude über den Schaden von j-d anderem）jubeln 为…幸灾乐祸：*Sie jubilierte über die Niederlage ihrer Gegnerin* 她为对手的失败而幸灾乐祸 **2.** 〈Engel, Vögel 天使，鸟儿〉 ***jubilieren*** Engel od. Vögel singen hell u. fröhlich 鸣唱，鸣啭，啼唱，啁啾

juch.he! *Interjektion*（叹）；verwendet, um große Freude auszudrücken（表示巨大的喜悦）呦嘿！≈ juhu!

ju.cken; *juckte*, *hat gejuckt*; Vt/i（及物/不及物）**1.** ***etw. juckt*** (***j-n***) von e-r Stelle der Haut geht ein unangenehmes Gefühl aus, auf das man mit Kratzen reagiert（物作主语）使发痒，发痒：*Die Mückenstiche juckten ihn* 他被蚊子叮的地方直发痒；*Mein Fuß juckt* 我的脚发痒 ‖ K-（复合）：***Juck-***, ***-reiz*** **2.** ***etw. juckt*** (***j-n***) etw. verursacht bei j-m dieses unangenehme Gefühl 使发痒〈e-e Narbe, ein Pullover, ein Schal, ein Stich 伤疤，套头毛衣，围巾，刺〉 ‖ K-（复合）：***Juck-***, ***-pulver***; Vt（及物）**3.** ***etw. juckt j-n nicht*** *gespr*［口］；etw. bewirkt bei j-m kein Interesse, keine Sorge *o.Ä.*（物作主语）对…来讲无关痛痒，对…无所谓 ≈ etw. kümmert j-n nicht, ist j-m egal：*Es juckt mich nicht*, dass *du mich nicht magst* 你不喜欢我，这对我来说无所谓；Vr（反身）**4.** ***sich*** (***irgendwo***) ***j.*** *gespr*［口］≈ sich kratzen; Vimp（无人称）**5.** ***j-n juckt es an etw.***（*Dat* 三格）/ ***irgendwo*** etw. juckt (1) j-n 感到在…地方发痒：*Es juckt sie am Kopf*, *unter den Achseln* 她头上痒痒，腋下痒痒 **6.** ***es juckt j-n + zu + Infinitiv***（不定式）*gespr*［口］；etw. ist so interessant, dass es j-d gern tun würde 心里直犯痒，很想干某事 ≈ etw. reizt j-n：*Es juckt mich schon lange*, *Surfen zu lernen* 很长时间以来我就心里犯痒，想学冲浪

Ju.das *der*; -, *-se*; *pej*［贬］；j-d, der e-n Verrat begeht 犹大，叛徒 ‖ K-（复合）：***Judas-***, ***-lohn***

Ju.de *der*; *-n*, *-n*; j-d, der zu der Religion gehört, die das Alte Testament der Bibel als wichtigste Grundlage hat 犹太教徒，犹太人：*Viele Juden leben heute in Israel* 现今许多犹太人居住在以色列 ‖ K-（复合）：***Juden-***, ***-viertel*** ‖ NB（注意）：**a)** Die Juden, die in Israel leben, werden als *Israelis* bezeichnet（在以色列居住的犹太人称为以色列人）；**b)** *der Jude*; *den*, *dem*, *des Juden* ‖ *hierzu*（派生）**Jü.din** *die*; -, *-nen*; **jü.disch** *Adj*（形）

Ju.den.stern *der*; *hist*［历］；ein Stern aus gelbem Stoff, den Juden im Nationalsozialismus auf der Kleidung tragen mussten（德国纳粹统治时期犹太人被迫佩戴的黄布符号）大卫王之星，犹太教的六芒星形标志

Ju.den.tum *das*; *-s*; *nur Sg*（只用单数）**1.** *Kollekt*（集合）；alle Juden 犹太民族，犹太人（总称）**2.** die Religion u. Kultur der Juden 犹太教，犹太文化〈sich zum J. bekennen 信奉犹太教〉

Ju.den.ver.fol.gung *die*; Handlungen gegen die Rechte, den Besitz u. das Leben der Juden (*mst* aus rassistischen Gründen), *bes* während der Zeit des Nationalsozialismus in Deutschland 迫害犹太人

Ju.di.ka.ti.ve *die*; -, *-n*; *mst Sg*, *Kollekt*, POL（多用单数）（集合）【政】；die Institutionen in e-m Staat, die für die Rechtsprechung zuständig sind 司法机构 ↔ Exekutive, Legislative

Ju.do [ˈjuːdo] *das*; -(*s*); *nur Sg*（只用单数）；ein Sport, bei dem man versucht, den Gegner mit besonderen Griffen abzuwehren u. ihn zu Boden zu werfen 柔道，柔术 ‖ K-（复合）：***Judo-***, ***-anzug***; ***-griff***; ***-lehrer***

Ju.gend *die*; -; *nur Sg*（只用单数）**1.** die Zeit des Lebens, in der man kein Kind mehr, aber noch kein Erwachsener ist 青年时代 ↔ Kindheit, Erwachsenenalter：*In der/seiner J. war er sehr sportlich* 年轻时，他很有点运动员的味道 ‖ K-（复合）：***Jugend-***, ***-alter***, ***-erinnerungen***, ***-freund***, ***-jahre***, ***-sünde***, ***-traum***, ***-zeit*** **2.** die Eigenschaften, die für diese Zeit typisch sind 青春：*mit der Unbekümmertheit der J.* 怀着青年人的无忧无虑 **3.** *Kollekt*（集合）；junge Menschen dieses Alters 青年，年轻人 ≈ Jugendliche 〈die heranwachsende, heutige J. 成长中的，现在的青年人；die J. von heute 现在的年轻人〉 ‖ K-（复合）：***Jugend-***, ***-alkoholismus***, ***-arbeitslosigkeit***, ***-buch***, ***-film***, ***-gruppe***, ***-kriminalität***, ***-literatur***, ***-mannschaft***, ***-organisation***, ***-sendung***, ***-strafanstalt***, ***-zeitschrift*** ‖ -K（复合）：***Arbeiter-***, ***Dorf-***, ***Gewerkschafts-***, ***Land-***, ***Schul-***, ***Stadt-*** **4.** ***die reifere J.*** *Kollekt*, *hum/iron*（集合）［诙/讽］；Menschen, die nicht mehr jung, aber auch noch nicht sehr alt sind 老年轻（指壮年人）

ju.gend.frei *Adj*（形）；*nicht adv*（不作状语）；für Jugendliche moralisch vertretbar u. deshalb für sie gesetzlich erlaubt 对青少年开放的，青少年可以参加（观看）的〈ein Film 电影〉：*Pornofilme sind nicht j.* 色情电影是不准青少年看的

ju.gend.ge.fähr.dend *Adj*（形）；*nicht adv*（不作状语）；für Jugendliche moralisch gefährlich 毒害青少年的〈ein Buch, ein Film, Schriften 书，电影，著作〉

Ju.gend.ge.richt *das*; ein Gericht, das mit den Straftaten zu tun hat, die Jugendliche begangen haben 未成年人法庭

Ju.gend.heim *das*; e-e Einrichtung, die der Erziehung, Erholung od. Freizeitgestaltung Jugendlicher dient 青少年之家，少年宫

Ju.gend.her.ber.ge *die*; e-e Art einfaches Hotel, in dem *bes* Jugendliche billig übernachten können 青年旅店（客栈）

ju.gend.lich *Adj*（形）**1.** im Alter von Jugendlichen 青年的，年轻的〈ein Publikum, ein Zuschauer 听众，观众〉**2.** (*bes* in Bezug auf ältere Menschen) von e-r Art, die für junge Menschen typisch ist 年轻人的〈Elan, Frische, Leichtsinn, Schwung, Übermut 热情，朝气，鲁莽，干劲，自负〉 ‖ *hierzu*（派生）**Ju-**

gend·lich·keit *die*; *nur Sg*(只用单数)

Ju·gend·li·che *der/die*; *-n*, *-n*; j-d, der kein Kind mehr, aber noch kein Erwachsener ist 年轻人,青年,小伙子 ↔ Kind, Erwachsene(r) ‖ NB(注意): *ein Jugendlicher*; *der Jugendliche*; *den*, *dem*, *des Jugendlichen*

Ju·gend·lie·be *die*; j-d, den man geliebt hat, als man noch jung war 年轻时的恋人: *seine alte J. wiedersehen* 又见到他年轻时的恋人

Ju·gend·meis·ter *der*; SPORT【体】; j-d, der e-e Meisterschaft von Sportlern im Alter von 14 bis 18 Jahren gewonnen hat(14 至 18 岁年龄组的)青(少)年冠军 ‖ *hierzu*(派生) **Ju·gend·meis·te·rin** *die*; **Ju·gend·meis·ter·schaft** *die*

Ju·gend·schutz *der*; *Kollekt*(集合); die Gesetze *o.Ä.*, die bestimmen, ob, wann od. wie lange Kinder u. Jugendliche arbeiten dürfen, wie sie vor Alkohol, Pornografie *usw* geschützt werden 未成年人保护(条例) ‖ K-(复合): **Jugendschutz-**, **-gesetz**

Ju·gend·spra·che *die*; *mst Sg*(多用单数); die Variante der Sprache, die Jugendliche (miteinander) sprechen 青少年用语

Ju·gend·stil *der*; *nur Sg*(只用单数); ein Stil in der (europäischen) Kunst u. im Kunsthandwerk am Ende des 19 u. Anfang des 20 Jahrhunderts 青春艺术风格(西方在 19 世纪末 20 世纪初的一种艺术创作风格) ‖ K-(复合): **Jugendstil-**, **-bau**, **-möbel**, **-vase**

Ju·gend·stra·fe *die*; JUR【法】; e-e Gefängnisstrafe, die ein Jugendlicher bekommt 对青少年罪犯的拘留,对青少年罪犯的劳动教养

Ju·gend·wei·he *die* **1.** *hist* (*DDR*)[历(民德)]; e-e Feier, bei der vierzehnjährige Jugendliche in die sozialistische Gemeinschaft der Erwachsenen aufgenommen wurden(14 岁少年被纳入社会主义大集体的)成人仪式 **2.** (*mst* in den neuen Bundesländern) e-e J. (1), die keinen ausgeprägten religiösen od. ideologischen Inhalt (mehr) hat(多在新联邦州举行的无政治、宗教色彩的)成人仪式

Ju·gend·zent·rum *das*; ein Gebäude, in dem sich Jugendliche treffen können, um miteinander ihre Freizeit zu gestalten 青少年活动中心

ju·hu! *Interjektion* (叹) **1.** verwendet, um große Freude auszudrücken(表示非常高兴)哇!嗨! **2.** [ˈjuːˈhuː] verwendet, um j-n, der relativ weit entfernt ist, auf einen selbst aufmerksam zu machen(朝远处的人呼叫)嗨!喂! ≈ huhu!

Ju·li *der*; *-(s)*, *-s*; *mst Sg*(多用单数); der siebente Monat des Jahres 七月; *Abk* 缩写 Jul. 〈im J. 在七月; Anfang, Mitte, Ende J. 七月初、中、末; am 1., 2., 3. J. 在七月一日、二日、三日〉 ‖ NB(注意): *Juli* wird (*bes* am Telefon) [juˈlai] gesprochen, um e-e Verwechslung mit *Juni* zu vermeiden(为避免同 Juni 混淆,打电话时称作[juˈlai])

Jum·bo *der*; *-s*, *-s*; *Abk* 缩写 ↑ **Jumbojet**

Jum·bo·jet [ˈjumbodʒɛt] *der*; ein sehr großes Passagierflugzeug 大型喷气式客机

jung, *jünger*, *jüngst-*; *Adj*(形) **1.** (in Bezug auf e-n Menschen, ein Tier od. e-e Pflanze) so, dass sie erst seit relativ kurzer Zeit leben 年少的,幼小的 ↔ alt 〈noch j. an Jahren sein 年纪还小〉: *Sie ist noch zu j., um tanzen zu gehen* 她还太小,不能去跳舞; *Er ist sehr j. gestorben* 他很年轻就死(夭折)了; *Susi ist meine jüngere Schwester, sie ist drei Jahre jünger als ich* 苏西是我的妹妹,她比我小三岁; *In jungen Jahren war er Musiker* 他年轻时是个乐队成员; *Junge Hunde nennt man Welpen* 人们把小狗称为幼犬 ‖ K-(复合): **Jung-**, **-akademiker**, **-bürger**, **-tier**, **-vieh**, **-vogel**, **-wähler** **2.** (in Bezug auf ein Ding od. e-n Zustand) so, dass sie erst seit relativ kurzer Zeit existieren od. bestehen 新的,刚不久的: *Es ist erst acht Uhr, der Tag ist noch j.* 刚刚 8 点钟,还是清早 ‖ K-(复合): **jung verheiratet**, **vermählt** **3.** so, dass es vor relativ kurzer Zeit war 新近的,不久前的,最近的: *Das hat sich in der jüngsten Vergangenheit nicht verändert* 这在最近没有发生变化; *In jüngster Zeit war sie immer so traurig* 不久前她总是那么悲伤; *„Ist das e-e Untersuchung jüngeren Datums?" – „Ja, sie ist nur zehn Tage alt"* "这是近期的调查吗?"——"是的,这是十天前才做的调查" ‖ NB(注意): *mst* im Komparativ od. Superlativ verwendet(多用比较级或最高级) **4.** 〈Personen 人〉 so, dass sie Eigenschaften haben, die für junge (1) Menschen typisch sind 充满青春活力的,朝气蓬勃的,年轻的,血气方刚的: *Ich fühle mich j. u. beschwingt!* 我感到自己年轻、有活力!; *Sie hat sich ein junges Herz bewahrt* 她童心犹存(她人老心不老) **5.** *Zahl*(数字) + **Jahre j. sein** *oft hum* 常用[诙]; (*bes* als Mensch) das genannte Alter haben(尤指人)(才)…岁 ≈ alt (3): *Sie ist 46/97 Jahre j.* 她才 46/97 岁 **6. Jung u. Alt** junge u. alte Menschen 老老少少,所有的人 ≈ alle, jedermann ‖ NB(注意): ↑ **Gericht**[1], **jungverheiratet**, **jungvermählt**, **Tag**

Jun·ge[1] *der*; *-n*, *-n*/*bes gespr* 尤用于[口] *Jungs* **1.** ein Jugendlicher od. ein Kind männlichen Geschlechts 小伙子,男孩,少年 ≈ Knabe ↔ Mädchen ‖ K-(复合): **Jungen-**, **-gesicht**, **-klasse**, **-schule**, **-streich** **2.** *Pl*(复) *Jungs*; (*bes* von Männern) verwendet als Anrede für Freunde od. Kollegen(用作男人之间的朋友或同事的称谓)老兄,老弟,老朋友,伙计: *Na, (alter/mein) J., wie gehts dir?* 喂,老兄,你好吗?; *Machts gut, Jungs!* 老弟,保重! **3. ein schwerer J.** *gespr*[口]; ein Krimineller 罪犯,刑事犯(男) **4. J., J.!** *gespr*[口]; verwendet, um Erstaunen u. oft Bewunderung auszudrücken(表示惊讶和佩服)老弟,老弟!好家伙,好小子! ‖ ID[谚] ***j-n wie e-n dummen Jungen behandeln*** j-n nicht ernst nehmen u. entsprechend behandeln 拿某人当傻瓜,把某人当猴耍 ‖ NB(注意): *ein Junge*; *der Junge*; *den*, *dem*, *des Jungen* ‖ *hierzu*(派生) **jun·genhaft** *Adj*(形)

Jun·ge[2] *das*; *-n*, *-n*; ein sehr junges Tier 幼

兽，幼畜，崽：*Unsere Katze kriegt Junge* 我家的猫下崽了 ‖ -K（复合）：***Hunde-***，***Katzen-***，***Löwen-*** *usw* ‖ NB（注意）：*ein Junges*；*das Junge*；*dem*，*des Jungen*

Jụn·ge[3] *der/die*；*-n*，*-n*；*mst Pl*（多用复数）；ein junger Mensch 年轻人，青年 ↔ Alte(r) ‖ NB（注意）：*ein Junger*；*der Junge*；*den*，*dem*，*des Jungen*

Jün·ger [ˈjʏŋɐ] *der*；*-s*，*-* **1.** REL【宗】；einer der zwölf Männer, die Jesus Christus folgten 耶稣十二门徒之一 **2.** ***ein J.*** + *Gen*（二格），*geschr*[书]；ein Anhänger e-r bestimmten Lehre od. e-s Lehrers 信徒，追随者：*ein J. der Lehre Epikurs* 伊壁鸠鲁学说的信徒；*ein J. Platons* 柏拉图的追随者

Jün·ge·re *der*；*-n*，*-n*；*hist*[历]；*Name*（姓名）+ ***der J.*** verwendet, um von zwei berühmten, miteinander verwandten Personen, die den gleichen Namen haben, diejenige zu bezeichnen, die später geboren wurde（表示同姓的两位名人中较年轻的一位）小 ↔ Ältere：*Johann Strauß der J.* 小约翰·施特劳斯 ‖ NB（注意）：*der Jüngere*；*den*，*dem*，*des Jüngeren*

Jụng·fer *die*；*-*，*-n*；*mst in* 多用于 ***e-e alte J.*** *iron od pej*[讽]或[贬]；e-e nicht verheiratete Frau, die man für altmodisch, schrullig u. moralisch sehr streng hält 老处女 ‖ *hierzu*（派生）**(alt)jụng·fer·lich** *Adj*（形）

Jụng·fern- *im Subst*，*wenig produktiv*（构成名词，构词弱）；verwendet, um auszudrücken, dass j-d/etw. e-e bestimmte Sache zum ersten Mal tut 处女…，第一次…，初次…，首…；die ***Jungfernfahrt*** ⟨e-s Schiffes 船的⟩，der ***Jungfernflug*** ⟨e-s Flugzeugs 飞机的⟩，die ***Jungfernrede*** ⟨e-s neuen Abgeordneten 新议员的⟩，die ***Jungfernreise*** ⟨e-s Schiffes 船的⟩

Jụng·fern|häut·chen *das*；e-e dünne Haut, die die Scheide e-r Jungfrau (1) teilweise verschließt 处女膜；MED【医】Hymen ⟨das J. reißt 处女膜撕裂⟩

Jụng·frau *die* **1.** ein Mädchen od. e-e Frau, die noch keinen Geschlechtsverkehr gehabt hatte 处女，黄花闺女：*Sie ist noch J.* 她还是个黄花闺女 **2.** *iron od hum*[讽]或[诙]；ein Mann, der noch keinen Geschlechtsverkehr gehabt hat 童男 **3.** *nur Sg*（只用单数）；das Sternzeichen für die Zeit vom 24. August bis 23 September 室女宫，室女座（指 8 月 24 日至 9 月 23 日）‖ ↑ *Abb. unter* 图见 ***Sternzeichen*** **4.** j-d, der in der Zeit vom 24. August bis 23. September geboren ist 室女座（指出生于 8 月 24 日到 9 月 23 日的人）：*Er ist (e-e) J.* 他是室女座 ‖ ID[谚] ***zu etw. kommen wie die J. zum Kind*** *gespr hum*[口][诙]；auf unverhoffte, unerklärliche Weise etw. bekommen 得到某物如天赐一般，得来全不费功夫

jụng·fräu·lich *Adj*（形）**1.** (in Bezug auf ein Mädchen od. e-e Frau) so, dass sie noch keinen Geschlechtsverkehr gehabt haben 处女的，贞洁的 ≈ unberührt：*j. heiraten* 以处女之身出嫁 **2.** *nur attr*，*nicht adv*（只作定语，不作状语）；noch von keinem Menschen betreten od. erforscht 原始的，未开发的，荒无人迹的：*den jungfräulichen Schnee betreten* 踏入荒无人迹的雪原 ‖ *hierzu*（派生）**Jụng·fräu·lich·keit** *die*；*nur Sg*（只用单数）

Jụng·ge·sel·le *der*；*-n*，*-n* **1.** ein Mann, der (noch) nicht verheiratet ist 单身汉，未婚男子：*Er ist schon vierzig u. immer noch J.* 他都已经 40 岁了，可还是光棍一条 ‖ K-（复合）：***Junggesellen-***，***-bude***，***-leben***，***-wohnung***，***-zeit*** **2.** ***ein eingefleischter J.*** ein Mann, der nicht verheiratet ist u. (aus Überzeugung) nicht heiraten will（男）独身主义者 ‖ NB（注意）：*der Junggeselle*；*den*，*dem*，*des Junggesellen* ‖ *zu*（义项）**1. Jụng·ge·sel·lin** *die*；*-*，*-nen*

Jụ̈ng·ling *der*；*-s*，*-e*；*veraltend*[渐旧]；ein fast erwachsener junger Mann 小青年，小伙子，后生，半大小子 ‖ K-（复合）：***Jünglings-***，***-alter***

Jụng·so·zi·a·list *der*；Ⓓ[德] ein Mitglied der Jugendorganisation der SPD 社会民主党青年组织成员；*Abk* 缩写 Juso ‖ *hierzu*（派生）**Jụng·so·zi·a·lis·tin** *die*

jụ̈ngst *Adv*（副）；*veraltend*[渐旧]；vor kurzer Zeit 最近，不久前，近来 ≈ kürzlich, neulich

Jụ̈ngs·te *der/die*；*-n*，*-n*；*gespr*[口]；j-s jüngster Sohn od. jüngste Tochter 最小的孩子（小儿子或小女儿）↔ Älteste (2)：*Unsere Jüngste kommt jetzt in die Schule* 我们的小女儿现在上学了 ‖ ID[谚]（***auch***）***nicht mehr der/die J. sein*** *gespr*[口]；schon relativ alt u. deswegen *bes* körperlich nicht mehr sehr fit sein 不再是青春年少，不复当年（韶华已逝）‖ NB（注意）：*unser Jüngster*；*der Jüngste*；*den*，*dem*，*des Jüngsten*

jụng·ver·hei·ra·tet *Adj*；erst seit kurzer Zeit Verheiratet 新婚的⟨ein Paar 夫妇⟩

jụng·ver·mählt *Adj*（形）；*geschr*[书] ≈ jungverheiratet

Ju̲·ni *der*；*-(s)*，*-s*；*mst Sg*（多用单数）；der sechste Monat des Jahres 六月份；*Abk* 缩写 Jun. ⟨im J. 在六月；Anfang, Mitte, Ende J. 六月初、中、末；am 1., 2., 3. J. 在六月一日、二日、三日⟩ ‖ NB（注意）：↑ ***Juno***

Ju̲·ni·kä·fer *der*；ein kleiner, hellbrauner Käfer, den man im Juni u. Juli sieht 六月金龟子

ju̲·ni·or *Adj*（形）；*indeklinabel*（词形不变）；*Name*（姓名）+ ***j.*** verwendet (*bes* wenn Vater u. Sohn den gleichen Vornamen haben), um den Sohn zu bezeichnen（父子同名时，以此表示儿子）小… ↔ senior：*Huber j.* 小胡贝尔；*Hermann Löns j.* 小赫尔曼·罗恩斯

Ju̲·ni·or *der*；*-s*，*Ju·ni·o·ren* [-ˈni̯oːrən] **1.** *nur Sg*（只用单数）；(in e-r Firma) der Sohn des Besitzers od. der jüngere Partner 老板的儿子，少东家，小老板；年轻的合伙人 ↔ Senior ‖ K-（复合）：***Junior-***，***-chef***，***-partner*** **2.** *mst Sg*，*hum*（多用单数）[诙]；verwendet als Bezeichnung für den jüngsten Sohn e-r Familie 小儿子 ≈ der Jüngste：*Unser J. kommt dieses Jahr in die Schule* 我们的小儿子今年入学 **3.**

mst Pl, SPORT(多用复数)【体】; ein junger Sportler (*mst* zwischen 18 u. 21 Jahren)青年运动员(多为 18 岁至 21 岁) ‖ K-(复合): ***Junioren-***, ***-meister***, ***-meisterschaft*** ‖ *zu*(义项)**1.** u. **3. Ju·ni·o·rin** *die*; -, *-nen*

Jun·ker *der*; *-s*, -; *hist*[历] **1.** ein junger Adliger 年轻贵族 **2.** *oft pej* 常用[贬]; ein Mitglied des preußischen Landadels(普鲁士)农村贵族,贵族地主,容克地主

Jun·kie [ˈdʒaŋkɪ] *der*; *-s*, *-s*; *gespr*[口]; (*bes* von Jugendlichen verwendet(青年人用语) ≈ Rauschgiftsüchtige(r), Drogenabhängige(r)

Ju·no, Ju·no *der*; *-s*; *nur Sg*(多用单数); verwendet für *Juni*, um e-e Verwechslung mit *Juli* zu vermeiden 六月(防止和 Juli 混淆)

Jun·ta [ˈxʊnta] *die*; -, *Jun·ten*; *mst Sg*(多用单数); e-e Regierung (*bes* aus Armeeoffizieren), die *mst* durch Gewalt an die Macht gekommen ist 军人政府 ‖ -K(复合): ***Militär-***

Jupe [ʒyːp] *die*; -, *-s/auch* 也用 *der*; *-s*, *-s*; (CH)[瑞] ≈ (Damen)Rock

Ju·pi·ter *der*; *-s*; *nur Sg*(只用单数); der fünfte u. größte Planet unseres Sonnensystems 木星

Ju·ra *ohne Artikel*(无冠词); die Wissenschaft, die sich mit Gesetz u. Recht beschäftigt u. Studienfach an der Universität ist 法学,法律 ≈ Rechtswissenschaft 〈J. studieren 攻读法律〉 ‖ K-(复合): ***Jura-***, ***-student***, ***-studium***

ju·ri·disch *Adj*(形); *nur attr od adv*, *ohne Steigerung*, (A)(只作定语或状语,无变级)[奥] ≈ juristisch (1)

Ju·ris·pru·denz *die*; -; *nur Sg*, *veraltend*(只用单数)[渐旧] ≈ Rechtswissenschaft, Jura

Ju·rist *der*; *-en*, *-en*; j-d, der Rechtswissenschaft studiert hat u. auf diesem Gebiet arbeitet, *z. B.* als Rechtsanwalt od. Richter 法学家,法律工作者 ‖ NB(注意): *der Jurist*; *den*, *dem*, *des Juristen* ‖ *hierzu*(派生) **Ju·ris·tin** *die*; -, *-nen*

ju·ris·tisch *Adj*(形); *nur attr od adv*(只作定语或状语) **1.** zur Rechtswissenschaft od. zu den entsprechenden Berufen gehörend 法学的,法律的 〈e-e Fakultät, e-e Laufbahn, ein Gutachten 系,生涯,鉴定〉 **2.** genau den Methoden der Rechtswissenschaft entsprechend 按照法律的,运用法律手段的 〈j. denken, argumentieren 按照法律进行思考、提出论证〉

Ju·ry [ʒyˈriː, ˈʒyːri] *die*; -, *-s*; e-e Gruppe von Personen, die in e-m Wettbewerb die Leistungen der Teilnehmer beurteilt 裁判组,评奖委员会: *Der letzte Turner bekam von der J. die beste Note* 裁判组给最后一名体操选手打了最高分

Jus *ohne Artikel*(无冠词); (A)(CH)[奥][瑞] ≈ Jura

Ju·so *der*; *-s*, *-s*; (D)[德] *Kurzw*(略) ↑ ***Jungsozialist***

just *Adv*(副); *geschr*[书]; verwendet, um auf den Zeitpunkt hinzuweisen, zu dem etw. (oft Unerwartetes od. Unerwünschtes) passiert od. eintritt 正好,恰好 ≈ gerade³ (1), ausgerechnet (3) 〈j. in dem Moment/in dem Augenblick, als ... 正当…之时,恰在此时〉

jus·ta·ment *Adv*(副); *veraltet*[旧] ≈ just

jus·tie·ren; *justierte*, *hat justiert*; [Vt](及物) ***etw. j.*** *geschr*[书]; etw. genau einstellen 校准,调准 〈ein Fernglas, ein Messgerät, e-e Waage j. 校准望远镜、量具、秤〉 ‖ *hierzu*(派生) **Jus·tie·rung** *die*

Jus·ti·tia [-tsia] *die*; -; *nur Sg*(只用单数); die Gerechtigkeit, als (römische) Göttin dargestellt 罗马神话中的正义女神

Jus·tiz *die*; -; *nur Sg*(只用单数) **1.** *Kollekt*(集合); der Teil der staatlichen Verwaltung, der die geltenden Gesetze anwendet u. durchsetzt 司法 ≈ Rechtsprechung, Rechtswesen ‖ K-(复合): ***Justiz-***, ***-minister***, ***-ministerium*** ‖ -K(复合): ***Militär-***, ***Zivil-*** **2.** e-e Behörde, die für die J. (1) verantwortlich ist 司法机关 〈j-n der J. ausliefern, übergeben 将某人移交、送交给司法机关〉 ‖ K-(复合): ***Justiz-***, ***-beamte(r)***, ***-behörde***, ***-gebäude***

Jus·ti·zi·ar [-ˈtsi̯aːɐ] *der*; *-s*, *-e*; j-d, der beruflich die rechtlichen Angelegenheiten e-s Unternehmens, e-s Vereins *o. Ä.* regelt 法律顾问,律师 ‖ *hierzu*(派生) **Jus·ti·zi·a·rin** *die*; -, *-nen*

Jus·tiz·irr·tum *der*; e-e falsche Entscheidung e-s Gerichts, *bes* die Verurteilung e-r unschuldigen Person(法院的)误判 〈e-m J. zum Opfer fallen 成为错案的受害者〉

Jus·tiz·voll·zugs|an·stalt *die*; ADM *geschr*【管理】[书] ≈ Gefängnis

Ju·te *die*; -; *nur Sg*(只用单数) **1.** der grobe Stoff aus den Fasern e-r tropischen Pflanze, aus dem man *bes* Säcke macht 麻布 ‖ K-(复合): ***Jute-***, ***-faser***, ***-sack***, ***-tasche*** **2.** die Pflanze, aus der man J. (1) gewinnt 黄麻

Ju·wel¹ *das/der*; *-s*, *-en*; *mst Pl*(多用复数); ein sehr wertvoller Edelstein 宝石,珠宝 ‖ K-(复合): ***Juwelen-***, ***-diebstahl***, ***-raub***

Ju·wel² *das*; *-s*, *-e*; *mst Sg*(多用单数); e-e Person od. Sache, die man als sehr wertvoll empfindet 才俊,人杰,英才;明珠,瑰宝: *Ihr Mann ist ein wahres J.* 您的丈夫真是难得的人才; *Der Dom ist ein J. gotischer Baukunst* 这座大教堂是哥特式建筑艺术的一颗明珠

Ju·we·lier *der*; *-s*, *-e*; j-d, der beruflich Schmuck herstellt od. verkauft 珠宝商,珠宝匠 ‖ K-(复合): ***Juwelier-***, ***-geschäft***, ***-laden*** ‖ *hierzu*(派生) **Ju·we·lie·rin** *die*; -, *-nen*

Jux *der*; *-es*; *nur Sg*, *gespr*(只用单数)[口] ≈ Spaß, Scherz 〈e-n Jux machen 开玩笑; etw. aus Jux sagen, tun 闹着玩说的、做的〉 ‖ ID[谚] ***aus (lauter) Jux (u. Tollerei)*** *gespr*[口]; aus Übermut, nur zum Spaß 纯粹开玩笑,纯粹闹着玩

jwd [jɔtveːˈdeː] *Adv*(副); *gespr hum*[口][诙]; weit außerhalb e-r Stadt 离城很远,非常遥远 〈j. wohnen 住在离城很远的地方〉

J

K, k

K

K, k [ka:] *das*; -, -/*gespr auch*[口]也用-*s*; der elfte Buchstabe des Alphabets 字母表的第十一个字母〈ein großes K 大写 K; ein kleines k 小写 k〉

Ka.ba.rett [kaba'rεt, -'re:, 'kabarεt, -re] *das*; -*s*, -*s* **1.** *nur Sg* (只用单数); e-e Art Theaterstück, das aus Dialogen, Sketchen u. Chansons besteht u. *bes* politische Verhältnisse u. aktuelle Ereignisse auf witzige Art kritisiert 卡巴莱,讽刺性(时事)短剧,幽默小节目〈das politische, literarische K. 政治、文学卡巴莱; K. machen 演卡巴莱〉**2.** das Haus od. der Saal, in dem K. (1) aufgeführt wird 卡巴莱剧场 **3.** *Kollekt*(集合); die Personen, die das K. (1) gestalten 表演卡巴莱的剧组人员 ‖ *zu* (义项) **1. Ka.ba.ret.tist** *der*; -*en*, -*en*; **Ka.ba.ret.tis.tin** *die*; -, -*nen*; **ka.ba.ret.tis.tisch** *Adj* (形) ‖ NB(注意): ↑ ***Cabaret***

kab.beln, sich; *kabbelte sich*, *hat sich gekabbelt*; *Vr* (反身) ***j-d kabbelt sich mit j-m***; 〈Personen 人〉***kabbeln sich*** *nordd gespr* [北德][口]; zwei od. mehrere Personen streiten sich (nicht heftig) (人作主语)单:与…拌嘴,斗嘴,抬杠;复:彼此拌嘴

Ka.bel *das*; -*s*, - **1.** e-e Art dicke Schnur, die aus feinen langen Drähten u. e-r schützenden Schicht aus Plastik besteht 电缆,电线〈ein elektrisches, defektes K 电缆,坏电缆; ein K. verlegen 铺设电缆〉‖ K-(复合): ***Kabel-***, ***-brand***, ***-rolle*** ‖ -K(复合): ***Strom-***, ***Starkstrom-***, ***Telefon-***, ***Verlängerungs-*** **2.** ein sehr dickes Seil aus starken Drähten (*z.B.* bei e-r Seilbahn, e-r Hängebrücke) 钢索,钢缆 ‖ ↑ *Abb. unter* 图见 ***Schnur***

Ka.bel.an.schluss *der*; TV【电视】; ein Anschluss an das Netz des Kabelfernsehens 有线电视接头,接口

Ka.bel.fern.se.hen *das*; die Übertragung von Fernsehprogrammen mithilfe von Kabeln (1), die in der Erde verlegt sind 有线电视

Ka.bel.jau *der*; -*s*, -*e*/-*s*; ein relativ großer Raubfisch, der *bes* im (Nord) Atlantik gefangen wird 鳕鱼≈ Dorsch

Ka.bel.ka.nal *der*; TV【电视】; ein Fernsehsender, der über Kabel (1) zu empfangen ist 有线电视频道

Ka.bi.ne *die*; -, -*n* **1.** ein kleiner Raum (*z.B.* zum Umkleiden), der durch e-n Vorhang od. e-e dünne Wand von anderen Räumen (ab)getrennt ist 更衣间,小隔间: *Sie können das Kleid noch nicht anprobieren – die Kabinen sind alle besetzt* 您暂时不能试衣——更衣间都有人 ‖ -K(复合): ***Bade-***, ***Dusch-***, ***Umkleide-*** **2.** ein Raum auf e-m Schiff, in dem Passagiere wohnen u. schlafen (船上)舱房,乘客居室 ‖ -K(复合): ***Luxus-***, ***Schlaf-*** **3.** der Raum in e-m Flugzeug, in dem die Passagiere sitzen(飞机的)机舱

Ka.bi.nett *das*; -*s*, -*e* **1.** *Kollekt* (集合); alle Minister e-r Regierung 内阁〈ein K. bilden, einberufen, umbilden, auflösen 组建、召集、改组、解散内阁; das K. tagt 内阁开会〉‖ K-(复合): ***Kabinetts-***, ***-beschluss***, ***-bildung***, ***-krise***, ***-liste***, ***-mitglied***, ***-sitzung***, ***-tagung***, ***-vorlage*** **2.** *hist*[历]; das Arbeitszimmer e-s Fürsten 侯爵办公室 **3.** Ⓐ [奥] ein kleines Zimmer 小房间 ‖ -K(复合): ***Schlaf-***

Ka.bi.nett.stück *das*; e-e besonders kluge od. geschickte Aktion, die Erfolg hatte 杰作,机智巧妙的成功之举: *Der Abschluss dieses Vertrages war ein brillantes K.* 这次条约的签订是一个辉煌的杰作

Kab.rio *das*; -*s*, -*s*; *Kurzw* (略) ↑ ***Kabriolett***

Kab.ri.o.lett ein Auto, bei dem man das Dach nach hinten klappen kann (车顶可向后折叠收起的)小轿车,敞篷汽车 ↔ Limousine

Ka.buff *das*; -*s*, -*s*; *gespr* [口]; ein kleiner (Abstell)Raum *mst* ohne Fenster 小储藏室

Ka.chel *die*; -, -*n*; e-e dünne (*mst* viereckige) Platte aus (gebranntem) Ton, die man *bes* auf Wände, Böden (*z.B.* im Bad, in der Küche) od. Öfen klebt 瓷砖≈ Fliese

ka.cheln; *kachelte*, *hat gekachelt*; *Vt* (及物) ***etw. k.*** die Wände, den Boden (e-s Bades) od. die Seiten (*z.B.* e-s Ofens) mit Kacheln versehen 给…铺(砌)瓷砖≈ fliesen 〈das Bad, die Küche, die Wände k. 给浴室、厨房、墙上铺瓷砖〉

Ka.chel.ofen *der*; ein Ofen, der mit Kacheln bedeckt ist u. der die Wärme gut speichert 瓷砖壁炉

Ka.cke *die*; -; *nur Sg*, *gespr!* (只用单数)[粗] **1.** ≈ Exkremente, Kot **2.** e-e schlechte od. unangenehme Sache 令人讨厌的事,倒霉事: *So e-e K.!* 真倒霉! ‖ *zu* (义项) **1. ka.cken** (*hat*) *Vt/i* (及物/不及物)

Ka.da.ver [-vɐ] *der*; -*s*, -; der Körper e-s toten Tieres (动物的)尸体≈ Aas

Ka.da.ver.ge.hor.sam *der*; *pej* [贬]; ein übertriebener Gehorsam, der so weit geht, dass man sogar sinnlose od. brutale Befehle befolgt 盲从,盲目服从

Ka.denz *die*; -, -*en*; MUS【音】; e-e Folge von Akkorden, die das Thema e-s (Musik)-

Stücks enthält u. es auch abschließt 华彩乐段 ‖ -K(复合): ***Schluss-***

Ka·der *der*/(CH)[瑞]*das*; *-s*, *-* **1.** e-e (Elite)-Gruppe (e-r Organisation), die für ihre Aufgabe besonders gut ausgebildet od. speziell geschult wurde 骨干力量,主力: *der K. e-r Partei* 党的骨干; *Er gehört zum K. der Nationalmannschaft* 他是国家队主力 **2.** *hist* (*DDR*)[历(民德)]; ein Kollektiv von Spezialisten (*bes* in der Politik, Wissenschaft u. Technik) 专家组 **3.** *mst Pl*(多用复数); die Mitglieder e-s Kaders (1) 骨干力量成员,干部〈Kader heranbilden 培养骨干力量成员〉

Ka·dett *der*; *-en*, *-en*; *hist*[历]; ein Schüler in e-r Institution, in der junge Männer auf den späteren Beruf des Offiziers vorbereitet wurden 军事院校学生 ‖ K-(复合): ***Kadetten-***, ***-anstalt***, ***-schule*** ‖ NB(注意): *der Kadett*; *den*, *dem*, *des Kadetten*

Ka·di *der*; *-s*, *-s*; ein Richter in e-m islamischen Land (伊斯兰教国家中的)法官,审判官 ‖ ID [谚] ***j-n vor den K. bringen/schleppen*** *gespr*[口]; j-n vor Gericht bringen 将…送交法庭

Kä·fer *der*; *-s*, *-*; **1.** ein Insekt, das in vielen Arten vorkommt. Die dünnen Flügel werden durch kleine Platten geschützt 甲壳虫,鞘翅目〈ein K. summt/brummt/schwirrt durch die Luft, krabbelt auf dem Boden 一只甲壳虫在嗡嗡叫/嘤嘤叫/在空中嗡嗡飞过,在地上爬行〉 **2.** *gespr veraltet* [口][旧]; ein junges Mädchen 女郎〈ein flotter, hübscher, niedlicher, reizender *usw* K. 一位漂亮的、俊俏的、秀气的、迷人的女郎〉 **3.** *gespr*[口]; ein Typ e-s Autos von der Firma „Volkswagen" 大众汽车公司生产的"甲壳虫"型小汽车

Käfer (1)

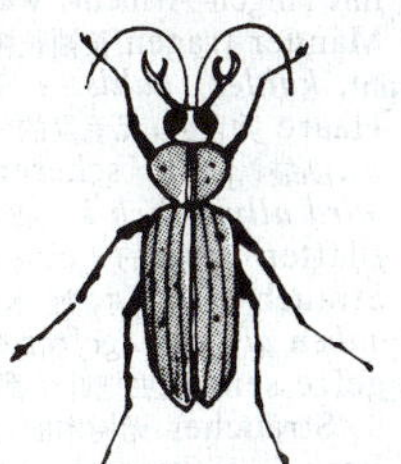

Kaff *das*; *-s*, *-s/-e*; *gespr pej*[口][贬]; ein kleiner, langweiliger Ort 偏僻村镇,冷清地方,穷乡僻壤

Kaf·fee, Kaf·fee *der*; *-s*, *-s*; *mst Sg*(多用单数) **1.** *nur Sg*(只用单数); ein dunkelbraunes Getränk, das aus gebrannten, dann gemahlenen Bohnen u. kochendem Wasser gemacht wird, etwas bitter schmeckt, anregend wirkt u. *mst* heiß getrunken wird 咖啡〈starker, schwacher, dünner, koffeinfreier K. 浓的、淡的、清淡的、不含咖啡因的咖啡; K. machen, kochen, aufgießen, aufbrühen, filtern 准备、煮、冲、泡、滤咖啡〉: *„Nehmen Sie Ihren K. mit Milch u. Zucker?" – „Nein, schwarz"* "您喝咖啡要加牛奶和糖吗?"——"不,什么都不加" ‖ K-(复合): ***Kaffee-***, ***-bohnen***, ***-pulver***; ***-geschirr***, ***-kanne***, ***-service***, ***-tasse***; ***-pause***; ***kaffee-***, ***-braun*** ‖ -K(复合): ***Filter-*** ‖ *zu* (义项) ***Kaffeekanne*** ↑ *Abb. unter* 图见 ***Frühstückstisch*** **2.** die Bohnen, aus denen man K. (1) macht 咖啡豆〈K. rösten, mahlen 焙、磨咖啡(豆)〉 ‖ K-(复合): ***Kaffee-***, ***-sorte*** **3.** *nur Sg*(只用单数); e-e Pflanze, deren Samen wie Bohnen aussehen u. aus denen man K. (1) macht 咖啡(灌木)〈K. anbauen, ernten 种植、收获咖啡〉 ‖ K-(复合): ***Kaffee-***, ***-baum***, ***-pflanze***, ***-plantage***, ***-strauch*** **4.** *nur Sg*(只用单数); e-e kleine Mahlzeit am Nachmittag, bei der K. (1) getrunken (u. Kuchen *o.Ä.* gegessen) wird 下午喝咖啡,下午茶点〈j-n zum K. einladen 请某人下午喝咖啡〉 ‖ K-(复合): ***Kaffee-***, ***-pause*** ‖ ID [谚] ***etw. ist kalter K.*** *gespr*[口]; etw. ist nicht mehr aktuell u. deshalb uninteressant 某事是老生常谈,是老黄历了

Kaffee und Kuchen 咖啡和点心

Das traditionelle deutsche Kaffeetrinken am Nachmittag ist vor allem an Wochenenden und an Feiertagen noch weit verbreitet. Häufig trifft man sich mit der Familie oder mit Freunden zu einer gemütlichen Unterhaltung bei Kaffee und Kuchen.

Es gibt oft eine große Auswahl an Gebäck, das bei dieser Gelegenheit gegessen wird. Neben kleineren Gebäckstücken, Rührkuchen und Obstkuchen ist vor allem die Vielzahl von Cremetorten und Sahnetorten typisch. Eine der bekanntesten Torten ist die **Schwarzwälder Kirschtorte**, die aus einem dunklen Biskuitteig, Sahne und Kirschen besteht und mit Schokolade verziert ist.

周末和节假日下午喝咖啡是德国人的传统,至今仍很普及。家庭、朋友常常聚在一起喝着咖啡,吃着点心悠闲地聊天。

在这种场合吃的糕点往往品种很丰富。除了小点心、面点和水果蛋糕外,主要有各色各样奶油蛋糕和奶花蛋糕,这很典型。最有名的一种蛋糕是**黑森林樱桃蛋糕**,它由深色面饼底托、奶油、樱桃组成,巧克力饰边点缀。

Kaf·fee·ex·trakt *der*; ein Pulver, das man (durch ein bestimmtes Verfahren) aus (Kaffee)Bohnen gewinnt u. das Kaffee (1) ergibt, wenn man es in heißes Wasser rührt 速溶咖啡

Kaf·fee·fahrt *die*; e-e sehr billige (Ausflugs)-Fahrt, die Firmen machen, um den Teilnehmern bei dieser Gelegenheit ihre Produkte (*mst* zu sehr hohen Preisen) zu verkaufen 招揽顾客兜售商品的"廉价"游览

Kaf·fee·fil·ter *der* **1.** e-e Art Trichter, durch den man Kaffee filtert 咖啡过滤杯(器) **2.** e-e Art (Papier)Tüte, die man in den K. (1) legt 咖啡过滤纸 ≈ Filtertüte, Filterpapier

Kaf·fee·haus *das*; *bes* (A) 尤用于[奥] ≈ Café ‖ ↑ Information Seite 980 信息见 980 页

Kaf·fee·klatsch *der*; *gespr hum*[口][谐]; ein (geselliges) Treffen *bes* von Frauen am Nachmittag, bei dem man Kaffee trinkt,

Kuchen isst u. sich unterhält(妇女下午聚在一起)喝咖啡闲聊

Das Wiener Kaffeehaus 维也纳咖啡馆(厅)

Die Wiener Kaffeehäuser sind weltberühmt, viele von ihnen bewahren noch den Charme vergangener Zeiten. In der Vergangenheit waren sie ein beliebter Treffpunkt für die bessere Gesellschaft, Geschäftsleute und Künstler. Auch heute noch sind sie ein angenehmer Ort, um bei einer Tasse Kaffee, zu der traditionell immer ein Glas Wasser serviert wird, die Zeitung zu lesen und einige ruhige Stunden zu verbringen.

维也纳咖啡馆举世闻名,许多馆厅仍保持昔日的魅力。从前它们是上层社会、商界和艺术界喜爱的聚会点。即使今天它们仍然是安闲舒适的好地方,你坐在那里喝杯咖啡(按老习惯服务员会给你敬上一杯水),看看报纸,悠闲自得。

Hier einige typische Kaffeespezialitäten
下面介绍几种特色咖啡:

Brauner: schwarzer Kaffee mit Milch 黑咖啡加牛奶
Einspänner: Espresso im Glas mit Sahne 蒸馏咖啡加奶花
Fiaker: Espresso im Glas mit Rum 蒸馏咖啡加朗姆酒
Kapuziner: schwarzer Kaffee mit wenig Milch(卡布奇诺)黑咖啡加少量牛奶
Melange: Milchkaffee mit viel Milchschaum 牛奶咖啡,带大量奶泡
Mokka: Espresso蒸馏咖啡(穆卡浓咖啡)

K

Kaf.fee.kränz.chen *das*; *-s*, - **1.** ≈ Kaffeeklatsch **2.** e-e Gruppe *mst* von Frauen, die sich regelmäßig zum K. (1) treffen 喝咖啡闲聊的常客(多指妇女)

Kaf.fee.löf.fel *der*; ein kleiner Löffel 咖啡小匙 ≈ Teelöffel ‖ NB(注意): ↑ ***Esslöffel***

Kaf.fee.ma.schi.ne *die*; ein elektrisches Gerät, mit dem man (Filter) Kaffee macht 咖啡机

Kaf.fee.müh.le *die*; e-e kleine (elektrische od. mechanische) Mühle, in der man die Kaffeebohnen mahlt 咖啡研磨器

Kaf.fee.satz *der*; der Rest des gemahlenen Kaffees, der *bes* auf dem Boden der Kanne od. der Tasse übrig bleibt 咖啡渣

Kaf.fee.ta.fel *die*; ein festlicher Kaffeetisch (宴请用)喝咖啡长桌

Kaf.fee.tan.te *die*; *gespr hum* [口][诙]; j-d, der gern u. viel Kaffee trinkt 嗜好咖啡的人

Kaf.fee.tisch *der*; ein Tisch, der so gedeckt ist, dass man dort Kaffee trinken (u. Kuchen essen) kann (备有茶点的)咖啡桌〈den K. decken 铺摆咖啡餐具; sich an den K. setzen 坐到座位上喝咖啡〉

Kaf.fee.trin.ker *der*; j-d, der (gern viel) Kaffee trinkt 爱喝咖啡的人 ‖ *hierzu*(派生) **Kaf-fee.trin.ke.rin** *die*

Kaf.fee.was.ser *das*; *nur Sg*(只用单数); Wasser, das man heiß macht, um Kaffee zu machen 冲咖啡的水〈K. aufsetzen 把冲咖啡的水搁在火上〉

Kä.fig *der*; *-s*, *-e* **1.** ein Raum mit Gittern *o. Ä.*, in dem Tiere (gefangen) gehalten werden(兽)栊,笼: *Der Tiger ist aus seinem K. ausgebrochen* 老虎从笼里跑出来了 ‖ -K(复合): ***Affen-***, ***Raubtier-***, ***Löwen-***, ***Tiger-*** *usw* **2.** e-e Art Kasten mit festem Boden u. Gittern rundherum, in dem man kleine Haustiere hält 笼 ‖ K-(复合): ***Käfig-***, ***-haltung***, ***-tür*** ‖ -K(复合): ***Hamster-***, ***Vogel-*** ‖ ID[谚] ***ein goldener K.*** verwendet, um die Situation e-s Menschen zu bezeichen, der viel Geld hat, der aber von anderen abhängig ist 金丝笼(比喻一个人有钱却依附于人的处境)

kaf.ka.esk [-ka'ɛsk] *Adj*(形); *geschr*[书]; absurd u. so bedrohlich (wie in den Romanen von Franz Kafka), dass man Angst bekommt 怪诞的,怪诞不经的,卡夫卡式的〈e-e Welt 世界; etw. hat kafkaeske Züge 某事具有怪诞的特征〉

Kaf.tan *der*; *-s*, *-e*; ein langes, weites Kleid mit langen Ärmeln, wie es im Orient *bes* die Männer tragen 长袖长袍,长衫,大褂

kahl, *kahler*, *kahlst-*; *Adj*(形) **1.** (fast) ohne Haare 秃顶的,无毛发的〈ein Kopf, ein Schädel 头,脑袋; j-n k. scheren 剃光头〉: *Mein Vater wird allmählich k.* 我父亲慢慢秃顶了 **2.** ohne Blätter 无叶的〈ein Ast, ein Baum, ein Strauch 树枝,树,灌木〉: *Die Heuschrecken haben alles k. gefressen* (= alle Blätter abgefressen) 蝗虫把叶子都啃光了 **3.** ohne Bäume u. Sträucher 无树木的,光秃秃的,寸草不长的〈ein Berg, e-e Gegend, e-e Landschaft 山,地方,地区〉 **4.** ohne Bilder, Möbel *o. Ä.* 无陈设的,空荡荡的≈ leer〈e-e Wand, ein Zimmer 墙,房间〉 ‖ *hierzu* (派生) **Kahl.heit** *die*; *nur Sg*(只用单数)

kahl.fres.sen ↑ ***kahl*** (2)

Kahl.kopf *der* **1.** ein Kopf ohne Haare 秃头,光头≈ Glatze **2.** *gespr*[口]; ein Mann mit e-m K. (1) 秃子,秃头(指人)≈ Glatzkopf ‖ *zu* (义项) **1. kahl.köp.fig** *Adj*(形); **Kahl.köp.fig-keit** *die*; *nur Sg*(只用单数)

kahl.sche.ren ↑ ***kahl*** (1)

Kahl.schlag *der* **1.** *nur Sg* (只用单数); das Fällen aller Bäume an einem bestimmten Ort 把树木砍伐光 **2.** der Ort (im Wald), an dem alle Bäume gefällt wurden 林中树木砍伐光的地方 ‖ *hierzu*(派生) **kahl.schla.gen** (*hat*) *Vt*(及物)

Kahn *der*; *-(e)s*, *Käh.ne* **1.** ein kleines, offenes, flaches Boot (zum Rudern) 舢板,小船,小舟: *mit dem K. über den See rudern* 划小船过湖 ‖ K-(复合): ***Kahn-***, ***-fahrt*** **2.** ein breites, flaches Schiff (ohne eigenen Motor), das *bes* mit Waren die Flüsse hinauf- und hinuntergezogen wird 驳船,拖船 ‖ -K(复合): ***Last-***, ***Schlepp-*** **3.** *gespr hum od pej* [口][诙]或[贬]≈ Schiff

Kai *der*; *-s*, *-s*; das Ufer im Hafen, an dessen Mauer die Schiffe liegen, wenn sie be- und entladen werden 码头〈ein Schiff macht am K. fest, liegt am K. 一条船系在、停靠在码头上〉‖ K-(复合): ***Kai-***, ***-mauer*** ‖ NB(注意): ↑ ***Damm***

Kai·ser *der*, *-s*, *-* **1.** der oberste (weltliche) Herrscher, den es in e-r Monarchie geben kann 皇帝,帝王,天子 ‖ K-(复合): ***Kaiser-***, ***-krone***, ***-reich*** ‖ NB(注意): ↑ ***König*** **2.** *nur Sg*(只用单数); der Titel des Kaisers (1)皇帝头衔〈j-n zum K. ernennen, wählen, krönen 立某人为帝,选某人为帝,为某人加冕; j-n als K. ausrufen 宣布某人为帝〉: *K. Maximilian, der letzte Ritter* 马克西米利安皇帝,最后一位骑士 ‖ *hierzu* (派生) **Kai·se·rin** *die*; *-*, *-nen*; **Kai·ser·tum** *das*; *-s*; *nur Sg* (只用单数); *zu* (义项) **1. kai·ser·lich** *Adj*(形)

Kai·ser·schmar·ren *der*; *südd* Ⓐ [南德][奥] e-e süße Mehlspeise (mit Rosinen), die in der Pfanne gemacht, dann in kleine Stücke geschnitten u. so serviert wird 奥地利煎饼(拌有葡萄干的烘烤的一种甜点)

Kai·ser·schnitt *der*; e-e Operation, bei der die Gebärmutter e-r schwangeren Frau durch e-n Schnitt vom Bauch aus geöffnet wird, um das Kind herauszuholen 剖腹产手术 ‖ K-(复合): ***Kaiserschnitt-***, ***-geburt***, ***-operation***

Ka·jak *der*, *das*; *-s*, *-s* **1.** ein schmales, geschlossenes Boot für eine Person (wie es die Eskimos auf der Jagd haben) (爱斯基摩人捕猎用的)狭长的单人皮筏 **2.** ein schmales, geschlossenes Boot (für einen od. mehrere Sportler), das man mit Paddeln bewegt(竞赛用的单人或多人)划艇

Ka·jü·te *die*; *-*, *-n*; ein (geschlossener) Raum auf Booten u. Schiffen, in dem man isst u. schläft 舱房,船室 ‖ -K(复合): ***Boots-***, ***Offiziers-***

Ka·ka·du *der*; *-s*, *-s*; ein Vogel mit langen Federn am Kopf, die er aufrichten kann 凤头鹦鹉,葵花鹦鹉

Ka·kao [ka'kau] *der*; *-s*; *nur Sg*(只用单数) **1.** ein braunes Pulver, das aus großen (Samen) Körnern des Kakaobaumes gewonnen wird u. aus dem man Schokolade macht 可可粉〈stark/schwach entölter K. 低脂含油/高脂含油的可可粉〉‖ K-(复合): ***Kakao-***, ***-pulver*** **2.** der Samen, aus dem man K. (1) macht 可可(豆)〈K. rösten 焙干可可豆〉‖ K-: ***Kakao-***, ***-bohnen*** **3.** die Pflanze, an der K. (2) wächst 可可(树)〈K. anbauen 种植可可〉‖ K-(复合): ***Kakao-***, ***-baum***, ***-pflanze***, ***-plantage***, ***-strauch*** **4.** ein Getränk aus Milch, K. (1) u. Zucker 可可(饮料)〈e-e Tasse K. 一杯可可(饮料)〉‖ ID[谚] ***j-n / etw. durch den K. ziehen*** *gespr* [口]; über j-n/etw. (*mst* auf lustige, gutmütige Weise) spotten 取笑(嬉弄)某人/某事

Ka·ker·lak *der*; *-s/-en*, *-en*; ein großes schwarzes Insekt, das *bes* in den Spalten alter (schmutziger) Häuser lebt 蜚蠊,蟑螂 ≈ Küchenschabe ‖ NB(注意): *der Kakerlak*; *den*, *dem Kakerlak/Kakerlaken*; *des Kakerlaks/Kakerlaken*

Kak·tus *der*; *-/-ses*, *Kak·te·en* [-'te:ən], *gespr auch* [口]也用 *-se*; e-e (tropische) Pflanze mit dicken (fleischigen) Blättern od. Polstern u. vielen Stacheln, die *mst* in trockenen Regionen wächst 仙人掌〈Kakteen züchten 种植仙人掌〉‖ K-(复合): ***Kakteen-***, ***-zucht*** ‖ -K(复合): ***Kugel-***, ***Säulen-***, ***Zimmer-***

Ka·la·mi·tät *die*; *-*, *-en*; *veraltend*[渐旧]; e-e sehr schwierige Situation 困境,灾祸

Ka·lau·er *der*; *-s*, *-*; ein einfacher, nicht sehr intelligenter Witz (der oft durch ein Spiel mit Worten entsteht) 简单无聊的文字游戏 ‖ *hierzu*(派生) **ka·lau·ern** (*hat*) *Vi*(不及物)

Kalb *das*; *-(e)s*, *Käl·ber* **1.** ein junges Rind 小牛犊 ‖ K- (复合): ***Kalb-***, ***-fleisch***; ***Kalb(s)-***, ***-fell***, ***-leder***; ***Kalbs-***, ***-braten***, ***-frikassee***, ***-hachse***, ***-kopf***, ***-leberwurst***, ***-schnitzel***; ***Kälber-***, ***-futter***, ***-stall*** **2.** verwendet als Bezeichnung für das Junge[2] einiger Säugetiere (*z.B.* des Elefanten) (指某些哺乳动物,如象的)幼兽 ‖ -K(复合): ***Elefanten-***, ***Giraffen-***, ***Hirsch-*** ‖ ID [谚] ***das Goldene K. anbeten***; ***ums Goldene K. tanzen*** *geschr* [书]; die Macht des Geldes über alles schätzen 崇拜金钱,金钱至上

kal·ben; *kalbte*, *hat gekalbt*; Vi (不及物) ***ein Tier kalbt*** ein Tier bekommt ein Kalb(动物作主语)生幼崽: *Die Kuh hat gekalbt* 母牛生了小牛

Ka·lei·do·s·kop *das*; *-s*, *-e* **1.** ein optisches Gerät in Form e-s (Fern)Rohrs, in dem sich kleine, bunte (Glas)Steine befinden, die sich beim Drehen des Rohres so spiegeln, dass man Muster u. geometrische Figuren sieht, die sich ständig verändern 万花筒 **2.** *geschr*[书]; e-e sich schnell ändernde Folge von verschiedenen Dingen, Erscheinungen *usw* 五彩缤纷,五花八门,五光十色〈ein K. von Eindrücken 光怪陆离的印象〉‖ *zu* (义项) **1. ka·lei·do·s·ko·pisch** *Adj*(形)

ka·len·da·risch *Adj*(形); nach dem Datum, das der Kalender nennt 按日历的: *der kalendarische Beginn des Winters am 21. Dezember* 按日历冬至是十二月二十一日

Ka·len·der *der*; *-s*, *-* **1.** *mst* ein einzelnes Blatt, e-e Art Heft, Block od. Buch, auf denen ein Jahr in zeitlicher Folge in alle Tage, Wochen u. Monate gegliedert ist 日历,历书,年历: *wichtige Termine im K. notieren*, *vormerken* 在日历上记下、预先标出重要的日期(备忘) ‖ -K(复合): ***Termin-*** **2.** die Einteilung der Zeit (der Zeitrechnung) nach astronomischen Einheiten wie Tag, Monat, Jahr 历法: *der gregorianische K.* 格雷果里历,格里历(即阳历)

Ka·len·der·blatt *das*; das einzelne Blatt e-s (Abreiß)Kalenders 日历页

K

Ka·len·der·jahr *das*; die Zeit zwischen dem 1. Januar und dem 31. Dezember e-s Jahres (im Unterschied *z.B.* zu e-m Schuljahr) 日历年

Ka·li *das*; *-s*; *nur Sg*, *Kurzw* (只用单数)(略) ↑ **Kalisalz** ‖ K-(复合): **Kali-**, **-bergbau**, **-dünger**, **-industrie**

Ka·li·ber *das*; *-s*, *-* **1.** der innere Durchmesser von Rohren (*bes* beim Lauf von Gewehren *usw*) (管子、枪炮)口径 **2.** der äußere Durchmesser von Gewehr-, Pistolenkugeln *o.Ä.* (炮弹、子弹)直径: *e-e Kugel vom K. 32* 一颗口径32的子弹 **3.** **vom selben K.** *gespr*, *mst pej* [口]多用[贬]; von der gleichen Art, mit dem gleichen (schlechten) Charakter 一路货: *Die beiden sind vom selben K.* 这两个人是一路货色

Ka·li·salz *das*; *mst Pl* (多用复数); ein Salz od. ein Gemisch von Verbindungen, die man *bes* als Dünger verwendet 钾盐(尤作肥料用)

Ka·li·um *das*; *-s*; *nur Sg* (只用单数); ein sehr weiches, silbrig glänzendes (Leicht)Metall 钾; CHEM【化】K

Kalk *der*; *-(e)s*; *nur Sg* (只用单数); ein weißes Pulver (aus Kalkstein), das man beim Bauen braucht (*bes* um die Mauern mit e-r weißen Schicht zu bedecken) 石灰 ⟨gebrannter, (un)gelöschter K. 生、(生)熟石灰; K. brennen, löschen 烧、化石灰⟩ ‖ K-(复合): **Kalk-**, **-brennerei**, **-mörtel** ‖ *hierzu* (派生) **kalk·hal·tig** *Adj* (形); *nicht adv* (不作状语); **kal·kig** *Adj* (形); *nicht adv* (不作状语)

kal·ken; *kalkte*, *hat gekalkt*; [Vt] (及物) **etw. k.** Wände *o.Ä.* mit e-r Mischung aus Wasser u. Kalk streichen 粉刷, 给…喷刷石灰浆

Kalk·man·gel *der*; *nur Sg* (只用单数); der Zustand, wenn im Körper (von Menschen u. Tieren) od. in der Erde zu wenig Kalk (Kalzium) ist 缺钙, 缺石灰质

Kalk·stein *der*; *nur Sg* (只用单数); ein *mst* weißes Gestein, das man aus Felsen bricht (u. *z.B.* beim Bauen verwendet) 灰岩, 石灰岩

Kal·kül *das*, *der*; *-s*, *-e*; *geschr* [书] **1.** e-e Überlegung od. Planung, bei der man alle (störenden) Faktoren bedenkt, die das Ergebnis beeinflussen könnten 考虑, 估计 ⟨etw. ins K. (einbe)ziehen 把某事考虑进去⟩ **2.** ≈ Berechnung (3) ⟨etw. aus reinem K. tun 做某事纯粹出于私利⟩

Kal·ku·la·ti·on [-ˈtsi̯oːn] *die*; *-*, *-en* **1.** das Berechnen (*mst* der Kosten für etw.) 计算, 核算 (费用、成本): *die K. der Kosten für ein neues Projekt* 对一项新工程的费用核算 **2.** ≈ Schätzung: *Nach meiner K. müssten wir gleich da sein* 我估计我们马上就要到了 ‖ *zu* (义项) **1. kal·ku·la·to·risch** *Adj* (形)

kal·ku·lie·ren; *kalkulierte*, *hat kalkuliert*; [Vt] (及物) **1. etw. k.** im Voraus berechnen, welche Kosten entstehen, welche Preise man verlangen muss 预计, 预算, 核算: *die Kosten für ein Buch k.* 核算一本书的成本; [Vt/i] (及物/不及物) **2. (etw.) k.** e-n Sachverhalt, e-e Situation *o.Ä.* in bestimmter Weise abschätzen 估计, 衡量, 考虑(事态) ⟨schnell, scharf, falsch k. 快速地、精确地、错误地估计⟩ ‖ *hierzu* (派生) **kal·ku·lier·bar** *Adj* (形); *nicht adv* (不作状语)

kalk·weiß *Adj* (形); sehr blass od. bleich (vor Erregung od. Angst) 刷白的, 苍白的: *vor Angst k. im Gesicht sein* 吓得脸色刷白

Ka·lo·rie *die*; *-*, *-n* [-ˈriːən] **1.** *mst Pl* (多用复数); e-e (Maß)Einheit, mit der man angibt, wie viel Energie ein Nahrungsmittel im Körper erzeugt 卡(路里)(指食品在人体产生的能量); *Zeichen* 符号 cal: *Schokolade hat viele Kalorien* 巧克力卡路里含量高 ‖ K-(复合): **Kalorien-**, **-gehalt** ‖ NB(注意): ↑ **Joule** **2.** PHYS【物】; e-e (Maß)Einheit, mit der man e-e bestimmte Wärmemenge misst 卡(路里)(指测定热量的单位); *Zeichen* 符号 cal ‖ *zu* (义项) **1. ka·lo·ri·en·arm** *Adj* (形); **ka·lo·ri·en·reich** *Adj* (形)

ka·lo·ri·en·be·wusst *Adj* (形); *mst in* 多用于 **k. leben**, **essen**, **sich k. ernähren** beim Essen darauf achten, dass man Nahrung mit wenigen Kalorien (1) isst 生活、吃喝、饮食注意不摄取含热量高的食品

kalt, *kälter*, *kältest-*; *Adj* (形) **1.** mit/von (sehr od. relativ) niedriger Temperatur, sehr kühl 冷的, 寒冷的 ↔ heiß ⟨es ist bitter (= sehr), empfindlich, eisig k. 非常、很、冰冷⟩: *Draußen ist es k., zieh doch e-n Mantel an* 外面很冷, 穿上件大衣吧; *Iss schnell, sonst wird die Suppe k.* 快吃, 要不汤会凉的; *Er hat immer kalte Hände u. Füße, weil sein Blutdruck so niedrig ist* 他的手脚总是冰凉的, 因为他血压很低 ‖ K-(复合): **Kalt-**, **-luft** ‖ -K(复合): **bitter-**, **eis-** **2.** nicht durch e-e Heizung warm gemacht (无供暖) 冷的, 凉的: *Das Zimmer ist mit fließend warmem u. kaltem Wasser* 房间供应冷热水 ‖ K-(复合): **Kalt-**, **-wasser** **3.** *nicht adv* (不作状语); so, dass das Essen roh ist od. gekocht, aber nicht mehr warm (指饭菜) 凉的, 冷的 ⟨ein Braten, ein Büfett, e-e Mahlzeit, e-e Platte 烧烤, 自助餐, 饭菜, 菜盘; den Braten, das Hähnchen *o.Ä.* k. essen 烧烤、鸡等吃冷的⟩: *Zwischen vierzehn u. achtzehn Uhr servieren wir nur kalte Speisen* 14点至18点之间我们只供应冷餐 **4.** ohne Freundlichkeit u. ohne jedes (Mit)Gefühl 冷冰冰的, 冷酷无情的 ↔ herzlich ⟨ein Lächeln, ein Mensch 微笑, 人; k. bleiben, lächeln 冷漠、无动于衷, 无情地微笑⟩ **5.** ⟨Farben, Licht 颜色, 光⟩ so, dass sie auf einen fahl u. unangenehm wirken 冷的, 淡的 ↔ warm: *ein kaltes Grün, Weiß od. Blau* 淡绿, 淡白, 淡蓝 **6.** *nur attr*, *nicht adv* (只作定语, 不作状语); unangenehm intensiv 令人战栗的, 寒战(噤)的 ⟨kaltes Entsetzen, kaltes Grausen, kalte Wut erfasst/packt j-n 惊恐、恐惧、生气使某人不禁打寒颤(不寒而栗)⟩ **7. j-m ist k.** j-d friert 感到冷 ↔ j-m ist heiß, warm **8. etw. k. stellen** Getränke od. Speisen an e-n Ort stellen, wo sie k. (1) werden 把…搁着冰一冰(凉一凉) ↔

etw. warm stellen **9.** *nur präd*, *nicht adv*（只作表语，不作状语）; so, dass in der Miete die Heizungskosten noch nicht enthalten sind 冷的（不包括供暖费用）: *Die Wohnung kostet 850 Euro k.* 房租 850 欧元，不包括供暖费 ‖ K-（复合）: ***Kalt-***, ***-miete*** **10.** ***k. lächelnd*** *Adv*（副）; *gespr*, *pej*［口］［贬］; ohne das geringste Mitgefühl mit j-m (dem man etw. Böses antut) 无情地，残忍地 ≈ ungerührt 〈j-n k. lächelnd fertigmachen 无情地折磨某人〉‖ NB（注意）: ↑ ***kaltlassen***

Kalt·blü·ter *der*; *-s*, *-*; ZOOL【动】; ein Tier, dessen (Körper) Temperatur sich an die jeweilige Temperatur seiner Umgebung anpasst 冷血动物，变温动物 ↔ Warmblüter: *Eidechsen sind Kaltblüter* 蜥蜴是冷血动物

kalt·blü·tig *Adj*（形）**1.** *pej*［贬］; ohne Skrupel (u. Mitleid) 冷酷的，残酷的 ≈ gefühllos 〈j-n k. ermorden, umbringen 把某人残酷地杀害、杀死; ein Verbrecher 罪犯〉‖ NB（注意）: *heißblütig* wird dagegen im Sinne von *temperamentvoll* gebraucht（但 *heißblütig* 却用作表示 *temperamentvoll* 易于激动的，热情的）**2.** in e-r gefährlichen Situation fähig, ganz ruhig zu bleiben u. vernünftig u. mutig zu handeln 沉着的，冷静的，从容不迫的 ≈ gelassen ↔ ängstlich: *der Gefahr k. ins Auge sehen* 临危不惧 ‖ NB（注意）: ↑ ***kühl*** **3.** *nicht adv*, ZOOL（不作状语）【动】; 〈Tiere 动物〉 so, dass sich ihre (Körper) Temperatur an die Temperatur der Umgebung anpasst 冷血的，变温的 ‖ *zu*（义项）**1.** u. **2. Kalt·blü·tig·keit** *die*; *nur Sg*（只用单数）

Käl·te *die*; *-*; *nur Sg*（只用单数）**1.** e-e niedrige Temperatur (der Luft, des Wassers), die man als unangenehm empfindet 冷，寒冷 ↔ Wärme, Hitze 〈es herrscht (e-e) eisige, grimmige, schneidende K. 一股冰冷的、强烈的、刺骨的寒气; vor K. zittern 冷得发抖〉: *Bei dieser K. brauchst du unbedingt Schal u. Mütze* 这么冷的天，你一定得带围巾和帽子 ‖ K-（复合）: ***Kälte-***, ***-gefühl***, ***-grad***, ***-schutz*** **2.** Temperaturen unter 0 Grad (Celsius) 零下（摄氏）≈ unter Null, minus: *20 Grad K.*（= -20°）零下 20 度 **3.** das Fehlen jeglichen Mitgefühls für andere Lebewesen 冷酷，无情，冷冰冰 ≈ Gefühlskälte: *In seinen Worten lag e-e eisige K.* 他的话冷漠无情

Käl·te·ein·bruch *der*; das schnelle u. plötzliche Sinken der (Außen) Temperatur (oft so, dass es friert) 降温，气温骤降

Käl·te·pe·ri·o·de *die*; ein längerer Zeitraum mit sehr kaltem Wetter 寒冷期，寒潮期 ↔ Wärmeperiode

Käl·te·wel·le *die*; Kälte, die sich auf ein Gebiet *mst* über e-n längeren Zeitraum ausdehnt 寒流，寒潮 ↔ Hitzewelle

Kalt·front *die*; MET【气】; kalte Luftmassen, die in ein Gebiet mit wärmerer Luft dringen 冷锋，冷锋面 ↔ Warmfront 〈e-e K. dringt vor, zieht herauf 冷锋向前推动、即将来临〉

kalt·her·zig *Adj*（形）; ohne Gefühl (*bes* ohne Mitleid od. Liebe) 冷酷无情的，铁石心肠的 ‖ *hierzu*（派生）**Kalt·her·zig·keit** *die*; *nur Sg*（只用单数）

kalt·lä·chelnd ↑ ***kalt*** (10)

kalt·las·sen; *lässt kalt*, *ließ kalt*, *hat kaltgelassen*; [Vt]（及物）***j-d / etw. lässt j-n kalt*** j-d/etw. bewirkt bei j-m kein Mitgefühl（人/物作主语）引不起…的同感（兴趣）: *Das Elend ließ ihn kalt* 他对贫困无动于衷（冷漠无情）

Kalt·luft *die*; *nur Sg*, MET（只用单数）【气】; kalte Luft 冷空气: *Polare K. greift auf Deutschland über* 北极的冷空气侵袭德国

kalt·ma·chen; *machte kalt*, *hat kaltgemacht*; [Vt]（及物）***j-n k.*** *gespr*［口］; j-n töten, ermorden 杀害，杀死

kalt·schnäu·zig *Adj*（形）; *gespr*［口］; ohne (Mit) Gefühl od. Respekt, gleichgültig 冷冰冰的，冷淡的，厚颜无耻的 ≈ frech, rücksichtslos ‖ *hierzu*（派生）**Kalt·schnäu·zig·keit** *die*; *nur Sg*（只用单数）

kalt·stel·len; *stellte kalt*, *hat kaltgestellt*; [Vt]（及物）***j-n k.*** *gespr*［口］; (durch bestimmte, *mst* unfaire Maßnahmen) j-m seine Macht, seinen Einfluss nehmen 让…靠边站，排挤，剥夺…的权势，把…打入冷宫: *e-n lästigen, unliebsamen Konkurrenten k.* 把烦人的、讨厌的竞争对手挤到一边去 ‖ *NB*（注意）: ↑ ***kalt*** (8)

Kal·zi·um *das*; *-s*; *nur Sg*（只用单数）; ein sehr weiches, silbriges (Leicht) Metall, das *z.B.* in Knochen, Zähnen u. Kreide vorkommt 钙; CHEM【化】Ca

kam *Imperfekt*, *1. u. 3. Person Sg*（过去时，第一和第三人称单数）; ↑ ***kommen***

kä·me *Konjunktiv II*, *1. u. 3. Person Sg*（虚拟式 II，第一和第三人称单数）; ↑ ***kommen***

Ka·mel *das*; *-s*, *-e* **1.** ein großes Tier mit einem Buckel od. zwei Buckeln (Höckern), das in der Wüste od. Steppe lebt 骆驼 〈auf e-m K. reiten 骑骆驼〉‖ NB（注意）: ↑ ***Dromedar*** ‖ -K（复合）: ***Last-*** **2.** *gespr pej*［口］［贬］; verwendet als Schimpfwort（用作咒骂语）≈ Dummkopf, Trottel

Ka·mel·haar *das*; *nur Sg*（只用单数）; ein Stoff von (gelblicher) Farbe, der aus den Haaren von Kamelen gemacht wird 驼绒织品，骆驼毛织品 ‖ K-（复合）: ***Kamelhaar-***, ***-decke***, ***-mantel***

Ka·me·ra *die*; *-*, *-s* **1.** ein Apparat zum Filmen（电影、电视）摄相机，摄影机 ≈ Filmkamera 〈die K. läuft, surrt 摄影机在工作、发出嗡嗡声; die K. führen, auf etw. richten 使用摄相机，将摄相机对准某物〉: *Die K. schwenkt auf die Ansagerin* 摄相机（镜头）对着女报幕员摇转 ‖ K-（复合）: ***Kamera-***, ***-einstellung***, ***-führung***, ***-team***; ***kamera-***, ***-scheu*** ‖ -K（复合）: ***Fernseh-***, ***Film-*** **2.** ≈ Fotoapparat: *e-n Film in die K. einlegen* 将胶卷装入相机 **3. *vor der K. stehen*** (als Schauspieler) in e-m Film mitspielen od. im Fernsehen auftreten（演员）拍电影或电视

Ka·me·rad *der*; *-en*, *-en* **1.** j-d, mit dem man längere Zeit (oft in wichtigen Abschnitten des Lebens) zusammen war (*z. B.* in der Schule, im Krieg) u. dem man deshalb vertraut 老同学,同志,同事,战友≈ Gefährte ⟨j-m ein guter K. sein 是某人的一位好同学⟩ ‖ -K(复合): ***Klassen-***, ***Kriegs-***, ***Schul-*** **2.** j-d, mit dem man oft beisammen ist, weil man die gleichen Interessen hat 同伴,伙伴 ‖ -K(复合): ***Mannschafts-***, ***Spiel-***, ***Sport-*** ‖ *hierzu* (派生) **Ka·me·ra·din** *die*; -, *-nen* ‖ NB(注意): **a)** ↑ ***Freund***, ***Genosse***; **b)** *der Kamerad*; *den*, *dem*, *des Kameraden*

Ka·me·rad·schaft *die*; -; *nur Sg*(只用单数); ***K.*** (***mit j-m/zwischen*** ⟨Personen 人⟩) das Verhältnis zwischen zwei od. mehreren Menschen, die einander vertrauen u. helfen (与…之间的)同志关系,友谊 ‖ *hierzu* (派生) **ka·me·rad·schaft·lich** *Adj* (形); *mst attr od adv* (多作定语或状语) ‖ NB(注意): ↑ ***Freundschaft***

Ka·me·rad·schafts·geist *der*; *nur Sg*(只用单数); e-e Einstellung innerhalb e-r Gruppe, die durch Kameradschaft bestimmt ist 同志之间的友好精神

Ka·me·ra·mann *der*; *-es*, *Ka·me·ra·män·ner/Ka·me·ra·leu·te*; j-d, der beim Film u. Fernsehen die Kamera führt 摄影师 ‖ *hierzu*(派生) **Ka·me·ra·frau** *die*

Ka·mil·le *die*; -, *-n*; *mst Sg*(多用单数); e-e Pflanze mit relativ hohen Stängeln u. kleinen Blüten, die in der Mitte gelb sind u. weiße Blütenblätter haben. Die Blüten werden als (Heil)Tee bei Entzündungen u. Magenverstimmungen verwendet 甘菊,春黄菊 ‖ K-(复合): ***Kamillen-***, ***-blüte***, ***-tee***

Ka·min *der*; *-s*, *-e* **1.** e-e Art offener Ofen, der *mst* so in die Wand e-s Zimmers gebaut ist, dass man das Feuer brennen sieht 壁炉 ⟨vor dem, am K. sitzen 坐在壁炉前、旁⟩: *Im K. prasselt ein Feuer* 火在壁炉里发出噼噼啪啪的声响 ‖ K-(复合): ***Kamin-***, ***-feuer*** **2.** *bes südd* Ⓐ Ⓒⓗ 尤用于[南德][奥][瑞]≈ Schornstein ‖ ID [谚] ***etw. in den K. schreiben*** (***können***) *gespr*[口]; etw. aufgeben od. als verloren betrachten müssen 对某事无指望,不(能)指望得到某物: *Jetzt, wo er pleite ist, kann ich mein Geld in den K. schreiben* 他现在破产了,我的钱指望不上了

Ka·min·fe·ger *der*; *-s*, -; Ⓒⓗ [瑞]≈ Schornsteinfeger ‖ *hierzu* (派生): **Ka·min·fe·ge·rin** *die*; -, *-nen*

Ka·min·keh·rer *der*; *-s*, -; *südd* [南德]≈ Schornsteinfeger ‖ *hierzu* (派生): **Ka·min·keh·re·rin** *die*; -, *-nen*

Kamm[1] *der*; *-(e)s*, *Käm·me*; ein (flacher, länglicher) Gegenstand (mit e-r Reihe von Zähnen, Zinken), mit dem man die Haare frisiert 梳子: *Sie fuhr sich schnell mit dem K. durch die Haare* 她很快地用梳子梳了梳头 ‖ ID[谚] ***alle(s) über einen K. scheren*** Menschen od. Dinge ganz gleich behandeln u. beurteilen, obwohl sie verschieden sind(对不同的人或事)一刀切,一律对待,一视同仁 ‖ NB (注意): ↑ ***Bürste***

Kamm[2] *der*; *-(e)s*, *Käm·me*; der Streifen rote Haut auf dem Kopf von Hähnen 鸡冠 ‖ ID[谚] ***j-m schwillt der K.*** *gespr*[口]; **a)** j-d wird zornig 某人怒发冲冠; **b)** j-d zeigt in seinem Verhalten, wie stolz er ist 某人趾高气扬

Kamm[3] *der*; *-(e)s*, *Käm·me* **1.** der (oberste) Teil e-s Gebirges, der von weitem wie eine Linie aussieht 山脊,峰 ‖ K-(复合): ***Kamm-***, ***-lage*** ‖ -K(复合): ***Berg-*** **2.** der höchste Punkt e-r Welle 波浪峰顶,浪头 ‖ -K(复合): ***Wellen-***

Kamm

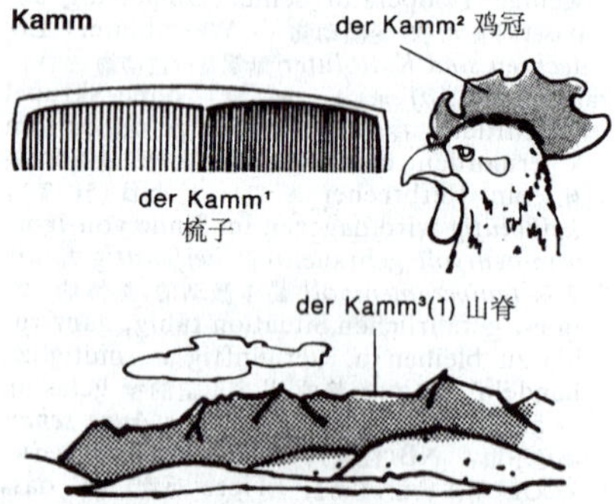

käm·men; *kämmte*, *hat gekämmt*; [Vt] (及物) ***j-n/sich k.***; ***j-m/sich die Haare k.*** j-s/seine eigenen Haare mit e-m Kamm[1] glatt u. ordentlich machen u. ihnen so e-e bestimmte Form geben 梳头,梳发↔ bürsten: *Kämm dir die Haare nach hinten – das steht dir gut* 你把头发往后梳——这样好看

Kam·mer[1] *die*; -, *-n* **1.** *veraltend* [渐旧]; ein kleiner Raum, *bes* zum Schlafen 卧室: *Das Dienstmädchen hat e-e K. unter dem Dach* 女佣在阁楼有间卧室 ‖ -K(复合): ***Dach-*** **2.** ein kleiner (Neben)Raum, *bes* zum Lagern von Sachen (Vorräten, Gerät *usw*) 斗室,贮藏室: *Das Bügelbrett steht in der K. neben dem Bad* 烫衣板在浴室隔壁的贮藏室里 ‖ *-K*(复合): ***Abstell-***, ***Besen-***, ***Speise-***, ***Vorrats-*** **3.** ein kleiner, abgeschlossener, hohler Raum im Innern von bestimmten Motoren od. technischen Geräten 膛,室: *die Kammern des Brennofens* 燃烧炉的炉膛 **4.** ein hohler Raum im Herzen 心室,心腔 ≈ Herzkammer: *Das Herz hat vier Kammern* 心脏有四个房室

Kam·mer[2] *die*; -, *-n*; *Kollekt* (集合) **1.** POL【政】; die Mitglieder e-s Parlaments (od. ein Teil e-s Parlaments) 议院,议会 ‖ -K(复合): ***Abgeordneten-***, ***Deputierten-*** **2.** e-e Organisation, die für die Interessen e-s bestimmten Berufsstandes arbeitet (同业)协会 ‖ -K (复合): ***Anwalts-***, ***Ärzte-***, ***Handels-***

Kam·mer·chor *der*; e-e kleine Gruppe von Sängern, die zusammen (Kammer)Musik machen 室内合唱团

Kam·mer·die·ner *der*; *hist*［历］; der persönliche Diener e-s Fürsten *o.Ä.*（王公显贵的）随从，仆从，男仆

Kam·mer·jä·ger *der*; j-d, der (beruflich) Ungeziefer in Gebäuden tötet 消灭居室害虫者 ‖ *hierzu*（派生）**Kam·mer·jä·ge·rin** *die*

Kam·mer·kon·zert *das*; ein Konzert, bei dem Kammermusik gespielt wird 室内音乐会

Käm·mer·lein *das*; *-s*, *-*; *hum*［诙］; ein kleines Zimmer 小房间 ‖ ID［谚］*mst* 多用 **im stillen K.** *hum*［诙］; in Ruhe u. ganz allein 孤寂一人

Kam·mer·mu·sik *die*; *nur Sg*（只用单数）; (ernste) Musik, die für e-e kleine Zahl von Instrumenten od. Sängern geschrieben ist 室内音乐 ‖ *hierzu*（派生）**Kam·mer·mu·si·ker** *der*

Kam·mer·or·ches·ter *das*; ein relativ kleines Orchester, das Kammermusik spielt 室内乐团，小型乐团

Kam·mer·zo·fe *die*; *hist*［历］; e-e Frau, die die Aufgabe hatte, e-e Fürstin *o.Ä.* zu bedienen 宫女，侍女

Kamm·garn *das*; ein feines, glattes Garn (aus Wolle), bei dem die kurzen Fasern mit e-r Art Kamm entfernt wurden 精纺毛纱，精梳毛纱

Kam·pag·ne [-ˈpanjə] *die*; *-*, *-n*; **e-e K. (für, gegen j-n/etw.)** e-e Aktion mit dem Zweck, in der Öffentlichkeit für j-n/etw. zu werben od. (*mst* aus politischen Gründen) gegen j-n/etw. zu kämpfen（支持、反对…）运动〈e-e K. starten, führen 发起、领导一场运动〉: *Die K. gegen das Rauchen hat Erfolg* 反对吸烟的运动有成果 ‖ -K(复合): ***Presse-*, *Werbe-*** ‖ NB(注意): ↑ ***Feldzug***

Kampf *der*; *-(e)s*, *Kämp·fe* **1. der K. (gegen j-n/mit j-m)** militärische Aktionen während e-s Krieges 战斗〈ein harter, schwerer, erbitterter, blutiger, bewaffneter K. 一场苦、大、激、血战，武装斗争; der K. gegen die Eindringlinge, die feindliche Armee 针对入侵者、敌军的战斗; ein K. entbrennt, tobt 战斗打响了、激烈进行着〉 ‖ K-(复合): ***Kampf-*, *-flugzeug*, *-gebiet*, *-getümmel*, *-mittel*, *-panzer*, *-pause*, *-platz*, *-verband*; *Kampf(es)-*, *-lärm*, *-mut*** ‖ -K(复合): ***Luft-*, *See-*** **2. der K. (gegen j-n/mit j-m)** e-e Auseinandersetzung od. ein Streit, bei denen man versucht, mit körperlicher Kraft od. mit Waffen e-n (persönlichen) Gegner zu besiegen 格斗，搏斗〈j-n zum K. herausfordern 向某人挑战; ein K. Mann gegen Mann 肉搏战，一对一地对搏〉: *Bei dem K. mit seinem Rivalen wurde er schwer verletzt* 与对手搏斗中他身负重伤 **3.** ein Konflikt, *bes* e-e Kontroverse, zwischen Menschen(gruppen), die verschiedene Interessen, Meinungen od. Ideologien vertreten(利益、意见、思想上的)斗争，冲突: *der Kampf der Geschlechter* 家族的利益斗争 **4. der K. (für, gegen j-n/etw.)** die besonders intensiven Bemühungen u. Anstrengungen, mit denen man ein Ziel zu erreichen od. etw. zu verhindern versucht 斗争，奋斗，努力: *der K. gegen die Umweltverschmutzung, für den Frieden* 为反对环境污染、为和平而奋斗 ‖ K-(复合): ***Kampf-*, *-gefährte*, *-gemeinschaft*, *-genosse*, *-lied*, *-parole*, *-schrift*, *-ziel*** **5. der K. (um j-n/etw.)** die intensiven Bemühungen u. Anstrengungen, ein (hohes) Ziel zu erreichen, j-n/etw. zu behalten *o.Ä.* 斗争，奋斗，挣扎: *der K. ums Überleben* 挣扎着活下来; *der K. um (die) Erhöhung der Löhne* 为提高工资而奋斗; *der K. um das Leben ihres schwer verletzten Mannes* 为身受重伤的丈夫生命而奔波 **6. der K. (um etw.)** ≈ Wettkampf: *der K. um den Sieg, um die Goldmedaille* 为胜利、为金牌(为夺冠)而赛; *Die Mannschaften lieferten sich e-n spannenden K.* 球队比赛打得很紧张 **7.** die Anstrengungen, mit denen man e-n seelischen Konflikt zu lösen versucht（内心）冲突，挣扎〈ein innerer, seelischer K. 内心的、精神上的斗争; e-n K. mit sich (selbst) austragen 同自己进行斗争〉 **8. *j-m/etw.* den K. ansagen** zum Ausdruck bringen, dass man j-n/etw. bekämpfen will 向…宣战 ‖ *zu*（义项）**1.** u. **2. kampf·be·reit** *Adj*（形）; *nicht adv*（不作状语）; **kampf·los** *Adj*（形）; *zu*（义项）**8. Kampf·an·sa·ge** *die*

-kampf *der*; *im Subst*, *unbetont*, *wenig produktiv*（构成名词，非重读，构词弱）; ein sportlicher Wettkampf (*bes* der Leichtathletik) mit der genannten Zahl von Disziplinen…项赛; ***Dreikampf*, *Fünfkampf*, *Siebenkampf*, *Zehnkampf*, *Zwölfkampf***

Kampf·ab·stim·mung *die*; e-e Abstimmung *o.Ä.*, bei der zwei Gruppen (*mst* politische Parteien) ungefähr die gleichen Chancen haben zu gewinnen(政党双方势均力敌的)竞争表决

kämp·fen; *kämpfte*, *hat gekämpft*; [Vi]（不及物）**1. (gegen j-n/mit j-m) k.** im Krieg mit Waffen versuchen, feindliche Soldaten zu besiegen 战斗，奋战〈tapfer, erbittert gegen die Eindringlinge, die feindliche Armee k. 勇敢、激烈地为抗击入侵者、抗击敌军而战斗〉 **2. (gegen j-n/mit j-m) k.** (körperliche) Gewalt gegen e-n anderen anwenden u. so versuchen, ihn zu besiegen (auch mithilfe von Waffen)格斗，搏斗: *Die beiden jungen Burschen kämpften verbissen miteinander* 两个年轻小伙子顽强地相互搏斗 **3. für, gegen j-n/etw. k.** sich sehr stark (angestrengt) bemühen, etw. zu erreichen bzw. zu verhindern 斗争，奋斗，努力 ≈ sich für, gegen j-n/etw. einsetzen (8): *für die Gleichberechtigung der Frau, gegen den Rassismus k* 为妇女平等、反对种族主义而奋斗; *gegen den Kandidaten der Opposition k.* 反对反对派候选人的斗争; *dagegen k.*, dass *e-e Autobahn gebaut wird* 为阻止建造一条高速公路而斗争 **4. um j-n/etw. k.** sich ganz intensiv darum bemühen, etw. zu erreichen, j-n/etw. zu behalten *o.Ä.* 斗争，奋斗，挣扎: *Die Gewerkschaft kämpft um höhere Löhne* 工会为提高工资而斗争; *Bei der*

K

Scheidung kämpfte sie um ihr Kind 离婚时她为得到自己的孩子而不余遗力；*Er kämpfte darum, die Kontrolle nicht zu verlieren* 他奋力保全控制权 **5.**（**um etw.**）**k.** sich *bes* im Sport bemühen, Erfolg (im Wettkampf) zu haben 竞争，比赛〈hart, verbissen k. 激烈、顽强地竞争〉：*um den Meistertitel, um den Sieg k.* 为冠军、为胜利而进行比赛 **6.**（**mit sich**）**k.** lange u. intensiv über die positiven u. negativen Aspekte e-r unangenehmen Sache, e-s privaten Problems *o.Ä.* nachdenken, um sich richtig zu entscheiden（思想上的）斗争，考虑再三：*Er kämpfte lange (mit sich), bevor er sich entschloss, seiner Frau die Wahrheit zu sagen* 在决定向妻子讲实情之前，他（内心）再三斗争

Kạmp·fer *der*；*-s*；*nur Sg*（只用单数）；e-e Masse, die aus dem Holz e-s (asiatischen) Baumes gewonnen wird u. *bes* in der Medizin u. Pharmazie verwendet wird 樟脑 ‖ K-（复合）：**Kampfer-, -öl, -salbe**

Kạ̈mp·fer *der*；*-s, -*；j-d, der (*bes* als Soldat, Sportler *o.Ä.*) für ein Ziel, gegen j-n/etw. kämpft 战士，士兵，参赛运动员 ‖ K-（复合）：**Kämpfer-, -herz** ‖ -K（复合）：**Freiheits-, Front-** ‖ *hierzu*（派生）**Kạ̈mp·fe·rin** *die*；*-, -nen*

kạ̈mp·fe·risch *Adj*（形）；bereit (u. von dem Wunsch erfüllt), für ein Ziel zu kämpfen (2,3,4,5) 作好战斗准备的，战斗的，有斗争性的≈ einsatzfreudig〈e-e Haltung, ein Einsatz 行为，投入；sich k. zeigen 表现出有斗争性〉

Kạ̈mp·fer·na·tur *die*；ein Mensch, der von Natur aus gern kämpft (u. nicht aufgibt) 斗志顽强的人，有斗争性的人：*Er ist e-e richtige K.* 他是一位斗志顽强的人

kạmp·fes·lus·tig *Adj*（形）；*nicht adv*（不作状语）**1.** bereit, mit j-m e-n Streit anzufangen 好斗的≈ herausfordernd ↔ versöhnlich〈j-n k. ansehen 以挑衅的眼光瞧着某人〉**2.** bereit, für etw., gegen j-n zu kämpfen (1,2) 准备战斗的 ‖ *hierzu*（派生）**Kạmp·fes·lust** *die*；*nur Sg*（只用单数）

Kạmp·fes·wil·le *der*；*nur Sg*（只用单数）；die Entschlossenheit, (weiter) zu kämpfen (u. nicht aufzugeben) 斗志≈ Kampfgeist

Kạmpf·geist *der*；*nur Sg*（只用单数）≈ Kampfeswille

Kạmpf·ge·richt *das*；SPORT【体】；e-e Gruppe von Experten, die e-n sportlichen Wettkampf überwachen (u. die Leistungen der Sportler bewerten) 裁判组≈ Jury

Kạmpf·hand·lung *die*；*mst Pl*（多用复数）；e-e militärische (Einzel) Aktion im Kampf (1) 军事行动，交战，战斗〈die Kampfhandlungen beenden, einstellen 结束战斗，停止交战〉

Kạmpf·hund *der*；ein Hund, der für Kämpfe mit anderen Hunden gezüchtet u. dressiert wird 斗犬

Kạmpf·kraft *die*；*nur Sg*（只用单数）；die Fähigkeit (*bes* von Soldaten), erfolgreich zu kämpfen (1) 战斗力〈die K. der Armee/Soldaten/Truppe *o.Ä.* erhöhen, verstärken 提高、加强军队/战士/部队等的战斗力〉‖ *hierzu*（派生）**kạmpf·kräf·tig** *Adj*（形）；*nicht adv*（不作状语）

kạmpf·lus·tig *Adj*（形）≈ kampfeslustig

Kạmpf·preis *der*；WIRTSCH【经】；ein sehr niedriger Preis für e-e Ware, mit dem e-e Firma die Konkurrenz vom Markt verdrängen will（低廉的）竞争价格

Kạmpf·rich·ter *der*；ein Experte, der bei e-m sportlichen Wettkampf darauf achtet, dass die Bestimmungen eingehalten werden, u. der die Leistungen der Sportler bewertet 裁判员 ‖ NB（注意）：↑ **Jury** ‖ *hierzu*（派生）：**Kạmpf·rich·te·rin** *die*

Kạmpf·sport *der*；e-e Sportart wie *z.B.* Boxen, Ringen od. Judo 格斗体育项目（如拳击、摔跤或柔道）

Kạmpf·stoff *der*；*mst Pl*（多用复数）；**biologische, chemische, radioaktive Kampfstoffe** (biologische, chemische, radioaktive) Substanzen, mit denen im Krieg Menschen getötet od. verletzt werden 战剂，毒剂，毒气（如生物、化学、放射性作战制剂）

kạmpf·un·fä·hig *Adj*（形）；*nicht adv*（不作状语）；nicht (mehr) in der Lage, (weiter) zu kämpfen 失去战斗力的，没有战斗能力的〈j-n k. machen 使某人丧失战斗力〉‖ *hierzu*（派生）**Kạmpf·un·fä·hig·keit** *die*；*nur Sg*（只用单数）

Kạmpf·wil·le *der* ≈ Kampfeswille

kam·pie̲·ren；*kampierte, hat kampiert*；**Vi**（不及物）**irgendwo k.** für kurze Zeit *mst* in e-m Zelt im Freien wohnen 露营，野营

Ka·na̲l *der*；*-s, Ka·nä·le* **1.** ein breiter, *mst* gerader, künstlicher Graben mit Wasser (*z.B.* zwischen zwei Meeren od. Flüssen), auf dem Schiffe fahren können 运河，海峡 ‖ -K（复合）：**Seiten-** **2.** ein relativ großes Rohr od. ein überdeckter Graben, durch die schmutziges Wasser aus den Häusern geleitet wird 下水管道，渠道：*Die Abwässer der Stadt werden durch unterirdische Kanäle in die Kläranlage geleitet* 城市废水经地下管道引入净水装置 ‖ K-（复合）：**Kanal-, -bau, -deckel, -system** ‖ -K（复合）：**Abwasser-, Bewässerungs-, Entwässerungs-** **3.** TV, RAD【电视】【广播】；ein Frequenzbereich, in dem man e-n bestimmten Sender empfangen kann 频道〈e-n K. wählen, einstellen, empfangen, hören 选、调、收、听频道〉**4.** *nur Pl*（只用复数）；**geheime, dunkle, diplomatische Kanäle** geheime, verdächtige, diplomatische Wege, auf denen Informationen zum Empfänger gelangen（指秘密的、黑色的、外交的）渠道 ‖ NB（注意）*zu*（义项）**4.**：nur mit Adjektiv verwendet（只与形容词连用）‖ ID［谚］**den K. voll haben** *gespr*［口］；etw. satthaben 对某事厌烦了

Ka·na̲l·ar·bei·ter *der* **1.** ein Arbeiter, der (Reparatur)Arbeiten an der Kanalisation verrichtet 管道工人 **2.** Ⓓ *gespr*［德］［口］；j-d, der *bes* für e-n Politiker tätig ist, ohne dass er selbst sehr bekannt ist（为某一政治家疏

通渠道的人士)说客‖ *hierzu*(派生) **Ka·nal·ar·bei·te·rin** *die*

Ka·na·li·sa·ti·on [-'tsioːn] *die*; -, *-en*; ein System von (unterirdischen) Kanälen (2), durch die das gebrauchte schmutzige Wasser (Abwasser) (ab)geleitet wird 排水设施,下水道工程‖ K-(复合): ***Kanalisations-***, ***-netz*** ‖ -K(复合): ***Abwasser-***

ka·na·li·sie·ren; *kanalisierte*, *hat kanalisiert*; [Vt](及物)**1.** 〈e-e Stadt, ein Dorf 城市,乡村〉 ***k.*** in e-r Stadt, e-m Dorf *usw* Kanäle (2) anlegen 为…修建下水道 **2.** ***etw. k.*** *geschr* [书]; e-e Sache, ein Problem in e-e bestimmte Richtung lenken u. dadurch zu deren Lösung beitragen 疏通,把…(朝解决问题的方向)引导,排解,排难解纷: *seine Aggressionen k.* 化解他的进攻性行为‖ *hierzu*(派生) **Ka·na·li·sie·rung** *die*

Ka·nal·tun·nel *der*; *nur Sg*(只用单数);ein Tunnel unter dem Ärmelkanal, der England mit Frankreich verbindet 英吉利海峡隧道

Ka·na·pee *das*; *-s*, *-s*; *veraltend* [渐旧]≈ Sofa, Couch

Ka·na·ri *der*; *-s*, -; *bes südd* Ⓐ *gespr* 尤用于[南德][奥][口] ≈ Kanarienvogel

Ka·na·ri·en·vo·gel [-'naːriən-] *der*; ein gelber od. rötlicher kleiner (Sing)Vogel, den man als Haustier in Käfigen hält 金丝雀

Kan·da·re *die*; -, *-n*; e-e Gebissstange (als Teil des Zaumzeugs), an der man mit e-m kleinen Riemen (Zügel) zieht, wenn man ein Pferd in e-e bestimmte Richtung lenken will 马勒,马嚼子: *dem Pferd die K. anlegen* 给马匹套上嚼子‖ ID [谚] *mst* 多用 ***j-n an die K. nehmen***; ***j-m die K. anlegen*** j-s Freiheit einschränken u. sein Tun stärker kontrollieren 对某人严加管束

Kan·de·la·ber *der*; *-s*, -; ein Leuchter für mehrere Kerzen 枝形烛架(台)

Kan·di·dat *der*; *-en*, *-en* **1.** ***ein K.*** (***für etw.***) j-d, der e-e Stelle od. ein Amt haben möchte od. bereit ist, e-e (öffentliche) Funktion zu übernehmen u. sich deshalb darum bewirbt 候选人,候补者≈ Anwärter, Bewerber 〈K. seiner Partei 他的政党的候选人; e-n Kandidaten aufstellen, nominieren, wählen 提出、提名、选举候选人〉: *j-n als Kandidaten für die Bundestagswahl aufstellen* 提出某人为联邦议会选举的候选人; *Er war der aussichtsreichste K. für das Amt des Präsidenten* 他是总统职位最有希望的候选人‖ K-(复合): ***Kandidaten-***, ***-liste*** ‖ -K(复合): ***Gegen-***, ***Ersatz-***, ***Spitzen-*** **2.** ein Student, der (gerade) das (Abschluss)Examen machen will (参加毕业考试的)应考学生‖ NB(注意): *der Kandidat*; *den*, *dem*, *des Kandidaten* ‖ *hierzu*(派生) **Kan·di·da·tin** *die*; -, *-nen*

Kan·di·da·tur *die*; -, *-en*; ***die K.*** (***für etw.***) die Aufstellung als Kandidat für e-e Wahl 参加竞选≈ Bewerbung 〈e-e K. annehmen, unterstützen, ablehnen 接受、支持、拒绝参加竞选; seine K. zurückziehen 退出竞选〉: *Wir unterstützen seine K. für den Bundestag* 我们支持他参加联邦议会竞选

kan·di·die·ren; *kandidierte*, *hat kandidiert*; [Vi](不及物)(***für etw.***) ***k.*** sich als Kandidat (1) um e-e (öffentliche) Funktion od. um ein Amt bewerben 参加竞选: *Er kandidierte bei den Wahlen für unsere Partei* 他为我们党派参加竞选

kan·diert *Adj*(形); *mst attr*, *nicht adv*(多作定语,不作状语); mit Zucker bedeckt u. haltbar gemacht 蜜饯的〈Früchte 水果〉

Kan·dis·zu·cker *der*; große, feste Kristalle aus weißem, gelbem od. braunem Zucker 冰糖

Kän·gu·ru *das*; *-s*, *-s*; ein großes Tier, das in Australien beheimatet ist, e-n langen Schwanz u. starke Hinterbeine hat u. das seine Jungen in einer Art Beutel trägt 大袋鼠

Ka·nin·chen *das*; *-s*, -; ein (Nage)Tier, ähnlich e-m Hasen, aber mit kürzeren Ohren 家兔‖ K-(复合): ***Kaninchen-***, ***-bau***, ***-braten***, ***-fell***, ***-stall***, ***-zucht***

Ka·nis·ter *der*; *-s*, -; ein großer Behälter aus Blech od. Plastik, in dem man *bes* Wasser, Öl od. Benzin aufbewahrt (铁皮或塑料储水、油或汽油的)方桶,罐‖ -K(复合): ***Benzin-***, ***Öl-***, ***Reserve-***, ***Wasser-***

Kanister

kann *Präsens*, *1. u. 3. Person Sg*(现在时,第一和第二人称单数); ↑ ***können***

Känn·chen *das*; *-s*, - **1.** e-e kleine Kanne 小壶,小罐‖ -K(复合): ***Milch-***, ***Sahne-*** **2.** ***ein K.*** 〈Kaffee, Tee, Schokolade *usw* 咖啡,茶,巧克力饮料等〉 e-e Portion e-s warmen Getränks (die man in e-m Lokal bestellt), die aus ungefähr zwei Tassen besteht 一小壶热饮料(相当于两杯)

Kan·ne *die*; -, *-n*; ein (relativ hohes) Gefäß (aus Blech, Porzellan *o. Ä.*) mit e-m Henkel u. e-m Schnabel *o. Ä.* (u. *mst* auch e-m Deckel)(带把、嘴、盖的铁皮或瓷器)壶,桶,罐: *e-e K. Kaffee* 一壶咖啡‖ -K(复合): ***Gieß-***; ***Kaffee-***, ***Milch-***, ***Öl-***, ***Tee-***; ***Blech-***, ***Porzellan-*** ‖ ID[谚] ***Es gießt wie aus Kannen*** *gespr*[口]; es regnet sehr stark 倾盆大雨,瓢泼大雨‖ NB(注意): ↑ ***Krug***

Kan·ni·ba·le *der*; *-n*, *-n*; j-d, der das Fleisch von Menschen isst 食人肉者‖ NB(注意): *der Kannibale*; *den*, *dem*, *des Kannibalen* ‖ *hierzu*(派生) **Kan·ni·ba·lin** *die*; -; *-nen*; **Kan·ni·ba·lis·mus** *der*; -; *nur Sg*(只用单数); **kan·ni·ba·lisch** *Adj*(形)

kann·te *Imperfekt*, *1. u. 3. Person Sg*(过去时,第一和第三人称单数); ↑ ***kennen***

Ka·non *der*; *-s*, *-s* **1.** ein Lied, bei dem zwei od. mehrere Stimmen kurz nacheinander anfangen, dieselbe Melodie zu singen 卡农曲,轮唱曲 **2.** *mst Sg*, *geschr*(多用单数)[书]; ein System von Regeln *o. Ä.*, die für e-n bestimmten Bereich gelten 规范,准则,法则,法规 ‖ -K(复数): ***Gesetzes-***, ***Verhaltens-*** **3.** *nur Sg*, REL(只用单数)【宗】; die Bücher der Bibel, die für die katholische Kirche verbindlich sind(天主教的)圣典,教规

Ka·no·ne *die*; -, *-n* **1.** e-e große Waffe mit e-m langen Rohr, aus der man sehr große Kugeln schießt 大炮,火炮≈ Geschütz ‹e-e K. laden, abfeuern 装炮弹,开炮› ‖ K-(复合): ***Kanonen-***, ***-boot***, ***-donner***, ***-kugel***, ***-schuss*** **2.** *gespr* [口]≈ Revolver: *Gib die K. her!* 把枪递过来! **3.** *gespr*[口]; j-d, der etw. (*mst* e-e Sportart) sehr gut kann(多指体育)行家,名将,高手: *Er ist e-e K. im Tennis* 他是网球高手 ‖ -K(复合): ***Sports-*** ‖ ID [谚] ***j-d/etw. ist unter aller K.*** *gespr*[口]; j-d/etw. ist in der Leistung/Qualität sehr schlecht 某人(能力)/某事(质量)太蹩脚,糟透了; ***mit Kanonen auf Spatzen schießen*** mit (zu) starken Mitteln gegen etw. Harmloses, ein kleines Problem (an)kämpfen 大炮轰麻雀,小题大作

Ka·no·nen·fut·ter *das*; *Kollekt*, *pej*(集合)[贬]; die Soldaten, die im Krieg für Aktionen geopfert werden, die keinen Erfolg haben können 炮灰: *Unsere Männer sind bloß K.!*我们的人都成了炮灰!

Ka·no·nen·rohr *das*; der Lauf (5) e-r Kanone (1)炮筒

Ka·no·nier [-ˈniːɐ] *der*; *-s*, *-e*; der Soldat, der mit e-r Kanone (1) schießt 炮手,炮兵

Kan·ta·te *die*; -, *-n*; ein *mst* religiöses Lied für mehrere Sänger, das ein Chor u. ein Orchester begleiten(由合唱团和乐团伴唱的合唱曲)康塔塔,抒情合唱 ‹e-e K. aufführen 演出康塔塔›: *die Kantaten von Bach* 巴赫的康塔塔

Kan·te *die*; -, *-n* **1.** e-e gerade (feste) Linie zwischen zwei Flächen, die in e-m bestimmten Winkel aufeinandertreffen 棱,棱角,边缘,边角‹e-e scharfe K. 锋利的棱角›; *die Kanten e-s Würfels*, *der Kiste* 立方体的、方箱的边角; *sich an e-r K. des Tisches stoßen* 磕(撞)在桌子的角上 ‖ -K(复合): ***Bett-***, ***Stuhl-***, ***Tisch-*** ‖ NB(注意): ↑ ***Ecke*** **2.** ≈ Rand(1): *die K. e-s Ärmels* 袖口边 ‖ ID[谚] ***etw. auf die hohe K. legen*** *gespr*[口]; Geld als Reserve, für schlechte Zeiten sparen 把钱存起来,攒钱

Kan·ten *der*; *-s*, -; *bes nordd* 尤用于[北德]; das erste od. letzte Stück von e-m (Laib) Brot 从大面包前后切下来的部分

Kant·holz *das*; e-e Art Balken, mit dem man *z. B.* Wände stützt 方木

kan·tig *Adj*(形) **1.** mit Kanten (1)有棱角的 ↔ abgerundet ‹ein Stein, ein Fels 石头,岩石› **2.** ***ein kantiges Gesicht*** ein Gesicht mit ausgeprägtem Kinn u. hervorstehenden (Backen)Knochen(下颚和颧骨突出的)有棱角的脸

-kan·tig *im Adj*, *unbetont*, *wenig produktiv* (构成形容词、非重读、构词弱); mit der genannten Zahl od. Art von Kanten… 边的、棱的、角的; ***dreikantig***, ***vierkantig***, ***sechskantig***, ***achtkantig***; ***scharfkantig***

Kan·ti·ne *die*; -, *-n*; e-e Art Restaurant in e-m Betrieb, e-r Kaserne *o. Ä.*(企业、兵营等的)食堂: *mittags in der K. essen* 中午在食堂吃饭 ‖ K-(复合): ***Kantinen-***, ***-essen***, ***-kost***, ***-pächter***, ***-wirt***

Kan·ton *der*; *-s*, *-e*; einer von insgesamt 23 Bezirken (mit vielen autonomen Rechten) in der Schweiz(瑞士的)州: *der K. Uri* 乌里州 ‖ K-(复合): ***Kantons-***, ***-gericht***, ***-regierung*** ‖ *hierzu*(派生) **kan·to·nal** *Adj*(形); *nicht adv*(不作状语)

Kan·tor *der*; *-s*, *Kan·to·ren*; der Leiter e-s (Kirchen)Chors, der zugleich Orgel spielt 教堂合唱队主事兼管风琴师 ‖ *hierzu*(派生): **Kan·to·rin** *die*; -, *-nen*

Kant·stein *der*; *nordd* [北德]≈ Bordstein

Ka·nu, Ka·nu *das*; *-s*, *-s* **1.** ein schmales, oben offenes Boot der Indianer (dessen Spitze vorn u. hinten nach oben zeigt)(印第安人的狭长的首尾上翘的)独木舟 **2.** ein (Sport)-Boot, das wie ein K. (1) aussieht(形似独木舟的)皮划艇 ‖ K-(复合): ***Kanu-***, ***-sport*** ‖ NB(注意): ↑ ***Kajak***

Ka·nü·le *die*; -, *-n*; MED【医】; die hohle Nadel an e-r (Injektions)Spritze(注射)针头

Ka·nu·te *der*; *-n*, *-n*; SPORT【体】; ein Sportler, der mit e-m Kanu (2) Sport treibt 赛艇运动员 ‖ NB(注意): *der Kanute*; *den*, *dem*, *des Kanuten*

Kan·zel *die*; -, *-n* **1.** der Teil der Kirche (oft seitlich des Altars od. auf e-r Säule), von dem aus der Pfarrer seine Predigt hält 布道坛 **2.** die Kabine (vorne im Flugzeug), in der der Pilot sitzt 飞机驾驶舱 ≈ Cockpit

Kanz·lei *die*; -, *-en*; *bes südd* Ⓐ Ⓒⓗ 尤用于[南德][奥][瑞] das Büro e-s Rechtsanwalts od. die Dienststelle in e-m Amt 律师事务所或办公处(厅)

Kanz·ler *der*; *-s*, - **1.** *Kurzw* (略) ↑ ***Bundeskanzler*** **2.** *Kurzw* (略) ↑ ***Reichskanzler*** **3.** der oberste Verwaltungsbeamte an e-r Universität 大学总务长 ‖ K-(复合): ***Kanzler-***, ***-amt***, ***-kandidat*** ‖ *zu* **1.** u. **3.** **Kanz·le·rin** *die*; -, *-nen*

Kanz·ler·de·mo·kra·tie *die*; *nur Sg*, POL(只用单数)【政】; ein parlamentarisches (Regierungs)System, in dem der Kanzler sehr viel politischen Einfluss hat 总理民主制

Kap *das*; *-s*, *-s*; ein Teil e-r (Felsen) Küste, der weit ins Meer ragt 岬角,角 ‖ NB(注意): *bes* in geografischen Namen, *z. B.*: *Kap der Guten Hoffnung*, *Kap Horn*(尤用作地名,如:好望角,合恩角)

Ka·pa·zi·tät[1] *die*; -, *-en* **1.** WIRTSCH【经】; die Leistungsfähigkeit e-r Firma, e-s (Industrie)Unternehmens 生产能力,产能‹freie, nicht (aus)genutzte Kapazitäten 后备的、尚未充分利

用的产能；die K. voll (aus) nutzen 充分利用生产能力〉 **2.** *geschr*[书]；die Masse od. Menge von etw. od. die Zahl an Personen, die in e-n Raum hineinpassen 容量，容积：*Das Krankenhaus hat e-e K. von 300 Betten* 这家医院可容纳 300 张床位 **3.** die Fähigkeit (e-s Kondensators), elektrische Ladung aufzunehmen u. zu speichern 电容量

Ka.pa.zi.tät² *die*; -, *-en*; ein Experte, der sein Fachgebiet ausgezeichnet beherrscht u. dafür bekannt ist 专家，权威≈ Meister：*Er ist e-e K. auf dem Gebiet der Neurochirurgie* 他是一位神经外科专家

Ka.pel.le¹ *die*; -, *-n*; e-e kleine Kirche (manchmal als separater Raum in e-m Schloss od. in e-r großen Kirche) 小教堂，(宫殿或大教堂中作祈祷用的) 礼拜堂 ‖ K-(复合)：***Wallfahrts-***, ***Grab-***, ***Tauf-***

Ka.pel.le² *die*; -, *-n*; *veraltend* [渐旧]; ein (relativ kleines) Orchester, das *bes* Musik zur Unterhaltung u. zum Tanz spielt 伴奏小乐队 ‖ K-(复合)：***Musik-***, ***Tanz-***

Ka.pell.meis.ter *der*; (in e-r Hierarchie von Dirigenten) der 2 od. 3 Dirigent nach dem Chefdirigenten e-s großen Orchesters (大型乐队中的第二、第三) 指挥

Ka.per *die*; -, *-n*; *mst Pl* (多用复数); die (Blüten)Knospe e-s Strauches, die man in Essig legt u. als Gewürz verwendet (醋渍的调味品) 刺山柑花芽 ‖ K-(复合)：***Kapern-***, ***-soße***; ***-strauch***

ka.pern; *kaperte*, *hat gekapert*; Vt (及物) **1.** 〈ein Pirat 海盗〉 ***kapert etw.*** *hist*[历]; ein Pirat überfällt u. raubt (erbeutet) ein fremdes Schiff 劫夺，劫掠，抢劫 (船只) ‖ K-(复合)：***Kaper-***, ***-fahrt***, ***-schiff*** **2.** 〈ein Luftpirat 空中强盗〉 ***kapert etw.*** ein Luftpirat bringt ein Flugzeug in seine Gewalt (*mst* um ein politisches Ziel zu erreichen) 劫持(飞机) **3.** ***sich*** (*Dat* 三格) ***j-n/etw. k.*** es (durch List *o. Ä.*) schaffen, j-n/etw. für sich zu bekommen 骗取，将…据为己有

ka.pie.ren; *kapierte*, *hat kapiert*; Vt/i (及物/不及物) (***etw.***) ***k.*** *gespr* [口] ≈ verstehen (1)：*Das kapiere ich einfach nicht!* 这我简直不明白！

Ka.pil.la.re *die*; -, *-n*; MED【医】; e-e ganz dünne, feine Ader 毛细血管 ‖ *hierzu* (派生) **ka.pil.lar** *Adj* (形)

ka.pi.tal *Adj* (形) **1.** *gespr* [口]; sehr groß 极大的，重大的〈ein Fehler 错误; e-n kapitalen Bock schießen (= e-n großen Fehler machen) 出(犯) 了个大错〉 **2.** (*bes* von Jägern verwendet) sehr groß (猎人用语) 强壮的，膘肥的〈ein Bock, ein Hirsch, ein Hecht 羊，鹿，狗鱼〉

Ka.pi.tal *das*; *-s*, *-e/-ien* [-iən] **1.** WIRTSCH【经】; das Geld, die Maschinen *usw*, die e-e Firma *o. Ä.* besitzt 资本，资产〈die Gesellschaft erhöht ihr K. 公司增加资本〉 ‖ K-(复合)：***Kapital-***, ***-aufstockung***, ***-bedarf***, ***-besitz***, ***-eigner***, ***-erhöhung***, ***-investition*** **2.** Geld (das Gewinn bringt, *z.B.* in Form von Zinsen) 资金 ≈ Vermögen 〈sein K. (gut, gewinnbringend) anlegen, das K. aufbrauchen 投资(见效，获利)，耗尽资金〉 ‖ K-(复合)：***Kapital-***, ***-anlage***, ***-ertrag***, ***-vermögen*** ‖ ID [谚] ***aus etw. K. schlagen/ziehen*** etw. so (aus)nutzen, dass man e-n Vorteil od. e-n Gewinn davon hat 从某事中获利/得到好处：*aus e-r vertraulichen Information K. schlagen* 从机密情报中得到好处; ***totes K.*** Wissen, Erfahrungen, Fähigkeiten *o. Ä.*, die man nicht (mehr) nutzen kann (不能再利用的知识、经验、能力等) 死的财富

Ka.pi.tal.bil.dung *die*; die Vermehrung des Kapitals (2) (*z.B.* durch Sparen od. Investieren) 资本形成

Ka.pi.tal.er.trags.steu.er *die*; Ⓓ [德] e-e Steuer, die man für Einkünfte aus Sparguthaben, Wertpapieren *o. Ä.* zahlen muss 资本收益税

Ka.pi.tal.flucht *die*; das Transferieren von Kapital (2) ins Ausland bei ungünstigen Bedingungen im Inland 资本抽逃，资本外流

Ka.pi.ta.lis.mus *der*; -; *nur Sg*, WIRTSCH (只用单数)【经】; ein gesellschaftliches System, in dem die Produktionsmittel in Privateigentum sind u. die Produktion für den Markt durch Angebot u. Nachfrage bestimmt wird 资本主义 ‖ *hierzu* (派生) **ka.pi.ta.lis.tisch** *Adj* (形)

Ka.pi.ta.list *der*; *-en*, *-en* **1.** *oft pej* 常用[贬]; ein reicher privater Unternehmer (der e-n möglichst hohen Gewinn machen will) 富翁，富豪；资本家 **2.** ein Anhänger od. Verfechter des Kapitalismus 资本主义的信徒或卫士 ‖ NB：*der Kapitalist*; *den*, *dem*, *des Kapitalisten* ‖ *hierzu* (派生) **Ka.pi.ta.lis.tin** *die*; -, *-nen*

Ka.pi.tal.markt *der*; der Markt für (*bes* langfristige) Kredite, Aktien, Pfandbriefe *usw* 金融市场，资本市场

Ka.pi.tal.ver.bre.chen *das*; ein besonders schweres Verbrechen (wie *z.B.* Mord od. Kidnapping) 死罪，重罪 (如谋杀罪或绑架罪) ‖ *hierzu* (派生) **Ka.pi.tal.ver.bre.cher** *der*

Ka.pi.tän *der*; *-s*, *-e* **1.** der Kommandant e-s Schiffes 船长，舰长 **2.** der verantwortliche Pilot in e-r großen Verkehrsmaschine (飞机) 机长 **3.** SPORT, *Kurzw*【体】(略) ↑ ***Mannschaftskapitän***：*der K. der Nationalmannschaft* 国家队队长 **4.** ***K. zur See*** MIL【军】; verwendet als Titel e-s hohen Offiziers der Marine (海军高级军官头衔) 海军上校

Ka.pi.täns.pa.tent *das*; das Recht, große Schiffe (als Kapitän) zu steuern 船长委任状

Ka.pi.tel *das*; *-s*, -; ein Abschnitt e-s (längeren) Textes, *mst* mit e-r eigenen Überschrift, der e-e inhaltliche Einheit bildet 章，回，篇; *Abk* 缩写为 Kap.：*Der Roman hat 10 Kapitel* 小说有十章 ‖ K-(复合)：***Kapitel-***, ***-überschrift*** ‖ -K (复合)：***Einleitungs-***, ***Schluss-*** ‖ ID [谚] ***etw. ist ein K. für sich*** *gespr* [口]; etw. ist unangenehm, problema-

K

tisch od. schwierig 某事说来话长(一言难尽): *Das Wohnungsproblem ist ein K. für sich* 住房问题说来话长

Ka·pi·tell *das*; *-s*, *-e*; der oberste (*mst* verzierte) Teil e-r Säule *o.Ä.* 柱顶端 ‖ ↑ *Abb. unter* 图见 ***Säule***

Ka·pi·tu·la·ti·on [-ˈtsi̯oːn] *die*; *-*, *-en* **1.** die offizielle Erklärung, dass man in e-m Krieg *o.Ä.* zu kämpfen aufhört u. sich geschlagen gibt 投降,投诚〈e-e bedingungslose K. 无条件投降; die K. erklären 宣布投降〉: *die K. Deutschlands im Zweiten Weltkrieg* 第二次世界大战中德国投降 **2.** ein Vertrag, der die Erklärung der K. (1) enthält 投降条约〈die K. annehmen, unterschreiben 接受、签订投降条约〉

ka·pi·tu·lie·ren; *kapitulierte*, *hat kapituliert*; [Vi] (不及物) **1.** *mst* 多用〈die Armee, das Land 军队,国家〉***kapituliert*** die Armee od. das Land hört auf zu kämpfen, weil sie besiegt sind 投降,投诚≈ sich (j-m) ergeben[2] (1) **2.** (***vor etw.*** (*Dat* 三格)) ***k.*** resignieren u. nichts mehr tun, um noch Erfolg zu haben 认输,屈服≈ aufgeben〈vor e-r schwierigen Aufgabe, den Schwierigkeiten k. 在艰难的任务、困难面前屈服〉

Kap·lan; *der*; *-s*, *Kap·lä·ne*; KATH【天主】; ein Priester, der e-m katholischen Pfarrer in der Gemeinde hilft 天主教助理神甫

Kap·pe *die*; *-*, *-n* **1.** e-e Kopfbedeckung aus relativ festem Material, die eng auf dem Kopf sitzt u. vorne e-n steifen Rand (e-n Schirm[1] (4)) haben kann 小帽,便帽〈e-e K. tragen, aufsetzen 戴着、戴小帽〉‖ -K(复合): ***Leder-***, ***Pelz-***, ***Woll-***; ***Bade-*** **2.** ein Stück Metall, Plastik *o.Ä.*, mit dem man etw. schützt od. verschließt (*z.B.* e-e Flasche) (金属、塑料)罩,套,盖 ‖ ↑ *Abb. unter* 图见 ***Deckel*** ‖ -K(复合): ***Rad-***, ***Schutz-***, ***Verschluss-*** **3.** der feste Teil vorn am Schuh 鞋头上一块硬皮或铁皮 ‖ ID[谚] ***etw. auf seine (eigene) K. nehmen*** *gespr*[口]; die Verantwortung für etw. auf sich nehmen 对某事承担责任

kap·pen; *kappte*, *hat gekappt*; [Vt] (及物) **1.** ***etw. k.*** ein Stück von etw. (ab)schneiden u. dies dadurch kürzer machen 把…剪掉,剪短,砍去: *Der Sturm hat die Spitzen der Bäume gekappt* 风暴把树冠吹(刮)断了 **2.** ***etw. k.*** ≈ durchschneiden〈*mst* die Taue, die Leinen k. 多指割断缆绳、绳子〉

Käp·pi *das*; *-s*, *-s*; e-e schmale, längliche (Uniform)Mütze 船形(军)帽

Ka·pri·o·le *die*; *-*, *-n*; *mst Pl*(多用复数) **1.** e-e *mst* lustige, ungewöhnliche Tat 怪动作,怪样子〈Kapriolen machen 做出滑稽的怪动作〉 **2.** ein großer, *mst* akrobatischer Sprung, der lustig aussieht 飞跃,腾越,腾空翻越

ka·pri·zi·ös [-ˈtsi̯øːs] *Adj* (形); *geschr* [书]; launisch, eigenwillig 任性的,固执的,执拗的〈ein Benehmen 态度; ein Stil 风格; ein Wesen 性格〉

Kap·sel *die*; *-*, *-n* **1.** ein kleiner, runder od. ovaler Behälter aus dünnem, aber festem Material 小圆盒,小圆匣 ‖ -K(复合): ***Blech-***, ***Blei-***, ***Gummi-***, ***Metall-***, ***Silber-*** **2.** ein Medikament (*mst* in Form von Pulver), das von e-r Hülle umgeben ist (die sich dann im Magen auflöst) 胶囊(药丸) **3.** BOT【植】; (bei bestimmten Pflanzen) e-e Hülle, die den Samen enthält 夹,夹果 ‖ -K(复合): ***Samen-*** ‖ *zu*(义项) **1.** **kap·sel·för·mig** *Adj* (形); *nicht adv*(不作状语) ‖ ▶ ***ab-***, ***verkapseln***

ka·putt *Adj*(形); *nicht adv*, *gespr*(不作状语)[口] **1.** in e-m Zustand, in dem es nicht mehr zu gebrauchen ist 毁坏的,不能再用了的,坏了的≈ beschädigt, defekt〈*bes* ein Gerät, e-e Maschine 仪器,机器; etw. k. machen, schlagen 把某物弄坏、打坏〉: *Der Fernseher ist K.* 这台电视坏了; *die kaputte Glühbirne austauschen* 把坏灯泡换掉; *Er hat sein neues Auto k. gefahren* 他把他的新车开坏了; *Diese stabilen Stiefel sind kaum k. zu kriegen* 这双结实的皮靴几乎不可能穿坏 **2.** völlig erschöpft u. müde 极累的,疲倦不堪的,精疲力尽的,累垮了的〈sich k. fühlen 感到累极了〉: *Ich war nach der Arbeit ganz k.* 工作结束后我完全累垮了 **3.** so (weit zerstört), dass sich die Partner nicht mehr lieben u. verstehen 破裂的,离散的↔ intakt〈*mst* e-e Beziehung, e-e Ehe 关系,婚姻〉 **4.** ≈ ruiniert ‖ NB(注意): ↑ ***Typ***

ka·putt·fah·ren ↑ ***kaputt*** (1)

ka·putt·ge·hen *ging kaputt*, *ist kaputtgegangen* [Vi] (不及物) *gespr*[口] **1.** ***etw. geht kaputt*** etw. zerbricht *o.Ä.*, gerät in e-n so schlechten Zustand, dass es nicht mehr zu gebrauchen ist (物作主语)打碎,破坏,毁坏 **2.** ***etw. geht kaputt*** etw. löst sich (auf) (物作主语)破裂了〈e-e Beziehung, e-e Ehe 关系,婚姻〉 **3.** ***j-d/etw. geht kaputt*** ein Geschäft *o.Ä.* wird wirtschaftlich ruiniert(人/物作主语)(指经济上)破产了,垮了,倒闭了 **4.** (***an etw.***)(*Dat* 三格)) ***k.*** wegen etw. die Freude am Leben od. seine Gesundheit verlieren 因…失去生活乐趣或毁了健康

ka·putt·krie·gen ↑ ***kaputt*** (1)

ka·putt·la·chen, sich *lachte sich kaputt*, *hat sich kaputtgelacht*; [Vr] (反身) ***sich (über j-n/etw.) k.*** *gespr*[口]; sehr heftig u. laut über j-n/etw. lachen 笑死了,笑坏了,笑破肚皮: *sich über einen Witz k.* 因一个笑话而笑坏了

ka·putt·ma·chen *machte kaputt*, *hat kaputtgemacht*; [Vt] *gespr* (及物)[口]; **1.** ***j-n k.*** so viel Kraft (durch Anstrengungen) von j-m fordern, dass er dabei seine körperlichen od. seelischen Kräfte verliert 使精疲力尽,把…身心搞垮: *Die Sorgen um ihren kranken Sohn machen sie noch kaputt* 为了生病的儿子她把心都要操碎了; [Vr] (反身) **2.** ***sich k.*** alle Kräfte für etw. verbrauchen u. dadurch die eigene Gesundheit ruinieren 使自己耗尽精力,把自己搞垮,使自己筋疲力尽: *Du solltest nicht so viel arbeiten. – Du machst dich doch ka-*

putt! 你不要那么拼命干。—— 你会把自己搞垮的! ‖ NB(注意): ↑ ***kaputt*** (1)

ka.putt.schla.gen ↑ ***kaputt*** (1)

Ka.pu.ze *die*; -, -*n*; e-e Kopfbedeckung, die an e-m Mantel, e-m Anorak *o. Ä.* festgemacht ist(连在大衣、羽绒服上的)兜帽,风帽

Ka.ra.bi.ner *der*; -*s*, -; ein Gewehr, das e-n kurzen Lauf (5) hat 卡宾枪

Ka.ra.bi.ner.ha.ken *der*; ein (geschlossener) Haken (*z. B.* an der Hundeleine) mit e-r Feder[3], die verhindert, dass er sich von selbst öffnet 弹簧钩(扣)

Ka.ra.cho *mst in* 多用于 ***mit K.*** *gespr*[口]; mit großer Geschwindigkeit, mit hohem Tempo 飞速地,高速地≈ rasant: *mit K. losrasen* 快速跑开

Ka.raf.fe *die*; -, -*n*; e-e schöne (gewölbte) Flasche, in der man *z. B.* Likör od. Wein serviert (盛利口酒或葡萄酒的、腹大颈小的)玻璃瓶

Ka.ram.bo.la.ge [-ˈlaːʒə] *die*; -, -*n*; *gespr* [口]; ein Zusammenstoß von mehreren Fahrzeugen, *mst* Autos (汽车连环)相撞〈es kommt zu e-r K. 发生汽车相撞〉: *e-e K. im Nebel* 雾中汽车连环相撞 ‖ -K(复合): ***Massen-***

Ka.ra.mell *der*, Ⓒⓗ [瑞] *das*; -*s*; *nur Sg*(只用单数); e-e braune (klebrige) Substanz, die entsteht, wenn man Zucker erhitzt 糖浆,糖膏,焦糖 ‖ K-(复合): ***Karamell-***, ***-bonbon***, ***-creme***, ***-pudding*** ‖ *hierzu*(派生) **ka.ra.mell.far.ben** *Adj*(形); *nicht adv*(不作状语)

Ka.ra.mel.le *die*; -, -*n*; *mst Pl* (多用复数)≈ Karamellbonbon

Ka.rat *das*; -(*e*)*s*, -/-*e* **1.** e-e (Maß)Einheit, in der man das Gewicht von Edelsteinen angibt 克拉(宝石的重量单位): *ein Diamant von einem K.* 一克拉的钻石 **2.** e-e (Maß)Einheit, mit der man angibt, wie hoch der Anteil von Gold (in e-r Legierung) ist 开(黄金成色的单位): *Reines Gold hat 24 Karat* 纯金有 24 开 ‖ NB(注意): nach Zahlenangaben lautet der Plural *Karat* (数字说明语后的复数用 Karat) ‖ ▶ ***hochkarätig***

Ka.ra.te (*das*); -(*s*); *nur Sg*(只用单数); ein Sport u. e-e Methode, ohne Waffen zu kämpfen, bei denen man *bes* mit den Händen (Handkanten) schlägt u. mit den Füßen tritt 空手道 ‖ K-(复合): ***Karate-***, ***-kämpfer***, ***-meister***

Ka.ra.wa.ne *die*; -, -*n*; e-e Gruppe von Reisenden, Kaufleuten, Forschern *o. Ä.*, die durch unbewohnte Gebiete (Asiens od. Afrikas) *bes* mit Kamelen ziehen(穿越亚洲或非洲无人区的)骆驼商队,考察队

Kar.dan.wel.le *die*; TECH【技】; (beim Auto) e-e Stange mit mehreren Gelenken, die die Kraft vom Motor auf die Räder überträgt 万向轴

Kar.di.nal *der*; -*s*, *Kar.di.nä.le*; KATH【天主】; ein Priester, der in der Hierarchie der katholischen Kirche direkt unter dem Papst steht 红衣主教,枢机主教 ‖ NB(注意): ↑ ***Bischof***

Kar.di.nal- *im Subst*, *wenig produktiv*, *geschr* (构成名词,构词弱)[书]; verwendet, um auszudrücken, dass es sich um das Wichtigste, Zentrale handelt 基本的…,主要的…,根本的…≈ Haupt-; der ***Kardinalfehler***, die ***Kardinalfrage***, das ***Kardinalproblem***, der ***Kardinalpunkt***

Kar.di.nal.zahl *die*; MATH【数】; e-e Zahl wie *eins*, *zwei*, *drei usw*, die e-e Menge nennt (im Gegensatz zu e-r Reihenfolge)基数(词) ≈ Grundzahl ↔ Ordinalzahl

Kar.dio.lo.gie *die*; -; *nur Sg*, MED (只用单数)【医】; das Gebiet der Medizin, das sich mit den Funktionen u. den Erkrankungen des Herzens beschäftigt 心脏病学 ‖ *hierzu*(派生) **Kar·dio·lo·ge** *der*; -*en*, -*en*; **Kar·dio·lo·gin** *die*; -, -*nen*; **kar·dio·lo·gisch** *Adj*(形); *nur attr od adv*(只作定语或状语)

Ka.renz.tag *der*; *mst Pl*, WIRTSCH(多用复数)【经】; verwendet als Bezeichnung für die ersten Krankheitstage, für die kranke Arbeitnehmer keinen Lohn bekommen sollen (um die Lohnnebenkosten zu senken)(因病)停发(领)工资日

Kar.fi.ol [-ˈfioːl] *der*; -*s*; *nur Sg*, *südd* Ⓐ (只用单数)[南德][奥]≈ Blumenkohl

Kar.frei.tag *der*; der Freitag vor Ostern 耶稣受难日(复活节前的星期五)

karg, *karger*/*kärger*, *kargst-*/*kärgst-*; *Adj* (形) **1.** nicht sehr reichlich in der Menge 微薄的,稀少的,简陋的,简单的≈ dürftig〈ein Mahl, ein Lohn 餐宴,工资; etw. ist k. bemessen 某事安排(估计、考虑)得太少(太简单)〉 **2.** *nicht adv*(不作状语); wenig fruchtbar 贫瘠的〈ein Boden 土地〉 ‖ *hierzu*(派生) **Karg·heit** *die*; *nur Sg*(只用单数)

kärg.lich *Adj*(形) **1.** so, dass es sehr bescheiden u. einfach ist 简简单单的,节俭的〈e-e Mahlzeit 饭菜〉 **2.** nur mit ganz wenigen, einfachen Möbeln 简陋的,简朴的≈ spartanisch〈e-e Einrichtung 陈设〉: *Dieser Raum ist sehr k. eingerichtet* 这间屋子陈设简朴 **3.** ärmlich 贫乏的,贫困的,贫穷的〈ein Dasein, ein Leben 生存条件,生活〉 **4.** gering, wenig 微薄的,少量的〈ein Lohn, ein Rest 工资,剩余物〉

ka.riert *Adj*(形) **1.** *nicht adv*(不作状语); mit e-m Muster aus Karos 方格纹的,格子图案的(1)〈ein Stoff 衣料〉: *e-e Bluse aus kariertem Stoff* 方格纹女上装 **2.** mit Linien, die Quadrate od. Rechtecke bilden 带格子的〈ein Schreibblock, Papier 笔记本,纸〉 **3.** *mst in* 多用于 ***k.*** (***daher***) ***reden*** *gespr pej* [口][贬]; Dinge sagen, die keinen Sinn haben 说些毫无意义的话

Ka.ri.es [-iɛs] *die*; -; *nur Sg*, MED(只用单数)【医】; e-e Erkrankung der Zähne, bei der die äußere, harte Substanz (der Zahnschmelz) zerstört wird 龋齿,蛀齿,虫牙〈K. haben 有蛀齿〉

Ka.ri.ka.tur *die*; -, -*en*; e-e (*mst* witzige) Zeichnung, auf der bestimmte charakteristische Merkmale od. Eigenschaften e-r Person/Sache übertrieben dargestellt werden 漫画,讽刺画〈e-e politische K. 政治漫画〉‖ -K(复合): ***Zeitungs-*** ‖ NB(注意): ↑ ***Cartoon***

Ka·ri·ka·tu·rist *der*; *-en*, *-en*; j-d, der (beruflich) Karikaturen zeichnet 漫画家,讽刺画家 ‖ NB(注意): *der Karikaturist*; *den*, *dem*, *des Karikaturisten* ‖ *hierzu*(派生) **Ka·ri·ka·tu·ris·tin** *die*; *-*, *-nen*

ka·ri·kie·ren; *karikierte*, *hat karikiert*; [Vt] (及物) ***j-n/etw. k.*** j-n/etw. in e-r Karikatur darstellen 把…画成漫画: *e-n Politiker k.* 把一位政治家画成漫画

ka·ri·ta·tiv, ka·ri·ta·tiv [-f] *Adj*(形); 〈e-e Organisation 组织〉 so, dass sie armen od. kranken Menschen dient 慈善的,扶贫的 ≈ wohltätig: *Das Rote Kreuz ist e-e karitative Organisation* 红十字会是一个慈善组织; *sich k. betätigen*, *engagieren* 从事慈善活动,乐善好施 ‖ NB(注意): ↑ ***barmherzig***

Kar·ne·val [-val] *der*; *-s*, *-e/-s*; *mst Sg*(多用单数); die Zeit (*bes* im Februar), in der Leute Veranstaltungen besuchen, bei denen sie sich verkleiden, lustig sind, witzige Reden halten *o. Ä.* 狂欢节,嘉年华会 ≈ Fasching 〈K. feiern 庆祝狂欢节; zum K. gehen 去参加狂欢节; sich im K. verkleiden 狂欢节时乔装打扮〉: *Der Rosenmontag ist der Höhepunkt des Karnevals am Rhein* 大斋期前的星期一是莱茵地区狂欢节的高潮 ‖ K-(复合): ***Karnevals-***, ***-feier***, ***-fest***, ***-kostüm***, ***-lied***, ***-maske***, ***-treiben***, ***-trubel***, ***-umzug***, ***-veranstaltung***, ***-verein***, ***-zeit***, ***-zug*** ‖ *hierzu*(派生) **kar·ne·va·lis·tisch** *Adj*(形)

Kar·ni·ckel *das*; *-s*, *-*; *gespr* [口] ≈ Kaninchen

Ka·ro *das*; *-s*, *-s* **1.** eines von vielen Vierecken, die als Muster auf Papier(bögen) od. auf Stoffe gedruckt werden 方格(子),格纹,菱形 ‖ K-(复合): ***Karo-***, ***-muster***, ***-stoff*** **2.** e-e Spielfarbe im internationalen Kartenspiel od. e-e Karte dieser Farbe 方块(牌) ‖ ↑ *Abb. unter* 图见 ***Spielkarten*** ‖ NB(注意): ↑ ***Herz*** (6,7) ‖ ▶ ***kariert***

Ka·ros·se·rie *die*; *-*, *-n* [-ˈriːən]; die Teile des Autos, die *mst* aus (Stahl)Blech sind u. ihm seine charakteristische Form geben 车身〈e-e schnittige K. 流线型的车身〉‖ K-(复合): ***Karosserie-***, ***-bau***, ***-schaden*** ‖ -K(复合): ***Auto-***; ***Stahl-*** ‖ NB(注意): ↑ ***Chassis***

Karosserie

Ka·ro·tin *das*; *-s*; *nur Sg*(只用单数); e-e Substanz, aus der Vitamin A entsteht u. die *z. B.* in Karotten enthalten ist 胡萝卜素

Der Karneval im Rheinland 莱茵兰地区的狂欢节(嘉年华会或谢肉节)

Der **Karneval** wird in Deutschland vor allem im Rheinland besonders gefeiert. Am bekanntesten sind die Veranstaltungen in **Köln**, **Mainz**, **Düsseldorf** und **Aachen**.

Der Karneval, der in anderen Regionen **Fasching** oder **Fastnacht** heißt, beginnt bereits am 11.11. um 11. 11 Uhr und endet am letzten Dienstag vor Beginn der Fastenzeit.

Zu Beginn des Karnevals wird in jeder Stadt das Prinzenpaar gewählt, das im Januar sein Amt antritt. Dann beginnen auch die vielen Veranstaltungen der **Karnevalsvereine**, wie die Karnevalssitzungen, mit denen politische Veranstaltungen parodiert werden, und die Kostümbälle.

Der Höhepunkt sind jedes Jahr die letzten sechs Tage vor dem Aschermittwoch, an denen in den Karnevalsgegenden das normale Leben fast völlig zum Stillstand kommt. Sie beginnen mit der **Weiberfastnacht**, bei der die Frauen für einen Tag die Macht übernehmen. An diesem Tag ist es Brauch, dass die Frauen allen Männern, die sich in ihre Nähe wagen, die Krawatte abschneiden dürfen. In dieser Zeit finden auch die meisten Umzüge statt, die größten und bekanntesten sind die **Rosenmontagsumzüge**. Hierbei ziehen geschmückte Wagen durch die Straßen, die sich mit lustigen Sprüchen und Dekorationen über Themen aus Politik und Alltag lustig machen. Sie werden von Musikkapellen begleitet, sowohl die Teilnehmer der Umzüge als auch die Zuschauer sind mit Kostümen verkleidet. Man feiert singend und tanzend in den Straßen.

欢庆**狂欢节**在德国主要在莱茵兰地区。最负盛名的庆祝活动在**科隆**、**美因兹**、**杜塞尔多夫**和**亚琛**。

狂欢节在别的地区叫 **Fasching** 或 **Fastnacht**,于 **11** 月 **11** 日的 **11** 点 **11** 分开始,斋期开始前的最后一周的星期二结束。

狂欢节开始时,每个城市选出一对狂欢节王子与公主,于 **1** 月登基就位。随后各**狂欢节协会**开始组织各种各样欢庆活动,如:模仿政治活动的幽默风趣的狂欢节会议及化装舞会。

每年"圣灰星期三"前的最后六天是狂欢高潮,那时狂欢地区的正常生活几乎完全停顿。高潮以**妇女狂欢日**揭开序幕,在这一天女性有至高无上的权力。女性可以剪断敢于走到她们近旁的所有男人的领带。也就在这时,大多数狂欢游行开始了,气势最大,名声最响的是**四旬斋前星期一狂欢游行**。彩车缓缓通过街道,彩车上装饰着反映政治、生活题材的风趣横生的警句和布景,逗人发笑。乐队助兴伴游,游行者和观众都穿着华丽盛装,在街上载歌载舞,热情洋溢。

Ka·rot·te *die*; *-*, *-n* ≈ Möhre ‖ ↑ *Abb. unter* 图见 ***Gemüse*** ‖ K-(复合): ***Karotten-***, ***-beet***; ***-gemüse***, ***-saft***

Karp·fen *der*; *-s*, *-*; ein großer Fisch, der in

Teichen lebt 鲤鱼〈K. züchten, kochen, braten 养、烧、煎鲤鱼〉‖ K-(复合): **Karpfen-**, **-teich**, **-zucht** ‖ -K(复合): **Silvester-**, **Weihnachts-**

Kar·re *die*; -, -*n* **1.** ein kleiner Wagen zum Schieben (*mst* mit einem od. zwei Rädern u. langen Griffen), auf dem man *z. B.* Mist, Erde od. Steine transportiert 手推车 ‖ ↑ *Abb. unter* 图见 **Gartengeräte** ‖ K-(复合): **Karren-**, **-rad**; **-weg** ‖ -K(复合): **Mist-**, **Sack-**; **Schub-** **2.** *gespr pej*[口][贬]; ein altes Auto, Motorrad *o. Ä.* in schlechtem Zustand 破车(指汽车、摩托等) ‖ ID[谚] ***die K. (für j-n) aus dem Dreck ziehen*** *gespr*[口]; etw. (Unangenehmes), für das ein anderer verantwortlich ist, wieder in Ordnung bringen 替(帮)某人扭转局面; ***j-m an die K. fahren*** *gespr*[口]; j-n scharf od. mit groben Worten kritisieren 糟践某人,侮辱某人,粗暴对待某人

Kar·ree *das*; -*s*, -*s*; *mst in* 多用于 **im K.** *veraltend*[渐旧]; in der Form e-s Vierecks 正方形: *Die Häuserblocks stehen im K.* 住宅区呈四方形

kar·ren; *karrte*, *hat gekarrt*; [Vt] (及物) **1.** ***etw. (irgendwohin) k.*** etw. in e-r Karre (od. e-m kleinen Wagen) irgendwohin transportieren 用手推车把…运往〈Erde, Steine, Lasten 土, 石头, 货物〉 **2.** ***j-n irgendwohin k.*** *gespr*, *mst pej*[口]多用[贬]; j-n irgendwohin fahren 把…用车送往

Kar·ren *der*; -*s*, -; ≈ Karre (1) ‖ ID[谚] ***j-m an den K. fahren*** *gespr*[口]; j-n scharf kritisieren 糟践(侮辱)某人,粗暴对待某人 ***j-n vor seinen K. spannen*** *gespr*[口]; j-d anderen für sich arbeiten lassen, j-n ausnutzen 让某人为自己卖力,利用某人

Kar·ri·e·re [-ˈrieːrə] *die*; -, -*n*; der Weg, der im Beruf zu Erfolg u. zu e-r guten Position führt 成功的职业生涯,绵绣前程〈e-e glänzende, steile, große K. vor sich haben 眼前是一条光辉的、平步青云的、飞黄腾达的职业生涯(前程似锦、万里、远大); j-m/sich die K. verderben 毁了某人/自己的锦绣前程〉‖ -K(复合): **Beamten-** ‖ NB(注意): ↑ **Laufbahn** ‖ ID[谚] ***(als etw.) K. machen*** auf e-m bestimmten Gebiet beruflichen Erfolg haben u. Anerkennung finden 开创成功的职业之路: *Sie hat als Fotomodell K. gemacht* 她当摄影模特声名鹊起

Kar·ri·e·re·frau [-ˈrieːrə-] *die*; e-e Frau, die Karriere macht od. im Beruf außerordentlich erfolgreich ist 成功的职业女性

Kar·ri·e·re·ma·cher [-ˈrieːrə-] *der*; *pej*[贬]; j-d, der Karriere gemacht hat od. machen will u. dabei keine Rücksicht auf andere Menschen nimmt 一心向上爬的人,贪图功名利禄之徒 ‖ *hierzu* (派生) **Kar·ri·e·re·ma·che·rin** *die*

Kar·ri·e·rist [-ie-] *der*; -*en*, -*en*; *pej*[贬] ≈ Karrieremacher ‖ NB(注意): *der Karrierist*; *den*, *dem*, *des Karrieristen* ‖ *hierzu* (派生): **Kar·ri·e·ris·tin** *die*

Kar·sams·tag *der*; der Tag vor Ostersonntag 耶稣复活节前的星期六

Karst *der*; -(*e*)*s*, -*e*; e-e Landschaft aus (Kalk)Felsen mit vielen Spalten (Rissen) u. Höhlen, auf der kaum Pflanzen wachsen 喀斯特,岩溶(地区) ‖ K-(复合): **Karst-**, **-boden**, **-gebiet**, **-landschaft** ‖ *hierzu* (派生) **kars·tig** *Adj* (形); *nicht adv* (不作状语) ‖ ▶ **verkarstet**

Kar·te *die*; -, -*n* **1.** ein rechteckiges Stück aus festem (steifem) Papier, auf das man etw. schreibt 卡片 ‖ -K(复合): **Kartei-** **2.** e-e K. (1) (oft mit e-m aufgedruckten Foto od. Bild), die dazu dient, anderen e-e Nachricht od. e-n Gruß zu schreiben 明信片〈j-m aus dem Urlaub, zum Geburtstag e-e K. schicken, schreiben 给某人从度假地发、写一张明信片祝贺生日〉‖ -K(复合): **Ansichts-**, **Beileids-**, **Geburtstags-**, **Glückwunsch-**, **Neujahrs-**, **Post-**, **Weihnachts-** **3.** ≈ Eintrittskarte〈Karten kaufen, bestellen 买、订(入场)票(券); Karten reservieren lassen 让订人场券(票)〉‖ K-(复合): **Karten-**, **-bestellung**, **-(vor)verkauf** ‖ -K(复合): **Kino-**, **Konzert-**, **Theater-** **4.** (in Restaurants, Bars *o. Ä.*) e-e Liste, auf der Speisen, Getränke *usw* u. ihre Preise stehen (酒、饮料等)菜单〈die K. verlangen, studieren 要、研究菜单; die K bringen 送上菜单〉‖ -K(复合): **Eis-**, **Getränke-**, **Speise-**, **Wein-** **5.** ein (*mst* großes) Blatt(Papier), auf dem ein Gebiet (*z. B.* ein Land od. e-e Stadt) mit seinen Bergen, Tälern, Straßen, Flüssen *usw* dargestellt ist 地图 ≈ Landkarte〈e-e K. lesen, studieren 看、研究地图; etw. auf der K. suchen 在地图上寻找〉‖ -K(复合): **Europa-**, **Welt-**; **Himmels-**; **Straßen-**; **Auto-** **6.** eine von verschiedenen Karten (1) mit Zahlen u./od. Symbolen, die beim Kartenspiel verwendet werden 牌,纸牌≈ Spielkarte〈die Karten mischen, geben 洗、发牌; gute, schlechte Karten haben 有好、坏牌; Karten spielen 玩(纸)牌〉‖ -K(复合): **Bridge-**, **Canasta-**, **Rommé-**, **Skat-**, **Tarock-** **7.** ≈ Fahrkarte, Ticket〈e-e K. lösen 买车票; die K. entwerten (lassen), vorzeigen(让)剪票,出示车票; e-e K. lochen, knipsen, kontrollieren 剪(打孔,轧孔)、检票〉‖ -K(复合): **Jahres-**, **Monats-**, **Wochen-**; **Rückfahr-**; **Schüler-**, **Senioren-** **8.** *Kurzw* (略) ↑ **Visitenkarte**〈seine K. dalassen, abgeben, überreichen 留下、给出、递上自己的名片〉 **9.** *Kurzw* (略) ↑ **Kreditkarte**〈mit K. zahlen 用信用卡付款〉 **10.** ***die Gelbe/Rote K.*** SPORT【体】; e-e gelbe/rote K. (1), die der Schiedsrichter beim Fußball, Handball *o. Ä.* hochhält, um zu signalisieren, dass ein Spieler wegen e-s Fouls *o. Ä.* verwarnt wird (gelb) bzw. das Feld verlassen muss (rot) 黄/红牌 **11.** ***die grüne K.*** ein Dokument, das (*bes* bei Fahrten ins Ausland) als Nachweis dafür dient, dass ein Fahrzeug versichert ist 汽车保险绿标 ‖ ID[谚] ***j-m die Karten legen*** j-m mithilfe von (Spiel)Karten die Zukunft (voraus)sa-

K

gen 给某人用牌算命(占卜); ***die/seine Karten aufdecken/(offen) auf den Tisch legen***; ***mit offenen Karten spielen*** nichts zu verheimlichen versuchen 摊牌,摆明(亮出)自己的意图(想法); ***alles auf 'eine K. setzen*** alles tun (u. riskieren), um etw. Bestimmtes zu erreichen 孤注一掷; ***auf die falsche K. setzen*** e-e Sache unterstützen, die keinen Erfolg hat 打错算盘,走错了棋; ***j-m in die Karten sehen/schauen*** herausbekommen, welche Pläne u. Absichten j-d hat 弄清(看透)某人的意图

Kar·tei *die*; -, *-en*; e-e (systematisch geordnete) Sammlung von Karten (1) von gleicher Größe (in einem od. mehreren Kästen), auf denen bestimmte Daten od. Informationen stehen 卡片索引〈e-e K. anlegen, führen 编制、作卡片索引; in der K. nachsehen 查阅卡片索引〉‖ K-(复合): ***Kartei-, -blatt, -karte, -kasten, -zettel*** ‖ -K (复合): ***Einnahmen-, Mitglieder-, Patienten-***

Kar·tei·lei·che *die*; *hum* [诙]; *mst* 多用 ein Mitglied e-r Organisation, das zwar in der (Mitglieder)Kartei registriert, aber nicht aktiv ist 消极成员

Kar·tell *das*; *-s*, *-e*; WIRTSCH【经】; ein Zusammenschluss von großen Firmen, die durch Absprachen hinsichtlich der Preise ihrer Waren Konkurrenz ausschalte 卡特尔(经济垄断组织): *Große Firmen bilden häufig ein K.* 大公司经常组成卡特尔 ‖ K-(复合): ***Kartell-, -amt, -gesetz, -recht*** ‖ -K (复合): ***Preis-, Verkaufs-***

Kar·ten·gruß *der*; e-e (Ansichts)Karte mit e-r kurzen Mitteilung u. e-m Gruß 问候明信片

Kar·ten·haus *das*; *mst in* 多用于 ***etw. stürzt zusammen/fällt in sich zusammen wie ein K.*** **a)** e-e Idee, e-e Theorie *o. Ä.* scheitert bei der ersten kritischen Prüfung (od. Bewährungsprobe), weil sie völlig unrealistisch ist 某事(指思想、理论)经不住考验,一批就垮; **b)** ein großes Unternehmen *o. Ä.* geht zugrunde 某事(指大企业)陡然倒闭破产了

Kar·ten|kunst·stück *das*; ein Trick mit (Spiel)Karten 纸牌魔术〈ein K. beherrschen, können 掌握、会玩纸牌魔术〉

Kar·ten·spiel *das* **1.** ein (Gesellschafts)Spiel mit Karten (wie Skat od. Bridge) 玩纸牌(如斯卡特、桥牌)〈ein K. machen 玩纸牌〉 **2.** alle Karten, die man für ein bestimmtes K. (1) braucht 全部纸牌 ‖ NB(注意): ↑ ***Blatt*** (5,6) ‖ *hierzu* (派生) **Kar·ten·spie·ler** *der*; **Kar·ten·spie·le·rin** *die*

Kar·ten·te·le·fon *das*; ein öffentliches Telefon, bei dem man keine Münzen einwirft, sondern e-e (Telefon)Karte einschiebt 磁卡电话 ‖ NB(注意): ↑ ***Telefonkarte***

Kar·tof·fel *die*; -, *-n* **1.** e-e runde od. längliche Knolle mit dünner brauner Schale, die unter der Erde wächst. Man isst sie gekocht od. gebraten 土豆,马铃薯〈alte (= vom vergangenen Herbst), neue, festkochende, mehlige Kartoffeln 去年陈的、新鲜的、耐煮的(煮、炸、烤都能保持原形的)、淀粉含量高的土豆; Kartoffeln ernten, schälen, kochen, einkellern 收、削、煮、窖土豆〉‖ K-(复合): ***Kartoffel-, -acker, -ernte, -feld, -sack, -schale, -schnaps, -suppe***; ***-brei, -püree*** ‖ -K(复合): ***Früh-***; ***Futter-***; ***Salat-***; ***Speise-*** **2.** die Pflanze, an der die Kartoffeln (1) wachsen 土豆(植物)〈Kartoffeln anbauen, pflanzen 种植、种土豆〉 ‖ K-(复合): ***Kartoffel-, -fäule, -kraut***

Kar·tof·fel·chips *die*; *Pl* (复); dünne Scheiben von Kartoffeln (die in Fett gebraten u. mit Salz u. Paprika gewürzt werden) 油炸土豆片,薯片 ‖ NB(注意): ↑ ***Pommes frites***

Kar·tof·fel·kä·fer *der*; ein Käfer mit gelben u. schwarzen Streifen, der (*bes* als Larve) die Blätter der Kartoffeln (2) frisst 马铃薯瓢虫

Kar·tof·fel·kloß *der*; e-e runde Masse aus dem Teig von (geriebenen) rohen od. (zerquetschten) gekochten Kartoffeln 土豆团子

Kar·tof·fel·knö·del *der*; *südd* Ⓐ [南德][奥] ≈ Kartoffelkloß

Kar·tof·fel·mehl *das*; *nur Sg* (只用单数); feines Mehl aus Kartoffeln, das man *z. B.* zum Backen verwendet 土豆粉

Kar·tof·fel·pres·se *die*; ein (Küchen)Gerät, mit dem man gekochte Kartoffeln zu Brei zerquetscht 土豆泥碾压器

Kar·tof·fel·puf·fer *der*; *-s*, -; e-e Mischung aus rohen geriebenen Kartoffeln, Eiern u. Mehl. Sie wird in Form von runden Scheiben in heißem Fett gebacken 土豆煎饼 ≈ Reibekuchen

Kar·tof·fel·sa·lat *der*; gekochte, in Scheiben geschnittene Kartoffeln, die man mit Zwiebeln, Mayonnaise *usw* zubereitet u. kalt als Salat isst 土豆沙拉

Kar·tof·fel·stär·ke *die*; *nur Sg* (只用单数) ≈ Kartoffelmehl

Kar·to·gra·fie, Kar·to·gra·phie [-ˈfiː] *die*; -; *nur Sg* (只用单数); die Wissenschaft u. Technik der Herstellung von (Land)Karten 制图学,地图学 ‖ *hierzu* (派生) **Kar·to·graf, Kar·to·graph** *der*; *-en*, *-en*; **Kar·to·gra·fisch, kar·to·gra·phisch** *Adj* (形); *nur attr od adv* (只作定语或状语); **Kar·to·gra·fie·ren, kar·to·gra·phie·ren** (*hat*) *Vt* (及物)

Kar·ton [-ˈtɔŋ, -ˈtõ, -ˈtoːn] *der*; *-s*, *-s* **1.** ein Behälter aus Pappe, der die Form e-s Kastens hat 硬纸盒、板盒 ≈ Schachtel ‖ ↑ *Abb. unter* 图见 ***Behälter und Gefäße*** **2.** *nur Sg* (只用单数); das dicke, steife Papier, aus dem Kartons (1) gemacht werden 卡纸,厚纸,纸板,硬板纸 ≈ Pappe

kar·to·niert *Adj* (形); *nicht adv* (不作状语); (in Bezug auf Bücher) mit e-m festen Deckel (Einband) aus Karton (2) 用纸板装订的,硬封面的,精装的 ‖ -K(复合): ***leinen-***

Ka·rus·sell *das*; *-s*, *-e/-s*; (auf Volksfesten *o. Ä.*) ein großes, rundes Gestell mit hölzernen Pferden, kleinen Autos *o.Ä.*, das sich im Kreis dreht, u. auf der man (mit)fahren kann 旋转木马(一种游戏机械装置,上面装有木马、小车等)〈(mit dem) K. fahren 坐旋转木马〉‖ K-(复合): ***Ketten-***; ***Kinder-***

Kar·wo·che *die*; die Woche vor Ostern 复活节前一周

Kar·zi·nom *das*; *-s*, *-e*; MED【医】≈ (Krebs)-Geschwulst, Tumor

Ka·schem·me *die*; *-*, *-n*; *gespr pej veraltend* [口][贬][渐旧]; ein billiges Lokal (e-e Gaststätte) in e-r schlechten (verrufenen) Gegend 下等酒吧,下流场所≈ Spelunke

ka·schie·ren; *kaschierte*, *hat kaschiert*; Vt (及物) ***etw. k.*** bestimmte Fehler od. Mängel (geschickt) verbergen 掩盖,掩饰〈seine Unkenntnis, seine Unsicherheit k. 掩饰自己的无知、不自信〉

Kasch·mir *der*; *-s*, *-e*; *mst Sg* (多用复数); ein feines, weiches (oft glänzendes) Gewebe aus Wolle 开司米,羊绒 ‖ K-(复合): ***Kaschmir-***, ***-pullover***, ***-schal***

Kä·se *der*; *-s*; *nur Sg* (只用单数) **1.** ein festes (weißes od. gelbes) Produkt aus Milch, das man (in vielen Sorten) *mst* zu Brot isst 奶酪,干酪: *Der Camembert ist ein französischer K.* 卡芒贝尔干酪是一种法国奶酪 ‖ K-(复合): ***Käse-***, ***-aufschnitt***; ***-brot***; ***-gebäck*** ‖ -K(复合): ***Hart-***, ***Weich-***; ***Schafs-***, ***Ziegen-*** ‖ NB(注意): als Plural wird *Käsesorten* verwendet(复数用 *Käsesorten*) **2.** *gespr pej* [口][贬] ≈ Unsinn: *Was er da erzählt, ist K.* 他在那里讲的是一派胡言

Kä·se·blatt *das*; *gespr pej*[口][贬]; e-e kleine, unwichtige (Regional)Zeitung 地方小报

Kä·se·glo·cke *die*; ein Teller mit e-r Haube (aus Glas), unter die man den Käse legt, damit er frisch bleibt 奶酪玻璃罩

Kä·se·ku·chen *der*; ein Kuchen, dessen Teig zu e-m großen Teil aus Quark besteht 奶酪糕点

Kä·se·mes·ser *das*; ein spezielles (gebogenes) Messer, mit dem man Käse (ab)-schneidet 切奶酪的刀

Kä·se·plat·te *die*; verschiedene Sorten Käse, die man dem Gast auf e-m flachen Teller (e-r Platte) anbietet 乳酪拼盘

Kä·se·rin·de *die*; die äußere Schicht von e-m harten Käse 奶酪皮〈die K. abschneiden 切去奶酪皮〉

Ka·ser·ne *die*; *-*, *-n*; ein Komplex von Häusern, in dem Soldaten untergebracht sind 兵营,营房 ‖ K-(复合): ***Kasernen-***, ***-hof***

ka·ser·nie·ren; *kasernierte*, *hat kaserniert*; Vt (及物) ***j-n*** (*Kollekt od Pl* (集合或复数)) ***k.*** e-e Gruppe von Menschen nach Art von Soldaten für e-e bestimmte Zeit irgendwo unterbringen 让…驻扎下来,安置…住下〈Sportler, Truppen k. 让运动员、部队驻扎下来〉

Kä·se·tor·te *die*; e-e Torte mit e-r dicken Schicht aus Quark u. Sahne 乳酪蛋糕

kä·se·weiß *Adj* (形); *nicht adv* (不作状语); *gespr* [口]; sehr blass, bleich 苍白的,无血色的,刷白的: *Sie wurde vor Schreck k. im Gesicht* 她吓得脸色刷白

kä·sig *Adj* (形); *nicht adv*, *gespr* (不作状语)[口]; sehr blass, bleich 苍白的,无血色的,蜡黄的〈Haut 皮肤; k. im Gesicht sein, aussehen 脸色蜡黄,看上去脸色蜡黄〉

Ka·si·no *das*; *-s*, *-s* **1.** *Kurzw* (略) ↑ ***Spielkasino*** **2.** ein großer Raum, in dem man sich nach der Arbeit trifft, um zu feiern *o.Ä.* 娱乐场所,俱乐部≈ Klubhaus **3.** ein Speiseraum für Offiziere 军官食堂 ‖ -K(复合): ***Offiziers-*** **4.** ein Speiseraum in e-m Betrieb, Büro *o.Ä.* 职工食堂 ‖ NB(注意): ↑ ***Kantine***

Kas·ka·de *die*; *-*, *-n*; ein (*mst* künstlich angelegter) Bach, der über mehrere Stufen wie ein Wasserfall steil nach unten stürzt 阶梯式人工瀑布 ‖ *hierzu* (派生) **kas·ka·den·för·mig** *Adj* (形); *nicht adv* (不作状语) ‖ NB(注意): ↑ ***Wasserfall***

Kas·ko·ver·si·che·rung *die*; e-e Form der (AUTO) Versicherung, bei der ein Schaden am eigenen Auto ganz od. teilweise auch dann ersetzt wird, wenn der Fahrer selbst am Unfall schuld ist 汽车车损保险 ‖ NB(注意): ↑ ***Haftpflichtversicherung***

Kas·per *der*; *-s*, *-* **1.** e-e bunt gekleidete (Hand)Puppe mit e-r großen Nase u. (Zipfel)Mütze, die e-e lustige, freche männliche Person darstellt 木偶戏中丑角,滑稽角色 ‖ K-(复合): ***Kasper-***, ***-theater*** **2.** *gespr* [口]; j-d, der gern alberne Späße macht 傻子,小丑〈den K. machen 装傻,装疯卖傻〉

Kas·perl *der*; *-s*, *-(n)*; *südd* Ⓐ [南德][奥] ≈ Kasper (1,2) ‖ K-(复合): ***Kasperl-***, ***-theater***

Kas·per·le *das/der*; *-s*, *-*; *südd* [南德] ≈ Kasper (1,2) ‖ K-(复合): ***Kasperle-***, ***-theater***

Kas·per·li *das*; *-s*, *-*; Ⓒⓗ [瑞] ≈ Kasper (1,2) ‖ K-(复合): ***Kasperli-***, ***-theater***

kas·pern; *kasperte*, *hat gekaspert*; Vi (不及物) *gespr* [口]; alberne Späße machen (u. dabei lachen) 做可笑滑稽的动作,说令人发笑的蠢话、噱头

Kas·sa *die*; *-*, *Kas·sen*; Ⓐ [奥] ≈ Kasse

Kas·sand·ra·ruf *der*; *geschr* [书]; die Warnung vor e-m kommenden Unheil 卡桑德拉(希腊神话中特洛伊最后一位国王的女儿,会预卜吉凶)的预言灾难的警告

Kas·se *die*; *-*, *-n* **1.** ein Kasten (*bes* e-e Kassette) aus Stahl, in dem Geld aufbewahrt wird 钱盒,钱箱〈Geld aus der K. nehmen 从钱盒中取钱; j-m die K. anvertrauen 将钱箱托某人保管〉 **2.** ein Gerät (mit Rechenmaschine), das in den Geschäften dazu dient, die Preise der gekauften Waren zu registrieren u. anzuzeigen, wie viel der Kunde bezahlen muss 收款机≈ Ladenkasse, Registrierkasse〈an der K. sitzen 坐在收款机旁; etw. in die K. tippen 将某物录入收款机〉 **3.** (in e-m Supermarkt, Theater, Kino *usw*) die Stelle, an der man (*z. B.* den Preis der Waren, den Eintritt) bezahlt 付款处,收款处,出纳处,售

K

票处〈sich an der K. anstellen 在付款处排队〉; *Karten an der K. abholen* 在售票处取票; *Waren an der K. bezahlen* 在收款处付货款 ‖ -K(复合): ***Kino-***, ***Theater-***, ***Vorverkaufs-*** **4.** (*bes* in e-r Bank) der Ort, an dem man Geld einzahlen od. bekommen kann 存(取)款处(窗口) ≈ (Zahl) Schalter ‖ K-(复合): ***Kassen-***, ***-raum***, ***-schalter*** **5.** *gespr*, *Kurzw* [口](略) ↑ ***Krankenkasse***: *Die Kosten für das Krankenhaus zahlt die K.* 住院费用由保险公司支付 **6.** *gespr veraltend*, *Kurzw* [口][渐旧](略) ↑ ***Sparkasse*** **7.** ***K. machen*** (als Kaufmann) ausrechnen, wie viel Geld man (*z.B.* an e-m bestimmten Tag) eingenommen u. ausgegeben hat 结算账目(收支) ‖ ID [谚] ***j-n zur K. bitten*** *gespr* [口]; von j-m Geld verlangen 向某人要账; *mst* 多用 ***gut/schlecht*** *od* ***knapp bei K. sein*** *gespr* [口]; viel/wenig Geld (zur Verfügung) haben 手头宽裕/紧; ***seine K. aufbessern*** *gespr* [口], Geld dazuverdienen 改善(增加)收入

Kas.sen.arzt *der*; ein Arzt, der das Recht (u. die Pflicht) hat, (auch) die Patienten zu behandeln, die bei e-r gesetzlichen Krankenkasse versichert sind 法定医保的医生 ‖ *hierzu* (派生) **Kas.sen.ärz.tin** *die* **kas.sen.ärzt.lich** *Adj* (形); *mst attr* (多作定语)

Kas.sen.bon *der* ≈ Kassenzettel

Kas.sen.bril.le *die*; *gespr* [口]; e-e einfache u. billige Brille, die die gesetzliche Krankenkasse ihren Mitgliedern bezahlt 按法定医保可免费配的眼镜

Kas.sen.er.folg *der*; ein Film, ein (Theater)-Stück, Musical *usw*, die sehr gut besucht werden u. deshalb viel Geld einbringen (电影、戏、音乐会等)票房高,上座率高,叫座

Kas.sen.pa.ti.ent *der*; ein Patient, der bei e-r gesetzlichen Krankenkasse versichert ist 法定医保病人 ↔ Privatpatient ‖ *hierzu* (派生): **Kas.sen.pa.ti.en.tin** *die*

Kas.sen.schla.ger *der*; *gespr* [口]; *mst* e-e Ware, die von sehr vielen Kunden gekauft wird 抢手货

Kas.sen.sturz (*der*); *mst in* 多用于 ***K. machen*** *gespr* [口]; zählen od. feststellen, wie viel Geld man (noch) hat 清点库存(手头)现金

Kas.sen.wart *der*; *-(e)s*, *-e*; j-d, der das Geld e-s Vereins verwaltet 协会司库 ‖ *hierzu* (派生) **Kas.sen.war.tin** *die*; *-*, *-nen*

Kas.sen.zet.tel *der*; ein Zettel, auf dem steht, wie viel Geld man für jede einzelne Ware bezahlt hat, u. den man im Supermarkt *o.Ä.* als Quittung bekommt 发票,账单,付款单

Kas.se.rol.le *die*; *-*, *-n*; ein (flacher) Topf mit Stiel od. mit Henkeln, in dem man *bes* Fleisch brät 带柄或把手的平底锅 ‖ NB(注意): ↑ ***Pfanne***

Kas.set.te[1] *die*; *-*, *-n*; ein flaches, rechteckiges Gehäuse aus Kunststoff, in das ein Magnetband u. zwei (kleine) Spulen fest eingebaut sind, u. mit dem man (in e-m Kassetten- od. Videorecorder) Musik, Filme *o.Ä.* aufnehmen u. abspielen kann 磁带盒,录音带,录相带(盒),盒式磁带 〈e-e (un)-bespielte K. 一盘(没)录制的带子; e-e K. einlegen, abspielen, aufnehmen, bespielen 插入、放、录、灌音带; etw. auf K. aufnehmen 把某事录制成带; e-e Schallplatte auf K. überspielen 把唱片转录到音带上〉: *e-e K. mit Beatlessongs* 一盘披头士歌曲的磁带 ‖ -K(复合): ***Musik-***, ***Video-*** ‖ NB(注意): ↑ ***Tonband***

Kas.set.te[2] *die*; *-*, *-n* **1.** ein kleiner Behälter (ein Kästchen) aus Metall, in den man wertvolle Dinge, Geld *o.Ä.* einschließen kann (藏贵重钱物的)小匣 ‖ -K(复合): ***Geld-***, ***Schmuck-*** **2.** e-e feste Schutzhülle mit mehreren (zusammengehörenden) Büchern, Schallplatten *o.Ä.* (成套书、唱片的)包装盒,硬包装: *e-e K. mit Werken von Heinrich Heine* 一套硬盒包装的海涅著作; *e-e K. mit den Sinfonien von Beethoven* 一套带包装盒的贝多芬交响乐唱片 ‖ -K(复合): ***Bücher-***, ***Schallplatten-***; ***Geschenk-***

Kas.set.ten.deck *das*; der Teil e-r Stereoanlage, in dem man (Musik)Kassetten abspielen kann (音响设备的)音带舱

Kas.set.ten.re.cor.der, **Kas.set.ten.re.kor.der** *der*; ein Gerät, mit dem man Musik, Reden *usw* (auf Kassetten[1]) aufnehmen u. abspielen kann 录音机

Kas.sier *der*; *-s*, *-e*; *südd* Ⓐ Ⓒⓗ [南德][奥][瑞] ≈ Kassierer

kas.sie.ren; *kassierte*, *hat kassiert*; Vt/i (及物/不及物) **1.** (***etw.***) ***k.*** von j-m Geld für e-e Ware, Leistung *o.Ä.* fordern u. nehmen 收(款、账) ↔ bezahlen 〈die Miete, den Strom, das Fahrgeld k. 收房租、电费、车费〉: *Die Kellnerin hatte vergessen, bei uns zu k.* 服务员忘记向我们收钱了; Vt (及物) **2.** ***etw. k.*** *gespr* [口]; etw. nehmen u. behalten, ohne das Recht dazu zu haben 把…占为己有,把…揣进自己的腰包 ≈ einstecken: *Hast du schon wieder mein Feuerzeug kassiert?* 你又把我的打火机揣到自己腰包里了? **3.** ***etw. k.*** *gespr* [口]; (aufgrund seiner Autorität od. Macht) j-m etw. (weg)nehmen 没收,吊销 〈j-s Pass, Führerschein k. 没收某人的护照,吊销驾驶证〉 **4.** ***etw. k.*** *gespr* [口] ≈ bekommen[1] (1), erhalten[1] (1) 〈das Honorar, seine Provision *usw* k. 得到报酬、回扣(佣金)〉 **5.** ***etw. k.*** *gespr* [口]; etw. Unangenehmes bekommen od. erleiden 遭到,挨,吃(亏) ≈ etw. hinnehmen müssen 〈e-e Niederlage, e-e Ohrfeige k. 遭到失败,挨了记耳光〉: *Unsere Mannschaft hat vier Tore kassiert* 我们球队丢(输)了四个球 **6.** ***ein Lob k.*** *gespr* [口]; gelobt werden 受表扬

Kas.sie.rer *der*; *-s*, *-* **1.** j-d, bei dem man (*z.B.* in e-r Bank) Geld einzahlen od. bekommen kann 收银员、出纳(员): *Der K. hatte seinen Schalter schon geschlossen* 收银员已关上营业窗口 ‖ -K(复合): ***Bank-*** **2.** ≈ Kassenwart ‖ *hierzu* (派生) **Kas.sie.re.rin** *die*; *-*, *-nen*

Kas·tag·net·te [-tanˈjɛtə] *die*; -, -*n*; *mst Pl*（多用复数）; eines von zwei kleinen Schälchen aus Holz, die man an den Fingern einer Hand hält u. rhythmisch gegeneinanderschlagen lässt（*bes* bei bestimmten spanischen Tänzen）响器，响板（尤用于西班牙舞蹈中）

Kas·ta·nie [-ni̯ə] *die*; -, -*n* **1.** ein（Laub-）Baum, dessen braune, harte Früchte in e-r grünen, stacheligen Hülle stecken 栗子树 ‖ K-（复合）: ***Kastanien-***, ***-allee***, ***-baum*** **2.** die Frucht der K.（1）. Es gibt e-e Sorte Kastanien, die man essen kann 栗子〈Kastanien rösten 烤栗子; heiße Kastanien essen 吃烫栗子〉: *das Wild mit Kastanien füttern* 用栗子喂野生动物 ‖ -K（复合）: ***Ess-*** ‖ ID[谚]（***für j-n***）***die Kastanien aus dem Feuer holen*** *gespr*［口］; e-e unangenehme od. gefährliche Sache für j-n erledigen 为某人火中取栗，为某人赴汤蹈火 ‖ *zu*（义项）**2.** **kas·ta·ni·en·braun** *Adj*（形）; *nicht adv*（不作状语）

Käst·chen *das*; -*s*, - **1.** ein kleiner Kasten（1）小盒，小箱 **2.** eines von vielen kleinen Quadraten, die auf（Rechen）Papier gedruckt sind 小方格

Kas·te *die*; -, -*n* **1.**（*bes* in Indien）eine von mehreren Guppen der Gesellschaft, die voneinander sehr streng getrennt sind（尤指印度的）社会等级，种性制度，社会阶层 **2.** *mst pej* 多用[贬]; e-e Gruppe der Gesellschaft, die meint, die Elite zu sein 特权阶层，所谓的精英阶层 ‖ -K（复合）: ***Ärzte-***, ***Offiziers-***

kas·tei·en, sich; *kasteite sich*, *hat sich kasteit*; [Vr]（反身）*geschr*［书］**1.** ***sich k.*** sich selbst（*bes* durch Schläge, Hungern *o. Ä.*）bestrafen 苦行，清苦修行: *Früher haben sich die Mönche kasteit, um ihre Sünden zu sühnen* 从前僧侣以苦行赎罪 **2.** ***sich k.*** *hum*［诙］; sich Entbehrungen auferlegen, auf bestimmte Sachen bewusst verzichten 清心寡欲 ‖ *zu*（义项）**1.** **Kas·tei·ung** *die*

Kas·tell *das*; -*s*, -*e* ≈ Burg, Festung

Kas·ten *der*; -*s*, *Käs·ten*; **1.** ein *mst* rechteckiger Behälter aus Holz, Metall *o. Ä.*（*mst* mit Deckel）der zum Aufbewahren od. Transportieren von Sachen dient 盒，箱，柜 ‖ -K（复合）: ***Brief-***, ***Farben-***, ***Geigen-***, ***Kartei-***, ***Werkzeug-*** **2.** ***ein K.***（+ *Subst* 名词）ein rechteckiger Behälter ohne Deckel, der speziell für den Transport von Flaschen gemacht ist 一箱…〈ein K. Bier, Limo, Mineralwasser 一箱啤酒、汽水、矿泉水〉**3.** *Kurzw*（略）↑ ***Schaukasten*** **4.** *gespr pej*［口］［贬］; ein *mst*（altes）Auto, das nicht mehr gut fährt 破车，旧车 ≈ Karre（2）**5.** *gespr pej*［口］［贬］; ein（altes）Radio od. Fernsehgerät 旧收音机，旧电视机 **6.** *südd* Ⓐ Ⓒⓗ［南德］［奥］［瑞］≈（Kleider）Schrank **7.** SPORT【体】; ein（Turn）Gerät（aus Holz）in der Form e-s Kastens（1）mit e-r Oberfläche aus Leder, an dem man Sprünge macht 跳箱: *e-e Grätsche, Hocke über den K. springen* 跳伸腿腾越、屈腿腾越 ‖ ID[谚]（***et***）***was auf dem K. haben*** *gespr*［口］; intelligent sein 有点能耐，有两（或几）下子 ‖ *zu*（义项）**1.** **kas·ten·för·mig** *Adj*（形）; *nicht adv*（不作状语）‖ ▶ ***Kästchen***

Kas·ten·brot *das*; ein Brot, das in Form e-s länglichen Kastens（1）gebacken wurde 长方面包

Kas·ten·form *die*; e-e rechteckige, längliche Backform 长方形烤模

Kas·ten·wa·gen *der*; ein Auto mit e-r Ladefläche, die wie ein großer Kasten aussieht 箱式货运车

kast·rie·ren; *kastrierte*, *hat kastriert*; [Vt]（及物）***j-n*** / ***ein Tier k.*** bei e-m Mann od. männlichen Tier die Keimdrüsen（Hoden）entfernen, damit er/es unfruchtbar ist 阉割，骗 ‖ *hierzu*（派生）**Kast·ra·ti·on** *die*; -, -*en*

Ka·sus *der*; -, -［-zuːs］; LING【语】≈ Fall²（7）

Kat *der*; -*s*, -*s*; *gespr*［口］≈ Katalysator（1）‖ K-（复合）: ***Kat-***, ***-auto***

Ka·ta·log *der*; -（*e*）*s*, -*e* **1.** e-e Art Liste od. Kartei, in der（in systematischer Ordnung）alle Gegenstände genannt（u. gekennzeichnet）sind, die sich in e-m bestimmten Museum, Lager, e-r Bibliothek od. bei e-r Ausstellung befinden 目录，编目 ≈ Verzeichnis: *der alphabetische K. e-r Bibliothek* 按字母顺序编排的图书目录 ‖ -K（复合）: ***Bibliotheks-***, ***Sach-*** **2.** ein Buch oder dickes Heft, in dem alle Stücke e-r Ausstellung, e-s Museums od. alle Waren e-r Firma（mit ihren Preisen）verzeichnet sind（书、物品或商品的）目录册〈im K. blättern, etw. aus dem K. bestellen 翻阅目录册，从目录书中订购某物〉‖ K-（复合）: ***Katalog-***, ***-preis*** ‖ -K（复合）: ***Ausstellungs-***, ***Versandhaus-***, ***Waren-*** **3.** ***ein K. von etw.***（*Pl* 复）viele einzelne Elemente, die zu e-m Thema gehören 一系列…，成套: *ein K. von Maßnahmen* 一系列措施 ‖ -K（复合）: ***Fragen-***, ***Themen-***

ka·ta·lo·gi·sie·ren; *katalogisierte*, *hat katalogisiert*; [Vt]（及物）***etw. k.*** etw.（mit e-r Nummer）in e-n Katalog aufnehmen 把…编入目录，将…进行编目 ‖ *hierzu*（派生）**Ka·ta·lo·gi·sie·rung** *die*

Ka·ta·ly·sa·tor *der*; -*s*, *Ka·ta·ly·sa·to·ren* **1.** ein technisches Gerät in Autos, durch das die schädlichen Teilchen in den（Auspuff-）Gasen in weniger schädliche Stoffe umgewandelt werden（净化汽车尾气的）净化器，净化装置 ‖ K-（复合）: ***Katalysator-***, ***-auto***, ***-technik*** **2.** CHEM【化】; ein Stoff, der e-e chemische Reaktion bewirkt, selbst aber unverändert bleibt 催化剂，触媒，接触剂 **3.** etw., das e-e bestimmte Entwicklung auslöst od. beschleunigt 催化因素，推动作用〈etw. wirkt als K. 某事起催化作用〉

Ka·ta·ma·ran *der*; -*s*, -*e*; ein Fahrzeug zum Segeln, das aus zwei parallel miteinander verbundenen Booten besteht 双体帆船

Ka·ta·pult *das*, *der*; -（*e*）*s*, -*e* ≈（Stein）-

Schleuder

ka·ta·pul·tie·ren; *katapultierte, hat katapultiert*; Vt (及物) ***j-n/etw. irgendwohin k.*** j-n/etw. (mit od. wie mit e-m Katapult) irgendwohin schleudern od. schießen 将…弹(甩,抛)出: *Beim Aufprall wurde er durch die Scheibe katapultiert* (汽车)碰撞时,他被甩出了玻璃窗

Ka·ta·rakt *der*; *-(e)s, -e* **1.** ≈ Stromschnelle **2.** ≈ Wasserfall

Ka·tarr, Ka·tarrh *der*; *-s, -e*; e-e Entzündung der Schleimhäute (*bes* der Atmungsorgane), bei der man Schleim od. Eiter absondert 卡他,黏膜炎(尤指气管) ‖ -K(复合): ***Hals-, Raucher-***

Ka·tas·ter *der, das*; *-s, -*; *Kollekt* (集合); die Akten od. Bücher in e-m Amt, in denen alle Grundstücke aus e-m Bezirk verzeichnet u. beschrieben sind 土地登记册,地籍册≈ Grundbuch ‖ K-(复合): ***Kataster-, -amt, -auszug***

ka·ta·stro·phal [-ˈfaːl] *Adj* (形); sehr schlimm 灾难性的,悲惨的,可怕的,很糟糕的≈ fürchterlich (1), verhängnisvoll ⟨ein Fehler, ein Irrtum, e-e Wirkung, Folgen 错误,误解,作用,后果⟩: *In dem Erdbebengebiet herrschen katastrophale Zustände* 在地震区情况很糟

Ka·ta·stro·phe [-fə] *die*; *-, -n*; ein sehr großes Unglück, ein (Natur)Ereignis mit schlimmen Folgen 灾难,不幸,灾祸,灾害,惨祸,惨剧,浩劫: *Der Wegfall des Exports wäre e-e K. für das Unternehmen* 出口下降是企业的灾难 ‖ -K(复合): ***Erdbeben-, Natur-, Unwetter-***

Ka·ta·stro·phen·alarm *der*; ein Signal, das vor e-r drohenden Gefahr (*bes* e-r Naturkatastrophe) warnen soll 灾害警报 ⟨K. geben, auslösen 发出、拉响灾害警报⟩

Ka·ta·stro·phen·dienst *der*; *Kollekt* (集合); e-e Gruppe od. Organisation, die (*bes* medizinische u. technische) Hilfe leistet, wenn ein großes Unglück, *bes* e-e (Natur)Katastrophe, passiert ist 救灾服务队(组),抢险队

Ka·ta·stro·phen·ein·satz *der*; die Tätigkeiten von Helfern nach e-r (Natur) Katastrophe 救灾(抢险)任务,投入救灾(抢险) ⟨sich im K. befinden 正投入救灾(抢险)⟩

Ka·ta·stro·phen·fall *der*; *mst in* 多用于 ***im K.*** wenn sich e-e Katastrophe ereignet (hat)—旦发生险情(灾情): *Die Helfer wissen, was sie im K. tun müssen* 救助人员知道,一旦发生险(灾)情他们该干什么

Ka·ta·stro·phen·ge·biet *das*; die Gegend, in der sich e-e (Natur)Katastrophe (*z.B.* ein Erdbeben) ereignet hat 灾区

Ka·ta·stro·phen·schutz *der*; *Kollekt* (集合) **1.** e-e Organisation, die (*bes* medizinische u. technische) Hilfe leistet, wenn sich e-e Katastrophe ereignet hat 救灾组织 **2.** die Maßnahmen, die Katastrophen verhindern sollen 防灾措施

Ka·te·chis·mus *der*; *-, Ka·te·chis·men*; ein Lehrbuch für den religiösen (christlichen) Unterricht in der Schule (基督教)教义手册

Ka·te·go·rie *die*; *-, -n* [-ˈriːən]; e-e Klasse od. Gruppe, in die man Dinge u. Personen aufgrund bestimmter gemeinsamer Merkmale einordnet 类别,类型,范围,范畴 ⟨etw. gehört, zählt zu e-r bestimmten K. 某物属于,归入某一范畴⟩: *j-n in e-e bestimmte K. einordnen* 将某人划入某一类型(的群体) ‖ -K(复合): ***Preis-, Waren-*** ‖ NB(注意): ↑ ***Gattung***

ka·te·go·risch *Adj* (形); *geschr* [书]; sehr bestimmt u. mit viel Nachdruck 断然的,坚决的 ≈ entschieden (2) ⟨ein Nein 否定; etw. k. ablehnen, fordern, verneinen 断然地拒绝、要求、否定某事; (j-m) etw. k. verbieten 坚决禁止某人干某事⟩

Ka·ter[1] *der*; *-s, -*; e-e männliche Katze 雄猫

Ka·ter[2] *der*; *-s, -*; *gespr* [口]; die Kopfschmerzen (u. die Übelkeit), die man hat, wenn man am Tag vorher zuviel Alkohol getrunken hat (宿醉后的)头痛、恶心 ⟨e-n K. bekommen, haben, vertreiben 出现、有、消除酒后不适症状⟩

Ka·ter·früh·stück *das*; *hum* [谐]; e-e kleine Mahlzeit mit sauren Speisen (*bes* Hering u. Gurken), die man morgens isst, wenn man vom Abend zuvor e-n Kater[2] hat 酸食早餐(宿醉后头痛恶心的人第二天早晨吃点鲱鱼和黄瓜等酸食作为早餐)

Ka·the·der *das, der*; *-s, -*; *veraltend* [渐旧]; e-e Art schmaler hoher Tisch, an dem ein Lehrer od. Redner steht 讲台≈ Pult

Ka·thed·ra·le *die*; *-, -n*; e-e große Kirche (die zu e-m Bistum, zum Sitz e-s Bischofs gehört) 大教堂: *die K. von Westminster* 威斯敏斯特大教堂 ‖ NB(注意): Die deutsche Bezeichnung für Bischofskirchen in englischsprachigen Ländern, in Spanien u. in Frankreich ist *K.*, für Deutschland sagt man *mst Dom* od. *Münster* (*K.* 用于英语国家、西班牙和法国,德国多用 *Dom* 或 *Münster*): *der Kölner Dom, das Freiburger Münster* 科隆大教堂,弗莱堡大教堂

Ka·the·te *die*; *-, -n*; GEOM【几】; eine der beiden Seiten e-s Dreiecks, die e-n rechten Winkel bilden 勾,股(直角三角形中的直角边)↔ Hypotenuse

Ka·the·ter *der*; *-s, -*; MED【医】; ein Röhrchen, das in bestimmte Organe des Körpers, *z.B.* in die Harnblase, eingeführt werden kann, *bes* um sie zu entleeren od. zu untersuchen 导(液)管: *e-n K. in die Blase einführen* 将导管插入膀胱 ‖ -K(复合): ***Blasen-, Darm-, Herz-***

Ka·tho·de *die*; *-, -n*; PHYS【物】; der negative Pol (die Elektrode) e-r elektrischen Batterie *o.Ä.* 阴极,负极↔ Anode ‖ K-(复合): ***Kathoden-, -strahlen***

Ka·tho·lik, Ka·tho·lik *der*; *-en, -en*; j-d, der zur (römisch-) katholischen Kirche gehört 天主教徒 ⟨ein gläubiger, praktizierender K. (= der regelmäßig in die Kirche geht)一位虔诚的、定期去教堂做礼拜的天主教徒⟩ ‖ NB(注意):

K

der Katholik; *den*, *dem*, *des Katholiken* ‖ *hierzu*（派生）**Ka·tho·li·kin**, **Ka·tho·li·kin** *die*; -, *-nen*

ka·th o·lisch *Adj*（形）; zu der christlichen Konfession gehörig, deren höchster Vertreter der Papst in Rom ist 天主教的; *Abk* 缩写为 kath.〈die Kirche, ein Priester, Dogma 教堂,神甫,教义; k. sein 信奉天主教,是天主教徒〉

Ka·tho·li·zis·mus *der*; -; *nur Sg*（只用单数）; die Lehre der katholischen Kirche 天主教教义,天主教〈zum K. übertreten, sich zum K. bekennen 转入、信奉天主教〉‖ NB（注意）: ↑ ***Protestantismus***

Ka·to·de *die*; ↑ ***Kathode***

Kat·tun *der*; *-s*; *nur Sg*（只用单数）; ein sehr fester Stoff aus Baumwolle 卡其布,咔叽

Katz *die*; *nur in* 只用于 **1.** ***etw. ist für die K.*** *gespr*[口]; etw. ist umsonst, vergebens（物作主语）徒劳无益,白干了,泡汤,白费劲: *Meine ganze Arbeit war für die K.!* 我的全部工作白干了! **2.** ***K. u. Maus（mit j-m）spielen***（aus e-r Position der Stärke heraus）mit j-m spielen, indem man ihm（öfter）Hoffnungen auf etw. macht u. diese dann nicht erfüllt 故意戏弄,耍笑捉弄,拿人寻开心

Kätz·chen *das*; *-s*, - **1.** e-e kleine od. junge Katze（1）小猫 **2.** *mst Pl*（多用复数）; die weichen Blüten mancher Bäume u. Sträucher 柔荑花序 ‖ -K（复合）: ***Hasel-***, ***Weiden-***

Kat·ze *die*; -, *-n* **1.** ein（Haus）Tier mit scharfen Zähnen u. Krallen, das Mäuse fängt（家）猫〈die K. miaut, schnurrt, faucht, kratzt, putzt sich, macht e-n Buckel 猫喵喵叫、呼噜、呼吼、抓人、洗脸、弓腰; anschmiegsam, falsch, zäh wie e-e K. 像猫一样温顺、虚伪、坚韧〉‖ -K（复合）: ***Haus-***, ***Wild-*** ‖ K-（复合）: ***Katzen-***, ***-fell*** **2.** verwendet als Bezeichnung für e-e weibliche K.（1）（im Gegensatz zu e-m Kater）母猫 **3.** eine der verschiedenen Tierarten, die mit der K.（1）verwandt sind 猫科（动物）≈ Raubkatze: *Tiger u. Löwen sind Katzen* 虎和狮是猫科动物 ‖ ID[谚] ***die K. im Sack kaufen*** *gespr*[口]; etw. kaufen, ohne vorher die Qualität zu prüfen（不问质量好坏）乱买; ***die K. aus dem Sack lassen*** *gespr*[口]; etw. Wichtiges, das man bisher verschwiegen hat, verraten 泄露重要情况（秘密）; ***wie die K. um den heißen Brei herumgehen*** *gespr*[口]; nicht wagen, etw. Unangenehmes offen auszusprechen, u. deshalb nur zaghafte Andeutungen machen（对…）支支吾吾,吞吞吐吐,想说又不敢言; ***Da beißt sich die K. in den Schwanz*** *gespr*[口]; verwendet, um auszudrücken, dass e-e Sache bestimmte Folgen hat, die wiederum selbst diese Sache beeinflussen 猫咬尾巴,兜圈子; ***Die K. lässt das Mausen nicht*** verwendet, um auszudrücken, dass j-d seine alten Gewohnheiten nicht ablegen kann 旧习难改,本性难移,猫不会放走老鼠的 ‖ *zu*（义项）**1.** **kat·zen·ar·tig** *Adj*（形）; **kat·zen·gleich** *Adj*（形）; **kat·zen·haft** *Adj*（形）

Kat·zen·au·ge *das* **1.** das Auge e-r Katze 猫眼 **2.** *gespr*[口]; e-e kleine Scheibe（*z. B.* hinten am Fahrrad）, die Licht reflektiert 反光镜,猫眼 ≈ Rückstrahler

Kat·zen·jam·mer *der*; *gespr*[口]; e-e traurige Stimmung nach e-m Misserfolg *o. Ä.*（失败后的）痛苦,心里难受,悔恨

Kat·zen·mu·sik *die*; *nur Sg*, *gespr pej*（只用单数）[口][贬]; e-e Musik, die ohne Harmonie ist u. schlecht klingt 刺耳的音乐,不悦耳的音乐〈K. machen 制造噪声〉

Kat·zen·sprung *der*; *nur in* 只用于（***nur***）***ein K.*** *gespr*[口]; nicht weit entfernt 一小段路,一箭之遥: *„Ist es noch weit bis zur Stadtmitte?" – „Nein, das ist nur noch ein K."* "到市中心还远吗?"——"不远了,只还有一小段路"

Kat·zen·tisch *der*; *gespr*[口]; *hum*[诙] **1.** ein kleiner Tisch（abseits der Festtafel）für die Kinder（供儿童用的）小餐桌 **2.** ***am K. sitzen/essen*** an e-r unwichtigen Stelle, am Rande sitzen/essen 坐在不起眼的一边吃饭

Kat·zen·wä·sche *die*; *mst in* 多用于 ***K. machen*** *gespr hum*[口][诙]; sich sehr schnell, nicht gründlich u. ohne viel Wasser waschen 马马虎虎地洗了洗

Kau·der·welsch *das*; *-(s)*; *nur Sg*, *pej*（只用单数）[贬]; e-e（verworrene）Sprache od. e-e Art zu sprechen, die man nicht verstehen kann 难听懂的语言,含糊其辞,语无论次〈ein K. reden 说话含糊不清〉

kau·en; *kaute*, *hat gekaut*; Vt/i（及物/不及物）**1.**（***etw.***）***k.*** feste Nahrung mit den Zähnen kleiner machen（zerbeißen）咀嚼,咬碎〈etw. gut, gründlich k. 把某物嚼碎,细细咀嚼; mit vollen Backen k. 嘴里塞得满满地咀嚼〉: *Es ist ungesund, beim Essen nicht richtig zu kauen* 吃饭不细嚼慢咽不健康 ‖ K-（复合）: ***Kau-***, ***-bewegung***, ***-muskel***; Vi（不及物）**2.** ***an/auf etw.***（*Dat* 三格）***k.***（*mst* weil man nervös ist）auf etw. herumbeißen 咬（常出于情绪紧张）〈an den Fingernägeln, auf e-m Bleistift k. 咬指甲、铅笔〉**3.** ***an etw.***（*Dat* 三格）***zu k. haben*** *gespr*[口]; etw. nur mit Mühe schaffen können 费劲地（绞尽脑汁地）干某事,啃〈an e-r Aufgabe, e-m Problem zu k. haben 有一项任务、一个疑难问题要解决〉

kau·ern; *kauerte*, *hat/südd* Ⓐ Ⓒⓗ [南德][奥][瑞] *ist gekauert*; Vi（不及物）**1.**（***irgendwo***）***k.*** mit gebeugten Knien so auf den Fersen sitzen, dass die Beine fest an den Körper gedrückt sind 蹲（在）‖ K-（复合）: ***Kauer-***, ***-stellung***; Vr（反身）**2.** ***sich irgendwohin k.*** sich in e-r kauernden（1）Stellung auf den Boden setzen 蹲住,蹲下: *sich hinter e-e Hecke k., um sich zu verstecken* 蹲到灌木丛后面躲藏起来

Kauf *der*; *-(e)s*, *Käu·fe* **1.** das Kaufen（1）购买,≈ Erwerb ↔ Verkauf〈ein K. auf Raten, Kredit 分期付款购买,赊购; etw. zum K. anbieten 出售某物; etw. steht zum K.（= kann gekauft werden）某物可购买; e-n K.

abschließen, rückgängig machen 签订、撤销一笔买卖): *Vom K. dieser Spülmaschine kann man nur abraten* 奉劝还是别买这种餐具洗涤机 ‖ -K(复合): **Grundstücks-**, **Haus-**; **Raten- 2.** etw., das man gegen Bezahlung bekommen hat 买进的商品,所购之物〈ein günstiger, schlechter, vorteilhafter K. 买得合算、不合算、很值〉: *Stolz präsentierte sie ihren neuen K.* 她很骄傲地展示自己新买的东西 ‖ ID [谚] ***etw. in K. nehmen*** die negative Seite e-r sonst guten Sache akzeptieren 容忍、将就某事

kau·fen; *kaufte*, *hat gekauft*; [Vt/i] (及物/不及物) **1.** (***etw.***) ***k.*** etw. dadurch bekommen, dass man Geld dafür zahlt 买,购买≈ erwerben ↔ verkaufen〈etw. neu, alt, gebraucht k. 买新的、旧的、用过的; bei j-m k. 在某人处购买; etw. für teures (= viel) Geld k. 某物买得很贵〉: *mit dem Taschengeld Bonbons k.* 用零用钱买糖块; *Sie kauft ihre Eier auf dem Markt* 她的鸡蛋是在集市上买的; *Hier kaufe ich nie wieder!* 我再也不在这里买东西了! ‖ K-(复合): ***Kauf-***, ***-preis***, ***-vertrag***; [Vt] (及物) **2.** (***sich*** (*Dat* 三格)) ***etw. k.*** etw. für sich k. (1) (给自己)买东西: *Sie hat sich ein neues Auto gekauft* 她给自己买了一辆新车 **3.** ***j-n k.*** *gespr* [口]; j-n bestechen 收买,贿赂,买通 **4.** ***sich*** (*Dat* 三格) ***j-n k.*** *gespr* [口]; j-m Vorwürfe machen, ihn bestrafen 教训,整治≈ sich j-n vornehmen ‖ ID [谚] *mst* 多用 ***Dafür kann ich mir nichts k.*** *gespr* [口]; davon habe ich keinen Vorteil 这对我一点好处也没有

Käu·fer *der*; *-s*, *-*; j-d, der etw. kauft bzw. gekauft hat 买主,顾客≈ Kunde ↔ Verkäufer ‖ K-(复合): ***Käufer-***, ***-schicht*** ‖ *hierzu* (派生) **Käu·fe·rin** *die*; *-*, *-nen*

Kauf·frau *die*; e-e Frau mit e-r abgeschlossenen kaufmännischen Lehre 女商人,从商的女性 ‖ NB(注意): ↑ ***Kaufmann***

Kauf·haus *das*; ein großes Geschäft (*mst* mit mehreren Stockwerken), in dem man viele verschiedene Waren kaufen kann 商场,大型百货公司≈ Warenhaus

Kauf·kraft *die*; *nur Sg*, WIRTSCH (只用单数) 【经】**1.** ***die K.*** (***des Geldes***) der Wert des Geldes (e-r Währung) in Bezug auf die Menge der Waren, die man dafür kaufen kann 购买力(货币值)〈die K. des Euro, des Dollars 欧元、美元的购买力; die K. steigt, fällt, bleibt konstant 购买力上扬、下落、保持稳定〉**2.** ***j-s K.*** j-s Fähigkeit, Waren *o. Ä.* zu bezahlen 某人的购买(能)力 ≈ Zahlungsfähigkeit〈e-e geringe, hohe K. 低的、高的购买力; die K. der Bevölkerung, der Arbeitnehmer 人民、雇员的购买(能)力〉‖ *zu* (义项) **2. kauf·kräf·tig** *Adj* (形); *nicht adv* (不作状语)

Kauf·leu·te *die*; *Pl* (复); ↑ ***Kaufmann***

käuf·lich *Adj* (形) **1.** so, dass man es für Geld bekommen, kaufen kann 可买到的,出售的↔ unverkäuflich〈etw. k. erwerben 某物是可买得到的〉: *Die Bilder dieser Galerie sind nur zum Teil k.* 这间画廊的画只有部分出售 **2.** *veraltend* [渐旧]≈ bestechlich〈ein Beamter, ein Zeuge 公务人员(官员),证人〉**3.** ***käufliche Liebe*** ≈ Prostitution ‖ *zu* (义项) **2. Käuf·lich·keit** *die*; *nur Sg* (只用单数)

Kauf·lust *die*; *nur Sg* (只用单数); die Bereitschaft, Waren zu kaufen 购物意愿≈ Kaufinteresse: *Die Bekleidungsindustrie will die K. der Konsumenten steigern* 服装工业想提高消费者的购物意愿 ‖ *hierzu* (派生) **kauf·lus·tig** *Adj* (形); *nicht adv* (不作状语)

Kauf·mann *der*; *-(e)s*, *Kauf·leu·te* **1.** j-d, der e-e spezielle (kaufmännische) Lehre abgeschlossen hat u. dessen Beruf es ist, mit Dingen zu handeln, sie zu kaufen u. zu verkaufen 商人,商务职员: *Er arbeitet als K. bei e-r Bank* 他在一家银行当商务职员 ‖ -K(复合): ***Bank-***, ***Einzelhandels-***, ***Export-***, ***Groß-handels-***, ***Industrie-***; ***Diplom-*** ‖ NB(注意): ↑ ***Kauffrau*** **2.** *veraltend* [渐旧]; der Besitzer e-s kleinen (Einzelhandels) Geschäfts 小商贩,行贩

kauf·män·nisch *Adj* (形); *nur attr od adv* (只作定语或状语) **1.** *nicht adv* (不作状语); in Bezug auf den Beruf des Kaufmanns (1) 从商的,商人的〈*mst* e-e Lehre, e-e Ausbildung 学习,职业培训〉**2.** *nicht adv* (不作状语); im Bereich von Einkauf u. Verkauf tätig 商务的,经商的〈*mst* ein Angestellter, ein Direktor, ein Leiter 职员,经理,领导〉**3.** so, wie es der Kaufmann (1) lernt 商业的〈das Rechnen, e-e Buchführung 算术,会计〉**4.** in der Art e-s (erfolgreichen) Kaufmanns 有商业头脑的,善于经商的 ≈ geschäftstüchtig〈Geschick, ein Instinkt 手腕,直觉; k. denken, handeln 善于盘算、经营〉

Kau·gum·mi *der*; e-e weiche Masse, *mst* als Streifen, die man lange kauen kann, die dabei klebrig wird u. nach Pfefferminz, e-r Frucht *o. Ä.* schmeckt 口香糖〈K. kauen 嚼口香糖〉

Kaul·quap·pe *die*; *-*, *-n*; ein sehr kleines Tier, das sich später zu e-m Frosch entwickelt 蝌蚪

kaum *Adv* (副) **1.** nur zu e-m geringen Grad 几乎不 ≈ fast nicht: *j-n k. kennen* 几乎不认识某人; *Die Musik war k. zu hören* 音乐几乎听不见 **2.** nur mit Mühe od. Schwierigkeiten 勉强,凑合,好不容易地: *Er hats k.* (= gerade noch) *glauben können* 他好不容易才相信 **3.** verwendet, um auszudrücken, dass man etw. nicht glaubt (für nicht wahrscheinlich hält) 几乎不可能,很难 ≈ schwerlich: *Es ist schon spät – jetzt wird sie k. noch kommen* 太晚了,她现在不可能再来了; *Er wird doch k. so dumm sein, das zu glauben, oder?* 他不致于会笨到相信这一点吧,你说呢? **4.** verwendet, um auszudrücken, dass zwischen zwei Ereignissen nur sehr wenig Zeit liegt 刚,恰好,一…就≈ gerade erst: *Ich hatte k. mit der Arbeit angefangen, da wurde ich schon unterbrochen* 我刚开始工作,就被打断了 **5.** ≈ selten ↔ häufig: *Er ist k. zu Hause* 他很少在

家；*Diese Tierart kommt bei uns k. vor* 这种动物很少在我们这里出现 **6. *k.* dass** *geschr* [书]; kurz nachdem 刚…就：*K. dass sie zu Hause war, musste sie schon wieder fort* 她刚回家,就又要走

kau.sal *Adj*（形）**1.** *geschr* [书]; durch das Verhältnis zwischen Ursache u. Wirkung bestimmt 因果的≈ ursächlich 〈e-e Beziehung, ein Zusammenhang 关系,联系; etw. ist (durch etw.) k. bedingt 某事是有前因后果的〉‖ K-(复合): ***Kausal-, -beziehung, -zusammenhang*** **2.** LING【语】; 〈ein Nebensatz, e-e Konjunktion 从句,连词〉 so, dass sie den Grund für od. die Ursache von etw. angeben 原因的,表示原因的: *„Weil" u. „denn" sind kausale Konjunktionen* "weil"和"denn"是原因连词 ‖ K-(复合): ***Kausal-, -satz***

Kau.sa.li.tät *die*; -, *-en*; *geschr* [书]; der Zusammenhang von Ursache u. Wirkung 因果关系,因果性≈ Ursächlichkeit: *die K. zwischen Rauchen u. Lungenkrebs* 吸烟与肺癌之间的因果关系

Kau.sal.ket.te *die*; *geschr* [书]; e-e (Aufeinander) Folge von Wirkungen, die kausal zusammenhängen 因果链

Kau.ta.bak *der*; ein sehr fester (gepresster) Tabak, der gekaut (u. nicht geraucht) wird 口嚼烟草〈e-e Stange K. 一条口嚼烟草〉

Kau.ti.on [-ˈtsi̯oːn] *die*; -, *-en* **1.** e-e Summe Geld, die man als Sicherheit zahlen (hinterlegen) muss, wenn man *z.B.* e-e Wohnung od. ein Fahrzeug mietet 押金,保证金: *Der Vermieter verlangt drei Monatsmieten (als) K.* 房东要求付三个月租金作为押金 **2.** e-e Summe Geld, die man als Bürgschaft zahlen muss, damit ein Gefangener aus der (Untersuchungs)Haft entlassen wird 保释金,担保金〈e-e K. für j-n stellen, zahlen 为某人提供、支付保释金; j-n gegen Zahlung e-r K. auf freien Fuß setzen 交保释金释放某人〉‖ NB(注意): ↑ ***Pfand***

Kaut.schuk *der*; *-s*; *nur Sg*（只用单数）; die Substanz, (die man aus dem Saft bestimmter tropischer Bäume gewinnt u.) aus der man Gummi macht 树胶,橡胶,胶 ‖ K-(复合): ***Kautschuk-, -baum, -milch, -plantage*** ‖ -K(复合): ***Natur-***

Kauz *der*; *-es*, *Käu.ze* **1.** e-e Art Eule 枭〈der K. ruft, schreit 枭在啼、叫〉**2.** *pej od hum* [贬]或[诙]; j-d, der sich (auf sympathische Weise) seltsam benimmt 怪人≈ Sonderling 〈ein seltsamer, sonderbarer, komischer K. 一个古怪的、奇特的、滑稽的怪人〉‖ *zu*（义项）**2.** **kau.zig** *Adj*（形）

Ka.va.lier [kavaˈliːɐ̯] *der*; *-s*, *-e* **1.** ein Mann, der sich *bes* Frauen gegenüber sehr höflich u. taktvoll benimmt 彬彬有礼的人,温文尔雅的人,(在女人面前)献殷勤的人,有绅士风度的人〈ein vollkommener K. 一个地道的温文尔雅的人; ganz, immer K. sein 是个很有绅士风度的人,总是彬彬有礼; (den) K. spielen 装作彬彬有礼的人〉: *Als guter K. half er der Dame gleich aus dem Mantel* 他很殷勤,马上帮女士脱去大衣 **2. ein *K.* am Steuer** ein Autofahrer, der Rücksicht auf andere nimmt 文明司机 **3. ein *K.* der alten Schule** ein perfekter K. (1)老派绅士

Ka.va.liers.de.likt *das*; e-e Handlung, die das Gesetz verbietet, die aber von der Gesellschaft toleriert wird 不损害名誉的过失(法律不允许,但社会可宽容): *Steuerhinterziehung wird oft als K. betrachtet* 偷税漏税常被看作是无损名誉的过错; *Schwarzfahren ist kein K.!* 逃票乘车可不是什么无损名誉的事(可是丢脸的事)!

Ka.va.lier(s).start *der*; *nur Sg*, *gespr iron*（只用单数）[口][讽]; das schnelle, laute Anfahren (Starten) mit e-m Auto (mit dem man j-d anderem imponieren will) 快速启动汽车(以此向人夸耀)〈e-n K. hinlegen 对汽车进行一次快速启动〉

Ka.val.le.rie, Ka.val.le.rie [-v-] *die*; -, *-n* [-ˈriːən]; *mst Sg*, MIL *hist*（多用单数）【军】[历]; der Teil e-s Heeres, bei dem die Soldaten auf Pferden kämpften 骑兵(队)≈ Reiterei ↔ Infanterie: *Mein Urgroßvater war bei der K.* 我曾祖父当过骑兵 ‖ *hierzu*（派生）**Ka.val.le.rist** *der*; *-en*, *-en*

Ka.vi.ar [-v-] *der*; *-s*; *nur Sg*（只用单数）; e-e Delikatesse aus kleinen runden Eiern bestimmter Fische (*bes* vom Stör) 鱼子(食品)〈echter, roter, schwarzer, russischer K. 纯正的、红的、黑的、俄罗斯鱼子〉

KB INFORM【信息】, *Abk für* 缩写,全称为 Kilobyte ‖ NB(注意): ↑ ***Kilo-***

keck *Adj*（形）**1.** auf e-e sympathische u. nicht unhöfliche Weise frech 鲁莽的,不懂礼貌的,不知深浅的,愣头愣脑的 ↔ zaghaft 〈k. auftreten 举止鲁莽; j-n k. anschauen 愣头愣脑瞅着某人; j-m e-e kecke Frage stellen, e-e kecke Antwort geben 向某人提出一个不知深浅的问题,给某人一个鲁莽的回答〉**2.** 〈*mst* ein Bärtchen, e-e Locke, ein Hütchen 小胡子,卷发,小帽〉so (auffällig), dass sie lustig wirken 惹人注意的,时髦的,风趣的 ‖ *hierzu*（派生）**Keck.heit** *die*

Ke.fir *der*; *-s*; *nur Sg*（只用单数）; ein Getränk aus Milch, das etwas sauer (wie Joghurt) schmeckt 克非尔酸奶(一种用牛奶加克非尔菌发酵而成的酸奶饮料)

Ke.gel *der*; *-s*, - **1.** GEOM【几】; ein Körper, der e-n Kreis als Grundfläche hat u. nach oben immer schmaler wird (圆)锥体〈ein spitzer, stumpfer K. 尖头的、秃头的圆锥体〉‖ ↑ *Abb. unter* 图见 ***geometrische Figuren*** **2.** etw., das die Form e-s Kegels (1) hat, *z.B.* ein Berg od. das Licht e-s Scheinwerfers 锥形物体,光柱,山峰 ‖ -K(复合): ***Berg-, Licht-*** **3.** eine der 9 (Holz)Figuren, die man beim Kegeln umstößt(九柱戏的)柱,(保龄球的)瓶柱〈die Kegel aufstellen, abräumen, umwerfen 竖起、清除、击倒柱子; die Kegel fallen 柱子倒下〉‖ *zu*（义项）**1. ke.gel.för.mig** *Adj*（形）; *nicht adv*(不作状语)

Ke.gel.bahn *die* **1.** e-e Anlage zum Kegeln 九

柱戏(保龄球)设施：*e-e Gaststätte mit K.* 有保龄球设备的旅馆 **2.** die Fläche, auf der beim Kegeln die Kugel rollt 保龄球球道

Ke·gel·bru·der *der*; *gespr*[口]; j-d, der demselben Kegelklub angehört wie j-d anderer 保龄球俱乐部的球友

ke·geln; *kegelte*, *hat gekegelt*; Vi(不及物)**1.** (im Spiel) e-e schwere Kugel so über e-e Bahn rollen lassen, dass sie möglichst viele der 9 Figuren (Kegel) am Ende der Bahn umwirft 打保龄球 **2.** Kegeln (1) regelmäßig als Sport od. Spiel betreiben 玩或打保龄球：*Kegeln Sie?* 您常玩保龄球吗? ‖ K-(复合)：**Kegel-, -klub, -spiel, -sport**

Ke·gel·stumpf *der*; GEOM【几】; ein Körper, der wie ein Kegel (1) aussieht, von dem die Spitze abgeschnitten ist 截锥体

Keh·le *die*; -, -*n* **1.** der vordere (äußere) Teil des Halses 脖子 ≈ Gurgel: *Der Hund sprang ihm an die K.* 狗跳起来朝他的脖子咬去(狗扑向某人); *Der Wolf biss dem Schaf die K. durch* 狼把羊的脖子咬穿了 **2.** der hohle Raum (der obere Teil der Speise- u. Luftröhre) im Hals, durch den die Luft u. die Speisen in den Körper kommen (食道、气管的上半部位)喉咙, 咽喉, 嗓子 ≈ Rachen, Schlund ⟨e-e entzündete, heisere, raue K. haben 嗓子发炎、沙哑、嘶哑⟩ ‖ ID[谚] **aus voller K.** ≈ laut ⟨aus voller K. singen 放声高歌⟩; **sich** (*Dat* 三格) **die K. aus dem Hals schreien** *gespr*[口]; sehr laut u. lange schreien 大声喊叫, 扯开嗓子喊; **etw. in die falsche K. bekommen / kriegen** *gespr*[口]; etw. falsch verstehen u. deshalb (zu Unrecht) beleidigt sein 对某事误解并气恼, 心里憋气; **etw. schnürt j-m die K. zu** etw. erzeugt (bei j-m) das Gefühl, dass sich sein Hals zuzieht u. er nicht mehr reden kann 某事使某人噎得说不出话来: *Die Angst schnürte mir die K. zu* 吓得我连话都说不出来

keh·lig *Adj*(形); (weit) hinten in der Kehle artikuliert 带喉音的≈ guttural ⟨ein Laut, e-e Stimme 音, 声音; k. lachen, sprechen 笑声、说话带喉音⟩

Kehl·kopf *der*; das (knorpelige) Organ im Hals (am oberen Ende der Luftröhre), in dem die Töne (u. die Stimme) erzeugt werden 喉头 ‖ K-(复合): **Kehlkopf-, -entzündung, -krebs**

Kehr·aus *der*; -; *nur Sg*, *südd*(只用单数)[南德]; das letzte (Tanz)Fest im Fasching (der Ball am Faschingsdienstag) 狂欢节期间最后一轮舞会⟨zum K. gehen 参加最后一轮狂欢舞会; K. feiern 庆祝最后一轮狂欢舞会⟩

Keh·re *die*; -, -*n* **1.** e-e Biegung (Kurve (2)), bei der sich e-e Straße ganz in die Gegenrichtung wendet 急转弯: *e-e Passstraße mit vielen Kehren* 一条布满急弯的隘口要道 ‖ NB(注意): ↑ **Serpentine** **2.** SPORT【体】; ein Sprung od. Schwung beim Turnen, bei dem man sich ganz in e-e andere, neue Richtung dreht 背腾越: *mit e-r K. vom Pferd abgehen* 做背腾越下马; *e-e K. am Barren machen* 在双杠上做背腾越

keh·ren[1]; *kehrte*, *hat / ist gekehrt*; Vt(及物)(*hat*) **1. etw. irgendwohin k.** etw. so drehen od. wenden, dass es in e-e bestimmte Richtung zeigt 把…翻过来, 把…朝(转)向: *Er kehrte seine Hosentaschen nach außen, um zu zeigen, dass sie leer waren* 他把自己的裤子口袋翻过来以表示口袋是空的; *Sie saß mit dem Gesicht zur Tür gekehrt da* 她坐在那里, 把脸朝着门; Vr(反身)(*hat*) **2. etw. kehrt sich gegen j-n (selbst)** negative Gefühle, unangenehme Maßnahmen *o. Ä.* wirken auf denjenigen, von dem sie ausgegangen sind(物作主语)自食其果, 搬起石头砸自己的脚 **3. etw. kehrt sich zum Besten** etw. fängt schlecht an, aber endet gut (物作主语)转危为安, 圆满结束 **4. sich an etw.** (*Dat* 三格) **nicht k.** sich von etw. *mst* Unangenehmem nicht stören lassen 不受…干扰, 不把…放在心上: *Sie kehrt sich nicht daran, was man von ihr denkt* 她不计较别人对她是怎么想的; Vi(不及物)(*ist*) **5. nach Hause k.** *geschr* [书]; nach Hause zurückkommen 回家 ≈ zurückkehren, heimkehren

keh·ren[2]; *kehrte*, *hat gekehrt*; Vt/i(及物/不及物) **1.** (**etw.** **aus etw.** / **von etw.** / **irgendwohin**) **k.** Schmutz mit dem Besen entfernen 扫除, 扫掉, 扫清 ≈ fegen (2) ⟨den Staub, das Laub von der Straße k. 清扫街上的灰尘、树叶⟩ **2.** (**etw.**) **k.** etw. durch Fegen von Staub, Schmutz befreien 扫, 清扫⟨die Straße, Treppe k. 清扫街道、楼梯⟩ ‖ K-(复合): **Kehr-, -besen, -blech, -schaufel**

Keh·richt *der*, *das*; -*s*; *nur Sg*, *geschr*(只用单数)[书]; der Abfall od. Schmutz, den man zu e-m Haufen (zusammen)gefegt hat 垃圾, 废物: *den K. mit e-r Schaufel aufnehmen* 用铲铲垃圾 ‖ K-(复合): **Kehricht-, -eimer, -haufen, -schaufel** ‖ ID [谚] *mst* 多用 **Das geht dich e-n feuchten K. an** *gespr!* [粗] das geht dich überhaupt nichts an 这压根儿与你毫不相干! 这关你屁事!

Kehr·reim *der*; Worte od. Sätze, die sich in e-m Gedicht od. Lied am Schluss jeder Strophe wiederholen (诗歌末尾的)叠句, (歌曲末尾的)重唱句, 副歌≈ Refrain

Kehr·sei·te *die* **1.** der negative Aspekt (Nachteil) e-r Sache(事物的)反面, 不利的一面, 阴暗面 ≈ Schattenseite: *Kein Privatleben mehr zu haben, war die K. seines Erfolgs* 他事业成功的反面是没有私人生活 **2.** *hum* [诙] ≈ der Rücken od. das Gesäß ⟨j-m die K. zuwenden 不理睬某人, 背向某人⟩ **3.** *veraltend* [渐旧] ≈ Rückseite ↔ Vorderseite ‖ ID [谚] **die K. der Medaille** der Nachteil e-r Sache 事情不利的一面

kehrt·ma·chen; *machte kehrt*, *hat kehrtgemacht*; Vi(不及物) sich so drehen, dass man in die andere (entgegengesetzte) Richtung gehen kann 掉头, 转身, 往回走 ≈ zurückgehen, umkehren: *Lasst uns k., wir sind auf dem falschen Weg!* 我们掉头往回走吧,

我们走错路了！

Kehrt·wen·dung *die* **1.** e-e Bewegung, mit der j-d beginnt, in die entgegengesetzte Richtung zu gehen 向后转,掉头〈e-e K. machen 掉头,转身〉: *Er machte e-e K. u. lief nach Hause* 他掉头就往家跑 **2.** die plötzliche, vollständige Änderung seiner Meinung, Haltung 改变主意(态度),急转弯〈e-e K. machen, vollziehen 立即改变主张,思想急转弯〉

kei·fen; *keifte*, *hat gekeift*; Vt/i (及物/不及物) (**etw.**) **k.** *pej* [贬]; mit schriller Stimme schimpfen(用尖嗓子)破口大骂: *ein keifendes Weib* 尖声尖气骂街的婆娘 ‖ NB(注意): *bes* in Bezug auf Frauen verwendet(尤指女人)

Keil *der*; *-(e)s, -e* **1.** *mst* ein spitzes Stück Holz od. Metall, in Form e-s Dreiecks, das als Werkzeug dient 楔子,尖劈: *Er trieb e-n K. in den Baumstamm, um ihn zu spalten* 为劈开树干他往里打了个楔子 **2.** ein (dreieckiger) Klotz, den man vor das Rad e-s Wagens legt, damit er nicht wegrollt 楔形垫块(片) ‖ ID[谚] **e-n K. zwischen j-n u. j-n / zwischen zwei Personen / Gruppen** *o. Ä.* (*Akk* 四格) **treiben** die Liebe od. Freundschaft zwischen zwei Leuten, die Harmonie zwischen zwei Gruppen, Parteien *o. Ä.* zerstören 在某人与某人之间/在两个人/两个组织之间挑拨离间≈ Zwietracht stiften ‖ *hierzu*(派生) **keil·för·mig** *Adj*(形)

Keil

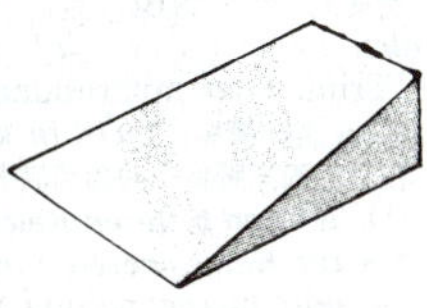

Kei·le *die*; *-*; *nur Sg*, *gespr* (只用单数)[口]≈ Prügel〈j-d kriegt K. 某人挨揍; es setzt (= gibt) K. 打起架来了〉

kei·len[1]; *keilte*, *hat gekeilt*; Vt (及物) **etw. in etw.** (*Akk* 四格) **k.** e-n Keil (1) in e-n Spalt *o. Ä.* schlagen od. klemmen 用…打入(缝隙),把…揳入: *ein Stück Holz in e-n Baumstamm k.* 把一块木头揳入树干

kei·len[2]**, sich**; *keilte sich*, *hat sich gekeilt*; Vr (反身) **j-d keilt sich mit j-m**; 〈Personen 人〉 **keilen sich** *gespr* [口]; zwei od. mehrere Personen prügeln sich(人作主语)单:与…打架; 复:相互扭打

Kei·ler *der*; *-s*, *-*; ein männliches Wildschwein 雄野猪

Keil·rie·men *der*; TECH【技】; ein festes Band (*mst* aus dickem Gummi), das bei Maschinen dazu dient, die Kraft der Bewegung auf andere Teile zu übertragen 三角皮带,V 形皮带

Keim[1] *der*; *-(e)s, -e* **1.** das, was sich als Erstes aus dem Samen od. der Zwiebel e-r Pflanze entwickelt 芽,萌芽≈ Trieb, Spross 〈e-e Pflanze bildet, treibt Keime 植物发芽、抽芽〉 ‖ K-(复合): **Keim-**, **-blatt** **2.** die befruchtete (Ei)Zelle (bei Menschen u. Tieren) 胚,胚胎: *Der K. nistet sich in der Gebärmutter ein* 胚胎在子宫内着床 **3.** der erste Anfang e-s Gefühls od. e-s Gedankens, e-r Beziehung *o. Ä.*, der noch schwach ist 萌芽,萌生,萌发,起因〈der K. der Hoffnung, Liebe 希望、爱情的萌芽; den K. von etw. in sich tragen 孕育着某事的萌芽; etw. ist im K. vorhanden 某事正处于萌芽状态中〉: *Dieser harmlose Streit war dann der K. für e-e lange Feindschaft* 这一善意的争吵成为此后长期仇恨的萌芽 ‖ ID[谚] **etw. im K. ersticken** etw. bereits am Anfang (im Anfangsstadium) zerstören 把某事扼杀在萌芽状态

Keim[2] *der*; *-(e)s*, *-e*; *mst Pl*(多用复数); eines der ganz kleinen Teilchen (*z. B.* Bakterien), die leben u. die Krankheiten erzeugen 细菌,病菌 ≈ Krankheitserreger ‖ K-(复合): **Keim-**, **-träger** ‖ ▶ **entkeimen**

Keim·drü·se *die*; das Organ, in dem das Ei bzw. der Samen entsteht. Die männlichen Keimdrüsen heißen Hoden, die weiblichen Keimdrüsen Eierstöcke 生殖腺,胚腺

kei·men; *keimte*, *hat gekeimt*; Vi (不及物) **1.** **etw. keimt** etw. bildet e-n Keim[1] (1) od. Trieb (物作主语)发芽,出芽,抽芽〈die Saat, der Samen, die Zwiebeln 种子,子粒,洋葱〉 **2.** **etw. keimt** (**in/bei j-m**) etw. entsteht als Gefühl od. Gedanke in j-m (物作主语)在…心中萌芽,萌生… ‖ *zu* (义项) **1. Kei·mung** *die*; *nur Sg*(只用单数); **keim·fä·hig** *Adj*(形); *nicht adv*(不作状语)

keim·frei *Adj*; ohne Krankheitserreger 无菌的,消毒的 ≈ steril (1): *pasteurisierte*, *keimfreie Milch* 低温消毒的、无菌的牛奶

Keim·ling *der*; *-s*, *-e*; e-e junge Pflanze, die gerade erst (aus dem Keim[1] (1)) entstanden ist 嫩苗,幼苗 ‖ NB(注意): ↑ **Spross**

Keim·zel·le *die* **1.** e-e Zelle, die e-e Befruchtung möglich macht 生殖细胞,胚细胞≈ Geschlechtszelle: *Die männliche Samenzelle u. die weibliche Eizelle sind Keimzellen* 男性的精子和女性的卵子是生殖细胞 **2.** der Ausgangspunkt von etw., aus dem sich ein größeres Ganzes entwickelt 细胞: *die Familie als K. des Staates* 家庭作为国家的细胞 ‖ NB(注意): ↑ **Grundlage**

kein *Indefinitpronomen*(不定代词) **1.** nicht ein (Einziger, Einziges), nicht eine (Einzige)没有一个,没有一点儿: *Kein Mensch*, *kein Laut war zu hören* 没有听见有人、有声音; *Sie fand keine saubere Tasse im Schrank* 她在橱里没有找到一个干净杯子; *Es regnete keinen einzigen Tag* 一天也没有下雨 **2.** nichts an, nichts von 没有,无,不: *Sie hatte keine Lust*, *nach Hause zu gehen* 她没有兴趣回家; *Wir haben kein Geld* 我们没有钱; *Sie hat keine Zeit* 她没有时间; *sich keine Sorgen*, *Gedanken machen* 不忧虑,不考虑 **3.** *gespr*[口]; (vor Zahlwörtern) verwendet, um auszudrücken, dass ein Zeitraum, e-e Zahl, e-e Menge nicht ganz erreicht wird (用在数词前)还不到,还不足≈ nicht einmal: *Das Fleisch hat keine zehn Euro gekostet. – Das war ein Sonderangebot* 这块肉还不到 10 欧元。—— 这是特价商品 ‖ NB(注意)

zu (义项)**1.**, **2.** u. **3.**: verwendet wie ein attributives Adj. (用作定语形容词) **4.** (allein stehend verwendet für Personen) niemand, nicht einer/eine/eines(单独用,表示人)没人,没有一个人 ↔ jeder: *Das glaubt dir keiner!* 这一点没人信你!; *Ich kenne keinen von den beiden (Jungen)* 两个年轻人我一个也不认识; *Kein(e)s der Kinder war müde* 没有一个孩子叫累 **5.** (allein stehend verwendet für Sachen) nicht einer/eine/eines davon(单独用,表示物)没一个(件,块等): „*Gefällt dir das rote Tuch besser als das blaue?*" – „*Mir gefällt kein(e)s von beiden*" "你是不是更喜欢这块红布,不喜欢蓝布?" ——"两块布没一块是我喜欢的" ‖ NB(注意): *zu* (义项) **4.** u. **5.**: verwendet wie ein Subst. (用作名词)**6.** (allein in Endstellung verwendet, um das Gesagte hervorzuheben) überhaupt nicht(单独置于句尾,表示强调)没有,无: *Lust habe ich keine* 一点兴趣我都没有; *Geld hat er keins* 一分钱他都没有; *Freunde hat er keine* 他一个朋友都没有 **7.** verwendet vor e-m Adjektiv, um das Gegenteil auszudrücken(用在形容词前,表示反义)不是 ⟨kein schlechter Wein (= ein relativ guter Wein)不是劣质酒; keine schlechte Idee (= e-e ziemlich gute Idee)不是坏主意⟩ ‖ NB(注意): Die Formen von *kein* werden wie bei e-m Possessivpronomen gebildet (*kein* 的形态构成与物主代词相同); ↑ *Tabelle unter* 图表见 ***mein***

kei·ne *Indefinitpronomen*(不定代词); ↑ ***kein***

kei·ner *Indefinitpronomen*(不定代词); ↑ ***kein***

kei·ner·lei *Indefinitpronomen*(不定代词); *nur attr*, *indeklinabel* (只作定语)(词形不变); überhaupt kein(e *usw*)丝毫没有,一点也不,根本没有: *Das macht mir k. Vergnügen* 这丝毫没有让我高兴; *Sie hat k. Lust, diese Stellung anzutreten* 她根本没有兴趣接这个职务; *Wir haben darauf k. Einfluss* 对此我们丝毫影响不了 ‖ NB(注意): verwendet wie ein attributives Adj. (用作定语形容词)

kei·nes *Indefinitpronomen*(不定代词); ↑ ***kein***

kei·nes·falls *Adv* (副); unter keinen Umständen 无论如何不,决不,绝不 ≈ niemals ↔ auf jeden Fall: *K. wird dieses Geheimnis verraten* 这个秘密绝对不泄漏; „*Nimmst du mein Angebot an?*" – „*K.!*" "你接受我的建议吗?" ——"绝不采纳!"

kei·nes·wegs *Adv* (副); verwendet, um auszudrücken, dass etw. überhaupt nicht zutrifft 完全不,绝对不,决不,根本不 ≈ nicht im Entferntesten: *Ich hatte k. die Absicht, dich zu kränken* 我根本没有要伤害你的意思; „*War sie verärgert?*" – „*K.*" "她生气了?" ——"根本没有生气"

kein·mal *Adv*(副); nicht ein einziges Mal 从不,一次也没有: *Er hat mir k. widersprochen* 他从不反驳我

keins *Indefinitpronomen* (不定代词) ≈ keines; ↑ ***kein***

keins·t- *nur in* 只用于 ***in keinster Weise*** *gespr* [口]; überhaupt nicht 根本不,一点儿也不

-keit *die*; -, *-en*; *im Subst*, *sehr produktiv*(构成名词,构词强) **1.** *nur Sg*(只用单数); verwendet, um aus Adjektiven, die e-n Zustand od. e-e Eigenschaft ausdrücken, entsprechende Substantive zu bilden(由表示状态和性质的形容词构成); ***Freundlichkeit***, ***Fruchtbarkeit***, ***Heiserkeit***, ***Übelkeit***, ***Wirksamkeit*** **2.** e-e Person od. Sache, die die genannte Eigenschaft haben, im genannten Zustand sind (表示具有所指性质、所处状态的人或物); ***Flüssigkeit***, ***Möglichkeit***, ***Notwendigkeit***, ***Sehenswürdigkeit***, ***Spitzfindigkeit*** ‖ NB(注意): **a)** oft tritt zwischen das Adjektiv u. *-keit* noch ein *-ig* (形容词与*-keit* 之间常加*-ig*): ***Boshaftigkeit***, ***Helligkeit***, ***Müdigkeit***, ***Schnelligkeit***; **b)** ↑ ***-heit***

Keks *der*; *-es*, *-e od bes* Ⓐ *auch* [奥]也用 *das*; -, -(*e*); ein kleines, flaches, haltbares Gebäck (das in Dosen od. Packungen verkauft wird)饼干: *Kekse u. Waffeln* 小脆饼干和维夫饼干 ‖ K-(复合): ***Keks-***, ***-dose*** ‖ -K(复合): ***Butter-***, ***Schokoladen-*** ‖ ID [谚] ***j-m auf den K. gehen*** *gespr* [口]; j-n nervös machen, j-m auf die Nerven gehen 惹恼某人,惹某人生气 ‖ NB(注意): ↑ ***Plätzchen***

Kelch *der*; -(*e*)*s*, *-e*; ein *mst* verziertes (Trink)Glas mit rundem Fuß u. schlankem Stiel 高脚酒杯: *Wein in kostbaren Kelchen* 斟在贵重的高脚杯中的葡萄酒 ‖ -K(复合): ***Trink-*** ‖ ID[谚] ***den bitteren Kelch bis auf den Grund/bis zur Neige leeren (müssen)*** *geschr* [书]; e-e sehr unangenehme Sache bis zum Ende ertragen (müssen)(不得不)备尝一切苦难,喝尽最后一点苦水; ***Der K. ist an ihm/ihr/mir vorübergegangen*** *geschr veraltend* [书][渐旧]; er/sie/ich wurde vor dieser unangenehmen Sache bewahrt 他/她/我免遭苦难(躲过劫难) ‖ *hierzu*(派生) **kelch·för·mig** *Adj*(形)

Kel·le *die*; -, *-n* **1.** e-e Art (tiefer) Löffel mit langem Stiel, mit dem man *mst* Suppe aus e-m Topf od. e-r Schüssel nimmt (schöpft) 汤勺 ‖ -K(复合): ***Schöpf-***; ***Suppen-*** **2.** e-e *mst* dreieckige Metallplatte mit e-m Griff, mit der Maurer Zement od. Putz auf die Mauer streichen 抹子,抹刀,瓦刀 ‖ -K(复合): ***Maurer-*** **3.** ein Stab mit e-r runden Scheibe am Ende, mit dem *z. B.* Polizisten im Verkehr Signale geben (交通警发信号的)停车指示牌 ⟨ein Polizist hebt die K., winkt mit der K. 警察举起、挥动停车指示牌⟩

Kel·ler *der*; *-s*, - **1.** der Teil e-s Hauses, der ganz od. teilweise unter der Erde liegt u. in dem bestimmte Gegenstände aufbewahrt werden 地窖,地下储藏室 ⟨etw. aus dem K. holen, etw. in den K. bringen 从地窖取某物,把某物放入地窖⟩: *Kartoffeln im K. lagern* 将土豆储存在地窖里 ‖ K-(复合): ***Keller-***, ***-bar***, ***-fenster***, ***-geruch***, ***-geschoss***, ***-gewölbe***, ***-raum***, ***-treppe***, ***-tür***, ***-wohnung*** **2.** ein Raum im K. (1) e-s Hauses 地下室 ≈ Kellerabteil: *Jeder Mieter hat seinen eigenen K.* 每个房客都有自己的地下室 ‖ -K(复合): ***Heizungs-***, ***Hob-***

by-, **Kartoffel-**, **Kohlen-**, **Vorrats-** ‖ ID［谚］**etw. fällt in den K.** *gespr*［口］；etw. sinkt, fällt sehr tief 某物猛跌，骤降〈die Aktienkurse, die Preise, die Temperaturen 股票行情，价格，温度〉；**etw. ist im K.** *gespr*［口］；etw. ist sehr tief unten, stark gesunken 某物大幅度下降：*Der Dollar ist zurzeit im K.* 美元当前跌得厉害

Kel·le·rei *die*；-，-*en*；ein Betrieb, in dem Wein u. Sekt in großen Mengen gelagert werden 酒窖 ‖ -K(复合)：**Wein-**

Kel·ler·meis·ter *der*；j-d, der in e-m Weinkeller arbeitet u. dafür sorgt, dass der Wein die beste Qualität bekommt 酒窖师傅≈(Wein)Küfer ‖ *hierzu*（派生）**Kel·ler·meis·te·rin** *die*

Kell·ner *der*；-*s*，-；ein Mann, der den Gästen in e-m Restaurant, in e-r Bar *o. Ä.* die Getränke od. das Essen bringt（饭店、酒吧等）服务员〈den/nach dem K. rufen 叫服务员〉‖ -K(复合)：**Aushilfs-**, **Ober-** ‖ *hierzu*（派生）**Kell·ne·rin** *die*；-，-*nen*；**kell·nern**（*hat*）*Vi*（不及物）‖ NB(注意)：Man spricht e-n K. oft mit „Herr Ober" an u. e-e Kellnerin mit „Fräulein". Allerdings vermeiden die meisten Leute heutzutage e-e direkte Anrede u. sagen nur „Zahlen, bitte" *o. Ä.*（口头常说"Herr Ober"(男)和"Fräulein"(女)，但大多数人回避直接称呼，只用"Zahlen，bitte"（劳驾，结账））

Kel·ter *die*；-，-*n*；ein Gerät, mit dem man den Saft aus Früchten（*bes* Trauben）presst（水果）榨汁机 ‖ *hierzu*（派生）**kel·tern**（*hat*）*Vt*（及物）

Kel·te·rei *die*；-，-*en*；ein Betrieb, in dem aus Trauben u. Obst Saft gewonnen wird（水果）榨汁厂 ‖ -K：**Obst-**, **Wein-**

Kel·vin [-v-]（*das*）；-*s*，-；e-e Maßeinheit für Temperaturen 开(耳芬)氏温标，绝对温标(热力学温标)；*Abk* 缩写为 K：*0° K entsprechen minus 273,15° Celsius* 开氏零度相等于零下 273.15 摄氏度 ‖ K-(复合)：**Kelvin-**, **-skala**

Ke·me·na·te *die*；-，-*n* **1.** *hist*［历］；（*bes* im Mittelalter）ein Raum für Frauen in e-r Burg（中世纪古城堡中的）闺房，内室 **2.** *gespr hum*［口］［诙］；ein kleiner, einfacher Raum, in dem man für sich ist, in den man sich zurückziehen kann(小而简陋的、舒适的)避客室

Kenn-；*im Subst*，*begrenzt produktiv*（构成名词，构词有限）；verwendet, um auszudrücken, dass etw. dazu dient, j-n/etw. zu kennzeichnen, von anderen Personen/Dingen zu unterscheiden 标识，识别；*die* **Kennfarbe**, *die* **Kennkarte**, *die* **Kennmarke**, *die* **Kennzahl**, *die* **Kennziffer**

ken·nen；*kannte*，*hat gekannt*；[Vt]（及物）**1.** **j-n/sich/etw. k.**（durch eigene Erfahrungen od. durch j-s Hinweise）Informationen über j-n/sich/etw. haben, *bes* über die charakteristischen Eigenschaften 了解〈j-s Schwächen, Stärken k. 了解某人的短处、长处〉：*Ich kenne ihn genau, er würde nie etw. Böses tun* 我很了解他，他不会干坏事！；*Ich kenne mich. – Wenn ich diese Arbeit nicht sofort erledige, bleibt sie noch lange liegen* 我了解自己 —— 要是我这件工作不马上做完，那么它还得搁很久 ‖ NB(注意)：↑ **wissen 2.** **j-n**（**irgendwie/von irgendwo/von irgendwann**）**k.** j-n schon gesehen（u. mit ihm gesprochen）haben 见过面，认识≈ mit j-m bekannt sein〈j-n flüchtig, persönlich, vom Sehen, von früher, von der Arbeit/Schule *usw* k. 与某人有一面之交，认识某人本人，与某人面熟，以前认识，从工作单位/学校等认识某人〉：*„Woher kennen wir uns bloß?" – „Ich glaube, wir kennen uns vom Studium her"* "我们到底是在哪里认识的?" ——"我想，我们从大学就认识了" **3.** **j-n/etw. k.** wissen, wer j-d od. wie etw. ist 知道，熟悉〈j-n dem Namen nach k. 听名字知道某人；etw. vom Hörensagen k. 对某事听说过〉：*Ich kenne dieses Spiel, das haben meine Eltern immer gespielt* 这个游戏我熟悉，这是我父母常玩的 **4.** **etw. k.** etw. nennen können 知道，说得出≈ wissen (1)〈j-s Adresse, Alter, Name, Telefonnummer k. 知道某人的地址、年龄、姓名、电话号码；den Grund für etw. k. 知道某事的原因〉：*Ich kenne ein nettes Lokal in der Nähe* 我知道在附近有一家很好的酒店 **5.** **etw. k.** etw. schon einmal erlebt, erfahren haben（u. deshalb wissen, was u. wie es ist）知道，对…有所体验：*Kennst du dieses Glücksgefühl?* 你知道这种幸福的感觉吗?；*ein Winter*（*von*）*nie gekannter Härte* 一个从未经历过的严酷的寒冬 **6** **etw. k.**（Fachmann sein u.）von e-r Sache viel verstehen 通晓≈ sich mit etw. auskennen **7.** **j-n/etw. irgendwie k.** bestimmte Eigenschaften von j-m/etw. k. (1) od. e-n bestimmten Eindruck von j-m/etw. haben 了解…特点，对…有某种印象：*Ich kenne ihn nur als liebevollen Familienvater* 我只知道他是慈爱的家父；*Sie kennt Italien nur von seiner besten Seite* 她只是对意大利最好的一面有印象；*Wie ich dich kenne, schreibst du wieder nicht aus dem Urlaub* 我了解你，你又是不会从度假地写信的 **8** **j-n/etw. an etw.**（*Dat* 三格）**k.** *gespr*［口］≈ erkennen〈j-n an seinem Gang, seiner Stimme k. 从他的走相、他的声音认出某人〉：*Hunde kennen Menschen am Geruch* 狗认人是闻味 **9.** **j-d/etw. kennt etw.** etw. ist für j-n/etw. typisch, charakteristisch（人/物作主语）有某种典型特征：*Dieses Land kennt keinen heißen Sommer* 这个国家没有酷暑；*Wir kennen keinen Hass* 我们不怀任何仇恨 ‖ NB(注意)：*mst* verneint（多用否定）‖ ID［谚］**sich nicht mehr 'k.**〈vor Wut 因生气〉*gespr*［口］；sich nicht mehr beherrschen können 无法控制自己，(气)糊涂了；*mst* 多用 **Das 'kenne ich**（**schon**）*gespr*［口］；verwendet, um auszudrücken, dass man etw.（Unangenehmes）schon（öfter）gehört od. erlebt hat 这种事我见过多了；*mst* 多用 **Da kenne ich 'nichts!** *gespr*［口］；davon lasse ich mich nicht abhalten 我可不管这一套！我可顾不了这些了！‖ ID［谚］↑ **Furcht**, **Pardon** ‖ ▶ **Kennt-**

nis, **Bekannte**

ken·nen·ler·nen, **ken·nen ler·nen**; *lernte kennen*, *hat kennengelernt / kennen gelernt*; [Vt] (及物) **1.** ***j-n k.*** j-m zum ersten Mal begegnen u. mit ihm sprechen (初次)相识,结识,认识≈ j-s Bekanntschaft machen: *Die beiden haben sich im Urlaub kennengelernt* 这两个人是在度假中结识的; *Sie lernte ihren späteren Ehemann beim Tanzen kennen* 她是在舞会上认识她后来的丈夫的 **2.** ***j-n/etw. k.*** Erfahrungen mit j-m/etw. machen 了解,熟悉: *Wenn du die Arbeit erst besser kennengelernt hast, wird sie dir vielleicht gefallen* 你对工作有了较好的了解后,才会喜欢它 ‖ ID [谚] *mst* 多用 ***Du sollst mich (noch) k.!*** *gespr* [口]; verwendet, um j-m zu drohen 要你知道我的厉害!

Ken·ner *der*; *-s*, *-*; j-d, der von e-r Sache sehr viel versteht 内行,行家,专家,鉴赏家 ≈ Fachmann, Experte: *Er ist ein K. der feinen Küche* 他是个美食家; *Das ist Musik für Kenner* 这是供鉴赏家听的音乐 ‖ *hierzu* (派生) **Ken·ne·rin** *die*; *-*, *-nen*

Ken·ner·blick *der*; *mst in* 多用于 ***mit K.*** prüfend, kritisch u. mit Sachkenntnis 用审视的眼神,用行家的眼光 ≈ mit Kennermiene 〈etw. mit K. ansehen, prüfen, mustern 用行家的眼光看、审查、打量某事〉

Ken·ner·mie·ne *die*; *mst in* 多用于 ***mit K.*** ≈ mit Kennerblick

kennt·lich *Adj* (形); *mst in* 多用于 ***j-n/etw. (irgendwie) k. machen*** an j-m/etw. ein Zeichen anbringen 标明,使可识别,可辨认,可鉴别 ≈ kennzeichnen (1): *Vögel durch Fußringe k. machen* 给鸟系上脚环以便辨认; *gefährliche Straßenabschnitte durch Warnschilder k. machen* 用警告牌标明道路危险地段 ‖ *hierzu* (派生) **Kennt·lich·ma·chung** *die*; *nur Sg* (只用单数)

Kennt·nis *die*; *-*, *-se* **1.** *mst Pl* (多用复数); das (gesamte) Wissen, das man von etw. hat (总的)知识〈eingehende, gründliche Kenntnisse 精深的、全面的知识; seine Kenntnisse auffrischen, erweitern, vertiefen 重温、扩大、加深知识〉: *Seine Kenntnisse auf dem Gebiet der Atomphysik waren verblüffend* 他在原子物理领域的知识令人惊叹 ‖ -K (复合): ***Fach-***, ***Sach-***, ***Sprach-*** **2.** *nur Sg* (只用单数); das konkrete Wissen von etw. (具体的)认识,了解,知道〈K. von etw. erhalten, erlangen, haben 得知、获知、了解某事; etw. entzieht sich j-s K. 某事某人不知道〉: *Ohne K. der genauen Umstände kann ich keine Entscheidung treffen* 不了解详细情况我不能做决定 **3.** ***von j-m/etw. K. nehmen*** bemerken, dass j-d/etw. da ist 注意到,了解到,察觉到≈ j-n/etw. wahrnehmen ↔ j-n/etw. übersehen: *Er nahm von dem Unfall keine K. u. fuhr weiter* 他没有察觉车祸仍开车往前走 **4.** ***etw. zur K. nehmen*** etw., das einem mitgeteilt wird, geistig verarbeiten, ohne danach etw. darüber zu sagen 获悉,得知: *Ich habe Ihren Einwand zur K. genommen. – Darf ich nun mit meinem Vortrag fortfahren?* 您的意见我已知道了。—— 现在我可以继续作报告吗? **5.** ***j-n (nicht) zur K. nehmen*** ≈ j-n (nicht) beachten: *Sie begegnete mir häufig auf Kongressen, aber sie nahm mich nie zur K.* 她常常在会议上碰见我,但她从来不注意我 **6.** ***j-n (von etw.) in K. setzen*** *geschr* [书]; j-m etw. Wichtiges berichten 告知、通知 ≈ j-n (über etw.) unterrichten, informieren ‖ *zu* (义项) **1.** **kennt·nis·reich** *Adj* (形); *nicht adv* (不作状语); *zu* (义项) **4.** **Kennt·nis·nah·me** *die*; *-*; *nur Sg* (只用单数)

Kenn·wort *das*; *-(e)s*, *Kenn·wör·ter* **1.** ein Wort, das als Erkennungszeichen für etw. dient, mit dem man etw. registriert od. speichert 代号,符号,记号: *Senden Sie die Lösung des Rätsels unter dem K. „Osterpreisrätsel" an die Redaktion* 请将谜语答案寄往编辑部,标明代号为"复活节有奖谜语" **2.** ein Wort, das geheim ist u. das j-d nennen muss, um zu beweisen, dass er zu e-r bestimmten Gruppe gehört, ihm etw. erlaubt ist *o. Ä.* 暗号,代号≈ Losung, Parole 〈j-n nach dem K. fragen 问某人的代号; das K. nennen 说出代号; das K. heißt „..." "代号为"..."〉

Kenn·zei·chen *das* **1.** etw. Besonderes, an dem man j-n/etw. erkennen, identifizieren, von anderen Personen/Dingen unterscheiden kann 标志,记号,特征 ≈ Merkmal 〈ein auffälliges, deutliches, sicheres K. 鲜明的、清楚的、安全的标志〉: *Im Pass werden besondere Kennzeichen der betreffenden Person eingetragen, wie z. B. Narben* 在护照中标上有关人员的特别特征,如伤疤 **2.** ein Symbol, das dazu dient, dass man j-n/etw. erkennen kann 牌子,徽章 ≈ Abzeichen **3.** ein Schild mit e-r Kombination von Buchstaben u. Zahlen am Auto, Motorrad *usw* 车牌,牌照 〈das polizeiliche, amtliche K. 警方的、官方的牌照〉: *„Welches K. hatte das Auto, das den Unfall verursachte?"* "肇事的那辆车是什么车牌?" ‖ -K (复合): ***Fahrzeug-***

kenn·zeich·nen; *kennzeichnete*, *hat gekennzeichnet*; [Vt] (及物) **1.** ***ein Tier/etw. (irgendwie) k.*** an etw. (od. j-m) ein (Kenn-)Zeichen anbringen 标明,标出,给…作记号: *Vögel mit Fußringen/durch Ringe k.* 用脚环给鸟作记号; *Waren mit/durch Etiketten k.* 用标签标明商品 ‖ NB (注意): *mst* nicht auf Personen bezogen (多不用于人) **2.** ***j-n/etw. als etw. k.*** e-e Eigenschaft e-r Person od. Sache nennen, um sie zu beschreiben 表明(人/物的特性) ≈ charakterisieren, darstellen: *j-n als dumm, gewalttätig k.* 表明某人笨、残暴 **3.** ***etw. kennzeichnet j-n/etw. (als etw.)*** etw. ist ein typisches Merkmal e-r Person/Sache (物作主语)表明,是(人/物)的典型特征: *Sein Verhalten kennzeichnet ihn als verantwortungsbewussten Menschen* 他的行为表明他是有责任感的人; *Dieser schwarze Humor ist kennzeichnend für Briten* 这种黑色幽默是英国

人的典型特征 ‖ *zu*（义项）**1.** u. **2. Kenn·zeichnung** *die*

ken·tern; *kenterte*, *ist gekentert*; [Vi]（不及物）**etw. kentert** ein Boot *o. Ä.* wird *z. B.* durch Sturm od. Wellen umgeworfen（物作主语）翻了，（指船）倾覆

Ke·ra·mik *die*; -, *-en* **1.** *nur Sg*（只用单数）; Ton, der durch große Hitze in e-m Ofen sehr hart geworden ist 陶器：*„Ist die Vase aus Porzellan?" – „Nein aus K."*"这花瓶是瓷质的？"——"不，是陶质的" ‖ K-（复合）: **Keramik-**, **-fliesen**, **-geschirr**, **-vase 2.** etw., das aus K. (1) hergestellt ist 陶器制品：*e-e Ausstellung alter Keramiken* 古代陶器（制品）展览 ‖ *hierzu*（派生）**Ke·ra·mi·ker** *der*; *-s*, *-*; **Ke·ra·mi·ke·rin** *die*; -, *-nen*; **ke·ra·mi·sch** *Adj*（形）; *nur attr*, *nicht adv*（只作定语，不作状语）

Ker·be *die*; -, *-n*; e-e kleine Vertiefung (in Form e-s „V") in der Oberfläche *bes* von Holz 刻槽，刻痕，凹痕，切口〈e-e K. in etw. (*Akk* 四格) hauen, machen, schlagen, schneiden, schnitzen 在某物上凿、划、砍、刻、雕一条槽〉‖ ID［谚］**in dieselbe / die gleiche K. hauen / schlagen** *gespr*［口］; dasselbe sagen wie ein anderer u. ihn dadurch (in seiner Meinung) unterstützen, was für den Betroffenen aber unangenehm ist 同心协力，志同道合 ‖ NB（注意）: ↑ **Scharte**, **Spalt** ‖ *hierzu*（派生）**ker·ben** (*hat*) *Vt*（及物）

Ker·bel *der*; *-s*; *nur Sg*（只用单数）; ein Gewürz für Suppe *o. Ä.* 香叶芹（汤料）

Kerb·holz *das*; *nur in* 只用于 **etw. auf dem K. haben** *gespr*［口］; etw. Verbotenes, Unrechtes getan od. ein Verbrechen begangen haben 干坏事了，犯禁了

Kerb·tier *das*; ZOOL【动】≈ Insekt

Ker·ker *der*; *-s*, *-* **1.** *hist*［历］; ein Gefängnis (*mst* unter der Erde), in dem die Gefangenen sehr streng behandelt wurden 地牢，土牢〈j-n in den K. werfen 将某人投入地牢; im K. schmachten 在地牢里受罪〉**2.** Ⓐ［奥］≈ Gefängnisstrafe: *zu 3 Jahren K. verurteilt werden* 判坐三年地牢

Ker·ker·meis·ter *der*; *hist*［历］; ein Aufseher in e-m Kerker (1)（地牢）狱卒，监狱看守

Kerl *der*; *-s*, *-e* / *nordd*［北德］*-s*; *gespr*［口］**1.** ein Junge od. Mann 汉子，小伙子，家伙〈ein hübscher, dummer, frecher, unverschämter, komischer K. 一个漂亮的、傻乎乎的、粗野的、厚颜无耻的、滑稽的小伙子〉: *So ein blöder K.!* 真是一个傻瓜！*Ich kann den K. einfach nicht ausstehen!* 我简直受不了这个家伙！‖ -K（复合）: **Pracht-**, **Riesen-** ‖ NB（注意）: *mst* mit Adjektiven verwendet. In Verbindung mit negativen Attributen wird K. *mst* als Schimpfwort verwendet（多与形容词连用，与贬义形容词连用时常作骂人语）**2. ein richtiger / ganzer K.** ein Mann, auf den man sich verlassen kann (auch in schwierigen Situationen) 好汉，好样儿的，一条汉子 **3.** *mst* 多用 **ein feiner / netter K.** ein Mann od. e-e Frau, die sehr sympathisch, liebenswert sind 可爱的人，讨人喜欢的人: *Susi ist ein wirklich feiner K.!* 苏西真是一个讨人喜欢的人！

Kerl·chen *das*; *-s*, *-*; ein kleiner Junge 小鬼，小家伙〈ein goldiges, nettes, süßes, freches, naseweises K. 一个可爱的、惹人喜爱的、甜甜的、讨厌的、好管闲事的小鬼〉‖ NB（注意）: *mst* mit Adjektiven verwendet（常与形容词连用）

Kern *der*; *-(e)s*, *-e* **1.** der innere Teil e-r Frucht, aus dem e-e neue Pflanze wachsen kann u. der e-e (harte) Schale hat 核，果核，籽实（带壳的）〈der K. e-r Aprikose, e-s Pfirsichs *usw* 杏核，桃核等; die Kerne e-s Apfels, e-r Melone, e-r Sonnenblume *usw* 苹果核，甜瓜子，葵花子等; e-n K. ausspucken, verschlucken, mitessen 把核吐掉、吞下、一起吃〉‖ ↑ *Abb. unter* 图见 **Obst** ‖ -K（复合）: **Obst-**, **Apfel-**, **Aprikosen-**, **Birnen-**, **Kürbis-**, **Mandarinen-**, **Melonen-**, **Orangen-**, **Pfirsich-**, **Pflaumen-**, **Zitronen- 2.** der weiche innere, *mst* essbare Teil e-r Nuss, e-s Kerns (1) 果仁，籽儿，果肉（去壳、皮的）↔ Schale〈die Kerne von Haselnüssen, Mandeln, Pistazien, Sonnenblumen *usw* 榛子、杏仁、开心果、葵花子等; Kerne schälen, essen 剥果仁皮，吃果肉〉: *geröstete u. gesalzene Kerne von Erdnüssen* 炒的盐味花生仁 ‖ -K（复合）: **Erdnuss-**, **Kürbis-**, **Mandel-**, **Nuss-**, **Pistazien- 3.** der (wichtigste) Teil in der Mitte von etw. 核心，中心 ↔ Rand〈der K. der Erde, e-r Körperzelle, e-r Stadt 地球的、细胞的、城市的中心〉: *ein Baum, dessen K. fault* 一棵树心腐烂的树; *Die Sonne ist in ihrem K. noch viel heißer als an der Oberfläche* 太阳的核心比表面热得多 ‖ K-（复合）: **Kern-**, **-holz** ‖ -K（复合）: **Erd-**, **Stadt-**, **Zell- 4.** das Wesentliche, der wichtigste Teil e-r Sache 实质，本质，关键部分，要害〈der K. e-r Aussage, e-s Problems 意见、问题的要害〉‖ K-（复合）: **Kern-**, **-frage**, **-gedanke**, **-problem**, **-punkt**, **-stück 5.** PHYS【物】; der Teil e-s Atoms, der die Protonen u. Neutronen enthält（原子）核〈ein leichter, schwerer K. 轻核，重核; e-n K. spalten 使核裂变〉‖ K-（复合）: **Kern-**, **-fusion**, **-ladung**, **-physik**, **-spaltung**, **-verschmelzung**, **-zerfall** ‖ -K（复合）: **Atom-**; **Helium-**, **Sauerstoff-**, **Uran-**, **Wasserstoff-** *usw* **6. der (harte) K.** 〈e-r Gruppe 小组〉**a)** die Mitglieder e-r (*bes* radikalen, politischen) Gruppe, die sich am stärksten für ihre Ziele einsetzen u. am aktivsten sind（尤指激进的政治组织的）顽固分子，核心成员，死硬派: *der harte K. e-r Terroristengruppe* 恐怖分子组织的顽固核心（成员）; **b)** *hum*［诙］; diejenigen aus e-r Gruppe, die sich am meisten für etw. interessieren, die größte Ausdauer *o. Ä.* haben 意志坚定的人员，核心人物 ‖ ID［谚］**j-d hat e-n guten K.**; **in j-m steckt ein guter K.** j-d hat e-n guten Charakter 某人的本质（素质，天性）好 ‖ *zu*（义项）**1.** u. **2. kern·los** *Adj*（形）; *nicht adv*（不作状语）‖ ▶ **entkernen**

Kern- *im Subst*, *begrenzt produktiv*（构成名词，

构词有限)；verwendet，um etw. zu bezeichnen，das mit der Spaltung od. Fusion von Atomkernen zu tun hat（与原子裂变有关的）核的… ≈ Atom-；der **Kernbrennstoff**，die **Kernenergie**，die **Kernexplosion**，die **Kernforschung**，die **Kernkraft**，der **Kernkraftbefürworter**，der **Kernkraftgegner**，das **Kernkraftwerk**，der **Kernreaktor**，die **Kernstrahlung**，die **Kerntechnik**，die **Kernwaffen** ‖ NB（注意）：**a**）*Kern-* wird *bes* von Befürwortern，*Atom-* auch von Gegnern der（zivilen，militärischen）Nutzung von Atomenergie verwendet（Kern-尤为原子能民用、军用的拥护者所用，Atom-也为反对者所用）；**b**）↑ **Kern**（5）für weitere Komposita（构成其他复合词）

Kẹrn·ge·häu·se *das*；der（innere）Teil *z.B.* e-s Apfels od. e-r Birne，in dem（Samen)Kerne sind 果心

kẹrn·ge·sund *Adj*（形）；*ohne Steigerung*，*nicht adv*，*gespr*（无变级，不作状语）［口］；vollkommen gesund 身强力壮的，身体很棒的

ker·nig *Adj*（形）**1.** grob od. derb 粗野的，粗俗的 ↔ fein〈ein Fluch，j-s Sprache，j-s Worte 咒骂，某人的语言，某人的说话〉**2.** stark，sportlich u. gesund 强壮的，结实的，健壮的 ↔ weichlich〈ein Typ 人；j-d hat e-e kernige Natur 某人体质强壮〉‖ NB（注意）：*bes* für Männer verwendet（尤指男人）**3.** *nicht adv*（不作状语）；mit（vielen）Kernen（1）籽多的：*kernige Orangen* 多籽甜橙

Kẹrn·obst *das*；Obst mit relativ weichen Kernen（*z.B.* Äpfel od. Birnen）核果 ‖ NB（注意）：↑ **Steinobst**

Kẹrn·sei·fe *die*；*nur Sg*（只用单数）；e-e einfache Seife（die nicht gefärbt od. parfümiert ist）普通洗衣肥皂（无色素、无香料的）

kẹrn·waf·fen|frei *Adj*（形）；〈e-e Zone，ein Land 地区，国家〉so，dass sie ohne Atomwaffen sind 无核武器的，无核的

Kẹrn·zeit *die*；*mst Sg*（多用单数）；die Stunden e-s Arbeitstages，an denen alle Mitarbeiter e-s Betriebes mit gleitender Arbeitszeit anwesend sein müssen（实行浮动工时的企业全体职工都必须在岗工作的时间）核心工时

Ke·ro·sin [-z-] *das*；*-s*；*nur Sg*（只用单数）；e-e Art Benzin（als Treibstoff）*bes* für Flugzeuge（飞机用）煤油

Kẹr·ze *die*；*-*，*-n* **1.** ein Gegenstand aus Wachs *o.Ä.*（*mst* in der Form e-r Stange）mit e-r Schnur（dem Docht）in der Mitte，den man anzündet，um Licht zu haben 蜡烛，烛〈ein Weihnachtsbaum mit Kerzen 带蜡烛的圣诞树；e-e K. anstecken/anzünden，löschen/ausmachen 点燃、熄灭蜡烛；e-e K. brennt（herunter），leuchtet，flackert，tropft，verlischt/geht aus 蜡烛亮着（快烧完了）、闪光、闪烁、滴油、快熄灭/烧完〉：*e-e K. aus echtem Bienenwachs* 一支纯蜂蜡做的蜡烛 ‖ K-（复合）：**Kerzen-**，**-beleuchtung**，**-flamme**，**-halter**，**-leuchter**，**-licht**，**-schein**，**-ständer**，**-stummel**，**-stumpf** ‖ -K（复合）：**Geburtstags-**，**Grab-**；**Wachs-** **2.** etw.，das wie e-e längliche K.（1）aussieht 火花塞，电嘴，烛形花序〈e-e elektrische K. 电火花塞〉：*Die Kastanie hat in der Blütezeit rosarote od. weiße Kerzen* 栗子在开花期呈玫瑰红或白色的烛形花序 **3.** *Kurzw*（略）↑ **Zündkerze** ‖ K-（复合）：**Kerzen-**，**-wechsel** **4.** SPORT【体】；e-e Turnübung，bei der man auf dem Rücken liegt u. beide Beine so weit u. gerade wie möglich in die Höhe streckt 肩倒立〈e-e K. machen，turnen 做、练肩倒立〉

Kerze

kẹr·zen·ge·ra·de *Adj*（形）；（in senkrechter Richtung）ganz gerade，（auf *mst* steife Art）aufrecht 笔直的〈ein Baum 树；sich k. halten，k. dasitzen 挺直身子，笔挺挺地坐着〉

Kẹ·scher *der*；*-s*，*-*；ein Stab mit e-m kleinen Netz in Form e-s Beutels an e-m Ring，mit dem man Fische，Krebse，Insekten *o.Ä.* fängt 抄网，兜网

kẹss，*kesser*，*kessest-*；*Adj*（形）**1.**（auf lustige Weise）ein Bisschen frech（u. ohne Respekt）唐突的，冒失的，莽撞的〈e-e Antwort 回答〉‖ NB（注意）：*bes* in Bezug auf Kinder u. Jugendliche verwendet（尤为儿童和青年人用语）**2.** auf angenehme Art etwas anders als normal üblich（u. deshalb auffällig）时髦的，不一般的，惹眼的〈e-e Frisur，ein Kleid 发型，连衣裙〉‖ *hierzu*（派生）**Kẹss·heit** *die*；*nur Sg*（只用单数）

Kẹs·sel *der*；*-s*，*-* **1.** ein Metallgefäß（mit Deckel，Henkel u. e-r Öffnung zum Gießen），in dem man Wasser heiß macht 水壶〈den K. aufsetzen，vom Herd nehmen 把水壶放到炉子上、从炉子上拿下来〉‖ -K（复合）：**Kaffee-**，**Tee-**，**Wasser-** **2.** *veraltend*［渐旧］；ein Gefäß *mst* aus Kupfer，in dem man über dem offenen Feuer Wasser heiß macht od. Suppen *usw* kocht（多指铜制的）锅 **3.** ein sehr großer（geschlossener）Behälter aus Metall für Gase od. Flüssigkeiten 锅炉：*Der Heizer schürt das Feuer unter dem K. der Lokomotive* 司炉给机车锅炉捅火（把火拨旺）‖ -K（复合）：**Dampf-**，**Druck-**，**Heiz-**；**Gas-** **4.** ein tiefes Tal，das auf allen Seiten von Bergen umgeben ist 盆地〈e-e Stadt，ein Dorf liegt in einem K. 一个城市、一座村庄坐落在一个盆地〉‖ -K（复合）：**Tal-** **5.** ein Gebiet，das feindliche Soldaten eingeschlossen haben 包围圈〈aus e-m K. ausbrechen 突破包围圈〉**6.** e-e Art Kreis，den die Jäger（beim Kesseltreiben）bilden u. in den sie das Wild treiben 围猎场，围场 ‖ ▶ **einkesseln**

Kẹs·sel·pau·ke *die*；MUS【音】；e-e große，runde Pauke 定音鼓

Kes.sel.stein *der*; *nur Sg*（只用单数）; e-e harte Schicht aus Kalk, die sich in Töpfen bildet, in denen (hartes) Wasser gekocht wird 锅炉水碱

Kes.sel.trei.ben *das*; e-e Form der Jagd, bei der man das Wild (*bes* Hasen) zu e-r Stelle treibt u. von allen Seiten umstellt（尤指对兔子的）围猎 ‖ ID［谚］*mst* 多用 ***j-d/etw.*** (*Kollekt od Pl*（集合或复数）) ***veranstaltet ein K. gegen j-n*** e-e Gruppe von Gegnern od. Kritikern bekämpft j-n systematisch (mit Worten)（人/物作主语）对…围攻，口诛笔伐: *Die Presse veranstaltet ein K. gegen den Minister* 新闻界发起对部长的围攻

Ket.ch.up, Ket.sch.up [ˈkɛtʃap] *das, der*; *-s, -s*; e-e gewürzte, dicke Soße aus Tomaten u. Gewürzen (die *mst* in Flaschen verkauft wird) 番茄沙司(酱)〈Pommes frites, Würstchen mit K. 浇上番茄沙司的炸土豆条、香肠〉 ‖ -K(复合): ***Tomaten-***

Kett.car® [-kaːɐ] *der*; *-s*; *-s*; ein Auto mit Pedalen für kleine Kinder 儿童脚蹬的小汽车〈K. fahren 骑脚蹬小汽车〉

Ket.te *die*; *-, -n* **1.** e-e (lange) Reihe von Ringen aus Metall, die fest aneinanderhängen 链(条)〈die Glieder e-r K. 链条环; e-n Hund an die K. legen 把狗拴上链条; ein Tier hängt/liegt an e-r K. 一只动物拴在链条上; die K. klirrt, rasselt 链条丁零当啷作响〉: *Von der Decke hing ein riesiger Kronleuchter an e-r K.* 从天花板上垂下一盏系在链条上的大型枝形吊灯; *Die Privatparkplätze sind mit Ketten abgesperrt* 私人停车场被用链条挡上 ‖ K-(复合): ***Ketten-, -glied*** ‖ -K(复合): ***Stahl-*** **2.** ein Schmuck (in Form e-s Bandes aus Gold, Silber od. e-r Reihe von Steinen, Perlen *o.Ä.*), den man *mst* um den Hals od. das Handgelenk trägt 项链，手链〈e-e goldene, silberne K. 金、银项链; Perlen zu e-r K. auffädeln 把珍珠串成一条项链; e-e K. umlegen, tragen, ablegen/abnehmen 挂上、戴上、取下项链〉. ‖ K-(复合): ***Ketten-, -anhänger*** ‖ -K(复合): ***Arm-, Fuß-, Hals-; Gold-, Korallen-, Perlen-, Silber-*** **3.** e-e Art K. (1), die dazu dient, die Kraft von einem Teil e-r Maschine od. e-s Fahrzeugs auf e-n anderen zu übertragen 链条〈die K. e-s Fahrrads spannen, ölen 把自行车链条绷紧、上油〉 ‖ ↑ *Abb. unter* 图见 ***Fahrrad*** ‖ K-(复合): ***Ketten-, -antrieb, -fahrzeug, -panzer, -rad, -säge, -schutz*** ‖ -K(复合): ***Fahrrad-*** **4.** *Kollekt*（集合）; mehrere Geschäfte, Restaurants *o.Ä.*, die sich an verschiedenen Orten befinden, aber zum gleichen Unternehmen gehören 连锁店: *Dieses Restaurant gehört zu e-r K., die in ganz Westeuropa verbreitet ist* 这家饭店属于遍及西欧的一家连锁店 ‖ -K(复合): ***Hotel-, Kaufhaus-, Laden-, Restaurant-*** **5.** ***e-e K. + Gen***（二格）***/von etw.*** (*Pl* 复) e-e ununterbrochene Reihe von Dingen gleicher Art 一个接一个，一排排，一行行（同类事物）: *e-e Kette von Bergen* 山连山，连绵不断的山，山峦 ‖ -K(复合): ***Auto-, Berg-, Beweis-*** **6.** ***e-e K. + Gen***（二格）***/von etw.*** (*Pl* 复) e-e Aufeinanderfolge von gleichartigen Ereignissen, Handlungen *o.Ä.* 一系列，一连串（同类事情）〈e-e Kette von Umständen, Unfällen, e-e Kette der Enttäuschungen — 系列情况，一连串事故，接二连三的失望〉 **7.** *Kollekt*（集合）; e-e Reihe von Menschen, die sich fest an den Händen fassen *o.Ä.* od. die etw. von einem zum anderen reichen（指人手拉手排成的或传递东西的）人队，人行〈Personen bilden e-e K. 人手拉手排成行〉: *Die Polizisten bildeten eine K., um die Demonstranten zurückzudrängen* 警察手拉手排成一行逼着游行人员往后退 ‖ -K(复合): ***Menschen-*** ‖ ID［谚］***j-n an die K. legen*** j-s Freiheit einschränken, indem man ihm Vorschriften macht od. Verbote erteilt 严加管束某人

ket.ten; *kettete, hat gekettet*; Vt（及物）**1.** ***j-n/etw. an j-n/etw. k.*** j-n/etw. mit e-r Kette (1) irgendwo fest anbinden 用链条将…拴住在: *e-n Gefangenen an die Mauer k.* 将一名犯人拴在墙上; *e-n Hund an e-n Pflock k.* 把狗拴在木桩上 **2.** ***j-n an sich*** (*Akk* 四格) ***k.*** sich so verhalten, dass j-d (aus Pflichtgefühl) immer bei einem bleibt od. immer von einem abhängig ist 使完全依附于，使紧紧地和…联系在一起

Ket.ten.hemd *das*; *hist*［历］; ein Netz aus vielen kleinen (Metall)Ringen, das wie ein Hemd am Oberkörper (des Ritters) lag u. ihn so vor (Stichen mit) Waffen schützte 链环甲胄，网状盔甲

Ket.ten.rau.cher *der*; j-d, der (fast ohne Pause) eine Zigarette, Zigarre *usw* nach der anderen raucht 烟鬼，一支接一支抽烟的人

Ket.ten.re.ak.ti.on *die* **1.** CHEM, PHYS【化】【物】; e-e Folge von (chemischen, physikalischen) Vorgängen, die von selbst nacheinander ablaufen, wenn sie einmal begonnen haben 链式反应，连锁反应〈etw. löst e-e K. aus 某事引起连锁反应〉 **2.** e-e Folge von Ereignissen, die von e-m bestimmten Geschehen bewirkt worden sind 接连不断（接二连三）的事件

Ket.zer *der*; *-s, -* **1.** *hist*［历］; j-d, dessen Glauben nicht mit den Vorstellungen *bes* der katholischen Kirche übereinstimmte (u. der deswegen verfolgt wurde) 异教徒 ≈ Häretiker **2.** *oft hum* 常用［诙］; j-d, der andere Ansichten hat als die Mehrheit 持不同看法的人，唱反调者 ‖ *hierzu*（派生）**Ket.ze.rin** *die*; *-, -nen*; **ket.ze.risch** *Adj*（形） ‖ ▶ ***verketzern***

keu.chen; *keuchte, hat gekeucht*; Vi（不及物）**1.** (*bes* vor Anstrengung) laut u. tief atmen (schnaufen) 喘气，喘息: *Der Marathonläufer kam keuchend am Ziel an* 马拉松运动员气喘吁吁地跑到终点; Vt（及物）**2.** ***etw. k.*** etw. mit Mühe sagen u. dabei k. (1) 气喘吁吁地吐出、说出 ‖ NB（注意）: Das Objekt ist immer ein Satz（宾语往往是一个句子）

Keuch.hus.ten *der*; e-e (Kinder)Krankheit,

bei der man oft u. lange (krampfartig) hustet 百日咳

Keu·le *die*; -, *-n* **1.** e-e längliche Waffe aus Holz, die an einem Ende dünn u. am anderen Ende dick ist (一头粗一头细的)木棍,木棒 ⟨die K. schwingen 挥木棒; j-n mit e-r K. erschlagen 用木棍把某人打死⟩: *Die Neandertaler verwendeten Keulen als Waffen* 尼安德特人(石器时代的人)使用木棒当武器 ‖ K-(复合): ***Keulen-***, ***-schlag*** **2.** ein (Sport)Gerät in Form e-r K. (1), mit dem man Gymnastik treibt(体操用的)棒 **3.** der Oberschenkel von bestimmten (Schlacht)Tieren (肉畜)腿,大腿 ≈ Schlegel ⟨e-e gebratene K. 烤腿⟩ ‖ -K(复合): ***Gänse-***, ***Hühner-***, ***Reh-*** ‖ *zu* (义项) **1. keu·len·för·mig** *Adj*(形); *nicht adv*(不作状语)

keusch, *keuscher*, *keuschest-*; *Adj* (形); *veraltend*[渐旧]; so, dass die betreffende Person frei von sexuellen Bedürfnissen ist, die bestimmten moralischen Grundsätzen widersprechen 禁欲的⟨ e-e Nonne 尼姑; e-e Seele 心灵; k. leben 过禁欲的生活⟩ ‖ *hierzu* (派生) **Keusch·heit** *die*; *nur Sg*(只用单数)

Key·board [ˈkiːbɔːd] *das*; *-s*, *-s*; **1.** MUS【音】; ein elektronisches Tasteninstrument (ähnlich e-m Klavier) 键盘乐器 **2.** INFORM【信息】 ≈ Tastatur

Kfz [kaː|ɛfˈtsɛt] *das*; -, *-(s)*; *gespr*, *Kurzw* [口][略] ↑ ***Kraftfahrzeug*** ‖ K-(复合): ***Kfz-Papiere***, ***Kfz-Steuer***, ***Kfz-Versicherung***, ***Kfz-Werkstatt***

KG [kaˈgeː] *die*; -, *-s*; *Abk* 缩写; ↑ ***Kommanditgesellschaft***

Kha·ki *das*; *-(s)*; *nur Sg* (只用单数); ein helles, mit Gelb vermischtes Braun 黄褐色, 黄卡其色 ‖ *hierzu*(派生) **kha·ki·far·ben**, **kha·ki·far·big** *Adj*(形); *nicht adv*(不作状语)

Ki·che·rei *die*; -, *-en*; *mst Sg*, *pej* (多用单数)[贬] ≈ Gekicher

Ki·cher·erb·se *die*; e-e Pflanze, die *bes* im Orient wächst, u. deren Früchte wie Erbsen aussehen 鹰嘴豆

ki·chern; *kicherte*, *hat gekichert*; [Vi](不及物) **1.** leise u. mit hohen Tönen lachen 咪咪地笑, 格格地笑⟨(verlegen) vor sich hin k. (羞答答地)独自暗暗咪咪地笑⟩: *Als der Lehrer stolperte, kicherten die Kinder schadenfroh* 老师绊了个踉跄,孩子们幸灾乐祸地格格笑; [Vt](及物) **2.** ***etw. k.*** etw. sagen u. dabei k. (1) 格格笑着说 ‖ NB(注意): Das Objekt ist immer ein Satz (宾语往往是一个句子) ‖ *zu* (义项) ***Gekicher*** ↑ ***Ge-***

ki·cken; *kickte*, *hat gekickt*; *gespr*[口]; [Vt](及物) **1.** ***etw. irgendwohin k.*** ≈ schießen[1] (4)⟨den Ball ins Tor, ins Aus k. 把球射进大门、踢出界外⟩; [Vi](不及物) **2.** Fußball spielen 踢足球 ‖ *zu* (义项) **2. Ki·cker** *der*; *-s*, -

Kid *das*; *-s*, *-s*; *mst Pl*, *gespr*(多用复数)[口]; Kind, Jugendliche(r)小孩,青少年

kid·nap·pen [-nɛpn]; *kidnappte*, *hat gekidnappt*; [Vt] (及物) ***j-n k.*** *gespr* [口]; j-n als Geisel nehmen 绑架,劫持 ≈ j-n entführen: *Der gekidnappte Fabrikant wurde gegen ein hohes Lösegeld wieder freigelassen* 被绑架的工厂主付了一笔高额赎金后被释放了 ‖ *hierzu* (派生) **Kid·nap·per** *der*; *-s*, -; **Kid·nap·pe·rin** *die*; -, *-nen*

Kid·nap·ping *das*; *-s*, *-s*; das Kidnappen, Entführen e-s Menschen 绑架,劫持,诱拐 ≈ Menschenraub

kie·big *Adj*(形); *nordd*[北德] **1.** ≈ frech **2.** verärgert 生气的,恼火的⟨k. werden 生气,恼怒⟩

Kie·bitz *der*; *-es*, *-e* **1.** ein (Sing)Vogel mit e-m Büschel schwarzer Federn am (Hinter) Kopf 凤头麦鸡 **2.** *gespr*[口]; ein Zuschauer beim Kartenspiel, beim Training von Sportlern *o. Ä.* (打牌、训练时)多嘴多舌的旁观者,指手划脚的旁观者 ‖ *zu* (义项) **2. kie·bit·zen** (*hat*) *Vi*(不及物)

Kie·fer[1] *der*; *-s*, -; die beiden (Schädel)-Knochen, aus denen die (oberen u. unteren) Zähne wachsen 颌,颌骨,颚骨⟨ein kräftiger, vorstehender K. 健壮的、突出的颌骨; die Kiefer öffnen, schließen 张开、合上颌骨(张口,闭口); sich den K. verrenken 颌骨脱位⟩ ‖ K-(复合): ***Kiefer-***, ***-bruch***, ***-gelenk*** ‖ -K(复合): ***Ober-***, ***Unter-***

Kie·fer[2] *die*; -, *-n*; ein Baum, dessen Nadeln in Büscheln wachsen 松树 ‖ ↑ *Abb. unter* 图见 ***Nadelbäume*** ‖ K-(复合): ***Kiefern-***, ***-holz***, ***-möbel***, ***-nadel***, ***-schonung***, ***-wald***, ***-zapfen***

kie·ken; *kiekte*, *hat gekiekt*; [Vi] (不及物) *nordd gespr* [北德][口] ≈ gucken

Kie·ker *der*; *nur in* 只用于 ***j-n auf dem K. haben*** *gespr* [口]; ständig nach Gründen suchen, um j-n tadeln od. bestrafen zu können 总爱跟…过不去,总爱找岔

kiek·sen; *kiekste*, *hat gekiekst*; [Vt/i](及物/不及物) (***etw.***) ***k.*** (etw.) mit hoher, aber schwacher Stimme sprechen 说话尖细,尖着嗓子说话 ‖ NB(注意): Das Objekt ist immer ein Satz(宾语往往是一个句子)

Kiel[1] *der*; *-(e)s*, *-e*; der harte Teil in der Mitte e-r (Vogel)Feder 羽毛管 ‖ -K(复合): ***Feder-***

Kiel[2] *der*; *-(e)s*, *-e*; der Teil e-s Bootes od. Schiffes, der am tiefsten im Wasser liegt u. von vorn nach hinten als e-e Linie in der Mitte des (Schiffs)Bodens verläuft 船的龙骨 ‖ -K(复合): ***Boots-***

kiel·oben *Adv*(副); so, dass der Kiel oben ist 船底朝天的⟨ein Boot liegt, schwimmt, treibt k. (auf dem Wasser)一条船底朝天地浮在水上, 在水上漂浮,漂流⟩

Kiel·was·ser *das*; *nur Sg* (只用单数); die (Fahr)Spur, die sich hinter e-m fahrenden Schiff auf dem Wasser bildet(船只航行尾部形成的水流)艉流,航迹 ‖ ID[谚] ***in j-s K. segeln/schwimmen*** j-s Ansichten u. Handeln befürworten u. selbst profitieren 追随某人亦步亦趋,对某人言听计从

Kie·me *die*; -, *-n*; *mst Pl*(多用复数); eine der Spalten am Kopf e-s Fisches, durch die er atmet 鳃〈ein Fisch bewegt die K. 鱼用鳃呼吸〉‖ K-(复合): ***Kiemen-***, ***-atmung***

Kien *der*; -(*e*)*s*; *nur Sg*(只用单数); (Kiefern)-Holz, das viel Harz enthält 松脂木,多脂松木 ‖ K-(复合): ***Kien-***, ***-fackel***, ***-span***

Kien·ap·fel *der*; ein Zapfen e-r Kiefer 松果,松球

Kie·pe *die*; -, -*n*; *nordd*[北德]; *ein* (*mst* viereckiger) Korb, den man auf dem Rücken trägt 背篓: *e-e K.* (*voll*) *Holz* 一背篓木柴

Kies *der*; -*es*; *nur Sg*(只用单数) **1.** *Kollekt*(集合); viele kleine Steine, die am Fluss, am Rand der Straße od. auf Fußwegen liegen 砾石,小石子,碎石,沙砾〈feiner, grober K. 细、粗沙砾〉‖ K-(复合): ***Kies-***, ***-haufen***, ***-weg*** ‖ NB(注意): ↑ ***Schotter*** **2.** *gespr* [口] ≈ Geld 〈viel, wenig, ein Haufen K. 很多、很少、一大堆钱〉

Kie·sel *der*; -*s*, -; ein kleiner Stein, der durch fließendes Wasser fast rund geschliffen wurde 小石子,小卵石,小砾石〈bunte Kiesel 彩色鹅卵石〉

Kie·sel·stein *der* ≈ Kiesel

Kies·gru·be *die*; e-e Stelle, an der Kies (aus dem Boden) gewonnen wird 采沙砾场

kif·fen; *kiffte*, *hat gekifft*; *Vi* (不及物) *gespr* [口]; Haschisch rauchen 吸大麻 ≈ haschen ‖ *hierzu*(派生) **Kif·fer** *der*; -*s*, -; **Kif·fe·rin** *die*; -, -*nen*

ki·ke·ri·ki! *Interjektion*(叹); verwendet, um das Krähen e-s Hahnes zu imitieren(公鸡啼鸣声)喔喔!

kil·le·kil·le *Interjektion* (叹); verwendet, wenn man j-n (*bes* ein Kind) kitzelt(挠痒时小孩发出的)格格声

kil·len; *killte*, *hat gekillt*; *Vt* (及物) ***j-n/ein Tier k.*** *gespr* [口]; j-n/ein Tier kaltblütig töten, ohne Mitleid zu haben 残杀,杀死

Kil·ler *der*; -*s*, -; *gespr* [口]; j-d (ein Mörder), der andere für Geld tötet 杀手 ‖ *hierzu* (派生) **Kil·le·rin** *die*; -, -*nen*

Kil·ler- *im Subst*, *betont*, *wenig produktiv*(构成名词,重读,构词弱); drückt in Verbindung mit lebenden Organismen aus, dass diese tödlich (*bes* auf den Menschen) wirken 杀人的…,杀生的…; die ***Killerbiene***, der ***Killerhai***, die ***Killerzelle***

-kil·ler *der*; *im Subst*, *begrenzt produktiv*, *gespr*(构成名词,构词有限)[口]; verwendet, um *bes* etw. zu bezeichnen, das e-e Sache zerstört, beseitigt od. ihr schadet(用作对事物起破坏、消除、损害作用的物质): ***Jobkiller***, ***Ozonkiller***, ***Schmutzkiller***

Ki·lo *das*; -*s*, -/-*s*; *gespr*, *Kurzw* [口](略) ↑ ***Kilogramm***: *zwei Kilo Fleisch* 两公斤肉; *überflüssige Kilos abspecken* (= durch e-e Diät verlieren) 节食减肥 ‖ NB(注意): Nach Zahlen ist der Plural *Kilo* (数词后复数用 *Kilo*) ‖ *hierzu*(派生) **ki·lo·wei·se** *Adv*(副)

Ki·lo- *im Subst*, *betont*, *wenig produktiv*(构成名词,重读,构词弱); verwendet, um das Tausendfache e-r Maßeinheit zu bezeichnen 千(倍)… ≈ tausend: das ***Kilobyte***, das ***Kilogramm***, das ***Kilohertz***, das ***Kilojoule***, die ***Kilokalorie***, das ***Kilopond***, das ***Kilovolt***, das ***Kilowatt***

Ki·lo·gramm *das*; tausend Gramm 千克,公斤; *Abk* 缩写为 kg

Ki·lo·me·ter *der* **1.** tausend Meter 公里,千米; *Abk* 缩写为 km: *Bis zum Flughafen sind es noch 20 Kilometer* 到机场还有 20 公里 **2.** *gespr* [口]; (bei Geschwindigkeiten) K. (*1*) pro Stunde 每小时公里(速度),公里/小时 ≈ Stundenkilometer: *In der Stadt sind nur 50 Kilometer erlaubt* 在市区只允许每小时行驶 50 公里

Ki·lo·me·ter|fres·ser *der*; *gespr hum od pej* [口][诙]或[贬]; j-d, der ohne Pause sehr lange Strecken mit dem Auto fährt 长途开车不间歇的人

Ki·lo·me·ter|geld *das* **1.** das Geld pro Kilometer, das man (*z. B.* von seiner Firma) für Fahrten bekommt, die mit dem Beruf zu tun haben 每公里乘车费 **2.** das Geld, das man für ein Leihauto pro Kilometer bezahlen muss 每公里租车费

ki·lo·me·ter|lang *Adj*(形) **1.** mehrere Kilometer lang 几公里长的,长达数公里的〈ein Stau 长达数公里的堵车〉 **2.** *gespr*[口]; sehr lang 很长

Ki·lo·me·ter|stand *der*; die Anzeige der schon gefahrenen Kilometer (auf dem Kilometerzähler)(里程表上的)公里数显示

Ki·lo·me·ter|stein *der*; ein Stein *bes* am Straßenrand, auf dem die Zahl der Kilometer steht, die bis dahin von e-m bestimmten Punkt aus zurückgelegt sind(公路旁的)里程碑

Ki·lo·me·ter|zäh·ler *der*; ein Gerät in e-m Fahrzeug (*bes* in e-m Auto), das anzeigt, wie viele Kilometer das Fahrzeug schon gefahren ist 里程计,公里计数器

Ki·lo·watt|stun·de *die*; e-e Maßeinheit, mit der man angibt, wie viel elektrischen Strom ein Gerät verbraucht 千瓦(特)小时; *Abk* 缩写为 kWh

Kim·me *die*; -, -*n*; e-e Kerbe am Visier von Schusswaffen, die hilft, genau zu zielen 瞄准(凹)槽〈über K. u. Korn zielen(通过瞄准槽和准星)瞄准目标〉

Kind *das*; -(*e*)*s*, -*er* **1.** ein junger Mensch in der Zeit von seiner Geburt bis zu dem Zeitpunkt, an dem er körperlich reif od. erwachsen (juristisch volljährig) ist 小孩,儿童,孩子 ↔ Erwachsene(r) 〈ein ungeborenes, neugeborenes, tot geborenes K. 没有出生的、新生的、死产的小孩; ein artiges, braves, freches, ungezogenes, verzogenes K. 乖的、听话的、顽皮的、没教养的、宠坏的小孩; ein K. erwarten, bekommen, zur Welt bringen, in die Welt setzen, gebären, aufziehen, großziehen 怀孕、生孩子,使孩子出生、降生,生养、养育、养大孩子〉: *Mit vierzehn ist sie eigentlich kein K. mehr* 满十四岁她就不再是小孩了; *Die großen Kinder gehen in die Schule, die kleinen in den Kindergarten* 大孩子上学,小孩子进幼儿园 ‖ K-(复合): ***Kindes-***, ***-misshandlung***, ***-tötung***;

Kinds-, ***-taufe***; ***Kinder-***, ***-arzt***, ***-buch***, ***-chor***, ***-fahrrad***, ***-film***, ***-heilkunde***, ***-lied***, ***-psychologe***, ***-puder***, ***-schar***, ***-sendung***, ***-zimmer*** ‖ -K(复合): ***Schul-***, ***Wunder-***, ***Wunsch-*** ‖ NB(注意): Ein Kind unter etwa 18 Monaten wird *mst Baby* genannt, von ca. 18 Monaten bis 4 Jahre spricht man von *Kleinkind*, ab ca. 12 sagt man *Jugendliche(r)*(大约18个月以内为Baby(婴儿),从18个月到4岁称Kleinkind(小孩),从大约12岁开始叫Jugendliche(r)(青少年)**2.** (***j-s***) ***K***. j-s Sohn od. Tochter(某人的)孩子,儿女,子女≈ Nachkomme 〈ein eigenes, leibliches, (un)eheliches, (il)legitimes, angenommenes, adoptiertes K. 自己的、亲生的、婚生的(私生的)、(不)合法的、收养的孩子; j-s einziges, geliebtes K. 某人的独生子(女),某人的爱子(女); ein K. haben 有孩子〉: *Er ist ein K. reicher Eltern* 他是个有钱人家的孩子(子女); *Unsere Kinder sind schon erwachsen* 我们的孩子已长大 ‖ K-(复合): ***Kind(e)s-***, ***-mutter***, ***-vater*** ‖ -K(复合): ***Bauern-***; ***Enkel-***; ***Waisen-*** **3.** *nur Pl*, *hum* (只用复数)[诙]; verwendet als Anrede für e-e Gruppe von Freunden, Kollegen *o. Ä.*(用来称呼朋友们、同事们): *Kommt, Kinder, jetzt feiern wir ein Fest!* 大家来吧,现在我们庆祝节日! **4.** ***ein K.*** (+ *Gen* 二格) j-d, der an e-m bestimmten Ort/in e-r bestimmten Zeit geboren wurde u. dadurch (in seinem Charakter, Verhalten) geprägt wurde(具有自己特征、行为的,某个地区、某个时代的)人〈ein (echtes) K. seiner Zeit 他那个时代的(典型)人物〉: *Er ist ein typisches K. der Berge* 他是一个典型的山里人 **5.** ***von K. an/auf*** seit der Zeit, als man noch ein K. (1) war 从孩提时起,从小: *Wir kennen uns von K. auf* 我们从小就认识; *Ich war von K. an ein Einzelgänger* 我从小就是个独来独往的人(不合群) **6.** 〈e-r Frau 女人〉 ***ein K. machen/andrehen/anhängen*** *gespr pej* [口][贬]; e-e Frau schwanger machen 跟…搞出孩子,使怀孕 **7.** ***bei*** 〈e-r Frau 女子〉 ***ist ein K. unterwegs*** *euph*[婉]; e-e Frau ist schwanger 有喜 **8.** ***j-n an Kindes Statt annehmen*** *geschr* [书]; j-n adoptieren 收养…为子(女) ‖ ID[谚] ***ein großes K. sein*** (als Erwachsener) naiv wie ein K. sein 真像个大孩子; ***mit K. u. Kegel*** *gespr*[口]; mit der ganzen Familie 携老带少,全家: *mit K. u. Kegel verreisen* 全家外出旅游; *mst* 多用 ***unsere Kinder u. Kindeskinder*** unsere Nachkommen 我们的儿孙; ***das K. im Manne*** *hum* [诙]; die Freude, die viele Männer am Spielen haben(成年人的)童心; ***das K. beim*** (***rechten***) ***Namen nennen*** *gespr* [口]; deutlich, offen über ein unangenehmes Thema sprechen 直截了当地说出,直言不讳; ***sich bei j-m lieb K. machen*** *gespr* [口]; sich bei j-m einschmeicheln 迎合、讨好、奉承某人; ***kein K. von Traurigkeit sein*** *gespr* [口]; lebenslustig sein 乐天派,无忧无虑的人; ***etw. ist j-s liebstes K.*** etw. ist j-m sehr wichtig 某物是某人的心肝(宠儿): *Das Auto ist des Deutschen liebstes K.* 汽车是德国人的宠儿; ***das K. mit dem Bade ausschütten*** etw. Schlechtes beseitigen wollen u. dabei auch etw. Gutes zerstören (weil man zu eifrig ist) 不分好坏(良莠),草率地一概否定; *mst* 多用 ***Wir werden das K. schon schaukeln*** *gespr* [口]; wir werden das Problem schon lösen/die Sache schon erledigen 我们会把事情办妥(顺当)的; *mst* 多用 ***Wie sag ichs meinem Kinde?*** *hum* [诙]; wie erkläre ich ihm/ihr das? 我该怎么对他/她说明白呢?; ***Aus Kindern werden Leute*** die Kinder werden (schnell) erwachsen 孩子转眼就会长大成人; ***ein gebranntes K. sein*** durch schlechte Erfahrungen vorsichtig geworden sein 吃过苦头变聪明,是吃过苦头的人; (***ein***) ***gebranntes K. scheut das Feuer*** schlechte Erfahrungen machen den Menschen vorsichtig 挨过烧的人怕火(一朝被蛇咬,十年怕井绳) ‖ *zu* (义项) **1.** **kin·der·feind·lich** *Adj*(形); **kin·der·freund·lich** *Adj*(形); **kind·ge·mäß** *Adj*(形); **kind·haft** *Adj*(形); *zu* (义项) **2.** **kin·der·reich** *Adj*(形); *nicht adv*(不作状语); **kin·der·los** *Adj*(形); *nicht adv*(不作状语)

Kin·der·ar·beit *die*; *nur Sg*(只用单数); die (gesetzlich verbotene) Arbeit von Kindern gegen Lohn 童工

Kin·der·dorf *das*; *Kollekt*(集合); e-e Gruppe von Häusern (als soziale Institution), in denen *mst* Waisen wie in Familien von e-r (Kinderdorf)Mutter erzogen werden 孤儿教养院

Kin·de·rei *die*; -, *-en*; ein kindisches Verhalten, e-e kindische Tat 幼稚行为,愚蠢行为≈ Albernheit: *sich Kindereien ausdenken* 想出一些幼稚可笑的举动

Kin·der·funk *der*; e-e Sendung od. ein Programm im Radio für Kinder 儿童节目(台)

Kin·der·gar·ten *der* **1.** e-e Institution, in der Kinder (von 3-6 Jahren) das soziale Verhalten *usw* in der Gruppe lernen, bevor sie in die Schule kommen 幼儿园(指机构) **2.** das Haus, in dem ein K. (1) untergebracht ist 幼儿园(指住房) ‖ *hierzu*(派生) **Kin·der·gärt·ner** *der*; **Kin·der·gärt·ne·rin** *die*

Kin·der·geld *das*; *nur Sg*(只用单数); Geld, das Eltern vom Staat bekommen (als Hilfe für die Erziehung ihrer Kinder)(由国家补贴给父母养育子女的)子女补贴费

Kin·der·glau·be *der*; *mst pej od iron* 多用[贬]或[讽]; e-e naive (einfältige) Vorstellung von j-m/etw. 天真的想法,单纯的想法〈ein frommer K. 天真无邪的童念〉

Kin·der·heim *das* **1.** ein Heim, in dem die Kinder wohnen u. erzogen werden, deren Eltern tot sind od. sie völlig vernachlässigt haben 保育院,孤儿院〈ein Kind kommt ins K. 一个孩子进了保育院〉 **2.** ein Heim für Kinder, die geistig od. körperlich behindert sind 残障儿童之家,儿童福利院

Kin·der·hort *der* **1.** e-e Institution, in der Kinder, deren Eltern beide berufstätig sind, nachmittags nach der Schule betreut werden 托儿所(机构) **2.** das Haus, in dem ein K. (1) untergebracht ist 托儿所(住房)

Kịn·der·krank·heit *die* **1.** e-e (Infektions)-Krankheit, die *bes* Kinder bekommen 儿科疾病: *Masern, Mumps u. Windpocken zählen zu den Kinderkrankheiten* 麻疹、腮腺炎和水痘都属儿科疾病 **2.** Probleme, die ein neues Projekt, Modell *o. Ä.* am Anfang macht 初期阶段的问题 ≈ Anfangsschwierigkeiten

Kịn·der·krie·gen *das*; *-s*; *nur Sg*, *gespr*(只用单数)[口]; das Gebären e-s Kindes 生孩子: *Zum K. ist sie schon zu alt* 生孩子她年纪已太大了

Kịn·der·krip·pe *die*; e-e Institution, in der Babys u. kleine Kinder (deren Eltern arbeiten) während des Tages betreut werden 幼儿园(日托),托儿所

Kịn·der·la·den *der*; e-e Art Kindergarten, der auf private Initiative der Eltern entstanden ist u. in dem die Kinder besonders liberal (antiautoritär) erzogen werden(以自由发展为教育宗旨的)私立(民办)幼儿园

Kịn·der·läh·mung *die*; *nur Sg*(只用单数); e-e Infektionskrankheit, die *bes* Kinder bekommen u. die zu schweren Lähmungen führen kann 小儿麻痹症,脊髓灰质炎; MED【医】Polio(myelitis)

kịn·der·leicht *Adj*(形); *gespr*[口]; sehr leicht, einfach 极容易的,很简单的〈e-e Aufgabe, e-e Rechnung 作业,算术〉

kịn·der·lieb *Adj*(形); *mst in* 多用于(***sehr***) ***k. sein*** Kinder sehr gern mögen 喜爱儿童的

Kịn·der·mäd·chen *das*; e-e (*mst* junge) Frau, die von e-r Familie dafür bezahlt wird, dass sie (täglich) für die Kinder sorgt 照看孩子的女保姆(阿姨)

Kịn·der·narr *der*; j-d, der Kinder sehr (oft übertrieben) gern hat 特别喜爱孩子的人,孩子迷

Kịn·der·schän·der *der*; *j-d*, der Kinder sexuell missbraucht 奸淫儿童者 ‖ *hierzu*(派生) **Kịn·der·schän·de·rin** *die*

Kịn·der·schreck *der*; *nur Sg*, *gespr*(只用单数)[口]; j-d, vor dem Kinder Angst haben 小孩害怕的人

Kịn·der·schuh *der*; ein Schuh für Kinder 童鞋 ‖ ID[谚] ***den Kinderschuhen entwachsen sein*** erwachsen sein 长大成人; ***etw. steckt noch in den Kinderschuhen*** etw. ist noch am Anfang (im Anfangsstadium) 某事正处于初级阶段: *Die Gentechnologie steckt noch in den Kinderschuhen* 遗传工程学还处于初级阶段

Kịn·der·schwes·ter *die*; e-e (Kranken)-Schwester, die sich auf die (Kranken)-Pflege von Babys u. (kleinen) Kindern spezialisiert hat 儿科护士,幼儿护士

Kịn·der·se·gen *der*; *nur Sg*(只用单数); *mst in* 多用于 ***ein*** (***reicher***) ***K.*** *hum*[谐]; viele Kinder in e-r Familie 子孙满堂,多子多孙

Kịn·der·sitz *der*; **1.** ein Sitz für kleine Kinder, den man an der Lenkstange od. dem Gepäckträger des Fahrrads befestigen kann (安装在自行车车架或货架上的)儿童座位,小孩坐椅 **2.** ein Sitz *o. Ä.*, den man am Rücksitz im Auto befestigt, damit kleine Kinder bei Unfällen besser geschützt sind(安装在汽车后座上的)小孩安全椅

Kịn·der·spiel *das*; ein Spiel für Kinder od. ein Spiel, das Kinder spielen 儿童游戏 ‖ ID[谚] ***etw. ist ein K.*** (***für j-n***) *gespr*[口]; etw. ist sehr einfach, kein Problem für j-n 某事(对某人来说)如同儿戏(轻而易举之事): *Das Auto zu reparieren ist doch ein K. für mich!* 修汽车对我来说轻而易举!

Kịn·der·sterb·lich·keit *die*; ADM【管理】*geschr*[书]; der (Prozent) Anteil der Kinder, die in e-m bestimmten Gebiet od. Land früh sterben 儿童死亡率

Kịn·der·stu·be *die*; *nur Sg*(只用单数); *mst in* 多用于 ***e-e gute K. haben*** zur Höflichkeit u. zu gutem Benehmen erzogen sein 有良好的家庭教育,有教养

Kịn·der·tel·ler *der*; (in einem Gasthaus) e-e Portion Essen für Kinder, die billiger und kleiner ist als die für Erwachsene 一份儿童饭菜〈e-n/den K. bestellen 订一份儿童饭菜〉

Kịn·der·wa·gen *der*; ein (kleiner) Wagen mit vier Rädern, in dem man ein Baby transportiert 童车,婴儿车

Kinderwagen

der Kinderwagen 轻便童车 | der Sportwagen 坐式童车 | der Buggy 婴儿车

Kịn·der·zeit *die*; *nur Sg*(只用单数) ≈ Kindheit

Kịn·des·al·ter *das*; *nur Sg*(只用单数); *mst in* 多用于 ***im K.*** 〈sein 在〉 in dem Alter (sein), in dem man noch ein Kind ist 在童年时,在幼年

Kịn·des·bei·ne *die*; *Pl*(复); *nur in* 只用于 ***von Kindesbeinen an*** seit der Zeit, als man ein Kind war 从小时候起,从小 ≈ von Kind auf: *Sie kennen sich von Kindesbeinen an* 他们从小就认识

Kịn·des·miss·hand·lung *die*; JUR【法】; das Quälen u. Schlagen von Kindern (*bes* durch ihre Eltern) 虐待子女(儿童)

Kịnd·heit *die*; -, *-en*; *mst Sg*(多用单数); die Zeit, in der j-d ein Kind ist 童年〈e-e glückliche, schöne, unbeschwerte, freudlose, traurige K. haben, erleben 有、度过一个幸福的、美好的、无忧无虑的、无欢乐的、悲惨的童年〉: *Er verbrachte seine K. bei seiner Großmutter in Amerika* 他在美国奶奶家度过的童年 ‖ K-(复合): ***Kindheits-***, ***-erinnerung***, ***-traum*** ‖ NB(注意): ↑ ***Jugend***

kịn·disch *Adj*(形); *pej*[贬]; (als Erwachsene(r)) mit e-m Benehmen wie ein Kind 幼稚可笑的，孩子气的，傻里傻气的≈ albern, unreif ⟨ein Benehmen, j-s Trotz 品行，某人的固执⟩: *Du bist manchmal sehr k.!*你有时很孩子气！

kind·lich *Adj*（形）; wie ein Kind 像孩子一样的，儿童的 ≈ unreif ↔ erwachsen ⟨ein Aussehen, e-e Handschrift, e-e Naivität 外表，字体，天真; k. wirken 显得像孩子一样⟩ ‖ *hierzu*（派生）**Kind·lich·keit** *die*; *nur Sg*（只用单数）

Kinds·kopf *der*; *gespr pej*［口］［贬］; j-d, der sich albern, kindisch benimmt 傻瓜，幼稚可笑的人

Ki·ne·tik *die*; -; *nur Sg*, PHYS（只用单数）【物】; ein Gebiet der Physik, das sich mit den Bewegungen der Körper beschäftigt 动力学 ‖ *hierzu*（派生）**ki·ne·tisch** *Adj*（形）; *nur attr od adv*（只作定语或状语）

King *der*; *-s, -s*; *gespr*［口］; *mst in* 多用于 ***Er hält sich wohl für den K.*** *gespr pej*［口］［贬］; er glaubt, er ist etw. Besonderes 他自以为了不起（自命不凡）

Kin·ker·litz·chen *die*; *Pl*, *gespr*（复）［口］**1.** ein (albernes u. überflüssiges) Verhalten, das e-n anderen ärgert 胡闹，惹人讨厌的瞎闹，发疯 ⟨K. machen 瞎闹⟩: *Lass deine dummen K.!* 别发疯！**2.** unbedeutende Kleinigkeiten 琐事，无意义的事，不足挂齿的小事

Kinn *das*; *-(e)s, -e*; der Teil des Gesichts unterhalb des Mundes (der ein bisschen vorsteht) 颏，下巴 ⟨ein eckiges, rundes, spitzes, fliehendes K. 方的、圆的、尖的、向后倾斜的下巴; ein K. mit e-m Grübchen 下巴带一个小酒窝; das K. in/auf die Hand stützen 手撑着下巴⟩ ‖ ↑ *Abb. unter* 图见 ***Kopf*** ‖ K-（复合）: ***Kinn-, -bart, -spitze***

Kinn·ba·cke *die*; einer der beiden (seitlichen) Teile des Unterkiefers nahe dem Kinn（下颌的）腮帮子

Kinn·ha·ken *der*; ein Schlag mit der Faust (*mst* von unten) gegen das Kinn 击下巴的上钩拳⟨j-m e-n K. geben 给某人一记上钩拳⟩

Kinn·la·de *die* ≈ Unterkiefer

Kinn·rie·men *der*; ein Riemen um das Kinn, der e-n Helm (fest) hält（头盔、钢盔、安全帽上的）系在下巴上的皮带

Ki·no *das*; *-s, -s* **1.** ein Raum od. Haus, in dem (vor e-m Publikum) Filme gezeigt werden 电影院⟨etw. wird im K. gespielt/gezeigt 某影片正在（影院）放映; etw. kommt, läuft im K. 某影片将、正在影院放映; ins K. gehen 去看电影⟩ ‖ K-（复合）: ***Kino-, -besitzer, -besucher, -film, -karte, -kasse, -programm, -reklame, -vorstellung*** ‖ -K（复合）: ***Vorstadt-*** **2.** *nur Sg*（只用单数）; e-e Vorstellung im K. (1) 电影上映: *Das K. beginnt um halb neun* 电影八点半开始（放映）**3.** der Film als künstlerisches Medium 电影

Ki·no·gän·ger *der*; *-s, -*; j-d, der (oft) ins Kino geht 电影院常客 ‖ *hierzu*（派生）**Ki·no·gän·ge·rin** *die*; *-, -nen*

Kin·topp *der*; *-s, -s*; *gespr*［口］**1.** *hum*［诙］≈ Kino **2.** *nur Sg*（只用单数）; der Film als Medium (*bes* zur Zeit des Stummfilms)（无声电影时代的）电影

Ki·osk [ˈkiːɔsk, kiɔsk] *der*; *-(e)s, -e*; ein kleines Haus (e-e Bude od. ein Stand), in dem *bes* Zigaretten, Zeitschriften u. Süßigkeiten verkauft werden（出售报刊、香烟、糖果的）售货亭 ⟨etw. am K. kaufen 在售货亭买某物⟩ ‖ -K（复合）: ***Zeitungs-***

Kip·ferl *das*; *-s, -(n)*; *südd* Ⓐ［南德］［奥］≈ Hörnchen

Kip·pe[1] *die*; *-, -n*; *gespr*［口］; der Rest e-r Zigarette 烟蒂，香烟头 ≈ Zigarettenstummel

Kip·pe[2] *die*; *-, -n* **1.** *Kurzw*（略）↑ ***Müllkippe*** **2.** *mst in* 多用于 ***j-d/etw. steht auf der K.*** *gespr*［口］; j-d/etw. ist in e-r prekären Situation, etw. droht zu scheitern（人/物作主语）进退维谷，濒临破产，有失败的危险

kip·pen; *kippte, hat/ist gekippt*; Vt（及物）(*hat*) **1.** ***etw. k.*** etw. in e-e schräge Lage bringen 使倾斜，使翻倒: *den Deckel der Schreibmaschine nach hinten k.* 将打字机盖向后翻（掀开打字机盖）‖ K-（复合）: ***Kipp-, -fenster, -lore, -schalter*** **2.** ***etw. irgendwohin k.*** etw. aus e-m Gefäß irgendwohin schütten, gießen 将…倒掉，倒出 ⟨Wasser in den Ausguss, Müll auf die Straße k. 将水倒入排水槽，将垃圾倒到马路上⟩; Vi（不及物）(*ist*) **3.** ***j-d/etw. kippt*** j-d/etw. bewegt sich so aus e-r festen Position, dass er/es schließlich umfällt（人/物作主语）翻倒，跌倒，摔下，倾倒≈ j-d/etw. stürzt um: *ein Regal so ungleichmäßig beladen, dass es (nach hinten, vorne) kippt* 书架装得不匀，失去平衡（向后，向前）倾倒 **4.** ***etw. kippt*** etw. steht kurz vor e-r (*mst* negativen) Wende（物作主语）逆转，恶化 ⟨das Wetter kippt (= wird schlechter) 天气变（坏）了，变天了⟩: *Das Spiel kippte in der zweiten Halbzeit* 下半场比赛出现逆转 ‖ ID［谚］***einen k.*** *gespr*［口］; (ein Glas) Alkohol (*bes* Schnaps) trinken 一饮而尽 ‖ *zu*（义项）**1. kipp·bar** *Adj*（形）

Kir·che *die*; *-, -n* **1.** ein großes Gebäude, in dem Christen den Gottesdienst abhalten 教堂，礼拜堂 ⟨e-e evangelische, katholische, romanische, gotische, barocke, moderne K. 福音教派、天主教、罗马式、哥特式、巴洛克式、现代的教堂⟩: *e-e K. mit drei Schiffen, e-m Turm, e-m Chor u. e-r Apsis* 一座教堂有三个殿堂，一座尖塔，一个圣坛和一个后殿 ‖ K-（复合）: ***Kirchen-, -bank, -bau, -chor, -fenster, -gemeinde, -glocke, -konzert, -patron, -portal, -schiff, -tür; Kirch-, -hof, -platz, -turm*** ‖ -K（复合）: ***Barock-, Rokoko-; Bischofs-, Dorf-, Kloster-, Missions-, Pfarr-*** ‖ NB（注意）: ↑ ***Dom, Kapelle***[2]***, Kathedrale, Münster*** **2.** *Kollekt*（集合）; e-e religiöse Gemeinschaft, *bes* mit christlichem Glauben 教派，教会 ≈ Konfession ⟨die evangelische, griechisch-orthodoxe, lutherische, katholische K. 福音教派、希腊正教、路德、天主教教会; e-r K. angehören 属于一教派; aus der K. austreten 退出教会⟩: *Der Papst ist das Oberhaupt der* *römisch-katholischen K.* 教皇是罗马天主教的领袖 ‖ K-(复合): ***Kirchen-, -amt, -austritt, -fest, -geschichte, -lehre, -recht, -spaltung, -strafe, -übertritt, -verfolgung*** **3.** die K. (2) als Institution 教会(机构): *die Trennung von K. u. Staat* 教会与国家分离 **4.** *nur Sg, gespr* (只用单数)[口] ≈ Gottesdienst, Messe ⟨in die K. gehen 上教堂做礼拜⟩: *Samstags ist um 19 Uhr K.* 每星期六 19 点做礼拜 ‖ K-(复合): ***Kirchen-, -besuch, -besucher, -choral, -lied, -musik; Kirch-, -gang, -gänger*** ‖ ID [谚] ***die K. im Dorf lassen*** mit etw. nicht übertreiben(办事,说话)不夸张,实实在在

Kirche (1)

Kir·chen·buch *das*; e-e Art Chronik, in der die wichtigsten Daten (der Geburten, Sterbefälle, Taufen u. Eheschließungen) e-r religiösen Gemeinde aufgeschrieben werden 教区记事录(纪录出生、死亡、洗礼、婚姻)

Kir·chen·die·ner *der*; j-d, der beruflich in der Kirche die einfachen Arbeiten macht u. alles für den Gottesdienst vorbereitet 教堂司事 ≈ Küster, Messner ‖ *hierzu* (派生) **Kir·chen·die·ne·rin** *die*

Kir·chen·jahr *das*; *nur Sg* (只用单数); das Jahr, wie es unter religiösen Aspekten (nach Sonn- u. Feiertagen, kirchlichen Festen der katholischen, evangelischen Kirche) gegliedert wird 教会年度

Kir·chen·maus *die*; *nur in* 只用于 ***arm wie e-e K. (sein)*** *gespr hum* [口][诙]; sehr arm (sein) 穷得像教堂里的老鼠,穷困潦倒,一贫如洗

Kir·chen·staat *der*; *nur Sg* (只用单数); ein kleiner Bezirk in Italien (in Rom), der unter der Herrschaft des Papstes steht 教皇国 ≈ Vatikan

Kir·chen·steu·er *die*; e-e Steuer, die die (katholische, evangelische) Kirche (3) in manchen Ländern von ihren Mitgliedern fordert (u. die in Deutschland der Staat einzieht) 教税,教堂税

Kir·chen·va·ter *der*; einer von mehreren berühmten Lehrern u. Verfassern wichtiger Schriften (*z. B.* Augustinus) in der Anfangszeit der christlichen Kirche 教父,基督教早期神学家

kirch·lich *Adj* (形) **1.** *nur attr od adv* (只作定语或状语); in Bezug auf die (katholische, evangelische) Kirche 教堂的,教会的 ⟨ein Amt, ein Fest, ein Ritus 职位,节日,礼俗⟩ **2.** nach den Bräuchen, Riten der (katholischen, evangelischen) Kirche 宗教仪式的,按教规的 ⟨e-e Trauung 婚礼; k. heiraten, k. beerdigt werden 按宗教仪式结婚、殡葬⟩

Kirch·weih *die*; -, *-en*; ein Fest auf dem Land mit e-m Jahrmarkt, das zur Erinnerung an die Einweihung der (Dorf) Kirche gefeiert wird 教堂落成纪念日年市,教堂落成典礼纪念日 ≈ Kirmes

Kir·mes *die*; -, *-sen* ≈ Kirchweih

Kir·sche *die*; -, *-n* **1.** e-e kleine, weiche, runde, *mst* rote Frucht mit e-m harten Kern in der Mitte 樱桃 ‖ ↑ *Abb. unter* 图见 ***Obst*** ‖ K-(复合): ***Kirsch-, -kern; -kuchen, -likör, -marmelade, -saft*** **2.** der Baum, an dem die Kirschen (1) wachsen 樱桃树 ≈ Kirschbaum ‖ K-(复合): ***Kirsch-, -blüte, -holz*** ‖ ID[谚] ***mit j-m ist nicht gut Kirschen essen*** mit j-m kann man sich nicht gut vertragen (weil er unfreundlich, streitsüchtig ist) 与某人很难相处

Kirsch·was·ser *das*; *nur Sg* (只用单数); ein Schnaps, der aus Kirschen gemacht wird 樱桃烧酒

Kis·sen *das*; *-s*, -; e-e Hülle (*mst* aus Stoff), die mit e-r weichen Substanz (*z. B.* Federn) gefüllt ist u. auf der man bequem sitzen, liegen od. schlafen kann 枕头,靠背垫,(羽绒)软垫 ⟨ein weiches K. 一个软垫; ein K. aufschütteln 把枕头抖松; den Kopf auf ein K. legen 把头枕在枕头上⟩: *Er legte ein K. auf den Stuhl* 他把靠垫放在椅子上; *Das K. ist mit Schaumstoff gefüllt* 垫子填的是泡沫塑料 ‖ K-(复合): ***Kissen-, -bezug, -füllung, -überzug*** ‖ -K (复合): ***Feder-, Gummi-, Schaumstoff-, Seiden-; Sofa-, Stuhl-, Zier-; Fuß-, Kopf-***

Kis·sen·schlacht *die*; *gespr* [口]; ein lustiges (Kinder)Spiel, bei dem man mit Kissen wirft u. versucht, sich gegenseitig zu treffen 扔枕头(垫子)游戏 ⟨e-e K. machen 进行扔垫子游戏⟩

Kis·te *die*; -, *-n* **1** ein rechteckiger Behälter aus Holz 方木箱,板条箱 ⟨e-e K. mit Büchern 一只装有书的箱子; etw. in e-e K. tun, verpacken 把某物装入箱子; Kisten aufeinanderstapeln 把箱子摞起来⟩ ‖ ↑ *Abb. unter* 图见 ***Behälter und Gefäße*** ‖ -K (复合): ***Obst-, Wein-*** **2.** ***e-e K.*** + *Subst* (名词) die Menge, die in e-e K. (1) passt 一箱: *e-e K. Äpfel kaufen* 买一箱苹果 **3.** *gespr pej* [口][贬]; ein (altes) Fahrzeug, *bes* ein Auto 破车,旧车 ‖ *zu* (义项) **2. kis·ten·wei·se** *Adv* (副)

Ki·ta *die*; -, *-s*; *Kurzw für* 缩写,全称为 ***Kindertagesstätte***; e-e Einrichtung (3), in der Kinder (bis zu e-m bestimmten Alter) tagsüber betreut werden 日托幼儿园,托儿所

Kitsch *der*; *-(e)s*; *nur Sg, pej* (只用单数)[贬]; etw., das keinen künstlerischen Wert hat, geschmacklos od. sentimental ist 庸俗的、拙劣的、无艺术价值的作品(玩意儿) ↔ Kunst: *Diese imitierte Barockstatue ist der reinste K.* 这座仿造的巴洛克雕塑是件毫无艺术价值的作品 ‖ NB (注意): ↑ ***Schund*** ‖ *hierzu* (派生) **kit·schig** *Adj* (形)

Kitt *der*; *-(e)s*; *nur Sg* (只用单数); e-e weiche Substanz, die an der Luft allmählich hart

K

wird u. *z. B.* dazu dient, das Glas im (Fenster) Rahmen zu halten 油灰,封泥,粘合剂〈etw. mit K. verschmieren 用油灰填涂某物; der K. bröckelt (ab) 油灰剥落〉‖ -K(复合): ***Fenster-***

Kitt·chen *das*; *-s*, *-*; *gespr*, *mst hum* [口]多用[诙]≈ Gefängnis〈im K. sitzen 坐班房,坐牢〉

Kit·tel *der*; *-s*, *-*; e-e Art Mantel aus dünnem Stoff, den man bei der Arbeit (über der normalen Kleidung) trägt 工作外套,长罩服‖ ↑ *Abb. unter* 图见 ***Arbeitskleidung*** ‖ K-(复合): ***Kittel-***, ***-kleid***, ***-schürze*** ‖ -K(复合): ***Arbeits-***; ***Arzt-***, ***Maler-***, ***Monteur(s)-***

kit·ten; *kittete*, *hat gekittet*; [Vt](及物) ***etw. k.*** etw. mit Kitt (od. ähnlichen Materialien) reparieren od. kleben(用油灰)填缝,(用粘胶)粘合,修复: *e-e zerbrochene Kaffeekanne k.* 修复打碎了的咖啡壶‖ ID [谚] *mst* 多用 ***Ihre Ehe lässt sich (nicht mehr) k.*** *gespr*[口]; j-s Ehe kann nach e-m großen Streit (nicht mehr) gerettet werden 他们的婚姻还能恢复(好不了了)

Kitz *das*; *-es*, *-e*; ein junges Reh, e-e junge Gämse od. Ziege 小山羊,幼鹿,小羚羊‖ -K(复合): ***Reh-***

Kit·zel *der*; *-s*, *-* **1.** das Gefühl, das man hat, wenn die Haut leicht gereizt (gekitzelt) wird 痒(感)‖ NB(注意): ↑ ***Juckreiz*** **2.** ein angenehmes Gefühl, das j-d hat, wenn er etw. Gefährliches, Verbotenes tut 刺激〈e-n K. verspüren 感到一种刺激〉‖ -K(复合): ***Nerven-***

kit·ze·lig *Adj*(形) **1.** ***j-d ist k.*** j-d ist so, dass er sehr schnell (empfindlich) reagiert, wenn er gekitzelt wird(人作主语)怕痒: *an den Fußsohlen ist er besonders k.* 他的脚底板特别怕痒痒 **2.** ≈ heikel (2)〈e-e Angelegenheit, e-e Situation 事情,情况〉

kit·zeln; *kitzelte*, *hat gekitzelt*; [Vt](及物) **1.** ***j-n k.*** j-n so berühren, dass er lachen muss (weil seine Sinne gereizt werden) 搔痒,使发痒,挠痒痒〈j-n an den Fußsohlen, am Bauch, mit e-r Feder k. 用羽毛搔某人的脚心、肚皮〉 **2.** ***etw. kitzelt j-n*** j-d hat große Lust, etw. zu tun (物作主语)刺激,引发,激起,使心里痒痒≈ etw. reizt j-n: Es *kitzelte ihn schon lange, einmal bei e-m Autorennen mitzumachen* 他一直心里痒痒要参加一次赛车; [Vt/i](及物/不及物) **3.** ***etw. kitzelt (j-n)*** etw. verursacht bei j-m durch e-e leichte Berührung e-n (Juck) Reiz (物作主语)惹人痒痒,使发痒,使产生痒感: *Lass das, das kitzelt!* 别闹,这痒痒!; *Das Haar kitzelte sie an der Nase* 头发耷拉在鼻子上使她痒痒

Kitz·ler *der*; *-s*, *-*; *gespr* [口]≈ Klitoris

kitz·lig *Adj*(形); ↑ ***kitzelig***

Ki·wi *die*; *-*, *-s*; e-e ovale Frucht mit weichem, grünem Fleisch u. Haaren auf der Haut 猕猴桃

Klacks *der*; *-es*, *-e*; *gespr*[口]; ***ein K.*** (+ *Subst* 名词) e-e kleine Menge e-r weichen Substanz, die irgendwohin fällt, gegeben wird *o. Ä.* 一点点,少许,少量〈ein K. Butter, Senf, Schlagsahne, Soße 少许黄油、芥末、奶油花、汤汁〉‖ ID[谚] ***etw. ist (für j-n) ein K.*** *gespr*[口]; etw. ist (für j-n) e-e sehr leichte Aufgabe 某事(对某人来说)是小事一桩(轻而易举的事)

Kla̤d·de *die*; *-*, *-n*; *nordd*[北德]; ein Heft für Notizen 草稿本,杂记本

kla̤f·fen; *klaffte*, *hat geklafft*; [Vi](不及物) ***etw. klafft*** etw. bildet e-e tiefe, weite Spalte (物作主语)裂开,裂成缝,张开〈e-e klaffende Wunde 裂开的伤口〉: *Ein Riss klafft in der Wand* 墙上裂了一条缝

kläf·fen; *kläffte*, *hat gekläfft*; [Vi](不及物) ***ein Hund kläfft*** *pej*[贬]; ein Hund bellt laut u. mit unangenehm hoher Stimme (狗)狂吠‖ *hierzu*(派生) **Kläf·fer** *der*; *-s*, *-*

Kla̱·ge *die*; *-*, *-n* **1.** *geschr*[书]; laute Worte, mit denen man zu erkennen gibt, dass man Kummer od. Schmerzen hat 悲叹↔ Jubel: *in laute Klagen ausbrechen* 发出大声悲叹 **2.** ***K. (über j-n / etw.)*** Worte, mit denen man zu erkennen gibt, dass man unzufrieden od. ängstlich ist 怨言,抱怨,不满的言语,责备,指责≈ Beschwerde〈Klagen werden laut, sind zu hören, kommen j-m zu Ohren 不满情绪越来越大,可听到抱怨声,怨言传到他的耳朵里〉: *Das Betragen ihres Sohnes gibt keinen Grund zur K.* 对她儿子的品行无可指责 **3.** ***K. (auf etw.*** (*Akk* 四格)) ***(gegen j-n / etw.)*** die Einleitung e-s (Zivil) Prozesses 对…起诉,诉讼,控告〈das Gericht *o. Ä.* erhebt, prüft e-e K., weist e-e K. ab 法院提出、审理、拒绝一起诉讼; der Staatsanwalt gibt e-r K. statt 检察官同意起诉〉: *Seine K. auf Schmerzensgeld gegen den Hersteller des Medikaments hatte Erfolg* 他向制药厂厂方提出起诉要求赔偿痛苦费获得成功‖ K-(复合): ***Klage-***, ***-schrift*** ‖ -K(复合): ***Räumungs-***, ***Scheidungs-*** ‖ NB(注意): ↑ ***Anklage***

kla̱·gen; *klagte*, *hat geklagt*; [Vt](及物) **1.** ***j-m sein Leid / seine Not k.*** j-m erzählen, dass man Kummer, Sorgen od. Schmerzen hat 向…诉苦,诉说苦恼,抱怨; [Vt/i](及物/不及物) **2.** ***(etw.) k.*** *geschr* [书]; mit Lauten od. Worten zu erkennen geben, dass man Kummer od. Schmerzen hat 悲鸣,悲叹,哀鸣,哀叹,叫苦≈ jammern〈laut, heftig k. 大声叫苦,嚎啕哀叹〉: *mit klagender Stimme* 以悲鸣的声音; *„Es tut so weh!" klagte er* 他叫苦说:"弄得好痛啊!"‖ K-(复合): ***Klage-***, ***-laut***, ***-lied*** ‖ NB(注意): Das Objekt ist immer ein Satz(宾语往往是一个句子); [Vi](不及物) **3.** ***über j-n / etw. k.*** j-m sagen, dass man Sorgen mit j-m/über etw. hat od. damit nicht zufrieden ist 诉说对…不满,抱怨有…痛苦(烦恼): *Sie klagte beim Doktor über starke Schmerzen* 她向大夫诉说痛得厉害‖ NB(注意): ↑ ***beklagen*** **4.** ***(gegen j-n / etw.) (auf etw.*** (*Akk* 四格)) ***k.*** versuchen, in e-m Prozess zu seinem Recht zu kommen 起诉,诉讼(要求应得的权利)〈vor Gericht k. 向法庭提出起诉; auf Schmerzensgeld, Schadenersatz, Unterlassung, Wiedergutmachung k. 提出起诉要求赔偿痛苦费、赔偿损失、因疏忽而造成的损失、弥补损失〉: *Mein Rechtsanwalt riet mir, gegen den Nachbarn zu k.* 我的律师建议我起诉邻居 ‖ NB（注意）: ↑ ***verklagen*** ‖ *zu*（义项）**4. Klä·ger** *der*; *-s*, *-*; **Klä·ge·rin** *die*; *-*, *-nen*

kläg·lich *Adj*（形）**1.** 〈ein Stöhnen 呻吟; k. weinen 痛苦地哭泣; ein klägliches Gesicht machen 装出一副哀伤的脸孔〉 so, dass damit Schmerz od. Angst ausgedrückt werden 痛苦的,悲哀的,悲戚的 ≈ jammervoll **2.** 〈ein Anblick 景象〉 so, dass er Mitleid erregt 令人怜悯的,可怜的,悲惨的 **3.** so klein, dass man ganz enttäuscht ist 微不足道的,少得可怜的〈e-e Ausbeute, ein Rest 收获,剩余物〉 **4.** sehr schlecht 很差的,很糟糕的,可悲的〈e-e Leistung, ein Ergebnis 成绩,结果〉 **5.** *mst* 多用 ***k. scheitern***, ***versagen*** so scheitern, versagen, dass es e-n sehr schlechten Eindruck macht 惨重地失败,惨遭失败

klag·los *Adj*（形）; *mst adv*（多作状语）; ohne zu klagen (2) 无怨言的,不抱怨叫苦的〈etw. k. ertragen, hinnehmen 一声不吭地忍受、容忍某事〉

Kla·mauk *der*; *-s*; *nur Sg*（只用单数）; Komik, Scherz auf niedrigem Niveau 拙劣的表演,闹腾,起哄: *ein Film mit viel K.* 一部瞎胡闹的电影

klamm, *klammer*, *klammst-*; *Adj*（形）; *nicht adv*（不作状语）**1.** etwas feucht u. deshalb unangenehm kühl 湿冷的,又潮又凉的〈Bettzeug, Wäsche 被褥,衣服〉 **2.** vor Kälte steif u. unbeweglich 冻僵的〈Finger 手指〉

Klamm *die*; *-*, *-en*; ein tiefes, enges Tal (mit e-m Bach) 有小溪的山谷,峡谷,壑 ≈ Schlucht

Klam·mer *die*; *-*, *-n* **1.** ein kleiner Gegenstand, mit dem man zwei Dinge so aneinanderpresst, dass sie zusammenbleiben 夹子,曲别针,钉书钉: *Wäsche mit Klammern an der Leine befestigen* 用夹子把衣服紧夹在绳子上; *zwei Blätter mit Klammern aneinanderheften* 用钉书钉把两张纸钉在一起 ‖ -K（复合）: ***Büro-***, ***Wäsche-***, ***Wund-*** **2.** eines von zwei Zeichen, mit denen man ein Wort od. e-n Satz (zur Erklärung) einfügt 括号〈etw. in Klammern setzen 用括号把某事括起来〉: *eckige Klammern* 方括号[ ]; *runde Klammern* 圆括号( ); *geschweifte Klammern* 花括号{ }; *spitze Klammern* 尖括号〈 〉

Klammer (1)

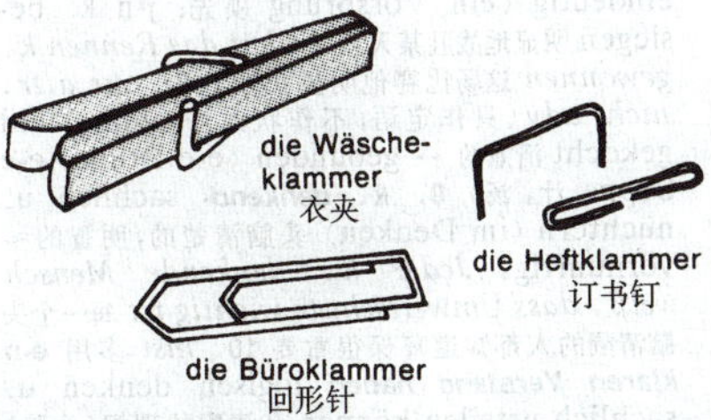

klam·mern; *klammerte*, *hat geklammert*; [Vt]（及物）**1.** ***etw. an etw.***（*Akk* 四格）***k.*** etw. mit Klammern (1) an etw. befestigen（用夹子）把…夹在…上,把…夹进…: *Wäsche an die Leine k.* 把衣服夹在绳子上; *e-e Notiz an e-e Mappe k.* 把笔记纸夹入文件夹 **2. *etw. k.*** etw. mit Klammern (1) schließen（用夹子）夹住,夹紧〈e-e Wunde k. 夹住伤口〉 **3. *etw. k.*** ≈ einklammern; [Vr]（反身）**4. *sich an j-n / etw. k.*** sich an j-m/etw. so kräftig festhalten, wie man kann 紧紧抓住,攫住: *Das Äffchen klammerte sich an seine Mutter* 小猴子紧紧抓住母猴 ‖ K-（复合）: ***Klammer-***, ***-griff*** **5. *sich an etw.***（*Akk* 四格）***k.*** etw. nicht aufgeben wollen 不放弃,寄希望于〈sich an e-e Hoffnung, e-e Vorstellung k. 不放弃希望、想法〉

klamm·heim·lich *Adj*（形）; *mst adv*, *gespr*（多作状语）[口]; ganz heimlich 悄悄的,绝对保密的,神不知鬼不觉的〈k. abhauen, verschwinden 神不知鬼不觉地逃走、消失〉

Kla·mot·te *die*; *-*, *-n*; *gespr*[口] **1.** *nur Pl*（只用复数）; (irgend)ein Teil der Kleidung 衣服: *sich neue Klamotten kaufen* 买新衣服 **2.** *mst pej* 多用[贬]; ein lustiges Theaterstück od. ein Film mit niedrigem intellektuellem Niveau 滑稽戏,闹剧,拙劣的电影片: *im Fernsehen e-e alte K. anschauen* 在电视里看一部老的破片子

Kla·mot·ten·kis·te *die*; *mst in* 多用于 ***aus der K.*** *gespr pej*[口][贬]; ziemlich alt, überholt u. nicht mehr interessant 老掉牙的,过时了的,〈ein Film, ein Witz 电影,笑话〉

Klamp·fe *die*; *-*, *-n*; *gespr veraltend* [口][渐旧] ≈ Gitarre

Klan *der*; *-s*, *-s* ↑ ***Clan***

klang *Imperfekt*, *1. u. 3. Person Sg*（过去时,第一和第三人称单数）; ↑ ***klingen***

Klang *der*; *-(e)s*, *Klän·ge* **1.** ein *mst* angenehmer Ton 声响,声音,音响〈ein heller, hoher, lieblicher, metallischer, reiner, süßer, tiefer, voller, warmer, weicher K. 响亮的、高亢的、悦耳动听的、清脆的、纯正的、甜甜的、深沉的、洪亮的、热情的、柔和的声音〉 **2.** Unterton, Assoziation 弦外之音,联想,回想: *Dieses Wort hat für mich e-n angenehmen K. – Es weckt in mir schöne Erinnerungen* 这个词使我产生一阵愉快的联想 —— 它在我心中勾起甜蜜的回忆 **3.** *nur Pl*（只用复数）≈ Musik, Melodien〈aufregende, moderne, romantische Klänge 激动人心的、现代的、浪漫主义的曲调〉 ‖ *zu*（义项）**1. klang·lich** *Adj*（形）; *nur attr od adv*（只作定语或状语）‖ ▶ ***Missklang***

klän·ge *Konjunktiv II*, *1. u. 3. Person Sg*（虚拟式 II,第一和第三人称单数）; ↑ ***klingen***

Klang·far·be *die*; *nur Sg*, MUS【音】; die Art, wie etw. klingt 音色,音品

klang·voll *Adj*（形）**1.** mit e-m angenehmen, vollen Klang (1) 响亮的,洪亮的,悦耳的,动听的 ≈ wohltönend **2.** *mst* 多用 ***e-n klangvollen Namen haben*** *geschr*[书]; berühmt sein 有名望,有声望

Klapp- *im Subst*, *betont*, *begrenzt produktiv*（构成名词,重读,构词有限）; verwendet, um

Dinge zu bezeichnen, die man (nach dem Gebrauch) zusammenklappen kann, so dass sie nicht so viel Platz brauchen 可折叠的…; das **Klappbett**, das **Klappmesser**, das **Klapprad**, der **Klappsitz**, der **Klappstuhl**, der **Klapptisch**

Klap.pe *die*; -, -*n* **1.** e-e Art Deckel, mit dem man e-e Öffnung an e-m Kasten *o. Ä.* verschließt od. öffnet 盖子: *die K. am Briefkasten öffnen* 打开信箱盖 **2.** *gespr pej* [口][贬]≈ Mund **3.** *gespr* [口]≈ Bett ‖ ID [谚] ***j-d hat e-e große K.***; ***j-d reißt die / seine K. auf*** *gespr*[口]; j-d redet frech u. arrogant 某人说话不着边际(说大话,吹牛皮); ***Halt die K.!*** *gespr!* [粗] Sei still! 闭嘴!

klap.pen[1]; *klappte, hat / ist geklappt*; [Vt] (及物)(*hat*) **1.** ***etw. irgendwohin k.*** etw. Festes, Steifes (das mit etw. auf einer Seite verbunden ist) in e-e andere Richtung drehen, wenden 翻,翻转: *den Mantelkragen nach oben k.* 把大衣领子向上翻起; *Den Deckel der Kiste hatte man nach hinten geklappt* 把箱子盖往后翻开; [Vi] (不及物) **2.** ***etw. klappt irgendwohin*** (*ist*) etw. bewegt sich (als Klappe) von selbst in e-e bestimmte Richtung(物作主语)自动翻转: *Der Kinositz klappte plötzlich nach hinten* 电影院的坐椅突然自动向后翻起 **3.** ***etw. klappt*** (*hat*) etw. schließt sich (als Klappe (1)) schnell u. macht dabei ein dumpfes Geräusch(物作主语)啪嗒一声关上,碰上 ≈ etw. klappt zu ‹ein Fenster, ein Deckel 窗户,盖子›: *Ich hörte e-e Tür k.* 我听见一扇门咔嚓碰上了

klap.pen[2]; *klappte, hat geklappt*; [Vi] (不及物) ***etw. klappt*** *gespr*[口]; etw. gelingt so, wie man es geplant u. sich gewünscht hat (物作主语)顺利,成功,正常,按计划进行≈ etw. funktioniert (2) ‹etw. klappt tadellos, wie am Schnürchen (= sehr gut) 某事进行得令人满意、很顺利›: *Hoffentlich klappt unser Plan!* 愿我们的计划能成功!; *Hat bei der Prüfung alles geklappt?* 考试一切都很顺利?

Klap.per *die*; -, -*n*; ein Spielzeug für ganz kleine Kinder, das klappert, wenn man es schüttelt 拨浪鼓,摇鼓(儿童玩具)≈ Rassel

klap.per.dürr *Adj* (形); *gespr*[口]; sehr mager od. dünn 瘦得干巴巴的,骨瘦如柴的,皮包骨头的 ‹ein Mädchen 姑娘›

Klap.per.ge.stell *das*; *gespr*[口]; j-d, der sehr mager ist 骨头架子,瘦骨嶙峋的人

klap.pe.rig *Adj* (形); ↑ ***klapprig***

Klap.per.kas.ten *der*; *gespr*[口]; *mst* ein alter Wagen (*bes* ein Auto) 破旧的车子

Klap.per.kis.te *die*; *gespr*[口] ≈ Klapperkasten

klap.pern; *klapperte, hat geklappert*; [Vi] (不及物) **1.** ***etw. klappert*** etw. macht schnell hintereinander Geräusche, die hell u. hart klingen(物作主语)发出啪嗒啪嗒声,发出格格声: *Die Fensterläden klappern im Wind* 风吹得窗板发出咯吱咯吱的声响 **2.** ***j-d klappert mit etw.*** j-d lässt etw. k. (1) (人作主语)用…发出格格声 **3.** ***mit den Zähnen k.*** so stark frieren, dass die Zähne vibrierend aufeinanderstoßen 冷得牙齿格格打颤

Klap.per.schlan.ge *die*; e-e (Gift) Schlange, die mit ihrem Schwanz ein klapperndes Geräusch machen kann 响尾蛇

Klap.per.storch *der*; *mst in* 多用于 (***noch***) ***an den K. glauben*** *gespr*[口]; sehr naiv, kindlich sein 很天真幼稚,轻信无稽之谈

klapp.rig *Adj* (形); *gespr*[口] **1.** so alt u. abgenutzt, dass einige Teile locker geworden sind (u. klappern) 破旧不堪的,用旧了的 ‹ein Auto, ein Fahrrad, e-e Schreibmaschine *usw* 汽车,自行车,打字机等› **2.** alt u. schwach (od. dünn) 瘦弱的,年老体弱的≈ gebrechlich ‹ein Pferd 马›

Klaps *der*; -*es*, *Klap.se*; *gespr*[口] ein leichter Schlag mit der Hand 轻轻一击(拍) ‹j-m e-n freundlichen, leichten, kameradschaftlichen K. geben 亲切地、轻轻地、友好地打某人一下›

Klaps.müh.le *die*; *gespr!* [粗]≈ Nervenklinik ‹j-d ist reif für die K. (= ist völlig entnervt) 某人的神经彻底垮了›

klar, *klarer, klarst-*; *Adj* (形) **1.** so sauber, dass man gut hindurchsehen kann 透明的,清澈的,明净的 ↔ trübe ‹Wasser, ein See, e-e Fensterscheibe 水,湖,窗玻璃› ‖ -K (复合): ***kristall-*** **2.** ohne Wolken, Nebel *o. Ä.* 晴朗的,明朗的≈ wolkenlos ↔ bedeckt, dunstig ‹ein Himmel, e-e Nacht, Sicht, Wetter 天空,夜晚,视线,天气› **3.** wach u. intelligent 明澈的,聪慧的,明亮的 ‹Augen, ein Blick 眼睛,眼光; k. denken können 能清楚地思考› **4.** so, dass man genau versteht, was gemeint ist 清楚的,明确的,明白的,明了的≈ verständlich, deutlich (3) ↔ missverständlich ‹e-e Antwort 回答; sich k. ausdrücken 清楚地表达; etw. wird (j-m) k. (对)某事(某人)会明白的›: *Er hat mir ganz k. (u. deutlich) gesagt, was er will* 他和我讲得一清二楚,他想干什么; *Ihm ist k. geworden, dass er sich ändern muss* 他清楚他必须改变了 **5.** gut u. deutlich zu hören 清楚的,清晰的,清亮的,清脆的 ‹e-e Aussprache, ein Ton 发音,声音›: *k. u. akzentuiert sprechen* 说话准确清楚 **6.** ‹Umrisse 轮廓› so (deutlich), dass man sie genau sehen, gut unterscheiden kann 清晰的,分明的≈ scharf (9) ↔ verschwommen **7.** so, dass der Unterschied (Abstand) zu anderen deutlich ist 明显的≈ eindeutig ‹ein Vorsprung 领先; j-n k. besiegen 明显地战胜某人›: *Er hat das Rennen k. gewonnen* 这场比赛他明显获胜了 **8.** *nur attr, nicht adv* (只作定语,不作状语); ohne Mehl gekocht 清煮的 ↔ gebunden ‹e-e Brühe, e-e Suppe 汁,汤› **9.** ***k. denkend-*** sachlich u. nüchtern (im Denken) 头脑清楚的,明智的≈ vernünftig: *Jeder k. denkende Mensch weiß, dass Umweltschutz wichtig ist* 每一个头脑清醒的人都知道环保很重要 **10.** *mst* 多用 ***e-n klaren Verstand haben*** logisch denken u. sachlich urteilen können 有清醒的理智(头脑) **11.** ***bei klarem Verstand sein*** (nicht verwirrt

u. deshalb) in der Lage sein, normal zu denken 头脑清醒的 **12. sich** (*Dat* 三格) **über etw. k./im Klaren sein** etw. genau wissen u. deshalb sicher darüber urteilen können 对某事清楚,了如指掌 **13. sich** (Dat 三格) **(über j-n/etw.) k. werden** sich über j-n/etw. e-e Meinung bilden, etw. erkennen od. entscheiden 认识,清楚,明白: *Bist du dir* darüber *klar geworden*, was *du im Urlaub tun willst*? 你假期要干什么清楚了吗?; *Du musst dir* darüber *k. werden*, dass *das nicht geht* 这是不行的,这一点你应该明白 ‖ ID [谚] **(Na) k.!** *gespr* [口] ≈ selbstverständlich, sicher!: „*Hilfst du mir?*" – „*Na k.!*" "你帮我吗?" —— "那当然啰!" ‖ ▶ **aufklaren, (auf) klären, klarsehen**

Klär·an·la·ge *die*; ein technisches System (mit Becken u. Röhren), in dem schmutziges Wasser (Abwasser) gereinigt wird 污水净化设备

Klar·den·ken·d- ↑ **klar** (9)

Kla·re *der*; *-n*, *-n*; *gespr* [口]; ein heller, farbloser Schnaps, *mst* Korn[2] 烧酒: *zwei Klare bestellen* 要两杯烧酒 ‖ NB(注意): *ein Klarer*; *der Klare*; *den*, *dem*, *des Klaren*

klä·ren; *klärte*, *hat geklärt*; **Vt** (及物) **1. etw. k.** ein Problem *o. Ä.* untersuchen od. analysieren u. dabei zu e-r Antwort kommen 澄清,把…弄明白,弄清楚 ⟨e-e Frage, ein Problem, e-n Mordfall k. 弄清问题、疑难问题、谋杀案⟩: *Er muss noch k.*, ob *der Raum für die Sitzung frei ist* 他还得弄清楚,会议室是否空着 **2. etw. k.** e-e Flüssigkeit von Schmutz befreien 滤清,澄清,净化 ⟨Abwässer, Wasser k. 净化废水、水⟩; **Vr** (反身) **3. etw. klärt sich** etw. wird so, dass man gut hindurchsehen kann (物作主语)净化,滤清 ⟨das Wasser 水⟩ **4. etw. klärt sich** etw. wird so deutlich, dass man es erkennen/verstehen kann (物作主语)弄清楚,弄明白 ⟨e-e Frage, ein Problem, ein Missverständnis 问题,疑难问题,误解⟩: *Es hat sich geklärt*, wer *es getan hat* 这是谁干的已经弄清楚了 ‖ *hierzu* (派生) **Klä·rung** *die*; *mst Sg* (多用单数)

klar·ge·hen; *ging klar*, *ist klargegangen*; **Vi** (不及物) **etw. geht klar** *gespr* [口]; etw. geschieht so, wie man es gewünscht, geplant hat (物作主语)正按原设想、原计划进行: *Mit dem Besuch geht alles klar* 访问正顺利进行

Klar·heit *die*; *mst Sg* (多用单数) **1.** der Zustand od. die Eigenschaft, klar (1,2,3) zu sein 明净,清澈,明亮: *die K. des Wassers*, *ihres Blickes* 水的清澈,她目光的明亮 **2.** der Zustand od. die Eigenschaft, klar (4) zu sein 清楚,明白 ≈ Verständlichkeit ↔ Unklarheit: *die K. seiner Ausführungen*, *Gedanken* 他的论述、他的思想清楚 **3. über etw.** (*Akk* 四格) **K. gewinnen** e-e Sache nach u. nach besser verstehen, sodass am Ende keine Zweifel mehr existieren 对…慢慢弄明白、弄清楚 **4. sich** (*Dat* 三格) **über etw.** (*Akk* 四格) **K. verschaffen** sich über etw. genau informieren 对…搞清楚、弄明白

Kla·ri·net·te *die*; *-*, *-n*; ein (Musik)Instrument aus Holz, mit Klappen aus Metall 单簧管,黑管 ‖ ↑ *Abb. unter* 图见 **Blasinstrumente**

klar·kom·men; *kam klar*, *ist klargekommen*; **Vi** (不及物) **(mit j-m/etw.) k.** *gespr* [口]; mit j-m/etw. keine Probleme haben, etw. gut bewältigen können 对…没问题,能完成,能对付,能解决 ≈ zurechtkommen ⟨mit e-r Arbeit, e-r Aufgabe, e-m Problem k. 能完成工作、任务,能解决疑难问题⟩

klar·krie·gen; *kriegte klar*, *hat klargekriegt*; **Vt** (及物) *mst in* 多用于 **Das werden wir schon k.!** *gespr* [口]; das werden wir in Ordnung bringen 这我们会解决好的!

klar·le·gen; *legte klar*, *hat klargelegt*; **Vt** (及物) **(j-m) etw. k.** ≈ erklären ⟨ein Problem, e-e Sache k. 疑难问题,事情⟩

klar·ma·chen; *machte klar*, *hat klargemacht*; **Vt** (及物) **1. (j-m) etw. k.** j-m etw. genau erklären, so dass er es versteht, lernt od. einsieht 阐明,把…解释清楚,说明: *Er machte allen klar*, dass *es so nicht weitergehen könne* 他向大家说明,这样下去是不行的 **2. sich** (*Dat* 三格) **etw. k.** intensiv über etw. nachdenken, bis man es versteht, bis man Gewissheit erlangt hat 弄明白,搞清楚,使自己明了

Klär·schlamm *der*; die Reste (u. der Schmutz), die (in Kläranlagen) nach der Reinigung des Wassers zurückbleiben (污水处理后沉积的)淤泥

klar·se·hen; *sieht klar*, *sah klar*, *hat klargesehen*; **Vi** (不及物) *gespr* [口] ≈ etw. verstehen: *Siehst du jetzt klar*, *wie das ist?* 这是怎么回事,你现在看清楚了?

Klar·sicht- *im Subst*, *betont*, *wenig produktiv* (构成名词,重读,构词弱); verwendet, um auszudrücken, dass etw. durchsichtig, transparent ist 透明的…; die **Klarsichtfolie**, die **Klarsichthülle**, die **Klarsichtpackung**

klar·stel·len; *stellte klar*, *hat klargestellt*; **Vt** (及物) **etw. k.** etw. so deutlich sagen, dass es andere richtig verstehen (u. erkennen) 阐明,说清楚,澄清: *Ich möchte ein für alle Mal k.*, dass *ich mir das nicht gefallen lasse!* 我想彻底说清楚,这我不能忍受 ‖ *hierzu* (派生) **Klar·stel·lung** *die* ‖ NB(注意): ↑ **klären**

Klar·text *der*; *mst in* 多用于 **im K.** *gespr* [口]; mit verständlichen Worten, ohne zu beschönigen 原本,原意,本意 ≈ eigentlich ⟨etw. bedeutet, heißt im K., dass ... 某事原本的意思是…⟩

Klar·wer·den ↑ **klar** (4,13)

klas·se *Adj* (形); *indeklinabel*, *gespr* (词形不变) [口]; so gut, dass es (die Leute) begeistern kann 真棒的,出色的,非常好的 ≈ toll, super: *e-e k. Frau* 一位好漂亮(俊俏)的女子; *ein k. Buch* 一本好书; *Das Essen war einfach k.!* 饭菜简直棒极了!; *Er spielt k. Tennis* 他网球打得真棒

Klas·se[1] *die*; *-*, *-n* **1.** *Kollekt* (集合); e-e Gruppe von Kindern, die ungefähr gleich alt sind u. deshalb in der Schule gemeinsam

K

unterrichtet werden 班级〈e-e K. übernehmen 承担一个班的教学任务〉: *Er unterrichtet die K. in Englisch* 他在班级教英语; *die K. 5a* 5 a 班‖ K-(复合): ***Klassen-, -zimmer*** ‖ -K(复合): ***Schul-; Grundschul-, Gymnasial-, Hauptschul-, Realschul-*** **2.** ein Zeitraum von einem Jahr innerhalb e-r mehrjährigen Schulausbildung, während dessen ein ganz bestimmter Stoff gelehrt wird 年级〈e-e K. wiederholen, überspringen 留级(蹲班), 跳级〉: *Sie kommt im Herbst in die erste K.* 她秋天上一年级; *Er geht in die fünfte K.* (*Gymnasium*) 他上(高级文理中学的)五年级; *Er ging nach der zehnten K. von der Schule ab* 他上了十年学(中学)毕业了 **3.** der Raum, in dem e-e K.[1](1) unterrichtet wird 教室 ≈ Klassenzimmer 〈die K. betreten, verlassen 走进、离开教室〉‖ *zu* (义项) **1. kla̩s·sen·wei·se** *Adv*(副)

Kla̩s·se² *die*; -, -*n* **1. die K.** (+ *Gen Pl* 二格复数) *Kollekt*(集合); e-e soziale Schicht 阶级, 社会阶层〈die arbeitende, herrschende, die unterdrückte K. 劳动、统治、被压迫阶级; die K. der Arbeiter, der Bauern 工人、农民阶级〉‖ K-(复合): ***Klassen-, -gesellschaft, -hass, -justiz, -staat, -unterschied*** ‖ **-K** (复合): ***Arbeiter-*** **2. die K.** (+ *Gen Pl* 二格复数) *Kollekt*(集合); e-e Gruppe von Personen/Dingen, die gemeinsame Merkmale od. Interessen haben 等级, 层次, 种类〈etw. e-r K. zuordnen 将某事归入某一等级〉: *Er startet in der K. der Junioren* 他加入了青年运动员的行列 ‖ -K(复合): ***Alters-*** **3. die K.** (**von etw.** (*Pl* 复)) *Kollekt*(集合); e-e qualitative Stufe in e-r Hierarchie, (Werte)Skala od. Rangfolge 等, 等级, 级别〈ein Abteil erster, zweiter K. 头等、二等车厢; erster, zweiter K. fahren, fliegen 乘坐头等、二等车厢/舱〉: *Obst der K. I* 一级水果; *Die Fußballmannschaft steigt in die nächste K. auf* 足球队晋升一级 ‖ -K(复合): ***Gewichts-, Güte-, Handels-, Preis-*** **4.** ***der Führerschein K. eins*** (*I*), ***zwei*** (*II*), ***drei*** (*III*) Ⓓ [德] das Zeugnis, mit dem man Motorräder (I), Lastkraftwagen (II) bzw. Personenkraftwagen (III) fahren darf 驾驶证一级(摩托车), 二级(载重车), 三级(载人汽车) **5.** BIOL【生】; e-e Kategorie im System der Lebewesen (生物分类的) 纲: *Im Stamm „Wirbeltiere" gibt es e-e K. „Säugetiere", zu der die Ordnung „Raubtiere" gehört* 脊椎动物门中有哺乳动物纲, 食肉动物目属于这一纲 ‖ ID[谚] ***j-d/etw. ist große K.*** *gespr*[口]; j-d/etw. ist sehr gut, sympathisch *o. Ä.* 某人/某事真好(棒): *Dein Freund/der Käse/die Party ist große K.!* 你朋友/干酪/聚会真好! ‖ *zu* (义项) **1. kla̩s·sen·be·wusst** *Adj*(形); **kla̩s·sen·los** *Adj* (形) ‖ ▶ ***erst-, zweit-, drittklassig; deklassieren***

Kla̩s·se- *im Subst, betont, sehr produktiv, gespr*(构成名词, 重读, 构词强)[口]; verwendet, um j-n/etw. als sehr gut, attraktiv *o. Ä.* zu bezeichnen 好的…, 棒的…, 出色的…; das ***Klasseauto***, der ***Klassefahrer***, das ***Klassefest***, die ***Klassefrau***, die ***Klasseleistung***

Kla̩s·se·ment [klasəˈmãː] *das*; -*s*, -*s*; SPORT【体】; die Reihenfolge der Positionen (in e-m Wettbewerb) 名次

Kla̩s·sen·ar·beit *die*; ein schriftlicher Test für Schüler 课堂测验〈e-e K. haben, schreiben 有、做课堂测验〉

Kla̩s·sen·bes·te *der/die*; der Schüler (bzw. die Schülerin), der (die) in e-r Klasse[1](1) die besten Noten hat 班上的尖子: *Er ist zurzeit Klassenbester* 他现在是班上的尖子

Kla̩s·sen·buch *das*; ein Heft mit Notizen des Lehrers über den Inhalt des Unterrichts u. die Leistungen der Schüler 班级记事本

Kla̩s·sen·feind *der*; *mst Sg*, *Kollekt*(多用单数, 集合); (in der marxistischen Lehre) die (herrschende) Schicht der Gesellschaft, von der *bes* die Arbeiter unterdrückt werden 阶级敌人

Kla̩s·sen·ka·me·rad *der*; j-d, der in dieselbe Klasse geht (wie ein anderer) 同学 ≈ Mitschüler, Schulkamerad: *Robert ist ein K. von mir* 罗伯特是我的同学 ‖ *hierzu*(派生) **Kla̩s·sen·ka·me·ra·din** *die*

Kla̩s·sen·kampf *der*; (in der marxistischen Lehre) der (politische, ökonomische) Kampf um die Macht zwischen der herrschenden (besitzenden) Klasse (*z. B.* den Kapitalisten) u. den unterdrückten Klassen (*z. B.* den Arbeitern) 阶级斗争

Kla̩s·sen·leh·rer *der*; der Lehrer, der für e-e Klasse[1](1) verantwortlich ist 班主任 ≈ Klassenleiter ‖ *hierzu* (派生) **Kla̩s·sen·leh·re·rin** *die*

Kla̩s·sen·lei·ter *der* ≈ Klassenlehrer ‖ *hierzu* (派生) **Kla̩s·sen·lei·te·rin** *die*

Kla̩s·sen·spre·cher *der*; ein Schüler, der von den anderen Schülern der Klasse gewählt wird, damit er ihre Interessen (gegenüber den Lehrern) vertritt 班长 ‖ *hierzu* (派生) **Kla̩s·sen·spre·che·rin** *die*

Kla̩s·sen·stär·ke *die*; die Zahl der Schüler, die in e-r Klasse sind 班级人数

Kla̩s·sen·tref·fen *das*; ein Treffen von Personen, die früher einmal Schüler derselben Klasse waren 老同学(校友)聚会

Kla̩s·sen·ziel *das*; *mst in* 多用于 ***das K.*** (***nicht***) ***erreichen*** ADM *geschr*【管理】[书]; am Ende des Schuljahrs (nicht) gut genug sein, um in die nächste Klasse[1](2) zu kommen (versetzt zu werden) (没)达到升级标准

klas·si·fi·zie·ren; *klassifizierte*, *hat klassifiziert*; [Vt] (及物)〈Personen/Dinge 人/事〉(***nach etw.***) ***k.*** e-e Gruppe von Personen od. e-e Menge von Dingen nach bestimmten Merkmalen einteilen 将…分类、分等级 ‖ *hierzu*(派生) **Klas·si·fi·zie̲·rung** *die*; **Klas·si·fi·ka·ti·o̲n** *die*; -, -*en*

Kla̩s·sik *die*; -; *nur Sg*(只用单数) **1.** e-e Epoche, in der die Kunst (Literatur *usw*) e-s Volkes ihren Höhepunkt erreicht hat 文艺

(文学等)的鼎盛时期,古典时期〈die deutsche, französische K. 德国、法国文艺鼎盛时期〉: *Die bedeutendsten Vertreter der deutschen K. sind Goethe u. Schiller* 德国文艺鼎盛时期最伟大的代表是歌德和席勒 **2.** die griechische u. römische Antike 希腊和罗马的古典时期 **3.** MUS【音】; die Zeit, die von Haydn, Mozart u. Beethoven geprägt ist(海顿、莫扎特和贝多芬所创立的)古典乐派风格时期 **4.** Musik (wie) aus der Zeit der K. (3) 古典音乐≈ klassische Musik〈K. hören 听古典音乐〉

Klas·si·ker *der*; *-s*, - **1.** ein Künstler (*bes* Dichter) der Klassik (1)(文艺鼎盛时期的)古典文艺家(尤指诗人),文豪: *die Klassiker lesen* 读大文豪的作品 **2.** *mst* ein Künstler (Philosoph, Wissenschaftler *o. Ä.*), dessen Werk lange (u. bis heute) als Vorbild wirkt 经典作家(哲学家,科学家等) **3.** ein Buch e-s (bedeutenden) Autors, das auch nach langer Zeit noch viel gelesen wird 经典作品: *„Alice im Wunderland" ist ein K. der Kinderliteratur* 《爱丽丝梦游仙境》是一部儿童文学的经典作品

klas·sisch *Adj* (形) **1.** die griechische u. römische Antike betreffend 古典的,古典文学的(古罗马、古希腊时期)〈das Altertum, die Sprachen 古代,语言; klassische Philologie unterrichten 教古典语文学〉‖ NB(注意): ↑ ***antik*** **2.** zur Kunst, Literatur der Klassik (1) gehörig 经典的,典范的(文学艺术)〈die Dichter 诗人; ein Drama 戏剧〉 **3.** zur Musik gehörig, die von bedeutenden Komponisten früherer Zeiten (*bes* der Klassik (3)) geschaffen wurde 古典乐派风格的〈Musik, ein Musikstück, ein Konzert 音乐,音乐作品,音乐会〉 **4.** nicht von der Mode abhängig (u. so, dass es zu allen Zeiten als schön empfunden wird) 永恒的,传统的,正统的≈ zeitlos ↔ modern: *ein klassisches Kostüm* 一套传统的服装 **5.** ≈ typisch, beispielhaft〈ein Beispiel, ein Beweis, ein Fehler 例子,证明,错误〉: *Der Professor demonstrierte den Studenten den klassischen Fall e-r Malariaerkrankung* 教授向大学生演示疟疾的典型病例

Klas·si·zis·mus *der*; -; *nur Sg*(只用单数); ein (Kunst) Stil (des 19 Jahrhunderts), der die Kunst der griechischen u. römischen Antike zum Vorbild hatte 古典主义(19 世纪的艺术流派) ‖ *hierzu*(派生) **klas·si·zis·tisch** *Adj* (形)

Klatsch *der*; *-(e)s*; *nur Sg*, *pej* (只用单数)[贬]; das (*bes* Negative), was die Leute über andere erzählen 背后议论,风言风语,流言蜚语 ≈ Gerede: *In Boulevardzeitungen steht viel K. über prominente Leute* 马路小报上登载着有关知名人士的风言风语 ‖ K-(复合): ***Klatsch-***, ***-kolumnist***, ***-zeitung***

Klatsch·ba·se *die*; *gespr pej*[口][贬]; j-d (*bes* e-e Frau), der (die) oft u. gern über andere Leute redet 好在背后议论别人的人,饶舌者,搬弄是非者

klat·schen[1]; *klatschte*, *hat geklatscht*; Vi(不及物) **1.** ***etw. klatscht (irgendwohin)*** etw. trifft auf etw. mit dem Geräusch, das entsteht, wenn Wasser plötzlich (in e-m Schwall) auf die Erde geschüttet wird(物作主语)发出拍打声、冲击声: *Die Wellen klatschten gegen den Bug des Schiffes* 浪拍打着船头 ‖ NB(注意): ↑ ***prasseln*** **2.** (***in die Hände***) ***k.*** die (Innenflächen der) Hände (längere Zeit) so gegeneinanderschlagen, dass man es weit hört 拍手,鼓掌: *Der Trainer klatschte (in die Hände), um seine Mannschaft anzufeuern* 教练鼓掌给自己球队加油; Vt/i(及物/不及物) **3.** (***Beifall***) ***k.*** ≈ applaudieren, Beifall spenden〈begeistert, stürmisch (Beifall) k. 情绪激昂地,暴风雨般地鼓掌〉; Vt(及物) **4.** ***etw. irgendwohin k.*** *gespr* [口]; e-e (feuchte, weiche) Masse so an/gegen etw. werfen, dass sie dort hängen bleibt 啪的一声把…(湿、软物)扔、甩在…上

klat·schen[2]; *klatschte*, *hat geklatscht*; Vi(不及物) (***über j-n***) ***k.*** *pej*[贬]; viel (*mst* Negatives) über andere Leute reden 背后议论,搬弄是非,说…坏话 ≈ tratschen: *über seine Nachbarn k.* 背后说邻居的坏话 ‖ *hierzu*(派生) **klatsch·haft** *Adj*(形); *nicht adv*(不作状语); **Klatsch·haf·tig·keit** *die*; *nur Sg*(只用单数)

Klatsch·mohn *der*; *nur Sg*(只用单数); Mohn mit großen roten Blüten, der (in Europa) auf Feldern wächst 虞美人

klatsch·nass, **klatsch·nass** *Adj* (形); *gespr* [口]; völlig nass 湿漉漉的,湿淋淋的

Klatsch·spal·te *die*; *pej*[贬]; der Teil e-r Zeitung, in dem viel Klatsch über prominente Leute steht 对名人说三道四的报纸版面

Klatsch·weib *das*; *gespr pej* [口][贬] ≈ Klatschbase

klau·ben; *klaubte*, *hat geklaubt*; Vt (及物) ***etw. k.*** *südd* Ⓐ *gespr* [南德][奥][口]≈ pflücken, ernten〈Kartoffeln k. 捡(收)土豆〉

Klaue *die*; -, *-n* **1.** *mst Pl*(多用复数); die Füße u. langen Krallen der Raubvögel u. Raubkatzen 爪子,利爪: *Der Habicht packte die Maus mit seinen Klauen* 苍鹰用其利爪抓老鼠; *die scharfen Klauen des Löwen* 狮子的利爪 **2.** *mst Pl* (多用复数) ≈ Huf (*bes* bei Kühen, Ziegen, Schafen *o. Ä.*) **3.** *nur Sg*, *gespr pej* (只用单数)[口][贬]; e-e sehr schlechte Handschrift 难看的字迹,潦草难认的字体: *Seine K. kann kein Mensch lesen* 他的潦草字迹没人能辨认

klau·en; *klaute*, *hat geklaut*; *gespr* [口]; Vt/i (及物/不及物) ((***j-m***) ***etw.***) ***k.*** j-m etw. (*mst* Kleineres) (weg)nehmen, das ihm gehört 偷,扒窃,偷窃,行窃 ≈stehlen: *Wer hat meinen Füller geklaut?* 谁把我的笔抄走了?

Klau·se *die*; -, *-n* **1.** e-e Hütte od. ein Raum, wo j-d ganz allein lebt 独居小室,隐士住处 **2.** e-e sehr enge Stelle in e-m Bergtal 山间寒舍,山中茅屋

Klau·sel *die*; -, *-n*; e-e (oft zusätzliche) Regel, Bestimmung in e-m Vertrag, in e-r Vereinbarung (条约、合同中的) 附加条款〈e-e aufhebende, einschränkende K. 一条废除、限

制条约的附加条款；e-e K. in e-n Vertrag setzen 在条约中加进一条附加条款〉‖ -K(复合)：***Zusatz-***

Klaust·ro·pho·bie *die*；*nur Sg*，PSYCH(只用单数)【心】；die (krankhafte) Angst davor, in geschlossenen Räumen zu sein 幽闭恐惧

Klau·sur *die*；-，*-en* **1.** e-e schriftliche Prüfung *bes* an der Universität 闭卷考试，〈e-e K. schreiben, ablegen 参加、通过闭卷考试〉‖ K-(复合)：***Klausur-***，***-arbeit***，***-note*** **2.** die (inneren) Räume e-s Klosters, die Fremde nicht betreten dürfen(修道院中的)禁室 **3.** ***in K. gehen*** sich in die Einsamkeit zurückziehen 退隐 **4.** ***j-d*** (*Kollekt od Pl* 集合或复数) ***tagt in K.*** e-e Gruppe hat e-e Sitzung *o.Ä.*, von der die Öffentlichkeit ausgeschlossen ist (人作主语)在严格保密的情况下开会 ‖ K-(复合)：***Klausur-***，***-sitzung***，***-tagung***

Kla·vi·a·tur *die*；-，*-en*；*Kollekt* (集合)；alle Tasten an e-m Klavier, Akkordeon *o.Ä.* 键盘

Kla·vier [-ˈviːɐ̯] *das*；*-s*，*-e*；ein großes (Musik) Instrument mit weißen u. schwarzen Tasten, bei dem die Töne erzeugt werden, indem kleine Hämmer auf Saiten schlagen 钢琴 ≈ Piano〈K. spielen 弹钢琴；j-n auf dem/am K. begleiten 为某人钢琴伴奏；ein K. stimmen 给钢琴校音(调音)〉‖ K-(复合)：***Klavier-***，***-begleitung***，***-konzert***，***-lehrer***，***-musik***，***-sonate***，***-spiel***，***-spieler***，***-stimmer***，***-stuhl***，***-unterricht*** ‖ NB(注意)：↑ ***Flügel²***

Kla·vier·stun·de *die*；e-e Stunde Unterricht im Klavierspielen 钢琴课〈K. haben 有钢琴课；Klavierstunden nehmen, geben 上、讲授钢琴课〉

Kle·be·band *das*；ein Band aus Plastik mit e-r Schicht Klebstoff 粘合带，粘胶带：*ein Paket mit K. verschließen* 用粘合带把包裹封住

kle·ben；*klebte*，*hat geklebt*；[Vt] (及物) **1.** ***etw. k.*** etw., das zerbrochen od. gerissen ist, mit Klebstoff verbinden (u. so reparieren)(用胶)补：*e-e zerbrochene Vase k.* 把打碎的花瓶用胶粘住；*e-n Riss im Reifen k.* 粘补轮胎上的裂口 **2.** ***etw.*** (***irgendwohin***) ***k.*** etw. (mit Klebstoff) irgendwo befestigen(用浆糊)粘贴：*Plakate an die Wand k.* 把宣传画贴在墙上；*Fotos in ein Album k.* 把照片贴在相册里；[Vi] (不及物) **3.** ***etw. klebt*** etw. ist klebrig(物作主语)粘，粘手 **4.** ***etw. klebt irgendwo*** etw. ist fest (durch Klebstoff *o.Ä.*) mit etw. verbunden(物作主语)粘着：*An der Tischplatte klebt ein Kaugummi* 桌面上粘着一块口香糖 **5.** ***etw. klebt*** (***irgendwie***) etw. hat die Eigenschaft, (durch die Wirkung von Klebstoff) an e-r Fläche fest (haften) zu bleiben 有黏性，黏：*Die Briefmarke klebt nicht mehr* 邮票不黏了；*Dieser Leim klebt hervorragend* (= ist ein sehr guter Klebstoff) 这种胶黏性很好 **6.** ***an j-m/etw. k.*** *gespr*[口]；immer bei j-m sein, etw. nicht aufgeben wollen 离不开，摆脱不了，黏糊着：*Die kleine Maria klebt immer an ihrer Mutter* 小玛丽亚总离不开她妈；*Der Minister klebt an seinem Amt* 这位部长粘在他的位子上不肯走(不愿离职) **7.**〈ein Insekt *o.Ä.* 昆虫等〉/ ***etw. bleibt irgendwo k.*** ein Insekt/etw. kann sich nicht mehr von e-r (klebrigen) Stelle od. Fläche lösen(物作主语)粘着：*Die Fliege ist am Fliegenfänger k. geblieben* 苍蝇粘在捕蝇器上飞不了了 **8.** ***j-d bleibt k.*** *gespr*[口]；ein schüler muss e-e Klasse wegen schlechter Leistungen wiederholen 留级 ≈ j-d bleibt sitzen (1) ‖ ID[谚] ***j-m eine k.*** *gespr*[口]；j-m e-e Ohrfeige geben 给某人一记耳光

kle·ben.blei·ben ↑ ***kleben*** (8)

Kle·ber *der*；*-s*，*-*；*gespr* [口]≈ Klebstoff

Kle·be·stift *der*；(fester) Klebstoff in e-r Hülse 粘胶棒

kleb·rig *Adj* (形)；〈Bonbons, Finger, Hände 糖，手指，手〉an der Oberfläche so, dass e-e Art Klebstoff an ihnen haftet 黏的，黏糊糊的，有黏性的 ‖ *hierzu* (派生) **Kleb·rig·keit** *die*；*nur Sg*(只用单数)

Kleb·stoff *der*；e-e Flüssigkeit od. e-e Masse (1), mit der man Gegenstände fest miteinander verbinden kann 胶水，糨糊，黏合剂〈K. auftragen 涂胶水；etw. mit K. bestreichen 给某物抹糨糊〉‖ NB(注意)：↑ ***Leim***

kle·ckern *kleckerte*，*hat/ist gekleckert*；*gespr* [口]；[Vt] (及物)(*hat*) **1.** ***etw. irgendwohin k.*** e-e dicke Flüssigkeit od. weiche Masse (ohne Absicht) irgendwohin fallen od. tropfen lassen (u. so Flecken machen) 把…弄脏，溅上，滴脏：*Er hat Soße auf seine Krawatte gekleckert* 他让酱汁滴脏了自己的领带；[Vi] (不及物)(*ist*) **2.** ***etw. kleckert irgendwohin*** e-e dicke Flüssigkeit od. weiche Masse tropft od. fällt in kleinen Mengen irgendwohin (u. macht so Flecken) (物作主语)弄脏，滴脏 **3.** (***irgendwohin***) ***k.*** ≈ k. (1)：*Pass auf u. kleckere nicht!* 小心，别弄脏衣服！‖ ID[谚] ***nicht k., sondern klotzen*** *gespr* [口]；etw. mit viel Energie, Geld *o.Ä.* tun, um dadurch zu imponieren 干事要有气魄，不要束手束脚

Klecks *der*；*-es*，*-e* **1.** ein Fleck, der von e-r farbigen Flüssigkeit (*z.B.* Tinte) kommt (油漆，墨水的)污斑，污渍：*beim Malen Kleckse auf den Fußboden machen* 画画时在地板上弄上污渍 ‖ -K(复合)：***Farb-***，***Tinten-*** **2.** ***ein K.*** (+ *Subst* (名词)) e-e kleine Menge e-r dicken Flüssigkeit od. weichen Masse 一点儿，少量，少许：*Würstchen mit e-m K. Senf* 香肠加少量芥末

kleck·sen；*kleckste*，*hat gekleckst*；[Vi] (不及物) **1.** ***irgendwohin k.*** e-e Flüssigkeit in Tropfen fallen lassen (u. so Flecken machen) 弄脏，溅污：*beim Fensterstreichen Farbe auf die Scheibe k.* 在漆窗户框时把油漆溅在玻璃上；*Er hat beim Schreiben (ins Heft) gekleckst* 写字时他让墨水滴脏了本子 **2.** ***etw. kleckst*** etw. funktioniert nicht richtig u. macht deshalb Kleckse (1) (物作主语)漏墨水，漏油〈der Füller, der Kugelschreiber 钢笔，圆珠笔〉；[Vt] (及物) **3.** ***etw. irgendwohin k.*** ≈ k. (1) ‖ *hierzu* (派生) **Kleck·se·rei** *die*；-，*-en*

Klee *der*; *-s*; *nur Sg*（只用单数）; e-e niedrige (Futter)Pflanze mit drei (selten auch vier) runden Blättern 三叶草，苜蓿叶 ‖ K-(复合): **Klee-**, **-ernte**, **-feld** ‖ ID[谚] ***j-n/etw. über den grünen K. loben*** *gespr*［口］; j-n/etw. übertrieben loben 过分夸奖某人/某事

Klee·blatt *das* **1.** ein Blatt des Klees 苜蓿叶，三叶草〈ein dreiblättriges, vierblättriges K. 三瓣、四瓣苜蓿叶〉: *Ein vierblättriges K. bringt angeblich Glück* 四叶苜蓿据说能带来幸福 **2.** e-e Anlage aus vier großen Schleifen (2), die verhindert, dass dort, wo zwei große Straßen aufeinandertreffen, e-e direkte Kreuzung nötig ist 梅花结立交桥

Kleid *das*; *-(e)s*, *-er* **1.** ein Kleidungsstück für Frauen, das *mst* von den Schultern bis etwa zu den Knien reicht 女服，连衣裙〈ein langärmliges, kurzärmliges, ärmelloses, hochgeschlossenes, tief ausgeschnittenes, schulterfreies K. 长袖、短袖、无袖、高领、领口开得很低的、袒胸露臂的连衣裙; ein K. anziehen, tragen, anhaben, ausziehen 穿上、身穿、穿着、脱下连衣裙〉‖ ↑ *Abb. unter* 图见 **Bekleidung** ‖ -K(复合): **Sommer-**, **Winter-**; **Abend-**, **Cocktail-**; **Baumwoll-**, **Woll-**, **Leinen-**, **Seiden-** **2.** *nur Pl*（只用复数）≈ Kleidung〈die Kleider anziehen, anlegen, ausziehen, ablegen, wechseln 穿、披、脱、宽、换衣服〉‖ K-(复合): **Kleider-**, **-bürste**, **-schrank**, **-ständer**, **-stoff** ‖ *zu* **Kleiderbürste** ↑ *Abb. unter* 图见 **Bürste** ‖ ID[谚] ***Kleider machen Leute*** wenn man sich teuer anzieht, behandeln einen die Menschen mit mehr Respekt u. Höflichkeit 人靠衣裳马靠鞍

klei·den; *kleidete*, *hat gekleidet*; [Vt]（及物）**1.** ***j-n/sich irgendwie k.*** für j-n/sich e-e bestimmte Art von Kleidung wählen u. sie anziehen 给…穿衣服，给…穿着打扮〈sich elegant, sportlich, modisch, nach der neuesten Mode, altmodisch, schick k. 穿着时髦、年轻活泼、流行、赶新潮、古板、潇洒〉: *Sie kleidet ihre Kinder immer hübsch u. trotzdem praktisch* 她总是把自己的孩子穿着打扮得很漂亮，却很实在 **2.** ***etw. kleidet j-n*** (***irgendwie***) etw. lässt j-n gut aussehen（物作主语）对…穿着合适，相称 ≈ etw. steht j-m: *Der Hut kleidet sie (gut)* 这顶帽子她戴着很好看; *Der karierte Stoff kleidet dich nicht* 这块方格纹衣料你穿不好看 ‖ NB(注意): kein Passiv(不用被动语态) **3.**〈*mst* seine Gedanken, Gefühle 多指思想，心情〉***in Worte k.*** *geschr*［书］; passende Worte verwenden, um *mst* seine Gedanken od. Gefühle auszudrücken 用语言来表达

Klei·der·bü·gel *der*; ein Gegenstand (*mst* aus Holz od. Plastik) in Form e-s Bogens, über den man *bes* Kleider, Hosen u. Hemden hängt 衣架

Klei·der·ha·ken *der*; ein schmaler, kleiner Bogen *mst* aus Eisen (*z.B.* an der Wand), an dem man Kleidungsstücke aufhängen kann 挂衣钩 ‖ ↑ *Abb. unter* 图见 **Haken**

Klei·der·schrank *der*; ein hoher Schrank, in dem man Kleidung aufbewahrt 衣橱，衣柜

kleid·sam *Adj*（形）; so (beschaffen), dass es für j-n gut passt, j-n gut kleidet (2) 合身的，相称的，穿着好看的〈ein Mantel, ein Hut, ein Stoff, e-e Farbe, ein Muster 大衣，帽子，衣料，颜色，图样〉

Klei·dung *die*; *-*; *nur Sg*, *Kollekt*（只用单数）(集合); alles, was man (als Kleid, Rock, Mantel, Hut, Schuhe *usw*) am Körper trägt, um ihn zu bedecken 衣服，服装(总称) ‖ -K(复合): **Sommer-**, **Winter-**; **Berufs-**, **Sport-**, **Wander-**

Klei·dungs·stück *das*; ein einzelnes Teil der Kleidung, *z.B.* ein Hemd, ein Rock(单件)衣服，衣裳

Kleie *die*; *-*; *nur Sg*（只用单数）; der Rest (an Schalen u. Hülsen), der beim Mahlen des Korns zu Mehl übrig bleibt 糠，麸皮 ‖ -K(复合): **Weizen-**

klein, *kleiner*, *kleinst-*; *Adj*（形）**1.** so, dass die Länge, Höhe, Größe, der Umfang, das Volumen *o. Ä.* unter dem Durchschnitt liegt 小的 ↔ groß (2)〈k. gedruckt, gemustert, gewachsen, kariert 印得/装饰得/长得小，作小方格形〉: *Er hat nur e-e kleine Wohnung* 他只有一间小居室; *Unser Sohn ist so gewachsen, dass ihm alle seine Schuhe zu k. geworden sind* 我们的儿子长大了，他所有的鞋子都太小了; *Die Maus ist ein kleines Tier* 耗子是一种小动物; *Schreib doch nicht immer so k., das kann man ja kaum lesen!* 别总是写这么小，看不清楚 ‖ ↑ *Abb. unter* 图见 **Eigenschaften** ‖ K-(复合): **Klein-**, **-format**, **-staat**; **klein-**, **-gedruckt**, **-gemustert**, **-gewachsen**, **-kariert** **2.** *nicht adv*（不作状语）; mit vergleichsweise wenigen Personen, Tieren od. Dingen 较少的，较小的 ↔ groß (3)〈e-e Familie, e-e Gruppe, e-e Herde, ein Verein *usw* 家，组，群，协会等〉: *Wir treffen uns regelmäßig im kleinen Kreis* 我们定期在小范围内聚会; *ein kleines Angebot an Fachbüchern* 提供少量专业书籍 **3.** *nicht adv*（不作状语）; in der Menge od. im Wert nicht sehr groß (4) od. hoch 小额的，少量的，小的〈ein Betrag, ein Gewinn, e-e Summe, ein Verlust *usw* 款项，利润，金额，损失等; ein (Geld)Schein 钞票〉**4.** *mst attr*, *nicht adv*（多作定语，不作状语）; zeitlich relativ kurz 短暂的，短时间的 ↔ groß (5)〈e-e Pause, e-e Weile, ein Zeitraum 休息，片刻，时间〉: *Warten Sie bitte e-n kleinen Moment* 请您稍等一会儿 **5.** *nicht adv*（不作状语）; von geringer Bedeutung, unwichtig 不重要的，意义不大的，小小的 ≈ unerheblich, unbedeutend ↔ groß (8), schwer〈ein Fehler, ein Irrtum 错误，误解; ein Missgeschick 不幸; ein Unterschied 差别〉**6.** *nur attr*, *nicht adv*（只用定语，不作状语）; in e-r niedrigen beruflichen od. gesellschaftlichen Position 低贱的，卑贱的，低级的，小的 ≈ unbedeutend〈ein Angestellter, ein Handwerker 职员，手工业者; der kleine Mann (von der Straße), die kleinen Leute (马路上的)普通人，小人物〉**7.** *mst attr*, *nicht*

K

adv, *gespr*(多作定语,不作状语)[口];(*bes* von u. gegenüber Kindern verwendet) jünger-(尤指孩子)小的 ↔ groß (12)〈*mst* j-s Bruder, j-s Schwester 多指某人的弟弟,妹妹〉: *Ist das deine kleine Schwester?* 这是你的妹妹吗? **8.** *nicht adv*, *gespr*(不作状语)[口]; noch nicht erwachsen, (sehr) jung 幼小的,小的 ↔ groß (13)〈ein Kind, ein Junge, ein Mädchen 孩子,男孩,女孩〉: *Als ich k. war, wollte ich Ärztin werden* 当我小的时候,想当医生; *Das schmeckt den Kleinen u. den Großen* 这个小孩大人都爱吃 **9.** *nur attr*, *nicht adv*(只作定语,不作状语); mit wenig Aufwand, Kosten *usw* verbunden 化钱少的,开销小的,低廉的↔ groß (14)〈e-e Feier, ein Fest, ein Imbiss 庆祝活动,节日,快餐〉 **10.** in der Form, die man *z. B.* innerhalb e-s Wortes verwendet (*z. B. a, b, c* im Unterschied zu *A, B, C*)(形状)小的,小写的 ↔ groß (16)〈Buchstaben 字母〉: *In dem Satz „Ich gehe heim" schreibt man „heim" mit e-m kleinen h* "Ich gehe heim" 这句话中的"heim"用小写 h ‖ K-(复合): ***Klein-, -buchstabe*** **11.** mit Verb verwendet, um auszudrücken, dass etw. kleiner (1) wird u. kleine stücke entstehen 弄小〈Holz k. hacken, machen 把木头砍小,弄小; etw. k. mahlen, schneiden 把某物磨碎,切小〉 **12.** 〈das Gas, die Heizung, den Herd, die Platte *usw* 煤气,暖气,炉灶,炉盘等〉(***auf***) ***k. schalten, stellen, drehen*** mithilfe e-s Schalters *o. Ä.* die Hitze od. Leistung e-s Geräts auf die niedrigste Stufe stellen 开、调、拧小一点 ↔ etw. (auf) groß schalten, stellen, drehen ‖ ID[谚] ***von k. an/auf*** seit der Kindheit 从小(起); ***bis ins Kleinste*** so, dass alle Details berücksichtigt werden 极精确的,连细枝末节(都考虑了); ***k. beigeben*** (*mst* aus Feigheit) nachgeben 认输,让步,退缩; *mst* 多用 ***Er/Sie hat k. angefangen*** *gespr*[口]; er/sie hat (bei der Gründung der Firma *o. Ä.*) mit wenig Geld angefangen (u. ist jetzt sehr reich)他/她白手起家; *mst* 多用 ***Man muss ja k. anfangen*** *gespr*[口]; man muss im Berufsleben auf der untersten Stufe anfangen(职业)生活应从基层开始(从头开始); ***k. machen/müssen*** *gespr*[口]; (*bes* von u. gegenüber Kindern verwendet) die Blase entleeren (müssen)(小孩用语)撒尿,小便,解手 ↔ groß machen/müssen; ***k. u. hässlich werden*** *gespr*[口]; kleinlaut werden (*mst* weil man unrecht hat)泄(瘪)了气,傻了眼; ***ein k. wenig/bisschen*** *gespr* [口]≈ ein wenig/bisschen; *mst* 多用 ***es k. haben*** *gespr*; das passende Kleingeld haben 有零钱 ‖ NB(注意): ↑ ***kleinmachen, kleinschreiben, Übel*** (3) ‖ *zu* (义项) **1.-6. Klein·heit** *die*; *nur Sg*(只用单数)

Klein·ar·beit *die*; *nur Sg*(只用单数); *mst in* 多用于 ***in mühevoller K.*** unter großer Mühe u. mit viel Arbeit im Detail 艰苦细致的琐碎工作

klein·be·kom·men; *bekam klein*, *hat kleinbekommen*; [Vt](及物) ***j-n/etw. k.*** *gespr* [口] ≈ kleinkriegen

Klein·be·trieb *der*; e-e kleine Firma mit wenigen Angestellten 小企业

Klein·bür·ger *der* **1.** *pej*[贬] ≈ Spießbürger **2.** j-d, der zu den unteren Schichten des Bürgertums gehört 小市民,小资产者 ‖ *hierzu* (派生) **Klein·bür·ge·rin** *die*; **Klein·bür·ger·tum** *das*; *nur Sg*(只用单数); **klein·bür·ger·lich** *Adj*(形)

Klei·ne *der/die*; *-n*, *-n*; ein kleiner Junge/ein kleines Mädchen 小男孩,小女孩: *Unsere Kleine kann schon sprechen* 我们的小女儿已会说话 ‖ NB(注意): **a)** *mein Kleiner*; *der Kleine*; *den*, *dem*, *des Kleinen*; **b)** Bei Babys sagt man auch *das Kleine* 对婴儿也可用: *das Kleine*

Klein·fa·mi·lie *die*; e-e Familie, in der nur die Eltern mit ihren Kindern zusammenleben (also ohne Großeltern, Tanten, Onkel *usw*)小家庭 ↔ Großfamilie

Klein·gar·ten *der*; einer von vielen kleinen Gärten auf e-m größeren Gebiet, das *mst* von der Gemeinde verpachtet ist 小花园 ≈ Schrebergarten ‖ K-(复合): ***Kleingarten-, -anlage*** ‖ *hierzu*(派生) **Klein·gärt·ner** *der*

Klein·ge·bäck *das*; *Kollekt*(集合); Kekse, Waffeln *usw* 小点心

Klein·ge·druck·te, klein Ge·druck·te *das*; *-n*; *nur Sg*(只用单数); die Bestimmungen u. Bedingungen *mst* auf der Rückseite von Verträgen (die klein gedruckt, aber trotzdem wichtig sind)条约反面的小字体条款: *auch das K. lesen* 连小字体条款也读 ‖ NB(注意): *Kleingedrucktes*; *das Kleingedruckte*; *dem*, *des Kleingedruckten*

Klein·geld *das*; *nur Sg*, *Kollekt*(只用单数,集合); Münzen 零钱,硬币 ↔ Papiergeld: *Leih mir doch bitte etwas K. zum Telefonieren!* 请借给我几个硬币打电话!

klein·gläu·big *Adj*(形); *geschr pej*[书][贬]; ängstlich, voller Zweifel u. ohne Vertrauen 信心不足的,疑虑重重的,多疑的〈ein Mensch 人〉 ‖ *hierzu*(派生) **Klein·gläu·big·keit** *die*; *nur Sg*(只用单数)

Klein·ha·cken ↑ ***klein*** (11)

Klein·holz *das*; *nur Sg*, *Kollekt*(只用单数,集合); Holz, das in kleine Stücke (Scheite) gehackt ist 劈柴,柴火〈K. machen 劈柴火〉 ‖ ID[谚] ***aus etw. K. machen***; ***etw. zu K. machen*** *gespr* [口]; etw. (*bes* Möbel) in Stücke schlagen 把某物劈碎

Klei·nig·keit *die*; *-*, *-en* **1.** etw., das nicht sehr teuer ist 小东西,小礼物,零星东西: *der Nachbarin e-e K. zum Geburtstag schenken* 送给邻居一点小礼物祝贺生日; *Ich muss noch ein paar Kleinigkeiten in der Stadt besorgen* 我还得到城里去买点小东西 **2.** *mst Pl*(多用复数); unwichtige Details 小事,无关紧要的事≈ Nebensächlichkeiten, Bagatellen: *sich über jede K. aufregen* 为每一件小事而激动 **3.** ***e-e K. essen*** *gespr*[口]; etw. (*z. B.* ein Brot, e-e Suppe *o. Ä.*) essen 吃一点东西 **4.** ***etw. ist für j-n e-e/keine K.*** *gespr*[口]; etw. ist für j-n ganz einfach/sehr schwer 某事对某人来是小事一桩/不是容易的事

Klein·ka·li·ber|ge·wehr *das*; ein Gewehr mit e-m Rohr, das e-n besonders kleinen Durchmesser hat 小口径枪

klein·ka·riert *Adj*（形）; *gespr pej*［口］［贬］≈ engstirnig, borniert ↔ weltoffen 〈k. denken 想问题心胸狭隘(心眼小)〉‖ *hierzu*（派生）**Klein·ka·riert·heit** *die*; *nur Sg*（只用单数）‖ NB(注意): aber(但是): *ein klein karierter/kleinkarierter Stoff* 一块有小格子花纹的衣料

Klein·kind *das*; ein Kind, das etwa zwischen 18 Monaten u. 4 Jahren alt ist (18个月至4岁的)小孩 ‖ NB(注意): ↑ ***Säugling***, ***Schulkind***

Klein·kram *der*; *gespr*, *Kollekt*, *mst pej*［口］(集合)多用［贬］**1.** kleine Dinge ohne Wert 不值钱的杂物 **2.** Aufgaben od. Angelegenheiten, die nicht wichtig sind 琐事,无足轻重的小事: *Ich kann mich doch nicht um solchen K. kümmern!* 我可不能为这类琐事操心!

Klein·krieg *der*; *nur Sg*（只用单数）; ***K.*** (***mit j-m***) ein Streit über unwichtige Dinge, den man lange (od. dauernd) führt 摩擦,琐事纠纷,无谓的纠纷〈e-n ständigen K. führen 常常闹小纠纷〉: *Ihre Ehe war ein dauernder K.* 他们的婚姻是一场无休止的无谓纠纷

klein·krie·gen; *kriegte klein*, *hat kleingekriegt*; **Vt** (及物) *gespr*［口］**1.** ***j-n k.*** bewirken, dass j-d seinen Mut od. sein Selbstvertrauen verliert 使屈服,使妥协让步,使畏缩≈ fertigmachen: *Wir werden dich schon noch k.!* 我们会让你屈服的!; *Er lässt sich durch nichts k.* 任何事情都不能使他屈服 **2.** ***etw. k.*** etw. in kleine Teile teilen 敲碎,捣碎≈ zerkleinern: *Das Messer ist so stumpf, dass ich damit das Fleisch nicht k. kann* 这刀子很钝,我用它切不碎肉 **3.** ***etw. ist nicht kleinzukriegen*** etw. ist von so guter Qualität, dass es sich nicht abnützt, nicht kaputtgeht(物作主语)质量好,用不坏

Klein·kunst *die*; *nur Sg*（只用单数）; Kabarett, Sketche *usw* 小型舞台剧目 ‖ K-(复合): ***Kleinkunst-***, ***-bühne***

klein·laut *Adj*(形); plötzlich still od. im Verhalten bescheiden (nachdem man vorher sehr selbstbewusst, frech *o.Ä.* war) 小(怯)声小(怯)气的,噤若寒蝉的,不敢吭气的〈k. sein, werden 哑口无言,变得一声不吭〉

klein·lich *Adj*(形); *pej*［贬］**1.** nicht großzügig od. tolerant u. davon überzeugt, dass jede Kleinigkeit äußerst wichtig ist 吹毛求疵的,小题大做的≈ pedantisch 〈ein Mensch 人〉**2.** von pedantischem Denken bestimmt 心胸狭隘的,浅见的,死板的〈Überlegungen, Bestimmungen 考虑,条文〉**3.** ≈ geizig ‖ *hierzu*（派生）**Klein·lich·keit** *die*

klein·ma·chen; *machte klein*, *hat kleingemacht*; **Vt** *gespr* (及物)［口］; (***j-m***) ***etw. k.*** j-m e-n Geldschein gegen Kleinere Scheine od. Münzen tauschen 把…换成零钱 ≈ wechseln: *j-m e-n Hunderteuroschein k.* 把一张100欧元钞票换成零钱 ‖ NB（注意）: ↑ ***klein*** (11)

klein·mah·len ↑ ***Klein*** (11)

klein·mü·tig *Adj*（形）; *geschr*［书］; ohne Mut u. Selbstvertrauen 胆怯的,畏缩的 ‖ *hierzu* (派生)**Klein·mut** *der*

Klein·od *das*; -(e)s, -e/-ien [-ˈoːdiən]; *geschr*［书］; etw. (*mst* ein Schmuckstück), das sehr kostbar ist 珠宝,珍宝

Klein·schnei·den ↑ ***klein*** (11)

klein·schrei·ben; *schrieb klein*, *hat kleingeschrieben*; **Vt** (及物) **1.** ***etw. k.*** ein Wort mit e-m kleinen (10) Buchstaben beginnen 将某个词第一个字母小写 ↔ etw. großschreiben **2.** ***etw. k.*** *gespr*［口］; etw. als unwichtig behandeln 不重视某事 ‖ *zu*（义项）**1.** **Klein·schrei·bung** *die*; *nur Sg*(只用单数)

Klein·stadt *die*; e-e Stadt, die weniger als ca. 20000 Einwohner hat (居民少于两万的)小城市 ‖ *hierzu*（派生）**Klein·städ·ter** *der*; **Klein·städ·te·rin** *die*; **klein·städ·tisch** *Adj*(形) ‖ NB(注意): ↑ ***Großstadt***

Klein·tier *das*; *mst Pl*, *Kollekt*（多用复数,集合）; verwendet als Bezeichnung für ein kleines (Haus)Tier (wie *z.B.* Katze, Hund, Vogel) 小动物(指家养小猫、小狗、小鸟) ‖ K-(复合): ***Kleintier-***, ***-halter***, ***-praxis***, ***-zucht***

Klein·vieh *das*; *Kollekt*（集合）; die kleinen Tiere auf e-m (Bauern)Hof 小家畜,幼畜 ‖ ID［谚］***K. macht auch Mist*** *gespr*［口］; auch aus kleinen Geldsummen werden große Geldsummen, wenn man spart 小有小的用处,积少成多

Klein·wa·gen *der*; ein kleines Auto (mit e-m schwachen Motor)小型汽车

Klein·zeug *das*; *Kollekt*, *gespr pej*（集合）［口］［贬］≈ Kleinkram

Kleis·ter *der*; *-s*, *-*; ein einfaches Mittel, mit dem man Papier, Holz *o.Ä.* kleben kann (u. das man aus Stärke od. Mehl u. Wasser macht)糨糊〈K. anrühren 调糨糊〉: *die Tapeten mit K. einstreichen* 用糨糊把糊墙纸抹平整 ‖ -K(复合): ***Tapeten-*** ‖ *hierzu*（派生）**kleis·te·rig**, **kleist·rig** *Adj*(形)

kleis·tern; *kleisterte*, *hat gekleistert*; **Vt** (及物) ***etw. irgendwohin k.*** *gespr*［口］; etw. (mit Kleister) irgendwohin kleben(用糨糊)把…贴、粘、糊在…上: *die Tapeten an die Wand k.* 把糊墙纸贴在墙上

Kle·men·ti·ne *die*; *-*, *-n*; e-e süße Mandarine (无核的克莱芒)甜桔

Klem·me *die*; *-*, *-n* **1.** ein kleiner Gegenstand (*mst* mit zwei Armen (2) u. e-r Feder[3]), mit dem man kleine Dinge aneinanderpresst od. irgendwo befestigt 夹,夹子≈ Klammer (1): *Notizzettel mit e-r K. zusammenhalten* 把记事便条用夹子夹在一起; *Haare mit e-r K. befestigen* 用夹子把头发夹住 **2.** ein kleiner Gegenstand aus Plastik (mit Schrauben darin), mit dem man elektrische Kontakte herstellt (*z.B.* wenn man e-e Lampe anschließt) 接线柱,接头 **3.** MED【医】≈ Klammer (1) **4.** *gespr*［口］; e-e schwierige Lage,

Situation 困境〈in der K. sitzen, stecken 陷于困境，进退维谷；sich aus der K. ziehen können 能够摆脱困境〉

klem·men；*klemmte*，*hat geklemmt*；Vt（及物）**1**．***etw. irgendwohin k.*** etw. so zwischen zwei Dinge schieben od. drücken, dass es dortbleibt 把…夹住：*die Bücher unter den Arm k. u. zur Schule gehen* 把书夹在腋下上学去 **2**．***sich***（*Dat* 三格）***etw.***（***in etw.***（*Dat* 三格））***k.*** mit dem Finger *o. Ä.* so zwischen zwei Dinge geraten, dass man sich dabei verletzt 把…夹伤〈sich den Finger in der Tür, in der Schublade k. 在门上、抽屉上把手指夹伤〉；Vi（不及物）**3**．***etw. klemmt*** etw. lässt sich nicht mehr（od. nur sehr schwer）bewegen（物作主语）卡住，夹住〈e-e Tür, ein Fenster, e-e Schublade, ein Schloss 门，窗，抽屉，锁〉‖ ID［谚］***sich hinter etw.***（*Akk* 四格）***k.*** *gespr*［口］；ein Ziel mit Ernst u. viel Energie verfolgen 抓紧某事不放松

Klemp·ner *der*；*-s*，*-*；ein Handwerker, der *bes* Rohrleitungen aus Metall herstellt od. zusammenbaut u. die Wasserversorgung in Häusern installiert 白铁工，水管安装工 ≈ Installateur, Spengler ‖ K-（复合）：***Klempner-***，***-handwerk***，***-meister***，***-werkstatt*** ‖ *hierzu*（派生）**klemp·nern**（*hat*）*Vi*（不及物）

Klep·per *der*；*-s*，*-*；*pej*［贬］；ein altes, mageres, schwaches Pferd 瘦弱的老马〈ein alter K. 一匹老马〉

Klep·to·ma·nie *die*；*nur Sg*（只用单数）；der（krankhafte）Zwang zu stehlen 盗（偷）窃狂〈an K. leiden 患偷窃狂〉‖ *hierzu*（派生）**Klep·to·ma·ne** *der*；*-n*，*-n*；**Klep·to·ma·nin** *die*；*-*，*-nen*；**klep·to·ma·nisch** *Adj*（形）

kle·ri·kal *Adj*（形）；*mst attr*，*geschr*（多作定语）［书］**1**．vom Klerus, in Bezug auf den（katholischen）Klerus 教士的，神职人员的，教会的，牧师的 **2**．so, wie man es vom Klerus erwartet 酷似牧师的，像教士的：*e-e klerikale Haltung annehmen* 持一种牧师的仪态

Kle·ri·ker *der*；*-s*，*-*；*geschr*［书］；ein（katholischer）Geistlicher（天主教）神职人员，教士，牧师

Kle·rus *der*；*-*；*nur Sg*，*Kollekt*，*geschr*（只用单数，集合）［书］；alle（katholischen）Geistlichen 神职人员，（天主教）教士

Klet·te *die*；*-*，*-n* **1**．e-e Pflanze mit stacheligen Blüten, die wie Kugeln aussehen u. leicht an den Kleidern hängen bleiben 牛蒡（植物）**2**．die Blüte e-r K.（1）牛蒡花 ‖ ID［谚］***wie e-e K. an j-m hängen*** *gespr*［口］；sich so oft in die Nähe von j-m drängen, dass er es als lästig（u. aufdringlich）empfindet 总纠缠着某人；〈Personen 人〉***hängen wie die Kletten zusammen*** zwei od. mehrere Personen sind ständig zusammen od. halten fest zusammen 总纠缠在一起

Klet·ter·ge·rüst *das*；e-e Konstruktion *mst* aus mehreren miteinander verbundenen Stangen, an denen Kinder（*z. B.* auf dem Spielplatz）（hoch）klettern können（儿童游乐场地上的）攀援架

klet·tern；*kletterte*，*ist geklettert*；Vi（不及物）**1**．（***irgendwohin***）***k.*** nach oben（bzw. unten）, über ein Hindernis gelangen, indem man Füße u. Hände benutzt 爬上，攀登 ≈ steigen（1）〈auf e-n Baum, auf e-n Berg, über e-e Mauer, über e-n Zaun, nach oben k. 爬上树、山，爬过墙、篱笆，向上爬〉**2**．***etw. klettert***（***irgendwohin***）*gespr*［口］≈ etw. steigt（4）↔ etw. sinkt〈die Preise, die Löhne 物价，工资；das Barometer, das Thermometer 气压计，温度计〉‖ *zu*（义项）**1**．**Klet·te·rer** *der*；*-s*，*-*

klettern (1)

Klet·ter·par·tie *die*；*gespr*［口］；e-e Wanderung in den Bergen, bei der man auch auf Felsen steigt 登山攀岩

Klet·ter·pflan·ze *die*；e-e Pflanze, die *z. B.* an e-r Mauer od. e-r Stange in die Höhe wächst 攀缘植物

Klet·ter·stan·ge *die*；e-e Stange（für Kinder）zum Klettern u. Turnen 攀登杆，爬杆

Klett·ver·schluss *der*；ein Verschluss an Kleidern od. Schuhen aus zwei Bändern, die aneinander haften 拉链，拉锁

klick *Interjektion*（叹）；verwendet als Bezeichnung für das Geräusch, das entsteht, wenn e-e Kamera betätigt wird（照相机的）咔嚓声〈etw. macht k. 某物发出咔嚓声〉

kli·cken；*klickte*，*hat geklickt*；Vi（不及物）***etw. klickt*** etw. klingt mit dem kurzen, metallischen Ton, den man hört, wenn ein Foto gemacht wird（物作主语）发出咔嚓声〈die Fotoapparate, die Kameras 照相机，摄影机〉‖ ID［谚］***bei j-m klickt es***（***endlich***）*gespr*［口］；j-d begreift（endlich）etw. 某人终于开窍了

Kli·ent［kli'ɛnt］*der*；*-en*，*-en*；JUR【法】；der Kunde e-s Rechtsanwalts *o. Ä.*（律师的）当事人 ‖ NB（注意）：*der Klient*；*den*，*dem*，*des Klienten* ‖ *hierzu*（派生）**Kli·en·tin** *die*；*-*，*-nen*

Kli·en·tel［kliɛn'teːl］*die*；*-*，*-en*；*Kollekt*，JUR（集合）【法】；alle Klienten e-s Anwalts *o. Ä.*（律师的）全体当事人

Kliff *das*；*-(e)s*，*-e*；e-e steile Wand aus Felsen an e-r Küste 海岸峭壁

Kli·ma *das*; *-s*, *-s/geschr*［书］*-te* [-ˈmaːtə] **1.** die Wetterbedingungen, die für e-e Region od. geografische Zone *mst* im Zeitraum e-s Jahres typisch sind 气候〈ein mildes, warmes, kaltes, feuchtes, trockenes, tropisches K. 温和的、暖和的、冷的、潮湿的、干燥的、热带的气候〉‖ K-（复合）: ***Klima-, -änderung, -schwankung, -zone*** ‖ -K（复合）: ***Reiz-; See-, Tropen-, Wüsten-*** **2.** *nur Sg*（只用单数）; die Art u. Weise, wie Menschen in e-r Gruppe miteinander umgehen u. dadurch ihre Kommunikation prägen 气氛，气候 ≈ Atmosphäre (2), Stimmung (3)〈irgendwo herrscht ein gutes, herzliches, schlechtes, frostiges, unfreundliches K. 某处洋溢着（笼罩着）良好的、真诚的、不好的、冷淡的、不友好的气氛〉: *Bei den Gesprächen der beiden Delegationen herrschte ein freundliches K.* 代表团双方谈话气氛友好

Kli·ma·an·la·ge *die*; ein Apparat, der die Temperatur u. die Feuchtigkeit der Luft in e-m Raum regelt 空调（设备）

Kli·mak·te·ri·um *das*; *-s*; *nur Sg*, MED（只用单数）【医】≈ Wechseljahre

Kli·ma·schutz *der*; verwendet für Maßnahmen, die die weitere Erwärmung der Atmosphäre verringern sollen 气候保护，大气保护

kli·ma·tisch *Adj*（形）; durch das Klima (1) bestimmt（受）气候（左右）的〈die Verhältnisse, (die) Einflüsse 条件，影响〉

kli·ma·ti·sie·ren; *klimatisierte, hat klimatisiert*; [Vt]（及物）*mst* 多用 ***etw. ist klimatisiert*** die Temperatur u. die Feuchtigkeit der Luft in e-m Haus, Raum *o. Ä.* ist (durch e-e Klimaanlage) reguliert（物作主语）（室内温度和湿度）是由空调调节的 ‖ *hierzu*（派生）**Kli·ma·ti·sie·rung** *die*

Kli·ma·wech·sel *der*; neue klimatische Bedingungen durch e-n Ortswechsel (*z. B.* bei e-r Urlaubsreise od. e-r Kur)（指通过休假或疗养）换换气候条件、环境: *Sein Arzt empfahl ihm e-n K.* 他的医生建议他变换一下环境

Kli·max *die*; *-*; *nur Sg*, *geschr*（只用单数）［书］≈ Höhepunkt

Klim·bim *der*, *das*; *-s*; *nur Sg*（只用单数）; *mst in* 多用于 ***viel K. um etw. machen*** *gespr*［口］; etw. viel wichtiger nehmen, als es eigentlich ist 吹嘘，对某事夸大其词，对某事夸饰（夸张）

Klimm·zug *der*; e-e (Turn)Übung, bei der man an e-r Stange hängt, sich mit den Händen hält u. den Körper langsam hochzieht 引体向上（动作）〈Klimmzüge machen 做引体向上动作〉

Klim·per·kas·ten *der*; *gespr*, *mst pej*［口］多用［贬］≈ Klavier

klim·pern; *klimperte, hat geklimpert*; [Vi]（不及物）**1.**〈Münzen, Schlüssel 硬币，钥匙〉***klimpern*** Münzen, Schlüssel stoßen aneinander u. erzeugen helle Töne 发出叮当声，当啷发响 **2.** ***mit etw. k.*** Gegenstände aus Metall so gegeneinanderschlagen, dass helle Töne erklingen 用…相互碰击而发出叮当声〈mit Geldstücken, mit Schlüsseln k. 拨弄钱币、钥匙发出当啷声响〉**3.** (***auf etw.*** (*Dat* 三格)) ***k.*** *gespr*（口）; *mst* auf der Gitarre od. dem Klavier einige Töne spielen 乱弹，乱拨弄 ‖ *zu*（义项）***Geklimper*** ↑ ***Ge-***

Klin·ge *die*; *-*, *-n* **1.** der Teil e-s Messers od. e-r (Stich)Waffe, mit dem man schneidet bzw. sticht（刀）刃，（刀）口〈e-e scharfe, stumpfe, rostige K. 锐利的、钝的、生锈的刀口; die K. e-s Dolches, e-s Degens 匕首口，剑刃〉**2.** *Kurzw*（略）↑ ***Rasierklinge***〈die K. wechseln, e-e neue K. einlegen 换刀片，放新刀片〉‖ ID［谚］***j-n über die K. springen lassen*** *gespr*［口］; **a)** j-n ermorden (lassen) 杀死某人; **b)** j-n (*mst* im Beruf) ruinieren 使某人破产（走投无路）

Klin·gel *die*; *-*, *-n*; ein kleiner Apparat (*z. B.* an der Tür e-r Wohnung od. an e-m Fahrrad), mit dem man helle Töne erzeugen kann, um so ein Signal zu geben 铃〈e-e elektrische K. 电铃; die K. betätigen 按铃; auf die K. drücken 按铃〉‖ -K（复合）: ***Fahrrad-; Tür-, Wohnungs-; Schul-***

Klin·gel·knopf *der*; ein Knopf (an e-r Wohnungstür), auf den man drückt, damit geöffnet wird 电铃按纽

klin·geln; *klingelte, hat geklingelt*; [Vi]（不及物）**1.** e-e Klingel ertönen lassen 按（电）铃 ≈ läuten〈(an der Haustür) k., bei j-m k. 按（门）铃，按某人家的铃〉**2.** ***etw. klingelt*** etw. gibt helle (metallische) Töne von sich（物作主语）发出响亮的铃声，铃响〈der Wecker, das Telefon 闹钟，电话〉; [Vimp]（无人称）**3.** ***es klingelt*** e-e Klingel ist zu hören 铃响: *Es hat geklingelt. – Geh bitte an die Haustür u. schau nach, wer da ist* 铃响了。——到门口去看看是谁来了 ‖ ID［谚］***bei j-m klingelt es (endlich)*** *gespr*［口］; j-d begreift etw. endlich 某人终于开窍（明白）‖ NB（注意）: ↑ ***bimmeln***

Klin·gel·ton *der*; der Ton od. die Tonfolge, mit der ein Telefon klingelt（响）铃声: *sich neue Klingeltöne fürs Handy herunterladen* 下载新的手机铃声

Klin·gel·zei·chen *das*; ein akustisches (Warn)Signal, das durch e-e Klingel erzeugt wird 铃声，振铃信号〈ein K. geben 给个铃声（提醒一下）〉

klin·gen; *klang, hat geklungen*; [Vi]（不及物）**1.** ***etw. klingt*** etw. gibt helle, schöne Töne von sich（物作主语）发出（清脆悦耳的）声响〈die Glocken, die Gläser 钟，玻璃杯〉**2.** ***etw. klingt irgendwie*** etw. wirkt durch seinen Klang auf e-e bestimmte Weise（物作主语）声音听起来… ≈ etw. hört sich irgendwie an〈ein Lied, e-e Melodie klingt lustig, traurig, schwermütig 歌、乐曲听起来有趣、悲伤、忧郁; j-s Stimme klingt sanft, zärtlich, abweisend 某人的声音听起来温柔、温情脉脉、心不在焉〉**3.** ***j-d/etw. klingt irgendwie*** j-s Aussagen *o. Ä.* erwecken e-n bestimmten Eindruck（人/物作主语）看上去，外表给人某种印象 ≈

j-d/etw. wirkt irgendwie: *Du klingst müde* 你看上去很累; *j-s Behauptungen klingen unglaubwürdig* 某人的看法看上去不可信 ‖ ID [谚] ***die Gläser k. lassen*** mit den Gläsern anstoßen (um so „Prost" zu sagen) 碰杯

Kli.nik *die*; -, *-en*; ein Krankenhaus (das auf die Behandlung bestimmter Krankheiten spezialisiert ist) 诊所,(专科)医院 ⟨j-d wird in e-e K. eingeliefert 某人被送进一家医院⟩ ‖ K-(复数): ***Klinik-, -aufenthalt*** ‖ -K(复合): ***Frauen-, Kinder-; Herz-, Haut-, Nerven-; Privat-, Universitäts-***

Kli.ni.kum *das*; *-s*, *Kli·ni·ken* **1.** ein sehr großes Krankenhaus (das aus mehreren (Universitäts) Kliniken besteht) 综合性医院 **2.** *nur Sg*, MED(只用单数)【医】; ein Teil der praktischen Ausbildung von Medizinstudenten in e-m Krankenhaus(医科学生在医院进行的)临床教学

kli.nisch *Adj*(形); *nur attr od adv*(只作定语或状语) **1.** in e-r Klinik 医院的,临床的⟨e-e Behandlung 诊治; e-e Ausbildung 教学⟩ **2.** ***k. tot*** MED【医】; so, dass Lunge u. Herz nicht mehr funktionieren 临床死亡

Klin.ke *die*; -, *-n*; *Kurzw* (略) ↑ ***Türklinke*** ‖ ↑ *Abb. unter* 图见 ***Griff*** ‖ ID[谚] ***die Leute o. Ä. geben sich die K. in die Hand*** *gespr* [口]; die Leute *o. Ä.* kommen in großer Zahl zu derselben Person/Stelle 人们成群结队地到某人/某处登门拜访; ***Klinken putzen*** *gespr pej*[口][贬]; (als Vertreter *o. Ä.*) von Haus zu Haus gehen u. versuchen, etw. zu verkaufen 挨家串户兜售

Klin.ker *der*; *-s*, *-*; ein kleiner, sehr hart gebrannter Ziegelstein 缸砖,硬砖

klipp *nur in* 只用于 ***k. u. klar*** *gespr*[口] ≈ deutlich ↔ missverständlich: *j-m k. u. klar die Meinung sagen* 清清楚楚地(毫不含糊地)把意见告诉某人

Klipp *der*; *-s*, *-s* **1.** e-e Art Klammer (*mst* aus Metall), mit der man e-n Gegenstand an e-m anderen festmachen kann 金属夹子 ‖ -K: ***Krawatten-, Kugelschreiber-*** **2.** ein Schmuck, den man mit e-r Klammer am Ohrläppchen festmacht 耳环,耳饰 ‖ -K: ***Ohr-*** ‖ NB: ↑ ***Clip, Videoclip***

Klip.pe *die*; -, *-n* **1.** ein großer (schroffer) Felsen im Meer (vor der Küste) od. am Meer 礁石,(陡峭的)岩石 **2.** *gespr*[口]; e-e Schwierigkeit, e-e heikle Situation 困难,难关,险阻,障碍: *Es gelang ihm, bei der Prüfung alle Klippen zu überwinden* 他成功地克服了考试中的一切难关

klir.ren; *klirrte, hat geklirrt*; [Vi] (不及物) ***etw. klirrt*** etw. gibt ein helles, vibrierendes Geräusch von sich (物作主语)(因晃动而)发出叮当声,当啷声,叽嘎声⟨die Ketten, die Gläser 链条,杯子⟩: *Bei dem leichten Erdbeben klirrten die Fenster* 由于轻微的地震,窗户发生叽叽嘎嘎的声音

klir.rend 1. *Partizip Präsens* (现在分词); ↑ ***klirren*** **2.** *Adj*(形); *nur attr od adv*(只作定语或状语); sehr stark, sehr intensiv 严重的,极端的 ≈ eisig ⟨*mst* Frost, Kälte 多指冰冻,寒冷⟩

Kli.schee *das*; *-s*, *-s*; *geschr pej*[书][贬] **1.** e-e ganz feste Vorstellung, die kein Bild der Realität mehr ist 陈腐的观念,老一套的想法 ≈ Vorurteil ⟨in Klischees denken 用陈旧的观念考虑⟩: *das K., dass Frauen nur im Haushalt arbeiten sollten* 妇女只该干家务的陈腐思想 ‖ K-(复合): ***Klischee-, -vorstellung*** ‖ -K(复合): ***Rollen-*** **2.** ein Wort od. ein Ausdruck, die schon lange verwendet werden u. keine konkrete, genau definierte Bedeutung (mehr) haben 陈词滥调,空洞的言词 ≈ Phrase, Formel ⟨in Klischees reden 说些陈词滥调,言之无物⟩ ‖ *hierzu* (派生) **kli.schee.haft** *Adj* (形)

Klis.tier *das*; *-s*, *-e*; MED【医】≈ Einlauf (4)

Kli.to.ris *die*; -, -; ein Teil des weiblichen Geschlechtsorgans in der Form e-s kleinen Knotens am oberen Ende der (kleinen) Schamlippen 阴蒂

klit.schig *Adj*(形); *nicht adv*, *gespr pej*(不作状语)[口][贬]; ⟨Kuchen, Brot 点心,面包⟩ (noch) feucht, weil sie nicht lange genug gebacken wurden 未发透的,未烘透的,(还)黏糊糊的

klitsch.nass *Adj*(形); *gespr*[口]; ganz nass 湿透的,湿漉漉的,湿淋淋的

klit.ze.klein *Adj* (形); *gespr hum* [口][诙]; sehr klein 极小的,微小的 ≈ winzig

Klo *das*; *-s*, *-s*; *gespr*[口], *Kurzw*(略) ↑ ***Klosett*** (1, 2), ***WC*** ‖ K-(复合): ***Klo-, -bürste, -deckel, -fenster, -papier, -tür***

Klo.a.ke *die*; -, *-n*; ein *mst* unterirdischer Kanal, in dem das schmutzige Wasser (Abwasser) unter der Erde abfließt 阴沟,下水道,排水道

klo.big *Adj* (形); sehr groß, schwer u. grob (gebaut) 粗笨的,粗鲁的,粗拙的 ≈ unförmig ⟨ein Tisch, ein Schrank 桌子,柜子; Hände, e-e Gestalt 手,身躯⟩

Klo.bril.le *die*; *gespr*[口]; ein Sitz (aus Kunststoff od. Holz) für das Klosett, der wie ein flacher Ring aussieht 马桶座圈

Klon *der*; *-s*, *-e*; BIOL【生】; eine/eines von zwei od. mehreren genetisch identischen, Pflanzen/Tieren, die/das ohne geschlechtliche Befruchtung künstlich im Labor entstehen ist 无性繁殖(个体),克隆体 ‖ *hierzu*(派生) **klo.nen** (*hat*) *Vt*(及物)

klö.nen; *klönte, hat geklönt*; [Vi](不及物) (***mit j-m***) ***k.*** *nordd* [北德] ≈ plaudern

klop.fen; *klopfte, hat geklopft*; [Vi](不及物) **1.** (***an etw.*** (*Dat/Akk* 三格/四格)) ***k.*** (mit dem gekrümmten Finger) mehrere Male leicht *mst* an e-e Tür schlagen, wenn man ein Zimmer *o. Ä.* betreten will (轻)敲,叩(门) ⟨an der/an die Tür k. 敲门⟩: *leise ans Fenster k.* 轻轻敲窗户; *Ich habe dreimal geklopft, aber niemand hat mir geöffnet* 我敲了三次门,但没人给我开 **2.** ***an/auf etw.*** (*Akk* 四格)/***gegen etw. k.*** mehrere Male leicht an/auf/gegen etw. schlagen (轻)击,打,拍⟨j-m freundschaftlich, gönnerhaft auf die Schulter k.友好地、恩人般地拍打某人的肩膀〉**3. das Herz klopft** das Herz schlägt spürbar (*bes* weil man Angst *o.Ä.* hat) 心跳 **4. ein Motor klopft** der Motor e-s Autos macht klopfende (1) Geräusche, weil das Benzin e-e zu niedrige Oktanzahl hat 发动机发出轰隆声; *Vt* (及物) **5. etw. k.** intensiv u. lange auf, gegen etw. schlagen, um so den Schmutz od. Staub daraus zu entfernen 拍打,敲打(除尘)〈den Teppich k.拍打地毯(除尘)〉**6. etw. k.** fest auf etw. schlagen, um es so weich (u. mürbe) zu machen 拍打,把…拍松,拍软: *die Steaks k., bevor man sie brät* 煎之前把肉排拍松 **7. etw. aus/von etw. k.** etw. aus, von den Kleidern entfernen, indem man sie schüttelt u./od. mehrere Male dagegenschlägt 从…拍、抖掉: *den Sand aus den Socken k.* 把袜子上沙子抖掉; *sich den Staub vom Mantel k.* 把大衣上灰尘拍干净 **8. etw. in etw.** (*Akk* 四格) **k.** etw. *mst* mit e-m Hammer *o.Ä.* in etw. schlagen 把…敲进去,把…钉入: *e-n Nagel ins Brett k.* 把钉子敲入木板; *Vimp* (无人称) **9. es klopft** man hört, dass j-d klopft (1), weil er in das Zimmer od. Haus kommen will 有人敲门: *Es hat geklopft. – Sieh bitte nach, wer da ist* 有人敲门。—— 去看看是谁来了

klopf·fest *Adj* (形); *nicht adv*, TECH (不作状语)【技】; so (beschaffen), dass der Motor ruhig läuft (u. nicht klopft (4)) 抗爆的,抗震的、抗击的〈ein Kraftstoff 燃料〉‖ *hierzu* (派生) **Klopf·fes·tig·keit** *die*; *nur Sg* (只用单数)

Klopf·zei·chen *das*; *mst in* 多用于 **K. geben** klopfen u. dadurch ein Signal geben 敲击示意

Klöp·pel *der*; *-s*, *-* **1.** der Teil in e-r Glocke, der sich bewegt, gegen die Wand der Glocke schlägt u. so den Ton erzeugt 钟槌 **2.** e-e Art Stock bei bestimmten Musikinstrumenten (*z.B.* e-m Xylophon) (乐器的)槌

Klops *der*; *-es*, *-e*; *nordd* [北德]; e-e Art Kloß aus Hackfleisch 肉丸,肉圆: *Königsberger Klopse* 柯尼斯堡肉丸

Klo·sett *das*; *-(e)s*, *-e/-s* **1** ≈ Toilette[1] (1), WC ‖ K-(复合): **Klosett-**, **-becken**, **-bürste**, **-sitz 2.** der Raum, in dem das WC steht 厕所 ≈ Toilette[1] (2) ‖ K-(复合): **Klosett-**, **-fenster**, **-tür**

Klo·sett·pa·pier *das*; *nur Sg* (只用单数) ≈ Toilettenpapier

Kloß *der*; *-es*, *Klö·ße*; e-e Speise in Form e-r Kugel, die aus e-m Teig (von Kartoffeln, Grieß, Semmeln od. Fleisch) gemacht ist 丸子,圆子,团子 ≈ Knödel ‖ -K(复合): **Fleisch-**, **Grieß-**, **Kartoffel-** ‖ ID [谚] **e-n K. im Hals haben** *gespr* [口]; (vor Aufregung *o.Ä.*) kaum sprechen können (因激动)说不出话来,嗓子哽住了

Kloß·brü·he *die*; *nur in* 只用于 **klar wie K.** *gespr* [口]; eindeutig (zu verstehen), ganz klar (4) 一清二楚,毫不含糊

Klos·ter *das*; *-s*, *Klös·ter* **1.** ein Komplex aus mehreren Gebäuden u. e-r Kirche, die zusammengehören u. in denen Mönche od. Nonnen leben 寺院,庵,修道院 ‖ K-(复合): **Kloster-**, **-bibliothek**, **-garten**, **-kirche**, **-mauer**, **-pforte 2. ins K. gehen** Mönch bzw. Nonne werden 当修女,当和尚,出家 ‖ *zu* (项义) **1. klös·ter·lich** *Adj* (形)

Klos·ter·schu·le *die*; e-e Schule, die zu e-m Kloster gehört u. in der Mönche bzw. Nonnen unterrichten 修道院附设学校

Klotz *der*; *-es*, *Klöt·ze* **1.** ein großes, dickes Stück Holz *o.Ä.*, *mst* ein Stück von e-m Baum(stamm) 大木块,树墩〈Klötze spalten 劈木块〉‖ -K(复合): **Bau-**, **Hack- 2.** ≈ Block ‖ -K(复合): **Beton- 3.** *mst* 多用 **ein ungehobelter K.** *gespr pej* [口][贬]; j-d, der grob u. unhöflich ist 粗鲁人,鲁莽汉 ≈ Rüpel ‖ ID [谚] **j-m ein K. am Bein sein** *gespr* [口]; j-n (oft ohne Absicht) in seiner Freiheit einschränken 是某人的累赘 ≈ j-m lästig sein

klot·zen ↑ **kleckern**

klot·zig *Adj* (形); *gespr* [口] **1.** *mst pej* 多用[贬] ≈ wuchtig, plump ↔ zierlich: *ein klotziger Schreibtisch* 一张笨重的写字台 **2.** *mst* 多用 **k. verdienen** viel Geld verdienen 赚大钱

Klub *der*; *-s*, *-s* **1.** *Kollekt* (集合); e-e Gruppe von Menschen, die gleiche (gemeinsame) Interessen haben (*z.B.* im Sport) 俱乐部(组织) ≈ Verein〈e-n K. gründen, e-m K. beitreten, aus e-m K. austreten 建立、加入、退出俱乐部〉‖ K-(复合): **Klub-**, **-haus**, **-mitglied** ‖ -K (复合): **Fußball-**, **Golf-**, **Schach-**, **Sport-**, **Tennis-**; **Jugend- 2.** das Haus (od. der Raum), in dem sich die Mitglieder e-s Klubs (1) treffen 俱乐部(场所)

Kluft[1] *die*; *-*, *Klüf·te* **1.** e-e tiefe, große Spalte in e-m Berg od. Felsen (岩石)裂缝,深谷,深渊 **2.** ein tiefer Gegensatz zwischen zwei Personen, ihren Meinungen u. Haltungen 鸿沟 ≈ Abgrund (3): *Zwischen ihnen bestand e-e tiefe K.* 他们之间有着深深的鸿沟; *E-e unüberbrückbare K. trennte die beiden Familien* 一道不可逾越的鸿沟把他们两家分开了 ‖ ► **klaffen**, **zerklüftet**

Kluft[2] *die*; *-*, *-en*; *mst Sg*, *gespr* (多用单数) [口] ≈ Kleidung: *Fürs Theater hab ich mich in meine beste K. geworfen* 上剧院我穿上了自己最好的衣服

klug, *klüger*, *klügst-*; *Adj* (形) **1.** *nicht adv* (不作状语); mit vielen Kenntnissen u. der Fähigkeit, Unterschiede sicher zu erkennen, sie logisch zu analysieren *usw* 聪明的 ≈ intelligent, gescheit〈ein Mensch 人; ein kluger Kopf sein 是一个聪明人〉: *In der Schule war sie die Klügste ihrer Klasse* 在学校她曾是班上最聪明的人 **2.** von der Vernunft u. Logik bestimmt 明智的,头脑理智的,审慎的 ≈ vernünftig, umsichtig〈j-s Verhalten, e-e Entscheidung 某人的行为,决定; j-m e-n klugen Rat geben 给某人提出一个明智的建议〉: *Er war k. genug zu wissen, wann er schweigen*

K

musste 他很谨慎，懂得什么时候该沉默 ‖ ID［谚］ ***aus etw. nicht k. werden*** etw. nicht verstehen 对某事弄不懂；***aus j-m nicht k. werden*** nicht erkennen können, aus welchen Motiven j-d handelt 看（猜）不透某人的意图≈ j-n nicht durchschauen；***so k. wie 'vorher / zuvor sein***（trotz Bemühungen）nichts Weiteres über etw. herausgefunden haben（尽管费劲）还是没有弄懂（不知所云）；***Der Klügere gibt nach*** verwendet, wenn man in e-m unwichtigen Streit, der sonst kein Ende finden würde, nachgibt 君子有容人之量 ‖ *hierzu*（派生）**Klu̲g·heit** *die*；*nur Sg*（只用单数）；*zu*（义项）**2. klu̲·ger·wei·se** *Adv*（形）

Klu̲g·schei·ßer *der*；*-s*，*-*；*gespr! pej*［粗］［贬］；j-d, der immer zeigen will, wie intelligent er ist（u. deshalb andere gern belehrt）自以为聪明的人，好为人师 ≈ Besserwisser ‖ *hierzu*（派生）**klu̲g·schei·ßen**（*hat*）*Vi*（不及物）*nur im Infinitiv*（只用不定式）!

klụm·pen；*klumpte*，*hat geklumpt*；**Vi**（不及物）***etw. klumpt*** etw. bildet Klumpen（物作主语）结块，成团〈das Mehl 面〉

Klụm·pen *der*；*-s*，*-* **1. *ein K.*** + *Subst*（名词）e-e kleine（*mst* weiche）Masse ohne bestimmte Form 一小块、团、堆〈ein K. Erde, Ton, Teig *o.Ä.* 一块泥土、陶土、面团等〉‖ -K（复合）：***Erd-***，***Lehm-***，***Schnee-***，***Teig-***，***Ton-*** **2. *ein K.*** + *Subst*（名词）ein großes Stück e-s Metalls 一大块（金属）〈ein K. Blei, Gold 一大块铅、金子〉‖ -K（复合）：***Gold-*** ‖ *zu*（义项）**1. klụm·pig** *Adj*（形）

Klụ̈n·gel *der*；*-s*，*-*；*Kollekt*，*pej*（集合）［贬］；e-e Gruppe von Personen, die sich gegenseitig dabei helfen, gute Positionen zu bekommen u. Geschäfte zu machen 帮派，团伙，朋党

Klu̲n·ker *die*；*-*，*-n*；*mst Pl*，*gespr pej*（多用复数）［口］［贬］；große, *mst* teure（Edel）Steine, die man als Schmuck trägt 大块宝石首饰

km/h ［ka:ɛmˈha:］ *Kurzw*（略）↑ ***Stundenkilometer***

knạb·bern；*knabberte*，*hat geknabbert*；**Vt/i**（及物/不及物）**1.**（***etw.***）***k.*** kleine Stücke von etw.（*z.B.* Schokolade, Nüssen）essen 吃零食：*Vor dem Fernseher knabbert er gern*（*Salzstangen*）坐着看电视时他总爱吃零食（带盐的棒形点心）；**Vi**（不及物）**2. *an etw.***（*Dat* 三格）***k.*** kleine Stücke von etw. Hartem（ab）beißen 嗑，啃，咬：*an e-m Keks k.* 啃饼干；*Der Hase knabbert an der Mohrrübe* 兔子嘎吱嘎吱咬胡萝卜吃 ‖ ID［谚］***an etw.***（*Dat* 三格）***zu k. haben*** *gespr*［口］；**a**）lange brauchen, bis man mit etw.（*mst* e-m Problem）seelisch fertig wird 要长时间地琢磨（斟酌）某事；**b**）sich mit etw.（lange）abmühen müssen 得费尽心思（煞费苦心）地干某件事

Kna̲·be *der*；*-n*，*-n* **1.**（ADM）*geschr veraltend*（【管理】）［书］［渐旧］≈ Junge[1]（1）：*Knaben u. Mädchen* 男孩们和姑娘们 ‖ K-（复合）：***Knaben-***，***-alter***；***-chor*** **2.** *gespr*，*mst hum*［口］多用［诙］；oft in der Anrede verwendet als Bezeichnung für e-n Mann（用作对男子的称呼）〈alter K. 老兄，老弟，老伙计〉：*Na, alter K., wie gehts?* 喂，老兄，怎么样？‖ NB（注意）：*der Knabe*；*den*，*dem*，*des Knaben*

kna̲·ben·haft *Adj*（形）；mit e-r Figur, die für Jungen typisch ist 男孩似的，男孩子气的〈ein Mädchen, e-e junge Frau 姑娘，年轻女子〉：*Ihre Figur wirkt k.* 她的体形看上去像男孩子

Knạ̈·cke·brot *das*；*nur Sg*（只用单数）；ein（Vollkorn）Brot, das in dünnen, knusprigen Scheiben gebacken ist 松脆（全麦）面包片

knạ·cken；*knackte*，*hat geknackt*；**Vt**（及物）**1. *etw. k.*** e-e Frucht öffnen, die mit e-r harten Schale umgeben ist 咔嚓把…打开，咬开，敲开〈Nüsse, Mandeln k. 把核桃、杏仁咔嚓一下咬开〉**2. *etw. k.*** *gespr*［口］；etw. mit Gewalt öffnen 强行撬开≈ aufbrechen〈ein Schloss, e-n Geldschrank, e-n Safe, ein Auto k. 强行打开锁、钱柜、保险箱、汽车〉；**Vi**（不及物）**3. *etw. knackt*** etw. macht e-n Ton, ein Geräusch wie trockenes Holz, das zerbrochen wird（物作主语）发出咔嚓的断裂声〈das Bett, die Holztreppe, die Dielen, das Gebälk, die dürren Äste, die trockenen Zweige 床，楼梯板，地板，屋梁，干树枝，干树条〉；**Vimp**（无人称）**4. *irgendwo knackt es*** etw. gibt e-n knackenden（3）Ton von sich 发出咔嚓声、噼啪声：*Es knackt im Radio*，*im Telefon* 收音机、电话机里发出（有）咔嚓声

Knạ·cker[1] *der*；*-s*，*-*；*mst in* 多用于 ***ein alter K.*** *gespr! pej*［粗］［贬］；ein alter（od. älterer）Mann 老头儿，老家伙，老鬼

Knạ·cker[2] *der*；*-s*，*-*；≈ Knackwurst

knạ·ckig *Adj*（形）；*gespr*［口］**1.**〈*mst* Karotten, Salat（blätter）胡萝卜，沙拉；Äpfel, Birnen 苹果，梨〉so frisch u. fest, dass es knackt（3），wenn man hineinbeißt 脆的，脆生的，松脆的 **2.** fest（straff）u. elastisch, *mst* von erotischer Wirkung 丰满的，结实的，有弹性的〈ein Körper, ein Po 身体，屁股〉

Knạck·punkt *der*；*gespr*［口］；der entscheidende Punkt, von dem etw. abhängt 要点，关键

Knạcks *der*；*-es*，*-e* **1.** ein knackender（3）Ton 啪，咔嚓（破裂声）：*Plötzlich gab es e-n K., u. der Ast brach ab* 突然啪的一声，树枝折断了 **2.** *gespr*［口］；ein Riss in e-m Gegenstand aus Porzellan od. Glas 裂痕，裂缝 ≈ Sprung[2]：*Das Glas hat e-n K.* 玻璃杯有条裂缝 **3.** *gespr*［口］≈ Schaden（2），Defekt（2）〈ein körperlicher, seelischer K. 肉体上、心灵上的创伤；e-n K. haben, abbekommen 有、受到创伤〉

knạck·sen；*knackste*，*hat geknackst*；**Vi**（不及物）***etw. knackst*** ≈ etw. knackt（3）

Knạck·wurst *die*；e-e kleine Wurst, die man *mst* heiß isst 熟的小香肠

Knạll *der*；*-(e)s*，*-e*；*mst Sg*（多用单数）；ein sehr lautes Geräusch, wie es *z.B.* von e-m Schuss od. e-r Explosion kommt 爆裂声，枪击声〈ein lauter, ohrenbetäubender K. 一声响亮的、震耳的爆裂声〉‖ ID［谚］***auf K. u. Fall***

gespr［口］≈ plötzlich；***j-d hat e-n K.*** *gespr*［口］；j-d spinnt，ist verrückt 某人发疯了（胡思乱想）

knall- *im Adj*，*wenig produktiv*，*gespr*（构成形成词，构词弱）［口］；so，dass die genannte Farbe grell ist，intensiv leuchtet（指颜色）刺眼的，耀眼的，鲜的…；***knallgelb***，***knallgrün***，***knall-orange***，***knallrosa***，***knallrot***；***knallbunt***

Knall·ef·fekt *der*；*gespr*［口］；ein überraschender Höhepunkt，der ganz plötzlich kommt 意外效果

knal·len；*knallte*，*hat/ist geknallt*；Vi（不及物）**1.** ***etw. knallt***（*hat*）etw. gibt e-n Knall von sich（物作主语）发出砰、啪等响亮的声音〈ein Schuss，ein Sektkorken，die Peitsche 枪击，香槟酒瓶的软木塞，鞭击〉**2.** ***mit etw. k.***（*hat*）mit etw. das Geräusch e-s Knalls erzeugen 用…发出砰、啪等声响：*mit der Peitsche k.* 挥鞭啪啪抽打 **3.** *mst* 多用 ***die Sonne knallt***（***irgendwohin***）（*hat*）*gespr*［口］；die Sonne strahlt sehr heiß 太阳火辣辣地照射（在…上）**4.** ***irgendwohin k.***（*ist*）*gespr*［口］；aus e-r schnellen Bewegung heraus plötzlich gegen etw. stoßen od. auf etw. fallen 猛地撞击、碰撞在…上：*Der Ball knallte an den Pfosten* 球砰的一声撞在门柱上；*Er knallte mit dem Auto gegen e-n Baum* 他开车砰的一声撞在树上；Vt（及物）（*hat*）**5.** ***etw. irgendwohin k.*** *gespr*［口］；etw. schnell（u. heftig）irgendwohin，gegen etw. werfen 砰的一声把…撞上、碰上、扔进〈e-e Tür ins Schloss k. 砰的一声把门锁撞上了〉：*seine Schultasche in die Ecke k.* 把书包啪的一声扔到角落里 ‖ ID［谚］***j-m eine k.*** *gespr*［口］；j-m e-e Ohrfeige geben 扇了某人一记耳光

Knall·frosch *der*；ein kleiner Sprengkörper，der in verschiedene Richtungen umherspringt，wenn er explodiert 烟火，烟花爆竹

knall·hart *Adj*（形）；*gespr*［口］**1** ≈ brutal：*In dem Film spielt er e-n knallharten Gangster* 在电影里他扮演一位残忍的暴徒 **2.** *mst adv*（多作状语）；ohne Rücksicht auf j-s Gefühle 无情地，不留情面地，直率地 ≈ deutlich，schonungslos：*Ich hab' ihm k. meine Meinung gesagt!* 我把自己的意见不留情面地告诉了他！

knal·lig *Adj*（形）；*gespr*［口］；（von Farben）grell（leuchtend）刺眼的，耀眼的，鲜的，艳的 ≈ schreiend〈ein Gelb，ein Rot *usw* 黄色，红色等〉

Knall·kopf *der*；*gespr!*［粗］*mst* 多用 verwendet als Schimpfwort für j-n，der etwas Dummes（od. Verrücktes）tut od. sagt（骂人用语）笨蛋 ≈ Dummkopf

knapp，*knapper*，*knappst-*；*Adj*（形）**1.** *mst präd*（多作表语）；so wenig，dass es kaum für das Nötigste（aus）reicht 短缺的，少量的，不足的，微薄的 ≈ gering ↔ reichlich〈j-s Lohn，j-s Rente，Vorräte，Reserven，ein Warenangebot ist k. 某人的工资、养老金微薄，库存、储备、供货短缺〉：*Erdöl ist k. u. teuer geworden* 石油变得短缺而昂贵 **2.** so，dass das Ergebnis gerade noch erreicht wird 微弱的，刚好的，勉强的，凑和的〈e-n knappen Sieg erringen 取得微弱的胜利；k. verlieren 输得勉强；e-e Entscheidung fällt k. aus 决定刚好取消〉：*Der Vorsitzende wurde nur mit e-r knappen Mehrheit wiedergewählt* 主席以微弱多数重又当选 **3.** *nur attr od adv*（只作定语或状语）；***k.*** + *Mengen-/Zeitangabe*（数量/时间说明语）etwas weniger（als die genannte Zahl），nicht ganz 不到，差一点，将近 ↔ gut（20）：*Es waren k./knappe zwanzig Personen in dem Zimmer* 屋子里将近二十人；*Er ist k. fünf Jahre alt* 他快五岁了 **4.** *nur adv*（只作状语）；sehr nahe，dicht（6）紧挨，紧靠：*K. hinter dem Haus endet der Weg* 紧挨着房后就是道路的尽头 **5.**〈Kleider 衣服〉so eng（od. klein），dass sie nicht（mehr）richtig passen 紧的，紧绷的 ↔ weit：*Die Hose sitzt sehr k.* 裤子穿着很紧 **6.** so kurz，dass nur das Wichtigste gesagt wird 简单扼要的，简明的，言简意赅的 ↔ ausführlich〈ein Überblick，e-e Schilderung 介绍，描述；etw. k. zusammenfassen 简单扼要地总结某事〉‖ *zu*（义项）**1.**，**2.** u. **6. Knapp·heit** *die*；*nur Sg*（只用单数）

Knap·pe *der*；*-n*，*-n* **1.** ein Bergmann（nachdem er seine Lehre abgeschlossen hat）满师矿工 **2.** *hist*［历］；ein junger Mann，der e-m Ritter diente 骑士的侍从 ‖ NB（注意）：*der Knappe*；*den*，*dem*，*des Knappen*

knapp·hal·ten；*hält knapp*，*hielt knapp*，*hat knappgehalten*；Vt（及物）***j-n k.*** *gespr*［口］；j-m nur das（an Essen，Geld）geben，was er unbedingt braucht 把…卡得紧巴巴的，使勉强够用（够吃）≈ j-n kurzhalten

knap·sen；*knapste*，*hat geknapst*；Vi（不及物）（***mit etw.***）***k.***（***müssen***）*gespr*［口］；sparen（müssen），sein Geld so einteilen（müssen），dass es ausreicht（得）紧着花（钱），（得）尽量节省

Knar·re *die*；*-*，*-n*；*gespr*［口］；ein Gewehr od. e-e Pistole 枪，手枪

knar·ren；*knarrte*，*hat geknarrt*；Vi（不及物）***etw. knarrt*** etw. macht ein Geräusch，wie es entsteht，wenn j-d über alte Bretter geht（物作主语）发出嘎嘎（吱嘎）声〈ein Bett，ein Sofa，e-e Tür，e-e Holztreppe knarrt，die Dielen knarren 床、沙发、门、楼板、地板嘎吱嘎吱响〉

Knast *der*；*-(e)s*；*nur Sg*，*gespr*（只用单数）［口］**1** ≈ Gefängnis〈im K. sitzen，in den K. wandern 坐班房（牢），进班房〉**2.** die Zeit，die j-d im Gefängnis sitzen muss 坐牢（服刑）期 ≈ Haftstrafe：*zwei Jahre K.* 坐两年牢

Knast·bru·der *der*；j-d，der（oft）im Gefängnis ist（常坐牢的）犯人，囚徒

Knatsch *der*；*-es*；*nur Sg*，*gespr*（只用单数）［口］；Ärger od. Streit 争吵，反脸，闹别扭〈K. miteinander haben 彼此吵嘴；es gibt K. 闹别扭〉

knat·tern；*knatterte*，*hat geknattert*；Vi（不及物）***etw. knattert*** etw. macht ein Geräusch aus vielen kurzen Tönen，die wie Knalle klingen u. rasch aufeinanderfolgen（物作主语）发出哒哒声、嘎嘎声〈ein Motorrad 摩托车〉

Knäu·el *das/der*；*-s*，*-*；***ein K.*** + *Subst*（名词）e-e Art Kugel，die entsteht，wenn man e-n lan-

K

gen Faden aufrollt 线球，线团 **Knäuel** ⟨ein K. Garn, Wolle — 团线，一球毛线⟩

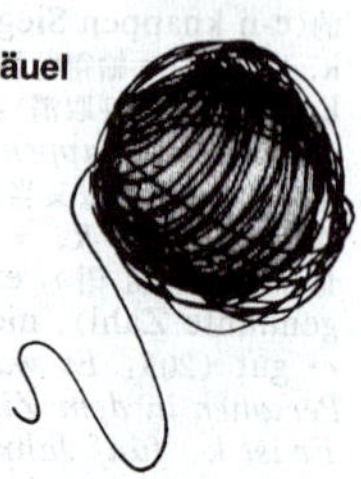

Knauf *der*; -(*e*)*s*, *Knäu·fe*; ein runder Griff, *z. B.* an e-r Tür od. an e-m Spazierstock 球形手把 ‖ ↑ *Abb. unter* 图见 **Griff** ‖ -K(复合): **Tür-** ‖ NB(注意): ↑ **Klinke**

Knau·ser *der*; *-s*, *-*; *gespr*［口］; ein geiziger Mensch 吝啬鬼，小气鬼，守财奴≈ Geizhals

knau·se·rig *Adj*(形); *gespr*［口］≈ geizig ‖ *hierzu*(派生) **Knau·se·rig·keit**, **Knaus·rig·keit** *die*

knau·sern; *knauserte*, *hat geknausert*; [Vi](不及物)(**mit etw.**) **k.** *gespr*［口］; (mit etw.) übertrieben sparsam umgehen 过分节省，吝啬 ⟨mit seinem Geld, mit Material k. 过分省钱、省材料⟩

knaus·rig *Adj*(形); ↑ **knauserig**

knaut·schen; *knautschte*, *hat geknautscht*; *gespr*［口］; [Vt](及物) **1. etw. k.** etw. so zusammendrücken, dass es Falten bildet 把…弄皱，压皱 ⟨die Zeitung, e-e Tischdecke, e-n Rock k. 把报纸、桌布、裙子弄得皱皱巴巴⟩ ‖ NB(注意): ↑ **knüllen**; [Vi](不及物) **2. etw. knautscht** etw. bekommt Falten (物作主语)起皱纹，起褶纹≈ etw. knittert: *Mein neuer Rock knautscht leicht* 我的新裙子容易起皱 ‖ K-(复合): **Knautsch-**, **-falte**

Knautsch·zo·ne *die*; TECH【技】; der Teil vorn od. hinten am Auto, der sich bei e-m Unfall zuerst (ver)biegt u. so den Aufprall mildert 吸能溃缩区(指车辆前后两端在出事故时首先受压弯损，以此减缓车体撞压): *Radfahrer haben keine K.* 骑自行车的人是没有吸能溃缩区的

Kne·bel *der*; *-s*, *-*; ein Stück Stoff, das *mst* e-m Gefesselten fest in den Mund gesteckt wird, damit er nicht schreien kann 堵口物(使之不能叫喊)

kne·beln; *knebelte*, *hat geknebelt*; [Vt](及物) ***j-n* k.** j-m e-n Knebel in den Mund stecken 用布团把…的嘴堵住: *die Gefangenen fesseln u. k.* 把被捕者铐上并堵住嘴 ‖ *hierzu*(派生) **Kne·be·lung** *die*

Knecht *der*; -(*e*)*s*, *-e* **1.** *veraltend*［渐旧］; ein Arbeiter, der bei e-m Bauern angestellt ist 雇工，雇农 ‖ -K(复合): **Hof-**, **Pferde-**, **Stall-** **2.** j-d, der ganz von anderen abhängig ist 仆人，奴仆: *Herren u. Knechte* 主人和奴仆

knech·ten; *knechtete*, *hat geknechtet*; [Vt](及物) *mst* 多用 ⟨ein Land, Volk *o. Ä.* 国家，人民等⟩ **knechtet** ⟨ein Volk 人民⟩ *geschr*［书］; ein Land, Volk *o. Ä.* behandelt ein anderes Volk wie Sklaven 奴役 ‖ *hierzu*(派生) **Knech·tung** *die*

Knecht·schaft *die*; *-*; *nur Sg*, *geschr* (只用单数)［书］≈ Unterdrückung, Unfreiheit ⟨ein Diktator *o. Ä.* führt ein Volk in (die) K., hält es in K., die Revolutionäre *o. Ä.* befreien es aus der K. 独裁者等使人民过奴役的生活，使人民生活在奴役中，革命者把人民从奴役中解救出来⟩

knei·fen[1]; *kniff*, *hat gekniffen*; [Vt](及物) **1. *j-n* (*in etw.* (*Akk* 四格)) k.** *nordd*［北德］; j-s Haut an e-r Stelle so mit den Fingern (zusammen)drücken, dass es wehtut 掐，拧，捏，夹，钳≈ zwicken ⟨j-n in den Arm, in den Hintern k. 拧某人的胳膊、屁股⟩; [Vt/i](及物/不及物) **2. etw. kneift (*j-n*)** etw. drückt sich in j-s Haut od. Fleisch u. tut ihm dabei weh (物作主语)勒，箍 ⟨ein Gummiband 橡皮带⟩: *Die Hose kneift* (*mich*) *am Bauch* 裤子勒(我的)肚子

knei·fen[2]; *kniff*, *hat gekniffen*; [Vi](不及物) (**vor etw.** (*Dat* 三格)) **k.** *gespr*［口］; etw. nicht tun, weil man Angst hat od. faul ist 逃避，躲避，脱逃≈ sich (vor etw. (*Dat* 三格)) drücken

Kneif·zan·ge *die*; e-e Zange, mit der man Nägel aus dem Holz zieht 老虎钳，钳子，克丝钳

Knei·pe *die*; *-*, *-n*; *gespr*［口］; ein einfaches Lokal, in das man geht, um etw. (*bes* alkoholische Getränke) zu trinken 小酒店，小酒吧 ⟨in die K. gehen 去酒吧(喝酒); in der K. sitzen 在酒吧⟩ ‖ K-(复合): **Kneipen-**, **-wirt** ‖ -K(复合): **Studenten-** ‖ NB(注意): ↑ **Gasthaus**, **Wirtschaft**

Die Kneipe 小酒吧

Eine Kneipe ist ein einfaches Lokal, das in etwa zwischen einem Café und einem Restaurant liegt. Meist geht man in eine Kneipe, um ein Glas Bier oder Wein zu trinken und sich dabei gemütlich mit Freunden oder Leuten aus der Nachbarschaft zu unterhalten. Man bekommt in einer Kneipe aber auch einen Imbiss oder kleinere Mahlzeiten.

小酒吧是一种简便餐馆，介于咖啡店与饭馆之间，通常人们去小酒吧喝杯啤酒或葡萄酒，与朋友、近邻悠闲惬意地聊天，在小酒吧也可来份小吃或便饭。

Kneipp·kur *die*; e-e Kur zur Stärkung der Gesundheit, bei der bestimmte Körperteile mit kaltem Wasser abgeduscht werden 克奈普氏疗法，冷水疗法 ‖ *hierzu*(派生) **kneip·pen** (*hat*) *Vi*(不及物)

Kne·te *die*; *-*; *nur Sg*, *Kollekt*, *gespr* (只用单数，集合)［口］≈ Geld

kne·ten; *knetete*, *hat geknetet*; [Vt/i](及物/不及物) **1.** (**etw.**) **k.** etw. so lange fest mit den Händen drücken, bis es die richtige Konsistenz hat 捏，揉 ⟨den Teig k. 揉面团⟩; [Vt](及物) **2. etw.** (**aus etw.**) **k.** etw. aus e-r weichen Masse mit den Händen formen (把…)揉成、捏成(一种模样): *Figuren aus Ton k.* 把陶土捏成人物模样

Knet·mas·se *die*; *nur Sg*（只用单数）; ein weiches Material (in verschiedenen Farben), aus dem *bes* Kinder Figuren formen 可塑黏土

Knick *der*; -(*e*)*s*, -*e* **1.** e-e Stelle, an der etw., das vorher gerade verlaufen ist, stark abbiegt 弯曲处，弯头，折弯，转弯 ≈ Biegung: *Das Rohr hat e-n K.* 这管子有个弯头; *Die Straße macht hier e-n scharfen K.* 这街道在这里有急转弯 **2.** e-e Stelle auf e-m Blatt Papier *o.Ä.*, an der es (scharf) gefaltet ist u. e-e Art Linie bildet 折痕，折缝 ≈ Kniff ‖ ID［谚］ ***e-n K. in der Optik / Pupille haben** gespr hum*［口］［诙］; etw. nicht richtig sehen (u. deshalb übersehen) 看走样，看不清，看不准

kni·cken; *knickte, hat / ist geknickt*; [Vt]（及物）(*hat*) **1. *etw. k.*** etw. an einer Stelle so biegen, dass e-e Kante entsteht, der Gegenstand jedoch nicht in zwei Teile zerfällt 使折裂，使弯曲: *Der Wind hat die Blumen geknickt* 风把花吹折了; *„Bitte nicht k.!“* (Aufschrift auf Briefen)（信封上写）“勿折!”; [Vi]（不及物）(*ist*) **2. *etw. knickt*** etw. biegt sich so stark, dass e-e Kante entsteht, ohne dass es dabei in zwei Teile zerfällt（物作主语）折，弯: *Die Blumen knickten bei dem starken Sturm* 花枝在大风暴中吹折 ‖ NB（注意）: ↑ ***geknickt***

kni·cke·rig, knick·rig *Adj*（形）≈ geizig

Knicks *der*; -*es*, -*e*; e-e Bewegung, die *bes* kleine Mädchen *mst* früher gemacht hat, wenn sie j-n höflich (be)grüßen wollen *o.Ä.* Dabei beugte das Kind ein od. beide Knie u. setzte e-n Fuß zurück（女孩）屈膝礼 ⟨(vor j-m) e-n (tiefen) K. machen 在某人面前行一个（深深的）屈膝礼⟩

knick·sen; *knickste, hat geknickst*; [Vi]（不及物）e-n Knicks machen 行屈膝礼: *Sie knickste tief vor der alten Dame* 她在年长的女士面前深深地行屈膝礼

Knie *das*; -*s*, - [ˈkniː(ə)] **1.** das Gelenk in der Mitte des Beines, mit dem man das Bein abbiegt 膝，膝盖 ⟨ein eckiges, spitzes K. 有棱角的、瘦削的膝盖; die Knie anziehen, beugen, durchdrücken 把腿蜷曲，弯腿，把腿伸直; sich vor j-m auf die Knie werfen 跪倒在某人面前（下跪）; j-m schlottern, zittern die Knie 某人双膝发抖、颤抖⟩: *Ihr Rock reicht gerade bis zum K.* 她的裙子刚到膝盖; *sich bei e-m Sturz die Knie aufschlagen* 摔到时碰破膝盖 ‖ ↑ *Abb. unter* 图见 ***Mensch*** ‖ K-（复合）: ***Knie-, -gelenk*** **2.** die Stelle e-r Hose, die das K. (1) bedeckt 裤腿膝部 ⟨ausgebeulte, durchgescheuerte, geflickte Knie 鼓起来的、磨破的、修补的裤腿膝部⟩ **3.** die Stelle, an der ein Fluss od. ein Rohr e-e starke Krümmung macht od. e-n rechten Winkel bildet（河道）转弯处，（管子）弯头 ‖ ID［谚］ ***in die Knie gehen* a)** aus dem Stand die Knie (1) beugen, bis sie den Boden berühren 屈膝，跪地; **b)** seinen Widerstand aufgeben, weil man keine Kraft mehr hat 屈服，屈从; ***weiche Knie haben** gespr*［口］ (aus Angst *o. Ä.*) sich (körperlich) schwach fühlen（吓得）腿软; ***j-n übers K. legen** gespr*［口］; j-n verhauen 痛打某人; ***j-n in die Knie zwingen*** j-n besiegen od. so auf ihn wirken, dass sein Widerstand bricht 逼使某人屈服，制服某人; ***etw. übers K. brechen** gespr*［口］; etw. (aus Ungeduld) zu schnell entscheiden od. machen (ohne es richtig zu überlegen u. zu planen) 对某事仓促作决定 ‖ NB（注意）: *die Knie*; aber 但是: *auf (den) Knien* ‖ ▶ ***knien***

Knie·beu·ge *die*; -, -*n*; e-e (Gymnastik-)Übung, bei der man erst mit geradem Oberkörper steht u. dann in die Hocke geht, indem man die Knie beugt u. beide Arme nach vorne ausstreckt 屈膝动作，下蹲动作

Knie·fall *der* **1.** *hist*［历］; das Beugen der Knie, bis sie den Boden berühren (was man *mst* als Geste der Unterwerfung od. aus Ehrerbietung macht) 下跪（表示屈服或尊敬）**2.** ***e-n K. vor j-m machen** mst pej* 多用［贬］; sich j-m unterwerfen (um Vorteile für sich zu erlangen) 在某人面前下跪求饶，卑躬屈膝 ‖ *zu*（义项）**2. knie·fäl·lig** *Adj*（形）

knie·frei *Adj*（形）; so (kurz), dass die Knie nicht bedeckt sind 露膝的 ⟨ein Kleid, ein Rock 连衣裙，女裙⟩

knie·hoch *Adj*（形）; ⟨Gras, Schnee 草，雪⟩ so, dass sie vom Boden bis zu den Knien reichen（高、深得）没膝盖的 ‖ NB: *kniehoch* → *kniehohes Gras*

Knie·keh·le *die*; die Rückseite des Knies (1) 腘，腘窝 ‖ ↑ *Abb. unter* 图见 ***Mensch***

knie·lang *Adj*（形）; von e-r Länge, die von oben hinab bis zu den Knien reicht 长及膝盖的，直至膝盖的 ⟨ein Kleid, ein Rock 连衣裙，女裙⟩

kni·en [ˈkniː(ə)n]; *kniete, hat / südd* Ⓐ Ⓒⓗ［南德］［奥］［瑞］*ist gekniet*; [Vi]（不及物）**1.** (***irgendwo***) ***k.*** e-e Haltung einnehmen, bei der der Körper aufrecht ist u. *mst* beide Knie am Boden sind 跪，跪在: *auf dem Boden k.* 跪在地上; *Er kniete vor dem Altar u. betete* 他跪在神坛前祈祷; [Vr]（反身）**2. *sich irgendwohin k.*** die Beine beugen, bis man irgendwo kniet (1)（曲膝）跪下: *Er kniete sich vor den Altar u. betete* 他在神坛前屈膝跪下祈祷 **3. *sich in etw.*** (*Akk* 四格) ***k.** gespr*［口］; etw. intensiv u. mit voller Energie tun 专心致志于，全力投入: *sich in die Arbeit k.* 专心致志于（全身心地投入）工作

Knie·schei·be *die*; der flache, fast runde Knochen vorn am Knie(gelenk) 膝盖骨，膑骨 ‖ ↑ *Abb. unter* 图见 ***Skelett***

Knie·schüt·zer *der*; -*s*, -; ein kleines Polster, das *z.B.* Sportler vorne an den Knien tragen, damit sie nicht verletzt werden 护膝

Knie·strumpf *der*; ein Strumpf, der bis zum Knie reicht（至膝盖的）长袜 ↔ Socke

knie·tief *Adj*（形）; vom Boden bis zu den Knien 深及膝盖的，没膝的: *k. im Schnee ste-*

K

hen 两膝深深埋在雪里站着

kniff *Imperfekt*, *1.u.3.Person Sg* 过去时,第一和第三人称单数; ↑ **kneifen**

Kniff *der*; *-(e)s*, *-e* **1.** das Kneifen[1] (1): *ein K. in den Arm* 在胳膊上拧一下 **2.** e-e Methode od. Idee, die e-e Arbeit viel leichter macht 诀窍,妙策,好主意≈ Kunstgriff, Trick **3.** e-e Methode, andere zu täuschen, um für sich e-n Vorteil zu gewinnen 花招,手法,鬼主意 ≈ List, Trick (1) **4.** e-e Stelle auf e-m Blatt Papier *o.Ä.*, die entsteht, wenn man es knickt u. die wie e-e Linie aussieht 折痕,皱纹≈ Knick (2) ‖ *zu* (义项) **1. knif·fen** (*hat*) *Vt*(及物)

kniff·lig *Adj*(形); *gespr*[口]; sehr kompliziert 难办的,吃力的,棘手的≈ schwierig, verzwickt ⟨e-e Angelegenheit, e-e Aufgabe, e-e Bastelarbeit 事情,任务,工艺活⟩

Knilch *der*; *-(e)s*, *-e*; *gespr pej*[口][贬]; verwendet als Schimpfwort für e-n Mann, den man unangenehm findet(骂人用语)讨厌鬼,恶心人的家伙

knip·sen; *knipste*, *hat geknipst*; *gespr* [口]; Vt/i (及物/不及物) **1.** (**j-n/etw.**) **k.** ≈ fotografieren; Vt (及物) **2.** **etw. k.** (mit e-r Zange) ein Loch in etw. machen 给…检票(打孔) ≈ lochen: *e-e Fahrkarte k.* 检票

Knirps *der*; *-es*, *-e*; *gespr* [口]; ein kleiner Junge 小男孩

knir·schen; *knirschte*, *hat geknirscht*; Vi (不及物) **1.** **etw. knirscht** etw. macht das Geräusch, das man hört, wenn *z.B.* j-d über Kies geht(物作主语)发出沙沙声,沙沙作响 **2.** **mit den Zähnen k.** die Zähne so aufeinander beißen u. hin- u. herbewegen, dass ein knirschendes (1) Geräusch entsteht把牙齿咬得格格响

knis·tern; *knisterte*, *hat geknistert*; Vi (不及物) **1.** **etw. knistert** etw. macht das (leichte) Geräusch, das entsteht, wenn *z.B.* Holz brennt (物作主语)发出噼噼啪啪(沙沙)声,噼啪(沙沙)作响⟨Papier, Seide 纸张,丝织物⟩: *das Feuer knistert im Ofen* 火在炉子里噼啪作响 **2.** **mit etw. k.** mit etw. ein knisterndes (1) Geräusch machen 把…弄得噼啪(沙沙)作响: *mit dem Bonbonpapier k.* 把糖纸弄得沙沙作响

knis·ternd **1.** *Partizip Präsens* 现在分词; ↑ **knistern** **2.** *Adj*(形); *nur attr*, *nicht adv*(只作定语,不作状语); ⟨e-e Atmosphäre, e-e Spannung 气氛,紧张气氛⟩ so, dass die Erregung der Betroffenen sehr deutlich zu spüren ist 紧张的,激动的,一触即发的

knit·ter·frei *Adj*(形); ⟨ein Hemd, ein Stoff 衬衣,衣料⟩ so (weich), dass sie nicht knittern 不起皱的≈ knitterfest: *ein Hemd aus knitterfreiem Material* 一件用不起皱的布料做的衬衫

knit·te·rig *Adj*(形); ↑ **knittrig**

knit·tern; *knitterte*, *hat geknittert*; Vt (及物) **1.** **etw. k.** Falten in e-n Stoff, in Papier *usw* machen 弄皱,压皱; Vi (不及物) **2.** **etw. knittert** etw. bekommt Falten(物作主语)起皱纹,皱: *Dieser Stoff knittert leicht* 这料子容易皱

knitt·rig *Adj*(形); mit vielen kleinen u. großen Falten 有皱纹的

kno·beln; *knobelte*, *hat geknobelt*; Vi (不及物) **1.** mit Würfeln spielen 掷骰子(游戏) **2.** (**um etw.**) **k.** mit Würfeln *o.Ä.* spielen, um so zu entscheiden, wer (als Verlierer) etw. tun muss od. (als Gewinner) etw. tun darf 掷骰子打赌: *Wir knobelten* darum, wer *abspülen muss* 我们掷骰子打赌,谁该洗碗 **3.** **an/über etw.** (*Dat* 三格) **k.** lange u. intensiv über die Lösung e-r Aufgabe od. e-s Problems nachdenken 冥思苦想: *an e-m Rätsel k.* 挖空心思想谜语

Knob·lauch *der*; *-(e)s*; *nur Sg*(只用单数); e-e Pflanze mit e-r Art Zwiebel, die intensiv riecht u. als Gewürz dient 大蒜,蒜: *e-e Sauce mit viel K.* 蒜泥调汁 ‖ K-(复合): **Knoblauch-**, **-brot**; **-butter**

Knob·lauch·ze·he *die*; ein Teil der Zwiebel des Knoblauchs 一瓣蒜,蒜头

Knö·chel *der*; *-s*, *-* **1.** einer von zwei Knochen, die man am Fuß rechts u. links vom Gelenk sieht 踝骨 ⟨sich (*Dat* 三格) den K. umbiegen, verstauchen 把踝骨崴了、扭伤⟩: *ein Nachthemd, das bis zu den Knöcheln reicht* 一件一直拖到脚踝的长睡衣 ‖ ↑ *Abb. unter* 图见 **Fuß**, **Mensch** ‖ -K(复合): **Fuß-** **2.** das Gelenk in der Mitte des Fingers *bzw.* das Gelenk, wo wie Finger in die Hand übergehen 指关节 ‖ -K(复合): **Finger-**

knö·chel·lang *Adj*(形); ⟨ein Kleid, ein Nachthemd, ein Rock 连衣裙,长睡衣,女裙⟩ so lang, dass sie bis zu den (Fuß) Knöcheln reichen 长至脚踝的,一直拖到脚踝的

knö·chel·tief *Adj*(形); vom Boden bis zu den (Fuß) Knöcheln 深至脚踝的: *k. im Morast stecken* 踩在泥坑里,一直陷到脚踝

Kno·chen *der*; *-s*, *-* **1.** einer der vielen festen, besonders harten Teile des Körpers (von Mensch u. Wirbeltieren), aus denen das Skelett besteht 骨头,骨: *Knochen bestehen hauptsächlich aus Kalk* 骨主要由钙组成 ‖ K-(复合): **Knochen-**, **-bruch**, **-gewebe**, **-krebs** ‖ -K(复合): **Handwurzel-**, **Kiefer-**, **Oberarm-**, **Oberschenkel-**, **Schädel-**, **Schienbein-** *usw* **2.** *nur Pl*, *gespr* (只用复数)[口]≈ Glieder ⟨sich (*Dat* 三格) die Knochen brechen 骨折; j-m tun sämtliche Knochen weh 某人全身筋骨酸痛⟩ ‖ ID[谚] **bis auf die Knochen nass sein** *gespr*[口]; ganz nass sein 浑身湿透; **sich bis auf die Knochen blamieren** *gespr* [口]; sich sehr blamieren 丢尽面子,出尽丑; *mst* 多用 **der Schreck**, **die Angst sitzt j-m** (**noch**) **in den Knochen** *gespr*[口]; j-d spürt den Schrecken, die Angst noch immer 某人心有余悸,(仍)惶恐不安

Kno·chen·ar·beit *die*; *nur Sg*, *gespr*(只用单数)[口]; e-e Arbeit, die den Körper sehr anstrengt 卖力气活

Kno·chen·bau *der*; *nur Sg*(只用单数); die Art, wie die Knochen in j-s Körper gebildet sind 骨骼,骨架子⟨e-n kräftigen, schweren, zarten, zierlichen K. haben 有结实的、粗壮的、脆弱的、纤细的骨架〉

kno·chen·dürr *Adj*(形); *gespr*[口]; sehr dürr, mager 瘦骨嶙峋的,瘦得皮包骨头的

Kno·chen·ge·rüst *das*; *nur Sg*, *Kollekt*(只用单数,集合); alle Knochen e-s Körpers 骨骼 ≈ Skelett

kno·chen·hart *Adj*(形); *gespr*[口]; sehr hart 硬邦邦的

Kno·chen·haut *die*; *nur Sg*(只用单数); die dünne Haut, die den Knochen umgibt 骨膜 ‖ K-(复合): ***Knochenhaut-, -entzündung***

Kno·chen·mark *das*; e-e weiche Substanz, die im Innern mancher Knochen (der Röhrenknochen) ist 骨髓

kno·chen·tro·cken *Adj*(形); *gespr*[口] **1.** sehr trocken 干枯的,干裂的: *Hoffentlich regnet es bald, der Boden ist k.* 希望快下雨,土地干裂了 **2.** ≈ langweilig, fantasielos 〈ein Buch, ein Thema 书,主题〉

knö·chern *Adj*(形) **1.** *nur attr*, *nicht adv*(只作定语,不作状语); aus Knochen (gebildet) 骨头的: *der knöcherne Teil des Fußgelenks* 脚关节的骨头部分 **2.** ≈ knochig

kno·chig *Adj*(形); so, dass die Knochen deutlich zu sehen sind 骨头突出的,骨瘦如柴的 ↔ fleischig 〈ein Gesicht, e-e Hand 脸,手〉

Knö·del *der*; *-s*, *-*; *südd* Ⓐ [南德][奥] ≈ Kloß ‖ K-(复合): ***Grieß-, Kartoffel-, Semmel-***

> **Knödel 团子**
>
> **Knödel** oder **Klöße** sind ein typisch deutsches Gericht. Es handelt sich dabei um Kugeln, die etwa so groß sind wie ein Tennisball und aus Kartoffeln (**Kartoffelknödel** oder **Kartoffelklöße**) oder Weißbrot (**Semmelknödel**) hergestellt werden. Man isst sie als Beilage zu gebratenem Fleisch, wie zum Beispiel zum traditionellen **Schweinebraten**.
>
> **团子**或**丸子**是典型的德国菜,呈球形,网球大小,由土豆制成(叫**土豆团子,土豆丸子**)或由白面包制成(叫**面包团子**),作为烤(煎)肉的搭配食品,如传统的**烤猪排**的搭配食品。

Knol·le *die*; *-*, *-n*; ein runder, dicker Teil e-r Pflanze, der an den Wurzeln wächst u. die Nährstoffe speichert 块茎 ‖ -K(复合): ***Kartoffel-, Wurzel-***

Knol·len|blät·ter·pilz *der*; ein sehr giftiger Pilz, der dem Champignon ähnlich sieht 鹅膏菌

Knol·len·na·se *die*; e-e Nase, die sehr dick u. rund ist 蒜头大鼻子

knol·lig *Adj*(形); in der Form e-r Knolle 团状的,圆形的〈e-e Nase 鼻〉

Knopf *der*; *-(e)s*, *Knöp·fe* **1.** ein kleiner, *mst* runder Gegenstand an Kleidern, mit dem man sie öffnet u. schließt 纽扣,扣子〈e-n K. aufmachen, zumachen, annähen, verlieren 解开、扣上、缝上、丢失扣子〉: *Ich habe an der Jacke e-n K. verloren* 我把上衣上的一个扣子丢了; *An deinem Hemd ist ein K. offen* 这件衬衣上有一个扣子是敞着的(没扣好) ‖ -K(复合): ***Hemden-, Hosen-, Jacken-, Mantel-; Kragen-, Manschetten-; Metall-, Perlmutt-, Plastik-*** **2.** ein kleines, *mst* rundes Teil an e-r Maschine od. e-m Gerät, auf das man drückt od. an dem man dreht, um sie/es in Funktion zu setzen 钮,按钮,电钮〈(auf) e-n K. drücken, e-n/an e-m K. drehen 按钮,拨(旋)钮〉: *den K. am Radio drehen u. den richtigen Sender suchen* 拨收音机上的旋钮找台 ‖ K-(复合): ***Knopf-, -druck***

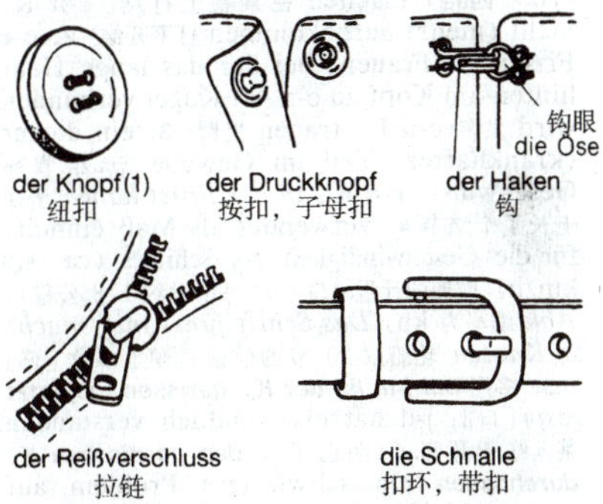

knöp·fen; *knöpfte*, *hat geknöpft*; [Vt](及物) ***etw. k.*** etw. mit od. an den Knöpfen öffnen od. schließen 解扣或扣上扣,把…扣子解开或扣好: *e-e Hose zum Knöpfen* 扣好裤扣; *Diese Bluse wird hinten geknöpft* 这件女上衣是后头扣扣的 ‖ NB(注意): *mst* im substantivierten Infinitiv od. im Passiv!(多用名词化不定式或被动语态!)

Knopf·loch *das*; ein kleines Loch (ein Schlitz) in der Kleidung *o.Ä.*, durch das man e-n Knopf (1) steckt 扣眼

Knor·pel *der*; *-s*, *-*; e-e feste, aber elastische Substanz, die einzelne Knochen u. Gelenke miteinander verbindet 软骨 ‖ *hierzu*(派生) **knor·pe·lig, knorp·lig** *Adj*(形)

knor·rig *Adj*(形); 〈ein (alter) Baum 老树〉 krumm (gewachsen) u. mit vielen dicken Stellen an den Ästen 弯曲而多节的,长满节疤的

Knos·pe *die*; *-*, *-n*; der Teil e-r Pflanze, aus dem sich die Blüten od. Blätter entwickeln 蓓蕾,萌芽〈die Knospen sprießen, brechen auf, entfalten sich 花蕾萌发、开放、绽开〉 ‖ -K(复合): ***Blatt-, Blüten-; Rosen-***

knos·pen [Vi](不及物) ***etw. knospt*** etw. entwickelt Knospen(物作主语)抽芽,长出花蕾 ≈ etw. sprießt: *Die Bäume knospen schon* 树发芽了; *Die Rosen beginnen zu k.* 玫瑰开始长花蕾了 ‖ NB(注意): *nur* in der 3 Person Sg./Pl. Präsens, im Infinitiv od. Partizip Präsens(只用第三人称单数/复数现在时,不定式或现在分词)!

kno·ten; *knotete*, *hat geknotet*; [Vt](及物) **1.**

(***sich*** (*Dat* 三格)) ***etw.*** (*Pl* 复) ***k.*** Fäden, Bänder *o. Ä.* (durch e-n Knoten (1)) aneinanderbinden 打结(线、绳等),把…系好≈verknüpfen:(*sich*) *die Schnürsenkel k.* 把鞋带系好 **2.** (***sich*** (*Dat* 三格)) ***etw. um/an etw.*** (*Akk* 四格) ***k.*** etw. mit e-m Knoten (1) binden u. so irgendwo befestigen 把…系在…上:*sich ein Tuch um den Hals k.* 把围巾系在脖子上

Kno·ten *der*; *-s*, *-* **1.** die Verknüpfung, die entsteht, wenn man die Enden eines Fadens od. mehrerer Fäden *o. Ä.* fest zusammenbindet 结〈e-n K. knüpfen, schlingen, lösen, aufmachen 打、扎、松开、解开结; e-n K. in etw. (*Akk* 四格) machen 在某物上打结; e-n K. nicht (mehr) aufbekommen 打不开结〉 **2.** e-e Frisur für Frauen, bei der das lange Haar hinten am Kopf zu e-r Art Kugel verbunden wird 发髻〈e-n K. tragen 梳髻〉 **3.** ein dicker (krankhafter) Teil im Gewebe 节,结节≈Geschwulst: *e-n K. in der Brust haben* 乳房上长了个结节 **4.** verwendet als Maß(einheit) für die Geschwindigkeit e-s Schiffes (ca. 1,8 km/h)(航速的计量单位)节(每小时约1.8公里); *Abk* 缩写为 kn: *Das Schiff fährt mit/macht 20 Knoten* 轮船以20节的航速行驶 ‖ ID [谚] *mst* 多用 ***bei j-m ist der K. gerissen/geplatzt*** *gespr* [口]; j-d hat etw. endlich verstanden 某人终于开窍了(明白了); ***den gordischen K. durchhauen*** ein schwieriges Problem auf ganz einfache (aber energische) Weise lösen 快刀斩乱麻解决疑难,直译:斩断戈尔迪之结(根据希腊传说,弗里吉亚王戈尔迪曾用乱结把轭系在马车辕上,牢固难解。宙斯宣称能解此结者可统治整个亚洲。后马其顿国王亚历山大用利剑斩开此结)

Kno·ten·punkt *der*; ein Ort, an dem sich verschiedene Straßen, (Eisenbahn) Linien *o. Ä.* treffen 枢纽(站),连接点 ‖ -K(复合): ***Verkehrs-***

kno·tig *Adj* (形); mit (vielen) dicken Stellen, Knoten (3) 多节(疤)的,节节疤疤的〈Äste, ein Gewebe 树枝,织物〉

Know-how, Know·how [nou'hau] *das*; *-(s)*; *nur Sg* (只用单数); das Wissen (darum), wie man etw. praktisch (technisch) macht, damit es funktioniert 决窍,操作技能(知识)〈das technische K. 技术决窍〉

Knub·bel *der*; *-s*, *-*; *gespr* [口]; e-e harte od. geschwollene Stelle auf od. unter der Haut 肿块

Knuff *der*; *-(e)s*, *Knüf·fe*; *gespr* [口]; ein leichter Stoß mit der Faust od. dem Arm (*bes* dem Ellbogen) (用拳或肘轻轻地)撞,捅,碰≈Puff[2]〈j-m e-n K. geben 捅某人一下〉

knuf·fen; *knuffte*, *hat geknufft*; [Vt] (及物) ***j-n k.*** j-m e-n kleinen Stoß (*bes* mit der Hand) geben) (用手轻轻)捅,撞,碰

Knülch *der*; ↑ ***Knilch***

knül·len; *knüllte*, *hat geknüllt*; [Vt] (及物) **1.** ***etw. k.*** Papier od. Stoff (mit der Hand) zusammendrücken 把…弄皱,揉; [Vi] (不及物) **2.** ***etw. knüllt*** etw. bildet leicht Falten (物作主语)起皱,发皱: *der Stoff knüllt* 这块料子起皱

Knül·ler *der*; *-s*, *-*; *gespr* [口]; etw. (Besonderes), das großes Aufsehen erregt u. viele Leute anzieht od. begeistert 热门,抢手≈Sensation: *Der Film ist ein echter K.!* 这部电影真是热门!

knüp·fen; *knüpfte*, *hat geknüpft*; [Vt] (及物) **1.** ***etw. an etw.*** (*Akk* 四格) ***k.*** etw. durch e-n Knoten an etw. festmachen 把…紧系在…上: *die Wäscheleine an den Haken in der Wand k.* 把晾衣绳系在墙上钩子上 **2.** ***etw. an etw.*** (*Akk* 四格) ***k.*** etw. mit etw. verbinden[2] (6) 把…与…联系在一起,〈Hoffnungen, Erwartungen an etw. k. 寄希望于、希冀于某事〉: *Bedingungen an seine Erlaubnis k.* 要他同意取决于条件 **3.** *mst* 多用 ***Kontakte, Verbindungen (zu j-m) k.*** Kontakt mit j-m aufnehmen (*mst* um etw. zu erreichen) 建立(与…)的接触,联系 **4.** ***ein Netz k.*** Schnüre durch Knoten so verbinden, dass ein Netz entsteht 编网,织网 **5.** ***e-n Teppich k.*** viele kurze (Woll)Fäden dicht nebeneinanderbinden u. um dicke, längs laufende Fäden schlingen, sodass ein Teppich entsteht 编织地毯

Knüp·pel *der*; *-s*, *-*; ein kurzer, dicker Stock (粗短的)棍棒≈Prügel: *j-n mit e-m K. schlagen* 用棍子打某人 ‖ -K(复合): ***Gummi-, Holz-*** ‖ ID [谚] ***j-m e-n K. zwischen die Beine werfen*** *gespr* [口]; j-m e-e Sache schwer machen 给某人制造麻烦

knüp·pel·dick *Adj* (形); *mst in* 多用于 ***es kommt (mal wieder) k.*** *gespr* [口]; viele unangenehme Dinge passieren zur gleichen Zeit 不顺心的事一股脑儿地全来了

Knüp·pel·schal·tung *die*; TECH【技】; e-e (Gang)Schaltung in Autos, deren Hebel am Boden befestigt ist 摇杆式挡,挡杆

knur·ren; *knurrte*, *hat geknurrt*; [Vi] (不及物) **1.** ***ein Hund knurrt*** ein Hund gibt aus der Kehle drohende Laute von sich 狗(威胁地)狺狺叫,发出呼噜声 **2.** ***über etw.*** (*Akk* 四格) ***k.*** (*mst* mit undeutlicher Stimme) seine Verärgerung über etw. zum Ausdruck bringen (叽里咕噜)对…发牢骚,发怨气; [Vt/i] (及物/不及物) **3.** (***etw.***) ***k.*** (*mst* mit rauer Stimme) etw. Negatives sagen (粗声粗气地)嘟哝: *„So ein Mist!", knurrte er* "真是胡闹!"他嘟哝着 ‖ NB(注意): Das Objekt ist immer ein Satz (宾语总是一个句子) ‖ ID [谚] ***j-m knurrt der Magen (vor Hunger)*** j-d hat großen Hunger (sodass sein Magen laute Geräusche produziert) 某人肚子饿得叽叽咕咕响

knur·rig *Adj* (形); 〈e-e Antwort, ein Ton 回答,声音〉so (gereizt), dass sie zeigen, dass der Betreffende schlecht gelaunt ist 牢骚满腹的,怨声怨气的,嘟嘟哝哝的≈mürrisch ↔ freundlich

Knus·per·häus·chen *das*; ein kleines Haus, das aus Lebkuchen gemacht ist (u. an das Märchen von „Hänsel u. Gretel" erinnert) 用胡椒饼做成的童话中的小屋

knus·pe·rig, knusp·rig *Adj* (形) **1.** frisch gebraten od. gebacken, mit e-r harten Oberfläche 松脆的，脆(皮)的〈ein Brötchen, e-e Kruste 面包，硬皮；etw. k. braten 把某物炸脆〉 **2.** *gespr hum*[口][诙]; jung u. attraktiv 年轻迷人的，水灵的〈ein Mädchen 姑娘；jung u. knusprig sein 长得年轻又水灵〉

Knu·te *die*; -, *-n* **1** ≈ Peitsche〈j-n mit der K. schlagen 用鞭抽打某人〉 **2. *unter der K.***〈sein, leben 处于，生活在〉wie ein/als Sklave sein, leben 在皮鞭下，受奴役，在暴力统治下 **3. *j-n unter die K. bringen/zwingen*** j-n zum Sklaven machen 逼迫某人当牛做马(成为奴役)

knut·schen; *knutschte, hat geknutscht*; *gespr* [口]; Vt/i (及物/不及物) **1.** (***j-n***) ***k.*** j-n intensiv küssen 狂吻，一个劲地吻；Vi (不及物) **2. *mit j-m k.*** mit j-m schmusen 与…亲热，搂抱

Knutsch·fleck *der*; *gespr* [口]; ein dunkler Fleck, der auf der Haut entsteht, wenn man daran saugt 嘬出来的皮肤紫斑

k.o. [ka:ˈ|o:] *Adj*(形)；*nur präd od adv*(只作表语或状语) **1.** durch e-n Schlag des Gegners beim Boxen nicht mehr fähig, aufzustehen u. weiterzukämpfen (拳击赛中)被击倒〈k.o. gehen, sein 被击倒(了)；j-n k.o. schlagen 把某人击倒〉 **2.** *gespr* [口]; ganz müde u. erschöpft 筋疲力尽的，疲惫不堪的↔ fit

K.o. [ka:ˈ|o:] *der*; -, -; SPORT【体】 **1.** ein Schlag (beim Boxen), nach dem j-d nicht mehr kämpfen kann (拳击赛中)击倒，被击倒〈durch K.o. gewinnen, verlieren 击倒(对方)取胜，被击倒失败〉 ‖ K-(复合)：***K.o.-Schlag***, ***K.o.-Sieg***, ***K.o.-Sieger*** **2. *technischer K.o.*** e-e Situation beim Boxen, in der ein Kampf abgebrochen wird, weil ein Gegner verletzt ist od. zu viel leidet (ohne k.o. zu gehen)停止拳击

ko·a·lie·ren; *koalierte, hat koaliert*; Vi (不及物)〈e-e Partei 一个党派〉***koaliert mit***〈e-r Partei 一个党派〉；〈Parteien 党派〉***koalieren*** zwei od. mehrere Parteien verbinden sich politisch u. bilden so e-e Koalition 单：与…联合、结盟；复：彼此联合，相互结盟

Ko·a·li·ti·on [-ˈtsio:n] *die*; -, *-en*; ***e-e K.*** (***mit***〈e-r Partei *o.Ä.* 一个党派等〉/***zwischen***〈e-r Partei 党派〉***u.***〈e-r Partei *o.Ä.* 党派等〉) ein Bündnis *mst* zwischen Parteien, die zusammen e-e Regierung bilden (wollen) 与…联合执政〈Parteien gehen e-e K. ein 各党派达成联合执政协议〉: *e-e K. zwischen CDU, CSU u. FDP* 基民盟、基社盟和自民党之间的联合执政 ‖ K-(复合)：***Koalitions-***, ***-partner***, ***-regierung***, ***-verhandlungen***

Ko·balt *das*; -*(e)s*; *nur Sg*(只用单数)；ein hartes, glänzendes Metall, das magnetisch ist 钴；CHEM【化】Co ‖ K-(复合)：***kobalt-***, ***-blau***

Ko·bold *der*; -*(e)s*, *-e*; e-e kleine Gestalt (in Märchen), von der man sagt, dass sie den Menschen gern Streiche spielt(童话中的)小精灵，捉弄人的小淘气 ‖ *hierzu* (派生) **ko·bold·haft** *Adj*(形)

Kob·ra *die*; -, *-s*; e-e sehr giftige Schlange, die in Asien u. Afrika lebt 眼镜蛇

Koch *der*; -*(e)s*, *Kö·che*; j-d, der (beruflich) in e-m Hotel od. Restaurant die Speisen macht, kocht 厨师，炊事员 ‖ K-(复合)：***Koch-***, ***-mütze*** ‖ -K(复合)：***Chef-***, ***Meister-***; ***Schiffs-*** ‖ ID[谚] ***Viele Köche verderben den Brei*** wenn zu viele Personen an e-r Sache arbeiten, wird nichts Gutes daraus 人多误事 ‖ *hierzu* (派生) **Kö·chin** *die*; -, *-nen*

koch·echt *Adj*(形)；〈e-e Farbe, ein Stoff 颜色，料子；Wäsche 衣服〉so, dass sie beim Waschen in sehr heißem Wasser nicht beschädigt od. verändert werden 耐煮的，高温不褪色不变形的

ko·chen; *kochte, hat gekocht*; Vt/i (及物/不及物) **1.** (***etw.***) ***k.*** die Nahrung zum Essen vorbereiten, indem man sie heiß macht 煮，烧，烹调(饪)，做饭(菜) ≈ zubereiten: *das Mittagessen k.* 做午饭；*Morgen koche ich Schweinebraten mit Knödeln u. Salat* 明天我做烤猪肉，配土豆丸子和生菜沙拉；*Kochst du gerne?* 你喜欢烹调吗？ ‖ K-(复合)：***Koch-***, ***-buch***, ***-geschirr***, ***-herd***, ***-kenntnisse***, ***-kunst***, ***-kurs***, ***-platte***, ***-rezept***, ***-schürze***, ***-stelle***, ***-topf*** ‖ *zu* ***Kochplatte*** ↑ *Abb. unter* 图见 ***Herd***; Vt (及物) **2.** 〈Tee, Kaffee 茶，咖啡〉***k.*** Tee od. Kaffee zubereiten 煮 ‖ NB (注意)：↑ ***sieden*** **3. *etw. k.*** Essen in heißem Wasser k. (1)(在开水中)煮，烧：*Die Kartoffeln auf kleiner Flamme weich k.* 把土豆在文火上煮烂；*Soll ich die Eier braten od. k.?* 我是煎鸡蛋呢还是煮鸡蛋?；*Bohnen sollte man nie roh, sondern nur gekocht essen* 豆不能生吃，只能煮熟了吃 **4. *etw. k.*** Wäsche, Kleider *o.Ä.* in ungefähr 90° C heißem Wasser waschen (在 90 度热水中)煮洗(衣服) ‖ K-(复合)：***Koch-***, ***-wäsche***, ***-waschgang***; Vi (不及物) **5. *etw. kocht*** etw. hat/erreicht die Temperatur (ungefähr 100°C), bei der Wasser Blasen macht u. zu Gas wird (物作主语)煮沸，烧开 ≈ etw. siedet〈etw. zum Kochen bringen 把某物拿去煮开〉: *die kochende Milch vom Feuer nehmen* 把煮开的牛奶从火上拿下来；*Die Suppe fünf Minuten k. lassen* 把汤烧开五分钟 ‖ K-(复合)：***kochend heiß*** **6.** (***vor Wut***) ***k.*** *gespr* [口]; sehr wütend sein 大为光火，气呼呼；Vimp (无人称) **7. *in j-m kocht es*** *gespr* [口]; j-d ist sehr wütend 某人心里火极了 **8. *irgendwo kocht es vor Hitze*** *gespr* [口]; irgendwo ist es sehr heiß 某处天气酷热、蒸暑难熬

Ko·cher *der*; *-s*, -; ein kleines Gerät, auf dem man (warmes Essen) kochen kann (烧煮食物的)小炉子 ‖ K-(复合)：***Camping-***; (***Propan***)***-Gas-***, ***Spiritus-***

Kö·cher *der*; *-s*, -; ein Behälter für Pfeile, die man mit dem Bogen (ab)schießt 箭筒，箭袋

koch·fest *Adj*(形)；*nicht adv* (不作状语) ≈ kochecht〈Textilien 纺织品〉

Koch·löf·fel *der*; ein großer Löffel aus Holz, mit dem man das Essen beim Kochen umrührt 烹饪木勺，搅拌饭菜用的大木勺 ‖ ID

K

[谚] **den K. schwingen** *hum* [诙]≈ kochen (1)

Koch·ni·sche *die*; e-e Art kleine Küche als Teil e-s Zimmers in e-r kleinen Wohnung (小居室中的)小灶间,小厨房

Koch·salz *das*; Salz, das man essen kann 食盐; CHEM【化】Natriumchlorid 氯化钠 ‖ K-(复合): **Kochsalz-, -lösung**

Koch·wurst *die*; e-e Wurst, die man warm isst (nachdem sie im Wasser gekocht worden ist)(在水里煮开后趁热吃的)煮肠 ‖ NB(注意): ↑ **Bratwurst**

Kode [koːt] *der*; ein System von Wörtern, Buchstaben, Symbolen *o. Ä.*, die andere Wörter *usw* ersetzen u. die für geheime Botschaften *o. Ä.*, verwendet werden 电码,密码 ‖ *hierzu* (派生) **Ko·die·rung** *die*; **ko·die·ren** (*hat*) *Vt* (及物)

Kö·der *der*; *-s, -*; ein Stück Nahrung, das man irgendwohin legt od. irgendwo befestigt, um ein Tier anzulocken u. zu fangen 诱饵,饵 〈e-n K. auslegen 放(抛,撒)诱饵〉: *der Köder an e-r Angel* 钩上的鱼饵 ‖ K-(复合): **Köder-, -fisch, -wurm** ‖ K-(复合): **Angel-**

kö·dern; *köderte, hat geködert*; **Vt** (及物) **1. ein Tier k.** versuchen, ein Tier (mit e-m Köder) anzulocken u. zu fangen 引诱(动物)上钩,使入圈套 **2. j-n k.** *gespr* [口]; versuchen, j-n mit einem verlockenden Angebot für sich od. für e-e Sache zu gewinnen 引诱,使(人)上当,使(人)中圈套

Ko·edu·ka·ti·on [ˈkoː|edukatsioːn] *die*; *-*; *nur Sg* (只用单数); (in der Schule) das gemeinsame Unterrichten von Jungen u. Mädchen in denselben Klassen 男女合班上课 ‖ *hierzu* (派生) **ko·edu·ka·tiv** *Adj* (形)

Ko·ef·fi·zi·ent [ko|efiˈtsient] *der*; *-en, -en* **1.** MATH【数】; die Zahl, mit der man e-e (veränderliche) Größe multipliziert 系数 **2.** PHYS【物】; e-e Zahl, mit der man bestimmte Eigenschaften von Stoffen misst 系数 ‖ -K(复数): **Brechungs-, Reibungs-** ‖ NB (注意): *der Koeffizient; den, dem, des Koeffizienten*

Ko·exis·tenz, Ko·exis·tenz *die*; *-*; *nur Sg* (只用单数); das Miteinander verschiedener Systeme, Ideologien *o. Ä.* zur gleichen Zeit(不同制度、思想等之间的)共处,共存: *die friedliche K. zweier Staaten* 两国之间的和平共处 ‖ *hierzu* (派生) **ko·exis·tie·ren** (*hat*) *Vi* (不及物)

Kof·fe·in *das*; *-s*; *nur Sg* (只用单数); e-e Substanz, die *bes* im Kaffee u. Tee vorkommt u. bewirkt, dass man sich wach u. aktiv fühlt 咖啡碱,咖啡因,茶素 ‖ *hierzu* (派生) **kof·fe·in·frei** *Adj* (形); **kof·fe·in·hal·tig** *Adj* (形)

Kof·fer *der*; *-s, -*; ein großer, fester (*mst* rechteckiger) Behälter aus Leder, Plastik, Aluminium *o. Ä.*, in den man Kleidung u. andere Dinge legt, die man für e-e Reise braucht 箱子〈e-n K. packen, auspacken 装、打开箱子〉: *seinen K. am Schalter aufgeben* 在窗口把箱子托运 ‖ K-(复合): **Koffer-, -anhänger, -schlüssel, -träger** ‖ ID [谚] **aus dem K. leben** (beruflich) viel reisen müssen u. deshalb oft in Hotels wohnen 过的是旅途生活(职业性出差); **die Koffer packen** *gespr* [口]; j-n/e-n Ort voller Ärger verlassen(气呼呼地打点行装准备)离开,出走; **die Koffer packen müssen/können/dürfen** *gespr* [口]; entlassen werden 不得不/可以/让打铺盖卷走人

Kof·fer·ku·li *der*; ein kleiner Wagen, der auf e-m Bahnhof, an e-m Flughafen *o. Ä.* bereitsteht, damit man damit sein Gepäck transportieren kann(车站、机场)行李车

Kof·fer·ra·dio *das*; ein kleines Radio mit e-m Griff an der Oberseite, das man mit sich tragen kann 手提小收音机

Kof·fer·raum *der*; der (*mst* abgetrennte) Raum hinten im Auto, in den man das Gepäck legt (汽车后面的)后备箱行李舱 ‖ ↑ *Abb. unter* 图见 **Auto** ‖ K-(复合): **Kofferraum-, -deckel**

Kog·nak [ˈkɔnjak] *der*; *-s, -s*; *gespr* [口] ≈ Weinbrand ‖ K-: **Kognak-, -glas** ‖ NB(注意): ↑ **Cognac**

Kog·nak·boh·ne *die*; e-e Praline in der Form e-r Bohne, die mit Weinbrand gefüllt ist 酒心巧克力糖

Kog·nak·schwen·ker *der*; *-s, -*; ein rundes (bauchiges) Glas mit e-m Fuß, aus dem man Weinbrand trinkt(肚大口小的)白兰地酒杯

Kohl *der*; *-(e)s*; *nur Sg* (只用单数) **1.** *Kollekt* (集合); e-e Pflanze, die in vielen Arten vorkommt u. die man gekocht als Gemüse isst. Die dicken, festen Blätter liegen eng aufeinander u. bilden so meistens e-e Art Kugel 结球甘蓝,圆白菜,卷心菜 ‖ ↑ *Abb. unter* 图见 **Gemüse** ‖ K-(复合): **Kohl-, -kopf, -roulade, -suppe** ‖ -K(复合): **Grün-, Rot-, Weiß-** ‖ NB(注意): ↑ **Kraut, Blumenkohl, Rosenkohl, Wirsing** **2.** *gespr pej* [口][贬] ≈ Unsinn 〈K. reden 胡说八道,瞎扯〉 ‖ ID [谚] **das macht den K. auch nicht fett** *gespr* [口]; das hilft nicht viel weiter 这也帮不了什么忙(无济于事)

Kohl·dampf *der*; *nur Sg*, *gespr* (只用单数)[口] ≈ Hunger 〈K. haben, schieben (= haben) (肚子)饿,挨饿〉

Koh·le[1] *die*; *-, -n* **1.** *nur Sg* (只用单数); e-e harte, braune od. schwarze Substanz (aus der Erde), die man *bes* zum Heizen verwendet 煤〈K. abbauen, fördern 挖掘、开采煤〉 ‖ K-(复合): **Kohle-, -abbau, -bergbau, -bergwerk, -herd, -kraftwerk, -lager, -vorkommen** **2.** *mst Pl* (多用复数); e-e *mst* kleine Menge K.[1] (1)(指少量)用煤: *e-n Eimer Kohlen aus dem Keller holen* 从地下室取一桶煤 ‖ K-(复合): **Kohlen-, -eimer, -händler, -heizung, -keller, -ofen, -sack, -schaufel** **3.** *nur Sg* (只用单数); ein Stift aus (Holz)Kohle, mit dem man zeichnet 木炭条,炭笔〈mit K. zeichnen 用炭笔作画〉 ‖ K-(复合): **Kohle-, -skizze, -stift, -studie, -zeichnung** ‖ -K(复合): **Zeichen-** ‖ ID [谚] (**wie**) **auf**

(**glühenden**) **Kohlen sitzen** *gespr*[口]; nervös auf j-n/etw. warten 焦灼不安地(心神不定地)等待着,如坐针毡 ‖ *zu* (义项) **1. koh·le·hal·tig** *Adj*(形)

Koh·le² *die*; -, -*n*; *gespr*[口] ≈ Geld 〈viel, wenig K. haben 有很多钱、一点钱〉: *Gib die Kohlen her!* 把钱递过来; *Ich nehme den Job, wenn die K. stimmt/die Kohlen stimmen!* 要是钱合适的话,这工作我干

Koh·le·hyd·rat *das*; ↑ **Kohlenhydrat**

Koh·len·di·oxid *das*; -(*e*)*s*; *nur Sg*(只作单数); ein Gas, das aus Kohlenstoff u. Sauerstoff besteht. Menschen u. Tiere produzieren K., wenn sie ausatmen, u. Pflanzen produzieren aus K. Sauerstoff 二氧化碳; CHEM【化】CO_2

Koh·len·hyd·rat *das*; -(*e*)*s*, -*e*; CHEM【化】; e-e Substanz, die aus Kohlenstoff, Sauerstoff u. Wasserstoff besteht, wie *z. B.* Zucker, u. die den Körper mit Wärme u. Energie versorgt 碳水化合物: *Kartoffeln sind reich an Kohlenhydraten* 土豆含丰富的碳水化合物

Koh·len·mo·n·oxid *das*; -(*e*)*s*; *nur Sg*(只用单数); ein giftiges Gas, das entsteht, wenn Brennstoffe verbrannt werden, die Kohlenstoff enthalten 一氧化碳; CHEM【化】CO: *In den Abgasen der Autos ist noch immer viel K.* 汽车废气中仍然还有许多一氧化碳

Koh·len·säu·re *die*; *nur Sg*(只用单数); die Säure, die *z. B.* die Bläschen in der Limonade entstehen lässt 碳酸; CHEM【化】H_2CO_3 ‖ *hierzu*(派生) **koh·len·säu·re·hal·tig** *Adj*(形)

Koh·len·stoff *der*; *nur Sg*(只用单数); ein chemisches Element, das in der Kohle, in reiner Form auch als Diamant u. Grafit vorkommt 碳; CHEM【化】C

Koh·le·pa·pier *das*; *nur Sg*(只用单数); ein Papier mit e-r Schicht blauer od. schwarzer Farbe. K. legt man zwischen zwei Blätter, um beim Schreiben e-e Kopie herzustellen 复写纸

Köh·ler *der*; -*s*, -; j-d, der beruflich aus dem Holz der Bäume (Holz)Kohle herstellt 烧炭工人

Köh·le·rei *die*; -, -*en*; der Betrieb, in dem ein Köhler arbeitet 炭窑,木炭烧制厂

Kohl·mei·se *die*; e-e Meise mit schwarzem Kopf u. schwarzer Kehle(黑头黑颈的)大山雀

kohl·ra·ben|schwarz *Adj*(形); *gespr*[口] **1.** ganz schwarz 乌黑的,漆黑的,黑黢黢的〈Augen, Haare 眼睛,头发〉 **2.** sehr schmutzig 黑糊糊的,很脏的〈Hände 手〉

Kohl·ra·bi *der*; -(*s*), -(*s*); ein Kohl (1), dessen Knolle man roh od. gekocht als Gemüse isst 球茎甘蓝

Kohl·weiß·ling *der*; -*s*, -*e*; ein weißer Schmetterling, dessen Raupen Kohl (1) fressen 白粉蝶

Ko·itus *der*; -, - [-tuːs]/-*se*; *geschr* [书] ≈ Beischlaf, Geschlechtsakt 性交,同房,房事〈ein Mann u. e-e Frau vollziehen den K. 男女同房(交欢云雨)〉 ‖ *hierzu* (派生) **ko·itie·ren** (*hat*) *Vi*(不及物)

Ko·je *die*; -, -*n* **1.** ein schmales Bett in e-m Schiff (船上的狭窄的)小床 **2.** *gespr*[口] ≈ Bett: *Liegst du immer noch in der K.?* 你还躺在床上?

Ko·jo·te *der*; -*n*, -*n*; e-e Art wilder Hund, der *bes* in der Prärie frei lebt (北美洲中部草原的)狼狗 ≈ Präriehund ‖ NB(注意): *der Kojote; den, dem, des Kojoten*

Ko·ka *die*; -; *nur Sg*(只用单数); ein Strauch, aus dem Kokain gewonnen wird 高根,古柯(提制可卡因的灌木) ‖ K-(复合): **Koka-**, **-blätter**, **-strauch**

Ko·ka·in *das*; -*s*; *nur Sg*(只用单数); e-e Substanz, die man früher als Mittel gegen starke Schmerzen verwendet hat u. die heute verboten ist, weil sie als Rauschgift wirkt 可卡因〈K. schnupfen(用鼻子)吸可卡因〉

ko·kett *Adj*(形); (von Frauen) mit e-m Verhalten, das auf spielerische Weise zum Ziel hat, auf e-n Mann attraktiv zu wirken(妇女)卖弄风情的,卖俏的: *die Augen k. niederschlagen* 垂下眼帘,卖弄风情

ko·ket·tie·ren; *kokettierte, hat kokettiert*; Vi (不及物) **1. mit etw. k.** auf eine der eigenen Eigenschaften *o. Ä.* hinweisen, um dadurch interessant zu wirken od. andere zum Widerspruch zu reizen 炫耀,显示,显摆〈mit seinem Alter k. 炫耀自己的年龄〉 **2. mit etw. k.** mit e-m Gedanken spielen (13)闪过…念头: *mit der Idee k., selbständig zu werden* 闪过独立生活的念头 **3. mit j-m k.** *veraltend* [渐旧] ≈ flirten ‖ NB(注意): *mst* in Bezug auf Frauen verwendet (多指妇女) ‖ *hierzu* (派生) **Ko·ket·te·rie** *die*; -; *nur Sg*(只用单数)

Ko·ko·lo·res *der*; -; *nur Sg*, *gespr* (只用单数)[口] ≈ Unsinn

Ko·kon [koˈkõː] *der*; -*s*, -*s*; die Hülle aus feinen Fäden, mit der sich Raupen umgeben, wenn sie zur Puppe² werden (bzw. in die manche Insekten ihre Eier legen)茧

Ko·kos- *im Subst, betont, wenig produktiv* (构成名词,重读,构词弱) **1.** aus der Frucht der Kokospalme 椰子的…; das **Kokosfett**, die **Kokosflocken**, die **Kokosmakrone**, die **Kokosraspeln** **2.** aus (den Fasern) der Schale der Kokosnuss 椰壳(纤维)的…; die **Kokosfaser**, die **Kokosmatte2**

Ko·kos·milch *die*; die Flüssigkeit im Innern der Kokosnuss 椰子汁

Ko·kos·nuss *die*; die Frucht der Kokospalme 椰子(果实)

Ko·kos·pal·me *die*; e-e tropische Palme mit großen ovalen Früchten in harter brauner Schale 椰子树

Ko·kot·te *die*; -, -*n*; *veraltet* [旧]; e-e vornehme Prostituierte (*bes* an den Höfen der Fürsten u. Könige)(王公贵族宫廷中的)娼妓,交际花

Koks *der*; -*es*; *nur Sg* (只用单数) **1.** e-e Art

Kohle, die hart wie Stein ist u. sehr viel Hitze erzeugt 焦炭,焦煤 **2.** *gespr*[口] ≈ Kokain

kok·sen; *kokste, hat gekokst*; Vi (不及物) *gespr*[口]; Kokain (als Rauschgift) nehmen 吸可卡因

Ko·la *die*; ↑ ***Cola***

Kol·ben *der*; *-s*, *-* **1.** ein (Metall)Stab (in e-m Motor od. e-r Dampfmaschine), der in e-r engen Röhre (dem Zylinder) auf- u. abbewegt wird u. so die Energie weitergibt 活塞 ‖ K-(复合): ***Kolben-***, ***-antrieb***, ***-ring***, ***-stange*** **2.** der breite Teil (Schaft) e-s Gewehres, den man beim Schießen fest an den Körper drückt 枪托 ‖ K-(复合): ***Kolben-***, ***-hieb***, ***-schlag*** ‖ -K(复合): ***Gewehr-*** **3.** e-e Frucht in Form e-s Stabes, die aus den Blüten mancher Pflanzen entsteht 肉穗花序 ‖ K-(复合): ***Kolben-***, ***-hirse*** ‖ -K(复合): ***Mais-*** **4.** CHEM【化】; ein kleines Gefäß (*mst* aus Glas), in dem Chemiker Flüssigkeiten erhitzen *usw* 烧瓶

Kol·ben·fres·ser *der*; *-s*, *-*; *gespr* [口]; ein (Motor) Schaden beim Auto, bei dem sich der Kolben (1) nicht mehr bewegt 活塞卡住不动了: *Das war ein K.!*这是活塞给卡住了!

Kol·chos *der*, *auch* 也用 *das*; *-*, *Kol·cho·se*; ↑ ***Kolchose*** ‖ K-(复合): ***Kolchos-***, ***-bauer***

Kol·cho·se *die*; *-*, *-n*; ein sehr großer landwirtschaftlicher Betrieb, *bes* in der ehemaligen Sowjetunion, der dem Staat gehört u. kollektiv geleitet wird(前苏联的)集体农庄

Ko·li·bak·te·rie *die*; *mst Pl* (多用复数); e-e Bakterie, die im Darm lebt, aber auch Krankheiten verursachen kann (wenn sie in zu großer Zahl mit der Nahrung aufgenommen wird)大肠杆菌

Ko·lib·ri *der*; *-s*, *-s*; ein sehr kleiner, bunter tropischer Vogel, der seine Flügel so schnell bewegen kann, dass er seine Nahrung im Flug aus Blüten saugen kann 蜂鸟

Ko·lik *die*; *-*, *-en*; ein starker Schmerz im Bauch, der ganz plötzlich kommt (u. wie ein Krampf wirkt) (肚子突然)绞痛 ‖ -K(复合): ***Gallen-***, ***Nieren-***

Kolk·ra·be *der*; ein großer Rabe 渡鸦

kol·la·bie·ren; *kollabierte*, *ist kollabiert*; Vi (不及物) MED【医】; e-n Kollaps erleiden (发生)虚脱 ≈ zusammenbrechen

kol·la·bo·rie·ren; *kollaborierte*, *hat kollaboriert*; Vi (不及物) ***mit j-m k.*** mit dem (militärischen) Feind zusammenarbeiten (u. so gegen den eigenen Staat *usw* arbeiten) 与…勾结,串通,通敌 ‖ *hierzu* (派生) **Kol·la·bo·ra·ti·on** *die*; *-*, *-en*; **Kol·la·bo·ra·teur** [-ˈtøːɐ] *der*; *-s*, *-e*

Kol·laps *der*; *-es*, *-e*; MED【医】; ein plötzlicher Anfall von Schwäche, weil nicht mehr genug Blut ins Gehirn kommt 虚脱 ⟨e-n K. erleiden(发生)虚脱⟩ ‖ -K(复合): ***Kreislauf-***

Kol·leg *das*; *-s*, *-s* **1.** e-e Art Schule, in der sich Erwachsene (nachträglich) auf das Abitur od. e-e ähnliche Prüfung vorbereiten 大学预科 **2.** *veraltet*[旧] ≈ Vorlesung (an der Universität)

Kol·le·ge *der*; *-n*, *-n*; j-d, der mit einem od. mehreren anderen die gleiche Arbeit macht od. den gleichen Beruf hat 同事,同行,同僚: *mit den Kollegen gut auskommen* 与同事相处很好 ‖ NB(注意): **a)** auch als Anrede verwendet(也作称呼用): *Herr K.* 同事; **b)** *der Kollege*; *den*, *dem*, *des Kollegen* ‖ *hierzu* (派生) **Kol·le·gin** *die*; *-*, *-nen*

kol·le·gi·al *Adj* (形); freundlich u. gleich bereit zu helfen (wie ein guter Kollege) 同事般的,友好的,乐于助人的 ⟨ein Verhalten 行为; k. denken, handeln 出于友好地考虑、行动⟩ ‖ *hierzu* (派生) **Kol·le·gi·a·li·tät** *die*; *-*; *nur Sg* (只用单数)

Kol·le·gi·at *der*; *-en*, *-en* **1.** ein Schüler e-s Kollegs 预科学生 **2.** Ⓓ [德] ein Schüler, der zur Kollegstufe gehört 高级文理中学高年级学生 ‖ NB(注意): *der Kollegiat*; *den*, *dem*, *des Kollegiaten* ‖ *hierzu* (派生) **Kol·le·gi·a·tin** *die*; *-*, *-nen*

Kol·le·gi·um *das*; *-s*, *Kol·le·gi·en*; *Kollekt* (集合); alle Lehrer e-r Schule 全体教师

Kol·leg·stu·fe *die*; Ⓓ [德] verwendet als Bezeichnung für die beiden obersten Klassen des Gymnasiums, in denen die Schüler viele Fächer selbst wählen können(高级文科中学的)高年级

Kol·lek·te *die*; *-*, *-n* **1.** das Sammeln von Geld in der Kirche (*mst* während e-s Gottesdienstes) 教会募捐 **2.** das Geld, das durch e-e K. (1) gesammelt wird 教会募捐款

Kol·lek·ti·on [-ˈtsioːn] *die*; *-*, *-en* **1.** e-e Auswahl von neuen (Kleider)Modellen, die für den Verkauf zusammengestellt wird (衣服)新款式选样,货样 ⟨e-e K. (von) Krawatten, Hemden 领带、衬衣新款式货样⟩ ‖ -K(复合): ***Frühjahrs-***, ***Herbst-***, ***Sommer-***, ***Winter-*** **2** ≈ Sammlung (2): *Um an Geld zu kommen, musste er die besten Stücke seiner K. verkaufen* 为了搞到钱,他不得不出售他最好的收藏品

kol·lek·tiv [-f] *Adj* (形); so, dass alle Personen e-r Gruppe betroffen od. beteiligt sind 集体的,共同的 ≈ gemeinsam ↔ individuell ⟨e-e Arbeit, e-e Schuld 工作,过错; Personen handeln k. 人们集体行动⟩ ‖ K-(复合): ***Kollektiv-***, ***-arbeit***, ***-bewusstsein***, ***-eigentum***, ***-schuld***

Kol·lek·tiv [-f] *das*; *-s*, *-s/-e*; *Kollekt* (集合) **1.** (*bes hist DDR* 尤指[历(民德)]) e-e Gruppe von Menschen, die ihre Arbeit (nach e-m sozialistischen Prinzip) gemeinsam machen 集体,工作小组 ‖ -K(复合): ***Arbeits-***, ***Architekten-***, ***Jugend-***, ***Lehrer-***, ***Redaktions-*** ‖ NB(注意): ↑ ***Team*** **2.** e-e Gemeinschaft von Menschen, die zusammenleben 生活集体 ‖ *zu* (义项) **1. kol·lek·ti·vie·ren** (*hat*) *Vt* (及物); **kol·lek·ti·vis·tisch** *Adj* (形)

Kol·lek·tiv·be·griff *der* ≈ Kollektivum

Kol.lek.ti.vum [-v-] *das*; *-s*, *Kol.lek.ti.va*; LING【语】; ein Substantiv, das verschiedene Dinge od. Personen zusammenfasst (*z. B.* das Wort „Armee" od. „Publikum")集合名词

Kol.ler *der*; *-s*, *-*; *gespr* [口]≈ Wutanfall ⟨e-n K. kriegen, haben 发脾气,生气⟩ ‖ *hierzu* (派生) **kol.le.rig** *Adj* (形)

kol.lern; *kollerte*, *hat gekollert*; **Vi** (不及物) **1. *ein Truthahn kollert*** ein Truthahn gibt die Laute von sich, die für seine Art typisch sind 吐绶鸡咯咯叫 **2.** *gespr* [口]; wütend sein u. schimpfen 发脾气骂街

kol.li.die.ren; *kollidierte*, *ist/hat kollidiert*; **Vi** (不及物) **1.** *mst* 多用 ***ein Fahrzeug kollidiert mit e-m Fahrzeug***; ⟨Fahrzeuge 机动车⟩ ***kollidieren*** zwei od. mehrere Fahrzeuge stoßen zusammen 单:与…相撞;复:互相撞击: *Zwei PKWs kollidierten gestern früh auf der engen Landstraße nach Augsburg* 昨天清晨两辆汽车在驶向奥格斯堡的狭窄马路上相撞 **2. *etw. kollidiert mit etw.***; ⟨Termine, Pläne *o. Ä.* 日期,计划⟩ ***kollidieren*** (*hat*) Termine, Pläne *o. Ä.* sind nicht miteinander vereinbar(物作主语)与…相冲突、相抵触、发生矛盾: *Der Termin kollidiert mit meiner Reise nach Bonn*, *wir müssen die Besprechung deshalb verlegen* 这个日期与我去波恩出差有冲突,所以我们得把座谈改期; *Unsere Absichten kollidierten* (*miteinander*) 我们的意图相冲突 ‖ *hierzu* (派生) **Kol.li.si.on** *die*; *-*, *-en*

Kol.li.er [kɔˈlieː] *das*; *-s*, *-s*; ein wertvoller Schmuck aus Edelsteinen od. Perlen, den man um den Hals trägt. Ein K. besteht *mst* aus mehreren Ketten(由宝石或珍珠串成的)贵重项链 ‖ -K(复合): ***Brillant(en)-***, ***Diamant(en)-***, ***Perlen-***

Kol.lo.ka.ti.on [-ˈtsioːn] *die*; *-*, *-en*; LING【语】; e-e typische Verbindung aus mehreren Wörtern, *z. B.* aus Adj. u. Subst. od. Verb u. Objekt, die e-e syntaktische Einheit bilden 词组,搭配

Kol.lo.qui.um, **Kol.lo.qui.um** *das*; *-s*, *Kol.lo.qui.en*; e-e Diskussion unter Fachleuten (*bes* Wissenschaftlern)学术讨论会,研讨会 ≈ Symposion ⟨ein K. abhalten 举行学术研讨会⟩

Köl.nisch.was.ser, **köl.nisch Was.ser** *das*; *nur Sg* (只用单数); e-e Art leichtes, erfrischendes Parfüm 科隆香水

ko.lo.ni.al- *Adj* (形); *nur attr*, *nicht adv* (只作定语,不作状语); in Bezug auf eine od. mehrere Kolonien (1) 殖民地的,殖民的 ‖ K-: ***Kolonial-***, ***-besitz***, ***-gebiet***, ***-herrschaft***, ***-krieg***, ***-macht***, ***-politik***, ***-reich***

Ko.lo.ni.al.herr *der*; *mst Pl* (多用复数); ein Vertreter der Schicht (e-s fremden Staates), die in e-r Kolonie herrscht 殖民地领主(统治者)

Ko.lo.ni.a.lis.mus *der*; *-*; *nur Sg* (只用单数); die Politik u. Ideologie e-s Staates, der andere Länder als Kolonien besetzt hat (u. ausbeutet)殖民主义 ‖ NB(注意): ↑ ***Imperialismus*** ‖ *hierzu* (派生) **ko.lo.ni.a.lis.tisch** *Adj* (形)

Ko.lo.ni.al.wa.ren *die*; *Pl*, *veraltend* (复)[渐旧]; Lebensmittel, die aus fremden Ländern importiert wurden 从殖民地国家进口的商品 ‖ K-(复合): ***Kolonialwaren-***, ***-geschäft***, ***-handel***, ***-laden***

Ko.lo.nie *die*; *-*, *-n* [-ˈniːən] **1.** ein Land od. Gebiet, das von e-m *mst* weit entfernten, wirtschaftlich viel höher entwickelten Staat beherrscht (u. ausgebeutet) wird 殖民地 ⟨e-e K. in Übersee 海外殖民地⟩: *die ehemaligen britischen Kolonien* 前英国的殖民地 ‖ -K(复合): ***Kron-*** **2.** *Kollekt* (集合); e-e Siedlung (1), die von Auswanderern gegründet wird 移民区 **3.** *Kollekt* (集合); e-e Gruppe von Menschen aus demselben Land od. mit dem gleichen Beruf, der gleichen Religion *o. Ä.*, die an e-m bestimmten Ort leben 侨居地,(职业、信仰相同的)聚居区,居住区: *die Kolonien der Emigranten in New York* 纽约移民区; *e-e K. von Künstlern* 艺术家居住区 ‖ -K(复合): ***Künstler-*** **4.** e-e große Gruppe von Tieren/Pflanzen, die eng zusammenleben/eng zusammen wachsen 群集,群体,群落 ⟨Vögel brüten, leben in Kolonien 鸟类群集孵蛋、栖息⟩ ‖ -K(复合): ***Bakterien-***, ***Vogel-***

ko.lo.ni.sie.ren; *kolonisierte*, *hat kolonisiert*; **Vt** (及物) **1.** *mst* 多用 ⟨ein Land 国家⟩ ***kolonisiert*** ⟨ein Land 国家⟩ ein Land macht ein anderes Land zu e-r Kolonie 使殖民地化,使成为殖民地 **2.** ⟨Siedler *o. Ä.* 移民等⟩ ***kolonisieren etw.*** Siedler *o. Ä.* machen ein Gebiet bewohnbar u. nutzen es wirtschaftlich 垦殖,开垦,开拓,开发 ‖ *hierzu* (派生) **Ko.lo.ni.sa.ti.on** *die*; *nur Sg* (只用单数); **Ko.lo.ni.sie.rung** *die*; *nur Sg* (只用单数)

Ko.lon.na.de *die*; *-*, *-n*; ein Gang mit e-r flachen Decke, die auf der offenen Seite von Säulen getragen wird 柱廊,列柱: *die Kolonnaden auf dem Petersplatz in Rom* 罗马彼得广场的柱廊

Ko.lon.ne *die*; *-*, *-n*; *Kollekt* (集合) **1.** e-e lange Reihe von Autos, die hintereinanderfahren 车队,汽车行列≈ Schlange ⟨Autos bilden e-e K. 汽车组成车队; sich in e-e K. einreihen 插入车队; (in e-r) K. fahren 排成队开车⟩ ‖ K-(复合): ***Kolonnen-***, ***-fahren*** ‖ -K(复合): ***Auto-***, ***Wagen-*** **2.** e-e große Gruppe von Personen (*bes* Soldaten od. Gefangenen), die miteinander zu ihrem Ziel ziehen 行列,队列,队伍,纵队 ⟨Personen marschieren in Kolonnen 人们列队行进; aus der K. treten 走出队列⟩: *Endlose Kolonnen von Flüchtlingen waren unterwegs* 没有尽头的逃难者的队伍在行进者 ‖ -K(复合): ***Marsch-*** **3.** e-e Reihe von Ziffern od. Zahlen, die untereinanderstehen 一行(列)数字 ⟨Kolonnen addieren 将一行行数字相加⟩ **4.** e-e Gruppe von Menschen, die gemeinsam e-e bestimmte Arbeit zu tun haben 工作队≈ Arbeitstrupp ‖ -K(复合): ***Arbeits-***, ***Bau-***, ***Putz-***, ***Sanitäts-***

Ko.lon.nen.sprin.ger *der*; *gespr* [口]; ein Autofahrer, der bei dichtem Verkehr nicht in der Kolonne bleibt, sondern ein Fahrzeug nach dem anderen überholt(交通拥挤时的)超车司机

Ko·lo·ra·tur *die*; -, *-en*; MUS【音】; e-e virtuose (Ton)Folge in e-r Melodie, die im Solo u. schnell gesungen wird (*bes* im Sopran)花腔 ‖ K-(复合): ***Koloratur-***, ***-sängerin***

ko·lo·rie·ren; *kolorierte*, *hat koloriert*; Vt (及物) ***etw. k.*** weiße Flächen e-r Zeichnung *o.Ä.* mit Farben ausmalen 给…上(涂、着、套)色〈e-e Grafik, e-e Radierung, e-e Zeichnung k. 给版画、铜版画、素描套色〉 ‖ *hierzu* (派生) **Ko·lo·rie·rung** *die*

Ko·lo·rit *das*; -(*e*)*s*, *-e*; die besondere Stimmung (u. Ausstrahlung) e-s Ortes, Bildes 色调,情调,风彩,风味: *das mittelalterliche K. Heidelbergs* 海德堡中世纪的色彩 ‖ -K(复合): ***Lokal-***

Ko·loss *der*; *-es*, *-e* **1.** e-e Person, die besonders groß u. schwer ist 巨人,大块头≈ Riese: *ein K. von e-m Mann* 一个巨型男子 **2.** ein sehr großes Gebäude, Werk od. Fahrzeug (*bes* Flugzeug od. Panzer) 巨物,庞然大物(尤指机动车或坦克) ‖ -K(复合): ***Stahl-***

ko·los·sal *Adj*(形) **1.** sehr groß od. schwer u. beeindruckend 巨型的,庞大的≈ gewaltig 〈Ausmaße, Bauten 规模,建筑物〉 **2.** *nur attr*, *nicht adv*, *gespr* (只作定语,不作状语)[口]; sehr groß 极大的,很大的〈e-e Dummheit, ein Spaß 蠢事,玩笑〉: *Er hatte kolossales Glück* 他幸福极了 **3.** *nur adv*, *gespr* (只作状语)[口]; verwendet, um Adjektive od. Verben zu verstärken(加强形容词或动词的语义)很,非常,极 ≈ sehr: *sich k. freuen* 高兴极了; *etw. interessiert j-n k.* 某事使某人很感兴趣

Ko·los·sal·film *der*; ein (Spiel)Film über historische od. biblische Ereignisse mit Szenen, in denen sehr viele Menschen zu sehen sind 大型历史片≈ Monumentalfilm

Kol·por·ta·ge [-ˈtaːʒə] *die*; -, *-n*; *mst Sg*(多用单数) **1.** ein Bericht über Dinge, von denen man gehört hat, aber nicht weiß, ob sie wahr sind 谣传,散布流言蜚语: *Die K. dieses Gerüchts hat viel Schaden angerichtet* 这一谣言的流传造成很大损失 **2.** schlechte Literatur mit spannender Handlung 低级趣味的读物,刺激性读物 ‖ K-(复数): ***Kolportage-***, ***-roman*** ‖ *zu* (义项) **1. kol·por·tie·ren** (*hat*) *Vt*(及物)

Kölsch *das*; -(*s*); *nur Sg*(只用单数) **1.** der Dialekt, den die Kölner sprechen 科隆方言 **2.** ein helles Bier, das *bes* in Köln getrunken wird 科隆啤酒

Ko·lum·ne *die*; -, *-n* **1.** ein Teil e-r Zeitung od. Zeitschrift, in dem derselbe Journalist regelmäßig Beiträge zu bestimmten Themen schreibt 专栏 ‖ -K(复合): ***Klatsch-***; ***Zeitungs-*** ‖ NB(注意): ↑ ***Glosse*** **2.** *geschr*[书]; e-e Reihe von Zeilen in e-r Zeitung od. e-e Reihe von Zahlen, die (in e-r Spalte) untereinanderstehen 栏 ‖ *zu* (义项) **1. Ko·lum·nist** *der*; *-en*, *-en*

Ko·ma *das*; *-s*, *-s*/*-ta*; *mst Sg*(多用单数); der Zustand, in dem sich ein Mensch befindet, wenn er (*bes* mit schweren Verletzungen) sehr lange ohne Bewusstsein ist 不省人事,昏迷状态〈im K. liegen 处在昏迷中; aus dem K. nicht mehr erwachen 不再从昏迷中醒来〉

Kom·bi *der*; *-s*, *-s*; ein Auto mit e-m relativ hohen u. langen Gepäckraum, das von hinten beladen wird 客货两用车 ‖ K-(复合): ***Kombi-***, ***-wagen***

Kom·bi- *im Subst*, *betont*, *wenig produktiv* (构成名词,重读,构词弱); für verschiedene Zwecke verwendbar 多用的…,组合的…,综合的…; die ***Kombimöbel***, der ***Kombischrank***, die ***Kombizange*** ‖ *zu* ***Kombizange*** ↑ *Abb. unter* 图见 ***Werkzeug***

Kom·bi·nat *das*; -(*e*)*s*, *-e*; *Kollekt*, *hist* (*DDR*) (集合)[历(民德)]; e-e Einheit aus mehreren Betrieben (in der Industrie od. Landwirtschaft), die ihre Waren gemeinsam produzierten 联合企业 ‖ -K(复合): ***Industrie-***, ***Textil-***

Kom·bi·na·ti·on [-ˈtsioːn] *die*; -, *-en* **1.** e-e geistige Leistung, durch die Fakten, Wissen u. Beobachtungen logisch u. sinnvoll miteinander verbunden werden 联想,综合推论≈ das Kombinieren (1) 〈e-e brillante, scharfsinnige K. 出色的、敏锐的联想〉: *Der Detektiv löste seine Fälle oft durch verblüffende Kombinationen* 这位侦探常常用令人惊叹的推论破案 ‖ K-(复合): ***Kombinations-***, ***-gabe***, ***-vermögen*** **2.** die Zusammenstellung verschiedener Dinge zu e-r Einheit 混合,组合,联合,配合(成一整体)≈ das Kombinieren (2): *e-e geschmackvolle K. von Farben* 颜色和谐,浑然一体 ‖ K-(复合): ***Kombinations-***, ***-möglichkeit***, ***-präparat*** ‖ -K(复合): ***Farb-*** **3.** e-e feste (Reihen)Folge von Zahlen, die man auf e-m (Zahlen)Schloss einstellen muss, um *z.B.* e-n Safe zu öffnen(密码锁上的)数字组合,密码: *j-m die K. für e-n Safe verraten* 向某人泄露保险柜的密码 ‖ K-(复合): ***Kombinations-***, ***-schloss*** ‖ -K(复合): ***Zahlen-*** **4.** ein Kleidungsstück, bei dem Hose u. Hemd od. Hose u. Jacke aus einem Stück sind 连衫裤工作服 ‖ -K(复合): ***Flieger-***, ***Gymnastik-*** **5.** e-e Jacke u. e-e Hose/ein Rock, die gut zusammenpassen u. zusammen getragen werden sollen 一套衣裤(裙)相配的服装 **6.** e-e Folge von Zügen[2] (2) bei bestimmten Spielen (*z.B.* beim Fußball, Schach) (足球、下棋时)配合

kom·bi·nie·ren; *kombinierte*, *hat kombiniert*; Vt/i (及物/不及物) **1.** (***etw.***) ***k.*** aus bestimmten Anzeichen e-n logischen Schluss ziehen 推想,推理,推断≈ schließen, folgern: *Sherlock Holmes hatte wieder einmal richtig kombiniert* 福尔摩斯又一次得出正确推理; *Er kombinierte sofort*, dass *hier etw. nicht stimmte* 他马上推断出这里有点不对头; Vt (及物) **2.** ***etw. mit etw. k.*** verschiedene Dinge zu e-m (harmonischen) Ganzen verbinden 使配上，使与…组合、联合、配合：*ein grünes Kleid mit e-r gelben Jacke k.* 用黄色上衣配绿色连衣裙；*e-e kombinierte Bahn-Schiffs-Reise* 一次火车轮船联运的旅行 ‖ *zu*（义项）**2. kom·bi·nier·bar** *Adj*（形）

Kom·bü·se *die*；-，-*n*；die Küche auf e-m Schiff 轮船上的厨房

Ko·met *der*；-*en*，-*en*；ein Himmelskörper, der sich in e-r sehr langen, elliptischen Bahn um die Sonne bewegt u. der am Himmel wie ein Stern mit leuchtendem Schwanz zu sehen ist 彗星，扫帚星 ‖ K-（复合）：***Kometen-***，***-bahn***，***-schweif*** ‖ NB（注意）：*der Komet*；*den*，*dem*，*des Kometen*

ko·me·ten·haft *Adj*（形）；sehr schnell（u. spektakulär）飞快的，神速的〈ein Aufstieg（als Künstler）蜚声艺坛〉

Kom·fort [-ˈfoːɐ] *der*；-*s*；*nur Sg*（只用单数）；Geräte, Vorrichtungen *o.Ä.*, die das Leben angenehm u. bequem machen 舒适的现代化设备：*e-e Wohnung, ein Auto mit allem/jedem K.* 设备俱全的一套住房、一辆汽车 ‖ NB（注意）：↑ ***Luxus***

kom·for·ta·bel *Adj*（形）；mit viel Komfort 舒适的，安逸的，现代化设备俱全的 ‖ NB（注意）：*komfortabel* → *e-e komfortable Wohnung*

Ko·mik *die*；-；*nur Sg*（只用单数）；das, was man an e-r Situation, e-m Witz *o.Ä.* lustig findet, was einen zum Lachen bringt 诙谐，滑稽（可笑）〈die unfreiwillige K. e-r Situation 无意的滑稽场面；etw. entbehrt nicht der K.（= ist komisch）某事相当滑稽可笑〉 ‖ -K（复合）：***Situations-***

Ko·mi·ker *der*；-*s*，-；ein Künstler（*bes* ein Schauspieler）, der die Menschen zum Lachen bringt 滑稽演员，丑角 ‖ *hierzu*（派生）**Ko·mi·ke·rin** *die*；-，-*nen*

ko·misch *Adj*（形）**1.**〈e-e Situation, e-e Geschichte, ein Film 场面，故事，电影；ein Clown 小丑〉so, dass sie zum Lachen anregen 滑稽的，令人发笑的，风趣的 ≈ witzig, spaßig ↔ ernst, traurig **2.** *gespr*［口］≈ merkwürdig, seltsam〈ein Mensch 人；ein Verhalten, e-e Art 行为，神情；ein Gefühl 感情〉：*Er gefällt mir nicht. – Er hat so e-e komische Art zu reden* 我不喜欢他。——他说话的神情那么怪；*Ich hab so ein komisches Gefühl, als ob heute noch was Schlimmes passieren würde* 我有一种奇怪的感觉，好像今天还要发生什么不好的事 ‖ *zu*（义项）**2. ko·mi·scher·wei·se** *Adv*（副）；*gespr*［口］

Ko·mi·tee *das*；-*s*，-*s*；*Kollekt*（集合）；e-e Gruppe von Personen, die mit e-m bestimmten Ziel an e-r gemeinsamen Aufgabe arbeiten u. Entscheidungen treffen 委员会〈e-m K. angehören 是委员会的成员，是委员；das K. tagt, tritt zusammen 委员会开会、碰头〉：*das Internationale Olympische K.* 国际奥林匹克委员会 ‖ -K（复合）：***Fest-***，***Friedens-***，***Jugend-***，***Streik-***，***Wahl-***

Kom·ma *das*；-*s*，-*s*/-*ta* **1.** das Zeichen , in geschriebenen Texten 逗号 ≈ Beistrich〈ein K. setzen 加（打）逗号〉：*den Nebensatz vom Hauptsatz durch ein K. trennen* 用逗号将从句与主句分开 ‖ K-（复合）：***Komma-***，***-fehler*** **2.** ein K.（1），das in e-r Reihenfolge von Zahlen die ganze Zahl von den Dezimalstellen trennt 小数点：*e-e Zahl bis auf zwei Stellen hinter/nach dem K. ausrechnen* 计算出小数点后的两位数字；*Er hatte im Examen die Note 1,3*（*gesprochen „eins Komma drei"*）他考试得了1.3分

Kom·man·dant *der*；-*en*，-*en*；j-d, der *bes* auf e-m（Kriegs）Schiff, in e-m Flugzeug, in e-r Stadt *o.Ä.* der Leiter e-r Gruppe von Personen ist（军舰、飞机、城防等）指挥，司令 ‖ -K（复合）：***Feuerwehr-***，***Raumschiff-*** ‖ NB（注意）：*der Kommandant*；*den*，*dem*，*des Kommandanten* ‖ *hierzu*（派生）**Kom·man·dan·tin** *die*；-，-*nen*

Kom·man·dan·tur *die*；-，-*en*；die Behörde od. das Büro des Kommandanten 指挥部，司令部

Kom·man·deur [-ˈdøːɐ] *der*；-*s*，-*e*；MIL【军】；der Leiter e-r großen militärischen Truppe 司令员，指挥官 ‖ *hierzu*（派生）**Kom·man·deu·rin** [-ˈdøːrɪn] *die*；-；-*nen*

kom·man·die·ren；*kommandierte*，*hat kommandiert*；[Vt]（及物）**1. *etw. k.*** e-n Befehl, ein Kommando geben 指挥，命令，发令：*„Halt!" kommandierte er* "停！"他下令 ‖ NB（注意）：Das Objekt ist immer ein Satz（宾语常常是句子）**2. *j-n irgendwohin k.*** j-m befehlen, irgendwohin zu gehen（um dort e-e bestimmte Aufgabe zu erfüllen）（下令）将…调往，派调：*j-n zur Schulung in e-e andere Stadt k.* 调某人到另一城市去学习；[Vt/i]（及物/不及物）**3.**（***j-n/etw.***（*Kollekt od Pl* 集合或复数））***k.*** Truppen *o. Ä.* als Kommandeur, Befehlshaber leiten 统帅，调遣 **4**（***j-n***）***k.*** *gespr pej*［口］［贬］；j-m Befehle geben（ohne das Recht dazu zu haben）发号施令，瞎指挥，指手划脚：*Sie kommandiert gern* 她喜欢发号施令

Kom·man·dit·ge·sell·schaft *die*；WIRTSCH【经】；e-e（Handels）Gesellschaft, bei der mindestens einer der Teilhaber mit seinem ganzen Vermögen u. mindestens ein anderer in Höhe seiner Beteiligung an der Firma haftet 两合公司；*Abk* 缩写为 KG ‖ *hierzu*（派生）**Kom·man·di·tist** *der*；-*en*，-*en*

Kom·man·do *das*；-*s*，-*s* **1.** ein kurzer Befehl 命令，口令，指令，号令〈ein K. geben, erteilen 下、发号令〉：*Auf das K. „los!" beginnt das Rennen* "跑！"一发口令，比赛就开始 ‖ K-（复合）：***Kommando-***，***-ruf***，***-stimme***，***-ton*** **2.** *oft* MIL 常用【军】；die Macht, in e-r Gruppe die Befehle geben zu dürfen 指挥权，指挥 ≈ Befehlsgewalt〈das K. haben/führen, unter j-s K. stehen, e-m K. folgen 有指挥权/进行指挥，在某人指挥下，听从指挥〉 ‖ K-（复合）：***Kommando-***，***-gewalt*** **3.** *Kollekt*（集合）；e-e Gruppe von Personen, die *mst* nach militärischem Vorbild organisiert ist u. e-e bestimmte Aufgabe erfüllen soll 小分队，派遣队 ‖ -K（复合）：

K

Einsatz-, ***Geheim-***, ***Polizei-***, ***Sonder-***, ***Überfall-*** **4.** MIL【军】；e-e leitende Behörde beim Militär 指挥部，司令部

Kom·man·do·brü·cke *die*；der erhöhte Raum oben auf e-m Schiff (in dem der Kapitän u. der Steuermann ihren Dienst tun)（舰上的）指挥楼，驾驶楼

Kom·ma·stel·le *die*；e-e Ziffer, die rechts vom Komma (2) steht 小数≈ Dezimalstelle：*e-e Zahl mit vier Kommastellen, z. B. 3,1416* 带四位小数的数字，如3.1416

kom·men；*kam, ist gekommen*；Vi（不及物）**1.** ***irgendwohin k.*** sich zu e-m genannten Ort, zum Sprecher *o. Ä.* bewegen 来，来到，去：*Kommst du oft hierher?* 你常来这里吗？；*Mein Cousin kommt morgen zu uns* 我表（兄）弟明天来看我们；*Kommst du mit mir ins Kino?* 你跟我一起去看电影吗？ **2.** (***irgendwohin***) ***k.*** ein bestimmtes Ziel erreichen 到达，到≈ eintreffen, ankommen ⟨nach Hause, ans Ziel k. 到家，到达目的地⟩：*Ist mein Paket schon gekommen?* 我的包裹到了吗？；*Wann kommen die Gäste?* (= wann sollen sie hier sein?) 客人什么时候到？ **3.** ***irgendwohin k.*** auf e-m bestimmten Weg zu e-m Ziel gelangen 到…去，朝…走：*Wie kommt man von hier zum Flughafen?* 从这里到机场怎么走？ **4.** ***durch etw. k.*** auf dem Weg zu e-m bestimmten Ziel durch etw. gehen, fahren *o. Ä.* 穿越，穿过：*Wir kamen dann durch ein wunderschönes Tal* 后来我们穿过了一个仙境般的山谷 **5.** ***irgendwoher k.*** aus dem genannten Land, der genannten Stadt *o. Ä.* stammen 来自：*Ich komme aus Schottland* 我来自苏格兰 **6.** (*mst* nach Beendigung e-r Beschäftigung *o. Ä.*) zu j-m hingehen（多指工作结束后）到，来到：*„Kommst du jetzt endlich!"* (= beeil dich, ich will nicht länger warten) – *„Ich komm ja schon!"* "你现在过来啊！"——"我不是来了吗！" **7.** ***zu etw. k.*** die Zeit od. Gelegenheit finden, etw. zu tun（找到时间或机会）干，实现，完成，取得：*Ich komme einfach zu nichts!* (= ich habe für nichts Zeit) 我没时间，什么也干不成！；*Bist du dazu gekommen, ihr zu schreiben?* 你抽空给她写了信了吗？ **8.** (***sich*** (*Dat* 三格)) ***j-n / etw. k. lassen*** veranlassen, dass j-d/etw. zu einem kommt (1) od. gebracht wird 让（叫）…来：*Sie ließ sich e-n Arzt, ein Taxi k.* 她请来一位医生，叫来一辆出租车 **9.** ***etw. kommt irgendwoher*** etw. bewegt sich von e-m bestimmten Ausgangspunkt zu e-m genannten Ort, zum Sprecher *o. Ä.* hin（物作主语）从…来：*Der Zug kommt aus Kempten u. fährt weiter nach München* 火车从肯普滕来，开往慕尼黑；*Der Wind kommt von den Bergen* 风是从山里吹过来的 **10.** ***etw. kommt irgendwo*** etw. befindet sich an der genannten Stelle (aus der Sicht dessen, der auf diese Stelle zugeht)（物作主语）在…（地方）是、有：*Nach dem Bahnhof kommt gleich rechts ein großes Krankenhaus* 在火车站后面紧靠右边是一座大医院 **11.** ***etw. kommt irgendwann*** etw. findet zum genannten Zeitpunkt statt（物作主语）在…（时候）出现，发生：*Nach dem Essen kommt die große Überraschung* 饭后有个很大的意外惊喜 **12.** ***etw. kommt*** etw. erscheint od. entsteht irgendwo od. wird sichtbar（物作主语）长出，来临，出现，降临：*Die ersten Blätter kommen schon.* – *Es wird Frühling* 第一批树叶已长出来。——春天快到了；*Bei unserem Baby kommen jetzt die ersten Zähne* 我们的小孩现在已长出第一批牙 **13.** ***etw. kommt irgendwie*** etw. ereignet sich, etw. geschieht auf die genannte Art u. Weise（物作主语）发生，来到：*Sein Tod kam für uns völlig überraschend* 他的死对我们来说非常意外；*Es kam alles so, wie ich es vorhergesagt habe* 这一切正如我所预料的那样发生了 **14.** ***etw. kommt irgendwie*** etw. (*mst* e-e Reaktion) erfolgt auf die genannte Art u. Weise（物作主语）反应出来，显得：*Ihre Antwort kam nur zögernd* 她的回答显得犹豫不决（吞吞吐吐） **15.** ***etw. kommt irgendwohin*** etw. soll irgendwohin gebracht werden, etw. gehört an den genannten Ort（物作主语）该放到，该搁进：*Das Geschirr kommt in die Spülmaschine* 碗具该放到洗碗机里；*Der Salat kommt in den Kühlschrank* （凉拌）沙拉该放到冰箱里 **16.** ***j-d / etw. kommt auf j-n / etw.*** verwendet, um e-e gleichmäßige Verteilung od. e-e Proportion auszudrücken（人/物作主语）摊到，落到：*Im Lotto kommen auf jeden Gewinner mindestens tausend Verlierer* 在抽彩兑奖活动中至少一千个落空者才摊到一个中奖者 **17.** ***j-m kommt etw.*** j-d hat e-e Idee, Bedenken *o. Ä.*（物作主语）冒出，产生，出现（指想法、考虑等）：*Ihr kam plötzlich die Idee, selbst hinzufahren* 她突然冒出亲自去的想法；*Mir kommen langsam Zweifel* 我慢慢产生怀疑 **18.** ***etw. kommt über j-n*** j-d wird von e-m (*mst* negativen) Gefühl ergriffen（物作主语）（多指消极感情）攫住，使无法摆脱，压在…心头：*Ein Gefühl der Verzweiflung / Ohnmacht / Hilflosigkeit kam über sie* 一种绝望/软弱无力/无能为力的感觉压在她心头 **19.** ***j-d / etw. kommt j-m gelegen / ungelegen*** j-d erscheint zu e-m günstigen/ungünstigen Zeitpunkt, etw. passiert zur rechten/falschen Zeit（人/物作主语）对…来说合适/不合适：*Du kommst mir gerade gelegen* 你来得对我正合适 **20.** *mst* 多用 ***etw. kommt daher, dass ...*** etw. hat den genannten Grund od. die genannte Erklärung（物作主语）之所以发生是因为，原因是…：*„Ich kann nicht mehr laufen"* – *„Das kommt daher, dass du so viel rauchst"* "我动弹不了了"——"这是因为你抽烟太多" ‖ NB（注意）：In Fragen sagt man „woher" od. „wie"（在疑问句中用"woher" od. "wie"）：*Woher / Wie kommt es, dass wir uns so selten sehen?* 我们很少见面，这是什么原因（导致的）？ **21.** ***nach j-m k.*** j-m ähnlich sein od. sich ähnlich wie j-d entwickeln 长得像…：*Er kommt ganz nach seinem Vater* 他长得完全像他父亲 **22.** ***auf etw.*** (*Akk* 四格) ***k.*** sich an etw. erinnern 想起：

Wie war noch mal sein Name? – Ich komme nicht darauf 他的名字叫什么来着?—— 我想不起来了 **23. *auf j-n/etw. k.*** die Idee haben, j-n/etw. zu berücksichtigen, in Erwägung zu ziehen *o. Ä.* 想到: *Der Job interessiert mich schon, aber wie sind Sie ausgerechnet auf mich gekommen?* 这工作我是感兴趣,但您怎么偏偏想到了我呢? **24. *auf etw.*** (*Akk* 四格) ***k.*** die Lösung, das Ergebnis *o. Ä.* e-s (schwierigen) Rätsels, Problems *o. Ä.* herausfinden 找到,得出(谜语、疑难等结果、解决办法)〈auf die Lösung k. 找到答案〉 **25. *hinter etw.*** (*Akk* 四格) ***k.*** etw. entdecken 发现,探出,找出〈hinter ein Geheimnis k. 探出秘密〉 **26. *zu etw. k.*** etw. (*mst* Positives) bekommen 得到,获得〈zu Geld, zu Ansehen, zu Ruhm u. Ehre k. 得到钱、尊敬、声望和荣誉〉 **27. *zu etw. k.*** ein Ziel *o. Ä.* erreichen 达到,得到〈zum Ziel, zu e-m Ergebnis k. 达到目的,得出结果〉: *Wie komme ich zu e-m neuen Job?* 我怎样能得到一份新工作呢? **28. *an etw.*** (*Akk* 四格) ***k.*** e-e (*mst* wichtige) Position erlangen 获得,取得(地位、身份)〈an die Macht, an die Regierung k. 获得权势,进入政界〉 **29. *um etw. k.*** etw. verlieren 失去,丧失≈ etw. einbüßen 〈um sein Geld, um sein Vermögen k. 失去钱、财〉 **30.** 〈in die Schule 上学; ins Krankenhaus, ins Altersheim *o. Ä.* 去医院,进养老院等〉 ***k.*** mit e-r Ausbildung, e-r Behandlung od. e-m Aufenthalt bei e-r Institution beginnen 到,上…去(接受培训、治疗等): *Mein Sohn kommt bald in die Schule* 我儿子很快要上学了 **31.** 〈aus dem Krankenhaus *o. Ä.* 从医院等〉 ***k.*** von e-r Institution entlassen werden 出来,离开 **32. *zur/zum*** + *Subst* (名词) + ***k.*** mit e-r (neuen) Tätigkeit im Berufsleben *o. Ä.* beginnen 开始从事,去做(新工作): *Meine Frau wird versetzt. – Sie kommt zur Verwaltung* 我老婆要调工作—— 她要去搞行政管理; *Er kommt bald zum Bund/zur Bundeswehr* 他很快去联邦军工作 **33. *zu etw. k.*** e-n bestimmten Punkt (*mst* in e-r Reihenfolge) erreichen(按顺序已)达到,轮到: *Wir kommen nun zum letzten Punkt auf der Tagesordnung/zum nächsten Thema* 现在我们轮到(讨论)日程表上的最后一个要点/下面一个题目 **34. *zu*** + *Subst* (名词) + ***k.*** verwendet, um ein Verb zu umschreiben(用作改换动词的表达); ***etw. kommt zum Ausbruch*** ≈ etw. bricht aus; 〈Personen 人〉 ***kommen zur Einigung*** ≈ Personen einigen sich; ***zu e-m Entschluss k.*** ≈ sich entschließen; ***zu e-r Erkenntnis k.*** ≈ etw. erkennen; ***zu Fall k.*** ≈ fallen; ***j-m zu Hilfe k.*** ≈ j-m helfen **35. *j-d/etw. kommt zum/zur*** + *Subst* (名词) verwendet anstelle e-r Passivkonstruktion(用作替代被动态结构); ***etw. kommt zur Anwendung*** ≈ etw. wird angewendet; ***j-d/etw. kommt zum Einsatz*** ≈ j-d/etw. wird eingesetzt; ***etw. kommt zur Sprache*** ≈ etw. wird ausgesprochen **36.** verwendet zusammen mit e-r Präp. + Subst., um den Beginn e-s Geschehens zu umschreiben(与介词+名词连用,表示行为开始); ***ins Rutschen k.*** ≈ anfangen zu rutschen; ***ins Stocken k.*** ≈ anfangen zu stocken **37.** (***j-m***) ***mit etw. k.*** *gespr*, *mst pej* [口] 多用 [贬]; j-n mit etw. belästigen 用…来纠缠、烦扰: *Jetzt kommt er* (*uns*) *schon wieder mit diesem Unsinn* 现在他又胡说八道来烦扰(我们)了 **38. *j-m irgendwie k.*** *gespr*, *pej* [口][贬]; sich auf unangenehme Art j-m gegenüber benehmen 对…态度(举止、行为)〈j-m grob, frech, dumm (= unverschämt) k. 对某人粗鲁、放肆、厚颜无耻〉: *Wenn du mir so kommst, erreichst du bei mir gar nichts* 你要是这样对我,你从我这里什么也得不着 **39.** *gespr!* [粗] e-n Orgasmus haben 达到性高潮 **40.** *gespr* [口]; im Imperativ verwendet, um e-e Aufforderung zu verstärken(用命令式,加强命令语气): *Ach, komm, lass das!* 啊呀,你放着吧!; *Komm, sei doch nicht so traurig!* 哎,你不用那么忧伤!; **Vt/i** (及物/不及物) **41. *etw. kommt* (*j-n*) *irgendwie*** etw. kostet (j-n) e-n bestimmten Preis(物作主语)(对…)要花费,要付出(代价): *Der Unfall kommt* (*mich*) *teurer, als ich dachte*(对我来说)这事故要付的代价比我想的还要高; **Vimp** (无人称) **42. *es kommt zu etw.*** ein *mst* negativer Zustand tritt ein, etw. Unangenehmes geschieht 发生,导致,闹(多指令人不愉快的事情): *Es kam zu schweren Unruhen* 发生严重骚动; *Wie konnte es nur* dazu *k.*, dass *wir nicht mehr miteinander reden?* 怎么会闹到我们彼此连话都不讲了呢? ‖ ID [谚] ***etw. 'k. sehen*** etw. voraussehen od. ahnen 预见(感)到某事要发生; ***auf j-n/etw. nichts k. lassen*** nicht akzeptieren, dass etw. Negatives über j-n/etw. gesagt wird 不许说某人/某事的坏话,不许对某人/某事说三道四; ***etw. ist im Kommen*** etw. wird (gerade) modern od. beliebt 某事受欢迎,受宠; (***wieder***) ***zu sich k.*** **a)** das Bewusstsein wiedererlangen 苏醒,恢复知觉; **b)** wieder normal u. vernünftig reagieren 又理智(清醒)了; ***irgendwo herrscht ein reges/ständiges Kommen u. Gehen*** viele Leute gehen irgendwo ein u. aus (u. bleiben nur kurze Zeit)某处人来人往,熙熙攘攘; *mst* 多用 ***Jetzt kommts mir*** (***wieder***) *gespr* [口]; jetzt fällt es mir wieder ein 现在我又想起来了; ***So weit kommts noch!*** *gespr* [口]; das darf auf keinen Fall geschehen 这样下去是不行的!; ***Komme, was will/was*** (***da***) ***wolle ...*** nichts wird etw. daran ändern 听天由命,顺其自然; ***Das kommt davon*** das ist die Folge (*mst* e-r unüberlegten Handlung *o. Ä.*)这活该! 这就是(办事不考虑的)后果!; *mst* 多用 ***So wirst du nie zu etwas k.*** wenn du dein Leben nicht änderst, wirst du nie Erfolg u. Geld haben 这样你一辈子干不出名堂(将永远一事无成); ***die Zeit für gekommen halten*** + ***zu*** + *Infinitiv* (不定式) *geschr* [书]; glauben, dass es der richtige Zeitpunkt für etw. ist 认为…时机已到; (***wieder***) ***zu Kräften k.*** nach e-r Erkrankung wieder völlig gesund werden 又恢复健康(体力),又康复了; ***an die Reihe k.*** der nächste sein (der bedient, behandelt *o. Ä.* wird) 轮到; ***Wer zuerst kommt, mahlt zuerst*** wer zuerst ankommt, der bekommt das Beste, Schönste *o. Ä.* 谁先来,先沾光,捷足先登 ‖ ID[谚] ↑ ***Fleck, Leben, schleudern, Schliche, Zweig***

Kom·men·tar *der*; *-s*, *-e* **1. ein K. (zu etw.)** ein Text bzw. e-e kurze Ansprache, in denen ein Journalist in der Zeitung, im Fernsehen *o. Ä.* seine Meinung zu e-m Ereignis gibt 评论,述评,短评 ↔ Nachricht ‖ -K (复合): ***Fernseh-, Zeitungs-*** **2.** die mündliche Beschreibung e-s Ereignisses für ein Publikum (*z. B.* e-s Fußballspiels im Radio) 评论,述评(足球赛) **3. ein K. (zu etw.)** e-e schriftliche u. wissenschaftlich begründete Erklärung od. Auslegung von etw. 评注,注释,解释〈ein K. zu e-m Gesetz 对一部法律的评注〉 ‖ -K(复合): ***Gesetzes-*** **4. ein K. (zu etw.)** *oft pej* 常用[贬]; e-e persönliche Meinung, Bemerkung 个人评论,个人见解(看法) ≈ Stellungnahme: *Auf deine Kommentare können wir verzichten* 对你个人的见解我们可以不考虑; *Er muss zu allem seinen K. abgeben* 他对任何事都要发表自己的看法 ‖ ID [谚] „***Kein K.!***" dazu sage ich nichts 无可奉告! ‖ *zu* (义项) **1., 2.** u. **3. Kom·men·ta·tor** *der*; *-s*, *Kom·men·ta·to·ren*; **Kom·men·ta·to·rin** *die*; *-*, *-nen*; *zu* (义项) **2.** u. **4. kom·men·tar·los** *Adj* (形)

kom·men·tie·ren; *kommentierte*, *hat kommentiert*; [Vt/i] (及物/不及物) **1. (etw.) k.** e-n Kommentar (1,2,3) schreiben od. sprechen 对…作评论,评论,注释,述评: *die Wahlen, ein Gesetz k.* 对选举、法律作述评; *Wer kommentiert (das Spiel)?* 谁评论(这场比赛)?; [Vt] (及物) **2. etw. k.** seine Meinung zu etw. geben 对…发表个人看法

Kom·merz *der*; *-es*; *nur Sg*, *veraltend*, *heute mst pej* (只用单数)[渐旧]今多用[贬] ≈ Handel u. Wirtschaft mit ihrem Streben nach Profit 商务,商业,商贸

kom·mer·zi·ell *Adj* (形); *ohne Steigerung* (无变级); auf Gewinn, Profit gerichtet 贸易上的,商务方面的,商业(性)的〈Interessen 利益; ein Unternehmen 企业〉

Kom·mi·li·to·ne *der*; *-n*, *-n*; j-d, mit dem man zusammen an der Universität/Hochschule studiert (hat) 大学同学 ≈ Studienkollege ‖ NB(注意): *der Kommilitone*; *den*, *dem*, *des Kommilitonen* ‖ *hierzu* (派生) **Kom·mi·li·to·nin** *die*; *-*, *-nen*

Kom·miss *der*; *-es*; *nur Sg*, *veraltend gespr pej* (只用单数)[渐旧][口][贬] ≈ Militär(dienst): *Er muss zum K.* 他得去当兵

Kom·mis·sar *der*; *-s*, *-e* **1.** ein Dienstgrad bei der (Kriminal)Polizei 刑警队长,探长: *Der K. ist dem Mörder auf der Spur* 刑警队长发现了谋杀者的踪迹 ‖ -K(复合): ***Haupt-, Ober-; Kriminal-*** **2.** j-d, der vom Staat für e-e bestimmte Aufgabe besondere Rechte (Vollmachten) erhalten hat(国家委派的)全权代表,特派专员 ≈ Bevollmächtigte(r) ‖ *hierzu* (派生) **Kom·mis·sa·rin** *die*; *-*, *-nen*

Kom·mis·sär *der*; *-s*, *-e* **1.** Ⓐ Ⓒⓗ [奥][瑞] ≈ Bevollmächtigte(r) **2.** Ⓐ Ⓒⓗ [奥][瑞] ≈ Kommissar (1) ‖ *hierzu* (派生) **Kom·mis·sä·rin** *die*; *-*, *-nen*

Kom·mis·sa·ri·at *das*; *-(e)s*, *-e* **1.** das Büro e-s Kommissars (1) 刑警队长办公室 **2.** *südd* Ⓐ [南德][奥] ≈ Polizeirevier

kom·mis·sa·risch *Adj* (形); *nur attr od adv* (只作定语或状语); 〈e-e Leitung 领导; etw. k. leiten 临时代理某事〉 nur für e-e bestimmte Zeit in Vertretung e-s anderen 暂时的,临时(代理)的

Kom·miss·brot *das*; *veraltend* [渐旧]; ein hartes, haltbares Brot (*z. B.* für die Soldaten im Krieg)(战时供士兵食用的、可长久保存的)粗面包

Kom·mis·si·on [-ˈsioːn] *die*; *-*, *-en* **1.** *Kollekt* (集合); e-e Gruppe von Personen (innerhalb e-r größeren Organisation), die offiziell den Auftrag hat, gemeinsam e-e bestimmte Aufgabe, ein bestimmtes Problem zu lösen (处理专门事务的)工作委员会 ≈ Ausschuss 〈Personen bilden e-e K. 多人组成工作委员会〉: *Die K. ist damit beauftragt, die Ursachen für die Katastrophe herauszufinden* 该工作委员会被责成查清灾祸的原因 ‖ K-(复合): ***Kommissions-, -mitglied*** ‖ -K (复合): ***Kontroll-, Musterungs-, Prüfungs-, Untersuchungs-; Regierungs-*** **2. in K.** in Auftrag (damit es (gegen e-e Gebühr) für den Besitzer verkauft wird) (有偿)代销〈etw. in K. nehmen, verkaufen, haben 接受代销、代理销售、代销〉 ‖ K-(复合): ***Kommissions-, -geschäft, -handel, -ware*** ‖ *zu* (义项) **2. Kom·mis·si·o·när** *der*; *-s*, *-e*

kom·mod *Adj* (形); Ⓐ *gespr* [奥][口] ≈ bequem

Kom·mo·de *die*; *-*, *-en*; ein niedriger Schrank (mit Schubladen), *mst* für Wäsche 五斗柜, 抽屉柜

kom·mu·nal *Adj* (形); in Bezug auf die Gemeinde, Kommune (1) 地区的,区域性的,城镇的 ‖ K-(复合): ***Kommunal-, -abgaben, -politik, -politiker, -verwaltung, -wahlen***

Kom·mu·ne *die*; *-*, *-n*; *Kollekt* (集合) **1.** e-e Stadt, ein Dorf *o. Ä.* als Gebiet mit eigener Verwaltung 自治城镇 ≈ Gemeinde (1): *Bund, Länder u. Kommunen* 联邦、州和城镇; *die finanziellen Probleme der Kommunen* 城镇的财政问题 **2.** e-e Gruppe von Personen (oft Studenten), die zusammen wohnen u. ihr Leben gemeinsam finanzieren, obwohl sie keine Familie sind 大学生(生活、居住在一起的)共同生活〈in e-r K. leben, wohnen 共同生活,居住在一起〉

Kom·mu·ni·ka·ti·on [-ˈtsioːn] *die*; *-*, *-en*; *mst Sg* (多用单数); **die K. (+ *Gen* 二格/von etw.)**; **die K. (mit j-m/ zwischen** 〈Personen 人 (*Dat* 三格)〉**)** das Sprechen mit anderen od. die Verständigung durch Zeichen 交际,

交往,交流,(通讯)联络,联系〈die K. mit j-m aufnehmen, abbrechen 与某人建立、断绝交往〉: *die K.* (= die Vermittlung) *der Gedanken* 思想交流; *Während des Sturmes war keine K. zwischen Festland u. Insel möglich* 风暴期间大陆与岛屿之间没有任何联系 ‖ K-(复合): **Kommunikations-**, **-barriere**, **-bereitschaft**, **-mittel**, **-schwierigkeit** ‖ *hierzu*(派生)**kom·mu·ni·ka·ti·ons·fä·hig** *Adj*(形); **Kom·mu·ni·ka·ti·ons·fä·hig·keit** *die*; *nur Sg*(只用单数)

Kom·mu·ni·ka·ti·ons·sys·tem *das* **1.** ein System aus Zeichen, Lauten *o. Ä.*, mithilfe dessen man kommuniziert (wie *z. B. Sprache, Schrift*)(借助口语和书面语的)语言传递系统 **2.** ein System aus Geräten, Einrichtungen *o. Ä.*, mithilfe dessen man kommuniziert (wie *z. B.* Telefon, Internet)(电话、网络)信息传递系统

kom·mu·ni·ka·tiv [-f] *Adj*(形); *nicht adv*(不作状语) **1.** bereit, über etw. zu sprechen od. sich zu unterhalten 乐于交谈的,善于聊天的: *Du bist heute nicht sehr k., ist etw. nicht in Ordnung?* 你今天不怎么爱交谈,是不是有什么事? **2.** in Bezug auf die Kommunikation 联络的,交际的,交往的〈e-e Fähigkeit, ein Prozess 能力,过程〉

Kom·mu·ni·kee, Kom·mu·ni·qué [kɔmyniˈkeː, kɔmu-] *das*; *-s*, *-s*; ein offizieller Text, in dem das Ergebnis von Verhandlungen *o. Ä.* (*bes* an die Presse) mitgeteilt wird 公报 ‖ -K(复合): **Schluss-**

Kom·mu·ni·on [-ˈnioːn] *die*; *-*, *-en*; KATH【天主】**1.** das Empfangen der Hostie (in der Feier der Messe in der katholischen Kirche) 受圣餐,圣餐仪式〈die K. (= die Hostie) empfangen 接受圣餐; zur K. gehen 参加圣餐仪式〉 **2.** das erste Mal, wenn ein (katholisches) Kind zur K. (1) geht 第一次圣餐仪式≈ Erstkommunion ‖ K-(复合): **Kommunions-**, **-kind**, **-kleid**, **-unterricht** ‖ *hierzu*(派生) **Kom·mu·ni·kant** *der*; *-en*, *-en*; **Kom·mu·ni·kan·tin** *die*; *-*, *-nen*

Kom·mu·nis·mus *der*; *-*; *nur Sg*(只用单数) **1.** e-e politische Bewegung u. Ideologie (nach der Lehre von Karl Marx u. Friedrich Engels), die sich gegen den Kapitalismus richtet u. *bes* von den Regierungen Osteuropas vertreten wurde 共产主义 **2.** e-e Gesellschaftsform, die versucht, die Lehre von Marx u. Engels zu verwirklichen, in der es also (theoretisch) kein Privateigentum u. keine Klassen gibt u. in der jeder nach seinen Bedürfnissen leben kann 共产主义社会 ‖ *hierzu*(派生) **Kom·mu·nist** *der*; *-en*, *-en*; **Kom·mu·nis·tin** *die*; *-*, *-nen*

kom·mu·nis·tisch *Adj*(形); in Bezug auf den Kommunismus (1,2) 共产主义的〈die Ideologie 意识形态; Ideale, Überzeugungen, Gedankengut 理想,信念,思想〉

kom·mu·ni·zie·ren; *kommunizierte*, *hat kommuniziert*; [Vi](不及物) **1.** ***j-d kommuniziert mit j-m***; 〈Personen 人〉 ***kommunizieren (miteinander)*** *geschr*[书]; zwei od. mehrere Personen teilen sich ihre Gefühle, Gedanken *o. Ä.* mit od. tauschen Informationen aus (*bes* durch Sprache, Schrift, Gesichtsausdruck od. Körperbewegungen)(人作主语)单:与…交际、交流、通信息;复:彼此交流,互通信息: *Durch das Telefon wurde es möglich, mit weit entfernten Personen unmittelbar zu k.* 通过电话可与远距离的人直接交流 **2.** KATH【天主】; zur Kommunion gehen 参加圣餐仪式

Ko·mö·di·ant *der*; *-en*, *-en* **1.** ein Schauspieler, der lustige Rollen in Komödien spielt 喜剧演员,滑稽演员 **2.** ein lustiger Mensch, der andere gern zum Lachen bringt 爱逗乐的人 **3.** *pej*[贬]; j-d, der anderen Gefühle vortäuscht 骗子,耍花招的人 ≈ Heuchler ‖ NB(注意): *der Komödiant*; *den*, *dem*, *des Komödianten* ‖ *hierzu*(派生)**ko·mö·di·an·ten·haft** *Adj*(形); **Ko·mö·di·an·tin** *die*; *-*, *-nen*; **ko·mö·di·an·tisch** *Adj*(形)

Ko·mö·die [-diə] *die*; *-*, *-n* **1.** ein lustiges (Theater)Stück od. ein lustiger Film, *mst* mit e-m glücklichen Ende 喜剧,滑稽(戏),喜剧电影≈ Lustspiel ↔ Tragödie: *die Komödien Molières* 莫里哀的喜剧 ‖ K-(复合): **Komödien-**, **-schreiber**, **-stoff** **2.** ein kleines Theater, in dem regelmäßig Komödien (1) aufgeführt werden 喜剧院 ‖ ID [谚] ***K. spielen*** *pej*[贬]; bestimmte Gefühle *o. Ä.* vortäuschen 演戏,骗人,装样子; ***etw. ist (nur) K.*** *pej*[贬]; etw. ist nicht echt, sondern vorgetäuscht 某事只是演戏(不是真的): *Seine Tränen sind nur K.* 他的眼泪只是演戏(不是真的)

Kom·pag·non [kɔmpanˈjõː, ˈkɔmpanjõ] *der*; *-s*, *-s*; j-d, der e-e Firma od. Gesellschaft mit anderen zusammen besitzt 股东,合伙经营者

kom·pakt *Adj*(形) **1.** fest u. dicht, mit wenig Zwischenräumen 坚固而严实的,坚实的↔ lose 〈e-e Masse 物质〉 **2.** klein, aber sehr praktisch, mit vielen Funktionen 小巧玲珑的,精巧的 ‖ K-(复合): **Kompakt-**, **-anlage**, **-auto**, **-bauweise**, **-kamera** **3.** *gespr*[口] ≈ gedrungen 〈e-e Statur 体形; k. gebaut sein 长得敦实〉

Kom·pa·nie *die*; *-*, *-n* [-ˈniːən] **1.** *Kollekt*(集合); MIL【军】; e-e kleine (Truppen)Einheit (*mst* mit 100-250 Männern) 连,连队 ‖ K-(复合): **Kompanie-**, **-chef**, **-feldwebel**, **-führer** **2.** *veraltend* [渐旧]≈ Handelsgesellschaft ‖ NB(注意): *mst* in Firmennamen in den Abkürzungen *Co* u. *Cie*(公司商号用缩写 Co 和 Cie): *Firma Meyer & Co.* 麦耶商贸公司; *Firma Müller & Cie* 米勒商贸公司

Kom·pa·ra·tiv [-f] *der*; *-s*, *-e*; LING【语】; e-e (Steigerungs) Form des Adjektivs oder Adverbs, die e-e Zunahme von Qualität, Quantität *o. Ä.* ausdrückt(形容词、副词的)比较级: „*leiser*" *ist der K. zu* „*leise*" "leiser"是"leise"的比较级 ‖ NB(注意): ↑ ***Superlativ***

Kom·par·se *der*; *-n*, *-n*; j-d, der in e-m Film od. (Theater)Stück zusammen mit vielen

K

anderen e-e ganz kleine (Neben)Rolle *bes* bei Massenszenen spielt 配角，龙套≈ Statist ‖ NB(注意)：*der Komparse*；*den*，*dem*，*des Komparsen* ‖ *hierzu*(派生) **Kom·par·sin** *die*；-，-*nen*

Kom·pass *der*；-*es*，-*e*；ein kleines Gerät mit e-r magnetischen Nadel，die immer nach Norden zeigt 指南针，罗盘 ‖ K-(复合)：***Kompass-***，***-nadel***

kom·pa·ti·bel *Adj*(形) **1.** INFORM【信息】；(*mst* von Computern *o. Ä.*) so，dass sie zusammen mit bestimmten anderen Geräten u. anderer Software benutzt werden können 兼容的，并存的，配套的：*Die beiden Geräte sind nicht k.* 这两台仪器不兼容 ‖ -K(复合)：***IBM-kompatibel*** **2.** *geschr*[书]；〈Blutgruppen，Medikamente 血型，药物；Ämter 职务〉so，dass sie (für bestimmte Zwecke) miteinander vereinbar sind 可协调的，可混用的 ‖ NB(注意)：*kompatibel* → *kompatible Geräte* ‖ *hierzu* (派生) **Kom·pa·ti·bi·li·tät** *die*；*nur Sg*(只用单数)

Kom·pen·di·um *das*；-*s*，-*ien* [-diən]；ein kurzgefasstes Lehrbuch 教材简写本，简编

Kom·pen·sa·ti·on [-ˈtsioːn] *die*；-，-*en* **1.** das Kompensieren 平衡，均衡，抵消 ‖ -K(复合)：***Über-*** **2.** e-e finanzielle Entschädigung 抵偿，赔偿，补偿：*j-m als K. für e-n Verlust Geld zahlen* 付给某人钱作为损失的补偿

kom·pen·sie·ren；*kompensierte*，*hat kompensiert*；[Vt](及物) ***etw.*** (***durch etw.***) ***k.*** *geschr*[书]；e-e Schwäche，e-n Fehler *o. Ä.* durch etw. anderes ausgleichen(以…)抵消，平衡，弥补：*Er versuchte，seine Aufregung durch lautes Sprechen zu k.* 他力图以大声说话来平衡自己的激动情绪

kom·pe·tent *Adj*(形)；mit dem Wissen u. der Fähigkeit dazu，das Richtige/Notwendige zu tun 有才能的，在行的↔ inkompetent：*Sie fühlte sich nicht k. genug，um die Frage beantworten zu können* 她感到自己能力不够，回答不了这个问题

Kom·pe·tenz *die*；-，-*en* **1.** das Wissen od. das fachliche Können auf e-m bestimmten Gebiet (在某一领域的)才能，才识 **2.** das Recht，Entscheidungen od. Anordnungen zu treffen u. Befehle zu erteilen 职权(范围)，职能，权限≈ Zuständigkeit ‖ K-(复合)：***Kompetenz-***，***-bereich***，***-konflikt***，***-streitigkeit***

kom·pi·lie·ren；*kompilierte*，*hat kompiliert*；[Vt](及物) ***etw. k.*** *geschr*[书]；Fakten u. Informationen so zusammenstellen，dass *z.B.* ein Bericht od. Buch entsteht 编纂，汇编，编写〈Fakten，Informationen k. 汇编事实、信息；e-n Bericht，ein Wörterbuch k. 编写报告，编纂词典〉‖ *hierzu*(派生) **Kom·pi·la·ti·on** *die*；-；*nur Sg*(只用单数)

Kom·ple·ment *das*；-(*e*)*s*，-*e*；*geschr* [书]≈ Ergänzung ‖ *hierzu*(派生) **kom·ple·men·tär** *Adj*(形)

kom·plett *Adj* (形) **1.** mit allen Teilen，die dazugehören 完整的，齐全的，成套的≈ vollständig：*ein komplettes* (*Porzellan*)-*Service* —整套瓷器餐具；*Eine Münze fehlt mir noch，dann ist meine Sammlung k.* 我还缺一个硬币，配上全套就齐了 **2.** *mst präd*(多作表语)；so，dass niemand fehlt 到齐了，全到了：*Der Letzte ist eben eingetroffen. – Jetzt sind wir k. u. können abfahren* 最后一位刚到。—— 现在我们到齐了，可以出发了 **3.** *nur attr od adv*，*gespr* (只作定语或状语)[口]≈ völlig〈Unsinn，Blödsinn，Wahnsinn 胡说八道，胡闹，愚蠢的想法〉：*Der redet，als wäre er k. verrückt* 那个人讲话好像完全疯了 ‖ *zu* (义项) **1.** u. **2.** **kom·plet·tie·ren** (*hat*) *Vt*(及物)

kom·plex *Adj*(形)；so，dass viel (an verschiedenen Faktoren，Aspekten od. Bestandteilen) darin enthalten ist 多方面的，错综复杂的，多层次的≈ kompliziert，vielschichtig ↔ einfach〈ein Problem，Zusammenhänge 疑难问题，关系〉：*„Demokratie" ist ein sehr komplexer u. vieldeutiger Begriff*"民主"是一个非常错综复杂的多义概念 ‖ *hierzu*(派生) **Kom·ple·xi·tät** *die*；*nur Sg*(只用单数)

Kom·plex *der*；-*es*，-*e* **1.** *Kollekt*(集合)；e-e Verbindung aus mehreren Dingen，die eng zusammenhängen (u. e-e Einheit bilden) 总体，整体，复合体，总和，综合〈ein K. von Fragen，Maßnahmen，Problemen 问题、措施、疑难的总和〉‖ -K(复合)：***Fragen-***，***Maßnahmen-***，***Problem-*** **2.** *Kollekt*(集合)；e-e Gruppe von Gebäuden，die miteinander verbunden sind 群，建筑群，区：*Hier entsteht ein neuer K. von Wohnhäusern* 这里正在形成一个新的住宅区；*Das neue Krankenhaus ist ein riesiger K.* 这座新医院是一个大型建筑群 ‖ -K(复合)：***Fabrik-***，***Gebäude-***，***Wohn-*** **3.** PSYCH【心】；e-e Verbindung aus mehreren zusammenhängenden (u. *mst* unterbewussten) Vorstellungen，Erinnerungen od. Gefühlen，die negativ auf die Persönlichkeit wirken 情结，变态心理〈e-n K. haben，kriegen，bekommen 患有、得了情结；an e-m K. leiden 患有情结；ein starker，verdrängter K. 严重的、压抑的情结〉：*Er hat Komplexe wegen seiner vielen Pickel* 他长了许多脓疱因而患有变态心理 ‖ -K(复合)：***Minderwertigkeits-***，***Ödipus-***

Kom·pl·ce [-tsə] *der*；Ⓐ Ⓒⓗ [奥][瑞]≈ Komplize

Kom·pli·ka·ti·on [-ˈts ioːn] *die*；-，-*en*；*mst Pl*(多用复数)；etw.，das e-n Prozess (e-e Entwicklung) stört 麻烦，困难，障碍≈ Problem：*Beim Bau des Tunnels ergaben sich unvorhergesehene Komplikationen* 建隧道时发生了事先未曾预料的麻烦；*Die Operation verlief ohne Komplikationen* 手术进行顺利 ‖ *hierzu* (派生) **kom·pli·ka·ti·ons·los** *Adj*(形)

Kom·pli·ment *das*；-(*e*)*s*，-*e* **1.** ***ein K.*** (***über etw.*** (*Akk* 四格)) freundliche Worte，mit denen man (oft nur aus Höflichkeit) j-m e-e Freude machen od. ihm seine Bewunderung zeigen will 客套(话)，恭维，献殷勤〈j-m ein K. machen 恭维某人〉：*Er machte ihr ein K.*

über das neue Kleid 他夸她的新连衣裙 **2.** (**mein**) **K.!** verwendet, um j-n/etw. zu loben(真叫我)佩服!(我看)好极了!(我)祝贺你!≈ Meine Anerkennung!: *K.! Das hast du gut gemacht* 佩服,这一点你做得很好

kom·pli·men·tie·ren; *komplimentierte, hat komplimentiert*; Vt (及物) ***j-n irgendwohin k.*** j-n (durch freundliches, höfliches Verhalten) dazu bringen, dass er irgendwohin geht(以友好、礼貌的态度示意)请,让: *Der unerwünschte Gast wurde höflich zum Ausgang komplimentiert* 这位不速之客被礼貌地请出了大门

Kom·pli·ze *der*; *-n, -n*; j-d, der e-m anderen bei e-r Tat hilft, die gegen das Gesetz verstößt 同谋,同伙,帮凶: *Der Dieb verriet die Namen seiner Komplizen* 小偷吐露了同伙的姓名 ‖ NB(注意): *der Komplize; den, dem, des Komplizen* ‖ *hierzu* (派生) **Kom·pli·zin** *die; -, -nen*; **Kom·pli·zen·schaft** *die; -; nur Sg*(只用单数)

kom·pli·zie·ren; *komplizierte, hat kompliziert*; Vt (及物) ***etw. k.*** etw. schwieriger, komplizierter machen (als es nötig wäre) 使复杂化,使更加麻烦 ≈ erschweren ↔ vereinfachen: *Er muss jedes Problem immer noch mehr k.* 他总是把每个问题弄得更加复杂 ‖ *hierzu* (派生) **Kom·pli·zie·rung** *die; nur Sg*(只用单数)

kom·pli·ziert **1.** *Partizip Perfekt*(过去分词); ↑ ***komplizieren*** **2.** *Adj*(形); schwer zu begreifen 复杂的 ≈ schwierig ↔ einfach ‹ein Problem 问题› **3.** *Adj*(形); mit vielen Komplexen (3) *o. Ä.* u. deshalb nicht angenehm im Umgang mit anderen Menschen 让人摸不透的,有变态心理的,内心世界复杂的‹ein Mensch, ein Charakter 人,性格› **4.** *Adj* (形); mit vielen technischen Details u. daher schwer zu bedienen 复杂的,难以操作的 ↔ einfach ‹e-e Maschine, ein Instrument 机器,工具› **5.** *Adj* (形); MED【医】; schwer zu heilen 难治的‹ein Knochenbruch 骨折› ‖ *hierzu* (派生) **Kom·pli·ziert·heit** *die; nur Sg*(只用单数)

Kom·plott *das; -(e)s, -e; pej*[贬]; ***ein K.*** (***gegen j-n***) ein geheimer Plan, gemeinsam etw. zu tun, das j-m (*bes* e-r Regierung) schadet 密谋,共谋,串通(策反)≈ Verschwörung ‹(ein K. anzetteln, schmieden, aufdecken 策动、策划、揭露一起阴谋活动›

Kom·po·nen·te *die; -, -n* **1.** *geschr*[书]; einer von mehreren (zusammengehörenden) Teilen, die e-e Wirkung, e-n Einfluss auf das Ganze haben 组成部分,因素: *Die soziale K. gewinnt in seiner Politik e-e immer größere Bedeutung* 社会因素在其政策中起着越来越大的作用; *Die Ironie ist e-e immer wiederkehrende K. in den Romanen Thomas Manns* 讽刺是托马斯·曼小说中一再重复的艺术手法之一 **2.** CHEM【化】; ein (Bestand) Teil e-r Substanz 成分

kom·po·nie·ren; *komponierte, hat komponiert*; Vt/i (及物/不及物) **1.** (***etw.***) ***k.*** ein (Musik)Stück schreiben 为…谱曲,作曲: *e-e Oper, ein Chanson k.* 为歌剧、诙谐诗谱曲; Vt (及物) **2.** ***etw. k.*** *geschr*[书]; etw. aus verschiedenen Dingen (harmonisch) entstehen lassen 调,配,兑,使和谐≈ zusammenstellen ‹ein Menü, ein Getränk, e-e Soße(配)客餐,(兑)饮料,调调味汁›: *Dieses Bild stellt e-e wundervoll komponierte Fantasielandschaft dar* 这幅画表现一种梦幻景象,布局和谐,令人神往

Kom·po·nist *der; -en, -en*; j-d, der (beruflich) Musikstücke schreibt 作曲家 ‖ NB(注意): *der Komponist; den, dem, des Komponisten* ‖ *hierzu* (派生) **Kom·po·nis·tin** *die; -, -nen*

Kom·po·si·ti·on [-ˈtsioːn] *die; -, -en* **1.** *nur Sg*(只用单数); das Komponieren (1) 谱曲,作曲: *die K. e-r Sinfonie* 为一交响乐谱曲 **2.** etw., das j-d komponiert (1) hat 乐曲≈ Musikstück: *Die „Brandenburgischen Konzerte" gehören zu Bachs bekanntesten Kompositionen*《勃兰登堡协奏曲》是巴赫最著名的乐曲 **3.** die Art der Zusammenstellung 配置,铺排,布置: *Die K. des Diners überlasse ich meiner Frau* 晚餐(的配置)我让夫人操劳

Kom·po·si·tum *das; -s, Kom·po·si·ta*; LING【语】; ein Wort, das aus zwei (od. mehreren) selbständigen Wörtern besteht 复合词↔ Simplex: *„Milchkanne" ist ein K., das aus den Substantiven „Milch" u. „Kanne" besteht*"牛奶壶"是个复合词,由名词"牛奶"和"壶"组成

Kom·post *der; -(e)s, -e; mst Sg*(多用单数) **1.** (e-e Art) sehr fruchtbare Erde, die aus den Resten von Pflanzen entsteht, wenn man sie mehrere Monate auf e-m Haufen im Freien gelagert hat 堆肥,混合肥料 ‖ K-(复合): ***Kompost-, -erde, -haufen*** **2.** ≈ Komposthaufen: *Eierschalen auf den K. tun* 把蛋壳扔到肥料堆上 ‖ *hierzu* (派生) **kom·pos·tie·ren** (*hat*) *Vt* (及物); **Kom·pos·tie·rung** *die; nur Sg*(只用单数)

Kom·pott *das; -(e)s, -e*; Obst, das mit Zucker u. Wasser gekocht wurde u. das man dann *mst* als Nachspeise isst 糖煮水果(作餐后甜食) ‖ K-(复合): ***Kompott-, -schale, -schüssel, -teller*** ‖ -K(复合): ***Erdbeer-, Kirsch-, Rhabarber-*** ‖ NB(注意): ↑ ***Marmelade***

Kom·pres·se *die; -, -n*; MED【医】; ein Stück Stoff, das (oft feucht) zum Heilen von Krankheiten od. Verletzungen verwendet wird. Der Stoff wird um die Brust, um die Beine *o. Ä.* gewickelt 敷布,压布≈ Wickel ‹Kompressen auflegen, machen 放上、敷上压布› ‖ -K(复合): ***Fieber-***

Kom·pres·sor *der; -s, Kom·pres·so·ren*; ein Gerät, das als Teil e-r größeren Maschine (*z.B.* e-s Kühlschrankes) Gase od. Luft so zusammendrückt, dass das Volumen kleiner wird 压缩机,压缩器

kom·pri·mie·ren; *komprimierte, hat komprimiert*; Vt (及物) *geschr*[书] **1.** ***etw. k.***

K

e-e Substanz so zusammendrücken, dass sie weniger Platz benötigt, ihr Volumen kleiner wird 压缩 ≈ verdichten **2. etw. k.** etw. in wenigen Worten auf das Wichtigste zusammenfassen 使简洁,简化,简练〈Ideen, Gedanken, e-n Text k.使思想、想法、文章简明扼要〉‖ *hierzu* (派生)**Kom·pri·mie·rung** *die*; *nur Sg*(只用单数); *zu* (义项) **1. Kom·pres·si·on** *die*; -; *nur Sg*(只用单数)

Kom·pro·miss *der*; *-es*, *-e*; **ein K.** (**mit j-m**) (**über etw.** (*Akk* 四格)) die Einigung bei Verhandlungen od. bei e-m Streit, wobei jeder der Partner e-n Teil der Forderungen des/der anderen akzeptiert 妥协,让步,和解,互让,谅解〈ein fairer, fauler (= ungerechter) K.公平的、不公平的妥协; e-n K. schließen, eingehen, aushandeln 取得(达成)妥协; sich (*Pl* 复) auf e-n K. einigen 双方达成妥协〉: *Wer in der Politik Erfolg haben will, der muss auch bereit sein, Kompromisse einzugehen* 谁想在政治上取得成功,就得作好妥协的准备‖ K-(复合): **Kompromiss-**, **-bereitschaft**, **-lösung**, **-vorschlag**; **kompromiss-**, **-bereit**

kom·pro·miss·los *Adj* (形)≈ unnachgiebig ↔ kompromissbereit〈ein Gegner 对手; e-e Haltung, ein Vorgehen 态度,行动〉‖ *hierzu* (派生) **Kom·pro·miss·lo·sig·keit** *die*; *nur Sg* (只用单数)

kom·pro·mit·tie·ren; *kompromittierte*, *hat kompromittiert*; [Vt] (及物) **j-n/sich k.** durch sein Verhalten j-s/ seinem Ansehen, Prestige schaden 使出丑,使丢面子,使名声扫地≈ j-n/sich bloßstellen ‖ *hierzu* (派生) **Kom·pro·mit·tie·rung** *die*; *nur Sg*(只用单数)

kon·den·sie·ren; *kondensierte*, *hat/ist kondensiert*; [Vi] (不及物) (*hat/ist*) **1. etw. kondensiert** (**irgendwo**) PHYS【物】; etw. geht vom gasförmigen in den flüssigen Zustand über(物作主语)液化,冷凝: *An den kalten Fensterscheiben kondensiert das Wasser aus der feuchten Luft im Badezimmer* 洗澡间的湿气在冰凉的窗玻璃上冷凝(变)成了水; [Vt] (及物)(*hat*) **2.** *mst* 多用 **etw. wird kondensiert** e-e Flüssigkeit wird *mst* durch Verdampfen dicker gemacht 某物变稠(浓缩)了〈kondensierte Milch 炼乳〉‖ *hierzu* (派生)**Kon·den·sa·ti·on** *die*; -, *-en*; **Kon·den·sie·rung** *die*

Kon·dens·milch *die*; dickflüssige, haltbare Milch in Dosen od. Tüten, die *bes* für den Kaffee benutzt wird 炼乳≈ Dosenmilch

Kon·dens·strei·fen *der*; ein weißer Streifen am Himmel, der hinter (Düsen)Flugzeugen entsteht(喷气机在高空飞行时产生的白色气流)冷凝尾迹

Kon·dens·was·ser *das*; Wasser, das irgendwo kondensiert (1)冷凝水

Kon·di·ti·on[1] [-ˈtsioːn] *die*; -; *nur Sg*(只用单数); die Fähigkeit des Körpers, etw. zu leisten 身体状况,体质,体能 ≈ Form, Verfassung: *Er treibt regelmäßig Sport u. hat deswegen* (*viel/e-e gute*) *K.*他经常体育锻炼,所以身体素质(很)好 ‖ K-(复合): **Konditions-**, **-mängel**, **-schwäche**, **-training** ‖ *hierzu* (派生) **kon·di·ti·o·nell** *Adj* (形); *nur attr od adv*(只作定语或状语)

Kon·di·ti·on[2] [-ˈtsioːn] *die*; -, *-en*; *mst Pl*, WIRTSCH(多用复数)【经】; eine der Bedingungen für die Lieferung od. den Verkauf e-r Ware 供货或售货条件

kon·di·ti·o·nal *Adj*(形); LING【语】;〈e-e Konjunktion, ein Nebensatz 连词,从句〉so, dass sie e-e Bedingung nennen 条件的: *„Falls" ist e-e konditionale Konjunktion* "falls"是一个条件连词

Kon·di·tor *der*; *-s*, *Kon·di·to·ren*; j-d, der beruflich Torten, Kuchen *usw* herstellt u. verkauft 制作或销售糕点甜食的师傅 ‖ *hierzu* (派生)**Kon·di·to·rin** *die*; -, *-nen*

Kon·di·to·rei *die*; -, *-en*; der Betrieb od. das Geschäft e-s Konditors 糕点铺,西点屋

Kon·do·lenz- *im Subst*, *betont*, *nicht produktiv*(构成名词,重读,非构词型); so, dass man damit j-m sein Mitgefühl, Beileid (bei e-m Todesfall) ausdrückt 吊唁…,哀悼…,慰唁…≈ Beileids-; der **Kondolenzbesuch**, der **Kondolenzbrief**, die **Kondolenzkarte**, das **Kondolenzschreiben**

kon·do·lie·ren; *kondolierte*, *hat kondoliert*; [Vi] (不及物) **j-m k.** j-m bei e-m Todesfall in der Familie *o. Ä.* sein Mitgefühl mitteilen 向…表示哀悼≈ sein Beileid ausdrücken

Kon·dom *das*; *-s*, *-e*; e-e Hülle aus Gummi, die ein Mann vor dem Sex als Schutz vor e-r Infektion od. zur Verhütung e-r Schwangerschaft über den Penis zieht 安全套,避孕套≈ Präservativ

Kon·dor *der*; *-s*, *-e*; ein sehr großer Geier in Südamerika(南美)兀鹰

Kon·duk·teur [-ˈtøːɐ] *der*; *-s*, *-e*; Ⓐ Ⓒⓗ [奥][瑞]≈ Schaffner ‖ *hierzu* (派生) **Kon·duk·teu·rin** [-ˈtøːrɪn] *die*; -, *-nen*

Kon·fekt *das*; *-(e)s*; *nur Sg*, *Kollekt* (只用单数)(集合); Pralinen *o. Ä.* 夹心糖果

Kon·fek·ti·on [-ˈtsioːn] *die*; -; *nur Sg*(只用单数) **1.** Kleidung, die in großer Zahl in e-r Fabrik hergestellt wird (工厂成批生产的)服装 ↔ Modellkleidung ‖ K-(复合): **Konfektions-**, **-anzug**, **-größe**, **-ware** ‖ -K(复合): **Damen-**, **Herren-** **2.** das Herstellen von Kleidung in Serien in e-r Fabrik(工厂成批)服装生产

Kon·fe·renz *die*; -, *-en*; **e-e K.** (**über etw.** (*Akk* 四格)) ein Treffen, bei dem mehrere od. viele Personen über bestimmte Themen reden u. diskutieren 会议,大会 ≈ Sitzung ‖ K-(复合): **Konferenz-**, **-beschluss**, **-dolmetscher**, **-raum**, **-teilnehmer**, **-tisch** ‖ NB (注意): ↑ **Tagung** ‖ *hierzu* (派生) **kon·fe·rie·ren** (*hat*) *Vi*(不及物)

Kon·fes·si·on [-ˈsioːn] *die*; -, *-en* **1.** e-e religiöse Gruppe innerhalb e-r Religion (*bes* des Christentums), *z. B.* die Katholiken od. die Protestanten (宗教内部的)教派 **2.** die Religion(sgemeinschaft), der man offiziell angehört 宗教团体,宗教信仰≈ Bekenntnis ‖ K-(复合): ***Konfessions-***, ***-schule***, ***-wechsel*** ‖ *zu* (义项) **2. kon·fes·si·ons·los** *Adj* (形); *nicht adv* (不作状语)

Kon·fet·ti *das*; -(*s*); *nur Sg*, *Kollekt* (只用单数)(集合); viele kleine Stücke buntes Papier, die man *bes* im Karneval in die Luft wirft(在狂欢节抛掷的)彩纸,五彩纸屑

Kon·fi·gu·ra·ti·on [-ˈtsioːn] *die*; -, *-en*; *geschr* [书]; die Anordnung der einzelnen Teile von etw. 位型,组态,轮廓,外形: *die K. der Gestirne bei j-s Geburt* 某人诞生时的星象

Kon·fir·mand *der*; *-en*, *-en*; PROT【新教】; ein Jugendlicher, der sich gerade auf die Konfirmation vorbereitet od. gerade konfirmiert wurde 接受坚信礼的男童 ‖ K-(复合): ***Konfirmanden-***, ***-unterricht*** ‖ NB(注意): *der Konfirmand*; *den*, *dem*, *des Konfirmanden* ‖ *hierzu* (派生) **Kon·fir·man·din** *die*; -, *-nen*

Kon·fir·ma·ti·on [-ˈtsioːn] *die*; -, *-en*; PROT【新教】; e-e Feier (mit dem ersten Abendmahl) in der evangelischen Kirche, durch die Jugendliche als erwachsene Mitglieder in die kirchliche Gemeinde aufgenommen werden(新教)坚信礼 ‖ *hierzu* (派生) **kon·fir·mie·ren** (*hat*) *Vt* (及物)

Kon·fi·se·rie [kɔ̃fizəˈriː, kõfizəˈriː] *die*; -, *-n* [-ˈriːən]; (CH) [瑞] **1.** ≈ Konditorei **2.** ≈ Konfekt

kon·fis·zie·ren; *konfiszierte*, *hat konfisziert*; *geschr* [书]; [Vt] (及物) ⟨ein Beamter *o. Ä.* 官员等⟩ ***konfisziert etw.*** ein Beamter *o. Ä.* nimmt j-m etw. (*mst* aufgrund von staatlichen Vorschriften) weg, beschlagnahmt etw. 查抄,没收,充当: *Unrechtmäßig importierte Waren werden bei der Zollkontrolle konfisziert* 非法进口货物在海关检查时被没收 ‖ *hierzu* (派生) **Kon·fis·zie·rung** *die*; **Kon·fis·ka·ti·on** *die*; -, *-en*

Kon·fi·tü·re *die*; -, *-n*; e-e Art Marmelade, in der manche Früchte noch ganz sind(带全果或果块的)果酱 ‖ -K(复合): ***Erdbeer-***

Kon·flikt *der*; -(*e*)*s*, *-e* **1.** e-e schwierige Situation, die dadurch entsteht, dass zwei od. mehrere Personen/Gruppen verschiedene Wünsche, Forderungen *o. Ä.* haben 冲突,纠纷,争执,争斗,争端⟨ein offener, schwelender K. 公开的、潜在的争斗; etw. ruft e-n K. hervor, beschwört e-n K. herauf 某事引起、惹起冲突; Personen tragen e-n K. aus 人们调解纠纷; e-n K. lösen, schlichten 解决、调停冲突; in e-n K. eingreifen 插手一起纠纷; sich aus e-m K. heraushalten 从冲突中脱身⟩ ‖ K-(复合): ***Konflikt-***, ***-herd***, ***-situation*** **2.** e-e (psychisch) schwierige Situation, in der sich j-d *mst* zwischen verschiedenen Alternativen nicht entscheiden kann 矛盾心理,冲突 ≈ Zwiespalt ⟨ein innerer, seelischer, schwerer K. 内心的、心灵上的、沉重的矛盾; etw. löst e-n K. aus, ruft e-n K. hervor 某事引发、引起心理矛盾; etw. bringt j-n in Konflikte 某事使某人陷入矛盾⟩: *der K. zwischen Vernunft u. Gefühl* 理智与情感之间的矛盾冲突 **3.** ***ein bewaffneter/militärischer K.*** *euph* [婉]; ein kriegsähnlicher Kampf 武装/军事冲突 **4.** ***mit dem Gesetz in K. geraten/kommen*** etw. tun, das gesetzlich verboten ist 触犯法律 ≈ straffällig werden ‖ *zu* (义项) **1.** u. **2. kon·flikt·frei** *Adj* (形) **kon·flikt·ge·la·den** *Adj* (形); *nicht adv* (不作状语)

kon·flikt·scheu *Adj* (形); so, dass j-d versucht, Konflikte unter allen Umständen zu vermeiden 怕矛盾的,怕冲突的,对冲突有恐惧心理的

Kon·fö·de·ra·ti·on [-ˈtsioːn] *die*; -, *-en*; *Kollekt* (集合) ≈ Staatenbund: *die K. der Südstaaten im amerikanischen Bürgerkrieg* 美国国内战争时的南方州联盟 ‖ *hierzu* (派生) **kon·fö·de·riert** *Adj* (形); *nicht adv* (不作状语)

kon·form *Adj* (形) **1.** (*mst* in den Meinungen od. Beurteilungen) übereinstimmend, gleich(多指意见或评语)一致的,相吻的⟨Ansichten, Auffassungen 见解,看法⟩: *In diesem Punkt sind unsere Standpunkte k.* 在这一点上我们的观点一致 **2.** ***mit j-m/etw. k. sein*** mit j-m/etw. gleicher Meinung sein 与…意见一致 **3.** ***mit j-m/etw. k. gehen*** mit j-m/etw. übereinstimmen, gleicher Meinung sein 与…意见一致: *Hier gehe ich mit Ihnen/Ihrer Auffassung k.* 在这方面我与您/您的看法相一致

kon·form·ge·hen ↑ ***konform*** (3)

Kon·for·mis·mus *der*; -; *nur Sg*, *geschr* (只用单数)[书]; die Haltung, seine eigene Meinung u. sein Verhalten an andere anzupassen (*mst* um e-n Nutzen davon zu haben) 顺应潮流的行为、态度,顺应时势,随大流,赶浪潮 ↔ Nonkonformismus ‖ *hierzu* (派生) **kon·for·mis·tisch** *Adj* (形)

Kon·fron·ta·ti·ons·kurs [-ˈtsioːns-] *der*; *mst Sg* (多用单数); ***auf K. gehen*** trotz e-r problematischen Situation weiter e-e andere Meinung als andere haben u. dadurch e-n Streit od. Kampf riskieren 对峙,对垒,对抗,对质

kon·fron·tie·ren; *konfrontierte*, *hat konfrontiert*; [Vt] (及物) **1.** ***j-n mit j-m/etw. k.*** j-n in e-e Situation bringen, in der er sich mit j-m/etw. beschäftigen muss (*mst* obwohl es ihm unangenehm ist) 使面对,使正视: *Sie konfrontierte ihren Vater damit, dass sie Schauspielerin werden wollte* 她想成为演员,为此她得使她父亲面对这一事实 **2.** ***j-n mit j-m k.*** j-n e-r Person gegenüberstellen 使与…对质 ‖ *hierzu* (派生) **Kon·fron·ta·ti·on** *die*; -, *-en*

kon·fus, *konfuser*, *konfusest-*; *Adj* (形) **1.** ⟨Äußerungen, Worte 表达,话语⟩ so, dass sie nicht klar durchdacht u. deshalb schwer zu verstehen sind 杂乱无章的,含糊不清的,令人难以理解的,不清楚的 ≈ verworren **2.** verwirrt, durcheinander 杂乱的,混乱的,语无伦次的,颠三倒四的⟨k. reden 说话语无伦次⟩: *Sein Gerede macht mich ganz k.* 他的胡说八道把我完全弄得晕头转向 ‖ *hierzu* (派生) **Kon·fu·si·on** *die*; -, *-en*

K

Kon·glo·me·rat *das*; -(*e*)*s*, -*e* **1**. *Kollekt*, *geschr*(集合)[书]; e-e Mischung aus sehr verschiedenen Dingen 混杂物,杂糅: *Sein neues Musical ist ein K. aus Musikstücken der unterschiedlichsten Stilrichtungen* 他的音乐喜剧新作是集各种风格流派的乐曲杂糅 **2**. GEOL【质】; ein Gestein, das aus vielen kleinen Steinen besteht, die fest miteinander verbunden sind 砾岩

Kon·gress *der*; -*es*, -*e* **1**. ein offizielles Treffen von Fachleuten, bei dem Meinungen, Informationen *usw* ausgetauscht werden 代表大会,会议≈ Tagung ⟨ein medizinischer, wissenschaftlicher, internationaler K. 医学、科学、国际性会议; auf e-m K. sprechen 在代表大会上发言⟩ ‖ K-(复合): ***Kongress-***, ***-halle***, ***-teilnehmer*** **2**. das Parlament in den USA (das aus Senat u. Repräsentantenhaus besteht) 美国国会(由参议院和众议院组成)

kon·gru·ent *Adj*(形); *bes* MATH 尤指【数】≈ übereinstimmend ↔ inkongruent ⟨Begriffe, Figuren, Flächen, Zahlen 概念,图形,面积,数字⟩ ‖ *hierzu*(派生) **Kon·gru·enz** *die*; *nur Sg*(只用单数)

Ko·ni·fe·re *die*; -, -*n*; BOT【植】; ein Baum od. Busch, der Zapfen (1) trägt. Die meisten Koniferen haben Nadeln (*z. B.* Fichte, Tanne) 针叶树,针叶灌木

Kö·nig *der*; -*s*, -*e* **1**. der männliche Herrscher e-s Landes mit e-r Monarchie 国王,君王: *Juan Carlos, der K. von Spanien / spanische K.* 胡安·卡洛斯,西班牙国王 ‖ K-(复合): ***Königs-***, ***-hof***, ***-kind***, ***-krone***, ***-palast***, ***-schloss***, ***-sohn***, ***-thron***, ***-tochter***; ***königs-***, ***-treu*** ‖ NB(注意): auch als Titel verwendet (也用作称号(头衔)): *K. Ludwig II.* (gesprochen: der Zweite) *ließ Schloss Neuschwanstein erbauen* 国王路德维希二世让建造新天鹅石堡 **2**. ***der K.*** (+ *Gen* 二格) e-e Person od. Sache, die besonders wichtig, gut *o. Ä.* ist(人/物中最杰出的)王,泰斗,高手,佼佼者 ⟨der ungekrönte K. 高超的杂耍艺人⟩: *Elvis Presley, der K. des Rock'n'Roll*普雷斯利(猫王),摇滚乐之王; *Dieser Wein ist der K. der Weine* 这种葡萄酒是酒中之王; *Hier ist der Kunde K.* 这里顾客是最重要的 ‖ -K(复合): ***Schützen-*** **3**. die wichtigste Figur im Schachspiel (国际象棋中的)王 ⟨Schach dem K.! 将军!; der K. steht im Schach 被将军; den K. schachmatt setzen 将死⟩ ‖ ↑ *Abb. unter* 图见 ***Schachfiguren*** **4**. e-e Spielkarte, auf der ein K. (1) abgebildet ist(扑克牌中的)老K: *Ass, K., Dame, Bube* 爱斯,老K,皇后,杰克 ‖ ↑ *Abb. unter* 图见 ***Spielkarten*** **5**. ***der K. der Tiere*** der Löwe 兽中之王,狮子

Kö·ni·gin *die*; -, -*nen* **1**. e-e Frau als Herrscherin e-s Landes 女王: *Elisabeth II.* (gesprochen: die Zweite), *K. von Großbritannien* 伊丽莎白二世,大不列颠(英国)女王 ‖ NB(注意): auch als Titel verwendet(也用作称号(头衔)) **2**. die Ehefrau e-s Königs (1) 王后 **3**. ***die K.*** + *Gen*(二格); e-e Frau, ein Tier od. ein Ding, die besonders wichtig, gut *o. Ä.* sind(指最出众的女子、动物或事)女王,女杰,冠,后: *die Rose, die K. der Blumen* 玫瑰是花中之王(花后) **4**. das weibliche Tier, das in e-m Insektenvolk die Eier legt 产卵雌性昆虫 ‖ -K(复合): ***Ameisen-***, ***Bienen-***

kö·nig·lich *Adj*(形) **1**. *nur attr od adv*(只作定语或状语); von e-m König (1), e-r Königin (1) 国王的,君王的 ⟨ein Erlass, die Familie, das Schloss 诏书,家庭,宫殿⟩ **2**. sehr großzügig, freigiebig 慷慨的,大度的,丰盛的≈ fürstlich ⟨ein Geschenk 礼物; j-n k. entlohnen, bewirten 慷慨地给予某人酬金、招待某人⟩ **3**. *gespr*[口]; außerordentlich 非常的,尽兴的≈ köstlich ⟨ein Spaß, ein Vergnügen 愉快,娱乐; sich k. amüsieren 尽兴取乐⟩

Kö·nig·reich *das* **1**. ein Reich, das von e-m König/e-r Königin regiert wird 王国,王朝 **2**. ein Staat, an dessen Spitze ein König/e-e Königin steht (*z. B.* Großbritannien) 王国,君主国

Kö·nig·tum *das*; -, *Kö·nig·tü·mer*; *mst Sg*(多用单数); ein Staat mit e-m König od. e-r Königin als Herrscher 君主政体,王国

ko·nisch *Adj*(形)≈ kegelförmig

Kon·ju·ga·ti·on [-ˈtsi̯oːn] *die*; -, -*en*; *nur Sg*, LING(只用单数)【语】; das Konjugieren, die Beugung/Flexion des Verbs 动词变位

kon·ju·gie·ren; *konjugierte*, *hat konjugiert*; Vt (及物) ***etw. k.*** die Formen e-s Verbs bilden, die *z. B.* bei e-r bestimmten Person od. bei e-m Tempus verlangt werden 使变位≈ beugen ⟨ein Verb k. 使动词变位⟩ ‖ NB(注意): ↑ ***deklinieren***

Kon·junk·ti·on [-ˈtsi̯oːn] *die*; -, -*en* **1**. LING【语】; ein Wort wie *und*, *oder*, *aber*, *weil*, das Teile von Sätzen miteinander verbindet 连词≈ Bindewort **2**. ASTR【天】; e-e Situation (aus der Sicht der Astrologie), in der verschiedene Sterne, Planeten *o. Ä.* in e-m Abschnitt des Tierkreiszeichens zusammenkommen(多个天体行星位置的)相合,会聚,会合

Kon·junk·tiv [-f] *der*; -*s*, -*e*; LING【语】; e-e Form (ein Modus) e-s Verbs, die *bes* in der indirekten Rede u. in Sätzen, die mit *wenn* beginnen, verwendet wird 虚拟式: *„Ich sei" u. „ich wäre" sind die Formen Konjunktiv I u. II der ersten Person Singular von „sein"* "Ich sei"和"ich wäre"是动词"sein"第一人称单数的第一和第二虚拟式 ‖ K-(复合): ***Konjunktiv-***, ***-form***, ***-satz*** ‖ *hierzu* (派生) **kon·junk·ti·visch**, **kon·junk·ti·visch** *Adj*(形); *mst attr*(多作定语)

Kon·junk·tur *die*; -, -*en*, die allgemeine wirtschaftliche Situation u. Entwicklung e-s Landes 总的经济形势,经济发展的总趋势,景气 ⟨etw. belebt, steigert die K. 某事使经济复苏、增长; e-e stabile, steigende, fallende, rückläufige K. 稳定的、复苏的、衰退的、下降的经济趋势⟩ ‖ K-(复合): ***Konjunktur-***, ***-aufschwung***, ***-lage***, ***-politik***, ***-schwankung***, ***-zyklus*** ‖ -K(复合): ***Hoch-*** ‖ *hierzu* (派生)

kon·junk·tu·rell *Adj*(形)

Kon·junk·tur·sprit·ze *die*; *gespr*[口]; e-e finanzielle Maßnahme des Staates, die die wirtschaftliche Situation verbessern soll 复苏经济的金融措施

kon·kav [-f] *Adj*(形); PHYS【物】; nach innen gewölbt 凹形的 ↔ konvex 〈e-e Linse, ein Spiegel 透镜,镜子〉

Kon·kla·ve *das*; *-s*, *-n*; die Versammlung der Kardinäle, bei der sie e-n neuen Papst wählen(选新教皇的)红衣主教秘密会议

Kon·kor·danz *die*; *-*, *-en*; e-e alphabetische Liste aller Wörter, die ein Autor (in e-m Buch) verwendet (按字母排列的)词语索引 ‖ -K (复合): ***Bibel-***

Kon·kor·dat *das*; *-(e)s*, *-e*; ein Vertrag zwischen dem Vatikan u. der Regierung e-s Staates(罗马教皇与某一国家政府间签订的)协定,条约

kon·kret, *konkreter*, *konkretest-*; *Adj*(形) **1.** bis ins Detail genau 具体的,详实的 ≈ präzise ↔ abstrakt 〈ein Beispiel, e-e Vorstellung, ein Vorschlag, e-e Meinung 例子,想法,建议,意见; etw. k. formulieren 对某事作具体表达〉: *Hast du schon konkrete Pläne?* 你已经有了具体计划了吗?; *Kannst du mir das mit e-m konkreten Beispiel erklären?* 这一点你能用一个具体例子给我讲讲吗?; *Drück dich bitte etwas konkreter aus!* 请表达具体些! **2.** 〈die Welt, die Wirklichkeit 世界,现实〉 so, dass man sie mit den Sinnen wahrnehmen, erfassen kann 实际的,实在的≈ gegenständlich ↔ abstrakt ‖ *hierzu* (派生) **Kon·kret·heit** *die*; *nur Sg*(只用单数)

kon·kre·ti·sie·ren; *konkretisierte*, *hat konkretisiert*; [*Vt*](及物) **1.** ***etw. k.*** etw. deutlich beschreiben, formulieren 使具体化,具体阐明 ≈ veranschaulichen: *Könnten sie ihre Vorstellungen/Pläne bitte k.* 您能否把您的想法/打算阐述得具体些?? [*Vr*](反身) **2.** ***etw. konkretisiert sich*** etw. wird im Lauf e-r Entwicklung deutlich, sichtbar (物作主语)明朗(具体)了≈ etw. nimmt Gestalt an

Kon·ku·bi·nat *das*; *-(e)s*, *-e*; *veraltend*[渐旧]; das Zusammenleben e-s Mannes u. e-r Frau wie in e-r Ehe (ohne dass sie verheiratet sind)(未婚)同居

Kon·ku·bi·ne *die*; *-*, *-n*; *veraltend*, *pej*[渐旧][贬] ≈ Geliebte

Kon·kur·rent *der*; *-en*, *-en*; j-d, der die gleichen Waren od. Leistungen anbietet od. das gleiche Ziel erreichen will wie j-d anderer (u. den dieser daher als Gegner betrachtet) 竞争者,竞争对手≈ Rivale 〈ein gefährlicher K. 危险的竞争者〉 ‖ NB(注意): *der Konkurrent*; *den*, *dem*, *des Konkurrenten* ‖ *hierzu*(派生) **Kon·kur·ren·tin** *die*; *-*, *-nen*

Kon·kur·renz *die*; *-*, *-en* **1.** *nur Sg*(只用单数); ***die K. (mit j-m/ um j-n/etw.)*** die (Wettbewerbs)Situation, die entsteht, wenn mehrere Personen das gleiche Ziel erreichen wollen od. mehrere Hersteller, Händler *o.Ä.* die gleichen Leistungen od. Waren verkaufen wollen 竞争,比赛,角逐 〈ernst zu nehmende, scharfe K. 要认真对待的、激烈的竞争; j-m K. machen 与某人竞争; mit j-m in K. treten 同某人进行竞争〉: *Die zunehmende K. im Computerbereich drückt auf die Preise* 在电脑领域日益增长的竞争致使价格下降 ‖ K-(复合): ***Konkurrenz-***, ***-kampf*** **2.** *nur Sg*, *Kollekt*(只用单数)(集合); alle Hersteller, Händler *o.Ä.*, die die gleichen od. ähnliche Waren od. Leistungen anbieten wie j-d anderer 竞争的厂商〈zur K. gehen 上另一家商店去看看; bei der K. kaufen 在另一家商店购货; starke K. haben 有很强的竞争对手; die K. ausschalten 排除竞争对手〉: *Für dieses Auto zahlen Sie bei der K. 1000 Euro mehr* 您在别的商店买这种车要多付一千欧元 ‖ K-(复合): ***Konkurrenz-***, ***-unternehmen*** **3.** ein *mst* sportlicher Wettkampf, Wettbewerb 体育竞赛: *Als vielseitiger Läufer nimmt er an mehreren Konkurrenzen teil* 作为多面手赛跑运动员他参加了多项比赛 **4.** *nur Sg*, *Kollekt*(只用单数)(集合); alle anderen Personen, die (*z. B.* in e-m Wettkampf, bei e-r Bewerbung) das gleiche Ziel erreichen wollen wie man selbst 竞赛者,参加同一项目的竞赛对手〈gegen starke, große K. antreten, bestehen 出场与强手(实力强的对手)比赛,顶住强手; die K. aus dem Feld schlagen 击败对手〉: *Der Weltrekordler musste seinen Titel gegen stärkste K. verteidigen* 世界纪录保持者要战胜众多强手才能卫冕 **5.** ***außer K.*** so, dass j-d an e-m Wettbewerb teilnimmt, seine Leistung aber nicht offiziell bewertet wird 参赛不计分〈außer K. starten, teilnehmen, antreten 不计分地参加(参与,出场)比赛〉 ‖ ID [谚] ***j-d/etw. ist ohne K.*** j-d/etw. ist viel besser als jeder/alles andere 某人出类拔萃,举世无双/某事独一无二,无可比拟; ***j-d/etw. ist keine K. für j-n/etw.*** *gespr*[口]; j-d/etw. ist als K. (2,4) zu schwach, kann sich mit j-m/etw. nicht vergleichen 某人不是某人的竞争对手/某物比不上某物 ‖ *zu* (义项)**2.** u.**4.** **kon·kur·renz·los** *Adj*(形)

kon·kur·rie·ren; *konkurrierte*, *hat konkurriert*; [*Vi*](不及物) **1.** ***j-d/etw. konkurriert mit j-m/etw. (um j-n/etw.)***; 〈Personen/Firmen *o.Ä.* 人/公司等〉 ***konkurrieren (um j-n/etw.)*** verschiedene Personen, Firmen *o.Ä.* versuchen im Wettbewerb, j-n/etw. für sich zu gewinnen(人/物作主语)单数:(为…)与…竞争;复数:(为…)相互竞争: *konkurrierende Bewerber, Sportler* 竞争的求职者、运动员 ‖ NB(注意): ↑ ***rivalisieren*** **2.** ***(mit j-m/etw.) k. können*** gegen j-n/etw. in e-m Wettbewerb od. (wirtschaftlichen) Wettstreit bestehen können 能经受住,能顶住,能与…抗衡: *Mit dem Supermarkt u. seinen Sonderangeboten kann unser kleines Geschäft nicht mehr k.* 我们的小店无法与超市及其廉价商品抗衡 ‖ NB(注意): *mst* verneint(多用否定)

Kon·kurs *der*; *-es*, *-e* **1.** die Unfähigkeit e-r

K

Firma, Waren, Leistungen od. Schulden zu bezahlen 破产,倒闭〈j-d/e-e Firma geht in K., meldet den K. an, erklärt den K., steht (kurz) vor dem K.某人/公司要倒闭,申请、宣告、(马上)面临破产〉‖ NB(注意):↑ **Bankrott 2.** JUR【法】; ein gerichtliches Verfahren wegen e-s Konkurses (1)破产诉讼程序〈den K. eröffnen 开始进行破产诉讼程序〉‖ K-(复合):***Konkurs-***, ***-eröffnung***, ***-verfahren***, ***-verwalter***

Kon·kurs·mas·se *die*; das Vermögen e-r Firma, das bei e-m Konkurs (2) gepfändet wird 破产者(公司)的财产

kön·nen[1]; *kann*, *konnte*, *hat können*; *Modalverb*(情态动词) **1.** *Infinitiv*(不定式) + ***k.*** die Fähigkeit haben, etw. zu tun 能,会,能够(表示有干某事的能力): *Er kann Gitarre spielen* 他会弹吉它; *Sein Sohn konnte schon mit 15 Monaten sprechen* 他儿子满15个月就会说话了; *Dieser Computer kann eine Million Additionen pro Sekunde ausführen* 这台电脑一秒钟能运算百万次加法 **2.** *Infinitiv*(不定式) + ***k.*** (wegen bestimmter Voraussetzungen, Umstände) die Möglichkeit haben, etw. zu tun 可能,能,可以(表示有干某事的可能): *Ich habe nicht kommen können, weil meine Frau krank ist* 因我夫人有病,所以我没有能来; *Vor lauter Zahnschmerzen konnte ich nicht einschlafen* 因牙痛得厉害我无法入睡; *Ich weiß, dass ich mich auf dich verlassen kann* 我知道我可以相信你 **3.** *Infinitiv* (不定式) + ***k.*** die Erlaubnis haben, etw. zu tun 可以,允许(表示干某事的许可) ≈ dürfen[1] (1): *Kann ich noch ein Stück Kuchen haben?* 我可以再吃一块点心吗?; *Ihr könnt mit meinem Auto fahren* 你们可以开我的车 **4.** *Infinitiv*(不定式) + ***k.*** *gespr* [口]; verpflichtet od. gezwungen sein, etw. zu tun 得,不得不,应该(表示责任义务) ≈ müssen[1] (1): *Der Kuchen ist verbrannt. – Jetzt kann ich e-n neuen backen* 点心烤焦了。——现在我得烤个新的 **5.** *Infinitiv* (不定式) + ***k.*** verwendet, um die Möglichkeit auszudrücken, dass etw. geschieht, eintritt 有可能,也许(表示某事可能发生): *Es kann sein, dass sie morgen schon kommt* 她可能明天会来; *Das hätte leicht schiefgehen können* 这件事本来就可能容易失败; *Ein solches Missgeschick hätte mir nie passieren können* 这种倒霉事本不可能发生在我身上 **6.** *Infinitiv* (不定式) + ***k.*** (wegen bestimmter Voraussetzungen, Umstände) gute Gründe dafür haben, etw. zu tun 可以,能(表示有干某事的充分理由): *Sie können sich schon mal innerlich auf Ihre Kündigung einstellen* 您可以对解聘做好心里上的准备; *Ich konnte ihm nur zustimmen* 我只好同意他; *Sie kann einem leidtun* 她能激起别人的同情 ‖ ID[谚] ***Man kann nie wissen*** *gespr* [口]; man weiß nicht, ob sich etw. nicht als gut, richtig od. nötig erweisen wird 人无先见之明: *Ich nehme die Spielkarten auf alle Fälle mit. – Man kann ja nie wissen* 我无论如何要带上纸牌。—— 人无先见之明嘛

kön·nen[2]; *kann*, *konnte*, *hat gekonnt*; Vt/i (及物/不及物) **1.** (***etw.***) ***k.*** *gespr* [口]; fähig sein, etw. zu tun 会,能,懂得,掌握: *Sie kann gut Englisch, aber wenig Französisch* 她英语讲得很好,但法语懂得不多; *Eine Strophe des Gedichtes kann ich schon (auswendig)* 有一段诗我已会背诵; *Sie rief so laut (wie) sie konnte* 她尽力大声叫喊; Vi (不及物) **2.** ***irgendwohin k.*** *gespr* [口]; die Erlaubnis od. die Möglichkeit haben od. bekommen, irgendwohin zu gehen, fahren *o. Ä.* 允许或可以去: *Kann ich heute ins Kino?* 我今天可以去看电影吗?; *Ich bin fertig. – Du kannst jetzt ins Bad* 我洗好了。—— 你现在可以去洗了 **3.** ***etw. kann irgendwohin*** etw. darf od. soll irgendwohin gebracht werden(物作主语)可以放到: *Kann die Wurst wieder in den Kühlschrank, od. brauchst du sie noch?* 香肠可以放进冰箱了吗? 你还要吗? **4.** noch die Energie für etw. haben 还有精力,还有力气: *Kannst du noch od. sollen wir eine Pause machen?* 你还行吗,还是我们歇一会儿?; *Ich kann nicht mehr* 我干不动了(不行了) ‖ NB(注意): oft verneint (常用否定) ‖ ID [谚] ***nicht (s) für etw. k.*** *gespr* [口]; an etw. nicht schuld sein 对某事没有过错: *Ich kann nichts dafür, dass du dein Geld verloren hast* 你丢了钱,我可没有责任; (***es***) ***mit j-m gut / nicht k.*** *gespr* [口]; sich mit j-m gut/nicht verstehen 与某人关系好/不好,与某人合得来/合不来; ***Können wir?*** können wir anfangen/gehen? (我们)可以开始或可以走了吗?; *mst* 多用 ***Du kannst mich mal!*** *vulg* [俗]; verwendet, um auszudrücken, dass man sich über j-n sehr ärgert (u. dass man etw. nicht tun will) 去你的! 你想也别想! (表示生气); *mst* 多用 ***Wie konntest du nur?*** verwendet, um Entsetzen darüber auszudrücken, dass j-d etw. Bestimmtes getan hat 你怎么能这样做呢? (表示惊讶) ‖ NB(注意): *können[2]* wird als Vollverb verwendet(können[2] 作完全动词用); zusammen mit e-m Infinitiv wird *können* als Modalverb verwendet(与不定式连用时 können 作情态动词用); ↑ ***können[1]***

Kön·nen *das*; *-s*; *nur Sg*(只用单数); die besonderen Fähigkeiten auf e-m bestimmten Gebiet 才能,能力,技能,技艺 ≈ Leistungsfähigkeit: *sein handwerkliches K. unter Beweis stellen* 证明他的手工技艺

Kön·ner *der*; *-s*, *-*; j-d, der auf e-m bestimmten Gebiet sehr gute Kenntnisse od. Fähigkeiten hat 能手,好手,能工巧匠,百事通〈ein echter, wahrer, wirklicher K. sein 一个地地道道的、名符其实的、真正的能人〉‖ *hierzu* (派生) **Kön·ne·rin** *die*; *-*, *-nen*

Kon·no·ta·ti·on *die*; *-*, *-en*; LING【语】; e-e zusätzliche assoziative Bedeutung (词的)内涵,本义 ≈ Assoziation

konn·te *Imperfekt*, *1. u. 3. Person Sg* (过去时,第一和第三人称单数); ↑ ***können***

könn·te *Konjunktiv II*, *1. u. 3. Person Sg* (虚拟式Ⅱ,第一和第三人称单数); ↑ ***können***

Kon·rek·tor *der*; der Stellvertreter des Rektors an e-r Schule(中、小学)副校长

Kon·se·ku·tiv·satz *der*; ein Nebensatz, der die Folge, Konsequenz von dem nennt, was im übergeordneten Satz steht 结果从句

Kon·sens *der*; *-es*, *-e*; *geschr*［书］**1.** e-e Übereinstimmung der Meinungen 意见一致 ↔ Dissens ⟨Personen finden e-n K., streben e-n K. an 人们找到、寻求一致意见; über etw. (*Dat* 三格) besteht (kein) K. 对某事(没)取得一致意见⟩ **2.** *veraltend*［渐旧］≈ Einwilligung, Zustimmung ⟨seinen K. zu etw. geben 对某事表示同意; etw. mit j-s K. tun 干某事得到某人准许⟩

kon·se·quent *Adj*（形）**1.** ohne Widersprüche 前后一致的，一贯的≈ folgerichtig ↔ inkonsequent ⟨k. denken, handeln 思想、行动前后一致⟩ **2.** *mst adv*(多作状语); so, dass man sich von etw. nicht abbringen lässt 坚定不移地，始终不懈地≈ beharrlich ⟨e-n Plan, ein Ziel k. verfolgen 始终不渝地贯彻计划、遵循目标⟩ ‖ *hierzu*（派生）**kon·se·quen·ter·wei·se** *Adv*（副）

Kon·se·quenz *die*; *-*, *-en* **1** ≈ Auswirkung, Folge: *Der Unfall wird rechtliche Konsequenzen haben* 这件事故将有法律后果 **2.** e-e Handlung, die sich (*mst* notwendig) aus e-m bestimmten Zustand ergibt 必然性 **3.** *nur Sg*（只用单数）; ein konsequentes (2) Verhalten 坚定性，始终不懈的态度⟨etw. mit (aller) K. verfolgen 始终不渝地遵循某事⟩ ‖ ID［谚］(***aus etw.***) ***die Konsequenzen ziehen*** aus e-m Vorfall *o.Ä.* Folgerungen ziehen u. sich danach richten(从某事中)得出教训: *Er zog die Konsequenzen u. trat zurück* 他吸取教训并引退辞职

kon·ser·va·tiv, kon·ser·va·tiv [-f] *Adj*(形) **1.** an überlieferten geistigen Werten u. gesellschaftlichen Strukturen orientiert 保守的↔ progressiv ⟨Haltungen, Vorstellungen 行为，想法; e-e Partei, ein Politiker 政党，政治家⟩ **2.** nicht modern 不时髦的，不流行的⟨ein Anzug, e-e Kleidung 西服，女服⟩ **3.** MED【医】; ohne Operation 保守的，不动手术的⟨e-e Behandlung, e-e Methode 疗法，方法⟩ ‖ *zu*（义项）**1.** **Kon·ser·va·ti·ve** *der/die*; *-n*, *-n*; **Kon·serva·ti·vis·mus** *der*; *-*; *nur Sg*(只用单数); *hierzu*（派生）**Kon·ser·va·ti·vi·tät** *die*; *-*; *nur Sg*（只用单数）

Kon·ser·va·tor *der*; *-s*, *Kon·ser·va·to·ren*; j-d, der beruflich (*mst* im Museum) Kunstwerke pflegt *usw*, damit sie in gutem Zustand bleiben 文物保管员 ‖ *hierzu*（派生）**Kon·ser·va·to·rin** *die*; *-*, *-nen*

Kon·ser·va·to·ri·um [-v-] *das*; *-s*, *Kon·ser·va·to·ri·en* [-iən]; e-e Art Hochschule für Musik 音乐学院

Kon·ser·ve [-və] *die*; *-*, *-n* **1.** e-e Dose od. ein Glas mit haltbar gemachten Lebensmitteln（装食品的）罐头，瓶⟨e-e K. öffnen 打开罐头⟩: *Erbsen aus der K. essen* 吃罐装豌豆 ‖ K-（复合）: ***Konserven-***, ***-büchse***, ***-dose***, ***-fabrik***, ***-öffner*** ‖ -K（复合）: ***Fisch-***, ***Fleisch-***, ***Gemüse-***, ***Obst-*** **2.** Lebensmittel aus der K. (1) 罐头食品，瓶装食品: *sich von Konserven ernähren* 靠吃罐头食品生活 ‖ ID［谚］*mst* 多用 ***Musik aus der K.*** *gespr*［口］; Musik von Schallplatten, Tonbändern *o.Ä.*(录音带、唱片上的)录制音乐，灌制音乐 ↔ Livemusik

kon·ser·vie·ren [-v-]; *konservierte*, *hat konserviert*; Vt（及物）**1.** ***etw. k.*** Lebensmittel dadurch haltbar machen, dass man sie *z.B.* trocknet, gefriert od. erhitzt u. luftdicht verpackt 把…制成罐头 **2.** ***etw. k.*** durch e-e spezielle Behandlung verhindern, dass *bes* alte Kunstgegenstände zerfallen, zerstört werden(通过特殊处理)将…长期保存、保藏，使防腐(尤指艺术品)

Kon·ser·vie·rung *die*; *nur Sg*（只用单数）; das Konservieren (*bes* von Lebensmitteln) 装制罐头保存，防腐 ‖ K-(复合): ***Konservierungs-***, ***-mittel***, ***-stoff***

Kon·sis·tenz *die*; *-*, *-en*; *mst Sg*（多用单数）; die Beschaffenheit e-s Materials (in Bezug auf seinen Aufbau) 稠性，浓度，坚固性(等材质) ⟨e-e Substanz von breiiger, brüchiger, fester, flüssiger, spröder, zäher K. 粥状稠性、易断裂性、坚固性、液状、脆性、韧性物质⟩

Kon·so·le *die*; *-*, *-n*; ein Brett od. ein Vorsprung an der Wand, auf das/den man etw. stellen kann(固定在墙上的)支架，座架，托架

kon·so·li·die·ren; *konsolidierte*, *hat konsolidiert*; *geschr*［书］; Vt（及物）**1.** ***etw. k.*** etw. (das schon da ist) festigen 稳固，巩固，加强 ⟨seine Machtposition, die Finanzlage k. 加强权势，稳定财政状况⟩; Vr（反身）**2.** ***etw. konsolidiert sich*** etw. wird fest, stabil(物作主语)巩固，稳定，加强 ⟨die Lage, Situation, die Verhältnisse 状况，形势，关系⟩ ‖ *hierzu*（派生）**Kon·so·li·da·ti·on** *die*; *-*, *-en*; **Kon·so·li·die·rung** *die*

Kon·so·nant *der*; *-en*, *-en*; einer der Laute aus der großen Gruppe von Lauten in der Sprache, die nicht zu den Vokalen gehören (*z.B.* [b, k, s, v, t]) 辅音，子音↔ Vokal ⟨ein stimmhafter, stimmloser K. 浊音，清音⟩ ‖ NB（注意）: *der Konsonant*; *den*, *dem*, *des Konsonanten* ‖ *hierzu*（派生）**kon·so·nan·tisch** *Adj*（形）

Kon·sor·ten *die*; *Pl*（复）; *nur in* 只用于 *Name* ***und Konsorten*** *gespr pej*［口］［贬］; j-d u. andere Menschen, die gemeinsam mit ihm *z.B.* unmoralische Geschäfte machen…及其同伙、合谋、同党，…之流 ≈ Mitschuldige, Mittäter

Kon·sor·ti·um [-tsi̯ʊm] *das*; *-s*, *Kon·sor·ti·en* [-tsi̯ən]; *Kollekt*, WIRTSCH（集合）【经】; ein vorübergehender Zusammenschluss von Firmen od. Banken mit dem Zweck, zusammen ein Geschäft abzuschließen, bei dem sehr viel Geld nötig ist (公司、企业等)临时性联合组织，(银行)财团，银团 ‖ -K（复合）: ***Banken-***

Kon·spi·ra·ti·on [-ˈtsi̯oːn] *die*; *-*, *-en*; *geschr*［书］; e-e (politische) Verschwörung 政治阴

谋〈e-e K. aufdecken 揭露一起政治阴谋〉

kon·spi·ra·ti̱v [-f] *Adj*(形); *ohne Steigerung* (无变级) **1.** in Bezug auf e-e Konspiration 有阴谋的〈e-e Absicht, e-e Tätigkeit 意图,活动〉 **2.** von Personen, die e-e Konspiration planen od. durchgeführt haben 搞阴谋的〈e-e Gruppe, e-e Vereinigung, e-e Wohnung 团体,组织,住宅〉

kon·spi·ri̱e·ren; *konspirierte, hat konspiriert*; [Vi](不及物) ***j-d konspiriert mit j-m (gegen j-n/etw.)***; 〈Personen 人〉 ***konspirieren (gegen j-n/etw.)*** *geschr*[书]; *mst* mehrere Personen verschwören sich(人作主语)单数:与…合伙搞(反对…)阴谋活动;复数:合伙搞(反对…)阴谋活动: *mit dem Feind gegen die Regierung k.* 与敌人合伙搞反政府阴谋活动

kon·sta̱nt *Adj*(形) **1.** 〈Preise *o.Ä.* 价格等〉 so, dass sie sich nicht ändern 稳定的,不变的,固定的≈gleichbleibend↔veränderlich: *mit konstanter Geschwindigkeit fahren* 以匀速开车,以固定车速行驶 **2.** *mst adv*(多作状语); die ganze Zeit über, ohne Unterbrechung 不间断的,不停的≈ ständig: *Die Sonne hat k. geschienen* 太阳不停地照耀 **3.** ≈ beharrlich 〈e-e Weigerung 拒绝〉 ‖ *hierzu*(派生) **Kon·sta̱nz** *die*; -; *nur Sg*(只用单数)

Kon·stan·te *die*; -, *-n*; MATH【数】; e-e Größe, die sich nicht ändert, die gleich bleibt 常数,恒数,常量↔ Variable

kon·sta·ti̱e·ren; *konstatierte, hat konstatiert*; [Vt](及物) ***etw. k.*** *geschr* [书]≈ feststellen, bemerken 〈etw. lakonisch k. 简明扼要地断定某事; e-n Fehler k. 查明错误〉

Kons·tel·la·ti·on [-ˈtsi̯oːn] *die*; -, *-en* **1.** *geschr* [书]; e-e Situation, in der bestimmte Faktoren zusammentreffen 状况,形势,局面,格局〈e-e (un)günstige K. 有(不)利形势〉 **2.** die Stellung der Planeten u. des Mondes zur Sonne u. zueinander, wie man sie von der Erde aus sieht 星座位置≈ Lage ‖ -K(复合): ***Sternen-***

kons·ter·ni̱e·ren; *konsternierte, hat konsterniert*; [Vt](及物) ***etw. konsterniert j-n*** *geschr* [书]≈ etw. bestürzt, verblüfft j-n: *konsterniert dreinschauen* 惊诧地(胆颤心惊地)盯望着 ‖ NB(注意): *mst* im Zustandspassiv! (多用于状态被动句!)

kon·sti·tu·i̱e·ren; *konstituierte, hat konstituiert*; [Vt](及物) *geschr*[书] **1.** ***etw. k.*** e-e Institution gründen 建立,组成,成立〈e-n Verein, e-e Organisation, ein Komitee k. 建立协会、组织、委员会〉 **2.** ***etw. konstituiert etw.*** etw. ist ein wichtiger Teil von etw. (物作主语)是…的核心,重要部分,基本要素: *Subjekt u. Prädikat sind konstituierende Elemente des Satzes* 主语和谓语是句子的核心成分; [Vr](反身) **3.** ***etw. konstituiert sich*** etw. wird gegründet, entsteht(物作主语)成立,建立,组建: *Die Bürgerinitiative konstituierte sich vor e-m Jahr* 公民倡仪组织是一年前组建成立的

Kon·sti·tu·ti·on [-ˈtsi̯oːn] *die*; -, *-en* **1.** *nur Sg* (只用单数); der allgemeine, *bes* körperliche Zustand e-r Person 体格,体质〈die körperliche, psychische, seelische K. 身体、精神、心理状况; e-e kräftige, schwache K. haben 有强壮的、柔弱的体质〉 **2.** ≈ Verfassung[1] ‖ *hierzu*(派生) **kon·sti·tu·ti·o·ne̱ll** *Adj*(形)

kon·stru·i̱e·ren; *konstruierte, hat konstruiert*; [Vt](及物) **1.** ***etw. k.*** etw. planen u. (nach diesem Plan) bauen 建造,设计,构造〈ein Flugzeug, ein Auto, e-e Rakete, ein Schiff, e-e Brücke, ein Hochhaus k. 设计建造飞机、汽车、火箭、轮船、桥梁、大厦〉 **2.** ***etw. k.*** *pej*[贬]; e-n unglaubwürdigen (u. künstlich klingenden) Zusammenhang od. Sachverhalt als wahr darstellen 虚构,杜撰,臆造,编造〈ein Alibi, e-n Beweis, e-e These k. 编造不在犯罪现场的证明、证明、论据; etw. klingt konstruiert 某事听来是臆造的〉: *Die konstruierte Beweisführung des Staatsanwaltes konnte die Richter nicht überzeugen* 检察官提供的虚构证明没能说服法官 **3.** ***etw. k.*** e-e geometrische Figur (7) zeichnen 画几何图,作图,制图〈ein Dreieck, ein Trapez, e-n Kegel k. 画一个三角、梯形、锥体〉 **4.** ***etw. k.*** (nach den Regeln e-r bestimmten Sprache) etw. aus Wörtern bilden (按语言规则)构成,造〈e-n Satz, e-e Phrase, e-e Fügung k. 造句、词组、搭配〉 ‖ *zu* (义项) **1. Kon·strukteur** [-ˈtøːɐ̯] *der*; *-s, -e*

Kon·struk·ti·on [-ˈtsi̯oːn] *die*; -, *-en* **1.** das Konstruieren (1) 设计,建造: *Die K. e-s so großen Gebäudekomplexes dauert sicher einige Jahre* 建造一幢如此大型的建筑群肯定要持续好几年 ‖ K-(复合): ***Konstruktions-, -fehler, -skizze, -zeichnung*** **2.** das Zeichnen, Konstruieren (3) (von geometrischen Figuren) 制图,绘制 **3.** LING【语】; das Zusammenfügen von Wörtern zu e-m Satz (句子)结构 ≈ Konstruieren (4): *die K. komplizierter Sätze* 复杂句的结构 ‖ -K(复合): ***Aktiv-, Passiv-, Satz-***

kon·struk·ti̱v, ko̱n·struk·tiv [-f] *Adj* (形); *geschr*[书]; mit dem Ziel, dass etw. entwickelt od. verbessert wird 建设性的,改进性的↔ destruktiv 〈ein Vorschlag, Kritik 建议,批评〉 ‖ NB(注意): ↑ ***Misstrauensvotum***

Ko̱n·sul *der*; *-s, -n* **1.** ein Vertreter e-s Staates in großen Städten des Auslands. Im Unterschied zu den Diplomaten vertritt er seinen Staat nicht politisch. Er hat meist wirtschaftliche u. Verwaltungsaufgaben (*z.B.* die Erteilung von Visa) 领事 **2.** *hist* [历]; j-d, der im antiken Rom (solange es Republik war) das höchste Staatsamt hatte 古罗马最高行政长官,执政官 ‖ *zu* (义项) **1. Ko̱n·su·lin** *die*; -, *-nen*

Kon·su·la̱t *das*; *-(e)s, -e* **1.** die Behörde e-s Konsuls (1) od. das Gebäude, in dem sie untergebracht ist 领事馆 ‖ K-(复合): ***Konsulats-, -gebäude*** **2.** *hist*[历]; der Zeitraum, in dem j-d als Konsul (2) amtierte 古罗马执政官执政期

kon·sul·ti̱e·ren; *konsultierte, hat konsultiert*; [Vt](及物) *geschr*[书] **1.** ***j-n k.*** zu j-m gehen, um Informationen, e-n Rat, seine Meinung zu hören 向…咨询,请教≈ zurate ziehen ⟨e-n Arzt k. 向医生咨询⟩ **2. etw. k.** etw. benutzen, um e-e Information zu bekommen 查阅,求助于⟨ein Buch, ein Lexikon k. 查阅书、词典⟩ ‖ *hierzu*(派生) **Kon·sul·ta·ti·on** *die*; -, *-en*

Kon·sum[1] *der*; *-s*; *nur Sg*, *geschr*(只用单数)[书]; ***der K.*** (***von/an etw.***)(*Dat* 三格)) das Verbrauchen (Konsumieren) von Waren (*bes* durch Essen u. Trinken) 消费: *e-n hohen K. an Alkohol haben* 酒精饮料的消费很大; *Der K. von exotischen Früchten ist stark gestiegen* 异国风味的水果消费猛增; *Nach dem Reaktorunfall wurde vom K. frischer Milch abgeraten* 反应堆事故后人们被劝阻喝鲜牛奶 ‖ K-(复合): ***Konsum-***, ***-artikel***, ***-gewohnheiten***, ***-güter***, ***-verhalten***, ***-verzicht*** ‖ -K(复合): ***Alkohol-***, ***Bier-***, ***Fleisch-***, ***Tabak-***, ***Tabletten-***, ***Zigaretten-***

Kon·sum[2] *der*; *-s*, *-s*; Ⓐ *od hist* (*DDR*)[奥]或[历(民德)] ein (Lebensmittel)Geschäft (der Konsumgenossenschaft) 消费合作社门市部

Kon·sum·den·ken *das*; *oft pej* 常用[贬]; die Einstellung, nach der man es dann am besten hat, wenn man so viele Dinge wie möglich kaufen u. verbrauchen kann 高消费观念

Kon·su·ment *der*; *-en*, *-en*; WIRTSCH【经】≈ Verbraucher ‖ NB(注意): *der Konsument*; *den*, *dem*, *des Konsumenten* ‖ *hierzu*(派生) **Kon·su·men·tin** *die*; -, *-nen*

Kon·sum·ge·sell·schaft *die*; *oft pej* 常用[贬]; e-e Gesellschaft[1] (2), deren Art zu leben maßgeblich dadurch bestimmt ist, dass sehr viel gekauft u. verbraucht wird(高)消费社会

Kon·sum·gü·ter *die*; *Pl*(复); Waren (wie Nahrung, Kleider, Möbel *usw*), die man (im Alltag) für das Leben u. die Wohnung *o.Ä.* braucht 消费品,日常生活用品 ‖ K-(复合): ***Konsumgüter-***, ***-industrie***, ***-produktion***

kon·su·mie·ren; *konsumierte*, *hat konsumiert*; [Vt](及物) ***etw. k.*** *geschr*[书]; etw. essen, trinken od. verbrauchen 消费⟨Bier, Alkohol, Tabak, Tabletten k. 消费啤酒、酒精饮料、烟草、药片; Lebensmittel k. 消费食品⟩

Kon·sum·ter·ror *der*; *pej*[贬]; der Druck, durch den die Firmen u. Geschäfte (*bes* durch Werbung) die Verbraucher dazu bringen wollen, mehr zu kaufen, als nötig ist(由广告煽起的)高消费狂热

Kon·takt *der*; *-(e)s*, *-e* **1. K.** (***mit/zu j-m/etw.***) die Beziehung, die man zu Freunden *o.Ä.* hat u. die man durch Treffen, Gespräche *o.Ä.* aufrechterhält (与…)接触,联系⟨(zwischen)menschlicher, gesellschaftlicher, sozialer, intimer, sexueller, enger K. 人际的、社交的、社会的、密切的、性生活的、紧密的接触; mit/zu j-m K. bekommen, haben 同某人取得、有联系; (den) K. aufnehmen, den K. abbrechen, aufgeben, verlieren 建立、中断、放弃、失去联系; Kontakte anbahnen 建立联系(为联系铺开道路)⟩: *Er ist sehr schüchtern u. hat deswegen kaum K. mit/zu seinen Mitschülern* 他很腼腆,所以与同学几乎没有接触 ‖ K-(复合): ***Kontakt-***, ***-anzeige***, ***-mangel***, ***-scheu***, ***-schwierigkeit***, ***-störung***, ***-suche*** **2.** das Austauschen von Informationen *o.Ä.*(信息等)往来,交往,联系 ⟨telefonischer, brieflicher K. 电话、书信联系; (den) K. herstellen, aufnehmen, aufrechterhalten, pflegen, den K. abbrechen, stören 建立、建立、保持、维护、断绝、阻挠联系; (mit j-m) in K. kommen(与某人)开始交往; mit j-m in K. stehen, bleiben 与某人保持、仍然(有)往来⟩: *Die Polizei versuchte, K. mit/zu den Geiselnehmern zu bekommen* 警方设法与扣押人质的人取得联系 ‖ K-(复合): ***Kontakt-***, ***-aufnahme*** **3.** *geschr*[书] ≈ Berührung (1): *Vermeiden Sie jeden K. mit dem giftigen Stoff!* 别触摸有毒物质! ‖ K-(复合): ***Kontakt-***, ***-gift***, ***-infektion***, ***-insektizid*** ‖ -K(复合): ***Haut-***, ***Körper-*** **4.** ≈ Berührung (2): *mit revolutionären Ideen in K. kommen* 接触(了解)革命思想 **5.** ein elektrisches Teil, das man so bewegen kann, dass der Strom fließt bzw. unterbrochen wird 电接点,触点,接头⟨e-n K. reinigen, erneuern, auswechseln 清洗、更新、置换接头⟩ ‖ -K(复合): ***Zünd-*** ‖ *zu*(义项) **1. kon·takt·scheu** *Adj*(形)

kon·takt·arm *Adj*(形); *nicht adv*(不作状语); ⟨Menschen 人⟩ so, dass sie nur schwer Verbindungen, Kontakte zu anderen Menschen aufbauen können 不善于交往的,与外界接触少的 ‖ *hierzu*(派生) **Kon·takt·ar·mut** *die*; *nur Sg*(只用单数)

kon·takt·freu·dig *Adj*(形); *nicht adv*(不作状语); ⟨Menschen 人⟩ so, dass sie viele Kontakte suchen u. finden u. dadurch viele Freunde haben 善于交往的,乐于结交的,好交际的≈ gesellig ‖ *hierzu*(派生) **Kon·takt·freu·dig·keit** *die*

Kon·takt·lin·se *die*; *mst Pl*(多用复数); e-e kleine Scheibe, die direkt auf dem Auge liegt u. wie e-e Brille funktioniert 角膜接触镜,隐形眼镜≈ Haftschale

Kon·takt·mann *der*; -, *Kon·takt·män·ner*/*Kon·takt·leu·te*; j-d (oft e-e Art Agent), der in j-s Auftrag Kontakte (2) zu anderen sucht (u. herstellt), um von ihnen Informationen zu bekommen(搞信息的)联系人,联络员 ‖ *hierzu*(派生) **Kon·takt·frau** *die*; -, *-en*

Kon·takt·per·son *die* ≈ Kontaktmann

Kon·tem·p·la·ti·on [-ˈtsioːn] *die*; -, *-en*; *mst Sg*, *geschr*(多用单数)[书]; konzentriertes Nachdenken 沉思,苦思冥想,凝思 ‖ *hierzu*(派生) **kon·tem·p·la·tiv** *Adj*(形)

Kon·ten *Pl*(复); ↑ ***Konto***

Kon·ter- *im Subst*, *betont*, *nicht produktiv*, *geschr*(构成名词,重读,非构词型)[书] ≈ Gegen-; der ***Konterangriff***, die ***Konterattacke***, die ***Konterrevolution***, der ***Konterschlag***

Kon·ter·fei *das*; *-s*, *-s/-e*; *hum*[诙] ≈ Bild,

Fotografie: *j-s K. in der Brieftasche tragen* 在皮夹子里有某人的相片

kon·tern; *konterte, hat gekontert*; Vt/i (及物/不及物) **1. j-m (etw.) k.** spontan u. direkt auf etw., das ein anderer gesagt hat, reagieren, *bes* ihm deutlich u. geschickt widersprechen(舌战时)回击,反击,回驳: *„Sie sind schrecklich faul", sagte er. „Nicht mehr als Sie", konterte sie* "您真懒",他说。"比不上您"她反驳道; *Er konterte mit der Bemerkung, dass ...* 他反驳指出… ‖ NB(注意): Das Objekt ist immer ein Satz(宾语常常是一个句子); Vi (不及物) **2.** beim Sport auf e-n Angriff des Gegners mit e-m eigenen Angriff reagieren(体育比赛时)还击,反击

Kon·text *der*; *-(e)s, -e*; *geschr* [书] ≈ Zusammenhang ‖ K-(复合): **kontext-, -abhängig, -frei**

Kon·tex·tu·a·li·sie·rung *die*; *-*; *nur Sg*(只用单数); die Einfügung e-s Wortes *o. Ä.* in e-n geeigneten sprachlichen Zusammenhang(使语词)适应语境(上下文),修饰文辞

Kon·ti·nent, Kon·ti·nent *der*; *-(e)s, -e* **1.** einer der großen Erdteile 大陆;洲: *Die sechs Kontinente sind Afrika, Amerika, Asien, Australien, Europa u. die Antarktis* 六块大陆是非洲、美洲、亚洲、澳大利亚、欧洲和南极 **2.** *nur Sg, nur mit bestimmtem Artikel*(只用单数)(只与定冠词连用); das europäische Festland 欧洲大陆: *Viele Engländer machen Urlaub auf dem K.* 许多英国人在欧洲大陆度假 ‖ *hierzu*(派生) **kon·ti·nen·tal** *Adj*(形); *mst attr, nicht adv*(多作定语,不作状语)

Kon·ti·nen·tal·macht *die*; *hist* [历]; ein mächtiger Staat in Europa (auf dem Festland)欧洲大陆的强国

Kon·ti·nen·tal·ver·schie·bung *die*; GEOL【质】; die langsame Verschiebung der Kontinente 大陆漂移

Kon·tin·gent *das*; *-(e)s, -e*; **das K. (an etw. (Dat** 三格**))** die (proportionale) Menge, Zahl od. Leistung, die man bei etw. bekommt bzw. erbringen muss 定额,份额〈ein K. festsetzen 确定份额; sein K. erfüllen, ausschöpfen, überschreiten 完成、利用、超过定额〉: *das österreichische K. an UNO-Truppen* 奥地利在联合国部队中的兵员份额; *Während der Dürre wurde jedem Haushalt ein bestimmtes K. an Trinkwasser zugeteilt* 在干旱时期每家分得一定份额的饮用水 ‖ -K(复合): **Truppen-**

Kon·ti·nua *Pl*(复); ↑ **Kontinuum**

kon·ti·nu·ier·lich *Adj*(形); *geschr*[书]; ohne Unterbrechung 连续的,不间断的,持续的 ≈ stetig, ununterbrochen: *Der Profit der Firma steigt k. an* 公司的利润持续增长 ‖ *hierzu*(派生) **Kon·ti·nu·i·tät** *die*; *-*; *nur Sg*(只用单数)

Kon·ti·nu·um *das*; *-s, Kon·ti·nua/Kon·ti·nu·en*; MATH, PHIL【数】【哲】; etw., das von Anfang bis zum Ende nicht unterbrochen wird 连续性,连续统〈ein räumliches, zeitliches K. 空间、时间的连续性〉: *das K. der Zeit* 时间连续性

Kon·to *das*; *-s, -s/Kon·ten*; e-e Art Übersicht (mit e-r bestimmten Nummer) *bes* bei e-r Bank, aus der hervorgeht, wie viel Geld j-d dort noch hat, was dazugekommen ist u. was ausgegeben (abgebucht) worden ist 账户,户头〈ein K. bei e-r Bank eröffnen, haben, sperren lassen, überziehen, ausgleichen, auflösen 在银行开、有、让冻结、透支、轧平、结清一个账户; die Bank richtet ein K. für j-n ein, führt ein K. für j-n 银行为某人开立、掌管账户; etw. von e-m K. abheben, abbuchen, abziehen 从账户中提款、销账、扣除; etw. auf ein K. einzahlen, überweisen 往账户上存款、汇款; etw. e-m K. gutschreiben 将…记入某人账户; ein K. mit etw. belasten 把…记入借方〉: *fünftausend Euro auf seinem K. haben* 他账户上有五千欧元; *Ich habe mein Konto um hundert Euro überzogen* (= ich bin mit hundert Euro im Minus)我在银行账户上透支了一百欧元; *Ist das Gehalt schon auf mein(em) Konto eingegangen?* 薪水已进入我的账户了吗? ‖ K-(复合): **Konto-, -inhaber, -nummer, -stand** ‖ -K(复合): **Bank-, Post-, Sparkassen-; Geschäfts-, Privat-; Giro-, Spar-; Gehalts-** ‖ ID [谚] **etw. geht auf sein/ihr** *usw* **K.** *gespr*[口]; er/sie *usw* ist die Ursache für etw., ist schuld an etw. 某事算在他/她的账上,某事由他/她负责

Kon·to·aus·zug *der*; ein Ausdruck[3] e-r Bank, auf dem steht, wie viel Geld man gerade (auf seinem Konto) hat 银行结单,对账单 ‖ K-(复合): **Kontoauszugs-, -drucker**

Kon·to·be·we·gung *die*; e-e Änderung auf e-m Konto, die entsteht, wenn Geld hinzukommt od. von ihm genommen (abgehoben, abgebucht) wird 账户(存取)动态

Kon·to·füh·rung *die*; das Verwalten e-s Kontos durch e-e Bank 账户管理 ‖ K-(复合): **Kontoführungs-, -gebühren**

Kon·tor *das*; *-s, -e*; ein Geschäft, das von e-r großen Firma (als Filiale) im Ausland betrieben wird 大公司驻外办事机构 ‖ ID[谚] **ein Schlag ins K.** *gespr* [口]; ein sehr unangenehmes Ereignis, ein schwerer Rückschlag 一件非常不愉快的事,一次严重挫折

Kon·to·rist *der*; *-en, -en*; j-d (ein kaufmännischer Angestellter), der einfache Arbeiten in der Verwaltung e-s Betriebes macht 办事员,雇员 ‖ NB(注意): *der Kontorist; den, dem, des Kontoristen* ‖ *hierzu*(派生) **Kon·to·ris·tin** *die*; *-, -nen*

kon·tra *Präp*(介); *mit Akk*, JUR (支配四格)【法】≈ gegen ↔ pro: *In dem Prozess geht es um Schmidt k. Müller* 这是施米特对米勒的诉讼案

Kon·tra *das*; *-s, -s* **1. das Pro u. K.** + *Gen* (二格) ↑ **Pro 2. j-m K. geben** *gespr*[口]; j-m (mit scharfen Worten) widersprechen 强烈反对某人,义正词严地驳斥某人

Kon·tra·bass *der*; das größte Streichinstrument (mit den tiefsten Tönen) 低音提琴≈ Bassgeige ‖ ↑ *Abb. unter* 图见 ***Streichinstrumente***

Kon·tra·hent *der*; *-en*, *-en* **1.** *geschr*[书]; ein Gegner in e-m politischen od. sportlichen Kampf(政界、体育竞赛中的)对手,敌手,对方 **2.** JUR, WIRTSCH【法】【经】; einer der Partner bei e-m Vertrag 缔约方,签约一方 ‖ NB(注意): *der Kontrahent*; *den*, *dem*, *des Kontrahenten* ‖ *hierzu* (派生) **Kont·ra·hen·tin** *die*; *-*, *-nen*

Kon·tra·in·di·ka·ti·on [-tsioːn] *die*; MED【医】; ein Umstand, unter dem ein Medikament nicht gegeben od. e-e Behandlung nicht durchgeführt werden darf (*z. B.* während der Schwangerschaft od. bei zusätzlichen Krankheiten)(不宜使用某种药物或采用某种疗法的)禁忌现象 ≈ Gegenanzeige ‖ *hierzu* (派生) **kon·tra·in·di·ziert** *Adj*(形)

Kon·trakt *der*; *-(e)s*, *-e*; *geschr*[书] ≈ Vertrag ⟨e-n K. schließen, unterzeichnen, brechen 签订、签署、违反契约⟩ ‖ K-(复合): ***Kontrakt-***, ***-bruch***

Kon·trak·ti·on [-ˈtsioːn] *die*; *-*, *-en*; MED【医】; das Anspannen von Muskeln(肌肉)萎缩,挛缩: *die Kontraktionen des Herzmuskels* 心肌萎缩 ‖ *hierzu* (派生) **kon·tra·hie·ren** (*hat*) *Vt/i*(及物/不及物)

Kon·tra·punkt *der*; MUS【音】**1.** e-e Technik, bei der zwei od. mehr Stimmen od. Melodien gleichzeitig so erklingen, dass sie harmonisch wirken 对位法 **2.** *geschr* [书]≈ Gegensatz ⟨etw. bildet e-n K. (zu etw.) 某事(与某事)形成对立面; j-d setzt e-n K. (zu etw.) 某人(对某事)提出反面意见⟩ ‖ *hierzu* (派生) **kon·tra·punk·tisch** *Adj*(形)

kon·trär *Adj*(形); *geschr* [书]≈ gegensätzlich ⟨Ziele, Charaktere, Meinungen 目的,性格,意见⟩

Kon·trast *der*; *-(e)s*, *-e* **1.** ein starker, auffälliger Unterschied, Gegensatz (鲜明)对照,(强烈)对比⟨ein farblicher, scharfer, starker K. 色调的、鲜明的、强烈的对比⟩: *der Kontrast zwischen seinen Worten u. seinen Taten* 他言行相左 ‖ K-(复合): ***Kontrast-***, ***-farbe*** ‖ -K (复合): ***Farb-*** **2.** der Unterschied zwischen den hellen u. dunklen Teilen e-s Fotos, (Fernseh)Bildes *o. Ä.* 反差,对比度(照片、图象的黑白差异)⟨den K. einstellen, regulieren 调整、调对比度⟩ ‖ -K(复合): ***Helligkeits-*** ‖ *hierzu* (派生) **kon·tras·tie·ren** (*hat*) *Vt* (及物); **kon·trast·reich** *Adj*(形)

kon·tras·tiv *Adj*(形); ⟨Linguistik, Grammatik 语言学,语法⟩ vergleichend, gegenüberstellend 对比的,比较的

Kon·trast·mit·tel *das*; MED【医】; ein Mittel, das (vor e-r Röntgenaufnahme) in den Körper kommt, damit man etw. besser erkennen kann X 光造影溶剂(药物)⟨ein K. injizieren, verabreichen 注射造影溶剂,给吃造影药物⟩

Kon·tra·zep·ti·on [-ˈtsioːn] *die*; *-*; *nur Sg*, MED (只用单数)【医】≈ Empfängnisverhütung

Kon·troll·ab·schnitt *der*; der Teil e-r Eintrittskarte, der entfernt wird, wenn man durch den Eingang kommt(入场券)票根

Kon·troll·bü·ro *das*; (CH) [瑞] ≈ Einwohnermeldeamt

Kon·trol·le *die*; *-*, *-n* **1.** die Handlungen, mit denen man j-n/etw. (regelmäßig) prüft, um festzustellen, ob alles in Ordnung ist 检查,检验≈ Überprüfung ⟨e-e strenge, gründliche K. 严格的、认真的检查; Kontrollen durchführen, verschärfen, (die) Kontrollen abschaffen 进行、加强、取消检查⟩: *die K. des Gepäcks beim Zoll* 海关检查行李; *die K. der Eintrittskarten am Eingang* 入口处检查入场券 ‖ K-(复合): ***Kontroll-***, ***-gang***, ***-runde***, ***-stempel*** ‖ -K(复合): ***Führerschein-***, ***Pass-*** **2. die K.** (**über j-n/ etw.**) die Aufsicht über j-n/etw. bzw. die Beherrschung e-r Situation 监督,监视,控制⟨die K. über j-n/etw. haben, ausüben, verlieren 监督某人/某事,对某人/某事进行监督、失去控制; unter j-s K. stehen 在某人的监督下⟩: *Er verlor die K. (über sich)* (= die Selbstbeherrschung)他失去了对自己的控制; *die K. der Regierung durch das Parlament* 通过议会监督政府; *Wir haben die Epidemie unter K.* (= im Griff)我们控制住了传染病 **3. die K.** (**über j-n** (*Kollekt od Pl* 集合或复数)/**etw.**) die Macht über j-n/etw. 控制权,左右,支配权⟨die K. über j-n/etw. verlieren 失去对某人/某事的控制权⟩: *Sie hat die K. über das ganze Firmenimperium* 她控制着整个公司的权力

Kon·trol·leur [-ˈløːɐ] *der*; *-s*, *-e*; j-d, der etw. (*mst* Fahrkarten im Zug *o. Ä.*) kontrolliert (1) 检票员,查票员 ‖ *hierzu* (派生) **Kon·trol·leu·rin** *die*; *-*, *-nen*

kon·trol·lie·ren; *kontrollierte*, *hat kontrolliert*; [Vt/i] (及物/不及物) **1.** (***j-n/etw.***) ***k.*** (über) prüfen, ob alles in Ordnung ist u. richtig gemacht wird 检查,检验: *An der Grenze werden unsere Pässe kontrolliert* 我们的护照在边境受到检查; [Vt] (及物) **2.** ***etw. k.*** sehr großen Einfluss auf etw. haben 控制,支配 ≈ beherrschen: *Der Firmenkonzern kontrolliert den gesamten Markt* 公司康采恩控制着整个市场

Kon·troll·lam·pe *die*; TECH【技】 e-e kleine (oft grüne od. rote) Lampe, die dazu dient, die Funktion e-s Gerätes *o. Ä.* zu überwachen. Sie leuchtet (*z. B.* grün), solange etw. funktioniert od. nicht (*bzw.* rot), wenn etw. nicht in Ordnung ist 监视灯,监控灯

Kon·troll·turm *der*; ein Turm (auf e-m Flughafen), von dem aus die Flugzeuge bei Start u. Landung geleitet werden (机场)指挥塔,控制塔≈ Tower

kon·tro·vers [-v-] *Adj*(形); *geschr*[书] **1.** (einander) entgegengesetzt 有分歧的,针锋相对的,互不相让的⟨Meinungen, Standpunkte 意见,

观点；k.（= unversöhnlich）diskutieren 讨论互不相让（相持不下）〉 **2.** ≈ umstritten〈e-e These 论点〉

Kon·tro·ver·se *die*；-，*-n*；*geschr*［书］；**e-e K.**（**mit j-m/ zwischen**〈Personen，Gruppen *o. Ä.* 人们，团体〉）（**über etw.**（*Akk* 四格））≈ Auseinandersetzung〈e-e heftige，scharfe，harte K. 激烈的、尖锐的、强硬的争论〉：*Zwischen den Interessengruppen gab es e-e heftige K. über den neuen Autobahnbau* 关于是否修建新高速公路，利害双方进行了一场激烈的争论

Kon·tur *die*；-，*-en*；*mst Pl*（多用复数）；e-e Linie，die die Grenzen（den Umriss）von Personen od. Dingen zeigt 轮廓，线条：*In der Dämmerung waren die Konturen der Häuser kaum noch zu sehen* 在黄昏时分，房屋的轮廓几乎看不出来

Ko·nus *der*；-，*-se*；MATH【数】；e-e（geometrische）Figur von der Form e-s Kegels（od. Kegelstumpfes）圆锥体，锥形 ‖ ▶ ***konisch***

Kon·vent [-v-] *der*；*-(e)s*，*-e*；die Versammlung der（stimmberechtigten）Mitglieder e-s Klosters od. e-e Zusammenkunft von Pfarrern 修士（修女）集会；牧师聚会

Kon·ven·ti·on [-ˈtsioːn] *die*；-，*-en* **1.** *geschr*［书］；e-e traditionell anerkannte Regel des sozialen Verhaltens，die in e-r Gesellschaft als Norm gilt 习俗，惯例，风俗，风尚〈gegen Konventionen verstoßen 违背习俗〉‖ NB（注意）：↑ ***Sitte*** **2.** ein Vertrag zwischen mehreren Staaten（国家之间的）条约，公约，协定 ≈ Abkommen：*die Genfer K. zum Schutz der Menschenrechte* 保护人权的日内瓦公约

Kon·ven·ti·o·nal·stra·fe *die*；e-e（Geld-）Strafe，die j-d bezahlen muss，der gegen die Bestimmungen e-s Vertrags verstoßen hat 违约罚款（金）

kon·ven·ti·o·nell *Adj*（形）；*geschr*［书］**1.** wie es den gesellschaftlichen Konventionen entspricht 习惯的，符合风俗的，传统的 ≈ herkömmlich ↔ unkonventionell〈Ansichten，Kleidung 看法，服装〉 **2.** MIL【军】；〈Waffen，Kriege 武器，战争〉in der Art，wie sie vor der Erfindung von Atomwaffen üblich waren 常规的

kon·ver·gent *Adj*（形）**1.** MATH【数】；〈Linien，Reihen 线，序列〉so，dass sie sich dem gleichen Punkt，Wert nähern 收敛的，交向的 ↔ divergent **2.** *geschr*［书］；〈Meinungen，Ziele 意见，目的〉so，dass sie ähnlich werden od. sind 趋于一致的；相符的 ↔ divergent ‖ *hierzu*（派生）**Kon·ver·genz** *die*；-，*-en*；**kon·ver·gie·ren**（*hat*）*Vi*（不及物）

Kon·ver·sa·ti·on [-ˈtsioːn] *die*；-，*-en*；**e-e K.**（**mit j-m**）（**über j-n/etw.**）*geschr*［书］；ein höfliches（oft oberflächliches）Gespräch *bes* bei e-m Besuch，auf e-r Feier *o. Ä.* 交谈，谈话，会话〈e-e geistreiche，höfliche，gepflegte K. 妙趣横生的、礼貌的、文质彬彬的交谈；K. machen 会话；e-e K. führen 进行谈话〉：*Er fühlte sich verpflichtet，beim Essen mit den Tischnachbarn K. zu machen* 他感到有义务在吃饭时与同桌交谈交谈

Kon·ver·sa·ti·ons·le·xi·kon [-ˈtsioːns-] *das*；ein Lexikon，das über alles Wichtige u. Interessante der verschiedenen（Wissens）Bereiche informiert 百科全书≈ Enzyklopädie

kon·ver·tie·ren；*konvertierte*，*hat/ist konvertiert*；Vt（及物）（*hat*）**1. etw.**（**in etw.**（*Akk* 四格））**k.** WIRTSCH【经】；Geld（in e-e andere Währung）umtauschen 兑换：*Schweizer Franken in US-Dollars k.* 将瑞士法郎兑换成美元；Vi（不及物）（*hat/ist*）**2.**（**zu etw.**）**k.** *geschr*［书］；seine Konfession，Religion ändern 改变宗教信仰，皈依≈ übertreten：*vom Christentum zum Islam k.* 离开基督教皈依伊斯兰教；Vt/i（及物/不及物）**3.**（**etw.**）**k.** INFORM【信息】；Daten so verändern，dass sie mit e-m anderen Programm kompatibel sind 转换（使之与其他程序可兼容）‖ *zu*（义项）**1.** u. **3. kon·ver·tier·bar** *Adj*（形）；*nicht adv*（不作状语）；*zu*（义项）**2. Kon·ver·si·on** *die*；-，*-en*；*zu*（义项）3. **Kon·ver·tie·rung** *die*

kon·vex [-v-] *Adj*（形）；nach außen gewölbt 凸出的，凸状的 ↔ konkav〈e-e Linse，ein Spiegel 透镜，镜子〉

Kon·voi，Kon·voi [-v-] *der*；*-s*，*-s*；*Kollekt*（集合）；mehrere Fahrzeuge（*bes* Autos），die zusammengehören u. hintereinanderfahren 车队〈im K. fahren 组成车队行驶〉

kon·vul·si·visch [-vulˈziːvɪʃ] *Adj*（形）；*geschr*［书］；wie im Krampf 痉挛性的，抽搐的〈Zuckungen 抽搐〉‖ *hierzu*（派生）**Kon·vul·si·on** *die*；-，*-en*

Kon·zent·rat *das*；*-(e)s*，*-e*；**ein K.**（**aus etw.**）*bes* CHEM【化】；e-e Flüssigkeit，der man viel Wasser entzogen hat u. die deshalb viel mehr wirksame Substanzen enthält als sonst üblich 浓缩液，浓缩品：*Orangensaft aus K.，Zucker u. Wasser herstellen* 用浓缩液、糖和水制成桔子汁 ‖ -K（复合）：***Fruchtsaft-***

Kon·zent·ra·ti·on [-ˈtsioːn] *die*；-，*-en* **1.** *nur Sg*（只用单数）；**die K.**（**auf j-n/etw.**）der Zustand，in dem man besonders aufmerksam，konzentriert ist 专心致志，精神集中，专注，全神贯注 ↔ Zerstreutheit〈hohe，große K.（思想）高度、非常集中〉：*Sein Beruf als Fluglotse erfordert enorme K. u. ständige geistige Anspannung* 飞机领航员的职业要求他注意力高度集中，并且始终保持精神紧张 ‖ K-（复合）：***Konzentrations-***，***-fähigkeit***，***-mangel***，***-schwäche*** **2.** *nur Sg*（只用单数）；die Fähigkeit，sich konzentrieren（1）zu können，sich beim Denken，bei der Lösung e-s Problems nicht stören zu lassen 专注力，思想集中的能力：*Die K. der Schüler lässt vor den Ferien erfahrungsgemäß stark nach* 根据经验，学生的专注力在放假前大大减退 **3. die K. auf etw.** das Sammeln，Konzentrieren（2，3）von Gedanken，Kräften auf e-e Sache，ein Ziel 对…要集中精力、全神贯注：*die K. darauf，ein Ziel zu erreichen* 全神贯注要达到目的；*Jetzt ist die K. aller Kräfte auf unsere Aufgabe nötig* 现

在为完成我们的任务集中一切精力是必要的 **4. die K. + Gen**（二格）; **die K. von j-m/etw.**（*Pl* 复）das Zusammenbringen von vielen Personen/Dingen an eine bestimmte Stelle 集结，集中：*e-e starke K. von Truppen im Grenzgebiet* 在边境大量集结部队 ‖ -K（复合）：***Truppen-*** **5.** CHEM【化】; der Anteil e-s bestimmten Stoffes in e-r Lösung od. e-m Gemisch 浓度，浓缩〈e-e hohe, geringe, niedrige K. 高、微弱、低浓度〉：*Der Arzt hat mir dieses Medikament in e-r hohen K. verordnet* 医生给我开的这种药是高浓缩的

Kon·zent·ra·ti·ons·la·ger [-ˈtsi̯oːns-] *das* **1.** *hist*［历］; ein Lager, in dem die Nationalsozialisten (in Deutschland u. in Gebieten, die im Krieg erobert wurden) sehr viele Menschen (aus rassistischen u. politischen Gründen) gefangen hielten, folterten u. ermordeten（纳粹）集中营；*Abk* 缩写 KZ **2.** ein Lager, in dem politische Gefangene unter sehr schlechten Bedingungen leben（条件恶劣的政治犯）集中营 ≈ Internierungslager

kon·zent·rie·ren; *konzentrierte, hat konzentriert*; Vr（反身）**1. sich (auf j-n/etw.) k.** für (kurze) Zeit intensiv über j-n/etw. nachdenken 集中思想，全神贯注，专心于〈sich sehr, stark k. 一心一意，全神贯注〉：*Bei diesem Lärm kann ich mich nicht (auf meine Aufgabe) k.* 这样喧闹我无法集中精力（干我的任务）**2.** 〈j-s Aufmerksamkeit *o. Ä.* 某人的注意力〉 **konzentriert sich auf j-n/etw.** j-s Aufmerksamkeit *o. Ä.* richtet sich ganz auf e-e bestimmte Person od. Sache 集中在，倾注在；Vt（及物）**3. etw./sich (auf j-n/etw.) k.** seine ganze Energie u. seine Kräfte für *mst* lange Zeit auf eine Person od. Sache (*z. B.* e-e Prüfung) richten 把（精力）集中在〈sich ganz, völlig auf etw. k. 专心致志于，全神贯注于某事〉：*Sie hat ihren Beruf aufgegeben u. konzentriert sich jetzt ganz auf ihr Baby* 她放弃了自己的职业，现在一心一意照料孩子；*Wir müssen unsere Anstrengungen darauf k., e-e höhere Produktivität zu erreichen* 我们应该竭尽全力去达到一个较高的生产能力 **4. j-n/etw.** (*Kollekt od Pl*（集合或复数）) **(irgendwo) k.** e-e große Zahl Personen od. Menge Fahrzeuge *o. Ä.* auf relativ kleinem Raum sammeln, zusammenziehen 集结，聚集〈Truppen, Streitkräfte, Panzer, Schiffe k. 集结部队、军队、坦克、军舰〉 **5. etw. k.** CHEM【化】; die Konzentration (5) e-s Stoffes erhöhen 使浓缩，提高…的浓度↔ verdünnen 〈e-e Säure k. 提高酸的浓度〉

kon·zent·riert **1.** *Partizip Perfekt*（过去分词）; ↑ **konzentrieren** **2.** *Adj*（形）; so, dass man sein geistiges Vermögen, seine Aufmerksamkeit sehr stark auf e-e Person od. Sache lenkt 全神贯注的，凝神专注的，潜心的，聚精会神的〈k. nachdenken, zuhören, arbeiten 凝神思索，悉心倾听，专心工作〉：*Er wirkt/ist sehr k. bei seiner Arbeit* 他工作很专心 **3.** *Adj*（形）; so, dass es in großer Zahl, hoher Intensität gleichzeitig irgendwo vorhanden ist 集中力量的，大规模的：*ein konzentriertes Eingreifen der Polizei* 警方集中力量干预 **4.** *Adj*（形）; CHEM【化】; mit e-r hohen Konzentration (5) 浓缩的，浓度高的〈e-e Säure 酸〉

kon·zent·risch *Adj*（形）; MATH【数】;〈Kreise, Kugeln 圆，球体〉so (angeordnet), dass sie denselben Mittelpunkt haben 同心的 ‖ *hierzu*（派生）**Kon·zent·ri·zi·tät** *die*; -; *nur Sg*（只用单数）

Kon·zept *das*; -(*e*)*s*, -*e*; *geschr*［书］**1. ein K. (für etw.)** ein schriftlicher Plan für e-n Text 草稿，初稿，提纲 ≈ Entwurf 〈ein K. ausarbeiten, entwerfen 拟订、草拟一份提纲〉：*ein K. für e-n Roman, e-e Doktorarbeit, e-e Rede vorlegen* 提交一份小说初稿、博士论文提纲、报告提纲；*Mein Aufsatz liegt bislang nur im K. vor* 我的作文至今还只是草稿 ‖ NB（注意）：↑ **Gliederung** **2. ein K. (für etw.)** ein Programm für ein bestimmtes (*mst* größeres u. langfristiges) Ziel 纲领，计划 ≈ Konzeption 〈ein K. ausarbeiten, entwickeln, überdenken, verwerfen 制订、研制、仔细考虑、拒绝一项计划〉：*ein K. für den Abbau der Arbeitslosigkeit* 降低失业率的计划 ‖ ID［谚］**aus dem K. kommen** (*z. B.* während e-r Rede) vergessen, was man eigentlich sagen wollte 思路紊乱起来，讲话走题 ≈ den Faden verlieren; **j-n aus dem K. bringen** j-n (*z. B.* während e-r Rede) von seinem Thema ablenken od. verwirren 使某人离题，打乱某人的话题：*Bei seinem Vortrag ließ er sich von Zwischenrufen aus dem K. bringen* 在作报告时他被突发的呼喊声打乱了思绪（弄得不知所措）；**j-m das K. verderben** etw. tun, das e-m Plan den Erfolg nimmt 使某人计划落空；**etw. passt j-m nicht ins K.** etw. gefällt j-m nicht, weil es nicht seinen Plänen entspricht 某事不符合某人的意图

Kon·zep·ti·on [-ˈtsi̯oːn] *die*; -, -*en*; *geschr*［书］≈ Konzept (2)

Kon·zept·pa·pier *das*; ein Text mit e-m Vorschlag für ein Projekt *o. Ä.* 项目建议书〈ein K. erstellen 订出一份项目建议书〉

Kon·zern *der*; -*s*, -*e*; *Kollekt*, WIRTSCH（集合）【经】; mehrere große Firmen, die sich zu e-r größeren Einheit zusammengeschlossen haben u. zentral geleitet werden, aber rechtlich selbstständig sind 康采恩，联合企业〈ein multinationaler K. 多国联合企业〉 ‖ -K（复合）：***Industrie-, Medien-, Rüstungs-***

Kon·zert *das*; -(*e*)*s*, -*e* **1.** e-e Veranstaltung, auf der Künstler Musik spielen od. singen（音乐）演奏会，演唱会，音乐会〈in ein/zu e-m K. gehen 去听音乐会；auf e-m K. spielen 在音乐会上演奏；ein K. geben 举行音乐会〉 ‖ K-（复合）：***Konzert-, -abend, -abonnement, -agentur, -besuch, -halle, -musik, -pianist, -publikum, -reise, -saal*** ‖ -K（复合）：***Jazz-, Pop-, Rock-, Sinfonie-; Gala-, Wohltätigkeits-, Wunsch-*** **2.** e-e Komposition für ein Orchester u. *mst* ein Soloinstrument 协奏曲：*ein K.*

K

für Violine u. Orchester 小提琴协奏曲 ‖ -K（复合）: ***Gitarren-***, ***Klavier-***, ***Violin-***

kon·zer·tant *Adj*（形）; in der Art u. Weise e-s Konzerts (1)协作的，合作的，协奏的: *die konzertante Aufführung e-r Oper* (ohne Kulissen *usw*)协作演出歌剧(无布景等)

Kon·zert·flü·gel *der*; ein großer (Klavier)-Flügel 大钢琴 ‖ ↑ *Abb. unter* 图见 ***Flügel***

kon·zer·tiert *Adj*（形）; *mst in* 多用于 ***e-e konzertierte Aktion*** *bes* POL 尤指【政】; e-e Aktion, ein Unternehmen *o.Ä.*, bei denen alle Partner (*z.B.* Staat, Unternehmer u. Gewerkschaften) gemeinsam vorgehen (国家、企业、工会)一致行动

Kon·zert·meis·ter *der*; MUS【音】**1.** der erste Geiger e-s Orchesters 首席小提琴手 **2.** *hist* [历]; der Leiter e-s Orchesters am königlichen *o.Ä.* Hof (3) 皇家宫廷乐队指挥

Kon·zes·si·on [-ˈsioːn] *die*; -, *-en* **1.** ADM【管理】; die (schriftliche) Erlaubnis durch e-e Behörde, ein Gasthaus, ein Geschäft *o.Ä.* führen zu dürfen (营业)许可，许可证≈ Lizenz 〈e-e Behörde erteilt, entzieht j-m e-e K. 官方颁发、吊销某人的许可证〉 ‖ K-(复合): ***Konzessions-***, ***-inhaber*** ‖ -K(复合): ***Schank-*** **2.** *mst Pl*, *geschr* (多用复数) [书] ≈ Zugeständnis 〈j-m Konzessionen machen 向某人妥协(让步); zu keinen Konzessionen bereit sein 不准备作任何让步〉

Kon·zil *das*; *-s*, *-e*/*-ien* [-iən]; KATH【天主】; e-e Versammlung von (katholischen) Bischöfen u. *mst* dem Papst, auf der Fragen der Kirche diskutiert u. entschieden werden (主教及教皇参加的)高级神职人员大会 〈der Papst beruft ein K. ein 教皇召开高级神职人员大会〉

kon·zi·li·ant *Adj*（形）; *geschr*[书]; freundlich u. höflich (zu anderen Menschen) 和蔼可亲的，友好的，和气待人的 ≈ umgänglich 〈ein Mensch, ein Verhalten, ein Wesen 人，态度，性格〉

kon·zi·pie·ren; *konzipierte*, *hat konzipiert*; Vt (及物) ***etw. k.*** *geschr*[书]; ein Konzept, e-n Plan für etw. machen 构想，设计，为…而计划: *e-n Text k.* 构思出一篇文章; *Die Schule ist für dreihundert Schüler konzipiert* 这所学校设计容纳三百个学生

Ko·ope·ra·ti·on [ko|operaˈtsioːn] *die*; -, *-en*; *geschr* [书]; ***K.*** (***mit j-m/etw.***) ≈ Zusammenarbeit 〈zur K. bereit sein 准备合作(协作)〉 ‖ K-(复合): ***Kooperations-***, ***-bereitschaft***

ko·ope·rie·ren [ko|o-]; *kooperierte*, *hat kooperiert*; Vi (不及物) ***j-d/e-e Firma o.Ä. kooperiert mit j-m/e-r Firma o.Ä.***; 〈Personen/Firmen *o.Ä.* 人/公司等〉 ***kooperieren*** *geschr* [书]; zwei od. mehrere Personen/Firmen *o.Ä.* arbeiten (*bes* auf politischem od. wirtschaftlichem Gebiet) zusammen 单数: 与…合作、协作; 复数: 共同合作，协同工作 ‖ *hierzu* (派生) **ko·ope·ra·tiv** *Adj*（形）

Ko·or·di·na·te [ko|ordiˈnaːtə] *die*; -, *-n*; MATH【数】**1.** eine der Zahlen, mit denen man die Lage e-s Punktes in e-r Ebene od. in e-m Raum angibt 坐标 ‖ K-(复合): ***Koordinaten-***, ***-kreuz*** ‖ NB(注意): ↑ ***Abszisse***, ***Ordinate*** **2.** GEOG【地】; eine der Zahlen (Längengrad u. Breitengrad), mit denen man die Lage e-s Ortes auf der Erde angibt 坐标

Ko·or·di·na·ten·ach·se *die*; MATH【数】; eine der Geraden, die das Koordinatensystem bilden (die x-Achse (Abszisse) od. die y-Achse (Ordinate)) 坐标轴

Ko·or·di·na·ten·sys·tem *das*; MATH【数】; ein System aus zwei od. drei gerade Linien, die im rechten Winkel zueinander stehen u. sich in einem Punkt schneiden, u. mit deren Hilfe man Koordinaten berechnet *o.Ä.* 坐标系

ko·or·di·nie·ren [ko|ɔrdiˈniːrən]; *koordinierte*, *hat koordiniert*; Vt (及物) ***etw.*** (***mit etw.***) ***k.*** *geschr*[书]; verschiedene Abläufe, Termine *o.Ä.* aufeinander abstimmen, damit alles reibungslos funktioniert 使协调一致，使相互配合: *Er koordiniert das Projekt* 他协调这项工程 ‖ *hierzu* (派生) **Ko·or·di·na·ti·on** *die*; -, *-en*; **Ko·or·di·nie·rung** *die*

Kopf *der*; -(*e*)*s*, *Köp·fe* **1.** der Teil des Körpers von Menschen u. Tieren, in dem Gehirn, Augen, Ohren, Mund u. Nase sind 头，脑袋 〈mit dem K. nicken 点头; den K. neigen, bewegen, einziehen 低下、摇动、缩脑袋; mit erhobenem, gesenktem K. 昂首，垂头〉 ‖ ↑ *Abb. unter* 图见 ***Mensch*** ‖ K-(复合): ***Kopf-***, ***-bewegung***, ***-form***, ***-haar***, ***-haut***, ***-massage***, ***-nicken***, ***-schuss***, ***-stütze***, ***-verletzung***, ***-wunde*** **2.** ***ein*** + *Adj* (形) + ***K.*** *gespr*[口]; ein Mensch mit großen geistigen Fähigkeiten 有头脑的人，人才，人物 〈ein kluger, geistreicher, heller, wacher, aufgeweckter, schlauer K. 聪明的、有才智的、很灵的、头脑清醒的、机灵的、机智的人〉 **3.** ***der K.*** + *Gen* (二格) e-e Person od. Gruppe, die etw. leiten 头脑，负责人，首领，头头，头目 〈der K. e-s Unternehmens, e-r Organisation, e-r Firma 企业、组织、公司负责人〉: *Er ist der K. der Bande* 他是帮会头目 **4.** eine von mehreren Personen 人头，人(指人数): *Seine Familie zählt acht Köpfe* 他家八口人; *Pro K.* (= für jede einzelne Person) *werden 15 Euro Eintrittsgeld verlangt* 每人要付15欧元入场费 ‖ K-(复合): ***Kopf-***, ***-zahl*** **5.** der obere runde Teil mancher Pflanzen, den man essen kann (球状植物)头，棵〈ein K. Kohl, Salat 一头卷心菜，一棵生菜〉 ‖ K-(复合): ***Kopf-***, ***-salat*** ‖ -K(复合): ***Kohl-***, ***Salat-*** **6.** der vordere od. obere, *mst* runde Teil von etw. (某物体的)头，顶端 〈der K. e-s Nagels, e-r Pfeife, e-r Stecknadel, e-s Streichholzes 钉子头，箭头，大头针针头，火柴头〉 ‖ K-(复合): ***Pfeifen-***, ***Stecknadel-*** **7.** der oberste Teil e-s Textes, *z.B.* Titel u. Datum e-r Zeitung, die Adresse am Anfang e-s Briefes *o.Ä.* 报头，信头，刊头，标题 ‖ K-(复

合)：**Kopf-, -leiste, -zeile** ‖ -K(复合)：**Brief-** **8.** der vorderste Teil (e-r Gruppe), zu dem die wichtigsten Leute gehören 为首的人物，领头人物〈am K. e-r Tafel sitzen 坐在宴会首席(上席)；am K. e-s Demonstrationszuges gehen 走在游行队伍最前头〉 **9. den K. / mit dem K. schütteln** den K. (1) hin u. her bewegen u. dadurch ausdrücken, dass man etw. verneint, ablehnt, nicht versteht *o.Ä.* 摇头(表示否定、拒绝、不懂) ‖ K-(复合)：**Kopf-, -schütteln**；**kopf-, -schüttelnd** **10. K. an K.** eng, dicht

Kopf

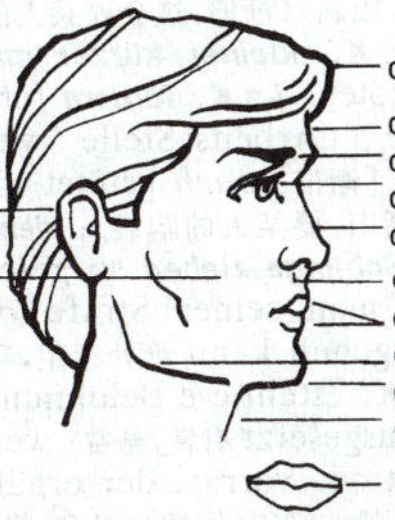

zusammen, (in e-m Rennen, Wettbewerb *o.Ä.*) dicht beieinander 紧挨着，比肩，紧靠在一起：*Sie standen K. an K. (gedrängt), gingen K. an K. durchs Ziel* 他们紧贴在一起站着，比肩通过终点 ‖ K-(复合)：**Kopf-an-Kopf-Rennen** **11. von K. bis Fuß** ganz u. gar, völlig 彻底的，从头到脚的，从上到下的〈sich von K. bis Fuß neu einkleiden 穿一身新；ein Gentleman von K. bis Fuß 十足的绅士；nackt von K. bis Fuß 赤条条一丝不挂〉 ‖ ID [谚] **K. weg!** verwendet, um j-n zu warnen, dass er vor e-r Gefahr den K. (1) einziehen soll 把头闪开(危险)!；**nicht auf den K. gefallen sein** *gespr* [口]；ziemlich schlau, nicht dumm sein 不笨，相当机灵；**nicht (ganz) richtig im K. sein** *gespr* [口]；verrückt sein, verrückte Ideen haben 不太正常，有点神魂颠倒；**e-n schweren K. haben** (*bes* vom Alkohol) Kopfweh haben(尤指因喝酒而)头痛，晕头转向，昏昏沉沉；**etw. steigt j-m in den K.** etw. macht j-n benommen 某事弄得某人神魂颠倒(迷迷糊糊)〈Alkohol, Düfte 酒，香气〉；**etw. steigt j-m in den K. / zu Kopf(e)** etw. macht j-n übermütig od. eingebildet 某事冲昏某人的头脑，使某人不可一世(自命不凡)〈ein Erfolg, ein Lob 成绩，表扬〉；**etw. wächst j-m über den K.** etw. wird zu viel für j-n某事超过某人的能力，某人干不了某事〈die Arbeit 工作〉；**bis über den K. in** 〈Arbeit, Schulden, Schwierigkeiten 工作，债务，困难〉 **stecken** viel zu viel Arbeit, Schulden *usw* haben 埋头(工作)，陷入(债务)，沉沦(困境)等；**nicht wissen, wo einem der K. steht** so viel Arbeit haben, dass man nicht weiß, wo man anfangen soll 工作多得摸不着头绪(不知所措)；**j-m brummt / raucht / schwirrt der K.** *gespr* [口]；j-d ist vom Lernen od. Nachdenken ganz erschöpft 某人(因学习、思考而)伤透脑筋/脑袋发涨/头痛脑晕；**den K. voll (mit etw.) haben** viel (über etw.) nachdenken müssen 忧心忡忡，满脑袋装着某事，满腹心事；**etw. im K. behalten / haben** sich etw. merken u. nicht vergessen 记住，牢记：*Kannst du die Einkaufsliste im K. behalten?* 你能记住采购清单吗?；*Ich habe die Telefonnummer leider nicht im K.* 我把电话号码忘了，真遗憾；**nichts (anderes) als j-n / etw. im K. haben** *gespr* [口]；zu sehr an eine ganz bestimmte Person/Sache denken 除了某人/某事什么也不想，满脑袋想的是某人/某事：*Die Kinder haben nichts als Unsinn im K.* 孩子们满脑袋胡思乱想；*Du hast ja nur Mädchen im K.!* 你脑袋(心里)只想姑娘!；**etw. im K. rechnen** etw. ohne Hilfsmittel, ohne es aufzuschreiben, rechnen 心算；**aus dem K.** ≈ auswendig 〈etw. aus dem K. aufsagen, können, wissen 背诵，会记诵，过目成诵〉；**etw. geht j-m im K. herum**；**j-d / etw. geht j-m nicht aus dem K.** j-d muss immer wieder an j-n/etw. denken 某人对某事总牵肠挂肚；某人心里总摆脱不掉对某人/某事的思念(感怀)；**etw. geht / will j-m nicht in den K.** etw. ist so (unerwartet, unlogisch *o.Ä.*), dass es j-d nicht versteht 某人对某事不理解，不明白，想不通：Es *will mir einfach nicht in den K., dass ihr euch trennen wollt. Ihr habt euch doch immer so gut verstanden* 你们要分手，我简直想不通，你们不是一向相互都很理解吗；**etw. geht / fährt / schießt j-m durch den K.** etw. fällt j-m plötzlich ein 某人突然想起某事；**sich (*Dat* 三格) etw. durch den K. gehen lassen** längere Zeit über e-e Idee, e-n Vorschlag *o.Ä.* nachdenken, um sie zu prüfen 琢磨某事，考虑某事；**seinen K. anstrengen** intensiv nachdenken, *bes* um e-e Lösung zu finden 冥思苦想，动脑筋；**sich (*Dat* 三格) den K. (über j-n / etw.) zerbrechen / zermartern** intensiv über j-n/etw. nachdenken(为…)绞尽脑汁，伤透脑筋；**sich (*Dat* 三格) etw. in den K. setzen** etw. unbedingt erreichen, durchsetzen, haben wollen 决意要做(实现)某事；**sich (*Dat* 三格) etw. aus dem K. schlagen** e-n Plan, ein Ziel aufgeben, weil man sie nicht erreichen kann 放弃某事(打算、意图)；**seinen K. durchsetzen wollen** gegen Widerstände versuchen, seine Wünsche od. Ziele zu erreichen 不顾一切要实现自己的意图；**mit dem K. durch die Wand wollen** *gespr* [口]；etw. tun (durchsetzen) wollen, was unmöglich ist 蛮干，一意孤行；**mit dem K. gegen die Wand rennen**；**sich (*Dat* 三格) den K. an etw. (*Dat* 三格) einrennen** *gespr* [口]；etw. trotz aller Anstrengung nicht erreichen (durchsetzen) können (weil der Widerstand zu groß ist)硬把脑袋往墙上撞，硬干办不成的事；在某事上会碰破脑袋；*mst* 多用 ... **u. wenn du dich auf den K. stellst!** *gespr* [口]；drückt aus, dass man etw. auf gar keinen Fall zulässt 不管你怎么闹都没用!；**e-n K. für sich / seinen eigenen K. haben** e-n eigenen starken Willen haben 有自己坚定的意志，自有主见；***den K. einziehen*** *gespr* [口]；den Mut verlieren (u. sich einschüchtern lassen) 缩头缩脑，胆小怕事；***den K. hängen lassen*** resigniert, mutlos *o. Ä.* sein 垂头丧气；***K. hoch!*** verwendet, um j-m Mut zu machen, j-n zu trösten 振作起来！抖起精神！抬起头来！；***den K. oben behalten*** den Mut nicht verlieren 抬起头来，鼓起勇气，打起精神；***den K. hoch tragen*** stolz sein 骄傲，得意；***den K. verlieren*** in Panik geraten 慌了神，乱了套，没了主张；***e-n klaren/kühlen K. behalten/bewahren*** ruhig bleiben, nicht nervös werden 保持清醒/冷静头脑；***den/seinen K. in den Sand stecken*** von e-m Problem, e-r Gefahr nichts wissen wollen 把头埋在沙里（不愿正视问题和危险）；***sich*** (*Dat* 三格) ***an den K. fassen/greifen*** *gespr* [口]；für etw. Unsinniges kein Verständnis haben 摸不着头脑，挠头，不可理解：*So e-e Dummheit. – Da muss man sich ja an den K. fassen!* 这种蠢事。—— 真是叫人挠头！；***sich*** (*Dat Pl* 三格，复数) ***die Köpfe heißreden*** *gespr* [口]；sehr heftig diskutieren 讨论得热火朝天；***sich*** (*Dat Pl* 三格，复数) (***gegenseitig***) ***die Köpfe einschlagen*** *gespr* [口]；sich heftig streiten (u. prügeln) (彼此) 吵(打)得不可开交；***j-m den K. verdrehen*** *gespr* [口]；erreichen, dass sich j-d in einen verliebt 使神魂颠倒，坠入情网；***j-m den K. zurechtrücken/zurechtsetzen*** j-n tadeln u. kritisieren (经批评、责备) 使某人恢复理智，使某人头脑清醒；***j-m den K. waschen*** *gespr* [口]；j-n tadeln 数落、指摘、直言责骂某人；*mst* 多用 ***Er/Sie wird dir schon nicht den K. abreißen*** *gespr* [口]；er/sie wird nicht so böse reagieren, wie du (be)fürchtest 他/她不会摆脸色给你看的(给你拉长脸的)；***j-m etw. auf den K. zusagen*** j-m etw. (Negatives, Persönliches) ganz direkt sagen 直截了当给某人讲，对某人直言不讳：*Sie sagte ihm auf den K. zu, dass er ein Betrüger sei* 她直言不讳地说他是骗子；***j-m etw. an den K. werfen*** *gespr* [口]；etw. Schlimmes (*bes* Beleidigendes) zu j-m sagen 当面数落某人(的不是)，往某人脸上抹灰 〈j-m Flüche, Beleidigungen, Schimpfwörter an den K. werfen 当面诅咒、侮辱、辱骂某人〉；***j-n vor den K. stoßen*** ≈ j-n kränken；***wie vor den K. geschlagen sein*** so überrascht od. entsetzt sein, dass man nicht reagieren kann 大吃一惊，惊惶失措；***über seinen/ihren*** *usw* ***K. hinwegreden*** so über ein Thema reden, dass ein anderer/e-e andere nichts davon versteht 说得他/她莫明其妙；***etw. geht über meinen*** *usw* ***K. hinweg*** etw. ist so schwierig, dass ich es nicht verstehe 某事对我不可理解(不知所云) 〈e-e Erklärung, ein Vortrag 声明，报告〉；(***etw.***) ***über seinen/ihren*** *usw* ***K. hinweg*** 〈entscheiden 决定〉 etw. entscheiden, ohne e-n anderen/e-e andere zu fragen od. zu informieren 不顾他/她(而自作主张)；***j-m auf dem K. herumtanzen/herumtrampeln*** *gespr* [口]；j-n ohne Respekt u. Rücksicht behandeln 对待某人言行放纵，无所顾忌；***den/seinen K. für j-n/etw. hinhalten*** (***müssen***) *gespr* [口]；die negativen Folgen von etw. tragen (müssen), was man nicht verschuldet hat (不得不) 替某人/某事受罪、担不是；***K. u. Kragen/seinen K. riskieren*** *gespr* [口]；sein Leben od. seine (berufliche, finanzielle) Existenz riskieren 冒生命危险/担(失业、破产的)风险；***Es geht um K. u. Kragen*** *gespr* [口]；j-s Leben od. Existenz ist in Gefahr 这关系到生死存亡(这是性命攸关的事)；***etw. kostet j-m/j-n den Kopf*** etw. führt dazu, dass j-d seine (Arbeits)Stelle (bzw. *veraltend* [渐旧] *auch* sein Leben) verliert 这会毁(砸)了某人的职业(饭碗)(渐旧：这会要某人的命)；***j-n*** (***um***) ***einen K. kleiner/kürzer machen*** *gespr* [口] ≈ j-n töten；***j-s K. fordern*** fordern, dass j-d seine (Arbeits)Stelle verliert (bzw. *veraltend* [渐旧] *auch* getötet wird) 要开除(解雇)某人(渐旧：要某人的脑袋)；***den/seinen K. aus der Schlinge ziehen*** so geschickt reagieren, dass man seiner Strafe *o. Ä.* gerade noch entgehen kann 绝处逢生，巧妙地摆脱困境；***auf j-s K.*** 〈steht e-e Belohnung, ist e-e Belohnung ausgesetzt 有赏，悬赏〉 wer den Genannten fängt od. verrät, der erhält e-e Belohnung 用某人的首级(来领赏)，捉拿、揭发、缉拿某人(有赏)；***etw. auf den K. hauen*** *gespr* [口]；Geld schnell (u. großzügig) für ein Vergnügen ausgeben 挥霍，花光：*Unseren Gewinn hauen wir heute Abend auf den K. – Erst gehen wir ins Kino u. dann ganz groß essen* 今晚我们把中奖的钱痛痛快快花光。—— 先去看电影，然后大吃一顿；***etw. steht auf dem K.*** etw. hängt od. steht so, dass die obere Seite unten ist 某物挂(放)倒了 〈ein Bild 图〉；***etw. auf den K. stellen*** **a**) die obere Seite von etw. nach unten drehen 把某物倒过来、颠倒过来、倒个头 〈ein Bild auf den K. stellen 把图倒过来〉；**b**) *gespr* [口]；etw. gründlich durchsuchen 彻底查看，翻找 〈ein Haus, Zimmer 房屋，房间〉：*Ich habe das ganze Haus auf den K. gestellt, aber die Schlüssel habe ich nicht gefunden* 我把整个屋子都彻底翻了一遍，但钥匙还是没有找着；**c**) *gespr* [口]；alles durcheinanderbringen 把某物弄得乱七八糟(杂乱无章)：*Die Kinder stellen immer die ganze Wohnung auf den K.* 孩子把整个住房搞得一塌糊涂；**d**) *gespr* [口]；etw. so (falsch) darstellen, dass es so wirkt, als ob das Gegenteil richtig wäre 颠倒，本末倒置，歪曲 ≈ etw. verdrehen 〈die Tatsachen, die Wahrheit auf den K. stellen 歪曲事实、真相〉 ‖ NB (注意)：↑ ***kopfstehen***

Kopf·ball *der*；ein Stoß des Balles mit dem Kopf 头球，头顶球

Kopf·be·de·ckung *die*；ein Hut, e-e Mütze od. ein Tuch für den Kopf 帽子，头巾

Köpf·chen *das*；*-s*, - **1.** ein kleiner Kopf 小头 **2.** *gespr* [口]；die Fähigkeit, gute Ideen zu haben 聪明，有头脑，脑袋瓜，脑筋 ≈ Verstand 〈K. haben 有头脑，机灵；mit K. vorgehen 做事动脑筋〉：*e-e Aufgabe mit K. lösen* 解题要用脑

子；*K. muss man haben* (, *dann ist das kein Problem!*) 人得动脑子(这样就不会有难题了!)

köp·feln; *köpfelte*, *hat geköpfelt*; [Vt/i] (及物/不及物) (**etw.**) **k.** *südd* Ⓐ Ⓒⓗ *gespr* [南德][奥][瑞][口] ≈ köpfen (4)

köp·fen; *köpfte*, *hat geköpft*; [Vt] (及物) **1. j-n k.** j-n töten, indem man ihm den Kopf abschlägt 砍…的脑袋,杀…的头 ≈ enthaupten **2. etw. k.** den oberen Teil von etw. abschlagen, verschneiden 敲掉…的顶部,修剪…的顶枝: *die Blumen*, *ein Ei k.* 修剪花卉,敲开鸡蛋 **3. e-e Flasche k.** *gespr* [口]; e-e Flasche Wein *o. Ä.* öffnen (u. den Inhalt trinken) 打开酒瓶; [Vt/i] (及物/不及物) **4.** (**etw.**) **k.** e-n Ball mit dem Kopf irgendwohin stoßen 顶(球): *den Ball ins Tor k.* 把球顶进球门

Kopf·en·de *das*; die Seite des Bettes, auf die man den Kopf legt 床头的一端 ↔ Fußende

Kopf·hö·rer *der*; ein Gerät (mit zwei Hörern an e-m Bügel), das man an die Ohren legt u. mit dem man dann Musik hören kann, ohne andere dadurch zu stören 耳机 ⟨den K. aufsetzen, abnehmen 戴上、摘下耳机⟩

-köp·fig *im Adj*, *begrenzt produktiv*, *nicht adv* (构成形容词,构词有限,不作状语) **1.** mit der genannten Zahl von Personen, Mitgliedern (数字)…人的,…成员的; **zweiköpfig**, **dreiköpfig** *usw* ⟨e-e Familie 家; ein Gremium 委员会⟩ **2.** mit der genannten Zahl od. Art von Köpfen (数字或形状)…头的; **zweiköpfig**, **dreiköpfig**, *usw*; **mehrköpfig**, **großköpfig** *usw* ⟨ein Ungeheuer 怪物⟩ **3.** mit der genannten Art von Haarwuchs am Kopf …发型的,…头型的; **glatzköpfig**, **kahlköpfig**, **krausköpfig**, **lockenköpfig**

Kopf·kis·sen *das*; ein weiches Kissen für den Schlaf 枕头 ‖ K-(复合): **Kopfkissen-**, **-bezug**, **-hülle**

kopf·las·tig *Adj* (形) **1.** in seinem vorderen Teil zu schwer (mit dem Schwerpunkt zu weit vorn) 头部超载的 ⟨ein Flugzeug, Schiff 飞机,轮船⟩ **2.** so, dass zu viele Personen in leitenden Positionen sind 领导层臃肿的 ⟨ein Betrieb, e-e Verwaltung 企业,管理部门⟩ **3.** zu intellektuell 过分强调理智的,过于理性的 ⟨ein Buch, ein Film 书,电影; ein Autor 作家⟩ ‖ *hierzu* (派生) **Kopf·las·tig·keit** *die*; *nur Sg* (只用单数)

kopf·los *Adj* (形) **1.** *nicht adv* (不作状语); ohne Kopf 没有头的 **2.** nicht mehr fähig, klar zu denken (sondern verwirrt) 心不在焉的,精神恍惚的: *k. hin u. her laufen* 没头没脑地跑来跑去 ‖ *zu* (义项) **2. Kopf·lo·sig·keit** *die*; *nur Sg* (只用单数)

Kopf·nuss *die*; *gespr* [口] **1.** ein leichter Schlag mit den Fingern (Fingerknöcheln) auf den Kopf 敲脑壳(用手指弯曲起来打人头顶) ⟨j-m e-e K. geben 敲某人的脑壳⟩ **2.** ein Problem od. e-e schwierige Aufgabe, die man nicht schnell lösen kann 难题

Kopf·pau·scha·le; *die*; ein Geldbetrag, die für jeden gleich ist, egal, wie viel man verdient od. verbraucht 人头费(按人头收取的费用): *Nach der Reform soll jeder Versicherte e-e K. zahlen* 改革后每个保险者都交纳人头费

Kopf·rech·nen *das*; *nur Sg* (只用单数); das Rechnen im Kopf (ohne Hilfsmittel zu benutzen od. etw. aufzuschreiben) 心算

Kopf·sa·lat *der*; e-e Pflanze, deren (hell)grüne Blätter man als Salat isst 生菜

kopf·scheu *Adj* (形); *nur in* 只用于 **1. j-d/etw. macht j-n k.** j-d/etw. macht j-n so verwirrt, dass er Angst bekommt (人/物作主语) 使害怕(惊慌) **2. k. werden** unsicher u. ängstlich werden 茫然、害怕起来

Kopf·schmerz *der*; *mst Pl* (多用复数); ein Schmerz in dem Teil des Kopfes, in dem das Gehirn ist 头痛 ≈ Kopfweh ⟨Kopfschmerzen haben 头痛,脑袋痛⟩ ‖ K-(复合): **Kopfschmerz-**, **-mittel**, **-tablette** ‖ ID [谚] **j-d/etw. bereitet/macht j-m Kopfschmerzen** *gespr* [口]; j-d/etw. macht j-m Sorgen 某人/某事使某人头痛(忧虑); **sich** (*Dat* 三格) **über etw.** (*Akk* 四格)/**wegen etw. keine Kopfschmerzen machen** *gespr* [口]; sich keine Sorgen machen 不为某事而操心、担忧

Kopf·schmuck *der*; etw. (e-e Haube, Bänder *o. Ä.*), was man als Schmuck auf den Kopf (1) setzt 头饰: *der K. aus Federn*, *den Indianer tragen* 印第安人戴的羽毛头饰

Kopf·sprung *der*; ein Sprung ins Wasser mit dem Kopf bzw. den Händen voran 头朝下的跳水 ⟨e-n K. machen 头朝下跳水⟩

Kopf·stand *der*; e-e (Turn)Übung, bei der man auf dem Kopf steht u. sich mit den Händen abstützt 倒立,手倒立 ⟨e-n K. machen 做手倒立⟩

kopf·ste·hen; *stand kopf*, *hat/südd* Ⓐ Ⓒⓗ [南德][奥][瑞] *ist kopfgestanden*; [Vi] (不及物) *gespr* [口]; sehr aufgeregt, überrascht *o. Ä.* sein 惊喜,激动万分,欣喜若狂: *Das ganze Dorf stand kopf*, *als die Olympiasiegerin heimkehrte* 当奥运会冠军(女)回乡时,全村欢天喜地

Kopf·stein·pflas·ter *das*; ein Straßenbelag aus kleinen (runden od. viereckigen) Steinen 石块路面

Kopf·stim·me *die*; *nur Sg*, MUS (只用单数)【音】; e-e besondere Art des Singens von sehr hohen Tönen (bei der der Brustraum nicht mitschwingt) 头声,头音,假声 ≈ Falsett

Kopf·tuch *das*; ein Tuch, das man um den Kopf legt u. *mst* unter dem Kinn zusammenbindet 头巾

kopf·über *Adv* (副); mit dem Kopf voran 头向前,头朝前 ⟨k. ins Wasser springen, die Treppe herunterfallen 一头扎进水里,头朝下滚下楼梯⟩

kopf·un·ter *Adv* (副); mit dem Kopf nach unten 头朝下 ⟨k. am Reck hängen 头朝下挂(吊)在单杠上⟩

Kopf·weh *das*; *nur Sg* (只用单数); *gespr* [口] ≈ Kopfschmerzen ⟨K. haben 头痛⟩

K

Kopf·zer·bre·chen *das*; *-s*; *nur Sg*（只用单数）; die intensive （u. angestrengte） Überlegung, durch die man ein schwieriges Problem zu lösen sucht 伤脑筋，为难〈j-d/etw. bereitet j-m K. 某人/某事使某人伤脑筋; sich（*Dat* 三格）über etw.（*Akk* 四格）(kein) K. machen(不)为…伤脑筋(担忧)〉

Ko·pie *die*; *-*, *-n* [-ˈpiː(ə)n] **1.** die genaue Nachahmung e-s Gegenstands（oft e-s Kunstwerks）复制品 ≈ Imitation ↔ Original〈die K. e-s Gemäldes, e-r Statue, e-s Schlüssels油画、雕像、钥匙复制品; e-e K. anfertigen, machen 制作、做一个复制品〉 **2.** ein Blatt Papier, auf das der Text *o. Ä.* e-s anderen Blattes durch ein besonderes Verfahren（durch Belichtung）übertragen wurde 影印件，复印件〈e-e beglaubigte K. 一份经过公证的复印件〉: *Bitte machen Sie vom Vertrag drei Kopien!* 请将这份合同复印三份! ‖ -K(复合): ***Farb-***, ***Foto-*** **3.** INFORM【信息】; e-e zweite Datei mit demselben Inhalt wie e-e andere, in der Daten zur Sicherheit noch einmal gespeichert werden 复制件，拷贝件〈e-e K. machen, ziehen 做一份拷贝，另存一份复制件〉‖ -K: ***Sicherheits-***, ***Sicherungs-***

ko·pie·ren; *kopierte*, *hat kopiert*; [Vt/i]（及物/不及物）**1.**（***etw.***）***k.*** e-e Kopie (1,2) von etw. machen（anfertigen）复制，为…制副本，影印，复印; [Vt]（及物）**2.** ***j-n/etw. k.*** j-n/etw. als Muster od. Vorbild nehmen u. sie nachahmen 仿造，模仿，以…为楷模 ≈ imitieren: *Sie versucht ständig, ihre Schwester zu k. – Jetzt kleidet sie sich sogar schon wie sie* 她经常力图模仿她姐姐——现在甚至穿着也像她

Ko·pie·rer *der*; *-s*, *-* ≈ Kopiergerät ‖ -K(复合): ***Foto-***

Ko·pier·ge·rät *das*; ein Gerät, das（Foto-）Kopien von Texten od. Bildern herstellt 复印机 ‖ -K(复合): ***Foto-***

Ko·pi·lot *der*; der zweite Pilot e-s Flugzeugs（飞机）副驾驶员 ‖ *hierzu*（派生）**Ko·pi·lo·tin** *die*; *-*, *-nen*

Kop·pel[1] *die*; *-*, *-n*; e-e Weide[1] mit e-m Zaun（带栅栏的）牧场: *Pferde auf die K. führen* 把马群赶往牧场 ‖ -K(复合): ***Pferde-***

Kop·pel[2] *das*; *-s*, *-*; ein (breiter) Gürtel, *mst* als Teil e-r Uniform（多指军装上的）腰带，皮带〈das K. umschnallen 扣上腰带〉‖ K-(复合): ***Koppel-***, ***-schloss***

kop·peln; *koppelte*, *hat gekoppelt*; [Vt]（及物）**1.** ***etw. an etw.***（*Akk* 四格）/ ***mit etw. k.*** ein Gerät od. Fahrzeug an ein anderes hängen, mit ihm verbinden 把…联结在…上，把…与…连接在一起，把…挂连在…上: *den Wohnwagen ans Auto k.* 把房车挂在汽车上; *das Radio mit dem Kassettenrekorder k.* 把收音机与录音机组合在一起 **2.** ***etw. an etw.***（*Akk* 四格）/ ***mit etw. k.*** *geschr*[书]; etw. an e-e Voraussetzung binden, von ihr abhängig machen 把…与…挂钩（一揽子考虑）: *ein Angebot an bestimmte Voraussetzungen k.* 把报价与某些先决条件一揽子考虑 ‖ *hierzu*（派生）**Kop·pe·lung**, **Kopp·lung** *die*

Ko·pro·duk·ti·on [-tsi̯oːn] *die* **1.** die gemeinsame Arbeit（von Gruppen aus verschiedenen Ländern）*bes* an e-m Film od. e-r Fernsehsendung（由几个国家）联合摄制（电影或电视节目）: *e-n Film in K. drehen* 联合摄制一部电影 **2.** ein Film, der von verschiedenen Produzenten gemeinsam gemacht wird 联合摄制的电影: *e-e französisch-italienische K.* 一部法意合拍的电影

ko·pu·lie·ren; *kopulierte*, *hat kopuliert*; [Vi]（不及物）〈ein Tier 动物〉***kopuliert mit***〈e-m Tier〉;〈Tiere 动物〉***kopulieren*** *geschr*, BIOL[书]【生】; zwei Tiere begatten sich 单数: 与…交配（交尾）; 复数: 交配，交尾 ‖ *hierzu*（派生）**Ko·pu·la·ti·on** *die*; *-*, *-en*

Ko·ral·le *die*; *-*, *-n*; *mst Pl*（多用复数）**1.** eines von vielen kleinen Tieren, die in warmen Meeren in großer Zahl zusammenleben u. die (hohe) Wände u. Türme aus e-r harten, weißen od. rötlichen Substanz（Kalk）bilden 珊瑚虫 ‖ K-(复合): ***Korallen-***, ***-kolonie*** **2.** ein Gebilde aus abgestorbenen Korallen (1) 珊瑚 ‖ K-(复合): ***Korallen-***, ***-bank***, ***-insel***, ***-riff*** **3.** ein kleines Stück K. (2), das man als Schmuck trägt 珊瑚饰品: *ein Armband aus rosa Korallen* 由红珊瑚做的手镯 ‖ K-(复合): ***Korallen-***, ***-armband***, ***-kette***, ***-schmuck***; ***korallen-***, ***-rot***

Ko·ran *der*; *-s*; *nur Sg*（只用单数）; das heilige Buch des Islam（伊斯兰教的）古兰经 ‖ K-(复合): ***Koran-***, ***-schule***

Korb *der*; *-(e)s*, **Kör·be** **1.** ein leichter Behälter, der aus gebogenen Stäben, geflochtenen Streifen *o. Ä.* gemacht ist 篮子，筐子，篓子〈ein K. aus Weide(nruten), aus Draht 柳条筐，铁丝篓子; e-n K. flechten 编筐〉: *Brötchen in e-m K. auf den Tisch stellen* 把一篮面包放在桌上; *e-n K. mit Wäsche in den Garten tragen* 把一筐衣服提到院子里; *Unser Hund schläft in seinem K.* 我们的狗睡在自己的篓子里 ‖ K-(复合): ***Korb-***, ***-flechter***, ***-macher*** ‖ -K(复合): ***Bast-***, ***Draht-***, ***Weiden-***; ***Brot-***, ***Geschenk-***, ***Obst-***, ***Papier-***, ***Wäsche-***; ***Einkaufs-***, ***Näh-***, ***Hunde-***, ***Katzen-***; ***Schlaf-*** **2.** ***ein K.*** + *Subst*（名词）（*Kollekt od Pl* 集合或复数）die Menge von etw., die in e-m K. (1) Platz hat 筐，篮，篓（量词）〈ein K. Äpfel, Eier, Fische 一筐苹果、鸡蛋，一篓子鱼〉**3.** *nur Sg*（只用单数）; ein geflochtenes Material aus（Weiden）Zweigen *o. Ä.*, aus dem man Körbe (1) u. Möbel herstellt（编制篮、筐、家具用的）柳条等编制材料: *ein Stuhl aus K.* —

Korb

张藤椅 ‖ K-(复合): ***Korb-***, ***-geflecht***, ***-sessel***, ***-stuhl***, ***-(kinder)wagen***, ***-waren*** **4.** der Teil e-s (Fessel) Ballons *o.Ä.*, in dem man sitzt od. steht 系气球的篮筐 **5.** SPORT【体】; ein Ring aus Metall mit e-m Netz, in den man (beim Basketball *o.Ä.*) den Ball wirft, um Punkte zu bekommen 篮球网〈e-n K. erzielen, werfen 投篮命中〉‖ ID [谚] ***j-m e-n K. geben*** ein Angebot (*bes* e-n Heiratsantrag od. e-e Aufforderung zum Tanz) ablehnen 拒绝某人求婚或跳舞请求(给某人一个没趣); ***j-d holt sich*** (*Dat* 三格) ***e-n K.***; ***j-d bekommt e-n K.*** j-d wird abgelehnt 某人遭到拒绝(吃了闭门羹,讨了个没趣)

kör·be·wei·se *Adv*(副); *gespr*[口]; in großer Menge 大量,很多: *k. Pilze sammeln* 采集大量蘑菇

Kord *der*; -(*e*)*s*; *nur Sg*(只用单数); ein dicker, *mst* weicher, gerippter Stoff aus Baumwolle 灯心绒,条绒 ‖ K-: ***Kord-***, ***-hose***, ***jacke***, ***-jeans***, ***-samt***

Kor·del *die*; -, *-n*; e-e dicke (*mst* verzierte) Schnur aus mehreren Fäden(由几股线编的)装饰绳子,带子,丝带

Kor·don [kɔrˈdõː] *der*; *-s*, *-s*; *Kollekt*, *geschr* (集合)[书]; e-e Kette (7) aus Polizisten od. Soldaten, die so e-e Zone sperren *o.Ä.* 警戒线: *Die Polizisten bildeten e-n K.* 警察组成一条警戒线 ‖ -K(复合): ***Polizei-***

Ko·ri·an·der *der*; *-s*; *nur Sg*(只用单数); e-e Pflanze, deren Samen man als Gewürz verwendet 香菜,芫荽

Ko·rin·the *die*; -, *-n*; e-e kleine, dunkle Rosine ohne Kerne 无核葡萄干 ‖ K-(复合): ***Korinthen-***, ***-brot***

Ko·rin·then·ka·cker *der*; *-s*, *-*; *vulg* [俗] ≈ Pedant

Kork[1] *der*; -(*e*)*s*, *-e*; ein leichtes, braunes u. poröses Material, das aus Rinde (der Korkeiche) gewonnen wird u. aus dem man *bes* Korken u. Isoliermaterial macht 软木,软木塞 ‖ K-(复合): ***Kork-***, ***-eiche***, ***-platte***, ***-tapete***

Kork[2] *der*; *-s*, *-en*; *südd* Ⓐ [南德][奥] ≈ Korken

Kor·ken *der*; *-s*, *-*; ein kleines, rundes Stück Kork od. Plastik, mit dem man Flaschen verschließt 软木塞〈den K. (heraus) ziehen (旋出)拔出软木塞〉‖ -K(复合): ***Flaschen-***, ***Sekt-*** ‖ NB(注意): ↑ ***Stöpsel***

Korkenzieher

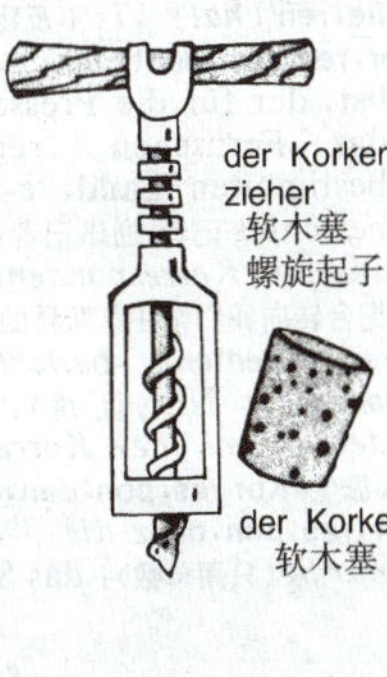

Kor·ken·zie·her *der*; *-s*, *-*; ein Gerät mit e-m Griff u. e-r festen Spirale aus Metall, mit dem man den Korken aus der Flasche zieht 软木塞螺旋起子

Kor·mo·ran *der*; *-s*, *-e*; ein großer, *mst* schwarzer Vogel, der am Wasser lebt u. Fische fängt 鸬鹚

Korn[1] *das*; -(*e*)*s*, *Kör·ner* **1.** der feste Samen, aus dem die Pflanze (*bes* Getreide) wächst 谷粒,种子〈Vögel picken Körner (auf), fressen Körner 鸟啄、鸽谷粒〉: *Hühner mit Körnern füttern* 用谷粒喂鸡 ‖ K-(复合): ***Körner-***, ***-futter*** ‖ -K(复合): ***Saat-***, ***Samen-***; ***Gersten-***, ***Hafer-***, ***Hirse-***, ***Mais-***, ***Reis-***, ***Roggen-***, ***Weizen-*** **2.** ***ein K.*** + *Subst* (名词) etw. von der Form e-s Korns[1] (1) 粒,颗粒,颗(量词)〈ein paar Körner Salz, Sand 几颗盐粒、沙粒〉‖ -K(复合): ***Gold-***, ***Hagel-***, ***Sand-***, ***Staub-*** **3.** *nur Sg*, *Kollekt*(只用单数)(集合); Getreide, aus dem man Brot macht 谷物,粮食〈K. anbauen, ernten, dreschen 种、收、打粮食〉‖ K-(复合): ***Korn-***, ***-ähre***, ***-ernte***, ***-feld***, ***-speicher*** **4.** die kleine Spitze auf dem Lauf e-s Gewehrs, die hilft, es genau auf ein Ziel zu richten(枪的)准星〈über Kimme u. K. sehen 瞄准,盯住〉**5.** *nur Sg*(只用单数); die Beschaffenheit e-s Materials od. seiner Oberfläche 粒度〈ein Film, Holz, Papier, Stein *usw* mit feinem, grobem K. 胶片、木材、纸张、石头等表面粒度精细、粗糙〉: *Je feiner das K. e-s Fernsehbildes ist, um so klarer wirkt es* 电视图像粒度越细,图像越清晰 ‖ ID[谚] ***j-n/etw. aufs K. nehmen*** *gespr*[口]; **a)** mit dem Gewehr auf j-n/etw. zielen 枪口对准某人/某物; **b)** j-n/etw. genau beobachten u. mit Spott u. Witz heftig kritisieren 嘲讽、抨击某人/某事

Korn[2] *der*; *-s*; *nur Sg*, *gespr*(只用单数)[口]; ein starkes alkoholisches Getränk, das aus Getreide hergestellt wird(用粮食酿制的)烈性酒,白酒

Korn·blu·me *die*; e-e leuchtend blaue Blume, die *bes* auf den Feldern im Getreide wächst 矢车菊 ‖ K-(复合): ***kornblumen-***, ***-blau***

Kör·ner·fres·ser *der*; *-s*, - **1.** ZOOL【动】; ein Vogel, der von Körnern lebt 食谷鸟 ↔ Insektenfresser **2.** *gespr hum od pej*[口][诙]或[贬]; j-d, der viel Getreide (*z.B.* Müsli) u. wenig Fleisch isst(食谷类多、食肉类少的)食谷人,素食者

kör·nig *Adj*(形); 〈Sand, Schnee, Reis 沙,雪,米〉so, dass die einzelnen Körner nicht zusammenkleben 颗粒的,粒状的 ‖ -K(复合): ***fein-***, ***grob-***

Ko·ro·na *die*; -, *Ko·ro·nen*; *mst Sg*(多用单数) **1.** der helle Ring aus Licht, der die Sonne umgibt 日冕 **2.** *Kollekt*, *gespr hum*(集合)[口][诙]; e-e lockere Gruppe von Menschen, die etw. gemeinsam unternehmen 一帮子人,一群人

Kör·per *der*; *-s*, - **1.** die Haut, die Muskeln, die Knochen *usw*, aus denen ein Mensch od. Tier besteht 身体,躯体 ≈ Leib, Organismus〈der männliche, weibliche, menschliche, tierische K. 男人的、女人的、人的、动物的身

驱；ein gut gebauter, athletischer, durchtrainierter, muskulöser, zarter, schwacher, gebrechlicher, verbrauchter K. 体魄健壮的、身强力壮的、经过锻炼的、肌肉发达的、柔弱的、衰弱的、弱不禁风的、精疲力尽的身体；am ganzen K. zittern 浑身发抖〉：*Er rieb sich am ganzen K. mit Sonnenöl ein* 他周身涂擦防晒油 ‖ K-(复合)：***Körper-, -bau, -beherrschung, -geruch, -größe, -haltung, -kontakt, -kraft, -öffnung, -organ, -pflege, -stelle, -teil, -temperatur, -wärme*** **2.** der K. (1) ohne Arme, Beine, Hals u. Kopf 躯干，身≈ Rumpf, Leib：*Beim Boxen sind Schläge auf den K. unterhalb der Gürtellinie verboten* 拳击时禁止击打腰带下部 ‖ -K(复合)：***Ober-, Unter-*** **3.** MATH【数】；e-e (dreidimensionale) Figur 立体，几何体↔ Fläche：*E-e Kugel ist ein runder K.* 球体是一种圆的立体 ‖ -K(复合)：***Hohl-*** **4.** PHYS【物】；ein Gegenstand, ein Stück Materie 体 ‖ -K(复合)：***Flug-, Himmels-*** **5.** CHEM【化】；eine der Substanzen, die es auf der Erde gibt 物体，物质≈ Stoff, Materie〈ein fester, flüssiger, gasförmiger K. 固体，液体，气体〉

kör·per·be·hin·dert *Adj*(形)；*nicht adv*(不作状语)；mit e-m körperlichen Mangel od. Schaden, der den Betroffenen bei vielen Aktivitäten behindert 残疾的，身残的 ‖ *hierzu* (派生)**Kör·per·be·hin·der·te** *der/die*；*-n, -n*；**Kör·per·be·hin·de·rung** *die*

kör·per·lich *Adj*(形)；*nur attr od adv*(只作定语或状语)；in Bezug auf den Körper (1) 身体的，肉体的，体力的≈ physisch〈Arbeit, Anstrengung, Ertüchtigung, Liebe 劳动，劳累，锻炼，爱；k. behindert sein 身体残疾〉：*körperliches Unbehagen empfinden* 感到身体不舒服；*in guter körperlicher Verfassung sein* 身体状况良好

Kör·per·schaft *die*；*-, -en*；JUR【法】；e-e Organisation, ein Betrieb *o. Ä.* mit bestimmten Rechten u. Pflichten 实体，团体，组织：*Rundfunkanstalten sind Körperschaften des öffentlichen Rechts* 广播电台是法人团体 ‖ K-(复合)：***Körperschafts-, -steuer***

Kör·per·spra·che *die*；die Haltung u. die Bewegungen des Körpers, Mimik u. Gestik (die etw. über die Stimmung des Menschen mitteilen) 肢体语言(指体态、手势、表情等)

Kör·per·teil *der*；ein Teil des Körpers von Mensch od. Tier, *z. B.* Arm od. Bein 身体的部分，肢体

Kor·po·ra·ti·on [-ˈtsioːn] *die*；*-, -en*；*geschr* [书]≈ Körperschaft

Korps [koːɐ] *das*；*-, -* [koːɐs]；*Kollekt* (集合) **1.** MIL【军】；ein großer Truppenverband (aus mehreren Divisionen) 军团，军 ‖ -K(复合)：***Armee-*** **2.** ***das diplomatische K.*** alle Botschafter in e-m bestimmten Land, die ihre Regierungen vertreten 外交使团 **3.** e-e besondere Art von studentischer Verbindung (7) 学生联谊会 ‖ K-(复合)：***Korps-, -geist, -student***

kor·pu·lent *Adj* (形)；*nicht adv* (不作状语)；ziemlich dick 肥胖的，丰满的，肥硕的↔ mager〈Menschen 人〉‖ *hierzu* (派生) **Kor·pu·lenz** *die*；*-*；*nur Sg* (只用单数)

Kor·pus[1] *das*；*-, Kor·po·ra*；*Kollekt* (集合)；LING【语】；e-e große Sammlung von (repräsentativen) Texten, Äußerungen *usw* 全集，文集，汇编

Kor·pus[2] *der*；*-, -se*；*gespr hum* [口][诙]；der menschliche Körper 人体，身体

kor·rekt *Adj* (形) **1.** so, dass bestimmte (gesellschaftliche) Normen genau eingehalten werden 符合规范的，端正的，无可非议的≈ tadellos ↔ inkorrekt〈ein Handeln, ein Benehmen 行为，举止；sich k. benehmen, verhalten, kleiden 举止、行为、穿着端正〉**2.** richtig 正确的，无误的 ↔ falsch〈ein Ergebnis 结果；etw. k. aussprechen 发音正确〉‖ *hierzu* (派生) **Kor·rekt·heit** *die*；*-*；*nur Sg* (只用单数)；**kor·rek·ter·wei·se** *Adv* (副)

Kor·rek·tiv [-f] *das*；*-s, -e* [-və]；*geschr* [书]；ein Faktor, der Unterschiede ausgleicht u. der regulierend wirkt 校正方法，修整措施

Kor·rek·tor *der*；*-s, Kor·rek·to·ren*；*geschr* [书]；j-d, der *bes* beim Druck e-s Buches od. e-r Zeitung die Fehler berichtigt 校对(员)

Kor·rek·tur *die*；*-, -en* **1** (*bes* in geschriebenen od. gedruckten Texten) die Verbesserung e-s Textes, der Fehler hat 修改，改正，校对，改错〈Korrekturen anbringen, vornehmen 作、进行修改〉：*Lehrer machen ihre Korrekturen meist mit roter Farbe* 老师多半用红颜色改错 ‖ K-(复合)：***Korrektur-, -abzug, -fahne, -taste, -zeichen*** **2.** *geschr* [书]；die Änderung von etw., das nicht (mehr) richtig ist 调整，校正，纠正：*die K. des Kurses e-s Schiffes* 调整轮船航向 ‖ -K(复合)：***Kurs-*** ‖ ▶ ***korrigieren***

Kor·re·la·ti·on [-ˈtsioːn] *die*；*-, -en*；***e-e K. (mit/zu etw.)***；***e-e K. (zwischen etw.*** (*Dat* 三格) ***u. etw.*** (*Dat* 三格)/***zwischen etw.*** (*Dat Pl* 三格复数)) *geschr* [书]；der Zusammenhang u. die (Wechsel)Beziehung zwischen mehreren Faktoren, *bes* zwischen Ursache u. Wirkung 相互关系，因果关系，关联作用：*Diese Faktoren stehen in K.* 这些因素都互相关联；*dass e-e K. zwischen Rauchen u. Magenkrebs besteht, ist bewiesen* 抽烟与胃癌之间的因果关系业已证实 ‖ *hierzu* (派生) **kor·re·lie·ren** (*hat*) *Vi* (不及物)

Kor·res·pon·dent *der*；*-en, -en*；ein Journalist, der für die Presse, den Rundfunk od. das Fernsehen (regelmäßig von e-m bestimmten Land, e-r bestimmten Stadt) berichtet 记者，通讯记者：*Wir schalten um zu unserem Korrespondenten nach Moskau* 我们把台转向我们派往莫斯科的记者 ‖ K-(复合)：***Korrespondenten-, -bericht*** ‖ -K(复合)：***Auslands-*** ‖ NB (注意)：*der Korrespondent; den, dem, des Korrespondenten* ‖ *hierzu* (派生) **Kor·res·pon·den·tin** *die*；*-, -nen*

Kor·res·pon·denz *die*；*-, -en*；*geschr* [书] **1.** *nur Sg* (只用单数)；das Schreiben u. der Austausch von Briefen 信件往来，通信≈ Briefwechsel (1) 〈mit j-m e-e rege, lebhafte K. führen, haben, unterhalten 与某人进行、有、保持频繁的、经常的通信往来；die K. erledigen 处理来往信件；mit j-m in K. stehen 与某人有信件往来；die K. abbrechen 断绝通信联系〉 **2.** *Kollekt*（集合）；die Briefe, die j-d geschrieben u. bekommen hat 信件：*Kopien der gesamten K. wurden in Ordnern gesammelt* 将全部信件的复印件装入文件夹 ‖ -K(复合)：***Geheim-, Geschäfts-, Handels-, Privat-***

kor·res·pon·die·ren; *korrespondierte, hat korrespondiert*; Vi（不及物） *geschr*［书］ **1.** ***mit j-m k.*** j-m regelmäßig Briefe schreiben u. von ihm welche bekommen 与…有通信往来 **2.** ***etw. korrespondiert mit etw.***; 〈Dinge 事物〉 ***korrespondieren miteinander*** etw. steht in e-m Zusammenhang mit etw., passt zu etw. 单数：与…相互关联；复数：相互关联：*Körperliche u. psychische Spannungen korrespondieren miteinander* 身体与心理上的紧张是相互关联的；*Diese beiden Farben korrespondieren nicht miteinander* 这两种颜色不相配（协调）

Kor·ri·dor *der*; *-s*, *-e* **1.** ein Gang in e-m Haus, e-r Wohnung 走廊，通道 ≈ Flur[1] **2.** ein schmaler Streifen Land, der e-n Staat durch ein anderes Land hindurch mit dem Meer od. e-m anderen Teil des Staates verbindet 走廊地带

kor·ri·gie·ren; *korrigierte, hat korrigiert*; Vt/i（及物/不及物） **1.** (***etw.***) ***k.*** e-n Text lesen u. die Fehler berichtigen 修改，改错：*Die Lehrerin korrigiert die Aufsätze* 女老师改作文；Vt（及物） **2.** ***j-n/sich/etw. k.*** e-n Fehler bemerken (auf ihn hinweisen) u. ihn beseitigen 修正，纠正，指正≈ berichtigen 〈j-s Aussprache, e-n Fehler k. 纠正某人的发音、错误〉 **3.** ***etw. k.*** ≈ (positiv) ändern 〈seine Meinung, Ansichten k. 改正意见、看法〉 ‖ ▶ ***Korrektur***

Kor·ro·si·on [-ˈzio:n] *die*; *-*; *nur Sg*, *geschr*（只用单数）［书］；die Zerstörung von Metallen durch Rost 腐蚀 〈etw. gegen/vor K. schützen 防止某物腐蚀；etw. geht in K. über 某物开始腐蚀〉 ‖ K-(复合)：***Korrosions-, -schutz***; ***korrosions-, -beständig*** ‖ *hierzu*（派生）**kor·ro·die·ren** (*hat*) *Vi*（不及物）

kor·rum·pie·ren; *korrumpierte, hat korrumpiert*; Vt（及物）***j-n k.*** *geschr pej*［书］［贬］；j-n durch Geld *o. Ä.* zu bestimmten Handlungen bewegen, die moralisch nicht gerechtfertigt werden können 使腐败，使堕落，贿赂，收买≈ bestechen 〈e-n Politiker k. 贿赂政治家；e-e korrumpierte Gesellschaft 腐败的社会〉 ‖ *hierzu*（派生）**Kor·rum·pie·rung** *die*; *nur Sg*（只用单数）

kor·rupt, *korrupter, korruptest-*; *Adj*（形）；*pej*［贬］≈ bestechlich：*ein korrupter Beamter* 贪污腐化的官员 ‖ *hierzu*（派生）**Kor·rupt·heit** *die*; *nur Sg*（只用单数）

Kor·rup·ti·on [-ˈtsio:n] *die*; *-*, *-en*; *pej*［贬］**1.** ≈ Bestechung 〈Fälle von K. aufdecken 揭露行贿事件〉 ‖ K-(复合)：***Korruptions-, -affäre, -skandal*** **2.** *nur Sg*（只用单数）≈ Bestechlichkeit：*die K. in der Regierung bekämpfen* 与政府内部的贪污腐化作斗争

Kor·sar *der*; *-en*, *-en*; *hist*［历］≈ Pirat (*bes* im Mittelmeer) ‖ NB(注意)：*der Korsar*; *den, dem, des Korsaren*

Kor·sett *das*; *-s*, *-s/-e* **1.** MED【医】；ein fester (Gips)Verband um den Körper (*bes* bei Verletzungen des Rückens) 石膏绷带 **2.** ein sehr enges Kleidungsstück mit festen Stäben, das Frauen *bes* früher unter den Kleidern trugen, um ihrer Figur e-e schlanke Form zu geben 紧身胸衣≈ Mieder 〈ein K. tragen 穿紧身胸衣；das K. schnüren 扣扎紧身胸衣〉

Kor·so *der*; *-s*, *-s*; e-e (festliche) Fahrt von vielen (*mst* geschmückten) Wagen in e-r Reihe 彩车巡礼，彩车列队行驶 ‖ -K(复合)：***Blumen-*** ‖ NB(注意)：↑ ***Umzug***

Kor·ti·son *das*; *-s*; *nur Sg*, MED（只用单数）【医】；ein starkes Medikament (gegen Entzündungen *o. Ä.*), das aus e-m Hormon hergestellt wird 可的松 〈K. spritzen 打可的松针剂〉：*Rheuma mit K. behandeln* 用可的松治关节炎

Ko·ry·phäe [koryˈfɛ:ə] *die*; *-*, *-n*; *geschr*［书］；ein sehr guter Fachmann, Wissenschaftler 大专家，学术权威≈ Experte 〈e-e anerkannte K. 公认的专家〉：*Er ist/gilt als e-e K. auf dem Gebiet der Gefäßchirurgie* 他是/称得上是血管外科领域的一位大专家

Ko·sak *der*; *-en*, *-en*; *hist*［历］；ein Soldat im zaristischen Russland, der vom Pferd aus kämpfte 哥萨克骑兵 ‖ K-(复合)：***Kosaken-, -chor, -mütze*** ‖ NB(注意)：*der Kosak*; *den, dem, des Kosaken*

ko·scher *Adj*（形）**1.** 〈Fleisch, Speisen 肉，食物；k. essen, kochen 按犹太教规吃、煮〉 so, wie es die Religion den Juden vorschreibt 按犹太教规的，洁净的 **2.** *mst* 多用 ***j-d/etw. ist (j-m) nicht ganz k.*** *gespr pej*［口］［贬］；ein Mensch, bestimmte Geschäfte, Vorgänge *o. Ä.* sind so, dass man ihnen nicht (ganz) vertrauen kann 某人/某事不干净(有鬼，不可信)

Ko·se·form *die*; e-e (Kurz)Form des Namens, die man unter Freunden, in der Familie *o. Ä.* verwendet 爱称，亲昵称呼：„*Gabi*" *ist die K. von* „*Gabriele*" "加比"是"加布里埃莱"的爱称

ko·sen; *koste, hat gekost*; Vt/i（及物/不及物） **1.** (***j-n***) ***k.*** liebevoll u. zärtlich zu j-m sein, j-n streicheln 抚爱，对…亲热≈ liebkosen ‖ K-(复合)：***Kose-, -name, -wort***; Vi（及物） **2.** ***mit j-m k.*** ≈ k. (1)

Ko·si·nus *der*; *-*, *-/-se*; *mst Sg*, MATH（多用单数）【数】；***der K. (e-s Winkels)*** ein Bruch[1] (6), der (beim rechtwinkligen Dreieck) das Verhältnis von Ankathete zu Hypotenuse ausdrückt 余弦 ↔ Sinus; *Abk* 缩写 cos

K

Kos·me·tik *die*; -; *nur Sg*（只用单数）1. die Anwendung von Cremes, Lippenstift, Puder *usw*, um den Körper, *bes* das Gesicht zu pflegen u. schöner zu machen 美容，化妆，打扮，整容 ≈ Schönheitspflege ‖ K-(复合): ***Kosmetik-, -abteilung, -industrie, -koffer, -tasche*** 2. *gespr*［口］; rein oberflächliche Änderungen od. Korrekturen 表面修饰，美化，换汤不换药，治标不治本

Kos·me·ti·ke·rin *die*; -, *-nen*; e-e Frau, die beruflich andere Menschen kosmetisch pflegt 女美容师，女化妆师

kos·me·tisch *Adj*（形）; *nur attr od adv*（只作定语或状语）1. dafür bestimmt od. geeignet, den Körper u. das Gesicht zu pflegen od. schöner zu machen 美容的，化妆用的〈e-e Creme, e-e Operation 油脂，手术〉2.〈e-e Maßnahme 措施〉so, dass sie nur den äußeren Eindruck (die Oberfläche) e-r Sache od. e-s Problems betrifft (ohne die wirklichen Fehler, Missstände zu beseitigen) 表面的，大面上的，治标不治本的: *Die Steuerreform war lediglich e-e kosmetische Korrektur. – E-e gerechtere Aufteilung der Lasten hat sie nicht gebracht* 税收改革只不过是一次治标不治本的修修改改，它并没有带来较公正的负担分配

kos·mi·sch- *Adj*（形）; *nur attr, nicht adv*（只作定语，不作状语）; im od. aus dem Kosmos, den Weltraum betreffend 宇宙的〈Entfernungen, Strahlen 距离，辐射; e-e Station, ein Flugkörper 站，飞行体〉

Kos·mo·naut *der*; *-en, -en*; ein Astronaut der ehemaligen Sowjetunion od. e-s anderen Landes im ehemaligen Ostblock 宇宙飞行员，宇航员，航天员 ‖ NB(注意): *der Kosmonaut; den, dem, des Kosmonauten* ‖ *hierzu*（派生）**Kos·mo·nau·tin** *die*; -, *-nen*; **kos·mo·nau·tisch** *Adj*（形）

Kos·mos *der*; -; *nur Sg, geschr*（只用单数）［书］; das ganze Weltall 宇宙 ≈ Universum ‖ ▶ ***kosmisch***

Kost *die*; -; *nur Sg*（只用单数）1. das, womit sich j-d ernährt 饭食，膳食，伙食 ≈ Nahrung, Essen〈einfache, leichte, bekömmliche, fleischlose, salzarme, vegetarische K. 简单的、容易消化的、有益健康的、无肉食的、淡的、蔬食的饭菜〉‖ -K（复合）: ***Gefängnis-, Kranken(haus)-; Roh-; Schon-; Tiefkühl-*** 2. **(freie) K. u. Logis** Unterkunft u. Essen, für die man (nichts) zahlen muss（免费）膳宿，食宿 3. ***j-n in K. nehmen*** *veraltend*［渐旧］; für j-n (gegen Bezahlung) regelmäßig das Essen machen（有报酬地）为…做饭，为…包伙 ‖ K-(复合): ***Kost-, -geld***

kost·bar *Adj*（形）1. sehr wertvoll u. *mst* selten u. daher sehr teuer 昂贵的，贵重的: *ein kostbarer Teppich* 贵重的地毯 2. von hohem Wert, sehr wichtig für j-n, sodass man sorgfältig damit umgeht, nichts vergeudet 宝贵的，珍贵的: *Meine Zeit ist mir zu k., um sie mit solchem Unsinn zu verbringen* 我的时间太宝贵了，不能这样糊里糊涂地消磨掉

Kost·bar·keit *die*; -, *-en* 1. ein seltener, kostbarer (1) Gegenstand 贵重物品，珍品: *Die königliche Schatzkammer beinhaltet viele erlesene Kostbarkeiten* 国王的宝库里有许多精美的珍品 2. *nur Sg*（只用单数）; ein sehr hoher Wert 贵重，价值连城: *Der Ring ist von großer K.* 这只戒指非常贵重

kos·ten[1]; *kostete, hat gekostet*; Vi（不及物）1. **etw. kostet** + *Wertangabe*（价值说明语）; etw. hat e-n bestimmten Preis（物作主语）值，价格为，值…钱: *Die Eier kosten zwanzig Cent pro/das Stück* 鸡蛋每个 20 分; *Der Eintritt kostet für Kinder unter zehn Jahren nur die Hälfte* 十岁以下儿童入场券只要半价; *Was kostet e-e Fahrt nach Hamburg?* 去汉堡车票多少钱?; Vt（及物）2. ***etw. kostet j-n etw.*** (*Akk* 四格) für etw. muss j-d etw. hergeben, tun od. ertragen（物作主语）要…付出…代价，要…作出…努力或牺牲〈etw. kostet j-n nur e-n Anruf, schlaflose Nächte, viel Schweiß 某事对某人来说只要打一个电话、要付出不眠之夜、要付出许多汗水〉: *Dieser Aufsatz hat mich viele Stunden harte(r) Arbeit gekostet* 这篇作文让我付出了许多小时的辛勤劳动; *Es hat ihn viel Überwindung gekostet, sich bei ihr zu entschuldigen* 为向她道歉他经历了许多思想斗争（作了极大的克制）3. ***etw. kostet j-n etw.*** (*Akk* 四格) etw. ist die Ursache, der Grund dafür, dass j-d etw. verliert（物作主语）使失去，使损失，使丧失〈etw. kostet j-n Haus u. Hof, viel Kraft u. Nerven, die Stellung 某事使某人倾家荡产、消耗许多精力、失去工作〉: *Seine Unachtsamkeit im Straßenverkehr kostete ihn das Leben* 由于他不注意交通而丢了性命 4. ***sich*** (*Dat* 三格) ***etw. (et)was k. lassen*** zu e-m besonderen Anlass (viel) Geld für j-n ausgeben 为…而破费: *Er ließ sich seine Beförderung etwas k. u. spendierte seinen Kollegen Sekt* 他为自己的提升而破费请同事喝香槟 ‖ NB(注意): *zu*（义项）2., 3. u. 4.: kein Passiv(不用被动语态)! ‖ ID［谚］***koste es, was es wolle*** ≈ unbedingt: *Er wollte an dem Wettkampf teilnehmen, koste es, was es wolle* 他无论如何（豁出去）要参加比赛

kos·ten[2]; *kostete, hat gekostet*; Vt/i（及物/不及物）1. ***(etw.) k.*** e-e kleine Menge von etw. essen od. trinken, um zu prüfen, wie etw. schmeckt 品尝，尝味，品味 ≈ probieren: *e-n Löffel Suppe k.* 尝一勺汤; Vi（不及物）2. ***von etw. k.*** e-e kleine Menge von e-r Speise probieren 品尝（…的味道）

Kos·ten *die*; *Pl*（复）; ***die K. (für etw.)*** das Geld, das man aus e-m bestimmten Grund ausgeben muss 开销，费用，花费，支出 ≈ Ausgaben, Aufwand〈gleichbleibende, steigende, sinkende, erhöhte, geringfügige, erhebliche K. 不变的、增长的、下降的、增加的、少量的、大量的费用; K. sparen 节约开销; etw. verursacht K. 某事造成花费; keine K. scheuen 不惜一切费用; für alle K. aufkommen, die K. ersetzen 承担一切费用，补偿费用〉;

die K. für Miete u. Heizung 房租和取暖费用; *Durch den Kauf moderner Maschinen sanken die K. der Produktion* 由于购买现代化机器,生产费用下降了 ‖ K-(复合): ***Kosten-***, ***-aufwand***, ***-berechnung***, ***-entwicklung***, ***-erstattung***, ***-explosion***, ***-senkung***, ***-steigerung*** ‖ -K(复合): ***Behandlungs-***, ***Benzin-***, ***Betriebs-***, ***Gerichts-***, ***Herstellungs-***, ***Lohn-***, ***Personal-***, ***Reparatur-***, ***Verwaltungs-*** ‖ ID [谚] ***auf meine / seine** usw* ***K.*** so, dass ich/er *usw* dafür bezahle/bezahlt 算在我的/他的账上,由我/他来承担费用(付)〈auf j-s K. leben, wohnen 生活、居住由某人负担〉: *Wer schwarzfährt* (= *z.B.* U-Bahn fährt, ohne zu bezahlen), *fährt auf K. der anderen* 坐黑车(坐车不买票)的人有损他人利益; ***auf seine / ihre** usw* ***K.*** so, dass er/sie das Opfer, Ziel e-s Witzes *o.Ä.* ist 出他/她的丑(洋相),以他/她为(取闹的)对象〈auf j-s K. e-n Spaß, e-n Witz machen, sich amüsieren 拿某人逗乐、开玩笑、取乐〉; ***etw. geht auf K.*** + *Gen*(二格) / ***von j-m / etw.*** ≈ etw. schadet j-m/etw.: *Das Rauchen geht auf K. deiner Gesundheit* 吸烟有害你的健康; ***auf seine K. kommen*** das bekommen, was man erhofft, sich gewünscht hat 很满意,如愿以偿,尽如人意〈auf e-m Fest, im Urlaub *usw* (voll) auf seine K. kommen 在庆祝活动上、在假期中过得很愉快〉 ‖ NB(注意): ↑ ***kostendeckend***, ***kostensparend***

ko̩s·ten·de·ckend, **Ko̩s·ten de·ckend** *Adj*(形); so, dass kein (finanzieller) Verlust entsteht 补偿费用的,保本的〈Preise 价格; k. produzieren 保本生产〉

ko̩s·ten·güns·tig *Adj*(形); mit niedrigen Kosten 成本低的,费用不大的〈e-e Produktion 生产〉

ko̩s·ten·in·ten·siv *Adj*(形); mit hohen Kosten 成本高的,费用昂贵的〈e-e Produktion 生产〉

ko̩s·ten·los *Adj*(形); so, dass man nichts dafür zahlen muss 免费的 ≈ gratis: *Der Eintritt für Kinder unter sechs Jahren ist k.* 六岁以下儿童免费入场

ko̩s·ten·pflich·tig *Adj*(形); JUR【法】;〈e-e Verwarnung, e-e Mahnung 警告,催款书〉so, dass man dafür etw. (e-e Gebühr) bezahlen muss 必须承担费用的,有义务支付费用的,要缴款的 ≈ gebührenpflichtig

Ko̩s·ten·punkt (*der*) *gespr*[口]; der Preis, die Höhe der Kosten für e-e Anschaffung, e-n Auftrag *o.Ä.* 价码,价格高低: „*Ich verkaufe dir das Auto*" – „*K.?*" "我卖给你这辆车" —— "多少钱?"

ko̩s·ten·spa·rend, **Ko̩s·ten spa·rend** *Adj*(形); so, dass wenig(er) Kosten entstehen 节约成本的: *ein neues, kostensparendes Verfahren* 一种新的节约成本的操作方法

ko̩s·ten|vor·an·schlag *der*; ***ein K. (für etw.)*** die (ungefähre) Angabe des Preises aufgrund von Berechnungen, den e-e Arbeit od. Leistung (voraussichtlich) kosten wird 费用估计,估价〈e-n K. machen, aufstellen, erstellen 作、提出、作出估价〉

Ko̩st·gän·ger *der*; *-s*, *-*; *veraltend*[渐旧]; j-d, der (*mst* bei einem wohnt u.) gegen Bezahlung bei einem isst(借宿)搭伙者

kö̩st·lich *Adj*(形) **1.** so, dass es besonders gut schmeckt (u. riecht) 可口的,美味的 ≈ schmackhaft **2.** sehr witzig u. amüsant 很风趣的,滑稽好笑的,妙不可言的〈e-e Idee, ein Einfall, ein Witz 念头,想法,笑话〉: *Ihre Art, die Politiker nachzumachen, war k.* 她模仿政治家的举止真逗人乐 **3.** ***sich k. amüsieren*** sich sehr gut amüsieren 玩得津津有味 ‖ *zu*(义项) **1. Kö̩st·lich·keit** *die*

Ko̩st·pro·be *die* **1.** e-e kleine Menge, die man isst od. trinkt, um den Geschmack e-r Speise od. e-s Getränks zu prüfen 品尝〈e-e K. von etw. nehmen 品尝某物〉: „*Das ist ein ausgezeichneter Wein. – Möchten Sie e-e K.?*" "这是一种优质葡萄酒 —— 您想尝一口吗?" **2.** ein kleines Beispiel von etw., mit dem j-d beweist, dass er etw. kann 示例,试例〈e-e K. seines Könnens geben 提供证明自己才能的试例〉

ko̩st·spie·lig *Adj*(形); sehr teuer 昂贵的,费用巨大的: *E-e Weltreise ist e-e kostspielige Angelegenheit* 周游世界是件很花钱的事 ‖ *hierzu* (派生) **Ko̩st·spie·lig·keit** *die*; *nur Sg*

Kos·tü̱m *das*; *-s*, *-e* **1.** *Kollekt*(集合); e-e besondere Art der Kleidung für Damen, bei der Rock u. Jacke *mst* aus demselben Material gemacht u. farblich aufeinander abgestimmt sind 成套女服 ‖ K-(复合): ***Kostüm-***, ***-jacke***, ***-rock***, ***-stoff*** ‖ -K(复合): ***Frühjahrs-***, ***Sommer-** usw*; ***Leinen-***, ***Leder-***, ***Woll-***; ***Reise-***, ***Straßen-*** **2.** die Kleidung, die für e-e historische Epoche, e-e Region, e-e Schicht der Gesellschaft od. e-n Beruf typisch ist, *bes* wenn sie (von Schauspielern) im Theater od. auf Festen (*bes* im Karneval) getragen wird 古装,(地区、职业、演员、节日等)服装: *Die Sänger traten im K. des späten Barock auf* 歌唱家演出穿的是后巴洛克时期的服装; *Welches K. ziehst du für die Faschingsparty an?* 狂欢聚会你穿什么服饰? ‖ K-(复合): ***Kostüm-***, ***-ball***, ***-fest***, ***-verleih*** ‖ -K(复合): ***Faschings-***

kos·tü·mie·ren; *kostümierte*, *hat kostümiert*; [Vt](及物) ***j-n / sich (als etw.) k.*** j-m/sich ein Kostüm (2) anziehen, um e-e bestimmte Rolle zu spielen 把…化装成,装扮成 ≈ verkleiden: *Kleine Mädchen kostümieren sich gern als Prinzessinnen* 小姑娘爱装扮成公主 ‖ *hierzu* (派生) **Kos·tü·mie·rung** *die*

Ko̩st·ver·äch·ter *der*; *nur in* 只用于 ***kein K. sein*** *gespr hum*[口][诙]; viel Freude an Genüssen haben 吃喝为乐的人,贪食者,百吃不厌者

K.-o.-Sys·tem [kaːˈ|oː-] *das*; SPORT【体】; ein System bei Spielen od. sportlichen Kämpfen, bei dem immer nur die Sieger im Wettbewerb bleiben (u. die Verlierer ausscheiden) 淘汰赛制

Ko̱t *der*; *-(e)s*; *nur Sg*(只用单数); ein Produkt der Verdauung bei Mensch u. Tier, das den

K

Darm (in fester Form) verlässt 粪便≈Exkremente, Stuhl ‖ -K(复合): **Fliegen-**, **Hühner-**, **Hunde-**, **Tier-**, **Vogel-**

Ko·tan·gens *der*; -, -; *mst Sg*, MATH(多用单数)【数】; ein Bruch¹ (6), der (beim rechtwinkligen Dreieck) das Verhältnis von Ankathete zu Gegenkathete ausdrückt 余切; *Abk* 缩写 cot ↔ Tangens

Ko·te·lett [kɔˈtlɛt, ˈkɔtlɛt] *das*; -s, -s; ein Stück Fleisch mit e-m (Rippen)Knochen vom Schwein, Kalb od. Lamm, das man brät od. grillt (猪、牛、羊)大排骨肉 ‖ -K(复合): **Kalbs-**, **Lamm-**, **Schweine-**

Ko·te·lẹt·ten *die*; *Pl* (复); e-e Art kurzer Bart, der in schmalen Streifen an beiden Seiten des Gesichts vor den Ohren wächst 颊须,连鬓胡子,络腮胡子

Kö̱·ter *der*; -s, -; *pej*[贬] ≈ Hund

Ko̱t·flü·gel *der*; das Teil der Karosserie e-s Autos *o.Ä.*, das über den Rädern liegt 挡泥板 ‖ ↑ *Abb. unter* 图见 **Auto**

Kọt·ze *die*; -; *nur Sg*, *vulg* (只用单数)[俗]≈Erbrochenes

kọt·zen; *kotzte*, *hat gekotzt*; [Vi] (不及物) *gespr!*[粗] ≈ erbrechen, sich übergeben ‖ K-(复合): **kotz-**, **-elend**, **-übel** ‖ ID[谚] ***zum Kotzen*** *gespr!* [粗] sehr unangenehm, abscheulich 令人作呕,恶心,倒胃口: *j-n zum K. finden* 认为某人讨厌; *Das Wetter ist zum K.!* 这天气真让人难受; ***das (große) Kotzen kriegen/bekommen*** *gespr!* [粗] j-n/etw. sehr unangenehm, abscheulich finden(认为某人/某事)很恶心

Krạb·be *die*; -, -n ein Tier (e-e Art Krebs) mit rundem Körper u. zehn Beinen, das im (Meer)Wasser lebt 蟹 ‖ ↑ *Abb. unter* 图见 **Schalentiere** ‖ K-(复合): **Krabben-**, **-fang**, **-fischer**, **-fischerei**

krạb·beln; *krabbelte*, *ist/hat gekrabbelt*; [Vt] (及物) (*hat*) **1.** ***j-n k.*** *nordd gespr* [北德][口] ≈ kitzeln; [Vi] (不及物) (*ist*) **2.** (*bes* als kleines Kind) sich auf Händen u. Knien vorwärts bewegen 爬行(尤指小孩): *Das Baby krabbelte zum Tisch u. zog sich an ihm hoch* 小孩爬到桌子边扶着它站了起来 ‖ K-(复合): **Krabbel-**, **-alter**, **-kind** **3.** 〈ein Insekt, e-e Spinne *o.Ä.* 昆虫,蛛蜘等〉 ***krabbelt (irgendwo)*** ein Insekt, e-e Spinne *o.Ä.* bewegt sich am Boden *o.Ä.* fort 爬 ‖ NB(注意): ↑ **kriechen**

krạch! *Interjektion* (叹); *gespr*[口]; verwendet, um das kurze, laute Geräusch zu imitieren, mit dem *z.B.* etw. zu Boden fällt 啪嗒,噼啪,咔嚓(短促声响)

Krạch *der*; -(e)s, *Krä·che* **1.** *nur Sg*, *pej* (只用单数)[贬]; unangenehm laute Geräusche (轰隆、噼里啪啦等)声响≈ Lärm ↔ Stille 〈ein ohrenbetäubender, unerträglicher, zermürbender K. 震耳欲聋的、难以忍受的、折磨人的声响; K. machen 制造闹声〉 **2.** *mst Sg* (多用单数); das Geräusch, das entsteht, wenn zwei harte Dinge zusammenstoßen (喀哒,啪嗒,哐啷等)碰撞声≈ Knall: *Es gab e-n lauten K., als die Tür zuschlug/als die Teller zu Boden fielen/als die Autos aufeinanderprallten* 砰的一声,门撞上了;哐的一声,杯子掉在地上;咔嚓一声,两车相撞了 **3.** ***K. (mit j-m)*** *gespr* [口]≈ Streit 〈wegen etw. K. mit j-m bekommen, kriegen, haben 因某事与某人争吵起来,发生口角,拌嘴〉 ‖ -K(复合): **Ehe-**, **Familien-** ‖ ID [谚] ***K. machen***, ***schlagen*** *gespr*[口]; laut gegen etw. protestieren, seine Meinung sagen *o.Ä.* 大声抗议,呵斥,怒斥

krạ·chen; *krachte*, *hat/ist gekracht*; [Vi] (不及物) **1.** ***etw. kracht*** (*hat*) etw. macht ein kurzes lautes Geräusch, wie zwei harte Gegenstände, die heftig zusammenstoßen (物作主语)发生短促的碰撞、爆裂声〈ein Donner, e-e Explosion, ein Gewehr, ein Schuss 雷声,爆炸声,枪声,射击声〉: *Bei einem alten Haus krachen oft die Balken u. die Fußböden* 旧屋的房梁和地板常常发出嘎吱声 **2.** ***etw. kracht*** (*hat*) etw. bricht mit e-m relativ lauten Geräusch in Stücke od. reißt (物作主语)喀啦裂开,绽开〈die Naht, der Balken, das Eis 缝,梁,冰〉 **3.** ***irgendwohin k.*** (*ist*) mit e-m lauten Geräusch gegen etw. stoßen, irgendwohin fallen *o.Ä.* 猛地撞上,砰地撞上≈ knallen 〈zu Boden k. 砰一声掉在地上〉: *Er/Das Auto krachte gegen die Mauer* 他/车猛地撞在墙上; [Vimp] (无人称) **4.** ***es kracht (irgendwo)*** *gespr* [口]; irgendwo gibt es e-n (Auto)Unfall 出事故(车祸): *An dieser Kreuzung hat es schon oft gekracht* 在这个十字路口常常出车祸 **5.** ***es kracht (irgendwo)*** *gespr* [口]; irgendwo gibt es Streit 发生争吵,吵架,口角 **6.** ***es kracht (irgendwo)*** es gibt irgendwo ein krachendes (1) Geräusch 发出碰撞、爆裂声: *Es krachte laut, als das Haus einstürzte* 哗啦一声轰响房屋倒塌了 **7.** 〈bald, gleich, dann 很快,马上,就〉 ***krachts*** *gespr*[口]; verwendet, um j-m mit Strafe od. Schlägen zu drohen (表示威胁)挨揍,给点颜色看看: *Wenn du nicht bald brav bist, krachts!* 要是你再不乖,就得挨揍! ‖ ID[谚] ***dass es nur so kracht*** *gespr* [口]; sehr (intensiv) 非常,尽情地,使劲: *dumm sein, feiern, dass es nur so kracht* 笨得出奇,尽情地欢庆

krạ̈ch·zen; *krächzte*, *hat gekrächzt*; [Vi] (不及物) **1.** ***ein Vogel krächzt*** ein Vogel produziert raue Laute 鸟呱呱叫〈e-e Krähe, ein Papagei, ein Rabe 乌鸦,鹦鹉,渡鸦〉; [Vt/i] (及物/不及物) **2.** ***(etw.) k.*** etw. mit leiser u. rauer Stimme sagen bzw. so reden (*z.B.* wenn man erkältet ist) 嘶哑地说话,(讲话)发出沙哑声 ‖ NB(注意): Das Objekt ist immer ein Satz (宾语常常是一个句子) ‖ *hierzu* (派生) **Krạ̈ch·zer** *der*; -s, -

Krä̱·cker *der*; -s, -; ein harter, salziger Keks 咸味脆饼干 ‖ -K(复合): **Käse-**

Kra̱d *das*; -(e)s, *Krä·der*; *bes* MIL, *Kurzw* 尤用【军】(略) ↑ **Kraftrad** ‖ K-(复合): **Krad-**, **-fahrer**

kraft *Präp* (介); *mit Gen*, (ADM) *geschr* (支配

二格)【管理】[书]≈ aufgrund, durch: *etw. k. seines Amtes entscheiden* 凭借职务决定某事

Kraft *die*; -, *Kräf·te* **1.** die Fähigkeit, etw. Schweres (*bes* mit Hilfe der Muskeln) zu heben od. tragen bzw. etw. Anstrengendes zu leisten 力, 力气, 力量 ≈ Stärke, Leistungsfähigkeit ↔ Schwäche ⟨körperliche K. 体力; (viel, wenig) K. haben 力气(大,小); alle Kräfte/seine ganze K. (für etw.) aufbieten 为某事竭尽全力(全力以赴); seine K./Kräfte überschätzen 过高估计自己的力量; j-m fehlt die K. zu etw. 某人无力干某事(对某事无能为力); etw. kostet j-n K. 某事是要某人花力气的; j-s K. lässt nach 某人的力量减弱; j-s Kräfte versagen, erlahmen 某人的精力不济、衰退; mit seinen Kräften Haus halten 尽心尽力勤俭持家; vor/von K. strotzen 精力充沛(浑身是劲)⟩: *Mit letzter K. schleppte er sich durchs Ziel u. brach zusammen* 凭着最后一点力气他拖着脚步通过终点就倒下了; *Nach der Pause gingen sie mit frischer K. an die Arbeit* 休息后他们生气勃勃地投入了工作 ‖ K-(复合): ***Kraft-*, *-anspannung*, *-anstrengung*, *-aufwand*, *-verschwendung*** ‖ -K(复合): ***Körper-*, *Muskel-*, *Spann-*** **2.** die Fähigkeit, etw. mit Hilfe seines Verstandes zu tun, zu bewirken 才能, 能力, 力量 ⟨geistige, schöpferische K. 精神力量, 创造力; geheimnisvolle, telepathische Kräfte haben 有着神秘的、心灵感应的力量; tun, was in seinen Kräften steht 干力所能及的事⟩: *j-n nach besten Kräften beraten* 尽力劝告某人; *ein Problem unter Aufbietung aller Kräfte lösen* 竭尽全力解决疑难问题 ‖ -K(复合): ***Geistes-*, *Schöpfer-*; *Überzeugungs-*, *Urteils-*, *Vorstellungs-*** **3.** die seelische, emotionale Fähigkeit, e-e unangenehme schwierige Situation zu bewältigen, zu ertragen *o. Ä.* (战胜、承受困境的精神上、情感上的)力量, 能力 ⟨moralische, seelische, sittliche K. 道德的、心灵上的、道义的力量; etw. geht über j-s Kräfte, übersteigt j-s Kräfte 某事超越某人的能力; seine K./Kräfte überschätzen 过高估计自己的能力⟩: *die K. haben, e-r Versuchung zu widerstehen* 有能力抵制诱惑; *Ihm fehlte die K., ihr die Wahrheit zu sagen* 他没有能力向她讲真情 ‖ -K(复合): ***Glaubens-*, *Widerstands-*, *Willens-*** **4.** die Fähigkeit von etw., etw. zu bewirken 力, 效力, 力量 ⟨die K. der Sonnenstrahlen, e-s Medikaments 太阳辐射力, 药力; e-e belebende, heilsame, wärmende K. 振奋人心的、有疗效的、暖人的力量⟩: *Im Winter hat die Sonne nur wenig K.* 冬天太阳光照弱 ‖ -K(复合): ***Heil-*, *Wirkungs-*, *Zauber-*** **5.** PHYS【物】; die Ursache für die Bewegungsänderung e-s Körpers od. für die Änderung seiner Form 力(使物体改变位置或使其变形的作用) ⟨e-e elektrische, elektromagnetische, magnetische, anziehende, abstoßende K. 电力, 电磁力, 磁力, 引力, 斥力⟩: *K. ist Masse mal Beschleunigung* 力等于质量乘加速度 ‖ K-(复合): ***Kraft-*, *-einwirkung*, *-feld*, *-übertragung*** ‖ -K(复合): ***Brems-*, *Flieh-*, *Reibungs-*, *Schwer-*, *Trägheits-*** **6.** j-d, der für e-n anderen arbeitet (*bes* wenn er in e-m Betrieb od. Haushalt angestellt ist) 人员, 人力, 劳力 ⟨e-e tüchtige, zuverlässige K. brauchen 要一个能干的、可靠的人力⟩ ‖ -K(复合): ***Arbeits-*, *Fach-*, *Hilfs-*, *Schreib-*** **7.** *mst Pl*(多用复数); e-e Gruppe von Menschen, die e-n bestimmten Einfluss auf die Gesellschaft hat 人士, 力量, 势力 ⟨fortschrittliche, liberale, revolutionäre Kräfte 进步的、自由思想的、革命的势力⟩: *In dieser Partei sind reaktionäre Kräfte am Werk* 在这个党派内革命力量掌权 **8.** die Leistung, mit der ein Motor e-s Schiffes arbeitet (马达)动力, 功率 ⟨mit gedrosselter, halber, voller K. fahren 减速、半速、全速行驶; volle K. voraus/zurück! 全速前进/返回!⟩ **9.** ***wieder zu Kräften kommen / bei Kräften sein*** (*bes* nach e-r Krankheit) gesund u. stark werden/sein 恢复健康, 重新康复 **10.** ***aus eigener K.*** ohne fremde Hilfe 自力更生, 靠自己的力量 ⟨etw. aus eigener K. erreichen, schaffen, tun 用自己的力量去达到、创造、干某事⟩ **11.** ***mit vereinten Kräften*** gemeinsam 同心协力 ⟨etw. mit vereinten Kräften bewerkstelligen, tun 同心协力实现、干某事⟩ **12.** ***in / außer K.*** gültig u. wirksam/nicht mehr gültig, nicht mehr wirksam 生效/失效 ⟨ein Gesetz, e-e Regelung, ein Vertrag *usw* tritt, ist in/außer K. 法律、规定、合同等生效/失效; etw. in/außer K. setzen 使某事生/失效⟩ ‖ ID[谚] ***die treibende K. sein*** derjenige sein, der etw. bewirkt/möglich macht, weil man sich dafür einsetzt 原动力; *mst* 多用 ***Spar dir die / deine K.!*** *gespr* [口]; es ist sinnlos, das zu versuchen 省省你的力气吧! ‖ *zu* (义项) **1.** u. **3.**
kraft·los *Adj*(形); **Kraft·lo·sig·keit** *die*; *nur Sg*(只用单数); **kraft·voll** *Adj*(形) ‖ ▶ ***entkräftet***

Kraft·aus·druck *der*; ein vulgärer Ausdruck 粗话 ≈ Fluch ⟨mit Kraftausdrücken um sich werfen 满口粗话, 滥用粗俗的言词⟩

Kraft·brü·he *die*; e-e starke (kräftige) (Fleisch)Brühe 浓(稠)肉汁

Kraft·fah·rer *der*; j-d, der (oft beruflich) ein Auto lenkt 司机, 驾驶员 ‖ NB(注意): ↑ ***Chauffeur*** ‖ *hierzu* (派生) **Kraft·fah·re·rin** *die*

Kraft|fahr·zeug *das*; ADM *geschr*【管理】[书]; ein Fahrzeug mit e-m Motor, das auf Straßen (nicht auf Schienen) fährt (ein Auto od. Motorrad) 机动车, 汽车; *Abk* 缩写 Kfz ‖ K-(复合): ***Kraftfahrzeug-*, *-halter*, *-mechaniker*, *-papiere*, *-reparaturwerkstatt*, *-steuer*, *-versicherung***

kräf·tig *Adj*(形) **1.** gesund u. stark 健壮的, 强壮的, 粗壮的, 壮实的 ≈ robust ↔ schwächlich ⟨ein Kind, ein Mensch, ein Tier 小孩, 人, 动物; e-e Pflanze 植物⟩: *Sie hat ein kräftiges Kind geboren* 她生了个壮实的孩子; *Er ist nach langer Krankheit noch nicht k. genug, an-*

K

strengende Arbeit zu verrichten 大病一场后他身子骨还不硬朗，干不了累活 **2.** mit relativ viel körperlicher Kraft (1) 有力的，用力的，有劲的 ≈ stark, kraftvoll ↔ kraftlos, schwach ⟨ein Händedruck, ein Hieb, ein Schlag 握手，一打，一击⟩：*die Flasche vor Gebrauch k. schütteln* 使用前把瓶用力摇晃 **3.** von intensiver Wirkung 浓的，艳的，重的，强的≈ stark ↔ schwach ⟨e-e Farbe, e-e Fleischbrühe, ein Geschmack 颜色，肉汁，味道；ein Hoch, ein Tief, ein Licht, ein Wind 高压区，低压区，光线，风⟩ **4.** ≈ derb, direkt ↔ fein, gepflegt ⟨ein Ausdruck, ein Fluch, e-e Sprache 言词，诅咒，语言⟩

-kräf·tig *im Adj, unbetont, begrenzt produktiv*（构成形容词，非重读，构词有限）**1.** (in hohem Masse) fähig zu etw. 有…能力的；***heilkräftig*** ⟨e-e Pflanze 植物⟩, ***kaufkräftig*** ⟨ein Kunde 顾客⟩, ***zahlungskräftig*** **2.** so, dass das im ersten Wortteil Genannte in großer Menge od. mit großer Wirkung vorhanden ist 有…实力的，…雄厚的，…强的；***aussagekräftig***, ***beweiskräftig***, ***finanzkräftig***, ***kapitalkräftig***

kräf·ti·gen; *kräftigte, hat gekräftigt*; Vt (及物) **1.** ***etw. kräftigt j-n/etw.*** etw. bewirkt, dass j-d od. ein Teil des Körpers stärker wird（物作主语）使强健，使增强体质≈ etw. stärkt j-n/etw. ↔ etw. schwächt j-n/etw.：*Training kräftigt die Muskeln* 锻炼使肌肉强壮；Vr（反身）**2.** ***sich k.*** sich nach e-r Krankheit *o.Ä.* erholen 恢复健康，(病后)康复 ‖ *hierzu*（派生）**Kräf·ti·gung** *die*; *nur Sg*（只用单数）

kraft·los *Adj*（形）；ohne Kraft 无力的，软弱的 ≈ schwach ⟨ein Mensch, ein Händedruck 人，握手⟩

Kraft·ma·schi·ne *die*; e-e Maschine, die mechanisch Energie erzeugt (*z.B.* e-e Dampfmaschine, e-e Turbine) 原动机，发动机

Kraft·mei·er *der*; *-s, -*; *gespr pej* [口][贬]≈ Kraftprotz

Kraft·mensch *der*; *gespr* [口]；j-d, der sehr stark ist 大力士，有力气的人

Kraft·pro·be *die*; e-e Handlung, mit der zwei od. mehrere Personen prüfen (u. entscheiden) wollen, wer der Stärkere ist 比力气，较量，比力量高低 ⟨es auf e-e K. ankommen lassen 与某人进行较量；j-n zu e-r K. herausfordern 向某人挑战比试力量⟩

Kraft·protz *der*; *pej* [贬]；ein Mann, der sehr stark ist (u. damit prahlt) 炫耀自己力量的人 ≈ Muskelprotz

Kraft·rad *das*; ADM【管理】；ein Fahrzeug mit zwei Rädern u. e-m Motor (*z.B.* ein Motorrad) 机器脚踏车，摩托车

Kraft·sport *der* ≈ Schwerathletik

Kraft·stoff *der* ≈ Treibstoff ‖ K-(复合)：***Kraftstoff-***, ***-pumpe***, ***-verbrauch***

kraft·strot·zend *Adj*（形）；so, dass man deutlich sieht, wie stark die betreffende Person ist 浑身是劲的，力气很大的

kraft·voll *Adj*（形）；mit viel Kraft od. Energie 强有力的，强壮的，精力充沛的 ↔ kraftlos：*ein kraftvoller Stoß* 强有力的撞击；*k. abspringen* 有力地弹出

Kraft·wa·gen *der*; ADM *geschr*【管理】[书]≈ Auto ‖ -K(复合)：***Personen-***, ***Last-***

Kraft·werk *das*; ein technischer Betrieb, in dem elektrische Energie erzeugt wird 发电厂，发电站 ≈ Elektrizitätswerk ‖ -K (复合)：***Atom-***, ***Gezeiten-***, ***Kern-***, ***Kohle(n)-***, ***Wasser-***

Kra·gen *der*; *-s, -/südd* Ⓐ Ⓒⓗ [南德][奥][瑞] *Krä·gen*; der (feste) Teil e-s Hemds, e-r Bluse *o.Ä.*, der um den Hals geht 领子 ⟨ein enger, weiter, steifer, mit Pelz besetzter K. 紧领，宽领，硬领，毛皮领⟩：*den obersten Knopf des Hemdes am K. offen lassen* 将衬衣领口上的纽扣敞开；*Als Schutz gegen den kalten Wind schlug er den K. seines Mantels hoch* 他翻起大衣的领子挡寒风 ‖ K-(复合)：***Kragen-***, ***-knopf*** ‖ -K (复合)：***Roll-***, ***Steh-***, ***Wechsel-***; ***Hemden-***, ***Jacken-***, ***Mantel-***; ***Papier-***, ***Pelz-*** ‖ ID [谚] ***j-n am K. kriegen/packen***; ***j-n beim K. packen/nehmen*** *gespr* [口]；j-n (greifen u.) zur Rede stellen 紧抓住某人质问；***j-m platzt der K.*** *gespr* [口]；j-d verliert die Geduld 某人怒不可遏，脸红脖子粗；***j-m/e-m Tier den K. umdrehen*** *gespr* [口]；j-n/ein Tier töten 扭断某人/动物的脖子(杀死)；***j-m geht es an den K.*** *gespr* [口]；j-d gerät in Gefahr od. wird zur Verantwortung gezogen 这对某人性命攸关或对某人事关重大；***j-m an den K. wollen*** *gespr* [口]；j-m etw. Böses antun (od. nachweisen) wollen 要给某人颜色看，要教训某人；***etw. kostet j-m/j-n den K.*** *gespr* [口]；etw. kostet j-n seine (Arbeits) Stelle (bzw. *veraltend* [渐旧] *auch* sein Leben) 某事会使某人丢饭碗，会把某人搞垮([渐旧]要某人的命)

Kra·gen·wei·te *die*; e-e Zahl, die angibt, wie weit ein Kragen ist (u. die bei Hemden für Männer dazu dient, die Größe zu definieren) 领宽，领口：*Ein Hemd mit K. 44* 一件领宽44号的衬衣 ‖ ID [谚] ***j-d/etw. ist (nicht) j-s K.*** *gespr* [口]；j-d/etw. ist (nicht) so, wie es j-d mag 某人/某事(不)符合某人的胃口或心意

Krä·he [ˈkrɛːə] *die*; *-, -n*; ein schwarzer, relativ großer Vogel (der mit den Raben verwandt ist) 乌鸦

krä·hen [ˈkrɛːən]; *krähte, hat gekräht*; Vi (不及物) **1.** ***ein Hahn kräht*** ein Hahn gibt die Laute von sich, die für seine Art typisch sind 雄鸡啼叫 **2.** (*bes* als Baby) mit hoher, heller Stimme rufen od. Töne von sich geben, die Vergnügen u. Zufriedenheit ausdrücken (婴儿) 呀呀欢叫 ⟨vergnügt, vor Vergnügen k. 高兴得呀呀直叫⟩

Krä·hen·fü·ße *die*; *Pl* (复)；kleine Falten an den Augen (in den äußeren Augenwinkeln) 眼角皱纹，鱼尾纹

Kra·ke *der*; *-n, -n*; ein Tier mit acht langen (Fang) Armen, das im Meer lebt (u. bei Gefahr e-e dunkle Flüssigkeit ausstößt) 章鱼 ‖ NB (注意)：*der Krake; den, dem, des*

Kraken
kra·kee·len; *krakeelte, hat krakeelt*; Vi (不及物) *gespr pej* [口][贬]; laut schreien, schimpfen od. streiten 大声吵闹,骂街 ‖ *hierzu* (派生) **Kra·kee·ler** *der*; *-s*, -
Kra·ke·lei *die*; -, *-en*; *gespr pej*[口][贬]; e-e Schrift, die man schlecht lesen kann (*bes* weil j-d beim Schreiben gezittert hat od. nicht gut schreiben kann) 潦草难认的字迹,字迹潦草 ‖ *hierzu* (派生) **kra·ke·lig**, **krak·lig** *Adj* (形); **kra·keln** (*hat*) *Vt/i* (及物/不及物)
Kral·le *die*; -, *-n*; der scharfe, spitze u. *mst* gebogene Nagel an den Füßen bestimmter Tiere, *z.B.* bei Katzen u. Vögeln 钩爪,爪 〈scharfe, spitze, stumpfe Krallen 利爪,尖爪,钝爪〉 ‖ ID [谚] ***j-m die Krallen zeigen*** *gespr* [口]; sehr deutlich zeigen, dass man sich (gegen etw.) wehren will 对某人不甘示弱,叫某人知道厉害; ***j-d bekommt/kriegt etw. in die/seine Krallen*** *gespr pej*[口][贬]; j-d bekommt etw. in seine Gewalt od. seinen Besitz 某人牢牢控制某事
kral·len; *krallte*, *hat gekrallt*; Vt (及物) **1.** ***etw./sich an/in etw.*** (*Akk* 四格) ***k.*** (mit den Fingern od. Zehen wie) mit Krallen nach etw. greifen u. sich (*bes* verzweifelt) irgendwo festhalten(用爪、手指或脚趾)紧紧抓(攫)住: *seine Finger in die Erde k.* 手指紧紧抠入土地; *Als er die Katze aus dem Korb nehmen wollte, krallte sie sich ängstlich an das Kissen* 当他想把猫从筐里抱出来时,猫害怕得紧紧抓住垫子不放 **2.** ***sich*** (*Dat* 三格) ***etw. k.*** *gespr pej*[口][贬]; etw. schnell an sich nehmen 顺手牵羊拿走,把…攫为己有
Kram *der*; *-s*; *nur Sg*, *gespr pej* (只用单数)[口][贬] **1.** (alte) Sachen ohne Wert, die man nicht mehr braucht 废物,无用之物 ≈ Krempel, Plunder: *Der ganze Dachboden ist voll von altem K.* 整个阁楼尽是不值钱的旧家什 **2.** etw. (*bes* e-e Arbeit), für das man kein Interesse hat 鸡毛蒜皮的琐事,杂事: *Ich muss den K. da noch schnell fertig machen, dann können wir gehen* 我得把手头的乱七八糟的杂事赶快干完,然后我们就可以走了 ‖ ID [谚] ***den*** (***ganzen***) ***K. hinschmeißen*** *gespr* [口]; etw. nicht mehr (weiter) machen (weil man keine Lust mehr hat) 撂挑子,甩手不干; ***etw. passt ihm*** *usw* (***nicht***) ***in den K.***/(***nicht***) ***in seinen*** *usw* ***K.*** *gespr*[口]; etw. ist (nicht) so, wie er *usw* es erwartet od. sich vorstellt 某事正合(不合)他的意
kra·men; *kramte*, *hat gekramt*; *gespr*[口]; Vi (不及物) **1.** ***irgendwo*** (***nach etw.***) ***k.*** mit den Händen in e-m Haufen ungeordneter Dinge nach etw. suchen 乱翻,乱找: *in alten Fotos, Papieren k.* 在旧照片、旧纸里乱翻(找); *in der Handtasche nach dem Schlüssel k.* 在手提包里翻找钥匙; Vt (及物) **2.** ***etw. aus etw. k.*** in etw. suchen u. etw. daraus (hervor) holen 掏出,翻出,找出: *e-e Zigarettenschachtel aus der Handtasche k.* 从手提包里翻出一包香烟
Krä·mer *der*; *-s*, -; *veraltend* [渐旧]; j-d, der ein kleines (Lebensmittel) Geschäft besitzt 小商贩,小摊贩,小食品店老板 ‖ NB (注意): ↑ ***Kaufmann*** ‖ *hierzu* (派生) **Krä·me·rin** *die*; -, *-nen*
Krä·mer·geist *der*; *nur Sg*, *pej* (只用单数)[贬]; kleinliches (geiziges u. egoistisches) Denken u. Handeln 小气,吝啬
Krä·mer·see·le *die*; *pej*[贬]; ein Mensch, der kleinlich, geizig u. egoistisch ist 小气鬼,斤斤计较的人,吝啬之徒
Kram·la·den *der*; *gespr* [口]; ein kleines Geschäft (für Lebensmittel u. billige Waren) 小商店,杂货铺
Kram·pe *die*; -, *-n*; ein Haken (in der Form e-s U) aus Eisen mit zwei spitzen Enden U形钩环,卡钉,铁夹: *e-n Draht mit Krampen an der Wand festmachen* 用卡钉将铁丝固定在墙上
Krampf *der*; *-(e)s*, *Krämp·fe* **1.** der Zustand, in dem sich Muskeln (*bes* als Reaktion auf e-e Überanstrengung u. ungeschickte Bewegung) zusammenziehen u. starr werden (so dass es weh tut) 痉挛,抽搐,抽筋: *e-n K. in den Zehen, Waden haben* 脚趾、小腿肚抽筋 ‖ -K (复合): ***Muskel-, Magen-, Waden-***; ***Lach-*** **2.** *nur Sg*, *gespr pej* (只用单数)[口][贬] ≈ Unsinn: *Das Theaterstück war* (*ein einziger*) *K.* 这台戏是(一场)空忙(白辛苦); *So ein K.!* 真是瞎折腾! ‖ *zu* (义项) **1. krampf·ar·tig** *Adj* (形); **krampf·lö·send** *Adj* (形)
Krampf·ader *die*; e-e kranke, erweiterte Vene, die *bes* an den Beinen sichtbar ist u. wie e-e dicke blaue Schnur aussieht 静脉曲张,静脉瘤 〈Krampfadern bekommen, haben 得了、有静脉曲张; ein Arzt verödet Krampfadern 医生注射药物使静脉曲张闭合〉
kramp·fen; *krampfte*, *hat gekrampft*; Vt (及物) **1.** ***die Finger/die Hände in/um etw.*** (*Akk* 四格) ***k.*** etw. mit aller Kraft (*bes* in e-r verzweifelten Lage) festhalten 用手指/手狠命(死劲)抓住; Vr (反身) **2.** 〈j-s Finger, Hände 某人的手指、手〉 ***krampfen sich um/in etw.*** (*Akk* 四格) j-s Finger od. Hände halten sich mit aller Kraft irgendwo fest 狠命抓住不放,死劲捏(握)住不放
krampf·haft *Adj* (形) **1.** so starr od. mit (unkontrollierten) Bewegungen wie im Krampf 痉挛的,抽搐的 〈Zuckungen 抽搐; ein Schluchzen, ein Weinen 抽泣,哭泣〉 **2.** *gespr* [口]; sehr angestrengt u. verbissen 拼命的,狠命的,死劲的,极力的 ↔ mühelos: *k.* (*über etw.*) *nachdenken* 死命地考虑(某事); *sich k. an etw. festhalten* 死劲抓住某物; *k. versuchen, sich an etw. zu erinnern* 极力想回忆起某事 **3.** unnatürlich u. nicht echt 不自然的,假惺惺的 〈ein Lachen, e-e Heiterkeit 笑,喜悦〉
Kram·pus *der*; *-ses*, *-se*; *südd* Ⓐ [南德][奥] e-e (erdachte) Figur, von der man sagt,

dass sie den Nikolaus begleite u. böse Kinder bestrafe 圣诞老人的随从(专罚坏孩子)≈ Knecht Ruprecht

Kran *der*; -(*e*)*s*, *Krä·ne*; e-e Maschine mit e-m langen, beweglichen (Quer)Balken, der (*bes* auf Baustellen) große u. schwere Dinge heben u. bewegen kann 吊车,起重机‖ -K(复合): ***Kran-***, ***-führer***

Kra·nich *der*; *-s*, *-e*; ein großer grauer Vogel mit langen Beinen u. langem Hals, der *mst* in Sümpfen seine Nahrung sucht 鹤

krank, *kränker*, *kränkst-*; *Adj*(形) **1.** in dem Zustand, in dem sich ein Mensch od. ein Tier nicht wohlfühlt, schwach ist od. Schmerzen, Fieber *o.Ä.* hat 有病的,患病的,不舒服的 ↔ gesund 〈geistig, körperlich, schwer, unheilbar k. sein 精神患病,身体有病,患重病,患不愈之症; k. im/zu Bett liegen 有病卧床; sich k. fühlen, stellen (= so tun, als wäre man k.) 感到有病,装病; k. spielen 玩病了〉: *Dieses Wetter macht mich k., da bekomme ich Kopfweh* 这种天气让我不舒服,头痛; *Geh doch zum Arzt, wenn du k. bist!* 你有病就去找医生看看!; *„Ich habe gehört, du bist k., was hast du denn?" – „Grippe!"* "我听说你病了,什么病?"——"流感!" ‖ -K(复合): ***gallen-***, ***geistes-***, ***geschlechts-***, ***herz-***, ***magen-*** *usw*; ***fieber-***, ***grippe-***, ***krebs-*** *usw*; ***sterbens-***, ***tod-*** **2.** so, dass sie Parasiten haben, nicht gut wachsen, die Blätter verlieren *o.Ä.* 有病虫的,有毛病的〈Pflanzen 植物〉↔ gesund: *Der Baum ist an der Wurzel k.* 这棵树根上有毛病; *kranke Zweige entfernen* 砍掉病枝 **3.** psychisch schwach u. leidend(心理上、精神上)有病的〈vor Eifersucht, Einsamkeit, Liebe *usw* k. sein 患有嫉妒病、孤独症、相思病等〉‖ -K(复合): ***gemüts-***, ***liebes-*** **4.** ***k. vor Sehnsucht nach j-m/etw. sein*** sich nach j-m/etw. sehr sehnen 因思念…而忧伤,深深眷恋… **5.** ***sich k. ärgern*** *gespr*[口]; sich sehr ärgern 气极,气得要命 ‖ ID [谚] *mst* 多用 ***Das macht mich (ganz) k.*** *gespr*[口]; das geht mir auf die Nerven 这弄得我心烦意乱(心神不宁) ‖ ▶ ***Krankheit***, ***erkranken***

Kran·ke *der/die*; *-n*, *-n*; j-d, der krank (1) ist 病人,患者: *e-n Kranken pflegen* 护理病人 ‖ K-(复合): ***Kranken-***, ***-besuch***, ***-bett***, ***-geschichte***, ***-gymnastik***, ***-kost***, ***-pflege***, ***-transport***, ***-versicherung***, ***-wagen***, ***-zimmer*** ‖ NB(注意): *ein Kranker*; *der Kranke*; *den*, *dem*, *des Kranken*

krän·keln; *kränkelte*, *hat gekränkelt*; [Vi](不及物)(häufig od. immer) ein bisschen krank sein 常常闹点小病,体弱多病

kran·ken; *krankte*, *hat gekrankt*; [Vi](不及物) ***etw. krankt an etw.*** (*Dat* 三格) es gibt e-n bestimmten Grund dafür, dass etw. nicht od. nicht richtig funktioniert (物作主语)在…方面有毛病(缺陷),毛病出在…: *Die Sache krankt daran, dass sich niemand verantwortlich fühlt* 这事情的毛病出在谁也不负责

krän·ken; *kränkte*, *hat gekränkt*; [Vt](及物) ***j-n k.*** etw. tun od. sagen, was die Gefühle e-s anderen verletzt 伤害…的感情,伤…的心〈gekränkt sein 受到伤害; sich (in seiner Ehre, Eitelkeit, in seinem Stolz) gekränkt fühlen 感到自己的荣誉、虚荣心、自尊心受到伤害〉: *Seine böse Bemerkung hat mich zutiefst gekränkt* 他恶意的看法深深刺伤了我的心 ‖ *hierzu* (派生) **Krän·kung** *die*

Kran·ken·geld *das*; Geld, das man (von der Krankenversicherung) bekommt, wenn man krank ist u. nicht arbeiten kann, u. der Arbeitgeber einen nicht mehr bezahlt (*mst* nach 6 Wochen Krankheit)(医保公司支付的)疾病补助

Kran·ken·gym·nas·tin *die*; *-*, *-nen*; e-e Frau, die beruflich mit Kranken Gymnastik macht 协助病人做医疗体操的女护理员

Kran·ken·haus *das*; ein Gebäude, in dem Kranke liegen (die längere Zeit gepflegt u. behandelt werden) 医院≈ Klinik, Hospital 〈im K. liegen 住院(治疗); ins K. müssen, kommen 得上医院,进医院; j-n ins K. bringen 将某人送进医院〉‖ K-(复合): ***Krankenhaus-***, ***-aufenthalt***, ***-kosten***, ***-personal***

kran·ken·haus|reif *Adj*(形); *gespr*, *mst in* [口]多用于 ***j-n k. schlagen*** j-n so schwer verletzen, dass er im Krankenhaus behandelt wird (od. werden müsste) 打得…伤势严重(要住院治疗)

Kran·ken·kas·se *die*; die (gesetzliche) Krankenversicherung(法定)医疗保险公司

Kran·ken·kas·sen·bei·trag *der*; das Geld, das man jeden Monat an seine Krankenkasse zahlt. Wenn man arbeitet, wird der K. vom Lohn od. Gehalt abgezogen 医疗保险费

Kran·ken·pfle·ger *der*; ein Mann, der beruflich kranke Menschen pflegt 男护理员,男护士 ‖ NB(注意): ↑ ***Krankenschwester*** ‖ *hierzu* (派生) **Kran·ken·pfle·ge·rin** *die*

Kran·ken·schein *der*; ein Formular (der Krankenkasse), das man dem Arzt gibt, damit er einen (auf Kosten der Krankenversicherung) behandelt, ohne dass man bezahlen muss(医疗保险公司发的、供记账用)医疗单

Kran·ken·schwes·ter *die*; e-e Frau, die beruflich kranke Menschen pflegt(女)护士 ‖ NB (注意): ↑ ***Krankenpfleger***

Kran·ken·stand *der*; *mst in* 多用于 ***im K. sein*** wegen e-r Krankheit nicht arbeiten (können) 有病不能上班

Kran·ken·ver·si·cher·ten·kar·te *die*; e-e kleine Karte aus Plastik, die man von seiner Krankenversicherung bekommt u. die man vorzeigt, wenn man zum Arzt *o.Ä.* geht 医疗保险卡

Kran·ken·ver·si·che·rung *die*; e-e Institution, an die man jeden Monat e-e feste Summe bezahlen muss u. die dafür die medizinischen Kosten bezahlt, die bei e-r Krankheit entstehen 医疗保险公司〈die gesetzliche, e-e private K.法定的、私人的医疗保险公司〉‖ *hierzu* (派生) **kran·ken·ver·si·che·rungs|pflich·tig** *Adj*(形)

Die Krankenversicherung 医疗保险

In Deutschland gibt es zwei Arten der Krankenversicherung. Die meisten Arbeiter und Angestellten und ihre Familienangehörigen sind bei einer **gesetzlichen Krankenkasse** versichert. Die Beiträge hierfür werden in der Regel je zur Hälfte vom Versicherten und von seinem Arbeitgeber bezahlt. Personen, deren Einkommen eine bestimmte Grenze überschreitet, Selbstständige und Beamte können sich freiwillig bei einer **privaten Krankenkasse** versichern.
Die Krankenversicherung übernimmt die Kosten für die Behandlung beim Arzt oder Zahnarzt und im Krankenhaus, für Medikamente (ein Anteil muss aber selbst bezahlt werden), für die medizinische Vorsorge und für Hilfsmittel für Behinderte oder alte Menschen.
Wenn man ärztliche Hilfe braucht, geht man zur Sprechstunde in die Praxis eines Arztes, den man frei wählen kann. Meist macht man dazu vorher einen Termin aus. Beim ersten Arztbesuch im Quartal (Kalendervierteljahr) muss man eine ***Praxisgebühr*** bezahlen. Außerdem ist bei jedem Besuch die ***Versichertenkarte*** vorzulegen.
Medikamente bekommt man ausschließlich in Apotheken. Manche sind verschreibungspflichtig, man erhält sie nur gegen Vorlage eines ärztlichen Rezepts.
Viele Patienten suchen auch Hilfe bei alternativen Methoden der Medizin, wie zum Beispiel bei verschiedenen Formen der **Naturheilkunde** wie **Akupunktur** oder **Homöopathie.** Viele dieser Behandlungen werden auch von den Krankenkassen bezahlt.

德国有两种类型的医疗保险。大部分职工及其家属参加**法定医保**,医保费一般是由被保人及其雇主各缴纳一半。收入较高的人,独立经营企业主,公职人员,可以自愿参加**私人医保**。

医保公司承担医生或牙医的诊疗费和住院费,医药费(但一部分必须自付),防治费以及残疾人员或老人辅助设备的费用。

如果你需要医生帮助,你可以自己选择医生去其诊所就诊,并通常预约时间。每季度首次就医时须支付**门诊费**,此外每次就医须出示**医保卡**。

药物只能在药店买,有些药必须开处方,只有凭医生的处方才能买到药。

很多病人也求助于其他的医疗方法,如各种不同形式的**自然疗法**,如**针灸**或**顺势疗法**。许多此类治疗费用也由保险公司支付。

krank·fei·ern; *feierte krank*, *hat krankgefeiert*; Vi (不及物) *gespr hum* [口][诙]; nicht zur Arbeit gehen, obwohl man nicht wirklich (ernsthaft) krank ist 小病大养,泡病号

krank·haft *Adj* (形) **1.** zu e-r Krankheit gehörig od. durch sie bewirkt 病变的 ≈ pathologisch ⟨ein Prozess, e-e Wucherung, ein Zustand 过程,增殖,状态⟩: *e-e krankhafte Vergrößerung der Prostata* 前列腺病变增殖 **2.** so stark ausgeprägt, dass der Betreffende nicht mehr normal (sondern übertrieben) handelt u. reagiert 不正常的,病态的 ⟨Ehrgeiz, Eifersucht 好胜心,嫉妒心理⟩: *Er ist k. eifersüchtig u. lässt seine Frau keinen Augenblick aus den Augen* 他嫉妒心很重,时时刻刻监视着自己的老婆 ‖ *hierzu* (派生) **Krank·haf·tig·keit** *die*; *nur Sg*(只用单数)

Krank·heit *die*; -, *-en* **1.** der Zustand, in dem Menschen, Tiere od. Pflanzen sind, deren Organe bzw. Teile nicht mehr richtig funktionieren (u. die unter e-m Mangel, e-r Störung, Parasiten, Bakterien *o. Ä.* leiden) 病,疾病 ≈ Erkrankung ⟨e-e leichte, schwere, akute, chronische K.轻、重、急性、慢性病; e-e K. bekommen, haben, loswerden, bekämpfen, verhüten, heilen, (aus) kurieren 得病,有病,摆脱、防治、预防、治愈、治好疾病; von e-r K. befallen werden 得病,犯病; e-e K. bricht aus 突发一种疾病; sich von e-r K. erholen 病体康复,养好病⟩: *Masern u. Gelbsucht sind Krankheiten, ein gebrochenes Bein ist e-e Verletzung* 麻疹和黄疸是病,折断的腿是受伤; *Aids ist e-e K., die durch Viren hervorgerufen u. übertragen wird* 爱滋病是由病毒引起并传染的疾病 ‖ K-(复合): ***Krankheits-***, ***-erreger***, ***-symptom***, ***-überträger***, ***-ursache***, ***-verlauf*** ‖ -K(复合): ***Drüsen-***, ***Geistes-***, ***Geschlechts-***, ***Haut-***, ***Nerven-*** *usw*; ***Erkältungs-***, ***Infektions-***, ***Mangel-***; ***Tropen-***, ***Zivilisations-***; ***Frauen-***, ***Kinder-***; ***Hunde-***; ***Pflanzen-*** *usw* **2.** die Zeit, in der *bes* ein Mensch an e-r K. (1) leidet 生病期间 ≈ Erkrankung: *Während seiner zweiwöchigen K. konnte er nicht arbeiten* 在两周生病期间他没法工作 ‖ K-(复合): ***Krankheits-***, ***-dauer*** ‖ NB(注意): ↑ ***Leiden***, ***Beschwerde*** (***n***)

Krank·heits·bild *das*; *Kollekt* (集合); die Symptome, die bei e-r Krankheit auftreten 病征,病相,疾病征状≈ Syndrom

krank·heits·hal·ber *Adv* (副); weil j-d krank ist 因病,由于生病: *k. verhindert sein* 因病不能来

Krank·heits·herd *der*; e-e Stelle des Körpers, von der e-e Krankheit ausgeht 病灶

krank·la·chen, sich; *lachte sich krank*, *hat sich krankgelacht*; Vr (反身) ***sich*** (***über j-n/etw.***) ***k.*** *gespr*[口]; sehr lange lachen 笑得前仰后合,捧腹大笑: *sich über e-n Witz k.* 为一个笑话捧腹大笑

kränk·lich *Adj* (形); schwach u. (oft) leicht krank, nicht ganz gesund 病恹恹的,体弱多病的 ≈kränkelnd: *ein kränkliches Kind* 一个体弱多病的孩子 ‖ *hierzu*(派生) **Kränk·lich·keit** *die*;

K

nur Sg（只用单数）

krạnk·ma·chen；*machte krank, hat krankgemacht*；[Vi]（不及物）*gespr*［口］≈ krankfeiern ‖ NB（注意）：↑ ***krank***

Krạnk·mel·den；*meldete krank, hat krankgemeldet*；[Vt]（及物）***j-n/sich k.*** der Schule, dem Arbeitgeber *o. Ä.* mitteilen, dass j-d/man krank ist u. zu Hause bleiben muss 给…请病假

krạnk·schrei·ben；*schrieb krank, hat krankgeschrieben*；[Vt]（及物）***j-n k.***（als Arzt）schriftlich bestätigen, dass j-d krank ist u. deshalb nicht arbeiten od. zur Schule gehen kann 开病假〈sich k. lassen 让开病假证明〉：*für eine Woche krankgeschrieben sein* 开了一周病假证明

Krạnz *der*；*-es, Krän·ze*；ein *mst* ringförmiges Gebilde aus Blumen, Zweigen *o. Ä.* 花圈，花环，花冠〈e-n K. winden, binden, flechten 扎、结、编花圈；e-n K. im Haar tragen 头上戴个花环；e-n K. auf ein Grab legen, e-n K. an e-m Denkmal niederlegen 墓前放花圈，纪念碑前献花圈〉：*Im Advent haben wir immer e-n K. aus Tannenzweigen mit vier Kerzen* 在基督降临节我们总用冷杉树枝编扎一个花环，上面装有四支蜡烛 ‖ -K（复合）：***Blumen-, Lorbeer-, Myrten-; Braut-, Sieger-, Trauer-*** **2.** etw. in der Form e-s Ringes 圈，环，环状形的东西：*e-e Torte mit e-m K. aus Erdbeeren* 用草莓点缀成花环的蛋糕

Krạ̈nz·chen *das*；*-s, -* **1.** ein kleiner Kranz (1) 小花圈，小花环，小花冠 **2.** ein regelmäßiges Treffen *mst* von Frauen, um gemeinsam Kaffee zu trinken u. zu plaudern 妇女小聚会 ‖ -K（复合）：***Kaffee-***

Krạp·fen *der*；*-s, -*；*südd* Ⓐ［南德］［奥］ein rundes Gebäck aus (Hefe)Teig, das in heißem Fett gebacken wird 油炸面饼圈 ≈ Pfannkuchen, Berliner

krass, *krasser, krassest-*；*Adj*（形）；*pej*［贬］；ganz extrem 明显的，鲜明的，显著的，泾渭分明的〈ein Gegensatz, ein Unterschied, ein Beispiel 对比，区分，例子；etw. steht in krassem Widerspruch zu etw. 某事与某事水火不相容（针锋相对）；sich/etw. k. ausdrücken 表达得一清二楚〉：*In vielen Ländern gibt es krasse Gegensätze zwischen Arm u. Reich* 在许多国家贫富之间矛盾显著 ‖ *hierzu*（派生）**Krạss·heit** *die*；*nur Sg*（只用单数）

Kra·ter *der*；*-s, -*；ein tiefes Loch in der Erde, das oft wie ein Trichter aussieht u. *mst* durch e-e Explosion, e-n Vulkan od. e-n Meteoriten entstanden ist 火山口，爆炸坑，陨石坑 ‖ K-（复合）：***Krater-, -landschaft, -see***

Krạtz·bürs·te *die*；*gespr hum*［口］［诙］；e-e *mst* (junge) eigensinnige Frau, die sehr widerspenstig u. unfreundlich ist（多指年轻的）固执的女人，脾气犟的女人，倔女人 ‖ *hierzu*（派生）**krạtz·bürs·tig** *Adj*（形）；**Krạtz·bürs·tig·keit** *die*；*nur Sg*（只用单数）

Krạ̈t·ze *die*；*-*；*nur Sg*（只用单数）；e-e Krankheit, bei der die Haut (rot)braune, juckende Flecken bekommt 疥癣；MED【医】Skabies〈die K. haben 生疥癣〉‖ *hierzu*（派生）**krạ̈t·zig** *Adj*（形）

krạt·zen；*kratzte, hat gekratzt*；[Vt]（及物）**1.** ***j-n/sich (irgendwo) k.; j-m/sich etw. k.*** die (Finger)Nägel, Krallen *o. Ä.* mit leichtem Druck (oft) auf der Haut an den Stellen hin u. her bewegen, wo sie gereizt ist (sticht od. juckt) 给…挠痒，搔痒〈sich blutig, wund k. 挠出血，挠伤；j-n am/j-m den Rücken k. 给某人背上挠痒痒；j-n/sich zwischen den Schultern k. 给某人/自己肩窝挠痒〉**2.** ***j-n/sich k.*** die Haut (an e-r Stelle) mit e-m spitzen od. scharfen Gegenstand verletzen 刻伤，划伤，刮伤，抓伤：*sich an e-m Drahtzaun k.* 在铁丝网上刮伤；*Die Katze hat mich gekratzt* 这只猫把我抓伤了 ‖ K-（复合）：***Kratz-, -wunde*** **3.** ***etw. aus/von etw. k.; etw. in etw.*** (*Akk* 四格) ***k.*** e-n spitzen, scharfen od. harten Gegenstand so (hin u. her) bewegen, dass etw. entfernt wird od. die Oberfläche von etw. verändert wird 刮净，刮出，刮掉：*e-n Topf leer k.* 把锅刮干净；*die letzte Butter aus der Dose k.* 把罐头里剩下的黄油刮净；*mit e-m Nagel ein Muster ins Holz k.* 用钉子在木头上刮出一个花样；*Farbe von der Wand k.* 把漆从墙上刮掉；[Vt/i]（及物/不及物）**4.** ***etw. kratzt (j-n)*** etw. reizt die Haut *o. Ä.* u. ist deshalb unangenehm（物作主语）使痒痒，刺得…发痒〈etw. kratzt j-n auf der Haut, im Hals 某物刺得某人皮肤、嗓子里痒痒〉：*Der neue Pullover kratzt (mich)* 这件新毛线衫刺得我痒痒；*Sein Bart kratzt beim Küssen* 他的胡子亲吻时扎得人痒痒；*Hustenbonbons lutschen, weil man ein Kratzen im Hals verspürt* 因嗓子里感到痒痒含块咳嗽糖；[Vi]（不及物）**5.** *mst* 多用 ***ein Tier kratzt irgendwo*** ein Tier reibt seine Krallen *o. Ä.* an e-m Gegenstand 一种动物（用爪）抓：*Der Hund kratzte an der Tür* 狗在抓门 **6.** ***etw. kratzt*** etw. macht ein unangenehmes, kratzendes (1) Geräusch（物作主语）发出抓、擦声响：*Die Schreibfeder/Die Schallplatte kratzt* 钢笔/唱片发出嚓啦声 ‖ ID［谚］***etw. kratzt j-n nicht*** *gespr*［口］；etw. stört, interessiert od. ärgert j-n nicht 某事不打扰人、不烦人、不恼人或惹不起人兴趣

Krat·zer *der*；*-s, -*；**1.** e-e kleine Wunde od. kaputte Stelle, die durch Kratzen entstanden sind 抓伤，刮伤，伤口或刮出的痕迹 ≈ Schramme：*ein K. im Lack* 油漆上的一道刮痕；*Sie hat bei dem Unfall nur ein paar Kratzer abbekommen* 她在事故中只是有几处刮伤 ‖ -K（复合）：***Haut-, Lack-*** **2.** ein kleines Gerät zum Kratzen (3) 小刮刀，削刀 ≈ Schaber ‖ -K（复合）：***Topf-***

krau·len[1]；*kraulte, hat gekrault*；[Vt]（及物）***j-n (irgendwo) k.; j-m/sich etw. k.*** e-n Menschen od. ein Tier (liebevoll) streicheln, indem man die Finger(spitzen) fest hin u. her bewegt（用手指温柔地）搔，挠，抓，抚摸〈j-m das Kinn k. 轻轻地摸摸某人的下巴；j-m/sich den Bart k. 挠挠某人/自己的胡子；den Hund hinter, zwischen den Ohren k. 温柔地在狗耳朵后、之间挠挠；dem Hund das Fell k. 轻抓狗的皮毛〉

krau·len²; *kraulte, hat/ist gekrault*; [Vi]（不及物）**k.**（*hat/südd* Ⓐ Ⓒⓗ［南德］［奥］［瑞］*ist*）；**irgendwohin k.**（*ist*）SPORT【体】；（auf dem Bauch liegend）schwimmen, indem man e-n Arm nach dem anderen in e-m großen Bogen von vorn nach hinten durch das Wasser zieht u. die（gestreckten）Beine auf u. ab schwingen lässt 自由式游泳 ‖ K-（复合）：**Kraul-**, **-schwimmen**, **-staffel**, **-stil** ‖ *hierzu*（派生）**Krau·ler** *der*; *-s*, *-* ‖ NB（注意）：↑ **Brustschwimmen**

kraus, *krauser, krausest-*; *Adj*（形）**1.**〈Haare 头发〉so, dass sie viele kleine dichte Locken haben 鬈曲的 ↔ glatt ‖ K-（复合）：**Kraus-**, **-haar**, **-kopf** **2.** konfus u. seltsam 杂乱无章的，稀里糊涂的 ↔ klar〈Gedanken 思想〉：*krauses Zeug reden* 说了些乱七八糟的废话，胡说八道 **3.** **die Stirn k. ziehen** die Stirn runzeln 皱眉头 ‖ *zu*（义项）**1. kraus·haa·rig** *Adj*（形）

Krau·se *die*; *-*, *-n* **1.** ein Streifen Stoff, der so genäht ist, dass er dichte Falten hat（u. der *z.B.* am Hals als e-e Art dekorativer Kragen dient）打细褶的领（袖）口边饰 ‖ -K（复合）：**Hals-** **2.** *nur Sg*（只用单数）；e-e Frisur, die aus vielen kleinen dichten Locken besteht 鬈发发型

kräu·seln; *kräuselte, hat gekräuselt*; [Vt]（及物）**1.** **etw. k.** kleine Falten, Locken, Wellen in etw. machen 使鬈曲，使起皱褶，使泛起涟漪〈die Lippen, die Stirn k. 使嘴唇、额头起皱纹〉：*Der leichte Wind kräuselte die Oberfläche des Sees* 微风拂拂，泛起湖面层层涟漪；[Vr]（反身）**2.** **etw. kräuselt sich** etw. bildet kleine Falten, Wellen, Locken *o.Ä.*（物作主语）起皱纹，泛起波浪，变鬈曲：*Meine Haare kräuseln sich, wenn sie nass werden* 我头发一湿就鬈曲 ‖ *hierzu*（派生）**Kräu·se·lung** *die*; *nur Sg*（只用单数）

krau·sen; *krauste, hat gekraust*; [Vt]（及物）**1.** **etw. k.** ≈ kräuseln (1)；[Vr]（反身）**2.** **etw. kraust sich** ≈ etw. kräuselt sich

Kraut *das*; *-(e)s, Kräu·ter* **1.** *mst Pl*（多用复数）；kleine Pflanzen, die hauptsächlich aus Blättern（u. Stielen）bestehen u. die man als Medizin od. Gewürz verwendet 草药，药草，香草〈Kräuter anbauen, sammeln, trocknen 种植、采集、晒干草药；Arznei, Medizin, Tee aus Kräutern 用药草做的药、茶；etw. mit Kräutern würzen 用香草调味〉：*Für diese Soße braucht man Petersilie, Dill, Kerbel, Basilikum u. andere Kräuter* 做这种汤汁要用香芹菜、莳萝、香叶芹，罗勒及其他香草 ‖ K-（复合）：**Kräuter-**, **-bad**, **-essig**, **-likör**, **-quark**, **-soße**, **-tee** ‖ -K（复合）：（*nur mit Pl* 只带复数）**Arznei-**, **Gewürz-**, **Heil-**, **Küchen-**, **Suppen-**, **Tee-** **2.** *nur Sg*（只用单数）；die Blätter u. Stiele e-r（essbaren）Pflanze, die nicht gegessen werden 茎，叶，藤：*das K. von Kartoffeln, Rüben, Bohnen, Erbsen* 土豆、萝卜、菜豆、豌豆的茎叶；*das K. von den Radieschen abmachen* 摘掉小红萝卜的茎叶 **3.** *nur Sg*, *bes südd* Ⓐ（只用单数）尤用于［南德］［奥］verwendet als Bezeichnung für bestimmte Arten von Kohl（Rotkohl, Weißkohl, Sauerkohl）卷心菜，洋白菜，酸白菜：*Würstchen mit K.* 香肠配卷心菜 ‖ K-（复合）：**Kraut-**, **-kopf**, **-salat** ‖ -K（复合）：**Blau-**, **Rot-**, **Sauer-**, **Weiß-** **4.** *gespr*［口］≈ Tabak：*ein billiges, fürchterliches K. rauchen* 抽一种便宜的、恶心人的烟草 **5.** **etw. schießt ins K.** e-e Pflanze wächst zu schnell, hat zu viele Blätter u. deshalb wenig Blüten（物作主语）疯长（植物光长叶子，开花少）‖ ID［谚］**Dagegen ist kein K. gewachsen** *gespr*［口］；dagegen kann man nichts machen 对此毫无办法（无计可施）；**wie K. u. Rüben** ohne Ordnung 杂乱无章，乱七八糟 ≈ durcheinander：*In seinem Zimmer sieht es aus wie K. u. Rüben/liegt alles wie K. u. Rüben herum* 他房间杂乱无章/一切都乱糟糟的

Kra·wall *der*; *-s*, *-e* **1.** *mst Pl*（多用复数）；laute（politisch motivierte）Aktivitäten, bei denen auch Gewalt angewendet wird 骚动，暴动 ≈ Aufruhr：*Bei der Demonstration kam es zu blutigen Krawallen* 游行时发生了流血暴动 **2.** *nur Sg*, *gespr*（只用单数）［口］；großer Lärm 喧哗，吵闹 ≈ Krach〈K. machen 闹哄，喧嚷〉

Kra·wall·ma·cher *der*; *-s*, *-*; *gespr pej*［口］［贬］；j-d, der Lärm od. Krawall macht 吵闹的人，好嚷嚷的人

Kra·wat·te *die*; *-*, *-n*; ein Kleidungsstück aus e-m langen, schmalen Streifen Stoff, den man unter dem（Hemd）Kragen um den Hals legt u. vorne zu e-m Knoten bindet（u. den Männer *bes* zu Anzügen tragen）领带 ≈ Schlips〈e-e K. tragen, umhaben 带着、围着领带；die K. binden, lockern, ablegen 扎、松、解下领带；sich（*Dat* 三格）e-e K. umbinden 给自己扎领带〉‖ K-（复合）：**Krawatten-**, **-knoten**, **-nadel**, **-zwang** ‖ NB（注意）：↑ **Fliege²**

Kra·wat·ten·muf·fel *der*; *gespr*［口］；ein Mann, der keine Krawatten tragen mag 不爱扎领带的人

Kra·xe *die*; *-*, *-n*; *südd* Ⓐ *gespr*［南德］［奥］［口］；ein Korb od. ein（Trag）Gestell, die man auf dem Rücken trägt 背兜，背篓

kra·xeln; *kraxelte, ist gekraxelt*; [Vi]（不及物）（**irgendwohin**）**k.** *bes südd* Ⓐ *gespr* 尤用于［南德］［奥］［口］≈ klettern

Kre·a·ti·on [-ˈtsioːn] *die*; *-*, *-en*; etw. Neues, das *bes* für die Mode erdacht u. gemacht wird 创新式样（时装）≈ Modell：*die neuesten Kreationen vorführen* 展示最新时装式样 ‖ ▶ **kreieren**

kre·a·tiv *Adj*（形）；mit neuen u. originellen Ideen（die auch realisiert werden）有创造性的，有创见的，有远见卓识的 ≈ schöpferisch〈ein kreativer Mensch sein 是一位有创见的人（有识之士）；kreative Fähigkeiten haben 有创造才能；k. tätig sein 干事有独创性〉‖ *hierzu*（派生）**Kre·a·ti·vi·tät** *die*; *-*; *nur Sg*（只用单数）

Kre·a·tur *die*; -, *-en* **1.** *geschr*[书] ≈ Lebewesen, Geschöpf: *Gottes Kreaturen* 上帝的创造物 **2.** *pej*[贬]; ein Mensch, den man verachtet(可鄙的)家伙,货色,东西〈e-e gemeine, widerliche K.下流的、可憎的家伙〉

Krebs[1] *der*; *-es*, *-e* **1.** ein Tier mit acht Beinen u. e-r harten Schale (e-m Panzer), das im Wasser lebt. Die zwei vorderen Beine sehen wie Zangen aus u. werden auch Scheren genannt 蟹,螃蟹: *Krebse werden leuchtend rot, wenn sie gekocht werden* 螃蟹一煮就通红 ‖ K-(复合): ***krebs-***, ***-rot*** **2.** *nur Sg*(只用单数); das Sternzeichen für die Zeit vom 22. Juni bis 22. Juli(6月22日至7月22日为)巨蟹座,巨蟹宫 ‖ ↑ *Abb. unter* 图见 ***Sternzeichen*** **3.** j-d, der in der Zeit vom 22. Juni bis 22. Juli geboren ist(6月22日至7月22日内出生的人)巨蟹座: *Sie ist (ein) K.* 她是巨蟹座

Krebs[2] *der*; *-es*; *nur Sg*(只用单数); e-e gefährliche Krankheit, bei der bestimmte Zellen im Körper unnatürlich stark wachsen (wuchern) 癌,癌症,癌肿,癌瘤〈K. im Früh-, Spät-, Endstadium 早期、晚期、末期癌症〉: *Wenn K. sehr früh erkannt wird, kann er oft noch geheilt werden* 如果癌症能及早发现,它往往还可以治愈 ‖ K-(复合): ***Krebs-***, ***-forschung***, ***-früherkennung***, ***-geschwulst***, ***-geschwür***, ***-kranke(r)***, ***-vorsorge***, ***-vorsorgeuntersuchung***, ***-tod***; ***krebs-***, ***-krank*** ‖ -K(复合): ***Brust-***, ***Darm-***, ***Gebärmutter-***, ***Haut-***, ***Kehlkopf-***, ***Knochen-***, ***Lungen-***, ***Magen-***, ***Unterleibs-*** *usw* ‖ *hierzu*(派生) **krebs·er·re·gend**, **Krebs er·re·gend** *Adj*(形); *nicht adv*(不作状语); **Krebs er·zeu·gend**, **krebs·er·zeu·gend** *Adj*(形); *nicht adv*(不作状语)

kreb·sen; *krebste*, *hat gekrebst*; [Vi] *gespr*(不及物)[口] *mst in* 多用于 ***j-d hat zu k.*** j-d arbeitet viel, hat aber nur wenig Erfolg 劳而无功,白辛苦

kre·den·zen; *kredenzte*, *hat kredenzt*; [Vt](及物) ***(j-m) etw. k.*** *geschr*[书]; j-m (*bes* dem Gast) etw. zum Trinken geben 向…敬献(酒、茶等)

Kre·dit, **Kre·dit** *der*; *-(e)s*, *-e* **1.** e-e (Geld-) Summe, die *bes* e-e Bank j-m für e-e bestimmte Zeit leiht. Für Kredite müssen *mst* Zinsen bezahlt werden 贷款,信贷≈Darlehen〈e-n K. aufnehmen 接受贷款; e-e Bank räumt j-m e-n K. ein, gewährt j-m e-n K. 银行提供某人一笔贷款〉‖ K-(复合): ***Kredit-***, ***-anstalt***, ***-antrag***, ***-brief***, ***-geber***, ***-geschäft***, ***-institut***, ***-nehmer*** **2.** *nur Sg*(只用单数); die Möglichkeit, für e-e Ware od. Leistung später zu zahlen 赊欠〈etw. auf K. kaufen 赊购某物; j-m K. geben 同意某人赊欠; bei j-m K. haben 在某人处赊欠〉**3.** *nur Sg*(只用单数); das Vertrauen in j-s Fähigkeit u Ehrlichkeit 信誉,信用〈bei j-m großen K. haben, K. genießen 在某人处有、享有极大的信誉; seinen K. bei j-m verspielen 丧失某人对自己的信誉〉

Kre·dit·hai, **Kre·dit·hai** *der*; *pej*[贬]; j-d, der viel zu hohe Zinsen für Kredite verlangt 放高利贷的人,高利贷者,重利盘剥者

Kre·dit·kar·te, **Kre·dit·kar·te** *die*; e-e kleine Karte (aus Plastik), die man von e-r Bank bekommt u. die man vorzeigt, wenn man (beim Einkaufen *o.Ä.*) nicht bar bezahlen will od. kann. Das Geld wird dann später vom Konto abgezogen 信用卡

kre·dit·wür·dig, **kre·dit·wür·dig** *Adj*(形); *nicht adv*(不作状语); in e-r so guten (finanziellen) Situation, dass man Kredite (*bes* von den Banken) bekommt 有信誉的,值得信任的,殷实可靠的 ‖ *hierzu*(派生) **Kre·dit·wür·dig·keit**, **Kre·dit·wür·dig·keit** *die*; *nur Sg*(只用单数)

Kre·do *das*; *-s*, *-s*; *geschr*[书] ≈ Glaubensbekenntnis (2,3)

kre·gel *Adj*(形); *nordd*[北德]; munter u. fröhlich, fit 精力充沛的,虎虎有生气的,健壮的,矍铄的〈Menschen 人〉‖ NB(注意): *kregel* → *kregle Kinder*

Krei·de *die*; -, *-n* **1.** *nur Sg*(只用单数); e-e Substanz aus weichem, weißem (Kalk)Stein 白垩 ‖ K-(复合): ***Kreide-***, ***-felsen*** **2.** ein Stück K. (1), das man zum Schreiben od. Zeichnen verwendet 粉笔〈weiße, bunte, farbige K. 白色的、彩色的、有色的粉笔; ein Stück K. 一段粉笔〉: *etw. mit K. an die Tafel schreiben* 用粉笔往黑板上写 ‖ K-(复合): ***Kreide-***, ***-strich***, ***-zeichnung*** **3.** ***bleich/weiß wie K. werden*** *bes* vor Schreck (od. Übelkeit) blass werden 吓得脸色苍白(或:一阵恶心脸色刷白) ‖ K-(复合): ***kreide-***, ***-bleich***, ***-weiß*** ‖ ID[谚] ***(bei j-m) (tief) in der K. stehen/sein*** *gespr*[口]; j-m (viel) Geld schulden 欠某人(很多)债

krei·dig *Adj*(形); *nicht adv*(不作状语); weiß, schmutzig (od. staubig) von Kreide (2) 沾满白粉的,满是灰尘的〈Hände 手〉

kre·ie·ren [kre'iːrən]; *kreierte*, *hat kreiert*; [Vt](及物) ***etw. k.*** (*bes* in der Mode) ein neues Muster od. Modell machen 创新设计: *Dieses Modell wurde von Dior kreiert* 这个(时装)式样是迪奥设计的 ‖ ▶ ***Kreation***

Kreis *der*; *-es*, *-e* **1.** e-e geschlossene Linie, die so um e-n Punkt herum verläuft, dass sie an jeder Stelle gleich weit davon entfernt ist (od. die Fläche, die von dieser Linie umschlossen wird) 圆,圈,圆周〈e-n K. (mit e-m Zirkel) zeichnen 用圆规画一个圈; der Radius/die Fläche e-s Kreises 圆周半径/面积〉‖ ↑ *Abb. unter* 图见 ***geometrische Figuren*** ‖ K-(复合): ***Kreis-***, ***-bahn***, ***-bewegung***, ***-durchmesser***, ***-fläche***, ***-inhalt***, ***-linie***, ***-segment***, ***-umfang***; ***kreis-***, ***-rund*** **2.** etw., das ungefähr die Form e-s Kreises (1) hat 圈,环形(状)物 ≈ Kranz, Ring〈etw. beschreibt e-n K. (= bewegt sich so, dass ein K. entsteht) 某物运行成圆圈; Personen bilden, schließen e-n K. 许多人组成、围成一个圆圈〉: *Der Adler zog seine Kreise am Himmel* 老鹰在天空盘旋 **3.** ***in e-m/im K.*** so, dass dabei e-e Art K. (2) entsteht 兜圈,绕圈,成圈形

〈sich (*Pl* 复) im K. aufstellen 列队站成圈形; sich im K. bewegen, drehen, umsehen 兜圈, 绕来绕去,周围看看; in e-m/im K. (um j-n/etw. herum) gehen, laufen 绕某人/某物兜圈走; Personen sitzen, stehen im K. (um j-n/etw. herum) 许多人团团围坐、站立在某人/某物四周〉 **4.** *Kollekt* (集合); mehrere Personen, die (oft) zusammen sind, um gemeinsam etw. zu tun (常聚在一起共同干事的)人群,范围,圈子≈ Runde 〈ein geselliger K. 好结交的圈子; in familiärem, eng(st)em, kleinem Kreise, im Kreise der Familie feiern 在至亲好友中、在关系密切的圈子里、在小范围内、在家庭内部庆祝〉: *Er verbrachte Weihnachten im K. seiner Freunde* 他在自己朋友那里度过的圣诞节 ‖ -K(复合): ***Arbeits-*** **5.** *Kollekt* (集合); mehrere Personen (od. auch Dinge), die ein gemeinsames Merkmal haben (具有共同特征的人或事)界,苑,林,坛,层,群,堆,圈〈der K. der Interessenten, Kunden, Leser, Verdächtigen *usw* 兴趣共同的人们,顾客群,读者层,受怀疑者的圈子; ein K. von Problemen 一堆问题(许多疑难)〉 ‖ -K(复合): ***Kunden-***, ***Problem-*** **6.** *nur Pl*, *Kollekt* (只用复数)(集合); bestimmte Teile der Gesellschaft (Bevölkerung) (社会的某一部分)人士〈einflussreiche, gut unterrichtete, die besseren Kreise 影响深远的、消息灵通的人士,上流社会〉 ‖ -K(复合): ***Bevölkerungs-***, ***Fach-***, ***Geschäfts-***, ***Gesellschafts-*** **7.** *Kurzw* (略)↑ ***Landkreis*** ‖ K-(复合): ***Kreis-***, ***-gericht***, ***-krankenhaus***, ***-meister***, ***-meisterschaft***, ***-sparkasse***, ***-verwaltung*** **8.** ELEK, *Kurzw* 【电】(略) ↑ ***Stromkreis***, ***Schaltkreis*** 〈e-n K. schließen, kurzschließen 关闭电路,短路〉 **9.** SPORT【体】; (beim Handball) der Raum vor dem Tor, in dem nur der Torwart sein darf (手球)球门区〈in den K. treten 进入球门区〉 ‖ -K(复合): ***Wurf-*** ‖ ID[谚] ***der K. schließt sich*** die Beweise, Indizien *o. Ä.* ergeben zusammen ein (sinnvolles) Bild 证据完备无缺,环环紧扣; ***j-m dreht sich alles im Kreis(e)*** j-m ist schwindlig 某人晕头转向; ***sich (ständig) im K. bewegen/drehen*** immer wieder dasselbe denken, sagen od. tun u. deswegen zu keinem Ergebnis kommen (思考、说话、干事)老是转圈(得不出结果); ***etw. zieht (weite) Kreise*** etw. hat (starke) Auswirkungen 某事涉及面广(影响范围大) ‖ *zu* (义项) **1.** **kreis·för·mig** *Adj* (形)

krei·schen; *kreischte*, *hat gekreischt*; *Vt/i* (及物/不及物) **1.** (***etw.***) ***k.*** (etw.) mit lauter u. hoher Stimme schreien 尖叫,发出尖利的叫喊声〈vor Schreck, vor Vergnügen k. 因害怕、因高兴而尖叫; schrill k. 发出刺耳的尖叫声〉: „*Achtung!*" *kreischte sie* "小心!"她尖声叫喊 ‖ NB(注意): Das Objekt ist immer ein Satz (宾语常常是一个句子); *Vi* (不及物) **2.** ***etw. kreischt*** etw. klingt laut u. schrill (物作主语) 发出刺耳的、尖锐的吱嘎声〈die Säge kreischt 锯子发出刺耳的吱嘎声〉

Krei·sel *der*; *-s*, *-*; ein kleines Spielzeug für Kinder, das sich auf e-r Spitze im Kreis dreht, wenn man ihm Schwung gibt 陀螺〈den K. aufziehen, tanzen lassen 给陀螺上线,抽陀螺; etw. dreht sich wie ein K. 某物像陀螺一样旋转〉 ‖ *hierzu* (派生) **krei·seln** (*hat/ist*) *Vi* (不及物)

krei·sen; *kreiste*, *hat/ist gekreist*; *Vi* (不及物) **1.** (*hat/ist*) sich so (fort)bewegen, dass ein Kreis (2) entsteht 盘旋,环绕,旋转: *Der Adler kreiste am Himmel* 老鹰在天空盘旋; *Die Erde kreist um die Sonne* 地球绕太阳旋转 ‖ NB(注意): sich auf der gleichen Stelle im Kreis bewegen heißt *sich drehen od. rotieren* (在同一个点上转圈是 *sich drehen* od. *rotieren*) **2.** ***etw. k. lassen*** etw. (in e-r Runde) von einer Person zur anderen gehen lassen 把…依次往下传〈e-e Flasche k. lassen 把瓶子依次轮着传下去〉 **3.** ***mit etw. k.*** (*hat*) etw. so bewegen, dass ein Kreis (2) entsteht 甩,抡,转,挥动〈mit den Armen, den Beinen, dem Kopf, den Zehen k. 抡手、脚,转脑袋、脚尖〉 **4.** ***etw. kreist um etw.*** (*hat/ist*) etw. kommt immer wieder auf dasselbe Thema (zurück) (物作主语)在…上兜(转,绕)圈子〈j-s Gedanken, ein Gespräch 某人的思想,谈话〉

kreis·frei- *Adj* (形); *nur attr*, *nicht adv*, Ⓓ ADM (只作定语,不作状语)[德]【管理】; 〈e-e Stadt 城市〉 so, dass sie zu keinem Landkreis gehört (sondern selbständig ist) 不属县管辖的

Kreis·lauf *der* **1.** die Art der Bewegung, bei der etw. immer wieder zum Ausgangspunkt zurückkehrt, sich ständig wiederholt, ein (geschlossenes) System bildet 循环(运动) ≈ Zirkulation ‖ -K(复合): ***Geld-***, ***Strom-***, ***Wasser-*** **2.** *mst Sg* (多用单数); die Bewegung des Blutes im Körper, die das Herz bewirkt 血液循环〈der K. versagt 血液循环有毛病; e-n schwachen K. haben 血液循环差; etw. regt den K. an, belastet den K. 某物刺激、加重血液循环〉 ‖ K-(复合): ***Kreislauf-***, ***-kollaps***, ***-mittel***, ***-schwäche***, ***-störung***, ***-versagen*** ‖ -K(复合): ***Blut-*** **3.** *nur Sg* (只用单数); ein (kontinuierlicher) Ablauf, bei dem (in regelmäßigen Abständen) immer wieder dasselbe geschieht 循环往复,轮回: *der K. der Natur*, *des Lebens* 大自然的循环往复,生命轮回

Kreis·sä·ge *die*; e-e Maschine mit e-r runden Säge 圆盘锯

Kreiß·saal *der*; der Raum in e-m Krankenhaus, in dem Frauen Kinder bekommen (gebären) (妇科)产房: *die Entbindung im K.* 在产房里分娩

Kreis·stadt *die*; die Stadt, in der sich die Behörden e-s Landkreises befinden 县城

Kreis·tag *der*; Ⓓ *Kollekt* [德](集合); die gewählten politischen Vertreter (Abgeordneten), die e-m Landkreis angehören 县议会〈in den K. gewählt werden, kommen 选入、进入县议会〉2

Kreis|wehr·er·satz·amt *das*; Ⓓ [德] e-e Behörde e-s Landkreises, die für die Ein-

K

ziehung von Wehrpflichtigen zum Wehrdienst zuständig ist 县征兵站

Krem *die*; -, -*s*; ↑ ***Creme***

Kre·ma·to·ri·um *das*; -*s*, *Kre·ma·to·ri·en* [-iən]; ein Gebäude auf e-m Friedhof mit e-r Feierhalle u. e-r Anlage zur Verbrennung von Toten 火葬场

kre·mig *Adj*(形); ↑ ***cremig***

Kreml, Kreml *der*; -(*s*); *nur Sg*(只用单数) **1.** die Regierung von Russland 克里姆林宫(指俄罗斯政府) **2.** *hist*[历]; die Regierung der Sowjetunion 克里姆林宫(指原苏联政府) **3.** die Gebäude der Regierung in Moskau 克里姆林宫(指位于莫斯科的政府大楼)

Krem·pe *die*; -, -*n*; der untere (oft breite) Rand e-s Hutes (der dem Gesicht Schatten gibt)(宽)帽檐,帽边

Krem·pel *der*; -*s*; *nur Sg*, *Kollekt*, *gespr pej* (只用单数)(集合)[口][贬]; (oft alte) Dinge, die nicht viel wert sind 废物,破烂东西,不值钱的东西 ≈ Kram, Plunder

krem·peln; *krempelte*, *hat gekrempelt*; *Vt*(及物) ***etw. irgendwohin k.*** etw. in e-e bestimmte Richtung (um)legen 卷起,捋起,翻起 ≈ umkrempeln, umschlagen: *die Ärmel nach oben k.* 把袖管向上卷起来; *die (Hosen)-Taschen nach außen k.* 把裤兜向外翻

Kren *der*; -(*e*)*s*; *nur Sg*, *südd* Ⓐ (只用单数)[南德][奥] ≈ Meerrettich

kre·pie·ren; *krepierte*, *ist krepiert*; *Vi*(不及物) ***j-d/ein Tier krepiert*** *gespr!* [粗] ein Mensch od. ein Tier stirbt(人/动物作主语)一命呜呼,完蛋

Krepp·pa·pier *das*; *nur Sg*(只用单数); ein raues (elastisches) Papier mit vielen kleinen Falten, das man (*z. B.* im Fasching) für Dekorationen braucht 绉纹纸

Krepp·soh·le *die*; e-e Schuhsohle aus rauem Gummi 绉纹橡胶鞋底

Kres·se *die*; -, -*n*; *mst Sg*(多用单数); e-e kleine Pflanze, deren Blätter ziemlich scharf schmecken u. als Salat gegessen werden od. als Gewürz dienen 水芹菜

Kre·thi *nur in* 只用于 ***K. u. Plethi*** viele verschiedene Menschen, auch die einfachen Leute 形形色色的人,三教九流,三百六十行 ≈ Hinz u. Kunz

kreucht *nur in* 只用于 ***alles, was da k. u. fleucht*** *hum*[诙]; alle Tiere u. Insekten 所有飞禽走兽

kreuz *nur in* 只用于 ***k. u. quer*** ohne Plan, Ordnung od. System 漫无目的的,纵横杂乱的,横七竖八的: *mit dem Auto k. u. quer durch die Stadt fahren* 开车漫游城市; *Die Stifte liegen k. u. quer in der Schachtel* 笔在匣子里横七竖八

Kreuz *das*; -*es*, -*e* **1.** die Zeichen x od. +, die man *z. B.* schreibt, um e-e bestimmte Stelle auf e-m Plan, e-r Karte *o. Ä.* zu markieren od. um eine von mehreren Möglichkeiten auf e-m Formular zu wählen 选择符号×或+〈ein K. machen 打钩,打叉,标出选择符号; etw. mit e-m K. versehen 给某事打上勾,标上选择符号〉 **2.** etw. mit der Form e-s Kreuzes (1) 十字形的物体〈etw. bildet ein K. 某物形成一个十字形〉: *Das K. am Eingang zum Supermarkt dreht sich nur in eine Richtung, so dass man dort nicht hinausgehen kann* 超市入口处的十字转栏只朝一个方向转,因此人们不能就地出来 ‖ -K(复合): ***Achsen-***, ***Balken-***, ***Dreh-***, ***Faden-***, ***Fenster-***, ***Koordinaten-*** **3.** ein K. (1), das *bes* in der christlichen Religion als Symbol verwendet wird (auch auf Flaggen od. als † in Verbindung mit dem Namen e-s Toten, dem Datum seines Todes 十字(基督教的象征,也用作旗徽或表示死亡)): *Die Schweizer Flagge zeigt ein weißes K. auf rotem Grund* 瑞士国旗是红的底色上一个白色十字 ‖ -K(复合): ***Altar-***, ***Grab-***, ***Holz-***; ***Ehren-***, ***Ritter-***, ***Verdienst-***; ***Haken-***; ***Warn-*** **4.** *hist*[历]; ein Gerüst mit e-m langen senkrechten u. e-m kurzen waagrechten Balken, an dem früher Menschen aufgehängt u. getötet wurden 十字架(古代刑具)〈j-n ans K. schlagen, vom K. abnehmen 把某人钉在十字架上,从十字架上取下; am K. hängen, sterben 挂在、死在十字架上〉: *Jesus Christus starb am K.* 耶稣是被钉死在十字架上的 ‖ K-(复合): ***Kreuzes-***, ***-tod*** **5.** der untere Teil des Rückens 腰部的骶骨,骶椎,荐椎〈ein krummes, schiefes, hohles, steifes K. haben 腰椎是驼的、歪斜的、陷进去的、僵硬的; j-m tut das K. weh 某人腰(椎)痛; aufs K. fallen 摔个四脚朝天; es im K. haben 骶骨部位痛,腰椎有毛病〉 ‖ ↑ *Abb. unter* 图见 ***Mensch*** ‖ K-(复合): ***Kreuz-***, ***-schmerzen***, ***-weh*** ‖ -K(复合): ***Hohl-*** **6.** *nur Sg*(只用单数); ein schweres Leben 苦难,痛楚,磨难,折磨 ≈ Bürde, Leid〈sein K. auf sich nehmen 忍受苦难; ein schweres K. zu tragen haben 得忍受磨难〉 **7.** e-e Spielfarbe im internationalen Kartenspiel od. e-e Karte dieser Farbe 梅花 ≈ Treff ‖ ↑ *Abb. unter* 图见 ***Spielkarten*** ‖ NB(注意): ↑ ***Herz*** **8.** MUS【音】; das Zeichen ♯, durch das e-e Note e-n halben Ton höher beschrieben wird ♯升音符,升半音音符↔♭: *Die Tonart G-Dur hat ein K.* G 大调音阶有升半音音符 **9.** e-e Stelle, an der zwei Autobahnen aufeinandertreffen u. man von der einen Autobahn auf die andere wechseln kann 高速公路立体交叉口: *das Stuttgarter K.* 斯图加特高速公路立体交叉口 ‖ -K(复合): ***Autobahn-*** ‖ NB(注意): ↑ ***Kreuzung*** **10.** ***das K. des Südens*** ein Gebilde aus mehreren Sternen, die zusammen wie ein K. (1) aussehen u. nur in südlichen Ländern am Himmel zu sehen sind 南十字星座 **11.** ***das Rote K.*** e-e Organisation, die *bes* bei Unfällen, Katastrophen, im Krieg *o. Ä.* Kranke, Verwundete u. Menschen in Not betreut. Das Zeichen ist ein rotes K. (1) auf weißem Grund 红十字会〈das Internationale, Deutsche, Österreichische *usw* Rote K. 国际、德国、奥地利等红十字会〉 ‖ K-(复合): ***Rotkreuz-***,

-helfer, *-schwester* 12. **über K.** so, dass dabei ein K. (1) entsteht 交叉，相交〈Dinge liegen über K. 东西交叉放着〉: *Er legte Messer u. Gabel über K. auf seinen Teller* 他把刀叉交叉着放在盘子上 ‖ ID[谚] ***j-n aufs K. legen*** *gespr*[口]; j-n betrügen 欺骗某人，使某人上当受骗; **(mit etw.) aufs K. fallen** *gespr*[口]; e-n Misserfolg haben 倒霉，失利，摔跟头; ***ein breites K. haben*** viel (Unangenehmes) geduldig ertragen 忍受种种磨难; ***mit j-m/etw. ist es ein (großes) K.*** *gespr*[口]; j-d/etw. macht viel Ärger 某人/某事制造很多麻烦; ***mit j-m/etw. sein K. haben*** *gespr*[口]; durch j-n/etw. viel Mühe od. Ärger haben 跟某人/某事有很多麻烦; ***zu Kreuze kriechen*** Demut zeigen u. nachgeben 屈服，低三下四，卑躬屈膝; ***ein/das K. schlagen*** e-e (rituelle) Geste machen, durch die man sich (in der katholischen Religion) unter den Schutz Gottes stellt 划十字≈ sich bekreuzigen; ***ein Kreuz/drei Kreuze hinter j-m/etw. machen***; ***drei Kreuze machen, wenn ...*** *gespr*[口]; sehr froh sein, wenn man mit j-m nichts mehr zu tun hat od. wenn etw. vorbei ist (如能与某人/某事无纠葛或摆脱某人/某事)真是上帝保佑，真是阿弥陀佛 ‖ *zu* (义项) 1. **kreuz·för·mig** *Adj*(形)

Kreuz·bein *das*; MED【医】; ein flacher, breiter Knochen am unteren Ende des Rückens 骶骨

kreu·zen; *kreuzte*, *hat/ist gekreuzt*; Vt (及物) (*hat*) 1. ***etw. kreuzt etw.*** zwei Wege, Fahrbahnen *o.Ä.* überschneiden sich (*mst* in Form e-s Kreuzes) (物作主语)与…交叉，与…相交(道路) 2. *mst* 多用 〈die Arme, die Beine 手，脚〉 ***k.*** die Arme od. die Beine so übereinanderlegen, dass e-e Art Kreuz entsteht 使交叉，使相交 3. 〈Dinge 事物〉 ***k.*** Dinge so zusammenlegen *o.Ä.*, dass e-e Art Kreuz entsteht 把…交叉，相交〈die Schwerter k. 把剑相交〉 4. 〈ein Tier u. ein Tier/e-e Pflanze u. e-e Pflanze 动物和动物/植物和植物〉 ***k.***; 〈ein Tier, e-e Pflanze 动物，植物〉 ***mit*** 〈e-m Tier, e-r Pflanze 动物，植物〉 ***k.*** männliche u. weibliche Tiere od. Pflanzen verschiedener Arten so zusammenbringen (paaren), dass aus ihnen Nachkommen e-r neuen Art hervorgehen 使杂交，使混合交配: *Wenn man Pferde u. Esel (miteinander) kreuzt, erhält man Maultiere u. Maulesel* 要是将马和驴杂交，生出来的是马骡和驴骡; Vi (不及物) (*hat/ist*) 5. ***etw. kreuzt irgendwo*** ein Schiff fährt (vor der Küste, in e-m Meer *o.Ä.*) hin u. her, ohne ein Ziel direkt anzusteuern (物作主语)游弋，来回航行: *Vor der Küste kreuzt e-e große Jacht* 一艘快艇沿着海岸来回游弋; Vr (*hat*) 6. ***etw. kreuzt sich mit etw.***; 〈Straßen, Bahnlinien *o.Ä.* 街道、铁路线等〉 ***kreuzen sich*** zwei od. mehrere Straßen, Bahnlinien *o.Ä.* überschneiden sich an e-m bestimmten Punkt (物作主语)单：与…相交；复：彼此相交 7. ***Blicke kreuzen sich*** Blicke treffen sich 目光(眼神)相遇 8. *mst* 多用 ***Die Briefe haben sich gekreuzt*** ein Brief des Absenders war noch unterwegs an den Empfänger, als der Empfänger bereits e-n Brief an den Absender geschickt hatte 信件在半路上彼此交叉了 ‖ ID[谚] *mst* 多用 ***Unsere Wege haben sich gekreuzt*** wir sind uns im Leben begegnet, hatten miteinander zu tun 我们在生活中曾相遇过(有过交往)

Kreu·zer[1] *der*; *-s*, *-*; *hist*[历]; e-e kleine Münze, die früher (in Österreich, Süddeutschland u. der Schweiz) gebräuchlich war(旧时在奥、南德和瑞士使用的)十字币

Kreu·zer[2] *der*; *-s*, *-* 1. MIL【军】; ein großes, schnelles Kriegsschiff 巡洋舰 2. ein (Segel- od. Motor)Schiff, mit dem man relativ lange Reisen machen kann 海上帆船

Kreuz·fah·rer *der*; *hist*[历]; ein Soldat od. Pilger, der auf e-m Kreuzzug war 十字军东征的参加者

Kreuz·fahrt *die*; e-e (Urlaubs)Reise auf e-m großen, schönen Schiff, bei der man in verschiedenen Häfen an Land geht u. kleine Ausflüge macht 乘(豪华)游船旅游(包括登岸观光)

Kreuz·feu·er *das*; *nur in* 只用于 ***im K. (der Kritik) stehen***; ***ins K. (der Kritik) geraten*** von verschiedenen Seiten (öffentlich) scharf kritisiert werden 遭到各方批评、抨击

Kreuz·gang *der*; ein offener (Bogen)Gang, der um alle vier Seiten des Hofes e-s Klosters *o.Ä.* führt(修道院内的)十字形拱廊

kreu·zi·gen; *kreuzigte*, *hat gekreuzigt*; Vt (及物) ***j-n k.*** *hist*[历]; j-n an ein Kreuz (4) nageln od. binden u. ihn dort sterben lassen 把…钉死在十字架上

Kreu·zi·gung *die*; *-*; *-en* 1. *hist*[历]; der Vorgang, bei dem j-d gekreuzigt wurde 钉在十字架上处死〈die K. Jesu Christi 耶稣被钉在十字架上〉 2. KUNST【艺】; die Darstellung der K. (1) Christi 表现耶稣被钉在十字架上受难的作品

kreuz.lahm *Adj*(形); *nicht adv*(不作状语); *gespr*[口]; mit (ständigen) Schmerzen im unteren Teil des Rückens 经常腰酸背痛的

Kreuz.ot.ter *die*; *-*, *-n*; e-e giftige Schlange mit e-m regelmäßigen (Zickzack)Muster auf dem Rücken 龙纹蝰蛇

Kreuz.rit.ter *der*; *hist*[历]; ein Soldat (Ritter), der (im Mittelalter) an e-m Kreuzzug teilnahm 十字军骑士

Kreuz.schlüs.sel *der*; ein relativ großes Werkzeug in der Form e-s Kreuzes, mit dem man *bes* die Schrauben an Autorädern lockert bzw. festmacht 十字头扳手

Kreuz.spin.ne *die*; e-e große Spinne, deren Rücken als Muster e-e Art Kreuz zeigt 十字蜘蛛

Kreu·zung *die*; *-*, *-en* 1. e-e Stelle, an der sich zwei (od. mehrere) Straßen schneiden u. an der man von einer Straße auf die andere wechseln kann 交叉路口，十字路口〈an der K. stehen bleiben, halten, abbiegen 在十字路口站住、停止、拐弯; e-e K. überqueren, über die

K

K. fahren, gehen 横穿、驶过、走过十字路口〉**2.** BIOL【生】; das Kreuzen (4) von Tieren od. Pflanzen verschiedener Arten 杂交 **3.** BIOL【生】; ein Tier od. e-e Pflanze, die durch Kreuzen (4) entstanden sind 杂种，杂交体，杂交品种: *Die Nektarine ist e-e K. aus Pfirsich u. Pflaume* 油桃是桃李的杂交品种 ‖ *zu* (义项) **1. kreu·zungs·frei** *Adj*(形); *nicht adv*(不作状语)

kreuz·un·glück·lich *Adj*(形); *gespr*[口]; sehr unglücklich 非常倒霉的，极倒霉的

Kreuz·ver·hör *das*; JUR【法】; e-e Form des Verhörs, bei der *bes* Zeugen vor Gericht durch den Staatsanwalt u. den Verteidiger intensiv befragt werden, um möglichst viele Informationen zu bekommen (在法庭由检察官和辩护律师对证人的)盘问、交替发问〈j-n ins K. nehmen, e-m K. unterziehen 对某人进行盘问(反复发问)〉

Kreuz·weg *der* **1.** e-e Stelle, an der sich zwei Wege treffen (kreuzen) 十字路口，交叉路口 **2.** KATH【天主】; e-e Folge von (*mst* 14) Bildern, auf denen die Kreuzigung u. der Tod von Jesus Christus dargestellt sind 描述耶稣受难的十四幅系列油画 ‖ ID [谚] ***an e-m K. stehen / angekommen sein*** *geschr*[书]; in e-r Situation sein, in der man für die Zukunft e-e wichtige Entscheidung treffen muss 站在、来到十字路口(面临对未来的重要抉择)

kreuz·wei·se *Adv*(副); so, dass ein Muster mit der Form e-s Kreuzes entsteht 交叉地，纵横交错地〈Dinge k. übereinanderlegen, einkerben, einschneiden 将事物交叉叠放、刻痕、雕切; Dinge liegen k. übereinander 事物交叉摞在一起〉 ‖ ID [谚] *mst* 多用 ***Du kannst mich (mal) k.!*** *gespr!* [粗] verwendet, um voll Ärger e-e Aufforderung, Kritik *o. Ä.* zurückzuweisen 你想得倒好，没门！(表示生气地拒绝请求、批评等)

Kreuz·wort|rät·sel *das*; ein gedrucktes (Rätsel)Spiel, bei dem man (oft in Zeitungen u. Zeitschriften) Wörter erraten muss, die man in ein Muster von Kästchen einträgt. (Manche Wörter muss man von links nach rechts u. andere von oben nach unten einsetzen) 纵横填字字谜游戏〈ein K. machen, lösen, ausfüllen 做、解、填字谜〉

Kreuz·zei·chen *das*; *bes* KATH 尤指【天主】; das Zeichen e-s Kreuzes (3), das man nachmacht, indem man die rechte Hand zur Stirn hin, dann anschließend zur Brust u. zur linken u. rechten Schulter bewegt (*z. B.* wenn man e-e Kirche betritt *o. Ä.*) 画十字符〈das/ein K. machen 画十字〉

Kreuz·zug *der* **1.** *hist*[历]; e-e lange Reise von christlichen Soldaten (*bes* Rittern) u. Pilgern als Teil e-s religiösen Krieges (im Mittelalter) gegen islamische Völker am Mittelmeer 十字军东征 ‖ -K(复合): ***Kinder-*** **2.** ***ein K. (für / gegen etw.)*** e-e große, leidenschaftliche Kampagne für od. gegen etw. (支持/反对…的)大运动: *e-n K. gegen die Pornografie / den Drogenhandel führen* 开展反对黄色出版物、反对毒品交易的运动

krib·be·lig *Adj*(形); *gespr*[口] ≈ nervös: *Das ewige Warten macht mich ganz k.* 长时间的等待弄得我很不耐烦

krib·beln; *kribbelte*, *hat gekribbelt*; *gespr* [口]; [Vi] (不及物) **1.** ***etw. kribbelt*** etw. juckt od. kitzelt (物作主语) 发痒痒: *Meine Haut kribbelt am Rücken* 我背上皮肤痒痒; [Vimp] (无人称) **2.** *mst* 多用 ***Mich / Mir kribbelts*** meine Haut juckt 我皮肤发痒 **3.** ***es kribbelt j-m / j-n irgendwo*** es juckt j-m/j-n in der Nase, auf der Haut, auf dem Rücken *o. Ä.* 某人(鼻孔、皮肤、背上等)痒痒 **4.** ***irgendwo kribbelt u. krabbelt es*** irgendwo läuft e-e große Anzahl von Insekten herum 一大堆昆虫在…攒动 **5.** ***j-m / j-n kribbelt es in den Fingern*** (+ ***zu*** + *Infinitiv* (不定式)) *gespr*[口]; j-d hat große Lust, etw. zu tun 某人手指痒痒(想干某事)

kribb·lig *Adj*(形); ↑ ***kribbelig***

Kri·cket *das*; *-s*; *nur Sg*, SPORT(只用单数)【体】; ein (typisch englisches) Rasenspiel zwischen zwei Mannschaften. Ziel ist es, ein kleines Holzgestell durch Werfen e-s kleinen Balles zu treffen, während der Gegner versucht, den Ball mit e-m Schläger abzuwehren u. e-e Strecke zu laufen (um so Punkte zu gewinnen) 板球

krie·chen; *kroch*, *ist gekrochen*; [Vi] (不及物) **1.** sich auf Händen u. Knien fortbewegen 爬行〈durch ein Loch, ins Zelt, auf allen vieren k. 爬过洞，爬进帐篷，用四肢爬行〉 **2.** sich so fortbewegen, dass der Bauch den Boden berührt 匍匐，(趴着)爬，蠕动〈Menschen, Tiere 人，动物; Schlangen, Schnecken, Krokodile, Raupen *usw* 蛇，蜗牛，鳄鱼，毛虫等〉: *Das Krokodil kroch langsam in die Nähe des Flusses* 鳄鱼慢慢爬近河边 ‖ NB(注意): ↑ ***robben*** **3.** ***irgendwohin k.*** sich an e-n Ort begeben, wo sehr wenig Platz ist od. der Körper von etw. (Schützendem) bedeckt wird 钻入，挤进 ≈ schlüpfen〈unter die Decke, ins Bett, hinter den Ofen, Schrank k. 钻入被窝，钻上床，钻到炉子、衣柜后面〉 **4.** *mst* 多用〈der Verkehr 交通〉 ***kriecht*** die Autos *usw* bewegen sich sehr langsam vorwärts (汽车)徐徐行进，慢慢向前移动 ‖ K-(复合): ***Kriech-, -gang, -tempo*** **5.** (***vor j-m***) ***k.*** *pej* [贬]; sich sehr (übertrieben) demütig benehmen u. so zeigen, dass man alles tut, was ein anderer verlangt (在…面前)卑躬屈膝，低声下气，唯命是从〈vor Vorgesetzten, dem Chef, dem König k. 在上级、老板、国王面前奴颜婢膝〉 **6.** ***e-e kriechende Pflanze*** e-e Pflanze, die am Boden entlangwächst 爬山虎 ‖ *zu* (义项)**5. Krie·cher** *der*; *-s*, *-*; **krie·che·risch** *Adj*(形)

Kriech·spur *die* **1.** e-e Spur auf dem Boden, die entsteht, wenn j-d/ein Tier darüberkriecht (2) 爬行痕迹 **2.** der (Fahr)Streifen, der an manchen Autobahnen *o. Ä.* auf der rechten Seite (*bes* an langen Bergstrecken) für langsame Fahrzeuge reserviert ist 慢行车道

Kriech·tier *das* ≈ Reptil

Krieg *der*; -(*e*)*s*, -*e* **1. ein K.** (**gegen j-n/mit j-m**); **ein K.** (**zwischen** 〈Ländern, Völkern *o.Ä.* 国家,民族等〉) e-e Auseinandersetzung, ein Konflikt über e-n *mst* längeren Zeitraum, bei denen verschiedene Länder od. Teile e-s Landes/Volkes mit Waffen gegeneinander kämpfen 战争↔ Frieden 〈ein blutiger, grausamer, unerklärter, offener, verlorener/aussichtsloser K. 流血的、残酷的、未公开宣告的、公开的、失败的/无希望的战争; ein Land *o.Ä.* rüstet zum/für den K., bereitet e-n K. vor, fängt e-n K. an, führt, beendet, gewinnt, verliert e-n K. 国家等扩军备战,准备战争,开始、进行、结束、赢得、输掉一场战争; irgendwo ist/herrscht K. 在某地笼罩着战火; ein Land erklärt e-m Land den K., befindet sich mit e-m Land im K. 一国向另一国宣战,一国与另一国正处于战争状态; in den K. ziehen, müssen 上战场,得上战场(参军); aus dem K. heimkehren 从战争中返回家园; K. führende Länder 进行战争的各国〉: *e-n K. durch e-n Waffenstillstand unterbrechen, durch e-n Friedensschluss, e-e Kapitulation beenden* 通过停战协议停止战争,通过签订和约、投降结束战争; *Viele Soldaten fallen im K., u. viele Zivilisten kommen im K. um* 许多战士在战争中阵亡,许多平民百姓在战争中死亡 ‖ K-(复合): **Kriegs-, -anfang, -ausbruch, -beginn, -bericht, -ende, -erklärung, -film, -flotte, -folge, -gefangene(r), -gefangenschaft, -gegner, -generation, -gericht, -grab, -hetze, -invalide, -kamerad, -marine, -opfer, -schauplatz, -schiff, -schulden, -teilnehmer, -tote(r), -verbrechen, -verbrecher, -verletzung, -veteran, -wirren, -zustand; krieg-, -führend; kriegs-, -bedingt, -entscheidend, -geschädigt** ‖ -K(复合): **Angriffs-, Bomben-, Eroberungs-, Kolonial-, Stellungs-, Vernichtungs-, Verteidigungs-, Welt-** ‖ NB(注意): ↑ **Kampf 2.** ein (politischer od. persönlicher) Kampf mit harten Worten u. bösen Taten 纠纷,争执,冲突,不和: *mit den Nachbarn im K. liegen* 与邻居闹纠纷 ‖ -K(复合): **Nerven-, Privat- 3. der Kalte K.** *hist*[历]; e-e Situation, in der zwei unterschiedliche (ideologische) Machtblöcke (*bes* der NATO u. der ehemaligen Sowjetunion) mit K. (1) drohten u. wenig verhandelten, aber nicht mit Waffen gegeneinander kämpften 冷战 **4. ein Heiliger/heiliger K.** ein K. (1) aus religiösen Motiven 圣战 ‖ ID[谚] **in ständigem/im K. mit j-m leben** ständig Streit mit j-m haben 与某人不和,常闹纠纷; **j-m/etw. den K. erklären** beginnen, j-n/etw. offen zu bekämpfen 向某人/某事宣战 ‖ ▶ **bekriegen**

krie·gen; *kriegte, hat gekriegt*; [Vt](及物) **etw. k.** *gespr* [口] ≈ bekommen[1]: *Hat die Polizei den Einbrecher (zu fassen) gekriegt?* 警察把窃贼抓住了吗?; *Ich kriege noch dreißig Euro von dir* 我从你那里还得要 30 欧元(你还要给我 30 欧元); *Wenn er so weitermacht, kriegt er noch e-e Ohrfeige* 他要再这样干下去,就得挨耳光 ‖ NB(注意): kein Passiv! (不用被动语态!) ‖ ID[谚] **sich nicht mehr k.** 〈vor Lachen, Staunen 由于笑、惊讶〉 *gespr*[口]; laut u. lange lachen, sehr staunen (müssen) 笑得不亦乐乎; 吓得魂不附体; **zu viel k.** *gespr* [口]; sich ärgern, aufregen (müssen) 生气,恼火,反感; *mst* 多用 **Das kriegen wir schon wieder** (**hin**) *gespr*[口]; verwendet, um auszudrücken, dass man etw. (Störendes, Kaputtes *o.Ä.*) wieder in Ordnung bringen wird 这事我们会办妥的

Krie·ger *der*; -*s*, - **1.** *hist*[历]; ein Mann, der als Mitglied seines Volkes (*z.B.* bei den Germanen od. Indianern) Waffen trug 勇士,武士,兵,卒 **2.** *veraltend* [渐旧]; ein Kämpfer im Krieg 武夫,武人,士兵≈ Soldat ‖ K-(复合): **Krieger-, -denkmal, -grab, -witwe 3. ein kalter K.** POL【政】; ein Politiker, der die Methoden des Kalten Krieges (3) unterstützt 搞冷战的政客 **4. ein müder K.** *gespr hum* [口][诙]; ein Junge od. ein Mann, der schon nach kurzer Zeit (beim Spiel od. Sport) matt u. erschöpft ist(在运动比赛中)没有斗志的人,一上场就无精打采的人 ‖ *hierzu* (派生) **Krie·ge·rin** *die*; -, -*nen*

krie·ge·risch *Adj*(形) **1.** 〈ein Volk 人民〉 so (aggressiv), dass es oft u. gern kämpft 好战的,好斗的 ↔ friedlich **2.** in der Form e-s Krieges 战争的,军事的 ≈ militärisch ↔ friedlich 〈Aktionen, Auseinandersetzungen, Konflikte 行动,争论,冲突〉

Krieg·füh·rung *die*; *nur Sg*(只用单数) **1.** die Methode, nach der ein Krieg organisiert wird 打仗,作战,交战(方法) 〈die Strategie der K. 作战战略; die moderne K. 现代作战方法〉 **2. psychologische K.** das Beeinflussen anderer Menschen mit (aggressiven) psychologischen Mitteln (in Zeiten e-s Krieges), um so ein bestimmtes Ziel zu erreichen 心理战 ‖ NB(注意): ↑ **Manipulation**

Kriegs·beil *das*; *hist*[历]; e-e Art Axt, die Indianer zum Kämpfen benutzten (印第安人用的)战斗短斧≈ Tomahawk ‖ ID[谚] **das K. ausgraben/begraben** *gespr hum*[口][诙]; e-n Streit beginnen/beenden 开战(开始争吵)/休战(结束争吵)

Kriegs·be·ma·lung *die*; *hist* [历]; Muster u. Farben, die sich *bes* Indianer vor e-m Kampf auf das Gesicht u. den Körper malten (印第安人开战前涂在脸上、身上的)战争彩色花纹或图形,战争文身〈die K. anlegen 涂战争彩纹; K. tragen 涂着战争彩纹〉 ‖ ID[谚] **in (voller) K.** *gespr hum*[口][诙]; (stark) geschminkt 浓妆艳抹

Kriegs|be·richt·er·stat·ter *der*; ein Reporter, der sich dort aufhält, wo in e-m Krieg gekämpft wird, u. der von dort berichtet 战地记者 ‖ *hierzu* (派生) **Kriegs|be·richt·er-**

stat·te·rin *die*

kriegs.be.schä.digt *Adj*(形); *nicht adv*(不作状语); mit e-m gesundheitlichen Schaden (*z.B.* e-r Krankheit, e-r Amputation), den der Betroffene im Krieg erlitten hat u. der nie vollständig behoben werden konnte 战争中受伤(残)的 ‖ *hierzu* (派生) **Kriegs·be·schä·dig·te** *der/die*; *-n*, *-n*

Kriegs.dienst *der* 1. die Aufgaben, die der Soldat im Krieg erfüllt 兵役 2. *gespr*[口] ≈ Militärdienst, Wehrdienst ‖ K-(复合): ***Kriegsdienst-***, ***-verweigerer***, ***-verweigerung***

Kriegs.fuß *der*; *nur in* 只用于 1. ***mit j-m auf (dem) K. stehen/leben*** *hum*[诙]; mit j-m e-n (lange dauernden) Streit, Konflikt haben 与…常闹矛盾(不和,发生口角) 2. ***mit etw. auf (dem) K. stehen*** *hum*[诙]; immer wieder Fehler im Umgang mit etw. machen 在…方面总出差错: *mit der Technik, mit den Kommaregeln auf K. stehen* 在技术上、逗号规则上总出错

Kriegs.ge.winn.ler *der*; *-s*, *-*; *pej*[贬]; j-d, der (*z.B.* durch den Verkauf von Waffen) an e-m Krieg Geld verdient 发战争横财者 ‖ *hierzu* (派生) **Kriegs·ge·winn·le·rin** *die*; *-*, *-nen*

Kriegs.grä.ber|für.sor.ge *die*; das Bemühen (*bes* von privaten Organisationen), die Gräber von Soldaten zu finden u. zu pflegen 寻找、修缮阵亡战士墓穴的社会救济活动

Kriegs.list *die*; ein Trick, mit dem man e-n Gegner im Krieg täuschen will 战争策略、计谋、计策

Kriegs.pfad *der*; *mst in* 多用于 ***auf den K. gehen***; ***auf dem K. sein*** *hum*[诙]; Aktionen gegen j-n/etw. planen 策划对…采取行动

Kriegs.rat *der*; *mst in* 多用于〈Personen 人〉 ***halten (e-n) K. (ab)*** *hum*[诙]; mehrere Personen beraten, wie sie in Zukunft (in e-r bestimmten Sache) handeln wollen 开作战会议(商讨如何共同行动的大事)

Kriegs.recht *das*; *nur Sg*(只用单数) 1. allgemein anerkannte Normen (wie *z.B.* bei der Behandlung von Gefangenen), die im Krieg gelten 战争法规〈ein Verstoß gegen das K. 违反战争法规; e-e Verletzung des Kriegsrechts 触犯战争法规〉 2. e-e Änderung der Gesetze innerhalb e-s Staates, die bei Gefahr (*z.B.* während e-s Bürgerkrieges) beschlossen wird 战争法规〈die Regierung verhängt das K. (über ein Land) 政府(对国家)颁布战争法规〉

Kriegs|spiel.zeug *das*; *oft pej*, *Kollekt* 常用[贬](集合); Imitationen von Waffen, Soldaten, Panzern *o.Ä.*, die manche Kinder als Spielzeug bekommen 玩具武器,战争玩具

Kriegs.ver.bre.cher *der*(形); j-d, der gegen das Kriegsrecht (1) verstößt 战犯 ‖ *hierzu* (派生) **Kriegs·ver·bre·cherin** *die*

kriegs.ver.sehrt *Adj*; *nicht adv*(不作状语) ≈ Kriegsbeschädigt ‖ *hierzu*(派生) **Kriegs·ver·sehr·te** *der/die*; *-n*, *-n*

Kri.mi *der*; *-s*, *-s*; *gespr*, *Kurzw*[口](略) ↑ ***Kriminalroman***, ***Kriminalfilm*** od. ***Kriminalgeschichte*** 〈e-n K. lesen, anschauen, ansehen 读惊险(侦探)小说,看惊险电影〉

Kri.mi.nal- *im Subst*, *begrenzt produktiv*(构成名词,构词有限); dadurch bestimmt, dass das Thema Kriminalität behandelt wird 刑事的,惊险的,侦探的…; der ***Kriminalfilm***, die ***Kriminalgeschichte***, der ***Kriminalprozess***, die ***Kriminalpsychologie***, das ***Kriminalrecht***, der ***Kriminalroman***, die ***Kriminalstatistik***

Kri.mi.nal.be.am.te *der*; ein Beamter (bei) der Kriminalpolizei 侦探,刑警 ‖ *hierzu* (派生) **Kri·mi·nal·be·am·tin** *die*

Kri.mi.na.ler *der*; *-s*, *-*; *gespr*[口] ≈ Kriminalbeamte(r)

kri.mi.na.li.sie.ren; *kriminalisierte*, *hat kriminalisiert*; *geschr*[书]; [Vt] (及物) 1. ***etw. kriminalisiert j-n*** etw. bewirkt, dass j-d kriminell wird u. Verbrechen begeht(物作主语)使犯罪: *Durch das Leben in Slums werden Jugendliche kriminalisiert* 贫民窟的生活使年轻人走上了犯罪道路 ‖ NB(注意): *mst* Passiv!(多用被动语态!) 2. ***etw. k.*** etw. so beschreiben, als wäre es ein Verbrechen *o.Ä.* 把…说成是犯罪: *die Abtreibung k.* 把堕胎说成是犯罪 ‖ *hierzu* (派生) **Kri·mi·na·li·sie·rung** *die*; *nur Sg*(只用单数)

Kri.mi.na.list *der*; *-en*, *-en*; ein Polizist (bei der Kriminalpolizei) 刑警,侦探 ≈ Kriminalbeamte(r) ‖ NB(注意): *der Kriminalist*; *den*, *dem*, *des Kriminalisten* ‖ *hierzu*(派生) **Kri·mi·na·lis·tin** *die*; *-*, *-nen*

Kri.mi.na.lis.tik *die*; *-*; *nur Sg*(只用单数); die Wissenschaft, die sich damit beschäftigt, wie man Verbrechen aufklären u. verhindern kann *usw* 犯罪侦查学 ‖ *hierzu* (派生) **kri·mi·na·lis·tisch** *Adj*(形)

Kri.mi.na.li.tät *die*; *-*; *nur Sg*, *Kollekt*(只用单数)(集合) 1. verbrecherische (kriminelle (2)) Aktivitäten 犯罪行为,犯罪活动〈zur K. neigen, in die K. absinken 有犯罪倾向,陷入犯罪泥潭〉 2. alle Verbrechen, die (*z. B.* in e-m Land pro Jahr) passieren 犯罪率,犯罪(总称)〈e-e Stadt *o.Ä.* hat e-e hohe, steigende K. 城市等犯罪率高、呈增长趋势; die K. bekämpfen 与犯罪作斗争〉

Kri.mi.nal.kom.mis.sar *der*; ein Beamter der Polizei, der Verbrechen untersucht 刑警队长 ‖ *hierzu* (派生) **Kri·mi·nal·kom·mis·sa·rin** *die*

Kri.mi.nal.po.li.zei *die*; *Kollekt*(集合); der Teil der Polizei, der die Aufgabe hat, Verbrechen zu untersuchen 刑事警察科,刑警

kri.mi.nell *Adj*(形) 1. bereit, Verbrechen zu begehen 会犯刑事罪的,有犯罪倾向的 ≈ verbrecherisch〈Menschen, Organisationen 人,组织〉 2.〈Handlungen 行为〉so, dass sie ein Verbrechen darstellen 犯罪的,犯法的 ≈ strafbar 3. ***k. werden*** (zum ersten Mal) etw. tun, das als Verbrechen bestraft wird 会犯罪的,会受到惩处的 ≈ straffällig werden 4. *gespr* [口]; 〈ein Leichtsinn, e-e Rücksichtslosigkeit 轻率,毫无顾忌〉so, dass sie zu e-m Unglück führen könnten 会出事的,不负责任的 ≈ unverantwortlich: *Wie er Auto fährt, das ist ja k.!* 他开车的方式真是会出事的! ‖ zu (义项)1. **Kri·mi·nel·le** *der/die*; *-n, -n*

Kri·mi·no·lo·gie *die*; *-*; *nur Sg* (只用单数); die Wissenschaft, die sich mit Verbrechen, ihren Ursachen u. ihrer Bekämpfung beschäftigt 犯罪学 ‖ *hierzu* (派生) **Kri·mi·no·lo·ge** *der*; *-n, -n*; **Kri·mi·no·lo·gin** *die*; *-, -nen*

Krims·krams *der*; *-(es)*; *nur Sg, Kollekt, gespr* (只用单数)(集合)[口]; e-e Menge von verschiedensten (kleinen) Dingen, die wenig Wert haben 一堆废物,一堆不值钱的东西

Krin·gel *der*; *-s, -* 1. ein kleiner, nicht exakt gezeichneter Kreis 小圆圈: *aus Langeweile Kringel an den Heftrand malen* 出于无聊在本子边上画小圆圈 2. e-e Art Keks mit der Form e-s Kringels (1) 圆饼干,圆糕点 ‖ -K(复合): **Schokolade-, Zucker-**

krin·geln; *kringelte, hat gekringelt*; [Vt] (及物) 1. **etw. k.** etw. nach Art e-r Spirale formen 使卷曲: *e-e Haarsträhne um den Finger k.* 将一束头发卷在手指上; [Vr] (反身) 2. **etw. kringelt sich** etw. hat/bekommt die Form von Kringeln (1) (物作主语)卷曲,卷起来 〈j-s Haare 某人的头发〉: *Die Schwänze von Schweinen kringeln sich* 猪尾巴卷了起来 3. **sich k.** (**vor Lachen**) *gespr* [口]; herzhaft, intensiv lachen 捧腹大笑

Kri·po *die*; *-*; *nur Sg, gespr, Kurzw* (只用单数)[口](略) ↑ **Kriminalpolizei**

Krip·pe *die*; *-, -n* 1. ein Gestell, in das man das Futter für Hirsche, Rehe, Pferde *usw* legt 饲料槽,秣槽: *e-e K. mit Heu* 干草(饲料)槽 ‖ -K(复合): **Futter-** 2. ein Modell mit Figuren, e-m Stall u. e-r K. (1), mit dem die Geburt von Jesus Christus dargestellt wird 耶稣诞生的模型: *unter dem Christbaum e-e K. aufstellen* 在圣诞树下设置了一个耶稣诞生的模型 ‖ K-(复合): **Krippen-, -figur** ‖ -K(复合): **Weihnachts-** 3. *gespr, Kurzw* [口](略) ↑ **Kinderkrippe**

Krip·pen·spiel *das*; e-e Art Theaterstück, in dem die Geschichte der Geburt von Jesus Christus dargestellt wird 耶稣诞生戏

Kri·se *die*; *-, -n* 1. e-e schwierige, unsichere od. gefährliche Situation od. Zeit (die vieles ändern kann) 危机,危急时刻,紧急关头 〈e-e finanzielle, politische, wirtschaftliche, seelische K. 金融、政治、经济、精神危机; in e-r K. sein, stecken 处于、陷入危机中; e-e K. durchmachen, überwinden 经历、战胜一场危机〉: *Die enorme Steigerung der Ölpreise führte zu einer wirtschaftlichen K.* 石油价格猛涨导致了经济危机 ‖ -K(复合): **Ehe-; Identitäts-; Energie-, Finanz-, Führungs-, Regierungs-, Wirtschafts-** 2. MED【医】; der Höhepunkt bei e-r schweren Krankheit 危象; MED【医】Krisis ‖ zu (义项)1. **kri·sen·an·fäl·lig** *Adj* (形); *nicht adv* (不作状语); **kri·sen·fest** *Adj* (形); *nicht adv* (不作状语); **kri·sen·si·cher** *Adj* (形); *nicht adv* (不作状语)

kri·seln; *kriselte, hat gekriselt*; [Vimp] (无人称) **irgendwo kriselt es** irgendwo gibt es Spannungen, e-e Krise 在…方面闹危机(关系紧张): *In ihrer Ehe kriselt es schon lange, sie werden sich sicher bald trennen* 他们的婚姻关系紧张由来已久,他们肯定很快要分手了

Kri·sen·ge·biet *das*; e-e Region, in der es politische Konflikte gibt u. in der es zu Kämpfen kommen kann 危机地区,危机策源地 ≈ Krisenherd

Kri·sen·herd *der* ≈ Krisengebiet

Kri·sen·stab *der*; *Kollekt* (集合); e-e Gruppe von Personen (*mst* Experten), die zusammen e-e Lösung für e-e politische, wirtschaftliche *o.Ä.* Krise finden sollen 克服危机的专家班子: *Der Kanzler bildete e-n K.* (= setzte e-n K. zusammen) 总理组建了一个克服危机的专家班子

Kris·tall[1] *der*; *-s, -e*; e-e chemische Substanz in e-r festen Form mit vielen kleinen Flächen, die oft wie helles Glas schimmern 结晶,晶体: *kleine durchsichtige Kristalle aus Eis* 小块透明的晶冰 ‖ -K(复合): **Eis-, Schnee-, Salz-, Zucker-** ‖ *hierzu* 派生 **kris·tall·ar·tig** *Adj* (形); **kris·tal·lisch** *Adj* (形); **Kris·tal·li·sa·ti·on** *die*; *-, -en*; **kris·tal·li·sie·ren** (*hat*) *Vi* (不及物)

Kris·tall[2] *das*; *-s*; *nur Sg* (只用单数) 1. farbloses, *mst* geschliffenes Glas (1) von hoher Qualität 水晶玻璃 ‖ K-(集合): **Kristall-, -glas, -kugel, -lüster, -schale, -vase** 2. *Kollekt* (复合); Gefäße, Leuchter *usw* aus K. (1) 水晶玻璃器皿: *das K. herausholen* 取出水晶玻璃器皿 ‖ zu (义项)1. **kris·tal·le·n·** *Adj* (形); *nur attr, nicht adv* (只作定语,不作状语)

kris·tall·klar *Adj* (形); sehr klar u. sauber 清澈透明的,水晶般透明的 〈ein See, Wasser 湖,水〉

Kris·tall·nacht *die*; *hist euph* [历][婉]; die Nacht vom 9 zum 10 November 1938, in der in Deutschland viele Synagogen u. Geschäfte der Juden zerstört wurden "水晶之夜" (1938 年 11 月 9 日夜里德国许多犹太人教堂和商店被捣毁)

Kri·te·ri·um *das*; *-s, Kri·te·ri·en* [-riən]; **ein K.** (**für etw.**) ein Merkmal, nach dem man e-e Frage entscheidet od. etw. beurteilt 标准,准则,规范 〈Kriterien aufstellen 提出标准〉: *Nach welchen Kriterien entscheidet die Jury?* 评审委员会是根据哪些标准裁决的?

Kri·tik *die*; *-, -en* 1. *nur Sg* (只用单数); **K.** (**an j-m/etw.**) die Beurteilung e-r Person/Sache nach bestimmten Kriterien bzw. die Worte, mit denen diese Beurteilung ausgedrückt wird 批评(意见),评论(看法) 〈harte, konstruktive, negative, sachliche, schonungslose K. 尖锐的、建设性的、消极的、就事论事的、无情的批评; K. äußern, üben, vorbringen 说出、进行、提出批评(意见); keine K. vertragen 受不了批评〉: *Der Reporter übte K. an dem Einsatz der Polizei* 记者批评警方的干

预 ‖ -K（复合）: **Gesellschafts-**, **Regime-**, **Selbst-**, **Text-**, **Zeit-** **2.** **e-e K.**（**von j-m/etw.**）（**über j-n/etw.**）ein Bericht in e-r Zeitung, im Radio *usw*, in dem ein Buch, Film *o.Ä.* beurteilt wird 评,评价,评介,评论（文章）≈ Rezension, Besprechung ⟨e-e gute, schlechte, vernichtende K. 好的、不好的、否定的评价; e-e K. schreiben, verfassen 写、撰写评介⟩: *Über seinen neuen Film konnte man in den Zeitungen nur gute Kritiken lesen* 关于他拍的新电影,人们在报上能读到的只有好评 ‖ -K(复合): **Buch-**, **Film-**, **Kunst-**, **Literatur-**, **Musik-**, **Theater-**; **Zeitungs-** **3.** *nur Sg*, *Kollekt*（只用单数）(集合); die Personen, die Kritiken (2) verfassen 评论界,批评人士≈ Kritiker ⟨bei der K. (nicht) ankommen, von der K. gelobt, verrissen werden(不)受评论界欢迎,得到评论界赞扬,遭到评论界口诛笔伐⟩ ‖ ID[谚] **unter aller/jeder K.** *gespr*[口]; sehr schlecht (in Bezug auf die Leistung) 糟透了,坏极了(指成绩) ‖ *zu*（义项）**1.** u. **2.** **Kri·ti·ker** *der*; *-s*, *-*; **Kri·ti·ke·rin** *die*; *-*, *-nen*

Kri·ti·kas·ter *der*; *-s*, *-*; *geschr pej*[书][贬]; j-d, der gern (u. oft in kleinlicher Weise) Kritik (1) übt 爱吹毛求疵的批评家

kri·tik·los *Adj*(形); *oft pej* 常用[贬]; so, dass der Betreffende die eigene Meinung nicht ausdrückt, keine Kritik (1) äußert 不加批判的 ↔ kritisch ⟨etw. k. akzeptieren, hinnehmen 不加批判地接受、容忍某事⟩

kri·tik·wür·dig *Adj*(形); *nicht adv*(不作状语); ⟨ein Verhalten 行为⟩ so, dass es Grund zur Kritik (1) anbietet 值得批判的,理应批评的

kri·tisch *Adj*（形）**1.** ⟨ein Beobachter, e-e Einschätzung, ein Kommentar, ein Leser 观察家,评估,评论,读者⟩ so, dass sie j-n/etw. genau prüfen u. streng beurteilen 批评性的,评论性的,批判性的 ↔ unkritisch: *j-n/etw. k. prüfen* 严厉地考查某人/某事; *sich k. mit etw. auseinandersetzen* 批判性地深入研究某事 **2.** negativ in der Beurteilung (von j-m/etw.) 指责的,责备的,批评的≈ tadelnd ⟨e-e Äußerung, e-e Bemerkung 表态,看法; j-m k. gegenübertreten 责备某人⟩: *Er äußerte sich k. zu den neuen Beschlüssen der Regierung* 他表态指责政府的新决议 **3.** in Gefahr, sich negativ zu entwickeln od. schlecht zu enden 危急的,紧急的,情况不妙的 ≈ gefährlich, heikel ⟨e-e Lage, e-e Situation, ein Stadium, ein Zeitpunkt 形势,情况,阶段,时刻; an e-m kritischen Punkt anlangen, ankommen 到了紧急关键时刻⟩: *Der Kranke befindet sich in e-m äußerst kritischen Zustand, es ist fraglich, ob er die Nacht überlebt* 这位患者病情非常危急,他是否能够熬过今晚很成问题

kri·ti·sie·ren; *kritisierte*, *hat kritisiert*; [Vt]（及物）**1.** **j-n / etw. k.** Kritik (1) an j-m / etw. äußern 批评: *Sein Verhalten wurde von der Geschäftsleitung scharf/hart kritisiert* 他的行为被经理严厉地/狠狠地批评了 **2.** **j-n/etw. k.** e-e Kritik (2) verfassen 评,评论,评介 ≈ besprechen, rezensieren: *ein Buch k.* 对一本书作评论

krit·teln; *krittelte*, *hat gekrittelt*; [Vi]（不及物）*pej*[贬]; j-n/etw. auf kleinliche Weise kritisieren (1)挑剔,对…吹毛求疵

Krit·ze·lei *die*; *-*, *-en* **1.** *nur Sg*(只用单数); das Kritzeln 涂,乱写,乱画 **2.** etw. Gekritzeltes, das man nur schwer lesen kann 潦草的字迹,涂鸦

krit·zeln; *kritzelte*, *hat gekritzelt*; [Vt/i]（及物/不及物）**1.**（**etw.**）（**irgendwohin**）**k.** etw. so hastig od. mit kleinen Buchstaben schreiben, dass es schwer zu lesen ist 密密麻麻地草草地写: *Schnell kritzelte sie noch e-e Nachricht für ihn auf e-n Zettel* 她很快密密麻麻地往纸条上给他写了一条消息 **2.**（**etw.**）**irgendwohin k.** etw. *z.B.* aus Langeweile od. Nervosität auf e-n Zettel *o.Ä.* zeichnen 往…涂、乱画、乱写: *beim Telefonieren Schnörkel u. Männchen auf ein Papier k.* 打电话时往纸上乱画花饰和小人 ‖ *zu*（义项）**1.** **krit·ze·lig**, **kritz·lig** *Adj*(形)

kroch *Imperfekt*, *1. u. 3. Person Sg*(过去时,第一和第三人称单数); ↑ **kriechen**

Kro·kant *der*; *-(e)s*; *nur Sg*（只用单数）; e-e harte braune Substanz aus Zucker u. Mandeln od. Nüssen（硬脆焦黄的）果仁糖 ‖ K-(复合): **Krokant-**, **-praline**, **-schokolade**

Kro·ket·te *die*; *-*, *-n*; *mst Pl*（多用复数）; e-e kleine Rolle aus paniertem Kartoffelbrei, die in Fett gebacken wurde 油炸土豆丸子

Kro·ko·dil *das*; *-s*, *-e*; ein großes Tier (Reptil), das in manchen warmen Ländern im u. am Wasser lebt. Krokodile haben scharfe Zähne u. e-e sehr harte Haut 鳄鱼 ‖ K-(复合): **Krokodil-**, **-leder**

Kro·ko·dils·trä·nen *die*; *Pl*, *gespr*(复)[口]; Tränen, die Mitgefühl od. Rührung vortäuschen 鳄鱼的眼泪,虚伪的眼泪⟨K. vergießen, weinen 流出、哭出鳄鱼的眼泪⟩

Kro·kus *der*; *-*, *-se*; e-e kleine, *mst* weiße, gelbe od. violette Blume, die im Frühling blüht 藏红花 ‖ ↑ *Abb. unter* 图见 **Blumen**

Kro·ne *die*; *-*, *-n* **1.** ein Schmuck aus Gold u. Edelsteinen, den ein König, e-e Königin *usw* (als Zeichen ihres Amtes) zu besonderen Anlässen auf dem Kopf tragen 王冠,冠冕 ‖ -K(复合): **Kaiser-**, **Königs-** **2.** *nur Sg*(只用单数); das Amt u. die Macht, die ein König bzw. e-e Königin hat 王权,王位⟨j-m wird die K. aufgesetzt 给某人加冕; die K. niederlegen (= abdanken)退位⟩ **3.** die Familie, das Herrscherhaus, die von e-m König, Kaiser *o.Ä.* repräsentiert werden 王室: *Der englischen K. gehören große Reichtümer* 英王室拥有大量财富 ‖ K-(复合): **Kron-**, **-juwelen** **4.** *Kurzw*（略）↑ **Baumkrone** **5.** e-e feste Schicht (*mst* aus Kunststoff od. Edelmetall), die vom Zahnarzt auf den Rest e-s kaputten Zahnes gesetzt wird 齿冠 ‖ -K(复合): **Gold-**, **Porzellan-**; **Zahn-** **6.** *nur Sg*(只用单数); e-e Person od. Sache, die perfekt ist 完美的造物,完人,顶峰≈ Krönung, Vollendung: *Der Mensch wird oft die K. der Schöpfung genannt* 人常被称作万物之灵 **7.** die Währung *bes* der skandinavischen Länder 克朗(斯堪的纳维亚诸国货币单位) ‖ ID[谚] **etw.** (*Dat* 三格) **die K. aufsetzen** *gespr*[口]; etw. Unverschämtes *mst* durch e-e freche, gemeine od. unverschämte Tat noch schlimmer machen, als es schon war 使某事达到无以复加的地步; **einen in der K. haben** *gespr*[口]; betrunken sein 喝醉

krö·nen; *krönte, hat gekrönt*; [Vt](及物) **1. j-n** (**zu etw.**) **k.** j-n zum König *o.Ä.* machen u. ihm dabei die Krone (1) aufsetzen 为…加冕,立…为王: *Karl der Große wurde im Jahre 800 zum Kaiser gekrönt* 卡尔大帝是在800年加冕称帝的 ‖ NB(注意): *mst* im Passiv! (多用被动语态!) **2. etw. krönt etw.** etw. ist der Höhepunkt e-r Sache(物作主语)使达到高潮(顶峰)〈der krönende Abschluss e-r Arbeit, e-s Festes 工作、庆典圆满结束〉 **3. etw. mit etw. k.** e-e gute Leistung (durch e-e sehr gute Leistung) noch besser machen 使锦上添花,使更加完美: *die berufliche Laufbahn durch e-n großen Erfolg k.* 因某巨大成就使职业生涯增光添彩 ‖ ID[谚] **etw. ist von Erfolg gekrönt** etw. hat großen Erfolg 某事卓有成效(成绩斐然)〈j-s Bemühungen, ein Plan 某人的努力,计划〉 ‖ *hierzu*(派生) **Krö·nung** *die*

Kro·nen·kor·ken, Kron·kor·ken *der*; ein kleiner Deckel (mit Zacken) aus Metall, mit dem *bes* Bierflaschen verschlossen werden (指啤酒一类的)瓶盖

Kron·leuch·ter *der*; ein großer Leuchter mit mehreren Lampen, der an der Decke e-s Zimmers frei herabhängt u. oft reich verziert ist 枝状吊灯

Kron·prinz *der* **1.** der Sohn od. Enkel e-s Kaisers, Königs *o.Ä.*, der der nächste Kaiser od. König werden soll 王储,王太子 ≈ Thronfolger **2.** der wahrscheinliche Nachfolger in e-m leitenden Amt(领导岗位的)继承人,接班人: *Er gilt als K. des Parteivorsitzenden* 他适合当党主席的接班人 ‖ *zu* (义项) **1. Kron·prin·zes·sin** *die*

Kron·zeu·ge *der*; j-d, der für ein Verbrechen, an dem er selbst beteiligt war, nicht od. nur wenig bestraft wird, weil durch seine Aussage in e-m Prozess andere Verbrecher verurteilt werden können (揭发同案犯的)主要证人 ‖ K-(复合): **Kronzeugen-, -regelung** ‖ *hierzu* (派生) **Kron·zeu·gin** *die*

Kropf *der*; -(*e*)*s*, *Kröp·fe* **1.** e-e dicke Stelle am Hals, die j-d bekommt, wenn seine Schilddrüse zu groß wird 甲状腺肿,腺病〈e-n K. bekommen, haben, operieren lassen 得了、有甲状腺肿,给甲状腺肿动手术〉 **2.** e-e Art Beutel in der Speiseröhre, in den viele Vögel das Futter aufnehmen u. für die Verdauung aufbereiten, bis sie *z.B.* ihre Jungen damit füttern können (鸟的)嗉子,嗉囊 ‖ ID[谚] **überflüssig/unnötig wie ein K.** *gespr* [口]; vollkommen überflüssig 完全是多余的,完全没必要

Kropp·zeug *das*; *nur Sg*, *Kollekt*, *gespr pej* (只用单数)(集合)[口][贬] **1.** ≈ Gesindel **2.** ≈ Kram, Plunder

kross, *krosser*, *krossest-*; *Adj*(形); *nordd* [北德] ≈ knusprig

Krö·sus *der*; *-ses*, *-se*; *gespr hum*[口][诙]; j-d, der sehr reich ist 大富翁,阔佬,大款〈kein K. sein 不是大款〉

Krö·te *die*; *-*, *-n* **1.** ein Tier, das e-m großen Frosch ähnelt, *mst* an Land lebt, aber ins Wasser geht, um seinen Laich abzulegen 蛤蟆,蟾蜍 **2.** *nur Pl*, *gespr*(只用复数)[口]; Geld (in geringer Menge)(少量的)钱〈ein paar, die letzten Kröten 几个小钱,最后几个子儿〉

Krü·cke *die*; *-*, *-n* **1.** ein Stock mit e-m Griff (für die Hand) u. e-m Teil, der unter den Arm passt, für j-n, der Schwierigkeiten beim Gehen hat 拐杖〈an Krücken gehen 撑拐杖走路; e-e K. brauchen 要一根拐杖〉 **2.** der gebogene Griff an e-m einfachen (Geh-)Stock od. Schirm 拐杖柄,伞柄 ‖ K-(复合): **Krück-, -stock**

krud, kru·de, *kruder*, *krudest-*; *Adj* (形); *geschr*[书] ≈ grob, rüde〈e-e Ausdrucksweise, ein Benehmen 表达方式,举止〉

Krug *der*; *-(e)s*, *Krü·ge* **1.** ein Gefäß aus Glas, Porzellan *o.Ä.* für Flüssigkeiten mit einem od. zwei Henkeln 大杯,壶,罐〈ein irdener, gläserner K. 陶制罐,玻璃壶〉: *Bier aus e-m K. trinken* 用大杯喝啤酒 ‖ -K(复合): **Bier-, Wein-; Glas-, Ton-, Zinn-; Mass- 2. ein K.** + *Subst* (名词) die Menge Flüssigkeit, die in e-n K. (1) passt(作量词)壶,杯,罐: *e-n K. Wein bestellen* 订一壶葡萄酒 **3.** *bes nordd veraltend* 尤指[北德][渐旧] ≈ Gaststätte, Schenke ‖ -K(复合): **Dorf-**

Kru·me *die*; *-*, *-n* **1.** *mst Sg*(多用单数); die oberste Schicht Erde 地表,表土,(耕地)表层 ‖ -K(复合): **Acker-, Boden- 2.** *mst Pl*, *geschr* (多用复数)[书] ≈ Krümel ‖ -K(复合): **Brot-**

Krü·mel *der*; *-s*, *-*; ein sehr kleines Stück (*bes* vom Brot, vom Kuchen, vom Tabak) 碎屑(面包屑,糕点屑,烟草屑) ‖ ↑ *Abb. unter* 图见 **Stück** ‖ -K(复合): **Brot-, Kuchen-, Tabak-**

krü·me·lig *Adj*(形); 〈die Erde, das Brot, der Kuchen 泥,面包,点心〉 so, dass sie leicht in Krümel zerfallen od. Krümel bilden 易成碎屑的,成屑粒状的

krü·meln; *krümelte*, *hat gekrümelt*; [Vi](不及物) **1. etw. krümelt** etw. zerfällt in Krümel (物作主语)碎了,碎成粉屑,变成碎屑: *Der Kuchen krümelt* 点心碎了 **2.** so essen, dass dabei viele Krümel herunterfallen 吃得乱掉碎屑

krüm·lig *Adj*(形); ↑ **krümelig**

krumm, *krummer/krümmer*, *krummst-/krümmst-*; *Adj*(形) **1.** (in Bezug auf etw. mit länglicher Form) so, dass es bogenförmige Abweichungen hat 弯的,弯曲的 ↔ gerade〈schief u. k. 歪歪扭扭地; k. u. bucklig 弯腰曲背的,窝腰的; k. sitzen 罗锅着腰坐着〉: *krumme Beine haben* 是罗圈腿; *Die*

Katze macht e-n krummen Buckel 猫躬着背; *Ohne Lineal wird die Linie k.* 不用尺,线不直 || ↑ *Abb. unter* 图见 **Eigenschaften** || K-(复合): **Krumm-**, **-bein**, **-säbel**, **-schwert** **2.** *nur attr, nicht adv, gespr*(只作定语,不作状语)[口]; nicht ehrlich 不正当的,有欺诈的 ≈ betrügerisch ⟨ein Geschäft 买卖; ein krummes Ding drehen 干肮脏勾当; auf die krumme Tour 以不正当的手段⟩ || *zu*(义项)**1.** **krumm·bei·nig** *Adj*(形); *nicht adv*(不作状语)

krüm·men; *krümmte, hat gekrümmt*; **Vt**(及物)**1.** **etw. k.** etw. Gerades krumm machen 使弯曲,弯 ≈ biegen: *den Finger um den Abzug k.* 用指头扣扳机; *den Rücken k.* 弯背; **Vr**(反身)**2.** **etw. krümmt sich** etw. ist/wird krumm(物作主语)弯曲,变弯,曲折,不平,不直 ⟨e-e Linie, e-e Fläche 线条,平面⟩: *etw. hat e-e gekrümmte Oberfläche* 某物表面曲折不平(有一曲面)**3.** **sich** (**vor etw.** (*Dat* 三格)) **k.** den Rücken krumm machen(因…而)弯了腰,把背缩成一团 ≈ sich winden ⟨sich vor Schmerzen k. 痛得直不起腰⟩ **4.** **sich vor Lachen k.** (so) heftig lachen (dass man dabei nicht mehr gerade sitzen od. stehen kann) 笑得弯了腰 **5.** **etw. krümmt sich** etw. verläuft in (vielen) Kurven(物作主语)蜿蜒曲折,弯弯曲曲,拐弯抹角⟨ein Fluss, e-e Straße 河流,街道⟩ **6.** **ein Tier krümmt sich** ein Tier windet sich 动物蜷缩着 ⟨e-e Schlange, ein Wurm 蛇,蠕虫⟩

krumm·la·chen, sich; *lachte sich krumm, hat sich krummgelacht*; **Vr**(反身)**sich k.** *gespr*[口]; sehr heftig lachen 笑弯了腰,笑得直不起腰 ⟨sich krumm- und schieflachen 笑弯了腰,笑得前仰后合⟩

krumm·le·gen, sich; *legte sich krumm, hat sich krummgelegt*; **Vr**(反身)**sich** (**für j-n/etw.**) **k.** *gespr*[口]; (e-e Zeit lang) sehr sparsam sein, sich sehr einschränken, um etw. finanzieren zu können(为…)省吃俭用: *Sie mussten sich k., um allen Kindern ein Studium zu ermöglichen* 他们省吃俭用为了让孩子都能上大学

krumm·neh·men; *nimmt krumm*; *nahm krumm, hat krummgenommen*; **Vt**(及物)(**j-m**) **etw. k.** *gespr*[口]; sich über j-s Verhalten ärgern 对…生气、见怪≈ j-m etw. übelnehmen

Krüm·mung *die*; *-, -en*; e-e bogenförmige Abweichung von e-m geraden Verlauf 弯曲,曲线,曲面↔ Gerade ⟨etw. hat e-e K. 某物有一曲线⟩: *die natürliche K. des Rückens* 背的自然曲线; *die K. der Erdoberfläche* 地球表层的曲面

Krup·pe *die*; *-, -n*; der hintere Teil des Rückens e-s Pferdes 马的臀部

Krüp·pel *der*; *-s, -* **1.** *mst pej* 多用[贬]; ein Mensch, dessen Körper nicht wie üblich gewachsen ist, der Missbildungen *o.Ä.* hat 畸形人,发育不正常的人 **2.** ≈ Invalide

krüp·pe·lig, krüpp·lig *Adj*(形); *nicht adv*(不作状语); schief u. krumm gewachsen 生长不正常的,畸形的 ⟨ein Strauch, ein Baum 灌木,树⟩

Krus·te *die*; *-, -n*; e-e harte Schicht auf etw. Weichem 干硬的表皮,痂皮 ⟨e-e harte, knusprige, zähe K. 一层硬的、脆的、坚硬的表皮; die K. e-s Bratens, e-s Brotes 烤肉皮,面包皮⟩: *Auf der Wunde hat sich e-e K. aus geronnenem Blut gebildet* 伤口的凝血结了一块痂皮 || -K(复合): **Blut-**, **Brot-**, **Haut-**

Krus·ten·tier *das*; ein Tier mit e-r harten Schale, wie *z.B.* ein Krebs 甲壳动物

Kru·zi·fix, Kru·zi·fix *das*; *-es, -e* **1.** e-e Darstellung od. Nachbildung des Kreuzes, an dem Jesus Christus gestorben ist 耶稣钉在十字架上的受难像 **2.** **K.!** *gespr!*[粗] verwendet als Fluch 该死!你死去吧!

Kryp·ta *die*; *-, Kryp·ten*; e-e Art Keller in e-r alten Kirche, in dem *mst* die Särge wichtiger Personen stehen 教堂地下停棺室

Kto. *Abk für* 缩写,全称为 Konto

Kü·bel *der*; *-s, -* **1.** ein (größeres) rundes, weites Gefäß mit einem od. zwei Henkeln 大口圆桶,盆 || K-(复合): **Kübel-**, **-pflanze** || -K(复合): **Blumen-**, **Sekt-** **2.** *südd* Ⓐ[南德][奥]≈ Eimer

Ku·bik, Ku·bik *ohne Artikel, Pl, gespr*(不带冠词,复数)[口]; (*Abk. für* 缩写,全称为 Kubikzentimeter) verwendet, um die Größe des Hubraums e-s Fahrzeugs anzugeben(表示机动车汽缸工作容积)立方厘米: *ein Motorrad mit 500 K.* 汽缸工作容积为 500 立方厘米的摩托车

Ku·bik·me·ter, Ku·bik·me·ter *der*; e-e Einheit, mit der das Volumen von etw. gemessen wird. Ein K. ist 1 Meter hoch, 1 Meter lang u. 1 Meter breit(容积单位)立方米; MATH【数】m^3

Ku·bik·wur·zel, Ku·bik·wur·zel *die*; MATH【数】; die dritte Wurzel (5) e-r Zahl 立方根: *Die K. aus 27 ist drei* ($\sqrt[3]{27} = 3$) 27 的立方根是 3

Ku·bik·zahl, Ku·bik·zahl *die*; MATH【数】; e-e Zahl mit e-r hochgestellten 3 立方数,三乘方,三次幂: *Die Zahl 8 lässt sich als K. von 2 darstellen* ($8 = 2^3$) 8 可以作 2 的三次乘方

Ku·bik·zen·ti·me·ter, Ku·bik·zen·ti·me·ter *der*; e-e Einheit, mit der das Volumen von etw. gemessen wird. Ein K. ist 1 Zentimeter hoch, 1 Zentimeter lang u. 1 Zentimeter breit 立方厘米,立方公分; MATH【数】cm^3

ku·bisch *Adj*(形) **1.** GEOM【几】≈ würfelförmig ⟨ein Körper 体⟩ **2.** *nicht adv*, MATH(不作状语)【数】; ⟨ein Ausdruck, e-e Gleichung 式,方程⟩ so, dass dabei eine Zahl Kubikzahl ist 三次幂的,三乘方的,立方的

Ku·bis·mus *der*; *-*; *nur Sg*(只用单数); ein Stil der modernen Kunst, bei dem natürliche Dinge in geometrischen Formen dargestellt werden 立体派,立体主义 || *hierzu*(派生)**ku·bis·tisch** *Adj*(形)

Ku·bus *der*; *-, Ku·ben*; MATH【数】≈ Würfel

Kü·che *die*; *-, -n* **1.** ein Raum, der so eingerichtet ist (mit Herd, Kühlschrank *usw*), dass man dort *bes* kocht, bäckt od. Speisen zubereitet 厨房: *e-e Wohnung mit K. u. Bad* 带厨房和浴室的住房; *e-e K.*, *die*

groß genug ist, um darin zu essen 一间足以在里面用餐的厨房 ‖ K-(复合): **Küchen-, -büffet, -einrichtung, -fenster, -gerät, -handtuch, -schrank, -schürze, -stuhl, -tisch, -waage** ‖ -K(复合): **Groß-, Hotel-, Kantinen-; Wohn-** 2. *Kollekt* (集合); die Möbel, mit denen e-e K. (1) eingerichtet ist 厨房设备: *e-e neue K. kaufen* 买了一套新的厨房设备 ‖ -K(复合): **Bauern-, Einbau-** 3. e-e bestimmte Art, *bes* das Essen zu kochen 烹调方法、烹饪技术 ⟨die französische, gutbürgerliche, italienische *usw* K. 法国的、丰盛实惠的、意大利等的烹调法; e-e gute/vorzügliche, e-e schlechte/miserable K. 好的/一流的、差的/拙劣的烹饪法⟩ **4.** *nur Sg, Kollekt* (只用单数)(集合); die Personen, die in der K. (1) e-s Hotels, Restaurants *usw* arbeiten 厨房工作人员 ‖ K-(复合): **Küchen-, -hilfe, -personal** **5. kalte / warme K.** kaltes/warmes Essen 冷/热菜: *ein Lokal mit durchgehend warmer K.* 全天供应热饭菜的店铺

Die deutsche Küche 德国餐

Ein normales deutsches Gericht besteht meist aus Fleisch oder Fisch, einer Beilage wie Kartoffeln, Reis oder Nudeln und Gemüse. Das Ganze wird auf einem Teller serviert, dazu gibt es manchmal noch einen Salat. Nur zu besonderen Gelegenheiten beinhaltet das Essen mehrere Gänge.

Eine besondere Stellung nimmt gekochtes Fleisch mit Soße ein. Typische Gerichte sind der **Schweinebraten** und der **Rinderbraten**. Ein anderer wichtiger Bestandteil der deutschen Kost sind die **Würstchen** in ihren verschiedenen Varianten.

In den Küstenregionen Deutschlands an der Nord- und Ostsee spielt Fisch eine wichtige Rolle. Im übrigen Deutschland isst man relativ wenig Fisch, hier werden Süßwasserfische wie Forelle oder Karpfen bevorzugt.

Traditionelle Beilage in Deutschland ist die Kartoffel. Sie wird unter anderem in Form von Salzkartoffeln, Bratkartoffeln, Pommes frites, Kartoffelbrei oder **Knödeln** zubereitet.

Ein typisch deutsches Gemüse sind die verschiedenen Kohlarten, wie den Rotkohl (auch Blaukraut genannt), der Grünkohl, der Wirsing oder das **Sauerkraut** (in Streifen geschnittenes Weißkraut, das mit Salz haltbar gemacht wurde).

Eine Besonderheit sind auch die verschiedenen Süßspeisen, die als vollständige Mahlzeit gelten. Beliebte Süßspeisen sind zum Beispiel Dampfnudeln, Pfannkuchen oder süße Aufläufe.

普通德国饭食多半是肉或鱼,配上土豆、米饭或面条和蔬菜。全部放在一个盘子里,有时还加上一份沙拉。只有在特殊情况下吃饭才有几道菜。

熟肉配调味汁居食谱之首。典型的菜是**烤猪肉**和**烤牛肉**。另外一种重要的德国饭食是各种各样的**香肠**。

在德国北海和波罗的海的海滨地区以食鱼为主。在德国其他地区人们食鱼相对较少,以食鳟鱼或鲤鱼等淡水鱼为首选。

德国传统的搭配食品是土豆,其中有盐水煮土豆,烤土豆,炸土豆条,土豆泥或**土豆团子**。

具有德国特色的蔬菜是各种结球甘蓝,如红甘蓝(也叫紫叶甘蓝),羽衣甘蓝,皱叶甘蓝或**酸菜**(圆白菜切成丝,腌制而成)。

还有品种多样的甜食作为全套餐点的一部分,独具一格。爱吃的甜食有德式馒头,煎饼或烘烤甜饼。

Ku·chen *der*; *-s, -* **1.** ein relativ großes, süßes Gebäck 糕点,蛋糕,烤点心 ⟨e-n K. backen, machen, anschneiden 烤、制作、切蛋糕; ein Stück K. abschneiden, essen 切、吃一块蛋糕; j-n zu Kaffee u. K. einladen 请某人喝咖啡、吃点心⟩: *Zum Geburtstag gibt es e-n verzierten K. mit Kerzen* 为祝贺生日买一块精美的蛋糕,上面插上蜡烛 ‖ K-(复合): **Kuchen-, -blech, -form, -gabel, -krümel, -teig, -teller** ‖ -K(复合): **Apfel-, Erdbeer-, Mohn-, Nuss-, Obst-, Rhabarber-, Rosinen-, Schokoladen-** *usw*; **Napf-; Biskuit-, Hefe-, Mürbeteig-, Rühr-** **2 Kuchen backen** (als Kind) im Sandkasten Sand in (Plastik)Formen pressen u. diese umstürzen, sodass der Sand e-e bestimmte Form annimmt (在沙箱玩)烤蛋糕(游戏)

Kü·chen·be·nut·zung *die*; *mst in* 多用于 **ein Zimmer mit K.** ein Zimmer, bei dem man j-s Küche mitbenutzen kann, wenn man es mietet(租)一间房,可共用厨房

Kü·chen·chef *der*; (in e-m Restaurant) der Koch, der die Arbeit in der Küche leitet 厨师领班,主管厨师,厨师长 ‖ *hierzu* (派生) **kü·chen·che·fin** *die*

Kü·chen·fee *die*; *gespr hum* [口][诙] ≈ Köchin

Kü·chen·kraut *das*; e-e Pflanze, mit der man Essen würzt 调味香菜

Kü·chen·ma·schi·ne *die*; ein elektrisches Gerät (mit e-m Behälter), das Teig rühren, Gemüse *o. Ä.* zerkleinern, Sahne (steif) schlagen *usw* kann 厨房电器

Kü·chen·pa·pier *das*; weiches Papier, das man in der Küche zum Aufwischen *o. Ä.* benutzt 厨房纸巾

Kü·chen·rol·le *die*; e-e Rolle Küchenpapier 纸巾卷筒

Kü·chen·scha·be *die* ≈ Kakerlak

Kü·chen·zei·le *die*; *Kollekt* (集合); Schränke u. Geräte, die in der Küche nebeneinander an e-r Wand stehen 整体厨房

Kü·chen·zet·tel *der* ≈ Speiseplan ⟨etw. steht auf dem K. 某物在菜单上写着⟩

Ku·ckuck *der*; *-s, -e* **1.** ein Vogel, der seine Eier in fremde Nester legt u. von anderen Vögeln (aus)brüten lässt 布谷鸟,杜鹃 ⟨der K. ruft 布谷鸟叫⟩ ‖ K-(复合): **Kuckucks-, -ruf** **2.** *hum* [诙]; ein Zeichen, das (vom Gerichtsvollzieher) auf gepfändete

K

Gegenstände geklebt wird(法警贴在扣押财物上的)封条,封印〈da klebt der K. drauf 上面贴着封条〉‖ ID [谚] *mst* 多用 ***weiß der K.!*** *gespr* [口]; das weiß niemand 这没有人知道!; ***zum K. (nochmal)!/hols, hol dich der K.!/der K. soll dich holen!*** *gespr* [口]; verwendet als Fluch(用作咒骂语)去你的!见鬼去吧!该死的!; ***j-n zum K. wünschen*** j-n verfluchen 咒骂、诅咒某人

Ku̲.ckucks.ei *das*; *mst in* 多用于 ***j-m ein K. ins Nest legen*** etw. tun, das j-m schadet (ohne dass dieser es gleich merkt) 偷偷地嫁祸于人,做损人的事

Ku̲.ckucks.uhr *die*; e-e (Wand)Uhr, bei der ein kleiner Vogel (aus Holz) jede halbe u./od. volle Stunde erscheint u. die Zeit so angibt, dass der Ruf des Kuckucks imitiert wird 布谷鸟挂钟(每半小时或一小时模仿布谷鸟报时一次)

Ku̲d.del.mu̲d.del *der/das*; *-s*; *nur Sg* (只用单数); *gespr* [口] ≈ Durcheinander

Ku̲.fe *die*; *-, -n*; der schmale, lange Teil, auf dem Schlitten od. Schlittschuhe über Schnee od. Eis gleiten 滑橇,冰刀,滑板 ‖ ↑ *Abb. unter* 图见 ***Schlitten***

Ku̲.gel *die*; *-, -n* **1.** ein runder, *mst* relativ kleiner Körper, der leicht rollt (u. im Gegensatz zu e-m Ball nicht elastisch ist) 球,球体〈e-e K. rollt 球体滚动〉: *Murmeln sind kleine bunte Kugeln aus Glas, mit denen Kinder spielen* 弹子是小孩玩的彩色玻璃小球 ‖ K-(复合): ***kugel-, -rund*** ‖ -K(复合): ***Eisen-, Glas-, Holz-, Plastik-, Stahl-*** *usw* **2.** e-e schwere K. (1) aus Metall, die man *z.B.* im Sport (beim Kugelstoßen) schleudert od. beim Kegeln rollt 铅球,保龄球〈die K. schieben 推铅球〉 **3.** ein kleiner, *mst* runder Gegenstand aus Metall, den man mit e-m Gewehr, e-r Pistole *o.Ä.* (ab)schießt 子弹 ≈ Geschoss, Projektil〈von e-r K. getroffen, durchbohrt, gestreift, verfehlt werden 被子弹击中、穿透、擦伤、未被击中; j-m/sich e-e K. in/durch den Kopf schießen, jagen 开枪打死某人/自己,朝某人/自己头上开枪〉‖ K-(复合): ***Kugel-, -hagel*** ‖ -K(复合): ***Gewehr-, Pistolen-, Schrot-*** ‖ ID [谚] ***e-e ruhige K. schieben*** *gespr* [口]; sich bei der Arbeit nicht anstrengen (müssen) 悠着干活,干活不卖力 ‖ *zu* (义项) **1. ku̲.gel.för.mig** *Adj* (形); *nicht adv* (不作状语); **ku̲.ge.lig** *Adj* (形); *nicht adv* (不作状语)

ku̲.gel.fest *Adj* (形); *nicht adv* (不作状语); so, dass niemand hindurchschießen kann 子弹穿不透的,防弹的 ≈ kugelsicher〈Glas, e-e Weste 玻璃,背心〉

Ku̲.gel.la.ger *das*; der Teil in e-r Maschine, e-m Fahrzeug *o.Ä.*, in dem kleine (Stahl-)Kugeln die Reibung verringern 滚珠轴承

ku̲.geln; *kugelte, hat/ist gekugelt*; [Vt] (及物) (*hat*) **1. *etw. irgendwohin k.*** *mst* e-n Ball, Murmeln *o.Ä.* in e-e bestimmte Richtung rollen lassen 把…朝某方向弹出、滚动; [Vi] (不及物) (*ist*) **2. *etw. kugelt irgendwohin*** etw. bewegt sich wie e-e Kugel (1,2) auf dem Boden (物作主语) 朝…方向滚动 ≈ etw. rollt: *Der Ball kugelte auf die Straße* 球朝街上滚去; [Vr] (反身) (*hat*) **3. *sich k.*** hinfallen u. sich hin u. her bewegen 打滚,滚动,滚来滚去 ≈ sich wälzen: *Die Kinder rauften u. kugelten sich am Boden* 孩子在地上滚来滚去扭打在一起 ‖ ID [谚] ***sich k. vor Lachen*** (*hat*) heftig lachen 笑得前仰后合

Ku̲.gel.schrei.ber *der*; ein Stift zum Schreiben mit e-r Mine, die Farbe enthält 圆珠笔

ku̲.gel.si.cher *Adj* (形); *nicht adv* (不作状语) ≈ kugelfest

Ku̲.gel.sto.ßen *das*; *-s*; *nur Sg* (只用单数); e-e Sportart (der Leichtathletik), bei der man e-e schwere Kugel möglichst weit wirft (stößt) 推铅球 ‖ *hierzu* (派生) **Ku̲.gel.sto.ßer** *der*; *-s, -*; **Ku̲.gel.sto.ße.rin** *die*; *-, -nen*; **ku̲.gel.sto.ßen** *Vi* (不及物); *nur im Infinitiv* (只用不定式)!

Kuh *die*; *-, Kü̲.he* **1.** ein weibliches Rind (das schon ein Kalb gehabt hat) 母牛,奶牛 ↔ Ochse, Stier〈die K. gibt Milch, kalbt 奶牛下奶,母牛产犊; e-e K. melken 挤牛奶〉‖ K-(复合): ***Kuh-, -euter, -milch*** ‖ -K: ***Milch-*** **2.** *gespr* [口]; verwendet als Bezeichnung für ein (Haus) Rind allgemein (家养)牛〈die K. muht, käut wieder 牛哞哞叫、再咀嚼(反刍)〉‖ K-(复合): ***Kuh-, -fladen, -glocke, -hirt, -mist, -stall*** **3.** das weibliche Tier bei manchen Tierarten 母兽,母畜 ‖ -K(复合): ***Elefanten-, Hirsch-*** **4.** *gespr pej* [口][贬]; verwendet als Schimpfwort für e-e Frau, über die man sich ärgert (咒骂女人用语) 蠢妇〈(e-e) blöde K. 真是个蠢货!〉 **5. *e-e heilige K.*** *gespr* [口]; etw., das nicht kritisiert od. verändert werden darf 神圣不可侵犯的事

Ku̲h.dorf *das*; *gespr pej* [口][贬]; ein kleines (langweiliges) Dorf 偏僻小村,穷乡僻壤

Ku̲h.haut *die*; *mst in* 多用于 ***Das geht auf keine K.!*** *gespr* [口]; das geht zu weit, das ist unerträglich! 这太过分了!这不像话!

kü̲hl *Adj* (形) **1.** mit/von relativ niedriger Temperatur, aber nicht richtig kalt 凉的,清凉的,凉爽的,凉快的 ≈ frisch ↔ warm: *Im September sind die Nächte oft schon k.* 九月份的夜里经常是凉爽的; *Das Wasser ist angenehm k.* 水很凉快 **2.** höflich, aber nicht freundlich 冷淡的,不热情的,冷漠的 ↔ herzlich, warm〈ein Empfang 接待; j-n k. ansehen, behandeln, grüßen 冷淡地看着、对待、招呼某人〉 **3.** so, dass der Betreffende ohne Gefühle, Emotionen u. nur mit dem Verstand urteilt u. entscheidet 冷静的,沉着的,不动声色的〈k. u. sachlich 稳重踏实; nüchtern u. k. 客观冷静,四平八稳〉 **4. *e-n kühlen Kopf bewahren*** *gespr* [口]; in e-r schwierigen Situation sachlich bleiben 保持冷静头脑 **5. *j-m ist k.*** j-d friert ein bisschen 某人觉得有点凉

Kü̲hl.box *die*; ein Behälter, in dem Getränke

u. Speisen kühl (1) bleiben 冷藏容器(箱)

Kü̱h.le *die*; -, *-n*; *bes nordd* 尤用于[北德]; e-e (nicht sehr tiefe) Vertiefung im Boden *o.Ä.* (wie e-e Mulde)坑,浅井

Kü̱h.le *die*; -; *nur Sg*(只用单数) **1.** ≈ Frische (3): *die K. der Nacht* 夜间的凉爽 **2.** die wenig freundliche Art 冷淡,冷漠: *die K. e-s Empfangs* 接待的冷淡 **3.** ≈ Sachlichkeit: *die K. des Verstandes* 理智的冷静

kü̱h.len; *kühlte*, *hat gekühlt*; [Vt] (及物) **1.** ***etw. kühlt etw.*** etw. senkt die Temperatur von etw., macht etw. kühl (1)(物作主语)使变凉,使凉快,使冷却〈Getränke, e-n Motor (mit Luft, mit Wasser) k. 冰镇饮料,(用空气、用水)使马达冷却〉‖ K-(复合): ***Kühl-***, ***-flüssigkeit***, ***-wasser***; [Vt/i] (及物/不及物) **2.** ***etw. kühlt (etw.)*** etw. macht etw. kühl(物作主语)使感到凉爽: *Die Salbe kühlt* 软膏使人感到凉爽 **3.** ***(etw.) k.*** die Wunde, die Stirn *o.Ä.* kühl (1) machen 使(伤口、额头等)凉一凉,使降温: *Bei Fieber bitte regelmäßig k.!* 发烧时请定时用湿布冷敷!

Kü̱h.ler *der*; *-s*, *-* **1.** der Teil e-s Motors, der dazu dient, die Temperatur des Motors niedrig zu halten 冷却装置,冷凝器,致冷器,散热器 **2.** ***der K. kocht*** *gespr*[口]; das Wasser im Kühler e-s Autos ist so heiß, dass es verdampft(汽车)水箱热得冒气

Kü̱h.ler.grill *der*; ein Gitter vorn am Auto (vor dem Motor)(汽车前面的)散热罩

Kü̱h.ler.hau.be *die* ≈ Motorhaube

Kü̱hl.haus *das*; ein Gebäude, in dem Lebensmittel (Fleisch, Gemüse *o.Ä.*) gekühlt u. frisch gehalten werden 冷藏库,冷冻保鲜库

Kü̱hl.schrank *der*; ein Gerät, in dem man Lebensmittel kühlt u. sie frisch hält 冰箱,冷藏柜,冷冻保鲜柜〈an den K. gehen 朝冰箱走去〉

Kü̱hl.ta.sche *die*; ein Behälter, in dem Lebensmittel (auf e-r Reise *o.Ä.*) kühl bleiben(旅游用)冰袋,冷冻保鲜袋

Kü̱hl.tru.he *die* ≈ Gefriertruhe

Kü̱h.lung *die*; -, *-en* **1.** *nur Sg*(只用单数); das Kühlen (1)冷却,变凉: *die K. von Getränken* 冰镇饮料 **2.** *nur Sg*(只用单数); die angenehme Frische, die etw. Kühlendes (2) bringt 凉爽,凉快,凉意: *Der Regen brachte kaum K.* 这场雨没有带来凉意 **3.** ein Gerät (Aggregat) *o.Ä.*, mit dem man etw. kühlt 冷冻设备,冷却装置〈die K. versagt, fällt aus 冷冻设备坏了、停了〉

kü̱hn *Adj* **1.** so, dass der Betreffende trotz e-r Gefahr keine Furcht zeigt, sondern handelt 勇敢的,无畏的,临危不惧的≈ mutig ↔ ängstlich 〈ein Held, e-e Tat 英雄,行动〉 **2.** ganz neu, ungewöhnlich od. alles andere übertreffend 大胆的,奇特的,别具一格的,与众不同的〈ein Gedanke, e-e Idee, ein Plan 思想,想法,打算; j-s kühnste Träume 某人奇异的梦幻〉 **3.** 〈e-e Behauptung, e-e Frage, e-e Antwort 看法,问题,回答〉so (ungewöhnlich), dass sie andere in Staunen versetzen od. sie provozieren 鲁莽的,胆大的,斗胆的,放肆的≈ gewagt ↔ maßvoll ‖ *hierzu* (派生) **Kü̱hn.heit** *die* ‖ ▶ ***erkühnen***

k. u. k. [ˈkaː|ʊntˈkaː] *hist*[历]; (*Abk für* 缩写,全称为 kaiserlich u. königlich) in Bezug auf das (Kaiser- u. König) Reich Österreich-Ungarn 奥匈帝国的〈die k. u. k. Monarchie 奥匈帝国君主制度; ein k. u. k. Offizier 奥匈帝国军官〉

Kü.ken *das*; *-s*, *-* **1.** ein junges Huhn 小鸡,雏鸡 **2.** ein junger Vogel 小鸟≈ Junges ‖ -K(复合): ***Enten-***, ***Gänse-*** **3.** *gespr*[口]; ein Kind od. ein junges Mädchen 小孩,小姑娘

Kụ.ku.ruz *der*; -(*es*); *nur Sg*(只用单数); Ⓐ[奥] ≈ Mais

ku.lant, *kulanter*, *kulantest-*; *Adj* (形) **1.** großzügig u. entgegenkommend 与人方便的,给顾客优惠的,服务热情周到的〈ein Kaufmann 商人〉: *Der Händler war k. u. hat die Reparatur umsonst ausgeführt* 这商人服务周到,免费修理 **2.** akzeptabel 可接受的,优惠的〈Preise 价格〉 ‖ *hierzu* (派生) **Ku.la̱nz** *die*; *nur Sg*(只用单数)

Ku.li[1] *der*; *-s*, *-s*; *hist*[历]; ein Arbeiter, der in Asien für wenig Geld arbeitete 苦力,苦工 ‖ ID [谚] *mst* 多用 ***Ich bin doch nicht dein K.!*** *gespr*[口]; ich lasse mich von dir nicht zum Arbeiten ausnutzen 我可不是听你支使的苦力

Ku.li[2], **Kụ.li** *der*; *-s*, *-s*; *gespr*[口] ≈ Kugelschreiber

ku.li.na̱.risch *Adj*(形); *mst attr*(多作定语); in Bezug auf gutes Essen 美味的,烹饪方面的〈Genüsse 享受〉

Ku.li̱s.se *die*; -, *-n* **1.** *Kollekt* (集合); die Gegenstände auf e-r Bühne, die darstellen sollen, an welchem Ort die Handlung *z.B.* e-s Theaterstückes spielt 舞台布景 ≈ Bühnenbild 〈e-e K. aufbauen, abbauen 搭、拆布景〉 **2.** die Umgebung, der Hintergrund 背景: *Die Alpen bildeten e-e malerische K. für den neuen Film* 阿尔卑斯山脉构成这部新电影风光如画的背景 ‖ ID [谚] ***etw. ist nur K.*** etw. ist nicht echt, nur vorgetäuscht 某物只不过是装装门面的; ***hinter den Kulissen*** im Verborgenen, der Öffentlichkeit nicht bekannt 幕后

Kụl.ler.au.gen *die*; *Pl*, *gespr*(复)[口]; große, runde Augen 圆溜溜的大眼睛 ‖ ID [谚] ***K. machen*** *gespr*[口]; erstaunt od. unschuldig (drein)schauen, große Augen machen 睁大眼睛,傻眼

ku̱l.lern; *kullerte*, *ist/hat gekullert*; [Vi] (不及物) **1.** ***etw. kullert irgendwohin*** (*ist*) etw. bewegt sich wie e-e Kugel (1,2) (物作主语)滚落,朝…滚动,转动〈Tränen kullern j-m über das Gesicht 泪珠从某人脸滚落下来〉 **2.** ***mit den Augen k.*** (*hat*) die Augen im Kreis bewegen 眼睛滴溜溜转; [Vr] (反身) (*hat*) **3.** ***sich k.*** (***vor Lachen***) über etw. sehr lachen (müssen)捧腹大笑

kul.mi.nie.ren; *kulminierte*, *hat kulminiert*; [Vi] (不及物) ***etw. kulminiert in etw.*** (*Dat* 三

格) *geschr*[书]; e-e Entwicklung *o.Ä.* erreicht ihren höchsten Punkt (物作主语)达到顶峰,达到最高点≈ etw. gipfelt in etw. (*Dat* 三格) ‖ *hierzu* (派生) **Kul·mi·na·ti·on** *die*; -, *-en*

Kult *der*; -(*e*)*s*, *-e* **1.** e-e Art einfache Religion 礼拜,祭礼 ⟨ein heidnischer, indianischer, uralter K. 异教的、印第安人的、古老的祭礼⟩ ‖ K-(复合): ***Kult-***, ***-handlung***, ***-stätte*** **2.** das Verhalten, bei dem man bestimmte Dinge od. Personen viel zu wichtig nimmt od. sie (wie etw. Heiliges) verehrt 崇拜,迷信,狂热⟨e-n K. mit j-m/etw. treiben 对某人搞崇拜/对某事搞迷信; aus etw. e-n K. machen 对某物过于讲究⟩ ‖ K-(复合): ***Kult-***, ***-buch***, ***-film*** ‖ -K(复合): ***Auto-***, ***Jugend-***, ***Personen-***, ***Schönheits-***, ***Star-*** ‖ zu (义项) **1.** **kul·tisch** *Adj* (形)

kul·ti·vie·ren; *kultivierte*, *hat kultiviert*; *geschr*[书]; Vt (及物) **1.** ***etw. k.*** e-n Boden so bearbeiten, dass man darauf Getreide, Gemüse *o.Ä.* anbauen kann 开垦,耕作 ⟨den Boden, Brachland, das Moor k. 开垦土地、荒地、沼泽地⟩ **2.** ⟨Pflanzen 植物⟩ ***k.*** Pflanzen züchten u. anbauen 种植,栽培 **3.** ***etw. k.*** etw. sorgfältig pflegen u. so behandeln, dass es auf ein hohes Niveau kommt 培养,培植,熏陶: *e-e Freundschaft, seinen persönlichen Stil k.* 培养友谊、自己的个人风格; *j-s Benehmen, Geschmack, Umgebung ist kultiviert* (= vornehm u. gebildet) 某人的举止、鉴赏力、周围的人都是受过教养的 ‖ *hierzu* (派生) **Kul·ti·va·ti·on** *die*; -; *nur Sg* (只用单数); **Kul·ti·vie·rung** *die*; -; *nur Sg* (只用单数); *zu* (义项) **3.** **Kul·ti·viert·heit** *die*; *nur Sg* (只用单数)

Kul·tur *die*; -, *-en* **1.** *nur Sg*, *Kollekt* (只用单数)(集合); die Dinge u. Werte der menschlichen Gesellschaft, die den Menschen vom Tier unterscheiden, wie Kunst, Wissenschaft, Religion, Sprache *usw* (人类)文化,文明↔ Natur ⟨die Entwicklung, Geschichte, Grundlagen, Zukunft der (menschlichen) K. (人类)文化的发展,文化史,文化的基础,文化的未来⟩ ‖ K-(复合): ***Kultur-***, ***-geschichte***, ***-gut***, ***-stufe***, ***-wissenschaft*** ‖ NB(注意): ↑ ***Zivilisation*** **2.** die Stufe od. die Art der K. (1), die ein Volk in e-r bestimmten Zeit erreicht hat 文化(阶段或类别)⟨e-e primitive, hoch entwickelte K. 原始的、高度发达的文化; die östliche, die westliche, die abendländische K. 东部、西部、西方(欧洲)文化⟩: *die K. der alten Inkas* 古印加文化 ‖ K-(复合): ***Kultur-***, ***-sprache***, ***-volk*** **3.** *Kollekt* (集合); die (*bes* künstlerischen u. wissenschaftlichen) Aufgaben, Aktivitäten u. Produkte, die zu e-r K. (2) gehören (艺术、科学)文化⟨den Menschen die K. näherbringen, K. vermitteln 使人们了解文化,向人们传授文化; die K. fördern 促进文化⟩ ‖ K-(复合): ***Kultur-***, ***-abkommen***, ***-attaché***, ***-austausch***, ***-banause***, ***-fonds***, ***-politik***, ***-referent***, ***-veranstaltung*** **4.** *nur Sg* (只用单数); die Bildung e-s Menschen, wie sie in seinem Benehmen, Geschmack *usw* zum Ausdruck kommt (举止、鉴赏力等)文化教养,修养≈ Kultiviertheit ⟨K. haben 有教养; ein Mensch von K., mit wenig K. 有教养、缺教养的人; etw. zeugt von K. 某事证明有文化修养⟩ **5.** *nur Sg* (只用单数); die Maßnahmen, die den Boden (für den Anbau von Pflanzen) fruchtbar, geeignet machen 开垦,垦殖,拓荒,耕作≈ Kultivierung ‖ K-(复合): ***Kultur-***, ***-boden***, ***-landschaft*** **6.** *nur Sg* (只用单数); das Züchten u. Anbauen von Pflanzen 种植,培植,耕耘,栽培,培养≈ Kultivierung: *Durch K. u. Veredelung wurde der Reis zu e-m der wichtigsten Nahrungsmittel für den Menschen* 经培植和改良,大米成了人类最重要的粮食之一 ‖ K-(复合): ***Kultur-***, ***-pflanze*** ‖ -K(复合): ***Gemüse-***, ***Getreide-***, ***Kartoffel-***, ***Obst-***, ***Pilz-*** *usw* **7.** *Kollekt* (集合); mehrere Pflanzen, die zur gleichen Zeit gesät od. angepflanzt werden 农作物,作物: *e-e K. (von) Champignons* 蘑菇作物 ‖ -K(复合): ***Pilz-*** **8.** *Kollekt* (集合); Bakterien *o.Ä.*, die für wissenschaftliche od. medizinische Zwecke in e-m kleinen Behälter gezüchtet werden (培养的)菌类≈ Zucht ⟨e-e K. ansetzen, beobachten 长菌,观察菌的活动⟩ ‖ -K(复活): ***Bakterien-***, ***Pilz-*** ‖ zu (义项) **4.** **kul·tur·los** *Adj* (形) ‖ ▶ ***kultivieren***

Kul·tur·beu·tel *der*; e-e Art kleine Tasche, in die man Seife, Zahnbürste u. ähnliche Dinge tut, wenn man verreist 盥洗用品包 ≈ Toilettenbeutel

Kul·tur|denk·mal *das*; ein altes Gebäude *o.Ä.*, das die Kultur e-r bestimmten Zeit repräsentiert u. deshalb gepflegt u. erhalten wird 文物,古建筑⟨ein K. schützen 保护文物⟩

kul·tu·rell *Adj* (形); *nur attr od adv* (只作定语或状语) **1.** ⟨e-e Errungenschaft, die Entwicklung, der Fortschritt 成绩,发展,进步⟩ so, dass sie die menschliche Kultur (1) fördern (促进)文化的,文明的 **2.** in Bezug auf die Kultur (3), die Kunst (科学、艺术)文化的⟨ein Ereignis, Interessen, e-e Veranstaltung 事件,兴趣,活动⟩

Kul·tus *der*; -; *nur Sg*, ADM *geschr* (只用单数)【管理】[书]; der Bereich der Kultur (3), kulturelle (2) Angelegenheiten 文化领域,文化事宜⟨das Ministerium, der Minister für Unterricht u. K. 教育和文化部、部长⟩ ‖ K-(复合): ***Kultus-***, ***-minister***, ***-ministerium***

Küm·mel *der*; *-s*, - **1.** *nur Sg* (只用单数); e-e Pflanze mit (grau)braunen, länglichen Samen, die als Gewürz für Brot, Käse *usw* verwendet werden 和兰芹 ‖ K-(复合): ***Kümmel-***, ***-blüte***, ***-pflanze*** **2.** *nur Sg* (只用单数); der Samen des Kümmels (1) als Gewürz 和兰芹籽(作调料用)⟨Brot, Bratkartoffeln mit K. 加和兰芹籽的面包、烤土豆⟩ ‖ K-(复合): ***Kümmel-***, ***-brot***, ***-käse*** **3.** *gespr*[口];

ein Schnaps mit dem Geschmack von Kümmel 和兰芹烧酒

Kum·mer *der*; *-s*; *nur Sg*（只用单数）**1. K.** 〈**über j-n / etw.**〉 psychisches Leiden, große Sorgen (*mst* wegen e-s Schicksalsschlags *o. Ä.*) 忧愁，忧虑，苦恼↔ Freude 〈K. empfinden, haben 感到、有苦恼；j-d/etw. bereitet, macht j-m K. 某人/某事给某人带来忧虑；etw. erspart j-m K. 某事使某人免受苦恼；etw. aus/vor K. tun 由于忧伤而干某事〉 **2. K.** (**mit j-m/etw.**) ein Problem, das einem Ärger, Schwierigkeiten od. Enttäuschungen bereitet 烦恼，操心，不愉快〈K. gewöhnt sein 对不愉快的事习以为常；mit e-m/seinem K. zu j-m gehen 怀着心事去找某人〉：*Mit seiner Tochter hat er nur K.* 他为自己女儿操碎了心 ‖ *zu*（义项）**1. kum·mer·voll** *Adj*（形）‖ ▶ **bekümmert**

küm·mer·lich *Adj*（形）**1.** 〈Menschen, Tiere, Pflanzen 人，动物，植物〉 so, dass sie nicht so groß u. kräftig sind wie andere ihrer Art 矮小的，瘦弱的，发育不健全的，长得差劲的：*Auf dem schlechten Boden gedeihen nur wenige kümmerliche Bäume* 在这块瘠土上只长着几棵矮树 **2.** 〈ein Ergebnis, ein Ertrag, ein Lohn, ein Rest 结果，收获，工资，剩余物〉 so, dass sie weit hinter den Erwartungen u. Wünschen zurückliegen 微薄的，很差的，寥寥无几的，可怜的，与期望相距甚远的

küm·mern; *kümmerte*, *hat gekümmert*; [Vt]（及物）**1. etw. kümmert j-n** etw. macht j-m Sorgen od. interessiert ihn（物作主语）使操心，使关心，使挂念：Es *kümmert ihn nicht*, dass *er so unbeliebt ist* 他很不受人喜欢，这对他无所谓 *Was kümmern mich schon die Probleme anderer Leute?* 别人的问题与我又有何干？‖ NB（注意）：*mst* verneint od. in Fragen!（常用否定或疑问!）；[Vi]（不及物）**2. etw. kümmert** etw. wächst schlecht（物作主语）长势不好，生长不良：*Die Pflanzen kümmern in dem dunklen Raum* 植物在暗室长不好；[Vr]（反身）**3. sich um j-n k.** auf j-n aufpassen bzw. j-n pflegen, der auf Hilfe angewiesen ist 关心，关照，照顾（人）≈ für j-n sorgen 〈sich um e-n Kranken, die Kinder, ein Tier k. 照顾病人、小孩、动物〉 **4. sich um etw. k.** bestimmte Arbeiten ausführen, die notwendig sind 关心，照料，照管（物）〈sich um den Haushalt k. 关心家务〉：*Wer kümmert sich um Ihre Blumen, wenn Sie im Urlaub sind?* 你们去度假，谁照管你们的花？**5. sich um etw. k.** sich mit etw. in Gedanken beschäftigen 关心，操心（事），为…而心烦〈sich um seine eigenen Angelegenheiten k. 操心自己的事〉：*Er kümmert sich nicht* darum, wie *es mir geht* 他不关心我身体好坏；*Sie kümmert sich nicht* darum, was *die Leute über sie sagen* 她不因别人说她什么而心烦 ‖ NB（注意）：oft verneint!（常用否定句!）

Küm·mer·nis *die*; *-*, *-se*; *geschr*［书］；etw., das einem Kummer u. Sorgen macht 忧虑，苦恼，愁闷，忧郁，焦虑：*die großen u. kleinen Kümmernisse des Lebens* 大大小小的生活忧虑

Kum·mer·speck *der*; *nur Sg*, *gespr*（只用单数）［口］；rundliche Körperformen, die man bekommt, wenn man aus Kummer zu viel isst 赘肉，肥膘〈K. ansetzen 长一身赘肉〉

Kum·met *das*, (CH)［瑞］*der*; *-s*, *-e*; der ovale Teil des Zaumzeugs, den Zugtiere um den Hals tragen 轭，牲口颈圈

Kum·pan *der*; *-s*, *-e*; *gespr*［口］**1.** ≈ Kamerad, Kumpel **2.** *pej*［贬］≈ Komplize ‖ *hierzu*（派生）**Kum·pa·nin** *die*; *-*, *-nen*; **Kum·pa·nei** *die*; *-*, *-en*

Kum·pel *der*; *-s*, *-* / *gespr auch*［口］也用 *-s* **1** ≈ Bergmann **2.** *gespr*［口］≈ Freund, Kamerad 〈ein (alter) K. von j-m 某人的老朋友（同事）〉

ku·mu·lie·ren; *kumulierte*, *hat kumuliert*; *geschr*［书］；[Vt]（及物）**1. etw. k.** etw. zusammenlegen od. -rechnen 累积，累计 ≈ (an)häufen：*bei Wahlen Stimmen k.* 累计选票；[Vr]（反身）**2.** 〈Wolken *o. Ä.* 云等〉 **kumulieren sich** Wolken kommen zusammen, bilden e-e (dichte) Masse 聚积，凝聚 **3.** 〈Gewinne *o. Ä.* 利润等〉 **kumulieren sich** Gewinne *o. Ä.* sammeln sich an 积聚，积累 ‖ *hierzu*（派生）**Ku·mu·la·ti·on** *die*; *-*, *-en*; **ku·mu·la·tiv** *Adj*（形）

Ku·mu·lus·wol·ke *die*; e-e Wolke, die aus mehreren großen runden Wolken besteht 积云

künd·bar *Adj*（形）**1.** 〈ein Darlehen, e-e Hypothek, ein Vertrag 贷款，抵押，合同〉 so, dass man sie kündigen kann 可终止的，有期限的 ↔ unkündbar：*Die Versicherung ist frühestens nach Ablauf e-s Jahres k.* 保险最早可在一年（结束）后终止 **2.** *mst präd*（多作表语）；so, dass der Betreffende entlassen (1) werden kann 可解雇的：*Als Beamter ist er nicht k.* 作为公务员他不会被解雇

Kun·de[1] *der*; *-n*, *-n* **1.** j-d, der in e-m bestimmten Geschäft (ein)kauft od. bestimmte Dienste in Anspruch nimmt 顾客〈ein alter, guter K. 老主顾，好顾客；ein K. e-r Bank, der Bahn, der Post, e-s Friseurs 银行、铁路、邮局、理发师的顾客；e-n Kunden bedienen 接待顾客，为顾客服务〉：*Kunden haben*, *die man regelmäßig beliefert* 有定期供货的主顾 ‖ K-（复合）：**Kunden-**, **-beratung**, **-kartei**, **-kreis**, **-stamm** ‖ -K（复合）：**Stamm-**; **Privat-**, **Geschäfts-**; **Bahn-**, **Bank-** *usw* ‖ NB（注意）：↑ **Klient**, **Patient 2. Dienst am Kunden** e-e Leistung, die ein K. erhält, ohne dass er dafür zu zahlen braucht 免费为顾客服务的项目：*Die Lieferung der Waren gehört bei uns zum Dienst am Kunden* 送货上门是我们免费为顾客服务的项目 **3.** *pej*［贬］；**ein übler/schlechter K.** ein übler/schlechter Kerl 一个品质恶劣的/坏家伙 ‖ ID［谚］**Hier ist der K. König** hier wird der K. besonders gut u. freundlich bedient 在这里顾客是国王（指受到特别友好亲切的接待）‖ NB（注意）：*der Kunde*; *den*, *dem*, *des Kunden* ‖ *hierzu*（派生）**Kun·din** *die*; *-*, *-nen*

Kun·de[2] *die*; *-*, *-n*; *mst Sg*, *geschr*（多用单数）［书］；**K.** (**von j-m/etw.**) ≈ Nachricht

⟨gute, schlechte K. für j-n haben 对某人有好、坏消息; K. von j-m/etw. geben, erhalten, haben 给、得到、有关于某人/某事的消息⟩ ‖ ▶ ***erkunden***, ***bekunden***

-kunde *die*; -; *nur Sg*, *begrenzt produktiv* (只用单数)(构词有限); verwendet, um e-e Wissenschaft od. ein Schulfach zu bezeichnen (表示科学或学科)…学; ***Erdkunde***, ***Heilkunde***, ***Heimatkunde***, ***Pflanzenkunde***, ***Sozialkunde***, ***Sternkunde***, ***Vogelkunde*** ‖ *hierzu* (派生) **-kund·lich** *Adj* (形); *nur attr od adv* (只作定语或状语)

kün·den; *kündete*, *hat gekündet*; [Vi] (不及物) ***etw. kündet (von etw.)*** (*Dat* 三格)) *geschr* [书]; etw. gibt e-n Hinweis auf etw. (物作主语)说明,指出,表明,预示

Kun·den·dienst *der*; *nur Sg* (只用单数) **1.** *Kollekt* (集合); alle Leistungen (*bes* Lieferung u. Reparatur), die e-e Firma ihren Kunden anbietet 为顾客服务的项目: *Die kostenlose Lieferung gehört bei uns zum K.* 免费送货是我们为顾客服务的项目之一 **2.** die Stelle od. die Einrichtung, die Geräte, Maschinen e-r bestimmten Firma (od. e-s bestimmten Geschäfts) pflegt u. repariert 顾客服务处(站)⟨den K. anrufen, holen, kommen lassen (打电话)叫、请、让顾客服务站来人⟩: *Autos sollten regelmäßig zum K.* 汽车应定期去顾客服务站保养

kund·ge·ben; *gab kund*, *hat kundgegeben*; [Vt] (及物) ***etw. k.*** *geschr* [书] ≈ bekannt geben

Kund·ge·bung *die*; -, *-en*; e-e Veranstaltung, *bes* als Teil e-r Demonstration, bei der e-e (politische) Meinung öffentlich verkündet wird 集会⟨e-e K. veranstalten, an e-r K. teilnehmen 举行、参加集会⟩: *Der Demonstrationszug endete mit e-r K. am Rathausplatz* 游行队伍到市政厅广场上集会,而后解散

kun·dig *Adj* (形); so, dass der Betreffende über etw. viel weiß 精通业务的,懂行的,内行的,有专门学识的 ≈ sachverständig ↔ dilettantisch ⟨e-e Beratung, ein Führer 咨询,导游⟩

kün·di·gen; *kündigte*, *hat gekündigt*; [Vt/i] (及物/不及物) **1.** ***(etw.) k.*** e-e vertragliche Vereinbarung zu e-m bestimmten Termin auflösen, beenden 解约,宣布…到期,终止(契约) ↔ etw. abschließen ⟨e-e Arbeit, e-n Kredit, e-e Wohnung k. 辞去工作,终止贷款,解除住房租约; (etw.) fristgerecht, fristlos k. 按期、无期限终止(契约)⟩: *Hiermit kündige ich das Mietverhältnis zum 1 Oktober* 我特此宣布到十月一日终止租约; *Er hat (seine Stelle) gekündigt u. sich e-n neuen Job gesucht* 他辞职另谋工作了; [Vi] (不及物) **2.** ***j-m k.*** (als Arbeitgeber) e-n Arbeitsvertrag lösen 解雇,辞退 ≈ j-n entlassen: *Die Firma kündigte ihm fristlos* 公司立即解雇了他 **3.** ***j-m k.*** (als Vermieter) den Vertrag mit dem Mieter lösen 解除(与房客的)租约

Kün·di·gung *die*; -, *-en* **1.** die Lösung e-s Vertrags 解约⟨e-e fristgerechte, fristlose, ordnungsgemäße, sofortige K. 按期的、无期限的、按规定的、立即解约; j-m die K. aussprechen 告知某人被解雇⟩ ‖ K-(复合): ***Kündigungs-***, ***-frist***, ***-schreiben***, ***-schutz***, ***-termin*** **2.** ein Schreiben, das die K. (1) enthält 解约通知,辞退书⟨j-m e-e/die K. schicken 给某人发出解约通知(书)(通知某人被解雇)⟩ **3.** die Frist, bis zu der e-e K. (1) wirksam wird 解约期限,解雇生效期限⟨ein Vertrag mit monatlicher, vierteljährlicher, sechsmonatiger, jährlicher K. 为期一个月、一季度、半年、一年的契约⟩

Kund·schaft[1] *die*; -, *-en* **1.** *mst Sg*, *Kollekt* (多用单数)(集合); die Kunden[1] (1) e-s Geschäfts, Betriebs 顾客(总称): *Wir haben e-e große K.* 我们顾客盈门 **2.** j-d, der in e-m Laden einkauft 顾客,主顾 ≈ Käufer, Kunde[1] (1): *Es ist K. da!* 来顾客了!; *die K. warten lassen* 让顾客等待

Kund·schaft[2] *die*; -; *nur Sg*, *veraltend* (只用单数)[渐旧]; die Suche nach Informationen 探听,打听 ≈ Erkundung ⟨auf K. gehen 去打听情况; j-n auf K. schicken, senden 派某人去探听情况⟩ ‖ *hierzu* (派生) **Kund·schaf·ter** *der*; *-s*, -; **Kund·schaf·te·rin** *die*; -, *-nen* ‖ ▶ ***auskundschaften***

kund·tun; *tat kund*, *hat kundgetan*; [Vt] (及物) ***etw. k.*** *geschr* [书] ≈ bekannt geben, mitteilen ⟨seine Meinung, e-n Entschluss, Missfallen k. 公开表明自己的意见、决定、反感⟩

künf·tig *Adj* (形); *nur attr od adv* (只作定语或状语); in Bezug auf die Zukunft 将来的,未来的: *die künftige Entwicklung* 将来的发展; *Ich will das k.* (= in Zukunft) *anders machen* 这我今后想换个样子做

Kunst *die*; -, *Küns·te*; **1.** (eine der) Tätigkeiten des Menschen, durch die er Werke schafft od. Dinge tut, die e-n bestimmten ästhetischen Wert haben, u. für die er e-e besondere Begabung braucht (*z. B.* Malerei, Musik u. Literatur) 艺术⟨K. u. Kultur 艺术和文化; die K. fördern 促进艺术; die bildende K. 造型艺术⟩ ‖ K-(复合): ***Kunst-***, ***-gegenstand***, ***-handwerk***, ***-lied***, ***-maler***, ***-preis***, ***-richtung***, ***-verstand***, ***-verständnis***, ***-werk*** ‖ -K (复合): ***Bau-***, ***Dicht-***, ***Mal-***, ***Rede-***, ***Schauspiel-***, ***Ton-*** **2.** die (Tätigkeiten u.) Produkte der Architektur, Bildhauerei, Malerei, Grafik u. des Kunsthandwerks als Objekt der Betrachtung, der Kritik *o. Ä.* 造型艺术,美术⟨K. studieren 学习造型艺术; Werke der K. ausstellen 展出艺术作品⟩ ‖ K-(复合): ***Kunst-***, ***-akademie***, ***-ausstellung***, ***-geschichte***, ***-handel***, ***-händler***, ***-handlung***, ***-historiker***, ***-hochschule***, ***-kalender***, ***-kritik***, ***-sammler***, ***-studium***, ***-wissenschaft*** **3.** *ohne Artikel*, *nur Sg* (不带冠词)(只用单数) ≈ Kunstwerk: *Ist das K. od. Kitsch?* 这是真正的艺术作品还是庸俗的艺术作品? **4.** die Fähigkeit, etw. besonders gut od. etw. Schwieriges tun zu können 技能,本领,技巧,才能 ≈ Geschicklichkeit: *die K. des Überzeugens* 说服人的口才; *die K., mit wenig Worten viel zu sagen* 言简意赅(言微旨远)的才能 **5.** *ohne Artikel*, *nur Sg* (不带冠词,只用单

数); etw., das nicht von selbst (natürlich) entstanden ist, sondern vom Menschen (nach)gemacht wurde 人工制作,人造 ↔ Natur ‖ K-(复合): ***Kunst-, -blume, -darm, -dünger, -faser, -harz, -honig, -leder, -sprache, -wort*** **6.** *Kurzw*(略) ↑ ***Kunsterziehung*** ‖ K-(复合): ***Kunst-, -lehrer, -note, -stunde, -unterricht*** **7.** ***bildende K.*** ≈ K. (2) **8.** ***darstellende K.*** Schauspiel u. Tanz 表演艺术 **9.** ***entartete K.*** *hist pej*[历][贬]; Kunstwerke, die die Nationalsozialisten für unnatürlich hielten u. verboten haben(纳粹认为是矫揉造作的并予以禁止的)蜕化艺术作品 **10.** ***die schönen Künste*** ≈ K. (1) ‖ ID[谚] ***etw. ist e-e/keine K.*** *gespr*[口]; etw. ist schwierig/einfach (zu machen) 某事难/容易办,干某事是门本领/不算什么本领; ***mit seiner K. am Ende sein*** *gespr*[口]; nicht mehr weiterwissen 没辙了,智穷力绌; ***e-e brotlose K.*** *gespr*[口]; e-e Tätigkeit, mit der man nur wenig od. gar kein Geld verdienen kann 不挣钱的活计 ‖ *zu*(义项)**1. kunst·los** *Adj*(形); *zu*(义项)**1.** u. **4. kunst·reich** *Adj*(形); **kunst·voll** *Adj*(形) ‖ ▶ ***künstlerisch, künstlich***

Kunst|denk·mal *das*; ein Bauwerk *o. Ä.* von künstlerischem Wert 艺术杰作(指建筑)

Kunst·druck *der*; ein Gemälde *o. Ä.*, das gedruckt (u. so vervielfältigt) worden ist 彩色套印,艺术作品的彩印

Kunst|er·zie·hung *die*; Ⓓ[德] ein (Schul)-Fach, in dem man *bes* das Malen u. Zeichnen lernt 艺术教育,美术课 ≈ Kunst (6), Zeichnen ‖ *hierzu*(派生) **Kunst·er·zie·her** *der*; *-s, -*; **Kunst·er·zie·he·rin** *die*; *-, -nen*

Kunst·feh·ler *der*; der Fehler, den ein Arzt bei e-r Operation *o. Ä.* macht 医疗事故,手术失误〈ein ärztlicher K. 医生的手术失误〉: *aufgrund e-s Kunstfehlers behindert sein, sterben* 由于医疗事故而致残、致死

kunst·fer·tig *Adj*(形); mit den Händen (bei e-r handwerklichen Arbeit) besonders geschickt(心灵)手巧的,手艺精巧的 ‖ *hierzu*(派生)**Kunst·fer·tig·keit** *die*

kunst·ge·recht *Adj*(形); so, dass der Betreffende etw. richtig, wie ein Fachmann, macht 精巧的,熟练的,在行的 ≈ fachmännisch: *e-n Gänsebraten k. zerlegen* 得心应手地切开一只烤鹅

Kunst·ge·wer·be *das*; *nur Sg*(只用单数); das Gebiet der bildenden Künste, das sich mit der Gestaltung von (künstlerischen) Gebrauchsgegenständen *o. Ä.* befasst 工艺美术(行业): *Keramik u. Glasbläserei gehören zum K.* 陶瓷业和玻璃品吹制业属于工艺美术行业

Kunst·griff *der*; e-e geschickte Methode od. Handbewegung, mit der man etw. (sofort) leichter od. besser tun kann 窍门,诀窍,门路,门槛 ≈ Trick, Kniff

Künst·ler *der*; *-s, -* **1.** j-d, der Tätigkeiten im Bereich der Kunst (1) ausübt u. Kunstwerke schafft 艺术家,艺人〈ein bildender, darstellender, freischaffender, namhafter, berühmter, unbekannter K. 造型、表演、自由、有名的、闻名的、无名艺术家〉: *Goethe war ein großer K.* 歌德是一位伟大的艺术家(艺术大师) **2.** j-d, der e-n bestimmten Bereich geschickt beherrscht, etw. sehr gut kann 能人,好手,能工巧匠〈ein K. in seinem Fach, seines Faches sein 是本专业的一把好手〉 ‖ -K(复合): ***Koch-, Lebens-, Unterhaltungs-, Verwandlungs-*** ‖ *hierzu*(派生) **Künst·le·rin** *die*; *-, -nen* ‖ NB(注意): ↑ ***Artist***

künst·le·risch *Adj*(形); *nur attr od adv*(只作定语或状语) **1.** in Bezug auf die Kunst (1) 艺术的: *ein Bild mit künstlerischem Wert* 具有艺术价值的一幅画 **2.** in Bezug auf den Künstler (1) 艺术家的〈die Aussage, der Gestaltungswille 表述,创作欲〉

Künst·ler·na·me *der*; der Name, den ein Künstler (als Pseudonym) annimmt 艺名,笔名: *Bob Dylan ist der K. von Robert Zimmermann* 鲍·迪伦是罗·齐默尔曼的笔名

Künst·ler·pech *das*; *gespr hum*[口][诙]; *mst in* 多用于(***das ist***) ***K.!*** verwendet, um festzustellen, dass j-m etw. (aus Zufall) nicht gelungen ist, dass j-d Pech gehabt hat (这真)晦气(不吉利)!

künst·lich *Adj*(形) **1.** von Menschen als Ersatz hergestellt 人造的,人工的,仿造的,假的 ≈ nachgemacht ↔ echt, natürlich 〈Blumen, ein Farbstoff, Licht, Zähne 花、颜料,光,牙〉: *ein Pudding mit künstlichem Vanillegeschmack* 仿造香草味的布丁 **2.** mit Hilfe von Geräten, Maschinen *o. Ä.* (借助器械的)人工的〈Beatmung, Befruchtung 呼吸,授精〉: *Sie wird k. ernährt, k. am Leben erhalten* 她是人工喂养,人工维持生命 **3.** vorgetäuscht, nicht wirklich vorhanden 装出来的,装的,不真实的 ≈ gekünstelt, gezwungen ↔ aufrichtig 〈j-s Fröhlichkeit, j-s Herzlichkeit ist k. 某人的欢笑、某人的真诚是装的〉 **4.** ***sich k. aufregen*** *gespr pej*[口][贬]; übertrieben od. ohne Grund ärgerlich sein 莫名其妙(无缘无故)发火 ‖ *hierzu*(派生) **Künst·lich·keit** *die*; *nur Sg*(只用单数)

Kunst·pau·se *die*; e-e Pause, die j-d beim Sprechen macht, um e-n besonderen Effekt zu erzielen(讲话时)渲染效果的停顿、间歇

Kunst·schatz *der*; ein wertvolles Kunstwerk 艺术珍宝: *die Kunstschätze e-s Landes im Museum bewundern* 赞赏博物馆里的国家的艺术珍宝

Kunst·stoff *der*; ein Material, das durch chemische Verfahren hergestellt wird 塑料,合成材料 ≈ Plastik 〈Folien, Kleidung, Spielzeug, Tüten aus K. 塑料薄膜、塑料衣服、塑料玩具、塑料口袋〉: *Teller aus K. zerbrechen nicht so leicht wie Teller aus Porzellan* 塑料盘不像瓷盘那么容易碎; *Nylon ist ein K.* 尼龙是一种合成材料

Kunst·stück *das* **1.** e-e geschickte (artistische) Leistung, die ein Akrobat, ein Zauberer, ein dressiertes Tier *usw* vorführt (杂技演员、魔术师、驯兽等的)特技,技艺,本领,绝招,技巧〈ein K. einüben, vorführen 训练、演出技艺;

Kunststücke machen 演特技；j-m ein K. zeigen 向某人表演技艺〉：*Sein Hund kann viele Kunststücke, wie auf den Hinterbeinen laufen od. durch e-n Reifen springen* 他的狗有很多本领，如后腿直立跑动或钻轮子 **2.** e-e schwierige Handlung 难办的事〈etw. ist (k)ein K. 某事(不)难办〉 **3. *das K. fertigbringen*** + ***zu*** + *Infinitiv*（不定式）；*oft iron* 常用［讽］；etw. Schwieriges fertigbringen 使出…绝招，创…奇迹：*Er brachte das K. fertig, das Tor aus zwei Meter Entfernung nicht zu treffen* 他离门两米球没踢进，邪门了(出奇了) ‖ ID［谚］***K.!*** *gespr iron*［口］［讽］；verwendet, um auszudrücken, dass etw. für j-n leicht zu erreichen war 这有什么难的！这算不了啥！易如反掌！：*Sie hat die Französischprüfung bestanden. K., wenn ihre Mutter Französin ist!* 她通过了法语考试。她妈是法国人，这不就是轻而易举的事！

Kunst·werk *das*；ein Produkt künstlerischer (1) Arbeit(Gestaltung) 艺术品〈ein architektonisches, geniales, sprachliches K. 建筑学上的、天才的、语言上的艺术作品〉：*die berühmten Kunstwerke der Antike bewundern* 赞赏古典时期的著名艺术作品；*Dieser Roman / Dieses Bild ist ein großes K.* 这本小说/这幅画是一部/件伟大的艺术作品 ‖ -K(复合)：***Film-, Sprach-***

kun·ter·bunt *Adj*（形）；*gespr*［口］**1.** aus ganz verschiedenen Komponenten gemischt 五光十色的，丰富多彩的，彩色缤纷的↔ einheitlich〈e-e Mischung, ein Programm 混合物，节目〉 **2.** ohne jede Ordnung 杂乱的，无章法的〈ein Durcheinander 混乱〉

Kup·fer *das*；*-s*；*nur Sg*（只用单数）；ein relativ weiches, rötliches Metall, das Strom gut leitet 铜，紫铜；CHEM【化】Cu；〈ein Dach, ein Draht, ein Kessel, e-e Münze aus K. 紫铜屋顶，铜丝，紫铜壶，铜钱；e-e Legierung aus K. u. Zinn 铜锡合金〉‖ K-(复合)：***Kupfer-, -blech, -dach, -draht, -erz, -kessel, -legierung, -münze, -schmied*** ‖ *hierzu*（派生）**kup·fer·far·ben** *Adj*（形）；*nicht adv*（不作状语）

kup·fer·n- *Adj*（形）；*nur attr, nicht adv*（只作定语，不作状语）**1.** aus Kupfer (gemacht) 铜(制)的，紫铜的〈ein Dach, e-e Münze 屋顶，硬币〉 **2.** mit der Farbe von Kupfer 紫铜色的 ≈ kupferrot

kup·fer·rot *Adj*（形）；*nicht adv*（不作状语）；mit der Farbe von Kupfer 紫铜色的，赤铜色的≈ rotbraun〈ein Fell, Haare 皮毛，头发〉

ku·pie·ren；*kupierte, hat kupiert*；[Vt]（及物）***ein Tier / etw. k.*** den Schwanz u. die Ohren (e-s Hundes, e-s Pferdes *o. Ä.*) kürzer schneiden 剪短，修剪(狗、马等动物的尾巴和耳朵) ≈ stutzen

Ku·pon [ku'põ:] *der*；*-s*, *-s* **1.** ein kleiner Zettel, für den man etw. (zurück)bekommt (*z. B.* Getränke, sein Gepäck)（领取饮料，行李的）凭证，票，单 ≈ Gutschein **2.** ein abtrennbarer Streifen Papier, mit dem man *z. B.* etw. bestellen kann 订单联票 ‖ -K(复合)：***Bestell-***

Kup·pe *die*；*-*, *-n* **1.** ein relativ flacher, runder (Berg) Gipfel 圆顶山峰，圆形山顶〈e-e bewaldete K. 树木茂密的圆顶山峰〉：*Auf der K. des Berges steht e-e Kirche* 在圆形山顶上座落着一座教堂 **2.** das runde Ende e-s Fingers 指尖，手指甲盖≈ Fingerkuppe：*Die Kuppen der Finger zeigen Linien, die bei jedem Menschen anders sind* 每个人指甲盖显示的纹路都不一样

Kup·pel *die*；*-*, *-n*；ein Dach *o. Ä.*, das (wie e-e Halbkugel) gewölbt ist 圆顶，穹顶，钟形屋顶〈die K. des Petersdomes in Rom, e-s Zirkuszeltes, des Himmels 罗马彼得大教堂的穹顶，马戏团帐篷的圆顶，穹隆〉‖ K-(复合)：***Kuppel-, -bau, -dach***

Kup·pe·lei *die*；*-*；*nur Sg*, JUR（只用单数）【法】；das (strafbare) Verhalten, sexuelle Kontakte zwischen Personen, die nicht miteinander verheiratet sind, zu vermitteln 诱人通奸，拉皮条，教唆私通〈wegen K. angeklagt, verurteilt werden 因教唆私通而被起诉、判刑〉‖ *hierzu*（派生）**Kupp·ler** *der*；*-s*, *-*；**Kupp·le·rin** *die*；*-*, *-nen*

kup·peln；*kuppelte, hat gekuppelt*；[Vt]（及物）**1. *etw. an etw.*** (*Akk* 四格) ***k.*** zwei Fahrzeuge (mit e-r Kupplung (3)) verbinden 将…挂(钩)上，使接上，把…与…连接起来≈ ankuppeln：*e-n Speisewagen an e-n Zug k.* 将一节餐车挂在列车上 **2. *etw.*** (***mit etw.***) ***k.*** zwei Teile (e-r Maschine) so miteinander verbinden, dass sie zusammen wirksam werden u. die Verbindung wieder getrennt werden kann 使联接，啮合，接合≈ koppeln (1)：*Motor u. Getriebe e-s Kraftfahrzeugs k.* 将机动车的马达和联动装置联接起来；[Vi]（不及物）**3.** die Kupplung (1) e-s Fahrzeugs betätigen 操作离合器：*Bevor man e-n Gang einlegen kann, muss man k.* 换挡前必须踩下离合器

Kupp·lung *die*；*-*, *-en* **1.** e-e technische Vorrichtung in e-m Auto *o. Ä.*, mit der die Verbindung zwischen Motor u. Getriebe (*bes* zum Schalten) unterbrochen werden kann 接合器，离合器，联轴节 ‖ K-(复合)：***Kupplungs-, -hebel, -pedal*** **2.** ein Pedal, mit dem man die K. (1) e-s Autos (beim Anlassen, Schalten *o. Ä.*) betätigt（起动、关闭离合器的）脚蹬，踏板〈die K. treten, loslassen, langsam kommen lassen 踩、松开、慢慢松开脚蹬〉 **3.** e-e Art Hebel, mit dem man zwei Fahrzeuge aneinanderhängt, wenn das eine das andere ziehen soll 车钩，挂钩〈e-e K. einhängen, abhängen 挂上、取下车钩〉：*Die Waggons e-s Zuges sind durch Kupplungen miteinander verbunden* 火车车厢用车钩相互挂连在一起 ‖ -K(复合)：***Anhänger-, Wohnwagen-***

Kur *die*；*-*, *-en* **1.** e-e (Heil)Behandlung über e-e Zeit von einigen Wochen, die der Regenerierung der Gesundheit allgemein dient (u. bei der man sich von Ärzten behandeln lässt, Diät hält, Sport treibt *usw*) 治疗，疗法〈e-e K. machen 进行一种治疗，采用一

种疗法〉‖ K-(复合)：**Kur-**，**-mittel** ‖ -K(复合)：**Bäder-**，**Entschlackungs-**，**Entziehungs-**，**Fasten-**，**Obst-**，**Saft-**，**Trink-** **2.** ein Aufenthalt in e-m Ort mit besonderem Klima, Heilquellen *o.Ä.* od. in e-m Sanatorium, bei dem man e-e K. (1) macht 疗养〈(irgendwo) zur/auf K. sein(在某处)疗养; zur/auf K. gehen, fahren 去,开车去疗养〉‖ K-(复合)：**Kur-**，**-arzt**，**-aufenthalt**，**-gast**，**-klinik**，**-ort**，**-park**

Kür *die*; -, *-en*; SPORT【体】; ein Programm mit mehreren Übungen, das ein Sportler frei wählt, *z.B.* beim Bodenturnen, Eiskunstlauf *o.Ä.* 自选动作↔ Pflicht (2)

Ku.ra.tor *der*; *-s*, *Ku.ra.to.ren*; j-d, der den Besitz u. das Geld verwaltet, die j-d (*z.B.* e-r Universität, e-r Stiftung) gespendet hat (捐助给大学、基金会的资财)管理人,执事≈ Treuhänder

Ku.ra.to.ri.um *das*; *-s*, *Ku.ra.to.ri.en* [-iən]; *Kollekt*(集合); e-e Gruppe (*z.B.* von Kuratoren), die Aufsicht über die Verwendung öffentlichen Geldes führt (公益金)监察会≈ Aufsichtsbehörde

Kur.bel *die*; -, *-n*; e-e kurze Stange, die man im Kreis dreht, um e-n Mechanismus in Bewegung zu setzen 曲柄,手摇柄: *Das Schiebedach des Autos wird mit Hilfe e-r K. geöffnet* 用手摇柄打开汽车滑动车顶; *Ganz früher wurde der Automotor mit e-r K. angeworfen* 很早以前汽车马达是用手摇柄起动的

kur.beln; *kurbelte*, *hat gekurbelt*; [Vt] (及物) **1. etw. irgendwohin k.** etw. mit e-r Kurbel bewegen(摇手柄)使转动: *das Fenster nach oben k.* 将窗户摇上去; [Vi] (不及物) **2.** e-e Kurbel drehen 摇手柄,转动曲柄: *Früher musste man beim Auto lange k., bis der Motor ansprang* 从前汽车马达发动要用手柄摇很久

Kür.bis *der*; *-ses*, *-se* **1.** e-e niedrige Pflanze mit sehr großen runden, *mst* gelben Früchten, die man als Gemüse isst 南瓜(植物)〈K. anbauen, anpflanzen 种植南瓜〉 **2.** die Frucht des Kürbisses (1) 南瓜〈K. süßsauer einmachen 制作罐装糖醋南瓜〉‖ K-(复合)：**Kürbis-**，**-kern**

ku.ren; *kurte*, *hat gekurt*; [Vi] (不及物) (**irgendwo**) **k.** *gespr*[口]; e-e Kur machen 进行治疗

kü.ren; *kürte*, *hat gekürt*; [Vt] (及物) **j-n zu etw. k.** j-n (aus)wählen, der e-n (Ehren)-Titel *o.Ä.* bekommen soll 推选,选择,挑选: *Sie wurde zur Miss World gekürt* 她被选为世界小姐

Kur.fürst *der*; *hist*[历]; einer der Fürsten, die früher den deutschen Kaiser wählten 选帝侯(从前选举德国皇帝的诸侯)

Kur.haus *das*; ein (öffentliches) Gebäude in e-m Kurort, das für die Kurgäste bestimmt ist(疗养地的)疗养院,疗养大楼

Ku.rie [-iə] *die*; -, *-n*; *Kollekt* (集合); die Behörden (u. Angestellten) im Vatikan 教廷,梵蒂冈机关〈die päpstliche, römische K. 教皇、罗马教廷〉‖ K-(复合)：**Kurien-**，**-kardinal**

Ku.rier [kuˈriːɐ] *der*; *-s*, *-e* **1.** j-d, der *bes* für e-n Staat, das Militär *o.Ä.* (*mst* geheime) Nachrichten überbringt (国家、军事等)信使,密使≈ Bote〈e-e Nachricht durch e-n K. überbringen lassen 通过信使传递消息〉‖ K-(复合)：**Kurier-**，**-dienst** **2.** j-d, der mit dem Auto, Fahrrad *o.Ä.* Briefe, Papiere *usw* (*mst* in größeren Städten) liefert(城市之间的信件等)传递员,通信员

ku.rie.ren; *kurierte*, *hat kuriert*; [Vt] (及物) **1. j-d/etw. kuriert j-n (von etw.)** ein Arzt *o.Ä.* behandelt j-n erfolgreich/e-e Behandlung ist erfolgreich(人/物作主语)治愈,治好: *Die Massagen haben ihn von seinen Rückenschmerzen kuriert* 按摩治好了他的背疼 **2. j-d/etw. kuriert etw.** j-d/etw. heilt e-e Krankheit, Schmerzen *o.Ä.* (人/物作主语)治愈,治好(病): *ein Magengeschwür durch strenge Diät k.* 采用严格规定的食谱治好胃溃疡 **3. etw. kuriert j-n (von etw.)** *gespr*[口]; etw. bewirkt, dass j-d sein Verhalten ändert u. bestimmte Fehler nicht mehr macht(物作主语)使解脱,使改变(行为),使改掉(缺点): *Seit er einmal tausend Euro verloren hat, ist er von seiner Wettleidenschaft kuriert* 自从他输了一千欧元以来,他戒了赌瘾(不再去赌了)‖ ▶ **auskurieren**

ku.ri.os [-ˈrioːs] *Adj*(形); *geschr* [书]≈ seltsam〈e-e Idee, ein Vorfall 想法,事件〉‖ *hierzu*(派生) **Ku.ri.o.si.tät** *die*; -, *-en*

Ku.ri.o.sum *das*; *-s*, *Ku.ri.o.sa*; *geschr*[书]; etw., das seltsam (kurios) ist 罕见的事,希奇古怪的事≈ Kuriosität〈ein medizinisches K. 医学上罕见的现象; etw. gilt als K. 某事可算是怪事〉

Kur.kon.zert *das*; ein Konzert für die Gäste in e-m Kurort 疗养地音乐会

Kur.pa.ckung *die*; e-e Masse, die man auf Haare u. Kopfhaut gibt u. einwirken lässt, um so etw. gegen Schuppen, trockene Haare *o.Ä.* zu tun(治头皮屑、干发等)敷药

Kur.pfu.scher *der*; *-s*, -; *pej* [贬]; j-d, der Kranke medizinisch falsch behandelt 江湖郎中,庸医

Kurs[1] *der*; *-es*, *-e* **1.** die Richtung, in die sich *bes* ein Schiff od. Flugzeug bewegt 航向,航线,路线,方向〈j-d/ein Schiff *o.Ä.* schlägt/hält e-n K. ein, ändert den K., kommt/weicht vom K. ab 某人/轮船等选择/遵循、改变、离开/偏离航向; ein Flugzeug geht, ist auf K. 飞机在航线上飞行; j-d/ein Schiff *o.Ä.* nimmt K. auf etw. (*Akk* 四格)〉某人/轮船等取道朝…方向航行: *Das Schiff nahm K. auf den Hafen* 轮船朝港口方向驶去 ‖ K-(复合)：**Kurs-**，**-abweichung**，**-änderung**，**-korrektur**，**-wechsel** ‖ -K(复合)：**Backbord-**，**Steuerbord-**；**Heimat-** **2.** der Preis, den Aktien (Wertpapiere, Devisen *usw*) haben, wenn sie (an der Börse) gehandelt werden (证券交易所)行情,行市,汇率,牌价〈etw. hat e-n hohen, niedrigen K., steht hoch, niedrig im K. 某物

高、低行市（牌价）；某物行情高、低；ein K. fällt, bleibt gleich, steigt, zieht an 行情下跌、持平、上涨、上升〉: *Wenn du Geld schon vor dem Urlaub hier umtauschst, bekommst du e-n besseren K.* 要是你度假前在这里换钱，你会换到比较好的牌价 ‖ K-（复合）: ***Kurs-, -anstieg, -gewinn, -rückgang, -steigerung, -sturz, -verlust, -wert*** ‖ -K（复合）: ***Börsen-; Aktien-, Devisen-, Dollar-, Wertpapier-; Ankaufs-, Verkaufs-; Tages-*** **3.** ***außer K.*** (als Zahlungsmittel) nicht mehr gültig 失效，停止流通 〈etw. ist außer K. 某物停止流通；etw. wird außer K. gesetzt 某物失效〉 **4.** die politischen Ziele, die j-d, e-e Partei *o. Ä.* verfolgt 方针，路线 ≈ Linie: *Die Regierung steuert e-n neuen K.* 政府采取新的方针 ‖ K-（复合）: ***Kurs-, -wechsel*** ‖ ID［谚］***j-d / etw. steht (bei j-m) hoch im K.*** j-d/etw. ist beliebt 某人/某物深受某人欢迎、青睐

Kurs² *der*; *-es, -e*; e-e Folge von Lektionen u. Stunden, in denen man (*z. B.* an der Volkshochschule) bestimmte Kenntnisse erwerben kann 课程，讲座，训练班 ≈ Lehrgang 〈e-n K. absolvieren, belegen, besuchen, machen, abhalten, geben 修完、报名参加、参加、办、举办、作讲座〉: *e-n K. in Spanisch belegen* 报名听西班牙语课 ‖ -K（复合）: ***Computer-, Englisch-, Ski-, Sprach-, Tanz-*** *usw*

Kurs·buch *das*; ein Buch, in dem die Fahrpläne aller Strecken der Eisenbahn e-s Landes enthalten sind 行车时刻表 ‖ NB（注意）: ↑ ***Fahrplan***

Kur·schat·ten *der*; *gespr hum*［口］［诙］; e-e Person (des anderen Geschlechts), mit der man während e-r Kur engen Kontakt hat (flirtet *o. Ä.*) 疗养期间结交的（异性）朋友

Kürsch·ner *der*; *-s, -*; j-d, der beruflich aus Fellen Pelze macht (u. sie verkauft) 皮货商

kur·sie·ren; *kursierte, hat kursiert*; [Vi]（不及物）**1.** ***etw. kursiert*** etw. ist in Umlauf（物作主语）流通，通用，传阅〈das Geld, ein Schreiben 钱，信〉 **2.** ***das Gerücht kursiert, dass ...*** man erzählt sich, dass ... 流传着谣言说…

kur·siv [-ˈziːf] *Adj*（形）; so, dass die Buchstaben nach rechts geneigt sind 斜体的 ↔ normal 〈e-e Schrift 字体; etw. k. schreiben, setzen 写斜体，排斜体〉 ‖ K-（复合）: ***Kursiv-, -druck, -schrift***

Kur·sus *der*; *-, Kur·se* ≈ Kurs², Lehrgang

Kurs·wa·gen *der*; ein Wagen, der nur für e-n Teil der Strecke zu e-m Zug gehört u. dann an e-n anderen (mit anderem Ziel) gehängt wird 直达车厢: *Der Zug nach Salzburg hat e-n K. nach Wien* 开往萨尔茨堡的火车挂了一节开往维也纳的直达车厢

Kur·ta·xe *die*; e-e Geldsumme, die man zahlen muss, wenn man in e-m Kurort übernachtet u. für die man einige Leistungen billiger od. kostenlos erhält（在疗养地膳宿并享受优惠或免费服务后应付的）疗养税

Kur·ti·sa·ne *die*; *-, -n*; *hist*［历］; e-e Prostituierte (am Hof e-s Königs *o. Ä.*)（宫廷中的）交际花，皇室情妇

Kur·ve [-və] *die*; *-, -n* **1.** e-e (regelmäßig gekrümmte) Linie ohne Ecken, in der Form e-s Bogens 弧线，弯 ↔ Gerade 〈etw. bildet e-e K., stellt e-e K. dar 某物构成、呈现出一条曲线〉: *Das Flugzeug beschrieb / flog e-e weite K.* 飞机转/飞了个大弯 **2.** e-e Stelle, an der e-e Straße e-e K. (1) hat 转弯处 ≈ Biegung 〈e-e Straße mit vielen, engen, scharfen, gefährlichen Kurven 一条马路有许多的、狭窄的、急剧的、危险的转弯处; e-e K. schneiden, voll ausfahren 抄近道，拐大弯（行驶）; in die K. fahren 转弯（行驶）〉: *Das Auto wurde wegen zu hoher Geschwindigkeit aus der K. getragen u. in den Graben geschleudert* 汽车由于速度太快从转弯处滑出去，滚进坑里 ‖ K-（复合）: ***Kurven-, -technik, -verhalten*** ‖ -K（复合）: ***Links-, Rechts-*** **3.** e-e K. (1), die mit e-r mathematischen Formel ausgedrückt werden kann 曲线〈e-e K. berechnen, konstruieren, zeichnen 计算、设计、画一条曲线〉 **4.** e-e Linie, die den Verlauf e-r Entwicklung grafisch abbildet 曲线: *e-e K., die die Höhe des Umsatzes e-r Firma über mehrere Jahre hinweg zeigt* 表示一家公司多年来营业额高低的一条曲线 ‖ -K（复合）: ***Fieber-, Preis-, Temperatur-*** ‖ NB（注意）: ↑ ***Diagramm*** **5.** *mst* 多用 ***etw. macht e-e K.*** die Straße, der Weg *o. Ä.* ändert die Richtung（物作主语）（指街道）拐弯，改变走向 **6.** *nur Pl, gespr hum*（只用复数）［口］［诙］; die (als erotisch empfundenen) Körperformen e-r Frau（妇女的）线条，曲线美，身段 ‖ ID［谚］***j-d kratzt die K.*** *gespr*［口］; j-d geht weg, verschwindet 某人溜走; ***(gerade noch) die K. kriegen*** *gespr*［口］; e-e Aufgabe im letzten Moment (gerade noch) bewältigen（恰好）完成任务，把事办完 ‖ *zu*（义项）**1. kur·ven·för·mig** *Adj*（形）; *nicht adv*（不作状语）; *zu*（义项）**2.** u. **5. kur·ven·reich** *Adj*（形）; *nicht adv*（不作状语）

kur·ven; *kurvte, ist gekurvt*; *gespr*［口］; [Vi]（不及物）**1.** ***j-d / etw. kurvt irgendwohin*** j-d/etw. fährt od. fliegt Kurven (1,2)（人/物作主语）拐弯驶向，飞往: *um die Ecke k.* 沿街角拐弯行驶; *durch die Luft k.* 在空中绕弯飞行 **2.** ***irgendwohin k.*** (ohne bestimmtes Ziel) umherfahren（无目的地）兜弯，周游，转悠〈durch e-e Stadt, durch ein Land k. 在一个城市、一个国家开车转悠〉

kur·vig [-v-] *Adj*（形）; *nicht adv*（不作状语）; mit vielen Kurven (2) 弯弯曲曲的，三弯九转的，蜿蜒的 ≈ kurvenreich ↔ gerade 〈e-e Straße, e-e Strecke 街道，地段〉

kurz, *kürzer, kürzest-*; *Adj*（形）**1.** von e-r relativ geringen räumlichen Ausdehnung 短的 ↔ lang¹ (2) 〈etw. k. scheren, schneiden 把…剪、切短; k. geschnitten, geschoren 切、剪短的〉: *Je höher die Sonne steht, um so kürzer sind die Schatten* 太阳越高，影子越短; *Er hat ganz kurze Haare* 他有一头短发; *Der kürzeste Weg nach Hause führt durch die Stadt* 回家最短的路是穿越城市 ‖ ↑ *Abb. unter*

图见 ***Eigenschaften*** ‖ K-(复合): ***Kurz-***, ***-strecke***, ***-streckenläufer***; ***kurz-***, ***-geschnitten***, ***-geschoren*** **2.** so, dass es sich nur über e-n (relativ) kleinen Zeitraum erstreckt 短暂的,短促的,片刻的,一会儿 ↔ lange (1): *Ich kann leider nur k. bleiben* 遗憾我只能稍留片刻; *Schon nach kurzer Zeit war er mit der Arbeit fertig* 不一会儿他就把工作干完了; *Er zögerte k. u. ging dann weiter* 他迟疑片刻又继续前行 ‖ K-(复合): ***Kurz-***, ***-urlaub***; ***kurz-***, ***-fristig*** **3.** ***k. vor***, ***k. hinter/nach*** + *Subst* (名词) (räumlich) nicht weit vor, hinter etw. 紧挨,离…不远,临近 ↔ weit: *Das Gasthaus kommt k. hinter/nach der Kirche, das können Sie nicht verfehlen* 那旅馆离教堂不远,您不会找不着; *Er stolperte k. vor dem Ziel* 临到终点他绊了一下 **4.** so, dass es nur wenige Zeilen od. Worte u. wenige Details umfasst 简短的,三言两语的,粗略的 ≈ knapp ↔ ausführlich, lang[1] (4) 〈e-e Ansprache, e-e Notiz, e-e Übersicht, e-e Zusammenfassung 致词,记录,概要,总结〉 ‖ K-(复合): ***Kurz-***, ***-fassung***, ***-form***, ***-kommentar***, ***-meldung***, ***-nachricht***, ***-referat*** **5.** *mst adv* (多作状语); so, dass der Betreffende schnell handelt, nicht zögert 迅速地,立刻,毫不迟疑地 ≈ rasch 〈etw. k. entschlossen tun 立刻下决心干某事; etw. k. abtun 毫不迟疑地解决某事〉 **6.** *Maßangabe* (计量说明语) + ***k.*** *gespr hum* [口] [诙]; mit dem genannten geringen Umfang, der geringen Länge…(简)短的,…长短的: *j-m e-n fünf Zeilen kurzen Brief schreiben* 写给某人一封五行字的短信 **7.** ***seit/vor Kurzem/kurzem*** seit/vor kurzer Zeit 不久/不久前: *Sie sind seit Kurzem verheiratet* 他们结婚不久; *Sie haben vor Kurzem geheiratet* 他们不久前结的婚 ‖ ID [谚] ***k. (u. gut)/k. gesagt*** verwendet, um etw. zusammenzufassen 总之,简言之: *Er hatte wenig Appetit u. schlief unruhig. – K. gesagt, es ging ihm schlecht* 他胃口不好,又睡不安宁。—— 总之,他身体不好; ***k. u. bündig*** präzis u. bestimmt 简明扼要: *Sie antwortete k. u. bündig* 她回答简明扼要; ***über k. od. lang*** ≈ früher od. später: *Über k. od. lang wird sie schon noch vernünftig werden* 她早晚会理智的; ***k. vor knapp*** *gespr* [口]; gerade noch rechtzeitig 赶巧,恰好,正是时候; ***k. u. schmerzlos*** *gespr* [口]; schnell u. ohne (aus Rücksicht) zu zögern 不假思索,说时迟那时快; ***k. angebunden sein*** unfreundlich, unhöflich sein 态度不友好,待人生硬冷淡; ***j-d/etw. kommt zu k.*** j-d/etw. wird zu wenig beachtet, wird benachteiligt 某人/某事吃亏(指没有得足够重视); ***den Kürzeren ziehen*** *gespr* [口]; (in e-r Auseinandersetzung) e-e Niederlage erleiden 失利,输; ***alles k. u. klein schlagen*** *gespr* [口]; (aus Wut) alles zerschlagen, kaputt machen 把一切砸得粉碎; *mst* 多用 ***machs k.!*** *gespr* [口]; komm gleich zur Sache (ich habe nicht viel Zeit) 有话直说,别罗唆! 说得简短些! (直截了当地说!); ↑ ***kürzertreten***, ***kurzfassen*** *usw*, ***Prozess***[1]

Kurz·ar·beit *die*; *nur Sg* (只用单数); e-e Arbeitszeit, die kürzer ist als normal, weil es im Betrieb gerade nicht genug Arbeit gibt (因企业开工不足)短时工〈K. haben, machen 干短时工〉 ‖ *hierzu* (派生) **Kurz·ar·bei·ter** *der*; *-s*, *-*; **Kurz·ar·bei·te·rin** *die*; *-*, *-nen*

kurz·är·me·lig, kurz·ärm·lig *Adj* (形); *nicht adv* (不作状语); mit kurzen Ärmeln 短袖的 ↔ langärm(e)lig 〈ein Hemd, ein Pullover 衬衣,套头毛衣〉

kurz·at·mig *Adj* (形); so, dass der Betreffende nur mit Mühe atmen kann 气短的,气喘的,气喘吁吁的

Kur·ze *der*; *-n*, *-n*; *gespr* [口] ≈ Kurzschluss 〈etw. hat e-n Kurzen 某物发生短路〉 ‖ NB(注意): *ein Kurzer*; *der Kurze*; *den*, *dem*, *des Kurzen*

Kür·ze *die*; *-*, *-n*; *mst Sg* (多用单数) **1.** die geringe Länge von etw. 短,简短: *die K. des Weges* (道)路短; *die K. des Briefes* 信短; *die K. ihrer Haare* 她的头发短 **2.** die geringe Dauer von etw. (延续时间)短,简短: *die K. der Feier* 庆祝会简短 **3.** die geringe Entfernung od. räumliche Ausdehnung von etw. (空间距离)短: *die K. des Abstands* 距离短,间隔短 **4.** ***in K.*** ≈ bald: *Sie werden in K. von uns hören* 您很快会听到我们的消息 **5.** ***in aller K.*** sehr kurz (4) u. knapp 最简略地,简明扼要地: *j-m in aller K. das Nötigste erklären* 把最必要的事向某人简明扼要地阐明 ‖ ID [谚] ***In der K. liegt die Würze*** e-e kurze, knappe Darstellung ist oft interessanter u. treffender als e-e lange (ausführliche) 言简意赅,言微旨远

Kür·zel *das*; *-s*, *-*; ein (*bes* stenografisches) Zeichen, das ein längeres Wort od. e-e Silbe ersetzt 速记符号 ‖ NB (注意): ↑ ***Abkürzung***

kür·zen; *kürzte*, *hat gekürzt*; [Vt] (及物) **1.** ***etw. k.*** etw. kürzer (1) machen, *bes* indem man etw. davon abschneidet 缩短,改短,剪短 ↔ verlängern 〈Ärmel, e-n Rock, e-n Mantel k. 将袖子、裙子、大衣改短〉 **2.** ***(j-m) etw. k.*** j-m von etw., das er regelmäßig bekommt, weniger geben 减少,缩减 ≈ herabsetzen, reduzieren ↔ erhöhen 〈(j-m) den Etat, das Gehalt, die Rationen, die Rente k. 减少预算、工资、配额、退休金〉; [Vt/i] (及物/不及物) **3.** ***(etw.) k.*** etw. durch Streichungen kürzer (4) machen 精减,删改 〈e-n Aufsatz, e-e Rede, e-n Roman k. 将文章、讲话、小说删改短些〉 **4.** ***(etw.) (mit etw.) k.*** MATH【数】; e-n Bruch vereinfachen, indem man Zähler u. Nenner durch die gleiche Zahl dividiert/teilt 约分: *Wenn man den Bruch* $\frac{2}{4}$ *mit* 2. *kürzt, erhält man* $\frac{1}{2}$ 分数 $\frac{2}{4}$ 用 2 约,得 $\frac{1}{2}$ ‖ *hierzu* (派生) **Kür·zung** *die*

kur·zer·hand *Adv* (副); schnell u. ohne zu zögern (od. zu überlegen) 不假思索地,立刻,毫不犹豫地,干脆 ≈ kurz entschlossen: *Als es ihm langweilig wurde, verließ er k. den*

Saal 当他感到无聊时,立即离开了礼堂

kür·zer·tre·ten; *tritt kürzer, trat kürzer, hat/ist kürzergetreten*; [Vi] (不及物) *gespr* [口] **1.** weniger Geld ausgeben 紧缩开支,节省开支≈ sich einschränken **2.** sich zurückhalten 深居简出,少与人来往: *Nach seinem Herzinfarkt muss er k.* 得了心肌梗塞后他不得不减少与人往来

kurz·fas·sen, sich; *fasste sich kurz, hat sich kurzgefasst*; [Vr] (反身) ***sich k.*** etw. in wenigen Worten ausdrücken 说得简短些: *Bitte fassen sie sich kurz!* 请您说得简短些!

kurz·fris·tig *Adj* (形); *ohne Steigerung* (无变级) **1.** so, dass es nicht vorher angekündigt wurde 无准备的,匆促的,临时的,突然的 ⟨e-e Abreise, e-e Absage, e-e Änderung 动身外出,拒绝,改变⟩: *ein Rennen wegen schlechten Wetters k. verschieben* 因天气恶劣临时推迟比赛 **2.** relativ kurze Zeit gültig 短期有效的 ↔ langfristig ⟨ein Abkommen, ein Kredit, ein Vertrag 协议,贷款,合同⟩ **3.** in (möglichst) kurzer Zeit, rasch 快速的,果断的: *kurzfristige Lösungen finden* 找到快速的解决办法; *k. e-e Entscheidung treffen* 果断作出决定

Kurz·ge·schich·te *die*; LIT【文学】; e-e kurze Erzählung mit e-r *mst* alltäglichen Handlung u. e-m überraschenden Schluss 短篇故事,短篇小说

kurz·haa·rig *Adj* (形); *ohne Steigerung, nicht adv* (无变级)(不作状语); mit kurzen Haaren 留短发的 ↔ langhaarig

kurz·hal·ten; *hält kurz, hielt kurz, hat kurzgehalten*; [Vt] (及物) ***j-n k.*** *gespr* [口]; j-m nur wenig Geld od. Freiheit geben, *bes* aus erzieherischen Gründen 对…严加管束,管教很严 ⟨die Kinder k. 对孩子管教很严⟩

kurz·le·big *Adj* (形); *nicht adv* (不作状语); so, dass es nur kurze Zeit existiert od. funktioniert 短命的,不耐用的,短期(有效)的 ↔ langlebig ⟨ein Gerät, e-e Mode 仪器,时装⟩

kürz·lich *Adv* (副); vor wenigen Tagen 不久前,新近,前几天≈ vor Kurzem, neulich

kurz·ma·chen ↑ ***kurz*** ID [谚]

Kurz·park|zo·ne *die*; ein Gebiet, in dem man nur kurze Zeit parken darf (*z. B.* an e-r Parkuhr od. mit e-r Parkscheibe) 记时停车区

kurz·sche·ren ↑ ***kurz*** (1)

kurz·schlie·ßen; *schloss kurz, hat kurzgeschlossen*; [Vt] (及物) **1.** ***etw. k.*** zwei Leitungen, die elektrische Spannung führen, miteinander verbinden 使短路,短接 ⟨e-n Stromkreis, die Zündung e-s Autos k. 使电路、汽车点火短路⟩; [Vr] (反身) **2.** ***j-d schließt sich mit j-m kurz***; ⟨Personen 人⟩ ***schließen sich kurz*** zwei od. mehrere Personen treffen e-e kurze Absprache, tauschen schnell wichtige Informationen aus (人作主语)单数: 与…开碰头会; 复数: 大家开碰头会: *Wegen des Termins müssen wir uns noch k.* 为了确定日期,我们还得碰下头 ‖ NB(注意): *mst* im Infinitiv (多用不定式)!

Kurz·schluss *der* **1.** e-e (unabsichtliche) Verbindung zwischen zwei Leitungen, die e-e Störung bewirkt 短路,短接 ⟨ein Gerät hat e-n K. 仪器发生短路⟩: *Als das Kind mit der Steckdose spielte, verursachte es e-n K. u. wurde schwer verletzt* 小孩玩插座时,引发短路并严重受伤 **2.** e-e unüberlegte Handlung *o. Ä.*, bei der man aus Wut, Angst *o. Ä.* etw. Falsches tut 错误行为,愚蠢举动: *Die Fahrerflucht nach dem Unfall war ein K.* 司机肇事后逃逸是错误行为 ‖ K-(复合): ***Kurzschluss-, -handlung, -reaktion***

kurz·schnei·den ↑ ***kurz*** (1)

Kurz·schrift *die* ≈ Stenografie

kurz·sich·tig *Adj* (形) **1.** *nicht adv* (不作状语); so, dass der Betreffende nur die Dinge gut sehen kann, die nahe bei ihm sind 近视的 ↔ weitsichtig **2.** so, dass dabei wichtige Konsequenzen od. Aspekte nicht beachtet werden 短视的,目光短浅的,无远见的≈ unüberlegt ⟨ein Entschluss, ein Verhalten 决定,行为; k. handeln 做事无远见⟩ ‖ *hierzu* (派生) **Kurz·sich·tig·keit** *die*

kurz·tre·ten; *tritt kurz, trat kurz, hat/ist kurzgetreten*; [Vi] *gespr* (不及物) [口] ≈ kürzertreten

kurz·um *Adv* (副) ≈ kurz: *Er liebt Rosen, Tulpen, Nelken. – K. er liebt Blumen* 他喜爱玫瑰、郁金香、丁香。——一句话,他爱花

Kurz·wa·ren *die*; *Pl, Kollekt* (复)(集合); kleine Dinge, die man beim Nähen u. bei Handarbeiten braucht (*z. B.* Garn, Knöpfe, Reißverschlüsse) (针线、纽扣、拉链等缝补用的)小商品

kurz·wei·lig *Adj* (形); *nicht adv* (不作状语); so, dass dabei die Zeit schnell vergeht (供)消遣的,消磨时间的≈ unterhaltsam, interessant ↔ langweilig ⟨ein Abend, e-e Beschäftigung, e-e Geschichte 夜晚,工作,故事⟩

Kurz·wel·le *die*; *nur Sg*, RAD (只用单数)【广播】; der Bereich, der Sender empfängt, die auf kurzen Wellen senden 短波 ↔ Langwelle, Mittelwelle, UKW ⟨K. hören 听短波; e-n Sender auf K. empfangen 收短波节目⟩ ‖ K-(复合): ***Kurzwellen-, -sender***

Kurz·wort *das*; ein Wort, das aus Teilen eines od. mehrerer Wörter gebildet ist 缩略词: *Uni ist ein K. für Universität, Kripo für Kriminalpolizei* Uni 是 Universität(大学)的缩略词,Kripo 是 Kriminalpolizei(刑警)的缩略词

Kurz·zeit|ge·dächt·nis *das*; *nur Sg* (只用单数); der Teil des Gedächtnisses, der Informationen für kurze Zeit speichert 短时记忆 ↔ Langzeitgedächtnis

kurz·zei·tig *Adj* (形); *mst attr, ohne Steigerung* (多作定语)(无变级) ≈ kurz (2): *Milch wird durch kurzzeitiges Erhitzen pasteurisiert* 对牛奶进行短时间加热消毒

kusch! *Interjektion* (叹); verwendet, um ein Tier zu vertreiben od. e-m Hund zu befehlen, still zu sein (od. sich hinzulegen) (驱赶动物)去! 滚开! (命令狗)趴下,不许叫,不准出声

ku·sche·lig *Adj* (形) **1.** so weich (u. warm),

dass man die Berührung gernhat 软绵绵的,软和的,松软的〈ein Bett, ein Tier 床,动物〉: *ein kleines Kätzchen mit k. weichem Fell* 一只长着软绵绵茸毛的小猫 **2.** so (gemütlich), dass man sich besonders wohl fühlt 舒适的,惬意的 ≈ heimelig〈e-e Atmosphäre, e-e Wohnung 气氛,住房〉

ku·scheln; *kuschelte, hat gekuschelt*; Vr (反身) **1. sich an j-n k.; sich in etw.** (*Akk* 四格) **k.** j-n/etw. so mit dem (ganzen) Körper berühren, dass man sich geborgen fühlt u. nicht friert 依偎在,紧贴在≈ sich an j-n/etw. schmiegen: *Das Kind kuschelte sich eng an seine Mutter u. schlief ein* 孩子紧紧依偎在母亲怀里睡着了; Vi (不及物) **2.** 〈Personen 人〉 **kuscheln** *mst* zwei Personen schmiegen sich aneinander 相互依偎,相互紧紧贴在一起

Ku·schel·tier *das*; ein weiches Stofftier 长毛绒动物玩具,绒布动物玩具: *ein K. mit ins Bett nehmen* 抱着一只长毛绒动物玩具上床睡觉

ku·schen; *kuschte, hat gekuscht*; Vi (不及物) **1. ein Hund kuscht** ein Hund (gehorcht u.) hört auf zu bellen u. legt sich hin 狗乖乖地趴下,伏下 **2.** (**vor j-m**) **k.** *gespr* [口]; still (u. demütig) sein u. gehorchen 俯首帖耳,顺从,不吭气,言听计从: *Du sollst nicht k. – Wehr dich lieber!* 你不要不吭气 —— 要为自己辩护!; Vr (反身) **3. ein Hund kuscht sich** ≈ ein Hund kuscht (1)

kusch·lig *Adj* (形); ↑ **kuschelig**

Ku·si·ne *die*; -, *-n*; ↑ **Cousine**

Kuss *der*; *-es, Küs·se*; e-e Berührung mit den Lippen, mit der man Freundschaft, Liebe od. Zärtlichkeit ausdrückt od. j-n begrüßt 吻〈ein flüchtiger, inniger, leidenschaftlicher, süßer, zärtlicher K. 草率的、真挚的、热烈的、甜密的、温柔的一吻; j-m e-n K. (auf die Wange / den Mund / die Stirn) geben, hauchen, drücken 吻、轻轻地吻、紧紧地吻某人(脸颊/嘴/额头)一下; j-s Gesicht mit Küssen bedecken 吻遍某人的脸〉: *Franzosen begrüßen sich oft mit e-m K. auf jede Wange* 法国人见面问好常常是两颊各吻一次 ‖ -K(复合): **Abschieds-, Bruder-, Hand-, Zungen-**

kuss·echt *Adj* (形), *nicht adv* (不作状语); so, dass die Farbe beim Küssen auf den Lippen bleibt 不落色的,不掉颜色的〈ein Lippenstift 唇膏〉

küs·sen; *küsste, hat geküsst*; Vt (及物) **j-n** (**irgendwohin**) **k.** j-m einen od. mehrere Küsse geben 亲吻,与…接吻: *Zum Abschied küsste er sie flüchtig auf die Wange* 告别时他在她脸上匆匆地吻了一下 ‖ ID [谚] **Küss die Hand** Ⓐ *gespr* [奥][口]; (von Männern) verwendet, um e-e Frau höflich zu grüßen (对女士的问候)您好(同时吻手)

Kuss·hand *die*; *mst in* 多用于 **1. etw. mit K. loswerden** *gespr* [口]; etw. sehr leicht verkaufen können 很容易脱手(卖掉) **2. etw. mit K. nehmen** *gespr* [口]; etw. sehr gern annehmen, kaufen 很乐意买进 **3. j-m e-e K. zuwerfen** die Finger der eigenen Hand küssen u. dann e-e Bewegung machen, als wolle man den Kuss (symbolisch) zu j-m werfen 给…一个飞吻

Küs·te *die*; -, *-n*; der Bereich, an dem Meer u. Land sich berühren 海滨,海岸,沿海的地区〈e-e flache, steile, steinige, felsige K. 平坦的、陡峭的、多石的、多岩的海岸〉: *Ein Schiff kreuzt vor der K.* 一艘轮船沿海岸航行; *Seinen Urlaub an der K. verbringen* 在海滨度假 ‖ K-(复合): **Küsten-, -bewohner, -gebiet, -gewässer**

Küs·ten·strei·fen *der*; ein schmaler Streifen Land entlang der Küste 狭长的沿海地带

Küs·ter *der*; *-s*, -; ≈ Kirchendiener

Kus·tos *der*; -, *Kus·to·den*; j-d, der in e-m Museum wissenschaftliche Aufgaben hat (博物馆内的)科技专职人员

Kutsch·bock *der*; der Platz, auf dem der Kutscher sitzt 马车夫的高座

Kut·sche *die*; -, *-n*; *bes hist* 尤用[历]; ein Wagen, der von Pferden gezogen wird u. *bes* Fahrgäste transportiert 轿式马车〈e-e K. fährt vor 一辆马车超车; in e-e K. steigen, in e-r K. sitzen, fahren 登上、乘坐马车〉 ‖ -K(复合): **Hochzeits-, Post-; Pferde-**

Kut·scher *der*; *-s*, -; *bes hist* 尤指[历]; j-d, der (beruflich) e-e Kutsche lenkt 马车夫: *Der K. knallt mit der Peitsche* 马车夫抽打着鞭子

kut·schie·ren; *kutschierte, hat/ist kutschiert*; *gespr* [口]; Vt (及物) (*hat*) **1. j-n/etw. irgendwohin k.** j-n/etw. mit e-m Wagen *o. Ä.* irgendwohin bringen 用车将…送往,驾(开)车送: *Er kutschierte uns alle in seinem alten Auto in die Stadt* 他用自己的破车将我们送进城; Vi (不及物) (*ist*) **2. irgendwohin k.** ohne festes Ziel mit dem Auto herumfahren 开车逛游,开车兜风: *durch das Land k.* 开车在乡间兜风

Kut·te *die*; -, *-n* **1.** ein langes, weites Gewand mit Kapuze, das *bes* Mönche tragen 僧衣,袈裟,道服 ‖ -K(复合): **Mönchs- 2.** e-e Art Anorak (mit Kapuze), der bis zu den Knien reicht u. *bes* bei schlechtem Wetter getragen wird 风雪大衣

Kut·tel *die*; -, *-n*; *mst Pl*, *südd* Ⓐ Ⓒⓗ (多用复数)[南德][奥][瑞] Magen u. Darm (von Rindern), die man isst 牛下水,牛的内脏 ‖ K-(复合): **Kuttel-, -suppe**

Kut·ter *der*; *-s*, -; ein Schiff, mit dem man *bes* in der Nähe der Küste Fische fängt (近海)渔轮 ‖ -K(复合): **Fisch-**

Ku·vert [kuˈveːɐ] *das*; *-s*, *-s* ≈ Briefumschlag 〈ein K. zukleben, adressieren, frankieren 封上信封,在信封上写上收件人姓名地址、贴上邮票〉 ‖ -K(复合): **Brief-**

Ku·ver·tü·re [-v-] *die*; -, *-n*; *geschr* [书]; flüssige Schokolade, die man über Kuchen, Plätzchen *o. Ä.* gießt (涂浇在糕饼上的)巧克力糖浆(层、衣) ≈ Schokoladenguss 〈etw. in K. tauchen, mit K. bestreichen 将某物浸入巧克力糖浆,抹上巧克力糖浆〉

K

Ky·ber·ne·tik *die*；-；*nur Sg*（只用单数）；die Wissenschaft，die bestimmte Mechanismen in biologischen, technischen, soziologischen *o*. *Ä*. Vorgängen untersucht 控制论‖ *hierzu*（派生）**Ky·ber·ne·ti·ker** *der*；*-s*，-；**Ky·ber·ne·ti·ke·rin** *die*；-，*-nen*；**ky·ber·ne·tisch** *Adj*（形）

ky·ri̲l·lisch *Adj*（形）；*mst attr*（多作定语）；zu der Schrift gehörig，die *z*. *B*. für die russische Sprache benutzt wird 基立尔的（公元九世纪发展起来的文字体系，为斯拉夫诸民族所采用）〈ein Buchstabe，die Schrift 字母，文字〉

KZ [ka'tsɛt] *das*；*-s*，*-s*；*Kurzw*（略）↑ ***Konzentrationslager*** ‖ K-（复合）：***KZ-Häftling***，***KZ-Scherge***

L, l

L, l [ɛl] *das*; -, -/*gespr auch* [口]也用 *-s*; der zwölfte Buchstabe des Alphabets 字母表的第十二个字母〈ein großes L 大写 L; ein kleines l 小写 l〉

la e-e Silbe, mit der man die Worte e-s Textes beim Singen ersetzt 啦(代替歌词的音节)

la·ben; *labte*, *hat gelabt*; *geschr* [书]; **Vt** (及物) **1.** ***j-n*** **(*mit etw.*)** ***l.*** j-m etw. geben, das ihn erfrischt 使精神振奋,使精力恢复〈j-n mit Speis u. Trank l. 用食物和饮料使精力恢复〉; **Vr** (反身) **2.** ***sich*** **(*an* / *mit etw.*** (*Dat* 三格)**)** ***l.*** etw. genießen u. dadurch neue Kraft (u. Freude) bekommen 精神振奋起来,缓过劲来,恢复精神,恢复元气〈sich an e-m Anblick l. 外表上缓过劲来〉

la·bern; *laberte*, *hat gelabert*; *pej* [贬]; **Vi** (不及物) sehr viele, dumme od. überflüssige Dinge sagen 唠叨,喋喋不休,饶舌

la·bil *Adj* (形) **1.** 〈ein Gleichgewicht, e-e Lage, e-e Situation 平衡,形势,局势〉 so, dass sie sich leicht verändern können 不稳定的,易变的 ↔ stabil **2.** 〈e-e Gesundheit, ein Kreislauf 健康情况,血液循环〉 so, dass die betroffene Person leicht krank werden kann 时好时坏的,容易生病的,缺乏抵抗力的 ≈ anfällig **3.** 〈ein Charakter, ein Mensch 性格,人〉 so, dass man sich nicht auf sie verlassen kann 不可信赖的,摇摆不定的 ‖ *hierzu* (派生) **La·bi·li·tät** *die*; -; *nur Sg* (只用单数)

La·bor [laˈboːɐ] *das*; *-s*, *-s*/*-e*; ein Raum, in dem man *bes* technische u. medizinische Versuche u. Untersuchungen macht 实验室,化验室〈ein chemisches, medizinisches L. 化学、医学实验室〉 ‖ K- (复合): ***Labor-***, ***-tisch***, ***-untersuchung***, ***-versuch*** ‖ -K (复合): ***Chemie-***, ***Versuchs-***, ***Zahn-***

La·bo·rant *der*; *-en*, *-en*; j-d, der beruflich in e-m Labor arbeitet 实验员,化验员 ‖ -K (复合): ***Chemie-*** ‖ NB (注意): *der Laborant*; *den*, *dem*, *des Laboranten* ‖ *hierzu* (派生) **La·bo·ran·tin** *die*; -, *-nen*

La·bo·ra·to·ri·um *das*; *-s*, *La·bo·ra·to·ri·en* [-iən]; *geschr* [书] ≈ Labor

Lab·sal *das*; *-(e)s*, *-e*/*südd* Ⓐ *auch* [南德][奥]也用 *die*; -, *-e*; *geschr* [书]; etw., das bewirkt, dass sich j-d erholt u. erfrischt fühlt 能使人神清气爽、振作精神的事情

La·by·rinth *das*; *-(e)s*, *-e*; ein kompliziertes System von Straßen, Gängen u. Wegen, in dem man leicht die Orientierung verliert 迷宫,迷魂阵

La·che, La·che[1] *die*; -, *-n*; Flüssigkeit, die sich an e-r Stelle *bes* am Boden angesammelt hat 小水坑,死水,积水 ≈ Pfütze ‖ -K (复合): ***Blut-***, ***Öl-***, ***Wasser-***

La·che[2] *die*; -; *nur Sg*, *gespr*, *oft pej* (只用单数)[口]常用[贬]; die Art, wie j-d lacht 笑的样子〈e-e unangenehme, dreckige L. haben 令人讨厌的、不怀好意的笑〉

lä·cheln; *lächelte*, *hat gelächelt*; **Vi** (不及物) den Mund etwas breiter machen, um zu zeigen, dass man sich freut od. dass man etw. lustig findet 微笑〈freudig, vergnügt, hämisch l. 高兴地、愉快地、恶意地微笑; über j-n/etw. l. 取笑某人/某事〉: *Als sie ihn sah, lächelte sie u. gab ihm die Hand* 她见了他微微一笑,向他伸出了手; *lächelnd zur Tür hereinkommen* 微笑着走进门来; *Er lächelte über ihre Schüchternheit* 他笑她腼腆

Lä·cheln *das*; *-s*; *nur Sg* (只用单数); der Vorgang, bei dem j-d lächelt 笑,微笑〈ein flüchtiges, müdes, süffisantes L. 匆匆的、厌烦的、傲慢的微笑〉: *Viele Kollegen finden das freundliche L. an ihr so sympathisch* 许多同事认为她那友善的微笑很讨人喜欢 ‖ ID [谚] ***für etw. nur ein müdes L.*** **(*übrig*)** ***haben*** kein Interesse an etw. zeigen, da man es für schlecht hält 厌烦某事,对某事不屑一顾

la·chen; *lachte*, *hat gelacht*; **Vi** (不及物) **1.** **(*über etw.*** (*Akk* 四格)**)** ***l.*** den Mund öffnen u. dabei kurz hintereinander mehrere Laute erzeugen, um zu zeigen, dass man sich freut od. lustig ist 笑 ↔ weinen〈laut, schallend, fröhlich, schadenfroh, triumphierend, dreckig l. 大声地、响亮地、高兴地、幸灾乐祸地、胜利地、恶意地笑; vor Vergnügen l. 因欢快而笑; über das ganze Gesicht l. 笑容满面; aus vollem Halse l. 放声大笑〉: *Er erzählte e-n Witz, u. alle lachten laut* 他讲了一个笑话,大家哈哈大笑; *Lachen ist die beste Medizin* (Sprichwort) 笑是最好的良药(成语) **2.** ***über j-n/etw. l.*** beleidigende Bemerkungen über j-n/etw. machen, weil sie bestimmte Eigenschaften *o. Ä.* haben 取笑,嘲笑,耻笑,笑话 ≈ sich über j-n/etw. lustig machen, j-n verspotten, j-n auslachen: *Die Klassenkameraden lachten über seine Ungeschicklichkeit* 同学们笑他笨手笨脚; *Alle lachen über seinen Sprachfehler* 大家笑话他的语言错误 **3.** ***die Sonne*** / ***der Himmel lacht*** die Sonne scheint 阳光灿烂,天气晴朗 ≈ es herrscht strahlender Sonnenschein ‖ ID [谚] ***bei j-m*** / ***irgendwo nichts zu l. haben*** *gespr* [口]; bei j-m/irgendwo sehr streng behandelt werden 在某人

L

处/在某处受苛待(日子很不好过); *mst* 多用 ***Da gibts nichts zu l.!*** *gespr* [口]; das muss man ernst nehmen! 这没有什么可笑的!(这事应严肃对待); *mst* 多用 ***Du hast/kannst gut/leicht l.*** *gespr* [口]; du bist in e-r besseren Situation als ich 这下你可以高兴了,你倒高兴了; ***Dass ich nicht lache!*** *gespr* [口]; verwendet, um auszudrücken, dass man das, was ein anderer einem erzählt hat, für falsch od. gelogen hält (表示某事是荒谬的)真可笑!; *mst* 多用 ***Das wäre doch gelacht*** (, ***wenn...***) *gespr* [口]; es ist völlig klar, dass j-d etw. tun kann, das andere für sehr schwierig halten (要是…)岂非可笑! 那不笑掉大牙!; *„Was, ihr meint, diese Prüfung kann man nicht schaffen? – Das wäre doch gelacht!"* "什么,你们认为这次考试通不过?——那不笑掉大牙!"; ***Wer zuletzt lacht, lacht am besten*** es ist wichtig, wer am Ende e-r Angelegenheit Erfolg hat 谁最后笑,笑得最好

La·chen *das*; *-s*; *nur Sg* (只用单数); der Vorgang, bei dem j-d lacht (1) 笑 〈ein fröhliches, spöttisches, hämisches L. 高兴的、讥讽的、阴险的笑; das L. unterdrücken 克制住笑; sich das L. verbeißen, verkneifen 抑制住、忍住笑; j-n (mit etw.) zum L. bringen 逗某人发笑〉: *Als er anfing zu lachen, lachten alle mit – sein L. ist wirklich ansteckend* 他一笑,大家跟着都笑了——他的笑声的确富有感染力 ‖ ID [谚] ***j-d hat das L. verlernt*** j-d ist sehr traurig od. melancholisch 某人失去了笑容(非常忧伤); ***vor L.*** (***fast***) ***platzen*** *gespr* [口]; sehr stark u. lange lachen (差点儿)笑破肚子; ***sich*** (*Akk* 四格) ***vor L. nicht mehr halten können***; ***sich biegen/kugeln/ausschütten vor L.*** *gespr* [口]; sehr stark lachen 笑得前仰后合,捧腹大笑; *mst* 多用 ***Das ist doch zum L.!*** *gespr pej* [口][贬]; verwendet, um auszudrücken, dass man sich über etw. ärgert od. es lächerlich findet 这简直可笑!; *mst* 多用 ***Dir wird das L. noch vergehen!*** *gespr* [口]; du wirst auch bald Probleme haben, wenn du in e-e ähnliche Situation kommst! 你有一天会笑不出来的! 你会碰上麻烦的!

La·cher *der*; *-s*, *-* **1.** j-d, der lacht 笑者 **2.** *gespr* [口]; ein kurzes Lachen (短促的)笑声 ‖ ID [谚] ***die Lacher auf seiner Seite haben*** in e-r Auseinandersetzung *o. Ä.* etw. Lustiges sagen u. dadurch die Leute für sich gewinnen (在争论时说些诙谐幽默的话)把听众争取到自己一边来

Lach|er·folg *der*; *mst in* 多用于 ***e-n L. haben*** andere Menschen zum Lachen bringen 逗人发笑,有逗笑的效果

lä·cher·lich *Adj* (形) **1.** so unpassend, dass es einen stört od. dass man es nicht ernst nehmen kann 可笑的,使人发笑的 ≈ komisch, seltsam 〈j-s Verhalten, Getue 某人的行为,做派; ein Vorhaben 打算〉: *Es ist einfach l., sich über solche Kleinigkeiten aufzuregen* 为这种小事生气简直可笑 **2.** sehr klein od. gering 微小的,低微的,微薄的,很少的 ≈ mickrig ↔ beträchtlich, ansehnlich 〈ein Betrag, j-s Verdienst, e-e Summe, e-e Ausgabe 款项,某人的贡献,数目,支出〉: *Dieses Buch habe ich mir für lächerliche fünf Euro gekauft* 买这本书他只花了区区五欧元; *Sie verdient l. wenig* 她收入少得可怜 **3.** ***etw. ins Lächerliche ziehen*** etw. abwerten, indem man Witze darüber macht 对…取笑、嘲笑、奚落 ‖ *zu* (义项) **1. Lä·cher·lich·keit** *die*

lach·haft *Adj* (形); *mst präd*, *pej* (多作表语)[贬]; 〈j-s Verhalten, j-s Vorhaben, Pläne 某人的态度,意图,计划〉 so, dass man sie nicht ernst nehmen kann, sich aber trotzdem darüber ärgert 可笑的,愚蠢的 ≈ ärgerlich

Lach·krampf *der*; *mst in* 多用于 ***e-n L. bekommen*** nicht mehr aufhören können zu lachen 忍不住地笑,狂笑不止

Lachs [laks] *der*; *-es*, *-e* **1.** ein großer Fisch, der in den nördlichen Meeren lebt u. der sich in Flüssen vermehrt 鲑鱼,大麻哈鱼 ‖ K-(复合): ***Lachs-***, ***-fang*** ‖ -K (复合): ***See-*** **2.** das rosafarbene Fleisch dieses Fisches, das sehr gut schmeckt 鲑鱼肉 〈geräucherter L. 熏鲑鱼〉: *Zu Silvester gibt es Brötchen mit L. u. Kaviar* 除夕有小面包,鲑鱼肉和鱼子酱 ‖ K-(复合): ***Lachs-***, ***-brötchen***, ***-ersatz***; ***lachs-***, ***-rot*** ‖ -K: (复合) ***Räucher-*** ‖ *zu* (义项) **2. lachs·far·ben** *Adj* (形)

Lach·sal·ve *die*; das gleichzeitige, laute Lachen mehrerer Personen 同声大笑,哄堂大笑 〈von Lachsalven unterbrochen werden 被哄堂大笑所打断〉

Lack *der*; *-(e)s*, *-e*; e-e Flüssigkeit, die man über Holz, Metall od. über e-e Farbe streicht, damit das Material geschützt ist 漆,清漆 〈farbloser, grüner *usw*, matter, glänzender L. 无色的、绿色的等、无光泽的、发亮的漆; der L. blättert ab 漆一片片剥落; L. auftragen, L. auf etw. (*Akk* 四格) spritzen 把漆涂、喷在某物上〉 ‖ K-(复合): ***Lack-***, ***-fehler***, ***-schaden*** ‖ ID [谚] ***Der L. ist ab*** *gespr* [口]; **a)** etw. ist nicht mehr neu u. interessant (指某事的)新鲜劲儿没了; **b)** j-d sieht nicht mehr jung u. frisch aus (指某人)妙龄(青春年华)已过

Lack·af·fe *der*; *gespr pej* [口][贬]; j-d, der sich übertrieben elegant kleidet u. sehr eitel u. arrogant ist 花花公子,纨绔子弟

la·ckie·ren; *lackierte*, *hat lackiert*; Vt/i (及物/不及物) **1.** (***etw.***) ***l.*** Lack auf etw. streichen od. spritzen 在…上涂或喷漆 〈die Möbel, die Fensterrahmen, das Auto l. 漆家具、窗框、汽车〉: *Ich habe den alten Schrank neu lackiert* 我把那只旧柜子重新漆了一下; Vt (及物) **2.** ***sich*** (*Dat* 三格) ***die Fingernägel l.*** Nagellack auf die Fingernägel streichen 涂指甲盖 ‖ *zu* (义项) **1. La·ckie·rung** *die*

La·ckie·rer *der*; *-s*, *-*; j-d, der beruflich (*z. B.* Autos) lackiert 漆工,漆匠 ‖ *hierzu* (派生) **La·ckie·re·rin** *die*; *-*, *-nen*

Lack·schuh *der*; *mst Pl* (多用复数); Schuhe aus

glänzendem Leder 漆革皮鞋

La·de·hem·mung *die*; e-e Störung im Mechanismus e-r Waffe, sodass man die Munition nicht hineintun kann 装弹故障,卡壳: *Die Pistole hatte L.* 手枪卡壳了(装不进子弹) ‖ ID [谚] ***j-d / etw. hat L.*** *gespr hum* [口][诙]; j-d versteht etw. überhaupt nicht/etw. funktioniert nicht 某人发懵(不知所以)/某物不灵(卡壳)了

la·den¹; *lädt* (*veraltend* [渐旧]: *ladet*), *lud*, *hat geladen*; Vt (及物) **1.** ***etw. lädt etw.*** etw. nimmt etw. (*bes* e-e Last) auf, um es (sie) zu transportieren (物作主语)装载,装运: *Die Schiffe laden Bananen u. bringen sie nach Europa* 轮船装着香蕉运往欧洲; *Das Flugzeug hatte zu viel geladen* 这架飞机装载过多 ‖ K-(复合): ***Lade-***, ***-fläche***, ***-gewicht***, ***-kapazität***, ***-raum*** **2.** ***etw.*** (***mit etw.***) ***l.*** etw., das man transportieren will, in ein Fahrzeug bringen 给…(运输工具)装以,把…装上 ≈ beladen: *e-n Lastwagen mit Fässern l.* 将桶装上载重汽车; *e-n Waggon mit Kisten l.* 把箱子装进车厢 ‖ K-(复合): ***Lade-***, ***-rampe*** **3.** ***etw. irgendwohin l.*** etw., das man transportieren will, in ein Fahrzeug bringen 将…(货物)装入,装上 ≈ einladen: *Getreide in e-n Frachter l.* 把粮食装入货船; *Säcke auf e-n Karren l.* 把口袋装上手推车; *Die Kräne laden die Container auf die Frachtschiffe* 吊车将集装箱装上货轮 **4.** ***etw. l.*** INFORM【信息】; e-e Datei in den Arbeitsspeicher nehmen, ein Programm aktivieren 装入,存入 ≈ öffnen ⟨e-e Datei, ein Programm l. 存入文件,装入程序⟩ **5.** ***etw. aus / von etw. l.*** etw., das transportiert wurde, aus e-m Fahrzeug nehmen 从…上卸货,卸下,搬下 ≈ ausladen: *die kisten aus dem Waggon l.* 从车厢里卸下箱子 **6.** ⟨e-e Schuld, e-e Verantwortung 过错,责任⟩ ***auf sich*** (*Akk* 四格) ***l.*** *geschr* [书]; schuldig, für etw. verantwortlich werden 承担,担当 ‖ ▶ ***Ladung¹***

la·den²; *lädt* (*veraltend* [渐旧]: *ladet*), *lud*, *hat geladen*; Vt/i (及物/不及物) **1.** (***etw.***) ***l.*** Munition in e-e Waffe tun 给…装弹药 ↔ entladen ⟨ein Gewehr, e-e Pistole, ein Geschütz, e-e Kanone, e-e Armbrust l. 给枪、手枪装子弹,给炮、大炮装炮弹,给弩装箭⟩; Vt (及物) **2.** ***etw. l.*** elektrischen Strom in e-e Batterie schicken, damit diese wieder funktioniert 给…充电 ≈ aufladen ‖ K-(复合): ***Lade-***, ***-zustand*** ‖ ▶ ***Ladung²***

la·den³; *lädt* (*veraltend* [渐旧]: *ladet*), *lud*, *hat geladen*; Vt (及物) *geschr* [书] **1.** ***j-n*** (***zu etw.***) ***l.*** j-n (zu e-m Fest) einladen 邀请 ↔ ausladen **2.** ***j-n l.*** j-n auffordern, vor Gericht zu erscheinen 传讯…出庭 ≈ vorladen ⟨j-n als Zeugen l. 传讯某人出庭作证; j-n vor Gericht, zu e-r Verhandlung l. 传讯某人出庭,请某人出席谈判⟩ ‖ ▶ ***Ladung³***, ***Einladung***, ***Vorladung***

La·den *der*; *-s*, *Lä·den* **1.** ein Raum od. Haus, in dem man bestimmte Dinge (wie *z.B.* Gemüse od. Bücher) kaufen kann 店,铺子 ≈ Geschäft ⟨ein teurer L. 高价商店; e-n L. aufmachen, einrichten, schließen 开设、布置、关闭商店; im L. bedienen 在商店里服务⟩: *Mein Vater kauft seinen Tabak im L. an der Ecke* 我父亲在拐角的铺子里买烟 ‖ K-(复合): ***Laden-***, ***-besitzer***, ***-glocke***, ***-kasse***, ***-straße***, ***-tür*** ‖ -K(复合): ***Buch-***, ***Gemüse-***, ***Hobby-***, ***Lebensmittel-***, ***Schreibwaren-***, ***Tabak-***, ***Tee-***, ***Zeitungs-*** **2.** *Kurzw* (略) ↑ ***Fensterladen*** **3.** *Kurzw* (略) ↑ ***Rollladen*** ‖ ID [谚] ***Der L. läuft*** *gespr* [口]; ein Geschäft od. e-e Unternehmung funktioniert gut 生意很好或事业很顺利; ***den L. schmeißen*** *gespr* [口]; durch seine Tüchtigkeit bewirken, dass ein Geschäft od. e-e Unternehmung gut funktioniert 努力把生意或事业办好; ***den L. hinwerfen*** *gespr* [口]; e-e Tätigkeit (oft aus Frustration od. Verärgerung) aufgeben 甩手不干,撂挑子; *mst* 多用 ***So wie ich den L. kenne*** *gespr* [口]; so wie ich die Verhältnisse hier kenne 据我所知

La·den·dieb *der*; j-d, der etw. aus e-m Geschäft stiehlt, während es geöffnet ist (在商店里偷窃的)小偷,窃贼: *Jeder L. wird angezeigt!* 见小偷要举报! ‖ NB(注意): ↑ ***Einbrecher*** ‖ *hierzu* (派生) **La·den·die·bin** *die*; **La·den|dieb·stahl** *der*

La·den·hü·ter *der*; *-s*, *-*; *pej* [贬]; ein Gegenstand, den niemand kauft u. der deshalb lange in e-m Geschäft bleibt 滞销品,不走俏的商品

La·den·schluss *der*; *nur Sg* (只用单数); der Zeitpunkt, ab dem in Geschäften nichts mehr verkauft werden darf 停止营业(下班、打烊)的时间 ≈ Geschäftsschluss: *kurz vor L. noch zum Einkaufen gehen* 在商店快关门前还去采购 ‖ K-(复合): ***Ladenschluss-***, ***-gesetz***

La·den·tisch *der* **1.** e-e Art Tisch (in e-m Geschäft), hinter dem der Verkäufer steht 商店柜台 **2.** ***etw. unterm L. verkaufen*** Waren verkaufen, die verboten od. knapp sind 私下出售(违禁品或紧俏商品)

La·den·toch·ter *die*; (CH) [瑞] ≈ Verkäuferin

lä·diert *Adj* (形); *gespr* [口]; mit e-r Beschädigung od. Verletzung 受损的,受伤的 ≈ beschädigt, verletzt: *e-e lädierte Briefmarke* 一枚损坏了的邮票; *Mein Knie ist leicht l.* 我的膝盖受了轻伤

Lä·die·rung *die*; *-*, *-en*; die Stelle, an der etw. beschädigt ist 受损处

lädt *Präsens*, *3 Person Sg* (现在时,第三人称单数); ↑ ***laden***

La·dung¹ *die*; *-*, *-en* **1.** die Dinge, die mit e-m Fahrzeug transportiert werden 运载的货物 ≈ Fracht ⟨e-e L. aufnehmen 开始装货; die L. löschen (= abladen) 卸下货物⟩: *e-e L. Holz, Getreide, Kohlen* 一车(船)木柴、粮食、煤 ‖ -K(复合): ***Getreide-***, ***Holz-***, ***Kohle-*** **2.** *gespr* [口]; e-e relativ große Menge e-r Flüssigkeit 大量(液体): *e-e L. Wasser* 大量水

La·dung² *die*; *-*, *-en* **1.** die Menge Munition

(in e-r Waffe) od. die Menge an Sprengstoff 装入枪炮的弹药量，炸药量：*e-e L. Dynamit* 一包狄那米特(硝化甘油炸药) ‖ -K(复合)：**Sprengstoff-** **2.** die Menge elektrischen Stroms, die in etw. ist 充电量，电荷〈e-e elektrische, positive, negative L. 电荷，正电荷，负电荷〉：*Elektronen haben negative L.* 电子有负电荷

La·dung³ *die*；-，*-en*；e-e Aufforderung, vor Gericht od. zu e-r Behörde zu kommen 传讯

La·dy [ˈleːdi] *die*；-，*-s* **1.** verwendet anstelle von *Dame* in Verbindung mit englischen Namen(与英文人名连用)女士，太太，夫人 **2.** **First L.** [ˈfœːstˈleːdi] verwendet als Bezeichnung für die Frau des Bundespräsidenten od. für die Frau e-s ausländischen Staatspräsidenten 第一夫人(指联邦总统夫人或外国元首夫人)

lag *Imperfekt, 1. u. 3. Person Sg*(过去时，第一和第三人称单数)；↑ **liegen**

lä·ge *Konjunktiv II, 1. u. 3. Person Sg*(虚拟式 II，第一和第三人称单数)；↑ **liegen**

La·ge *die*；-，*-n* **1.** die Art u. Weise, in der sich j-d/ etw. im Raum befindet 姿势，状态，姿态 ≈ Position〈sich in horizontaler, schiefer, schräger L. befinden 处于水平的、歪斜的、倾斜的姿势〉：*die L. des Kindes im Mutterleib, bei der Geburt* 小孩在母腹中、在分娩时的姿势(胎位) ‖ -K(复合)：**Schräg-** **2.** *mst Sg*(多用单数)；der Ort, an dem etw. in Bezug auf seine Umgebung liegt 位置，地势，环境〈in ruhiger, sonniger, geografisch begünstigter, verkehrsgünstiger L. 环境清静的，阳光充足的，地势有利的，交通方便的位置〉：*ein Haus in sonniger L. am Hang* 一间位于山坡上阳光充足位置的小屋；*ein Bungalow in ruhiger L. am Stadtrand* 一栋位于市郊环境幽静地方的别墅 ‖ K-(复合)：**Lage-**，**-plan** ‖ -K(复合)：**Hang-**，**Stadtrand-** **3.** die äußeren Umstände, in denen sich j-d befindet 处境，境况，情况 ≈ Situation〈in e-r günstigen, beneidenswerten, herrlichen, schlechten, misslichen L. sein 处于有利的、值得羡慕的、美好的、不妙的、糟糕的境况〉：*Er lieh seinem Freund 2000 Euro u. half ihm so aus seiner misslichen finanziellen L.* 他借给他的朋友 2000 欧元，帮他摆脱经济上的困境；*Um sie zu verstehen, musst du dich einmal in ihre L. versetzen* 要理解她，你就得替她设身处地想一下 ‖ K-(复合)：**Lage-**，**-bericht**，**-besprechung** ‖ -K(复合)：**Finanz-**，**Rechts-**，**Wirtschafts-** **4.** *gespr*［口］；die Getränke, die j-d (in e-m Gasthaus) für seine Freunde bestellt u. bezahlt(为朋友付饮料费)一巡，一遍 ≈ Runde (4)〈e-e L. (Bier) ausgeben 付一巡啤酒钱〉**5.** ≈ Schicht〈e-e L. Stroh, Stoff 一层草垫、布垫〉‖ ID［谚］**(nicht) in der L. sein, etw. zu tun** (nicht) dazu fähig sein, etw. zu tun (无)有能力干某事 ≈ etw. (nicht) tun können；*mst* 多用 **Ich bin in der glücklichen L., ...** ich freue mich (etw. Ehrenvolles tun zu dürfen, etw. Angenehmes zu haben od. zu empfangen) 我很高兴(很荣幸)……；**die L. peilen** *gespr*［口］；sehen, beobachten, wie die momentane L. (3) ist 摸清情况

La·gen *die*；*nur Pl*，SPORT(只用复数)【体】；e-e Disziplin beim Schwimmen, in der man je ein Viertel der Strecke Delphin, Rücken, Brust u. Kraul schwimmen muss 游泳混合接力赛，个人混合泳(包括蝶泳、仰泳、蛙泳和自由泳)：*400m L.* 四百米混合泳；*4 x 100 m L.* 4×100 米混合泳 ‖ K-(复合)：**Lagen-**，**-schwimmen**，**-staffel**

La·ger *das*；*-s*，- **1.** ein Raum od. e-e Halle, wo man Waren abstellt, die man im Augenblick nicht braucht 仓库，货仓，贮藏室〈etw. auf L. haben 货仓里有某物〉：*Ich schau mal im L. nach, ob wir diese Größe noch da haben* 我去仓库看一下，这种尺寸我们是否还有库存 ‖ K-(复合)：**Lager-**，**-arbeiter**，**-halle**，**-haltung**，**-haus**，**-raum**，**-schuppen**，**-verwalter** ‖ -K(复合)：**Baustoff-**，**Getränke-**，**Getreide-**，**Schuh-** **2.** *Kollekt*(集合)；mehrere Zelte od. Hütten, die man aufbaut, damit Menschen dort (*mst* vorübergehend) übernachten u. leben können 宿营地，野营，营房，营 ≈ Camp〈ein L. errichten, aufbauen, aufschlagen, abbrechen, auflösen 建营，安营，扎营，拔营，撤营〉：*Die Truppen schlugen ihr L. am Rand des Waldes auf* 部队在森林边上扎营；*Nach dem Erdbeben wurden Lager errichtet, um die Menschen zu versorgen* 地震后为安置群众生活建立了宿营地 ‖ K-(复合)：**Lager-**，**-leben**，**-platz** ‖ -K(复合)：**Arbeits-**，**Flüchtlings-**，**Ferien-**，**Gefangenen-**，**Truppen-** **3.** *Kollekt*(集合)；alle Personen od. Staaten, die die gleiche politische od. philosophische Meinung haben 阵营，营垒，派别〈das östliche, westliche L 东、西方阵营；das feindliche L. 敌营〉：*Beim Thema „Abtreibung" ist das Parlament in zwei Lager gespalten* 议会在讨论“堕胎”问题时分成两派 ‖ -K(复合)：**Feindes-** **4.** e-e Schicht *bes* e-s Metalls, die sich im Felsen befindet 矿层，岩层 ≈ Mine〈ein L. ausfindig machen, abbauen 找到、开采矿床〉‖ -K(复合)：**Erz-**，**Kohle-**，**Mineral-** ‖ ID［谚］**etw. auf L. haben** *gespr*［口］；etw. sofort erzählen od. zeigen können, *bes* um andere zu unterhalten 肚子里总有什么可讲的(指闲聊或意外的话题)：*e-e Menge Witze auf L. haben* 肚子里总有一大堆笑料可讲的

La·ger·feu·er *das*；ein Feuer, das man im Freien macht, um sich zu wärmen od. um sich etw. zu essen zu machen 营火，篝火：*Abends saßen wir ums L. u. sangen Lieder* 晚上我们围坐在营火旁唱歌 ‖ K-(复合)：**Lagerfeuer-**，**-romantik**

La·ge·rist *der*；*-en*，*-en*；j-d, der beruflich in e-m Lager (1) arbeitet 仓库管理员 ‖ NB(注意)：*der Lagerist*；*den, dem, des Lageristen* ‖ *hierzu*(派生)**La·ge·ris·tin** *die*；-，*-nen*

La·ger·kol·ler *der*；*nur Sg*(只用单数)；das

Gefühl von Verzweiflung u. Aggression, das j-d hat, wenn er zu lange in e-m Lager (2), e-m Gefängnis *o. Ä.* ist（指因久困营房、监狱等而产生的）怒气，憋气，窝火〈den L. kriegen 一肚子窝火〉

la·gern; *lagerte, hat gelagert*; [Vt]（及物）**1. *etw. l.*** etw., das man im Augenblick nicht braucht, an e-e Stelle tun, an der es bleiben kann 贮存，存放 ≈ aufbewahren: *Kartoffeln in e-m dunklen Keller l.* 把土豆存放在暗窖里; *Holz muss trocken gelagert werden* 存放木材必须干燥 **2. *j-n / etw. irgendwie l.*** j-n/etw. in e-e bestimmte Stellung bringen 安置，安放: *den Ohnmächtigen fachgerecht l.* 很在行地把昏厥者安放好; [Vi]（不及物）**3. *etw. lagert irgendwo*** etw. ist an der genannten Stelle, an der Waren bleiben können（物作主语）贮藏，存放: *Der Weinbrand lagert in alten Holzfässern* 白兰地酒贮存在旧木桶里 **4. *irgendwo l.*** *geschr*［书］; an der genannten Stelle (im Freien) übernachten od. sein Lager (2) aufbauen 安营，扎营，露宿 ≈ nächtigen: *Die Cowboys lagerten an e-m Fluss* 牧童在一条河边露宿 ‖ ID［谚］***etw. ist irgendwie gelagert*** 〈ein Fall, ein Problem, e-e Sache 情况，问题，事情〉ist irgendwie beschaffen 某事具有某种性质或状况 ‖ *zu*（义项）1. u. 3. **La·ge·rung** *die*; *nur Sg*（只用单数）

La·gu·ne *die*; -, *-n*; ein Teil des Meeres, der durch Felsen od. ein Stück Land vom übrigen Meer getrennt ist 环礁湖，泻湖: *Venedig ist auf Pfählen in e-r L. gebaut* 威尼斯是建在泻湖的柱子上的

lahm *Adj*（形）**1.** 〈Körperteile 身体部分〉so beschädigt, dass man sie nicht mehr (wie normal) bewegen kann 麻木的，瘫痪的，瘸的 ≈ gelähmt: *e-e lahme Hüfte* 臀部麻木; *Er ist (auf beiden Beinen) l.* 他（两腿）瘫痪 **2.** 〈ein Körperteil 一个肢体〉so müde, dass er kaum noch bewegt werden kann 无力的，瘫软的 ≈ kraftlos: *Nachdem er den schweren Koffer geschleppt hatte, war sein rechter Arm ganz l.* 他拖了沉重的箱子后，右臂累得动弹不了了 **3.** *gespr*［口］; ohne Schwung 无聊的，无生气的，无精打采的 ≈ langweilig ↔ lebendig: *Er ist so l., dass er während der Arbeit fast einschläft* 他无精打采，工作时差点睡着了; *Die Debatte war ziemlich l.* 辩论相当无聊 ‖ NB（注意）: ↑ ***lahmlegen*** ‖ *hierzu*（派生）**Lahm·heit** *die*; *nur Sg*（只用单数）

lahm·ar·schig *Adj*（形）; *vulg*［俗］; ohne Schwung u. Energie 萎靡不振的，有气无力的 ≈ lahm (3) ↔ dynamisch (2), temperamentvoll

lah·men; *lahmte, hat gelahmt*; [Vi]（不及物）***ein Pferd lahmt*** ein Pferd ist auf e-m Fuß lahm (1) 一匹马走路一瘸一拐的

läh·men; *lähmte, hat gelähmt*; [Vt]（及物）**1. *etw. lähmt j-n / etw.*** etw. bewirkt, dass man e-n Körperteil nicht mehr bewegen kann（物作主语）使瘫痪，使（身体某部位）不能动弹: *ein Gift, das Arme und Beine lähmt* 一种使手脚丧失活动能力的毒物; *Seit dem Unfall ist er in der linken Gesichtshälfte gelähmt* 出了事故后，他的左半边脸瘫痪了 **2. *etw. lähmt j-n / etw.*** etw. bewirkt, dass j-d seine Energie verliert od. dass etw. nicht mehr funktioniert（物作主语）使丧失活力/使瘫痪、停滞 ≈ zermürben, lahm legen: *vor Angst (wie) gelähmt sein* 吓得腿软了，吓瘫了; *Frustration u. Misserfolge wirken lähmend auf seine Leistungsfähigkeit* 失意和挫折挫伤他工作能力的发挥; *Der Bürgerkrieg lähmte die Wirtschaft des Landes* 内战使国家经济瘫痪

lahm·le·gen; *legte lahm, hat lahmgelegt*; [Vt]（及物）***etw. legt etw. lahm*** etw. bewirkt, dass etw. stoppt od. nicht mehr funktioniert（物作主语）使停顿，使瘫痪 ≈ etw. bringt etw. zum Erliegen ↔ etw. bringt etw. in Gang 〈den Verkehr, die Wirtschaft, den Handel, die Verhandlungen l. 使交通、经济瘫痪，使贸易、谈判停顿〉: *Durch e-n Unfall war der Verkehr auf der Autobahn stundenlang lahmgelegt* 由于一起车祸，高速公路上的交通瘫痪了几个小时之久

Läh·mung *die*; -, *-en* **1.** der Zustand, in dem man etw. (*bes* e-n Körperteil) nicht mehr bewegen kann 麻痹，瘫痪 ‖ K-（复合）: ***Lähmungs-, -erscheinung*** **2.** der Zustand, in dem ein System nicht mehr funktioniert 停顿状态，停滞不前，不景气 ≈ Stillstand, Erliegen: *Der sinkende Dollarkurs führte zu e-r L. des internationalen Handels* 美元汇率下跌导致国际贸易萧条

Laib *der*; *-(e)s, -e*; ein rundes Stück Brot od. Käse (das noch nicht angeschnitten ist) 圆（形）面包或奶酪: *ein Stück aus dem L. Käse herausschneiden* 从圆奶酪上切下一片 ‖ -K（复合）: ***Brot-, Käse-***

Laich *der*; *-(e)s, -e*; die Menge Eier, die *bes* Fische u. Frösche ins Wasser legen（鱼、蛙等的）卵 ‖ K-（复合）: ***Laich-, -platz, -zeit*** ‖ -K（复合）: ***Fisch-, Frosch-***

lai·chen; *laichte, hat gelaicht*; [Vi]（不及物）〈ein Fisch, ein Frosch *o. Ä.* 鱼，蛙等〉***laicht*** ein Fisch, ein Frosch *o. Ä.* legt den Laich ins Wasser 产卵，排卵

Laie *der*; *-n, -n* **1.** j-d, der auf e-m speziellen Gebiet keine besonderen Kenntnisse hat 外行，门外汉 ≈ Nichtfachmann ↔ Experte, Fachmann, Spezialist: *Auf dem Gebiet der Astrophysik bin ich völliger L.* 在天文物理学领域我是十足的外行; *etw. auch für den Laien verständlich machen* 把某事说得连外行也明白易懂 **2.** REL【宗】; ein Mitglied e-r Kirche, das nicht Geistlicher ist 普通教徒，俗士 ‖ K-（复合）: ***Laien-, -prediger*** ‖ NB（注意）: *der Laie; den, dem, des Laien* ‖ *zu*（义项）1. **lai·en·haft** *Adj*（形）

Lai·en·spiel *das*; ein Theaterstück, in dem Leute spielen, die nicht von Beruf Schauspieler sind 业余演出的节目，票友演出 ‖ K-（复合）: ***Laienspiel-, -gruppe***

La·kai *der*; *-en, en* **1.** *hist*［历］; ein Diener in

L

Uniform（穿制服的）奴仆，仆从 **2.** *pej*［贬］：j-d, der sich von j-m für dessen Interessen benutzen lässt 走狗，奴才 ‖ NB（注意）：*der Lakai*；*den*，*dem*，*des Lakaien*

La.ken *das*；*-s*，*-* ≈ Betttuch ‖ -K（复合）：***Bett-***

la.ko.nisch *Adj*（形）；*geschr*［书］；〈e-e Antwort, e-e Feststellung 回答，论断〉in wenigen Worten, kurz 简明扼要的，言简意赅的，简洁的

Lak.ri.tze *die*；*-*，*-n* **1.** *nur Sg*（只用单数）；e-e süße, schwarze Masse, die man isst 甘草 **2.** ein Stück aus dieser Masse（*mst* in e-r bestimmten Form）甘草片〈L. kauen, essen 嚼、吃甘草片〉‖ K-（复合）：***Lakritz-***，***-schnecke***，***-stange***

la.la *nur in* 只用于 ***so l.*** *gespr*［口］；nicht gut, aber auch nicht schlecht 马马虎虎，凑合 ≈ mittelmäßig, mittelprächtig：*„Wie gehts dir denn?" – „Na ja, so l."* "你好吗？"——"嗯，马马虎虎"

lal.len；*lallte*，*hat gelallt*；**Vt/i**（及物/不及物）（***etw.***）***l.*** Laute sehr undeutlich u. ohne Pause dazwischen aussprechen 口齿不清地喃喃〈ein Baby 婴儿；ein Betrunkener 醉鬼〉

La.ma *das*；*-s*，*-s*；e-e Art Kamel ohne Höcker, das in Südamerika（*bes* in den Anden）lebt 美洲无峰驼

La.mel.le *die*；*-*，*-n* **1.** eine von vielen dünnen, aneinandergereihten Platten, *z. B.* an e-m Heizkörper 暖气片，散热片 **2.** eine der dünnen Häute an der Unterseite e-s Pilzes 菌褶 ‖ ↑ *Abb. unter* 图见 ***Pilz***

la.men.tie.ren；*lamentierte*，*hat lamentiert*；**Vi**（不及物）（***über etw.***（*Akk* 四格））***l.*** *gespr pej*［口］［贬］≈ jammern

La.met.ta *das*；*-s*；*nur Sg*，*Kollekt*（只用单数）（集合）**1.** sehr dünne, schmale u. lange Streifen aus Metall, mit denen man den Weihnachtsbaum schmückt（装饰圣诞树的）金银丝条〈den Weihnachtsbaum mit L. behängen 给圣诞树挂上金银丝条〉**2.** *pej od hum*［贬］或［诙］；die Orden, die j-d an der Brust trägt 勋章绶带

Lamm *das*；*-s*，*Läm.mer* **1.** das Junge des Schafs 羔羊，小羊〈das L. blökt 小羊咩咩叫；j-d ist brav, sanft, unschuldig wie ein L. 某人像羔羊一样乖、温顺、纯洁〉**2.** *nur Sg*（只用单数）；das Fell des Lamms（1）羔羊皮：*e-e Jacke aus L.* 一件羔羊皮外衣 ‖ K-（复合）：***Lamm-***，***-fellsohle*** **3.** *nur Sg*（只用单数）；das Fleisch des Lamms（1）小羊肉 ‖ K-（复合）：***Lamm-***，***-braten***，***-fleisch***，***-keule***，***-kotelett*** **4.** *gespr*［口］；j-d, der niemandem etw. Böses tun kann u. alles erduldet 老好人，菩萨心肠 **5.** ***das L. Gottes*** REL【宗】；(im Neuen Testament) verwendet als Bezeichnung für Jesus Christus als Sohn Gottes 耶稣，上帝之子 ≈ Agnus Dei

lamm.fromm *Adj*（形）；*ohne Steigerung*（无变级）；〈ein Mensch, ein Tier 人，动物〉sehr geduldig u. gehorsam 温顺的，温柔的，驯顺的 ≈ brav, sanft ↔ wild, aggressiv：*ein lammfrommer Schäferhund* 一只驯顺的牧羊犬

Lam.pe *die*；*-*，*-n* **1.** ein（*mst* elektrisches）Gerät（*z. B.* an der Decke od. an der Wand）, das Licht erzeugt 灯，电灯：*e-e L. an die Decke hängen* 将一盏灯挂在天花板上 ‖ -K（复合）：***Schreibtisch-***，***Nachttisch-***，***Tisch-***，***Zimmer-*** **2.** das Teil e-s technischen Geräts, das künstliches Licht erzeugt 灯具，灯泡：*Glühbirnen, Neonröhren u. Scheinwerfer sind Lampen* 白炽灯、氖管灯和探照灯都是灯 ‖ ↑ *Abb. unter* 图见 ***Fahrrad*** ‖ K-（复合）：***Lampen-***，***-licht***，***-schein*** ‖ -K（复合）：***Glüh-***，***Öl-***，***Paraffin-***

Lampe

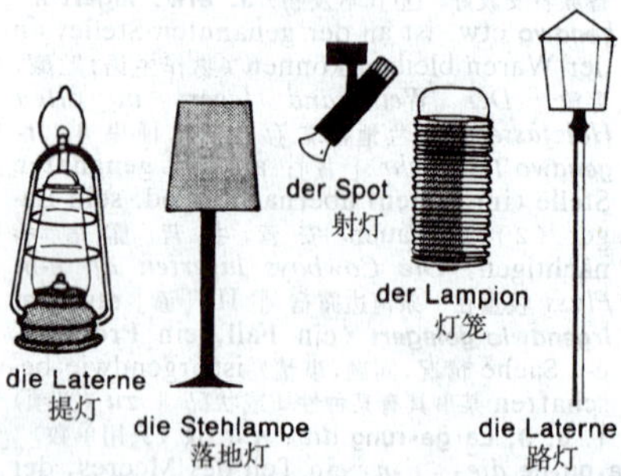

Lam.pen.fie.ber *das*；die starke Nervosität kurz vor e-m öffentlichen Auftritt（*z. B.* als Sänger, Redner）怯场〈L. haben 怯场〉

Lam.pi.on [ˈlampiɔŋ] *der*；*-s*，*-s*；e-e Art Kugel aus Papier od. dünnem Stoff mit e-r Kerze in der Mitte 灯笼：*Für das Sommerfest schmückten sie den Garten mit Lampions* 他们用灯笼装扮花园庆祝夏天节日 ‖ ↑ *Abb. unter* 图见 ***Lampe***

lan.cie.ren [lãˈsiːrən]；*lancierte*，*hat lanciert*；**Vt**（及物）***etw. l.*** *geschr*［书］；dafür sorgen, dass etw. öffentlich wird, in die Zeitung kommt 将…公布于众，发布〈e-e Nachricht l. 发布一则消息〉‖ *hierzu*（派生）**Lan.cie.rung** *die*；*mst Sg*（多用单数）

Land[1] *das*；*-(e)s*；*nur Sg*（只用单数）**1.** der Teil der Erde, der nicht vom Wasser bedeckt ist 陆地，大陆 ≈ Festland ↔ Wasser〈auf dem L. 在陆地；an L. 靠陆地，靠岸边〉：*Die Erdoberfläche besteht zu e-m Fünftel aus L. u. zu vier Fünfteln aus Wasser* 地球表面五分之一是陆地，五分之四是水；*Ein Frosch kann im Wasser, aber auch auf dem L./an L. leben* 青蛙既能在水里生活，也能在陆地上生活；*Die Fischer zogen e-n großen Fisch an L.* 捕鱼人将一条大鱼拉向岸边 ‖ K-（复合）：***Land-***，***-klima***，***-masse*** **2.** ein bestimmtes Gebiet, e-e Fläche, wo man *bes* Pflanzen anbaut 土地，田野，田地 ≈ Acker〈fruchtbares, karges, sumpfiges L. 富饶的、贫瘠的土地，沼泽地；das L. bearbeiten, fruchtbar machen, bebauen 耕作土地，使土地肥沃，耕种土地〉‖ K-（复合）：***Land-***，***-gewinnung*** ‖ -K（复合）：***Acker-***，

Weide-* 3. *das L. das Gebiet außerhalb der großen Städte, in dem man *bes* Landwirtschaft betreibt 农村，乡村，乡下 ↔ die Stadt ⟨auf dem L. leben 在乡下生活；vom L. kommen, aufs L. gehen 从乡下来，到乡下去⟩: *Viele Menschen ziehen vom L. in die Stadt, um dort Arbeit zu suchen* 很多人迁离农村来到城里找工作 ‖ K-（复合）: ***Land-, -arzt, -bevölkerung, -leben, -luft, -pfarrer* 4. *an L. gehen*** ein Schiff verlassen u. festen Boden betreten 上岸 ↔ an Bord gehen ‖ ID［谚］***etw. an L. ziehen*** *gespr*［口］; (*mst* nach langen Verhandlungen) etw. bekommen（多指经过长时间的谈判）将…争取过来，把…弄到手 ≈ auftreiben (1) ⟨e-n Auftrag 定单⟩; ***kein L. mehr sehen*** *gespr*［口］; nicht mehr wissen, wie man aus e-r schwierigen Situation kommt 看不到希望，前途渺茫; ***etw. geht / zieht ins L.*** *geschr*［书］; etw. vergeht 某事消逝，蹉跎 ⟨*mst* die Jahre 多指岁月⟩; ***L. unter melden*** melden, dass ein Gebiet am Meer vom (Hoch) Wasser überflutet ist 报道某沿海地区（或岛屿）被淹没

Land² *das*; -(*e*)*s*, *Län·der* **1.** ein Gebiet, das e-e Regierung hat u. politisch selbstständig ist 国家 ≈ Staat ⟨ein neutrales, paktfreies, unabhängiges, autonomes, demokratisches, kapitalistisches, sozialistisches L. 中立的、不结盟的、独立的、自治的、民主的、资本主义的、社会主义的国家; j-n des Landes verweisen 驱逐某人出境⟩: *Spanien, Schweden u. Frankreich sind europäische Länder* 西班牙、瑞典和法国是欧洲国家 ‖ K-（复合）: ***Länder-, -name; Landes-, -grenze, -hauptstadt, -regierung, -sprache, -währung, -wappen*** ‖ -K（复合）: ***Mittelmeer-, Urlaubs-* 2.** Ⓓ Ⓐ［德］［奥］ein Teil e-s Landes² (1), der e-e eigene Regierung u. Verfassung hat, über dem aber die zentrale Regierung des Landes² (1) steht 州 ≈ Bundesland: *das L. Hessen* 黑森州; *das L. Vorarlberg* 福拉尔贝格州; *Österreich besteht aus 9 Ländern* 奥地利有九个州 ‖ K-（复合）: ***Landes-, -grenze, -hauptstadt, -parlament, -politik, -regierung*** ‖ -K（复合）: ***Bundes-* 3. *das L. der aufgehenden Sonne*** *geschr*［书］; Japan 太阳升起的国家（指日本） **4. *das L. der unbegrenzten Möglichkeiten*** *veraltend*［渐旧］; Amerika, *bes* die USA 有无限可能性的国家（指美洲，尤指美国） **5. *das L. der tausend Seen*** *geschr*［书］; Finnland 千湖之国（指芬兰） **6. *das Gelobte / Heilige L.*** *geschr*［书］; das biblische Palästina (das ungefähr dem heutigen Israel entspricht) 圣地（圣经中所说的巴勒斯坦） **7. *wieder im Lande sein*** *gespr*［口］; wieder in das L. zurückgekehrt sein, in dem man wohnte, bevor man längere Zeit weg war 重又回到（曾经久居的）老家 **8. *andere Länder, andere Sitten*** verwendet, um *mst* e-e humorvolle Bemerkung über e-e bestimmte Situation in e-m fremden Land zu machen 国家不同，风俗各异 ‖ NB（注意）: ↑ ***hierzulande***

Das Land der Dichter und Denker
诗人和思想家的国度

Deutschland wird oft „**das Land der Dichter und Denker**" genannt. Berühmte Schriftsteller und Philosophen, deren Einfluss weit über Deutschlands Grenzen hinaus wirkte, trugen zu diesem Ruf bei.
Die herausragendsten Namen im Bereich der Literatur sind wahrscheinlich **Friedrich von Schiller** und **Johann Wolfgang von Goethe.**
Einen Wendepunkt in der Geschichte der Philosophie bildete die ***Kritik der reinen Vernunft*** von **Immanuel Kant** (1724 – 1804). Seine Ideen wurden im **deutschen Idealismus** weiterentwickelt, dessen wichtigste Vertreter **Fichte, Schelling** und **Hegel** waren.
德国常常被称为“**诗人和思想家的国度**”。著名的作家和哲学家们由于其超出德国范围的深远影响，对这一荣誉作出了贡献。
在文学领域最杰出的名字大概是**弗里德里希·冯·席勒**和**约翰·沃尔夫冈·冯·歌德**。
伊曼努尔·康德（1724 – 1804）的著作《**纯粹理性批判**》是哲学史上的一个转折点。他的思想在**德国唯心主义**中得到了进一步的发展，而德国唯心主义的最重要的代表人物是**费希特、谢林和黑格尔**。

Lan·de·an·flug *der*; der Vorgang, bei dem ein Flugzeug so tief fliegt, dass es auf e-m Flughafen landen kann 朝机场降落: *ein Unfall beim L. auf dem Flughafen von Athen* 正朝雅典机场降落时发生的一起事故

Lan·de·bahn *die*; e-e breite Bahn od. Piste, auf der Flugzeuge landen 机场跑道 ↔ Startbahn

lan·den; *landete, hat / ist gelandet*; Vt（及物）(*hat*) **1. *j-n / etw. l.*** j-n/etw. aus der Luft od. aus dem Wasser an Land bringen 使着陆，降落或使上岸，登陆 ≈ absetzen ⟨Truppen, Fallschirmjäger, ein Flugzeug l. 使部队登陆，使伞兵着陆，使飞机着陆⟩ **2. *etw. l.*** *gespr*［口］; e-n Erfolg haben（成功地）获得，取得，得到 ≈ erringen, erreichen ⟨e-n Sieg, e-n Erfolg, e-n Coup, e-n Treffer l. 获得胜利，取得成绩，冒险成功，中彩⟩ ‖ NB（注意）: kein Passiv!（不用被动语态）; Vi（不及物）(*ist*) **3.** aus der Luft od. aus dem Wasser an Land kommen 降落，着陆或登陆，上岸，靠岸，停泊 ≈ aufsetzen ↔ starten ⟨ein Flugzeug, ein Ballon, ein Vogel, ein Fallschirmspringer, ein Drachenflieger 飞机，气球，鸟，跳伞运动员，滑翔运动员; ein Schiff, e-e Fähre 轮船，渡船⟩: *Wir landeten pünktlich in Amsterdam u. flogen von dort weiter nach Boston* 我们准时在阿姆斯特丹着陆，接着从那里继续飞往波士顿; *Der Fallschirmspringer landete in e-m Getreidefeld* 跳伞运动员降落在一块庄稼地里 ‖ K-: ***Lande-, -erlaubnis, -manöver, -platz, -verbot* 4. *irgendwo l.*** *gespr*［口］; an die genannte Stelle kommen, ohne dass dies so geplant war（未料及）滑到，落入，掉入 ≈ ir-

L

gendwohin gelangen: *Er fuhr mit seinem Motorrad zu schnell in die Kurve u. landete in e-r Wiese* 他骑摩托急拐弯滑到了草坪上; *Sein Bewerbungsschreiben landete im Papierkorb* 他的求职信没料到被扔进了纸篓 **5.** ***irgendwo l.*** *gespr* [口]; am Ziel ankommen 到达: *Nach stundenlanger Suche sind wir endlich an der richtigen Adresse gelandet* 我们找了几个小时终于找对了地方 ‖ ID [谚] ***bei j-m nicht l.*** (**können**) (*hat*) *gespr* [口]; bei j-m keinen Erfolg haben 不会得到某人的反响(理睬),在某人处是得不到结果的,遭某人拒绝,不受某人欢迎

Land·en·ge *die*; ein schmaler Streifen Land, der zwei Meere voneinander trennt u. zwei große Landmassen miteinander verbindet 地峡 ≈ Isthmus: *die L. von Korinth, von Panama* 科林斯地峡,巴拿马地峡

Lan·de·platz *der*; e-e Fläche, auf der kleine Flugzeuge u. Hubschrauber landen können (小飞机、直升机)着陆场地 ‖ -K (复合): ***Hubschrauber-***

Län·de·rei·en *die*; *Pl* (复); große Grundstücke, die j-d besitzt 大片地产

Län·der·spiel *das*; ein Spiel zwischen den Nationalmannschaften von zwei verschiedenen Ländern[2] (1) 国际比赛 ‖ -K (复合): ***Eishockey-***, ***Fußball-***, ***Handball-***

Lan·des|haupt·mann *der*; Ⓐ [奥] der Chef der Regierung e-s Bundeslandes 州长: *der L. von Tirol* 蒂罗尔州长 ‖ *hierzu* (派生) **Lan·des|haupt·frau** *die*

Lan·des·kun·de *die*; -; *nur Sg* (只用单数); das Wissen/die Wissenschaft von der Geschichte, der Geografie, der Politik u. Kultur e-s Landes[2] (1) od. e-s Gebiets 国情学,国家概况或地方志 ⟨L. betreiben, unterrichten 研究、教国情(学)⟩ ‖ K- (复合): ***Landeskunde-***, ***-unterricht*** ‖ *hierzu* (派生) **lan·des·kund·lich** *Adj* (形); *nur attr, nicht adv* (只作定语,不作状语)

Lan·des·rat *der*; Ⓐ [奥] ein Mitglied der Regierung e-s Bundeslandes 州政府官员 ‖ *hierzu* (派生) **Lan·des·rä·tin** *die*

Land·flucht *die*; *nur Sg* (只用单数); die Abwanderung vieler Menschen vom Land in die Stadt, weil sie dort Arbeit suchen 农村劳动力流向城市,农村劳动力流失 ↔ Stadtflucht ‖ NB (注意): ↑ ***Verstädterung***

land·fremd *Adj* (形); *nicht adv* (不作状语); völlig fremd 异乡的,异地的,陌生的 ≈ unbekannt

Land·ge·richt *das*; ein Gericht, das über dem Amtsgericht steht 地方法院

Land·kar·te *die*; e-e große Karte, die e-e Gegend, ein Land od. die Welt in e-m bestimmten Maßstab darstellt 地图 ⟨sich nach der L. orientieren, etw. auf der L. suchen 按地图辨别方向,在地图上寻找⟩: *Dieser Bach ist nicht auf der L. eingezeichnet* 这条小溪没有画在地图上

Land·kreis *der*; Ⓓ [德] ein Bezirk, der mehrere Dörfer od./u. kleine Städte umfasst, die zusammen verwaltet werden 县

land·läu·fig *Adj* (形); *nur attr od adv* (只作定语或状语); so, wie es die Mehrzahl der Menschen denkt od. glaubt 众所周知的,普遍的,流行的 ≈ gängig, üblich ⟨die Meinung, Vorstellungen, Ansichten 意见,想法,看法⟩: *Im landläufigen Sinn versteht man unter „Person" etwas anderes als im juristischen Sinn* 人们从普遍意义上对"人"的理解与法律意义上的理解有所不同

länd·lich *Adj* (形) **1.** zum Land[1] (3) gehörig 农村的 ↔ städtisch ⟨Gemeinden, Orte 区,镇⟩ **2.** typisch für das Land[1] (3) 农村的,乡土风味的,田园的 ≈ bäuerlich, dörflich ⟨Sitten, Bräuche, die Tracht, die Sprache, die Atmosphäre, die Lebensweise 风俗,习惯,服饰,语言,气氛,生活方式⟩

Land·mann *der*; *geschr veraltend* [书][渐旧] ≈ Bauer

Land·pla·ge *die*; *Kollekt* (集合); Personen, Tiere od. Dinge, die oft od. in großer Zahl/Menge vorkommen u. dadurch sehr lästig sind 大灾害,大祸害: *Die Mücken hier am See sind e-e wahre L.* 这里湖边的蚊虫是真正的一大祸害

Land·rat *der* **1.** Ⓓ [德] der Beamte, der die Verwaltung e-s Landkreises leitet. Der L. wird von der Bevölkerung gewählt. 县长 ‖ K- (复合): ***Landrats-***, ***-wahl*** **2.** Ⓒⓗ [瑞] das Parlament e-s Kantons 州议会 ≈ Großer Rat **3.** Ⓒⓗ [瑞] ein Mitglied des Landrats (2) 州议员 ‖ *zu* (义项) **1.** u. **3.** **Land·rä·tin** *die*

Land·rats|amt *das*; Ⓓ [德] **1.** die Behörde, die e-n Landkreis verwaltet 县政府 **2.** das Gebäude, in dem sich diese Behörde befindet 县府办公楼

Land·rat·te *die*; *hum* [诙]; j-d, der nicht Seemann od. Matrose ist 没有出过海的人,不懂航海的旱鸭子

Land·re·gen *der*; Regen, der in e-m relativ großen Gebiet ziemlich lange Zeit fällt 阴雨连绵 ↔ Platzregen

Land·schaft *die*; -, *-en* **1.** ein Teil der Oberfläche der Erde (mit Vegetation u. Häusern *usw*), so wie der Betrachter ihn sieht 地形,地区,地方 ⟨e-e hügelige, gebirgige, karge, malerische L. 有丘陵的、多山的、贫瘠的、风景如画的地区⟩: *die sumpfige L. der Camargue* 卡马圭的沼泽地 ‖ K- (复合): ***Landschafts-***, ***-pflege***, ***-schutz*** ‖ -K (复合): ***Berg-***, ***Gebirgs-***, ***Hügel-***, ***Küsten-***, ***Sumpf-***, ***Winter-*** **2.** das gemalte Bild e-r L. (1) 风景,景色,风光 ‖ K- (复合): ***Landschafts-***, ***-bild***, ***-maler***, ***-malerei***

land·schaft·lich *Adj* (形); *nur attr od adv* (只作定语或状语) **1.** auf die Landschaft (1) bezogen 地形的,地区的,地方的 ⟨Verhältnisse, Bedingungen, Eigenheiten 情况,条件,特点⟩ **2.** charakteristisch für die Art, in e-r Gegend zu sprechen 有地区特点的,有乡音的 ≈ regional ⟨Wörter, Ausdrücke, Wendungen 词,词语,词组⟩: *An ihrer l. gefärbten Aus-*

sprache erkennt man, dass sie aus dem Schwarzwald kommt 她的发音有地区音色，一听就知道她来自黑森林

Lands·mann *der*; -(*e*)*s*, *Lands·leu·te* **1.** j-d, der aus demselben Land²(1) kommt wie ein anderer 同乡，老乡，同胞：*Auf seiner Reise durch China traf er zufällig zwei Landsleute* 他在中国旅游时偶然碰上两个同乡 **2. *Was sind Sie für ein L.?*** *veraltend*［渐旧］；aus welchem Land kommen Sie? 您是哪国人？‖ *hierzu*（派生）**Lands·män·nin** *die*; -, -*nen*

Lands·mann·schaft *die*; Ⓓ［德］ein Verein, dessen Mitglieder im od. nach dem zweiten Weltkrieg ein Gebiet östlich der Bundesrepublik Deutschland verlassen mussten 同乡会（二战中或二战后从原东德迁往西德的居民）：*die schlesische L.* 西里西亚同乡会

Land·stra·ße *die*; e-e Straße zwischen zwei Orten (*bes* Dörfern)（县区间的）乡村公路：*Sie können die Autobahn bis Würzburg nehmen, aber die L. ist schöner* 到维尔茨堡您可以走高速公路，但乡村公路更美些 ‖ NB（注意）：↑ ***Bundesstraße***, ***Autobahn***

Land·strei·cher *der*; -*s*, -; *oft pej* 常用［贬］；j-d, der keine Wohnung hat u. von e-m Ort zum anderen geht 流浪汉 ≈ Vagabund ‖ *hierzu*（派生）**Land·strei·che·rin** *die*; -, -*nen*

Land·strich *der*; ein Teil e-s Landes 地带，地区 ≈ Gebiet, Gegend

Land·tag *der*; -(*e*)*s*; *nur Sg*（只用单数）；Ⓓ［德］**1.** das Parlament e-s Bundeslandes 联邦州议会：*der Bayerische L.* 巴伐利亚州议会 ‖ K-（复合）：***Landtags-***, ***-abgeordnete*** (***r***), ***-mandat***, ***-wahl*** **2.** das Gebäude, in dem der L. (1) zusammenkommt 州议会大厦 ‖ K-（复合）：***Landtags-***, ***-gebäude***

Lan·dung *die*; -, -*en*; der Vorgang, bei dem ein Flugzeug landet 着陆，降落 ↔ Start ⟨e-e sanfte, harte, geglückte, missglückte L. 平缓的、猛烈的、成功的、失败的着陆；zur L. ansetzen 开始着陆；die L. vorbereiten 准备降落⟩ ‖ -K（复合）：***Bauch-***, ***Bruch-***, ***Not-***

Lan·dungs·brü·cke *die*; e-e Art kleine, mobile Brücke mit Geländer, über die man ein Schiff betritt od. verlässt 码头栈桥

Lan·dungs·steg *der* ≈ Landungsbrücke

Land·ur·laub *der*; die freie Zeit, die ein Seemann an Land verbringt 海员上岸度假

Land·weg *der*; der Weg, den man auf dem Land (u. nicht in der Luft od. auf dem Wasser) zurücklegt 陆路 ↔ Luftweg, Seeweg: *auf dem L. von Hamburg in die Türkei fahren* 从汉堡到土耳其走陆路

Land·wein *der*; ein billiger Wein aus e-r bestimmten Gegend, *mst* ohne Angabe der Herkunft (2)（质量一般的，常不标明产地的）本地（产的）葡萄酒

Land·wirt *der*; -(*e*)*s*, -*e*; j-d, der selbstständig auf e-m Bauernhof arbeitet u. ihn leitet 农场主，农民，农夫 ≈ Bauer: *Ein L. kann sich auf Ackerbau od. auf Viehzucht spezialisieren* 一位农场主可专门从事耕作业或畜牧业 ‖ NB（注意）：*Bauer* kann auch pejorativ verwendet werden, *Landwirt* aber nicht（Bauer 可用作贬义，而 Landwirt 不能）‖ *hierzu*（派生）**Land·wir·tin** *die*; -, -*nen*

Land·wirt·schaft *die*; -, -*en* **1.** *nur Sg*（只用单数）；der Anbau von Pflanzen u. die Zucht von Tieren mit dem Ziel, die Bevölkerung mit Getreide, Kartoffeln, Fleisch, Milch *usw* zu versorgen 农业 ⟨die L. fördern, subventionieren, ankurbeln 促进、资助、推动农业⟩ **2.** ein Bauernhof 农庄，庄园 ⟨e-e L. betreiben 经营农庄⟩ ‖ K-（复合）：***Landwirtschafts-***, ***-ausstellung***, ***-maschinen***; ***-minister***

land·wirt·schaft·lich *Adj*（形）；*nur attr od adv*（只作定语或状语）；zur Landwirtschaft (1) gehörig 农业的 ⟨Produkte, Maschinen, Erzeugnisse, ein Betrieb 产品，机器，制成品，企业⟩

Land·zun·ge *die*; e-e lange u. schmale Halbinsel 狭长的半岛，岬

lang¹, *länger*, *längst-*; *Adj*（形）**1.** so, dass es e-e bestimmte Ausdehnung von e-m Ende bis zum anderen hat (die *mst* größer ist als die der anderen Seiten) 长的（与宽的相对）↔ breit: *Das Zimmer hat e-e Fläche von 20 Quadratmetern – es ist 5 Meter l. u. 4 Meter breit* 这间房子有 20 平米，长 5 米宽 4 米；*ein 50 Meter langes Schwimmbecken* 50 米长的游泳池 ‖ NB（注意）：*lang* wird immer hinter die Maßangabe gestellt（lang 常置于计量说明语之后）**2.** so, dass es e-e ziemlich od. überdurchschnittlich große Ausdehnung von e-m Ende bis zum anderen hat 长（距离）的（与短的相对），远的 ↔ kurz (1): *Ein endlos langer Weg führt hinauf zur Burg* 一条漫长的道路通向山上城堡；*Die Donau ist viel länger als der Rhein* 多瑙河比莱茵河长得多；*die Ärmel e-s Pullovers kürzer machen, weil sie zu l. sind* 把套衫的袖管改短些，它太长；*Ihr Mantel ist so l., dass er ihr bis an die Fersen reicht* 她的大衣太长，一直拖到脚后跟；*Seine Freundin hat lange blonde Haare* 他的女友有一头金色长发 ‖ ↑ *Abb. unter* 图见 ***Eigenschaften*** **3.** so, dass es sich über e-n relativ großen Zeitraum erstreckt 长（时间）的，长久的，长远的 ↔ kurz (2) ⟨unendlich, endlos, ewig l. 悠长的，悠远的，遥遥无期的⟩：*ein langes Gespräch mit j-m führen* 与某人进行一次长时间的谈话；*Das Theaterstück war sehr l. – es dauerte volle drei Stunden* 这幕剧很长，足足演了三个小时；*Im Frühjahr werden die Tage wieder länger u. die Nächte kürzer* 春天白天变长，夜晚变短；*e-e lange Fahrt, Reise hinter sich haben* 作了一次长时间的驱车旅游；*Wir haben uns seit langer Zeit nicht mehr gesehen* 我们好久没有见面了 ‖ -K（复合）：***jahre-***, ***nächte-***, ***stunden-***, ***tage-*** **4.** so, dass es mehrere Seiten u. viele Details umfasst 长的（指内容），详尽的 ≈ ausführlich ↔ kurz (4), knapp ⟨ein Brief, ein Schreiben 信，函⟩ **5.** *Maßangabe*（计量说明语）+ ***l.*** mit der genannten Ausdehnung, Dauer od. Seitenzahl …长的，…之久的：*Meine Skier sind 2 Meter 10 l.* 我的雪橇长 2.10 米；*e-e vier Meter lange Schlange* 一条 4 米长的蛇；*ein 18 cm langer Reißverschluss* 一条 18 厘米长的拉链；*ein eineinhalb Stunden langer Vortrag* 一个半小时(之久)的报告；*Wir haben zwei Stunden l. auf dich gewartet!* 我们等了你两个小时(之久)！；*j-m e-n vier Seiten langen Brief schreiben* 写给某人一封四页长的信 **6.** *gespr* [口]；von großer Körpergröße（身材）高的 ≈ groß ↔ klein：*Beim Basketball braucht man lange Spieler* 打篮球要高个子运动员 **7. *l. u. breit*** mit vielen Details 详详细细的，详尽的，透彻的 ≈ ausführlich, detailliert 〈etw. l. u. breit erzählen 详详细细地讲述某事〉 **8. *seit Langem/langem*** seit e-m großen Zeitraum 很久以来：*Wir haben uns seit Langem nicht mehr gesehen* 我们很久没见面了 **9. *l. gehegt*** 〈ein Traum, ein Wunsch 梦想，愿望〉 schon lange vorhanden 早有的，早已蕴藏在心头的 **10. *l. gestreckt*** 〈ein Gebirge, ein Gebäude 山脉，大楼〉 lang u. schmal 狭长的，长长的

lang² *Adv*（副）；*gespr* [口] ≈ entlang：*Ich glaube, wir müssen diese Straße l., um zum Bahnhof zu kommen* 我看我们去火车站得沿这条街走

lang·är·me·lig, lang·ärm·lig *Adj*（形）；〈ein Kleid, ein Pullover 连衣裙，套衫〉 mit langen Ärmeln 长袖的

lang·at·mig *Adj*（形）；*ohne Steigerung*（无变级）；mit zu vielen unwichtigen Details 冗长的，啰嗦的，絮叨的 ≈ weitschweifig 〈l. reden 讲话啰嗦；j-s Ausführungen 某人的讲述〉

lang·bei·nig *Adj*（形）；〈ein Fohlen, ein Mädchen 马驹，姑娘〉 mit langen Beinen 腿长的

lan·ge, *länger, längst-*; *Adv*（副） **1.** während e-r relativ langen Zeit 长时间地，很久，好久 ↔ kurz：*Gestern Nachmittag schwammen wir l. im See* 昨天下午我们在湖里游了很久；*Das hat ja ziemlich l. gedauert, bis du mit deiner Arbeit fertig warst!* 你确实拖延了相当长的时间才把工作干完！ **2.** seit e-m relativ großen Zeitraum 早就，早已，好久以来 ≈ seit einiger Zeit, seit geraumer Zeit ↔ gerade erst：*Ich habe schon l. darauf gewartet, dass du mich mal besuchst* 我早就等你来看看我了；*Das weiß ich schon l.!* 这我早已知道了！ ‖ NB（注意）：in der gesprochenen Sprache wird statt *lange* häufig *lang*[1] (3) verwendet（口语中常用 lang[1] (3) 代替 lange）：*Ihr habt euch ganz schön lang miteinander unterhalten* 你们聊天聊得真够长的

Län·ge *die*; -, *-n* **1.** (bei Flächen) die Ausdehnung von e-m Ende bis zum anderen (die *mst* größer ist als die der anderen Seiten) 长（指面积），长度 ↔ Breite：*ein Rechteck, dessen L. 5 cm u. dessen Breite 3 cm beträgt* —个长 5 厘米宽 3 厘米的长方形 ‖ ↑ *Abb. unter* 图见 ***geometrische Figuren*** **2.** die Ausdehnung von e-m Ende bis zum anderen 长度，长 ↔ Breite, Tiefe, Höhe：*die L. e-s Hosenbeins* 一条裤腿的长度；*die L. e-s Zuges, e-s Flugzeugs* 一列火车、一架飞机的长度；*Die L. des Rheins beträgt 1320 km* 莱茵河长1320 公里 **3.** *mst Sg*（多用单数）；die zeitliche Dauer 延续，持久，持续：*Der Film hat e-e L. von zweieinhalb Stunden* 这部电影要放两个半小时 ‖ -K:（复合） ***Film-*** **4.** *mst Sg*（多用单数）；die Anzahl der Seiten od. Zeilen e-s Schreibens 篇幅，长度 ≈ Umfang 〈die L. e-s Briefes, e-s Schreibens 一封信、一封书函的篇幅〉 ‖ -K（复合）：***Brief-*** **5.** *nur Sg*（只用单数）；***von*** + *Maßangabe/Zeitangabe*（计量/时间说明语）+ ***L.*** mit der L. (2,3) der genannten Angabe 有…长的，持续…之久的 ↔ Breite, Tiefe, Höhe：*ein Flugzeug von 50 Metern L.* 一架50 米长的飞机；*ein Drama von zweieinhalb Stunden L.* 一部时长两个半小时(之久)的戏剧 **6.** *gespr* [口]；die Körpergröße e-s Menschen 高大的身材，高度：*Bei seiner L. sind ihm die meisten Hosen zu kurz* 他那高大的身材很多裤子穿着都太短 **7.** SPORT【体】；der Vorsprung, der genau der L. (2) *mst* des Pferdes od. des Boots entspricht（赛马或赛艇中领先的距离）马身，船身：*Mit drei Längen Vorsprung ritt der Jockey durch das Ziel* 这位骑师领先三个马身冲过终点 **8. *etw. in die L. ziehen*** etw. so langsam machen, dass es sehr lange dauert 拖延 ≈ verzögern ↔ beschleunigen **9. *etw. zieht sich in die L.*** etw. dauert sehr lange（物作主语）拖延很久 ≈ etw. verzögert sich：*Das Tennismatch zog sich stark in die L.* 这场网球赛拖延了很久 ‖ ID [谚] ***j-n um Längen schlagen***; ***um Längen besser sein*** *gespr* [口]；(bei e-m Wettkampf od. bei e-r Tätigkeit, Fähigkeit) wesentlich besser sein als ein anderer（在竞赛、活动、能力方面）远远胜过某人；比某人强得多

lan·gen¹; *langte, hat gelangt*; [Vi]（不及物） ***irgendwohin l.*** *gespr* [口]；mit der Hand irgendwohin fassen, um etw. zu greifen（手）伸进，伸入，摸 ≈ greifen：*in e-e Dose l., um ein Bonbon herauszuholen* 伸进罐头里去取块糖 ‖ ID [谚] ***j-m eine l.*** *gespr* [口]；j-m e-e Ohrfeige geben 掴(伸手给)某人一记耳光

lan·gen²; *langte, hat gelangt*; [Vi]（不及物） *gespr* [口] **1. *j-d/etw. langt irgendwohin*** j-d/etw. reicht bis zu einem bestimmten Punkt（人/物作主语）够着，延伸到，触及，摸到：*Ihre Haare langen bis zur Schulter* 她的头发一直披挂到肩上 **2. *etw. langt*** etw. ist in genügendem Maß vorhanden（物作主语）足够，够用 ≈ etw. reicht aus, genügt 〈Vorräte 库存〉：*Das Brot dürfte noch bis Ende der Woche l.* 面包还可以吃到周末；[Vimp]（无人称） **3. *es langt (j-m)*** j-s Geduld ist zu Ende 受够了，腻烦了 ≈ j-m reicht es, j-d hat die Nase voll：*Hört endlich auf mit euren dummen Witzen, mir langts jetzt!* 收起你们愚蠢的玩笑吧，现在我腻烦了！

län·ger [ˈlɛŋɐ] **1.** *Komparativ*（比较级）；↑ ***lang¹***, ***lange*** **2.** *Adj*（形）；*nur attr od adv*（只作定语或状语）；relativ lang/lange 较长的，较

久的 ↔ kurz：*Ich habe schon längere Zeit nichts von ihr gehört* 我已较长时间没有听到她的情况了；*Wir waren schon ein längeres Stück gefahren, als ihm einfiel, dass er seinen Ausweis vergessen hatte* 当他想起没带护照时，我们已开出去较长一段路了；*Wir kennen uns schon l.* 我们认识已比较久了

län·ger·fris·tig *Adj*（形）；*nur attr od adv, ohne Steigerung*（只作定语或状语，无变级）**1.** gültig od. vorgesehen für e-n relativ langen Zeitraum 较长期（有效）的，较长远（打算）的 ≈ auf längere Sicht 〈Maßnahmen, Abkommen, e-e Regelung 措施，协定，规定〉 **2.** ***l. gesehen*** wenn man die Entwicklung über e-e ziemlich lange Zeit betrachtet 从较长远看，从发展眼光看

Lan·ge·wei·le *die*；-；*nur Sg*（只用单数）；das unangenehme Gefühl, das man hat, wenn man nichts od. nichts Sinnvolles zu tun hat 无聊，枯燥，冷清，烦闷 ↔ Kurzweil, Abwechslung 〈entsetzliche, furchtbare, tödliche L. haben, verspüren 感到非常无聊、无聊极了、无聊得要命〉

Lan·ge·zeit *die*；*nur Sg*（只用单数）；(CH) ［瑞］≈ Heimweh, Sehnsucht

Lang·fin·ger *der*；*gespr hum*［口］［诙］≈ Dieb

lang·fris·tig *Adj*（形）；*ohne Steigerung*（无变级）**1.** 〈Verträge, Abkommen, Vereinbarungen, Kredite, Maßnahmen 条约，协定，协议，贷款，措施〉 so, dass sie ziemlich lange Zeit dauern od. gültig sind 长期（有效）的，长远的 ↔ kurzfristig **2.** ***l. gesehen*** wenn man die Entwicklung über e-e lange Zeit betrachtet 从长远看，从发展看：*L. gesehen können wir uns diesen Luxus nicht leisten* 从长远看，如此奢侈我们是负担不起的

lang·ge·hegt ↑ ***lang*** (9)

lang·ge·hen；*ging lang, ist langgegangen*；[Vi]（不及物）***irgendwo l.*** *gespr*［口］；an e-r Strecke entlanggehen 沿着…走：*die Straße l.* 顺着这条街走 ‖ ID［谚］***wissen, wos langgeht*** *gespr*［口］；wissen, wie man sich in e-r bestimmten Situation verhalten muss 懂得该如何待人接物（应酬）：*Du brauchst mir keine Ratschläge zu geben, ich weiß schon, wos langgeht* 你不用给我出主意，我懂得该怎么处；***j-m zeigen, wos langgeht*** *gespr*［口］；j-m deutlich seine Meinung sagen 对某人直言，打开天窗说亮话

lang·ge·streckt ↑ ***lang*** (10)

lang·haa·rig *Adj*（形）；*nicht adv*（不作状语）；mit langen Haaren 长发的，长毛的

lang·jäh·rig *Adj*（形）；*nur attr, ohne Steigerung, nicht adv*（只作定语，无变级，不作状语）；seit vielen Jahren dauernd od. vorhanden 长年的，多年以来的 ≈ alt (9) 〈ein Mitarbeiter, e-e Bekanntschaft, e-e Rivalität, ein Geschäftspartner 同事，相识，对抗，业务伙伴〉

Lang·lauf *der*；-(e)s；*nur Sg*（只用单数）；e-e Sportart, bei der man auf schmalen Skiern relativ lange Strecken im Wald u. auf Feldern zurücklegt 越野滑雪 ‖ K-（复合）：***Langlauf-, -loipe, -ski, -wettbewerb*** ‖ -K（复合）：***Ski-*** ‖ *hierzu*（派生）**lang·lau·fen** *Vi*（不及物）；*nur im Infinitiv*（只用于不定式）！；**Lang·läu·fer** *der*

lang·le·big *Adj*（形）；*nicht adv*（不作状语）；〈Geräte, Motoren, Apparate 仪器，马达，设备〉 fähig, lange Zeit voll zu funktionieren 耐用的，寿命长的 ↔ kurzlebig ‖ *hierzu*（派生）**Lang·le·big·keit** *die*；*nur Sg*（只用单数）

lang·le·gen, sich；*legte sich lang, hat sich langgelegt*；[Vr]（反身）***sich l.*** *gespr*［口］；sich ins Bett, aufs Sofa *o. Ä.* legen, um sich auszuruhen 躺下，倒下（休息）

läng·lich *Adj*（形）；*ohne Steigerung*（无变级）；relativ lang u. nicht sehr breit 呈长形的，略带长形的，狭长的：*ein länglicher Streifen Land* 一片略带长形的土地

Lang·mut *die*；-；*nur Sg, geschr*（只用单数）［书］；große Geduld 克制，容忍，极大的忍耐 ‖ *hierzu*（派生）**lang·mü·tig** *Adj*（形）

längs[1] *Präp*（介）；*mit Gen, geschr*（支配二格）［书］≈ entlang ↔ quer über：*die Bäume l. der Straße, l. des Flusses* 沿街、沿河（街旁、河边）的树木

längs[2] *Adv*（副）；der längeren Seite nach 沿纵向，直的方向，经向 ↔ quer：*ein Schnitt l. durch den Stoff* 布料纵向切开一个口子；*Die Streifen verlaufen l. über das Hemd* 衬衣上的条纹是纵向的 ‖ K-（复合）：***Längs-, -achse, -richtung, -schnitt, -streifen***

lang·sam *Adj*（形）**1.** mit geringer Geschwindigkeit 慢的，慢速的，缓慢的 ↔ schnell 〈das Tempo, die Geschwindigkeit, die Fahrt 车速，速度，行车；ein Rennen 赛跑；ein Prozess, ein Vorgang 过程，进程〉：*Gegen Ende des Rennens verließen ihn die Kräfte, u. er wurde immer langsamer* 比赛接近终点时，他已精疲力尽，越跑越慢；*l. u. vorsichtig durch die Straßen fahren* 慢慢地、小心地在街上开车 **2.** 〈ein Mensch 人〉 so, dass er etw. mit geringer Geschwindigkeit macht 动作迟缓的，慢条斯理的，慢悠悠的 ≈ umständlich ↔ schnell, flink, agil：*Es macht keinen Spaß, mit ihm zusammenzuarbeiten, weil er so l. ist* 同他一起合作没劲，他是个慢性子 **3.** 〈ein Mensch 人；ein Schüler 学生〉 so, dass er nicht schnell denkt 迟钝的，呆迟的 ≈ schwerfällig **4.** *mst attr*（多作定语）≈ allmählich：*e-e langsame Steigerung der Produktion* 逐步提高生产；*Es wird l. Zeit, dass du zur Schule gehst!* 等会儿你该去上学了！；*Er hat l. begriffen, worum es hier geht* 他逐渐明白这是怎么回事 **5.** ***l., aber sicher*** *gespr*［口］；relativ l. (1), jedoch mit konstanten Fortschritten 不慌不忙地，沉着地：*L., aber sicher nähern wir uns dem Ziel* 我们沉着镇定地接近目标 ‖ *zu*（义项）**1., 2.** u. **3. Lang·sam·keit** *die*；*nur Sg*（只用单数）

Lang·schlä·fer *der*；j-d, der morgens (oft) spät aufsteht 睡懒觉的人 ‖ *hierzu*（派生）**Lang·schlä·fe·rin** *die*

Lang·spiel|plat·te *die*；e-e Schallplatte mit

mehreren Liedern auf jeder Seite 密纹唱片; *Abk* 缩写 LP ↔ Single

längst *Adv* (副) **1.** schon seit langer Zeit 早就, 好久以来 ≈ schon lange ↔ erst seit Kurzem: *Das war für ihn nichts Neues – er wusste es l.* 这对他不是什么新闻——他早就知道了 **2.** ***l. nicht*** verwendet, um die Verneinung zu verstärken (加强否定语气) 远远不是 ≈ bei Weitem nicht: *Die Verhandlungen sind noch l. nicht erfolgreich abgeschlossen* 谈判离成功还远着呢; *Hier liegt l. nicht so viel Schnee, wie ich erwartet hatte* 这里的雪远远不如我所期待的那么多

längs·tens *Adv* (副); nicht längere Zeit als 最迟, 最多, 最长 ≈ höchstens: *Unsere Besprechung wird l. eine Stunde dauern* 我们的谈话可能最多进行一个小时

lang·stie·lig *Adj* (形); *nicht adv* (不作状语); 〈e-e Axt, e-e Rose 斧子, 玫瑰〉 mit e-m langen Stiel 长梗的, 长茎的, 长把的

Lang·stre·cken|lauf *der*; *nur Sg* (只用单数); ein Wettlauf über e-e lange Strecke (*z. B.* 10000m, Marathonlauf) (万米、马拉松等) 长跑比赛

Lang·stre·cken|ra·ke·te *die*; e-e Rakete mit großer Reichweite 远程火箭

Lan·gus·te [laŋˈgʊstə] *die*; -, -*n*; ein großer, roter bis violetter Krebs (im Meer) ohne Scheren, aber mit langen Fühlern. *Langusten* werden als Delikatesse gegessen 龙虾 ‖ ↑ *Abb. unter* 图见 ***Schalentiere***

lang·wei·len; *langweilte*, *hat gelangweilt*; [Vt] (及物) **1.** ***j-d / etw. langweilt j-n*** j-d/etw. ruft bei j-m Langeweile hervor (人/物作主语) 使感到无聊、厌烦 ↔ j-d/etw. unterhält, amüsiert j-n: *Mit seinen alten Kriegsgeschichten langweilte er die anderen Gäste* 他讲述自己过去的战争经历使其他客人感到无聊; [Vr] (反身) **2.** ***sich l.*** Langeweile haben 感到无聊, 感到烦闷 **3.** ***sich zu Tode l.*** *gespr* [口]; sich sehr langweilen 无聊极了, 无聊得要命

Lang·wei·ler *der*; -*s*, -; *gespr pej* [口][贬] **1.** j-d, der andere langweilt (1) 无聊的人, 令人厌倦的人, 没趣的人 **2.** j-d, der alles so langsam macht, dass er anderen auf die Nerven geht 慢条斯理的人, 慢性子 ≈ Trödler ‖ *hierzu* (派生) **Lang·wei·le·rin** *die*; -, -*nen*

lang·wei·lig *Adj* (形); so uninteressant, dass man dabei Langeweile hat 无聊的, 枯燥的, 乏味的, 没意思的 ↔ kurzweilig, abwechslungsreich, spannend: *ein langweiliger Roman* 一部平淡无味的长篇小说; *ein langweiliger Gesprächspartner* 一位没有情趣的谈话伙伴; *Du musst nicht bleiben, wenn dir l. ist!* 要是你觉得没意思, 就不必留下来! ‖ NB (注意): um *l.* zu verstärken, verwendet man (in der gesprochenen Sprache) *stinklangweilig*, *todlangweilig* (为加强语气, 口语中用 stinklangweilig, todlangweilig 无聊透顶的, 极端无聊的) ‖ *hierzu* (派生) **Lang·wei·lig·keit** *die*; *nur Sg* (只用单数)

Lang·wel·le *die*; *nur Sg*, RAD (只用单数) 【广播】; der Bereich, der Sender empfängt, die auf Wellen (3) von mindestens 1000 Metern senden 长波 ↔ Kurzwelle, Mittelwelle, UKW: *„Radio Monaco" auf L. empfangen* 用长波收听"摩纳哥电台" ‖ K- (复合): ***Langwellen-***, ***-sender***

lang·wie·rig *Adj* (形); mit so viel Mühe u. Schwierigkeiten verbunden, dass es lange Zeit dauert 费力的, 费时的, 难办的, 棘手的, 旷日持久的, 慢性的 ↔ problemlos, unkompliziert 〈Verhandlungen, Beratungen 谈判, 咨询; e-e Krankheit, e-e Verletzung 疾病, 伤口〉 ‖ *hierzu* (派生) **Lang·wie·rig·keit** *die*; *mst Sg* (多用单数)

Lang·zeit- *im Subst, begrenzt produktiv* (构成名词, 构词有限); so, dass das im zweiten Wortteil Genannte lange Zeit dauert 长期…, 长时间…, 长久…; das ***Langzeitprogramm***, der ***Langzeittest***, die ***Langzeittherapie***, der ***Langzeitversuch***, die ***Langzeitwirkung***

Lang·zeit|ge·dächt·nis *das*; PSYCH 【心】; die Fähigkeit, sich an Dinge zu erinnern, die vor langer Zeit geschehen sind 长久记忆(力) ↔ Kurzzeitgedächtnis

Lan·ze *die*; -, -*n*; *hist* [历]; e-e Waffe aus e-r langen Stange u. e-r Spitze aus Eisen, mit der man dem Gegner e-n Stoß gab 矛, 长矛, 长枪 ‖ ↑ *Abb. unter* 图见 ***Waffen*** ‖ K- (复合): ***Lanzen-***, ***-schaft***, ***-spitze***, ***-stich***, ***-stoß*** ‖ ID [谚] ***für j-n e-e L. brechen*** *geschr* [书]; j-n unterstützen 为某人奋不顾身, 拔刀相助

la·pi·dar [-ˈdaːɐ] *Adj* (形); *geschr* [书]; (oft überraschend) kurz u. präzise formuliert 精练的, 简练的, 洗练的, 简明扼要的 ≈ prägnant ↔ ausschweifend 〈e-e Feststellung, e-e Bewertung, e-e Formulierung 论断, 评语, 措辞〉

Lap·pa·lie [laˈpaːliə] *die*; -, -*n*; etw., das völlig unwichtig ist 鸡毛蒜皮的事, 微不足道的小事 ≈ Kleinigkeit, Belanglosigkeit 〈sich wegen e-r L. aufregen 为一件小事而激动〉

Lap·pen *der*; -*s*, -; **1.** ein kleines Stück Stoff od. Leder, mit dem man *bes* putzt 抹布, 擦布: *e-e Flüssigkeit mit e-m L. aufwischen* 用抹布擦掉液体 ‖ -K (复合): ***Stoff-***, ***Leder-***, ***Wisch-*** **2.** *gespr* [口] ≈ Geldschein: *Wie viele Lappen hast du denn für das Motorrad hingelegt?* 这辆摩托车你究竟花了多少钱? (= bezahlt) ‖ ID [谚] **a)** ***j-d / ein Tier geht j-m durch die Lappen*** j-m gelingt es nicht, j-n/ein Tier zu fangen 某人/某动物从某人身边溜掉了 ≈ j-d/ein Tier entkommt j-m: *Die Gangster gingen der Polizei durch die Lappen* 匪徒从警察眼皮底下溜掉了; **b)** ***etw. geht j-m durch die Lappen*** j-m gelingt es nicht, etw. zu bekommen 某人错过(失去)某种机会 ≈ j-m entgeht etw.: *Mir ist ein herrlicher Job durch die Lappen gegangen* 我错过了一个很好的工作机会

läp·pisch *Adj* (形); *gespr pej* [口][贬] **1.** so einfach od. dumm, dass es einen ärgert 幼稚可笑的, 愚蠢的, 毫无意义的, 傻里傻气的 ≈ albern, blöd, trivial 〈e-e Idee, ein Einfall 想法, 主意; ein Witz, e-e Geschichte 笑话, 故事; ein Spiel

游戏〉 2. sehr gering 少得可怜的，微小的 ≈ lächerlich (2) 〈e-e Summe, ein Geldbetrag 款项，金额〉

Lap·sus *der*; -, - [ˈlapsuːs]; *geschr* [书]; ein Fehler, den man macht, weil man leichtsinnig od. ungeschickt ist 疏忽，过失，闪失，毛病 ≈ Ungeschicklichkeit, Missgeschick 〈e-n L. begehen 出了差错; j-m unterläuft ein L. 他无意中出了个差错〉

Lap·top [ˈlɛp-] *der*; *-s, -s*; ein kleiner Computer in e-r Art Koffer, den man *bes* auf Reisen benutzt 便携式电子计算机，笔记本电脑

Lär·che *die*; -, *-n* **1.** ein hellgrüner Nadelbaum, der seine Nadeln im Herbst verliert 落叶松(树) ‖ ↑ *Abb. unter* 图见 ***Nadelbäume*** **2.** *nur Sg* (只用单数); das Holz der L. (1) 落叶松(木材)

La·ri·fa·ri *das*; *-s*; *nur Sg*, *gespr* (只用单数) [口] ≈ Unsinn

Lärm *der*; *-s*; *nur Sg* (只用单数); laute u. unangenehme Geräusche 嘈杂声，闹声，噪音 ≈ Krach ↔ Ruhe, Stille 〈ein furchtbarer, ohrenbetäubender L. 可怕的、震耳欲聋的喧闹声; L. machen, verursachen 制造、引起噪音〉: *der L., den die Kinder auf dem Schulhof machen* 孩子在校园里发出的叫喊声; *der L. e-s startenden Flugzeuges* 飞机起飞时的噪音 ‖ K- (复合): ***Lärm-***, ***-bekämpfung***, ***-belästigung***, ***-belastung***, ***-schutz***; ***lärm-***, ***-empfindlich*** ‖ -K (复合): ***Motoren-***, ***Verkehrs-*** ‖ ID [谚] ***viel L. um nichts*** *geschr* [书]; viel Aufregung wegen e-r unwichtigen Sache 无事生非，小题大做

> **Lärm 噪音**
>
> In Deutschland wird viel Wert auf Ruhe gelegt. Vor allem bei der Wohnungssuche achtet man darauf, dass Straßenlärm und andere Umweltgeräusche so gering wie möglich sind. Es wird viel für den Lärmschutz getan, wie zum Beispiel durch besondere Fenster.
>
> Es gibt festgelegte Ruhezeiten, in denen es nicht erlaubt ist, laute Tätigkeiten wie zum Beispiel Rasen mähen, Löcher bohren usw. auszuführen. Diese Ruhezeiten sind im Allgemeinen die Mittagszeit (etwa zwischen 13 und 15 Uhr) und abends ab 22 Uhr.
>
> 在德国很重视安静。找住房首先注意街道噪音和环境噪声要尽可能小。为了防御噪音采取了许多办法，例如安装特殊的窗户。
>
> 德国有规定的保持安静的时间，那时不允许进行带很大响声的活动，如修剪草坪，钻孔等。这种保持安静的时间一般说来是中午(大约 13 点至 15 点之间)和晚上 22 点起。

lär·men; *lärmte*, *hat gelärmt*; [Vi] (不及物) Lärm machen 吵闹，喧嚷，喊叫，制造噪音 ↔ still sein 〈Kinder 小孩; ein Radio 收音机; ein Motorrad 摩托车〉 ‖ *zu* ***Gelärme*** ↑ ***Ge-***

lar·mo·yant [-moaˈjant] *Adj* (形); *geschr* [书] ≈ weinerlich

Lar·ve [-fə] *die*; -, *-n* **1.** ZOOL【动】; ein Tier, das wie ein Wurm aussieht u. aus dem später ein Käfer, Schmetterling *o. Ä.* wird 幼虫: *Aus dem Ei entsteht e-e L., aus der L. e-e Puppe u. aus der Puppe ein Schmetterling* 由卵变成幼虫，由幼虫变成蛹，然后由蛹变成蝴蝶 ‖ -K (复合): ***Insekten-***, ***Käfer-*** **2.** e-e Maske für das Gesicht 面具 **3.** ***e-e schöne L.*** *pej* [贬]; das schöne Gesicht e-s dummen od. charakterlosen Menschen (指无知的或无性格的人的)一副漂亮的脸蛋，美丽的假象

las *Imperfekt*, *1. u. 3. Person Sg* (过去时，第一和第三人称单数); ↑ ***lesen***

lasch *Adj* (形); ohne Energie u. Ehrgeiz 无精打采的，没劲的，死气沉沉的 ≈ lustlos ↔ ehrgeizig, dynamisch 〈j-s Verhalten, Spielweise 某人的态度，比赛方式〉 ‖ *hierzu* (派生) ***Lasch·heit*** *die*; *mst Sg* (多用单数)

La·sche *die*; -, *-n*; ein ovales od. längliches Stück Papier, Stoff, Leder *o. Ä.*, mit dem man etw. verschließen kann (由纸、布、皮等制作的用来封盖某物的)鞋帮，褡口，封口: *die L. e-s Halbschuhs* 低帮鞋的鞋帮; *die L. e-r Plastiktasche* 塑料提包的褡口

La·schi *der*; *-s*, *-s*; *gespr* [口]; (*bes* von Jugendlichen verwendet) j-d, der lasch ist (年轻人用语)没劲的人，没意思的人

La·ser [ˈleːzɐ] *der*; *-s*, -; ein Gerät, das e-n sehr schmalen Lichtstrahl erzeugt, mit dem man *z. B.* Metalle schneidet od. Menschen operiert 激光器 ‖ K- (复合): ***Laser-***, ***-chirurgie***, ***-drucker***, ***-medizin***, ***-strahl***, ***-technik***

las·sen[1]; *lässt*, *ließ*, *hat j-n/etw. gelassen*, *hat j-n/etw.* + *Infinitiv* (不定式) + *lassen*; [Vt] (及物) **1.** ***j-n/sich/ein Tier*** + *Infinitiv* (不定式) + ***l.*** j-m erlauben od. ermöglichen, etw. zu tun 让，使，允许，许可，同意 ≈ zulassen, dulden ↔ verbieten: *die Katze im Bett schlafen l.* 让猫睡在床上; *Er lässt seinen Bruder nie ungestört arbeiten* 他从不让他兄弟安静工作; *Er hat seinen Hund im Freien laufen lassen* 他让他的狗到户外去跑跑; *Die Eltern ließen die Kinder nicht ins Kino gehen* 父母不准孩子去影院看电影; *Ich habe mich zu e-r Fahrt mit der Achterbahn überreden lassen* 我被说服去乘坐一次过山车; *Ich lasse mich von dir nicht herumkommandieren!* 我不许你对我指手划脚! ‖ NB (注意): kein Passiv (不用被动语态)! **2.** ***j-n irgendwohin l.*** j-m erlauben, irgendwohin zu gehen 让，允许(进入) ≈ zulassen, dulden ↔ verbieten: *die Kinder nicht mit schmutzigen Schuhen ins Haus l.* 不准孩子穿着脏鞋进屋; *Die Besucher werden erst eine Stunde vor Beginn des Spiels ins Stadion gelassen* 观众在比赛开始前一个小时才准许进入体育场 **3.** ***etw.*** + *Infinitiv* (不定式) + ***l.***; ***etw. irgendwohin*** (+ *Infinitiv* (不定式) +) ***l.*** bewirken, dass etw. irgendwohin gelangt 使，使得，致使: *ein Glas fallen l.* 弄掉了一个杯子; *e-n Drachen* *steigen l.* 放风筝；*Wasser in die Wanne* (*laufen*) *l.* 往浴盆里放水；*die Luft aus e-m Reifen l.* 把轮胎的气放了 **4. *j-n / etw. irgendwo l.*** j-n/etw. nicht von e-r Stelle wegbringen, entfernen 让/把…留在 ↔ wegräumen：*Lass die Koffer einfach im Flur* 把箱子就留在走廊；*Lass bitte noch etwas Kaffee in der Kanne!* 请还留一点咖啡在壶里！**5. *j-m etw. l.*** j-m erlauben, etw., was man ihm gegeben hat, noch e-e bestimmte Zeit zu behalten 允许…保存，让…保留 ≈ überlassen ↔ zurückverlangen：*Ich lasse dir mein Fahrrad noch bis morgen Abend, dann musst du es mir aber zurückgeben* 我允许你用我的自行车用到明天晚上，然后你得把它还给我 ‖ NB（注意）：kein Passiv（不用被动语态）！**6. *etw.*** (***sein***) ***l.*** *gespr*［口］；mit etw. aufhören od. etw., das man tun wollte, doch nicht tun 停止，不做，让…作罢，放弃：*Mensch, lass das* (*sein*), *du weißt, dass es mich ärgert!* 算了吧，你知道这会惹我生气的！；*Komm, lass deine Arbeit sein – wir gehen ins Kino* 走，别干了，我们看电影去 **7. *lass / lasst uns*** + *Infinitiv*（不定式）！verwendet, um e-e Gruppe von Personen (zu der der Sprecher gehört) freundlich aufzufordern, etw. zu tun（友好地命令）让我们…吧！≈ wollen wir + *Infinitiv*（不定式）！：*Es ist schon spät – lasst uns doch nach Hause gehen!* 已经晚了——咱们回家吧！*Lasst uns morgen e-e Radtour machen!* 明天我们骑车去郊游吧！‖ NB（注意）：kein Passiv（不用被动语态）！**8. *einen*** (***fahren, streichen***) ***l.*** *gespr!*［粗］Luft aus dem Darm entweichen lassen 放屁 ≈ furzen ‖ NB（注意）：kein Passiv（不用被动语态）！；Vr（反身）**9. *etw. lässt sich irgendwie*** + *Infinitiv*（不定式）etw. gibt j-m die Möglichkeit, die genannte Handlung auf die genannte Weise auszuführen（物作主语）可能，容易：*Das neue Computerprogramm lässt sich leicht lernen* 新的计算机程序容易学；*Das Fenster klemmt – es lässt sich nur schwer öffnen* 窗户卡住了，很难打开；*Diese Szene lässt sich sehr schlecht beschreiben* 这种场面难以描述 ‖ NB（注意）：Diese Konstruktion wird oft e-r Passivkonstruktion mit *können* vorgezogen（常认为这一结构比被动结构 + können 更好）：*Das Fenster kann nur schwer geöffnet werden* 这扇窗户很难打开 → *Das Fenster lässt sich schwer öffnen* **10. *es lässt sich*** + *Adv*（副词）+ *Infinitiv*（不定式）man hat die Möglichkeit, die genannte Handlung auszuführen 可以，有可能：*Es lässt sich schwer sagen, was er jetzt vorhat* 他现在很难说有什么打算；*Bei dir lässt sichs* (*gut*) *leben* 你那儿生活很好 ‖ ID［谚］*mst* 多用 ***Das muss man ihm l.!*** *gespr*［口］；das muss man bei ihm anerkennen (obwohl man sonst viel an ihm schlecht findet) 这一点不该抹煞他，这一点得承认他 ‖ NB（注意）：Die Perfektform heißt *hat gelassen*, wenn kein Infinitiv vorangeht,（如不带不定式，现在完成时为 hat gelassen）also：*Er hat sie ins Kino gelassen* 他让她去看电影；Die Perfektform ist *hat … lassen*, wenn ein Infinitiv vorangeht,（如带不定式，则为 hat … lassen）also：*Er hat sie ins Kino gehen lassen* 他让她去看电影

las·sen²；*lässt, ließ, hat* (*j-n / ein Tier*) + *etw.* + *Infinitiv*（不定式）+ *lassen*；Vt（及物）**1. *j-n / ein Tier etw.*** + *Infinitiv*（不定式）+ ***l.*** j-n beauftragen od. zwingen, etw. zu tun 叫，吩咐，要求 ≈ veranlassen：*Ich lasse meinen Sohn immer den Rasen mähen* 我要我儿子经常修剪草坪；*Er ließ seinen Hund den Stock zurückbringen* 他叫狗把棍子叼回来；*Unser Lehrer ließ uns die Hausaufgabe noch einmal machen* 我们老师要我们把作业再做一遍；*Die Mutter hat ihren Sohn einkaufen lassen* 母亲叫儿子去采购 ‖ NB（注意）：kein Passiv（不用被动语态）！**2. *etw.*** + *Infinitiv*（不定式）+ ***l.*** veranlassen, dass etw. getan wird 让人，请人，叫人：*Ich habe das Kleid reinigen lassen* 我让人把衣服洗了；*Sie hat die Polizei holen lassen* 她（让人）把警察找来了 ‖ NB（注意）：kein Passiv（不用被动语态）！**3. *j-n / sich / etw.*** + *Infinitiv*（不定式）+ ***l.***；***j-m / sich*** (*Dat* 三格) ***etw.*** + *Infinitiv*（不定式）+ ***l.*** j-m den Auftrag geben, *mst* gegen Bezahlung etw. zu tun 委托，请，让：*seinen Sohn bei e-m Chirurgen operieren l.* 请外科大夫给儿子做手术；*sich bei / von e-m Arzt behandeln l.* 让大夫给自己治病；*sich beim Friseur die Haare schneiden l.* 让理发师给自己理发；*Der Geschäftsmann ließ sich e-n Anzug schneidern* 这位生意人请人替自己缝制了一套西装；*Er ließ sich von seinen Kindern den Wagen waschen* 他让自己孩子给自己擦洗汽车 ‖ NB（注意）：kein Passiv（不用被动语态）！

läs·sig *Adj*（形）**1.** sehr natürlich, ohne Förmlichkeit 潇洒的，自然的，飘逸的，不拘束的 ≈ locker (6), leger ↔ gezwungen, verkrampft ⟨j-s Art, Verhalten 某人的举止，行为；j-s Kleidung 某人的衣服⟩：*Er ist wegen seiner lässigen Art sehr beliebt* 他那潇洒的举止很受人喜欢；*Sie ist immer sehr l. gekleidet* 她总是穿得很潇洒 **2.** *gespr*［口］；ohne große Schwierigkeiten 轻易的，轻松的，轻而易举的 ≈ leicht² (1) ↔ schwierig ⟨e-e Prüfung, e-e Aufgabe 一次考试，一项任务；etw. l. bewältigen, bestehen 轻易地战胜、经受住某事⟩：*Er bestand die Führerscheinprüfung ganz l.* 他轻轻松松地就通过了驾驶证考试；*e-n Wettbewerb ziemlich l. gewinnen* 相当轻松地赢了一场比赛 ‖ *hierzu*（派生）**Läs·sig·keit** *die*；*nur Sg*（只用单数）

Las·so *das*；*-s, -s*；ein langes Seil mit e-r Schlinge am Ende, mit dem man *bes* Rinder u. Pferde einfängt 套索 ⟨ein L. werfen 甩套索；das L. schwingen 挥舞套索⟩ ‖ K-（复合）：***Lasso-, -wurf***

lässt *Präsens, 2 u. 3 Person Sg*（现在时，第二和第三人称单数）；↑ ***lassen***

Last *die*；*-, -en* **1.** etw. Schweres, das j-d od. ein Tier tragen muss 负重，负担，重物，运载物：*Afrikanische Frauen tragen Lasten oft auf* *dem Kopf* 非洲妇女常常把搬运的东西顶在头上; *die schwere L., die der Esel zu tragen hatte* 驴要驮的重物 ‖ K-(复合): ***Last-, -esel, -tier*** **2.** *mst Sg* (多用单数); etw., das j-m viel Arbeit, Mühe u. Schwierigkeiten macht 负担,重担,繁忙,累赘,劳累 ≈ Bürde 〈die L. des Alltags, e-s Amtes, des Berufs, der Geschichte 每天的负担,机关的繁忙,职业的劳累,历史的重负〉: *sich von der L. des Alltags erholen* 从每天的劳累中恢复过来 **3.** *geschr* [书]; das Geld, das man j-m schuldet od. an den Staat zahlen muss 债务,税收 ≈ Schulden, Steuern, Abgaben ‖ -K (复合): ***Schuld-, Steuer-*** **4.** ***j-m zur L. fallen*** j-m viel Arbeit u. Mühe machen (u. somit auf die Nerven gehen) 成为…的负担(包袱),给…添麻烦 ≈ j-m lästig werden **5.** ***j-m etw. zur L. legen*** *geschr* [书]; j-m die Schuld für etw. geben 把…归咎于 ≈ j-n beschuldigen, bezichtigen ‖ NB (注意): ↑ ***zulasten***

Last·au·to *das* ≈ Lastwagen

las·ten; *lastete, hat gelastet*; [Vi] (不及物) **1.** ***etw. lastet auf j-m/etw.*** etw. liegt als Last (1) auf j-m od. e-m Tier (物作主语)压在,重压在…上; **2.** ***etw. lastet auf etw.*** (*Dat* 三格) etw. ist noch nicht bezahlt (物作主语)在…上压着、拖欠着(指负债) ≈ etw. ist mit etw. belastet: *Auf dem Grundstück lasten große Schulden* 在这块地产上压着大批债务 **3.** ***etw. lastet auf etw.*** (*Dat* 三格) etw. macht Probleme u. Schwierigkeiten (物作主语)给…加重负担、造成困难 ≈ etw. belastet etw.: *Hohe Ölpreise u. Arbeitslosigkeit lasten auf der Wirtschaft des Landes* 高昂的油价和大量失业给国家经济造成困难 **4.** ***etw. lastet auf j-m*** etw. (*z. B.* ein früheres Erlebnis) macht j-m große Probleme (物作主语)给…制造沉重的心理负担,压在…心头 ≈ etw. zermürbt j-n 〈ein Verdacht 怀疑; e-e Schuld, ein Verbrechen, ein Fluch 一次过失,一次犯罪,一次灾祸〉

Las·ter[1] *der*; *-s, -*; *gespr* [口] ≈ Lastwagen

Las·ter[2] *das*; *-s, -*; (oft in Bezug auf Sexualität) e-e Verhaltensweise od. e-e Gewohnheit, die man als schlecht od. unangenehm empfindet 不道德的行为,恶习,坏习惯 ≈ Fehler, Makel ↔ Tugend 〈ein L. haben 有恶习; e-m L. frönen 沉湎于恶习; von Lastern beherrscht werden 恶习难改; ein L. bekämpfen 克服陋习〉: *Er hat zwei L.: Er raucht u. trinkt zu viel* 他有两个坏习惯:抽烟和喝酒过量 ‖ K-(复合): ***Laster-, -leben*** ‖ *hierzu* (派生) **las·ter·haft** *Adj* (形)

Läs·ter·maul *das*; *gespr* [口]; j-d, der gerne u. oft lästert 恶语伤人者,好说人坏话的人 ≈ Lästerer

läs·tern; *lästerte, hat gelästert*; [Vi] (不及物) (***über j-n/etw.***) **1.** *pej* [贬]; böse Bemerkungen über j-n/etw. machen 毁谤,中伤,说坏话,咒骂 ≈ über j-n/etw. spotten, j-n verspotten: *Sie lästerte darüber, dass er schwer wie ein Elefant sei* 她骂他笨重得像一头象 ‖ *hierzu* (派生) **Läs·te·rer** *der*; *-s, -*; **Läs·te·rin** *die*; *-, -nen*; **Läs·te·rung** *die*

läs·tig *Adj* (形); (***j-m***) **l.** 〈e-e Person, e-e Sache 人,物〉 so, dass sie j-n stören u. ihm auf die Nerven gehen 厌烦的,令人讨厌的,使人难受的,累赘的 ≈ störend, ärgerlich: *Jetzt kommt dieser Typ schon wieder! – Der wird mir allmählich l.* 这家伙现在又来了! 他慢慢成了我的累赘; *Ich bin froh, wenn ich mit diesen lästigen Einkäufen fertig bin* 要是我甩掉这种烦人的采购,我会很高兴; *Diese Mücken sind sehr l.!* 这些蚊虫真让人难受! ‖ *hierzu* (派生) **Läs·tig·keit** *die*; *nur Sg* (只用单数)

-las·tig *im Adj*, *wenig produktiv* (构成形容词,构词弱); verwendet, um auszudrücken, dass etw. zu stark betont wird 侧重…的,向…倾斜的; ***kopflastig*** 〈ein Mensch 人〉, ***linkslastig*** 〈e-e Zeitung 报纸〉, ***theorielastig*** 〈ein Studium 学习〉, ***rechtslastig*** 〈e-e Zeitung 报纸〉

Last|kraft·wa·gen *der*; ADM *geschr* 【管理】[书] ≈ Lastwagen; *Abk* 缩写 Lkw

Last-Mi·nute-Flug [la:st'mɪnɪt-] *der*; FLUG 【航空】; e-e Flugreise, die man kurzfristig sehr billig buchen kann, weil der Veranstalter bis dahin nicht alle Plätze verkaufen konnte (因机票未及时售出而)临时降价的航班 ≈ Last-Minute-Reise

Last·schrift *die*; FIN 【金融】; die (Ab)Buchung e-s Betrags von j-s Bankkonto (银行)借记(从某人账户上转账): *Gebühren durch/per L. einziehen* 通过银行借记收取费用 ‖ K-(复合): ***Lastschrift-, -verfahren***

Last·wa·gen *der*; ein großes Kraftfahrzeug, das schwere Gegenstände transportiert 载重汽车 ↔ Personenauto: *ein L. mit Anhänger* 一辆带挂车的载重汽车; *Ziegel mit dem L. zur Baustelle fahren* 用载重车将砖运往工地 ‖ K-(复合): ***Lastwagen-, -fahrer***

La·tein *das*; *-s*; *nur Sg* (只用单数) **1.** die Sprache der alten Römer 拉丁语,拉丁文 〈das klassische L. 古典拉丁语〉 **2.** ein Schulfach, in dem Latein (1) gelehrt wird 拉丁语课 ‖ K-(复合): ***Latein-, -lehrer, -unterricht, -vokabeln*** ‖ ID [谚] ***mit seinem L. am Ende sein*** für e-e schwierige Situation keine Lösung mehr wissen 智穷计尽,别无良策,一筹莫展

La·tein·ame·ri·ka *das*; die Staaten südlich der USA (in denen Spanisch u. Portugiesisch gesprochen wird) 拉丁美洲

La·tei·ner *der*; *-s, -*; *gespr* [口]; j-d, der Latein lehrt od. studiert hat 教或学拉丁语的人 ‖ *hierzu* (派生) **La·tei·ne·rin** *die*; *-, -nen*

la·tei·nisch *Adj* (形) **1.** 〈die Grammatik, ein Text 语法,文章〉 in Bezug auf die Sprache des alten Rom 拉丁文的,拉丁语的 **2.** 〈die Schrift, Buchstaben 字体,字母〉 in Bezug auf die Schrift, die im antiken Rom verwendet wurde u. die Grundlage der Druckschrift im Deutschen, Französischen *usw* ist 拉丁字体的

la·tent *Adj* (形); *geschr* [书]; 〈e-e Erkrankung, e-e Gefahr, e-e Krise 疾病,危险,危机〉

vorhanden, aber noch nicht wirksam od. sichtbar 潜伏的 ‖ *hierzu*（派生）**La·tẹnz** *die*; -; *nur Sg*（只用单数）

La·tẹr·ne *die*; -, *-n* **1.** e-e Lampe, die nachts die Straße beleuchtet 路灯 ≈ Straßenlampe ‖ ↑ *Abb. unter* 图见 ***Lampe*** ‖ -K（复合）: ***Straßen-*** **2.** e-e Art Behälter aus Metall u. Glas, der die Flamme *bes* e-r Kerze schützt 提灯，马灯，灯笼 ‖ K-（复合）: ***Laternen-, -licht***

La·ti·num *das*; *-s*; *nur Sg*（只用单数）; Ⓓ［德］die Kenntnisse in Latein nach mehreren Jahren Gymnasium 拉丁语知识〈das L. haben, nachholen 有、补修拉丁语知识〉

Lat·ri·ne *die*; -, *-n*; e-e Toilette im Freien, bei der die Exkremente in e-e Grube fallen 茅坑，粪坑，厕所

Lạt·sche *die*; -, *-n*; ein kleiner Baum mit Nadeln, der *bes* in den Alpen wächst 矮松

lạt·schen; *latschte*, *ist gelatscht*; Vi（不及物）***irgendwohin l.*** *gespr*［口］; so gehen, wie wenn man sehr müde ist 拖着脚走，蹒跚而行

Lạt·schen *der*; *-s*, -; *mst Pl*, *gespr*, *oft pej*（多用复数）［口］常用［贬］; ein *mst* alter u. wertloser Schuh 旧鞋，破鞋 ‖ ID［谚］***aus den Latschen kippen*** **a**) ohnmächtig werden 失去知觉 **b**) sehr überrascht sein 非常惊奇，很惊惶

Lạt·te *die*; -, *-n* **1.** ein schmales u. relativ langes Stück Holz mit vier Kanten 板条，木条，方材，横长木: *Die Dachplatten werden an Latten befestigt* 天花板是固定在木条上的; *die Latten e-s Holzzaunes* 木栅的板条 ‖ K-（复合）: ***Latten-, -gestell, -rost, -zaun*** ‖ -K（复合）: ***Dach-, Holz-, Zaun-*** **2.** SPORT【体】; e-e Stange aus Holz od. Metall, über die man beim Hoch- od. Stabhochsprung springt（跳高或撑杆跳的）横竿〈die L. reißen, überqueren 蹭(碰)掉、越过横竿〉‖ -K（复合）: ***Hochsprung-*** **3.** *Kurzw*（略）↑ ***Querlatte*** **4.** ***e-e*（*ganze, lange*）*L. von etw.*** *gespr*［口］; sehr viele einzelne Dinge 一大堆(事情)，一系列，一大批，一大串 ≈ e-e Reihe von etw.〈e-e (ganze, lange) L. von Zeugnissen, Qualifikationen, Vorstrafen haben 有大量证明、鉴定、前科〉**5.** ***e-e lange L.*** *gespr*［口］; ein sehr großer, schlanker Mensch (*bes* ein Mann) 一个瘦高个儿

Lạtz *der*; *-es*, *Lät·ze* **1.** ein Tuch, das man (*bes* Kindern) beim Essen um den Hals bindet, damit sie ihre Kleidung nicht schmutzig machen 围嘴，涎兜 ≈ Lätzchen〈e-m Kind e-n L. umbinden 给小孩围上围嘴〉**2.** ein Stück Stoff (an e-r Hose, e-m Rock od. e-r Schürze), mit dem man die Kleidung *mst* über der Brust bedeckt, um sich nicht schmutzig zu machen 前襟(裤、裙上的前胸部分) ‖ ID［谚］***j-m eins vor den L. knallen*** *gespr*［口］; **a**) j-m e-n Schlag geben 给某人当胸一拳; **b**) j-n rügen 痛斥某人 ≈ zurechtweisen

Lạ̈tz·chen *das*; *-s*, - ≈ Latz (1)

Lạtz·ho·se *die*; e-e Hose *bes* für Kinder od. Handwerker, die mit Trägern gehalten wird u. bei der der Stoff bis zur Brust reicht 工装裤 ‖ ↑ *Abb. unter* 图见 ***Arbeitskleidung***

lau *Adj*（形）;（in Bezug auf die Temperatur）weder warm noch kalt (aber angenehm) 温吞的，暖和的，温和的，柔和的 ≈ mild〈die Wassertemperatur, ein Lüftchen 水温，微风; die Luft, der Abend 空气，傍晚〉

Laub *das*; *-(e)s*; *nur Sg*, *Kollekt*（只用单数）（集合）; die Blätter von Bäumen oder Sträuchern, *bes* wenn sie abgefallen sind 树叶，叶子〈das L. verfärbt sich, fällt vom Baum 叶子变色了、从树上掉落; das L. zusammenfegen, zusammenkehren 把落叶扫在一起〉: *Der Igel deckt sich im Winter mit L. zu* 刺猬冬天用落叶遮身(御寒) ‖ K-（复合）: ***Laub-, -besen, -haufen*** ‖ *zu* ***Laubbesen*** ↑ *Abb. unter* 图见 ***Gartengeräte***

Laub·baum *der*; ein Baum, der Blätter hat (die im Herbst abfallen) 阔叶树 ↔ Nadelbaum: *Buche, Birke u. Eiche sind Laubbäume* 山毛榉、桦树和橡树都是阔叶树

Lau·be *die*; -, *-n*; ein kleines Haus (in e-m Garten od. Park), das aus Holzlatten gebaut ist u. über das Pflanzen wachsen 小凉亭，小木屋〈e-e lauschige L. 一间僻静的小木屋〉‖ -K（复合）: ***Garten-***

Laub·frosch *der*; ein kleiner, hellgrüner Frosch, der meistens auf Schilf od. Sträuchern lebt 小青蛙，雨蛙

Laub·sä·ge *die*; e-e leichte Säge mit sehr dünnem Sägeblatt, mit der man *bes* Figuren aus Sperrholz aussägt 钢丝锯，细齿弓锯

Laub·wald *der*; ein Wald aus Laubbäumen 阔叶林 ↔ Nadelwald, Mischwald

Lauch *der*; *-(e)s*; *nur Sg*（只用单数）; e-e Gemüsesorte, die e-n langen, weißen Stamm u. grüne Blätter hat u. ähnlich wie e-e Zwiebel schmeckt 葱 ≈ Porree ‖ K-（复合）: ***Lauch-, -gemüse, -suppe***

Lau·er [ˈlauɐ] *die*; *mst in* 多用于 ***auf der Lauer liegen / sein*** sich irgendwo verstecken, um zu beobachten, was geschieht 窥伺，埋伏以待，潜伏

lau·ern; *lauerte*, *hat gelauert*; Vi（不及物）**1.** ***auf j-n / etw. l.*** sich verstecken u. warten, bis e-e Person/Sache kommt, um sie zu fangen od. anzugreifen 潜伏，暗中守候，埋伏，窥伺 ≈ j-m auflauern: *Die Katze sitzt vor dem Mauseloch u. lauert auf die Maus* 猫坐在老鼠洞口守候着老鼠; *Die Cowboys legten sich hinter e-n Busch u. lauerten auf die Postkutsche* 牛仔趴在树丛后面，窥伺着邮车 **2.** ***auf etw.*** (*Akk* 四格) ***l.*** *gespr*［口］; ungeduldig darauf warten, dass etw. passiert, das zum eigenen Vorteil ist 焦急地期待，候机: *Der Mittelstürmer lauerte auf e-e gute Torchance* 中锋期待着一次射门好机会; darauf *l.*, dass *der Konkurrent e-n Fehler macht* 不耐烦地期待着竞争对手犯错误

Lauf *der*; *-(e)s*, *Läu·fe* **1.** *nur Sg*（只用单数）; das Laufen (1) 跑，奔跑: *Er übersprang den Zaun in vollem L.* 他全速奔跑跳过篱笆 ‖ K-

(复合)：***Lauf-***，***-richtung***，***-stil*** **2.** ein Wettbewerb, bei dem man e-e bestimmte Strecke laufen muss 赛跑：*Wegen e-r Verletzung konnte er zum zweiten L. nicht antreten* 他由于受伤不能出场参加第二轮赛跑 ‖ K-(复合)：***Lauf-***，***-disziplin***，***-wettbewerb*** ‖ -K(复合)：***Gelände-***，***Hindernis-***，***Hürden-***，***Kurzstrecken-***，***Langstrecken-***，***Marathon-***，***Staffel-***，***100-m-***，***200-m-***，***400-m-***，***800-m-***，***1500-m-***，***3000-m-***，***5000-m-***，***10000-m-*** **3.** *nur Sg* (只用单数)；die Art u. Weise, wie etw. verläuft, stattfindet 过程，进程 ≈ Verlauf, Ablauf：*der L. der Geschichte* 历史的进程；*den L. e-r Entwicklung beeinflussen* 影响发展的进程 **4.** *nur Sg* (只用单数)；die Bahn od. die Strecke, die ein Fluss, die Erde od. ein Stern nimmt 轨道，河道：*der L. der Mosel bei Trier* 在特里尔附近的摩泽尔河河道；*den L. der Erde beobachten* 观察地球轨道 **5.** (bei Schusswaffen) das Rohr, durch das die Kugel nach außen schießt 枪管 ‖ -K(复合)：***Gewehr-***，***Pistolen-*** **6.** *mst Pl* (多用复数)；die Beine *bes* e-s Hundes, Hasen, Rehes (狗、兔、鹿等)脚，腿 ‖ -K(复合)：***Hinter-***，***Vorder-*** **7.** ***im Laufe*** + *Gen* (二格) innerhalb des genannten Zeitraumes 在…过程中，在…期间〈im Laufe des Tages, der Woche, des Monats, des Jahres 在白天，在一周内，在月内，在年内〉：*Ich werde Sie im Laufe der nächsten Woche anrufen* 在下周内我给您打电话 **8.** ***e-n L. machen*** *gespr* [口]；im Wald od. im Freien laufen (1), um sich fit zu halten 跑跑步(锻炼身体) ≈ joggen ‖ ID [谚] ***etw. nimmt seinen / ihren L.*** etw. passiert, ohne dass j-d es beeinflussen od. aufheben kann 某事有自己的轨迹，按其自身规律发生、进行〈ein Geschehen, e-e Entwicklung, das Schicksal 事件，发展，命运〉；***etw.*** (*Dat* 三格) ***freien L. lassen*** nicht versuchen, etw. zu ändern od. aufzuhalten 对(感情)不压抑，让(感情)宣泄、发泄出来：*Er ließ seiner Wut freien L. und weinte bitterlich* 他发泄自己的愤怒，哭得很伤心

Lauf·bahn¹ *die*；-，*-en*；e-e (*mst* 400 m lange, ovale) Bahn, auf der Wettbewerbe im Laufen stattfinden (400 米比赛)跑道

Lauf·bahn² *die*；-，*-en*；*mst Sg* (多用单数)；die Entwicklung, die j-d *bes* im Beruf macht 经历、生涯、事业上的发展道路 ≈ Werdegang, Karriere〈e-e berufliche, künstlerische, wissenschaftliche, handwerkliche L. 职业的、艺术的、学术的、手工艺的生涯；e-e L. durchlaufen, einschlagen 经历、选择一条事业上的发展道路〉

Lauf·bur·sche *der* **1.** ein (*mst* junger) Bote 信差 **2.** *gespr*，*oft pej* [口]常用[贬]；j-d, der für e-n anderen einfache Arbeiten wie Botengänge macht 听差，跑腿的〈für j-n den Laufburschen spielen 给某人当听差〉：*Bring deine Briefe selbst zur Post – ich bin nicht dein L.!* 你自己把信拿到邮局去寄——我不是给你跑腿的！

lau·fen；*läuft*，*lief*，*ist / hat gelaufen*；[Vi] (不及物) (*ist*) **1.** sich auf den Füßen schnell fortbewegen (sodass beide Füße kurze Zeit in der Luft sind) 跑，奔跑 ≈ rennen〈schnell, langsam l. 快跑，慢跑；um die Wette l. 跑步比赛〉：*Er lief so schnell er konnte* 他尽量快跑；*Wenn du den Zug noch erreichen willst, musst du l.!* 你想赶上火车就得跑！；*Mit erhobenen Armen lief sie durchs Ziel* 她举起双手冲过终点 **2.** *bes gespr* 尤用[口]；sich auf den Füßen von e-m Ort zum anderen bewegen 走，走路，步行 ≈ gehen〈auf u. ab, hin u. her, an Krücken, am Stock l. 上下、来回、撑着拐杖、扶着手杖走动〉：*Unser Kind hat schon sehr früh l. gelernt* 我们的孩子很早就学会走路了；*In Schuhen mit hohen Absätzen kann ich nicht gut l.* 穿着高跟鞋我不会走路；*Fahren wir mit dem Bus, od. wollen wir l.?* 我们是坐车呢还是想走走?；„*Wie weit ist es denn zum Schwimmbad?*" – „*Etwa zehn Minuten zu l.*" "究竟离游泳池有多远?"——"大概要走十分钟" **3.** ***gegen / in etw.*** (*Akk* 四格) ***l.*** beim Gehen od. Laufen mit j-m/etw. zusammenstoßen (走路或奔跑时)与…相撞，撞上…〈j-m ins Auto l. 撞上某人的车〉：*Er war so betrunken, dass er voll gegen / in den Zaun gelaufen ist* 他喝得醉醺醺的，走路撞到了篱笆上 **4.** ***etw. läuft*** (***irgendwie***) etw. ist in Betrieb (u. funktioniert auf e-e bestimmte Weise) (物作主语)运转，运行〈Maschinen, Geräte, Motoren 机器，仪器，马达〉：*Seit der Reparatur läuft der Plattenspieler wieder einwandfrei* 经修理后，唱机运转得很好；*Bei laufendem Motor darf man nicht tanken* 马达在工作时切忌加油 ‖ K-(复合)：***Lauf-***，***-geräusch*** **5.** ***etw. läuft irgendwo*** (***hin***) etw. bewegt sich irgendwo(hin) (物作主语)运行，流动：*Das Seil läuft über Rollen* 绳索在轮子上滑动；*Der Wagen läuft auf Schienen* 车子在轨道上运行；*Ein Zittern lief durch ihren Körper* 她浑身一阵颤抖 **6.** ***etw. läuft irgendwohin*** e-e Flüssigkeit bewegt sich irgendwohin (物作主语)流，淌 ≈ etw. fließt, rinnt irgendwohin：*Tränen liefen ihr über die Wangen* 她泪流满脸；*Er ließ Wasser in den Eimer l.* 他往桶里放水 **7.** ***etw. läuft auf Grund*** ein Schiff *o.Ä.* bleibt an e-r flachen Stelle des Wassers liegen (物作主语)搁浅了 **8.** ***der Käse läuft*** der Käse wird weich u. fängt an zu fließen 奶酪软化了 **9.** ***etw. läuft irgendwann / irgendwo*** etw. steht auf dem Programm u. wird gezeigt (物作主语)放映，上演，播放：*Was läuft gerade im Kino?* 电影院在放映什么?；*Der Film lief letzte Woche schon im Fernsehen* 这部电影上周电视里已播放过 **10.** ***etw. läuft irgendwie*** etw. entwickelt sich od. geschieht auf e-e bestimmte Weise (物作主语)进展，进行 ≈ etw. verläuft irgendwie, läuft irgendwie ab：*Die Verhandlungen sind sehr günstig für uns gelaufen* 谈判进展对我们很有利；*Wie läuft es denn so mit Gerhard u. dir?* 你和盖哈特的情况到底怎么样?；*Du weißt ja, wie es oft läuft – erst freut man sich lange auf etw., u. dann wird doch nichts daraus* 你是知道的，情况往往是——先是兴冲冲期

L

待着什么，到头来却是一场空 **11. etw. läuft** + *Zeitangabe*（时间说明语）etw. ist für den genannten Zeitraum gültig（物作主语）有效 ↔ auslaufen〈ein Abkommen, e-e Abmachung, e-e Vereinbarung, ein Vertrag 协定，约定，协议，条约〉: *Mein Arbeitsvertrag läuft noch bis Ende des Jahres* 我的劳动合同到年底还有效 **12. etw. läuft** etw. wird gerade entschieden, ist noch nicht abgeschlossen（物作主语）正在进行（尚未了结，未见分晓）〈ein Antrag, e-e Bewerbung, die Verhandlungen 申请，求职，谈判〉: *Gegen ihn läuft e-e Anzeige wegen Trunkenheit am Steuer* 揭发他酒后驾车一事尚未了结 **13. etw. läuft irgendwie** *gespr*［口］; der Verkauf von etw. entwickelt sich auf die genannte Weise（物作主语）（销售、发行等情况）进展: *Das neue Modell läuft sehr gut* 这种新款式销售很好; *Die Zeitschrift läuft nicht so wie erwartet* 这本杂志发行情况不如料想的那么好 **14.**〈ein Auto, ein Konto 汽车，账户〉 **läuft auf j-s Namen / auf j-n** j-d wird in e-r Liste, Kartei *o. Ä.* als Besitzer e-s Autos od. Kontos geführt 转到…的名下 **15. j-m läuft die Nase** j-s Nase tropft 流鼻涕 **16. j-n l. lassen** *gespr*［口］; j-m wieder die Freiheit geben, nachdem man ihn festgenommen hatte 释放 ≈ freilassen: *Die Polizei ließ die vorläufig festgenommenen Fußballrowdies wieder l.* 警察释放了被临时拘捕的足球流氓 [Vt/i]（及物/不及物）**17.** (**etw.**) **l.** (*ist / hat*) in e-m sportlichen Wettkampf l. (1)（体育比赛）跑，跑出: *Sie läuft die hundert Meter in zwölf Sekunden* 她百米跑十二秒; *Er hat / ist heute e-n neuen Rekord gelaufen* 他今天跑出了一个新纪录 ‖ K-（复合）: **Lauf-, -schuh, -training**; [Vt]（及物）(*ist*) **18. Rollschuh, Schlittschuh, Ski l.** sich auf Rollschuhen, Schlittschuhen, Skiern bewegen 滑旱冰，滑冰，滑雪橇 ≈ Rollschuh *usw* fahren: *Wir sind früher oft auf dem Teich Schlittschuh gelaufen* 从前我们常常在池塘里滑冰; *Kannst du Ski l.?* 你会滑雪吗? **19. sich** (*Dat* 三格) **etw.** (**irgendwie**) **l.** (*hat*) so lange l. (1, 2), bis die Füße od. Schuhe in e-m bestimmten Zustand sind（把脚）跑伤，（把鞋）跑坏〈sich die Füße wund l. 把脚跑伤了; sich Blasen, Löcher in die Schuhe l. 脚跑得起泡了，把鞋子跑穿了〉‖ NB（注意）: *zu*（义项）**17.-19.**: kein Passiv（不用被动语态）!; [Vr]（反身）(*hat*) **20. sich irgendwie l.** so lange l. (1, 2), bis man in e-m bestimmten Zustand ist 跑得，走得（程度）〈sich müde, warm, wund l. 跑累，跑热，跑伤〉; [Vimp]（无人称）(*hat*) **21. es läuft sich irgendwie** man kann so l. (1, 2) 跑，走（情况）: *In den neuen Schuhen läuft es sich gut* 穿着这双新鞋走路很好（舒服）; *Auf Gras läuft es sich weicher als auf der Straße* 在草上走起来比马路上柔软 ‖ ID［谚］*mst* 多用 **Na, wie läufts?** *gespr*［口］; wie geht es dir? 嘿，你好吗?; **etw. läuft wie geschmiert** *gespr*［口］; ein Plan, ein Geschäft *o. Ä.* entwickelt sich sehr gut（计划，商务等）进展顺利; *mst* 多用 **Da läuft bei mir nichts!** *gespr*［口］; dazu bin ich nicht bereit 对此我毫无准备; **etw. ist gelaufen** *gespr*［口］; etw. ist nicht mehr zu ändern 某事难以改变、已成定局（木已成舟）‖ ID［谚］↑ **Rücken** ‖ *zu*（义项）**Lauferei** ↑ **-ei**

lau·fend 1. *Partizip Präsens*（现在分词）; ↑ **laufen 2.** *Adj*（形）; *nur attr, ohne Steigerung, nicht adv*（只作定语，无变级，不作状语）; zurzeit ablaufend, stattfindend od. erscheinend 现今的，正在进行的，当前的〈das Jahr, der Monat 年，月; die Nummer e-r Zeitschrift 杂志序号〉 **3.** *Adj*（形）; *nur attr od adv, ohne Steigerung*（只作定语或状语，无变级）; so, dass es in regelmäßigen Abständen auftritt, vorkommt 经常性的，不断的，日常的 ≈ ständig〈die Kosten, die Ausgaben 费用，支出〉: *die laufenden Kosten so gering wie möglich halten* 尽可能地缩减日常的开支; *Die Gäste in diesem Hotel wechseln l.* 这个饭店的客人经常更换 **4.** *Adj*（形）; *nur attr, ohne Steigerung, nicht adv*（只作定语，无变级，不作状语）; von e-m sehr langen Stück abgeschnitten（指从一捆（包、卷、匹）商品上）剪下来的、切下来的、裁下来的: *Der laufende Meter dieses Stoffes, Teppichs kostet 30 Euro* 这块料子、地毯每扯一米价值 30 欧元 ‖ ID［谚］**auf dem Laufenden sein / bleiben** über das aktuelle Geschehen gut informiert sein/bleiben 消息灵通，了解当今新情况: *Man muss stets auf dem Laufenden bleiben* 人们应经常了解最新情况; **j-n auf dem Laufenden halten** j-n ständig über das aktuelle Geschehen informieren 使某人熟悉最新情况

lau·fen·las·sen ↑ **laufen** (16)

Läu·fer[1] *der*; *-s, -* **1.** ein Sportler, der an e-m Wettbewerb im Laufen teilnimmt 赛跑运动员: *Die acht L., die sich für den Endlauf qualifiziert haben, gehen an den Start* 八名有资格参加决赛的赛跑运动员走向起跑线 ‖ -K（复合）: **Marathon-, Staffel-, 100-m-, 400-m-** *usw* **2.** die Figur beim Schach, die man nur diagonal bewegen darf 象，相 ‖ ↑ *Abb. unter* 图见 **Schachfiguren** ‖ *zu*（义项）**1. Läu·fe·rin** *die*; *-, -nen*

Läu·fer[2] *der*, *-s, -*; ein relativ langer u. schmaler Teppich 狭长的地毯

Lauf·feu·er *das*; *mst in* 多用于 **wie ein L.** sehr schnell 迅速，很快: *Die Nachricht vom Flugzeugabsturz verbreitete sich wie ein L.* 飞机坠落的消息很快就传开了

läu·fig *Adj*（形）; bereit, sich mit e-m männlichen Hund (Rüden) zu paaren 发情的〈e-e Hündin 母狗〉

Lauf·kund·schaft *die*; *nur Sg*（只用单数）; Kunden, die nicht regelmäßig in ein Geschäft kommen u. dort einkaufen 不常来的顾客，稀客 ↔ Stammkundschaft

Lauf·ma·sche *die*; ein Loch *bes* in e-m Strumpf od. in e-r Strumpfhose, das entsteht, wenn sich mehrere Maschen gelöst haben 抽丝，脱丝〈e-e L. haben 有一根抽丝〉

Lauf·pass *der*; *nur in* 只用于 **1. j-m den L. geben** *gespr*［口］; sich von seinem Partner trennen 与…断绝关系,与…吹了,与…决裂 ≈ mit j-m Schluss machen: *Sie gab ihrem langjährigen Freund den L.* 她和她多年的男友分手了 **2. den L. bekommen** *gespr* [口]; von seinem Partner gesagt bekommen, dass er sich von einem trennen will 得知…要断交

Lauf·schritt *der*; *mst in* 多用于 **im L.** mit schnellen Schritten 快步

Lauf·steg *der*; ein schmaler, erhöhter Weg aus Brettern *o. Ä.*, auf dem Modelle (6) auf u. ab gehen, um neue Kleidung vorzuführen (展示时装的)高台,步桥,T形台

läuft *Präsens, 3 Person Sg* (现在时,第三人称单数); ↑ **laufen**

Lauf·vo·gel *der*; ein *mst* großer Vogel, der nicht fliegen kann u. nur auf dem Boden läuft 走禽: *Der Strauß u. der Emu sind Laufvögel* 鸵鸟和鸸鹋都是走禽

Lauf·werk *das*; TECH【技】; der Antrieb bei bestimmten Maschinen u. Geräten 传动装置,驱动器: *Hat dein neuer Computer ein L. od. zwei?* 你的新电脑有一个还是两个驱动器? ‖ -K (复合): **Disketten-**, **Festplatten-**, **Kassetten-**; **CD-Laufwerk**, **CD-ROM-Laufwerk**, **DVD-Laufwerk**

Lau·ge *die*; -, *-n* **1.** Wasser, in dem Seife od. ein Waschmittel gelöst ist 肥皂水,洗涤液 ‖ -K (复合): **Seifen-**, **Wasch-** **2.** CHEM【化】; Wasser, in dem e-e Substanz gelöst ist, die zusammen mit Säure ein Salz bildet 碱液 ≈ Base[1] ↔ Säure ‖ -K (复合): **Natron-**

Lau·ne *die*, -, *-n* **1.** die Stimmung, in der j-d zu e-m bestimmten Zeitpunkt ist 情绪,心情,心境 ≈ Gemütsverfassung ⟨gute, schlechte L. haben 有好的、坏的情绪; guter, schlechter L. sein, bei/in L. sein 情绪好、坏,有情绪/心情好; j-m die (gute) L. verderben 毁了某人的(好)情绪⟩: *Wenn die Sonne scheint, habe ich gleich gute L.* 要是出太阳,我情绪马上就好 **2.** *nur Pl* (只用复数); die schnell wechselnden Stimmungen, die j-d hat 喜怒无常的脾气,情绪变化无常: *Ich habe unter den Launen meiner Kollegin zu leiden* 我得忍受我女同事的怪脾气 **3.** e-e Idee, die in e-r bestimmten Stimmung entstanden ist 心血来潮,突然产生一个念头,一时的兴致: *Aus e-r L. heraus fuhren wir mitten in der Nacht zum See u. badeten*, 我们一时心血来潮,半夜驱车去湖边游泳 **4. j-n bei L. halten** versuchen, j-s Willen zu erfüllen, damit seine L. (1) gut bleibt 使某人保持好心情 ‖ ▶ **gelaunt**

lau·nen·haft *Adj* (形); mit vielen verschiedenen Launen (2) 爱发脾气的,情绪变化无常的,脾气古怪的 ≈ launisch, unbeständig, wankelmütig: *ein launenhafter Mensch* 一个脾气古怪的人 ‖ *hierzu* (派生) **Lau·nen·haf·tig·keit** *die*; *nur Sg* (只用单数)

lau·nisch *Adj* (形) **1.** mit vielen verschiedenen Launen 情绪变化无常的,脾气怪僻的 ≈ launenhaft **2.** schlechter Laune (1) 情绪坏的,心情恶劣的 ≈ schlecht gelaunt: *Heute war der Chef wieder mal furchtbar l.!* 今天领导情绪又非常坏!

Laus *die*; -, *Läu·se*; ein kleines Insekt, das vom Blut von Menschen u. Tieren od. vom Saft von Pflanzen lebt 虱子 ⟨Läuse haben 有虱子; e-e L. zerdrücken 摁死一个虱子⟩ ‖ -K (复合): **Blatt-**, **Kopf-**, **Schild-** ‖ ID [谚] **j-m ist e-e L. über die Leber gelaufen** *gespr* [口]; j-d ärgert sich (*mst* wegen e-r Kleinigkeit) 某人(为一件琐事)烦(窝)心

Laus·bub *der*; *südd gespr* [南德][口]; ein kleiner Junge, der *bes* frech u. munter ist 小捣蛋,淘气鬼 ≈ Bengel, Schlingel ‖ K- (复合): **Lausbuben-**, **-streich** ‖ *hierzu* (派生) **laus·bu·ben·haft** *Adj* (形)

Lausch·an·griff; *der*; das geheime Abhören von Telefongesprächen von Personen, die unter Verdacht stehen, Verbrechen zu begehen *o. Ä.* 窃听,偷听(某人的电话)

lau·schen; *lauschte*, *hat gelauscht*; Vi (不及物) **1.** sich stark konzentrieren, damit man etw. hört 窃听,偷听 ≈ horchen: *an der Tür l.* 在门外窃听 **2. j-m/etw. l.** j-m/etw. konzentriert zuhören 倾听,谛听: *dem Gesang der Vögel l.* 倾听鸟儿歌唱 ‖ *zu* (义项) **1. Lau·scher** *der*; *-s*, *-*; **Lau·sche·rin** *die*; -, *-nen*

lau·schig; *Adj* (形) **1.** *nur attr, nicht adv* (只作定语,不作状语); sehr still u. versteckt gelegen 僻静的,幽静的 ⟨ein Plätzchen, ein Winkel 一小块地方,角落⟩ **2.** still u. mild 宁静的,安逸清静的 ⟨die Nacht 夜晚⟩: *in e-r lauschigen Nacht im Mai* 在一个宁静的五月之夜

Lau·se·jun·ge *der*; *nordd gespr* [北德][口] ≈ Lausbub

lau·se·kalt *Adj* (形); *gespr* [口]; ⟨ein Land, ein Wetter 国家,天气⟩ unangenehm kalt 寒冷的,冰冷的

lau·sen; *lauste*, *hat gelaust*; Vt (及物) **j-n/sich l.** bei j-m/sich selbst Läuse suchen u. entfernen 给…捉虱子: *Ein Affe laust den anderen* 猴子互相捉虱子 ‖ ID [谚] ↑ **Affe**

Lau·ser *der*; *-s*, *-*; *gespr* [口] ≈ Lausbub

lau·sig *Adj* (形); *gespr* [口] **1.** *pej* [贬]; sehr schlecht od. sehr unangenehm 坏透了的,恶劣的,糟糕的,蹩脚的 ⟨das Wetter 天气; ein Vortrag, e-e Rede 报告,讲演; l. kalt 冷得够呛⟩ **2.** *pej* [贬]; von geringer Bedeutung 不足取的,微不足道的 ≈ läppisch: *Du wirst dich doch nicht wegen der paar lausigen Cent aufregen!* 你可不要为了微不足道的几分钱而生气!

laut[1] *Adj* (形) **1.** ⟨Musik, das Radio 音乐,收音机; ein Motor, e-e Maschine 马达,机器; Beifall, Schreie 掌声,喊叫声⟩ so, dass ihre Klänge od. Geräusche auch von Weitem gehört werden können 大声的,很响的 ↔ leise: *Stelle bitte das Radio leiser, die Musik ist doch viel zu l.!* 请把收音机关小声些,音乐声实在太大!; *Das Kind fing l. zu schreien an* 这个小孩开始大声喊叫; *Könnten Sie etwas lauter sprechen – ich verstehe Sie so schlecht* 请您说话稍许大声些——我听不清您说什么 **2.** *nicht adv* (不作状语); ⟨e-e Straße, e-e Gegend, ein Viertel, die Nachbarn 街

道，地区，住宅区，邻居〉so, dass es viel Lärm gibt 嘈杂的，喧闹的 ≈ lärmend ↔ ruhig **3. *l. denken*** nachdenken u. dabei sprechen, was man denkt 自言自语，咕哝：*„Hast du was gesagt?" – „Nein, ich habe nur l. gedacht."* "你说什么来着?"——"没有说什么，我只是自言自语" **4. *l. u. deutlich*** so, dass man es deutlich hört 清清楚楚的 **5. (*j-m*) *l. u. deutlich seine Meinung sagen*** (j-m) seine negative Meinung über etw. klar sagen 把自己的意见向…讲得清清楚楚 **6 *etw. wird laut*** etw. wird der Öffentlichkeit bekannt (物作主语)张扬开了，声张出去，透露风声 ≈ etw. verlautet 〈Klagen, Beschwerden 控告，意见; Wünsche 愿望〉

laut² *Präp* (介); *mit Dat/Gen* (支配三格/二格); genau so, wie gesagt od. angegeben wird 遵照，按照 ≈ gemäß, nach Angabe von: *L. ärztlichem Attest leidet der Patient am Gelbsucht* 根据医生证明，病人患黄疸病; *L. Fahrplan müsste der Bus schon längst da sein* 按行车时刻表，公共汽车早该到了 ‖ NB (注意): Gebrauch ↑ *Tabelle unter* 用法见图表 ***Präpositionen***

Laut *der*; *-(e)s, -e* **1.** etw., das man kurze Zeit hören kann u. das mit dem Mund erzeugt worden ist 声音，响声，喊声〈ein schriller, sanfter, klagender L. 刺耳的、温柔的、诉苦的声音; e-n L. von sich geben, erzeugen (发)出声(音)，制造响声〉 **2.** die kleinste akustische Einheit der Sprache 音，音素〈ein geschlossener, offener, kurzer, langer L. 闭口音，开口音，短音，长音; e-n L. artikulieren, nachahmen, nachsprechen 发音，模仿发音〉: *Das Wort „Buch" besteht aus vier Buchstaben, aber nur aus drei Lauten* "Buch"一词由四个字母组成，但只有三个音素 ‖ K- (复合): ***Laut-, -system*** **3. *keinen L. mehr von sich geben*** nichts mehr sagen 不吭声，不出声，什么也不说

Lau·te *die*; *-, -n*; ein Musikinstrument mit 6 od. 11 Saiten, das *bes* in der Renaissance verwendet wurde (文艺复兴时期的)六弦或十一弦古琴 ‖ K- (复合): ***Lauten-, -spieler***

lau·ten; *lautete, hat gelautet*; Vi (不及物) **1. *etw. lautet .../etw. lautet irgendwie*** etw. besteht aus den genannten Worten, Zahlen *o.Ä.* od. hat den beschriebenen Inhalt (物作主语)原义是，原话是，原文是: *Der Originaltext dieses Liedes lautete anders als die moderne Version* 这首歌的原词与现代文本不同; *Die Aufschrift lautet: „Vorsicht Gift"* 标签文字写着："小心有毒" **2. *etw. lautet auf etw.*** (*Akk* 四格) etw. hat den genannten Inhalt (物作主语)内容是，有…内容 ≈ etw. besagt etw.: *Das Urteil lautete auf Freispruch* 判决为无罪释放

läu·ten; *läutete, hat geläutet*; Vt (及物) **1. *etw. l.*** bewirken, dass e-e Glocke Töne erzeugt 敲响，打响，(钟、铃等)〈die Glocken l. 敲钟〉; Vi (不及物) **2. *etw. läutet*** e-e Glocke erzeugt Töne (物作主语)(钟)响 **3. *etw. läutet*** *bes südd* Ⓐ 尤用于[南德][奥] ≈ etw. klingelt 〈der Wecker, die Türglocke, die Klingel, das Telefon 闹钟，门铃，铃，电话〉 **4. *irgendwo l.*** *bes südd* Ⓐ 尤用于[南德][奥] an j-s Tür die Klingel ertönen lassen 按门铃 ≈ klingeln, schellen 〈bei j-m, an j-s Wohnungstür l. 按某人家的门铃〉; Vimp (无人称) **5. *es läutet* (*an der Tür*)** ≈ j-d läutet (4) ‖ ID [谚] ***von etw. l. gehört/hören haben*** etw. als Gerücht erfahren haben 听到风声，听到有关某事的传言

lau·ter *Indefinitpronomen* (不定代词); *indeklinabel, gespr* (词形不变)[口]; nichts anderes als das Genannte 完全的，纯粹的，真正的，不折不扣的 ≈ nichts als, nur: *Auf der Party traf ich l. sympathische Leute* 在聚会上我碰上的全是友善可亲的人; *Er hat l. Unsinn im Kopf* 他满脑袋的胡思乱想; *Aus l. Dankbarkeit brachte er mir ein Geschenk* 他完全是出于感谢而带给我了一份礼物 ‖ NB (注意): wie ein attributives Adj. verwendet (用法同定语形容词)

lau·te·r- *Adj* (形); *nur attr, nicht adv, geschr* (只作定语，不作状语)[书] ≈ ehrlich, aufrichtig 〈ein Charakter, ein Mensch 性格，人; Absichten, Motive 意图，动机〉 ‖ *hierzu* (派生) **Lau·ter·keit** *die*; *nur Sg* (只用单数)

läu·tern; *läuterte, hat geläutert*; Vt (及物) ***etw. läutert j-n*** *geschr* [书]; etw. (e-e Krankheit *o.Ä.*) befreit j-n von seinen Charakterfehlern *o.Ä.* (物作主语)使清醒，使改过自新，使痛改前非

laut·hals *Adv* (副); sehr laut 大嗓门地，大声地 〈l. schreien, schimpfen, singen 大声喊叫、骂人、唱歌〉

laut·lich *Adj* (形); *nur attr od adv* (只作定语或状语); in Bezug auf die Laute (2) der Sprache 语音上的，发音上的〈Veränderungen, Gemeinsamkeiten 改变，共性〉

laut·los *Adj* (形); ohne dass ein Geräusch zu hören ist 无声的，静寂的，悄悄的 ≈ still, leise: *Der Fuchs schlich sich l. an seine Beute heran* 狐狸悄悄地向它的猎物靠近 ‖ *hierzu* (派生) **Laut·lo·sig·keit** *die*; *nur Sg* (只用单数)

Laut·ma·le·rei *die*; das Nachahmen von Geräuschen u. Klängen durch ähnliche sprachliche Laute 拟声，象声，‖ *hierzu* (派生) **laut·ma·lend** *Adj* (形); **laut·ma·le·risch** *Adj* (形)

Laut·schrift *die*; LING【语】; ein System von Zeichen, mit denen man die Laute (2) e-r Sprache notiert 音标，注音符号〈die internationale L. 国际音标〉

Laut·spre·cher *der*; *-s, -*; ein Gerät, das Stimmen od. Musik (*mst* lauter) wiedergibt 扩音器，扬声器，喇叭〈etw. durch L. übertragen 通过扩音器播放某事〉: *die beiden L. der Stereoanlage* 立体音响的两个扩音器; *auf dem Bahnhof die Durchsage über L. nicht verstehen* 在火车站听不清喇叭里播放的消息 ‖ K- (复合): ***Lautsprecher-, -box, -kabel, -membran***

laut·stark *Adj* (形); sehr laut u. heftig 大声的，很响的，高昂的，震天的 ≈ stürmisch 〈Beifall, Proteste 掌声，抗议声; ein Streit 吵架; etw. l.

verkünden, l. protestieren 大声宣告某事,高声抗议〉

Laut·stär·ke *die* **1.** die Stärke, Intensität des Schalls 音量,音强〈die L. messen 测音量〉: *die hohe L., mit der ein Flugzeug startet* 飞机起飞时产生的高音量; *Die L. wird in „Phon" oder in „Dezibel" gemessen* 音量是以"方"或"分贝"测量的 **2.** die Eigenschaft, lautstark zu sein 音量性能

lau·warm *Adj* (形); nicht richtig warm, aber auch nicht kalt 温的,不冷不热的,微温的 ≈ lau〈das Wasser, ein Getränk, das Essen 水,饮料,饭菜〉: *Lauwarmes Bier schmeckt nicht* 温啤酒不好喝

La·va [-v-] *die*; -; *nur Sg* (只用单数); die flüssige Masse, die an die Erdoberfläche kommt, wenn ein Vulkan ausbricht 火山熔岩〈glühende, erkaltete L. 炽热的、冷却的熔岩〉 ‖ K-(复合): **Lava-, -gestein, -masse, -strom**

La·ven·del [-v-] *der*; -s; *nur Sg* (只用单数) **1.** e-e Pflanze (die *bes* im Gebiet des Mittelmeers wächst) mit schmalen Blättern, aus deren Blüten man ein gut riechendes Öl gewinnt 薰衣草 **2.** das gut riechende Öl, das aus den Blüten des Lavendels (1) gewonnen wird 薰衣草油 ‖ K-(复合): **Lavendel-, -öl**

La·wi·ne *die*; -, -n **1.** e-e große Masse *mst* aus Schnee u. Eis, die von e-m Berg ins Tal ruscht u. dabei immer größer wird 雪崩,山崩〈e-e L. geht ab, geht nieder, donnert ins Tal 大块冰雪崩裂、崩塌、朝山谷滚落下来; e-e L. begräbt, verschüttet j-n/etw. 一次雪崩把某人/某物埋葬、掩埋; e-e L. auslösen, sprengen 引发、引爆一次雪崩〉: *Die Skifahrer wurden unter e-r L. begraben* 滑雪运动员被雪崩掩埋了 ‖ K-(复合): **Lawinen-, -abgang, -gefahr, -hund, -katastrophe, -opfer, -unglück, -warnung**; **lawinen-, -gefährdet, -sicher** ‖ -K(复合): **Eis-, Geröll-, Schnee- 2. e-e L. von etw.** (*Pl* 复) e-e sehr große Menge von einzelnen Dingen 大批,一大堆 ≈ Flut: *Nach dem Konzert brach e-e L. von Briefen über den Sänger herein* 音乐会后给歌唱家的大批信件滚滚而来 ‖ -K(复合): **Antrags-, Kosten-** ‖ *hierzu* (派生) **la·wi·nen·ar·tig** *Adj* (形)

lax *Adj* (形); nicht streng in seinen Prinzipien 松懈的,不严格的,原则性不强的,马虎的 ≈ lasch ↔ streng〈e-e Auffassung, e-e Einstellung 看法,观点; e-e Haltung 态度〉 ‖ *hierzu* (派生) **Lax·heit** *die*; *nur Sg* (只用单数)

Lay-out, Lay·out [ˈleː|aut] *das*; -s, -s; die Anordnung des Textes u. der Bilder in e-r Zeitung, e-r Zeitschrift od. e-m Buch 版面编排,美工设计〈das L. machen, anfertigen 做、制作版面编排〉 ‖ *hierzu* (派生) **lay·ou·ten** [-ˈ|autn] (*hat*) *Vt/i* (及物/不及物)

La·za·rett [-ts-] *das*; -s, -e; e-e Art Krankenhaus für (verwundete) Soldaten 军医院,野战医院 ‖ -K(复合): **Feld-**

-le *südd* [南德] ↑ **-lein**

Lea·der [ˈliːdɐ] *der*; -s, - **1.** *Kurzw* (略) ↑ **Bandleader 2.** (CH) (A) SPORT [瑞][奥]【体】; Tabellenführer 联赛排名领先者

lea·sen [ˈliːzn]; *leaste, hat geleast*; [Vt] (及物) **etw. l.** *mst* ein Auto über e-e ziemlich lange Zeit mieten, wobei das Geld, das man bezahlt, vom Kaufpreis abgezogen wird, wenn man das Auto am Ende dieser Zeit kauft 租赁〈ein Auto l. 租车〉 ‖ *hierzu* (派生) **Lea·sing** *das*; -s; *nur Sg* (只用单数)

le·ben; *lebte, hat gelebt*; [Vi] (不及物) **1.** auf der Welt sein u. e-n funktionierenden Organismus haben 生存,活着 ≈ existieren, am Leben sein ↔ tot sein: *Leben deine Großeltern noch?* 你祖父母还活着?; *Als die Sanitäter kamen, lebte der Verunglückte noch, aber er starb auf dem Weg ins Krankenhaus* 当救护人员赶到的时候,遇难者还活着,但死在了送往医院的路上 **2. irgendwann l.** als Mensch auf der Welt sein (u. in der Gesellschaft e-e Funktion haben) 生活 ≈ existieren: *Der Physiker Heinrich Hertz lebte im 19 Jahrhundert* 物理学家海因里希·赫兹生活在十九世纪 **3. irgendwie l.** sein Dasein auf der Welt in der genannten Weise gestalten 过生活,过日子〈gut, üppig, opulent, enthaltsam, asketisch, schlecht, miserabel l. 过着舒适的、奢侈的、富裕的、有节制的、禁欲主义的、糟糕的、困苦的生活; in Not, in Armut l. 生活在困苦中、贫困中〉: *Wölfe leben in Rudeln, Bienen leben in Schwärmen* 狼是成群结队地生活,蜜蜂生活麇集成群 **4. irgendwo l.** an e-m Ort od. bei j-m die meiste Zeit sein 居住在,生活在,栖息〈auf dem Land, in der Stadt, im Wasser l. 在乡下,在城里生活,在水里栖息〉: *Seit der Scheidung seiner Eltern lebt das Kind bei den Großeltern in Essen* 自父母离婚后,小孩住在埃森祖父母家; *Frösche leben auf dem Land u. im Wasser* 青蛙在陆地上和水中过两栖生活 **5. von etw. l.** etw. als Nahrung zu sich nehmen 靠(吃)…为生,靠(吃)…糊口 ≈ sich von etw. ernähren: *Während des Krieges lebten viele Leute hauptsächlich von Kartoffeln* 在战争期间许多人主要靠吃土豆度日 **6. von etw. l.** irgendwoher Geld bekommen, um sich Essen, Kleidung *usw* kaufen zu können 靠…收入过日子(生活)〈von seinen Ersparnissen, von den Zinsen l. 靠自己的积蓄,靠利息过日子〉: *Von seinem Gehalt kann er sehr gut l.* 他靠自己的薪水日子能过得很好 **7. etw. lebt von etw.** ≈ etw. hängt von etw. ab: *Der Film lebt von seiner Spannung* 这部电影以其情节紧张而取胜 **8. für j-n/etw. l.** seine ganze Energie u. Kraft in j-n/etw. stecken 为…献身,致力于,全身心地为…活着 ≈ sich j-m/etw. widmen, hingeben: *Die Mutter lebte ausschließlich für ihre beiden Söhne* 母亲只是为了她两个儿子而活着; [Vt] (及物) **9. etw. l.** sein Leben gestalten 过着…的生活,把生活安排得…: *Wir leben ein ausgefülltes Leben* 我们生活得很充实 ‖ ID [谚] **l. wie Gott in Frankreich** *gespr* [口]; ein schönes Leben haben, *bes* weil man gut zu essen hat 过神仙一样的生

L

活；***l. u. l. lassen*** tolerant sein u. sich nicht in die Affären von anderen Leuten einmischen 自己活，也让别人活；以善待人，勿以恶施人；宽以待人，不干预他人事端；*mst* 多用 ***es lebe…!*** verwendet, um den Wunsch auszudrücken, dass die genannte Person/Sache (lange) so bleiben möchte …万岁，祝…长寿，身体健康：*Es lebe die Freiheit!* 自由万岁！；***leb(e) wohl/leben Sie wohl*** *veraltend* [渐旧]；verwendet, um sich von j-m zu verabschieden 再会 ≈ auf Wiedersehen

Le·ben *das*; *-s, -*; *mst Sg* (多用单数) **1.** das Lebendigsein e-s Menschen, e-s Tiers od. e-r Pflanze 生命，生存，性命 ≈ Existenz ↔ Tod ⟨am L. sein, am L. bleiben 活着，还活着；das L. verlieren 失去生命，丢了性命；j-m das L. retten 救某人的性命；die Entstehung des Lebens 生命的起源⟩：*Der Feuerwehrmann rettete dem Kind das L.* 消防人员救了这个孩子的命 ‖ K-（复合）：***Lebens-, -fähigkeit; lebens-, -fähig*** **2.** der Zeitraum, während dessen j-d lebt (1) 平生，一生 ⟨ein kurzes, langes L. haben 短命，长寿；das L. (in vollen Zügen) genießen（充分地）享受生活；sein L. verpfuschen 糟践自己一生⟩：*Mit 80 Jahren stieg er zum ersten Mal in seinem L. in ein Flugzeug* 80岁那年他一生中第一次登上了飞机 ‖ K-（复合）：***Lebens-, -abschnitt, -dauer, -ende, -erfahrung, -erinnerungen*** **3.** die Art u. Weise zu leben (3) 生活，生活方式 ⟨ein einfaches, sorgenfreies, hektisches, schweres L. führen 过着简单的、无忧无虑的、繁忙的、艰难的生活；j-m das L. angenehm, schwer, unerträglich machen 把某人的生活安排得舒服，造成困难，搅得无法忍受⟩ ‖ K-（复合）：***Lebens-, -bedingungen, -gewohnheiten, -verhältnisse, -weise*** ‖ -K（复合）：***Land-, Stadt-; Studenten-*** **4.** alle Ereignisse, die man jeden Tag erlebt u. die Einflüsse, die jeden Tag auf einen wirken 日常生活，实际生活，现实生活 ⟨das L. meistern 驾驭生活；mit dem L. nicht mehr zurechtkommen 维持不了生活，再也无法生活下去；dem L. die positiven Seiten abgewinnen 从现实生活中吸取积极面⟩ ‖ -K（复合）：***Alltags-, Familien-*** **5.** alle Handlungen u. Vorgänge in e-m bestimmen Raum od. Bereich 忙碌，活动，繁忙的活动 ≈ Betrieb² (4), Betriebsamkeit, Treiben：*Vor Weihnachten herrscht L. in den Straßen der Stadt* 圣诞前夕城市街道一片繁忙；*Seit sie zwei Kinder u. e-n Hund haben, ist L. ins Haus gekommen* 自从她养了两个孩子和一条狗，家里就忙起来了 ‖ -K（复合）：***Kleinstadt-, Großstadt-, Nacht-, Straßen-*** **6.** etw., das für j-n sehr wichtig ist/war 生命，一切 ≈ j-s Ein u. Alles：*Der Sport u. die Musik sind sein L. – für sie opfert er seine ganze Freizeit* 体育和音乐是他的生命——为此他献出了自己全部空闲时间 ‖ K-（复合）：***Lebens-, -inhalt*** **7.** ***das gesellschaftliche/öffentliche/politische/wirtschaftliche L.*** alle Ereignisse u. Handlungen im Bereich der Gesellschaft, der Öffentlichkeit, der Politik, der Wirtschaft 社会/公共/政治/经济生活：*Nach seiner Wahlniederlage zog er sich aus dem politischen L. zurück* 他竞选失败后就退出了政治生活 **8.** ***das ewige L.*** REL【宗】；das L. nach dem Tod 永恒的生命，归天，归西，仙逝，长眠 ⟨ins ewige L. eingehen 与世长辞，长眠⟩ **9.** ***das werdende L.*** das kleine Kind (der Fötus), das im Bauch e-r schwangeren Frau heranwächst 未来的生命，胎儿 ⟨das werdende L. schützen 保护胎儿⟩ ‖ ID [谚] ***seinem L. ein Ende machen/setzen; sich*** (*Dat* 三格) ***das L. nehmen*** sich selbst töten 结束自己的生命；自杀，自寻绝路（短见）≈ sich umbringen, Selbstmord begehen；***j-m nach dem L. trachten*** das Ziel haben, j-n zu töten 企图杀害某人；***(noch einmal) mit dem L. davonkommen*** in e-r Situation überleben, obwohl das L. (1) ernsthaft in Gefahr war 幸免于难，死里逃生，绝处逢生；***ums L. kommen*** sterben 丧命；⟨ein Kampf 战斗⟩ ***auf L. u. Tod*** **a)** ein Kampf, bei dem einer der Gegner sterben kann od. wird 生死搏斗，生死存亡；**b)** e-e Angelegenheit, bei der es um alles od. nichts geht 生死攸关；***seines Lebens nicht mehr froh werden*** (immer wieder) große Probleme haben, sodass man nie glücklich sein kann 一生苦恼，一辈子伤痛：*Er hat ein Kind totgefahren u. wird seither seines Lebens nicht mehr froh* 他开车轧死了一个小孩，从此他一辈子感到悲伤；***etw. ins L. rufen*** ⟨e-e Organisation, e-e Vereinigung 一个组织，一个协会⟩ gründen 成立，建成；***wie das blühende L. aussehen*** *gespr* [口]；sehr gesund u. kräftig aussehen 看上去很精神（很健康）；***für mein/sein*** *usw* ***L. gern*** sehr gern 我/他很喜欢：*Schokolade esse ich für mein L. gern* 巧克力(对)我(来说)很喜欢吃；***sich*** (*Akk* 四格) ***durchs L. schlagen*** *gespr* [口]；nur mit Mühe soviel Geld verdienen, dass man sich ernähren kann 艰难度日，为生活而挣扎；***nie im L.!; im L. nicht!*** *gespr* [口]；verwendet, um auszudrücken, dass man e-e Behauptung od. e-n Vorschlag völlig ablehnt 绝对不行！，无论如何不行！；***j-m das L. zur Hölle machen*** *gespr* [口]；j-m viele sehr unangenehme Probleme machen 把某人的生活搅得一团糟；***e-m Kind das L. schenken*** *geschr* [书]；ein Kind zur Welt bringen 使孩子来到尘世间，生养孩子 ≈ gebären；***in j-n kommt L.*** j-d wird aktiv 某人变得精神了、有生气了：*Er saß gelangweilt in der Ecke, aber als er sie sah, kam auf einmal L. in ihn* 他无精打采地坐在角落里，但当他看见她的时候，突然就来了精神；***L. in die Bude bringen*** *gespr* [口]；bewirken, dass irgendwo viel geschieht u. gute Stimmung ist 带来生气，带来活力，使气氛活跃；***etw. ist aus dem L. gegriffen*** e-e Geschichte, ein Film *o. Ä.* ist sehr realistisch 某事取材于现实生活；***seines Lebens nicht mehr sicher sein*** in Gefahr sein, getötet zu werden *o. Ä.* 有生命危险；***Wie das L. so spielt!*** verwendet, um (oft resignierend) ein Ereignis zu kommentieren, das typisch für das

L. (4) ist（表示无可奈何）生活就是这样！

le·bend 1. *Partizip Präsens*（现在分词）；↑ ***leben*** 2. *Adj*（形）；*mst attr*（多作定语）；noch heute gesprochen od. verwendet 现行的，至今还使用的，活的 ↔ tot (8)〈*mst* e-e Sprache 多指语言〉：*Französisch u. Spanisch sind lebende Sprachen, Latein ist e-e tote Sprache* 法语和西班牙语是活的语言，拉丁语则是一种死的语言

Le·ben·den *die*；*Pl*（复）；die Menschen, die jetzt leben 活着的人 ↔ die Toten ‖ ID［谚］*mst* 多用 ***Die nehmen es von den L.*** *gespr*［口］；die Preise sind hier extrem hoch 他们索要高价，死命要价

le·ben·dig *Adj*（形）1. voller Schwung u. Temperament 生机勃勃的，活泼的，生龙活虎的 ≈ lebhaft, munter ↔ ruhig〈ein Kind 小孩〉2. interessant u. lebhaft vorgetragen *o. Ä.* 生动的，有趣的〈e-e Schilderung, e-e Erzählung 描述，叙述〉3. *ohne Steigerung*（无变级）；noch am Leben 活的，还活着的 ↔ tot (1)〈(j-n) bei lebendigem Leibe verbrennen 将某人活活烧死〉4. ***etw. bleibt in j-m l.*** etw. wirkt bei j-m immer noch 某事仍然活在某人的心里：*Die Erinnerung an seine Kindheit ist in ihm l. geblieben* 对自己童年的回忆还活生生地保留在他心里 5. ***etw. wird wieder l.*** etw. kommt wieder in Erinnerung（物作主语）重又想起来了 ↔ etw. gerät in Vergessenheit ‖ *zu*（义项）1., 2. u. 3. **Le·ben·dig·keit** *die*；*nur Sg*（只用单数）

Le·bens·abend *der*；*nur Sg*（只用单数）；das Alter (4) 晚年，暮年〈ein geruhsamer L. 温馨舒适的晚年〉

Le·bens·al·ter *das* 1. *nur Sg*（只用单数）；die Anzahl der Jahre, die j-d gelebt hat 年龄〈ein hohes L. erreichen 达到高龄〉2. ein bestimmter Abschnitt in der Entwicklung *bes* e-s Menschen 年龄段

le·bens·er·hal·tend *Adj*（形）；*nicht adv*（不作状语）；〈Funktionen, Maßnahmen 功能，措施〉so, dass sie verhindern, dass j-d/etw. stirbt 维持生命的

Le·bens·er·hal·tungs|trieb *der*；der starke Wunsch, nicht zu sterben, der einem in gefährlichen Situationen e-e besondere Kraft gibt 求生的本能，求生欲望

Le·bens·er·war·tung *die*；*nur Sg*（只用单数）；die Zahl der Jahre, die die Menschen im Durchschnitt leben 平均寿命〈e-e geringe, hohe L. haben 平均寿命低、高；die L. steigt, sinkt 平均寿命正在提高、下降〉：*Die L. der Bevölkerung ist in den letzten 100 Jahren beträchtlich gestiegen* 在最近一百年里，人民的平均寿命已大大提高了

le·bens·feind·lich *Adj*（形）；*nicht adv*（不作状语）；〈e-e Kälte, e-e Umgebung 寒冷，环境〉so, dass kaum ein Tier od. e-e Pflanze darin leben kann 难以生存的，无法存活的

le·bens·froh *Adj*（形）；mit Freude am Leben 有生活乐趣的 ≈ lebenslustig ‖ *hierzu*（派生）**Le·bens·freu·de** *die*；*nur Sg*（只用单数）

Le·bens·ge·fahr *die*；*nur Sg*（只用单数）；e-e große Gefahr für j-s Leben 生命危险〈in L. sein, geraten, schweben 有、陷入生命危险，处于生命危险中；außer L. sein 摆脱了生命危险〉：*Der Patient ist inzwischen außer L.* 患者已脱离生命危险 ‖ *hierzu*（派生）**le·bens·ge·fähr·lich** *Adj*（形）；*ohne Steigerung*（无变级）

Le·bens·ge·fähr·te *der*；ein Mann, mit dem e-e Frau zusammenlebt, ohne dass sie verheiratet sind 生活伴侣（未婚的男性）‖ NB（注意）：*ein Lebensgefährte; der Lebensgefährte; den, dem, des Lebensgefährten* ‖ *hierzu*（派生）**Le·bens·ge·fähr·tin** *die*

Le·bens·geis·ter *die*；*Pl*, *gespr*（复）［口］；die Frische, die j-d nach großer Müdigkeit wieder fühlt 活力，生气，精神：*Nach e-m kühlen Glas Sekt erwachten seine L. wieder* 喝了一杯凉爽的香槟后，他又来了精神

Le·bens·ge·schich·te *die*；***j-s L.*** alles, was j-d (in seinem Leben) erlebt hat 生活经历〈j-m seine L. erzählen 给某人讲自己的生活经历〉

Le·bens·hal·tungs|kos·ten *die*；*Pl*（复）；das Geld, das man für Kleidung, Nahrung, Wohnung *usw* ausgeben muss 生活费用〈die L. steigen, sinken 生活费用增长、下降；die L. sind hoch, niedrig 生活费用高、低〉

Le·bens·in·halt *der*；*mst in* 多用于 ***j-d/etw. ist j-s (einziger/ganzer) L.*** j-d/etw. ist für j-n das Wichtigste im Leben（人/物作主语）是某人的（唯一的，全部的）生活内容

Le·bens·jahr *das*；ein Jahr in j-s Leben 年岁，岁数，年龄〈ein L. vollenden 满周岁〉：*Kinder ab dem vollendeten vierten L. zahlen den halben Preis* 满四周岁的儿童付半价

Le·bens·künst·ler *der*；j-d, der alle Situationen im Leben meistert 善于安排生活的人，生活有条不紊的人 ‖ *hierzu*（派生）**Le·bens·künst·le·rin** *die*

le·bens·läng·lich *Adj*（形）1. *mst attr*（多作定语）；für den Rest des Lebens, bis zum Tode 终生的，终身的，无期的〈*mst* e-e Haftstrafe 多指监禁〉2. ***l. bekommen*** *gespr*［口］；wegen e-s Verbrechens den Rest seines Lebens im Gefängnis verbringen müssen 终生坐牢：*Der mehrfache Mörder bekam l.* 有多起人命案的杀人犯被处终生监禁

Le·bens·lauf *der*；-(e)s, *Le·bens·läu·fe*；ein Text, in dem j-d die wichtigsten Ereignisse seines Lebens angibt (*bes* Schulabschlüsse u. berufliche Qualifikationen) u. den er *bes* für e-e Bewerbung schreibt 简历，履历〈ein handgeschriebener, tabellarischer L. 一份手写的、表格式的履历；e-n L. schreiben, verfassen 写一份简历〉

Le·bens·lust *die*；*nur Sg*（只用单数）；große Freude am Leben 人生乐趣，生活乐趣〈voll L. sein 充满生活乐趣〉‖ *hierzu*（派生）**le·bens·lus·tig** *Adj*（形）

Le·bens·mit·tel *die*；*Pl*（复）；die Dinge, die man jeden Tag isst u. trinkt, um sich zu ernähren 食粮，食品 ≈ Nahrungsmittel ‖ K-（复合）：***Lebensmittel-, -chemiker, -geschäft, -industrie, -laden, -vergiftung, -versorgung,***

-vorrat ‖ NB（注意）: alles, womit man sich ernährt, ist ein *Nahrungsmittel*（Nahrungsmittel 指一切吃的东西）; *Lebensmittel* sind *bes* die Dinge, die man zur grundlegenden Ernährung braucht, wie Brot, Fleisch od. Gemüse（Lebensmittel 尤指面包、肉食或蔬菜等主要食品）

le·bens·mü·de *Adj*（形）; *ohne Steigerung*（无变级）; ohne den Willen weiterzuleben 厌世的,对生活厌倦的 ‖ ID［谚］*mst* 多用 ***Du bist wohl l.!*** *gespr iron*［口］［讽］; verwendet, wenn j-d etw. Gefährliches tut, ohne sich der Gefahr bewusst zu sein 你是不想活了吧!

Le·bens·mut *der*; das Gefühl, aus seinem Leben noch etw. machen zu können 生活的勇气〈den L. verlieren 失去生活的勇气; neuen L. schöpfen 鼓足新的生活勇气〉

Le·bens·qua·li·tät *die*; *nur Sg*（只用单数）; die Qualität des täglichen Lebens, *bes* was die Arbeitsbedingungen, die Gesundheit u. die Freizeit angeht 生活质量〈die L. verbessern 改进生活质量〉: *E-e intakte Natur ist ein Stück L.* 一个完好无损的自然界就是一份生活质量

Le·bens·raum *der* **1.** *nur Sg*（只用单数）; der Bereich, in dem j-d frei leben u. arbeiten kann 生活空间,生活领域〈j-s L. einschränken 限制某人的生活领域〉 **2.** der Raum od. Ort, der bestimmten Pflanzen od. Tieren günstige Bedingungen zum Leben bietet 生存范围,生存地域; BIOL【生】Biotop 群落生境

Le·bens·ret·ter *der*; j-d, der e-m anderen Menschen das Leben gerettet hat 救命恩人 ‖ *hierzu*（派生）**Le·bens·ret·te·rin** *die*

Le·bens·stan·dard *der*; der Grad des Wohlstands e-r Person od e-r sozialen Gruppe 生活水准,生活水平〈e-n niedrigen, hohen L. haben, genießen 有、享受低的、高的生活水平〉

Le·bens·un·ter·halt *der*; *nur Sg*（只用单数）; das Geld, das man braucht, um Nahrung, Kleidung u. Wohung zu bezahlen 生计,维持生活: *Viele Studenten verdienen ihren L. als Taxifahrer* 许多大学生当出租司机挣钱维持生活

Le·bens·ver·si·che·rung *die*; e-e Versicherung, bei der e-e bestimmte Geldsumme ausbezahlt wird, wenn die Versicherungszeit zu Ende ist od. wenn der Versicherte stirbt 人寿保险〈e-e L. abschließen, ausbezahlt bekommen 签订、收到人寿保险〉 ‖ K-（复合）: ***Lebensversicherungs-***, ***-gesellschaft***, ***-summe***

Le·bens·wan·del *der*; *nur Sg*（只用单数）; die Art u. Weise, wie j-d（*bes* in Bezug auf die Moral）lebt（道德方面的）生活作风,品行〈e-n anständigen *o.Ä.* L. führen 生活作风正派（品行端正）〉

le·bens·wert *Adj*（形）; *mst in* 多用于 ***das Leben ist l.*** das Leben ist so schön, dass man gerne lebt 生活是美好的,生命是有价值的

le·bens·wich·tig *Adj*（形）; *ohne Steigerung*（无变级）; absolut notwendig, damit j-d leben kann 极其重要的,性命攸关的,生活必需的〈Nährstoffe 营养物: Eiweiße, Fette, Kohlenhydrate, Mineralien, Vitamine 蛋白,脂肪,碳水化合物,矿物质,维他命〉

Le·bens·zei·chen *das* **1.** irgendeine Nachricht od. ein Hinweis, dass j-d noch lebt, den man lange nicht gesehen hat 音讯,（还活着的）消息: *Er durchquert auf e-m Motorrad die Sahara, u. seine Eltern haben seit Wochen kein L. von ihm bekommen* 他骑摩托车横穿撒哈拉大沙漠,他父母好几周没有得到他的音讯了 **2.** ein Zeichen od. Beweis, dass j-d noch lebt 活的迹象: *Der Verletzte gab kein L. mehr von sich* 受伤者不再有活的迹象了（已断气）

Le·bens·zeit *die*; *nur Sg*（只用单数）**1.** die Dauer des Lebens e-s Menschen 寿命 **2.** ***auf L.*** für den Rest des Lebens 终生,一生: *j-n zum Beamten auf L. ernennen* 任命某人为终生公务员

Le·ber *die*; -, *-n* **1.** ein großes, rotbraunes inneres Organ, das das Blut reinigt u. giftige Substanzen im Körper unschädlich macht 肝（脏）: *Die L. produziert Galle* 肝产生胆汁; *Wenn man viel Alkohol trinkt, schadet man der L.* 酒喝多了伤肝 ‖ K-（复合）: ***Leber-***, ***-entzündung***, ***-leiden***, ***-schaden***, ***-schrumpfung***, ***-zirrhose***; ***leber-***, ***-krank***, ***-geschädigt*** ‖ -K（复合）: ***Trinker-*** **2.** die L.（1）e-s Tieres, die man isst（家畜的）肝〈gebratene, gegrillte L. 炒、烤肝〉: *in Zwiebeln gebratene L. mit Kartoffelpüree* 洋葱炒肝,配土豆泥 ‖ K-（复合）: ***Leber-***, ***-pastete*** ‖ -K（复合）: ***Geflügel-***, ***Kalbs-***, ***Rinds-***, ***Schweine-*** ‖ ID［谚］***frei von der L. weg sprechen*** *gespr*［口］; ohne Hemmungen sprechen u. dabei das sagen, was man denkt 说话直率,想啥说啥,心直口快; ***sich*** (*Dat* 三格) ***etw. von der L. reden*** *gespr*［口］; über seine Probleme reden u. sich damit von ihnen befreien 把某事说出来就轻松了,一吐为快

Le·ber·fleck *der* ≈ Muttermal

Le·ber·kä·se *der*; *nur Sg*（只用单数）; e-e Art gebackener Teig aus Fleisch, den man in Scheiben kalt od. warm isst 肉末饼,煎肉饼

Le·ber·knö·del *der*; *südd* Ⓐ［南德］［奥］e-e Speise in Form e-r Kugel aus zerkleinerter Leber, Zwiebeln *usw*, die man in e-r Suppe isst 肝泥丸子 ‖ K-（复合）: ***Leberknödel-***, ***-suppe***

Le·ber·tran *der*; *nur Sg*（只用单数）; ein Öl, das man aus der Leber von Fischen gewinnt u. das viele Vitamine hat 鱼肝油

Le·ber·wurst *die*; e-e Wurst aus der Leber vom Kalb u. vom Schwein 肝泥肠〈e-e grobe, feine L. 粗、细肝泥肠〉 ‖ ID［谚］***die beleidigte L. spielen*** *gespr hum*［口］［诙］; wegen e-r Kleinigkeit beleidigt sein 装出一副受委曲的样子

Le·be·we·sen *das*; *-s*, *-*; ein lebender Organismus, von einer Zelle bis hin zum Menschen 生物〈einzellige, mehrzellige, vielzellige, pflanzliche, tierische L. 单细胞的、多细胞的生物,植物、动物〉

Le·be·wohl *das*; *-s*, *-s/-e*; *geschr*［书］**1.** ≈

Abschied **2. j-m L. sagen** sich von j-m verabschieden 与…告别、道声再见

leb·haft *Adj*（形）**1.** voller Schwung u. Temperament 活泼的，活跃的，欢快的，好动的 ≈ lebendig, munter, aufgeweckt ↔ still, ruhig 〈ein Kind 小孩〉：*Ihr kleiner Sohn ist so l., dass sie kaum noch mit ihm fertig wird* 她小儿子好动，她几乎拿他没办法 **2.** interessant u. mit Schwung (vorgetragen) 兴致勃勃的，热烈的，活跃的〈e-e Diskussion, e-e Unterhaltung 讨论，聊天〉：*Die Debatte kam lange Zeit nicht so recht in Schwung – erst gegen Ende wurde sie etwas lebhafter* 辩论很长时间没有真正展开，到快结束时才有点活跃起来 **3.** *mst attr*（多作定语）；sehr klar u. deutlich 清晰的，生动的 ↔ verschwommen：*j-s lebhafte Erinnerungen an seine Kindheit* 某人对自己童年清晰的回忆；*Ich kann mir l. vorstellen, wie sie reagiert hat* 我能清楚地想象出她是如何反应的 **4.** sehr groß u. stark 强烈的，热烈的 ↔ gering 〈das Interesse 兴趣；der Beifall, der Applaus 掌声，鼓掌〉：*Die Ausstellung stieß auf lebhaftes Interesse bei der Bevölkerung* 展览会引起了居民浓厚的兴趣 ‖ *zu*（义项）**1.** u. **2. Leb·haf·tig·keit** *die*；*nur Sg*（只用单数）

Leb·ku·chen *der*；ein Gebäck in runder od. viereckiger Form, das süß u. würzig schmeckt u. *bes* zu Weihnachten gegessen wird（圣诞节糕点）胡椒饼 ≈ Pfefferkuchen 〈Lebkuchen backen 烤胡椒饼〉‖ NB（注意）：↑ ***Plätzchen***

leb·los *Adj*（形）；tot od. so, als ob es tot wäre 死的，无生命的，像死了一样的 ↔ lebendig (3) 〈ein Mensch, ein Körperteil 人，肢体〉：*Der Motorradfahrer stürzte u. blieb l. liegen* 骑摩托车的人摔倒了，像死了一样躺在地上 ‖ *hierzu*（派生）**Leb·lo·sig·keit** *die*；*nur Sg*（只用单数）

Leb·tag *der*；*nur in* 只用于 ***mein, dein usw L.*** *veraltend*［渐旧］；mein *usw* ganzes Leben lang 我的、你的一生，一辈子：*Er hat sein L. hart gearbeitet* 他劳碌了一辈子

Leb·zei·ten *die*；*nur in* 只用于 ***zu j-s L.*** während j-d lebt(e) 在…活着的时候，在…在世时，在…生前

lech·zen；*lechzte, hat gelechzt*；Vi（不及物）***nach etw. l.*** *geschr*［书］；ein starkes Verlangen nach etw. haben 渴望得到，贪图，渴求 ≈ nach etw. dürsten, etw. begehren 〈nach Macht, Anerkennung l. 贪图权力，渴望得到认可；nach Rache, Vergeltung l. 企图报仇、报复〉

leck *Adj*（形）；*nicht adv*（不作状语）；mit e-m Loch od. Riss darin, so dass e-e Flüssigkeit ausläuft od. eindringt 有裂缝的，漏的，渗漏的 ≈ undicht 〈ein Schiff, ein Kahn, ein Boot 轮船，小艇，小船；ein Tank, ein Behälter 油罐，容器〉：*Große Mengen von Öl flossen aus dem lecken Tanker ins Meer* 大量的油从油船的裂缝漏入海里

Leck *das*；*-(e)s, -e/-s*；ein kleines Loch od. ein Riss in e-m Behälter od. in e-m Schiff 漏洞，裂缝，渗漏处〈ein L. bekommen, abdichten 有、堵住漏洞〉

le·cken[1]；*leckte, hat geleckt*；Vt/i（及物/不及物）**1.** (***etw.***) ***l.*** etw. durch die Bewegung der Zunge in den Mund bringen 舔，舐 ≈ schlecken：*Die Katze leckte ihre Milch* 猫舔牛奶；Vt（及物）**2.** ***ein Tier leckt etw./sich*** ein Tier bewegt die Zunge über etw./sich, um es/sich sauber zu machen（动物作主语）把…舔干净 ≈ ein Tier leckt etw./sich ab：*Der Fuchs leckte seine Wunde* 狐狸舔干净自己的伤口；*Die Katzenmutter leckt ihre Jungen* 猫妈妈给自己的孩子舔毛 **3.** (***j-m/sich***) ***etw. von etw. l.*** etw. mit der Zunge von e-r Stelle entfernen 舔掉，舔去 ≈ ablecken, abschlecken：*sich das Blut vom Finger l.* 舔掉指头上的血；Vi（不及物）**4.** ***an etw.*** (*Dat* 三格) ***l.*** die Zunge über e-e Stelle bewegen 在…上舔（来舔去）≈ an etw. schlecken：*Als er die Hand ausstreckte, leckte die Kuh daran* 当他把手伸出去时，母牛就在上面舔它 ‖ ID［谚］*mst* 多用 ***etw. sieht wie geleckt aus, ist wie geleckt*** *gespr hum*［口］［诙］；etw. ist sehr sauber u. ordentlich 某物看上去很干净整洁（像舔过的一样）‖ ID［谚］↑ ***Arsch*** ‖ ▶ ***ablecken, auflecken***

le·cken[2]；*leckte, hat geleckt*；Vi（不及物）***etw. leckt*** etw. hat ein Leck（物作主语）漏，渗漏，有裂缝〈ein Schiff 轮船；ein Behälter 容器〉

le·cker *Adj*（形）；so, dass es sehr gut aussieht od. sehr gut schmeckt 美味的，可口的，好吃的 ≈ fein, appetitlich 〈etw. riecht, schmeckt l., sieht l. aus 某物闻着吊胃口，味道可口，看上去很好吃〉

Le·cker·bis·sen *der*；*-s, -* **1.** etw. (zu essen), das besonders gut schmeckt 美味可口的食品，美食，珍馐 ≈ Delikatesse：*Ein Krabbencocktail ist ein L.* 海虾酒会是一顿美餐 **2.** etw. (*mst* aus dem Bereich der Kunst), das j-d sehr schätzt 享受 ≈ Genuss 〈ein musikalischer, literarischer, künstlerischer L. 音乐的、文学的、艺术的享受〉

Le·cke·rei *die*；*-, -en*；etw. (*mst* Süßes), das gut schmeckt 可口的甜食

Le·cker·maul *das*；*gespr*［口］；j-d, der gern gute (süße) Sachen isst 爱吃甜食的人，讲究吃的人

Le·der *das*；*-s*；*nur Sg*（只用单数）**1.** die Haut von Tieren, die so bearbeitet wurde, dass sie haltbar ist. Aus L. stellt man *bes* Schuhe, Taschen u. Jacken her 皮，皮革〈weiches, glattes, geschmeidiges L. 软的、光滑的、柔软的皮革；L. gerben, verarbeiten, färben 鞣革，加工皮革，给皮革上色〉：*e-e Jacke aus echtem L.* 真皮外套 ‖ K-（复合）：***Leder-, -ball, -gürtel, -handschuh, -herstellung, -hose, -jacke, -knopf, -koffer, -mantel, -mappe, -riemen, -rock, -schuh, -sessel, -sofa, -stiefel, -tasche, -waren; leder-, -braun*** ‖ -K（复合）：***Kunst-, Lamm-, Nappa-, Rinds-, Schafs-, Schlangen-, Schuh-, Wild-, Ziegen-*** ‖ NB（注意）：als Plural wird *mst* Leder-

L

sorten verwendet (复数用 Ledersorten) **2. das L.** SPORT【体】≈ Fußball (2) **3. zäh wie L.** sehr zäh 硬的，嚼不烂的〈Fleisch 肉：ein Steak, ein Schnitzel 牛排，肉排〉‖ ID [谚] ***j-m ans L. wollen*** *gespr* [口]; j-n angreifen wollen (um ihn zu schlagen *o. Ä.*) 想揍某人；**(*gegen j-n/etw.*) (*ordentlich*) *vom L. ziehen*** *gespr* [口]; über j-n/etw. schimpfen 狠狠地痛骂某人/某事 ‖ *zu* (义项) **1 le·der·ar·tig** *Adj* (形); *nicht adv* (不作状语); **le·der·far·ben** *Adj* (形); *nicht adv* (不作状语); **led·rig** *Adj* (形)

le·dern *Adj* (形) **1.** *nur attr, nicht adv* (只作定语，不作状语); aus Leder (1) hergestellt 皮(革)制的 **2.** so fest, dass es dem Leder (1) ähnlich ist 老的，硬的〈*mst* die Haut, die Gesichtshaut 多指皮肤，脸皮〉**3.** *mst attr* (多作定语); sehr zäh 很坚硬的，嚼不烂的〈Fleisch 肉〉

le·dig *Adj* (形); *nicht adv* (不作状语) **1.** nicht verheiratet 未婚的，独身的：*Ist sie l., verheiratet od. geschieden?* 她是独身、已婚还是离异了？**2. *etw.*** (*Gen* 二格) ***l. sein*** *geschr* [书]; von etw. (*mst* Unangenehmem) befreit sein 不受…约束的，摆脱…的〈seiner Pflichten, seiner Sorgen, seiner Verantwortung l. sein 不受自己的义务约束，无忧无虑，摆脱了自己的责任〉

le·dig·lich *Partikel* (小品词); *betont u. unbetont* (重读和非重读); nichts mehr als, nichts anderes als/niemand anders als 只是，(不是别的/别人)而是 ≈ nur[3] (1): *Die Demonstranten wollten nicht provozieren, sondern l. auf die Gefahren der Atomkraft aufmerksam machen* 游行者不想进行煽动，而只是想引起人们对核能危险的注意；*L. Renate war gekommen – niemand sonst* 就蕾娜特来过——没有别人

Lee *die*; -; *nur Sg* (只用单数); die Seite e-s Schiffes od. e-r Insel, die nicht dem Wind ausgesetzt ist (船或岛屿的)背风面，背风处 ≈ Windschatten ↔ Luv〈etw. liegt in L., neigt sich nach L. 某物在背风处，侧向背风面〉‖ K- (复合): ***Lee-, -seite***

leer [leːɐ̯] *Adj* (形) **1.** ohne Inhalt 空的，光的，腾空的 ↔ voll〈Behälter, Gefäße 箱，容器：ein Schrank, ein Tank, e-e Kiste, e-e Schachtel, e-e Flasche, ein Glas, ein Fass 柜子，油桶，木箱，盒子，瓶子，杯子，桶; der Magen 胃; etw. leer machen, räumen 清空某物〉: *Sobald sein Glas l. war, bestellte er sich ein neues* 他喝完一杯又要了一杯；*Mit großem Hunger kam er nach Hause, aber der Kühlschrank war l.* 他饿着肚皮回家，但冰箱是空的；*ein Glas in e-m Zug l. trinken* 一口气喝光一杯；*seinen Teller l. essen* 把自己盘子吃光 ‖ ↑ *Abb. unter* 图见 ***Eigenschaften*** ‖ K- (复合): ***Leer-, -gewicht, -gut*** **2.** ohne Menschen darin 无人居住的，空着的 ≈ unbewohnt ↔ bewohnt〈e-e Wohnung, ein Haus, ein Zimmer 住房，房屋，房间〉: *Die Wohnung steht schon seit Monaten l.* 这所住房已经几个月来都没人住了；*ein l. stehendes Haus* 一幢空空的房屋 ‖ K- (复合): ***leer-, -stehend*** **3.** (fast) ohne od. nur mit sehr wenigen Menschen (darin) 空荡荡的，寥无几人的，人很稀少的 ↔ voll〈ein Bus, ein Zugabteil, e-e Konzerthalle, ein Saal, ein Kino 公共汽车，车厢，音乐厅，礼堂，电影院; Straßen, e-e Stadt 街道，城市〉: *Trotz des guten Wetters blieb das Stadion fast l.* 尽管天气很好，运动场里观众仍然是寥寥无几；*Während der Sommermonate ist die Stadt fast l.* 在夏季，城里几乎走空了 ‖ -K (复合): ***menschen-*** **4.** so, dass darauf nichts geschrieben od. gedruckt ist 空白的 ≈ unbeschrieben, unbedruckt〈*mst* ein Blatt (Papier) 多指纸张〉**5.** *nur attr, nicht adv* (只作定语，不作状语); wertlos u. ohne Inhalt 空洞的，言之无物的，空泛的 ≈ nichtig, wertlos〈Gerede, Sprüche 议论，废话〉‖ -K (复合): ***ausdrucks-, inhalts-*** **6.** *nur attr, nicht adv* (只作定语，不作状语);〈Versprechungen, Verheißungen 承诺，许诺; Drohungen 威胁〉so, dass man ihnen keinen Glauben schenken darf od. muss 空头的，空口说白话的，虚假的 **7.** *nur attr, nicht adv* (只作定语，不作状语); ohne Ausdruck od. Gefühl 无表情的 ≈ ausdruckslos〈*mst* j-n mit leeren Augen anstarren 眼神空洞地瞅着某人〉**8. *l. gefegt*** *gespr* [口];〈Straßen 街道〉ohne Menschen 空无一人的 **9. *l. gefegt*** *gespr* [口];〈Regale, ein Kühlschrank 架子，冰箱〉ohne Inhalt, weil alles verkauft, verbraucht *o. Ä.* ist 空的，无货的 ‖ ID [谚] ***l. ausgehen*** *gespr* [口]; nichts bekommen 一无所得 ‖ NB (注意): ↑ ***leerlaufen***

Lee·re[1] *die*; -; *nur Sg* (只用单数) **1.** der Zustand, in dem etw. leer (2) ist 空，空间：*die L. des Weltalls* 宇宙的空间；**2. *gähnende L.*** vollkommene L.[1] (1) 空荡荡，空无所有：*Es herrschte gähnende L.* 一片空空荡荡

Lee·re[2] *nur in* 只用于 **1. *ins L. greifen*** irgendwohin greifen, wo nichts ist 抓空 **2. *ins L. starren*** frustriert od. abwesend vor sich hin starren u. dabei keinen festen Punkt ansehen 眼睁睁地发愣 **3. *ein Schlag ins L.*** *gespr* [口]; e-e erfolglose Aktion 竹篮打水(一场空)，砸了锅 ≈ Misserfolg, Scheitern

lee·ren; *leerte, hat geleert*; [Vt] (及物) **1. *etw. l.*** ein Gefäß od. e-n Behälter leer (1) machen 倒空，腾空，卸空，取空 ≈ ausleeren ↔ füllen: *ein Glas in einem Zug l.* 一口气喝光一杯；*Der Briefkasten wird jeden Tag zweimal geleert* 信箱每天取两次；[Vr] (反身) **2. *etw. leert sich*** etw. wird (allmählich) leer (3) (物作主语)慢慢变空了 ↔ etw. füllt sich: *Nach Ende des Konzerts leerte sich der Saal allmählich* 音乐会结束后大厅里慢慢空了；*Gegen Geschäftsschluss beginnen die Straßen sich zu l.* 商店快关门的时候，街上行人开始稀疏了

leer·es·sen ↑ ***leer*** (1)

leer·ge·fegt ↑ ***leer*** (8,9)

Leer·lauf *der*; -(e)s, *Leer·läu·fe* **1.** das Laufen e-s Motors od. e-r Maschine, ohne dass ein Gang eingelegt ist 空转，空载，无负荷，空挡〈im L. 在空转; in den L. schalten 挂到空挡〉: *Das Auto rollte im L. langsam an die*

Ampel ran 汽车没有挂挡，慢慢朝红绿灯滑行 **2.** e-e Zeit od. Phase, in der wenig gearbeitet od. produziert wird（工作、生产）闲空，空当，空隙〈L. haben 有空隙；es herrscht L. 眼下正闲空（没活）〉：*In der Druckerei herrscht mangels Aufträgen gerade L.* 印刷厂因订货少眼下正闲空（没活）

leer·lau·fen；*läuft leer, lief leer, ist leergelaufen*；Vi（不及物）***etw. läuft leer*** etw. wird leer（1），sodass keine Flüssigkeit mehr darin ist（物作主语）漏空，漏光，流光 ≈ etw. läuft aus〈ein Fass, ein Becken 桶，盆〉

leer·ma·chen, leer·räu·men ↑ ***leer***（1）

Leer·stel·le *die*；eine der Stellen in e-m Text, die nicht beschrieben sind u. die den Abstand zwischen zwei Wörtern bilden 空位，空格

Leer·tas·te *die*；die lange Taste bei e-r Schreibmaschine od. e-m Computer, mit der man e-e Leerstelle eingeben kann 空格键〈(auf) die L. drücken 按空格键〉

leer·trin·ken ↑ ***leer***（1）

Lee·rung *die*；-, *-en*；das Leeren（1）取空，腾空，倒空〈e-s Briefkastens 信箱〉：*nächste L. um 10.30 Uhr* 下一次（开箱）取信时间为十点半 ‖ -K（复合）：***Briefkasten-***

leer·zei·le *die*；e-e Zeile in e-m Text, die nicht beschrieben wird（um e-n Absatz zu machen *o. Ä.*）空行

Lef·ze *die*；-, *-n*；*mst Pl*（多用复数）；die Lippen e-s Hundes od. Raubtieres（狗或猛兽的）嘴唇

le·gal *Adj*（形）；(im Rahmen des Gesetzes) erlaubt 合法的，法律许可的，正当的 ≈ gesetzlich ↔ illegal〈etw. auf legale Weise, auf legalem Wege tun 以合法手段、通过合法途径做某事〉‖ *hierzu*（派生）**Le·ga·li·tät** *die*；-；*nur Sg*（只用单数）

le·ga·li·sie·ren；*legalisierte, hat legalisiert*；Vt（及物）***etw. l.*** etw. für legal erklären 使合法化，法律认可：*In manchen Ländern ist die Prostitution legalisiert worden* 在某些国家卖淫是法律许可的 ‖ *hierzu*（派生）**Le·ga·li·sie·rung** *die*；*nur Sg*（只用单数）

Le·gas·the·nie *die*；-；*nur Sg*（只用单数）；PSYCH, MED【心】【医】；e-e Störung, durch die j-d große Probleme beim Lesen u. Rechtschreiben hat 读写障碍 ‖ *hierzu*（派生）**Le·gas·the·ni·ker** *der*；*-s*, -；**Le·gas·the·ni·ke·rin** *die*；-, *-nen*

le·gen；*legte, hat gelegt*；Vt（及物）**1. *j-n/sich/etw. irgendwohin l.*** e-e Person/sich/e-e Sache so irgendwohin bringen, dass sie/man dort liegt 把…（人）平放在/（自己）躺到/把…（物）摆在〈sich ins Bett l., sich auf die Seite, auf den Bauch l., sich in die Sonne, in den Schatten l. 上床（就寝），侧卧，趴着，躺到阳光下，躺到阴凉处〉：*Sie legte das Baby auf den Tisch, um es zu wickeln* 她把婴儿放在桌上裹尿布；*Er legte das Messer u. die Gabel neben den Teller* 他把刀叉摆在碟子旁；*Er legte ihr die Hand auf die Schulter, um sie zu trösten* 他把手放在她肩上安慰她；*Bretter über ein Loch l., damit niemand hineinfällt* 把木板堆放在洞口，以防有人掉下去；*Als es ihnen in der Sonne zu heiß wurde, legten sie sich in den Schatten* 他们在阳光下觉得太晒，便躺到阴凉处 **2. *etw. l.*** etw. an e-r bestimmten Stelle od. auf e-r Fläche befestigen 铺设，敷设，铺 ≈ verlegen[1]（4），installieren〈Schienen, Rohre, Kabel, Fliesen l. 铺设铁轨、管道、电缆、地砖〉**3. *sich/j-n schlafen l.*** *mst* ins Bett gehen, um zu schlafen/*mst* ein Kind zu Bett bringen（躺下、上床）睡觉/让…上床去睡觉 ‖ NB（注意）：*legen* ist ein transitives Verb, *liegen* ist intransitiv（legen 是及物动词，liegen 是不及物动词），also：*Er legte sein Fahrrad/sich unter e-n Baum* 他把自行车放在树底下/他躺到树底下；*aber*（但是）：*Sein Fahrrad/Er lag unter e-m Baum* 他的自行车搁在/他躺在树底下；Vt/i（及物/不及物）**4. *ein Tier legt*（*ein Ei/Eier*）**〈ein Huhn, ein Vogel 鸡，鸟〉produziert ein Ei/Eier（动物作主语）下蛋 ‖ K-（复合）：***Lege-***, ***-henne***；Vr（反身）**5. *etw. legt sich*** etw. wird in seiner Stärke od. Intensität schwächer（物作主语）减弱，缓和，平息 ≈ etw. lässt nach, flaut ab, hört auf ↔ etw. nimmt zu, wird stärker〈der Wind, der Sturm 风，风暴；der Zorn, die Wut, die Aufregung, die Empörung 怒气，怒火，激动，愤慨〉：*Nachdem sich der Sturm gelegt hatte, fuhren sie auf den See hinaus* 风暴平息后，他们驾艇到湖上去了 ‖ ▶ ***Lage***, ***Gelege*** ‖ NB（注意）：↑ ***setzen***, ***stellen***

le·gen·där *Adj*（形）；*nicht adv*（不作状语）**1.** durch e-e Legende（2）bekannt, aber nicht unbedingt wahr 神话般的，传说的 ≈ sagenhaft：*Odysseus ist e-e legendäre Gestalt* 奥德赛是一位传说人物 **2.** so unwahrscheinlich od. erstaunlich wie in e-r Legende（2）难以置信的，不可信的 ≈ unglaublich：*Im Kaukasus erreichte e-e Frau das legendäre Alter von 118 Jahren* 在高加索一位妇女活到 118 岁高龄，令人难以置信 **3.** so, dass man noch lange Zeit später davon wie von e-r Legende（2）spricht 神奇的，传奇的：*der legendäre erste Auftritt der Beatles in Hamburg* 披头士在汉堡第一次神奇般的出现

Le·gen·de *die*；-, *-n* **1.** e-e Geschichte vom Leben u. Leiden e-s Heiligen 圣徒传说，圣徒故事 ‖ -K（复合）：***Heiligen-*** **2.** e-e Geschichte, die seit langer Zeit erzählt wird u. an der *mst* einige Dinge übertrieben od. nicht wahr sind 传说，传闻，逸闻 **3.** die Erklärung der Zeichen u. Symbole *bes* in e-r Landkarte od. Abbildung（地图或插图上的符号说明）图例 ‖ *zu*（义项）**1.** u. **2. le·gen·den·haft** *Adj*（形）

le·ger [leˈʒɛːɐ̯] *Adj*（形）**1.** so, wie man sich unter Freunden u. in der Familie benimmt 随便的，无拘束的 ≈ locker（6），lässig, ungezwungen ↔ steif（4）〈j-s Benehmen, Verhalten, Umgangsformen, der Umgangston 某人的举止、行为、礼仪，交际气氛〉**2.** nicht sehr vornehm, aber trotzdem passend 潇洒的，洒

脱的，休闲的 ≈ lässig, salopp ↔ streng, zugeknöpft 〈j-s Kleidung 某人的服装〉: *Ganz l. mit e-m Pullover bekleidet ging er in die Theater* 他穿着一件毛衣去看戏剧，很洒脱

Leg·gings, Leg·gins *die*; -, -; e-e eng anliegende lange Hose aus weichem Stoff für Frauen od. Kinder (女式或儿童穿的)紧身裤，瘦腿裤

Le·gie·rung *die*; -, *-en*; ein Gemisch aus zwei od. drei Metallen 合金 〈e-e nicht rostende L. 一种不生锈的合金〉: *Bronze ist e-e L. aus Kupfer u. Zinn* 青铜是铜锡合金 ‖ -K (复合): **Bronze-**, **Kupfer-**, **Messing-**, **Silber-**, **Zink-**, **Zinn-**

Le·gi·on *die*; -, *-en* **1. e-e L.** + *Gen* (二格)/ **von** e-e sehr große Anzahl von Personen 大批的，大量的，人山人海 ≈ Menge, Heer **2.** *hist* [历]: die größte Einheit des Heers der alten Römer 古罗马军团

Le·gi·o·när *der*; *-s*, *-e* **1.** *hist* [历]: ein Soldat in e-r Legion (2) 军团战士，军团士兵: *Asterix u. die römischen Legionäre* 阿斯特里克斯和罗马军团士兵 **2.** SPORT【体】: ein Sportler, der im Ausland tätig ist 受聘于国外的运动员

Le·gis·la·ti·ve [-v-] *die*; -, *-n*; *mst Sg*, *Kollekt* (多用单数)(集合); die Institution in e-m Staat, die die Gesetze beschließt 立法机关 ≈ gesetzgebende Gewalt ↔ Exekutive, Judikative: *In e-r Demokratie ist das Parlament die L.* 在一个民主国家中，议会是立法机关

Le·gis·la·tur·pe·ri·o·de *die*; die Dauer, für die Mitglieder e-s Parlaments gewählt sind 立法会议的任期

le·gi·tim *Adj* (形); *nicht adv* (不作状语) **1.** vom Gesetz erlaubt 合法的，法律上认可的 ≈ gesetzlich, rechtmäßig ↔ illegitim: *legitime Mittel bei etw. einsetzen* 在…方面使用合法手段; *e-n legitimen Anspruch auf staatliche Hilfe haben* 提出一项让国家援助的合法要求 **2.** *geschr* [书] ≈ berechtigt, begründet 〈Forderungen 要求〉 ‖ *hierzu* (派生) **Le·gi·ti·mi·tät** *die*; -; *nur Sg* (只用单数)

le·gi·ti·mie·ren; *legitimierte*, *hat legitimiert*; [*Vt*] (及物) **etw. l.** etw. für legitim (1) erklären 确认…为合法，宣布…是合法的 ≈ billigen 〈ein Vorgehen, e-e Gesetzesänderung l. 认为一次行动、一项法律修订是合法的〉 ‖ *hierzu* (派生) **Le·gi·ti·ma·ti·on** *die*; *nur Sg* (只用单数)

Le·hen *das*; *-s*, -; *hist* [历]: ein (Stück) Land, das ein Herrscher j-m gab, der es bewirtschaften od. verwalten durfte u. dafür dem Herrscher Dienste leisten od. ihm e-n Teil des Gewinns geben musste 封地，采邑 〈ein L. erhalten, vergeben 领到、分封采邑; j-m etw. zu L. geben 分封给某人某物〉 ‖ K- (复合): **Lehns-**, **-herr**, **-mann**

Lehm *der*; *-(e)s*; *nur Sg* (只用单数); schwere gelbbraune Erde, die kein Wasser durchlässt u. aus der man *bes* Ziegelsteine herstellt 黏土: *Ziegel aus L. brennen* 用黏土烧砖 ‖ K- (复合): **Lehm-**, **-boden**, **-erde**, **-klumpen** ‖ *hierzu* (派生) **leh·mig** *Adj* (形)

Leh·ne *die*; -, *-n*; der Teil e-s Stuhls od. Sessels od. e-r Bank, auf den man die Arme od. den Rücken stützen kann 椅背，靠背，扶手: *ein Stuhl mit e-r hohen, unbequemen L.* 一张不舒服的高背椅 ‖ K- (复合): **Lehn-**, **-sessel**, **-stuhl** ‖ -K (复合): **Arm-**, **Rücken-**, **Stuhl-**

leh·nen; *lehnte*, *hat gelehnt*; [*Vt*] (及物) **1. etw. / sich an / gegen etw.** (*Akk* 四格) **l.** etw. od. seinen Körper schräg an etw. Stabiles stellen, damit es/man e-e Stütze hat 把…靠在…上/自己靠在…上: *e-e Leiter, ein Brett, ein Fahrrad an / gegen die Wand l.* 将梯子、木板、自行车靠放在墙上; *Er lehnte sich mit dem Rücken an e-e Säule* 他用背靠着柱子; *den Kopf an j-s Schulter l.* 把头倚偎在某人肩上; [*Vi*] (不及物) **2. an etw.** (*Dat* 三格) **l.** in schräger Lage an etw. Stabilem stehen, damit man/es e-e Stütze hat 靠，倚靠: *Die Leiter lehnt an der Wand* 梯子靠在墙上; *Er lehnte an der Mauer* 他靠着墙; [*Vr*] (反身) **3. sich irgendwohin l.** sich auf etw. stützen u. den Oberkörper darüberbeugen 俯身，探身，伏在…上 ≈ sich über etw. beugen: *sich aus dem Fenster lehnen u. auf die Straße schauen* 探身窗外张望街道; *Sie lehnte sich über die Mauer u. winkte uns zu* 她身子倚伏在墙上向我们招手

Lehr·amt *das*; *mst Sg* (多用单数); die Arbeit als Lehrer *bes* an e-r staatlichen Schule (国立学校的)教师职务 〈das L. anstreben 争当教师〉: *Er studiert Deutsch u. Englisch für das L. an Gymnasien* 他学习德语和英语是为了当高级文理中学的老师 ‖ K- (复合): **Lehramts-**, **-anwärter**, **-kandidat**

Leh·re *die*; -, *-n* **1.** die Ausbildung zu e-m Beruf als Handwerker od. Angestellter 学徒学习，(职业)培训，学手艺 ≈ Berufsausbildung 〈e-e L. anfangen, machen, beenden 开始、进行、结束职业培训; in die L. gehen 去当学徒，去学手艺〉: *Er macht gerade e-e L. als Schreiner* 他正在学木工活; *Nach der L. wurde er als Geselle in dieselbe Firma übernommen* 学完手艺后他被接纳为该公司的伙计 ‖ K- (复合): **Lehr-**, **-jahr**, **-junge**, **-vertrag**, **-werkstätte**, **-zeit** ‖ -K (复合): **Bäcker-**, **Maurer-**, **Metzger-**, **Schreiner-**, **Tischler-** **2.** e-e Erfahrung, die man gemacht hat u. aus der man etw. gelernt hat 教训，教育 〈etw. ist j-m e-e L. 某事对某人是一次教训; e-e L. aus etw. ziehen 从某事中吸取教训; j-m e-e Lehre geben, erteilen 教训某人，给某人一次教训; e-e heilsame, bittere L. 有益的、痛苦的教训〉: *Dieser Vorfall wird ihm immer e-e L. sein* 这一事件对他永远将是一次教训 **3.** die Prinzipien, auf denen e-e Philosophie u. e-e Religion basieren 思想体系，学说，教义，原理 〈e-e philosophische, christliche L. 一种哲学学说、基督教教义〉: *die L. des Aristoteles* 亚里士多德的思想体系; *die L. Platos* 柏拉图学说; *die L. des Islam* 伊斯兰教义 ‖ -K (复合): **Glaubens-** **4.** das Wissen u. die Theorien auf e-m bestimmten Gebiet der Wissenschaft 学，学说:

die L. von den Gravitationskräften 引力学 ‖ -K（复合）: **Abstammungs-**, **Farben-**, **Laut-**, **Sprach-**, **Vererbungs-** **5.** *nur Sg*（只用单数）; das Lehren von Forschungsergebnissen *bes* an e-r Hochschule（大学）教学,学术〈Forschung u. L. 研究和教学; Wissenschaft u. L. 科学和教学〉‖ K-（复合）: **Lehr-**, **-anstalt**, **-auftrag**, **-beauftragte(r)**, **-veranstaltung**

leh·ren; *lehrte*, *hat gelehrt*; Vt（及物）**1.**（**j-n**）**etw.** **l.**; **j-n** + *Infinitiv*（不定式）+ **l.**（nach e-m Plan）j-m Informationen geben u. mit ihm üben, damit er Wissen u. spezielle Fähigkeiten bekommt 教 ≈ j-m etw. beibringen, j-n unterrichten ↔ lernen〈j-n lesen, schreiben, rechnen, schwimmen, tauchen, segeln, Ski fahren, Rad fahren, tanzen *usw* l. 教某人读、写、算、游泳、潜水、扬帆、滑雪、骑车、跳舞等〉: *Der Deutschlehrer lehrt die Kinder Rechtschreibung u. Grammatik* 德语老师教孩子正字法和语法 ‖ K-（复合）: **Lehr-**, **-buch**, **-film**, **-material**, **-methode**, **-mittel**, **-stoff**, **-ziel**; Vt/i（及物/不及物）**2.**（**etw.**）**l.** Schülern od. Studenten Kenntnisse in e-m Fach geben 教课 ≈ unterrichten〈an e-r Hochschule, Universität l. 在高校、大学授课〉: *Er lehrt Mathematik u. Biologie an e-m Gymnasium* 他在高级文理中学教数学和生物; *Der Professor lehrt*（*Kernphysik*）*in Hamburg* 这位教授在汉堡教(核物理)课 ‖ K-（复合）: **Lehr-**, **-tätigkeit** **3.** **etw. lehrt**（**j-n**）, **dass ...** *geschr*［书］; etw. zeigt (j-m) deutlich, dass etw. so ist（物作主语）表明,说明,证明 ≈ etw. beweist etw. ↔ etw. widerlegt etw.: *Die Geschichte lehrt*（*uns*）, *dass Menschen ihre Probleme selten ohne Gewalt lösen können* 历史(向我们)证明,人不使用强权是很少能解决自己的问题的; *Die Erfahrung hat gelehrt, dass wir in Zukunft Rohstoffe sparen müssen* 经验证明,我们在将来必须节省原料

Leh·rer *der*; *-s*, *-*; j-d, der *bes* an e-r Schule Unterricht gibt 教师,老师 ↔ Schüler〈ein strenger, erfahrener L. 一位严厉的、有经验的老师〉: *Er ist L. für Mathematik u. Physik an e-m Gymnasium* 他是一所高级文理中学的数学和物理老师; *Wen habt ihr als L. in Sport?* 你们体育课老师是谁? ‖ K-（复合）: **Lehrer-**, **-ausbildung**, **-beruf**, **-ehepaar**, **-kollegium**, **-konferenz**, **-mangel**, **-schwemme**, **-zimmer**, **-überschuss** ‖ -K: **Berufsschul-**, **Grundschul-**, **Hauptschul-**, **Sonderschul-**; **Biologie-**, **Chemie-**, **Deutsch-**, **Englisch-**, **Französisch-**, **Latein-**, **Mathematik-**, **Physik-**, **Sport-** ‖ *hierzu*（派生）**Leh·re·rin** *die*; *-*, *-nen*

Leh·rer·schaft *die*; *-*; *nur Sg*, *Kollekt*（只用单数)(集合); alle Lehrer (an e-r Schule)（一所学校)全体教师

Lehr·fach *das*; *-(e)s*, *Lehr·fä·cher* **1.** ein Fach, das man an e-r Schule lehrt 学科〈naturwissenschaftliche, geisteswissenschaftliche, gesellschaftspolitische, künstlerische Lehrfächer 自然科学的、人文科学的、社会政治的、艺术的学科〉**2.** *nur Sg*（只用单数）; der Beruf des Lehrers 教师职业〈ins L. gehen (= Lehrer werden) 当教师〉

Lehr·gang *der*; *-(e)s*, *Lehr·gän·ge* **1.** e-e (berufliche) Ausbildung, in der in relativ kurzer Zeit ein spezielles Wissen vermittelt wird 培训班 ≈ Kurs, Kursus〈auf L. gehen, e-n L. machen, absolvieren, an e-m L. teilnehmen 去接受、进行、结束、参加培训; j-n auf L./zu e-m L. schicken 送某人去(接受)培训〉‖ K-（复合）: **Lehrgangs-**, **-teilnehmer**, **-voraussetzungen** ‖ -K（复合）: **Computer-**; **Fortbildungs-**, **Meister-**, **Weiterbildungs-** **2.** *Kollekt*（集合）; alle Teilnehmer an e-m L. (1)培训班学员

Lehr·geld *das*; *mst in* 多用于 **L. zahlen / geben**（**müssen**）Schaden erleiden, weil man unerfahren ist u. noch Fehler macht（得)交学费,作出牺牲,付出代价

Lehr·kan·zel *die*; Ⓐ［奥］≈ Lehrstuhl

Lehr·kör·per *der*; *nur Sg*, *Kollekt*, ADM *geschr*（只用单数)(集合)【管理】［书］≈ Lehrerschaft

Lehr·kraft *die*; *-*, *Lehr·kräf·te*; ADM *geschr*【管理】［书］≈ ein Lehrer od. e-e Lehrerin: *Wir brauchen mehr Lehrkräfte* 我们需要更多的师资

Lehr·ling *der*; *-s*, *-e*; j-d, der e-e Lehre (1) macht 学徒,艺徒,徒工 ≈ der/die Auszubildende ↔ Meister ‖ NB（注意）: Heute verwendet man anstatt *Lehrling* meist *der/die Auszubildende* od. *bes* in gesprochener Sprache *Azubi*（如今大多采用"接受培训的学员"或在口头上用"学员",以此替代"学徒"）

Lehr·plan *der*; e-e Liste der einzelnen Wissensgebiete u. Themen, die die Schüler in e-r bestimmten Zeit durcharbeiten sollen 教学计划〈e-n L. erstellen 制订教学计划; sich (streng) an den L. halten（严格)执行教学计划〉

lehr·reich *Adj*（形）; so, dass man daraus viel lernen kann 富有教育意义的,有教益的 ≈ informativ〈e-e Erfahrung, ein Beispiel 经验,例子; etw. ist sehr l. für j-n 某事对某人很有教益〉

Lehr·stel·le *die*; e-e Arbeitsstelle für e-n Lehrling 学徒名额,培训名额 ≈ Ausbildungsplatz〈sich um/für e-e L. bewerben 谋求一个培训名额〉

Lehr·stuhl *der*; **ein L.**（**für etw.**）die Stelle e-s Professors an e-r Universität 大学教授职位: *der L. für Theoretische Physik an der Universität Hamburg* 汉堡大学理论物理教授职位

Lehr·werk *das*; *-(e)s*, *-e*; ein Buch, mit dem die Schüler im Unterricht arbeiten u. lernen 教科书 ≈ Lehrbuch

-lei ↑ **-erlei**

Leib *der*; *-(e)s*, *-er* **1.** *geschr od veraltend*［书］或［渐旧］; der Körper e-s Menschen od. Tiers (*bes* von der Schulter bis zum Becken)（人或动物的)躯体,人体,肉体,身子〈ein abgemagerter L. 瘦骨伶仃的身体; am ganzen L. zittern 浑身颤抖; (j-n) bei lebendigem L. verbrennen 把某人活活烧死〉‖ K-(复合): **Leibes-, -umfang; Leib-, -schmerzen 2. der L. Christi, der L. des Herrn** REL【宗】; die Hostie 圣饼 ‖ ID [谚] ***etw. am eigenen L. erfahren*** e-e Erfahrung selbst, persönlich machen 亲身经历某事; ***sich*** (*Dat* 三格) ***j-n vom L. halten*** *gespr* [口]; es vermeiden, mit j-m in Kontakt zu kommen 与某人保持距离,避免与某人接触; ***j-m auf den L. / zu Leibe rücken*** *gespr* [口]; immer wieder zu j-m gehen u. ihn dadurch ärgern 纠缠某人,磨烦某人; ***etw.*** (*Dat* 三格) ***auf den L. / zu Leibe rücken*** *gespr* [口]; etw. Unangenehmes bekämpfen 着手克服、解决某事(指不愉快的事情); ***etw. ist j-m wie auf den L. geschrieben*** *gespr* [口]; etw. entspricht sehr gut den Fähigkeiten *bes* e-s Schauspielers 某事对某人特别合适: *Diese Rolle ist ihm wie auf den L. geschrieben* 这个角色由他演特别合适; ***mit L. u. Seele*** *gespr* [口]; sehr gern u. mit viel Energie 全身心地,全心全意地

L

Leib·ei·ge·ne *der/die*; *-n*, *-n*; *hist* [历]; j-d, der rechtlich u. wirtschaftlich vollkommen von j-d anderem abhängig war 奴隶,农奴 ‖ NB (注意): *ein Leibeigener*; *der Leibeigene*; *den*, *dem*, *des Leibeigenen*

Leib·ei·gen·schaft *die*; *-*; *nur Sg*, *hist* (只用单数)[历]; der Zustand, j-s Leibeigene(r) zu sein 农奴制

lei·ben *nur in* 只用于 ***wie er/sie leibt u. lebt*** *gespr* [口]; wie man die genannte Person kennt, mit dem für sie typischen Verhalten 跟他/她本人一模一样(毫无二致): *Das ist Otto, wie er leibt u. lebt* 这是奥托,跟他本人一模一样

Lei·bes·kräf·te *die*; *mst in* 多用于 ***aus Leibeskräften*** mit der ganzen Kraft, die in j-m steckt 竭力,使出浑身的力气,死命地〈aus Leibeskräften schreien 死命地大喊〉

Lei·bes·vi·si·ta·ti·on [-tsio:n] *die*; *-*, *-en*; die Handlungen, mit denen man prüft, ob j-d *z.B.* Waffen od. Drogen in od. unter seiner Kleidung am Körper versteckt hat 搜身: *e-e L. über sich ergehen lassen müssen* 得让搜身

Leib·ge·richt *das*; die Speise, die j-d am liebsten isst 最爱吃的菜

leib·haf·tig *Adj* (形); *nur attr od adv* (只作定语或状语); 〈e-e Person, e-e Sache 人,事〉 so, dass sie vor einem stehen od. dass man sie sich genau vorstellen kann 真实的,亲身的,真人的 ≈ wirklich ↔ imaginär: *Sie war völlig überrascht, als der berühmte Schauspieler plötzlich l. vor ihr stand* 当这位名演员突然亲自站在她面前的时候,她感到非常意外; *Er sah aus wie der leibhaftige Tod* 他看上去好像真的死了 ‖ *hierzu* (派生) **Leib·haf·tig·keit, Leib·haf·tig·keit** *die*; *nur Sg* (只用单数)

Leib·haf·ti·ge *der*; *-n*; *nur Sg*, *euph* (只用单数)[婉] ≈ Teufel ‖ NB (注意): *der Leibhaftige*; *den*, *dem*, *des Leibhaftigen*

leib·lich *Adj* (形); *mst attr* (多作定语) **1.** verwendet, um auszudrücken, dass die genannte Person der richtige Vater od. die richtige Mutter e-s Kindes ist 亲生的,嫡亲的,血缘的〈*mst* der Vater, die Mutter, die Eltern 父亲,母亲,双亲〉 **2.** *mst in* 多用于 ***für das leibliche Wohl sorgen*** *geschr* [书]; dafür sorgen, dass j-d gutes Essen u. Trinken bekommt 关照(某人的)生活(饮食起居)

Leib·spei·se *die*; *südd* Ⓐ Ⓒⓗ [南德][奥][瑞] ≈ Leibgericht

Leib·wa·che *die*; *Kollekt* (集合); j-s Leibwächter 卫兵

Leib·wäch·ter *der*; *-s*, *-*; j-d, der e-e berühmte Person (vor Attentaten) schützt 卫兵,贴身警卫 ‖ *hierzu* (派生) **Leib·wäch·te·rin** *die*

Lei·che *die*; *-*, *-n*; der Körper e-s toten Menschen 尸体,尸首 ≈ Leichnam〈e-e L. entdecken, identifizieren, obduzieren 发现、验明、剖验一具尸体〉: *die L. e-s Ertrunkenen* 一位溺水者的尸体 ‖ K-(复合): **Leichen-, -begräbnis, -bestattung, -blässe, -schändung, -starre, -tuch, -verbrennung, -wagen; leichen-, -blass** ‖ ID [谚] ***aussehen wie e-e L.*** *gespr* [口]; sehr blass u. schlecht aussehen 看上去脸色苍白(像个死人); *mst* 多用 ***Er/Sie geht über Leichen*** *pej* [贬]; er/sie hat keine Skrupel bei der Durchführung von Plänen 他/她(为实现计划而)无所顾忌 ≈ er/sie ist skrupellos; *mst* 多用 ***nur über meine L.!*** *gespr hum* [口][诙]; das erlaube ich auf keinen Fall 只要我还活着(是绝对不会允许的)!

Lei·chen·fled·de·rei *die*; *-*, *-en*; *mst Sg* (多用单数); das Stehlen von Dingen, die ein Toter bei sich hat 盗墓 ‖ *hierzu* (派生) **Lei·chen·fled·de·rer** *der*; *-s*, *-*

Lei·chen·hal·le *die*; ein Gebäude auf dem Friedhof, in dem die Särge mit den Toten bis zur Beerdigung stehen 停尸间,太平间

Lei·chen·schmaus *der*; *hum* [诙]; ein gemeinsames Essen, zu dem sich die Verwandten u. Bekannten e-s Toten nach dessen Beerdigung treffen 办完丧事后的聚餐

Leich·nam *der*; *-s*; *nur Sg* (只用单数); *geschr* [书] ≈ Leiche: *Der L. des verstorbenen Dichters wurde feierlich beigesetzt* 这位过世的诗人的尸体被隆重地安葬了

leicht[1] *Adj* (形) **1.** mit relativ wenig Gewicht 轻的,重量小的 ↔ schwer, gewichtig: *Er wiegt nur 52 Kilo u. ist viel zu l. für seine Körpergröße* 他体重只有 52 公斤,与其身高相比太轻; *auf die Reise nur leichtes Gepäck mitnehmen* 去旅行只带轻便行李; *Holz schwimmt, weil es leichter ist als Wasser* 木头能漂浮,因为它比水轻 ‖ ↑ *Abb. unter* 图见 **Eigenschaften** ‖ K-(复合): **Leicht-, -gewicht, -metall** ‖ -K (复合): **feder- 2.** aus dünnem Stoff(衣料)薄的,单薄的〈ein Stoff, ein Gewebe 布,织品; ein Anzug, ein Hemd, e-e Bluse 男上衣,衬衣,女上衣; l. bekleidet sein 穿得单薄〉 **3.** von geringer Intensität ≈ schwach 轻轻的,轻微的,柔和的,轻柔的 ↔ stark, kräftig, heftig〈ein

Wind, ein Luftzug, e-e Brise 风,气流,微风; Schneefall, Regen, Frost 雪花,雨,冰冻; ein Schlag, ein Stoß, ein Hieb 一击,一碰,一砍; e-e Grippe, e-e Erkältung, ein Schnupfen, ein Husten, Schmerzen, Kopfweh, e-e Verletzung, e-e Gehirnerschütterung 流感,感冒,流鼻涕,咳嗽,疼痛,头痛,受伤,脑震荡; e-n leichten Schlaf haben 眯了一会儿; l. verletzt od. verwundet sein, werden 受轻伤〉: „*Was fehlt dir denn?*" – „*Ach, nichts besonderes, ich habe nur e-e leichte Erkältung*" "你哪里不舒服?"——"嗯,没什么,我只是有点轻微感冒"; *Bei dem Unfall wurden zwei Personen schwer u. drei (Personen) l. verletzt* 这次事故中两人重伤,三人轻伤; *Es regnete l.* 下小雨(毛毛雨); *Es schneite l.* 落(零星)小雪 ‖ K-(复合): ***leicht-, -verletzt, -verwundet*** **4.** so, dass es den Organismus wenig belastet 清淡的,易消化的 ≈ bekömmlich ↔ schwer, stark 〈e-e Zigarette 烟; ein Wein, ein Bier 葡萄酒,啤酒; das Essen, die Kost 饭食,食物〉: *Nach meiner Operation durfte ich nur leichte Kost essen* 手术后我只准吃容易消化的食物 ‖ *hierzu* (派生) **Leicht·heit** *die*; *nur Sg* (只用单数); *zu* (义项) **3. Leicht·ver·letz·te, leicht Ver·letz·te** *der, die*

leicht² *Adj* (形) **1.** so, dass es wenig Arbeit od. Mühe macht 轻松的,容易的,不费劲的 ≈ einfach, simpel ↔ schwierig: *e-e leichte Rechnung* 容易的演算; *Diese Aufgabe ist so l. für ihn, dass er sich dabei gar nicht anzustrengen braucht* 这项任务对他来说很容易,他根本不需要费劲; *Es ist relativ l., ein paar Wörter in e-r fremden Sprache zu lernen, aber es ist sehr schwierig, e-e Sprache gut zu beherrschen* 学几个外语单词相对来说是容易的,但要很好掌握一门语言是很难的 ‖ NB(注意): um *l.* zu verstärken, verwendet man (in der gesprochenen Sprache) *kinderleicht* (为加强语气口语中用 kinderleicht 轻而易举的) **2.** so, dass man nur wenig Kraft dazu braucht 轻的,不费力的 ↔ schwer 〈e-e Arbeit 工作〉: *Er hat e-n Schaden an der Wirbelsäule u. darf nur leichte körperliche Arbeiten machen* 他脊椎有伤,只能干轻(的体力)活 **3. *j-d / etw. ist l.* + *zu*** + *Infinitiv* (不定式) es ist l.²(1), (mit j-m/etw.) etw. zu tun(人/物作主语)容易对付/容易干: *Diese Aufgabe ist l. zu bewältigen* 这项任务容易完成; *Er ist l. einzuschüchtern* 他容易被吓倒 **4. *j-m / sich etw. l. machen*** bewirken, dass etw. für j-n/einen selbst leicht²(1,2) wird 让…别对…操心(费心) ↔ j-m/sich etw. schwer machen: *Dinge, die einem das Leben leichter machen* 使人生活轻松的物品; *Du lässt mich einfach alleine arbeiten – du machst es dir aber l.!* 你就让我自己干吧!——你别操心了! ‖ ID [谚] *mst* 多用 ***Du hast l. reden!*** *gespr* [口]; du hast nicht die Probleme wie ich *usw* 你说得倒轻松! 说风凉话容易!; *mst* 多用 ***Das ist leichter gesagt als getan*** *gespr* [口]; das ist schwieriger zu tun, als man vielleicht meint 这事说起来容易做就难了; ***es ist j-m ein Leichtes*** + ***zu*** + *Infinitiv* (不定式); *gespr* [口]; j-d hat wenig Mühe, etw. zu tun 干某事对某人来说是一件不费力气的事: *Es war ihm ein Leichtes, ihn zu überzeugen* 要说服他对他来说是举手之劳(易如反掌) ‖ NB(注意): ↑ ***leichtfallen, leichtnehmen, leichttun*** ‖ *hierzu* (派生) **Leich·tig·keit** *die*; *nur Sg* (只用单数)

leicht³ *Adv* (副) **1.** ohne viel Widerstand, ohne besonderen Anlass 容易,很快 ≈ schnell ↔ schwer: *Man braucht ihn nicht lange zu überreden – er gibt l. nach* 不用多久就可以说服他——他容易让步; *Er wird sehr l. wütend* 他动不动就生气 **2.** ohne Mühe od. Schwierigkeiten 容易,简单 ↔ schwer 〈l. bekömmlich, verdaulich, verständlich 容易消化的,消化的,理解的〉: *Die Gebrauchsanweisung ist in l. verständlicher Sprache geschrieben* 使用说明是用简单易懂的语言写成的 ‖ K-(复合): ***leicht-, -bekömmlich, -verdaulich, -verständlich*** **3.** verwendet, um auszudrücken, dass etw. passieren kann od. hätte passieren können 很容易,极可能(发生) ≈ ohne Weiteres, durchaus: *Das hätte l. schiefgehen können* 这本来很可能会失败的; *Bei Eis u. Schnee passiert l. ein Unfall* 在冰雪天里很容易出事故 **4. *l. verderblich*** 〈Speisen, Waren 食品,商品〉 so, dass sie schon nach kurzer Zeit schlecht u. ungenießbar sind 易坏的,易变质的 ↔ (lange) haltbar

Leicht·ath·le·tik *die*; -; *nur Sg*, *Kollekt* (只用单数)(集合); die Sportarten Laufen, Gehen, Springen, Stoßen u. Werfen 田径运动 ↔ Schwerathletik 〈L. betreiben 从事田径运动〉: *Hochspringen, Diskuswerfen, Kugelstoßen u. Hürdenlauf sind Disziplinen der L.* 跳高、掷铁饼、掷铅球和障碍跑都是田径运动项目 ‖ *hierzu* (派生) **leicht·ath·le·ti·sch-** *Adj* (形); *nur attr, nicht adv* (只作定语,不作状语); **Leicht·ath·let** *der*; **Leicht·ath·le·tin** *die*

leicht·fal·len; *fällt leicht, fiel leicht, ist leichtgefallen*; [Vi] (不及物) ***etw. fällt j-m leicht*** etw. macht j-m keine Mühe od. Schwierigkeiten (物作主语)感到容易,不费劲 ↔ etw. fällt j-m schwer: *Es fiel ihm nicht leicht, von zu Hause auszuziehen* 从家里搬出去住,他感到不容易

leicht·fer·tig *Adj* (形); *pej* [贬]; so, dass man nicht an die Konsequenzen denkt 轻率的,欠考虑的,草率的 ≈ leichtsinnig, unüberlegt, unbesonnen ↔ besonnen, wohl überlegt 〈j-s Verhalten, ein Plan, e-e Äußerung 某人的行为、计划、看法〉 ‖ *hierzu* (派生) **Leicht·fer·tig·keit** *die*; *nur Sg* (只用单数)

leicht·fü·ßig *Adj* (形); 〈ein Mädchen, e-e Gazelle 姑娘,羚羊〉 so, dass sie leise u. schnell laufen 步伐轻盈的,灵巧敏捷的

leicht·gläu·big *Adj* (形); bereit, etw. schnell u. unkritisch zu glauben 轻信的,易上当的 ≈ vertrauensselig ↔ misstrauisch: *Er ist sehr l. – Er glaubt alles, was man ihm erzählt*

L

他很容易上当——别人讲什么他都信 ‖ *hierzu*（派生）**Leicht·gläu·big·keit** *die*；*nur Sg*（只用单数）

leicht·hin, leicht·hin *Adv*（副）；ohne viel darüber nachzudenken 不假思索地，不经心地，脱口而出地，轻率地：*etw. l. versprechen* 轻率地许诺某事

leicht·le·big *Adj*（形）；〈ein Mensch 人〉 so, dass er sich im Leben nicht viele Sorgen macht 生活无忧无虑的，乐天的，自在的 ≈ unbekümmert ‖ *hierzu*（派生）**Leicht·le·big·keit** *die*；*nur Sg*（只用单数）

leicht·ma·chen ↑ ***leicht***[2] (4)

leicht·neh·men；*nimmt leicht, nahm leicht, hat leichtgenommen*；Vt（及物）**etw. l.** sich nicht viele Sorgen machen, wenn man etw. tut 对…掉以轻心，满不在乎，不认真对待 ↔ ernst nehmen ‖ ID［谚］***Nimms leicht!*** *gespr*［口］；ärgere dich nicht darüber! 别往心里去！‖ NB（注意）：aber（但是）：*alles zu leicht nehmen* 对一切太掉以轻心(getrennt geschrieben 分开写)

Leicht·sinn *der*；*-es*；*nur Sg*（只用单数）；die Eigenschaft, zu wenig darüber nachzudenken, was man tut 漫不经心，轻率，鲁莽，疏忽 ≈ Leichtfertigkeit, Fahrlässigkeit ↔ Vorsicht 〈unerhörter, sträflicher L. 令人气愤的、不可原谅的鲁莽〉：*Viele Verkehrsunfälle passieren durch den L. der Autofahrer* 许多交通事故是由于司机的疏忽而造成的

leicht·sin·nig *Adj*（形）；so, dass der Betreffende nicht genug über die Konsequenzen seiner Handlungen nachdenkt 粗心大意的，鲁莽的，粗率的，不考虑后果的 ≈ unvorsichtig, leichtfertig, fahrlässig ↔ vorsichtig, bedacht 〈ein Verhalten, ein Unterfangen, e-e Handlung 行为，冒险，行动〉：*Beim Bergsteigen darf man nicht l. werden* 登山时切忌粗心大意；*Es ist l., ohne Helm Motorrad zu fahren* 骑摩托车不戴安全帽，这是不考虑后果的胡来 ‖ *hierzu*（派生）**Leicht·sin·nig·keit** *die*；*nur Sg*（只用单数）

Leicht·sinns|feh·ler *der*；ein Fehler, den man nur macht, weil man nicht genau aufpasst 粗枝大叶的错误，粗心错误 ≈ Flüchtigkeitsfehler：*Ihr Diktat steckt voller Leichtsinnsfehler* 她的听写满篇是粗心大意的错误

leicht·tun, sich；*tat sich leicht, hat sich leichtgetan*；Vr（反身）**sich**（*Akk* 四格/*Dat* 三格）（**bei etw.**）**l.** *gespr*［口］；keine Schwierigkeiten bei etw. haben 没困难，不费力 ↔ sich schwertun

leicht·ver·dau·lich ↑ ***leicht***[3] (2)

leicht·ver·derb·lich ↑ ***leicht***[3] (4)

leid *Adj*（形）**1. es l. sein, werden** + *Infinitiv*（不定式）/, **dass .../, wenn ...** *geschr*［书］；**j-n/etw. l. haben, sein, werden** j-n/etw. nicht mehr mögen od. nicht mehr ertragen können 对…感到厌烦、腻烦、难以忍受：*Ich habe diese ewigen Wiederholungen im Fernsehen so l.!* 电视里一再重播这些节目我真腻透了！；*Ich bin es jetzt l., ständig von ihm geärgert zu werden* 我现在无法忍受经常受他气；*Wirst du es nicht bald l., dass er regelmäßig zu spät kommt?* 他常常迟到，你不会厌烦？**2.** CH［瑞］≈ unangenehm：*e-e leide Angelegenheit* 一件令人不愉快的事情

Leid *das*；*-(e)s*；*nur Sg*（只用单数）**1.** sehr große seelische Schmerzen 悲痛，伤心，痛苦 ≈ Kummer, Qual 〈bitteres, schweres, tiefes, unsägliches L. 辛酸的、沉重的、深深的、无法言状的痛苦；j-m L. zufügen 给某人带来痛苦；L. erfahren, erdulden 经历、忍受痛苦〉：*Der Tod ihres Sohnes hat den Eltern tiefes L. zugefügt* 儿子的死给父母带来深深的痛苦 **2. j-m sein L. klagen** *oft hum* 常用［诙］；j-m seinen Kummer u. seine Probleme erzählen 向某人诉苦：*Die Nachbarin kommt ständig zu uns, um uns ihr L. zu klagen* 邻居常过来向我们诉苦 ‖ NB（注意）：↑ ***leidtun, zuleide***

Lei·de·form *die*；*nur Sg*（只用单数）≈ Passiv

lei·den；*litt, hat gelitten*；Vt/i（及物/不及物）**1.**（**etw.**）**l.** körperliche, seelische Schmerzen od. sehr unangenehme Verhältnisse ertragen müssen 忍受（身体上、心灵上的痛苦或不好的条件），受苦，受熬煎，受难〈heftige Schmerzen, Hunger, Durst, große Not l. 忍受剧痛、饥饿、口渴、巨大的苦难〉：*Sie musste wegen ihrer Krankheit noch lange l.* 由于疾病她还得长期受苦；*Er litt heftige Schmerzen, bis er starb* 一直到死他忍受了剧烈的痛苦；*Er sah sie mit leidendem Blick an* 他用痛苦的眼光看着她；Vt（及物）**2. j-n/etw. nicht l. können** j-n/etw. nicht mögen od. dulden 不能容忍，不喜欢 ≈ j-n/etw. nicht ausstehen können：*Ich kann ihn überhaupt nicht l., weil er so ein Angeber ist* 他是个吹牛大王，我根本就不喜欢他；*Sie konnte es nie l., wenn man über sie lachte* 要是别人笑话她，她从来不能忍受 **3. j-n/etw. gut l. können** j-n/etw. gernhaben 喜欢 ‖ NB（注意）：*zu*（义项）**1.-3.**：kein Passiv（不用被动语态）！；Vi（不及物）**4. an etw.**（*Dat* 三格）**l.** e-e Krankheit haben 患（病）〈an Malaria, (e-r) Grippe, Gelbsucht, Migräne, Schlaflosigkeit, Depressionen l. 患疟疾、流感、黄疸、偏头痛、失眠、抑郁症〉**5. unter etw.**（*Dat* 三格）**l.** große Probleme od. Kummer wegen etw. haben 受…之苦，受…折磨：*Als er im Ausland studierte, litt er sehr unter seiner Einsamkeit* 当他在国外学习的时候，他忍受着孤独之苦；*Kinder leiden oft darunter, dass sich ihre Eltern ständig streiten* 父母常吵架，儿女就受罪；*Viele Menschen leiden unter dem Lärm des Straßenverkehrs* 许多人忍受着马路交通噪音的痛苦 **6. etw. leidet unter etw.**（*Dat* 三格）/**durch etw.** etw. nimmt durch den Einfluss e-r Sache Schaden（物作主语）因…而受到损失 ≈ etw. wird beeinträchtigt：*Die Bilder haben unter der ständigen Feuchtigkeit sehr gelitten* 这些画因长期受潮损坏得厉害；*Unsere Rosen leiden sehr unter dem strengen Frost* 我们的玫瑰花因严寒冻得厉害；*Sein Ruf als Politiker hat durch den Skandal ziemlich gelitten* 他作为政治家的声誉

因丑闻受到破坏

Lei·den *das*; *-s*, *-* **1.** e-e lange u. *mst* schlimme Krankheit(长期的)疾病,痼疾〈ein langes, schweres, unheilbares, chronisches L.长期的、严重的、难以治愈的、慢性的疾病〉: *Der Patient starb nach langem, schwerem L.* 患者久患重病而死 ‖ K-(复合): **Leidens-**, **-zeit** ‖ -K(复合): **Herz-**, **Rücken-** **2.** *nur Pl*(只用复数); das Gefühl von Schmerzen u. Kummer 痛苦,悲愁,忧伤: *die Leiden des Lebens* 生活的痛苦; *die Freuden u. Leiden des Alltags* 平日的悲与欢 ‖ K-(复合): **Leidens-**, **-miene**

Lei·den·schaft *die*; *-*, *-en* **1.** ein seelischer Zustand, in dem j-d starke Gefühle (wie Liebe, Hass od. Zorn) empfindet(爱、恨、怒等)激情,热情〈e-e heftige, wilde, ungezügelte L.强烈的、狂野的、抑制不住的激情〉: *Sie arbeiten voller L. an der Verwirklichung ihrer Idee* 他们为实现自己的想法满腔热情(豪情满怀)地工作 **2.** ***j-s L.*** (***zu j-m / für j-n***) *nur Sg*(只用单数); die starke Liebe, die man für j-n empfindet 情爱,炽烈的爱情,情欲 ≈ Verlangen 〈e-e große, stürmische L.强烈的、炽热的爱情; e-e L. brennt in j-m, erfasst j-n, erlischt in j-m爱情在某人心中燃烧,攫住了他,在某人心中熄灭〉: *In Filmen geht es oft um Liebe u. L.* 电影里常常是在谈情说爱 **3.** ***j-s L.*** (***für etw.***) *nur Sg*(只用单数); die Liebe zu Dingen od. Tätigkeiten, die man sehr interessant findet 偏爱,喜爱,爱好,癖好 ≈ Begeisterung 〈seine L. für etw. entdecken 发现自己对某事偏爱; e-r L. verfallen, frönen 沉醉于、沉湎于一种爱好; von e-r L. nicht mehr loskommen 无法摆脱一种癖好〉: *Er hat e-e ungeheure L. für schnelle Autos* 他非常喜欢开快车; *Ihre L. für exklusive Parfums geht so weit, dass sie ihr ganzes Geld dafür ausgibt* 她用高贵香水成癖,结果把自己全部钱都花在上头了 ‖ -K(复合): **Spiel-**, **Wett-** ‖ *hierzu*(派生) **lei·den·schafts·los** *Adj*(形)

lei·den·schaft·lich *Adj*(形); *mst attr*(多作定语) **1.** voller Leidenschaft (1)激烈的,感情强烈的 ≈ heftig 〈ein Wunsch, ein Verlangen, ein Streit愿望,渴望,争吵; sich j-m l. widersetzen 强烈反抗某人; etw. l. verteidigen 为某事激烈辩护〉 **2.** voller Leidenschaft (2) für j-n热恋的,狂热的,迷恋的 ≈ hingebungsvoll ↔ leidenschaftslos 〈ein Liebhaber 情人; j-n l. umarmen, küssen 热烈地拥抱、亲吻某人〉 **3.** voller Leidenschaft (3) für etw.热衷的,有癖好的,上瘾的,入迷的 ≈ begeistert, passioniert 〈ein Sportler, ein Koch, ein Fotograf, ein Segler, ein Kinogänger 运动员,厨师,摄影师,帆船运动员,电影迷〉 **4.** ***l. gern*** *gespr*[口]; sehr gern 非常喜欢,喜欢极了: *Sie geht l. gern ins Theater* 她非常喜欢去剧院看戏 ‖ *hierzu*(派生) **Lei·den·schaft·lich·keit** *die*; *nur Sg*(只用单数)

Lei·dens·ge·fähr·te *der* ≈ Leidensgenosse ‖ *hierzu* (派生) **Lei·dens·ge·fähr·tin** *die*

Lei·dens·ge·nos·se *der*; j-d, der die gleichen Probleme od. das gleiche Leid hat wie ein anderer 共患难者,难友 ‖ NB(注意): *der Leidensgenosse*; *den*, *dem*, *des Leidensgenossen* ‖ *hierzu*(派生) **Lei·dens·ge·nos·sin** *die*

Lei·dens·ge·schich·te *die* **1.** die Geschichte der Zeit, in der j-d od. ein Volk viel Leid ertragen muss 艰难的历程,苦难历史: *die L. e-s Indianerstammes* 印第安种族的苦难历史 **2.** *iron*[讽]; die Krankheiten u. negativen Erlebnisse, die j-d gehabt hat 痛苦的经历,痛楚,苦水: *Jetzt erzählt sie mir ihre L. schon zum dritten Mal!* 现在是她第三次给我诉说她自己的苦难经历 **3.** REL【宗】; der Teil der Bibel, der vom Leiden u. Tod von Jesus Christus erzählt 耶稣受难记 ≈ Passion

Lei·dens·weg *der* ≈ Leidensgeschichte (1,3)

lei·der *Adv* (副) **1.** verwendet, um auszudrücken, dass man etw. bedauert, etw. schade findet 遗憾,可惜,惋惜 ↔ bedauerlicherweise ↔ glücklicherweise, zum Glück: *L. müssen wir unseren Ausflug verschieben, da unser Sohn krank ist* 真可惜,我们因为儿子生病不得不推迟外出旅行; *Ich habe l. vergessen, den Brief einzuwerfen* 糟糕,我忘记把信投入信箱了 **2.** ***l.*** (***ja***, ***nein***) verwendet als Antwort auf e-e Frage, wenn man etw. bedauert(表示遗憾的回答): *„Hast du diesen tollen Job bekommen?" – „L. nein"* "你得到这份好工作了吗?"——"可惜,没有" **3.** ***l. Gottes*** *gespr*[口] ≈ leider (1)

leid·ge·prüft *Adj*(形); *mst attr*, *nicht adv*(多作定语,不作状语); 〈ein Lehrer, e-e Mutter, ein Vater *usw* 老师,母亲,父亲等〉 so, dass sie (bei ihrer Tätigkeit) schon viel Ärger erlebt haben 受过磨难的,受过苦的,吃过苦头的

lei·di·g- *Adj*(形); *nur attr*, *nicht adv*(只作定语,不作状语) ≈ unangenehm 〈e-e Angelegenheit, ein Thema 事情,题目〉

leid·lich *Adj*(形) **1.** *mst attr*(多作定语); weder gut noch schlecht 不好不坏的,中不溜的,还可以的,一般的,中等的 ≈ mittelmäßig, durchschnittlich: *ein leidlicher Filmregisseur* 一位平平常常的电影导演; *leidliche Kenntnisse in der Grammatik haben* 有一般的语法知识 **2.** ***l. gut*** ≈ passabel: *Er spricht l. gut Schwedisch* 他瑞典语说得还可以

Leid·tra·gen·de *der/die*; *-n*, *-n*; j-d, der die unangenehmen Folgen von etw. ertragen muss 受害者,牺牲品: *Bei e-r Scheidung sind die Leidtragenden meistens die Kinder* 离婚的受害者通常是子女 ‖ NB(注意): *ein Leidtragender*; *der Leidtragende*; *den*, *dem*, *des Leidtragenden*

leid·tun; *tut leid*, *tat leid*, *hat leidgetan*; [Vi] (不及物) ***j-d / etw. tut j-m leid*** j-d/etw. wird von j-m bedauert (人/物作主语)使感到遗憾、惋惜、抱歉、难受: *Die armen Leute, die bei diesem Wetter arbeiten müssen, können einem wirklich l.!* 穷人们遇到这种天气还得干活,真叫人难受; *(Es) tut mir leid, ich wollte nicht stören* 我很抱歉,我本不想打扰; *Es tut mir echt leid, aber ich kann heute Abend nicht kommen* 我真感到遗憾,但我今晚不能去;

L

Es tut mir so leid, dass *ich das getan habe – verzeih mir bitte!* 我为我干的事感到抱歉——请原谅我！

Leid·we·sen *das*; *nur in* 只用于 ***zu j-s L.*** verwendet, um auszudrücken, dass j-d etw. bedauert 令…遗憾(惋惜) ≈ zu j-s Bedauern 〈zu meinem L. 令我遗憾的是；zum L. seiner Eltern 让他父母感到遗憾〉：*Zu seinem L. war das Theater bei der Premiere fast leer* 使他感到遗憾的是剧院首场演出时观众寥寥无几

Lei·er *die*; *-, -n*; *hist*［历］；(in der Antike) ein Musikinstrument mit Saiten 古琴 ‖ ID［谚］*mst* 多用 ***Das ist immer die gleiche / die alte / dieselbe L.!*** *gespr pej*［口］［贬］；das ist immer dasselbe (*bes* was j-d erzählt) 这都是老一套(陈谷子烂芝麻，陈词滥调)！

Lei·er·kas·ten *der*; *gespr*［口］≈ Drehorgel ‖ K-(复合)：***Leierkasten-, -mann***

lei·ern; *leierte*, *hat geleiert*; Vt/i (及物/不及物) (***etw.***) ***l.*** etw. schnell u. ohne Betonung sagen od. singen 单调平淡地说话或吟唱 ≈ herunterleiern 〈ein Gedicht, ein Lied l. 单调地诵读一首诗，平淡地吟唱一首歌〉

Leih·ar·bei·ter *der*; j-d, der in e-m Betrieb angestellt bleibt, während er für kurze Zeit in e-m anderen arbeitet 借调工 ‖ *hierzu* (派生) **Leih·ar·bei·te·rin** *die*; **Leih·ar·beit** *die*

lei·hen; *lieh*, *hat geliehen*; Vt (及物) **1. *j-m etw. l.*** j-m etw. für e-e bestimmte Zeit geben, damit er es (kostenlos) benutzen kann 借给，借出 ≈ verleihen ↔ sich etw. ausleihen, etw. borgen：*Ihr Vater lieh ihr das Auto* 她父亲把汽车借给了她；*Kannst du mir bis morgen zehn Euro l.?* 你能借给我十欧元吗？我明天还 ‖ K-(复合)：***Leih-, -bücherei, -gabe, -gebühr*** **2. *sich*** (*Dat* 三格) ***etw.*** (***von j-m***) ***l.*** j-n bitten, dass er einem etw. für e-e bestimmte Zeit gibt, damit man es (kostenlos) benutzen kann(向…)借来，借到 ≈ sich etw. ausleihen, sich etw. borgen：*Das Motorrad gehört ihm nicht – er hat es sich von seinem Freund geliehen* 这辆摩托车不是他的——他是向他朋友借来的；*Für den Ball habe ich mir e-n Frack geliehen* 我为这次舞会借了一身燕尾服

Leih·haus *das* ≈ Pfandhaus

Leih·mut·ter *die*; e-e Frau, die sich künstlich befruchten lässt, um für e-e andere Frau ein Kind auf die Welt zu bringen(替另一位妇女人工受精怀孕的)代孕母亲

Leih·wagen *der* ≈ Mietwagen

leih·wei·se *Adv*(副)；*mst in* 多用于 ***j-m etw. l. überlassen*** ≈ j-m etw. leihen (1)

Leim *der*; *-(e)s, -e*; ein Klebstoff, mit dem man *bes* Holz u. Papier klebt 胶水，胶〈L. auftragen 上胶；L. anrühren 调胶〉‖ -K(复合)：***Holz-*** ‖ ID［谚］***etw. geht aus dem L.*** *gespr*［口］；etw. fällt od. bricht auseinander 某物脱胶了，散(架)了，裂(缝)了：*Dieser Stuhl geht schon aus dem L.* 这张椅子散架了；***j-m auf den L. gehen / kriechen*** *gespr*［口］；sich von j-s Tricks täuschen lassen 上某人的当，受某人的骗 ≈ auf j-n hereinfallen

lei·men; *leimte*, *hat geleimt*; Vt (及物) **1. *etw. l.*** Teile e-s Gegenstandes aus Holz mit Leim zusammenkleben 胶合，把…胶上：*e-n kaputten Stuhl l.* 把一张散架的椅子胶上 **2. *j-n l.*** *gespr*［口］；durch Tricks bewirken, dass j-d e-e Wette, ein Spiel od. Geld verliert 让…上当、上钩、受骗

-lein *das*; *-s, -*; *sehr produktiv*, *bes lit od hum*(构词强) 尤用于［文］或［诙］；verwendet, um die Verkleinerungsform e-s Substantivs zu bilden (*mst* in Verbindung mit Umlaut des betonten Vokals)(表示名词的指小形式，重读元音变音) ≈ -chen：***Bäumlein, Blümlein, Häuslein, Hündlein, Kätzlein, Kindlein, Vöglein*** ‖ NB(注意)：nicht nach einsilbigen Substantiven auf *-l* (*Ball, Stuhl*) od. nach mehrsilbigen Substantiven auf *-le(n)* (*Bulle, Stollen*)(这一指小形式不加在带 -l 的单音节名词或带 -le(n) 的多音节名词后)

Lei·ne *die*; *-, -n* **1.** ein dünnes Seil, an das man *bes* die nasse Wäsche hängt, damit sie trocknet 绳子，绳〈Wäsche an die L. hängen 把衣服挂(晾)在绳子上〉‖ ↑ *Abb. unter* 图见 ***Schnur*** ‖ -K(复合)：***Wäsche-*** **2.** ein dünnes Band *mst* aus Leder, an dem man *bes* e-n Hund führt 皮带〈den Hund an die L. nehmen, an der L. führen 把狗系在皮带上牵着；dem Hund die L. abmachen 替狗解下皮带〉‖ ↑ *Abb. unter* 图见 ***Schnur*** ‖ ID［谚］***j-n an die L. legen***; ***j-n an e-r / der kurzen L. halten*** *gespr*［口］；j-m (*bes* im privaten Bereich) wenig Freiheiten lassen 把某人拴紧，限制某人，约束住某人；***Zieh L.!*** *gespr*［口］；verwendet, um j-m (unhöflich) zu sagen, dass er weggehen soll 滚开！走开！≈ hau ab!

Lei·nen *das*; *-s*; *nur Sg*(只用单数)；ein sehr fester u. glatter Stoff (aus Flachs) 亚麻布：*Die Tischdecke ist aus L.* 这块桌布是亚麻布做的；*ein in L. gebundenes Buch* 一本用亚麻布装帧的书 ‖ K-(复合)：***Leinen-, -einband, -garn, -gewebe, -tuch, -weber***

Lein·öl *das*; *nur Sg*;(只用单数) ein Öl, das aus Leinsamen gewonnen wird u. mit dem man auch Salate anmacht 亚麻籽油

Lein·sa·men *der*; der Samen des Flachses, der viel Öl enthält 亚麻籽 ‖ K-(复合)：***Leinsamen-, -brot***

Lein·tuch *das*; *-(e)s, Lein·tü·cher* ≈ Betttuch, Laken

Lein·wand *die* **1.** e-e große weiße Fläche, auf die man Filme u. Dias projiziert 银幕〈die L. aufstellen, abbauen 挂、卸银幕〉‖ -K(复合)：***Dia-, Film-, Kino-*** **2.** ≈ Kino (3)：*die Stars der L.* 影星 ‖ K-(复合)：***Leinwand-, -star*** **3.** e-e Fläche aus Leinen, auf die ein Maler malt 画布：*die Ölfarben auf e-e L. auftragen* 把油画颜料涂在一块画布上

lei·se *Adj*(形) **1.** so, dass man es kaum hört 小声的，低声的，轻轻的 ↔ laut〈Geräusche, Musik, e-e Stimme 杂音，音乐，声音〉：*Er öffnete ganz l. die Tür* 他很小心地把门打开；

Die Musik ist mir zu laut – *kannst du nicht das Radio etwas leiser stellen?* 音乐声太大——你能不能把收音机稍许开小一点?; *Wir müssen leiser sein, sonst wacht das Baby auf* 我们得小声些,要不宝宝会醒的 ‖ NB(注意): ↑ **still 2.** *nur attr od adv*(只作定语或状语); kaum vorhanden, nicht stark ausgeprägt — 点点的,微小的,轻微的 ≈ leicht[1] (3) ⟨e-e Hoffnung 希望; e-e Vermutung 猜测; ein Verdacht 怀疑⟩: *Er hatte nicht die leiseste Ahnung* (= wusste überhaupt nichts) *von unserem Plan* 他对我们的打算一无所知; *l.* (= ein bisschen) *lächeln* 微微一笑

Leis·te *die*; -, -*n* **1.** ein sehr schmales, dünnes u. *mst* langes Stück aus Holz, Metall od. Kunststoff, mit dem man *bes* Ränder bedeckt 板条,边,框,挡板 ‖ -K(复合): ***Holz-***, ***Kunststoff-***, ***Metall-***; ***Fußboden-*** **2.** eine der beiden Stellen am Körper des Menschen, an denen der Rumpf in den Oberschenkel übergeht 腹股沟,鼠蹊 ⟨sich die L. zerren 把腹股沟肌肉扭(拉)伤; an der L. operiert werden 在腹股沟动手术⟩ ‖ K-(复合): ***Leisten-***, ***-bruch***, ***-gegend***, ***-operation***, ***-zerrung***

leis·ten[1]; *leistete*, *hat geleistet*; [Vt] (及物) **1.** ***etw. l.*** etw. tun od. fertig machen, das *mst* viel Mühe kostet 努力完成,作出(成绩) ≈ vollbringen, schaffen ⟨gute, hervorragende, ganze Arbeit l. 作出有益的、优异的、全部的工作; viel, wenig l. 作出成绩很多、很少; nichts Besonderes l. 没有作出什么特别的成绩⟩: *Er hat in seinem Leben schon ziemlich viel geleistet* 他一生中已作出了相当多的成绩 ‖ NB(注意): *mst* im Perfekt(多用现在完成时)! **2.** ***etw. leistet etw.*** etw. hat die genannte Stärke(物作主语)功率为,产生…功率: *Der Elektromotor leistet 2000 Watt* 这台电动机功率为2000 瓦; *ein Automotor, der 120 PS leistet* 一台功率120 马力的汽车发动机 **3.** ***etw. l.*** *geschr*[书]; verwendet zusammen mit e-m Subst., um ein Verb zu umschreiben(与名词连用,改换动词的表达); ***j-m gute Dienste l.*** j-m gut dienen 帮某人大忙; ***j-m Ersatz l.*** j-m etw. ersetzen 给某人赔偿; ***j-m Gehorsam l.*** j-m gehorchen 听从某人; (***keinen***) ***Widerstand l.*** sich (nicht) widersetzen(不)反抗,违抗 **4.** (***den***) ***Wehrdienst l.*** als junger Mann e-e bestimmte Zeit lang in der Armee dienen 服兵役 **5.** ***Zivildienst l.*** (anstatt des Wehrdienstes) als junger Mann e-e bestimmte Zeit lang *bes* in e-m Krankenhaus od. e-m Heim für alte Leute arbeiten 服民役(代替兵役)

leis·ten[2], sich; *leistete sich*, *hat sich geleistet*; [Vt] (及物) **1.** ***sich*** (*Dat* 三格) ***etw. l.*** sich erlauben, etw. zu tun, was oft andere stört 故意做,擅自做 ≈ sich etw. herausnehmen ⟨sich e-e unverschämte Bemerkung, e-n üblen Scherz, e-n Fehler, e-n Schnitzer l. 故意发表无耻的看法,搞恶作剧,捅娄子,出纰漏⟩: *Er kann* (es) *sich nicht mehr l., zu spät zur Arbeit* zu *kommen* 他不会再无故太晚来上班 **2.** ***sich*** (*Dat* 三格) ***etw. l.*** etw. kaufen od. tun, um sich zu belohnen od. um sich e-e Freude zu machen(为犒劳自己或让自己高兴)买或做 ≈ sich etw. gönnen: *Nach der anstrengenden Arbeit haben wir uns erst mal e-e Pause geleistet* 紧张工作后我们才让自己休息了一会儿; *Als ich gestern in der Stadt war, leistete ich mir e-n Pullover* 昨天我在城里的时候给自己买了一件套头毛衣 **3.** ***sich*** (*Dat* 三格) ***etw. l. können*** genug Geld haben, um sich etw. zu kaufen 买得起,有钱购置: *Wir können uns dieses Jahr keinen Urlaub mehr l.* 今年我们已没有钱度假; *Ich kann es mir nicht mehr l., ein neues Auto* zu *kaufen* 我已买不起新车 ‖ NB(注意): kein Passiv(不用被动语态)!

Leis·tung *die*; -, -*en* **1.** der Prozess, bei dem j-d etw. leistet[1] (1) od. das Ergebnis dieser Arbeit 成绩,成就,成果,贡献 ⟨e-e gute, schwache, hervorragende L. 好的、微小的、杰出的成绩, e-e L. bieten, erbringen, erzielen, vollbringen, zeigen 提供、作出、获得、完成、展示成果; die L. steigern 提高成绩; von j-m e-e L. verlangen 要求某人作出贡献; j-n zu e-r L. treiben 督促某人干出成绩⟩: *Gauß vollbrachte großartige Leistungen im Bereich der Mathematik* 高斯在数学领域取得了卓越的成就; *Der Titelverteidiger zeigte e-e nur mäßige L. u. schaffte lediglich ein Unentschieden* 卫冕者表现平平,只打成平局 ‖ K-(复合): ***Leistungs-***, ***-abfall***, ***-anstieg***, ***-bereitschaft***, ***-bilanz***, ***-druck***, ***-niveau***, ***-steigerung***, ***-streben***, ***-test***, ***-vergleich***, ***-vermögen***, ***-wille***, ***-zwang***; ***leistungs-***, ***-bereit***, ***-fördernd***, ***-orientiert***, ***-steigernd***, ***-schwach***, ***-stark*** ‖ -K(复合): ***Arbeits-*** **2.** *nur Sg*(只用单数); die L. (1), die ein Organismus od. ein System normalerweise schafft 功效,效能,功能: *die enorme L. e-s Elektronenmikroskops* 一架电子显微镜的巨大功能; *die L. des menschlichen Gehirns* 人脑的功能 ‖ K-(复合): ***Leistungs-***, ***-fähigkeit***; ***leistungs-***, ***-fähig*** **3.** *mst Pl*(多用复数); *bes* die Summen Geld, die e-e Firma od. e-e Versicherung an j-n zahlt(公司或保险公司的)支出款项: *die Leistungen e-r Krankenkasse* 医保单位的支出款项; *die sozialen Leistungen e-s Betriebs, e-s Unternehmens* 企业、公司的公益金 ‖ -K(复合): ***Sozial-*** **4.** PHYS【物】; die Arbeit, die ein Gerät *o. Ä.* in e-r bestimmten Zeit erbringt 功率: *Das Auto bringt e-e L. von 76 Kilowatt* 这辆汽车产生的功率为 76 千瓦 ‖ -K(复合): ***Motoren-***

leis·tungs·be·zo·gen *Adj*(形); ⟨ein Gehalt, e-e Vergütung 薪金,补偿⟩ so, dass sie direkt von den Leistungen (1) des Betroffenen abhängen 与成绩相关的,与贡献挂钩的

Leis·tungs·ge·sell·schaft *die*; *nur Sg*(只用单数); e-e Gesellschaft, in der der Einzelne od. Gruppen nur an ihren Leistungen (1) gemessen werden 讲求效益的社会

Leis·tungs·sport *der*; professionell betriebener Sport, bei dem gute Leistungen (1) das Wichtigste sind 竞技运动 ↔ Breitensport

‖ -K(复合): ***Hoch-*** ‖ *hierzu*(派生) **Leis·tungs·sport·ler** *der*

Leit- *im Subst*, *wenig produktiv*(构成名词,构词弱) **1.** verwendet, um auszudrücken, dass sich j-d/etw. an der genannten Person/Sache orientiert 主导的、主要的、中心的、标准的…; das ***Leitbild***, die ***Leitfigur***, der ***Leitgedanke***, die ***Leitidee***, der ***Leitsatz***, der ***Leitspruch***, die ***Leitwährung***, der ***Leitzins*** **2.** verwendet, um auszudrücken, dass ein Tier in e-r Gruppe den höchsten Rang hat u. diese anführt 领头的,带头的; der ***Leithammel***, der ***Leithengst***, der ***Leithirsch***, der ***Leithund***, das ***Leittier***, der ***Leitwolf***

Leit·ar·ti·kel *der*; *-s*, *-*; der Artikel *mst* in e-r Zeitung, der die Meinung der Redaktion *o.Ä.* zu e-m wichtigen aktuellen Thema od. Ereignis wiedergibt 社论 ‖ *hierzu*(派生) **Leit·ar·tik·ler** *der*; *-s*, *-*

lei·ten; *leitete*, *hat geleitet*; [Vt](及物) **1.** ***j-n/etw. l.*** die Tätigkeit e-r Gruppe von Menschen beeinflussen u. dafür verantwortlich sein 领导,主持,管理 ≈ führen (8), j-m/etw. vorstehen 〈e-n Betrieb, ein Unternehmen, e-e Firma l. 领导工厂、企业、公司; e-e Versammlung, e-e Sitzung, e-e Diskussion, e-e Debatte l. 主持大会、会议、讨论会、辩论会; ein Orchester, e-n Chor l. 领导交响乐团、合唱队〉 **2.** ***etw. irgendwohin l.*** bewirken, dass etw. (*bes* e-e Flüssigkeit) an e-n Ort kommt 把…导向,把…引入: *das Regenwasser in ein Becken l.* 把雨水引入蓄水池; *den Verkehr in e-e andere Richtung l.* 把交通疏导到另一个方向去 **3.** ***j-n irgendwohin l.*** mit j-m irgendwohin gehen, um ihm den Weg zu zeigen 把…带入、领进 ≈ geleiten, führen (1): *e-n Gast in sein Zimmer l.* 将客人领进房间 **4.** ***sich*** (*Akk* 四格) ***von etw. l. lassen*** sich bei e-r Entscheidung von etw. beeinflussen lassen 接受…指导,按…行事: *sich bei e-m Entschluss von finanziellen Erwägungen l. lassen* 在做决定时要权衡经济状况; [Vt/i](及物/不及物) **5.** ***etw. leitet*** (***etw.***) etw. transportiert Wärme od. elektrische u. akustische Schwingungen weiter (物作主语)传导,导〈etw. leitet die Wärme, den Strom, den Schall 某物导热、导电、传声〉: *Metalle leiten den elektrischen Strom* 金属导电; *Wasser leitet den Schall* 水传声; *Kupfer leitet besonders gut* 铜导电性能特别好 ‖ K-(复合): ***Leit-***, ***-fähigkeit***

lei·tend 1 *Partizip Präsens*(现在分词); ↑ ***leiten*** **2.** *Adj*(形); *nur attr*, *nicht adv*(只作定语,不作状语); (in e-m Betrieb) verantwortlich für die Tätigkeit e-r Gruppe von Menschen 领导的,指导的,主管的,负责任的〈ein Angestellter, ein Ingenieur 职员,工程师; e-e leitende Stellung haben 担任领导工作〉 **3.** *Adj*(形); so, dass etw. dabei geleitet (5) wird 传导的,导电的〈leitende Metalle 导电金属〉

Lei·ter¹ *der*; *-s*, *-* **1.** j-d, der e-e Gruppe von Menschen leitet (1) 领导人,负责人,主管人 ≈ Verantwortliche(r), Chef 〈der L. e-s Betriebs, e-r Filiale, e-s Unternehmens, e-r Firma 工厂、分行、企业、公司的领导; der L. e-r Sitzung, e-r Diskussion 会议、讨论会的主持人; der L. e-s Chors 合唱团团长〉 ‖ -K(复合): ***Abteilungs-***, ***Betriebs-***, ***Expeditions-***, ***Filial-***, ***Firmen-***, ***Heim-***, ***Chor-***, ***Diskussions-***, ***Kurs-***, ***Sitzungs-*** **2.** *bes* ein Metall, das elektrischen Strom leitet (5) 导体: *Kupfer ist ein guter L.* 铜是一种良导体 ‖ *zu* (义项) **1.** **Lei·te·rin** *die*; *-*, *-nen*

Lei·ter² *die*; *-*, *-n*; zwei lange parallele Stangen (Holme) aus Holz od. Metall, die durch mehrere kurze Stücke (Sprossen) miteinander verbunden sind u. mit deren Hilfe man irgendwo hinaufsteigen kann 梯子〈auf die L. steigen 爬梯子; auf der L. stehen 站在梯子上〉 ‖ K-(复合): ***Leiter-***, ***-holm***, ***-sprosse***

Leiter²

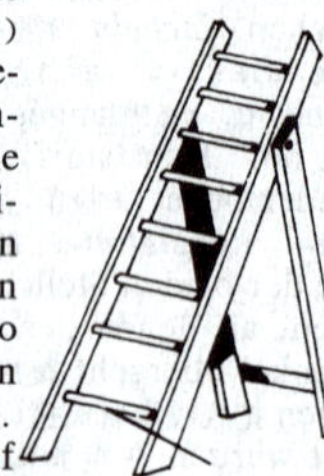

die Sprosse
横木

Leit·fa·den der; ein Buch *o.Ä.*, das ein Wissensgebiet für Laien beschreibt 入门(书),初级教程,简明手册

Leit·ham·mel *der* **1.** das männliche Schaf, das die Herde leitet 带头羊,领头羊, **2.** *gespr pej* [口][贬]; j-d, dem andere Menschen etw. nachmachen od. gehorchen, ohne nachzudenken 被人盲目追随者,领头的人

Leit·li·nie *die*; ein Gedanke od. ein Prinzip, die das Handeln bestimmen 指导思想,指导方针 ≈ Konzept: *die Leitlinien e-r Werbekampagne festlegen* 确定广告活动的指导方针

Leit·mo·tiv [-f] *das* **1.** MUS【音】; e-e Melodie, die in e-m musikalischen Werk (*z. B.* e-r Oper) immer dann gespielt wird, wenn dieselbe Person od. die gleiche Situation vorkommt 主旋律,主题 **2.** LIT【文学】; e-e Idee, ein Ausdruck od. e-e Handlung, die in e-m Roman, e-m Drama od. e-m Gedicht immer wieder vorkommen u. charakteristisch für das ganze Werk sind 中心思想,主题

Leit·plan·ke *die*; ein langer Streifen aus Metall od. Beton entlang e-r Straße, der Fahrzeuge aufhalten soll, die von der Fahrbahn abkommen(马路上的)安全栏,护栏,栏板〈gegen die L. prallen 冲上护栏〉

Leit·stel·le *die*; ein Ort od. ein Teil e-r Institution, von dem aus verschiedene Dinge koordiniert, gelenkt *o.Ä.* werden 指挥中心,调度中心,调度处 ≈ Zentrale: *die L. für Rettungsrufe*, *für Taxis* 呼救指挥中心、出租车调度中心 ‖ -K(复合): ***Rettungs-***

Lei·tung *die*; *-*, *-en* **1.** *nur Sg*(只用单数); die Funktion od. die Aufgabe, etw. zu leiten (1) 领导,管理,指挥,主持 ≈ Führung (2) 〈die

L. übernehmen 接管领导工作; j-m die L. anvertrauen, übergeben 把领导工作委托、让某人负责; j-n mit der L. beauftragen 委任某人负责领导; unter (der) L. von j-m在某人的领导下〉: *Ab dem 1 Januar übernimmt Herr Huber die L. der Firma* 自一月一日起胡伯先生接任公司领导; *Das Orchester spielt unter der L. von Sir Colin Davis* 交响乐团由科林·戴维斯先生指挥演奏; *j-n mit der L. der Diskussion beauftragen* 委托某人主持讨论会 ‖ -K(复合): ***Diskussions-*** **2.** *nur Sg*(只用单数); die Personen, die etw. leiten (1)领导人,领导层 ≈ Führung (3), Spitze[1] (5) ‖ -K(复合): ***Betriebs-***, ***Firmen-***, ***Unternehmens-***, ***Werks-*** **3.** ein Rohr od. ein System von Röhren, das Flüssigkeiten od. Gase irgendwohin leitet (2)管道,管线〈e-e L. legen, anzapfen 铺设、分接管道〉‖ K-(复合): ***Leitungs-***, ***-rohr***, ***-wasser*** ‖ -K(复合): ***Erdgas-***, ***Erdöl-***, ***Gas-***, ***Wasser-***; ***Rohr-*** **4.** Drähte od. Kabel, die elektrischen Strom leiten (5)导线,线路,电线〈e-e L. legen, ziehen 安、拉电线; e-e L. steht unter Strom 电线有电〉‖ K-(复合): ***Leitungs-***, ***-mast***, ***-netz*** ‖ -K(复合): ***Hochspannungs-***, ***Strom-*** **5.** das Kabel, das e-e telefonische Verbindung herstellt 电话线〈die L. ist frei, besetzt, unterbrochen, überlastet 电话线有空、占线、中断、太忙; es knackt in der L. 电话线里有杂音; e-e Störung in der L. 电话线里有干扰〉‖ K-(复合): ***Leitungs-***, ***-mast*** ‖ -K(复合): ***Telefon-*** ‖ ID[谚] ***e-e lange L. haben*** *gespr*[口]; etw. sehr langsam begreifen 理解迟缓,脑子反应不快; ***auf der L. stehen*** *gespr*[口]; etw. in der betreffenden Situation nicht sofort begreifen 呆,迟钝

Lek·ti·on [lɛkˈtsi̯oːn] *die*; -, *-en* **1.** ein inhaltlich zusammengehöriger Teil e-s Lehrbuchs 课,一课书〈e-e L. durchnehmen, behandeln 讲解、处理一课书〉: *L. 14 besteht aus e-m Lesestück, aus e-m Dialog u. aus grammatischen Übungen* 十四课有一篇阅读、一篇对话以及语法练习 **2.** etw., durch das man lernt, sich in Zukunft anders zu verhalten, *bes* e-e unangenehme Erfahrung, e-e Strafe od. ein Tadel 教训,警戒〈e-e bittere L. 惨痛的教训; j-m e-e L. (in Sachen ...) erteilen 教训某人,给某人上一课; e-e L. erhalten 得到教训; e-e L. begreifen, gelernt haben 领悟、接受了教训〉

Lek·tor *der*; *-s*, *Lek·to·ren* **1.** ein Angestellter in e-m Verlag, der Manuskripte beurteilt od. sie bearbeitet, bevor sie in Druck gehen 校对,审校,编辑(人员) **2.** j-d, der (beruflich) an e-r Universität Kurse *bes* in Sprachen od. Musik gibt (大学)教师〈ein Lektor für Spanisch, Russisch, Englisch *usw* 西班牙语、俄语、英语等教师〉‖ -K(复合): ***Englisch-***, ***Französisch-***, ***Italienisch-***, ***Russisch-***, ***Spanisch-*** ‖ *hierzu*(派生) **Lek·to·rin** *die*; -, *-nen*

Lek·to·rat *das*; *-(e)s*, *-e*; der Teil (die Abteilung) e-s Verlages, in dem die Lektoren (1) arbeiten 编辑室,审校室

Lek·tü·re *die*; -, *-n*; *mst Sg*(多用单数) **1.** etw. zum Lesen 阅读材料,读物 ≈ Lesestoff〈e-e spannende, unterhaltsame, amüsante, langweilige, humorvolle L. 一篇情节紧张的、轻松的、有趣的、无聊的、诙谐的读物〉: *sich zwei Romane als L. mit in den Urlaub nehmen* 带两本小说当读物去度假 ‖ -K(复合): ***Urlaubs-*** **2.** das Lesen *bes* im Unterricht 阅读课: *mit der L. von „Die Jungfrau von Orléans" beschäftigt sein* 在阅读课上学《奥尔良处女》这篇课文

Len·de *die*; -, *-n* **1.** der Teil des Körpers zwischen der Wirbelsäule u. der Hüfte 腰部 ‖ K-(复合): ***Lenden-***, ***-wirbel*** **2.** (bei Schwein u. Rind) das Fleisch aus der hinteren Gegend der Wirbelsäule 里脊肉,腰肉 ‖ K-(复合): ***Lenden-***, ***-braten***, ***-steak***, ***-stück*** ‖ -K(复合): ***Rinder-***, ***Schweine-***

Len·den·schurz *der*; *-es*, *-e*; ein Stück Fell od. Stoff, das die Genitalien u. das Gesäß bedeckt(下身)遮羞布,缠腰布 2

len·ken; *lenkte*, *hat gelenkt*; [Vt/i](及物/不及物) **1.** (***etw.***) ***l.*** die Richtung e-s Fahrzeugs bestimmen 驾驶,驾,开,操纵(方向),控制(方向盘) ≈ steuern〈ein Fahrzeug l. 驾驶机动车; e-n Bus, ein Auto, e-n Wagen, ein Fahrrad l. 驾驶公共汽车、小汽车、汽车,骑自行车〉: *Unser Sohn hat schon gelernt, (sein Fahrrad) mit einer Hand zu l.* 我们儿子已学会单手骑自行车; [Vt](及物) **2.** ***etw. auf j-n / etw. l.*** bewirken, dass sich ein Gespräch od. j-s Aufmerksamkeit auf etw. (anderes) konzentriert 把…引向、转移到 ≈ etw. auf etw. richten: *den Verdacht auf e-n Unschuldigen l.* 把怀疑引向无辜者; *versuchen, das Gespräch auf ein anderes Thema zu l.* 试图将谈话转到另一个话题上去; *j-s Aufmerksamkeit auf wichtige Details l.* 把某人的注意力引向重要的细节上去 **3.** ***etw. l.*** die Entwicklung e-r Sache bestimmen 控制,驾驭,左右(事态发展) ≈ führen (8)〈die Verhandlungen, e-e Debatte 谈判,辩论; die Wirtschaft, den Staat l. 控制经济、国家〉‖ *zu*(义项)**1.** u. **3.** **lenk·bar** *Adj*(形); *nicht adv*(不作状语)

Len·ker *der*; *-s*, - **1.** die Stange am Fahrrad od. Motorrad, mit der man das Fahrzeug lenkt (1)(自行车、摩托车的)把手,操纵杆 ≈ Lenkstange ‖ ↑ *Abb. unter* 图见 ***Fahrrad*** ‖ -K(复合): ***Fahrrad-*** **2.** Ⓐ Ⓒⓗ [奥][瑞] der Fahrer e-s Autos od. Motorrads 驾驶员,司机

Lenk·rad *das*; e-e Art Rad, mit dem man ein Auto, e-n Bus od. e-n Lastwagen lenkt (1) 驾驶盘,操纵盘,方向盘 ≈ Steuerrad, Steuer

Lenk·stan·ge *die* ≈ Lenker (1)

Len·kung *die*; -, *-en* **1.** *nur Sg*(只用单数); das Bestimmen e-r Entwicklung 控制,驾驭,左右: *die L. der Wirtschaft durch den Staat* 由国家控制经济 **2.** alle Teile, die zum Lenken e-s Fahrzeugs nötig sind 转向装置,操纵系统: *e-n Schaden in der L. haben* 操纵系统有毛病; *Die*

L. geht schwer 转向装置运转不灵

Lenz *der*; *es*, *-e* **1.** *nur Sg*, *veraltend*, *lit*(只用单数)[渐旧][文] ≈ Frühling **2.** *hum*, *nur Pl* [诙](只用复数) ≈ Lebensjahre: *Sie ist gerade 17 Lenze jung* 她妙龄 17 ‖ ID[谚] ***sich*** (*Dat* 三格) ***e-n faulen / schönen L. machen*** *gespr pej* [口][贬]; wenig arbeiten od. e-e angenehme, leichte Arbeit haben 干活懒散,磨洋工

Le.o.pard [leo-] *der*; *-en*, *-en*; ein großes Tier (e-e Raubkatze) mit e-m gelblichen Fell mit runden schwarzen Flecken (das *bes* in Asien u. Afrika lebt)豹 ‖ ↑ *Abb. unter* 图见 ***Raubkatzen*** ‖ K-(复合): ***Leoparden-, -fell*** ‖ NB(注意): *der Leopard*; *den*, *dem*, *des Leoparden*

Lep.ra *die*; -; *nur Sg*(只用单数); e-e tropische (Infektions)Krankheit, bei der die Haut zerstört wird u. Finger od. Zehen abfallen können 麻疯病 ≈ Aussatz 〈L. haben 患麻疯病〉 ‖ K-(复合): ***lepra-, -krank*** ‖ *hierzu*(派生) **lep.rös** *Adj*(形)

-ler *der*; *-s*, -; *im Subst*, *sehr produktiv*(构成名词,构词强) **1.** *-ler* bezeichnet j-n, der etw. Bestimmtes tut od. sich damit beschäftigt (表示从事某种工作的人); ***Altsprachler***, ***Arbeitsrechtler***, ***Künstler***, ***Sportler***, ***Völkerkundler***, ***Wissenschaftler*** **2.** *-ler* bezeichnet j-n, der zu e-r Gruppe, e-r Kategorie od. e-m Gebiet gehört(表示某一团体、范畴、领域的人); ***CDUler***, ***FKKler***, ***Nordstaatler***, ***Ruheständler***, ***SPDler***, ***Viertklässler***, ***Westler***, ***Zuchthäusler*** **3.** *-ler* bezeichnet e-n Menschen, ein Tier od. e-e Sache, die etw. Bestimmtes haben(表示有某种特征的人、动物或物体); ***Frontantriebler*** (ein Auto mit Frontantrieb 前轴驱动的汽车), ***Tausendfüßler*** (ein Tier mit vielen Füßen 千足虫), ***Vierflügler*** (ein Insekt mit vier Flügeln 四翅昆虫)

Ler.che *die*; -, *-n*; ein kleiner bräunlicher (Sing)Vogel, der steil in die Höhe fliegen kann 云雀 〈die L. trillert, jubiliert 云雀在啼鸣、欢唱〉

lern.be.hin.dert *Adj*(形); *ohne Steigerung*, *nicht adv*(无变级,不作状语); 〈ein Kind, ein Schüler 孩子, 学生〉 so, dass sie große Schwierigkeiten haben, den Unterrichtsstoff der (Grund)Schule zu lernen 有学习障碍的: *Lernbehinderte Kinder erhalten in der Sonderschule e-e besondere Förderung* 有学习障碍的孩子在特殊学校能得到特殊的帮助 ‖ *hierzu*(派生) **Lern.be.hin.de.rung** *die*

ler.nen; *lernte*, *hat gelernt*; [Vt](及物) **1.** (***von j-m***) ***etw. l.*** durch Erfahrung sein Verhalten ändern 学, 学会(品德) 〈Pünktlichkeit, Verlässlichkeit, Anstand, Sauberkeit l. 学会准时、信赖、礼貌、整洁〉: *Er hat nie gelernt, pünktlich zu sein* 他从来没有学会准时; *Sie hat sehr schnell gelernt, wie man sich im Beruf verhalten muss* 她很快就学会在工作中该如何待人接物 ‖ K-(复合): ***Lern-, -fähigkeit, -prozess***; ***lern-, -fähig*** **2.** ***e-n Beruf l.*** e-e Ausbildung für e-n Beruf machen 接受职业培训 ≈ in die Lehre gehen, e-e Lehre machen 〈Bäcker, Schreiner, Maurer, Bankkaufmann l. 学当面包师、木工、泥瓦工、银行职员〉: „*Ich glaube, Paul hat Maler gelernt*"“我以为保罗学当画家了”; [Vt/i](及物/不及物) **3.** (***etw.***) ***l.*** ein besonderes Wissen erwerben, so dass man etw. beherrscht 学习,学会(知识) ↔ verlernen, vergessen 〈e-e Fremdsprache, Vokabeln l. 学习外语、词汇; Auto fahren, Rad fahren, Ski fahren, schwimmen, tauchen, kochen l. 学开车、骑车、滑雪、游泳、潜水、做饭〉: *Sie lernt Spanisch an der Volkshochschule* 她在业余大学学西班牙语; *Er sitzt ständig in seinem Zimmer u. lernt* 他常常坐在自己房间里学习; *Sie lernt gerade, wie man e-n Computer bedient* 她正在学习如何使用电脑 ‖ K-(复合): ***Lern-, -begierde, -eifer, -stoff***; ***lern-, -begierig, -eifrig*** **4.** (***etw.***) ***auswendig l.*** etw. so lernen, dass man es aus dem Gedächtnis wiederholen kann 背诵,熟记 〈ein Gedicht, ein Zitat auswendig l. 背会一首诗、一段引文〉: *Wir müssen das Gedicht bis morgen auswendig l.* 这首诗我们明天必须背诵出来 **5.** (***etw.***) ***aus etw. l.*** aufgrund bestimmter Erfahrungen sein Verhalten ändern 从…习得、借鉴、学到 ≈ e-e Lehre aus etw. ziehen 〈aus der Erfahrung, aus Fehlern, aus der Geschichte l. 从经验中、从错误中、从历史中学习〉: *Ich habe aus dieser Geschichte gelernt*, dass *ich mich nicht auf mein Glück verlassen sollte* 从这段历史中我学会了不该相信自己的运气 ‖ *zu* (义项) **1.** u. **3. lern.bar** *Adj*(形); *mst präd*, *nicht adv*(多作表语,不作状语) ‖ *zu* (义项) **3. Ler.ner** *der*; *-s*, - ‖ NB(注意): In der gesprochenen Sprache kommt oft die Form *j-m etw. lernen* vor. Es müsste jedoch heißen *j-n etw. lehren* od. *j-m etw. beibringen*(口语中常见的形式j-m etw. lernen 理应是j-n etw. lehren od j-m etw. beibringen 教或传授某人某事); ↑ ***lehren*** (1)

les.bar *Adj*(形) **1.** so, dass man es (gut) lesen kann 可读认的,易于辨认的 ↔ unleserlich 〈j-s Handschrift, e-e Inschrift 某人的笔迹,铭文〉 **2.** in (leicht) verständlicher Sprache geschrieben(文字)简明的,易懂的 ≈ verständlich ↔ unlesbar: *ein gut lesbarer Aufsatz* 一篇通俗易懂的作文 ‖ *hierzu* (派生) **Les.bar.keit** *die*; *nur Sg*(只用单数)

les.bisch *Adj*(形); (von Frauen) mit homosexuellen Neigungen (女的)有同性恋倾向的,搞同性恋的〈e-e Frau 女人; lesbische Liebe 同性恋情〉 ‖ *hierzu*(派生) **Les.be** *die*; -, *-n*; *gespr* [口]; **Les.bi.e.rin** [-biə-] *die*; -, *-nen*

Le.se *die*; -, *-n*; die Ernte der Weintrauben 收获(葡萄) ‖ -K(复合): ***Wein-***

Le.se.buch *das*; ein Buch für Schüler mit Gedichten, Geschichten u. Ausschnitten aus längeren Texten 读本

Le.se.ge.schützt *Adj* (形); *nicht adv*, INFORM (不作状语)【信息】; 〈e-e Datei, ein Programm 数据,程序〉 so, dass man sie nur öffnen /lesen kann, wenn man zuerst ein

Passwort eingibt 阅读保护的

Le.se.hil.fe *die*；ADM *geschr*【管理】［书］≈ Brille

le.sen[1]；*liest*，*las*，*hat gelesen*；**Vt/i**（及物/不及物）**1.**（**etw.**）**l.** etw. Geschriebenes ansehen u. seinen Inhalt erfassen 读，阅读〈e-n Text，ein Buch，e-n Roman，e-e Geschichte，die Zeitung，e-e Zeitschrift l. 阅读文章、书、小说、故事、报纸、杂志；etw. genau，gründlich，flüchtig l. 仔细、认真、马虎阅读〉：*Er liest jeden Tag vor dem Frühstück die Zeitung* 他每天早饭前读报；*Nach drei Monaten Schule konnte sie schon l.* 上了三个月的学她就能看书了；*Ich habe in e-r Zeitschrift gelesen*，dass *immer mehr Tierarten aussterben* 我在杂志上看到，愈来愈多的动物种类在灭绝；*j-s Handschrift nicht l. können* 认不出某人的笔迹 ‖ K-（复合）：**Lese-**，**-brille**，**-gerät**，**-lampe**，**-lupe**，**-saal**，**-stoff**，**-zimmer** **2.**（**etw.**）**l.** e-n Text l.[1]（1）u. dabei laut sprechen 朗读 ≈ vorlesen，ablesen：*ein Drama mit verteilten Rollen l.* 分角色朗读剧本 ‖ K-（复合）：**Lese-**，**-abend**，**-stück**，**-übung**；**Vt**（及物）**3. die Messe l.** als Priester die Messe feiern，zelebrieren 做弥撒 **4. etw. l.** Noten ansehen u. daraus die Melodie erkennen 读认、识（乐谱）〈Noten，die Partitur l. 读认乐谱、总乐谱〉：*Obwohl er keine Noten l. kann*，*spielt er ausgezeichnet Trompete* 虽然他不会认乐谱，但他喇叭吹得很棒；**Vi**（不及物）**5. irgendwo l.** als Professor an e-r Universität lehren（= Vorlesungen halten）（在大学）授课，讲授：*Er liest an der Hamburger Universität* 他在汉堡大学教课 **6. j-m aus der Hand l.** die Linien in j-s Hand betrachten u. dadurch j-m die Zukunft vorhersagen 给某人看手相：*Die Zigeunerin las ihm aus der Hand* 这位吉卜赛女郎给他看手相；**Vr**（反身）**7. etw. liest sich irgendwie** etw. ist in der genannten Weise geschrieben（物作主语）读起来…，写得…〈etw. liest sich gut，flüssig，interessant 某事写得好、流畅、有趣〉：*Dieser neue Kriminalroman liest sich sehr interessant* 这本新的侦探小说读起来很有意思

le.sen[2]；*liest*，*las*，*hat gelesen*；**Vt**（及物）**1. etw. l.** die Früchte einzeln von der Pflanze abnehmen u. sammeln 采摘，采，摘，摘取，拾〈Trauben，Wein，Ähren l. 采摘葡萄，拾穗〉**2. etw. l.** etw.（*bes* Früchte）einzeln in die Hand nehmen u. die Schlechten von den Guten trennen 挑选，选出，拣出 ≈ aussortieren〈Rosinen，Mandeln，Erbsen l. 挑葡萄干、杏仁、豌豆〉

Le.ser *der*；*-s*，- **1.** j-d，der gerade etw. liest 读者，阅读者：*Der L. wird in dem Zeitungsartikel mehrere Male direkt angesprochen* 报纸上多次直接提到这位读者 **2.** j-d，der etw. regelmäßig liest 长期读者〈ein jugendlicher，erwachsener，kritischer，aufmerksamer，unbedarfter L. 年轻的、成年的、批判性的、认真的、幼稚的读者〉：*die Leser e-r Tageszeitung* 一家日报的长期读者 ‖ K-（复合）：**Leser-**，**-umfrage**，**-wunsch**，**-zuschrift** ‖ -K（复合）：**Zeitschriften-**，**Zeitungs-** ‖ *hierzu*（派生）**Le.se.rin** *die*；-，*-nen*

Le.se.rat.te *die*；*gespr hum*［口］［诙］；j-d，der sehr gerne u. sehr viel liest 读书迷

Le.ser.brief *der*；ein Brief e-s Lesers（2）an den Autor e-s Textes od. an e-e Zeitung 读者来信〈e-n L. abdrucken，veröffentlichen，einschicken 刊登、发表、投寄一封读者来信〉

le.ser.lich *Adj*（形）；so deutlich，dass man es gut lesen kann 字迹清楚的，易读认的 ↔ unleserlich〈j-s Handschrift 某人的笔迹〉‖ *hierzu*（派生）**Le.ser.lich.keit** *die*；*nur Sg*（只用单数）

Le.sung *die*；-，*-en* **1.** e-e Veranstaltung，bei der *mst* ein Autor e-n Teil seines Werkes vorliest 朗读（作品），朗诵（会）‖ -K（复合）：**Dichter-** **2.** e-e Sitzung des Parlaments，auf der man über ein Gesetz diskutiert（议会对法律草案的）宣读〈die erste，zweite L. e-s Gesetzentwurfs 一项法律草案的初读、二读〉**3.** REL【宗】；der Teil des Gottesdienstes，in dem ein Stück aus der Bibel vorgelesen wird（做礼拜时）朗诵圣经

Le.thar.gie *die*；-；*nur Sg*（只用单数）；ein Zustand，in dem man keine Energie hat u. sich für nichts interessiert 没精打采，萎靡不振，意志消沉 ≈ Teilnahmslosigkeit〈in L. verfallen，versinken 陷入、沉溺于萎靡不振的状态；nicht mehr aus seiner L. herausfinden 意志消沉不能自拔〉‖ *hierzu*（派生）**le.thar.gisch** *Adj*（形）

Let.ter *die*；-，*-n*；ein gedruckter Buchstabe 印刷字母

Letzt *nur in* 只用于 **zu guter L.** verwendet，um auszudrücken，dass etw. zum Schluss doch noch e-e positive Wende nimmt 最后，终究（会有良好的转机）：*Zu guter L. habe ich den Job doch noch bekommen* 终于我还是得到了这份工作

letz.t- *Adj*（形）；*nur attr*，*nicht adv*（只作定语，不作状语）**1.** so，dass es ganz am Ende e-r Reihenfolge kommt 最后的，末尾的 ↔ erst-：*„Z" ist der letzte Buchstabe des deutschen Alphabets* "Z"是德语字母表中最后一个字母；*Silvester ist der letzte Tag des Jahres* 除夕是一年最后一天；*als Letzter ins Ziel kommen* 最后一名到终点；*Die letzten Tage unseres Urlaubs waren besonders schön* 假期最后几天特别带劲 **2.** direk vor dem jetzigen Zeitpunkt 最近的，刚过去的，上一次的 ≈ vorig- ↔ nächst-：*Letzte Woche war es sehr warm* 上周天气真暖和；*Wo hast du letztes Jahr deine Ferien verbracht?* 去年你是在哪里度的假？；*Wann haben wir uns das letzte/zum letzten Mal gesehen?* 最近一次我们是什么时候见的面？**3.** am Ende als Rest übrig geblieben 最后剩余的：*Das ist der letzte Rest von unserem Kuchen* 这是我们最后剩下的一些点心；*seine letzten Kräfte，Reserven mobilisieren* 使出最后一点力气，动用最后一点储备 **4. in letzter Zeit / in der letzten Zeit** in dem Zeitraum direkt vor dem jetzigen Zeitpunkt 最近，近来：*Sie hat sich in letzter Zeit sehr* *verändert* 她近来改变很大 ‖ NB(注意): **a)** um *l.* zu verstärken, verwendet man *allerletzt-* (为强调语义,可使用 allerletzt-); **b)** ↑ ***Augenblick*** ‖ ▶ ***zuletzt***

Letz·te *mst in* 多用于 **1. *j-m das L. abverlangen*; *das L. aus j-m herausholen*** die beste Leistung von j-m verlangen 要求某人作出最好成绩 **2. *sein Letztes geben*** seine ganze Kraft u. Energie in etw. stecken 竭力,全力以赴,不遗余力 **3.** *mst* 多用 ***Das ist doch das L.!*** *gespr pej*[口][贬]; verwendet, um ein sehr negatives Urteil abzugeben 这确实糟透了!: *Diese Fernsehsendung war doch wirklich das L.!* 这个电视节目的的确确糟透了! **4. *bis ins L.*** sehr gründlich 彻底的,完全的,细枝末节的 ↔ oberflächlich: *j-m e-n Unfall bis ins L. schildern* 向某人从头到尾描述一次事故

letzt·end·lich *Adv*(副) ≈ letztlich, letzten Endes

Letz·te·re *der / die*; *-n*, *-n*; von zwei Personen od. Sachen diejenige, die man zuletzt genannt hat 后者 ↔ Erstere: *Verona u. Florenz sind sehr schöne Städte — Letztere bietet dem Touristen viel an Kultur* 维罗纳和佛罗伦萨是极美丽的城市——后者有许多文化景点可供游览 ‖ NB(注意): Letzterer, der Letztere; den, dem, des Letzteren

letzt·jäh·ri·g- *Adj*(形); *nur attr*, *nicht adv*(只作定语,不作状语); aus dem od. vom letzten (2) Jahr 去年的 ≈ vorjährig ⟨ein Modell 模型⟩: *die letztjährige Tour de France* 去年环法自行车赛

letzt·lich *Adv*(副); wenn man darüber genau nachdenkt 仔细一琢磨,毕竟,终归: *Der Plan wirkt auf den ersten Blick ganz interessant, aber l. halte ich ihn für undurchführbar* 初一看这计划很有意思,但仔细一琢磨我看它难以实现

letzt·ma·lig *Adj*(形); *nur attr od adv*(只作定语或状语); zum letzten (1) Mal 最后一次的 ↔ erstmalig

letzt·mög·li·ch- *Adj*(形); *nur attr*, *nicht adv* (只作定语,不作状语); ⟨ein Termin, ein Zeitpunkt 期限,时刻⟩ so, dass sie die letzte (1) Möglichkeit sind 最后可能的 ↔ erstmöglich: *sich zum letztmöglichen Termin e-e Karte fürs Konzert kaufen* 在最后一刻买到一张音乐会的票

Leuch·te *die*; *-*, *-n* **1.** ≈ Lampe: *e-e L. am Schreibtisch befestigen* 把灯固定在写字台上 ‖ ↑ *Abb. unter* 图见 ***Fahrrad*** ‖ -K(复合): ***Decken-*** **2.** *mst* 多用 ***Er / Sie ist keine große L.*** *gespr*[口]; er/sie ist (auf e-m Gebiet) nicht besonders gut 他/她(在某一领域)不是尖子(出类拔萃的): *In Mathematik ist er keine große L.* 在数学方面他并不是尖子

leuch·ten; *leuchtete*, *hat geleuchtet*; [*Vi*](不及物) **1. *etw. leuchtet*** etw. verbreitet Licht (物作主语)发光,闪耀,闪光 ≈ etw. strahlt, scheint ⟨e-e Lampe, e-e Leuchte, e-e Laterne 灯,烛,灯笼; ein Stern, der Mond 星星,月亮; e-e Farbe 颜色⟩: *Phosphor leuchtet bei Dunkelheit* 磷在黑暗中闪光; *In der Ferne sah er ein Licht l.* 他看见远方有一盏灯光在闪烁 ‖ K-(复合): ***Leucht-***, ***-buchstabe***, ***-farbe***, ***-feuer***, ***-kraft***, ***-rakete***, ***-schrift*** **2.** *mst* 多用 ***j-s Augen leuchten*** j-s Augen drücken Freude aus 某人的眼睛闪闪发光 ≈ j-s Augen glänzen (1): *Ihre Augen leuchteten vor Glück* 她两眼闪烁着幸福之光 **3. *irgendwohin l.*** den Lichtstrahl e-r Lampe irgendwohin richten 照,照亮: *j-m mit e-r Lampe ins Gesicht l.* 用灯照某人的脸

Leuch·ter *der*; *-s*, *-* **1.** e-e Lampe mit mehreren (Glüh)Birnen 多灯头灯 **2.** ein Gerät, auf das man mehrere Kerzen stecken kann 灯台,灯架 ⟨ein mehrarmiger L. 多杈灯架⟩ ‖ -K(复合): ***Kerzen-***

Leucht·re·kla·me *die*; e-e Reklame, bei der Buchstaben u. Figuren durch Neonlampen u. Glühbirnen leuchten 霓虹灯广告,灯光广告: *die L. am Piccadilly Circus in London* 伦敦皮卡迪利广场的灯光广告

Leucht·röh·re *die*; e-e Lampe in Form e-r Röhre, die mit Gas gefüllt ist. *Leuchtröhren verwendet man z. B.* für Leuchtreklame 荧光管,日光灯,放电管(作霓虹灯广告用)

leucht·stift *der* **1** ein Stift mit leuchtender Farbe, mit dem man Teile e-s Textes, die man für wichtig hält, markieren kann 荧光笔 ≈ Textmarker **2.** ein Kugelschreiber mit e-r kleinen Lampe, mit dem man im Dunkeln schreiben kann 小灯笔(带灯可在黑暗中写字的圆珠笔)

Leucht·turm *der*; ein Turm an der Küste, an dessen Lichtsignalen sich Schiffe orientieren können 灯塔

leug·nen; *leugnete*, *hat geleugnet*; [*Vt/i*] (及物/不及物) **1. (*etw.*) *l.*** sagen, dass das, was ein anderer von einem behauptet, nicht wahr ist 否认,不承认 ≈ abstreiten, etw. von sich weisen ↔ zugeben, eingestehen ⟨e-e Tat, ein Verbrechen l. 否认某行为、罪行; hartnäckig l. 死不承认,矢口否认⟩: *Er leugnete, dass er an dem Banküberfall beteiligt war* 他否认参与银行抢劫; [*Vt*](及物) **2. *etw. l.*** sagen, dass etw. nicht wahr ist 否定 ↔ anerkennen: *Niemand hat je ihre Ehrlichkeit geleugnet* 谁也没有否定她的诚实; *Ich kann nicht l., dass ich auch Popmusik mag* 我不能否定我也喜欢流行音乐 ‖ NB(注意): *mst* verneint(多用否定)! ‖ *hierzu*(派生) **Leugnung** *die*; *nur Sg*(只用单数)

Leu·kä·mie *die*; *-*, *-n* [-ˈmiːən]; *mst Sg*, MED (多用单数)【医】; e-e gefährliche Krankheit, bei der sich die weißen Blutkörperchen zu stark vermehren 白血病 ≈ Blutkrebs ⟨an L. leiden, sterben 患、死于白血病⟩

Leu·mund *der*; *-(e)s*; *nur Sg*, *veraltend*(只用单数)[渐旧]; der Ruf (3), den j-d bei den Leuten hat (*bes* aufgrund seiner Lebensweise) 声誉,名声 ⟨e-n guten, schlechten L. haben 有个好、坏名声⟩

Leu·munds·zeug·nis *das*; *mst in* 多用于 ***j-m ein***

gutes / schlechtes L. ausstellen positive/negative Aussagen über j-s Charakter machen 给…出具一份品行端正/不端正的证明

Leu.te *die*; *Pl*(复) **1.** e-e Gruppe von Menschen(一群)人,人们: *Auf der Party waren lauter sympathische L.* 聚会上都是些志趣相投的人; *Auf dem Bahnsteig standen viele L. u. warteten auf den Zug* 站台上站着许多人都在等火车; *Die Brauerei beschäftigt mehr als 200 L.* 酿酒厂雇用200多人 **2.** ***die L.*** die Menschen in j-s Nachbarschaft od. Umgebung(邻近或周围的)人,人们,大家,邻里 ≈ die Mitmenschen: *Die L. werden bald über sie reden* 周围的人很快会议论她的 **3.** die Menschen, die für j-n (in e-m Team) arbeiten(为某人工作的)人,人手,手下人 ≈ Mitarbeiter: *Der Trainer stellt e-e neue Mannschaft aus vielen neuen Leuten zusammen* 教练组建一支由许多新手组成的新球队 **4.** ***unter (die) L. kommen*** *gespr* [口]; viele Kontakte zu anderen Menschen haben 常与人交往,结交频繁 **5.** ***vor allen Leuten*** in der Öffentlichkeit 在公众面前,在大庭广众之下〈j-n vor allen Leuten blamieren, bloßstellen, beschimpfen, demütigen 在公众面前使某人丢脸、出丑,辱骂、羞辱某人〉‖ ID [谚] *mst* 多用 ***Von jetzt an sind wir geschiedene L.!*** *gespr* [口]; ich will nichts mehr mit dir gemeinsam tun 从现在起我们分道扬镳 ‖ NB(注意): *Menschen* verwendet man, wenn man den menschlichen Aspekt der Individuen betonen will (*bes* im Gegensatz zu Tieren od. Sachen)(强调人的个性特征时用 Menschen): *Die Menschen rannten um ihr Leben* 人们为其生活而奔忙; mit *Leute* bezeichnet man e-e Gruppe, die man als Einheit (u. oft sich selbst gegenübergestellt) sieht (Leute 表示不加区分的一群人): *Ich lasse mir jetzt die Haare rot färben – mir ist egal, was die L. dazu sagen* 我现在把头发染红——我才不管别人怎么说; *Personen* ist die neutralste Bezeichnung, die *bes* dann verwendet wird, wenn es sich um e-e bestimmte Anzahl von Individuen handelt(Personen 是中性概念,表示一定数量的个体): *Hier ist Platz für 20 Personen* 这里有20个人的座位

-leu.te *die*; verwendet als Plural zu Wörtern auf *-mann* (用作基本词为 -mann 的复数); ***Bergleute, Fachleute, Feuerwehrleute, Geschäftsleute, Kameraleute, Kaufleute, Landsleute*** ‖ NB(注意): Andere Komposita auf *-mann* bilden den Plural mit/auf *-männer*, da sie sich ausschließlich auf Männer beziehen(其他以 -mann 结尾的复合词,其复数用 -männer): ***Weihnachtsmänner, Ehemänner***

Leut.nant *der*; *-s, -s*; MIL【军】; ein Offizier mit dem niedrigsten Rang 少尉

leut.se.lig *Adj* (形); freundlich u. gern mit anderen Menschen zusammen 平易近人的,待人和蔼的,和气的 ≈ umgänglich ↔ verschlossen ‖ *hierzu*(派生) **Leut.se.lig.keit** *die*; *nur Sg* (只用单数)

Le.vi.ten [-v-] *die*; *nur in* 只用于 ***j-m die L. lesen*** *veraltend* [渐旧] ≈ j-n tadeln, zurechtweisen

Le.xi.ko.gra.fie, Le.xi.ko.gra.phie [-ˈfiː] *die*; -; *nur Sg* (只用单数); das Schreiben von Wörterbüchern u. Lexika 词典编纂学,词典编纂法 ‖ *hierzu* (派生) **le.xi.ko.gra.fisch, le.xi.ko.gra.phisch** *Adj* (形); *nur attr od adv* (只作定语或状语)

Le.xi.kon *das*; *-s, Le.xi.ka* **1.** ein Buch mit Wörtern (Stichwörtern) in alphabetischer Reihenfolge, über die man sachliche Informationen findet 辞典, 词典〈ein enzyklopädisches L. 百科词典〉‖ -K(复合): ***Jugend-; Pflanzen-, Tier-*** **2.** *gespr* [口] ≈ Wörterbuch ‖ ID [谚] ***ein wandelndes L.*** *gespr*[口]; j-d, der ein großes Wissen hat 活词典,博古通今的人

Le.zi.thin *das*; *-s, -e*; *mst Sg*, CHEM, BIOL (多用单数)【化】【生】; e-e wichtige Substanz, die in allen Zellen des Körpers enthalten ist. L. als Medikament stärkt die Nerven u. steigert die Leistung 卵磷脂

-li (CH) [瑞] ↑ ***-lein***

Li.ai.son [liɛˈzõː] *die*; -, *-s*; *geschr veraltend* [书][渐旧] ≈ Liebesbeziehung, Liebschaft〈e-e L. mit j-m eingehen, haben 与某人私通、有男女关系〉

Li.a.ne *die*; -, *-n*; e-e (Schling)Pflanze, die *bes* in den Tropen wächst u. sich um Bäume wickelt 藤本植物

Li.bel.le *die*; -, *-n*; ein Insekt mit e-m langen, schlanken Körper mit bunten Farben u. vier Flügeln, das *bes* am Wasser lebt 蜻蜓

li.be.ral *Adj* (形) **1.**〈ein Vorgesetzter, ein Chef 首长,上司; e-e Gesinnung, e-e Haltung, e-e Einstellung 思想,态度,观念〉so, dass sie persönliche Freiheiten der Menschen kaum einschränken 自由的,宽容的,豁达大度的 **2.** mit den Prinzipien des Liberalismus (1) 自由主义的〈e-e Partei, e-e Fraktion 政党,党派; e-e Politik 政策; e-e Zeitung 报纸〉‖ *zu* (义项)1 **Li.be.ra.li.tät** *die*; *nur Sg* (只用单数); **li.be.ra.li.sie.ren** (*hat*) *Vt* (及物)

Li.be.ra.lis.mus *der*; -; *nur Sg* (只用单数) **1.** e-e politische Anschauung, die es für gut hält, wenn sich das Individuum in der Politik u. in der Gesellschaft frei entfalten kann 自由主义〈wirtschaftlicher, politischer L. 经济上、政治上的自由主义〉 **2.** e-e liberale (1) Einstellung 豁达大度,宽宏大量

Li.be.ro *der*; *-s, -s*; SPORT【体】; ein (Abwehr)Spieler beim Fußball, der sich nicht auf e-n bestimmten Gegner konzentriert, sondern je nach Verlauf des Spiels verschiedene Aufgaben übernimmt 自由人 ‖ ↑ *Abb. unter* 图见 ***Fußball***

Li.bi.do *die*; -; *nur Sg*, PSYCH (只用单数)【心】 ≈ Geschlechtstrieb

Lib.ret.to *das*; *-s, -s*; der Text e-r Oper, Operette *o. Ä.* od. ein Buch mit diesem Text 歌剧的歌词,脚本

-lich *im Adj*, *sehr produktiv* (构成形容词,构词

强〉**1.** *nach Verbstamm*（在动词词干后）；drückt aus, dass das, was im ersten Wortteil genannt wird, gemacht werden kann（表示所指行为是可能的）可（被）…的，能（被）…的；***begreiflich*** 〈ein Irrtum 误会〉（= so, dass er begriffen/verstanden werden kann）；***bestechlich*** 〈ein Polizist 警察〉，***erträglich*** 〈Schmerzen 疼痛〉，***verzeihlich*** 〈ein Fehler 错误〉**2.** *nach un-* + *Verbstamm*（在un+动词词干后）；drückt aus, dass das, was im ersten Wortteil genannt wird, nicht gemacht werden kann（表示所指行为是不可能的）不能（被）…的，难以（被）…的，无法（被）…的；***unauflöslich*** 〈e-e Verbindung 联系〉（= so, dass sie nicht aufgelöst werden kann）；***unbeschreiblich*** 〈Freude 高兴〉，***unerklärlich*** 〈ein Fehler 错误〉**3.** *nach Verbstamm od Subst*（在动词词干或名词后）；drückt aus, dass etw. die im ersten Wortteil genannte Wirkung hat od. verursacht（表示引起所指的效应）令人…的，使人…的；***abscheulich*** 〈ein Anblick 眼光〉（= so, dass er Abscheu hervorruft）；***ärgerlich*** 〈ein Missverständnis 误解〉，***bedrohlich*** 〈e-e Situation 局势〉**4.** *nach Subst*（在名词后）；in Bezug auf j-n/etw., zu j-m/etw. gehörig（表示相关或属性）与…有关的，在…方面的；***beruflich*** 〈Erfahrung 经验〉，***elterlich*** 〈das Haus 房屋〉，***fremdsprachlich*** 〈Unterricht 课〉，***kirchlich*** 〈Besitz 财产〉**5.** *nach Subst*（在名词后）；in der Art wie j-d/etw.（表示酷似的特征）像…的；***freundlich*** 〈ein Gruß 问候〉，***herbstlich*** 〈Wetter 天气〉，***kindlich*** 〈ein Gemüt 脾气〉，***väterlich*** 〈ein Freund 朋友〉**6.** *nach Subst*（在名词后）；mit/voll etw.（表示包含、充满）；***ängstlich*** 〈ein Blick 眼光〉，***glücklich*** 〈e-e Zeit 时间〉，***leidenschaftlich*** 〈Liebe 爱情〉，***schmerzlich*** 〈ein Verlust 损失〉**7.** *nach Subst od Adj*（在名词或形容词后）；mit e-r bestimmten Eigenschaft, in e-m bestimmten Zustand（表示具有某种特征、处于某种状态）；***fröhlich*** 〈Menschen 人〉，***jungfräulich*** 〈ein Mädchen 姑娘〉，***männlich*** 〈ein Kind 孩子〉，***ungeheuerlich*** 〈e-e Frechheit 放肆行为〉**8.** *nach Adj*（在形容词后）；verwendet, um ein Adj. abzuschwächen（表示形容词的词义弱化）显得有点…的，略带…的 ≈ fast, etwas；***ältlich*** 〈e-e Frau 女人〉，***gelblich*** 〈Haut 皮肤〉，***dümmlich*** 〈ein Grinsen 狞笑〉，***länglich*** 〈ein Gesicht 脸〉**9.** *nach Adj*（在形容词后）；in der Form so ähnlich wie das Adj., von dem es abgeleitet ist（表示外形与所指词义相似）；***länglich*** 〈ein Gesicht 脸〉，***rundlich*** 〈e-e Figur 身材〉**10.** *nach Zeitangabe*（在时间说明语后）；verwendet, um auszudrücken, dass sich etw. im genannten Abstand wiederholt（表示在所指的间隔内重复）每…的；***halbjährlich***，***stündlich***，***täglich***

licht *Adj*（形）**1.** *mst attr*（多作定语）；mit relativ großen Zwischenräumen 稀疏的，疏落的 ↔ dicht 〈ein Wald, ein Hain, das Unterholz 森林，小树丛，矮树丛；j-s Haare 某人的头发〉**2.** *nur attr, nicht adv*（只作定语，不作状语）；von e-r inneren Seite zur anderen inneren Seite gemessen 从（物体）内边测定的〈der Abstand 间距：die Höhe, die Breite, die Weite 高度，宽度，口径〉：*e-e Tür mit e-r lichten Höhe von 2 Metern* 内框高2米的一扇门 **3.** *mst attr, geschr*（多作定语）［书］≈ hell ↔ düster：*e-e lichte Wohnung* 一套明亮的住房；*am lichten Tag* 白天

Licht *das*；-(e)s, -er **1.** *nur Sg*（只用单数）；das, was die Umgebung od. e-n Körper hell macht 光 ≈ Helligkeit ↔ Dunkelheit, Schatten 〈helles, grelles, diffuses, wärmendes, schwaches, fahles, ultraviolettes L. 明亮的、刺眼的、散射的、暖人的、微弱的、惨淡的、紫外线的光；das L. blendet j-n, erhellt e-n Raum 这光刺某人的眼，把房间照亮；etw. gegen das L. halten 手持某物对着光〉：*Das L. der Sonne war so grell, dass sie sich die Augen zuhalten musste* 太阳光很刺眼，她不得不捂住眼睛；*Geh mir bitte aus dem L., ich sehe nichts mehr!* 请让开，别挡光，我什么都看不见了!；*E-e helle Wand reflektiert das L., e-e dunkle Wand absorbiert das L.* 浅色墙反光，深色墙吸光 ‖ K-(复合)：***Licht-***，***-brechung***，***-bündel***，***-einfall***，***-einstrahlung***，***-einwirkung***，***-filter***，***-intensität***，***-quelle***，***-reiz***，***-schein***，***-schimmer***，***-stärke***，***-strahl***，***-verhältnisse***，***-welle***；***licht-***，***-geschützt*** ‖ -K（复合）：***Kerzen-***，***Mond-***，***Sonnen-*** **2.** (***das***) ***L.*** *nur Sg*（只用单数）；das elektrisch erzeugte L. (1) 电源，电灯〈das L. anmachen, einschalten, anlassen, ausmachen, ausschalten, löschen 打开、接通、开着、关上、切断、熄灭电源或电灯；das L. brennt 灯亮着〉：*Ich sah, dass sie noch auf war, weil in ihrem Zimmer L. brannte* 我看她还醒着，因为她房间里的灯亮着 ‖ K-(复合)：***Licht-***，***-schalter***，***-strom*** **3.** *gespr*［口］≈ Lampe **4.** *nur Pl, Kollekt*（只用复数，集合）；die Lampen u. Glühbirnen, die leuchten 照明，灯光，灯火〈die Lichter der Großstadt 大城市的灯火；die Lichter e-s Dampfers 一艘轮船的照明〉‖ K-(复合)：***Lichter-***，***-glanz*** **5.** ***das ewige L.*** e-e Lampe (in e-r katholischen Kirche), die immer rot leuchtet, um die ständige Gegenwart von Jesus Christus anzuzeigen 长明灯 ‖ ID［谚］***j-n hinters L. führen*** j-n täuschen 迷惑（欺骗）某人；***etw. ans L. bringen*** etw. (bisher Verstecktes, Verborgenes) öffentlich bekannt machen 将某事公布于众，披露某事；***L. in etw.*** (*Akk* 四格) / ***ins Dunkel bringen*** etw. aufklären 阐明（澄清）某事；***j-n/etw. ins rechte L. setzen/rücken*** j-n/etw. so darstellen, dass man ihre Vorteile sieht 展露（突出）某人/某事的优点；***etw. wirft ein*** 〈positives, gutes, schlechtes 正面的，好的，坏的〉 ***L. auf j-n/etw.*** etw. hat die genannte Wirkung auf das Ansehen, den Ruf e-r Person/Sache 某事给某人/某事留下一个…名声，对某人/某事的名声起…作用；***j-m geht ein L. auf*** *gespr*［口］；j-d versteht plötzlich etw., das er vorher nicht verstanden hat 某人恍然大悟、茅塞顿开；***nicht gerade ein großes L. sein/kein großes L.***

sein *gespr*[口]；nicht sehr intelligent sein 并不是了不起的聪明人，并不是诸葛亮；**sein L. (nicht) unter den Scheffel stellen** *geschr*[书]；seine positiven Seiten od. Leistungen (nicht) verbergen 不露锋芒(锋芒毕露)；**das L. der Welt erblicken** *geschr*[书]；geboren werden 诞生，降生，出世 ≈ auf die Welt kommen

Licht·bild *das*；ADM *geschr*【管理】[书] ≈ Passbild

Licht·blick *der*；etw.，das j-n（*bes* in e-r schlechten Zeit）freut u. ihm Hoffnung macht(困难时刻的)光明，闪光点，欣慰：*E-e Eins in Sport war der einzige L. in seinem Zeugnis* 体育课一分是他毕业证书里唯一的闪光点

licht·emp·find·lich *Adj*(形) **1.** so，dass e-e chemische Reaktion abläuft，wenn Licht darauffällt 感光的 ↔ lichtunempfindlich 〈ein Film，Filmpapier 胶卷，相纸〉 **2.** so beschaffen，dass es von Licht schnell beschädigt wird od. auf Licht empfindlich reagiert 容易感光的，感光灵敏的，对光敏感的 〈Stoffe，die Haut，Augen 材料，皮肤，眼睛〉 ‖ *hierzu*(派生) **Licht·emp·find·lich·keit** *die*；*nur Sg*(只用单数)

lich·ten；*lichtete*，*hat gelichtet*；[Vt](及物) **1. den Anker l.** den Anker hochziehen，damit das Schiff abfahren kann 起锚，起航；[Vr](反身) **2. etw. lichtet sich** etw. wird immer weniger(物作主语)日益稀疏，渐渐疏散 ↔ etw. füllt sich 〈die Haare 头发；der Nebel 雾；die Reihen der Zuschauer 一排排的观众〉：*Gegen Ende des Spiels lichteten sich die Reihen der Zuschauer* 比赛接近尾声，观众变得稀疏了

Licht·ge·schwin·dig·keit *die*；*nur Sg*(只用单数)；die Geschwindigkeit，mit der sich Licht (im Vakuum) ausbreitet 光速

Licht·hu·pe *die*；ein Hebel，durch den man an e-m Auto die Scheinwerfer kurz aufleuchten lassen kann，*bes* um j-n zu warnen (汽车上的)闪光信号装置 〈die L. betätigen 按闪光信号〉

Licht·jahr *das*；die Distanz，die das Licht in einem Jahr zurücklegt 光年：*ein Stern*，*der 500 Lichtjahre von unserer Erde entfernt ist* 距地球 500 光年的一颗星

Licht·ma·schi·ne *die*；ein Gerät，das vom Motor e-s Autos *o. Ä.* angetrieben wird u. das den Strom für die elektrischen Geräte des Autos erzeugt(汽车上的)照明电机 ‖ NB (注意)：↑ **Dynamo**

Licht·or·gel *die*；mehrere bunte Lampen，die in e-r Diskothek *o. Ä.* im Rhythmus der Musik an- u. ausgehen(在娱乐场所内伴随音乐节奏的)彩色灯光设备

licht·scheu *Adj*(形) **1.** 〈ein Mensch，ein Tier 人，动物〉 so，dass sie Angst vor dem Licht haben 怕见光的，畏光的 **2.** *nur attr*，*nicht adv*，*pej*(只作定语，不作状语)[贬]；〈Gesindel，Elemente 流氓，坏分子〉 so，dass sie sich verstecken，weil sie bestraft werden würden，wenn man sie finden würde 不敢露面的，躲躲藏藏的，鬼鬼祟祟的，见不得天日的 ≈ verbrecherisch

Licht·schutz|fak·tor *der*；(oft mit e-r Zahl) verwendet，um anzugeben，wie sehr ein Sonnenöl od. e-e Sonnencreme die Haut schützt 光防护系数 〈ein hoher，niedriger L. 光防护系数高、低；L. 6 光防护系数 6〉

Licht·spiel *das*；*veraltend*[渐旧] ≈ Film [1] (2) ‖ K-(复合)：**Lichtspiel-**，**-haus**，**-theater**

Lich·tung *die*；-，*-en*；e-e Stelle im Wald，an der keine Bäume sind 林中空地

Lid *das*；*-(e)s*，*-er*；die (bewegliche) Haut，mit der man das Auge schließen kann 眼皮，眼睑 〈die Lider senken，aufschlagen 闭上、张开眼皮〉：*Am vorderen Rand des Lides befinden sich die Wimpern* 在眼皮边缘是睫毛 ‖ ↑ *Abb. unter* 图见 **Auge** ‖ -K(复合)：**Augen-**

Lid·schat·ten *der*；e-e Art Farbe，mit der *bes* Frauen die Lider schminken(画眼皮的)眼睑膏 〈L. auftragen，abschminken 涂抹、擦去眼睑膏〉

lieb *Adj*(形) **1. l.** (**zu j-m**) freundlich u. angenehm (im Verhalten)(待人)友好的，友善的，和蔼的 ≈ liebenswert，nett：*Der Junge aus der Nachbarschaft ist wirklich ein lieber Kerl* 邻居的男孩的确是一个待人和善的小伙子；*Ich fand es ganz l. von dir*，*dass du mir geholfen hast* 我觉得你真好，是你帮助了我；*Unser Nachbar ist sehr l. zu unseren Kindern* 我们邻居对我们的孩子很好 ‖ -K(复合)：**kinder-**，**tier-** **2.** *mst attr*(多作定语)；gern gesehen 受欢迎的，乐意见到的 ≈ willkommen ↔ unerwünscht 〈Gäste 客人〉 **3.** *nur attr*，*nicht adv*(只作定语，不作状语)；〈Worte，ein Brief 话语，信〉 so，dass sie Freundlichkeit od. Liebe zeigen 亲切的，友爱的，衷心的 ≈ liebevoll ↔ böse：*liebe Worte an j-n richten* 对某人说友好的话语；*liebe Grüße an j-n senden*，*ausrichten* 向某人致以、转达亲切的问候 **4.** *nur attr*，*nicht adv*(只作定语，不作状语)；verwendet，um Personen od. Dinge zu beschreiben，die man sehr schätzt od. liebt 亲爱的，敬爱的，敬重的；珍贵的 ≈ geliebt，teuer (4)，geschätzt 〈mein lieber Mann，meine liebe Frau，meine lieben Eltern，ein lieber Freund，ein liebes Andenken，der liebe Gott 我亲爱的丈夫、夫人、父母、朋友，一件珍贵的纪念品，敬爱的上帝〉 **5.** *nur attr*，*nicht adv*(只作定语，不作状语)；verwendet，um j-n，den man gut kennt，(in e-m Brief) anzureden(用于书信称谓) ≈ teuer：*Lieber Franz* 亲爱的弗朗茨；*Liebe Eltern* 亲爱的父母；*Liebe Oma* 亲爱的奶奶；*Mein lieber Freund* 我亲爱的朋友；*Liebe Frau Seeger* 亲爱的西格尔夫人 ‖ NB(注意)：↑ **geehrt**，**verehrt** **6. etw. wäre j-m l.** j-d hätte es gern，wenn etw. der Fall wäre(要是…)某人会很高兴的：*Es wäre mir l.*，*wenn du mir beim Abspülen helfen könntest* 要是你能帮我洗餐具，我会很高兴的 **7. j-n/etw. l. behalten** nicht aufhören，j-n/etw. sehr zu mögen 仍然很喜欢(喜爱) **8. j-n/etw. l. gewinnen** allmählich Zuneigung zu j-m/etw. entwickeln 慢慢爱上，对…慢慢有好感 **9. j-d hat j-n l.**；〈Personen 人〉 **haben sich l.**

j-d liebt (1,2) j-n/Personen lieben (1,2) sich (人作主语)单：爱上，喜欢；复：彼此相爱：*Sie haben sich so l., dass keiner ohne den anderen sein kann* 他们彼此深深相爱，形影不离

lieb·äu·geln; *liebäugelte, hat geliebäugelt*; [Vi] (不及物) ***mit etw. l.*** sich mit etw. beschäftigen, weil man es gern haben od. machen möchte 喜欢有，想做：*Er liebäugelte schon seit Monaten mit e-m neuen Auto* 几个月以来他一直想要辆新车；*Sie liebäugelt mit der Idee zu verreisen* 她很想外出旅游

lieb·be·hal·ten ↑ ***lieb*** (7)

Lie·be *die*; -; *nur Sg* (只用单数) **1.** ***die L.*** (***zu j-m***) die starken Gefühle der Zuneigung zu j-m, der zur eigenen Familie gehört od. den man sehr schätzt 爱，情 ≈ Wertschätzung ↔ Hass, Ablehnung 〈die mütterliche, väterliche, elterliche, geschwisterliche, platonische L. 母爱，父爱，父母的爱，姊妹情，柏拉图式(纯精神的)爱；die L. zu seinen Eltern, Kindern, die L. zu Gott 对父母、孩子、上帝的爱〉：*Die Kinder wuchsen mit viel mütterlicher L. auf* 孩子在无微不至的母爱中长大；*die L. der Eltern zu ihren Kindern* 父母对子女的爱 ‖ -K (复合)：***Eltern-, Geschwister-, Mutter-, Vater-*** **2.** ***die L.*** (***zu j-m***) die intensiven Gefühle für j-n, von dem man auch sexuell angezogen wird 爱，爱情，恋情 ≈ Zuneigung ↔ Hass, Abneigung 〈die leidenschaftliche, innige, glückliche, unglückliche, heimliche, körperliche L. 炽热的、深切的、幸福的、不幸的、隐秘的、肉体的爱；j-m seine L. gestehen, beweisen, zeigen 向某人承认、证明、表明自己的爱；j-s L. erwidern, verschmähen 报答、拒绝某人的爱〉：*Er hat sie nicht aus L., sondern ihres Geldes wegen geheiratet* 他娶她不是出于爱，而是图她的钱 ‖ K-(复合)：***Liebes-, -abenteuer, -affäre, -bedürfnis, -beweis, -beziehung, -entzug, -erklärung, -film, -geschichte, -leben, -nacht, -roman, -szene, -tragödie*** **3.** ***die L.*** (***zu etw.***) das starke Interesse für etw., das man mag od. gerne tut 情趣，喜爱，爱好 ≈ die Begeisterung für etw.: *seine L. zur Malerei entdecken* 发现自己对绘画的爱好 ‖ -K (复合)：***Freiheits-, Heimat-, Vaterlands-*** **4.** j-d, für den man L. (2) empfindet 情人，恋人，心上人，相好的：*Mit 16 war seine große L. e-e Schülerin aus der Parallelklasse* 16岁时他的热恋对象是平行班的一位女学生 **5.** etw., das man besonders gern tut 爱好、偏爱、嗜好 ≈ Vorliebe, Hobby, Lieblingsbeschäftigung: *Schwimmen ist seine große L.* 游泳是他最大的爱好 **6.** ***L. machen*** ≈ lieben (5) ‖ ID[谚] ***L. auf den ersten Blick*** L. (2), die man spürt, wenn man j-n zum ersten Mal sieht 一见钟情；***L. geht durch den Magen*** *gespr hum* [口][诙]；die Liebe (2) e-s Mannes zu seiner Frau (od. umgekehrt) ist um so größer, je besser sie (bzw. er) kochen kann 饭菜香喷喷，夫妻感情深；饭菜做得好，夫妻感情牢；***bei aller L.*** *gespr* [口]；trotz des Verständnisses, das man für j-n/etw. hat 尽管完全理解

lie·be·be·dürf·tig *Adj* (形)；*nicht adv* (不作状语)；〈e-e Person 人〉 so, dass sie viel Liebe (1,2) braucht 需加抚爱的：*Kleine Kinder sind oft sehr l.* 小孩子常常需要多加抚爱 ‖ *hierzu* (派生) **Lie·bes·be·dürf·nis** *das*; *nur Sg* (只用单数)

Lie·be·lei *die*; -, -en; *veraltend* [渐旧] ≈ Flirt ‖ NB(注意)：↑ ***Liebschaft***

lie·ben; *liebte, hat geliebt*; [Vt] (及物) **1.** ***j-d liebt j-n***; 〈Personen 人〉 ***lieben sich*** j-d empfindet Liebe (1) für j-n/Personen empfinden Liebe (1) füreinander (人作主语)单：爱；复：互爱 ≈ mögen, schätzen ↔ hassen 〈seine Mutter, seinen Vater, seine Geschwister, Gott l. 爱自己的母亲、父亲、兄弟姊妹、上帝〉 **2.** ***j-d liebt j-n***; 〈zwei Personen 两个人〉 ***lieben sich*** j-d empfindet Liebe (2) für j-n/zwei Personen empfinden Liebe (2) füreinander (人作主语)爱，爱恋 ≈ lieb haben, gernhaben, mögen ↔ hassen 〈j-n leidenschaftlich, inniglich, körperlich l. 热烈地、深深地、肉体上爱着某人〉 **3.** ***etw. l.*** ein sehr intensives Verhältnis zu etw. haben, das man gern mag 爱，热爱 ≈ schätzen 〈den Frieden, die Heimat, das Vaterland l. 热爱和平、家乡、祖国〉 **4.** ***etw. l*** etw. sehr gernhaben 爱，喜爱，喜欢 ≈ mögen² (2): *Sie liebt Sonne, Sand u. Meer* 她爱阳光、沙滩和海；*Er liebt es, bequem am Abend zu Hause zu sitzen* 他喜欢晚上舒舒服服坐在家里 **5.** ***j-d liebt j-n***; 〈zwei Personen 两个人〉 ***lieben sich*** zwei Personen haben Geschlechtsverkehr miteinander (人作主语)交欢，同房 ≈ zwei Personen schlafen miteinander **6.** ***j-n/etw. l. lernen*** allmählich beginnen, j-n/etw. zu lieben 慢慢地爱上，渐渐开始喜爱上：*ein fremdes Land u. seine Kultur l. lernen* 慢慢地爱上了异国他乡及其文化 ‖ ID [谚] ***Was sich liebt, das neckt sich*** *gespr* [口]；wenn j-d j-n liebt (1,2), ärgert er ihn auch gern ein wenig 逗你是喜欢你，爱你才逗你；打情骂俏，亲热之道

lie·bend **1.** *Partizip Präsens* (现在分词)；↑ ***lieben*** **2.** *Adv* (副)；*nur in* 只用于 ***l. gern*** sehr gern 很喜欢，很爱：*Er geht l. gern im Wald spazieren* 他很喜欢在林子里散步；*Ich nehme Ihr Angebot l. gern an* 我很乐意接受您的提议

lie·bens·wert *Adj* (形)；freundlich u. nett 可爱的，讨人喜欢的，待人亲切的 ≈ sympathisch: *Unser Nachbar ist ein liebenswerter Mensch* 我们的邻居是一位和善可亲的人

lie·bens·wür·dig *Adj* (形)；freundlich, höflich (u. hilfsbereit) 友好的，亲切的，和蔼的，乐于助人的 ≈ sympathisch: *ein liebenswürdiger Mensch* 一位和蔼的人 ‖ *hierzu* (派生) **Lie·bens·wür·dig·keit** *die*; *mst Sg* (多用单数)

lie·ber **1.** *Komparativ* (比较级)；↑ ***lieb*** **2.** *Komparativ* (比较级)；↑ ***gern*** **3.** *Adj* (形)；***j-d/etw. ist j-m l.*** (***als j-d/etw.***) j-d zieht j-n/etw. e-r anderen Person/Sache vor (比起…)(人/物作主语)更喜欢，宁愿，宁可：*Ein Auto* *ist ja ganz praktisch, aber in der Stadt ist mir ein Fahrrad l.* 有辆汽车的确很实用，但在城里我宁可骑自行车 **4.** *Adv*（副）；（mit e-m Verb im Konjunktiv）verwendet, um auszudrücken, dass etw. sinnvoller od. vernünftiger wäre（与虚拟式动词连用）最好 ≈ besser：*Das hättest du l. nicht sagen sollen – jetzt ist er beleidigt* 这一点你本该最好不说——现在他受伤害了；*Lass das l. bleiben, das gibt nur Ärger!* 这你最好别管，这只会惹人烦恼！‖ ID［谚］***l. heute als morgen*** so bald wie möglich 今天比明天好，尽早，尽快

Lie·bes·brief *der*；ein Brief, in dem man zärtliche Dinge an j-n schreibt, den man liebt (2) 情书

Lie·bes·kum·mer *der*；*nur Sg*（只用单数）；der Kummer, den man hat, wenn man j-n liebt (2), der einen nicht liebt *o.Ä.* 爱情上的苦闷（忧伤）〈L. haben 有爱情上的苦闷〉

Lie·bes·müh *die*；*nur in* 只用于 ***das ist verlorene / vergebliche L.*** diese Anstrengung wird keinen Erfolg haben 这是白费劲（徒劳无功）

Lie·bes·paar *das*；ein Mann u. e-e Frau, die sich lieben (2), aber (noch) nicht verheiratet sind 情侣，一对恋人

Lie·bes·spiel *das*；sexuelle Handlungen (Küsse, Streicheln *o.Ä.*) vor dem Geschlechtsverkehr 性爱前的亲昵，前戏

lie·be·voll *Adj*（形）**1.** so, dass dabei j-d j-m hilft u. sich um ihn kümmert 体贴的，体贴人微的，细心的，精心的 ≈ fürsorglich〈e-e Betreuung, e-e Pflege 照料，护理〉**2.** voller Liebe (2) 深情的，亲热的，多情的〈ein Lächeln, e-e Umarmung, ein Blick 微笑，拥抱，眼光〉

lieb·ge·win·nen ↑ ***lieb*** (8)

lieb·ha·ben ↑ ***lieb*** (9)

Lieb·ha·ber *der*；*-s*，- **1.** j-d, der sich sehr für etw. interessiert u. davon begeistert ist 爱好者：*ein L. klassischer Musik* 一位古典音乐爱好者 ‖ -K（复合）：***Kunst-***，***Musik-***，***Literatur-***，***Theater-***；***Pferde-*** **2.** ein Mann, der *bes* mit e-r verheirateten Frau e-e Liebesbeziehung hat 情人，倾慕者，求爱者（指男子）**3.** ein Mann als Sexualpartner 相好，情夫〈ein guter, schlechter L. sein 是一位多情的、负心的情夫〉‖ *zu*（义项）**1. Lieb·ha·be·rin** *die*；-，*-nen*

Lieb·ha·be·rei *die*；-，*-en*；etw., das j-d regelmäßig (nicht beruflich, sondern zu seinem Vergnügen) tut 业余爱好 ≈ Hobby：*das Züchten von Rosen als L.* 养植玫瑰作为业余爱好

lieb·ko·sen；*liebkoste, hat liebkost*；**Vt**（及物）***j-n l.*** *veraltend*［渐旧］；j-n streicheln u. küssen 爱抚，对…表示亲昵（抚摩、亲吻等）≈ herzen〈ein kleines Kind l. 爱抚一个小孩〉‖ *hierzu*（派生）**Lieb·ko·sung** *die*

lieb·lich *Adj*（形）**1.**〈ein Gesicht, ein Mädchen, ein Anblick 脸，姑娘，眼神〉so, dass sie sanft u. schön wirken 妩媚的，可爱的，迷人的，动人的 ≈ anmutig, bezaubernd **2.**〈ein Duft 香气；ein Gesang, Töne 歌声，音调〉so, dass sie angenehm riechen od. klingen 芬芳的，芳香的，悦耳动听的 ≈ sanft **3.** sehr mild u. leicht süß 清淡香甜的，甜丝丝的 ↔ herb〈*mst* Wein 葡萄酒〉‖ *hierzu*（派生）**Lieb·lich·keit** *die*；*nur Sg*（只用单数）

Lieb·ling *der*；*-s*，*-e* **1.** verwendet als Anrede für j-n, den man besonders liebt (wie *z.B.* sein Kind, seine Frau od. seinen Mann)（用作爱昵的称谓）亲爱的，心肝，宝贝 ≈ Schatz：*Bist du bald fertig, L.? – Das Theater fängt in e-r halben Stunde an* 你快收拾完了吗，亲爱的？——演出半小时后开始了 **2.** ***L.*** + *Gen*（二格）j-d, den andere sehr nett finden …的红人，…最喜欢的人：*Der Eiskunstläufer war der L. des Publikums* 这位花样滑冰运动员是观众心目中的红人；*Karl ist der L. unserer Lehrerin* 卡尔是我们女老师最喜欢的学生 ‖ -K（复合）：***Publikums-***

Lieb·lings- *im Subst, sehr produktiv*（构成名词，构词强）；drückt aus, dass j-d/etw. allem anderen vorgezogen wird 最喜爱的…（人/物）；die ***Lieblingsbeschäftigung***, der ***Lieblingsdichter***, das ***Lieblingsessen***, das ***Lieblingsfach***, die ***Lieblingsfarbe***, das ***Lieblingskind***, das ***Lieblingslied***, der ***Lieblingsschriftsteller***, der ***Lieblingsschüler***, die ***Lieblingsspeise***, der ***Lieblingssport***, das ***Lieblingsthema***, das ***Lieblingswort***

lieb·los *Adj*（形）**1.** ohne Liebe (1,2) 没有爱的，冷冰冰的 ↔ liebevoll (2)〈ein Mensch 人；ein Blick, e-e Umarmung, ein Kuss 眼光，拥抱，接吻〉**2.** so, dass man sich nicht um j-n kümmert u. sehr unfreundlich zu ihm ist 淡漠的，不关心的，无情的 ↔ liebevoll (1), fürsorglich〈j-n l. behandeln 淡淡地应付某人〉**3.** *nur adv*（只作状语）；ohne dass man sich Mühe gegeben hat 马马虎虎地，草率地 ≈ schlampig：*ein l. zubereitetes Essen* 一份草草做成的饭菜 ‖ *hierzu*（派生）**Lieb·lo·sig·keit** *die*；*nur Sg*（只用单数）

Lieb·schaft *die*；-，*-en*；*veraltend*［渐旧］；e-e *mst* oberflächliche sexuelle Beziehung zu j-m 暧昧关系

liebs·t- **1.** *Superlativ*（最高级）；↑ ***lieb*** **2.** ***am liebsten*** *Superlativ*（最高级）；↑ ***gern***：*Mein Sohn isst am liebsten Pommes frites* 我儿子最爱吃炸薯条 **3.** *Adj*（形）；***j-d / etw. ist j-m am liebsten*** j-d mag j-n/etw. mehr als alle anderen Personen/Dinge（人/物作主语）是（某人）最喜欢的：*Georg ist mir von allen meinen Freunden am liebsten* 乔治是我所有朋友中我最喜欢的 ‖ NB（注意）：um *l.* zu verstärken, verwendet man allerliebst-（为加强语义可用 allerliebst-）：*mein allerliebster Freund* 我最最喜欢的朋友

Lied *das*；*-(e)s*，*-er* **1.** e-e Melodie, die man zusammen mit e-m Text singt 歌，歌曲〈ein einstimmiges, mehrstimmiges, lustiges L. 单声部（齐唱）的、多声部（合唱）的、欢快的歌曲；ein L. singen, anstimmen, summen, trällern 唱、唱起、哼、低声哼一支歌；die Strophen e-s Liedes 歌曲节段〉‖ K-（复合）：***Lied-***，***-text***；

L

Lieder-, **-buch** ‖ -K(复合): **Kinder-**, **Liebes-**, **Volks-** ‖ NB(注意): ↑ **Song**, **Schlager** **2.** *nur Sg*(只用单数); das Singen (der Lerche u. der Nachtigall)(云雀、夜莺的)歌唱,歌声 ≈ Gesang **3.** *mst Sg*(多用单数); ein sehr langes Gedicht, das von Helden erzählt 叙事诗,英雄史诗,歌 ≈ Epos: *das L. der Nibelungen* 尼伯龙根之歌 ‖ -K(复合): **Helden-** ‖ ID [谚] *mst* 多用 **Davon kann ich ein L. singen** *gespr*[口]; ich kenne diese Probleme sehr genau 这件事我有切身体验,对此我了如指掌; *mst* 多用 **Es ist immer dasselbe/das alte/gleiche L.** (**mit j-m/etw.**) *gespr*[口]; es ist wieder das übliche Problem, die übliche Situation, es ist nichts besser geworden 这是老一套,老生常谈,老调重弹

Liechtenstein 列支敦士登

Das **Fürstentum Liechtenstein** ist einer der kleinsten Staaten der Welt, mit einer maximalen Ausdehnung von 25 km von Nord nach Süd und 10 km von Ost nach West (160 km^2). Seine Hauptstadt ist **Vaduz**. Es liegt in Mitteleuropa in den Alpen.
Die Staatsform ist eine parlamentarische Monarchie. Offizielle Sprache ist Deutsch. Das Land zählt etwa 32.000 Einwohner, mehr als ein Drittel davon sind Ausländer, hauptsächlich Schweizer, Italiener, Deutsche und Österreicher. Eine besondere Anziehungskraft üben der Reichtum des Landes und seine Steuervorteile aus.

列支敦士登公国是世界上最小的国家之一,其国土南北最宽处为25公里,东西最宽处为10公里(面积160平方公里)。其首都为**瓦杜兹**。它位于中欧阿尔卑斯山中。

它的国体是议会制的君主国。正式语言是德语。该国居民大约32000人,有三分之一以上是外国人,主要是瑞士人、意大利人、德国人和奥地利人。该国的富庶和税收优惠具有吸引力。

lie·der·lich *Adj*(形) **1.** nicht fähig, etw. in Ordnung zu halten 粗心大意的,无条理的,草率的,没头脑的 ≈ schlampig, unordentlich ↔ gewissenhaft, sorgfältig: *Er ist so l., dass er nie etw. findet, wenn er es sucht* 他很是没头脑,找东西总是找不着的 **2.** mit wenig Mühe gemacht 懒散的,不整洁的,乱七八糟的 ≈ schlampig, unordentlich ↔ sorgfältig ⟨e-e Arbeit 工作⟩: *Sein Zimmer sieht immer sehr l. aus* 他的房间看上去总是很不整洁 **3.** *pej*[贬]; schlecht in Bezug auf die Sitten 放荡的,轻浮的 ≈ unanständig ↔ sittsam ⟨e-n liederlichen Lebenswandel führen 过着一种放荡的生活⟩ ‖ *hierzu*(派生) **Lie·der·lich·keit** *die*; *nur Sg*(只用单数)

Lie·der·ma·cher *der*; *-s*, *-*; j-d, der Text u. Musik für Lieder (*bes* Chansons) schreibt (u. sie selbst singt) 词曲编唱者,词曲作者 ‖ *hierzu*(派生) **Lie·der·ma·che·rin** *die*; *-*, *-nen*

lief *Imperfekt*, *1. u. 3. Person Sg*(过去时,单数第一和第三人称); ↑ **laufen**

lie·fern *lieferte*, *hat geliefert*; [Vt/i](及物/不及物) **1.** ((**j-m**) **etw.**) **l.** j-m e-e bestellte od. gekaufte Ware bringen 交付,送交,供货 ↔ erhalten ⟨etw. sofort, pünktlich, termingemäß, per Post, frei Haus l. 立即、准时、按期、由邮局送货,免费送货上门⟩: *Wir können (Ihnen die Möbel) erst in sechs Wochen l.* 我们在六周后才能供货(向您送交家具) ‖ K-(复合): **Liefer-**, **-bedingungen**, **-frist**, **-termin**, **-zeit**; [Vt](及物) **2.** **ein Tier/etw. liefert etw.** ein Tier/etw. bringt etw. Essbares bzw. Rohstoffe *o. Ä.* hervor(动物/物作主语)提供,产,出产: *Bienen liefern Honig* 蜜蜂产蜜 **3.** **j-d/etw. liefert** (**j-m**) **etw.** j-d/etw. stellt j-m etw. zur Verfügung(人/物作主语)提供 ≈ j-d/etw. bietet (j-m) etw., gibt etw. her: *Der Skandal lieferte der Presse viel Gesprächsstoff* 这件丑闻为报界提供了许多话题 **4.** zusammen mit e-m Substantiv verwendet, um ein Verb zu umschreiben(与名词连用,改换动词的表达); **e-n Beweis** (**für etw.**) **l.** ≈ etw. beweisen; **e-n Nachweis** (**für etw.**) **l.** ≈ etw. nachweisen; **sich** (*Pl* 复) **e-n Kampf l.** ≈ miteinander kämpfen; **ein gutes/schlechtes Spiel l.** ≈ gut/schlecht spielen ‖ *zu* (义项) **1. lie·fer·bar** *Adj*(形); *nicht adv*(不作状语); **Lie·fe·rant** *der*; *-en*, *-en*

Lie·fe·rung *die*; *-*, *-en* **1.** das Liefern (1) e-r Ware 供货,交货,送货 ⟨e-e sofortige, termingemäße L. 立即、按期供货⟩: *Die L. der Ware erfolgt in zwei Wochen* 两周后供货 **2.** die Ware, die man liefert (1) od. die geliefert wird 交付的货物,送交的货品 ⟨e-e beschädigte, defekte L. 一批受损坏的、有毛病的货品; die L. beanstanden, zurücksenden 拒收、退回货物⟩

Lie·fer·wa·gen *der*; ein kleiner Lastwagen, mit dem man Waren liefert (1)送货车

Lie·ge *die*; *-*, *-n*; e-e Art Bett ohne Rahmen (u. Matratze), das man *mst* auch zusammenklappen kann 卧榻,折叠床,躺椅: *bei Bekannten auf e-r L. übernachten* 在熟人家的躺椅上过夜

lie·gen; *lag*, *hat/südd* Ⓐ Ⓒⓗ [南德][奥][瑞] *ist gelegen*; [Vi](不及物) **1.** **irgendwo/irgendwie l.** in horizontaler Lage an der genannten Stelle od. in der genannten Art u. Weise sein 躺,卧,平放在 ↔ stehen ⟨hart, weich, bequem, flach, ruhig l. 硬邦邦地、软绵绵地、舒服地,平平地、安静地躺着; auf dem Bauch, auf dem Rücken, auf der Seite l. 趴着,朝天、侧身躺着⟩: *E-e ganze Menge Bücher u. Papier lag auf seinem Schreibtisch* 一大堆书和纸放在他的写字台上; *Er rutschte aus, weil e-e Bananenschale auf dem Bürgersteig lag* 他滑倒了,因为人行道上有块香蕉皮; *Die Kinder liegen in der Sonne* 孩子们在太阳下躺着; *Der Spieler blieb verletzt am Boden l.* 这位运动员受伤了躺在地上; *Als er aufwachte, war er so müde, dass er noch e-e Weile l. blieb* 当他醒来的时候,他感到很累,又在床上躺了一会儿 **2.** **etw. liegt irgendwo/irgendwie** etw. ist an dem genannten (geografischen) Ort od. in der genannten (geografischen) Lage(物作主语)处于,位于(指地理位置)〈etw. liegt zentral, abgelegen, verkehrsgünstig, einsam u. verlassen 某物位于中心地带,离城偏远,交通方便,环境偏僻、地处荒凉〉: *Köln liegt am Rhein* 科隆位于莱茵河畔; *Hannover liegt südlich von Hamburg* 汉诺威在汉堡的南边; *Weißt du, wo Linz liegt?* 你知道林茨的地理位置吗? **3. etw. liegt irgendwo** etw. ist oberhalb od. über e-r Fläche(物作主语)覆盖、笼罩在…上面: *Schnee liegt auf der Wiese* 雪覆盖在草坪上; *Dichter Nebel lag über der Stadt* 浓雾笼罩在城市上空; *Es schneite, aber der Schnee blieb nicht l., sondern schmolz gleich wieder* 下雪了,但雪没有积起来,很快就化了 **4. etw. bleibt l.** etw. wird von j-m vergessen (物作主语)遗忘,落下,忘拿走: *In der Garderobe sind mehrere Schirme u. Handschuhe l. geblieben* 衣帽间里落下了好几把雨伞和手套 **5. etw. bleibt l.** etw. wird nicht zu Ende gemacht (物作主语)搁置,积压,没干完 ≈ etw. bleibt unerledigt: *Im Sommer bleibt viel Arbeit l., weil die Angestellten in Urlaub sind* 夏天因职工度假积压许多工作 **6. l. bleiben** (wegen e-r Panne) nicht weiterfahren können (因故障)卡住,停住 ≈ e-e Panne haben: *Unser Auto blieb mitten auf der Autobahn l.* 我们的车子半路上在高速公路上出故障走不了了 **7. etw. l. lassen** vergessen, etw. (wieder) mitzunehmen 把…忘带走,把…落在: *seinen Schirm im Zug l. lassen* 把雨伞落在火车里 **8. etw. l. lassen** e-e Arbeit nicht tun, obwohl man sie tun sollte 搁下,撂下(工作) ↔ erledigen: *Das Wetter war so schön, dass ich die Arbeit l. ließ u. zum See fuhr* 那天天气真好,我撂下工作开车去湖边了 **9. etw. rechts/links l. lassen** links/rechts an e-m Gebäude vorbeigehen od. -fahren 从…左边/右边走或开车过去: *Du lässt den Bahnhof rechts l. u. fährst immer geradeaus bis zum Theater* 你从火车站左边开车过去,一直往前就到剧院 **10. j-n links l. lassen** *gespr* [口]; j-n absichtlich nicht beachten 不理睬某人,冷落某人 ≈ j-m die kalte Schulter zeigen **11. j-d/etw. liegt irgendwo** j-d/etw. ist (*bes* in e-r zeitlichen Reihenfolge) an der genannten Stelle(人/物作主语)排名,处于〈an der Spitze, in Führung l. 名列首位,处于领先〉: *Nach der zehnten Runde lag der Favorit erst an siebter Stelle* 第十轮后这位种子选手才排名第七; *Wer liegt denn zurzeit auf dem ersten Platz in der Fußball-Bundesliga?* 目前谁在德国足球甲级联赛中排名第一? **12. etw. liegt nach** + *Ortsangabe/Richtungsangabe* (地点/方向说明语) etw. ist in der genannten Richtung(物作主语)朝…方向,向着…: *Das Fenster liegt nach der Straße* 这扇窗户朝街; *Unser Wohnzimmer liegt nach Süden* 我们的起居室朝南 **13. etw. liegt j-m** j-d hat Talent, Begabung für etw.(物作主语)是…(某人的天赋,才华),某人对…有天赋 ≈ j-d ist für etw. begabt, talentiert: *Die Rolle des Clowns liegt ihm sehr gut* 小丑这个角色由他演很好; *Singen liegt ihm nicht so sehr, aber er spielt gut Klavier* 唱歌并不是他的天赋,但他钢琴弹得很好 **14. etw. liegt an j-m/etw.** etw. wird von j-m/etw. verursacht(物作主语)原因在于,是由…而引起的,应归咎于 ≈ j-d/etw. ist schuld an etw.: *Ich glaube, das schlechte Bild (des Fernsehers) liegt an der Antenne* 我认为(电视)图像不好是天线的关系; Dass *wir zu spät gekommen sind, lag am Streik der Fluglotsen* 我们来迟了,因为领航员罢工了; *Vielleicht liegt* es *an den Bremsen*, dass *unser Auto so quietscht* 我们的车子叽叽嘎嘎响得厉害,这可能是刹车有毛病 **15. etw. liegt bei j-m** etw. wird von j-m übernommen, getragen(物作主语)由…负责,落在…肩上 ≈ etw. lastet auf j-m: *Die politische Verantwortung für die Entscheidung liegt beim Bundeskanzler* 作这一决定的政治责任由联邦总理承担 **16. j-m liegt viel/wenig an etw.** (*Dat* 三格) etw. ist für j-n sehr/nicht wichtig 对…很/不重视(关心) ≈ j-d legt großen/geringen Wert auf etw.: *Den Eltern liegt viel* daran, dass *ihre Kinder e-e gute Ausbildung bekommen* 父母很关心他们的子女得到良好的教育 ‖ ID [谚] *mst* 多用 **Das liegt bei dir/Ihnen** *gespr* [口]; das hängt von dir/Ihnen ab 这取决于你/您,这全由你/您决定; *mst* 多用 **An mir/uns soll es nicht l.!** *gespr* [口]; ich werde/wir werden (bei der Durchführung e-s Plans) keine Schwierigkeiten machen! (就)我/我们(来说)不会有问题(不会妨碍计划的实施)! ‖ ▶ **Lage**, **gelegen**

lie·gen·blei·ben ↑ **liegen** (4–6)

lie·gen·las·sen ↑ **liegen** (7–10)

Lie·gen·schaft *die*; -, *-en*; JUR 【法】 ≈ Grundstück

Lie·ge·sitz *der*; ein Sitz *mst* im Auto, den man so verstellen kann, dass man (fast) liegt(尤指汽车里的可调的)坐卧两用位子

Lie·ge·stuhl *der*; e-e Art Stuhl aus e-m Rahmen aus Holz u. e-m festen Stoff, den man zusammenklappen kann u. in dem man sitzen od. liegen kann(可折叠的)躺椅: *Die Urlauber bräunten sich in ihren Liegestühlen am Strand* 度假者在海滩上躺在躺椅上晒太阳 ‖ ↑ *Abb.* unter 图见 **Stühle**

Lie·ge·stütz *der*; *-es*, *-e*; e-e sportliche Übung, bei der man den Oberkörper auf den Boden senkt u. ihn mit den Armen wieder nach oben drückt 俯卧撑〈Liegestütze machen 做俯卧撑〉

Liegestütz

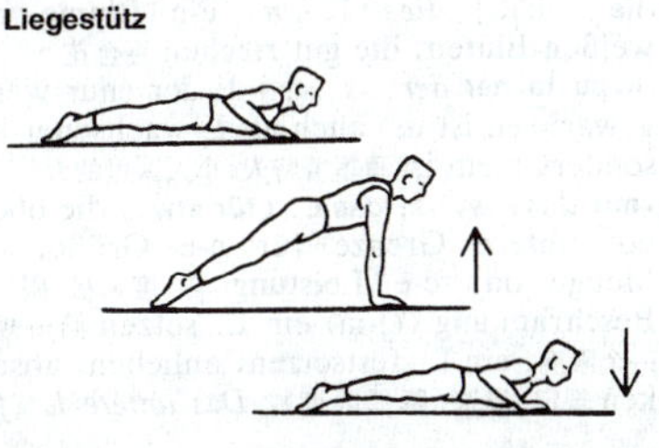

Lie·ge·wa·gen *der*; der Wagen e-s Zuges, dessen Sitze man auseinanderklappen kann, um darauf zu liegen 可调式坐卧两用车厢〈die Nacht im L. verbringen 在坐卧两用车厢里过夜〉‖ K-(复合): ***Liegewagen-***, ***-karte***, ***-schaffner*** ‖ NB(注意): ↑ ***Schlafwagen***

lieh *Imperfekt*, *1. u. 3. Person Sg*(过去时,第一和第三人称单数); ↑ ***leihen***

ließ *Imperfekt*, *1. u. 3. Person Sg*(过去时,第一和第三人称单数); ↑ ***lassen***

liest *Präsens*, *2 u. 3 Person Sg*(现在时,第二和第三人称单数); ↑ ***lesen***

Lift *der*; *-(e)s*, *-e* **1** ≈ Aufzug[1], Fahrstuhl 〈(mit dem) L. fahren 乘电梯; den L. nehmen 搭(坐)电梯〉 **2.** *Kurzw*(略); ↑ ***Skilift*** ‖ -K(复合): ***Schlepp-***, ***Sessel-***

lif·ten; *liftete*, *hat geliftet*; Vt (及物) ***j-n / etw.*** ***l.*** j-s Haut (*mst* des Gesichts) straffer u. glatter machen 给…做(多指脸部)整容: *j-s Gesicht l.* 做脸部整容; *Die Schauspielerin ließ sich bei e-m Spezialisten l.* 女演员让一位专家做(脸部)整容手术

Li·ga *die*; *-*, *Li·gen* **1.** SPORT【体】; e-e Anzahl von Mannschaften, die im Verlauf e-r Saison jeweils gegeneinander spielen, um zu sehen, wer der Beste ist(联赛中球队划分的)级,组 ≈ Spielklasse 〈in e-e höhere L. aufsteigen 升一级; in e-e niedrigere L. absteigen 降一级〉‖ K-(复合): ***Liga-***, ***-spiel*** ‖ -K(复合): ***Bezirks-***, ***Kreis-***, ***Landes-***, ***Regional-***, ***Bundes-*** **2.** POL【政】; e-e Union, die man schließt, damit man seine politischen Ziele leichter erreichen kann 联盟,同盟 ≈ Bündnis, Vereinigung: *die L. der Arabischen Staaten* 阿拉伯国家联盟

li·iert [li'iːɐt] *Adj*(形); *nur in* 只用于 ***mit j-m l. sein*** *geschr*[书]; mit j-m e-e (*mst* sexuelle) Beziehung haben 与…有暧昧关系、不正当关系

Li·kör [li'køːɐ] *der*; *-s*, *-e*; ein ziemlich süßes, relativ starkes alkoholisches Getränk (mit e-m bestimmten Aroma)利口酒,甜烧酒 ‖ K-(复合): ***Likör-***, ***-flasche***, ***-glas*** ‖ -K(复合): ***Bananen-***, ***Eier-***, ***Himbeer-***, ***Kirsch-***, ***Mandel-***

li·la *Adj*(形); *indeklinabel*(词形不变); von heller, violetter Farbe 淡紫色的,浅紫色的,雪青的 ≈ fliederfarben: *Sie trägt ein l. Kleid* 她穿着一件浅紫色的连衣裙 ‖ K-(复合): ***lila-***, ***-farben*** ‖ NB(注意): In der gesprochenen Sprache wird das Adj. auch dekliniert(在口语中该词也有词形变化): *Sie trägt ein lilanes Kleid* 她穿着一件浅紫色的连衣裙

Li·lie ['liːli̯ə] *die*; *-*, *-n*; e-e Blume mit weißen Blüten, die gut riechen 百合花

Li·li·pu·ta·ner *der*; *-s*, *-*; j-d, der (nur wenig gewachsen ist u.) auch als Erwachsener besonders klein ist 里里普特人,小人国里的人

Li·mit *das*; *-s*, *-s*; ***das L.*** (***für etw.***) die obere od. untere Grenze für e-e Größe, e-e Menge od. e-e Leistung 限度,极限 ≈ Beschränkung 〈(j-m) ein L. setzen 给…规定一个限度; ein L. festsetzen, anheben, absenken 规定、提高、降低限度〉: *Das untere L. für den Verkauf des Bildes beträgt € 3000* 该画出售的价格下限为三千欧元 ‖ -K(复合): ***Gewichts-***, ***Preis-***, ***Teilnehmer-***, ***Tempo-*** ‖ *hierzu*(派生) **li·mi·tie·ren** (*hat*) *Vt*(及物)

Li·mo *die / das*; *-*, *-(s)*; *gespr*[口] ≈ Limonade

Li·mo·na·de *die*; *-*, *-n*; ein Getränk aus Saft, Zucker u. Wasser, das Kohlensäure, aber keinen Alkohol enthält 汽水,果汁汽水: *den Kindern nach dem Spielen ein Glas L. geben* 做完游戏后给孩子们一杯汽水 ‖ -K(复合): ***Orangen-***, ***Zitronen-***

Li·mou·si·ne [-mu-] *die*; *-*, *-n* **1.** ein sehr großes u. luxuriöses Auto 大型豪华轿车〈in e-r L. vorfahren 坐着大型豪华轿车来到门前〉: *die L. des Staatspräsidenten* 国家元首的豪华轿车 **2.** ein Auto mit festem Dach(车顶固定的)轿车 ↔ Kabriolett

Lin·de *die*; *-*, *-n* **1.** ein Baum mit hellgrünen, herzförmigen Blättern, dessen gelbliche Blüten gut riechen 菩提树,椴属 ‖ K-(复合): ***Linden-***, ***-allee***, ***-baum***, ***-blatt***, ***-blüte*** **2.** das Holz der L. (1)椴树木 ‖ K-(复合): ***Linden-***, ***-holz***

lin·dern; *linderte*, *hat gelindert*; Vt (及物) ***etw. l.*** e-e schlechte Situation od. e-e Krankheit etwas angenehmer machen 减轻,缓解,缓和 ≈ mildern ↔ verschlimmern 〈j-s Schmerzen, e-e Krankheit l. 减轻某人的疼痛、疾病; das Elend, die Not l. 减轻贫困、困苦〉‖ *hierzu*(派生) **Lin·de·rung** *die*; *nur Sg*(只用单数)

lind·grün *Adj*(形); von heller, gelblichgrüner Farbe 鹅黄绿色的,浅黄绿色的

Lind·wurm *der*; *lit*[文] ≈ Drache

Li·ne·al *das*; *-s*, *-e*; ein gerades Stück Holz, Metall od. Plastik, mit dem man gerade Striche ziehen u. kurze Abstände messen kann 尺,直尺: *mit dem L. ein Rechteck zeichnen* 用尺画一个长方形 ‖ -K(复合): ***Zeichen-***

-ling *der*; *-s*, *-e*; *im Subst*, *begrenzt produktiv*(构成名词,构词有限) **1.** *nach Verbstamm*(在动词词干后); j-d, mit dem etw. geschieht od. getan wird(指动词行为的受事者或被动者); ***Findling***, ***Impfling***, ***Lehrling***, ***Pflegling***, ***Schützling***, ***Sträfling*** **2.** *mst pej* 多用[贬]; j-d, der das im ersten Wortteil Genannte ist od. tut(指具有所指特征或行为的人); ***Dichterling***, ***Eindringling***, ***Feigling***, ***Fremdling***, ***Naivling***, ***Schädling***, ***Schreiberling***, ***Schwächling*** **3.** *mst Pl*(多用复数); die genannte Zahl von Menschen, die dieselbe Mutter haben u. gleich alt sind…胞胎; ***Zwillinge*** (= zwei gleichaltrige Geschwister), ***Drillinge*** (= drei gleichaltrige Geschwister), ***Vierlinge***, ***Fünflinge***

Lin·gu·is·tik *die*; *nur Sg* ≈ Sprachwissenschaft

Li·nie ['liːni̯ə] *die*; *-*, *-n* **1.** ein relativ langer u. *mst* gerader Strich 线,线条〈e-e gepunktete, gestrichelte L. 一条加点的、画虚线的线;

e-e L. zeichnen, ziehen 画、划一条线〉: *mit dem Lineal Linien auf ein Blatt Papier zeichnen* 用尺比着往一页纸上画线 ‖ K-(复合): **Linien-, -papier** **2.** e-e L. (1) von Personen od. Dingen 行列,排 ≈ Reihe: *Die Soldaten stehen in e-r L./bilden e-e L.* 战士站、排成一排; *Köln, Bonn u. Koblenz liegen in einer L. entlang des Rheins* 科隆、波恩和科布伦茨都位于莱茵河畔的沿线 **3.** der Weg, den ein Bus, Zug, Schiff, Flugzeug *o. Ä.* regelmäßig fährt od. fliegt (od. der Bus *usw* selbst, der diesen Weg fährt) 线路,航线,路 〈e-e L. einrichten, stilllegen 开辟、停开一条航线〉: *Die L. 3* (der Bus, Zug *usw* Nr. 3) *fährt zum Olympiastadion* 3 路车通往奥林匹克体育场; *Das Schiff verkehrt auf der L. Hamburg-Oslo* 这条轮船行驶在汉堡——奥斯陆航线上 ‖ K-(复合): **Linien-, -bus, -dampfer, -flugzeug, -schiff, -verkehr** ‖ -K(复合): **Bus-, Fähr-, Flug-, Schiffs-, Eisenbahn-** **4.** die Prinzipien, nach denen man (*bes* in der Politik) handelt(政治)路线,方针 ≈ Richtlinie, Leitlinie 〈sich an e-e klare L. halten 坚持一条明确的路线; e-e/keine klare L. erkennen lassen 使认(不)清明确的路线; von der festgelegten L. abweichen 偏离已经确定的路线〉: *Die Regierung muss e-e klare L. im Kampf gegen die Arbeitslosigkeit verfolgen* 在与失业的斗争中政府应奉行一条明确的路线 **5.** eine der großen langen Falten auf der inneren Fläche der Hand(手掌上的)纹路 ‖ -K(复合): **Hand-** **6.** SPORT【体】; jede L. (1), die das Spielfeld selbst od. im Spielfeld e-n Raum begrenzt 边线,底线,中线等标志线: *Der Ball landete knapp hinter der L.* 球刚巧落在线内 ‖ -K(复合): **Aus-, Grund-, Mittel-, Seiten-** **7.** MIL【军】; die Soldaten, die in e-r Reihe nebeneinander am nächsten zum Feind stehen 阵线,战线 ≈ Front 〈die feindlichen Linien durchbrechen 突破敌人战线〉 **8.** die Folge der Generationen (*bes* in e-r Familie) 系,血统 〈die männliche, weibliche L. 父系,母系〉 ‖ ID[谚] **in erster L.** ≈ vor allem, insbesondere; **auf ganzer L.; auf der ganzen L.** völlig, total 完全,全面 〈auf ganzer L. versagen, schiefgehen, misslingen 完全失灵、失败、失利〉; **auf die (schlanke) L. achten** aufpassen, dass man nicht dick wird 注意(苗条的)身材

Li·ni·en·flug *der*; der regelmäßige Flug auf e-r bestimmten Strecke (Linie (3)) (在固定线路上定期飞行的)航班 ↔ Charterflug: *e-n L. nach Athen buchen* 预订飞雅典的航班

Li·ni·en·ma·schi·ne *die*; ein Flugzeug, das regelmäßig auf e-r bestimmten Linie (3) fliegt 班机 ≈ Linienflugzeug ↔ Chartermaschine

Li·ni·en·rich·ter *der*; SPORT【体】; j-d, der an der seitlichen Linie des Spielfeldes bleibt u. dem Schiedsrichter bei Entscheidungen hilft 巡边员,司线员 ‖ NB(注意): ↑ **Schiedsrichter** ‖ *hierzu* (派生) **Li·ni·en·rich·te·rin** *die*

li·niert *Adj*(形); *ohne Steigerung*(不变级); mit Linien (1)划线的,有横格的 〈ein Blatt Papier, ein Heft 一页纸,本子〉

link *Adj*(形); *nicht adv, gespr pej*(不作状语)[口][贬]; 〈e-e Tour, ein Typ 方法,类型(人); linke Geschäfte machen 做骗人的买卖〉 so, dass andere dabei betrogen werden 不老实的,骗人的,要滑的,作假的 ≈ fragwürdig ↔ ehrlich

lin·k- *Adj*(形); *nur attr, nicht adv*(只作定语,不作状语) **1.** auf der Seite, auf der das Herz ist 左的,左面的 ↔ recht-: *sich den linken Arm brechen* 折断左臂; *mit der linken Hand schreiben* 用左手写字; *Der kleine Junge vertauschte den linken mit dem rechten Schuh* 这个小男孩把左脚的鞋和右脚的鞋穿反了; *Er hat e-e Narbe auf der linken Wange* 他左面颊上有一块疤 **2.** mit den Prinzipien des Kommunismus, des Sozialismus od. e-r sozialdemokratischen Partei 左的,左派的 ↔ recht- 〈e-e Zeitung 报纸; ein Abgeordneter 议员; der linke Flügel e-r Partei 某政党的左翼〉

Lin·ke[1] *die*; *-n, -n* **1.** *nur Sg*(只用单数); die linke Hand 左手 ↔ Rechte **2.** ein Schlag mit der linken Hand 左手出击,左拳 ↔ Rechte 〈j-m e-e L. verpassen 给某人一记左拳〉 **3.** *nur Sg, Kollekt*(只用单数,集合); alle Parteien u. politischen Gruppen, die für Kommunismus u. Sozialismus sind od. die sozialdemokratische Prinzipien haben 左派(政党),左翼 ↔ Rechte **4.** **zu j-s Linken** auf der linken[1] (1) Seite 某人左边 ↔ zu j-s Rechten: *Zu Ihrer Linken sehen Sie das Stadttheater* 您左边可看见市剧院

Lin·ke[2] *der/die*; *-n, -n*; *gespr*[口]; e-e Person, die e-r kommunistischen, sozialistischen od. sozialdemokratischen Partei angehört od. deren Ideen gut findet 左翼人士,左派(人士) ↔ Rechte ‖ NB(注意): *ein Linker; der Linke; den, dem, des Linken*

lin·ken; *linkte, hat gelinkt*; [Vt] (及物) **j-n l.** *gespr*[口]; j-n betrügen 欺骗,要弄 ≈ hereinlegen

lin·kisch *Adj*(形); *pej*[贬]; mit wenig Geschick 笨手笨脚的,笨拙的 ≈ ungeschickt, unbeholfen ↔ geschickt 〈e-e Bewegung, e-e Geste, j-s Benehmen 动作,手势,某人的举止〉

links[1] *Adv*(副) **1.** **l.** (**von j-m/etw.**) auf der Seite, auf der das Herz ist 左边,左侧,左面 ↔ rechts 〈j-n l. überholen 从左面(开车)超过某人; nach l. abbiegen 向左边拐; l. von j-m gehen 走在某人的左面; von l. nach rechts 从左向右; von rechts nach l. 从右向左〉: *Fahren Sie geradeaus u. biegen Sie nach der Ampel l. ab!* 您一直把车往前开,过了信号灯向左拐; *L. seht ihr das Rathaus u. rechts die Kirche* 左边你们看到的是市政厅,右边是教堂; *L. von der Post gibt es e-n Parkplatz* 邮局左侧是一块停车场 **2.** (von Parteien, Gruppen od. Personen) so, dass die Prinzipien des Sozialismus, des Kommunismus od. der Sozialdemokratie anerkannt u. vertreten werden 左派,左翼 ↔ rechts 〈l. sein, wählen 是、选左派; nach l.

L

tendieren(向)左倾〉‖ ID[谚] ***etw. mit l. machen*** *gespr*[口]; etw. ohne Mühe machen 轻而易举地干某事,干某事不费吹灰之力 ‖ NB(注意):↑ ***liegen*** (10)

links² *Präp*(介); *mit Gen*(支配二格); auf der linken Seite von 在…左边: *l. des Rheins, l. der Autobahn* 在莱茵河、高速公路左边; *l. der Mitte* (= politisch eher links¹ (2)) 中间偏左(指政治倾向) ‖ NB(注意): auch adverbiell verwendet mit *von*(与 von 连用也作状语): *l. von dem Fluss verläuft die alte Straße* 河道左边是老街走向

links·bün·dig *Adj*(形); so, dass alle Zeilen e-s Textes links genau an e-r (gedachten) senkrechten Linie beginnen 取齐左边的 ↔ rechtsbündig 〈l. schreiben 取齐左边写〉

links·ext·re·mis·tisch *Adj*(形); mit extrem linken¹ (2) Ideen 极左主义的,极左思想的 ≈ linksradikal ↔ rechtsextremistisch ‖ *hierzu*(派生) **Links·ext·re·mist** *der*; *-en, -en*; **Links·ext·re·mis·mus** *der*; *nur Sg*(只用单数)

links·ge·rich·tet *Adj*(形); *nicht adv*(不作状语); linke (2) Ideen, Politik vertretend 左的,左派的,左翼的〈ein Politiker, e-e Zeitung 政治家,报纸〉

Links·hän·der *der*; *-s, -*; j-d, der mit der linken Hand geschickter ist als mit der rechten 左撇子,惯用左手的人 ↔ Rechtshänder ‖ *hierzu*(派生) **Links·hän·de·rin** *die*; *-, -nen*; **links·hän·dig** *Adj*(形)

links·he·rum *Adv*(副); nach links 向左边 ↔ rechtherum 〈etw. l. drehen 把…向左旋转〉

Links·kur·ve *die*; e-e Kurve nach links 左旋曲线,向左转弯 ↔ Rechtskurve: *in e-r scharfen L. riskant überholen* 向左急转弯,冒险超车

links·ra·di·kal *Adj*(形) ≈ linksextremistisch ↔ rechtsradikal ‖ *hierzu*(派生) **Links·ra·di·ka·le** *der/die*; *-n, -n*; **Links·ra·di·ka·lis·mus** *der*; *nur Sg*(只用单数)

links·sei·tig *Adj*(形); auf der linken Seite 在左边的,在左面的,在左侧的 ↔ rechtsseitig: *e-e linksseitige Lähmung* 左侧瘫痪

Links·ver·kehr *der*; das vorschriftsmäßige Fahren auf der linken Seite der Straße 靠左行驶的交通规则 ↔ Rechtsverkehr: *In Großbritannien herrscht L.* 在大不列颠(英国)交通是靠左行驶

Li·no·le·um [-leʊm] *das*; *-s*; *nur Sg*(只用单数); ein hartes u. zähes Material (ein Belag), mit dem man den Fußboden bedeckt(亚麻)油地毡,漆布: *ein Zimmer mit L. auslegen* 用漆布铺房间

Lin·se¹ *die*; *-, -n* **1.** e-e runde, leicht gebogene Scheibe aus Glas od. Plastik, die Lichtstrahlen in e-e andere Richtung lenkt (bricht); Linsen verwendet man in Kameras u. in Mikroskopen 透镜,镜片(用于摄像机及显微镜)〈e-e konvexe, konkave L. 凸、凹透镜; e-e L. schleifen 磨镜片; die Brennweite, die Krümmung e-r L. 透镜的焦距、曲率〉: *die L. e-s Vergrößerungsglases* 放大镜的镜片 **2.** der Teil des Auges, der die Form u. Funktion e-r L.¹ (1) hat 眼睛晶状体,水晶体 ‖ ↑ *Abb. unter* 图见 ***Auge*** ‖ K-(复合): ***Linsen-, -trübung*** **3.** *gespr*[口] ≈ Objektiv 〈j-d/etw. läuft j-m vor die L. 某人/某物出现在某人的镜头上〉

Lin·se² *die*; *-, -n* **1.** e-e Pflanze, deren essbare Samen die Form e-r kleinen Linse¹ (1) haben 扁豆(植物) **2.** die kleinen, runden, braunen od. roten Samen dieser Pflanze 扁豆(果荚): *Heute gibt es Eintopf: Linsen mit Speck u. Würstchen* 今天有菜饭(一锅煮):板肉香肠焖扁豆 ‖ K-(复合): ***Linsen-, -eintopf, -gericht***

lin·sen; *linste, hat gelinst*; [Vi](不及物) ***irgendwohin l.*** *gespr*[口]; versuchen, etw. zu sehen, ohne dass andere es bemerken 偷看〈durch das Schlüsselloch l. 从钥匙孔里偷看; um die Ecke l. 在墙角处偷看〉

Lip·pe *die*; *-, -n*; der obere od. der untere Rand des Mundes 嘴唇〈schmale, dicke, wulstige Lippen haben 有薄的、厚的、圆鼓鼓的嘴唇; die Lippen öffnen, runden, (zum Kuss) spitzen, aufeinanderpressen 张开,撮圆,(为接吻)努起,紧闭嘴唇〉: *Sie setzte das Glas an die Lippen u. nahm e-n Schluck* 她拿起杯子放到唇边喝了一口; *Er biss sich beim Essen auf/in die L.* 吃饭时他咬了自己的嘴唇 ‖ ↑ *Abb. unter* 图见 ***Kopf*** ‖ -K(复合): ***Ober-, Unter-*** ‖ ID[谚] ***an j-s Lippen hängen*** j-m sehr konzentriert zuhören 非常专心地倾听某人说话; ***etw. nicht über die Lippen bringen*** etw. nicht sagen können, weil es sehr unangenehm ist 对某事难以启齿,不便启齿; ***e-e große/dicke/kesse L. riskieren*** *gespr*[口] ≈ prahlen, angeben

Lip·pen·stift *der* **1.** e-e Art Stift, den *bes* Frauen verwenden, um e-e *mst* rote Substanz auf die Lippen zu bringen (u. so schöner auszusehen)唇膏,口红 **2.** *nur Sg*(只用单数); die Farbe des Lippenstiftes (1)唇膏色: *Sie hat etwas zu viel L. aufgetragen* 她口红涂得深了些

li·quid, li·qui·de [-kv-] *Adj*(形); WIRTSCH【经】**1.** 〈e-e Summe, Gelder, Finanzmittel 款项,资金,资本〉 so, dass sie sofort zur Verfügung stehen 流动的,可动用的 ≈ verfügbar **2.** 〈e-e Firma, ein Unternehmen 公司,企业〉 so, dass sie Rechnungen sofort zahlen können 能支付的,有支付能力的 ≈ zahlungsfähig ↔ zahlungsunfähig ‖ *hierzu*(派生) **Li·qui·di·tät** *die*; *nur Sg*(只用单数)

li·qui·die·ren; *liquidierte, hat liquidiert*; [Vt](及物) **1.** ***etw. l.*** WIRTSCH【经】; bewirken, dass ein Unternehmen *o. Ä.* nicht mehr existiert 解散,清理 ≈ auflösen (3)〈e-e Firma, e-n Konzern, ein Unternehmen l. 解散公司、康采恩、企业〉 **2.** ***j-n l.*** j-n *bes* aus politischen Gründen töten (lassen)解决,杀死,除掉 ≈ exekutieren 〈e-n Agenten l. 除掉特务〉‖ *hierzu*(派生) **Li·qui·die·rung** *die*; *mst Sg*(多用单数); **Li·qui·da·ti·on** *die*; *mst Sg*(多用单数)

lis·peln; *lispelte, hat gelispelt*; [Vi](不及物)

beim Sprechen eines „s" mit der Zunge die Zähne berühren, sodass man anstatt „s" e-e Art englisches „th" spricht 错误地用舌尖舔齿发 s 音,咬着舌头发音

List *die*; -, *-en* **1.** e-e Handlung, durch die man j-n täuscht, um sein Ziel zu erreichen 诡计,欺诈手段,不正当的手腕 ≈ Trick ⟨e-e L. ersinnen, anwenden 想出、使用诡计; zu e-r L. greifen 采取欺诈手段,要手段⟩: *j-m mit e-r L. e-n teuren Ring billig abkaufen* 以不正当手段把某人一只贵重的戒指廉价买下 **2.** *nur Sg*(只用单数); ein Verhalten, bei dem man oft e-e L. (1) anwendet 诡诈,刁钻,居心叵测: *seine Pläne mit L. anpacken* 别有用心地着手自己的计划 **3. mit L. u. Tücke** *gespr*[口]; indem man e-e L. (1) anwendet 要尽手腕,诡计多端

Lis.te *die*; -, *-n* **1.** e-e schriftliche Zusammenstellung von mehreren Personen od. Dingen, die *mst* etw. gemeinsam haben u. die untereinandergeschrieben sind 表,目录,清单,一览表 ≈ Zusammenstellung, Verzeichnis ⟨e-e L. machen, erstellen, anlegen, führen 做、制、列、作表; j-n/etw. in e-e L. aufnehmen, auf e-e L. setzen, von e-r L. streichen 将某人/某事收入、列入清单,从清单上划掉; j-n/sich in e-e L. eintragen 将某人/自己登入名单⟩ ‖ -K(复合): ***Anwesenheits-, Einkaufs-, Bestell-, Besucher-, Gäste-, Schüler-*** **2.** ein Blatt Papier, auf dem e-e L. (1) steht 签名的纸张,签名册: *Auf dem Tisch lag e-e L., in die sich jeder Besucher eintragen konnte* 桌上有张签名纸,每个来访者都可以在上面签名登记 **3.** e-e L. (1) der Kandidaten für e-e Wahl 候选人名单⟨j-n auf die L. setzen 将某人列入候选人名单⟩ ‖ K-(复合): ***Listen-, -platz, -wahl*** ‖ ID[谚] ***auf der schwarzen L. stehen*** **a)** zu den Personen gehören, die *z.B.* von den Behörden od. e-r Organisation als nicht vertrauenswürdig angesehen werden 被列入黑名单; **b)** *gespr*[口]; bei j-m sehr unbeliebt sein 是很不受欢迎的人

lis.tig *Adj*(形); ⟨ein Fuchs 狐; ein Plan, ein Vorgehen 计划,措施⟩ so, dass in ihnen ein Trick od. e-e List steckt 诡计多端的,奸滑的,狡诈的 ≈ trickreich, raffiniert ‖ *hierzu*(派生) **Lis.tig.keit** *die*; *nur Sg*(只用单数)

Li.ta.nei *die*; -, *-en* **1.** KATH【天主】; ein Gebet, bei dem einmal der Priester u. einmal die Leute in der Kirche sprechen(牧师与信徒之间的)应答祈祷 ⟨e-e L. beten 作应答祈祷⟩ **2.** *gespr pej*[口][贬]; langes, monotones, *mst* klagendes Gerede 喋喋不休的诉说(诉苦): *Ich musste mir die ganze L. über seine Scheidung schon wieder anhören* 我不得不重又听他喋喋不休地诉说他离婚的全过程 **3. *e-e L.* (*von etw.*)** *gespr pej*[口][贬]; viele *mst* wenig interessante Dinge, die j-d aufzählt 一堆乏味的材料: *Der Rechtsanwalt führte e-e ganze L. von Gründen an* 律师列举了一大堆令人不感兴趣的原因

Li.ter *der, das*; *-s*, -; die Einheit, mit der man das Volumen von Flüssigkeiten u. Gasen angibt 升; 1 Liter = 1000cm^3 一升 = 1000立方厘米; *Abk* 缩写 l ⟨ein halber L., ein viertel L. 半升,四分之一升⟩: *einen L. Milch kaufen* 买一升牛奶; *Das Auto verbraucht 6 L. Benzin auf 100 Kilometer* 这辆车一百公里耗汽油 6 升 ‖ K-(复合): ***Liter-, -flasche***

li.te.ra.risch *Adj*(形); zur Literatur (1) gehörig od. die Literatur (1) betreffend 文学的⟨Werke, Gattungen 作品,种类; j-s Interesse 某人的兴趣⟩

Li.te.rat *der*; *-en*, *-en*; *geschr*[书] ≈ Schriftsteller ‖ NB(注意): *der Literat*; *den, dem, des Literaten* ‖ *hierzu* (派生) **Li.te.ra.tin** *die*; -, *-nen*

Li.te.ra.tur *die*; -, *-en* **1.** alle Gedichte, Dramen, Geschichten u. Romane (die von relativ hoher Qualität sind) 文学 ≈ Belletristik, Dichtung ⟨die moderne, zeitgenössische, triviale, anspruchsvolle L. 现代的、同时代的、无聊的、奢华的文学; etw. geht in die L. ein, zählt zur L. 某事被载入、列入文学⟩: *die deutschsprachige L.* 德语文学; *die L. der Aufklärung, der Romantik* 启蒙运动的、浪漫主义的文学 ‖ K-(复合): ***Literatur-, -epoche, -gattung, -geschichte, -kritik, -lexikon, -nobelpreis, -preis, -wissenschaft, -zeitschrift; literatur-, -geschichtlich, -kritisch, -wissenschaftlich*** ‖ -K(复合): ***Trivial-*** **2. die L.** (***zu / über etw.***) *nur Sg*(只用单数); alles, was über ein bestimmtes Thema od. Fachgebiet geschrieben wurde 文献,文字资料,参考书籍 ⟨die wirtschaftliche, juristische, psychologische, medizinische L. 经济的、法律的、心理学的、医学的文献; die L. zu e-m Thema kennen, zitieren 了解、引证有关某题目的参考书⟩: *bei e-r wissenschaftlichen Arbeit die L. der Fachzeitschriften berücksichtigen* 在搞科研中注意专业杂志的参考书 ‖ K-(复合): ***Literatur-, -angabe, -hinweis, -nachweis, -verzeichnis*** ‖ -K(复合): ***Fach-, Sekundär-***

Li.te.ra.tur.spra.che *die* **1.** die (auch stilisierte) Sprache, die in der Literatur (1) verwendet wird 文学语言 **2.** *hist* (*DDR*)[历(民德)] ≈ Standardsprache, Schriftsprache

li.ter.wei.se *Adv*(副) **1.** in Mengen von einem Liter 以升计算,一升一升地: *Wir verkaufen Milch nur l.* 我们出售牛奶以升为单位计算 **2.** in großen Mengen 大量地 ⟨etw. l. kaufen, trinken 大量买、喝某物⟩

Litfaßsäule

Lit.faß|säu.le *die*; e-e dicke Säule (an der Straße od. auf e-m Platz), an die man Plakate klebt(街头、广场的)广告柱

Lit.schi *die*; -, *-s*; e-e kleine, runde, exotische Frucht mit rauer Schale u. e-m Kern 荔枝

litt *Imperfekt*, *1. u. 3. Person Sg*(过去时,第一和第三人称单数); ↑ **leiden**

Li.tur.gie *die*; -, *-n* [-ˈgiːən]; REL【宗】**1.** die

(offiziell vorgeschriebene Form der) verschiedenen Gottesdienste in der Kirche 各种礼拜仪式 **2.** der Teil des protestantischen Gottesdienstes, in dem der Pfarrer u. die Leute in der Kirche abwechselnd singen od. beten 基督教的礼拜仪式(牧师和信徒交替唱诵或祈祷) ‖ *zu* (义项)**1. li·tur·gisch** *Adj*(形); *mst attr*(多作定语)

live [laif] *Adj*(形); *nur präd od adv*(只用表语或状语); *mst in* 多用于 ***etw. l. übertragen/senden*** ein Ereignis im Radio od. im Fernsehen genau zu der Zeit übertragen, zu der es stattfindet 实况转播,现场直播 ≈ direkt übertragen/senden: *Das Fußballspiel wird l. übertragen* 这场足球赛进行现场直播 ‖ K-(复合): ***Live-***, ***-bericht***, ***-reportage***, ***-sendung***, ***-übertragung*** **2.** *mst in* 多用于(***etw.***) ***l. singen/spielen*** etw. wirklich singen/spielen, ohne Hilfe von Tonbandaufnahmen(不依靠录音带放音的)真正(原声)演唱、演奏

Li·zenz *die*; -, *-en* **1.** ***die L.*** (***für etw.***) die offizielle Erlaubnis (vom Staat od. e-r Institution), ein Geschäft zu eröffnen, ein Buch herauszugeben, ein Patent zu nutzen *o. Ä.* (指开业、出书、使用专利等)许可(证) ≈ Konzession, Genehmigung ⟨e-e L. beantragen, erwerben, erteilen 申请、获得、颁发许可(证)⟩: *die L. für den Vertrieb e-s Buches haben* 有销售某一本书的许可; *ein Buch in L. vertreiben* 经许可销售某一本书 ‖ K-(复合): ***Lizenz-***, ***-gebühr***, ***-inhaber***, ***-vergabe***, ***-vertrag*** **2.** SPORT【体】; die Erlaubnis, e-n bestimmten Sport beruflich zu betreiben od. als Trainer od. Schiedsrichter zu arbeiten (从事体育职业或当教练、裁判的)许可证,工作证明 ‖ K-(复合): ***Lizenz-***, ***-entzug***, ***-spieler*** ‖ -K(复合): ***Spieler-***, ***Schiedsrichter-***, ***Trainer-***

Lkw, LKW ['ɛlkaːveː] *der*; -(*s*), *-s*; (*Abk für* 缩写,全称为 Lastkraftwagen) ≈ Lastwagen ↔ Pkw ‖ K-(复合): ***Lkw-Fahrer***, ***Lkw-Führerschein***

Lkw-Maut [ɛlkaː 'veː-] *die*; e-e Maut nur für Lastwagen 载重汽车养路费: *die L. auf dentschen Autobahnen* 德国高速公路的载重汽车养路费

Lob *das*; -(*e*)*s*; *nur Sg*(只用单数); die positive Reaktion auf e-e Leistung od. e-e Tat, die Worte der Anerkennung 表扬,赞扬,称赞 ↔ Tadel ⟨ein hohes, verdientes L. 高度赞扬,应得的表扬; L. verdienen, ernten 值得、获得表扬; j-m L. spenden, zollen 赞扬、褒扬某人; j-n mit L. überhäufen 过分夸赞某人; voll des Lobes für j-n/etw. sein 盛赞某人/某事⟩: *Sie bekam viel L. für ihren guten Aufsatz in der Schule* 她写了一篇好作文,在学校得到许多赞扬

Lob·by *die*; -, *-s*; e-e Gruppe von Personen mit gleichen Interessen, die versucht, *bes* Politiker so zu beeinflussen, dass sie e-n Vorteil davon hat(试图对政治家施加影响的)共同利益集团,院外活动集团 ≈ Interessenvertretung: *Kinder haben keine L.* 孩子们没有共同利益集团

lo·ben; *lobte, hat gelobt*; [Vt](及物) ***j-n/etw.*** (***für etw.***) ***l.*** sagen, dass j-d etw. sehr gut gemacht hat od. dass etw. sehr gut ist 表扬,赞扬,夸,称赞 ↔ tadeln, rügen ⟨j-n überschwänglich l. 吹捧某人; sich lobend über j-n/etw. äußern 对某人/某事表示夸奖; j-n/etw. lobend erwähnen 赞许地提到某人/某事⟩: *Der Firmenchef lobte den Mitarbeiter für seinen Fleiß* 这位公司老板表扬同事的勤奋 ‖ ID [谚] *mst* 多用 ***Das 'lob ich mir!*** *gespr*[口]; das gefällt mir sehr gut! 这我很喜欢! ‖ *hierzu*(派生) **lo·bens·wert** *Adj*(形)

Lo·bes·hym·ne *die*; *mst in* 多用于 ***e-e L. auf j-n/etw. singen*** j-n/etw. vor anderen auf übertriebene Art u. Weise loben 对某人/某事大唱赞歌、歌功颂德

Lob·hu·de·lei *die*; -; *nur Sg*(只用单数); übertriebenes Lob, mit dem man j-m *mst* schmeicheln will 吹捧,溢美之言,阿谀奉承 ‖ *hierzu*(派生) **lob·hu·deln** (*hat*) *Vi*(不及物); **Lob·hud·ler** *der*; *-s*, -

löb·lich *Adj*(形); *mst iron* 多用[讽]; ⟨e-e Idee, e-e Tat 思想,行动⟩ so, dass man sie loben muss 值得称赞的,应受表扬的 ≈ lobenswert: *Dank seiner löblichen Idee bin ich jetzt pleite* 感谢他的馊主意,现在我破产了

Lob·lied *das*; *mst in* 多用于 ***ein L. auf j-n/etw. singen/anstimmen*** j-n/etw. sehr loben 对…大唱赞歌,颂扬

lob·prei·sen; *lobpreiste, hat gelobpreist/lobgepriesen*; [Vt](及物) ***j-n/etw. l.*** *geschr*[书]; j-n/etw. sehr loben u. empfehlen 称赞,夸奖,赞扬 ‖ *hierzu*(派生) **Lob·prei·sung** *die*

Loch *das*; -(*e*)*s*, *Lö·cher* **1.** e-e Stelle, an der nichts mehr ist, an der aber vorher ein bestimmtes Material war 洞,窟窿,孔洞 ⟨ein großes, tiefes L. 一个大的、深的孔洞; ein L. (in etw.) reißen, graben, machen, bohren 撕、挖、打、钻一个洞; ein L. zumachen, zufüllen, zuschütten 封上、填上、塞满一个窟窿⟩: *Er hat ein großes L. im Strumpf* 他袜子上有个大洞; *Der Zahnarzt bohrt das L. im Zahn aus u. füllt es mit e-r Plombe* 牙医在牙齿上钻出孔洞,然后用填料补上; *Der Dieb grub ein L. in den Boden u. versteckte darin seine Beute* 小偷在地上挖了个洞,把他偷来的东西藏在里面 **2.** *gespr pej* [口][贬]; e-e kleine, *mst* dunkle od. schmutzige Wohnung 陋室,卑陋居室,窝 ⟨in e-m schmutzigen, feuchten L. wohnen, hausen 居住在、栖身于一间肮脏、潮湿的陋室⟩ ‖ ID[谚] ***etw. reißt ein großes L. in j-s Geldbeutel*** etw. kostet j-n sehr viel Geld 某事使某人大大破费; ***Löcher in die Luft starren*** (lange Zeit gedankenlos) geradeaus sehen, ohne dass man etw. Bestimmtes ansieht 心不在焉地凝视着,直勾勾地盯着出神; ***Löcher in die Luft schießen*** schießen u. nicht treffen 打空,未射(击)中; ***j-m ein L./Löcher in den Bauch fragen*** *gespr*[口]; j-m immer wieder Fragen stellen, weil man etw. ganz genau wissen will 向某人刨根问到底,向某人问个究竟; ***aus dem letzten L. pfeifen*** *gespr*[口]; **a)** keine Kraft mehr haben od. krank sein 精疲力尽; **b)** fast kein Geld mehr haben 几乎身无分文,手头拮据; ***saufen wie ein L.*** *gespr!*［粗］sehr viel Alkohol trinken 饮酒像无底洞,牛饮

lọ·chen; *lochte, hat gelocht*; [Vt]（及物）***etw. l.*** mit e-m Gerät ein Loch od. Löcher in etw. machen 打孔,扎孔眼,穿孔〈e-e Fahrkarte, ein Blatt Papier l. 在车票上、一页纸上打孔〉‖ *hierzu*（派生）**Lọ·chung** *die*

Lọ·cher *der*; *-s, -*; ein Gerät, mit dem man zwei Löcher in ein Blatt Papier macht (damit man es in e-n Ordner heften kann) 打孔器

lö̩·che·rig *Adj*（形）; *nicht adv*（不作状语）; mit mehreren Löchern 尽是窟窿的,有破洞的〈Socken, Strümpfe 短袜,长袜; l. wie ein Schweizer Käse 像瑞士干酪一样尽是窟窿〉

Locher

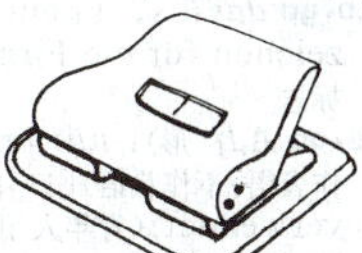

lö̩·chern; *löcherte, hat gelöchert*; [Vt]（及物）***j-n (mit etw.) l.*** *gespr*［口］; j-m immer wieder Fragen stellen od. ihm seine Wünsche sagen 磨烦,对…刨根问到底,一个劲地缠磨: *Meine Tochter löchert mich den ganzen Tag mit Fragen* 我女儿成天缠着我问这问那

Lọch·kar·te *die*; e-e Karte od. ein starkes Blatt Papier mit Informationen (in Form von Löchern), die von e-r Maschine gelesen werden können 针孔卡片,穿孔卡片

Lọ·cke *die*; *-, -n*; mehrere Haare, die (zusammen) e-e runde Form haben 鬈发〈Locken haben 有鬈发; das Haar in Locken legen 做鬈发〉: *Unsere Tochter hat glattes Haar, aber unser Sohn hat hübsche Locken* 我们的女儿头发直顺,而我们的儿子却有一头漂亮的鬈发 ‖ K-(复合): ***Locken-, -frisur, -kopf*** ‖ ▶ ***lockig, gelockt***

lọ·cken; *lockte, hat gelockt*; [Vt]（及物）**1.** ***j-n/ein Tier (irgendwohin) l.*** versuchen, j-n/ein Tier durch Rufe od. durch etw. Angenehmes an e-n bestimmten Ort zu bringen 引,吸引,引诱 ≈ anlocken ↔ verscheuchen: *Die Ente lockt die Küken zum Nest* 大鸭引小鸭进窝; *mit Käse e-e Maus in die Falle l.* 用干酪把耗子诱进捕鼠器; *e-n Fußballer mit viel Geld ins Ausland l.* 用高薪引诱一位足球运动员出国 ‖ K-(复合): ***Lock-, -ruf, -speise*** **2.** ***etw. lockt j-n irgendwohin*** etw. bringt j-n dazu, irgendwohin zu gehen (*mst* weil es sehr angenehm ist)(物作主语)将…吸引到,引向 ↔ etw. hält j-n von etw. fern: *Das warme Sommerwetter lockte viele Menschen an die Seen* 夏季暖和的天气把许多人吸引到湖边去 ‖ *zu*（义项）**1. Lọ·ckung** *die* ‖ ▶ ***Verlockung, verlockend***

Lọ·cken·wick·ler *der*; *-s, -*; e-e kleine Rolle aus Plastik od. Metall, um die man Haare wickelt, damit Locken entstehen 发卷

lọ·cker *Adj*(形) **1.** nicht gut befestigt 松动的,晃动的 ≈ lose, wackelig ↔ fest〈ein Zahn, e-e Schraube, ein Nagel, ein Knopf 牙齿,螺丝,钉子,钮扣〉: *Seit seinem Unfall sind bei ihm zwei Zähne l.* 自从出了事故,他的两颗牙齿松动了 **2.**〈e-e Masse, ein Material 物料,材料〉so, dass viele kleine Löcher (Zwischenräume) darin sind 松软的,疏松的 ↔ fest (3), dicht〈der Schnee, der Teig 雪,面团; l. stricken 织得松〉: *Würmer machen die Erde l.* 蚯蚓使土壤松软 **3.** nicht kräftig gespannt od. gezogen 松的,不紧的,松弛的 ↔ straff, stramm〈ein Seil, ein Strick, e-e Schnur 绳,索,带; ein Knoten 绳结〉**4.** *mst präd*(多作表语); nicht fest u. gespannt 不结实的,松弛的〈die Muskeln 肌肉; die Beine, die Arme 腿脚,手臂〉**5.**〈e-e Beziehung 关系; e-e Vorschrift, die Disziplin 规则,纪律〉so, dass man dabei viele Freiheiten hat 松弛的,松懈的,不严密的,不严格的 ↔ streng: *die Vorschriften l. handhaben* 没严格遵循规则 **6.** *gespr*［口］; in seinem Verhalten unkompliziert 随便的,大大咧咧的,洒脱不拘的 ≈ lässig, leger ↔ steif (4): *Man kann sich gut mit ihm unterhalten, weil er ein ziemlich lockerer Typ ist* 你与他聊天会高兴的,他是一个相当随便的人 ‖ *zu*（义项）**6. Lọ·cker·heit** *die*; *nur Sg*(只用单数)

lọ·cker.las·sen; *lässt locker, ließ locker, hat lockergelassen*; [Vi](不及物) *mst* 多用 ***nicht l.*** *gespr*［口］; etw. so lange versuchen, bis man sein Ziel erreicht hat 不放弃,不甩手,不撒手 ↔ aufgeben, verzagen: *Jetzt hast du die Arbeit bald fertig, du darfst nur nicht l.!* 现在你快把工作干完了,你可不要撒手不干! ‖ NB(注意): aber (但是): *das Seil locker lassen* 松开绳子(getrennt geschrieben 分开写)

lọ·cker·ma·chen; *machte locker, hat lockergemacht*; [Vt](及物) ***etw. l.*** *gespr*［口］; Geld für j-n/etw. geben 出钱,付钱,掏钱 ≈ spendieren: *Mein Vater hat 1000 Euro lockergemacht, damit ich mir ein Moped kaufen kann* 为了让我能买辆轻骑,我爸掏了一千欧元 ‖ NB(注意): aber (但是): *den Boden locker machen* 松土(getrennt geschrieben 分开写)

lọ·ckern; *lockerte, hat gelockert*; [Vt](及物) **1.** ***etw. l.*** e-e Masse locker (2) machen 使松软 ≈ auflockern〈die Erde, den Humus l. 土壤,腐殖土壤〉**2.** ***etw. l.*** etw., das gespannt ist, locker (3) machen 使松开,解开 ↔ straffen〈ein Seil, e-n Knoten l. 松开绳索,绳结〉**3.** ***etw. l.*** die Muskeln locker (4) machen 放松 ↔ anspannen: *vor e-m Sprint die Muskeln l.* 短跑前放松肌肉 **4.** ***etw. l.*** etw. Strenges lockerer (5) machen 放宽 ↔ verschärfen〈die Vorschriften, die Regeln l. 放宽规则、守则〉‖ *hierzu*(派生) **Lọ·cke·rung** *die*; *nur Sg* (只用单数)

lọ·ckig *Adj*(形); mit vielen Locken 鬈曲的,带鬈的 ↔ glatt〈j-s Haar 某人的头发〉

Lọck·vo·gel *der*; *oft pej* 常用［贬］; j-d mit der Aufgabe, j-n zu e-m bestimmten (*mst* illegalen) Verhalten zu bewegen 囮子,诱鸟: *Die Polizei setzte e-e Polizistin als L. für den Sexualverbrecher ein* 警方派一名女警察当诱鸟引

L

诱性罪犯上钩

Lo·den *der*; *-s*; *nur Sg*(只用单数); ein sehr dichtes Material aus Wolle, aus dem man *bes* Mäntel macht 洛登呢 ‖ K-(复合): ***Loden-, -mantel, -stoff***

lo·dern; *loderte, hat gelodert*; [Vi](不及物) ***etw. lodert*** etw. brennt mit großen u. hohen Flammen(物作主语)火光冲天,熊熊燃烧〈Flammen, ein Feuer 火焰,火〉

Löf·fel *der*; *-s, -* **1.** der Gegenstand, mit dem man *z.B.* die Suppe isst 匙,勺,调羹〈ein silberner L. 一把银勺; den L. ablecken 把勺舔净〉‖ K-(复合): ***Löffel-, -stiel*** ‖ -K(复合): ***Ess-, Kaffee-, Suppen-, Tee-*** **2.** ***ein L.*** + *Substanz*(物质) die Menge der Substanz, die auf e-n L. (1) passt 一勺…〈ein gestrichener, gehäufter L. Zucker 一平勺、一满勺糖〉: *fünf L. Mehl* 五勺面 ‖ ID[谚] ***j-m ein paar hinter die Löffel geben*** *gespr*[口]; j-m e-e Ohrfeige geben 掴某人耳光; ***ein paar hinter die Löffel bekommen*** *gespr*[口]; e-e Ohrfeige bekommen 挨耳光; *mst* 多用 ***Schreib dir das hinter die Löffel!*** *gespr*[口]; merke dir das in Zukunft ganz genau! 牢牢记住这一点!; ***den L. abgeben / wegwerfen*** *gespr!*[粗] ≈ sterben

löf·feln; *löffelte, hat gelöffelt*; [Vt](及物) ***etw. l.*** etw. mit dem Löffel (1) essen 用勺吃,用匙喝: *hungrig seine Suppe aus dem Teller l.* 用勺狼吞虎咽地从盘里舀汤喝

log *Imperfekt, 1. u. 3. Person Sg*(过去时,单数第一和第三人称); ↑ ***lügen***

Lo·ge [ˈloːʒə] *die*; *-, -n*; der Teil e-s Theaters, Kinos *o. Ä.*, der die teuersten Plätze hat u. der von den anderen Plätzen abgegrenzt ist 包厢,厢座 ‖ ↑ *Abb. unter* 图见 ***Theater*** ‖ K-(复合): ***Logen-, -platz***

Log·gia [ˈlɔdʒa] *die*; *-, Log·gi·en* [ˈlɔdʒiən]; e-e Art großer Balkon mit Dach 凉廊,敞廊

lo·gie·ren [-ˈʒiː-, -ˈʃiː-]; *logierte, hat logiert*; [Vt](及物) **1.** ***j-n l.*** (CH) [瑞] j-n bei sich als Gast wohnen lassen 留宿,留…在家居住 ≈ aufnehmen, unterbringen; [Vi](不及物) **2.** ***irgendwo l.*** *veraltend, oft hum*[渐旧]常用[诙] ≈ irgendwo für e-e bestimmte Zeit wohnen

Lo·gik *die*; *-*; *nur Sg*(只用单数) **1.** e-e Denkweise, bei der jeder Gedanke sinnvoll od. notwendigerweise zum nächsten führt 逻辑(性),逻辑思维〈e-e strenge, konsequente L. 严密的、前后一致的逻辑〉: *In dem Satz „Er aß sehr viel, weil er keinen Hunger hatte" fehlt die L.* "他吃得很多,因为他不饿",这句话缺乏逻辑 **2.** die Wissenschaft, die sich mit den Prinzipien u. Gesetzen des Denkens beschäftigt 逻辑学: *die mathematische L.* 数理逻辑学 ‖ *zu* (义项)**2.** **Lo·gi·ker** *der*; *-s, -*; **Lo·gi·ke·rin** *die*; *-, -nen*

Lo·gis [loˈʒiː]; *mst in* 多用于 (***bei j-m***) ***Kost u. L. haben*** bei j-m essen u. wohnen können (在…处)吃住,膳宿: *Sie verbrachte vier Wochen bei ihrer Tante in Frankreich – da hatte sie Kost u. L. frei* 她在法国姨妈那里过了四个礼拜——吃住都免费

lo·gisch *Adj*(形) **1.** so, dass es den Prinzipien der Logik (1,2) entspricht 逻辑的,合乎逻辑的 ≈ folgerichtig ↔ unlogisch〈e-e Schlussfolgerung, ein Zusammenhang 结论,联系; l. denken, l. handeln 合乎逻辑地思考,行事〉**2.** *mst präd, gespr*(多作表语)[口]; so, dass man keinen weiteren Grund dafür nennen muss 自然的,合乎情理的,理所当然的 ≈ selbstverständlich: *Es ist doch völlig l., dass du kein Geld hast, wenn du so teure Hobbys hast* 要是你的业余爱好花销那么大,你没有钱是完全合乎情理的

Lo·go *das*; *-s, -s*; ein Symbol, das als Warenzeichen für e-e Firma verwendet wird 商标,标志

lo·go *Adj*(形); *nur präd, nicht adv, gespr*(只作表语,不作状语)[口]; (*bes* von Jugendlichen verwendet)(青年人用语) ≈ logisch (2): *Das ist l.!* 这在理!

Lohn *der*; *-(e)s, Löh·ne* **1.** das Geld, das *bes* Arbeiter für ihre Arbeit (jeden Tag, jede Woche od. jeden Monat) bekommen 工资,工钱〈e-n festen L. haben 有固定工资; die Löhne erhöhen, kürzen, auszahlen 提高、缩减、支付工资; die Löhne u. Gehälter 工资和薪水〉‖ K-(复合): ***Lohn-, -abbau, -auszahlung, -buchhaltung, -empfänger, -erhöhung, -forderung, -kürzung, -niveau, -tarif, -verhandlungen*** ‖ -K(复合): ***Arbeits-; Tarif-; Tages-, Wochen-, Monats-; Brutto-, Netto-*** ‖ NB(注意): Angestellte bekommen ein *Gehalt*, Beamte *Bezüge*(职员领 Gehalt 薪金,公务员领 Bezüge 工资); Leute, die freiberuflich arbeiten, wie *z. B.* Rechtsanwälte, Ärzte od. Übersetzer, bekommen ein *Honorar*(律师、医生或翻译等自由职业者领 Honorar 酬金); j-d, der selbstständig arbeitet, hat ein (privates) *Einkommen*(独立劳动者有(私人)Einkommen 收入); Schauspieler u. Künstler bekommen e-e *Gage*, Soldaten e-n *Sold*(演员和艺术家领 Gage 薪俸,战士领 Sold 军饷); *Verdienst* ist der Oberbegriff(Verdienst 劳动收入是大概念) **2.** ***der L.*** (***für etw.***) *nur Sg, auch iron*(只用单数)也作[讽]; das, was man für seine Mühe od. für e-e Leistung od. Tat bekommt 报酬,酬谢,回报,报应〈ein königlicher, fürstlicher, angemessener L. 王室的、侯爵的、适当的酬谢〉: *Als L. für sein gutes Zeugnis bekam er ein Fahrrad* 他得到一辆自行车,是作为对他优异成绩的回报; *E-e Ohrfeige war der L. für seine Frechheit* 一记耳光是对他放肆行为的惩罚

loh·nen; *lohnte, hat gelohnt*; [Vt](及物) **1.** ***j-m etw. l.*** *veraltend*[渐旧] ≈ j-n für etw. belohnen〈j-m seine Hilfe, Treue l. 报答(酬报)某人的帮助、忠诚〉; [Vr](反身) **2.** ***etw. lohnt sich*** etw. bringt e-n materiellen od. ideellen Vorteil od. Gewinn(物作主语)值得 ≈ etw. rentiert sich: *Die ganze Mühe hat sich wirklich gelohnt* 花大力气做这工作的确是值得的;

Es lohnt sich nicht mehr, den alten Fernseher reparieren zu lassen 这台旧电视不值得修了

loh·nend **1.** *Partizip Präsens*（现在分词）；↑ ***lohnen*** **2.** *Adj*（形）；*mst attr*（多作定语）；〈e-e Aufgabe, ein Plan, ein Unternehmen 任务，计划，行动〉so, dass man dabei e-n Gewinn od. viel Freude daran hat 值得（去努力干）的，有好处的，有利的 ≈ rentabel, erstrebenswert

lohn·ne·ben·kos·ten *die*；*Pl*（复）；die Kosten, die e-m Arbeitgeber neben dem eigentlichen Lohn / Gehalt aus e-r Arbeitsstelle entstehen, *bes* sein Anteil an der Kranken-, Renten- u. Arbeitslosenversicherung u. die Kosten für Lohnfortzahlungen bei Krankheit 工资附加费用，工资额外费用

Lohn·steu·er *die*；die Steuer, die ein Arbeiter, Angestellter od. Beamter für das Geld, das er verdient, an den Staat zahlen muss 工资所得税 ‖ NB（注意）：↑ ***Einkommenssteuer***

Lohn·steu·er|jah·res·aus·gleich *der*；ein System, nach dem man e-n Teil der bereits bezahlten Steuer zurückbekommt, wenn man *bes* für seinen Beruf bestimmte Ausgaben hatte（*z. B.* für Bücher, Berufskleidung, ein Arbeitszimmer *o. Ä.*）年终平衡（年度调整）工资所得税〈den L. machen 制作（年度调整）工资所得税〉

Lohn·steu·er|kar·te *die*；ein Formular（Vordruck），das man von der Gemeinde bekommt u. beim Arbeitgeber abgeben muss, damit er darauf einträgt, wie viel Lohn man in einem Jahr bekommen, bzw. wie viel Steuern man bezahlt hat 工资所得税卡

Loi·pe [ˈlɔypə] *die*；-, -*n*；SPORT【体】；die Spur, in der man beim Skilanglauf läuft 长距离滑雪道〈e-e gespurte L. 一条滑出轨迹的长距离滑雪道〉

Lok *die*；-, -*s*；*Kurzw*（略）↑ ***Lokomotive***

lo·kal *Adj*（形）；*mst attr*，*geschr*（多作定语）［书］；nur e-n bestimmten Ort, e-e bestimmte Stelle betreffend 局部的，地方的 ≈ örtlich〈die Nachrichten 消息；e-e Betäubung 麻醉；j-n l. betäuben 给某人做局部麻醉〉‖ K-（复合）：***Lokal-***，***-nachrichten***，***-patriotismus***，***-zeitung***，***-presse***

Lo·kal *das*；-*s*，-*e*；ein Raum od. Räume, in denen man für Geld etw. essen u. trinken kann 饭馆，酒店 ≈ Gaststätte, Wirtschaft〈in e-m L. einkehren 中途在一家饭店休息（歇脚）〉：*nach e-r Wanderung in e-m L. etwas essen* 徒步旅行后在一家饭馆吃点东西 ‖ -K（复合）：***Speise-***，***Tanz-***

lo·ka·li·sie·ren；*lokalisierte*，*hat lokalisiert*；[*Vt*]（及物）***etw. l.*** *geschr*［书］；herausfinden od. festlegen, wo etw. ist 找出或确定…的位置：*die Schmerzen l.* 确定疼痛的部位；*die Stelle l., an der das Gift in den Fluss gelangte* 找到毒物流入河中的地方 ‖ *hierzu*（派生）**Lo·ka·li·sie·rung** *die*；*mst Sg*（多用单数）；**lo·ka·li·sier·bar** *Adj*（形）；*nicht adv*（不作状语）

Lo·kal·sen·der *der*；ein（Radio- od. Fernseh）-Sender, der nur in e-m kleinen Gebiet empfangen wird 地方发射台，地方广播电台，地方电视台

Lo·kal·teil *der*；der Teil e-r Zeitung mit den Nachrichten über den Ort, in dem die Zeitung erscheint（报纸的）地方版面，本地版面

Lo·kal·ter·min *der*；das Treffen des Richters mit dem Angeklagten an dem Ort, an dem die Tat geschah（法院）现场调查日期〈e-n L. ansetzen, anberaumen 确定、安排现场调查日期〉

Lok·füh·rer *der*；*Kurzw*（略）↑ ***Lokomotivführer***

Lo·ko·mo·ti·ve [-v-] *die*；-, -*n*；e-e Maschine, die auf e-m Eisenbahngleis die Wagen zieht 火车头，机车 ‖ -K（复合）：***Dampf-***，***Elektro-***

Lo·ko·mo·tiv·füh·rer *der*；j-d, der beruflich e-e Lokomotive fährt 火车司机

Lo·kus *der*；-, *Lo·kus·se*；*gespr*，*veraltend*，*oft hum*［口］［渐旧］常用［诙］≈ Toilette, Klo

Lol·li *der*；-*s*，-*s*；*gespr*［口］≈ Lutscher

Look [lʊk] *der*；-*s*；*nur Sg*（只用单数）；der typische Stil e-r Mode 时装的式样〈ein sportlicher, eleganter L. 运动员的、时髦的服式〉：*Kleider im L. der 60 er Jahre* 60 年代式样的衣服 ‖ -K（复合）：***Safari-***，***Trachten-***

Loo·ping [ˈluːpɪŋ] *der*；-*s*，-*s*；FLUG【航空】；der Kreis（in vertikaler Lage），den ein Flugzeug fliegt od. den e-e Achterbahn auf dem Rummelplatz fährt 翻跟头〈e-n L. drehen, fliegen 翻跟斗旋转、飞行〉

Lor·beer *der*；-*s*，-*en* **1.** die kräftigen grünen Blätter e-s Baumes, der im Bereich des Mittelmeeres wächst 月桂 ‖ K-（复合）：***Lorbeer-***，***-baum***，***-blatt***，***-zweig*** **2.** *nur Sg*（只用单数）；ein Blatt des Lorbeers（1），das man als Gewürz verwendet（作香料用的）月桂叶 ‖ ID［谚］***sich auf seinen Lorbeeren ausruhen*** *gespr*［口］；nachdem man Erfolg gehabt hat, sich keine große Mühe mehr geben 躺在成绩上不求上进（吃老本）；（***bei / mit etw.***）***keine Lorbeeren ernten können*** *gespr*，*oft iron*［口］常用［讽］；mit e-r Leistung keine Erfolge haben od. keinen Eindruck machen（在…方面）没能获得成功或没能留下好印象（吃力不讨好）

Lor·beer·kranz *der*；Zweige des Lorbeerbaumes, die in der Form e-s Kreises miteinander verbunden sind u. die man（*bes* in der Antike）j-m für seine（sportlichen od. politischen）Erfolge auf den Kopf setzte 月桂花环，桂冠：*der L. Cäsars* 凯撒的月桂花环

Lo·re *die*；-, -*n*；ein kleiner Wagen, der auf Schienen *bes* Steine（in Steinbrüchen）od. Kohle（in Bergwerken）transportiert（煤矿装运石料或煤块的）小货车

los[1] *Adj*（形）；*nur präd*，*ohne Steigerung*，*nicht adv*（只作表语，不变级，不作状语）**1.** nicht mehr an etw. befestigt 松开的，脱落的 ≈ ab, lose（1）〈ein Nagel, e-e Schraube, ein Brett, e-e Latte, ein Knopf 钉子，螺丝，木板，板条，扣子〉：*Du hast das Brett nicht fest genug angenagelt – jetzt ist es schon wieder*

L

l. 你没有把木板钉紧——现在它已经脱落了 **2. j-n/etw. l. sein** *gespr*[口]; von e-r (unangenehmen) Person/Sache befreit sein 摆脱〈e-e Krankheit l. sein 病好了(摆脱了疾病); die Erkältung, den Schnupfen, den Husten, die Schmerzen l. sein 感冒、流鼻涕、咳嗽、疼痛好了〉: *Nach zwei Stunden war ich unseren lästigen Nachbarn endlich l.* 两小时后我终于摆脱了我们讨厌的邻居 **3. etw. l. sein** *gespr*[口]; etw. nicht mehr haben, weil man es verloren od. ausgegeben hat 把…丢了、花了: *Er ist schon wieder seinen Job l.* 他又把自己的工作丢掉了; *Er hat seinen Koffer im Bus stehen lassen – jetzt ist er ihn l.* 他把自己的箱子落在公共汽车里了——现在它丢了; *Jetzt bin ich schon wieder fünfzig Euro l.!* 现在我又花掉了 50 欧元 **4. irgendwo/irgendwann ist viel/wenig/nichts/(et)was l.** *gespr*[口]; irgendwo/irgendwann geschieht viel, wenig *usw mst* Interessantes (某地/某时)发生许多(趣)事/没发生什么事/什么事都没有发生/发生一点事: *In e-r Großstadt ist viel l.: Da gibt es Kinos, Theater u. viele Kneipen* 在大城市里(发生的)事情多:那里有影院、剧场和许多酒吧; *In diesem kleinen Dorf ist absolut nichts l.* 在这个小村庄里压根儿什么趣事都没有 **5. mit j-m ist nichts l.** *gespr*[口]; j-d ist krank, sehr beschäftigt od. langweilig… 身体不舒服,不带劲,没情绪: *Mit Rudi ist zurzeit nichts l., der muss den ganzen Tag arbeiten* 鲁迪现在没情绪,他得成天干活 **6.** *mst* 多用 **Was ist denn mit dir l.?** *gespr*[口]; hast du Probleme od. bist du krank? 你到底怎么啦?; 你哪里不舒服? **7. Was ist (denn) los? a)** was ist passiert? 出了什么事?; **b)** verwendet, um Verärgerung auszudrücken, *bes* wenn man gestört wird (表示生气)怎么啦?你干吗?

los² *Adv*(副) **1.** verwendet, um j-n aufzufordern, schneller zu gehen od. etw. schneller zu machen (表示催促)快,赶快: *Los, beeile dich endlich!* 快,快走吧!; *Los, komm jetzt!* 快,现在就过来!; *Los, wir gehen jetzt!* 快,我们现在就走! **2. Auf die Plätze/Achtung – fertig – los!** verwendet als Kommando beim Start zu e-m Wettlauf (赛跑时的口令)各就各位/注意——预备——跑!

Los *das*; *-es, -e* **1.** ein Stück Papier mit e-r Nummer, das man kauft, um (bei e-r Lotterie) etw. zu gewinnen 彩票,奖券〈ein L. kaufen, ziehen 买、抽彩票〉: *Er kaufte fünf Lose, und alle waren Nieten* 他买了 5 张彩票,全没有中 ‖ K-(复合): **Los-, -nummer, -verkäufer** **2.** ein Stück Papier *o. Ä.*, das dazu verwendet wird, e-e Entscheidung nach dem Zufallsprinzip zu treffen 签,阄〈ein L. ziehen 抓阄(抽签); etw. durch L. ermitteln 通过抓阄检验某事; das L. entscheidet 抽签决定〉: *Da zwei Teilnehmer dieselbe Punktzahl haben, wird durch L. ermittelt, wer in das Finale kommt* 因为两队得分数相同,故通过抽签来确定谁进入决赛 ‖ K-(复合): **Los-, -entscheid** **3.** *geschr*[书] ≈ Schicksal〈ein schweres L. haben 有着苦难的命运; ein schreckliches L. erleiden 遭受可怕的命运〉 **4. das Große L.** der größte Gewinn in e-r Lotterie 大奖,头奖 ≈ Hauptgewinn ‖ ID[谚] **mit j-m/etw. das große L. gezogen haben** gut gewählt haben (因某人/某事)交了大好运 ‖ ▶ **auslosen, verlosen**

los- *im Verb, betont u. trennbar, sehr produktiv* (构成动词,重读并可分,构词强); die Verben mit *los-* werden nach folgendem Muster gebildet (los- 动词的模式如下): *losgehen – ging los – losgegangen*

1. *los-* drückt aus, dass sich j-d/etw. von e-r Stelle weg bewegt (表示离开,离去) ≈ weg-, fort-;

losfahren: *Als er an der Haltestelle ankam, fuhr der Bus gerade los* 当他走到车站时,公共汽车刚开走 ≈ Als er ankam, bewegte sich der Bus gerade von der Haltestelle weg

ebenso (同类词有): **losfliegen, losrennen, losschwimmen**

2. *los-* drückt aus, dass e-e Handlung plötzlich beginnt (表示行为突然开始);

losschreien: *Als man dem Kind das Spielzeug wegnahm, schrie es los* 当你拿走孩子玩具的时候,他就喊叫了起来 ≈ Als man dem Kind das Spielzeug wegnahm, fing es plötzlich an zu schreien

ebenso (同类词有): **losbrüllen, losschlagen**

3. *los-* drückt aus, dass j-d/etw. von etw. getrennt wird (表示分离,分开,解开) ≈ ab-(1), weg-;

etw. losdrehen: *Er drehte die Schraube los* 他拧开螺丝 ≈ Er drehte die Schraube so lange, bis sie (*z. B.* von e-m Brett) getrennt war

ebenso (同类词有): **etw. losbinden, etw. loslösen, etw. losmachen, etw. losschrauben**

-los; *im Adj, sehr produktiv* (构成形容词,构词强); ohne die genannte Sache 没有…的,无…的,不…的; **arbeitslos, chancenlos, gewissenlos, glücklos, respektlos, sinnlos, verantwortungslos, ziellos, zwecklos** ‖ NB(注意): ↑ **-frei**

los·be·kom·men; *bekam los, hat losbekommen*; [Vt](及物) **etw. (von etw.) l.** *gespr*[口]; etw. von etw. trennen können 使分开,设法打开,弄开: *Er bekam den Deckel nicht von der Dose los* 他没法打开罐头盖

los·bin·den (*hat*) [Vt](及物) **j-n/etw. (von etw.) l.** j-n/etw. von etw. trennen, indem man e-n Knoten öffnet 把…解开,使松开 ↔ anbinden: *ein Boot von der Stange l.* 从杆上解开缆绳开船

los·bre·chen (*ist*) [Vi](不及物) **etw. bricht los** etw. fängt plötzlich u. intensiv an (物作主语) 突然发生,爆发〈ein Sturm, ein Gewitter, ein Schauer 风暴,雷雨,阵雨; das Gelächter 笑声〉

Lösch·blatt *das*; ein Blatt weiches Papier, das man benutzt, um feuchte Tinte zu trocknen 吸墨水纸

lö·schen[1]; *löschte, hat gelöscht*; [Vt] (及物) **1. etw. l.** bewirken, dass etw. nicht mehr brennt扑灭,熄灭 ↔ anzünden ⟨ein Feuer, e-n Brand 火,火灾; e-e Kerze l. 熄灭蜡烛⟩: *Die Feuerwehr löschte den Brand* 消防队扑灭火灾 ‖ K-(复合): **Lösch-**, **-arbeiten**, **-fahrzeug**, **-leiter**, **-mannschaft**, **-trupp**, **-wasser** **2. etw. l.** mit e-m Schalter bewirken, dass das (elektrische) Licht nicht mehr brennt 关灭,关上,熄灯 ≈ ausschalten ⟨das Licht l. 熄灯⟩ **3. etw. l.** bewirken, dass das Genannte od. dessen Inhalt nicht mehr vorhanden sind 消除,清除,勾销,取消,抹掉,擦去 ≈ tilgen, streichen ↔ aufnehmen ⟨e-e Eintragung, Daten l. 抹去记录、数据; ein Konto l. 取消一个户头; ein Tonband, e-e Tonbandaufnahme l. 洗掉磁带、磁带录音⟩: *Ich muss neue Kassetten kaufen, weil ich keine von den alten l. möchte* 我得买新的录音带,我不想把旧带洗掉 ‖ K-(复合): **Lösch-**, **-taste** **4. etw. löscht den Durst** etw. bewirkt, dass man keinen Durst mehr hat (物作主语)止渴(解渴) ⟨Getränke 饮料⟩: *Mineralwasser löscht den Durst* 矿泉水止渴 **5. den Durst (mit etw.) l.** etw. trinken 喝…解渴: *Er löschte seinen Durst mit Limonade* 他喝汽水解渴 ‖ *zu* (义项)**3. Lö·schung** *die*; *mst Sg*(多用单数)

lö·schen[2]; *löschte, hat gelöscht*; [Vt] (及物) **etw. l.** NAUT【航海】; die Waren, die ein Schiff transportiert, an Land bringen(轮船)卸货,把…卸下船 ≈ entladen ⟨die Fracht, die Ladung, ein Schiff l. 把运载的货物、装载的货物、轮船上的货物卸下⟩ ‖ *hierzu* (派生) **Lö·schung** *die*; *mst Sg*(多用单数)

Lösch·pa·pier *das*; *nur Sg* (只用单数) ≈ Löschblatt

los·don·nern (*ist*) [Vi] (不及物) **j-d/etw. donnert los** *gespr* [口]; j-d/etw. fährt schnell u. mit viel Lärm weg(人/物作主语)噔噔地走开/轰隆隆地开(飞)走了 ≈ j-d/etw. rast los ⟨ein Auto, ein Motorrad, ein Flugzeug 汽车,摩托,飞机⟩

los·dre·hen (*hat*) [Vt] (及物) **etw. (von/aus etw.) l.** etw. von etw. trennen, indem man es dreht 把…旋脱、拧开、扭松 ⟨e-e Schraube l. 拧开螺丝⟩

lo·se *Adj*(形) **1.** nicht mehr an etw. befestigt 松动的,未紧固的 ↔ fest ⟨e-e Schraube, ein Nagel, ein Knopf 螺丝,钉子,扣子⟩ **2.** nicht aneinander befestigt 散页的,活页的 ≈ einzeln ⟨Blätter 纸⟩: *Seine Hefte bestehen nur noch aus losen Blättern* 他的本子装的全是活页 **3.** *mst attr*(多作定语); leicht provozierend 戏弄的,挑逗的,惹是生非的 ≈ frech ⟨lose Späße machen, lose Sprüche, Reden führen 乱开玩笑,呓语连天,信口雌黄; ein loses Mundwerk haben 有一张油嘴⟩ **4.** (noch) nicht fertig verpackt 散装的 ⟨Bonbons l. verkaufen 出售散装糖果⟩

Lö·se·geld *das*; *nur Sg*(只用单数); die Summe Geld, die man bezahlen muss, damit ein Gefangener freigelassen wird 赎金 ⟨ein L. fordern, zahlen, hinterlegen 要求、支付、交付赎金⟩: *Die Entführer des Kindes verlangten eine halbe Million Euro L.* 劫持小孩的人要求50万欧元赎金

los·ei·sen; *eiste los, hat losgeeist*; [Vt] (及物) **j-n/sich l.** *gespr* [口]; erreichen, dass j-d/man von e-r Verpflichtung frei wird (u. e-n Ort verlassen kann) 使摆脱,脱身,腾出身: *Ich weiß, dass du viel zu tun hast. Aber kannst du dich nicht mal für ein paar Stunden l. u. zu mir kommen?* 我知道你事情很多。不过你能不能腾出几个小时到我这里来一次?

lo·sen; *loste, hat gelost*; [Vi] (不及物) (**um etw.**) **l.** etw. durch ein Los (2) entscheiden 通过抽签决定: *Meine beiden Söhne losten* (darum), wer *mit meinem Auto fahren durfte* 我两个儿子抽签决定谁可以开我的汽车

lö·sen[1]; *löste, hat gelöst*; [Vt] (及物) **1. etw. (von/aus etw.) l.** etw. von der Sache/Stelle trennen, an der es befestigt (fest) ist (从…上)撕下,揭下,扯下 ≈ abmachen, trennen ↔ befestigen, anbringen: *Sie löste die Briefmarke von der Postkarte* 她从明信片上揭下邮票; *Er löst die Tapeten von der Wand* 他从墙上撕下糊墙纸 **2. etw. l.** etw., das fest ist, locker(er) machen 松开,解开 ≈ lockern ⟨e-n Knoten l. 解开结; e-e Schraube l. 松开螺丝⟩ **3. etw. löst etw.** etw. beseitigt etw. teilweise od. ganz(物作主语)缓解,减缓;排除,消除 ⟨etw. löst Krämpfe, Schmerzen, Hemmungen, Spannungen 某物消除痉挛,减缓疼痛,排除障碍,缓解紧张⟩: *e-e Creme, die die Spannungen in der Muskulatur löst* 一种缓解肌肉组织紧张的药膏 **4. etw. l.** e-e Fahrkarte kaufen 购买(车票): *e-e Fahrkarte für die Straßenbahn am Automaten l.* 在自动售票机上买电车票; [Vr] (反身) **5. etw. löst sich (von etw.)** etw. trennt sich von der Sache/Stelle, an der es befestigt (fest) ist(物作主语)脱落,掉落,剥落 ≈ etw. geht ab ⟨die Tapete, e-e Lawine die Farbe 墙纸,雪崩,颜色⟩: *Die Farbe löste sich vom Zaun* 篱笆上的颜色掉了 **6. etw. löst sich** etw. wird immer lockerer u. ist zum Schluss lose (1)(物作主语)松动,松开,松散 ⟨e-e Schraube, ein Knoten 螺丝,结⟩ **7. sich von j-m l.** die enge Bindung an e-e Person geringer werden lassen od. brechen 与…疏远,摆脱: *Wenn die Kinder älter werden, lösen sie sich von ihren Eltern* 孩子长大了就与父母关系疏远了 **8. etw. löst sich** etw. wird in der Intensität geringer(物作主语)缓解,减缓,缓和 ≈ etw. nimmt ab, lässt nach ↔ etw. nimmt zu ⟨Schmerzen, Krämpfe 疼痛,痉挛; Hemmungen, Spannungen 障碍,紧张⟩ **9. ein Schuss löst sich** ein Schuss kommt aus der Waffe, ohne dass j-d schießen wollte 走火

lö·sen[2]; *löste, hat gelöst*; [Vt] (及物) **1. etw. l.** durch Nachdenken, Analysieren u. Handeln zu e-m sinnvollen Ergebnis kommen 解,解开,解答 ≈ meistern, bewältigen, klären ⟨ein Problem, ein Rätsel, e-n Fall, e-e mathematische Aufgabe l. 解开疑难、谜语、案情、数学题〉: *Dem Detektiv gelang es nicht, den Mordfall zu l.* 这位侦探侦破不了这起谋杀案; [Vr] (反身) **2. etw. löst sich** etw. wird von j-m durch Nachdenken, Analysieren u. Handeln zu e-m sinnvollen Ergebnis gebracht(物作主语)解开,弄清楚,有了答案 ≈ etw. klärt sich (auf): *Die Polizei brauchte nicht mehr zu suchen, da sich das Rätsel um das verschwundene Auto gelöst hatte* 警方不需要再找了,因为丢车之谜已解开了

lö·sen[3]; *löste, hat gelöst*; [Vt] (及物) **1. etw. löst etw.** etw. bildet mit etw. e-e homogene Mischung und entfernt es auf diese Weise 〈von e-m anderen Stoff〉(物作主语)清洗,消除: *Terpentin löst Farben u. Öle* 松节油能清洗颜料和油料 **2. etw. (in etw. (Dat 三格)) l.** e-e Substanz in e-e Flüssigkeit geben, damit sich e-e homogene Mischung bildet 将…溶于、溶入 〈Salz, Zucker in Wasser l. 把盐、糖溶于水中〉; [Vr] (反身) **3. etw. löst sich** etw. bildet mit e-r Flüssigkeit e-e homogene Mischung(物作主语)溶解 ≈ etw. löst sich auf, zersetzt sich: *Fett löst sich nicht in Wasser* 油脂在水里不溶解

los·fah·ren (*ist*) [Vi] (不及物) (**von etw.**) **l.** sich mit e-m Fahrzeug von e-m Ort weg bewegen(开车,乘车)离开 ≈ abfahren: *Wir fuhren in Genf um drei Uhr los* 我们是三点从日内瓦开车出发的

los·ge·hen (*ist*) [Vi] (不及物) **1.** e-n Ort zu Fuß verlassen 出发,动身,上路 ≈ abmarschieren, aufbrechen, sich auf den Weg machen ↔ ankommen: *Wenn wir den Zug noch erreichen wollen, müssen wir jetzt l.* 要是我们还想赶上火车,现在我们该动身了 **2. etw. geht los** *gespr* [口] ≈ etw. beginnt 〈Veranstaltungen: das Theater, ein Theaterstück, ein Film, das Kino, ein Spiel, ein Konzert 各种文体活动:剧场演出,戏,电影,影院,比赛,音乐会〉: *Das Fest geht um 3 Uhr los* 庆祝活动3点开始 **3. etw. geht los** etw. wird abgefeuert od. explodiert(物作主语)打响或爆炸 〈ein Schuss, e-e Bombe 枪声,炸弹〉 **4.** (**mit etw.**) **auf j-n l.** *gespr* [口] ≈ j-n angreifen, attackieren: *Plötzlich gingen zwei Männer mit dem Messer aufeinander los* 突然两个男子手持刀子扭打起来 ‖ ID [谚] *mst* 多用 **Gleich geht es los!** *gespr* [口]; etw. (*z. B.* e-e Veranstaltung) beginnt in kurzer Zeit 马上开始!(指文体娱乐活动); **Jetzt gehts schon 'wieder los!** *gespr pej* [口][贬]; etw. Unangenehmes beginnt wieder(不愉快的事)又来了!; **Auf „los!" gehts los!** wenn das Startzeichen „los" gegeben wird, fängt *mst* ein Wettbewerb an 一声"跑!",比赛开始了!

los·ha·ben (*hat*) [Vt] (及物) *nur in* 只用于 (**et**)**was/ viel/ wenig/ nichts l.** *gespr* [口]; gutes/großes/wenig/kein Wissen od. Können (auf e-m bestimmten Gebiet) haben(在某一方面)有能耐/能耐大/能耐不大/没能耐 ≈ sich auskennen: *In praktischen Dingen hat er viel los* 干实际的事他能耐大

los·heu·len (*hat*) [Vi] (不及物) *gespr* [口]; plötzlich anfangen, heftig zu weinen 大哭大叫起来,嚎哭起来

los·kom·men (*ist*) [Vi] (不及物) **1. von j-m/ etw. l.** *gespr* [口]; sich von j-m/etw. trennen können 摆脱,离开,解脱,脱身 〈vom Alkohol nicht mehr l. 无法摆脱酗酒〉: *Obwohl sie ständig Streit mit ihrem Freund hat, kommt sie nicht mehr von ihm los* 虽然她经常和男友吵架,但她无法离开他 ‖ NB(注意): *mst* verneint (多用否定句)! **2.** (**von etw.**) **l.** *gespr* [口] ≈ sich von etw. befreien: *Der Hund versuchte, von der Leine loszukommen* 这条狗试图挣脱绳索

los·krie·gen (*hat*) [Vt] (及物) *gespr* [口] **1. etw.** (**von etw.**) **l.** etw. von etw. trennen können 把…弄(拧、撬)开: *Die Schraube ist verrostet, ich krieg' sie nicht los* 螺丝生锈了,我拧不开它 **2. etw. l.** etw. verkaufen können 把…出手、卖掉: *Er kriegt sein altes Auto nicht los* 他卖不掉自己的旧车 **3. j-n l.** ≈ j-n loswerden

los·la·chen (*hat*) [Vi] (不及物) plötzlich anfangen zu lachen 放声笑起来: *Sie lachte laut los, als sie ihn im Nachthemd sah* 当她看见他身穿睡衣时,她放声大笑起来

los·las·sen (*hat*) [Vt] (及物) **1. j-n/ etw. l.** e-e Person/Sache, die man mit der Hand hält, nicht länger halten 松开(手),放开 ↔ festhalten: *Du darfst die Zügel nicht l.!* 你不要松开缰绳 **2. ein Tier (auf j-n) l.** e-m Tier befehlen od. es ihm möglich machen, j-n anzugreifen 唆使动物(向…)袭击: *Er ließ seinen Hund auf den Dieb los* 他唆使自己的狗去袭击小偷 **3. j-n auf j-n** (*Kollekt od Pl* (集合或复数)) **l.** *gespr* [口]; j-n, der noch keine Erfahrung hat, seine Arbeit tun lassen 放手让…去干,撒手让…去干: *Ist es nicht schlimm, so e-n unerfahrenen jungen Arzt auf die Menschheit loszulassen?* 放手让一位毫无经验的年轻医生给人治病,这样好吗? **4. etw. l.** *gespr, mst pej* [口]多作[贬]; etw. schreiben u. es abschicken od. etw. sagen 写出来,说出来,(用文字或言语)发泄出来 〈e-e Beschwerde l. 吐苦衷; e-n Spruch, e-n Fluch l. 说出格言,脱口骂人〉 **5. j-n nicht mehr l.** *gespr* [口]; versuchen, j-n als Partner zu behalten (um ihn zu heiraten) 不放弃,缠住,紧紧抓住,紧追…不放

los·lau·fen (*ist*) [Vi] (不及物) plötzlich anfangen zu laufen od. zu gehen 起跑,起行

los·le·gen (*hat*) [Vi] (不及物) **1.** (**mit etw.**) **l.** *gespr* [口]; deutlich u. wütend sagen, was einen ärgert 发泄,倾诉,把…倒出来: *Er legte sofort los mit seinen Beschwerden* 他马上发泄自己的牢骚 **2.** (**mit etw.**) **l.** *gespr* [口]; etw. (mit viel Energie) beginnen(精力充沛地)开始,着手 ≈ etw. anpacken: *Morgens um sieben legten die Handwerker gleich los mit der Arbeit* 清早七点手工业者立刻就开始干活了; *Du kannst gleich l. mit deiner Erzählung* 你可以马上开讲了

L

lös·lich *Adj*(形) **1.** *nur präd, nicht adv*(只作表语,不作状语); so, dass es mit e-r Flüssigkeit e-e homogene Mischung bildet 可溶解的: *Fett ist in Wasser nicht l., Zucker ist jedoch l.* 油脂在水中是不溶解的,但糖是可溶的 **2.** *mst attr, nicht adv*(多作定语,不作状语); fein gemahlen u. in Wasser l. (1)可溶的〈*mst* Pulverkaffee 多指粉末咖啡〉‖ *hierzu*(派生) **Lös·lich·keit** *die*; *nur Sg*(只用单数)

los·lö·sen (*hat*) [Vt](及物) **1. etw. (von etw.) l.** ≈ etw. von etw. lösen[1](1): *Briefmarken vom Kuvert l.* 从信封上揭下邮票; [Vr](反身) **2. etw. löst sich (von etw.) los** ≈ etw. löst[1](5) sich von etw.: *Die Tapete hat sich losgelöst* 墙纸脱落了

los·ma·chen (*hat*) [Vt](及物) ***j-n/etw.* (*von etw.*) *l.*** j-n/etw. von etw. trennen, befreien 解开,松开,使脱开 ≈ losbinden〈ein Boot, e-n Hund von der Leine l. 解开船(的绳索),给狗松开绳子〉

los·plat·zen (*ist*) [Vi](不及物) *gespr*[口] **1.** plötzlich anfangen zu lachen 止不住笑出声来,扑哧笑了起来 **2.** (***mit etw.***) ***l.*** plötzlich etw. (oft sehr laut u. wütend) sagen, weil man nicht mehr warten kann u. es einfach sagen muss 憋不住说出来,冲口说出

los·rei·ßen (*hat*) [Vt](及物) **1. *j-n/sich/etw.* (*von j-m/etw.*) *l.*** j-n/sich/etw. von j-m/etw. trennen, indem man kräftig reißt 扯下,撕掉,挣脱 ≈ abreißen: *e-n Knopf vom Mantel l.* 扯掉大衣上的一个扣子; *Er wurde festgehalten, aber es gelang ihm, sich loszureißen* 他被抓住了,但终于又挣脱了; [Vr](反身) **2. *sich von etw. nicht l. können*** nicht aufhören können, *bes* etw. zu lesen od. anzusehen, weil es so interessant ist 被…迷住,吸引住,对…百读(看)不厌: *sich von e-m spannenden Buch nicht l. können* 读一本情节紧张的书,爱不释手

los·ren·nen (*ist*) [Vi](不及物) plötzlich zu rennen beginnen(突然)开始奔跑,奔跑起来 ≈ wegrennen

los·sa·gen, sich (*hat*) [Vr](反身) ***sich von j-m/etw. l.*** sagen, dass man mit j-m/etw. nichts mehr zu tun haben will 宣布与…脱离关系/宣布放弃 ≈ sich von j-m/etw. trennen〈sich von seinem Glauben, von seiner Überzeugung l. 宣布放弃信仰、信念〉‖ *hierzu*(派生) **Los·sa·gung** *die*

los·schie·ßen (*hat*) [Vi](不及物) **1.** plötzlich anfangen zu schießen(突然)开始射击,开火,开枪打起来 **2.** *gespr*[口]; anfangen, etw. zu erzählen 开始讲述: *Komm, schieß los u. erzähl uns, was du gesehen hast!* 过来,说吧,给我们讲讲你看见什么了!‖ NB(注意): *mst* im Imperativ(多用过去时)!

los·schimp·fen (*hat*) [Vi](不及物) plötzlich anfangen zu schimpfen(突然)开始骂人,咒骂起来

los·schla·gen (*hat*) [Vt](及物) **1. *etw.* (*von etw.*) *l.*** etw. von etw. durch e-n Schlag trennen 把…打掉,敲掉 ≈ abschlagen: *e-e Latte von e-m Zaun l.* 从篱笆上敲掉一块板条; [Vi](不及物) **2. *auf j-n l.*** anfangen, j-n (*mst* unkontrolliert) zu schlagen 开始猛击,朝…撕打起来 ≈ auf j-n einschlagen: *Die beiden Boxer schlugen aufeinander los* 两位击拳手互相猛击起来 **3.** mit e-m (oft militärischen) Angriff beginnen 开火,开战,开始进攻

los·stür·zen (*ist*) [Vi](不及物) **1.** plötzlich u. sehr schnell e-e Stelle (zu Fuß) verlassen 冷不防地跑掉,刹那间跑开 ≈ loslaufen, losrennen, davonrennen **2. *auf j-n l.*** j-n angreifen 朝(向)…进攻,冲向 ≈ sich auf j-n stürzen: *Der Tiger stürzte auf den Dompteur los* 老虎向驯兽师扑了过去

los·tre·ten (*hat*) [Vt](及物) ***etw. l.*** etw. durch Treten von etw. lösen od. in Bewegung setzen 踢开,引动,引发〈e-e Lawine l. 引发一场雪崩(指一系列的事件)〉

Lo·sung *die*; -, *-en* **1.** ein kurzer Satz, der ausdrückt, was man tun soll 口号,标语 ≈ Wahlspruch, Parole (2)〈e-e L. ausgeben 发布口号〉: *Der Stadtrat gab die L. aus: „Haltet unsere Stadt sauber!"* 市议会发布口号:"维护城市整洁!" **2.** MIL【军】≈ Parole (1)

Lö·sung[1] *die*; -, *-en* **1.** das Lösen[2](1)解,解开,解答〈e-s Problems, e-s Falles, e-s Rätsels, e-r Aufgabe 疑难问题,案情,谜语,题〉: *e-n Detektiv mit der L. e-s Falles beauftragen* 委托侦探破案 ‖ K-(复合): ***Lösungs-, -möglichkeit, -versuch, -vorschlag*** ‖ -K(复合): ***Konflikt-, Problem-*** **2.** das, womit ein Problem gelöst[2](1) wird od. werden kann 解决办法,答案 ≈ Auflösung〈e-e elegante L. 漂亮(巧妙)的解决办法; die L. finden 找到解决办法〉: *vergeblich versuchen, die L. e-r mathematischen Aufgabe zu finden* 白费心思地试图找到一道数学题的答案 ‖ K-(复合): ***Lösungs-, -wort***

Lö·sung[2] *die*; -, *-en*; e-e Flüssigkeit, die mit e-r anderen Substanz e-e homogene Mischung bildet 溶液〈e-e hochprozentige L. 高百分比的溶液; e-e L. verdünnen 稀释溶液〉: *e-e L. aus Wasser u. Säure* 水和酸合成的溶液 ‖ -K(复合): ***Salz-, Säure-***

los·wer·den (*ist*) [Vt](及物) *gespr*[口] **1. *j-n/etw. l.*** sich von e-r Person/Sache trennen, die einem unangenehm ist 摆脱,甩掉〈e-n Besucher, e-n Eindringling l. 摆脱来访者、侵入者〉 **2. *etw. l.*** etw. verkaufen können 设法卖掉,出手,脱手: *schlecht gewordene Ware nicht mehr l.* 变了质的商品没法脱手 **3. *j-d wird etw. los*** j-d verliert etw., j-m wird etw. gestohlen(人作主语)丢失,失掉: *Er ist beim Einkaufen seine Brieftasche losgeworden* 他采购时丢了钱包 ‖ ID[谚] *mst* 多用 ***Ich werde das Gefühl nicht los, dass ...*** ich habe den starken Verdacht, dass ... 我摆脱不掉这种感觉(我很怀疑)…

los·zie·hen (*ist*) [Vi](不及物) e-n Ort *mst* zu Fuß verlassen 动身离开,走开

Lot *das*; -(*e*)*s*, *-e* **1.** ein Stück Metall, das an e-r Schnur hängt u. mit dessen Hilfe man feststellen kann, ob etw. senkrecht od. wie tief es ist 测锤,铅锤 **2.** MATH【数】; e-e

L

Gerade, die mit e-r anderen Geraden od. mit e-r Ebene e-n Winkel von 90° bildet 垂直线,垂线〈das L. fällen 作垂线〉‖ ID[谚] ***etw. ist im L.*** etw. ist in geordneten Verhältnissen 某事关系正常; ***etw. kommt (wieder) ins L.*** etw. kommt wieder in Ordnung 某事(重又)恢复正常; ***etw. (wieder) ins (rechte) L. bringen*** wieder Ordnung in etw. bringen 使某事(重又)恢复正常

lö·ten; *lötete, hat gelötet*; Vt/i (及物/不及物) ***(etw.) l.*** zwei Teile aus Metall durch ein anderes, flüssig gemachtes Metall, *mst* aus Blei u. Zinn, verbinden 焊接〈e-n Draht, e-e elektrische Leitung l. 焊接铁丝、电线〉‖ NB (注意): ↑ ***schweißen***

Lo·ti·on [lo'tsio:n] *die*; -, *-en*; e-e Flüssigkeit (ähnlich wie Milch), mit der man die Haut pflegt 护肤乳剂

Löt·kol·ben *der*; ein elektrisches Gerät, mit dem man Metalle lötet 烙铁

Lot·se *der*; *-n*, *-n*; j-d, der Schiffe durch e-n gefährlichen Teil e-s Meeres, Hafens, Flusses *o. Ä.* leitet od. Flugzeuge dirigiert 领航员,领港员 ‖ -K(复合): ***Flug-*** ‖ NB(注意): *der Lotse*; *den, dem, des Lotsen* ‖ *hierzu* (派生) **Lot·sin** *die*; -, *-nen*

lot·sen; *lotste, hat gelotst*; Vt (及物) **1.** ***etw. l.*** ein Schiff durch e-e gefährliche Stelle des Meeres, Hafens, Flusses *usw* od. ein Flugzeug (vom Boden aus) auf die richtige Bahn leiten 给…(轮船)领港,给…(飞机)地面导航: *ein Schiff durch die Felsen l.* 领轮船通过暗礁; *ein Flugzeug zur Startbahn l.* 领飞机进入起飞跑道 **2.** ***j-n irgendwohin l.*** j-m den Weg zu seinem Ziel zeigen 指挥,指引 ≈ dirigieren: *j-n durch den Verkehr der Großstadt l.* 指引某人穿越大城市的交通

Lot·te·rie *die*; -, *-n* [-'ri:ən] **1.** ein System od. e-e Veranstaltung, bei denen Lose (1) gezogen werden u. derjenige e-n Gewinn bekommt, der die gleiche Nummer hat wie die des gezogenen Loses 奖券抽彩(活动) ≈ Verlosung〈an e-r L. teilnehmen 参加奖券抽彩; in der L. spielen 玩奖券抽彩〉: *Lose für e-e L. kaufen* 买彩票抽(对)奖 ‖ K-(复合): ***Lotterie-***, ***-gewinn***, ***-los*** **2.** die Institution, die Lose (1) zieht u. Gewinne verteilt 发售有奖彩票的单位

Lot·ter·le·ben *das*; *pej od hum* [贬]或[诙]; ein faules, unordentliches, unmoralisches Leben 吊儿郎当的生活,浪荡生活〈ein L. führen 过浪荡生活〉

Lot·to *das*; *-s*; *nur Sg* (只用单数); e-e Art Lotterie, bei der Zahlen gezogen werden u. bei der man Geld gewinnen kann, wenn man auf e-m Blatt Papier (e-m Schein) einige od. alle der gezogenen Zahlen gewählt hat 号码有奖抽彩(活动),对号码抽奖〈L. spielen 玩对号抽奖; drei, vier, fünf, sechs Richtige im L. haben 在对号彩票上对中三个、四个、五个、六个号码〉‖ K-(复合): ***Lotto-***, ***-annahmestelle***, ***-gewinn***, ***-spiel***, ***-zahlen*** ‖ -K(复合): ***Zahlen-***

Lot·to·schein *der*; ein Blatt Papier, auf dem man Zahlen ankreuzt u. für das man Geld bezahlt, um am Lotto teilzunehmen 对号彩票,对号奖券〈den L. ausfüllen 填写对号彩票〉

Lö·we *der*; *-n*, *-n* **1.** ein großes, gelbbraunes Tier (e-e Raubkatze), das *bes* in Afrika lebt; die Männchen haben lange, kräftige Haare (e-e Mähne) auf dem Kopf u. auf der Schulter 狮,雄狮〈der L. brüllt 狮子吼叫; die Mähne des Löwen 狮鬣; der L. reißt seine Beute 狮子撕扯猎物〉‖ ↑ *Abb. unter* 图见 ***Raubkatzen*** ‖ K-(复合): ***Löwen-***, ***-jagd***, ***-käfig***, ***-mähne***, ***-männchen***, ***-pranke***, ***-weibchen*** **2.** *nur Sg* (只用单数); das Sternzeichen für die Zeit vom 23. Juli bis 23. August (7月23日至8月23日为)狮子座,狮子宫 ‖ ↑ *Abb. unter* 图见 ***Sternzeichen*** **3.** j-d, der in der Zeit vom 23. Juli bis 23. August geboren ist (7月23日至8月23日出生的人)狮子座: *Sie ist (ein) L.* 她是狮子座 ‖ NB(注意): *der Löwe*; *den, dem, des Löwen* ‖ ID[谚] ***kämpfen wie ein L.*** mit viel Mut u. Energie kämpfen 像雄狮一样勇猛地战斗 ‖ *zu* (义项)**1.** **Lö·win** *die*; -, *-nen*

Lö·wen·an·teil *der*; der größte u. beste Teil von etw. 最大份额,最大部分〈den L. bekommen 得到最大份额; sich den L. sichern 确保自己最大份额; den L. für sich beanspruchen 要求得到最大份额〉

Lö·wen·maul *das*; *nur Sg*, *Kollekt* (只用单数,集合); e-e Blume, die in vielen Farben in Gärten wächst 金鱼草,龙头花

Lö·wen·zahn *der*; *nur Sg* (只用单数); e-e Pflanze, die *bes* auf Wiesen wächst, e-e runde Blüte aus vielen gelben, spitzen Blütenblättern hat u. deren Stängel e-n weißen Saft enthält 蒲公英 ‖ ↑ *Abb. unter* 图见 ***Blumen***

lo·yal [loa'ja:l] *Adj* (形); *geschr* [书] **1.** ***l.*** ***(gegenüber j-m/etw.)*** 〈Staatsbürger, Truppen 公民,部队〉so, dass sie die Prinzipien e-r Institution (*bes* des Staates) respektieren 遵纪守法的,奉公守法的 ≈ treu **2.** ***l.*** ***(gegenüber j-m/etw.)*** 〈ein Kollege, ein Geschäftspartner 同事,商务伙伴〉so, dass sie aufrichtig u. fair sind (u. sich daran halten, was vereinbart wurde) 诚信的,正直的,履行承诺的,言而有信的 ≈ pflichtbewusst, redlich: *Verträge l. erfüllen* 忠实履行条约; *l. gegenüber seinen Geschäftspartnern sein* 对自己的生意伙伴言而有信 ‖ *hierzu* (派生) **Lo·ya·li·tät** *die*; -; *nur Sg* (只用单数)

LP [ɛl'pe:] *die*; -, *-s*; *gespr* [口] ≈ Langspielplatte

LSD [ɛlɛs'de:] *das*; *-(s)*; *nur Sg* (只用单数); ein Rauschgift 麦角酸二乙基酰胺(一种迷幻毒品)

lt. *Abk für* 缩写,全称为 laut[2]

Luchs [lʊks] *der*; *-es*, *-e*; ein Tier (e-e Raubkatze) mit gelbem Fell u. schwarzen Flecken, das in Europa vorkommt 猞猁,林狸 ‖ ID[谚] ***aufpassen wie ein L.*** sehr aufmerksam sein u. alles genau beobachten

像猞猁一样机警地注视

Lụ·cke *die*；-，-*n* **1**. e-e Stelle, an der etw. fehlt, das dort sein sollte 空隙，缺口〈e-e L. entsteht 产生缺口；e-e L. lassen, schließen, füllen 留下、合上、填满缺口〉：*Die Kinder krochen durch e-e L. im Zaun* 孩子们从篱笆缺口爬过去；*Nachdem ihm ein Zahn gezogen worden war, hatte er e-e L. im Gebiss* 他的一颗牙被拔掉了以后，一口牙有了个缺口 ‖ -K(复合)：***Zahn-*** **2**. das Fehlen von etw., das *mst* nützlich wäre 缺陷，不足之处，漏洞，空白 ≈ Mangel：*In der Grammatik hat er große Lücken* 在语法(知识)上他有许多漏洞；*Der Angeklagte konnte von e-r L. im Gesetz profitieren u. wurde freigesprochen* 被告钻了法律的空子而得以获释 ‖ -K(复合)：***Gesetzes-***，***Wissens-***

Lụ·cken·bü·ßer *der*；*mst pej* 多作[贬]；e-e Person od. Sache, die als *mst* nicht vollwertiger Ersatz für j-n/etw. dient 临时顶替的人或替代物：*Weil Florian krank wurde, musste Paul als L. die Arbeit machen* 因弗洛里安生病，得由保罗顶替工作 ‖ *hierzu*（派生）**Lụ·cken·bü·ße·rin** *die*

lụ·cken·haft *Adj*（形）**1**. mit einer od. mehreren Lücken (1) 有窟窿的，有缝隙的 ↔ lückenlos (1)〈ein Gebiss 一副牙齿〉**2**. mit Lücken (2) 不完整的，有缺陷的 ≈ unvollständig, unvollkommen ↔ lückenlos (2)〈j-s Wissen, Kenntnisse, Erinnerungen 某人的知识，认识，回忆〉‖ *hierzu*（派生）**Lụ·cken·haf·tig·keit** *die*；*nur Sg*（只用单数）

> **Ludwig II. von Bayern**
> **巴伐利亚的路德维希二世(路易二世)**
>
> Ludwig II. von Bayern (1845 – 1886, ab 1864 König), ein Mitglied der Dynastie der **Wittelsbacher**, war der vorletzte König des ehemaligen Königreichs Bayern. Als der „Märchenkönig" ist er wohl heute noch der bekannteste der bayerischen Könige, es gibt viele Geschichten über ihn und sein exzentrisches Leben.
> Besondere Anziehungspunkte für Touristen sind die romantischen Schlösser (zum Beispiel **Neuschwanstein**, **Linderhof** und **Herrenchiemsee**), die er nach eigenen Ideen bauen ließ. Er förderte auch besonders die Künste. Besonders begeistert war er von **Richard Wagner**, für den er das Bayreuther Opernhaus bauen ließ.
>
> 巴伐利亚的路德维希二世(1845—1886，1864年即位)，**维特尔斯巴赫**王朝的一个成员，是以前的巴伐利亚王国的最后一个国王。作为"童话国王"，今天他还是巴伐利亚国王中最广为人知的一个，有许多关于他和他的乖僻生活的故事。
>
> 他让人按照他自己的想法建造的那些浪漫主义宫殿(比如**新天鹅石堡**，**林德尔宫**和**赫伦希姆湖宫**)，是对旅游者具有特殊魅力的名胜。他也特别推动了艺术的发展。他特别欣赏**理查德·瓦格纳**，他让人为这位音乐家建造了拜罗依特歌剧院。

lụ·cken·los *Adj*（形）**1**. ohne Lücke (1) 无裂缝的，无空隙的 ↔ lückenhaft (1)〈ein Gebiss 一副牙齿〉**2**. ohne Lücken (2) 完美无缺的，无缺陷的 ≈ umfangreich, perfekt ↔ lückenhaft (2)〈j-s Wissen, Kenntnisse, Erinnerungen 某人的知识，认识，回忆〉‖ *hierzu*（派生）**Lụ·cken·lo·sig·keit** *die*；*nur Sg*（只用单数）

lud *Imperfekt*, *1. u. 3. Person Sg*（过去时，单数第一和第三人称）；↑ ***laden***

Lu·der *das*；-*s*，-；*gespr! pej*[粗][贬]；verwendet als Schimpfwort für e-e Frau(对女人的咒骂)贱货，荡妇，轻佻的女人，妖精〈ein freches, unverschämtes, dummes L. 泼妇，不知羞耻的贱货，蠢货〉

Lụft *die*；-，*Lüf·te* **1**. *nur Sg*（只用单数）；das Gemisch aus Gasen, das die Erde umgibt u. das der Mensch u. die Tiere brauchen, um atmen zu können 空气，大气〈dünne, feuchte, milde, klare, warme, kalte, frische L. 稀薄的、潮湿的、柔和的、清爽的、温暖的、冰凉的、新鲜的空气；die L. einatmen, ausatmen 吸气，呼气；keine L. (mehr) bekommen 吸不上气，憋得慌；nach L. ringen, schnappen 急促地呼吸、喘气〉：*Die L. besteht aus e-m Gemisch aus Stickstoff, Sauerstoff u. Edelgasen* 空气是由氮、氧和惰性气体混合而成；*Nach dem Regen ist die L. wieder frisch u. gut* 雨后空气新鲜清爽了；*Wenn man auf e-n Berg steigt, wird die L. immer dünner* 人往山上走的时候，空气越来越稀薄 ‖ K-(复合)：***Luft-***，***-blase***，***-feuchtigkeit***，***-filter***，***-mangel***，***-reinheit***，***-strömung***，***-temperatur***，***-verschmutzung***，***-verunreinigung*** ‖ -K(复合)：***Frisch-***，***Kalt-***，***Warm-***，***Heiß-***；***Meeres-*** **2**. *nur Sg*（只用单数）；der Raum direkt über der Oberfläche der Erde, in dem wir leben 空间，空地方：*e-n Ball in die L. werfen* 把球抛向空中；*e-e Brücke in die L. sprengen* 将桥炸掉；*Ein Pfeil fliegt durch die L.* 一支箭从空中飞过；*Der Vogel fing e-e Fliege in der L.* 鸟捕捉空中的苍蝇 ‖ K-(复合)：***Luft-***，***-angriff***，***-kampf***，***-schlacht*** **3**. *nur Sg*（只用单数）；ein leichter Wind 微风，和风 ≈ Lüftchen, Brise〈es geht, weht e-e frische, kalte L. 吹来一阵清风、凉风〉**4**. ***L. holen*** ≈ einatmen〈tief L. holen 深深地吸气〉**5**. ***die L. anhalten*** die L. (1) nicht aus dem Mund u. der Nase strömen lassen 憋住气，屏住气 **6** ***an die frische L. gehen***；***frische L. schnappen*** nach draußen gehen, um frische L. (1) atmen zu können 到户外去呼吸新鲜空气 ‖ ID [谚] *mst* 多用 ***Die L. ist rein!*** es ist niemand da, der einen beobachten könnte 没人盯梢！周围没人！平安无事！；***Es herrscht dicke L.*** *gespr* [口]；es herrscht e-e gespannte Atmosphäre, Streit bahnt sich an 气氛紧张，要出事，要吵起来；***j-n wie L. behandeln*** *gespr* [口]；j-n ignorieren 不理睬某人；***L. für j-n sein*** *gespr* [口]；von j-m ignoriert, nicht beachtet werden 不受某人重视，对某人来说不屑一顾；***etw. liegt in der L.*** etw. steht (als Gefahr, Drohung) direkt bevor 某事(危险，威胁)即将来临：*Da lag ein Streit in der L.* 当时面临

L

一场争吵；***j-d/etw. löst sich in L. auf*** j-d/etw. verschwindet plötzlich 某人/某事突然销声匿迹(无影无踪)；***j-m bleibt die L. weg*** **a)** j-d kann nicht mehr atmen 某人透不过气来；**b)** j-d ist sehr erschrocken od. erstaunt 某人大为震惊；***etw. fliegt in die L.*** etw. explodiert 某物炸飞了：*Die Brücke flog in die L.* 桥梁爆炸了；***etw. in die L. jagen*** *gespr*［口］；etw. sprengen 把…炸掉(炸毁)：*e-e Brücke in die L. jagen* 把一座桥炸掉；***etw. ist aus der L. gegriffen*** etw. ist erfunden u. existiert in Wirklichkeit nicht 某事是凭空捏造的(无中生有)〈e-e Behauptung 论断〉；***aus etw. ist die L. raus*** *gespr*［口］；etw. hat nicht mehr dieselbe Wirkung od. den Schwung wie am Anfang 某事已失去原有的作用或活力，泄气了；***j-d geht in die L.*** *gespr*［口］；j-d wird sehr schnell wütend 某人冒火了(炸了，跳了起来) ≈ j-d geht hoch；***j-n an die frische L. setzen*** *gespr*［口］；j-n hinauswerfen 撵走某人(把某人轰出去)；***j-n in der L. zerreißen*** *gespr*［口］；j-n sehr hart kritisieren 对某人横加批评；***sich/etw.*** (*Dat* 三格) ***L. machen*** laut sagen, was einem Probleme u. Ärger macht 发泄〈seinem Ärger, Verdruss L. machen 发泄不快、烦恼〉；*mst* 多用 ***von L. u. Liebe kann man nicht leben*** man braucht auch Essen *usw* (u. deswegen auch Geld) zum Leben 人不能靠空气和爱情生活(活着也得要吃饭、花钱)；***sich in die Lüfte schwingen***；***sich in die Lüfte erheben*** *geschr*［书］；den Boden verlassen u. fliegen 展翅飞向空中，腾空而起〈Vögel 鸟〉；***j-m die L. zum Atmen nehmen*** j-n in seiner Freiheit sehr einschränken 限制某人的自由(行动)；***Halt die L. an!*** *gespr*［口］；**a)** sei still, rede nicht so viel 闭嘴！安静点！；**b)** übertreib nicht so 别胡吹了！；***etw. hängt (noch) in der L.*** etw. ist noch nicht entschieden 某事(尚)悬而未决(还没有着落)；***j-n in der L. hängen lassen*** j-n auf e-e Entscheidung od. Hilfe warten lassen 让某人等候(佳音)

Luft·ab·wehr *die*；*nur Sg*, MIL【军】；die Verteidigung gegen Flugzeuge u. Raketen des Feindes in der Luft 防空

Luft·auf·nah·me *die*；ein Foto (e-s Teils der Oberfläche der Erde), das von e-m Flugzeug *o. Ä.* aus gemacht wurde 空中摄影

Luft·bal·lon *der*；e-e Hülle aus Gummi, die man mit Luft füllt u. die *bes* ein Spielzeug für Kinder ist 气球

Luft·brü·cke *die*；der Transport von Lebensmitteln, Medikamenten *usw* in ein Gebiet, *bes* bei Katastrophen od. im Krieg 空中运输通道；应急运输通道〈e-e L. einrichten 建立应急运输通道〉

Lüft·chen *das*；*-s*；*nur Sg*(只用单数)；ein leichter Wind 微风，和风 ≈ Luft (3), Brise〈es geht ein L. 吹来一阵微风；ein laues L. 一阵和煦的微风〉

luft·dicht *Adj*(形)；so, dass keine Luft hinein od. hinaus kann 密封的，不透气的〈e-e Verpackung 包装〉

Luft·druck *der*；*nur Sg*(只用单数)；der Druck, den die Luft (1) *bes* auf die Erde ausübt 大气压，气压〈der L. steigt, fällt 气压上升、下降〉‖ K-(复合)：***Luftdruck-, -messgerät***

lüf·ten；*lüftete, hat gelüftet*；[Vt/i]（及物/不及物）**1.** (**etw.**) **/.** die Fenster öffnen, damit frische Luft in das Zimmer kommt 使通气，通风，透透气〈ein Zimmer, e-n Raum l. 把房间、厅室通通气〉；[Vt]（及物）**2. *ein Geheimnis l.*** j-m ein Geheimnis verraten 泄露秘密 ↔ ein Geheimnis hüten

Luft·fahr·zeug *das*；ein Fahrzeug, mit dem man fliegen kann 空中运输工具：*Flugzeuge, Zeppeline u. Ballons sind Luftfahrzeuge* 飞机、飞船和气球都是空中运输工具

luft·ge·trock·net *Adj*(形)；*nicht adv*(不作状语)；an der Luft trocken geworden 晾干的，风干的〈Fleisch, Schinken 肉，火腿〉

Luft·ge·wehr *das*；ein Gewehr, bei dem die zusammengepresste Luft die Kugel nach außen treibt 汽枪 ‖ K-(复合)：***Luftgewehr-, -schießen***

luf·tig *Adj*(形) **1.** aus leichtem Stoff, der die Luft gut durchlässt 透气的，单薄的〈Kleidung 衣服；l. angezogen sein 穿得单薄〉**2.** so, dass genügend frische Luft hineinkommt 通风好的，空气流通的〈ein Raum, e-e Wohnung 厅室，住房〉**3. *in luftiger Höhe*** so weit oben (*z. B.* auf e-m Berg), dass man nur noch von Luft umgeben ist 在空旷的高处 ‖ *zu* (义项)**1.** u. **2.**

Luf·tig·keit *die*；*nur Sg*(只用单数)

Luf·ti·kus *der*；*-(ses), -se*；*gespr pej*［口］［贬］；ein Mensch, auf den man sich nicht verlassen kann, weil er nur an sein Vergnügen denkt 轻浮的人，办事不牢靠的人

Luft·kis·sen|boot *das*；ein Schiff od. Boot, das auf e-r Schicht zusammengepresster Luft über das Wasser fährt 气垫船 ≈ Hovercraft：*Zwischen Dover u. Calais verkehren Luftkissenboote* 在多佛尔和加来之间通航气垫船

Luft|kur·ort *der*；ein Kurort, in dem die Luft besonders gesund ist 空气清新的疗养地

luft·leer *Adj*(形)；völlig ohne Luft 真空的，无空气的〈*mst* im luftleeren Raum 在真空室内〉

Luft·li·nie *die*；*nur Sg*(只用单数)；die kürzeste Distanz zwischen zwei Orten auf der Oberfläche der Erde 两点间的直线，最短距离：*500 Kilometer L.* 500 公里直线距离

Luft·mas·se *die*；*mst Pl*(多用复数)；e-e große Menge Luft über e-m bestimmten Gebiet 气团：*Polare Luftmassen dringen langsam nach Mitteleuropa vor* 极地气团正向欧洲中部移动

Luft·mat·rat·ze *die*；e-e Art Kissen aus Plastik od. Stoff, das man mit Luft füllt (aufbläst), damit man sich darauflegen kann 气垫〈e-e L. aufblasen, aufpusten 把气垫吹鼓起来；auf e-r L. schlafen 睡在气垫上；die Luft aus der L. lassen 把气垫的气放掉〉

Luft·pi·rat *der*；j-d, der den Piloten e-s Flugzeuges zwingt, in e-e andere Richtung zu fliegen 空中劫匪，飞机劫持者 ≈ Flugzeugent-

L

führer ‖ *hierzu*（派生）**Luft·pi·ra·tin** *die*

Luft·post *die*；*nur Sg*（只用单数）**1.** das System, bei dem Briefe *usw* mit dem Flugzeug transportiert werden 航空邮政〈etw. per L. schicken 把某物发航空〉**2.** die Post（2）, die mit dem Flugzeug transportiert wird 航空信，航空邮件 ‖ K-（复合）：***Luftpost-***，***-brief***

Luft·pum·pe *die*；ein Gerät, mit dem man Luft in e-n Reifen *o.Ä.* pumpen kann 气泵，气筒 ‖ ↑ *Abb. unter* 图见 ***Fahrrad***

Luft·raum *der* **1.** der freie Raum über e-m Land 空域，领空〈in den L. e-s Landes eindringen 侵入一国领空〉**2.** ***den L. verletzen*** ohne Erlaubnis in den L.（1）e-s Landes fliegen 侵犯领空

Luft·röh·re *die*；（im Körper）e-e Art Röhre, durch die die Luft vom Mund u. von der Nase in die Lunge kommt 气管

Luft·schlan·ge *die* ≈ Papierschlange

Luft·schutz|kel·ler *der*；ein stabil gebauter Keller, in dem die Menschen bei e-m Bombenangriff geschützt sind 防空洞，防空地下室

Luft·sprung *der*；ein kleiner Sprung nach oben（*mst* aus Freude）（因欣喜而）跳跃，雀跃〈vor Freude e-n L. machen 高兴得跳了起来〉

Lüf·tung *die*；-，*-en* **1.** *nur Sg*（只用单数）；das Lüften（1）e-s Raumes 通风，通气 **2.** ein System aus Rohren, durch die frische Luft in die Räume e-s Gebäudes geleitet wird 通风设备，通风器

Luft·waf·fe *die*；*nur Sg*（只用单数）；der Teil e-r Armee, der in der Luft kämpft 空军 ↔ Heer, Marine

Luft·weg *der* **1.** *nur Sg*（只用单数）；der Weg, auf dem j-d/etw. mit e-m Flugzeug *o.Ä.* transportiert wird 航空线 ↔ Landweg, Seeweg〈auf dem L. 通过空运〉：*Autos auf dem L. nach Südamerika transportieren* 将汽车空运到南美 **2.** *nur Pl*（只用复数）≈ Atemwege

Luft|wi·der·stand *der*；*nur Sg*（只用单数）；der Druck, den die Luft auf e-n Körper ausübt, der sich bewegt 空气阻力：*Bei zunehmender Geschwindigkeit wird der L. immer größer* 在加速时空气阻力越来越大

Luft·zug *der*；*mst Sg*（多用单数）；e-e Bewegung der Luft, *bes* in e-m Haus, e-r Höhle *o.Ä.* 通风，穿堂风：*ein L. ließ die Kerze flackern* 穿堂风使烛光闪动

Lug *nur in* 只用于 ***Lug u. Trug*** *veraltend*［渐旧］≈ Betrug

Lü·ge *die*；-，*-n*；e-e falsche od. unwahre Aussage 谎言，说谎，假话 ↔ Wahrheit〈e-e grobe, glatte, faustdicke L. 粗劣的、圆滑的、弥天的谎言；Lügen verbreiten 散布谎言；sich in Lügen verstricken 说假话难以自拔；j-n der L. bezichtigen 指责某人说谎〉：*Was du da sagst, ist e-e glatte L.!* 你说的是一套圆滑的谎话！‖ ID［谚］***j-n Lügen strafen*** beweisen, dass j-d gelogen od. etw. Falsches behauptet hat 证明某人撒谎；***Lügen haben kurze Beine*** Lügen werden *mst* sehr schnell erkannt 谎言腿短（意即：谎言很快会被识破）

lü·gen；*log*，*hat gelogen*；[Vi]（不及物）etw. sagen, das nicht wahr od. richtig ist, *bes* um j-n zu täuschen 说谎，骗人，撒谎 ≈ schwindeln：*Glaube kein Wort von dem, was er sagt, er lügt nämlich ständig* 他说的每句话你都不要信，因为他经常说假话；*Ich müsste l., wenn ich sagen wollte, dass ich mit deiner Leistung zufrieden bin* 假如我说，我对你的成绩是满意的，那么我就得说假话 ‖ ID［谚］*mst* 多用 ***Er/Sie lügt wie gedruckt*** er/sie lügt ständig 他/她撒谎有板有眼；*mst* 多用 ***Er/Sie lügt, dass sich die Balken biegen*** *gespr*［口］；er/sie erzählt große Lügen 他/她撒的是弥天大谎 ‖ *hierzu*（派生）**Lüg·ner** *der*；*-s*，*-*；**Lüg·ne·rin** *die*；*-*，*-nen* ‖ ▶ ***anlügen***，***belügen***，***erlogen***

Lu·ke *die*；-，*-n* **1.** ein kleines Fenster od. e-e kleine（verschließbare）Öffnung im Keller od. auf dem Dachboden 小窗，气窗，天窗，吊窗 ‖ -K（复合）：***Dach-***，***Keller-*** **2.**（*bes* auf Schiffen）e-e Öffnung, durch die man ein- od. aussteigen kann 舱口〈die Luken dichtmachen 把舱口封住〉

luk·ra·tiv [-f] *Adj*（形）；*geschr*［书］；〈ein Angebot, ein Geschäft 报价，生意〉so, dass sie viel Geld einbringen 可获利的，有利可图的，生财的 ≈ einträglich, viel versprechend

lu·kul·lisch *Adj*（形）；*geschr*［书］；in großen Mengen u. von sehr guter Qualität 丰美的，丰盛的 ≈ erlesen, exquisit〈ein Menü, ein Mahl, Speisen 一席菜，一餐饭，饭菜；Genüsse 吃喝享乐〉

Lu·latsch *der*；*-(e)s*，*-e*；*mst in* 多用于 ***ein langer L.*** *gespr*［口］；ein *mst* schlanker u. sehr großer（junger）Mann 一位瘦高个子的年轻人

Lüm·mel *der*；*-s*，*-*；*gespr pej*［口］［贬］；ein Junge od. junger Mann, der sich schlecht benimmt 野小子，粗人 ≈ Flegel ‖ *hierzu*（派生）**lüm·mel·haft** *Adj*（形）

lüm·meln, sich；*lümmelte sich*，*hat sich gelümmelt*；[Vr]（反身）***sich irgendwo（hin）l.*** *gespr pej*［口］［贬］；so irgendwo sitzen od. liegen（od. sich so irgendwo hinsetzen od. hinlegen）, dass es（übertrieben）nachlässig u. bequem ist（u. negativ auf andere Leute wirkt）懒散地坐（躺）在…上，在…上发懒 ≈ sich irgendwo hinflegeln〈sich in den/im Sessel l. 懒洋洋地坐在沙发椅上；sich auf das/auf dem Sofa l. 躺在沙发上发懒〉

Lump *der*；*-en*，*-en*；*pej*［贬］；j-d mit schlechtem Charakter, der *bes* andere betrügt 无赖，骗子，恶人〈ein elender, niederträchtiger L. 可耻的、下流的无赖〉‖ NB（注意）：*der Lump*；*den*，*dem*，*des Lumpen* ‖ *zu* ***Lumperei*** ↑ ***-ei***

lum·pen [Vi]（不及物）*nur in* 只用于 ***sich nicht l. lassen*** *gespr*［口］；ziemlich viel Geld für j-n/etw. ausgeben 慷慨大方，花钱不吝啬 ≈ großzügig, freigebig sein：*Wenn seine Frau Geburtstag hat, lässt er sich nicht l.* 每当他妻子过生日，他花钱毫不吝啬

Lum·pen *der*；*-s*，*-* **1.** ein altes Stück Stoff,

das *mst* schmutzig u. zerrissen ist 破布 ≈ Fetzen, Lappen **2.** *mst Pl*, *pej*（多用复数）[贬]; ein sehr altes Kleidungsstück 破旧衣服

lum·pig *Adj*（形）; *gespr*[口] **1.** mit schlechtem Charakter 卑鄙的，下流的，无赖的 ≈ gemein, niederträchtig ↔ anständig **2.** *nur attr*, *nicht adv*, *gespr*（只作定语，不作状语）[口]; in kleiner Menge u. von geringem Wert 微不足道的，极少的 ≈ lausig: *Du wirst dich mit ihm doch nicht wegen der paar lumpigen Cent streiten!* 你不要为了几个不起眼的小钱同他争吵了！‖ *zu*（义项）**1. Lum·pig·keit** *die*; *nur Sg*（只用单数）

Lun·ge *die*; -, *-n* **1.** das Organ in der Brust des Menschen u. bestimmter Tiere, das beim Atmen die Luft aufnimmt u. sie wieder abgibt 肺: *In der L. gibt das Blut Kohlendioxyd ab und nimmt frischen Sauerstoff auf* 血通过肺部排出二氧化碳，吸收新鲜氧气 ‖ K-（复合）: **Lungen-**, **-embolie**, **-entzündung**, **-krankheit**, **-krebs**, **-leiden**, **-ödem**, **-tuberkulose**, **-tumor**; **lungen-**, **-krank** ‖ -K（复合）: **Raucher- 2. die eiserne L.** ein Apparat, mit dem künstlich Luft in die L. (1) gebracht wird 铁肺（人工呼吸的器械）**3. es auf der L. haben** e-e kranke L. (1) haben 肺上有毛病，患肺病 **4. auf L. rauchen** beim Rauchen den Rauch in die L. (1) einatmen 把烟吸进肺里 ≈ inhalieren ‖ ID[谚] **sich** (*Dat* 三格) **die L. aus dem Hals / Leib schreien** *gespr*[口]; sehr laut u. mit voller Energie schreien 声嘶力竭地大叫，拼命喊叫

Lun·gen·bra·ten *der*; Ⓐ[奥] ≈ Rinderfilet

Lun·gen·flü·gel *der*; e-e der Hälften der Lunge (1) 肺翼，肺叶

Lun·gen·zug *der*; *mst in* 多用于 **e-n L. machen** beim Rauchen den Rauch in die Lunge einatmen 深吸一口烟

Lun·te *die*; -, *-n*; ein langer Faden, der mit e-r brennbaren Flüssigkeit präpariert ist u. den man anzündet, um *bes* Dynamit explodieren zu lassen 导火线 ≈ Zündschnur ‖ ID[谚] **L. riechen** *gespr*[口]; e-e Gefahr im voraus bemerken 嗅到火药味，预感到不测，听到风声 ≈ Verdacht schöpfen

Lu·pe *die*; -, *-n*; ein rundes u. gebogenes Stück Glas (e-e Linse), durch das man kleine Dinge größer sieht 放大镜 ≈ Vergrößerungsglas ⟨e-e L. vergrößert 放大镜放大; etw. mit der L. lesen 用放大镜阅读⟩: *e-n Käfer unter der L. betrachten* 在放大镜下观看一只甲虫 ‖ -K（复合）: **Lese-** ‖ ID[谚] **j-n / etw. unter die L. nehmen** j-n/etw. genau beobachten u. prüfen 仔细审查（检查）某人/某物

lu·pen·rein *Adj*（形）**1.** absolut rein 质地纯正的，纯真的，无瑕疵的 ≈ makellos ⟨*mst* ein Diamant, ein Brillant 钻石，金刚钻⟩ **2.** ⟨ein Alibi, e-e Beweisführung 不在犯罪现场的证明，论证⟩ so, dass keiner etw. dagegen sagen kann 无可挑剔的，完美无缺的 ≈ perfekt, einwandfrei

Lurch [lʊrç] *der*; -(*e*)*s*, *-e*; jedes Tier, das zuerst im Wasser lebt u. mit Kiemen atmet, später an Land lebt u. mit der Lunge atmet 两栖动物 ≈ Amphibie

Lust *die*; -, *Lüs·te* **1. L.** (**auf etw.** (*Akk* 四格)) *nur Sg*（只用单数）; der (*mst* momentane) Wunsch, etw. zu haben（想得到…）兴致，兴趣 ≈ der Wunsch, das Verlangen nach etw. ⟨große, keine L. auf etw. haben 对某物有很大的兴趣、毫无兴趣⟩: *Ich hätte jetzt L. auf ein Stück Kuchen mit Schlagsahne* 现在我真想吃一块带奶油花的蛋糕 **2. L.** (**zu etw.** (*Dat* 三格)) *nur Sg*（只用单数）; der (*mst* momentane) Wunsch, etw. zu tun（想做…）兴趣，乐趣 ⟨L. zu etw. haben, verspüren, bekommen 有、感到、产生想做某事的兴趣; keine L. mehr haben 不再有兴趣⟩: *nicht die geringste L. zu e-r Wanderung haben* 丝毫没有兴趣去徒步旅游; *„Hast du nicht auch L., bei diesem schönen Wetter schwimmen* zu *gehen?" – „Nein, ich habe heute keine L. zum Schwimmen."* "天气这样好，你有没有兴趣去游泳？"——"不去，今天我没有兴趣去游泳" **3. die L.** (**an etw.** (*Dat* 三格)) *nur Sg*（只用单数）; die Freude u. Zufriedenheit, die man *bes* bei e-r Tätigkeit bekommt（在…上）乐趣，兴致 ≈ Gefallen, Vergnügen ⟨L. an etw. haben, gewinnen 对某事有、产生兴致; die L. an etw. verlieren 失去对某事的乐趣; etw. aus purer L. tun 纯粹出于兴致干某事; j-m vergeht die L. an etw. 某人对某事已不感兴趣⟩: *Schon nach kurzer Zeit hatte sie die L. an ihrem neuen Job verloren* 刚干不久她就对新工作失去了兴趣; *Bei diesem schlechten Wetter könnte einem die L. am Reisen vergehen!* 这种恶劣天气外出旅游会叫人扫兴！‖ K-（复合）: **Lust-**, **-gefühl**, **-gewinn 4. die L.** (**auf j-n / etw.**) der starke Wunsch nach Sex（对…）性欲、情欲，性的满足 ≈ Verlangen, Begierde, Wollust ⟨seine L. / Lüste befriedigen, stillen 满足自己的性欲; seinen Lüsten nachgeben, frönen 屈服于、沉溺于情欲⟩ ‖ K-（复合）: **Lust-**, **-empfinden**, **-gefühl**, **-gewinn** ‖ -K（复合）: **Liebes-** ‖ ID[谚] **nach L. u. Laune** so, wie es einem gefällt 尽情地，纵情地

lust·be·tont *Adj*（形）; ⟨e-e Tätigkeit 活动⟩ mit Lust u. Freude verbunden 富有情趣的，妙趣横生的

Lüs·ter *der*; *-s*, -; e-e große Lampe, die kunstvoll verziert ist, von der Decke[2] herunterhängt u. viele Kerzen od. Glühlampen hat 豪华枝形吊灯 ≈ Kronleuchter

Lüs·ter·klem·me *die*; -, *-n*; ein kleines Teil aus Plastik, mit dem man *bes* die Drähte e-r Lampe anschließt, indem man sie in der L. mit Schrauben festklemmt 接线柱，接线夹

lüs·tern *Adj*（形）; voller Verlangen nach Sex 好色的，贪欲的，耽于色情的 ≈ begierig, wollüstig ⟨ein Kerl, ein Mann, ein Weib, e-e Frau 家伙，男子，婆娘，女子; Blicke, Gedanken 眼光，思想⟩ ‖ *hierzu*（派生）**Lüs·tern·heit** *die*; *nur Sg*（只用单数）

-lüs·tern *im Adj*, *wenig produktiv*, *mst pej*（构

成形容词,构词弱)多作[贬]; mit starkem Verlangen nach der genannten Sache 对…渴望的、贪婪的; ***machtlüstern***, ***sensationslüstern***

lus·tig *Adj* (形) **1.** so, dass es einen heiter macht od. zum Lachen bringt 使人快乐的,令人高兴的,风趣的,逗人乐的 ≈ witzig, spaßig 〈ein Witz, e-e Geschichte, ein Erlebnis, e-e Begebenheit, ein Vorfall 笑话,故事,经历,事情,事件〉: *Auf der Feier ging es sehr l. zu* 庆祝会上闹得很欢; *Es war sehr l., seinen Witzen zuzuhören* 听他讲笑话很有趣 **2.** 〈e-e Person 人〉 so, dass sie guter Laune ist u. Freude verbreitet 有情趣的,欢快的 ≈ fröhlich, heiter, ausgelassen ↔ griesgrämig, mürrisch: *Auf dem Betriebsfest waren alle recht l.* 在企业的节庆活动上大家很欢快 **3.** 〈j-s Augen, ein Lachen 某人的眼睛,笑声; Farben 颜色〉 so, dass sie den Betrachter fröhlich stimmen 喜人的,动人的,迷人的,欢快的 ≈ fröhlich, heiter **4.** ***sich*** (*Akk* 四格) ***über j-n / etw. l. machen*** über j-n/etw. Späße machen 取笑,耻笑 ≈ j-n verspotten, auslachen: *Die Leute machen sich* darüber *l.*, dass *er so viele Sommersprossen hat* 大家取笑他长了满脸雀斑 ‖ ID[谚] ***Das ist ja l.!*** *gespr iron*[口][讽]; das ist sehr unangenehm! 这真让人扫兴(煞风景)! ***Das kann ja (noch) l. werden!*** *gespr iron*[口][讽]; das gibt noch viele Probleme 事情会很棘手的(还会有许多麻烦)! ‖ *zu* (义项) **1.**, **2.** u. **3. Lus·tig·keit** *die*; *nur Sg* (只用单数)

-lus·tig *im Adj, begrenzt produktiv* (构成形容词,构词有限); so, dass die betroffene Person das Genannte gern tut od. (gerade) gern täte 爱(干)…的,热衷于(干)…的,喜欢(干)…的; ***abenteuerlustig***, ***angriffslustig***, ***kampf(es)lustig***, ***kauflustig***, ***lebenslustig***, ***reiselustig***, ***schaulustig***, ***streitlustig***, ***unternehmungslustig***

Lüst·ling *der*; *-s, -e*; *pej*[贬]; ein Mann, der sehr oft an sexuelle Dinge denkt 好色之徒

lust·los *Adj*(形); ohne Lust (1,2)无兴趣的,无精打采的,没劲的 ↔ ehrgeizig: *e-n lustlosen Eindruck machen* 留下一个没趣的印象; *l. seine Arbeit machen* 干活无精打采 ‖ *hierzu* (派生) **Lust·lo·sig·keit** *die*; *nur Sg*(只用单数)

Lust·molch *der*; *-(e)s, -e*; *gespr pej*[口][贬] ≈ Lüstling

Lust·ob·jekt *das*; *bes* e-e Frau, die nur als ein Objekt betrachtet wird, an dem man seine sexuelle Lust befriedigen kann 满足性欲的对象: *Die Frau von heute will nicht mehr nur L. des Mannes sein* 今天的妇女不愿再当满足男人性欲的对象

Lust·spiel *das* ≈ Komödie ↔ Trauerspiel, Tragödie ‖ K-(复合): ***Lustspiel-***, ***-dichter***

lust·wan·deln; *lustwandelte*, *ist lustgewandelt*; [Vi](不及物) *hum*[诙] ≈ spazieren gehen

lut·schen; *lutschte*, *hat gelutscht*; [Vt] (及物) **1.** ***etw. l.*** etw. Essbares im Mund zergehen lassen(嘴)含,吮,咂(吃的东西) 〈ein Bonbon, ein Eis l. 含糖果(吃),嘬冰棍(吃)〉; [Vi](不及物) **2.** ***an etw.*** (*Dat* 三格) ***l.*** etw. in den Mund nehmen u. daran saugen(把…放在嘴里)嘬,吮,嘬 〈an e-m Schnuller, Lutscher l. 嘬橡皮奶头、棒棒糖; am Daumen l. 嘬大拇指〉

Martin Luther 马丁·路德

Die Reformation und die Gründung der protestantischen Kirche in Deutschland gehen auf Martin Luther zurück.

Luther wurde 1483 in Eisleben (Sachsen-Anhalt) geboren und starb dort 1546. Nach einem Jurastudium trat er 1505 ins Kloster ein, 1507 wurde er zum Priester geweiht. Ein Jahr später begann er, Philosophie und Theologie in Wittenberg und Erfurt zu unterrichten.

1517 veröffentlichte er seine berühmten **95 Thesen**, in denen er vor allem den Verkauf von Ablässen durch den Papst kritisierte – ein Ablass war ein Papier, das dem Käufer die Befreiung von der Bestrafung in der Hölle für begangene und zukünftige Sünden versprach. Luther wollte zur ursprünglichen christlichen Lehre zurück und stellte die institutionelle Kirche infrage. Seine Ansichten fanden schnell viele Anhänger und wurden entgegen seinem Willen mit sozialen und politischen Forderungen verbunden. Dies hatte eine Reihe von blutigen Aufständen und Kriegen zur Folge. Es kam zur Aufspaltung der deutschen Territorien in protestantische und katholische Bereiche, wobei sich im Norden eher der Protestantismus durchsetzte, während der Süden eher katholisch blieb.

Luther übersetzte außerdem die Bibel ins Deutsche und machte sie so dem normalen Volk zugänglich. Zusammen mit der Ausbreitung des Buchdrucks hatte dies große Auswirkungen auf die Verbreitung einer allgemeinen deutschen Hochsprache.

宗教改革运动和基督教新教的创立在德国发端于马丁·路德。

路德1483年生于艾斯莱本(萨克森—安哈特州),并于1546年在那里逝世。他在学习法律以后,于1505年进入修道院,1507年他被授予牧师之职。一年后他开始在维滕贝格和埃尔富特攻读哲学和神学。

1517年他发表了著名的《**九十五条论纲**》,在该著作中他首先批判了教皇出售赎罪券的做法——赎罪券是一种许诺购买者免于为已犯的和未来的罪过而遭受下地狱的惩罚的一纸符券。路德想要返回到原始的基督教教义,并且对教会制度提出了怀疑。他的观点很快得到了许多人的拥护,而与他的意愿相反,这些观点被同各种社会的和政治的要求联系起来了。其结果导致了一系列流血的起义和战争。于是德国领土分裂成为新教区域和天主教区域,在北方新教获得更多人的承认,而在南方更多的人仍然信奉天主教。

此外,路德还把圣经译成德文,从而使圣经容易为一般民众所接受。随着印刷术的传播,这对共同的标准德语的普及起了巨大的作用。

Lut·scher *der*; *-s*, *-*; ein großes Bonbon an e-m Stiel, das man lutscht od. an dem man leckt 棒棒糖

Luv [-f] *das*; *-s*; *nur Sg*(只用单数); die Seite e-s Schiffes od. e-r Insel, auf der der Wind bläst 向风面,迎风面 ↔ Lee: *Die Insel liegt im L. e-s Gebirges* 这座岛位于山脉的向风面 ‖ K-(复合): ***Luv-***, ***-seite***

lu·xu·ri·ös *Adj*(形); mit viel Luxus 奢侈的,豪华的 ↔ bescheiden 〈ein Auto, e-e Wohnung, ein Hotel, ein Lebensstil 汽车,住房,旅馆,生活方式; ein luxuriöses Leben führen 过着奢侈的生活〉

Lu·xus *der*; *-*; *nur Sg*(只用单数) **1.** *Kollekt*(集合); alle Dinge von sehr guter Qualität, die man nicht unbedingt zum Leben braucht u. die *mst* sehr teuer sind, die aber trotzdem (*mst* zum Vergnügen) gekauft werden 奢侈,豪华,挥霍 〈im L. leben 生活骄奢淫逸; etw. ist reiner L. 某物纯粹是铺张浪费; den L. lieben 爱挥霍(奢华)〉 ‖ K-(复合): ***Luxus-***, ***-artikel***, ***-gegenstand*** **2.** ***großen L. treiben*** viel Geld für Dinge ausgeben, die L. (1) sind 挥霍无度,花钱大手大脚 ‖ ID[谚] ***etw. ist für j-n (der reinste) L.*** j-d kann sich etw. (Alltägliches) nur selten leisten 某物对某人来说是(地地道道的)奢侈品

Lu·xus- *im Subst*, *begrenzt produktiv*(构成名词,构词有限); drückt aus, dass etw. von sehr guter Qualität, sehr teuer u. vornehm ist 豪华的…,高级的…; das ***Luxusauto***, der ***Luxusdampfer***, das ***Luxushotel***, die ***Luxuslimousine***, die ***Luxusvilla***, der ***Luxuswagen***, die ***Luxuswohnung***

lyn·chen [ˈlʏnçn]; *lynchte*, *hat gelyncht*; [Vt](及物) **1.** ***j-n l.*** j-n wegen e-s Verbrechens brutal behandeln od. töten 非法拷打;将…折磨致死: *Die wütende Menge lynchte den vermeintlichen Mörder* 愤怒的群众将这位被误认为是杀人犯的人打得半死不活 **2.** ***j-n l.*** *oft hum* 常用[诙]; j-n wegen e-s Fehlers *o. Ä.* bestrafen od. mit ihm schimpfen(因错误而)罚,不饶: *Wenn du meinen Geburtstag wieder vergisst, werde ich dich l.!* 要是你再忘记我的生日,我就不饶你!

Lynch·jus·tiz *die*; das brutale Behandeln od. Töten eines od. mehrerer Menschen, *mst* durch e-e aufgebrachte Menge, die glaubt, dass diese Person(en) etw. Schlimmes gemacht habe(n) 非法拷打或非法处死 〈L. an j-m üben 对某人进行非法拷打〉

Ly·rik *die*; *-*; *nur Sg*(只用单数); e-e Form der Dichtung in Versen, *mst* mit e-m bestimmten Reim od. Rhythmus 抒情诗 ↔ Epik, Dramatik: *die romantische L.* 浪漫的抒情诗; *die L. des Expressionismus* 表现主义的抒情诗 ‖ -K(复合): ***Liebes-*** ‖ *hierzu*(派生) **Ly·ri·ker** *der*; *-s*, *-*; **Ly·ri·ke·rin** *die*; *-*, *-nen*; **ly·risch** *Adj*(形)

Ly·ze·um [lyˈtseːʊm] *das*; *-s*, *Ly·ze·en* [lyˈtseːən] **1.** (CH) [瑞] die letzten drei Klassen am Gymnasium 高级文理中学的最后三个年级 ≈ Oberstufe **2.** *hist* [历]; e-e höhere Schule für Mädchen 女子中学

L

M, m

M, m [ɛm] *das*; -, -/*gespr auch*[口]也用 *-s*; der dreizehnte Buchstabe des Alphabets 字母表中第十三个字母〈ein großes M 大写 M; ein kleines m 小写 m〉

Mä·an·der *der*; *-s*, -; eine von vielen engen Biegungen e-s Flusses 河曲 ‖ *hierzu*（派生）**mä·an·dern**（*hat*）*Vi*（不及物）

Maat *der*; -*(e)s*, -*e(n)*; ein Unteroffizier in der Marine 海军军士

Mach·art *die*; die Art, wie etw. gemacht ist 做法，式样：*Das Kleid wirkt elegant, obwohl es von einfacher M. ist* 这衣服虽然式样简朴，但显得很优雅

mach·bar *Adj*（形）; *nicht adv*（不作状语）; *mst in* 多用于 ***etw. ist* (*nicht*) *m.*** etw. kann (nicht) erreicht, durchgeführt werden 某事办得成（办不成），某事（不）能办

Ma·che *die*; -; *nur Sg*（只用单数）**1.** *gespr pej*［口］［贬］; ein Verhalten, das man als künstlich empfindet 做作，装模作样，装样子，装蒜：*Ihre Freundlichkeit ist doch reine M., in Wirklichkeit kann sie mich nicht ausstehen* 她的友好态度纯粹是装的，其实她并不喜欢我 **2. *etw. ist in der M.*; *j-d hat etw. in der M.*** *gespr*［口］; etw. wird gerade (von j-m) gemacht, produziert（物作主语）正在做着；（人作主语）正在忙着做某事

-ma·che *die*; *im Subst*, *wenig produktiv*（构成名词，构词弱）; der Versuch, die öffentliche Meinung od. Stimmung in e-e bestimmte Richtung zu lenken 渲染，制造（公众舆论或情绪）; ***Meinungsmache***, ***Panikmache***, ***Sensationsmache***, ***Stimmungsmache***

ma·chen; *machte*, *hat gemacht*; **Vt**（及物）**1. *etw. m.*** durch Arbeit u. aus verschiedenen Materialien etw. entstehen lassen 做，作，制作 ≈ herstellen, anfertigen〈Tee, Kaffee, das Essen m. 泡茶，煮咖啡，做饭〉: *aus Brettern e-e Kiste m.* 用木板做一个箱子; *aus Orangensaft, Gin u. Rum e-n Cocktail m.* 用橙汁、杜松子酒和朗姆酒配制鸡尾酒; *Er ließ sich von dem Foto e-n Abzug m.* 他让人把这张照片加印一张; *„Was machst du da?" – „Ich male ein Bild für Mutter"* "你在那里干什么?"——"我给母亲画张画"; *Soll ich euch was zu trinken m.?* 要我给你们弄点喝的吗? ‖ NB（注意）: *m.* steht oft anstelle e-s Verbs, das die Tätigkeit genauer bezeichnen würde（*m.* 常替代一个精确表示行为的动词）: *e-e Kiste m.* 做（制作）木箱 ≈ e-e Kiste bauen; *e-e Hose m.* 做（缝制）裤子 ≈ e-e Hose schneidern **2. *etw. m.*** bewirken, dass etw. entsteht 制造（出），作出〈Feuer, Lärm, Musik m. 生火，制造噪音，做音乐; Dummheiten, Blödsinn, Späße, Witze, ein Experiment m. 做傻事，胡闹，寻开心，开玩笑，作实验〉: *In seinem Diktat machte er zehn Fehler* 他在听写中犯了 10 个错 **3. *etw. m.*** irgendeine Tätigkeit, Handlung ausüben 干，从事，做，作 ≈ tun[1] (2)〈seine Arbeit, die Hausaufgaben, e-n Versuch m. 干工作，做作业，作尝试〉: *Er macht nur (das)*, was *ihm gefällt* 他只做他喜欢做的事; *Was machst du morgen Nachmittag?* 你明天下午干什么?; *Ich bin ratlos, jetzt weiß ich nicht mehr, was ich m. soll!* 我毫无主意，现在我不知道该怎么办! **4. *etw. m.*** in e-e Prüfung gehen, um e-e bestimmte Qualifikation zu bekommen 应考，参加考试 ≈ ablegen (2)〈e-e Prüfung m. 参加考试; das Abitur, die mittlere Reife, das Examen m. 参加文理高级中学毕业考试、实科中级中学毕业考试、大学毕业考试〉**5. *j-m etw. m.*** (durch e-e Handlung) bewirken, dass j-d die genannte Sache hat 使产生，引起，制造，带来 ≈ verursachen, bereiten〈j-m (kaum, wenig, viel) Arbeit, Freude, Kummer, Mühe, Mut, Sorgen m. 使某人繁忙、愉快、苦恼、麻烦、有勇气、忧虑〉: *Die Kinder machen ihr viel Freude* 孩子使她非常快乐 **6. *etw. irgendwie m.*** in der genannten Art u. Weise handeln 办…办得，干…干得〈etw. gut, schlecht, richtig, falsch, sorgfältig, schlampig, verkehrt m. 干某事干得好、不好、对、不对、仔细、拖拉、错了〉: *Bravo, das hast du prima gemacht!* 好极了，这你干得真好! **7. *j-n/etw.* + *Adj*（形）+ *m.*** bewirken, dass j-d/etw. in den genannten Zustand kommt 使得，弄得：*j-n nass m.* 把某人弄湿; *ein Brett kürzer m.* 把木板弄（锯）短点儿; *Dieser Lärm macht mich ganz krank* 这噪音把我完全搞（折磨）病了; *Diese große Hitze macht mich durstig* 这大热天晒得我口干舌燥; *Es macht mich ganz unruhig, wenn ich an die Prüfung denke* 我想到考试就心神不定; *Macht es dich nicht traurig, allein zu sein?* 一个人孤单生活，你不难过? ‖ NB（注意）*zu*（义项）**7.**: oft auch Zusammenschreibung möglich（也常合写）: *j-n krankmachen*, *nassmachen*, *etw. ganzmachen*, *kaputtmachen* **8. *j-m etw. irgendwie m.*; *j-m etw. zu etw. m.*** bewirken, dass etw. für j-n in den genannten Zustand kommt 把…搞（弄）得，使造成：*j-m das Leben schwer, angenehm m.* 使某人生活（过得）困难、舒服; *j-m das Leben zur Qual, zur Hölle m.* 把某人的生活弄得很痛苦、推人苦难深渊 **9. *j-n/etw. zu j-m/etw. m.***

bewirken, dass j-d/etw. sich irgendwie verändert 使成为，使变成：*Der Kummer machte ihn zu e-m kranken Mann* 忧伤使他变成了一个病夫；*den Garten zum Spielplatz m.* 把花园变成游乐场地 **10. *j-n zu etw. m.*** j-m e-e bestimmte Funktion geben 委任，让…出任 ≈ j-n zu etw. ernennen, befördern 〈j-n zum Direktor, Vorsitzenden, Leiter m. 让某人担任经理、主席、领导〉 **11. *etw. macht etw.*** *gespr* [口]; etw. ist e-e bestimmte Zahl od. Summe(物作主语)计算得出，等于，合计 ≈ etw. ergibt etw.: *Die Reparatur macht 60 Euro* 修理费是 60 欧元; *Fünf mal sieben macht fünfunddreißig* (5·7 = 35) 5 乘 7 等于 35 ‖ NB(注意): kein Passiv (不用被动语态)! **12. *j-m/sich die Haare m.*** j-s od. seinen eigenen Haaren die gewünschte Form geben (u. sie schneiden)给…做头发，理发 ≈ j-n/sich frisieren **13. *etw. m.*** verwendet zusammen mit e-m Subst., um ein Verb zu umschreiben(与名词连用，改换动词的表达); ***e-e Bemerkung m.*** ≈ etw. bemerken; ***Besorgungen m.*** ≈ etw. besorgen; ***e-n Besuch (bei j-m) m.*** ≈ j-n besuchen; ***Einkäufe m.*** ≈ einkaufen; ***e-e Fahrt irgendwohin m.*** ≈ irgendwohin fahren; ***ein Foto (von j-m/etw.) m.*** ≈ (j-n/etw.) fotografieren; ***j-m ein Geschenk m.*** ≈ j-m etw. schenken; ***j-m ein Geständnis m.*** ≈ j-m etw. gestehen; ***ein Interview (mit j-m) m.*** ≈ j-n interviewen; ***e-e Reise m.*** ≈ verreisen; ***e-n Spaziergang m.*** ≈ spazieren gehen; ***ein Spiel m.*** ≈ spielen; ***den Versuch m. + zu +*** *Infinitiv* (不定式) ≈ etw. zu tun versuchen; ***(j-m) e-n Vorschlag machen*** ≈ (j-m) etw. vorschlagen **14. *das Bett/die Betten m.*** die Kissen u. die Bettdecken schütteln u. das Bett/die Betten wieder in e-n ordentlichen Zustand bringen 整理床铺 **15. *(e-e) Pause m.*** die Arbeit für kurze Zeit unterbrechen (um sich zu erholen)休息一会儿：*Wann machen wir endlich Pause?* 我们到底什么时候休息？ **16. *(j-m) Platz m.*** j-d anderen an die Stelle lassen, an der man gerade ist, j-n vorbeilassen 给…让出地方，让道 **17. *(nur) Spaß m.*** etw. tun od. sagen, das man nicht ernst meint(只是)闹着、说着玩的：*Das brauchst du nicht ernst zu nehmen, er macht doch nur Spaß* 这一点你不必认真，他只是说着玩的 **18. *etw. macht (j-m) Spaß*** etw. gibt j-m Freude u. Vergnügen(物作主语)带给…乐趣，使欢愉：*Rad fahren macht (ihm) großen Spaß* 骑自行车给(他)带来很大的乐趣 ‖ NB(注意): kein Passiv (不用被动语态)! **19. *sich*** (*Dat* 三格) ***Sorgen m.*** voll Angst u. Sorge sein 担忧，忧虑，操心 **20. *sich*** (*Dat* 三格) ***(nicht mal) die Mühe m.*** (***+ zu +*** *Infinitiv* 不定式) etw. tun/nicht tun, das einem Mühe od. Arbeit macht (5)(不)费劲，费力，下功夫：*Sie machte sich die Mühe, alle Papiere persönlich zu überprüfen* 她下功夫亲自审查全部文件 **21. *j-d/etw. macht j-m zu schaffen*** j-d/etw. bereitet j-m Schwierigkeiten u. Probleme(人/物作主语)给…添麻烦：*Das schwüle Wetter macht mir sehr zu schaffen* 闷热的天气给我带来许多不便 **22. *es (mit j-m) m.*** *gespr* [口]; Sex mit j-m haben(与某人)发生性关系 ≈ es (mit j-m) treiben, tun **23. *es j-m m.*** *gespr!* [粗] j-n sexuell befriedigen 使某人得到性的满足 ≈ es j-m besorgen; Vi (不及物) **24.** 〈in die Hose, ins Bett *o. Ä.* 尿裤子，尿床等〉 ***m.*** *gespr* [口]; Darm u. Blase entleeren (u. Kot od. Urin in die Hose *o. Ä.* kommen lassen)屎尿，拉屎，大小便; Vr (反身) **25. *sich an etw.*** (*Akk* 四格) ***m.*** mit e-r Tätigkeit (*bes* mit e-r Arbeit) anfangen 开始，着手 ≈ etw. anpacken, angehen: *Jetzt muss ich mich endlich an meine Hausaufgaben m.* 现在我终于得开始做作业了; *sich daran m., ein Problem zu lösen* 着手解决一个疑难问题 **26. *etw. macht sich irgendwie*** etw. hat e-e bestimmte Wirkung od. ein bestimmtes Aussehen(物作主语)产生…效果 〈etw. macht sich gut 某物产生很好效果〉: *Wie macht sich das Bild über dem Sofa?* 这幅画挂在沙发上面效果怎么样？ **27. *j-d/etw. macht sich*** *gespr* [口]; j-d/etw. entwickelt sich positiv(人/物作主语)有好转，变好：*Ich glaube, das Wetter macht sich heute noch* 我看今天天气会好转; *Früher war er nicht sehr fleißig, aber jetzt macht er sich* 以前他不很用功，现在正在变好 **28. *sich auf die Reise/den Weg m.*** ≈ abreisen, losgehen od. losfahren ‖ ID [谚] ***Was macht*** 〈die Arbeit, die Gesundheit, das Leben 工作，身体，生活〉? *gespr* [口]; verwendet, um höflich zu fragen, wie es j-m geht 怎么样？情况如何？; *mst* 多用 ***(Das) macht nichts!*** das ist nicht schlimm! 这不要紧！这没有关系！; ***sich*** (*Dat* 三格) ***nichts/nicht viel aus j-m/etw. m.*** sich nicht (sehr) für j-n/etw. interessieren 对某人/某物不以为然，不很感兴趣：*Sie macht sich nichts aus eleganten Kleidern* 她对时髦的衣服不感兴趣; ***'Mach dir nichts draus!*** *gespr* [口]; ärgere dich nicht darüber! 别为此而生气！; *mst* 多用 ***Nun 'mach schon!*** *gespr* [口]; beeile dich! 快走！赶快！; ***Machs 'gut!*** *gespr* [口]; verwendet, um sich von j-m zu verabschieden (u. um ihm Glück zu wünschen)再见！≈ tschüs

Ma·chen·schaf·ten *die*; *Pl*, *pej* (复)[贬]; (*mst* geheime) Pläne u. Handlungen, mit denen man j-m etw. Böses tut u. sich selbst dabei Vorteile verschafft 阴谋诡计 〈dunkle, üble, verbrecherische M. 奸险的、恶毒的、罪恶的阴谋诡计; M. gegen j-n aufdecken 揭露针对某人的阴谋诡计〉

Ma·cher *der*; *-s*, *-*; *gespr* [口]; j-d, der sehr aktiv ist, die Initiative ergreift u. gute Ideen selbst od. mithilfe anderer in die Tat umsetzt 积极倡议者，实施者 ‖ *hierzu* (派生) **Ma·che·rin** *die*; *-*, *-nen*

-ma·cher *der*; *im Subst*, *sehr produktiv* (构成名词，构词强); **1.** verwendet, um j-n danach zu bezeichnen, was er (in seinem Beruf) produziert(表示职业上的生产者、创作者); ***Korbmacher***, ***Filmemacher***, ***Hutmacher***, ***Lieder-***

macher, ***Schuhmacher***, ***Uhrmacher***, ***Werkzeugmacher*** **2.** verwendet, um j-n nach der Wirkung zu bezeichnen, die sein Verhalten (bei j-m) hat(表示制造行为效应的人); ***Angstmacher***, ***Meinungsmacher***, ***Miesmacher***, ***Panikmacher***, ***Stimmungsmacher*** **3.** verwendet, um j-n nach etw. zu bezeichnen, das er (gern u.) oft tut(表示乐意做某事的人); ***Faxenmacher***, ***Krachmacher***, ***Krawallmacher***, ***Possenmacher***, ***Radaumacher***, ***Spaßmacher***, ***Sprüchemacher***, ***Witzemacher*** **4.** verwendet, um j-n nach dem Ziel zu bezeichnen, das er anstrebt (od. erreicht hat)(表示力争达到目的的人); ***Geschäftemacher***, ***Karrieremacher*** **5.** verwendet, um etw. nach der Wirkung zu bezeichnen, die es bei j-m/etw. hat(表示对人/物产生效果的药剂); ***Dickmacher***, ***Muntermacher***, ***Weichmacher***, ***Weißmacher*** ‖ *zu* (义项) **1.-4. -ma•che•rin** *die*; -, *-nen*

Ma.cho [ˈmatʃo] *der*; *-s*, *-s*; *mst pej* 多作[贬]; ein Mann, der glaubt, dass Männer stark u. hart sein müssten, keine Gefühle zeigen dürften u. den Frauen überlegen seien 大男子主义者 ≈ Chauvi

Macht *die*; -, *Mäch•te* **1.** *nur Sg*(只用单数); ***M.*** (***über j-n/etw.***) die Möglichkeit od. Fähigkeit, über Personen od. Dinge zu bestimmen od. sie zu beeinflussen(左右或影响人或事的)力,力量,能力〈(große) M. über j-n/etw. haben, ausüben 有着、起着左右某人/某事的(巨大)影响力; j-n in seiner M. haben 控制某人; seine M. gebrauchen, missbrauchen, ausspielen, ausbauen 使用、滥用、利用、扩大自己的影响(力); alles tun, was in seiner M. steht/liegt 干他力所能及的一切〉: *Es steht nicht in ihrer M., diese Frage zu entscheiden* 她无权(无力)决定这个问题 **2.** *nur Sg* (只用单数); die Kontrolle über ein Land, *bes* als Regierung 权力,政权〈an der M. sein 执政,掌权; an die/zur M. kommen, gelangen 上台(执政),取得政权; die M. übernehmen, an sich reißen, ergreifen 接管、夺取、抢夺政权; j-n an die M. bringen 让某人上台(执政); die M. der Kirche, des Staates, des Volkes 教会的、国家的、人民的权力〉‖ K-(复合): ***Macht-***, ***-antritt***, ***-ergreifung***, ***-gier***, ***-hunger***, ***-missbrauch***, ***-streben***, ***-übernahme*** ‖ -K(复合): ***Führungs-***, ***Staats-***, ***Volks-*** **3.** *nur Sg*(只用单数); e-e große physische od. psychische Kraft, mit der etw. auf j-n/etw. wirkt(身体的或精神的)威力,力量 ≈ Kraft, Gewalt〈sich mit (aller) M. gegen etw. wehren, stemmen, für etw. einsetzen 竭尽全力抵抗、反对某事,鼎力维护某事; die M. der Liebe, der Gewohnheit, des Geldes 爱情的力量,习惯势力,金钱的威力〉**4.** ein Staat, der *mst* politisch od. wirtschaftlich besonders stark ist(政治上、经济上的)强国〈e-e ausländische, feindliche, verbündete M. 外国的、敌对的、联盟的强国〉‖ -K(复合): ***Atom-***, ***Nuklear-***, ***Groß-***, ***Kolonial-***, ***Industrie-***, ***Kriegs-***, ***Militär-***, ***See-*** **5.** *Kollekt*(集合); e-e Gruppe von Menschen, die (in e-m Land) großen Einfluss hat (有影响的)社会力量,团体〈die kirchliche, weltliche M. 教会的、世俗的力量〉**6.** *mst Pl*(多用复数); ein Wesen, von dem man glaubt, dass es besondere (*mst* geheimnisvolle) Kräfte od. Fähigkeiten hätte 神秘的力量,势力〈die Mächte der Finsternis, des Bösen 黑暗势力,恶势力; dunkle, geheimnisvolle Mächte 隐秘的、神秘的力量; an überirdische Mächte glauben 相信超自然的力量〉

Macht.ha.ber *der*; *-s*, *-*; *mst Pl*, *pej*(多用复数)[贬]; einer der Menschen, die in e-m Staat viel Macht haben u. diese missbrauchen 专权者,专制者,当权者: *Die Machthaber ließen den Führer der Opposition ohne Grund verhaften* 当权者毫无根据地逮捕了反对派的领袖 ‖ *hierzu* (派生) **Macht•ha•be•rin** *die*; -, *-nen*

mäch.tig *Adj*(形) **1.** *nicht adv*(不作状语); mit viel Einfluss u. Macht (1) 强大的,有影响力的 ↔ schwach〈ein Herrscher, ein Land, ein Feind 统治者,国家,敌人〉: *Im Mittelalter war die Kirche e-e mächtige Institution* 在中世纪教会是一个有强大影响力的机构 **2.** *nicht adv*(不作状语); sehr groß od. stark 巨大的,高大的,壮实的,宏伟的 ≈ gewaltig〈ein Baum, ein Berg 树,山; Schultern 肩膀; mächtiges Glück haben 有极大的幸福〉**3.** ***etw.*** (*Gen* 二格) ***m. sein*** *geschr*[书]; etw. beherrschen od. es unter Kontrolle haben 掌握;控制〈e-r Sprache m. sein 掌握一种语言; seiner Sinne, seiner (selbst) kaum noch m. sein 几乎控制不住自己(的理智)〉: *Vor Angst war er seiner Stimme nicht m.* 由于害怕他控制不了自己的声音 **4.** *nur adv*, *gespr* (只作状语)[口]; verwendet, um ein Verb od. Adj. zu verstärken (加强动词或形容词的语义)非常,很 ≈ sehr〈m. frieren, schwitzen 冻得厉害,出大汗; sich m. freuen 非常高兴〉: *Der Junge ist m. stolz auf sein neues Fahrrad* 这男孩为他新买的自行车感到很骄傲 ‖ *zu* (义项) **1.** u. **2. Mäch•tig•keit** *die*; *mst Sg*(多用单数)

Macht.kampf *der*; ein Streit, bei dem man versucht, e-m Gegner die eigene Stärke od. Macht zu zeigen (u. über ihn zu triumphieren)权力斗争,争权夺利: *Die Diskussion um höhere Löhne ist zu e-m M. zwischen Regierung u. Gewerkschaft geworden* 提高工资的讨论变成政府与工会之间的权力斗争

macht.los *Adj*(形); nicht mehr fähig, etw. zu tun od. zu unternehmen, *bes* weil der Gegner zu stark ist 无能为力的〈j-m/etw. gegenüber völlig m. sein 面对某人/某事完全无能为力; gegen j-n/etw. m. sein 对某人/某事无可奈何; j-m/etw. völlig m. gegenüberstehen 面对某人/某事一筹莫展(束手无策)〉: *m. gegen die Intrigen seiner Gegner sein* 面对敌人的阴谋无计可施 ‖ *hierzu* (派生) **Macht•lo•sig•keit** *die*; *nur Sg*(只用单数)

Macht.mit.tel *das*; ein Mittel, das man anwendet, um j-m die eigene Stärke od. Macht zu zeigen 强权手段

Macht.po.li.tik *die*; e-e Politik, die nur das

M

Ziel hat, die eigene Stärke od. Macht zu zeigen u. zu festigen 强权政治

Macht·po·si·ti·on *die*; (*bes* in e-m politischen od. wirtschaftlichen System) e-e Position, in der j-d viel Macht (1) hat 统治地位,实力地位,权势≈ Machtstellung ⟨e-e M. innehaben 有权势,有实力; seine M. missbrauchen, verteidigen 滥用、维护自己的权势; sich (*Dat* 三格) e-e M. schaffen 取得实权⟩

Macht·pro·be *die* ≈ Kraftprobe

Macht·stel·lung *die* ≈ Machtposition

Macht·ver·hält·nis·se *die*; *Pl*, POL(复)【政】; die Art, wie die politische Macht in e-m Land *o. Ä.* verteilt ist 力量对比: *Nach den Wahlen kam es zu e-r Verschiebung der M.* 选举后力量对比发生了转移

macht·voll *Adj*(形); mit großer Wirkung 有强大影响力的,声势浩大的,强有力的: *e-e machtvolle Demonstration seiner Stärke* 显示自己力量的一次声势浩大的示威

Macht·wech·sel *der*; *bes* POL 尤指【政】; die Übernahme der (politischen) Macht durch e-e andere Partei, Person od. Gruppe(政)权力交替(更迭)

Macht·wort *das*; *mst in* 多用于 ***ein M. sprechen*** etw. endgültig, definitiv entscheiden, weil man die nötige Autorität od. Macht dazu hat 作裁决,说了算

Mach·werk *das*; *mst in* 多用于 ***ein übles M.*** etw., das nach Meinung des Sprechers schlecht gemacht ist u. keinen Wert hat 拙劣的作品,粗制滥造的东西: *Dieser Film ist ein übles M.* 这部电影是一部拙劣之作

Ma·cke *die*; -, -*n*; *gespr*[口] **1.** e-e Besonderheit im Verhalten e-s Menschen, die ein bisschen verrückt erscheint(古)怪脾气,怪癖 ≈ Tick, Spleen ⟨e-e M. haben 有怪脾气; etw. ist bei j-m (schon) zur M. geworden 某事已成了某人的怪癖⟩ **2.** etw., das nicht ganz in Ordnung ist 毛病,缺陷 ≈ Fehler, Schaden, Defekt

Ma·cker *der*; -*s*, -; *gespr!* [粗] **1.** ***j-s M.*** (*bes* von Jugendlichen verwendet) der Freund e-s Mädchens od. e-r Frau(尤为年青人用语)某人的男朋友,相好的 **2.** *pej*[贬]; (*bes* von jungen Frauen verwendet) ein (übertrieben selbstbewusster) Mann (尤为年轻女子用语)过分自信的男人,傲慢的男子 ‖ *zu* (义项) **2. ma·cker·haft** *Adj*(形)

MAD [ɛmaːˈdeː] *der*; -; *nur Sg*, Ⓓ (只用单数) [德] (*Abk für* 缩写,全称为 Militärischer Abschirmdienst) ein Geheimdienst in Deutschland, der militärische Informationen schützen soll 德国军事情报保密局,军事反谍局 ‖ NB(注意): ↑ ***Bundesnachrichtendienst***

Mäd·chen *das*; -*s*, - **1.** ein Kind weiblichen Geschlechts od. e-e Jugendliche 女孩,小姑娘 ↔ Junge ⟨ein kleines, liebes, hübsches M. 一个小的、可爱的、漂亮的女孩⟩ ‖ K-(复合): ***Mädchen-, -klasse, -pensionat, -schule, -stimme*** ‖ -K(复合): ***Bauern-, Schul-*** **2.** e-e Tochter, *bes* wenn sie noch sehr jung ist 女儿⟨ein M. bekommen, auf die Welt bringen 得了、生了个女儿⟩ **3.** *gespr*[口]; e-e junge Frau 年轻女子,年轻姑娘⟨ein M. kennenlernen, sich in ein M. verlieben 认识、爱上一位年轻女子⟩: *Hoffentlich sind genug Mädchen auf der Party* 希望聚会上有足够的姑娘 **4.** *gespr veraltend*[口][渐旧]; die Freundin e-s Mannes 女友: *Er ist mit seinem neuen M. ins Kino gegangen* 他和新交的女朋友去看电影了 **5.** *veraltend* [渐旧] ≈ Hausangestellte: *nach dem M. läuten* 按铃呼叫女佣 ‖ -K(复合): ***Dienst-, Haus-, Kinder-, Stuben-, Zimmer-*** **6.** ***ein leichtes M.*** *gespr veraltend euph* [口][渐旧][婉] ≈ Prostituierte ‖ NB(注意): als Pronomen kann man in der gesprochenen Sprache auch *sie* (anstatt *es*) verwenden(口语里代词可用 sie(替代 es)) ‖ ID[谚] ***M. für alles*** *gespr*[口]; j-d, der die verschiedensten Arbeiten macht 打杂的,零杂工: *Eigentlich ist er als Chauffeur angestellt, aber in Wirklichkeit ist er M. für alles* 本来雇他当司机,但实际上他当了打杂的 ‖ *zu* (义项) **1. mäd·chen·haft** *Adj*(形); **Mäd·chen·haf·tig·keit** *die*; *nur Sg* (只用单数)

Mäd·chen·han·del *der*; ein illegales Geschäft, bei dem Mädchen in fremde Länder gebracht u. dort *mst* gezwungen werden, Prostituierte zu werden 贩卖妇女,买卖少女 ‖ *hierzu*(派生) **Mäd·chen·händ·ler** *der*

Mäd·chen·na·me *der* **1.** ein Vorname, den man e-m Mädchen gibt 女孩的名字 ↔ Jungenname: *Susanne ist ein M.* 苏珊是个女孩的名字 **2.** der Familienname der Frau vor der Ehe 娘家的姓

Ma·de *die*; -, -*n*; e-e Larve, die wie ein Wurm aussieht u. *z. B.* in Käse od. in Äpfeln vorkommt 蛆 ‖ -K(复合): ***Fliegen-*** ‖ ID [谚] ***wie die M. im Speck*** (***leben***) *gespr* [口]; in Reichtum u. Überfluss (leben)生活富裕,日子过得优裕

Mä·del *das*; -*s*, -/*nordd* [北德] -*s*; *gespr* [口] ≈ Mädchen

ma·dig *Adj*(形); *ohne Steigerung*, *nicht adv* (无变级,不作状语); mit Maden darin 虫蛀的,长了虫的 ⟨Früchte, Käse, Fleisch 水果,奶酪,肉⟩

ma·dig·ma·chen; *machte madig*, *hat madiggemacht*; Vt *gespr* (及物) [口]; ***j-m etw. m.*** j-m den Spaß an etw. nehmen 在某事上扫了某人的兴致 ≈ j-m etw. verleiden

Ma·don·na *die*; -, *Ma·don·nen* **1.** *nur Sg*(只用单数); *bes* als Anrede für Maria, die Mutter von Jesus Christus, verwendet 圣母玛利亚 **2.** ein Bild od. e-e Statue der Mutter von Jesus Christus 圣母像: *die M. mit dem Kinde* 抱孩子的圣母像 ‖ K-(复合): ***Madonnen-, -bild, -gesicht*** ‖ *zu* (义项) **2. ma·don·nen·haft** *Adj*(形)

Ma·fia *die*; -, -*s*; *mst Sg*(多用单数); e-e kriminelle Organisation, die seit langer Zeit *bes* in Italien u. in den USA Verbrechen begeht 黑手党

-ma·fia *die*; -, -*s*; *im Subst*, *begrenzt produk-*

tiv, *pej*(构成名词,构词有限)[贬]; verwendet, um e-e einflussreiche Gruppe von Menschen zu bezeichnen, deren Aktivitäten kriminell od. unmoralisch sind…犯罪集团,…团伙; ***Drogenmafia***, ***Kunstmafia***, ***Opiummafia***, ***Pornomafia***

mag *Präsens*, *1. u. 3. Person Sg*(现在时,第一和第三人称单数); ↑ ***mögen***

Ma·ga·zin[1] *das*; *-s*, *-e* **1.** e-e Zeitschrift, die mit aktuellen Berichten u. Fotos *bes* der Information dient 杂志,画报 ≈ Journal (1) ‖ -K(复合): ***Auto-***, ***Film-***, ***Mode-***, ***Nachrichten-*** **2.** e-e Sendung im Radio od. Fernsehen, die über aktuelle Ereignisse u. Probleme berichtet 新闻报道 ≈ Journal (2)

Ma·ga·zin[2] *das*; *-s*, *-e* **1**(*bes* in Geschäften, Bibliotheken u. Museen) ein großer Raum, in dem die Dinge gelagert werden, die man im Moment nicht braucht od. zeigt 仓库,书库,储藏室 ≈ Lager(raum) ‖ K-(复合): ***Magazin-***, ***-arbeiter***, ***-verwalter*** ‖ -K(复合): ***Bücher-*** **2.** der Behälter bei Schusswaffen, in dem die Patronen sind 弹盒,弹仓 ‖ -K(复合): ***Gewehr-***

Magd [ma:kt] *die*; *-*, *Mäg·de*; *veraltend*[渐旧] **1.** e-e Frau, die als Arbeiterin auf e-m Bauernhof tätig ist 农庄的女帮工 ↔ Knecht: *als M. dienen* 当女帮工 **2.** e-e Frau, die im (fremden) Haushalt Arbeiten wie Putzen, Waschen u. Einkaufen macht 女佣,女仆 ‖ -K(复合): ***Dienst-***, ***Küchen-***

Ma·gen *der*; *-s*, *Mä·gen*; das Organ, in dem die Nahrung nach dem Essen bleibt, bis sie in den Darm kommt 胃 〈e-n vollen, leeren, knurrenden, empfindlichen M. haben 肚子饱饱的、空空的、咕咕叫、敏感(容易闹病); j-m den M. auspumpen 把某人胃里的东西吸出; sich (*Dat* 三格) den M. verderben, vollstopfen, vollschlagen(= viel essen)把肚子(胃)吃坏了、填得鼓鼓的、塞得饱饱的; j-m tut der M. weh 某人肚子(胃)痛〉 ‖ K-(复合): ***Magen-***, ***-beschwerden***, ***-geschwür***, ***-krämpfe***, ***-krankheit***, ***-krebs***, ***-leiden***, ***-operation***, ***-säure***, ***-schleimhaut***, ***-schmerzen***, ***-wand***; ***magen-***, ***-krank***, ***-leidend*** ‖ -K(复合): ***Hühner-***, ***Rinder-*** *usw* ‖ ID[谚] ***j-m knurrt der M.*** j-d hat Hunger 某人肚子饿得咕咕叫; ***etw. liegt j-m (schwer) im M.*** *gespr*[口]; etw. macht j-m Sorgen, bedrückt ihn 某事使某人忧心忡忡,感到压抑; ***etw. schlägt j-m auf den M.*** *gespr*[口]; etw. macht j-m solche Sorgen *o. Ä.*, dass er ein unangenehmes Gefühl im M. hat 某事使某人心情不好,让某人揪心; ***j-m dreht sich der M. um*** j-d ist so angewidert von etw., dass ihm fast schlecht wird 某人(对某事)觉得恶心,倒胃口

Ma·gen·bit·ter *der*; *-s*, *-*; e-e Art Likör, den man *mst* dann trinkt, wenn man zu viel gegessen hat 健胃苦味酒

Ma·gen·saft *der*; die Flüssigkeit im Magen, die hilft, die Nahrung zu verdauen 胃液

Ma·gen·ver·stim·mung *die*; e-e leichte Störung der Verdauung 消化不良,胃功能失调,胃不消化 ≈ Magenbeschwerden 〈e-e M. haben 消化不良,胃不消化〉

ma·ger *Adj* **1.** *nicht adv*(不作状语); (von Tieren u. Menschen) mit wenig Muskeln u. wenig Fett 瘦的,瘦削的,干瘦的 ≈ dürr, dünn ↔ dick: *Durch die lange Krankheit ist sie sehr m. geworden* 她因长期生病变得很瘦 **2.** mit wenig od. gar keinem Fett 无脂肪的,含脂肪少的,低脂肪的 ≈ fettarm ↔ fett 〈Fleisch, Schinken, Käse 肉,火腿,奶酪〉 ‖ K-(复合): ***Mager-***, ***-milch***, ***-quark*** **3.** nicht so, wie man es erwartet od. gehofft hat 微薄的,微小的,不丰富的,少得可怜的 ≈ dürftig, kümmerlich 〈die Ernte, der Lohn, das Ergebnis, die Ausbeute 收成,工资,成果,收益〉: *Das Angebot an frischem Obst war früher im Winter sehr m.* 以前冬天新鲜水果的供应很少 ‖ *zu* (义项) **1. Ma·ger·keit** *die*; *nur Sg*(只用单数)

Ma·ger·sucht *die*; *nur Sg*(只用单数); e-e Krankheit, bei der *mst* Mädchen (aus psychischen Gründen) nicht (genug) essen u. sehr mager (1) werden 消瘦病,厌食症; MED【医】Anorexie

Ma·gie *die*; *nur Sg*(只用单数) **1.** e-e Kunst, die versucht, mit geheimen u. übernatürlichen Kräften Menschen u. Ereignisse zu beeinflussen 魔术,巫术,神法 ≈ Zauberei 〈M. betreiben, ausüben 使用、施加魔法〉 **2. *schwarze M.*** e-e M. (1), die für böse Zwecke verwendet wird 妖法,魔法 **3.** (*bes* im Zirkus u. im Varietee) die Kunst, durch Tricks überraschende Effekte zu produzieren 魔术,变戏法 ≈ Zauberkunst: *ein Meister der M.* 魔术大师

Ma·gier [-giɐ] *der*; *-s*, *-* **1.** ein Mann, der die Fähigkeit hat, Magie (1) zu betreiben 巫师,巫神 ≈ Zauberer **2.** j-d, der *bes* im Zirkus u. im Varietee bestimmte Tricks vorführt 魔术师,变戏法的人 ≈ Zauberkünstler

ma·gisch *Adj*(形) **1.** *ohne Steigerung*(无变级); in der Magie (1) verwendet 有魔法的,魔术的 〈e-e Formel, e-e Handlung, ein Zeichen 法式,行为,符号〉 **2.** mit e-r starken Wirkung, die man kaum erklären kann 有魅力的,有魔力的 〈Licht, e-e Wirkung 光,效应; e-e magische Anziehungskraft 神秘的吸引力; von etw. m. angezogen werden 对某事着了迷,被某事迷住了〉

Ma·gis·ter *der*; *-s*, *-* **1.** ein Titel, den man bekommt, wenn man ein bestimmtes geisteswissenschaftliches Studium an e-r Universität abschließt 硕士(学位); *Abk* 缩写 M.A. (Magister Artium) 〈den M. machen, haben 做硕士,获得硕士(学位)〉 ‖ K-(复合): ***Magister-***, ***-titel*** ‖ NB(注意): ↑ ***Diplom*** **2.** j-d, der diesen Titel hat 硕士

Ma·gist·rat *der*; *-(e)s*, *-e*; die Behörde, die e-e Stadt od. e-e Gemeinde verwaltet 市或区级行政机构 ‖ K-(复合): ***Magistrats-***, ***-beamte(r)***, ***-beschluss***

Mag·ne·si·um *das*; *-s*; *nur Sg*(只用单数); ein

M

silberweißes Metall, das mit grellem weißem Licht verbrennt 镁；CHEM【化】Mg ‖ K-(复合)：**Magnesium-**, **-lampe**, **-licht**

Mag·net *der*; *-s/-en*, *-e(n)* **1.** ein Stück Metall (*bes* Eisen), das andere Eisenstücke anzieht od. abstößt 磁铁，磁石〈j-n/etw. wie ein M. anziehen 像磁铁一样吸引某人/某事〉：*Sie sammelte die Stecknadeln mit e-m Magneten vom Boden auf* 她用一块磁铁把大头针从地上吸起来 **2.** **ein M.** (**für j-n/etw.**) e-e Person od. Sache, die für viele Menschen e-e Attraktion darstellt(对…)具有吸引力的人或事：*Der Stephansdom ist ein M. für Touristen aus aller Welt* 斯特凡大教堂对来自世界各国的旅游者来说是一个有吸引力的地方 ‖ -K(复合)：**Publikums-** ‖ NB(注意)：*der Magnet; den, dem Magnet/Magneten, des Magnets/Magneten*

Mag·net·bahn *die*; e-e Art Eisenbahn ohne Räder, die (aufgrund magnetischer Abstoßung) bei der Fahrt den Boden nicht berührt 磁悬浮列车

Mag·net·feld *das*; der Raum um e-n Magneten, in dem seine Kraft wirksam ist 磁场〈ein schwaches, starkes M. 弱、强磁场〉：*das M. der Erde* 地磁场

mag·ne·tisch *Adj*(形) **1.** mit der Wirkung, Metalle anzuziehen 有磁性的〈Eisen, ein Stab, e-e Nadel 铁，棍，针；das magnetische Feld e-r Spule 线圈的磁场〉 ‖ -K(复合)：**elektro-**, **erd-** **2.** von besonderer persönlicher Wirkung 有吸引力的，有魅力的〈e-e Anziehungskraft 吸引力〉：*Sie zog alle Blicke m. auf sich* 她很富有魅力，把大家的眼光都吸引到自己身上

mag·ne·ti·sie·ren; *magnetisierte, hat magnetisiert*; [Vt](及物) **1.** **etw. m.** etw. magnetisch machen 磁化，起磁，励磁〈e-e Nadel m. 将一根针磁化〉 **2.** **j-n m.** e-n starken Eindruck auf j-n machen, e-e große Attraktion auf j-n ausüben 对…施展魅力，抓住…的心理：*sein Publikum m.* 使观众产生强烈印象，吸引观众 ‖ *hierzu*(派生) **Mag·ne·ti·sie·rung** *die*

Mag·ne·tis·mus *der*; *-*; *nur Sg*(只用单数)；die Eigenschaft bestimmter Materialien, e-e magnetische Wirkung zu haben 磁(性) ‖ -K(复合)：**Elektro-**, **Erd-**

Mag·net·strei·fen *der*; ein Metallstreifen *bes* auf e-r Scheckkarte od. Kreditkarte, auf dem Daten wie Name, Kontonummer *o. Ä.* gespeichert sind(信用卡等上的)磁条

Mag·no·lie [-liə] *die*; *-*, *-n*; ein Baum, der sehr früh im Jahr blüht u. große, weißrosa Blüten hat, die wie Tulpen aussehen 玉兰树 ‖ K-(复合)：**Magnolien-**, **-baum**

magst *Präsens, 2 Person Sg*(现在时，第二人称单数)；↑ **mögen**

Ma·ha·go·ni [maha-] *das*; *-s*; *nur Sg*(只用单数)；ein sehr hartes Holz von rötlicher Farbe, aus dem man *bes* Möbel macht 桃花心木 ‖ K-(复合)：**Mahagoni-**, **-baum**, **-bett**, **-holz**, **-kasten**, **-möbel**, **-schrank**, **-tisch**

Mäh·dre·scher *der*; *-s*, *-*; e-e große Maschine, die dazu dient, Getreide zu mähen u. zu dreschen 联合收割机

mä·hen¹; *mähte, hat gemäht*; [Vt](及物) **1.** **etw.** (**mit etw.**) **m.** Pflanzen mit e-r Maschine, Sense *o. Ä.* abschneiden 割，刈(草、庄稼)〈Getreide mit der Sichel, Gras mit der Sense m. 用镰刀收割庄稼，用长镰刀割草〉 **2.** alle Pflanzen e-s Feldes od. e-r bestimmten Fläche abschneiden 割，芟(草地、庄稼地)〈e-e Wiese, ein Feld m. 割草地、庄稼地；den Rasen m. 修剪草坪〉 ‖ K-(复合)：**Mäh-**, **-maschine**

mä·hen²; *mähte, hat gemäht*; [Vi](不及物)〈ein Schaf 羊〉 **mäht** ein Schaf blökt(羊)咩咩叫 ‖ *hierzu*(派生) **mäh!** *Interjektion*(叹)

Mahl *das*; *-(e)s*, *Mäh·ler/Mah·le*; *mst Sg*, *geschr*(多用单数)[书] **1.** ≈ Mahlzeit (1)〈ein bescheidenes, üppiges, opulentes M. einnehmen, zu sich nehmen 吃(进、用)一餐(顿)简单的、丰盛的、丰美的饭〉 ‖ -K(复合)：**Mittags-**, **Nacht-** ‖ NB(注意)：als Plural wird eher *Mahlzeiten* verwendet(复数常用Mahlzeiten) **2.** e-e *mst* festliche Gelegenheit, bei der sich Leute treffen u. miteinander essen 宴会，聚餐〈sich zu e-m festlichen M. versammeln 共进盛宴；zu e-m M. laden 邀请赴宴〉 ‖ -K(复合)：**Fest-**, **Freuden-**, **Hochzeits-**

mah·len; *mahlte, hat gemahlen*; [Vt](及物) **1.** **etw. m.** Körner zu Pulver machen 碾磨，磨碎，磨细〈Getreide zu Mehl m. 把粮食磨成(面)粉；Kaffee grob, fein m. 粗、细磨咖啡；Pfeffer m. 磨胡椒〉 **2.** **etw. m.** durch Mahlen (1) herstellen(碾)磨成〈Mehl m. 磨成面粉〉；[Vi](不及物) **3.** **etw. mahlt** etw. dreht sich (im Schnee, Sand, Schlamm), ohne von der Stelle zu kommen(物作主语)打滑，打转 ≈ etw. dreht durch〈die Räder des Autos mahlen im Sand 汽车轮子在沙里打滑〉 ‖ ▶ **Mühle**

Mahl·zeit *die* **1.** die Nahrung, die man (regelmäßig) zu e-r bestimmten Tageszeit isst (u. die oft aus mehreren Gängen besteht)(一)餐，顿(饭)〈e-e warme M. zubereiten, essen, verzehren, einnehmen, zu sich nehmen 准备、吃、吃掉、进、用一顿热饭〉 ‖ -K(复合)：**Abend-**, **Haupt-**, **Mittags-**, **Zwischen-** **2.** (**Gesegnete**) **M.!** *gespr*[口]；verwendet, um j-m vor dem Essen e-n guten Appetit zu wünschen(饭前祝语)祝您胃口好！≈ guten Appetit! **3.** **M.!** *gespr*[口]；in der Mittagszeit verwendet, um j-n (*bes* Arbeitskollegen) zu grüßen(午饭前后的招呼语)祝你吃好！**4.** **Na M.!** *gespr*[口]；verwendet, um negative Überraschung auszudrücken(表示惊讶)那可糟了！

Mäh·ne *die*; *-*, *-n* **1.** die langen (u. *mst* dichten) Haare am Kopf od. Hals mancher Tiere, *bes* bei Löwen u. Pferden 鬣(毛) ‖ ↑ *Abb. unter* 图见 **Pferd** ‖ -K(复合)：**Löwen-**, **Pferde-** **2.** *gespr hum*[口][诙]；die langen u. dichten Haare am Kopf e-s Menschen, *bes* wenn sie unordentlich aussehen 披头散发〈e-e blonde, lockige M. 一头金黄色的、卷曲的长发〉

‖ -K(复合)：***Künstler-***

mah·nen；*mahnte*，*hat gemahnt*；[Vt](及物) **1.** ***j-n*** (***wegen etw.***) ***m.*** j-n daran erinnern, dass er noch Geld zahlen od. etw. tun muss (因…)提醒，敦促，催促：*Der Händler mahnte ihn wegen der noch nicht bezahlten Rechnung* 商人提醒他还没有结账 ‖ K-(复合)：***Mahn-***，***-bescheid***，***-brief***，***-schreiben***；[Vt/i](及物/不及物) **2.** (***j-n***) ***zu etw. m.*** j-n auffordern, sich in e-r bestimmten Weise zu verhalten 劝告，要(求) ≈ j-n zu etw. ermahnen 〈(j-n) zur Ruhe, Geduld m. 要(某人)安静、忍耐〉：*Er mahnte uns, leise* zu *sein* 他要我们小声

Mahn·ge·bühr *die*；e-e Summe Geld, die man als Strafe zahlen muss, wenn man e-e Mahnung (2) bekommen hat 罚款

Mahn·mal *das*；*-s*，*-e*；e-e Statue, Inschrift *o.Ä.*, die dazu dient, die Menschen an etw. Schlimmes zu erinnern, von dem man möchte, dass es nicht wieder geschieht 纪念碑，纪念塑像，纪念铭文：*Für die Opfer des Konzentrationslagers wurde ein M. errichtet* 为集中营的死难者建了一座纪念碑 ‖ NB(注意)：↑ ***Denkmal***

Mah·nung *die*；*-*，*-en* **1.** ***die M.*** (***zu etw.***) e-e Äußerung, die j-n auffordert, etw. zu tun, od. j-n daran erinnert, seine Pflicht zu erfüllen 提醒，敦促，要求，劝告〈e-e leise, stille, ernste M. 轻声的、偷偷的、严肃的提醒；e-e M. befolgen, beherzigen, überhören 遵循、铭记、不听劝告〉：*e-e M. zur Vorsicht* 提醒小心；*die M., vorsichtig* zu *sein* 提醒要谨慎行事 **2.** ein Brief, der einen auffordert, *bes* e-e Rechnung zu zahlen 催债信，催款通知 ≈ Mahnbrief, Mahnschreiben 〈e-e M. erhalten, bekommen 得到、收到催债通知；j-m e-e M. schicken 给某人发催款信；die letzte M. 最后催款通知〉：*Wenn du die Rechnung nicht bald zahlst, wird dir die Post e-e M. schicken* 要是你不马上付款结账，邮局将发给你一份催款单 ‖ ▶ ***Ermahnung***

Mahn·wa·che *die*；e-e Art Demonstration, bei der Menschen an e-m öffentlichen Ort stehen u. durch ihr Schweigen gegen etw. protestieren 静站警告示威

Mai *der*；*-s*，*-e*；*mst Sg*(多用单数) **1.** der fünfte Monat des Jahres 五月〈im Mai 在五月；Anfang, Mitte, Ende Mai 五月初、中、末；am 1., 2., 3. Mai 五月一日、二日、三日〉：*Am siebten Mai hat Gabi Geburtstag* 5月7日是加比生日 **2.** ***der Erste Mai*** ein Feiertag, an dem sich die Arbeiter in vielen Ländern versammeln, um gemeinsam zu demonstrieren 五一国际劳动节 ≈ Tag der Arbeit ‖ K-(复合)：***Mai-***，***-feiertag***，***-kundgebung***

Mai·an·dacht *die*；KATH【天主】；ein kurzer Gottesdienst zu Ehren Marias (der Mutter von Jesus Christus), der im Mai jeden Abend stattfindet 五月祷告

Mai·baum *der*；der Stamm e-s Baumes, der bunt bemalt u. mit Bändern geschmückt ist. Der M. wird im Mai *bes* in Dörfern aufgestellt 五朔节彩柱

Mai·glöck·chen *das*；e-e kleine Blume mit mehreren weißen Blüten, die wie kleine Glocken an e-m Stiel hängen u. angenehm riechen 铃兰，草玉铃

Mai·kä·fer *der*；ein Käfer mit braunen Flügeln, der Blätter von Bäumen frisst u. *bes* im Mai fliegt 金龟子

Mail [meɪl] *die*；*-*；*-s*；INFORM *gespr*【信息】[口] ≈ E-Mail 〈e-e M. senden, bekommen 发送，接到电子邮件〉 ‖ *hierzu* (派生) **mai·len** *Vt* (及物)

Mail·box [ˈmeɪl-] *die*；*-*，*-en*；**1.** INFORM【信息】，ein Speicherplatz im Internet, in dem wie in e-m Briefkasten Nachrichten für j-n hinterlegt werden 邮箱，信箱区 **2.** TEL【电讯】；ein Anrufbeantworter e-s Handys (手机的)呼叫应答器

Mai·ling [ˈmeɪlɪŋ] *das*；*-*(*s*)；*nur Sg* (只用单数)；die Methode, Werbung mit der Post an viele Personen od. Firmen zu verschicken 邮寄广告

Mais *der*；*-es*；*nur Sg*(只用单数) **1.** e-e Art von Getreide, das sehr hoch wächst u. große, gelbe Körner hat 玉蜀黍，玉米(植物)〈M. anbauen, ernten 种植、收割玉米〉 ‖ K-(复合)：***Mais-***，***-feld***，***-kolben***，***-körner***，***-mehl***，***-stroh***；***mais-***，***-gelb*** **2.** die Körner dieser Pflanze (*bes* als Nahrung) 玉米，玉米粒

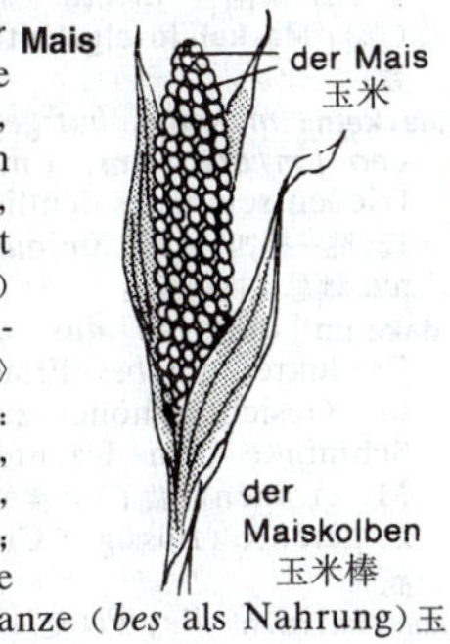

Ma·jes·tät *die*；*-*，*-en* **1.** *bes hist* 尤指[历]；der Titel u. die Anrede für Kaiser u. Könige(对皇帝和国王的尊称)陛下：*Ihre M. die Königin betritt den Saal* 女王陛下步入大厅 **2.** *nur Sg*，*geschr*(只用单数)[书]；die Eigenschaften, wegen derer j-d/ etw. bewundert wird 雄伟壮丽，气势磅礴：*Die Alpen lagen in ihrer ganzen M. vor uns* 阿尔卑斯山脉雄伟壮丽，巍然耸立在我们面前

ma·jes·tä·tisch *Adj* (形)；*geschr* [书]；mit Würde 威严的，雄伟的，有气魄的 ≈ würdevoll, hoheitsvoll：*der majestätische Flug des Adlers* 老鹰雄伟的翱翔；*m. einherschreiten* 仪态万方地步入

Ma·jo·nä·se *die*；↑ ***Mayonnaise***

Ma·jor [maˈjoːɐ̯] *der*；*-s*，*-e*；ein Offizier, dessen Position über der e-s Hauptmanns ist 少校

Ma·jo·ran *der*；*-s*，*-e*；*mst Sg* (多用单数)；e-e Pflanze, die getrocknet u. zerkleinert als Gewürz verwendet wird(作调料用的唇形科植物)马珠草

Ma·jo·ri·tät *die*；*-*，*-en*；*mst Sg*，*geschr* (多用单数)[书] ≈ Mehrheit (1) ↔ Minorität 〈die M. erlangen 获得多数；in der M. sein 占多数；

die M. haben 拥有多数(票)〉: *Die M. der Befragten sprach sich gegen den Plan aus* 多数被询问者表示反对此项计划 ‖ K-(复合): ***Majoritäts-*****, *****-beschluss*****, *****-prinzip***

ma·ka·ber *Adj* (形); *nicht adv* (不作状语); Schrecken, Grausen od. Abneigung erregend, *bes* weil ein Zusammenhang mit dem Tod besteht 阴森可怕的,令人毛骨悚然的,阴沉的〈ein Anblick, ein Gedanke, ein Humor, ein Lied, ein Scherz, e-e Szene 景象,想法,幽默,歌曲,玩笑,场面; etw. wirkt m. 给人阴森森的感觉〉: *Ein Aschenbecher in Form e-s Totenkopfes ist m.* 一个骷髅形状的烟灰缸真可怕 ‖ NB(注意): *makaber → ein makabrer Scherz*

Ma·kel *der*; *-s*, *-*; *geschr*[书]; ein Fehler, den e-e Person/Sache hat, durch den sie weniger wert ist 缺陷,瑕疵,污点 ≈ Mangel[1] (2,3)〈e-n M. aufweisen 露出瑕疵; ohne M. sein 没缺陷,无毛病; etw. als M. empfinden 觉得某事是污点〉: *Sie empfindet es als M., keine Fremdsprache zu können* 她觉得不会外语是个缺陷 ‖ *hierzu* (派生) **ma·kel·los** *Adj* (形); **Ma·kel·lo·sig·keit** *die*; *nur Sg*(只用单数)

mä·keln; *mäkelte*, *hat gemäkelt*; [Vi](不及物)〈***an j-m/etw.***〉 ***m.*** (mit j-m/etw.) unzufrieden sein u. es deutlich sagen(对…)吹毛求疵,挑三拣四,挑剔: *Sie mäkelt ständig am Essen* 她总是挑剔饭菜

Make-up [meːkˈ|ap] *das*; *-s*, *-s* **1.** kosmetische Produkte, die *bes* Frauen verwenden, um das Gesicht schöner zu machen 化妆品 ≈ Schminke〈ein dezentes, gekonntes, kein M. (tragen)(做了)素雅的、精细的化妆,不化妆〉 **2.** getönte (flüssige) Creme 化妆用的油脂,化妆品

Mak·ka·ro·ni *die*; *Pl*(复); lange Nudeln in der Form von dünnen Röhren 空心面条,通心粉

Mak·ler *der*; *-s*, *-*; j-d, der für andere Leute Geschäfte macht, *bes* indem er Häuser, Wohnungen *o. Ä.* an Käufer od. Mieter vermittelt 房地产中介人,经纪人,掮客〈e-n M. aufsuchen, einschalten 找、插进一个中介人〉‖ K-(复合): ***Makler-*****, *****-gebühren*** ‖ -K(复合): ***Immobilien-*****, *****Börsen-*****, *****Grundstücks-*** ‖ *hierzu* (派生) **Mak·le·rin** *die*; *-*, *-nen*

Mak·ra·mee *das*; *-*, *-s*; *mst Sg*(多用单数); e-e Handarbeit, bei der dicke Fäden so miteinander verknüpft werden, dass schöne Muster entstehen 流苏花边: *e-e Tasche aus M.* 编有流苏花边的口袋

Mak·re·le *die*; *-*, *-n*; ein essbarer Meeresfisch mit blaugrünen Streifen am Rücken 鲭鱼〈e-e geräucherte M. 一条熏鲭鱼〉

Mak·ro *der*, *das*; *-s*, *-s*; INFORM【信息】; (*Kurzw für* 略,全称为 Makrobefehl) e-e häufig wiederkehrende Folge von Befehlen, die man durch e-e einzige Anweisung ablaufen lassen kann 宏指令

mak·ro-/Mak·ro- *im Adj u. Subst*, *wenig produktiv*(构成形容词和名词,构词弱) **1.** auf ein großes Gebiet, e-n großen Raum bezogen 宏观(的)… ↔ mikro-/Mikro-; ***das Makroklima*****, *****der Makrokosmos*****, *****makrokosmisch*****, *****die Makroökonomie*****, *****die Makrostruktur*** **2.** sehr groß od. größer als normal 大(的),巨形(的)… ≈ groß-/Groß- ↔ mikro-/Mikro-; ***die Makroaufnahme*****, *****die Makrofotografie*****, *****das Makromolekül***

Ma·ku·la·tur *die*; *-*, *-en* **1.** bedrucktes Papier, das man nicht mehr brauchen kann, weil es alt od. falsch bedruckt ist(印坏或印过的)废纸〈etw. als M. einstampfen 将某物作为废纸捣碎(烂)〉 **2.** e-e Flüssigkeit od. e-e Schicht Papier, mit der man e-e Wand bedeckt, bevor man sie tapeziert, damit man die Tapete später leichter entfernen kann(一层)纸浆 ‖ ID[谚] ***etw. ist*** (***reine***) ***M.*** *gespr pej*[口][贬]; verwendet, um auszudrücken, dass ein gedruckter Text wertlos ist 某事(纯粹)是一张废纸: *Unsere Urlaubspläne sind jetzt reine M.* 我们的度假计划现在纯粹是一张废纸

mal[1] *Adv* (副); *gespr* [口]; zu irgendeiner (nicht näher bestimmten) Zeit in der Vergangenheit od. in der Zukunft 曾经(有一次)或以后(有一天) ≈ einmal[1] (2): *Er war mal ein guter Sportler* 他曾是一位出色运动员; *Was willst du denn mal werden?* 你今后究竟想当什么?; *Ich glaube, ich muss mal Urlaub machen* 我看我得休一次假

mal[2] *Partikel* (小品词); *unbetont*, *gespr* (非重读)[口] **1.** verwendet, um j-n höflich zu etw. aufzufordern, auch in Form e-s Fragesatzes(表示请求的语气,也用于疑问句式)啊,吧: *Schau mal, da drüben sind Rehe!* 你看啊,那对面有小鹿!; *Hier, probier mal meinen Stift!* 这儿,你用我的铅笔试试吧!; *Komm (doch) mal her, bitte!* 请过来吧!; *Gibst du mir bitte mal das Salz?* 请你把盐递给我,好吗? **2.** ***nun mal*** verwendet, um auszudrücken, dass man e-e Tatsache nicht ändern kann(表示事实无法改变)就(是),原本就,就只好 ≈ eben[3] (1): *Gegen ihn hast du keine Chance — er ist nun mal stärker als du* 你不可能战胜他——他就是比你强; *Da kann man nichts machen, das ist nun mal so* 现在没辙了,这就只好这样了 ‖ ID[谚] ↑ ***können***[2]

mal[3] *Konjunktion* (连); multipliziert mit 乘: *vier mal vier ist sechzehn* 四乘四等于十六(4×4=16)

Mal[1] *das*; *-(e)s*, *-e* **1.** die Gelegenheit, bei der man etw. tut oder bei der etw. geschieht 次,回,机会:〈jedes, manches Mal 每次,屡次; ein paar Mal 几次; das erste, zweite, dritte *usw*, letzte, nächste, x-te Mal 第一、第二、第三次,最后一次,下一次,不知第几次; beim /zum ersten, zweiten, dritten *usw*, letzten, nächsten, x-ten Mal 第一、第二、第三次,最后一次,下一次,不知第几次〉: *Beim nächsten Mal / Nächstes Mal / Das nächste Mal komme ich nicht mehr zu spät* 下次我不再迟到; *Wir sprechen ein anderes Mal weiter* 我们另找机会再谈; *Sie fliegt zum dritten Mal nach Amerika* 她第三次飞美国; *Wir sind* *schon einige/mehrere Male mit dem Schiff gefahren* 我们已多次乘坐轮船 **2. von Mal zu Mal a)** jedes Mal[1] (1) aufs Neue (wie es die Situation erfordert) 一次次地，一再地〈etw. von Mal zu Mal entscheiden, bestellen 一次又一次地决定某事、订购某物〉; **b)** bei jedem Mal[1] (1) 每次，每回〈etw. ändert sich von Mal zu Mal 某事每回都在变〉 **3. von Mal zu Mal** + *Komparativ*（比较级）bei jedem Mal[1] (1) mehr als zuvor 一次比一次…，越来越… ≈ immer, in steigendem Maße: *Die Stadt wird von Mal zu Mal lauter* 城市越来越喧闹 **4. mit 'einem Mal** ≈ plötzlich: *Beim Essen sprang sie mit einem Mal auf u. rannte hinaus* 吃饭时她猛地跳起来就往外窜 **5. ein ums/übers andere Mal** ≈ immer wieder: *Ich habe versucht, mir diesen Fehler abzugewöhnen, aber ein ums andere Mal mache ich ihn wieder* 我试图改掉这个缺点，但时隔一次又犯了 **6. das eine od. andere Mal** ≈ gelegentlich, hin u. wieder: *„Ist er oft zu spät gekommen?" – „Nein, nur das eine od. andere Mal"* "他经常迟到吗?"——"不经常，只是偶尔" **7. ein für alle Mal** *gespr*［口］verwendet, um auszudrücken, dass etw. ab jetzt für immer gültig ist 永远，一劳永逸〈j-m etw. ein für alle Mal sagen 某事对某人只说一次(以后不再说了)；etw. gilt ein für alle Mal 某事一次如此，永远有效〉

Mal² *das*; *-(e)s*, *Ma·le/Mä·ler*; ein Fleck auf der Haut 瘢，疤痕 ‖ -K(复合): **Brand-**, **Wund-**

-mal *im Adv*, *begrenzt produktiv*(构成副词，构词有限); die genannte Zahl od. Menge von Malen …次，回，倍; **einmal**, **eineinhalbmal**/**anderthalbmal**, **zweimal**, **dreimal**, **viermal** *usw*; **keinmal**, **manchmal**, **vielmal**, **zigmal**, **x-mal**: *Er hat mich viermal besucht* 他看望了我四次

Ma·la·ria *die*; *-*; *nur Sg*(只用单数); e-e tropische Krankheit, die durch Moskitos übertragen wird u. hohes Fieber verursacht 疟疾 ‖ K-(复合): **Malaria-**, **-erreger**; **malaria-**, **-krank**

ma·len; *malte*, *hat gemalt*; [Vt/i]（及物/不及物）**1.** (**etw.**) **m.** mit Farbe ein Bild herstellen 画，绘〈ein Aquarell, ein Bild, ein Porträt m. 画水彩画、图画、肖像画; in Öl, mit Wasserfarben, Wachskreiden, nach der Natur m. 画油画、水彩画、蜡笔画、写生〉 ‖ K-(复合): **Mal-**, **-farbe**, **-kreide**, **-kunst**, **-kurs**, **-stift**, **-technik** **2.** (**etw.**) **m.** *bes südd* 尤用于［南德］; etw. mit Farbe anstreichen 上油漆，粉刷 ≈ streichen〈Türen, Wände, die Wohnung m. (lassen)(让人)给门、墙、居室上油漆〉; [Vt]（及物）**3. j-n/etw. m.** mit Farbe von j-m/etw. ein Bild machen 给…画像，把…绘成画: *ein Kind, e-n See, ein Haus, e-e Landschaft m.* 画个小孩、湖、房子、风景; *sich m. lassen* 画自己 **4. etw. m.** etw. ganz langsam u. konzentriert schreiben od. zeichnen 工整地描、写或画〈Buchstaben, Zahlen, Schnörkel m. 工整地描字母、数字、装饰花纹〉

Ma·ler *der*; *-s*, *-* **1.** j-d, der (als Künstler) Bilder malt 画家: *Vincent van Gogh ist ein berühmter M.* 凡·高是一位著名画家 ‖ K-(复合): **Maler-**, **-leinwand** ‖ -K(复合): **Aquarell-**, **Fresken-**, **Ikonen-**, **Landschafts-**, **Miniatur-**, **Plakat-**, **Porträt-**; **Kunst-**; **Biedermeier-**, **Barock-**, **Renaissance-**; **Pflaster-**, **Straßen-** **2.** j-d, der (als Handwerker) Wände, Fenster *usw* streicht 油漆工，漆匠，粉刷工〈den M. bestellen, kommen lassen 请、请来油漆工〉 ‖ K-(复合): **Maler-**, **-farbe**, **-gehilfe**, **-meister**, **-pinsel** ‖ *hierzu*（派生）**Ma·le·rin** *die*; *-*, *-nen*

Ma·le·rei *die*; *-*, *-en* **1.** *nur Sg*(只用单数); die Kunst, Bilder zu malen 绘画艺术，绘画 ≈ Malkunst〈die abstrakte, gegenständliche, realistische, moderne, zeitgenössische M. 抽象的、形象的、现实主义的、现代的、当代的绘画艺术〉: *die M. des Impressionismus, der Gotik* 印象派的、哥特式的绘画艺术 **2.** ein gemaltes Bild 画，图画，画像: *Die Ausstellung zeigt Malereien von Magritte* 展览展出玛格丽特的画 ‖ -K(复合): **Akt-**, **Landschafts-**, **Porträt-**; **Aquarell-**, **Öl-**; **Fresko-**; **Hinterglas-**, **Ikonen-**, **Miniatur-**, **Plakat-**; **Höhlen-**, **Pflaster-**, **Straßen-**, **Wand-**; **Barock-**

ma·le·risch *Adj*(形) **1.** *nur attr od adv*, *ohne Steigerung*(只作定语或状语，无变级); in Bezug auf die Malerei 绘画的: *Sie zeigte schon als Kind großes malerisches Talent* 她早在孩童时就表现出了巨大的绘画才能 **2.** hübsch u. idyllisch 美丽如画的，景色优美的 ≈ pittoresk〈e-e Landschaft, ein Häuschen, ein Anblick, ein Platz 景致，小屋，景色，地方〉: *Das Dorf ist m. gelegen* 这村庄地势优美，风景如画

Mal·heur [ma'løːɐ] *das*; *-s*, *-e/-s*; *gespr*［口］; ein kleiner unangenehmer Vorfall 小小的不幸，倒霉事儿 ≈ Missgeschick: *Mir ist da ein kleines M. passiert – ich habe den Kaffee verschüttet* 我碰到一件倒霉事儿——我把咖啡撒了 ‖ ID［谚］**Das ist doch kein M.!** das ist doch nicht so schlimm 这不算什么！这没关系！

-ma·lig *im Adj*, *begrenzt produktiv*(构成形容词，构词有限) **1.** *nur attr*, *nicht adv*(只作定词，不作状语); verwendet, um auszudrücken, dass etw. die genannte Zahl von Malen geschieht …次的，…回的; **einmalig**, **zweimalig**, **dreimalig** *usw*; **mehrmalig**, **oftmalig**: *e-e viermalige Wiederholung* 四次重复 **2.** *nur attr od adv*(只作定语或状语); so, dass etw. beim/zum genannten Mal geschieht 第…次的，第…回的; **erstmalig**, **diesmalig**, **nochmalig**, **letztmalig**: *Der diesmalige Sieger kommt aus Leipzig* 这次的优胜者来自莱比锡

Mal·kas·ten *der*; e-e flache Schachtel aus Metall, in der Farben sind, mit denen man Bilder malt 颜料盒 ≈ Farbkasten

mal·neh·men; *nahm mal*, *hat malgenommen*; [Vt/i]（及物/不及物）((**etw.**) **mit etw.**) **m.** ≈ multiplizieren

Ma·lo·che *die*; *-*; *nur Sg*, *bes nordd gespr*(只用单数)尤用于［北德］［口］; die Arbeit im Beruf

职业工作〈in die/zur M. gehen 去上班〉

ma·lo·chen; *malochte*, *hat malocht*; [Vi](不及物) *bes nordd gespr* 尤用于[北德][口]; sehr viel u. körperlich anstrengend arbeiten 拼命苦干,卖力地干

-mals *im Adv*, *wenig produktiv*(构成副词,构词弱) **1.** verwendet, um e-e unbestimmte Zahl von Malen auszudrücken …次(回); ***mehrmals***, ***oftmals***, ***vielmals***: *Ich danke Ihnen vielmals* 我很感谢您 **2.** zum genannten Mal (in e-r Reihenfolge) 第…次(回); ***erstmals***, ***letztmals***, ***nochmals***: *Ich will es nochmals versuchen* 我想再试一次

malt·rä·tie·ren; *malträtierte*, *hat malträtiert*; [Vt] (及物) **1.** ***j-n m.*** j-n so behandeln, dass man ihm körperlich od. psychisch weh tut 虐待,折磨: *j-n mit Schlägen*, *mit seinen Fäusten m.* 用棍棒、拳打脚踢虐待某人 **2.** ***etw. m.*** etw. so behandeln, dass es (wahrscheinlich) kaputtgeht 把…折腾坏,糟蹋: *sein Auto*, *das Klavier m.* 糟蹋汽车、钢琴

Mal·ve [-v-] *die*; *-*, *-n*; e-e hohe Pflanze mit rosa od. lila Blüten, die *mst* in Gärten wächst. Aus den Blüten macht man Tee 锦葵 ‖ K-(复合): ***Malven-***, ***-tee***

Malz *das*; *-es*; *nur Sg* (只用单数); Getreide (*mst* Gerste), nachdem es im Wasser gelegen hat u. anschließend getrocknet u. geröstet worden ist 麦芽 ‖ K-(复合): ***Malz-***, ***-bonbon***, ***-zucker***

Malz·bier *das*; ein dunkles Bier, das besonders viel Malz u. wenig Alkohol enthält 麦芽啤酒

Mal·zei·chen *das*; die Zeichen · od. x, die man in Multiplikationen verwendet 乘号(·或×)

Malz·kaf·fee *der*; ein Getränk, das aus gerösteter u. gemahlener Gerste gemacht wird u. als Ersatz für Kaffee dient 麦芽咖啡

Ma·ma *die*; *-*, *-s*; *gespr*[口]; von u. gegenüber Kindern verwendet als Anrede od. Bezeichnung für die Mutter(儿童用语)妈妈 ≈ Mutti ↔ Papa ‖ ↑ *Übersicht unter* 一览表见 ***Familie***

Ma·mi *die*; *-*, *-s*; *gespr*[口] ≈ Mama ↔ Papi

Mam·mon *der*; *-s*; *nur Sg*, *pej* (只用单数)[贬] ≈ Geld (*bes* wenn es für j-n das Wichtigste im Leben ist) 〈der schnöde M. 臭钱,不义之财〉

Mam·mut *das*; *-s*, *-s/-e*; e-e Art Elefant mit langen Haaren, der vor langer Zeit gelebt hat u. jetzt ausgestorben ist 猛犸(已绝种) ‖ K-(复合): ***Mammut-***, ***-knochen***, ***-skelett***

Mam·mut- *im Subst*, *begrenzt produktiv* (构成名词,构词有限); verwendet, um auszudrücken, dass etw. sehr groß ist 巨大的…,大型的… ≈ Riesen- ↔ Mini-; das ***Mammutaufgebot*** 〈an Künstlern bei e-m Festival 对联欢节上艺术家们的〉, der ***Mammutauftrag*** 〈der Industrie 工业的〉, der ***Mammutkonzern***, das ***Mammutkonzert***, das ***Mammutprogramm*** 〈e-s Kongresses 会议的〉, die ***Mammutsitzung*** 〈des Parlaments 议会的〉

mamp·fen; *mampfte*, *hat gemampft*; [Vt/i] (及物/不及物) (***etw.***) ***m.*** *gespr*[口]; etw. essen (u. dabei mit vollen Backen kauen) 大口大口地咀嚼

man[1] *Indefinitpronomen*(不定代词) **1.** verwendet, um irgendeine Person od. e-e Gruppe von Personen zu bezeichnen, die man nicht genauer bestimmen kann od. will 有人(指一个人或一些人): *Man hat mir das Fahrrad gestohlen* 有人把我的自行车偷了; *Man hat ihn zu e-r Geldstrafe verurteilt* 有人罚了他的钱; *Weiß man schon*, *wie die Wahlen ausgegangen sind?* 有人已经知道选举结果了吗? ‖ NB(注意): **a)** *man* wird oft anstelle e-r Passivkonstruktion verwendet (man 常替代被动结构); **b)** ↑ ***frau*** **2.** verwendet, um sich selbst zu bezeichnen (u. um auszudrücken, dass e-e Aussage auch für andere Menschen gilt) (表示自己本人及表示所述内容也适用他人)我(我们,你,你们,大家): *Von meinem Platz aus konnte man nichts sehen* 我坐(或站)的位子什么也看不清; *Man kann nie wissen*, *wozu das gut ist*; 我永远无法知道,这对什么有好处 *„Kannst du nicht schneller laufen?" – „Nein*, *man ist ja schließlich nicht mehr der Jüngste."* "你能不能快点跑?"——"不行,(毕竟我)不是年轻人了。" **3.** verwendet, um *bes* die Öffentlichkeit od. die Gesellschaft zu bezeichnen, in der es e-e bestimmte (Verhaltens)Norm gibt(表示有着某种行为标准的公众或社会)人,人们: *In diesem Sommer trägt man Miniröcke* 今年夏天人们都穿迷你裙 **4.** (*z. B.* in Rezepten od. Gebrauchsanweisungen im Konjunktiv) verwendet, um j-m zu sagen, was er tun muss (在药方或使用说明中,用虚拟式,表示告诉你该怎么做): *Man nehme vier Eier u. vermenge sie mit 300 g Mehl* 拿四个鸡蛋,把它和 300 克面粉搅拌 ‖ NB(注意): *man* wird nur im Nominativ verwendet. Im Akkusativ wird *man* durch *einen* ersetzt u. im Dativ durch *einem*. Es gibt keine Genitivform (*man* 只用一格,四格用 *einen*,三格为 *einem*,没有二格形式)

man[2] *Partikel* (小品词); *unbetont*, *bes nordd gespr* (非重读)尤用于[北德][口] ≈ mal[2] (1): *Lass man gut sein*, *ist nicht so schlimm!* 就这样蛮好,不算太糟!

Ma·nage·ment [ˈmɛnɛdʒmənt] *das*; *-s*, *-s*; **1.** *Kollekt*(集合); die Personen, die ein großes (industrielles) Unternehmen leiten 企业管理(领导)班子 〈dem M. angehören 属于领导班子的〉 **2.** das Führen, Leiten e-s großen Unternehmens *o. Ä.* 经营,管理: *j-m mit dem M. e-r Firma betrauen* 委托某人管理公司,派某人负责公司的经营工作

ma·na·gen [ˈmɛnɛdʒn]; *managte*, *hat gemanagt*; [Vt] (及物) **1.** ***j-n m.*** dafür sorgen, dass *mst* ein Künstler od. Sportler immer wieder neue Verträge bekommt u. gut bezahlt wird 协助(艺术家或运动员)签约和理财,经纪 **2.** ***etw. m.*** *gespr*[口]; (durch geschicktes Handeln) bewirken, dass etw. zustande

M

kommt 把…(巧妙地)安排妥当,办得井井有条 ≈ organisieren, arrangieren (1): *„Ich kann jetzt doch auf das Fest gehen." – „Wie hast du denn das gemanagt?"* "现在我可以去参加庆祝活动了。"——"你是怎么巧妙地安排这件事情的?"

Ma·na·ger [ˈmɛnɛdʒɐ] *der*; *-s*, *-* **1.** eine von *mst* mehreren Personen, die ein großes (industrielles) Unternehmen leiten 经理 **2.** j-d, der dafür sorgt, dass ein Künstler od. Sportler neue Verträge bekommt u. gut bezahlt wird (艺术家或运动员的)经纪人 ‖ *hierzu* (派生) **Ma·na·ge·rin** *die*; *-*, *-nen*

manch *Indefinitpronomen* (不定代词); verwendet, um eine od. mehrere einzelne Personen od. Sachen e-r unbestimmten Anzahl zu bezeichnen, die man nicht genauer bestimmen kann od. will (表示某一部分人或事物中的一个或几个)有些,有的,有一些 ≈ einige, mehrere: *mancher Mann* 有的男人; *mancher junge Mann* 有的年青人; *Sie hat dem Kind so manches Märchen erzählt* 她给孩子讲了一些童话故事; *Er hat auf seiner Reise manches erlebt* 他在旅途中经历了一些事情 ‖ NB(注意): **a)** Steht *manch* vor e-m unbestimmten Artikel od. vor e-m Adjektiv des Deklinationstyps B, bleibt es unverändert (*manch* 位于不定冠词或强变化形容词之前,则不变词形); ↑ *Tabelle unter* 图表见 **Adjektive**; **b)** *manch* verwendet man wie ein attributives Adj. (*manch* 可用来作定语): (*an manchen Tagen* 在有些日子里) od. wie ein Subst. (或作名词) (*Manche haben e-n sehr eigenartigen Geschmack* 有些人有独特的爱好)

man·cher·lei *Indefinitpronomen* (不定代词); *indeklinabel* (词形不变); einige od. mehrere verschiedene (einzelne) Dinge od. Arten von etw. 一些,好些,各种各样的(事情) ≈ allerlei: *Auf seiner Reise hat er m. (Abenteuer) erlebt* 他在旅途中经历了好些稀奇的事 ‖ NB(注意): wie ein Subst. oder ein attributives Adj. verwendet (用法同名词或定语形容词)

manch·mal *Adv* (副); von Zeit zu Zeit, in manchen Fällen 有时,偶尔,间或 ≈ ab u. zu, gelegentlich, hin u. wieder: *M. besuche ich meine Großmutter* 有时我去探望祖母; *M. fährt er mit dem Auto* 他偶尔开车

Man·dant *der*; *-en*, *-en*; j-d, der e-n Rechtsanwalt damit beauftragt hat, ihn (vor Gericht) zu vertreten(委托律师办案的)当事人,委托人 ≈ Klient: *Der Verteidiger beantragt Freispruch für seinen Mandanten* 辩护律师提出释放他的委托人 ‖ NB(注意): *der Mandant*; *den*, *dem*, *des Mandanten* ‖ *hierzu* (派生) **Man·dan·tin** *die*; *-*, *-nen*

Man·da·ri·ne *die*; *-*, *-n*; e-e (Zitrus) Frucht, die der Orange ähnlich, aber kleiner u. süßer ist 橘子,柑橘 ‖ K-(复合): **Mandarinen-**, **-baum**, **-kern**, **-schale**

Man·dat *das*; *-(e)s*, *-e* **1.** JUR, *geschr*【法】[书]; der Auftrag an e-n Rechtsanwalt, einen juristisch zu beraten od. (vor Gericht) zu vertreten 委托(法律咨询或诉讼),委托书 〈j-m ein M. erteilen 委托某人〉: *Der Anwalt übernahm das M.* 律师接受委托 **2.** POL【政】; das Amt e-s Abgeordneten im Parlament 议席 ≈ Sitz 〈sein M. niederlegen 放弃自己的议席〉: *Die Partei hat 40 Mandate verloren* 这个政党失去了 40 个议席 ‖ K-(复合): **Mandats-**, **-gewinn**, **-träger**, **-verlust**, **-verteilung** **3.** **j-m das M. erteilen** POL【政】; e-m Abgeordneten den Auftrag geben, die Interessen seiner Wähler im Parlament zu vertreten 委任…为议会代表

Man·del[1] *die*; *-*, *-n* **1.** ein ziemlich langer, flacher u. essbarer (Samen)Kern in e-r harten Schale, aus dem man *z. B.* Marzipan herstellt 杏仁 〈bittere, süße, gesalzene Mandeln 苦的、甜的、咸味杏仁〉 ‖ K-(复合): **Mandel-**, **-baum** ‖ -K(复合): **Röst-**, **Salz-** **2.** **gebrannte Mandeln** e-e Süßigkeit aus Mandeln, die mit gebranntem Zucker überzogen sind 杏仁(夹心)糖 ‖ *zu* (义项) **1.** **man·del·för·mig** *Adj* (形)

Man·del[2] *die*; *-*, *-n*; *mst Pl* (多用复数); eines von zwei Organen im oberen hinteren Teil des Halses (des Rachens), die Infektionen abwehren 扁桃体,扁桃腺 〈eitrige, entzündete, gerötete, geschwollene Mandeln 化脓的、发炎的、红肿的、肿大的扁桃腺; sich die Mandeln herausnehmen lassen 摘除扁桃体〉 ‖ K-(复合): **Mandel-**, **-entzündung**, **-operation**, **-vereiterung** ‖ -K(复合): **Rachen-**

Man·do·li·ne *die*; *-*, *-n*; ein gitarrenähnliches, ovales Musikinstrument mit vier Doppelsaiten 曼陀铃(琴)

Mandoline

Ma·ne·ge [-ʒə] *die*; *-*, *-n*; ein *mst* runder Platz im Zirkus(zelt), auf dem die Artisten auftreten 马戏场: *Der Clown stolperte in die M.* 小丑跌跌撞撞地走进马戏场 ‖ -K(复合): **Zirkus-**

Man·gel[1] *der*; *-s*, *Män·gel* **1.** *nur Sg* (只用单数); **ein M. (an j-m / etw.)** der Zustand, in dem etw. Wichtiges nicht ausreichend vorhanden ist 缺乏,缺少,不足,不够: *ein M. an Lebensmitteln* 缺乏生活资料; *Trotz Arbeitslosigkeit herrscht in bestimmten Wirtschaftszweigen immer noch ein M. an Arbeitskräften* 虽然有失业现象,但某些经济部门仍然劳动力不足; *Sein M. an Selbstvertrauen macht ihn schüchtern* 缺乏自信使他胆怯 ‖ -K(复合): **Arbeitskräfte-**, **Ärzte-**, **Geld-**, **Lehrer-**, **Lehrstellen-**, **Platz-**, **Sauerstoff-** **2.** *mst Pl* (多用复数); *mst* ein (Material) Fehler an e-r Ware 毛病,缺陷,缺点,瑕疵 〈leichte, schwere Mängel 轻微的、严重的缺陷; Mängel feststellen, beanstanden, beheben, beseitigen 查明、挑剔、消除、克服缺陷〉: *Ein gebrauchtes Auto weist oft Mängel auf* 旧车常常

出毛病 ‖ K-(复合)：**Mängel-**, **-haftung**, **-rüge** **3.** ein charakterlicher Fehler e-r Person (der anderen auffällt u. der sie stört)(性格上的)弱点 ≈ Makel ↔ Stärke[1](2)：*Sein größter M. ist seine Unehrlichkeit* 他最大的弱点是不诚实

Man·gel² *die*；-，*-n* **1.** ein Gerät, bei dem Wäsche zwischen zwei Walzen gepresst u. glatt gemacht wird(将洗过的衣服轧干压平的)轧布机，研光机 ‖ -K(复合)：**Heiß-**, **Wäsche-** **2.** ein Betrieb, in dem Wäsche mit der M. (1) gepresst wird (湿衣)轧布作坊 ‖ ID[谚] ***j-n in die M. nehmen / durch die M. drehen*** *gespr*[口]；j-n hart, streng behandeln od. quälen u. verletzen 苛待 / 折磨某人 ≈ j-m (hart) zusetzen

Man·gel·be·ruf *der*；ein Beruf, in dem es nicht genug Arbeitskräfte gibt 劳动力缺乏的职业

Man·gel·er·schei·nung *die*；ein Symptom, das darauf hinweist, dass dem Körper *mst* wichtige Stoffe (Vitamine od. Mineralien) fehlen(体内重要物质的)缺乏症状

man·gel·haft *Adj*(形) **1.** nicht gut genug, mit vielen Mängeln[1](2,3)有缺陷的，有毛病的，不完善的，不够(好)的 ≈ unzureichend 〈Kenntnisse, e-e Ware, ein Wissen 认识，商品，知识；e-e Ausbildung, Leistungen 教育，成绩〉：*Die Idee war gut, die Ausführung aber m.* 这想法是好的，但落实不力 **2.** Ⓓ[德] verwendet als Bezeichnung für die schlechte (Schul) Note 5 (auf der Skala von 1-6 bzw. *sehr gut* bis *ungenügend*). Mit dieser Note hat man die Prüfung *o.Ä.* nicht bestanden 5 分，差，不及格(得这个分数表示考试没有通过)〈„m." (in etw. (*Dat* 三格)) haben, bekommen(在某一门课上)是、得"不及格"〉 ‖ *zu*(义项) **1. Man·gel·haf·tig·keit** *die*；*nur Sg*(只用单数)

man·geln；*mangelte*, *hat gemangelt*；**Vi**(不及物) **1.** ***etw. mangelt j-m*** *geschr*[书]；etw. ist bei j-m nicht vorhanden(物作主语)没有，缺 ≈ etw. fehlt (2)：*Ihm mangelt der Mut zum Risiko* 他没有冒险的勇气；**Vimp**(无人称) **2.** ***es mangelt j-m an j-m*** (*Kollekt od Pl* 集合或复数)/***etw.*** j-d hat die Personen, die er eigentlich braucht/etw. (Notwendiges) nicht 缺少，缺乏：*Es mangelt ihm an Mitarbeitern, an Humor, an dem nötigen Geld* 他缺少合作者、幽默感、必要的钱

man·gels *Präp*(介)；(ADM) *geschr* (【管理】)[书] **1.** *mit Gen*(支配二格)；weil etw. nicht vorhanden ist 由于短缺：*M. finanzieller Unterstützung konnte die Expedition nicht durchgeführt werden* 由于缺乏资助，考察无法进行 ‖ NB(注意)：Gebrauch ↑ *Tabelle unter* 用法，图表见 **Präpositionen** **2.** *mst* 多用 ***j-n m. Beweisen freisprechen*** (als Richter) j-n nicht verurteilen, weil die Beweise dazu nicht ausreichen 因证据不足宣判某人无罪释放

Man·gel·wa·re *die*；*mst Sg*(多用单数) **1.** e-e Ware, die viele Leute haben möchten, die es aber nur in geringer Menge gibt 走俏商品，热门商品，供不应求的商品 **2.** ***etw. ist M.*** *gespr*[口]；von etw. gibt es sehr wenig 某事很罕见(稀罕)：*Im letzten Winter war Schnee M.* 去年冬天雪很少

Man·go [ˈmaŋgo] *die*；-，*-s*；e-e süße, saftige tropische Frucht mit gelbem Fleisch u. e-m großen Kern 芒果 ‖ K-(复合)：**Mango-**, **-baum**

Mang·ro·ve [-və] *die*；-，*-n*；ein Baum an tropischen Küsten, dessen Wurzeln weit aus dem Boden ragen 红树

Ma·nie *die*；-，*-n* [-ˈniːən]；*mst Sg*, *geschr*(多用单数)[书] **1.** der psychische Zwang, immer wieder bestimmte Dinge tun zu müssen (auch wenn man es gar nicht will)瘾，癖好，嗜好，爱好 ≈ Besessenheit 〈e-e M. entwickeln 发展爱好；etw. wird bei j-m zur M. 某事成了他的嗜好〉：*Da wäscht sie sich schon wieder die Hände! Das ist so e-e richtige M. von ihr* 她又在洗手了！这真成了她的一种癖好 **2.** PSYCH【心】；e-e Phase e-r psychischen Krankheit, in der der Kranke sehr selbstbewusst u. übertrieben lebhaft ist 狂躁症 ↔ Depression ‖ *hierzu*(派生) **ma·nisch** *Adj*(形)

Ma·nier [maˈniːɐ] *die*；-，*-en*；*mst Sg*(多用单数) **1.** die Art u. Weise, wie man etw. tut 方式，方法〈etw. in bewährter M. tun 干某事很熟练(驾轻就熟)〉：*Er argumentierte in überzeugender M.* 他令人信服地提出了论证 **2.** *mst* 多用 ***in j-s M.*** im charakteristischen Stil von j-m (*z.B.* e-s Künstlers)以…风格、手法：*e-e Sonate in typisch Mozartscher M.* 具有典型莫扎特风格的奏鸣曲

Ma·nie·ren *die*；*Pl*(复)；die Art u. Weise, wie man sich benimmt 风度，仪表，举止，礼貌，规矩 ≈ Benehmen, Umgangsformen 〈gute, schlechte, feine, keine M. haben 懂、不懂、很懂、没有规矩；j-m M. beibringen 教某人懂礼貌〉 ‖ -K(复合)：**Tisch-**

ma·nier·lich *Adj*(形)；*veraltend*[渐旧] **1.** so, wie es den guten Manieren entspricht 有教养的，有礼貌的，有规矩的〈m. essen 吃饭有规矩〉 **2.** *gespr*[口]；relativ gut, aber noch nicht sehr gut 相当好的，不赖，不错 ≈ passabel：*Ihre Leistungen sind mittlerweile ganz m.* 当时她的成绩真不赖

ma·ni·fest *Adj*(形)；*mst in* 多用于 ***etw. ist/wird m.*** *geschr*[书]；etw. ist/wird eindeutig als etw. Bestimmtes zu erkennen 某事是/将是很明显的(明摆着的) ≈ etw. zeigt sich, etw. manifestiert sich

Ma·ni·fest *das*；-(e)s，*-e*；e-e schriftliche Erklärung, die die Prinzipien u. Ziele e-r Gruppe (*z. B.* e-r politischen Partei) enthält 宣言，公告，文告，声明，〈ein M. verfassen, herausgeben 撰写、发表一份宣言〉 ‖ -K(复合)：**Friedens-**

ma·ni·fes·tie·ren, sich；*manifestierte sich*, *hat sich manifestiert*；**Vr**(反身) ***etw. manifestiert sich*** *geschr*[书]；etw. ist (plötzlich) an bestimmten äußeren Erscheinungen zu erkennen, wird deutlich od. sichtbar(物作主语)显示，表现，表明 ≈ etw. zeigt sich：*Bei der*

M

Demonstration manifestierte sich der Protest gegen die Politik der Regierung 游行示威表明了对政府政策的抗议 ‖ *hierzu*（派生）**Ma·ni·fes·ta·ti·on** *die*；-，-*en*

Ma·ni·kü·re *die*；-，-*n*；*mst Sg*（多用单数）；die Pflege der Hände（*bes* der Fingernägel）修剪手指甲〈M. machen 修剪手指甲〉

ma·ni·pu·lie·ren；*manipulierte*，*hat manipuliert*；Vt（及物）**1.** ***j-n m.*** j-n absichtlich beeinflussen，ohne dass er es merkt，um zu erreichen，dass er in bestimmter Weise denkt u. handelt 操纵，摆布，左右，影响：*Durch die Werbung wird der Käufer oft manipuliert* 顾客常常受广告影响 **2.** ***etw. m.*** etw. in betrügerischer Weise（leicht）verändern，*mst* um sich dadurch e-n Vorteil zu verschaffen 在…上捣鬼，耍花招，弄虚作假〈Rechnungen，Stimmzettel m. 在账单上、选票上捣鬼〉 **3.** ***etw. m.*** ein Gerät od. e-n Motor so verändern，dass es gegen e-e Norm od. gegen ein Gesetz verstößt 在…上做手脚〈den Tachometer，den Kilometerzähler m. 在里程表、计程器上做手脚〉 **4.** ***etw. m.*** *bes* an e-m Gerät od. Fahrzeug etw. so verändern，dass ein Schaden entsteht od. dass ein Unfall passiert 在…上搞破坏，搞鬼 ≈ sabotieren ‖ *hierzu*（派生）**Ma·ni·pu·la·ti·on** *die*；-，-*en*；**ma·ni·pu·lier·bar** *Adj*（形）；*nicht adv*（不作状语）

Man·ko *das*；-*s*，-*s* **1.** ein Nachteil（der verhindert，dass etw. völlig positiv ist）美中不足，不足之处，缺陷，不完善：*Das neue Auto hat nur ein M. – es ist ein bisschen teuer* 这辆新车只有一点美中不足——它稍稍贵了点；*Das M. bei der Sache ist，dass ...* 这件事情的不足之处是… **2.** WIRTSCH【经】；die Summe Geld，die（bei der Abrechnung）in der Kasse fehlt 亏损额，缺额

Mann *der*；-(*e*)*s*，*Män·ner*/*Mann* **1**（*Pl* 复 *Männer*）e-e erwachsene männliche Person（成年）男子，男人 ↔ Frau ‖ K-（复合）：***Männer-***，***-chor***，***-gesangsverein***，***-stimme*** **2.**（*Pl* 复 *Männer*）*Kurzw*（略）↑ ***Ehemann***〈ihr geschiedener，verstorbener M. 她离异的、去世的男人（丈夫）〉：*Kann ich mal Ihren M. sprechen?* 我可以和您丈夫谈一谈吗？‖ ↑ *Übersicht unter* 一览表见 ***Familie*** **3.**（*Pl* 复 *Mann*）*mst Pl*（多用复数）；die（männlichen）Personen e-r Gruppe od. auf e-m Schiff（一群）人或（轮船上的）人员：*Alle/Hundert Mann waren an Bord versammelt* 全体人员/一百人都集合在甲板上了 ‖ NB（注意）：*mst* zusammen mit Kardinalzahlen（多与基数连用）**4.** ***Alle Mann an Deck!*** verwendet als Aufforderung an alle Seeleute，auf das oberste Deck zu gehen 全体船员，甲板集合！**5.** ***alle Mann*** *gespr*［口］；*alle Personen zusammen* 全体人员 **6.** *Zahl*（数）+ ***Mann hoch*** *gespr*［口］；mit der genannten Zahl von Personen …人（一起）：*Wir sind fünf Mann hoch ins Kino gegangen* 我们五个人一起去看电影 ‖ ID［谚］（***Mein lieber***）***M.!*** *gespr*［口］；verwendet als Ausdruck der Überraschung od. des Ärgers（表示惊讶或生气）你真是！真有你的！；***etw. an den M. bringen*** *gespr*［口］；**a)** etw. verkaufen 出售，推销；**b)** etw. sagen können，was man schon lange j-m erzählen wollte 把…倾吐出来，吐露出来：*Na，hast du den Klatsch endlich an den M. gebracht?* 好呀，你终于把闲言闲语都吐露出来了？；***seinen M. stehen*** seine Aufgaben u. Pflichten gut erfüllen 尽职尽力，恪守职责，顶住考验，≈ sich bewähren；***ein gemachter M. sein*** *gespr*［口］；（als Mann）reich sein u. gut leben können 一个成功的（男）人；***Manns genug sein*** + ***zu*** + *Infinitiv*（不定式）genug Mut haben u. stark genug sein，etw.（Unangenehmes）zu tun 有足够的勇气（胆识）做（某种难办的事）；*mst* 多用 ***von M. zu M.***〈sprechen 说〉miteinander（als Männer）ehrlich u. unter vier Augen reden 两个男人之间真诚坦率地交谈；***pro M.***（***u. Nase***）*gespr*［口］；pro Person：*Das kostet pro M.*（*u. Nase*）*fünf Euro* 这每个人摊五欧元；***den starken M. markieren/mimen*** *gespr*［口］；so tun，als ob einem nichts u. niemand schaden könnte 装出了不起（或自命不凡）的样子；***den wilden M. spielen*** *gespr*［口］；vor Wut schreien u. schimpfen（因恼怒而）大喊大叫，撒野；***ein M. der Tat*** ein M.，der nicht zögert，wenn er handeln muss 实干家，说干就干的人；***der kleine M./der M. auf der Straße*** der einfache（Durchschnitts）Bürger 普通人，小人物；***ein M. von Welt*** ein M.，der elegant u.（selbst）sicher（*bes* im gesellschaftlichen Umgang）ist 老于世故的人；***Selbst ist der M.!*** man muss sich selbst helfen können 男儿当自强！

Männ·chen *das*；-*s*，- **1.** ein männliches Tier 雄性动物 ↔ Weibchen ‖ NB（注意）：*bes* dann verwendet，wenn es keine eigene Bezeichnung für das männliche Tier gibt（用作呼叫无名字的雄性动物）**2.** *mst* 多用 ***M. malen，zeichnen*** kleine Figuren（in abstrahierter Form）zeichnen 画侏儒（抽象形式的小人）‖ ID［谚］***ein Tier macht M.*** ein Tier sitzt auf den hinteren Pfoten u. hält den Körper aufrecht 动物跷起前脚端坐在后腿上：*Der Hund macht M.* 这条狗跷着前脚竖坐着

Man·nen *die*；*Pl*，*hist*（复）［历］；die Leute，die j-m dienen 侍从，仆人 ≈ Vasallen：*der König u. seine M.* 国王和他的侍从

Man·ne·quin [-kɛ̃] *das*；-*s*，-*s*；e-e Frau，die *bes* bei e-r（Moden）Schau die neueste Kleidung trägt u. zeigt（vorführt）时装模特 ↔ Dressman

Män·ner·sa·che *die*；*nur Sg*（只用单数）；*mst* 多用 ***etw. ist M.*** *gespr*［口］；etw. sollte eigentlich Männern überlassen werden 某事是男人的事 ↔ Frauensache：*Holz hacken ist M.* 劈木柴是男人的事

Män·ner·welt *die*；*nur Sg*（只用单数）**1.** e-e Gesellschaft，in der Männer die wichtigen Positionen（*bes* der Politik u. Wirtschaft）haben 男人世界，男人的天下：*In dieser M. haben Frauen es schwer，nach oben zu kom-*

M

men 在这个男人的天下，妇女要升迁很难 **2.** *hum* [诙]; alle Männer, die irgendwo (versammelt) sind 全是男人，男人的天地

Man·nes·al·ter *das*; *nur Sg* (只用单数); *mst* 多用 ***im besten M.*** (***sein***) *mst hum* 多用[诙]; als Mann zwischen ca. 40 u. 55 Jahren alt (sein) 正当壮年

Man·nes·kraft *die*; *nur Sg*, *veraltend* (只用单数)[渐旧]) ≈ Potenz (1) ↔ Impotenz

mann·haft *Adj* (形); *geschr veraltend* [书][渐旧] ≈ tapfer ‖ *hierzu* (派生) **Mann·haf·tig·keit** *die*; *nur Sg* (只用单数)

man·nig·fach *Adj* (形); *nur attr od adv* (只作定语或状语) ≈ mannigfaltig (1) 〈Ursachen, Wirkungen 原因，效果〉

man·nig·fal·tig *Adj* (形); *geschr* [书] **1.** zahlreich u. verschieden 多种的，丰富的，方方面面的 〈Einflüsse, Erfahrungen, Konsequenzen 影响，经验，结论〉: *In seinem neuen Beruf hat er mannigfaltige Aufgaben zu erfüllen* 他在新的工作中要完成许多任务 **2.** mit vielen unterschiedlichen Arten von Pflanzen u. Tieren 各种各样的，各式各样的(动、植物): *die mannigfaltige Flora der Tropen* 各种各样的热带植物 ‖ *hierzu* (派生) **Man·nig·fal·tig·keit** *die*; *nur Sg* (只用单数)

M

Männ·lein *das*; *-s*, *-*; *mst* 多用 ***Männlein u. Weiblein*** *gespr hum* [口][诙]; alle (anwesenden) Männer u. Frauen (在场的)男人和女人

männ·lich *Adj* (形) **1.** *ohne Steigerung*, *nicht adv* (无变级，不作状语); zu dem Geschlecht gehörig, das durch Samen Leben erzeugen kann 男的，雄的，公的 ↔ weiblich 〈e-e Person, ein Kind, ein Tier, e-e Pflanze 人，孩子，动物，植物〉 **2.** *ohne Steigerung*, *nicht adv* (无变级，不作状语); von e-r männlichen (1) Person 男人的，男性的，雄性的 ↔ weiblich 〈Sexualhormone, das Glied, Vornamen 性激素，肢体，名字〉 **3.** 〈ein Mann 男子〉 mit Eigenschaften, die als typisch für Männer gelten 有男人特征的，有男子气概的，有阳刚之气的 ≈ maskulin (1) ↔ unmännlich, weibisch: *Sie findet Männer mit Bart sehr m.* 她认为有胡须的男人很有男人味 **4.** 〈e-e Frau 女子〉 mit Eigenschaften, die als typisch für Männer gelten 具有男性特征的，男子气的 ≈ maskulin (2) ↔ feminin, weiblich: *Mit ihrer neuen Frisur wirkt sie eher m.* 她的新发型显得更有男子气 **5.** *ohne Steigerung*, *nicht adv* (无变级，不作状语); in der Grammatik mit dem Artikel *der* verbunden 阳性的 ≈ maskulin (3) ↔ weiblich, sächlich

Männ·lich·keit *die*; *-*; *nur Sg* (只用单数); das Verhalten, das Aussehen od. die Eigenschaft, die (nach traditioneller Auffassung) für Männer charakteristisch, typisch sind (*bes* im sexuellen Bereich) 男子气概，男人的风度，阳刚之气 ↔ Weiblichkeit ‖ K-(复合): ***Männlichkeits-***, ***-wahn***

Manns·bild *das*; *bes südd* Ⓐ *gespr* 尤用于[南德][奥][口] **1.** ≈ Mann (1) **2.** ***ein gestandenes M.*** ein starker, männlicher (3) Mann 一位刚强的汉子

Mann·schaft *die*; *-*, *-en* **1.** die Sportler, die (in e-m Wettkampf) zusammengehören 球队，运动队 ≈ Team 〈e-e M. aufstellen, bilden 组成，组建一支运动队〉 ‖ K-(复合): ***Mannschafts-***, ***-aufstellung***, ***-kampf***, ***-spiel***, ***-sport*** (***art***), ***-wettbewerb*** ‖ -K (复合): ***Damen-***, ***Herren-***, ***Jugend-***, ***National-***; ***Fußball-***, ***Handball-***, ***Ski-***, ***Turner-***, ***Volleyball-*** **2.** *Kollekt* (集合); alle Menschen, die während der Fahrt auf e-m Schiff od. während des Fluges in e-m Flugzeug arbeiten 全体船员，全体水手，全体机务人员 ≈ Besatzung, Crew ‖ -K (复合): ***Flugzeug-***, ***Schiffs-*** **3.** *gespr* [口]; e-e Gruppe von Leuten, die in e-r Abteilung od. in e-m bestimmten Bereich eng zusammenarbeiten 全体职工，全体工作人员，职工队伍 ≈ Team 〈e-e dynamische, junge M.—支有活力的、年青的职工队伍〉 ‖ -K (复合): ***Regierungs-***, ***Rettungs-*** **4.** *Kollekt* (集合); alle Soldaten e-r militärischen Einheit 全体士兵 ‖ -K (复合): ***Ersatz-***, ***Wach-*** **5.** *nur Pl*, MIL (只用复数)【军】; die einfachen Soldaten 普通士兵，战士(们) ↔ Unteroffiziere, Offiziere ‖ K-(复合): ***Mannschafts-***, ***-dienstgrad***, ***-kantine***, ***-verpflegung*** ‖ ID [谚] ***vor versammelter M.*** *gespr* [口]; vor allen (anwesenden) Personen 当大家的面，当众: *Sie hat mich vor versammelter M. beschimpft* 她当众辱骂我 ‖ *zu* (义项) **1. mann·schaft·lich** *Adj* (形)

Mann·schafts·ka·pi·tän *der*; der Spieler, den e-e Mannschaft (1) zu ihrem Chef wählt (球队或运动队)队长 ≈ Spielführer

Mann·schafts·wer·tung *die*; (bei e-m Wettkampf) die Plazierung der ganzen Mannschaft (1) (u. nicht des einzelnen Sportlers) 团体评分 ↔ Einzelwertung

manns·hoch *Adj* (形); *ohne Steigerung* (无变级); ungefähr so hoch wie ein erwachsener Mann 一人高的，成人一般高的 〈e-e Mauer, ein Zaun 墙，篱笆〉 ‖ NB (注意): *mannshoch* → *e-e mannshohe Mauer*

manns·toll *Adj* (形); *gespr pej* [口][贬] ≈ nymphoman

Mann·weib *das*; *gespr pej* [口][贬]; e-e (oft große) Frau, die aussieht u. sich verhält wie ein Mann 外表、举止像男子的女人

Ma·no·me·ter *das*; *-s*, *-* **1.** ein technisches Gerät, mit dem man den Druck von Flüssigkeiten od. Gasen messen kann 液压计或气压计 **2.** ***M.!*** *gespr* [口]; verwendet, um sein Erstaunen auszudrücken (表示惊讶)哎呀！啊！好家伙！

Ma·nö·ver [-v-] *das*; *-s*, *-* **1.** e-e militärische Übung (in der Landschaft), bei der Angriff u. Verteidigung geübt werden 军事演习 〈ein M. abhalten, durchführen 举行、进行军事演习; ins M. ziehen 出发去演习〉 ‖ -K (复合): ***Flotten-***, ***Heeres-***; ***Herbst-*** **2.** *pej* [贬]; e-e Aktion, mit der man e-e Situation geschickt für sich ausnutzt 手腕，花招，计谋，权术 ≈ Winkelzug, Trick (1) 〈ein geschicktes, plumpes M. 巧妙的、愚蠢的手腕〉: *Durch ein* *raffiniertes M. lenkte er die Aufmerksamkeit der Medien auf sich* 他用精心策划的手段将媒介的注意力吸引到自己身上来 ‖ -K(复合): ***Ablenkungs-***, ***Täuschungs-*** **3.** e-e geschickte u. schnelle Bewegung (mit der man die Richtung *mst* e-s Fahrzeugs ändert)(机动车)巧妙快速调头、转向 ‖ -K(复合): ***Ausweich-***, ***Wende-***

ma·növ·rie·ren [-v-]; *manövrierte, hat manövriert*; Vt (及物) **1. *etw. irgendwohin m.*** *mst* ein Fahrzeug geschickt an e-e bestimmte Stelle lenken 灵活巧妙地将…驶向: *sein Auto in e-e Parklücke m.* 将汽车巧妙地开进停车场的空位上 **2. *j-n irgendwohin m.*** *mst pej* 多用[贬]; j-n oft durch Tricks (1) in e-e (*mst* berufliche) Position bringen 用计谋把…安插到(职位上): *Er hat sie in e-e leitende Stellung manövriert* 他要手腕把她弄上了领导岗位; Vi (不及物) **3. *irgendwie m.*** *mst pej* 多用[贬]; (in e-r *mst* unangenehmen, ungünstigen Situation) geschickt u. vorsichtig handeln(在不利的境遇中)设法周旋,小心行事 〈geschickt, taktisch klug m. 巧妙地、机智地周旋〉

ma·növ·rier·fä·hig *Adj* (形); *nicht adv* (不作状语); 〈ein Auto, ein Flugzeug, ein Panzer, ein Schiff 汽车,飞机,坦克,轮船〉 so, dass man sie noch manövrieren (1) kann 驾驶(转舵)灵活的 ↔ manövrierunfähig ‖ *hierzu* (派生) **Ma·növ·rier·fä·hig·keit** *die*; *nur Sg* (只用单数)

Man·sar·de *die*; -, *-n*; ein Zimmer od. e-e Wohnung unter dem Dach mit *mst* schrägen Wänden 阁楼房 ‖ K-(复合): ***Mansarden-***, ***-wohnung***, ***-zimmer***

Mansch *der*; *-(e)s*; *nur Sg*, *gespr pej* (只用单数)[口][贬]; e-e Masse von zerkleinertem, zerquetschtem Essen 泥,糊: *ein M. aus Kartoffeln u. Gemüse* 土豆和蔬菜泥 ‖ *hierzu* (派生) **man·schig** *Adj* (形)

man·schen; *manschte, hat gemanscht*; Vi *gespr pej* (不及物)[口][贬]; im Mansch (herum)rühren 在糊状物中来回乱搅

Man·schet·te *die*; -, *-n* **1.** das steife Stück Stoff am (langen) Ärmel *mst* e-s Hemdes od. e-r Bluse (das man zuknöpfen kann) 硬袖口 ‖ K-(复合): ***Manschetten-***, ***-knopf*** **2.** e-e Hülle aus (Krepp)Papier (als Verzierung) *mst* um e-n Blumentopf (作花盆装饰的)纸套 ‖ -K(复合): ***Papier-***, ***Plastik-*** **3.** TECH【技】; e-e Art Ring *mst* aus Gummi od. Leder, der zwei Teile miteinander verbindet 密封圈,涨圈,皮碗,轴环 ≈ Dichtung ‖ K-(复合): ***Manschetten-***, ***-dichtung*** ‖ ID[谚] (***vor j-m/etw.***) ***Manschetten haben*** *gespr* [口]; (vor j-m/etw.) Angst haben 在…面前害怕,发憷

Manschette

(1)  (2)

Man·tel[1] *der*; *-s*, *Män·tel*; ein Kleidungsstück mit langen Ärmeln, das *mst* bis über die Knie reicht, vorne *mst* mit Knöpfen geschlossen wird u. das man über dem Kleid od. Anzug trägt 大衣,长外套 〈j-m aus dem, in den M. helfen 帮某人脱、穿大衣; seinen M. ablegen 脱大衣,宽衣〉 ‖ ↑ *Abb. unter* 图见 ***Bekleidung*** ‖ K-(复合): ***Mantel-***, ***-futter***, ***-tasche*** ‖ -K(复合): ***Leder-***, ***Pelz-***, ***Woll-***; ***Regen-***; ***Sommer-***, ***Winter-*** ‖ NB(注意): ↑ ***Trenchcoat***, ***Cape***

Man·tel[2] *der*; *-s*, *Män·tel* **1.** die äußere Hülle aus dickem Gummi, die den Schlauch e-s Reifens umgibt 外胎: *der M. e-s Autoreifens* 汽车轮子的外胎 ‖ -K(复合): ***Gummi-*** **2.** TECH【技】; die äußere Hülle, die etw. (als Schutz) umgibt 外壳,外套,护套(筒): *der M. e-s Kabels, e-r Röhre, e-s Geschosses* 电缆、管子的护套,子弹套

Män·tel·chen *das*; *-s*, -; *mst in* 多用于 ***sein M. nach dem Wind drehen/hängen*** *pej* [贬]; seine Meinung immer wieder ändern, um e-n Vorteil davon zu haben 看风使舵,见貌辨色,随机应变

Man·tel·ta·rif *der*; WIRTSCH【经】; die Bestimmungen, die über e-n relativ langen Zeitraum die Arbeitsbedingungen regeln (*z. B.* die Länge der Arbeitszeit od. die Zahl der Urlaubstage)(规定劳动时间或假期长短等)基本劳资协定 ‖ K-(复合): ***Manteltarif-***, ***-vertrag***

Mantsch *der*; ↑ ***Mansch***

mant·schen ↑ ***manschen***

ma·nu·ell *Adj* (形); *geschr* [书] **1.** mit den Händen (gemacht) 用手(操作)的,手工的 ↔ maschinell 〈Arbeit 劳动; etw. m. herstellen, verpacken 手工制作、包装某物〉 **2.** in Bezug auf die Hände 手工的,手艺的 ≈ handwerklich 〈Fertigkeiten, ein Geschick 技巧,熟巧〉

Ma·nu·fak·tur *die*; -, *-en*; *hist* [历]; ein Betrieb, in dem die Produkte in großer Anzahl mit der Hand u. nicht mit Maschinen hergestellt wurden 手工作坊,手工制造业 ‖ -K(复合): ***Porzellan-***, ***Teppich-***, ***Textil-***

Ma·nu·skript *das*; *-(e)s*, *-e*; ein Text, der mit der Hand od. mit der (Schreib)Maschine bzw. dem Computer geschrieben ist u. gedruckt werden soll 手稿,原稿,底稿 〈ein druckfertiges M. 可付印的原稿; ein M. redigieren, überarbeiten, vorlegen 审校、修订、递交一份原稿(供审阅)〉: *ein M. an e-n Verlag schicken* 将手稿寄给出版社 ‖ K-(复合): ***Manuskript-***, ***-blatt***, ***-seite*** ‖ -K(复合): ***Original-***

Map·pe *die*; -, *-n* **1.** ein Stück Karton od. Plastik, das so gefaltet ist, dass man *z. B.* Dokumente, Briefe od. Zeichnungen hineinlegen od. dort aufbewahren kann

Mappe (1)

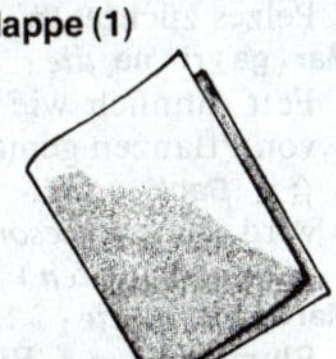

(文件、信件、图纸等)纸夹,塑料夹〈e-e M. anlegen, aufschlagen 装进、打开夹子〉‖ -K(复合): ***Arbeits-***, ***Zeichen-*** **2.** e-e flache Tasche (aus Leder), in der *mst* Dokumente, Bücher od. Hefte getragen werden 公文包,办公包,书包 ‖ -K(复合): ***Akten-***, ***Leder-***, ***Schul-***

Mär *die*; -, *-en*; *veraltend*[渐旧]; e-e seltsame Geschichte od. Sage 奇闻,珍闻,传说〈e-e alte, wunderbare M. 一个古老的、神奇的逸闻〉

Ma·ra·thon *der*; *-s*, *-s*; ein Wettlauf über 42 Kilometer 马拉松(赛跑) ‖ K-(复合): ***Marathon-***, ***-lauf***, ***-läufer***, ***-strecke***

Ma·ra·thon- *im Subst*, *begrenzt produktiv*, *gespr pej*(构成名词,构词有限)[口][贬]; von besonders langer Dauer 马拉松式的; die ***Marathonrede***〈des Politikers 政治家的〉, die ***Marathonsitzung***〈der Delegierten 代表们的〉, die ***Marathonveranstaltung***〈der Gewerkschaft 工会的〉, die ***Marathonverhandlung***〈des Gerichts 法院的〉

Mär·chen *das*; *-s*, - **1.** e-e (im Volk überlieferte) Erzählung, in der Personen wie *z. B.* Hexen, Riesen od. Zwerge u. unwirkliche Ereignisse vorkommen 童话〈(j-m) M. erzählen, vorlesen(给某人)讲、朗读童话〉: *das M. von Rotkäppchen u. dem bösen Wolf* 小红帽和恶狼的童话; *die Märchen der Brüder Grimm* 格林兄弟童话 ‖ K-(复合): ***Märchen-***, ***-buch***, ***-erzähler***, ***-gestalt***, ***-prinz***, ***-sammlung*** ‖ -K(复合): ***Erwachsenen-***, ***Kinder-***, ***Volks-***, ***Weihnachts-*** **2.** *gespr*[口]; e-e Geschichte, die sich j-d (*mst* als Ausrede) ausgedacht hat(瞎编的)谎言,无稽之谈: *Erzähl mir doch keine Märchen!* 别给我胡说八道! ‖ ID[谚] ***j-m ein M. auftischen*** j-m ein M. (2) erzählen, um ihn zu täuschen 给某人编造一套骗某人的假话, ‖ NB(注意): ↑ ***Fabel***, ***Legende***, ***Sage***

mär·chen·haft *Adj*(形) **1.** (ähnlich) wie in e-m Märchen 童话般的,像童话一样的 (1) ↔ realistisch〈e-e Erzählung 故事; e-e Gestalt 人物〉: *Diese Oper hat märchenhafte Züge* 这部歌剧有童话般的特色 **2.** sehr schön 神奇的,美妙的,奇妙的,迷人的 ≈ zauberhaft〈e-e Landschaft 风景; ein Anblick 景象〉 **3.** *gespr* [口]; so (ungewöhnlich), dass man es sich kaum vorstellen kann 难以置信的,不可思议的 ≈ sagenhaft (2)〈Glück, Reichtum, e-e Karriere 幸福,财富,前途〉: *m. niedrige Preise* 极低的价格

Mar·der *der*; *-s*, -; ein kleines (Raub)Tier, das klettern kann u. das man wegen seines Pelzes züchtet 鼬

Mar·ga·ri·ne *die*; -; *nur Sg*(只用单数); ein Fett (ähnlich wie Butter), das aus dem Öl von Pflanzen gemacht wird 人造黄油 ‖ -K(复合): ***Back-***, ***Diät-*** ‖ NB(注意): als Plural wird *Margarinesorten* verwendet (复数用 *Margarinesorten*)

Mar·ge·ri·te *die*; -, *-n*; e-e hohe (Wiesen)-Blume mit e-r Blüte, die aus e-m gelben Zentrum u. länglichen weißen Blütenblättern besteht 滨菊,雏菊 ‖ K-(复合): ***Margeriten-***, ***-strauß***

mar·gi·nal *Adj*(形); *geschr*[书]; ohne (große) Bedeutung 次要的,不重要的,边缘的 ≈ nebensächlich, zweitrangig ↔ zentral〈ein Thema 课题; von marginaler Bedeutung 无重大意义的〉

Mar·gi·na·lie [-liə] *die*; -, *-n*; *mst Pl*(多用复数); e-e (*mst* kommentierende od. ironische) Bemerkung 旁注,批注,眉批

Ma·ri·en- [maˈriːən-] *im Subst*, *begrenzt produktiv*(构成名词,构词有限); von od. für Maria, die Mutter von Jesus Christus 圣母玛丽亚…; das ***Marienbild***, das ***Marienfest***, die ***Marienkirche***, die ***Marienlegende***, der ***Marienplatz***, die ***Marienstatue***, die ***Marienverehrung***

Ma·ri·en·kä·fer [maˈriːən-] *der*; ein kleiner, rundlicher Käfer mit roten Flügeln u. schwarzen Punkten 瓢虫

Ma·ri·hu·a·na [-hu-] *das*; *-s*; *nur Sg*(只用单数); ein Rauschgift, das (*mst* in e-r Pfeife) geraucht wird 大麻 ≈ Haschisch

Ma·ril·le *die*; -, *-n*; Ⓐ[奥] ≈ Aprikose ‖ K-(复合): ***Marillen-***, ***-knödel***, ***-marmelade***, ***-schnaps***

Ma·ri·na·de *die*; -, *-n*; e-e Soße *bes* aus Essig, Öl u. Gewürzen, mit der man *mst* Fleisch od. Fisch würzt od. haltbar macht od. Salat anmacht(用醋、油和香料调制的)腌泡(鱼肉的)汁: *Heringe in (e-e) M. einlegen* 腌鲱鱼 ‖ *hierzu* (派生) **ma·ri·nie·ren** (*hat*) *Vt*(及物)

Ma·ri·ne *die*; -, *-n*; *mst Sg*(多用单数) **1.** der Teil der Armee, der im Krieg auf dem Meer kämpft 海军 ↔ Heer, Luftwaffe〈zur M. gehen 参加海军; bei der M. dienen, sein 在海军里服役(工作)〉‖ K-(复合): ***Marine-***, ***-offizier***, ***-soldat***, ***-uniform*** **2.** *Kollekt*(集合); alle militärischen Schiffe e-s Staates 舰队: *Die M. läuft aus* 舰队出海 ‖ K-(复合): ***Marine-***, ***-stützpunkt*** ‖ -K(复合): ***Kriegs-*** **3.** *Kollekt* (集合); alle zivilen Handelsschiffe e-s Staates 海运业,船业 ‖-K: ***Handels-***

Ma·ri·o·net·te *die*; -, *-n* **1.** e-e Puppe, deren Körperteile man an Fäden od. Drähten bewegen kann 木偶〈mit Marionetten spielen 要木偶〉 ‖ K-(复合): ***Marionetten-***, ***-bühne***, ***-figur***, ***-spiel***, ***-spieler***, ***-theater*** **2.** *pej*[贬]; j-d, der (willenlos) alles tut, was andere fordern 傀儡

ma·ri·tim *Adj*（形）；*nicht adv*，*geschr*（不作状语）［书］**1.** in Bezug auf das Meer 海洋的，〈Forschungen，Untersuchungen 研究，调查〉 **2.** vom Meer beeinflusst 海洋性的，受海洋影响的 ↔ kontinental〈ein Klima，e-e Fauna，e-e Flora 气候，动物界，植物界〉

Mark¹ *die*；-，-；*hist*［历］；die ehemaligen Währung Deutschlands 马克（德国以前的货币名称）；*Abk* 缩写 DM：*Eine M. hat 100 Pfennig* 一马克合 100 芬尼；*Kannst du mir fünf Mark wechseln?* 能给我换五个马克吗？‖ -K（复合）：***D-Mark*** ‖ ID［谚］***jede M.*（*zweimal*，*dreimal*）*umdrehen***（bevor man sie ausgibt）*gespr*［口］；sehr sparsam sein 每个马克要（再三）掂量着花

Mark² *das*；*-s*；*nur Sg*（只用单数）**1.** die weiche Masse in den Knochen u. in der Wirbelsäule 骨髓 ‖ -K（复合）：***Knochen-***，***Rücken-*** **2.** die weiche Masse in den Stängeln od. Sprossen mancher Pflanzen 木髓，树心 ‖ -K（复合）：***Holunder-***，***Palm-*** **3.** ein Brei aus bestimmten weichen Früchten u. Gemüsearten 果浆，菜泥 ‖ -K（复合）：***Erdbeer-***，***Himbeer-***，***Tomaten-*** ‖ ID［谚］***j-n bis ins M. erschüttern***，***treffen*** j-n sehr schockieren od. beleidigen 使某人非常震惊或深深地伤害某人；***kein M. in den Knochen haben*** *gespr pej*［口］［贬］；ängstlich sein od. keine Energie haben 软骨头，孬种或没劲儿；***j-m das M. aus den Knochen saugen*** *gespr pej*［口］［贬］≈ j-n ausbeuten；***etw. geht j-m durch M. u. Bein***〈ein Schmerz，ein Schrei 痛苦，叫喊〉ist so intensiv，dass er sehr unangenehm für j-n ist 使某人很难受（无法忍受）

Mark³ *die*；-，*-en*；*hist*［历］；（im mittelalterlichen Deutschen Reich）ein Gebiet an der Grenze，das ein Graf verwaltete 边区，马尔克 ‖ K-（复合）：***Mark-***，***-graf***，***-grafschaft*** ‖ NB（注意）：heute noch in geografischen Ausdrücken（今天仍用作地理术语）：*die M. Brandenburg* 勃兰登堡边区

mar·kant，*markanter*，*markantest-*；*Adj*（形）；*nicht adv*（不作状语）；（im positiven Sinn）auffallend 引人注目的，显著的，显赫的 ↔ unauffällig〈Gesichtszüge，e-e Erscheinung，e-e Persönlichkeit 脸部特征，外表，人物〉

Mar·ke¹ *die*；-，*-n*；*mst gespr* 多用［口］；ein Stück Papier od. Blech，das etw. bestätigt od. durch das man das Recht auf etw. hat 证，券，牌，票 ‖ -K（复合）：***Brief-***，***Essens-***，***Lebensmittel-***，***Steuer-*** ‖ NB（注意）：↑ ***Coupon***

Mar·ke² *die*；-，*-n*；ein Zeichen，das e-n bestimmten Wert（5）angibt od. e-e bestimmte Stelle kennzeichnet 标记，标志，符号 ≈ Markierung：*Das Hochwasser stieg über die M. des Vorjahres* 洪水已超过去年的标志线 ‖ -K（复合）：***Best-***，***Richt-***

Mar·ke³ *die*；-，*-n*；e-e Sorte e-r Ware mit e-m bestimmten Namen 商标，牌号，型号〈e-e bekannte，führende M. 名牌、品牌；e-e eingetragene，gesetzlich geschützte M. 注册的、受法律保护的商标〉‖ K-（复合）：***Marken-***，***-artikel***，***-fabrikat***，***-name***，***-ware***，***-zeichen*** ‖ -K（复合）：***Auto-***，***Whisky-***，***Zigaretten-*** ‖ ID［谚］*mst* 多用 **'*Du bist*（*mir*）*vielleicht 'ne M.!*** *gespr*［口］；du hast seltsame Ansichten，ein seltsames Benehmen（我觉得）你真是个怪人！

Mar·ken·but·ter *die*；Butter von bester Qualität. Die Bezeichnung ist gesetzlich festgelegt 优质名牌黄油 ‖ NB（注意）：↑ ***Molkereibutter***

Mär·ker *die*；*Pl*，*gespr hum*（复）［口］［诙］；mehrere（einzelne）Mark¹ 马克：*Leih mir mal zwanzig M.* 借给我 20 马克

mark·er·schüt·ternd *Adj*（形）；sehr laut（u. von Angst erfüllt）令人毛骨悚然的，惨不忍闻的，令人心碎的 ≈ durchdringend，gellend〈*mst* ein Schrei，（ein）Geschrei 一声惨烈的喊叫；m. schreien 惨叫〉

Mar·ke·ten·de·rin *die*；-，*-nen*；*hist*［历］；e-e Frau，die im 16 bis 19 Jahrhundert die Soldaten begleitete u. ihnen Waren verkaufte 随军女贩

Mar·ke·ting *das*；-（*s*）；*nur Sg*（只用单数）；alles，was e-e Firma tut，um die eigenen Produkte gut zu verkaufen 营销，营销学

mar·kie·ren；*markierte*，*hat markiert*；**Vt**（及物）**1.** ***etw.*（*mit*/*durch etw.*）*m.*** ein Zeichen od. Symbol auf etw. machen，damit man es schnell u. deutlich erkennen kann（用…）标出，在…上做记号 ≈ kennzeichnen：*e-e Textstelle mit e-m roten Stift，durch Unterstreichen m.* 用红笔、通过划线标出一段文章；*Nimm den Weg，der auf der Karte mit blauen Punkten markiert ist* 走地图上用蓝点标出来的路 **2.** ***etw. m.*** durch Zeichen od. Symbole etw. deutlich machen 标明，标出 ≈ kennzeichnen：*Weiße Linien markieren das Spielfeld* 白线标出运动场地；**Vt/i**（及物/不及物）**3.**（***etw.***）***m.*** *gespr pej*［口］［贬］；so tun，als ob etw. der Fall wäre 假装，装作 ≈ vortäuschen：*e-n Herzanfall m.* 假装心脏病发作；*Er ist nicht krank，er markiert nur* 他没有病，他只是装的；*Versuch nicht，den Helden zu m. – ich weiß，dass du Angst hast!* 不要充好汉——我知道你胆小！

Mar·kie·rung *die*；-，*-en* **1.** ein Zeichen od. ein Symbol，mit dem man etw. deutlich erkennbar macht（kennzeichnet）标记，记号，标定〈e-e farbige，gut sichtbare M. 彩色的、清晰可见的标记〉‖ K-（复合）：***Markierungs-***，***-linie***，***-punkt*** ‖ -K（复合）：***Spielfeld-***，***Weg-*** **2.** der Vorgang，bei dem man etw. kennzeichnet 作标记，划记号：*die M. e-s Wanderweges* 标出徒步旅游的道路

mar·kig *Adj*（形）；mit kräftigen Worten formuliert u. nicht gut überlegt 措词有力的，遒劲的（但欠考虑）〈Worte，Sprüche 话语，空谈〉：*Abends in der Kneipe werden oft markige Sprüche gemacht* 晚间在酒吧都是在吹牛皮说大话

Mar·ki·se *die*；-，*-n*；ein Tuch，das（über ein Gestell gespannt）dazu dient，Fenster od.

Balkons vor der Sonne zu schützen(窗外)遮阳篷 ≈ Sonnendach 〈die M. einholen, herunterlassen 收起、落下遮阳篷〉‖ NB(注意): ↑ ***Jalousie***

-mark·schein *der*; *hist* [历]; ein Geldschein im Wert von der genannten Zahl von Mark …马克纸币; ***Fünfmarkschein***, ***Zehnmarkschein***, ***Zwanzigmarkschein***, ***Fünfzigmarkschein***, ***Hundertmarkschein***, ***Zweihundertmarkschein***, ***Fünfhundertmarkschein***, ***Tausendmarkschein***

Mark·stein *der*; ein wichtiges Ereignis in e-r Entwicklung 转折点,里程碑,发展中的重大事件 ≈ Meilenstein: *Die Erfindung des Rades war ein M. in der Geschichte der Menschheit* 轮子的发明是人类历史上的里程碑

Mark·stück *das*; *hist* [历]; e-e (Geld) Münze mit dem Wert einer Mark[1] 一马克硬币

-mark·stück *das*; *hist* [历]; e-e Münze im Wert von der genannten Zahl von Mark…马克硬币; ***Einmarkstück*** (***Markstück***), ***Zweimarkstück***, ***Fünfmarkstück***

Markt *der*; -(*e*)*s*, *Märk·te* **1**. ein regelmäßiges Zusammentreffen von Händlern, die ihre Waren an e-m bestimmten Ort u. zu bestimmten Zeiten (an Ständen) verkaufen 集市〈auf den/zum M. gehen 去赶集〉: *Freitags ist M.* 每逢星期五是集市; *Der M. wird auf der Wiese neben dem Bahnhof abgehalten* 集市在火车站旁的草地上举办 ‖ K-(复合): ***Markt-***, ***-händler***, ***-stand***, ***-tag*** ‖ -K(复合): ***Fisch-***, ***Gemüse-***, ***Obst-***, ***Weihnachts-***, ***Wochen-*** **2**. der Platz (in e-r Stadt), auf dem der M. (1) stattfindet 集市广场: *Am M. steht ein Brunnen* 在集市广场上有一口井 ‖ K-(复合): ***Markt-***, ***-platz*** **3**. ein Gebiet od. Land, in dem Leute etw. kaufen wollen, od. e-e Gruppe von Leuten, die etw. kaufen wollen 市场〈der ausländische, inländische, internationale M. 国外、国内、国际市场; neue Märkte erschließen 开(辟)发新市场〉‖ K-(复合): ***Markt-***, ***-anteil*** ‖ -K(复合): ***Absatz-***, ***Binnen-***, ***Welt-*** **4**. ***der M.*** (***für etw.***) das Interesse an e-r Ware u. der Wunsch, sie zu kaufen(对…的)市场需求 ≈ Nachfrage: *Der M. für Computer ist im Moment sehr groß* 计算机市场眼下很火爆(旺盛); *der M. für Waren dieser Art ist zurzeit gesättigt* 这类商品的市场目前已饱和 **5**. *Kollekt*, WIRTSCH(集合)【经】; die Bedingungen, die für den Kauf, den Verkauf u. den Preis von Waren wichtig sind 市场(供求情况) ‖ K-(复合): ***Markt-***, ***-analyse***, ***-forschung***, ***-lage***, ***-studie*** **6**. ***der schwarze M.*** der illegale Handel *bes* mit Waren, die (gesetzlich) verboten od. rationiert sind 黑市: *der schwarze M. für pornografische Videos* 黄色录相带的黑市 ‖ -K(复合): ***Schwarz-*** **7**. ***der graue M.*** der Handel mit Waren am Rande der Legalität 灰(色)市(场): *der graue M. für billige Linienflüge* 廉价班机的灰市 **8**. ***etw. auf den M. bringen/ werfen*** etw. (*bes* in großer Zahl) herstellen u. zum Kauf anbieten 将某物(大批)投放市场

Markt·frau *die*; e-e Frau, die Waren auf dem Markt (2) verkauft 集市上的女贩

Markt·hal·le *die*; ein großes Gebäude auf dem Markt (2), in dem Händler ihre Waren verkaufen 集市商场

Markt·lü·cke *die*; ein Bereich, in dem es bisher noch keine geeigneten Waren gab 市场缺口,市场供应短缺部门〈e-e M. suchen, finden, entdecken 寻找、找到、发现市场缺口; in e-e M. stoßen 打开市场缺口〉

markt·schrei·e·risch *Adj*(形); *pej*[贬]; in e-r lauten (aufdringlichen) u. *mst* unseriösen Weise für Dinge werbend 大声叫卖的,大肆兜售商品的〈e-e Reklame 广告〉

Markt·wert *der*; *nur Sg*, WIRTSCH(只用单数)【经】; der momentane (durchschnittliche) Wert e-s Menschen od. e-r Ware auf dem Markt (4) 市场价值: *der M. e-s Spitzensportlers*, *e-s Rennpferdes* 一位顶尖运动员的、一匹赛马的市场价值

Markt·wirt·schaft *die*; *nur Sg*, WIRTSCH(只用单数)【经】 **1**. ***die*** (***freie***) ***M.*** ein Wirtschaftssystem, in dem die Produktion u. der Preis von Waren von Angebot u. Nachfrage bestimmt werden 市场经济 ↔ Planwirtschaft **2**. ***die soziale M.*** ein ziemlich freies Wirtschaftssystem, in das der Staat aber auch eingreift, *bes* um soziale Missstände zu verhindern 社会市场经济 ‖ *hierzu* (派生) **markt·wirt·schaft·lich** *Adj*(形)

Mar·me·la·de *die*; -, -*n*; e-e süße Masse aus gekochtem Obst, die man auf das Brot streicht 果酱〈M. kochen 煮果酱; ein Glas M. 一罐果酱〉: *In der M. sind im Gegensatz zur Konfitüre keine ganzen Früchte* 与罐头水果不同,果酱里没有成块的果肉 ‖ K-(复合): ***Marmeladen-***, ***-brot***, ***-dose***, ***-glas*** ‖ -K(复合): ***Aprikosen-***, ***Erdbeer-***, ***Himbeer-*** ‖ *zu* ***Marmeladendose*** ↑ *Abb. unter* 图见 ***Frühstückstisch***; *zu* ***Marmeladenglas*** ↑ *Abb. unter* 图见 ***Gläser***

Mar·mor *der*; -*s*, -*e*; *mst Sg*(多用单数); ein harter, wertvoller Stein, aus dem man *bes* Treppen u. Statuen macht 大理石〈weißer, schwarzer M. 白色的、黑色的大理石〉‖ K-(复合): ***Marmor-***, ***-bild***, ***-büste***, ***-platte***, ***-säule***, ***-tisch***, ***-treppe***

Mar·mor·ku·chen *der*; ein Kuchen, bei dem ein dunkler Teig so in e-n hellen Teig gerührt wird, dass ein Muster entsteht(深色与浅色面团调合制作的产生大理石花纹效果的)糕点,蛋糕

ma·ro·de *Adj*(形); **1**. moralisch schlecht u. deshalb dem Ruin nahe 道德败坏的 ≈ morbid, verdorben〈e-e Gesellschaft, e-e Welt 社会,世界〉: *e-e m. u. degenerierte Wohlstandsgesellschaft* 道德败坏、蜕化堕落的福利社会 **2**. *veraltend*[渐旧]; leicht krank od. sehr müde 病病恹恹的,衰弱无力的

Ma·ro·ne *die*; -, -*n* **1**. e-e essbare Kastanie(可食用的)栗子: *geröstete Maronen* 炒栗子 **2**. ein essbarer Pilz mit e-r braunen Kappe 一种褐色

食用菌

Ma·ro·ni *die*; -, -; *südd* Ⓐ [南德][奥] ↑ **Marone** (1)

Ma·ro·te *die*; -, *-n*; e-e seltsame Gewohnheit 怪癖 ≈ Spleen: *Es ist so eine M. von ihr, dass sie das Ei immer in der Mitte durchschlägt* 她有一种怪癖,总爱在鸡蛋里挑骨头

Mars *der*; -; *nur Sg*(只用单数); der vierte Planet des Sonnensystems (zwischen Erde u. Jupiter)火星 ‖ K-(复合): ***Mars-***, ***-sonde***

marsch *Interjektion*(叹); verwendet, um j-n aufzufordern, zu gehen od. etw. schnell zu tun(表示催促口令)快! ≈ los²(1): *M., ins Bett!* 快,上床!; *M., an die Arbeit!* 快走,去工作!

Marsch¹ *der*; *-es*, *Mär·sche*; **1.** MIL【军】; das Gehen mit kurzen u. schnellen Schritten in e-r Gruppe 行进,行军,前进 ‹j-n in M. setzen 令某人起步走›: *Nach e-m anstrengenden M. erreichten die Soldaten wieder die Kaserne* 经过紧张的行军后战士又回到兵营 ‖ K-(复合): ***Marsch-***, ***-gepäck***, ***-kolonne***, ***-kompass***, ***-lied***, ***-ordnung***, ***-route***, ***-verpflegung***; ***marsch-***, ***-bereit*** ‖ -K(复合): ***Nacht-*** **2.** e-e Wanderung, bei der man e-e ziemlich lange Strecke geht 长途步行,徒步旅行 ‹e-n ausgedehnten M. machen 作长距离徒步旅行›: *Nach dem kilometerlangen M. waren wir ziemlich kaputt* 步行了几公里后我们累得够呛 ‖ -K(复合): ***Fuß-*** **3.** ein Musikstück im Rhythmus e-s Marsches¹(1)进行曲 ‹e-n M. spielen, blasen 演奏、吹奏一支进行曲› ‖ K-(复合): ***Marsch-***, ***-rhythmus***, ***-takt*** ‖ ID[谚] ***j-m den M. blasen*** *gespr*[口]; j-m sehr deutlich sagen, was er falsch gemacht hat 直言责备某人 ≈ tadeln, zurechtweisen

Marsch² *die*; -, *-en*; ein sehr fruchtbares Gebiet an der Küste (der Nordsee), das durch Deiche geschützt ist(北海边的)滩涂,海涂

Mar·schall *der*; *-s*, *Mar·schäl·le*; (in einigen Ländern) der höchste Offizier der Armee 元帅

Marsch|flug·kör·per *der*; MIL【军】; e-e Art Rakete (*mst* mit nuklearem Sprengstoff), die so niedrig fliegen kann, dass sie mit Radar nicht entdeckt wird 巡航导弹

mar·schie·ren; *marschierte*, *ist marschiert*; [Vi](不及物) **1.** *gespr*[口]; e-e lange Strecke ziemlich schnell zu Fuß gehen 长距离急步走: *Wir waren lange durch hügeliges Gelände marschiert, bevor wir an e-n See kamen* 在到湖边之前,我们急步穿越丘陵地带,走了很久 **2.** in e-r geordneten Gruppe im Gleichschritt gehen 齐步行进,行军: *Die Soldaten marschierten auf dem Kasernengelände* 战士们在军营场上齐步行进

Mar·ter *die*; -, *-n*; *geschr*[书]; e-e körperliche od. seelische Qual(肉体或精神的)折磨,煎熬 ≈ Folter ‹Martern erdulden, erleiden, ertragen 忍受、遭受、经受折磨› ‖ K-: ***Marter-***, ***-instrument*** ‖ *hierzu*(派生) **mar·tern** (*hat*) *Vt*(及物)

mar·ti·a·lisch [-ˈtsi̯aː-] *Adj*(形); *geschr*[书]; so, dass es Angst macht 令人望而生畏的,可怕的,凶神恶煞般的 ≈ kriegerisch, bedrohlich ↔ friedfertig ‹j-s Aussehen, e-e Erscheinung, ein Gebaren 某人的外貌,形象,举止›

Mar·tins·horn *das*; ein akustisches Warnsignal an den Autos der Polizei, der Feuerwehr *o.Ä.* 警铃

Mär·ty·rer *der*; *-s*, -; j-d, der wegen seiner (*mst* politischen od. religiösen) Überzeugungen verfolgt u. getötet wird 殉难者,烈士,殉教者 ‹j-n zum M. machen 将某人追认为烈士› ‖ K-(复合): ***Märtyrer-***, ***-tod*** ‖ *hierzu*(派生) **Mär·ty·re·rin** *die*; -, *-nen*

Mar·ty·ri·um *das*; *-s*, *Mar·ty·ri·en* [-iən] **1.** ein schweres Leiden, das j-d für seinen Glauben od. für seine Überzeugungen erduldet u. das *mst* erst mit dem Tod endet (为信仰而)牺牲,殉难,殉教 ‹ein grausames, hartes M. 残酷的、严酷的殉难; ein M. auf sich nehmen, erleiden 承受、遭受牺牲›: *das M. des heiligen Petrus* 圣徒彼得之殉教 **2.** *gespr*[口]; etw., das j-m über längere Zeit viel Leid bringt(长期)折磨,磨难,苦恼 ‹ein einziges, wahres M. 唯一的、真正的苦难›: *Seine Tätigkeit als Lehrer war für ihn ein einziges M.* 当教师(工作)曾是他唯一的痛苦

Mar·xis·mus *der*; -; *nur Sg*(只用单数); e-e (von Karl Marx u. Friedrich Engels begründete) Lehre, die durch Revolution (aus der Klassengesellschaft) e-e klassenlose Gesellschaft schaffen will 马克思主义 ‖ *hierzu*(派生) **mar·xis·tisch** *Adj*(形)

Mar·xist *der*; *-en*, *-en*; ein Anhänger des Marxismus 马克思主义者 ‖ NB(注意): *der Marxist*; *den*, *dem*, *des Marxisten* ‖ *hierzu*(派生) **Mar·xis·tin** *die*; -, *-nen*

März *der*; -(*es*), *-e*; *mst Sg*(多用单数); der dritte Monat des Jahres 三月 ‹im M. 在三月; Anfang, Mitte, Ende M. 三月初、中、末; am 1., 2., 3 M. 三月一日、二日、三日›: *Ostern ist dieses Jahr im M.* 今年复活节在三月

Mar·zi·pan *das/der*; *-s*, *-e*; *mst Sg*(多用单数); e-e weiche Masse aus Mandeln u. Puderzucker, aus der man Süßigkeiten macht 杏仁夹心糖果 ‖ K-: ***Marzipan-***, ***-brot***, ***-kartoffel***, ***-schweinchen***

Ma·sche¹ *die*; -, *-n* **1.** eine der Schlingen, aus denen ein (gestricktes od. gehäkeltes) Kleidungsstück besteht(编织或勾织的)针脚 ‹e-e lose, feste M. 松的、紧的针脚; e-e M. stricken, häkeln 织一针,勾一针; Maschen aufnehmen, zunehmen, abnehmen 起针,加针,减针; e-e M. fallen lassen 漏针› ‖ -K(复合): ***Rand-*** **2.** *nur Pl*(只用复数); die Schlingen e-s Netzes 网眼,网扣: *Als sie die Netze einholten, zappelten viele*

Masche¹ (1)

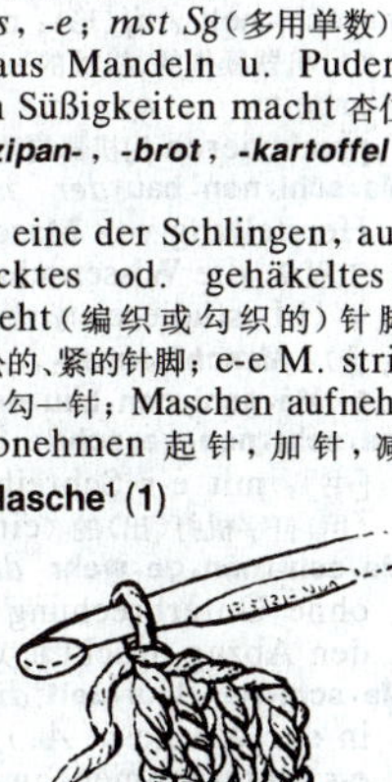

M

Fische in den Maschen 当他们收网时，许多鱼在网中跳动 **3.** ***e-e rechte / linke M*.** e-e M.¹(1), bei der der Faden beim Stricken hinter/vor der Nadel liegt 右边/左边起针 ‖ ID[谚] ***j-m durch die Maschen gehen*** ≈ entkommen: *Der Bankräuber war der Polizei durch die Maschen gegangen* 银行抢劫犯从警察眼底下逃掉了; ***durch die Maschen des Gesetzes schlüpfen*** wegen e-r Lücke im Gesetz nicht bestraft werden können 逃脱法网，漏网 ‖ NB(注意): ↑ ***Schlaufe***

Ma·sche² *die*; -, -*n*; *mst Sg*, *gespr*(多用单数)[口]; e-e besondere (*mst* geschickte) Art, etw. zu tun 计策，办法，诀窍，门道，招数 ≈ Trick, Tour ⟨e-e raffinierte M. 巧妙的办法⟩: *Er versucht es immer wieder mit derselben alten M. – darauf fällt keiner mehr rein!* 他总是用老一套的花招——对此没人再受骗了!

Ma·schi·ne *die*; -, -*n* **1.** ein (mechanisches) Gerät, das Energie umformt u. so die Arbeit für den Menschen leichter macht 机器，机械，机床 ⟨e-e M. bauen, konstruieren, reparieren 制造、设计、修理机器; e-e M. anschalten, ausschalten, bedienen, warten, in Betrieb nehmen 开、关、操作、保养机器，使机器投入生产⟩; *die Massenproduktion von Gütern mithilfe von Maschinen* 用机器大批生产货物 ‖ K-(复合): ***Maschinen-***, ***-antrieb***, ***-fabrik***, ***-öl***, ***-schlosser*** ‖ -K(复合): ***Bohr-***, ***Kaffee-***, ***Spül-*** **2.** *Kurzw*(略) ↑ ***Schreibmaschine***: *der Brief war mit der M. geschrieben* 信是用打字机打的 ‖ K-(复合): ***maschinen-***, ***-schriftlich*** **3.** *Kurzw*(略) ↑ ***Nähmaschine***, ***Strickmaschine*** ‖ K-(复合): ***maschinen-***, ***-gestrickt*** **4.** *Kurzw*(略) ↑ ***Waschmaschine*** **5.** *gespr*[口]; der Motor e-s Autos 汽车发动机 ⟨e-e starke M. 大功率发动机⟩: *e-e M. mit 50 PS* 一台50马力的汽车发动机 **6.** ≈ Flugzeug: *Die M. aus New York hat heute Verspätung* 从纽约来的飞机今天误点 **7.** *gespr*[口] ≈ Motorrad ⟨e-e schwere M. 一辆重型摩托车⟩ ‖ NB(注意): ↑ ***Apparat***

ma·schi·nell *Adj*(形); mithilfe von Maschinen (1) 机器操作的，机械的 ↔ von Hand, in Handarbeit ⟨etw. m. herstellen, fertigen, produzieren 用机器制造、制作、生产某物⟩

Ma·schi·nen·bau *der*; *nur Sg*(只用单数) **1.** die Herstellung von Maschinen (1) 机器制造，机械工程 **2.** die Wissenschaft vom M. (1) 机械工程学 ⟨M. studieren 学机械工程(专业)⟩ ‖ K-(复合): ***Maschinenbau-***, ***-ingenieur*** ‖ *zu*(义项) **1. Ma·schi·nen·bau·er** *der*

ma·schi·nen·ge·schrie·ben *Adj*(形); *geschr*[书]; mit e-r Schreibmaschine geschrieben (用)打字机打(出)的 ⟨ein Manuskript 手稿⟩

Ma·schi·nen·ge·wehr *das*; ein Gewehr, das ohne Unterbrechung schießt, solange man den Abzug drückt 机关枪; *Abk* 缩写 MG

Ma·schi·nen·lauf·zeit *die*; die Zeit (am Tag, in der Woche *o. Ä.*), in der die Maschinen e-s Unternehmens in Betrieb sind (u. nicht stillstehen u. dadurch nur Kosten verursachen) 机器运转时间

ma·schi·nen·les·bar *Adj*(形); INFORM【信息】; so, dass es ein Computer lesen kann 计算机可读的 ⟨ein Antrag, ein Ausweis, ein Formular, ein Vordruck 申请，证件，表格，样稿⟩: *Bitte knicken Sie den Vordruck nicht – er ist sonst nicht mehr m.* 请别折叠印样——否则计算机无法认读

Ma·schi·nen·pis·to·le *die*; e-e Art Pistole, die ohne Unterbrechung schießt, solange man den Abzug drückt 冲锋枪; *Abk* 缩写 MP, MPi

Ma·schi·nen·raum *der*; (*bes* auf Schiffen) der Raum, in dem die (Antriebs)Maschinen (1) stehen 机房

Ma·schi·nen·scha·den *der*; ein Schaden am Motor od. Getriebe *bes* e-s Schiffes 轮机故障

Ma·schi·nen·schlos·ser *der*; j-d, der beruflich Maschinen (1) baut od. zusammensetzt 机器装配工，钳工

Ma·schi·ne·rie *die*; -, -*n* [-ˈriːən] **1.** ein System aus mehreren Maschinen (*z. B.* in e-r Fabrik) 机组，机械系统 ⟨e-e komplizierte M. 复杂的机械系统⟩ **2.** die technischen Einrichtungen e-r Bühne (1)(舞台的)机械装置，技术设备: *die umfangreiche M. e-s modernen Theaters* 一座现代剧院的大规模的机械装置 **3.** *geschr pej*[书][贬]; ein sehr kompliziertes System, in dem bestimmte Vorgänge geschehen, ohne dass man sie genau kontrollieren kann 繁琐的运行体制: *Sein Antrag war in der M. des bürokratischen Apparates verloren gegangen* 他的申请在官僚机构的繁琐的运行体制中丢失了

ma·schi·ne·schrei·ben ↑ ***Maschine*** (2)

Ma·schi·nist *der*; -*en*, -*en*; j-d, der beruflich Maschinen (1) bedient u. überwacht 机械师，机工 ‖ NB(注意): *der Maschinist*; *den, dem, des Maschinisten* ‖ *hierzu*(派生) **Ma·schi·nis·tin** *die*; -, -*nen*

Ma·sern *die*; -; *Pl*(复); e-e ansteckende Krankheit (*bes* bei Kindern), bei der man hohes Fieber hat u. sich rote Flecken auf der Haut bilden 麻疹，疹子，痧子 ⟨M. haben 出麻疹⟩

Ma·se·rung *die*; -, -*en*; ein unregelmäßiges Muster *bes* im Holz(尤指木材)纹理，条纹

Mas·ke *die*; -, -*n* **1.** etw., mit dem man *bes* in Theaterstücken od. bei bestimmten Festen sein Gesicht ganz od. zum Teil bedeckt 面具，假面具 ⟨e-e bunte, tragische, komische M. 彩色的、悲剧的、喜剧的面具; e-e M. aufsetzen, tragen, abnehmen 戴上、戴着、摘下面具⟩: *Auf der Karnevalsfeier trugen viele Leute Masken* 在狂欢节上许多人戴假面具 **2.** etw., das man zum Schutz (*z. B.* vor giftigen Gasen) vor dem Gesicht trägt(防护)面具，面罩 ⟨e-e M. aufsetzen, tragen, abnehmen 戴上、戴着、摘下（防毒）面具〉: *Der Qualm war so dicht, dass der Feuerwehrmann seine M. aufsetzen musste* 烟雾太大，消防队员不得不戴上防护面具 ‖ -K（复合）: ***Atem-***, ***Gas-***, ***Schutz-*** **3.** e-e Abbildung e-s Gesichts, die durch e-n Abdruck aus Gips hergestellt wird 石膏面模 ‖ -K（复合）: ***Gips-***, ***Toten-*** **4.** die Vorbereitung *bes* von Gesicht u. Haaren e-s Schauspielers für seinen Auftritt（演员登场前的）脸谱，脸部化装〈M. machen 做脸谱，装扮；in M. sein 已化好装〉: *Bevor sie auftreten kann, muss sie noch M. machen* 她上台之前还得化装 **5.** e-e Schicht aus Creme u. Kräutern o. Ä., die man auf das Gesicht streicht（美容的）面膜: *e-e M., die die Haut glatt u. schön macht* 使皮肤光泽美丽的面膜 ‖ -K（复合）: ***Gesichts-*** **6.** ***hinter der M.*** + *Gen*（二格）hinter der äußeren Erscheinung von j-m/etw. 在…伪装（假象）后面: *Er verbarg seine rohe Natur hinter der M. e-s Gentlemans* 在绅士假象后面掩盖着他粗野的本性 **7.** ***etw. wird/ erstarrt zur M.*** etw. bewegt sich nicht mehr, zeigt keine Gefühle mehr（物作主语）毫无表情，呆滞了〈ein Gesicht 脸〉‖ ID［谚］***die M. fallen lassen*** den anderen zeigen, wer man wirklich ist u. was man wirklich denkt 揭下假面具，露出真相

Mas.ken.ball *der*; ein Fest, auf dem die Menschen tanzen u. Kostüme od. Masken (1) tragen 化装舞会，假面舞会 ≈ Kostümfest〈auf e-n M. gehen 去参加化装舞会〉

Mas.ken.bild.ner *der*; *-s, -*; j-d, der beruflich Schauspieler schminkt u. frisiert 化装师 ‖ *hierzu*（派生）**Mas·ken·bild·ne·rin** *die*; *-, -nen*

mas.ken.haft *Adj*（形）; starr wie e-e Maske (1) 死板的，呆滞的，无表情的〈ein Gesicht, ein Gesichtsausdruck, ein Lächeln 脸，脸部表情，微笑〉

Mas.ke.ra.de *die*; *-, -n* **1.** die Kleider (u. Masken), mit denen man sich für e-n (Masken) Ball verkleidet 化装舞会的服装 ≈ Kostümierung **2.** ***etw. ist M.*** etw. ist nicht echt, sondern vorgetäuscht（物作主语）是假象（假装出来的）〈j-s Freundlichkeit 某人的友谊〉

mas.kie.ren; *maskierte, hat maskiert*; *Vt*（及物）**1.** ***j-n/sich m.*** j-m/sich selbst e-e Maske (1) aufsetzen od. ein Kostüm anziehen 装扮，化装 ≈ verkleiden: *sich als Clown m.* 装扮成小丑 **2.** ***etw. m.*** versuchen, etw. zu verbergen 掩饰，掩盖 ↔ enthüllen, aufdecken〈seine Unsicherheit, seine Schwächen, seine Angst m. 掩饰自己的自信心不足、弱点、恐惧〉: *Sie maskierte ihre Unsicherheit mit lautem Reden* 她大声讲话，以掩饰自己缺乏自信; *Vr*（反身）**3.** ***sich m.*** das Gesicht so verdecken od. verändern, dass man nicht erkannt werden kann 伪装，蒙面 ≈ sich vermummen: *Die Bankräuber hatten sich gut maskiert* 银行抢劫犯把自己伪装得很好 ‖ *hierzu*（派生）**Mas·kie·rung** *die*

Mas.kott.chen *das*; *-s, -*; etw., das j-m Glück bringen soll (u. das er deshalb oft bei sich hat) 吉祥物，避邪的东西 ≈ Talisman

mas.ku.lin, mas.ku.lin *Adj*（形）**1.**〈ein Mann 男子〉mit Eigenschaften, die als typisch für Männer gelten 有男人特征的，男子汉的，有阳刚之气的 ≈ männlich (3) ↔ unmännlich, weibisch: *Er hat e-e sehr maskuline Figur* 他的身材很有男人气派 **2.**〈e-e Frau 女子〉mit Eigenschaften, die als typisch für Männer gelten 像男子的，有男子气质的 ≈ männlich (4) ↔ feminin, weiblich: *Sie hat e-n maskulinen Körperbau* 她的体型像男子 **3.** *ohne Steigerung, nicht adv*, LING（无变级，不作状语）【语】; in der Grammatik mit dem Artikel *der* verbunden 阳性的 ≈ männlich (5) ↔ feminin, sächlich: *Das Substantiv „Baum" ist im Deutschen m.* 名词"Baum"在德语中是阳性

Ma.so.chist *der*; *-en, -en* **1.** j-d, der (zur sexuellen Befriedigung) gern Schmerzen u. Strafen erleidet 性受虐狂 ↔ Sadist **2.** *mst iron* 多用［讽］; j-d, der (scheinbar) gern leidet 爱自找苦吃的人: *Bei dem Wetter willst du Fußball spielen – du bist ein richtiger M.!* 这样的坏天气你想踢足球——你真是自找苦吃！‖ NB（注意）: *der Masochist; den, dem, des Masochisten* ‖ *hierzu*（派生）**Ma·so·chis·tin** *die*; *-, -nen*; **Ma·so·chis·mus** *der*; *-, Ma·so·chis·men*; *mst Sg*（多用单数）; **ma·so·chis·tisch** *Adj*（形）

maß *1 u. 3 Person Sg*（第一和第三人称单数）; ↑ **messen**

Maß[1] *das*; *-es, -e* **1.** e-e Einheit, mit der man Größen, Gewichte u. Mengen messen kann 计量单位〈ein geeichtes Maß 检定了的计量单位〉: *Das Maß für die Bestimmung der Länge ist der Meter* 确定长度的计量单位是米 ‖ -K（复合）: ***Raum-***, ***Flächen-***, ***Längen-*** **2.** ein Gegenstand (der *z. B.* einen Meter Länge, ein Liter Volumen od. ein Kilo Gewicht hat), mit dem man die Länge, das Volumen od. das Gewicht von Dingen u. Substanzen bestimmen kann（量尺寸、重量、容积等）量具，量规〈ein Maß eichen 校准量具〉‖ -K（复合）: ***Meter-*** **3.** e-e Zahl, die man durch Messen erhält 尺寸，大小: *die Maße e-s Raumes, e-s Schrankes* 房间、衣柜的尺寸; *beim Schneider e-n Anzug nach Maß machen lassen* 在裁缝那里按尺寸做上衣 **4.** *Adj*（形容词）+ ***Maß*** e-e bestimmte Menge od. Intensität（表示一定的量或强度）大小，程度，范围，尺度，标准，限度〈ein erträgliches, hohes Maß 中等的、高的尺度; das übliche Maß 常规标准; in geringem, hohem, beträchtlichem Maße 以低的、高的、大的标准〉: *Seine Arbeit fordert ihn in hohem Maße* 他的工作以高标准要求他; *Die Überstunden müssen auf ein vertretbares Maß reduziert werden* 加班加点必须减少到合理的范围内 **5.** ***in/mit Maßen*** ≈ mäßig (1), maßvoll〈in/mit Maßen trinken, rauchen, essen 有限量地（适量地）喝酒、抽烟、吃饭〉**6.** ***über alle Maßen*** viel mehr od. besser/schlimmer als normal 过度，过头，

M

过分，出格 ≈ extrem, überaus：*j-n über alle Maßen loben* 过分地表扬某人；*Er ist über alle Maßen frech* 他太无礼 ‖ ID［谚］***ohne Maß und Ziel*** ohne vernünftige Grenzen 无节制，极度，异常 ≈ maßlos；***ein gerüttelt Maß*** *geschr*［书］；sehr viel 一串的，成堆的，大量的：*Er trägt ein gerüttelt Maß (an) Mitschuld* 他背着一身债务；***mit zweierlei Maß messen*** zwei Personen od. Dinge mit verschiedenen Kriterien (u. deshalb ungerecht) beurteilen 用两种不同的尺度衡量（不公正地对待）；*mst* 多用 ***Jetzt ist das Maß aber voll!*** *gespr*［口］；meine Geduld ist jetzt zu Ende! 现在我的忍耐已到头了！（现在我已经忍无忍了！）‖ NB（注意）：↑ ***maßhalten***

Maß² *die*；-, -；*südd* Ⓐ［南德］［奥］ein Liter Bier 一升（啤酒）‖ K-（复合）：***Maß-, -krug***

Mas·sa·ge [maˈsaːʒə] *die*；-, *-n*；e-e Behandlung, bei der die Muskeln mit den Händen geknetet u. geklopft werden 按摩〈j-m Massagen verschreiben, geben 给某人开处方去进行按摩治疗，给某人按摩〉：*E-e M. lockert die Muskeln* 按摩使肌肉放松 ‖ K-（复合）：***Massage-, -praxis*** ‖ -K（复合）：***Fuß-, Ganzkörper-, Gesichts-, Kopf-, Rücken-*** ‖ ▶ ***massieren***

Mas·sa·ker *das*；*-s*, -；***ein M.*** (***an j-m***) das Töten vieler (*mst* wehrloser) Menschen 大屠杀，血洗 ≈ Blutbad, Gemetzel〈ein M. anrichten, verüben 制造、进行大屠杀〉：*ein M. unter der Bevölkerung anrichten* 在百姓中进行大屠杀

mas·sak·rie·ren；*massakrierte*, *hat massakriert*；[Vt]（及物）***j-n m.*** j-n grausam töten（残酷）屠杀，屠戮：*Die Soldaten überfielen das Dorf und massakrierten die Bewohner* 士兵袭击村庄并屠杀居民

Maß·ar·beit *die* **1.** *nur Sg*（只用单数）；e-e sehr genau gemachte Arbeit 很规范的工作，很标准的工作 **2.** die Herstellung *mst* von Kleidungsstücken nach den Maßen¹ (3) e-r bestimmten Person 按尺寸做的活

Mas·se *die*；-, *-n* **1.** e-e (*mst* zähe od. breiige) Menge e-s Stoffes od. Materials ohne feste Form 团，块，堆（黏结在一起的物质）〈e-e zähe, weiche, knetbare M. 一团黏稠的、软绵绵的、可揉的东西〉：*die glühende M. des Lavastroms* 炽热的黏稠的熔岩流 ‖ -K（复合）：***Knet-, Lava-, Teig-*** **2.** *oft pej* 常用［贬］；e-e große Zahl von Menschen, die man als Gesamtheit betrachtet 群众，大众 ≈ das Volk〈die breite, namenlose M. 广大的、无名的群众；in der M. untergehen 消失在人群中〉：*Die Rufe des Verletzten gingen in der M. unter* 受伤者的呼喊声淹没在人群中；*Die Schaulustigen standen in Massen an der Unfallstelle* 在事故现场站着一大堆看热闹的人 ‖ K-（复合）：***Massen-, -arbeitslosigkeit, -demonstration, -entlassungen, -gesellschaft, -grab, -hysterie, -organisation, -tourismus, -verhaftungen, -verkehrsmittel, -versammlung*** ‖ -K（复合）：***Menschen-, Volks-*** **3.** *oft pej* 常用［贬］；e-e große Anzahl od. Menge von etw. 大批，大量，大笔：*Dieses Jahr treten die Mücken in Massen auf* 今年出现大量蚊子 ‖ K-（复合）：***Massen-, -artikel, -güter, -herstellung, -produkt, -produktion, -ware*** **4.** *nur Pl*（只用复数）；der größte Teil der Bevölkerung 广大人民群众，大多数人：*Es gelang ihm, die Massen für den Aufstand zu mobilisieren* 他成功地动员广大群众起义 **5.** ***e-e M.*** (+ *Subst* 名词) *gespr*［口］；sehr viel(e) 很多，大量，一大堆 ≈ e-e Menge：*Zu Hause gibt es e-e M. Arbeit für dich* 家里有你一大堆活；*Er hat e-e ganze M. Schallplatten* 他有一大批唱片 **6.** PHYS【物】；das Maß¹ (1) für die Eigenschaft der Materie, ein Gewicht zu haben u. andere Körper anzuziehen 质量：*Je geringer die M. e-s Planeten ist, desto geringer ist seine Anziehungskraft* 行星的质量越小，它的引力也越小

Maß·ein·heit *die*；e-e festgelegte Einheit, mit der man Größen, Mengen u. Gewichte messen kann 计量单位：*Meter, Kilogramm u. Ampere sind Maßeinheiten* 米、公里和安培都是计量单位

Mas·sel *der*, *südd* Ⓐ［南德］［奥］*das*；*-s*；*nur Sg*, *gespr*（只用单数）［口］；Glück, das man nicht verdient od. erwartet hat 运气，走运，有幸〈M. haben 有运气〉：*Da hast du noch einmal M. gehabt – das wäre beinahe schiefgegangen* 你又一次走运了——这件事差点儿砸了

-ma·ßen *im Adv*, *begrenzt produktiv*, *oft geschr*（构成副词，构词有限）常用［书］；verwendet, um aus Adjektiven (die *mst* aus Partizipien gebildet sind) Adverbien zu bilden 如…（一样），在…程度上，；***bekanntermaßen, erwiesenermaßen, folgendermaßen, gewissermaßen, gezwungenermaßen, gleichermaßen, solchermaßen***

Mas·sen·ab·fer·ti·gung *die*；*mst Sg*, *mst pej*（多用单数）多用［贬］；das Erledigen e-r Arbeit für viele Menschen, ohne deren persönliche Wünsche zu berücksichtigen 为群众服务，为大家办事

mas·sen·haft *Adj*（形）；*nur attr od adv*, *gespr*（只作定语或状语）［口］；in großer Menge od. Zahl 大量的，大批的 ≈ massenweise：*das massenhafte Auftreten von Mücken in Sumpfgebieten* 在沼泽地大量滋生蚊虫；*Jedes Jahr kommen m. Touristen nach Pompeji* 每年有大批游客来庞贝（观光）

Mas·sen·ka·ram·bo·la·ge *die*；ein Unfall, bei dem viele Fahrzeuge zusammengestoßen sind 恶性交通事故

Mas·sen·kund·ge·bung *die*；e-e Kundgebung, an der sehr viele Menschen teilnehmen 群众集会

Mas·sen·me·di·um *das*；*-s*, *-me·di·en* [-iən]；*mst Pl*（多用复数）；ein Kommunikationsmittel, das Information u. Unterhaltung an viele vermittelt 大众媒介（宣传工具）：*die Massenmedien Fernsehen, Rundfunk u. Presse* 电视、广播和报刊等大众媒介

Mas·sen·mord *der*；der (gleichzeitige) Mord

an mehreren od. vielen Menschen 大屠杀 ‖ *hierzu*(派生) **Mas·sen·mör·der** *der*

Mas·sen·ster·ben *das*; das Sterben vieler Menschen od. Tiere od. das Verschwinden e-r großen Zahl von Pflanzen, Geschäften *o.Ä.* innerhalb kurzer Zeit ≈ Massentod 大量死亡,大批消失: *das M. von Kinos in den siebziger Jahren* 在七十年代电影院大批停业; *das M. der Robben in der Nordsee* 在北海海豹大量死亡

Mas·sen·tier·hal·tung *die*; *nur Sg*(只用单数); das Halten (16) e-r sehr großen Zahl von Tieren (*bes* von Hühnern, Rindern, Schweinen) in e-m einzigen Betrieb, *mst* unter für die Tiere schlechten Bedingungen 大规模饲养,大量饲养

Mas·sen·tod *der* ≈ Massensterben

Mas·sen·ver·nich·tungs·waf·fen *die*; *Pl*(复); moderne (atomare, biologische, chemische) Waffen, mit denen man in kurzer Zeit sehr viele Menschen töten kann 大规模杀伤性武器

mas·sen·wei·se *Adv*(副); *gespr* [口]; in großer Menge od. Zahl 大量地,大批地 ≈ massenhaft: *Tiere m. abschießen* 大量枪杀野生动物

Mas·seur [maˈsøːɐ̯] *der*; *-s*, *-e*; j-d, der beruflich Massagen gibt 按摩师,推拿员 ‖ *hierzu*(派生) **Mas·seu·rin** *die*; *-*, *-nen*

maß·ge·bend *Adj*(形); von großer Bedeutung 有决定意义的,决定性的,权威的 ≈ entscheidend ⟨ein maßgebender Anteil an etw. (*Dat* 三格)在某事上占有很重要的份额; e-e maßgebende Rolle spielen 起决定意义的作用⟩: *Deine Meinung ist hier leider nicht m.* 遗憾,你的意见在这里不起作用

maß·geb·lich *Adj*(形) ≈ maßgebend ⟨m. an etw. (*Dat* 三格) beteiligt sein 参与某事起着决定性的作用⟩

maß·hal·ten, Maß hal·ten; *hält maß/Maß, hielt maß/Maß, hat maßgehalten/Maß gehalten*; [Vi](不及物) **1.** (**bei etw.**) **M.** etw. nur bis zu e-m bestimmten (noch akzeptablen) Maß (4) tun(在…方面)克制,节制,适可而止 ↔ maßlos sein ⟨beim Trinken, Rauchen, Essen, Fernsehen m. 在喝酒、抽烟、膳食、看电视方面要节制⟩: *Wenn er nicht anfängt, beim Whisky maßzuhalten, wird er noch zum Alkoholiker* 要是他不开始节制喝威士忌,他会变成酒鬼的 **2.** (**mit etw.**) **m.** sich etw. so einteilen, dass man es lange hat 不挥霍,节制有分寸,保持适度 ↔ verschwenden, vergeuden ⟨mit seinen Kräften m. 有节制地使用自己的力量⟩

mas·sie·ren; *massierte, hat massiert*; [Vt/i](及物/不及物) (**j-n**) **m.** j-m e-e Massage geben给…按摩(推拿): *Nach dem Sport lässt er sich regelmäßig m.* 运动后他通常要按摩

mas·siert 1. *Partizip Perfekt*(过去分词); ↑ **massieren 2.** *Adj*(形); in großer Zahl u. Dichte 密集的,大量的,密密麻麻的 ↔ vereinzelt: *das massierte Vorkommen von Schädlingen* 害虫大批出现; *In dieser Gegend treten m. Regenwürmer auf* 在这个地区出现大量蚯蚓 **3.** *Adj*(形); besonders stark u. intensiv 坚强的,强烈的,激烈的 ⟨Forderungen, Vorwürfe 要求,指责⟩: *Unsere Mannschaft musste gegen die massierte Abwehr des Gegners hart kämpfen* 我们球队应猛攻对手的坚强防守

mas·sig[1] *Adj*(形); groß u. von kräftiger Erscheinung 强壮的,粗壮的, ↔ zierlich: *der massige Körper e-s Athleten* 体操运动员强壮的身体

mas·sig[2] *Adv*(副); *gespr* [口] ≈ massenhaft: *Schau, hier gibt es m. Erdbeeren* 看,这里有大批草莓

mä·ßig *Adj*(形) **1.** so, dass ein bestimmtes Maß[1](4) bewusst eingehalten wird 适中的,适度的,适量的,适可而止的 ≈ maßvoll ↔ maßlos ⟨m. essen, trinken, rauchen 吃饭、喝酒、抽烟要适度(不要过分)⟩ **2.** auf ein relativ geringes Maß[1](4) beschränkt 低廉的,较低的: *mäßige Einkünfte erzielen* 得到较低的工资; *Die Weinernte war dieses Jahr nur m.* 今年葡萄收成较差 **3.** nicht besonders gut 不很好的,平平的,一般的,平平常常的 ≈ mittelmäßig ⟨e-e Leistung, e-e (Theater) Vorstellung 成绩,演出; ein Zeugnis 成绩单⟩: *Die Vorspeise war gut, die Hauptspeise m.* 餐前小吃很好,主餐一般

-mä·ßig *im Adj, sehr produktiv*(构成形容词,构词强) **1.** der im ersten Wortteil genannten Sache entsprechend 按…,合乎…; ***planmäßig***, ***rechtmäßig***, ***vorschriftsmäßig*** **2.** in Bezug auf die genannte Sache 关系…的,涉及…的; ***bedeutungsmäßig***, ***größenmäßig***, ***mengenmäßig*** **3.** so wie die genannte Person/Sache 像…一样的 ≈ -artig, -haftig; ***bärenmäßig*** ⟨Kräfte 力量⟩, ***lehrbuchmäßig*** ⟨ein Stil 文体⟩ **4.** *gespr*[口]; was die im ersten Wortteil genannte Sache betrifft 与…有关的,关于…方面的; ***kinomäßig***, ***partymäßig***, ***schulmäßig***

mä·ßi·gen; *mäßigte, hat gemäßigt*; [Vt](及物) **1. etw. m.** bewirken, dass etw. weniger intensiv ist als vorher 减弱,控制,按捺,克制 ≈ mildern, zügeln ⟨seinen Zorn, sein Temperament, seine Worte, seine Begierde m. 按捺他的怒火,控制他的感情,减少说话,克制他的欲望.; seinen Ton m. 降低他的声调⟩; [Vr](反身) **2. sich** (**bei/in etw.** (*Dat* 三格)) **m.** etw. weniger oft u. weniger intensiv tun 节制,要适度,自制,减弱 ≈ sich einschränken, sich beherrschen ⟨sich beim Essen, Trinken, Rauchen m. 在吃饭、喝酒、抽烟上要适度⟩ ‖ *hierzu*(派生) **Mä·ßi·gung** *die*; *nur Sg*(只用单数)

mas·siv [maˈsiːf] *Adj*(形) **1.** stabil u. kräftig (gebaut)结实的,坚固的⟨ein Haus, ein Baum, ein Gebäude, ein Tisch 房屋,树,楼,桌子⟩ **2.** nur aus einem Material 纯的,单一的,地道的: *die kleine Statue aus massivem Gold* 纯金的小雕像 ‖ NB(注意): In der Möbelindustrie sagt man(家具工业中的用法): *Dieser Schrank ist massive Kiefer* od. *Dieser Schrank ist*

Kiefer m. 这个衣柜是地道的松木 **3.** nicht hohl 实心的〈e-e Figur, e-e Statue 像,雕像〉**4.** sehr stark u. heftig 凌厉的,猛烈的,强烈的 ≈ nachhaltig〈Vorwürfe, Angriffe, Drohungen, Forderungen 指责,进攻,威胁,要求; j-n m. unterstützen, unter Druck setzen 对某人大力支持、狠命施压〉: *Bevor er nachgab, musste massiver Druck auf ihn ausgeübt werden* 在他让步之前,必须对他狠狠施压 ‖ *zu* (义项) **1.** u. **4. Mas·si·vi·tät** *die*; *nur Sg*(只用单数)

Mas·siv [-f] *das*; *-s, -e*; der gesamte Komplex e-s Gebirges 山脉 ≈ Gebirgsstock: *das M. des Himalaja* 喜马拉雅山脉 ‖ -K: ***Gebirgs-***

maß·los *Adj*(形); über das normale Maß[1](4) weit hinausgehend 无节制的,过分的,极度的 ↔ mäßig, maßvoll〈Zorn, Ärger, Verschwendung 愤怒,生气,挥霍; m. übertrieben 过分夸大; m. enttäuscht sein 极度失望〉: *Sie ärgerte sich m. über seine Arroganz* 对他的傲慢她非常生气

Maß·nah·me *die*; *-, -n*; ***e-e M. (zu, gegen etw.)*** e-e Handlung, die man ausführt, um ein bestimmtes Ziel zu erreichen 步骤,办法,措施 ≈ Schritt (5)〈gezielte, durchgreifende, politische, soziale Maßnahmen treffen, ergreifen, einleiten, durchführen 采取有针对性的、有效的、政治的、社会的措施〉: *Die Regierung leitete Maßnahmen zum Abbau der Arbeitslosigkeit ein* 政府采取措施削减失业 ‖ -K: ***Gegen-***, ***Vergeltungs-***, ***Vorsichts-***

Maß·re·gel *die*; e-e Vorschrift, mit der das Handeln gesteuert werden soll 规则,规章,措施,办法〈dienstliche, strenge Maßregeln treffen, ergreifen 采取负责的、严厉的措施〉

maß·re·geln; *maßregelte, hat gemaßregelt*; [Vt](及物) ***j-n m.*** j-n (*bes* wegen e-r dienstlichen Sache) streng tadeln (u. *mst* bestrafen) 严厉责备,处罚 ≈ zurechtweisen: *Der Offizier wurde für sein Vorgehen offiziell gemaßregelt* 这位军官由于他的(越规)行动而受到正式的严厉处罚 ‖ *hierzu*(派生) **Maß·re·ge·lung** *die*

Maß·stab *der* **1.** das Verhältnis der Größen auf e-r Landkarte od. bei e-m Modell zu den Größen in der Realität 比例〈etw. in verkleinertem, vergrößertem M. darstellen, zeichnen 用缩小的、放大的比例描绘、绘制某物〉: *Das Modell hat den M. eins zu hundert* (*1:100*) 这个模型是 1:100 的比例; *ein Stadtplan im M.* (*von*) *1:50 000* 一份比例为1:50 000 的城市地图 **2.** e-e Norm, nach der j-d/etw. beurteilt wird 准绳,标准,尺度,准则 ≈ Kriterium〈strenge, neue Maßstäbe anlegen, setzen 提出、确定严格的、新的准则(去评判或衡量某事); etw. dient als M. 某事作为(衡量的)尺度〉: *Selbst wenn man hohe Maßstäbe anlegt, war das e-e tolle Leistung* 即使用高标准去衡量,这也是了不起的成绩 **3.** *gespr*[口] ≈ Zollstock, Metermaß ‖ *zu* (义项) **1. maß·stab(s)|ge·recht** *Adj*(形); **maß·stab(s)|ge·treu** *Adj*(形)

maß·voll *Adj*(形); so, dass dabei ein (vernünftiges) Maß[1](4) eingehalten wird 适中的,适度的,有节制的,恰如其分的 ≈ mäßig ↔ maßlos〈m. trinken, essen 喝酒、吃饭有度; maßvollen Gebrauch von etw. machen 有节制地使用某物〉

Mast[1] *der*; *-(e)s, -e/-en* **1.** e-e hohe senkrechte Stange (aus Holz od. Metall) auf e-m Schiff, an der die Segel festgemacht werden 桅杆,船杆〈e-n M. aufrichten, kappen, umlegen 竖起、折断、放倒桅杆〉‖ ↑ *Abb. unter* 图见 ***Segelboot*** ‖ K-(复合): ***Mast-***, ***-spitze*** ‖ -K(复合): ***Not-***, ***Signal-*** **2.** e-e hohe Stange, die *bes* Fahnen, Antennen od. elektrische Leitungen trägt 杆(旗杆,天线杆,电线杆)〈Masten aufstellen 竖电线杆〉‖ K-(复合): ***Mast-***, ***-spitze*** ‖ -K(复合): ***Fahnen-***, ***Laternen-***, ***Hochspannungs-***, ***Leitungs-***, ***Telegrafen-***

Mast[2] *die*; *-, -en*; *mst Sg*(多用单数); das Füttern von Schlachttieren, die fett werden sollen 育肥,喂肥〈die M. von Schweinen, Gänsen 把猪、鹅喂肥〉‖ K-(复合): ***Mast-***, ***-futter***; ***-schwein***, ***-vieh*** ‖ -K(复合): ***Gänse-***, ***Hühner-***, ***Schweine-***

Mast·darm *der*; der letzte Teil des Darms (der am After endet) 直肠; MED【医】Rectum

mäs·ten; *mästete, hat gemästet*; [Vt](及物) **1.** ***ein Tier m.*** e-m Tier viel Futter geben, damit es fett wird, bevor es geschlachtet wird 把(牲口)…育肥、喂肥〈Schweine, Hühner, Gänse, Rinder m. 把猪、鸡、鹅、牛喂肥; gemästete Hühner 喂肥了的(可供屠宰的)鸡〉**2.** ***j-n m.*** *gespr*[口]; j-m zu viel zu essen geben 将(人)…喂得饱饱的,给(人)…填食 ‖ *zu* (义项) **1. Mäs·tung** *die*; *mst Sg*(多用单数)

mas·tur·bie·ren; *masturbierte, hat masturbiert*; [Vt/i](及物/不及物) *geschr*[书]; ***(j-n) m.*** (j-n od.) sich selbst sexuell befriedigen, indem man mit der Hand die Genitalien reizt 手淫 ‖ NB(注意): ↑ ***onanieren*** ‖ *hierzu*(派生) **Mas·tur·ba·ti·on** *die*; *-, -en*; *mst Sg*(多用单数)

Match [mɛtʃ] *das*; *-(e)s, -s/-e* [mɛtʃs/ˈmɛtʃə]; SPORT【体】; ein (sportliches) Spiel zwischen zwei Personen od. Mannschaften 竞赛,比赛〈ein M. machen, austragen 进行,举行比赛; das M. gewinnen, verlieren 比赛获胜、失败〉: *Das M. endete unentschieden* 比赛不分胜负 ‖ -K(复合): ***Tennis-***, ***Fußball-***

Match·ball *der*; (*z. B.* beim Tennis od. Badminton) die Situation im Spiel, in der ein Spieler(paar) nur noch einen Punkt braucht, um das Match zu gewinnen 决胜球

Ma·te·ri·al *das*; *-s, -ien* [-iən] **1.** die Substanz, aus der etw. hergestellt ist od. wird 材料,物料,物质〈hochwertiges, minderwertiges M. 优质的、低劣的材料; kostbare, teure, billige Materialien 昂贵的、贵的、便宜的材料〉: *Bei uns werden nur hochwertige Materialien verarbeitet* 我们这里只加工优质材料; *Plastik ist ein billigeres M. als Leder* 塑料是一种比皮革便宜的材料 ‖ K-(复合): ***Material-***, ***-bedarf***, ***-einsparung***, ***-fehler***, ***-prüfung***, ***-verbrauch***,

-verschleiß ‖ -K(复合): ***Bau-***, ***Druck-***, ***Heiz-***, ***Verpackungs-*** **2.** *nur Sg*(只用单数); Gegenstände, die *bes* für militärische Zwecke verwendet werden(尤指军用)物资,器材: *Die Armee hatte hohe Verluste an Menschen u. M.* 军队在人员和物资上有重大损失 ‖ K-(复合): ***Material-***, ***-schlacht*** ‖ -K: ***Kriegs-*** **3.** *mst Sg*(多用单数); etw. Schriftliches, das *mst* zu e-m bestimmten Zweck gesammelt wird (wie *z.B.* Notizen, Dokumente)材料,资料,素材〈statistisches, biografisches, wissenschaftliches M. zusammentragen, ordnen, sichten 收集、整理、查阅统计、传记、科学资料〉: *Ich habe für meinen Aufsatz noch nicht genügend M. beisammen* 我还没有为我的文章收集够材料; *dem Staatsanwalt entlastendes M. übergeben* 向检察官递交减轻罪责的材料 ‖ K-(复合): ***Material-***, ***-sammlung*** ‖ -K(复合): ***Belastungs-***, ***Entlastungs-***

-ma.te.ri.al *das*; *im Subst*, *begrenzt produktiv*(构成名词,构词有限) **1.** verwendet für alle Dinge, die zu e-m bestimmten Bereich gehören… 材料; ***Beweismaterial***, ***Bildmaterial***, ***Zahlenmaterial*** **2.** verwendet für e-e Gruppe von Menschen, die zur Verfügung stehen …(人才)资源; ***Menschenmaterial***, ***Schülermaterial***, ***Spielermaterial***

Ma.te.ri.al.er.mü.dung *die*; der Zustand, in dem ein Material wegen langer Belastung leicht zerbricht *o.Ä.* 材料疲劳: *Als Ursache für den Flugzeugabsturz wurde M. genannt* 飞机坠落的原因被认为是材料疲劳

Ma.te.ri.a.lis.mus *der*; -; *nur Sg*(只用单数) **1.** e-e Einstellung zum Leben, die sich an materiellen Werten orientiert(注重物质价值的生活态度)实利主义 **2.** PHIL【哲】; die Lehre, nach der das menschliche Bewusstsein von der objektiven Realität (Materie) abhängig ist u. von ihr bestimmt wird 唯物主义,唯物论〈der englische, französische M. 英国的、法国的唯物主义〉: *Nach dem historischen M. von Marx u. Engels wird die Existenz des Menschen von seinen gesellschaftlichen Verhältnissen bestimmt* 根据马克思和恩格斯的历史唯物主义,人的存在是由他的社会关系决定的 ‖ *hierzu*(派生) **ma.te.ri.a.lis.tisch** *Adj*(形); **Ma.te.ri.a.list** *der*; *-en*, *-en*; **Ma.te.ri.a.lis.tin** *die*; -, *-nen*

Ma.te.rie [-iə] *die*; -, *-n* **1.** *nur Sg*(只用单数); etw., das als Masse vorhanden ist (im Gegensatz zu Vakuum u. Energie) 物质〈lebende, tote M. 有生命的、无生命的物质〉: *In der Physik unterscheidet man zwischen fester, flüssiger u. gasförmiger M.* 在物理学中分固体、液体和气体物质 **2.** *mst Sg*(多用单数); ein thematischer Bereich (*z. B.* e-r Diskussion, e-s Fachgebietes, e-r Untersuchung) (指讨论、专业、调查的)内容,范围〈e-e komplizierte, schwierige M. 复杂的、困难的内容; e-e M. beherrschen 掌握专业内容〉: *Ich habe meinen Arbeitsplatz gewechselt u. muss mich mit der neuen M. erst vertraut machen* 我换了工作岗位,我得先熟悉新的专业内容

ma.te.ri.ell *Adj*(形) **1.** *nicht adv*(不作状语); die Dinge betreffend, die j-d zum Leben braucht od. haben möchte 物质上的 ↔ ideell〈materielle Bedürfnisse, Lebensbedingungen, Werte 物质上的需要、生活条件、价值〉: *Viele Menschen denken nur an materielle Dinge wie Geld u. Autos* 很多人只想钱和汽车之类的物质上的事情 **2.** *nicht adv*(不作状语); in Bezug auf den (Geld) Wert e-r Sache 经济上的,物质价值方面的〈ein Schaden 损失〉: *Das Lager ist abgebrannt – verletzt wurde niemand, aber der materielle Verlust geht in die Millionen* 仓库全烧掉了——没有人员受伤,但经济上的损失达几百万 **3.** ≈ finanziell〈in materiellen Schwierigkeiten sein 处于财政困难; m. abgesichert sein 经济上有保障; j-n m. unterstützen 资助某人〉 **4.** *nicht adv*(不作状语); in Bezug auf die Materie (1) 物质的: *Jeder materielle Körper im Universum ist an Raum u. an Zeit gebunden* 在宇宙中的任何物体是受空间和时间制约的 **5.** sehr an materiellen (1) Werten orientiert 注重实利的,追求物质利益的: *Seine Lebenseinstellung ist sehr m.* 他的生活观点是很重实利的

Ma.the (*die*); -; *nur Sg*, *gespr*(只用单数)[口]; *bes* von Schülern verwendet für das Schulfach Mathematik(学生用语)数学课 ‖ K-(复合): ***Mathe-***, ***-arbeit***, ***-buch***, ***-lehrer***, ***-note***, ***-stunde***

Ma.the.ma.tik, **Ma.the.ma.tik**, *bes* Ⓐ *auch* 尤用于[奥],也读 **Ma.the.ma.tik** *die*; -; *nur Sg* (只用单数); die Wissenschaft, die sich mit den Zahlen, Mengen u. dem Berechnen von Formeln beschäftigt 数学〈höhere, elementare, angewandte M. 高等、初等、应用数学; M. studieren 学数学〉: *Algebra u. Geometrie sind Gebiete der M.* 代数和几何是数学的领域 ‖ K-(复合): ***Mathematik-***, ***-lehrer***, ***-studium***, ***-unterricht*** ‖ ID[谚] *mst* 多用 ***Das ist höhere M.*** das ist sehr schwer zu verstehen 这是高等数学(意即:这很难懂) ‖ NB(注意): als Schul- od. Studienfach oft abgekürzt zu *Mathe*(作为大学或中学课程常简写为 *Mathe*) ‖ *hierzu*(派生) **ma.the.ma.tisch** *Adj*(形)

Ma.the.ma.ti.ker *der*; *-s*, -; j-d, der auf e-r Hochschule Mathematik studiert (hat) od. im Beruf mit Mathematik zu tun hat 数学家,数学工作者 ‖ *hierzu*(派生) **Ma.the.ma.ti.ke.rin** *die*; -, *-nen*

Ma.ti.nee *die*; -, *-n* [-ˈneːən]; e-e künstlerische Veranstaltung (*z. B.* ein Film, e-e Theateraufführung), die am Vormittag stattfindet 早场演出,早场放映〈e-e M. veranstalten 举行早场演出; an e-r M. teilnehmen 参加早场演出〉

Mat.jes.he.ring *der*; ein gesalzener Hering 腌鲱鱼

Ma.t.rat.ze *die*; -, *-n* **1.** der Teil e-s Bettes, der mit weichem Material gefüllt ist u. auf dem man liegt 垫子,床垫〈e-e M. klopfen,

Mathematische Zeichen 数学符号

+	und / plus	加	2^3	zwei hoch drei (dritte Potenz von zwei)	2 的三次乘方
−	weniger / minus	减	∞	unendlich	无限
× oder ·	mal / multipliziert mit	乘	$\sqrt{4}$, $\sqrt[2]{4}$	(zweite) Wurzel / Quadratwurzel aus vier	4 的平方根(开方)
:	geteilt durch / dividiert durch	除	$\sqrt[3]{4}$	dritte Wurzel / Kubikwurzel aus vier	4 的 3 次开方
=	(ist) gleich / ist	等于	$\sum$	Summe	和
$\neq$	(ist) ungleich	不等于	$\int$	Integral	积分
>	größer als	大于	%	Prozent	百分比号
<	kleiner als	小于	‰	Promille	千分比号
$\geqslant$	größer gleich	大于等于			
$\leqslant$	kleiner gleich	小于等于			

$a \in A$	a 属于 A	a ist ein Element von A	
Brüche 分数:		$\frac{1}{2}$ (ein halb), $\frac{2}{3}$ (zwei Drittel), $\frac{1}{4}$ (ein Viertel)	
Gleichung 方程式:		$a^2 + b^2 = c^2$ (a Quadrat plus b Quadrat gleich c Quadrat)	
Addition	加法	addieren / zusammenzählen:	$3 + 2 = 5$ (drei und / plus zwei gleich / ist fünf) ↑ Summe 和
Subtraktion	减法	subtrahieren / abziehen:	$3 - 2 = 1$ (drei weniger / minus zwei gleich / ist eins) ↑ Differenz 差
Multiplikation	乘法	multiplizieren / malnehmen:	$3 \cdot 2 = 6$ (drei mal zwei gleich / ist sechs) ↑ Produkt 积
Division	除法	dividieren / teilen:	$6 : 2 = 3$ (sechs durch zwei gleich / ist drei) ↑ Quotient 商
Wurzelgleichung 根式		die Wurzel ziehen:	$\sqrt[2]{9} = 3$ (die (zweite) Wurzel aus neun ist drei)

lüften 把床垫拍打拍打,通风吹吹) ‖ -K(复合): ***Rosshaar-***, ***Schaumstoff-*** **2**. *Kurzw* (略) ↑ ***Luftmatratze***

Mä.t.res.se *die*; -, -*n*; *hist*[历]; die (offizielle) Geliebte e-r hohen Persönlichkeit (*z. B.* e-s Fürsten, e-s Königs)(王公等)情妇

Ma.t.ri.ar.chat *das*; -(*e*)*s*, -*e*; *mst Sg*(多用单数); ein gesellschaftliches System, in dem die Frau im öffentlichen Leben u. in der Familie e-e beherrschende Stellung hat 母权制,母系氏族 ↔ Patriarchat ‖ *hierzu*(派生) **ma.t.ri.ar.cha.lisch** *Adj*(形)

Ma.t.rix *die*; -, *Ma.t.ri.zes/Ma.t.ri.zen*; MATH【数】; e-e Anordnung von Zahlen od. Symbolen in waagrechten u. senkrechten Reihen. Man verwendet sie besonders, um Gleichungen mit mehreren Unbekannten zu lösen 矩阵 ‖ K-(复合): ***Matrizen-***, ***-rechnung***

Ma.t.rix.dru.cker *der*; ein Gerät, das man an e-n Computer anschließt u. das mithilfe von 9 od. 24 Nadeln Zeichen druckt 矩阵式打印机,针式打印机 ≈ Nadeldrucker

Ma.t.ri.ze *die*; -, -*n* **1**. ein Blatt Papier mit e-r Schicht aus Wachs, auf das man schreibt, um damit Kopien machen zu können 蜡纸 **2**. e-e Form[2] (*mst* aus Metall, Wachs od. Pappe), die beim Drucken (zur Herstellung e-r Druckplatte) verwendet wird 字模,纸版模子 **3**. TECH【技】; der Teil e-r (Press)Form[2], der e-m noch ungeformten Rohmaterial seine äußere Kontur gibt 凹模,阴模

Ma.t.ro.ne *die*; -, -*n*; *oft pej* 常用[贬]; e-e ältere, kräftige, würdevolle Frau 年高德劭的女人 ‖ *hierzu*(派生) **mat.ro.nen.haft** *Adj*(形); *oft pej* 常用[贬]

Ma.t.ro.se *der*; -*n*, -*n* **1**. j-d, der beruflich als Seemann auf e-m Schiff arbeitet 海员,水手 〈als M. anheuern 受雇当海员〉 **2**. der unterste Dienstgrad bei der Marine 水兵 ‖ K-(复合)：**Matrosen-**，**-mütze**，**-uniform** ‖ NB(注意)：*der Matrose*；*den*，*dem*，*des Matrosen*

Matsch *der*；*-es*，*-e*；*mst Sg*，*gespr*(多用单数)[口] **1.** e-e Mischung aus Wasser, Schmutz u. Schnee od. Erde 污泥,烂泥,泥泞,泥浆〈in den M. fallen, im M. versinken 跌入、陷入污泥中〉‖ -K(复合)：**Schnee-** **2.** e-e feuchte Masse (aus Früchten) 水果泥 ≈ Brei：*Die Äpfel sind nur noch M.* 苹果成了稀糊的果泥 ‖ *hierzu*(派生) **mat·schig** *Adj*(形)

matt¹，*matter*，*mattest-*；*Adj*(形) **1.** (*mst* körperlich) erschöpft u. schwach 疲倦的,虚弱无力的：*Nach dem Jogging war er m. u. ausgelaugt* 慢跑锻炼后他精疲力尽 **2.** von geringer Intensität 无精打采的,平淡的,无力的,没劲的〈e-e Stimme, ein Lächeln 声音,微笑〉：*Als ihn der Chef tadelte, grinste er nur m.* 当老板批评他的时候,他只是淡淡地冷笑 **3.** ohne Glanz 无光泽的,暗淡的 ↔ glänzend〈e-e Oberfläche, e-e Politur 表层,涂料；Gold, Silber 金子,银子；ein Foto 照片〉：*Seine Augen sehen so m. aus – er scheint krank zu sein* 他的眼睛暗淡无神——他好像病了；*Wie möchten Sie Ihre Fotos – m. od. glänzend?* 您想洗什么样的照片——平光的还是上光的? ‖ K-(复合)：**Matt-**，**-gold** **4.** 〈Glas 玻璃〉so, dass man nicht hindurchsehen kann 不透明的,暗的 ‖ K-(复合)：**Matt-**，**-glas** **5.** so, dass es nur schwach leuchtet od. reflektiert 暗淡的,不泛亮的〈Licht, Farben 光,颜色〉：*In seinen Bildern wechseln matte u. leuchtende Farbtöne ab* 在他画的画面上色调明暗交替 **6.** ohne innere Überzeugung u. daher ohne Wirkung 无说服力的,无力的〈e-e Entschuldigung 道歉；e-e Rede, ein Vortrag 讲话,报告；ein Protest, ein Widerspruch 抗议,异议〉‖ *hierzu*(派生) **Matt·heit** *die*

matt² *Adj*(形)；*nur präd od adv*(只作表语或状语)；(im Schach) besiegt, weil man nicht mehr mit dem König ziehen kann 输棋,将死 ≈ schachmatt〈m. sein 被将死；j-n m. setzen 把某人将死〉：*Nach dem 20 Zug war er m.* 走了20步棋他就输了(被将死了)

Mat·te *die*；*-*，*-n* **1.** e-e Unterlage für den Fußboden, die *mst* aus grobem Material (1) geflochten od. gewebt ist 垫子,席：*e-e M. aus Bast, Schilf, Binsen* 韧皮、芦苇、灯芯草(编织的)垫子 **2.** *Kurzw*(略) ↑ **Fußmatte**：*sich die Schuhe auf der M. abtreten* 在脚垫子上蹭鞋子 **3.** *Kurzw*(略) ↑ **Hängematte** **4.** SPORT【体】；e-e weiche (Fußboden) Unterlage, die *z.B.* beim Turnen zum Schutz der Sportler (od. beim Ringen als Kampffläche) verwendet wird(保护运动员用的)垫子,软垫 **5.** *bes* Ⓒⓗ 尤用于[瑞] ≈ Bergwiese ‖ ID[谚] **auf der M. stehen** *gespr*[口]；(*mst* am Morgen) bereit sein, etw. zu tun(一早就)作好准备干事：*Er steht jeden Morgen um 5 Uhr auf der M.* 他每天早晨5点就起来干事了；**j-n auf die M. legen** *gespr*[口]；j-n besiegen 将某人摔倒(在软垫上),战胜某人

Mat·tig·keit *die*；*-*；*nur Sg*(只用单数)；(*mst* körperliche) Erschöpfung u. Schwäche 疲惫不堪,精疲力尽,虚弱无力

Matt·schei·be *die*；*mst in* 多用于 **vor der M. sitzen** *gespr pej*[口][贬] ≈ fernsehen ‖ ID[谚] **(e-e) M. haben** *gespr*[口]；etw. nicht verstehen, obwohl es oft erklärt wird 头脑迷糊,脑袋糊涂

Ma·tu·ra *die*；*-*；*nur Sg*，Ⓐ Ⓒⓗ (只用单数)[奥][瑞] ≈ Abitur ‖ *hierzu*(派生) **Ma·tu·rant** *der*；*-en*，*-en*；**Ma·tu·ran·tin** *die*；*-*，*-nen*

Mätz·chen *die*；*Pl*(复)；e-e (ungeschickte) Handlung od. Äußerung, durch die j-d *mst* ohne Erfolg versucht, etw. zu erreichen 蠢事,胡闹或胡扯〈M. machen 干蠢事〉：*Diese M. nimmt dir hier keiner ab* 这种蠢事这里没人给你收拾；*Mach bloß keine M.!* 可别干蠢事!

mau *Adj*(形)；*gespr*[口] **1.** **j-d fühlt sich mau** j-d fühlt sich nicht gut(人作主语)感到不舒服 ≈ j-m ist unwohl：*Ich fühle mich ganz mau – ich glaube, ich habe zu viel gegessen* 我感到很不舒服——我想我吃得太多了 **2.** *mst präd*(多作表语) ≈ schlecht (1)：*Der Export geht mau* 出口不景气；*Mit unserer Zukunft als Lehrer sieht es mau aus* 我们当老师的前景看来不妙

Mau·er *die*；*-*，*-n* **1.** etw. aus Steinen od. Beton, das ein Gebiet begrenzt 墙,围墙〈e-e hohe, niedrige M. 高、低墙；e-e M. bauen, errichten, einreißen, niederreißen 砌、建起、拆掉、拆毁一垛墙〉：*Er hat sich um sein Grundstück e-e zwei Meter hohe M. ziehen lassen* 他在自己的地皮周围砌了一垛两米高的围墙 ‖ K-(复合)：**Mauer-**，**-loch**，**-nische** ‖ -K(复合)：**Garten-**，**Haus-**；**Beton-**，**Stein-**，**Ziegel-** **2.** e-e M. (1) als Teil e-s Hauses *o.Ä.* 房墙 ≈ Wand (1)〈dicke Mauern 厚厚的墙〉：*Unsere Altbauwohnung hat solide Mauern – da hören wir von unseren Nachbarn nichts* 我们老屋的墙很厚实——隔壁邻居的事我们什么都听不见 ‖ NB(注意)：Von außen spricht man *mst* von *Mauern*(外墙常用 *Mauern*)：*ein Fahrrad an die M. lehnen* 把自行车靠在墙上；von innen spricht man *mst* von *Wänden*(内墙常用 *Wänden*)：*ein Bild an die Wand hängen* 将一幅画挂在墙(壁)上 **3.** **die / e-e M.** + *Gen*(二格) / **von** + *Dat*(三格) feindliche od. negative Gefühle mehrerer Menschen 隔阂,隔膜,壁垒：*gegen e-e M. von Hass anrennen* 撞上仇恨的壁垒；*die M. des Misstrauens, des Schweigens, der Angst durchbrechen* 冲破不信任、沉默、恐惧的气氛 **4.** SPORT【体】；(beim Fußball od. Handball) mehrere Spieler, die sich bei e-m Freistoß/Freiwurf zwischen das eigene Tor u. den gegnerischen Spieler stellen(防止对方球员进球的)人墙〈e-e M. bilden 组成一道人墙〉 **5.** **die (Berliner) M.** e-e M. (1), die von 1961 bis 1989 den östlichen Teil Berlins vom westlichen trennte 柏林墙 ‖ K-(复合)：**Mauer-**，**-bau**，**-öffnung**

Mau·er·blüm·chen *das*；*-s*，*-*；*gespr pej*[口][贬]；e-e schüchterne, zurückhaltende junge

M

Frau, die von Männern kaum beachtet wird 墙边之花（腼腆、缄默、几乎不受男人注意的年轻女子），孤寂的女子

Mau·er·blüm·chen|da·sein *das*; *mst in* 多用于 ***ein M. fristen*** (zu Unrecht) kaum beachtet werden 过受冷落的生活，无人问津

mau·ern; *mauerte*, *hat gemauert*; Vt/i（及物/不及物）**1.** (***etw.***) ***m.*** etw. mit Steinen u. Mörtel bauen 砌，筑，砌墙，砌砖：*e-e Wand*, *e-e Treppe m.* 砌墙，筑楼梯；Vi（不及物）**2.** SPORT *gespr*【体】[口]；（*bes* beim Fußball）mit vielen Spielern das eigene Tor verteidigen 防守，打防守球 **3.** *gespr* [口]；mit aller Kraft dafür sorgen, dass etw. geheim gehalten wird 设法保守某事的秘密，使某事严格保密

Mau·er·werk *das*; -(*e*)*s*, -*e*; *mst Sg*（多用单数）；das Material（*bes* die Steine u. der Mörtel）, aus dem Mauern gebaut sind 墙（体）〈altes, verfallenes, lockeres M. 旧的、倒塌的、不坚固的墙（体）〉

Maul *das*; -(*e*)*s*, *Mäu·ler* **1.** (bei Tieren) der Teil des Kopfes, mit dem sie die Nahrung aufnehmen（动物的）嘴：*das M. e-s Fisches*, *e-s Pferdes*, *e-s Hundes*, *e-s Löwen* 鱼、马、狗、狮子嘴 ‖ ↑ *Abb. unter* 图见 **Hecht** **2.** *gespr! pej*[粗][贬] ≈ Mund (1) ‖ NB（注意）：Viele der Idiome, die unter *Mund* aufgeführt sind, hört man auch mit *Maul*（许多用 *Mund* 构成的惯用语，也有人用 *Maul*）**3.** *nur Pl*, *gespr*（只用复数）[口]；Kinder (od. andere abhängige Personen), die j-d versorgen muss（要供养的）人，口：*Er muss fünf hungrige Mäuler ernähren* 他得养活五口人吃饭 ‖ ID[谚] ***das M. halten*** *gespr!* [粗] nicht reden 闭嘴：*Halts M.!* 闭上嘴！；***j-m das M. stopfen*** *gespr!* [粗] j-n (mit Gewalt) daran hindern zu reden 堵住某人的嘴（不让讲话）；***sich*** (*Dat* 三格) ***über j-n/etw. das M. zerreißen*** *gespr* [口]；Schlechtes über j-n/etw. erzählen 说某人/某事的坏话（闲话）；***das/sein M. aufreißen*** *gespr! pej*[粗][贬] ≈ angeben；***ein großes M. haben*** *gespr! pej*[粗][贬]；ein Angeber sein 吹牛，说大话，夸口

Maul·af·fen *nur in* 只用于 ***M. feilhalten*** *gespr pej*[口][贬]；neugierig zusehen, ohne etw. zu tun 好奇地瞪眼瞅着（不干事）

mau·len; *maulte*, *hat gemault*; Vi（不及物）(***über etw.*** (*Akk* 四格)) ***m.*** *gespr pej*[口][贬] ≈ schimpfen (1)

Maul·esel *der*; ein Tier, das aus e-m männlichen Pferd u. e-m weiblichen Esel entstanden ist 驴骡

Maul·korb *der* **1.** e-e Art kleiner Korb (aus Riemen), den man Hunden vor das Maul bindet, damit sie nicht beißen können（套在牲口嘴上的）口套，口络，笼嘴 **2.** *mst in* 多用于 ***j-m e-n M. anlegen***, ***verpassen*** j-m verbieten, bestimmte Dinge zu sagen 封上（堵住）…的嘴

Maul·schel·le *die*; -, -*n*; *gespr*[口] ≈ Ohrfeige

Maul·tier *das*; ein Tier, das aus e-m männlichen Esel u. e-m weiblichen Pferd entstanden ist 马骡

Maul- und Klau·en·seu·che *die*; *nur Sg*（只用单数）；e-e ansteckende, sehr gefürchtete Krankheit（*bes* bei Kühen u. Schweinen）, bei der sich am Maul, an den Klauen u. am Euter kleine Blasen bilden 口蹄疫

Maul·wurf *der*; -(*e*)*s*, *Maul·wür·fe*; ein Tier mit e-m kurzen schwarzen Pelz u. kräftigen Vorderbeinen, das Gänge unter der Erde gräbt 鼹鼠 ‖ K-（复合）：***Maulwurfs-***, ***-hügel*** ‖ ID[谚] ***blind wie ein M.*** sehr kurzsichtig 眼光短浅

Mau·rer *der*; -*s*, -; j-d, der beruflich auf e-r Baustelle *bes* die Mauern macht 泥瓦工，砌墙工 ‖ K-（复合）：***Maurer-***, ***-handwerk***, ***-meister***, ***-zunft*** ‖ *hierzu*（派生）**Mau·re·rin** *die*; -, -*nen*

Maus *die*; -, *Mäu·se* **1.** ein kleines (Nage)-Tier mit langem Schwanz 鼠，老鼠，耗子〈e-e weiße, graue M. 白鼠，灰鼠；die M. piepst 老鼠吱吱叫〉：*Die M. ging in die Falle* 老鼠落入陷阱；*Die Katze jagt die M.* 猫捉老鼠；*Die M. knabbert*, *nagt am Käse* 老鼠啃、咬奶酪 ‖ K-（复合）：***Mäuse-***, ***-gift***, ***-jagd***; ***Mause-***, ***-falle***, ***-loch*** ‖ -K（复合）：***Feld-***, ***Spitz-***, ***Wühl-*** **2.** ein kleines technisches Gerät, mit dem man e-n Pfeil auf dem Bildschirm e-s Computers steuern kann 鼠标，鼠标器 ‖ ↑ *Abb. unter* 图见 **Computer** **3.** *gespr*[口]；*bes* von Männern verwendet als Bezeichnung für ein kleines Mädchen od. für e-e junge Frau（对小姑娘或年轻女子的爱称）妞妞，丫头，妮儿，宝贝〈e-e süße M. 惹人喜欢的小丫头〉**4.** *nur Pl*, *gespr*（只用复数）[口] ≈ Geld **5.** ***weiße Mäuse*** *gespr hum* [口][谐]；Polizisten auf Motorrädern, die *mst* hohe Staatsgäste begleiten 骑摩托迎送国宾的警察 **6.** ***e-e graue M.*** *gespr pej* [口][贬]；e-e Frau, die unauffällig u. *mst* nicht sehr attraktiv ist 一位普普通通的（不惹人注意的、不吸引人的）女人 ‖ ID[谚] ***weiße Mäuse sehen*** im Rausch etw. sehen, was nicht da ist（因吸毒而）产生怪诞不经的幻觉（怪象）；***Da beißt die M. keinen Faden ab*** *gespr* [口]；da kann man nichts ändern 事情已无法改变（生米已煮成熟饭）；***Da möchte man Mäuschen sein/spielen*** da würde man gern unbemerkt zuhören u. zusehen 很想窥视（和窃听）

mäus·chen·still *Adj*（形）；*nur präd od adv*, *ohne Steigerung*, *gespr*（只作表语或状语，无变级）[口]；sehr still 悄无声息的，鸦雀无声的：*Als er aufstand*, *um seine Rede zu halten*, *wurde es m. im Saal* 当他站起来作报告时，礼堂里变得鸦雀无声

Mäu·se·mel·ken *das*; *nur in* 只用于 ***etw. ist zum M.*** *gespr*[口]；etw. ist so schlimm, dass man fast verzweifelt（物作主语）糟透了，让人绝望

mau·sen; *mauste*, *hat gemaust*; Vt（及物）***etw. m.*** *gespr*[口] ≈ stehlen, klauen, stiebitzen

Mau·ser *die*; -; *nur Sg*（只用单数）；der jährliche Wechsel der Federn bei Vögeln 脱羽毛，换羽毛〈ein Vogel ist in der M. 一只鸟正

在换毛期中〉

mau·sern; *mauserte*, *hat gemausert*; [Vi] (不及物) **1. ein Tier mausert** ein Tier wechselt die Federn(动物作主语)换羽毛,脱毛〈Vögel, Hühner 鸟,鸡〉: *Die Hühner mausern im Herbst* 鸡秋天换毛; [Vr] (反身) **2. ein Tier mausert sich** ≈ ein Tier mausert (1) **3. sich** (**zu etw.**) **m.** *gespr* [口]; sich zu seinem Vorteil verändern, entwickeln 变好,换样,出脱: *Er hat sich in der letzten Zeit zu e-m sehr fähigen Mitarbeiter gemausert* 最近他变好了,成了一个能干的合作者

mau·se·tot *Adj*(形); *nur präd od adv*, *gespr* (只作表语或状语)[口]≈ tot

mau·sig·ma·chen, sich; *machte sich mausig*, *hat sich mausiggemacht*; [Vr] (反身) *gespr* [口]; sich frech u. respektlos gegenüber j-m verhalten 放肆,无礼貌,不懂规矩

Maus·klick *der*; *-s*, *-s*; INFORM【信息】; das Drücken e-r Taste der Maus (2) 按鼠标〈etw. per M. anwählen, auswählen 通过按鼠标选定,选择〉

Mau·so·le·um *das*; *-s*, *Mau·so·le·en*; ein Bauwerk, das über e-m Grab (*mst* e-r berühmten Person) steht 陵墓

Maus·pad [-pɛt] *das*; *-s*, *-s*; e-e relativ weiche Unterlage (1) für die (Computer)Maus 鼠标垫

Maut *die*; *-*, *-en*; *mst südd* Ⓐ *od hist* 多用于[南德][奥]或[历]; das Geld, das man bezahlen muss, wenn man auf e-r bestimmten Straße, durch e-n Tunnel od. über e-n Pass fährt 养路费〈M. bezahlen 付养路费〉‖ K-(复合): ***Maut-***, ***-gebühr***, ***-stelle***

Max *der*; *mst in* 多用于 ***den großen / starken Max spielen***, ***markieren*** *gespr* [口]; den anderen immer zeigen, wie wichtig man ist 自命不凡,自以为是 ≈ angeben (5)

ma·xi·mal *Adj* **1.** *ohne Steigerung*, *nicht adv* (无变级,不作状语); höchst-, größt-, längst-, stärkst- *usw* 最高的,最大的,最长的,最强的等等 ‖ K-(复合): ***Maximal-***, ***-geschwindigkeit***, ***-gewicht***, ***-preis***, ***-profit*** **2.** *nur adv* (只作状语); verwendet, um die oberste Grenze anzugeben 最大限度的 ≈ höchstens, im äußersten Fall ↔ mindestens: *die m. erlaubte Geschwindigkeit* 最大允许速度; *das m. zulässige Gewicht* 最大许可重量; *Im Lift haben m. 5 Personen Platz* 电梯里最大容量为5个人

Ma·xi·me *die*; *-*, *-n*; e-e Regel, nach der man lebt u. die man kurz (*z. B.* in e-m Satz) zusammenfassen kann 座右铭,生活准则 ≈ Grundsatz

ma·xi·mie·ren; *maximierte*, *hat maximiert*; [Vt] (及物) ***etw.*** **m.** versuchen, so viel wie möglich od. das Beste von etw. zu erreichen 使达到最大(限度),最好(程度),最佳(状态) ≈ optimieren: *den Gewinn*, *die Ernte m.* 设法获得最大利润,获得最好收成 ‖ *hierzu* (派生) **Ma·xi·mie·rung** *die*; *mst Sg* (多用单数)

Ma·xi·mum *das*; *-s*, *Ma·xi·ma*; die größte Anzahl od. Menge von etw. 最大值,最高值,最大量 ≈ Höchstmaß ↔ Minimum: *Das Auto bietet ein M. an Komfort* 这辆汽车提供最佳的设备

Ma·yon·nai·se [majɔˈnɛːzə] *die*; *-*, *-n*; e-e dicke gelbliche Soße aus Eidottern, Öl u. Gewürzen(用蛋黄、油、香料制成的)色拉酱: *den Salat mit M. anmachen* 用色拉酱拌生菜

Mä·zen *der*; *-s*, *-e*; j-d, der e-m Künstler od. Sportler Geld gibt(对艺术家或运动员的)资助者,赞助者 ≈ Sponsor ‖ *hierzu* (派生) **Mä·ze·na·ten·tum** *das*; *nur Sg* (只用单数)

MB INFORM【信息】, *Abk für* 缩写,全称为 Megabyte 百万字节,兆字节 ‖ NB(注意): ↑ ***Mega-***

m. E. *Abk für* 缩写,全称为 meines Erachtens; ↑ ***Erachten***

Me·cha·nik *die*; *-*, *-en* **1.** *mst Sg*, PHYS(多用单数)【物】; die Wissenschaft davon, wie äußere Kräfte auf Körper u. Systeme wirken 力学,机械学〈die Gesetze der M. 力学原理〉: *Die M. untersucht*, *welche Kräfte auf ein Auto einwirken*, *wenn es beschleunigt wird* 力学研究汽车加速时是什么力量对它产生作用 **2.** *nur Sg* (只用单数); die Art u. Weise, wie die verschiedenen Teile e-r Maschine zusammen funktionieren 机械装置;机理,机械作用: *die M. e-r Uhr*, *e-s Apparates* 一只钟的、一台仪器的机理

Me·cha·ni·ker *der*; *-s*, *-*; j-d, der beruflich Maschinen repariert, zusammenbaut u. überprüft 机械师,机械(技)工 ‖ -K(复合): ***Auto-***, ***Kfz-***

me·cha·nisch *Adj*(形) **1.** *mst attr* (多作定语); 〈Vorgänge 过程; Energie, Kräfte 能,力〉 in Bezug auf die Mechanik (1) 机械的,力学的 **2.** 〈ein Verfahren 方法〉 mit e-m Mechanismus 机械传动的 ≈ maschinell **3.** 〈e-e Bewegung 运动; etw. geht m., läuft m. ab 某事自动地进行、运行〉 so, dass man dabei nicht denken muss 机械的,不加思索的,自动的 ≈ automatisch: *Ganz m. sortieren die Frauen die Früchte nach der Größe* 妇女们完全是机械地按大小分拣水果

me·cha·ni·sie·ren; *mechanisierte*, *hat mechanisiert*; [Vt] (及物) ***etw.*** **m.** bei der Produktion die menschliche Arbeit ganz od. teilweise durch Maschinen ersetzen 使机械化 ≈ technisieren 〈e-n Betrieb, die Landwirtschaft m. 使企业,农业机械化〉 ‖ *hierzu* (派生) **Me·cha·ni·sie·rung** *die*; *mst Sg* (多用单数)

Me·cha·nis·mus *der*; *-*, *Me·cha·nis·men* **1.** die verschiedenen Teile e-r technischen Konstruktion, die so zusammenwirken, dass die Maschine funktioniert 机械装置: *Der M. der Uhr muss repariert werden* 钟的机械装置应该修理 **2.** die Art u. Weise, wie die Teile e-s Ganzen zusammen funktionieren 机制,机能,作用机理 ≈ Ablauf 〈ein biologischer, ein psychischer M. 生物的、心理的机制〉 ‖ -K(复合): ***Bewegungs-*** **3.** das Funktionieren e-r Institution, bei der (*mst* durch

M

ständige Wiederholung〉die einzelnen Handlungen immer gleich sind 运行体制: *der M. in der Bürokratie, in e-r Organisation, in e-r Behörde* 在官僚机构中、一个组织中、一个部门中的运行体制 ‖ *zu*（义项）**3. me·cha·nis·tisch** *Adj*（形）

Me·cker·frit·ze *der*; *-s*, *-n*; *gespr pej*［口］［贬］; j-d, der oft meckert 爱发牢骚的人,爱挑肥拣瘦的人 ≈ Meckerer

me·ckern; *meckerte*, *hat gemeckert*; Vi（不及物）**1.**（**über j-n/etw.**）**m.** *gespr pej*［口］［贬］; ≈ schimpfen (1): *Er meckert ständig über das Essen* 他总爱挑剔饭菜不好 **2. ein Tier meckert** *bes* e-e Ziege macht die Laute, die für ihre Art typisch sind（尤指公羊）咩咩叫 ‖ *zu*（义项）**1. Me·cke·rer** *der*; *-s*, *-*; ‖ *zu* **Gemecker** ↑ **Ge-**

Me·cki·fri·sur *die*; e-e Frisur, bei der die Haare sehr kurz sind u. nach oben stehen 平顶头,平头

Me·dail·le [me'daljə] *die*; *-*, *-n*; ein rundes Stück Metall, das j-d für besondere Leistungen (*bes* im Sport) bekommt 奖章,纪念章 ‖ K-(复合): **Medaillen-**, **-gewinner** ‖ -K(复合): **Gold-**, **Silber-**, **Bronze-**; **Rettungs-**, **Tapferkeits-**, **Verdienst-**

Me·dail·lon [meda(l)'jõ:] *das*; *-s*, *-s* **1.** ein kleiner, flacher Gegenstand, der an e-r Kette hängt u. in dem ein Bild od. Andenken ist（装有照片或纪念品的挂在胸前的）小饰物 **2.** e-e relativ kleine, runde od. ovale Scheibe Fleisch od. Fisch 圆的或椭圆形的鱼片、肉片 ‖ -K(复合): **Kalbs-**

Me·di·en *die*; *Pl*（复）*von* ↑ **Medium**

me·di·en·ge·recht *Adj*（形）; so, dass es in e-m bestimmten Medium (1) e-e gute Wirkung erzielt 有大众宣传效果的,符合大众宣传要求的: *Der Text ist in der jetzigen Form nicht m.* 这篇文章现在的形式不符合大众宣传的要求

Me·di·en·land·schaft *die*; *nur Sg*（只用单数）; alle Unternehmen od. Institutionen, die zur Presse, zum Rundfunk u. zum Fernsehen gehören 传媒机构,新闻媒体

me·di·en·wirk·sam *Adj*（形）; so, dass es von den Medien (1) beachtet wird 受媒体重视的,在媒体中起作用的

Me·di·ka·ment *das*; *-(e)s*, *-e*; ein Mittel (*z.B.* Tropfen, Tabletten), das ein Arzt e-m kranken Patienten gibt, damit dieser wieder gesund wird 药物,药剂,药品 ≈ Arznei(mittel)〈ein starkes M. 强效药; ein M. einnehmen 服药; j-m ein M. verschreiben, verabreichen 给某人开药,服药〉‖ K-(复合): **Medikamenten-**, **-dosis**, **-missbrauch**; **medikamenten-**, **-abhängig**

me·di·ka·men·tös *Adj*（形）; mit Medikamenten 用药物的〈e-e Behandlung 治疗; j-n m. behandeln 给某人用药物治疗〉

me·di·ter·ran *Adj*（形）; *ohne Steigerung*, *nicht adv*, *geschr*（无变级,不作状语）［书］; typisch für das Gebiet des Mittelmeers 地中海(区域)的〈das Klima, die Vegetation 气候,植物〉

me·di·tie·ren; *meditierte*, *hat meditiert*; Vi（不及物）**1.**（**über etw.**（*Akk* 四格））**m.** intensiv über etw. nachdenken 苦苦思索,冥思苦想,深思 **2.**（**über etw.**（*Akk* 四格））**m.**（*mst* aus religiösen Gründen）sich stark konzentrieren, um seine Ruhe zu finden 凝思,凝神静思(多出自宗教原因) ‖ *hierzu*（派生）**Me·di·ta·ti·on** *die*; *-*, *-en*; **me·di·ta·tiv** *Adj*（形）

me·di·um ['mi:drəm] *Adj*（形）; *nur präd od adv*, *ohne Steigerung*（只作表语或状语,无变级）;〈ein Filet, ein Steak 里脊,肉排〉so, dass es nicht ganz gar gebraten, sondern innen noch rosa ist 未完全煎透的

Me·di·um *das*; *-s*, *Me·di·en* [-diən] **1.** ein Mittel, mit dem man Informationen weitergeben kann 媒介,传媒,媒体,宣传手段,交际工具 ≈ Kommunikationsmittel: *das M. Sprache* 语言媒介; *Fernsehen u. Rundfunk sind die wichtigsten Medien der heutigen Gesellschaft* 电视和广播是当今社会最重要的宣传手段 ‖ K-(复合): **Medien-**, **-fachmann**, **-forschung**, **-landschaft** ‖ -K(复合): **Massen-** **2.** PHYS【物】; e-e Substanz (*z.B.* Luft od. Wasser), in der ein physikalischer Vorgang abläuft 介质,媒质 **3.** j-d, von dem man glaubt, er könne *z. B.* Kontakte zu toten Personen herstellen 巫师,巫婆,巫神

Me·di·zin *die*; *-*, *-en* **1.** *nur Sg*（只用单数）; die Wissenschaft, die sich damit beschäftigt, wie der Körper des Menschen funktioniert, wie man Krankheiten erkennt u. behandelt 医学〈M. studieren 学医学〉‖ -K(复合): **Sport-**, **Tier-**, **Zahn-** **2.** ≈ Arznei, Medikament〈e-e M. einnehmen 服药; j-m e-e M. verordnen, verschreiben 给某人开药〉**3. e-e bittere M.** *gespr*［口］; e-e negative Erfahrung, aus der man etw. lernt 苦药,教训 ‖ *zu*（义项）**1.** u. **2. me·di·zi·nisch** *Adj*（形）; *nur attr od adv*（只作定语或状语）

Me·di·zin·ball *der*; ein großer u. schwerer Ball, den man *mst* bei gymnastischen Übungen verwendet（体育锻炼用的）实心球

Me·di·zi·ner *der*; *-s*, *-*; *gespr*［口］; j-d, der Medizin studiert (hat) od. der Arzt ist 医科学生或医生 ‖ *hierzu*（派生）**Me·di·zi·ne·rin** *die*; *-*, *-nen* ‖ NB（注意）: keine Berufsbezeichnung!（不是职业名称!）

me·di·zi·nisch-tech·ni·sch- *Adj*（形）; *nur in* 只用于 e-e ***medizinisch-technische Assistentin*** e-e Frau, die nach e-r speziellen Ausbildung *mst* in e-m Labor Untersuchungen macht 医务技术助理(女); *Abk* 缩写 MTA

Me·di·zin·mann *der*; (bei Naturvölkern) ein Mann, von dem man glaubt, er habe magische Kräfte, mit denen er *z. B.* Kranke gesund machen könne（原始民族中的）求神治病的巫医

Meer *das*; *-(e)s*, *-e* **1.** e-e große Menge von salzigem Wasser, die e-n Teil der Erde bedeckt 海,大海〈das weite, glatte, raue, offene M.广阔的、风平浪静的、波涛汹涌的大海，公海；auf das M. hinausfahren 出海；über das M. fahren, ans M. fahren, am M. sein, im M. baden 远涉重洋(漂洋过海)，去海边，在海边，在海里游泳〉: *das Schwarze M.* 黑海 ‖ K-(复合): ***Meer-, -wasser***; ***Meeres-, -biologie, -boden, -bucht, -fisch, -grund, -luft***; ***meer-, -blau*** ‖ -K(复合): ***Binnen-*** ‖ NB(注意): ↑ ***Ozean, See²*** (1) **2. *ein M. von etw.*** e-e sehr große Menge der genannten Sache 大量，大批，…的海洋: *ein M. von Blumen, Fahnen* 花的、彩旗的海洋 ‖ -K(复合): ***Blumen-, Häuser-, Lichter-*** **3.** ≈ Meeresspiegel

Meer·bu·sen *der*; e-e große Bucht im Meer(较大的)海湾

Meer·en·ge *die*; e-e Stelle, an der das Meer sehr schmal ist 海峡: *Die Beringstraße ist e-e M.* 白令海峡是一条海峡

Mee·res·arm *der*; e-e schmale Bucht, die weit ins Festland hineinführt 狭长的海湾

Mee·res·früch·te *die*; *Pl*(复); kleine Meerestiere, *z.B.* Muscheln, Tintenfische, Krebse, die man isst(贝类、墨鱼、虾等可食用的)海产品，海鲜

Mee·res·spie·gel *der*; *nur Sg*(只用单数); die durchschnittliche Höhe des Meeres, die man als Grundlage für die Messung von Höhen auf dem Land benutzt 海平面，海拔: *München liegt 518, Hamburg nur 6 Meter über dem M.* 慕尼黑海拔 518 米，汉堡海拔只 6 米

Meer|jung·frau *die* ≈ Nixe

Meer·kat·ze *die*; e-e Affenart, die in Afrika lebt 非洲长尾猴

Meer·ret·tich *der*; *-s, -e*; e-e Pflanze, deren Wurzeln man als scharfes Gewürz verwendet 辣根 ‖ K-(复合): ***Meerrettich-, -soße***

Meer·salz *das*; Salz, das aus Meerwasser gewonnen wird 海盐

Meer·schaum *der*; *nur Sg*(只用单数); harter weißer od. grauer Ton, aus dem man Tabakspfeifen macht 海泡石 ‖ K-(复合): ***Meerschaum-, -pfeife, -spitze***

Meer·schwein·chen *das*; ein kleines (Nage)-Tier ohne Schwanz, das bei Kindern ein sehr beliebtes Haustier ist u. das man oft zu wissenschaftlichen Versuchen verwendet 豚鼠，天竺鼠

meer·wärts *Adv*(副); in Richtung Meer, aufs Meer hinaus 向海上，朝海上

Mee·ting [ˈmiːtɪŋ] *das*; *-s, -s* **1.** *gespr*［口］≈ Zusammenkunft **2.** e-e Veranstaltung für Sportler aus e-r bestimmten Sportart 小型运动会 ≈ Sportfest ‖ -K(复合): ***Leichtathletik-***

Me·ga- *im Subst, wenig produktiv*(构成名词，构词弱) **1.** *vor Maßeinheiten*; eine Million der genannten Einheit(在计量单位前)百万，兆… ↔ Mikro-; das ***Megabyte***, das ***Megahertz***, das ***Megaohm***, die ***Megatonne***, das ***Megavolt***, das ***Megawatt*** **2.** (verwendet als Steigerung von *Super-*) sehr groß 巨型，大型，超级…; der ***Megahit***, das ***Megakonzert***, der ***Megastar***

Me·ga·fon, Me·ga·phon [-f-] *das*; *-s, -e*; e-e Art Röhre, die an einem Ende weiter wird u. die die Stimme lauter macht, wenn man hineinspricht 麦克风，喇叭，话筒，扩音器

Mehl *das*; *-(e)s*; *nur Sg*(只用单数) **1.** gemahlenes Getreide, aus dem man Brot, Kuchen *usw* herstellt(由粮食磨成的)米粉，面粉 〈weißes, dunkles, grobes M. 白、黑、粗面〉 ‖ K-(复合): ***Mehl-, -brei, -sack, -sieb, -sorte*** ‖ -K(复合): ***Gersten-, Mais-, Roggen-, Soja-, Vollkorn-, Weizen-*** ‖ NB(注意): als Plural wird *Mehlsorten* verwendet (复数用 *Mehlsorten*) **2.** ein Pulver, das entsteht, wenn man Holz sägt od. Knochen mahlt 粉末，屑 ‖ -K(复合): ***Säge-, Holz-, Knochen-***

meh·lig *Adj*(形); *nicht adv*(不作状语) **1.** mit Mehl (1) bedeckt 有面粉的，沾(撒)上面粉的: *Sie hatte mehlige Hände vom Backen* 她因烤点心手上沾有面粉 **2.** 〈Sand, Staub 沙，灰尘〉 so fein wie Mehl 粉末状的 **3.** 〈Obst, Kartoffeln 水果，土豆〉 trocken u. mürbe (u. nicht saftig u. fest) 干瘪的，含水分少的

Mehl·spei·se *die*; e-e Speise aus Mehl (Eiern u. Milch) 面制食品: *Strudel, Nudeln u. Knödel sind Mehlspeisen* 水果面卷、面条和团子都是面制食品

Mehl·tau *der*; e-e Krankheit an Pflanzen, bei der auf den Blättern e-e Art weißer Staub liegt 植物粉霉病

mehr¹ *Indefinitpronomen*(不定代词); **1.** verwendet, um e-e Menge zu bezeichnen, die größer ist als e-e andere (gedachte) Menge 多，较多 ↔ weniger: *Er hätte gern noch m. Freizeit* 他很想再多点儿自由时间; *Möchtest du m. Milch im Kaffee?* 你想在咖啡里多加点奶吗?; *Die Reise hat m. (Geld) gekostet als geplant* 旅行花的钱比预计的多; *Heute waren m. Zuschauer im Stadion als gestern* 今天体育场的观众比昨天多 ‖ K-(复合): ***Mehr-, -einnahmen, -kosten, -verbrauch*** ‖ NB(注意): wie ein Subst. od. ein attributives *Adj.* verwendet (用法同名词或定语形容词) **2.** verwendet als Komparativ zu *viel* (作 *viel* 的比较级): *Bernd verdient als Arzt viel m. als wir* 贝恩德当医生挣的钱比我们多得多 **3. *nicht ˈm. u. nicht ˈweniger*** genau das, was genannt wird, u. nichts anderes 不多不少: *Die Reparatur kostete mich 500 Euro, nicht m. u. nicht weniger* 修理花了我500欧元，不多不少 **4. *etw. schmeckt nach ˈm.*** *gespr*［口］; etw. schmeckt so gut, dass man noch m. davon essen könnte(物作主语)味道好极了，可以再来一点儿

mehr² *Adv*(副) **1.** verwendet mit Verben als Komparativ zu *sehr*(与动词连用，作 *sehr* 的比较级)更，更多，多加: *Du solltest dich m. schonen!* 你应该多保重! *Ich ärgere mich über sein rücksichtsloses Verhalten m. als je zuvor* 对他那随心所欲的行为我比以前任何时候都生气 **2. *m. als*** + *Adj*(形容词) ≈ sehr, äußerst: *Es war m. als dumm von ihm, so viele Schulden zu machen* 他欠那么多债，傻透了 **3. *m.*** + *Subst*(名词) + ***als*** + *Subst*(名词); ***m.*** +

M

Adj（形容词）+ ***als*** + *Adj*（形容词）verwendet, um auszudrücken, dass die genannte Person/Sache eher das eine als das andere ist 与其说…还不如说… ≈ eher ... als ...: *Er ist m. Künstler als Architekt* 他与其说是建筑家,倒不如说是艺术家; *Mehr erschöpft als erholt kamen sie aus dem Urlaub zurück* 他们度假回来,不仅没有休息好,反而更累了 **4.** *m.* drückt zusammen mit e-m verneinenden Ausdruck aus, dass etw., das bisher vorhanden war, nun nicht da ist(与否定词连用)不再有,再没有: *Wir haben nichts m. zu trinken* 我们再没有什么可喝的了; *Seit er e-n neuen Beruf hat, hat er keine Zeit m. für seine Freunde* 自从他有了新工作以来,就再也没有时间给朋友了; *Als ich ankam, war niemand m. da* 当我到达的时候,没有人在了 **5.** ***mehr u. mehr*** so, dass etw. immer stärker od. intensiver wird 愈来愈…,越来越… ≈ immer m.: *Sie wird mir mehr u. mehr sympathisch* 我觉得她越来越讨人喜欢; *Er interessiert sich mehr u. mehr für Musik* 他对音乐越来越感兴趣 **6.** ***m. oder minder / weniger*** wenn man das Ganze betrachtet 或多或少,多少,从总体看 ≈ so gut wie, praktisch: *Die Expedition war m. oder weniger sinnlos* 总的看来,这次探险是无意义的 **7.** ***um so m., als*** ... besonders aus dem genannten Grund 尤其是因为…: *Er freute sich umso m. über das Geschenk, als er davon nichts gewusst hatte* 对这份礼物他很高兴,特别是因为他事先一点不知道

Mehr *das*; *nur in* 只用于 ***ein M.*** (***an etw.*** (*Dat* 三格)) e-e Menge, die größer ist als e-e andere Menge(在…方面)更多,更充足,更丰富: *Dieses Hotel bietet ein M. an Komfort* 这家旅馆提供更加舒适的条件

mehr·ar·mig *Adj*(形); *ohne Steigerung*(无变级); mit mehreren Armen 多枝杈的,多臂的 ⟨ein Leuchter 灯架⟩

mehr·bän·dig *Adj*(形); *ohne Steigerung*(无变级); aus mehr als zwei Bänden bestehend 多卷的,多册的 ⟨ein Lexikon, ein Roman 辞典,小说⟩

Mehr·bett·zim·mer *das*; ein Zimmer in e-m Hotel, Krankenhaus *usw.* in dem mehrere Betten stehen (u. mehr als zwei Personen schlafen) 有多个床位的房间,多人间

mehr·deu·tig *Adj*(形); so, dass man es in mehr als einer Art u. Weise verstehen kann 多义的,可作多种解释的,有歧义的 ↔ eindeutig ⟨e-e Bemerkung 注释⟩: *Der Titel des Romans ist m.* 这部小说的标题有歧义

mehr·di·men·si·o·nal *Adj*(形); *ohne Steigerung*(无变级); mit mehreren Dimensionen 多维的,多面的 ‖ *hierzu*(派生) **Mehr·di·men·si·o·na·li·tät** *die*; -; *nur Sg*(只用单数)

meh·ren; *mehrte*, *hat gemehrt*; [Vt](及物) ***etw. m.*** *veraltend*[渐旧] ≈ vergrößern ↔ verringern ⟨sein Vermögen m. 增加自己的财富; seinen Einfluss m. 扩大自己的影响⟩ ‖ *hierzu*(派生) **Meh·rung** *die*; *mst Sg*(多用单数)

meh·re·r- *Indefinitpronomen*(不定代词); mehr als zwei 几个,多个,若干个: *Sie probierte mehrere Hosen an, bevor sie eine kaufte* 她买裤子之前试穿了好几条; *Ich musste mehrere Stunden warten* 我不得不等了几个小时; *Ich kenne mehrere, die dort arbeiten* 我认识好几个在那工作的人 ‖ NB(注意): **a)** wie ein Subst. od. ein attributives Adj. verwendet (用法同名词或定语形容词); **b)** ↑ *Tabelle unter* 图表见 ***Adjektive***

meh·rer·lei *Indefinitpronomen*(不定代词); mehr als zwei von verschiedener Art 好几种,好几样,若干品种(式样) ≈ allerlei: *Es gab m. Kuchen* 有好几种点心; *Ich hatte m. Gründe für diese Entscheidung* 我曾有好几种原因作此决定; *Ich würde gern m. dazu anmerken* 我愿意对此多说明几点 ‖ NB(注意): wie ein Subst. od. ein attributives Adj. verwendet (用法同名词或定语形容词)

mehr·fach *Adj*(形); *nur attr od adv*, *ohne Steigerung*(只作定语或状语,无变级); mehr als einmal od. zweimal 多次的,一再的,反复的 ≈ mehrmals: *der mehrfache deutsche Meister im Boxen* 德国拳击冠军多次获得者; *Er ist m. vorbestraft* 他有过多次前科; *Ich musste das Auto schon m. reparieren* 我得反复修理这辆汽车

Mehr·fa·mi·li·en|haus *das*; ein Haus mit mehreren getrennten Wohnungen 多户住宅

mehr·far·big *Adj*(形); *ohne Steigerung*(无变级); mit mehr als zwei verschiedenen Farben 多色的,彩色的 ⟨e-e Abbildung, e-e Skizze 插图,草图⟩

Mehr·heit *die*; -, *-en* **1.** der größere Teil e-r Gruppe, die größere Zahl e-r Gruppe (*bes* von Menschen)大多数,多数,大部分 ≈ Mehrzahl ↔ Minderheit ⟨in der M. sein 占多数⟩: *Die M. der Deutschen fährt / fahren mindestens einmal im Jahr in Urlaub* 多数德国人一年至少外出度假一次; *Er besitzt die M. der Aktien* 他拥有大部分股份 ‖ K-(复合): ***Mehrheits-***, ***-aktionär***, ***-beteiligung*** ‖ -K(复合): ***Aktien-*** **2.** ***e-e M.*** (***von etw.***) *mst Sg*, *mst* POL(多用单数)多用【政】; der Unterschied in der Zahl zwischen e-r größeren u. e-r kleineren Gruppe *bes* von Stimmen od. Mandaten(票或议席的)多数⟨die M. haben, bekommen 拥有,取得多数⟩: *Er wurde mit e-r knappen M. von nur zwei Stimmen gewählt* 他只以两票的微弱多数当选; *Sie gewann die Wahl mit e-r M. von 13 zu 12 Stimmen* 她以13:12票的多数赢得选举 ‖ K-(复合): ***Mehrheits-***, ***-beschluss***, ***-prinzip***, ***-verhältnisse*** ‖ -K(复合): ***Dreiviertel-***, ***Stimmen-*** **3.** ***die absolute M.*** mehr als 50% der Stimmen od. Mandate u. deshalb mehr als alle anderen zusammen(票数超过50%的)绝对多数 **4.** ***die einfache / relative M.*** weniger als 50% der Stimmen od. Mandate, aber mehr als jede andere Partei od. Gruppe(票数不到50%,但超过其他党派的)简单/相对多数 ‖ *hierzu*(派生) **mehr·heit·lich** *Adj*(形); *nur attr od adv*(只作定语或状语)

mehr·heits·fä·hig *Adj*（形）；so, dass sich wahrscheinlich die Mehrheit der Stimmen dafür entscheidet 能获得多数票通过的〈ein Beschluss, ein Konzept 决议，草案〉

Mehr·heits|wahl·recht *das*；das Wahlrecht, bei dem derjenige Kandidat gewinnt, der die meisten Stimmen hat 多数选举法（候选人获多数票即当选）

mehr·jäh·rig *Adj*（形）；*nur attr od adv*, *ohne Steigerung*（只作定语或状语，无变级）；mehrere Jahre dauernd od. über mehrere Jahre hinweg 多年的〈mehrjährige Erfahrung in etw. haben 在某方面有多年的经验〉

mehr·ma·lig *Adj*（形）；*nur attr od adv*, *ohne Steigerung*（只作定语或状语，无变级）；mehr, öfter als zweimal 多次的，反复的 ≈ des Öfteren

mehr·mals *Adv*（副）；mehr als zweimal 多次地，反复地：*Ich habe m. bei euch angerufen* 我已多次给你们打过电话

mehr·spra·chig *Adj*（形）；*ohne Steigerung*, *nicht adv*（无变级，不作状语）；in zwei od. mehr als zwei Sprachen 用多种语言编写的，多语种的〈ein Text, ein Glossar 文本，词汇表〉

mehr·spu·rig *Adj*（形）；*ohne Steigerung*（无变级）；mit mehr als einer Fahrspur 多车道的〈e-e Straße 马路〉

mehr·stel·lig *Adj*（形）；*ohne Steigerung*, *nicht adv*（无变级，不作状语）；aus mehreren Ziffern 多位的〈e-e Zahl 数字〉

mehr·stim·mig *Adj*（形）；*ohne Steigerung*（无变级）；mit od. für mehr als zwei (Sing)Stimmen 多声部的〈ein Chor, ein Lied 合唱，歌曲〉 ‖ *hierzu*（派生）**Mehr·stim·mig·keit** *die*；*nur Sg*（只用单数）

mehr·stö·ckig *Adj*（形）；*ohne Steigerung*（无变级）；mit mehr als zwei Stockwerken 多层的

mehr·stu·fig *Adj*（形）；*ohne Steigerung*（无变级）；in mehr als zwei Stufen od. Etappen 多级的〈ein mehrstufiger Vorgang, Prozess 多级程序、过程〉：*Die Produktion läuft m. ab* 生产多级运行

mehr·stün·dig *Adj*（形）；*ohne Steigerung*（无变级）；mehr als zwei Stunden dauernd 延续好几个小时的：*e-e mehrstündige Konferenz, Gerichtsverhandlung* 持续好几个小时的会议、法院审理

mehr·tä·gig *Adj*（形）；*ohne Steigerung*（无变级）；mehr als zwei Tage dauernd 持续几天的，好几天的

mehr·tei·lig *Adj*（形）；*ohne Steigerung*（无变级）；aus mehr als zwei Teilen bestehend 由几个部分组成的，多部的〈ein Kleid, e-e Fernsehserie 服装，电视系列片〉

Mehr·weg- *im Subst*, *wenig produktiv*（构成名词，构词弱）；verwendet, um auszudrücken, dass e-e Verpackung mehrmals gereinigt u. wieder benutzt werden kann 可重复使用的，多次性的 ↔ Wegwerf-, Einweg-；die **Mehrwegflasche**, das **Mehrwegsystem**, die **Mehrwegverpackung**

Mehr·wert|steu·er *die*；*nur Sg*（只用单数）；das Geld, das der Käufer zusätzlich zum Preis für bestimmte Produkte od. Dienstleistungen zahlen muss u. das der Verkäufer an den Staat als Steuer abgeben muss 增值税；*Abk* 缩写 MwSt., MWSt.：*Die Preise sind inklusive M.* 价格中包含增值税 ‖ K-(复合)：**Mehrwertsteuer-, -gesetz**

mehr·wö·chig *Adj*（形）；*ohne Steigerung*（无变级）；mehr als zwei Wochen dauernd（持续）好几周的

Mehr·zahl *die* **1.** ≈ Plural ↔ Einzahl **2.** *nur Sg*（只用单数）≈ Mehrheit：*Die M. der Demonstranten war friedlich* 多数游行示威者是平静的

mehr·zei·lig *Adj*（形）；*ohne Steigerung*（无变级）；mit mehreren Zeilen 有好几行文字的〈e-e Annonce, e-e Anzeige, ein Inserat 广告，启事〉

Mehr·zweck- *im Subst*, *begrenzt produktiv*（构成名词，构词有限）；drückt aus, dass man die genannte Sache für verschiedene Zwecke benutzen kann 多功能的…，多用途的…；die **Mehrzweckhalle**, die **Mehrzweckmöbel**, der **Mehrzweckraum**

mei·den；*mied*, *hat gemieden*；[Vt]（及物）**1.** ***j-n/etw. m.*** mit j-m/etw. keinen Kontakt haben wollen, also *z.B.* j-n nicht sehen od. treffen wollen 避开，躲避，回避 ≈ j-m aus dem Weg gehen：*Seit ihrem Streit meiden sich Peter u. Hans* 彼得和汉斯自从吵架以来就互相回避；*Er mied die Straße, in der er den Unfall hatte* 他避开了自己曾出过事故的那条街 **2.** ***etw. m.*** absichtlich etw. nicht essen od. trinken 忌，忌口，忌讳 ≈ auf etw. verzichten〈e-e Speise, Alkohol m. 忌一种菜，忌酒〉

Mei·le *die*；-, -n；die Einheit, mit der in vielen englischsprachigen Ländern große Entfernungen gemessen werden（英语国家的长度单位）英里：*Eine M. entspricht 1609 Metern* 一英里等于1609米

Mei·len·stein *der*；*geschr*［书］；etw., das für e-e Entwicklung sehr wichtig ist 里程碑：*Seine Erfindung ist ein M. für den technischen Fortschritt* 他的发明是技术进步的里程碑

mei·len·weit *Adj*（形）；*nur attr od adv*, *ohne Steigerung*（只作定语或状语，无变级）≈ sehr weit：*Die Fans fahren oft m., um ihren Star zu sehen* 追星族往往驱车很远去看他们的明星

mein *Possessivpronomen der 1 Person Sg (ich)*（第一人称单数 ich 的物主代词）**1.** wie ein Adj. verwendet, um auszudrücken, dass dem Sprecher etw. gehört od. dass er ein besonderes Verhältnis zu j-m/etw. hat 我的（作形容词用）≈ von mir：*mein Bruder u. meine Schwester* 我的兄弟和我的姐妹；*Ich finde meinen Schlüssel nicht mehr* 我再也找不着我的钥匙了；*Auf meiner letzten Reise lernte ich viele nette Leute kennen* 我在最近一次旅行中结识了许多友好的人；*Mein Bus fährt um 7 Uhr*

M

vor dem Bahnhof ab 我乘坐的公共汽车七点在火车站前发车 **2**. ***meine Damen u. Herren!*** verwendet als Anrede für mehrere Personen (*z.B.* bei e-r Rede)女士们,先生们!

Possessivpronomen 物主代词: ***mein***				
Nominativ 一格				
Sg 单	*m*	mein	junger	Hund
	f	meine	junge	Katze
	n	mein	junges	Pferd
Pl 复		meine	jungen	Tiere
Akkusativ 四格				
Sg 单	*m*	meinen	jungen	Hund
	f	meine	junge	Katze
	n	mein	junges	Pferd
Pl 复		meine	jungen	Tiere
Dativ 三格				
Sg 单	*m*	meinem	jungen	Hund
	f	meiner	jungen	Katze
	n	meinem	jungen	Pferd
Pl 复		meinen	jungen	Tieren
Genitiv 二格				
Sg 单	*m*	meines	jungen	Hundes
	f	meiner	jungen	Katze
	n	meines	jungen	Pferdes
Pl 复		meiner	jungen	Tiere
Die anderen Possessivpronomen (*dein*, *sein usw*) werden nach demselben Muster gebildet (dein, sein 等物主代词按此类模式变化). (↑ auch Tabelle unter 图表也见 ***Possessivpronomen***)				

mei·n- *Possessivpronomen der 1 Person Sg* (*ich*)(第一人称单数 *ich* 的物主代词); wie ein Subst. verwendet, um sich auf e-e (oft bereits erwähnte) Sache/Person zu beziehen, die zu dem Sprecher gehört 我的(作名词用): *Ist das dein Bleistift od. ist das meiner?* 这是你的铅笔还是我的?; *Das rote Auto dort ist mein(e)s* 那边那辆红色小汽车是我的; *Ich glaube, dieser Bleistift ist der meine* 我看这支铅笔是我的(那一支); ‖ NB(注意): Die Formen von *mein-* ohne Artikel werden wie das Adj. des Deklinationstyps B gebildet, die Formen von *mein-* mit Artikel wie das Adj. des Deklinationstyps A (不带冠词的 mein- 按形容词 B 型变格,带冠词的则按形容词 A 型变格); ↑ *Tabelle unter* 图表见 ***Adjektive***. Die Formen der übrigen Personen werden nach demselben Muster gebildet(其他人称的形式按此模式变化)

Mein·eid *der*; e-e Lüge, die man (*mst* in e-r Gerichtsverhandlung) verwendet, obwohl man geschworen hat, die Wahrheit zu sagen 假誓,伪证 ⟨e-n M. leisten, schwören 作伪证,发假誓; j-n wegen Meineides verurteilen 因作伪证而判处某人⟩

mein·ei·dig *Adj*(形); *ohne Steigerung*, *nicht adv*(无变级,不作状语); ⟨ein Zeuge 证人⟩ so, dass er e-n Meineid geschworen hat 作伪证的,发假誓的: *Der Zeuge war m. u. wurde deshalb bestraft* 证人作伪证,因此受到处分

mei·nen; *meinte*, *hat gemeint*; [Vt/i](及物/不及物) **1**. (***etw.***) (***zu etw.***) ***m***. e-e bestimmte Meinung zu etw. haben 认为,(对…)有看法,觉得: *Was meinen Sie dazu?* 您对此有何看法?; „*Kommt er bald?*" – „*Ich meine schon*"“他快来了吗?”——“我看是的”; *Ich meine, dass wir jetzt gehen sollten* 我看我们现在该走了; *Er meinte, im Recht zu sein* 他认为自己有理; *Ich meine, er wird schon noch anrufen* 我看,他还会打电话的 ‖ NB(注意): ↑ Erläuterungen auf Seite 99(说明见 99 页); [Vt](及物) **2**. ***etw. m***. etw. ausdrücken wollen 用意是,说的是,意思是: *Was meinst du mit deiner Anspielung?* 你的影射用意是什么?; *Du verstehst mich falsch, ich meine das ganz anders* 你错误理解我了,我说的完全是另一码事 **3**. ***j-n/etw. m***. sich auf j-d Bestimmten / etw. Bestimmtes beziehen 指的是,冲着: *Er meinte nicht Markus, sondern Bernd, als er grüßte* 他打招呼不是冲着马库斯,而是贝恩德 **4**. (***zu j-m***) ***etw. m***. ≈ zu j-m etw. sagen: „*Besuch mich doch mal wieder!*" *meinte er freundlich zu mir*“再来玩呀!”他友好地对我说 ‖ ID[谚] ***Das will ich 'm.!*** verwendet, um zu betonen, dass man von etw. überzeugt ist 这正是我要说的! 我正是这个意思!; ***Man könnte m.***, ... daraus entsteht der Eindruck, dass... 给人印象…: *Man könnte meinen, du freust dich überhaupt nicht über das Geschenk* 你给人印象是你根本就不喜欢这件礼物; ***Ich meine ja nur*** (***so***) verwendet, um auszudrücken, dass etw. nur ein Vorschlag od. e-e Idee ist, die der andere nicht akzeptieren muss 我只是说说的,我只是随便提个建议或想法; ***Wenn Sie 'm.*** ≈ wenn Sie das unbedingt wollen; ***Er meint, 'Wunder was / wer er ist*** *gespr pej* [口][贬]≈ er glaubt, dass er besser sei als die anderen, obwohl das nicht stimmt; ***Was meinen Sie damit?*** was wollen Sie damit sagen? 您想说什么? 你说的是什么意思?; ***etw. gut / böse m***. e-e gute/böse Absicht bei etw. haben 说某事是好意/恶意; *mst* 多用 ***Das war nicht so gemeint*** es war keine böse Absicht dabei 这不是恶意,不是这个意思; ***Es 'gut mit j-m m***. wollen, dass es j-m gut geht (u. ihm deshalb helfen) 是为了某人好,是想帮某人; ***Es zu 'gut mit etw. m***. zu viel von etw. geben 某物放得太多了: *Sie hat es mit dem Pfeffer zu gut gemeint, das Essen ist viel zu scharf!* 她胡椒粉放得太多了,菜太辣了!

mei·ner *Personalpronomen der 1 Person Sg* (*ich*), *Genitiv*(第一人称单数 ich 的物主代词,二格); ↑ *Tabelle unter* 图表见 ***Personalpronomen***

mei·ner·seits *Adv*(副) **1**. was mich betrifft 至

M

于我嘛，在我这方面，就我而言 ≈ von mir aus: *Ich m. habe nichts dagegen* 我这方面没有什么反对意见 **2. ganz m.** verwendet als Antwort *z.B.* auf die Sätze „Ich freue mich, Sie kennenzulernen!" od. „War nett/Hat mich gefreut, Sie kennengelernt zu haben"（用作对"认识您我很高兴!"的回答）我也很高兴

mei.nes.glei.chen *Pronomen*（代）; *indeklinabel*（词形不变）; Leute wie ich 像我一样的人: *Ich verkehre nur mit m.* 我只与像我一样的人来往

mei.net.we.gen *Adv*（副）**1.** deshalb, weil es gut für mich ist 为了让我高兴，为了我好 ≈ mir zuliebe: *M. braucht ihr nicht auf den Urlaub zu verzichten* 你们不要为了我而放弃度假 **2.** aus e-m Grund, der mich betrifft 为了我（的缘故）: *M. braucht Peter nicht zu kommen* 为了我（的缘故），彼得不用来了 **3.** *gespr*［口］; ich habe nichts dagegen 我不反对，没问题: *„Kann ich morgen dein Auto haben?" – „M.!"* "明天我可以用你的车吗?"——"没问题!"

mei.net.wil.len *Adv*（副）; *veraltend*［渐旧］; *nur in* 只用于 **um m.** ≈ meinetwegen

mei.ni.g-, Mei.ni.g *Possessivpronomen*（物主代词）; *veraltend*［渐旧］; wie ein Subst. verwendet für *der, die, das meine, Meine*（用作名词，替代 *der, die, das meine, Meine*）‖ ↑ **mein-**

Mei.nung *die*; -, -*en* **1. j-s M.（zu etw.）; j-s M.（über j-n/etw.）** das, was j-d über j-n/etw. denkt（对…的）看法，意见，见解，观点 ≈ Auffassung, Ansicht〈e-e bestimmte M. haben 有一定的看法; j-n nach seiner M. fragen 问某人的见解; zu e-r M. kommen 取得一致（意见）; sich e-e M. bilden 形成一种看法; der M. sein, dass... 意见是…; seine M. äußern 发表自己的意见〉: *Wir sind oft derselben M.* 我们常常意见一致; *Bist du auch der M., dass zu viel Geld für die Rüstung ausgegeben wird?* 你也认为军备开销太大了?; *Was/Wie ist ihre M. zum Ausgang der Wahlen?* 他们对选举结果的看法是什么/怎么样? ‖ K-(复合): **Meinungs-, -bildung 2. zu etw. keine M. haben** zu etw. nichts sagen（wollen）, weil man glaubt, dass man nicht genug darüber weiß 对…不（愿）评论（表态）**3. meiner** *usw* **M. nach** so wie ich *usw* die Situation beurteile 按我的看法，我认为，我看: *Meiner M. nach war seine Entscheidung ungerecht* 按我的看法他的决定是不公正的 **4. e-e schlechte, gute/hohe M. von j-m haben** glauben, dass j-d schlecht, gut ist 对…评价不好/好/高 **5. ganz meine M.!** verwendet, um j-m deutlich zu sagen, dass man genauso denkt wie er 与我的意见不谋而合! 我也是这样想的! **6. 'einer M. sein** dieselbe M.（1）wie andere haben 意见一致 **7. die öffentliche M.** das, was die meisten Leute denken 公众的意见 ‖ ID［谚］**j-m（gehörig）die M. sagen** j-m deutlich sagen, was man von ihm od. seinen Aktionen hält（毫不客气地）向某人提出意见 ≈ j-n zurechtweisen; **mit seiner M. nicht hinter dem Berg halten** seine M. ehrlich u. deutlich sagen 不隐讳自己的看法

Mei.nungs.äu.ße.rung *die*; e-e Äußerung, mit der man sagt, was man denkt 发表意见: *das Recht auf freie M.* 自由发表意见（言论自由）的权利

Mei.nungs.aus.tausch *der*; Gespräche od. Diskussionen, bei denen man sich gegenseitig sagt, was man über ein Thema denkt 交换意见〈ein offener M. 公开交换意见〉

mei.nungs.bil.dend *Adj*（形）; *ohne Steigerung, nicht adv*（无变级，不作状语）;〈Zeitschriften 杂志; Maßnahmen 措施〉so, dass sie e-n starken Einfluss auf die Meinung anderer Leute haben 观点导向的

Mei.nungs.for.schung *die*; Untersuchungen darüber, was die Leute über ein Problem od. Thema denken 民意调查 ≈ Demoskopie ‖ K-(复合): **Meinungsforschungs-, -institut** ‖ *hierzu*（派生）**Mei.nungs.for.scher** *der*; **Mei.nungs.for.sche.rin** *die*

Mei.nungs.frei.heit *die*; *nur Sg*（只用单数）; das Recht, frei u. öffentlich zu sagen, welche Meinung man hat 言论自由

Mei.nungs.ma.che *die*; *pej*［贬］; der Versuch, andere in ihren Meinungen（1）zu beeinflussen od. zu manipulieren（*mst* mit Argumenten, die nicht sachlich sind）制造舆论 ≈ Propaganda ‖ *hierzu*（派生）**Mei.nungs.ma.cher** *der*

Mei.nungs.streit *der*; e-e Diskussion, bei der die Beteiligten ganz unterschiedliche Meinungen（1）äußern 意见争论

Mei.nungs.um.fra.ge *die*; die Befragung e-r repräsentativen Gruppe in der Bevölkerung zu e-m bestimmten Thema（um herauszufinden, welche Meinung die Bevölkerung zu bestimmten Fragen hat）民意测验〈e-e M. machen, veranstalten 作、进行民意测验〉

Mei.nungs.ver.schie.den.heit *die*; -, -*en*; *mst Pl*（多用复数）**1. Meinungsverschiedenheiten（über etw.（*Akk* 四格））** unterschiedliche Meinungen zu e-m Thema 意见分歧，众说纷纭 **2.** ein kleiner Streit, der entsteht, wenn es zu e-r Sache verschiedene Meinungen gibt 不同看法的争吵，意见争端〈e-e M. haben 有不同看法的争论; seine Meinungsverschiedenheiten beilegen 调解意见争端〉

Mei.se *die*; -, -*n*; ein kleiner, bunter Singvogel 山雀 ‖ ID［谚］**e-e M. haben** *gespr*［口］≈ verrückt, nicht normal sein: *Du hast wohl e-e M.!* 你疯了! 你神经有毛病!

Mei.ßel *der*; -*s*, -; e-e kurze Stange aus Metall mit e-m scharfen Ende, mit der man（mit e-m Hammer）*bes* Steine spalten od. formen kann 凿子

mei.ßeln; *meißelte, hat gemeißelt*; *Vt/i*（及物/不及物）**(etw.) m.** so mit dem Meißel arbeiten, dass e-e Form entsteht（用凿子）凿

meist *Adv*（副）≈ meistens

meis.t- *Adj*（形）**1.** *Superlativ*（最高级）↑ **viel**; die größte Anzahl, Menge von etw.（数与量上）最多的 ↔ wenigst-: *Sie hat immer das*

M

meiste Glück von allen 她总是大家中最幸运的；*Er verdient am meisten von uns* 他是我们中挣钱最多的 ‖ K-(复合)：***meist-***，***-diskutiert***，***-gebraucht***，***-gefragt***，***-genannt***，***-verkauft*** **2**. *nur attr*，*nicht adv*(只作定语,不作状语)；verwendet, um auszudrücken, dass etw. insgesamt der größte Teil von etw. ist 大部分的,大多数的：*Die meisten Artikel in diesem Geschäft sind sehr teuer* 这个商店的大部分商品很贵

meis·tens *Adv*(副)；in den meisten Fällen, fast immer 大多数情况下,大多,通常,多半：*Er steht m. um 7 Uhr auf* 他通常七点起床

Meis·ter *der*；*-s*，*-* **1**. j-d, der in e-m Handwerk die Qualifikation hat, junge Menschen auszubilden u. selbst ein Geschäft zu führen 师傅 ↔ Lehrling ‖ K-(复合)：***Meister-***，***-prüfung***，***-titel*** ‖ -K(复合)：***Bäcker-***，***Friseur-***，***Metzger-***，***Schneider-***，***Schreiner-*** ‖ NB(注意)：↑ ***Geselle*** **2**. ***seinen M. machen*** die Prüfung machen, durch die man M. (1) wird 参加师傅资格考试,参加满(出)师考试 **3**. j-d, der etw. sehr gut kann 能手,大师,行家,巨匠 ≈ Fachmann, Experte：*Er ist ein M. auf seinem Gebiet* 他是这一领域的行家；*Louis Armstrong war ein M. des Jazz* 路易斯·阿姆斯特朗是一位爵士乐大师 **4**. SPORT【体】；ein Sportler od. e-e Mannschaft, die e-n offiziellen Wettkampf gewonnen haben 冠军：*Er wurde deutscher M. im Marathonlauf* 他是德国马拉松赛跑的冠军 ‖ K-(复合)：***Meister-***，***-titel*** ‖ -K(复合)：***Europa-***，***Junioren-***，***Landes-***，***Welt-*** **5**. ***M. Lampe*** verwendet in Fabeln u. Märchen als Name für den Hasen(寓言、童话中的)兔子 **6**. ***M. Petz*** verwendet in Fabeln u. Märchen als Name für den Bären(寓言、童话中的)熊 ‖ ID[谚] ***j-d hat (in j-m) seinen M. gefunden*** j-d ist auf j-n getroffen, der ihm überlegen ist 某人遇到了强手,发现(某人)更胜自己一筹 ‖ *zu*(义项) **1.-4. Meis·te·rin** *die*；*-*，*-nen*

Meis·ter- *im Subst*，*begrenzt produktiv*(构成名词,构词有限) **1**. verwendet, um Personen zu bezeichnen, die ihre Sache sehr gut beherrschen(有)名…,…能手,高手等 ≈ Spitzen-；der ***Meisterkoch***，der ***Meisterdetektiv***，der ***Meisterdieb***，der ***Meisterschütze*** **2**. verwendet, um auszudrücken, dass e-e Leistung sehr gut ist od. war 杰出…,出色…；der ***Meisterschuss***，die ***Meisterleistung***，das ***Meisterwerk***

Meis·ter·brief *der*；e-e Urkunde, die bestätigt, dass j-d in e-m Handwerk Meister (1) ist 满师证书

meis·ter·haft *Adj*(形)；von e-r Qualität, die weit besser ist als der Durchschnitt 出色的,优异的,杰出的,高超的 ≈ hervorragend ↔ stümperhaft：*Er ist ein meisterhafter Koch* 他是一位出色的厨师；*Sie spielt m. Klavier* 她演奏钢琴很出色 ‖ *hierzu*(派生) **Meis·ter·haf·tig·keit** *die*；*nur Sg*(多用单数)

Meis·ter·hand *die*；*nur in* 只用于 ***von M.*** von e-m echten Meister (3)出自大师之手,出自名家之手：*Das Bild ist von M. gemalt* 这幅画出自名家之手

meis·ter·lich *Adj*(形) ≈ meisterhaft

meis·tern；*meisterte*，*hat gemeistert*；[Vt](及物) ***etw. m.*** ein *mst* schwieriges Problem lösen 克服,战胜 ≈ bewältigen, bezwingen ↔ an etw. scheitern：*Er hat die schwierige Situation sehr gut gemeistert* 他出色地战胜了困难的处境

Meis·ter·schaft *die*；*-*，*-en* **1**. *oft Pl*，SPORT(常用复数)【体】；ein Wettkampf, bei dem die Sportler e-n offiziellen Titel gewinnen können 冠军赛：*Dieses Jahr finden die deutschen Meisterschaften im Schwimmen in Hamburg statt* 今年德国游泳冠军赛在汉堡举行 ‖ -K(复合)：***Box-***，***Fußball-***，***Handball-***，***Leichtathletik-***，***Schwimm-***，***Ski-***，***Junioren-***，***Europa-***，***Welt-*** **2**. e-e Fähigkeit, die weit über dem Durchschnitt liegt 高超的技艺,精湛的技能：*es in e-r Kunst zur M. bringen* 在艺术上达到炉火纯青的地步

Meis·ter·stück *das* **1**. e-e sehr gute Leistung 优秀的成绩,杰作 ≈ Meisterleistung 〈ein M. vollbringen 作出杰出的成就〉 **2**. etw., das j-d macht, damit er den Titel e-s Meisters in e-m Handwerk bekommt 满师之作

Meis·ter·werk *das*；etw., das an Qualität sehr viel besser ist als vergleichbare Objekte 杰作,超群之作：*Die Golden Gate Bridge ist ein M. der Architektur* 金门大桥是建筑学的杰作

Mek·ka *das*；*-s*，*-s*；*mst Sg*(多用单数)；ein Ort, der für Personen mit e-m bestimmten Interesse sehr wichtig ist 麦加(指人们朝圣的地方,向往的胜地)：*Cannes ist ein M. des Films* 戛纳是电影业的麦加

Me·lan·cho·lie[-ko-] *die*；*-*，*-n*；*mst Sg*(多用单数)；ein Zustand, in dem j-d sehr traurig ist 忧伤,忧郁,多愁善感 ≈ Schwermut ↔ Euphorie 〈in M. versinken, verfallen 陷入、沉湎于忧伤之中〉 ‖ *hierzu*(派生) **Me·lan·cho·li·ker** *der*；*-s*，*-*；**Me·lan·cho·li·ke·rin** *die*；*-*，*-nen*；**me·lan·cho·lisch** *Adj*(形)

Me·lan·ge[meˈlãːʒ] *die*；*-*，*-n*；Ⓐ[奥] ein Getränk, das zur Hälfte aus Kaffee u. zur Hälfte aus Milch besteht 牛奶咖啡饮料

Me·las·se *die*；*-*，*-n*；das, was als Rest bleibt, wenn man Zucker herstellt(制糖剩下的)糖浆,糖蜜

Mel·de·amt *das*；*Kurzw*(略)；↑ ***Einwohnermeldeamt***

Mel·de·frist *die*；ein festgelegter Zeitraum, in dem man sich bei j-m (od. irgendwo) melden muss 报到期限

mel·den；*meldete*，*hat gemeldet*；[Vt](及物) **1**. ***etw. m.*** e-e Nachricht (im Fernsehen, im Radio od. in der Zeitung) mitteilen 报道：*Der Korrespondent meldet neue Unruhen aus Südamerika* 记者报道南美发生新动乱 **2**. ***j-n/etw.*** (***j-m/bei j-m***) ***m.*** e-r zuständigen Person od. Institution Informationen über j-n/etw. geben(向…)报告,申报 〈e-n Unfall bei der Polizei m. 向警方报告事故；e-n Schaden bei der Versicherung m.向保险公司申报损失〉**3.** ***j-n zu/für etw. m.*** sagen od. auf andere Weise mitteilen, dass j-d an etw. teilnehmen will 给…报名参加,替…申请参加 ≈ anmelden: *e-n Sportler für e-n Wettkampf m.* 替一位运动员报名参加比赛; [Vr] (反身) **4.** ***sich (bei j-m) m.*** (wieder) Kontakt mit j-m aufnehmen(与…)恢复联系,给…报个信 ≈ von sich hören lassen: *Ich melde mich nach dem Urlaub bei dir* 我度假回来通知你(与你再联系) **5.** ***sich (bei j-m) m.*** ≈ sich bei j-m vorstellen: *Du sollst dich bei der Firma Müller m.* 你应该到米勒公司去求职面谈 **6.** ***sich m.*** *gespr*[口]; e-m anderen mitteilen, dass man etw. Bestimmtes möchte 说一声,告诉一声: *Bitte melden Sie sich, wenn Sie nichts mehr zu trinken haben* 要是您什么都不喝了,请说一声 **7.** ***sich m.*** in der Schule dem Lehrer zeigen, dass man etw. sagen möchte, indem man die Hand hebt 举手要求发言,报告 **8.** ***sich zu/für etw. m.*** sagen, dass man (freiwillig) bei etw. (mit)arbeiten od. mitmachen will 报名(表示要参加) ≈ sich zur Verfügung stellen: *Wer meldet sich freiwillig zum Geschirrspülen?* 谁自愿报名洗餐具? ‖ ID[谚] ***(bei j-m) nichts zu m. haben*** *gespr*[口]; keinen Einfluss mehr haben, wenn e-e bestimmte Person da ist 在某人那里没有发言权(说话不顶事) ≈ nichts zu sagen haben

Mel·de·pflicht *die*; die Pflicht, etw. offiziell bei e-r Behörde zu melden (2) 申报义务: *Für manche Krankheiten besteht M.* 某些疾病必须申报 ‖ *hierzu*(派生) **mel·de·pflich·tig** *Adj*(形)

Mel·de·schluss *der*; ein fester Zeitpunkt, bis zu dem man sich od. andere gemeldet (2,3) haben muss 报名截止期

Mel·dung *die*; -, *-en* **1.** etw., das man im Fernsehen, Radio od. in der Zeitung meldet, mitteilt 报道 ≈ Nachricht 〈e-e amtliche M.官方报道〉: *„Und nun die letzten Meldungen des Tages"* "现在是今日最新报道" ‖ -K(复合): ***Falsch-, Schreckens-, Such-, Vermissten-*** **2.** die Informationen, die man e-r Institution über j-n/etw. gibt 报告,申报〈e-e M. übermitteln, bekommen/erhalten, entgegennehmen, weiterleiten 转交、收到、接受、转呈一份报告; e-e M. geht/trifft (irgendwo) ein 报告(送)到(某处)了; (j-m) M. machen, erstatten(向某人)报告〉: *Der Polizei liegt noch keine M. über den Unfall vor* 警方还没接到这起事故的报告 ‖ -K(复合): ***Feuer-, Fund-, Krank-, Such-, Verlust-, Vermissten-, Vollzugs-; Lage-, Positions-*** **3.** ***e-e M. (für/zu etw.)*** die (oft schriftliche) Erklärung, dass man bei etw. mitmachen will 申请,报名(参加): *seine M. für e-n Wettkampf zurückziehen* 撤回参加竞赛的申请; *Wir bitten um freiwillige Meldungen* 我们请(大家)自由报名 **4.** INFORM, TEL【信息】【电信】; e-e Feststellung od. Frage, die auf dem Bildschirm e-s Computers als Reaktion auf e-n Befehl erscheint, od. die ein Faxgerät ausdruckt 信号 ‖ -K(复合): ***Fehler-*** **5.** *nur Sg*(只用单数); das Melden

me·liert *Adj*(形); *ohne Steigerung*(无变级) **1.** mit Fäden od. Fasern in verschiedenen Farben 混合色编织的,线色混杂的: *Der Pullover ist grau u. grün m.* 这件线衫是灰色和绿色混合编织的 **2.** mit Haaren, die zum Teil grau geworden sind 出现灰白的,斑白的 ≈ angegraut 〈Haare 头发〉 ‖ -K(复合): ***grau meliert***

Me·lis·se *die*; -, *-n*; e-e Pflanze, die nach Zitrone riecht u. aus der man Tee macht(有柠檬香味的、制茶用的)香蜂花,蜜蜂花 ‖ K-(复合): ***Melissen-, -tee*** ‖ -K(复合): ***Zitronen-***

mel·ken; *melkt, melkte, hat gemelkt/veraltend*[渐旧] *milkt, molk, hat gemolken*; [Vt/i] (及物/不及物) **1.** ***(ein Tier) m.*** Milch von e-m weiblichen Tier nehmen 挤奶,挤…的奶〈Kühe, Schafe, Ziegen m.挤牛奶、绵羊奶、山羊奶〉 ‖ K-(复合): ***Melk-, -maschine***; [Vt] (及物) **2.** ***j-n m.*** *gespr*[口]; von j-m immer wieder Geld fordern 向…敲竹杠,勒索 ‖ *zu*(义项) **1. Mel·ker** *der*; *-s*, -

Me·lo·die *die*; -, *-n* [-ˈdiːən] **1.** e-e Folge von musikalischen Tönen, die ein Ganzes bilden 乐曲,曲子〈e-e M. spielen, singen 演奏、歌唱一曲; e-e schöne M. hören 听一首优美的乐曲〉: *Wer hat den Text zu dieser M. geschrieben?* 谁为这支曲子填的词? **2.** *oft Pl*(常用复数); ein Teil aus e-r größeren musikalischen Komposition 曲调,旋律: *Melodien aus dem Musical „West Side Story"* 音乐戏剧片《西部的故事》里的曲调

Me·lo·dik *die*; -; *nur Sg*(只用单数) **1.** die Lehre von der Melodie (1)旋律学 **2.** etw., das für ein Musikstück in der Melodie typisch ist 旋律性

me·lo·disch *Adj*(形) **1.** so, dass der Klang angenehm für den Zuhörer ist 悦耳的,优美动听的〈e-e Stimme 声音; etw. klingt m.某物听起来很优美〉 **2.** in Bezug auf die Melodie (1)旋律的,乐曲的

Me·lo·dra·ma *das* **1.** *mst pej* 多用[贬]; ein Film, ein Theaterstück od. e-e Handlung, bei denen *bes* Emotionen u. traurige Ereignisse übertrieben dargestellt werden 情节片,情节剧,戏剧性冲突: *das M. „Vom Winde verweht"* 情节片《飘》; *Jedes Mal, wenn er verreisen muss, spielt sich bei ihm zu Hause ein M. ab* 每次他要外出旅行时,家里总闹戏剧性矛盾 **2.** LIT, MUS【文学】【音】; gesprochene Dichtung, die von Musik begleitet wird 配乐诗歌朗诵 ‖ *hierzu*(派生) **me·lo·dra·ma·tisch** *Adj*(形)

Me·lo·ne *die*; -, *-n* **1.** e-e große runde Frucht mit sehr saftigem Fleisch 甜瓜 ‖ ↑ *Abb. unter* 图见 ***Obst*** ‖ -K(复合): ***Honig-, Wasser-, Zucker-*** **2.** ein runder schwarzer Hut für Männer(男士戴的)圆顶黑礼帽

Memb·ran *die*; -, *-en*; ↑ ***Membrane***

Memb·ra·ne *die*; -, *-n*; PHYS【物】; e-e sehr dünne Schicht aus Metall, Papier, Gummi od. Haut, die Schwingungen überträgt(金属、纸、橡胶或皮肤)膜,膜片,薄膜 ‖ -K(复合):

M

Lautsprecher-

Mẹm·me *die*；-，-*n*；*veraltend*［渐旧］；j-d，der sehr feige ist 懦夫，胆小鬼 ≈ Feigling ‖ *hierzu*（派生）**mẹm·men·haft** *Adj*（形）

Me·moi·ren ［meˈmoaːrən］ *die*；*nur Pl*（只用复数）；ein Bericht über die Erlebnisse u. Ereignisse seines Lebens，die j-d schreibt，wenn er alt ist 回忆录〈seine M. schreiben，veröffentlichen 写、发表回忆录〉‖ K-（复合）：**Memoiren-**，**-schreiber**

Me·mo·rạn·dum *das*；-*s*，*Me·mo·ran·den*/*Me·mo·ran·da*；*geschr*［书］；e-e kurze Zusammenfassung wichtiger Punkte 备忘录〈ein M. verfassen 写备忘录〉

me·mo·rie·ren；*memorierte*，*hat memoriert*；[*Vt*]（及物）**etw. m.** *geschr*［书］；etw. auswendig lernen 背诵，熟记

Mẹn·ge *die*；-，-*n* **1.** ein bestimmter Teil e-r Sache，die man nicht zählen kann，od. e-e bestimmte Anzahl von Personen/Dingen，die als Einheit angesehen werden 量，数量 ≈ Quantum，Portion：*E-e kleine M. dieses Medikaments genügt* 这种药用少量就够了 **2.** e-e große Anzahl（von Personen/Dingen）大量，大批，大堆，一大群 ≈ viele ↔ wenige：*e-e M. Fehler machen* 犯了一大堆错误；*e-e M. Bücher besitzen* 拥有大批书籍 ‖ NB（注意）：um M. zu verstärken，verwendet man *Unmenge* od. *Riesenmenge*（为增强量的概念，可用 *Unmenge* od. *Riesenmenge*）**3.** e-e große Zahl von Menschen an e-m Ort 人群，人堆〈durch die M. gehen 穿过人群；in der M. verschwinden 消失在人群里；aus der M. treten 走出人群；sich unter die M. mischen 混入人群〉‖ -K（复合）：**Menschen-**，**Volks-**，**Zuschauer-** **4.** MATH【数】；mehrere Dinge，die zusammen als Einheit gesehen werden 集（合）〈e-e endliche，unendliche M. 有限、无限集〉：*die M. der positiven Zahlen* 正数集 ‖ -K（复合）：**Null-**，**Schnitt-**，**Teil-**，**Vereinigungs-** **5.** **e-e/jede M.** *gespr*［口］；sehr viel 很多，大量的，好多 ≈ Masse，Haufen：*e-e M. Geld，jede M. Arbeit haben，noch e-e M. lernen müssen* 有很多钱，有一大堆工作，还得学很多 **6.** **in rauen Mengen** *gespr*［口］；sehr viel 许多许多，多得很：*Er hat Zeit in rauen Mengen* 他有的是时间 **7.** **e-e ganze M.** *gespr*［口］；relativ viel（e）相当多：*e-e ganze M. Geld，Leute* 相当多的钱、人

mẹn·gen；*mengte*，*hat gemengt*；[*Vt*]（及物）**1.** **etw. m.** verschiedene Stoffe（*bes* beim Backen）zusammenbringen u. mischen 混合，拌和，搅和，掺和：*Wasser mit/und Mehl*（*zu e-m Teig*）*m.* 把水和面粉混合（成面团）；[*Vr*]（反身）**2.** **sich unter**〈die Zuschauer，das Volk 观众，人民〉**m.** ≈ sich unter ... mischen **3.** **sich in etw.**（*Akk* 四格）**m.** ≈ sich in etw. einmischen ↔ sich aus etw. heraushalten ‖ ▶ **Gemenge**

Mẹn·gen·leh·re *die*；*nur Sg*，MATH（只用单数）【数】；ein Bereich der Mathematik，in dem man mit abstrakten Mengen（4）anstatt mit einzelnen Zahlen rechnet 集（合）论

Mẹn·gen·ra·batt *der*；ein Rabatt，den man bekommt，wenn man e-e große Menge e-r Ware kauft 批发折扣，大批量购货的折扣〈M. bekommen 因大批量购买得到折扣；j-m M. einräumen，gewähren 因购物多给某人打折〉

Me·nịs·kus *der*；-，*Me·nis·ken*；MED【医】；e-e Scheibe（aus Knorpel）im Knie 半月板〈sich（*Dat* 三格）den M. verletzen 半月板受伤〉‖ K-（复合）：**Meniskus-**，**-operation**，**-riss**，**-verletzung**

Mẹn·sa *die*；-，*Men·sen*；e-e Art Restaurant an e-r Universität，in dem Studenten billig essen können 大学生餐厅、食堂

Mẹnsch[1] *der*；-*en*，-*en* **1.** *nur Sg*（只用单数）；das Lebewesen，das sprechen u. denken kann u. sich dadurch vom Tier unterscheidet（生物）人；BIOL【生】Homo sapiens：*Biologisch gesehen gehört der M. zu den Säugetieren* 从生物学角度看，人属于哺乳动物 ‖ -K（复合）：**Steinzeit-**，**Ur-** **2.** ein Mann，e-e Frau od. ein Kind als Individuum（社会）人 ≈ Person：*Auf der Erde gibt es ungefähr 6 Milliarden Menschen* 地球上大约有 60 亿人；*Er ist ein guter u. ehrlicher M.* 他是一个诚实的好人 ‖ K-（复合）：**Menschen-**，**-ansammlung**，**-auflauf**，**-gewühl**，**-masse**，**-menge** **3.** **kein M.** ≈ niemand：*Ich habe keinem Menschen davon erzählt* 我给谁也没讲起过这一点 ‖ *zu*（义项）**1.** u. **2.** ↑ *NB unter*（注意）见 **Leute** ‖ ID［谚］**sich wie der erste M. benehmen** *gespr hum*［口］［诙］；sehr ungeschickt sein 举止行为笨手笨脚，傻里傻气；**sich wie der letzte M. benehmen** *gespr*［口］；ein schlechtes Benehmen haben，unangenehm auffallen 举止粗野；（ˈ**auch**）**nur ein M. sein** ebenso wie alle anderen Menschen Fehler haben od. Fehler machen 也只是个（有错误或会犯错误的）常人；**von M. zu M.** privat u. voller Vertrauen 私下倾心（交谈）；**ein anderer M. werden** sich vollständig ändern 完全变了个人；**unter Menschen gehen** irgendwohin gehen，wo man（vielen）anderen Leuten begegnet 与人交往；**kein M. mehr sein**；**nur noch ein halber M. sein** *gespr*［口］；sehr erschöpft sein 累得不像人样，半死半活 ‖ NB（注意）：*der Mensch*；*den*，*dem*，*des Menschen* ‖ *zu*（义项）**1.** **mẹn·schen·ähn·lich** *Adj*（形）；**mẹn·schen·ar·tig** *Adj*（形）‖ ↑ **menschenverachtend**

Mẹnsch[2] *Interjektion*（叹）；**M.**（**Meier**）**!** *gespr*［口］；verwendet，um Verärgerung，Freude od. Überraschung auszudrücken（表示生气、高兴或惊讶）啊，哎呀，好，哈，好家伙！：*M.，hör endlich auf damit!* 哎呀，你别说（干）了吧！；*M.（Meier），da hast du aber Glück gehabt!* 好家伙，你可真有运气；*M.，toll!* 哈，真棒！

Mẹnsch är·ge·re dich nicht *das*；-（*s*）；*nur Sg*（只用单数）；ein（Brett）Spiel mit Würfeln u. Figuren（一种用色子和棋子的棋盘游戏，名叫）"不惹你生气"

Mẹn·schen·af·fe *der*；ein relativ großer Affe ohne Schwanz，der Menschen ähnlich sieht 类人猿：*Der Schimpanse ist ein M.* 黑猩猩是类人猿

Mensch

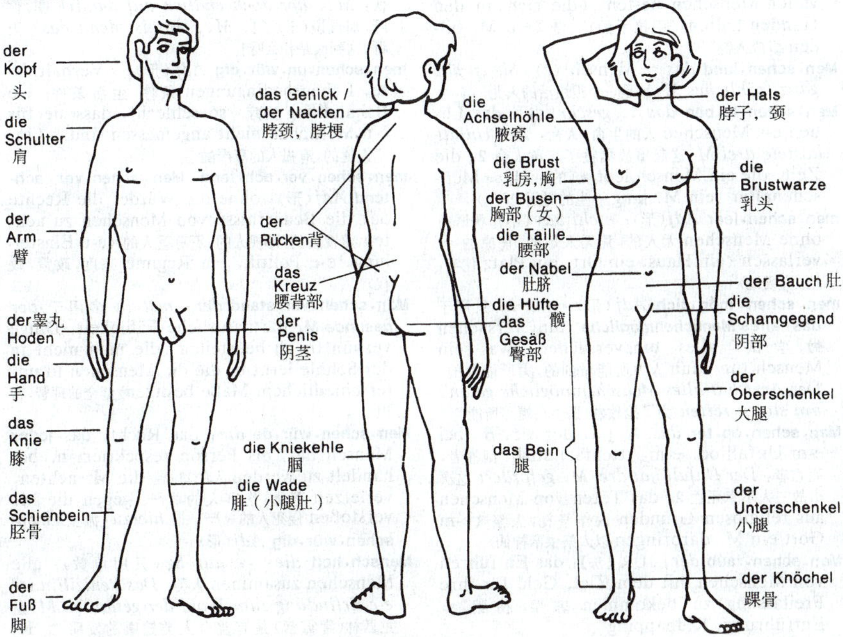

Men·schen·al·ter *das*; die Zeit, die ein Mensch durchschnittlich lebt 人的一生，一世，一代

Men·schen·bild *das*; *geschr*［书］; die Vorstellung, die j-d od. e-e Gruppe von den Menschen hat 人的形象: *das humanistische M.* 人文主义时期人的形象; *das M. im Barock* 巴洛克时期人的形象

men·schen·feind·lich *Adj*（形） **1.** schlecht für die Menschen 凶恶的，残忍的，不人道的 ↔ menschenfreundlich（1）: *menschenfeindliche Häuser aus Beton* 非人居住的水泥楼; *e-e menschenfeindliche Politik* 不人道的政策 **2.** 〈e-e Person 人〉 so, dass sie die Menschen hasst u. keinen Kontakt mit ihnen haben will 对人敌视的，对人抱有敌意的 ↔ menschenfreundlich（2） ‖ *hierzu*（派生） **Men·schen·feind·lich·keit** *die*; *zu*（义项） **2. Men·schen·feind** *der*

Men·schen·fres·ser *der*; *-s, -*; ein Mensch, der das Fleisch von Menschen isst 吃人的人，食人肉者 ≈ Kannibale

men·schen·freund·lich *Adj*（形） **1.** gut für die Menschen 慈善的，仁慈的，人道的 ↔ menschenfeindlich（1） **2.** 〈e-e Person 人〉 so, dass sie die Menschen liebt u. will, dass es ihnen gut geht 和善的，和蔼的，待人友爱的 ↔ menschenfeindlich（2）: *Der König war sehr m.* 国王很和善 ‖ *hierzu*（派生） **Men·schen·freund·lich·keit** *die*; *zu*（义项） **2. Men·schen·freund** *der*

Men·schen·füh·rung *die*; *nur Sg*（只用单数）; die Fähigkeit e-s Chefs, Lehrers od. Offiziers, seine Angestellten, Schüler od. Soldaten so zu behandeln, dass diese gut arbeiten 领导、指挥、组织、管理等方面的才能: *Ein Manager muss über gute M. verfügen* 一位经理必须有良好的管理才能

Men·schen·ge·den·ken *das*; *nur in* 只用于 ***seit M.*** schon sehr lange, schon seit sehr langer Zeit 有史以来，自古以来

Men·schen·ge·schlecht *das*; *nur Sg*, *Kollekt*（只用单数，集合）; die Menschen 人类 ≈ die Menschheit

Men·schen·ge·stalt *die*; *nur in* 只用于 ***in M.*** mit dem Aussehen e-s Menschen 具有人的外形 〈ein Gott, ein Teufel in M. 打扮成人的上帝、魔鬼〉

Men·schen·hand *die*; *nur in* 只用于 ***durch / von M.*** *geschr*［书］; von Menschen gemacht 手工制作的 〈ein Werk von M. 一件手工作品〉

Men·schen·han·del *der*; der Handel mit Menschen（*bes* für die Prostitution）, die wie e-e Ware gekauft u. verkauft werden 人口贩卖 〈M. betreiben 贩卖人口〉 ‖ *hierzu*（派生） **Men·schen·händ·ler** *der*

Men·schen·ken·ner *der*; j-d, der die Fähigkeit hat, den Charakter e-s Menschen schnell u. richtig zu beurteilen 善于鉴识人品者 〈ein guter/schlechter M. sein 一位好的/蹩脚的人品鉴识者〉 ‖ *hierzu*（派生） **Men·schen·ken·ne·rin** *die*; **Men·schen·kennt·nis** *die*; *nur Sg*（只用单数）

Men·schen·ket·te *die*; e-e Reihe, die aus vielen Menschen besteht (die sich an den Händen halten)(手拉手的)人链〈e-e M. bilden 组成人链〉

Men·schen·kind *das* ≈ Mensch[1](2): *Sie ist ein ganz fröhliches M.* 她是一个很快活的人儿

Men·schen·le·ben *das* **1.** *geschr*[书]; das Leben e-s Menschen 人的生命,人命: *Der Unfall kostete drei M.* 这起事故牺牲了三条人命 **2.** die Zeit, die ein Mensch lebt 人(的一)生 ≈ Menschenalter〈ein M. lang 一生的时间,毕生〉

men·schen·leer *Adj*(形); *nicht adv*(不作状语); ohne Menschen 无人的,荒无人烟的,荒凉的 ≈ verlassen〈ein Haus, ein Ort, ein Platz 住宅,地方,场地〉

men·schen·mög·lich *Adj*(形); *mst in* 只用于 ***das/alles Menschenmögliche***〈tun, versuchen 做,尝试〉alles tun/versuchen, was ein Mensch tun kann 人力所能做到的,力所能及的: *Der Arzt hat alles Menschenmögliche getan, um sie zu retten* 为了抢救她,医生已竭尽所能

Men·schen·op·fer *das* **1.** j-d, der (*z. B.* bei e-m Unfall od. e-m Attentat) stirbt 牺牲者,死亡者: *Der Unfall hat drei M. gefordert* 这次事故三人不幸死亡 **2.** das Töten von Menschen aus religiösen Gründen 人作祭礼,人祭〈e-m Gott ein M. darbringen 以人祭供奉神仙〉

Men·schen·raub *der*; JUR【法】; das Entführen von Menschen mit dem Ziel, Geld für ihre Freilassung zu bekommen 绑架,拐骗 ≈ Entführung, Kidnapping

Men·schen·rech·te *die*; *Pl*(复); die grundsätzlichen Rechte des Individuums (*z. B.* auf freie Meinungsäußerung), wie sie in vielen Staaten in der Verfassung enthalten sind 人权〈der Schutz, e-e Verletzung, die Verwirklichung der M. 保护、侵犯、实行人权〉: *Das Recht auf Leben u. persönliche Freiheit, die Versammlungs-, die Presse-, u. die Glaubensfreiheit gehören zu den Menschenrechten* 生活和人身自由权,集会、新闻和信仰自由权属于人权 ‖ K-(复合): ***Menschenrechts-, -abkommen, -kommission, -verletzung***

men·schen·scheu *Adj*(形);〈e-e Person〉so, dass sie (aus Angst od. aus Abneigung) keinen Kontakt mit anderen Menschen haben will 怕交际的,不愿与人交往的≈ kontaktscheu: *Er ist ein menschenscheuer Einzelgänger* 他是一位不愿与人交往的独来独往的人 ‖ *hierzu*(派生) **Men·schen·scheu** *die*; *nur Sg*(只用单数)

Men·schen·schlag *der*; *nur Sg*(只用单数); e-e Gruppe von Personen, die ein Charakteristikum (od. mehrere Charakteristika) gemeinsam haben 人的类型,一类人〈ein fröhlicher M. 乐天派〉

Men·schen·see·le *die*; ***keine M.*** ≈ niemand: *Ich ging auf den Marktplatz – da war keine M. zu sehen* 我去集市广场——那里不见一个人影

Men·schens·kind, Men·schens·kin·der! *Interjektion*(叹); *gespr*[口]; verwendet, um Erstaunen, Freude od. Ärger auszudrücken(表示惊讶、高兴、生气)啊,哎呀,喔唷,嘿,你这家伙,好家伙: *M., hör doch endlich auf damit!* 嘿,你呀,别再说(干)了!; *M., was ist denn das?* 天哪,这到底是什么呀!

men·schen·un·wür·dig *Adj*(形);〈Verhältnisse, Lebensbedingungen 条件,生活条件; e-e Behandlung 治疗〉so schlecht, dass sie für e-n Menschen nicht angemessen sind 非人的,不人道的,有损人的尊严的

men·schen·ver·ach·tend, Men·schen ver·ach·tend *Adj*(形); ohne die Würde, die Rechte od. die Bedürfnisse von Menschen zu achten 蔑视人的,鄙视人的,不尊重人的〈e-e Einstellung, e-e Politik, ein Regime 态度,政策,政权〉

Men·schen·ver·stand *der*; *mst in* 多用于 ***der gesunde M.*** die natürliche Fähigkeit, Dinge vernünftig zu beurteilen (die man nicht in der Schule lernt u. die die Menschen in unterschiedlichem Maße besitzen) 健全的理智,常识

Men·schen·wür·de *die*; das Recht, das jeder Mensch hat, als Person respektiert u. behandelt zu werden 人的尊严〈die M. achten, verletzen 尊重、伤害人的尊严; gegen die M. verstoßen 侵犯人的尊严〉‖ *hierzu*(派生) **men·schen·wür·dig** *Adj*(形)

Mensch·heit *die*; -; *nur Sg*(只用单数); alle Menschen zusammen 人类: *Das Penizillin ist e-e Erfindung zum Wohl der gesamten M.* 盘尼西林(青霉素)是有益全人类健康的发明 ‖ K-(复合): ***Menschheits-, -entwicklung, -geschichte, -ideal, -traum***

mensch·lich *Adj*(形) **1.** in Bezug auf den Menschen 人的,人类的 ↔ tierisch〈die Sprache 语言〉**2.**〈e-e Person 人〉so, dass sie auf andere Menschen Rücksicht nimmt 人道的,通人情的,友善的,通情达理的,有人情味的 ≈ human, menschenfreundlich ↔ unmenschlich〈m. sein, handeln, denken 是友善的,办事、考虑事情通情达理〉: *Der neue Chef ist sehr m.* 这位新领导很友善 **3.** ≈ verständlich, entschuldbar〈e-e menschliche Schwäche 可原谅的缺点; Irren ist m. 误解是可以理解的〉‖ *hierzu*(派生) **Mensch·lich·keit** *die*; *mst Sg*(多用单数) ‖ ▶ ***vermenschlichen***

Mens·t·ru·a·ti·on [-ˈtsioːn] *die*; -, *-en*; die Blutung aus der Gebärmutter, die e-e Frau ca. alle vier Wochen hat, wenn sie nicht schwanger ist 月经,行经期 ≈ die Tage, Monatsblutung, Periode (2): *Sie hat ihre M.* 她来月经了 ‖ K-(复合): ***Menstruations-, -beschwerden*** ‖ *hierzu*(派生) **mens·t·ru·ie·ren** (*hat*) *Vi* (不及物)

men·tal *Adj*(形); *geschr*[书]; in Bezug auf den Verstand, das Denken 精神的,思想的,理智的 ≈ geistig〈Fähigkeiten 能力〉

Men·ta·li·tät *die*; -, *-en*; das, was typisch für das Denken e-r Person od. e-r Gruppe ist 气质,思想情操,心理状态 ≈ Denkweise: *die M. der Leute an der Küste, der Bauern* 沿海人的、农民的气质

Men·thol *das*; *-s*; *nur Sg*(只用单数); e-e Flüssigkeit, die man aus der Pfefferminze gewinnt. M. kommt in bestimmten Medikamenten vor 薄荷油,薄荷醇: *Papiertaschentücher mit M.* 带薄荷香味的纸巾 ‖ K-(复合): ***Menthol-***, ***-salbe***, ***-zigaretten***

Men·tor *der*; *-s*, *Men·to·ren*; *geschr veraltend*[书][渐旧]; j-d, der viel Erfahrung hat u. deshalb anderen hilft u. seinen Rat gibt 良师益友,有经验的辅导人员,指导老师

Me·nü *das*; *-s*, *-s* **1.** ein Essen aus mehreren Gängen (zu e-m festgelegten Preis)(由几道菜组成的)套餐,客饭 〈ein M. zusammenstellen 配一份套餐〉: *Das M. bestand aus drei Gängen: der Suppe, der Hauptspeise u. der Nachspeise* 这份客饭有三道菜:汤,主餐和餐后点心 **2.** INFORM【信息】; e-e Liste mehrerer Programme, Dateien od. Funktionen, aus denen der Benutzer e-s Computers auswählen kann 项目单,(功能)选择单,菜单

Me·nu·ett *das*; *-s*, *-e*/*-s* **1.** *hist*[历]; ein relativ langsamer Tanz im Dreivierteltakt 小步舞曲 **2.** MUS【音】; verwendet als Bezeichnung für e-n Satz in Sonaten od. Sinfonien(奏鸣曲或交响乐中的)乐章

mer·ci [ˈmɛrsi] Ⓒⓗ [瑞] ≈ danke 〈m. vielmals 多谢〉

Me·ri·di·an [-ˈdiaːn] *der*; *-s*, *-e*; GEOG【地】; e-e gedachte Linie auf der Erdoberfläche, die vom Südpol zum Nordpol geht 子午线,经线

mer·kan·til *Adj*(形); *geschr*[书]; in Bezug auf den Handel u. die Wirtschaft 重商的,经商的 ≈ kaufmännisch 〈Interessen 兴趣〉

merk·bar *Adj*(形) ≈ merklich ↔ unmerklich

Merk·blatt *das*; ein kurzer, gedruckter Text mit Erklärungen u. Hinweisen, *mst* zu e-m Formular od. e-r Verordnung 说明书,须知

mer·ken; *merkte*, *hat gemerkt*; [*Vt*](及物) **1.** ***etw. m.*** etw. sehen od. bewusst wahrnehmen u. verstehen 觉察到,看出,发觉: *Er hat sofort gemerkt*, dass *wir ihm helfen wollten* 他马上觉察到我们想帮助他 **2.** ***sich*** (*Dat.* 三格) ***etw. m.*** etw. nicht vergessen 记住 ≈ sich etw. einprägen 〈sich Zahlen, Namen, Daten m. 记住数字、名字、日期; sich etw. nicht m. können 记不住某事〉: *Deine Telefonnummer kann ich mir gut m.* 你的电话号码我能记得很牢; *Merkt euch endlich*, dass *ihr pünktlich sein müsst!* 你们记住要准时来! ‖ ID [谚] *mst* 多用 ***Du merkst aber auch alles!*** *gespr iron* [口][讽]; verwendet, wenn j-d etw. sagt, das andere schon längst wissen u. er erst jetzt verstanden hat 你通晓天下事,这件事你怎么才知道

merk·lich *Adj*(形); deutlich wahrnehmbar 可清楚地感觉到的,明显的,显著的 ≈ merkbar, spürbar 〈Veränderungen, e-e Besserung 改变,好转; m. erholt, erschöpft sein 明显地康复了、累了〉: *Es ist m. kühler geworden* 天气明显转凉了

Merk·mal *das*; *-(e)s*, *-e*; e-e besondere Eigenschaft e-r Person/Sache, mit der man sie leicht von anderen unterscheiden kann 标记,特征,标志 ≈ Kennzeichen, Charakteristikum 〈keine besonderen Merkmale haben, aufweisen 没有、不具有特殊标志; ein charakteristisches, typisches, wesentliches M. 一个独特的、典型的、根本的标志〉 ‖ -K(复合): ***Geschlechts-***, ***Haupt-***, ***Unterscheidungs-***

Mer·kur *der*; *-*; *nur Sg*(只用单数); der Planet, der der Sonne am nächsten ist 水星

merk·wür·dig *Adj*(形); anders als das Normale u. so, dass es Aufmerksamkeit od. Misstrauen weckt 奇特的,奇怪的,引人注意的,可疑的,异常的 ≈ seltsam, eigenartig: *Heute Morgen sind die Straßen so m. ruhig* 今天早晨大街上异乎寻常地安静 ‖ *hierzu* (派生) **merk·wür·di·ger·wei·se** *Adv*(副); **Merk·wür·dig·keit** *die*; *mst Sg*(多用单数)

me·schug·ge *Adj*(形); *mst präd*, *gespr*(多作表语)[口] ≈ verrückt

Mes·mer *der*; *-s*, *-*; Ⓒⓗ [瑞] ≈ Messner

Mes·ner, **Mes·ner** *der*; ↑ ***Messner***

Mes·sage [ˈmɛsɪdʒ] *die*; *-*, *-s*; *mst Sg*, *gespr*(多用单数)[口]; (*bes* von Jugendlichen verwendet) das, was ein Künstler, ein Sänger *usw* mit seinem Werk ausdrücken will(青年人用语)含意,寓意,内涵 ≈ Aussage (3)

mess·bar *Adj*(形); so, dass man es messen kann 可测量的 〈ein Unterschied 差异〉

Mess·be·cher *der*; ein Becher, in den e-e bestimmte Menge von etw. passt 量杯: *Geben Sie zwei Messbecher Waschpulver in die Waschmaschine* 您给洗衣机里放上两杯洗衣粉

Mess·die·ner *der*; KATH【天主】≈ Ministrant ‖ *hierzu* (派生) **Mess·die·ne·rin** *die*

Mes·se[1] *die*; *-*, *-n* **1.** KATH【天主】≈ Gottesdienst 〈zur M. gehen, die M. halten 去参加、做弥撒〉 ‖ K-(复合): ***Mess-***, ***-wein*** ‖ -K(复合): ***Früh-***, ***Spät-***, ***Vorabend-*** **2.** ein relativ langes Musikstück, das einzelne Teile der M.[1] (1) musikalisch darstellt 弥撒曲: *die Messe in h-Moll von Bach* 巴赫的 *h* 小调弥撒曲 **3.** ***e-e schwarze M.*** e-e religiöse Feier, bei der der Teufel verehrt wird 奉祀鬼神的宗教仪式

Mes·se[2] *die*; *-*, *-n*; e-e Ausstellung, auf der neue Artikel vorgestellt werden 博览会,商品交易会 ‖ K-: ***Messe-***, ***-ausweis***, ***-besucher***, ***-gelände***, ***-halle***, ***-platz***, ***-stand*** ‖ -K(复合): ***Buch-***, ***Computer-***, ***Handwerks-***, ***Tourismus-***

Mes·se[3] *die*; *-*, *-n*; der Raum auf e-m Schiff, in dem man isst(船上的)餐厅 ‖ -K(复合): ***Offiziers-***

mes·sen; *misst*, *maß*, *hat gemessen*; [*Vt*](及物) **1.** ***etw. m.*** die Größe od. Menge von etw. feststellen 测量,量: *Ich muss erst m.*, wie *hoch u. wie breit das Fenster ist* 我得先量一量窗户多高多宽; *Der Arzt misst die Temperatur des Patienten* 医生给病人量体温 ‖ K-(复合): ***Mess-***, ***-apparat***, ***-ergebnis***, ***-fehler***, ***-gerät***, ***-instrument***, ***-wert*** **2.** ***j-n/etw. an j-m/etw. m.*** e-e Person/Sache beurteilen,

M

indem man sie mit j-d/etw. anderem vergleicht 把…与…相比较，以…衡量、估量：*Du solltest deinen Sohn nicht immer an deiner Tochter m*. 你不该总以自己的女儿去衡量儿子；[Vi]（不及物）**3. etw. m.** e-e bestimmte Größe, Länge, Höhe *o. Ä.* haben 经测定为（物体的大小、长度、高度等）：*Das Zimmer misst 15 m²* 这间屋子经测定为 15 平方米；[Vr]（反身）**4. sich mit j-m m.** durch e-n Wettkampf od. Vergleich feststellen, wer besser ist 与…较量，比试：*sich mit j-m im Radfahren, Kopfrechnen m*. 与某人较量骑自行车、心算的本领 **5. sich mit j-m nicht m. können** auf e-m Gebiet deutlich schlechtere Leistungen bringen als ein anderer 不能与…相比，比不上某人 ≈ j-m nicht gewachsen sein ‖ ▶ **Maß¹**

Mes·se·neu·heit *die*; ein neues Produkt, das auf e-r Messe² vorgestellt wird 博览会上展出的新产品

Mes·ser *das*; *-s*, *-*; ein scharfer, flacher Gegenstand *mst* aus Metall (mit e-m Griff), den man zum Schneiden od. als Waffe zum Stechen benutzt 刀〈ein scharfes, stumpfes, spitzes M. 锋利的、钝的、尖的刀；mit M. u. Gabel essen 用刀叉吃饭；etw. mit dem M. abschneiden, (zer)schneiden, zerkleinern 用刀把某物切开、切碎、切小〉：*Ein M. besteht aus Klinge u. Griff* 刀是由刀片和刀把组成；*Die scharfe Seite des Messers heißt Schneide, die stumpfe Messerrücken* 刀锋利的一面叫刀口，钝的一面是刀背 ‖ K-（复合）：**Messer-**, **-griff**, **-klinge**, **-schneide**, **-schnitt**, **-stich** ‖ -K（复合）：**Brot-**, **Küchen-** ‖ ID［谚］**j-n unter dem M. haben** *gespr*［口］≈ j-n operieren; **j-m das M. an die Kehle setzen** *gespr*［口］；j-n (durch Drohungen) zwingen, etw. zu tun 把刀搁在某人的脖子上，胁迫某人；**j-m geht das M. in der Hose / Tasche auf** *gespr!*［粗］j-d wird sehr wütend 某人火冒三丈，勃然大怒；**(j-m) ins offene M. laufen** *gespr*［口］；genau das tun, was ein anderer gehofft od. geplant hat, u. sich somit in e-e unangenehme Situation bringen 朝（某人）刀口上撞（自寻倒霉）；**etw. steht auf des Messers Schneide** etw. ist in e-m Zustand, in dem man (noch) nicht weiß, ob das Ergebnis positiv od. negativ sein wird 某事正悬在刀口上，危在旦夕，岌岌可危，千钧一发：*Das Leben des Patienten stand lange auf des Messers Schneide* 病人一直命若悬丝；**j-n ans M. liefern** *gespr*［口］；j-n in e-e unangenehme Situation bringen, indem man ihn verrät 将某人出卖，推人火坑

Mes·ser·rü·cken *der*; die Seite an der Klinge e-s Messers, mit der man nicht schneidet 刀背 ↔ Schneide

mes·ser·scharf *Adj*（形）; *ohne Steigerung*（无变级）**1.** so scharf wie ein Messer 像刀一样锋利的 **2.**〈j-s Verstand 某人的理解力；m. kombinieren 敏锐地联想〉sehr schnell u. präzise 敏锐的，尖锐的

Mes·ser·spit·ze *die* **1.** die Spitze e-s Messers 刀尖 **2.** so viel, wie auf die Spitze e-s Messers passt 一点儿 ≈ Prise：*e-e M. Salz* 一点儿盐

Mes·ser·ste·cher *der*; *-s*, *-*; *pej*［贬］；j-d, der in e-m Streit e-n anderen mit e-m Messer verletzt 持刀捅人者 ‖ *hierzu*（派生）**Mes·ser·ste·che·rin** *die*; *-*, *-nen*

Mes·se·stadt *die*; e-e Stadt, in der oft Messen² stattfinden 经常举办博览会的城市

Mess·grö·ße *die*; e-e Einheit, in der man etw. misst (1) 测量值

Mes·si·as *der*; *-*; *nur Sg*, REL（只用单数）【宗】**1.** von Christen als Bezeichnung für Jesus Christus verwendet（基督教信奉的耶稣即）弥赛亚 **2.** der Erlöser, der in der Bibel angekündigt wurde u. der nach dem jüdischen Glauben noch kommen wird 救世主

Mes·sing *das*; *-s*; *nur Sg*（只用单数）; ein Metall, das aus Kupfer u. Zink besteht 黄铜：*ein Türschild aus M.* 一块黄铜制作的门牌 ‖ K-（复合）：**Messing-**, **-beschlag**, **-bett**, **-gießerei**, **-griff**, **-guss**, **-leuchter**, **-schild**

Mess·lat·te *die*; ein langer Stab aus Holz od. Metall, mit dem man etw. messen (1) kann 测量标杆

Mess·ner *der*; *-s*, *-*; *südd* Ⓐ［南德］［奥］≈ Kirchendiener

Mes·sung *die*; *-*, *-en* **1.** das Messen (1) 测量〈Messungen vornehmen 进行测量〉**2.** der Wert, den man beim Messen (1) feststellt 测量值

Met *der*; *-(e)s*; *nur Sg*（只用单数）; ein alkoholisches Getränk, das aus Honig gemacht wird 蜂蜜酒 ≈ Honigwein

Me·tall *das*; *-s*, *-e*; e-e *mst* harte, glänzende Substanz (wie Eisen, Gold u. Silber), die Wärme u. Elektrizität gut leitet u. die man (in heißem Zustand) durch Walzen od. Pressen formen kann 金属〈ein weiches, hartes M. 软性、硬性金属；Metalle bearbeiten, gießen, härten, legieren, schweißen 对金属进行加工、浇铸、淬火、熔炼（合金）、焊接〉‖ K-（复合）：**Metall-**, **-bearbeitung**, **-guss**, **-industrie**, **-legierung**, **-platte**, **-überzug**, **-verarbeitung** ‖ -K（复合）：**Edel-**, **Leicht-**, **Schwer-**

Me·tall·ar·bei·ter *der*; ein Arbeiter in der Metallindustrie 冶金工人 ≈ Metaller ‖ *hierzu*（派生）**Me·tall·ar·bei·te·rin** *die*

me·tal·len *Adj*（形）**1.** *nur attr, nicht adv*（只作定语，不作状语）；aus Metall 金属的：*ein metallener Topf* 金属罐 **2.** ≈ metallisch (2)

Me·tal·ler *der*; *-s*, *-*; *gespr*［口］≈ Metallarbeiter：*Die M. streiken* 冶金工人罢工

me·tall·hal·tig *Adj*（形）; *nicht adv*（不作状语）；mit Metall 含金属的〈ein Gestein 岩石〉

me·tal·lic *Adj*（形）; *indeklinabel*（词形不变）；(von Lack od. Farbe) so, dass sie wie Metall glänzen 色泽像金属的，有金属般光泽的：*Das Auto gibt es in m. rot od. in m. grün* 汽车有金属红的或金属绿的

me·tal·lisch *Adj*（形）**1.** aus Metall 金属的〈Rohstoffe, ein Stromleiter, ein Überzug 原料，导体，镀层〉**2.** in irgendeiner Eigenschaft e-m Metall ähnlich 像金属的，具有某种金属特征的〈ein Glanz, e-e Stimme, ein Klang 光泽，声音，声响；etw. glänzt, klingt, schimmert m. 某物像金属一样发光、叮当作响、闪亮〉: *ein Mineral von metallischer Härte* 有金属硬度的矿物

Me·tal·lur·gie *die*; -; *nur Sg*（只用单数）; die Wissenschaft von den Methoden, die beim Gewinnen u. Verarbeiten von Metallen angewendet werden 冶金学

Me·ta·mor·pho·se [-f-] *die*; -, *-n*; *geschr*［书］; die Verwandlung in e-e andere Gestalt od. in e-n anderen Zustand 变态，变质，变形，嬗变，蜕变: *Durch e-e M. entwickelt sich aus e-r Raupe ein Schmetterling* 蝴蝶是由幼虫蜕变而成

Me·ta·pher [meˈtafɐ] *die*; -, *-n*; LING【语】; ein bildlicher Ausdruck, mit dem man e-n indirekten Vergleich herstellt 隐喻，比喻: *„Die zarte Knospe ihrer jungen Liebe" ist e-e M.* "她那初恋的娇嫩的蓓蕾"是一个比喻 ‖ *hierzu*（派生）**Me·ta·pho·rik** *die*; -; *nur Sg*（只用单数）; **me·ta·pho·risch** *Adj*（形）

Me·ta·phy·sik *die*; -, *-en*; *mst Sg*（多用单数）; e-e Disziplin der Philosophie, in der man über die Voraussetzungen des Lebens u. über die Grundlagen der Welt nachdenkt 形而上学，玄学 ‖ *hierzu*（派生）**Me·ta·phy·si·ker** *der*; **me·ta·phy·sisch** *Adj*（形）

Me·ta·sta·se *die*; -, *-n*; MED【医】; ein Tumor, der sich aus e-m anderen Tumor gebildet hat u. an e-r anderen Körperstelle erscheint 肿瘤转移 ≈ Tochtergeschwulst

Me·te·or [meteˈoːɐ] *der*; *-s*, *-e*; ASTR【天】; ein Körper, der aus dem Weltraum in die Atmosphäre der Erde kommt u. dabei verbrennt 流星，陨星 ≈ Sternschnuppe

Me·te·o·rit *der*; *-en/-s*, *-en/-e*; ASTR【天】; ein kleiner Meteor 小陨星，陨石 ‖ NB（注意）: *der Meteorit*; *den, dem Meteorit/Meteoriten, des Meteorits/Meteoriten*

Me·te·o·ro·lo·gie *die*; -; *nur Sg*（只用单数）; die Wissenschaft, die sich mit dem Wetter u. seinen Voraussetzungen beschäftigt 气象学 ‖ *hierzu*（派生）**Me·te·o·ro·lo·ge** *der*; *-n*, *-n*; **Me·te·o·ro·lo·gin** *die*; -, *-nen*; **me·te·o·ro·lo·gisch** *Adj*（形）

Me·ter *der/auch das*; *-s*, -; e-e Einheit, mit der man messen kann, wie lang, breit, hoch etw. ist 米; *Abk* 缩写 m: *Es gibt selten Menschen, die über 2 Meter groß sind* 超过 2 米高的人很少; *Ein M. hat hundert Zentimeter, ein Kilometer hat tausend Meter* 一米是 100 厘米，一公里是 1000 米 ‖ K-（复合）: ***Meter-, -band, -maß, -stab***; ***meter-, -dick, -hoch, -lang, -tief, -weit*** ‖ -K（复合）: ***Kilo-, Kubik-, Quadrat-***

me·ter·hoch *Adj*（形）; *ohne Steigerung*（无变级）; ungefähr einen od. mehrere Meter hoch 一米或数米高（深、厚）的〈Wellen 浪〉: *durch meterhohen Schnee stapfen* 踩着一米深的雪行走 ‖ NB（注意）: *meterhoch → e-e meterhohe Mauer*

Me·ter·wa·re *die*; ein Stoff, Vorhang *o. Ä.*, dessen Preis pro Meter angegeben wird u. der so verkauft wird 以米计算价格的商品

me·ter·wei·se *Adv*（副）; in Mengen von einem od. mehreren Metern 用米表示，以米计算: *Dieser Stoff wird nur m. verkauft* 这料子只按米出售

Me·tha·don *das*; *-s*; *nur Sg*, MED（只用单数）【医】; ein Medikament, das an Süchtige verteilt wird, um ihnen zu helfen, ohne Heroin zu leben 美沙酮（一种戒毒用的药物）

Me·than *das*; *-s*; *nur Sg*（只用单数）; ein natürliches Gas, ohne Farbe u. Geruch, das sehr leicht brennt 沼气，甲烷; CHEM【化】CH_4

Me·tha·nol *das*; *-s*; *nur Sg*（只用单数）; e-e bestimmte Art von giftigem Alkohol 甲醇，木醇，木精; CHEM【化】CH_3OH

Me·tho·de *die*; -, *-n* **1.** die Art u. Weise, in der man etw. tut, *bes* um sein Ziel zu erreichen 方法，方式 ≈ Verfahren〈e-e moderne, wissenschaftliche M. 一种现代的、科学的方法; e-e M. entwickeln, einführen 创造、采用一种方法; nach e-r bestimmten M. verfahren 按一定的方式运作〉‖ -K（复合）: ***Behandlungs-, Denk-, Erziehungs-*** **2.** ***etw. hat M.*** etw. ist gut durchdacht（物作主语）有条理（计划，办法，考虑周全）: *Seine Arbeit hat M.* 他的工作井井有条

Me·tho·dik *die*; -, *-en*; die Wissenschaft von den Methoden, die in e-m bestimmten Bereich angewandt werden 方法论，方法学: *die M. des Unterrichts* 教学法 ‖ -K（复合）: ***Unterrichts-***

me·tho·disch *Adj*（形）**1.** *nur attr od adv*（只作定语或状语）; in Bezug auf die angewandte Methode 方法上的〈ein Fehler 错误〉**2.** exakt u. nach logischen Prinzipien 有条理的，有计划的 ≈ planmäßig〈ein Vorgehen, Untersuchungen 行动，调查〉

Me·tier [meˈtieː] *das*; *-s*, *-s* **1.** ≈ Beruf, Branche: *In welchem M. arbeitet er?* 他在哪个行业工作? **2.** e-e Tätigkeit, in der man sehr gut od. erfahren ist 手艺，专长: *Das ist nicht mein M.* 这不是我的专长

Met·rik *die*; -, *-en*; *mst Sg*（多用单数）**1.** LIT【文学】; die Lehre vom Rhythmus u. von der Struktur der Verse in e-m Gedicht 韵律学，格律学 **2.** MUS【音】; die Lehre vom Takt 节拍学，节奏学

met·risch *Adj*（形）; *nur attr od adv*（只作定语或状语）**1.** in Bezug auf die Metrik 有格律的，按韵律的，按节奏的 **2.** in Bezug auf das System, in dem man in Metern u. Kilogramm misst（以米和公斤为测量单位的）米制的，公制的〈ein Maß, das System 量规，制〉

Met·ro *die*; -, *-s*; die Untergrundbahn in manchen Städten 地下铁道，地铁: *die M. in Paris* 巴黎的地铁

Met·ro·po·le *die*; -, *-n* **1.** *geschr*［书］≈ Hauptstadt **2.** ***die M.*** + *Gen*（二格）e-e Stadt, die ein wichtiges Zentrum für etw. ist …中心，…枢纽，…大都会: *Mailand ist die*

M

M. der italienischen Mode 米兰是意大利时装中心。

Met·rum *das*; *-s*, *Met·ren* **1.** LIT【文学】; der Rhythmus, dem Wörter in Gedichten folgen 韵律,格律 ≈ Versmaß **2.** MUS【音】; der Rhythmus der Noten in e-m Lied 节奏,节拍 ≈ Taktmaß

Metz·ger *der*; *-s*, *-*; *bes südd* Ⓐ Ⓒⓗ 尤用于[南德][奥][瑞] ein Mann, der beruflich Tiere schlachtet, Fleisch u. Wurst verkauft 屠夫,卖肉的人,肉商 ≈ Fleischer ‖ *hierzu*(派生) **Metz·ge·rin** *die*; *-*, *-nen*

Metz·ge·rei *die*; *-*, *-en*; *bes südd* Ⓐ Ⓒⓗ 尤用于[南德][奥][瑞] ein Geschäft, in dem man Fleisch u. Wurst kaufen kann 肉铺,肉店 ≈ Fleischerei

Meu·chel·mord *der*; *pej*[贬]; ein heimtückischer Mord 暗杀,刺杀〈e-n M. begehen 进行行刺〉‖ *hierzu*(派生) **Meu·chel·mör·der** *der*; **Meu·chel·mör·de·rin** *die*

meuch·le·risch *Adj*(形); *pej*[贬] ≈ heimtückisch

Meu·te *die*; *-*, *-n* **1.** *pej*[贬]; e-e aggressive Gruppe von Menschen, die sich spontan bildet 一群暴徒,一帮歹徒 ≈ Horde, Bande **2.** e-e Gruppe von Hunden, die man mit auf die Jagd nimmt 猎犬群〈e-e M. Jagdhunde 一群猎犬; die M. (auf das Wild) loslassen 放出一群猎犬(去捕捉猎物)〉

Meu·te·rei *die*; *-*, *-en*; e-e Aktion mehrerer Personen (*bes* Matrosen, Gefangene), die sich weigern, ihren Vorgesetzten zu gehorchen, um selbst die Macht zu übernehmen 哗变,叛乱 ≈ Revolte〈e-e M. niederschlagen, unterdrücken 镇压、平定一次叛乱; auf dem Schiff, im Gefängnis brach e-e M. aus 舰上、狱中爆发哗变; sich an e-r M. beteiligen 参与哗变〉: *e-e M. gegen den Kapitän* 反对舰长的哗变

meu·tern; *meuterte*, *hat gemeutert* [Vi](不及物) **1.** (**gegen j-n**) **m.** an e-r Meuterei teilnehmen(反对…)哗变,叛乱,暴动,造反 ≈ rebellieren **2.** *gespr*[口]; *mst* in lauten Worten sagen, dass man mit j-m/etw. sehr unzufrieden ist 大声抱怨,大发牢骚 ≈ aufbegehren, protestieren: *Die Gäste meuterten, als sie nach einer Stunde immer noch kein Essen bekommen hatten* 客人们一个小时后仍然没有吃上饭菜,便大发起牢骚来 ‖ *zu*(义项) **1. Meu·te·rer** *der*; *-s*, *-*

MEZ [eme:ˈtsɛt] *nach Uhrzeiten*; (*Abk* für 缩写,全称为 mitteleuropäische Zeit) die (Uhr-) Zeit, die in Mitteleuropa gilt 中欧时间

Mez·zo·sop·ran *der*; MUS【音】**1.** *nur Sg*(只用单数); e-e Stimmlage (der Frauen) zwischen Sopran u. Alt 女中音 **2.** e-e Sängerin mit e-r solchen Stimmlage 女中音歌手

mi·au·en; *miaute*, *hat miaut*; [Vi](不及物)〈e-e Katze 猫〉**miaut** e-e Katze gibt die Laute von sich, die für ihre Art typisch sind 咪咪叫,喵喵叫 ‖ *hierzu*(派生) **mi·au** *Interjektion*(叹)

mich¹ *Personalpronomen der 1. Person Sg* (*ich*), *Akkusativ*(第一人称单数 *ich* 的人称代词,第四格); ↑ *Tabelle unter* 图表见 **Personalpronomen**

mich² *Reflexivpronomen der 1. Person Sg* (*ich*), *Akkusativ*(第一人称单数 *ich* 的反身代词,第四格); ↑ *Tabelle unter* 图表见 **Reflexivpronomen**

mi·cke·rig, **mick·rig** *Adj*(形); *gespr pej*[口][贬]; (im Vergleich mit j-m/etw.) sehr klein, schwach od. unwichtig(比较而言)很少的,少得可怜的,微薄的 ↔ riesig: *ein mickriger Kerl* 不起眼的家伙; *e-e mickrige Summe Geld* 很少的一笔钱 ‖ *hierzu*(派生) **Mick·rig·keit** *die*; *nur Sg*(只用单数)

Mid·life-Cri·sis, **Mid·life|cri·sis** [ˈmɪdlaɪfˈkraɪsɪs] *die*; *-*; *nur Sg*, *geschr*(只用单数)[书]; e-e Krise mit Zweifeln über das bisher gelebte Leben, die viele Leute (*bes* Männer) haben, wenn sie zwischen 40 u. 50 Jahre alt sind 中年危机(指中年人,尤其是男子对以往的生活抱有怀疑)

mied *Imperfekt*, *1. u. 3. Person Sg*(过去时,第一和第三人称单数); ↑ **meiden**

Mie·der *das*; *-s*, *-*; ein enges Kleidungsstück aus e-m elastischen, festen Stoff, das Frauen unter der Kleidung tragen, um den Körper schlanker erscheinen zu lassen(妇女的)紧身胸衣,紧身内衣 ≈ Korsett

Mief *der*; *-(e)s*; *nur Sg*, *gespr pej*(只用单数)[口][贬] **1.** der schlechte Geruch alter u. *mst* warmer Luft 臭气,污浊的气味: *Mach bitte das Fenster auf, hier ist ein schrecklicher M.!* 把窗打开,这儿有股恶臭味! **2.** e-e Atmosphäre, in der man sich nicht wohlfühlt 乌烟瘴气,令人不快的气氛〈kleinbürgerlicher, spießiger M. 小市民的、庸俗的气氛〉‖ *zu*(义项) **1. miefen** (*hat*) *Vi*(不及物)

Mie·ne *die*; *-*, *-n*; ein Ausdruck im Gesicht, der anderen zeigt, wie man sich gerade fühlt 面部表情,神情 ≈ Gesichtsausdruck〈e-e heitere, fröhliche, feierliche M. aufsetzen 脸上露出一副欢快的、高兴的、兴高采烈的表情〉‖ -K(复合): ***Leidens-***, ***Unschulds-*** ‖ ID[谚] ***keine M. verziehen*** nicht zeigen, was man gerade fühlt od. denkt 不露神色; ***gute M. zum bösen Spiel machen*** obwohl man gegen etw. ist, nichts dagegen tun 逆来顺受,隐忍不言,忍气吞声

Mie·nen·spiel *das*; das Wechseln der Miene, des Gesichtsausdrucks 表情变化 ≈ Mimik: *Ich konnte an seinem M. erkennen, wie wütend er war* 从他的神情我可以觉察到他很生气

mies, *mieser*, *miesest-*; *Adj*(形); *gespr*[口] **1.** *pej*[贬]; so schlecht, dass es einen ärgert 糟糕的,恶劣的,蹩脚的 ≈ miserabel: *ein mieser Film*, *mieses Wetter* 一部蹩脚的电影,恶劣的天气; *sich m. gegenüber j-m verhalten* 对待某人态度恶劣 **2.** in e-m schlechten Zustand(身体)不舒服的,病恹恹的 ≈ krank ↔ fit〈sich m. fühlen 感到身体不舒服〉‖ NB(注意): ↑

miesmachen ‖ ▶ ***vermiesen***

Mies *das*; *-es*, *-e*; *südd* Ⓒⓗ［南德］［瑞］≈ Moor, Sumpf

Mie.se *die*; *Pl*, *gespr*(复)［口］**1.** die Schulden, die j-d auf seinem Bankkonto hat 银行透支(借支)〈in die Miesen kommen, in den Miesen sein(银行账户)出现亏空,已透支〉**2.** die Minuspunkte bei e-m Spiel(游戏中的)负点,负分数

Mie.se.pe.ter *der*; *-s*, *-*; *gespr pej*［口］［贬］; j-d, der immer nur Negatives sagt od. denkt 爱吹毛求疵的人,爱挑毛拣刺的人 ≈ Miesmacher ‖ *hierzu*（派生）**mie.se.pet.rig** *Adj*(形)

mies.ma.chen; *machte mies*, *hat miesgemacht*; Vt (及物) **1.** ***j-n/etw. m.*** *pej*［贬］; über e-e Person/Sache nur negativ sprechen u. damit bewirken (wollen), dass andere auch so denken 对…爱发牢骚、爱吹毛求疵: *Er muss immer alles m.* 他对什么都要吹毛求疵 **2.** ***j-m etw. m.*** etw. so sehr kritisieren, dass j-d keine Freude mehr daran hat 挑毛病,找碴: *Von dir lass ich mir das Auto nicht m.!* 我不会让你对汽车挑出毛病来! ‖ *hierzu*(派生) **Mies.ma.cher** *der*

Mies.mu.schel *die*; e-e essbare Muschel mit e-r schwarzen Schale 贻贝,淡菜,壳菜

Mie.te *die*; *-*, *-n* **1.** das Geld, das man jeden Monat (an den Eigentümer) zahlt, um in e-r Wohnung od. in e-m Haus wohnen zu können 房租〈die M. (be)zahlen, überweisen, erhöhen, kassieren 付、汇、提高、收房租; in/zur M. wohnen 租房住〉: *Er bezahlt monatlich 650 Euro M. für seine Wohnung* 他每月为住房支付 650 欧元房租 ‖ K-(复合): ***Miet-***, ***-einnahme***, ***-preis***, ***-vertrag***, ***-wucher***, ***-zins*** ‖ -K(复合): ***Haus-***, ***Jahres-***, ***Monats-***, ***Wohnungs-*** **2.** das Geld, das man zahlt, wenn man sich ein Auto, Boot *o.Ä.* für e-e bestimmte Zeit leiht(租用汽车、船等)租金,租费 ≈ Leihgebühr ‖ K-(复合): ***Miet-***, ***-auto***, ***-gebühr***, ***-wagen*** ‖ -K(复合): ***Platz-***, ***Saal-*** ‖ ID［谚］*mst* 多用 ***Das ist schon die halbe M.*** *gespr*［口］; das ist der wichtigste Teil auf dem Weg zum Erfolg 这事有望成功,胜利在望 ‖ NB(注意): für e-e Fläche Land zahlt man *Pacht*(租地的费用是 *Pacht*)

mie.ten; *mietete*, *hat gemietet*; Vt (及物) ***etw. m.*** gegen Bezahlung e-r bestimmten Summe Geld e-e Wohnung, ein Haus, ein Büro *o.Ä.* bewohnen u. benutzen dürfen 租用,租赁,租借 ↔ vermieten〈e-e Wohnung, ein Zimmer, e-n Saal, e-n Laden m. 租住房、房间、礼堂、店铺〉‖ NB(注意): e-e Fläche Land *pachtet* man(租赁土地用 *pachten*); ↑ ***leasen*** ‖ *hierzu*(派生) **Mie.ter** *der*; *-s*, *-*; **Mie.te.rin** *die*; *-*, *-nen* ‖ ▶ ***vermieten***, ***Vermieter***

Mie.ter.schutz *der*; *nur Sg*(只用单数); Gesetze, die den Mieter e-r Wohnung *z.B.* davor schützen, dass der Vermieter ohne wichtigen Grund die Miete erhöht od. die Wohnung kündigt 对房客的法律保护 ‖ K-(复合): ***Mieterschutz-***, ***-gesetz***

Miet.recht *das*; *nur Sg*(只用单数); alle Gesetze, die die Rechte u. Pflichten von Mietern u. Vermietern (von Wohnungen u. Häusern) regeln 租房法(有关租房权利与义务的法律规定)

Miets.haus *das*; ein relativ großes Haus mit vielen Wohnungen, die man mieten kann(供出租的)公寓房

Miets.ka.ser.ne *die*; *gespr pej*［口］［贬］; ein großes, *mst* hässliches Mietshaus(供出租的)简易楼房,廉租房

Miets.leu.te *die*; *Pl*(复); die Leute, die e-e Wohnung od. ein Haus gemietet haben 租房住户,房客 ≈ Mieter

Miet.woh.nung *die*; e-e Wohnung, für die man Miete zahlt 租用住宅房 ↔ Eigentumswohnung

Miet.zins *der*; *-es*, *-e*; *südd* Ⓐ Ⓒⓗ od JUR［南德］［奥］［瑞］或【法】≈ Miete (1)

Mie.ze *die*; *-*, *-n* **1.** *gespr*［口］≈ Katze ‖ K-(复合): ***Mieze-***, ***-katze*** **2.** *gespr!*［粗］ein junges Mädchen od. e-e junge Frau 小猫,妞(儿),小宝贝〈e-e flotte M. 漂亮妞儿〉

Mig.rä.ne *die*; *-*, *-n*; sehr starke Kopfschmerzen, die oft sehr lange dauern 偏头痛〈an M. leiden 患偏头痛; M. haben 有偏头痛病〉‖ K-(复合): ***Migräne-***, ***-anfall***

Mig.rant *der*; *-en*, *-en*; j-d, der (aus seiner Heimat) in ein anderes Land auswandert 移民 ‖ *hierzu* (派生)**Mig.ran.tin** *die*; *-*, *-nen*

Mik.ro *das*; *-s*, *-s*; *gespr*［口］≈ Mikrofon

Mik.ro- *im Subst*, *begrenzt produktiv*(构成名词,构词有限); sehr klein (od. kleiner als normal)小,微,微型,微观,微量… ↔ Makro-; der ***Mikrocomputer***, der ***Mikrokosmos***, der ***Mikroprozessor***, die ***Mikrowellen***

Mik.ro.be *die*; *-*, *-n*; ein Lebewesen, das nur aus einer Zelle besteht 微生物 ≈ Einzeller ‖ NB(注意): ↑ ***Bakterie***

Mik.ro.bio.lo.gie *die*; *nur Sg*(只用单数); die Wissenschaft, die sich mit sehr kleinen Lebewesen (*z.B.* mit Bakterien) beschäftigt 微生物学 ‖ *hierzu*(派生) **Mik.ro.bio.lo.ge** *der*; **Mik.ro.bio.lo.gin** *die*

Mik.ro.fiche [-fiʃ] *das*, *der*; *-s*, *-s*; ein Stück Film in Form e-r Karte (1) mit sehr kleinen Aufnahmen *mst* von Dokumenten 缩微胶片(指一张)

Mik.ro.film *der*; ein langer Streifen Film mit Aufnahmen in sehr kleiner Form, *mst* von Dokumenten 缩微胶片(指一卷)

Mik.ro.fon [-f-] *das*; *-s*, *-e*; ein Gerät, in das man spricht od. singt. Man verwendet ein M., um e-e Stimme lauter zu machen, sie auf Tonband aufzunehmen od. sie zu übertragen (*z.B.* im Radio od. im Fernsehen) 话筒,传声器,麦克风〈ins M. sprechen, singen 朝话筒说话、唱歌〉

Mik.ro.or.ga.nis.mus *der*; *mst Pl*(多用复数); ein sehr kleines Lebewesen, das man nur mit dem Mikroskop sehen kann 微生物: *Bakterien u. Viren sind Mikroorganismen* 细

M

菌和病毒都是微生物

Mik·ro·phon [-f-] *das* ↑ **Mikrofon**

Mik·ro·s·kop *das*; *-s*, *-e*; ein Gerät, das kleine Dinge optisch größer macht, damit man sie untersuchen kann 显微镜〈ins M. schauen 往显微镜里看; etw. unter dem M. untersuchen 在显微镜下检查某物〉‖ -K(复合): ***Elektronen-*** ‖ *hierzu*(派生) **mik·ro·s·ko·pie·ren**(*hat*) *Vi*(不及物)

mik·ro·s·ko·pisch *Adj*(形); *nur attr od adv* (只作定语或状语) **1.** mit e-m Mikroskop 用显微镜的〈e-e Analyse 分析; etw. m. untersuchen 用显微镜检查某物〉 **2.** so klein, dass man es nur mit e-m Mikroskop sehen kann 用显微镜才能看见的〈Lebewesen, Partikel 生物,颗粒; m. klein 小得要用显微镜才能看见〉

Mik·ro·wel·len|herd *der*; ein Gerät, mit dem man das Essen sehr schnell heiß (u. gar) machen kann 微波灶,微波炉

Mil·be *die*; *-*, *-n*; ein sehr kleines Tier, das (mit den Spinnen verwandt ist u. als Parasit) auf Pflanzen, Tieren u. Menschen lebt 螨虫 ‖ -K(复合): ***Hausstaub-***

Milch *die*; *-*; *nur Sg*(只用单数) **1.** die weiße Flüssigkeit, die Babys u. sehr junge Tiere bei ihrer Mutter trinken 奶,乳〈M. haben, saugen/trinken 有奶,吮/喝奶〉 ‖ -K(复合): ***Mutter-*** **2.** die M. (1) von Kühen, Ziegen u. Schafen, die man trinkt u. aus der man Butter, Käse *o. Ä.* macht 牛奶,羊奶〈frische, warme, saure, kondensierte, entrahmte, pasteurisierte, homogenisierte, entfettete, fettarme M. 新鲜的、热的、酸的、罐装的(炼乳)、脱(乳)脂的、消毒的、均质的、脱脂的、低脂的牛奶〉‖ K-(复合): ***Milch-***, ***-brei***, ***-flasche***, ***-kanne***, ***-kännchen***, ***-mixgetränk***, ***-reis***, ***-shake***; ***-kuh***, ***-schaf***, ***-ziege*** ‖ -K: ***Butter-***, ***Frisch-***, ***Kuh-***, ***Mager-***, ***Voll-*** ‖ *zu* ***Milchkännchen*** ↑ *Abb. unter* 图见 ***Frühstückstisch*** **3.** e-e weiße Flüssigkeit von bestimmten Pflanzen (*z. B.* bei der Kokosnuss u. beim Löwenzahn)(植物)乳液 ‖ -K(复合): ***Kokos-*** **4.** e-e weiße, flüssige Creme, die man auf die Haut tut(擦皮肤用的)乳剂 ‖ -K(复合): ***Gesichts-***, ***Haut-***, ***Reinigungs-***, ***Sonnen-*** ‖ ID [谚] ***ein Tier gibt M.*** ein Tier produziert M. (2) für Menschen 动物产奶

Milch·bar *die*; ein Lokal, in dem man *bes* Eis u. Getränke aus Milch bekommt 牛奶冷饮店

Milch·drü·se *die*; die Drüse in der Brust e-r Frau od. e-s weiblichen Säugetiers, die Milch (1) produziert 乳腺

Milch·fla·sche *die* **1.** die Flasche, in der man Milch (2) verkauft 盛奶的奶瓶 **2.** e-e Flasche, mit der man e-m Baby Milch gibt 婴儿奶瓶 ≈ Flasche (3)

Milch·ge·sicht *das*; *mst pej* 多用[贬] **1.** ein sehr blasses (kindliches) Gesicht 苍白的小脸 **2.** ein blasser, schwacher junger Mann(弱不禁风的)黄口小儿,奶油小生

Milch·glas *das* **1.** ein Glas, aus dem man Milch trinkt 喝奶杯 ≈ Milchbecher **2.** ein trübes (Fenster) Glas, durch das man nichts Genaues erkennen kann 乳白色玻璃,毛玻璃 ‖ K-(复合): ***Milchglas-***, ***-scheibe***

mil·chig *Adj*(形); weiß u. trüb wie Milch 乳白色的,乳状的〈e-e Flüssigkeit, ein Glas 液体,杯子〉

Milch·kaf·fee *der*; ein Kaffee, der mit viel Milch gemischt ist 牛奶咖啡

Milch·mäd·chen|rech·nung *die*; *nur Sg*(只用单数); *gespr* [口]; e-e Annahme od. Erwartung, die sehr unrealistisch ist (weil sie von falschen Voraussetzungen ausgeht) 很不现实的打算或期待

Milch·pro·duk·te *die*; *Pl*(复); alles, was aus Milch gemacht ist, *z. B.* Butter, Käse, Joghurt 牛奶制品(黄油、奶酪、酸奶等)

Milch·pul·ver *das* ≈ Trockenmilch

Milch·säu·re *die*; *nur Sg*(只用单数); e-e Säure, die man in saurer Milch findet 乳酸 ‖ K-(复合): ***Milchsäure-***, ***-bakterien***

Milch·scho·ko·la·de *die*; e-e hellbraune Schokolade, die mit viel Milch gemacht wird 牛奶巧克力

Milch·stra·ße *die*; *nur Sg*(只用单数); ein breiter heller Streifen aus Sternen, den man in der Nacht am Himmel sieht 银河

Milch·zahn *der*; einer der ersten Zähne, die Kinder haben u. die sie verlieren, wenn sie ca. sechs Jahre alt sind 乳牙

mild, mil·de *Adj*(形) **1.** voller Verständnis für den anderen 和善的,宽容的,宽大的,通情达理的 ≈ gütig ↔ hart, streng〈ein Urteil, e-e Strafe, ein Richter 判决,处分,法官; m. urteilen, j-n m. behandeln 从宽判决,对某人宽大处理〉 **2.** weder sehr kalt, noch sehr heiß 温和的,和煦的,暖洋洋的 ≈ lau ↔ rau〈das Klima, das Wetter, ein Abend 气候,天气,晚上〉 **3.** nicht sehr intensiv u. deshalb angenehm 柔和的,不强烈的 ≈ sanft, gedämpft ↔ grell〈ein Licht 光〉 **4.** nicht sehr intensiv im Geschmack 味淡的,清淡的,口味不重的 ↔ scharf〈ein Käse, e-e Zigarre 奶酪,雪茄; etw. m. würzen 给某物清淡调味〉 **5.** so, dass es der Haut nicht schadet 不伤皮肤的,不刺激皮肤的〈e-e Seife, e-e Creme 肥皂,润肤膏〉‖ *hierzu*(派生) **Mil·de** *die*; *-*; *nur Sg*(只用单数)

mil·dern; *milderte*, *hat gemildert*; [*Vt*](及物) **1.** ***etw. m.*** etw. so verändern, dass es weniger schlimm u. deshalb leichter zu ertragen ist 缓解,减轻,减弱 ≈ abschwächen, lindern ↔ verschärfen〈j-s Leid, Not, Schmerzen 某人的痛苦,贫困,疼痛; e-e Strafe, ein Urteil m. 减轻处罚、判决〉; [*Vr*](反身) **2.** ***etw. mildert sich*** etw. wird schwächer(物作主语)减弱,减退,和缓,平息 ≈ etw. lässt nach, klingt ab ↔ etw. verschlimmert sich〈Zorn, Wut 怒气,愤怒; Schmerzen 疼痛〉‖ *hierzu*(派生) **Mil·de·rung** *die*; *nur Sg*(只用单数)

mild·tä·tig *Adj*(形); *geschr* [书]; gut u. großzügig zu Menschen, die Hilfe brauchen 乐善好施的,慈善心肠的 ≈ wohltätig ↔ hartherzig ‖ *hierzu*(派生) **Mild·tä·tig·keit** *die*;

M

nur Sg(只用单数)

Mi·li·eu [miˈliøː] *das*; *-s*, *-s* **1.** alles, was von außen die Entwicklung e-s Menschen beeinflusst, *bes* seine Familie, Freunde u. Kollegen, der gesellschaftliche Hintergrund(影响人成长的)周围环境,社会环境 ≈ Umwelt (2) 〈das soziale, häusliche M.社会的、家庭的环境; in e-m schlechten M. aufwachsen 在恶劣的环境中成长; aus e-m ärmlichen M. stammen 出身贫寒〉 ‖ K-(复合): ***Milieu-***, ***-wechsel***; ***milieu-***, ***-geschädigt*** ‖ -K(复合): ***Arbeiter-***, ***Hafen-*** **2.** die Umgebung, in der ein Tier od. e-e Pflanze lebt(动、植物生存的)环境,条件〈ein saures, alkalisches M.酸性的、含碱的环境〉 **3.** *bes* (CH) 尤用于[瑞] das M. (1) u. die Gegend, in der Prostituierte u. Zuhälter leben 红灯区,烟花场,花街柳巷

mi·li·tant, *militanter*, *militantest-*; *Adj*(形); entschlossen u. bereit, für ein (*mst* politisches) Ziel zu kämpfen (indem man *z. B.* demonstriert u. dabei auch Gewalt anwendet)有战斗性的,好斗的〈e-e Organisation 组织; Anhänger, Gegner 追随者,对手〉: *Militante Oppositionelle besetzten das Rathaus* 好斗的反对派占领了市政厅

Mi·li·tär[1] *das*; *-s*; *nur Sg*(只用单数) **1.** *Kollekt* (集合); alle Soldaten e-s Landes 军事力量,武装部队,军队 ≈ Armee, die Streitkräfte〈beim M. sein 服兵役,在部队; das M. einsetzen 调动军队〉 ‖ K-(复合): ***Militär-***, ***-akademie***, ***-arzt***, ***-bündnis***, ***-diktatur***, ***-flugzeug***, ***-gefängnis***, ***-junta***, ***-kapelle***, ***-musik***, ***-polizei***, ***-putsch***, ***-stützpunkt*** **2.** ***zum M. gehen*** sich verpflichten, für e-e bestimmte Zeit als Soldat zu dienen 参军,去服兵役,入伍 ‖ K-(复合): ***Militär-***, ***-dienst***, ***-zeit***

Mi·li·tär[2] *der*; *-s*, *-s*; ein Mann, der beim Militär[1] (1) e-n hohen Rang hat 高级军官

mi·li·tä·risch *Adj*(形) **1.** in Bezug auf das Militär 军事的,军队的 ↔ zivil〈Einrichtungen, Stützpunkte, e-e Intervention 机构,基地,干涉〉 **2.**〈die Disziplin, die Ordnung 纪律,秩序〉 so, dass sie den Prinzipien folgen, die im Militär[1] (1) gelten 军人的,部队的: *In diesem Internat herrscht militärische Disziplin* 在这所寄宿学校有着严格的军人般的纪律

Mi·li·ta·ris·mus *der*; *-*; *nur Sg*(只用单数); die Einstellung, dass ein Land seine Ziele nur mit e-r starken Armee erreichen könne, u. die Konsequenzen dieser Einstellung 军国主义,黩武主义 ‖ *hierzu*(派生) **Mi·li·ta·rist** *der*; *-en*, *-en*; **mi·li·ta·ris·tisch** *Adj*(形)

Mi·liz *die*; *-*, *-en*; *Kollekt*(集合) **1.** e-e Polizei, die nach militärischen Prinzipien organisiert ist 民兵组织 ‖ -K(复合): ***Volks-*** **2.** die bewaffneten Bürger e-s Staates, die erst im Falle e-s Kriegs einberufen werden 民兵: *die Schweizer M.* 瑞士民兵 ‖ K-(复合): ***Miliz-***, ***-heer***, ***-soldat***

milkt *Präsens*, *3 Person Sg*(现在时,第三人称单数); *veraltend*[渐旧]; ↑ ***melken***

Mill. *Abk für* 缩写,全称为 Million, Millionen

Mil·le *das*; *-*, *-*; *hist*[历]; *gespr*[口]; tausend (Mark)一千马克: *Gib mir 5 M., dann gehört das Boot dir* 你给我 5 千马克,这条船就归你

Mil·li- *im Subst*, *vor Maßeinheiten*, *nicht produktiv*(构成名词,置于度量单位前,非构词型); der tausendste Teil der genannten Einheit (1/1000)毫…; das ***Millibar***, das ***Milligramm***, der ***Milliliter***, der ***Millimeter***

Mil·li·ar·där *der*; *-s*, *-e*; j-d, der Dinge u. Geld im Wert von mindestens einer Milliarde hat 亿万富翁,富豪

Mil·li·ar·de *die*; *-*, *-n*; tausend Millionen (1 000 000 000)十亿; *Abk* 缩写 Md., Mrd.

Mil·li·ar·den- *im Subst*, *begrenzt produktiv*(构成名词,构词有限); mindestens eine Milliarde groß 数十亿,上十亿…; der ***Milliardenbetrag***, das ***Milliardendefizit***, das ***Milliardengeschäft***, der ***Milliardenschaden***

Mil·li·ar·den·hö·he *die*; *nur in* 只用于 ***in M.*** von (mehr als) einer Milliarde Euro, Franken *o. Ä.* 价值十多亿(欧元,法郎等): *Das Feuer verursachte e-n Schaden in M.* 这场大火造成十多亿(欧元)的损失

Mil·li·me·ter *der*; die kleinste Maßeinheit, die auf e-m Lineal, Maßband *o. Ä.* angegeben ist. Ein Meter hat tausend Millimeter 毫米; *Abk* 缩写 mm

mil·li·me·ter·ge·nau *Adj*(形); ganz genau 非常精确的,一丝不差的,不差毫发的: *die millimetergenaue Zeichnung e-s Grundrisses* 非常精确的平面图图纸

Mil·li·on [-ˈlioːn] *die*; *-*, *-en* **1.** tausend mal tausend (1 000 000) 百万; *Abk* 缩写 Mill., Mio.: *Österreich hat über 7 Millionen Einwohner* 奥地利有七百多万居民 **2.** ***Millionen*** + *Gen*(二格)/***Millionen von j-m / etw.*** (*Pl* 复) e-e riesige Anzahl od. Summe von 一大批的,数以千百万计的,密密麻麻的〈Millionen von Menschen, Autos 密密麻麻的人、汽车; Millionen toter Fische 不计其数的死鱼〉 **3.** ***etw. geht in die Millionen*** *gespr*[口]; etw. ist größer als eine M. (1)(物作主语)已超过百万,已达好几百万: *Der Schaden geht in die Millionen* 损失已达好几百万

Mil·li·o·när *der*; *-s*, *-e*; j-d, der Dinge u. Geld im Wert von mindestens einer Million hat 百万富翁,巨富

Mil·li·o·nen- *im Subst*, *begrenzt produktiv*(构成名词,构词有限); mindestens eine Million groß 上百万的,千百万的…; der ***Millionenbetrag***, das ***Millionendefizit***, das ***Millionengeschäft***, der ***Millionenschaden***, die ***Millionenstadt***

Mil·li·o·nen·ding *das*; *gespr*[口]; e-e Aktion (ein Geschäft, Betrug *o. Ä.*), bei der es um mehr als eine Million Euro *o. Ä.* geht 关系到上百万(欧元)的大事(指买卖,欺骗等等)

Mil·li·o·nen·hö·he *die*; *nur in* 只用于 ***in M.*** von (mehr als) einer Million Euro, Franken *o. Ä.* 价值上百万(欧元,法郎等): *Das Feuer verursachte e-n Schaden in M.* 这场大火造成价值上百万的损失

M

mil·li·o̲·nen·schwer *Adj*（形）; *ohne Steigerung*, *nicht adv*, *gespr*（无变级,不作状语）[口]; mit Geld od. Besitz im Wert von (mehr als) einer Million 拥有上百万财富的: *ein millionenschwerer Industrieller* 一位拥有百万财富的工业家

mil·li·o̲ns·t- *Zahladj*（数形）; *nur attr*, *nicht adv*（只作定语,不作状语）**1.** in e-r Reihenfolge an der Stelle 1 000 000 第一百万的 ≈ 1 000 000. **2.** ***der millionste Teil*** (***von etw.***) ≈ 1/1 000 000

mil·li·o̲ns·tel *Adj*（形）; *nur attr*, *indeklinabel*, *nicht adv*（只作定语,词形不变,不作状语）; 1/1 000 000 百万分之一

Mil·li·o̲ns·tel *das*; *-s*, *-*; 1/1 000 000 百万分之一

Mi̲lz *die*; *-*, *-en*; ein Organ in der Nähe des Magens (das weiße Blutkörperchen produziert) 脾(脏)

Mi̲·me *der*; *-n*, *-n*; *geschr*[书] ≈ Schauspieler ‖ NB(注意): *der Mime*; *den*, *dem*, *des Mimen*

mi̲·men; *mimte*, *hat gemimt*; Vt（及物）**1.** ***etw. m.*** *gespr pej*[口][贬]; so tun, als ob man *mst* ein bestimmtes Gefühl od. e-e Eigenschaft hätte 装作,装出…的样子 ≈ vortäuschen, heucheln ⟨Herzlichkeit, Zuverlässigkeit m. 装出一副诚恳、可靠的样子⟩ **2.** ***j-n / etw. m.*** als (od. wie ein) Schauspieler (Mime) e-e bestimmte Rolle spielen 装扮,扮演

Mi̲·mik *die*; *-*; *nur Sg*（只用单数）; die Bewegungen, die j-s Gesicht zeigt, wenn er spricht, lacht, traurig ist *usw* 表情,神情 ≈ Mienenspiel ⟨e-e lebhafte, feine, sprechende M. haben 有一副活泼的、优美的、传神的表情⟩ ‖ *hierzu*（派生）**mi̲·misch** *Adj*（形）; *nur attr od adv*（只作定语或状语）

Mi·mo̲·se *die*; *-*, *-n* **1.** ein tropischer Baum od. Strauch mit kleinen, runden, gelben Blüten. Manche Mimosen ziehen ihre Blätter zusammen, wenn man sie berührt 含羞草 **2.** *pej*[贬]; j-d, dessen Gefühle man leicht verletzen kann 感情脆弱的人,敏感的人,感情易受伤害的人 ‖ *zu*（义项）**2. mi·mo̲·sen·haft** *Adj*（形）; **Mi·mo̲·sen·haf·tig·keit** *die*; *nur Sg*（只用单数）

mi̲n·der[1] *Adj*（形）; *nur attr*, *nicht adv*（只作定语,不作状语）**1.** relativ schlecht 较次的,较差的 ⟨von minderer Qualität 较次的质量⟩ **2.** nicht sehr groß od. wichtig 不很大的,不很重要的, ⟨von minderer Bedeutung 意义不很重要⟩

mi̲n·der[2] *Adv*（副）≈ weniger: *Das ist nicht m. wichtig als anderes* 这一点的重要性不亚于其他的,与别的相比并不逊色 ‖ K-(复合): ***minder-***, ***-begabt*** ‖ NB(注意): ↑ ***mehr***[2] (6)

mi̲n·der·be·mit·telt *Adj*（形）; *nicht adv*（不作状语）**1.** (***geistig***) ***m.*** *gespr pej*[口][贬]; nicht sehr intelligent 智力低下的,脑袋不好使的 ≈ dumm, beschränkt **2.** ADM *geschr*【管理】[书]; arm 贫穷的,拮据的

Mi̲n·der·heit *die*; *-*, *-en* **1.** *nur Sg*（只用单数）; der kleinere Teil e-r Gruppe 少数 ≈ Minorität ↔ Mehrheit ⟨in der M. sein 处于少数⟩ **2.** e-e kleine Gruppe von Menschen in e-m Staat, die sich von den anderen (in ihrer Rasse, Kultur, Religion *o. Ä.*) unterscheidet 少数派 ⟨e-e soziale, religiöse, sprachliche M. 社会上的、宗教上的、语言上的少数派⟩ ‖ K-(复合): ***Minderheiten-***, ***-recht***

Mi̲n·der·heits·re·gie·rung *die*; e-e Regierung, die im Parlament keine Mehrheit hat (u. daher die Unterstützung der Opposition braucht) 少数派(组成的)政府

mi̲n·der·jäh·rig *Adj*（形）; *nicht adv*（不作状语）; ⟨e-e Person 人⟩ noch nicht so alt, dass sie vor dem Gesetz für ihre Taten verantwortlich ist 未成年的 ↔ volljährig, mündig ‖ *hierzu*（派生）**Mi̲n·der·jäh·rig·keit** *die*; *nur Sg*（只用单数）; **Mi̲n·der·jäh·ri·ge** *der / die*; *-n*, *-n*

mi̲n·dern; *minderte*, *hat gemindert*; Vt（及物）**1.** ***etw. m.*** bewirken, dass etw. geringer, kleiner, weniger wird 减少,减弱,减轻,减低 ≈ reduzieren, verringern ↔ steigern ⟨die Lautstärke, das Tempo m. 减轻音强,减慢速度; den Wert e-r Sache m. 降低一件东西的价值; sein Ansehen m. 降低他的威望⟩; Vr（反身）**2.** ***etw. mindert sich*** etw. wird geringer, kleiner, weniger(物作主语)减少,减弱,减轻,降低 ≈ etw. verringert sich ‖ *hierzu*（派生）**Mi̲n·de·rung** *die*; *mst Sg*（多用单数）

mi̲n·der·wer·tig *Adj*（形）**1.** von schlechter Qualität 低劣的,低价的,质量次的 ↔ hochwertig ⟨Obst, Fleisch, Papier 水果,肉,纸⟩ **2.** ***sich m. fühlen*** das Gefühl haben, nicht so gut zu sein wie die anderen 感到自卑 ‖ *zu*（义项）**1. Mi̲n·der·wer·tig·keit** *die*; *nur Sg*（只用单数）; *zu*（义项）**2. Mi̲n·der·wer·tig·keits|ge·fühl** *das*

Mi̲n·der·wer·tig·keits|kom·plex *der*; das Gefühl, weniger intelligent, weniger hübsch, weniger gut *usw* als die anderen zu sein 自卑感 ⟨e-n M. haben 有自卑感; an e-m M. leiden 患有自卑的毛病⟩

Mi̲n·der·zahl *die*; *nur Sg*（只用单数）; *mst in* 多用于 ***in der M. sein*** in kleinerer Zahl sein als e-e andere Gruppe von Personen 是少数(派) ↔ in der Überzahl sein

mi̲n·des·t- *Adj*（形）; *ohne Steigerung*, *nicht adv*（不变级,不作状语）**1.** *nur attr*（只作定语）; verwendet, um auszudrücken, dass von etw. nur ganz wenig da ist 一点儿,一丝,一星半点儿 ≈ geringst-: *Er war wütend ohne den mindesten Grund* 他莫名其妙(无缘无故)地生气; *Ich habe nicht die mindeste Ahnung von Mathematik* 我对数学一窍不通 ‖ NB(注意): *mst* verneint(常用否定句) **2.** ***das Mindeste / mindeste*** ≈ das wenigste: *Das ist doch das Mindeste, was man von dir erwarten kann* 这是大家对你能期望的最起码的一点 **3.** ***nicht das Mindeste / mindeste*** ≈ überhaupt nichts: *Davon verstehe ich nicht das Mindeste* 对此我丝毫不懂 **4.** ***nicht im Mindesten / mindesten*** ≈ überhaupt nicht: *Ich habe nicht im Mindesten daran gedacht, ihn einzuladen* 我压根儿就没想邀请他 **5.** ***zum Mindesten / mindesten***

≈ wenigstens, mindestens (2) ‖ ▶ ***zumindest***

Min·dest- *im Subst*, *begrenzt produktiv*(构成名词,构词有限); die Anzahl od. die Menge, die etw. mindestens haben muss 最少,最小,最低…↔ Höchst-; das ***Mindestalter*** 〈für e-e Heirat 对结婚的〉, der ***Mindestbeitrag*** 〈der Mitglieder e-s Clubs 俱乐部成员的〉, die ***Mindestgeschwindigkeit*** 〈für Fahrzeuge auf Autobahnen 高速公路上机动车辆的〉, der ***Mindestlohn*** 〈e-s Arbeiters 工人的〉, das ***Mindestmaß*** 〈an Vertrauen, an Mitarbeit 信任、合作方面的〉, der ***Mindestpreis***, die ***Mindeststrafe*** 〈für den Täter 对犯罪者〉, der ***Mindestumtausch*** 〈von Devisen 外汇的〉

min·des·tens *Partikel*(小品词); *betont u. unbetont*(重读和不重读) **1.** *vor e-r Zahl*; nicht weniger, sondern eher mehr als (die Zahl angibt) 至少,最起码,最少不低于(指数字) ↔ höchstens: *Er ist m. 1,85 Meter groß u. wiegt m. 100kg* 他身高起码1米85,体重至少100公斤; *M. 80000 Zuschauer waren im Stadion* 体育场内至少八万观众 **2.** verwendet, um auszudrücken, dass etw. das Minimum ist, was man erwarten kann 至少,起码(指期待) ≈ wenigstens (1), zumindest (1): *Du hättest m. anrufen müssen, wenn du schon nicht kommen konntest* 要是来不了,你起码应该打个电话

Min·dest·halt·bar·keits|da·tum *das*; das Datum, bis zu dem Lebensmittel *o. Ä.* mindestens haltbar sind(食品等)最低保存期限 ≈ Verfallsdatum

Mi·ne[1] *die*; -, *-n* **1.** e-e Anlage unter der Erde, in der man Stoffe wie *z. B.* Gold, Diamanten, Kupfer gewinnt 矿,矿井 ≈ Bergwerk 〈in e-r M. arbeiten 在矿井工作; e-e M. stilllegen, schließen 关闭矿井(停产)〉 **2.** einer der Gänge in e-r solchen Anlage 坑道,矿坑 ≈ Stollen 〈e-e M. stürzt ein 矿坑倒塌; e-e M. graben 挖坑道〉 ‖ K-(复合): ***Minen-***, ***-arbeiter*** ‖ -K(复合): ***Gold-***, ***Kupfer-***, ***Silber-*** ‖ NB(注意): Wird Kohle gewonnen, spricht man *mst* von *Zeche* od. *Grube*, wird Gold od. Silber gewonnen, spricht man von *Mine*, bei Salz spricht man von *Bergwerk*(若采煤,常说 *Zeche* 或 *Grube*,若开采金、银,则说 *Mine*,采盐时,用 *Bergwerk*)

Mi·ne[2] *die*; -, *-n*; e-e Art dünner Stab in e-m Bleistift od. Kugelschreiber, aus dem die Farbe kommt 笔芯〈e-e neue, rote, blaue M. einsetzen 装进一支新的、红的、蓝的笔芯; die M. abbrechen, auswechseln 折断、换笔芯〉 ‖ -K(复合): ***Bleistift-***, ***Kugelschreiber-***

Mi·ne[3] *die*; -, *-n*; e-e Art Bombe, die man in den Boden od. unter Wasser legt, wo sie explodiert, wenn man sie berührt 地雷,水雷〈e-e M. detoniert, explodiert 地雷起爆,爆炸; Minen legen, suchen, entschärfen 布雷,探雷,拆除地雷引信; auf e-e M. treten, fahren 踩到、开车压着地雷〉 ‖ K-(复合): ***Minen-***, ***-feld***, ***-suchboot*** ‖ -K(复合): ***Land-***, ***See-*** ‖ ▶ ***verminen***

Mi·ne·ral *das*; -s, -e / *Mi·ne·ra·li·en* [-ˈraːliən] **1.** ein fester Stoff (wie *z. B.* Salz od. Diamanten), der in der Erde gebildet wurde 矿物 **2.** *nur Pl*(只用复数); Salze (*mst* in Wasser gelöst), von denen ein Bestandteil ein M. (1) ist (wie *z. B.* Natrium od. Kalium) 矿物质: *Dieses Getränk enthält sieben wichtige Mineralien* 这种饮料含七种重要的矿物质 ‖ K-(复合): ***Mineral-***, ***-mangel***, ***-salze***, ***-stoffe*** ‖ *hierzu*(派生) **mi·ne·ral·hal·tig** *Adj*(形); *nicht adv*(不作状语)

mi·ne·ra·lisch *Adj*(形); *nicht adv*, *ohne Steigerung*(不作状语,不变级); aus od. mit Mineralien 矿物的,含矿物的〈Substanzen, Stoffe 物质,材料〉

Mi·ne·ral·öl *das*; Öl, das aus der Erde gewonnen wird 矿物油,石油 ≈ Erdöl ↔ tierisches Öl, Pflanzenöl

Mi·ne·ral·was·ser *das*; Wasser aus e-r Quelle, das viele Mineralien enthält 矿泉水〈ein M. bestellen 要一瓶矿泉水〉

Mi·ni *der*; -s, -s; *gespr*[口] ≈ Minirock

Mi·ni- *im Subst*, *begrenzt produktiv*(构成名词,构词有限) **1.** im Vergleich zu etw. anderem (von derselben Art) sehr klein 小型…,微型… ≈ Klein-; die ***Minieisenbahn***, das ***Miniformat***, die ***Minikamera***, der ***Minipreis***, der ***Ministaat*** **2.** so kurz, dass die Oberschenkel nicht ganz bedeckt sind 超短… ↔ Maxi-; das ***Minikleid***, die ***Minimode***

Mi·ni·a·tur [miniaˈtuːɐ] *die*; -, *-en* **1.** ein (verziertes) Bild od. e-e Zeichnung in e-m alten Text 古书中的装饰画或线条画 **2.** ein Bild, *mst* ein Portrait, in sehr kleinem Format (*bes* auf Elfenbein od. Porzellan)(象牙或瓷器上的)小画像,袖珍画,小型画 ‖ K-(复合): ***Miniatur-***, ***-malerei***

Mi·ni·a·tur- *im Subst*, *begrenzt produktiv*(构成名词,构词有限); in sehr kleinem Format 袖珍…,小型…; die ***Miniaturausgabe*** 〈e-s Buches, Bildes 书的、画的〉, das ***Miniaturbild***, das ***Miniaturgemälde***, die ***Miniaturbahn*** 〈im Zoo 在动物园里的〉

Mi·ni·car [-kaːɐ] *der*; -s, -s; e-e Art Taxi. Minicars haben kein Taxischild u. stehen nicht an Taxiständen; man muss sie telefonisch bestellen(电话预订的,不挂牌的)出租汽车

Mi·ni·golf *das*; ein Spiel, bei dem man versucht, mit e-m Schläger e-n kleinen Ball mit möglichst wenig Schlägen auf Bahnen[1] (4) *mst* aus Beton mit verschiedenen Hindernissen in ein Loch zu bringen 小高尔夫球 ‖ K-(复合): ***Minigolf-***, ***-platz***, ***-schläger***

Mi·ni·job *der*; e-e Arbeit (3), die man nur wenige Stunden im Monat ausübt u. bei der man nur e-e bestimmte Summe verdienen darf 零工,短工

mi·ni·mal *Adj*(形) **1.** sehr klein; so klein, dass man es kaum erkennen kann 极微小的,微乎其微的 ≈ geringfügig 〈ein Vorsprung, Unterschiede, Temperaturschwankungen 优势,差

异,温度变化〉**2.** so, dass es nicht mehr kleiner od. geringer sein könnte 极小的,极少的,最低程度的 ≈ kleinstmöglich ↔ maximal 〈ein Aufwand, Kosten 消耗,费用〉: *die Verschmutzung der Luft m. halten* 使空气污染保持最低程度 ‖ K-(复合): ***Minimal-**, **-forderung**, **-programm***

Mi·ni·ma·list *der*; *-en*, *-en*; j-d, der nur das macht, was unbedingt notwendig ist 绝不多干一点事儿的人 ‖ NB(注意): *der Minimalist*; *den*, *dem*, *des Minimalisten*

Mi·ni·mum *das*; *-s*, *Mi·ni·ma*; ***ein M.*** (***an etw.*** (*Dat* 三格)) die kleinste Anzahl od. Menge von etw., die möglich, notwendig od. akzeptabel ist 最低量,最小数,最小限度 ≈ Mindestmaß ↔ Maximum 〈etw. auf ein M. reduzieren 把某物减到最低限度; ein M. an Leistung, Aufwand 最低功率、消耗〉

Mi·ni·rock *der*; ein sehr kurzer Rock 超短裙

Mi·nis·ter *der*; *-s*, *-*; j-d, der als Mitglied der Regierung ein Ministerium leitet 部长,大臣 〈j-n zum M. ernennen 任命某人为部长; e-n M. entlassen 解除一名部长的职务〉 ‖ -K(复合): ***Außen-**, **Finanz-**, **Innen-**, **Justiz-**, **Premier-**, **Verteidigungs-**, **Wirtschafts-*** ‖ *hierzu*(派生) **Mi·nis·te·rin** *die*; *-*, *-nen*

Mi·nis·te·ri·um *das*; *-s*, *Mi·nis·te·ri·en* [-iən]; eine der höchsten Behörden in e-m Staat, die für e-n bestimmten Bereich der Verwaltung verantwortlich ist(政府)部: *das M. für Wissenschaft u. Forschung* 科学研究部; *ein Sprecher des Ministeriums* 部发言人 ‖ -K(复合): ***Außen-**, **Finanz-**, **Innen-**, **Justiz-**, **Verteidigungs-**, **Wirtschafts-***

Mi·nis·ter·prä·si·dent *der* **1.** der Chef der Regierung in vielen (Bundes)Ländern Deutschlands 部长会议主席,总理,首相 **2.** Ⓓ [德] verwendet als Bezeichnung für den Chef der Regierung in manchen Staaten (auch wenn er offiziell anders heißt)(州政府)总理 ≈ Premierminister

Mi·nis·ter·rat *der*; *hist* [历]; die Regierung der DDR(原民德政府的)部长会议

Mi·nist·rant *der*; *-en*, *-en*; KATH【天主】; ein Kind, das dem Priester bei der Messe hilft 做弥撒时牧师的助手(男童) ‖ NB(注意): *der Ministrant*; *den*, *dem*, *des Ministranten* ‖ *hierzu*(派生) **Mi·nist·ran·tin** *die*; *-*, *-nen*

Min·na *die*; *-*, *-s*; *gespr*[口] **1.** *veraltet*[旧] ≈ Dienstmädchen **2.** ***die grüne M.*** *gespr veraltend*[口][渐旧]; ein Auto der Polizei, mit dem Gefangene transportiert werden 囚车 ‖ ID[谚] ***j-n zur M. machen*** *gespr*[口]; j-n sehr streng kritisieren 严斥某人

Min·ne·sang *der*; *-s*; *nur Sg*, *hist*(只用单数)[历]; die (Liebes)Lieder, die im 12.-14 Jahrhundert an den Höfen der Fürsten u. Könige gesungen wurden 宫庭抒情诗(歌) ‖ *hierzu*(派生) **Min·ne·sän·ger** *der*

mi·nus¹ *Konjunktion*(连); MATH【数】; das Zeichen -, das e-e Substraktion anzeigt 减号: -; 减 ≈ weniger ↔ plus: *drei m. zwei ist* (*gleich*) *eins* (*3 - 2 = 1*) 三减二等于一 ‖ K-(复合): ***Minus-**, **-zeichen***

mi·nus² *Präp*(介); *mit Gen*(支配二格); drückt aus, dass e-e bestimmte Summe abgezogen wird 减去,扣除 ≈ abzüglich: *Die Rechnung beträgt € 700 m. Steuern* 这笔账扣除税收合计 700 欧元

mi·nus³ *Adv*(副) **1.** verwendet, um auszudrücken, dass ein (Zahl) Wert kleiner als Null ist 零下,负 ≈ unter Null ↔ plus: *m. 5 Grad Kälte* 零下5度; *Es sind fünf Grad m.* 气温零下5度 **2.** (zusammen mit der Angabe von Noten²(1)) etwas schlechter als die angegebene Note 减(指分数值不足) ↔ plus: *Sie hat in der Prüfung die Note „zwei m." bekommen* 他考试得了个"2⁻"

Mi·nus *das*; *-*; *nur Sg*, *gespr*(只用单数)[口] **1.** ein Geldbetrag, der auf dem Konto, bei der Abrechnung *o.Ä.* fehlt 负数,亏空,缺额: *ein M. von zehn Euro* 亏空10欧元 **2.** ***im M. sein*** Schulden haben 手头亏空,负债 **3.** ***ein M. machen*** weniger Geld einnehmen, als man ausgegeben hat 入不敷出,有亏损: *Bei dem Konzert machte der Veranstalter ein ziemliches M.* 这次音乐会举办者入不敷出,亏损很大

Mi·nus·pol *der*; PHYS【物】; der Pol (*bes* e-r Batterie) mit negativer elektrischer Ladung 负极,阴极 ↔ Pluspol

Mi·nus·punkt *der* **1.** ein Punkt, der bei der Bewertung e-r Leistung (*z.B.* bei Prüfungen, beim Turnen) von der Höchstzahl der Punkte abgezogen wird(评成绩时)被扣分 ↔ Pluspunkt **2.** *mst Pl*(多用复数); die Punkte, mit denen ein verlorenes (Fußball)Spiel bewertet wird(足球比赛中)丢球数,输球数

Mi·nu·te *die*; *-*, *-n* **1.** einer der 60 Teile einer Stunde 分,分钟; *Abk* 缩写 Min., min. 〈e-e halbe, ganze, knappe, volle M. 半分钟,整整一分钟,勉强够一分钟,满满一分钟〉: *Es ist fünf Minuten vor/nach elf (Uhr)* 现在十一点差/过五分; *zehn Minuten zu spät kommen* 迟到十分钟 ‖ K-(复合): ***Minuten-**, **-zeiger***; ***minuten-**, **-lang*** ‖ -K(复合): ***Gedenk-**, **Schweige-**, **Spiel-*** **2.** ein kurzer Zeitpunkt 一会儿,马上,片刻,不一会儿 ≈ Augenblick, Moment 〈e-e M. Zeit haben 有点儿时间; keine ruhige M. haben 没有一刻是安宁的; jede freie M. zu etw. nutzen 为某事利用每一分空闲时间〉: *Warte noch e-e M., dann können wir gehen* 再等一会儿,我们马上可以走; *Hätten Sie e-e M. Zeit für mich? Ich würde Sie gern sprechen* 您有一会儿时间吗?我很想跟您谈谈 **3.** ***in letzter M.***; ***in der letzten M.*** so kurz vor e-m bestimmten Zeitpunkt, dass es fast schon zu spät ist 最后一瞬间,临到最后,最后一分钟: *Er liefert seine Arbeiten immer in letzter M. ab* 他总是临到最后才交作业; **4.** ***bis zur letzten M.*** bis zum letztmöglichen Zeitpunkt 直到最后一分钟: *Sie wartet mit dem Kofferpacken immer bis zur letzten M.* 她总要等到最后一分钟才收拾箱子 **5.** MATH【数】; einer der 60 Teile e-s Grades 分(度): *ein Winkel von 41 Grad 12 Minuten* 41度12分的

角 ‖ -K(复合): ***Winkel-*** **6. *auf die M.*** (***genau***) *gespr*[口] ≈ pünktlich ‖ ID [谚] *mst* 多用 ***Es ist fünf Minuten vor zwölf*** wenn man jetzt nichts tut, wird es zu spät sein 机不可失,时不再来/事情已刻不容缓

-mi·nü·tig *im Adj, nach e-r Zahl, begrenzt produktiv*(构成形容词,置于数字后,构词有限); so viele Minuten dauernd, wie die Zahl angibt …分钟的: *ein zehnminütiges Gespräch* 一次十分钟的谈话

mi·nüt·lich *Adj*(形); *nur attr od adv*(只作定语或状语); so, dass es jede Minute einmal passiert 每分钟的

mi·nu·zi·ös, *minuziöser, minuziösest-; Adj*(形); *geschr*[书]; so genau, dass jedes Detail beachtet wird 细致的,缜密的,巨细必究的,条分缕析的 ⟨e-e Arbeit 工作; etw. m. analysieren 对某事作细致分析⟩

Min·ze *die*; -, *-n*; e-e kleine Pflanze, deren Blätter ein starkes Aroma haben 薄荷 ≈ Pfefferminze

Mio. *Abk für* 缩写,全称为 Million, Millionen

mir[1] *Personalpronomen der 1 Person Sg* (*ich*), *Dativ* (第一人称单数 *ich* 的人称代词,第三格); ↑ *Tabelle unter* 图表见 ***Personalpronomen***

mir[2] *Reflexivpronomen der 1 Person Sg* (*ich*), *Dativ* (第一人称单数 *ich* 的反身代词,第三格); ↑ *Tabelle unter* 图表见 ***Reflexivpronomen***

Mi·ra·bel·le *die*; -, *-n*; e-e kleine gelbe Frucht, die süß schmeckt u. e-r Pflaume ähnlich ist 小黄李

Mi·ra·kel *das*; *-s*, -; *geschr*[书] ≈ Wunder

Mi·s·an·th·rop *der*; *-en*, *-en*; *geschr*[书]; j-d, der die Menschen hasst u. niemandem vertraut 愤世嫉俗的人,厌世者,厌恶人类者 ≈ Menschenfeind ‖ NB: *der Misanthrop; den, dem, des Misanthropen* ‖ *hierzu*(派生) **Mi·s·an·th·ro·pin** *die*; **Mi·s·an·th·ro·pie** *die*; -; *nur Sg*(只用单数); **mi·s·an·th·ro·pisch** *Adj*(形)

Mịsch·bat·te·rie *die*; e-e Art Wasserhahn, den man so einstellen kann, dass das Wasser mit der gewünschten Temperatur herauskommt 调温水龙头

Mịsch·brot *das*; ein Brot, das aus e-r Mischung von Roggen- u. Weizenmehl gebacken wird(黑麦、小麦)混合粉面包

Mịsch·ehe *die* **1.** *veraltend*[渐旧]; e-e Ehe, in der die beiden Partner verschiedene Religionen haben(不同宗教信仰的)异教婚姻 **2.** (*bes* im Nationalsozialismus verwendet) e-e Ehe, in der die beiden Partner zu verschiedenen Rassen gehören(纳粹时的)异族婚姻

mị·schen; *mischte, hat gemischt*; [Vt] (及物) **1. *etw.* (*mit etw.*) *m.*** etw. mit etw. so (ver)mengen, dass man die einzelnen Teile nicht mehr leicht voneinander trennen kann 使混合,将…与…掺和,调和 ⟨Wasser mit Wein m. 将水和酒掺和; verschiedene Sorten Kaffee (miteinander) m. 将各种咖啡掺和在一起; den Salat m. 拌沙拉; Farben m. 调颜色⟩ ‖ K-(复合): ***Misch-***, ***-futter***, ***-kost*** **2. *etw. m.*** etw. durch Mischung herstellen 配制,调制 ⟨e-n Cocktail, e-e Arznei, Gift m. 配制鸡尾酒、药剂、毒剂⟩ ‖ K-(复合): ***Misch-***, ***-getränk*** **3. *etw. in/unter etw.*** (*Akk* 四格) ***m.*** e-e kleine Menge von etw. zu etw. anderem geben 把…搅拌入: *Salz in/unter den Teig m* 在生面团里和上盐; [Vt/i] (及物/不及物) **4.** (***etw.***) ***m.*** e-e Reihenfolge so verändern, dass keine Ordnung besteht 搅混,洗 ⟨Karten, Lose m. 洗牌,把签搅乱⟩; [Vr] (反身) **5. *etw. mischt sich mit etw.*** etw. verbindet sich so mit etw., dass man die einzelnen Teile nicht mehr leicht trennen kann(物作主语)与…混合,融合 ≈ etw. vermischt sich mit etw.: *Wasser u. Wein mischen sich gut, Wasser u. Öl dagegen überhaupt nicht* 水和酒很好混合,而水和油则根本不相溶; *In ihrer Erinnerung mischten sich Wirklichkeit u. Traum* 在她的记忆里,现实与梦境交融在一起 **6. *sich unter*** ⟨die Menge, das Volk, die Zuschauer 人群,人民,观众⟩ ***m.*** in e-e (Menschen)Menge gehen (*mst* um unerkannt od. unauffällig zu sein) 混入,混进 ≈ sich unter ... mengen **7. *sich in etw.*** (*Akk* 四格) ***m.*** etw. sagen od. tun, das einen selbst nicht betrifft 干预,干涉,插手,介入 ≈ sich einmischen ↔ sich aus etw. heraushalten ⟨sich in e-e Diskussion, in e-n Streit m. 介入讨论,插手争吵⟩ ‖ ▶ ***gemischt***

Mịsch·ling *der*; *-s*, *-e* **1.** j-d, dessen Eltern verschiedene Hautfarbe haben 混血儿 **2.** ein Tier (*bes* ein Hund), dessen Elterntiere zu verschiedenen Rassen gehören 杂种(尤指狗)

Mịsch·masch *der*; *-(e)s*, *-e*; *mst Sg*, *gespr*, *oft pej*(多用单数)[口]常用[贬]; etw., das aus verschiedenen Dingen besteht, die nicht zueinanderpassen 大杂烩: *Seit er in Amerika lebt, spricht er e-n M. aus Deutsch u. Englisch* 自从他在美国生活以来,他讲话时德语和英语混杂

Mịsch·ma·schi·ne *die*; e-e Maschine, die man auf Baustellen verwendet, um Sand, Zement, Wasser *o. Ä.* zu mischen 混合机,搅拌机 ‖ -K(复合): ***Beton-***

Mịsch·pult *das*; ein Gerät, mit dem man *z. B.* bei e-m Konzert den Klang u. die Lautstärke der verschiedenen Stimmen u. Instrumente regelt 混声器

Mị·schung *die*; -, *-en* **1. *e-e M.*** (***aus/von etw.***) etw., in dem verschiedene Dinge vorkommen 混合物,掺杂物,糅合物,交织物 ≈ Gemisch ⟨e-e gelungene, bunte M. 一次成功的、色彩缤纷的交织; e-e M. aus verschiedenen Bonbons, Kaffees 各种糖果杂拌(杂拌糖),各种咖啡的混合(混合咖啡); e-e M. von alten Schlagern, von Gefühlen 一堆杂七杂八的过时货,百感交集; e-e M. aus Wut u. Trauer 愤怒与悲痛交织在一起⟩ ‖ -K(复合): ***Gewürz-***, ***Kaffee-*** **2. *e-e M.*** (***aus etw.***) etw., das zwei verschiedenen Dingen ähnlich, aber weder genau das eine noch genau das andere ist 混合物: *Seine Musik ist e-e M. aus Rock u. Jazz* 他的音乐是摇滚乐和爵士乐的混合物 **3.** *mst*

M

Sg, *selten*（多用单数）（罕）; das Mischen (1) 混合，掺合

Mi̲sch·wald *der*; ein Wald mit Nadel- u. Laubbäumen（针叶树和阔叶树的）混交林

mi·se·ra̲·bel; *miserabler*, *miserabelst-*; *Adj*（形）**1.** *pej*［贬］; so schlecht, dass man sich darüber ärgert 糟糕的，蹩脚的，坏透了的 ↔ hervorragend ⟨ein Film, ein Vortrag, e-e Leistung, ein Wein, Essen, ein Wetter 电影，报告，成绩，酒，饭菜，天气⟩ **2.** sehr schlecht od. krank（身体）不舒服的，很痛苦的，极糟的，很惨的 ≈ erbärmlich, elend ↔ glänzend ⟨sich m. fühlen 感到身体很不舒服; j-m ist m. zumute 某人心情很不好; es geht j-m (gesundheitlich, wirtschaftlich) m. 某人身体情况、经济状况很糟⟩ **3.** *pej*［贬］; moralisch schlecht, *z. B.* faul, gemein, rücksichtslos *o. Ä.* 卑劣的，不端的，下流的 ⟨ein Charakter, ein Benehmen 性格，品行⟩ ‖ NB（注意）: *miserabel* → *ein miserabler Film*

Mi·se̲·re *die*; -, *-n*; e-e sehr schwierige Situation 困境，困厄 ≈ Notlage ⟨e-e wirtschaftliche, finanzielle M. 经济上的、金融上的困境; e-e M. überwinden 克服困境⟩

Mi̲ss *die*; -, *Mis·ses* **1.** *ohne Artikel, nur Sg*（不带冠词，只用单数）; verwendet als englische Anrede für e-e (unverheiratete) Frau（对未婚女子的英语称呼）小姐 **2.** ***Miss*** + (*Länder*)-*Name*（国名）verwendet als Ehrentitel für e-e Frau, die aus e-r Gruppe als Schönste (ihres Landes) gewählt wurde 选美比赛冠军，美女王后: *die neue Miss Germany*, *Miss World* 德国新的美女王后（新的德国小姐），世界美女王后（环球小姐）‖ K-（复合）: ***Miss-***, ***-wahl***

mi̲ss-[1] *im Adj*, *nicht produktiv*（构成形容词，非构词型）; schlecht od. mit Fehlern …不好的，…不当的，…有误的 ↔ gut-, wohl-; ***missgelaunt***, ***missgestimmt***, ***misstönend*** ⟨e-e Gitarre 吉他⟩, ***missverständlich*** ⟨e-e Formulierung 措辞⟩

mi̲ss-[2] *im Verb*, *nicht trennbar u. unbetont*, *nicht produktiv*（构成动词，不可分和非重读，非构词型）; Die Verben mit *miss-* werden nach folgendem Muster gebildet (*miss-*动词的模式如下): *missachten – missachtete – missachtet*

1. *miss-* drückt das Gegenteil der genannten Handlung aus（表示所指行为的相反）≈ nicht;

j-m/etw. misstrauen: *Sie misstraute seinen freundlichen Worten* 她不信他的花言巧语 ≈ Sie glaubte nicht, dass seine Freundlichkeit ehrlich war

ebenso（同类词有）: ***j-n/etw. missachten***, ***etw. missbilligen***, ***etw. missglückt (j-m)***, ***j-m etw. missgönnen***, ***etw. missrät (j-m)***

2. *miss-* drückt aus, dass e-e Handlung nicht so ist, wie sie sein soll（表示行为错误，不当）≈ falsch, schlecht;

j-n/etw. missbrauchen: *Er missbrauchte ihr Vertrauen u. betrog sie* 他滥用她的信任并欺骗了她 ≈ Er benutzte ihr Vertrauen zu ihm dazu, sie zu betrügen

ebenso（同类词有）: ***etw. missdeuten*** (= falsch deuten), ***j-n/ ein Tier misshandeln*** (= schlecht behandeln), ***j-n/etw. missverstehen*** (= falsch verstehen)

Mi̲ss- *im Subst*, *begrenzt produktiv*（构成名词，构词有限）**1.** verwendet, um das Gegenteil von dem zu bezeichnen, was das Substantiv nennt（表示所指事物的反义）; die ***Missachtung*** ⟨der Vorfahrt 先行⟩, das ***Missbehagen***, der ***Misserfolg***, die ***Missgunst***, das ***Missvergnügen*** **2.** verwendet, um zu zeigen, dass das, was im Substantiv genannt wird, nicht so ist, wie es sein sollte（表示所指事物失误）; die ***Missernte***, der ***Missklang***, die ***Missstimmung***, das ***Missverhältnis*** ⟨das M. zwischen Angebot u. Nachfrage 供求之间比例失调⟩, die ***Misswirtschaft***

miss·ach·ten; *missachtete*, *hat missachtet*; [Vt]（及物）**1.** ***etw. m.*** (mit Absicht) anders handeln, als es durch Regeln bestimmt ist 不重视，轻视，无视 ≈ gegen etw. verstoßen ↔ beachten ⟨ein Gesetz, e-e Verkehrsregel m. 无视法律、交通规则; die Vorfahrt m. 不重视先行规则⟩ ‖ *hierzu*（派生）**Miss·a̲ch·tung** *die*; *nur Sg*（只用单数）**2.** ***j-n/etw. m.*** j-n/etw. nicht achten, j-m/etw. nicht genügend Aufmerksamkeit geben 不尊重，忽视

Mi̲ss·bil·dung *die*; ein Lebewesen od. ein Teil davon (*z. B.* ein Organ), das nicht die normale Form hat, sondern *mst* durch e-e Krankheit verändert ist 畸形，（器官）变形 ≈ Deformation

miss·bil·li·gen; *missbilligte*, *hat missbilligt*; [Vt]（及物）***etw. m.*** etw. nicht gut finden u. es auch sagen 不同意，不赞成，反对 ⟨e-e Tat, ein Verhalten, e-e Äußerung m. 不赞同一种行为，态度，言论⟩ ‖ *hierzu*（派生）**Mi̲ss·bil·li·gung** *die*; *mst Sg*（多用单数）

Mi̲ss·brauch *der*; *mst Sg*（多用单数）; **1.** der falsche od. nicht erlaubte Gebrauch 滥用 ⟨der M. von Medikamenten, e-s Amtes, der Macht 滥用药物、职权、权力⟩ ‖ -K（复合）: ***Medikamenten-***; ***Amts-***, ***Macht-*** **2.** ***sexueller M.*** e-e (strafbare) Handlung, bei der *mst* ein Erwachsener ein Kind od. ein Mann e-e Frau dazu zwingt, mit ihm sexuellen Kontakt zu haben 强奸，性犯罪行为

miss·brau·chen; *missbrauchte*, *hat missbraucht*; [Vt]（及物）**1.** ***etw. m.*** etw. so verwenden, dass das Ergebnis für einen selbst (od. für andere) schlecht od. schädlich ist 滥用，乱用 ⟨Rechte m. 滥用权利; Alkohol, Tabletten m. 乱喝酒，乱服药片⟩: *Er hat sein Amt missbraucht, um sich zu bereichern* 他为了发财而滥用职权 **2.** ***j-n m.*** j-n zum Geschlechtsverkehr zwingen 强奸，糟蹋 ≈ vergewaltigen ⟨ein Kind, e-e Frau (sexuell) m. 诱奸小孩，强奸妇女⟩

mi̲ss·bräuch·lich *Adj*（形）; *nur attr od adv*（只作定语或状语）; nicht so wie vorgesehen, vorgeschrieben od. erwartet 胡乱的，不按规定的: *die missbräuchliche Verwendung von*

Medikamenten 乱服药物

miss·deu·ten; *missdeutete*, *hat missdeutet*; [Vt] (及物) ***etw. m.*** etw. falsch verstehen 曲解,误解 ≈ missverstehen: *Seine Absichten wurden missdeutet* 他的意图被误解了 ‖ *hierzu* (派生) **Miss·deu·tung** *die*

mis·sen [Vt] (及物) *nur in* 只用于 ***j-n/etw. nicht m. wollen/können/mögen*** ohne j-n/etw. nicht sein wollen/können/mögen 不想/不能/不愿失去、忘却、缺少、离开: *Obwohl ich mich oft einsam fühlte, möchte ich die Erfahrungen nicht m., die ich während meines Aufenthaltes im Ausland machte* 虽然我那时常常感到孤独,但我不愿忘却在国外逗留时的经历

Miss·er·folg *der*; ein sehr schlechter Ausgang für j-n 失败,不成功 ≈ Scheitern, Fehlschlag ↔ Erfolg ‹e-n M. haben, erleben, wettmachen 没成功,遭到失败,弥补失败; etw. ist ein M. 某事是一次失败›

Mis·se·tat *die*; *geschr veraltend* [书][渐旧]; e-e sehr schlechte od. illegale Tat 犯罪行为,恶行,不法行为 ≈ Verbrechen, Delikt ‖ *hierzu* (派生) **Mis·se·tä·ter** *der*

miss·fal·len; *missfällt*, *missfiel*, *hat missfallen*; [Vi] (不及物) ***j-m m.*** *geschr* [书]; j-m nicht gefallen 使不喜欢、讨厌,引起反感 ‖ *hierzu* (派生) **Miss·fal·len** *das*; *-s*; *nur Sg* (只用单数)

miss·fäl·lig *Adj* (形); *mst attr*, *geschr* (多作定语)[书]; ‹e-e Äußerung 言论› so, dass sie zeigt, dass der Sprecher etw. nicht mag 不合意的,不满意的,不喜欢的: *sich über j-n/etw. m. äußern* 对某人/某事表示不喜欢

Miss·ge·burt *die*; ein neugeborenes Kind od. Tier, das schwere Schäden (Missbildungen) hat 怪胎,畸胎

Miss·ge·schick *das*; ein Ereignis, das peinlich od. ärgerlich ist u. an dem man selbst schuld ist 倒霉事,不顺心的事,横祸 ≈ Malheur ‹j-m passiert, widerfährt ein M. 某人遭到飞来横祸›

miss·glü·cken; *missglückte*, *ist missglückt*; [Vi] (不及物) ***etw. missglückt (j-m)*** j-d hat bei etw. keinen Erfolg (物作主语) 失败,不成功 ≈ etw. misslingt (j-m) ↔ etw. glückt (j-m) ‹ein Plan, e-e Arbeit 计划,工作›

miss·gön·nen; *missgönnte*, *hat missgönnt*; [Vt] (及物) ***j-m etw. m.*** nicht wollen, dass j-d etw. hat 不愿看到,妒忌,对…眼红 ≈ j-n um etw. beneiden ↔ j-m etw. gönnen: *Er missgönnt ihr ihren Erfolg* 他妒忌她的成功 ‖ ▶ ***Missgunst***

Miss·griff *der*; e-e Handlung od. Entscheidung, die falsch war 失策,错误行动或决定 ≈ Fehler ‹e-n M. tun, machen 作出错误决定,干失策之事›: *Es war ein M., diesen guten Mann zu entlassen* 解雇这个好人是决策失误

Miss·gunst *die*; *nur Sg* (只用单数); das Gefühl, dass man nicht will, dass es j-d anderem besser geht als einem selbst 妒忌心,红眼病 ≈ Neid ‖ *hierzu* (派生) **miss·güns·tig** *Adj* (形)

miss·han·deln; *misshandelte*, *hat misshandelt*; [Vt] (及物) ***j-n/ein Tier m.*** e-n Menschen od. ein Tier grausam u. brutal behandeln 虐待,虐害,肆虐 ‹ein Kind, e-n Gefangenen, e-n Hund m. 虐待儿童、犯人、狗› ‖ *hierzu* (派生) **Miss·hand·lung** *die*

Miss·hel·lig·kei·ten *die*; *Pl*, *geschr* (复)[书] ≈ Unstimmigkeiten, Streit

Mis·si·on [-ˈsi̯oːn] *die*; -, *-en* **1.** *geschr* [书]; ein sehr wichtiger u. ernster Auftrag 使命,重任 ‹e-e historische, politische M. 历史、政治使命; e-e geschichtliche M. haben, erfüllen 怀着、完成历史使命; in geheimer M. 秘密使命› ‖ -K (复合): ***Handels-***, ***Militär-*** **2.** *geschr* [书] ≈ Delegation ‖ K- (复合): ***Missions-***, ***-chef*** **3.** *nur Sg* (只用单数); die Verbreitung e-s religiösen Glaubens (*bes* des christlichen Glaubens) in e-m Land, in dem ein anderer Glaube herrscht (在国外)传教,传道,布道 ‖ K- (复合): ***Missions-***, ***-schule***, ***-schwester***, ***-station***

Mis·si·o·nar *der*; *-s*, *-e*; j-d (*bes* ein Pfarrer od. Priester), der seinen Glauben in e-m Land, in dem ein anderer Glaube herrscht, verbreitet 传教士 ‖ *hierzu* (派生) **Mis·si·o·na·rin** *die*; -, *-nen*

mis·si·o·na·risch *Adj* (形); *mst attr* (多作定语); in Bezug auf die Mission (3) 传教的 ‹m. tätig sein 做传教工作› ‖ NB (注意): ↑ ***Eifer***

Miss·kre·dit *der*; *nur in* 只用于 **1.** ***j-n/etw. in M. bringen*** bewirken, dass j-d/etw. seinen guten Ruf verliert 使声名狼藉,败坏…的声誉 **2.** ***in M. geraten/kommen*** seinen guten Ruf verlieren 丢掉名声,失去信誉: *Durch den Skandal ist die Firma in M. geraten* 这家公司由于丑闻而名誉扫地

miss·lang *Imperfekt*, *3 Person Sg* (过去时,第三人称单数); ↑ ***misslingen***

miss·lich *Adj* (形); *nicht adv* (不作状语); nicht sehr angenehm od. erfreulich 不愉快的,尴尬的,糟糕的 ‹e-e Lage, e-e Situation, Verhältnisse 状况,情况,条件› ‖ *hierzu* (派生) **Miss·lich·keit** *die*

miss·lin·gen; *misslang*, *ist misslungen*; [Vi] (不及物) ***etw. misslingt (j-m)*** etw. wird nicht so, wie es j-d gewünscht od. geplant hat (物作主语) 失败,没成功 ≈ etw. missglückt (j-m) ↔ etw. gelingt (j-m): *Der Versuch, ihr e-e Freude zu machen, ist ihm völlig misslungen* 他想让她高兴的尝试完全失败 ‖ *hierzu* (派生) **Miss·lin·gen** *das*; *-s*; *nur Sg* (只用单数)

miss·lun·gen *Partizip Perfekt* (过去分词); ↑ ***misslingen***

Miss·ma·nage·ment *das*; *nur Sg*, WIRTSCH (只用单数)【经】; Fehler bei der Leitung e-s großen Unternehmens *o. Ä.* 经营不善,管理无方,领导失策

miss·mu·tig *Adj* (形); so, dass man dabei merkt, dass sich j-d ärgert 情绪恶劣的,心情不佳的,闷闷不乐的 ≈ schlecht gelaunt, verdrießlich ↔ fröhlich ‹ein missmutiges Gesicht machen 脸上现出一副闷闷不乐的样子; m. aussehen 看上去情绪不好›

miss·ra·ten[1]; *missrät*, *missriet*, *ist missra-*

ten; [Vi] (不及物) **etw. missrät (j-m)** ≈ etw. missglückt, misslingt (j-m): *Der Kuchen ist mir missraten* 这点心我没有做成功

miss·ra·ten² 1. *Partizip Perfekt* (过去分词); ↑ **missraten¹** 2. *Adj* (形); *mst attr, nicht adv* (多作定语, 不作状语); mit e-m schlechten Charakter, schlecht erzogen 没教育好的, 不成器的 ↔ brav, artig ‹ein Kind 孩子›

miss·riet *Imperfekt, 1. u. 3. Person Sg* (过去时, 第一和第三人称单数); ↑ **missraten¹**

Miss·stand *der*; -(e)s, *Miss·stän·de*; *mst Pl* (多用复数); ein Zustand, in dem vieles falsch, schlecht u. oft auch illegal ist 弊端, 弊病, 毛病 ‹auf soziale Missstände hinweisen 指出社会弊端; Missstände (in der Wirtschaft) aufdecken, beseitigen 揭发、消除(经济中的)弊病›

misst *Präsens, 3 Person Sg* (现在时, 单数第三人称); ↑ **messen**

miss·trau·en; *misstraute, hat misstraut*; [Vi] (不及物) **j-m / etw. m.** kein Vertrauen zu j-m/in etw. haben 不信任, 不相信, 怀疑 ↔ j-m/etw. trauen ‹Fremden m. 不相信陌生人›

Miss·trau·en *das*; *-s*; *nur Sg* (只用单数); **M. (gegen j-n / etw.)** der Zweifel daran, ob man j-m/etw. vertrauen kann 怀疑, 不信任 ≈ Argwohn ↔ Vertrauen ‹j-m M. entgegenbringen 对某人表示不信任; M. haben, hegen 抱有、持有怀疑›

Miss·trau·ens·an·trag *der*; POL【政】; **ein M. (gegen j-n / etw.)** ein Antrag im Parlament, mit dem j-d beweisen will, dass die Mehrheit der Abgeordneten die Regierung od. e-n Minister nicht mehr unterstützt 不信任提案 ‹e-n M. einbringen 提出不信任案›

Miss·trau·ens·vo·tum *das*; POL【政】 1. ein Antrag, in dem die meisten Mitglieder des Parlaments fordern, dass die Regierung ausgewechselt wird 不信任表决, 不信任案 ‹ein M. einreichen, herbeiführen 提交不信任案, 导致不信任表决› 2. **ein konstruktives M.** Ⓓ [德] e-e Aktion der Mehrheit der Abgeordneten im Bundestag, bei der sie sich weigern, den Bundeskanzler zu unterstützen, und bei der sie zugleich e-n neuen Kandidaten für sein Amt vorschlagen 建设性的不信任案

miss·trau·isch *Adj* (形); **m. (gegen j-n / etw.)** voll von Misstrauen (对…) 不信任的, 猜疑的, 多疑的 ≈ argwöhnisch ↔ arglos ‹ein Mensch 人; m. sein, werden 不信任, 变得多疑; j-n m. machen 使某人猜疑›

Miss·ver·hält·nis *das*; ein Verhältnis (1), das falsch ist od. als falsch angesehen wird 不相称, 不平衡, 不成比例, 比例不协调 ≈ Diskrepanz ‹ein krasses M. 明显的不协调›: *das M. zwischen der Zahl der männlichen u. der weiblichen Politiker* 男女政治家的人数比例失调

Miss·ver·ständ·nis *das* 1. die falsche Interpretation e-r Aussage od. Handlung 误解, 误会 ‹ein M. aufklären, beseitigen 澄清、消除误解; etw. führt zu Missverständnissen 某事导致误会›: *Hier liegt (wohl) ein M. vor* 这里(也许)存在误会 2. *mst Pl* (多用复数); ein kleiner, nicht sehr schlimmer Streit 吵闹, 磨擦, 不协调 ≈ Meinungsverschiedenheit: *Missverständnisse kommen hier immer wieder vor* 这里经常发生吵闹(摩擦)

miss·ver·ste·hen; *missverstand, hat missverstanden*; [Vt] (及物) 1. **j-n / etw. m.** e-e Äußerung od. e-e Handlung von j-m anders verstehen, als dieser es wollte 误解, 误会 2. **j-n / etw. m.** nicht richtig hören, was j-d gesagt hat 没听明白, 没听懂

Miss·wirt·schaft *die*; *mst Sg* (多用单数); Handlungen im Bereich der Wirtschaft, durch die Verluste entstehen 经营不善, 管理混乱: *Die M. des Staates hat zu Schulden geführt* 国家经济管理混乱导致负债

Mist *der*; -(e)s; *nur Sg* (只用单数) 1. e-e Mischung aus Kot, Urin u. Stroh, die man als Dünger verwendet 粪肥 ‖ K-(复合): **Mist-, -gabel, -haufen** 2. *gespr pej* [口][贬]; etw., das sehr schlecht, dumm od. wertlos ist 蠢事, 废话, 无聊的事, 胡闹 ‹M. machen, erzählen, reden 干蠢事, 讲废话, 说些无聊的事›: *So ein M.!* 真是胡闹!; *Diese Sendung im Fernsehen war der reinste M.* 这个电视节目纯粹无聊 ‖ ID [谚] **M. verzapfen** *gespr pej* [口][贬]; etw. Schlechtes od. Dummes erzählen 瞎扯, 胡说八道; **M. bauen** *gespr* [口]; (einen) Fehler machen 干傻事, 犯错; **verdammter M.!** *gespr!* [粗] verwendet, um Wut auszudrücken 真该死!; *mst* 多用 **Das ist nicht auf seinem M. gewachsen** *gespr* [口]; das ist nicht seine Idee gewesen 这不是他想出来的主意

Mis·tel *die*; -, -n; e-e Pflanze, die auf Bäumen wächst, ihre Blätter auch im Winter nicht verliert u. runde, weiße Früchte hat 槲寄生: *Die M. ist ein Schmarotzer* 槲寄生是一种寄生植物

mis·tig *Adj* (形) 1. schmutzig von Mist (1) 沾上粪的, 肮脏的 2. *gespr pej* [口][贬]; sehr schlecht 糟糕的, 恶劣的 ‹ein Wetter 天气›

Mist·kä·fer *der*; ein kleiner Käfer, der bunt glänzt u. von Mist (1) lebt 粪虫, 蜣螂, 屎壳郎

Mist·kerl *der*; *gespr! pej* [粗][贬]; verwendet als Schimpfwort für j-n, auf den man wütend ist (骂人用语) 混蛋, 畜生

Mist·kü·bel *der*; Ⓐ [奥] ≈ Abfalleimer

Mist·stück *das*; *gespr! pej* [粗][贬]; verwendet als Schimpfwort für e-e Frau, auf die man wütend ist (骂女人的话) 下流货, 贱货, 臭娘儿们

Mist·vieh *das*; *gespr! pej* [粗][贬]; verwendet als Schimpfwort für ein Tier od. e-n Menschen, wenn es/er einen geärgert hat (骂动物或人的话) 畜生, 混蛋

Mist·wet·ter *das*; *gespr pej* [口][贬]; sehr schlechtes Wetter 恶劣的天气, 鬼天气

mit¹ *Präp* (介); *mit Dat* (支配三格) 1. verwendet, um das Mittel od. Instrument zu nennen, durch das etw. getan wird (表示工具或手段) 用, 以, 借助 ≈ mittels, mithilfe: *mit Mes-*

ser u. Gabel essen 用刀、叉吃饭；*e-n Nagel mit dem Hammer in die Wand schlagen* 用锤把钉子钉在墙上；*Er fährt jeden Tag mit dem Fahrrad zur Schule* 他每天骑自行车去学校 **2.** verwendet, um auszudrücken, dass zwei od. mehrere Personen zusammen sind u. dasselbe tun 跟,同,和…一起 ↔ ohne: *Sie fuhr mit ein paar Freundinnen nach Rom* 她和几位女友一起去罗马；*Hast du Lust, mit uns in die Stadt zu gehen?* 你有兴趣和我们一起进城吗? **3.** verwendet, um auszudrücken, dass zwei Personen od. Sachen zusammen sind od. zusammen gehören 连同,包括,带,配 ↔ ohne: *Würstchen mit Kartoffelsalat* 香肠配上土豆色拉；*e-e Dose mit Bonbons* 一听糖果；*Die Übernachtung mit Frühstück kostet 40 Euro* 带早餐住一夜 40 欧元 **4.** verwendet, um e-e adverbielle Bestimmung einzuleiten, die die Art u. Weise angibt(表示行为方法)以,带着,怀着: *e-e Feier mit großer Sorgfalt organisieren* 非常认真地组织一次庆祝会；*seine Arbeit mit Freude machen* 愉快地做自己的工作；*Mit großen Schritten verließ er den Raum* 他迈着大步离开房间；*Ich hoffe, du hast das nicht mit Absicht getan!* 我希望这件事你不是故意做的! **5.** verwendet, um e-e gemeinsame Richtung auszudrücken(表示同一方向)顺,随 ↔ gegen 〈mit der Strömung schwimmen 顺流而游；mit dem Wind fahren 顺风行驶〉 **6.** zu dem genannten Zeitpunkt(表示时间)随着,在…的时候,当: *Mit 19 Jahren machte sie das Abitur* 十九岁那年她中学毕业；*Mit dem Gongschlag war es 9 Uhr* 敲锣当时是九点 **7.** verwendet nach bestimmten Verben, Substantiven u. Adjektiven, um deren Ergänzungen anzuschließen(作动词、名词和形容词的固定搭配): *mit seinem Gegner kämpfen* 跟他的对手作斗争；*Er beschäftigt sich gern mit Philosophie* 他很喜欢从事哲学研究；*Die Opposition findet sich nicht mit den Plänen der Regierung ab* 反对派不满政府的计划；*Bist du mit diesem Vorschlag einverstanden?* 你同意这一建议吗?；*Er ist mit seiner Arbeit nicht zufrieden* 他对自己的工作不满意 **8.** *Tag/Monat* **mit** *Tag/Monat regional*; von (Tag/Monat) bis einschließlich (Tag/Monat)(日/月)至(日/月): *Wir haben Montag mit Freitag von acht bis eins geöffnet* 我们周一至周五从 8 点到 1 点开门

mit² *Adv*(副)；*gespr*[口] **1.** zusammen mit einer od. mehreren Personen od. Sachen 一起,一道,也 ≈ ebenfalls, auch: *Warst du mit dabei, als der Unfall passierte?* 出事故的时候你也在场吗?；*Es gehört mit zu deinen Pflichten, pünktlich zu sein* "准时"是你的义务之一 ‖ NB(注意): *mit²* (*1*) kann auch weggelassen werden(该词可省略) **2.** ***j-d/etw. ist mit*** + *Artikel*(冠词) + *Adj im Superlativ*(形容词最高级) j-d/etw. ist eine von den Personen/Sachen, auf die die Beschreibung zutrifft(人/物作主语)是最…之一: *Er war mit der beste Spieler auf dem Platz* 他是场上最优秀的运动员之一；*Der Schutz der Umwelt ist mit die wichtigste Aufgabe für die Zukunft* 保护环境是未来最重要的任务之一

mit- *im Verb, betont u. trennbar, sehr produktiv*(构成动词,重读和可分离,构词强)；Die Verben mit *mit-* werden nach folgendem Muster gebildet (*mit-* 动词的模式如下): *mitgehen – ging mit – mitgegangen*

1. *mit-* drückt aus, dass j-d etw. (gleichzeitig) mit einer od. mehreren Personen zusammen tut 跟,同,和…一起,一道；

(***mit j-m***) ***mitspielen***: *Sie ließen den Jungen nicht* (*mit ihnen*) *mitspielen* 他们不让这男孩(同他们)一起玩 ≈ Sie wollten nicht, dass der Junge zusammen mit ihnen spielte

ebenso(同类词有): (***mit j-m***) ***mitessen***, (***mit j-m***) ***mitfahren***, (***mit j-m***) ***mitlachen***, (***mit j-m***) ***mitreden***, (***mit j-m***) ***mitregieren***, (***mit j-m***) ***mitreisen***, (***mit j-m***) ***mitziehen***

2. *mit-* drückt aus, dass j-d e-e Person od. Sache bei sich hat, wenn er irgendwohin geht随身携带,随同一起；

j-n/etw. mitnehmen: *Auf die Wanderung nahmen wir alle e-n Rucksack mit* 徒步旅行时,我们大家都随身带着背包 ≈ Alle hatten auf der Wanderung e-n Rucksack bei sich

ebenso(同类词有): ***j-n/etw. mitschleifen***, ***j-n/etw. mitschleppen***, ***j-n/etw. mittragen***, ***j-n/etw. mitziehen***

Mit- *im Subst, wenig produktiv*(构成名词,构词弱)；*Mit-* bezeichnet j-n, der zusammen mit anderen etw. tut od. etw. ist 共同,一同共有；der ***Mitbegründer***, der ***Mitbesitzer*** 〈e-r Firma 一家公司的〉, der ***Mitbewerber*** 〈um e-e Stelle 为一工作岗位〉, der ***Mitbewohner***, der ***Mitbürger*** 〈der Gemeinde 地区的〉, der ***Miteigentümer*** 〈des Hauses 房屋的〉, der ***Mitschüler*** 〈aus meiner Klasse 我班级的〉, der ***Mitschuldige***, der ***Mitspieler*** 〈im Team 小组里的〉, der ***Mittäter***, der ***Mitverdiener*** 〈in e-r Familie 一家的〉, der ***Mitverfasser*** 〈e-s Buchs 一本书的〉, die ***Mitwirkenden*** 〈e-r Theateraufführung 对剧院上演的〉, der ***Mitwisser*** 〈des Verbrechens 对罪行的〉

mit·ar·bei·ten (*hat*) Vi (不及物) **1.** (***irgendwo***) ***m.*** e-n Teil e-r Arbeit machen 共同参与工作 〈an/bei e-m Projekt m. 共同参与一项工程〉 **2.** im Unterricht zuhören, Fragen stellen u. freiwillig Fragen beantworten(在教学中)协同工作,合作,配合工作 ≈ mitmachen ‖ *hierzu*(派生) **Mit·ar·beit** *die*

Mit·ar·bei·ter *der* **1.** j-d, der in e-m Betrieb angestellt ist 同事 〈e-n neuen M. suchen, ausbilden 寻找、培养一位新的同事；ein Unternehmen mit 50 Mitarbeitern 有 50 位同事的企业〉 **2.** j-d, der an e-r Zeitung, e-m Projekt *o. Ä.* mitarbeitet, ohne fest angestellt zu sein 合作者,协作者 〈ein freier, ständiger M. beim Rundfunk 电台工作中自由的、固定的合作者〉 ‖ NB(注意): Der Chef sagt: „meine Mitarbeiter", die Angestellten sprechen von ihren „Kollegen" (上司说同事用„meine Mitarbeiter", 雇员则用„Kollegen") ‖

M

hierzu（派生）**Mịt·ar·bei·te·rin** *die*

mịt·be·kom·men; *bekam mit, hat mitbekommen*; [Vt]（及物）**1. etw.（von etw.）m.** *gespr*［口］; etw. hören, sehen, verstehen *o.Ä.* 听懂,看懂,弄明白: *Sie war so müde, dass sie von dem Film kaum etwas mitbekommen hat* 她累得不行,这电影几乎什么也没有看进去; *Hast du überhaupt mitbekommen*, was ich *gesagt habe?* 你压根儿就没有听明白我说什么? **2. etw.（von etw.）m.** *gespr*［口］≈ erfahren: *Hast du mitbekommen*, dass *er ein Fest machen will?* 你听说他要搞一个庆祝会吗? **3. etw.（von j-m）m.** etw. von j-m bekommen, das man auch mitnimmt（临行时）得到（随身备用之物）↔ j-m etw. mitgeben: *Er hat von seiner Mutter ein bisschen Geld für den Ausflug mitbekommen* 这次外出旅行,他从母亲那里得到一点钱

mịt·be·stim·men; *bestimmte mit, hat mitbestimmt*; [Vi]（不及物）（**über etw.**（*Akk* 四格））**m.** etw. zusammen mit anderen entscheiden 共同决定,参与决策〈m. dürfen 允许参与决策〉

Mịt·be·stim·mung *die*; *nur Sg*（只用单数）; **die M.（über etw.**（*Akk* 四格））das Recht der Mitarbeiter in e-m Betrieb, zusammen mit der Leitung des Unternehmens über Dinge zu entscheiden, die den Betrieb betreffen 共同决定,共决权〈die betriebliche M. 企业共同决定〉: *Die Gewerkschaften kämpfen um mehr M.* 工会为获得更多的共决权而斗争 ‖ K-（复合）: **Mitbestimmungs-, -gesetz, -recht**

mịt·bie·ten（*hat*）[Vi]（不及物）（zusammen mit anderen）auch etw. bieten (7)（与他人同时）一起叫牌（出价）: *bei e-r Versteigerung m.* 在拍卖时同时叫牌（出价）

mịt·brin·gen（*hat*）[Vt]（及物）**1. j-n/etw. m.** j-n/etw. bei sich haben, wenn man irgendwohin kommt 带回,领来,携带来 ↔ allein kommen: *e-n Freund nach Hause m.* 带着一个朋友回家 **2.（j-m）etw. m.** etw.（als Geschenk）bei sich haben, wenn man j-n besucht 随身带来,送来（礼物）: *e-r Freundin Blumen m.* 给女友带来鲜花 **3. etw.（für etw.）m.** e-e bestimmte Fähigkeit haben, die für etw. nützlich ist 具有,具备（指能力）: *das nötige Fachwissen für e-n Job m.* 具有干一种工作必要的专业知识

Mịt·bring·sel *das*; *-s, -*; *gespr*［口］; ein kleines Geschenk, das man j-m *bes* von e-r Reise mitbringt 旅行带回来的小礼物

mịt·den·ken（*hat*）[Vi]（不及物）**1.** konzentriert zuhören u. versuchen, die einzelnen Gedanken des Sprechers zu verstehen 用心领会 **2.** so arbeiten, dass man sich genau überlegt, was zu tun ist 认真考虑,积极思考: *Für diese Arbeit brauchen wir j-n, der mitdenken kann* 我们需要能认真思考的人来做这项工作

mịt·dür·fen（*hat*）[Vi]（不及物）（**mit j-m**）**m.** *gespr*［口］; die Erlaubnis haben, mit j-m irgendwohin zu gehen od. zu fahren 可以同行,允许同往

mịt·ei·nan·der *Adv*（副）; eine Person/Sache mit der anderen 一起,共同,一同,相互 ≈ zusammen, gemeinsam: *m. spielen, streiten, korrespondieren* 一起玩耍,互相争吵,相互通信

mịt·er·le·ben; *erlebte mit, hat miterlebt*; [Vt]（及物）**etw. m.** dabei sein, wenn etw. geschieht 亲身经历,一起度过: *Er hat den Krieg noch miterlebt* 他还亲身经历了那场战争; *Hast du schon einmal miterlebt*, wie *ein Unfall passiert ist?* 你亲身经历过一次事故吗?

Mịt·es·ser *der*; *-s, -*; ein kleiner weißer od. schwarzer Punkt auf der Haut, wo e-e Pore verstopft ist 粉刺,痤疮〈e-n M. haben, ausdrücken 有、挤掉粉刺〉‖ NB（注意）: ↑ **Pickel**

mịt·fah·ren（*ist*）[Vi]（不及物）dabei sein, wenn j-d/etw. irgendwohin fährt 一起坐车、乘船去: *nach Kanada, mit den Eltern, in den Urlaub m.* 一起去加拿大,与父母一起去度假 ‖ *hierzu*（派生）**Mịt·fah·rer** *der*; **Mịt·fah·re·rin** *die*

Mịt·fahr|ge·le·gen·heit *die*; die Möglichkeit, für wenig Geld in j-s Auto mitzufahren 搭车机会; *Abk* 缩写 MFG〈e-e M. anbieten, vermitteln, suchen 提供、介绍、寻找搭车机会〉

Mịt·fahr|zent·ra·le *die*; ein Büro, das Autofahrer u. Mitfahrer zusammenbringt, die zum selben Ort fahren wollen u. sich die Kosten dafür teilen 提供搭车机会的服务中心

mịt·flie·gen（*ist*）[Vi]（不及物）bei e-m Flug dabei sein 一起飞往,同飞〈in e-r Maschine, auf e-m Flug m. 乘同一架飞机,搭同一个航班〉

mịt·füh·len（*hat*）[Vi]（**mit j-m**）**m.** Mitgefühl haben 有同感,同情 ≈ an etw. Anteil nehmen: *mitfühlende Worte sprechen* 说些富有同情心的话

mịt·füh·ren（*hat*）[Vt]（及物）**1. etw. m.** etw. bei sich haben 随身携带,一起带着: *viel Gepäck m.* 随身带许多行李 **2. etw. führt etw. mit** ein Bach, Fluss *o.Ä.* schwemmt（= transportiert）Sand, Steine *o.Ä.* an e-e andere Stelle（物作主语）夹带…冲流而去,冲走: *Dieser Fluss führt nach jedem Gewitter viel Holz mit* 每次暴雨后,这条河总要冲走许多木材

mịt·ge·ben（*hat*）[Vt]（及物）**1. j-m etw. m.** j-m, der weggeht, etw. geben, das er dann mit sich nimmt 给…随身带上,捎上 ↔ mitnehmen: *den Kindern Brot（in die Schule）m.* 给小孩带上面包（上学）**2. j-m j-n m.** j-m e-n Begleiter geben 给…配备,派…陪同: *den Touristen e-n Ortskundigen als Bergführer m.* 给旅游者配备一位熟悉当地情况的人作山地向导

mịt·ge·fan·gen *mst in* 多用于 **mitgefangen, mitgehangen** ↑ **mitgehen**

Mịt·ge·fühl *das*; das traurige Gefühl, das man spürt, wenn andere Schmerzen, Trauer *o.Ä.* haben 同情,同情心 ≈ Anteilnahme〈M. haben, zeigen 有同情心,表示同情; sein M. äußern 表达自己的同情〉

mịt·ge·han·gen *mst in* 多用于 **mitgegangen, mitgehangen** ↑ **mitgehen**

mịt·ge·hen（*ist*）[Vi]（不及物）**1.** mit j-m irgendwohin gehen 同往，同去，陪同前往 ≈ j-n irgendwohin begleiten：*Willst du nicht zur Party m.?* 你不想一起去参加聚会吗？**2.** seine Stimmung von etw. anregen lassen 被吸引住，着迷〈bei e-m Konzert, mit der Musik m. 在一次音乐会上听得着了迷，与音乐情感交融在一起〉**3.** ***etw. m. lassen*** *gespr*［口］；etw. stehlen 偷走 ‖ ID［谚］***mitgegangen***，（***mitgefangen***，）***mitgehangen*** man ist auch dann für etw. verantwortlich, wenn man nur passiv daran beteiligt war 即使跟着干也要受连累）

Mit·gift *die*；-，*-en*；*mst Sg*（多用单数）；das Vermögen, das Eltern ihrer Tochter in die Ehe mitgeben 嫁妆 ‖ K-（复合）：***Mitgift-***，***-jäger***

Mit·glied *das*；j-d, der zu e-r（*mst* organisierten）Gruppe（*z. B.* zu e-m Verein od. zu e-r Partei）gehört 成员，会员〈ein aktives, passives, zahlendes, langjähriges M. 积极的、消极的、交纳会费的、长年的成员；die Mitglieder der Familie 家庭成员；irgendwo M. sein, werden 是、成为（某组织的）成员；Mitglieder werben 招募会员；j-n als M. aufnehmen 接收某人为会员〉‖ K-（复合）：***Mitglieds-***，***-ausweis***，***-beitrag***，***-karte*** ‖ -K：***Familien-***，***Gewerkschafts-***，***Partei-***，***Vereins-***

mit·ha·ben（*hat*）**Vt**（及物）***etw. m.*** *gespr*［口］；etw. bei sich haben 随身带着，携带 ≈ dabeihaben：*Hast du deinen Ausweis mit?* 你带着自己的身份证了吗？

mit·hal·ten（*hat*）**Vi**（不及物）（***mit j-m***）***m.*** genauso gut wie ein anderer（bei e-r Tätigkeit）sein（与…）并驾齐驱，赶上，跟上：*Nach e-r Stunde Rudern konnte er*（*mit den anderen*）*nicht mehr m.* 划船划了一个小时后他再也赶不上别人了；*beim Bergsteigen nicht mehr m. können* 登山时无法赶上别人

mit·hel·fen（*hat*）**Vi**（不及物）j-m helfen, etw. zu tun 帮助，协助 ≈ mitarbeiten（1）：*Ihre Kinder müssen zu Hause viel m.* 你们的孩子应该在家里多帮忙干点活 ‖ *hierzu*（派生）**Mit·hil·fe** *die*；*nur Sg*（只用单数）

mit·hil·fe, mit Hil·fe *Präp*（介）；*mit Gen*（支配二格）；**1.** mit j-s Unterstützung 靠某人帮助，由于某人协助：*Der Umzug gelang problemlos m. einiger Freunde* 由于一些朋友帮忙搬家顺利搬完了 **2.** unter Zuhilfenahme einer Sache 帮助，凭借：*m. des neuen Computers die Aufgaben schneller lösen* 用新电脑更快解出习题；*den Text m. des Wörterbuches übersetzen* 借助字典翻译文章 ‖ NB（注意）：auch adverbiell verwendet mit *von*（也可以和 von 连用）：*m. von Alkohol desinfizieren* 用酒精消毒

mit·hin *Adv*（副）≈ folglich

mit·hö·ren（*hat*）**Vt/i**（及物/不及物）**1.**（***etw.***）***m.*** zufällig *mst* ein Gespräch hören, das nicht für einen bestimmt ist 偶而听到，无意听到：*Die Wände sind so dünn, dass die Nachbarn jeden Streit m.* 墙很薄，邻居听得见每次吵架 **2.**（***etw.***）***m.*** j-n überwachen, indem man heimlich seinen Gesprächen zuhört 偷听，窃听，监听

mit·kom·men（*ist*）**Vi**（不及物）**1.**（***mit j-m***）***m.*** mit j-m zusammen irgendwohin gehen od. kommen 同来/去，（陪…）一起去/来 ≈ j-n begleiten：*Will er mit uns auf die Party m.?* 他愿意跟我们一起去参加聚会吗？**2.**（***mit j-m***）***m.*** *gespr*［口］；das machen können, was verlangt wird 能跟上（要求）〈in der Schule, im Unterricht gut, schlecht, nicht m. 在学校、在课堂上能跟上、很难跟上、跟不上〉**3.**（***mit j-m***）***m.*** *gespr*［口］；genauso schnell etw. machen können wie j-d anderer 跟上（速度）≈（mit j-m）mithalten：*Geh nicht so schnell, ich komme nicht mehr mit* 别走那么快，我跟不上 **4.** ***nicht***（***mehr***）***m.*** *gespr*［口］；etw. nicht（mehr）verstehen können 不能理解：*Erst wollte er das Klavier haben, jetzt verkauft er es schon wieder – ich komme da einfach nicht mit* 先是他想要这架钢琴，现在他又把它卖掉——我简直不能理解

mit·kön·nen（*hat*）**Vi** *gespr*（不及物）［口］**1.**（***mit j-m***）***m.*** die Möglichkeit haben, j-n zu begleiten 能陪同，能同去：*Ich habe keine Zeit, ich kann nicht mit* 我没有空，不能一起去 **2.**（***mit j-m***）***m.*** ≈ mitdürfen：*Kann ich mit, wenn ihr ins Kino geht?* 你们去看电影，我能一块儿去吗？

mit·krie·gen（*hat*）**Vt**（及物）***etw. m.*** *gespr*［口］≈ mitbekommen

mit·las·sen（*hat*）**Vt**（及物）***j-n m.*** *gespr*［口］；j-m erlauben, irgendwohin mitzugehen od. mitzufahren 允许（让）…一起去

mit·lau·fen（*ist*）**Vi**（不及物）**1.**（***mit j-m***）***m.*** mit j-m zusammen irgendwohin laufen 一起跑，跟着跑 **2.** ***etw. läuft***（***nebenher***）***mit*** *gespr*［口］；j-d tut etw. gleichzeitig mit e-r anderen, wichtigeren Arbeit（物作主语）同时进行，同时解决

Mit·läu·fer *der*；*pej*［贬］；j-d, der e-e（*mst* negativ beurteilte）politische Bewegung od. Organisation unterstützt, ohne aktiv zu sein 随大流者，消极的追随者，同路人

Mit·laut *der* ≈ Konsonant ↔ Selbstlaut

Mit·leid *das*；das Gefühl, dass man e-m Menschen helfen od. ihn trösten möchte, wenn man sieht, dass er traurig od. in Not ist 同情，同情心〈M. mit j-m haben 对某人怀有同情心；M. empfinden 感到同情；M. erregen 引起同情〉‖ *hierzu*（派生）**mit·leid·er·re·gend, Mit·leid er·re·gend** *Adj*（形）；**mit·lei·dig** *Adj*（形）；**mit·leid(s)·los** *Adj*（形）；**mit·leid(s)·voll** *Adj*（形）

mit·lei·den（*hat*）**Vi**（不及物）auch leiden, wenn andere leiden 同情，怜悯 ≈ mitfühlen：*mit e-m gequälten Tier m.* 怜悯一只受折磨的动物

Mit·lei·den·schaft *die*；*mst in* 多用于 ***j-d/etw. wird in M. gezogen*** j-m/etw. wird Schaden zugefügt（*mst* als Nebenwirkung e-s unangenehmen Zwischenfalls）（人/物作主语）遭到牵连/损失：*Durch die Explosion in der Fabrik wurden auch die benachbarten Häuser in M. gezogen* 由于工厂里发生爆炸，附近的房屋也遭受损

M

失

mit·le·sen (*hat*) Vt/i (及物/不及物) (**etw.**) **m.** gleichzeitig lesen, was j-d spricht od. auch liest 同时读,跟着看: *den Text m., während j-d Theater spielt* 当某人演戏的时候,同时读戏文; *über j-s Schulter blicken u. m.* 视线越过某人的肩膀跟着一起阅读

mit·lie·fern (*hat*) Vt (及物) **etw. m.** etw. (mir e-r Ware) gleichzeitig od. zusätzlich liefern 一起交货,同时供应: *Die Kabel werden mit dem Fernseher gleich mitgeliefert* 电缆和电视机立即一起交货

mit·ma·chen (*hat*) *gespr* [口]; Vt (及物) **1. etw. m.** ≈ an etw. teilnehmen: *e-n Wettbewerb m.* 参加竞赛 **2. etw. m.** e-e Arbeit *o. Ä.* zusätzlich (zur eigenen) machen 帮着干,顺手替干: *Als sie krank war, machten die Kollegen ihre Arbeit mit* 当她病的时候,同事们顺手替她把工作干了 **3. etw. m.** schwierige od. harte Zeiten erleben 经受(艰难) ≈ erdulden, durchmachen: *Seit ihr Mann trinkt, macht sie e-e Menge mit* 自从她丈夫喝酒以来,她经受了许多磨难 ‖ ID [谚] *mst* 多用 ***Da machst du was mit! / Da macht man was mit!*** *gespr* [口]; man muss viel ertragen, was einem unangenehm ist 人总要经受苦难!; Vi (不及物) **4.** (**bei etw.** / **an etw.** (*Dat* 三格)) **m.** ≈ an etw. teilnehmen **5. etw. macht** (**nicht mehr**) **mit** etw. (*bes* Körperorgane od. Maschinen) funktionieren od. sind (nicht mehr) so, wie man es erwartet(物作主语)(不)灵,经受(不)住: *Er musste kurz vor dem Gipfel umkehren, weil sein Herz nicht mehr mitmachte* 快到山顶时,他心脏受不了了,不得不打退堂鼓

Mit·mensch *der*; *-en*, *-en*; *mst Pl* (多用复数); die Menschen, mit denen man zusammen in der Gesellschaft lebt 周围的人,别人

mit·mi·schen (*hat*) Vi (不及物) **irgendwo m.** *gespr*, *oft pej* [口]常用[贬]; bei etw. seinen Einfluss ausüben(在…方面)插一手,施加影响: *Er will überall m.* 他想到处插手

mit·mö·gen (*hat*) Vi *gespr* (不及物) [口] ≈ mitwollen

mit·müs·sen (*hat*) Vi (不及物) (**mit j-m**) **m.** *gespr* [口]; gezwungen sein od. werden, mit j-m irgendwohin zu gehen od. zu fahren 必须同去,得一起前往: *Muss ich wirklich mit? Ich möchte lieber zu Hause bleiben* 真的要我一起去吗?我宁可留在家里

mit·neh·men (*hat*) Vt (及物) **1. j-n / etw.** (**irgendwohin**) **m.** j-n/etw. bei sich haben, wenn man irgendwohin geht, fährt *o. Ä.* 顺便带上、带去: *Nimm bitte den Brief mit, wenn du in die Stadt gehst* 你进城的话,顺便把信带上 **2. etw. nimmt j-n / etw. mit** etw. belastet j-n/etw. so stark, dass es negative Folgen hat(物作主语)使憔悴,使疲惫不堪,使心力交瘁 〈arg mitgenommen aussehen 看上去很憔悴〉: *Die Ereignisse der letzten Woche haben sie arg mitgenommen* 上一周发生的事情弄得她心力交瘁 **3. etw. m.** *gespr* [口]; e-e Gelegenheit nutzen, um etw. Angenehmes zu erleben 抓住机遇享用,乘机利用: *alles m., was einem im Urlaub angeboten wird* 尽情享受在假期中提供的一切机会 **4. etw. m.** *gespr* [口]; etw. so berühren, dass sich ein Teil davon löst 使受损,蹭掉: *Er fuhr so scharf in die Kurve, dass er e-n Teil der Mauer mitnahm* 他开车拐弯太猛,把墙蹭掉了一块皮

mit·nich·ten *Adv* (副); *veraltend od hum* [渐旧]或[诙] ≈ auf keinen Fall, keineswegs

mit·rau·chen Vt/i (及物/不及物) **1.** (**mit j-m**) (**etw.**) **m.** mit (e-m) anderen zusammen rauchen 同抽(烟),一起抽(烟): *Rauchst du eine mit?* 一块抽一支吗?; Vi (不及物) **2.** den Rauch einatmen müssen, den ein Raucher produziert 被动吸烟 ‖ *zu* (义项) **2. Mit·rau·cher** *der*

mit·rech·nen (*hat*) Vt (及物) **etw. m.** etw. in e-r Rechnung berücksichtigen 把…一起计算,把…计算进去 ≈ einbeziehen: *die Nebenkosten m.* 把杂费一起计算在内

mit·re·den (*hat*) Vi (不及物) **1.** (**mit j-m**) (**bei etw.**) **m.** in e-m Gespräch etw. Sinnvolles sagen können, weil man vom Thema etwas weiß 参加谈话,参与意见: *Bei diesem Thema kann ich leider nicht m., ich verstehe nichts davon* 遗憾这个题目我无法参加谈话(发表意见),这方面我一点也不懂 **2.** (**bei etw.**) **m.** ≈ (etw.) mitbestimmen

mit·rei·ßen (*hat*) Vt (及物) **1. j-n / etw. m.** (wenn j-d/etw. fällt, stürzt *o. Ä.*) j-n/etw. mit sich fortreißen 把…一起拖走、冲走、卷走: *Die Wassermassen rissen den Damm mit* 大水把堤坝冲垮了 **2. j-n m.** bewirken, dass j-d dieselbe Begeisterung, Freude *o. Ä.* verspürt, die man selbst hat 吸引住,使人迷 ≈ begeistern 〈e-e mitreißende Rede, Musik 感人的演说、音乐〉: *Das temperamentvolle Spiel der beiden Teams riss das gesamte Publikum mit* 两队生龙活虎的比赛吸引住了全体观众

mit·sam·men *Adv* (副); *südd* Ⓐ [南德][奥] ≈ miteinander

mit·samt *Präp* (介); *mit Dat* (支配三格); gemeinsam, zusammen mit 与、同、跟、和…一起,连同 ≈ mit ↔ ohne: *Er kam m. der ganzen Familie* 他和全家一起来了; *Sie verkaufte die Wohnung m. den Möbeln* 她把房子连同家具一起卖掉了

mit·schi·cken (*hat*) Vt (及物) **j-n / etw.** (**mit j-m / etw.**) **m.** j-n/etw. mit j-d/etw. anderem zusammen irgendwohin schicken 派…陪同/将…(连同…)一起发出、寄出: *ein Foto mit dem Brief m.* 将照片连同信一起寄出

mit·schnei·den (*hat*) Vt (及物) **etw. m.** etw. auf e-n Film, ein Tonband aufnehmen 将…录制下来: *ein Gespräch m.* 把一次谈话录制下来 ‖ *hierzu* (派生) **Mit·schnitt** *der*

mit·schrei·ben (*hat*) Vt/i (及物/不及物) **1.** (**etw.**) **m.** etw. schreiben, während es j-d spricht 把(谈话)笔录下来: *m., was j-d diktiert* 把某人口授内容笔录下来; *e-n Vortrag m.* 把报告随即记录下来 **2.** (**etw.**) **m.** an e-r schriftlichen Prüfung teilnehmen 参加笔试 〈die Klausur m. 参加闭卷考试〉

mit·schul·dig *Adj*（形）；*ohne Steigerung*（无变级）；（***an etw.***（*Dat* 三格））***m.*** 〈e-e Person 人〉 so, dass sie e-n Teil der Schuld hat 连带有错的，共犯的：*Er war an dem Unfall m.* 在这次事故中他也有错 ‖ *hierzu* 派生 **Mit·schuld** *die*

Mit·schü·ler *der*；*bes* ein Kind, das zusammen mit anderen in e-e bestimmte Klasse od. Schule geht（同校或同班的）同学〈meine, deine *usw*. Mitschüler 我的、你的同学；ein M. von j-m / + *Gen*（二格）某人的同学〉：*Ich habe heute zufällig e-n ehemaligen M.*（*von mir*）*wiedergetroffen* 今天我偶然又碰到了以前的同学 ‖ *hierzu*（派生）**Mit·schü·le·rin** *die*

mit·sin·gen（*hat*）Vt/i（及物/不及物）（***etw.***）***m.*** ein Lied singen, das j-d auf e-m Instrument spielt od. das andere singen 跟着唱，和唱，一起唱

mit·sol·len（*hat*）Vi（不及物）（***mit j-m***）***m.*** *gespr*［口］；（mit j-m）irgendwohin mitgehen od. mitkommen sollen 该一块去（来），该陪着去（来）

mit·spie·len（*hat*）Vi（不及物）**1.** mit anderen zusammen spielen 参与表演（比赛、赌博、玩耍）：*in e-r Band m.* 在同一个乐队一起演奏；*Wir spielen Karten – spielst du mit?* 我们在玩牌——你一块玩吗？**2.** ***etw. spielt***（***bei j-m / etw.***）***mit*** etw. beeinflusst etw.（als e-r von mehreren Faktoren）（物作主语）（对…）有影响，是（在…方面）的因素之一：*Bei ihrem Entschluss spielte mit, dass sie im Ausland bleiben wollte* 她想留在国外，这对她作决定有影响（是她作出决定的因素之一）**3.** ***j-m übel / hart / schlimm / grausam m.*** j-m das Leben od. e-e bestimmte Situation schwer machen u. ihm schaden 把…折磨苦了，使备受磨难，使处境困难：*Diese schreckliche Krankheit spielt ihm übel mit* 这种可怕的疾病把他折磨苦了 **4.**（***bei etw.***）***m.*** nichts gegen j-n / etw. tun, etw. nicht verhindern 配合，合作，不阻挠，不反对：*Wenn das Wetter mitspielt, gehe ich morgen baden* 老天要是帮忙，我明天去游泳；*Ich würde gerne allein in Urlaub fahren, aber da spielen meine Eltern nicht mit* 我很想独自去度假，但我父母反对 ‖ *zu*（义项）**1. Mit·spie·ler** *der*；**Mit·spie·le·rin** *die*

Mit·spra·che·recht *das*；das Recht, bei e-r Entscheidung mitbestimmen zu dürfen 参加意见的权利，参与决定权，发言权〈j-m ein M. einräumen, zugestehen 给予、承认某人参与决定权〉

Mit·strei·ter *der*；j-d, der gemeinsam mit（e-m）anderen für od. gegen etw. kämpft 战友

Mit·tag *der*；*-s*, *-e* **1.** *nur Sg*（只用单数）；zwölf Uhr am Tag 正午，中午 ↔ Mitternacht〈vor, gegen, nach M. 正午前，近正午的时候，正午后；jeden M. 每天中午；an e-m M. / e-s Mittags 一天中午〉：*Es ist M., die Kirchturmuhr schlägt gerade zwölf* 现在是中午，教堂塔钟刚敲十二点 **2.** die（Tages）Zeit zwischen ungefähr 11 u. 14 Uhr 中午（时分），晌午 ↔ Vormittag, Nachmittag〈gegen, über（= während）M. 接近中午，正当中午时候〉：*Viele Geschäfte schließen über M.* 许多商店中午关门 ‖ K-（复合）：***Mittag-***，***-essen***；***Mittags-***，***-hitze***，***-mahl***（***zeit***），***-pause***，***-ruhe***，***-schlaf***，***-sonne***，***-stunde***，***-zeit*** ‖ -K（复合）：***Sonntag-***，***Montag-*** *usw* **3.** am M.（1, 2）在中午〈gestern, heute, morgen M. 昨天、今天、明天中午〉‖ NB（注意）：mit Namen von Wochentagen zusammengeschrieben（与星期几连写）：*Er kam Freitagmittag* 他星期五中午来过 **4.** *nur Sg*（只用单数）；e-e（Arbeits）Pause während des Mittags（2）午休 ≈ Mittagspause〈M. machen 歇午休〉：*Wir haben jetzt M., kommen Sie um halb drei wieder* 我们现在午休，请二点半再来 **5.**（***zu***）***M. essen*** zwischen 12 und 14 Uhr etw. *mst* Warmes essen 吃午饭 ‖ *zu*（义项）**1.** u. **2. mit·täg·lich** *Adj*（形）；*nur attr*, *nicht adv*（只作定语，不作状语）

> **Die Mittagspause 午休，午间休息**
>
> Die Mittagspause in der Arbeit ist in Deutschland normalerweise zwischen einer halben und einer Stunde lang. Die Mehrzahl der Deutschen isst in der **Kantine** der Firma oder des Amts, die zu einem günstigen Preis ein warmes Mittagessen, Salate oder belegte Brötchen anbietet.
> An allen deutschen Universitäten gibt es für die Studenten eine **Mensa**, in der sie mittags günstig essen können.
>
> 工作时的午休在德国通常为半小时至一小时。多数德国人都在公司或机关的**职工食堂**吃饭，食堂以优惠价格供应热的午餐，凉拌菜或夹肉面包。
>
> 在德国的所有大学都有供大学生用餐的**学生食堂**，中午大学生们可以在这里优惠用餐。

mit·tags *Adv*（副）；am Mittag（1, 2）中午 ↔ morgens, abends

Mit·te *die*；*-*, *-n*；*mst Sg*（多用单数）**1.** der Teil, der *z. B.* bei e-m Kreis von allen Teilen des Randes gleich weit entfernt ist 中心，中间 ≈ Zentrum, Mittelpunkt ↔ Rand, Anfang, Ende〈die M. e-r Fläche, e-s Gebiets, e-r Gruppe, e-s Körpers, e-s Raumes, e-r Strecke, e-s Zeitraumes 场地、地区、小组、躯体、空间、地段、时段的中心；in der M. sein, stehen, liegen *usw* 在、站在、处于正中；in die M. gehen 到中间去〉：*In der M. des Saales hing e-e große Lampe von der Decke* 礼堂正中的天花板顶上挂着一盏大灯；*Kirschen haben in der M. e-n harten Kern* 樱桃中间有一个坚核；*Zur / Gegen M. des Monats wurde das Wetter besser* 接近月中天气变好了 ‖ K-（复合）：***Mitt-***，***-sommer***，***-sommernacht***，***-winter*** ‖ -K（复合）：***Jahrhundert-***，***Kreis-***，***Lebens-***，***Monats-***，***Orts-***，***Stadt-***，***Tages-***，***Wochen-***，***Zimmer-*** **2.**

M

M. + *Zeitangabe*（时间说明语）in der M.（1）des genannten Zeitraumes…中旬：*Der Vertrag gilt bis M. April* 这份合同到四月中旬仍有效；*M. 1995*，*M. des nächsten Jahres*，*M. nächster Woche* 1995 年年中，来年年中，下周中 **3. M.** + *Zahl*（数字）ungefähr so alt wie die genannte Zahl plus etwa 4 bis 6 Jahre 大约，左右，上下（在所指年龄上约加 4 至 6 岁）〈M. zwanzig, dreißig, vierzig *usw* sein 25 岁、35 岁、45 岁上下〉‖ K-（复合）：**Mitt-**，**-zwanziger**（**in**），**-dreißiger**（**in**），**-vierziger**（**in**）*usw* **4.** e-e Gruppe von Leuten, die keine extremen politischen Meinungen haben 中间派 ↔ Linke, Rechte〈e-e Koalition, e-e Partei, ein Politiker der M. 中间派联合政府、政党、政治家〉**5. die goldene M.** ein Kompromiss, ein Standpunkt *o. Ä.* zwischen zwei Extremen 中间立场，调和折中态度 **6. in/aus j-s M.** in/aus e-r Gruppe von Personen, die zusammen sind 在…中间/从…中间：*In unserer M. befindet sich ein Verräter* 在我们之间有叛徒；*Er wurde aus der M. seiner Familie gerissen* 他被夺去生命，离开了一家老小；*Der Vorschlag stammt aus eurer M.* 这建议是你们中间的人提的 **7. j-n in die M. nehmen** so gehen, sitzen, stehen *o. Ä.*, dass j-d zwischen anderen Personen ist 让…走、坐、站在中间 ‖ ID［谚］**Ab durch die M.!** *gespr*［口］；verwendet, um j-n aufzufordern,（schnell）wegzugehen 赶快走开！；*mst* 多用 **Er/Sie wurde aus unserer M. gerissen** *geschr*［书］；er/sie ist tot 他/她已离开了我们（去世了）

mit·tei·len（*hat*）**Vt**（及物）**1. j-m etw. m.** etw. sagen, schreiben *o. Ä.*, damit j-d es erfährt 告知，通知 ↔ verschweigen〈j-m etw. brieflich, schriftlich, mündlich, telefonisch, offiziell, vertraulich m. 写信、书面、口头、电话、正式、秘密通知某人某事〉：*Er teilte uns mit, dass er verreisen würde* 他告诉我们他要外出旅行；*Es wurde mir nicht mitgeteilt, wann er fährt* 没有通知我他什么时候动身；*Sie hat uns ihre neue Adresse noch nicht mitgeteilt* 她还没有告诉我们她的新地址；**Vr**（反身）**2. sich j-m m.** mit j-m über die eigenen Gefühle, Gedanken sprechen 向…倾诉衷情、说心里话 ≈ sich j-m anvertrauen

mit·teil·sam *Adj*（形）；〈e-e Person 人〉so, dass sie gern über ihre Gedanken od. Gefühle spricht 心直口快的，直性子的 ≈ gesprächig

Mit·tei·lung *die*；-，*-en*；etw., das man j-m mitteilt（1）通知，消息，告知 ≈ Nachricht〈e-e vertrauliche M. 秘密的通知；(j-m) e-e M. machen 通知某人〉‖ K-（复合）：**Mitteilungs-**，**-bedürfnis**，**-drang**

Mit·tel *das*；*-s*，- **1. ein M.**（**zu etw.**）etw., mit dessen Hilfe man etw. tun od. erreichen kann 手段，办法，方法，措施〈ein einfaches, sicheres, wirksames, untaugliches, unfaires M 简单的、有把握的、有效的、不中用的、不正当的办法；politische, rechtliche, unlautere Mittel 政治的、法律的、不正当的手段；ein M. anwenden, einsetzen, benutzen 运用、使用、利用一种手段；zu e-m M. greifen 采取措施；kein M. unversucht lassen 不择手段；etw. mit allen Mitteln tun, versuchen 想尽一切办法去做，想方设法去尝试某事；j-m ist jedes M. recht 某人不惜采用一切手段〉：*Schweigen ist ein gutes M.*, um *sie zu ärgern / wenn man sie ärgern will / mit dem man sie ärgern kann* 沉默是气她的/想气她的/能惹她生气的好办法 ‖ -K（复合）**Abschreckungs-**，**Arbeits-**，**Beweis-**，**Druck-**，**Kampf-**，**Nahrungs-**，**Orientierungs-**，**Transport-**，**Unterrichts-**，**Verkehrs-**；**Behelfs-**，**Hilfs- 2. ein M.**（**für/zu etw.**）e-e（chemische）Substanz als M.（1）制剂，物品，药剂：*In der Flasche ist ein M. zum/für das Reinigen von Pinseln* 在瓶里装的是洗毛刷的清洁剂 ‖ -K（复合）：**Bleich-**，**Desinfektions-**，**Dünge-**，**Frostschutz-**，**Lösungs-**，**Reinigungs-**，**Rostschutz-**，**Wasch- 3. ein M.**（**für/gegen etw.**）；**ein M.**（**zu etw.**）≈ Medikament, Arznei〈ein M. für/gegen Kopfschmerzen, Grippe *usw*（ein）nehmen, schlucken 服、吞服治头痛的、治流感的药〉：*e-e Wunde mit e-m blutstillenden M. behandeln* 用止血药处理伤口；*Der Arzt verschrieb ihr ein M. zum Einreiben* 医生给她开了外敷药 ‖ -K（复合）：**Abführ-**，**Arznei-**，**Brech-**，**Einreibe-**，**Gegen-**，**Herz-**，**Husten-**，**Schlaf-**，**Stärkungs-**，**Verhütungs-**，**Wurm- 4.** *nur Pl*（只用复数）；das Geld, das j-d für e-n bestimmten Zweck hat 资金，钱，经费 ≈ Gelder, Kapital〈knappe, flüssige, finanzielle, private, staatliche Mittel 紧缺的、流动的、金融的、私人的、国家的资金〉：*Der Kindergarten wird aus/mit öffentlichen Mitteln finanziert* 用公共资金资助托儿所；*Er verfügt über ausreichende Mittel, sich ein Haus zu kaufen* 他有足够的钱购房 **5. das**（**arithmetische**）**M.**（**aus etw.**）MATH【数】≈ Durchschnitt（1）〈etw. liegt im, über, unter dem M. 某物处于、超出、低于（算术）均数（算数平均值）；das M. errechnen, bilden 算出、构成平均值〉：*Das M. aus den Zahlen zwei, sechs u. sieben ist fünf* 2，6 和 7 的中数为 5；*Die Zahl der Toten bei Verkehrsunfällen lag letztes Jahr über dem langjährigen M.* 去年交通事故中的死亡人数超过多年的平均值 ‖ -K（复合）：**Jahres-**，**Monats-** ‖ ID［谚］**Mittel u. Wege finden** Möglichkeiten finden, etw. zu tun 找到办法（途径）；**ein**（**bloßes**）**M. zum Zweck** e-e Person/Sache, die nur für e-n bestimmten Zweck wichtig ist 只是达到目的的工具/手段 ‖ ▶ **bemittelt**

mit·tel- *im Adj, begrenzt produktiv*（构成形容词，构词有限）；von durchschnittlichem Umfang od. Format…中等的，…一般的；**mitteldick**〈ein Brett 木板〉，**mittelfein**〈Papier 纸〉，**mittelgroß**〈ein Mann, e-e Frucht 男人，水果〉，**mittellang**〈ein Bart 胡子〉

Mit·tel- *im Subst, sehr produktiv*（构成名词，构词强）**1.** in der Mitte, im Zentrum（befindlich）（表示位于正中）中…，中间…；die **Mittelachse**〈e-s Wagens 车子的〉，**Mittelamerika**，das **Mitteldeck**〈e-s Schiffes 轮船的〉，**Mittel-**

europa, das ***Mittelfeld***, der ***Mittelfeldspieler*** ⟨e-r Fußballmannschaft 足球队的⟩, der ***Mittelfinger*** ⟨der Hand 手的⟩, der ***Mittelgang***, das ***Mittelglied***, die ***Mittellinie*** ⟨e-s Fußballplatzes 足球场的⟩, der ***Mittelscheitel***, die ***Mittelschicht***, das ***Mittelschiff*** ⟨e-r Kirche 教堂的⟩, e-e ***Mittelstellung*** ⟨zwischen zwei Parteien einnehmen 采取两党之间的⟩, der ***Mittelstreifen*** ⟨zwischen zwei Fahrbahnen 两条车道间的⟩, das ***Mittelstück***, die ***Mittelstufe*** ⟨e-r Schule 学校的⟩, der ***Mittelstürmer*** ⟨e-r Fußballmannschaft 足球队的⟩, der ***Mittelteil*** ⟨e-r Kette, Brücke 链子的, 大桥的⟩ ‖ *zu* ***Mittelfeldspieler***, ***Mittellinie***, ***Mittelstürmer*** ↑ *Abb. unter* 图见 ***Fußball***; zu ***Mittelfinger*** ↑ *Abb. unter* 图见 ***Hand*** **2.** von mittlerer, durchschnittlicher Größe, Höhe *o.Ä.*(表示中等尺度、高度、规格,距离等)中型…,中等…; der ***Mittelbetrieb***, das ***Mittelgebirge***, die ***Mittelgröße*** ⟨von Kleidern 衣服的⟩, die ***Mittelstrecke*** ⟨der Wettläufer 赛跑运动员的⟩

Mit·tel·al·ter *das*; *-s*; *nur Sg*(只用单数) **1.** (in der europäischen Geschichte) der Zeitraum zwischen Antike und Renaissance, den man *mst* vom 4./5 bis zum 15 Jahrhundert rechnet 中世纪; *Abk* 缩写 MA ⟨das frühe, hohe, späte M. 中世纪早期、盛期、晚期⟩ **2.** *mst* 多用 ***wie im finster(st)en M.*** wie im M. (1), in dem viele Dinge den Menschen noch nicht bewusst od. bekannt waren u. oft Grausames geschehen ist 像在(最)黑暗的中世纪一样(指无知和残忍) ‖ *hierzu*(派生) **mit·tel·al·ter·lich** *Adj*(形)

mit·tel·bar *Adj*(形); *geschr*[书]; nicht direkt 间接的 ↔ unmittelbar

Mit·tel·ding *das*; *mst Sg*, *gespr*(多用单数)[口]; etw., das Merkmale von zwei unterschiedlichen Dingen od. Begriffen gleichzeitig hat (特征不同的两种事物或概念的)中间物,混合物,交融物 ≈ Zwischending: *Diese Musik ist ein M. zwischen Jazz und Rock* 这种音乐交融着爵士乐和摇滚乐的特点

Mit·tel·eu·ro·pa (*das*) der Teil von Europa zwischen der Nordsee und Ostsee (im Norden) und den Alpen (im Süden) 欧洲中部,中欧

mit·tel·fris·tig *Adj*(形); *ohne Steigerung*(无变级); gültig od. vorgesehen für e-n Zeitraum, der weder kurz noch lang ist 中期的 ↔ langfristig, kurzfristig ⟨e-e Lösung, e-e Maßnahme, e-e Regelung 解决办法,措施,调解法⟩

Mit·tel·ge·bir·ge *das*; ein Gebirge, dessen Gipfel selten höher als 1000m sind 中等高度山脉: *Der Taunus und die Rhön sind deutsche Mittelgebirge* 陶努斯和勒恩山脉是德国中等高度的山脉

Mit·tel|hoch·deutsch *das*; *nur Sg*, *hist*(只用单数)[历]; die Sprache der deutschen Literatur vom 11 bis zum 14 Jahrhundert 中古高地德语(指 11—14 世纪的德国文学语言) ‖ *hierzu*(派生) **mit·tel|hoch·deutsch** *Adj*(形)

Mit·tel·klas·se *die* **1.** *mst Sg*(多用单数); verwendet als Bezeichnung für e-e Ware (*bes* ein Auto) mit mittlerem Preis u. mittlerer Qualität 中级,中等品级 ⟨ein Wagen der unteren, oberen M. 一辆中低档、中高档汽车⟩ ‖ K-(复合): ***Mittelklasse-***, ***-wagen*** **2.** *nur Sg*, *mst pej*(只用单数)多用[贬] ≈ Mittelmaß ⟨nur noch M. sein 只是中不溜儿,平平常常⟩

mit·tel·los *Adj*(形); ohne Geld, Vermögen u. Besitz 无钱财的,穷困潦倒的 ≈ arm ‖ *hierzu*(派生) **Mit·tel·lo·sig·keit** *die*; *nur Sg*(只用单数)

Mit·tel·maß *das*; *oft pej* 多用[贬] ≈ Durchschnitt (2) ‖ *hierzu*(派生) **mit·tel·mä·ßig** *Adj*(形); **Mit·tel·mä·ßig·keit** *die*; *nur Sg*(只用单数)

Mit·tel·meer *das*; *nur Sg*(只用单数); das Meer, das zwischen Europa u. Afrika liegt 地中海 ‖ K-(复合): ***Mittelmeer-***, ***-klima***, ***-länder***, ***-raum***

mit·tel·präch·tig *Adj*(形); *gespr hum*[口][诙]; weder gut noch schlecht 不好不坏的,一般的,平平常常的 ⟨j-d fühlt sich, j-m geht es m. 某人感觉(身体)一般⟩: *Das Wetter ist heute m.* 今天天气一般

Mit·tel·punkt *der* **1.** (in e-m Kreis od. in e-r Kugel) der Punkt, der von allen Punkten des Kreises od. von der Oberfläche e-r Kugel gleich weit entfernt ist 中点,中心点 ≈ Zentrum **2.** e-e Person od. Sache, die von allen beachtet wird 中心人物;焦点,中心,核心 ⟨ein geistiger, kultureller M. 思想、文化中心; der M. e-s Festes sein 是庆典上的中心人物⟩ **3.** ***im M. (der Aufmerksamkeit) stehen*** von allen beachtet werden 是人人注意的中心,举世瞩目

mit·tels *Präp*(介); *mit Gen*, *geschr*(支配二格)[书] ≈ mit, mithilfe: *m. e-s engmaschigen Drahtes* 用细网眼金属丝 ‖ NB(注意): Gebrauch ↑ *Tabelle unter* 用法,图表见 ***Präpositionen***

Mit·tel·schicht *die*; *mst Sg*(多用单数); der Teil der Bevölkerung, der relativ gebildet ist u. dem es finanziell gut geht 中间阶层,中产阶层 ≈ Mittelstand ↔ Unterschicht, Oberschicht ⟨zur M. gehören 属于中产阶层⟩

Mit·tel·schu·le *die* **1.** veraltend[渐旧] ≈ Realschule **2.** Ⓒⓗ [瑞] ≈ Gymnasium

Mit·tels·mann *der*; *-(e)s*, ***Mit·tels·män·ner***; j-d, der zwischen zwei Gegnern od. Partnern vermittelt, wenn diese nicht direkt miteinander Kontakt haben wollen od. können 中介人,调解人,调停人: *über Mittelsmänner mit den Terroristen in Kontakt treten* 通过调停人与恐怖分子联络 ‖ *hierzu*(派生) **Mit·tels·frau** *die*; *-*, *-en*

Mit·tel·stand *der*; *nur Sg*(只用单数) ≈ Mittelschicht

mit·tel·stän·disch *Adj*(形); *nicht adv*(不作状语); ⟨ein Betrieb, ein Unternehmen 企业,公司⟩ mit ungefähr 50 bis 500 Angestellten 中等的

M

Mit·tel·stür·mer *der*; SPORT【体】; der Stürmer in der Mitte 中锋

Mit·tel·weg *der*; *mst Sg*(多用单数) **1.** ≈ Kompromiss ⟨e-n M. suchen, finden, gehen 寻找、找到、走中间道路⟩ **2. *der goldene M.*** e-e Lösung, die alle Leute akzeptieren können 折衷办法

Mit·tel·wel·le *die*; *mst Sg*(多用单数); der Bereich der mittellangen Wellen, über die e-e (Rundfunk)Station ihr Programm sendet 中波 ↔ Kurzwelle, Langwelle, UKW ⟨M. hören 听中波; e-n Sender auf M. empfangen 收中波台⟩ ‖ K-(复合): ***Mittelwellen-***, ***-sender***

Mit·tel·wert *der* ≈ Durchschnitt (1), Mittel (5)

Mit·tel·wort *das*; *-(e)s*, *Mit·tel·wör·ter*; *veraltend* [渐旧] **1.** ≈ Partizip **2. *M. der Gegenwart*** ≈ Partizip Präsens **3. *M. der Vergangenheit*** ≈ Partizip Perfekt

mit·ten *Adv*(副) **1.** in der od. in die Mitte (1) 中间,正中 ⟨m. darin, darunter/dazwischen, hindurch, hinein 在那里面、下面/两者正中间,中间通过、进入; m. auf, in etw. (*Akk*/*Dat* 四格/三格)在某物上面、正中⟩: *Das Brett brach m. durch* 这木板在正中间断裂; *Der Schuss traf m. ins Schwarze, traf ihn m. ins Auge, m. ins Herz* 一枪正中靶心、正中他的眼睛、心脏 **2. *m. in etw.*** (*Dat* 三格) ≈ während: *Er hat sie m. im Satz unterbrochen* 他中间打断了她说话; *Er schlief m. im Film ein* 他正看着电影就睡着了

mit·ten·drin *Adv*(副); *gespr* [口] **1.** (in der Mitte) zwischen anderen/anderem 在…中间: *In dem Fach lag allerlei Zeug u. der gesuchte Schlüssel m.* 抽屉里一堆杂七杂八的东西,要找的钥匙也正在那中间 **2.** mitten in e-r Tätigkeit 正在工作的时候: *Er sagte ein Gedicht auf u. blieb m. stecken* 他正在朗诵一首诗的时候卡壳了

mit·ten·durch *Adv*(副); in der Mitte durch 从中间穿越,穿过中间 ⟨m. brechen, fahren, fliegen, führen *usw* 从中间断开、开过、飞越、通过等⟩

mit·ten·mang *Adv*(副); *nordd gespr* [北德][口] ≈ dazwischen

Mit·ter·nacht (*die*); -; *nur Sg*(只用单数); 24 Uhr, also 12 Uhr in der Nacht 半夜,子夜,午夜 ↔ Mittag ⟨vor, gegen, um, nach M. 在半夜来临前,将近半夜,半夜前后,半夜后⟩: (*Um*) *M. fährt die letzte U-Bahn* 在半夜(前后)开最后一班地铁 ‖ ↑ *Übersicht unter* 一览表见 ***Uhrzeit*** ‖ K-(复合): ***Mitternachts-***, ***-gottesdienst***, ***-messe***, ***-show***, ***-stunde*** ‖ *hierzu* (派生) **mit·ter·nächt·lich** *Adj*(形); *nur attr*, *nicht adv*(只作定语,不作状语)

mit·ter·nachts *Adv* (副); um Mitternacht (herum) 午夜,半夜,半夜里: *M. spuken die Geister* 半夜闹鬼

Mit·ter·nachts|son·ne *die*; die Sonne, wenn sie in der Nähe des Nordpols od. Südpols im Sommer nachts nicht untergeht 极地夏天的午夜太阳

mitt·le·r- *Adj*(形); *nur attr*, *nicht adv*(只作定语,不作状语) **1.** in der Mitte (1) befindlich 中间的,中部的,当中的: *Der mittlere Teil des Bratens ist noch nicht ganz gar* 烤肉的中间部位还没有完全烤熟 **2.** weder alt noch jung 中年的 ⟨e-e Frau/ein Mann mittleren Alters 中年妇女,中年男人; in mittleren Jahren 正在中年⟩ **3.** weder besonders gut noch besonders schlecht 中等的,中不溜儿的,普通的,平常的 ≈ normal, durchschnittlich (2): *ein mittleres Einkommen haben* 有中等收入; *mittlere Leistungen bringen* 取得中等成绩 **4.** ≈ durchschnittlich (1): *Die mittlere Jahrestemperatur ist in den letzten Jahren gestiegen* 最近几年年平均温度升高了

mitt·ler·wei·le *Adv*(副); in der Zwischenzeit 在这时间,那时,当时 ≈ inzwischen, unterdessen

mitt·schiffs *Adv*(副); in der Mitte des Schiffes 船体中部

mit·tun (*hat*) [Vi] (不及物) *südd* Ⓐ [南德][奥] ≈ mitmachen (1)

Mitt·woch *der*; *-s*, *-e*; der dritte (Arbeits)Tag der Woche 星期三; *Abk* 缩写 Mi ⟨letzten, diesen, nächsten M. 上周、本周、下周星期三; M. früh 星期三清早⟩ ‖ K-(复合): ***Mittwoch-***, ***-abend***, ***-mittag***, ***-morgen***, ***-nacht***; ***mittwoch-***, ***-abends***, ***-mittags*** *usw* ‖ -K (复合): ***Ascher-***

mitt·wochs *Adv*(副); jeden Mittwoch 每星期三: *Sie gehen m. immer kegeln* 他每周三都去打保龄球

mit·un·ter *Adv*(副); *geschr*[书] ≈ manchmal: *M. raucht er nach dem Essen e-e Zigarre* 饭后他偶尔抽一支烟

Mit·ver·ant·wor·tung *die*; *nur Sg*(只用单数); die Verantwortung, die man zusammen mit anderen hat 共同负责 ⟨M. tragen für etw. 对某事共同承担责任⟩ ‖ *hierzu* (派生) **mit·ver·ant·wort·lich** *Adj*(形)

mit·ver·die·nen; *verdiente mit*, *hat mitverdient*; [Vi] (不及物) zusätzlich (zum Hauptverdiener) auch Geld verdienen 一起挣钱,帮助挣钱 ⟨e-e Frau, die Kinder 老婆,孩子⟩

mit·wir·ken (*hat*) [Vi] (不及物) **1. *bei/an etw.*** (*Dat* 三格) ***m.*** helfen, damit etw. getan werden kann 协作,合作,配合工作 **2. *etw. wirkt bei etw. mit*** etw. ist bei etw. wichtig, von Bedeutung(物作主语)起着重要作用: *Bei dieser Entscheidung wirkten verschiedene Faktoren mit* 作出这一决定时,各种因素都起过重要作用 **3. *in etw.*** (*Dat* 三格) ***m.*** (als Schauspieler) bei etw. mitspielen 参与演出,一起表演 ⟨in e-m Film, Theaterstück m. 一起演一部电影、一出剧⟩ ‖ *hierzu*(派生) **Mit·wir·kung** *die*; *nur Sg*(只用单数); *zu* (义项) **1.** u. **3. Mit·wir·ken·de** *der*/*die*; *-n*, *-n*

Mit·wis·ser *der*; *-s*, *-*; j-d, der etw. über ein Verbrechen weiß, es aber nicht der Polizei sagt(案情的)知情人 ‖ *hierzu* (派生) **Mit·wis·se·rin** *die*; *-*, *-nen*

Mit·wis·ser·schaft *die*; *-*; *nur Sg* (只用单数); das Wissen um e-e illegale Handlung od. um

M

ein Geheimnis 知情,熟知内情

mit·wol·len (*hat*) [Vi] *gespr*(不及物)[口]; den Wunsch haben od. äußern, mit j-m irgendwohin zu gehen od. zu fahren 想要同去,愿意一起前往

mit·zäh·len (*hat*) [Vt] (及物) **1. *j-n/etw. m.*** j-n/etw. beim Zählen berücksichtigen 把…计算在内、考虑进去: *Es kommen zwanzig Gäste, Kinder nicht mitgezählt* 不算孩子要来 20 位客人; [Vi](不及物) **2. *etw. zählt mit*** etw. ist in e-r Zahl enthalten (物作主语)一起计算进去,算数,计入: *Bei der Berechnung des Urlaubes zählen die Feiertage nicht mit* 计算假期时,节日不算在内

mit·zie·hen (*ist/hat*) [Vi] (不及物) **1.** (***mit j-m*** (*mst Pl* 多用复数)) ***m.*** (*ist*) sich e-r Gruppe von Leuten anschließen, die zu Fuß gehen (与…)一同步行前往,加入…的行列一起走 **2.** (*hat*) sich e-r Aktion anschließen, die j-d anderer gestartet hat 参加一起干,跟着干 **3.** (*hat*) SPORT【体】; bei e-m Lauf, Radrennen *o.Ä.* sein Tempo ebenfalls steigern, weil ein anderer es kurz zuvor getan hat(在跑步、骑车等运动中)紧跟不放,紧追不舍; [Vt](及物) **4. *j-n/etw. m.*** (*hat*) ↑ ***mit-*** (2)

Mix *der*; -, *-e*; *gespr* [口] ≈ Mischung ‖ -K (复合): ***Material-***

Mi·xer *der*; *-s*, - **1.** ein elektrisches Gerät, mit dem man Nahrungsmittel kleiner machen od. mischen kann 搅拌器,搅碎器,混合器: *mit dem M. Eiweiß zu Schnee schlagen* 用搅拌器把蛋白打成蛋花; *Bananen, Milch u. Zucker mit dem M. verrühren* 用搅拌器将香蕉、牛奶和糖搀和一起 ‖ -K(复合): ***Hand-*** **2.** j-d, der alkoholische Getränke mischt (2) 饮料配制器 ≈ Barmixer ‖ *hierzu* (派生) **mi·xen** (*hat*) *Vt* (及物)

Mix·ge·tränk *das* ≈ Cocktail

Mix·tur *die*; -, *-en*; *gespr*[口]; e-e Mischung (*bes* als Medikament)混合药剂

Mob *der*; *-s*; *nur Sg*, *pej* (只用单数)[贬]; e-e wütende (Menschen)Menge, die *mst* Gewalt ausübt 暴民,群氓 ≈ Pöbel

Mob·bing *das*; *-s*; *nur Sg*(只用单数); die Handlungen, bei denen Mitarbeiter e-s Unternehmens *o.Ä.* e-n Kollegen so ungerecht behandeln, dass er vor Ärger krank wird od. die Stelle aufgibt 骚扰,滋扰,扰民 ‖ *hierzu* (派生) **mob·ben** *Vi* (不及物)

Mö·bel *das*; *-s*, -; *mst Pl* (多用复数); *mst* ziemlich große Gegenstände (wie *z.B.* ein Tisch, ein Schrank, ein Stuhl od. ein Bett), die man in e-r Wohnung, e-m Zimmer, e-m Büro *o.Ä.* benutzt 家具 ≈ Einrichtungsgegenstände 〈neue, gebrauchte, antike, moderne M. kaufen 购置新的、旧的、古色古香的、现代家具; die M. rücken, umstellen 移动、重新放置家具〉 ‖ K-(复合): ***Möbel-, -fabrik, -geschäft, -politur, -schreiner, -unternehmen*** ‖ -K(复合): ***Biedermeier-, Büro-, Garten-, Gebraucht-, Küchen-, Polster-, Sitz-, Stil-*** ‖ ▶ ***möblieren***

Mö·bel·pa·cker *der*; *-s*, -; j-d, der beruflich bei e-m Umzug die Möbel verpackt u. transportiert 家具包装运输工

Mö·bel·stück *das*; ein einzelnes Möbel(单件)家具 〈ein neues, praktisches M. 一件新的、实用的家具〉 ‖ NB(注意): *M.* wird oft als Singularform zu dem Plural *die Möbel* verwendet (该词常用单数,复数用 die Möbel)

mo·bil *Adj*(形) **1.** nicht an e-n Ort gebunden 活动的,流动的 ≈ beweglich 〈e-e Bücherei, j-s Besitz, j-s Kapital 图书馆,某人的财产、资本〉 **2.** (*bes* von Militär u. Polizei) bereit, in Aktion zu treten 机动的,整装的,整装待发的 〈Truppen, Verbände 部队,兵团〉 **3.** (***j-n/etw.***) ***m. machen*** ≈ mobilisieren (1,2) ‖ *zu* (义项) **1. Mo·bi·li·tät** *die*; -; *nur Sg*(只用单数)

Mo·bil·funk *der*; *-s*; *nur Sg* (只用单数); ein Telefonnetz, das über Funksignale funktioniert, u. über das man mit drahtlosen Telefonen telefonieren kann 移动通讯

mo·bi·li·sie·ren; *mobilisierte*, *hat mobilisiert*; [Vt] (及物) **1. *j-n m.*** j-n dazu bringen, für e-n bestimmten Zweck aktiv zu werden 动员,使行动起来: *Um den Brand zu löschen, wurden alle Feuerwehrleute aus der Umgebung mobilisiert* 为扑灭火灾,附近的消防队员全部动员起来了 **2. *etw. m.*** bewirken, dass etw. (für e-n bestimmten Zweck) zur Verfügung steht 调动 〈alle Kräfte m. 调动一切力量〉; [Vt/i] (及物/不及物) **3.** (***etw.***) ***m.*** in der Armee solche Vorbereitungen machen, dass bald ein Krieg geführt werden kann(战争)动员,(使)作好战争准备 〈die Streitkräfte, die Truppen m. 动员作战部队、军队〉 ‖ *hierzu* (派生) **Mo·bi·li·sie·rung** *die*; *mst Sg* (多用单数)

Mo·bil·ma·chung *die*; *mst Sg*(多用单数); die Vorbereitungen der Armee für den Krieg 战争动员 〈die M. anordnen 下战时动员令〉

Mo·bil·te·le·fon *das* ≈ Handy

möb·lie·ren; *möblierte*, *hat möbliert*; [Vt] (及物) ***etw. m.*** Möbel in e-n Raum stellen, damit man darin wohnen kann 给…配置家具 ≈ einrichten 〈e-e Wohnung neu, modern m. 给住房配置新的、现代家具; ein dürftig, altmodisch möbliertes Zimmer 一间配备简陋的、旧式家具的房间〉

möb·liert **1.** *Partizip Perfekt* (过去分词); ↑ ***möblieren*** **2.** *Adj*(形); *nicht adv*(不作状语); *mst in* 多用于 ***ein möbliertes Zimmer*** ein Zimmer, das der Besitzer mit den Möbeln darin vermietet 一间带家具的房间(供出租)

moch·te *Imperfekt*, *1. u. 3. Person Sg*(过去时,第一和第三人称单数); ↑ ***mögen***

möch·te *Konjunktiv II*, *1. u. 3. Person Sg* (虚拟式Ⅱ,第一和第三人称单数); ↑ ***mögen***

Möch·te·gern- *im Subst*, *wenig produktiv*, *gespr pej*(构成名词,构词弱)[口][贬]; bezeichnet e-e Person, die etw. zu sein versucht, aber die Fähigkeiten dazu nicht besitzt 自以为了不起的,自命不凡的(人); der ***Möchtegerndichter***, der ***Möchtegernkomponist***, der

M

Möchtegernkünstler, der ***Möchtegernstar***

Mo.dal.verb *das*; LING【语】; ein Verb, das man mit e-m anderen Verb (im Infinitiv; ohne *zu*) verbindet, um e-n Willen, e-e Erlaubnis, e-e Fähigkeit od. e-e Wahrscheinlichkeit auszudrücken 情态动词: *mögen*, *müssen*, *können*, *dürfen*, *sollen u. wollen sind Modalverben mögen*, *müssen*, *können*, *dürfen*, *sollen* 和 *wollen* 都是情态动词

Mo.de *die*; -, -*n* **1.** Kleidung, Frisuren u. Schmuck, wie sie in e-r bestimmten Zeit üblich u. beliebt sind 时装,流行款式(发式、首饰等)〈e-e kleidsame, praktische, verrückte M. 一种合身的、实用的、奇形怪状的款式; die neuesten Pariser Moden vorführen, tragen 展示、穿着最新巴黎时装〉‖ K-(复合): ***Mode-***, ***-branche***, ***-fimmel***, ***-geschäft***, ***-journal***, ***-magazin***, ***-schöpfer***, ***-tipp***, ***-welt***, ***-zeitschrift***; ***Moden-***, ***-schau*** ‖ -K(复合): ***Damen-***, ***Herren-***, ***Kinder-***; ***Haar-***, ***Hut-***; ***Frühjahrs-***, ***Sommer-*** *usw* **2.** *oft pej* 常用[贬]; ein Verhalten (in Bezug auf Kleidung, Benehmen, auf e-e bestimmte Art von Musik, Literatur *usw*), das viele Leute zu e-r bestimmten Zeit zeigen 时尚,风气,时髦,流行(指衣服、举止、音乐、文学等)〈etw. kommt, gerät, ist in M./aus der M. 某事开始、正在流行/不流行; etw. ist, wird (große) M. 某事正是、将成为(大)时尚〉: *e-e Frisur nach der neuesten M.* 一种最新流行的发式; *Grillen ist jetzt groß in M.* 烧烤眼下很是时

Die Modalverben　　情态动词

Die Modalverben werden mit anderen Verben im Infinitiv verbunden und drücken dadurch besondere Bedeutungsnuancen aus, wie zum Beispiel eine Möglichkeit, eine Notwendigkeit, eine Erlaubnis oder eine Vermutung. 情态动词与其他动词的不定式连用,从而表达一定的意义色彩,比如可能、必须、许可或推测。

Es gibt die folgenden Modalverben im Deutschen 德语中有下列情态动词:

1. **dürfen**　被允许,可以;或许,也许		
– Erlaubnis 许可:	**Die Tiere dürfen nicht gefüttert werden.**	不允许给动物投食。
	Darf ich Sie kurz sprechen?	我可以跟您谈一会儿吗?
– Vermutung 推测:	**Sie dürfte bereits angekommen sein.**	她或许已经到了。
2. **können**　会,能,懂;可能;可以		
– Fähigkeit 能力:	**Martina kann sehr gut Klavier spielen.**	马丁娜能弹一手很漂亮的钢琴。
	Ich kann ihm das nicht antun!	我不会对他做出这种事情来!
– Möglichkeit 可能:	**Ich konnte dich gestern nicht mehr anrufen.**	昨天我没能再给你打电话。
– Vermutung 推测:	**Ich kann mich auch getäuscht haben.**	我也可能弄错了。
– Erlaubnis 许可:	**Du kannst jetzt für heute Schluss machen.**	今天你可以就此结束了。
3. **mögen**　愿意,想,喜欢,爱好;估计		
– Wunsch, Lust 意愿,兴趣:	**Ich möchte diesen Pulli anprobieren.**	我想试试这件套头衫。
– Vermutung 推测:	**Er mag ja recht haben, aber er ist zu arrogant.**	他可能是对的,但是他太自负了。
4. **müssen**　必须,一定要,得;应该,该;一定,想必		
– Notwendigkeit 必须:	**Ich muss morgen unbedingt meine Mutter anrufen!**	明天我无论如何得给母亲打电话。
– Aufforderung 要求:	**Das musst du einfach probieren!**	你得试一试这玩意儿!
– sichere Vermutung 有把握的推测:	**Er muss wohl krank sein.**	他想必是生病了。
5. **sollen**　应该,该,要;据说,听说;有必要;要是,如果		
– Auftrag, Pflicht 使命,义务:	**Peter soll nicht so mit ihren Gefühlen spielen.**	彼得不应该这样玩弄她的感情。
– Behauptung, Gerücht 论断,传言:	**Sie soll sehr reich sein.**	据说她很有钱。
– Empfehlung 劝告:	**Du solltest mehr Sport treiben.**	你要更多地进行体育锻炼。
– Konditionalsatz 条件句:	**Solltest du ihn treffen, frage ihn bitte nach dem Buch.**	你要是见着他,请问一下他书的事。
6. **wollen**　想,想要,想有,想做		
– Wille, Absicht 意愿,打算:	**Susanne und Martin wollen nächsten Herbst in die Karibik reisen.**	苏姗娜和马丁想明年秋天去加勒比海旅游。

髦 ‖ K-(复合)：***Mode-***，***-artikel***，***-ausdruck***，***-beruf***，***-farbe***，***-tanz***，***-wort*** **3.** ***etw. ist der M. unterworfen*** etw. ist mal weniger beliebt, mal mehr beliebt(物作主语)受时潮左右 ‖ ID[谚] ***Das sind ja ganz neue Moden / Was sind denn das für (neue) Moden?*** verwendet, um auszudrücken, dass einen ein neues Verhalten stört 这真是新玩意儿(新潮)/这算什么新玩意儿(新潮)?(意即:这玩意儿(新潮)我受不了)

mo.de.be.wusst *Adj*(形)；〈Menschen 人〉so, dass sie sich nach der Mode (1) richten 赶时髦的,符合时式的：*Sie kleidet sich / ist m.* 她穿着时髦

Mo.del *das*；*-s*，*-s* ≈ (Foto)Modell (6)

Mo.dell *das*；*-s*，*-e* **1.** ein kleiner Gegenstand, der e-n großen Gegenstand genau darstellt 模型 ≈ Kopie, Nachahmung：*Ein M. des Kölner Domes im Maßstab eins zu tausend* 科隆大教堂的模型,比例为 1：1000；*das M. e-s neuen Flugzeugs* 一架新飞机的模型 ‖ K-(复合)：***Modell-***，***-eisenbahn***，***-flugzeug*** ‖ -K(复合)：***Flugzeug-***，***Schiffs-***；***Papp-*** **2.** e-e Person/Sache, die so gut od. perfekt ist, dass sie ein Vorbild ist 样板,典范,典型 ≈ Muster ‖ K-(复合)：***Modell-***，***-athlet***，***-charakter***，***-fall***，***-projekt*** **3.** das erste Exemplar von etw., das später in großer Menge hergestellt werden soll 样品,样机 ≈ Prototyp 〈ein M. vorführen 展示样机〉 **4.** e-e bestimmte Art e-s *mst* technischen Gerätes 型,款式 ≈ Typ, Fabrikat：*Sein Auto ist das neueste M.* 他的汽车是最新型的；*Bei dieser Uhr handelt es sich um ein älteres M., das nicht mehr hergestellt wird* 这种表是一种比较旧式的表,已不再生产 ‖ -K(复合)：***Ausstellungs-***；***Auto-***，***Fahrzeug-***，***Kühlschrank-***，***Staubsauger-*** *usw* **5.** e-e Person/Sache, die von e-m Künstler fotografiert, gemalt *usw* wird 模特;模型,原型 ≈ Vorlage 〈j-m als M. dienen 作某人的模特；etw. hat j-n/etw. zum M. 某物是以某人/某物为原型的；etw. nach e-m M. gestalten 按一模型塑造某物〉 **6.** j-d, dessen Beruf es ist, sich fotografieren, malen, zeichnen zu lassen 模特 〈als M. arbeiten 当模特〉 ‖ -K(复合)：***Akt-***，***Foto-*** **7.** ein Kleidungsstück, das nur einmal hergestellt wurde u. sehr teuer ist(独一无二的)时装：*Der Mantel ist ein M. von e-m italienischen Modeschöpfer* 这件大衣是件时装,出自意大利时装设计师之手 ‖ K-(复合)：***Modell-***，***-kleid*** ‖ -K(复合)：***Ausstellungs-***，***Vorführ-*** **8.** e-e Darstellung, mit der ein komplizierter Vorgang od. Zusammenhang erklärt werden soll 模型：*ein M. des Atomkerns, des Zuckermoleküls* 原子核、糖分子模型 ‖ -K(复合)：***Atom-***，***Denk-*** **9.** ≈ Entwurf 〈das M. e-s Gesetzes, e-r Verfassung 法律、宪法方案〉 **10.** *euph* [婉]；e-e Prostituierte, die man anrufen u. in ihrer Wohnung besuchen kann 应召女郎 ≈ Callgirl ‖ ID[谚] ***j-m M. stehen / sitzen*** vor e-m Maler, Bildhauer *o. Ä.* stehen/sitzen, damit er ein Portrait od. e-e Skulptur machen kann 站着、坐着当某人的模特

mo.del.lie.ren；*modellierte*，*hat modelliert*；[*Vt/i*] (及物/不及物) (***etw.***) ***m.*** aus e-r weichen Substanz mit der Hand Gegenstände formen 捏成,塑造 〈e-e Figur, ein Gesicht, ein Tier, e-e Vase *usw* (in/aus Ton, Wachs) m.(用陶土、蜡)捏成人形、脸、动物、花瓶等〉

Mo.dem *das*；*-s*，*-s*；INFORM【信息】；ein Gerät, mit dessen Hilfe ein Computer zur Übermittlung von Daten an das Telefonnetz angeschlossen werden kann 调制解调器

Mo.de.pup.pe *die*；*pej*[贬]；e-e Frau, die immer nach der neuesten Mode gekleidet ist 摩登女郎,时髦女人

Mo.der *der*；*-s*；*nur Sg*(只用单数)；die Stoffe, die entstehen, wenn etw. modert 腐烂、发霉的东西 〈nach M. riechen 有股发霉的味；ein Geruch von M. 一股霉味〉 ‖ K-(复合)：***Moder-***，***-geruch***

Mo.de.ra.tor *der*；*-s*，*Mo.de.ra.to.ren*；j-d, der im Rundfunk od. Fernsehen Sendungen moderiert(电台、电视台的)主持人,解说员 ‖ *hierzu*(派生) **Mo.de.ra.to.rin** *die*；*-*，*-nen*

mo.de.rie.ren；*moderierte*，*hat moderiert*；[*Vt/i*] (及物/不及物) (***etw.***) ***m.*** im Rundfunk od. Fernsehen als Sprecher (Moderator) e-e Sendung gestalten, indem man informiert, unterhält u. Kommentare gibt(在电台、电视台里)主持节目 〈e-e Sendung m. 主持一个节目〉 ‖ *hierzu*(派生) **Mo.de.ra.ti.on** *die*；*-*，*-en*

mo.de.rig *Adj*(形)；↑ ***modrig***

mo.dern¹；*moderte*，*hat/ist gemodert*；[*Vi*] (不及物) ***etw. modert*** ≈ etw. fault 〈das Holz, das Laub 木材,树叶〉

mo.dern² *Adj*(形) **1.** so, wie es im Augenblick zur Kultur u. Technik passt 现代的,符合时代的 ≈ zeitgemäß ↔ veraltet, überholt：*nach modernen Methoden arbeiten* 按现代的方法工作；*moderne Ansichten haben* 有着符合时代的看法 **2.** zur jetzigen Zeit gehörig 当今的,现代的 ≈ aktuell ↔ alt, vergangen 〈Kunst, ein Stil 艺术,风格〉：*Die moderne Staatsform ist die Demokratie, die Monarchie gehört der Vergangenheit an* 现代的国家形式是民主,君主政体已属于过去 **3.** so, wie es gerade Mode (1,2) ist 流行的,时髦的,时尚的,新式的 ↔ altmodisch 〈e-e Frisur, ein Haus, ein Kleid 发型,房屋,衣服；es ist gerade, wieder, nicht m., etw. + zu + *Infinitiv*(不定式)眼下正、又、不流行(时兴)了〉 ‖ NB(注意)：sehr m. ≈ hochmodern ‖ *zu* (义项) **1.** u. **2.** **Mo.der.ni.tät** *die*；*-*，*-en*；*mst Sg*(多用单数)

mo.der.ni.sie.ren；*modernisierte*，*hat modernisiert*；[*Vt/i*] (及物/不及物) **1.** (***etw.***) ***m.*** etw. auf den neuesten Stand der Technik bringen 使现代化 〈e-n Betrieb, e-e Fabrik, ein altes Haus m. 使企业、工厂、一幢旧屋现代化〉；[*Vt*] (及物) **2.** ***etw. m.*** etw. *bes* in Musik u. Literatur so verändern, dass es dem Geschmack u. dem Stil von heute entspricht 把…改变成

M

现代风格〈ein klassisches Stück, e-e Oper m. 将一出古典剧、歌剧改变成现代风格〉: *ein antikes Schauspiel in modernisierter Fassung aufführen* 以现代风格演出一幕古代戏剧 ‖ *zu* (义项) **1.** u. **2. Mo·der·ni·sie·rung** *die*

mo·di·fi·zie·ren; *modifizierte, hat modifiziert*; [*Vt*] (及物) ***etw. m.*** *geschr* [书]; etw. (leicht) verändern (um es den neuen Kenntnissen u. Bedingungen anzupassen) (稍加)更改,修改,修正 ≈ abändern, abwandeln 〈e-e Theorie, ein Programm m. 修改一个理论、纲领; die Methoden m. 更改方法〉 ‖ *hierzu* (派生) **mo·di·fi·zier·bar** *Adj* (形); *nicht adv* (不作状语); **Mo·di·fi·ka·ti·on** *die*; -, *-en*

mo·disch *Adj* (形); so, wie es gerade Mode (1, 2) ist 时髦的,时兴的,流行的 ≈ modern (3) ↔ altmodisch 〈e-e Frisur, ein Kleid 发式,衣服; sich m. kleiden 穿着时髦〉

mod·rig *Adj* (形); mit dem Geruch von faulendem Holz 发霉的,有霉味的,有腐烂气味的 〈ein Keller, die Luft 地窖,空气〉

Mo·dul *das*; *-s, -e*; ein Teil e-s elektrischen Gerätes mit e-r bestimmten Funktion, das man mit anderen Teilen kombinieren u. leicht austauschen kann 模数: *die Module e-s Farbfernsehers* 彩色电视机的模数

Mo·dus, Mo·dus *der*; -, *Mo·di* **1.** *geschr* [书]; die Art u. Weise, wie man handelt u. wie man etw. durchführt 方式,方法 ≈ Verfahrensweise 〈e-n M. finden 找到一种方式; e-n neuen M. suchen 寻找一种新的方式; den M. der Verhandlung bestimmen 决定谈判的方式〉: *Nach e-r langen Krise haben sie e-n M. gefunden, der beiden ein unabhängiges Leben ermöglicht* 他们经过一段长时间的危机后,找到了一种能使双方独立生活的方式 **2.** LING【语】; die grammatische Kategorie des Verbs, mit der man den Willen od. die Wahrscheinlichkeit ausdrücken kann 式: *Indikativ, Konjunktiv u. Imperativ sind die Modi des Deutschen* 直陈式、虚拟式和命令式是德语的式

Mo·fa *das*; *-s, -s*; e-e Art Fahrrad mit e-m Motor, das höchstens 25 Kilometer pro Stunde fahren darf 电动自行车,轻便摩托车 〈(ein) M. fahren 电动自行车〉 ‖ ↑ *Abb. unter* 图见 ***Motorrad***

mo·geln; *mogelte, hat gemogelt*; [*Vi*] (不及物) (***bei etw.***) ***m.*** *gespr* [口]; (*mst* bei Spielen) kleine Tricks anwenden, die gegen die (Spiel) Regeln verstoßen 作弊,做假,做手脚 ≈ schwindeln 〈beim Versteckenspielen, Würfeln, Pokern, bei e-m Test m. 在捉迷藏、掷色子、打扑克、测试中做手脚〉: *Wer mogelt, darf nicht mehr mitspielen!* 谁作弊就不准再一起玩了!

Mo·gel·pa·ckung *die*; *gespr* [口]; die große, auffällige Verpackung e-r Ware, die den Eindruck erweckt, dass sie mehr enthält, als dies der Fall ist 华而不实的包装

mö·gen[1]; *mag, mochte, hat mögen*; *Modalverb* (情态动词) **1.** *Infinitiv* (不定式) + ***m.*** den Wunsch haben, etw. zu tun 想,愿意 ≈ wollen[1], wünschen: *Sie möchte nach dem Abitur studieren* 高中毕业后她想上大学; *Möchtest du mit uns wandern?* 你想和我们一起徒步旅行吗?; *Er mag nicht mit dem Rauchen aufhören* 他不愿戒烟; *Ich hätte sehen mögen, wie er ins Wasser fiel!* 我要看见他怎样落水就好了! ‖ NB (注意): Der Konjunktiv II (*möchte usw*) wird oft an Stelle des Präsens verwendet. Für die Vergangenheit verwendet man dann *wollen* (常用虚拟式 Ⅱ möchte 代替现在时,表示过去则用 wollen): Gestern wollte ich ins Kino gehen, heute möchte ich lieber zu Hause bleiben 昨天我想去看电影,今天我宁愿留在家里 **2.** *Infinitiv* (不定式) + ***m.*** verwendet, um auszudrücken, dass etw. möglich od. wahrscheinlich ist 可能,大概,也许 ≈ können[1] (5): *Er mag mit seiner Behauptung durchaus recht haben* 他的主张可能完全正确; *Es mag schon sein*, dass *der Angeklagte unschuldig ist* 真可能被告是无罪的 **3.** *Fragewort* (疑问词) + ***mag j-d / etw. ...*** + *Partizip Perfekt* (过去分词) + ***sein / haben*** verwendet, wenn man sich ernsthafte Gedanken über den Verlauf e-r Handlung *o.Ä.* macht (人/物作主语) 居然会,怎么会: *Wie mag das Schiff nur so schnell gesunken sein?* 这条轮船怎么会那么快就沉没了呢?; *Warum mag er wohl Selbstmord begangen haben?* 他怎么会自杀呢? **4.** ***j-d möge / möchte*** + *Infinitiv* (不定式) in der indirekten Rede verwendet, um auszudrücken, dass j-d will, dass das Subjekt von *mögen* etw. tut (人作主语) (表示间接要求) 让,请,要… ≈ sollen[1] (12): *Sie bat ihn, er möge / er möchte in ihrer Wohnung nicht rauchen* 她请他别在她的屋里抽烟 **5.** ***etw. mag / möge genügen*** *geschr* [书]; etw. genügt (nach der Meinung des Sprechers) (物作主语) 估计(看来)够了: *E-e Anzahlung in Höhe von € 100 mag / möge genügen* 预付 100 欧元估计够了

mö·gen[2]; *mag, mochte, hat gemocht*; [*Vt*] (及物) **1.** ***j-n m.*** j-n sehr nett u. angenehm finden 喜欢,喜爱 ≈ gernhaben ↔ j-n nicht leiden können 〈j-n gern, sehr m. 很、非常喜爱某人〉: *Die Schüler mögen ihre neue Lehrerin sehr* 学生非常喜欢他们的新老师 ‖ NB (注意): nur im Indikativ (只用直陈式); Passiv selten (很少用被动语态)! **2.** ***etw. m.*** etw. gut finden 爱好,爱(吃,听,看…) ≈ gernhaben, lieben (4): *Kinder mögen gerne Süßigkeiten* 孩子爱吃甜食; *Magst du die Musik von Beethoven?* 你爱听贝多芬的音乐吗? ‖ NB (注意): nur im Indikativ (只用直陈式); kein Passiv (不用被动语态)! **3.** ***etw. m.*** im Indikativ od. im Konjunktiv II verwendet, um auszudrücken, dass j-d etw. haben will (用于直陈式或虚拟式 Ⅱ 中) 想要得到,想要有 ≈ wollen[2] (1), wünschen: *Mein Sohn möchte zu Weihnachten ein Fahrrad* 在圣诞节我儿子想要辆自行车; *„Möchtest du etw. zu essen?" – „Nein danke, ich möchte nichts mehr, ich bin schon satt"* "你想要吃点啥?"——"谢谢,我什么也不想要了,我已经吃饱了"; *Ich möchte nicht,* dass *ihr euch die Kleidung schmutzig macht!* 我不想看到你们把衣服弄脏 ‖ NB(注意): kein Passiv(不用被动语态)! ; Vi (不及物) **4. *irgendwohin m.*** den Wunsch haben, irgendwohin zu gehen, zu fahren *usw* 想去,要去 ≈ irgendwohin wollen: *Ich mag / möchte jetzt nach Hause!* 我现在想回家 **5.** Lust haben, etw. zu tun 有兴致,有情趣,乐意: *Morgen gehen wir in den Zoo – magst du?* 明天我们去动物园——你有兴趣吗?; „*Geh jetzt ins Bett!*" – „*Ich mag aber nicht!*"“现在马上上床!”——“我不!”; „*Schmeckt gut, die Marmelade. Möchtest du mal* (probieren)?"“这果酱味道好极了,你想尝一尝吗?” ‖ NB(注意): **a)** *mögen*[2] ist ein Vollverb(该词是完全动词); zusammen mit e-m Infinitiv wird es als Modalverb verwendet(与不定式连用则用作情态动词): ↑ ***mögen***[1]; **b)** *zu* (义项) **3.**, **4.** u. **5.** ↑ *NB unter*(注意)见 ***mögen***[1] (1)

mög·lich *Adj*(形); *ohne Steigerung*(无变级) **1.** so, dass es getan werden, geschehen od. existieren kann 可能(做到、发生或存在)的,可达成的 ≈ erreichbar ↔ unmöglich ⟨so bald, gut, schnell wie/als m. 尽可能快、好、快; j-m etw. m. machen 使某人有可能办成某事⟩: *Er wollte alles tun, was ihm m. war, um ihr zu helfen* 他想尽其所能帮助她; *Wäre es m., dass du mir dein Auto leihst?* 你能把汽车借给我用用吗?; *Der Arzt hat alles Mögliche versucht, um ihr Leben zu retten* 这位医生竭尽所能来挽救她的生命 **2.** so, dass es vielleicht getan wird, geschieht od. existiert 可能的,可料及的 ≈ denkbar, vorstellbar ↔ unmöglich ⟨etw. liegt im Bereich, im Rahmen des Möglichen 某事处于可能范围内(力所能及的范围内)⟩: „*Er ist sicher schon da.*" – „*Schon m.!*"“他肯定已经到了。”——“完全可能!”; *Ob es wohl m. ist, dass sie sich getrennt haben? Man sieht sie nie mehr zusammen* 是不是他们真可能已经分手了? 大家再也没有见他们在一起 **3.** ≈ richtig, akzeptabel ⟨e-e Antwort, e-e Lösung 答案,解决办法⟩: *Auf diese Frage gibt es mehrere mögliche Antworten – deine Antwort ist aber nicht m., sie ist falsch* 对这个问题有几个正确答案——你的答案可不对,它是错的 **4. *alle möglichen*** + *Pl* (复); ***alles Mögliche*** *gespr*[口] ≈ vielerlei: *Sie kennt alle möglichen Leute* 她认识各方人士(所有可能认识的人); *Sie waren auf alle möglichen Schwierigkeiten / alles Mögliche vorbereitet, aber darauf nicht* 他们对一切可能产生的困难/对一切可能发生的事作了准备,但对此却没准备 **5. *sein Möglichstes tun*** alles tun, was man tun kann 尽一切可能,竭尽全力 ‖ ID[谚] ***Man sollte es nicht für m. halten!*** verwendet, um auszudrücken, dass man sehr überrascht (u. oft verärgert) ist(表示意外发生的恼火事)这不该发生! 这难以相信! ‖ ▶ ***ermöglichen***

mög·li·cher·wei·se *Adv* (副) ≈ vielleicht, eventuell

Mög·lich·keit *die*; -, *-en* **1.** verwendet, um auszudrücken, dass (theoretisch) etw. sein od. geschehen kann (aber nicht sein od. geschehen muss)可能性,可能 ↔ Notwendigkeit, Wahrscheinlichkeit ⟨es besteht die M., dass ...有可能…; mit e-r M. rechnen, an e-r M. zweifeln 考虑到可能性,怀疑可能性⟩: *Es besteht die M., dass auf anderen Planeten auch Menschen leben* 有可能别的星球上也有人类生活着. *Die M. ist vorhanden, aber die Wahrscheinlichkeit ist nicht groß* 可能性是存在的,但概率不大 **2. *die M.*** (+ ***zu*** + *Infinitiv* 不定式) e-e (günstige) Situation, in der etw. möglich ist 机会,机遇,时机,良机,希望 ≈ Gelegenheit, Chance ⟨e-e M. ergreifen 抓住机会; von e-r M. Gebrauch machen 利用机会; die, kaum, wenig, keine M. haben 有、几乎没有、很少、没有机会⟩: *Hast du die M., mich vom Büro aus anzurufen?* 你能抽个机会从办公室给我打个电话吗?; *Es gibt keine M., sein Leben zu retten* 挽救他的生命已没有希望; *Er gab ihr die M., sich bei ihm zu entschuldigen* 他给了她机会向他道歉; *Ich hatte leider keine M., dir zu schreiben, ich war zu beschäftigt* 遗憾我没有机会给你写信,我忙极了 ‖ -K(复合): (*mit Pl* 带复数) ***Aufstiegs-***, ***Erholungs-***, ***Verdienst-*** **3.** e-e Art, wie man etw. tun kann 办法,办事的方法,可能性 ≈ Alternative: *Es gibt mehrere Möglichkeiten, e-e Bitte zu formulieren* 表达请求有好几种方法; *Er probierte verschiedene Möglichkeiten, bevor er die richtige Lösung fand* 在他找到正确答案之前,他试了各种可能性 **4.** *nur Pl*(只用复数); die Fähigkeit, etw. zu tun 能力 ⟨die finanziellen, intellektuellen Möglichkeiten 经济、知识能力⟩ **5. *nach M.*** wenn es möglich ist 尽量地,要是可能,可能的话 ≈ unter Umständen: *Könntest du heute nach M. länger bleiben?* 今天你能不能尽量多呆一会儿?

mög·lichst *Adv*(副) **1. *m.*** + *Adj / Adv* (形/副) ≈ so + Adj./ Adv. wie möglich: *Er versuchte, die Fragen m. schnell* (= so schnell wie möglich) *zu beantworten* 他试图尽快回答问题 **2.** wenn es möglich (1) ist 可能的话 ≈ nach Möglichkeit: *Versuche doch m., heute pünktlich zu kommen* 可能的话,你今天设法准时来

Mo·ham·me·da·ner *der*; *-s*, -; *hist neg!* [历][侮] ≈ Moslem ‖ *hierzu*(派生) **Mo·ham·me·da·ne·rin** *die*; -, *-nen*

Mohn *der*; *-s*; *nur Sg*(只用单数) **1.** e-e Pflanze mit *mst* großen roten Blüten. Aus manchen Arten von Mohn kann man Opium gewinnen 罂粟(植物) ‖ K-(复合): ***Mohn-***, ***-blume*** ‖ NB(注意): ↑ ***Klatschmohn***, ***Schlafmohn*** **2.** die (Samen) Körner dieser Pflanze 罂粟子 ⟨M. mahlen 碾碎罂粟子⟩: *ein Brötchen mit M. bestreuen* 把罂粟子撒在小面包上 ‖ K-(复合): ***Mohn-***, ***-brötchen***, ***-kuchen***

Mohr *der*; *-en*, *-en*; *veraltet*[旧] ≈ Neger ‖ ID[谚] ***Der M. hat seine Schuldigkeit getan, der M. kann gehen*** verwendet, um auszudrücken, dass man sich ungerecht behandelt fühlt, weil man nicht mehr

M

erwünscht ist, sobald man nicht mehr gebraucht wird(表示感到不公正的对待)用得着你要你干,用不着你撵你走 ‖ NB(注意): *der Mohr*; *den*, *dem*, *des Mohren*

Möh·re *die*; -, *-n* **1**. e-e Pflanze mit e-r länglichen, orangen Wurzel, die man als Gemüse anbaut 胡萝卜(植物) ≈ Karotte **2**. die Wurzel dieser Pflanze, die man isst 胡萝卜(根茎)〈Möhren schaben, kochen 切碎、煮胡萝卜〉: *Hasen fressen gern Möhren* 兔子爱吃胡萝卜 ‖ ↑ *Abb. unter* 图见 **Gemüse** ‖ K-(复合): **Möhren-**, **-saft**

Moh·ren·kopf *der*; e-e süße, schaumige Masse mit Schokoladenüberzug 浇上巧克力的奶油糕点

Mohr·rü·be *die*; *nordd*[北德] ≈ Möhre

Mo·kick *das*; *-s*, *-s*; ein Moped, das man nicht mit e-m Pedal, sondern mit e-m Hebel (mit dem Fuß) startet 杠杆式轻骑车

mo·kie·ren, sich; *mokierte sich*, *hat sich mokiert*; **Vr** (反身) **sich** (**über j-n/ etw.**) **m.** *geschr*[书]; (mit leichter Arroganz) über j-n/etw. spotten 嘲笑,讽刺: *Sie mokiert sich darüber, dass er immer altmodische Hosen trägt* 她嘲笑他总穿旧式裤

Mok·ka *der*; *-s*, *-s* **1**. *nur Sg* (只用单数); ein sehr starker Kaffee, den man *mst* aus kleinen Tassen trinkt 穆哈浓咖啡(指优质阿拉伯咖啡,小杯饮用): *nach dem Essen e-n M. trinken* 饭后喝一杯浓咖啡 ‖ K-(复合): **Mokka-**, **-löffel**, **-tasse** **2**. die Kaffeesorte, aus der man M. (1) macht 穆哈咖啡(指品种)

Molch *der*; *-(e)s*, *-e*; ein Tier (e-e Amphibie), das im Wasser lebt u. das wie e-e Eidechse aussieht 蝾螈,水蜥

Mo·le *die*; -, *-n*; *mst* e-e Art Mauer, die den Hafen vor den Wellen schützt 防波堤 ‖ -K (复合): **Hafen-**

Mo·le·kül *das*; *-s*, *-e*; eines der Teilchen, in die man e-e Substanz zerlegen kann, ohne dass sie ihre chemischen Eigenschaften verliert, u. das aus zwei od. mehr Atomen besteht 分子: *Ein M. des Wassers besteht aus zwei Wasserstoffatomen u. einem Sauerstoffatom* 水分子是由两个氢原子和一个氧原子组成的 ‖ K-(复合): **Molekular-**, **-biologie**, **-gewicht** ‖ -K(复合): **Wasser-**, **Zucker-**

molk *Imperfekt*, *1. u. 3. Person Sg*(过去时,第一和第三人称单数); *veraltend*[渐旧]; ↑ **melken**

Mol·ke *die*; -; *nur Sg*(只用单数); die weißgelbe Flüssigkeit, die von der Milch zurückbleibt, wenn man Käse od. Quark herstellt 乳清 ‖ K-(复合): **Molke-**, **-pulver**

Mol·ke·rei *die*; -, *-en*; ein Betrieb, der Butter, Käse, Joghurt *usw* aus Milch herstellt 奶制品厂,乳酪厂 ≈ Käserei ‖ K-(复合): **Molkerei-**, **-produkt**

Mol·ke·rei·but·ter *die*; Butter mittlerer Qualität(质量)普通的黄油 ‖ NB: ↑ **Markenbutter**

Moll *das*, -; *nur Sg*, MUS(只用单数)【音】; verwendet als Bezeichnung für Tonarten, die vom zweiten zum dritten Ton Halbtöne haben 小调 ↔ Dur ‖ K-(复合): **Moll-**, **-tonart**, **-tonleiter** ‖ -K(复合): **b-Moll**, **c-Moll** *usw*

mol·lig *Adj*(形); *gespr*[口] **1**. angenehm dick 丰满的,富态的,胖乎乎的,圆滚滚的 ≈ rundlich ↔ hager: *Im Barock galten mollige Frauen als besonders schön* 在巴洛克时期长得富态的女子被认为特别美 **2**. weich u. warm 柔软暖和的,软绵绵的〈ein Pullover 套头衫〉 **3**. angenehm warm 暖洋洋的,暖烘烘的: *Hier am Ofen ist es m. warm* 坐在这炉子旁暖烘烘的

Mo·lo·tow·cock·tail [-tɔf-] *der*; e-e Flasche, die mit Benzin *usw* gefüllt ist u. wie e-e kleine Bombe wirkt 燃烧瓶,汽油瓶: *Die Demonstranten warfen mit Molotowcocktails* 游行者投掷燃烧瓶

Mo·ment[1] *der*; *-(e)s*, *-e* **1**. ≈ Augenblick 〈der entscheidende, richtige M. 决定性的、恰当的时刻; e-n M. warten, zögern, Zeit haben 稍等一会儿(片刻),犹豫一瞬间,有一点时间; im letzten M. 最后一刻〉 **2**. **im M.** jetzt[1] (1) 立刻,现在,眼下 ‖ ID[谚] **M.** (**mal**)**!** *gespr*[口]; **a**) verwendet, um e-e plötzliche Idee einzuleiten(蓦然想起)等一等! 停一下!: *M. (mal), da fällt mir etw. ein!* 等一等,我想起了什么事!; **b**) verwendet, um j-m zu sagen, dass er etw. nicht tun darf(提醒对方)等等,停停: *He! M. mal, wo wollen Sie denn hin?* 嘿,等等,您到底想到哪里去?; **e-n lichten M. haben** *gespr hum*[口][诙]; ausnahmsweise einmal etw. verstehen 脑子一下子开窍了(恍然大悟)

Mo·ment[2] *das*; *-(e)s*, *-e*; etw., das für ein Geschehen sehr wichtig ist 契机,重要的因素,转机,节骨眼 ≈ Element, Faktor 〈das auslösende, entscheidende, treibende M. 启发性的、决定性的、推动的因素〉: *Seine Entschuldigung brachte ein versöhnliches M. in die Diskussion* 他的道歉给讨论带来了和解的转机; *Sie machte sich das M. der Überraschung zunutze* 她利用了大家惊喜这一契机 ‖ -K(复合): **Gefahren-**, **Überraschungs-**, **Verdachts-**

mo·men·tan *Adj*(形); *nur attr od adv*(只作定语或状语) ≈ augenblicklich (1): *Sein momentaner Zustand / Die momentane Lage ist beunruhigend* 他目前的状况/这眼前的形势令人不安; *Ich kann mich m. nicht erinnern* 我现在一下子回忆不起来

Mo·narch *der*; *-en*, *-en*; j-d, der allein über ein Reich herrscht u. als Zeichen seiner Rechte e-e Krone trägt 君主,君王: *Ein König u. ein Kaiser sind Monarchen* 国王和皇帝是君主 ‖ NB(注意): *der Monarch*; *den*, *dem*, *des Monarchen* ‖ *hierzu*(派生) **Mo·nar·chin** *die*; -, *-nen*; **mo·nar·chisch** *Adj*(形)

Mo·nar·chie *die*; -, *-n* [-iːən] **1**. e-e Staatsform, in der ein König od. Kaiser herrscht 君主政体,君主制度 ↔ Republik **2**. ***e-e konstitutionelle M.*** e-e M. (1), in der der Monarch (mit wenig Macht) den Staat repräsentiert u. die politischen Entscheidungen von Parlament u. Regierung getroffen werden 君主立宪制(度) **3. e-e absolute M.** e-e M. (1), in der der Monarch allein regiert 专制君主制度

Mo·nar·chịst *der*; *-en*, *-en*; j-d, der die Staatsform der Monarchie für sehr gut hält 君主主义者,保皇派 ‖ NB(注意): *der Monarchist*; *den*, *dem*, *des Monarchisten* ‖ *hierzu*(派生) **mo·nar·chịs·tisch** *Adj*(形)

Mo·nat *der*; *-s*, *-e* **1.** einer der zwölf Teile e-s Jahres 月,月份 〈der heißeste, schönste, kürzeste M. im Jahr 一年中最热、最美、最短的月份; die kältesten Monate des Jahres 一年最冷的月份; jeden M. 每月; im nächsten, letzten, kommenden M. 下月,上月,下月〉: *Die Miete muss bis zum 3 des Monats gezahlt werden* 房租应在当月3日以前支付 ‖ K-(复合): **Monats-**, **-anfang**, **-beginn**, **-ende**, **-hälfte**, **-lohn**, **-mitte**, **-name**; **monate-**, **-lang** ‖ -K(复合): **Ernte-**, **Frühlings-**, **Herbst-**, **Kalender-**, **Sommer-**, **Winter-** ‖ NB(注意): Die Monate heißen *Januar*, *Februar*, *März*, *April*, *Mai*, *Juni*, *Juli*, *August*, *September*, *Oktober*, *November*, *Dezember*(月份的名称是一月、二月、三月、四月、五月、六月、七月、八月、九月、十月、十一月、十二月) **2.** ein Zeitraum von (ungefähr) vier Wochen 月(指四周的周期) 〈in, vor einem M. 在月内,一个月前; nach zwei Monaten 二个月后; für mehrere Monate 为期几个月〉: *Seine Tochter ist jetzt drei Monate alt* 他女儿现在满三个月了 **3. im** 〈dritten, vierten *usw* 第三,第四个〉 **M. sein** *gespr*[口]; seit drei, vier *usw* Monaten schwanger sein 怀孕…个月了 **4.** 〈zwei, drei *usw* 两个,三个…〉 **Monate bekommen** *gespr*[口]; zu zwei, drei *usw* Monaten Gefängnis verurteilt werden 被判刑…个月

-mo·na·tig *im Adj*, *wenig produktiv*, *nur attr*, *nicht adv*(构成形容词,构词弱,只作定语,不作状语); die genannte Zahl von Monaten dauernd…个月(之久)的; **einmonatig**, **zweimonatig**, **dreimonatig** 〈ein Aufenthalt 逗留〉

mo·nat·lich *Adj*(形); *nur attr od adv*(只作定语或状语) **1.** jeden Monat stattfindend, pro Monat 每月的: *Sie kommt m. zweimal/zweimal m. zu Besuch* 她每月来访两次; *Sein monatliches Einkommen beträgt dreitausend Euro* 他每月收入是3000欧元 **2.** so, dass es einen Monat dauert 一个月的: *e-e monatliche Kündigungsfrist haben* 有一个月的解约期限; *etw. geschieht in monatlichen Abständen* 某事每隔一个月发生一次

-mo·nat·lich *im Adj*, *wenig produktiv*, *nur attr od adv*(构成形容词,构词弱,只作定语或状语); in Abständen, die jeweils die genannte Zahl von Monaten dauern 每隔…月一次的; **zweimonatlich**, **dreimonatlich**, **viermonatlich** *usw*

Mo·nats·ge·halt *das* **1.** das Geld, das ein Beamter od. Angestellter jeden Monat für seine Arbeit bekommt 月薪,月工资 **2. das 13. M.** ein zusätzliches Gehalt, das *mst* zu Weihnachten gezahlt wird 第十三个月的(多指圣诞节)补助工资

Mönch *der*; *-s*, *-e* **1.** ein Mann, der der Religion in besonderer Weise sein ganzes Leben lang dient (*z.B.* auch nicht heiratet u. *mst* in e-m Kloster lebt) 僧侣,修道士,和尚 ↔ Nonne 〈buddhistische, christliche Mönche 佛教僧侣,基督教修道士〉 ‖ -K(复合): **Mönchs-**, **-gewand**, **-kloster**, **-kutte** ‖ -K(复合): **Benediktiner-**, **Bettel-**, **Dominikaner-**, **Franziskaner-**, **Wander- 2. wie ein M. leben** ein Leben ohne Luxus u. ohne sexuelle Kontakte führen 过苦行僧般的生活 ‖ *hierzu*(派生) **mọ̈n·chisch** *Adj*(形)

Mond *der*; *-(e)s*, *-e* **1.** *nur Sg*(只用单数); der große, runde Körper, der sich in 28 Tagen um die Erde dreht u. in der Nacht am Himmel zu sehen ist 月亮,月球 ↔ Sonne, Sterne 〈zum M. fliegen 飞向月球; der erste Mensch auf dem M. 登上月球的第一个人〉 ‖ K-(复合): **Mond-**, **-fähre**, **-flug**, **-gestein**, **-landung**, **-oberfläche**, **-rakete**, **-sonde**, **-umlaufbahn 2.** der M. (1), wie man ihn zu bestimmten Zeiten sehen kann 月亮 〈abnehmender, zunehmender M. 渐亏、渐盈的月亮; der M. geht auf/unter, steht am Himmel, hat e-n Hof 月亮升起/落下、挂在天空、有晕圈; die Scheibe, Sichel des Mondes 月轮,月牙〉 ‖ K-(复合): **Mond-**, **-aufgang**, **-nacht**, **-sichel**, **-untergang** ‖ -K(复合): **Halb-**, **Neu-**, **Voll-**; **Silber-**; **Tag- 3.** ein Körper, der um e-n Planeten kreist 卫星 ≈ Trabant: *Der Planet Mars hat zwei Monde* 火星有两颗卫星 ‖ -K(复合): **Erd-**, **Mars-**, **Saturn-** *usw* **4.** etw., das die Form e-s Halbkreises hat 月形状物,半圆形物: *Monde ausstechen u. backen* 挖成月形状进行烘烤; *Seine Fingernägel haben große Monde* 他的指甲盖有很大的半月形弧影 ‖ ID[谚] **auf/hinter dem M. leben** *gespr*[口]; hinter der Zeit zurück sein 生活在月球上(意即与世隔绝,生活脱离现实); **j-d könnte/möchte j-n auf den/zum M. schießen** *gespr*[口]; j-d ärgert sich sehr über j-n u. will ihn loswerden 某人会/想把某人撵到月球上去(指因非常生气想摆脱某人); *mst* 多用 **Das kannst du (dir) in den M. schreiben** *gespr*[口]; das musst du als verloren aufgeben 你可以把这当作丢了就是了

mon·dän *Adj*(形); 〈ein Badeort 游泳场; e-e Frau, Kleidung, ein Lokal 女人,衣服,酒店〉 so, dass sie ihre Eleganz deutlich zeigen 豪华的,神气十足的,傲慢的,华丽的 ≈ vornehm: *Cannes ist ein mondäner Badeort* 戛纳是一个豪华高贵的疗养地

Mond·fins·ter·nis *die*; der Vorgang, bei dem der volle Mond in den Schatten der Erde tritt 月食,月蚀〈e-e partielle, totale M. 月偏食,月全食〉

Mond·lan·de|fäh·re *die*; ein Fahrzeug, mit dem man auf dem Mond landen u. wieder zum Raumschiff zurückkehren kann 登月舱

Mond·schein *der*; das Licht des Mondes 月光 ‖ ID[谚] *mst* 多用 **Du kannst mir (mal) im M. begegnen!** *gespr*[口]; lass mich in Ruhe, ich werde deine Wünsche nicht erfüllen 让我安静一下！你别纠缠我！（我满足不了你的愿望）

mond·süch·tig *Adj*（形）；*ohne Steigerung*, *nicht adv*（无变级，不作状语）；〈ein Mensch 人〉 so, dass er nachts aufsteht u. schlafend umhergeht 患夜游症的 ‖ *hierzu*（派生）**Mond·süch·tig·keit** *die*；*nur Sg*（只用单数）

mo·ne·tä·r- *Adj*（形）；*nur attr*, *nicht adv*（只作定语，不作状语）；WIRTSCH【经】；in Bezug auf das Geld od. die Währung 有关货币的，与经济有关的，钱方面的〈Schwierigkeiten, die Situation 困难，情况〉

Mo·ne·ten *die*；*Pl*, *gespr*（复）［口］≈ Geld

mo·nie·ren; *monierte*, *hat moniert*; [Vt]（及物）***etw.*** (***an etw.*** (*Dat* 三格)) ***m.*** *geschr*［书］；Fehler an etw. bemerken u. tadeln 挑剔，指责 ≈ beanstanden, bemängeln 〈e-e Rechnung m. 指责账目有错；Mängel m. 挑剔缺点〉

Mo·ni·tor *der*；-*s*，-*e* / *auch* 也用 *Mo·ni·to·ren*；**1.** ein Bildschirm, auf dem man beobachten kann, was e-e Kamera irgendwo filmt 监视器，监控器：*Die Polizei beobachtet den Verkehr am M.* 警察从监控器上观察交通 ‖ K-（复合）：***Monitor-***, ***-überwachung*** **2.** der Bildschirm e-s Computers 电脑显示器 ‖ ↑ *Abb. unter* 图见 ***Computer*** ‖ -K（复合）：***Farb-***

mo·no *Adj*（形）；*nur präd od adv*（只作表语或状语）；nur auf einem Kanal aufgenommen od. zu hören 单（声道）的 ↔ stereo 〈e-e Schallplatte m. abspielen 放单声唱片；e-e Radiosendung m. hören 听单声广播〉 ‖ K-（复合）：***Mono-***, ***-sendung***

mo·no-, Mo·no- *im Adj u. Subst*, *wenig produktiv*, *geschr*（构成形容词和名词，构词弱）［书］；nur eines 单，一，独… ↔ poly-, Poly-; ***monochrom***（mit einer Farbe 单色的）〈e-e Aufnahme, ein Bildschirm 照片，荧光屏〉, ***monolithisch***（aus einem Stück 整块的）〈ein Felsblock 大石块〉, ***monotheistisch***（mit einem Gott 一神的）〈e-e Religion 宗教〉, der ***Monolith***

Mo·no·ga·mie *die*；-；*nur Sg*（只用单数）；das Zusammenleben mit nur einem Mann od. einer Frau als Partner 一夫一妻制 ≈ Einehe ↔ Bigamie, Polygamie

Mo·no·gramm *das*；-*s*，-*e*；jeweils der erste Buchstabe des Vor- u. Familiennamens 姓名符号（姓名第一个字母）：*ein Tuch mit M.* 织有姓名符号的一块手帕

Mo·no·kul·tur, Mo·no·kul·tur *die* **1.** *nur Sg*（只用单数）；der (ständige) Anbau e-r einzigen Pflanzenart auf e-r Fläche 单一种植 ↔ Mischkultur **2.** e-e (Acker)Fläche, auf der etw. in M. (1) wächst 单一种植的土地

Mo·no·log *der*；-*s*，-*e* **1.** e-e (lange) Rede e-r einzelnen Person ohne Partner (*bes* in Theaterstücken od. Filmen) 独白 ≈ Selbstgespräch ↔ Dialog 〈e-n M. halten 进行独白〉 **2.** ***innerer M.*** LIT【文学】；die Gedanken, Überlegungen, Reaktionen *o. Ä.* e-r Person in e-m Roman od. e-r Erzählung, die in der Ichform wiedergegeben, aber nicht laut ausgesprochen werden 内心独白

Mo·no·pol *das*；-*s*，-*e*；***das M.*** (***auf etw.*** (*Akk* 四格)) das absolute Recht, die absolute Kontrolle über die Produktion e-r Ware od. das Bereitstellen e-r Dienstleistung 垄断，垄断权，独占，专营 ≈ Alleinrecht 〈das M. auf etw. haben 垄断某事；ein M. ausüben 进行垄断；etw. ist j-s M. 某事是某人垄断的〉：*Die Herstellung u. der Verkauf von Zündhölzern war lange Zeit ein staatliches M.* 火柴的生产和销售长期以来是国家垄断的 ‖ K-（复合）：***Monopol-***, ***-inhaber***, ***-stellung*** ‖ -K（复合）：***Bildungs-***, ***Handels-***, ***Informations-***, ***Staats-***, ***Steuer-*** ‖ *hierzu*（派生）**mo·no·po·lis·tisch** *Adj*（形）

mo·no·ton *Adj*（形）；so, dass dasselbe ständig wiederholt wird u. somit langweilig ist 单调的，无聊的，乏味的 ≈ eintönig ↔ abwechslungsreich 〈Arbeit, Musik 工作，音乐〉：*die monotone Arbeit am Fließband* 流水线上单调的工作 ‖ *hierzu*（派生）**Mo·no·to·nie** *die*；*mst Sg*（多用单数）

Mons·ter *das*；-*s*，-；ein Wesen, das einem Angst macht (weil es so groß, hässlich od. böse ist) 巨型怪物 ≈ Ungeheuer ‖ K-（复合）：***Monster-***, ***-film*** ‖ *hierzu*（派生）**mons·ter·haft** *Adj*（形）

Mons·ter- *im Subst*, *begrenzt produktiv*, *gespr pej*（构成名词，构词有限）［口］［贬］；viel zu groß 巨大的，庞大的，大型的 ≈ Mammut-, Riesen- ↔ Mini-; e-e ***Monsteranlage***, ein ***Monsterbau*** 〈der Industrie 工业的〉, das ***Monsterprogramm*** 〈e-r Tagung 会议的〉, der ***Monsterprozess*** 〈gegen die Terroristen 反对恐怖分子的〉

monst·rös, *monströser*, *monströsest-*; *Adj*（形）**1.** *geschr*［书］；mit Eigenschaften e-s Monsters 怪异的，怪物般的 **2.** viel zu groß u. *mst* auch hässlich 大得出奇的，又大又丑的：*ein monströses Bauwerk* 大得可怕的建筑物 ‖ *hierzu*（派生）**Monst·ro·si·tät** *die*；-，-*en*

Monst·rum *das*；-*s*, *Monst·ren* **1.** ≈ Monster **2.** ein Mensch, der zu sehr grausamen Taten fähig ist 心狠手辣的人，惨无人道的人：*Um j-n so zu quälen, muss man ein wahres M. sein* 敢这样折磨一个人，一定得心狠手辣 **3.** ***ein M.*** (***von etw.***) *gespr*［口］；etw., das viel zu groß u. *mst* auch hässlich ist 大怪物，庞然大物〈ein M. von e-m Koffer, Kasten, Kürbis 一只特大的箱子、木箱、南瓜〉：*Der Schrank war ein solches M., dass wir ihn nicht durch die Tür brachten* 这柜子是个庞然大物，我们都抬不进门

Mon·sun *der*；-*s*，-*e*；ein Wind in Süd- u. Ost-Asien, der alle sechs Monate die Richtung wechselt u. im Sommer starken Regen bringt（东南亚的）季风 ‖ K-（复合）：***Monsun-***, ***-regen***, ***-zeit***

Mon·tag *der*；-*s*，-*e*；der erste (Arbeits)Tag der Woche 星期一；*Abk* 缩写 Mo 〈am M. 在星期一；letzten, diesen, nächsten M. 上、这、下星期一；M. früh 星期一清早〉 ‖ K-（复合）：***Montag-***, ***-abend***, ***-mittag***, ***-morgen***, ***-nacht***; ***montag-***, ***-abends***, ***-mittags*** *usw* ‖ -K（复合）：***Oster-***, ***Pfingst-***

M

Mon·ta·ge [-'taːʒə] *die*; -, -*n* **1.** das Montieren (1,2): *Bei der M. der Waschmaschine fehlte ein Schlauch* 在安装洗衣机时缺了一根软管 ‖ K-(复合): ***Montage-, -abteilung, -anleitung, -halle, -satz, -teil*** **2.** ein Bild *o. Ä.*, das aus verschiedenen Teilen zusammengesetzt wird 剪辑品,拼贴画 ≈ Collage ⟨Fotos, Zeitungsausschnitte zu e-r M. zusammenfügen, kleben 将照片、剪报拼合、拼贴成一本集锦⟩ ‖ -K(复合): ***Bild-, Foto-*** **3.** das Herstellen e-s Films aus verschiedenen Teilen, die zusammengestellt u. zu e-m Filmband geklebt werden(电影)剪辑,蒙太奇 ‖ -K(复合): ***Film-*** **4.** ***auf M.*** *gespr*[口]; längere Zeit von zu Hause weg, um mit der M. (1) auf e-r Baustelle Geld zu verdienen 外出搞安装工作(挣钱) ⟨auf M. gehen, sein 外出搞安装工作,正在搞安装⟩

mon·tags *Adv* (副); jeden Montag 每星期一: *Das Restaurant hat m. Ruhetag* 这家餐馆周一休息

Mon·tan·in·dust·rie *die*; die Industrie, die Kohle fördert u. Stahl herstellt u. verarbeitet 煤炭和钢铁工业

Mon·teur [-'tøːɐ] *der*; -*s*, -*e*; j-d, der beruflich etw. montiert (1)安装工,装配工 ‖ *hierzu* (派生)**Mon·teu·rin** [-'tøːrɪn] *die*; -, -*nen*

mon·tie·ren; *montierte*, *hat montiert*; [Vt](及物) **1.** ***etw. m.*** mehrere Teile fest miteinander verbinden, sodass ein fertiges Gerät od. e-e Konstruktion entsteht 安装,装配,架设,组装 ↔ abmontieren: *aus Stahlträgern e-e Brücke m.* 用钢支架架设一座桥梁; *am Fließband Autos m.* 在流水作业线上组装汽车 **2.** ***etw. m.*** etw. *mst* mit Schrauben an e-m Ort befestigen 加固,安装,装上 ↔ abmontieren: *e-n Gepäckträger (auf das/dem Autodach) m.* 在汽车顶上装上一个行李架; *Wenn die Lampen montiert sind, sind wir fertig* 装好电灯,我们就完工了

Mo·nu·ment *das*; -*s*, -*e*; ***ein M. (für j-n/etw.)*** ≈ Denkmal, Mahnmal: *ein M. für die Opfer des 2 Weltkriegs errichten* 为二战牺牲者建立一座纪念碑

mo·nu·men·tal *Adj*(形); sehr groß u. deshalb beeindruckend 雄伟的,壮观的,宏大的 ≈ gewaltig ⟨ein Gemälde, e-e Plastik, ein Gebäude 油画,雕塑品,建筑物; etw. wirkt m. 某物巍巍壮观; etw. m. gestalten 将某物塑造得很雄伟⟩: *Den Mt. Everest zu bezwingen, war e-e monumentale Leistung* 征服埃非尔士峰(即:珠穆朗玛峰)是一件了不起的壮举 ‖ K-(复合): ***Monumental-, -bau, -film, -gemälde, -werk*** ‖ *hierzu* (派生) **Mo·nu·men·ta·li·tät** *die*; *nur Sg*(只用单数)

Moor *das*; -*s*, -*e*; ein Gebiet mit e-m sehr nassen u. weichen Boden, auf dem *bes* Gras u. Moos wachsen 沼泽地,泥沼地 ⟨ein gefährliches, unheimliches M. 一块危险的、神秘的沼泽地; im M. versinken, umkommen 陷进、淹死在沼泽中; sich im M. verirren 在沼泽地迷路; ein M. trockenlegen 排干沼泽里的水⟩ ‖ K-(复合): ***Moor-, -boden, -erde, -pflanze*** ‖ *hierzu*(派生) **moo·rig** *Adj*(形); *nicht adv*(不作状语)

Moos *das*; -*es*, -*e* **1.** e-e Pflanze, die auf feuchtem Boden od. auf Bäumen wächst u. dort kleine, grüne Polster bildet 苔,藓,青苔,地衣: *Der Baumstumpf war von M. überwachsen* 这个树墩长满了青苔 ‖ K-(复合): ***Moos-, -pflanze, -polster; moos-, -grün, -bedeckt*** **2.** *nur Sg*(只用单数); ein Polster von solchen Pflanzen 一层厚厚的苔藓 **3.** *südd* Ⓐ Ⓒⓗ [南德][奥][瑞] ≈ Moor **4.** *nur Sg*, *gespr*(只用单数)[口] ≈ Geld ‖ ▶ ***bemoost, vermoosen***

Mo·ped *das*; -*s*, -*s*; ein Fahrzeug mit zwei Rädern u. e-m Motor, das höchstens 40 Kilometer pro Stunde fahren darf 轻骑,轻型摩托车 ⟨(ein) M. fahren 开轻骑⟩: *Für das M. braucht man e-n Führerschein Klasse 5.* 开轻骑要有5级驾驶证 ‖ K-(复合): ***Moped-, -fahrer, -führerschein***

Mops *der*; -*es*, *Möp·se*; **1.** ein kleiner Hund mit kurzen Haaren u. Beinen, e-m dicken Körper u. e-r breiten, flachen Schnauze(短毛矮脚宽嘴)哈巴狗 **2.** *nur Pl*, *gespr!*(只用复数)[粗] verwendet, um große Brüste zu beschreiben 大乳房 **3.** *nur Pl*, *gespr*(只用复数)[口] ≈ Geld

mop·sen; *mopste*, *hat gemopst*; [Vt](及物) ***(j-m) etw. m.*** *gespr*[口] ≈ j-m etw. stehlen: *Wer hat mir meinen Bleistift gemopst?* 谁把我的铅笔抄走了?

Mo·ral[1] *die*; -; *nur Sg*(只用单数) **1.** die (ungeschriebenen) Regeln, die in e-r Gesellschaft bestimmen, welches Verhalten e-s Menschen als gut u. welches als schlecht gilt 道德,行为规范,伦理 ≈ Ethik ⟨die bürgerliche, christliche, sozialistische M. 资产阶级的、基督教的、社会主义的道德; gegen die M. verstoßen 触犯道德; die M. verletzen 违反道德⟩ ‖ K-(复合): ***Moral-, -begriff, -lehre, -vorstellungen, -theologie*** **2.** die Art, wie sich j-d nach den Regeln der M.[1] (1) richtet 品行,品德,作风 ⟨e-e lockere, strenge M. haben 作风松散、严谨⟩: *Er hat e-e doppelte M. – die Ansprüche, die er an andere stellt, gelten nicht für ihn selbst* 他有双重作风——对别人的要求不适用于他自己(即:对人一套,对自己却另一套)

Mo·ral[2] *die*; -; *nur Sg*(只用单数); das Vertrauen in die eigenen Fähigkeiten 自信心,自信的精神状态 ≈ Selbstvertrauen ⟨j-s M. ist gut, schlecht, ungebrochen 某人的自信精神很好、很差、不动摇; j-s M. stärken, schwächen 加强、削弱某人的自信心⟩: *Nach der Niederlage sank die M. der Mannschaft* 遭遇失败后,球队的士气低落了

Mo·ral[3] *die*; -; *nur Sg*(只用单数); etw., das man aus e-r Geschichte lernen kann (u. in Fabeln am Schluss steht)教育意义,教益,寓意

Mo·ral·apos·tel *der*; *pej*[贬] ≈ Moralist

mo·ra·lisch *Adj*(形); **1.** *nur attr od adv*(只作定语或状语); in Bezug auf die Moral[1] (1)道德上的,道义上的,伦理的 ≈ sittlich ⟨Druck,

M

Zwang, Bedenken, Skrupel 压力，强制，顾虑，顾忌〉: *Er fühlte sich m. dazu verpflichtet, ihr zu helfen* 他感到道义上有义务帮助她 **2.** so, dass man sich an die Regeln der Moral hält 遵循道德准则的，品德好的，有道德的 ≈ sittlich ↔ unmoralisch 〈ein Lebenswandel, ein Verhalten 生活作风，行为〉‖ ID［谚］***einen/den Moralischen haben*** *gespr*［口］; **a)** ein schlechtes Gewissen haben 感到内疚（心里有愧）; **b)** deprimiert sein 感到消沉，灰心丧气

Mo·ra·list *der*; *-en*, *-en*; *oft pej* 常用［贬］; j-d, der sich streng an die Regeln der Moral hält u. andere kritisiert, wenn sie nicht danach handeln 道德说教者，道学先生 ‖ NB（注意）: *der Moralist*; *den*, *dem*, *des Moralisten* ‖ *hierzu*（派生）**Mo·ra·lis·tin** *die*; *-*, *-nen*

Mo·ral·pre·digt *die*; *mst in* 多用于 ***j-m e-e M. halten*** *oft pej* 常用［贬］; j-n tadeln u. ihm sagen, wie er sich verhalten muss (um nicht gegen die Moral[1] (1) zu verstoßen) 对某人进行道德说教

Mo·rast *der*; *-(e)s*, *-e/Mo·räs·te*; *mst Sg*（多用单数）**1.** ein Boden, der (*mst* nach e-m starken Regen) sehr nass u. weich ist 泥潭，烂泥地，泥坑，沼泽 ≈ Schlamm 〈im M. stecken bleiben, versinken 陷在、陷入泥潭中; etw. verwandelt sich in e-n M. 某物变成一滩烂泥〉 **2.** ***ein M. an etw.*** (*Dat* 三格) ein Bereich des moralischen Verfalls（道德上堕落腐败的）泥潭，泥坑: *ein M. an Korruption* 腐败的泥潭 ‖ *zu*（义项）**1. mo·ras·tig** *Adj*（形）; *nicht adv*（不作状语）

mor·bid, **mor·bi·de** *Adj*（形）; *nicht adv*, *geschr*（不作状语）［书］ **1.** 〈e-e Blässe 膀胱; ein Geschlecht 一代人〉 so, dass sie krank u. kraftlos aussehen 病态的，病恹恹的，不健康的 **2.** in e-m Zustand, in dem es relativ wenig Ordnung, aber schlechte Sitten gibt 腐败的，病态的 ≈ dekadent 〈e-e Gesellschaft, die gesellschaftlichen Verhältnisse 社会，社会关系〉 ‖ *hierzu*（派生）**Mor·bi·di·tät** *die*; *nur Sg*（只用单数）

Mord *der*; *-es*, *-e*; ***der M.*** (***an j-m***) e-e kriminelle Tat, die darin besteht, dass j-d einen (od. mehrere) Menschen mit Absicht tötet 谋杀，凶杀（罪行）〈e-n M. begehen, verüben, aufklären 进行、犯下、查明谋杀; j-n des Mordes verdächtigen 怀疑某人谋杀; j-n wegen Mord(es) anklagen, verurteilen 因谋杀（罪）而控告、判处某人; j-n zu e-m / zum M. anstiften 唆使某人谋杀; ein grausamer, politischer M. 残忍的、政治上的谋杀; ein M. aus Eifersucht 因嫉妒而谋杀〉 ‖ K-（复合）: ***Mord-***, ***-anklage***, ***-anschlag***, ***-drohung***, ***-plan***, ***-verdacht***, ***-versuch***, ***-waffe*** ‖ -K（复合）: ***Gatten-***, ***Massen-***, ***Raub-***, ***Sexual-***, ***Völker-*** ‖ ID［谚］***M. u. Totschlag*** *gespr*［口］; ein schlimmer, gefährlicher Streit 大吵大闹; ***das ist*** (***der reine***, ***reinste***, ***glatte***) ***M.!*** *gespr*［口］; das ist sehr anstrengend od. gefährlich 这简直累死人了（简直不顾人的死活）! ‖ NB（注意）: ↑ ***Totschlag***, ↑ ***Tötung*** ‖ ▶ ***Ermordung***

mor·den; *mordete*, *hat gemordet*; [*Vt/i*]（及物/不及物）(***j-n***) ***m.*** einen od. *mst* mehrere Morde begehen 谋杀，犯杀人罪 ‖ ▶ ***ermorden***

Mör·der *der*; *-s*, *-*; ein Mann, der e-n Mord begangen hat 杀人犯，凶手，谋杀者〈der mutmaßliche M. 可能的凶手; zum M. werden 成为凶手; den M. verfolgen, fassen, verurteilen 追捕、抓住、判处杀人犯〉 ‖ -K（复合）: ***Massen-***, ***Raub-*** ‖ *hierzu*（派生）**Mör·de·rin** *die*; *-*, *-nen*

Mör·der·gru·be *die*; ↑ ***Herz***

mör·de·risch **1.** *Adj*（形）; so, dass j-d dabei getötet wird/werden soll 谋杀的，杀气腾腾的，凶残的，残暴的〈ein Kampf, ein Treiben 斗争，阴谋活动; in mörderischer Absicht (auf j-n losgehen) 杀气腾腾地（冲向某人）〉 **2.** *Adj*（形）; *gespr*［口］; unangenehm groß, stark od. intensiv 非常的，厉害的，不要命的，拼命的〈Gedränge, Geschrei, Hitze, Kälte, Tempo 拥挤，喊叫声，炎热，寒冷，速度〉 **3.** *Adv*（副）; *gespr*［口］; verwendet, um Adjektive od. Verben negativ zu verstärken（加强形容词或动词的负面意义）非常，很，厉害，极 ≈ sehr: *m. heiß* 热死人; *Das tut m. weh* 这痛得要命

Mord·kom·mis·si·on *die*; e-e Abteilung der (Kriminal) Polizei, die sich *bes* mit der Aufklärung von Morden beschäftigt 刑事侦查科

Mords- *im Subst*, *sehr produktiv*, *gespr*（构成名词，构词强）［口］; verwendet, um auszudrücken, dass etw. sehr groß, sehr stark od. sehr intensiv ist 极大的、了不起的、非常的厉害的 ≈ Riesen-; ein ***Mordsding***, ein ***Mordsdreck***, ein ***Mordsdurst***, ein ***Mordsgeschrei***, ein ***Mordsglück***, ein ***Mordshunger***, ein ***Mordskrach***, ein ***Mordslärm***, ein ***Mordsrausch***, ein ***Mordsschreck(en)***, ein ***Mordsspaß***, ein ***Mordsspektakel***, e-e ***Mordswut***

Mords·kerl *der*; *gespr*［口］; verwendet, um auszudrücken, dass ein Mann sehr groß u. stark od. sehr kameradschaftlich u. anständig ist 粗壮的好汉，义重如山的汉子

mords·mä·ßig *Adj*（形）; *ohne Steigerung*（无变级）**1.** *nur attr*, *nicht adv*, *gespr*（只作定语，不作状语）［口］; sehr stark, groß od. intensiv 巨大的，厉害的，极度的: *e-e mordsmäßige Wut haben* 怒气冲天，怒不可遏 **2.** *nur adv*, *gespr*（只作定语）［口］; verwendet, um Adjektive od. Verben zu verstärken（加强形容词或动词的语义）很，非常，极 ≈ sehr: *Ich habe ihn m. gern* 我很喜欢他

Mo·res *die*; *Pl*（复）; *mst in* 多用于 ***Ich werde / Das wird dich M. lehren!*** *gespr*［口］; verwendet, um auszudrücken, dass man j-n für sehr schlechtes Benehmen bestrafen will od. dass etw. e-e gerechte Strafe dafür ist 我要教训教训你懂点规矩! /这是对你不懂规矩的惩罚!

mor·gen *Adv*（副）**1.** an dem Tag, der auf heute folgt 明天 ↔ gestern, heute 〈m. Abend, früh, Mittag, Nachmittag 明天晚上、早晨、中午、下午; bis, für m. 到、为明天〉: *Sie hat m. Geburtstag* 她明天生日; *Warte damit bis m.* 这事你等到明天办吧; *Er hat mich für m. Abend eingeladen* 他邀请我明天晚上去 ‖ NB（注

意)：mit Adverbien der Zeit immer vor dem Adverb verwendet(常置于时间副词前) **2.** die/in der Zukunft 未来，将来，明天：*die Gesellschaft, die Technik von m.* 未来的社会、技术 **3. m. (in einer Woche, in einem Jahr** *usw*) am gleichen Tag der Woche/des Monats wie m. (2), nur eine Woche, ein Jahr *usw* später (一周后、一年后…的)明天：*Er hat m. in einem Monat Geburtstag* 他一个月后的明天过生日；*M. in einem Jahr feiern sie ein Jubiläum* 一年后的明天他们庆祝周年纪念日 ‖ ID[谚] ***M. ist auch noch ein Tag*** das muss nicht heute noch erledigt werden 明天再干吧(意即:今天用不着干完)

Mor·gen[1] *der*; *-s*, - **1.** die (Tages)Zeit vom Aufgehen der Sonne bis ungefähr 11 Uhr 早晨，上午 ≈ Frühe ↔ Abend ⟨ein kühler, strahlender, trüber M. 凉爽的、明朗的、阴沉的早晨; der Morgen bricht an, graut 破晓，天变亮; am (frühen/späten) M., früh/spät am M. 清早/早晨晚些时候(近中午的时候)⟩ ‖ K-(复合)：***Morgen-, -andacht, -dämmerung, -frühe, -gebet, -himmel, -sonne, -spaziergang, -stunde, -zeitung*** ‖ -K(复合)：***Oster-, Sonntag-, Sommer-, Winter-*** *usw*; ***Sonntag-, Montag-*** *usw* **2.** am M.[1](1) 早晨，早上，清晨 ⟨gestern, heute M. 昨天、今天早晨⟩ ‖ NB(注意)：mit Namen von Wochentagen zusammengeschrieben (与星期几的名词连写)：*Sie kam Montagmorgen* 她星期一早晨来过 **3.** *nur Sg, veraltet*(只用单数)[旧] ≈ Osten ⟨gegen, gen M. 将近天亮，临近拂晓⟩ **4. *e-s (schönen) Morgens*** an e-m M.[1](1) 一天(美丽的)早晨 **5. *des Morgens*** *geschr*[书] ≈ morgens **6. *Guten M.!*** verwendet als Gruß am M.[1](1) 早安！早晨好！⟨j-m e-n Guten/guten M. wünschen 祝愿某人早晨好⟩ **7. *M. für M.*** jeden M.[1](1) 每天早晨 ‖ ID[谚] ***frisch/schön wie der junge M.*** jung u. schön 像清晨一样年轻美貌 ‖ *zu* (义项) **1. mor·gend·lich** *Adj*(形)；*nur attr, nicht adv*(只作定语，不作状语)

Mor·gen[2] *das*; *-s*; *nur Sg*(只用单数) ≈ Zukunft ↔ Heute, Gestern：*Sie glaubte, es gäbe kein M. für sie* 她以为她没有前途了

Mor·gen[3] *der*; *-s*, -; *veraltend*[渐旧]; verwendet als Maß für die Größe e-s Feldes od. Gebietes. Ein M. hat ca. 3000m² 摩根(土地面积单位，一摩根约 3000 平米) ⟨ein M. Acker, Land 一摩根耕地、土地⟩

Mor·gen·grau·en *das*; *-s*; *nur Sg*(只用单数); die Zeit kurz vor dem Aufgang der Sonne 拂晓，黎明，破晓 ≈ Morgendämmerung ⟨im M. aufstehen 在天刚亮的时候起床⟩

Mor·gen·luft *die*; *nur Sg*(只用单数); die kühle u. frische Luft am Morgen 早晨凉爽而新鲜的空气 ‖ ID[谚] ***M. wittern*** *oft hum* 常用[诙]; e-e gute Chance auf Erfolg sehen (u. deshalb aktiv werden) 感到机遇来临，闻到希望的气息

Mor·gen·muf·fel *der*; *gespr, oft hum*[口]常用[诙]; j-d, der morgens nach dem Aufstehen oft schlechte Laune hat und wenig spricht — 起床就绷着脸(郁郁寡欢、无精打采)的人

mor·gens *Adv*(副)；am Morgen[1](1) 早晨，上午 ↔ abends

mor·gi·g- *Adj*(形)；*nur attr, nicht adv*(只作定语，不作状语)；den Tag betreffend, der auf heute folgt 明天的，第二天的 ↔ gestrig-：*Er hat Angst vor dem morgigen Tag* 他害怕明天

Mor·phi·um *das*; *-s*; *nur Sg*(只用单数)；ein Schmerzmittel, das aus Opium hergestellt wird u. süchtig machen kann 吗啡；MED, CHEM【医】【化】Morphin ‖ K-(复合)：***Morphium-, -spritze, -sucht***; ***morphium-, -süchtig***

morsch, *morscher, morschest-*; *Adj*(形)；*nicht adv*(不作状语)；durch Feuchtigkeit od. hohes Alter weich u. brüchig geworden 腐烂的，腐朽的，陈腐的 ↔ stabil ⟨Holz, ein Balken, ein Brett, e-e Treppe 木，梁，板，楼梯⟩ ‖ *hierzu*(派生) **Morsch·heit** *die*; *nur Sg*(只用单数)

Mor·se·al·pha·bet *das*; *nur Sg*(只用单数)；ein Alphabet, dessen Buchstaben aus Punkten u. Strichen bestehen, die kurzen und langen elektrischen Impulsen entsprechen, mit denen man Nachrichten sendet 莫尔斯电码

mor·sen; *morste, hat gemorst*; Vt/i (及物/不及物) (***etw.***) ***m.*** e-e Nachricht mit dem Morsealphabet senden (用莫尔斯电码)发报 ⟨SOS m. (船舶、飞机等)发出呼救信号⟩ ‖ K-(复合)：***Morse-, -apparat***

Mör·ser *der*; *-s*, -; e-e kleine Schüssel *mst* aus Porzellan od. Messing, in der man etw. mit e-r Art kleiner Keule (dem Stößel) zu Pulver macht 臼，臼钵：*Körner im M. zerreiben, zerstoßen* 在臼中研磨、粉碎谷粒

Mor·se·zei·chen *das*; ein Symbol aus dem Morsealphabet 莫尔斯电码(符号)

Mör·tel *der*; *-s*; *nur Sg*(只用单数)；e-e Mischung aus Sand, Zement u. Wasser, die beim Bauen die Steine zusammenhält 水泥灰浆，砂浆 ⟨den M. anrühren 搅和灰浆⟩

Mo·sa·ik *das*; *-s, -e/-en*; ein Bild od. ein Muster, das aus bunten Glasstücken od. Steinchen gemacht ist 马赛克，(用彩色玻璃或石块拼嵌而成的)镶嵌图案 ⟨etw. mit e-m M. auslegen 把某物铺上马赛克⟩ ‖ K-(复合)：***Mosaik-, -bild, -fußboden*** ‖ -K(复合)：***Glas-, Stein-, Wand-*** ‖ *hierzu*(派生) **mo·sa·ik·ar·tig** *Adj*(形)

Mo·schee *die*; -, *-n* [-ˈʃeːən]; ein Gebäude, in dem Moslems Gott verehren 清真寺：*Vor dem Betreten e-r M. muss man die Schuhe ausziehen* 进清真寺之前应脱鞋

Mö·se *die*; -, *-n*; *vulg*[俗]; die Genitalien der Frau(女性生殖器)屄

mo·sern; *moserte, hat gemosert*; Vi (不及物) (***über j-n/etw.***) ***m.*** *gespr*[口] ≈ (über j-n/etw.) nörgeln, meckern

Mos·ki·to *der*; *-s, -s*; e-e Mücke, die *bes* in den Tropen vorkommt u. durch ihre Stiche Krankheiten (*z. B.* Malaria) auf den Menschen überträgt 蚊子

Mos·ki·to·netz *das*; ein Netz, mit dem man sich vor Moskitos schützt 蚊帐

Mos·lem *der*; *-s, -s*; j-d, dessen Religion dem Koran des Propheten Mohammed folgt 穆斯

林,伊斯兰教徒 ‖ NB(注意): In der Presse auch in der englischen Form *Muslim* (媒体中也用英语形式 Muslim) ‖ *hierzu*(派生) **mos·le·min** *die*; -, *-nen*; **mos·le·misch** *Adj*(形)

Most *der*; -(*e*)*s*, *-e*; *mst Sg*(多用单数) **1.** ein Saft aus Obst, *bes* aus Trauben 果汁,葡萄汁 ‖ -K(复合): ***Apfel-***, ***Birnen-*** **2.** *südd* Ⓐ Ⓒⓗ [南德][奥][瑞] ein gärender Most (1) (mit etwas Alkohol)发酵中的果子汁(带酒味)

mos·ten; *mostete*, *hat gemostet*; [Vt/i] (及物/不及物) (***etw.***) ***m.*** Most aus etw. herstellen 用…榨制,酿制(果汁): *Er mostet die Äpfel* 他榨制苹果汁

Most·rich *der*; -(*e*)*s*; *nur Sg*, *nordd*(只用单数)[北德] ≈ Senf

Mo·tel, **Mo·tel** *das*; *-s*, *-s*; ein Hotel direkt an der Autobahn od. an e-r wichtigen Straße (高速公路或主要公路旁的)汽车客栈,旅店

Mo·tiv[1] [-f] *das*; -(*e*)*s*, *-e*; ***ein M.*** (***für etw.***) ein Grund od. e-e Ursache dafür, dass j-d etw. tut 动机,主旨,起因 ≈ Veranlassung 〈ein persönliches, politisches, religiöses M. 个人的、政治的、宗教的动机〉: *Welches M. hatte er für den Mord?* 他怀有什么杀人动机? *Sein M. war Eifersucht* 他的动机是嫉妒 ‖ -K(复合): ***Mord-***, ***Tat-***

Mo·tiv[2] [-f] *das*; -(*e*)*s*, *-e* **1.** etw., das ein Maler, Fotograf, Bildhauer *usw* künstlerisch darstellt(画家、摄影师、雕刻家等的)动机,创意,题材,素材 〈ein schönes, reizvolles M. abgeben 表达出一个美好的、富有刺激性的创意; auf der Jagd, Suche nach Motiven sein 搜寻、寻找(艺术)素材〉: *Stillleben sind ein beliebtes M. der Malerei* 静物写生是最受欢迎的绘画题材 **2.** ein Thema, das in der Literatur oft vorkommt(文学的)主题,题材,素材 〈ein M. aufgreifen, verwenden 抓住、运用一个主题〉: *ein M. aus der Sage* 来自民间传说的题材; *Das M. der bösen Stiefmutter kommt im Märchen häufig vor* 狠心继母的题材常出现在童话中 **3.** MUS【音】; e-e Folge von Tönen in e-m Musikstück, die im Laufe des Stücks wiederholt wird(音乐)主(题曲)调 〈ein M. wiederholen 重复主调〉

mo·ti·vie·ren; *motivierte*, *hat motiviert*; [Vt/i] (及物/不及物) **1.** (***j-n/sich***) (***zu etw.***) ***m.*** j-n/sich zu etw. anregen od. j-m/sich Motive[1] geben, etw. zu tun 激励,鼓励,给…动力,调动…的积极性: *e-m Kind e-e Belohnung versprechen, um es zum Lernen zu m.* 为鼓励孩子学习许诺给予他奖励; *Ich bekomme keine Gehaltserhöhung – so etwas motiviert nicht gerade* 我没有提工资——这样做激励不了人; [Vt] (及物) **2.** ***etw.*** ***motiviert etw.*** etw. ist ein Grund, ein Motiv[1] für e-e Tat(物作主语)说明…的理由、动机 ≈ etw. begründet etw.: *Sein schlechtes Benehmen scheint durch nichts motiviert* 他恶劣的品行似乎无法解释 ‖ NB(注意): *mst* im Zustandspassiv (多用于状态被动句)! **3.** ***etw.*** (***mit etw.***) ***m.*** *geschr*[书]; die Gründe, Motive[1] für e-e Tat nennen(用…)指出、解释、说明…的理由、动机 ≈ begründen 〈e-n Antrag, e-e Handlungsweise 申请,行为方式〉 ‖ *hierzu*(派生) **Mo·ti·va·ti·on** *die*; -, *-en* ‖ ▶ ***unmotiviert7***

Mo·to *das*; *-s*, *-s*; Ⓒⓗ *gespr*[瑞][口] ≈ Motorrad

Mo·tor, **Mo·tor** *der*; *-s*, *Mo·to·ren* **1.** e-e Maschine, die ein Fahrzeug od. ein Gerät antreibt, in Bewegung setzt 马达,发动机 〈der M. springt an, läuft, heult (auf), klopft, dröhnt, bockt, spuckt, setzt aus, streikt, stirbt ab 发动机开始起动、运转、轰鸣、跳动、隆隆作响、失灵、冒气、停转、不转、熄火; e-n M. anlassen/anwerfen/starten, warm werden lassen, laufen lassen, drosseln, abwürgen, ausstellen/abstellen/ausschalten 起动/发动/开动马达,使马达加温、运行,减速、熄灭、关/关掉/关上马达; ein M. mit Luftkühlung, mit Wasserkühlung, mit vier Zylindern 带空气冷却、水冷却、四汽缸的马达〉: *ein M. mit 60 PS* 60 马力的马达; *Das Taxi wartet mit laufendem M. vor der Tür* 出租车没熄火等在门口 ‖ K-(复合): ***Motor-***, ***-block***, ***-boot***, ***-leistung***, ***-öl***, ***-säge***, ***-schaden***, ***-schlitten***; ***Motoren-***, ***-bau***, ***-geräusch***, ***-kraft***, ***-lärm*** ‖ -K(复合): ***Auto-***, ***Boots-***, ***Flugzeug-***; ***Benzin-***, ***Diesel-***, ***Elektro-*** **2.** j-d, der dafür sorgt, dass etw. funktioniert(指人)推动力,动力,发动机 ≈ treibende Kraft: *j-d ist der M. e-r Firma* 某人是公司的发动机

Mo·tor·hau·be *die*; e-e Klappe an e-m Auto, die man öffnet, wenn man etw. am Motor zu tun hat(汽车的)发动机护盖 〈die M. öffnen, hochklappen, schließen 打开、掀开、关上发动机护盖; unter der M. nachsehen 探身检查马达〉 ‖ ↑ *Abb. unter* 图见 ***Auto***

-mo·to·rig *im Adj*, *wenig produktiv*, *nicht adv*(构成形容词,构词弱)(不作状语); mit der genannten Zahl von Motoren…个发动机的; ***einmotorig***, ***zweimotorig***, ***viermotorig*** 〈ein Flugzeug 飞机〉, ***sechsmotorig***

Mo·to·rik *die*; -; *nur Sg*(只用单数); die Bewegung e-s Menschen/Tieres od. seiner Organe, die das Gehirn steuert 运动机能: *Die M. e-s Säuglings ist noch ziemlich unkoordiniert* 婴儿的运动机能还是相当不协调的

mo·to·risch *Adj*(形) **1.** in Bezug auf die Motorik 运动机能的: *Ein Reflex ist e-e motorische Reaktion des Körpers* 反射是人体运动机能的反映 **2.** in Bezug auf den Motor (1)发动机的,马达的: *die motorische Leistung e-s Fahrzeuges* 机动车的发动机功率

mo·to·ri·sie·ren; *motorisierte*, *hat motorisiert*; [Vt](及物) ***j-n m.*** j-m ein Auto, Motorrad *o. Ä.* geben 给…(购置,配备)一辆车(摩托车)

mo·to·ri·siert **1.** *Partizip Perfekt*(过去分词); ↑ ***motorisieren*** **2.** *Adj*(形); mit e-m Auto, Motorrad *o. Ä.*, das man benutzt 骑摩托车的,开汽车的,驾驶机动车的 〈ein Verkehrsteilnehmer 参与交通的人〉: *Sind Sie m.* (= haben Sie Ihr Auto da), *od. soll ich Sie mitnehmen?* 您是自己有车,还是要我带您?

Mo·tor·rad, **Mo·tor·rad** *das*; ein Fahrzeug mit

zwei Rädern u. e-m Motor, das schneller als 40 Stundenkilometer fahren darf u. hohe Geschwindigkeiten erreicht 摩托车 ≈ ADM 【管理】Kraftrad 〈ein schweres M. 一辆重型摩托车; M. fahren 驾驶摩托车〉: *Für das M. braucht man den Führerschein Klasse 1.* 开摩托车要有一级驾驶证 ‖ K-(复合): ***Motorrad-, -fahren, -fahrer, -fahrerin, -führerschein, -helm, -rennen***

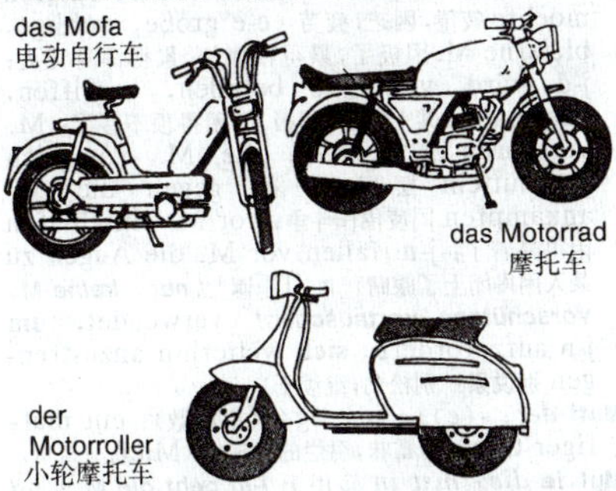

Mo·tor·rol·ler *der*; ein Fahrzeug mit zwei (kleinen) Rädern u. e-m Motor 小轮摩托车 〈(e-n) M. fahren 开小摩托〉: *Für e-n M. braucht man bei Geschwindigkeiten bis 40 Stundenkilometer e-n Führerschein Klasse 4 u. darüber e-n Führerschein Klasse 1.* 开小摩托时速 40 公里之内，要有四级驾驶证，超出这一速度则要有一级驾驶证 ‖ ↑ *Abb. unter* 图见 ***Motorrad***

Mo·tor·sport *der*; *nur Sg*, *Kollekt* (只用单数)(集合); alle Sportarten, zu denen man ein Fahrzeug mit Motor braucht (*z. B.* Autorennen) 摩托车或汽车运动，机动车体育运动

Mot·te *die*; -, -*n*; ein kleiner (Nacht)Schmetterling, dessen Raupen oft Stoffe, Wolle *usw* fressen 飞蛾，蛀蛾 〈etw. ist von Motten zerfressen 某物被蛀蛾蛀坏〉 ‖ K-(复合): ***Motten-, -gift***; ***motten-, -zerfressen*** ‖ ID [谚] ***von j-m / etw. angezogen werden wie Motten vom Licht*** so fasziniert von j-m/etw. sein, dass man immer wieder zu ihm / dahin geht 像飞蛾扑火一样被某人/某事所吸引; ***Da kriegt man ja die 'Motten!***; ***Du kriegst die 'Motten!*** *gespr* [口]; verwendet, um auszudrücken, dass man sehr erstaunt od. verärgert ist (表示惊异或气恼)真见鬼！真邪门儿！

Mot·ten·kis·te *die*; *mst in* 多用于 ***etw. kommt / stammt aus der M.***; ***etw. gehört in die M.*** *gespr pej* [口][贬]; etw. ist sehr alt (物作主语) 是些陈谷子烂芝麻，是老一套 〈ein Witz, ein Trick 笑话，伎俩〉

Mot·ten·ku·gel *die*; e-e kleine Kugel, die man zwischen die Kleider legt, damit keine Motten hineinkommen 樟脑丸，防蛀卫生球

Mot·to *das*; -*s*, -*s*; ein Gedanke, der *mst* in e-m kurzen Satz formuliert ist, an den man sich hält 格言，箴言，座右铭，警句，竞选口号 ≈ Devise, Wahlspruch 〈sich etw. als M. wählen 把某句话选为竞选口号; etw. unter ein bestimmtes M. stellen 将某句话作为醒世格言〉: *Sie handelt immer nach dem M. „leben u. leben lassen"* “她总是按“自己活，也让别人活”(“以善待人，勿以恶施人”)的格言行事; *Das Seminar steht unter dem M. „Alternative Energiequellen"* “课堂讨论的主题词是“可替代能源”

mot·zen; *motzte*, *hat gemotzt*; [Vi] (不及物) (***über etw.*** (*Akk* 四格)) ***m.*** *gespr*, *mst pej* [口]多用 [贬] ≈ schimpfen (1)

Moun·tain·bike ['mauntnbaik] *das*; -*s*, -*s*; ein stabiles Fahrrad mit breiten Reifen u. vielen Gängen 山地自行车

Mouse·pad ['mauspɛt] ↑ ***Mauspad***

Mö·we *die*; -, -*n*; ein Vogel mit *mst* heller Farbe, der *bes* am Meer lebt, *mst* Fische, aber auch oft Abfälle frisst 海鸥 〈e-e M. kreischt, schreit, umkreist ein Schiff 海鸥吱吱叫、尖声鸣叫、围着轮船盘旋〉

Wolfgang Amadeus Mozart
沃尔夫冈·阿马多伊斯·莫扎特

Wolfgang Amadeus Mozart ist zweifellos der klassische Komponist, der weltweit am bekanntesten ist und dessen Werke am meisten gespielt werden.

Er wurde 1756 in Salzburg geboren. Schon im Alter von sechs Jahren gab er Klavierkonzerte. Diese Virtuosität öffnete ihm die Salons und Höfe von mehreren Königen und Fürsten, wo er wichtige Musiker seiner Zeit kennenlernte. 1768, mit zwölf Jahren, wurde er zum Konzertmeister am erzbischöflichen Hof in Salzburg ernannt. Kurz darauf unternahm er mit seinem Vater die erste seiner drei Italienreisen. Die italienische Musik hatte einen großen Einfluss auf seine späteren Werke. 1781 verließ er Salzburg und zog nach Wien um. Er starb 1791 mit nur 35 Jahren in Wien. Sein umfangreiches Werk umfasst alle Musikgattungen der damaligen Zeit, darunter viele Sinfonien, Konzerte för Klavier oder andere Soloinstrumente und Kammermusik, wie zum Beispiel die berühmte Serenade ***Eine kleine Nachtmusik***. Bekannte Opern von ihm sind ***Die Hochzeit des Figaro***, ***Don Giovanni***, ***Die Zauberflöte*** und ***Così fan tutte***.

沃尔夫冈·阿马多伊斯·莫扎特无疑是其作品被演奏最多的世界最著名的古典派作曲家。

他 1756 年生于萨尔茨堡。早在 6 岁时他就举行了钢琴音乐会。精湛的技艺为他打开了进入一些国王和王公们沙龙和宫廷的大门，在那里他认识了当时重要的音乐家。1768 年，他 12 岁时被任命为萨尔茨堡大主教宫廷乐师。不久以后，他同他父亲一起完成了他的三次意大利之旅的第一次。意大利音乐对他后来的作品产生了很大影响。1781 年他离开萨尔茨堡，移居维也纳。1791 年他在维也纳逝世，年仅 35 岁。

他内容广泛的创作涵盖了当时音乐的所有种类，其中包括交响乐，钢琴或其他独奏器乐的协奏曲和室内乐，例如著名的《**小夜曲**》。他的著名的歌剧有《**费加罗的婚礼**》、《**唐·乔万尼**》、《**魔笛**》和《**女人心**》。

M

Mrd. *Abk für* 缩写,全称为 Milliarde, Milliarden

Mụ·cke *die*; -, *-n*; ein kleines Insekt mit Flügeln, das *bes* am Wassser lebt. Manche Mücken saugen Blut 蚊〈von e-r M. gebissen, gestochen werden 挨蚊子咬、叮〉: *In der Dämmerung tanzen die Mücken* 黄昏时蚊子飞舞 ‖ K-(复合): ***Mücken-***, ***-plage***, ***-schwarm***, ***-stich*** ‖ -K(复合): ***Malaria-***, ***Stech-*** ‖ ID[谚] ***aus e-r M. e-n Elefanten machen*** stark übertreiben od. etw. viel zu wichtig nehmen 把蚊子说成大象(意即:言过其实,夸大其词,大肆渲染)

Mụ·cken *die*; *Pl*, *gespr*(复)[口]; *nur in* 只用于 (***seine***) ***M. haben*** Eigenschaften haben, die andere stören 有怪毛病(怪脾气): *Er ist sehr freundlich, aber er hat auch seine M.* 他待人很友好,但也有怪脾气; *Das Auto hat so seine M., z. B. funktioniert die Heizung nicht immer* 这车有个怪毛病,譬如供暖设备常常失灵

Mụ·ckis *die*; *Pl*, *gespr* (复)[口] ≈ Muskeln

Mụcks *der*; *-es*, *-e*; *mst Sg*(多用单数); *mst in* 多用于 ***keinen M. machen / sagen*** *gespr*[口]; kein Wort sagen u. kein Geräusch machen 一声不吭,不声不响,不言不语

mụck·sen; *muckste*, *hat gemuckst*; [Vi](不及物) **1.** ***ohne zu m.*** *gespr*[口]; ohne zu widersprechen od. sich gegen etw. zu wehren 没反抗,没嘟哝 ≈ ohne zu murren: *Das Kind ging brav zu Bett, ohne zu m.* 这小孩没咕哝,乖乖上床睡觉去了; [Vr](反身) **2.** ***sich nicht m.*** *gespr*[口]; sich durch keinen Laut u. keine Bewegung bemerkbar machen 没吭声,一动也不动,不吐半个字: *Er saß in seinem Versteck und muckste sich nicht* 他坐在隐蔽处,一动也不动

Mụck·ser *der*; *-s*, *-*; *mst Sg*(多用单数) ≈ Mucks

mụcks·mäus·chen|still *Adj*(形); *ohne Steigerung*, *mst präd*, *gespr*(无变级)(多作表语)[口]; so leise, dass niemand etw. hört 静悄悄的,鸦雀无声的,没有一点声响的〈j-d ist, irgendwo ist es m. 某人很安静,某处很清静〉

mü·de *Adj*(形) **1.** *nicht adv*(不作状语); ***m.*** (***von etw.***)〈ein Mensch, ein Tier 人,动物; zum Umfallen m. 困得倒下了〉so, dass sie schlafen wollen(因…而)困倦的,疲倦的 ↔ munter, wach: *Er war so m., dass er früh ins Bett ging* 他累得很早就上床了 ‖ NB(注意): um *m.* zu verstärken, verwendet man *hundemüde* od. *todmüde*(为加强该词语义可用 *hundenmüde* 累极了或 *todmüde* 累得要死) **2.** 〈ein Mensch, ein Tier 人,动物〉so, dass sie nach e-r Anstrengung keine Kraft, keine Energie mehr haben 无力的,疲劳不堪的,精疲力尽的 ≈ erschöpft, kraftlos ↔ frisch, fit: *Nach der langen Sitzung klang seine Stimme sehr m.* 他开了个很长的会,会后说话声音听起来已有气无力 **3.** ***j-s / etw. m. werden*** *geschr*[书]; j-n/etw. (allmählich) nicht mehr mögen 对…厌烦,厌倦 ≈ j-s/etw. überdrüssig werden: *Sie wurde seiner dummen Bemerkungen m. u. verließ ihn* 她厌烦他那些愚蠢的看法,于是就离开了他 ‖ -K(复合): ***ehe-***, ***pillen-*** **4.** ***nicht m. werden*** + ***zu*** + *Infinitiv*(不定式) etw. immer wieder tun(干某事)不厌其烦,不会厌倦 ≈ nicht aufhören: *Er wurde nicht m., die Vorzüge des neuen Modells anzupreisen* 他夸起那件新时装的优点就没完没了 **5.** ***ein müdes Lächeln*** ein schwaches, oft gequältes Lächeln 有气无力的一笑,勉强一笑 ‖ ▶ ***ermüden***

Mü·dig·keit *die*; *-*; *nur Sg*(只用单数); der Zustand, in dem man am liebsten schlafen möchte 疲倦,困乏,疲劳〈e-e große, wohlige, bleierne M. 困极了,累得很痛快,累得浑身无力; j-d wird von M. befallen, ergriffen, übermannt 某人发困、困极了、困得顶不住了; M. verspüren 感到疲乏; die M. von sich abschütteln 摆脱疲倦; gegen die M. ankämpfen 同疲倦作斗争; vor M. einschlafen 困得睡着了; j-m fallen vor M. die Augen zu 某人困得闭上了眼睛〉‖ ID[谚] (***nur***) ***keine M. vorschützen / vortäuschen!*** verwendet, um j-n aufzufordern, sich weiterhin anzustrengen 别说累!别松劲,继续干!

Mụff *der*; *-(e)s*; *nur Sg*(只用单数); ein muffiger Geruch 霉味,腐烂的气味 ≈ Mief

Mụf·fe *die*; *mst in* 多用于 ***j-m geht die M.***; ***j-d hat M.*** (***vor j-m / etw.***) *gespr*[口]; j-d hat Angst 某人提心吊胆;某人对…惧怕

Mụf·fel *der*; *-s*, *-*; *gespr pej*[口][贬]; j-d, der unfreundlich ist u. oft schlechte Laune hat 老是绷着脸的人,满腹牢骚的人,郁郁寡欢的人 ‖ -K(复合): ***Morgen-*** ‖ *hierzu*(派生) **mụf·fe·lig**, **mụff·lig** *Adj*(形)

-muf·fel *der*; *-s*; *im Subst*, *begrenzt produktiv*(构成名词,构词有限); j-d, der das, was im Subst. erwähnt wird, nicht (tun) mag od. ablehnt 不喜欢…的人,对…厌恶的人; ***Automuffel***, ***Bademuffel***, ***Ehemuffel***, ***Fußballmuffel***, ***Gurtmuffel***, ***Krawattenmuffel***, ***Modemuffel***, ***Tanzmuffel***

mụf·feln; *muffelte*, *hat gemuffelt*; [Vi](不及物) **1.** unfreundlich sein u. oft schlechte Laune haben 板着脸,咕咕哝哝不高兴: *Hör schon auf zu m. u. spiel wieder mit!* 别老板着脸,一块玩吧! **2.** *südd* Ⓐ[南德][奥] muffig (1) riechen 散发霉味

Mụf·fen·sau·sen *das*; *nur in* 只用于 ***M. haben*** *gespr*[口]; Angst haben 害怕,胆战心惊

mụf·fig *Adj*(形) **1.** 〈Luft, ein Keller, Kleidung 空气,地窖,衣服〉so, dass sie schlecht riechen, weil sie *z. B.* lange nicht gewaschen od. sauber gemacht worden sind od. mit frischer Luft in Berührung gekommen sind 有霉味的,霉臭的,污浊的 **2.** *gespr pej*[口][贬]; mit schlechter Laune, unfreundlich u. mürrisch 咕咕哝哝的,有牢骚的

Müh *nur in* 只用于 ***mit Müh u. Not*** gerade noch 勉强,好不容易 ≈ knapp: *mit Müh u. Not e-n Bus, Zug erreichen* 勉强赶上公共汽车、火车

Mü·he [ˈmyːə] *die*; *-*, *-n*; *mst Sg*(多用单数); e-e große geistige od. körperliche Anstrengung 辛劳,辛勤,精力,气力,费心,费力,费神〈viel, wenig M. kosten, verursachen, machen 花费很多、很少精力,制造许多、一点麻烦,要费很大、一些

力气；etw. (nur) mit M. erreichen 只要下功夫就能达到某事；M. haben, etw. zu tun 花力气做某事；keine M. scheuen 不辞辛劳；der M. wert sein, die M. lohnen 值得费力气；sich große M. geben, sich die M. machen, etw. zu tun 下很大功夫、费心做某事〉：*Es bereitete ihm große M., sie von seiner Ansicht zu überzeugen* 他费了很大劲才使她信服自己的看法 ‖ ID(谚) ***Gib dir keine M.***；***Spar dir die M.***；***Die M. kannst du dir sparen*** das führt zu nichts, ist zwecklos 别费神了；省省你的力气吧(意即：这是费力不讨好，瞎忙)；你用不着花这份力气；***Mach dir / Machen Sie sich keine M.*** verwendet, um j-n zu bitten, sich nicht viel Arbeit zu machen 你/您不用麻烦(费神、张罗) ≈ keine Umstände bitte；***seine liebe M. mit j-m / etw. haben*** Probleme od. Schwierigkeiten mit j-m / etw. haben 涉及某人/某事有一堆麻烦 ‖ *hierzu*(派生) **mü·he·los** *Adj*(形)；**Mü·he·lo·sig·keit** *die*；*nur Sg*(只用单数)；**mü·he·voll** *Adj*(形)

mu·hen [ˈmuːən]；*muhte, hat gemuht*；[Vi](不及物)〈e-e Kuh *usw* 母牛〉 ***muht*** e-e Kuh *usw* gibt die Laute von sich, die für ihre Art typisch sind 哞哞叫 ‖ *hierzu*(派生) **muh** *Interjektion*(叹)

mü·hen, sich [ˈmyːən]；*mühte sich, hat sich gemüht*；[Vr](反身) ***sich m.*** *geschr*[书]；etw. mit allen seinen Kräften tun od. versuchen 尽力，竭尽全力 ≈ sich anstrengen〈sich redlich, vergeblich m. 非常努力，白费力气〉

Müh·le¹ *die*；-, *-n* **1.** ein Gerät, mit dem man *bes* Körner sehr klein machen kann 磨，碾磨机〈e-e M. mit Handbetrieb 手动碾磨机；etw. durch die M. drehen 用碾磨机碾某物〉：Kaffee mit der M. mahlen 用碾磨机把咖啡碾成末儿 ‖ -K(复合)：***Elektro-, Hand-; Getreide-, Kaffee-, Pfeffer-*** **2.** ein Gebäude, in dem man Mehl macht 磨坊，碾磨厂〈die M. geht, klappert, steht 磨坊在工作、发出嘎啦响声、停了〉：*Getreide zur M. bringen* 运粮食去磨坊加工；*In der M. mahlt der Müller das Korn zu Mehl* 磨粉工在磨坊把谷粒碾成面粉 ‖ K-(复合)：***Mühl-, -bach*** ‖ -K(复合)：***Korn-; Wasser-, Wind-*** **3.** *gespr pej*[口][贬]；ein (altes) Fahrzeug 破旧的机动车 **4.** e-e monotone Tätigkeit, die schnell müde macht 单调乏味的工作 ‖ ID [谚] ***in die Mühlen der Justiz / Verwaltung geraten*** in ein Verfahren verwickelt werden, das sehr lange dauert 卷人无休止的司法审理/行政管理的繁文缛节之中

Müh·le² *ohne Artikel, nur Sg*(不带冠词，只用单数)；ein Brettspiel für zwei Personen mit *mst* weißen u. schwarzen Steinen, bei dem man dem Gegner e-n Stein wegnehmen darf, wenn man drei der eigenen Steine in e-e Linie bringt 连珠棋，连子棋〈M. spielen 玩连珠棋〉 ‖ ↑ *Abb. unter* 图见 ***Brettspiele*** ‖ K-(复合)：***Mühle-, -brett, -spiel, -stein***

Mühl·rad *das*；ein Rad, das von fließendem Wasser angetrieben wird u. so e-e Mühle in Bewegung setzt 磨坊水轮

Mühl·stein *der*；ein großer, runder Stein, mit dem Getreide gemahlen wird 磨盘，磨石

Müh·sal *die*；-, *-e*；*geschr*[书]；ein Zustand lang anhaltender großer Mühe 劳累，辛劳，艰难：*Das Leben hielt für ihn nichts als M. u. Verdruss bereit* 生活给他的只是辛劳和烦恼

müh·sam *Adj*(形)；mit viel Mühe od. großer Anstrengung verbunden 辛劳的，艰难的，费劲的，吃力的 ≈ mühevoll, mühselig ↔ leicht, mühelos〈etw. in mühsamer Kleinarbeit tun 做费力的琐碎工作；sich m. beherrschen 使劲克制自己〉：*Es ist e-e mühsame Arbeit, all die Scherben zu e-r Vase zusammenzusetzen* 将所有碎片拼成一只花瓶是一件非常辛苦的活

müh·se·lig *Adj*(形)；*geschr*[书]；sehr mühsam 非常辛苦的，非常艰难的，很费劲的〈e-e Arbeit, ein Leben 工作，生活〉 ‖ *hierzu*(派生) **Müh·se·lig·keit** *die*；*mst Sg*(多用单数)

Mu·lat·te *der*；*-n, -n*；j-d, der e-n schwarzen u. e-n weißen Elternteil hat(黑人与白人的)混血儿 ‖ NB(注意)：*der Mulatte; den, dem, des Mulatten* ‖ *hierzu*(派生) **Mu·lat·tin** *die*；-, *-nen*

Mul·de *die*；-, *-n*；e-e Stelle, an der e-e (Ober)Fläche etwas nach unten geht 低洼地，凹陷地，坑 ≈ Senke, Vertiefung〈e-e flache, kleine M. im Boden, im Gelände 这地面、这地带的一块浅的、小的低洼地；in e-r M. liegen 躺在一块洼地上〉：*Das Mehl in e-e Schüssel schütten u. in die Mitte e-e M. drücken / machen* 将面粉倒入碗里并在正中压一个坑

Mu·li *das*；*-s, -s*；*südd* Ⓐ [南德][奥] ≈ Maultier

Mull *der*；*-s*；*nur Sg*(只用单数) **1.** ein dünner, leichter u. weicher Stoff aus Baumwolle, der wie ein Netz aussieht 又薄又轻的白纱布 ‖ K-(复合)：***Mull-, -gardine, -vorhang, -windel*** **2.** ein Stück Stoff, das man zwischen e-e Wunde u. den Verband legt(医用)纱布 ‖ K-(复合)：***Mull-, -binde*** ‖ -K(复合)：***Verbands-***

Müll *der*；*-s*；*nur Sg*(只用单数) **1.** *Kollekt*(集合)；alle festen Stoffe, die ein Haushalt, ein Betrieb *usw* nicht mehr braucht u. wegwirft 垃圾，废物 ≈ Abfall〈M. fällt an, wird abgeholt, wird beseitigt 垃圾堆积起来、被运走、被清除掉〉：*Für die Entsorgung von M. u. Abwässern ist die Stadt zuständig* 城市有责任清除垃圾和废水 ‖ K-(复合)：***Müll-, -abladeplatz, -beseitigung, -beutel, -container, -deponie, -eimer, -entsorgung, -grube, -halde, -sack, -verbrennung*** ‖ -K(复合)：***Atom-, Gift-; Haus-, Industrie-, Verpackungs-*** **2.** ***etw. in den M. tun / werfen*** etw. in e-n Mülleimer od. e-e Mülltonne tun 把…倒进，扔进垃圾桶

Müll·ab·fuhr *die*；-；*nur Sg*(只用单数) **1.** das Abholen von Müll 清除垃圾 **2.** die kommunale Einrichtung, die den Müll abholt 垃圾装运处，环卫部门〈bei der M. arbeiten, sein 在垃圾装运处工作〉

Müll·berg *der* **1.** e-e (zu) große Menge Müll, von der man nicht weiß, was man damit

M

machen soll 垃圾堆 **2**. ein Hügel aus Müll (der mit Erde zugedeckt wurde, damit Gras u. Bäume darauf wachsen)(填上土准备绿化的)垃圾山包

Mül·ler *der*; *-s*, *-*; j-d, der beruflich in e-r Mühle Getreide mahlt 磨坊工人 ‖ *hierzu*(派生) **Mül·le·rin** *die*; *-*, *-nen*

Müll·kip·pe *die*; ein Platz, zu dem man den Müll bringen darf 垃圾站，垃圾场 ≈ Müllabladeplatz, Müllhalde 〈etw. auf die M. bringen 把某物拿到垃圾站去〉

Müll·mann *der*; *-(e)s*, *Müll·män·ner*; j-d, der beruflich den Müll abholt 垃圾装运工

Müll·ton·ne *die*; ein großer Behälter für Abfälle 垃圾桶

Müll·tren·nung *die*; *nur Sg*(只用单数); das sortieren von Müll nach bestimmten Stoffen (*z. B.* Glas, Plastik), um so diese Stoffe wieder neu verwerten zu können 垃圾分类处理

Die Mülltrennung 垃圾分类处理

Deutschland ist ein sehr dicht bevölkertes Land, in dem große Mengen an Müll anfallen. Die Mülltrennung und das Recycling sind daher wichtige Themen.

In vielen Haushalten werden Papier, Glas, Metall und Biomüll von den übrigen Abfällen getrennt. In den Hausgemeinschaften gibt es dafür Behälter mit verschiedenen Farben. In manchen Gemeinden stehen auch öffentliche Container, zu denen der wiederverwertbare Müll gebracht werden muss.

In jeder Gemeinde gibt es einen **Wertstoffhof**, eine Sammelstelle, an der man größere Gegenstände wie Haushaltsgeräte, aber auch z. B. Chemikalien entsorgen kann.

Die Supermärkte in Deutschland sind verpflichtet, Behälter bereitzustellen, in denen die Kunden die Verpackung der gekauften Waren gleich im Laden wegwerfen können.

Viele Büros und öffentliche Einrichtungen verwenden Recyclingpapier für ihre Briefe und Formulare. Man findet auch immer mehr Produkte auf dem Markt, die aus wieder verwendeten Materialien hergestellt werden.

德国是一个人口十分稠密的国家，产生着大量的垃圾废物。因此，垃圾分类处理和再生利用是重要的课题。

许多住户都把纸张、玻璃、金属、生物垃圾同其他垃圾废物区分开来。在公寓楼里，为此设有不同颜色的容器。有些社区也设有公用的大型容器，可再利用的垃圾必须投入这种容器中。

每个社区都有一个**可用物品回收院**，即收集站，人们可以把较大的物品如家用电器以及比如化学药品送到那里去。

在德国，超级市场有义务设置专门的容器，顾客在商店买到商品后可以马上把包装投入这些容器中。

许多办公室和公共机关都使用再生纸来写信和做表格。在市场上人们也可以看到越来越多用再生材料制成的产品。

Müll·ver·mei·dung *die*; *nur Sg*(只用单数); alle Maßnahmen, die bewirken sollen, dass so wenig Müll wie möglich verursacht wird 减少垃圾产生(的措施)

mul·mig *Adj*(形); *gespr*(口) **1**. von (leichter) Angst erfüllt 不舒服的，不愉快的，不自在的 ≈ unbehaglich 〈j-m ist/wird m. (zumute) 某人心情不愉快; ein mulmiges Gefühl im Bauch haben 肚子里有种不舒服的感觉〉: *Als er weiter in die finstere Höhle drang, wurde ihm m.* 当他进入黑咕隆咚的洞穴深处的时候，他感到有点发毛 **2**. 〈e-e Situation 情况〉 so, dass sie einem Angst macht 令人不安的，令人担心的 ≈ bedrohlich

Mul·ti *der*; *-s*, *-s*; *gespr*[口]; ein Konzern, der Betriebe in mehreren Ländern hat 多国康采恩，多国联合企业 ≈ multinationaler Konzern ‖ -K(复合): ***Medien-***, ***Musik-***, ***Öl-***

mul·ti·kul·tu·rell *Adj*(形); 〈e-e Gesellschaft 社会〉 mit Angehörigen mehrerer Kulturen (2) 多文化的

mul·ti·la·te·ral *Adj*(形); POL【政】; mit mehr als zwei Partnern 多边的，多方的 〈ein Abkommen, Verhandlungen 协定，会议〉

Mul·ti·me·dia (*das*); *-(s)*; *nur Sg*(只用单数); das gleichzeitige Verwenden u. Zusammenwirken mehrerer Medien (1) in e-r Veranstaltung od. in e-m Computer (*z. B.* Musik, Grafiken, Filme) 多媒体 ‖ K-(复合): ***Multimedia-***, ***-produkt***, ***-show***, ***-veranstaltung***, ***-zeitalter***

mul·ti·me·di·al *Adj*(形); **1**. so, dass viele Medien (1) beteiligt sind 有多种媒体参加的 〈e-e Ausstellung, e-e Show 展览会，展示活动〉 **2**. für viele Medien (1) geeignet, eingerichtet 适用于多种媒体的 〈ein Computer 电子计算机〉

Mul·ti·me·dia·show [mʊltiˈmeːdiaʃoː] *die*; e-e Veranstaltung, bei der Elemente der Musik, der Malerei, des Tanzes *usw* miteinander kombiniert werden 音乐、绘画、舞蹈等联合娱乐活动，综合性娱乐展示活动，多媒体联合展示活动

Mul·ti·mil·li·o·när *der*; j-d, der Dinge u. Geld im Wert von vielen Millionen hat 百万大富翁

mul·ti·na·ti·o·nal *Adj*(形); WIRTSCH【经】; mit Betrieben in mehreren Ländern 多国的 〈ein Konzern 康采恩〉

Mul·ti·pli·ka·tor *der*; *-s*, *Mul·ti·pli·ka·to·ren* **1**. MATH【数】; e-e Zahl, mit der e-e andere multipliziert wird 乘数 **2**. *geschr*[书]; j-d, der Informationen weitergibt u. verbreitet 传播信息者

mul·ti·pli·zie·ren; *multiplizierte*, *hat multipliziert*; *Vt/i*(及物/不及物) (***etw. mit etw.***) *m.* MATH【数】; e-e Zahl um e-e andere vervielfachen 乘 ≈ malnehmen ↔ dividieren: *fünf multipliziert mit acht ist (gleich)/macht vierzig* (5 · 8 = 40) 五乘八等于四十 ‖ *hierzu*(派生) **Mul·ti·pli·ka·ti·on** *die*; *-*, *-en*

Mu·mie [-iə] *die*; *-*, *-n*; der Körper e-s Toten, der durch besondere Methoden vor dem Verfall geschützt worden ist 木乃伊 〈e-e ägyptische, vertrocknete M. 埃及木乃伊,干尸〉 ‖ *hierzu* (派生) **mu·mi·en·haft** *Adj* (形); *nicht adv* (不作状语)

mu·mi·fi·zie·ren; *mumifizierte, hat mumifiziert*; [Vt] (及物) ***j-n/etw. m.*** e-n toten Körper zu e-r Mumie machen 将…(尸体)制成木乃伊

Mumm *der*; *-s*; *nur Sg*, *gespr* (只用单数)[口] ≈ Mut, Schneid 〈M. (in den Knochen) haben 有胆量,有骨气; j-m fehlt der M. zu etw. 某人对某事缺乏胆量(勇气)〉

Müm·mel·mann *der*; *gespr hum* [口][诙] ≈ Hase

müm·meln; *mümmelte, hat gemümmelt*; [Vt/i] (及物/不及物) ***(etw.) m.*** *nordd gespr* [北德][口] ≈ kauen

Mum·pitz *der*; *-es*; *nur Sg*, *gespr pej* (只用单数)[口][贬] ≈ Unsinn

Mumps *der*; *-*; *nur Sg* (只用单数); e-e ansteckende (Kinder) Krankheit, bei der die Drüsen am Hals sehr dick werden (流行性)腮腺炎 ≈ Ziegenpeter 〈M. haben 患腮腺炎〉

Mund *der*; *-(e)s*, *Mün·der* **1.** der Teil des Kopfes, mit dem man spricht u. isst 口,嘴 〈ein breiter, großer, lächelnder, schiefer, sinnlicher, voller, zahnloser M. 宽的、大的、微笑的、歪的、性感的、丰满的、无牙齿的(瘪)嘴; den M. öffnen/aufmachen, schließen/zumachen, (zum Kuss, zum Pfiff) spitzen, verziehen 张/张开嘴,闭/闭上嘴,(为亲吻,为吹口哨)噘起嘴,歪嘴; sich den M. abwischen, verbrennen 抹干净、烫伤嘴; aus dem M. riechen 有口臭; j-n auf den M. küssen 亲某人的嘴; j-n (von) M. zu M. beatmen 嘴对嘴给某人做人工呼吸; etw. zum M. führen, an den M. setzen, in den M. nehmen/schieben/stecken 把某物送到、举到嘴边,把某物拿到/放进/塞进嘴里〉 ‖ ↑ *Abb. unter* 图见 **Kopf** ‖ K-(复合): ***Mund-, -geruch, -schleimhaut*** ‖ NB (注意): Tiere haben ein *Maul*, Vögel e-n *Schnabel* (*Maul* 是兽嘴, *Schnabel* 是鸟嘴) **2.** *geschr* [书]; e-e große, dunkle Öffnung, die oft Angst macht 洞,洞口 〈der M. e-s Kraters, e-s Schachtes, e-s Stollens 火山口,矿井口,坑道口〉 ‖ ID[谚] ***e-n großen M. haben*** *pej* [贬]; ein Angeber sein 爱吹牛,爱夸夸其谈; ***den M. ganz schön/ziemlich voll nehmen*** *pej* [贬]; angeben 说大话,夸口,吹牛; ***e-n losen M. haben, sich*** (*Dat* 三格) ***den M. über j-n/etw. zerreißen*** *pej* [贬]; (*bes* schlecht) über andere Leuten reden 好出口伤人,爱对某人/某事说三道四 ≈ lästern; ***nicht auf den M. gefallen sein*** in jeder Situation e-e passende Antwort haben 能说会道,能言善辩 ≈ schlagfertig sein; ***immer mit dem M. vorneweg sein*** *gespr* [口]; vorlaut sein 总爱抢着说话,爱随便插话; ***den M. nicht aufbekommen/aufkriegen*** *mst pej* 多用[贬]; (*z. B.* aus Schüchternheit) nichts sagen können (由于胆怯)说不出话,不敢开口; ***den M. nicht aufmachen/auftun*** *mst pej* 多用[贬]; nichts sagen 什么也没说,没开口,没吭气; ***den M. halten*** (über ein Geheimnis) nicht reden, still sein 闭口不谈,缄口不语,绝口不提; *mst* 多用 ***Halt*** (***endlich***) ***den M.!*** *gespr pej* [口][贬]; verwendet, um j-n ungeduldig aufzufordern zu schweigen 住口! 闭嘴!; ***j-m den M. öffnen/stopfen*** j-n (mit Gewalt) zum Reden/Schweigen bringen 使某人开口/闭口; ***j-m den M. verbieten wollen*** versuchen, j-n daran zu hindern, seine Meinung zu sagen 设法不让某人说话(发表意见); ***sich*** (*Dat* 三格) ***den M. nicht verbieten lassen*** seine Meinung sagen u. dafür Nachteile in Kauf nehmen 不顾阻挠发表看法; ***sich*** (*Dat* 三格) ***den M. verbrennen*** etw. sagen, das einem Nachteile bringt 开口惹事,说话走火; ***j-m über den M. fahren*** j-n aggressiv beim Reden unterbrechen 粗暴地打断某人说话; ***j-m nach dem M. reden*** solche Dinge sagen, die j-d gern hören will 说话讨好某人(顺着某人心意); ***j-m etw. in den M. legen*** **a)** zu Unrecht behaupten, dass j-d etw. gesagt hat (毫无道理地)硬说某事是某人说的; **b)** j-n dazu bringen, das zu sagen, was man selbst denkt 提示某人说某事; ***sich*** (*Dat* 三格) ***den M. fransig/fusselig reden*** *gespr* [口]; sehr viel reden, *mst* um j-n von etw. zu überzeugen 磨破嘴皮子,说得口干舌燥; ***j-m steht der M. nie still*** j-d redet sehr viel 某人的嘴是永远停不住的(说起话来没完); 〈schmutzige, ordinäre Wörter 肮脏的、下流的话〉 ***in den M. nehmen*** schmutzige, ordinäre Wörter aussprechen 把…挂在嘴上(满嘴说的是…); ***etw. aus j-s (eigenem) M. hören*** etw. von j-m persönlich gesagt bekommen 听某人亲口说的; ***j-d macht j-m den M. wässrig*** j-d redet so über etw., dass j-d anderer Lust od. Appetit darauf bekommt 某人说得某人馋涎欲滴(直流口水); ***j-d/etw. ist in aller Munde*** j-d/etw. ist so bekannt, dass man oft über ihn/darüber spricht 某人/某事尽人(老少)皆知(闻名遐迩); ***etw. geht von M. zu M.*** etw. wird schnell bekannt, weil es jeder einem anderen erzählt 某事广为流传(一传十,十传百传开了); ***M. u. Augen aufsperren/aufreißen*** *gespr* [口]; sehr erstaunt sein 目瞪口呆,傻眼,吓呆; ***offenen Mundes / mit offenem M.*** ≈ staunend 〈dastehen, zuhören 站在那里,倾听〉; ***hungrige Münder zu stopfen haben*** kleine Kinder versorgen müssen 要填满一张张嗷嗷待哺的嘴; ***sich*** (*Dat* 三格) ***etw. vom M. absparen*** von dem wenigen Geld od. Essen, das man hat, j-m etw. geben od. für e-n bestimmten Zweck sparen 从嘴里省下来的,省吃俭用积攒下来的 ‖ NB (注意): ↑ ***Mundvoll***

Mund·art *die*; e-e Variante e-r Sprache, die für e-e bestimmte Region typisch ist 方言,地方话,土话 ≈ Dialekt ↔ Hochsprache 〈M. sprechen 说方言〉 ‖ K-(复合): ***Mundart-, -dichter(in), -dichtung, -forschung, -sprecher(in)*** ‖ *hierzu* (派生) **mund·art·lich** *Adj* (形)

Mund·du·sche *die*; ein Gerät, mit dem man Wasser in den Mund spritzt, um die Zähne zu reinigen 洁齿喷洗器

Mün·del *das*; *-s*, *-*; j-d, dessen Rechte e-e andere Person (ein Vormund) vertritt, weil er keine Eltern hat od. weil er geistig behindert *o.Ä.* ist 被监护人 ‖ ▶ ***entmündigen***

mun·den; *mundete*, *hat gemundet*; *geschr veraltend*[书][渐旧]; Vi (不及物) ***etw. mundet*** (***j-m***) (***irgendwie***) *geschr* [书] ≈ etw. schmeckt (j-m) gut/irgendwie

mün·den; *mündete*, *hat/ist gemündet*; Vi (不及物) ***etw. mündet in etw.*** (*Akk* 四格) etw. geht in etw. anderes über(物作主语)流入,注入 ≈ etw. mündet in etw. ein: *Der Rhein mündet in die Nordsee* 莱茵河流入北海

mund·faul *Adj*(形); *nicht adv*, *pej*(不作状语)[贬]; nicht bereit, viel zu sagen 懒得开口的,不爱说话的 ≈ wortkarg ↔ redselig ‖ *hierzu* (派生) **Mund·faul·heit** *die*; *nur Sg*(只用单数)

Mund·fäu·le *die*; e-e Entzündung in der Mundhöhle 口炎,鹅口疮,口腔溃疡; MED【医】Stomatitis

Mund·har·mo·ni·ka *die*; ein kleines Musikinstrument, in das man bläst u. das man dabei vor dem Mund hin- und herbewegt 口琴 〈M. spielen 吹口琴〉

Mund·höh·le *die*; der Raum im Mund, in dem die Zunge u. die Zähne sind 口腔

mün·dig *Adj*(形) **1.** *mst präd*, *nicht adv*(多作表语,不作状语); 〈ein junger Mann, e-e junge Frau 一位年轻男子,一位年轻女子〉 so alt, dass sie vor dem Gesetz als Erwachsene gelten 成年的,到达法定年龄的 ≈ volljährig, großjährig ↔ minderjährig: *In der Bundesrepublik Deutschland wird man mit achtzehn Jahren m.* 在联邦德国凡年满十八岁便是成年 **2.** fähig, selbstständig vernünftige Entscheidungen zu treffen 独立自主的,成熟的 ≈ reif ↔ unmündig 〈ein Bürger 公民〉: *Als mündiger Mensch lässt man sich nicht manipulieren* 作为独立自主的人是不受人随意左右的 ‖ *hierzu*(派生) **Mün·dig·keit** *die*; *nur Sg*(只用单数) ‖ ▶ ***entmündigen***

münd·lich *Adj*(形); gesprochen u. nicht geschrieben 口头的 ↔ schriftlich 〈e-e Prüfung 考试; etw. m. vereinbaren 口头商定某事〉

M-und-S-Rei·fen [ɛmʊnt'|ɛs-] *der*; *-s*, *-*; *mst Pl*(多用复数); (*Abk für* 缩写,全称为 Matsch-und-Schnee-Reifen) Reifen, die für das Wetter im Winter gut geeignet sind 防滑轮胎

Mund·stück *das*; der Teil e-s Blasinstruments, e-r Pfeife *usw*, den man an den Mund hält od. in den Mund nimmt(乐器的)吹嘴,嘴子: *das M. e-r Flöte reinigen* 清洗笛子的吹嘴 ‖ ↑ *Abb. unter* 图见 ***Pfeife***

mund·tot *Adj*(形); *nur in* 只用于 ***j-n m. machen*** j-m die Möglichkeit nehmen, seine Meinung zu sagen 封住某人的嘴,使某人缄默 〈e-n politischen Gegner m. machen 把政治对手弄得哑口无言〉

Mün·dung *die*; *-*, *-en* **1.** die Stelle, an der ein Fluss *o.Ä.* in ein anderes Gewässer fließt 河口,江口: *An der M. teilt sich der Fluss in ein Delta* 在入口处这条河分流形成三角洲 ‖ -K (复合): ***Fluss-***; ***Donau-***, ***Rhein-*** **2.** die vordere Öffnung an e-r Schusswaffe 枪口,炮口

Mund·voll, **Mund voll** *der*; *-*, *-*; ***ein M.*** die Menge, die in den Mund passt 一口(量) ≈ Bissen: *Komm, iss doch auf – es sind nur noch ein paar M.!* 来,吃了吧 —— 还只有几口了!

Mund·vor·rat *der*; *geschr*[书] ≈ Proviant

Mund·was·ser *das*; ein Mittel (gegen Mundgeruch od. Infektionen im Mund), mit dem man den Mund ausspült (gurgelt) (药用)漱口水

Mund·werk *das*; *nur Sg*, *gespr*(只用单数)[口]; *mst in* 多用于 **1.** ***ein freches***, ***loses M. haben*** viele freche Dinge sagen 满口脏话,说话不干净 **2.** ***ein flinkes M. haben*** in allen Situationen e-e schnelle Antwort wissen 能说会道,口齿伶俐

Mund·win·kel *der*; eine der zwei Stellen, an denen die obere u. die untere Lippe zusammenkommen 嘴角 〈hängende Mundwinkel haben 耷拉着嘴角; j-s Mundwinkel zucken 某人嘴角抽搐〉: *e-e Zigarette im M. hängen haben* 在嘴角叼着一支烟

Mund-zu-Mund-Be·at·mung *die*; die Hilfe, die man e-m Bewusstlosen gibt, indem man ihm mit dem eigenen Mund Luft in den Mund od. in die Nase bläst 口对口人工呼吸

Mu·ni·ti·on [-'tsioːn] *die*; *-*, *-en*; *mst Sg*(多用单数) **1.** Sprengstoffe (*bes* Bomben u. Minen) u. Kugeln, Patronen *o.Ä.* für Waffen 弹药,子弹 〈die M. verschießen, die M. geht aus 耗尽弹药,弹药用尽〉 ‖ K-(复合): ***Munitions-***, ***-depot***, ***-lager*** ‖ -K (复合): ***Übungs-*** **2.** ***scharfe M.*** M. (1), die nicht für das Üben, sondern für das Kämpfen bestimmt ist 实弹

mun·keln; *munkelte*, *hat gemunkelt*; Vt/i (及物/不及物) (***etw.***) (***über j-n***) ***m.*** *gespr*[口]; Dinge über andere Leute erzählen, die man oft nicht sicher weiß 私下议论,背后私语 〈allerhand, allerlei m. 背后议论各色各样的事,背后天南海北瞎议论〉: *Im Dorf wird schon lange über seine Liebschaften gemunkelt* 在村里早就议论他的风流韵事了; *Man munkelt / Die Leute munkeln, dass der neue Lehrer ein uneheliches Kind hat* 有人/大家私下说,新来的老师有一个私生子 ‖ NB(注意): Als Objekt steht entweder ein *dass*-Satz oder ein Pronomen wie *viel*, *allerhand*, *einiges*(宾语可以是 *dass* 句或代词 *viel*, *allerhand*, *einiges*)

Müns·ter *das*; *-s*, *-*; e-e große Kirche, die zu e-m Kloster (od. e-r Diözese) gehört 大教堂: *das Ulmer M.* 乌尔姆大教堂; *das M. zu Straßburg* 斯特拉斯堡的大教堂

mun·ter[1] *Adj*(形) **1.** lebhaft u. voll Energie 朝气蓬勃的,生气勃勃的,有朝气的,充满活力的,活泼的 ≈ aufgeweckt ↔ träge 〈ein Baby, ein Kind, ein Tier 婴儿,小孩,动物〉 **2.** fröhlich, heiter 快活的,欢快的,轻快的 〈ein Augenzwinkern, ein Lied, ein Mensch 眨巴眼睛,歌曲,人〉: *m. singen* 欢快地唱歌 **3.** *nur präd*, *nicht adv*(只作表

语,不作状语);wach, nicht schläfrig 醒着,清醒的,没睡的 ↔ müde ⟨m. werden, sein, bleiben 睡不着,清醒着; j-n m. machen, halten 把某人弄醒,使某人醒着(让某人提起精神来,别犯困)⟩: *Nach der langen Fahrt machte ihn der Kaffee wieder m*. 长距离开车后喝杯咖啡使他又精神起来 ‖ K-(复合): **Munter-, -macher** ‖ NB(注意): um *m*. zu verstärken, verwendet man in der gesprochenen Sprache *putzmunter* (为加强 *m*. 语义,口语中用 *putzmunter* 精神极了) **4.** *nur präd, nicht adv* (只作表语,不作状语); in guter körperlicher Verfassung 很健康的,挺健的,硬实的,硬朗的 ↔ krank ⟨gesund u. m. sein 健康又结实; wieder m. sein 又康复了⟩ **5.** *geschr* [书]; schnell fließend, plätschernd (流水)淙淙的,潺潺的,涓涓的 ⟨*mst* ein Bach 小溪⟩ ‖ *hierzu* (派生) **Mun·ter·keit** *die* ‖ ▶ ***ermuntern, aufmuntern***

mun·ter² *Adv* (副); *oft pej* 常用[贬]; ohne genau darüber nachzudenken 满不在乎,不会精打细算 ≈ unbekümmert: *Ich versuche zu sparen, u. er gibt das Geld m. aus* 我总想攒点钱,而他花钱却大手大脚

mun·ter·ma·chen ↑ ***munter¹*** (3)

Mün·ze *die*; -, -*n* **1.** ein kleines, flaches, *mst* rundes Stück aus Metall, das *mst* als Geld benutzt wird 硬币 ≈ Geldstück ↔ Banknote ⟨e-e antike, ausländische M. 一个古钱币,外国硬币; Münzen prägen, in Umlauf bringen, sammeln 铸造硬币,使硬币流通,收集硬币⟩: *Der Bettler hatte ein paar Münzen im Hut* 这乞丐帽子里有几个硬币 ‖ K-(复合): ***Münz-, -telefon; Münzen-, -sammlung*** ‖ -K(复合): ***Gold-, Kupfer-, Silber-*** **2. *klingende M.*** bares Geld 现款 ⟨mit klingender M. zahlen, etw. in klingende M. umsetzen 用现金支付,把某物换成现金⟩ **3. *e-e M. werfen*** e-e M. (1) in die Höhe werfen u. dann etw. danach entscheiden, welche Seite der M. oben liegt 抛硬币(打赌决定正反): *Lass uns e-e M. werfen: Kopf – wir gehen ins Kino, Zahl – wir bleiben zu Hause* 我们来抛硬币打赌:要是人头像在上,我们就看电影去;要是数字在上,我们就留在家里 ‖ ID[谚] ***etw. für bare M. nehmen*** etw. glauben, was nicht wahr ist 把某事当作真的,对某事信以为真; ***j-m etw. in/mit gleicher M. heimzahlen/zurückzahlen*** auf etw. Böses, das einem j-d angetan hat, mit gleichen Mitteln reagieren 以子之矛,攻子之盾;以其人之道,还治其人之身

mün·zen; *münzte, hat gemünzt*; [Vt] (及物) ***etw. m.*** aus Metall Münzen herstellen 把…铸成硬币 ⟨Geld, Gold, Silber m. 铸成钱币、金币、银币⟩ ‖ K-(复合): ***Münz-, -anstalt***

Münz·wechs·ler *der*; -*s*, -; ein Automat, der Münzen gegen mehrere andere Münzen zum gleichen Wert umtauscht 自动换币机

mürb *bes südd* Ⓐ 尤用于[南德][奥] ↑ ***mürbe***

mür·be *Adj* (形); *nicht adv* (不作状语) **1.** so, dass es leicht in mehrere Teile zerfällt, weil es sehr alt ist 腐烂的,陈腐的,易碎的,烂的,不结实的 ≈ brüchig, morsch ↔ fest, stabil ⟨Holz, Leder, ein Stoff 木头,皮革,布料⟩ **2.** leicht zu kauen 烂的,松软的,嫩的 ≈ zart ↔ zäh ⟨Fleisch 肉; ein Braten, ein Steak 烧烤,肉排; etw. m. klopfen 敲烂(拍松)某物⟩ **3.** *nur präd, nicht adv* (只作表语,不作状语); nach ziemlich langem Widerstand bereit nachzugeben oder aufzugeben 心软了,不坚持了,让步了: *Er bettelte so lange, bis ich ganz mürbe war* 他苦苦央求,直到我完全心软了 ‖ *zu* (义项) **1.** u. **2. Mürb·heit** *die*; *nur Sg* (只用单数) ‖ ▶ ***zermürben***

mür·be·ma·chen; *machte mürbe, hat mürbegemacht*; [Vt] (及物) ***j-n m.*** so lange auf j-n wirken, bis er bereit ist, seinen Widerstand aufzugeben 使妥协,使让步: ⟨*Das Weinen des Kindes machte ihn schließlich so m., dass er das Spielzeug kaufte* 孩子哭得他心软,最后他还是买了玩具⟩

Mür·be·teig, Mürb·teig *der*; ein (Kuchen)-Teig, der nach dem Backen relativ hart u. krümelig wird 做酥脆糕点用的面团 ⟨Kekse, ein Tortenboden aus M. 用制作酥脆糕点的面团烤出来的饼干、蛋糕底⟩

Mu·re *die*; -, -*n*; *südd* Ⓐ [南德][奥] e-e Masse von Steinen, Erde u. Schlamm, die *z.B.* nach e-m Gewitter von e-m Berg ins Tal rutscht 泥石流

Murks *der*; -*es*; *nur Sg*, *gespr pej* (只用单数)[口][贬]; etw., bei dem j-d Fehler gemacht hat 草率的工作,浮皮潦草的事,粗制滥造的工作 ≈ Pfusch ⟨etw. ist M. 某事是草率行事; M. bauen/machen/produzieren 干事草率,不按操作规程办,办事敷衍塞责⟩ ‖ *hierzu* (派生) **murk·sen** (*hat*) *Vi* (不及物)

Mur·mel *die*; -, -*n*; e-e kleine, bunte Kugel *mst* aus Glas, mit der Kinder spielen 玻璃球,弹子

mur·meln; *murmelte, hat gemurmelt*; [Vt/i] (及物/不及物) **1.** (***etw.***) ***m.*** etw. sehr leise u. undeutlich sagen 喃喃细语,嘟哝: *leise vor sich hin m* 喃喃自语; *ein Gebet, e-n Gruß m.* 嘟哝一句祷文、一声问候; [Vi] (不及物) **2.** ***etw. murmelt*** ≈ etw. plätschert ⟨ein Bach 一条小溪⟩

Mur·mel·tier *das*; ein Nagetier, das in Gruppen im Gebirge lebt 旱獭 ‖ ID[谚] ***schlafen wie ein M.*** fest schlafen 睡得像一只旱獭(意即:睡得很死)

mur·ren; *murrte, hat gemurrt*; [Vi] (不及物) (***über etw.*** (*Akk* 四格)) ***m.*** über etw. schimpfen (1,3) od. mit etw. nicht einverstanden sein 发牢骚,骂骂咧咧,发怨气: *über e-e Strafe, e-e Ungerechtigkeit m.* 对一次罚款、不公道的事骂骂咧咧; *etw. ohne Murren akzeptieren/ertragen* 毫无怨言地接受/忍受某事

mür·risch *Adj* (形); mit schlechter Laune, unfreundlich u. abweisend 怏怏不乐的,心情恶劣的,闷闷不乐的 ≈ griesgrämig ⟨ein Mensch, j-s Wesen 人,某人的性格; ein mürrisches Gesicht machen 板着一副闷闷不乐的面孔⟩

Mus *das*; -*es*, -*e*; *mst Sg* (多用单数); e-e weiche Masse *mst* aus gekochtem (od. zerdrücktem) Obst 酱,泥,糊 ≈ Brei: *Ba-*

M

nanen zu Mus zerdrücken 将香蕉压成泥 ‖ -K(复合): **Apfel-**, **Pflaumen-** ‖ ID [谚] ***j-n zu Mus machen*** *gespr* [口]; j-n brutal schlagen 把某人打成泥酱(意即打得死去活来)

Mu·schel *die*; -, *-n* **1.** ein (Weich)Tier, das im Wasser lebt u. durch e-e harte Schale geschützt ist 蚌,贝〈nach Muscheln tauchen 潜水寻贝; Muscheln essen 吃贝〉: *Die Auster ist e-e M., in der man manchmal Perlen findet* 牡蛎是贝的一种,在它的壳里有时能找到珍珠 ‖ ↑ *Abb. unter* 图见 **Schalentiere** ‖ K-(复合): **Muschel-**, **-schale** ‖ -K(复合): **Fluss-**, **Meeres- 2.** die Schale e-r M. (1) 贝壳〈Muscheln sammeln, suchen 收集、寻找贝壳〉‖ K-(复合): **Muschel-**, **-sammlung 3.** jeder der beiden dicken Teile des Telefonhörers 电话耳机的话筒或听筒〈in die M. sprechen, die M. ans Ohr halten 朝话筒说话,把听筒贴在耳朵上〉 ‖ -K(复合): **Hör-**, **Sprech-**

Mu·schi *die*; -, *-s* **1.** verwendet als liebevolle Bezeichnung für e-e Katze 可爱的猫,猫咪 **2.** *gespr!* [粗] die äußeren Genitalien der Frau 外阴,屄,屄

Mu·se *die*; -, *-n* **1.** eine der neun griechischen Göttinnen, von denen jede in der Antike e-e Kunst od. Wissenschaft repräsentierte 缪斯(古希腊代表艺术、科学的女神) **2. *die leichte M.*** die Kunst (*bes* der Musik u. des Theaters), die der heiteren Unterhaltung dient 轻快的艺术(指音乐和戏剧) ‖ ID [谚] ***von der M. geküsst werden*** *hum* [诙]; zu e-r kreativen Tat inspiriert werden 诗兴大发,创作激情(灵感)受到启迪

Mu·sel·man *der*; *-en*, *-en* [-maːnən]; *veraltet* [旧] ≈ Mohammedaner ‖ NB(注意): *der Muselman*; *den*, *dem*, *des Muselmanen*

Mu·se·um *das*; *-s*, *Mu·se·en* [-ˈzeː(ə)n]; ein Gebäude, in dem (künstlerisch od. historisch) interessante Objekte aufbewahrt u. ausgestellt werden 博物馆〈ein naturkundliches, technisches M. 自然、技术博物馆; ins M. gehen 到博物馆去(参观)〉: *Im M. für moderne Kunst ist zurzeit e-e Ausstellung über experimentelle Fotografie zu sehen* 现代艺术博物馆目前正展出实验摄影艺术 ‖ K-(复合): **Museums-**, **-aufseher**, **-berater**, **-besuch**, **-führer**, **-katalog**, **-wärter** ‖ -K(复合): **Heimat-**, **Naturkunde-**

mu·se·ums·reif *Adj* (形); *nicht adv*, *gespr hum* (不作状语) [口] [诙]; sehr alt (u. nicht mehr modern) 老掉牙的,早已过时的,可以送进博物馆的〈Witze 笑话〉: *Wie lange hast du denn den Anzug schon? Der ist ja m.!* 你这个外衣究竟穿了多久? 它的确早已过时了!

Mu·se·ums·stück *das*; etw., das im Museum ausgestellt wird 博物馆展品

Mu·si·cal [ˈmjuːzik l] *das*; *-s*, *-s*; ein (Unterhaltungs)Stück mit moderner Musik, das mit Tanz u. Gesang im Theater aufgeführt wird(配有舞蹈、歌唱的)现代音乐剧〈ein M. ansehen 观看现代音乐戏剧〉: *Heute gehen wir ins/zum M. „West Side Story"* 今天我们去看现代音乐剧《西部的故事》

Mu·sik *die*; -, *-en* **1.** *mst Sg* (多用单数); Töne, die (harmonisch u.) rhythmisch zu Melodien angeordnet sind 音乐,乐曲〈leise, gedämpfte, untermalende, elektronische, instrumentale, ernste, geistliche, klassische, moderne M. 轻轻的、低沉的、伴奏的、电子的、乐器演奏的、严肃的、宗教的、古典的、现代的音乐; M. machen, spielen, M. hören 弹奏、演奏音乐,听音乐〉: *Das Orchester spielt M. von Mozart* 交响乐队演奏莫扎特的乐曲 ‖ K-(复合): **Musik-**, **-instrument**, **-kapelle**, **-kassette**, **-stück**, **-theater**, **-werk** ‖ -K(复合): **Blas-**, **Gitarren-**, **Klavier-** *usw*; **Jazz-**, **Pop-**, **Rock-**, **Schlager-**, **Volks-**; **Marsch-**, **Tanz-**, **Unterhaltungs-**; **Film-**, **Kirchen-**, **Radio-**; **Begleit-**, **Instrumental- 2.** *nur Sg*; die Kunst, Töne zu M. (1) anzuordnen 音乐艺术 ≈ Tonkunst: *Er studiert M. am Konservatorium u. lernt dort Dirigieren u. Komponieren* 他在音乐学院攻读音乐艺术,并在那里学习指挥和作曲 ‖ K-(复合): **Musik-**, **-akademie**, **-geschichte**, **-hochschule**, **-kritik**, **-lehre**, **-theorie 3.** *ohne Artikel*, *indeklinabel* (不带冠词,词形不变); ein Fach in der Schule, in dem M. (2) unterrichtet wird 音乐课 ‖ K-(复合): **Musik-**, **-buch**, **-lehrer**, **-note**, **-saal**, **-stunde 4.** *nur Sg*, *gespr* (只用单数) [口] ≈ Musikkapelle: *e-e Runde Bier für die M. spendieren* 招待小乐队一轮啤酒 **5.** *nur Sg* (只用单数); ***die M.*** + *Gen* (二格) ein angenehmer Klang, e-e Harmonie 一种圆润的、悦耳的声音: *Er lauschte der M. ihrer Stimme* 他倾听她那珠圆玉润的说话声 ‖ ID [谚] *mst* 多用 ***Das ist M. in meinen / für meine Ohren*** das höre ich gern 这我很爱听,这很悦耳; *mst* 多用 ***Da ist M. drin*** das ist voller Vitalität 这里充满着生命力

Mu·si·ka·li·en [-iən] *die*; *Pl* (复); gedruckte Noten u. Texte als Vorlage zum Musizieren 音乐资料(乐谱及乐曲) ‖ K-(复合): **Musikalien-**, **-handlung**

mu·si·ka·lisch *Adj* (形) **1.** mit e-r Begabung für Musik 有音乐天赋的 ↔ unmusikalisch〈ein Kind, ein Mensch 小孩,人〉 **2.** mit angenehmem Klang 悦耳的,娓娓动听的,优美的 ≈ klangvoll〈e-e Sprache, e-e Stimme 语言,声音〉 **3.** *nur attr*, *nicht adv* (只作定语,不作状语); in Bezug auf Musik 音乐方面的〈ein Genie, ein Genuss, ein Talent 天才,享受,才华〉 ‖ *zu* (义项) **1.** u. **2. Mu·si·ka·li·tät** *die*; -; *nur Sg* (只用单数)

Mu·si·kant *der*; *-en*, *-en*; ein Musiker, der *bes* Tanz- od. Volksmusik spielt 乐师 ‖ -K(复合): **Dorf-**, **Straßen-** ‖ NB(注意): *der Musikant*; *den*, *dem*, *des Musikanten* ‖ *hierzu* (派生) **Mu·si·kan·tin** *die*; -, *-nen*

Mu·sik·box *die*; ein Automat in Gaststätten, der e-e Schallplatte spielt, wenn man Geld hineinwirft(投币)自动唱机

Mu·si·ker *der*; *-s*, -; j-d, der (*mst* beruflich) ein Instrument spielt 专业乐队演奏队员,乐师: *Die M. setzten sich auf ihre Plätze u. be-*

M

gannen zu spielen 乐队队员各就各位开始演奏 ‖ -K(复合): ***Berufs-***, ***Hobby-*** ‖ *hierzu* (派生) **Mu·si·ke·rin** *die*; -, *-nen*

mu·sisch *Adj*(形); *nur attr od adv*(只作定语或状语) **1.** in Bezug auf die Kunst 有关艺术的,艺术方面的 ≈ künstlerisch ⟨e-e Begabung, die Erziehung 天赋,教育⟩ **2.** mit e-r Begabung für Kunst 有艺术天赋的 ⟨ein Mensch 人⟩

mu·si·zie·ren; *musizierte*, *hat musiziert*; [Vi] (不及物) auf e-m Instrument Musik machen, spielen 弹奏,演奏 ⟨im Familienkreis, miteinander m. 在家庭圈子里、一起配合演奏⟩

Mus·kat·nuss, **Mus·kat·nuss** *die*; ein Samen in der Form e-r Nuss, den man gerieben als Gewürz verwendet 肉豆蔻(研碎后作调料): *Rosenkohl mit M.* 抱子甘篮配肉豆蔻

Mus·kel *der*; *-s*, *-n*; *mst Pl*(多用复数) **1.** einer der elastischen Teile des Körpers bei Mensch u. Tier, der sich zusammenziehen kann, um e-n Teil des Körpers od. ein Organ zu bewegen 肌肉 ⟨kräftige, starke, schlaffe Muskeln 有力的、强壮的、松弛的肌肉; e-n M. anspannen 绷紧肌肉; sich e-n M. zerren 用力拉(抻)肌肉⟩ ‖ K-(复合): ***Muskel-***, ***-kraft***, ***-krampf***, ***-riss***, ***-schmerz***, ***-schwund***, ***-starre***, ***-zerrung*** ‖ -K(复合): ***Arm-***, ***Bein-***, ***Gesäß-***, ***Herz-***, ***Rücken-*** **2.** ***Muskeln haben*** viel Kraft *bes* in den Armen haben(双臂)肌肉发达,臂力很大 ‖ ID[谚] ***seine Muskeln spielen lassen*** zeigen, wer (hier) die Macht hat 显示自己的力量

Mus·kel·ka·ter *der*; *-s*; *nur Sg*(只用单数); der Schmerz, den man spürt, wenn man Muskeln bewegt, die man (*mst* am Tag zuvor) zu stark belastet hat(由于太劳累引起的)肌肉酸痛 ⟨(e-n) M. haben 感到肌肉疼痛⟩: *Von der Bergtour hat er (e-n) M. in den Beinen* 他因爬山远足感到腿部肌肉酸痛

Mus·kel·protz *der*; *pej*[贬]; j-d, der stolz auf seine kräftigen Muskeln ist 为自己一身健壮的肌肉而自豪的人

Mus·ku·la·tur *die*; -, *-en*; die Muskeln e-s Körpers od. e-s Körperteils 肌肉,肌肉系统 ⟨e-e kräftige M. haben 有一身健壮的肌肉⟩ ‖ K-(复合): ***Bauch-***, ***Bein-***, ***Nacken-***, ***Rücken-***

mus·ku·lös, *muskulöser*, *muskulösest-*; *Adj* (形); *nicht adv*(不作状语); mit kräftigen Muskeln 肌肉发达的,强壮的,有力的 ⟨Arme, Beine, ein Mensch, e-e Statur 手臂,腿,人,体形⟩

Müs·li[1] *das*; *-s*, *-s*; e-e Mischung aus Haferflocken, Rosinen, gemahlenen Nüssen *usw*, die man mit Obst u. Milch *o. Ä.* zum Frühstück isst(带葡萄干、磨碎的干果等)果料麦片

Müs·li[2] *der*; *-(s)*, *-s*; *gespr*, *mst pej*[口]多用[贬]; j-d, der (gern Müsli[1] isst u.) sich für den Schutz der Umwelt einsetzt(爱吃果料麦片的人)热爱环保的人 ‖ K-(复合): ***Müsli-***, ***-fraktion***

Mus·lim *der*; *-(s)*, *-e od -s* ≈ Moslem

muss *Präsens*, *1. u. 3. Person Sg*(现在时,第一和第三人称单数); ↑ ***müssen***

Muss *das*; *indeklinabel*(词形不变); *mst in* 多用于 ***etw. ist ein (absolutes) M.*** etw. ist etw., das man (unbedingt) tun muss od. das man erlebt haben sollte 某事是绝对必须(要做的事)或绝对有必要(去体验一番): *Diese Ausstellung ist ein M. für alle Freunde moderner Malerei* 这次展览对所有喜爱现代绘画的人来说是必看的

Mu·ße *die*; -; *nur Sg*(只用单数); ***die M. (für / zu etw.)*** die Zeit u. Ruhe, die nötig ist, um sich ohne Hast mit etw. zu beschäftigen od. etw. zu tun, das einen interessiert 清闲,悠闲,闲情逸致 ⟨genügend, keine M. haben 有足够的空闲,没有空闲; j-m fehlt die M. 某人没有闲情逸致⟩: *Er findet nie Zeit u. M., in ein Konzert zu gehen* 他从来也找不出时间和空闲去听音乐会; *Zum Lesen fehlt ihm die M.* 他没有空闲读书 ‖ K-(复合): ***Muße-***, ***-stunde***

Muss·ehe *die*; *gespr*[口]; e-e Ehe, die geschlossen wird, weil die Frau schwanger ist (因女方怀孕而)非办不可的婚姻

müs·sen[1]; *musste*, *hat müssen*; *Modalverb*(情态动词) **1.** *Infinitiv*(不定式) + ***m.*** verwendet, um auszudrücken, dass der Sprecher etw. für notwendig hält 必须,应该,得,一定要(表示说话者认为必须): *Ich muss jetzt gehen* 我现在得走; *Ich muss abnehmen!* 我得减肥!; *Ich muss mich bei dir entschuldigen* 我必须向你道歉; *So ein begabtes Kind muss man einfach fördern!* 这样一位有天赋的孩子无论如何必须资助! **2.** *Infinitiv*(不定式) + ***m.*** verwendet, um auszudrücken, dass etw. notwendig ist 必须,要,得(表示事情本身必须): *Er muss um 11 Uhr gehen, sonst verpasst er seinen Zug* 他11点必须走,要不会误了火车; *Ich muss jeden Tag 80 Kilometer zur Arbeit fahren* 我每天上班要开车走 80 公里路 **3.** *Infinitiv*(不定式) + ***m.*** verwendet, um auszudrücken, dass der Sprecher etw. annimmt od. glaubt 一定,肯定,想必(表示说话者有把握的推测): *Sie müssen sehr stolz auf ihre Tochter sein* 他们肯定很为自己的女儿骄傲; *Er muss weit über 80 sein* 他一定八十好几了; *Der Bus hat schon zwei Stunden Verspätung, da muss etwas passiert sein* 公共汽车已误点两个小时,肯定出了什么事 **4.** *Infinitiv* (不定式) + ***müsste(n)*** *usw* verwendet, um auszudrücken, dass der Sprecher glaubt, etw. zu wissen 应,理应,该,理该(表示说话者心中有数): *Ich rufe ihn jetzt an, er müsste eigentlich schon im Büro sein* 我现在给他打电话,他该到办公室了; *Wenn ich richtig gerechnet habe, müssten wir noch 250 Euro haben – zähl doch mal nach* 要是我算得对的话,我们还应该有 250 欧元——你点一点 **5.** *Infinitiv*(不定式) + ***m.*** verwendet, um Kritik an j-m/etw. auszudrücken(表示批评)确实,真是: *Du musst doch größenwahnsinnig geworden sein!* 你真是变得狂妄自大! **6.** *Infinitiv*(不定式) + ***m.*** verwendet, um auszudrücken, dass der Betroffene nicht anders handeln kann/konnte 不得不,非…不可,非得(表示当事人无奈): *Als sie ihn sah, musste sie einfach lachen* 当她看到他时,她简直忍俊不禁; *Ich muss immer* *niesen, wenn ich in die Sonne sehe* 我一看太阳,就非打喷嚏不可 **7.** *Infinitiv*(不定式) + **m.** verwendet, um auszudrücken, dass der Betroffene gezwungen ist od. war, etw. zu tun 必须,务必,不得不(表示当事人是被迫的): *Ich musste die ganze Zeit draußen warten* 我全部时间不得不在外面等着; *Er musste e-e Haftstrafe von 5 Jahren verbüßen* 他不得不坐五年牢 **8.** *Infinitiv*(不定式) + **m.** verwendet, um auszudrücken, dass der Sprecher etw. für wünschenswert hält 应当,值得,有必要(表示说话者认为值得) ≈ sollen[1] (1): *Paris bei Nacht muss man einfach erlebt haben* 巴黎的夜晚真是值得一看 **9.** *Infinitiv*(不定式) + **müsste (n)** *usw* verwendet, um e-n Wunsch auszudrücken 但愿,要是…就好了(该多好)(表示愿望) ≈ sollen[1](12): *Ist das schön heute – so müsste es immer sein!* 今天真好 —— 要是总这样就好了!; *Man müsste einfach mehr Geld haben, dann wäre vieles leichter* 要是多一点钱该多好,有了钱,很多事办起来容易多了 **10.** *Infinitiv*(不定式) + **m.** verwendet, um auszudrücken, dass sich der Sprecher über etw. ärgert 非得(表示说话者生气): *Muss es denn ausgerechnet jetzt regnen?* 难道非得现在下雨不可?; *Du musstest ja wieder mal zu spät kommen!* 你真是,非得又来得那么晚! **11.** *Infinitiv*(不定式) + **m.** verwendet in verneinter Form, um j-n aufzufordern, etw. nicht zu tun(用否定形式)不必,无须,不用: *Das musst du ihm nicht glauben* 这一点你不用相信他 ‖ ID [谚] '**Muss das sein?** *gespr*[口]; verwendet, um auszudrücken, dass j-d etw. nicht tun soll od. mit etw. aufhören soll 这有必要吗?

müs·sen²; *musste, hat gemusst*; [Vt/i](及物/不及物) **1.** (**etw.**) **m.** (*bes* von und gegenüber Kindern verwendet) das Bedürfnis haben, den Darm od. die Blase zu leeren(儿童用语)要尿尿,要拉屎 ⟨Aa, Pipi m. 啊,要撒尿; mal m. 要尿尿⟩; [Vi](不及物) **2. irgendwohin m.** irgendwohin gehen, fahren *o. Ä.* müssen[1](1,2)要去,要前往: *Sie muss ins Büro* 她要去办公室 **3. etw. muss irgendwohin** etw. muss[1](1,2) an e-n Ort gebracht werden(物作主语)该送往: *Der Brief muss zur Post* 这封信该送到邮局去(寄发) **4.** *gespr*[口]; gezwungen sein od. sich gezwungen fühlen, etw. zu tun 必须干,不能不干: „*Warum gehst du denn schon, wenn du nicht willst?*" – „*Ich muss, ich habe noch zu arbeiten*" "要是你不愿意,干吗要去呢?"——"我不能不去,我还得工作" ‖ NB(注意): *müssen²* wird als Vollverb verwendet; zusammen mit e-m Infinitiv wird *müssen* als Modalverb verwendet(该词作完全动词用,若与不定式连用则作情态动词); ↑ **müssen¹**

mü·ßig *Adj*(形); *geschr*[书] **1.** ohne (sinnvolle) Tätigkeit 闲着的,懒散的,闲散的,悠闲自在的 ≈ untätig, faul ↔ geschäftig ⟨m. dastehen, herumsitzen 懒洋洋地站着,闲坐着⟩: *anderen m. bei der Arbeit zusehen* 闲散无事地看着别人劳动 **2.** ⟨Stunden, Tage 小时,日子⟩ so, dass sie innere Ruhe u. Entspannung bringen 清闲的,恬淡的,闲逸的,悠然自得的 **3.** *nicht adv*(不作状语); ohne Nutzen u. Sinn 无用的,多余的,无意义的 ≈ überflüssig, zwecklos ⟨e-e Frage, ein Gedanke 问题,想法⟩: *Da sie ja doch tut, was sie will, ist es m., ihr Ratschläge zu geben* 因为她总是干她想干的事,所以给她提建议是毫无意义的 ‖ *hierzu*(派生) **Mü·ßig·keit** *die*; *nur Sg*(只用单数)

Mü·ßig·gang *der*; *nur Sg*(只用单数); das Nichtstun 游手好闲,闲荡,懒散 ≈ Faulheit ↔ Fleiß ‖ ID[谚] **M. ist aller Laster Anfang** wer nichts tut, wird leicht zum Laster verleitet 懒惰是万恶之始

muss·te *Imperfekt*, *1. u. 3. Person Sg*(过去时,第一和第三人称单数); ↑ **müssen**

müss·te *Konjunktiv II*, *1. u. 3. Person Sg*(虚拟式Ⅱ,第一和第三人称单数); ↑ **müssen**

Mus·ter *das*; *-s*, - **1.** e-e bestimmte Kombination od. Reihenfolge von Farben, Zeichen *usw*, die sich wiederholt (*mst* als Verzierung e-r Oberfläche)图案,花样 ⟨ein auffälliges, buntes, (un)regelmäßiges M. 醒目的、彩色的、(不)规则的图案; ein M. aus Farben, Karos, Streifen *usw* 带色彩的、方格的、条纹的图案; das M. e-s Kleides, e-s Stoffes 衣服、料子的花样; ein M. entwerfen 设计一种图案⟩: *Der Teppich hat ein M. aus orientalischen Ornamenten* 这地毯是东方的装饰花样(图案) ‖ -K(复合): **Blumen-**, **Streifen-**, **Zopf-**; **Druck-**, **Häkel-**, **Strick-**; **Stoff-**, **Tapeten-** **2. ein M.** (+ *Gen* 二格/**von etw.**) e-e kleine Menge e-s Materials od. ein Exemplar von etw., die dazu dienen zu zeigen, wie das Material/etw. ist 样品,货样,样本 ≈ (Waren)-Probe ⟨ein M. anfordern, sich (ein) M. zeigen lassen 索取、让展示样品⟩: *In diesem Katalog finden Sie M. der Möbelstoffe, in denen das Sofa lieferbar ist* 在这份目录中您可以看到家具材料的货样,其中长沙发有现货供应; *Das M. e-s Formulars, das man ausfüllen muss* 一份要填写的表格样本 ‖ K-(复合): **Muster-**, **-buch**, **-heft**, **-koffer**, **-sendung**, **-stück** ‖ -K(复合): **Stoff-**, **Tapeten-**, **Waren-** **3.** die Art, wie etw. (immer wieder) geschieht, abläuft 模式,样式 ≈ Schema ⟨etw. läuft nach e-m (bestimmten, festen) M. ab 某事按(一定的、固定的)模式进行; e-m M. folgen 遵循一种模式⟩ ‖ -K(复合): **Handlungs-**, **Verhaltens-** **4. ein M.** (**für etw.**) etw., das so gestaltet ist, dass es (gut u. richtig ist u.) nachgeahmt werden kann 模范,范例,典范,典型 ≈ Vorlage ⟨etw. dient j-m als M. …成为某人的榜样; etw. als M. nehmen 将…用作范例⟩: *Das Urteil in diesem Prozess diente vielen Richtern als M. für ihre eigenen Entscheidungen* 这次审理中的判决曾经被许多法官当作他们裁决的典范; *Hier hast du ein M., nach dem du deine Geschäftsbriefe verfassen kannst* 这里有一份样本,你写商务函件可以参照 ‖ K-(复合): **Muster-**, **-brief**, **-prozess**, **-zeichnung** ‖ -K(复合): **Handlungs-** **5.** e-e schriftliche Anleitung (2), nach der man etw. nähen, stricken *usw* kann(缝纫、编织等)图样说明：*Ich habe diesen Pullover nach e-m M. aus e-r Zeitschrift gestrickt* 这件套头毛衣我是照一本杂志上的图样说明织的 ‖ -K(复合)：***Häkel-***, ***Schnitt-***, ***Strick-***

Mus·ter- *im Subst*, *begrenzt produktiv*(构成名词,构词有限)；verwendet, um auszudrücken, dass j-d/etw. als Vorbild dienen kann 模范…,榜样…；e-e ***Musterehe*** 〈führen 过〉, ein ***Mustergatte***, ein ***Musterschüler***

Mus·ter·bei·spiel *das*；***ein M.*** + *Gen*(二格)/***von*** + *Dat*(三格) ein besonders gutes Beispiel für etw. 榜样,范例,典范：*Er ist ein M. e-s fleißigen Mannes* 他是一位勤奋男人的榜样

Mus·ter·ex·emp·lar *das*；***ein M.*** (+ *Gen* 二格) ein besonders gutes, schönes Exemplar 典型标本：*Dieser große bunte Schmetterling ist ein wahres M. seiner Art* 这只大彩蝶是这一品种的真实标本

mus·ter·gül·tig *Adj*(形)；〈ein Schüler 学生；ein Benehmen, e-e Ordnung 品行,秩序〉 so korrekt u. ohne Fehler, dass sie ein Vorbild sind 值得仿效的,模范的,可作榜样的 ≈ vorbildlich, musterhaft ‖ *hierzu*(派生) **Mus·ter·gül·tig·keit** *die*；*nur Sg*(只用单数)

mus·ter·haft *Adj*(形) ≈ mustergültig

Mus·ter·kna·be *der*；*iron*［讽］；j-d, der sich immer so verhält, wie es Eltern, Lehrer, Vorgesetzte *usw* wollen 百依百顺的乖孩子、好学生,唯命是从的人

mus·tern[1]；*musterte*, *hat gemustert*；Vt(及物) ***j-n/etw. m.*** j-n/etw. aufmerksam, kritisch u. ganz genau betrachten, um ihn/es richtig einschätzen od. bewerten zu können 打量,仔细察看,揣度〈j-n neugierig, spöttisch m. 好奇地、讥讽地打量某人〉：*j-n mit e-m abschätzigen, kühlen, herausfordernden Blick m.* 以一种轻视的、冷冰冰的、挑战的眼光揣度某人

mus·tern[2]；*musterte*, *hat gemustert*；Vt(及物) ***j-n m.*** MIL【军】；untersuchen, ob j-d für den Dienst in der Armee geeignet ist 对…进行(服兵役前的)检查 ‖ *hierzu*(派生) **Mus·te·rung** *die*

Mus·ter·schü·ler *der*；*mst pej* 多用［贬］；ein Schüler, der sehr fleißig, brav u. vorbildlich ist 模范学生,好学生 ‖ *hierzu*(派生) **Mus·ter·schü·le·rin** *die*

Mut *der*；-(*e*)*s*；*nur Sg*(只用单数) **1.** ***der Mut (für/zu etw.)*** die Eigenschaft od. Bereitschaft, etw. zu tun, das gefährlich ist od. sein kann 勇气,胆量 ≈ Courage 〈(den) Mut haben, etw. zu tun 有胆量做某事；den Mut verlieren 失去勇气；all seinen Mut zusammennehmen 鼓起自己全部勇气；seinen Mut beweisen 证明自己的胆量；viel Mut zeigen 表明十足的勇气；j-m den Mut nehmen 使某人气馁；j-m Mut einflößen 使某人鼓起勇气(振奋)〉：*Es gehört Mut* dazu, *Löwen* zu *dressieren* 驯狮是要有胆量的；*Er hatte nicht den Mut, ihr die Wahrheit* zu *sagen* 他没有勇气告诉她实情 ‖ -K(复合)：***Helden-*** **2.** das Vertrauen darauf, dass etw. gut od. wieder besser wird 信心,勇气 ≈ Zuversicht 〈den Mut sinken lassen 失去信心；(neuen) Mut fassen(重新)鼓起勇气,振奋起来；j-m Mut geben, machen 给某人信心,使某人有信心(勇气)〉：*Als sie vor Trauer fast verzweifelte, sprach er ihr Mut zu* 当她悲痛欲绝时,他鼓励她振作起来；*Er ging mit frischem Mut an die Arbeit* 他朝气蓬勃地投入工作 ‖ -K(复合)：***Lebens-*** **3.** ***der Mut der Verzweiflung*** der Mut (1), den man in e-r schlimmen Situation bekommt 身处绝境励志奋起的勇气,履险如夷的胆识 **4.** ***frohen/guten Mutes sein*** *geschr*［书］；in guter, zuversichtlicher Stimmung sein 兴致勃勃,满怀信心 ‖ zu(义项) **2.** **mut·los** *Adj*(形)；**Mut·lo·sig·keit** *die*；*nur Sg*(只用单数) ‖ NB(注意)：↑ ***zumute***

Mu·ta·ti·on [-ˈtsioːn] *die*；-, -*en*；BIOL【生】；e-e plötzliche Veränderung der Gene e-s Lebewesens(基因)突变,变异：*Durch Einwirkung von radioaktiver Strahlung können Mutationen auftreten* 由于放射性辐射的影响可能产生基因突变 ‖ *hierzu*(派生) **mu·tie·ren** (*hat*) *Vi*(不及物)

mu·tig *Adj*(形)；mit viel Mut (1)有胆量的,无畏的,勇敢的,大胆的 ≈ kühn, unerschrocken ↔ feige〈ein Mensch, e-e Tat, ein Wort 人,行动,话语；m. für j-n/etw. eintreten 大胆为某人/某事辩护〉：*Es war sehr m. von ihm, diese unpopuläre Entscheidung zu treffen* 作出这一不受普遍欢迎的决定对他来说是要有很大胆量的 ‖ ▶ ***entmutigen***, ***ermutigen***

mut·ma·ßen；*mutmaßte*, *hat gemutmaßt*；Vt(及物) ***m., dass ...*** *veraltend*［渐旧］≈ vermuten

mut·maß·lich *Adj*(形)；*nur attr od adv*, *geschr*(只作定语或状语)［书］≈ wahrscheinlich 〈der Mörder, der Täter, der Terrorist 杀人凶手,作案人,恐怖分子〉：*den mutmaßlichen Tathergang beschreiben* 描述可能的作案经过

Mut·pro·be *die*；e-e Handlung, mit der j-d beweisen soll, dass er Mut (1) hat 勇气考验〈e-e M. ablegen, bestehen, machen 通过、经受、进行一次勇气考验〉

Mut·ter[1] *die*；-, *Müt·ter* **1.** e-e Frau, die ein Kind geboren hat 母亲,妈妈,娘〈e-e gute, schlechte, ledige, liebevolle, strenge M. 一位好的、坏的、单身的、慈爱的、严厉的母亲；j-s leibliche M. 某人的亲生母亲(亲娘)；wie e-e M. zu j-m sein 对某人像母亲一样〉：*Sie ist M. von zwei Kindern* 她是两个孩子的母亲 ‖ K-(复合)：***Mutter-***, ***-liebe***, ***-pflichten***, ***-rolle***；***Mütter-***, ***-genesungsheim***, ***-hilfswerk*** **2.** e-e Frau, die Kinder so versorgt, als wäre sie ihre M.[1] (1) 养母：*Er bekam e-e neue M., als sein Vater wieder heiratete* 当他父亲再婚的时候,他有了一位新妈妈 ‖ ↑ *Übersicht unter* 一览表见 ***Familie*** ‖ -K(复合)：***Heim-***, ***Pflege-***, ***Stief-***, ***Tages-*** **3.** ein weibliches Tier, das Junge hat 母畜：*Katzen sind gute Mütter* 雌猫是善良的母畜 ‖ K-(复合)：***Mutter-***, ***-schaf***, ***-sau***, ***-tier*** ‖ -K(复合)：***Hunde-***, ***Katzen-***, ***Tier-***, ***Vogel-*** **4.** ***e-e werdende M.*** e-e schwangere Frau 一位孕妇,

未来的妈妈 **5. die M. Gottes** REL【宗】；Maria, die M.[1](1) von Jesus Christus od. ein Abbild von ihr 上帝的母亲，圣母玛丽亚或圣母玛丽亚的画像 ‖ K-(复合)：**Mutter-, -gottes** **6. die M. Erde/Natur** *oft hum* 常用[诙]；die Erde/Natur als Ursprung des Lebens 大地母亲，大自然 **7.** 〈etw. schmeckt, j-d fühlt sich 某物的味道，某人觉得〉 **wie bei Muttern** *gespr*［口］；wie zu Hause 像在家里一样 ‖ *zu*（义项）**1.** u. **2. mụt·ter·los** *Adj*（形）‖ ▶ **bemuttern**

Mụt·ter² *die*；-, *-n*；ein kleines Stück Metall mit sechs Ecken u. e-m runden Loch (mit Gewinde), das auf e-e Schraube geschraubt wird, um diese zu befestigen 螺母，螺帽 〈e-e M. festschrauben, lösen, abschrauben 拧紧、拧开、拧下螺母〉 ‖ ↑ *Abb. unter* 图见 **Werkzeug** ‖ -K(复合)：**Schrauben-**

Mụt·ter- *im Subst, wenig produktiv*（构成名词，构词弱）**1.** die Substanz, aus der sich etw. (anderes) entwickelt（事物的源头）母，主… ≈ Ausgangs-；die **Muttergeschwulst** 〈der Wucherung 肉瘤的〉，das **Muttergestein** 〈für die Mineralien 矿物的〉，die **Mutterpflanze** 〈e-r Weizenkultur 小麦培植的〉 **2.** die Zentrale, von der andere Teile e-r Organisation (gegründet werden u. daher) abhängig sind（组织的总部、主体、创始者、发起者）母，本，总… ≈ Stamm- ↔ Tochter-；die **Mutterfirma**, die **Muttergesellschaft** 〈des Konzerns 康采恩的〉，das **Mutterhaus** 〈des Ordens 宗教团体的〉，die **Mutterkirche** 〈der Katholiken 天主教的〉，das **Mutterland** 〈der Demokratie, des Sports 民主的，体育运动的〉，die **Mutterpartei** 〈der Sozialisten 社会主义者的〉

Mụt·ter·bo·den *der*；die oberste Schicht des Erdbodens, in der Pflanzen wachsen 耕作土壤层 ≈ Humus

Mụt·ter·freu·de *die*；*mst in* 多用于 **Mutterfreuden entgegensehen** ≈ schwanger sein

Mụt·ter·kom·plex *der* **1.** e-e zu starke emotionale Bindung an die Mutter 恋母情结 **2.** der übertrieben starke Trieb e-r Frau, wie e-e Mutter für andere zu sorgen 母爱冲动

Mụt·ter·korn *das*；ein kleiner, schwarzer u. giftiger Pilz, der in den Ähren *bes* von Roggen wächst 麦角(菌)

Mụt·ter·ku·chen *der*；e-e Art Organ, das während der Schwangerschaft in der Gebärmutter entsteht u. das dem Embryo Nahrung gibt 胎盘；MED【医】Plazenta

Mụt·ter·leib *der*；*mst in* 多用于 **im M.** (als Embryo) im Körper der Mutter(胎儿)在子宫里，在母亲体内 〈die Entwicklung, die Zeit im M. 在母体内的发育、时间〉

mụ̈t·ter·lich *Adj*（形）**1.** *nur attr, nicht adv*（只作定语，不作状语）；zu e-r Mutter[1](1) gehörig 母亲的 〈die Erziehung, die Liebe, die Pflichten 教育，爱，义务〉 **2.** wie e-e Mutter[1](1)像母亲一样的，慈爱的，慈母般的 〈e-e Frau, ein Wesen 女人，性格；m. aussehen, wirken, für j-n sorgen 看上去像母亲一样，起母亲一样的作用，慈母般地关心某人〉 ‖ zu（义项）**2. Mụ̈t·ter·lich·keit** *die*；*nur Sg*（只用单数）

mụ̈t·ter·li·cher·seits *Adv*（副）；(nach e-r Verwandtschaftsbezeichnung verwendet) aus der Familie der Mutter[1](1) 母系，母方 ↔ väterlicherseits；*meine Großmutter m.* 我的外祖母；*ein Onkel m.* 舅舅

Mụt·ter·mal *das*；ein brauner Fleck auf der Haut, den man *mst* von Geburt an hat 胎痣

Mụt·ter·milch *die*；die Milch, die nach der Geburt e-s Kindes in der Brust e-r Frau entsteht 母乳，人乳 ‖ ID［谚］**etw. mit der M. einsaugen** *gespr*［口］；etw. schon als Kind (kennen)lernen 从小就知道(学会、接受)某事

Mụt·ter·mund *der*；*nur Sg*, MED（只用单数）【医】；die Öffnung der Gebärmutter (zur Scheide hin) 子宫口

Mụt·ter·schaft *die*；-, *-en*；*mst Sg*（多用单数）；der Zustand, Mutter zu sein 母性，母亲身份

Mụt·ter·schafts·ur·laub *der*；Ⓓ［德］der Zeitraum von mehreren Monaten direkt nach der Geburt e-s Kindes, in dem die Mutter nicht zur Arbeit gehen muss 产假，坐月子 〈M. beantragen 申请产假；in M. gehen 度产假，坐月子〉

Mụt·ter·schafts·ver·tre·tung *die* **1.** die Arbeit, die man an Stelle e-r Frau macht, während sie wegen e-r Schwangerschaft ihren Beruf nicht ausübt 顶替孕妇工作 **2.** j-d, der e-e M. (1) macht 孕妇替工

Mụt·ter·schutz *der* **1.** alle Gesetze, mit denen Frauen, die im Beruf sind, vor u. nach der Geburt ihres Babys vor Nachteilen geschützt werden sollen 在职孕妇、产妇法律保护 **2.** e-e Zeit, in der e-e Frau wegen der Geburt ihres Babys ihren Beruf nicht ausübt 在职孕妇、产妇法律保护期

mụt·ter·see·len|al·lein *Adj*（形）；*nur präd od adv, gespr*（只作表语或状语）［口］；ganz allein 孤零零的，孤身只影的 ≈ einsam u. verlassen

Mụt·ter·söhn·chen *das*；*gespr pej*［口］［贬］**1.** ein Junge od. Mann, der von seiner Mutter sehr verwöhnt worden ist od. wird 娇儿子，妈妈的宝贝儿子 **2.** ein Mann, der zu weich ist 懦夫，软骨头

Mụt·ter·spra·che *die*；die Sprache, die ein Kind lernt, wenn es zu sprechen beginnt 母语，本民族语，本国语 ↔ Fremdsprache：*Die meisten Österreicher haben Deutsch als M.* 绝大部分奥地利人把德语作为母语 ‖ *hierzu*（派生）**mụt·ter·sprach·lich** *Adj*（形）

Mụt·ter·sprach·ler *der*；*-s*, -；j-d, der e-e bestimmte Sprache als Muttersprache spricht 说母语的人：*Wir brauchen unbedingt noch e-n M. als Lehrer für Englisch* 我们务必还要一位说母语的人来当英语老师 ‖ *hierzu*（派生）**Mụt·ter·sprach·le·rin** *die*；-, *-nen*

Mụt·ti *die*；-, *-s*；*gespr*［口］；(*bes* von u. gegenüber Kindern) verwendet als liebevolle Bezeichnung od. Anrede für die Mutter (儿童语言)妈妈 ≈ Mama, Mami

mut·wil·lig *Adj*（形）；bewusst u. mit (böser) Absicht 蓄意的，故意的，成心的，存心的 ≈

böswillig 〈e-e Beschädigung 破坏; j-m m. schaden, wehtun 成心伤害某人,故意使某人痛苦〉 ‖ *hierzu*(派生) **Mut·wil·le** *der*; *nur Sg*(只用单数); **Mut·wil·lig·keit** *die*; *nur Sg*(只用单数)

Müt·ze *die*; -, *-n*; e-e Kopfbedeckung aus weichem Material (*mst* Wolle), die man *bes* bei kaltem Wetter trägt 帽子,便帽〈e-e warme M. 一顶暖和的帽子; e-e M. mit Schirm 带帽檐的便帽; e-e M. aufsetzen, abnehmen, vom Kopf ziehen 戴、摘、脱帽子; e-e M. stricken 织一顶帽子〉: *Weil der Wind so stark wehte, zog er sich die M. tief in die Stirn* 因风刮得很厉害,他把帽子往额头上拉得很低 ‖ -K(复合): ***Fell-***, ***Pelz-***, ***Woll-***; ***Schirm-***, ***Zipfel-***

MwSt, MWSt *Abk für* 缩写,全称为 Mehrwertsteuer

My·ri·a·de *die*; -, *-n*; *mst Pl*(多用复数); ***Myriaden*** (***von etw.***) *geschr*[书]; e-e sehr große Anzahl (von etw.) 无数,大量〈Myriaden von Mücken, Sternen 大量的蚊子,繁多的星星〉

Myr·re, Myr·rhe [ˈmʏrə] *die*; -, *-n*; *mst Sg*(多用单数); e-e Substanz, die aus e-m tropischen Baum gewonnen u. als Parfüm od. für Medikamente *o.Ä.* verwendet wird 没药: *Gold, Weihrauch u. M. waren die Geschenke der Heiligen Drei Könige* 金子、乳香和没药是三王来朝节的礼物

mys·te·ri·ös, *mysteriöser*, *mysteriösest-*; *Adj*(形); 〈ein Blick, ein Mensch, ein Vorfall 眼神,人,事故〉 so, dass man sie sich nicht erklären kann 神秘的,百思不解的 ≈ geheimnisvoll: *Sie ist unter mysteriösen Umständen umgekommen* 她死得很神秘

Mys·te·ri·um *das*; *-s*, *Mys·te·ri·en* [-iən]; *geschr*[书]; etw., das mit dem Verstand nur schwer zu begreifen ist 奥秘,神妙莫测,百思不解的事 ≈ Geheimnis: *das M. des Lebens* 生活的奥秘

mys·ti·fi·zie·ren; *mystifizierte*, *hat mystifiziert*; [Vt](及物) ***etw. m.*** e-e Sache zu e-m Mysterium machen 使神秘化,使玄乎: *den Tod m.* 使死亡神秘化 ‖ *hierzu*(派生) **Mys·ti·fi·ka·ti·on** *die*; -, *-en*

Mys·tik [ˈmʏ-] *die*; -; *nur Sg*(只用单数) **1.** die Art, e-e Religion intensiv u. direkt zu erfahren u. so auszuüben, dass man meint, die Trennung von Gott u. Mensch überwunden zu haben 神秘主义,神秘教 **2.** *pej*[贬]; e-e sehr unwahrscheinliche Annahme 玄想 ≈ Spekulation ‖ *hierzu*(派生) **mys·tisch, mys·tisch** *Adj*(形); *mst attr*(多作定语)

My·then *Pl*(复); ↑ ***Mythos***

My·tho·lo·gie *die*; -, *-n* [-ˈgiːən]; *geschr*[口]; alle Mythen (1) (e-s Volkes) 神话学 ≈ Sage 〈die antike, griechische M. 古代的、希腊的神话学〉 ‖ *hierzu*(派生) **my·tho·lo·gisch** *Adj*(形)

My·thos *der*; -; *My·then*; **1.** e-e sehr alte Geschichte, die *mst* religiöse od. magische Vorstellungen enthält 神话 ≈ Sage: *der M. von der Erschaffung der Welt* 创造世界的神话 **2.** e-e Person, ein Ereignis, die/das in der Vorstellung der Menschen bestimmte (*mst* sehr positive) Eigenschaften hat(te) (was der Wirklichkeit oft nicht entspricht) 神奇般的人物,神话般的传闻 ≈ Legende 〈(zu seinen Lebzeiten) zum M. werden(在自己有生之年)变成传奇人物; ein unausrottbarer M. 根深蒂固的神话般的传说〉: *der M. von der Tüchtigkeit der Deutschen* 德国人精明能干的神话(传说) ‖ *hierzu*(派生) **my·thisch** *Adj*(形)

N, n

N, n [ɛn] *das*; -, -/*gespr auch*［口］也用 *-s*; der vierzehnte Buchstabe des Alphabets 字母表中第十四个字母〈ein großes N 大写 N; ein kleines n 小写 n〉

na *Interjektion*(叹); *gespr*［口］**1.** verwendet, um e-e Frage auszudrücken od. einzuleiten（表示提问或引出问题）喂: *Na* (*wie gehts*)? 喂（你好吗）?; *Na, bist du bald fertig?* 喂，你快完了吗?; *Na, wie hat dir der Film gefallen?* 喂，你觉得电影怎么样? **2.** verwendet, um e-e Aufforderung od. Feststellung einzuleiten u. Ärger od. Ungeduld auszudrücken（引出祈使或确认，同时表示气恼或不耐烦）嗯，咳: *Na endlich!* 咳，总算!（好不容易!）; *Na, dann eben nicht!* 咳，那就算了!（甭干了!）; *Na, das wurde aber auch Zeit!* 咳，也确实是时候了! **3.** *bes* allein, ohne e-n Satz, verwendet, um seine Einstellung zu e-r Situation auszudrücken. Ob *na* Zustimmung od. Ablehnung ausdrückt, ergibt sich aus der Intonation u. der Situation（由语调和语境来表示赞同或拒绝的态度）好吧，算了，得了 **4.** ***na, na*** (***na***) verwendet, um j-s Handlung od. Worte (auch im Scherz) zu kritisieren（表示对他人言行的批评）不，不行: *Na, na, na, das tut man aber nicht!* 不，不，不，这可做不得! **5.** ***na 'ja*** *gespr*［口］; verwendet am Anfang des Satzes, drückt Zögern od. Skepsis aus（用于句首，表示犹豫和疑虑）嗯: *Na ja, ich weiß nicht so recht ...* 嗯，我可说不好… **6.** ***na 'gut / na 'ja / na 'schön*** verwendet, um auszudrücken, dass man etw. akzeptiert, obwohl einem etw. anderes lieber gewesen wäre（表示勉强同意）那好吧，就这样吧: *Na gut, dann bleibe ich eben hier* 那好吧，那我就呆在这儿; *Na ja, der Mantel ist zwar nicht schön, aber warm* 就这样吧，这大衣虽不漂亮，却暖和 **7.** ***na 'also! / na 'bitte!*** verwendet, um auszudrücken, dass man schon längere Zeit darauf gewartet hat, dass j-d etw. tut, einsieht, glaubt *o. Ä.*（表示早该做到、看到、相信）瞧你，瞧: *Na bitte, da ist ja der Schlüssel – genau da, wo ich es dir gesagt habe!* 瞧你，那儿不就是钥匙吗，正是在我跟你说过的地方!; *Na also, warum nicht gleich so!* 瞧你，干吗不马上这样做呢（早该这么着了）! **8.** ***na 'so was!*** verwendet, um Erstaunen auszudrücken（表示惊讶）竟有这样的事! **9.** ***na 'und?*** verwendet, um auf unhöfliche Weise auszudrücken, dass einen etw. nicht interessiert（不礼貌地表示不感兴趣）那又怎么样? **10.** ***na, 'warte!*** verwendet, um j-m zu drohen（表示威胁）好，走着瞧!: *Na, warte, das wirst du noch bereuen!* 好，等着吧，你会后悔的!

Na·be *die*; -, *-n*; das kurze Rohr in der Mitte e-s Rades, durch das die Achse geht 轮毂 ‖ -K: ***Rad-***

Na·bel *der*; *-s*, -; die kleine runde u. *mst* vertiefte Stelle am Bauch des Menschen 肚脐 ‖ ↑ *Abb. unter* 图见 **Mensch** ‖ -K（复合）: ***Bauch-*** ‖ ID［谚］***der N. der Welt*** *oft hum* 常用［诙］; das Zentrum des Geschehens, das Bedeutendste 中心，关键，要害

Na·bel·schnur *die*; e-e Art dünner Schlauch aus Gewebe, durch den der Embryo seine Nahrung aus dem Bauch der Mutter bekommt 脐带〈die N. durchtrennen 剪断脐带〉

nach *Präp*(介); *mit Dat*（支配三格）**1.** später als der genannte Zeitpunkt od. Vorgang 在…之后 ↔ vor[1] (3): *Schon wenige Minuten nach dem Unfall war die Polizei da* 事故发生后短短几分钟警察就赶到了; *Nach dem Film gehen wir noch ein Bier trinken* 看完电影我们再去喝杯啤酒; *Nach unserem Streit haben wir uns bald wieder versöhnt* 争吵后不久我们就又和好了 **2.** *gespr*［口］; (bei der Angabe der Uhrzeit) verwendet, um die Minuten anzugeben, die zusätzlich zu den vollen Stunden bereits vergangen sind（表示分钟）↔ vor[1] (1): (*Um*) *zehn nach vier geht mein Zug* 我的火车 4 点 10 分开; *Gut, dann treffen wir uns* (*um*) *Viertel nach acht am Brunnen* 好吧，那我们 8 点 1 刻在喷泉碰头; „*Wie viel Uhr ist es jetzt?*“ – „*Gleich fünf nach halb drei*“ (= 14^{35})“现在几点了?”——“快到 2 点 35 分了” ‖ NB(注意): Ab 20 Minuten bis zur vollen Stunde verwendet man *vor*（差 20 分钟以内到点则用介词 *vor*）: *zehn* (*Minuten*) *vor drei* 3 点差 10 分 **3.** in die genannte Richtung（表示方向）朝，向 ↔ von (4): *von Osten nach Westen reisen* 从东向西旅行; *von Norden nach Süden fliegen* 从北向南飞行; *den Kopf nach links drehen* 把头转向左边 **4.** zu dem genannten Ort（表示地方）去，前往 ↔ von (5): *im Urlaub nach Marokko fliegen* 飞往摩洛哥休假; *von Köln über Stuttgart nach Kempten fahren* 坐车从科隆、经斯图加特前往肯普滕; *von Spanien* (*aus*) *nach Portugal reisen* 从西班牙前往葡萄牙旅行 ‖ NB(注意): Ist der Zielpunkt e-e Person, heißt die Präp. *zu*（若目标指人，则用介词 *zu*）: *zu Peter, zu seinen Großeltern fahren*（坐车或开车）去彼得、他的祖父母那里; ist der Zielpunkt ein Land od. e-e Gegend mit Artikel, heißt die Präp. *in*（若目的地是国家或带冠词的地区，则用介词 *in*）: *in den Iran fliegen* 飞往伊朗; *in die Bretagne*, *in die Toskana fahren*（坐车或开车）去布列塔尼、去托斯卡那; ist der Zielpunkt e-e Insel mit Artikel, heißt die Präp. *auf* (*Akk*)（若目的地是带冠词的岛屿，介词为 *auf*（*Akk* 四格））: *auf die Kanarischen Inseln fliegen* 飞往加纳利群岛; ist der Zielpunkt ein Fluss, See, Meer, Ozean *o.Ä.*, heißt die Präp. *an* (*Akk*) oder auch *zu*（若目的地为河、湖、海、洋等，介词用 *an*（*Akk* 四格）或 *zu*）: *an die Nordsee fahren* 乘（开）车前往北海 **5.** verwendet, um auszudrücken, dass j-d/etw. in e-r Reihenfolge (direkt) der/die/das Nächste ist（表示顺序）在…之后是 ≈ hinter ↔ vor[1] (4): *Nach dem fünften Haus kommt e-e große Eiche – bei der biegen Sie rechts ab!* 过了第五幢房子有棵大橡树——在那儿您向右拐!; *Nach dem Mont Blanc ist der Monte Rosa der höchste Berg Europas* 在勃朗峰之后罗莎峰是欧洲最高峰; *Ich war der Letzte in der Schlange – nach mir kam niemand mehr* 我是队伍中的最后一个——在我之后就没有人了 **6.** so, wie es das genannte Vorbild sagt od. angibt 按照，遵照 ≈ gemäß, zufolge: *Nach Ptolemäus ist die Erde e-e Scheibe* 按托勒密之说地球是块平板; *Fischfilet nach Marseiller Art* 马赛式鱼片; *e-n Vers frei nach Goethe zitieren* 不拘泥于原文地引用歌德的一句诗 **7.** ***nach etw.*** **/** ***etw. nach*** ≈ etw. (*Dat* 三格) entsprechend, etw. (*Dat* 三格) zufolge: *Meiner Meinung nach müssen wir das Problem anders lösen* 按我的意见是我们得采用其他方法来解决问题; *nach Ansicht führender amerikanischer Krebsforscher ...* 占领先地位的美国癌症科研人员认为…; *aller Wahrscheinlichkeit nach ...* 极有可能…; *sich der Größe nach aufstellen* 按高矮排列 **8.** ***etw. nach*** wenn man die genannte Person/Sache betrachtet 根据（观察）≈ gemäß: *Seinem Verhalten nach ist er sehr streng erzogen worden* 从他的举止来看，他受过严格的教育; *Ihrem Akzent nach stammt sie wohl aus Österreich* 听口音她是奥地利人; *Dem Aussehen nach würde man sie für e-e Südamerikanerin halten* 看外貌你会把她当作南美人 **9.** ***nach etw.*** wenn man das Genannte als Maßstab nimmt 按照（标准）≈ gemäß, zufolge: *86° Fahrenheit sind nach der Celsiusskala 30°* 华氏 86 度按摄氏为 30 度; *Nach unserem Geld kostet die Tafel Schokolade hier zwei Euro* 按我们的钱算，这儿的一板巧克力要 2 欧元 **10.** fest verbunden mit bestimmten Substantiven, Adjektiven u. Verben, verwendet vor e-m Substantiv od. Pronomen（作名词、形容词及动词的固定搭配）: *das Streben nach Macht u. Reichtum* 追求权力和财富; *die Suche nach Erdöl* 寻找石油; *ganz gierig nach Süßigkeiten sein* 贪吃甜食; *sich nach j-m sehnen* 思念某人; *j-m nach dem Leben trachten* 企图谋害某人 ‖ ID［谚］ ***nach u. nach*** im Lauf der Zeit 逐渐地，渐渐地 ≈ allmählich: *seine Schulden nach und nach abbezahlen* 逐渐还清自己的债务; ***nach wie vor*** noch immer 依然，依旧，仍旧 ≈ weiterhin; (***Bitte***) ***nach Ihnen!*** als höfliche Formel verwendet, um j-n zu bitten, vor einem etw. zu tun, *z.B.* in e-n Raum zu treten od. ihn zu verlassen（表示礼貌谦让）您先请!

nach- *im Verb, betont u. trennbar, sehr produktiv*（构成动词，重读并可分，构词强）;
Die Verben mit *nach-* werden nach folgendem Muster gebildet（*nach-* 动词的模式如下）: *nachgehen - ging nach - nachgegangen*

1. *nach-* drückt aus, dass die Verbhandlung auf e-e Person/Sache gerichtet ist, die sich räumlich od. zeitlich schon vom Handelnden entfernt hat（表示动词行为针对的是已离开或远去的人或事）朝、向…后面 ≈ hinterher- ↔ voraus-;
j-m etw. nachwerfen: *Die Demonstranten warfen den fliehenden Polizisten Steine nach* 游行者向逃离的警察扔石块 ≈ Die Polizisten flohen u. die Demonstranten warfen Steine auf sie
ebenso（同类词有）: ***j-m/etw. nacheilen***, ***j-m/etw. nachfahren***, ***j-m nachfolgen***, ***j-m/etw. nachlaufen***, ***j-m/etw. nachrennen***

2. *nach-* drückt aus, dass e-e Handlung od. ein Ereignis ein zweites Mal abläuft. Bei Handlungen wird damit *mst* die Absicht des Prüfens od. Verbesserns verbunden（表示再次检查或改进）再，复;
(***etw.***) ***nachrechnen***: *Bevor er die Rechnung abschickte, rechnete er das Ergebnis nach* 在把账单寄出去之前，他把结果又算了一遍 ≈ Er rechnete noch einmal, um zu prüfen, ob er (od. ein anderer) richtig gerechnet hatte
ebenso（同类词有）: ***etw. nachspülen***, ***j-n/etw. nachbehandeln***, ***j-n nachuntersuchen***

3. *nach-* drückt aus, dass j-d sich an e-m Vorbild od. Original orientiert, das er imitieren will（表示照样行事）模仿，仿照 ↔ vor- (3);
etw. nachsprechen: *Der Lehrer sagte e-n Satz, u. die Schüler sprachen ihn nach* 老师说一个句子，学生们跟着说一遍 ≈ Die Schüler sagten den Satz so, wie der Lehrer ihn gesagt hatte
ebenso（同类词有）: ***etw. nachbauen***, ***etw. nachbilden***, ***etw. nacherzählen***, ***etw. nachformen***, ***etw. nachmalen***, (***etw.***) ***nachsingen***

4. *nach-* drückt aus, dass man etw. später (als erwartet) tut（表示事后补办）补上，追补;
(***etw.***) ***nachlösen***: *Sie löste die Fahrkarte im Zug nach* 她在火车上补的票 ≈ Sie kaufte die Fahrkarte nicht am Schalter, sondern erst im Zug
ebenso（同类词有）: ***j-n/etw. nachbehandeln***, ***etw. nachbereiten***, (***etw.***) ***nachfeiern***, ***etw. nachholen***, (***etw.***) ***nachlernen***

5. *nach-* drückt aus, dass etw. nach dem eigentlichen od. geplanten Ende noch weitergeht（表示事后继续）仍然，继续，还;
nachsitzen: *Weil er so frech war, ließ ihn der Lehrer n.* 因他太调皮捣乱，老师把他留了下来

N

≈ Er musste in der Schule bleiben, als die anderen nach Hause gingen
ebenso(同类词有): **etw. hallt nach, etw. klingt nach, etw. wirkt nach**
6. *nach-* drückt aus, dass man etw. intensiv u. gründlich tut od. etw. wiederholt(表示认真、细致或反复地做某事)仔细,再三;
nachdenken: *Er musste lange n., bevor er ihre Frage beantworten konnte* 他在答复她的提问之前,思索了很久 ≈ Er bemühte sich, durch intensives (u. langes) Überlegen e-e Antwort auf ihre Frage zu finden
ebenso(同类词有): **nachforschen, nachfragen, nachgrübeln, etw. nachlesen, j-m nachschnüffeln, nachsuchen**

Nach- *im Subst, begrenzt produktiv*(构成名词,构词有限); verwendet, um auszudrücken, dass etw. auf die im zweiten Wortteil genannte Sache od. Handlung folgt(表示后续发生)事后,补充,继续; die **Nachfeier** ⟨e-r Hochzeit 婚礼的⟩, die **Nachernte** ⟨beim Obst 水果⟩, der **Nachgeschmack** ⟨des Weins, e-s Erlebnisses 酒的,一次经历的⟩, der **Nachhall**, der **Nachklang** ⟨e-s Tons, e-r Melodie 声音的,曲调的⟩, die **Nachsaison** ⟨der Hotels 旅馆的⟩

nach·äf·fen; *äffte nach, hat nachgeäfft*; [Vt](及物) **j-n/etw. n.** *pej*[贬]; j-n/etw. (*bes* die Gesten u. Worte e-r Person) in übertriebener Weise imitieren 夸张地学、模仿…的样子(手势、说话) ≈ nachahmen: *Sie äfft gern ihre alte Tante nach* 她总爱学她的老姑妈的样子

nach·ah·men; *ahmte nach, hat nachgeahmt*; [Vt](及物) **j-n/etw. n.** sich mit Absicht so verhalten, dass es e-r Person od. e-r Sache (ganz od. zum Teil) sehr ähnlich ist 模仿,仿效,学样 ≈ imitieren: *die Lässigkeit Humphrey Bogarts, das Bellen e-s Hundes n.* 学汉弗莱·博加特平实自然的作风,模仿狗叫 ‖ *hierzu*(派生) **Nach·ah·mung** *die*; **Nach·ah·mer** *der*, *-s*; *-*

nach·ah·mens·wert *Adj*(形); so gut od. richtig, dass es sich lohnt, es ebenso zu machen 值得仿效的,值得学的 ≈ vorbildlich ⟨ein Beispiel, e-e Leistung, ein Verhalten, ein Versuch 范例,成就,行为,尝试⟩

nach·ar·bei·ten (*hat*) [Vt/i](及物/不及物) **1.** (**etw.**) **n.** Arbeit, die man versäumt od. nicht getan hat, später machen 补做,补干 ≈ nachholen ↔ vorarbeiten: *Er muss diese Woche noch vier Stunden n.* 这星期他得补干4小时的工作; [Vt](及物) **2. etw. n.** etw., das bereits bearbeitet wurde, noch einmal bearbeiten, um es zu verbessern od. zu ergänzen 再处理,后加工,修整: *Der Schreiner arbeitete den Schrank nach* 木匠给柜子作再次加工

Nach·bar *der*; *-n/-s*, *-n* **1.** j-d, der direkt neben j-m od. in dessen Nähe wohnt 邻居,邻里 ⟨e-n neuen Nachbarn bekommen 有了新邻居; die Nachbarn von nebenan 隔壁邻居(左邻右舍); j-s N. werden 成为某人的邻居⟩ ‖ -K(复合): **Zimmer-** **2.** j-d, der *z. B.* im Konzert, im Kino od. in der Schule neben einem sitzt od. steht 邻座,邻桌 ‖ -K: **Bank-, Tisch-** **3. gute Nachbarn sein** als Nachbarn zueinander freundlich sein u. sich gegenseitig helfen 是睦邻 ‖ NB(注意): *der Nachbar; den, dem Nachbar(n), des Nachbarn/(seltener 罕) Nachbars* ‖ *zu*(义项) **1.** u. **2. Nach·ba·rin** *die*; *-*, *-nen*

Nach·bar-/Nach·bars- *im Subst, begrenzt produktiv*(构成名词,构词有限) **1.** zum Nachbarn (1) gehörig 邻居的…,隔壁的…; der **Nachbargarten**, das **Nachbarhaus**; die **Nachbarsfrau**, die **Nachbarsfamilie**, das **Nachbarskind** **2.** ganz in der Nähe gelegen 邻近的,附近的…; das **Nachbardorf**, der **Nachbarort**; das **Nachbarland**, der **Nachbarstaat**; der **Nachbartisch**, das **Nachbarzimmer**

nach·bar·lich *Adj*(形); *nur attr*(只作定语) **1.** im Bereich od. Besitz des Nachbarn (1) 邻居的: *der nachbarliche Garten* 邻居家的花园 **2.** wie es unter (*mst* guten) Nachbarn üblich ist 邻里之间的,街坊之间的 ⟨Hilfe, Kontakte 帮助,联系; Streitereien 争吵⟩ ‖ -K(复合): **gut-**

Nach·bar·schaft *die*; *-*; *nur Sg*(只用单数) **1.** *Kollekt*(集合); alle Nachbarn (1) 邻居,邻里(总称) ⟨etw. in der N. herumerzählen 在邻里中四下传说某事⟩: *Die ganze N. spricht schon von seinem Unfall* 邻里都在议论他出的事故 **2.** das Gebiet in der (näheren) Umgebung von j-m/etw. 邻近,附近 ≈ Nähe: *In unserer N. gibt es keine Schule* 在我们附近没有学校 **3.** die Beziehungen zwischen den Nachbarn (1) 邻里关系 ⟨gute N. halten 保持和睦的邻里关系⟩ ‖ K-(复合): **Nachbarschafts-, -hilfe** ‖ zu(义项) **3. nach·bar·schaft·li·ch-** *Adj*(形); *nur attr, nicht adv*(只作定语,不作状语)

Nach·be·ben *das*; ein schwaches Erdbeben nach e-m stärkeren 余震

nach·be·han·deln; *behandelte nach, hat nachbehandelt*; [Vt](及物) **j-n/etw. n.** j-n/etw. (nach der Behandlung) noch einmal behandeln 再处理,再治疗: *j-n nach einer schweren Lungenoperation n.* 在肺部大手术后对某人继续进行治疗 ‖ *hierzu*(派生) **Nach·be·hand·lung** *die*

nach·be·kom·men; *bekam nach, hat nachbekommen*; [Vt](及物) **1. etw. n.** e-e bestimmte Ware später od. zusätzlich bekommen 后得到,补充得到: *keine Ersatzteile mehr n.* 再没有得到零部件 **2. etw. n.** *gespr*[口]; zusätzlich zu seiner Portion noch etw. zu essen bekommen 再添加点(吃的): *Kann ich noch Erdbeeren n.?* 我能再要点草莓吗?

nach·bes·sern (*hat*) [Vt](及物) **etw. n.** etw. (noch einmal) bearbeiten, um es besser zu machen 重新修缮、修补 ≈ ausbessern, korrigieren ‖ *hierzu*(派生) **Nach·bes·se·rung** *die*

nach·be·stel·len; *bestellte nach, hat nachbestellt*; [Vt/i](及物/不及物) (**etw.**) **n.** e-e Ware (bei Bedarf) noch einmal bestellen 补订,增

订：*Für dieses Service können Sie auch einzelne Teile n.* 这套餐具您也可以增订单件

nach·be·ten (*hat*) Vt (及物) ***etw. n.*** *gespr pej* [口][贬]；Worte u. Ideen e-s anderen (oft kritiklos) übernehmen u. wiedergeben(盲目地)重复，照搬 ≈ nachplappern：*Er hat keine eigene Meinung – er betet nur das nach, was sein Vater sagt* 他没有自己的想法——他只会盲目重复他父亲的话

nach·bil·den (*hat*) Vt (及物) ***etw. n.*** etw. so bilden od. herstellen, dass es dem Original ähnlich ist 仿造，仿制，复制 ≈ nachmachen, nachbauen：*e-e römische Vase n.* 仿制罗马时代的花瓶

Nach·bil·dung *die*；-, *-en* **1.** *nur Sg*(只用单数)；das Nachbilden 复制，仿造 **2.** ein Gegenstand, der nachgebildet wurde 复制品 ≈ Imitation ↔ Original：*Diese Statue ist nur e-e N., das Original steht im Louvre* 这座塑像不过是件复制品，原件在卢浮宫

nach·bli·cken (*hat*) Vi (不及物) ***j-m/etw. n.*** ≈ j-m/etw. nachsehen (1)

nach·blu·ten (*hat*) Vi (不及物) ***etw. blutet nach*** etw. fängt wieder an zu bluten(物作主语)又流血了〈e-e Wunde 伤口〉‖ *hierzu*(派生) **Nach·blu·tung** *die*

nach·boh·ren (*hat*) Vi (不及物) *gespr*[口]；durch wiederholtes Fragen versuchen, von j-m e-e Antwort zu bekommen 反复询问，追问 ≈ nachfragen：*Er will mir nicht die Wahrheit sagen – da muss ich noch n.!* 他不愿意告诉我真相——我还得再好好问问！

nach·dem *Konjunktion*(连) **1.** *mst* mit Plusquamperfekt verwendet, um auszudrücken, dass die Handlung des Nebensatzes schon beendet ist, wenn die Handlung des Hauptsatzes beginnt(多与过去完成时连用，表示当主句中的动作开始时，从句中的动作已经结束)在…之后 ↔ bevor：*Nachdem er gegessen hatte, schaute er noch ein wenig fern* 他吃完饭后，还看了一会儿电视；*Nachdem der Zahn gezogen war, begann die Wunde stark zu bluten* 牙被拔掉后，伤口开始大量出血 ‖ NB(注意)：↑ ***danach* 2.** *gespr*[口] ≈ da, weil：*Nachdem ich nicht da war, kann ich nichts dazu sagen* 因我当时不在场，所以对此无法发表意见

nach·den·ken (*hat*) Vi (不及物) (***über j-n/etw.***) ***n.*** sich e-e Situation vorstellen u. dabei *bes* an wichtige Einzelheiten od. Probleme denken 思考，思索，考虑 ≈ überlegen 〈angestrengt, scharf n. 苦思冥想，细细思索〉：*Ich muss erst mal darüber n.!* 对此我先得考虑一下！

nach·denk·lich *Adj*(形) **1.** 〈ein Mensch 人〉oft in Gedanken vertieft 沉思的，思考的 **2.** so, dass sich zeigt, dass die betroffene Person gerade über etw. nachdenkt 思索着的，寻思的：*ein nachdenkliches Gesicht machen* 摆出一副若有所思的面孔；*n. aussehen* 看上去若有所思；*die Stirn n. runzeln* 皱紧眉头思索着 **3.** ***n. werden*** sich von etw. betroffen fühlen u. beginnen, darüber nachzudenken(在某事的触动下)开始了思考 ‖ *hierzu*(派生) **Nach·denk·lich·keit** *die*；*nur Sg*(只用单数)

Nach·druck¹ *der*；-(*e*)*s*, -*e* **1.** die unveränderte (zweite *usw*) Ausgabe e-s Buches *o.Ä.* 再版，重版 **2.** *mst Sg*(多用单数)；das (*mst* illegale) Nachdrucken e-s Buches *o.Ä.* 翻印(多指非法的)：*N. verboten!* 禁止翻印；*N. nur mit Erlaubnis des Verlags* 只有经出版社准许才可翻印 ‖ *hierzu*(派生) **nach·drucken** (*hat*) *Vt*(及物)

Nach·druck² *der*；-(*e*)*s*, *nur Sg*(只用单数)；die Mittel (sprachliche od. andere), mit denen man deutlich macht, dass man etw. für sehr wichtig hält 强调，突出〈etw. mit N. verlangen, fordern, sagen, erklären 用强调的语气要求、说出、解释某事；seinen Worten (mit Gesten) N. verleihen(用手势)加强他的话语的分量；mit N. auf etw. hinweisen 强调指出某事〉：*sich mit allem N. für die Abrüstung aussprechen* 竭力赞成裁军

nach·drück·lich *Adj*(形)；mit Nachdruck² 强调的，突出的，坚决的，有力的 ≈ energisch 〈e-e Forderung, e-e Drohung 要求，威胁；j-n n. warnen 有力地警告某人；(j-n) n. auf etw. (*Akk* 四格) hinweisen(向某人)着重指出某事〉

nach·dun·keln (*ist*) Vi (不及物) ***etw. dunkelt nach*** etw. bekommt allmählich e-e dunkle(re) Farbe(物作主语)逐渐变黑、发暗 ↔ etw. verblasst 〈Fotos, Holz, Haare 照片，木头，头发〉

nach·ei·fern；*eiferte nach, hat nachgeeifert*；Vi (不及物) ***j-m*** (***in etw.*** (*Dat* 三格)) ***n.*** versuchen, etw. genauso zu machen od. so zu werden wie j-d, den man als Vorbild hat 竭力仿效：*seinem großen Bruder n.* 竭力仿效他的大哥

nach·ei·nan·der, **nach·ei·nan·der** *Adv* (副)；eine Person/Sache nach der anderen, in kurzen (zeitlichen od. räumlichen) Abständen 一个接一个，先后，相继，连续 ≈ hintereinander ↔ gleichzeitig：*Kurz n. landeten vier Flugzeuge* 一架紧接着一架地降落了4架飞机

nach|emp·fin·den；*empfand nach, hat nachempfunden*；Vt (及物) (***j-m***) ***etw. n.*** die Gefühle e-s Menschen so gut verstehen, als ob man sie selbst hätte 体会到，感受到 ≈ nachfühlen 〈j-s Zorn, Schmerz, Freude n. 体会到某人的愤怒、痛苦、欢乐〉：*Ich kann dir n.*, was *in dir vorgeht* 我能体会你内心的感受

nach|er·zäh·len；*erzählte nach, hat nacherzählt*；Vt (及物) (***j-m***) ***etw. n.*** den Inhalt e-r Geschichte mit eigenen Worten (genau) erzählen 复述 ≈ wiedergeben 〈(j-m) e-e Kurzgeschichte, e-n Roman, e-n Film n.(给某人)复述短篇故事、小说、电影〉

Nach|er·zäh·lung *die*；ein Text, in dem der Inhalt e-r Geschichte noch einmal erzählt wird (*mst* als sprachliche Übung in der Schule)复述〈e-e N. machen, schreiben 进行复述，写复述文〉

nach·fas·sen (*hat*) Vt/i (及物/不及物) **1.**

(**etw.**) **n.** *gespr*［口］; sich beim Essen eine zweite/dritte *usw* Portion holen/nehmen 再取(一份、一盘)吃的 ≈ Nachschlag holen: *noch etwas Gemüse n.* 再去取点儿蔬菜吃; [Vi](不及物) **2.** ein zweites Mal zupacken, weil man etw. beim ersten Mal nicht richtig fassen konnte 再抓一次

Nach·fol·ge *die*; *nur Sg*(只用单数); das Übernehmen der Arbeit od. der Funktion e-s anderen 继任,接班 〈die N. regeln, j-s N. antreten 解决继任问题,接某人的班〉: *Nach dem plötzlichen Tod des Präsidenten gab es Streit um dessen N.* 在主席突然去世后围绕谁来接班的问题产生了争执 ‖ K-(复合): ***Nachfolge-, -organisation, -regelung*** ‖ *hierzu*(派生) **Nach·fol·ger** *der*; *-s*, *-*; **Nach·fol·ge·rin** *die*; *-*, *-nen*

nach·fol·gen (*ist*) [Vi](不及物) **1.** ***j-m n.*** j-m folgen, um ihn einzuholen od. (später) an denselben Ort zu kommen 跟随,追随 ≈ nachfahren, nachkommen: *Er fliegt schon morgen, u. die Familie folgt ihm dann später nach* 他明天就坐飞机走,他的家人随后走 **2.** ***j-m n.*** die Arbeit u. Funktion e-s anderen übernehmen 接替,接任,接班 ≈ j-s Nachfolge antreten 〈j-m im Amt n. 接替某人的职务〉

nach·fol·gend *Adj*(形); *nur attr od adv*(只作定语或状语); zeitlich od. räumlich folgend 随后的,后面的,接着的: *Die nachfolgenden Sendungen verschieben sich um ca. 15 Minuten* (= werden später als geplant ausgestrahlt) 随后的节目顺延大约 15 分钟

nach·for·dern (*hat*) [Vt](及物) ***etw. n.*** etw. zusätzlich od. nachträglich fordern, verlangen od. bestellen, weil man (nicht genug bekommen hat u.) mehr davon haben will 要求追加、补加或补订: *Geld n.* 要求加钱 ‖ *hierzu*(派生) **Nach·for·de·rung** *die*

nach·for·schen (*hat*) [Vi](不及物) intensiv versuchen, zu Informationen od. Kenntnissen über j-n/etw. zu kommen 调查,追查 ≈ ermitteln: *Es wurde lange nachgeforscht, bis man wusste, wie sich das Schiffsunglück ereignet hatte* 对沉船事件调查了很久,直到查明出事原因 ‖ *hierzu*(派生) **Nach·for·schung** *die*; *-*, *-en*; *mst Pl*(多用复数)

Nach·fra·ge *die* **1.** ***die N.*** (***nach etw.***) *nur Sg*, WIRTSCH(只用单数)【经】; der Wunsch od. das Bedürfnis (der Konsumenten), bestimmte Produkte zu kaufen 求,需求 ↔ Angebot (3) 〈es herrscht, besteht enorme, große, rege, lebhafte, geringe N. nach etw. 对某物有着极大的、很大的、活跃的、旺盛的、极小的需求; die N. sinkt, steigt 需求量在下降、在上升〉: *Die N. nach Konzertkarten übersteigt das Angebot* 音乐会的票供不应求 **2.** *nur in* 只用于 ***Danke der/für die N.!*** *gespr veraltend hum*［口］［渐旧］［诙］; verwendet, um sich dafür zu bedanken, dass j-d gefragt hat, wie es einem geht(对问好表示感谢)谢谢关心

nach·fra·gen (*hat*) [Vi](不及物) **1.** (***bei j-m***) (***wegen etw.*** (*Gen* 二格, *gespr auch Dat* 口语中也用三格)) ***n.*** j-n (*mst* bei e-r Institution) fragen, der die gewünschte Information geben kann 询问,了解,打听 ≈ sich bei j-m nach etw. erkundigen: *beim Finanzamt wegen der Steuer n.* 到财税局询问纳税事宜 **2.** noch eine od. mehrere Fragen stellen, bis man e-e Antwort bekommt 追问,一再打听 ≈ nachbohren: *Der Journalist musste immer wieder n., um die nötigen Informationen zu bekommen* 为获得必要的信息,记者得一再打听

nach·füh·len (*hat*) [Vt](及物) (***j-m***) ***etw. n.*** ≈ (j-m) etw. nachempfinden

nach·fül·len (*hat*) [Vt/i](及物/不及物) **1.** (***etw.***) ***n.*** etw. in e-n Behälter füllen, der (teilweise) leer geworden ist(将快空的容器)重新装满,补满,加满: *Die Kiste ist fast leer – wir müssen wieder (Kartoffeln) n.* 箱子几乎空了——我们得再(用土豆)添满 **2.** (***j-m***) (***etw.***) ***n.*** j-s Glas, das (teilweise) leer geworden ist, wieder füllen 重新斟满,添满 ≈ j-m nachgießen, nachschenken

Nach·füll|pack *der*; *-s*, *-e*; ein Behälter od. e-e Packung *bes* mit Wasch- od. Putzmittel, das in den eigentlichen Behälter nachgefüllt (1) wird(多指用来补充原容器的商品如洗涤剂)简装

nach·ge·ben (*hat*) [Vi](不及物) **1.** (***j-m/etw.***) ***n.*** auf Bitten od. Drängen anderer etw. erlauben od. tun, zu dem man vorher nicht bereit war 让步,屈从,顺从,听任 〈dem Drängen, Betteln der Kinder n. 向孩子们的纠缠、央求让步; der Versuchung n. 屈从于诱惑〉: *Nach langer Diskussion gab ich schließlich nach u. ließ meine Tochter nach Kanada fliegen* 经长时间的讨论我终于让了步,允许我女儿前往加拿大 **2.** ***etw. gibt nach*** etw. biegt sich, zerbricht od. zerreißt bei zu starker Belastung(物作主语)弯曲,松弛,塌陷,断裂: *Das Brett hielt dem Gewicht der Maschine nicht mehr stand u. gab nach* 搁板承受不住机器的重量断了

Nach·ge·bühr *die*; *nur Sg*(只用单数); die Summe Geld, die der Empfänger e-s Briefes, e-r Postkarte *o. Ä.* der Post zahlen muss, wenn zu wenig Briefmarken darauf waren 补交邮资、欠资 ≈ Nachporto 〈(e-e) N. zahlen müssen 必须补交邮资〉

Nach·ge·burt *die*; *mst Sg*(多用单数); das Gewebe (die Plazenta *usw*), das nach der Geburt aus dem Bauch der Mutter kommt 胞衣,胎胞

nach·ge·hen (*ist*) [Vi](不及物) **1.** ***j-m n.*** j-m folgen, um ihn einzuholen od. um in dieselbe Richtung zu gehen 跟随,追随 **2.** ***etw.*** (*Dat* 三格) ***n.*** etw., das nicht klar ist, (über)prüfen u. versuchen, es aufzuklären 查明,追查,调查 ≈ etw. untersuchen: *Die Polizei ging der Sache mit den aufgebrochenen Autos nach* 警方追查汽车被撬之事 **3.** ***etw.*** (*Dat* 三格) ***n.*** e-e Arbeit, Tätigkeit *o. Ä.* regelmäßig machen, ausüben 从事,经营,致力于 〈seinen Geschäften, Hobbys, e-m illegalen Gewerbe, e-r geregelten Arbeit n.

经营业务，从事业余爱好，干非法行当，从事正常工作〉 **4.** 〈e-e Uhr 钟表〉 ***geht nach*** e-e Uhr zeigt weniger an, als es richtig wäre 走慢 ↔ etw. geht vor：*Meine Uhr geht schon wieder zehn Minuten nach* 我的表又慢了 10 分钟 **5.** ***etw. geht j-m nach*** etw. ist für j-n so wichtig od. eindrucksvoll, dass er immer wieder daran denkt(物作主语)在…的脑海中萦绕、萦回〈Ereignisse, Erlebnisse, Vorfälle 事件，经历，意外事故〉：*Das Bild von dem kranken Kind geht mir immer noch nach* 我脑海中总想着那病孩的模样

Nach·ge·schmack *der*；*nur Sg*(只用单数) **1.** der Geschmack, den man noch im Mund hat, nachdem man etw. gegessen od. getrunken hat 余味，回味：*Zwiebeln hinterlassen e-n beißenden N.* 洋葱留下强烈的余味 **2.** e-e unangenehme Erinnerung an etw. 不愉快的回忆〈ein bitterer, übler, schlechter N. 苦涩的、恶劣的、糟糕的回忆〉：*Der Streit hat bei ihm e-n bitteren N. hinterlassen* 那场争吵给他留下苦涩的回忆

nach·ge·stellt **1.** *Partizip Perfekt*(过去分词)；↑ ***nachstellen*** **2.** *Adj*(形)；LING【语】；〈Attribute, Präpositionen 定语，介词〉so, dass sie im Satz auf das Wort od. den Teil des Satzes folgen, auf die sie sich beziehen 后置的 ↔ vorgestellt

nach·gie·big *Adj*(形)；*nicht adv*(不作状语)；(***j-m gegenüber***) ***n.*** schnell bereit nachzugeben (1)(*bes* um Konflikte zu vermeiden)顺从的，依从的，迁就的，好说话的 ↔ stur, standhaft：*Wenn du nur ein bisschen nachgiebiger wärst, hätten wir nicht so oft Streit!* 如果你稍微忍让点，我们就不会这么老吵架了 ‖ *hierzu*(派生) **Nach·gie·big·keit** *die*；*nur Sg*(只用单数)

nach·gie·ßen (*hat*) Vt/i(及物/不及物)(***j-m***)(***etw.***) ***n.*** ≈ (j-m) (etw.) nachschenken：*Darf ich Ihnen Kaffee n.?* 我可以给您添点咖啡吗?

nach·ha·ken (*hat*) Vi(不及物) *gespr*［口］；mehrmals Fragen zu e-m Problem stellen, weil der andere dazu nicht alles sagen will 追问，一再询问 ≈ nachfragen：*Der Richter musste bei der Vernehmung des Zeugen immer wieder n.* 法官在讯问证人时不得不反复追问

Nach·hall *der*；das Geräusch, das man *bes* in e-m großen, leeren Raum nach dem eigentlichen Ton noch hört 余音，回声，回响 ‖ *hierzu*(派生) **nach·hal·len** (*hat/ist*) *Vi*(不及物)

nach·hal·tig *Adj*(形)；*mst attr*(多作定语)；von starker u. langer Wirkung 持久的，持续的，长远的〈ein Erfolg, ein Erlebnis 成就，经历；auf j-n e-n nachhaltigen Eindruck machen, j-n n. beeinflussen给某人留下一个持久的印象，对某人产生长远影响〉

nach·hän·gen；*hing nach*, *hat nachgehangen*；Vi(不及物) **1.** ***j-m/etw. n.*** sich voller Sehnsucht an j-n/etw. erinnern 沉湎于，沉醉于，缅怀，怀恋，追忆 ≈ sich nach j-m/etw. sehnen：*seinen Erinnerungen an den letzten Urlaub n.* 沉浸在对最近一次休假的回忆中 **2.** ***in etw.*** (*Dat* 三格) ***n.*** *gespr*［口］；in e-m Plan, in e-m Fach, auf e-m Gebiet *o. Ä.* noch nicht so weit sein, wie man sein sollte 无多大进展，停滞不前 ≈ zurückliegen〈in Biologie, in Französisch *usw* n. 在生物课、法语课上拉下了；im Lehrplan, im Terminplan n. 在课程计划、时间安排上进展不大〉

nach·hau·se *Adv*(副) ≈ nach Hause ‖ NB(注意)：↑ ***Haus***(5)

Nach·hau·se|weg *der*；j-s Weg nach Hause 回家之路，返家之途 ≈ Heimweg〈e-n langen, weiten N. haben 回家的路很长、很远〉：*Sie wurde auf dem N. überfallen* 她在回家的途中遭到袭击

nach·hel·fen (*hat*) Vi(不及物) **1.** (***j-m/etw.***) ***n.*** durch seine Hilfe bewirken, dass etw. besser funktioniert 帮助，辅导，助一臂之力：*Der Meister hilft* (*dem Lehrling*) *etwas nach, damit die Arbeit schneller vorangeht* 师傅帮了(徒工)一把，以便加快工作进度 **2.** (***bei j-m***) ***n. müssen*** *gespr*［口］；bestimmte Mittel anwenden, um j-n dazu zu bringen, etw. zu tun 得使劲，得推(他)一把：*Ich musste etwas n., bis er sich zum ersten Mal mit mir verabredete* 在他初次和我约会之前，我不得不使了点劲 **3** *mst* 多用 ***dem Glück ein wenig / ein bisschen n.*** etw. (*mst* nicht ganz Korrektes) tun, damit etw. so geht, wie man es sich wünscht 稍做手脚以促事成

nach·her, nach·her *Adv*(副) **1.** verwendet, um auszudrücken, dass e-e Handlung etwas später als e-e andere (Handlung) eintreten wird od. eintrat 以后，此后，之后，事后 ≈ danach, später, anschließend ↔ vorher, zuvor：„*Ich muss jetzt Geld von der Bank holen.*" – „*Das kannst du doch noch n. machen*" "“我现在必须去银行取钱。”——“这你完全可以以后再办” **2.** ***bis n.!*** verwendet, um sich von j-m zu verabschieden, den man ein paar Stunden später wiedersieht 一会儿见！≈ bis gleich, bis später

Nach·hil·fe *die*；***N.*** (***in etw.*** (*Dat* 三格)) *nur Sg*(只用单数)；zusätzlicher Unterricht, den ein Schüler (gegen Geld) von e-m anderen Schüler, e-m Studenten od. e-m Lehrer bekommt 补习，辅导(课)〈N. bekommen 得到辅导；(j-m) N. geben, erteilen 给(某人)上辅导课〉‖ K-(复合)：***Nachhilfe-***, ***-lehrer***, ***-schüler***, ***-stunde***, ***-unterricht***

Nach·hi·nein *nur in* 只用于 ***im N.*** nach e-r bestimmten Zeit od. nachdem e-e Handlung schon vorbei ist od. war 事后 ≈ später, hinterher ↔ im Voraus：*Im N. hat sich dann doch gezeigt, dass er gelogen hatte* 事后还是证明他撒了谎

Nach·hol|be·darf *der*；*nur Sg*(只用单数)；***N.*** (***an etw.*** (*Dat* 三格)) das Verlangen od. Bedürfnis, von e-r Sache besonders viel zu bekommen, auf die man lange Zeit verzichten musste(对…)补回的需要，补上的需求：*Die*

N

ganze Woche über ging ich spät ins Bett – jetzt habe ich e-n riesigen N. an Schlaf 整个星期我都睡得很晚——现在我极需补觉

nach·ho·len (*hat*) Vt (及物) ***etw. n.*** etw., das man versäumt hat od. das nicht stattgefunden hat, später tun od. durchführen 补做,补上,补回〈e-e Prüfung, Versäumtes n. 补考,补做耽误了的事〉: *Das Match, das abgesagt werden musste, wird nächsten Samstag nachgeholt* 因故取消的比赛,下星期六补赛 ‖ K-(复合): ***Nachhol-, -spiel***

nach·ja·gen (*ist*) Vi (不及物) ***j-m n.*** j-n (*mst* mit e-m Fahrzeug) verfolgen, um ihn zu ergreifen(多指驱车)追捕,追赶,缉捕,捉拿 ≈ j-m hinterherjagen: *e-m flüchtenden Bankräuber n.* 追捕在逃的银行抢劫犯

Nach·kom·me *der*; *-n*, *-n*; jedes der Kinder, Enkel, Urenkel *usw* e-r bestimmten Person 子孙,后代,后裔,后辈 ≈ Nachfahr ↔ Vorfahr 〈keine Nachkommen haben 没有子孙,膝下无子女; ohne Nachkommen sterben 去世时膝下无子女〉 ‖ NB(注意): *der Nachkomme*; *den, dem, des Nachkommen*

nach·kom·men (*ist*) Vi (不及物) **1.** etwas später als die anderen kommen 随后来,晚些来: *Geht schon mal voraus – ich komme gleich nach* 你们先走一步,我随后就到 **2.** ***j-m n.***; (***bei/mit etw.***) ***n.*** in dem gleichen Tempo wie die anderen mitmachen können 跟(得)上〈beim Diktat, mit der Produktion gut, nicht n. 听写时、生产跟得上、跟不上〉: *Kannst du nicht ein bisschen langsamer gehen, ich komme (dir) nicht nach!* 你不能走慢点吗?我跟不上! **3.** ***etw.*** (*Dat* 三格) ***n.*** *geschr*[书]; das tun, was j-d von einem wünscht 履行,照办,满足 ≈ etw. (*Dat* 三格) folgen〈e-r Verpflichtung, Anordnung, e-m Befehl n. 履行义务,照指示办,按命令行事〉

Nach·kom·men·schaft *die*; -; *nur Sg*(只用单数); *Kollekt*(集合); alle Nachkommen e-r Person 子孙后代,后裔,后辈(总称)

Nach·kriegs- *im Subst, begrenzt produktiv*(构成名词,构词有限); nach dem Ende e-s Krieges, *mst* des zweiten Weltkrieges(多指第二次世界大战)战后…; die ***Nachkriegsgeneration***, die ***Nachkriegsgeschichte***, die ***Nachkriegsgesellschaft***; die ***Nachkriegsliteratur***, die ***Nachkriegszeit***

Nach·lass[1] *der*; *-es*; *Nach·läs·se*; alle Dinge, die von j-m nach seinem Tod zurückbleiben 遗产,遗物 ≈ Hinterlassenschaft, Erbe〈j-s N. ordnen, verwalten 清理、管理某人的遗产〉: *ein Werk aus dem (literarischen) N. e-s Dichters* 诗人(文学)遗著中的一部作品; *Ihr N. bestand zum größten Teil aus Grundstücken* 她的遗产的绝大部分为地产 ‖ K-(复合): ***Nachlass-, -verwalter***

Nach·lass[2] *der*; *-es*, *Nach·läs·se*; die Summe, um die der Preis e-r Ware (für e-n bestimmten Kunden) reduziert wird 折价,降价,优惠 ≈ Ermäßigung, Rabatt, Skonto ↔ Aufschlag (1)〈e-n N. gewähren, bekommen 给予减价,得到优惠〉: *bei Barzahlungen N. von 3% bekommen* 付现款可以优惠百分之三 ‖ -K(复合): ***Preis-***

nach·las·sen (*hat*) Vi (不及物) **1.** ***etw. lässt nach*** etw. wird weniger intensiv(物作主语)减轻,减弱,减退,减小 ↔ etw. nimmt zu 〈Schmerzen, das Fieber 疼痛,烧; e-e Spannung, der Druck 紧张,压力; der Wind, der Sturm, der Regen 风,暴雨,雨〉: *Wenn der Regen nicht bald nachlässt, müssen wir uns irgendwo unterstellen* 这雨要是不马上小下来的话,我们得找个地方躲躲 **2.** in seiner Leistung od. Qualität schlechter werden 退步,变差,下降,减退,退化 ≈ abnehmen (10) ↔ zunehmen 〈die Sehkraft, das Gehör, das Gedächtnis, die Augen 视力,听觉,记性,眼睛; j-s Fleiß, j-s Leistungsvermögen 某人的勤奋、工作能力〉: *Du lässt nach – früher hast du viel schneller reagiert* 你退步了——以前你的反应要快得多; Vt (及物) **3.** (***j-m***) ***etw. n.*** den Preis e-r Sache um e-e bestimmte Summe reduzieren(给…)降低价格,折价 ≈ j-m e-n Nachlass[2] gewähren ↔ aufschlagen (7): *Da das Gerät e-n Kratzer hatte, ließ der Händler mir 5% vom Preis nach* 因电器上有道刮痕,店老板给我优惠百分之五

nach·läs·sig *Adj* (形); ohne Interesse od. Sorgfalt 马虎的,疏忽的,粗心的,漫不经心的,不整洁的 ≈ schlampig, unordentlich ↔ sorgfältig 〈e-e Ausdrucksweise, e-e Haltung, e-e Geste 表达方式,行为,手势; n. arbeiten, gekleidet sein 工作马虎,不修边幅; mit seinen Sachen n. umgehen 使用自己的东西很马虎〉 ‖ *hierzu* (派生) ***Nach·läs·sig·keit*** *die* ‖ NB(注意): ↑ ***gleichgültig***

nach·lau·fen (*ist*) Vi (不及物) **1.** ***j-m n.*** j-m zu Fuß folgen, um ihn zu fassen od. einzuholen 跟着跑,尾随着跑 **2.** ***j-m/etw. n.*** sich sehr bemühen müssen, um sein Ziel zu erreichen 不懈地追求: *e-r Genehmigung n.* 为获得许可而不懈努力 **3.** ***j-m/etw. n.*** sich ständig (u. in unwürdiger Weise) bemühen, j-n/etw. für sich zu gewinnen 死死追求,紧追不放〈e-m Mann, e-r Frau n. 对一男士、一女士紧追不放; dem Glück, dem Geld n. 追逐幸福、金钱〉

nach·le·gen (*hat*) Vt/i (及物/不及物) (***etw.***) ***n.*** ein weiteres Stück Holz od. Kohle in den Ofen geben, damit das Feuer länger brennt (往火炉里)添(柴),加(炭): *ein Scheit Holz n.* 添(进一)块木柴

Nach·le·se *die* **1.** *mst Sg*(多用单数); das Ernten der Trauben, die (nach der eigentlichen Lese) übrig geblieben sind 补收漏摘的葡萄〈e-e erfolgreiche N. 数量可观的复收〉 **2.** ***e-e N.*** (***aus etw.***) *geschr*[书]; e-e Zusammenstellung von einzelnen Teilen aus früheren Sendungen (im Radio od. Fernsehen)(已播放过的电台或电视节目的)荟萃,选编: *e-e N. aus den musikalischen Höhepunkten des vergangenen Jahres* 去年的音乐精品节目荟萃

nach·le·sen (*hat*) Vt (及物) ***etw. n.*** etw. (das man schon besprochen od. gehört hat, noch einmal) in e-m Buch nachschlagen u. lesen

查阅,查对: *den Text e-s Vortrages n.* 查阅报告文稿

nach·lie·fern (*hat*) Vt/i (及物/不及物) (**etw.**) **n.** e-n Teil e-r (bestellten) Ware später liefern 补交(订货),逾期交付: *Der Draht wird binnen 14 Tagen nachgeliefert* 金属线在十四天之内补交 ‖ *hierzu* (派生) **Nach·lie·fe·rung** *die*

nach·lö·sen (*hat*) Vt/i (及物/不及物) (**etw.**) **n.** e-e Fahrkarte erst im Zug kaufen(在火车上)补票 ⟨e-e Fahrkarte, e-n Zuschlag n. 补票,补付附加费⟩

nach·ma·chen (*hat*) Vt (及物) **1.** (**j-m**) **etw. n.** genau das tun od. machen, was ein anderer tut od. macht 模仿,学做: *Kinder machen den Eltern alles nach* 孩子们样样都学着父母做 **2. j-n / etw. n.** mit Absicht so handeln od. sich so verhalten, dass man typische Eigenschaften e-s anderen zeigt 模仿,学…的举止特征 ≈ nachahmen, imitieren: *Er kann gut e-n Schimpansen n.* 他模仿黑猩猩惟妙惟肖; *Er machte nach, wie Charlie Chaplin läuft* 他学查理·卓别林走路的样子 **3. etw. n.** etw. so herstellen, dass es wie das Original aussieht 仿制,复制,伪造 ≈ kopieren, fälschen: *Diese Münzen sind nicht aus römischer Zeit – die sind nur nachgemacht* 这些硬币并非出自罗马时代——它们不过是仿造的; *die Unterschrift seines Vaters n.* 仿造他父亲的签字 **4. etw. n.** *gespr* [口]; (noch) den Teil e-r Arbeit tun, den man versäumt hat 补做 ≈ nacharbeiten: *das Register für das Buch bis Ende der Woche n.* 至周末补做完书的索引

nach·mes·sen (*hat*) Vt/i (及物/不及物) (**etw.**) **n.** etw. messen, um herauszufinden, welche Größe etw. hat, ob es die richtige Größe hat od. ob e-e frühere Messung richtig war 再测,重量,复测: *Miss doch einmal nach, ob der Schrank dort in die Ecke passt* 再量一下,看看这橱是否能放进那角落; *Er maß nach, wie weit es von der Tür bis zum Fenster war* 他量了量从门到窗有多远; *Ich muss das noch einmal n. – ich glaube, da stimmt etwas nicht* 我还得重测一次——我觉得有点不对 ‖ *hierzu* (派生) **Nach·mes·sung** *die*

Nach·mie·ter *der*; j-d, der direkt nach e-m anderen e-e Wohnung, ein Haus *o. Ä.* mietet 后续房客 ↔ Vormieter ⟨e-n N. suchen 寻找后续房客⟩ ‖ *hierzu* (派生) **Nach·mie·te·rin** *die*

Nach·mit·tag *der* **1.** die Zeit zwischen Mittag und Abend (von ca. 13-17 Uhr) 下午 ↔ Vormittag ⟨am frühen, späten N. 午后,傍晚⟩: *Er verbrachte den ganzen N. am See* 他在湖边度过了整个下午; *Habt ihr auch am N. Schule od. nur am Vormittag?* 你们下午也有课吗或是只有上午有? ‖ K-(复合): ***Nachmittags-, -fahrt, -programm, -unterricht, -veranstaltung, -vorstellung, -zeit*** ‖ -K(复合): ***Sommer-, Winter-; Sonntag-, Montag-*** *usw*; ***Spät-*** **2.** am N. (1) ↔ Vormittag ⟨gestern, heute, morgen N. 昨天、今天、明天下午⟩ ‖ NB (注意): mit den Namen von Wochentagen zusammengeschrieben (与周工作日名词连写): *Sie kam Mittwochnachmittag* 她星期三下午来了 **3. *ein bunter N.*** e-e Veranstaltung (mit Spielen, Sketchen od. mit Kaffee u. Kuchen) am N. (1) 丰富多彩的下午娱乐活动

nach·mit·tags *Adv* (副); am Nachmittag od. während des Nachmittags 下午 ↔ vormittags: *Die Post ist n. erst ab drei Uhr wieder geöffnet* 邮局从下午三点才重新营业

Nach·nah·me *die*; -, -n **1.** *nur Sg* (只用单数); ***per / gegen N.*** gegen Bezahlung (der Ware) bei der Lieferung 货到付现,交货付款,邮局代收货款: *ein Buch per N. schicken* 以邮局代收货款的形式邮寄一本书 ‖ K-(复合): ***Nachnahme-, -gebühr, -sendung*** **2.** e-e Sendung, e-e Ware dieser Art 邮局代收货款的邮件 ≈ Nachnahmesendung ⟨e-e N. bekommen 收到一个邮局代收款的邮件⟩ ‖ NB(注意): als Plural wird *mst Nachnahmesendungen* verwendet (作复数时多用 *Nachnahmesendungen*)

Nach·na·me *der* ≈ Familienname ↔ Vorname

nach·neh·men (*hat*) Vt/i (及物/不及物) (**sich** (*Dat* 三格)) (**etw.**) **n.** noch einmal etw. von dem Essen auf seinen Teller tun 再添点儿吃的: *Nimm dir doch noch etwas Reis nach!* 你再添点米饭吧!; *Wollen Sie nicht n.?* 您不再添点儿了?

nach·plap·pern (*hat*) Vt/i (及物/不及物) (**j-m**) (**etw.**) **n.** *gespr pej* [口][贬]; etw., das j-d gesagt hat, (kritiklos) wiederholen, ohne es richtig verstanden zu haben 鹦鹉学舌: *Die Kleine plappert ihren Brüdern alles nach* 哥哥们说什么,这小丫头就跟着学什么(这小丫头什么都跟她哥哥学)

nach·prü·fen (*hat*) Vt (及物) **etw. n.** (noch einmal) kontrollieren, um zu sehen, ob etw. vorhanden, richtig, wahr *o. Ä.* ist (再次)检测、检查: *vor jeder längeren Fahrt solltest du n., ob der Wagen noch genug Öl hat* 每次出远门前你都应该查一下汽车是否有足够的汽油; *die Aussagen e-s Zeugen n.* 验证证人的证词; *e-e Messung n.* 核查测量数据

nach·rech·nen (*hat*) Vt/i (及物/不及物) (**etw.**) **n.** rechnen, um etw. Bestimmtes zu erfahren od. um zu prüfen, ob die erste Rechnung richtig war 算,验算,复核: *Rechne (das) mal nach – da ist irgendwo ein Fehler* 再核算一遍——在什么地方有个错; *Ich muss erst einmal n., ob ich mir so e-n teuren Urlaub auch leisten kann* 我先得算一下,这么昂贵的休假我是否负担得起

Nach·re·de *die*; *mst in* 多用于 ***etw. ist üble N.*** bes JUR 尤用于【法】; etw., was j-d über e-n anderen sagt, schadet diesem u. ist nicht wahr(物作主语) 诽谤,流言蜚语 ⟨j-n wegen übler N. verklagen 起诉某人恶意诽谤⟩

nach·rei·chen (*hat*) Vt (及物) (**j-m**) **etw. n.** etw. später (nach dem gesetzten Termin) abgeben, einreichen 补交 ⟨Dokumente, Unterlagen, Zeugnisse *o. Ä.* n. 补交文件、材料、成绩单等⟩

nach·rei·sen (*ist*) Vi (不及物) **j-m n.** an den

N

gleichen Ort reisen wie j-d, der schon dort ist 随后跟去(赶去) ≈ nachkommen, j-m folgen

Nach·richt *die*; -, -en **1. e-e N.** (**von j-m/etw.**)/ (**über j-n/etw.**); **e-e N.** (**von j-m**) (**an/für j-n**) e-e *mst* kurze Information über ein aktuelles Ereignis, das j-n interessiert 消息,新闻,报道 ≈ Neuigkeit, Meldung 〈e-e eilige, aktuelle, brandheiße (= sehr aktuelle) N. 快讯,时事新闻,最新消息; e-e N. überbringen, übermitteln, weiterleiten, verbreiten, bringen 转达、传送、转告、传播、带来消息; j-m e-e N. hinterlassen 给某人留下一个消息; (e-e) N. erhalten 得到消息〉: *Die N. vom Ausmaß der Katastrophe hat alle zutiefst erschüttert* 有关受灾程度的报道使所有人深感震惊; *Neben dem Telefon liegt e-e N. von Klaus an Renate* 电话机旁有克劳斯留给雷娜特的消息; *Wir haben noch keine N. über ihn erhalten* 我们尚未得到他的消息; *Die N., dass unser alter Nachbar geheiratet hat, traf bei uns verspätet ein* 我们的老邻居结婚的消息迟迟才到 ‖ -K(复合): ***Todes-***, ***Unglücks-*** **2.** *nur Pl* (只用复数); e-e Sendung im Radio od. Fernsehen, die über die wichtigsten (*mst* politischen) Ereignisse informiert 新闻报道, 新闻广播, 时事报道〈(sich (*Dat* 三格)) die Nachrichten ansehen 看新闻; etw. kommt in den Nachrichten 某事上了新闻了〉: *die Nachrichten des Norddeutschen Rundfunks* 北德电台的新闻报道; *In den Nachrichten habe ich gehört, wer die Wahl gewonnen hat* 在新闻中我听说了, 谁赢得了大选 ‖ K-(复合): ***Nachrichten-***, ***-büro***, ***-satellit***, ***-sendung***, ***-sprecher*** ‖ -K (复合): ***Abend-***, ***Spät-***, ***Kurz-***, ***Lokal-***, ***Welt-*** ‖ ▶ ***benachrichtigen***

Nach·rich·ten·agen·tur *die*; ein Unternehmen, das Nachrichten (1) aus aller Welt sammelt u. an Presse, Rundfunk u. Fernsehen weitergibt 通讯社

Nach·rich·ten·dienst *der* **1.** (ADM) *geschr* 【管理】[书]; ein staatlicher Geheimdienst 国家情报局 ‖ -K (复合): ***Bundes-*** **2.** ≈ Nachrichtenagentur ‖ *hierzu* (派生) **nach·rich·ten·dienst·lich** *Adj* (形); *nur attr od adv* (只作定语或状语)

Nach·rich·ten·ma·ga·zin *das*; e-e Zeitschrift (die *mst* wöchentlich erscheint), die die wichtigsten Nachrichten bringt u. aktuelle Themen behandelt 新闻杂志: *Der „Spiegel" ist ein N.* 《明镜》是份新闻杂志

Nach·rich·ten·sper·re *die*; das Verbot, die Öffentlichkeit od. die Presse *usw* über ein Ereignis zu informieren 新闻封锁, 消息封锁〈e-e N. verhängen, aufheben 实行、取消新闻封锁〉

Nach·rich·ten·tech·nik *die*; das Gebiet der Technik, das sich damit beschäftigt, wie man Informationen mithilfe der Technik (*z. B.* Radio , Fernsehen, Telefon, Telex) übertragen kann 通讯技术

nach·rü·cken (*ist*) [Vi] (不及物) (***irgendwohin***) *n.* j-s Amt *o. Ä.* übernehmen 接替,替补,接任: *in den Bundestag n.* 接替进入联邦议会; *Weil ein Mitglied des Parlaments ausschied, rückte sie nach* 因议会一成员离位,由她补缺

Nach·ruf *der*; -(e)s, -e; **ein N.** (**auf j-n**) ein Text, mit dem man *bes* die persönlichen Qualitäten (u. Verdienste) e-r Person würdigt, die vor Kurzem gestorben ist 讣告, 悼词〈e-n N. auf j-n schreiben 为某人写悼词; e-n N. in die Zeitung setzen 在报纸上登讣告〉

nach·ru·fen (*hat*) [Vt/i] (及物/不及物) ***j-m*** (***etw.***) *n.* j-m, der gerade weggegangen ist, mit lauter Stimme etw. sagen 在…后面喊叫, 从…背后叫喊: *Als ich gerade wegfahren wollte, rief mir meine Mutter nach, dass ich auf sie warten solle* 我正要开车离去,我母亲在后面呼喊,让我等着她

nach·rüs·ten (*hat*) [Vi] (不及物) **1.** weitere Waffen produzieren od. kaufen, damit man den gleichen Stand erreicht wie ein potentieller Gegner 扩充军备 ≈ aufrüsten ↔ abrüsten; [Vt] (及物) **2. *etw.*** (***mit etw.***) *n.* ein Gerät, e-e Maschine *usw* technisch zu e-m bestimmten Zweck ändern od. verbessern 改装, 补装: *sein Auto mit e-m Katalysator n.* 给汽车补装上尾气过滤器; *seinen Computer mit e-r Festplatte n.* 给电脑改装硬盘 ‖ *hierzu* (派生) **Nach·rüs·tung** *die*; *nur Sg* (只用单数)

nach·sa·gen (*hat*) [Vt] (及物) **1.** (***j-m***) ***etw. n.*** etw. wiederholen, was ein anderer gesagt hat 仿照说, 重复…的话 ≈ (j-m) (etw.) nachsprechen: *Der Lehrer hat das Wort vorgesagt, u. die Schüler mussten es n.* 老师先说一个词, 学生们就重复一遍 **2. *j-m etw. n.*** etw. Bestimmtes von e-r Person behaupten (das oft nicht wahr ist) 背地里瞎说, 背后议论 ≈ j-m etw. zuschreiben: *j-m geniale Fähigkeiten, Ehrgeiz n.* 背后说某人有特异功能、有野心; *Ihm wird nachgesagt, er sei ein Lügner* 背后有人说他好撒谎; *Man sagt ihr nach, dass sie telepathische Kräfte habe* 人们议论她有心灵感应能力 **3. *j-m nichts n. können*** über j-n nichts Schlechtes sagen können 对某人没有什么可说三道四的

Nach·sai·son *die*; die Zeit direkt nach der Hauptsaison 淡季 ↔ Vorsaison: *In der N. kommen weniger Touristen, u. die Preise sinken* 淡季游客减少,价格就下降了

nach·sal·zen (*hat*) [Vt/i] (及物/不及物) (***etw.***) *n.* zu etw., in od. auf dem schon Salz ist, noch mehr (Salz) dazutun 再(给…)加点盐

nach·schau·en (*hat*) *südd* (A) (CH) [Vi] [南德] [奥] [瑞] (不及物) **1. *j-m/etw. n.*** ≈ j-m/etw. nachsehen (1); [Vt/i] (及物/不及物) **2.** (***etw.***) *n.* ≈ nachsehen (2)

nach·schen·ken (*hat*) [Vt/i] (及物/不及物) (***j-m***) (***etw.***) *n.* j-m wieder etw. zu trinken geben, wenn seine Tasse od. sein Glas (fast) leer ist 重新添满, 再斟满 ≈ (j-m) nachfüllen (2): *Darf ich dir noch* (*e-n Schluck*) *n.?* 我可以给你再斟上一口吗?

nach·schi·cken (*hat*) [Vt] (及物) (***j-m***) ***etw. n.***

etw. an j-n schicken, der inzwischen anderswo ist 转寄，转送 ≈ nachsenden, hinterherschicken: *j-m die Post an die neue Adresse n.* 把邮件转寄到某人的新住址

Nach·schlag *der*; *nur Sg*（只用单数）; e-e zusätzliche Portion Essen (*bes* in e-r Kantine od. beim Militär) 一份添加的饭菜〈(e-n) N. bekommen 得到一份添加的饭菜〉

nach·schla·gen[1] (*hat*) Vt/i（及物/不及物）(**etw.**) **n.** ein Wort od. ein Kapitel in e-m Buch suchen, um sich über etw. zu informieren 查找，查阅 ≈ nachlesen: *ein unbekanntes Wort im Wörterbuch n.* 在字典中查找一生字; *unter dem Stichwort „Pyramide" in e-r Enzyklopädie n.* 查阅百科全书的"金字塔"词条

nach·schla·gen[2] (*ist*) Vi（不及物）**j-m n.** in seinem Aussehen od. Charakter j-m ähnlich sein, mit dem man verwandt ist 与…相似，相像，酷似 ≈ j-m ähneln: *Die Tochter schlägt mit ihrer Liebe zur Musik ganz dem Vater nach* 女儿在喜爱音乐方面很像她父亲

Nach·schla·ge|werk *das*; ein Buch, das (*z.B.* durch alphabetische Ordnung von Stichwörtern) so aufgebaut ist, dass man darin etw. nachschlagen[1] kann 参考书，工具书: *Wörterbücher, Lexika u. Enzyklopädien sind Nachschlagewerke* 字典，词典和百科全书都是工具书

nach·schlei·chen (*ist*) Vi（不及物）**j-m n.** j-m so folgen, dass er es nicht bemerkt 暗地里跟踪，偷偷尾随，盯梢〈j-m unbemerkt n. 不声不响地尾随某人〉

nach·schnei·den (*hat*) Vt/i（及物/不及物）(**etw.**) **n.** etw. noch einmal schneiden, um es in die gewünschte Form zu bringen（再）修剪〈(j-m) die Haare n. 给某人再次修剪头发; e-n Stoff n. 修剪布料〉

nach·schrei·ben (*hat*) Vt（及物）**etw. n.** e-e Prüfung *o. Ä.* erst nach dem dafür bestimmten Termin schreiben 补写，补考: *Da er bei der Klassenarbeit krank war, musste er sie e-e Woche später n.* 因他在那次写课堂作业时病了，所以一周后得补写

Nach·schub *der*; *nur Sg*（只用单数）**1. der N.** (**an etw.** (*Dat* 三格)) MIL【军】; das Essen, die Kleidung u. die Munition, mit denen die Truppen (im Krieg) versorgt werden 补给，给养〈N. (an Material) anfordern 要求补给; keinen N. bekommen 未得到补给; j-n mit N. versorgen 给某人提供给养; für den N. verantwortlich sein 负责补给工作; den N. organisieren 安排给养〉‖ K-（复合）: **Nachschub-**, **-truppe**, **-weg** ‖ -K（复合）: **Essens-**, **Material-**, **Munitions-**, **Truppen-** **2.** *gespr*［口］; neues Material 新资料 **3.** *gespr hum*［口］［诙］; zusätzliches Essen od. Getränke, wenn man (*bes* auf e-m Fest) (fast) alles verbraucht hat（庆祝活动上）添补的食物或饮料〈für N. sorgen 设法补充吃的或喝的〉

nach·se·hen (*hat*) Vi（不及物）**1. j-m/etw. n.** den Blick auf e-e Person od. Sache richten, die sich von einem entfernt 目送，目随，盯着（…离去）≈ j-m/etw. nachblicken: *e-m Zug n., der aus dem Bahnhof fährt* 目送驶出车站的火车; Vt/i（及物/不及物）**2.** (**etw.**) **n.** etw. betrachten, um es zu prüfen, um Fehler zu finden od. um bestimmte Informationen zu bekommen 查看，检查: *die Hausaufgaben der Kinder n.* 查看孩子们的家庭作业; *n., ob Post im Briefkasten ist* 查看信箱里是否有邮件; *n., warum der Plattenspieler nicht mehr geht* 看看唱机为何不转了; *im Fahrplan n., wann der Zug nach Köln fährt* 在火车时刻表中查看去科隆的火车什么时候开; *im Wörterbuch n., wie man „Chanson" ausspricht* 查字典看看"Chanson"这个字如何发音; Vt（及物）**3. j-m etw. n.** j-s Fehler od. Schwäche(n) ohne Tadel akzeptieren 原谅，宽容，饶恕 ≈ nachsichtig (mit j-m) sein, j-m (etw.) verzeihen ↔ j-m etw. verübeln: *Sie sieht ihm seine Fehler nach* 她原谅了他的过失; *Er sah seinen Enkeln nach, dass sie ihm den Streich gespielt hatten* 他宽恕了孙子们对他搞的恶作剧 ‖ ▶ **Nachsicht**, **nachsichtig**

Nach·se·hen *das*; *nur in* 只用于 **1. das N. haben** nicht das bekommen od. erreichen, was man will 未能如愿，没有得到想要的 ≈ leer ausgehen: *Am Ende des Rennens hatte der Favorit das N. u. musste sich mit dem fünften Platz begnügen* 跑到终点时最有希望夺标的运动员没能如愿，只得屈居第五 **2. j-m bleibt das N.** j-d bekommt od. erreicht nicht das, was er wollte 某人没能如愿、亏了、什么也没捞着

nach·sen·den; *sandte/sendete nach, hat nachgesandt/nachgesendet*; Vt（及物）(**j-m**) **etw. n.** etw. an j-n senden, der inzwischen anderswo ist 转寄，转递 ≈ nachschicken: *j-m die Post an den Urlaubsort n.* 给某人把邮件转寄至休假地点 ‖ *hierzu*（派生）**Nach·sen·dung** *die*

nach·set·zen (*hat*) Vi（不及物）**j-m/etw. n.** j-m/etw. schnell folgen, um ihn/es einzuholen od. zu ergreifen 紧追 ≈ nachjagen, j-n verfolgen (1)〈e-m Ausbrecher, e-m Dieb n. 紧追逃犯、小偷; dem Ball n. 追赶球〉

Nach·sicht *die*; Verständnis od. Geduld beim Beurteilen e-r Person od. Sache 宽恕，宽容，体谅，谅解 ≈ Toleranz ↔ Strenge〈mit j-m N. haben 体谅某人; N. üben, N. walten lassen 宽和待人，处事待人宽容为怀; um N. bitten 请求谅解〉: *Mit Drogenhändlern kennt das Gesetz keine N.* 法律对贩毒者绝不宽恕 ‖ *hierzu*（派生）**nach·sich·tig** *Adj*（形）

Nach·sil·be *die* ≈ Suffix ↔ Vorsilbe, Präfix

nach·sin·gen (*hat*) Vt/i（及物/不及物）(**j-m**) (**etw.**) **n.** genau das singen, was ein anderer gesungen od. gespielt hat 跟着唱，学唱: *e-e Melodie, die man im Radio hört, n.* 跟着收音机学唱一曲子

nach·sin·nen (*hat*) Vi（不及物）**über etw.** (*Akk* 四格) **n.** *geschr*［书］≈ (über etw.) nachdenken

nach·sit·zen (*hat*) Vi（不及物）(zur Strafe)

länger als die anderen Schüler in der Schule bleiben (müssen)(放学后被罚)留在学校〈n. müssen 得留在学校受罚; j-n n. lassen 让某人放学后留下来〉: *Die Lehrerin ließ ihn n., weil er seine Hausaufgaben nicht gemacht hatte* 因他没写家庭作业,老师让他放学后留下

Nach·spei·se *die*; e-e *mst* süße Speise, die man nach dem Essen (der Hauptmahlzeit) bekommt 饭后甜食 ≈ Dessert, Nachtisch ↔ Vorspeise: *Wollt ihr Pudding od. ein Eis als N.?* 你们想要的甜食是布丁还是冰淇淋?

Nach·spiel *das*; *mst Sg*(多用单数); die (*mst* unangenehmen) Folgen e-r Handlung od. e-s Vorfalls(不愉快的)后果,结局 ≈ Konsequenzen, Folgen〈etw. hat ein gerichtliches N.某事最后有法律上的麻烦〉: *Das wird noch ein N. haben!* 这事肯定还会闹出不良后果来!

nach·spie·len (*hat*) Vt/i (及物/不及物) **1.** (*etw.*) *n.* ein Lied od. e-e Melodie spielen, die man gehört hat 重复演奏; Vt (及物) **2.** *etw. n.* ein Theaterstück aufführen, das (so) schon anderswo gespielt wurde 把…再次搬上舞台,再度上演,重演: *Die Komödie wurde von mehreren Bühnen im Ausland nachgespielt* 这部喜剧一再在国外的许多舞台上上演; Vi (不及物) **3.** *n. lassen* SPORT【体】; ein Spiel (*bes* beim Fußball od. Handball) länger (als die festgesetzte Zeit) dauern lassen 加时,延长赛时: *Wegen der vielen Unterbrechungen ließ der Schiedsrichter fünf Minuten n.* 由于比赛多次中断,裁判延长赛时5分钟

nach·spi·o·nie·ren; *spionierte nach, hat nachspioniert*; Vi (不及物) ***j-m n.*** heimlich überprüfen, was j-d tut 窥探,窥视

nach·spre·chen (*hat*) Vt/i (及物/不及物) (***j-m***) (*etw.*) *n.* die Worte, die j-d gesagt hat, genau wiederholen 跟着说,复述 ≈ nachsagen ↔ vorsprechen〈e-e Eidesformel n. 跟着复述誓词〉

nach·spü·len (*hat*) Vt/i (及物/不及物) **1.** (*etw.*) *n.* etw. noch einmal (ab)spülen 再次涮洗〈die Gläser, Teller n. 再涮一次杯子、盘子〉; Vi (不及物) **2.** (***mit etw.***) *n. gespr*[口]; etw. (*mst* schnell) trinken, kurz nachdem man etw. anderes getrunken od. gegessen hat 紧接着再喝一点

nach·spü·ren (*hat*) Vi (不及物) ***j-m/etw. n.*** (durch Forschen u. Beobachten) versuchen, das herauszufinden, was an e-r Person/Sache unbekannt ist 探究,侦察,侦探 ≈ etw. erkunden, erforschen〈e-m Geheimnis, e-m Verbrechen, e-m Verbrecher, e-r Gangsterbande n. 探察秘密、罪行、罪犯、匪帮〉

nächst *Präp* (介); *mit Dat, geschr*(支配三格) [书]; in der Wichtigkeit *o. Ä.* unmittelbar j-m/etw. folgend 除…之外 ≈ neben (2): *N. der Umweltverschmutzung ist die Überbevölkerung das größte Problem* 人口过剩是除环境污染之外最大的问题

nächs·t- **1.** *Superlativ*(最高级); ↑ ***nahe*** **2.** *Adj* (形); *nur attr, nicht adv*(只作定语,不作状语); so, dass etw. in e-r Reihe als Erstes folgt 紧接着的,下一个的(指顺序): *In der nächsten Lektion wird das Passiv behandelt* 下一课学被动态; *Biegen Sie nach der nächsten Ampel rechts ab!* 您过了下一个红绿灯往右拐; *Wer kommt als Nächster dran?* 下一个轮到谁了? **3.** *Adj*(形); *nur attr, nicht adv*(只作定语,不作状语); zeitlich direkt folgend 紧接着的,下次的(指时间) ↔ vorig-: *Wir haben vor, nächstes Jahr nach Kanada zu fliegen* 我们打算明年飞往加拿大(度假); *Nächsten Samstag/Am nächsten Samstag beginnt das Oktoberfest* 啤酒节下个星期六开始 **4.** ***der N. bitte!*** verwendet, um j-m zu sagen, dass er an die Reihe kommt 下一位! ‖ ▶ ***demnächst, zunächst***

nächst·bes·t- *Adj*(形); *nur attr, nicht adv, nur mit dem bestimmten Artikel*(只作定语,不作状语,只与定冠词连用) **1.** das Nächste (1), das den genannten Zweck erfüllt 遇到的第一个,眼前的第一个,就近的: *Sie waren todmüde u. gingen deshalb in das nächstbeste Hotel* 他们累坏了,就进了最近的一家旅馆(歇息) **2.** ***die nächstbeste Gelegenheit*** die nächste (1) Gelegenheit (auch wenn sie nicht besonders günstig ist)(遇到的)头一个机会

Nächs·te *der/die*; *-n, -n*; *geschr*[书] ≈ Mitmensch: *Im Neuen Testament heißt es: „Du sollst deinen Nächsten lieben wie dich selbst."*《新约》上说:"你要爱你周围的人,如同爱你自己。" ‖ NB(注意): **a)** *dein Nächster; der Nächste; den, dem, des Nächsten*; **b)** nie mit unbestimmtem Artikel(绝不与不定冠词连用) **c)** ↑ ***nächst-***

nach·ste·hen (*hat/südd* Ⓐ Ⓒⓗ [南德][奥][瑞] *ist*) Vi (不及物) ***j-m/etw.*** (***an/in etw.*** (*Dat* 三格)) *n.* im Vergleich mit j-m/etw. auf e-m Gebiet schlechter od. schwächer sein 比不上,不及,不如,逊色于 ≈ j-m/etw. unterlegen sein〈j-m/etw. in keinster Weise, in nichts n. 丝毫不比某人/某事差〉: *Er steht seinem älteren Bruder (an Mut u. Fleiß) nicht nach* 他和他哥哥比(在勇气和勤奋上)毫不逊色 ‖ NB(注意): *mst* verneint(多用否定式)

nach·ste·hend **1.** *Partizip Präsens*(现在分词); ↑ ***nachstehen*** **2.** *Adj*(形); *nur attr od adv* (只作定语或状语); (in e-m Text) direkt nach e-r bestimmten Stelle 紧接着的,下列的,下述的,下面的 ≈ nachfolgend: *Vergleiche nachstehende Tabelle!* 参看下面的图表!

nach·stei·gen (*ist*) Vi (不及物) ***j-m n.*** *gespr* [口]; *bes* e-m Mädchen od. e-r Frau folgen u. versuchen, mit ihr in Kontakt zu kommen 追,追求(女士) ≈ j-m nachstellen (5), j-n umwerben: *Seit Wochen steigt er schon e-m hübschen jungen Mädchen aus der Nachbarschaft nach* 好多星期以来,他一直在追求邻里的一位漂亮姑娘

nach·stel·len (*hat*) Vt (及物) **1.** ***etw. n.*** ein Gerät (nach e-m bestimmten Zeitraum) wieder genau einstellen 再次校准、调准 ≈ neu einstellen〈die Zündung, den Vergaser, die Bremsen n. 重调点火装置、汽化器、制动器〉**2.**

etw. n. e-e Szene od. Situation so arrangieren od. darstellen wie im Original 按原著排演，再现原貌：*e-e Szene aus Schillers „Die Räuber" n.* 再现席勒所著《强盗》中的一场戏 **3. die Uhr n.** die Zeiger der Uhr zurückdrehen 倒拨，向后拨（指针）；Vi（不及物）**4.** *mst* 多用 **e-m Tier n.** versuchen, ein Tier (*bes* mit e-r Falle) zu fangen（多为设陷阱）猎捕、诱捕动物：*Die Pelzjäger stellten dem Biber nach* 皮毛猎取者们猎捕海狸 **5. j-m n.** ↑ **nachsteigen**

Nächs·ten·lie·be *die*; die Liebe, Rücksicht u. Achtung, mit der man sich (nach der christlichen Lehre) um seine Mitmenschen kümmern soll 博爱，仁爱〈sich in N. üben 学会仁爱；etw. aus reiner, christlicher N. tun 出于纯洁的、基督教的仁爱做某事〉

nächs·tens in naher Zukunft 不久，短时期内 ≈ bald, demnächst

nächst·ge·le·ge·n- *Adj*（形）；*nur attr, nicht adv*（只作定语，不作状语）；am wenigsten weit entfernt 离得最近的：*die nächstgelegene Haltestelle* 离得最近的车站

nächst·hö·he·r- *Adj*（形）；*nur attr, nicht adv*（只作定语，不作状语）；um eine Stufe / einen Rang höher (*z.B.* in e-r Hierarchie) 高一级的，上一级的：*der nächsthöhere Turm* 更高一点的塔楼；*der nächsthöhere Dienstgrad* 高一档次的级别

nächst·mög·li·ch- *Adj*（形）；*nur attr, nicht adv*（只作定语，不作状语）；von e-m bestimmten Zeitpunkt an als Nächstes möglich 下回可能的，近期可能的：*e-n Mitarbeiter zum nächstmöglichen Termin einstellen* 在下次可能的时机雇用一名员工

nach·su·chen (*hat*) Vi（不及物）**1.** (**irgendwo**) **n.** intensiv (noch einmal) nach j-m/etw. suchen（再次）搜寻，反复寻找：*Ich habe überall nachgesucht, aber ich kann den Schlüssel nicht finden* 我找遍了，就是不见钥匙；*Hast du schon in der Küche nachgesucht?* 你在厨房里好好找过吗？**2.** (**bei j-m**) **um etw. n.** *geschr*［书］；offiziell u. förmlich um etw. bitten（正式）请求，申请〈um seine Entlassung, Versetzung n. 申请辞职、调动〉

Nacht *die*; -, *Näch·te*; **1.** der Teil e-s Tages, während dessen es völlig dunkel ist 夜晚，夜 ↔ Tag (2)〈letzte N. 昨天夜里；e-e finstere, klare, sternenklare, mondhelle, laue N. 黑暗的、晴朗的、星光闪烁的、月光明亮的，温暖的夜晚；bei N. 在夜里；in der N. 在夜里；die N. bricht herein 夜幕降临；es wird N. 天渐渐黑了；e-e N. durchtanzen, durchzechen, durchmachen 通宵狂舞、痛饮、狂欢；e-e unruhige, schlaflose N. haben, verbringen 度过一个不宁、不眠之夜；bei j-m über (= die ganze) N. bleiben 在某人处过夜〉：*die N. vom Montag auf Dienstag* 星期一至星期二的夜晚；*in der N. zum Dienstag* 在星期一的夜里；*bis spät in die N. arbeiten* 工作到深夜；*bis in die späte N. arbeiten* 工作到深更半夜；*Die Kinder verbrachten die gestrige N. im Zelt* 昨夜孩子们是在帐篷里度过的；*Ab (dem) 21 Juni werden die Nächte wieder länger u. die Tage kürzer* 从6月21日开始夜晚渐长，白天变短 ‖ K-（复合）：**Nacht-**, **-arbeit**, **-creme**, **-fahrverbot**, **-flugverbot**, **-frost**, **-himmel**, **-marsch**, **-schlaf**, **-vorstellung**, **-wanderung**, **-zeit** ‖ -K（复合）：**Sommer-**; **Sonntag-**, **Montag-** *usw* **2.** in der N. (1) 夜里，夜晚〈gestern, heute, morgen N. 昨天、今天、明天夜里〉：*Heute N. war es so kalt, dass der See zugefroren ist* 昨天夜里冷得连湖都冻上了 ‖ NB（注意）：mit den Namen von Wochentagen zusammengeschrieben 与星期名称连写：*Sie kam Samstagnacht* 她星期六夜里来了 **3. die Heilige N.** die N. (1) vor dem 25 Dezember 圣诞夜 ≈ Heiliger Abend **4. Gute N.!** als Wunsch od. Verabschiedung verwendet, wenn j-d ins Bett geht, um zu schlafen 晚安！〈j-m (e-e) Gute/gute N. wünschen 祝某人晚安〉：*Gute N., schlaf jetzt u. träum was Süßes!* 晚安，睡吧，做个美梦！**5. zur N.** *geschr*［书］≈ nachts **6. über N.** innerhalb sehr kurzer Zeit 一夜之间，一下子 ≈ von einem Tag auf den anderen：*Der unbekannte junge Sänger wurde über N. zum Superstar* 那位无名的年轻歌手一夜间成了超级明星；**7. bei Einbruch der N.** zu Beginn der N. (1) 天黑时，夜幕降临时 **8. schwarz wie die N.** völlig, ganz schwarz 漆黑 ‖ ID［谚］**bei N. u. Nebel** *gespr*［口］；ganz heimlich (u. oft bei N. (1))（夜里）悄悄地 ≈ klammheimlich：*Sie brachen bei N. u. Nebel aus dem Gefängnis aus* 他们在夜幕中悄悄地逃离了监狱；〈hässlich, dumm *usw* 极丑，蠢等〉**wie die N.** *gespr*［口］；sehr hässlich, dumm *usw* 极丑、蠢等；**sich** (*Dat* 三格) **die N. um die Ohren schlagen**; **die N. zum Tag machen** *gespr*［口］；die ganze N. (1) wach bleiben u. nicht zu Bett gehen 一夜没睡，通宵未眠 ≈ durchmachen；**j-m schlaflose Nächte bereiten** j-m große Sorgen machen (sodass er oft nicht schlafen kann) 使某人忧心忡忡、夜不成眠（给某人带来无数不眠之夜）；(**Na**) **dann, gute N.!** *gespr*［口］；verwendet, um auszudrücken, dass man für e-e bestimmte Situation das Schlimmste befürchtet（表示为处境不妙而担心）那可就有好戏看了！那可就有的瞧了！：*Wenn mein Freund herausfindet, dass ich ihn belogen habe, dann gute N.!* 要是我的朋友发现我欺骗了他，那可就有的瞧了！‖ ▶ **übernachten**

Nacht·dienst *der*; *nur Sg*（只用单数）；der Dienst, den man in der Nacht hat (*bes* im Krankenhaus) 夜班 ↔ Tagdienst〈N. haben 上夜班〉

Nach·teil *der*; *-s, -e* **1.** die ungünstigen negativen Auswirkungen, die e-e Sache hat od. haben könnte 不利之处，缺点，短处，害处 ↔ Vorteil〈etw. ist für j-n/etw. von N. 某事对某人/某事不利；j-m erwachsen, entstehen (aus etw.) Nachteile 对某人产生不利〉：*Dieses Haus hat den N., dass es zu klein ist* 这幢房子的缺点是太小；*oft ist es ein N., gutmütig zu sein* 善良老实常吃亏；*Der N. dieses Gerätes ist sein hoher Preis* 这种电器的不足之

处是价格太贵 **2.** (**j-m gegenüber**) **im N. sein** in e-r schlechteren od. ungünstigeren Situation sein als j-d anderer(与…相比)处于劣势 **3. etw. gereicht j-m zum N.** *geschr*[书]; etw. hat für j-n negative Folgen(物作主语)给某人带来害处 ‖ *zu* (义项) **1. nach·teil·haft** *Adj*(形) ‖ ▶ **benachteiligen**

nach·tei·lig *Adj* (形); mit Nachteilen verbunden 不利的,有害的 ≈ negativ ↔ vorteilhaft 〈Folgen, der Einfluss 结果,影响; etw. wirkt sich n. aus 某事产生不利的影响〉

Nacht·es·sen *das*; *südd* (CH) [南德][瑞] ≈ Abendessen

Nacht·eu·le *die*; *gespr hum*[口][谐]; j-d, der oft u. gern abends lange aufbleibt 夜猫子(爱晚睡的人) ≈ Nachtschwärmer

Nacht·hemd *das*; ein Kleidungsstück, das wie ein sehr langes Hemd aussieht u. das Frauen nachts im Bett tragen 睡衣 〈ein seidenes N. 真丝睡衣〉‖ NB(注意): ↑ **Schlafanzug**, **Pyjama**

Nach·ti·gall *die*; -, -*en*; ein kleiner Vogel, der nachts singt u. wegen seines schönen Gesangs bekannt ist 夜莺 〈die N. schlägt (= singt) 夜莺在歌唱〉

näch·ti·gen; *nächtigte*, *hat genächtigt*; [Vi](不及物) **irgendwo n.** (A)[奥] ≈ übernachten ‖ *hierzu*(派生) **Näch·ti·gung** *die*

Nacht·tisch *der*; *nur Sg* (只用单数) ≈ Nachspeise, Dessert

Nacht·klub *der*; ein Lokal, das nachts sehr lange geöffnet hat (u. in dem es oft Striptease gibt) 夜总会 ‖ K-: **Nachtklub-**, **-besitzer**

Nacht·le·ben *das*; *Kollekt*(集合); (*bes* in e-r Großstadt) die verschiedenen Möglichkeiten, am Abend auszugehen u. sich zu amüsieren 夜生活: *Das Wiener N. hat neben vielem anderen auch erstklassigen Jazz zu bieten* 维也纳的夜生活除很多其他娱乐外也提供一流的爵士音乐

nächt·li·ch- *Adj*(形); *nur attr*, *nicht adv*(只作定语,不作状语); in der Nacht (stattfindend), zur Nacht gehörend 夜晚的 〈die Kühle, die Ruhe, die Stille 凉爽,宁静,寂静〉: *das nächtliche Treiben in e-r Großstadt* 大都市里喧嚣的夜晚

Nacht·lo·kal *das*; ein Lokal, in dem man spät in der Nacht, wenn andere Lokale schließen, noch Alkohol trinken u. oft auch tanzen kann 夜间营业的饭馆、酒店

Nacht·mahl *das*; *bes* (A) 尤用于[奥] ≈ Abendessen

Nach·trag *der*; -(*e*)*s*; *Nach·trä·ge*; **ein N.** (**zu etw.**) ein Text, den man später zu e-m schon vorhandenen Text hinzufügt 补充,增补,附录,补遗 ≈ Zusatz, Ergänzung ‖ NB(注意): ↑ **Anhang**

nach·tra·gen (*hat*) [Vt](及物) **1.** (**j-m**) **etw. n.** etw. zu j-m tragen, der sich schon von einem entfernt hat 追送,随后搬、运、送、扛去: *Muss ich dir denn alles n.? Wo hast du deine Gedanken?* 要我把所有的东西随后给你搬去吗? 你是怎么想的? **2. etw. n.** etw., das man an der richtigen Stelle vergessen hat, später (dazu) schreiben od. -sagen 补充,添补,增补 ≈ ergänzen, hinzufügen: *in e-m Aufsatz ein paar Bemerkungen n.* 给一篇文章加上几个注解 **3. j-m etw. n.** etw. Böses, das j-d einem getan hat, nicht vergessen u. ihm nicht verzeihen 记恨,对…耿耿于怀(怀恨在心) ≈ j-m etw. übelnehmen ↔ j-m verzeihen: *Sie trägt ihrem Nachbarn heute noch nach, dass er sie damals verklagt hat* 她至今还因她的邻居当年控告过她而对他耿耿于怀

nach·tra·gend **1.** *Partizip Präsens*(现在分词); ↑ **nachtragen** **2.** *Adj*(形); mit der Neigung, sich lange über j-n/etw. zu ärgern 在意的,怀恨的,耿耿于怀的: *Seine Mutter ist sehr n. – sie verzeiht ihm nicht den kleinsten Fehler* 他母亲是个相当在意的人 —— 再小的错也不原谅他

nach·träg·lich *Adj*(形); *nur attr od adv*(只作定语或状语); nach dem (eigentlichen) Zeitpunkt (stattfindend) 事后的,以后的,补上的 ≈ im Nachhinein 〈Glückwünsche, e-e Bemerkung 祝福,评论; etw. n. einreichen 事后递交某物〉: *Dein Geburtstag liegt zwar etwas länger zurück, aber ich wünsche dir n. noch alles Gute* 你的生日虽说早已过去,但我还是要补祝你一切如意

nach·trau·ern (*hat*) [Vi](不及物) **j-m/etw. n.** sehr bedauern od. traurig sein, dass j-d/etw. nicht mehr da ist 追念,悼念,缅怀,惋惜: *e-r verpassten Gelegenheit n.* 为错过的机会感到惋惜 ‖ NB(注意): ↑ **nachweinen**

Nacht·ru·he *die* **1.** *geschr*[书]; der Schlaf während der Nacht 夜间睡眠,夜间休息: *Flugzeuglärm störte ihn in seiner N.* 飞机的噪声打扰了他的夜间睡眠 **2.** die Zeit zwischen 22 und 6 Uhr, während der man leise sein soll, damit die anderen schlafen können 夜间的安宁 〈die N. einhalten, stören 保持、扰乱夜间的安宁〉

nachts *Adv*(副); in od. während der Nacht (1) 夜晚,夜里 ↔ tagsüber: *Wenn ich abends Kaffee trinke, kann ich n. nicht einschlafen* 如果我晚上喝咖啡的话,夜里就无法入睡; *Ich bin erst um drei Uhr n. nach Hause gekommen* 我夜里 3 点才回到家

Nachts *geschr*[书]; *nur in* 只用于 **1. eines N.** in e-r bestimmten, nicht näher bezeichneten Nacht 一天夜里: *Sie kam eines N. und blieb für immer* 一天夜里她来到这儿就永远地留了下来 **2. des N.** in der Nacht, bei Nacht 在夜里

Nacht·schicht *die*; die (Schicht)Arbeit während der Nacht 夜班 ↔ Tagschicht 〈N. haben 上夜班〉

nacht·schla·fen·d- *Adj*(形); *nur in* 只用于 **zu nachtschlafender Zeit** *gespr hum*[口][谐]; nachts, wenn die Leute schlafen 夜深人静时(进入梦乡时)2

Nacht·schränk·chen *das*; -*s*, -; ≈ Nachttisch

Nacht·schwär·mer *der*; *gespr hum*[口][谐] ≈

N

Nachteule

Nacht·tisch *der*; e-e Art sehr kleiner Tisch od. Schrank neben dem Bett, auf den man *z.B.* den Wecker stellt 床头柜

Nacht·topf *der*; e-e Art Topf, den man *bes* früher beim Bett aufbewahrte u. benutzte, wenn man nachts seine Blase entleeren musste u. nicht zur Toilette gehen wollte 夜壶,尿壶

Nacht·tre·sor *der*; ein Tresor bei e-r Bank[2] (1), in dem man *mst* große Mengen Geld deponieren kann, wenn der Schalter[2] schon geschlossen ist 银行保险柜

Nacht-und-Ne·bel-Ak·ti·on *die*; *oft pej* 多用［贬］; e-e überraschende Aktion, die *bes* die Polizei heimlich plant u. bei Nacht durchführt(尤指警方的)夜间突击行动

Nacht·wäch·ter *der* **1.** j-d, der in der Nacht ein Gebäude bewacht 值夜班者,夜间值勤人员 ≈ Wachmann **2.** *hist*［历］; ein Mann, der nachts die Uhrzeit ausrief u. für Ruhe u. Ordnung sorgte 巡夜人,更夫 **3.** *gespr pej*［口］［贬］; j-d, der nie aufpasst u. *mst* sehr lange braucht, um etw. zu verstehen 糊涂虫 ‖ *zu* (义项) **1.** u. **3. Nacht·wäch·te·rin** *die*

nach|voll·zie·hen; *vollzog nach*, *hat nachvollzogen*; [Vt] (及物) ***etw. n.*** sich denken od. vorstellen (können), wie etw. gewesen ist 理解,领会,体会〈j-s Gedanken, Handlungsweise n. 理解某人的想法、行为〉‖ *hierzu* (派生) **nach|voll·zieh·bar** *Adj* (形)

nach·wach·sen (*ist*) [Vi] (不及物) ***etw. wächst nach*** etw. wächst weiter, nachdem ein Teil davon abgeschnitten wurde, etw. Neues wächst da, wo etw. entfernt wurde(物作主语) 重新长出: *Das Unkraut wächst sehr schnell nach* 野草很快又长起来了; *Der Friseur hat die Haare zu kurz geschnitten, aber sie wachsen ja wieder nach* 理发师把头发剪得太短了,不过它们还会长长的

Nach·wahl *die*; e-e Wahl, die zu e-m späteren Zeitpunkt (nach e-r bereits stattgefundenen Wahl) durchgeführt wird 补选

nach·wei·nen (*hat*) [Vi] (不及物) *mst in* 多用于 ***j-m/etw. keine Träne / nicht n.*** wegen des Weggehens von j-m od. des (scheinbaren) Verlusts von etw. eher erleichtert als traurig sein 不为…而惋惜、悲伤

Nach·weis *der*; *-es*, *-e* **1.** e-e Handlung, ein Argument od. e-e Tatsache, die zeigen, dass etw. richtig war/ist 证明,证据,证实: *den N. für e-e Theorie führen, liefern* 为一种理论提供论据; *Der wissenschaftliche N, dass es Leben auf anderen Planeten gibt, ist noch nicht gelungen* 科学还不能证实在其他的星球上存在生命 **2.** die Dokumente, mit denen man etw. nachweisen kann 证明文件,证明书: *den N. seiner / für seine Arbeitsunfähigkeit erbringen* 拿出有关他丧失劳动能力的证明 ‖ -K(复合): ***Befähigungs-***, ***Identitäts-***, ***Literatur-***, ***Quellen-***

nach·wei·sen (*hat*) [Vt] (及物) **1.** ***etw. n.*** (mit Dokumenten) zeigen, dass man etw. hat 证实,证明〈ein festes Einkommen, e-n festen Wohnsitz n. 证实有固定收入、固定住处〉**2.** ***etw. n.*** mit Argumenten od. Dokumenten zeigen, dass das, was man behauptet, wahr ist 证明(所言属实): *die Existenz von etw. n.* 证明某物的存在; *Zusammenhänge n.* 证明有关联 **3.** ***j-m etw. n.*** beweisen, dass j-d etw. getan hat 证实(确有所为)〈j-m e-n Mord, e-n Diebstahl n. 证明某人犯了谋杀罪、偷窃罪〉‖ *hierzu* (派生) **nach·weis·bar** *Adj* (形)

nach·weis·lich *Adj* (形); *nur attr od adv* (只作定语或状语); so, dass es bewiesen ist 可证实的,确凿的: *Das ist n. ein Irrtum, n. falsch* 可以证实这是个误会,是错了

Nach·welt *die*; *nur Sg* (只用单数); alle Menschen (von e-r bestimmten Generation aus gesehen), die später leben 后代,后世,后人〈etw. der N. überliefern, hinterlassen 把某物传给、留给后代〉

nach·wer·fen (*hat*) [Vt] (及物) **1.** ↑ ***nach-*** (1) **2.** ***j-m etw. n.*** *gespr*［口］; es j-m sehr leicht machen, etw. zu kaufen od. ein Ziel zu erreichen 甩卖,抛售,白送〈j-m die Angebote, gute Noten n. 给某人提供优惠商品,白送给某人好分数〉: *Tomaten sind im Moment sehr billig, sie werden einem fast nachgeworfen* 眼下西红柿极便宜,就差白送给你了 **3.** ***etw. n.*** noch mehr Münzen (hin)einwerfen 添投(硬币)〈beim Telefonieren Münzen n. 打电话时添投硬币〉

nach·wie·gen (*hat*) [Vt/i] (及物/不及物) (***etw.***) ***n.*** etw. wiegen, um festzustellen, wie schwer es ist, ob das (angegebene) Gewicht richtig ist *o. Ä.* 复称,重新过秤: *Sind das wirklich zweihundert Gramm Nüsse? Wieg (sie) doch mal nach!* 这核桃真有200克吗？你再称一下吧!

nach·win·ken (*hat*) [Vi] (不及物) ***j-m/etw. n.*** j-m winken, der von einem weggeht od. wegfährt 向…挥手作别: *Sie winkte ihrem Mann mit e-m Taschentuch nach, als der Zug abfuhr* 当火车开动时,她向丈夫挥动手帕作别

nach·wir·ken (*hat*) [Vi] (不及物) ***etw. wirkt nach*** etw. hat auch später noch e-e Wirkung (物作主语) 继续产生影响、发挥作用: *Die Krankheit wirkt immer noch nach* 这病仍有症状 ‖ *hierzu* (派生) **Nach·wir·kung** *die*

Nach·wort *das*; *-(e)s*, *-e*; ein kurzer Text am Ende e-s Buches, der Informationen über das Buch, den Autor *o. Ä.* enthält 跋,后记 ≈ Schlusswort ↔ Vorwort

Nach·wuchs *der*; *-es*; *nur Sg*, *Kollekt* (只用单数)(集合) **1.** das Kind od. die Kinder (in e-r Familie) 孩子,孩子们,下一代,子女 ≈ Nachkommenschaft〈ohne N. bleiben 没有子女; keinen N. bekommen, haben 没有生儿育女,没有后代〉: *Unser N. kommt bald in die Schule* 我们的孩子马上要上学了 **2.** die jüngere Generation (beim Sport, in der Kunst *o. Ä.*), die noch nicht fest etabliert ist 新生力量,接班人〈der akademische, wissenschaftliche N. 学术

N

上的、科学界的新生力量；den N. fördern 培养接班人〉：*Unserem Verein fehlt es an N.* 我们这个协会后继乏人 ‖ K-(复合)：***Nachwuchs-***，***-autor***，***-förderung***，***-kraft***，***-künstler***，***-mangel***，***-organisation***，***-sänger***，***-schauspieler***，***-schwimmer***，***-spieler***，***-talent*** ‖ -K(复合)：***Film-***

nach·wür·zen (*hat*) Vt/i(及物/不及物) (***etw.***) ***n.*** etw., das schon gewürzt ist, noch mehr würzen 再添佐料：*den Salat n.* 给色拉再加点佐料

nach·zah·len (*hat*) Vt/i(及物/不及物) (***etw.***) ***n.*** e-e Summe (die man schon hätte zahlen müssen) später zahlen 补交，补付：*Ich musste fast tausend Euro an das Finanzamt n.* 我得补交给财政局近一千欧元 ‖ *hierzu*(派生) **Nach·zah·lung** *die*

nach·zäh·len (*hat*) Vt/i (及物/不及物) **1.** (***etw.***) ***n.*** ≈ zählen (1) **2.** (***etw.***) ***n.*** etw. noch einmal zählen, um zu kontrollieren, ob das erste Ergebnis richtig war 重数一遍〈das Geld n. 再数一遍钱〉‖ *hierzu*(派生) **Nach·zäh·lung** *die*

nach·zeich·nen (*hat*) Vt/i(及物/不及物) **1.** (***etw.***) ***n.*** e-e Zeichnung machen, die e-r vorhandenen (Zeichnung) sehr ähnlich ist 临摹 **2.** (***etw.***) ***n.*** die Linien e-r vorhandenen Zeichnung mit Hilfe e-s besonderen Papiers auf ein Blatt übertragen(用透明描图纸)复描，描图 ≈ abpausen；Vt(及物) **3.** ***etw. n.*** ≈ nachziehen (2)

nach·zie·hen (*hat*) Vt(及物) **1.** ***ein Bein n.*** ein Bein langsamer als das andere bewegen u. deshalb hinken 拖着、跛着(一条腿)行走：*Er hat ein steifes Bein, das er beim Gehen immer nachzieht* 他有条腿很僵硬，行走时总跛着 **2.** ***etw. n.*** mit e-m Stift e-e Linie (noch einmal) zeichnen u. so kräftiger machen(重)画，(重)描，再描深些 ≈ nachzeichnen (3)〈e-e Linie, e-n Strich, die Lippen, die Augenbrauen (beim Schminken) n. 把线条、嘴唇、眉毛再描深些〉**3.** ***etw. n.*** an etw. (mit e-m Schraubenzieher) noch einmal drehen, um es fester zu machen 把…再次拧紧〈e-e Schraube, e-e Mutter n. 再次拧紧螺钉、螺帽〉；Vi(不及物) **4.** (*z. B.* in e-r Geschäftsbranche) dem Beispiel e-s anderen folgen 学样，仿效，照样做，跟着学：*Wenn ein Laden die Preise erhöht, ziehen die anderen bald nach* 如果有一个店抬高价格，其他商店会马上学样

Nach·züg·ler *der*；-s，- **1.** j-d, der später als die anderen an e-n Ort kommt 迟到者，晚来者〈auf e-n N. warten 等候晚来者〉**2.** *hum*[诙]；j-d, der viel jünger als seine Geschwister ist (比兄弟姐妹小很多的)晚生子 ‖ *hierzu* (派生) **Nach·züg·le·rin** *die*；-，-nen

Na·cke·dei *der*；-s，-s；*gespr hum*[口][诙]；j-d, der nackt ist, *bes* ein Kind 裸体者；赤条条的小孩，光屁股孩子

Na·cken *der*；-s，-；der hintere Teil des Halses 脖颈，脖梗儿 ≈ Genick〈e-n steifen N. haben 脖颈子僵硬；den Kopf in den N. werfen 把头朝后仰(高高抬起头)；j-m den N. massieren 给某人按摩脖子；den Hut in den N. schieben 把礼帽推到后脑上〉‖ ↑ *Abb. unter* 图见 ***Mensch*** ‖ K-(复合)：***Nacken-***，***-haar***，***-schmerzen***，***-wirbel*** ‖ ID[谚] ***j-m im N. sitzen*** **a)** j-m Angst od. Sorgen machen 逼迫某人〈die Gläubiger 债主；ein Termin 期限〉；**b)** j-n verfolgen u. ihm schon ganz nahe sein 紧追，紧跟不放 ≈ j-m dicht auf den Fersen sein〈der Feind, die Verfolger 敌人，追踪者〉

nackt *Adj*(形)；*ohne Steigerung*(无变级) **1.** nicht mit Kleidung bedeckt 裸体的，赤露的，光着身体的 ≈ bloß[1] (1), unbekleidet ↔ angezogen〈n. baden, daliegen 裸体下水游泳，裸体躺着；sich n. ausziehen 脱光衣服〉：*Er arbeitete mit nacktem Oberkörper* 他光着上身(赤膊)干活；*Auf dem Titelbild der Zeitschrift war e-e nackte Frau abgebildet* 杂志的封面上登着个裸体女人 ‖ K-(复合)：***Nackt-***，***-baden***，***-foto***，***-modell*** ‖ NB(注意)：Um *n.* zu verstärken, verwendet man (in der gesprochenen Sprache) *pudelnackt*，*splitter(faser)nackt*(在强化语义时口语中用 *pudelnackt* (赤身裸体的) *splitter(faser)nackt* (一丝不挂的)) **2.** ohne schützende Hülle/Decke od. Schmuck 无毛的，光秃秃的，无遮盖的 ≈ bloß[1] (1), kahl, blank (2)：*ein nackter Vogel* (= ohne Federn) 一只无毛的鸟；*ein nackter Baum* (= ohne Blätter) 一棵光秃秃的树；*ein nackter Raum* (= ohne Möbel) 空屋子；*auf dem nackten Boden sitzen* 坐在光地上 ‖ K-(复合)：***Nackt-***，***-schnecke*** **3.** *nur attr, nicht adv*(只作定语，不作状语)；sehr groß, sehr schlimm 巨大的，极其的〈die Angst, das Elend, die Verzweiflung 恐惧，不幸，绝望〉：*Die nackte Wut war deutlich auf seinem Gesicht zu sehen* 他的脸上明显地表现出极大的愤怒 **4.** *mst* 多用 ***nur das nackte Leben retten können*** nur das Leben retten (können), aber nicht den Besitz *o. Ä.* 只能救条命(抢救不了财产) **5.** ***die nackten Tatsachen*** nur die reinen Fakten 赤裸裸的事实 ‖ *zu.*(义项) **1.** u. **2.** **Nackt·heit** *die*；*nur Sg*(只用单数)

Nackt·ba·de|strand *der*；ein Strand, an dem man nackt baden darf 裸体游泳海滩 ≈ FKK-Strand

Na·del *die*；-，-n **1.** ein dünner, spitzer Gegenstand, mit dem man näht 针，缝衣针〈e-e N. einfädeln 穿针；e-n Faden in die N. einfädeln/auf die N. fädeln 穿针引线；sich mit/an e-r N. stechen 被针扎着〉‖ K-(复合)：***Nadel-***，***-öhr***，***-spitze***，***-stich*** ‖ -K(复合)：***Häkel-***，***Näh-***，***Nähmaschinen-***，***Stopf-***，***Strick-*** **2.** ein kleiner Gegenstand

Nadel (1)

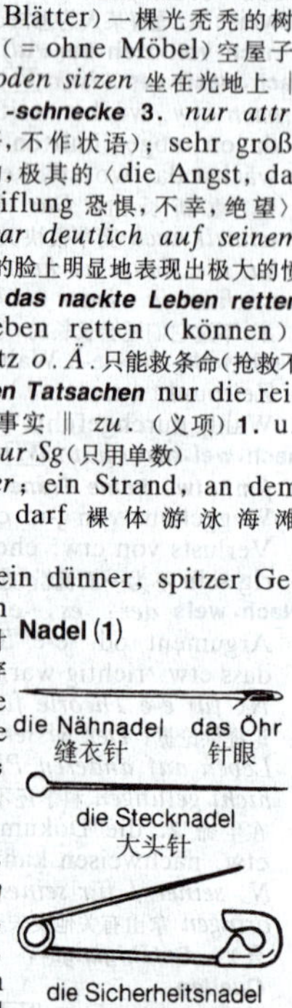

mit e-r N. (1), den man irgendwo (*bes* als Schmuck) befestigt 饰针，胸针 〈sich die Haare mit Nadeln aufstecken 用饰针盘起头发; e-e silberne N. am Anzug tragen 西装上配带着一枚银胸针〉‖ -K(复合): ***Ansteck-***, ***Haar-***, ***Krawatten-*** **3.** der Teil e-r Spritze, mit dem man j-m in die Haut sticht(注射用的)针头〈die N. sterilisieren 给针头消毒〉‖ -K (复合): ***Injektions-*** **4.** ein kleiner, dünner Zeiger bei e-m Gerät 罗盘针，表针，仪表针，指针〈die N. schlägt aus, pendelt, steht still, zittert 指针偏离、来回摆动、静止不动、颤动〉: *Die N. des Kompasses zeigt nach Norden* 罗盘的指针指向北 ‖ -K(复合): ***Benzin-***, ***Kompass-***, ***Magnet-***, ***Tachometer-*** **5.** die feine Spitze am Tonarm e-s Plattenspielers, die beim Spielen die Schallplatte berührt 唱针〈die N. kratzt, ist abgenutzt 唱针刮唱片、磨损了; die N. aufsetzen, abnehmen 装上、取下唱针〉‖ -K(复合): ***Diamant-***, ***Saphir-*** **6.** *mst Pl*(多用复数); die schmalen grünen Teile etwa in der Form e-r N. (1) an manchen Arten von Bäumen 针叶 ↔ Blatt 〈ein Baum verliert die Nadeln 树掉叶子〉: *Tannen, Fichten u. Kiefern haben Nadeln* 冷杉、云杉、松树都长针叶 ‖ -K (复合): ***Fichten-***, ***Kiefern-***, ***Tannen-*** ‖ ID [谚] (***wie***) ***auf Nadeln sitzen*** *gespr* [口]; nervös sein 坐立不安，如坐针毡; ***an der N. hängen*** *gespr* [口]; (rauschgift) süchtig sein u. sich regelmäßig *bes* Heroin spritzen 注射毒品成瘾，染上毒瘾; ***von der N.*** (***nicht***) ***loskommen / wegkommen*** *gespr* [口]; es (nicht) schaffen, ohne Rauschgift zu leben(难以)戒毒 ‖ *zu* (义项) **1. na·del·för·mig** *Adj*(形)

Na·del·baum *der*; ein Baum, dessen Blätter wie Nadeln (1) aussehen u. der *mst* auch im Winter grün ist 针叶树 ↔ Laubbaum: *Fichten, Tannen, Kiefern u. Pinien sind Nadelbäume* 云杉、冷杉、松树和五针松都是针叶树

Na·del·kis·sen *das*; ein kleines Kissen, in das man Näh- u. Stecknadeln steckt, damit man sie nicht verliert(插针用)针插，插针包 ‖ ↑ *Abb. unter* 图见 ***nähen***

na·deln; *nadelte, hat genadelt*; [Vi] (不及物) ***etw. nadelt*** ein (Nadel)Baum verliert Nadeln (6)(物作主语)掉针叶

Na·del·strei·fen *der*; *-s, -*; *mst Pl*(多用复数); die vielen dünnen, senkrechten, weißen Linien auf e-m dunklen Stoff für Anzüge *o. Ä.*(深色西服上的)针状条纹 ‖ K-(复合): ***Nadelstreifen-***, ***-anzug***

Na·del·wald *der*; ein Wald aus Nadelbäumen 针叶林 ↔ Laubwald, Mischwald

Na·gel[1] *der*; *-s, Nä·gel*; ein langer, dünner u. spitzer Gegenstand *mst* aus Metall mit e-m flachen Kopf, den man irgendwo hineinschlägt, um etw. zu befestigen 钉子 〈e-n N. (mit dem Hammer) einschlagen, in die Wand schlagen, (mit der Zange) aus der Wand, aus dem Holz ziehen(用锤子)钉钉子，往墙上钉钉子，(用钳子)从墙上、木头上拔钉子; e-n N. krumm schlagen, etw. an e-n N. hängen, an e-m N. aufhängen 把钉子敲弯，把某物挂在钉子上; etw. mit Nägeln befestigen 用钉子加固某物〉‖ -K(复合): ***Eisen-***, ***Stahl-*** ‖ ID[谚] ***den N. auf den Kopf treffen*** *gespr*[口]; das Wesentliche e-r Sache erkennen u. sagen 点到、击中要害; ***etw. an den N. hängen*** *gespr* [口]; etw. nicht mehr weitermachen 放弃，把某事挂起不干 ≈ aufgeben[2] (2) 〈den Beruf an den N. hängen 放弃职业〉; ***Nägel mit Köpfen machen***

Nagel[1]

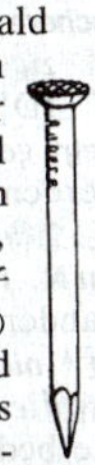

Nadelbäume

die Fichte 云杉 die Kiefer 松树 die Lärche 落叶松 die Tanne 冷杉

N

e-e Aufgabe *o. Ä.* konsequent durchführen 干事有始有终

Na·gel[2] *der*; *-s*, *Nä·gel*; der harte, flache Teil am Ende von Fingern u. Zehen 指甲〈(j-m/sich) die Nägel schneiden, feilen, polieren, lackieren 剪、锉、磨光、涂指甲; an den Nägeln kauen 啃咬指甲; kurze, lange, (un)gepflegte Nägel (haben) 指甲短、长、(未加)修饰过的〉‖ NB(注意): Hunde, Katzen, Vögel *usw* haben *Krallen* (狗、猫、鸟类的指甲称为*Krallen*) ‖ K-(复合): ***Nagel-***, ***-bürste***, ***-feile***, ***-lack***, ***-schere*** ‖ -K: ***Daumen-***, ***Finger-***, ***Fuß-***, ***Zehen-*** ‖ *zu* ***Nagelbürste*** ↑ *Abb. unter* 图见 ***Bürste*** ‖ ID[谚] ***etw. brennt j-m auf/unter den Nägeln*** *gespr*[口]; etw. muss dringend getan werden, weil es einen beunruhigt 某事(火烧眉毛)急待某人去做; ***sich*** (*Dat* 三格) ***etw. unter den N. reißen*** *gespr*[口]; etw. nehmen, was j-d anderem gehört 顺手牵羊将某物拿走

Nagel[2]

na·gel·fest ↑ ***niet- u. nagelfest***

Na·gel·haut *die*; die Haut, die den Nagel an der Stelle bedeckt, an der er aus dem Finger/Zeh wächst 指(趾)甲根上的皮肤,甲上皮〈die N. zurückschieben 把甲上皮往后推; die N. ist eingerissen 甲上皮撕裂了〉

na·geln; *nagelte*, *hat genagelt*; [Vt] (及物) **1.** ***etw. irgendwohin n.*** etw. mit Nägeln irgendwo befestigen 钉上: *ein Brett vor ein Fenster n.* 在窗户前钉上一块木板 **2.** ***etw. n.*** etw. mit Nägeln schließen od. (wieder) zu e-m Ganzen machen 钉牢,钉成〈e-e Kiste, e-n Sarg aus Brettern n. 用木板钉个木箱、钉副棺材; e-n Knochen(bruch), ein Bein n. (断的)骨头、腿用钉子接牢〉; **3.** ***etw. n.*** in etw. Nägel hineinschlagen 给…钉上钉子〈genagelte Schuhe 钉鞋〉‖ NB(注意): *mst* im Partizip Perfekt (多用过去分词)!

na·gel·neu *Adj*(形); *gespr*[口]; ganz neu 崭新的: *ein nagelneuer Anzug* 一套崭新的西服

na·gen; *nagte*, *hat genagt*; [Vi] (不及物) **1.** ***an etw.*** (*Dat* 三格) ***n.*** mit den Zähnen sehr kleine Stücke von etw. Hartem entfernen 啃,咬,啮: *Der Hund nagte an e-m Knochen* 狗在啃一块骨头; *Die Maus nagt an e-m Stück Käse* 老鼠在啮食一块奶酪 **2.** ***etw. nagt an j-m*** etw. quält j-n(物作主语)折磨〈Zweifel, Kummer 疑虑,苦恼; ein nagendes Hungergefühl 难忍的饥饿感〉; [Vt] (及物) **3.** ***ein Tier nagt etw.*** (***in etw.*** (*Akk* 四格)) ein (Nage)Tier macht durch Nagen (1) ein Loch in etw. (动物作主语)把…啃出一个洞 **4.** ***ein Tier nagt etw.*** (***von etw.***) ein (Nage)Tier entfernt etw. durch Nagen (1)(动物作主语)把…(从…上)啃下来

Na·ge·tier *das*; ein kleines (Säuge)Tier, das Pflanzen frisst u. sehr scharfe, lange Vorderzähne hat 啮齿目动物: *Mäuse, Biber u. Hasen sind Nagetiere* 老鼠、海狸和兔子是啮齿目动物

nah ↑ ***nahe***[1]

-nah [-naː] *im Adj, nach Subst, begrenzt produktiv*(构成形容词,位于名词后,构词有限) **1.** an der genannten Person/Sache orientiert 和…接近的、贴近的 ≈ -bezogen, -orientiert ↔ -fern; ***bürgernah***〈e-e Politik 政策〉, ***lebensnah***〈ein Buch 书〉, ***praxisnah***〈e-e Ausbildung 培训〉, ***realitätsnah***, ***wirklichkeitsnah***〈ein Film 电影〉 **2.** mit ähnlichen Ideen u. Zielen wie die genannte Sache 与…(思想、目标)类似的,靠拢…的; ***gewerkschaftsnah***〈ein Verein 协会〉, ***parteinah***〈e-e Stiftung 基金会〉, ***SPD-nah***, ***CDU-nah*** *usw*; **3.** räumlich nicht weit von der genannten Sache entfernt 离…近的,临近…的; ***frontnah***〈ein Ort 地方〉, ***grenznah***〈ein Ort 地方〉, ***küstennah***〈ein Gewässer 水域〉

Nah|auf·nah·me *die*; ein Foto, das j-n/etw. aus sehr geringer Entfernung zeigt 近镜头,特写

na·he[1] [ˈnaːə], *näher*, *nächst-*; *Adj*(形) **1.** ***n.*** (***bei/an j-m/etw.***) (räumlich) nicht weit entfernt (von j-m/etw.) 近的,附近的,靠近的 ↔ fern[1] (1): *in die nahe Stadt gehen* 到附近的城里去; *Der nächste Friseur ist gleich um die Ecke* 离得最近的理发师就在拐角处; *n. beim Bahnhof wohnen* 住火车站附近 **2.** *gespr*[口] ≈ kurz (1) ↔ weit〈der nächste Weg 近路〉: *Wenn wir die Abkürzung nehmen, haben wir es näher* 如果我们抄近道的话,那就近多了 **3.** (vom Standpunkt des Sprechers aus) zeitlich nicht weit in der Zukunft 即将发生的,行将来临的,临近的 ↔ fern[1] (2)〈das Ende, der Abschied, die Abreise 结束,分手,启程; in naher Zukunft 在不远的将来; n. bevorstehen 即将来临〉: *Der Tag, an dem die Entscheidung fallen wird, rückt immer näher* 必须作出决择的日子越来越近 **4.** *attr od adv*(作定语或状语);〈ein Angehöriger, ein Verwandter, ein Freund 成员,亲戚,朋友〉eng (4) (verbunden) 亲近的,亲密的: *mit j-m n. verwandt, befreundet sein* 与某人是近亲、是好友; *mit j-m näher bekannt sein* 与某人很熟 **5.** *mst* 多用 ***aus/von nah u. fern*** von überall her 来自四面八方 **6.** ***n. d(a)ran sein*** + ***zu*** + *Infinitiv*(不定式) bereit sein, etw. zu tun; etw. fast schon tun 差点儿要,正准备要,正想要: *Er war n. daran, aus dem Verein auszutreten* 他正想着要退出协会 **7.** ***etw.*** (*Dat* 三格) ***n. sein*** kurz davor sein, etw. zu erleben, das gefährlich od. unangenehm ist 接近于,濒于,眼看要,快要〈dem Tod, den Tränen, der Verzweiflung 死亡,流泪,绝望; dem Ruin, dem Untergang *usw* 崩溃,毁灭〉 **8.** ***j-m/etw. n. kommen*** n. (1) zu j-m/etw. kommen 接近,靠近: *Komm mir nicht zu n., ich bin erkältet* 别太靠近我,我感冒了 **9.** ***von Nahem/nahem*** **a)** aus geringer Entfernung 从近处: *Von Nahem kann man die Kratzer im Lack sehen* 从近处能看到清漆上的刮痕 **b)** ≈ genau(er): *Von Nahem betrachtet ist der Vorschlag doch nicht so gut* 仔细想这个建议不太好 ‖ ID[谚] ***j-m zu n. treten*** etw. sagen od. tun, das j-s Gefühle verletzt(以言行)

伤害、刺激某人 ‖ NB（注意）：↑ **nahebringen**, **nahegehen** *usw*

na·he² [ˈnaːə] *Präp*（介）; *mit Dat*, *geschr*（支配三格）[书]; nicht weit entfernt von 在…附近，在…近旁 ≈ in der Nähe von ↔ fern²: *n. der Universität*, *n. dem Bahnhof wohnen* 住在大学、火车站的附近

Nä·he [ˈnɛːə] *die*; -; *nur Sg*（只用单数）**1.** e-e kleine räumliche Entfernung, von e-m bestimmten Punkt aus gesehen 附近，邻近，近旁，近处 ↔ Ferne (1) 〈etw. aus der N. betrachten, (an)sehen 在近处（细细）观察、观看某物; in der N. von j-m/etw. wohnen 住在某人/某物附近; in j-s N. bleiben 呆在某人旁边; in nächster, unmittelbarer, greifbarer N. 近在眼前，就在近处，近在咫尺〉: *Ganz in unserer N. gibt es e-n See* 就在我们附近有一片湖 ‖ -K（复合）: **Boden-**, **Erd-**, **Grenz-**, **Körper-**, **Stadt-** **2.** e-e Zeit, die (von e-m bestimmten Zeitpunkt aus gesehen) nicht weit in der Zukunft liegt 临近，来临 ↔ Ferne (3) 〈etw. liegt, ist in unmittelbarer N. 某事已近在眼前; etw. rückt in greifbare N. 某事临近〉: *Unser Urlaub ist inzwischen in greifbare N. gerückt* 我们的假期已在眼前 **3.** e-e enge (zwischenmenschliche) Beziehung 亲近，亲密关系，接近 〈j-s N. suchen 想要接近某人; Angst vor N. haben 害怕接近〉 **4.** ***aus der N. betrachtet*** bei kritischer Betrachtung od. Überprüfung 细看，仔细考虑: *Aus der N. betrachtet ist sein Vorschlag unbrauchbar* 仔细一想，他的建议不可行

na·he·bei *Adv*（副）; nicht weit von hier 很近，离这儿不远: *Sie wohnt n.* 她就住在近旁 ‖ NB（注意）: aber（但是）: *Sie wohnt nahe bei der Grenze* 她就住在边界附近

na·he·brin·gen; *brachte nahe*, *hat nahegebracht*; [Vt]（及物）**1.** ***j-m etw. n.*** bewirken, dass sich j-d für etw. interessiert u. es versteht 使熟悉，使了解（某事）: *Die Ausstellung versucht, den Besuchern die Kunst des Fernen Ostens nahezubringen* 这个展览会试图使观众们了解远东艺术 **2.** ***j-n j-m n.*** bewirken, dass zwischen (zwei) Menschen e-e Beziehung entsteht od. intensiver wird 使接近（某人）

na·he·ge·hen; *ging nahe*, *ist nahegegangen*; [Vi]（不及物）***etw. geht j-m nahe*** etw. bewirkt bei j-m Trauer od. Mitleid（物作主语）触动，使悲痛、同情、伤心 ≈ etw. erschüttert j-n: *Ihr tragisches Schicksal ging ihm sehr nahe* 她的悲惨命运使他很难过 ‖ NB（注意）: *aber*（但是）: *j-m sehr nahe gehen*（getrennt geschrieben 分开写）

na·he·kom·men; *kam nahe*, *ist nahegekommen*; [Vi]（不及物）**1.** *mst* 多用〈Personen 人〉 ***kommen sich*** (*Dat* 三格) ***nahe*** *mst* zwei Personen beginnen, einander zu verstehen (6) 开始相互理解，互相接近: *Über ihre Liebe zur Musik sind sich die beiden nahegekommen* 出于对音乐的爱好两人开始相互理解 **2.** ***etw. kommt etw.*** (*Dat* 三格) ***nahe*** etw. ist fast so wie etw. anderes（物作主语）近乎，接近于 〈etw. kommt der Wahrheit nahe 某事接近实情〉: *Seine Beschreibung kommt e-r Beleidigung nahe* 他的描述近乎污辱 ‖ NB（注意）: aber（但是）: *j-m/etw. sehr nahe kommen*（getrennt geschrieben 分开写）

na·he·le·gen; *legte nahe*, *hat nahegelegt*; [Vt]（及物）**1.** ***j-m etw. n.*** j-n höflich, aber bestimmt auffordern, etw. zu tun 提请，客气地要求，恳请: *j-m den Rücktritt n.* 提请某人离职; *j-m n., zurückzutreten* 提请某人引退 **2.** ***etw. legt etw. nahe*** etw. lässt etw. als wahrscheinlich erscheinen（物作主语）使人容易感到、想到、明了 ≈ etw. suggeriert etw.: *Sein Verhalten legt den Verdacht nahe, dass er mehr darüber weiß, als er zugibt* 他的举动很容易使人怀疑他知道的要比承认的多

na·he·lie·gen; *lag nahe*, *hat/südd* Ⓐ Ⓒⓗ [南德][奥][瑞] *ist nahegelegen*; [Vi]（不及物）***etw. liegt nahe*** etw. ist mit großer Wahrscheinlichkeit so（物作主语）可想而知，显而易见 ≈ etw. bietet sich an: *Der Verdacht liegt nahe, dass er betrunken war* 很容易使人怀疑他喝醉了

na·he·lie·gend; *näherliegend*, *nächstliegend* / *gespr*[口] *mst* 多用 *naheliegender*, *naheliegendst-*; *Adj*（形）; *nicht adv*（不作状语）; sehr gut verständlich 显而易见的，可想而知的，容易理解的 ≈ einleuchtend: *Aus naheliegenden Gründen schweigt er zu den Vorwürfen*; *In seiner Situation war es das Nächstliegende, zu schweigen* 出于明显的原因他对指责保持沉默，在他的处境下保持沉默是最好理解不过了

na·hen [ˈnaːən]; *nahte*, *ist/hat genaht*; *geschr*[书]; [Vi]（不及物）(*ist*) ***etw. naht*** etw. kommt näher, nähert sich（物作主语）临近，来临，渐近 ↔ etw. entfernt sich 〈der Abschied, der Morgen, der Abend 分别，早晨，夜晚; ein Gewitter, ein Sturm 雷阵雨，风暴〉: *Es naht der Tag, an dem ...* …的日子日益临近 ‖ NB（注意）: *mst* nicht im Perfekt（多不用完成时态）

nähen

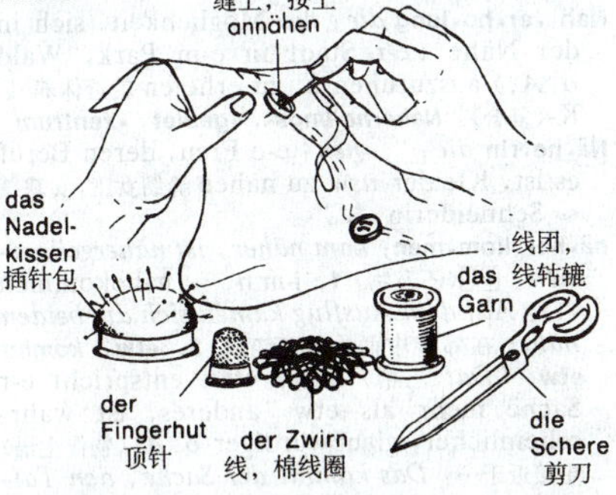

nä·hen [ˈnɛːən]; *nähte*, *hat genäht*; [Vt/i]（及物/不及物）**1.** (***etw.***) ***n.*** etw. herstellen, indem man Stoffteile mit Nadel u. Faden verbindet 缝，缝纫，缝制 ≈ schneidern 〈ein Kleid, e-n Rock, e-n Bettbezug *usw* n. 缝制连衣裙、裙子、被套等; mit der Hand, mit der Maschine n. 手缝，机器缝〉: *Sie näht gern* 她爱

好缝纫 ‖ K-(复合): **Näh-**, **-faden**, **-garn**, **-maschine**, **-nadel** ‖ *zu* **Nähnadel** ↑ *Abb. unter* 图见 **Nadel**; [Vt](及物) **2. etw. n.** etw. reparieren, indem man die Teile mit Nadel u. Faden verbindet 缝补,补 ≈ flicken ⟨ein Loch, e-n Riss n. 补洞、缝补裂缝⟩: *Die Hose ist geplatzt u. muss genäht werden* 裤子开线了,得缝补一下 **3. etw. an / auf etw.** (*Akk* 四格) **n.** etw. mit Nadel u. Faden irgendwo befestigen 缝上: *e-n Knopf an / auf den Mantel n.* 往大衣上缝纽扣 **4. etw. /** *gespr auch* [口] 也用 **j-n n.** e-e Wunde mit e-m Faden schließen 缝合(伤口),给…缝伤口: *Der Riss über dem Auge muss genäht werden* 眼睛上的裂口必须缝合; *Er hatte sich so stark verletzt, dass ihn der Arzt n. musste* 他伤势很重,大夫得给他缝合伤口 ‖ ▶ **Naht**

nä·her [ˈnɛːɐ] **1.** *Komparativ* (比较级); ↑ **nahe¹** **2.** *Adj* (形); (mit mehr Details u. deshalb) genauer 更近的,更清楚的,更详细的,进一步的 ⟨nähere Einzelheiten erfahren 了解到更多的细节; die näheren Umstände in Betracht ziehen 观察进一步的局势; bei näherer Betrachtung 作进一步观察/考虑时; (nichts) Näheres über j-n/etw. wissen (不)知道有关某人/某事更详细的情况; j-n n. kennen 进一步了解某人; auf etw. (nicht) n. eingehen 对某事作进一步(不作详细)的探讨⟩ ‖ NB (注意): ↑ **näherkommen**, **näherliegen** *usw*

nä·her·brin·gen; *brachte näher, hat nähergebracht*; [Vt] (及物) **1. j-m etw. n.** j-n mit etw. vertraut machen 使熟悉、了解,向…阐明 ≈ nahebringen (1) **2. etw. bringt j-n j-m näher** etw. bewirkt, dass die Beziehung zwischen (zwei) Menschen besser u. intensiver wird (物作主语)使关系接近、融洽: *Die Sorge um das kranke Kind hat sie einander wieder nähergebracht* 对生病孩子的担忧使他们又相互亲近起来

Nah|·er·ho·lung *die*; die Möglichkeit, sich in der Nähe (e-r Stadt in e-m Park, Wald *o. Ä.*) auszuruhen u. zu erholen 就近休养 ‖ K-(复合): **Naherholungs-**, **-gebiet**, **-zentrum**

Nä·he·rin *die*; -, *-nen*; e-e Frau, deren Beruf es ist, Kleider *usw* zu nähen 缝纫女工,女裁缝 ≈ Schneiderin

nä·her·kom·men; *kam näher, ist nähergekommen*; [Vi] (不及物) **1. j-m n.** ≈ nahekommen (1): *Auf dem Ausflug kamen sich die beiden näher* 在郊游中两人亲近起来 **2. etw. kommt etw.** (*Dat* 三格) **näher** etw. entspricht e-r Sache mehr als etw. anderes, ist wahrscheinlicher, glaubwürdiger *o. Ä.* (物作主语)更接近于…: *Das kommt der Sache, den Tatsachen, der Wahrheit schon näher* 这更接近本题、事实、真相 ‖ NB (注意): aber (但是): *die Zuschauer auffordern, näher zu kommen* 请观众靠近一些(getrennt geschrieben 分开写)

nä·her·lie·gen; *lag näher, hat / südd* (A) (CH) [南德][奥][瑞] *ist nähergelegen*; [Vi] (不及物) **etw. liegt näher als etw.** etw. ist sinnvoller, geeigneter, wahrscheinlicher *o. Ä.* als etw. anderes (物作主语)较…更合适、更有意义、更好 ≈ etw. bietet sich an: *Bei diesem Regen liegt es näher, zu Hause zu bleiben als spazieren zu gehen* 下着这样的雨呆在家里比出门散步更好些

nä·hern, sich; *näherte sich, hat sich genähert*; [Vr] (反身) **1. sich** (**j-m / etw.**) **n.** räumlich näher zu j-m/etw. kommen 接近,靠近 ↔ sich von j-m/etw. entfernen: *Wir nähern uns den Alpen* 我们离阿尔卑斯山越来越近; *Der Hund näherte sich, blieb aber drei Meter vor uns stehen* 狗靠近过来,但在离我们三米处停住了 **2. etw. nähert sich** etw. kommt zeitlich näher (物作主语)临近,来临: *Jetzt haben wir schon Mai – der Sommer nähert sich* 现在已是五月份——夏天快到了 **3. j-d / etw. nähert sich etw.** (*Dat* 三格) j-d/etw. hat etw. bald erreicht (人/物作主语)接近于,快到达: *etw. nähert sich seinem Ende* 某事已接近尾声; *Ich nähere mich der Lösung* 我快找到答案了 **4. sich etw.** (*Dat* 三格) **n.** sich mit etw. Schwierigem beschäftigen 探讨,接触,着手解决 ≈ sich an etw. heranwagen ⟨sich e-m Problem n. 探讨一问题⟩ **5. sich j-m n.** *bes* 尤指 als Mann versuchen, mit e-r Frau in Kontakt zu kommen, weil sie einem gefällt 去接近,试图与…结交 ⟨sich e-m Mädchen, e-r Frau n. 试图去接近一姑娘、女士⟩ **6. etw. nähert sich etw.** (*Dat* 三格) etw. wird e-r anderen Sache ähnlich (物作主语)近似于,与…相似: *Seine Begeisterung für den Sport nähert sich schon dem Fanatismus* 他对体育的热情已近似狂热

nä·her·ste·hen; *stand näher, hat / südd* (A) (CH) [南德][奥][瑞] *ist nähergestanden*; [Vi] (不及物) **j-m / etw. n.** e-e engere Beziehung zu j-m/etw. haben (als j-d anderer, als früher *o. Ä.*) 跟…更亲近、更要好

na·he·ste·hen; *stand nahe, hat / südd* (A) (CH) [南德][奥][瑞] *ist nahegestanden*; [Vi] (不及物) **1. j-m n.** e-e tiefe persönliche Beziehung zu j-m haben 与…关系密切 ≈ j-n gernhaben: *Sie steht ihrem Bruder immer noch nahe, obwohl sie sich selten sehen* 她和她弟弟尽管极少见面,但仍很亲密 **2. j-m / etw. n.** ähnliche Ideen u. Ziele haben wie j-d/etw. 对…有好感,倾向于,支持 ≈ mit j-m/etw. sympathisieren: *Diese Zeitung steht der CDU sehr nahe* 这家报纸是亲基民盟的 ‖ NB (注意): aber (但是): *j-m / etw. sehr nahe stehen* 某人/某物站得/放得很近 (getrennt geschrieben 分开写)

na·he·zu *Partikel* (小品词); *betont u. unbetont* (重读和不重读) ≈ fast, beinahe: *Der Film dauerte n. vier Stunden* 电影放映了近4小时

Nah·kampf *der* **1.** MIL【军】; ein Kampf, bei dem sich die Gegner sichtbar u. nahe gegenüberstehen 近战,白刃战,肉搏战 ‖ K-(复合): **Nahkampf-**, **-mittel**, **-waffe** **2.** SPORT【体】; ein Kampf (*z. B.* beim Boxen od. Ringen), bei dem sich die Gegner in geringer Entfernung gegenüberstehen u. durch Schläge *o. Ä.* Punkte sammeln 接近战,贴近对打

nahm *Imperfekt*, *1. u. 3. Person Sg*(过去时，第一和第三人称单数)；↑ ***nehmen***

Näh·ma·schi·ne *die*；e-e Maschine，mit der Kleidungsstücke *o.Ä.* genäht werden 缝纫机

näh·me *Konjunktiv II*, *1. u. 3. Person Sg*(虚拟式II，第一和第三人称单数)；↑ ***nehmen***

Nah·ost *ohne Artikel*，*indeklinabel*(不带冠词，词形不变) ≈ der Nahe Osten：*Unruhen in N.* 近东的骚乱 ‖ NB(注意)：↑ ***Osten*** (4)

Nähr·bo·den *der* **1. ein N.** (**für etw.**) e-e Substanz，in der man Pilze，Bakterien *o.Ä.* züchtet 培养基 **2.** die Grundlage für (*mst* negative) Entwicklungen 温床，滋生地：*ein N. für e-e Diktatur*，*für e-e blutige Revolution* 是专制、暴力革命的温床；*Die Slums sind ein N. für Verbrechen* 贫民窟是犯罪行为的滋生地

näh·ren；*nährte*，*hat genährt*；*geschr*[书]；Vt (及物) **1. *j-n/ein Tier n.*** *veraltend*[渐旧] ≈ ernähren (1) **2. *etw. n.*** etw. verstärken 加深，加强〈e-e Hoffnung，e-n Verdacht，e-e Befürchtung n. 增加希望、怀疑、担忧〉：*Seine Reaktion nährte den Verdacht，dass er der Täter war* 他的反应使人更加怀疑他就是案犯；Vr (反身) **3. *sich*** (***von etw.***) ***n.*** *veraltend*[渐旧] ≈ sich (von etw.) ernähren (5)

nahr·haft *Adj*(形)；*nicht adv*(不作状语)；mit vielen Nährstoffen，die man braucht，um gesund u. kräftig zu sein 有营养的，滋养的，滋补的：*Reis u. Brot sind sehr n.* 米饭和面包富有营养

Nähr·stoff *der*；*-(e)s*，*-e*；*mst Pl*(多作复数)；die vielen Substanzen，die Organismen brauchen，um zu leben u. zu wachsen 养分，养料，营养物 ‖ *hierzu*(派生) **nähr·stoff·arm** *Adj*(形)；*nicht adv*(不作状语)；**nähr·stoff·reich** *Adj*(形)；*nicht adv*(不作状语)

Nah·rung *die*；*-*；*nur Sg*(只用单数)；alles，was Menschen od. Tiere essen u. trinken (müssen)，um zu leben (u. zu wachsen) 食物，食粮〈N. zu sich nehmen 进食；N. suchen 寻食物；etw. dient j-m/e-m Tier als/zur N. 某物是某人/某种动物的食物〉‖ K-(复合)：***Nahrungs-***，***-aufnahme***，***-suche*** ‖ -K(复合)：***Baby-***，***Kinder-***，***Tier-***；***Pflanzen-*** ‖ ID[谚] ***etw.*** (*Dat* 三格) ***N. geben*** bewirken，dass etw. intensiver wird 给某物添油加醋，助长，使滋长 ≈ verstärken，fördern〈e-m Gerücht，e-m Vorurteil N. geben 助长谣言，加深偏见〉；***etw. erhält/findet*** (***durch etw.***) ***N.*** etw. wird durch etw. intensiver 某事得以滋长、蔓延〈Gerüchte，Vorurteile 谣传，偏见〉

Nah·rungs·ket·te *die*；*nur Sg*，BIOL(只用单数)【生】；e-e Hierarchie von Lebewesen，bei denen jedes dem nächsten als Nahrung dient 食物链：*die N. Gras-Rind-Mensch* 草、牛、人食物链

Nah·rungs·mit·tel *das*；etw.，was man als Mensch isst od. trinkt，um zu leben 食物，食粮，食品 ≈ Lebensmittel ‖ K-(复合)：***Nahrungsmittel-***，***-industrie***，***-vergiftung***

Nähr·wert *der*；*nur Sg*(只用单数)；der Wert (in Bezug auf Vitamine，Mineralien，Kalorien *usw*) e-s Nahrungsmittels für den Körper 营养价值〈etw. hat e-n hohen，niedrigen N. 某食物的营养价值高、低〉：*Milch hat e-n hohen N.* 牛奶有很高的营养价值

Näh·sei·de *die*；ein dünner Faden，den man zum Nähen verwendet 丝线

Naht *die*；*-*，*Näh·te* **1.** die Linie，die entsteht，wenn man zwei Stücke Stoff *o.Ä.* mit e-m Faden verbindet 缝，线缝，接缝〈e-e N. machen，nähen，steppen，auftrennen 缝上、缝补、用密针脚缝合、拆开线缝；e-e einfache，doppelte N. 单、双缝〉：*Die Jeans sind schon so alt，dass die Nähte aufgehen/aufplatzen* 牛仔裤旧得连缝都开了/绷开了 ‖ -K(复合)：***Doppel-***，***Hosen-***，***Zier-*** **2.** die Stelle，an der e-e Wunde genäht worden ist 伤口接缝：*Die N. ist gut verheilt*(伤口的)接缝愈合得不错 **3.** die Linie，die entsteht，wenn man beim Schweißen，Löten *o.Ä.* zwei Stücke Metall *o.Ä.* miteinander verbindet 焊缝，接缝〈e-e N. schweißen 焊接缝〉‖ ID[谚] ***j-d platzt aus allen Nähten*** *gespr hum*[口][诙]；j-d ist sehr dick 某人胖得衣缝都快裂开了；***etw. platzt aus allen Nähten*** *gespr*[口]；etw. braucht so viel Platz，dass der vorhandene Raum zu eng wird 某处(场地)挤得都快爆炸了：*Die Bibliothek platzt allmählich aus allen Nähten* 这图书馆都快要挤炸了

naht·los *Adj*(形) **1.** ohne (Naht od.) sichtbare Verbindung 无缝的〈Strümpfe，Rohre 长筒袜，管子〉 **2.** ohne weiße Stellen (die ein Bikini *o.Ä.* zurücklässt)，wenn man sich in der Sonne bräunt 全身的，浑身的〈e-e Bräune 黝黑的肤色；n. braun sein 全身都晒黑了〉 **3.**〈ein Übergang 过渡〉so，dass es ohne Probleme geschieht od. kaum sichtbar ist(衔接得)天衣无缝的：*Die beiden Kurse gehen n. ineinander über* 两个课程衔接得很完美

Nah·ver·kehr *der* **1.** der Verkehr von Zügen u. Autos auf kurzen Strecken，*bes* in der Nähe e-r großen Stadt 短途交通，近郊交通 ↔ Fernverkehr ‖ K-(复合)：***Nahverkehrs-***，***-zug*** **2. *der öffentliche N.*** der N. (1) mit Bussen，Straßenbahnen *usw* 短途公共交通

Näh·zeug *das*；*-s*；*nur Sg*(只用单数)；alles，was man zum Nähen (1) braucht (*z.B.* Nadel，Schere u. Faden)缝纫用具

na·iv [na'iːf] *Adj*(形) **1.** voller Vertrauen u. ohne Gedanken an etw. Böses 天真的，单纯的 ≈ gutgläubig〈ein Mensch 人；n. wie ein Kind sein 单纯得像个孩子〉 **2.** *mst pej* 多用[贬]；nicht fähig，Situationen richtig zu erkennen u. sich ihnen gegenüber entsprechend zu verhalten 幼稚的，头脑简单的 ≈ einfältig：*Es war ziemlich n. von ihm zu glauben，er würde so zu viel Geld bekommen* 他以为这么着就能挣大钱，实在是太幼稚了 **3. *naive Kunst*，*naive Malerei*** e-e Form der Malerei，die Menschen，Tiere *usw* sehr einfach darstellt u. die *mst* von Laien gemacht wird 稚拙派艺术、绘画 ‖ *zu*(义项) **1.** u. **2. Na·i·vi·tät** [-v-] *die*；*nur Sg*(只用单数)

Na·me *der*；*-ns*，*-n* **1.** das Wort (od. die

Wörter), unter dem man e-e Person od. Sache kennt u. durch das man sie identifizieren kann 名字,姓名 ‹j-m/etw. e-n Namen geben 给某人/某物起名; e-n Namen für j-n/etw. suchen, finden, aussuchen 为某人/某物寻找、找到、选择名字; j-s Namen tragen 使用某人的姓名; sich e-n anderen Namen beilegen, zulegen 给自己另添个、另加个名字; seinen Namen nennen, sagen, angeben, verschweigen 叫、说出、报出、不说他的姓名›: *Jeder nennt sie Nini, aber ihr wirklicher N. ist Martina* 大家都叫她妮妮,但她的真实名字是玛娣娜; *Sein N. ist Meier* 他叫麦耶尔 ‖ K-(复合): ***Namen(s)-, -änderung, -verzeichnis, -wechsel*** ‖ -K(复合): ***Familien-, Firmen-, Fluss-, Frauen-, Hunde-, Jungen-, Künstler-, Länder-, Mädchen-, Männer-, Orts-, Städte-, Stoff-, Tier-, Vor-*** **2.** das Wort (od. die Wörter), unter dem man e-e Gruppe von gleichen Objekten kennt u. mit dem man diese Gruppe od. ein Exemplar davon nennt 名称: *Tannen, Fichten u. Föhren fasst man unter dem Namen „Nadelbäume" zusammen* 人们把冷杉、云杉和赤松都归在"针叶树"的名称下 ‖ -K(复合): ***Art-, Gattungs-*** **3.** die (gute) Meinung, die andere Leute von einem haben 名声 ≈ Ruf, Reputation ‹e-n (guten, schlechten) Namen haben 名声好、不好; sich (als j-d/mit etw.) e-n Namen machen(作为…/靠…)出名、成名› **4.** ***im Namen*** + *Gen*(二格); ***in j-s Namen*** für j-n/etw., *bes* wenn einem e-e Aufgabe übertragen wurde 以…的名义 ‹im Namen des Gesetzes, des Volkes, der Regierung, seiner Eltern 以法律、人民、政府、他父母的名义; im eigenen Namen 以个人的名义›: *Im Namen des Gesetzes: Sie sind verhaftet!* 以法律的名义:您被捕了!; *Im Namen des Volkes ergeht folgendes Urteil* 以人民的名义作出下列判决: ... ‖ ID[谚] ***etw. beim Namen nennen*** etw. (*z. B.* ein Tabu) deutlich aussprechen 直言不讳; ***j-n nur dem Namen nach kennen*** j-n nicht persönlich kennen, aber schon von ihm gehört haben 只闻其名; ***seinen Namen für etw. hergeben*** etw. offiziell leiten, unterstützen *o. Ä.*, ohne dabei aktiv zu sein 挂名; ***mein N. ist Hase*** *gespr*[口]; verwendet, um auszudrücken, dass man von e-r bestimmten Sache nichts weiß (u. nichts damit zu tun haben will) 对此一无所知(也不想知道) ‖ NB(注意): *der Name; den, dem Namen, des Namens*

na̲·men·los *Adj*(形) **1.** so, dass der Name der betroffenen Person(en) nicht bekannt ist 无名的,不知名的 ‹ein Spender, die Toten 捐赠者,死者› **2.** *geschr*[书] ≈ sehr groß ‹Elend, Schmerz, Trauer, Glück *o. Ä.* 不幸,痛苦,悲痛,幸福等› ‖ *zu* (义项) **1.** u. **2.** **Na̲·men·lo·sig·keit** *die*; *nur Sg*(只用单数)

na̲·mens¹ *Adv*(副); *geschr*[书]; mit dem Namen 名叫…的: *in e-r kleinen bayerischen Stadt n. Füssen* 在一个名叫菲森的巴伐利亚小城里

na̲·mens² *Präp*(介); *mit Gen*, ADM *geschr*(支配二格)【管理】[书] ≈ im Namen von: *Die Delegation verhandelte n. der Betroffenen mit der zuständigen Behörde* 代表团以当事人的名义与主管当局谈判

Na̲·mens·schild *das*; ein kleines Schild (*z. B.* an e-r Tür), auf dem der Name der betreffenden Person steht(安在住宅门上的)姓名牌

Na̲·mens·tag *der*; KATH【天主】; der Tag im Jahr, der dem Heiligen gewidmet ist, dessen Namen man hat 圣名纪念日 ‹N. haben 过圣名纪念日›

Na̲·mens·vet·ter *der*; j-d, der den gleichen Vornamen od. den gleichen Familiennamen hat wie ein anderer, ohne dass die beiden verwandt sind 同名人

na̲·ment·lich¹ *Adj*(形); *nur attr od adv*(只作定语或状语); so, dass dabei jede Person od. Sache mit ihrem Namen genannt wird 具名的,道出姓名的 ‹e-e Abstimmung 表决; j-n n. nennen, erwähnen 指名叫、提到某人›

na̲·ment·lich² *Adv*(副); *geschr*[书] ≈ vor allem, hauptsächlich: *Von den Einsparungen sind alle betroffen, n. aber die Rentner* 节俭措施涉及到所有人,但首先是领养老金者

na̲m·haft *Adj*(形) **1.** *nur attr, nicht adv*(只作定语,不作状语); berühmt od. bekannt, bedeutend 有名望的,著名的 ‹ein Wissenschaftler, ein Gelehrter, ein Fotograf 科学家,学者,摄影家› **2.** *nur attr, nicht adv*(只作定语,不作状语); ziemlich groß 可观的,巨大的 ≈ beträchtlich ‹e-e Summe, e-e Spende, ein Betrag 数目,捐款,款额› **3.** ***j-n n. machen*** *geschr*[书]; feststellen, wer die Person ist (die etw. Bestimmtes getan hat) 查明身份 ‹den Täter n. machen 查出案犯的姓名›

nä̲m·lich *Adv*(副) **1.** verwendet, um e-e Aussage noch genauer od. konkreter zu formulieren 即,也就是 ≈ genauer gesagt, und zwar: *Nächstes Jahr, n. im Mai, fliegen wir in die USA* 明年,即在五月份,我们要去美国 **2.** verwendet, um etw. zu begründen, was man vorher gesagt hat 因为: *Er ist gut gelaunt – er hat n. seine Prüfung bestanden* 他心情很好 —— 因他通过了考试

nạnn·te *Imperfekt*, 1. *u*. 3. *Person Sg*(过去时,第一和第三人称单数); ↑ ***nennen***

na·nu̲ *Interjektion*(叹); verwendet, um Überraschung od. Verwunderung auszudrücken (用于表示惊奇、诧异)咳! 哟!; *N., wer kommt denn da? – Dich habe ich ja noch gar nicht erwartet* 哟! 这是谁来了? —— 我可真没想到会是你

Na̲·palm *das*; *-s*; *nur Sg*(只用单数); e-e Substanz, aus der man Bomben macht, durch die *bes* im Vietnamkrieg große Waldflächen verbrannt sind 凝固汽油 ‖ K-(复合): ***Napalm-, -bombe, -opfer***

Nạpf *der*; *-(e)s, Näp·fe*; e-e kleine, *mst* flache Schüssel, in der man *z. B.* Hunden u. Katzen das Futter gibt(喂狗、猫用的)钵,盆,碗;

N

der Katze e-n N. mit Milch hinstellen 给猫放上一盆牛奶 ‖ -K(复合): **Blech-**, **Ess-**, **Spuck-**; **Fress-**, **Futter-**, **Milch-**, **Trink-**

Nar·be *die*; -, *-n*; e-e Stelle auf der Haut, an der man sieht, dass dort einmal e-e Wunde war 疤,疤痕,伤疤 ⟨e-e N. bleibt zurück 留下一块疤; etw. hinterlässt e-e N., verheilt ohne N. 某物留下一块伤疤、愈合后没留疤痕⟩ ‖ -K(复合): **Brand-**, **Operations-**, **Pocken-** ‖ ▶ **vernarben**

nar·big *Adj*(形); *nicht adv*(不作状语); mit (vielen) Narben 有疤的,疤痕累累的 ⟨ein Gesicht, e-e Haut 脸,皮肤⟩

Nar·ko·se *die*; -, *-n*; *mst Sg*(多用单数); der Zustand der Unempfindlichkeit, in den man j-n bringt, damit man ihn operieren kann 麻醉; MED【医】Anästhesie ⟨in (der) N. liegen 处于麻醉状态中; die N. einleiten 准备实施麻醉; aus der N. erwachen 从麻醉中醒过来; j-m e-e N. geben 给某人实施麻醉⟩ ‖ K-(复合): **Narkose-**, **-apparat**, **-arzt**, **-mittel**, **-schwester** ‖ -K(复合): **Teil-**, **Voll-** ‖ *hierzu*(派生) **nar·ko·ti·sie·ren** (*hat*) *Vt*(及物)

Narr *der*; *-en*, *-en* **1.** j-d, der nicht richtig nachdenkt u. sich (in e-r bestimmten Situation) ganz falsch u. unvernünftig verhält 傻瓜,笨蛋 ≈ Dummkopf: *Er war ein N., ihren Lügen zu glauben* 他是个傻瓜,会相信她的谎话 **2.** *hist*[历]; j-d, der *bes* am Hof e-s Königs od. Fürsten die Aufgabe hatte, die Menschen zum Lachen zu bringen 宫廷小丑,弄臣 ‖ -K(复合): **Hof-** **3.** j-d, der sich ein buntes lustiges Kleid anzieht u. so Karneval feiert 狂欢节小丑 ‖ ID[谚] ***j-n zum Narren halten*** versuchen, j-n zu täuschen, e-n Spaß mit j-m zu machen 捉弄、愚弄某人: *Dieses teure Auto soll dir gehören? – Du willst mich wohl zum Narren halten!* 这么贵的汽车会是你的?——你是想愚弄我吧!; ***an j-m / etw. e-n Narren gefressen haben*** *gespr*[口]; j-n/etw. sehr gern mögen 痴爱、迷恋某人/某物 ‖ *zu*(义项) **1.** u. **3.** **När·rin** *die*; -, *-nen* ‖ NB(注意): *der Narr*; *den*, *dem*, *des Narren*

-narr *der*; *im Subst*, *begrenzt produktiv*(构成名词,构词有限); j-d, der das, was genannt wird, so gern mag, dass er sich fast die ganze Zeit damit beschäftigt …迷,…爱好者 ≈ -liebhaber, -fan, -freak; **Blumennarr**, **Büchernarr**, **Computernarr**, **Hundenarr**, **Kindernarr**, **Pferdenarr**

Nar·ren·frei·heit *die*; *nur Sg*(只用单数); die Freiheit, Dinge zu sagen od. zu tun, die andere nicht sagen od. tun dürfen 特许的言行自由 ⟨(bei j-m) N. haben, genießen(在某人处)说笑打趣毫无拘束,享有特许的言行自由; j-m N. gewähren 赋予某人格外的言行自由⟩

Nar·ren·haus *das*; *gespr pej*[口][贬] ≈ Irrenhaus

nar·ren·si·cher *Adj*(形); *gespr*[口]; so einfach, dass man nichts falsch machen kann 连傻子都不会弄错的,十分简单的 ≈ idiotensicher

när·risch *Adj*(形) **1.** nicht sehr vernünftig 傻里傻气的,傻乎乎的,迂拙的 ⟨e-e Idee, ein Einfall 主意,想法; närrisches Zeug reden 说傻话; sich n. benehmen 举止傻乎乎的⟩ **2.** *gespr*[口]; sehr intensiv 发疯的,异常的 ⟨e-e närrische Freude zeigen, sich n. freuen 表露出异常的高兴,高兴得发疯⟩ **3.** *nur attr*, *nicht adv*(只作定语,不作状语); für Karneval od. Fasching typisch 狂欢的,欢闹的: *Am Faschingsdienstag herrscht auf allen Straßen närrisches Treiben* 狂欢节星期二的街头一片欢闹的景象

Nar·zis·se *die*; -, *-n*; e-e Blume mit langen, schmalen Blättern u. weißen od. gelben Blüten, die im Frühling blüht 水仙花 ‖ ↑ *Abb.* *unter* 图见 **Blumen**

Nar·ziss·mus *der*; -; *nur Sg*, *geschr*(只用单数)[书]; die übertriebene Form der Liebe zur eigenen Person 自我陶醉,自恋 ‖ *hierzu*(派生) **nar·ziss·tisch** *Adj*(形)

NASA ['na:za] *die*; -; *nur Sg*(只用单数); (*Abk für* 缩写,全称为 National Aeronautics and Space Administration) die Behörde für Luft- u. Raumfahrt in den USA 美国航空航天局

Na·sal *der*; *-s*, *-e*; ein Laut, bei dem ein Teil der Luft durch die Nase herauskommt 鼻音: *Die Laute „m" u. „n" sind Nasale* "m"和"n"为鼻音 ‖ K-(复合): **Nasal-**, **-laut** ‖ *hierzu*(派生) **na·sal** *Adj*(形); **na·sa·lie·ren** (*hat*) *Vt*(及物)

na·schen; *naschte*, *hat genascht*; **Vt/i** (及物/不及物) **1.** (***etw.***) ***n.*** von etw., das man sehr gern mag (*bes* Süßigkeiten), ein bisschen essen 爱吃零食(甜食) ⟨Schokolade, Kekse, Bonbons n. 贪吃巧克力,饼干,糖果⟩: *Ich nasche unheimlich gern* 我特爱吃零食; **Vi** (不及物) **2.** (***von etw.***) ***n.*** (*mst* heimlich) e-e kleine Menge von etw. nehmen u. essen 偷嘴,偷吃一口

Na·sche·rei *die*; -, *-en/n* **1.** *mst Sg*(多用单数); das Naschen 爱甜食 **2.** *mst Pl*(多用复数) ≈ Süßigkeiten

nasch·haft *Adj*(形); *nicht adv*(不作状语); ⟨ein Kind 孩子⟩ so, dass es gern u. oft Süßigkeiten isst 爱吃甜食的 ‖ *hierzu*(派生) **Nasch·haf·tig·keit** *die*; *nur Sg*(只用单数)

Nasch·kat·ze *die*; *gespr* [口]; j-d, der viel nascht 爱吃甜食者

Na·se *die*; -, *-n* **1.** der Teil des Gesichts, mit dem man riecht (u. atmet) 鼻 ⟨durch die N. atmen 用鼻子呼吸; sich (*Dat* 三格) die N. putzen, zuhalten 擤鼻涕,捂住鼻子; j-m läuft, rinnt, blutet die N. 某人淌、流鼻涕,流鼻血; e-e verstopfte N. haben 鼻子堵了; in der N. bohren 掏鼻孔; die N. rümpfen 皱起鼻子⟩ ‖ ↑ *Abb.* *unter* 图见 **Kopf** ‖ K-(复合): **Nasen-**, **-bluten**, **-ring**, **-schmuck**; **Nase-**, **-rümpfen**; **nase-**, **-rümpfend** ‖ -K(复合): **Haken-**, **Knollen-** **2.** *gespr*[口]; die Fähigkeit, etw. zu riechen 嗅觉 ≈ Geruchssinn ⟨e-e gute, feine N. haben 嗅觉灵敏⟩ **3.** ***e-e N. für etw.*** *gespr*[口]; die Fähigkeit zu wissen, was man tun muss,

N

um etw. Bestimmtes zu erreichen(对…)鼻子灵,敏锐,脑子快 ≈ Riecher, Gespür ‹e-e gute, die richtige N. für etw. haben 对某事嗅觉灵敏、看得准›: *Seit sie das Geschäft leitet, geht es viel besser als vorher — sie hat einfach die richtige N. dafür* 自从她主管生意以来,情况比以前好多了 —— 她在这方面就是精明 **4. pro N.** *gespr*[口] ≈ pro Person, pro Kopf ‖ ID[谚] ***j-d/etw. beleidigt die/j-s N.*** *gespr*[口]; j-d/etw. riecht sehr unangenehm 某人/某物的味儿很难闻; ***j-m etw. unter die N. halten*** *gespr*[口]; j-m etw. ganz nahe vor die Augen halten 把某物举到某人眼前; ***etw. liegt/steht vor j-s N.*** *gespr*[口]; etw. liegt/steht direkt vor j-m某物就在某人鼻子跟前: *Was suchst du denn den Zucker, er steht ja vor deiner N.!* 你还找什么糖啊,它不就在你鼻子底下吗?; ***etw. fährt j-m vor der N. weg/davon*** *gespr*[口]; ‹der Zug, der Bus, die Straßenbahn 火车,汽车,电车› fährt weg, kurz bevor j-d hinkommt (u. einsteigen möchte)眼看着开走,差一步没赶上; ***von j-m/etw. die N. (gestrichen) voll haben*** *gespr*[口]; keine Lust mehr haben, j-n zu sehen od. etw. zu tun, *bes* weil man zu viel mit ihm / damit zu tun gehabt hat 对某人/某事厌烦、感到够了 ≈ j-n/etw. (gründlich) satthaben; ***j-m gefällt/passt j-s N. nicht*** *gespr*[口]; j-d mag j-n nicht, ohne dass es e-n besonderen Grund dafür gibt 就是不喜欢某人; ***die N. vorn haben*** *gespr*[口]; gegenüber anderen (Konkurrenten) erfolgreich sein(比其他人)领先一步: *Was immer er tut, er hat die N. vorn* 不论他干什么,总比别人领先一步; ***auf die N. fallen*** *gespr*[口]; e-n Misserfolg haben 失败,不成功 ≈ scheitern; ***die/seine N. zu tief ins Glas stecken*** *gespr*[口]; zu viel Alkohol trinken 酒喝多了; ***die/seine N. ins Buch stecken*** *gespr*[口]; etw. lesen u. dabei lernen 埋头看书学习; ***seine N. in etw.*** (*Akk* 四格) ***stecken*** *gespr*[口]; etw. bei Dingen sagen od. tun, die einen nicht betreffen 管闲事 ≈ sich in etw. einmischen ‹seine N. in fremde Angelegenheiten stecken 插手别人的事›; ***j-d sieht nicht weiter als seine N. (reicht)*** *gespr*[口]; j-d ist sehr engstirnig, hat keinen Blick für größere Zusammenhänge 某人思路狭窄,目光短浅; ***die N. hoch tragen*** arrogant od. eingebildet sein 翘起鼻子,目空一切,自高自大; ***(über j-n/etw.) die N. rümpfen*** j-n/etw. schlecht finden (u. verachten)对某人/某事嗤之以鼻; ***immer der N. nach*** *gespr*[口] ≈ geradeaus ‹immer der N. nach gehen 一直朝前走›; ***j-m etw. an der N. ansehen*** *gespr*[口]; an j-s Gesicht(sausdruck) sehen, was los ist od. in welcher Stimmung er ist 从某人的面部表情看出某事; *mst* 多为 ***Fass dich doch an die eigene N.!*** *gespr*[口]; prüfe dein eigenes Verhalten, bevor du andere kritisierst! (在你说别人之前)还是先看看你自己吧!; ***j-n an der N. herumführen*** *gespr*[口]; j-n mit Absicht täuschen 牵着某人的鼻子走,有意蒙骗(愚弄)某人; *mst* 多为 ***Das werde ich ihm/ihr nicht auf die N. binden!*** *gespr*[口]; das werde ich ihm/ihr nicht sagen 这事我不会向他/她泄露的; ***j-m auf der N. herumtanzen*** *gespr*[口]; mit j-m tun, was man will 不把某人放在眼里,肆无忌惮地对待某人; ***j-m etw. aus der N. ziehen*** *gespr*[口]; j-m so lange Fragen stellen, bis er etw. sagt (was er vorher nicht sagen wollte)从某人嘴里套出话来; ***j-n mit der N. auf etw.*** (*Akk* 四格) ***stoßen*** *gespr*[口]; auf sehr direkte Art j-n auf etw. aufmerksam machen 直接向某人指明某事; ***j-m etw. unter die N. reiben*** *gespr*[口]; j-n *mst* auf unangenehme Weise auf seine Fehler *o.Ä.* aufmerksam machen 毫不客气地指出某人的错误; ***j-m etw. vor der N. wegschnappen*** *gespr*[口]; etw., das ein anderer auch gern hätte, schnell vor ihm kaufen od. nehmen 赶在某人前头抢先得到某物; ***j-m j-n vor die N. setzen*** *gespr*, *oft pej*[口]多用[贬]; j-n zum Chef von j-d anderem machen, der selbst mit diesem Posten gerechnet hat 安排某人去当另一个人的上司; ***sich*** (*Dat* 三格) ***e-e goldene N. verdienen*** *gespr*[口]; (bei e-m Geschäft) sehr viel Geld verdienen 挣了一大笔钱; ***j-m e-e (lange) N. drehen/machen*** *gespr*[口]; j-n verspotten od. über j-n triumphieren 嘲笑某人

na·se·lang *nur in* 只用于 ***alle n.*** *gespr*[口]; sehr oft 老是,经常

nä·seln; *näselte, hat genäselt*; Vi (不及物) durch die Nase sprechen 说话带鼻音 ‹e-e näselnde Stimme, Sprechweise 声音、说话带鼻音›: *Er näselt, weil er starken Schnupfen hat* 他伤风了,说话鼻音很重

Na·sen·flü·gel *der*; *mst Pl*(多用复数); die zwei weichen Teile an den Seiten der Nase 鼻翼 ‹j-s Nasenflügel beben, zittern, blähen sich 某人的鼻翼颤动、抖动、鼓起来›

Na·sen·län·ge *die*; *nur Sg*(只用单数); *mst in* 多用于 **1. *j-m um e-e N. voraus sein*** ein bisschen besser sein als ein anderer 仅以一鼻之差领先,比…稍胜一筹 **2. *j-n um e-e N. schlagen*** knapp vor j-m gewinnen 以微弱的优势取胜,略为领先于某人

Na·sen·loch *das*; *-s, Na·sen·lö·cher*; *mst Pl*(多用复数); die zwei Öffnungen der Nase 鼻孔 ‖ ↑ *Abb. unter* 图见 ***Kopf***

Na·sen·rü·cken *der*; der schmale obere Teil der Nase 鼻梁

Na·sen·spit·ze *die*; *mst Sg*(多用单数); der weiche Teil am vorderen Ende der Nase 鼻尖 ‖ ID[谚] ***j-m etw. an der N. ansehen*** *gespr*[口]; j-s Stimmung *o.Ä.* an seinem Gesicht(sausdruck) erkennen 从某人的面部表情看出某事(指情绪)

Na·sen·stü·ber *der*; *-s, -*; *gespr*[口]; e-e Äußerung, mit der man j-n auf sanfte Art tadelt 温和的责备 ‹j-m e-n N. versetzen, verabreichen给某人以温和的责备›

na·se·weis *Adj*(形) ≈ vorlaut ‖ *hierzu*(派生) **Na·se·weis** *der*; *-es, -e*

Nas·horn *das*; ein großes, schweres Tier, das e-e dicke graue Haut u. ein od. zwei

Hörner auf der Nase hat 犀牛 ≈ Rhinozeros

-na·sig *im Adj*, *wenig produktiv*（构成形容词,构词弱）; mit e-r Nase, die die genannte Form hat…（型）鼻子的; ***hakennasig***, ***knollennasig***, ***krummnasig***, ***langnasig***, ***plattnasig***, ***spitznasig***

nass, *nasser/nässer*, *nassest-/nässest-*; *Adj*（形）; **1.** voll od. bedeckt mit Wasser (od. e-r anderen Flüssigkeit)湿的 ↔ trocken: *die nassen Haare mit e-m Föhn trocknen* 用吹风机吹干湿发; *Die Straßen sind n. vom Regen* 马路因下雨而湿漉漉的; *Mach dein Hemd nicht n.!* 别弄湿你的衬衣! **2.** mit viel Regen 多雨的 ≈ verregnet ↔ trocken 〈das Wetter, ein Sommer 天气,夏季〉 **3.** *nur präd*, *nicht adv*（只作表语,不作状语）; noch nicht ganz trocken 未干的 ≈ frisch 〈die Farbe, die Tinte 颜料,墨水〉 **4.** *nicht adv*（不作状语）; schon fast geschmolzen u. deshalb schwer 湿湿的 〈Schnee 雪〉 **5.** ***sich n. machen*** (*bes* als kleines Kind) Urin in die Hose od. ins Bett rinnen lassen 尿裤或尿床 ‖ ID[谚] ***Mach dich nicht n.!*** *gespr* [口]; Reg dich nicht auf, beruhige dich! 安静些,别激动! ‖ NB(注意): im Unterschied zu *nass* bezieht sich *feucht* auf e-e kleinere Menge an Flüssigkeit, *z.B.* ist Gras nach e-m Regen *nass*, ein paar Stunden später nur noch *feucht* (*feucht* 和 *nass* 的区别在于前者含的水份少,比如雨后的草地是 *nass*(湿的),几小时之后就只是 *feucht*(潮湿))

Nass *das*; *-es*; *nur Sg*, *geschr*（只用单数）[书]; Wasser (*bes* zum Trinken od. zum Baden) 饮用水,(可供游泳的)清水 〈das kostbare, kühle N. 珍贵的、清凉的水〉: *Er erfrischte sich durch e-n Sprung ins kühle N.* 他跃入清凉的水中,精神为之一爽

Näs·se *die*; *-*; *nur Sg*（只用单数）; der Zustand od. die Eigenschaft, nass (1) zu sein 湿,潮湿 〈vor N. triefen 湿得滴水; etw. vor N. schützen 防止某物受潮〉: *Es regnet in Strömen – willst du bei der N. wirklich spazieren gehen?* 下着瓢泼大雨——你真想这么湿淋淋地散步? ‖ -K(复合): ***Straßen-***

näs·sen; *nässte*, *hat genässt*; [Vi]（不及物） ***etw. nässt*** *mst* 多用 〈e-e Wunde 伤口〉 gibt e-e Flüssigkeit (nicht Blut!) von sich(物作主语)渗水,出水

nass·kalt *Adj*（形）; *nicht adv*（不作状语）; 〈Wetter 天气〉 kalt u. mit viel Regen 湿冷的: *ein nasskalter Herbst*, *Monat* 湿冷的秋季,月份

nass·ma·chen ↑ ***nass***

Nass·ra·sur *die*; das Rasieren mit Wasser u. Seife 湿刮(胡子) ↔ Trockenrasur ‖ *hierzu*（派生） **Nass·ra·sie·rer** *der*

Na·ti·on [-ˈtsi̯oːn] *die*; *-*, *-en* **1.** alle Menschen, die dieselbe Abstammung, Sprache u. Kultur haben u. *mst* innerhalb gemeinsamer politischer Grenzen leben 民族 ≈ Volk 〈die deutsche, italienische, französische *usw* N. 德意志、意大利、法兰西等民族〉 **2.** ≈ Staat: *An den Olympischen Spielen nehmen Sportler der verschiedensten Nationen teil* 很多国家的运动员参加奥林匹克运动会 ‖ -K(复合): ***Industrie-*** **3.** ***die Vereinten Nationen*** e-e internationale Organisation, die für den Frieden auf der Welt arbeitet 联合国; *Abk* 缩写 die UNO, UN

na·ti·o·nal [-tsi̯o-] *Adj*（形） **1.** *mst attr*（多作定语）; in Bezug auf e-e Nation 民族的 〈die Selbstbestimmung, die Souveränität, die Interessen 自决,主权,利益〉 ‖ K-(复合): ***National-***, ***-museum*** **2.** *mst attr*（多作定语）; die Angelegenheiten innerhalb e-s Staates betreffend 国家的 ↔ international 〈auf nationaler Ebene 在国家的层次上; den nationalen Notstand ausrufen 宣布国家紧急状态〉 **3.** ***e-e nationale Minderheit*** e-e kleine Gruppe von Menschen, die sich von den anderen im Staat durch ihre Sprache u. Kultur unterscheidet 少数民族

na·ti·o·nal·be·wusst *Adj*（形）; in seiner Einstellung u. seinem Handeln (immer) bewusst an den eigenen Staat od. die eigene Nation denkend 具有民族(国家)观念的,具有民族(国家)意识的 ‖ *hierzu*（派生） **Na·ti·o·nal·be·wusst·sein** *das*; *nur Sg*（只用单数）

Na·ti·o·nal|fei·er·tag *der*; ein Feiertag, der an ein Ereignis erinnert, das für ein Volk od. e-n Staat sehr wichtig war 国庆节 ≈ Staatsfeiertag

Na·ti·o·nal·ge·richt *das*; e-e Speise, die für ein Land typisch ist (u. dort gern gegessen wird) 国菜

Na·ti·o·nal·hym·ne *die*; das offizielle Lied e-s Landes, das zu feierlichen Anlässen gespielt wird 国歌: *Unter den Klängen der N. nahm der Sportler die Medaille entgegen* 在国歌声中运动员接受奖牌

Na·ti·o·na·lis·mus *der*; *-*; *nur Sg*（只用单数） **1.** *mst pej* 多用[贬]; e-e Denkweise, die die Interessen der eigenen Nation für wichtiger hält als die anderer Völker od. Staaten 民族主义 **2.** das starke Bewusstsein, Teil e-r Nation zu sein, *bes* wenn damit das Ziel verbunden ist, e-n eigenen Staat zu gründen 国家主义 ‖ *zu*（义项） **1. Na·ti·o·na·list** *der*; *-en*, *-en*

na·ti·o·na·lis·tisch *Adj*（形）; *mst pej* 多用[贬]; übertrieben patriotisch 民族主义的

Na·ti·o·na·li·tät *die*; *-*, *-en* **1.** die Zugehörigkeit (e-s Bürgers) zu e-m bestimmten Staat 国籍 ≈ Staatsangehörigkeit, Staatsbürgerschaft **2.** *Kollekt*（集合）; e-e Gruppe von Menschen, die dieselbe Sprache u. Kultur haben u. mit Menschen anderer Sprache od. Kultur innerhalb gemeinsamer politischer Grenzen leben 民族: *Im alten Österreich gab es viele verschiedene Nationalitäten* 过去的奥地利有许多不同的民族

Na·ti·o·nal·mann·schaft *die*; e-e Mannschaft mit Spielern von verschiedenen Vereinen, die bei internationalen Wettkämpfen ein bestimmtes Land vertritt 国家队 ‖ -K(复合): ***Fußball***

Na·ti·o·nal·rat *der* 1. *nur Sg*（只用单数）；das direkt gewählte Parlament in Österreich u. der Schweiz（直接选举产生的奥地利和瑞士议会）国民议会 2. ein Mitglied des Nationalrates (1)国民议会议员 ‖ NB（注意）：↑ ***Bundesrat***, ***Ständerat*** ‖ *zu*（义项）2. **Na·ti·o·nal·rä·tin** *die*

Na·ti·o·nal·so·zi·a·lis·mus *der*；-；*nur Sg*（只用单数）1. die politische (faschistische) Bewegung, die nach dem 1 Weltkrieg in Deutschland entstand u. mit der Hitler an die Macht kam 民族社会主义，国家社会主义，纳粹主义 2. die Diktatur Hitlers in Deutschland von 1933-1945, die die Ideologie dieser Bewegung hatte 希特勒纳粹独裁 ‖ *zu*（义项）1. **Na·ti·o·nal·so·zi·a·list** *der*；*-en*, *-en*；**na·ti·o·nal·so·zi·a·lis·tisch** *Adj*（形）‖ NB（注意）：↑ ***Nazi***

NATO [ˈnaːto] ↑ ***Nato***

Na·to *die*；-；*nur Sg*（只用单数）；ein militärisches Bündnis zwischen den USA, Kanada u. mehreren westlichen europäischen Staaten 北大西洋公约组织 ‖ K-（复合）：***Nato-***, ***-general***, ***-manöver***

Nat·ri·um *das*；*-s*；*nur Sg*（只用单数）；ein sehr weiches Metall, das fast nur in Verbindung mit anderen Substanzen vorkommt 钠；CHEM【化】Na：*Speisesalz ist e-e Verbindung aus N. u. Chlor* 食盐是钠和氯的化合物 ‖ K-：***Natrium-***, ***-chlorid***

Nat·ron *das*；-；*nur Sg*（只用单数）；ein weißes Pulver, das *bes* im Backpulver ist 氧化钠，碳酸钠，氢氧化钠的总称

Nat·ter *die*；-, *-n*；e-e Schlange, die *mst* nicht giftig ist, mit e-r deutlichen Grenze zwischen Kopf u. Körper 游蛇，水蛇 ‖ ID［谚］***e-e N. am Busen nähren*** *geschr*［书］；j-m vertrauen u. Gutes tun, der einem später schadet 姑息养奸

Na·tur *die*；-, *-en* 1. *nur Sg*（只用单数）；alles was es gibt, das der Mensch nicht geschaffen hat (*z. B.* die Erde, die Pflanzen u. Tiere, das Wetter *usw*) 自然，大自然〈die belebte, unbelebte N. 生物界，非生物界；Mutter N. 大自然；die Gesetze, Wunder der N. 大自然的规律、奇迹〉：*Die Niagarafälle sind ein Wunderwerk der N.* 尼亚加拉瀑布是大自然造就的奇迹 ‖ K-：***Natur-***, ***-gesetz***, ***-katastrophe***, ***-produkt***, ***-wunder*** 2. *nur Sg*（只用单数）；Wälder, Wiesen *o. Ä.*, die nur wenig od. nicht vom Menschen verändert worden sind (oft im Gegensatz zur Stadt) 自然界，天然环境，自然景观〈die freie, unberührte N. 野外的、原始的自然景观〉：*mit der N. im Einklang leben* 与自然融为一体地生活；*Viele Tiere kann man nur noch im Zoo besichtigen, weil sie in freier / in der N. kaum noch vorkommen* 许多动物人们只能去动物园参观，因为在野外/天然环境中几乎见不到它们的踪迹 ‖ K-（复合）：***Natur-***, ***-forscher***, ***-freund***, ***-geschichte*** 3. *nur Sg*（只用单数）；ein Material, das vom Menschen in seinem natürlichen Zustand belassen wurde 天然 ↔ Kunst (5)：*Ihre Haare sind nicht gefärbt, das ist N.* 她的头发不是染的，是天然色 ‖ K-（复合）：***Natur-***, ***-faser***, ***-farbe***, ***-haar***, ***-locken***, ***-perle***, ***-seide***；***natur-***, ***-blond*** 4. die Eigenschaften, die j-n von anderen unterscheiden 天性，本性，生性，禀性 ≈ Wesen (1)：*Es liegt nicht in ihrer N., unehrlich zu sein* 不诚实不是她的天性；*Sie ist von N. (aus) sehr aufgeschlossen* 她生来就很开朗 5. *nur Sg*（只用单数）；die Art, wie etw. (beschaffen) ist 性质〈Fragen, Probleme allgemeiner, grundsätzlicher N. 一般性的、原则性的问题、难题；ein Fehler, e-e Verletzung leichter, schwerer N. 性质较轻、较重的错误，伤势轻、重〉‖ ID［谚］***Das liegt in der N. der Sache / der Dinge*** das ist eben so, man kann es nicht anders erwarten 这是必然的；*mst* 多为 ***Das ist gegen / wider die N.*** das ist nicht gut od. richtig, weil es gegen die Moral *o. Ä.* verstößt 这违背天性；***etw. geht j-m gegen / wider die N.*** etw. ist so, dass es j-d sehr ungern tut, weil er es mit seinem (inneren) Wesen nicht vereinbaren kann 某事违背某人的本性，某人干某事是违心的

Na·tu·ra·li·en [-li ən] *die*；*Pl*（复）；Produkte (*bes* Lebensmittel), mit denen man (statt mit Geld) für etw. bezahlt（作为支付或交换手段的）实物〈in N. bezahlen 以实物支付〉

Na·tu·ra·lis·mus *der*；-；*nur Sg*（只用单数）；ein Stil der Kunst u. der Literatur *bes* am Ende des 19 Jahrhunderts, bei dem alles (auch das Hässliche) möglichst genau dargestellt wird（文学艺术中的一种表现手法）自然主义：*Gerhart Hauptmann war ein berühmter Vertreter des N.* 格哈德·豪普特曼是自然主义流派的著名代表 ‖ *hierzu*（派生）**Na·tu·ra·list** *der*；*-en*, *-en*；**Na·tu·ra·lis·tin** *die*；-, *-nen*；**na·tu·ra·lis·tisch** *Adj*（形）

na·tur·be·las·sen *Adj*（形）；nicht vom Menschen verändert 天然的，纯的〈e-e Landschaft, Milch 景色，牛奶〉

Na·tur·bur·sche *der*；*gespr*［口］；ein kräftiger, natürlicher[1] (5) u. unkomplizierter junger Mann 健壮质朴的男青年

Na·tur·denk·mal *das*；etw. in der Natur (ein Baum, ein Felsen, ein Wasserfall *o. Ä.*), das nicht verändert od. zerstört werden darf（重点保护的）自然遗迹，自然景观

Na·tu·rell *das*；*-s*, *-e*；der Charakter u. das Wesen e-s Menschen 天性，禀性，本性，气质 ≈ Temperament：*ein ausgeglichenes N.* 平和的天性

Na·tur·er·eig·nis *das*；ein ungewöhnliches Ereignis in der Natur (1), auf das die Menschen keinen Einfluss haben 自然现象：*Die letzte Sturmflut war ein schreckliches N.* 最近的那次风暴潮是个可怕的自然现象

na·tur·far·ben *Adj*（形）；*nicht adv*（不作状语）；so, dass die (ursprüngliche) Farbe nicht verändert worden ist 本色的，原色的 ↔ gefärbt〈Holz, Wolle 木头，羊毛〉

na·tur·ge·ge·ben *Adj*（形）；*nicht adv*（不作状

语); so, dass der Mensch keinen Einfluss darauf hat 生就的,天生的,天赋的: *So e-e Begabung kann nur n. sein* 这般的才华只能是天生的

na·tur·ge·mäß[1] *Adj*(形);〈e-e Lebensweise, e-e Ernährung 生活方式,饮食〉so, dass es der Natur (2) angepasst ist 合乎自然的

na·tur·ge·mäß[2] *Adv*(副); so, wie es aufgrund der Eigenschaften e-r Person/Sache zu erwarten ist 合乎本性的,合情合理的,合乎逻辑的 ≈ folgerichtig

na·tur·ge·treu *Adj*(形); wie in der Natur (2), wie in Wirklichkeit 逼真的,写实的,忠实于原貌的〈ein Bild, ein Foto, e-e Darstellung, e-e Schilderung, e-e Zeichnung 画,照片,描写,描述,绘画〉

Na·tur·ge·wal·ten *die*; *Pl*(复); die starken Kräfte wie Wind, Sturm *usw*, die in der Natur (1) wirken 大自然的威力: *Bei Sturm u. eisiger Kälte kämpften sie gegen die N.* 在风暴和严寒中他们与大自然的威力搏斗着

Na·tur|heil·kun·de *die*; *nur Sg*(只用单数); e-e Art der Medizin, bei der die Kranken (ohne chemische Medikamente) mit natürlichen[1] (1) Methoden behandelt werden 自然疗法,物理疗法 ‖ NB(注意): ↑ ***Homöopathie***

Na·tur·kost *die*; Lebensmittel, die ohne Dünger, Gifte, Hormone *o. Ä.* hergestellt u. möglichst wenig bearbeitet worden sind, u. die deshalb gesund sind 天然食品,绿色食品 ‖ K-(复合): ***Naturkost-, -laden***

Na·tur·kun·de *die*; *nur Sg*, *veraltend*(只用单数)[渐旧]; ein Fach in der Schule, das sich mit der Kenntnis der Natur (1) beschäftigt 自然课 ‖ *hierzu*(派生) **na·tur·kund·lich** *Adj*(形); *nur attr od adv*(只作定语或状语)

na·tür·lich[1] *Adj*(形) **1.** *ohne Steigerung*(无变级); so, wie es normal in der Welt vorkommt, ohne dass der Mensch es beeinflusst 天然的, 自然的 ↔ künstlich: *Die Stadt hat e-n natürlichen Hafen* 这城市拥有一个天然港口; *Mäuse haben viele natürliche Feinde, z. B. Katzen u. Füchse* 老鼠有不少天敌,比如猫和狐狸 **2.** so, wie es von der Erfahrung her erwartet wird 自然的,正常的 ≈ normal ↔ unnatürlich, unnormal: *Es ist ganz n., sich vor dem Zahnarzt zu fürchten* 害怕牙医是很自然的事; *Es ist doch nur n.,* dass/wenn *das Kind vor dem großen Hund Angst hat* 孩子在大狗面前感到害怕,这可是极正常的 **3.** *ohne Steigerung*(无变级); so, dass es von Geburt an vorhanden ist 天生的,生就的,生来的 ≈ angeboren ↔ erlernt〈e-e Begabung, ein Charme, Locken 才华,魅力,卷发〉: *Katzen haben e-e natürliche Scheu vor Wasser* 猫天生怕水 **4.** *ohne Steigerung*(无变级); den Gesetzen der Physik, Chemie *usw* entsprechend 合乎自然法则的 ↔ übernatürlich: *Es muss e-e natürliche Erklärung für dieses Ereignis geben* 对这个现象必有个合乎规律的解释 **5.** 〈ein Mensch 人〉so, dass er entspannt ist u. so aussieht, spricht u. handelt, wie es seinem Wesen entspricht 自然大方的,不做作的 ≈ ungezwungen ↔ unnatürlich, gekünstelt: *e-e natürliche junge Frau* 落落大方的年轻女子 **6.** so, wie es der Natur (2) entspricht u. der Umwelt od. Gesundheit nicht schadet 自然朴实的,简朴的 ≈ naturgemäß[1]〈e-e Ernährung, e-e Lebensweise 饮食,生活方式〉 **7.** ***e-e natürliche Zahl*** MATH【数】; e-e positive ganze Zahl (1, 2, 3 *usw*) 自然数 **8.** ***e-e natürliche Person*** JUR【法】; ein Mensch mit allen seinen Rechten im Gegensatz zu e-r Organisation 自然人 ↔ e-e juristische Person **9.** ***ein natürlicher Tod*** ein Tod, den kein Mensch od. Unglück bewirkt hat 自然死亡 ↔ ein gewaltsamer Tod〈e-s natürlichen Todes sterben 自然死亡〉‖ *zu*(义项) **1.**, **3.** u. **5.** **Na·tür·lich·keit** *die*; *nur Sg*(只用单数)

na·tür·lich[2] *Adv*(副) **1.** verwendet, um auszudrücken, dass der Sprecher etw. für ganz klar u. logisch hält 当然,自然,毫无疑问 ≈ selbstverständlich: *N. habe ich ihm vertraut, sonst hätte ich den Vertrag ja nicht unterschrieben* 我当然信任他,否则我不会在合同上签字 **2.** so, wie man es erwartet (geahnt od. befürchtet) hat 必然,不出所料 ≈ erwartungsgemäß: *Wir hatten uns sehr auf den Ausflug gefreut. N. hat es dann geregnet* 原本我们很期待这次郊游,后来赶上下雨了 **3.** (*mst* in Verbindung mit *aber*) verwendet, um etw., das klar u. selbstverständlich ist, einzuschränken(和 *aber* 连用)当然,不用说: *Natürlich hast du recht, aber man muss auch seine Position verstehen* 你当然是对的,但也得理解他的处境 ‖ *zu*(义项) **1.** **na·tür·li·cher·wei·se** *Adv*(副)

na·tur·nah *Adj*(形); so, dass es der Natur entspricht 朴实自然的,简朴的 ≈ natürlich[1] (6)〈e-e Ernährung, e-e Lebensweise 饮食,生活方式〉‖ *hierzu*(派生) **Na·tur·nä·he** *die*

Na·tur·park *der*; ein (Landschafts)Gebiet, das zum Schutz bestimmter Tiere u. Pflanzen in seinem natürlichen Zustand belassen wurde 自然保护区 ≈ Naturschutzgebiet

na·tur·rein *Adj*(形); *nicht adv*(不作状语); ohne chemische Zusätze 天然的,无化学添加剂的〈ein Saft, ein Wein 果汁,葡萄酒〉

Na·tur·schutz *der*; *nur Sg*(只用单数); *Kollekt*(集合); die Maßnahmen u. Gesetze, durch die man bestimmte Landschaften u. seltene Tiere u. Pflanzen erhalten will 自然保护: *Das Edelweiß steht unter N. u. darf nicht gepflückt werden* 高山火绒草(又名雪绒花)是受保护的,不准随意采摘 ‖ K-(复合): ***Naturschutz-, -gebiet, -gesetz*** ‖ *hierzu*(派生) **Na·tur·schüt·zer** *der*; *-s*, -

Na·tur·ta·lent *das*; j-d, der etw. sehr schnell erlernen kann (u. e-e sehr große Begabung dafür hat) 天才,才子〈ein N. sein 是个天才〉

na·tur·ver·bun·den *Adj*(形);〈ein Mensch 人〉so, dass er ein besonders enges Verhältnis zur Natur (2) hat 热爱大自然的 ‖ *hierzu*(派生) **Na·tur·ver·bun·den·heit** *die*; *nur Sg*(只用

单数）

Na.tur.volk *das*; ein Volk, das auf e-r einfachen Stufe der Zivilisation lebt 原始民族，部族：*Die Buschmänner in Afrika sind ein N.* 非洲的布须曼人是个原始部族

Na.tur.wis.sen.schaft *die*; *Kollekt*（集合）；die Wissenschaften (wie *z.B.* Physik, Chemie, Biologie), die sich mit den Erscheinungen in der Natur (1) befassen 自然科学 ↔ Geisteswissenschaft, Gesellschaftswissenschaft ‖ *hierzu*（派生）**Na.tur.wis.sen.schaft.ler** *der*; *-s*, *-*; **Na.tur.wis.sen.schaft.le.rin** *die*; *-*, *-nen*; **na.tur.wis.sen.schaft.lich** *Adj*（形）；*mst attr*（多作定语）

Na.tur.zu.stand *der*; der Zustand, in dem etw. ist, das der Mensch (noch) nicht verändert hat 原始状态 ≈ Urzustand

Na.vi.ga.ti.on [naviga'tsio:n] *die*; *-*; *nur Sg*（只用单数）；das Berechnen u. Bestimmen des Kurses von Schiffen, Flugzeugen *o. Ä.*（轮船、飞机）导航，领航 ‖ *hierzu*（派生）**na.vi.gie.ren** (*hat*) *Vt*（及物）

Na.zi *der*; *-s*, *-s*; *gespr pej*［口］［贬］≈ Nationalsozialist ‖ K-（复合）：***Nazi-***, ***-herrschaft***, ***-regime***, ***-verbrechen***, ***-zeit***

Na.zis.mus *der*; *-*; *nur Sg*, *pej*（只用单数）［贬］≈ Nationalsozialismus

na.zis.tisch *Adj*（形）；*pej*［贬］≈ nationalsozialistisch

NB [ɛn'be:] *das*; *-(s)*, *-(s)*; (*Abk für* 缩写，全称为 Notabene) verwendet, um e-n Hinweis od. e-e Anmerkung einzuleiten（请）注意

NC [ɛn'tse:] *der*; *-s*, *-s*; *gespr*, *Kurzw*［口］（略）↑ ***Numerus clausus***

n. Chr. ↑ ***Christus*** (2)

ne![1], **nee!** [ne:] *Partikel*（小品词）；*gespr*［口］≈ nein

ne[2] [nə] *Partikel*（小品词）；*betont*, *gespr*（重读）［口］≈ nicht wahr: *Die Stimmung ist gut hier, ne?* 这儿气氛不错，不是吗？

Ne.an.der.ta.ler *der*; *-s*, *-*; verwendet als Bezeichnung für e-n Menschen, der vor sehr langer Zeit (in der Steinzeit) gelebt hat（石器时代的）尼安德特人

Ne.bel *der*; *-s*, *-* **1.** die Wolken (aus Dunst), die sich über dem Boden bilden u. durch die man nicht (weit) sehen kann 雾，雾气，雾霭 〈dichter, feuchter, undurchdringlicher N. 浓雾，湿雾，迷雾; etw. ist in N. gehüllt, im N. verborgen 某物被雾笼罩着; der N. fällt, senkt sich auf etw. (*Akk* 四格), steigt, verzieht sich 下雾，雾降落在某物上，起雾，雾散〉: *Es herrschte N. mit Sichtweiten um fünfzig Meter / unter fünfzig Metern* 雾中的能见度约 50 米/不到 50 米; *Bei N. muss man langsam fahren* 有雾时须慢速驾驶; *bei e-m Konzert künstlichen N. auf der Bühne produzieren* 音乐会上在舞台施放人工烟雾 ‖ K-（复合）：***Nebel-***, ***-scheinwerfer***, ***-schleier***, ***-schwaden***, ***-wand*** ‖ -K（复合）：***Boden-***, ***Hoch-***; ***Früh-***, ***Morgen-***; ***Herbst-*** **2.** e-e Gruppe von (sehr weit entfernten) Sternen, die zusammen wie ein heller Fleck am Himmel aussehen 星云，星团 ‖ -K（复合）：***Andromeda-*** ‖ ▶ ***einnebeln***, ***vernebeln***

Ne.bel.bank *die*; *-*, *Ne.bel.bän.ke*; e-e Masse von Nebel über e-m Gebiet, der die Sicht behindert od. erschwert 雾堤，雾罩

ne.bel.haft *Adj*（形）≈ undeutlich, verschwommen ↔ klar 〈j-s Erinnerung, e-e Vorstellung 某人的回忆，想象〉

Ne.bel.horn *das*; e-e Art Hupe, mit der ein Schiff andere Schiffe warnt, wenn Nebel ist 雾笛

ne.be.lig *Adj*（形）；↑ ***neblig***

ne.ben *Präp*（介）**1.** *mit Dat*（支配三格）；an e-r Seite von j-m/etw. 在…旁边，在…附近 ↔ vor, hinter: *Die Klingel ist n. der Haustür* 门铃在门旁边; *Monika steht n. ihrem Freund* 莫妮卡站在她朋友身边; *Die Kinder gingen n. ihr* 孩子们走在她身旁 ‖ ↑ *Abb. unter* 图见 ***Präpositionen*** **2.** *mit Dat*（支配三格）；zusätzlich zu j-m/etw. 除了，除…之外 ≈ außer[1] (2): *Im Supermarkt gibt es n. Lebensmitteln auch Teller u. Tassen zu kaufen* 在超级市场中除了食品还能买到盘子和杯子; *Mit seinem Fernseher kann er n. den deutschen Programmen auch die österreichischen empfangen* 他的电视机除了德国台还可以收看到奥地利台的节目 **3.** *mit Dat*（支配三格）；verwendet, um e-n Vergleich auszudrücken 与…相比 ≈ verglichen mit: *N. seinem Bruder ist er ziemlich klein geblieben* 与他的哥哥相比他很矮小 **4.** *mit Akk*（支配四格）；zur Seite von j-m/etw. hin 站到…旁边去: *Der Bräutigam stellte sich n. die Braut* 新郎站到新娘身边 ‖ ↑ *Abb. unter* 图见 ***Präpositionen***

Ne.ben- *im Subst*, *begrenzt produktiv*（构成名词，构词有限）；drückt aus, dass das, was im Substantiv erwähnt wird, zusätzlich zu etw. anderem existiert, das wichtiger ist（表示附属的，附带的，次要的）副、侧、支、附加… ↔ Haupt-; der ***Nebeneffekt***, der ***Nebeneingang*** 〈e-s Gebäudes 楼的〉, das ***Nebenfach*** 〈in der Schule, im Studium 学校的，大学的〉, die ***Nebenfigur*** 〈im Film 电影中的〉, der ***Nebenraum*** 〈e-r Wohnung 住宅的〉, die ***Nebenstrecke*** 〈der Bahn 火车的〉, der ***Nebenverdienst*** 〈e-s Beamten 公务员的〉

ne.ben.amt.lich *Adj*（形）；verwendet, um auszudrücken, dass e-e Funktion, e-e Tätigkeit zusätzlich zur Hauptfunktion ausgeübt wird od. wurde 兼职的 ↔ hauptamtlich

ne.ben.an *Adv*（副）；im Nachbarhaus, Nachbarzimmer od. in der Nachbarwohnung 在隔壁，在旁边: *nach n. gehen* 到隔壁去; *sich n. aufhalten* 在隔壁逗留; *Er wohnt im Haus n.* 他住旁边的楼; *Er wohnt bei uns n.* 他住我们隔壁; *die Kinder von n.* 隔壁的孩子们

ne.ben.bei *Adv*（副）**1.** zusätzlich zu e-r anderen, wichtigeren Tätigkeit 附带，兼，顺便 ≈ außerdem: *Er ist Lehrer u. verdient sich n. ein paar Euro mit Nachhilfestunden* 他是教

师，上点补习课顺便挣几个欧元 **2.** verwendet，um auszudrücken，dass das，was man sagt，e-e Ergänzung od. e-e Einschränkung zu etw. anderem ist 顺便，顺口，捎带 ≈ beiläufig 〈etw. n. bemerken 顺便说一句〉：*Sie haben geheiratet – n. gesagt，hat mich das nicht überrascht* 他们结婚了 —— 捎带着说一句，这没有使我感到意外；…，*aber das nur n.* (*gesagt*)…这不过是顺便说说的

Ne·ben·be·ruf *der*；ein Beruf，den man zusätzlich zu e-m anderen (Beruf) ausübt 兼职，第二职业 ↔ Hauptberuf：*Er ist im N. Schauspieler* 他是兼职演员 ‖ *hierzu*(派生) **ne·ben·be·ruf·lich** *Adj*(形)；*nur attr od adv*(只作定语或状语)

Ne·ben·be·schäf·ti·gung *die*；e-e Arbeit，die man zusätzlich (zu seinem eigentlichen Beruf) macht 副业，业余工作

Ne·ben·buh·ler *der*；*-s*，*-*；ein Mann，der sich *mst* neben einem anderen Mann um die Zuneigung e-r Frau bemüht 情敌 ≈ Rivale ‖ *hierzu*(派生) **Ne·ben·buh·le·rin** *die*；*-*，*-nen*

ne·ben·ei·nan·der *Adv*(副) **1.** e-e Person/Sache neben die andere od. neben der anderen 一个挨一个，并排，相互挨着 ↔ hintereinander：*Die Schüler stellen sich der Größe nach n. auf* 学生们按高矮一个挨一个站成一排；*die Gewürze im Regal nebeneinander anordnen* 把各种调味品一个挨一个放在架子上 **2.** gleichzeitig od. zusammen mit j-d/etw. anderem 同时，一起，共同 ≈ miteinander 〈friedlich n. bestehen，existieren，herleben 和平共存、共处，和睦地共同生活过来〉

ne·ben·ei·nan·der- *im Verb*，*betont u. trennbar*，*wenig produktiv*(构成动词，重读并可分，构词弱)；Die Verben mit *nebeneinander-* werden nach folgendem Muster gebildet (*nebeneinander-*动词的模式如下)：*nebeneinanderliegen – lagen nebeneinander – nebeneinandergelegen*

1. *nebeneinander-* drückt aus，dass e-e Person/Sache neben e-r od. mehreren anderen ist 并排，相互挨着(指静态) ↔ hintereinander-；〈Personen/Dinge 人/物〉 **stehen nebeneinander**：*Die Bücher stehen im Regal nebeneinander* 书籍一本靠一本地排放在书柜里 ≈ Ein Buch steht im Regal，u. daneben stehen noch andere

ebenso(同类词有)：〈Personen，Fahrzeuge 人们/车辆〉 **fahren nebeneinander**，〈Personen 人们〉 **leben nebeneinander**，〈Personen/Dinge 人们/物〉 **liegen nebeneinander**，〈Personen 人们〉 **sitzen nebeneinander**，**wohnen nebeneinander**

2. *nebeneinander-* drückt aus，dass e-e Bewegung od. Handlung so verläuft，dass e-e Person/Sache neben e-e andere kommt 并排，相互挨着(指动向) ↔ hintereinander-，auseinander-；

j-n/sich/etw. (*Pl* 复) **nebeneinanderstellen**：*Er stellte die Gläser nebeneinander auf den Tisch* 他把杯子并排放在桌上 ≈ Er stellte die Gläser so auf den Tisch，dass eines neben dem anderen stand

ebenso(同类词有)：〈Dinge 物〉 **nebeneinanderhalten**，**etw.** (*Pl* 复)/**sich** (*Pl* 复) **nebeneinanderlegen**，**sich** (*Pl* 复) **nebeneinandersetzen**

ne·ben·ei·nan·der|her *Adv*(副)；so，dass sich zwei od. mehrere Personen/Dinge nebeneinander in die gleiche Richtung bewegen 并行地，并排地(指动向)：*Die Gleise verlaufen n.* 铁轨并排地伸展开去

Ne·ben·ein·künf·te *die*；*Pl*(复) ≈ Nebenverdienst

Ne·ben·er·werb *der*；e-e bezahlte Tätigkeit，die man zusätzlich (zum eigentlichen Beruf) ausübt 副业：*Er betreibt seinen Bauernhof nur als N.* 他经营农庄只是作为副业 ‖ K-(复合)：**Nebenerwerbs-**，**-bauer**，**-betrieb**，**-tätigkeit**

Ne·ben·fluss *der*；**ein N.** + *Gen*(二格) ein Fluss，der in e-n größeren Fluss fließt 支流：*Der Inn ist ein N. der Donau* 因河是多瑙河的支流

Ne·ben·ge·bäu·de *das*；ein kleines Gebäude，das zu e-m größeren (bei e-r Firma od. e-m Bauernhof) gehört 侧楼，附属建筑 ↔ Hauptgebäude

Ne·ben·ge·dan·ke *der*；e-e Absicht od. e-e Idee，die man zusätzlich zu e-r anderen hat 次要的意图，附带的想法〈e-n Nebengedanken verfolgen 寻思、琢磨—补充想法〉

Ne·ben·ge·räusch *das*；ein störendes Geräusch，das man bei e-r Maschine hört，wenn sie läuft 杂音，干扰声，噪音

ne·ben·her- *im Verb*，*betont u. trennbar*，*wenig produktiv*(构成动词，重读并可分，构词弱)；Die Verben mit *nebenher-* werden nach folgendem Muster gebildet (*nebenher-* 动词的模式如下：) *nebenhergehen – ging nebenher – nebenhergegangen*

1. *nebenher-* drückt aus，dass sich zwei od. mehr Personen/Dinge nebeneinander gleichzeitig in die gleiche Richtung bewegen 并列随行(指动向)；

nebenherfahren：*Seine Mutter ging zu Fuß，u. er fuhr mit dem Fahrrad nebenher* 他母亲步行，他骑着自行车在她旁边随行 ≈ Er fuhr in die Richtung，in die seine Mutter ging，u. blieb dabei neben ihr

ebenso(同类词有)：**nebenhergehen**，**nebenherlaufen**，**nebenherrennen**，**nebenherspringen**

2. *nebenher-* drückt aus，dass etw. gleichzeitig mit etw. anderem，das wichtiger ist，getan wird 捎带，顺便；

etw. läuft nebenher：*Sie arbeitet im Büro，der Haushalt läuft so nebenher* 她在办公室工作，家务事不过是捎带着做 ≈ Sie arbeitet im Büro u. auch im Haushalt，aber die Arbeit im Büro ist wichtiger für sie

ebenso (同类词有)：**nebenhergehen**，**etw. nebenhermachen**

ne·ben·her|ge·hen (*ist*) [Vi] (不及物) **1.** ↑ **nebenher-** (*1*) **2.** **etw. geht nebenher** etw.

wird gleichzeitig mit etw. getan, das wichtiger ist(物作主语)是附带、顺便做的: *Er arbeitet in e-r Computerfirma, die Betreuung der Fußballmannschaft geht bei ihm nebenher* 他在一家电脑公司工作,分管足球队的工作是附带做的

ne·ben·her|lau·fen (*ist*) Vi (不及物) **1.** ↑ ***nebenher-*** (1) **2. *etw. läuft nebenher*** etw. geht nebenher (2)(物作主语)是附带,捎带做的(进行的)

Ne·ben·höh·len *die*; *Pl*(复); die zwei Räume (Höhlen) unter den Augen auf beiden Seiten der Nase 副鼻窦〈verstopfte N. haben 鼻窦堵塞〉‖ K-(复合): ***Nebenhöhlen-, -entzündung, -eiterung*** ‖ -K(复合): ***Nasen-***

Ne·ben·klä·ger *der*; JUR【法】; j-d, der in e-m Prozess außer dem Staatsanwalt ebenfalls klagt (4), weil er selbst (von der Straftat) betroffen ist 附带起诉人

Ne·ben·kos·ten *die*; *Pl*(复); die Kosten, die zusätzlich zu etw. entstehen 附加费用: *Zur Miete kommen noch die N. für Heizung u. Wasser hinzu* 房租里还要加上暖气费和水费

Ne·ben·leu·te *Pl*(复); ↑ ***Nebenmann***

Ne·ben·mann *der*; *-es, Ne·ben·män·ner/Ne·ben·leu·te*; j-d, der neben einem sitzt od. steht(坐、站在)旁边的人

Ne·ben·pro·dukt *das*; etw., das bei der Produktion von etw. (ohne Absicht od. ohne viel Arbeit) zusätzlich entsteht 副产品: *Bei der Erzeugung von Strom entsteht Wärme als N.* 发电时产生的热是副产品; *Als N. seiner Übersetzungen entstand ein Glossar* 他搞翻译的副产品是一个难词释义词汇表

Ne·ben·rol·le *die*; e-e kleine Rolle in e-m Theaterstück, Film *o. Ä.* 配角 ↔ Hauptrolle ‖ ID[谚] ***j-d/etw. spielt nur e-e N.*** j-d/etw. ist für j-n unwichtig 某人/某事不重要,是次要的,无关紧要的

Ne·ben·sa·che *die* **1.** etw., das nicht sehr wichtig ist 小事,无关紧要的事 ↔ Hauptsache 〈etw. ist N. 某事是小事〉: *Wie das Gerät aussieht, ist N., Hauptsache es funktioniert!* 器械的外表如何并不重要,重要的是能正常运转! **2. *die schönste N. der Welt*** *gespr hum*[口][诙]; etw., das man als sehr schöne Beschäftigung empfindet 世上最美好的 ‖ *zu* (义项) **1. ne·ben·säch·lich** *Adj*(形); **Ne·ben·säch·lich·keit** *die*

Ne·ben·sai·son *die*; die Zeit vor od. nach der Hauptsaison 淡季

Ne·ben·satz *der*; ein Satz, der von e-m anderen Satz abhängt u. allein keinen Sinn ergibt 从句 ↔ Hauptsatz: *In dem Satz „Ich ging zu Bett, weil ich müde war" ist „weil ich müde war" der N.* 在"Ich ging zu Bett, Weil ich müde war"这个句子中,"weil ich müde war"是从句

Ne·ben·stra·ße *die*; e-e kleine, nicht sehr wichtige Straße (mit wenig Verkehr)小街,横街,支路 ≈ Seitenstraße ↔ Hauptstraße

Ne·ben·ver·dienst *der*; Verdienst aus e-m Nebenerwerb 额外收入,外快

Ne·ben·wir·kung *die*; e-e (*mst* schwächere) Wirkung, die zusammen mit e-r anderen auftritt (u. oft unerwartet od. unerwünscht ist) 副作用: *Diese Tabletten können auch unangenehme Nebenwirkungen haben* 这药片也会有不良的副作用

neb·lig *Adj*(形); *nicht adv*(不作状语); mit Nebel (verbunden), von Nebel umgeben 有雾的〈Wetter 天气〉

nebst *Präp*(介); *mit Dat, veraltend*(支配三格)[渐旧]; zusammen mit 连同,和…一起,包括…在内: *ein Zimmer n. Dusche* 带淋浴的房间; *Herr Kunze n. Gattin* 孔策先生携夫人

ne·bu·los, ne·bu·lös *Adj*(形); *geschr*[书]; nicht klar u. deutlich 模糊的,朦胧的 ≈ verschwommen 〈e-e Erinnerung, e-e Vorstellung 记忆,设想〉

ne·cken; *neckte, hat geneckt*; Vt (及物) ***j-n/ein Tier n.*** j-n/ein Tier aus Spaß ein bisschen ärgern, ohne ihn/es wirklich wütend zu machen 挑逗,逗弄,戏弄,招惹 ≈ foppen

ne·ckisch *Adj*(形) **1.** auffällig u. oft etwas gewagt 招眼的: *Susanne trug ein neckisches Nachthemd* 苏珊穿了件惹眼的睡衣 **2.** ≈ schelmisch: *j-m n. zublinzeln* 打趣地向某人眨眼

nee ↑ ***ne***[1]

Nef·fe *der*; *-n, -n*; der Sohn des Bruders od. der Schwester (od. des Bruders od. der Schwester des Ehepartners) 侄子,外甥 ↔ Nichte ‖ NB(注意): *der Neffe; den, dem, des Neffen*

Ne·ga·ti·on [-ˈtsi̯oːn] *die*; -, *-en* **1.** *geschr*[书]; der Vorgang, bei dem man ein Prinzip, e-e Regel *o. Ä.* nicht anerkennt 否定 ≈ Ablehnung, Aufhebung: *die N. überkommener Werte* 否定传统价值 **2.** *nur Sg*(只用单数); LING【语】≈ Verneinung 〈die N. e-s Satzes 句子的否定〉‖ K-(复合): ***Negations-, -partikel*** ‖ -K(复合): ***Satz-, Wort-***

ne·ga·tiv, ne·ga·tiv [-f] *Adj*(形) **1.** 〈e-e Antwort, ein Bescheid 回答,答复〉 so, dass sie „nein" ausdrücken 否定的,不同意的 ↔ positiv (1) **2.** 〈e-e Haltung, e-e Einstellung 态度,观点〉 so, dass sie Ablehnung ausdrücken 拒绝的,反对的,否定的 ↔ positiv (1), bejahend: *Er hat e-e negative Einstellung zur Arbeit – am liebsten würde er gar nichts tun* 他对工作持否定态度——最好他什么也不干 **3.** nicht so, wie es sein sollte 不利的,消极的,不良的,负面的 ≈ ungünstig ↔ positiv (2) 〈ein Einfluss, ein Ergebnis 影响,结果; die negative Seite e-r Sache 事情不利的一面; etw. wirkt sich n. aus 产生消极影响〉: *Er zeichnete ein negatives Bild ihres Charakters – sie sei ganz faul u. streitsüchtig* 他把她的性格描述得很糟糕——说她相当懒,好争吵 ‖ K-(复合): ***Negativ-, -beispiel*** **4.** CHEM, PHYS【化】【物】; mit mehr Elektronen als Protonen 负的,阴性的 ↔ positiv (3) 〈e-e elektrische Ladung, ein Pol 电荷,极〉 **5.** MED【医】; 〈ein Befund 检验〉 so, dass dabei e-e (vermutete) Krankheit od. ein vermuteter Zustand nicht bestätigt wird

阴性的 ↔ positiv (4): *Der AIDS-Test fiel bei ihm n. aus* 他爱滋病毒检测的结果呈阴性 **6. e-e negative Zahl** MATH【数】; e-e Zahl, die kleiner als Null ist u. mit e-m Minuszeichen bezeichnet wird 负数: *Minus fünf* (-5) *ist e-e negative Zahl* -5 是个负数

Ne·ga·tiv, Ne·ga·tiv [-f] *das*; *-s, -e*; ein Foto, auf dem das, was in Wirklichkeit hell ist, dunkel erscheint u. umgekehrt 底片, 负片 ↔ Positiv ‖ K-(复合): **Negativ-, -film**

Ne·ger *der*; *-s, -*; *neg!* [侮] ≈ *Schwarze*[1] (*1*) ‖ *hierzu*(派生) **Ne·ge·rin** *die*; *-, -nen* ‖ NB (注意): Für Menschen mit dunkler Hautfarbe verwendet man korrekt die Bezeichnungen *Schwarzer*, *Farbiger*, *Afroamerikaner* usw (深色皮肤的人的正确表达是 *Schwarzer* 黑种人, 黑人, *Farbiger* 有色人, *Afroamerikaner* 非洲裔美国人, 美国黑人等)

ne·gie·ren; *negierte*, *hat negiert*; **Vt** (及物) **etw. n.** *geschr* [书] ≈ ablehnen 〈e-e Ansicht, e-e Vorstellung n. 意图, 设想〉 ‖ *hierzu* (派生) **Ne·gie·rung** *die*

Neg·li·gee, Neg·li·gé [negli'ʒeː] *das*; *-s, -s*; e-e Art leichtes, langes Kleid, das Frauen zum Schlafen od. am Morgen tragen 睡袍 ≈ Nachthemd

neh·men; *nimmt*, *nahm*, *hat genommen*; **Vt** (及物) **1. etw. n.** etw. mit der Hand greifen u. es (fest) halten, von irgendwo entfernen od. zu sich (heran)holen 拿, 取, 拿起: *e-e Tasse aus dem Schrank n.* 从橱柜里取出一只杯子; *e-e Katze auf den Schoß n.* 把猫抱到腿上; *ein Glas in die Hand n.* 伸手拿起一只玻璃杯; *e-n Mantel über den Arm n.* 拿起大衣挂在胳膊上; *ein Stück Kuchen vom Teller n.* 从盘中拿起一块蛋糕 **2. etw. n.** unter mehreren Möglichkeiten eine wählen u. für e-e bestimmte Tätigkeit, zu e-m Zweck benutzen: 选取, 选用, 选购, 搭乘 *Weil das Auto kaputt war, nahm er den Zug in die Stadt* 因汽车坏了, 他乘坐火车进城; *Sie nahm den kürzesten Weg nach Hause* 她取最短的路回家; *Er nahm den größten Topf für die Suppe* 他选用最大的锅做汤; *Der grüne Pullover gefällt mir am besten, den nehme ich* 那件绿色毛衣我最喜欢, 我要它了 **3. j-n/etw. n.** ≈ annehmen, akzeptieren ↔ ablehnen: *Er nahm die Wohnung, obwohl sie teuer war* 尽管很贵, 他还是要了这套住房; *Hoffentlich nimmt mich die Firma – die Arbeit würde mir gefallen* 但愿公司会录用我——我喜欢这份工作 **4.** (**für etw.**) **etw. n.** etw. (als Gegenleistung, Zahlung *o. Ä.*) fordern u. bekommen 收取, 索取: *Er nimmt zwei Euro für ein Pfund Tomaten* 一磅西红柿他要价两欧元; *Sie nimmt nichts für ihre Hilfe, sie tut es aus Freundschaft* 她帮助人一无所求, 是出于友谊这么做的 **5. etw. n.** e-e Medizin *o. Ä.* schlucken 服, 吞(药) ≈ einnehmen 〈Gift, Hustensaft, die Pille, Tabletten *usw* n. 服毒, 喝止咳药水, 服用避孕药, 服药片等〉 **6. etw. n.** ein Hindernis od. e-e (schwierige) Stelle bewältigen 越过(障碍): *Das Pferd nahm die Hürden mit Leichtigkeit* 马轻松地越过跨栏; *Das Auto nahm die Kurve, die Steigung sehr schnell* 这辆车拐弯、上坡很利落 **7. etw. n.** sich etw. als Beispiel vorstellen 拿…为例, 就说 〈das Beispiel, den Fall n., dass ... 就说这个例子、这个事件…〉: *Nicht alle Vögel können fliegen – Nimm* (*z. B.*) *den Pinguin, der hat nicht einmal richtige Flügel* 并非所有的鸟都能飞, 就说企鹅吧, 它都没有像样的翅膀 **8. etw. n.** MIL【军】≈ erobern, einnehmen 〈e-e Festung, e-e Stadt n. 攻占堡垒、城市〉 **9.** (**sich** (*Dat* 三格)) **etw. n.** etw. (er)greifen, um es zu haben 拿到, 取到: *Er nahm* (*sich*) *ein Stück Kuchen* 他给自己拿了块蛋糕; *Ich habe* (*mir*) *eine deiner Zigaretten genommen, ich hoffe, du hast nichts dagegen* 我拿了你一支烟, 但愿你不会反对 **10.** (**sich** (*Dat* 三格)) **etw. n.** von etw., *bes* worauf man ein Recht hat, Gebrauch machen 使用 〈(sich) Urlaub n. 休假; frei n. 休息(休假)〉 **11.** (**sich** (*Dat* 三格)) **j-n n.** j-m e-e Aufgabe geben u. ihn dafür bezahlen 聘用, 雇用 〈(sich) e-n Anwalt, e-e Putzfrau *usw* n. 聘用律师, 雇用清洁女工等〉 **12. j-m j-n/etw. n.** *geschr* [书]; bewirken, dass j-d j-n/etw. nicht mehr hat 抢走, 夺走, 拿走 ≈ j-m j-n/etw. wegnehmen: *e-m Kind das Spielzeug n.* 拿走孩子的玩具; *Die Freundin hat ihr den Mann genommen* 女朋友夺走了她的丈夫 **13. j-m etw. n.** verhindern, dass j-d etw. hat 使失去, 破坏, 妨碍 ≈ j-m etw. verderben: *Geh da weg, du nimmst mir die Sicht* 你走开, 你挡住了我的视线; *Der Regen nahm ihr die Freude am Fest* 这雨天使她在节日里很扫兴 **14. etw. von j-m n.** j-n von etw. (Unangenehmem) befreien 使摆脱、解除、消除 ↔ j-m etw. aufbürden 〈die Angst, die Last, die Sorge von j-m n. 使某人消除恐惧, 解除负担、忧虑〉 **15. etw. an sich** (*Akk* 四格) **n.** etw. bei sich aufbewahren 保存, 保管: *Ich habe die Dokumente an mich genommen* 我把文件保存起来了 **16. etw. auf sich** (*Akk* 四格) **n.** etw. Unangenehmes freiwillig ertragen 主动承担、担当 〈Verantwortung, Schuld auf sich n. 承担责任, 担当过失〉: *Er nahm e-n weiten Weg auf sich, um sie zu besuchen* 为了探望她他不畏路途遥远 **17. j-n/etw. mit sich n.** j-n/etw. dabei haben, wenn man irgendwohin geht od. fährt 随身带着 ≈ mitnehmen: *Sie nahm ihren Hund mit sich in Urlaub* 她带着她的狗一起去度假 **18. etw. zu sich n.** *geschr* [书]; etw. essen od. trinken 用(吃或喝): *e-n kleinen Imbiss zu sich n.* 吃点儿小点心 **19. j-n zu sich n.** j-n bei sich wohnen lassen 收留, 收养 ≈ aufnehmen: *Sie nahmen ein Kind aus dem Waisenhaus zu sich* 他们从孤儿院收养了一个孩子 **20. j-n/etw. für j-n/etw. n.** glauben, dass e-e Person/Sache e-e andere od. etw. Bestimmtes ist 把…看作、当成 ≈ j-n/etw. für j-n/etw. halten: *Wir hatten ihn für e-n Einbrecher genommen* 我们把他当成了窃贼 **21. j-n/sich/etw. irgendwie n.** j-n/sich/etw. in der beschriebenen Weise ver-

N

stehen, behandeln 对待,理解: *e-e Bemerkung wörtlich n.* 从字面意义上去理解一句评语; *j-n ernst n.* 认真对待某人,把某人当回事; *Er fiel in der Prüfung durch, weil er sie zu leicht nahm* 他考试没通过,因为他太轻视了 **22. *j-n zur Frau/zum Mann n.*** j-n heiraten 娶,嫁 **23. *j-n zu n. wissen*** verstehen, wie man j-n richtig behandelt 知道该如何对待: *Er weiß seine Angestellten zu n.* 他很会对付他的雇员们 **24. *etw. als etw. n.*** etw. in der genannten Weise interpretieren 把…视为、理解为: *Ich nehme es als gutes Zeichen*, dass *wir noch nichts von ihm gehört haben* 我们至今没有他的消息,我把这看成是好迹象 **25.** verwendet, um e-e Verbhandlung zu umschreiben(作功能动词); ***Abschied* (*von j-m*) *n.*** ≈ sich (von j-m) verabschieden; 〈ein Recht 权力〉 ***in Anspruch n.*** ≈ es beanspruchen; ***ein Bad n.*** ≈ baden; 〈e-e Maschine 机器〉 ***in Betrieb n.*** ≈ anfangen, sie zu betreiben; ***Einfluss auf j-n/etw. n.*** ≈ j-n/etw. beeinflussen; ***j-n/etw. in Empfang n.*** ≈ j-n/etw. empfangen; ***etw. nimmt kein Ende*** etw. endet nicht 某事没完没了; ***etw. nimmt ein gutes Ende*** etw. endet gut 某事有个好结局; ***etw. in Produktion n.*** ≈ anfangen, etw. zu produzieren; ***Rache* (*an j-m*) *n.*** ≈ sich (an j-m) rächen ‖ ID[谚] ***hart im Nehmen sein*** viel aushalten 能顶住重拳,经得起打,忍耐力强; ***sich* (*Dat* 三格) *das Leben n.*** Selbstmord begehen 自杀; ***man nehme...*** *veraltend* [渐旧]; verwendet, um (Koch)Rezepte einzuleiten(介绍菜谱的用语)用,取,拿…; ***sich* (*Dat* 三格) *etw. nicht n. lassen*** darauf bestehen, etw. zu tun 坚持做: *Er ließ* (es) *sich nicht n., die Gäste selbst* zu *begrüßen* 他坚持亲自欢迎客人; ***wie mans nimmt*** *gespr* [口]; verwendet, um auszudrücken, dass man e-e Sache auch anders beurteilen kann 看你怎么说了: *„Er ist wohl sehr fleißig?" – „Wie mans nimmt"* "他很勤快吧?"——"看你怎么说了"; ***es mit etw.* (*nicht so*) *genau n.*** etw. (nicht) richtig, ordentlich, pünktlich *o.Ä.* machen 做…(不那么)认真,对…一丝不苟、很严谨: *Mit der Arbeitszeit nimmt sie es nicht so genau* 在遵守工作时间方面她不太注意(不那么认真); ***Woher n. u. nicht stehlen?*** *gespr* [口]; verwendet, um auszudrücken, dass man etw. nicht hat u. auch nicht weiß, wie man es bekommen soll(te) 这该上哪儿弄去啊?

Neid *der*; *-(e)s*; *nur Sg* (只用单数) **1.** das Gefühl der Unzufriedenheit darüber, dass andere Leute etw. haben, das man selbst nicht hat, aber gern hätte 忌妒,妒忌,羡慕 〈der pure N. 纯粹的忌妒; etw. aus N. tun 出于忌妒做某事; N. empfinden 生出忌妒心〉: *Er platzte fast vor N., als sie mit dem neuen Auto vorfuhr* 当她驾着新车来到门前时,他忌妒得快炸了 **2. *vor N. grün werden/erblassen*** plötzlich starken N. (1) spüren 妒忌得脸发青/发白 ‖ ID[谚] *mst* 多用 ***das muss ihm/ihr der N. lassen*** *gespr*[口]; das muss man anerkennen, auch wenn man sonst Zweifel hat 这一点大家不得不承认(羡慕)他/她; (***Das ist nur***) ***der N. der Besitzlosen*** *gespr*, *oft hum* [口]多用[诙]; verwendet als Antwort, wenn j-d sagt, dass ein anderer zu viel (von etw.) hat(这只是)忌妒罢了: *„Sie hat über deinen dicken Bauch gelacht." – „Na und? Da ist ja nur der N. der Besitzlosen!"* "她嘲笑你的大肚子了。"——"那又怎么样? 她想要还没有呢!" ‖ *hierzu* (派生) **neid·er·füllt** *Adj* (形); **neid·los** *Adj* (形); **neid·voll** *Adj* (形); ‖ NB(注意): ↑ ***Missgunst***

nei·den; *neidete*, *hat geneidet*; [Vt] (及物) ***j-m etw. n.*** ein Gefühl der Unzufriedenheit haben, weil j-d etw. hat, das man selbst gern hätte 忌妒,妒忌,羡慕 ≈ j-m etw. missgönnen ↔ j-m etw. gönnen: *j-m den Erfolg n.* 妒忌某人的成就 ‖ *hierzu* (派生) **Nei·der** *der*; *-s*, *-*

Neid·ham·mel *der*; *gespr pej* [口][贬]; j-d, der voller Neid ist 妒忌心极强的人

nei·disch *Adj* (形); ***n.* (*auf j-n/etw.*) *sein*** Unzufriedenheit darüber empfinden, dass ein anderer etw. hat, das man selbst nicht hat, aber gern hätte 对…忌妒的,妒忌的,羡慕的

Nei·ge *die*; *-*; *nur Sg*, *geschr* (只用单数)[书]; *mst in* 多用于 **1. *etw. geht zur N.*** etw. ist bald fertig (aufgebraucht) od. zu Ende(物作主语)快(用)完了,耗尽 〈das Geld, ein Vorrat, das Wasser, der Urlaub, die Ferien 钱,储备,水,休假,假期〉 **2. *etw. bis auf die/zur N. leeren*** etw. völlig austrinken 饮尽,喝干 〈ein Glas bis zur N. leeren 喝干杯中酒〉

nei·gen; *neigte*, *hat geneigt*; [Vi] (不及物) **1. *zu etw. n.*** so sein, dass ein bestimmter Zustand leicht eintreten kann od. dass man etw. oft tut 易于,容易 〈zu Depressionen, Erkältungen, Übertreibungen, Übergewicht n. 容易忧郁、感冒、夸张、发胖〉: *Eisen neigt* dazu, *schnell* zu *rosten* 铁容易生锈 **2. *zu etw. n.*** e-e bestimmte Meinung e-r anderen vorziehen 倾向于 ≈ zu etw. tendieren: *Ich neige zu der Ansicht/Auffassung, dass er recht hat* 我倾向于认为他有理; *Er neigt* dazu, *das Projekt aufzugeben* 他倾向于放弃这个项目 ‖ NB(注意): ↑ ***geneigt***; [Vt] (及物) **3. *etw. n.*** etw. aus e-r senkrechten Lage in e-e schräge (Lage) bringen 使倾斜、侧向、俯身 ↔ aufrichten 〈den Kopf zur Seite, den Oberkörper nach vorn n. 把头侧向一边,俯下身去〉; [Vr] (反身) **4. *sich irgendwohin n.*** den Oberkörper aus der senkrechten Lage in e-e schräge (Lage) bringen 俯身 ≈ sich beugen ↔ sich aufrichten: *Er neigte sich über sein Buch* 他埋头读书; *Sie neigte sich aus dem Fenster* 她从窗口探出身去 **5. *etw. neigt sich*** (***irgendwohin***) etw. ändert seine senkrechte od. waagrechte Lage od. Richtung nach unten(物作主语)垂下,倾斜,弯下: *Unter der Last des Schnees neigten sich die Bäume* 在雪的重压下树枝弯向地面; *Das Segelboot neigte sich zur Seite, als es vom Wind erfasst wurde* 遭遇大风袭击时帆船向一侧倾斜

Nei·gung *die*; -, -*en* **1.** *mst Sg*（多用单数）; der Grad, in dem sich e-e Linie/Fläche senkt 倾斜度 ≈ Gefälle ⟨etw. hat e-e leichte, starke N. 某物稍微有点儿倾斜，倾斜得很厉害⟩: *die sanfte N. e-s Hügels* 山丘平缓的斜坡; *Die N. der Straße beträgt zehn Grad* 马路的倾斜度为10度 ‖ K-（复合）: **Neigungs-**, **-winkel 2. e-e N.（für etw.）** ein starkes Interesse（für etw.）倾向，爱好，兴趣 ≈ Vorliebe: *j-s intellektuelle Neigungen fördern* 培养某人智力上的爱好; *Er hat e-e N. für moderne Kunst* 他爱好现代艺术 **3. die N.（zu etw.）** verwendet, um auszudrücken, dass j-d/etw. zu e-m bestimmten Zustand, Verhalten neigt (1) 有…的倾向，易于 ≈ Veranlagung, Tendenz ⟨e-e krankhafte N. 容易生病⟩ **4. e-e（keine）N. haben/zeigen + zu + Infinitiv**（不定式）; (nicht) den Willen haben/zeigen, etw. zu tun（没）有表示…的意愿: *Er zeigte keine N., sich bei der Arbeit anzustrengen* 他没有表示出要努力工作的意思

nein *Partikel*（小品词）**1.** *mst betont*（多为重读）; als Antwort verwendet, um auszudrücken, dass man e-e Bitte, Aufforderung *o. Ä.* ablehnt od. dass man e-r Aussage nicht zustimmt（表示拒绝或不同意）不，不对，不是 ↔ ja: *„Willst du noch ein Stück Kuchen?“ – „N. danke!“*“你还要块点心吗?”——“不，谢谢!”; *„Bist du fertig?“ – „N., noch nicht.“*“你干完了吗?”——“不，还没有。”; *„Ich glaube, es regnet.“ – „N., da irrst du dich.“*“我觉得下雨了。”——“不对，你弄错了。” **2.** *betont u. unbetont*（重读和不重读）; verwendet, um e-n Ausruf des Erstaunens einzuleiten（表示惊叹）: *N., dass es so etwas gibt!* 不，怎么可能有这样的事!; *N., wie schön!* 天哪，多美啊!; *O n., wie schrecklich!* 噢不，真可怕! **3.** *betont u. unbetont*（重读和不重读）; verwendet, um e-e Aussage zu korrigieren od. genauer zu formulieren（表示更正或表达得确切些）不 ≈ ja (7): *Das Wasser war angenehm warm, n., geradezu heiß* 这水热乎乎的，不，简直是烫的; *Das gefällt mir hundert-, n., tausendmal besser* 这我很喜欢，一百倍地，不，一千倍地喜欢 **4. nein?** *betont*（重读）; verwendet am Ende von verneinten (rhetorischen) Fragesätzen, wenn der Sprecher e-e Zustimmung erwartet（位于否定反问句句末，表示期待对方同意）对吗？是吗？≈ nicht wahr, oder: *Du bist mir doch nicht mehr böse, n.?* 你不再生我的气了，对吗?

Nein *das*; -(s); *nur Sg*（只用单数）; **1.** die Antwort „nein“否定的回答，“不”，反对 ⟨ein eindeutiges, klares N. 一个明确的、清楚的“不”; mit N. stimmen 投票反对; bei seinem N. bleiben 坚持不同意⟩ **2.（zu etw.）N./nein sagen** sagen, dass man etw. nicht will, etw. nicht akzeptiert（对…）说不（行）≈ ablehnen ↔ zustimmen: *Er hat ihr e-n Vorschlag gemacht, aber sie hat N. dazu gesagt* 他给她提了个建议，但她说不行; *Wenn du mich so ansiehst, kann ich einfach nicht N. sagen* 只要你这么看着我，我就怎么也说不出不字来 ‖ NB（注意）: ↑ **Ja**

Nein·sa·ger *der*; -*s*, -; *pej*［贬］; j-d, der Vorschläge immer od. immer wieder ablehnt 一贯持否定态度的人 ↔ Jasager ‖ *hierzu*（派生）**Nein·sa·ge·rin** *die*; -, -*nen*

Nein·stim·me *die*; die Entscheidung gegen j-n/etw., die j-d bei e-r Wahl od. Abstimmung trifft 反对票，否决票: *Der Antrag wurde mit zwanzig Neinstimmen bei drei Jastimmen u. einer Enthaltung abgelehnt* 提案以20票反对，3票赞成，1票弃权而被否决

Nek·tar *der*; -*s*; *nur Sg*（只用单数）**1.** e-e süße Flüssigkeit, die Blüten produzieren 花蜜: *Viele Insekten saugen N. aus den Blüten* 很多昆虫从花中吸取花蜜 **2.** ein Getränk aus Früchten, die gepresst u. mit Wasser vermischt werden 果汁饮料 ‖ -K（复合）: **Frucht-**, **Orangen-**, **Pfirsich-**

Nek·ta·ri·ne *die*; -, -*n*; e-e süße Frucht, die aussieht wie ein Pfirsich mit glatter Haut 油桃

Nel·ke *die*; -, -*n* **1.** e-e (Garten)Blume, die *mst* sehr stark riecht u. weiße, rosa od. rote Blüten hat 石竹（康乃馨）⟨e-e N. im Knopfloch tragen 在钮扣眼里插着枝康乃馨⟩ ‖ K-（复合）: **Nelken-**, **-strauß 2.** die getrocknete Blüte e-s tropischen Baumes, die man als Gewürz verwendet 丁香料: *e-n Schweinebraten mit Nelken spicken* 在油煎猪肉中塞进丁香料 ‖ -K（复合）: **Gewürz-**

nen·nen; *nannte*, *hat genannt*; [Vt]（及物）**1. j-n/etw. + Name**（名字）**+ n.** j-m/etw. e-n bestimmten Namen geben 给…取名: *Sie nannten ihre Tochter Christa* 她给女儿取名克里丝塔; *Er nennt seinen Hund Schnuffi* 他给他的狗取名施奴菲 **2. j-n + Name**（名字）**+ n.** j-n mit e-m bestimmten Namen ansprechen 以（用）…叫，称呼 ⟨j-n bei/mit seinem Vornamen, Nachnamen n. 叫某人的名字、姓⟩: *Du kannst mich ruhig Robbi n., wie alle meine Freunde* 你可以像我所有的朋友那样就叫我罗比 **3. j-n/etw. + Adj**（形）**/Subst**（名）**+ n.** sagen, dass j-d/etw. e-e bestimmte Eigenschaft hat od. dass er etw. ist 说、称…是 ≈ j-n/etw. als etw. bezeichnen: *Sie nannten ihn e-n Dummkopf* 他们称他是傻瓜; *Das nenne ich ein schönes Fest* 我认为这才是个美好的节日; *Fleißig kann man ihn nicht gerade n.* 要说勤奋他还够不上（= er ist ein bisschen faul）**4.（j-m）etw. n.**（j-m）etw. sagen 说出 ↔ verschweigen: *Kannst du mir e-n Vogel mit sechs Buchstaben n.?* 你能否给我说出一种6个字母的鸟名?; *Der Mörder wollte die Gründe für seine Tat nicht n.* 凶手不愿说出他行凶的原因; [Vr]（反身）**5. sich + Name**（名字）**+ n.** ≈ Name + heißen: *Und wie nennt sich eure Band?* 你们的乐队给自己取了什么名字? **6. j-d/etw. nennt sich etw.** *oft iron* 多用［讽］; j-d/etw. hat e-n Namen, den er/es nicht verdient（人/物作主语）自称是: *Jeden Tag Regen – das nennt sich nun Sommer!* 天天下雨——这也算是夏天!; *Er nennt sich Künstler – warum, ist mir unverständlich* 他自称是艺术家

N

——为什么，我不明白 ‖ NB(注意)：das Substantiv steht *mst* im Nominativ(名词多用第一格)：*Und so was nennt sich mein Freund!* 这号人还自称是我的朋友! ‖ ▶ ***sogenannt***

nen·nens·wert *Adj* (形)；so interessant od. wichtig, dass es sich lohnt, darüber zu sprechen 值得一提的，值得重视的 ≈ erwähnenswert, besonder-：*Es gab keine nennenswerten Schwierigkeiten* 没有什么大不了的困难 ‖ NB(注意)：*mst* verneint(多用否定句)!

Nen·ner *der*；*-s*，*-*；MATH【数】；die Zahl, die bei e-m Bruch unter dem Strich steht 分母 ↔ Zähler：*Der N. von ⅓ ist 5.* ⅓ 的分母是 5 ‖ ID[谚] ***e-n gemeinsamen N. finden*** e-e Grundlage für ein Vorgehen *o. Ä.* finden, die für alle akzeptabel ist 找到共同点；***etw. auf einen (gemeinsamen) N. bringen*** unterschiedliche Meinungen, Interessen *o. Ä.* einander näherbringen 把…统一起来

Nenn·wert *der*；der (finanzielle) Wert, der auf Münzen, Geldscheinen od. Wertpapieren genannt ist. Dieser Wert kann (*z. B.* bei Aktien) höher od. niedriger sein als die Summe, die man dafür zahlt 票面价值，面值，面额 ↔ Kurswert (der N. e-r Aktie, e-r Briefmarke, e-s Wertpapiers 股票的、邮票的、有价证券的面值)：*Bei der Auktion wurde e-e Briefmarke mit e-m N. von 30 Pfennig für 5000 Euro versteigert* 在拍卖中一枚面值 30 芬尼的邮票以 5000 欧元被成交

Neo·fa·schis·mus *der*；e-e (politische) Bewegung (nach dem 2 Weltkrieg) mit den Ideen des Faschismus 新法西斯主义 ‖ *hierzu* (派生) **Neo·fa·schist** *der*；**neo·fa·schis·tisch** *Adj* (形)

Neo·klas·si·zis·mus *der*；ein Baustil des 20 Jahrhunderts, bei dem antike griechische u. römische Elemente (*z. B.* Säulen) als Vorbild dienen 新古典主义 ‖ *hierzu* (派生) **neo·klas·si·zis·tisch** *Adj* (形)

Neo·lo·gis·mus *der*；*-*，*Neo·lo·gis·men*；LING【语】；ein neues Wort (od. ein Wort mit e-r neuen Bedeutung) 新词，老词新意

Ne·on *das*；*-s*；*nur Sg* (只用单数)；ein Gas, mit dem man Leuchtröhren füllt u. Licht erzeugt 氖，霓虹；CHEM【化】Ne ‖ K-(复合)：***Neon-***，***-lampe***，***-licht***，***-reklame***，***-röhre***

Neo·na·zis·mus *der*；e-e (politische) Bewegung nach dem 2 Weltkrieg mit den Ideen des Nationalsozialismus 新纳粹主义 ‖ *hierzu* (派生) **Neo·na·zi** *der*；**neo·na·zis·tisch** *Adj* (形)

Ne·on·far·be *die*；*-*，*-n*；*mst Pl* (多用复数)；sehr bunte Farben, die auffällig stark leuchten (色彩斑斓的) 霓虹色：*modische Kleidung in Neonfarben* 霓虹色的新潮时装

nep·pen；*neppte*，*hat geneppt*；Vt (及物) ***j-n n.*** *gespr pej* [口][贬]；zu viel Geld von j-m für e-e Ware od. e-e Leistung verlangen 向…索要高价，敲竹杠 ‖ *hierzu* (派生) **Nepp** *der*；*-s*；*nur Sg* (只用单数)

Nerv [-f] *der*；*-s*，*-en* **1.** e-e Art Faser (1) im Körper, die die Informationen zwischen den einzelnen Teilen des Körpers u. dem Gehirn leitet 神经 (den N. e-s Zahnes abtöten, betäuben, ziehen 杀死、麻醉、除去牙神经) ‖ K-(复合)：***Nerven-***，***-entzündung***，***-gift***，***-schmerz***，***-strang***，***-system***，***-zelle*** ‖ -K (复合)：***Geruchs-***，***Geschmacks-***，***Hör-***，***Seh-***；***Zahn-*** **2.** *nur Pl* (只用复数)；die seelische Verfassung 精神状态，心境，神经 (gute, schlechte, schwache Nerven haben 有健全的、不健全的、脆弱的神经；Nerven aus Stahl, wie Drahtseile haben (= psychisch sehr belastbar sein) 神经很健全，有强健的神经；j-s Nerven sind zum Zerreißen gespannt, halten etw. nicht aus, versagen 某人的神经紧张得几乎崩溃、承受不住某事、垮了；die Nerven behalten, verlieren 保持镇静，失去控制能力；mit den Nerven herunter, am Ende, fertig sein 神经垮了，崩溃，承受不住)：*Als Dompteur im Zirkus braucht man starke Nerven* 在马戏团里当驯兽师需要有坚强的神经 ‖ K-(复合)：***Nerven-***，***-belastung***，***-kraft***，***-probe***，***-zusammenbruch***；***nerven-***，***-beruhigend***，***-schwach***，***-stark*** ‖ ID[谚] ***j-m auf die Nerven gehen / fallen***；***j-m den (letzten) N. töten*** *gespr* [口]；j-n sehr stören 使某人讨厌/心烦；使某人精神上受不了 ≈ j-m lästig sein；***e-n empfindlichen N. treffen*** etw. tun od. sagen, was der Betroffene als schlimm empfindet 触及某人的敏感处；***den N. haben + zu + Infinitiv*** (不定式) *gespr* [口]；so mutig/frech sein, etw. zu tun 有胆量/脸做某事；*mst* 多为 ***Du hast (vielleicht) Nerven!*** *gespr* [口]；verwendet, um auszudrücken, dass man das, was ein anderer tut od. sagt, als frech od. unverschämt betrachtet 你脸皮可真厚；***Nerven zeigen*** die Konzentration, die Beherrschung od. die Kontrolle über sich selbst (allmählich) verlieren (渐渐) 失去自制；***j-m gehen die Nerven durch*** j-d tut od. sagt etw., das unvernünftig od. aggressiv ist 某人失去理智(控制) ‖ ▶ ***entnervt***

ner·ven [-f-]；*nervte*，*hat genervt*；*gespr* [口]；Vt/i (及物/不及物) **1.** ***j-d / etw. nervt (j-n)*** j-d/etw. stört j-n sehr (人/物作主语) 使人讨厌、心烦、烦躁 ≈ j-d/etw. fällt j-m auf die Nerven：*Die Musik nervt mich, mach sie bitte aus* 这音乐让我心烦，关了它吧；Vt (及物) **2.** ***j-n (mit etw.) n.*** j-n so lange fragen od. um etw. bitten, bis er ärgerlich wird (以…) 使人受不了：*Allmählich nervt er mich mit seinen vielen Fragen* 他没完没了的问题快让我受不了了

Ner·ven·arzt *der* **1.** ein Arzt mit e-r (Spezial)-Ausbildung für Krankheiten der Nerven (1) 神经科医生 ≈ Neurologe **2.** *gespr* [口]；ein Arzt mit e-r (Spezial) Ausbildung für psychische Krankheiten 精神病科医生 ≈ Psychiater ‖ *hierzu* (派生) **Ner·ven·arz·tin** *die*

ner·ven·auf·rei·bend *Adj* (形)；psychisch anstrengend 令人神经紧张的 (ein Job 工作)

Ner·ven·bün·del *das*；*gespr* [口]；j-d, der sehr nervös ist 神经质的人，神经过敏者 (das reinste N., nur noch ein N. sein 是个地地道道的神经

质的人，就是个神经质的人〉

Ner·ven·heil·an·stalt *die*；*geschr*［书］≈ Nervenklinik

Ner·ven·kit·zel *der*；*gespr*［口］；das（für manche Menschen）angenehme Gefühl in e-r gefährlichen od. spannenden Situation（危险或紧张带来的）刺激，兴奋：*Er sucht die Gefahr – offensichtlich reizt ihn der N. dabei* 他喜欢冒险 —— 显然这种感受能给他刺激

Ner·ven·kli·nik *die*；e-e Klinik für psychische Krankheiten 精神病院

Ner·ven·kos·tüm *das*；*gespr hum*［口］［诙］；j-s psychischer Zustand in Bezug darauf, wie viel Ärger und Aufregungen er ertragen kann 精神承受力〈ein dünnes, schwaches, starkes N. haben 精神承受力很小、很弱、极强〉

ner·ven·krank *Adj*（形）；*nicht adv*（不作状语）**1.** an den Nerven krank（geworden）患神经病的 **2.** *gespr*［口］；psychisch krank 患精神病的 ‖ *hierzu*（派生）**Ner·ven·krank·heit** *die*

Ner·ven·krieg *der*；e-e Situation, in der beide Gegner psychologische Druckmittel（*z. B.* Mittel der Propaganda）benutzen, um den anderen zu verunsichern 神经战，精神战：*Die Scheidung war der reinste N.* 离婚是场十足的神经战

Ner·ven·lei·den *das* ≈ Nervenkrankheit

Ner·ven·sä·ge *die*；*gespr pej*［口］［贬］；j-d, der durch sein Verhalten andere Leute immer wieder stört 让人心烦的人，烦人的家伙 ≈ Quälgeist

Ner·ven|zu·sam·men·bruch *der*；der Vorgang, bei dem j-s Nerven versagen, weil er körperlich, geistig od. seelisch sehr große Probleme hat 精神崩溃，神经垮了〈e-n N. bekommen, haben, erleiden 精神崩溃〉

nerv·lich *Adj*（形）；*nur attr od adv*（只作定语或状语）；in Bezug auf die Nerven（2）神经的，神经方面的〈e-e Anstrengung, e-e Belastung 劳累，负担；etw. ist n. bedingt 某事是神经上的原因造成的〉

ner·vös [-v-] *Adj*（形）**1.**（wegen e-r starken psychischen Belastung）voller innerer Unruhe od. Anspannung 紧张不安的，烦躁的，神经质的 ↔ ruhig, gelassen〈e-e Gereiztheit 恼怒；etw. macht j-n n. 某事使某人紧张不安〉：*n. e-e Zigarette nach der anderen rauchen / mit dem Schlüsselbund spielen* 烦躁地一支接一支抽烟/玩弄钥匙串；*In der Prüfung machte er e-n nervösen Eindruck* 在考试中他给人的印象是很紧张 **2.** in Bezug auf die Nerven（1）神经上的〈e-e Störung, Zuckungen 障碍，痉挛〉‖ *zu*（义项）**1. Ner·vo·si·tät** *die*；*nur Sg*（只用单数）

nerv·tö·tend *Adj*（形）；*gespr*［口］；〈Lärm, Geschrei, Geschwätz 噪音，喊叫，闲话〉so, dass sie j-n sehr belästigen od. sehr nervös machen 令人心烦的、烦躁的：*Dieser Mensch ist einfach n.* 这个人实在让人心烦

Nerz *der*；*-es, -e* **1.** ein kleines Tier（ähnlich e-m Marder）mit *mst* braunem, wertvollem Fell 水貂 **2.** das Fell des Nerzes（1）貂皮 **3.** ein Mantel *o. Ä.* aus dem Fell des Nerzes（1）貂皮（大）衣〈e-n N. tragen 穿着貂皮大衣〉‖ -K-（复合）：***Nerz-, -jacke, -kragen, -mantel***

Nes·ca·fé® *der*；*-s, -s*；ein Kaffee in der Form von Pulver, der sich in heißem Wasser auflöst 雀巢速溶咖啡 ‖ NB（注意）：als Plural wird *mst zwei, drei usw*（*Tassen*）*Nescafé* verwendet（复数时多用"两杯、三杯雀巢咖啡"）

Nes·sel *die*；*-, -n*；*Kurzw*（略）↑ ***Brennnessel*** ‖ ID［谚］***sich*（*mit etw.*）*in die Nesseln setzen*** *gespr*［口］；durch e-e Tat od. e-e Äußerung in e-e unangenehme Situation kommen 招来麻烦；***wie auf Nesseln sitzen*** *gespr*［口］；sehr unruhig sein 坐立不安，如坐针毡

Nes·sel·fie·ber *das*；e-e allergische Reaktion, bei der man Fieber hat, rote Flecken bekommt u. die Haut juckt 荨麻疹，风疹

Nest *das*；*-(e)s, -er* **1.** der Platz, an den ein Vogel seine Eier legt u. wo er sie ausbrütet 窝，鸟窝，巢〈ein Vogel sitzt in/auf dem N., verlässt das N. 鸟蹲在窝里，鸟飞离窝；ein N. ausnehmen, ausräubern 掏鸟窝〉：*Die Schwalbe baut ihr N. aus Lehm* 燕子用泥筑巢；*Der Spatz hat sein N. in der Hecke* 这麻雀把窝筑在树篱中 ‖ -K（复合）：***Vogel-; Amsel-, Schwalben-, Storchen-*** *usw* **2.** e-e Art kleine Höhle, die Insekten, Mäuse *usw* bauen od. graben, um dort zu leben 穴，洞 ‖ -K（复合）：***Eichhörnchen-, Mäuse-, Schlangen-, Wespen-*** **3.** *gespr pej*［口］［贬］；ein（kleiner）Ort, in dem es langweilig ist 偏僻的小地方 ≈ Kaff ‖ -K（复合）：***Dreck(s)-, Provinz-*** **4.** der Ort, an dem sich *bes* Verbrecher verstecken 贼窝，强盗窝，匪巢 ≈ Schlupfwinkel〈ein N. von Räubern, Schmugglern ausheben（= sie entdecken u. verhaften）端掉盗匪、走私犯的老窝〉‖ -K（复合）：***Agenten-, Diebes-*** ‖ ID［谚］***sich ins warme / gemachte N. setzen*** *mst* ohne große Anstrengung（*z. B.* durch Heirat）in e-e Situation kommen, in der es einem gut geht od. man leicht Erfolg hat 过现成的好日子，坐享其成；***das eigene N. beschmutzen*** schlecht über die eigene Familie, das eigene Land *o. Ä.* reden 揭自家的丑，说自己国家的坏话 ‖ ▶ ***nisten***

Nest·be·schmut·zer *der*；*-s, -*；*pej*［贬］；j-d, der schlecht über das eigene Land *o. Ä.* spricht 说自己国家坏话的人 ‖ *hierzu*（派生）**Nest·be·schmut·ze·rin** *die*；*-, -nen*

nes·teln；*nestelte, hat genestelt*；[Vi]（不及物）***an etw.*** (*Dat* 三格) ***n.***（ungeschickt）mit den Fingern versuchen, etw. zu öffnen od. zu lösen（笨拙地试图）解开 ≈ an etw. fingern〈an der Krawatte, an den Knöpfen, am Reißverschluss n. 解领带，解开钮扣，扯开拉链〉

Nest·häk·chen *das*；*-s, -*；das（*mst* verwöhnte）jüngste Kind in e-r Familie（孩子中排行在最末的）小儿子，小闺女

Nest·wär·me *die*；das angenehme Gefühl, das ein Kind hat, wenn die Eltern es lieben u. für es sorgen 家庭温暖：*Kinder brauchen N.* 孩子需要家庭温暖

N

nett[1], *netter*, *nettest-*; *Adj*(形) **1.** im Verhalten freundlich u. angenehm 友好的,可爱的,和蔼可亲的,讨人喜欢的 ≈ lieb, sympathisch 〈ein Mensch, ein Junge, ein Mädchen 人,男孩,女孩; n. zu j-m sein 对某人友好; etw. Nettes sagen 说些令人愉快的话〉: *Es war n. von dir, mich zu besuchen / dass du mich besucht hast* 你真好,来看我; *Würden Sie so n. sein u. das Fenster schließen?* 劳您驾,能把窗子关上吗? **2.** so, dass es angenehm wirkt 很舒适的,可人的,漂亮的 ≈ ansprechend, hübsch 〈n. aussehen 看上去挺可爱; sich n. anziehen 穿着得体; etw. n. herrichten 弄得很舒适〉: *Durch die hellen Möbel u. die Blumen ist das Zimmer ganz n. geworden* 浅色家具和鲜花使这屋子变漂亮了 ‖ NB(注意): Wie viele andere Adjektive mit positiver Bedeutung, wird *nett* auch ironisch mit negativer Bedeutung verwendet(和许多褒义的形容词一样, *nett* 也可以用于带贬义的讽刺): „*Er hat dir 100 Euro geklaut? – Das ist ja ein netter Freund!*" "他偷了你100欧元? —— 这可真是个可爱的朋友!"

nett[2] *Adv*(副); *gespr*[口]; *mst in* 多用于 ***ganz n.*** ≈ ganz schön, ziemlich: *Bei der Kälte haben wir ganz n. gefroren* 这么冷,把我们冻得够呛; *Wir mussten uns ganz n. anstrengen* 我们可干得相当辛苦

net·ter·wei·se *Adv*(副); aus Freundlichkeit 友好地 ≈ liebenswürdigerweise: *Er hat mir n. sein Auto geliehen* 他好心地把汽车借给了我

Net·tig·keit *die*; -, *-en*; *mst Pl*(多用复数); höfliche od. freundliche Worte 客气话,好听话,恭维话 ≈ Kompliment 〈j-m ein paar Nettigkeiten sagen 对某人说几句恭维话〉

net·to *Adv*(副) **1.** ohne die Verpackung(除去包装)净 ↔ brutto: *Der Inhalt dieser Dose wiegt 250g n. / n. 250g* 这罐食品净重 250 克 ‖ K-(复合): ***Netto-***, ***-gewicht*** **2.** (von Löhnen, Gehältern *o. Ä.*) nachdem Steuern od. andere Kosten abgezogen sind 纯收入,净收入 ↔ brutto: *Er verdient 1600 Euro n. im Monat / Er verdient n. 1600 Euro* 他每月的纯收入为1600 欧元 ‖ K-(复合): ***Netto-***, ***-betrag***, ***-einkommen***, ***-einkünfte***, ***-einnahmen***, ***-ertrag***, ***-gehalt***, ***-gewinn***, ***-lohn***, ***-preis***, ***-verdienst***

Netz[1] *das*; *-es*, *-e* **1.** ein (elastisches) Material (Gewebe) aus Fäden, Seilen, Drähten *o. Ä.*, die miteinander verknüpft sind 网,网络 〈ein feines, weit-, grobmaschiges N. 密网,稀/疏网; ein N. knüpfen, flicken, ausbessern 织、补、修网〉 **2.** ein N.[1](1), mit dem man *bes* Fische fängt 渔网 〈die Netze auswerfen, einholen 撒网,收网; mit e-m N., im N. Fische fangen 用网捕鱼; die Fische gehen ins N. 鱼进网〉 ‖ -K(复合): ***Fisch(er)-***, ***Vogel-*** **3.** SPORT【体】; ein N.[1](1), das (*z. B.* im Tennis od. Volleyball) das Spielfeld in zwei Teile trennt od. (*z. B.* beim Fußball) e-n Teil des Tors bildet 球网 〈das N. spannen 收紧网; den Ball über das N. / ins N. schlagen 把球打过/打入网; ins N. schießen 踢球进网,射门入网; am N. stehen 守在网前; das N. berühren 触网〉 ‖ -K(复合): ***(Tisch)Tennis-***, ***Tor-***, ***Volleyball-*** **4.** ein N.[1](1), in dem man Dinge transportiert od. etw. (*z. B.* Gepäck) aufbewahrt 网袋,网兜: *die Waren ins N. packen* 把商品装进网兜 ‖ -K(复合): ***Einkaufs-***, ***Gepäck-*** **5.** ein N.[1](1), das j-n (vor etw.) schützt 安全网,保护网: *Die Artisten arbeiten mit / ohne N.* 马戏团演员带网/无网表演; *sein Bett mit e-m N. umhüllen, um die Moskitos fernzuhalten* 给他的床罩上帐子以防蚊子 ‖ -K: ***Fliegen-***, ***Moskito-*** **6.** ein N.[1](1), das man über den Haaren trägt, damit die Frisur ordentlich bleibt 头网套,发网,发罩 ‖ -K: ***Haar-*** **7.** ein N.[1](1), das e-e Spinne macht, um kleine Tiere zu fangen 蜘蛛网 〈die Spinne macht, spinnt ein N., sitzt im N. 蜘蛛在织网,蜘蛛守在网中〉 ‖ -K(复合): ***Spinnen-*** ‖ ID[谚] ***j-m ins N. / in j-s N. gehen*** *gespr*[口]; von j-m gefangen werden 落入某人的罗网 ‖ NB(注意): ↑ ***Sieb***, ***Gitter*** ‖ *zu*(义项) **1.** **netz·ar·tig** *Adj*(形); **netz·för·mig** *Adj*(形)

Netz[2] *das*; *-es*, *-e* **1.** ein System (*bes* von Straßen, Schienen, Kanälen *o. Ä.*), durch das Menschen u. Waren (einfach u. schnell) in viele Richtungen u. an viele Orte kommen können(交通)系统,网络: *Deutschland hat ein gut ausgebautes N. von Autobahnen* 德国有四通八达的高速公路网 ‖ -K(复合): ***Autobahn-***, ***Bahn-***, ***Eisenbahn-***, ***Flug-***, ***Kanal-***, ***Kanalisations-***, ***Omnibus-***, ***Schienen-***, ***Straßen-***, ***Straßenbahn-***, ***Transport-***, ***Verkehrs-*** **2.** ein System (von Apparaten u. Leitungen), mit dem man Gas, elektrischen Strom, Nachrichten *o. Ä.* verteilt u. transportiert 网状系统(电力网,供气网,信息网等) 〈ein Haus, ein Gerät an das (öffentliche) N. anschließen 将楼房、电器接上(公共)网络; das N. überlasten, stark belasten 使电力网超负荷、高负荷运转〉 ‖ -K(复合): ***Computer-***, ***Fernmelde-***, ***Fernschreib-***, ***Fernseh-***, ***Fernsprech-***, ***Kabel-***, ***Nachrichten-***, ***Rundfunk-***, ***Strom-***, ***Telefon-***, ***Telegrafen-*** **3.** e-e Gruppe von Personen od. Institutionen, die an verschiedenen Orten arbeiten, aber miteinander durch die Organisation verbunden sind(人或机构的)连锁网 ‖ -K(复合): ***Handels-***, ***Spionage-***, ***Tankstellen-***, ***Verkaufs-*** **4.** ***das soziale N.*** ein System von sozialen Hilfen, das der Bevölkerung e-n bestimmten Lebensstandard garantieren soll 社会福利网 **5.** ***ein N. von*** 〈Lügen, Intrigen *o. Ä.* 谎话,阴谋〉 viele Lügen, Intrigen *o. Ä.*, die miteinander verbunden sind 一系列,一套: *sich in e-m N. / in ein N. von Widersprüchen verstricken* 卷进一系列的矛盾之中 ‖ ▶ ***vernetzen***

Netz·an·schluss *der* **1.** die Vorrichtung für den Anschluss ans Stromnetz 电源接头 **2.** die Möglichkeit, ein elektrisches Gerät (durch e-e Leitung) mit Strom zu versorgen 电源

Netz·ge·rät *das*; ein Gerät, das den elektrischen Strom aus dem normalen Stromnetz so verändert, dass man e-e Maschine damit betreiben kann 电源引入装置，整流器

Netz·haut *die*; die Schicht des (menschlichen) Auges, die für das Licht empfindlich ist 视网膜 ‖ ↑ *Abb. unter* 图见 **Auge** ‖ K-(复合): **Netzhaut-**, **-ablösung**, **-entzündung**

Netz·kar·te *die*; e-e Fahrkarte für Zug, Bus u. Straßenbahn, mit der man in e-m bestimmten Gebiet so oft fahren kann, wie man will(火车、公共汽车、电车)通用票，联票

Netz·werk *das* ≈ Netz² (1, 2): *ein N. von Wasserstraßen u. Schleusen* 水路航道和水闸网 ‖ K-(复合): **Netzwerk-**, **-computer**, **-zugang** ‖ -K (复合): **Computer-**, **Service-**

neu *Adj*(形) **1.** *nicht adv*(不作状语); erst seit kurzer Zeit (für j-n) vorhanden od. vor kurzer Zeit hergestellt 新的 ↔ alt ⟨neu erbaut, gebaut, eröffnet, geschaffen 新建成、建造、开张、创作⟩: *e-e neue Methode ausprobieren* 尝试一种新方法; *e-e neue Straße bauen* 建一条新路; *den Park neu gestalten* 重新规划公园; *Dieses Haus ist neu, letztes Jahr war es noch nicht da* 这楼是新盖的，去年还没有 ‖ K-(复合): **Neu-**, **-anfertigung**, **-anschaffung**, **-erwerb**, **-eröffnung**, **-gründung**; **neu-**, **-erbaut**, **-eröffnet**, **-gebaut**, **-geschaffen** **2.** *ohne Steigerung* (无变级); von niemandem vorher benutzt od. besessen 新的，崭新的，未使用的 ↔ gebraucht ⟨etw. ist so gut wie neu 某物和新的差不多; etw. sieht n. aus 某物看上去是新的⟩: *Die Autos, die ich bis jetzt hatte, waren nie neu, sondern immer gebraucht* 我至今使用过的汽车都不是新的，全是旧车 ‖ K-(复合): **Neu-**, **-wagen** ‖ NB(注意): *zu* (义项) **1.** u. **2.**: um *neu* zu verstärken, verwendet man (in der gesprochenen Sprache) *nagelneu*, *brandneu* (在口语中为加强 *neu* 语义用 *nagelneu*, *brandneu* 崭新的，簇新的) **3.** *mst attr*(多作定语) ≈ sauber, frisch: *nach dem Duschen ein neues Hemd anziehen* 淋浴后换件干净衬衫 **4.** *nicht adv*(不作状语); (aktuell u.) vorher nicht bekannt 新的，未曾有过的 ⟨e-e Entdeckung, e-e Erfindung, Erkenntnisse 发现，发明，认识; e-n neuen Stern entdecken 发现一颗新星⟩ ‖ K-(复合): **Neu-**, **-entdeckung** **5.** **etw. ist j-m neu** j-d hat von etw. noch nichts gewusst(物作主语)一点也不知道: *Dass wir kein Geld mehr auf dem Konto haben, ist mir neu* 我才知道我们的账户上已经没钱了 **6.** nicht lange zurückliegend, in letzter Zeit geschehen u. noch aktuell 新近的，最近的 ⟨in neuerer, neuester Zeit 近代，当代; etw. ist neueren Datums 某事是新近的事; die neuesten Nachrichten, Ereignisse, Meldungen 最新消息、事件、报道; die neuere Literatur 近代文学; etw., nichts Neues wissen, hören, erfahren 得知/没得知、听到/没听到、获悉/没得到新消息(情况); was gibt es Neues? 有什么新鲜事吗?⟩: „*Weißt du schon das Neueste? – Gabi hat gestern ein Baby bekommen*" "你得到最新消息了吗? —— 加比昨天生孩子了" **7.** *nicht adv*(不作状语); aus der Ernte dieses Jahres 新产的，新收的，新鲜的 ↔ alt ⟨Kartoffeln 土豆⟩ **8.** erst seit kurzer Zeit bekannt bzw. an e-m bestimmten Ort od. in e-r bestimmten Position 新来的，新到的 ⟨neu in e-m Betrieb, in e-r Stadt sein 新来到一企业、一城市; die Freundin, Bekannte 女朋友，熟人⟩: *Der Neue macht seine Arbeit gut, obwohl er erst seit zwei Wochen bei uns arbeitet* 新来的人工作得不错，虽然他在我们这儿才干了两星期 ‖ K-(复合): **Neu-**, **-ankömmling** **9.** *nur adv*(只作状语); noch einmal u. dabei anders als vorher 重新 ⟨etw. neu überarbeiten, formulieren, schreiben 重新修订、撰写，重写⟩ ‖ K-(复合): **Neu-**, **-bearbeitung**, **-gestaltung**, **-ordnung** **10.** **seit Neuestem / neuestem** seit sehr kurzer Zeit 新近，最近以来 ≈ seit Kurzem, neuerdings **11.** **von Neuem / neuem** ≈ wieder, noch einmal: *Er hat es noch nie geschafft, aber er versucht es jeden Tag von Neuem* 他从未成功过，但他每天都重新尝试 ‖ ▶ **erneuern**, **erneut**

neu·ar·tig *Adj*(形); erst in der letzten Zeit erfunden od. bekannt geworden (u. deshalb bemerkenswert)新式的，新颖的，新发明的 ⟨e-e Methode, ein Mittel, ein Verfahren 方法，手段，程序⟩ ‖ *hierzu*(派生) **Neu·ar·tig·keit** *die*; *nur Sg*(只用单数)

Neu|auf·la·ge *die* **1.** der neue (*mst* etwas veränderte) Druck e-s Buchs 新版 ⟨e-e N. herausbringen 发行新版; etw. erscheint in e-r N. 某物正出新版⟩ ‖ NB(注意): ↑ **Nachdruck¹** **2.** etw., das neu sein soll, aber eigentlich nur e-e Wiederholung von etw. ist, das vorher bereits da war 翻版，改头换面，换汤不换药: *Seine Ideen sind nur e-e N. von dem, was schon Freud gesagt hat* 他的观点不过是弗洛伊德说法的翻版

Neu·bau *der*; *-s*, *Neu·bau·ten* **1.** *nur Sg*(只用单数); das Bauen e-s Hauses, *bes* wenn es ein altes ersetzt 新建，重建: *In der Gemeinde wird über den N. des Krankenhauses diskutiert* 就重建医院之事镇里正在进行讨论 **2.** ein Haus, das erst vor Kurzem gebaut worden ist 新建住宅 ↔ Altbau ⟨in e-m N. wohnen 住在一新建住宅里⟩ ‖ K-(复合): **Neubau-**, **-wohnung**

Neu·bil·dung *die* **1.** ein Vorgang, bei dem etw. Neues entsteht od. anders zusammengesetzt ist als vorher 新生，形成，改组 ⟨die N. von Gewebe, Zellen, Wörtern 组织、细胞的再生，新生词汇; die N. der Regierung 政府的改组⟩ **2.** das Resultat e-s solchen Vorgangs 新生物

neu·er·dings *Adj*(形) **1.** seit kurzer Zeit, in letzter Zeit 新近的，最近的 ≈ seit Neuestem: *N. gibt es Überlegungen, die Geschäfte am Abend länger offen zu lassen* 新近考虑让商店晚上延长营业时间 **2.** *südd* Ⓐ Ⓒⓗ [南德][奥][瑞] ≈ wieder, noch einmal

Neu·e·rer *der*; *-s*, *-*; j-d, der versucht, bestimmte Dinge zu verändern u. sie so mo-

N

derner zu machen 创新者,革新者 ‖ *hierzu*(派生)**Neu·e·rin** *die*; -, *-nen*

neu·er·lich *Adj*(形); *nur attr od adv*(只作定语或状语); (nach e-r Pause od. Unterbrechung) erneut 重新的,再次的 〈e-n neuerlichen Anlauf nehmen (etw. zu tun) 再次起步(做某事); etw. n. versuchen 再次尝试〉

Neu·er·schei·nung *die*; etw. (*mst* ein Buch od. e-e Schallplatte), das vor Kurzem auf den Markt gekommen ist od. bald kommen wird 新出版物(书,音像作品) 〈e-e N. ankündigen 预告一新书〉: *ein Buchprospekt mit allen Neuerscheinungen der letzten drei Monate* 一本登有最近三个月所有出版物的书刊目录

Neu·e·rung *die*; -, *-en*; e-e Veränderung, die etw. Neues an die Stelle von etw. bringt, das es vorher gegeben hat 革新,创新: *In diesem Jahr wurden in unserem Betrieb verschiedene Neuerungen eingeführt* 今年在我们企业实行了多项革新

neu·ge·bo·ren *Adj*(形); *mst attr*, *ohne Steigerung*(多作定语,无变级) **1.** vor Kurzem auf die Welt gekommen 新生的,刚出世的 〈ein Kind 婴儿〉 **2.** ***wie n.*** frisch u. voller Energie 充满生命力的,焕然一新的: *Nach der Sauna fühle ich mich immer wie n.* 桑拿浴后,我总感觉自己精神焕发

N

Neu·gier, **Neu·gier·de** *die*; -; *nur Sg*(只用单数); ***die N.*** (***auf j-n/etw.***) der Wunsch, etw. Bestimmtes zu wissen, kennenzulernen od. zu erfahren 好奇,好奇心 〈e-e lebhafte, brennende N. 强烈的好奇心; vor N. brennen, platzen 好奇得要命; etw. aus reiner, purer N. tun 纯粹出于好奇而做某事; etw. weckt, erregt j-s N. 某事引起某人的好奇; seine N. befriedigen, zähmen, zügeln 满足、抑制、克制他的好奇心; von N. gepackt werden 被好奇心抓住〉

neu·gie·rig *Adj*(形); ***n.*** (***auf j-n/etw.***) voller Neugier 好奇的 ↔ ohne Interesse: *ein neugieriges Kind* 好奇的孩子; *Ich bin n.*, ob *du das schaffst* 我很想知道你是否能成功; *Jetzt bin ich aber n.*, wie *du das Problem lösen willst* 现在我可急着想知道,你打算怎样解决问题; *Ich bin n.* darauf, was *er sagen wird* 我真想知道,他会说些什么

Neu·heit *die*; -, *-en* **1.** etw., *bes* ein Produkt, das neu ist (u. erst seit Kurzem auf dem Markt) 新鲜事物,新产品 ≈ Novum: *Vor einigen Jahren waren die Mountainbikes e-e echte N.* 几年前,山地车还完全是新鲜事物 ‖ -K(复合): ***Welt-*** ‖ NB(注意): ↑ ***Neuigkeit*** **2.** *nur Sg*(只用单数); das Neusein 新颖,新式,新鲜 〈der Reiz der N. 新鲜事物的魅力〉

neu|hoch·deutsch *Adj*(形); deutsch, wie es ca. seit dem 17 Jahrhundert gesprochen u. geschrieben wird 新高地德语 ‖ *hierzu*(派生) **Neu|hoch·deutsch** *das*; **Neu|hoch·deut·sche** *das*; *nur mit dem bestimmten Artikel*(只与定冠词连用)

Neu·ig·keit *die*; -, *-en*; e-e Information od. Nachricht, die neu (6) ist (u. von der nur wenige Menschen etw. wissen) 新闻,新消息,新鲜事 〈(interessante) Neuigkeiten haben, erzählen, wissen, erfahren, verbreiten 有、讲述、知道、得知、传播新消息(趣闻)〉

Neu·jahr, *auch* **Neu·jahr** *das*; *nur Sg*(只用单数) **1.** der erste Tag des neuen Jahres (der in vielen Ländern ein Feiertag ist) 元旦,新年 〈N. feiern 庆祝元旦; j-m zu N. Glück wünschen 祝某人新年快乐〉 ‖ K-(复合): ***Neujahrs-***, ***-empfang***, ***-fest***, ***-grüße***, ***-morgen***, ***-tag*** **2.** ***Prosit N.!*** verwendet, um j-m bei e-m Glas Sekt, Wein *o. Ä.* zu Beginn des neuen Jahres alles Gute zu wünschen(举杯庆贺新年来临)新年快乐!

Neu·land *das*; *nur Sg*(只用单数) **1.** (*bes* in der Forschung) ein Gebiet, über das man noch nichts weiß 尚未探索的领域,新领域 〈N. entdecken, erforschen, betreten 发现、研究、涉足新领域; etw. ist N. für j-n 某事对某人来说是个尚未接触的新领域〉 **2.** ein Stück Land, auf dem es erst seit Kurzem möglich ist, zu wohnen od. etw. anzubauen 新居住区,新开垦地 〈N. gewinnen 获得新开垦地〉 ‖ K-(复合): ***Neuland-***, ***-gewinnung***

neu·lich *Adv*(副); zu e-m Zeitpunkt, der noch nicht weit in der Vergangenheit liegt 不久前,新近 ≈ vor Kurzem, kürzlich ↔ vor langer Zeit: *Ich habe ihn n. gesehen* 不久前我见过他

Neu·ling *der*; *-s*, *-e*; j-d, der erst seit kurzer Zeit in e-r Gruppe ist od. erst beginnt, sich mit etw. zu beschäftigen 新手,生手 ≈ Anfänger: *e-n N. im Betrieb haben* 厂里有个新手

neu·mo·disch *Adj*(形); *gespr pej*[口][贬]; modern, aber nicht nach dem Geschmack des Sprechers 新潮的,时兴的 ↔ altmodisch: *Dieses neumodische Plastikzeug taugt nichts* 这种时兴的塑料玩意儿毫无用处

Neu·mond *der*; *nur Sg*(只用单数); die Zeit, in der man den Mond nicht sehen kann, weil er zwischen Sonne u. Erde steht 新月 ‖ NB(注意): ↑ ***Halbmond***, ***Vollmond***

neun *Zahladj*(数形) **1.** (als Ziffer) 9 九,玖; ↑ ***Anhang*** (5) 见附录(五) ‖ NB(注意): Gebrauch ↑ *Beispiele unter* 用例见 ***vier*** **2.** ***alle neun (e)!*** verwendet, wenn beim Kegeln alle 9 Kegel auf einmal fallen(打保龄球时)9 柱全中! ‖ ID[谚] ***Ach, du 'grüne Neune!*** *gespr*[口]; verwendet, um Überraschung od. Erschrecken auszudrücken(表示惊讶)啊,天哪!

Neun *die*; -, *-en* **1.** die Zahl 9 九,玖 **2.** j-d/etw. mit der Nummer 9(第)9 号(指人/物)

Neu·ner *der*; *-s*, -; *gespr*[口] **1.** die Ziffer 9 九,玖 **2.** etw., das mit der Zahl 9 bezeichnet wird, *mst* ein Bus(多指)9 路车

neun·hun·dert *Zahladj*(数形); (als Zahl) 900 九百,玖佰

neun·mal|klug *Adj*(形); *pej*[贬] **1.** 〈ein Kind, ein Kerl 孩子,家伙〉 so, dass sie glauben, alles besser zu wissen als andere 自以为比别人懂得多的,自以为是的,好为人师的 ≈ besserwisserisch **2.** ***neunmalkluges Gerede*** Äußerungen von j-m, der alles besser zu wissen glaubt 自以为

是的言论

neunt *nur in*（只用于）***zu n.*** mit insgesamt 9 Personen 九个人一起，一起共九人

neun·t- *Zahladj*（数形），*nur attr, nicht adv*（只作定语，不作状语）**1.** in e-r Reihenfolge an der Stelle neun 第九的 ≈ 9. ‖ Gebrauch ↑ *Beispiele unter* 用法、用例见 ***viert-*** **2.** ***der neunte Teil*** (***von etw.***) ≈ 1/9

neun·tau·send *Zahladj*（数形）;（als Zahl）9000 九千，玖仟

neun·tel *Adj*（形）; *nur attr, indeklinabel, nicht adv*（只作定语，词形不变，不作状语）; den 9. Teil von etw. bildend 九分之一的 ≈ 1/9

Neun·tel *das*; *-s, -*; der 9. Teil（1/9）von etw. 九分之一

neun·tens *Adv*（副）; verwendet bei e-r Aufzählung, um anzuzeigen, dass etw. an 9. Stelle kommt（表示列举）第九（点）

neun·zehn *Zahladj*（数形）;（als Zahl）19 十九，拾玖; ↑ ***Anhang***（5）见附录（五）

neun·zehn·t- *Zahladj, nur attr, nicht adv*（数形）（只作定语，不作状语）**1.** in e-r Reihenfolge an der Stelle 19 第十九的 ≈19. **2.** ***der neunzehnte Teil*** (***von etw.***) ≈ 1/19

neun·zig *Zahladj*（数形）; **1.**（als Zahl）90 九十，玖拾; ↑ ***Anhang***（5）见附录（五）**2.** ***Anfang, Mitte, Ende n. sein*** ungefähr 90 bis 93, 94 bis 96, 97 bis 99 Jahre alt sein（指年龄）九十出头（九十挂零），九十五、六，九十大几

Neun·zig *die*; *-, -en*; *mst Sg*（多用单数）; **1.** die Zahl 90 九十，玖拾 **2.** j-d /etw. mit der Zahl / Nummer 90（第）90 号（指人/物）

neun·zi·ger *Adj*（形）; *nur attr, indeklinabel, nicht adv*（只作定语，词形不变，不作状语）; die zehn Jahre（e-s Jahrhunderts od. Menschenlebens）von 90 bis 99 betreffend 九十年代的，九十多岁的: *e-e Frau in den/ihren Neunzigern* 一个九十多岁的妇女; *in den n. Jahren des vorigen Jahrhunderts* 在上个世纪九十年代 ‖ K-（复合）: ***Neunziger-, -jahre***

Neu·ral·gie *die*; *-, -n* [-ˈgiːən]; MED【医】; starke Schmerzen in den Nerven, die plötzlich u. oft unerwartet kommen 神经痛

neu·ral·gisch *Adj*（形）**1.** MED【医】; von e-r Neuralgie verursacht od. für sie typisch 神经痛的〈Schmerzen 疼痛〉**2.** ***der neuralgische Punkt*** ein Punkt（*z. B.* im Verkehrsnetz）, bei dem oft Störungen vorkommen, od. ein Thema *o. Ä.*, bei dem j-d empfindlich reagiert 痛处，敏感点；事故多发处 ≈ Schwachpunkt, Schwachstelle: *Mach dich nicht über seine politischen Ansichten lustig, das ist sein neuralgischer Punkt* 你可不要取笑他的政治观点，这是他的敏感处

neu·reich *Adj*（形）; *nicht adv, pej*（不作状语）[贬]; in kurzer Zeit reich geworden u. bestrebt, den Reichtum（auf unangenehme Art）zu zeigen 暴富的，新发迹的〈Leute 人〉‖ *hierzu*（派生）**Neu·rei·che** *der/die*

Neu·ro·lo·gie *die*; *-*; *nur Sg*（只用单数）; das Gebiet der Medizin, das sich mit dem Nervensystem u. seinen Krankheiten beschäftigt 神经病学 ‖ *hierzu*（派生）**Neu·ro·lo·ge** *der*; *-n, -n*; **Neu·ro·lo·gin** *die*; *-, -nen*; **neu·ro·lo·gisch** *Adj*（形）

Neu·ro·se *die*; *-, -n*; e-e psychische（u. oft auch körperliche）Störung, die ihre Ursache *mst* darin hat, dass man（als Kind）schlimme Erlebnisse hatte u. mit ihnen nicht zurechtgekommen ist 神经病，神经官能症

Neu·ro·ti·ker *der*; *-s, -*; j-d, der nicht normal reagiert od. seltsame Dinge tut, weil er e-e Neurose hat 神经病患者: *Er ist ein richtiger N. – Er wäscht sich dauernd die Hände, weil er Angst hat, sich anzustecken* 他是个地道的神经病患者。他没完没了地洗手，就因为害怕传染

neu·ro·tisch *Adj*（形）;（aufgrund e-r Neurose）nicht normal 神经不正常的: *Sie hat e-n neurotischen Drang zur Sauberkeit* 她有洁癖; *Er hat e-n neurotischen Hund* 他有条神经兮兮的狗

Neu·schnee *der*; der Schnee, der frisch gefallen ist 新雪: *In den Bergen gibt es fast 30 cm N.* 山里有近 30 厘米厚的新雪

neut·ral *Adj*（形）**1.** weder für noch gegen einen der Gegner in e-m Streit 中立的，不介入的 ≈ unparteiisch ↔ parteiisch〈ein Beobachter, ein Bericht 观察员，报道; n. bleiben, sich n. verhalten 保持中立，持中立态度〉**2.**〈ein Land, ein Staat 国家〉so, dass sie in e-m Krieg keiner Seite helfen 中立的，不结盟的: *die neutrale Schweiz* 中立的瑞士 **3.**〈ein Ort, ein Gebiet, ein Gewässer 地方，地区，水域〉so, dass sie keinem der Gegner in e-m Streit gehören 中立的，无敌对行为的 **4.** so, dass dabei keine starken Emotionen entstehen 不感情用事的，平心静气的，心平气和的〈ein Gespräch in neutrale Bahnen, auf ein neutrales Thema lenken 把谈话引进平和的轨道、引向温和的话题〉**5.** ohne besondere（auffällige）Eigenschaften（u. deshalb mit verschiedenen Dingen kombinierbar）中性的，平和的 ≈ unaufdringlich〈e-e Farbe 颜色; geschmacklich / im Geschmack n. 无异味的〉**6.** ***ein neutrales Blatt Papier*** ein weißes Blatt Papier ohne Zeilen od. Kästchen u. ohne Beschriftung（无格子无文字的）空白纸

-neut·ral *im Adj, wenig produktiv*（构成形容词，构词弱）**1.** von der genannten Sache nicht abhängig od. daran orientiert 不分…的，不受…影响的 ↔ -orientiert, -spezifisch; ***geschlechtsneutral***〈e-e Erziehung 教育〉, ***leistungsneutral***〈ein Einkommen 收入〉**2.** ohne die genannte Sache（in hohem Maße）zu haben…不很大的，几乎没有…的 ↔ -intensiv; ***geruchsneutral***〈e-e Seife 肥皂〉, ***geschmacksneutral***〈ein Salatöl, ein Speiseöl 色拉油，食用油〉, ***kostenneutral***〈e-e Neuerung 革新〉

neut·ra·li·sie·ren; *neutralisierte, hat neutralisiert*; [Vt]（及物）***etw.*** (***durch/mit etw.***) ***n.*** e-r Sache die（oft negative）Wirkung nehmen 抵消，使失效，使中和 ≈ ausgleichen: *ein Gift mit e-m Gegengift n.* 用解

毒剂解毒(以毒解毒); ‖ *hierzu* (派生) **Neut·ra·li·sie·rung** *die*; **Neut·ra·li·sa·ti·on** *die*

Neut·ra·li·tät *die*; -; *nur Sg*(只用单数) **1.** der Status e-s Landes, das neutral (2) ist 中立 ⟨die N. e-s Landes garantieren, respektieren, verletzen 保障、尊重、侵犯一个国家的中立; ein Land wahrt, erklärt seine N. 国家维护、宣布中立⟩: *Österreich hat sich zur ständigen N. verpflichtet* 奥地利宣布永久中立 ‖ K-(复合): ***Neutralitäts-***, ***-bruch***, ***-erklärung***, ***-politik***, ***-verletzung*** **2. N.** (***gegenüber etw.***) ein Verhalten od. e-e Einstellung, bei der man versucht, objektiv zu bleiben 不偏不倚,客观公正

Neut·ro·nen·bom·be *die*; e-e Bombe, die Lebewesen tötet, aber Dinge nur wenig od. gar nicht beschädigt 中子弹

Neu·wert *der*; der Wert, den ein Gegenstand hat, bevor er das erste Mal gebraucht wird 原价 ⟨der N. e-s Autos 小汽车的原价⟩

neu·wer·tig *Adj* (形); gebraucht, aber noch fast neu 还很新的 ⟨ein Auto, ein Fahrrad 小汽车,自行车⟩

Neu·zeit *die*; *nur Sg*(只用单数); die Epoche in der Geschichte, die im 16 Jahrhundert beginnt u. in der wir jetzt leben 近代 ↔ Mittelalter, Altertum ‖ *hierzu*(派生) **neu·zeit·lich** *Adj*(形); *mst attr*(多作定语)

Neu·zu·las·sung *die* **1.** die erste Anmeldung e-s neuen Autos bei e-r Behörde 新车申报 **2.** ein neues Auto, das zum ersten Mal angemeldet wird od. worden ist 要登记或刚登记的新车: *In diesem Jahr gibt es mehr Neuzulassungen als im Vorjahr* 今年登记的新车多于去年

nicht[1] *Partikel* (小品词); *betont u. unbetont* (重读和非重读) **1.** verwendet, um e-e verneinte Aussage zu machen(作否定陈述)不,不是: *Schnee ist n. schwarz, sondern weiß* 雪不是黑的,而是白的; *Er kommt n. mit, er bleibt lieber zu Hause* 他不跟着去,他宁愿呆在家里; *Warum hast du n. gesagt, dass du keine Pilze magst?* 你为什么不说你不爱吃蘑菇? **2.** verwendet zur Verneinung anstelle e-s ganzen Ausdrucks(表示否定,代替完整表达)不,不会/能… ↔ schon[2] (1): *„Meinst du, dass sie noch kommen werden?" – „Ich glaube n."* "你认为他们还会来吗?"——"我觉得不会"; *Schau, ob du Blumen bekommen kannst, wenn n., dann kaufst du e-e Flasche Wein* 你看看能否买到鲜花,要是买不着,那就买瓶葡萄酒; *Fährst du jetzt mit oder n.?* 你现在是一块儿去呢还是不去?; *„Wer mag ein Stück Kuchen?" – „Ich n."* "谁还想要块蛋糕?"——"我不要了" **3.** verwendet vor Wörtern mit negativer Bedeutung (*bes* vor Adjektiven mit *un-*), um etwas vorsichtig auszudrücken(用于贬义词前,表示谨慎)并非,并不是: *Die Bedienung war n. unfreundlich* (≈ sie war aber auch nicht freundlich) 服务员并非不客气; *Der Aufsatz ist n. schlecht, aber noch keineswegs sehr gut* 这篇文章写得不坏,但还算不上很好; *Die Organisation lief n. ohne Pannen ab* 组织工作并非没有疏忽 **4. *nicht ein*** ≈ kein: *N. einer hatte den Mut, Nein zu sagen* 没有一个人有勇气说"不"; *N. eine Flasche von diesem Wein war gut* 这种酒没有一瓶是好的 ‖ NB(注意): ↑ ***etwa***[2] (2), ***gerade***[3] (3), ***zuletzt***

nicht[2] *Partikel*(小品词) **1.** *unbetont*(非重读); in Fragen verwendet, wenn vom Gesprächspartner e-e positive Antwort erwartet wird (用于期望得到肯定回答的问句中)不…吗?: *Ist diese Aussicht n. wunderbar?* 这景致不是很迷人吗?; *Hast du n. auch Lust, baden zu gehen?* 你不也有兴趣去游泳吗? **2.** *betont u. unbetont*(重读和非重读); ..., ***n.*** (***wahr***)? verwendet am Ende des Satzes, um den Gesprächspartner zur Zustimmung aufzufordern(用于句末,以求得到对方的赞同)不是吗? 对吗?: *Diese Aussicht ist wunderbar, n.?* 这景色真迷人,不是吗?; *Du bleibst doch noch, n. wahr?* 你还能呆一会儿,对吗? **3.** *unbetont*(非重读); in Feststellungen u. Ausrufen verwendet, auf die man keine Antwort, höchstens Zustimmung erwartet(用于无需对方回答或至多期望对方赞同的肯定句和感叹句): *Wie oft habe ich n. schon hier gesessen u. an dich gedacht* 不知有多少次我坐在这儿,想着你; *Was haben wir n. schon alles zusammen erlebt!* 我们还有什么没有共同经历过啊! **4.** *unbetont*(非重读); in Ausrufen verwendet, um (auch ironisch) zu betonen, dass man überrascht ist(用于感叹句表示惊讶): *Was du n. alles weißt!* 有这样的事/没有你不知道的; *Was du n. sagst!* 真的吗,不见得吧?

nicht[3] *Konjunktion* (连); ***nicht, dass...*** *mst iron* 多用[讽]; kurz für 完整句为:„es ist nicht so, dass ..." 并不是、并非…: *N., dass ich etwa neugierig bin, aber ich würde gern wissen, was er macht* 并不是我好奇,但我很想知道他在做什么; *N., dass es wichtig wäre, aber mich würde schon interessieren, wo du gestern warst* 并非这事有多重要,但我确实想知道你昨天在哪儿 ‖ NB(注意): ↑ ***nur***[2] (1)

nicht[4] *mit Adj, sehr produktiv, bes in Fachsprachen*(与形容词连用,构词强,尤用于专业用语); verwendet, um die genannte Eigenschaft zu verneinen(表示对特性的否定)非、未、不…的; ***nicht amtlich*** ⟨e-e Stellungnahme 观点⟩, ***nicht berufstätig*** ⟨e-e Hausfrau 家庭主妇⟩, ***nicht christlich*** ⟨e-e Religion 宗教⟩, ***nicht ehelich*** ⟨ein Kind 孩子⟩, ***nicht kommunistisch*** ⟨Länder 国家⟩, ***nicht leitend*** ⟨ein Metall 金属⟩, ***nicht öffentlich*** ⟨e-e Sitzung 会议⟩, ***nicht organisiert*** ⟨Arbeiter 工人⟩, ***nicht rostend*** ⟨Stahl 钢⟩, ***nicht selbstständig*** ⟨e-e Arbeit 工作⟩, ***nicht sesshaft*** ⟨e-e Person 人⟩, ***nicht staatlich*** ⟨e-e Schule 学校⟩ ‖ NB(注意): **a)** während *un-* oft e-e Wertung ausdrückt, bezeichnet *nicht* einfach das Fehlen der genannten Eigenschaft(前缀 un-常表示评价,而 nicht 则表示不存在所提及的特点); *z. B. nicht selbstständig* ≠ *unselbstständig*; *nicht organisiert* ≠ *unorganisiert* **b)** die Verbindungen aus *nicht* u. Adjektiven od. Partizipien können auch zusammengeschrieben werden (nicht 与形容词或分词连用时也可连写)：*nicht-amtlich*, *nichtehelich usw*

Nịcht- *im Subst*, *sehr produktiv*, *bes in Fachsprachen*(构成名词，构词强，尤用于专业用语) **1.** *Nicht-* drückt aus, dass die genannte Handlung nicht geschieht(表示行为没发生)不，没；die **Nichtachtung** ⟨der Würde e-s Menschen 人的尊严⟩, die **Nichtbeachtung** ⟨e-r Regel 规则⟩, die **Nichtanerkennung** ⟨e-s Staates 国家⟩, die **Nichtbefolgung** ⟨e-r Vorschrift 规定⟩, die **Nichteinmischung** ⟨in die inneren Angelegenheiten e-s Staates 一国的内政⟩, die **Nichterfüllung** ⟨der Normen 指标⟩ **2.** *Nicht-* drückt aus, dass j-d/etw. nicht das ist, was der zweite Teil des Wortes bezeichnet(表示某人/某物不是该词第二部分)非，不是：der **Nichtchrist**, der **Nichtfachmann**, das **Nichtmetall**, das **Nichtmitglied**, der (die) **Nichtraucher(in)**, der (die) **Nichtschwimmer(in)**, der **Nichttänzer**

Nịcht·ach·tung *die*; *nur Sg*(只用单数) **1.** ein Mangel an Respekt vor j-m/etw. 不尊重，蔑视 ≈ Missachtung ⟨j-m mit N. begegnen 对某人不尊重⟩ **2.** ***j-n mit N. strafen*** j-n für etw. bestrafen, indem man ihn ignoriert 用不理睬的态度来惩罚某人

Nịcht·ạn·griffs|pakt *der*; ein Vertrag zwischen Staaten, in dem sie versprechen, nicht gegeneinander zu kämpfen 互不侵犯条约

Nịcht·be·ach·tung *die*; *nur Sg*, ADM *geschr* (只用单数)【管理】[书] **1.** der Vorgang, bei dem etw. ⟨ein Verbot, ein Gebot, e-e Vorschrift 禁令，指令，规定⟩ nicht beachtet wird 无视，不遵守，不履行 ≈ Missachtung **2.** das Ergebnis dieses Vorgangs 违纪，违约，违禁

Nịch·te *die*; -, *-n*; die Tochter des Bruders od. der Schwester (od. des Bruders od. der Schwester des Ehepartners) 侄女，外甥女 ↔ Neffe

Nịcht·er·schei·nen *das*; *nur Sg*, ADM *geschr* (只用单数)【管理】[书]; die Tatsache, dass j-d nicht bei e-r Behörde erscheint, obwohl er dazu aufgefordert worden ist 未到，缺席：*Wegen Nichterscheinens des Angeklagten wurde der Prozess vertagt* 由于被告缺席，案件审理延期

Nịcht·ge·fal·len *das*; *nur in* 只用于 ***bei N.*** ⟨Geld zurück 退款⟩ wenn j-m etw. nicht gefällt 如不满意

nịch·tig *Adj*(形) **1.** *geschr*[书] ≈ unwichtig, bedeutungslos ⟨ein Vorwand, ein Anlass 借口，缘由；Dinge, Gründe 事情，理由⟩ **2.** JUR【法】≈ ungültig ⟨etw. für n. erklären 宣布无效⟩ ‖ ID[谚] ↑ ***null u. n.*** ‖ *zu* (义项)**1.** u. **2.** **Nịch·tig·keit** *die*

Nịcht·lei·ter *der*; ein Material, das elektrischen Strom nicht leitet 非导体，绝缘体

Nịcht·rau·cher *der* **1.** j-d, der nicht die Gewohnheit hat, zu rauchen 不吸烟者 ↔ Raucher ‖ K-(复合): ***Nichtraucher-***, ***-abteil***, ***-eck(e)*** **2.** *gespr*[口]; ein Raum, *bes* ein Abteil in e-m Zug, in dem man nicht rauchen darf 禁烟区、室、地方、车厢等 ‖ *zu* (义项) **1.** **Nịcht·rau·che·rin** *die*

nịchts *Indefinitpronomen*(不定代词) **1.** verwendet, um die absolute Abwesenheit von etw. auszudrücken 什么也没有，什么都不，没有一点东西，一点也没有 ≈ nicht ein Ding ⟨etw. nutzt, schadet n. 毫无用处，毫无害处；durch n. zu überzeugen sein 什么都不信；vor n. zurückschrecken 无所畏惧，什么都不怕；um n. besser (als j-d/etw.) sein 一点也不比某人/某物好；es zu n. bringen 一事无成⟩：*Kannst du bitte das Licht einschalten, ich sehe n.* 你能打开灯吗，我什么都看不见；*Er hat n. zu tun* 他无事可做；*Wir müssen Wasser trinken, es gibt sonst n.* 我们只好喝水，此外什么也没有；*Er ist mit n. zufrieden* 他对什么都不满意 ‖ NB(注意)：um *n.* zu verstärken, verwendet man *gar n.*, *überhaupt n.* (为强化 *nichts* 的语义，可用 *gar n.*, *überhaupt n.* 什么也没有，压根儿什么也没有) **2.** ***n. als ...!*** *gespr auch*[口]也用 ***n. wie*** ≈ nur：*Mit ihm hat man n. als Ärger* 和他只是生气，没有别的 **3.** ***für n.*** *gespr*[口]; ohne das erwartete Ergebnis od. die erhoffte Wirkung 白搭，白费劲，白忙活 ≈ umsonst, vergeblich：*Der Kuchen ist verbrannt, die ganze Arbeit war also für n.* 蛋糕烤糊了，忙活了半天白费劲 **4** verwendet vor e-m substantivierten Adj. od. Pronomen, um die Abwesenheit der Sache od. Eigenschaft zu bezeichnen, auf die sich das Adj. od. Pronomen bezieht(用于名词化形容词或代词之前，表示不存在相关事物或情况) ↔ etwas：*Heute haben wir n. Neues gelernt* 今天我们没学什么新东西；*Er sprach von n. anderem als von ihr* 他除了她没说别的 **5.** ***wie n.*** *gespr*[口]; sehr schnell u. ohne Mühe 不费事，转眼间：*Mit e-m guten Auto bist du dort wie n.* 要是有辆好车到那儿不费事 **6.** ***n. da!*** *gespr*[口]; verwendet, um auszudrücken, dass etw. nicht getan werden soll 不成，不行 ≈ kommt nicht in Frage! **7.** ***n. wie*** ⟨weg!, raus! 走开！出去！⟩ verwendet, um auszudrücken, dass etw. sehr schnell gehen soll 赶快，尽快，不得迟疑 **8.** ***mir n., dir n.*** *gespr*[口]; von e-m Augenblick auf den anderen 一转眼：*Mir n., dir n. verschwand er* 一转眼他就不见了 **9.** ***für n. u. 'wieder n.*** völlig umsonst 白费力气，徒劳，费力不讨好：*Du meinst, dass ich die ganze Arbeit für n. u. wieder n. gemacht habe?* 你认为我做的这一切都是白费劲？**10.** ***n. ahnend*** ohne daran zu denken, dass etw. Schlimmes passieren könnte 一无所知的，茫然无知 ≈ ahnungslos：*Die Passagiere saßen n. ahnend da, als die Bombe explodierte* 炸弹爆炸时，坐在车里的乘客们毫无预感 ‖ ID[谚] ↑ ***nichtssagend***, ***ungut***

Nịchts *das*; -; *nur Sg*(只用单数) **1.** das völlige Fehlen von allem 无，不存在，空 ⟨die Welt aus dem N. erschaffen 从无中创造世界；ins N. greifen 抓空⟩ **2.** ***ein N.*** e-e Person od. Sache,

N

die überhaupt nicht wichtig ist 什么也不是，毫无价值：*Früher hatte er viel Macht, aber jetzt ist er ein N.* 早先他权势很大，可现在什么也不是了；*sich um ein N. streiten* 为不足挂齿之事争吵 **3. vor dem N. stehen** alles verloren haben, was man zum Leben braucht 两手空空，一无所有

nichts·ah·nend ↑ **nichts** (10)

nichts|des·to·trotz *Adv*（副）; *gespr hum*［口］［诙］≈ dennoch, trotzdem

nichts|des·to·we·ni·ger *Adv*（副）≈ dennoch, trotzdem

Nichts·nutz *der*; *-es, -e*; j-d, der nur sinnlose od. unwichtige Dinge tut u. für ernste Arbeit nicht zu gebrauchen ist 无用之人，废物，饭桶 ≈ Taugenichts ‖ *hierzu*（派生）**nichts·nut·zig** *Adj*（形）; **Nichts·nut·zig·keit** *die*; *nur Sg*（只用单数）

nichts·sa·gend, nichts sa·gend *Adj*（形）; ohne besonderen Inhalt u. deshalb langweilig 毫无内容的，内容乏味的，不知所云的〈e-e Äußerung, ein Gespräch, e-e Antwort 表述，谈话，回答; ein Gesicht 面孔〉: *Der Politiker gab ein nichtssagendes Interview* 这位政界人物的访谈空洞无物

Nichts·tu·er *der*; *-s, -*; *pej*［贬］; j-d, der faul ist u. nicht arbeitet 懒汉，游手好闲之徒 ≈ Faulenzer ‖ *hierzu*（派生）**Nichts·tu·e·rin** *die*; *-, -nen*; **nichts·tu·e·risch** *Adj*（形）

nichts·wür·dig *Adj*（形）; *geschr pej*［书］［贬］; mit e-m schlechten Charakter u. deshalb wert, verachtet zu werden 无耻的，卑鄙的 ≈ gemein[1] (1)〈ein Mensch, ein Kerl, ein Verräter 人，家伙，叛徒; Gedanken 想法〉‖ *hierzu*（派生）**Nichts·wür·dig·keit** *die*; *nur Sg*（只用单数）‖ NB（注意）: ↑ **unwürdig**

Nicht|zu·tref·fen·de *das*; *mst in* 多用于 ***Nichtzutreffendes streichen*** auf Formularen verwendet, um auszudrücken, dass man durchstreichen soll, was nicht zutrifft（用在表格上）划去无关的部分

Ni·ckel *das*; *-s*; *nur Sg*（只用单数）; ein schweres Metall, das weiß wie Silber glänzt 镍; CHEM【化】Ni

ni·cken; *nickte, hat genickt*; [Vi]（不及物）den Kopf (mehrere Male) kurz nach vorn beugen, *bes* um „ja"auszudrücken od. um zu zeigen, dass man mit etw. einverstanden ist 点头（同意）〈beifällig, zustimmend, freudig, anerkennend, zufrieden (mit dem Kopf) n. 赞许地、赞同地、高兴地、赞赏地、满意地点头; j-n mit e-m (kurzen) Nicken grüßen 点头招呼某人〉: *Ich fragte sie, ob sie mitkommen wolle, u. sie nickte* 我问她是否一起去，她点点头; *Immer wenn der Redner etw. sagte, was ihr gefiel, nickte sie mit dem Kopf* 每当演讲者的话令她满意时，她便点点头 ‖ ▶ ***Kopfnicken*** ‖ NB（注意）: ↑ ***schütteln***

Ni·cker·chen *das*; *-s, -*; *gespr*［口］; ein kurzer Schlaf während des Tages 打盹，小睡 ≈ Schläfchen〈ein N. machen, halten 打个盹儿〉‖ ▶ ***einnicken***

nie *Adv*（副）**1.** zu keiner Zeit 永远不，始终不 ↔ immer〈nie lügen 决不撒谎; nie Zeit haben 根本没有时间; etw. nie ganz verstehen 无法彻底理解某事〉: *Ich werde nie vergessen, wie schön der Urlaub war* 我永远不会忘记这次度假有多美好 **2.** kein einziges Mal 从未，从来没有，一次也没有: *Er war noch nie in London* 他还从未去过伦敦; *Er hat mich noch nie betrogen* 他还从未骗过我; *Sie ist verliebt wie nie zuvor* 她从未如此热恋过; *Wenn ich anrufe, ist sie nie da* 我给她打电话，她总不在 **3.** auf keinen Fall; unter keinen Umständen 绝不，无论如何不 ↔ problemlos: *Diesen Mann wirst du nie dazu bringen, Geschirr zu spülen* 你是决不可能说服这个男人去洗碗盘的 **4. nie wieder / nie mehr** (in Zukunft) nicht noch einmal 再不会，绝不再会: *Ich hoffe, dieser Fehler wird mir nie mehr passieren* 我希望不要再发生这样的错误; *Du wirst nie wieder so viel Glück haben!* 你再不会有这么多的好运气! **5. nie wieder (...)!** verwendet, um auszudrücken, dass etw. Bestimmtes nicht mehr vorkommen soll 再也不要…!: *Nie wieder Krieg!* 再也不要战争! **6. nie u. nimmer!** *gespr*［口］≈ nie (3): *Das ist so viel Arbeit, das schaffe ich nie u. nimmer* 这么多的工作，我永远也做不完

nie·der *Adv*（副）**1. n. (mit j-m / etw.)!** *mst* bei Demonstrationen *o. Ä.* verwendet als Ausdruck der Opposition gegen die genannte Person/Sache（常用作口号）打倒!: *N. mit dem Faschismus!* 打倒法西斯! **2. auf u. n.** ↑ **auf**[2] (2)

nie·de·r-[1] *Adj*（形）; *nur attr, nicht adv*（只作定语，不作状语）**1.** auf einer der unteren Stufen e-r Hierarchie 下层的，低等的，地位低下的 ↔ hoch〈der Adel, ein Beamter 贵族，官员〉**2.** ≈ primitiv ↔ edel〈Motive, Triebe 动机，欲望〉**3.** *südd* Ⓐ Ⓒⓗ *gespr*［南德］［奥］［瑞］［口］≈ niedrig ↔ hoch〈ein Raum, e-e Tür 屋子，门〉

nie·der-[2] *im Verb, betont u. trennbar, begrenzt produktiv*（构成动词，重读并可分，构词有限）; Die Verben mit *nieder-* werden nach folgendem Muster gebildet (nieder-动词的模式如下): *niederschreiben – schrieb nieder – niedergeschrieben*

1. *nieder-* bezeichnet e-e Richtung von oben nach unten zum Boden 向下，往下 ≈ herab-, hinab-, herunter-, hinunter- ↔ hoch-, hinauf-, herauf-;

etw. niederdrücken: *Sie öffnete die Tür, indem sie die Türklinke niederdrückte* 她按下门把，打开门 ≈ Sie drückte die Türklinke nach unten

ebenso（同类词有）: ***etw. niederholen, etw. niederlegen, sich / etw. niedersetzen, etw. niederstellen; (sich) niederknien; niedersinken; etw. prasselt nieder***

2. *nieder-* drückt aus, dass j-d/etw. (durch die im Verb genannte Tätigkeit) so getroffen, zerstört *o. Ä.* wird, dass er/es zum Schluss am Boden liegt（表示遭毁坏、倒塌）;

etw. niederbrennen: *Sie brannten den Wald*

nieder 他们烧毁了森林 ≈ Sie zündeten den Wald an u. zerstörten ihn dadurch
ebenso(同类词有)：**j-n/etw. niederhauen**, **j-n niederknüppeln**, **j-n niederprügeln**, **j-n/etw. niederschlagen**, **j-n/etw. niederstampfen**, **j-n/etw. niedertrampeln**, **j-n/etw. niedertreten**, **j-n/etw. niederwalzen**

Nie·der- *im Subst, nicht produktiv*(构成名词,非构词型)；in geografischen Namen verwendet, um den flacheren Teil der Region od. des Landes zu bezeichnen(用于地理名称)下… ↔ Ober-; **Niederbayern**, **Niederösterreich**, **Niedersachsen**, der **Niederrhein**

nie·der·bren·nen [Vt] (及物) (*hat*) **1. etw. n.** etw. durch Feuer völlig zerstören 烧毁 ≈ einäschern 〈ein Dorf, ein Haus, e-e Kirche n.烧毁村庄、房屋、教堂〉: *Die Soldaten brannten die Kirche nieder* 士兵烧毁了教堂; [Vi](不及物) **2. etw. brennt nieder** (*ist*) etw. wird durch Feuer völlig zerstört(物作主语)烧毁 ≈ etw. verbrennt 〈ein Haus, e-e Stadt brennt bis auf die Grundmauern nieder 房屋、城市烧得只剩下墙基〉 **3. etw. brennt nieder** (*ist*) etw. wird beim Brennen immer kleiner (u. geht schließlich aus)(物作主语)烧完,燃尽 〈ein Feuer, e-e Kerze 火、蜡烛〉 **4. etw. brennt (auf j-n/etw.) nieder** (*hat*) etw. (*mst* die Sonne) leuchtet sehr stark u. verursacht große Hitze(物作主语)晒得厉害,烤得慌(指烈日)

nie·der·brül·len (*hat*) *gespr* [口]; [Vt] (及物) *mst* 多用 **e-n Redner n.** (als Gruppe) so laut schreien, dass ein Redner nicht mehr verstanden werden kann 喊叫声盖过演讲者的声音 ≈ niederschreien: *Das empörte Publikum brüllte den Redner nieder* 愤怒的听众一片喧哗把发言人的声音压了下去

nie·der·deutsch *Adj*(形)；die Dialekte betreffend, die man im Norden Deutschlands spricht u. die dem Holländischen relativ ähnlich sind 低地德语的 ↔ mitteldeutsch, süddeutsch: *die niederdeutschen Mundarten* 低地德语方言 ‖ *hierzu* (派生) **Nie·der·deut·sche** *das*; *-n*; *nur Sg* (只用单数); *nur mit dem bestimmten Artikel* (只与定冠词连用) ‖ NB(注意): ↑ **Platt**

nie·der·fal·len (*ist*) [Vi] (不及物) **1. etw. fällt nieder** *geschr*[书]; etw. fällt nach unten(物作主语)掉落,下落 ≈ etw. fällt, etw. fällt herab 〈die Blätter, der Schnee 树叶,雪〉 **2. (vor j-m/etw.) n.** sich schnell auf die Knie werfen (*mst* um seinen Respekt vor j-m/etw. zu zeigen)(在…前)跪倒,下跪,顶礼膜拜

Nie·der·gang *der*; *nur Sg* (只用单数); *geschr* [书]; der Prozess, bei dem etw. ganz an Bedeutung verliert (u. schließlich zugrunde geht) 没落,衰亡,衰败 ≈ Untergang, Verfall ↔ Aufstieg: *der N. des Inkareiches* 印加帝国的没落

nie·der·ge·hen (*ist*) [Vi] (不及物) **1. etw. geht nieder** etw. fällt auf die Erde od. rollt (heftig) ins Tal(物作主语)滚落下来,袭来 〈ein Platzregen, ein Hagelschauer, ein Gewitter, e-e Lawine 阵雨,阵雹,暴雨,雪崩〉 **2. etw. geht nieder** etw. senkt sich (物作主语) 降下,落下 〈der Vorhang (im Theater) (剧院的) 帷幕〉 **3. etw. geht nieder** etw. nähert sich langsam dem Boden(物作主语)降落,徐徐着陆 ≈ etw. landet 〈ein Flugzeug 飞机〉

nie·der·ge·schla·gen **1.** *Partizip Perfekt* (过去分词); ↑ **niederschlagen** **2.** *Adj* (形); sehr traurig u. ohne Energie 沮丧的,垂头丧气的,意志消沉的 ≈ deprimiert, bedrückt ↔ heiter, fröhlich 〈e-n niedergeschlagenen Eindruck machen 给人以沮丧的印象; n. wirken 显得消沉〉: *Sie ist so n., weil ihre Katze gestorben ist* 她很沮丧,因为她的猫死了 ‖ *hierzu* (派生) **Nie·der·ge·schla·gen·heit** *die*; *nur Sg* (只用单数)

nie·der·hal·ten (*hat*) [Vt] (及物) **1. etw. n.** etw. so festhalten, dass es unten (am Boden) bleibt 下压,往下按住,摁住 ↔ hochhalten: *Halt bitte den Draht nieder, bis ich darübersteige!* 按住铁丝,直到我跨过去! **2. j-n** (*Kollekt od Pl* 集合或复数) **n.** Menschen daran hindern, frei zu werden u. die gleichen Rechte zu bekommen 压迫,压制 ≈ unterdrücken 〈ein Volk, die Untertanen n. 压制人民,臣民〉

nie·der·kämp·fen (*hat*) [Vt] (及物) **1. etw. n.** *mst* ein Gefühl durch seinen festen Willen unter Kontrolle bekommen 克制,强忍 ≈ unterdrücken, bezwingen 〈seinen Zorn, seine Eifersucht, seine Müdigkeit n. 强压住自己的愤怒、忌妒、困倦〉 **2. j-n n.** MIL【军】; gegen j-n kämpfen und ihn besiegen 打败,战胜 **3. j-n n.** SPORT【体】; den Gegner durch seine Kampfkraft besiegen 战胜,制伏

nie·der·kau·ern, sich (*hat*) [Vr] (反身) **sich n.** sich ganz klein machen u. so sitzen (bleiben) 蜷缩身体蹲下: *Das kleine Mädchen kauerte sich unter e-m Busch nieder, um sich zu verstecken* 小女孩在一树丛后蹲下,藏了起来

nie·der·knal·len (*hat*) [Vt] (及物) **j-n n.** *gespr* [口] ≈ niederschießen

nie·der·kni·en [Vi] (不及物) (*ist*) **1. (vor j-m/etw.) n.** mit den Knien nach unten (auf den Boden) gehen (u. in dieser Stellung bleiben) 跪下 〈vor dem Altar, in der Kirche n. 在圣坛前、教堂里跪下〉; [Vr] (反身) (*hat*) **2. sich n.** ≈ n. (1)

Nie·der·kunft *die*; -; *nur Sg* (只用单数); *geschr veraltend* [书][渐旧] ≈ Geburt

Nie·der·la·ge *die*; -, *-n*; das Verlieren e-s Wettkampfs, Streits *o. Ä.* 失败,失利 ↔ Sieg, Erfolg 〈e-e schwere, militärische, vernichtende, knappe, klare N. 惨痛的、军事上的、毁灭性的、勉强的、明显的失败; e-e N. hinnehmen, einstecken, erleiden (müssen) (不得不) 忍受、遭受失败; j-m e-e N. beibringen, bereiten 使某人遭受失败; e-e persönliche N. erleiden 遭受个人的失败〉: *Nach der klaren 0:3-N. hat unsere Mannschaft keine Chance mehr auf den Titel* 在0:3惨败之后我们球队已无夺标的机会

N

nie.der.las.sen, sich (*hat*) [Vr] (反身) **1.** ***sich irgendwo*** (***hin***) (*Dat*/*Akk* 三格/四格) ***n.*** sich auf etw. setzen, *bes* wenn man es sich bequem machen möchte 坐下: *sich auf e-m Sofa/auf das Sofa n.* 在沙发上坐下; *sich im/ins Gras n.* 在草地上坐下 **2.** ***sich irgendwo n.*** an e-n Ort ziehen, um dort zu wohnen od. zu arbeiten 住下,安家: *sich auf dem Land n.* 在农村安家落户 **3.** ***sich als etw. n.*** als Arzt, Anwalt *o.Ä.* e-e Praxis eröffnen(医生、律师)开业: *sich als Tierarzt n.* 作为兽医开业

Nie.der.las.sung *die*; -, *-en* **1.** der Teil e-r Firma, der an e-m anderen Ort ist als die Zentrale 分公司,分理处,分行,支店 ≈ Zweigstelle, Filiale: *Unsere Firma hat Niederlassungen im ganzen Land* 我们公司在全国各地都有分公司 **2.** (CH) [瑞] das Recht (von Ausländern, die dort schon lange sind), im Lande bleiben zu dürfen 定居权,居留权,移居权

nie.der.le.gen [Vt] (及物) **1.** ***j-n/etw.*** (***irgendwohin***) ***n.*** j-n/etw. (hinunter) auf etw. legen 把…放下,搁在…上: *den Verletzten ins Gras n.* 把受伤者平放在草地上; *das Buch auf den Tisch n.* 把书放在桌上 **2.** ***etw. n.*** etw. nicht mehr tun od. ausüben 辞去,放弃 ⟨ein Amt, ein Mandat n. 放弃职位,议会席位⟩ **3.** ⟨die Arbeit 工作⟩ ***n.*** ≈ streiken ↔ wieder aufnehmen **4.** ⟨die Waffen 武器⟩ ***n.*** nicht mehr kämpfen 放下 **5.** ***etw.*** (***schriftlich***) ***n.*** *geschr* [书] ≈ aufschreiben: *Sie hat ihre Eindrücke in den Briefen an ihren Mann niedergelegt* 她在给她丈夫的书信中写下了自己的印象

nie.der.ma.chen (*hat*) [Vt] (及物) *gespr* [口]; **1.** ***j-n*** (*mst Pl* 多用复数) ***n.*** *mst* mehrere Personen mit brutaler Gewalt töten 屠杀,残杀 **2.** ***j-n n.*** *pej* [贬]; j-n scharf kritisieren 尖锐批评

nie.der.met.zeln (*hat*) [Vt] (及物) ***j-n*** (*Kollekt od Pl* 集合或复数) ***n.*** mehrere Personen mit brutaler Gewalt töten 屠杀,残杀 ≈ niedermachen

nie.der.pras.seln (*ist*) [Vi] (不及物) **1.** ***etw. prasselt nieder*** etw. fällt schnell u. heftig auf die Erde(物作主语)劈里啪啦地落向地面 ⟨der Regen, der Hagel 雨,冰雹⟩ **2.** ***etw. prasselt*** (***auf j-n***) ***nieder*** j-d bekommt etw. in großer Menge(物作主语)劈头盖脸地落在…头上 ⟨Hiebe, Schläge 抽打,打骂; Fragen, Vorwürfe 提问,责骂⟩: *Nach seiner Rede prasselten die Vorwürfe auf ihn nieder* 他讲完话后斥责声劈头盖脸地朝他袭来

nie.der.rei.ßen (*hat*) [Vt] (及物) **1.** ***etw. n.*** etw. zum Einsturz bringen 拆毁,拆除 ≈ abreißen (2) ↔ aufrichten ⟨ein Haus, e-e Mauer n. 拆除楼房、墙⟩ **2.** ***j-n n.*** j-n so stoßen od. ziehen, dass er auf den Boden fällt 把…推倒、撞倒、扯倒: *Er wurde von der Druckwelle der Explosion niedergerissen* 他被爆炸的气浪冲倒在地

nie.der.schie.ßen (*hat*) [Vt] (及物) ***j-n n.*** auf j-n, der sich nicht wehren kann, schießen u. ihn so verletzen od. töten 枪击,射杀: *Sie schossen die flüchtenden Soldaten reihenweise nieder* 他们成排地枪击逃跑的士兵

Nie.der.schlag *der*; -(e)s, *Nie.der.schlä.ge*; **1.** *mst Pl*(多用复数); (die Menge an) Regen, Schnee *usw*, (die) der auf die Erde fällt 降水(量)(指雨、雪等) ⟨geringe, leichte, starke, einzelne Niederschläge 降雨(量)少、小、大、零星⟩: *Am späten Nachmittag kann es zu Niederschlägen kommen* 傍晚时分可能有雨 ‖ K-(复合): ***Niederschlags-***, ***-gebiet***, ***-menge*** **2.** CHEM【化】; die festen Bestandteile e-r Lösung, die sich absondern u. zu Boden sinken 沉淀物 ≈ Ausfällung **3.** *mst in* 多用于 ***etw. findet seinen N. in etw.*** (*Dat* 三格) etw. kommt in etw. zum Ausdruck(物作主语)在…中得以表达 ≈ etw. ist in etw. wiederzufinden: *Die liberale Politik der neuen Regierung fand ihren N. in zahlreichen neuen Gesetzen* 新政府的自由政策在众多新法律中得到了体现 ‖ *zu* (义项) **1. nie.der.schlags|arm** *Adj* (形); *nicht adv* (不作状语); **nie.der.schlags|frei** *Adj*(形); *nicht adv*(不作状语); **nie.der.schlags|reich** *Adj*(形); *nicht adv*(不作状语)

nie.der.schla.gen (*hat*) [Vt] (及物) **1.** ***j-n n.*** j-n zu Boden schlagen 把…击倒在地: *j-n mit e-m Stock n.* 用棍棒把某人打倒 **2.** ***etw. n.*** e-n Aufstand, e-e Revolte mit Gewalt beenden 镇压: *Der Putschversuch wurde blutig niedergeschlagen* 暴动遭到血腥镇压; [Vr] (反身) **3.** ***etw. schlägt sich irgendwo nieder*** e-e dünne Schicht (von Dampf) bildet sich (*z.B.* auf e-m Fenster) (物作主语)(水汽)凝聚,凝结: *Wenn es im Raum wärmer ist als draußen, schlägt sich Wasserdampf innen an den Fenstern nieder* 如果屋内比屋外暖和,窗户上就会凝结上一层水汽 **4.** ***etw. schlägt sich nieder*** etw. bildet e-n Niederschlag (2)(物作主语)沉淀 ≈ etw. fällt aus **5.** ***etw. schlägt sich in etw.*** (*Dat* 三格) ***nieder*** etw. kommt in etw. zum Ausdruck(物作主语)在…中得以表现: *Diese frühen Erfahrungen haben sich in all ihren Schriften niedergeschlagen* 这些早年的经验在她所有的文字中流露出来 ‖ *zu* (义项) **1. Nie.der.schla.gung** *die*; *nur Sg*(只用单数)

nie.der.schmet.tern (*hat*) [Vt] (及物) ***etw. schmettert j-n nieder*** etw. nimmt j-m seinen ganzen Mut u. seine Freude(物作主语)使沮丧、泄气、震惊 ≈ etw. erschüttert j-n ⟨e-e niederschmetternde Nachricht, Kritik, Erfahrung 令人沮丧的消息、批评、经历; ein niederschmetterndes Ergebnis, Resultat 令人丧气的结果、结局⟩: *Die Nachricht vom Tod seines Freundes hat ihn völlig niedergeschmettert* 他朋友去世的消息令他非常震惊

nie.der.schrei.ben (*hat*) [Vt] (及物) ***etw. n.*** ≈ zu Papier bringen, aufschreiben ⟨seine Gedanken, Erinnerungen n. 记录下他的想法、回忆⟩ ‖ ▶ ***Niederschrift***

Nie.der.schrift *die* **1.** ***die N.*** (+ *Gen* 二格/ ***von***) *mst Sg*(多用单数); die Tätigkeit, etw. aufzuschreiben 写下,记下: *Die N. seiner Erlebnisse kostet ihn seine ganze Freizeit* 记录自

己的经历耗费了他的全部业余时间 **2. die N.** (+ *Gen* 二格 / **von**) der Text, den man (nieder)ge-schrieben hat(文字)记录,笔记 ≈ Aufzeichnung (1) ⟨e-e N. von etw. anfertigen 整理有关…的记录⟩

nie·der·set·zen, sich (*hat*) [Vr](反身) **sich** (*irgendwo*(**hin**)(*Dat/Akk* 三格/四格)) **n.** ≈ sich (hin)setzen ⟨sich auf e-m Stuhl / auf e-n Stuhl, auf dem Boden / auf den Boden n. 在椅子上、地上坐下⟩: *Setz dich erst mal nieder u. ruh dich aus!* 你先坐下来休息休息!

nie·der·stim·men (*hat*) [Vt](及物) ⟨Personen 人⟩ **stimmen j-n / etw. nieder** mehrere Personen lehnen (in e-r Abstimmung) j-n/etw. mit großer Mehrheit ab 以多数否决 ⟨e-n Kandidaten, e-n Vorschlag, e-n Antrag n. 否决候选人、建议、提案⟩

nie·der·stre·cken (*hat*) [Vt](及物) **j-n n.** j-n schlagen, durch e-n Schuss *o.Ä.* verletzen, sodass er zu Boden fällt 把…击倒在地,一枪把…撂倒

nie·der·tou·rig [-tuːrɪç] *Adj*(形); TECH【技】; mit relativ wenigen Umdrehungen des Motors 低转速的 ↔ hochtourig: *ein Auto n. fahren* 低转速地开车,开慢车

Nie·der·tracht *die*; -; *nur Sg*, *geschr*(只用单数)[书] **1.** e-e Art zu denken u. zu handeln, die (bewusst) böse ist 卑鄙,无耻,下流 ≈ Gemeinheit, Infamie ↔ Güte ⟨etw. aus N. tun, sagen 出于卑鄙心理做、说某事; j-d ist voller N. 某人无耻透顶⟩: *Er hat das Spielzeug aus purer N. kaputt gemacht* 他纯粹是恶意把玩具弄坏的 **2.** e-e Handlung, die durch solches Denken verursacht ist 卑鄙行为,下流勾当 ⟨e-e N. begehen 做卑鄙之事; sich e-e N. ausdenken 想出下流勾当⟩ ‖ zu (义项) **1. nie·der·träch·tig** *Adj* (形)

Nie·de·rung *die*; -, *-en*; ein flaches Stück Land (*bes* an Flüssen, Seen), das tiefer als seine Umgebung liegt 洼地,低地 ⟨e-e sumpfige N. 沼泽地⟩: *In den Niederungen ist es sehr oft neblig* 洼地中经常云雾缭绕 ‖ -K(复合): **Fluss-, Sumpf-**

nie·der·wer·fen (*hat*) [Vt](及物) **1. j-n / sich n.** j-n/sich auf den Boden werfen 把…摔倒在地或自己跪倒在地: *Er warf seinen Gegner mit e-m geschickten Judogriff nieder* 他以灵巧的柔道动作将对手摔倒在地; *Die Leute warfen sich vor dem König nieder, um ihm ihren Respekt zu zeigen* 人们跪倒在国王面前,以示敬畏 **2. etw. n.** etw. mit Gewalt beenden 镇压 ≈ niederschlagen (2) ⟨e-n Aufstand, e-e Revolte, e-e Rebellion n. 镇压起义、造反、反叛⟩ ‖ *hierzu*(派生) **Nie·der·wer·fung** *die*; *nur Sg* (只用单数)

nied·lich *Adj*(形); so hübsch u. lieb, dass man es sofort gernhat 可爱的,俊俏的 ≈ süß (3) ⟨ein kleines Mädchen, ein Kleidchen, ein Hündchen 小女孩,小连衣裙,小狗; n. aussehen 看着很可爱⟩: *Die Kleine sieht heute n. aus, mit dem netten Röckchen u. der Schleife im Haar* 小姑娘今天身穿小裙子、头戴蝴蝶结,看着真是可爱 ‖ NB(注意): ↑ **putzig** ‖ ▶ **verniedlichen**

nied·rig *Adj* (形) **1.** nicht sehr hoch (im Vergleich zu anderen Dingen)(与其他物体相比)低的,矮的 ↔ hoch (1) ⟨e-e Mauer, ein Fenster, ein Berg, ein Gebäude, ein Haus, e-e Hütte, e-e Zimmerdecke, e-e Brücke *o.Ä.* 墙,窗户,山,楼房,房屋,茅舍,房顶,桥等⟩: *Der Schreibtisch ist zu n. für mich* 这张写字桌我用着太低了 ‖ K-(复合): **Niedrig-, -wasser** **2.** nicht weit über dem Boden(指离地面近)低的,矮的 ≈ tief (3) ↔ hoch (2) ⟨etw. fliegt, hängt n. 某物飞得、挂得低⟩: *Die Zweige sind so n., dass man die Äpfel mit der Hand pflücken kann* 树枝长得很低,苹果伸手就能摘到 **3.** im Ausmaß, Umfang, Wert od. Grad relativ gering(指量、值、度)低的 ↔ hoch (4) ⟨ein Einkommen, e-e Miete, Preise, Löhne 收入,房租,价格,工资; e-e Geschwindigkeit 速度; Temperaturen 温度; e-e Zahl 数目; die Kosten, die Ausgaben n. halten, zu n. ansetzen 费用、开支保持低水平、定得过低⟩: *e-n niedrigen Blutdruck haben* 血压低; *ein Bier mit e-m sehr niedrigen Alkoholgehalt* 低度啤酒; *e-n niedrigen Gang einlegen, um die Geschwindigkeit zu verringern* 挂低挡,以减慢速度 **4.** *veraltend pej* [渐旧][贬]; in e-r (gesellschaftlichen) Rangordnung relativ weit unten (stehend)低微的,下等的(指社会地位) ⟨von niedriger Herkunft, Geburt, von niedrigem Rang (sein) 门第低微,出身低贱,级别低下⟩ **5.** moralisch von sehr geringem Wert 低级的,庸俗的(指道德价值) ↔ edel ⟨e-e Gesinnung, Triebe, Instinkte, Beweggründe, Motive 思想品质,欲望,本能,动因,动机⟩ **6. n. von j-m denken** e-e schlechte Meinung von j-m haben 把…看得很低,瞧不起,小看 ‖ zu (义项) **5 Nied·rig·keit** *die*; *nur Sg*(只用单数) ‖ ▶ **erniedrigen**

nie·mals *Adv*(副) ≈ nie: *Ich hatte noch n. solche Angst wie gestern* 我还从未像昨天那样害怕过; *Das werde ich n. tun* 这我绝不会做 ‖ NB(注意): *niemals* ist e-e Verstärkung von *nie* niemals 是对 nie 的强化

nie·mand *Indefinitpronomen* (不定代词) (nur wie ein Subst. verwendet) kein (einziger) Mensch 无人 ≈ keiner ↔ jemand: *„Hat heute j-d angerufen?" – „Nein, n."* "今天有人来过电话吗?"——"没人"; *Ich habe an der Tür geklingelt, aber es hat n. geöffnet* 我按了门铃,但没人开门; *Er wollte mit niemandem von uns sprechen* 他不想和我们中的任何人说话; *Sie möchte n. anderen sehen als dich* 她除了你谁也不想见 ‖ NB(注意): *niemand* wird in der gesprochenen Sprache *mst* nicht dekliniert (niemand 在口语中多半无词尾变化): *Ich habe niemand (statt niemanden) gesehen*

Nie·mand *der*; *-s*; *nur Sg*(只用单数); *mst in* 多用于 **ein N.** j-d, der nicht wichtig ist 无名小卒,微不足道的人 ≈ Nichts

Nie·mands·land *das*; *nur Sg* (只用单数) **1.** der Streifen Land zwischen den Grenzen von zwei Staaten(两国边界处的)无人居住地带,隔离带 **2.** ein Gebiet, in dem niemand wohnt 荒无人烟的地区,无人区 **3.** ein Thema, ein Fach *o. Ä.*, mit dem man sich noch nicht beschäftigt hat 无人涉足的课题(专业): *Noch in den 60 er Jahren war Umweltpolitik politisches N.* 到了六十年代,环保政策仍是政治领域中的荒地

Nie·re *die*; -, -*n* **1.** eines der beiden Organe, die den Urin produzieren 肾,腰子 ‖ K-(复合): ***Nieren-***, ***-entzündung***, ***-kolik***, ***-schrumpfung***, ***-steine***, ***-transplantation***; ***nieren-***, ***-krank*** **2.** *mst Pl*(多用复数); dieses Organ bestimmter Tiere, das man essen kann(可食用的)动物肾脏 〈saure, geschmorte Nieren 酸腰,焖腰子〉 ‖ K-(复合): ***Nieren-***, ***-rollbraten*** **3.** ***etw. geht j-m an die Nieren*** *gespr*[口]; etw. belastet j-n psychisch(物作主语)使大为震动,使心情难以平静 ‖ *zu*(义项) **1.** **nie·ren·för·mig** *Adj*(形)

nie·seln; *nieselte*, *hat genieselt*; **Vimp**(无人称) ***es nieselt*** es regnet (oft stundenlang) leicht u. mit feinen Tropfen 下蒙蒙细雨,下毛毛雨 ‖ K-(复合): ***Niesel-***, ***-regen***

nie·sen; *nieste*, *hat geniest*; **Vi**(不及物) die Luft plötzlich u. laut (nach e-r Reizung) aus der Nase stoßen (*bes* wenn man Schnupfen hat) 打喷嚏 〈laut, heftig n. (müssen) 响亮地、剧烈地打喷嚏〉: *Wenn j-d niest, sagt man meist „Gesundheit"* 有人打喷嚏时,旁人大都会说"祝你健康"

Nies·reiz *der*; das Gefühl in der Nase, bevor man niesen muss 要打喷嚏的感觉 〈e-n N. verspüren 感觉到要打喷嚏〉

Nie·te[1] *die*; -, -*n* **1.** ein Los (1), mit dem man nichts gewinnt 未中奖的彩票 〈e-e N. ziehen 抽到空票〉 **2.** *gespr pej*[口][贬]; j-d, von dem man glaubt, dass er nichts kann u. zu nichts fähig ist 不中用的人,饭桶,草包 ≈ Null, Versager: *Er ist e-e totale N., er kann nicht einmal e-n Nagel in die Wand schlagen* 他是个不折不扣的饭桶,连往墙上钉个钉子都不会

Nie·te[2] *die*; -, -*n*; e-e Art Nagel, mit dem man zwei Teile (*z. B.* aus Metall) verbindet. Wenn sie befestigt ist, hat die N. zwei dicke flache Enden 铆钉 ‖ K-(复合): ***Niet-***, ***-nagel***

niet- und na·gel·fest *nur in* 只用于 ***alles, was nicht niet- u. nagelfest ist*** *gespr*[口]; alles, was man wegtragen kann, weil es nicht befestigt ist 能搬走的所有东西: *Die Diebe nahmen alles mit, was in dem Haus nicht niet- u. nagelfest war* 小偷把屋里能拿的都拿走了

ni·gel|na·gel·neu *Adj*(形); *gespr hum*[口][诙]; ganz neu 崭新的,全新的 ≈ funkelnagelneu

Ni·hi·lis·mus *der*; -; *nur Sg*(只用单数); e-e (Lebens)Einstellung od. Philosophie, die besagt, dass nichts, was es gibt, e-e Bedeutung od. e-n Wert hat 虚无主义 ‖ *hierzu*(派生) **Ni·hi·list** *der*; -*en*; -*en*; **ni·hi·lis·tisch** *Adj*(形)

Ni·ko·laus *der*; -, -*e*/*gespr hum*[口][诙] *Ni·ko·läu·se* **1.** ein Mann mit langem, weißem Bart u. e-m langen, roten Mantel, der Kindern am 6 Dezember kleine Geschenke bringt(12月6日给孩子们带来礼物的)尼古拉 〈der N. kommt 尼古拉来了〉 **2.** *ohne Artikel*(无冠词); der 6 Dezember(12月6日)尼古拉日: *Heute ist N.* 今天是尼古拉日 ‖ K-(复合): ***Nikolaus-***, ***-abend***, ***-tag***

Der Nikolaus 尼古拉

Am 6. Dezember ist **Nikolaustag**. Dieser Brauch geht auf den heiligen Nikolaus von Myra zurück, einen Schutzpatron der Kinder. Die Kinder stellen am Abend einen Stiefel vor die Tür und warten darauf, dass der Nikolaus kleine Geschenke hineinsteckt. Manchmal kommt auch eine als Nikolaus verkleidete Person – typisch sind der lange weiße Bart und der rote Mantel – zu den Familien oder in den Kindergarten und bringt einen Sack voller Plätzchen, Süßigkeiten und Mandarinen. Oft wird der Nikolaus von einem finsteren Diener (**Knecht Ruprecht**) begleitet, der für ungezogene Kinder eine Rute zur Bestrafung dabei hat. Diese Rute wird allerdings nie benutzt, sondern soll nur zur Abschreckung dienen.

12月6日是**尼古拉日**。这一习俗起源于儿童的保护神——米拉的圣尼古拉。

孩子们晚上在门前放一只靴子,等着尼古拉往里面放置小礼品。有时也会有一个化装成尼古拉的人——其典型的装扮是一部长长的白胡子和一件红色大衣——来到各家或幼儿园里,送来满满一口袋的小点心、糖果和橘子。尼古拉常常由一个板着面孔的仆人(**鲁普莱希特奴仆**)陪伴,这个仆人手拿一根用来处罚不听话孩子的鞭子。当然,这根鞭子永远不会被使用,它只不过是用来吓唬人的。

Ni·ko·lo *der*; -*s*, -*s*; Ⓐ[奥] ≈ Nikolaus

Ni·ko·tin *das*; -*s*; *nur Sg*(只用单数); e-e schädliche Substanz im Tabak, die e-e stimulierende Wirkung auf die Nerven hat 尼古丁: *N. macht süchtig* 尼古丁能使人上瘾 ‖ K-(复合): ***Nikotin-***, ***-gehalt*** ‖ *hierzu*(派生) **ni·ko·tin·arm** *Adj*(形); **ni·ko·tin·frei** *Adj*(形); **ni·ko·tin·hal·tig** *Adj*(形)

Nil·pferd *das* ≈ Flusspferd

Nim·bus *der*; -; *nur Sg*, *geschr*(只用单数)[书]; das extrem hohe Ansehen, das j-d (*z. B.* als Dichter) hat 名声,声望,威望 ≈ Ruhm 〈e-r Sache den N. geben 给一件事增添光彩〉: *Er hat den N., sehr gerecht zu sein* 他享有做事公正的声誉

nim·mer *Adv*(副) **1.** *südd* Ⓐ[南德][奥] ≈ nicht mehr, nie mehr **2.** ***nie u. n.*** ↑ ***nie*** (6)

Nim·mer·lein *gespr hum*[口][诙]; ***Sankt N.*** ein Tag, der nie kommen wird 永不会到来的日子 〈da kannst du warten bis Sankt N. 那你可永远也等不来那一天〉 ‖ K-(复合): ***Nimmerleins-***, ***-tag***

nim·mer·mehr *Adv*（副）；*südd* Ⓐ［南德］［奥］≈ nie mehr

Nim·mer·satt *der*；*-s*，*-e*；*gespr*［口］；j-d，der von etw. nie genug bekommen kann 贪吃的人，馋鬼，饿死鬼 ≈ Vielfraß

Nim·mer|wie·der·se·hen *gespr*［口］；*nur in* 只用于 ***auf N.*** für immer 永远（不再回来）〈auf N. verschwinden 再也不见踪影，消声匿迹〉

nimmt *Präsens*，*3 Person Sg*（现在时，第三人称单数）；↑ ***nehmen***

nip·pen，*nippte*，*hat genippt*；[Vi]（不及物）（***an etw.***（*Dat* 三格））***n.*** e-e sehr kleine Menge von etw. trinken（*mst* um den Geschmack zu prüfen）小口品尝，啜，抿一口：*an e-r Tasse Tee n.*（慢慢地）抿着茶杯里的茶

Nip·pes *die*；*Pl*（复）；*gespr*［口］；kleine Gegenstände u. Figuren（*bes* aus Porzellan），die man im Zimmer aufstellt（室内陶瓷）小摆设，小人像〈Kitsch u. N. 俗气的小玩意儿〉‖ K-（复合）：***Nipp-***，***-figuren***，***-sachen***

nir·gend·her *Adv*（副）；***von n.*** ≈ nirgendwoher

nir·gend·hin *Adv*（副）≈ nirgendwohin

nir·gends *Adv*（副）；an keinem Ort，an keiner Stelle 哪儿都不，无处 ≈ nirgendwo ↔ überall：*Ich kann den Schlüssel n. finden* 我哪儿都找不到钥匙；*Er war n. so gern wie zu Hause* 他在哪儿都不如喜欢在自己家里

nir·gend·wo *Adv*（副）≈ nirgends

nir·gend|wo·her *Adv*（副）；von keinem Ort，von keiner Stelle，von keiner Person，von keiner Ursache *o.Ä.* 从哪儿都不，并非从何处：„*Woher hast du das?*" – „*N., das habe ich selbst gemacht.*" "你这是从哪儿得来的？"——"哪儿也不是，是我自己做的"

nir·gend|wo·hin *Adv*（副）；an keinen Ort，an keine Stelle 哪儿都不去，不到任何地方去：„*Wo soll ich das hinstellen?*" – „*N., das kommt in den Müll.*" "这个该放哪儿？"——"哪儿也不放，扔进垃圾桶"

Nir·wa·na *das*；*-(s)*；*nur Sg*（只用单数）；（im Buddhismus）der ideale Zustand nach dem Tod（wenn man nicht noch einmal geboren wird）（佛教的）涅槃，圆寂

-nis *im Subst*，*nicht mehr produktiv*（构成名词，不再有构词功能）**1.** verwendet，um aus e-m Verb od. Adj. ein Subst. zu machen（由动词或形容词构成）；das ***Ärgernis***，das ***Hindernis***，das ***Schrecknis***，die ***Vorkommnisse*** **2.** drückt das Resultat der genannten Handlung aus（表示行为结果）；die ***Erkenntnis***，die ***Ersparnisse***，das ***Ereignis***，das ***Vermächtnis*** **3.** drückt den Vorgang，Zustand *o.Ä.* aus，die das Verb od. Adj. beschreiben（表示过程、状态）；das ***Begräbnis***，die ***Erlaubnis***，die ***Fäulnis***，die ***Finsternis***

Ni·sche *die*；*-*，*-n* **1.** ein kleiner freier Raum od. e-e freie Ecke in der Mauer od. Wand 小壁龛，墙上凹角：*e-e Vase*，*e-n Schrank in e-e N. stellen* 把花瓶放在小壁龛里、把橱子放在凹角处 **2.** ein *mst* kleines Gebiet，in dem seltene Tiere od. Pflanzen leben können（能繁衍稀有动植物的）小生境〈e-e ökologische N. 小生境〉

nis·ten；*nistete*，*hat genistet*；[Vi]（不及物）***ein Tier nistet*** （***irgendwo***）ein Tier hat irgendwo ein Nest（动物作主语）筑巢，窝居：*Die Möwen nisten auf dem Felsen* 海鸥在崖石上做窝；*In dem Baum nistet ein Eichhörnchen* 这棵树上窝居着一只小松鼠 ‖ K-（复合）：***Nist-***，***-platz***

Nist·kas·ten *der*；ein Kasten，der in e-m Baum aufgehängt wird，damit Vögel darin ihr Nest bauen können（给鸟筑巢用的）巢箱

Nit·rat *das*；*-s*，*-e*；CHEM【化】；e-e Substanz，die Stickstoff enthält u. *bes* im Dünger vorkommt 硝酸盐，硝酸酯

Nit·rit *das*；*-s*，*-e*；CHEM【化】；e-e Substanz，die Stickstoff enthält u. giftig sein kann 亚硝酸盐，亚硝酸酯

Nit·ro·gly·ze·rin *das*；e-e Flüssigkeit，die sehr leicht explodiert 硝化甘油：*Zur Herstellung von Dynamit verwendet man N.* 人们使用硝化甘油生产炸药

Ni·veau [ni'vo:] *das*；*-s*，*-s*；*mst Sg*（多用单数）**1.** e-e bestimmte Stufe auf e-r（gedachten）Skala，mit der etw. bewertet od. gemessen wird 水平，水准，程度〈das geistige，künstlerische N. 思想、艺术水平；sein N. halten，steigern 保持、提高他的水平；（kein）N. haben 有（无）水平〉：*Dieser Roman hat ein niedriges N.* 这部小说水平很低；*Die Preise haben jetzt ihr höchstes N. seit Langem erreicht* 价格现在达到了很久以来的最高水平 ‖ K-（复合）：***Niveau-***，***-unterschied***，***-verlust*** ‖ -K（复合）：***Preis-*** **2.** e-e（gedachte）Linie od. Fläche parallel zur（Oberfläche der）Erde 水平面，高度 ≈ Höhe：*Die Brücke hat das gleiche N. wie / ein höheres N. als die Straße* 桥的高度与街道一致/超过街道

ni·veau·los *Adj*（形）；von schlechter Qualität 低水平的，没水平的 ≈ anspruchslos ↔ niveauvoll〈ein Buch，ein Film，ein Vortrag 书，电影，报告〉

ni·vel·lie·ren [-v-]；*nivellierte*，*hat nivelliert*；[Vt]（及物）***etw. n.*** *geschr*［书］；Unterschiede aufheben（beseitigen），die zwischen verschiedenen Niveaus existieren 消除（差异），使一致，把…拉平 ≈ ausgleichen〈kulturelle，soziale Unterschiede n. 消除文化、社会福利上的差别〉‖ *hierzu*（派生）**Ni·vel·lie·rung** *die*；*mst Sg*（多用单数）

nix *Indefinitpronomen*（不定代词）；*gespr*［口］≈ nichts

Ni·xe *die*；*-*，*-n*；ein（fiktives）Wesen mit dem Körper e-r Frau u. dem Schwanz e-s Fisches，das im Wasser lebt（有鱼尾的女人）鱼美人，美人鱼，人鱼 ≈ Meerjungfrau

njam! *Interjektion*（叹）；*gespr*［口］；***n.*** （***n.***）***!*** verwendet，um auszudrücken，dass etw. sehr gut schmeckt（表示味道好）真香！真鲜！

nö *Partikel*（小品词）；*gespr*［口］≈ nein

no·bel *Adj*（形）**1.** *geschr*［书］≈ großmütig，edel ↔ niederträchtig〈ein Charakter，e-e Geste，e-e Haltung 品格，姿态，态度〉**2.** *mst hum* 多用［诙］；sehr vornehm u. für die meis-

N

ten Leute zu teuer 豪华的，优雅的 ≈ exquisit, luxuriös 〈ein Hotel, Kleidung, ein Lokal 旅馆，服装，酒馆〉 ‖ K-(复合): ***Nobel-, -herberge, -restaurant; -schuppen*** **3.** *gespr* [口]; ziemlich groß od. wertvoll 大方的，慷慨的 ≈ großzügig ↔ kleinlich 〈ein Geschenk, ein Trinkgeld 礼物，小费〉 ‖ NB(注意): *nobel* → *ein nobles Geschenk*

No·bel·preis *der*; ein Preis, der jedes Jahr in Schweden für die besten wissenschaftlichen u. kulturellen Leistungen vergeben wird 诺贝尔奖 〈den N. bekommen 获得诺贝尔奖〉: *der N. für Literatur, für Physik* 诺贝尔文学、物理奖 ‖ K-(复合): ***Nobelpreis-, -träger*** ‖ -K(复合): ***Friedens-***

nob·lesse ob·lige [nɔˈblɛs ɔˈbliːʒ] *oft hum* 多用[诙]; wenn j-d e-e hohe Position in der Gesellschaft hat, muss er sich so (nobel) verhalten, wie es die Leute von ihm erwarten 位高则任重、贵人行为理应高尚(常用于要显要人物捐钱等场合)

No·bo·dy [ˈnoːbɔdi] *der*; -(*s*), -*s*; *mst Sg*(多用单数); j-d, der (noch) nicht bekannt, berühmt od. bedeutend ist, u. daher keinen (großen) Einfluss hat 小人物，无名之辈

noch[1] *Partikel*(小品词) **1.** *betont u. unbetont* (重读和非重读); verwendet, um auszudrücken, dass ein Zustand zu e-m bestimmten Zeitpunkt andauert, aber bald zu Ende sein kann(表示情况继续)还是，仍然，仍旧 ↔ nicht mehr 〈immer n. 仍然还是; n. immer 还仍然〉: *Hast du dein altes Fahrrad n.?* 你那辆旧自行车还在吗?; *Wir haben n. etwas Zeit, bevor der Zug fährt* 离火车开车我们还有点时间; *N. können wir etwas gegen die Zerstörung der Umwelt tun – bald ist es vielleicht zu spät* 现在我们还可以为反对破坏环境做点什么——不久或许就太晚了; *Ich habe heute n. gar nichts gegessen* 我今天还什么都没吃呢 **2.** *unbetont*(非重读); bevor etwas geschieht, vor e-m Zeitpunkt(表示在某个时刻前)还: *Können Sie das n. vor Montag erledigen?* 这您还能在星期一之前完成吗?; *Ich muss erst n. abwaschen, dann können wir gehen* 我还得先洗碗，然后我们就走; *Schafft ihr das n. bis Ostern?* 到复活节你们还能弄完吗?; *Vor Galileo Galilei glaubte man n., dass die Sonne um die Erde kreise* 在伽利略之前人们还相信是太阳环绕着地球转的 **3.** *unbetont*(非重读); verwendet, um e-e Warnung od. Mahnung auszudrücken(表示提醒或劝告)(还)会，就会: *Wenn du so weitermachst, bringst du dich n. um!* 如果你这样下去的话，你就毁了你自己!; *Du kommst n. zu spät!* 你就要迟到了!; *Das wird er n. bereuen!* 他会后悔的!; *Wir werden schon n. sehen, wer hier recht hat!* 我们会看到，这儿谁是对的 **4.** *unbetont* (非重读); verwendet, um e-e Absichtserklärung für die nahe Zukunft auszudrücken(表示不久以后的意向)还要，还会: *Ich komme n. darauf zurück* 我还会回到这题目上来 **5.** *unbetont*(非重读); verwendet, um auszudrücken, dass etw. in nächster Zeit wahrscheinlich geschehen wird(表示最近可能会发生)还会，会再: *Sie kommt bestimmt n.* 她肯定还会来 **6.** *unbetont*(非重读); verwendet, um auszudrücken, dass etw. zu e-r bestimmten Zeit der Fall war u. dass diese Zeit nicht weit zurückliegt(表示不久前尚如此)还是: *Gestern war er n. gesund, aber heute liegt er im Krankenhaus* 昨天他还是好好的，今天却住进了医院 **7.** *unbetont*(非重读); verwendet, um auszudrücken, dass etw. sehr schnell eingetreten ist(表示事情发生得很快)就，当时就: *Sie haben n. am selben Tag geheiratet* 他们俩就在当天结婚了; *Sie starb n. am Unfallort* 她在事故现场就死了 **8.** *unbetont*(非重读); verwendet, um auszudrücken, dass etw. von etw. übrig geblieben ist od. bald zu Ende sein wird(表示剩余或即将结束)还有，还剩: *Ich habe nur n. zwanzig Euro* 我还就剩下 20 欧元; *Hast du n. fünf Minuten Zeit?* 你还有五分钟时间吗? **9.** *betont u. unbetont*(重读和非重读); verwendet, um auszudrücken, dass j-d/etw. zu j-d/etw. anderem hinzukommt(表示添加)还，再: *N. ein Bier, bitte!* 请再来一杯啤酒!; *Und was hat sie n. gesagt?* 她还说了些什么?; *Passt das n. in den Koffer?* 箱子里还放得下这个吗? **10.** *unbetont*(非重读); verwendet, um auszudrücken, dass etw. im Vergleich mit etw. anderem relativ positiv ist(相比之下表示不错)还算，倒还: *Da hast du n. Glück gehabt – der Unfall hätte viel schlimmer ausgehen können* 你还算幸运，事故本来可能会更糟; *Hier ists ja n. ordentlich – du solltest mal mein Zimmer sehen!* 这儿还算整洁——你去看看我的屋子! **11.** *unbetont*(非重读); verwendet, um e-e positive Aussage zu verstärken u. auszudrücken, dass sie e-n Gegensatz zu etw. darstellt(表示相比之下的肯定)还确实是: *Diese Äpfel sind zwar klein, aber dafür haben sie n. Geschmack!* 这苹果虽小了点，可它还真有味道!; *Das waren n. Zeiten!* 那时候还确实是好时光! **12.** *unbetont*(非重读); verwendet, um Ärger auszudrücken u. um zu zeigen, dass man etw. als ein Minimum erwartet(表示气恼和最低期望)还: *Das wirst du ja n. für mich tun können!* 这个你总还能为我做吧! **13.** *betont u. unbetont*(重读和非重读); **n.** (**viel**) + *Komparativ*(比较级); verwendet, um e-e Steigerung zu verstärken(强调升级)更，还要: *Die alte Wohnung war schon sehr schön, aber diese hier ist n. schöner* 原先的房子已经很好了，但这儿的更好; *Er spielt recht gut Klavier, aber sie spielt n. viel besser* 他钢琴弹得挺好，可她弹得更好 **14.** *betont*(重读); **ˈn. so** verwendet, um auszudrücken, dass etw. unter keinen Umständen eintritt od. getan wird(用于让步句)再，不论 ≈ egal wie, wie + *Adj*(形) + auch (immer): *Da kannst du n. so viel trainieren – gegen ihn hast du keine Chance!* 你再怎么训练，也不是他的对手; *Und wenn der Film n. so interessant ist – ich sehe ihn trotzdem nicht an!* 这电影再好我也不看! **15.** *unbetont*(非重读); **n.** (**gleich**/

mal) verwendet, wenn man nach etw. fragt, an das man sich im Moment nicht erinnern kann od. das man nicht verstanden hat(在疑问中,询问一时想不起来或不理解的事)…来着: *Wie hieß n. (gleich) die Kathedrale in Wien?* 维也纳的那个大教堂叫什么来着?; *Wie heißt er n. (mal)?* 他叫什么来着? **16.** *betont u. unbetont*(重读和非重读); **n. (ein) mal** ein weiteres Mal 再次: *Könnten Sie das n. einmal wiederholen?* 您能再说一遍吗? **17.** *unbetont*(非重读); **n. nie** bis jetzt nicht 还从未: *Ich war n. nie in Amerika* 我还从未去过美国 **18.** *betont, gespr*(重读)[口]; **'n. u. 'n.** sehr viel od. sehr oft 很多,时常: *Er hat Briefmarken n. u. n.* 他有不少邮票 **19.** *betont, gespr hum*(重读)[口][诙]; **'n. u. 'nöcher** ≈ n. u. n. **20.** *unbetont*(非重读); **auch 'das n.** als Ausruf verwendet, wenn zum wiederholten Mal etw. Unangenehmes geschieht (当再次出现令人不快之事时发出的惊呼)还有这个,真添烦! 真是烦上加烦!

noch² *Konjunktion*(连); ↑ **weder**

noch·ma·li·g- *Adj*(形); *nur attr, nicht adv*(只作定语,不作状语); 〈e-e Aufforderung, e-e Überprüfung 要求,检测〉 so, dass sie noch einmal geschehen 再次的 ≈ abermalig, weiter: *E-e nochmalige Wiederholung ist unnötig* 再次重复是没有必要的

noch·mals *Adv*(副); noch einmal 再次 ≈ abermals: *Er versuchte n., sie anzurufen* 他再次试着给她打电话

No·ma·de *der*; *-n, -n*; j-d, der mit seinem Volk von Ort zu Ort zieht, um dort Gras für seine Tiere zu finden 游牧人,游牧民: *In Nordafrika gibt es viele Nomaden* 在北非有很多游牧民 ‖ K-(复合): **Nomaden-, -leben, -volk** ‖ -K(复合): **Wüsten-** ‖ NB(注意): *der Nomade; den, dem, des Nomaden* ‖ *hierzu*(派生) **no·ma·disch** *Adj*(形)

No·men *das*; *-s, -/No·mi·na*; LING【语】**1.** ≈ Substantiv **2.** *Kollekt*(集合); ein Substantiv od. Adjektiv 名词性的词(名词或形容词)

No·men·kla·tur *die*; *-, -en*; *geschr*[书] **1.** die (genau definierten) Wörter u. Ausdrücke, die Wissenschaftler auf e-m bestimmten Gebiet verwenden 专业术语 ≈ Terminologie **2.** e-e Liste der Termini e-s Faches(某一学科的)术语汇编 ≈ Verzeichnis

no·mi·nal *Adj*(形); LING【语】; wie ein Nomen (1) gebraucht 名词的,名词性的 ≈ substantivisch 〈e-e Konstruktion 结构〉

No·mi·nal|ein·kom·men *das*; WIRTSCH【经】; die Höhe des Einkommens (Verdienstes) in Zahlen, die aber nichts darüber aussagen, was man damit kaufen kann 名义收入 ↔ Realeinkommen

No·mi·nal·stil *der*; *nur Sg*, LING(只用单数)【语】; e-e Art sich auszudrücken, bei der man sehr viele Substantive verwendet 名词化文体

No·mi·nal·wert *der*; WIRTSCH【经】≈ Nennwert

No·mi·na·tiv [-f] *der*; *-s, -e*; LING【语】; der Kasus, in dem das Subjekt des Satzes steht 第一格 ≈ erster Fall 〈ein Wort steht im N. 一个词是第一格〉: *In dem Satz „Der Ball flog durch das Fenster" steht „der Ball" im N.* 在"球飞入了窗户"这个句子中,"球"是第一格

no·mi·nell *Adj*(形); *nur attr od adv*(只作定语或状语) **1.** *geschr*[书]; nur dem Namen nach, aber nicht in Wirklichkeit 名义上的,挂名的,有名无实的 ↔ tatsächlich 〈ein Mitglied 成员〉 **2.** WIRTSCH【经】; so, dass dabei nur die Zahlen berücksichtigt werden, aber nicht der wirkliche Wert 按票面价值的 ≈ rechnerisch ↔ real: *Die nominelle Gehaltserhöhung von 3 Prozent wird durch die Inflation ausgeglichen* 票面上的工资增长百分之三被通货膨胀抵消了

no·mi·nie·ren; *nominierte, hat nominiert*; Vt (及物) **1.** **j-n (für etw.) n.** j-n zum Kandidaten für e-e Wahl bestimmen 提名,指定(参加选举) ≈ aufstellen **2.** **j-n (für etw.) n.** j-n (als Teilnehmer) für e-n sportlichen Wettbewerb melden 提出…(参加竞赛) ‖ *hierzu*(派生) **No·mi·nie·rung** *die*

Non·cha·lance [nõʃaˈlãːs] *die*; *-*; *nur Sg, geschr*(只用单数)[书]; ein lockeres (ungezwungenes) Verhalten, das angenehm wirkt 洒脱不拘,落落大方 ≈ Lässigkeit, Ungezwungenheit

non·cha·lant [nõʃaˈlãː] *Adj*(形); *geschr*[书]; mit Nonchalance 无拘束的,大方的,洒脱的 ≈ lässig (1), ungezwungen ↔ formell, steif (4)

Non·kon·for·mis·mus *der*; *-*; *nur Sg, geschr* (只用单数)[书]; die Haltung, die j-n von den herrschenden Meinungen frei u. unabhängig macht 持独立见解,不随大流,不墨守成规的精神(作风) ‖ *hierzu*(派生) **Non·kon·for·mist** *der*; *-en, -en*; **non·kon·for·mis·tisch** *Adj*(形)

Non·ne *die*; *-, -n*; e-e Frau, die ihr ganzes Leben lang Gott dienen will, nicht heiratet u. *mst* in e-m Kloster lebt 修女,尼姑 ≈ Klosterfrau ↔ Mönch

Non·sens *der*; *-/-es*; *nur Sg, gespr pej*(只用单数)[口][贬] ≈ Unsinn

non·stop [nɔnˈstɔp] *Adv*(副); ohne e-e Pause 连续,无间歇 〈n. fliegen, Filme n. vorführen 直飞,连续放映电影〉: *von München n. bis Hamburg fahren* 从慕尼黑直达汉堡 ‖ K-(复合): **Nonstop-Flug, Nonstop-, -flug**

Nop·pe *die*; *-, -n* **1.** eine von vielen kleinen, dicken (biegsamen) Stellen (Zapfen) auf e-r Oberfläche, die verhindern, dass etw. darauf rutscht(用于防滑的)弹性小颗粒: *Die Seife liegt auf e-m Stück Gummi mit Noppen* 肥皂放在一块有颗粒的橡胶上 **2.** e-e Art Knoten in dicken Stoffen od. Garn(织物上的)粒结,毛结: *ein Pullover mit Noppen* 粒结毛衣 ‖ K-(复合): **Noppen-, -garn, -stoff**

Nord¹ *ohne Artikel, indeklinabel*, NAUT, MET(不带冠词,词形不变)【航海】【气】≈ Norden (1) ↔ Süd 〈Wind aus, von N. 北风; ein Kurs

N

nach N. 航线向北〉: *Die Position des Schiffes ist 56 Grad N. u. ein Grad West* 船的方位为北纬 56 度和西经 1 度

Nord² *der*; -(*e*)*s*; *nur Sg*, NAUT(只用单数)【航海】≈ Nordwind

Nord·at·lan·tik|pakt *der*; *nur Sg*, *geschr*(只用单数)[书] ≈ Nato

nord·deutsch *Adj*(形) **1.** in Bezug auf den nördlichen Teil Deutschlands 北德的 ↔ süddeutsch **2.** in Bezug auf die Sprache dieses Gebietes 北部德语的 ↔ süddeutsch 〈ein Ausdruck, ein Wort 表达,词〉 ‖ *zu* (义项) **1. Nord·deut·sche** *der/die*; **Nord·deutsch·land** (*das*); *nur Sg*(只用单数); *zu* (义项) **2. Nord·deut·sche** *das*

Nor·den *der*; *-s*; *nur Sg*(只用单数) **1.** die Richtung, die auf der Landkarte oben ist 北,北方 ↔ Süden 〈der Wind weht aus/von N. 刮北风; aus, in Richtung N. 来自、朝着北方〉: *Der Polarstern steht im N.* 北极星位于北部; *Die Nadel im Kompass zeigt nach N.* 罗盘的指针指向北 ‖ K-(复合): ***Nord-***, ***-fenster***, ***-hang***, ***-küste***, ***-rand***, ***-seite***, ***-teil*** **2.** der Teil e-s Gebietes, der im N. (1) ist 北部,北边 ≈ Nordteil ↔ Süden: *Er wohnt im N. des Landes, der Stadt* 他住在北国、城北 ‖ K-(复合): ***Nord-***, ***-afrika***, ***-amerika***, ***-europa*** *usw* **3. der (hohe) N.** der Teil der Erde, der sehr weit im N. (1), in der Nähe des Nordpols ist 北极地带,北极边缘地区: *Im hohen N. Sibiriens gibt es ewiges Eis* 在西伯利亚的北极地带有终年不化的冰

N

nor·disch *Adj*(形); *mst attr*(多作定语); in Bezug auf die nordeuropäischen Länder, *bes* Norwegen, Schweden, Dänemark, Finnland u. Island 北欧的 〈die Länder, die Sagen, die Sprachen 国家,传说,语言〉

nörd·lich¹ *Adj*(形) **1.** *nur attr*, *nicht adv*(只作定语,不作状语); nach Norden (gerichtet) 向北方的,朝北的 ↔ südlich 〈ein Kurs 航向; in nördliche Richtung fahren 向北行驶〉 **2.** *nur attr*, *nicht adv*(只作定语,不作状语); von Norden nach Süden (gehend) 从北方来的 ↔ südlich 〈ein Wind 风; der Wind kommt, weht aus nördlicher Richtung 刮北风〉 **3.** *mst attr*(多作定语); im Norden (1,2) (befindlich) 在北方的,在北部的 ↔ südlich 〈die Erdhalbkugel, ein Land, die Seite, der Teil 半球,国家,侧,部〉: *Im nördlichen Kanada ist es jetzt schon sehr kalt* 在加拿大北部现在已经很冷了

nörd·lich² *Präp*(介); ***etw. ist*** (*1 Kilometer o. Ä.*) ***n. etw.*** (*Gen* 二格); etw. liegt (1 Kilometer *o. Ä.*) höher im Norden als etw. (物作主语)位于…以北,在…北面(一公里处等): *Die Stadt liegt fünf Kilometer n. der Grenze* 城市位于边境以北 5 公里处; *Die Straße n. unseres Hauses ist gesperrt* 我们房子北面的马路不通行了 ‖ NB(注意): Folgt ein Wort ohne Artikel, verwendet man *n. von*(如跟随其后的词无冠词,则与介词 *von* 连用): *n. von Italien* 意大利以北

Nord·licht *das* **1.** Flecken od. Streifen aus buntem Licht am Himmel, die man in der Nähe des Nordpols nachts oft sehen kann 北极光; MET【气】Aurora Borealis **2.** *gespr hum*[口][诙]; j-d, der aus dem Norden von Deutschland kommt 北德人

Nord·ost *ohne Artikel*, *indeklinabel*, NAUT, MET(无冠词)(词形不变)【航海】【气】≈ Nordosten (1); *Abk* 缩写 NO

Nord·os·ten *der* **1.** die Richtung zwischen Norden u. Osten 东北,东北方向; *Abk* 缩写 NO 〈der Wind weht aus/von N. 刮东北风〉 **2. der N.** der Teil e-s Gebietes, der im N. (1) ist 东北部,东北地区 ≈ Nordostteil: *der N. e-s Landes* 一国的东北部地区

nord·öst·lich¹ *Adj*(形) **1.** *nur attr od adv*(只作定语或状语); nach Nordosten (gerichtet) od. von Nordosten (kommend) 东北方向的,朝向东北的,来自东北方向的 〈in nordöstliche Richtung, aus nordöstlicher Richtung 朝着、来自东北方向〉 **2.** *mst attr*(多作定语); im Nordosten (befindlich) 在东北部地区的 〈die Seite, der Teil 侧,部〉

nord·öst·lich² *Präp*(介); ***etw. ist*** (*1 Kilometer o. Ä.*) ***n. etw.*** (*Gen* 二格) etw. liegt (1 Kilometer *o. Ä.*) weiter im Nordosten als etw. (物作主语)位于…东北,在…东北(一公里处等): *e-e Straße n. der Stadt* 位于城市东北方的一条街道 ‖ NB(注意): Folgt ein Wort ohne Artikel, verwendet man *n. von*(如其后的词无冠词,则与 *von* 连用): *n. von Spanien* 西班牙(以外)的东北方

Nord·pol *der*; *nur Sg*(只用单数); der nördlichste Punkt auf der Erde 北极 ↔ Südpol

Nord·see *die*; -; *nur Sg*(只用单数); der Teil des Atlantischen Ozeans zwischen Großbritannien, Norwegen u. Dänemark 北海

Nord-Süd-Ge·fäl·le *das*; *nur Sg*, POL(只用单数)【政】; der Unterschied zwischen den reichen Ländern im Norden u. den armen Ländern im Süden(指穷国富国之间的)南北差别

nord·süd·lich *Adj*(形); von Norden nach Süden (verlaufend) 南北走向的: *Die Autobahn verläuft in nordsüdlicher Richtung* 高速公路为南北走向

Nord·west *ohne Artikel*, *indeklinabel*, NAUT, MET(无冠词)(词形不变)【航海】【气】≈ Nordwesten (1); *Abk* 缩写 NW

Nord·wes·ten *der* **1.** die Richtung zwischen Norden u. Westen 西北(方向); *Abk* 缩写 NW 〈der Wind weht aus/von N. 刮西北风〉 **2.** der Teil e-s Gebietes, der in dieser Richtung od. Gegend liegt 西北部,西北地区 ≈ Nordwestteil: *der N. e-s Landes* 一国的西北地区

nord·west·lich¹ *Adj*(形); *mst attr*(多作定语) **1.** nach Nordwesten (gerichtet) od. von Nordwesten (kommend) 西北方的,朝着西北的,来自西北方向的 〈in nordwestlicher Richtung, aus nordwestlicher Richtung 朝着、来自西北方向〉 **2.** im Nordwesten (befindlich) 在西北部的 〈die Seite, der Teil 侧,部〉

nord·west·lich² *Präp*(介); ***etw. ist*** (*1 Kilome-*

ter o. Ä.) **n. etw.** (*Gen* 二格) etw. liegt (1 Kilometer o. Ä.) weiter im Nordwesten als etw.(物作主语)位于…西北,在…西北(一公里处等): *ein Kloster n. des Dorfes* 位于村子西北方的修道院 ‖ NB(注意): Folgt ein Wort ohne Artikel, verwendet man *n. von*(若其后的词无冠词,则与 *von* 连用): *n. von Dänemark* 丹麦的西北方

Nord·wind *der*; ein Wind, der von Norden kommt 北风

nör·geln; *nörgelte, hat genörgelt*; Vi (不及物) (**über j-n/etw.**) **n.** *pej*[贬]; j-n/etw. wegen kleiner Dinge immer wieder kritisieren 不断地抱怨、埋怨,唠叨 ≈ meckern ‖ *hierzu*(派生) **Nörg·ler** *der*; *-s, -*; **nörg·le·risch** *Adj*(形); **nör·ge·lig** *Adj*(形)

Norm *die*; *-, -en* **1.** *mst Pl*(多用复数); e-e allgemein anerkannte (ungeschriebene) Regel, nach der sich andere Menschen verhalten sollen 准则,规范,规则 ≈ Moralvorstellung 〈ethische, gesellschaftliche, moralische Normen 伦理、社会、道德规范; Normen festsetzen 确定规则; sich an Normen halten 遵守行为准则〉 **2.** das, was als normal od. üblich empfunden wird 常规 〈j-d/etw. entspricht der N., weicht von der N. ab 某人/某事符合、偏离常规〉 **3.** e-e bestimmte (Arbeits)-Leistung, die j-d in e-r bestimmten Zeit schaffen soll 指标,定额 〈die N. erfüllen, übererfüllen 完成、超过指标; e-e N. aufstellen, festlegen, erhöhen, senken 提出、确定、提高、降低指标〉 ‖ K-(复合): **Norm-**, **-erfüllung** ‖ -K(复合): **Arbeits-** **4.** e-e bestimmte Leistung, die ein Sportler erreichen muss, damit er an e-m Wettkampf teilnehmen darf(运动员获取参赛资格的)成绩标准 **5.** e-e Regel, wie etw. hergestellt, getan werden soll, aussehen soll 标准,规格 〈technische Normen 技术标准〉 ‖ -K(复合): **Industrie-**, **Rechts-**; **DIN-Norm**

nor·mal *Adj*(形) **1.** so, wie es die allgemeine Meinung für üblich od. gewöhnlich hält 正常的,平常的,通常的 ↔ unnormal, außergewöhnlich: *Ist es n.*, dass *ein Kind mit 14 Jahren schon arbeiten muss?* 一个 14 岁的孩子就必须工作,这正常吗?; *Unter normalen Umständen wäre sie jetzt schon hier, aber bei dem starken Schneefall wird sie sich verspäten* 通常情况下她这时候就已经到了,可下这么大的雪她肯定要迟到 ‖ K-(复合): **Normal-**, **-bürger**, **-fall**, **-gewicht**, **-größe**, **-höhe**, **-maß**, **-temperatur**, **-verbraucher**, **-zeit**, **-zustand** ‖ NB(注意): um *n.* zu verstärken, verwendet man in der gesprochenen Sprache *stinknormal* (为增强语气,口语中用 *stinknormal* 非常正常的,极平常的) **2.** geistig u. körperlich gesund 智力、体格健全的,身心健康的 ↔ anormal, abnorm: *Ihre Angst vor Fremden ist doch nicht mehr n.!* 她对陌生人的害怕都超出正常范围了 ‖ ID *gespr* [谚][口]; *mst* 多用 **Bist du (eigentlich) noch n.?** verwendet, um Ärger u. Erstaunen über j-s Verhalten auszudrücken(对某人的行为表示气愤和惊讶)你不是疯了吧? 你是有病啊? 你头脑不正常吧?

Nor·mal *das*; *-s*; *nur Sg*(只用单数) ≈ Normalbenzin ‖ NB(注意): *mst* ohne Artikel(多不用冠词)!

Nor·mal·ben·zin *das*; *nur Sg*(只用单数); das (einfache) Benzin, mit dem die meisten Autos fahren 标准汽油 ‖ NB(注意): ↑ **Superbenzin**, **Diesel**

nor·ma·ler·wei·se *Adv*(副); so wie es sonst (üblich) ist od. sein sollte 正常情况、通常情况 ≈ gewöhnlich: *N. müsste ich jetzt zur Arbeit gehen, aber heute habe ich frei* 通常情况下我现在得去上班了,但今天我休息

nor·ma·li·sie·ren; *normalisierte, hat normalisiert*; Vt (及物) **1. etw. n.** bewirken, dass etw. normal wird 使正常化,使标准化: *Das Gespräch hat ihr gespanntes Verhältnis zueinander normalisiert* 谈话使她们彼此间的紧张关系缓解了; Vr (反身) **2. etw. normalisiert sich** etw. wird normal(物作主语)恢复正常: *Sie war sehr krank, aber inzwischen hat sich ihr Zustand wieder normalisiert* 她以前病得很重,但现在她的状况又恢复正常了 ‖ *hierzu*(派生) **Nor·ma·li·sie·rung** *die*; *nur Sg*(只用单数)

Nor·mal·null *das*; *-(e)s*; *nur Sg*(只用单数); die Höhe auf der Erdoberfläche, die mit null festgelegt wurde (u. die die Höhe des Meeres ist) u. auf die sich die Angaben über die Höhe von Orten, Bergen *usw* beziehen 平均海平面,标准零点; *Abk* 缩写 NN: *Hamburg liegt 6 m über N.* 汉堡的地势为海拔 6 米

Nor·mal·ver·brau·cher *der*; (**Otto**) **N.** der durchschnittliche, normale Bürger 普通人,普通消费者: *Solch ein Luxusauto kann sich Otto N. nicht leisten* 这么一辆豪华汽车不是普通人能消费得起的 ‖ *hierzu* (派生) **Nor·mal·ver·brau·che·rin** *die*

nor·ma·tiv [-ˈtiːf] *Adj*(形); als Norm bindend 标准的,规范的 ≈ zwingend ↔ deskriptiv 〈e-e Bestimmung, e-e Regel 规定,规则〉: *Ist das e-e normative od. e-e deskriptive Grammatik?* 这是规范语法还是描写语法?

nor·men; *normte, hat genormt*; Vt (及物) **1. etw. n.** e-e Norm (5) aufstellen, die sagt, welche Größe/Form, welches Gewicht *usw* die Produkte haben sollen 使标准化,使规格统一 ≈ vereinheitlichen 〈Papierformate n. 使纸张的大小规格化〉 **2. etw. n.** etw. so gestalten, dass es e-r Norm (5) entspricht 使合乎规格 〈Gewichte, Waagen n. 使重量、磅秤合乎标准〉 ‖ *hierzu*(派生) **Nor·mung** *die*

Nor·men·kon·trol·le *die*; JUR 【法】; die Prüfung durch ein Gericht, ob ein Gesetz *bes* gegen die Verfassung verstößt(由法院审查一法规是否违宪)法规审查 ‖ K-(复合): **Normenkontroll-**, **-verfahren**

nor·mie·ren; *normierte, hat normiert*; Vt (及物) **etw. n.** ≈ normen (1) ‖ *hierzu*(派生) **Nor·mie·rung** *die*

Nos·tal·gie *die*; *-*; *nur Sg*(只用单数); e-e Stimmung, in der man sich nach früheren

N

Zeiten u. deren Kultur, Kunst od. Lebensart sehnt 怀旧 ‖ K-(复合)：**Nostalgie-, -gefühl** ‖ *hierzu*(派生) **nos·tal·gisch** *Adj*(形)

Not *die*; -, *Nö·te* **1.** *nur Sg*(只用单数)；der Zustand, in dem j-d sehr arm ist u. nicht genug Geld u. Essen zum Leben hat 贫困,贫苦,贫穷 ≈ Armut ↔ Reichtum 〈große, schlimme Not 极其贫困,十分穷苦；Not leiden(d)生活贫苦(的)；in Not geraten, sein 陷入贫困,处于贫困之中；j-s Not lindern 减轻某人的贫苦〉：*Weil es seit Jahren nicht mehr geregnet hat, herrscht hier große Not* 因多年未下雨,这儿贫困不堪 ‖ K-(复合)：**not-, -leidend** ‖ -K(复合)：**Hungers-** **2.** *mst Sg*(多用单数)；e-e (schlimme) Situation, in der man Hilfe braucht 困境,危难,危急情况 ≈ Bedrängnis 〈Rettung aus/in höchster Not 救人于危难之中；j-m in der Stunde der Not beistehen 在危难时刻助某人一臂之力〉：*Die Not der Opfer des Erdbebens ist unbeschreiblich* 地震受害者们的危难是难以描述的 ‖ K-(复合)：**Not-, -signal, -situation** **3.** der Zustand, in dem j-d seelisch leidet od. verzweifelt ist 绝境,困境 ≈ Verzweiflung 〈innere, seelische Not 内心的、精神上的绝望；j-m seine Not / Nöte klagen 向某人诉苦；in Not sein 处于困境之中〉：*Er wusste sich in seiner Not nicht mehr zu helfen* 他已无力摆脱困境 **4.** **ohne Not** ohne wichtigen Grund 无缘无故 ≈ grundlos：*j-m ohne Not wehtun* 毫无缘由地伤害某人 **5.** **zur Not** wenn es nicht anders geht 不得已 ≈ notfalls：*Zur Not kann ich noch was kochen, aber ich würde lieber im Restaurant essen* 不得已时我也能做点吃的,但我更愿意下饭馆 **6.** **mit knapper Not / mit Mühe u. Not** ≈ gerade noch：*den Zug mit knapper Not erreichen* 勉强赶上火车 ‖ ID[谚] **seine (liebe) Not mit j-m/etw. haben** (große) Schwierigkeiten mit j-m/etw. haben 与某人/在某事中有麻烦；**aus der Not e-e Tugend machen** aus e-r unangenehmen Situation noch e-n Vorteil gewinnen 变坏事为好事,化不利为有利；〈helfen 帮助〉**wenn/wo Not am Mann ist** helfen, wo j-d/etw. gebraucht wird 在急需时帮人一把；**Not macht erfinderisch** wenn einem etw. Notwendiges fehlt, lernt man oft, sich auch so zu helfen 急中生智；**in der Not frisst der Teufel Fliegen** *gespr*[口]；wenn es unumgänglich ist, ist man auch mit etw. zufrieden, das man sonst nicht nähme 饥不择食 ‖ NB(注意)：↑ **nottun**

No·tar *der*; *-s, -e*; ein Jurist, der beruflich bestätigt (beglaubigt), dass Dokumente echt sind, der Testamente ausarbeitet *usw* 公证人 ‖ *hierzu*(派生)**No·ta·rin** *die*; -, *-nen*

No·ta·ri·at *das*; -(*e*)*s*, *-e*; das Büro e-s Notars 公证处

no·ta·ri·ell *Adj*(形)；*nur attr od adv*(只作定语或状语)；von e-m Notar gemacht 经过公证的〈etw. n. beglaubigen, beurkunden lassen 给某事办公证,让给某事办公证；e-e Bestätigung 证明〉

Not·arzt *der*; ein Arzt, der in e-m Notfall (1) (mit dem Krankenwagen) zu e-m Unfall kommt od. den man rufen kann, wenn andere Ärzte keinen Dienst haben (*z.B.* am Wochenende)急救医生 ‖ K-(复合)：**Notarzt-, -dienst, -wagen** ‖ *hierzu* (派生)**Not·ärz·tin** *die*

Not·auf·nah·me *die*; e-e Abteilung e-s Krankenhauses, in der Patienten behandelt werden, die e-n Unfall hatten od. plötzlich Hilfe brauchen 急诊室

Not|aus·gang *der*; ein Ausgang, durch den man schnell nach draußen kommt, wenn *z.B.* ein Feuer ausbricht 安全出口,紧急出口

Not·be·helf *der*; etw., das man nur benutzt, wenn man etw. Besseres nicht hat 权宜之计,应急措施 ≈ Behelfslösung 〈etw. ist ein N., dient als N. 某事是权宜之计〉

Not·be·leuch·tung *die*; ein *mst* schwaches Licht, das man benutzen kann, wenn plötzlich kein Strom mehr da ist 应急照明

Not·brem·se *die*; e-e Bremse in e-m Zug, die man ziehen kann, wenn man e-e Gefahr bemerkt 紧急刹车,紧急制动器〈die N. betätigen, ziehen 拉(紧急制动)闸〉 ‖ *hierzu*(派生) **Not·brem·sung** *die*; -, *-en*

Not·dienst *der*; der Dienst (als Arzt, Apotheker *o. Ä.*) außerhalb der normalen Arbeitszeit (*bes* für Notfälle)急救(服务) ≈ Bereitschaft (3), Bereitschaftsdienst

Not·durft *die*; -; *nur Sg*(只用单数)；*mst in* 多用于 **die/seine N. verrichten** *geschr*[书]；Blase u./od. Darm entleeren 解手,出恭 ≈ austreten (5)

not·dürf·tig *Adj*(形)；nicht richtig, sondern nur so, dass es gerade noch hält od. funktioniert 将就的,凑合的 ≈ provisorisch, behelfsmäßig ↔ sachgemäß 〈etw. n. flicken, reparieren 凑合着修补、修理某物〉

No·te[1] *die*; -, *-n* **1.** ein geschriebenes Zeichen, das e-n Ton in e-m Musikstück darstellt 音符〈e-e punktierte N. 加附点的音符；Noten lesen können 识谱；nach Noten singen, spielen 按谱演唱、演奏〉 ‖ ↑ *Abb. unter* 图见 **Tonleiter** ‖ -K(复合)：**Viertel-, Achtel-** **2.** *nur Pl*(只用复数)；ein Blatt od. Heft mit Noten[1] (1), die ein od. mehrere Musikstücke darstellen 乐谱〈Noten kaufen 买乐谱；die Noten vor sich liegen haben 面前放着乐谱〉 ‖ K-(复合)：**Noten-, -heft, -papier, -ständer** **3.** **e-e ganze/halbe N.** e-e N.[1] (1), die e-e Dauer von vier/zwei Taktschlägen hat 全/半音符

No·te[2] *die*; -, *-n* **1.** e-e Zahl od. ein Ausdruck, mit dem die Leistung e-s Schülers, Studenten *usw* (in e-r Skala) bewertet wird 分数,成绩 ≈ Zensur 〈e-e gute, schlechte N. in etw. (*Dat* 三格)某门课(得)好分、差分；e-e N. bekommen 得到分数；j-m e-e N. geben 给某人打分；Noten austeilen, verteilen 分发成绩〉：*Sie hat e-e sehr gute N. bekommen* 她得了个好分数；*Der Aufsatz wurde mit der N. 3/*

„befriedigend" bewertet 作文得了3分/“中” ‖ K-(复合): ***Noten-***, ***-durchschnitt***, ***-gebung***, ***-system***, ***-vergabe*** ‖ -K(复合): ***Aufsatz-***, ***Prüfungs-***, ***Schul-***; ***Deutsch-***, ***Physik-***, ***Sport-*** *usw* **2.** e-e Zahl, mit der die Leistung e-s Sportlers, (*z.B.* beim Turnen od. Tanzen) bewertet wird(运动员比赛)分,得分〈e-e hohe, niedrige N. 高分,低分〉

No·te[3] *die*; -, *-n*; e-e offizielle, schriftliche Mitteilung, die *bes* e-e Regierung von e-m Diplomaten bekommt(外交)照会〈e-e diplomatische N. 外交照会〉

No·te[4] *die*; *nur Sg*(只用单数); ***e-e*** + *Adj*(形) + ***N.*** der gute Eindruck, die (besondere) Qualität, die etw. hat 特点,特色〈e-r Sache e-e besondere, festliche N. geben, verleihen 赋予某事特色、喜庆色彩〉: *Ein selbst verfasstes Gedicht ist ein Geschenk mit e-r persönlichen N.* 一首自己写的诗是一份具有个人特色的礼物

Note·book [ˈnoutbʊk] *das*; *-s*, *-s*; INFORM【信息】; ein kleiner, tragbarer PC 笔记本电脑,便携式电子计算机

No·ten·blatt *das* **1.** ein Blatt, auf dem (Musik)Noten stehen 乐谱 **2.** ein Blatt, das mit Linien für (Musik)Noten bedruckt ist 五线谱纸

No·ten·li·nie *die*; eine von fünf Linien, in die man Noten[1](1) schreibt(五线谱)谱线

No·ten·schlüs·sel *der*; ein Zeichen, das am Beginn e-r Zeile mit Notenlinien steht u. den (Ton)Bereich bezeichnet, in dem die Noten[1](1) stehen 谱号,音部记号 ‖ NB(注意): ↑ ***Bassschlüssel***, ***Violinschlüssel***

Not·fall *der* **1.** e-e (unerwartete) Situation, in der man (schnell) Hilfe braucht (oft von e-m Arzt od. der Polizei *o.Ä.*)紧急情况,意想不到的情况〈j-m in e-m N. Hilfe leisten 在紧急情况中帮助某人; Geld für den N. zurücklegen 留出钱以备急用〉 **2.** ***im N.*** wenn es sein muss, wenn die Situation es erfordert 万不得已时,必要时,紧要关头: *Bremse nur im N. ziehen!* 只有紧急情况时才拉制动闸!

not·falls *Adv*(副); wenn es wirklich notwendig sein sollte 不得已时,必要时 ≈ im Notfall: *Wenn der letzte Zug schon weg ist, kann ich n. auch mit dem Taxi nach Hause kommen* 如果最后一班火车已开走,不得已我也能坐出租车回家

not·ge·drun·gen *Adv*(副); weil die Situation es notwendig macht(e) 迫不得已,无奈 ≈ gezwungenermaßen ↔ freiwillig: *Da das Hotel geschlossen hatte, mussten wir n. im Auto übernachten* 由于旅馆已关门,我们迫不得已只得在汽车里过夜

Not·gro·schen *der*; Geld, das j-d für e-e Zeit der Not spart 以备急用的钱

no·tie·ren; *notierte*, *hat notiert*; Vt (及物) **1.** (***sich*** (*Dat* 三格)) ***etw. n.*** etw. auf e-n Zettel schreiben, damit man es nicht vergisst 把…记录下来 ≈ aufschreiben〈e-e Adresse, e-e Telefonnummer 地址,电话号码〉 **2.** ***etw.*** (***mit etw.***) ***n.*** WIRTSCH【经】; e-n bestimmten Kurs, Preis für etw. an der Börse ermitteln u. festsetzen(在交易市场上)为…开价,报价,挂牌: *e-e Aktie mit zweihundert Euro n.* 开价200欧元一股; Vi (不及物) **3.** ***etw. notiert irgendwie*** WIRTSCH【经】; etw. hat e-n bestimmten Preis, Kurs an der Börse(物作主语)牌价: *Der Dollar notiert heute höher als gestern, über dem Kurs des Vortages* 美元牌价今天高于昨天,高于前一天的汇率 ‖ *zu* (义项) **2.** u. **3.** **No·tie·rung** *die* ‖ ▶ ***Notiz***

nö·tig *Adj*(形) **1.** ***n. für j-n/etw***; ***n. zu etw.*** so, dass es gebraucht wird od. getan werden muss 必要的,必需的 ≈ erforderlich, notwendig ↔ unnötig〈etw. macht etw. n., ist n. (使得)某事是必要的; etw. für n. halten 认为某事是必要的; das Nötige veranlassen, alles Nötige tun 让做、做必要的事〉: *mit der nötigen Vorsicht vorgehen* 以必要的谨慎行事; *Der Trainer fand es n., dass seine Spieler öfter trainieren* 教练认为,他的运动员有必要更多地训练; *Bei diesem Wetter ist es n., sich warm anzuziehen* 这种天气需要穿得暖和些; *Wenn n., bleibe ich noch ein bisschen u. helfe dir* 如需要的话,我再多呆一会儿帮帮你 **2.** *nur präd od adv*, *gespr*(只作表语或状语)[口]; so, dass etw. bald geschehen, getan werden muss 紧急的,急需的 ≈ dringend〈n. aufs Klo müssen, etw. n. brauchen 急需上厕所,急需某物〉 ‖ ID[谚] ***falls n.*** für den Fall, dass es n. ist 需要的话; *mst* 多用 ***Er/Sie hat es n.*** er/sie muss etw. tun, kann etw. gebrauchen 他/她有这个必要: *„Er macht e-e Diät." – „Er hats auch n.!"* “他在节制饮食。”——“他是有这个必要!”; ***etw. nicht n. haben*** etw. nicht tun müssen (u. stolz darauf sein, es nicht tun zu müssen)没必要做某事(并以此为豪): *Ich habe es nicht n., ihn um Verzeihung zu bitten* 我没有必要请求他原谅; ***es nicht für n. halten, etw. zu tun*** etw. nicht tun u. dadurch auf andere Leute unhöflich, unfreundlich *o.Ä.* wirken 认为没有必要做某事; *mst* 多为 ***Das ist doch nicht n./Das wäre doch nicht n. gewesen!*** verwendet, um sich höflich zu bedanken(客气地表示谢意)真没有这个必要!(太客气了!)

nö·ti·gen; *nötigte*, *hat genötigt*; Vt (及物) **1.** ***j-n*** (***zu etw.***) ***n.*** j-n so bitten, etw. zu tun, dass er es kaum ablehnen kann 硬劝,强求 ≈ j-n zu etw. drängen ↔ j-m etw. freistellen〈j-n zum Bleiben, Essen n. 强求某人留下、吃饭〉: *Er nötigte sie, noch ein Glas Wein zu trinken* 他再三请她再喝杯酒 **2.** ***j-n*** (***zu etw.***) ***n.*** JUR【法】; j-n durch Drohung od. Gewalt dazu bringen, etw. zu tun 逼迫,迫使 **3.** ***etw. nötigt j-n zu etw.*** etw. ist so, dass j-d gezwungen ist, etw. zu tun(物作主语)迫使某人做某事 ≈ etw. zwingt j-n zu etw.: *Das schlechte Wetter nötigte sie, nach Hause zu gehen* 这糟糕的天气迫使她回家 ‖ *zu* (义项) **2.** **Nö·ti·gung** *die*; *nur Sg*(只用单数)

nö·ti·gen·falls *Adv*(副); wenn es sein muss 必要的话 ≈ notfalls, wenn nötig: *Das Kleid*

N

wird ihr schon passen, n. kann man es auch umtauschen 这连衣裙她穿能合适,必要的话也可以换

No·tiz *die*; -, *-en* **1.** etw., das man aufgeschrieben hat 笔记,记录 ≈ kurzer Vermerk ⟨Notizen machen 做笔记⟩: *Das geht aus e-r N. im Tagebuch hervor* 这来自日记中的一次记载 ‖ K-(复合): ***Notiz-, -block, -buch*** ‖ -K(复合): ***Akten-, Rand-, Tagebuch-*** **2.** e-e kurze Meldung in der Zeitung 简闻,简讯 ‖ -K(复合): ***Zeitungs-*** ‖ ID[谚] (***keine***) ***N. von j-m/etw. nehmen*** j-n/etw. (nicht) beachten(不)把某人/某事当回事 ‖ ▶ ***notieren***

Not·la·ge *die*; e-e schlimme Situation 困境 ⟨e-e wirtschaftliche, finanzielle N. 经济、财政困境⟩

not·lan·den; *notlandete, ist notgelandet*; Vi (不及物) mit e-m Flugzeug in e-r gefährlichen Situation irgendwo landen 迫降,紧急着落: *Als das Triebwerk ausfiel, musste das Flugzeug / der Pilot auf der Straße n.* 当驱动装置失灵时,飞机/飞行员只得迫降在马路上 ‖ NB(注意): *mst* im Infinitiv od. Perfekt verwendet(多用于不定式或完成时)! ‖ *hierzu*(派生) **Not·lan·dung** *die*

not·lei·dend ↑ ***Not*** (1)

Not·lö·sung *die*; e-e Lösung, die man in e-r schlechten Situation nur deshalb wählt, weil man keine bessere (Lösung) findet 权宜之计,暂时的解决方法

Not·lü·ge *die*; e-e Lüge, mit der man etw. Schlimmes verhindern will(不得已而编造的)应急谎言 ⟨zu e-r N. greifen 用谎话来圆场; eine N. erfinden 编造一套应场的谎话⟩

no·to·risch *Adj*(形); ⟨ein Lügner, ein Säufer 骗子,酗酒者⟩ bekannt dafür, dass sie sehr oft etw. Schlechtes tun 声名狼籍的

Not·ruf *der* **1.** ein Telefonanruf *o. Ä.*, mit dem man die Polizei, die Feuerwehr od. e-n Arzt um Hilfe in e-m Notfall bittet 报警电话,救急电话 ⟨e-n N. empfangen, entgegennehmen 接到报警电话⟩ **2.** e-e Telefonnummer für Notrufe (1) 救急电话号码

Not·ruf·num·mer *die*; e-e Telefonnummer, unter der man im Notfall die Polizei, Feuerwehr od. e-n Notarzt erreicht 救急电话号码: *die Notrufnummern in Deutschland lauten 110, 112 u. 19 222* 德国的救急电话号码是110,112和19222

Not·ruf·säu·le *die*; e-e Säule mit e-m Telefon an der Autobahn *o. Ä.*, von der aus man bei e-m Unfall od. e-r Panne die Polizei anrufen kann(高速公路两边的)报警求救电话,求援电话柱形设备

not·schlach·ten; *notschlachtete, hat notgeschlachtet*; Vt (及物) ***ein Tier n.*** ein Tier schlachten, weil es krank od. verletzt ist 被迫屠宰、宰杀 ‖ NB(注意): *mst* im Infinitiv od. Perfekt verwendet(多用于不定式或完成时)! ‖ *hierzu*(派生) **Not·schlach·tung** *die*

Not·sitz *der*; ein einfacher (zusätzlicher) Sitz (*z. B.* im Kino, im Zug), den man benutzt, wenn die anderen Plätze besetzt sind 临时加座

Not·stand *der*; *mst Sg*, JUR(多用单数)【法】**1.** e-e Situation, in der ein Staat od. Menschen in Gefahr sind u. in der deswegen besondere Gesetze gelten 紧急状态 ⟨den N. ausrufen, erklären 宣布紧急状态⟩ ‖ K-(复合): ***Notstands-, -gebiet, -gesetz*** **2.** e-e Situation, in der man bestimmte Gesetze brechen darf, um sich od. j-n vor e-r Gefahr zu schützen 紧急情况

not·tun; *tut not, tat not, hat notgetan*; Vi (不及物) ***etw. tut not*** *geschr* [口]; etw. ist nötig (物作主语)某事是必要的

Not·un·ter·kunft *die*; ein einfaches Haus, ein Zelt, e-e Turnhalle *o. Ä.*, in denen man lebt, *z. B.* weil die eigene Wohnung zerstört ist od. weil man fliehen musste 临时住处,应急住处 ⟨Notunterkünfte bereitstellen, einrichten, schaffen 提供、设置、建立临时住处⟩

Not·wehr *die*; -; *nur Sg*(只用单数); die Anwendung von Gewalt, die nicht bestraft wird, wenn damit ein Angriff abgewehrt wird 正当自卫,紧急自卫 ⟨in/aus N. handeln 出于自卫而反击; N. geltend machen 要求允许正当自卫⟩

not·wen·dig *Adj*(形) **1.** ≈ nötig ↔ überflüssig: *e-e notwendige Reparatur vornehmen* 进行必要的修理; *Er hielt es für n., sie über die neue Entwicklung zu informieren* 他认为有必要让她了解新的发展情况; *Es ist nicht n., dass du hierbleibst* 你没必要留在这儿 **2.** *mst attr*(多作定语); ⟨e-e Konsequenz, e-e Reaktion 结果,反应⟩ so, dass sie nicht verhindert werden kann 不可避免的,必然的 ≈ unvermeidlich, zwangsläufig: *Das Waldsterben ist e-e notwendige Folge der Umweltverschmutzung* 林木枯死是环境污染的必然结果 ‖ NB(注意): Viele Wendungen, die unter *nötig* aufgeführt sind, hört man auch mit *notwendig*(很多用*nötig* 的习语,也有人用 *notwendig*) ‖ *hierzu*(派生) **Not·wen·dig·keit** *die*; *mst Sg*(多用单数)

not·wen·di·ger|wei·se *Adv*(副); so (zwingend), dass es nicht verhindert werden kann 必然,不可避免地 ≈ zwangsläufig ⟨etw. führt n. zu etw. 某事必然会导致某事⟩

Not·zucht *die*; -; *nur Sg, geschr veraltend*(只用单数)[书][渐旧]; sexuelle Gewalt 强奸,奸污 ≈ Vergewaltigung

Nou·gat *der, das* ↑ ***Nugat***

No·vel·le[1] [-v-] *die*; -, *-n*; e-e Erzählung (länger als e-e Kurzgeschichte, aber kürzer als ein Roman) *mst* über ein ungewöhnliches Ereignis u. oft mit e-m Wendepunkt 中篇小说: *die Novellen von Gottfried Keller* 戈特弗里德·凯勒的中篇小说 ‖ K-(复合): ***Novellen-, -sammlung*** ‖ *hierzu*(派生) **No·vel·list** *der*; *-en, -en*; **no·vel·lis·tisch** *Adj*(形) ‖ NB(注意): ↑ ***Roman, Kurzgeschichte***

No·vel·le[2] [-v-] *die*; -, *-n*; e-e Änderung e-s Gesetzes 修正法案,补充规定 ⟨e-e N. einbringen, verabschieden 提出、通过修正法案〉: *e-e N zum Umweltschutzgesetz* 环保法的补充规定 ‖ -K(复合): ***Gesetzes-***

no·vel·lie·ren [-v-]; *novellierte, hat novelliert*; Vt(及物) *mst* 多用〈das Parlament 议会〉 ***novelliert ein Gesetz*** *geschr*[书]; das Parlament ändert ein Gesetz 修订补充一法律 ‖ *hierzu*(派生) **No·vel·lie·rung** *die*

No·vem·ber [-v-] *der*; *-s*, -; *mst Sg*(多用单数); der elfte Monat des Jahres 11 月份; *Abk* 缩写 Nov.〈im N. 在 11 月份; Anfang, Mitte, Ende N. 11 月初、中、底; am 1., 2., 3 N. 11 月 1、2、3 日; ein nebliger, kalter, stürmischer N. 雾蒙蒙的、寒冷的、风雨交加的十一月〉: *Am ersten N. ist Allerheiligen* 11 月 1 日是万圣节 ‖ K-(复合): ***November-, -abend, -tag, -nacht***

No·vi·ze [-v-] *der*; *-n*, *-n*; ein Mann, der sich in e-m Kloster darauf vorbereitet, ein Mönch zu werden 见习修士 ‖ NB(注意): *der Novize*; *den*, *dem*, *des Novizen* ‖ *hierzu* (派生) **No·vi·zin** *die*; -, *-nen*

Nr. *Abk für* 缩写,全称为 Nummer

NS- [ɛn'|ɛs-] *im Subst*, *nicht produktiv*(构成名词,非构词型); in Bezug auf den Nationalsozialismus 纳粹… ≈ Nazi-; die ***NS-Organisation***, das ***NS-Regime***, der ***NS-Staat***, das ***NS-Verbrechen***

NSDAP [ɛnɛsde:a:'pe:] *die*; -; *nur Sg*, *hist*(只用单数)[历]; (*Abk für* 缩写,全称为 Nationalsozialistische Deutsche Arbeiterpartei) die Partei Adolf Hitlers (希特勒的纳粹党)民族社会主义德意志工人党

nu *Adv*(副); *nordd gespr*[北德][口] ≈ nun[1](1)

Nu *nur in* 只用于 ***im Nu*** *gespr*[口]; in sehr kurzer Zeit 转眼间,瞬间 ≈ im Handumdrehen: *Er drehte sich um u. war im Nu verschwunden* 他转过身去,转眼间就消失了; *Ich bin im Nu wieder da* 我一会儿就回来

Nu·an·ce ['nỹã:sə] *die*; -, *-n* **1.** ein feiner Unterschied in Farbe, Helligkeit, Bedeutung *o. Ä.*(色彩、亮度、意义等方面的)细微差别 ≈ Abstufung〈stilistische, sprachliche, farbliche Nuancen 修辞上、语言上、色彩上的细微差别〉: *Rot gibt es in vielen Nuancen* 红色有多种不同色调 ‖ -K(复合): ***Farb-, Bedeutungs-*** **2.** ***e-e N.*** (***von etw.***) ein kleines bisschen 些微,微微 ≈ Spur[2], Hauch (3): *Sie sprach um e-e N. zu laut* 她说话稍微响了些; *Dieses Blau ist e-e N. heller als das andere* 这种蓝比另一种稍许淡一些 **3.** ≈ Feinheit, Merkmal〈kulturelle, stilistische Nuancen 文化、修辞方面的细微之处〉: *Es ist kaum möglich, alle Nuancen e-r fremden Sprache zu erlernen* 要掌握一门外语的所有细微之处几乎是不可能的 ‖ zu (义项) **1. nu·an·cen·reich** *Adj*(形)

nu·an·ciert [nỹã'si:ɐt] *Adj*(形); *geschr*[书]; mit vielen Details u. feinen Unterscheidungen 细腻的,细致入微的,丝丝入扣的 ≈ nuancenreich, differenziert ↔ grob, undifferenziert〈e-e Ausdrucksweise 表达方式; ein Klavierspiel 钢琴演奏; sich n. ausdrücken 细腻地表达出来; etw. n. darstellen, beschreiben, zeichnen 细腻地塑造、描写、绘制某物〉: *Seine Erzählung gab ein sehr nuanciertes Bild des 19 Jahrhunderts* 他的短篇小说描绘了一幅极其细腻的 19 世纪画卷 ‖ *hierzu*(派生) **nu·an·cie·ren** (*hat*) *Vt*(及物); **Nu·an·cie·rung** *die*

nüch·tern *Adj*(形) **1.** so, dass die betroffene Person kein Frühstück gegessen hat u. der Magen leer ist 空腹的〈mit nüchternem Magen, n. zum Arzt gehen 空腹,空腹就诊〉: *Ich kann auf nüchternen Magen keinen Alkohol trinken* 空腹时我不能喝酒 **2.** nicht betrunken, nicht von den Wirkungen des Alkohols beeinflusst 清醒的,未醉的 ↔ betrunken, beschwipst〈nicht mehr ganz n., völlig, vollkommen n. sein 微醉,完全清醒〉: *Nach zwei Gläsern Wein war er nicht mehr ganz n.* 两杯酒下肚他已有醉意 ‖ NB(注意): um *n.* zu verstärken, verwendet man (in der gesprochenen Sprache) *stocknüchtern* (为强化该词语义,口语中用: stocknüchtern 非常清醒的) **3.** von sachlichen Überlegungen u. nicht vom Gefühl geleitet 冷静的,理智的 ≈ sachlich ↔ unsachlich, emotional〈e-e Überlegung, Feststellungen 思考,结论; die Sache n. betrachten, beurteilen 冷静地观察、评价事物; ein nüchterner, n. denkender Mensch 冷静的、冷静思考的人〉 **4.** nur an Zweck u. Funktion orientiert 简洁的,朴实的,实在的 ≈ zweckmäßig, funktional〈ein Raum, ein Betonbau, ein Stil 房屋,水泥建筑,风格; e-e n. eingerichtete Wohnung 布置简洁的住房〉: *Ohne Pflanzen u. Bilder wirkt das Büro schrecklich n.* 没有植物和图片办公室显得极其呆板 ‖ *hierzu*(派生) **Nüch·tern·heit** *die*; *nur Sg* (只用单数)

nu·ckeln; *nuckelte*, *hat genuckelt*; Vi(不及物) (***an etw.*** (*Dat* 三格)) ***n.*** *gespr*[口]; an etw. saugen 吮,吸: *Das Baby nuckelte zufrieden an der Brust seiner Mutter* 婴儿在妈妈怀里满足地吮吸着奶

Nu·del *die*; -, *-n*; *mst Pl*(多用复数) **1.** ein Nahrungsmittel aus Mehl u. Wasser (u. Eiern), das man in Wasser kocht u. mit e-r Sauce, in Suppen od. mit Fleisch isst 面条: *Lange dünne Nudeln nennt man Spaghetti* 细长的面条被称为通心粉; *Hühnersuppe mit Nudeln* 鸡汤面 ‖ K-(复合): ***Nudel-, -salat, -suppe, -teig*** ‖ -K(复合): ***Band-, Faden-, Suppen-*** **2. *e-e dicke, dumme, freche N.*** *gespr pej*[口][贬]; e-e dicke, dumme od. freche (junge) Frau 胖女人,蠢女人,泼妇

-nu·del *die*; -, *-n*; *im Subst*, *wenig produktiv* (构成名词,构词弱); *mst pej* 多为[贬]; für e-e Frau verwendet, die mit dem im ersten Wortteil genannten Substantiv oft in Verbindung gebracht wird(指女性)…女人、婆娘; ***Skandalnudel***, ***Giftnudel*** (= e-e Person, die sehr bösartig ist), ***Ulknudel***

Nu·del·brett *das*; ein großes Brett, auf dem man Teig flach u. dünn macht 面板

Nu·del·holz *das*; *-es*, *Nu·del·höl·zer*; e-e Walze mit Griffen links u. rechts, mit der man Teig flach u. dünn macht 擀面杖

Nu·gat [ˈnuːgat] *der*, *das*; *-s*; *nur Sg*(只用单数); e-e weiche, süße, braune Masse aus gemahlenen Nüssen, Zucker u. Kakao, mit der man oft Pralinen *o.Ä.* füllt 用碎果仁、糖和可可粉做成的甜馅 ‖ K-(复合): ***Nougat-***, ***-füllung***, ***-masse***, ***-schokolade*** ‖ -K(复合): ***Nuss-***

nuk·le·ar [nukleˈaːɐ] *Adj*(形); *mst attr*, *ohne Steigerung*(多作定语,无变极) **1.** so, dass dabei Atomenergie verwendet wird 核的,原子的 ⟨Energie, Waffen, ein Krieg 能源,武器,战争; e-e Explosion 爆炸⟩ ‖ K-(复合): ***Nuklear-***, ***-macht***, ***-waffen*** **2.** ⟨Kräfte, Streitkräfte 部队,武装部队⟩ mit Atomwaffen 核装备的 **3.** Atomwaffen betreffend 核武器的 ⟨die Abrüstung 裁军⟩

null[1] *Zahladj*(数形); *indeklinabel*(词形不变) **1.** ⟨als Ziffer⟩ 0(数字)0,零 **2.** SPORT【体】; verwendet, um auszudrücken, dass keine Punkte od. Tore erzielt wurden 零分,没得分: *ein Match mit eins zu n.* (1:0) *gewinnen* 以1比零赢得比赛; *Das Spiel endete n. zu n.* (0:0) *unentschieden* 比赛结果零比零(0:0),打成平局 **3.** verwendet, um auszudrücken, dass in e-m Test keine Punkte erreicht od. keine Fehler gemacht wurden od. werden(测验中)没得分;没出错: *im Diktat n. Fehler haben* 听写中没错; *in e-m Test n. Punkte bekommen* 在测验中一分未得 **4.** ***n.*** (***Grad*** (***Celsius***)) die Temperatur (auf der Celsius-Skala), bei der Wasser beginnt, zu Eis zu werden(摄氏)零度 ≈ 0°C⟨Temperaturen über, unter n. 温度在零上、在零下; die Temperatur sinkt (auf 10 Grad) unter N., steigt auf 10 Grad über N. 气温降到零下10度,升到零上10度⟩ **5.** *nur Sg*(只用单数); die Stellung e-s Schalters od. Zeigers, die zeigt, dass ein Gerät nicht eingeschaltet ist(开关)没开,关⟨etw. steht auf N., zeigt auf N. 某物没开(关着); etw. auf N. stellen, drehen, schalten 把某物关上⟩: *Ist die Heizung an? – Nein, der Schalter steht auf N.* 暖气开着吗? ——没有,开关没开 **6.** ***n. Uhr*** ADM *geschr*【管理】[书]; zwölf Uhr nachts 零点(半夜12点) ≈ Mitternacht, 24 Uhr: *Der Zug kommt um n. Uhr zweiundzwanzig* (0^{22} *Uhr*) *an* 火车半夜12点22分到达 ‖ ID[谚] ***n. u. nichtig*** ≈ ungültig ⟨e-n Vertrag für n. u. nichtig erklären 宣布一合同无效⟩ ***etw. ist gleich n.*** *gespr* [口]; das Ergebnis, der Erfolg, das Resultat *o.Ä.* ist ohne Bedeutung u. Wert, j-s Interesse, j-s Reaktion *o.Ä.* ist nicht vorhanden 某事毫无意义(毫无价值,毫无反应); ***in n. Komma nichts*** *gespr hum*[口][诙]; in sehr kurzer Zeit 立马,一下子,一瞬间 ≈ im Nu, in Windeseile, im Handumdrehen

null[2] *Adj*(形); *nur attr*, *nicht adv*, *indeklinabel*, *gespr*(只作定语,不作状语,词形不变)[口] ≈ kein(e) *usw* ⟨Ahnung, Interesse, Bock (= Lust) haben 知情,有兴趣,有兴致⟩: *Von Mathe hast du wohl n. Ahnung, was?* 你对数学一窍不通,是吧?; *Er zeigt n. Interesse an der Politik* 他对政治不感兴趣

Null *die*; -, *-en* **1.** die Ziffer 0,零: *Die Zahl 100 hat zwei Nullen* 数字100有2个零 **2.** *mst Sg*, *gespr pej*(多用单数)[口][贬]; j-d, der nichts kann u. in seinem Leben nichts erreicht hat 一事无成的人,窝囊废 ≈ Versager, Niete

Null·acht|fünf·zehn- *im Subst*, *begrenzt produktiv*(构成名词,构词有限); von durchschnittlicher Qualität, wie man es schon oft gesehen hat(08/15 是士兵语言,讽刺1908—1915年德军采用的机枪,及对该武器单调乏味的军事课程)一般化的,千篇一律的,无特色的… ≈ Allerwelts-; die ***Nullachtfünfzehn-Aufführung*** ⟨e-s Theaterstückes 剧本的⟩, der ***Nullachtfünfzehn-Film***, die ***Nullachtfünfzehn-Frisur***, die ***Nullachtfünfzehn-Sendung*** ⟨im Radio 电台中的⟩ ‖ NB(注意): *mst* mit dem unbestimmten Artikel verwendet(多与不定冠词连用)

Null·di·ät *die*; *nur Sg*(只用单数); e-e Diät, bei der man außer Wasser, Vitaminen u. Mineralien nichts isst od. trinkt 禁食: *unter ärztlicher Aufsicht e-e N. machen* 在医生的监督下用禁食

Null·lei·ter *der*; TECH【技】; der Draht (in e-r elektrischen Leitung), in dem kein Strom fließt u. der mit der Erde (2) verbunden ist 中线,零线

Null·punkt *der* **1.** der Punkt auf e-r Skala, an dem auf der einen Seite die negativen u. auf der anderen Seite die positiven Werte beginnen(刻度表上的)零点 **2.** (auf der Celsius-Skala) die Temperatur, bei der Wasser zu Eis wird(摄氏气温表上的)零度,冰点 **3.** *gespr* [口]; ein Punkt, wo alles sehr schwierig u. hoffnungslos ist od. aussieht 最低点,低潮 ≈ Tiefpunkt ↔ Höhepunkt ⟨auf dem N. (angelangt) sein 达到最低点; etw. sinkt auf den N. 某事降到最低点⟩: *Meine Konzentration hat heute ihren völligen N. erreicht, ich kann keinen klaren Gedanken fassen* 今天我的注意力降到了最低点,脑子里一团糟 **4.** ***der absolute N.*** PHYS【物】; die tiefste Temperatur, die es gibt 绝对零度: *Der absolute N. liegt bei -273° Celsius* 绝对零度是摄氏零下273度

Null·run·de *die*; WIRTSCH【经】; e-e Tarifrunde, bei der keine Lohnerhöhungen erzielt werden 劳资双方关于不提高工资的一轮谈判 ⟨e-e N. vereinbaren 商定举行工资保持不变的工资谈判⟩

Null·ta·rif *der*; *mst in* 多用于 ***zum N.*** ohne, dass man etw. bezahlen muss 免费 ≈ gratis, kostenlos: *Die erste Fahrt mit der neuen U-Bahn war zum N.* 第一次乘坐新开地铁是免费的

Null·wachs·tum *das*; WIRTSCH【经】; das Ausbleiben e-r Erhöhung der Produktion (*z.B.* e-s Betriebs), des Bruttosozialprodukts e-s Landes *o.Ä.* 零增长,增长停滞

Nul·pe *die*; -, *-n*; *bes nordd gespr pej* 尤为[北德][口][贬]; ein dummer, langweiliger

Mensch笨蛋,蠢货
Nu·me·ri *Pl*(复); ↑ ***Numerus***
nu·me·rie·ren; ↑ ***nummerieren***
nu·me·risch *Adj*(形) **1.** *nur attr od adv*(只作定语或状语); in Bezug auf die Anzahl 数目的,数量上的 ≈ zahlenmäßig, quantitativ ↔ qualitativ ‹e-e n. starke, schwache Gruppe 人数多的、少的团体; e-e numerische Überlegenheit 数量上的优势; e-e Gruppe *o. Ä.* ist n. überlegen 一个小组在人数上占优势› **2.** nur aus Ziffern gebildet, *bes* ohne Buchstaben 数字的,用数字表示的 ‹ein Kode, ein System 密码,体系› **3.** MATH【数】; mit konkreten, bestimmten Zahlen (statt nur mit Buchstaben)数值的 ‹das Rechnen, e-e Gleichung 计算,方程›
Nu·me·rus *der*; -, *Nu·me·ri*; LING【语】; die grammatische Kategorie, die beim Subst. u. Verb zeigt, ob ein od. mehrere Personen od. Dinge gemeint sind 数(名词、动词等单复数形式): *Die deutsche Sprache hat zwei Numeri: Singular u. Plural* 德语有两种语法数:单数与复数
Nu·me·rus clau·sus *der*; -; *nur Sg*(只用单数); e-e Regelung, die nur e-r begrenzten Anzahl von Personen erlaubt, ein bestimmtes Fach an e-r Universität *o. Ä.* zu studieren(某些大学学科的)(择优)限额录取,名额限制; *Abk* 缩写 NC
Num·mer *die*; -, *-n* **1.** e-e Zahl, die den Platz e-r Person/Sache in e-r Reihe od. Liste angibt 号码,号数; *Abk* 缩写 Nr. ‹e-e hohe, niedrige N. 大、小号码›: *Karten für die Sitze N. 11 u. N. 12* 11 和 12 号座位票; *das Los mit der N. 13* 13 号彩票; *Ich wohne in der Maximilianstraße N. 41* 我住马克西米利安街 41 号 ‖ -K(复合): ***Bestell-***, ***Garderoben-***, ***Haus-***, ***Katalog-***, ***Konto-***, ***Kontroll-***, ***Los-***, ***Personal-***, ***Scheck-***, ***Steuer-***, ***Zimmer-*** **2.** j-d/etw. mit der angegebenen N. (1)(编了号的人或物)号: *Bis auf N. 3 sind alle Zimmer besetzt* 除了 3 号房其他房子都有人住; *Die N. 666 gewinnt e-e Reise nach Kalifornien* 第 666 号赢得去加利福尼亚的旅游 **3.** die Reihe von Ziffern, die man wählt, um zu telefonieren 电话号码 ‹j-m seine N. geben 把电话号码给某人; j-s N. haben 有某人的电话号码; unter der N. 2859 erreichbar sein 打电话号码 2859 能找到› ‖ -K(复合): ***Telefon-***, ***Privat-***, ***Ruf-*** **4.** die Ziffern u. Buchstaben auf e-m Schild, das Autos, Motorräder *usw* haben müssen (汽车、摩托车等)车牌号,牌号 ≈ (polizeiliches) Kennzeichen ‖ K-(复合): ***Nummern-***, ***-schild***, ***-tafel*** ‖ -K(复合): ***Auto-***, ***Fahrzeug-***, ***Wagen-*** **5.** die Zahl, die die Größe von Kleidern, Schuhen *usw* angibt(鞋、衣等)尺寸,号,码 ≈ Größe (3) ‹große, kleine Nummern 大号,小号›: *Damenschuhe N. 38* 38 码女鞋; *Haben Sie dieses Kleid e-e (halbe) N. größer?* 这件连衣裙有大一(半)号的吗? ‖ -K(复合): ***Kleider-***, ***Schuh-*** **6.** ein Heft e-r Zeitschrift od. Zeitung 期号 ≈ Ausgabe[2] (2): *In der letzten N. von „Lebende Sprachen" war ein interessanter Artikel* 上一期的《活的语言》杂志中有篇有趣的文章; *e-e alte N. des „Spiegel"* 一本旧的《明镜》杂志 ‖ -K(复合): ***Doppel-***, ***Einzel-***, ***Probe-***, ***Sonder-*** **7.** ein Stück in e-m Programm 一个节目 ‹e-e N. vorführen, abziehen 表演、取消一个节目›: *Wir spielen jetzt e-e N. aus unserer letzten LP* 我们现在演奏我们最近一张唱片中的一支曲子; *Unsere nächste N.: Gino und Gina auf dem Trapez!* 下一个节目是"金诺和金娜的空中飞人"! ‖ -K(复合): ***Dressur-***, ***Kabarett-***, ***Solo-***, ***Varietee-***, ***Zirkus-*** **8.** *gespr*[口]; j-d, der auf irgendeine Art ungewöhnlich ist 人物 ‹e-e komische, ulkige, witzige N. 古怪的、滑稽的、幽默的人物; j-d ist e-e N. für sich 某人是个怪人› **9.** *vulg*[俗]; ein sexueller Akt 性交 ‹e-e N. machen, schieben 性交,交欢› ‖ ID [谚] *mst* 多用 ***Thema N. eins*** das, worüber am meisten gedacht od. gesprochen wird 头号话题: *Fußball ist bei vielen Männern Thema N. eins* 足球是很多男士的头号话题; ***j-d ist die N. eins*** j-d ist auf e-m bestimmten Gebiet der beste 某人是头号人物; *mst* 多用 ***Dort ist man (nur, bloß) e-e N.*** dort ist man nur einer von vielen u. wird deshalb nicht beachtet 在那里你只不过是个无名小卒: *In den großen Krankenhäusern sind die Patienten oft nur Nummern* 在大医院里病人常常不被当回事; ***auf N. sicher gehen*** *gespr*[口]; kein Risiko eingehen 谨慎行事: *Sie ging auf N. sicher u. machte e-e Fotokopie des Briefes* 为保险起见她把信复印了一份; ***etw. ist e-e N. zu groß, ein paar Nummern zu groß (für j-n)*** *gespr*[口]; etw. ist zu schwierig für j-n 某事(对某人来说)力不从心(难以胜任) ‖ ▶ ***nummerieren***
num·me·rie·ren; *nummerierte, hat nummeriert*; [Vt](及物) ***etw. n.*** etw. (*Dat* 三格) e-e Nummer geben u. es so in e-e bestimmte Ordnung od. Reihenfolge bringen 给…编号、排号、标号码 ‹Seiten n 编页码; die Plätze im Kino, Theater sind nummeriert 电影院、剧院中的座位是编号的› ‖ *hierzu*(派生) **Num·me·rie·rung** *die*
Num·mern·schild *das*; das Schild aus Metall bei Autos, Motorrädern *usw*, auf dem *mst* Zahlen u. Buchstaben als Kennzeichen stehen 车号牌 ‖ ↑ *Abb. unter* 图见 ***Auto***
nun[1] *Adv*(副) **1.** in dem Moment, in dem der Sprecher etw. sagt 现在,这时刻 ≈ in diesem Augenblick, jetzt[1] (1) ‹von nun ab, von nun an 从现在开始›: *Nun bist du an der Reihe* 现在轮到你了; *Kommen wir nun zum Programm der nächsten Woche* 现在来说说下星期的日程安排 **2.** im Zeitraum der Gegenwart 今天,现时,当今 ≈ heutzutage, jetzt[1] (2) ↔ früher: *Früher war an dieser Stelle e-e schöne Wiese, nun stehen hier Hochhäuser* 以前这一带是片美丽的草地,如今都是高楼 **3.** inzwischen, mittlerweile 那时候,在这期间: *Die wirtschaftliche Lage hat sich nun wieder etwas gebessert* 经济形势在这期间又有所好转 **4.**

N

was nun? verwendet, um Ratlosigkeit auszudrücken od. um zu sagen, dass man nicht weiß, was als Nächstes kommt 怎么办呢? 会怎么样呢?

nun^2 *Partikel*(小品词); *unbetont*(非重读) **1.** in Fragen verwendet, um (Ungeduld darüber) auszudrücken, dass man die gewünschte Information noch nicht erhalten hat(用于提问,表示因得不到期待的信息而不耐烦)到底,究竟: *Hat sie den Job nun bekommen oder nicht?* 她到底是得到了那份工作还是没得到?; *Glaubst du mir nun endlich?* 你到底相不相信我?; *Kommt er nun, oder kommt er nicht?* 他究竟是来还是不来?; *War das nun so richtig, oder müssen wir noch etwas ändern?* 这样到底是对了呢,还是还需要改动? **2.** ***nun (ein) mal*** *gespr*[口]; verwendet, um auszudrücken, dass etw. so ist, wie es ist, u. dass man daran nichts ändern kann(表示事情不可能更改)就这样,就是,本来 ≈ eben^3(1): *Du kannst nun mal nicht alles haben!* 你本来就不可能什么都有!; *Die Entscheidung ist nun mal so getroffen worden – da lässt sich nichts ändern* 事情就是这样决定的——不能变动 **3.** ***nun (gut)*** verwendet, um e-n Satz einzuleiten u. oft ein neues Thema anzusprechen(用于句前,表示转题)那,那么,那好吧 ≈ also^3(6): *Nun, das kann ich nicht sofort entscheiden* 那样的话,我不能马上作出决定; *Nun gut, ich bezahle dir die Eintrittskarte* 那好吧,我替你付门票钱; *Nun, habt ihr euch schon überlegt, wohin ihr in Urlaub fahrt?* 那么,你们考虑好去哪儿度假了吗?

nun·mehr *Adv*(副); *geschr*[书] **1.** von jetzt an, in der Zukunft 从现在起,以后 ≈ von nun an, ab jetzt, künftig: *Wir werden das n. anders machen* 这以后我们将改变做法 **2.** von e-m Zeitpunkt in der Vergangenheit bis jetzt 至今 ≈ nun^1(3), jetzt^1(3), inzwischen: *N. sind es fünf Jahre, dass ich in dieser Stadt lebe* 我生活在这个城市里至今已有五年

nur^1 *Adv*(副); verwendet, um etw., das man vorher gesagt hat, einzuschränken 只是,不过 ≈ bloß^2: *Das Konzert war toll, nur war die Musik ein bisschen zu laut* 音乐会很棒,只是音乐太响了一些; *Das habe ich ja gleich gesagt, du hast es mir nur nicht geglaubt* 这我当时就说过,只是你不相信我; *Ich habe das auch gehört. Ich frage mich nur, stimmt das auch?* 这我也听说了,我只是想,这是真的吗?

nur^2 *nur in* 只用于 **1.** ***nicht nur ... sondern auch*** verwendet, um auszudrücken, dass zu etw. noch etw. anderes hinzukommt 不仅…而且: *Er ist nicht nur ein guter Schauspieler, sondern auch ein guter Sänger* 他不仅是个好演员,而且是个好歌手 **2.** ***nur dass*** verwendet, um etw., was/das man vorher gesagt hat, einzuschränken 只是 ≈ bloß^2: *Der Film hat mir gut gefallen, nur dass er ein bisschen lang war* 这部电影我很喜欢,只是长了点

nur^3 *Partikel*(小品词) **1.** *betont u. unbetont*(重读和非重读); verwendet, um auszudrücken, dass e-e Aussage genau auf die genannte Sache/Person *o. Ä.* zutrifft u. auf nichts anderes (u. dass das wenig ist). *Nur* bezieht sich auf den Teil des Satzes, der direkt auf *nur* folgt 只,只是,只有(仅限定句子成分) ≈ bloß, lediglich: *Nur Hans hat den Kuchen gekauft* (u. sonst niemand) 只有汉斯买了蛋糕(其他人没买); *Hans hat nur den Kuchen gekauft* (u. nichts anderes) 汉斯只买了蛋糕(没买其他东西); *Hans hat den Kuchen nur gekauft* (u. nicht gegessen) 汉斯只是买了蛋糕(而没有吃); *Ihre neuen Schuhe kosteten nur 40 Euro* 她的新鞋只花了 40 欧元; *Ich habe ihn nur kurze Zeit gesehen* 我只短暂地见了他一面 ‖ NB(注意): Auch *erst* drückt aus, dass etw. weniger ist, als man erwartet hat od. erwarten kann. *Erst* betont jedoch die Erwartung, dass noch etw. dazukommt od. kommen könnte(*erst* 虽也表示“少于所期待的或可以期待的”,但它强调“期待更多”)才: *Er hat bis jetzt erst zweimal gewonnen* 他至今才赢了两回; *Um acht Uhr waren erst fünf Gäste da* 八点时才来了 5 位客人 **2.** *unbetont*(非重读); verwendet, um e-e Aussage zu betonen(表示强调)只要: *Sie geht spazieren, so oft sie nur kann* 她尽可能多出门散步; *Komm, wann immer du nur willst* 你只要想来就来吧; *Ich tue alles, was du nur willst* 只要是你愿意的,我都去做 **3.** *unbetont, gespr*(非重读)[口]; ***nur so*** + *Verb*(动) sehr stark 很厉害: *Sie zitterte nur so vor Angst* 她害怕得直抖; *Das Auto fuhr so schnell um die Kurve, dass die Reifen nur so quietschten* 汽车飞速拐过弯道,轮胎发出很刺耳的吱吱声 **4.** *unbetont*(非重读); ***nur noch*** (+ *Komparativ* 比较级) verwendet, um auszudrücken, dass etw. e-e unerwünschte Wirkung hat(表示会有坏影响)只会: *Bleib im Bett, sonst wirst du nur noch krank* 躺在床上别动,否则你会生病的; *Sag lieber nichts, sonst wird er nur noch wütender* 最好什么也别说,否则他只会更生气; *Wenn du an dem Mückenstich kratzt, juckt er nur noch mehr* 如果你挠蚊子叮的包,就只会更痒 ‖ ID[谚] ***nur so*** *gespr*[口]; ohne bestimmten Grund(表示没有具体理由)就这样,不为什么,没什么 (etw. nur so sagen, tun 随口说说,随手做某事): *„Warum hast du das denn getan?" – „Ach, nur so, ich weiß nicht"* “你为什么要做这样的事?”——“不为什么,我不知道”

nur^4 *Partikel*(小品词); *betont u. unbetont*(重读和非重读) **1.** in Fragen verwendet, um auszudrücken, dass man nicht weiß, was (jetzt) zu tun ist(用于问句,表示不知怎么办)究竟,到底 ≈ bloß^4(1): *Wo ist denn nur mein Schlüssel?* 我的钥匙究竟到哪儿去了呢?; *Was kann da nur passiert sein?* 那儿到底可能发生了什么事呢?; *Wie funktioniert das denn nur?* 这到底怎么使啊? **2.** in Ausrufesätzen u. rhetorischen Fragen verwendet, um Bewunderung, Kritik *o. Ä.* auszudrücken(用于惊叹句和反问句,表示赞赏或批评) ≈ bloß^4(2): *Was hast du da nur wieder angestellt!* 你又干了什么好事!; *Warum hast du das nur nicht*

N

schon früher gesagt? 这你为什么不早点说呢？**3.** verwendet, um j-n zu beruhigen, zu trösten od. ihm Mut zu machen(用于安慰、劝慰、鼓励)要，只要；不用…：*Nur mit der Ruhe, wir haben Zeit genug!* 不必着忙，我们有足够的时间；*Nur nichts überstürzen!* 不必仓促行事！；*Nur Mut, das schaffst du schon!* 要有胆量，这你能行！；*Nur keine Angst!* 不用害怕！**4.** verwendet, um aus e-r Aufforderung e-e Drohung od. Warnung zu machen(用于把要求变成威胁或警告)可，就 ≈ bloß[4] (4), ja (11)：*Komm nur nicht so spät nach Hause, du weißt ja, dass Vater das nicht mag* 你可别太晚回家，你知道的，爸爸不喜欢这样；*Sei nur nicht so frech!* 可别这么放肆！；*Glaub nur nicht, dass ich mir das gefallen lasse!* 你就别以为我会容忍这个！；*„Soll ich ihn mal fragen?" – „Nur nicht – da wird er bloß wütend!"* "要我去问他一声？"——"可别，那他只会大发雷霆！" **5.** verwendet, um e-n dringenden Wunsch auszudrücken(表示迫切的愿望)但愿，要是…就好了！≈ bloß[4] (5)：*Wenn es doch nur schon Abend wäre!* 快点到晚上吧！(要是现在已是晚上就好了！)；*Hätte ich das doch nur nicht gesagt!* 我要是没说这话该多好！；*Wäre ich nur zu Hause geblieben, dann hätte das nicht passieren können!* 我要是留在家里就好了，就不会发生这事了！

Nur|haus·frau *die*; *pej od iron*[贬]或[讽]; e-e Frau, die nur den Haushalt versorgt u. keinen bezahlten Beruf ausübt 专职家庭妇女，全职太太

nu·scheln; *nuschelte, hat genuschelt*; [Vt/i](及物/不及物) *gespr*[口] **1.** **(etw.) n.** so reden, dass man den Mund kaum bewegt u. deshalb schwer zu verstehen ist 咕哝，嘟噜：*Was nuschelst du da? Ich verstehe kein Wort!* 你嘀咕什么呢？我一个字也没听明白！**2.** **(etw.) in seinen Bart n.** ≈ n. (1) ‖ NB(注意)：auch für Leute verwendet, die keinen Bart haben (也适用于没有胡子的人) ‖ *zu* **Genuschel** ↑ **Ge-**

Nuss *die*; -, *Nüs·se* **1.** e-e trockene Frucht mit e-m Kern, der in e-r harten Schale steckt 核桃，坚果〈Nüsse knacken, aufmachen 砸、敲开核桃〉：*Das Eichhörnchen sammelt Nüsse für den Winter* 松鼠在为过冬收集坚果 ‖ K-(复合)：**Nuss-, -baum, -schale** **2.** der Kern dieser Frucht, den man *mst* essen kann 核桃仁，果仁 ‖ K-(复合)：**Nuss-, -eis, -kuchen, -schokolade, -torte; nuss-, -braun** ‖ -K(复合)：**Kokos-, Muskat-** ‖ NB(注意)：↑ **Erdnuss, Haselnuss, Walnuss** ‖ ID[谚] **e-e dumme/blöde/taube N.** *gespr pej*[口][贬]; verwendet als Schimpfwort für e-n dummen/blöden Menschen(骂人用语)笨蛋，蠢货，糊涂虫；**e-e taube Nuss** etw., das nicht den Wert hat, den man erwartet 一个空核桃(意即：没名堂)；**e-e harte N.** *gespr*[口]; ein schwieriges Problem 难题，棘手的事〈etw. ist e-e harte N. für j-n 某事对某人是件棘手的事；j-m e-e harte N. zu knacken/beißen (= lösen) geben 给某人出难题；e-e harte N. zu knacken/beißen haben, bekommen 碰上棘手的事〉

Nuss·kna·cker *der*; *-s*, -; ein Gerät, mit dem man die Schale e-r Nuss aufmacht 核桃夹子，坚果钳

Nüs·tern *die*; *Pl*(复); die Nasenlöcher des Pferdes 马鼻孔〈geblähte N. 鼓起的马鼻孔〉‖ ↑ *Abb. unter* 图见 **Pferd**

Nut·te *die*; -, *-n*; *gespr pej*[口][贬] ≈ Prostituierte ‖ *hierzu*(派生) **nut·ten·haft** *Adj*(形); *pej*[贬]

nutz ↑ **nütze**

nutz·bar *Adj*(形) **1.** so, dass man es für e-n bestimmten Zweck verwenden kann 有用的，有益的 ≈ verwendbar ↔ nutzlos〈e-e Energie, Rohstoffe, e-e Idee 能源，原料，主意〉**2.** **etw. (für j-n) n. machen** etw. so machen, dass es genutzt werden kann 使有用，利用〈die Wasserkraft n. machen 利用水力；e-e Erfindung für die Menschen n. machen 使发明对人类有用〉‖ *zu* (义项) **1.** **Nutz·bar·keit** *die*; *nur Sg*(只用单数)；*zu* (义项) **2.** **Nutz·bar·ma·chung** *die*; *nur Sg*(只用单数)

nutz·brin·gend *Adj*(形); so, dass j-d e-n bestimmten Nutzen davon hat 有益的，有利的 ≈ nützlich ↔ nutzlos〈seine Zeit, sein Geld n. verwenden, anlegen, investieren 有效地使用、投入时间、金钱〉

nüt·ze *mst in* 多用于 **j-d/etw. ist zu nichts n.** j-d ist einem keine Hilfe, etw. ist so, dass man nichts Sinnvolles damit tun kann(人/物作主语)毫无用处 ≈ j-d/etw. ist zu nichts zu gebrauchen：*Viele Produkte, die die Industrie auf den Markt bringt, sind doch zu gar nichts n.!* 工业投放市场的很多产品是毫无用处的！

nut·zen; *nutzte, hat genutzt*; [Vt](及物) **1.** **etw. (zu etw.) n.** etw. für e-n bestimmten Zweck sinnvoll verwenden 使用，利用 ≈ verwerten〈e-e Gelegenheit, e-e Chance, die Freiheit n. 利用机会、机遇、自由〉：*jede freie Minute zur Weiterbildung n.* 利用每一分钟空闲进行深造；*die Wasserkraft zur Erzeugung von Strom n.* 利用水力发电；*das schöne Wetter zum Wandern n.* 利用好天气远足；*den Keller für sein Hobby n.* 利用地下室从事业余爱好；*e-e fruchtbare Gegend landwirtschaftlich n.* 把一片肥沃的地区用于农业生产；*Er nutzte die Zeit (dazu), sich auszuruhen* 他利用这段时间来休息；[Vi](不及物) **2.** **etw. nutzt (j-m/etw.) (etwas/viel)** etw. bringt j-m/etw. e-n Vorteil, hilft ihm irgendwie(物作主语)对…有益/大有益处 ↔ etw. schadet j-m/etw.：*Ein günstiger Kredit würde der Firma viel n.* 优惠的贷款会对公司很有益；**3.** **etw. nutzt (j-m/etw.) wenig/nichts** etw. bringt j-m/etw. keinen Vorteil, hilft nicht(物作主语)对…帮助不大/毫无用处：*Seine Ratschläge nutzen uns wenig* 他的建议对我们用处不大；Es *nutzt nichts, hier herumzustehen, wir müssen was tun!* 在这儿站着无济于事，我们得做点什么！

nüt·zen; *nützte, hat genützt*; *bes südd* Ⓐ 尤用于[南德][奥] ↑ **nutzen**

Nut·zen *der*; *-s*; *nur Sg*(只用单数) **1.** ein

N

Vorteil od. Gewinn, den j-d von e-r bestimmten Sache od. Tätigkeit hat 得益,效益,利润,好处 ↔ Schaden ⟨der praktische, unmittelbare, gesellschaftliche, wirtschaftliche N. 实际的、直接的、社会的、经济上的效益; e-n (großen) N. aus etw. ziehen 从某事中获得(很大)益处; e-n, keinen N. von etw. haben 从某事中得到、没得到好处; sich von etw. e-n N. versprechen 期待从某事中获益; etw. bringt (j-m/ etw.) (e-n) N. 带给(某人/某事)好处; etw. mit N. anwenden 有效地运用某物⟩: *Der praktische N. dieser Erfindung wird enorm sein* 这项发明的实际效益将是巨大的 **2.** ***etw. ist (j-m/etw.) von N.*** etw. ist für j-n/etw. ein Vorteil(物作主语)对…有利: *Bei der Bewerbung um den Job werden dir deine Erfahrungen auf diesem Gebiet von Nutzen sein* 求职时你在这方面的经验会对你有利; *Es wird dir von N. sein, dass du Erfahrungen auf diesem Gebiet hast* 你在这方面的经验会对你有利 ‖ ▶ ***zunutze***

Nụtz·flä·che *die*; die Fläche des Erdbodens, auf der man etw. (an)bauen kann, od. der Teil e-s Gebäudes, den man zu etw. nutzen kann 可耕面积,(房屋的)使用面积

Nụtz·holz *das*; *nur Sg*, *Kollekt* (只用单数)(集合); das Holz, aus dem man *bes* Möbel macht 可用木材 ↔ Brennholz

N

Nụtz·last *die*; das Gewicht, das ein Auto, Schiff, Flugzeug *o.Ä.* tragen kann 净载重,有效负荷 ↔ Eigengewicht

nụ̈tz·lich *Adj*(形) **1.** *nicht adv*(不作状语); so, dass etw. davon e-n Nutzen (1) hat 有益的,有利的,有用的 ≈ brauchbar, hilfreich ↔ nutzlos, unnütz ⟨ein Hinweis, e-e Beschäftigung, ein Geschenk, Pflanzen, Tiere 提示,活动,礼物,植物,动物; (allerlei) Dinge(各种)事物; j-d/etw. erweist sich als n. 某人/某物证实是有用的⟩: *Gummistiefel werden uns bei diesem Regen sehr n. sein* 橡胶靴在这样的雨天对我们会特别有用; *Es war für die Natur sehr n., dass es endlich wieder geregnet hat* 总算又下雨了,这对自然界很有益 **2.** ***j-m (bei etw.) n. sein, sich (bei j-m/etw.) n. machen*** j-m helfen 给…帮把手,助…一臂之力 ≈ j-m hilfreich sein: *Er war seinem Freund beim Reparieren des Autos n.* 他帮了他朋友修车的忙; *Er hat sich bei der Gartenarbeit n. gemacht* 收拾花园时他帮了把忙 ‖ *zu* (义项) **1. Nụ̈tz·lich·keit** *die*; *nur Sg*(只用单数)

Nụ̈tz·lich·keits|den·ken *das*; -; *nur Sg*(只用单数); e-e Art zu denken, wobei nur solche Dinge für wichtig gehalten werden, die e-n direkten praktischen Nutzen haben 功利思想

nụtz·los *Adj*(形); ohne Nutzen (1)无用的,无益的,无谓的 ≈ sinnlos, unnütz ⟨Bemühungen, e-e Anstrengung 努力,辛劳; etw. n. vergeuden 无谓地浪费某物⟩: *Es ist völlig n., ihr Ratschläge zu geben, sie ignoriert sie einfach* 给她提建议是毫无意义的,她根本就不理睬 ‖ *hierzu*(派生) **Nụtz·lo·sig·keit** *die*; *nur Sg*(只用单数)

Nụtz·nie·ßer *der*; *-s*, -; j-d, der e-n Vorteil od. Gewinn von etw. hat, ohne dass er viel dafür getan hat 得益者,受益者 ‖ *hierzu* (派生) **Nụtz·nie·ße·rin** *die*; -, *-nen*

Nụtz·pflan·ze *die*; e-e Pflanze, die man anbaut, *bes* um sie zu essen 经济作物

Nụtz·tier *das*; ein Tier, das man wirtschaftlich nutzt. Man hält Nutztiere, damit sie für einen arbeiten od. weil sie Fleisch, Milch, Eier *o.Ä.* liefern 益畜,有用动物

Nụt·zung *die*; -; *nur Sg*(只用单数); das Verwenden von etw. zu e-m bestimmten Zweck 利用,使用 ≈ Verwertung: *die friedliche N. der Kernenergie* 和平利用核能; *die landwirtschaftliche N. des Bodens* 土地的农用; *die industrielle, wirtschaftliche N. der Rohstoffe* 原料的工业、经济利用 ‖ K-(复合): ***Nutzungs-, -recht***

Ny·lon® [ˈnailɔn] *das*; *-s*; *nur Sg*(只用单数); ein künstlich hergestelltes Material, aus dem man *bes* Kleidungsstücke macht 尼龙: *e-e Strumpfhose aus N.* 尼龙连裤袜 ‖ K-(复合): ***Nylon-, -strümpfe, -strumpfhose***

Nym·phe [ˈnʏmfə] *die*; -, *-n*; (in der griechischen u. römischen Mythologie) eine der jungen Göttinnen, die in Bäumen, Flüssen, Bergen *o.Ä.* wohnen(希腊、罗马神话中住在山林水泽中的)仙女,神女 ‖ NB(注意): ↑ ***Nixe*** ‖ *hierzu*(派生) **nym·phen·haft** *Adj*(形)

nym·pho·man [nʏmfo-] *Adj*(形); *geschr*[书]; (von Frauen) mit e-m krankhaft starken sexuellen Trieb(女性)性欲亢奋的,性欲狂的 ≈ mannstoll ↔ frigide ‖ *hierzu* (派生) **Nym·pho·ma·nie** *die*; *nur Sg*(只用单数); **Nym·pho·ma·nin** *die*; -, *-nen*

O, o

O, o [oː] *das*; -, -/*gespr auch* [口]也用*-s*; der fünfzehnte Buchstabe des Alphabets 字母表中的第十五个字母〈ein großes O 大写 O; ein kleines o 小写 o〉‖ *hierzu* (派生) **o-för·mig**, **O-för·mig** *Adj* (形)

Ö, ö [øː] *das*; -, -/*gespr auch* [口]也用*-s*; der Umlaut des o o 的变音〈ein großes Ö 大写 Ö; ein kleines ö 小写 ö〉

o! *Interjektion* (叹); verwendet mit e-m anderen Wort, um *bes* Erschrecken od. Bedauern auszudrücken (与其他词连用,表示惊恐或遗憾)哦! 噢! 啊! 〈o ja!, o weh!, o Gott!, o doch!, o nein! 啊,就是(没错)!,哎哟!,啊,天哪!,啊,是这样!,哦,不行!〉‖ NB(注意): ↑ **oh**

-o *der*; *-s*, *-s*; *im Subst*, *begrenzt produktiv*, *gespr*, *oft pej* (构成名词,构词有限)[口]常用[贬]; *bes* von Jugendlichen verwendet, um auszudrücken, dass die betroffene Person die Eigenschaften hat, die im ersten Wortteil genannt werden(青年人用语)(用来表示具有某种特征的人)… 的人; **Anarcho** (= Anarchist), **Brutalo** (= brutaler Mensch) *usw*

Oa·se *die*, -, *-n* **1.** e-e Stelle in der Wüste, an der es relativ viel Wasser u. deshalb auch Bäume u. andere Pflanzen gibt 沙漠绿洲: *Viele Karawanen rasten in der O.* 许多骆驼商队在沙漠绿洲歇脚 **2.** **e-e O.** + *Gen* (二格) ein Ort, an dem man etw. Angenehmes empfindet oder Vorteile hat, die es sonst nur selten gibt 稀有之地,宝地,仙境,天堂,世外桃源 ≈ Paradies 〈e-e O. des Friedens, der Ruhe, der Stille 和平的胜地,宁静安祥的仙境,安静宜人的宝地〉‖ -K(复合): **Steuer-**

ob¹ *Konjunktion* (连) **1.** verwendet (nach bestimmten Verben, Substantiven u. Adjektiven), um e-n Nebensatz einzuleiten, der e-e Frage, Zweifel od. Ungewissheit ausdrückt(引出间接疑问句)是否: *Wissen Sie, ob heute noch ein Zug nach Berlin fährt?* 您知道今天还有开往柏林的火车吗?; *Sie konnte sich nicht entscheiden, ob sie ihn anrufen sollte oder nicht* 她下不了决心到底要不要给他打电话 **2.** (**egal**) **ob … oder nicht** drückt aus, dass etw. auf jeden Fall geschieht od. geschehen muss 无论…,不管…(还是不…): *Täglich macht er e-n Spaziergang, (egal) ob es draußen warm ist oder nicht* 不管户外热不热,他每天都散步; *Ob er will oder nicht, er muss den Schaden ersetzen* 不管他愿不愿意,他都得赔偿损失 **3.** **ob … ob** (**… ob**) drückt aus, dass etw. für alle Personen od. Sachen gilt, die genannt werden 不论… ≈ egal ob: *Ob Alt, ob Jung, ob Arm, ob Reich: alle sind willkommen* 不论老少,不论穷富,(我们)一律欢迎; *Ob Frau, ob Mann, ob Kind, jeder war eingeladen* 不论男女老幼,都在被邀请之列 **4.** **u. 'ob!** *gespr* [口]; verwendet, um e-e positive Antwort zu verstärken (用来加强肯定语气)当然! 那还用问! ≈ und wie!: *Kannst du Tischtennis spielen? – Und ob (ich das kann)!* 你会打乒乓球吗? ——当然会! **5.** **als ob** ↑ **als²** (4)

ob² *Präp* (介); *mit Gen*, *geschr veraltet* (支配二格)[书][旧] ≈ wegen

Ob·acht *die*; -; *nur Sg*, *südd* Ⓐ (只用单数)[南德][奥] **1.** **O.!** ≈ Vorsicht! **2.** (**auf j-n/etw.**) **O. geben** (auf j-n/etw.) achtgeben, aufpassen 注意,当心: *Gib O.! Er muss O. geben, dass er keinen Fehler macht* 当心! 他要注意别出错

ÖBB [øːbeːˈbeː] *die*; -; *nur Sg* (只用单数), *Abk für* 缩写,全称为 Österreichische Bundesbahnen 奥地利联邦铁路

Ob·dach *das*; -(e)s; *nur Sg*, *geschr* (只用单数)[书]; e-e Unterkunft, in der man wohnen kann, wenn man (*bes* nach e-r Katastrophe) keine Wohnung hat (临时)住处,避身之处,栖身之地〈j-m O. gewähren 给某人安排住所; (ein) O. finden 找到栖身之地〉

Ob·dach·lo·se *der/die*; *-n*, *-n*; j-d, der (aus Not od. nach e-r Katastrophe) ohne Wohnung ist 无家可归者,无住处的人: *Das Rote Kreuz stellt den Obdachlosen Zelte zur Verfügung* 红十字会为无家可归者提供帐篷 ‖ K-(复合): **Obdachlosen-**, **-asyl**, **-fürsorge**, **-heim** ‖ NB(注意): *ein Obdachloser; der Obdachlose; den, dem, des Obdachlosen* ‖ *hierzu* (派生) **ob·dach·los** *Adj* (形); **Ob·dach·lo·sig·keit** *die*; *nur Sg* (只用单数)

Ob·duk·ti·on [-ˈtsi̯oːn] *die*; -, *-en*; MED【医】; der Vorgang, bei dem ein Arzt den Körper e-s Toten aufschneidet, um zu prüfen, wann u. warum dieser gestorben ist 尸体剖验,验尸 ≈ Autopsie 〈e-e O. anordnen 安排尸体剖验〉‖ K-(复合): **Obduktions-**, **-befund** ‖ *hierzu* (派生) **ob·du·zie·ren** (*hat*) *Vt* (及物)

O-Bei·ne *die*; *Pl* (复); krumme, nach außen gebogene Beine 罗圈腿, O 形腿 ↔ X-Beine 〈O-Beine haben 长着罗圈腿〉‖ *hierzu* (派生) **o-bei·nig**, **O-bei·nig** *Adj* (形)

Obe·lisk *der*; *-en*, *-en*; ein schmaler, hoher Stein als Denkmal, der unten quadratisch ist u. oben e-e Spitze hat 方尖形石碑,方底尖顶的石碑: *der O. auf dem Petersplatz in Rom*

O

罗马彼得广场上的方尖碑 ‖ NB(注意): *der Obelisk*; *den*, *dem*, *des Obelisken*

oben *Adv*(副) **1.** (vom Sprecher aus gesehen) an e-r höheren Stelle 高处,上面,上方↔ unten 〈ganz, hoch, weit o. 在最上面,在很高的地方,在很远的高处〉: *Das Haus hat o. vier Zimmer u. unten drei* 这座房子楼上有四个房间,楼下三间; *Das Buch steht im Regal rechts o.* 这本书在书架右上方 **2.** auf der höher gelegenen Seite e-s Gegenstandes(物体)上方,上边 ↔ unten 〈etw. o. öffnen, zumachen, zubinden 将某物从上方打开、关闭、系紧〉 **3.** in die/der Luft 空中,上空〈nach o. blicken, sehen 往上看; etw. fliegt, schwebt o. 某物在空中飞、飘〉 **4.** in der Höhe 在高处〈hier o. 在这上面〉 **5.** am od. im oberen Teil e-s Blatts Papier, e-s Briefs *o.* *Ä.*(纸、信的)顶头部分 ↔ unten: *der erste Absatz auf Seite fünf o.* 第五页顶头第一段; *Das Datum steht rechts o.* 日期位于右上方 **6.** weiter vorn im Text (文章的)前面↔ unten: 〈der o. erwähnte, genannte, stehende, zitierte Text 前面提及的、列举的文章,上述的、前面引用的文章〉 *Hiervon wurde o. bereits berichtet* 有关这一情况前面已有报道; *wie o. angegeben* 如上所述 ‖ K-(复合): ***oben-***, ***-erwähnt***, ***-genannt***, ***-stehend***, ***-zitiert*** **7.** auf der Oberfläche 在表面: *Öl schwimmt immer o.* 油总是漂在上面 **8.** auf der kurzen Seite e-s langen Tisches, an der die wichtigste Person sitzt 上座,首席: *Das Brautpaar hat seinen Platz o. an der Tafel* 新郎新娘坐在长餐桌的上座 **9.** *gespr*[口]; weiter im Norden (gelegen) 在遥远的北方: *ganz o.*, *an der Nordsee* 特别靠北,在北海边; *hoch o. im Norden* 在最北部 **10.** *gespr*[口]; von höherem Status od. von höherer dienstlicher Stellung 上头,上面,上级,上层: *die (Leute) da o.* 上面的人; *Die Anweisung kommt von o.* 这是上头的指示 **11.** ***o. ohne*** *gespr hum*[口][诙]; (*bes* als Frau) mit nacktem Oberkörper(尤指妇女)袒胸,上身裸露〈o. ohne baden 光着上身游泳; sich o. ohne sonnen 裸露上身晒日光浴〉 ‖ K-(复合): ***Oben-ohne-Bedienung*** ‖ ID[谚] ***von o. herab*** so, als ob man viel vornehmer als andere sei 居高临下地,傲慢地〈j-n von o. herab ansehen 居高临下地看着某人; mit j-m von o. herab sprechen 居高临下地和某人谈话〉; ***von o. bis unten*** **a)** ≈ völlig, ganz: *von o. bis unten schmutzig* 从上到下都很脏; *Das Haus muss von o. bis unten renoviert werden* 这座房子上上下下全都得修; **b)** lange u. genau 从上到下地,仔仔细细地〈j-n von o. bis unten ansehen 上上下下打量某人; ein Haus von o. bis unten durchsuchen 仔细搜查一座房子〉

oben·an, **oben·an** *Adv*(副); als Wichtigstes an erster Stelle 在第一位,在最前面,居首位: *Auf seiner Wunschliste steht o. ein neues Fahrrad* 在他渴望得到的东西中,排在第一位的是一辆新自行车

oben·auf *Adv*(副); *geschr*[书] **1.** auf allen anderen Dingen 最上面 ≈ zuoberst 〈etw. liegt, sitzt, steht o. 某物放在、搁在、摆在最上面〉 **2.** ***wieder o. sein*** wieder gesund sein od. Selbstvertrauen haben 恢复健康,重新振作起来: *Er hat das berufliche Tief überwunden u. ist wieder o.* 他度过了职业生涯的低谷,重新振作起来

oben·drauf *Adv*(副); *gespr*[口] ≈ obenauf (1)

oben·drein *Adv*(副) ≈ zusätzlich, außerdem: *Sie war laut u. o. auch noch frech* 她爱嚷嚷,而且还蛮不讲理

oben·drü·ber *Adv*(副); *gespr*[口]; über j-n/j-m/etw. 在上面 ≈ darüber ↔ untendrunter: *ein Wort durchstreichen u. ein anderes o. schreiben* 把一个词划掉,在上面写上另一个词

oben·he·rum *Adv*(副); *gespr*[口]; am/im oberen Teil (des Körpers) 在上身: *sich o. waschen* 擦洗上身

oben·rum *Adv*(副); *gespr*[口] ≈ obenherum

Ober *der*; *-s*, *-* **1.** *gespr*[口] ≈ Kellner **2.** (***Herr***) ***O.***! verwendet als höfliche Anrede für den Kellner (in e-m Restaurant)(对饭馆招待员的称谓)服务员! ↔ Fräulein **3.** die Karte zwischen König u. Unter im deutschen Kartenspiel(德国纸牌中的)王后 Q ‖ ↑ *Abb. unter* 图见 ***Spielkarten*** ‖ -K(复合): ***Blatt-***, ***Eichel-***, ***Herz-***, ***Schellen-***; ***Trumpf-***

obe·r-[1] *Adj*(形); *nur attr*, *nicht adv*(只作定语,不作状语) **1.** über etw. anderem od. höher als etw. anderes gelegen, befindlich 在上面的 ↔ unter-: *die obere Hälfte*, *Reihe*, *Schicht*, *Stufe* 上半部分,前面一排,上面一层,上面一个台阶; *das obere Stockwerk* 楼上,上一层楼; *Das Buch steht im obersten Fach des Regals* 书在书架最上面一格 **2.** in e-r Hierarchie höher als die anderen 上一级的: *die Schüler der oberen Klassen* 高年级学生; *die oberste Behörde* 最高当局; *der oberste Gerichtshof* 最高法院 **3.** *nur Superlativ*(只用最高级) ≈ wichtigst-〈das oberste Gebot, der oberste Grundsatz, das oberste Prinzip 最高准则,最高原理,最高原则〉 **4.** (bei Flüssen) näher zur Quelle gelegen 靠上游的,靠源头的 ↔ unter-: *die obere Donau* 多瑙河上游 ‖ K-(复合): ***Ober-***, ***-rhein*** ‖ NB(注意): ↑ ***zehntausend***

ober-[2] *im Adj*, *begrenzt produktiv*, *gespr*(构成形容词,构词有限)[口]; verwendet, um (*bes* negative) Adjektive zu verstärken(用来加强形容词的负面意义)极其…; ***oberblöd***, ***oberfad***, ***oberfaul*** 〈e-e Sache 事情〉, ***obermies***

Ober- *im Subst*, *begrenzt produktiv*(构成名词,构词有限) **1.** verwendet, um die Hälfte e-s Körperteils zu bezeichnen, die über der anderen Hälfte ist(身体各部分的)上半截… ↔ Unter-; der ***Oberarm***, der ***Oberkiefer***, der ***Oberkörper***, die ***Oberlippe***, der ***Oberschenkel*** **2.** verwendet, um etw. zu bezeichnen, das sich auf od. über ähnlichen Dingen befindet(同类东西的)外面的…,上面的 …↔ Unter-; die ***Ober*** (***be***) ***kleidung***, das ***Oberdeck***, das ***Oberhemd*** **3.** verwendet, um auszudrücken, dass e-e Person od. Institution e-n höheren Rang hat als der, der vom Grundwort ausgedrückt wird(表示人员或机构的级别

较高者）；der **Oberbürgermeister**，der **Oberförster**，der **Obergefreite**，das **Oberlandesgericht**，der **Oberlehrer**，der **Oberleutnant**，der **Oberstaatsanwalt**，der **Oberstudienrat** **4.** verwendet，um ein Amt，e-e Position *o.Ä.* zu bezeichnen，die höher als alle anderen sind（表示机关、职务等的最高等级）最高…，总…；die **Oberaufsicht**，die **Oberherrschaft**，die **Oberhoheit**，das **Oberkommando**〈des Heeres 军队〉**5.** verwendet，um den Teil e-s Landes zu bezeichnen，der höher liegt als der andere（表示地势、海拔较高）上…，高地… ↔ Unter-，Nieder-；**Oberfranken**，die **Oberpfalz**，**Oberösterreich**，**Oberschlesien** **6.** *gespr pej*［口］［贬］；verwendet，um Substantive，die etw. Negatives ausdrücken，zu verstärken（用来加强名词的贬义）头号…，大…；der **Oberangeber**，der **Oberdepp**，der **Obergauner**，der **Oberspinner**

Ober·arm *der*；der Teil des Armes vom Ellbogen bis zur Schulter 上臂 ↔ Unterarm

Ober·be·fehls·ha·ber *der*；j-d，der den höchsten Rang in der Armee e-s Landes hat 总司令〈der O. des Heeres，der Streitkräfte 陆军的、武装力量的总司令〉‖ *hierzu*（派生）**Ober·be·fehls·ha·be·rin** *die*；**Ober·be·fehl** *der*；*nur Sg*（只用单数）

Ober·be·griff *der*；ein Begriff，unter dem man viele andere zusammenfassen kann 大概念，总称 ↔ Unterbegriff：*„Gehölze" ist der O. für Bäume u. Sträucher*"木本植被"是树木和灌木的总称

Obe·ren *die*；*Pl*（复）；die Personen mit dem höchsten Rang 上级，上司：*den Anweisungen der Oberen folgen* 执行上级指示 ‖ -K（复合）：**Ordens-**，**Partei-**

Ober·flä·che *die*；-，*-n* **1.** die Seite e-s Materials od. e-s Körpers，die man von außen sieht 外表，表面：*etw. hat e-e glänzende，glatte，polierte，raue，wellige O.* 某物外表富有光泽、平滑、抛光、毛糙、呈波状起伏 ‖ K-（复合）：**Oberflächen-**，**-bearbeitung**，**-struktur** **2.** die oberste Schicht e-r Flüssigkeit od. Masse（液体或物质的）表面：*Der Wind kräuselt die O. des Sees* 风吹得湖面泛起涟漪；*Auf der O. des Wassers schwamm Öl* 水面上漂浮着油 ‖ K-（复合）：**Oberflächen-**，**-spannung** ‖ -K（复合）：**Wasser-** **3.** GEOM【几】；alle Flächen，die e-n Körper umgeben 表面面积：*die O. e-s Würfels berechnen* 计算一个立方体的表面面积

ober·fläch·lich *Adj*（形）**1.** nicht gründlich u. detailliert 肤浅的，表面的，不透彻的〈e-e Darstellung，Kenntnisse 描述，认识；etw. nur o. behandeln，betrachten 对某事只作草草处理、表面观察〉**2.** kurz，flüchtig u. nicht intensiv 泛泛的，草率的，不深入的，表面的〈e-e Bekanntschaft 交情；etw. nur o. kennen 对某事只有点表面认识〉**3.** *pej*［贬］；ohne Interesse an geistigen Werten 不求甚解的，浅薄的，粗心大意的〈ein Charakter，ein Mensch 性格，人〉‖ *hierzu*（派生）**Ober·fläch·lich·keit** *die*；*mst Sg*（多用单数）

Ober·ge·schoss，Ⓐ［奥］**Ober·ge·schoß** *das*；ein Stockwerk，das über dem Erdgeschoss liegt 楼层 ↔ Untergeschoss〈das erste，zweite，dritte *usw* O. 二楼，三楼，四楼等〉

Ober·gren·ze *die*；der höchste Wert，der nicht überschritten werden darf od. kann 上限，最高限额 ↔ Untergrenze

ober·halb *Präp*（介）；*mit Gen*（支配二格）；weiter oben als etw. 在…以上，高于≈ über ↔ unterhalb：*O. 2000 Meter geht der Regen in Schnee über* 高于2000米，雨就变成雪；*O. dieser Preisgrenze ist das Angebot nicht mehr interessant* 超过这个价钱，报价就没有吸引力了 ‖ NB（注意）：auch adverbiell verwendet mit *von*（也可与 *von* 连用，作状语）：*o. von Afrika* 非洲的北部

Ober·hand *die*；*nur Sg*，*geschr*（只用单数）［书］**1. die O. haben/behalten** mehr Macht od. Einfluss als andere haben 保持优势，占上风：*Die konservativen Parteien behielten viele Jahre die O.* 多年来各保守党派一直占了上风 **2. die O. gewinnen/bekommen** stärker（als andere）werden，sich（gegen andere）durchsetzen 取得优势，取胜 ≈ siegen

Ober·haupt *das*；*geschr*［书］；j-d，der in e-r Gruppe den höchsten Rang hat 首脑，领袖，头领〈das geistliche，politische，weltliche O. 精神上的、政治上的、世俗的领袖；das O. der Familie 一家之主〉：*Der Papst ist das O. der katholischen Kirche* 教皇是天主教会的领袖 ‖ -K（复合）：**Familien-**，**Kirchen-**

Ober·hemd *das*；ein Hemd（1），das Männer（über e-m Unterhemd）tragen 男式衬衫 ‖ -K（复合）：**Herren-**

Ober·hir·te *der*；*geschr*［书］；das Oberhaupt e-r Kirche 主教 ‖ NB（注意）：*der Oberhirte；den，dem，des Oberhirten*

Obe·rin *die*；-，*-nen* **1.** e-e Nonne，die ein Kloster od. ein kirchliches Heim leitet 修道院女主持，修道院女院长 **2.** e-e Krankenschwester，der die Schwestern e-s Krankenhauses unterstehen 护士长

ober·ir·disch *Adj*（形）；auf od. über der Oberfläche der Erde gelegen，befindlich 地面上的↔ unterirdisch：*Das schmutzige Wasser wird durch oberirdische Rohre in ein Becken geleitet* 脏水通过地上管道被引入一个水池 ‖ NB（注意）：↑ **überirdisch**

Ober·kie·fer *der*；der obere Teil des Kiefers 上颚 ↔ Unterkiefer

Ober·kör·per *der*；der obere Teil des menschlichen Körpers（vom Bauch bis zum Hals）上身，上半身↔ Unterkörper

Ober·lauf *der*；der Teil e-s Flusses，der näher zur Quelle liegt（河流的）上游 ↔ Unterlauf

Ober·lei·tung *die*；ein Draht，der über Masten gespannt ist u. aus dem *bes* Straßenbahnen u. elektronische Lokomotiven den elektrischen Strom nehmen（电车、电气火车的）触线，空中导线，上部滑接线

Ober·licht *das*；ein Fenster in der Decke e-s Raumes 天窗

O

Ober·lip·pe *die*; die obere Lippe 上唇 ↔ Unterlippe ‖ K-(复合): ***Oberlippen-***, ***-bart***

Ober|re·al·schu·le *die*; *hist*[历]; e-e Art Gymnasium 高级实科中学

Obers *das*; -; *nur Sg*, Ⓐ(只用单数)[奥] ≈ (süße) Sahne ‖ -K(复合): ***Schlag-***

Ober·schen·kel *der*; der Teil des Beins zwischen Knie u. Hüfte 大腿 ≈ Schenkel ↔ Unterschenkel, Wade ‖ ↑ *Abb. unter* 图见 ***Mensch*** ‖ K-(复合): ***Oberschenkel-***, ***-knochen***

Ober·schicht *die*; *nur Sg*(只用单数); der Teil der Bevölkerung mit der höchsten sozialen Stellung 上流社会,上层社会,上层人士 ↔ Unterschicht: *Das Land wurde von e-r dünnen O. beherrscht* 这个国家由少数的上层人士统治着

ober·schlau *Adj*(形); *gespr iron*[口][讽]; 〈ein Mensch 人; o. daherreden 自命不凡地瞎吹一气〉 so, dass er sich für sehr schlau hält 自作聪明的,自命不凡的

Ober·schu·le *die* **1.** *gespr* [口]; e-e höhere Schule, *bes* ein Gymnasium 高级中学 **2.** *hist* (*DDR*)[历(民德)]; die normale Schule, die aus zehn od. zwölf Klassen bestand 十年制或十二年制普通学校〈die zehnklassige allgemeinbildende polytechnische O. (= POS) 十年制普及综合技术学校; die zwölfklassige erweiterte O. (= EOS) 十二年制提高学校〉 ‖ *hierzu* (派生) **Ober·schü·ler** *der*

Ober·schwes·ter *die*; e-e Krankenschwester, die in e-r Klinik e-e Abteilung leitet 护士长

Ober·sei·te *die*; die obere Seite, die man sieht 朝上的一面,上面 ↔ Unterseite

Oberst *der*; *-en/-s*, *-en/-e*; ein hoher Offizier (mit e-m Rang zwischen Oberstleutnant u. Brigadegeneral). Ein O. ist *mst* der Chef e-r Kaserne 上校 ‖ NB(注意): *der Oberst*; *den*, *dem Oberst/Obersten*, *des Obersts/Obersten*

Ober·stüb·chen *das*; *nur in* 只用于 ***nicht ganz richtig im O. sein*** *gespr*[口]; ein bisschen verrückt sein 脑子有点不对劲,神智不大正常

Ober·stu·fe *die*; *Kollekt* (集合) **1.** die drei höchsten Klassen *bes* e-s Gymnasiums(尤指九年制中学的)最后三个年级 ↔ Unterstufe, Mittelstufe **2.** *hist* (*DDR*)[历(民德)]; die vier bzw. sechs höchsten Klassen e-r Oberschule (2) 高年级(十年制或十二年制中学的最后四个或六个年级) ‖ K-(复合): ***Oberstufen-***, ***-lehrer***

Ober·teil *das/der*; das/der obere Teil 上半部分,上端 ↔ Unterteil ‖ NB(注意): *das* O. ist häufiger als *der* O., *bes* wenn es sich um ein Einzelstück handelt(单件用中性多于阳性): *das O. e-s Bikinis* 比基尼泳衣的上装

Ober·was·ser *das*; *nur in* 只用于 ***O. bekommen/haben*** *gespr*[口]; e-n Vorteil erlangen/im Vorteil sein 取得/占有优势

Ober·wei·te *die*; der Umfang des Oberkörpers (von Frauen), wie er um Brust u. Rücken gemessen wird 胸围

ob·gleich *Konjunktion*(连) ≈ obwohl

Ob·hut *die*; -; *nur Sg*, *geschr*(只用单数)[书]; Schutz u. Pflege 监护,保护,照管,照料〈in guter O. sein 受到很好的照料; unter j-s O. stehen 受某人照管; sich in j-s O. befinden 受某人照料; j-n/etw. in/unter seine O. nehmen 负责照料某人/某事〉: *die Kinder unter der O. der Lehrerin* 由老师照管的孩子

obi·g- *Adj*(形); *nur attr*, *nicht adv*, *geschr*(只作定语,不作状语)[书]; weiter vorn schon genannt (*z. B.* in e-m Brief) 上述的,前面提到的 ≈ oben erwähnt: *Bitte senden Sie Ihre Antwort an obige Adresse* 请您将回信寄到上述地址

Ob·jekt *das*; *-(e)s*, *-e* **1.** etw., das so interessant ist, dass man sich damit beschäftigt (od. es *z. B.* erforscht) 课题,对象,目标,事物 ≈ Gegenstand (2) 〈ein lohnendes O. 值得研究的课题; ein O. der Forschung 研究的对象〉: *Als Olympiasieger ist er das O. der allgemeinen Neugier* 作为奥运会上的优胜者,他是人们普遍关注的对象 ‖ -K(复合): ***Demonstrations-***, ***Forschungs-***, ***Streit-***, ***Versuchs-*** **2.** WIRTSCH【经】; ein Gebäude, Grundstück *o. Ä.*, *bes* das man kaufen od. verkaufen will 房产,地产 ≈ Immobilie: *Der Makler bietet mehrere interessante Objekte an* 中间商提供了好几处令人感兴趣的楼盘 ‖ K-(复合): ***Objekt-***, ***-schutz*** ‖ -K(复合): ***Kauf-***, ***Wert-*** **3.** LING【语】; ein Substantiv, das ein Verb ergänzt, aber nicht das Subjekt ist. Objekte stehen im Deutschen *mst* im Dativ od. im Akkusativ 宾语〈das direkte, indirekte O. 直接宾语,间接宾语〉: *In dem Satz „Er las das Buch mit Interesse" ist „das Buch" das direkte O.* 在"他饶有兴趣地读这本书"这个句子中,"书"是直接宾语 ‖ K-(复合): ***Objekt-***, ***-satz*** ‖ -K(复合): ***Akkusativ-***, ***Dativ-***, ***Präpositional-*** **4.** ein Kunstgegenstand, der *mst* aus verschiedenen gewöhnlichen Gegenständen u. Materialien besteht(由各种材料组成的)现代造型艺术品 ‖ K-(复合): ***Objekt-***, ***-kunst***

ob·jek·tiv, **ob·jek·tiv** [-f] *Adj*(形) **1.** von Fakten u. nicht von persönlichen Gefühlen od. Wünschen bestimmt 客观的,符合事实的 ≈ sachlich ↔ subjektiv 〈ein Grund, e-e Meinung, ein Urteil 原因,意见,评价; etw. o. berichten, darstellen, schildern 客观地报道、叙述、描述某事〉 **2.** 〈Tatsachen 事实〉 so, dass sie unabhängig vom Bewusstsein des Menschen existieren 客观的,客观存在的 ‖ *zu* (义项) **1. Ob·jek·ti·vi·tät** *die*; *nur Sg*(只用单数); *zu* (义项) **1.** u. **2. ob·jek·ti·vie·ren** (*hat*) *Vt*(及物); **Ob·jek·ti·vie·rung** *die*; *nur Sg*(只用单数)

Ob·jek·tiv [-f] *das*; *-(e)s*, *-e*; ein System von Linsen bei optischen Geräten (*z. B.* e-r Kamera) 物镜: *das O. ausschrauben*, *wechseln* 取下、更换物镜

Ob·la·te *die*; *-*, *-n*; e-e dünne, runde Scheibe aus Mehl u. Wasser, die wie e-e Waffel *mst* mit e-r Füllung gegessen wird od. als Boden für ein kleines Gebäck bzw. als Hostie in e-m christlichen Gottesdienst dient 薄饼,圣

餐饼 ‖ K-(复合): ***Oblaten-***, ***-lebkuchen***

ob·lie·gen; *oblag*, *hat obliegen*; Vi(不及物) ***etw. obliegt j-m*** *geschr*[书]; etw. ist j-s Aufgabe od. Pflicht(物作主语)是…的职责: *Die Entscheidung obliegt der Behörde* 当局负责做决定; *Es obliegt dem Gericht, den Beweis zu erbringen* 提供证据是法庭的职责 ‖ *hierzu* (派生) **Ob·lie·gen·heit** *die*

ob·li·gat *Adj*(形); *mst attr*, *nicht adv*, *oft iron*(多作定语,不作状语)常用[讽]; so, dass es in bestimmten Situationen immer wieder vorkommt od. geschieht 必不可少的,经常伴随而来的: *Nach dem schönen Wetter kommt jetzt das obligate Gewitter* 晴朗的天气过后,现在暴风雨又随之而来

Ob·li·ga·ti·on [-ˈtsioːn] *die*; -, *-en*; WIRTSCH【经】; ein Wertpapier mit Zinsen, die unverändert bleiben 债券,证券≈ Schuldverschreibung ‖ -K(复合): ***Bundes-***

ob·li·ga·to·risch *Adj*(形) **1.** von e-r Autorität vorgeschrieben 必修的,必须履行的,有义务的,责无旁贷的≈ verbindlich ↔ fakultativ: *Die Teilnahme an diesem Kurs ist o.* 这门课是必修的 **2.** *mst attr*, *nicht adv*, *mst iron*(多作定语,不作状语)多用[讽] ≈ obligat

Ob·mann *der*; -(*e*)*s*, *Ob·män·ner*/*Ob·leu·te*; j-d, der e-e Gruppe von Personen vertritt, *z.B.* die Angestellten gegenüber der Leitung e-r Firma 负责人,主席: *der O. der Gewerkschaft* 工会主席 ‖ -K(复合): ***Betriebs-*** ‖ *hierzu* (派生) **Ob·frau** *die*; **Ob·män·nin** *die*; -, *-nen*

Oboe *die*; -, *-n*; ein Blasinstrument aus Holz mit hohem Klang, in das man durch ein dünnes Rohr hineinbläst 双簧管 ⟨(die) O. spielen 吹奏双簧管⟩ ‖ ↑ *Abb. unter* 图见 ***Blasinstrumente*** ‖ *hierzu* (派生) **Obo·ist** *der*; *-en*, *-en*; **Obo·is·tin** *die*; -, *-nen*

Obo·lus *der*; -, *-se*; *geschr hum*[书][诙]; e-e *mst* kleine Summe Geld, die man für etw. gibt, *bes* e-e Spende 一笔小额捐款 ⟨seinen O. entrichten 略尽绵薄之力⟩

Ob·rig·keit *die*; -, *-en*; *geschr veraltend*[书][渐旧]; die Personen od. die Institution, die die Macht haben 当权者;权力机构,当局,官方 ⟨die geistliche, kirchliche, weltliche O. 宗教的、教会的、世俗的当权者⟩

Ob·rig·keits·den·ken *das*; *nur Sg*, *pej*(只用单数)[贬]; die Überzeugung, dass man den Mächtigen (der Regierung, Kirche *usw*) in allen Dingen (kritiklos) gehorchen soll 唯命是从的思想,唯唯诺诺

Ob·rig·keits·staat *der*; *pej* [贬]; ein autoritärer Staat, in dem die Bürger ohne demokratische Rechte sind 专制国家,极权国家

ob·schon *Konjunktion*(连); *geschr*[书] ≈ obwohl, obgleich

Ob·ser·va·to·ri·um [-v-] *das*; *-s*, *Ob·ser·va·to·ri·en* [-ri̯ən]; ein Gebäude, von dem aus Wissenschaftler *bes* die Sterne od. das Wetter beobachten 天文台,气象台,观象台

ob·ser·vie·ren [-v-] *observierte*, *hat observiert*; Vt(及物) ***j-n/etw. o.*** (ADM)/*geschr* (【管理】)[书]; verdächtige Personen od. Orte, an denen ein Verbrechen geschehen könnte, (polizeilich) beobachten 监视,观察 ‖ *hierzu* (派生) **Ob·ser·va·ti·on** *die*; -, *-en*; **Ob·ser·vie·rung** *die*

ob·sie·gen; *obsiegte*, *hat obsiegt*; Vi(不及物) ***etw. obsiegt*** *geschr*[书] ≈ etw. siegt ⟨das Böse, das Gute 邪恶,善良⟩

obs·kur *Adj*(形); *nicht adv*(不作状语) **1.** *geschr pej*[书][贬]; unbekannt u. daher verdächtig 可疑的,名声不好的,不知名的 ≈ anrüchig ⟨ein Lokal, e-e Tätigkeit 酒馆,活动⟩: *obskure Geschäfte machen* 做可疑的生意 **2.** unlogisch u. nicht richtig 不合理的,不合逻辑的 ⟨Gedanken, Äußerungen, Argumente 想法,意见,论据⟩ ‖ *hierzu*(派生) **Obs·ku·ri·tät** *die*; *nur Sg*(只用单数)

Obst *das*; -(*e*)*s*; *nur Sg*(只用单数); die *mst* süßen u. saftigen Früchte (von Bäumen u. Sträuchern), die man (roh) essen kann, wie *z.B.* Äpfel, Bananen od. Pfirsiche 水果,果品 ⟨frisches, eingemachtes, gedörrtes O. 新鲜的水果,蜜饯,干果; O. einkochen 煮制水果⟩ ‖ K-(复合): ***Obst-***, ***-baum***, ***-blüte***, ***-ernte***, ***-garten***, ***-korb***, ***-kuchen***, ***-messer***, ***-plantage***, ***-saft***, ***-salat***, ***-teller***, ***-torte*** ‖ -K(复合): ***Beeren-***, ***Kern-***, ***Stein-***; ***Dosen-***, ***Frisch-***, ***Trocken-*** ‖ ↑ *Abb. Seite 1322* 图见 1322 页

Obst·ler *der*; *-s*, -; *südd* Ⓐ [南德][奥] ein Schnaps aus Obst 果子酒

Obst·scha·le[1] *die*; e-e flache Schüssel, in die man Obst legt 果盘

Obst·scha·le[2] *die*; die äußere Schicht *z.B.* von Äpfeln, Bananen, Orangen 果皮 ‖ NB(注意): *bes* bei Pfirsichen u. vielen Beeren sagt man *Haut*(桃和许多浆果的果皮用 *Haut*)

obs·zön *Adj*(形); ⟨e-e Anspielung, ein Bild, ein Witz 隐喻,图画,笑话; Verhalten 行为⟩ so, dass sie *bes* im sexuellen Bereich die guten Sitten verletzen 伤风败俗的,猥亵的,有伤风化的 ≈ unanständig

Obs·zö·ni·tät *die*; -, *-en* **1.** *nur Sg*(只用单数); die Eigenschaft, obszön zu sein 淫秽,猥亵 **2.** ein Bild od. Text mit obszönem Inhalt 色情画面,黄色内容: *Der Film wurde wegen seiner Obszönitäten heftig kritisiert* 这部电影由于其黄色内容遭到了猛烈的批评

ob·wohl *Konjunktion* (连); verwendet, um auszudrücken, dass das, was im Hauptsatz gesagt wird, trotz der genannten Umstände zutrifft, eintritt *o.Ä.* 虽然,尽管 ≈ obschon, obgleich: *Er ist überhaupt nicht müde, o. er die ganze Nacht nicht geschlafen hat* 他虽然整夜没睡,但一点都不累; *O. es schon Herbst ist, kann man noch im Freien sitzen* 尽管已是秋天,但仍可以在室外闲坐

Ochs [ɔks] *der*; *-en*, *-en*; (*bes südd* Ⓐ Ⓒⓗ 尤用于[南德][奥][瑞]) *gespr* [口]≈ Ochse ‖ ID [谚] ***dastehen wie der O. vorm Berg/Scheunentor*** *gespr*[口]; nicht mehr wissen, was man tun soll 不知如何是好,茫然不知所措 ‖ NB(注意): *der Ochs*; *den*, *dem*, *des Ochsen*

O

Obst

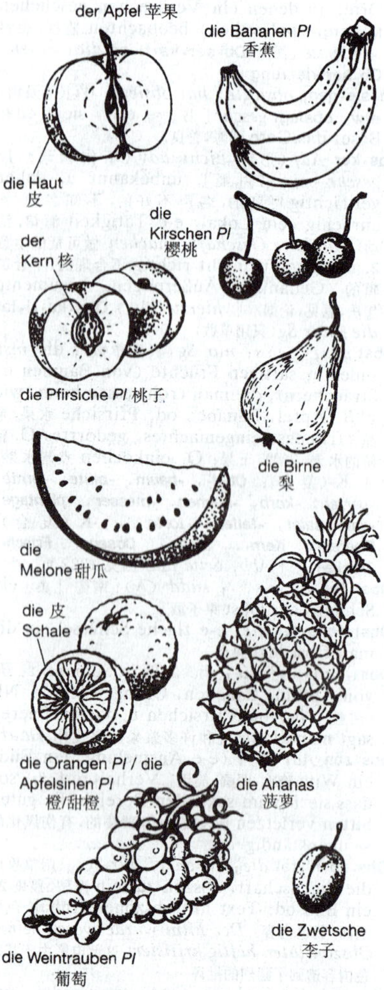

Och·se [ˈɔksə] *der*; *-n*, *-n* **1.** ein männliches Rind (Stier), dem die Geschlechtsdrüsen entfernt wurden (被阉割过的)公牛: *Ochsen vor den Pflug spannen* 将牛套上犁 ‖ K-(复合): ***Ochsen-***, ***-fleisch***, ***-gespann***, ***-karren***, ***-schwanz***, ***-zunge*** **2.** *gespr* [口]; verwendet als Schimpfwort für j-n, den man für dumm hält 笨蛋,傻瓜 ‖ NB(注意): *der Ochse*; *den*, *dem*, *des Ochsen*

och·sen [ˈɔksn]; *ochste*, *hat geochst*; Vi (不及物) (***für*/*auf etw.*** (*Akk* (四格))) **o.** *gespr* [口]; sehr viel arbeiten 苦干,拼命用功 ≈ schuften ⟨auf/für e-e Prüfung o. 为考试拼命用功⟩

Och·sen·schwanz|sup·pe *die*; e-e Suppe aus dem Fleisch vom Schwanz e-s Ochsen 牛尾汤

Och·sen·tour [-tuːɐ] *die*; *gespr hum* [口][诙]; e-e Arbeit od. e-e berufliche Karriere, die viel Zeit u. Mühe koste 苦差事,苦活累活,仕途坎坷

Ocker *der*/*das*; *-s*; *nur Sg* (只用单数) **1.** ein natürlicher Farbstoff aus gelblich braunen Mineralien 赭石 **2.** ein Farbton zwischen gelb u. braun 赭黄色,土黄色 ‖ K-(复合): ***ocker-***, ***-braun***, ***-farbig***, ***-gelb*** ‖ *hierzu* (派生) **ocker** *Adj* (形); *nur präd*, *indeklinabel*, *nicht adv* (只作表语,词形不变,不作状语); **ocker·far·ben** *Adj* (形); *nicht adv* (不作状语)

Ode *die*; *-*, *-n*; ein *mst* feierliches Gedicht mit e-m eigenen Rhythmus 颂诗,颂歌: *e-e Ode von Hölderlin* 荷尔德林的一首颂歌

öde *Adj* (形) **1.** ⟨e-e Gegend, e-e Landschaft 地区,景色⟩ so, dass da keine od. nur wenige Bäume u. Sträucher wachsen können 荒凉的,荒芜的 ≈ kahl **2.** fast ohne Menschen u. trostlos 孤寂无靠的,令人绝望的,空虚的: *Nach dem Tod seines Freundes schien ihm die Welt öde u. leer* 自从他的朋友死后,世界在他眼里变得凄清无聊 **3.** ⟨ein Dasein, ein Gespräch, ein Leben, ein Tag 存在,交谈,生活,一天⟩ ≈ langweilig ↔ abwechslungsreich ‖ *hierzu* (派生) **Öde** *die*; *-*; *nur Sg* (只用单数) ‖ ▶ ***Einöde***

Odem *der*; *-s*; *nur Sg*, *lit* (只用单数) [文] ≈ Atem

Ödem *das*; *-s*, *-e*; MED【医】; e-e Stelle am Körper, die dick wird, weil sich dort Blut od. Wasser sammelt: Ödeme bilden sich *bes* an schlecht durchbluteten Beinen 水肿,浮肿

oder *Konjunktion* (叹) **1.** verwendet, um auszudrücken, dass es mehrere Möglichkeiten gibt 或,还(多种可能性); *Abk* 缩写 od.: *In diesem See kann man schwimmen, surfen oder segeln* 在这个湖里可以游泳,冲浪,还可以扬帆 **2.** verwendet, wenn es nur eine von zwei Möglichkeiten geben kann 或,或者,还是(二者选一): *Er kommt heute oder morgen* 他今天或是明天来; *Ja oder nein?* 是还是不是?; *Du hast die Wahl: komm mit oder bleib hier* 你自己选择:一起走或留下来 **3.** verwendet, um auszudrücken, dass j-d/etw. auch anders genannt werden kann 或叫作,也称: *elektronische Datenverarbeitung oder kurz INFORM* 电子数据处理,或简称 INFORM; *Karl d. Große oder Charlemagne, wie ihn die Franzosen nennen* 查理大帝,法国人也称他查理曼 **4.** verwendet, um auf e-e unangenehme Konsequenz hinzuweisen/e-e Drohung einzuleiten 否则,要不,不然: *Ihr benehmt euch sofort anständig, oder ihr fliegt raus!* 你们马上老实点,否则就滚出去! *Entweder hält er sich an die Spielregeln, oder er spielt nicht mit* 他要么遵守游戏规则,要么就别跟着玩 **5.** **...,** ***oder?*** verwendet am Ende e-s Satzes, wenn der Sprecher Zustimmung erwartet od. sich erhofft (用于句末,表示说话者希望得到赞同)对吗?对不对?好不好?: *Wir machen jetzt e-e Kaffeepause, oder?*现在我们休息一下,喝点咖啡,好不好?; *Der Club trainiert doch für die Olympischen Spiele, oder?*俱乐部正在为参加奥运会进行训练,对吗? **6. oder so** (**was/ähnlich**) *gespr*[口]; verwendet, um auszudrücken, dass man etw. nicht genau weiß…之类的: *Er studiert Sinologie oder so was* 他学的是汉学之类的专业; *Er heißt Michalski oder so* (*ähnlich*) 他叫米歇尔斯基什么的 ‖ NB(注意): **a)** ↑ **entweder**; **b)** Nach *oder* ist die Wortstellung wie in e-m normalen Aussagesatz (oder 后是正语序): *Vielleicht hatte er keine Zeit, oder sein Auto hatte e-e Panne.* 也许是他没有时间,或者是他的汽车出了故障。Vergleiche damit(试比较): *Er konnte nicht kommen, weil sein Auto e-e Panne hatte* 他没能来,因为他的汽车出了故障

Ödi·pus·kom·plex *der*; PSYCH【心】; e-e übertrieben starke emotionale Bindung e-s Jungen/Mannes an seine Mutter bzw. e-s Mädchens / e-r Frau an ihren Vater 俄狄浦斯情结,恋母或恋父情结

Öd·land *das*; Land, das weder bebaut ist noch landwirtschaftlich *o. Ä.* genutzt wird 不毛之地,荒地

Odys·see *die*; -, -*n* [-seːən]; *geschr*[书]; e-e lange Reise mit vielen Abenteuern u. Schwierigkeiten 历险漂泊

Oeuv·re [ˈøːvrə] *das*; -, -*s*; *geschr*[书]; das gesamte Werk e-s Autors od. Künstlers(作家或艺术家的)全部作品,全集 ≈ Lebenswerk

Ofen *der*; -*s*, *Öfen* **1.** ein Gerät, in dem man (*z. B.* mit Holz) Feuer macht, um ein Zimmer zu heizen 炉子〈den O. anheizen, schüren, ausgehen lassen 生炉子,捅炉子,把炉子熄灭; der O. zieht nicht 炉子通风不好; der O. raucht, glüht 炉子冒烟,炉火很旺〉 ‖ K-(复合): **Ofen-**, **-bank**, **-heizung**, **-kachel**, **-rohr**, **-tür** ‖ -K(复合): **Gas-**, **Kohle-**, **Öl-**; **Kachel-** ‖ NB(注意): ↑ **Heizung 2.** ein Gerät, in dem man Kuchen backt od. e-n Braten zubereitet 烤箱≈ Backofen: *ein Hähnchen im O. braten* 用烤箱烤一只仔鸡 ‖ -K(复合): **Gas-**, **Elektro-** ‖ NB(注意): der O. (2) ist meist Teil e-s Herdes(烤箱多为炉灶的一部分) **3. ein heißer O.** *gespr*[口]; (*bes* verwendet von Jugendlichen) ein Auto od. ein Motorrad mit starkem Motor(青年人用语)大马力汽车或摩托车 ‖ ID [谚] *mst* 多用 **Jetzt ist der O. aus!** *gespr*[口]; da kann man nichts mehr ändern 事情已无法改变!这下子完蛋了!(意即:木已成舟); **hinter dem O. hocken**; **sich hinter dem O. verkriechen** *gespr*[口]; immer im Haus bleiben u. nicht nach draußen gehen 一天到晚呆在家里

ofen·frisch *Adj*(形); gerade aus dem Backofen geholt 刚刚出炉的 ≈ frisch gebacken〈Brot, Brötchen 面包,小面包〉

of·fen *Adj*(形) **1.** so, dass man hinein-, hinaus- od. hindurchgehen, -greifen, -sehen *o. Ä.* kann 开着的,敞着的 ≈ geöffnet, auf ↔ geschlossen, verschlossen, zu〈sperrangelweit, weit o. sein, stehen 洞开着,大敞着〉: *bei offenem Fenster schlafen* 开着窗户睡觉; *den obersten Knopf am Hemd o. lassen* 敞着衬衣最上面的钮扣; *Hat sie die Augen schon o., oder schläft sie noch?* 她是醒着呢,还是还睡着?; *Du brauchst keinen Schlüssel, die Tür/das Auto ist o.* 你用不着钥匙,门/车门是开着的 ‖ -K(复合): **halb- 2.** so, dass man da ohne Hindernis weiterfahren kann 可通行的,开放的,畅通无阻的 ≈ frei ↔ gesperrt〈die Straße, der Pass, der Grenzübergang, die Grenze 公路,关口,边境口岸,边境〉: *Die Zufahrt zum Gletscher ist nur im Sommer o.* 通往冰川的道路只在夏天可通行 **3.** so, dass Kunden *o. Ä.* hineindürfen 开着(门)的,正在营业的,正在办公的≈ auf, geöffnet ↔ geschlossen, zu〈Banken, Behörden, Geschäfte, Parks, Zoos 银行,行政机关,商店,公园,动物园〉: *Die Läden sind bis 18 Uhr o.* 商店营业至 18 点; *Hat die Bank schon o.?* 银行开门了吗? **4.** noch nicht (vom Hersteller) nach Mengen verpackt 散装的,没有包装的〈Getreide, Milch, Wein 粮食,牛奶,酒; etw. o. kaufen, verkaufen 买、卖散装的某物〉 **5.** so, dass viel Raum ist u. man weit sehen kann 广阔的,开阔的 ≈ frei〈ein Feld, ein Gelände 田野,地带; auf offenem Meer 在辽阔的大海上〉 **6.** noch nicht erledigt od. entschieden 没有解决的,没有定下来的,悬而未决的〈e-e Entscheidung, e-e Frage, ein Konflikt, ein Problem 决定,疑问,冲突,问题〉: *Es ist noch o.*, wohin *wir in Urlaub fahren* 我们去什么地方休假,还没有定下来; *Es ist noch o.*, ob *sie an der Tagung teilnehmen wird* 她是否参加大会,还没定下来 **7.** noch nicht bezahlt 未付款的,尚未支付的〈e-e Rechnung, ein Betrag 账单,款项〉 **8.** noch zu haben 空着的 ≈ frei ↔ besetzt〈ein Arbeitsplatz, e-e Stellung 工作岗位,职位〉 **9.** so, dass der Betreffende ehrlich ist u. seine Gefühle nicht versteckt 坦率的,坦诚的≈ freimütig〈ein Blick, ein Mensch, ein Bekenntnis 目光,人,自白; e-e offene Art, ein offenes Wesen haben 为人坦率,性格直爽; etw. o. gestehen, sagen, zeigen, zugeben 坦率地承认、说出、指出、供认某事; ein offenes Wort mit j-m reden 坦率地和某人谈话; j-m seine Meinung o. sagen 坦率地把自己的想法告诉某人; etw. o. und ehrlich zugeben 坦诚地供认某事〉: *O. gesagt mag ich ihn nicht* 坦率地讲我不喜欢他; *Sie sagte ihm o. ihre Meinung* 她坦率地告诉了他自己的想法 **10.** für jeden deutlich erkennbar 公开的,公然的 ≈ unverhohlen〈Feindschaft, Hass, Protest, Widerstand 敌视,仇恨,抗议,反抗; etw. tritt o. zutage 某物明显暴露出来〉 **11. o. für j-n/etw.**; **gegenüber j-m/etw. o.** bereit, etw. Neues zu akzeptieren u. sich damit zu beschäftigen 对…开放的,敞开的,乐于接受的,不忌讳的 ≈ aufgeschlossen: *o. für alles Neue sein* 乐于接受一切新鲜事物; *den*

O

Problemen des anderen gegenüber o. sein 乐于面对别人的问题；*mit offenen Sinnen durch die Welt gehen* 敞开思想面对世界 ‖ -K（复合）：**welt- 12.** noch nicht verheilt 没有愈合的〈e-e Wunde 伤口〉**13.** so, dass die Haut Risse u. Wunden hat 有伤口的 ≈ wund〈offene Beine, Hände haben 双腿、双手有伤〉**14.** so, dass jeder teilnehmen od. mitmachen kann 公开的，可自由参加的〈ein Wettbewerb, ein Rennen 比赛，赛跑〉：*Die Meisterschaft ist für alle Altersgruppen o.* 各年龄组均可参加锦标赛 **15.** nicht zusammengebunden 松散的，蓬松的 ≈ lose〈die Haare o. tragen 披着头发；mit offenen Haaren 披头散发〉‖ *zu*（义项）**9.**, **10.** u. **11. Of·fen·heit** *die*；*nur Sg*（只用单数）‖ NB（注意）：↑ ***offenbleiben***, ***offenhalten*** *usw* ‖ ▶ ***öffnen***, ***Öffnung***

of·fen·bar[1] *Adj*（形）；*geschr*[书]；〈e-e Absicht, e-e Lüge 意图，谎言〉so, dass sie jeder deutlich sehen u. leicht verstehen kann 明显的，显而易见的，明摆着的 ≈ offensichtlich, klar：*Etw. ist/wird j-m o.* 某事对某人来讲是显而易见的

of·fen·bar[2] *Adv*（副）；wie es den Eindruck macht, wie es scheint 看起来，显然 ≈ anscheinend：*Er sitzt den ganzen Tag in der Kneipe herum – o. hat er nichts zu tun* 他一整天都泡在酒馆里——看起来他无事可做。

of·fen·ba·ren；*offenbarte, hat offenbart*；Vt（及物）**1.**（***j-m***）***etw. o.*** *geschr*[书]；（j-m）etw. sagen, das vorher geheim war 公开，披露，表露 ≈ enthüllen, gestehen〈ein Geheimnis, die Wahrheit o. 公开一个秘密，披露真相〉：*Er hat ihr seine Liebe offenbart* 他向她表白了爱慕之情；Vr（反身）**2. *sich*（*j-m*）*o.*** *geschr*[书]；（mit j-m）offen über etw. Persönliches sprechen 吐露心事，表白心迹 ≈ sich j-m anvertrauen〈sich e-m Freund o. 向朋友吐露心事〉**3. *sich*（*j-m*）（*als etw.*（*Nom*一格））*o.*** zeigen, was od. wie man/es wirklich ist 显示出，表明：*Seine Freundlichkeit offenbarte sich als purer Schwindel* 事实表明他的友谊纯粹是欺骗

Of·fen·ba·rung *die*；-, -*en* **1.** *geschr*[书]；die Handlung, mit der j-d etw. offenbart（1）坦白，表白，承认，揭露 ≈ Geständnis, Enthüllung〈die O. e-r Schuld 坦白罪责〉**2.** *geschr*[书]；etw., das j-n（plötzlich）viele Dinge erkennen u. verstehen lässt 茅塞顿开，启迪：*Die Lektüre des Buchs war e-e O. für sie* 读了这本书使她很受启发 **3.** REL【宗】；das Mitteilen e-r religiösen Wahrheit, wie sie direkt von Gott erfahren wurde 启示，默示，天启：*die O. des Johannes* 约翰的启示

Of·fen·ba·rungs·eid *der*；JUR【法】；ein Eid, mit dem man erklärt, dass man（als Schuldner）seinen ganzen Besitz ehrlich aufgeführt hat u. seine Schulden nicht zahlen kann（债务人）表白清偿诚意并交代自己全部财产已资不抵债的宣誓，公开宣誓〈den O. ablegen, leisten 作、进行公开宣誓〉

of·fen·blei·ben；*blieb offen, ist offengeblieben*；Vi（不及物）***etw. bleibt offen*** etw. kann nicht entschieden od. gelöst werden（物作主语）尚未解决，悬而未决：*Da man sich nicht einigen konnte, musste die Frage o.* 由于无法达成一致意见，问题没有能够解决 ‖ NB（注意）：aber（但是）：*Die Tür soll offen bleiben* 门应该开着（getrennt geschrieben 分开写）

of·fen·hal·ten；*hält offen, hielt offen, hat offengehalten*；Vt（及物）**1. *j-m/sich etw. o.*** etw. so regeln, dass man es später noch tun kann 给…保留：*sich e-n Ausweg, e-e Fluchtmöglichkeit o.* 给自己留一条出路、退路 **2. *die Augen o.*** ≈ aufpassen, achtgeben **3. *die Ohren o.*** versuchen, aus Gesprächen bestimmte Informationen zu bekommen 打听，探听：*Halt doch mal die Ohren offen, ob jemand eine Wohnung zu vermieten hat* 打听一下有没有人要出租房屋 ‖ NB（注意）：aber（但是）：*e-e Tür, ein Geschäft offen halten* 让门开着，让商店开门营业（getrennt geschrieben 分开写）

of·fen·her·zig *Adj*（形）**1.**〈ein Mensch 人〉so, dass er über persönliche Dinge offen（9）spricht 坦诚的，开诚布公的 **2.** *hum*［谐］；mit e-m tiefen Ausschnitt 袒胸露肩的〈*mst* ein Kleid 多指连衣裙〉‖ *hierzu*（派生）**Of·fen·her·zig·keit** *die*；*nur Sg*（只用单数）

of·fen·kun·dig, of·fen·kun·dig *Adj*（形）**1.** so, dass es jeder deutlich erkennen kann 明显的 ≈ offenbar, offensichtlich：*ein offenkundiger Fall von Korruption* 贪污腐败的明显案例 **2.** so, dass es jeder weiß 众所周知的 ≈ bekannt〈etw. wird o. 某事是众人皆知的；etw. o. machen 公开某事〉：*Seit es in der Zeitung stand, ist es o., dass die Firma in Schwierigkeiten ist* 自从报纸披露之后，人人皆知该公司正处于困境之中 ‖ *hierzu*（派生）**Of·fen·kun·dig·keit** *die*

of·fen·las·sen；*lässt offen, ließ offen, hat offengelassen*；Vt（及物）**1. *etw. o.*** ≈ frei lassen〈e-n Platz, e-e Stelle in e-r Liste o. 留空位，在名单上留个位置〉**2. *etw. o.*** etw. ohne Antwort od. Lösung lassen 对…不予回答，不予解决，把…搁置一边〈e-e Frage o. 将问题放一放〉：*Er hat*（es）*noch offengelassen, ob er morgen mitfährt* 他明天是不是一起去，还没定下来 **3. *Wünsche o.*** *geschr*［书］；Wünsche nicht erfüllen 愿望不予满足 ‖ NB（注意）：aber（但是）：*ein Fenster, ein Geschäft offen lassen* 使窗户开着，使商店开门（getrennt geschrieben 分开写）

of·fen·le·gen；*legte offen, hat offengelegt*；Vt（及物）***etw. o.*** *geschr*[书]；etw. so zeigen, dass es ein anderer prüfen kann 公开，公布〈seine Absichten, die Abrechnung, die Kontobücher o. 公开自己的意图、账务、账簿〉‖ *hierzu*（派生）**Of·fen·le·gung** *die*；*nur Sg*（只用单数）

of·fen·sicht·lich, of·fen·sicht·lich *Adj*（形）；so, dass es jeder sehen u. erkennen kann 明显的，显然的，有目共睹的 ≈ offenkundig：*Seine Angst war o., er zitterte am ganzen Körper* 他显然很害怕，全身都在打哆嗦；*Sie hat o. geträumt* 她显然走神了 ‖ *hierzu*（派生）**Of·fen-**

sicht·lich·keit *die*; *nur Sg*(只用单数)

of·fen·siv [-f] *Adj*(形) **1.** MIL【军】; mit der Absicht, anzugreifen (statt sich nur zu verteidigen) 进攻性的,攻势的↔ defensiv 〈e-e Kriegsführung, e-e Taktik, e-e Strategie 作战,战术,战略〉 ‖ K-(复合): ***Offensiv-***, ***-krieg***, ***-taktik***, ***-waffen*** **2.** so, dass man dabei aktiv ein Ziel verfolgt, angreift (3) od. provoziert 积极参与的,好斗的,进攻的≈ angriffslustig ↔ defensiv 〈o. spielen, diskutieren 采取进攻型打法,积极参加讨论〉: *In der zweiten Halbzeit ging die Mannschaft zu e-m offensiveren Spiel über u. schoss noch zwei Tore* 下半场球队转入进攻,又攻入了两个球 ‖ K-(复合): ***Offensiv-***, ***-spiel***, ***-verteidiger***

Of·fen·si·ve [-və] *die*; -, -*n* **1.** MIL【军】≈ Angriff ↔ Defensive 〈e-e O. planen, einleiten, eröffnen 计划发动进攻,发动进攻,开始进攻; aus der Defensive in die / zur O. übergehen 由防御转入进攻〉 ‖ -K(复合): ***Gegen-***, ***Groß-*** **2.** Maßnahmen, die schnell zu e-m bestimmten Ziel führen sollen 攻势〈e-e O. ergreifen 采取攻势〉: *e-e O. gegen Drogenmissbrauch* 反对滥用毒品的攻势 ‖ -K(复合): ***Friedens-***, ***Wirtschafts-*** **3.** *nur Sg*(只用单数); e-e offensive (2) Spielweise, e-e offensive (2) Art zu diskutieren *o.Ä.* 进攻型打法,讨论采取攻势 ≈ Angriff ↔ Defensive 〈zur O. übergehen 转入进攻〉

of·fen·ste·hen; *stand offen, hat / südd* Ⓐ Ⓒⓗ [南德][奥][瑞] *ist offengestanden*; Vi (不及物) ***etw. steht j-m offen*** j-d hat die Möglichkeit, etw. zu tun(物作主语)向…敞着,由…决定,…可以自由选择: *Ihm stehen noch alle Möglichkeiten / alle Türen offen* 一切可能/一切大门都向他敞着; *Es steht dir offen, ob du mit uns fahren möchtest* 你愿不愿意和我们一起走,由你决定; *Es steht dir offen, hierzubleiben* 是否留在这里,随你的便 ‖ NB(注意): aber(但是): *eine Tür, den Hemdkragen offen stehen lassen* 让门,衬衣领子敞开(getrennt geschrieben 分开写)

öf·fent·lich *Adj*(形) **1.** so, dass jeder daran teilnehmen, zuhören u. seine Meinung dazu sagen kann 公开的,公众的↔ geheim 〈ein Vertrag, Wahlen, ein Auftritt 合同,选举,登台; ö. auftreten, ö. abstimmen 公开出场,公开表决; etw. ö. bekannt geben, erklären 把某事公布于众,向公众解释某事; etw. ist ö. zugänglich 某物向公众开放〉 **2.** so, dass es jeder benutzen darf 公用的,公共的 ↔ privat 〈ein Fernsprecher, Anlagen, die Verkehrsmittel 电话,设施,交通工具〉 **3.** *nur attr od adv*(只作定语或状语); von allen od. für alle 公众的,公共的,大家的〈ein Ärgernis, die Meinung, die Sicherheit, das Wohl 麻烦事,意见,安全,幸福; im öffentlichen Interesse handeln 为公众的利益行事; etw. liegt im öffentlichen Interesse 某事符合大家的利益〉 **4.** so, dass es jeder weiß 公开的,众所周知的 ≈ bekannt: *Missstände ö. machen* 将弊病公之于众 **5.** *nur attr, nicht adv*(只作定语,不作状语); mit der Regierung od. ihren Leistungen für die Menschen verbunden 国家的,官方的,公共的,公立的 ≈ staatlich 〈die Gelder, die Gebäude, die Ordnung, e-e Schule 资金,建筑,秩序,学校〉 ‖ NB(注意): ↑ ***Dienst*** (8) ‖ ▶ ***veröffentlichen***

Öf·fent·lich·keit *die*; -; *nur Sg*(只用单数) **1.** *Kollekt*(集合); die Leute im Allgemeinen, alle Leute, die in e-r Stadt, e-m Land *o.Ä.* wohnen 公众,社会 ≈ Allgemeinheit 〈die Ö. alarmieren, informieren 向公众发出警报,告知公众; etw. dringt an die Ö., ist der Ö. zugänglich 某事向公众公开,向社会开放; sich an die Ö. wenden 向社会求助; vor die Ö. treten 出现在公众面前; von der Ö. unbemerkt 不为公众所知; unter Ausschluss der Ö. 在不公开的情况下〉: *Diese Bilder sollten der Ö. zugänglich sein* 这些图片应当向公众开放; *Unsere Zeitung brachte die Nachricht an die Ö.* 我们的报纸将该消息公之于众; *die Ö. von e-r Sitzung ausschließen* 向社会隐瞒会议的消息; *Die Gerichtsverhandlung fand unter Ausschluss der Ö. statt* 法院的审理是在不公开的情况下进行的 ‖ K-(复合): ***öffentlichkeits-***, ***-scheu*** ‖ -K(复合): ***Welt-*** **2.** der Zustand, öffentlich (1,2,3,4) zu sein 公开性〈die Ö. der Rechtssprechung 司法的公开性〉 **3.** ***in der / aller Ö.*** da, wo man von vielen gehört u. gesehen wird 在公共场合,在大庭广众之下〈etw. in aller Ö. erklären, sagen, tun 公开宣布、说、做某事; etw. geschieht in aller Ö. 某事发生在大庭广众之下〉: *Er hat sie in aller Ö. geohrfeigt* 他在大庭广众之下打了她一个耳光

O

Öf·fent·lich·keits·ar·beit *die*; *nur Sg*(只用单数); die Maßnahmen, mit denen e-e Organisation od. Institution versucht, in der Öffentlichkeit (1) für sich zu werben 公共关系,公关 ≈ Public Relations

Of·fert *das*; -(e)s, -e; Ⓐ [奥]≈ Offerte

Of·fer·te *die*; -, -*n*; WIRTSCH【经】; ein schriftliches Angebot für Waren od. Dienstleistungen 报盘,报价〈j-m e-e O. machen 向某人报盘〉 ‖ *hierzu*(派生) **of·fe·rie·ren** (*hat*) *Vt*(及物)

of·fi·zi·ell *Adj*(形) **1.** im Auftrag der Regierung od. e-s Amtes (gemacht) 官方的,正式的 ≈ amtlich ↔ inoffiziell 〈e-e Bekanntmachung, e-e Mitteilung 通告,通知; die Linie, der Kurs 路线,方针; etw. o. bestätigen 正式证实某事〉: *ein Land o. anerkennen* 正式承认一个国家; *j-m e-n offiziellen Besuch abstatten* 正式拜访某人; *Von offizieller Seite ist der Rücktritt des Ministers noch nicht bestätigt worden* 部长下台的消息尚未得到官方证实 ‖ -K(复合): ***halb-***, ***hoch-*** **2.** öffentlich u. feierlich 正式的,隆重的,按礼仪的 ≈ förmlich: *Der Empfang hatte e-n sehr offiziellen Charakter* 接待规格很隆重; *Er trägt nur bei offiziellen Anlässen e-e Krawatte* 他只在正式场合才系领带 **3.** *gespr*[口]; so, wie es öffentlich gesagt wird (aber nicht wahr sein muss) 据说的 ↔ inoffiziell: *O. ist er krank*, *aber in Wirklichkeit ist er beim Skifahren* 据说他病了,但实际上他滑雪去了

Of·fi·zier *der*; *-s*, *-e*; j-d, der beim Militär e-n hohen Rang hat u. Befehle erteilen kann 军官〈ein hoher, verdienter O. 高级军官,功勋军官; ein O. der Luftwaffe 空军军官〉‖ K-(复合): **Offiziers-**, **-anwärter**, **-kasino**, **-korps**, **-laufbahn**, **-rang**, **-uniform** ‖ -K(复合): **Marine-**, **Reserve-** ‖ *hierzu* (派生) **of·fi·zie·rin** *die*; *-*, *-nen*

of·fi·zi·ös *Adj*(形); *gespr*[口]; von offizieller Seite unterstützt, aber nicht ganz offiziell 半官方的 ≈ halbamtlich, halboffiziell〈e-e Nachricht, e-e Zeitung 消息,报纸〉

off·line; [ˈɔflaɪn] *Adj*(形); *nur präd od adv*, INFORM(只作表语或状语)【信息】; nicht in Verbindung mit anderen Computern, e-m Netzwerk 脱线,脱机,线外〈ein Computer ist o. 电脑脱线了〉‖ K-(复合): **Offline-**, **-betrieb**

öff·nen; *öffnete*, *hat geöffnet*; Vt (及物) **1. etw.** (**mit etw.**) **ö.** bewirken, dass etw. offen (1) ist 打开 ≈ aufmachen ↔ schließen: *j-m höflich die Tür ö.* 礼貌地替某人开门; *das Fenster ö., damit frische Luft hereinkommt* 打开窗户,以便通通新鲜空气; *e-n Brief mit e-m Messer ö.* 用刀子把信打开; *Er öffnete den Mund, als wollte er etwas sagen* 他张开了嘴巴,仿佛要说点什么 **2. etw. ö.** (ein Hindernis beseitigen u.) erlauben, dass man etw. wieder benutzt 开放 ↔ sperren〈den Pass, die Grenze ö. 开放关口、边境〉: *Wenn der Schnee geräumt ist, wird die Passstraße wieder geöffnet* 等把雪清扫干净,关口就会重新开放 **3. etw. ö.** bewirken, dass sich etw. entfaltet 打开,撑开,张开〈den Fallschirm, den Regenschirm ö. 打开降落伞,雨伞〉; Vt/i (及物/不及物) **4. j-d/etw. öffnet** (**etw.**) ein Laden(besitzer) lässt Besucher, Kunden *o. Ä.* herein (人/物作主语)开始营业,开门 ≈ j-d/etw. macht auf ↔ j-d/etw. schließt: *Die Bank öffnet ihre Schalter um 8 Uhr* 银行八点营业; *Der Zoo ist/hat täglich von acht bis achtzehn Uhr geöffnet* 动物园开放时间为每天8点至18点; Vr (反身) **5. etw. öffnet sich** etw. wird offen (1)(物作主语)开,打开 ≈ etw. geht auf ↔ etw. schließt sich〈etw. öffnet sich von selbst, automatisch, geräuschlos 某物自己,自动,无声地打开〉: *Das Tor öffnet sich von selbst, wenn man auf diesen Knopf drückt* 一按这个按钮,门就会自动打开; *Die Tür öffnete sich, u. der Arzt kam herein* 门开了,医生走了进来 **6. sich etw.** (*Dat* 三格) **ö.** beginnen, sich für j-n/etw. zu interessieren u. sich damit zu beschäftigen 乐于接受,开始对…感兴趣 ↔ sich (vor) etw. verschließen〈sich dem Neuen, e-r Idee ö. 乐于接受新事物,一种思想〉 **7. sich j-m ö.** *geschr*[书]; j-m seine Gefühle zeigen u. ihm vertrauen 向…敞开心扉 ≈ sich j-m anvertrauen

Öff·ner *der*; *-s*, *-*; ein kleines Gerät, mit dem man *z. B.* Dosen od. Flaschen öffnen kann 起子,开启工具: *ein Ö. für Bierflaschen* 啤酒瓶起子 ‖ -K(复合): **Dosen-**, **Flaschen-**

Öff·nung *die*; *-*, *-en* **1.** e-e Stelle, an der etw. offen (1) ist od. die in das Innere von etw. führt 洞,孔,缝,口子 ≈ Loch: *Durch e-e kleine Ö. in der Wand fällt Licht in den Keller* 光线从墙上的一处小缝照进地下室; *Er kroch durch e-e kleine Ö. im Zaun in den Garten* 他从栅栏的一个小洞爬进了花园里 ‖ -K(复合): **Fenster-**, **Mauer-**, **Tür-**; **After-**, **Mund-**, **Körper-** **2.** *nur Sg*(只用单数); der Vorgang, bei dem etw. (*bes* offiziell) geöffnet wird od. sich öffnet 打开,开放: *die Ö. der Universitäten für die Arbeiterklasse* 大学对工人阶级开放; *Seit der Ö. der Grenzen sind Reisen ins Ausland wieder möglich* 边境开放后,出境旅游又成为可能

Öff·nungs·zeit *die*; *-*, *-en*; *mst Pl*(多为复数); die Zeit, in der ein Geschäft, ein Museum *o. Ä.* offen hat 营业时间,开放时间

Die Öffnungszeiten 营业时间

Die strengen Vorschriften zu den Ladenöffnungszeiten in Deutschland wurden in den letzten Jahren immer mehr gelockert. Die offiziell erlaubten Zeiten sind von Bundesland zu Bundesland verschieden. Es gibt jedoch keine 24-Stunden-Läden und sonntags sind in den meisten Bundesländern fast alle Geschäfte mit Ausnahme von Bäckereien, Zeitungs-und Blumenläden geschlossen.

Supermärkte und Bäcker öffnen in der Regel früher als andere Geschäfte, Banken und kleinere Geschäfte sowie Geschäfte in Kleinstädten und Dörfern haben normalerweise kürzere Öffnungszeiten und schließen meist für eine ein- oder zweistündige Mittagspause. Viele haben auch am Mittwochnachmittag geschlossen und Banken zusätzlich auch am Wochenende.

Eine Möglichkeit, um außerhalb der normalen Öffnungszeiten Nahrungsmittel einzukaufen, sind Geschäfte an Bahnhöfen, Flughäfen oder Tankstellen.

在德国,对商店营业时间的严格规定近年来越来越松动。官方允许的时间在各联邦州各不相同。但没有24小时营业的商店,大多数联邦州周日除面包房、报亭和花店外,几乎所有商店都关门歇业。

超市和面包房通常开门早于其他商店、银行和小商铺,小城市和乡村的商店通常营业时间短些,午休停业一两个小时。许多商店周三下午也关门,银行再加上周末也歇业。

正常营业时间之外购买食品可以去火车站、机场或加油站的商店。

oft, *öfter*, *öftest-*; *Adv*(副) **1.** viele Male, immer wieder 经常,时常,常常 ≈ häufig ↔ selten: *Das ist mir schon oft passiert* 这事我已经碰到好多次了; *Ich bin oft nicht zu Hause*

我经常不在家 **2.** in vielen Fällen 在很多情况下，通常 ≈ häufig ↔ selten：*Schweden sind oft blond* 瑞典人大多是金发；*Es ist oft schwer, seinen Akzent zu verstehen* 要听懂他的口音通常很困难 **3.** in (regelmäßigen) kurzen Abständen 频繁：*Die U-Bahnen verkehren recht oft* 地下铁道班次很多 **4.** verwendet, um zu fragen od. anzugeben, in welchen Abständen od. wie viele Male etw. geschieht (用来询问和表述频率或次数)〈so oft, soundso oft, wie oft 多次地，不知多少次地，多少次〉：*„Wie oft hast du schon angerufen?" – „Zweimal"* "你打了多少次电话?"——"两次"；*„Wie oft fahren die Busse von hier zum Bahnhof?" – „Alle zehn Minuten"* "从这儿开往火车站的公共汽车多久一趟?"——"每十分钟一趟"；*Sie putzen die Fenster nur so oft, wie es unbedingt nötig ist* 只有在万不得已时他们才会擦窗户 **5.** (**schon**) **des Öfteren** einige Male, wiederholt 好几次，多次：*Dieser Fehler ist des Öfteren vorgekommen* 这个错误已经出现好几次了

öf·ter **1.** *Komparativ* (比较级)；↑ **oft 2.** *Adv* (副)；mehrere od. einige Male 好几次，经常 ≈ mehrmals：*Ich habe diesen Film schon ö. gesehen* 这部电影我已经看了好几遍了；*Es ist ö. vorgekommen, dass ...* …是经常发生的

öf·ters *Adv* (副) ≈ öfter (2), mehrmals

oft·ma·li·g- *Adj* (形)；*nur attr, nicht adv, geschr* (只作定语，不作状语)［书］；so, dass es oft vorkommt 经常的，多次的 ≈ häufig

oft·mals *Adv* (副)；*geschr* ［书］≈ oft (1, 2), häufig

oh! *Interjektion* (叹) **1.** verwendet, um Freude, Überraschung, Entsetzen *o. Ä.* auszudrücken (表示高兴、惊讶、害怕等) 啊，哦，喔：*Oh, das ist aber lieb von dir!* 哦，你实在太好了!；*Oh, so spät ist es schon!* 啊，都已经这么晚啦! ‖ NB (注意)：aber (但是)：*o Gott, o ja, o weh* **2. oh/o, là, là!** *bes* verwendet von Männern, um auszudrücken, dass ihnen e-e Frau sehr gut gefällt (男人用语，表达对女士的无比喜爱) 哇，真迷人!

Oheim *der*; *-(e)s, -e*; *veraltet* ［旧］≈ Onkel

Ohm *das*; *-s*; *nur Sg*, PHYS (只用单数)【物】；die Einheit, in der man den elektrischen Widerstand misst 欧姆(电阻单位)

oh·ne[1] *Präp* (介)；*mit Akk* (支配四格) **1.** verwendet, um auszudrücken, dass die genannte Person/Sache nicht vorhanden od. nicht dabei ist, nicht benutzt wird *o. Ä.* 没有，无，不包括 ↔ mit：*ein Zimmer o. Fenster* 无窗的房间；*Bier o. Alkohol* 不含酒精的啤酒；*o. Besteck, nur mit den Fingern essen* 不用餐具，而用手指吃饭；*Er ist o. seine Frau in Urlaub gefahren* 他外出休假没有带夫人；*O. Strom u. Heizung zahlt er für seine Wohnung 600 Euro* 他为他的住房交 600 欧元(房租)，电费和供暖费除外 **2. o. Weiteres / weiteres a)** ohne Probleme od. Mühe 毫不费力地，轻而易举地：*E-e Ameise kann o. weiteres Dinge tragen, die schwerer sind als sie selbst* 一只蚂蚁能够毫不费力地搬运比自身重的东西；**b)** ohne darüber nachzudenken od. j-n um Erlaubnis zu fragen 随随便便地，冒冒失失地，毫无顾忌地：*Du kannst doch nicht einfach o. weiteres hineingehen!* 你不能就这样冒冒失失地进去! **3. o. viel ...** *gespr* ［口］≈ mit wenig：*Sie hat ihr Studium o. viel Lust gemacht* 她没多大乐趣地念完了大学 ‖ ID ［谚］*mst* 多用 **o. mich** *gespr* ［口］；verwendet, um auszudrücken, dass man bei etw. nicht mitmachen will 我可不干，别拽上我：*„Bei dem Wetter wollt ihr schwimmen gehen? – O. mich!"* "这种天气你们还要去游泳？——我可不去!"；(**gar**) **nicht** (**so**) **o. sein** *gespr* ［口］；verwendet, um auszudrücken, dass j-d/etw. schöner, besser, gefährlicher *usw* ist, als man vielleicht denkt 不可轻视，不可小看：*Dieser Wein ist nicht o. – pass auf, dass du nicht betrunken wirst!* 可不要小看这种酒——小心别喝醉了!

oh·ne[2] *Konjunktion* (连)；**o. zu** + *Infinitiv* (不定式)；**o. dass** verwendet, um auszudrücken, dass etw. nicht der Fall ist, nicht geschieht od. nicht getan wird 没有发生，没有做(某事)：*Sie ging, o. sich zu verabschieden* 她没告别就走了；*Sie hat uns geholfen, o. es zu wissen/o. dass sie es wusste* 她在毫无所知的情况下帮助了我们；*O. dass ich was gesagt hätte, fing sie an zu weinen* 我还没说什么，她就哭起来了

oh·ne·dies *Partikel* (小品词) ≈ ohnehin

oh·ne·glei·chen *Adj* (形)；*nicht adv* (不作状语)；verwendet, um auszudrücken, dass es (*mst* zu etw. Negativem) nichts Ähnliches gibt (多指贬义) 无双的，无比的，独一无二的 ≈ beispiellos〈ein Wahnsinn o. 荒谬之至；mit e-r Frechheit, Unverschämtheit o. 极其放肆地，极端不知羞耻地〉‖ NB (注意)：*o.* steht immer *nach* dem Substantiv (o. 总是位于名词之后)

oh·ne·hin *Partikel* (小品词)；*betont u. unbetont* (重读和非重读)；völlig unabhängig von allem 反正，总归 ≈ auf jeden Fall, sowieso：*Es macht nichts, wenn es keine Karten für die Vorstellung gibt – ich habe o. keine Zeit* 没有票也无所谓——我反正没时间看演出

oh·ne·wei·ters *Adv* (副)；Ⓐ［奥］≈ ohne Weiteres；↑ **ohne**[1] (2)

Ohn·macht *die*; *-, -en* **1.** ein Zustand, in dem j-d (*mst* für kurze Zeit) ohne Bewusstsein ist 昏迷，昏厥，晕厥 ≈ Bewusstlosigkeit〈e-e lange, tiefe, plötzliche O. 长时间的、深度的、突然的昏迷；e-r O. nahe sein 差一点晕过去；aus der O. erwachen 从昏迷中醒来〉‖ K- (复合)：**Ohnmachts-, -anfall 2. in O. fallen** das Bewusstsein verlieren 晕倒，晕过去，失去知觉 ≈ ohnmächtig werden **3.** *nur Sg* (只用单数)；**O.** (**gegenüber j-m / etw.**) ein Zustand, in dem man etw. nicht tun od. ändern kann 无能为力，软弱〈zur O. verurteilt sein 注定软弱无能；O. empfinden 感到束手无策〉：*die politische O. e-r kleinen Partei gegenüber den großen Parteien* 在大党面前小党派在政治上的软弱无能 ‖ ID ［谚］**von e-r O. in die andere fallen** *gespr* *hum*[口][诙]; sehr (od. oft) erstaunt od. entsetzt sein 常常胆战心惊

ohn·mäch·tig *Adj*(形) **1.** (für e-e kurze Zeit) ohne Bewusstsein 昏迷的,失去知觉的 ≈ bewusstlos ⟨o. werden 晕过去⟩: *Sanitäter trugen das ohnmächtige Mädchen an die frische Luft* 卫生员将失去知觉的姑娘抬到空气新鲜的地方 **2.** ⟨Wut, Zorn, Verzweiflung 气愤,愤怒,绝望⟩ so, dass die betroffene Person dabei nichts tun od. ändern kann 软弱无能的,束手无策的,无力的: *Sie musste o. zusehen, wie ihr Haus abbrannte* 她眼睁睁地看着自己的房子被烧毁了

oho! *Interjektion*(叹); *gespr*[口] **1.** verwendet, um auszudrücken, dass man erstaunt ist (u. sich oft ein bisschen ärgert)(表示惊讶和不满)嘿! 哎呀!: *Oho! Sag das noch mal u. du kannst was erleben!* 嘿! 你敢再说一遍,看我怎么收拾你! **2.** *Adj*(形) + ***aber 'oho!*** klein, alt, jung *o. ä.*, aber nicht zu unterschätzen…可别小看他: *Klein, aber o.!* 人虽小,可小视不得!

Ohr *das*; -(*e*)*s*, *-en* **1.** eines der beiden Organe, mit denen Menschen u. Tiere hören 耳,耳朵⟨das linke, das rechte Ohr 左耳,右耳; abstehende, spitze Ohren 招风耳,尖耳朵; sich die Ohren zuhalten 捂住耳朵,充耳不闻; ein Tier hinter den Ohren kraulen 在动物的耳朵后面轻轻抓挠; j-m etw. ins Ohr flüstern, sagen 把某事悄悄告诉某人,向某人低声说某事; auf einem Ohr, auf beiden Ohren taub sein 一只耳朵聋了,双耳失聪⟩ ‖ ↑ *Abb. unter* 图见 **Kopf** ‖ K-(复合): ***Ohr-, -clip, -schmuck***; ***Ohren-, -arzt, -entzündung, -heilkunde, -leiden, -schmerzen*** ‖ -K(复合): (*im Pl* 用复数) ***Elefanten-, Esels-, Hasen-*** *usw*; ***Hänge-, Schlapp-*** **2.** *Adj*(形) + ***Ohr(en)*** verwendet, um auszudrücken, dass die betroffene Person die genannte Art od. Fähigkeit zu hören hat 听觉,听力 ≈ Gehör ⟨gute, feine, scharfe, schlechte Ohren haben 听力好、灵敏、敏锐、不好⟩: *ein feines Ohr für kleine Unterschiede haben* 具有辨别细小差别的听力; *Nur ein geschultes Ohr kann alle diese Töne auseinanderhalten* 只有训练有素的耳朵才能分辨这些声音 ‖ ID[谚] ***Ohren haben wie ein Luchs a)*** sehr gut hören können 听觉特别敏锐; ***b)*** alles hören, auch das, was man nicht erfahren soll 耳朵特尖; ***lange Ohren bekommen / machen*** *gespr*[口]; neugierig zuhören 竖起耳朵听,好奇地听; ***ganz Ohr sein*** sehr aufmerksam zuhören 仔细地听,聚精会神地听; ***die Ohren spitzen*** aufmerksam od. neugierig zuhören 竖起耳朵听,全神贯注地听,好奇地听; ***nur mit halbem / 'einem Ohr hinhören / zuhören*** nicht genau zuhören 有一搭没一搭地听,不专心听; ***auf den / seinen Ohren sitzen*** *gespr*[口]; nicht hören, dass j-d zu e-m spricht, dass j-d ruft *o. Ä.* 听不见,听不进去; *mst* 多用 ***Mach / Sperr deine Ohren auf!*** *gespr*[口]; verwendet, um Ärger darüber auszudrücken, dass j-d nicht zuhört od. nicht tut, was man sagt 竖起你的耳朵好好听着!; ***auf 'dem / 'diesem Ohr taub sein / schlecht hören / nicht (gut) hören*** *gespr*[口]; von e-r bestimmten Sache nichts hören wollen 不愿听,不愿好好听,不想知道; ***tauben Ohren predigen*** j-n ermahnen, der nicht darauf reagiert 对牛弹琴,白费口舌; ***etw. geht bei j-m zum / beim 'einen Ohr hinein u. zum / beim 'anderen hinaus*** *gespr*[口]; etw. macht auf j-n keinen Eindruck, etw. wird schnell wieder vergessen 某事某人听了左耳进右耳出;被当作耳旁风⟨Ermahnungen, Vorwürfe 劝告,指责⟩; ***j-m (s)ein Ohr leihen*** *geschr*[书]; j-m, der einem etw. sagen will, zuhören 倾听; ***die / seine Ohren vor etw. verschließen*** auf j-s Wünsche, Bitten *o. Ä.* nicht reagieren(对某人的愿望、请求等)充耳不闻; ***ein offenes Ohr für j-n / etw. haben*** Verständnis u. Interesse für j-s Bitten, Wünsche od. Vorschläge haben 愿意听取(某人的请求、愿望、建议等); ***ein offenes Ohr bei j-m (für etw.) finden*** bei j-m Verständnis (für etw.) finden 得到某人的理解; ***j-m mit etw. in den Ohren liegen*** *gespr*[口]; j-n immer wieder um dasselbe bitten 缠着某人要某物: *Meine Tochter liegt mir damit in den Ohren, dass ich ihr e-e Katze kaufen soll* 我女儿老缠着我给她买只猫; ***j-m die Ohren vollheulen / volljammern*** *gespr*(口); bei j-m über etw. jammern u. ihm dadurch lästig sein 喋喋不休地向某人诉苦; ***j-m kommt etw. zu Ohren*** j-d erfährt etw. (*mst* das er nicht wissen sollte) 某事传到了某人耳朵里; ***seinen Ohren kaum / nicht trauen*** etw., das man hört, kaum glauben können 不敢相信自己的耳朵; ***etw. ist nicht für fremde Ohren bestimmt*** etw., das j-d sagt, soll kein anderer hören od. erfahren 某事不能让外人听到或知道; ***etw. ist nichts für zarte Ohren*** *gespr*[口]; etw., das j-d sagt, ist *mst* vulgär, könnte für empfindliche Leute unangenehm od. abstoßend sein 某事(指粗俗之事)不是说给敏感的人听的; ***etw. geht (leicht) ins Ohr*** etw. ist angenehm anzuhören 某事好听,听起来悦耳⟨e-e Melodie, ein Lied 旋律,歌曲⟩; ***etw. (noch) im Ohr haben*** den Klang von etw. noch genau hören 对某事(仍)牢记不忘,记忆犹新; ***j-m klingen die Ohren*** *gespr* (*hum*)[口(诙)]; j-d spürt, dass j-d über ihn spricht od. an ihn denkt 觉得有人在谈论或惦记自己; ***j-m ein paar / eins / eine hinter die Ohren geben*** *gespr*[口] ≈ j-n ohrfeigen; ***ein paar / eins / eine hinter die Ohren bekommen*** *gespr*[口]; eine od. mehrere Ohrfeigen bekommen 挨了几个/一记耳光; *mst* 多用 ***Ich zieh dir die Ohren lang!*** *gespr hum*[口][诙]; verwendet, um e-m Kind zu drohen(用来吓唬儿童)看我揪你的耳朵!; ***j-n übers Ohr hauen*** *gespr*[口]; j-n betrügen 欺骗某人; ***die Ohren hängen lassen*** *gespr*[口]; mutlos sein 垂头丧气,耷拉着脑袋; *mst* 多用 ***Halt die Ohren steif!*** *gespr*[口]; verwendet, um j-m *bes* beim Abschied od. vor e-r schwierigen Aufgabe Mut zu machen 别泄气! 别气馁! 鼓起勇气来!; ***mit den Ohren***

O

schlackern *gespr*［口］；sehr überrascht od. erschrocken sein 非常惊讶，慌得不知所措；***von einem Ohr zum anderen strahlen/grinsen*** *gespr*［口］；sehr erfreut sein u. entsprechend strahlen/grinsen 兴高采烈，笑逐颜开；***sich*** （*Dat* 三格）***etw. hinter die Ohren schreiben*** *gespr*［口］；（oft im Imperativ verwendet）die Lehre aus e-r *mst* schlechten Erfahrung ziehen, um diese in Zukunft zu vermeiden（常用命令式）牢记某事作为教训，以某事为戒；***es faustdick/knüppeldick hinter den Ohren haben*** *gespr*［口］；schlau u. raffiniert sein 诡计多端，狡猾得很；***noch feucht/nicht trocken hinter den Ohren sein*** *gespr*［口］；jung sein u. noch keine Erfahrung haben 乳臭未干；***viel um die Ohren haben*** *gespr*［口］；viele verschiedene Dinge zu tun haben 事情很多，忙得不可开交；***bis über beide Ohren in Arbeit, Schulden*** *usw* ***stecken*** *gespr*［口］；sehr viel Arbeit, Schulden *usw* haben 工作成堆；负债累累，债台高筑；***bis über beide Ohren verliebt sein*** *gespr*［口］；sehr verliebt sein 在热恋中；***sich*** （（***für***）***ein Stündchen/Weilchen***）***aufs Ohr legen/hauen*** *gespr*［口］；sich hinlegen, um für kurze Zeit zu schlafen 躺下小睡一会

Öhr *das*；-(*e*)*s*，-*e*；das schmale Loch am Ende e-r Nadel, durch das man den Faden zieht 针眼 ‖ ↑ *Abb. unter* 图见 **Nadel** ‖ -K（复合）：**Nadel-**

oh·ren·be·täu·bend *Adj*（形）；*gespr*［口］；sehr laut 震耳欲聋的〈ein Lärm, ein Krach 喧闹声，轰隆声〉

Oh·ren·sau·sen *das*；*nur Sg*（只用单数）；ein störendes Rauschen im Ohr 耳鸣〈O. bekommen, haben 得了耳鸣，患耳鸣〉

Oh·ren·schmalz *das*；*nur Sg*（只用单数）；die gelbliche, weiche Substanz, die sich im Ohr bildet 耳垢

Oh·ren·schmaus *der*；*nur Sg*（只用单数）；etw., das man gerne hört 好听的东西，听觉的享受：*Das Konzert, das Lied war ein O.* 音乐会、歌曲是一种听觉享受

Oh·ren·schüt·zer *der*；-*s*，-；*mst Pl*（多用复数）；zwei kleine Polster, mit denen man die Ohren vor Kälte schützt 耳套，护耳〈O. tragen 戴着护耳〉

Oh·ren·zeu·ge *der*；j-d, der etw. selbst gehört hat 亲耳听见的证人：*O. e-s Streits werden* 成为听到一场争吵的证人

Ohr·fei·ge *die* **1.** ein Schlag, den man j-m mit der offenen Hand ins Gesicht gibt 耳光，耳刮子〈e-e schallende O. 一记响亮的耳光；e-e O. bekommen 被打了一巴掌；j-m e-e O. geben, versetzen 给，打某人一记耳光〉**2. *e-e saftige O.*** e-e schmerzhafte O.（1）一记火辣辣的耳光

ohr·fei·gen；*ohrfeigte, hat geohrfeigt*；[Vt]（及物）***j-n o.*** j-m eine od. mehrere Ohrfeigen geben 打某人耳光

Ohr·fei·gen|ge·sicht *das*；*mst in* 多用于 ***er/sie hat ein O.*** *gespr pej*［口］［贬］；er/sie sieht so dumm u. unsympathisch aus, dass es einen aggressiv macht（人作主语）长相不善，长一副凶相

Ohr·hö·rer *der*；ein kleines Gerät, das man sich ins Ohr steckt, um Töne e-s Radios, Kassettenrecorders *o. Ä.* allein zu hören （ohne andere zu stören）耳机

Ohr·läpp·chen *das*；der untere, weiche Teil des menschlichen Ohrs 耳垂〈j-n am O. zupfen 拉某人的耳垂；sich die Ohrläppchen （durch）stechen lassen 扎耳朵眼〉

Ohr·mu·schel *die*；der Teil des（menschlichen）Ohrs, den man sieht 外耳，耳廓，耳壳

Ohr·ring *der*；ein Schmuckstück, das man in e-m kleinen Loch im Ohr(läppchen) befestigt 耳环，耳饰

Ohr·wurm *der* **1.** ein kleines, braunes Insekt ohne Flügel 革翅目昆虫，蠼螋 **2.** *gespr*［口］；e-e Melodie, die man sich sehr leicht merkt u. an die man immer wieder denkt 熟悉的旋律，耳熟的曲调

-o·id *im Adj, nicht produktiv*（构成形容词，非构词型）；ähnlich wie…式的，…类的，…型的；***faschistoid***〈ein Politiker, Ansichten 政治家，想法〉，***humanoid***〈ein Lebewesen 生物〉，***negroid***〈Gesichtszüge 面部特征〉

oje! *Interjektion*（叹）；verwendet, um Bedauern auszudrücken（表示抱歉、遗憾）哎呀：*Oje, jetzt hab ich den Kaffee verschüttet!* 哎呀，我把咖啡弄洒了！；„*Ich kann nicht kommen, ich bin krank*“ – „*Oje, hoffentlich ist es nichts Schlimmes!*“ “我来不了，我病了”——“哎呀，但愿不严重！”

oje·mi·ne! *Interjektion*（叹）≈ oje

o.k., O.K. [oˈkeː] ↑ ***okay***

okay[1] [oˈkeː] *Adj*（形）；*nur präd, ohne Steigerung, nicht adv, gespr*（只作表语，无变级，不作状语）［口］**1.** so, wie man es sich wünscht 好，不错，可以 ≈ in Ordnung：*Sind meine Haare o.?* 我的发型好吗？；*Ihre Arbeit ist völlig o.* 您工作得很好；*Gestern war ich krank, aber heute bin ich wieder völlig o.* 昨天我病了，但今天已经完全好了 **2.** so, dass man zufrieden sein kann, aber nicht begeistert ist 还可以，凑合 ≈ in Ordnung：„*Wie hat dir das Buch gefallen?*“ – „*Nun, ich finds ganz o.*“ “这本书你喜欢吗？”——“我觉得还可以”；„*Wie ist denn ihr neuer Freund?*“ – „*Er ist so weit o.*“ “她的新男友到底怎么样？”——“总的来说还行”

okay[2] [oˈkeː] *Partikel*（小品词）；*betont, gespr*（重读）［口］**1.** verwendet als Antwort auf e-n Vorschlag *o. Ä.*, um Zustimmung auszudrücken（表示赞同）好的，行，可以 ≈ ist gut, ist recht：„*Gehst du morgen mit uns schwimmen?*“ – „*Ja, o.*“ “你明天跟我们去游泳吗？”——“好的” **2.** ..., ***o.?*** verwendet am Ende des Satzes, wenn der Sprecher Zustimmung erwartet od. sich erhofft（用于句末，表示期待赞同）好吗？怎么样？≈ ja?：*Ich nehme dein Auto, o.?* 我用用你的车，好吗？；*Wir treffen uns morgen um sieben, o.?* 我们明天七点见，好吗？ **3.** verwendet, um e-e Aufforderung, Feststellung, Frage *o. Ä.* einzuleiten（引出命

令、确认、问题)那么,好 ≈ also: *O., mach weiter!* 好,接着干吧!; *O., wir können jetzt gehen* 好,我们现在可以走了; *O., seid ihr fertig?* 那么,你们准备好了吗?

Okay [oˈkeː] *das*; -(*s*), -*s*; *gespr* [口] ≈ Zustimmung ⟨sein O. (zu etw.) geben(对某事)表示赞同⟩

ok·kult *Adj*(形); *nicht adv*(不作状语); von unbekannten, verborgenen Kräften (wie *z.B.* Geistern) bestimmt 神秘的,玄妙的,超自然的≈ übernatürlich ⟨Kräfte, Fähigkeiten, Mächte 力量,能力,权力⟩

Ok·kul·tis·mus *der*; -*s*; *nur Sg*(只用单数); die Beschäftigung mit okkulten Dingen 通灵术(一种神秘论,宣扬超自然的灵物的存在,认为少数人能与之心灵相通),神秘学,神秘主义 ‖ *hierzu*(派生) **Ok·kul·tist** *der*; -*en*, -*en*; **ok·kul·tis·tisch** *Adj*(形)

Ok·ku·pa·ti·on [-ˈtsioːn] *die*; -, -*en*; *mst Sg*, *geschr*, MIL(多用单数)[书]【军】; die Besetzung e-s fremden Landes durch e-e Armee od. das Besetztsein 占领,占据 ‖ K-(复合): ***Okkupations-***, ***-gebiet***, ***-zeit*** ‖ *hierzu*(派生) **ok·ku·pie·ren** (*hat*) *Vt*(及物)

Öko- *im Subst*, *begrenzt produktiv*(构成名词,构词有限); verwendet, um auszudrücken, dass die genannte Person/Sache bestimmte ökologische Prinzipien hat od. erfüllt 生态…,绿色…,环保… ≈ Bio-; das ***Ökobett***, die ***Ökobewegung***, das ***Ökohaus***, das ***Ökoprodukt***

Öko·bau·er *der*; *gespr* [口]; ein Bauer, der versucht, der Natur nicht zu schaden, indem er *z. B.* keine Gifte u. keinen künstlichen Dünger verwendet 生态农民,不使用有毒农药和化肥的农民

Öko·freak *der*; *gespr*, *oft pej*[口]常用[贬]; j-d, der (oft übertrieben) viel Wert darauf legt, sich gesund zu ernähren u. so zu leben, dass er der Umwelt möglichst wenig schadet 极端环保主义者

Öko·la·den *der*; *gespr*[口] ≈ Bioladen

Öko·lo·gie *die*; -; *nur Sg*(只用单数) **1.** das (funktionierende) System der Beziehungen von Lebewesen zueinander u. zu ihrer Umwelt 生态系统 **2.** die Wissenschaft von der Ö. (1)生态学,环境学

öko·lo·gisch *Adj*(形) **1.** *nur attr*, *nicht adv*(只作定语,不作状语); in Bezug auf die Ökologie (1)生态的 ⟨der Kreislauf 循环; das ökologische Gleichgewicht stören 破坏生态平衡⟩ **2.** ⟨Grundsätze, Methoden 原则,方法⟩ so, dass sie die Ökologie (1) nicht schädigen 对生态环境无害的 ≈ biologisch **3.** *nur attr*, *nicht adv*(只作定语,不作状语); in Bezug auf die Ökologie (2)生态学的 ⟨Studien 研究⟩

Öko·no·mie *die*; -, -*n* **1.** das wirtschaftliche System (e-s Landes)经济 ≈ Wirtschaft: *die Ö. der Schweiz* 瑞士的经济 ‖ -K(复合): ***Handels-***, ***Industrie-***, ***National-***, ***Sozial-*** **2.** der sorgfältige u. sparsame Verbrauch von Geld, Kraft, Energie *usw* 节约,节省,经济 **3.** *nur Sg*, *veraltend* (只用单数) [渐旧] ≈ Wirtschaftswissenschaft ⟨Ö. studieren 学习经济学⟩

öko·no·misch *Adj*(形) **1.** *nur attr*, *nicht adv* (只作定语,不作状语); in Bezug auf die Ökonomie (1), Wirtschaft 经济的 ≈ wirtschaftlich (1) ⟨die Grundlagen, die Strukturen, das System 基础,结构,体系⟩ **2.** ⟨e-e Arbeitsweise, e-e Produktion 工作方法,生产⟩ so, dass dabei Mittel u. Kräfte sparsam, aber wirkungsvoll eingesetzt werden 经济的,经济实用的 ≈ wirtschaftlich (3)

Öko·sys·tem *das*; ein natürlicher Lebensraum u. die Lebewesen darin 生态系统: *Durch den Bau von Straßen wird das Ö. des Waldes gestört* 公路的修建破坏了森林的生态系统

Ok·ta·eder *der*; -*s*, -; MATH 【数】; ein Körper, dessen Oberfläche aus acht gleichen Dreiecken besteht 八面体

Ok·tan *das*; -*s*, -/-*e*; die Maßangabe für die Qualität von Benzin (汽油防爆性能指标)辛烷值: *Super hat mehr Oktan als Normalbenzin* 特级汽油比普通汽油的辛烷值大; *ein Benzin von 91 Oktan* 91 号汽油 ‖ K-(复合): ***Oktan-***, ***-zahl*** ‖ NB(注意): nach Zahlenangaben ohne Endung(在数字说明语后无词尾): *100 Oktan* 辛烷值 100

Ok·ta·ve [-və] *die*; -, -*n* **1.** der Abstand (Intervall) von acht Tönen der Tonleiter 八度音,八度 ⟨e-e O. höher, tiefer singen, greifen 演唱,演奏高八度,低八度⟩ **2.** die acht Töne, die zu e-r Tonleiter gehören 八个音 ⟨Oktaven greifen, spielen 弹奏、演奏八个音⟩

Ok·to·ber *der*; -*s*, -; *mst Sg*(多用单数); der zehnte Monat des Jahres 十月,十月份; *Abk* 缩写 Okt. ⟨im O. 在十月份; Anfang, Mitte, Ende O. 十月初、中、末; am 1., 2., 3. O. 在十月一日、二日、三日⟩

Ok·to·ber·fest *das*; ein großes Fest mit Bierzelten, Achterbahnen, Karussells *usw*, das jedes Jahr im September in München stattfindet(慕尼黑)十月啤酒节 ‖ ↑ *Information Seite 1331* 信息见第 1331 页

Oku·lar *das*; -*s*, -*e*; das System von Linsen in e-m Mikroskop *o. Ä.*, das dem Auge am nächsten ist(光学仪器上的)目镜

Öku·me·ne *die*; -; *nur Sg*, REL(只用单数)【宗】 **1.** die Gemeinschaft aller christlichen Kirchen 基督教界 **2.** e-e Bewegung, die das Gemeinsame der verschiedenen christlichen Kirchen betont u. versucht, gemeinsames Handeln (*z. B.* Gottesdienste) möglich zu machen 普世教会运动,普世基督教合一运动

öku·me·nisch *Adj* (形); REL 【宗】 **1.** für Protestanten u. Katholiken gemeinsam 普世教会的,主张普世基督教合一的 ⟨die Bewegung, e-e Feier, ein Gottesdienst 运动,庆祝活动,礼拜⟩ **2.** so, dass es alle Katholiken der ganzen Welt betrifft 世界天主教会的 ⟨ein Konzil 宗教会议⟩

Ok·zi·dent *der*; -*s*; *nur Sg*, *geschr*(只用单数)

[书] ≈ Abendland ↔ Orient ‖ *hierzu*（派生）**ok·zi·den·tal** *Adj*（形）；*nicht adv*（不作状语）

Das Oktoberfest　十月啤酒节

Das **Oktoberfest** ist eines der bekanntesten deutschen Volksfeste und gleichzeitig das weltweit größte. Es findet in München, der Hauptstadt des Freistaats Bayern, auf der Theresienwiese statt. Daher wird das Oktoberfest auch oft einfach **Die Wies'n** genannt. Es dauert 16 Tage und endet am ersten Sonntag im Oktober. Sein Ursprung geht auf die Feiern anlässlich der Hochzeit des Kronprinzen **Ludwig I.** im Jahr 1810 zurück. Das Fest beginnt mit einem Umzug, an dem Gruppen in traditioneller Tracht teilnehmen, und dem offiziellen Anstich des ersten Fasses Bier durch den Oberbürgermeister. Die Münchner Brauereien stellen riesige Bierzelte auf. Dort trinkt man die traditionelle **Maß Bier** (einen Liter Bier aus einem Krug) und isst Spezialitäten der bayerischen Küche (zum Beispiel gegrillte Hähnchen, Schweinshaxen, Brezeln). Dazu wird von einer Musikkapelle Volksmusik gespielt.
Neben den traditionellen Angeboten wie Achterbahn, Geisterbahn, Karussells und Schießbuden ziehen natürlich jedes Jahr auch moderne Attraktionen Hunderttausende Besucher an.

十月啤酒节是德国最有名的民间节日之一，同时也是世界上最重大的民间节日。这个节日在巴伐利亚共和国首府慕尼黑的泰雷齐恩草坪上举行。因此，十月啤酒节也常常直接被称为**草坪节**。节日持续16天，并且在10月份的第一个星期日结束。节日起源于为庆祝王储**路德维希一世**婚礼而举行的欢庆活动。节日活动一开始举行身穿传统盛装的人群参加的巡游和由市长开启第一桶啤酒的正式开桶仪式。慕尼黑的各个啤酒厂竖起了巨大的啤酒大棚。在那里，人们用传统的**啤酒具**（盛一升的大啤酒杯）喝啤酒，吃用巴伐利亚烹饪方式制作的特色食品（比如炸烤童子鸡、猪肘子和咸面包圈）。此外，还有小乐队演奏民间音乐。

除了传统的游乐项目如过山车、魔幻城堡、木马转车和射击棚以外，时尚的游乐热点活动每年也吸引着成千上万的观光客。

Öl *das*; -(*e*)*s*, -*e* **1.** e-e Substanz (ähnlich e-m flüssigen Fett), die in Wasser immer oben schwimmt. Öle verwendet man zum Kochen, als Brennstoff od. damit Maschinen leichter laufen 油〈ein tierisches, pflanzliches Öl 动物油，植物油; ranziges Öl 有哈喇味的油; ätherische Öle 香精油〉: *nur Öl zum Kochen verwenden* 只用油烹调; *e-e Salatsoße aus Essig u. Öl* 用醋和油调制的色拉汁; *Nach 5000km sollte beim Auto das Öl gewechselt werden* 汽车行驶5000公里后应更换机油 ‖ K-(复合): ***Öl-, -fleck, -gewinnung, -kanne, -palme*** ‖ -K (复合): ***Haut-, Maschinen-, Motor-, Salat-, Schmier-, Sonnen-, Speise-; Distel-, Oliven-, Sonnenblumen-*** **2.** *nur Sg*（只用单数）≈ Erdöl 〈Öl fördern 开采石油; nach Öl bohren 钻探石油; mit Öl heizen 用油供暖〉 ‖ K-(复合): ***Öl-, -bohrung, -embargo, -feld, -förderung, -gewinnung, -heizung, -industrie, -konzern, -lager, -leitung, -multi, -preis, -quelle, -raffinerie, -tank, -tanker*** ‖ -K (复合): ***Heiz-, Mineral-, Roh-*** **3.** *Kurzw*（略）↑ **Ölfarbe** (1): *Er malt in Öl* 他画油画 ‖ K-(复合): ***Öl-, -bild, -gemälde, -malerei*** ‖ ID [谚] ***Öl ins Feuer gießen*** durch das, was man sagt od. tut, e-n Streit, e-e Aufregung *o. Ä.* noch schlimmer machen 火上加油; ***Öl auf die Wogen gießen*** etw. sagen, was aufgeregte od. streitende Menschen beruhigt 调解争端，息事宁人 ‖ *zu* (义项) **1.** u. **2. öl·hal·tig** *Adj*（形）; *nicht adv*（不作状语）

Öl·baum *der*; *geschr* [书] ≈ Olivenbaum

Ol·die [ˈoːldi] *der*; *-s, -s*; *gespr* [口] **1.** ein ziemlich alter Schlager, Film *o. Ä* 老歌曲，老电影 **2.** j-d, der ziemlich alt ist (für e-e bestimmte Tätigkeit) 老人: *Er ist mit 37 der O. der Mannschaft* 他37岁就是运动队里的老人了

Old·ti·mer [ˈoːltaimɐ] *der*; *-s, -* **1.** ein sehr altes Auto, das wegen seines Alters wertvoll ist 老式汽车 **2.** *hum* [诙]; ein alter Mann 老人，前辈，元老

Ole·an·der *der*; *-s, -*; ein Strauch mit weißen, rosa od. roten Blüten, der *bes* in Mittelmeerländern wächst (欧洲) 夹竹桃

ölen; *ölte, hat geölt*; [Vt] (及物) **1. *etw. ö.*** Öl in od. auf *mst* bewegliche Teile von e-m Gerät od. e-r Maschine tun, damit sie sich leichter bewegen 给…上(润滑)油，涂油〈ein Fahrrad, e-n Motor, e-e Nähmaschine, ein Schloss, e-e Tür ö. 给自行车、发动机、缝纫机、锁、门上(润滑)油〉 **2. *etw. ö.*** ≈ einölen 〈Bretter, e-n Fußboden ö. 给木板、地板上油〉

Öl·far·be *die* **1.** e-e Farbe in Form e-r weichen Masse, mit der Künstler Bilder malen. Diese Bilder nennt man Ölbilder od. Ölgemälde 油画颜料 **2.** e-e glänzende Farbe, mit der man *z. B.* die Wände im Bad anstreicht, damit kein Wasser in die Mauer kommt 油漆

Öl·film *der*; e-e dünne Schicht aus Öl *mst* auf dem Wasser 油膜: *Der Teich ist mit e-m Ö. bedeckt* 池塘水面上浮着一层油膜

Öl·göt·ze *der*; *mst in* 多用于〈dastehen 站在那里〉 ***wie ein Ö.*** *gespr*, *oft pej* [口]常用[贬]; stumm u. ohne e-e Reaktion od. Bewegung (dastehen) 呆头呆脑地，呆若木鸡地，呆呆地

ölig *Adj*（形）**1.** wie Öl 油状的〈e-e Flüssigkeit 液体; etw. glänzt ö. 某物闪着油光〉 **2.** mit Öl bedeckt od. beschmutzt 油腻腻的，沾着油污的: *Er wischte seine öligen Hände an der Hose ab* 他在裤子上擦他沾满油污的手 **3.** *pej* [贬]; sehr schmeichlerisch 油腔滑调的，阿谀奉承的〈ein Mensch, j-s Benehmen 人，某人的举止〉

O

oliv [-f] *Adj* (形); *indeklinabel* (词形不变); graugrün 橄榄绿的,灰绿的: *Die Jacke ist o.* 夹克是橄榄绿色的 ‖ K-(复合): ***oliv-, -grün***

Oli·ve [-və] *die*; -, *-n* **1.** die Frucht des Olivenbaums, die man essen kann u. aus der man auch Öl macht 橄榄 〈grüne, schwarze Oliven 绿色的,黑色的橄榄〉 ‖ K-(复合): ***Oliven-, -ernte, -öl*** **2.** ≈ Olivenbaum ‖ K-(复合): ***Oliven-, -hain, -holz*** ‖ *hierzu* (派生) **oli·ven·far·big** *Adj* (形); **oli·ven·far·ben** *Adj* (形)

Oli·ven·baum *der*; ein Baum mit kleinen, bitteren Früchten, der *bes* in Mittelmeerländern wächst 橄榄树

Öl·ja·cke *die*; e-e wasserdichte, *mst* gelbe Jacke(黄色)防水夹克

Öl·kri·se *die*; e-e politische od. wirtschaftliche Krise, die entsteht, wenn es nicht genug Erdöl gibt od. das Öl zu teuer wird 石油危机

oll, *oller, ollst-*; *Adj* (形); *bes nordd gespr* 尤用于[北德][口] **1.** ≈ alt: *olle Schuhe, Kleider* 旧鞋,旧衣服 **2.** verwendet, um ein negatives Urteil od. Ungeduld auszudrücken 讨厌的,该死的 ≈ blöd: *Wann kommt der olle Bus denn endlich?* 那讨厌的公共汽车什么时候才来呀?

Ol·le *der/die*; *-n*, *-n*; *bes nordd gespr* 尤用于[北德][口]; *mst* verwendet mit Possessivpronomen als Bezeichnung für j-s Ehemann/Ehefrau od. Vater/Mutter(多与物主代词连用,称呼配偶或父母)老伴,老头子,老婆子;老爸,老妈 ≈ Alte ‖ NB(注意): *mein Oller*; *der Olle, den, dem, des Ollen*

Öl·pest *die*; e-e starke Verschmutzung von Wasser u. Strand durch Erdöl, bei der viele Tiere sterben 严重的石油污染

Öl·sar·di·ne *die*; ein kleiner Fisch, der in Öl konserviert u. in kleinen, flachen Dosen verkauft wird 油浸沙丁鱼

Öl·stand *der*; die Menge des Öls in e-m Tank (*z. B.* beim Auto) 油位 〈den Ö. messen, prüfen 测量、检查油位〉

Öl·tep·pich *der*; e-e große Fläche auf dem Wasser, die mit (Erd)Öl bedeckt ist 水面油层

Ölung *die*; *nur in* 只用于 ***die Letzte Ö.*** KATH【天主】; ein Sakrament, das ein Priester e-m Sterbenden als Vorbereitung auf den Tod gibt 临终涂圣油仪式 〈die Letzte Ö. bekommen, empfangen 接受临终涂圣油仪式; j-n mit der Letzten Ö. versehen 给某人举行临终涂圣油仪式〉

Öl·wech·sel *der*; das Entfernen von altem Öl aus e-m Motor u. das Nachfüllen von neuem Öl 换润滑油,换机油 〈e-n Ö. vornehmen 换机油; der Ö. ist fällig 该换机油了〉

Olym·pia (*das*); -(*s*); *nur Sg* (只用单数) ≈ Olympiade 〈für O. trainieren 备战奥运会〉 ‖ K-(复合): ***Olympia-, -gelände, -jahr, -komitee, -mannschaft, -medaille, -sieg, -sieger, -stadion, -teilnehmer, -wettkampf***

Olym·pi·a·de *die*; -, *-n*; ein internationaler Wettkampf zwischen den besten Sportlern der Welt, der alle vier Jahre (jeweils in e-m anderen Land) stattfindet 奥林匹克运动会,奥运会 ≈ Olympische Spiele, Olympia 〈an der O. teilnehmen, für die O. trainieren 参加奥运会,备战奥运会〉

olym·pi·sch- *Adj* (形); *nur attr, nicht adv* (只作定语,不作状语) **1.** zur Olympiade gehörig 奥林匹克的,奥运会的 〈die Flagge, die Flamme, das Feuer, e-e Disziplin, ein Wettkampf, ein Rekord 旗帜,火焰,圣火,项目,比赛,纪录; die Olympischen Sommerspiele/Winterspiele 夏季奥运会,冬季奥运会; der olympische/Olympische Eid 奥林匹克誓言〉 **2.** ***der olympische Gedanke*** die absolute Fairness u. der Glaube, dass das Mitmachen das Wichtigste ist 奥林匹克精神

Öl·zweig *der*; *nur Sg* (只用单数); ein Zweig von e-m Olivenbaum (als Symbol des Friedens) 橄榄枝

Oma *die*; -, *-s*; *gespr* [口] **1.** *bes* von u. gegenüber Kindern verwendet als Anrede od. Bezeichnung für die Großmutter(儿童用语)奶奶,姥姥 ↔ Opa **2.** *oft pej* 常用[贬]; e-e alte Frau 老太太,老太婆

Ome·lett [ɔm(ə)ˈlɛt] *das*; -(*e*)*s*, *-s/-e*; Eier, die man mit Milch zu Schaum rührt u. in der Pfanne brät. Omeletts füllt man *z. B.* mit Pilzen od. Marmelade 鸡蛋饼,蛋卷 ‖ -K [复合]: ***Champignon-, Schinken-, Spargel-***

Ome·lette [ɔmˈlɛt] *die*; -, *-n*; Ⓐ Ⓒⓗ [奥][瑞] ≈ Omelett

Omen *das*; *-s*, *-*; ein Ereignis, das man für e-n Hinweis auf etw. hält, das die Zukunft bringt 征兆,预兆 ≈ Vorzeichen 〈ein gutes, schlechtes O. 好兆头,不好的兆头〉: *Die neuen Arbeitslosenzahlen sind kein gutes O. für die Wirtschaft* 新的失业人数对经济来讲不是好兆头

Omi *die*; -, *-s*; *gespr* [口] ≈ Oma (1) ↔ Opi

omi·nös *Adj* (形) **1.** so, dass es etw. Schlimmes vorauszusagen scheint 不祥的,凶兆的,不吉利的 〈ein Schweigen 沉默; o. lächeln 不祥地微笑〉 **2.** *nicht adv* (不作状语); nicht ganz so, dass man daran glauben kann 可疑的,令人难以置信的: *Hast du dieses ominöse Ungeheuer selbst gesehen?* 你亲眼见过这种令人难以置信的巨兽吗?

Om·ni·bus *der*; *-ses*, *-se* ≈ Bus, Autobus ‖ K-(复合): ***Omnibus-, -betrieb, -bahnhof, -fahrer, -haltestelle, -linie, -unternehmen, -verkehr***

om·ni·po·tent *Adj* (形); *nicht adv*, *geschr* (不作状语)[书] ≈ allmächtig 〈ein Herrscher 统治者〉

ona·nie·ren; *onanierte*, *hat onaniert*; Vi (不及物) sich selbst sexuell befriedigen 手淫 ≈ masturbieren ‖ *hierzu* (派生) **Ona·nie** *die*; -; *nur Sg* (只用单数)

On·kel *der*; *-s*, *-/gespr auch*[口]也用 *-s* **1.** der Bruder der Mutter od. des Vaters od. der

Ehemann der Tante 伯父,叔父,舅父,姑夫,姨夫 ↔ Tante:(*mein*) *O. Kurt*(我的)伯父库尔特 ‖ ↑ *Übersicht unter* 一览表见 **Familie** **2.** *gespr* [口]; verwendet von u. gegenüber Kindern als Bezeichnung od. Anrede für Männer(儿童用语,对年长男性的称呼)伯伯,叔叔≈ Herr: *zum O. Doktor gehen* 去看医生叔叔; *Gib dem O. brav die Hand!* 乖乖地把手伸给叔叔!

on·kel·haft *Adj*(形); *gespr*, *oft pej*[口]常用[贬]; freundlich, aber herablassend 长辈般的,友好但端架子的 ⟨ein Gehabe, ein Ton 装腔作势,声调⟩

on·line [ˈɔnlaın] *Adj*(形); *nur präd od adv*(只作表语或状语); in Verbindung mit anderen Computern, e-m Netzwerk 联机 ⟨ein Computer ist o. 电脑联机了; o. gehen, sein 上网,在网上⟩ ‖ K-(复合): ***Online-***, ***-angebot***, ***-betrieb***, ***-dienst***, ***-forum***, ***-recherche***, ***-spiel***, ***-zugang***

OP [oˈpeː] *der*; *-s*, *-s*; *Kurzw*(略) ↑ ***Operationssaal*** ‖ K-(复合): ***OP-Schwester***

Opa *der*; *-s*, *-s*; *gespr* [口] **1.** *bes* von u. gegenüber Kindern verwendet als Anrede od. Bezeichnung für den Großvater(儿童用语)爷爷,姥爷 ↔ Oma **2.** *oft pej* 常用[贬]; ein alter Mann 老叟,老头子

Opal *der*; *-s*, *-e*; ein wertvoller Stein, der nicht durchsichtig u. fast weiß ist, aber in verschiedenen Farben schimmert, u. den man für Schmuck verwendet 蛋白石

OPEC [ˈoːpɛk] *die*; *-*; *nur Sg*(只用单数); (*Abk für* 缩写,全称为 Organization of Petroleum Exporting Countries) die Organisation der Staaten, die Erdöl exportieren 石油输出国组织 ‖ K-(复合): ***OPEC-Länder***, ***OPEC-Staaten***

Open-Air- [ˈoupn ˈɛə-] *im Subst*, *wenig produktiv*, *gespr*(构成名词,构词弱)[口]; im Freien (stattfindend)露天…; das ***Open-Air-Festival***, das ***Open-Air-Konzert***, die ***Open-Air-Veranstaltung***

Oper *die*; *-*, *-n* **1.** e-e Art Theaterstück mit Musik, bei dem ein großes Orchester spielt u. die Darsteller ihren Text singen 歌剧⟨e-e O. aufführen, dirigieren, inszenieren, komponieren 上演,指挥,导演,创作一部歌剧⟩: *Verdis bekannteste O. ist „Aida“* 威尔第(意大利杰出歌剧作曲家,*1813 – 1901*)最著名的歌剧是《阿依达》‖ K-(复合): ***Opern-***, ***-arie***, ***-bühne***, ***-haus***, ***-komponist***, ***-libretto***, ***-melodie***, ***-sänger*** ‖ -K(复合): ***Barock-***, ***Kinder-***, ***Märchen-*** **2.** *nur Sg*(只用单数); e-e Veranstaltung, bei der e-e O. (1) aufgeführt wird 歌剧演出: *Heute gehen wir in die O.* 今天我们去看歌剧; *Die O. beginnt heute schon um 19 Uhr* 歌剧演出今天晚上七点就开始 ‖ K-(复合): ***Opern-***, ***-aufführung***, ***-besucher***, ***-spielplan*** **3.** e-e kulturelle Einrichtung, die die Aufführung von Opern (1) organisiert 歌剧团: *O. u. Schauspiel werden vom Staat subventioniert* 歌剧团和话剧团是由国家提供补助的; *Nach ihrer Ausbildung als Sängerin will sie an die O. gehen* 她想在歌手学业结束后到歌剧团工作 ‖ K-(复合): ***Opern-***, ***-chor***, ***-direktor***, ***-ensemble*** ‖ -K(复合): ***Staats-*** **4.** das Gebäude, in dem Opern (1) aufgeführt werden 歌剧院(大楼) ≈ Opernhaus ‖ *zu*(义项) **1.** **opern·haft** *Adj*(形)

Ope·ra·teur [-ˈtøːɐ] *der*; *-s*, *-e*; *geschr*[书]; derjenige Arzt, der (gerade) e-e bestimmte Operation (1) ausführt 手术医生,开刀的医生 ‖ NB(注意): Ärzte, deren Beruf es ist zu operieren, heißen *Chirurgen*(专职外科医生称为 Chirurg)

Ope·ra·ti·on [-ˈtsioːn] *die*; *-*, *-en* **1.** der Vorgang, bei dem ein Arzt j-n/etw. operiert (1)(外科)手术 ≈ chirurgischer Eingriff ⟨e-e gefährliche, harmlose, komplizierte, kosmetische O. 危险的、无危险的、复杂的、整容的手术; e-e O. ausführen, vornehmen 进行手术; sich e-r O. unterziehen 接受手术治疗⟩: *Die O. wurde unter Vollnarkose durchgeführt* 手术是在全身麻醉的情况下进行的 ‖ K-(复合): ***Operations-***, ***-narbe***, ***-schwester***, ***-tisch***, ***-trakt*** ‖ -K(复合): ***Augen-***, ***Blinddarm-***, ***Herz-***, ***Hüft-***, ***Kiefer-***, ***Magen-*** *usw*; ***Krebs-***; ***Schönheits-*** **2.** MIL【军】; relativ große, geplante Kampfhandlungen 作战行动 ⟨e-e militärische, strategische O. 军事的、战略的作战行动⟩: *die Operationen e-r Heeresgruppe in e-m bestimmten Gebiet leiten* 指挥某军团在某一地区的作战行动 ‖ K-(复合): ***Operations-***, ***-basis***, ***-plan*** **3.** *geschr*[书]; e-e komplizierte, technische od. mathematische Handlung 运算程序,演算,作业,操作: *die Operationen, mit denen ein Computer Befehle ausführt* 电子计算机执行命令时的运算程序 ‖ ID [谚] ***O. gelungen, Patient tot*** *gespr iron*[口][讽]; der Plan wurde zwar perfekt ausgeführt, doch das Ergebnis ist gerade das Gegenteil von dem, was beabsichtigt war 手术很成功,但病人死了(意即:计划执行很出色,结果却和预料的相反)

Ope·ra·ti·ons·saal *der*; der Raum in e-r Klinik *o. Ä.*, in dem Operationen ausgeführt werden(外科)手术室

ope·ra·tiv [-f] *Adj*(形); mittels e-r Operation 通过外科手术的,采用手术的≈ chirurgisch ⟨ein Eingriff 手术; etw. o. entfernen 通过外科手术摘除某物⟩: *e-e Warze o. entfernen* 通过外科手术摘除疣子

Ope·ra·tor *der*; *-s*, *Ope·ra·to·ren*; j-d, der beruflich (als Fachmann) große Computer bedient 电子计算机操作人员

Ope·ret·te *die*; *-*, *-n*; e-e Art lustige Oper 轻歌剧: *Die „Fledermaus“ ist e-e der beliebtesten Operetten von Johann Strauß*《蝙蝠》是约翰·施特劳斯(奥地利作曲家 1825—1899)最受欢迎的轻歌剧之一 ‖ K-(复合): ***Operetten-***, ***-aufführung***, ***-komponist***, ***-melodie***, ***-musik***, ***-sänger*** ‖ *hierzu*(派生) **ope·ret·ten·haft** *Adj*(形) ‖ NB(注意): ↑ ***Musical***

ope·rie·ren; *operierte*, *hat operiert*; Vt/i (及物/不及物) **1.** (***j-n/etw.***) ***o.*** als Arzt j-s Körper durch Schnitte öffnen, um e-e

Krankheit od. Verletzung zu behandeln 作手术，给…动手术〈e-n entzündeten Blinddarm, e-n Herzfehler, e-n Tumor o. 进行盲肠炎，心瓣膜病，肿瘤手术；ein frisch Operierter 刚刚动完手术的病人〉：*Er hat Krebs u. muss operiert werden* 他得了癌症，必须进行手术治疗；[Vt]（及物）**2. *j-n an etw.***（*Dat* 三格）***o.*** j-n an e-m bestimmten Teil des Körpers o.（1）给作…手术：*j-n am Darm, am Magen o.* 给某人作肠、胃手术；[Vi]（不及物）**3.** MIL【军】；e-e Operation（2）durchführen 采取作战行动 **4. *irgendwie o.*** *geschr*［书］≈ irgendwie handeln, vorgehen〈geschickt, vorsichtig, mit Tricks o. 机智地、小心地、巧妙地行动〉

Opern·füh·rer *der*；ein Buch, in dem die Handlungen u. Figuren bekannter Opern beschrieben sind 歌剧指南

Opern·glas *das*；ein kleines Fernglas, das man als Zuschauer in der Oper od. im Theater benutzt（观看歌剧使用的）小望远镜

Op·fer *das*；*-s*, *-* **1.** etw., auf das man für e-n bestimmten Zweck verzichtet, das man j-m gibt od. das man tut, obwohl es einem schwerfällt 牺牲〈ein großes, schweres O. 巨大的、惨重的牺牲；ein O. für j-n/etw. bringen 为某人/某事作出牺牲；j-m ein O. abverlangen, auferlegen 要求、迫使某人作出牺牲；ein O. nicht annehmen können 对牺牲无法接受〉：*Nur unter großen finanziellen Opfern konnte sie ihre Kinder studieren lassen* 只有在经济上付出巨大代价的情况下，她才得以让自己的孩子们上了大学 ‖ K-（复合）：***Opfer-, -bereitschaft, -freudigkeit, -mut; opfer-, -bereit, -freudig, -willig*** **2.** Tiere, Menschen od. Dinge, die man in e-r Zeremonie e-m Gott gibt 祭品，供品〈ein O. empfangen, verlangen 收到、要求祭品；j-m ein O. darbringen 向某人献上祭品〉：*versuchen, e-n Gott durch ein O. zu versöhnen* 试图通过祭祀求得上帝的宽恕 ‖ K-（复合）：***Opfer-, -gabe, -feuer, -lamm, -tier, -tod, -zeremonie*** ‖ -K（复合）：***Blut-, Brand-, Menschen-, Tier-; Dank-, Sühne-*** **3.** Geld, das man der Kirche *o. Ä.* schenkt 捐款，善款 ≈ Spende ‖ K-（复合）：***Opfer-, -büchse, -geld*** **4.** j-d, der（durch e-n Unfall, e-e Katastrophe, ein Verbrechen *o. Ä.*）Schaden leidet od. stirbt 受难者，遇难者，死难者，牺牲品：*O. des Krieges, e-s Justizirrtums, e-s Mörders, e-r Verwechslung werden* 成为战争的、误判的、杀人犯的、混同的牺牲品；*Die Pest forderte zahllose Opfer – die meisten Opfer waren in den Städten zu beklagen* 瘟疫夺走了无数人的生命——大多数死难者为城市居民 ‖ -K（复合）：***Kriegs-, Todes-, Unfall-, Verkehrs-*** **5. *j-m/etw. zum O. fallen*** von j-m/etw. verletzt, getötet, beschädigt od. zerstört werden 成为…的牺牲品，受害者，为…所杀害或破坏：*Ich bin e-m Betrüger zum O. gefallen* 我成了一个骗子的受害者 **6. *j-m etw. zum O. bringen*** j-m etw. schenken, auf das man nur sehr schwer verzichten kann 为…牺牲… **7. *ein O. der Flammen werden*** bei e-m Brand zerstört od. getötet werden 在火灾中遇难

Op·fer·gang *der*；*geschr*［书］；e-e Handlung, mit der man andere schonen od. retten will, obwohl man dabei selber leidet 自我牺牲〈e-n O. antreten 作自我牺牲〉

op·fern；*opferte*, *hat geopfert*；[Vt/i]（及物/不及物）**1.（*j-m*）（*etw.*）*o.*** e-m Gott ein Opfer（1）bringen（祭祀时）供奉，献上：*den Göttern ein junges Tier o.* 向诸神供上幼畜；[Vt]（及物）**2. *etw.*（*für j-n/etw.*）*o.*；（*j-m/etw.*）*etw. o.*** für e-n Menschen od. e-e Sache etw. tun od. geben, auf etw. Wertvolles verzichten 为…作出牺牲〈seine Gesundheit, seine Karriere o. 牺牲自己的健康、自己的前程；viel Zeit u. Geld o. 牺牲很多时间和金钱〉：*Für sein Hobby opfert er sein ganzes Taschengeld* 为了他的业余爱好，他花光了所有零花钱；*Seiner Idee hat er alles geopfert* 他为自己的想法牺牲了一切；[Vr]（反身）**3. *sich o.*** *iron*［讽］；etw., das andere nicht selbst tun können/wollen, für sie tun 作自我牺牲：*Wer opfert sich u. spült das Geschirr?* 谁作一下自我牺牲来洗碗？**4. *sich*（*für j-n*）*o.*** etw. für j-n tun, obwohl man dabei Schaden nimmt od. das Leben verliert（为…）作自我牺牲，献出生命：*Er opferte sich, um seine Kinder zu retten* 他为救自己的孩子们献出了生命 ‖ zu（义项）**1. Op·fe·rung** *die*

Op·fer·stock *der*；ein kleiner Kasten, in den man in der Kirche Geld als Spende wirft（教堂里的）捐献箱，善款箱

Opi *der*；*-s*, *-s*；*gespr*［口］≈ Opa（1）↔ Omi

Opi·at *das*；*-(e)s*, *-e*；e-e Substanz（*bes* ein Medikament），die Opium enthält 鸦片制剂

Opi·um *das*；*-s*；*nur Sg*（只用单数）；e-e Droge, die aus（Schlaf）Mohn gemacht wird, die Schmerzen stillt u. die als Rauschgift verwendet wird 鸦片〈O. nehmen, rauchen, schmuggeln 服用、吸食、走私鸦片〉‖ K-（复合）：***Opium-, -gesetz, -handel, -pfeife, -raucher, -schmuggel, -sucht***

op·po·nie·ren；*opponierte*, *hat opponiert*；[Vi]（不及物）（***gegen j-n/etw.***）***o.*** *geschr*［书］；anderer Meinung sein u. gegen j-n/etw. Widerstand leisten 反对，反驳，抗辩 ≈ sich（j-m/etw.）widersetzen,（j-m/etw.）widersprechen：*gegen e-e Autorität, gegen e-n Beschluss o.* 反对权威，反对决议

op·por·tun *Adj*（形）；*geschr*［书］；so, dass es in der gegebenen Situation günstig ist 恰当的，适宜的，有利的 ≈ angebracht ↔ inopportun：*Wir halten neue Steuern momentan nicht für o.* 我们认为新税收在目前是不适宜的

Op·por·tu·nis·mus *der*；*-s*；*nur Sg*, *geschr*, *oft pej*（只用单数）［书］常用［贬］；die Einstellung, bei der man seine Meinungen *o. Ä.* sehr schnell mit den einzelnen Situationen u. der Meinung anderer ändert, um Vorteile zu haben 机会主义；投机〈politischer O. 政治上的机会主义；aus（reinem）O. handeln 从（纯粹）机会主义出发来行事〉‖ *hierzu*（派生）**Op·por·tu·nist** *der*；*-en*, *-en*；**Op·por-**

tu·nis·tin *die*; -, *-nen*; **op·por·tu·nis·tisch** *Adj*(形)

Op·po·si·ti·on [-ˈtsio:n] *die*; -, *-en*; *mst Sg*(多用单数) **1.** die Parteien in e-m Parlament, die nicht an der Regierung beteiligt sind 反对党,在野党〈die parlamentarische O. 议会反对党团; ein Mitglied, Angehöriger der O. 反对党成员〉: *Der Vorschlag kam aus den Reihen der O.* 建议出自反对党; *Die O. lehnt das Gesetz ab* 反对党拒绝这项法律 ‖ K-(复合): ***Oppositions-, -bank, -führer, -partei*** **2.** *Kollekt*(集合); die Menschen, die gemeinsam e-e andere als die offizielle Meinung, Lehre od. Politik haben 反对派〈die innerparteiliche, außerparlamentarische O. 党内的、院外的反对派; sich der O. anschließen, in die O. gehen 加入反对派,成为反对派〉: *Die O. probt den gewaltlosen Widerstand* 反对派尝试进行非暴力抵抗 **3.** *geschr*[书] ≈ Widerstand, Widerspruch ↔ Übereinstimmung〈jede O. unterdrücken 压制任何反对意见; etw. aus O. tun 出于反对做某事〉: *Es gibt mehr O. als Zustimmung zu seinen Sparvorschlägen* 对他提出的节约建议,反对的比赞成的多 ‖ K-(复合): ***Oppositions-, -geist*** **4.** ***in O. zu etw.*** im Gegensatz zu etw. 与…相反,与…相对〈etw. steht in O. zu etw. 某事与某事相反(截然不同)〉‖ *hierzu*(派生) **op·po·si·ti·o·nell** *Adj*(形)

op·tie·ren; *optierte*, *hat optiert*; Vi(不及物) ***für etw. o.*** *geschr*[书]; sich für etw. (*bes* e-e bestimmte Staatsangehörigkeit) entscheiden 选择,选定(尤指国籍)

Op·tik *die*; -; *nur Sg*(只用单数) **1.** PHYS【物】; das Gebiet der Physik, das sich mit dem Licht u. seiner Wahrnehmung beschäftigt 光学 **2.** *geschr*[书]; der visuelle Eindruck, den etw. macht 视觉效果,外观: *Die Blumen am Fenster haben die O. des Raumes verbessert* 窗前的鲜花使房间增辉生色

Op·ti·ker *der*; *-s*, *-*; j-d, der beruflich Brillen, Mikroskope, Ferngläser *usw* macht, repariert u. verkauft 光学仪器的制造者、技师、出售者,验光人员;眼镜商 ‖ K-(复合): ***Optiker-, -geschäft, -laden*** ‖ -K(复合): ***Augen-*** ‖ *hierzu*(派生) **Op·ti·ke·rin** *die*; -, *-nen*

op·ti·mal *Adj*(形); so gut, wie es in e-r bestimmten Situation überhaupt möglich ist 最佳的,最理想的,尽善尽美的 ≈ bestmöglich〈die Lösung, der Zustand 解决办法,状态; etw. o. gestalten, nutzen, verwerten 以最佳方式布置、使用、利用某物〉‖ *hierzu*(派生) **op·ti·mie·ren** (*hat*) *Vt geschr*(及物)[书]

Op·ti·mis·mus *der*; -; *nur Sg*(只用单数); e-e Einstellung zum Leben od. e-e Denkweise, bei der j-d (immer) das Beste erwartet od. nur die gute Seite von etw. sieht 乐观主义,乐观态度 ↔ Pessimismus〈gedämpfter, unerschütterlicher O. 克制的、坚定的乐观态度; sich seinen O. bewahren 保持乐观主义精神; voller O. sein 非常乐观〉‖ -K(复合): ***Fortschritts-, Zweck-*** ‖ *hierzu*(派生) **Op·ti·mist** *der*; *-en*, *-en*; **Op·ti·mis·tin** *die*; -, *-nen*; **op·ti·mis·tisch** *Adj*(形)

Op·ti·mum *das*; *-s*, *Op·ti·ma*; *geschr*[书]; das beste Ergebnis, das in e-r bestimmten Situation möglich ist 最佳值,理想值,最适度,最优状态,最佳状态,最佳效果 ≈ Höchstmaß: *ein O. an Leistung erreichen* 达到最佳效率,取得最好成绩

Op·ti·on [-ˈtsio:n] *die*; -, *-en*; **1.** *bes* INFORM 尤指【信息】; eine von mehreren Möglichkeiten, unter denen man wählen kann 可选项 **2.** ***e-e O. auf etw.*** (*Akk* 四格) ***haben*** WIRTSCH, JUR【经】【法】; für den Kauf *o. Ä.* e-r Ware vorgemerkt sein, aber noch nicht fest zugesagt haben. Der Geschäftspartner hat sich verpflichtet, bis zu e-m bestimmten Termin auf die Entscheidung zu warten 优先购买权

op·tisch *Adj*(形) **1.** mit dem Auge wahrgenommen 视觉的 ≈ visuell〈ein Eindruck, ein Reiz, e-e Täuschung 印象,刺激,错觉〉**2.** *nur attr*, *nicht adv*(只作定语,不作状语); mit Linsen, Spiegeln *o. Ä.* (ausgestattet) 光学的〈Geräte, Instrumente 仪器,工具〉**3.** *nur attr od adv*(只作定语或状语); in Bezug auf die Wirkung, die etw., das man sieht, auf einen hat 视觉效果的: *Sie hat ihre Möbel aus optischen Gründen umgestellt* 出于视觉效果的考虑,她把家具作了重新摆放

opu·lent *Adj*(形); *mst attr*, *geschr*(多作定语)[书]; viel u. gut 丰盛的,丰裕的,丰富的 ≈ üppig〈ein Mahl 一餐; o. speisen 吃得很丰盛〉‖ *hierzu*(派生) **Opu·lenz** *die*; -; *nur Sg*(只用单数)

O

Opus *das*; -, *Ope·ra*; *geschr*[书] **1.** *nur Sg*(只用单数); verwendet mit e-r Zahl, um ein Werk e-s Komponisten zu bezeichnen(作曲家的)作品编号; *Abk* 缩写 op.: *Händels Orgelkonzert op. 4* 亨德尔管风琴音乐会作品第四号 **2.** *mst Sg*(多用单数); ein literarisches od. musikalisches Werk(文学或音乐)作品,著作,作曲: *j-s neuestes O.* 某人的最新作品 **3.** *mst Sg*(多用单数); das gesamte Werk e-s Schriftstellers od. Komponisten(一位作家或作曲家的)全部作品

Ora·kel *das*; *-s*, - **1.** ein geheimnisvoller Spruch, mit dem j-d etw. darüber sagt, was in der Zukunft geschehen wird 预言,神秘的预示,神谕,天启〈ein O. verkünden, auslegen, deuten 宣示、解释、说明一个预言; ein O. erfüllt sich 预言正在实现〉‖ K-(复合): ***Orakel-, -spruch*** **2.** ein od. mehrere Priester, die (*bes* im antiken Griechenland) an e-m bestimmten heiligen Ort das O. (1) verkünden 神谕宣示人,先知,神使,预言者〈ein O. befragen 向神谕宣示人问卜; das O. von Delphi 德尔斐神托所(神谕宣示所)〉‖ *zu*(义项) **1. ora·kel·haft** *Adj*(形); **ora·keln** (*hat*) *Vt/i*(及物/不及物)

oral *Adj*(形); *nur attr od adv*(只作定语或状语) **1.** MED【医】; so, dass es durch den Mund in den Körper gelangt 口服的〈ein Medikament 药物; etw. o. einnehmen, verabreichen 口服

某物，给人口服某物〉 **2.** in Bezug auf sexuelle Handlungen mit dem Mund 口交的〈Verkehr 性行为；j-n o. befriedigen 用口交满足某人〉

Oran·ge[1] [oˈrãːʒə, oˈraŋʒə] *die*；-，-*n*；e-e süße, runde Frucht mit dicker, rotgelber Schale, die in warmen Ländern wächst u. die innen in Spalten unterteilt ist 橙子≈ Apfelsine 〈e-e O. auspressen, schälen 榨橙汁，剥橙皮〉‖ ↑ *Abb. unter* 图见 **Obst** ‖ K-（复合）：***Orangen-***，***-baum***，***-limonade***，***-marmelade***，***-saft***，***-schale***，***-scheibe***，***-schnitz***

Oran·ge[2] [oˈrãːʒ(ə), oˈraŋʒ(ə)] *das*；-；*nur Sg*（只用单数）；die Farbe, die entsteht, wenn man Gelb mit Rot mischt 橙色，桔黄色〈ein helles, kräftiges, leuchtendes O. 浅的、深的、发亮的桔黄色〉‖ *hierzu*（派生）**oran·ge·far·ben** *Adj*；（形）**oran·ge·far·big** *Adj*（形）

oran·ge [oˈrãːʒ(ə), oˈraŋʒ(ə)] *Adj*（形）；von der Farbe Orange[2] 橙色的，橙黄色的，桔黄色的：*ein Bauarbeiter mit oranger Jacke* 穿桔黄色夹克的建筑工人；*Mandarinen sind o.* 橘子呈橙色 ‖ K-（复合）：***orange-***，***-rot*** ‖ NB（注意）：Die flektierten Formen werden nur in der gesprochenen Sprache verwendet. Um sie zu vermeiden, verwendet man *orangefarben od orangefarbig*（词尾变化只在口语中使用。为避免这一点，可使用 *orangefarben* 或 *orangefarbig*）

Oran·geat [oraŋˈʒaːt] *das*；-*s*；*nur Sg*；（只用单数）die mit Zucker konservierte Schale von Orangen, die man *bes* für Kuchen verwendet（作糕点用的）蜜饯柑桔皮〈O. u. Zitronat 蜜饯柑桔皮和蜜饯柠檬皮〉

Orang-Utan [oraŋˈuːtan] *der*；-*s*，-*s*；ein großer (Menschen)Affe mit langem, bräunlichem Fell u. sehr langen Armen 猩猩

ora·to·risch *Adj*（形）；*nur attr od adv*，*geschr*（只作定语或状语）［书］；in Bezug auf j-s Fähigkeiten als Redner 善于演说的，善于辞令的，有口才的，雄辩的≈ rednerisch〈Geschick, e-e Leistung 技巧，才能〉

Ora·to·ri·um *das*；-*s*，*Ora·to·ri·en* [-iən]；MUS【音】；ein großes musikalisches Werk für Sänger u. Orchester mit ernstem od. religiösem Inhalt 清唱剧，（内容严肃的、带宗教色彩的）大型乐曲，圣乐〈ein O. komponieren, aufführen 创作、演出清唱剧〉：*ein O. von J. S. Bach J·S·*巴赫（伟大的德国作曲家，1685—1750）的一部清唱剧 ‖ -K（复合）：***Weihnachts-***

Or·ches·ter [ɔrˈkɛstɐ] *das*；-*s*，- **1.** e-e ziemlich große Gruppe von Musikern, die gemeinsam mit e-m Dirigenten Musik machen u. Konzerte geben 乐团，乐队〈das städtische O. 市乐团；ein sinfonisches O. 交响乐团；ein O. dirigieren, leiten 指挥、领导一个乐团；das O. probt, geht auf Tournee, gibt ein Konzert, spielt unter der Leitung von j-m 乐团排练，进行巡回演出，举行音乐会，由某人指挥演奏〉‖ K-（复合）：***Orchester-***，***-begleitung***，***-konzert***，***-mitglied*** ‖ -K（复合）：***Blas-***，***Streich-***；***Laien-***，***Rundfunk-***，***Schul-***，***Sinfonie-***，***Unterhaltungs-*** **2.** der tiefer gelegene Raum vor e-r Bühne, in dem das O. (1) sitzt u. spielt 乐池 ≈ Orchestergraben ‖ *zu*（义项）**1. or·chest·ral** *Adj*（形）

Or·ches·ter·gra·ben *der* ≈Orchester (2) ‖ ↑ *Abb. unter* 图见 **Theater**

or·chest·rie·ren [-k-]；*orchestrierte*，*hat orchestriert*；**Vt**（及物）***etw. o.*** ein Musikstück so gestalten od. ändern, dass es von e-m Orchester (1) gespielt werden kann 将…改编成乐队演奏的乐曲 ‖ *hierzu*（派生）**Or·chest·rie·rung** *die*

Or·chi·dee [-ˈdeː(ə)] *die*；-，-*n*；e-e Blume der tropischen Länder, die sehr schöne Blüten hat 兰花

Or·den[1] *der*；-*s*，-；*mst* ein kleines Stück Metall an e-m farbigen Band, das j-d (als Auszeichnung) für e-e besondere Tat od. Leistung bekommt 勋章〈j-m einen O. verleihen, an die Brust heften 授予某人勋章，把勋章戴在某人胸前；e-n O. tragen 佩戴勋章；mit e-m O. ausgezeichnet werden 被授予勋章〉‖ K-（复合）：***Ordens-***，***-band***，***-stern***，***-träger***，***-verleihung*** ‖ -K（复合）：***Lebensretter-***，***Verdienst-***

Or·den[2] *der*；-*s*，-；*Kollekt*（集合）；e-e Gruppe von Menschen, die gemeinsam nach festen Regeln ihrer Religion *bes* in e-m Kloster leben 修会，僧团，教团〈ein strenger O. 教规严格的教团；e-n O. gründen, stiften 成立、创办教团；e-m O. beitreten, angehören 加入、属于一个教团〉：*Franz von Assisi gründete den O. der Franziskaner* 阿西西（意）的方济各建立了方济各会 ‖ K-（复合）：***Ordens-***，***-bruder***，***-burg***，***-gründer***，***-gründung***，***-kleid***，***-regel***，***-schwester***，***-tracht***

or·dent·lich *Adj*（形）**1.**〈e-e Wohnung, ein Zimmer 住宅，房间〉so, dass alle Dinge darin (gepflegt, sauber u.) an ihrem Platz sind 整齐的，井井有条的，整洁的↔ unordentlich：*sein Zimmer o. aufräumen* 将自己的房间收拾整齐；*die Wäsche o. in den Schrank legen* 将衣服整齐地放在柜子里 **2.**〈Menschen 人〉so, dass sie dafür sorgen, dass ihre Sachen o. (1) sind 守纪律的，守秩序的，有礼貌的≈ ordnungsliebend ↔ unordentlich：*ein ordentlicher u. fleißiger Schüler* 一位守纪律又用功的学生 **3.** so, wie es den Normen der Gesellschaft entspricht 规矩的，正派的，品行端正的，体面的 ≈ anständig〈ein Benehmen, ein Beruf, Leute 举止，职业，人们；sich o. benehmen 行为规矩；ein ordentliches Leben führen 生活正派〉**4.** *gespr*［口］；so, wie es dem Zweck entspricht (u. wie man es sich daher wünscht) 像样的，正经的 ≈ richtig：*Vor der Arbeit brauche ich erst einmal ein ordentliches Frühstück* 工作之前我得先吃一顿正经的早餐；*etw. Ordentliches zu essen* 吃点像样的东西 **5.** *nur attr od adv*，*gespr*（只作定语或状语）［口］；sehr stark, sehr intensiv 很大的，很多的，很充分的：*Gestern hat es o. geregnet* 昨天雨下得很大；*Ich bin o. nass geworden* 我身上都湿透了；*Du hast mir* *e-n ordentlichen Schrecken eingejagt* 你着实吓了我一跳 **6.** *nur attr*, *nicht adv*（只用定语，不作状语）；mit den normalen Aufgaben, Rechten u. Pflichten 正规的，正式的 ≈ planmäßig ↔ außerordentlich 〈ein Gericht, ein Mitglied, ein Professor 法庭，成员，教授〉 ‖ *zu*（义项）**1.** u. **2.** **Or·dent·lich·keit** *die*; *nur Sg*（只用单数）

Or·der[1] *die*; -, *-n*; *mst Sg*, MIL（多用单数）【军】≈ Befehl 〈(e-e) O. ausgeben 下达命令；j-m (e-e) O. geben 向某人下命令〉：*Sie hatten (die) O., die Brücke zu verteidigen* 他们得到命令守卫这座桥 ‖ ▶ **beordern**

Or·der[2] *die*; -, *-s*; WIRTSCH【经】；ein Auftrag, mit dem ein Kunde e-e Ware bestellt 订货单，订单 ‖ K-(复合)：***Order-***, ***-buch***, ***-eingang*** ‖ *hierzu*（派生）**or·dern** (*hat*) *Vt*（及物）

Or·di·nal·zahl *die*; e-e Zahl, mit der man e-e Stelle in e-r Reihenfolge bezeichnet 序数，序数词，顺序号码≈ Ordnungszahl ↔ Grundzahl, Kardinalzahl：*Die Ordinalzahlen „erster", „zweiter" kann man auch als 1., 2. schreiben* 序数词"第一""第二"也可写作1.,2.

or·di·när *Adj*（形）**1.** *pej*［贬］；(*bes* in Bezug auf sexuelle Dinge) nicht so zurückhaltend, höflich *o.Ä.*, wie es den Normen der Gesellschaft entsprechen würde 粗俗的，猥亵的，下流的，不三不四的 ≈ unanständig ↔ fein 〈Menschen, Witze, Wörter 人，笑话，词语；o. lachen, sprechen 下流地笑，说〉 **2.** *nur attr*, *nicht adv*（只作定语，不作状语）；nicht von besonderer Art 普通的 ≈ alltäglich, gewöhnlich ↔ außergewöhnlich：*Das ist kein besonderer Stoff, sondern ganz ordinäre Baumwolle* 这不是什么特殊的材料，而是最普通的棉花

Or·di·na·ri·at *das*; -(*e*)*s*, *-e*; KATH【天主】；die Behörde (1), die ein Bistum verwaltet 主教辖区的主管机构 〈das bischöfliche O. 主教团〉

Or·di·na·ri·us *der*; -, *Or·di·na·ri·en* [-iən]; ein Professor an e-r Hochschule, der e-n Lehrstuhl hat 正教授

Or·di·na·te *die*; -, *-n*; MATH【数】；der Abstand, den ein Punkt von der waagrechten (x-)Achse e-s Koordinatensystems hat 垂线距离，纵座标↔ Abszisse ‖ K-(复合) ***Ordinaten-***, ***-achse***

Or·di·na·ti·on [-ˈtsioːn] *die*; -, *-en* **1.** REL【宗】；die Feier, bei der ein Priester geweiht u. in sein Amt eingeführt wird(牧师)就职仪式 **2.** Ⓐ［奥］die Sprechstunde e-s Arztes 门诊时间 ‖ K-(复合)：***Ordinations-***, ***-hilfe*** **3.** Ⓐ［奥］die Praxis e-s Arztes 门诊 ‖ K-(复合)：***Ordinations-***, ***-zimmer*** ‖ *zu*（义项）**1.** u. **2.** **or·di·nie·ren** (*hat*) *Vt*（及物）

ord·nen; *ordnete*, *hat geordnet*; Vt（及物）**1.** ***etw.*** (*Kollekt od Pl* 集合或复数) (***irgendwie***) ***o.*** Dinge in e-e bestimmte Reihenfolge od. an ihre Plätze bringen, sodass sie leicht zu finden sind 整理，收拾：*seine Briefmarkensammlung nach Ländern o.* 将自己收集的邮票按照国家分类整理；*die Bücher nach Sachgruppen u. Autoren o.* 根据专业类别和作者分类整理书籍；*die Haare o.* 整理头发；*seine Gedanken o.* 理清自己的思绪 **2.** ***etw.*** (*Kollekt od Pl* 集合或复数) ***o.*** dafür sorgen, dass etw. so wird, wie es sein soll, u. nicht mehr verändert werden muss 安排，处理≈ regeln (1) 〈seine dienstlichen, privaten Angelegenheiten o. 安排自己的公务、私事；e-n Nachlass o. 处理遗产；in geordneten Verhältnissen (= den gesellschaftlichen Normen entsprechend) leben 过安分守己的日子，安守本分地生活；etw. verläuft in geordneten Bahnen 某事按计划进行〉

Ord·ner[1] *der*; *-s*, -; j-d, der bei e-r großen Veranstaltung den Teilnehmern ihre Plätze zeigt u. Auskunft gibt(大型活动)维持秩序的服务人员：*den Anweisungen der Ordner folgen* 服从会场服务人员的安排 ‖ -K(复合)：***Fest-***, ***Saal-***

Ord·ner[2] *der*; *-s*, -; **1.** e-e Art Mappe aus dicker Pappe od. Plastik, in der man Papiere aufbewahrt od. ordnet 文件夹〈e-n O. anlegen 摆放文件夹；Rechnungen in e-m O. abheften 将账单放进文件夹里〉 ‖ -K(复合)：***Akten-*** **2.** INFORM【信息】；ein Teil der Festplatte od. Diskette, dem man e-n Namen gibt u. in dem man Dateien ablegen kann 文件夹〈e-n O. anlegen 建一个文件夹；e-e Datei in e-m O. abspeichern, ablegen 在文件夹里存储，存放数据〉

Ord·nung *die*; -, *-en* **1.** *nur Sg*（只用单数）；der Zustand, in dem alle Dinge an ihrem Platz sind 整齐，条理，秩序 ↔ Unordnung 〈mustergültige, peinliche, vorbildliche O. 模范的、严密的、堪作榜样的秩序；O. halten, machen, schaffen 保持整齐，整理，整顿；etw. in O. bringen, halten 把某物整理好，保持整齐；für O. sorgen 维持秩序〉：*In seinem Schrank herrscht O.* 他的柜子里收拾得很整齐 ‖ K-(复合)：***Ordnungs-***, ***-liebe***, ***-sinn***; ***ordnungs-***, ***-liebend*** **2.** *nur Sg*（只用单数）；der Zustand, in dem j-d gesund ist, etw. funktioniert od. alles so ist, wie es sein soll(健康、情况)正常，(状态)良好〈alles ist in bester, schönster O. 一切都非常正常；etw. kommt, ist in O. 某事已经就绪，情况良好(顺利)；etw. in O. bringen, halten 把某事办好，把某物维护好〉：*Mit dem Staubsauger ist etwas nicht in O., er macht so komische Geräusche* 吸尘器有点不正常，老有奇怪的声音；*Herbert war krank, aber jetzt ist er wieder in O.* 赫伯特病了，但他现在已经好了；*Er entschuldigte sich u. brachte die Sache damit in O.* 他道歉了，事情也就解决了；*Sie haben sich gestritten, aber das kommt schon wieder in O.* 他们吵架了，不过现在没事了；*Sie hat das kaputte Radio wieder in O. gebracht* 她把坏了的收音机修好了 **3.** *nur Sg*, *gespr*（只用单数）［口］；der Zustand, in dem j-d mit etw. zufrieden od. einverstanden ist 好，可以，正常，妥当〈etw. in O. finden 觉得某物还可以；etw. ist, geht in O. 某事没有问题，不会有问题〉：

O

*Findest du es in O., dass er so frech ist?*你觉得他这么放肆正常吗？；„*Wir treffen uns im Schwimmbad*“ – „(*Ist/Geht*) *in O.!*““我们在游泳池碰头”——“好吧！” **4.** *nur Sg*（只用单数）；der Zustand, in dem die Menschen sich nach Gesetzen u. Regeln richten 秩序〈die öffentliche O. 公共秩序；die O. bewahren, gefährden 维持、危害秩序；Gesetz u. O. aufrechterhalten 维护法律和秩序；für O. sorgen 维持秩序〉：*Es herrscht Ruhe u. O. im Land* 国内生活安定，秩序良好；*Bringen Sie mal O. in Ihre Abteilung – hier herrscht ja keine Disziplin!* 请整顿一下您的部门——这儿纪律太差劲了！ **5.** *nur Sg*（只用单数）；die Gesetze u. Regeln, nach denen sich die Menschen richten 制度，体制〈die demokratische, öffentliche, verfassungsmäßige O. 民主的、社会的、符合宪法的制度；gegen die O. verstoßen 违反制度〉‖ -K（复合）：***Gesellschafts-, Gewerbe-, Grund-, Prüfungs-, Studien-*** **6.** *nur Sg*（只用单数）；das Prinzip, nach dem Dinge angeordnet werden 顺序，次序≈ Reihenfolge〈e-e alphabetische, chronologische, systematische O. 按字母的、按时间先后的、按系统的顺序；etw.（*Dat* 三格）e-e O. geben 给某事排顺序〉 **7.** *nur Sg*（只用单数）；die Handlungen, bei denen man etw. ordnet (1,2) 整理：*Er ist mit der O. seiner Akten beschäftigt* 他正忙着整理文件（案卷） **8.** BIOL【生】；e-e Kategorie im System der Lebewesen（生物分类中的）目：*In der Klasse „Säugetiere“ gibt es e-e O. „Raubtiere“, zu der die Familie der Katzen (Löwen, Tiger usw) gehört* 在“哺乳动物”纲中有“食肉动物”目，猫科（狮子、虎等）即属于该目 **9.** *nur Sg*（只用单数）；***erster/zweiter/dritter ... O.*** auf der ersten/zweiten/dritten... Stufe in e-r Hierarchie in Bezug auf die Wichtigkeit e-r Sache（表示重要性的等级顺序）一级/二级/三级…：*ein Problem erster O.* 首要问题；*e-e Landstraße dritter O.* 三级公路 **10.** ***j-n zur O. rufen*** j-m sagen, dass er aufhören soll, gegen die Regeln zu verstoßen 叫某人遵守秩序：*Der Richter rief die Zuschauer zur O., als sie zu laut wurden* 听众声音太大，法官要求他们肃静

ọrd·nungs·ge·mäß *Adj*（形）；so, wie es sein muss u. den Regeln entspricht 按照规章制度的，按规定的，符合规章制度的，符合规定的 ≈ vorschriftsmäßig〈ein Verhalten 行为〉：*e-n Auftrag o. ausführen* 按规定执行订货任务；*ein Auto o. parken* 按规定停放汽车

ọrd·nungs·hal·ber *Adv*（副）；nicht weil es nötig, sondern weil es so üblich ist 按制度，按规定：*Ich werde o. um Erlaubnis fragen, aber ich bin sicher, dass wir das tun können* 我将按制度去请求批准，不过我肯定这件事我们可以办

Ọrd·nungs·hü·ter *der*；*hum/iron*［诙/讽］≈ Polizist

Ọrd·nungs·stra·fe *die*；JUR【法】；e-e Strafe für e-e Ordnungswidrigkeit 纪律处分，对违纪、违章、违规和破坏公共秩序的行为的处罚

Ọrd·nungs·wid·rig·keit *die*；JUR【法】；e-e Handlung, die gegen amtliche Vorschriften verstößt, aber nicht kriminell ist, u. für die man e-e kleine Strafe zahlen muss 违章行为，违规行为〈e-e O. begehen 违反规章制度，作出违规行为〉：*Falsches Parken ist e-e O.* 乱停车是一种违章行为 ‖ *hierzu*（派生）**ọrd·nungs·wid·rig** *Adj*（形）

Ọrd·nungs·zahl *die* ≈ Ordinalzahl

Or·do·nanz Or·don·nanz *die*；-，-*en*；MIL【军】；ein Soldat, der in e-r Kantine für Offiziere das Essen austeilt, die Tische deckt *usw* 勤务兵

Ore·ga·no *der*；-；*nur Sg*（只用单数）；e-e Pflanze, deren Blätter als Gewürz *bes* für italienische Speisen (*z.B.* Pizza) verwendet werden 牛至（叶子芳香，可作调料）≈ wilder Majoran

ORF [oː|ɛrˈ|ɛf] *der*；-；*nur Sg*（只用单数） **1.** (*Abk für* 缩写，全称为 Österreichischer Rundfunk) die staatlichen österreichischen Radio- u. Fernsehsender 奥地利国家广播电视台 **2.** die österreichischen Fernsehprogramme 奥地利电视台的节目：*Was kommt heute im ORF?* 今天奥地利电视台有什么节目？

Or·gan *das*；-*s*，-*e* **1.** ein Teil des Körpers, der e-e spezielle Funktion hat 器官〈die inneren Organe 内脏器官；ein O. spenden, verpflanzen 捐献、移植器官〉：*Herz, Leber u. Magen sind wichtige Organe* 心脏、肝脏和胃是重要的器官 ‖ K-（复合）：***Organ-, -empfänger, -entnahme, -funktion, -spende, -spender, -transplantation, -verpflanzung*** ‖ -K（复合）：***Atmungs-, Fortpflanzungs-, Verdauungs-*** **2.** e-e Zeitung od. Zeitschrift, die den Zielen e-r Organisation dient u. von ihr herausgegeben wird 机关刊物，机关报 ‖ -K（复合）：***Partei-, Vereins-*** **3.** e-e Abteilung (*z.B.* e-r Regierung od. Verwaltung) für bestimmte Aufgaben 机关，机构〈ein ausführendes, gesetzgebendes, staatliches, untergeordnetes, zentrales O. 执行机关，立法机关，国家机关，下级机关，中央机关〉‖ -K（复合）：***Kontroll-, Partei-, Verwaltungs-*** **4.** *gespr*［口］≈ Stimme〈ein lautes, unangenehmes O. haben 有大嗓门，难听的嗓门〉

Or·gan·bank *die*；e-e Institution, die Organe (1) für Transplantationen sammelt u. aufbewahrt（供移植手术用的）器官库

Or·ga·ni·sa·ti·on [-ˈtsioːn] *die*；-，-*en* **1.** e-e Gruppe von Menschen mit e-m gemeinsamen Ziel od. e-r gemeinsamen Aufgabe (*z.B.* ein Verein, ein Geschäft od. e-e Partei) 组织，机构〈e-e kirchliche, militärische, politische O. 教会组织，军事组织，政治组织；e-r O. angehören 属于一个组织；Mitglied e-r O. sein 是一个组织的成员〉：*Die Caritas ist e-e O. der katholischen Kirche* 卡里塔斯（德国慈善协会）是天主教教会的一个组织 ‖ K-（复合）：***Organisations-, -beschluss, -büro, -gründung*** ‖ -K（复合）：***Arbeiter-, Berufs-, Hilfs-, Untergrund-*** **2.** *nur Sg*（只用单数）；das Organisieren (1) 组

O

织（工作），筹办：*für die O. e-s Festes verantwortlich sein* 负责庆祝活动的组织工作 ‖ K-(复合)：**Organisations-**，**-fehler**，**-gabe**，**-talent**，**-tätigkeit** **3.** *nur Sg*（只用单数）；der Aufbau u. der Ablauf nach e-m festen Plan 组织结构〈die O. der Arbeit, e-s Betriebes, der Verwaltung 劳动的、企业的、管理的组织结构〉 ‖ K-(复合)：**Organisations-**，**-form** ‖ -K(复合)：**Arbeits-**，**Betriebs-** **4.** *nur Sg*(只用单数)；das Organisieren (4)组织：*Die Gewerkschaft bemüht sich um die O. der Angestellten* 工会努力把职员组织起来 ‖ K-(复合)：**Organisations-**，**-verbot**

Or·ga·ni·sa·tor *der*；*-s*，*Or·ga·ni·sa·to·ren*；j-d, der etw. (*z. B.* ein Fest, e-e Ausstellung) organisiert (1)组织者 ‖ *hierzu*（派生）**Or·ga·ni·sa·to·rin** *die*；*-*，*-nen*

or·ga·ni·sa·to·risch *Adj*(形)；*nur attr od adv*（只作定语或状语）；in Bezug auf das Organisieren (1)组织方面的〈Mängel, Maßnahmen, ein Problem 缺陷，措施，问题；o. begabt sein 具有组织才能〉

or·ga·nisch *Adj*（形）**1.** in Bezug auf j-s Organe (1)器官的 ↔ psychisch〈ein Defekt, ein Leiden 缺陷，疾病；o. gesund, krank sein 器官健康，有病〉 **2.** *geschr*［书］；〈ein Bestandteil, e-e Entwicklung 组成部分，发展；etw. ist o. gewachsen 某物发展得很和谐〉so, dass sie e-e harmonische Einheit (mit etw.) bilden 有机的，和谐的 ↔ unorganisch：*e-e alte, o. gewachsene Stadt* 一座和谐发展的古老城市 **3.** CHEM【化】；〈e-e Säure, e-e Substanz, e-e Verbindung 酸，物质，化合物〉so, dass sie aus Verbindungen des Kohlenstoffs bestehen u. im Körper von Tieren od. Pflanzen vorkommen 有机的 ↔ anorganisch **4.** ***die organische Chemie*** die Chemie, die sich mit organischen (3) Substanzen beschäftigt 有机化学

or·ga·nisch-bi·o·lo·gisch *Adj*（形）；ohne Kunstdünger u. Gifte 有机生物的，使用有机肥料(种植)的〈ein Anbau 种植；Gemüse, Obst 蔬菜，水果〉

or·ga·ni·sie·ren；*organisierte*，*hat organisiert*；[Vt/i]（及物/不及物）**1.** (***etw.***) ***o.*** etw., an dem *mst* viele Personen beteiligt sind, planen, vorbereiten u. durchführen 组织，筹办，安排〈e-e Ausstellung, ein Fest, e-n Streik, e-e Tagung, e-e Veranstaltung, den Widerstand o. 组织展览、庆祝活动、罢工、大会、活动、反抗〉 **2.** (***etw.***) ***o.*** *gespr euph*［口］［婉］≈ stehlen；[Vt]（及物）**3.** ***j-n/etw. o.*** *gespr*［口］；dafür sorgen, dass j-d kommt od. dass etw. da ist 设法请到(人)/负责弄到(物) ≈ besorgen：*Organisierst du die Getränke für die Feier?* 是你负责庆祝活动的饮料吗？；[Vr]（反身）**4.**〈Personen 人〉***organisieren sich*** mehrere Personen bilden e-e Gruppe od. Organisation, um gemeinsam etw. zu tun od. für etw. zu kämpfen (人作主语)组织起来，团结起来〈sich genossenschaftlich, gewerkschaftlich, politisch o. 以合作形式、以工会形式、从政治上组织起来〉：*Die Bauern haben sich in Genossenschaften organisiert* 农民们组成了合作社 ‖ *zu*（义项）**1.** u. **3.** **Or·ga·ni·sie·rung** *die*；*nur Sg*（只用单数）

or·ga·ni·siert **1.** *Partizip Perfekt*（过去分词）；↑ **organisieren** **2.** *Adj*（形）；*nur attr, nicht adv*（只作定语，不作状语）；von e-r Verbrecherorganisation (wie *z. B.* der Mafia) systematisch geplant u. durchgeführt 有组织的，经过组织的〈die Kriminalität, das Verbrechen 犯罪，罪行〉 **3.** *Adj*（形）；*mst attr*（多作定语）；in Form von Gruppen od. Organisationen 有组织(形式)的〈Verbrecherbanden 犯罪团伙；e-e Protestbewegung, der Widerstand 抗议活动，抵抗〉

Or·ga·nis·mus *der*；*-*，*Or·ga·nis·men*；*geschr*［书］**1.** der Körper e-s Menschen od. Tieres (als ein System von Organen) 机体〈der menschliche, tierische O. 人的、动物的机体；ein lebender O. 活的机体〉：*Sein O. ist durch die Operation geschwächt* 他的机体由于手术而衰弱 **2.** ein (*bes* sehr kleines) Lebewesen 生物(尤指细小的生物)，有机体〈mikroskopische, winzige Organismen 用显微镜才能看到的，微小的生物〉 ‖ -K(复合)：**Mikro-** **3.** ein System von vielen einzelnen Teilen, von denen jeder e-e wichtige Aufgabe erfüllt 机构，组织：*Der Staat ist ein komplizierter O.* 国家是一个复杂的机构 ‖ -K(复合)：**Staats-**，**Wirtschafts-**

Or·ga·nist *der*；*-en*，*-en*；j-d, der (oft beruflich) in e-r Kirche die Orgel spielt 管风琴师，管风琴演奏者 ‖ NB（注意）：*der Organist; den, dem, des Organisten*

Or·gas·mus *der*；*-*，*Or·gas·men*；der (kurze) Zustand des höchsten sexuellen Genusses 性高潮 ≈ Höhepunkt〈e-n O. bekommen, haben 达到，有性高潮；zum O. kommen 达到性高潮〉 ‖ *hierzu*（派生）**or·gas·tisch** *Adj*（形）；*nicht adv*（不作状语）

Or·gel *die*；*-*，*-n*；ein sehr großes Musikinstrument mit vielen unterschiedlich hohen u. dicken Pfeifen, das *mst* in Kirchen steht 管风琴〈e-e O. bauen 制造管风琴；die/auf der O. spielen 演奏管风琴〉：*ein Konzert für O. und Violine* 管风琴与小提琴音乐会 ‖ K-(复合)：**Orgel-**，**-konzert**，**-musik**，**-pfeife**，**-spiel** ‖ -K(复合)：**Dom-** ‖ ▶ **Organist**

or·geln；*orgelte*，*hat georgelt*；[Vi]（不及物）**1.** auf e-r Orgel spielen 演奏管风琴 **2.** ***etw. orgelt*** etw. macht ähnliche Töne wie e-e Orgel (物作主语)怒吼，呼啸，发出管风琴般的声音〈der Wind 风〉

Or·gie [-giə] *die*；*-*，*-n* **1.** ein wildes Fest, bei dem viel gegessen u. viel Alkohol getrunken wird, oft mit sexuellen Aktivitäten 恣意狂欢，狂饮作乐，纵酒行乐〈nächtliche, wilde, wüste Orgien feiern 彻夜狂欢作乐，进行放肆的、放荡的纵酒行乐〉 ‖ -K(复合)：**Rauschgift-** **2.** *gespr*［口］；etw., das man in übertriebenem Maße tut 放纵行为，非分之举：*Am Sonntag haben wir ganz viel Kuchen gegessen. Das war e-e O.!* 星期天我们吃了很多点心，这真太没有

O

节制了！‖ -K(复合)：**Fress-**，**Sauf-** ‖ *hierzu*（派生）**or·gi·as·tisch** *Adj*（形）

Ori·ent [ˈoːrient, oˈrient] *der*；*-s*；*nur Sg*（只用单数）**1. der**（**Vordere**）**O.** das Gebiet von Ägypten, dem Iran u. den Ländern dazwischen 近东（指从埃及到伊朗之间的地区）≈ der Nahe Osten ‖ K-(复合)：**Orient-**，**-express**；**-teppich 2.** der O.（1）u. das Gebiet der Länder im Osten vom Iran bis einschließlich Bangladesch 东方（指从伊朗到孟加拉国之间的地区，包括近东和中东）≈ Morgenland ↔ Okzident

ori·en·ta·lisch [orien-] *Adj*（形）；im Orient od. in Bezug auf den Orient 东方的〈Sitten, Kunst 风俗，艺术〉‖ *hierzu*（派生）**Ori·en·ta·le** *der*；*-n*，*-n*；**Ori·en·ta·lin** *die*；*-*，*-nen*

ori·en·tie·ren [orien-]；*orientierte*，*hat orientiert*；[Vt]（及物）**1. j-n/sich**（**über etw.**（*Akk* 四格））**o.** *geschr*[书]；j-n/sich über etw. informieren 告知，通知，介绍/了解，打听：*Der Minister wird seinen Gast über die innenpolitische Lage o.* 部长将向他的客人介绍国内政治形势 **2. j-n/etw. auf etw.**（*Akk* 四格）**o.** ≈ j-n/etw. auf etw. lenken, konzentrieren：*alle Kräfte auf die Erhaltung des Friedens o.* 竭尽全力维护和平；[Vr]（反身）**3. sich**（**nach/an etw.**（*Dat* 三格））**o.** herausfinden, wo man ist u. in welche Richtung man gehen will 辨别方向，确定方向，判定方位〈sich nach dem Kompass, nach den Sternen, am Stand der Sonne, anhand e-r Beschreibung o. 利用指南针，借助星星，根据太阳的位置，借助说明书辨别方向〉：*sich im Dunkeln an Geräuschen o.* 在黑暗中借助声音确定方向；*sich ohne Stadtplan nicht o. können* 没有城市地图无法辨清方向 **4. sich an j-m/etw. o.** *geschr*[书]≈ sich nach j-m/etw. richten〈sich an e-m Ideal, e-m Vorbild o. 向典范、模范看齐〉：*Die Produktion muss sich an der Nachfrage o.* 生产必须以需求为导向，生产必须面向需求

-ori·en·tiert *im Adj*，*begrenzt produktiv*（构成形容词，构词有限）**1.** so, dass sich die betreffende Person/Sache nach bestimmten Vorstellungen od. Idealen richtet 以…为目标的，以…为宗旨的，采取…方针的；**erfolgsorientiert**〈Menschen 人〉，**konsumorientiert**〈e-e Gesellschaft 社会〉，**linksorientiert**，**rechtsorientiert**〈ein Autor 作家〉，**praxisorientiert**〈e-e Ausbildung 培训〉，**wissenschaftsorientiert**〈ein Unterricht 课程〉**2.** so, dass sich die betreffende Person/Sache nach bestimmten（äußeren）Bedingungen richtet 面向…的；**bedarfsorientiert**〈e-e Produktion 生产〉，**exportorientiert**〈ein Betrieb 企业〉，**nachfrageorientiert**〈ein Warenangebot 商品供应〉

Ori·en·tie·rung *die*；*-*；*nur Sg*（只用单数）**1.** das Wissen, wo man sich befindet, das Orientieren（3）方向，方位，确定方向，判定方位〈die O. verlieren 失去方向〉：*Zur besseren O. merkte er sich die Namen der Straßen* 为了更好地辨认方位，他记住了街道的名称 ‖ K-(复合)：**Orientierungs-**，**-punkt**，**-sinn**，**-vermögen**，**-zeichen 2. die O.**（**über etw.**（*Akk* 四格））*geschr*[书]；das Orientieren（1）了解情况：*Diese Übersicht genügt zur allgemeinen O.* 这份简介足以使人对情况有一个大概的了解 **3. die O.**（**an etw.**（*Dat* 三格））*geschr*[书]≈ die Anpassung（an etw.）：*die O. der Politik an demokratischen Grundsätzen* 符合民主原则的政治方向；*die O. neu überdenken* 重新考虑定向 ‖ -K（复合）：**Neu-** ‖ *zu*（义项）**1. ori·en·tie·rungs·los** *Adj*（形）

Ori·en·tie·rungs·hil·fe *die*；etw., das helfen soll, in e-r Gegend od. auf e-m Fachgebiet sein Ziel zu finden 定位标，定向指南〈als O. dienen 充当定向指南〉：*e-e O. für das Studium* 一本学习指南；*Der Leuchtturm ist e-e O. für die Schifffahrt* 灯塔是航海的定位标

Ori·ga·no *der*；↑ **Oregano**

ori·gi·nal *Adj*（形）；*indeklinabel*（词形不变）**1.** *mst adv*（多作状语）；nicht verändert od. nachgemacht 原来的，真的，真正的 ≈ echt ↔ imitiert：*o. Südtiroler Wein* 真正的南蒂罗尔产葡萄酒；*e-e o. antike Figur* 真正的古代雕像 **2.** *nur präd od adv*（只作表语或状语）≈ live（1），direkt[1]（8）：*ein Tennisspiel o. übertragen* 实况转播网球赛

Ori·gi·nal *das*；*-(e)s*，*-e* **1.** ein literarisches od. künstlerisches Werk in der（ursprünglichen）Form, die der Künstler selbst geschaffen hat 真迹，原作：*Die Ausstellung zeigt Dürers Aquarelle im O.* 展览展出了丢勒的水彩画真迹；*das handschriftliche O. von Goethes „Faust“* 歌德《浮士德》的手稿原件；*Diesem Lied liegt ein griechisches O. zugrunde* 这首歌是由一首希腊原作改编的；*Kannst du genug Englisch, um Hemingway im O. zu lesen?* 你的英语水平能不能读懂海明威的原著？‖ K-(复合)：**Original-**，**-aufnahme**，**-ausgabe**，**-fassung**，**-gemälde**，**-text**，**-ton**；**original-**，**-getreu 2.** das erste Exemplar e-s geschriebenen Textes 原稿，原件 ≈ Vorlage ↔ Kopie, Abschrift〈ein O. ablichten, kopieren, vergrößern, verkleinern 影印、复印、放大、缩小原件；von e-m O. Kopien herstellen 制作原件的复制品；e-e Urkunde im O. vorlegen 提交证书原件〉**3.** *gespr*[口]；（verwendet, um j-n positiv zu bewerten）j-d, dessen Kleidung, Benehmen, Ansichten *o. Ä.* ungewöhnlich u. interessant sind（褒义）怪人，奇特的人，异乎寻常的人：*Der alte Professor war ein richtiges O.* 这位老教授真是个怪人

Ori·gi·nal- *im Subst*，*begrenzt produktiv*（构成名词，构词有限）；so, wie es zuerst war, ohne Veränderung 原始的…，原来的… ↔ Neu-；die **Originalabfüllung**，der **Originaleinband**，die **Originalflasche**，die **Originalpackung**，der **Originalverschluss**

Ori·gi·na·li·tät *die*；*-*；*nur Sg*（只用单数）**1.** ≈ Echtheit **2.** die Eigenschaft, originell zu sein 独特性，独创性，风格独特：*Kreativität und O. zeichnen diesen Künstler aus* 创造性与独创性是这位艺术家的特点

ori·gi·nell *Adj*（形）**1.** neu, ungewöhnlich u.

O

mst witzig 奇特的,新奇的,不同凡响的〈ein Gedanke, ein Gedicht, ein Einfall, e-e Idee 想法,诗,念头,思想〉 **2.** mit guten, neuen u. witzigen Ideen 见解独特的,思想新颖的,独具匠心的〈Menschen 人〉

Or·kan *der*; *-s*, *-e*; ein starker Sturm, der großen Schaden anrichtet 风暴,飓风〈ein O. bricht los, tobt/wütet irgendwo 一场风暴骤然降临,飓风肆虐某处〉: *Der Sturm steigerte sich zum O.* 狂风渐渐发展为风暴; *Orkane verwüsteten weite Landstriche* 风暴袭击了大片地区 ‖ K-(复合): ***Orkan-***, ***-stärke***; ***orkan-***, ***-artig***

Or·na·ment *das*; *-(e)s*, *-e*; *geschr*[书]; ein Muster (1), mit dem man *bes* Stoffe u. Bauwerke schmückt 图案,装饰花纹〈mit Ornamenten geschmückt, verziert 用花纹装饰的,用花纹点缀的〉: *ein Teppich mit verschlungenen Ornamenten* 一块带交织图案的地毯 ‖ -K(复合): ***Pflanzen-***, ***Tier-*** ‖ *hierzu*(派生) **or·na·men·tal** *Adj*(形); **or·na·ment·ar·tig** *Adj*(形)

Or·nat *der*; *-(e)s*, *-e*; *geschr*[书]; e-e besondere Kleidung für öffentliche od. kirchliche Feiern 朝服,法衣,道袍,礼服 ≈ Amtstracht〈ein Priester, ein König im O. 身着法衣的神甫,身着朝服的国王; in vollem O. 全身盛装〉

Or·ni·tho·lo·gie *die*; *-*; *nur Sg*(只用单数); die Wissenschaft, die sich mit den Vögeln beschäftigt 鸟类学,禽类学 ≈ Vogelkunde ‖ *hierzu*(派生) **Or·ni·tho·lo·ge** *der*; *-n*, *-n*; **Or·ni·tho·lo·gin** *die*; *-*, *-nen*; **or·ni·tho·lo·gisch** *Adj*(形)

Ort *der*; *-(e)s*, *-e* **1.** ein bestimmtes, lokalisierbares Gebiet od. e-e Lage im Raum 地点,地方,位置≈ Platz (4)〈an e-m Ort 在一个地方〉: *Ort u. Zeit e-s Unfalls melden* 报告事故发生的地点和时间; *Er ist abgereist u. hält sich an e-m unbekannten Ort auf* 他外出旅行了,现在正在一个不知名的地方; *Diese Pflanze wächst am besten an schattigen Orten* 这种植物最适合在阴凉处生长 ‖ -K(复合): ***Aufenthalts-***, ***Unglücks-***, ***Versammlungs-*** **2.** *nur Sg*(只用单数); der Ort (1), an dem etw. normalerweise ist 原处,老地方 ≈ Stelle, Platz (5)〈an e-m Ort 在原处〉: *Ich habe das Buch nicht gefunden, es steht nicht an seinem Ort* 我没找到那本书,它不在老地方 **3.** ein Dorf od. e-e Stadt 地方,村,乡,镇或城市≈ Ortschaft〈in e-m Ort 在某地〉: *Orte mit mehr als 50 000 Einwohnern* 人口达五万以上的地方 ‖ K-(复合): ***Orts-***, ***-ausgang***, ***-ende***, ***-mitte***, ***-name***, ***-polizei***, ***-teil***, ***-verkehr***; ***orts-***, ***-ansässig***, ***-fremd*** ‖ -K(复合): ***Geburts-***, ***Heimat-***, ***Wohn-***; ***Ferien-***, ***Kur-*** **4.** *Kollekt*(集合); die Einwohner e-s Ortes (3) 当地居民: *Der ganze Ort protestierte gegen die geplante neue Straße* 所有的居民都反对计划修建的新马路 **5.** ***am Ort*** (hier) in diesem Ort (3) 本地,本镇(乡、村): *Er ist der einzige Arzt am Ort* 他是本地唯一的医生 **6.** ***an Ort und Stelle*** an dem Ort (1), an dem etw. geschieht/geschehen ist 在现场,就地,当场: *Der Minister informierte sich an Ort und Stelle über das Ausmaß der Katastrophe* 部长在现场了解灾害的程度 **7.** ***an öffentlichen Orten*** dort, wo jeder hingehen kann (*z.B.* auf der Straße, im Bahnhof) 在公共场所 **8.** ***höheren Ort(e)s*** *geschr*[书]; bei e-r Behörde od. Instanz, die in der Hierarchie weiter oben ist 在上级机构〈etw. wird höheren Ort(e)s entschieden, überprüft 某事由上级机构决定,审查〉 **9.** ***vor Ort*** (ADM) *geschr*【管理】[书]; an dem Ort (1), wo etw. geschieht/geschehen ist 当地,就地

Ört·chen *das*; *-s*, *-*; ***das (stille) Ö.*** *gespr hum euph* [口][诙][婉]≈ Toilette, WC

or·ten; *ortete*, *hat geortet*; [Vt] (及物) ***j-n/etw. o.*** mithilfe von Instrumenten feststellen, wo sich j-d/etw. befindet 测定…的方位〈ein Flugzeug, ein Schiff, ein Wrack o. 测定飞机、船只、残骸的方位; etw. mit Radar o. 用雷达测定方位〉 ‖ *hierzu*(派生) **Or·tung** *die*

or·tho·dox *Adj*(形) **1.** zu e-r Gruppe von Menschen gehörig, die sich sehr streng an die Vorschriften ihrer Religion halten 正统的,严格遵守教规的≈ strenggläubig〈ein Jude, ein Moslem 犹太教徒,伊斯兰教徒〉 **2.** *mst attr*, REL(多作定语)【宗】; zu der Form der christlichen Religion gehörig, die in Osteuropa verbreitet ist 正教的,东正教的〈die Kirchen, ein Priester 教会,牧师〉 ‖ -K(复合): ***griechisch-orthodox***, ***russisch-orthodox*** **3.** *geschr*, *oft pej*[书]常用[贬]; 〈e-e Haltung, ein Wissenschaftler 态度,学者〉 so, dass die betreffende Person an alten Meinungen u. Lehren festhält u. nichts Neues zulässt 正统的,传统的,保守的 ↔ unorthodox ‖ *hierzu*(派生) **Or·tho·do·xie** *die*; *-*; *nur Sg*(只用单数)

Or·tho·gra·fie, **Or·tho·gra·phie** [-ˈfiː] *die*; *-*, *-n* [-ˈfiːən]; *mst Sg*(多用单数) ≈ Rechtschreibung〈die Regeln der O. 正字法规则; Fehler in der O. machen 犯正字法错误,犯拼写错误〉: *die O. des Deutschen* 德语的正字法; *die deutsche O.* 德语正字法 ‖ K-(复合): ***Orthografie-/Orthographie-***, ***-fehler*** ‖ *hierzu*(派生) **or·tho·gra·fisch**, **or·tho·gra·phisch** *Adj*(形); *nur attr od adv*(只作定语或状语)

Or·tho·pä·de *der*; *-n*, *-n*; ein Arzt mit e-r (Spezial)Ausbildung in Orthopädie 矫形外科医生 ‖ -K(复合): ***Kiefer-***, ***Sport-*** ‖ NB(注意): *der Orthopäde*; *den*, *dem*, *des Orthopäden* ‖ *hierzu* (派生) **Or·tho·pä·din** *die*; *-*, *-nen*

Or·tho·pä·die *die*; *-*; *nur Sg*(只用单数); das Gebiet der Medizin, das sich mit den Knochen u. mit der Haltung u. der Bewegung des Körpers beschäftigt 矫形外科学,矫形学,矫形术 ‖ *hierzu*(派生) **or·tho·pä·disch** *Adj*(形); *nur attr od adv*(只作定语或状语)

ört·lich *Adj*(形) **1.** e-n bestimmten Ort (1), nur e-n Teil e-s Gebiets betreffend 局部的,区域性的,地方的≈ lokal, regional ↔ großräumig〈e-e Besonderheit, Gegebenheiten, Veränderungen 特点,情况,变化; Aufheiterun-

O

gen, Gewitter, Schauer 转晴,雷雨,阵雨〉: *Ö. ist mit Gewittern zu rechnen* 局部地区可能有雷雨天气 **2.** *nur attr, nicht adv*(只作定语,不作状语); in Bezug auf e-n Ort (3)当地的,地方的 ≈ lokal 〈die Behörden, die Feuerwehr 行政机关, 消防队〉 **3.** auf e-e bestimmte Körperstelle beschränkt 局部的≈ lokal 〈e-e Betäubung 麻醉; j-n ö. betäuben 给某人做局部麻醉〉

Ört·lich·keit *die*; -, *-en*; *mst Pl*(多用复数); ein Ort (1), ein Gebiet, ein Gebäude *o.Ä.* 地方,地形 〈sich mit den Örtlichkeiten vertraut machen 熟悉地形〉

Ort·schaft *die*; -, *-en*; ein *mst* kleiner Ort (3) (小)地方,村庄,小镇: *Können wir in der nächsten O. e-e Pause machen?* 我们能在下一个村子休息一下吗?

Orts·fremd *Adj*(形); nicht aus e-m Ort (3), sodass man sich dort nicht auskennt 外来的,非本地的〈o. sein 是外来人〉

Orts·ge·spräch *das*; ein Telefongespräch innerhalb e-r Stadt, e-s Ortes (3)市内电话,本埠电话 ↔ Ferngespräch

Orts·grup·pe *die* ≈ Ortsverein

Orts·kran·ken·kas·se *die*; ***die*** (***Allgemeine***) ***O.*** Ⓓ[德]die Krankenkasse, in der man als Arbeiter, Student *usw* versichert ist, wenn man nicht (aufgrund bestimmter Voraussetzungen u. auf eigenen Wunsch) e-e private Versicherung *o.Ä.* hat 地方医疗保险机构; *Abk* 缩写 AOK

orts·kun·dig *Adj*(形); 〈ein Führer 向导〉so, dass er sich in dem Gebiet od. Ort gut auskennt, in dem er gerade ist 熟悉当地情况的

Orts·netz *das*; alle Telefonverbindungen e-s Ortes (3) 地方电话网: *Das O. Münster hat die Vorwahl 0251* 明斯特市电话网的区号是 0251

Orts·sinn *der*; *nur Sg*(只用单数); die Fähigkeit, an e-m fremden Ort sein Ziel richtig zu finden 方向感,辨别方向的能力 ≈ Orientierungssinn

Orts·ta·rif *der*; der billigste Tarif für Telefongespräche. Er gilt für Gespräche innerhalb e-s Orts u. der nächsten Umgebung od. wenn man e-e Firma *o.Ä.* anruft, die die restlichen Kosten des Anrufs übernimmt 市内电话费: *Rufen Sie uns an – zum O.!* 请给我们打电话——只需付市内电话费!

orts·üb·lich *Adj*(形); *nicht adv*(不作状语); so, wie es in dem betreffenden Ort (3) üblich ist 当地通行的,当地流行的〈Löhne, Mieten, Preise 工资,租金,价格〉

Orts·um·ge·hung *die*; e-e Straße, die nicht *durch* e-n Ort (3), sondern an ihm *vorbei* führt 绕行公路≈ Umgehungsstraße

Orts·ver·ein *der*; die Gruppe e-s Vereins od. e-r Partei, die an e-m bestimmten Ort organisiert ist 地方团体≈ Ortsgruppe

Orts·wech·sel *der*; der Vorgang, bei dem man e-n Ort verlässt u. an e-n anderen geht od. von e-r Stadt in e-e andere zieht 迁移,迁居,迁徙〈e-n O. vornehmen 迁移〉

Orts·zeit *die*; die Uhrzeit, die an e-m bestimmten Ort gilt 当地时间: *Das Flugzeug landet in Tokio um 10 Uhr O.* 飞机在当地时间 10 点钟到达东京

-ös *im Adj nach Subst, wenig produktiv*(构成名词派生的形容词,构词弱); verwendet, um auszudrücken, dass das im ersten Wortteil Bezeichnete in großer Menge od. Intensität vorhanden ist(表示具有所用名词的明显特征)充满…的,富有…的; ***luxuriös*** 〈e-e Wohnung 住所〉, ***melodiös*** 〈e-e Stimme 声音〉, ***muskulös*** 〈ein Mann 人〉, ***mysteriös*** 〈e-e Angelegenheit 事情〉, ***strapaziös*** 〈e-e Reise 旅途〉, ***voluminös*** 〈ein Buch 书〉

öS *hist*[历]; *Abk für* 缩写,全称为 Österreichische Schilling(e) 奥地利先令

Öse *die*; -, *-n*; ein kleiner Ring aus Metall, in den man e-n Haken einhängen od. durch den man e-e Schnur ziehen kann 小金属环〈Haken u. Ösen(衣物上的)搭扣〉‖ ↑ *Abb. unter* 图见 ***Knopf***

Os·si *der*; *-s*, *-s*; *gespr, oft pej od hum*[口], 常用[贬]或[恢]; verwendet, um e-n Bewohner der neuen Bundesländer (= das Gebiet der ehemaligen DDR) zu bezeichnen (称原东德人)东部佬 ↔ Wessi: *Typisch O.!* 典型的东部佬! 地道的东部佬!

Ost[1] *ohne Artikel, indeklinabel*(无冠词,词形不变) **1.** NAUT, MET【航海】【气】≈ Präp.(介) + Osten (1) ↔ West 〈Wind aus/von Ost 东风; ein Kurs Richtung Ost 向东的航线〉‖ -K(复合): ***Nord-***, ***Süd-*** **2.** ≈ Osten (3), Ostblock ↔ West: *Zu der Tagung kamen Besucher aus Ost u. West* 东西方国家均有代表参加此次大会

Ost[2] *der*; *-s*; *nur Sg*, NAUT (只用单数)【航海】≈ Ostwind

Ost·block *der*; *nur Sg*, *hist*, *oft neg!* (只用单数)[历], 常用[侮]; die Sowjetunion u. *bes* die europäischen Staaten, die mit ihr verbündet waren 东欧集团,东欧联盟(指苏联和与之结盟的东欧各国) ≈ Osten (3) ‖ K-(复合): ***Ostblock-***, ***-land***, ***-staat***

Ost·deutsch·land (*das*) **1.** der östliche Teil Deutschlands (*bes* vor 1949 od. nach 1990) (指 1949 年前或 1990 年后)德国东部地区 **2.** *gespr*, *hist*[口][历]; die ehemalige DDR 东德(指原德意志民主共和国) ‖ *hierzu*(派生) **ost·deutsch** *Adj*(形)

Os·ten *der*; *-s*; *nur Sg*(只用单数) **1.** die Richtung, die auf der Landkarte nach rechts zeigt 东边,东方 ↔ Westen 〈der Wind weht aus/von O. 风从东边刮来; aus, in Richtung O. 从东边来,向东去; nach O. zeigen 指向东方〉: *Die Sonne geht im O. auf* 太阳从东方升起 ‖ K-(复合): ***Ost-***, ***-fenster***, ***-hang***, ***-küste***, ***-rand***, ***-seite***, ***-teil*** **2.** der Teil e-s Gebietes, der im O. (1) liegt 东部地区 ≈ Ostteil ↔ Westen: *Er wohnt im O. des Landes, der Stadt* 他住在东部地区、城市东部 ‖ K-(复合): ***Ost-***, ***-afrika***, ***-amerika***, ***-europa*** *usw* **3.** ≈ Ostblock **4.** ***der Nahe O.*** das Gebiet von

Ägypten, dem Iran u. den Ländern dazwischen 近东(指从埃及到伊朗之间的地区)≈ der (Vordere) Orient (1) **5.** ***der Mittlere O.*** das Gebiet der Länder im O. (1) vom Iran bis einschließlich Bangladesh 中东(指从伊朗到孟加拉国之间的地区)≈ Orient (2) **6.** ***der Ferne O.*** das Gebiet von China, Japan, Indonesien u. den Ländern dazwischen 远东(指中国、日本、印度尼西亚等国家)≈ Südostasien ‖ *zu* (义项) **6. fern·öst·li·ch-** *Adj* (形); *nur attr*, *nicht adv* (只作定语,不作状语)

os·ten·ta·tiv [-f] *Adj* (形); *geschr* [书]; mit Absicht u. so, dass die anderen es bemerken 故意的,成心的,挑衅性的≈ herausfordernd: *Er gähnte o.* 他故意打了个呵欠; *O. kehrte sie uns den Rücken* 她故意挑衅地转过身去背对我们

Os·ter·ei *das* **1.** ein (hart) gekochtes Ei, das bunt bemalt ist u. oft zu Ostern für Kinder versteckt wird 复活节彩蛋 ⟨Ostereier bemalen, färben, verstecken, suchen, essen 画,染,藏,找,吃复活节彩蛋⟩ **2.** ein Ei aus Schokolade *o. Ä.*, das man zu Ostern kaufen kann(用巧克力做成的)复活节彩蛋

Os·ter·glo·cke *die*; e-e (Frühlings) Blume mit schmalen Blättern u. großen gelben Blüten 水仙花

Os·ter·ha·se *der* **1.** ein Hase, von dem kleine Kinder glauben, dass er ihnen zu Ostern Eier u. Süßigkeiten bringt 复活节兔子 **2.** e-e Figur aus Schokolade *o. Ä.* in der Form e-s Hasen, die man zu Ostern kaufen kann (用巧克力做成的)复活节兔子

Os·ter·lamm *das*; **1.** ein Lamm, das zu Ostern gegessen wird 复活节羔羊 **2.** ein süßes Gebäck, das die Form e-s kleinen Lamms hat u. zu Ostern gegessen wird 羔羊形状的复活节糕点

Os·ter·marsch *der*; e-e große Demonstration zu Ostern für den Frieden in der Welt(为争取世界和平而举行的)复活节游行

Os·tern (*das*); -, - **1.** das Fest im Frühling, mit dem die Christen die Auferstehung von Jesus Christus feiern (耶稣)复活节 ⟨vor, zu/an, über, nach O. 在复活节前,在复活节,在复活节期间,在复活节后⟩: *Letztes Jahr hat es (zu/an) O. geschneit* 去年复活节时下雪了 ‖ K-(复合): ***Oster-***, ***-feiertage***, ***-ferien***, ***-fest***, ***-montag***, ***-sonntag***, ***-zeit*** ‖ NB(注意): oft wird mit dem Plural auch ein einzelnes Osterfest bezeichnet(经常复数也表示一次复活节): *vorige*, *letzte*, *nächste O.* 前次、上次、下次复活节 **2.** ***Frohe/Fröhliche O.!*** verwendet, um j-m ein schönes Osterfest zu wünschen(祝福用语)复活节愉快!

Os·ter·wo·che *die* **1.** die Woche vor Ostern 复活节前一周≈ Karwoche **2.** die Woche nach Ostern 复活节后一周

Os·ter·zopf *der*; ein Zopf (2), der zu Ostern gegessen wird 复活节麻花甜面包

Ost·ge·bie·te *die*; *Pl*, *hist* (复)[历]; verwendet, um die Gebiete östlich des heutigen Deutschland zu bezeichnen, die vor 1938 zu Deutschland gehörten u. jetzt polnisch od. russisch sind(指 1938 年前属于德国而现属波兰或俄罗斯的)东部地区

Ostern 复活节

Nach der **Karwoche** mit ihren kirchlichen Feiertagen (**Palmsonntag**, **Gründonnerstag**, **Karfreitag**) beginnt das eigentliche Osterfest, an dem die Christen die Auferstehung von Jesus Christus feiern.
In der Nacht zum **Ostersonntag** gehen viele Leute in die Kirche. In manchen Gemeinden wird vor der Kirche ein großes Feuer, das **Osterfeuer**, angezündet. Auch der **Ostermontag** ist in Deutschland Feiertag.
Zum Frühstück an den Feiertagen isst man traditionell **Ostereier**, das sind hart gekochte Eier, die bunt bemalt wurden. Es werden auch besondere Süßigkeiten vorbereitet, wie zum Beispiel ein **Osterzopf** oder ein **Osterlamm** aus Rührteig.
In der Wohnung stellt man oft einen Strauß aus Zweigen auf, an dem bunt bemalte Ostereier hängen oder man schmückt einen Strauch im Garten.
Die Kinder freuen sich darauf, die Nester zu suchen, die der **Osterhase** mit Schokoladeneiern gefüllt hat und für sie im Haus oder im Garten versteckt hat.

过了**复活节前的一个星期**和这期间的教会节日(**复活节前星期日,濯足节即复活节前星期四,耶稣受难日即复活节前星期五**),就开始真正的复活节。这时基督教徒们庆祝耶稣基督的复活。

在**复活节星期日**的前夕,许多人都走进教堂。在一些教区的教堂前面点燃大火即**复活节圣火**。在德国,**复活节星期一**也是节日。

复活节期间的早餐,传统上都吃**复活节蛋**,是煮硬了心的,上了彩色的蛋。还准备有特别的甜食,比如**复活节麻花面包**或用搅拌的发面团做的**羔羊形状的复活节糕点**。

在住宅里人们常常竖起一束树枝,枝头挂着上了彩色的复活节蛋,或者在花园里把一棵灌木装饰起来。

孩子们兴高采烈地去寻找藏在家里或花园里的小巢,**复活节兔子**在巢里为他们塞满了蛋形巧克力。

öst·lich[1] *Adj* (形) **1.** *nur attr*, *nicht adv* (只作定语,不作状语); in die Richtung nach Osten 向东的 ↔ westlich ⟨ein Kurs 航线; in östliche Richtung fahren 向东行驶⟩ **2.** *nur attr*, *nicht adv* (只作定语,不作状语); von Osten nach Westen 由东向西的 ⟨ein Wind 风; der Wind kommt, weht aus östlicher Richtung 风从东边来,吹来⟩ **3.** *nur attr od adv* (只作定语或状语); im Osten (1, 2) 东部的,东边的 ↔ westlich ⟨ein Land, die Seite, der Teil 国家,方面,部分⟩: *Wir befinden uns zehn Grad östlicher Länge* 我们位于东经 10 度 **4.** *mst attr* (多作定语); in Bezug auf die Länder Asiens

O

u. die Menschen, die dort leben 东方的,亚洲的 ≈ asiatisch ↔ westlich **5.** *mst attr, nicht adv*(多作定语,不作状语); zum (früheren) Ostblock, zum Osten (3) gehörig 东欧的〈ein Diplomat, ein Politiker 外交官,政治家〉

öst·lich² *Präp*(介); ***etw.* ist** (*1 Kilometer o.Ä.*) **ö. *etw.*** (*Gen* 二格); etw. liegt (1 Kilometer *o.Ä.*) weiter im Osten als etw. 某物位于某物东边(一公里等) ↔ westlich: *fünf Kilometer ö. der Grenze leben* 居住在边境以东五公里; *Das Gebiet ö. des Flusses ist überschwemmt* 河东地区被洪水淹没 ‖ NB(注意): folgt ein Wort ohne Artikel, verwendet man *ö. von*(如果所跟名词无冠词,则用 ö. von): *ö. von München* 慕尼黑以东

Österreich 奥地利
Österreich ist eine parlamentarische Republik (**Republik Österreich**) und besteht aus neun **Bundesländern**. Auf einem 83 860 km² großen Gebiet leben etwa 8 150 000 Einwohner. Wichtige Wirtschaftssektoren sind Landwirtschaft und Viehzucht und der Fremdenverkehr. Die Hauptstadt ist **Wien**, mit mehr als 1,5 Millionen Einwohnern. Andere wichtige Städte sind **Graz**, **Linz**, **Salzburg** und **Innsbruck**. 奥地利是一个议会制的共和国(**奥地利共和国**),由九个**联邦州**组成。在面积为 8.386 万平方公里的国土上居住着大约 815 万人口。 重要的经济部门是农业、畜牧业和旅游业。 首都是**维也纳**,有人口 150 多万。其他重要城市有**格拉茨**、**林茨**、**萨尔茨堡**和**因斯布鲁克**。

Ost·po·li·tik *die*; *nur Sg*(只用单数), Ⓓ[德] die Politik e-r westlichen Regierung gegenüber den (ehemals) kommunistischen Ländern in Osteuropa u. Asien, *bes* dem (früheren) Ostblock 东方政策

Öst·ro·gen *das*; *-s, -e*; MED【医】; ein Hormon, das im Eierstock der Frau entsteht 雌激素

Ost·see *die*; *-*; *nur Sg*; (只用单数) das Meer zwischen Dänemark, Schweden, Finnland u. den Ländern südlich von ihnen 波罗的海 ‖ NB(注意): ↑ ***Nordsee***

ost·wärts *Adv*(副); nach Osten 向东,朝东

Ost-West- *im Subst, begrenzt produktiv*(构成名词,构词有限); zwischen den Ländern des (früheren) Ostblocks u. den Staaten des Westens 东西方的…,东西方之间的…; die ***Ost-West-Beziehungen***, der ***Ost-West-Dialog***, der ***Ost-West-Handel***, der ***Ost-West-Konflikt***, das ***Ost-West-Verhältnis***

Ost·wind *der*; ein Wind aus Osten (1)东风〈ein eisiger O. 寒冷的东风〉

Ost·zo·ne *die*; Ⓓ[德] **1.** *hist*[历]; der Teil Deutschlands, der nach 1945 von den Sowjets besetzt wurde u. dem Gebiet der ehemaligen DDR entspricht (1945 年后苏联占领的)东部占领区 **2.** *gespr hist*[口][历]; die DDR 东德,德意志民主共和国 ‖ K-(复合): ***Ostzonen-***, ***-flüchtling*** ‖ *hierzu*(派生) **ost·zo·na·l-** *Adj*(形); *nur attr, nicht adv*(只作定语,不作状语)

O-Ton ['o:to:n] *der*; *gespr*[口]; (*Abk für* 缩写,全称为 Originalton) verwendet, um auszudrücken, dass ein Zitat, j-s Sprache *o.Ä.* nicht verändert wurde 原话,原腔,原调: *Dieser Satz ist O-Ton Helmut Kohl* 这句话是赫尔穆特·科尔的原话; *Der Heimatfilm ist O-Ton Süd* (= in e-m süddeutschen Dialekt)这部乡土电影用的是南(德地)方腔调

Ot·ter¹ *der*; *-s, -*; ein kleines Säugetier mit glänzendem Fell, das am u. im Wasser lebt u. Fische frisst 水獭 ‖ -K(复合): ***Fisch-***

Ot·ter² *die*; *-, -n*; e-e giftige Schlange 蝰蛇 ≈ Viper: *Die bekannteste O. ist die Kreuzotter* 最有名的蝰蛇是龙纹蝰蛇

Ot·to *der*; *-s, -s*; *bes nordd gespr* 尤用于[北德][口]; etw., das besonders groß ist 庞然大物: *Mann, ist das ein O.!* 哎呀,这么大个东西! ‖ ID[谚] ***den flotten O.* haben** *bes nordd gespr* 尤用于[北德][口]; Durchfall haben 拉肚子,拉稀 ‖ NB(注意): ↑ ***Normalverbraucher***

Ot·to·mo·tor *der*; ein Motor, der mit Benzin betrieben wird u. mit dem die meisten Autos fahren 汽油发动机,四冲程发动机,奥托发动机 ↔ Dieselmotor

out [aut] *Adj*(形); *gespr*[口]; *nur in* 只用于 ***etw.* ist out** etw. ist nicht mehr beliebt, nicht mehr in Mode (物作主语)过时了,不兴了 ↔ etw. ist in

ou·ten ['autn]; *outete, hat geoutet*; *gespr*; [Vt](及物) **1. *j-n* / *sich* o.** öffentlich sagen, dass j-d/man selbst homosexuell ist 公开声称某人/自己是同性恋者; [Vr](反身) **2. *sich als etw.* o.** *oft hum* 常用[恢]; offen e-e peinliche Tatsache über sich selbst aussprechen 公开承认,公开自认: *sich als Alkoholiker, als Partymuffel o.* 公开自认是酒徒,对聚会不感兴趣的人

Out·put ['autput] *der*; *-s, -s* **1.** INFORM【信息】; die Daten u. Informationen, die ein Computer als Ergebnis liefert 输出数据 ↔ Input **2.** WIRTSCH【经】; die gesamte Menge der Waren, die ein Betrieb produziert 总产量: *der industrielle O.* 工业总产量 **3.** ELEK【电】; die Leistung e-s technischen Gerätes 输出功率

Out·si·der ['autsaidɐ] *der*; *-s, -*; *gespr*[口] ≈ Außenseiter

Out·sour·cing ['autso:ɐsɪŋ] *das*; *-(s)*; *nur Sg*, WIRTSCH(只用单数)【经】; die Übergabe von Arbeitsbereichen *bzw.* bestimmten Projekten e-s Unternehmens an andere Firmen *bzw.* freie Mitarbeiter, um Kosten zu sparen 工程或项目转包

Ou·ver·tü·re [uver-] *die*; *-, -n*; ein Musikstück, das am Anfang *z.B.* e-r Oper od. Operette gespielt wird 序曲: *die O. zu „Figaros Hochzeit"*《费加罗的婚礼》的序曲

oval [-v-] *Adj*（形）；mit e-r Form wie ein Ei, wenn man es sich flach vorstellt 椭圆形的，蛋形的，长圆形的 ≈ elliptisch 〈ein Gesicht, ein Spiegel, ein Tisch, e-e Rennbahn 脸，镜子，桌子，跑道〉

Oval [-v-] *das*；-(*e*)*s*，-*e*；etw., das oval ist 椭圆形，蛋形，长圆形：*das O. der Rennbahn* 跑道的椭圆形状

Ovar *das*；↑ ***Ovarium***

Ova·ri·um [-v-] *das*；-*s*，*Ova·ri·en*；*mst Pl*，MED（多用复数）【医】≈ Eierstock

Ova·ti·on [ovaˈtsi̯oːn] *die*；-，-*en*；*mst Pl*，*geschr*（多用复数）[书] **1.** sehr starker Beifall, Applaus 热烈鼓掌，喝彩：*Das Publikum empfing die Sängerin mit Ovationen* 观众对女歌手的出现报以热烈的掌声 **2.** ***stehende Ovationen*** Ovationen (1)，bei denen das Publikum aufsteht 起立鼓掌

Over·all [ˈoːvərɔːl] *der*；-*s*，-*s*；ein (Arbeits)-Anzug aus einem Stück 工装裤：*ein Mechaniker im blauen O.* 身穿蓝色工装裤的技师 ‖ ↑ *Abb. unter* 图见 ***Arbeitskleidung***

Over·head|pro·jek·tor [ˈoːvəhɛd-] *der*；ein Projektor, der etw., das auf e-e Folie gezeichnet (od. kopiert) wurde, groß auf e-r (Lein)Wand zeigt 书写投影仪

Over·kill [ˈoːvəkɪl] *das/der*；-*s*；*nur Sg*（只用单数）；ein Zustand, in dem die Vorräte an (Atom)Waffen viel größer sind, als nötig wäre, um e-n möglichen Gegner zu vernichten od. die Erde zu zerstören 过多的核武器摧毁力，过量的核武器储备

ÖVP [øːfau̯ˈpeː] *die*；-；*nur Sg*（只用单数）；(*Abk für* 缩写，全称为 Österreichische Volkspartei) e-e Partei in Österreich 奥地利人民党

Ovu·la·ti·on [ovulaˈtsi̯oːn] *die*；-，-*en*；MED【医】≈ Eisprung

Ovu·la·ti·ons·hem·mer *der*；MED【医】；ein Medikament (wie die Antibabypille), das die Ovulation verzögert od. verhindert（防止排卵的）避孕药

Oxid *das*；-(*e*)*s*；-*e*；CHEM【化】；e-e Verbindung e-s chemischen Stoffes mit Sauerstoff 氧化物 ‖ -K（复合）：***Eisen-***，***Kupfer-***

oxi·die·ren；*oxidierte*，*ist* / *hat oxidiert*；CHEM【化】；Vt（及物）(*hat*) **1.** ***etw. o.*** bewirken, dass sich ein chemischer Stoff mit Sauerstoff verbindet 使氧化；Vi（不及物）(*ist*) **2.** ***etw. oxidiert*** etw. verbindet sich mit Sauerstoff（物作主语）氧化 ≈ etw. rostet：*Eisen oxidiert sehr leicht* 铁很容易氧化 ‖ *hierzu*（派生）**Oxi·da·ti·on** *die*；-，-*en*

Oxyd ↑ ***Oxid***

oxy·die·ren ↑ ***oxidieren***

Oze·an *der*；-*s*，-*e*；ein großes Meer zwischen Kontinenten 洋，大洋 ≈ Weltmeer 〈der Atlantische, der Indische, der Pazifische/Stille O. 大西洋，印度洋，太平洋〉 ‖ K-（复合）：***Ozean-***，***-dampfer***

Oze·an·rie·se *der*；*gespr*[口]；ein sehr großes Schiff, das auf Ozeanen fährt 远洋巨轮

Oze·lot *der*；-*s*，-*e*/-*s* **1.** e-e kleine Raubkatze mit geflecktem Fell (*bes* in Mittel- u. Südamerika) 美洲豹猫 **2.** ein Mantel od. e-e Jacke aus dem Fell des Ozelots (1) 豹猫皮大衣，豹猫皮夹克

Ozon *das*/*gespr auch*[口]也用 *der*；-*s*；*nur Sg*（只用单数）**1.** ein giftiges blaues Gas, das e-e Form von Sauerstoff ist 臭氧；CHEM【化】O_3：*Das O. in den hohen Schichten der Atmosphäre hält e-n Teil der schädlichen ultravioletten Strahlen von der Erde ab* 位于大气外层的臭氧可以吸收一部分有害紫外线的照射，以保护地球 ‖ K-（复合）：***Ozon-***，***-gehalt***，***-konzentration***，***-schicht*** **2.** *gespr veraltet*[口][旧]；angenehm saubere, frische Luft, *bes* am Meer od. im Wald（海上或森林中的）新鲜空气 ‖ *zu*（义项）**1. ozon·hal·tig** *Adj*（形）；*nicht adv*（不作状语）；‖ *hierzu*（派生）**ozon·reich** *Adj*（形）；*nicht adv*（不作状语）

Ozon·alarm *der*；die Warnung, sich wegen hoher Ozonwerte nicht unnötig im Freien aufzuhalten 臭氧警报

Ozon·kil·ler *der*；*gespr*[口]；etw., das dazu beiträgt, dass die Ozonschicht der Atmosphäre teilweise zerstört wird 臭氧杀手，臭氧层破坏物质：*Fluorkohlenwasserstoffe sind Ozonkiller* 氟氯烷是臭氧杀手

Ozon·loch *das*；Gebiete in den hohen Regionen der Erdatmosphäre (*bes* über der Antarktis), in denen die Ozonschicht zerstört ist 臭氧层空洞

Ozon·wert *der*；-(*e*)*s*，-*e*；*mst Pl* 多用（复）；der Anteil an Ozon in der Atemluft im Freien, der von besonderen Messstationen täglich gemessen wird 臭氧值

O

P, p

P, p [pe:] *das*; -, - / *gespr auch* [口]也用 *-s*; der sechzehnte Buchstabe des Alphabets 字母表中的第十六个字母 ⟨ein großes P 大写 P; ein kleines p 小写 p⟩
paar *Indefinitpronomen* (不定代词); *indeklinabel* (词形不变) **1.** *mst* 多用 **ein p.** verwendet, um e-e geringe Anzahl (von Personen, Dingen *usw*) anzugeben 几个,一些,少量 ↔ viele: *Hast du ein p. Minuten Zeit?* 你有几分钟时间吗?; *Vom Kuchen sind nur noch ein p. Stücke übrig* 蛋糕只剩下几块; *Es sind noch ein p. übrig geblieben* 还留下几个; *Die p. Euro, die das Kino kostet, wirst du ja wohl noch haben* 看电影的几个欧元你肯定还是会有的 *Er geht immer zu den Sitzungen, nur die letzten p. Mal war er krank* 他经常参加会议,只是最近几次他生病了 **2.** *mst* 多用 **ein p.** + *Zahl* (数字) ≈ mehrere ⟨ein p. hundert, tausend 几百,几千; ein p. Millionen *usw* 几百万等⟩ **3. alle p.** + *Zeit-/Längenangabe* (时间或长度说明语) in Abständen von wenigen Sekunden, Metern *usw* 每隔几…(秒、米等): *alle p. Sekunden auf die Uhr schauen* 每(隔)几秒钟看一下表; *alle p. Meter stehen bleiben* 每隔几米停一下 ‖ NB (注意) *zu* (义项) **1.** u. **2.**: *ein/die paar* verwendet man wie ein attributives Adj. (*ein p. Kinder*) od. wie ein Subst. (*Sind noch ein p. übrig?*) (ein/die paar 用法同定语形容词(ein p. Kinder)或名词(Sind noch ein p. übrig? 还剩下一些吧?))
Paar *das*; -(*e*)*s*, -/-*e* **1.** (*Pl* 复 *Paar*) zwei Dinge, die zusammengehören 一双,一副,一对 ⟨ein, zwei, drei Paar Handschuhe, Ohrringe, Schuhe, Strümpfe, Würstchen 一、两、三副手套、耳环,一、两、三双鞋子、袜子,一、两、三对小香肠⟩ **2.** (*Pl* 复 *Paare*) zwei Menschen, die einander lieben, miteinander verwandt sind od. zusammen arbeiten 一对,俩人 ⟨ein ungleiches, unzertrennliches P. 不匹配的、形影不离的一对⟩: *Dieses P. gewann letztes Jahr den Eiskunstlauf!* 这一对选手去年赢得了花样滑冰冠军! ‖ -K (复合): **Braut-, Ehe-, Eltern-, Geschwister-, Liebes-, Tanz-, Zwillings- 3.** (*Pl* 复 *Paare*) zwei Tiere, die zusammengehören (套在一起的) 两匹,两头(牲口): *ein P. Ochsen, Pferde vor den Pflug, Wagen spannen* 将两头牛、两匹马套在犁、车前面 ‖ ID [谚] *mst* 多用 **Das sind zwei Paar Stiefel** *gespr* [口]; das sind zwei ganz unterschiedliche Sachen 这完全是两码事
paa·ren, sich; *paarte sich, hat sich gepaart*; [Vr] (反身) **1. sich** (*Pl* 复) **p.** (von e-m weiblichen u. e-m männlichen Tier) so zusammenkommen, dass dadurch junge Tiere entstehen können 交配,交尾: *Die Enten paarten sich, u. bald darauf legte das Weibchen Eier* 鸭子交尾后不久,母鸭就下蛋了 **2. etw. paart sich mit etw.** etw. ist gemeinsam mit etw. vorhanden (物作主语) 与…结合在一起,兼而有之: *In seinem Charakter paart sich Mut mit Verantwortungsgefühl* 在他的性格中勇敢与责任感结合在一起 ‖ ▶ **Paarung**
Paa·rung *die*; -, -*en* **1.** der Vorgang, bei dem zwei Tiere sich miteinander paaren (1) 交配,交尾 ‖ K-(复合): **Paarungs-, -bereitschaft, -verhalten, -zeit 2.** SPORT【体】; die Kombination zweier Mannschaften zu e-m Spiel innerhalb e-s größeren Wettbewerbs (体育竞赛中) 抽签对阵,分组对垒: *Bei den Fußballspielen gab es diesmal interessante Paarungen* 这次足球赛中抽签对阵情况很有意思
paar·wei·se *Adv* (副); in Paaren 成对地,成双地 ↔ einzeln ⟨sich p. aufstellen 两人一组列队; etw. p. kaufen (= jeweils zwei Stück von etw. kaufen) 按双买某物⟩
Pạcht *die*; -, -*en* **1.** *nur Sg* (只用单数); das Pachten 租借,租赁,租用 ⟨etw. in P. haben, nehmen 租到、租用某物; j-m etw. in P. geben 将某物出租给某人⟩ ‖ K-(复合): **Pacht-, -geld, -vertrag** ‖ -K (复合): **Gebäude-, Jagd-, Land- 2.** das Geld, das j-d bekommt, von dem man etw. pachtet 租金,租费 ⟨die P. erhöhen, senken, kassieren 提高、降低、收取租金⟩ **3.** der Vertrag, mit dem man etw. pachtet 租约,租赁合同 ⟨die P. kündigen, verlängern 通知解除租约,延长租约⟩
pạch·ten; *pachtete, hat gepachtet*; [Vt] (及物) **etw. p.** j-m Geld dafür geben, dass man ein Stück Land, e-n Raum *o. Ä.* (mit allen Rechten) nutzen darf 租赁,租用 ↔ verpachten ⟨e-n Garten, ein Grundstück, e-n Hof, ein Lokal p. 租一座花园、一块地皮、一个院子、一家酒馆⟩ ‖ NB(注意): ↑ **mieten** ‖ ID [谚] *mst* 多用 **so tun / sich so benehmen, als hätte man etw. für sich gepachtet** *gespr pej* [口][贬]; sich so benehmen, als hätte man als Einziger die genannte positive Eigenschaft od. als dürfte man allein das Genannte benutzen 作出独占(独自享有)某物的姿态;以为唯独自己具有某种特点: *Tu nicht so, als hättest du die Weisheit für dich gepachtet!* 别以为只有你聪明能干! ‖ *hierzu* (派生) **Pạ̈ch·ter** *der*; -*s*, -; **Pạ̈ch·te·rin** *die*; -, -*nen*
Pạck *das*; -*s*; *nur Sg*, *gespr pej* (只用单数),[口]

P

[贬] ≈ Gesindel ‖ -K(复合): **Diebes-**, **Lumpen-**

-pack *der*; *-s*, *-e*; *im Subst*, *begrenzt produktiv*(构成名词,构词有限) ≈ -packung; **Dreierpack**, **Sechserpack**

Päck·chen *das*; *-s*, *-* **1**. e-e kleine Packung (1) od. ein kleines Paket (1) 小包,小包装〈ein P. Backpulver, Kaugummi 一小包发酵粉、口香糖; etw. zu e-m P. binden, verschnüren 将某物捆成、扎成小包〉 ‖ ↑ *Abb*. *unter* 图见 **Behälter und Gefäße** **2**. etw. (*mst* in e-m Karton *o*. *Ä*. Verpacktes), das man mit der Post schickt u. das weniger als zwei Kilogramm wiegt(2000 克以下的)邮寄小包裹 ↔ Paket (2)〈ein P. aufgeben, bekommen 寄、收到一个小邮包〉‖ ID [谚] *mst* 多用 **Jeder hat sein P. zu tragen** jeder hat seine Probleme u. Sorgen 人人都有自己的烦恼

Pack·eis *das*; e-e dicke Schicht Eis auf dem Wasser, die aus vielen Stücken besteht, die aufeinanderliegen 冰排,大块浮冰 ↔ Treibeis: *Das Schiff ist im P. stecken geblieben* 这条船被卡在冰排之中

pa·cken; *packte*, *hat gepackt*; Vt (及物) **1**. **etw**. (**in etw**. (*Akk* 四格)) **p**. Dinge in Schachteln, Kisten *usw* legen, um sie irgendwohin zu transportieren od. darin aufzubewahren 将…装入 ≈ einpacken ↔ auspacken〈seine Sachen, seine Schulsachen p. 收拾自己的东西、自己的学习用品〉: *Kleider in den Koffer p*.将衣服装进箱子; *das Gepäck in das Auto p*.将行李装到汽车里 **2**. **j-n/etw**. **p**. j-n/etw. greifen u. sehr fest halten 紧紧抓住 ≈ ergreifen ↔ loslassen: *Der Löwe packte die Antilope im Genick* 狮子紧紧抓住羚羊的脖子; *Er packte ihn am Arm*, *sodass er nicht mehr weglaufen konnte* 他抓住他的胳膊,使他不再能跑开 **3**. **etw**. **packt j-n** j-d spürt plötzlich e-e starke emotionale Reaktion(物作主语)抓住…的心,涌上…的心头〈j-n packt die Wut, die Verzweiflung, die Angst, die Leidenschaft 某人怒火中烧,感到绝望,心中害怕起来,满怀激情〉: *Mich packt der Neid*, *wenn ich daran denke*, *wie leicht manche Leute ihr Geld verdienen* 当想到有些人不费力气挣钱,我心生嫉妒 **4**. **etw**. **p**. *gespr* [口]; etw. gerade noch schaffen od. erreichen 正好能完成,恰好达到〈e-e Hürde, e-e Prüfung p. 刚好跨过栏架,勉强通过考试〉: *Meinst du*, *er hat den Zug noch gepackt?* 你认为他还能赶上火车? **5**. **j-n irgendwohin p**. j-n irgendwohin legen u. zudecken 将…安顿到某处,让…躺在某处〈ein Kind, e-n Kranken ins Bett, aufs Sofa p. 将小孩、病人安顿到床上、沙发上〉; Vt/i (及物/不及物) **6**. (**etw**.) **p**. etw. mit seinen Sachen füllen, weil man verreisen will *o*. *Ä*. 收拾,打点 ↔ auspacken〈e-n Koffer, ein Paket, e-n Rucksack, e-e Schultasche p. 收拾箱子、包裹、背包、书包〉: *Er verreist morgen u*. *hat noch nicht mit dem Packen angefangen* 他明天外出旅行,可现在还没开始收拾行李 ‖ ID [谚] *mst* 多用 **Pack dich!** *gespr* [口]; verwendet, um j-n sehr unfreundlich aufzufordern zu gehen 你给我滚开! ≈ hau ab! ‖ ▶ **auspacken**, **einpacken**, **verpacken**

Pa·cken *der*; *-s*, *-*; ziemlich viele Dinge gleicher Art, die aufeinanderliegen (u. zusammengebunden sind) 一堆,一(大)捆,一(大)包 ≈ Stapel, Bündel〈ein P. Bücher, Papier, Wäsche, Zeitungen 一捆书、纸、衣服、报纸〉

pa·ckend **1**. *Partizip Präsens* (现在分词); ↑ **packen** **2**. *Adj*(形); 〈ein Roman, ein Film 长篇小说,电影〉 so, dass man nicht aufhören kann, sie zu lesen od. anzusehen 引人入胜的,十分动人的,扣人心弦的 ≈ fesselnd

Pa·cker *der*; *-s*, *-*; j-d, der beruflich in e-m Betrieb Waren verpackt 包装工,打包工人 ‖ *hierzu* (派生) **Pa·cke·rin** *die*; *-*, *-nen*

Pack·esel *der*; ein Esel, der Lasten trägt 驮驴

Pack·pa·pier *das*; dickes braunes Papier, das man benutzt, um Pakete u. Päckchen zu verpacken 包装纸,牛皮纸

Pack·pferd *das*; ein Pferd, das Lasten trägt 驮马

Pa·ckung *die*; *-*, *-en* **1**. e-e bestimmte Menge od. Zahl von Dingen gleicher Art, die zusammen (in e-r Hülle) verkauft werden 包,盒(物品)〈e-e P. Eier, Milch, Kaffee, Kekse, Zigaretten 一盒蛋,一盒奶,一包咖啡、小饼干、香烟〉 ‖ -K (复合): **Haushalts-**, **Zigaretten-** **2**. die Hülle od. der Behälter, in denen diese Dinge sind(物品的)包装,盒,包 ≈ Verpackung〈e-e P. aufreißen, aufschneiden, öffnen 撕开、剪开、打开包装〉: *Nimm die Sorte in/mit der roten P*. 拿(买)红色包装的品种 ‖ ↑ *Abb*. *unter* 图见 **Behälter und Gefäße** ‖ -K (复合): **Aufreiß-**, **Frischhalte-**, **Klarsicht-**, **Zellophan-** **3**. ≈ Umschlag[1] (3)〈j-m e-e schmerzlindernde, warme P. machen 给某人敷上止痛药,给某人热敷〉 ‖ -K(复合): **Fango-**, **Moor-**, **Schlamm-**; **Kur-** **4**. *gespr* [口]; e-e hohe Niederlage im Sport(体育运动中)惨败〈e-e P. bekommen 遭到惨败〉

-pa·ckung *die*; *im Subst*, *begrenzt produktiv* (构成名词,构词有限); e-e Packung (2) mit der genannten Anzahl von etw. als Inhalt(内装)…一包,一盒; die **Zweierpackung**, die **Sechserpackung**〈Eier 蛋〉, die **Zehnerpackung**〈Eier 蛋〉, die **Zwölferpackung**, die **Zwanzigerpackung**〈Zigaretten 香烟〉

Pä·da·go·ge *der*; *-n*, *-n* **1**. *geschr*[书] ≈ Lehrer **2**. ein Wissenschaftler, der sich mit Pädagogik beschäftigt 教育工作者,教育家 ‖ *hierzu* (派生) **Pä·da·go·gin** *die*; *-*, *-nen* ‖ NB(注意): *der Pädagoge*; *den*, *dem*, *des Pädagogen*

Pä·da·go·gik *die*; *-*; *nur Sg* (只用单数); die Wissenschaft, die sich mit dem Unterrichten u. Erziehen beschäftigt 教育学 ‖ -K(复合): **Schul-**, **Sozial-** ‖ *hierzu* (派生) **pä·da·go·gisch** *Adj*(形)

Pad·del *das*; *-s*, *-*; ein Stock (mit e-m breiten, flachen Teil an einem od. beiden

P

Enden), den man ins Wasser taucht, um so ein kleines Boot zu bewegen 桨 ‖ NB(注意): Ein *Ruder* ist am Boot befestigt, ein *P.* nicht(Ruder 是固定在船上的,Paddel 则不固定)

Pad·del·boot *das*; ein schmales Boot, das man mit Paddeln bewegt 划桨的小船,划子 ‖ NB(注意): ↑ ***Kanu***

pad·deln; *paddelte, hat/ist gepaddelt*; [Vi] (不及物) **1.** ein Boot mit Paddeln bewegen 划桨,荡桨: *über den See p.* 划船过湖 **2.** ***ein Tier paddelt*** ein Tier schwimmt so, dass sich die Beine wie beim Gehen unter dem Körper bewegen(动物作主语)游水,浮水 ⟨Enten, Schwäne 鸭子,天鹅⟩

paf·fen; *paffte, hat gepafft*; [Vt/i] (及物/不及物) **1.** ***(etw.) p.*** rauchen, ohne den Rauch in die Lunge zu saugen(吸烟只吸入口中,不吸进肺中)吸,抽(烟) **2.** ***(etw.) p.*** *gespr*[口] ≈ rauchen ⟨e-e Zigarette, e-e Zigarre p. 吸香烟,抽雪茄烟⟩

Pa·ge [ˈpaːʒə] *der*; *-n, -n*; ein (junger) Diener, der e-e Uniform trägt(穿制服的)侍从,听差,服务员 ‖ -K(复合): ***Hotel-*** ‖ NB(注意): *der Page; den, dem, des Pagen*

Pa·go·de *die*; *-, -n*; ein Tempel in Asien, der wie ein Turm mit vielen Stockwerken aussieht, von denen jedes ein eigenes Dach hat(佛教的)宝塔,浮屠 ‖ K-(复合): ***Pagoden-, -stil***

pah! *Interjektion* (叹); verwendet, um Verachtung auszudrücken(表示轻蔑,蔑视)呸!: *Pah, das ist doch lächerlich!* 呸,这的确太可笑了!

Pa·ket *das*; *-(e)s, -e* **1.** etw., das man mit e-r Schnur zusammengebunden od. zusammen in e-e Schachtel / e-n Karton getan hat 包,箱 ≈ Packen: *Er band die Zeitungen zu einem P. zusammen* 他将报纸捆成一包 ‖ K-(复合): ***Bücher-, Wäsche-*** **2.** ein P. (1), das man mit der Post schickt u. das mehr als zwei Kilogramm wiegt(2000 克以上的)邮包,包裹 ↔ Päckchen (2) ⟨ein P. aufgeben, bekommen 邮寄、收到一个包裹; j-m ein P. schicken 给某人寄一个邮包⟩ ‖ K-(复合): ***Paket-, -annahme, -ausgabe, -schalter, -sendung*** ‖ -K(复合): ***Eil-, Post-, Wert-*** **3.** ≈ Packung (1,2) ⟨ein P. Waschpulver 一包洗衣粉⟩ ‖ ↑ *Abb. unter* 图见 ***Behälter und Gefäße*** **4.** mehrere Dinge gleicher Art, die zusammengehören 一沓,一摞,一整套,一揽子(计划、建议等) ⟨ein P. Aktien 一沓股票; ein P. von Forderungen, Vorschlägen 一整套要求、建议⟩ ‖ -K(复合): ***Aktien-, Gesetzes-, Software-***

Pa·ket·kar·te *die*; e-e Karte (mit der Adresse des Empfängers u. Absenders), die man mit e-m Paket (2) bei der Post abgibt(邮寄)包裹单

Pakt *der*; *-(e)s, -e* **1.** ≈ Bündnis ⟨e-n P. mit j-m, e-m Staat schließen 与某人、某国缔结公约; e-m P. beitreten, angehören 参加、属于公约⟩ ‖ -K(复合): ***Nichtangriffs-, Nordatlantik-*** **2.** ***der Warschauer P.*** *hist* [历]; ein militärisches Bündnis zwischen der alten Sowjetunion u. den meisten Staaten Osteuropas 华沙条约(原苏联、东欧各国间的军事条约)

Pa·lais [paˈlɛː] *das*; *-, -* [paˈlɛːs]; ein kleines Schloss[2] 宫殿,王宫

Pa·lä·on·to·lo·gie *die*; *-*; *nur Sg* (只用单数); die Wissenschaft, die sich mit Lebewesen beschäftigt, die vor sehr langer Zeit auf der Erde lebten 古生物学 ‖ *hierzu* (派生) **Pa·lä·on·to·lo·ge** *der*; *-n, -n*; **pa·lä·on·to·lo·gisch** *Adj* (形)

Pa·last *der*; *-(e)s, Pa·läs·te*; ein großes, teures Gebäude, in dem ein König, Fürst *o. Ä.* lebt 宫殿 ⟨ein prunkvoller P. 富丽堂皇的宫殿; der P. des Königs, des Maharadschas *usw* 国王的、(印度)土邦主的宫殿⟩: *der Buckingham-P. in London* 伦敦的白金汉宫 ‖ K-(复合): ***Palast-, -wache*** ‖ -K(复合): ***Fürsten-, Königs-***

Pa·läs·ti·nen·ser *der*; *-s, -*; ein Araber, der aus Israel od. Jordanien stammt (u. dort lebt)巴勒斯坦人 ‖ K-(复合): ***Palästinenser-, -führer, -lager*** ‖ *hierzu* (派生) **Pa·läs·ti·nen·se·rin** *die*; *-, -nen*

Pa·last·re·vo·lu·ti·on *die*; POL【政】; der Versuch der Diener, Soldaten *o. Ä.* e-s Herrschers, diesem die Macht wegzunehmen 宫廷政变 ‖ NB(注意): ↑ ***Verschwörung***

Pa·lat·schin·ke *die*; *-, -n*; *mst Pl*, Ⓐ (多用复数)[奥] ein dünner Pfannkuchen 果酱馅蛋卷

Pa·la·ver [-v-] *das*; *-s, -*; *gespr pej* [口][贬]; e-e lange, oft sinnlose Diskussion 冗长的讲话、讨论,喋喋不休的废话、空谈 ≈ Geschwätz ⟨(um etw.) ein großes/langes P. machen 无休止地空谈某事⟩

pa·la·vern [-v-]; *palaverte, hat palavert*; [Vi] (不及物) ***über etw.*** (*Akk* 四格) ***p.*** *gespr pej* [口][贬]; lange *mst* ohne ein Ergebnis über etw. reden od. diskutieren 喋喋不休地空谈,瞎议论

Pa·let·te *die*; *-, -n* **1.** e-e Platte, die ein Maler in der Hand hält u. auf der er die Farben mischt(绘画用的)调色板 **2.** ***e-e P.*** (***an etw.*** (*Dat Pl* 三格,复数)) viele verschiedene Dinge der gleichen Art 花色繁多,品种齐全 ≈ Vielfalt ⟨e-e bunte, reiche, breite P. 五花八门的、丰富多彩的、应有尽有的花色品种⟩: *Der Verkäufer führte die ganze P. an Möglichkeiten vor, die der neue Computer bietet* 售货员演示了新型电脑所具有的各种各样的功能 **3.** ein Gestell aus mehreren Brettern, auf das man in e-m Lager Waren legt, um sie leichter transportieren zu können 运货架,集装架: *e-e P. mit dem Gabelstapler anheben* 用叉车将一个运货架抬起

pa·let·ti *nur in* 只用于 ***alles p.!*** *gespr*[口]; (es ist) alles in Ordnung 一切正常!

Pa·li·sa·de *die*; *-, -n* **1.** ein starker Holzpfahl 木桩,木柱 **2.** *mst Pl* (多用复数); e-e Art Zaun aus Palisaden (1)木栅栏

Pal·me *die*; *-, -n*; ein Baum ohne Äste, der

nur ganz oben große Blätter hat u. in tropischen Ländern wächst 棕榈树 ‖ K-(复合): **Palmen-**, **-strand** ‖ -K(复合): **Dattel-**, **Kokos-** ‖ ID[谚] ***j-n auf die P. bringen*** *gespr* [口]; j-n wütend machen 激怒某人; ***auf der P. sein*** *gespr*[口]; wütend sein 非常生气

Palm·kätz·chen *das*; die weiche Blüte mancher Bäume, *bes* der Weide(尤指柳树的)柔荑花序

Palm·sonn·tag *der*; der Sonntag vor Ostern(耶稣)复活节前的那个星期日

Palm·we·del *der*; das große Blatt e-r Palme 棕榈枝叶

Pam·pe *die*; -, -*n*; *bes nordd gespr*, *oft pej* 尤用于[北德][口]常用[贬]; ein dicker Brei 稠糊糊,稠粥

Pam·pel·mu·se *die*; -, -*n*; *veraltend*[渐旧] ≈ Grapefruit

Pamph·let [pam'fle:t] *das*; -(*e*)*s*, -*e*; *geschr pej*[书][贬]; ***ein P.*** (***gegen j-n/etw.***) ein Text mit oft politischem Inhalt, in dem etw. sehr stark u. aggressiv gefordert od. kritisiert wird 论战性文章(或小册子),抨击性文章 ≈ Streitschrift ‖ NB(注意): ↑ ***Flugblatt***

pam·pig *Adj*(形); *gespr pej* [口][贬]; sehr unhöflich 十分无礼的,粗暴的 ⟨e-e Antwort, ein Benehmen 回答,举止; p. werden 变得厚颜无耻⟩

pan-/Pan- *im Adj u. Subst*, *begrenzt produktiv*(构成形容词和名词,构词有限); Ganz-, Gesamt- 全…,泛…; ***panafrikanisch***, ***panamerikanisch***, ***panarabisch***, der ***Panamerikanismus***, der ***Panslawismus***

Pan·da *der*; -*s*, -*s*; e-e Art schwarz-weißer Bär, der in China lebt 熊猫,大熊猫 ‖ K-(复合): ***Panda-***, ***-bär***

Pan·flö·te *die*; ein Musikinstrument, auf dem man bläst u. bei dem mehrere kleine Pfeifen (mit verschiedenen Längen) nebeneinander sind 排箫 ‖ ↑ *Abb. unter* 图见 ***Flöten***

pa·nie·ren; *panierte*, *hat paniert*; [Vt](及物) ***etw. p.*** etw. vor dem Braten in Ei und (Panier)Mehl tauchen(在油煎前)将…裹上鸡蛋和面包屑 ⟨Blumenkohl, Fisch, ein Kotelett, ein Schnitzel p. 将菜花、鱼、排骨、肉排裹上鸡蛋和面包屑⟩

Pa·nier·mehl *das*; e-e Art Mehl aus geriebenem Weißbrot zum Panieren 面包屑 ≈ Semmelbrösel

Pa·nik *die*; -, -*en*; *mst Sg*(多用单数); e-e Angst, die so stark ist, dass man nicht mehr denken kann u. *mst* nur noch davonlaufen will 惊惶失措,心慌意乱,慌张混乱 ⟨(e-e) P. bricht aus 出现一片慌乱景象; in P. geraten 陷入惊惶失措之中; P. erfasst, ergreift j-n 某人突然感到恐慌,一时不知所措; j-n in P. versetzen 使某人心慌意乱⟩: *Als das Feuer ausbrach, rannten alle voller P. zum Ausgang* 发生大火时,大家仓皇奔向出口 ‖ K-(复合): ***Panik-***, ***-stimmung*** ‖ *hierzu*(派生) **pa·nik·ar·tig** *Adj*(形)

Pa·nik·ma·che *die*; -; *nur Sg*, *gespr pej*(只用单数),[口][贬]; der Versuch, anderen Angst zu machen, indem man e-e Gefahr größer darstellt, als sie tatsächlich ist 制造恐慌的行为,虚声恫吓 ⟨etw. ist nur, reine P. 某事只是,纯粹是一种虚声恫吓⟩

pa·nisch *Adj*(形); durch Panik ausgelöst od. gekennzeichnet 慌张的,惊惶的,张皇失措的,不知所措的 ≈ panikartig ⟨e-e Angst, e-e Reaktion, ein Schrecken 恐惧,反应,惊愕⟩

Pan·ne *die*; -, -*n* **1.** ein plötzlicher Schaden an e-m Fahrzeug, aufgrund dessen man dann nicht weiterfahren kann 故障,中途抛锚 ⟨e-e P. haben, beheben 发生、排除故障⟩: *Er hatte mit seinem Fahrrad e-e P. – der Reifen war geplatzt* 他的自行车出了故障——轮胎爆了; *Das Auto hatte e-e P. u. musste abgeschleppt werden* 这辆汽车出了故障,必须把它拖走 ‖ K-(复合): ***Pannen-***, ***-hilfe***, ***-hilfsdienst*** ‖ -K(复合): ***Auto-***, ***Fahrrad-***, ***Reifen-*** **2.** ein Fehler od. technisches Problem 差错,技术故障: *Bei dem Empfang gab es mehrere Pannen: Erst funktionierte das Mikrofon des Redners nicht, u. dann kam der Dolmetscher auch noch zu spät* 招待会出了好几次差错:首先发言人用的话筒失灵,另外译员又迟到了

Pan·nen·dienst *der*; e-e Organisation, die Autofahrern hilft, wenn sie e-e Panne haben 汽车应急服务站

Pan·nen·hil·fe *die*; *nur Sg*(只用单数); die Hilfe, mit der e-e Panne (1) behoben wird 应急服务 ⟨P. leisten 进行应急服务⟩

Pa·nop·ti·kum *das*; -*s*, *Pa·nop·ti·ken*; e-e Ausstellung von seltsamen, oft lustigen Dingen 珍奇物品陈列馆,蜡像陈列馆

Pa·no·ra·ma *das*; -*s*, *Pa·no·ra·men*; der weite Blick, den man von e-m *mst* hoch gelegenen (Aussichts)Punkt hat 全景 ≈ Rundblick: *Auf dem Gipfel bot sich uns ein fantastisches P.* 站在山顶上我们面前呈现出一幅迷人的全景

pan·schen; *panschte*, *hat gepanscht*; [Vt/i](及物/不及物) (***Wein***) ***p.*** Wein so herstellen, dass man Stoffe verwendet, die nicht erlaubt sind (wie *z.B.* Zucker, Chemikalien od. Wasser)(在酒里)掺假

Pan·ter, **Pan·ther** *der*; -*s*, -; ein schwarzer Leopard 黑豹

Pan·ti·ne *die*; -, -*n*; *nordd*[北德]; ein Schuh mit e-r Sohle aus Holz 木底鞋,木屐 ‖ ID[谚] ***aus den Pantinen kippen*** *gespr* [口]; **a)** ohnmächtig werden od. vor Schwäche zusammenbrechen 失去知觉,因虚弱而昏倒; **b)** sehr überrascht sein 非常惊奇

Pan·tof·fel *der*; -*s*, -*n*; ein Schuh, der hinten offen ist u. den man im Haus trägt 拖鞋 ⟨warme, weiche Pantoffeln 暖和的、柔软的拖鞋; in die Pantoffeln schlüpfen 穿拖鞋⟩ ‖ ↑ *Abb. unter* 图见 ***Schuh*** ‖ -K(复合): ***Filz-*** ‖ ID[谚] ***unter dem P. stehen*** als Ehemann zu Hause nichts ohne seine Frau entscheiden dürfen 怕老婆,惧内

Pan·tof·fel·held *der*; *pej* [贬]; ein (Ehe)-

P

Mann, der nichts ohne seine Frau entscheiden darf 怕老婆的男人

Pan·tof·fel·ki·no *das*; *gespr hum*［口］［诙］≈ Fernsehen (3)

Pan·to·mi·me[1] *die*; -, -*n*; e-e Art einfaches Theaterstück mit vielen Gesten u. Bewegungen, aber ohne Worte 哑剧 ‖ K-(复合): ***Pantomimen-***, ***-spiel*** ‖ *hierzu* (派生) **pan·to·mi·misch** *Adj* (形)

Pan·to·mi·me[2] *der*; -*n*, -*n*; j-d, der e-e Pantomime[1] vorführt 哑剧演员 ‖ NB(注意): *der Pantomime*; *den*, *dem*, *des Pantomimen*

pant·schen; *pantschte*, *hat gepantscht*; Vt/i (及物/不及物) (***etw.***) ***p.*** ≈ panschen

Pan·zer *der*; -*s*, -**1.** e-e harte Schale, die den Körper mancher Tiere bedeckt u. schützt 甲壳 ⟨der P. e-s Käfers, e-s Krebses, e-r Schildkröte 甲壳虫的、蟹的、龟的甲壳⟩ **2.** ein schweres militärisches Fahrzeug, das sich auf zwei breiten Ketten (= Raupen) vorwärtsbewegt 坦克, 装甲车 ⟨e-n P. lenken 驾驶坦克⟩ ‖ K-(复合): ***Panzer-***, ***-fahrer***, ***-kompanie*** **3.** *hist* ［历］; die Kleidung aus Metall, die ein Ritter trug 胸甲, 铠甲 ≈ Rüstung ⟨e-n P. anlegen, tragen 披、穿铠甲⟩

Pan·zer·glas *das*; sehr hartes, dickes Glas, das nicht bricht, wenn man darauf schießt 防弹玻璃

pan·zern; *panzerte*, *hat gepanzert*; Vt (及物) ***etw. p.*** etw. mit festen Teilen aus Metall schützen 给…装配钢甲 ⟨ein gepanzertes Schiff, Auto 一艘装甲船(舰), 一辆装甲(防弹)汽车⟩ ‖ NB(注意): *mst* im Zustandspassiv (多用于状态被动句)!

P

Pan·zer·schrank *der* ≈ Geldschrank, Tresor

Pa·pa, **Pa·pa** *der*; -*s*, -*s*; *gespr* ［口］; von u. gegenüber Kindern als Anrede od. Bezeichnung für den Vater verwendet 爸爸 ≈ Vati, Papi

Pa·pa·gei, **Pa·pa·gei** *der*; -*en*/-*s*, -*en*; ein *mst* bunter Vogel mit gebogenem Schnabel, der in tropischen Ländern lebt u. lernen kann, Wörter zu sprechen 鹦鹉: *Aras u. Wellensittiche sind Papageien* 长尾鹦鹉和虎皮鹦鹉都是鹦鹉 ‖ NB(注意): *der Papagei*; *den*, *dem Papagei*/*Papageien*, *des Papageis*/*Papageien*

Pa·per·back [ˈpeːpɐbɛk] *das*; -*s*, -*s*; *gespr* ［口］≈ Taschenbuch

Pa·pi *der*; -*s*, -*s* ≈ Papa

Pa·pier *das*; -(*e*)*s*, -*e* **1.** *nur Sg* (只用单数); das dünne, *mst* weiße Material, auf das man schreibt, zeichnet u. druckt 纸, 纸张 ⟨holzfreies P. 不含木质纤维的纸, 纯纤维素纸; ein Blatt, Bogen, Stück P. 一页、一张纸; auf P. malen, schreiben, zeichnen 在纸上画画、写字、画图; etw. in P. wickeln, (ein)schlagen 将某物卷进、包进纸里⟩: *e-e Blume, ein Lampion aus P.* 用纸做的花、灯笼; *P. wird aus Holz gemacht* 纸是用木材做的 ‖ K-(复合): ***Papier-***, ***-block***, ***-bogen***, ***-fabrik***, ***-fetzen***, ***-format***, ***-schere***, ***-schnipsel*** ‖ -K(复合): ***Schreib-***, ***Zeichen-***; ***Brief-***, ***Zeitungs-*** ‖ *zu* ***Papierfetzen***, ***Papierschnipsel*** ↑ *Abb. unter* 图见 ***Stück*** **2.** ein Material, ähnlich wie P. (1), das zu verschiedenen Zwecken benutzt wird 纸材 ‖ K-(复合): ***Papier-***, ***-blume***, ***-drache***, ***-geld***, ***-handtuch***, ***-serviette***, ***-taschentuch***, ***-tüte*** ‖ -K(复合): ***Filter-***, ***Pack-***, ***Pergament-***, ***Klo-***, ***Toiletten-***, ***Zigaretten-*** **3.** ein Text mit wichtigen Informationen, den j-d aufbewahrt (*z. B.* e-e Rechnung od. ein Vertrag) od. der für Fachleute bestimmt ist 文件, 文本(如账目、合同等), 文稿 ≈ Schriftstück ⟨ein amtliches, vertrauliches P. 官方文件, 机密文件; ein P. erarbeiten, sichten, unterzeichnen 起草(草拟)、审阅、签署文件; Papiere ordnen, durchsehen 整理、审阅文件⟩ ‖ -K(复合): ***Arbeits-*** **4.** *nur Pl* (只用复数); offizielle Dokumente wie Ausweis, Pass, Führerschein *usw* 证件(如身份证、护照、驾驶执照等) ⟨falsche/gefälschte Papiere 假的/伪造的证件; j-m neue Papiere ausstellen 给某人签发新证件; die Papiere prüfen 检查证件; seine Papiere vorzeigen 出示自己的证件; die Papiere sind nicht in Ordnung 这些证件有问题⟩ ‖ -K(复合): ***Ausweis-***, ***Auto-***, ***Zulassungs-*** **5.** WIRTSCH【经】, *Kurzw* (略) ↑ ***Wertpapier*** ‖ ID ［谚］ ***etw. zu P. bringen*** etw. aufschreiben 将某事用文字记录下来; ***etw. aufs P. werfen*** etw. skizzieren 扼要记下某事; ⟨ein Recht, ein Vertrag *o. Ä.* besteht, existiert 一种权利, 一份合同等⟩ ***nur auf dem P.*** ein Recht, ein Vertrag *o. Ä.* steht irgendwo geschrieben, wird aber nicht beachtet 只停留在纸上(不受重视), 只是一纸空文; ***etw. ist nur ein Stück/Fetzen P.*** etw. Geschriebenes ist wertlos od. ungültig 某物只是一张废纸 ⟨ein Vertrag 条约⟩; ***P. ist geduldig*** verwendet, um Zweifel am Wert von etw. Geschriebenem auszudrücken 纸是能容忍的(意指纸上什么都可以写, 但不一定做得到或不一定是真的)

Pa·pier·deutsch *das*; *pej* ［贬］; das oft schwierige u. komplizierte Deutsch, das *bes* Behörden verwenden 公文体(文牍)德语, 繁冗的德语 ≈ Amtsdeutsch

Pa·pier·ein·zug *der*; e-e Funktion bei Schreibmaschinen, Fotokopiergeräten, Druckern *o. Ä.* Mit dem P. wird das Papier in das Gerät transportiert 进纸, 输入纸张 ⟨automatischer, manueller P. 自动、手工进纸; der P. klemmt 进纸功能失灵, 卡纸⟩

pa·pie·ren *Adj* (形) **1.** *nur attr*, *nicht adv* (只作定语, 不作状语); aus Papier 纸做的: *e-e papierene Blume* 一朵纸花 **2.** so wie Papier 如纸的, 像纸一样的 ⟨etw. fühlt sich p. an 某物手感像纸, 摸上去像纸一样⟩ **3.** sehr kompliziert u. schwer zu verstehen 繁冗的, 艰涩难懂的 ⟨ein Deutsch, ein Stil 德语, 文体⟩

Pa·pier·korb *der*; ein Behälter für Abfälle aus Papier 字纸篓 ‖ NB(注意): ↑ ***Abfalleimer***

Pa·pier·kram *der*, *gespr pej* ［口］［贬］; (offizielle) Briefe, Formulare *o. Ä.* (die man als lästig empfindet) 公文报表 ⟨den P. erledigen 办理公文报表〉

Pa.pier.krieg *der*; *gespr pej*[口][贬]; ein langer (u. oft lästiger) Briefwechsel mit e-r Behörde *o.Ä.* 繁杂的公文往来,笔墨官司

Pa.pier.ma.ché *das*; ↑ ***Pappmaché***

Pa.pier.schlan.ge *die*; ein langer dünner Streifen aus buntem Papier, der zu e-r Rolle geformt ist u. den man im Karneval auf Feiern unter die Leute wirft 彩色纸带 ≈ Luftschlange 〈Papierschlangen werfen 抛掷彩色纸带〉

Pa.pier.ti.ger *der*; j-d, der gefährlich od. stark wirkt, es aber nicht wirklich ist 纸老虎

papp *nur in* 只用于 ***nicht mehr p. sagen können*** *gespr*[口]; sehr satt sein 非常饱,肚子撑得话都说不出来了

Papp *der*; *-s*; *nur Sg*, *gespr*(只用单数)[口] **1.** ein dicker Brei 稠糊糊 **2.** ≈ Kleister, Klebstoff

Papp.de.ckel *der*; ein Stück Pappe/Karton 纸板,硬纸板

Pap.pe *die*; *-*, *-n*; *mst Sg*(多用单数); e-e Art dickes, stabiles u. steifes Papier 厚纸,纸板: *e-e Schachtel aus P.* 纸盒,纸箱 ‖ K-(复合): ***Papp-***, ***-becher***, ***-karton***, ***-nase***, ***-schachtel***, ***-teller*** ‖ ID[谚] ***j-d/etw. ist nicht von P.*** *gespr*[口]; j-d/etw. ist stark, ist nicht zu unterschätzen 某人/某物不是纸做的(意即:相当厉害,不能小看)

Pap.pel *die*; *-*, *-n*; ein hoher, schmaler (Laub) Baum, den man *bes* neben Straßen pflanzt 杨树

pap.pen; *pappte*, *hat gepappt*; *gespr*[口]; [Vt](及物) **1.** ***etw. an/auf etw.*** (*Akk* 四格) ***p.*** ≈ kleben: *ein Schild auf ein Glas Marmelade p.* 将一张标签贴到果酱瓶上; [Vi](不及物) **2.** ***etw. pappt*** etw. haftet gut an etw. (物作主语)粘住,粘稳 ≈ etw. klebt **3.** ***etw. pappt*** etw. ist feucht u. lässt sich gut formen(物作主语)粘在一起,结成团 〈Schnee 雪〉 ‖ K-(复合): ***Papp-***, ***-schnee***

Pap.pen.de.ckel *der*; Ⓐ[奥] ↑ ***Pappdeckel***

Pap.pen.hei.mer *die*; *Pl*(复); *nur in* 只用于 ***seine P. kennen*** *gespr*[口]; eine od. mehrere Personen gut kennen u. wissen, wie sie sich verhalten 熟悉对方并懂得如何与之打交道,知道对方的脾气,知道自己在跟谁打交道

Pap.pen.stiel *der*; *mst in* 多用于 ***etw. ist ein/kein P.*** *gespr*[口]; etw. ist e-e/keine Kleinigkeit 某事是一桩小事/不是小事

pap.per.la.papp! *Interjektion*(叹); verwendet, um auszudrücken, dass man etw. Gesagtes für Unsinn hält 废话! 胡说! ≈ Quatsch!

pap.pig *Adj*(形); *nicht adv*, *gespr*(不作状语)[口] **1.** sehr weich (u. feucht) 松软的 ↔ knusprig 〈ein Brötchen 小圆面包〉 **2.** feucht u. leicht zu formen 黏湿的,易结成团的 〈Schnee 雪〉 **3.** ≈ klebrig

Papp.ma.ché [-maˈʃeː] **Papp.ma.schee** *das*; *-s*, *-s*; e-e feuchte Masse aus Papier u. Leim *o.Ä.*, aus der man Figuren formen kann u. die beim Trocknen hart wird (造型用的)纸泥,制型纸〈etw. aus P. basteln 用纸泥制作、捏出某物〉

Pap.ri.ka *der*; *-s*, *-(s)* *od die*; *-*, *-(s)* **1.** (*der P.*) e-e Pflanze mit großen, hohlen Früchten von grüner, gelber od. roter Farbe, die als Gemüse gegessen werden 辣椒,青椒,彩椒,柿子椒(植物) ‖ K-(复合): ***Paprika-***, ***-schote*** **2.** (*der/die P.*) die Frucht des Paprikas (1) 辣椒,青椒,彩椒,柿子椒(果实) ≈ Paprikaschote 〈gedünstete(r), gefüllte(r) P. 焖柿子椒,酿柿子椒〉: *P. in e-n gemischten Salat schneiden* 将柿子椒切块(或丝)拌成冷盘 ‖ ↑ *Abb. unter* 图见 ***Gemüse*** **3.** (*der P.*) *nur Sg*(只用单数); ein rotes Pulver, das man als (scharfes) Gewürz verwendet 红辣椒粉,辣椒面: *Gulasch mit P. würzen* 在土豆烧牛肉中撒上红辣椒粉 ‖ K-(复合): ***Paprika-***, ***-gulasch***, ***-schnitzel*** **4.** Ⓒⓗ[瑞] ≈ Peperoni

Paps *der*; *-*; *nur Sg*, *gespr*(只用单数)[口] ≈ Papa

Papst *der*; *-es*, *Päps.te*; der höchste Bischof der römisch-katholischen Kirche 罗马(天主教)教皇,教皇 ≈ der Heilige Vater 〈e-e Audienz beim P. 谒见罗马教皇〉: *der Besuch P. Johannes Pauls des Zweiten in Polen* 罗马教皇约翰·保罗二世对波兰的访问 ‖ K-(复合): ***Papst-***, ***-krone***, ***-wahl*** ‖ ID[谚] ***päpstlicher sein als der P.*** strenger od. genauer sein, als die Regeln es erfordern 比教皇更教皇(意即:过分严格,过分挑剔) ‖ *hierzu*(派生) **päpst.lich** *Adj*(形)

-papst *der*; *im Subst*, *wenig produktiv*(构成名词,构词弱); j-d, der auf e-m Gebiet den größten Einfluss hat(在…领域的)权威人士,有影响的人; ***Kunstpapst***, ***Literaturpapst***, ***Orthografiepapst***

Pa.ra.bel *die*; *-*, *-n* **1.** LIT【文学】; e-e kurze, einfache Geschichte, die mithilfe e-s Vergleichs e-e moralische od. religiöse Lehre gibt 寓言;譬喻 ‖ NB(注意): ↑ ***Gleichnis*** **2.** MATH【数】; die Kurve, die *z.B.* ein Ball beschreibt, wenn er in die Luft geworfen wird u. wieder zu Boden fällt 抛物线 ‖ ↑ *Abb. unter* 图见 ***geometrische Figuren***

Pa.ra.bol.an.ten.ne *die*; e-e Antenne in Form e-s Parabolspiegels, mit der man *z.B.* Satellitenfernsehen empfangen kann 抛物面天线

Pa.ra.bol.spie.gel *der*; ein Spiegel, der nach innen gewölbt ist u. Strahlen in einem Punkt sammelt 抛物面镜

Pa.ra.de *die*; *-*, *-n* **1.** ein Ereignis, bei dem *bes* Soldaten festlich gekleidet sind u. sich in Reihen aufstellen od. durch die Straßen ziehen 阅兵式,军事检阅 〈e-e P. abhalten 举行阅兵式〉 ‖ -K(复合): ***Militär-***, ***Truppen-*** **2.** das Abwehren *bes* e-s Schusses durch den Torwart beim Fußball od. e-s Angriffs beim Fechten(足球守门员)扑住射门球,(击剑比赛中)挡住对方的进攻 〈e-e glänzende P. 漂亮的一招(指扑球、击剑)〉 **3.** ***e-e P. abnehmen*** als Offizier od. Politiker Soldaten grüßen, die e-e P. (1) abhalten 检阅(部队) ‖ ID[谚] ***j-m in die***

P

P. fahren *gespr*［口］; j-n plötzlich stören u. ihn dadurch an e-r Handlung hindern 断然阻挠某人的计划，使某人的打算落空 ‖ ▶ ***parieren***

Pa·ra·de·bei·spiel *das*; ein sehr gutes Beispiel 典型例子，范例 ≈ Musterbeispiel

Pa·ra·dei·ser *der*; *-s*, *-*; Ⓐ［奥］≈ Tomate

Pa·ra·de·pferd *das*; *gespr*［口］; e-e Person od. Sache, die auf e-m Gebiet so gut ist, dass man sie gern voll Stolz anderen als Beispiel zeigt 值得夸耀的人或物

Pa·ra·de·stück *das*; etw., das so gut od. schön ist, dass man es stolz als Beispiel zeigt 可以夸耀的东西

Pa·ra·de·uni·form *die*; e-e festliche Uniform 阅兵制服，礼服

Pa·ra·dies *das*; *-es*, *-e* **1.** 〈in der Bibel〉 der schöne Ort, an dem Adam u. Eva gelebt haben 伊甸园，乐园 ≈ Garten Eden 〈ein Leben wie im P. 天堂般的美好生活〉 **2.** REL【宗】; der Ort, an dem Gott u. die Engel leben 天国，天堂 ≈ der Himmel ↔ die Hölle 〈ins P. eingehen 进入天国〉 **3.** ein besonders schöner u. angenehmer Ort 乐园，天堂: *Diese Insel ist ein wahres P.* 这座岛是一个真正的乐园 **4.** ***ein P.*** (***für j-n***) ein Ort, an dem es alles gibt, was j-d braucht（供…尽情享受的）乐园: *ein P. für Urlauber* 度假者的乐园 ‖ -K（复合）: ***Ferien-***, ***Kinder-***, ***Urlaubs-***, ***Vogel-***, ***Wintersport-*** **5.** ***das P. auf Erden*** 〈haben 有〉 alles, was man sich nur wünschen kann 人间天堂，地上仙境 ‖ *hierzu*（派生）**pa·ra·die·sisch** *Adj*（形）

pa·ra·dox *Adj*（形）; so, dass es e-n Widerspruch in sich enthält od. dass darin zwei Dinge nicht zusammenpassen 自相矛盾的，悖理的，离奇的，反常的，令人难以置信的: *Es ist p., dass es in e-m so reichen Land so viel Armut gibt* 在一个如此富裕的国度里竟然有如此多的贫困现象，这是令人难以置信的 ‖ *hierzu*（派生）**pa·ra·do·xer·wei·se** *Adv*（副）

Pa·ra·do·xon *das*; *-s*, *Pa·ra·do·xa*; e-e Aussage, die paradox ist 自相矛盾的提法，奇谈怪论，悖论，怪诞的言论: „*Ein schwarzer Schimmel*" *ist ein P.* "一匹黑色的白马"是一个荒诞的说法

Pa·raf·fin *das*; *-s*, *-e*; ein Gemisch, aus dem man *bes* Kerzen, Schuhcreme *o. Ä.* macht 石蜡

Pa·ra·graf, **Pa·ra·graph** [-f] *der*; *-en*, *-en*; ein Teil e-s Gesetzes, Vertrages *o. Ä.*, der e-e Nummer trägt（法令、合同的）条、款，（文章的）章、节、段; *Zeichen* § 符号 § 〈P. eins, zwei, drei des Grundgesetzes, der Straßenverkehrsordnung, des Strafgesetzes 基本法的、交通法规的、刑法的第一、二、三条〉 ‖ NB（注意）: *der Paragraf*; *den*, *dem*, *des Paragrafen*; vor e-r Zahl hat *P.* jedoch keine Endung u. wird ohne Artikel gebraucht（置于数字前面时无词尾变化并不用冠词）: *gegen Paragraf 3 verstoßen* 违反第三条

Pa·ra·gra·fen·di·ckicht, **Pa·ra·gra·phen·di·ckicht** *das*; *pej*［贬］; die vielen Paragrafen, Bestimmungen *usw*, die den Laien verwirren 烦琐复杂的条款

Pa·ra·gra·fen·dschun·gel, **Pa·ra·gra·phen·dschun·gel** *der*; *pej*［贬］≈ Paragrafendickicht

Pa·ra·gra·fen·rei·ter, **Pa·ra·gra·phen·rei·ter** *der*; *pej*［贬］; j-d, der sich sehr streng an die Vorschriften hält u. keine Ausnahmen erlaubt 办事死板的人，过分拘泥于规章条文的人 ≈ Bürokrat

pa·ral·lel *Adj*（形）; 〈Linien 线〉 so, dass sie an jeder Stelle gleich weit voneinander entfernt sind 平行的，并行的: *etw. verläuft p. zu etw.* 某物与某物平行 ‖ K-（复合）: ***Parallel-***, ***-straße***

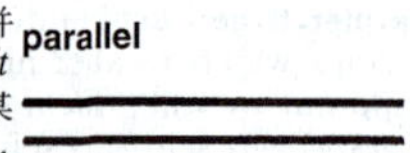

Pa·ral·le·le *die*; *-*, *-n* **1.** ***e-e P.*** (***zu etw.***) e-e Linie, die zu e-r anderen parallel ist 平行线 **2.** *mst Pl*（多用复数）; etw. Ähnliches, ein ähnlicher Fall od. e-e Ähnlichkeit 类似之物，类似的事，相似之处 〈Parallelen aufweisen, feststellen 指出、确定相似之事（物）〉: *Die Polizei sieht Parallelen zwischen den beiden Verbrechen u. geht davon aus, dass es sich um denselben Täter handelt* 警方在这两件罪行中发现相同之处并由此断定，这是同一个作案人所为 ‖ K-（复合）: ***Parallel-***, ***-fall*** ‖ *hierzu*（派生）**Pa·ral·le·li·tät** *die*; *-*, *-en*; *mst Sg*（多用单数）

Pa·ral·lel·klas·se *die*; e-e Klasse, in der die Schüler genauso alt sind u. denselben Stoff behandeln wie in e-r anderen Klasse derselben Schule（学校中的）平行班

Pa·ral·le·lo·gramm *das*; *-s*, *-e*; MATH【数】; ein Viereck, bei dem die gegenüberliegenden Seiten gleich lang u. parallel sind 平行四边形 ‖ ↑ *Abb. unter* 图见 ***geometrische Figuren*** ‖ NB（注意）: Ein *P.* mit rechten Winkeln heißt *Rechteck*（直角平行四边形叫长方形）

Pa·ra·ly·se *die*; *-*, *-n*; MED【医】≈ Lähmung

pa·ra·ly·sie·ren; *paralysierte*, *hat paralysiert*; [Vt]（及物）***etw. paralysiert j-n / ein Tier*** *geschr*［书］; etw. lähmt j-n/ein Tier（物作主语）使人/动物麻痹，瘫痪

Pa·ra·me·ter *der*; *-s*, *-*; *geschr*［书］; einer der Faktoren, die Einfluss auf e-n Prozess od. ein Geschehen haben 参数，参量: *Die Zinsen sind ein wichtiger P. bei der Berechnung der wirtschaftlichen Entwicklung* 在计算经济发展状况时，利息是一个重要的参数

pa·ra·mi·li·tä·risch *Adj*（形）; *mst attr*（多作定语）; so organisiert wie e-e offizielle Armee 准军事性的，半军事性的 〈e-e Gruppe, e-e Organisation, e-e Ausbildung 小组，组织，训练〉: *paramilitärische Guerrillas* 半军事性的游击队

Pa·ra·noia [-ˈnɔya] *die*; *-*; *nur Sg*, MED（只用单数）【医】; e-e (Geistes)Krankheit, bei der j-d das Gefühl hat, gehasst u. verfolgt zu werden od. bei der j-d meint, er sei e-e berühmte Persönlichkeit 妄想狂，偏执狂 ‖ *hierzu*（派生）**pa·ra·no·id** *Adj*（形）;

Pa·ra·no·i·ker *der*; *-s*, -

Pa·ra·nuss *die*; e-e Nuss, die in Brasilien wächst u. e-e sehr harte Schale mit Kanten hat 巴西果

Pa·ra·phra·se *die*; -, *-n*; *geschr*[书]; die Umschreibung e-r Äußerung od. e-s Ausdruckes mit anderen, *mst* einfacheren Worten, die leichter zu verstehen sind 改写，释义，意译 ‖ *hierzu*（派生）**pa·ra·phra·sie·ren** (*hat*) *Vt*（及物）

Pa·ra·psy·cho·lo·gie *die*; die Wissenschaft, die sich *z.B.* mit Wahrsagen u. mit der Übertragung von Gedanken（= Telepathie）beschäftigt 灵学，心灵学

Pa·ra·sit *der*; *-en*, *-en* **1.** ein Tier od. e-e Pflanze, die auf od. in anderen leben u. von ihnen die Nahrung nehmen 寄生物，寄生虫 ≈ Schmarotzer: *Wanzen u. Misteln sind Parasiten* 臭虫和槲寄生都是寄生物 ‖ -K（复合）: ***Darm-***, ***Haut-***; ***Baum-***, ***Menschen-*** **2.** *pej*[贬]; ein fauler Mensch, der andere für sich arbeiten lässt 过寄生生活的人，寄生虫 ≈ Schmarotzer ‖ K-（复合）: ***Parasiten-***, ***-dasein***, ***-leben*** ‖ NB（注意）: *der Parasit*; *den*, *dem*, *des Parasiten* ‖ *hierzu*（派生）**pa·ra·si·tär** *Adj*（形）

pa·rat *Adj*（形）**1.** *nur präd*, *nicht adv*（只作表语，不作状语）; so, dass man es（zur Hand）hat, wenn man es braucht 已准备好的，就在手边的 ≈（griff）bereit〈etw. p. haben, halten, legen 已准备好某物，将某物拿在手中准备着，将某物搁在手边; e-e Antwort, e-e Ausrede p. haben 随时准备回答，已准备好托词〉**2.** ***sich*** (***für etw.***) ***p. halten*** darauf vorbereitet sein u. darauf warten, dass man für etw. gebraucht wird（为某事）随时做好准备

Pär·chen *das*; *-s*, - **1.** zwei junge Leute, die verliebt sind 一对年轻的情侣 ≈ Liebespaar **2.** ein männliches u. ein weibliches（Klein）-Tier 一对（指小动物）: *Sind die beiden Vögel ein P.?* 这两只小鸟是一雌一雄吗?

Par·don [parˈdõː] *das*; *-s*; *nur Sg*（只用单数）**1.** ***Pardon!*** verwendet, um sich bei j-m zu entschuldigen 对不起！请原谅！≈ Verzeihung!, Entschuldigung! **2.** ***kein P. kennen*** *geschr* [书]; keine Rücksicht nehmen, schonungslos handeln 不宽恕，不饶恕

Pa·ren·the·se *die*; -, *-n*; LING【语】; e-e zusätzliche Erklärung, die man（*mst* in Klammern od. zwischen Gedankenstrichen）in e-n Satz einfügt 插入语，插入成分

par ex·cel·lence [parekseˈlãːs] *Adv*（副）; *geschr*[书]; verwendet, um auszudrücken, dass die genannte Person/Sache e-m Typ od. e-r Vorstellung genau entspricht 最卓越的（地），杰出的（地），典型的（地）: *Er ist ein Pedant par excellence* 他是一个典型的拘泥细节的人 ‖ NB（注意）: *par excellence* steht immer nach dem Substantiv（par excellence 永远置于名词之后）

Par·fait [parˈfɛ] *das*; *-s*, *-s*; e-e feine Speise aus（halb）gefrorenen süßen Zutaten od. aus gehacktem Fleisch od. Fisch 冰冻甜食或精制肉糜、鱼糜

Par·fum [parˈfœ̃ː] *das*; *-s*, *-s*; ↑ ***Parfüm***

Par·füm *das*; *-s*, *-s*/*-e*; e-e Flüssigkeit, die man auf die Haut tut, um gut zu riechen 香水〈ein liebliches, herbes, betörendes, aufdringliches, schweres P. 好闻的、刺鼻的、芬芳诱人的、过分强烈的、浓郁的香水（味）; (ein) P. auftragen, auftupfen, benutzen 抹、搽、用香水〉‖ K-（复合）: ***Parfüm-***, ***-duft***, ***-flasche***, ***-wolke***, ***-zerstäuber***

Par·fü·me·rie *die*; -, *-n* [-ˈriːən] **1.** ein Geschäft, das Parfüm verkauft 香水店，化妆品商店 **2.** ein Betrieb, der Parfüm herstellt 香水厂，化妆品厂

par·fü·mie·ren; *parfümierte*, *hat parfümiert*; [Vt]（及物）***j-n***/***sich***/***etw. p.*** Parfüm auf die Haut/ein Taschentuch *o.Ä.* tun 给某人/自己/某物洒香水: *e-e parfümierte Seife* 香皂

pa·rie·ren; *parierte*, *hat pariert*; [Vt/i]（及物/不及物）**1.** (***etw.***) ***p.*** e-n Schlag od. Schuss abwehren 挡开，挡住，抵挡回去，击退〈e-n Hieb, e-n Schlag, e-n Stoß, e-n Schuss p. 挡开剑击，挡住拳击、冲撞，扑出射门球〉; [Vt]（及物）**2.** ***ein Pferd p.*** als Reiter ein Pferd dazu bringen, stehen zu bleiben od. langsamer zu werden 勒住马（使其停住或慢行）; [Vi]（不及物）**3.** (***j-m***) ***p.*** *gespr*[口] ≈ gehorchen〈j-d muss p. lernen 某人必须学会听话〉

Pa·ri·ser *der*; *-s*, - **1.** j-d, der in der Stadt Paris wohnt od. dort geboren ist 巴黎人 **2.** *gespr!*[粗] ≈ Kondom

pa·ri·tä·tisch *Adj*（形）; so, dass die Zahl od. die Rechte der Mitglieder der verschiedenen Gruppen darin gleich sind（人数）相等的，（权利）相同的，同等的〈Ämter, Mitbestimmung 职位，共同决定权; Ausschüsse p. besetzen 在各委员会中占有的人数均等〉‖ *hierzu*（派生）**Pa·ri·tät** *die*; -, *-en*

Park *der*; *-(e)s*, *-s*; e-e ziemlich große u. gepflegte Fläche mit Gras, Blumen u. Bäumen (*bes* in e-r Stadt), wo man sich erholen kann 公园 ≈ Grünanlage〈in den P. gehen, im P. spielen, spazieren gehen 到公园去，在公园里游玩，散步〉‖ K-（复合）: ***Park-***, ***-anlage***, ***-bank***, ***-landschaft***, ***-weg*** ‖ -K（复合）: ***Kur-***, ***Schloss-***, ***Stadt-***

-park *der*; *im Subst*, *wenig produktiv*（构成名词，构词弱）**1.** *Kollekt*（集合）; alle Fahrzeuge, Maschinen, Anlagen *o.Ä.*, die e-m Betrieb *o.Ä.* zur Verfügung stehen（一个单位拥有的运输工具、机器的）总数，总量; ***Fahrzeugpark***, ***Fuhrpark***, ***Maschinenpark***, ***Wagenpark*** **2.** ein Gebiet mit mehreren Anlagen, Gebäuden *usw*, die e-m bestimmten Zweck dienen（为特定目的而设立的）…园，…区，…园区 ≈ -zentrum; ***Entsorgungspark***〈für Atommüll 清除核废料的〉, ***Forschungspark***, ***Industriepark***, ***Vergnügungspark***

Park-and-Ride-Sys·tem [paː(r) kəndˈraɪd-] *das*; ein System, bei dem man sein Auto auf e-m großen Parkplatz am Stadtrand, Bahnhof

P

o.Ä. abstellen u. mit dem Zug, Bus *o.Ä.* weiterfahren kann 停车转乘制度(将进市区的汽车停放在城市边缘或火车站旁的大停车场内,然后乘公交车辆进入市区的城市交通管理制度)

par·ken; *parkte, hat geparkt*; Vt/i (及物/不及物) **1.** (**etw.**) **p.** ein Auto od. Motorrad dorthin stellen, wo man aussteigen will 停放(汽车或摩托车等): *das Auto direkt vor dem Haus p.* 将汽车直接停放在房屋前; *Parken ist hier verboten* 此处禁止停放车辆; *im Parkverbot p.* 在禁止停车地段停放车辆 ‖ K-(复合): ***Park-, -bucht, -dauer, -gebühr, -zeit***; Vi (不及物) **2. j-d/etw. parkt irgendwo** j-s Auto ist irgendwo geparkt (1) (人/物作主语)停放(车辆) ≈ j-d/etw. steht irgendwo: *Ich parke hier um die Ecke* 我将车停放在马路拐角处

Par·kett *das*; -(e)s, -e **1.** ein Fußboden aus vielen schmalen Holzstücken 镶木地板 ⟨glattes P. 光滑的镶木地板; das P. bohnern, versiegeln 给镶木地板打蜡、涂保护层; (ein) P. verlegen 铺镶木地板⟩ ‖ K-(复合): ***Parkett-, -boden, -brett*** ‖ -K(复合): ***Tanz-*** **2.** *nur Sg* (只用单数); die Plätze in der Höhe der Bühne (in e-m Theater od. in e-m Kino) (剧院或电影院的)正厅前排座位 ↔ Balkon, Loge ⟨im P. sitzen 在正厅前排座位就坐⟩ ‖ ↑ *Abb. unter* 图见 ***Theater*** ‖ K-: ***Parkett-, -sitz*** **3.** *nur Sg* (只用单数); ein Bereich des öffentlichen Lebens 公共场合,公众场面 ⟨sich aufs internationale, politische P. wagen 敢于涉足国际的、政治生活的公众场合⟩

Park·haus *das*; ein Gebäude, in dem viele Autos stehen können 停车楼,停放汽车的大楼

par·kie·ren; *parkierte, hat parkiert*; (CH) [瑞] Vt/i (及物/不及物) **1.** (**etw.**) **p.** ≈ parken (1); Vi (不及物) **2. etw. parkiert** ≈ etw. parkt

Park·kral·le *die*; ein Gerät, das die Räder e-s falsch parkenden Autos blockiert, damit der Fahrer nicht wegfahren kann, bevor er Strafe bezahlt hat (对不按规定停放的汽车设置的)车轮夹紧装置

Park·leuch·te *die*; ein kleines Licht, das man nachts an e-m parkenden Auto brennen lassen kann(汽车的)夜间停放指示灯

Park·lü·cke *die*; ein Platz zwischen anderen parkenden Autos(车与车之间)停放的空当,空的停车车位 ≈ Parkplatz (2)

Park·platz *der* **1.** ein großer Platz, auf dem viele Autos geparkt werden können 停车场 **2.** ≈ Parklücke: *Ich habe keinen P. gefunden* 我没有找到停车位

Park·schei·be *die*; e-e Scheibe mit e-r Art Uhr, auf der man den Zeitpunkt einstellt, zu dem man sein Auto irgendwo abstellt, wo man nur begrenzte Zeit parken darf. Die P. legt man sichtbar ins Auto 停车计时牌

Parkscheibe

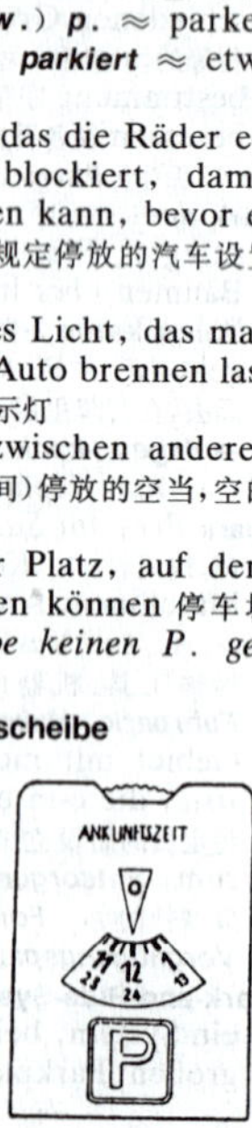

Park·sün·der *der*; *gespr* [口]; j-d, der dort parkt, wo es nicht erlaubt ist 违反停车规定的人,违章停车者

Park·uhr *die*; ein Automat, in den man Geld wirft, damit man e-e bestimmte Zeit parken darf 停车自动计时收费器 ⟨e-e P. läuft ab 停车计时收费器规定的时间已过⟩

Park·ver·bot *das* **1.** das Verbot, an e-r Stelle zu parken 禁止停放车辆 ⟨das P. beachten, missachten 重视、忽视禁止停放车辆的规定; irgendwo gilt/herrscht P. 某处禁止停放车辆⟩ **2.** e-e Stelle, an der das Parken verboten ist 禁止停放车辆的地段 ⟨im P. stehen 车辆停放在禁止停车的地点⟩ ‖ NB(注意): ↑ ***Halteverbot***

Park·wäch·ter *der*; ein Wächter in e-m Park od. auf e-m Parkplatz 公园或停车场的门岗

Par·la·ment *das*; -(e)s, -e **1.** e-e Institution in e-r Demokratie. Das P. beschließt die Gesetze, seine Mitglieder werden (in den meisten Ländern) vom Volk gewählt 议会,议院,国会 ≈ Volksvertretung ⟨ein P. einberufen, auflösen, wählen 召开、解散、选举国会(议会); ein P. tritt zusammen, tagt, berät (über) etw., verabschiedet ein Gesetz 议会召开会议,开会,讨论某事,通过一项法令; die Mehrheit im P. haben 在议会中占多数; ins P. gewählt werden, einziehen 被选入,进入议会(国会)⟩: *Der Bundestag ist das höchste P. in Deutschland* 联邦议院是德国的最高人民代表机构 ‖ K-: ***Parlaments-, -abgeordnete (r), -debatte, -ferien, -mehrheit, -mitglied, -präsident, -sitzung, -wahlen*** ‖ -K(复合): ***Landes-, Stadt-*** **2.** das Gebäude, in dem das P. (1) zusammenkommt 议会大楼,国会大厦 ‖ K-(复合): ***Parlaments-, -gebäude***

Par·la·men·tär *der*; -s, -e; j-d, der in e-m Krieg *o.Ä.* (mit e-r weißen Flagge) zum Feind geschickt wird, um über etw. zu verhandeln 军事谈判代表,军使 ≈ Unterhändler

Par·la·men·ta·ri·er [-riɐ] *der*; -s, -; ein Mitglied des Parlaments 国会议员,议会议员 ≈ Abgeordnete(r) ‖ *hierzu* (派生) **Par·la·men·ta·ri·e·rin** *die*; -, -nen

par·la·men·ta·risch *Adj* (形); *mst attr* (多作定语) **1.** mit e-m Parlament 议会制的,国会制的,议会的,国会的 ⟨e-e Demokratie, e-e Monarchie 民主,君主制(君主国)⟩ **2.** in Bezug auf das Parlament(有关)议会的,国会的 ⟨e-e Aufgabe, e-e Tätigkeit 任务,活动⟩ **3.** im Parlament (1) 议会内的,国会中的 ↔ außerparlamentarisch ⟨die Mehrheit, die Opposition 多数(派),反对派⟩

Par·la·men·ta·ris·mus *der*; -; *nur Sg* (只用单数); ein politisches System, in dem das Parlament (1) e-e sehr wichtige Funktion hat 议会制度,国会制度,代议制度

Pa·ro·die *die*; -, -n [-ˈdiːən]; **e-e P.** (**auf j-n/etw.**)/(**von j-m/etw.**) e-e *mst* lustige od. komische Nachahmung e-r Person od. e-s Textes 滑稽可笑的模仿,模仿的作品,模仿的诗文 ‖ *hierzu* (派生) **pa·ro·die·ren** (*hat*) *Vt* (及

物)；pa·ro·dis·tisch *Adj*(形)

Pa.ro.don.to.se *die*；-，-*n*；MED【医】；e-e Krankheit, bei der sich das Zahnfleisch zurückbildet (u. dann die Zähne ausfallen) 牙龈萎缩，牙周病 ≈ Zahnfleischschwund

Pa.ro.le *die*；-，-*n* **1.** ≈ Kennwort (2) 〈j-n nach der P. fragen 用暗号(口令)问某人；e-e P. ausgeben 发出口令〉 **2.** ein kurzer Satz od. Spruch, der die Meinung od. ein Prinzip e-r Person od. Institution ausdrückt 口号，标语，警句 ≈ Leitsatz, Wahlspruch, Motto：„*Wer rastet, der rostet*“ *war immer seine P*.“刀不磨生锈，脑不用不灵”曾一直是他的座右铭 **3.** *nur Pl*(只用复数)；Behauptungen, die nicht wahr sind 瞎话，谣言 ‖ -K(复合)：***Flüster-***，***Hetz-***，***Lügen-***

Pa.ro.li *nur in* 只用于 ***j-m P. bieten*** sich gegen j-n mit Erfolg wehren 成功地反击，顶住某人

Part *der*；-*s*，-*s*；der Teil, den e-e Person in e-m Musik- od. Theaterstück spielt, singt od. tanzt(音乐、戏剧、舞蹈中的)角色〈j-s P. übernehmen 担任某人的角色〉

Par.tei *die*；-，-*en* **1.** e-e Organisation mit e-m politischen Programm, die von Menschen mit gemeinsamen politischen Zielen gebildet wurde 党，党派，政党〈e-e bürgerliche, demokratische, fortschrittliche, liberale, linke, kommunistische, konservative, rechte, sozialistische, radikale, gemäßigte, illegale, verbotene P. 资产阶级的、民主的、进步的、自由的、左的、共产主义的、保守的、右的、社会主义的、激进的、温和的、不合法的、被禁止的政党；ein Anhänger, ein Mitglied, ein Funktionär e-r P. 党的追随者，成员，干部；e-e P. zieht in ein Parlament ein, ist im Parlament vertreten, stellt die Regierung 一个政党进入议会，参加议会，组阁〉：*Die Sozialdemokratische P. ist die älteste P. Deutschlands* 社会民主党是德国最老的政党 ‖ K-(复合)：***Partei-***，***-abzeichen***，***-amt***，***-apparat***，***-ausschluss***，***-beschluss***，***-chef***，***-disziplin***，***-flügel***，***-führer***，***-funktionär***，***-genosse***，***-kongress***，***-leitung***，***-mitglied***，***-politik***，***-programm***，***-sekretär***，***-vorsitzende(r)***，***-zugehörigkeit***；***Parteien-***，***-finanzierung*** ‖ -K(复合)：***Arbeiter-***，***Einheits-***，***Links-***，***Massen-***，***Nazi-***，***Oppositions-***，***Rechts-***，***Regierungs-***，***Volks-*** **2.** e-e Gruppe von Menschen, die in e-m Streit die gleiche Meinung haben 派别，派：*Bei der Debatte bildeten sich zwei Parteien* 在辩论中形成了两个派别 ‖ -K(复合)：***Gegen-*** **3.** einer der Gegner in e-m Streit vor Gericht(诉讼中的)一方，当事人〈die klagende, beklagte, gegnerische P. 原告(方)，被告(方)，对立方〉‖ -K(复合)：***Prozess-*** **4.** die Mieter e-r Wohnung in e-m Haus mit mehreren Wohnungen(一栋楼里的一户)房客：*ein Haus mit sechs Parteien* 一栋有6家房客的住宅 ‖ -K(复合)：***Haus-*** ‖ ID［谚］***für j-n/etw. P. ergreifen/nehmen*** j-n/etw. in e-m Streit *o. Ä.* unterstützen(在辩论中)支持，袒护，站在某人/某事一方 ≈ für j-n/etw. eintreten；***über den Parteien stehen*** neutral, unparteiisch sein 保持中立，超脱派别偏见

Die politischen Parteien in Deutschland
德国的政党

Das politische Leben in Deutschland wird von zwei großen Volksparteien bestimmt: Auf der einen Seite von der **CDU** (**Christlich-Demokratische Union**), einer Rechtspartei, mit ihrer bayrischen Schwesterpartei, der **CSU** (**Christlich-Soziale Union**), und auf der anderen Seite von der SPD (**Sozialdemokratische Partei Deutschlands**), einer Linkspartei.
Außerdem spielen die folgenden Parteien eine Rolle: **Bündnis 90/Die Grünen**, die aus der Umweltschutz-, Friedens- und Bürgerrechtsbewegung hervorgingen, die **FDP** (**Freie Demokratische Partei**), auch als die **Liberalen** bekannt, und die **PDS** (**Partei des Demokratischen Sozialismus**), die von sozialistischen Politikern aus der ehemaligen DDR gegründet wurde.

德国的政治生活是由两个大的人民政党所决定的：一方面是右翼政党**基民盟(基督教民主联盟)**及其巴伐利亚的姐妹政党**基社盟(基督教社会联盟)**，另一方面是左翼政党**社民党(德国社会民主党)**。

此外，起作用的还有下列政党：从环境保护、和平和公民权利运动中产生的**联盟90/绿党**，还有作为自由派著名的**自民党(自由民主党)**和由原德意志民主共和国的社会主义政治家们所建立的**民社党(民主社会主义党)**。

Par.tei.buch *das*；e-e Art Ausweis, den Mitglieder e-r Partei haben 党证

Par.tei.freund *der*；ein Mitglied der gleichen Partei(同一个党的)党员

Par.tei.gän.ger *der*；-*s*，-；*oft pej* 常用［贬］；j-d, der e-e bestimmte politische Richtung unterstützt ≈ Anhänger² 党的同路人，追随者

par.tei.in.tern *Adj*(形)；〈e-e Auseinandersetzung, ein Beschluss 争论，决议〉so, dass sie nur die Partei selbst betreffen 党内的

par.tei.isch *Adj*(形)；*pej*［贬］；nicht objektiv, sondern für od. gegen einen der Gegner in e-m Streit 不公正的，有偏见的，偏袒的 ≈ voreingenommen ↔ unparteiisch, neutral 〈e-e Haltung, ein Richter, ein Zeuge 态度，法官，证人；etw. p. beurteilen, darstellen 不公正地评判、叙述某事〉

par.tei.lich *Adj*(形) **1.** e-e Partei (1, 2, 3) betreffend 党的，党派的，派别的〈*mst* Interessen, Grundsätze 利益，原则〉 **2.** so, dass der Betreffende (in e-m Streit) seinen Standpunkt vertritt od. für j-n/etw. Partei ergreift 代表自己立场的，偏袒一方的，左袒的〈p. handeln 采取偏袒一方的态度〉‖ *zu*(义项) **2. Par·tei·lich·keit** *die*；*nur Sg*(只用单数)

par.tei.los *Adj*(形)；*nicht adv*(不作状语)；in keiner politischen Partei organisiert 无党派的，非党的〈ein parteiloses Mitglied des Parlaments 议会中的无党派议员〉‖ *hierzu*(派生) **Par·tei·lo·se** *der/die*；-*n*，-*n*

P

Par·tei·nah·me *die*; -, -*n*; die Unterstützung *bes* e-r Person, Gruppe in e-r Debatte, e-m Konflikt *o.Ä.* 偏袒,左袒,袒护

Par·tei·tag *der* **1.** die Tagung, auf der e-e Partei über ihr Programm diskutiert 党代表大会〈e-n P. abhalten 举行党代表大会; etw. auf e-m P. beschließen 在党的代表大会上对某事作出决议〉**2.** *Kollekt*(集合); die Mitglieder e-r Partei, die auf e-m P. (1) abstimmen dürfen(党代表大会上)有表决权的全体党员 ‖ -K(复合): ***Bundes-, Landes-***

Par·tei·ver·kehr *der*; *nur Sg*, *südd* Ⓐ(只用单数)[南德][奥] ≈ Publikumsverkehr

par·terre [-ˈtɛr] *Adv*(副); im Erdgeschoss 在一层,在底层〈p. wohnen 住在一层〉

Par·ter·re [-ˈtɛr(ə)] *das*; -*s*, -*s* ≈ Erdgeschoss 〈im P. wohnen 住在一层〉 ‖ K-(复合): ***Parterre-, -wohnung***

Par·tie *die*; -, -*n* [-ˈtiːən] **1.** ein Teil von etw. (*bes* von Körperteilen), der nicht deutlich von anderen Teilen abgegrenzt ist 局部,部分 ≈ Bereich: *Die untere P. ihres Gesichtes ist verletzt* 她脸的下部受了伤 ‖ -K(复合): ***Hals-, Kinn-, Mund-, Nacken-, Stirn-*** **2.** ein einzelnes Spiel (*bes* bei Brett- u. Kartenspielen)(棋、牌类的)一局,一盘〈e-e P. Billard, Bridge, Domino, Schach *usw* spielen, gewinnen, verlieren 玩(打,赛,下)、赢、输掉一局(盘)台球、桥牌、多米诺骨牌、国际象棋等〉 ‖ -K(复合): ***Schach-*** **3.** die Rolle[2] (1), die ein Sänger *bes* in e-r Oper hat(尤指歌剧中的)角色 ≈ Part ‖ -K(复合): ***Solo-*** **4.** *veraltend*[渐旧] ≈ Ausflug ‖ -K(复合): ***Kletter-, Land-, Rad-, Segel-*** ‖ ID[谚] (***bei etw.***) ***mit von der P. sein*** bei etw. mitmachen 参加; ***e-e gute/glänzende P. machen*** j-n heiraten, der reich ist 与一个有钱的人结婚; ***e-e gute/glänzende P. sein*** reich sein u. deswegen als Ehepartner erwünscht sein 是一个有钱的理想结婚对象,是一个理想的金龟婿

par·ti·ell [parˈtsi̯ɛl] *Adj*(形); *geschr*[书] ≈ teilweise ↔ total 〈ein Gedächtnisverlust, e-e Lähmung, e-e Sonnenfinsternis 丧失记忆力,瘫痪,日蚀〉

Par·ti·kel[1], **Par·ti·kel** *das*; -*s*, -; ein sehr kleiner Teil e-r Substanz 细微颗粒,粒子,质点 ≈ Körnchen 〈ein radioaktives, winziges P. 放射性粒子,极其微小的颗粒〉 ‖ -K(复合): ***Asche-, Staub-***

Par·ti·kel[2], **Par·ti·kel** *die*; -, -*n*; LING【语】 **1.** (im engeren Sinn) ein Wort, das nicht (durch Flexion) verändert wird u. auch nicht zu den Präpositionen, Konjunktionen od. Adverbien gehört. Mit ihm drückt der Sprecher seine Einstellung zu dem aus, was er sagt 小品词: *In dem Satz „Was soll ich bloß tun?" ist „bloß" e-e P.* 在"Was soll ich bloß tun?"(我究竟该怎么办呢?)这个句子中"bloß"是小品词 ‖ -K(复合): ***Abtönungs-, Modal-*** **2.** (im weiteren Sinn) ein Wort, das nicht (durch Flexion) verändert wird, also auch e-e Präposition, e-e Konjunktion, ein Adverb(从广义上讲,指介词、连词、副词等)无词形变化的词,虚词: *Kurze Wörter wie z.B. „in", „ab" oder „auf" werden oft Partikeln genannt* 有些短小的词如"in","ab"以及"auf"等,常被称作无词形变化的词 ‖ -K(复合): ***Frage-, Antwort-***

Par·ti·san *der*; -*s*/-*en*, -*en*; j-d, der nicht als Soldat der Armee, sondern als Mitglied e-r bewaffneten Gruppe gegen e-n Feind kämpft, der das Land besetzt 游击队员 ≈ Widerstandskämpfer 〈als P. kämpfen 作为游击队员进行战斗; zu den Partisanen gehen 参加游击队〉 ‖ K-(复合): ***Partisanen-, -kampf, -krieg*** ‖ NB(注意): *der Partisan; den, dem Partisan/Partisanen, des Partisans/Partisanen*

Par·ti·tur *die*; -, -*en*; MUS【音】; die schriftliche Form e-s Musikstücks mit Noten für alle Instrumente u. Sänger 总(乐)谱〈e-e P. lesen 看总谱〉

Par·ti·zip *das*; -*s*, -*ien* [-ˈtsiːpi̯ən]; LING【语】 **1.** e-e Wortform, die von e-m Verb abgeleitet wird u. aus der man die Person, die Zahl u. das Tempus nicht erkennen kann 分词 ≈ Mittelwort **2.** ***das P. Perfekt/das P. des Perfekts*** die Form des Verbs, die im Perfekt od. im Passiv verwendet wird 过去分词,第二分词 ≈ Mittelwort der Vergangenheit: *In den Sätzen „Sie hat gewonnen" u. „Das Kind wurde entführt" sind „gewonnen" u. „entführt" die Partizipien des Perfekts* 在"Sie hat gewonnen"和"Das Kind wurde entführt"这两个句子中,"gewonnen"和"entführt"是过去分词 **3.** ***das P. Präsens/das P. des Präsens*** die Form des Verbs, die auf -(*e*)*nd* endet u. oft wie ein (attributives) Adj. verwendet wird 现在分词,第一分词 ≈ Mittelwort der Gegenwart: *In „die schlafenden Kinder" ist „schlafend" ein P. Präsens* 在"die schlafenden Kinder"这个词组中,"schlafend"是现在分词

par·ti·zi·pie·ren; *partizipierte, hat partizipiert*; [Vi](不及物) (***an etw.*** (*Dat* 三格)) ***p.*** *geschr*[书] ≈ an etw. teilhaben 〈an e-m Erfolg, Gewinn p. 分享成果、赢利,参与成果、赢利的分配〉

Part·ner *der*; -*s*, - **1.** einer von zwei Menschen, od. eine von zwei Gruppen, die etw. gemeinsam tun, besprechen *o.Ä.* 伙伴,配手,搭档,对手: *j-s P. beim Kartenspiel sein* 在牌类比赛(游戏)中是某人的搭档 ‖ -K(复合): ***Brief-, Gesprächs-, Handels-, Koalitions-, Schach-, Tarif-, Verhandlungs-, Vertrags-*** **2.** j-d, der mit j-m ein sehr enges Verhältnis hat, mit ihm zusammen lebt *o.Ä.* 伴侣,配偶〈den P. wechseln 更换伴侣〉: *in e-r Heiratsanzeige den P. fürs Leben suchen* 通过征婚广告寻找生活伴侣 ‖ K-(复合): ***Partner-, -beziehung, -probleme, -tausch, -wahl, -wechsel*** ‖ -K(复合): ***Ehe-, Lebens-, Sexual-*** **3.** einer von mehreren Besitzern e-s Geschäfts od. e-r Firma(生意上或公司的)合伙

人，合股人 ≈ Teilhaber ‖ -K（复合）：***Geschäfts-***，***Junior-***，***Senior-*** ‖ *hierzu*（派生）**Part·ne·rin** *die*；-，*-nen*

Part·ner·look *der*；*mst in* 多用于 ***im P.*** mit Kleidungsstücken der gleichen Art u. Farbe（damit man sieht, dass zwei Personen zusammengehören（两个人）穿相同款式和颜色的衣服

Part·ner·schaft *die*；-，*-en* **1.** e-e（oft gute od. intime）Beziehung, die man zu e-m Partner hat 伴侣关系〈e-e harmonische, intime P. 和谐的、亲密的伴侣关系；in P. mit j-m leben 与某人结伴共同生活〉 **2.** e-e freundschaftliche Beziehung zwischen zwei Städten, Universitäten *o. Ä. mst* aus verschiedenen Ländern（各国之间的市际、校际等）伙伴关系，友好关系 ‖ -K（复合）：***Städte-***

part·ner·schaft·lich *Adj*（形）；so, dass man dabei j-n als Partner mit denselben Rechten behandelt 伙伴的，合伙的，合作的〈ein Verhältnis 关系〉

Part·ner·stadt *die*；e-e Stadt, die zu e-r Stadt in e-m anderen Land in regelmäßigem Kontakt steht（*bes* damit sich die Leute der verschiedenen Länder u. Kulturen besser kennenlernen）姐妹城市，伙伴城市，友好城市：*Glasgow ist die P. von Nürnberg* 格拉斯哥市是纽伦堡市的姐妹城市

par·tout [-ˈtuː] *Adv*（副）；*gespr*［口］ **1.** ≈ um jeden Preis, unbedingt〈etw. p. tun, haben wollen 无论如何要干某事，不惜一切代价要得到某物〉 **2.** ***p. nicht*** überhaupt nicht（obwohl sich j-d sehr anstrengt）怎么也不…，怎么费劲也不…〈etw. will j-m p. nicht gelingen, einfallen 某人怎么努力也做不成某事，某人绞尽脑汁也想不起某事；sich p. nicht erinnern können 怎么也回忆不起某事〉

Par·ty [-ti] *die*；-，*-s*；ein privates Fest mit Essen, Trinken, Musik *usw*（私人）聚会，（社交性）宴会〈e-e P. geben 举办（私人）聚会；auf e-e/zu e-r P. eingeladen sein, gehen 应邀出席、去参加（社交）聚会〉 ‖ K-（复合）：***Party-***，***-keller***，***-raum***，***-service*** ‖ -K（复合）：***Cocktail-***，***Dinner-***，***Garten-***，***Geburtstags-***，***Tanz-*** ‖ NB（注意）：↑ ***Feier***

Par·zel·le *die*；-，*-n*；ein kleines Grundstück 小块土地，小块地皮〈etw. in Parzellen aufteilen 将某物分成小块土地〉 ‖ *hierzu*（派生）**par·zel·lie·ren**（*hat*）*Vt*（及物）

Pas·cal *das*；*-s*，- **1.** e-e（Maß）Einheit, die den Druck angibt 帕斯卡，帕（压强的国际制单位）；PHYS【物】Pa：*Ein Millibar entspricht hundert Pascal* 1毫巴相当于100帕（斯卡） ‖ -K（复合）：***Hekto-*** **2.** INFORM【信息】；eine der Computersprachen 计算机 Pascal 语言

Pa·scha *der*；*-s*，*-s*；*gespr*，*mst pej*［口］多作［贬］；ein egoistischer Mann, der sich（zu Hause）bedienen lässt 大男子主义者，大老爷〈den P. spielen 当大老爷〉

Pass[1] *der*；*-es*，*Päs·se*；ein Dokument, das man für die Reise in viele Länder braucht u. das Informationen darüber gibt, wer man ist u. zu welchem Staat man gehört 护照〈e-n P. beantragen, ausstellen, aushändigen, verlängern, einziehen 申请、签发、发给、延长、没收护照〉 ‖ K-（复合）：***Pass-***，***-kontrolle*** ‖ -K（复合）：***Diplomaten-***，***Reise-*** ‖ NB（注意）：↑ ***Personalausweis***

Pass[2] *der*；*-es*，*Päs·se* **1.** e-e Straße od. ein Weg, auf denen man ein Gebirge überqueren kann 隘口，关口，山口：*ein P. über die Alpen* 通过阿尔卑斯山的隘口；*Wegen Lawinengefahr mussten mehrere Pässe gesperrt werden* 由于雪崩险情，好几个山口不得不封锁 ‖ K-（复合）：***Pass-***，***-straße*** **2.** SPORT【体】；ein Wurf od. Zuspiel, mit dem man den Ball e-m Spieler der eigenen Mannschaft weitergibt 传球〈ein genauer, langer, steiler P. 一记准确的传球，长传，向前斜传；j-m e-n P. geben 将球传给某人〉 ‖ -K（复合）：***Steil-***

pas·sa·bel *Adj*（形）；gut genug, um akzeptiert zu werden 可接受的，还不错的 ≈ annehmbar〈Leistungen 成绩〉：*Das Hotel war zwar nicht super, aber es war ganz p.* 这家旅馆虽然不是一流的，但还过得去 ‖ NB（注意）：*passabel* → *e-e passable Leistung*

Pas·sa·ge[1] [-ʒə] *die*；-，*-n* **1.** e-e kurze Straße mit Geschäften u. e-m Dach für Fußgänger 有天棚的两旁设有商店的走道，游廊式小街 ‖ -K（复合）：***Einkaufs-***，***Laden-*** **2.** e-e *mst* enge Stelle, durch die j-d geht od. fährt 通道，过道 ≈ Durchgang, Durchfahrt **3.** das Durchfahren, Passieren[2]（1）通过，穿越：*Der Kanal ist für die P. großer Schiffe nicht tief genug* 这条运河对大型船只的航行来说还不够深

Pas·sa·ge[2] [-ʒə] *die*；-，*-n*；ein Teil e-s Textes od. e-s Musikstücks（文章或乐曲的）章，节，段：*Passagen aus e-m Buch zitieren* 引用一本书中的几个段落

Pas·sa·gier [-ˈʒiːɐ̯] *der*；*-s*，*-e* **1.** j-d, der mit e-m Flugzeug od. Schiff reist 旅客，乘客 ≈ Fluggast, Fahrgast ‖ K-（复合）：***Passagier-***，***-dampfer***，***-flugzeug***，***-liste*** **2.** ***ein blinder P.*** j-d, der sich auf e-m Flugzeug od. Schiff versteckt（um kostenlos mitzureisen）（躲藏在飞机或轮船上的）无票乘客 ‖ *hierzu*（派生）**Pas·sa·gie·rin** *die*；-，*-nen*

Pass·amt *das*；e-e Behörde, die Pässe[1] ausstellt 出入境管理处，签证处

Pas·sant *der*；*-en*，*-en*；j-d, der（zufällig）irgendwo vorbeigeht（*mst* wenn etw. passiert）过往行人，过路人 ≈ Fußgänger ‖ NB（注意）：*der Passant*；*den*，*dem*，*des Passanten* ‖ *hierzu*（派生）**Pas·san·tin** *die*；-，*-nen*

Pas·sat *der*；*-(e)s*，*-e*；ein Wind in den Tropen, der von Osten kommt 信风，贸易风 ‖ K-（复合）：***Passat-***，***-wind***

Pass·bild *das*；ein Foto, das nur den Kopf e-r Person zeigt u. das in e-m Pass od. Ausweis befestigt wird 护照照片

pas·sé，**pas·see** *Adj*（形）；*nur präd*，*ohne Steigerung*，*nicht adv*，*gespr*（只作表语，无变级，不作状语）［口］；nicht mehr aktuell, nicht mehr modern 过时的，不合时尚的，已成往事的

P

pas·sen; *passte, hat gepasst*; [Vi] (不及物) **1.** ***etw. passt* (*j-m*)** etw. hat die richtige Größe od. Form, sodass es j-d gut tragen kann(物作主语)(衣着)合身,合适 ≈ etw. sitzt (8) 〈Kleidung: das Hemd, die Hose, die Schuhe 衣着:衬衫,裤子,鞋; etw. passt ausgezeichnet, wie angegossen 某物非常合身〉 **2.** ***etw. passt* (*irgendwohin*)** etw. kann von der Form, Größe od. Menge her irgendwo untergebracht od. irgendwohin gestellt werden(物作主语)正适合,相配,能放进去: *Passen alle Koffer ins Auto?* 所有箱子都能放进汽车吗?; *Der Schlüssel passt nicht ins Schloss* 这把钥匙插不进锁; *Der Ring passt an den Finger* 这枚戒指正好套在手指上; *In den Topf passen drei Liter Wasser* 锅里(正好)可放3升水 **3.** ***etw. passt* (*zu etw.*)** etw. geht mit etw. so zusammen, dass es e-e harmonische Gesamtwirkung ergibt(物作主语)与…相配,相称,协调 ≈ etw. harmoniert mit etw.: *Der Hut passt sehr gut zum neuen Kleid* 这顶帽子与这件新连衣裙非常相称 **4.** ***zu j-m p.*** ähnliche Eigenschaften u. Interessen haben wie j-d anderer 与…意气相投,合得来,相配 ≈ zusammenpassen: *Sie passt gut zu ihm, sie ist genauso ehrgeizig wie er* 她跟他正相配:她同他一样雄心勃勃 **5.** ***etw. passt j-m*** *gespr* [口]; etw. ist so, wie es j-d will(物作主语)对…合适,中…意 ≈ etw. ist j-m recht ↔ etw. missfällt j-m: *Sein Verhalten passt mir nicht* 他的态度不合我意; *Passt es dir, wenn ich dich morgen besuche?* 我明天来看你,对你合适吗? **6.** ***etw. passt zu j-m*** *gespr* [口]; etw. ist so, wie man es von j-m erwarten kann(物作主语)正是…的禀性,正符合…的为人: *So e-e Gemeinheit passt zu ihm!* 这种卑鄙行为正符合他的为人; *Was ist denn mit dir? Diese Faulheit passt gar nicht zu dir!* 你怎么啦? 这么懒根本不像你! **7.** *mst* 多用 ***p. müssen*** *gespr* [口]; auf etw. keine Antwort wissen, ein Problem nicht lösen können 回答不了,解决不了: *Da muss ich p.* 这我解决不了 **8.** (*bes* beim Kartenspielen) nicht (mehr) bieten (7)(尤指牌类比赛时)不再出牌; [Vt] (及物) **9.** ***etw. in etw.*** (*Akk* 四格) ***p.*** etw. so gestalten, dass es passt (2)将…安进,放入: *ein Regal in e-e Nische p.* 把书架安放进壁槽中去 **10.** ***etw. zu j-m p.*** den Ball zu e-m Spieler der eigenen Mannschaft werfen od. schießen 将球传给、踢给某人: *den Ball zurück zum Torwart p.* 将球回传给守门员 ‖ ID [谚] *mst* 多用 ***Das passt zu dir*** *gespr* [口]; das ist typisch für dich 这就是你的为人(作风); *mst* 多用 ***Das könnte / würde dir so p.!*** *gespr* [口]; das hättest du gern, aber es wird nichts daraus 你想得倒好! (但这是办不到的)

pas·send **1.** *Partizip Präsens* (现在分词); ↑ **passen** **2.** *Adj* (形) ≈ treffend ↔ unpassend 〈e-e Bemerkung, Worte 说明,话语〉 **3.** *Adj* (形); *mst in* 多用于 ***es p. haben / machen*** j-m die exakte Summe Geld (in Scheinen u. Münzen) geben, die er verlangt 付出正好应付的款项: *Haben Sie es p.? – Ich kann nämlich nicht wechseln* 您正好有那么多钱吗? ——我可没有零钱找

Pass·fo·to *das* ≈ Passbild

pass·ge·recht *Adj* (形); 〈e-e Größe, Maße 尺寸,大小〉 so, dass sie genau passen (1)完全合适的,合身的

pas·sie·ren[1]; *passierte, ist passiert*; [Vi] (不及物) **1.** ***etw. passiert*** etw. ist in e-r bestimmten Situation plötzlich da u. bewirkt e-e oft unangenehme Veränderung(物作主语)(突然)发生,出现 ≈ etw. geschieht, ereignet sich 〈ein Unfall, ein Unglück 事故,不幸〉: *Da kommt die Feuerwehr – da muss etw. passiert sein* 消防车来了——那一定是发生了什么事了; *Wie konnte das nur p.?* 这怎么会发生的呢? **2.** ***etw. passiert j-m*** j-d erlebt (1) etw.(物作主语)给…碰上了,遇到了 ≈ etw. widerfährt j-m 〈j-m passiert etw. Komisches, Merkwürdiges, Seltsames 某人经历了一件可笑的、奇怪的、稀奇的事〉: *Stell dir vor, was mir gestern passiert ist – ich bin im Lift stecken geblieben!* 你想想看,我昨天碰上了什么事? ——我被关在电梯里出不来了! **3.** ***etw. passiert j-m*** j-d tut etw. ohne Absicht(物作主语)(某人因不经意而)发生,出现,干出 ≈ etw. unterläuft j-m 〈j-m passiert etw. Dummes, ein Missgeschick 某人干了件蠢事,出了倒霉的事〉: *Weißt du, was mir gerade passiert ist? – Ich habe meinen Schlüssel verloren* 哎,你知道我刚才干了什么蠢事吗? ——我把钥匙丢了 **4.** ***etw. passiert mit j-m / etw.*** *gespr* [口]; etw. geschieht od. wird getan, sodass es j-n/etw. betrifft(物作主语)处理,安排,解决: *„Was passiert mit den Abfällen?" – „Die kommen hier in den Eimer"* "怎么处理这些垃圾?"——"把它们放进这儿的桶里" **5.** ***etw. passiert j-m*** etw. bewirkt, dass j-d verletzt ist(物作主语)出了事故,使受伤了 ≈ etw. stößt j-m zu 〈j-m passiert ein Unglück, ein Unfall 某人遇到不幸,出了事故〉: *Ist ihm bei dem Unfall etwas passiert?* 在事故中他受伤了吗? ‖ ID [谚] ***Das kann jedem* (*mal*) *p.*** das ist nicht so schlimm 这不是什么严重的事,这谁都可能碰上; *mst* 多用 ***Das kann auch nur dir p.!*** *gespr* [口]; es ist typisch, dass gerade du etw. falsch gemacht hast 这种事也只能发生在你身上! 这种事也就只有你能干得出来!; ***... oder es passiert was / sonst passiert was!*** *gespr* [口]; wenn du nicht bald tust, was ich will, werde ich wütend! ……(你要是不按我的意思去做,)那就有你好看! 我就跟你没完!; ***Nichts passiert!*** verwendet als höfliche Antwort, wenn j-d einen unabsichtlich gestoßen *o.Ä.* u. sich entschuldigt hat 没有关系! 不碍事!

pas·sie·ren[2]; *passierte, hat passiert*; [Vt] (及物) *geschr* [书] **1.** ***etw. p.*** von e-m Ende von etw. bis zum anderen gehen od. fahren 穿过,通过,经过 ≈ durchfahren: *Das Schiff passierte den Panamakanal* 轮船穿过了巴拿马运河 **2.** ***j-n / etw. p.*** an j-m od. e-r bestimmten Stelle vorbeigehen od. -fahren(从…旁)经过,通过 〈e-e Grenze p. 过境,通过边界〉

3. ***etw. passiert etw.*** etw. wird bei e-m Verfahren angenommen, genehmigt *o. Ä.* (物作主语)经…通过〈ein Antrag, ein Gesetz passiert das Parlament 一份申请,一项法令经议会通过; ein Film passiert die Zensur 一部电影通过审查〉

pas·sie·ren³; *passierte, hat passiert*; [Vt] (及物) ***etw. p.*** etw. durch ein Sieb gießen od. drücken 过滤,筛〈gekochte Beeren/Tomaten, e-e Soße p. 把煮熟的草莓/西红柿、酱汁过滤〉

Pas·si·on [-ˈsi̯oːn] *die*; -, *-en* **1.** ***e-e P.*** (***für etw.***) ≈ Leidenschaft (3), Vorliebe: *Musik ist seine große P.* 他酷爱音乐,音乐是他最大的爱好; *Er hat e-e P. für gutes Essen* 他喜好美味佳肴 **2.** REL【宗】; die Geschichte vom Leiden u. Tod Christi 基督受难 ‖ K-(复合): ***Passions-***, ***-spiel*** **3.** ein Musikstück, das die P. (2) zum Thema hat 基督受难曲

pas·si·o·nier·t- *Adj*(形); *nur attr*, *nicht adv* (只作定语,不作状语) ≈ leidenschaftlich (3), begeistert〈ein Angler, ein Jäger 钓鱼者,猎人〉

pas·siv, pas·siv [-f] *Adj*(形) **1.** *oft pej* 常用[贬]; so, dass der Betreffende akzeptiert, was geschieht, ohne zu reagieren od. ohne Interesse daran 被动的,消极的 ↔ aktiv〈sich p. verhalten, p. bleiben 采取消极态度,仍然持被动态度〉: *nicht p. zusehen, sondern sich aktiv beteiligen* 不是消极观望,而是积极参与 **2.** *mst attr*(多作定语); ohne spezielle Funktion 无专门职务的,不积极参加活动的〈ein Mitglied (in e-m Verein)(某个团体中的)成员〉‖ NB(注意): ↑ ***Wahlrecht***, ***Widerstand*** ‖ *hierzu*(派生) **Pas·si·vi·tät** [-v-] *die*; -; *nur Sg*(只用单数)

Pas·siv [-f] *das*; *-s*; *nur Sg*, LING(只用单数)【语】; die Form des (transitiven) Verbs, die mit *werden* od. *sein* u. mit dem Partizip Perfekt gebildet wird(动词的)被动语态 ≈ Leideform ↔ Aktiv: *In dem Satz „Das Fenster wird geschlossen" steht das Verb im P.* 在"Das Fenster wird geschlossen"这个句子中动词是被动语态 ‖ K-(复合): ***Passiv-***, ***-bildung***, ***-konstruktion***, ***-satz*** ‖ -K(复合): ***Vorgangs-***, ***Zustands-*** ‖ *hierzu*(派生) **pas·si·visch** [-v-] *Adj*(形)

Pas·si·va [-v-] *die*; *Pl*, WIRTSCH(复)【经】; die Schulden, die ein Unternehmen hat 债务,负债,借方 ≈ Verbindlichkeiten ↔ Aktiva

Pas·siv·rau·cher *der*; j-d, der selbst nicht raucht, aber den Zigarettenrauch anderer einatmen muss 被动吸烟者 ‖ *hierzu*(派生) **Pas·siv·rau·che·rin** *die*; **Pas·siv·rau·chen** *das*; *-s*; *nur Sg*(只用单数)

Pas·sus *der*; -, - [ˈpasuːs]; *geschr*[书]; ein Teil e-s schriftlichen Textes, *bes* e-s Vertrages od. Gesetzes(尤指合同、法令等书面文字中的)段,节〈e-n P. ändern, streichen 修改、删去一节〉‖ NB(注意): Im Plural sagt man statt *Passus* oft *Passagen*(其复数不用 Passus,而常用 Passagen)

Das Passiv 被动语态

Beim Passiv unterscheidet man zwischen dem Vorgangspassiv und dem Zustandspassiv. 被动语态分为过程被动语态和状态被动语态。

Das **Vorgangspassiv** wird aus den konjugierten Formen des Hilfsverbs **werden** und dem Partizip Perfekt des Vollverbs (im Beispiel **öffnen** → **geöffnet**) gebildet. Im Perfekt und Plusquamperfekt verliert dabei das Partizip Perfekt von *werden* die Vorsilbe **ge-**. 过程被动语态是由助动词 **werden** 的各种变位形式和独立动词的过去分词(例如 **öffnen** → **geöffnet**)构成的。而在现在完成时和过去完成时中,werden 的过去分词不加前缀 **ge-**。

Beispiel 例如:

Das Fenster wird geöffnet / wurde geöffnet / ist geöffnet worden. (窗户正在打开/窗户开了/窗户打开了。)

Das Objekt des Aktivsatzes wird zum Subjekt des Passivsatzes, das Subjekt wird mit den Präpositionen **von** (bei Personen) oder **durch** angeschlossen. 主动语态句子中的宾语变为被动语态句子中的主语,而主语则用介词 **von**(在主语是人时)或 **durch** 来连接。

Beispiel 例如:

Der Lehrer öffnete das Fenster. → **Das Fenster wurde vom Lehrer geöffnet.** (教师把窗户打开了。→窗户曾经被教师打开了。)

Das Zustandspassiv wird aus den konjugierten Formen des Hilfsverbs **sein** und dem Partizip Perfekt des Vollverbs gebildet. 状态被动语态是由助动词 **sein** 的各种变位形式和独立动词的过去分词构成的。

Beispiel 例如:

Das Fenster ist geöffnet / war geöffnet. (窗户是开着的/曾经是开着的。)

Pass·wort *das*; INFORM【信息】; ein Wort, das *mst* geheim ist u. das man in den Computer eingeben muss, um ein Programm zu starten, Daten abzurufen *o. Ä.* 密码,暗码〈ein P. eingeben 输入密码〉

Pas·te *die*; -, *-n* **1.** e-e weiche Masse, die aus Puder u. e-r Flüssigkeit od. aus Fett besteht 膏,软膏〈e-e P. auf die Haut, e-e Wunde auftragen 往皮肤上,伤口上涂软膏〉‖ -K(复合): ***Schuh-*** **2.** e-e weiche Masse, die *z. B.* aus klein gemachtem Fleisch od. Fisch besteht u. aufs Brot gestrichen wird 肉末酱,鱼酱 ‖ -K(复合): ***Anschovis-***, ***Sardellen-***

Pas·tell *das*; *-s*, *-e* **1.** *nur Sg*(只用单数); ein blasser, heller Farbton 淡雅的色调: *e-e Farbe in zartem P.* 淡雅柔和的色彩 ‖ K-(复合): ***Pastell-***, ***-farbe*** **2.** ein Bild mit blassen, hellen Farben 水粉画,粉彩画 ‖ K-(复合): ***Pastell-***, ***-bild***, ***-malerei*** ‖ *zu*(义项) **1. pas·tell·far·ben** *Adj*(形); *nicht adv*(不作状语)

Pas·te·te *die*; -, *-n* **1.** ein rundes Gebäck (aus Blätterteig), das mit Fleisch, Gemüse *o. Ä.* gefüllt wird 馅饼,包子 ‖ K-(复合):

Gemüse-*, *Hühner-* 2.** e-e weiche Masse aus feinem Fleisch od. Leber, die man *mst* aufs Brot streicht(涂面包的)肉末酱,肝泥酱 ‖ -K(复合): ***Gänseleber-

pas·teu·ri·sie·ren [pastøri'ziːrən]; *pasteurisierte, hat pasteurisiert*; [Vt] (及物) ***etw. p.*** Lebensmittel kurz erhitzen u. dadurch haltbar machen(对食品)加热灭菌、消毒,用巴氏消毒法灭菌 〈Milch p. 对牛奶加热消毒〉 ‖ *hierzu* (派生) **Pas·teu·ri·sa·ti·on** *die*; -; *nur Sg*(只用单数); **Pas·teu·ri·sie·rung** *die*; *nur Sg*(只用单数)

Pas·til·le *die*; -, -*n*; e-e kleine Tablette, die man (als Medikament) lutscht 含服药片,含片 〈e-e P. im Mund zergehen lassen 将药片放在嘴里含服〉 ‖ -K(复合): ***Hals-*, *Husten-***

Pas·tor, Pas·tor *der*; -*s*, -*en* [-'toːrən]; *bes nordd* 尤用于[北德]; ein evangelischer Pfarrer(基督教)牧师 ‖ *hierzu* (派生) **Pas·to·rin** *die*; -, -*nen*

Pa·te *der*; -*n*, -*n*; j-d, der die Aufgabe übernimmt, den Eltern e-s Kindes bei der religiösen Erziehung zu helfen 教父 ‖ -K(复合): ***Firm-*, *Tauf-*** ‖ ID[谚] ***bei etw. P. stehen*** dazu beitragen, dass etw. entsteht 促成,对…产生影响 ‖ NB(注意): *der Pate*; *den, dem, des Paten* ‖ *hierzu* (派生) **Pa·tin** *die*; -, -*nen*

Pa·ten·kind *das*; ein Kind, zu dem j-d Pate ist 教子

Pa·ten·on·kel *der*; ein männlicher Pate 教父

Pa·ten·schaft *die*; -, -*en*; e-e Beziehung zwischen e-r Person, e-r Organisation *o. Ä.* u. e-r anderen, wobei die eine Seite die andere Seite (*bes* finanziell u. organisatorisch) unterstützt 赞助关系,支持关系,扶助关系: *e-e P. für ein Kind in der Dritten Welt übernehmen* 负责扶助第三世界的一个孩子

pa·tent *Adj*(形); *gespr*[口] **1.** gut u. praktisch 可靠实用的,顶用的,切实的 〈e-e Idee, e-e Lösung 想法,解决办法〉 **2.** *nicht adv*(不作状语); tüchtig u. sympathisch 踏实的,实干的,能干的〈ein Bursche, ein Mädel 男孩,女孩〉

Pa·tent *das*; -(*e*)*s*, -*e* **1. *ein P.* (*für etw.*)** das Recht, e-e Erfindung als Einziger wirtschaftlich zu nutzen 专利权 〈ein P. anmelden, erwerben 申报,获得专利权; j-m ein P. erteilen 授予某人一项专利权; ein P. erlischt 一项专利(权)失效了〉 ‖ K-(复合): ***Patent-*, *-amt*, *-recht*, *-schutz*** **2.** ein Dokument, das beweist, dass man e-e bestimmte Tätigkeit ausüben darf 委任状 〈ein P. als Kapitän, Steuermann haben 具有船长、舵手的委任状; ein P. erwerben 获得委任状〉 ‖ -K(复合): ***Kapitäns-***

Pa·ten·tan·te *die*; ein weiblicher Pate 教母 ≈ Patin

pa·ten·tie·ren; *patentierte, hat patentiert*; [Vt] (及物) ***etw. p.*** etw. rechtlich (durch ein Patent (1)) schützen 给…以专利权,使享有专利保护 〈sich e-e Erfindung p. lassen 申请一项发明的专利权〉

Pa·tent·lö·sung *die*; e-e einfache Lösung für ein schwieriges Problem (die in vielen Fällen angewendet werden kann) 巧妙的办法,最佳的解决方案 ≈ Patentrezept

Pa·tent·re·zept *das* ≈ Patentlösung

Pa·ter *der*; -*s*, -/*Pat·res*; ein katholischer Priester, der zu e-m Orden gehört(天主教)神甫

Pa·ter·nos·ter *der*; -*s*, -; ein (Personen) Aufzug, der keine Türen hat u. nicht anhält, wenn man ein- od. aussteigen will(不断运行的)无门电梯,循环链斗式升降机

pa·the·tisch *Adj*(形); *oft pej* 常用[贬]; voller Pathos 慷慨激昂的,热情洋溢的,充满激情的 ↔ nüchtern 〈e-e Geste, ein Stil 姿态,文笔; etw. klingt p. …听起来充满激情〉

Pa·tho·lo·gie *die*; -; *nur Sg* (只用单数) **1.** das Gebiet der Medizin, das sich damit beschäftigt, wie Krankheiten entstehen u. welche Wirkungen sie haben 病理学 **2.** e-e Abteilung für P. (1) (in e-r Klinik), in der *bes* Leichen u. Gewebe untersucht werden 病理科 〈in der P. arbeiten 在病理科工作〉 ‖ *hierzu* (派生) **Pa·tho·lo·ge** *der*; -*n*, -*n*; **Pa·tho·lo·gin** *die*; -, -*nen*

pa·tho·lo·gisch *Adj* (形) **1.** MED【医】≈ krankhaft 〈e-e Veränderung, ein Verhalten 变化,表现〉 **2.** in Bezug auf die Pathologie 病理的 〈die Anatomie 解剖学〉

Pa·thos *das*; -; *nur Sg*, *oft pej*(只用单数),常用[贬]; ein allzu leidenschaftlicher, feierlicher Stil (*z. B.* e-r Rede) 激情洋溢,慷慨激昂 〈falsches, revolutionäres P. 虚假的、革命的激情; etw. mit P. vortragen 情绪激昂地报告某事〉

Pa·ti·ence [pa'siaːs] *die*; -, -*n*; ein Kartenspiel, das man *mst* allein spielt, u. bei dem man die Karten in e-r bestimmten Weise ordnen muss 单人纸牌游戏,纸牌卦 〈e-e P. legen, machen 摆纸牌猜卦,玩纸牌卦〉

Pa·ti·ent [pa'tsient] *der*; -*en*, -*en*; j-d, der von e-m Arzt behandelt wird 病人,患者 〈e-n Patienten pflegen, heilen 护理、治疗病人〉 ‖ -K(复合): ***Kassen-*, *Privat-*** ‖ NB(注意): *der Patient*; *den, dem, des Patienten* ‖ *hierzu* (派生) **Pa·ti·en·tin** *die*; -, -*nen*

Pa·ti·na *die*; -; *nur Sg*(只用单数); e-e grünliche Schicht, die sich mit der Zeit auf der Oberfläche von Kupfer bildet 铜锈,铜绿 〈etw. setzt P. an 某物长有铜绿〉

Pa·t·ri·arch *der*; -*en*, -*en* **1.** ein (alter) Mann, der autoritär über e-e Familie herrscht 族长 **2.** REL【宗】; ein wichtiger Bischof in der orthodoxen Kirche(东正教)宗主教,大牧首 ‖ NB(注意): *der Patriarch*; *den, dem, des Patriarchen* ‖ *zu* (义项) **1.** **pa·t·ri·ar·cha·lisch** *Adj*(形)

Pa·t·ri·ar·chat *das*; -(*e*)*s*, -*e*; *mst Sg*(多用单数); e-e Gesellschaft(sform), in der die Männer in Beruf, Familie u. Staat die Macht haben 父权制,父权社会,族长制,家长制 ↔ Matriarchat

Pa·t·ri·ot *der*; *-en*, *-en*; *auch pej* 也用[贬]; j-d, der sein (Heimat) Land liebt u. bereit ist, es zu verteidigen 爱国者，爱国主义者，爱国人士 ‖ NB(注意): *der Patriot*; *den*, *dem*, *des Patrioten* ‖ *hierzu*(派生); **Pa·t·ri·o·tin** *die*; *-*, *-nen*; **Pa·t·ri·o·tis·mus** *der*; *-*; *nur Sg*(只用单数); **pa·t·ri·o·tisch** *Adj*(形)

Pa·t·ri·zi·er [-tsiɐ] *der*; *-s*, *-*; *hist*[历]; ein reicher Bürger e-r Stadt (*bes* im Mittelalter)(尤指中世纪的)城市贵族，城市显贵

Pa·t·ron *der*; *-s*, *-e* **1.** ein christlicher Heiliger, von dem man glaubt, er beschütze e-e (Berufs) Gruppe besonders 庇护圣徒，守护圣徒，保护人，庇护人 ≈ Schutzheiliger ‖ -K(复合): ***Schutz-*** **2.** *gespr pej* [口][贬]; ein Mensch, den man nicht mag(令人讨厌的)家伙 〈ein unangenehmer P. 让人讨厌的家伙〉 ‖ NB(注意): *mst* zusammen mit e-m Adj. (多与形容词连用) **3.** *veraltet*[旧] ≈ Schirmherr ‖ *hierzu* (派生)**Pa·t·ro·nin** *die*; *-*, *-nen* ‖ *zu* (义项) **3.** **Pa·t·ro·nat** *das*; *-s*, *-e*

Pa·t·ro·ne *die*; *-*, *-n* **1.** ein rundes, längliches Stück Metall, das man mit e-m Gewehr od. e-r Pistole abfeuert 子弹，枪弹 ‖ K-(复合): ***Patronen-***, ***-gurt***, ***-hülse***, ***-tasche*** ‖ -K(复合): ***Platz-***, ***Schrot-*** **2.** e-e kleine Röhre aus Plastik, die mit Tinte gefüllt ist(自来水笔中的)墨水胆，墨水管 〈e-e neue P. in den Füller einlegen 将一个新的墨水管放进自来水笔〉 ‖ K-(复合): ***Patronen-***, ***-füller*** ‖ -K(复合): ***Ersatz-***, ***Tinten-*** **3.** die Hülle, in der ein Film ist, wenn man ihn in die Kamera legt(摄影)胶卷暗盒 ‖ -K(复合): ***Film-***

Pa·t·rouil·le [paˈtrʊljə] *die*; *-*, *-n* **1.** das Patrouillieren 巡逻，巡察 ≈ Kontrollgang 〈auf P. gehen, fahren 去巡逻，驾车巡逻〉 ‖ K-(复合): ***Patrouillen-***, ***-fahrt***, ***-gang*** **2.** e-e Gruppe von Soldaten od. Polizisten, die patrouilliert 巡逻队，纠察队 ≈ Streife (1) ‖ K-(复合): ***Patrouillen-***, ***-boot***, ***-führer***

pa·t·rouil·lie·ren [patrʊˈliːrən]; *patrouillierte*, *hat/ist patrouilliert*; [Vt] (及物)) (*hat*) **1.** ***etw. p.*** (als Soldat, Polizist *o.Ä.*) ein Gebiet kontrollieren od. bewachen, indem man zu bestimmten Zeiten in ihm herumgeht od. -fährt 巡查，警戒，巡逻 〈ein Gebäude, den Hafen, e-e Stadt p. 在大楼、港口、城市巡查，警戒〉; [Vi] (不及物) (*ist*) **2.** (***irgendwo***) ***p.*** ≈ p. (1)

patsch! *Interjektion* (叹); verwendet für das Geräusch, das entsteht, wenn *z. B.* etw. ins Wasser fällt od. j-d e-e Ohrfeige bekommt 啪嚓! 啪! (落水或打耳光的声音) ≈ klatsch!

Pat·sche *die*; *-*, *-n*; *gespr*, *mst Sg*[口](多用单数); e-e unangenehme Situation 困境，窘况 〈in die P. geraten 陷入困境; in der P. sitzen 处于困境; j-m aus der P. helfen 帮助某人摆脱困境〉

pat·schen; *patschte*, *hat gepatscht*; [Vi] (不及物) *gespr* [口]; etw. so tun, dass dabei ein Geräusch entsteht, wie wenn etw. ins Wasser fällt 发出啪嗒啪嗒的声音 ≈ klatschen 〈durch e-e Pfütze p. 踏着水劈劈啪啪地走过积水坑〉

Pat·schen *der*; *-s*, *-*; Ⓐ [奥] **1.** ≈ Hausschuh **2.** *gespr*[口]; ein Loch im (Auto)Reifen(汽车)轮胎上的洞，轮胎漏气 〈e-n P. haben (汽车)轮胎漏气〉

patsch·nass *Adj*(形); *gespr*[口]; sehr nass 湿漉漉的，湿透的 ≈ klatschnass

Patt *das*; *-s*, *-s* **1.** e-e Situation, in der keiner der Gegner gewinnen kann, *bes* beim Schach(尤指国际象棋赛中)逼和，和局 **2.** e-e Situation, in der Verhandlungen zu keinem Erfolg führen(谈判中出现的)僵局 ‖ K-(复合): ***Patt-***, ***-situation***

pat·zen; *patzte*, *hat gepatzt*; [Vi] (不及物) *gespr* [口] **1.** e-n kleinen Fehler machen 出纰漏，失误 **2.** *südd* Ⓐ [南德][奥] ≈ klecksen

Pat·zer *der*; *-s*, *-*; *gespr*[口]; ein kleiner Fehler(小)差错 ≈ Schnitzer 〈e-n P. machen 出差错〉

pat·zig *Adj* (形); *gespr* [口]; unhöflich u. frech, *bes* weil man wütend ist 粗鲁的，蛮横无礼的，缺乏教养的 〈e-e Antwort 回答; p. sein, werden 蛮横，变得粗暴无礼〉 ‖ *hierzu* (派生) **Pat·zig·keit** *die*; *nur Sg*(只用单数)

Pau·ke *die*; *-*, *-n*; e-e große Trommel, die wie e-e halbe Kugel aussieht 定音鼓 〈P. spielen 击鼓〉 ‖ ↑ *Abb. unter* 图见 ***Schlaginstrumente*** ‖ K-(复合): ***Pauken-***, ***-schlag*** ‖ ID[谚] ***auf die P. hauen*** *gespr*[口]; **a)** laut u. lustig feiern 热烈地庆祝; **b)** etw. klar, deutlich u. laut kritisieren 毫不含糊地批评; **c)** *pej* [贬]; sich mit vielen Worten selbst loben 自吹自擂，大言不惭，自己夸耀自己; ***mit Pauken u. Trompeten durchfallen*** *gespr* [口]; mit etw. (*z. B.* in e-r Prüfung od. e-r Theaterpremiere) ein sehr schlechtes Ergebnis erreichen(考试、演出等)惨败，砸了，栽跟头

pau·ken; *paukte*, *hat gepaukt*; [Vt/i] (及物/不及物) (***etw.***) ***p.*** *gespr*[口]; intensiv u. lange lernen 刻苦学习，用功学习 ≈ büffeln 〈für e-e/vor e-r Prüfung p. 勤学苦练准备考试; Deutsch, Mathe *usw*, Vokabeln p. 埋头苦学德语，数学等，拼命背单词〉

Pau·ker *der*; *-s*, *-*; *gespr*, *mst pej* [口]多用[贬] ≈ Lehrer ‖ *hierzu* (派生)**Pau·ke·rin** *die*; *-*, *-nen*

Paus·ba·cke *die*; *-*, *-n*; *mst Pl* (多用复数); dicke, runde Backen 丰满的面颊 〈ein Gesicht, ein Hamster mit Pausbacken 一张面颊丰满的脸，一只硕大肥实的仓鼠〉 ‖ *hierzu*(派生) **paus·ba·ckig**, **paus·bä·ckig** *Adj*(形)

pau·schal *Adj*(形) **1.** *nur attr od adv*(只作定语或状语); in Bezug auf das Ganze u. nicht auf einzelne Teile 总算的，总计的，一次总付的 ≈ insgesamt 〈etw. p. abrechnen, zahlen 合计结算，一次性付清(总付)〉 ‖ K-(复合): ***Pauschal-***, ***-angebot***, ***-betrag***, ***-honorar***, ***-summe*** **2.** so, dass man sich dabei sehr allgemein ausdrückt, ohne Details zu berücksichtigen 非常一般的，笼统的，泛泛的 〈etw. p. ver-

P

urteilen, beurteilen 笼统地谴责、评判某事〉‖ K-：**Pauschal-**，**-urteil** ‖ *zu*（义项）**2. pau·scha·li·sie·ren**（*hat*）*Vi*（不及物）

Pau·scha·le *die*；-，-*n*；e-e Summe Geld, die man als Ganzes für e-e Leistung bekommt od. zahlt(一次性收入或支付的)总金额,全部款项 ↔ Einzelabrechnung 〈e-e monatliche P. 月支付(或收入)总额〉‖ -K(复合)：**Fahrkosten-**，**Heizkosten-**，**Monats-**

Pau·schal·rei·se *die*；e-e Reise, bei der man vorher e-n festen Preis für Fahrt, Hotel u. Essen bezahlt 食宿费和路费全包括在内的旅行 〈e-e P. buchen, machen 预订,作一次食宿费和路费统包在内的旅行〉

Pau·schal·tou·rist *der*；j-d, der e-e Pauschalreise macht 食宿费和路费统包在内的旅游者 ‖ *hierzu*（派生）**Pau·schal·tou·ris·tin** *die*；**Pau·schal·tou·ris·mus** *der*

Pau·schal·ur·lau·ber *der* ≈ Pauschaltourist

Pausch·be·trag *der* ≈ Pauschale

Pau·se *die*；-，-*n*；e-e *mst* kurze Zeit, in der man e-e Tätigkeit（*bes* e-e Arbeit od. den Unterricht）unterbricht, *z.B.* um sich auszuruhen 休息,停顿 〈e-e kurze P. 短暂休息,稍停片刻, e-e P. einlegen, machen 安排一次休息,休息一下；sich keine P. gönnen 不让自己休息片刻；etw. ohne P. tun 不间断地干某事〉：*In der P. spielen die Kinder im Schulhof* 课间休息时,孩子们在校园里玩；*beim Sprechen e-e P. machen, um nachzudenken* 谈话时停了一下以便思考；*während der P. im Theater ein Eis essen* 剧场休息时吃一个冰淇淋 ‖ K-(复合)：**Pausen-**，**-raum** ‖ -K（复合）：**Arbeits-**，**Schul-**，**Sitzungs-**；**Frühstücks-**，**Mittags-**，**Kaffee-**，**Zigaretten-**；**Denk-**，**Erholungs-**，**Verschnauf-** ‖ NB(注意)：↑ **Rast**

Pau·sen·brot *das*；Essen, *bes* ein Brot, das ein Kind in die Schule mitnimmt, um es in der Pause zu essen 课间休息时吃的食品(面包)

pau·sen·los *Adj*（形）**1.** ohne Pause 不间断的,不停顿的,连续的 ≈ ununterbrochen：*p. im Einsatz sein* 不间断地投入(战斗、工作)；*p. reden* 不停地说 **2.** *mst adv*，*gespr*，*mst pej*(多作状语)［口］多用［贬］；sehr oft, in kurzen Abständen 时常地,经常地：*Er kommt mich p. besuchen* 他常来看我；*Sie lügt p.* 她时常地撒谎

Pau·sen·zei·chen *das* **1.** ein Signal, das ein Radio- od. Fernsehsender in e-r Pause sendet(电台或电视台播放的）间歇信号 **2.** ein Zeichen in der Notenschrift, das dem Musiker sagt, wann er e-e（kurze）Spielpause einhalten muss(乐谱)休止符

pau·sie·ren；*pausierte*，*hat pausiert*；**Vi**（不及物）e-e Arbeit od. Tätigkeit für（relativ）kurze Zeit nicht tun 休息片刻,中断一下(工作等) ≈ aussetzen (8)：*beim Sprechen kurz p.* 谈话时稍停一下；*Nach der Verletzung musste er fünf Wochen p.* 受伤后他不得不休息五周

Pa·vi·an [-v-] *der*；-*s*，-*e*；ein（mittelgroßer）Affe mit rotem Hinterteil 狒狒

Pa·vil·lon [ˈpavɪljɔŋ] *der*，(CH)［瑞］*das*；-*s*，-*s*；**1.** ein kleines, *mst* rundes u. oft offenes Haus, wie man es *bes* in Parks u. Gärten sieht 亭,阁,榭：*Das Konzert findet im Pavillon statt* 音乐会在音乐堂举行 ‖ -K(复合)：**Konzert-**，**Lust-**，**Musik-** **2.** ein Haus mit *mst* nur einem Raum, in dem man *bes* Waren u. Bilder ausstellt 展示厅,展览馆 ‖ -K(复合)：**Ausstellungs-**，**Messe-**，**Verkaufs-**

Pay-TV [ˈpeɪtiviː] *das*；-*s*；*nur Sg*(只用单数)，TV【电视】；Programme von privaten Fernsehsendern, die man nur mithilfe e-s Zusatzgerätes（dem Decoder）empfangen kann, das man mieten muss 收费私营电视节目,收费电视

Pa·zi·fik *der*；-*s*；*nur Sg*(只用单数)；der Ozean zwischen dem amerikanischen Kontinent u. Asien bzw. Australien 太平洋

Pa·zi·fis·mus *der*；-；*nur Sg*（只用单数）；die Überzeugung, dass Gewalt u. Kriege unbedingt vermieden werden müssen 和平主义 ↔ Militarismus ‖ *hierzu*（派生）**Pa·zi·fist** *der*；-*en*，-*en*；**Pa·zi·fis·tin** *die*；-，-*nen*；**pa·zi·fis·tisch** *Adj*(形)

PC [peːˈtseː] *der*；-*s*，-*s*；(*Abk für* 缩写,全称为 Personal Computer）ein einzelner Computer, mit dem j-d（in der Firma od. zu Hause）schreibt, rechnet, Zeichnungen macht od. Informationen speichert 个人计算机,个人电脑 ‖ NB(注意)：↑ **Homecomputer**

PC-Ar·beits·platz [peˈtseː-] *der*；ein Arbeitsplatz, bei dem man die meiste Zeit am PC sitzt 个人电脑工作台

PdA [peːdeːˈ|aː] *die*；-；*nur Sg*（只用单数）；（*Abk für* 缩写,全称为 Partei der Arbeit）e-e politische Partei in der Schweiz(瑞士)劳动党

PDS [peːdeːˈ|ɛs] *die*；-；*nur Sg*（只用单数）；（*Abk für* 缩写,全称为 Partei des Demokratischen Sozialismus）e-e politische Partei in Deutschland（die Nachfolgepartei der SED）(德国)民主社会主义党(其前身为统一社会党)

Pea·nuts [ˈpiːnats] *die*；*Pl*，*gespr*，*mst iron*（复)［口］多用［讽］；unwichtige Kleinigkeiten 微不足道的小事,无关紧要的事,琐事

Pech[1] *das*；-*s*；*nur Sg*(只用单数) **1.** etw. Unangenehmes od. Schlechtes, das einem passiert u. an dem niemand Schuld hat 遇事不利,倒霉,背运 ↔ Glück 〈P. haben, vom P. verfolgt werden 倒霉,总是走背运〉：*Mit den Frauen hat er immer P. – Er verliebt sich immer in die falsche* 在女人问题上他总不走运——他总是爱错人；*Sie hatte das P., den Zug zu versäumen* 她不走运,没有赶上火车；*So ein P.! – Jetzt ist der Reifen geplatzt!* 真倒霉！——轮胎爆了！ ‖ -K(复合)：**Jagd-** **2. P. gehabt!**；ˈ**Dein P.!** *gespr*［口］；verwendet, um auszudrücken, dass man j-n, der Pech hatte, nicht bedauert od. dass er selbst schuld ist(这是)你自找的(倒霉)！ ‖ NB(注意)：↑ **Unglück**

Pech[2] *das*；-*s*；*nur Sg*（只用单数）**1.** e-e schwarze Masse, die gut klebt u. mit der man *z.B.* Dächer od. Schiffe vor Wasser schützen kann 沥青,柏油〈etw. mit P. abdichten, bestreichen用沥青填补、涂抹某物〉‖ K-(复合): **pech-, -finster, -schwarz 2.** *südd* Ⓐ[南德][奥] ≈ Harz ‖ ID[谚] ***zusammenhalten wie P. und Schwefel*** *gespr*[口]; gute Freunde sein u. sich durch nichts trennen lassen 齐心协力,拧成一股绳

Pech·sträh·ne *die*; e-e Zeit, in der j-d viel Pech[1] hat 接二连三的倒霉时刻 ↔ Glückssträhne 〈e-e P. haben 接二连三地遇到不利的事〉

Pech·vo·gel *der*; *gespr*[口]; j-d, der viel Pech[1] hat 倒霉鬼 ≈ Unglücksrabe

Pe·dal *das*; *-s*, *-e* **1.** ein Teil bei Geräten od. Maschinen, auf den man mit dem Fuß drückt, um e-n Mechanismus zu betätigen 踏板,踏键,脚蹬〈die Pedale e-s Fahrrads, e-s Autos, e-r Orgel 自行车的脚蹬,汽车的踏板,管风琴的踏键; aufs P. drücken, steigen, treten 踩,踏,蹬踏板(脚蹬); den Fuß vom P. nehmen 将脚挪离踏板〉‖ ↑ *Abb. unter* 图见 **Fahrrad** ‖ -K(复合): **Brems-, Gas-, Kupplungs-; Fahrrad- 2.** **(kräftig) in die Pedale treten** versuchen, mit dem Fahrrad ziemlich schnell zu fahren(用力)踩脚蹬

pe·dan·tisch *Adj*(形); *pej*[贬]; zu genau u. ordentlich 谨小慎微的,迂腐的,死板的,拘泥小节的,学究式的 ≈ kleinlich, pingelig 〈ein Mensch, e-e Ordnung 人,规定〉‖ *hierzu*(派生) **Pe·dant** *der*; *-en*, *-en*; **Pe·dan·te·rie** *die*; *-*, *-n*

pe·des ↑ ***per***

Peep·show [ˈpiːpʃoː] *die*; e-e Art Show, bei der der Besucher in e-m kleinen Raum sitzt u. durch ein Fenster e-e nackte Frau beobachten kann 透过小孔看的裸体女人表演

Pe·gel *der*; *-s*, *-* **1.** die Höhe, bis zu der (in e-m Fluss od. See) das Wasser steht 水位 ≈ Wasserstand 〈der P. steigt, fällt 水位上升、下降〉‖ K-(复合): **Pegel-, -höhe, -stand 2.** ein Gerät zum Messen des Wasserstandes 水位标,测水位器

pei·len; *peilte*, *hat gepeilt*; [Vt](及物) ***etw. p.*** mit e-m Kompass od. mit elektrischen Geräten feststellen, wo od. in welcher Entfernung etw. ist 测定…的方位,探测…的距离〈ein Schiff, e-e Station, den Standpunkt e-s Schiffes p. 测定一艘船、一座电台的方位(或距离), 测定一条船的位置〉‖ *hierzu*(派生) **Pei·lung** *die*

Pein *die*; *-*; *nur Sg*(只用单数); *geschr*[书]; ein intensiver körperlicher od. psychischer Schmerz 痛苦,苦难 ≈ Qual 〈körperliche, seelische P. 肉体上的、精神上的痛苦〉

pei·ni·gen; *peinigte*, *hat gepeinigt*; [Vt/i](及物/不及物) **1.** ***etw. peinigt (j-n)*** *geschr*[书]; etw. schmerzt intensiv u. erzeugt Leid(物作主语)使痛苦,使受熬煎,使受折磨 ≈ etw. quält 〈Hunger, Durst, das schlechte Gewissen, Reue, Schmerzen 饥饿,干渴,内疚,懊悔,痛苦〉: *peinigende Schmerzen* 折磨人的痛苦; [Vt](及物) **2.** ***j-n / ein Tier p.*** *geschr veraltend*[书][渐旧] ≈ quälen ‖ *zu*(义项) **2. Pei·ni·ger** *der*; *-s*, *-*; **Pei·ni·ge·rin** *die*; *-*, *-nen*; **Pei·ni·gung** *die*

pein·lich *Adj*(形) **1.** unangenehm u. so, dass man sich dabei schämt(令人)难堪的,尴尬的,令人羞愧的,使人不好意思的〈Fragen, e-e Situation, ein Vorfall 问题,处境,事件; etw. ist j-m/für j-n p. 某事使某人感到难为情; von etw. p. berührt, betroffen sein 为某事感到很难堪〉: *Es war ihm sehr p., dass er den Geburtstag seiner Frau vergessen hatte* 他把妻子的生日忘记了,这使他感到很不好意思 **2.** *nur attr od adv* (只作定语或状语); sehr genau u. mit größter Aufmerksamkeit (gemacht) 十分仔细的,非常认真的,一丝不苟的,严密的 ≈ sorgfältig ↔ nachlässig 〈die Sauberkeit, die Ordnung, die Sorgfalt 清洁,秩序,细致周到; p. genau, p. korrekt, p. sauber 极其精确的,非常准确的,十分干净的〉‖ *zu*(义项) **1. Pein·lich·keit** *die*

pein·sam *Adj*(形); *hum*[诙] ≈ peinlich (1)

Peit·sche *die*; *-*, *-n* **1.** e-e lange Schnur an e-m Stock, mit der man *bes* Tiere schlägt, um sie anzutreiben 鞭子〈die P. schwingen 挥动鞭子; mit der P. knallen 将鞭子抽得啪啪响; j-n/ein Tier mit der P. schlagen 鞭打人/动物〉‖ K-(复合): **Peitschen-, -hieb, -knall, -schlag 2.** ***e-m Tier die P. geben*** ein Tier mit der P. (1) antreiben 用鞭子驱赶动物

peit·schen; *peitschte*, *hat / ist gepeitscht*; [Vt](及物)(*hat*) **1.** ***j-n p.*** j-n mit der Peitsche schlagen, *bes* um ihn zu bestrafen 鞭打,鞭笞 ≈ auspeitschen **2.** ***ein Tier p.*** ein Tier mit der P. antreiben 用鞭子驱赶动物; [Vi](不及物)(*ist*) **3.** ***etw. peitscht irgendwohin*** etw. schlägt (*bes* wenn ein starker Wind weht) mit großer Kraft od. Wucht gegen etw. (物作主语)有力地拍打,敲击在…上面〈der Regen, die Wellen 雨点,浪头〉: *Der Regen peitschte gegen die Scheiben* 雨点有力地拍打在窗玻璃上

pe·jo·ra·tiv [-f] *Adj*(形); *geschr*[书]; 〈ein Wort, ein Ausdruck 话,措词〉 so, dass sie e-e negative Wertung ausdrücken 贬义的 ≈ abwertend

Pe·ki·ne·se *der*; *-n*, *-n*; ein kleiner Hund mit kurzen Beinen, e-r flachen Nase u. langen Haaren 狮子狗,哈巴狗,叭儿狗 ‖ ↑ *Abb. unter* 图见 **Hunde** ‖ NB(注意): *der Pekinese*; *den*, *dem*, *des Pekinesen*

Pe·li·kan *der*; *-s*, *-e*; ein großer Vogel, der Fische fängt u. unter seinem langen Schnabel e-n großen Sack hat 鹈鹕

Pel·le *die*; *-*, *-n*; *nordd*[北德]; die dünne Haut von Kartoffeln, Obst, Wurst *o. Ä.*(土豆、水果等的)皮,肠衣 ≈ Schale ‖ ID[谚] ***j-m auf die P. rücken*** *gespr*[口]; **a)** sich sehr nah zu j-m setzen 紧贴某人身边坐下; **b)** immer wieder mit e-r Bitte, e-r Forderung *o. Ä.* zu j-m kommen 没完没了地缠扰某人,死缠着某人; ***j-m auf der P. sitzen / liegen*** *gespr*[口]; j-m durch seine ständige Anwesenheit lästig sein 不断纠缠某人,不让人安宁; ***j-m (mit etw.) nicht von der P. gehen*** *gespr*[口]; immer wieder *bes* mit e-r Bitte zu j-m kommen 不断缠磨某人，麻烦某人 ≈ j-n (mit etw.) belästigen

pel·len；*pellte*，*hat gepellt*；*nordd*[北德]；Vt (及物) **1.** ***etw. p.*** ≈ schälen ⟨Orangen, Kartoffeln p. 剥橙子皮，削土豆皮⟩；Vr (反身) **2.** ***etw. pellt sich*** ≈ etw. schält sich (4) ⟨die Haut 皮肤⟩

Pell·kar·tof·fel *die*；-，-*n*；*mst Pl*(多用复数)；Kartoffeln, die mit der Schale gekocht wurden 带皮煮熟的土豆

Pelz *der*；-*es*，-*e* **1.** die Haut mit den dicht wachsenden Haaren bestimmter Tiere (wie *z. B.* von Bären, Füchsen *o. Ä.*)(动物的)皮毛 ≈ Fell ⟨ein dichter, dicker, zottiger P. 浓密的、厚实的、蓬乱的皮毛；e-m Tier den P. abziehen 剥下动物的皮毛⟩ ‖ K-(复合)：***Pelz-***，***-tier*** ‖ -K(复合)：***Schafs-***，***Wolfs-*** *usw* **2.** *nur Sg*(只用单数)；ein P. (1), aus dem man *bes* Kleidungsstücke macht(用来制衣帽的)毛皮：*ein Mantel aus P.* 毛皮大衣 ‖ K-(复合)：***Pelz-***，***-handschuhe***，***-jacke***，***-kappe***，***-kragen***，***-mantel***，***-mütze***，***-stiefel*** **3.** ein Mantel od. e-e Jacke aus P. (2)毛皮大衣，毛皮上衣 ⟨e-n P. tragen 穿毛皮大衣；ein echter P. 一件真毛皮大衣⟩ ‖ ID[谚] ***j-m*** (***mit etw.***) ***auf den P. rücken*** *gespr*[口]；immer wieder mit e-r Bitte zu j-m kommen 不断缠扰某人

pel·zig *Adj*(形) **1.** mit e-r weichen, rauen Oberfläche 毛茸茸的 ⟨ein Blatt 叶子；etw. fühlt sich p. an 某物摸上去毛茸茸的⟩：*Die Haut von Pfirsichen ist p.* 桃子的皮表面有短绒毛 **2.** unangenehm rau u. trocken 干涩的 ⟨j-s Mund, Zunge ist p., fühlt sich p. an 某人的口、舌发干，感到干涩⟩ **3.** ohne Gefühl 发麻的 ≈ taub：*Nach der Spritze vom Zahnarzt fühlte sich mein Mund p. an* 牙医打了一针后，我的嘴(感到)发麻

Pen·dant [pãˈdãː] *das*；-*s*，-*s*；***das P.*** (***zu j-m / etw.***) *geschr*[书] ≈ Gegenstück, Entsprechung ⟨etw. ist, bildet das P. zu etw. 某物是，构成对某物的相应补充；etw. hat kein P. 某物没有类似的东西⟩

Pen·del *das*；-*s*，- **1.** ein Gewicht, das an einem Punkt hängt, frei schwingt u. dazu dient, etw. zu messen 摆，摆锤，摆针，摆轮 ⟨ein P. schwingt, schlägt aus 摆锤晃动，摆动⟩ **2.** ein Gewicht, das hin- u. herschwingt u. so regelt, wie schnell e-e Uhr geht 钟摆 ≈ Uhrpendel ⟨das P. in Bewegung setzen 拨动钟摆⟩ ‖ K-(复合)：***Pendel-***，***-uhr*** **3.** ***das P.*** + *Gen*(二格) etw., das regelmäßig von einer extremen Position zur anderen wechselt…的摆锤：*Nach dem Skandal schlug das P. der öffentlichen Meinung wieder zur Opposition hin aus* 发生这件丑闻后，舆论又转而向反对党倾斜

pen·deln；*pendelte*，*hat / ist gependelt*；Vi (不及物) **1.** ***etw. pendelt*** (*ist*) etw. hängt an etw. u. schwingt (langsam) hin u. her(物作主语)来回摆动 **2.** ***mit etw. p.*** (*hat*) etw. hängen lassen u. hin u. her schwingen 来回摆动 ⟨mit den Armen, Beinen p. 来回摆动臂、腿⟩ **3.** ***j-d pendelt*** (*ist*) j-d fährt regelmäßig von einem Ort zum anderen, *bes* von der Wohnung zum Arbeitsplatz(人作主语)(尤指从住处到工作单位)来回奔波，来回往返：*zwischen Augsburg u. München / von Augsburg nach München p.*(天天)往返于奥格斯堡和慕尼黑之间 ‖ K-(复合)：***Pendel-***，***-verkehr*** ‖ *zu*(义项) **3.** **Pend·ler** *der*；-*s*，-；**Pend·le·rin** *die*；-，-*nen*

pe·net·rant *Adj*(形)；*pej*[贬] **1.** so intensiv, dass man es unangenehm findet 浓烈的，难闻的，刺鼻的 ⟨ein Geruch, ein Geschmack 气味，味道；es riecht, schmeckt p. nach etw. 有一股强烈的…气味，味道⟩ **2.** immer wieder lästig u. störend 令人讨厌的，纠缠不休的 ≈ aufdringlich：*Seine Art, bei jeder Gelegenheit zu zeigen, wie reich er ist, ist wirklich p.* 他那种一遇机会就显示自己多么富有的派头，实在令人倒胃口 ‖ *hierzu*(派生) **Pe·net·ranz** *die*；-；*nur Sg*(只用单数)

peng! *Interjektion*(叹)；verwendet, um das Geräusch e-s Schusses od. Knalls zu imitieren(枪声或爆裂声)嘭！砰！

pe·ni·bel *Adj*(形)；übertrieben genau u. ordentlich 过于仔细的，过于严谨的，过于挑剔的 ≈ pedantisch ⟨ein Mensch, e-e Ordnung, Sauberkeit 人，秩序，清洁⟩ ‖ NB(注意)：*penibel* → *ein penibler Mensch*

Pe·ni·cil·lin [-ts-] *das*；-*s*；*nur Sg*(只用单数)；(A)[奥] ≈ ***Penizillin***

Pe·nis *der*；-，-*se*；das Organ beim Mann u. bei verschiedenen männlichen Tieren, aus dem der Samen u. der Urin kommen 阴茎 ≈ Glied[1](3) ‖ ↑ *Abb. unter* 图见 ***Mensch***

Pe·ni·zil·lin *das*；-；*nur Sg*，MED(只用单数)【医】；ein Medikament, das bestimmte Bakterien tötet 青霉素，盘尼西林 ‖ K-(复合)：***Penizillin-***，***-spritze***，***-tablette***

Pen·nä·ler *der*；-*s*，-；*gespr hum*[口][诙]；ein Schüler (am Gymnasium)(文理中学)学生，中学生 ‖ *hierzu*(派生) **Pen·nä·le·rin** *die*；-，-*nen*

Pen·ne *die*；-，-*n*；*gespr hum*[口][诙] ≈ Schule

pen·nen；*pennte*，*hat gepennt*；Vi *gespr*(不及物)[口] ≈ schlafen

Pen·ner *der*；-*s*，-；*gespr pej*[口][贬] **1.** ≈ Landstreicher, Obdachlose(r) **2.** j-d, der viel od. lang schläft 贪睡的人

Pen·si·on[1] [-ˈzioːn] *die*；-；*nur Sg*(只用单数) **1.** das Geld, das ein Beamter jeden Monat vom Staat bekommt, wenn er (*mst* aus Gründen des Alters) aufgehört hat zu arbeiten(公务人员的)退休金，养老金 ⟨e-e hohe, niedrige, schöne P. haben, bekommen 有、得到高额的、低微的、优厚的退休金⟩ ‖ K-(复合)：***Pensions-***，***-anspruch***；***pensions-***，***-berechtigt*** **2.** die Zeit im Leben e-s Beamten, in der er e-e P.[1](1) bekommt 退休 ≈ Ruhestand ⟨in P. sein 已退休；in P. gehen 退休；j-n in P. schicken 让某人退休⟩ ‖ -K(复合)：***Früh-*** ‖ *zu*(义项) **2.** **Pen·si·o·när** *der*；-*s*，-*e*；**Pen·si·o-**

nịst *der*; *-en*, *-en*; *südd* Ⓐ Ⓒⓗ [南德][奥][瑞] ‖ NB(注意): ↑ ***Rente***

Pen·si·on² [-ˈzioːn] *die*; *-*, *-en*; ein Haus, in dem man *bes* im Urlaub schlafen u. essen kann 食宿全包的旅店,公寓 〈in e-r P. wohnen, unterkommen, übernachten 住在、被安顿在一家公寓里,在一家小旅馆过夜〉 ‖ K-(复合): ***Pensions-***, ***-gast*** ‖ NB(注意): e-e *Pension* ist *mst* kleiner u. billiger als ein *Hotel* (Pension 通常要比 Hotel 小而便宜)

Pen·si·o·nat *das*; *-s*, *-e*; *veraltend* [渐旧] ≈ Internat ‖ -K(复合): ***Mädchen-***

pen·si·o·nie·ren [pɛnzioˈniːrən]; *pensionierte*, *hat pensioniert*; [Vt] (及物) ***j-n p.*** veranlassen, dass j-d (*bes* ein Beamter) aufhört zu arbeiten u. e-e Pension¹ od. Rente bekommt 让…退休 ≈ in den Ruhestand versetzen 〈j-n vorzeitig, frühzeitig p. 让某人提前退休; sich p. lassen 申请退休; ein pensionierter Beamter 一位已退休的公务员〉 ‖ *hierzu* (派生) **Pen·si·o·nie·rung** *die*

Pẹn·sum *das*; *-s*, *Pen·sen*; *mst Sg* (多用单数); die Arbeit, die man in e-r bestimmten Zeit machen muss 定额 〈sein P. erfüllen, schaffen, erledigen 完成、达到、做完定额; sein tägliches, übliches P. (an Arbeit) 他每天的、通常的(工作)定额〉 ‖ K-(复合): ***Arbeits-***, ***Pflicht-***, ***Unterrichts-***; ***Durchschnitts-***, ***Jahres-***, ***Tages-***, ***Wochen-***

Pent·house [ˈpɛnthaus] *das*; *-*; *nur Sg* (只用单数); e-e (*mst* teure) Wohnung auf dem flachen Dach e-s hohen Hauses(大楼平顶上的)楼顶房屋 〈in e-m P. wohnen 住在楼顶房屋里〉

Pẹp *der*; *-*; *nur Sg*, *gespr* (只用单数) [口] ≈ Schwung: *e-e Show mit Pep* 富有活力的展示(表演) ‖ *hierzu* (派生) **pẹp·pig** *Adj* (形)

Pe·pe·ro·ni *die*; *-*, *-(s)*; *mst Pl* (多用复数); kleine, scharfe Pfefferschoten 小尖辣椒

pẹr *Präp* (介); *mit Akk* (支配四格) **1. *per*** + *Subst* (名) verwendet, um das Mittel zu nennen, mit dem j-d/etw. von e-m Ort zu e-m anderen gelangt 乘,经,由,用 ≈ mit¹ (1) 〈per Bahn, per Schiff, per Luftpost, per Autostopp 乘火车(经铁路),乘船(经海路),用航空邮件,拦车搭乘〉 **2 *per*** + *Subst* (名) *geschr* [书]; verwendet, um das Mittel zu nennen, das man zu e-m bestimmten Zweck verwendet 用,以,通过: *etw. per Vertrag regeln*, *e-n Brief per Einschreiben schicken*, *e-e Rechnung per Scheck zahlen* 以合同方式处理某事,用挂号寄一封信,用支票付账 **3. *per*** + *Subst* (名) (ADM) *geschr*【管理】[书]; verwendet, um anzugeben, wie etw. gemessen od. gezählt wird 每 ≈ pro: *ein Preis von fünf Euro per Stück*, *per Kilo* 每件、每公斤价(费用)5 欧元; *hundert Umdrehungen per Sekunde* 每秒 100 转 ‖ NB (注意) zu (义项) **1**, **2** u. **3**: Das folgende Subst. wird ohne Artikel verwendet (后面的名词不加冠词) **4.** WIRTSCH【经】; verwendet, um den Zeitpunkt anzugeben, an dem man etw. tun soll(表示时间)于…,直至…: *per sofort* 立即,马上; *Die Rechnung ist per 31. Dezember zu zahlen* 这笔账应于 12 月 31 日支付 **5.** (***mit j-m***) ***per du***, ***per Sie sein*** zu j-m „du", „Sie" sagen(跟…)以"du",以"Sie"称呼 ≈ j-n duzen, siezen: *Sie ist mit dem Chef per du* 她跟她的上司用"你"称呼 **6. *per pedes*** *hum* [诙]; zu Fuß 走来(去)的

Pe·rest·roi·ka (*die*); *-*; *nur Sg* (只用单数); die Neugestaltung des politischen Systems in der ehemaligen Sowjetunion, *bes* im Bereich der Innenpolitik u. der Wirtschaftspolitik(前苏联在政治体制方面的)变革,改革 ≈ Umbau, Umbildung

per·fẹkt, *perfekter*, *perfektest-*; *Adj* (形) **1. *p.*** (***in etw.*** (*Dat* 三格)) so, dass niemand/nichts besser sein kann 完美无缺的,出色的,极好的,精湛的 ≈ vollkommen, vollendet: *ein perfekter Ehemann* 模范丈夫; *p. Französisch sprechen* 说一口极漂亮的法语; *In Stenografie ist sie inzwischen fast p.* 在速记方面她现在已近乎尽善尽美 **2. *etw. ist p.*** etw. ist so, dass man nichts mehr daran ändern kann od. ändern muss(物作主语)已决定了,定下来了,无法改变了,无可挽回了 ≈ abgeschlossen, besiegelt 〈ein Vertrag, e-e Sache, e-e Abmachung, e-e Niederlage 合同,事情,协定,败局〉 **3. *ein perfektes Verbrechen*** ein Verbrechen, bei dem es unmöglich ist, den Täter zu finden 一桩无法侦破的犯罪案 **4. *etw.*** (***mit j-m***) ***p. machen*** entscheiden, dass etw. wirksam wird od. man etw. ganz sicher tun wird(与…)最终确定某事 ≈ ausmachen, festlegen 〈den Vertrag, e-n Termin p. machen 最终签定合同,最终约定会面时间〉

Pẹr·fekt *das*; *-s*, *-e*; *mst Sg*, LING (多用单数)【语】; die Form des Verbs, die mit *sein* od. *haben* gebildet wird (动词)现在完成时: *In dem Satz „Er ist nach Italien gefahren" ist „ist gefahren" das P. von „fahren"* 在"Er ist nach Italien gefahren"这个句子中,"ist gefahren"是动词"fahren"的现在完成时 ‖ K-(复合): ***Perfekt-***, ***-form*** ‖ NB(注意): Als Pl. verwendet man *mst Perfektformen* (复数多用 Perfektformen)

Per·fek·ti·on [-ˈtsioːn] *die*; *-*; *nur Sg* (只用单数); die absolute Fehlerlosigkeit (*mst* in der Ausführung von etw.)完美无缺,精湛之至,尽善尽美,登峰造极 ≈ Vollkommenheit 〈etw. bis zur P. treiben 将某事做得尽善尽美; es in etw. (*Dat* 三格) zur P. bringen 在某一方面达到十全十美〉: *Er spielt Cello mit höchster P.* 他演奏大提琴已达到炉火纯青的地步

per·fek·ti·o·nie·ren [-tsio-]; *perfektionierte*, *hat perfektioniert*; [Vt] (及物) ***etw. p.*** so lange an etw. arbeiten, bis es perfekt (1) ist 使完美无缺,使臻于完善 ≈ vervollkommnen 〈e-e Technik, e-e Maschine, ein System p. 使技艺、机器、制度尽善尽美〉

Per·fek·ti·o·nis·mus [-tsio-] *der*; *-*; *nur Sg*, *oft pej* (只用单数)常用[贬]; der Wunsch, alles so perfekt (1) wie möglich zu machen 至善论,圆满论,过分追求尽善尽美 ‖ *hierzu* (派生) **Per·fek·ti·o·nịst** *der*; *-en*, *-en*; **per·fek·ti-**

o·nis·tisch *Adj*(形)

per·fid, per·fi·de *Adj*(形); *geschr*[书]; auf besonders heimtückische Art böse 诡诈的,刁滑的,奸诈的 ≈ hinterhältig ⟨e-e Lüge, e-e Frage, ein Dieb 谎言,问题,窃贼⟩ ‖ *hierzu*(派生) **Per·fi·di·tät** *die*; -, -*en*

Per·fo·ra·ti·on [-ˈtsioːn] *die*; -, -*en*; e-e Art Linie mit e-r Reihe von kleinen Löchern, die es möglich machen, dass man ein Blatt Papier leicht abreißen kann(均匀排列的)孔眼,齿孔,孔状接缝: *ein Kalenderblatt, e-e Briefmarke an der P. abreißen* 沿着齿孔撕下一页日历、一张邮票 ‖ *hierzu*(派生) **per·fo·rie·ren** (*hat*) *Vt*(及物)

Per·ga·ment *das*; -(*e*)*s*, -*e* **1.** *nur Sg*(只用单数); ein Material (e-e präparierte Tierhaut), das man *bes* früher statt Papier verwendete(古代当纸用的)薄兽皮,兽皮纸,羊皮纸,革纸: *e-e mittelalterliche Urkunde aus P.* 中世纪的羊皮纸文献 **2.** ein Stück P. (1) mit e-r alten Schrift darauf 羊皮纸的手写文稿

Per·ga·ment·pa·pier *das*; *nur Sg*(只用单数); ein sehr festes Papier, das leicht durchsichtig ist u. Fett nicht durchlässt 防油透明纸,(质地密实、不透油水的)牛皮纸: *Brote in P. wickeln* 将面包包在防油透明纸里

Per·go·la *die*; -, *Per·go·len*; ein Gang[2] (1) im Garten, der mit Pflanzen bewachsen ist 藤蔓拱廊,藤架回廊,荫廊

Pe·ri·o·de *die*; -, -*n* **1.** ***die P.*** + *Gen*(二格) ein relativ langer Zeitraum, der *bes* durch bestimmte Ereignisse charakterisiert ist 时期,期,周期 ≈ Epoche, Zeitabschnitt, Phase: *Die fünfziger Jahre waren die P. des großen wirtschaftlichen Aufschwungs* 50年代是经济大繁荣的时期 ‖ -K(复合): ***Frost-, Hitze-, Kälte-, Regen-, Schlechtwetter-, Schönwetter-, Trocken-; Entwicklungs-, Übergangs-, Wachstums-*** **2.** ***j-s P.*** ≈ Menstruation ⟨e-e Frau hat (gerade) ihre P. 一位妇女(恰好)有月经⟩

Pe·ri·o·den·sys·tem *das*; CHEM【化】; ein Schema, in dem alle chemischen Elemente nach ihrem (Atom)Gewicht geordnet sind 化学元素周期表

Pe·ri·o·di·kum *das*; -, *Pe·ri·o·di·ka*; *geschr*[书]; e-e Zeitschrift, die regelmäßig erscheint 期刊

pe·ri·o·disch *Adj*(形); *mst adv*(多作状语); so, dass es in bestimmten Zeitabständen immer wieder vorkommt 周期的,定期的,循环的,间发性的 ⟨etw. tritt p. auf, erscheint p. 某事间发性地出现,某物定期出版⟩

pe·ri·pher [periˈfeːɐ] *Adj*(形); *geschr*[书] **1.** am Rand liegend 边缘的,周围的,外围的,周边的 ↔ zentral: *die peripheren Stadtteile* 边缘市区 **2.** nicht sehr wichtig 次要的,不重要的,非核心的 ≈ nebensächlich ⟨e-e Frage, ein Problem 问题,疑难问题⟩

Pe·ri·phe·rie [-f-] *die*; -, -*n* **1.** *geschr*[书]; ein Gebiet, das am Rand von etw. liegt 边缘地区,周边地区,外围区域,周围,外围 ≈ Randbezirk ↔ Zentrum ⟨an der P. e-r Stadt wohnen 住在城市边缘⟩ **2.** *Kollekt*, INFORM(集合)【信息】; die Geräte, die an den elektronischen Rechner angeschlossen werden(微机的)外部设备,外围设备 ‖ K-(复合): ***Peripherie-, -gerät***

Per·le *die*; -, -*n* **1.** e-e kleine, harte weiße Kugel, die man in Muscheln findet u. gern als Schmuck verwendet 珍珠 ⟨echte, künstliche Perlen 真正的、人工的珍珠; e-e Kette aus Perlen 一条珍珠项链; Perlen züchten, nach Perlen tauchen 养殖珍珠,潜水采(珍)珠⟩ ‖ K-(复合): ***Perlen-, -fischer, -halsband, -händler, -kette, -kollier, -muschel, -schmuck, -taucher, -zucht, -züchter; perlen-, -besetzt, -bestickt*** ‖ -K(复合): ***Natur-, Süßwasser-, Zucht-*** **2.** e-e kleine Kugel aus Glas, Holz *o. Ä.*, die *mst* mit anderen e-e Kette bildet 珠子,珠状物 ‖ -K(复合): ***Glas-, Holz-*** **3.** *gespr*, *mst hum*[口]多用[诙]; *bes* e-e Frau, die für j-n von großem Wert ist, weil sie ihm viel hilft(指能干贤惠的妻子或女友)明珠,宝贝 ‖ ID [谚] *mst* 多用 ***Da fällt dir keine P. aus der Krone!*** *gespr*[口]; verwendet, um j-m zu sagen, dass er nicht zu stolz sein soll, etw. *mst* Unangenehmes zu tun 这无损于你的声誉; ***Perlen vor die Säue werfen*** etw. für j-n tun od. j-m etw. geben, das er nicht zu schätzen weiß 把珍珠抛给猪(意即:将贵重的东西送给不识货的人)

per·len; *perlte, hat / ist geperlt*; [Vi](不及物) **1.** ***etw. perlt (irgendwo)*** (*hat*) etw. bildet Tropfen od. Blasen, die wie Perlen aussehen(物作主语)起水珠,冒出水珠,形成水珠 ⟨j-m perlt der Schweiß auf der Stirn 某人额头上冒出汗珠; der Tau perlt auf e-r Pflanze 露水在植物上结成水珠; perlender Sekt, Champagner 起珠泡的香槟酒,法国香槟酒⟩ **2.** ***etw. perlt von etw.*** (*ist*) etw. rinnt in Form von Tropfen von etw.(物作主语)成珠状从…上滴落,滚落 ⟨j-m perlt der Schweiß von der Stirn 汗珠从某人额头上滴落⟩

Perl·mutt *das*; -*s*; *nur Sg*(只用单数); die glänzende Schale von bestimmten Muscheln u. (Meeres)Schnecken, aus der man *bes* Schmuck macht 珠母,珍珠贝 ‖ K-(复合): ***Perlmutt-, -farbe, -griff, -knopf*** ‖ *hierzu*(派生) **perl·mutt·far·ben** *Adj*(形)

Perl·mut·ter *die*; -; *od das*; -*s*; *nur Sg*(只用单数) ≈ Perlmutt

Per·lon® *das*; -; *nur Sg*(只用单数); ein künstliches, dünnes Material, aus dem man *bes* Strümpfe macht 贝纶 ‖ K-(复合): ***Perlon-, -strümpfe*** ‖ NB(注意): ↑ ***Nylon®***

perl·weiß *Adj*(形); *ohne Steigerung*(无变级); von der silbrig weißen Farbe e-r Perle 银白色的,珠光白色的

per·ma·nent *Adj*(形); *ohne Steigerung, geschr*(无变级)[书] ≈ ständig, dauernd ⟨ein Zustand, e-e Bedrohung 状态,威胁⟩ ‖ *hierzu*(派生) **Per·ma·nenz** *die*; -; *nur Sg*(只用单数)

per·plex *Adj*(形); *mst präd, gespr*(多作表语)[口]; so überrascht von etw., dass man nicht mehr reagieren kann 愕然不知所措的,惊

呆的,惊慌失措的 ≈ verblüfft 〈völlig p. sein 惊骇万分,完全惊呆了;p. dastehen, schauen 惊讶地愣着站在那里,吃惊地愣着看〉 ‖ *hierzu*(派生) **Per·ple·xi·tät** *die*; -; *nur Sg*(只用单数)

Per·ron [pɛˈrõː] *das, der*; *-s, -s*; ⒸⒽ [瑞] ≈ Bahnsteig

Per·ser *der*; *-s, -* **1.** ein Einwohner von Persien 波斯人 **2.** *Kurzw*(略) ↑ ***Perserteppich*** ‖ *zu*(义项) **1. Per·se·rin** *die*; -, *-nen*

Per·ser·tep·pich *der*; ein wertvoller, *mst* bunter Teppich aus dem Orient 波斯地毯

Per·si·f·la·ge [-ˈflaːʒə] *die*; -, *-en*; *geschr* [书]; e-e (nachahmende) Darstellung, mit der man sich durch Übertreibung über j-n lustig macht(以夸张性模仿进行的)嘲讽,戏弄,揶揄 ‖ *hierzu*(派生) **per·si·f·lie·ren** (*hat*) *Vt*(及物) ‖ NB(注意): ↑ ***Parodie***

Per·son *die*; -, *-en* **1.** ein einzelner Mensch (单个的)人: *ein Auto mit Platz für fünf Personen* 一辆可坐 5 个人的汽车; *Der Eintritt kostet 10 Euro pro P.* 门票每人 10 欧元 ‖ ↑ NB(注意) unter ***Leute*** **2.** ein Mensch mit e-r besonderen Eigenschaft(有特性的)人,人物 〈e-e intelligente, hässliche, interessante P. 一个聪明的、丑陋的、有趣的人〉 ‖ K-(复合): ***Personen-, -beschreibung*** **3.** e-e Frau 女人 〈e-e reizende, dumme, eingebildete P. 一个迷人的、愚蠢的、自负的女人〉 ‖ NB(注意) *zu*(义项) **2.** u. **3**: nur mit e-m Adj., das e-e Wertung ausdrückt(只能与评价形容词连用) **4.** e-e fiktive P. (1) in e-m Theaterstück, Roman *o. Ä.* (戏剧、小说中虚拟的)人物,角色 ≈ Figur (3) ‖ -K(复合): ***Haupt-, Neben-*** **5.** *nur Sg*, LING(只用单数)【语】; e-e grammatische Form des Verbs od. des Pronomens, die zeigt, wer spricht (die erste P.), wen man anspricht (die zweite P.) od. über wen man spricht (die dritte P.) 人称 〈die erste, zweite, dritte P. Singular/Plural 第一、第二、第三人称单数/复数〉 **6.** ***e-e natürliche/juristische P.*** JUR【法】; ein Mensch / e-e Organisation (mit bestimmten Rechten) 自然人/法人 **7.** 〈Angaben, Daten, Fragen 说明,资料,问题〉 ***zur P.*** Angaben, Daten, Fragen über Name, Alter, Geschlecht, Aussehen, Beruf *usw* e-r P. (1) 关于本人的(有关姓名、年龄、性别、外貌、职业等情况的说明) **8.** ***j-d ist etw. in P.*** j-d hat die genannte Eigenschaft in sehr hohem Maß(人作主语)是…的化身,体现了,生性: *Sie ist die Güte / die Ruhe in P.* 她是善良/娴静的化身;她生性善良/娴静 **9.** ***in eigener P.*** ≈ selbst, persönlich 〈in eigener P. erscheinen, kommen 亲自出席、到来〉 ‖ ID[谚] ***ich für meine P.*** verwendet, um seine eigene (*mst* abweichende) Meinung einzuleiten 就我个人(的意见)来说,至于我 ≈ was mich betrifft

Per·so·nal *das*; *-s*; *nur Sg*, *Kollekt*(只用单数,集合); die Personen, die bei e-r Firma *o. Ä.* beschäftigt sind(一个单位的)人员,职工 ≈ Belegschaft 〈geschultes P. 经过培训的人员; P. einstellen, entlassen 雇用、解雇人员〉 ‖ -K(复合): ***Firmen-, Haus-, Hotel-, Krankenhaus-, Lehr-, Pflege-, Verwaltungs-, Wach-***

Per·so·nal·ab·tei·lung *die*; die Abteilung in e-m Betrieb, die *z. B.* berechnet, wer wie viel verdient 人事处(科)

Per·so·nal·ak·te *die*; e-e Mappe mit Papieren, in denen wichtige Informationen über e-n Angestellten stehen 人事档案: *Einsicht in seine P. verlangen* 要求查阅自己的人事档案

Per·so·nal·aus·weis *der*; ein Dokument (Ausweis) mit Angaben zur Identität e-r Person (个人)身份证: *Der P. enthält Name, Foto, Beschreibung, Adresse u. Unterschrift der betreffenden Person* 身份证上有持证人的姓名、照片、特征、住址和签名 ‖ NB(注意): ↑ ***Reisepass***

Per·so·nal·bü·ro *das* ≈ Personalabteilung

Per·so·nal·chef *der*; der Leiter der Personalabteilung 人事处(科)长 ‖ *hierzu* (派生) **Per·so·nal·che·fin** *die*

Per·so·nal Com·pu·ter *der*; *geschr*[书] ≈ PC

Per·so·na·li·en [-liən] *die*; *Pl*(复); die Angaben zur Person wie *z. B.* der Name, das Geburtsdatum u. die Adresse 履历,履历表 〈j-s P. aufnehmen 登记某人的履历〉

per·so·nal·in·ten·siv *Adj*(形); so, dass dafür viel Personal nötig ist 要求投入大量人力的,人员(劳力)密集型的 〈e-e Produktion, ein Verfahren 生产,操作〉

Per·so·nal·pro·no·men *das*; LING【语】; ein Pronomen, das für e-e bestimmte Person od. Sache steht 人称代词: „*Ich*", „*du*", „*ihm*" *sind Personalpronomina* "ich", "du", "ihm"是人称代词 ‖ ↑ *Tabelle Seite 1368* 图见第 1368 页

Per·so·nal·rat *der*; verwendet als Bezeichnung für den Betriebsrat im öffentlichen Dienst 公用事业单位的职工委员会

Per·so·nal·uni·on *die*; *nur in* 只用于 ***in P.*** so, dass der Betreffende zwei Ämter *o. Ä.* gleichzeitig hat 身兼二职(或数职)

Per·sön·chen *das*; *-s, -*; *gespr* [口]; ein Mädchen od. e-e schlanke junge Frau 姑娘,年轻苗条的女子 〈ein zartes, zierliches P. 柔弱的、秀丽的纤弱女子〉

per·so·nell *Adj*(形); *nur attr od adv*(只作定语或状语); in Bezug auf das Personal od. die Personen, die in e-m Bereich arbeiten 人事的,人员的 〈personelle Veränderungen vornehmen 作人事变动; etw. hat personelle Konsequenzen 某事会产生人事方面的后果〉

Per·so·nen|kraft·wa·gen *der*; ADM *geschr*【管理】[书] ≈ Pkw ↔ Lastkraftwagen

Per·so·nen·kreis *der*; *Kollekt* (集合); e-e bestimmte Zahl von Personen (die etw. gemeinsam haben) 有关人员,一定的人员范围

Per·so·nen·kult *der*; *nur Sg*, *oft pej*(只用单数)常用[贬]; die völlig übertriebene Verehrung von j-m, der Macht u. Ansehen hat 个人崇拜,个人迷信 〈e-n P. mit j-m treiben 推行对某人的个人崇拜〉

Per·so·nen·scha·den *der*; *geschr* [书]; die Verletzung e-r Person od. ein Todesfall bei e-m Unfall (im Verkehr)(在交通事故中的)人

P

Personalpronomen 人称代词

Nominativ 一格	*Akkusativ* 四格	*Dativ* 三格	*Genitiv* 二格
Singular 单数			
ich: Ich bin krank.	**mich**: Wer pflegt mich?	**mir**: Wer hilft mir?	**meiner**: Wer erbarmt sich meiner?
du Du bist krank.	**dich**: Wer pflegt dich?	**dir**: Wer hilft dir?	**deiner**: Wer erbarmt sich deiner?
Sie: Sie sind krank.	**Sie**: Wer pflegt Sie?	**Ihnen**: Wer hilft Ihnen?	**Ihrer**: Wer erbarmt sich Ihrer?
er: Er ist krank.	**ihn**: Wer pflegt ihn?	**ihm**: Wer hilft ihm?	**seiner**: Wer erbarmt sich seiner?
sie: Sie ist krank.	**sie**: Wer pflegt sie?	**ihr**: Wer hilft ihr?	**ihrer**: Wer erbarmt sich ihrer?
es: Es ist krank.	**es**: Wer pflegt es?	**ihm**: Wer hilft ihm?	**seiner**: Wer erbarmt sich seiner?
Plural 复数			
wir: Wir sind krank.	**uns**: Wer pflegt uns?	**uns**: Wer hilft uns?	**unser**: Wer erbarmt sich unser?
ihr: Ihr seid krank.	**euch**: Wer pflegt euch?	**euch**: Wer hilft euch?	**euer**: Wer erbarmt sich euer?
Sie: Sie sind krank.	**Sie**: Wer pflegt Sie?	**Ihnen**: Wer hilft Ihnen?	**Ihrer**: Wer erbarmt sich Ihrer?
sie: Sie sind krank.	**sie**: Wer pflegt sie?	**ihnen**: Wer hilft ihnen?	**ihrer**: Wer erbarmt sich ihrer?

员伤亡 ↔ Sachschaden

Per·so̱·nen·wa·gen *der* ≈ Pkw

per·so·ni·fi·zie̱·ren; *personifizierte*, *hat personifiziert*; [Vt] (及物) ***j-d personifiziert etw.*** *geschr* [书]; j-d dient als Symbol für etw. od. verkörpert etw. (人作主语)使人格化,把…拟人化,赋予…以人性,体现,成为…的化身: *In der griechischen Mythologie wird das Meer durch den Gott Poseidon personifiziert* 在希腊神话中,大海被人格化为海神; *Sie ist die personifizierte Ordnung* (= ist sehr ordentlich)她是秩序的化身 ‖ *hierzu*(派生) **Per·so·ni·fi·zie̱·rung** *die*; **Per·so·ni·fi·ka·ti·on** *die*; -, *-en*

per·sö̱n·lich *Adj*(形) **1.** *mst attr*(多作定语); in Bezug auf die eigene Person 个人的,本人的〈j-s Angelegenheiten, j-s Freiheit, j-s Interessen 某人的事务,某人的自由,某人的利益〉 **2.** *mst attr* (多作定语); so, dass es e-e Person in ihrem privaten Bereich betrifft 私人的,个人的 ≈ privat: *Darf ich Ihnen e-e ganz persönliche Frage stellen?* 我可以提个完全私人的问题吗?; *aus persönlichen Gründen nicht kommen* 由于个人原因而不来 **3.** *mst attr*(多作定语); für j-n charakteristisch 有个人特性的,个人特有的〈j-s persönliche Art, etw. zu tun 某人特有的办事方式; e-r Sache e-e persönliche Note geben 赋予某物独具的特征〉 **4.** so, dass e-e Beziehung od. ein Kontakt direkt von Person zu Person besteht 亲自的,本人的〈ein Gespräch 谈话; persönliche Beziehungen zu j-m haben 与某人有私交; j-n p. kennen 认识某人本人,亲自认识某人〉 **5.** so, dass der Mensch u. nicht die Sache kritisiert wird 人身的〈e-e Beleidigung 侮辱; j-n p. angreifen 对某人进行人身攻击〉 **6.** so, dass der Betreffende e-m anderen *mst* sein Mitleid od. seine Trauer zeigt 通人情的,有人情味的〈meine *usw* persönliche Anteilnahme 我个人的同情; persönliche Worte finden 找到富有人情的话语〉 **7.** *nur attr od adv*(只作定语或状语); so, dass j-d etw. selbst tut 亲自的,亲身,本人 ≈ in eigener Person: *Zur Einweihung des neuen Jugendzentrums kam der Minister p.* 部长亲自出席了新的青年中心的落成典礼 ‖ ID[谚] ***p. werden*** in e-m Gespräch od. Streit Dinge sagen, die den anderen im privaten Bereich betreffen 进行人身攻击; ***etw. p. nehmen*** etw. als Beleidigung verstehen 将…看作是人身攻击; ***Das war nicht p. gemeint*** das war keine Kritik an dir/Ihnen 这并不是针对个人的

Per·sö̱n·lich·keit *die*; -, *-en* **1.** *nur Sg*(只用单数); alle charakteristischen, individuellen Eigenschaften e-s Menschen 个性,性格,人格: *Die Krankheit hat ihre P. verändert* 疾病改变了她的个性; *In ihrem Beruf konnte sie ihre P. voll entfalten* 她在自己的工作中可充分发展自己的个性 ‖ K-(复合): ***Persönlichkeits-***, ***-entfaltung***, ***-entwicklung***, ***-spaltung***, ***-struktur*** **2.** j-d, der e-n festen, individuellen Charakter hat 有个性的人: *Schon als Kind war sie e-e richtige P.* 她从小就是一个很有个性的人 **3.** j-d, der in der Öffentlichkeit bekannt ist 人物,名流,名人 ≈ Prominente(r) 〈e-e P. des öffentlichen Lebens 社会名流,公众熟悉的名人〉

Per·spek·ti·ve [-v-] *die*; -, -*n* **1.** das Verhältnis der Linien zueinander in e-m zweidimensionalen Bild, das den Eindruck der Dreidimensionalität hervorruft 透视(法),远近比例配置〈die P. e-s Gemäldes, e-r Zeichnung stimmt (nicht)一幅油画、素描中景物的远近比例(不)适当〉 **2.** der Punkt, von dem aus man etw. betrachtet 视角,角度 ≈ Blickwinkel, Sicht: *etw. aus verschiedenen Perspektiven fotografieren* 从不同的视角拍摄某物 **3.** die (subjektive) Art, wie man etw. sieht u. beurteilt 观点,看法 ≈ Sichtweise〈e-e neue P. eröffnet sich, tut sich auf 显示、展现一种新的观点〉‖ -K (复合): **Betrachter-**, **Erzähl-** **4.** die Möglichkeiten, die sich in der Zukunft bieten 前景,展望,前途 ≈ Zukunftsaussichten〈keine P. mehr haben 不再有前途; j-m e-e P. geben 给某人提供前景〉: *Mit dem Lottogewinn eröffneten sich ihm ungeahnte Perspektiven* 彩票中奖给他展示了一幅预想不到的前景

per·spek·ti·visch [-v-] *Adj* (形); in Bezug auf die Perspektive (1) 透视的,透视画法的,有立体感的 ↔ flächig〈e-e Darstellung, die Tiefe 描绘,深度〉

Pe·rü·cke *die*; -, -*n*; e-e Kopfbedeckung aus künstlichen od. echten Haaren 假发,假头发套〈e-e P. tragen 戴假发〉‖ K-(复合): **Perücken-**, **-macher**

per·vers [-v-] *Adj* (形); *pej* [贬] **1.** (*bes* im sexuellen Bereich) so weit von der Norm entfernt, dass es als nicht natürlich bewertet wird (尤指性方面)变态的,反常的,失常的 ≈ abartig〈Neigungen 爱好; p. veranlagt sein 生来性变态〉 **2.** *gespr* [口] ≈ widerlich: *Seine politischen Ideen finde ich geradezu p.* 我认为他的政治主张简直令人反感 ‖ *hierzu* (派生) **Per·ver·si·on** *die*; -, -*en*; **Per·ver·si·tät** *die*; -, -*en*

per·ver·tie·ren [-v-]; *pervertierte*, *hat/ist pervertiert*; *geschr* [书]; [Vt] (及物) (*hat*) **1.** **etw. p.** *pej* [贬]; etw. so verändern, dass es schlimm u. unnatürlich wird 使反常,使失常: *Das viele Geld hat sein Verhalten pervertiert* 钱多了使他的行为变得反常; [Vi] (不及物) (*ist*) **2.** **etw. pervertiert (zu etw.)** etw. wird schlimm u. unnatürlich (物作主语)变得反常,失常: *Die Revolution pervertierte zur Diktatur* 革命蜕变为专制 ‖ *hierzu* (派生) **Per·ver·tie·rung** *die*

Pes·si·mis·mus *der*; -; *nur Sg* (只用单数); e-e Einstellung zum Leben od. e-e Denkweise, bei der j-d (immer) das Schlimmste erwartet od. nur die schlechten Seiten von etw. sieht 悲观主义 ≈ Schwarzseherei ↔ Optimismus ‖ *hierzu* (派生) **Pes·si·mist** *der*; -*en*, -*en*; **Pes·si·mis·tin** *die*; -, -*nen*; **pes·si·mis·tisch** *Adj* (形)

Pest *die*; -; *nur Sg* (只用单数) **1.** e-e Krankheit mit hohem Fieber u. eitrigen Entzündungen, die sich (als Epidemie) sehr schnell ausbreitet u. an der früher sehr viele Menschen starben 瘟疫,鼠疫,黑死病〈die P. haben 得了瘟疫; an der P. sterben 死于瘟疫; die P. bricht aus(突然)发生瘟疫〉‖ K-(复合): **Pest-**, **-beule**, **-epidemie** **2.** **wie die P.** *gespr pej* [口][贬] ≈ sehr〈j-n/etw. wie die P. hassen 像憎恨瘟疫一样憎恨某人/某物,十分憎恨某人/某物; wie die P. stinken 臭不可闻,臭得不得了〉

Pes·ti·lenz *die*; -; *nur Sg*, *veraltet* (只用单数) [旧] ≈ Pest

Pes·ti·zid *das*; -*s*, -*e*; *geschr* [书]; ein chemisches Mittel, mit dem man schädliche od. störende Pflanzen, Insekten *o.Ä.* bekämpft 农药,杀虫剂,除草剂

Pe·ter *der*; *mst in* 多用于 **1.** **Schwarzer/schwarzer Peter** ein Kartenspiel für Kinder 黑彼得(一种儿童纸牌游戏) **2.** **j-m den schwarzen Peter zuschieben** j-m die Schuld od. Verantwortung für etw. geben 将罪过或责任推给某人,嫁祸于某人

Pe·ter·si·lie [-liə] *die*; -, -*n*; *mst Sg* (多用单数); e-e kleine (Garten)Pflanze, deren grüne Blätter (u. Wurzeln) man als Gewürz verwendet 洋芫荽,香芹菜,皱叶欧芹〈ein Bund P. 一扎香芹菜; etw. mit P. garnieren 给某物配上香芹菜(作点缀)〉: *P. auf die Suppe streuen* 往汤里撒上香芹菜 ‖ K-(复合): **Petersilien-**, **-kartoffeln**, **-wurzel**

Pe·ti·ti·on [-ˈtsi̯oːn] *die*; -, -*en*; ein Schreiben an e-e Regierung od. Behörde, mit dem man um etw. bittet 申请书,请愿书,呈文 ≈ Bittschrift〈e-e P. abfassen, einreichen 草拟,呈送请愿书; j-m e-e P. überreichen 向某人递交呈文〉‖ K-(复合): **Petitions-**, **-ausschuss**

Pet·ro·dol·lar *der*; WIRTSCH【经】; das Geld (in Dollar), das ein Land verdient, das Erdöl exportiert 石油美元,出口石油挣得的美元

Pet·rol *das*; -*s*; *nur Sg* (只用单数); (CH) [瑞] ≈ Petroleum

Pet·ro·le·um [peˈtroːleum] *das*; -*s*; *nur Sg* (只用单数); e-e Flüssigkeit, die man aus Erdöl herstellt u. die gut brennt 石油,煤油 ‖ K-(复合): **Petroleum-**, **-kocher**, **-lampe**

Pet·ting *das*; -(*s*), -(*s*); ein sexuelles Verhalten, bei dem sich zwei Menschen am ganzen Körper streicheln u. einander so zum Orgasmus bringen können, ohne direkten Geschlechtsverkehr zu haben 刺激性欲的全身抚摸

pet·to *nur in* 只用于 **etw. in p. haben** etw. für e-n bestimmten Zweck bereit haben 准备好 ≈ auf Lager haben〈e-n Trick, e-n Witz in p. haben 准备好招数,笑话〉

Pet·ze *die*; -, -*n*; *gespr pej* [口][贬]; ein Junge od. ein Mädchen, die petzen 告状的男孩或女孩,打小报告的男孩或女孩

pet·zen; *petzte*, *hat gepetzt*; [Vt/i] (及物/不及物) (**j-m etw.**) **p.** *gespr pej* [口][贬]; als Kind e-m Erwachsenen sagen, dass ein anderes Kind etw. getan hat, was es nicht sollte: (儿童向大人)告状,打小报告 *dem Lehrer p., dass der Nachbar die Hausaufgaben nicht gemacht hat* 向老师告状说,他的邻座同学没有做作业 ‖ *hierzu* (派生) **Pet·zer** *der*; -*s*, -

peu à peu [pøaˈpø(ː)] *Adv* (副) ≈ allmählich, nach u. nach

Pf. *hist* [历]; *Abk für* 缩写,全称为 Pfennig

Pfad *der*; -(*e*)*s*, -*e*; **1.** ein schmaler Weg 小路,

小径 **2.** INFORM【信息】; die korrekte Folge von Laufwerk, Verzeichnis u. Dateinamen, die man anklicken od. per Tastatur eingeben muss, um e-e Datei zu öffnen od. ein Computerprogramm zu starten 途径 ‖ ID [谚] ***auf dem P. der Tugend wandeln*** *geschr* [书]; sich so verhalten, wie Sitte u. Moral es verlangen 举止循规蹈矩,安分守己; ***vom P. der Tugend abweichen*** *geschr* [书]; etw. tun, das gegen Sitte u. Moral ist 偏离正道,违背道德习俗

Pfad·fin·der *der*; *-s*, *-* **1.** *nur Pl*, *Kollekt* (只用复数,集合); e-e Organisation von jungen Menschen, die durch die Gemeinschaft lernen sollen, wie man sich in e-r Gruppe verhält u. wie man anderen Menschen hilft 童子军〈bei den Pfadfindern sein 是童子军的一员; zu den Pfadfindern gehen 去参加童子军〉 **2.** ein Mitglied der Pfadfinder (1) 童子军成员〈P. sein 是童子军成员〉 ‖ K-(复合): ***Pfadfinder-***, ***-lager***, ***-uniform*** ‖ *zu* (义项) **2. Pfad·fin·de·rin** *die*; *-*, *-nen*

Pfaf·fe *der*; *-n*, *-n*; *gespr pej* [口][贬] ≈ Priester, Geistlicher ‖ NB(注意): *der Pfaffe*; *den*, *dem*, *des Pfaffen*

Pfahl *der*; *-(e)s*, *Päh·le*; ein (dicker) Stab aus Holz, den man mit einem Ende in die Erde schlägt 木桩 ≈ Pfosten 〈e-n P. einschlagen, in den Boden rammen 打桩,将木桩打进地里〉 ‖ NB(注意): ↑ ***Pfeiler***, ***Pflock***

Pfahl·bau *der*; *-s*, *Pfahl·bau·ten*; ein Haus im Wasser od. am Ufer, das auf Pfählen steht(建在水上或岸边的)用木桩支撑的住房,木桩建筑

Pfand *das*; *-(e)s*, *Pfän·der* **1.** etw. (Wertvolles), das man j-m als Garantie dafür gibt, dass man sein Versprechen hält 抵押品,典当物,抵押 ≈ Sicherheit (6) 〈j-m ein P. geben 给某人一件抵押品; ein P. einlösen, auslösen 赎回、赎出典当物; etw. als P. behalten 留下某物作抵押〉 **2.** e-e Summe Geld, die man für e-n Gegenstand bezahlt u. die man wieder zurückbekommt, wenn man den Gegenstand (*mst* e-e Flasche, e-n Schlüssel *o. Ä.*) zurückgibt 抵押款,押金〈ein P. hinterlegen 交付押金; P. zahlen 付押金,支付抵押款〉: *Auf dieser Bierflasche ist P.* 这种啤酒瓶有押金 ‖ K-(复合): ***Pfand-***, ***-flasche***; ***-geld*** ‖ -K(复合): ***Flaschen-*** ‖ NB(注意): ↑ ***Kaution***

Pfand·brief *der*; ein Dokument, das man bekommt, wenn man e-r Bank Geld leiht 抵押契据,抵押凭据,当票

pfän·den; *pfändete*, *hat gepfändet*; [Vt] (及物) **1. *etw. p.*** j-m etw. wegnehmen, um damit dessen Schulden zu bezahlen 扣押…抵债〈das Gericht, der Gerichtsvollzieher pfändet j-s Möbel, e-n Teil von j-s Einkommen 法院、法警扣押某人的家具、某人的部分收入抵债〉 **2. *j-n p.*** bestimmte Dinge bei j-m pfänden 扣押…的财物〈j-n p. lassen 让扣押某人的财物〉 ‖ *hierzu* (派生) **Pfän·dung** *die*; **pfänd·bar** *Adj* (形)

Pfand·haus *das*; ein Geschäft, in dem man für ein Pfand (1) Geld leihen kann 当铺,典当行 ≈ Leihhaus 〈etw. ins P. tragen 将某物送到当铺〉

Pfand·schein *der*; ein Dokument, auf dem steht, was j-d als Pfand (1) erhalten hat 抵押凭据,当票

Pfan·ne *die*; *-*, *-n* **1.** ein *mst* rundes u. flaches Gefäß mit e-m langen Stiel, in dem man *z. B.* Fleisch u. Kartoffeln braten kann 平底锅: *ein Schnitzel in der P. braten* 在平底锅中煎肉排; *ein Ei in die P. schlagen* 将鸡蛋打入平底锅 ‖ -K(复合): ***Brat-*** **2.** (CH) [瑞] ein Kochtopf (mit Stiel)(带把的)锅 ‖ ID[谚] ***j-n in die P. hauen*** *gespr* [口]; j-m absichtlich schaden od. ihn stark kritisieren 有意伤害某人;指摘,责备某人

Pfann·ku·chen *der* **1.** *südd* [南德]; e-e Art dünner, weicher, flacher Kuchen, den man in der Pfanne bäckt 油煎饼,煎蛋饼 ≈ Eierkuchen 〈ein gefüllter P. 带馅的煎饼; Pfannkuchen backen 煎油饼〉 **2.** *nordd* [北德]; ein kleiner, runder, weicher Kuchen, der in heißem Fett gebacken wird u. *mst* mit Marmelade gefüllt ist 油炸果酱圆面包 ≈ Berliner, Krapfen

Pfarr·amt *das*; das Haus mit der Wohnung e-s Pfarrers u. dem Büro der Gemeinde (2) 牧师室,神甫室

Pfar·rei *die*; *-*, *-en* **1.** ≈ Gemeinde (2) **2.** ≈ Pfarrhaus

Pfar·rer *der*; *-s*, *-*; ein Mann, der in e-r christlichen Kirche (als Priester) religiöse Aufgaben erfüllt u. *z. B.* Gottesdienste hält 神甫,牧师〈ein evangelischer, katholischer P. 基督教(新教)牧师,天主教神甫〉 ‖ *hierzu* (派生) **Pfar·re·rin** *die*; *-*, *-nen*

Pfau *der*; *-(e)s*/(A) *auch* [奥]也用 *-en*, *-e*; ein Vogel, dessen Schwanz sehr lange u. bunte Federn hat, die er (wie e-n Fächer) ausbreiten kann 孔雀〈der P. schlägt ein Rad 孔雀开屏〉 ‖ K(复合)-: ***Pfauen-***, ***-feder*** ‖ NB (注意) ↑ ***eitel*** ‖ NB(注意): *der Pfau*; *den*, *dem Pfau*/*Pfauen*, *des Pfau(e)s*/*Pfauen*

Pfau·en·au·ge *das*; ein Schmetterling mit augenförmigen Flecken auf den Flügeln, die den Flecken auf den Federn e-s Pfaus ähnlich sind 天蚕蛾 ‖ -K(复合): ***Nacht-***, ***Tag-***

Pfef·fer *der*; *-s*; *nur Sg* (只用单数); kleine Körner, die man (*mst* gemahlen) als scharfes Gewürz verwendet 胡椒〈weißer, schwarzer, grüner, roter P. 白胡椒,黑胡椒,绿胡椒,红胡椒; e-e Prise P. 一撮胡椒; Salz u. P. (纺) 芝麻点花纹〉 ‖ K-(复合): ***Pfeffer-***, ***-korn***; ***-steak*** ‖ ID [谚] *mst* 多用 ***Der kann bleiben*** / ***hingehen, wo der P. wächst*** *gespr* [口]; er interessiert mich nicht, u. ich will ihn nicht sehen 但愿他离我远远的 ‖ *zu* (义项) **1. pfef·fe·rig** *Adj* (形)

Pfef·fer·ku·chen *der* ≈ Lebkuchen

Pfef·fer·min·ze *die*; *nur Sg* (只用单数); e-e Pflanze, deren Blätter intensiv schmecken u. aus denen man *z. B.* Tee macht 胡椒薄荷,薄荷 ‖ K-(复合): ***Pfefferminz-***, ***-aroma***, ***-bonbon***, ***-likör***, ***-öl***, ***-tee***

Pfef·fer·müh·le *die*; ein Gerät, mit dem man die Körner des Pfeffers mahlen kann 胡椒磨,碾胡椒机

pfef·fern; *pfefferte, hat gepfeffert*; [Vt](及物)**1. etw. p.** etw. mit Pfeffer würzen 用胡椒给…调味,在…中放胡椒〈das Fleisch, den Salat p. 在肉、生菜中放胡椒〉**2. etw. irgendwohin p.** *gespr* [口]; etw. mit Schwung irgendwohin werfen 猛摔,用力扔: *Aus Wut pfefferte er sein Buch in die Ecke* 他愤怒地用力把书扔到角落里 ‖ NB(注意): ↑ **gepfeffert**

Pfei·fe *die*; -, *-n* **1.** ein einfaches Musikinstrument, das Töne erzeugt, wenn man Luft hineinbläst 笛子,声管〈auf der P. spielen 吹笛子,演奏笛子; die Pfeifen e-r Orgel 管风琴的声管〉 ‖ -K(复合): **Orgel- 2.** ein kleines Instrument, mit dem man e-n hohen Ton erzeugt, wenn man Luft hineinbläst 哨子〈die P. e-s Schiedsrichters 裁判员的哨子〉 ‖ -K(复合): **Triller- 3.** ein schmales Rohr mit e-m dicken runden Ende, mit dem man Tabak raucht 烟斗〈die P. stopfen, ausklopfen 往烟斗里装烟,将烟斗磕干净; P. rauchen 抽烟斗; sich e-e P. anzünden 点燃烟斗; die P. geht aus 烟斗熄灭〉 ‖ K-(复合): **Pfeifen-, -kopf, -mundstück, -raucher, -stiel, -tabak** ‖ -K(复合): **Tabak(s)-, Wasser- 4.** *gespr pej* [口][贬] ≈ Versager ‖ ID [谚] **nach j-s P. tanzen** *pej* [贬]; alles tun, was ein anderer will 看某人的脸色行事,任人摆布

Pfeife

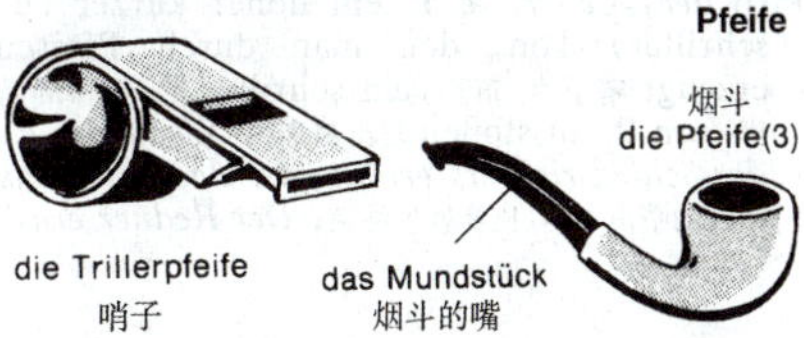

pfei·fen; *pfiff, hat gepfiffen*; [Vt/i](及物/不及物)**1. (etw.) p.** einen Ton od. mehrere Töne produzieren, indem man die Lippen rund u. spitz macht u. Luft hindurchpresst 吹口哨〈ein Lied, e-e Melodie p. 用口哨吹一支歌,吹一支曲子〉**2. (etw.) p.** als Schiedsrichter mit e-r Pfeife (2) ein Signal geben (裁判)吹哨子〈ein Foul, ein Tor p. 吹哨判犯规,判进球〉; [Vi](不及物)**3. j-m/e-m Tier p.** p. (1), um j-n/ein Tier zu sich zu rufen *o. Ä.* 吹口哨呼唤…到身边来〈seinem Hund p. 吹口哨呼唤他的狗到身边来〉**4.** mit e-r Pfeife (2) ein Signal geben 用哨子发信号〈ein Polizist, ein Schiedsrichter 警察,裁判〉**5. etw. pfeift** etw. produziert hohe Töne (物作主语)发出尖锐的鸣叫声,呼啸,鸣笛〈e-e Lokomotive, der Teekessel 火车头,茶壶〉**6. ein Tier pfeift** ein Tier stößt e-n hohen Ton aus, *bes* um andere Tiere zu warnen (动物作主语)发出吱吱叫声〈e-e Maus, ein Murmeltier 老鼠,土拨鼠〉**7. auf j-n/etw. p.** *gespr* [口]; j-n/etw. nicht (mehr) wichtig finden u. auf ihn/darauf verzichten können 不理睬,对…嗤之以鼻 ‖ ID [谚] *mst* 多用 '**Dem/Der werde ich was p.!** *gespr* [口]; ich denke gar nicht daran, das zu tun, was er/sie von mir will 我根本不想按他/她的意愿去做!

Pfeif·kon·zert *das*; das laute Pfeifen von vielen Zuschauern, denen etw. nicht gefallen hat(观众表示不满)吹口哨起哄,一片嘘声

Pfeif·ton *der*; ein hoher Ton, wie er *z. B.* aus e-r Pfeife kommt 哨子尖鸣声

Pfeil *der*; *-(e)s, -e* **1.** ein dünner gerader Stab, der vorne e-e Spitze hat u. den man *mst* mit e-m Bogen[1] (4) abschießt 箭,矢〈mit P. u. Bogen jagen, schießen, kämpfen 用弓和箭打猎、射击、战斗; Pfeile in e-m Köcher aufbewahren 将箭存放在箭筒内〉 ‖ -K(复合): **Indianer- 2.** ein Zeichen, (das aussieht wie ein P. (1) u.) das in e-e bestimmte Richtung zeigt 箭头(图形): *Ein P. zeigt den Weg zum Ausgang* 箭头指明通向出口的路 ‖ K-(复合): **Pfeil-, -richtung**

Pfei·ler *der*; *-s, -*; e-e Art dicke, senkrechte Säule aus Holz, Stein od. Metall, die ein Haus od. e-e Brücke stützt 墩,柱 ≈ Träger: *Die Brücke wird von mächtigen Pfeilern getragen* 桥梁由巨大的桥墩支撑着 ‖ -K(复合): **Brücken-, Eck-, Stütz-**

pfeil·schnell *Adj* (形); *ohne Steigerung, gespr* (无变级)[口]; sehr schnell 迅疾如箭的,极快的

Pfen·nig *der*; *-s, -/-e*; *hist* [历]; die ehemals kleinste Einheit des Geldes in Deutschland 芬尼(原德国货币的最小单位); *Abk* 缩写 Pf 〈keinen P. (bei sich) haben 身无分文; auf den P. genau herausgeben, abrechnen 找零钱,结算精确到每一芬尼〉: *Eine Mark hat 100 Pfennig* 1马克为100芬尼 ‖ K-(复合): **Pfennig-, -münze** ‖ ID [谚] **mit jedem P. rechnen (müssen)** *gespr* [口]; wenig Geld haben 得十分节约花钱;花每一芬尼都得算一算(意指手头紧,拮据); **etw. ist keinen P. wert** *gespr* [口]; etw. hat keinen Wert 某物一文不值; **für j-n/etw. keinen P. geben** *gespr* [口]; glauben, dass j-d/etw. nichts wert ist 认为某人/某事不值一文,不指望某人/某事; **jeden P. (zweimal/dreimal) umdrehen** *gespr* [口]; sehr sparen od. geizig sein 每一芬尼都要(反复)掂量着花,十分节俭;十分吝啬

Pfen·nig·ab·satz *der*; ein hoher, dünner Absatz bei Damenschuhen, der unten sehr schmal ist(女鞋的)细高跟

Pfen·nig·stück *das*; *hist* [历]; ein Pfennig als Münze 一芬尼硬币

-pfen·nig·stück *das*; *im Subst* (构成名词); *hist* [历]; e-e Münze im Wert der genannten Zahl von Pfennigen 面值为…芬尼的硬币; **Einpfennigstück, Zweipfennigstück, Fünfpfennigstück, Zehnpfennigstück, Fünfzigpfennigstück**

pfer·chen; *pferchte, hat gepfercht*; [Vt](及物) **j-n/Tiere in etw. (Akk** 四格) **p.** j-n/Tiere mit Gewalt in etw. sperren, wo sehr wenig Platz ist 将人/动物关进(狭小的空间里): *Tiere in Waggons p.* 将动物关进火车车皮

Pferd *das*; *-(e)s, -e* **1.** ein großes Tier mit e-m Schwanz aus langen Haaren. Man reitet auf e-m P. u. lässt es auch *z. B.* e-n Wagen ziehen 马〈ein P. geht im Schritt, trabt, galoppiert, scheut, wiehert 马慢步走,小跑,疾驰,受

P

惊，嘶鸣；Pferde halten, züchten 养马，育马；die Pferde tränken 饮马；auf e-m P. reiten 骑马，骑在马背上；ein P. reiten, zureiten, striegeln, einspannen, ausspannen, satteln 骑马，驯马，梳刷马匹，套马，卸下马套，给马匹上鞍子；aufs P. steigen, sich aufs P. setzen 跨上，骑上马背；vom P. steigen, absitzen, fallen 下马，从马上下来，从马上跌落下来；dem P. die Sporen geben 用靴刺踢马（催马快跑）〉‖ K-(复合)：***Pferde-***, ***-decke***, ***-dieb***, ***-fleisch***, ***-fuhrwerk***, ***-knecht***, ***-kopf***, ***-koppel***, ***-mist***, ***-rennen***, ***-schlitten***, ***-sport***, ***-stall***, ***-wagen***, ***-zucht*** ‖ -K(复合)：***Reit-***, ***Renn-***, ***Zirkus-***, ***Zug-*** **2.** SPORT【体】；ein Turngerät mit vier Beinen u. e-r Art langem Balken, der mit Leder umgeben ist 鞍马(体操器械) ‖ K-(复合)：***Pferd-***, ***-sprung*** **3.** *gespr*［口］；e-e Figur im Schachspiel(象棋中的棋子)马≈ Springer ‖ ↑ *Abb.* *unter* 图见 **Schachfiguren** ‖ ID［谚］***wie ein P. arbeiten/schuften*** *gespr*［口］；sehr viel u. schwer arbeiten 像牛马一样干活，不知疲倦地干繁重的工作；***das beste P. im Stall*** *gespr hum*［口］［诙］；der od. die Beste in e-r Gruppe (*z. B.* in e-m Betrieb)（小组、企业中）最能干者，最优秀者；***das P. vom Schwanz her aufzäumen*** *gespr*［口］；etw. falsch anfangen, sodass es dann sehr kompliziert wird 给马尾巴戴笼头，乱套；办事前后颠倒，本末倒置；***auf das richtige/falsche P. setzen*** *gespr*［口］；mit e-r Unternehmung *o.Ä.* Erfolg haben/scheitern 对情况判断正确/错误，办事有成效/受挫折；***mit j-m Pferde stehlen können*** *gespr*［口］；j-m vertrauen u. alles mit ihm wagen können 与某人什么事都可以一起干；某人可靠，不会出卖别人；***keine zehn Pferde bringen j-n zu etw./irgendwohin*** *gespr*［口］；absolut nichts kann j-n dazu bringen, etw. zu tun od. irgendwohin zu gehen/fahren 十匹马都拉不动某人去干某事/到某地去；某人绝对不会去干某事/到某地去；*mst* 多用 ***Ich glaub, mich tritt ein P.!*** *gespr*［口］；ich bin völlig überrascht 这完全出乎我的意料！这难以置信！

Pfer·de·ap·fel *der*；*-s*, *Pfer·de·äp·fel*；*mst Pl*, *gespr*（多用复数）［口］；der Kot e-s Pferdes 马粪

Pfer·de·fuß *der*；*nur Sg*（只用单数）；*mst in* 多用于 ***etw. hat e-n P.*** *gespr*［口］；etw. hat e-n Nachteil（物作主语）有缺陷，露出马脚（弊端）

Pfer·de·län·ge *die*；ungefähr die Länge e-s Pferdes 一匹马的长度（赛马用语）〈um e-e P. voraus sein, gewinnen, verlieren 以一匹马的距离领先，取胜，失败〉

Pfer·de·schwanz *der* **1.** der Schwanz des Pferdes 马尾巴 **2.** e-e Frisur, bei der man lange Haare hinten am Kopf zusammenbindet u. nach unten fallen lässt 马尾形发型

Pfer·de·stär·ke *die*；(ADM) *geschr veraltend*【管理】［书］［渐旧］≈ PS

pfiff *Imperfekt*, *1. u. 3. Person Sg*（过去时，第一和第三人称单数）；↑ ***pfeifen***

Pfiff *der*；-(*e*)*s*, *-e* **1.** ein hoher kurzer (u. schriller) Ton, den man durch Pfeifen erzeugt 哨子声，笛声〈ein schriller P. 刺耳的哨声；e-n P. ausstoßen 发出哨声〉：*Wenn der P. des Schiedsrichters ertönt, ist das Spiel aus* 裁判的哨声一响，比赛就告结束；*Der Redner ern-*

Pferd

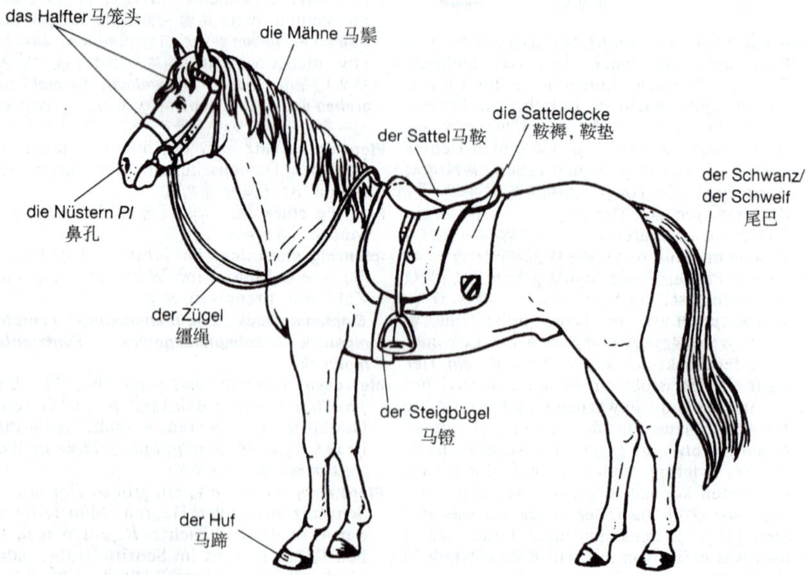

tete Applaus u. Pfiffe 演讲者得到了掌声和口哨声 ‖ -K(复合): ***Schluss-*** **2.** *nur Sg, gespr*(只用单数)[口]; etw., das e-e Sache besonders interessant macht 别致之处,新颖之处,吸引人之处〈etw. (*Dat* 三格) e-n gewissen, modischen P. geben 使某物具有某种别致的样式,时髦的色彩; etw. hat P. 某物有其吸引人之处〉: *Er trägt immer Anzüge mit P.* 他总是穿着别致的正装

Pfif.fer.ling *der*; *-s, -e*; ein kleiner essbarer, gelber Pilz 鸡油菌(一种蘑菇) ‖ ID[谚] ***keinen / nicht 'einen P.*** *gespr*[口]; überhaupt nichts 根本不,一点也不〈keinen / nicht einen P. wert sein 不值分文,毫无价值; für j-n/etw. keinen / nicht einen P. geben 根本不值得理会某人/某事〉

pfif.fig *Adj*(形); intelligent, geschickt u. mit Humor u. Fantasie 精明的,机敏的,狡黠的 ≈ gewitzt, schlau〈ein Bursche, e-e Idee, e-e Miene, ein Gesicht, e-e Bemerkung 小伙子,主意,表情,脸,评语; sich p. anstellen 表现精明〉 ‖ *hierzu* (派生) **Pfif.fig.keit** *die*; *nur Sg*(只用单数)

Pfif.fi.kus *der*; *-, -se*; *gespr hum*[口][诙]; j-d, der pfiffig ist 机灵鬼,机灵的家伙

Pfings.ten *(das)*; *-, -*; die zwei Feiertage im Mai od. Juni (50 Tage nach Ostern), an denen die christliche Kirche feiert, dass der Heilige Geist zu den Menschen gekommen ist 圣灵降临节〈zu/an P. 在圣灵降临节〉 ‖ K-(复合): ***Pfingst-, -feiertage, -ferien, -montag, -sonntag, -tage*** ‖ NB(注意): *P.* wird *mst* ohne Artikel verwendet. Der Plural wird *bes* in der gesprochenen Sprache häufig auch anstelle des Singulars benutzt(Pfingsten 一词多不用冠词。尤其在口语中经常不用单数而用复数): *vorige P.* 去年的圣灵降临节(= am letzten Pfingstfest)

Pfingst.fest *das* ≈ Pfingsten

Pfingst.ro.se *die*; e-e Pflanze mit großen weißen od. roten Blüten, die als Staude in Gärten wächst 芍药,牡丹

Pfir.sich *der*; *-s, -e*; e-e süße, runde Frucht mit saftigem, gelbem Fleisch, e-r rotgelben, rauen Haut u. e-m großen Kern in der Mitte 桃子 ‖ ↑ *Abb. unter* 图见 ***Obst*** ‖ K-(复合): ***Pfirsich-, -baum, -blüte, -bowle, -haut, -kern***

Pflan.ze *die*; *-, -n*; ein Lebewesen (wie *z.B.* ein Baum od. e-e Blume), das *mst* in der Erde wächst u. Wurzeln, Blätter u. Blüten hat 植物〈e-e P. wächst, gedeiht, welkt, geht ein, stirbt ab 植物生长、繁茂、枯萎、枯死、渐渐死去; Pflanzen züchten, kultivieren 栽培、种植植物; die Pflanzen gießen, düngen 给植物浇水、施肥; sich von Pflanzen ernähren 靠植物为生; ein Tier frisst Pflanzen 动物啃吃植物〉 ‖ K-(复合): ***Pflanzen-, -dünger, -fett, -fresser, -schädling*** ‖ -K(复合): ***Garten-, Topf-, Treibhaus-, Zimmer-; Futter-, Gift-, Heil-, Zier-; Bohnen-, Kartoffel-, Salat-*** *usw*

pflan.zen; *pflanzte, hat gepflanzt*; [*Vt*] (及物) **1. *etw. (irgendwohin) p.*** Samen streuen od. kleine Pflanzen mit Wurzeln in die Erde stecken, damit sie dort wachsen 种植,栽种〈Salat, Bohnen, Bäume, Sträucher, Blumen p. 栽种生菜、豆、树、灌木、花〉 **2. *etw. irgendwohin p.*** *mst* e-e Fahne irgendwo festmachen 将…(多指旗子)固定在…,插在…: *e-e Fahne auf das Dach des Rathauses p.* 在市政厅屋顶上竖起一面旗子 **3. *sich irgendwohin p.*** *gespr*[口]; sich irgendwohin setzen (大大咧咧地)坐到…〈sich auf e-n Stuhl, auf das Sofa p. (一屁股)坐到椅子上、沙发上〉

Pflan.zen.fres.ser *der*; *-s, -*; ein Tier, das von Pflanzen lebt 草食动物 ↔ Fleischfresser ‖ *hierzu* (派生) **pflan.zen.fres.send, Pflan.zen.fres.send** *Adj*(形) *nur attr, nicht adv* (只作定语,不作状语)

Pflan.zen.gift *das* **1.** ein Gift, das man aus Pflanzen macht 植物性毒素 **2.** ein Gift, das Pflanzen tötet (u. das man *mst* gegen Unkraut verwendet) 灭草剂,除莠剂 ≈ Herbizid

Pflan.zen.kun.de *die* ≈ Botanik

Pflan.zen.öl *das*; ein Öl, das man aus den Samen od. Früchten bestimmter Pflanzen macht 植物油,素油

Pflan.zen.reich *das*; *nur Sg*(只用单数); alle Pflanzen, die es gibt (als Ganzes gesehen) 植物界 ≈ Flora ↔ Tierreich

Pflan.zen.schutz|mit.tel *das*; ein chemisches Mittel, das Pflanzen vor schädlichen Tieren (od. vor Unkraut) schützt 植物防护剂 ≈ Pestizid〈P. sprühen 喷洒植物防护剂〉

Pflan.zen.welt *die*; *nur Sg*(只用单数); alle Pflanzen, die in e-r bestimmten Gegend, in e-m bestimmten Land *o.Ä.* wachsen 植物界 ≈ Flora ↔ Tierwelt

pflanz.lich *Adj*(形) **1.** *mst attr*(多作定语); in Bezug auf Pflanzen 植物的,植物性的〈der Organismus 有机体,生物〉 **2.** aus Pflanzen gemacht 植物性的,由植物提炼的 ↔ tierisch〈Fette, Öle 油脂,油〉

Pflan.zung *die*; *-, -en* **1.** die Handlung, bei der man etw. pflanzt (1) 种植,栽种 **2** e-e (kleine) Plantage(小)种植园

Pflas.ter[1] *das*; *-s, -* **1.** die Oberfläche e-r Straße, e-s Platzes *o.Ä.*, die man aus einzelnen Steinen, aus Asphalt oder Beton macht 铺石(或铺沥青、混凝土)路面〈ein gutes, schlechtes, holpriges P. 良好的、很差的、高低不平的路面; das P. aufreißen, erneuern 掘开、整修路面〉 ‖ K-(复合): ***Pflaster-, -stein*** ‖ -K(复合): ***Asphalt-, Beton-, Kopfstein-, Straßen-, Ziegel-*** **2.** *mst* 多用 ***ein gefährliches / teures P.*** *gespr*[口]; ein Ort, der gefährlich/teuer ist 危险的/花钱多的地方: *Düsseldorf ist ein teures P.* 杜塞尔多夫是一个生活费用昂贵的地方 **3. *ein heißes P.*** *gespr*[口]; ein gefährlicher Ort 危险的地方,生活不安全的地方 ‖ *zu* (义项) **1. pflas.tern** (*hat*) *Vt*(及物)

Pflas.ter[2] *das*; *-s, -*; ein Streifen, den man über e-e Wunde klebt, damit kein Schmutz hineinkommt 膏药,橡皮膏,创可贴〈ein P. auf e-e Wunde kleben 将膏药贴在伤口上〉 ‖ -K(复

合）：**Heft-**，**Hühneraugen-**

Pflau·me *die*；-，*-n* **1**．e-e süße，dunkelblaue，rötliche od. gelbe Frucht mit e-r glatten Haut u. e-m relativ großen Kern in der Mitte 李子〈getrocknete Pflaumen 李子干〉‖ K-（复合）：**Pflaumen-**，**-baum**，**-kuchen**，**-mus**，**-schnaps** **2**．*gespr pej* [口][贬]≈ Dummkopf，Versager

Pfle·ge *die*；-；*nur Sg*（只用单数）**1**．alles，was j-d tut，der sich um die Gesundheit *o.Ä.* von j-m / e-m Tier kümmert 照顾，护理，关照〈e-e liebevolle，aufopfernde P. 充满爱心的、忘我的照顾；die P. der Kranken 看护病人，病人的护理；P. brauchen 需要照料；ständiger P. bedürfen 需要长期护理；bei j-m in P. sein 受某人照顾；j-n/ein Tier zu j-m in P. geben 托某人照料某人/动物；ein Tier in P. nehmen 负责照料一只动物〉：*Es war ihrer guten P. zu verdanken，dass er so schnell gesund wurde* 他的身体好得如此快，得归功于她的精心照料‖ K-（复合）：**Pflege-**，**-heim**，**-personal**，**-station**；**pflege-**，**-bedürftig** ‖ -K（复合）：**Alten-**，**Kranken-**，**Säuglings-** **2**．*mst* 多用 **ein Kind in P. nehmen** ein（fremdes）Kind in seine Familie aufnehmen u. dort versorgen 收养一个孩子 **3**．das，was man tut，damit etw. in e-m guten Zustand bleibt 保养，保护，维护〈etw. braucht，erfordert，verlangt viel，wenig P. 某物需要照管，要求照管，需要多加、略为保养；die P. der Zähne，des Körpers，der Pflanzen *usw*（对）牙齿、身体的保养，（对）植物的保护〉‖ K-（复合）：**Pflege-**，**-mittel** ‖ -K（复合）：**Fuß-**，**Haar-**，**Körper-**，**Mund-**，**Zahn-**；**Denkmal-**，**Gesundheits-**，**Landschafts-** **4**．**die P.** + *Gen*（二格）das，was man tut，um etw. zu fördern od. zu erhalten 促进，维护，保持〈die P. nachbarlicher，freundschaftlicher，gesellschaftlicher Beziehungen 维护（或促进）邻里关系，友好关系，社会关系；die P. des Brauchtums，der Musik 保持风俗习惯，促进音乐发展〉

Pfle·ge- *im Subst*，*nicht produktiv*（构成名词，非构词型）；verwendet，um die Beziehungen in e-r Familie zu bezeichnen，in der ein fremdes Kind für e-e gewisse Zeit lebt（表示一种抚养关系）养…，义…；die **Pflegeeltern**，das **Pflegekind**，die **Pflegemutter**，die **Pflegetochter**，der **Pflegesohn**，der **Pflegevater**

Pfle·ge·fall *der*；j-d，der so krank od. schwach ist，dass er ohne Pflege（1）nicht leben kann 需要护理的（老弱）病人，失去自理能力的人〈ein P. sein 是一个需要护理的人；zum P. werden 成为需要护理的人〉

pfle·ge·leicht *Adj*（形）；*nicht adv*（不作状语）；so，dass es wenig Pflege（3）braucht 易于保养的，免熨的〈ein Stoff，e-e Bluse，ein Hemd *o.Ä.* 布料，女衬衫，男衬衫〉

pfle·gen[1]；*pflegte*，*hat gepflegt*；[Vt]（及物）**1**．**j-n p.** für j-n，der krank od. alt ist，alles tun，was nötig ist，damit er gesund wird od. damit es ihm gut geht 照料，护理，看护（指人）≈ für j-n sorgen，j-n betreuen〈j-n aufopfernd，liebevoll p. 忘我地、体贴地照顾某人；j-n gesund p. 护理某人康复〉**2**．**etw. p.** alles tun，was nötig ist，damit etw. in e-m guten Zustand bleibt 保养，照管，维护（指物）↔ vernachlässigen：*sein Auto，den Garten，den Teppich p.* 保养自己的汽车，照管花园，保养地毯 **3**．**etw./sich p.** sich um sein Aussehen kümmern（indem man sich schön anzieht，frisiert *usw*）修饰，梳妆打扮〈seine Haare，sein Gesicht，seine Fingernägel p. 修饰自己的头发，自己的脸，自己的指甲；ein gepflegtes Äußeres/Aussehen haben 外表修饰得很整洁；e-e gepflegte Erscheinung sein 是一个衣冠楚楚的形象〉

pfle·gen[2]；*pflegte*，*hat gepflegt*；[Vt]（及物）**1**．**etw. p.** sich mit etw. beschäftigen，um es zu fördern od. zu erhalten 促进，维护〈die Künste，die Wissenschaften，Geselligkeit，Beziehungen zu j-m p. 促进艺术，科学，社交活动，维护与某人的关系〉**2**．**p.** + **zu** + *Infinitiv*（不定式）*geschr*[书]；etw. immer wieder tun 习惯于…，经常从事…≈ die Gewohnheit haben + zu + *Infinitiv*（不定式）：*Als junger Mann pflegte er jeden Abend durch die Wälder zu reiten* 年轻时他习惯在每天晚上去森林骑马

Pfle·ge·per·so·nal *das*；*nur Sg*（只用单数）；alle Personen（Krankenschwestern u. -pfleger），die in e-m Krankenhaus，Altersheim *o.Ä.* die Menschen pflegen[1]（1）（医院、养老院的）护理人员，护士（总称）

Pfle·ger *der*；*Kurzw*（略）↑ **Krankenpfleger** ‖ *hierzu*（派生）**Pfle·ge·rin** *die*

Pfle·ge·satz *der*；die Kosten（pro Tag，Monat *o.Ä.*），die für die Pflege e-s Kranken，Alten *o.Ä.* im Krankenhaus od. Altersheim festgesetzt sind 护理费

Pfle·ge·ver·si·che·rung *die*；e-e Versicherung（1），die Geld zahlt，wenn j-d im Alter gepflegt werden muss 养老保险

Pflicht *die*；-，*-en* **1**．etw.，das man tun muss，weil es die Gesellschaft，die Moral，das Gesetz，der Beruf *o.Ä.* verlangt 义务，责任≈ Verpflichtung ↔ Recht〈e-e sittliche，moralische，staatsbürgerliche P. 道义上的，道德上的，公民的义务；j-s Rechte u. Pflichten 某人的权利与义务；etw. für seine P. halten 视某事为自己的义务；etw. als seine P. betrachten 将某事视为自己的责任；seine P. tun，erfüllen 尽自己的责任，履行自己的义务；die P. haben + zu + *Infinitiv*（不定式）有义务（责任）做…；sich seiner P. entziehen 逃避自己的责任；j-n seiner Pflichten entheben 解除某人的责任（义务）〉：*Es ist e-e moralische P.，j-m，der in Not ist，zu helfen* 帮助有困难的人是一种道义上的责任‖ K-（复合）：**Pflicht-**，**-eifer**，**-erfüllung**，**-gefühl**，**-treue**；**pflicht-**，**-eifrig**，**-treu** ‖ -K（复合）：**Aufsichts-**，**Erziehungs-**，**Melde-**，**Schul-**，**Schweige-**，**Sorge-**，**Unterhalts-** **2**．*nur Sg*，SPORT（只用单数）【体】；Übungen，die alle Teilnehmer in e-m Wettkampf in der gleichen Form machen müssen（体操、跳水等比赛的）规定动作↔ Kür：*die P. im Kunstturnen* 艺术体操的规定动作 **3**．**die P. ruft** *gespr*

[口]; verwendet, um auszudrücken, dass man noch e-e bestimmte Arbeit tun muss 责任在肩,还有本分的工作要做: *Ich würde ja gern länger bleiben, aber die P. ruft* 我倒是愿意多留一些时间,但职务在身 **4. die ehelichen Pflichten** JUR, *veraltend*【法】[渐旧]; Sex mit dem Ehepartner 夫妻间的性生活义务 ‖ ID [谚] ***etw. ist j-s P. u. Schuldigkeit*** j-d muss etw. unbedingt tun (ob er will od. nicht) 某事是某人应做的本分工作; ***j-n in die P. nehmen*** dafür sorgen, dass j-d seine P. tut 使某人尽其应尽的责任; ***j-n in P. nehmen*** (CH) [瑞] j-n in ein Amt einsetzen 委派某人担任一种职务

Pflicht·be·such *der*; ein Besuch, den man bei j-m macht, weil man das Gefühl hat, er erwartet es 义务访问,责任拜访 ⟨j-m e-n P. abstatten 对某人作义务拜访⟩

pflicht·be·wusst *Adj* (形); ⟨ein Mensch 人⟩ so, dass er genau weiß, was seine Pflicht ist, u. entsprechend handelt 有责任感的,尽责的 ‖ *hierzu* (派生) **Pflicht·be·wusst·sein** *das*

Pflicht·fach *das*; ein Fach im Unterricht, das man nehmen muss, wenn man e-e bestimmte Ausbildung macht 必修课,必修科目 ↔ Wahlfach

pflicht·ge·mäß *Adj* (形); so, wie es die Pflicht verlangt 按照义务的,有义务的: *die pflichtgemäße Erfüllung e-s Auftrags* 按照义务履行任务

-pflich·tig *im Adj*, *begrenzt produktiv* (构成形容词,构词有限); drückt aus, dass das, was im ersten Wortteil genannt wird, notwendig ist od. getan werden muss 有…义务的,必须…的; ***anzeigepflichtig*** ⟨e-e Krankheit 疾病⟩, ***einkommenssteuerpflichtig***, ***gebührenpflichtig*** ⟨e-e Mahnung 催款通知⟩, ***rezeptpflichtig*** ⟨ein Medikament 药品⟩, ***schulpflichtig*** ⟨ein Kind 儿童⟩, ***sozialversicherungspflichtig***, ***steuerpflichtig*** ⟨ein Arbeitnehmer 雇员⟩

Pflicht·lek·tü·re *die*; *nur Sg* (只用单数) **1.** Bücher *o. Ä.*, die j-d aus bestimmten Gründen (*z. B.* im Studium) lesen muss 必读书籍 **2.** *oft hum* 常用[诙]; ein Buch *o. Ä.*, das j-d (unbedingt) lesen sollte, weil es gut, interessant *o. Ä.* ist 脍炙人口的读物,令人爱不释手的读物

Pflicht·übung *die* **1.** SPORT【体】; e-e Übung (in e-r sportlichen Disziplin), die alle Teilnehmer machen müssen 规定动作 **2.** *gespr* [口]; etw., das man nur deshalb tut, weil man glaubt, es tun zu müssen 尽责行为,应尽义务: *Seine Familie zu besuchen ist für ihn e-e reine P.* 探(望)家(属)对他来说纯粹是一种尽责行为

pflicht·ver·ges·sen *Adj* (形); ⟨ein Mensch 人⟩ so, dass er nicht das tut, was seine Pflicht wäre 失职的,玩忽职守的,不尽责的 ↔ pflichtbewusst ‖ *hierzu* (派生) **Pflicht·ver·ges·senheit** *die*; *nur Sg* (只用单数)

Pflicht·ver·si·che·rung *die*; e-e Versicherung, die man haben muss, weil es das Gesetz verlangt (*z. B.* die Krankenversicherung) 法定责任保险(如:医疗保险) ‖ *hierzu* (派生) **pflicht·ver·si·chert** *Adj* (形)

Pflicht·ver·tei·di·ger *der*; ein Rechtsanwalt, den das Gericht für e-n Angeklagten ausgewählt hat (*bes* weil der Angeklagte kein Geld hat) 法庭指定的被告辩护人 ‖ *hierzu* (派生) **Pflicht·ver·tei·di·ge·rin** *die*

pflicht·wid·rig *Adj* (形); ⟨ein Verhalten 举止,态度; p. handeln 办事不尽职,违背义务行事⟩ so, dass der Betreffende genau das Gegenteil von dem tut, was seine Pflicht wäre 违背义务的,违反责任的,不尽责的

Pflock *der*; -(e)s, *Plö·cke*; ein *mst* rundes, dickes Stück Holz *o. Ä.*, das man in die Erde schlägt, um etw. daran zu befestigen 桩 ⟨e-n P. in die Erde treiben/schlagen 将一根桩子打入地里⟩ ‖ -K (复合): ***Holz-***, ***Zelt-***

pflü·cken; *pflückte*, *hat gepflückt*; [Vt] (及物) ***etw. p.*** Blätter od. Früchte abreißen od. abschneiden u. sammeln 摘取,采摘 ⟨Äpfel, Kirschen, Erdbeeren, Tee, Baumwolle, Blumen *usw* p. 摘苹果、樱桃、草莓,采茶,摘棉花,花等⟩

Pflü·cker *der*; *-s*, *-*; j-d, der (beruflich) in Plantagen *o. Ä.* Obst, Tee, Baumwolle *usw* pflückt 采摘工 ‖ -K (复合): ***Baumwoll-***, ***Kaffee-***, ***Obst-***, ***Tee-*** ‖ *hierzu* (派生) **Pflü·cke·rin** *die*; *-*, *-nen*

Pflug *der*; -(e)s, *Pflü·ge*; ein Gerät, mit dem man auf e-m Acker den Boden locker macht, indem man ihn aufreißt u. umdreht 犁 ‖ ID [谚] ***etw. kommt unter den P.*** / ***ist unter dem P.*** *geschr* [书]; etw. soll Ackerland werden/wird als Ackerland genutzt 某物(指地)已开(犁)耕(作),已开垦

pflü·gen; *pflügte*, *hat gepflügt*; [Vt/i] (及物/不及物) (***etw.***) ***p.*** den Boden mit e-m Pflug locker machen 犁(田),耕(田);用犁耕地 ⟨den Acker, die Felder p. 犁田,耕地; mit dem Traktor p. 用拖拉机耕田⟩

Pflug·schar *die*; *-*, *-en*; das Teil aus Eisen an e-m Pflug, das die Erde aufreißt u. sie umdreht 犁头,犁铧

Pfor·te *die*; *-*, *-n* **1.** e-e kleine Tür in e-r Mauer od. in e-m Zaun 小门,门洞,入口 ‖ -K (复合): ***Eingangs-***, ***Garten-*** **2.** ein Eingang zu e-m Gebäude, der von j-m (dem Pförtner) bewacht wird 传达室,门房 ⟨sich an der P. melden 在传达室通报(自己的名字); etw. an der P. abgeben 将某物交给(或:寄存在)传达室⟩ **3.** ***etw. öffnet/schließt seine Pforten*** *geschr* [书]; *bes* ein öffentlicher Betrieb beginnt/hört auf zu arbeiten 某事业单位上班/下班 ‖ NB (注意): ↑ ***Tor***[1]

Pfört·ner *der*; *-s*, *-*; j-d, der beruflich den Eingang e-s großen Gebäudes bewacht 守门人,看门的人,门房 ‖ K- (复合): ***Pförtner-***, ***-loge***, ***-haus*** ‖ -K (复合): ***Nacht-*** ‖ NB (注意): ↑ ***Portier*** ‖ *hierzu* (派生) **Pfört·ne·rin** *die*; *-*, *-nen*

Pfos·ten *der*; *-s*, *-*; e-e Art Balken od. starke Stange aus Holz od. Metall. Pfosten werden zum Stützen od. Halten verwendet 支柱,柱子 ‖ -K(复合): **Bett-**, **Fenster-**, **Tor-**, **Tür-**; **Holz-**, **Metall-**

Pföt.chen *das*; *-s*, *-* **1.** e-e kleine Pfote (1,2) 小爪子,小手 **2.** ***ein Tier gibt P.*** ein Tier, *bes* ein Hund sitzt auf den hinteren Beinen u. hebt e-e Pfote(动物作主语)坐在后腿上举起前爪

Pfo.te *die*; *-*, *-n* **1.** ein Fuß (mit Zehen), wie ihn viele Säugetiere haben (哺乳动物的)爪子: *Katzen haben Pfoten mit scharfen Krallen* 猫的爪子有尖利的趾甲 ‖ -K(复合): **Bären-**, **Hasen-**, **Hunde-**, **Katzen-** **2.** *gespr!*, *mst pej* [粗]多用[贬]≈ Hand: *Wasch dir gefälligst die Pfoten!* 去洗一洗你的那双爪子(脏手)吧! ‖ NB(注意): Manche Ausdrücke, die unter *Hand* u. *Finger* aufgeführt sind, hört man auch mit *Pfote/Pfoten*. Sie sind dann oft pejorativ u. grob(用 Pfote/Pfoten 来指"手"和"手指"的表达方式含贬义、粗俗)

Pfropf *der*; *-(e)s*, *-e*; etw., das sich in e-m Rohr od. in e-r Ader so festsetzt, dass die Flüssigkeit nicht mehr fließen kann 塞子,栓塞: *Im Abflussrohr hat sich ein P. aus Haaren gebildet* 排水管中有一团毛发堵塞着 ‖ -K(复合): **Blut-**, **Schleim-**, **Watte-**

pfrop.fen; *pfropfte*, *hat gepfropft*; Vt(及物) ***j-n/etw.*** (*Pl* 复) ***in etw.*** (*Akk* 四格) ***p.*** mehr (Menschen od. Dinge) in etw. hineinpressen, als Platz ist 塞住,将…塞进≈ stopfen, pferchen

Pfrop.fen *der*; *-s*, *-*; etw., das man in ein Loch steckt, um es zu schließen 塞子,瓶塞≈ Stöpsel: *e-e Flasche mit e-m P. luftdicht verschließen* 用塞子塞紧瓶子 ‖ -K(复合): **Gummi-**, **Kork-**

Pfrün.de *die*; *-*, *-n*; *hist*[历]; ein Amt (*bes* in der Kirche), durch das man zusätzlich Geld (*bes* aus der Landwirtschaft) bekam(尤指教会中)有俸给的职位,神甫或牧师的有俸职位

pfui! *Interjektion* (叹); verwendet, um auszudrücken, dass man etw. als schmutzig, unmoralisch od. ekelig empfindet(表示反感、不满、憎恶)呸,嘘〈P./p. rufen, sagen 发出呸声,发出嘘声〉: *P., fass dieses dreckige Ding nicht an!* 嘘,你可别去沾这肮脏的买卖!; *P. Teufel!* 呸,真讨厌!; *Das Publikum hat lautstark P./p. gerufen* 观众发出很响的嘘声 ‖ K-(复合): **Pfui-**, **-ruf**

Pfund *das*; *-(e)s*, *-/-e* **1.** e-e Einheit, mit der man das Gewicht misst. Ein *Pfund* hat 500g (重量单位)磅(1Pfund = 500 克); *Abk* 缩写 Pfd 〈ein halbes, ganzes P. 半磅,整整一磅〉: *fünf Pfund Zwiebeln* 5 磅洋葱头; *Sie wiegt 100 Pfund* 她体重 100 磅; *Dieses Brot hat drei Pfund* 这个面包重三磅 **2.** die Einheit des Geldes in bestimmten Ländern (一些国家的货币单位)镑,英镑〈englische Pfund/Pfunde kaufen, umtauschen 买,兑换英镑; etw. in P. zahlen 用英镑付某物款〉: *Ein P. Sterling hat 100 Pence* 1 英镑等于 100 便士 ‖ K-(复合): **Pfund-**, **-note** ‖ NB(注意): nach e-r Zahl ist der Plural *Pfund* (在数词后面复数为 Pfund): das Baby wiegt schon 12 Pfund 这个婴儿已有 12 磅重; *das Kleid hat bloß 30 Pfund gekostet* 这件连衣裙的价钱仅 30 镑; aber(而在其他场合,复数为 Pfunde): *Er bringt erhebliche Pfunde auf die Waage* (= er wiegt sehr viel) 他的体重可不轻 ‖ *zu* (义项)**1.** **pfund·wei·se** *Adv*(副)

pfun.dig *Adj* (形); *südd gespr* [南德][口]≈ großartig, toll

Pfunds- *im Subst*, *wenig produktiv*, *gespr*(构成名词,构词弱)[口]; verwendet, um die im zweiten Wortteil genannte Person/Sache sehr positiv zu bewerten(表示对人/物的积极评价)棒的…,极好的…,出色的…: der **Pfundskerl**, das **Pfundsmädchen**, die **Pfundsidee**, der **Pfundsspaß**, die **Pfundsstimmung**

Pfusch *der*; *-(e)s*; *nur Sg*(只用单数) **1.** *gespr pej*[口][贬]; e-e schlecht gemachte Arbeit 草率马虎的工作,粗劣的工作〈P. machen, bauen 工作马虎,工作漫不经心〉 ‖ K-(复合): **Pfusch-**, **-arbeit** **2.** Ⓐ[奥]≈ Schwarzarbeit 〈in P. arbeiten 干违法的工作; etw. in P. machen 非法从事某事〉 ‖ *hierzu* (派生) **pfu·schen** (*hat*) *Vi*(不及物); **Pfu·scher** *der*; *-s*, *-*; **Pfu·sche·rin** *die*; *-*, *-nen*

Pfüt.ze *die*; *-*, *-n*; das Wasser, das sich bei Regen an e-r Stelle am Boden sammelt 水洼,积水坑,坑中的积水≈ Lache 〈in e-e P. treten 踩进水坑; Pfützen bilden sich 形成水坑〉 ‖ -K(复合): **Regen-**, **Wasser-**

Pha.lanx [f-] *die*; *-*, *Pha·lan·gen*; *geschr* [书]; e-e Gruppe von Menschen, die sich geschlossen auf ein Ziel hin bewegen (古希腊作战的)密集队形,方阵〈e-e (geschlossene) P. bilden 组成(封闭的)方阵〉2

Phal.lus [f-] *der*; *-*, *Phal·li*; *geschr*[书]; e-e Darstellung des (erigierten) Penis *bes* als Symbol der Fruchtbarkeit (男子)生殖器崇拜 ‖ K-(复合): **Phallus-**, **-symbol** ‖ *hierzu* (派生) **phal·lisch** *Adj*(形)

Phä.no.men [f-] *das*; *-s*, *-e*; *geschr* [书] **1.** etw., das irgendwo (*z. B.* in der Natur) vorkommt u. von Menschen beobachtet wird 现象≈ Erscheinung 〈ein physikalisches, psychologisches, gesellschaftliches P. 物理现象,心理现象,社会现象; ein P. beobachten, beschreiben, untersuchen, erklären 观察、描述、调查、解释一种现象〉: *das P. der Gravitation* 地心引力(重力)现象 ‖ -K(复合): **Natur-** **2.** etw., das sehr selten ist u. das man nicht versteht 罕见的现象,稀有的现象,稀奇事,奇观≈ Rätsel (3) 〈ein merkwürdiges, ungewöhnliches P. 奇怪的、异乎寻常的稀有现象; etw. ist für j-n ein P. 某事对某人来说是一件稀奇事〉: *Es ist ein P. für mich, wie j-d so hoch springen kann* 某人能跳得这么高,这对我来说是稀罕事 **3.** j-d, der auf e-m Gebiet viel besser als alle anderen ist 非凡的人,超群的人,出类拔萃之辈≈ Koryphäe, Ass

phä.no.me.nal [f-] *Adj*(形); so gut, dass jeder darüber erstaunt ist 惊人的,非凡的,罕见的,异常的,非常好的≈ erstaunlich 〈e-e Leistung 成绩〉

Phan.ta.sie, **phan.tas.tisch** *usw* ↑ ***Fantasie***,

fantastisch usw

Phan·tom [f-] *das*; *-s*, *-e*; etw., das es nur in j-s Fantasie (1) gibt 幻影,错觉,幻象,幻景≈ Trugbild ⟨e-m P. nachjagen 追逐幻影⟩

Phan·tom·bild [f-] *das*; e-e Zeichnung von e-m Verbrecher, die die Polizei aufgrund von Zeugenaussagen macht, um damit nach ihm zu suchen(警方根据证人的描述画出的罪犯的)模拟画像

Pha·rao [f-] *der*; *-s*, *Pha·ra·o·nen*; *hist* [历]; ein König im alten Ägypten 法老(古埃及国王称号) ‖ K-(复合): ***Pharaonen-***, ***-grab***, ***-tempel***

Pha·ri·sä·er [fariˈzɛːɐ] *der*; *-s*, *-*; *geschr pej* [书][贬]; j-d, der so tut, als würde er sich genau an (religiöse) Gebote halten, dies aber in Wirklichkeit doch nicht tut 法利赛人,伪君子,伪善者≈ Heuchler ‖ *hierzu* (派生) **Pha·ri·sä·e·rin** [fariˈzɛːərɪn] *die*; *-*, *-nen*; **Pha·ri·sä·er·tum** *das*; *-s*; *nur Sg*(只用单数) **pha·ri·sä·er·haft** *Adj*(形)

Phar·ma- [f-] *im Subst*, *wenig produktiv* (构成名词,构词弱)≈ pharmazeutisch; die ***Pharmaindustrie***, der ***Pharmakonzern***

Phar·ma·zie [f-] *die*; *-*; *nur Sg*(只用单数); die Wissenschaft, die sich mit Medikamenten u. ihren Wirkungen beschäftigt 药物学≈ Arzneimittelkunde ⟨P. studieren 学习药物学⟩ ‖ *hierzu* (派生)**Phar·ma·zeut** *der*; *-en*, *-en*; **phar·ma·zeu·tisch** *Adj*(形)

Pha·se [f-] *die*; *-*, *-n* **1.** ein Teil e-r Entwicklung od. e-s Ablaufs 阶段,时期≈ Abschnitt (3) ⟨e-e P. durchlaufen, durchmachen 经过,经历一个阶段; in e-r kritischen P. sein 处于关键阶段,处于危急阶段; in die entscheidende P. kommen, (ein) treten 进入决定性阶段; e-e schwierige P. haben 有一个困难阶段⟩: *Er steckt gerade in e-r depressiven P.* 他正处在意志消沉的时期; *Der Wahlkampf geht jetzt in die entscheidende P.* 目前竞选进入决定性阶段 ‖ -K(复合): ***Anfangs-***, ***End-***, ***Schluss-***, ***Übergangs-*** ***Zwischen-***; ***Entwicklungs-***, ***Erholungs-***, ***Trotz-*** **2.** eine der (Erscheinungs) Formen des Mondes od. e-s anderen Planeten, der von der Sonne beleuchtet wird 相位 ⟨die Phasen des Mondes, der Venus 月球的,金星的相位⟩ ‖ -K(复合): ***Mond-***

-phil [-ˈfiːl] *im Adj*, *begrenzt produktiv*, *geschr*(构成形容词,构词有限)[书]; verwendet, um auszudrücken, dass j-d/etw. e-e Sache, ein Volk *o.Ä.* sehr mag od. bevorzugt 亲…的,爱好…的,喜爱…的↔ -phob; ***anglophil***, ***frankophil***, ***germanophil***; ***bibliophil*** (= bücherliebend), ***hydrophil*** (= wasserliebend) ⟨e-e Pflanze 植物⟩

Phi·lanth·rop [f-] *der*; *-en*, *-en*; *geschr* [书]≈ Menschenfreund ‖ NB(注意): *der Philanthrop*; *den*, *dem*, *des Philanthropen* ‖ *hierzu* (派生) **Phi·lanth·ro·pin** [f-] *die*; *-*, *-nen*; **phi·lanth·ro·pisch** *Adj*(形)

Phi·la·te·lie [f-] *die*; *-*; *nur Sg*(只用单数); das Sammeln von Briefmarken u. die dazu nötigen Kenntnisse 集邮 ‖ *hierzu* (派生) **Phi·la·te·list** *der*; *-en*, *-en*; **Phi·la·te·lis·tin** *die*; *-*, *-nen*; **phi·la·te·lis·tisch** *Adj*(形)

Phil·har·mo·ni·ker [f-] *der*; *-s*, *-* **1.** *nur Pl*(只用复数); verwendet in den Namen von bedeutenden Orchestern, die klassische Musik spielen 交响乐团,爱乐乐团: *die Wiener P.* 维也纳交响乐团 **2.** j-d, der in e-m solchen Orchester spielt 交响乐团团员

Phi·lis·ter [fiˈlɪstɐ] *der*; *-s*, *-*; *pej* [贬]; ein Mensch mit sehr konservativen Ansichten, der neue Ideen (*bes* in der Kunst u. in der Moral) ablehnt 市侩,庸人,因循守旧者,墨守成规的人≈ Spießbürger ‖ *hierzu* (派生) **phi·lis·ter·haft** *Adj*(形) ‖ *zu* ***Philisterei*** ↑ ***-ei***

Phi·lo·dend·ron [f-] *der*; *-s*, *Phi·lo·dend·ren*; e-e (Zimmer)Pflanze mit großen grünen Blättern mit Schlitzen u. braunen, trockenen (Luft)Wurzeln 蓬莱蕉,喜林芋(属)

Phi·lo·lo·gie [f-] *die*; *-*, *-n* [-ˈgiːən]; die Wissenschaft, die sich *bes* mit der Erforschung von Texten u. ihrer Entstehung beschäftigt 语文学 ‖ -K(复合): ***Alt-***, ***Neu-*** ‖ *hierzu* (派生) **Phi·lo·lo·ge** *der*; *-n*, *-n*; **Phi·lo·lo·gin** *die*; *-*, *-nen*; **phi·lo·lo·gisch** *Adj*(形)

Phi·lo·soph [filoˈzoːf] *der*; *-en*, *-en* **1.** j-d, der sich beruflich mit Philosophie beschäftigt 哲学家 **2.** *gespr* [口]; j-d, der intensiv über die Grundprobleme des Lebens nachdenkt u. darüber diskutiert 思想家,哲人 ‖ NB(注意): *der Philosoph*; *den*, *dem*, *des Philosophen* ‖ *hierzu* (派生) **Phi·lo·so·phin** [filoˈzoːfɪn] *die*; *-*, *-nen*

Phi·lo·so·phie [filozoˈfiː] *die*; *-*, *-n* [-ˈfiːən] **1.** *nur Sg*(只用单数); die Wissenschaft, die sich damit beschäftigt, wie wir denken u. handeln u. die den Sinn u. Zweck des Lebens untersucht 哲学 ⟨P. betreiben, lehren, studieren 从事哲学研究,教哲学,学习哲学⟩ ‖ -K(复合): ***Geschichts-***, ***Moral-***, ***Rechts-***, ***Religions-***, ***Sprach-*** **2.** ein bestimmtes System von Antworten auf Fragen, die die P. (1) stellt 哲学体系,哲学思想 ⟨die materialistische, idealistische, buddhistische P. 唯物主义哲学,唯心主义哲学,佛教哲学⟩: *die P. Platons* 柏拉图哲学; *die P. Hegels* 黑格尔哲学 **3.** die Art u. Weise, wie j-d das Leben u. seinen eigenen Platz darin sieht 人生观,处世哲学,人生哲理≈ Weltanschauung ⟨sich seine eigene P. zurechtlegen 确立自己的人生观⟩: *Ihre P. ist: Zu viel arbeiten ist ungesund* 他的生活哲理是:工作太多不利于健康 ‖ -K(复合): ***Lebens-***

phi·lo·so·phie·ren [filozoˈfiːrən]; *philosophierte*, *hat philosophiert*; Vi (不及物) (***über etw.*** (*Akk* (四格))) **p.** über philosophische Probleme nachdenken u. reden 探讨哲学问题,推究哲理,对…进行哲学思考, ⟨über Gott u. die Welt, über den Sinn des Lebens p. 对上帝与世界,对人生的意义进行哲学思考⟩

phi·lo·so·phisch [filoˈzoːfɪʃ] *Adj*(形) **1.** in Bezug auf die Philosophie (1) 哲学的 ⟨Probleme, Fragestellungen, Schriften, ein Sys-

P

tem, das Denken 问题,提问,著作,体系,思想〉 **2.** so, dass der Betreffende offensichtlich lange u. intensiv nachgedacht hat 深思熟虑的,富于哲理的〈ein Mensch, e-e Bemerkung, e-e Betrachtungsweise 人,言论,思考方法; etw. p. betrachten, nehmen 以哲学家的眼光审视,看待某事〉

Phleg·ma [f-] *das*; *-s*; *nur Sg*(只用单数); ≈ Trägheit 〈ein erstaunliches P. zeigen/an den Tag legen 显示出/显露出令人惊异的迟钝(冷淡)〉

phleg·ma·tisch [f-] *Adj*(形); 〈ein Typ, ein Mensch 类型,人〉 so, dass er körperlich u. geistig wenig aktiv ist, sich also kaum ärgert od. freut u. sich für wenige Dinge interessiert 冷漠的,不动情感的,反应迟钝的 ≈ schwerfällig, träge ‖ *hierzu*(派生) **Phleg·ma·ti·ker** *der*; *-s*, *-*

pH-neut·ral [pe'ha:-] *Adj*(形); 〈e-e (Wasch)-Lotion, ein Shampoo, ein Spülmittel 沐浴露,洗发液,洗涤剂〉 so, dass sie den gleichen pH-Wert wie die Haut haben u. sie deshalb schonen 溶液中 pH 值(氢离子浓度指数)呈中性的,润肤护肤的

-phob [-'fo:p] *im Adj*, *begrenzt produktiv*, *geschr*(构成形容词,构词有限)[书]; verwendet, um auszudrücken, dass j-d/etw. e-e Sache, ein Volk *o. Ä.* ablehnt, nicht mag 反…的,仇…的 ↔ -phil; ***anglophob***, ***frankophob***, ***germanophob***

Pho·bie *die*; *-*, *-n*; PSYCH【心】; e-e krankhafte Angst *mst* vor bestimmten Gegenständen, Tieren od. Situationen 恐怖症,(病态)恐惧

Phon [f-] *das*; *-s*, *-*; e-e Einheit, mit der man angibt, wie laut ein Geräusch ist 昉(响度单位): *Der Lärm übersteigt 120 Phon* 噪音超过 120 昉

Pho·nem [f-] *das*; *-s*, *-e*; LING【语】; die kleinste sprachliche Einheit, mit der Bedeutungen unterschieden werden können 音位,音素: *„d" in „Ende" und „t" in „Ente" sind unterschiedliche Phoneme* "Ende"一词中的"d"与"Ente"一词中的"t"是不同的音位

Pho·ne·tik [f-] *die*; *-*; *nur Sg*(只用单数); die Wissenschaft, die sich mit der Bildung der sprachlichen Laute beschäftigt 语音学 ‖ NB(注意): ↑ ***Phonologie*** ‖ *hierzu*(派生) **Pho·ne·ti·ker** *der*; *-s*, *-*; **pho·ne·tisch** *Adj*(形); *nur attr od adv*(只作定语或状语)

Phö·nix [f-] *der*; *-*; *nur Sg*(只用单数); ein (mythischer) Vogel 长生鸟,不死鸟(古埃及神话中的神鸟,自焚而死,又从灰烬中再生); 凤凰(中国古代传说中的鸟王) ‖ ID [谚] ***wie ein P. aus der Asche (empor) steigen*** *geschr*[书]; mit ganz neuer Kraft etw. beginnen, nachdem es so ausgesehen hat, als wäre man völlig am Ende 犹如长生鸟一般从灰烬中再生

Pho·no·lo·gie [f-] *die*; *-*; *nur Sg*(只用单数); die Wissenschaft, die sich mit den Eigenschaften von Lauten e-r Sprache beschäftigt, durch die unterschiedliche Bedeutungen entstehen 音位学 ‖ *hierzu*(派生) **pho·no·lo·gisch** *Adj*(形); *nur attr od adv*(只作定语或状语)

Phos·phat [fɔs'fa:t] *das*; *-(e)s*, *-e*; e-e Substanz, die Phosphor enthält u. die in vielen Dünge- u. Waschmitteln enthalten ist 磷酸盐,磷酸脂 ‖ -K(复合): ***Natrium-*** ‖ *hierzu*(派生) **phos·phat·frei** *Adj*(形); *nicht adv*(不作状语); **phos·phat·hal·tig** *Adj*(形); *nicht adv*(不作状语)

Phos·phor ['fɔsfo:ɐ] *der*; *-s*; *nur Sg*(只用单数); ein chemisches Element, das im Dunkeln leuchtet u. das verbrennt, wenn es mit Luft zusammenkommt 磷,磷光体; CHEM【化】P ‖ K-(复合): ***Phosphor-***, ***-bombe***, ***-dünger***, ***-säure***

pho·to-, **Pho·to-** ↑ ***foto-***, ***Foto-***

Phrase [f-] *die*; *-*, *-n* **1.** *pej*[贬]; ein Ausdruck od. Satz, der so oft benutzt worden ist, dass er in seiner Bedeutung verblasst ist 空话,漂亮话,陈词滥调 ≈ Klischee (2) 〈e-e dumme, hohle, leere P. 愚蠢的,空洞的,毫无内容的废话〉 **2.** LING【语】; ein Teil e-s Satzes 短语,惯用语,词组 **3.** ***Phrasen dreschen*** *pej*[贬]; viele Phrasen (1) benutzen 空话连篇 ‖ *zu* (义项) **3. Phra·sen·dre·scher** *der*; *-s*, *-* ‖ *zu* ***Phrasendrescherei*** ↑ ***-ei***

phra·sen·haft [f-] *Adj*(形); wie e-e Phrase (1) 毫无内容的,空洞的,言之无物的 ≈ nichtssagend ↔ bedeutungsvoll

Phra·seo·lo·gis·mus [f-] *der*; *-*, *Phra·seo·lo·gis·men*; LING【语】; e-e idiomatische Wendung 惯用语,成语(*z. B. j-m e-n Korb geben* 拒绝某人的请求或求婚 = j-s Angebot ablehnen) ‖ *hierzu*(派生) **phra·seo·lo·gisch** *Adj*(形); *nur attr od adv*(只作定语,不作状语)

pH-Wert [pe'ha:-] *der*; e-e Zahl, die ausdrückt, in welchem Maße e-e feste od. flüssige Substanz die Eigenschaften e-r Säure od. e-r Base hat pH 值,氢离子浓度指数 〈ein niedriger, hoher, neutraler pH-Wert 低的,高的,中性的 pH 值〉: *den pH-Wert e-s Baches, des Bodens ermitteln/messen* 测定/测量溪流、土壤的 pH 值

Phy·sik, **Phy·sik** [f-] *die*; *-*; *nur Sg*(只用单数) **1.** die Wissenschaft, die sich mit der Materie, ihrer Bewegung u. mit den Kräften, die auf sie wirken, beschäftigt 物理学〈die experimentelle, theoretische P. 实验物理学,理论物理学; P. studieren 学习物理学(专业)〉: *Die Optik, die Mechanik u. die Akustik sind Gebiete der P.* 光学、力学和声学是物理学的几个领域 ‖ -K(复合): ***Astro-***, ***Atom-***, ***Kern-*** **2.** ein Fach in der Schule, in dem die Kinder etw. über P. (1) lernen (中学)物理课 ‖ K-(复合): ***Physik-***, ***-arbeit***, ***-buch***, ***-lehrer***, ***-note***, ***-stunde*** ‖ *zu* (义项) **1. Phy·si·ker** *der*; *-s*, *-*; **Phy·si·ke·rin** *die*; *-*, *-nen*

phy·si·ka·lisch [f-] *Adj*(形); *mst attr*(多作定语) **1.** in Bezug auf die Physik (1) 物理(学)的 〈ein Experiment 实验; e-e Formel, ein Gesetz 公式,定律; ein Prozess, ein Vorgang 过

程,反应(变化)〉 **2.** 〈e-e (Land) Karte(地)图〉 so, dass Berge, Täler, Flüsse *usw* eingezeichnet sind 地貌的

Phy·si·og·no·mie [f-] *die*; -, *-n* [-ˈmiːən]; *geschr*[书]; die Form u. Gestalt e-s Gesichts 容貌,相貌,外相,外貌〈e-e einprägsame, interessante, außergewöhnliche P. 给人印象深刻的,有趣的,不寻常的相貌〉 ‖ *hierzu* (派生) **phy·si·og·no·misch** *Adj*(形)

Phy·sio·lo·gie [f-] *die*; -; *nur Sg*(只用单数); die Wissenschaft, die sich damit beschäftigt, wie der Körper u. seine Organe funktionieren 生理学 ‖ *hierzu* (派生) **phy·sio·lo·gisch** *Adj*(形); *nur attr od adv*(只作定语或状语)

phy·sisch [f-] *Adj* (形); *geschr* [书] ≈ körperlich ↔ psychisch 〈e-e Krankheit, ein Schmerz 疾病,疼痛〉

Pi *das*; -(*s*); *nur Sg*(只用单数); der griechische Buchstabe p, der in der Mathematik e-e Zahl bezeichnet, die das Verhältnis des Umfanges e-s Kreises zu seinem Durchmesser angibt 希腊语字母 π; 圆周率: *Pi ist ungefähr 3,14* 圆周率为约 3.14

Pi·a·nist *der*; *-en*, *-en*; j-d, der beruflich Klavier spielt 钢琴演奏者,钢琴家 ‖ -K(复合): ***Konzert-*** ‖ NB(注意): *der Pianist*; *den*, *dem*, *des Pianisten* ‖ *hierzu* (派生) **Pi·a·nis·tin** *die*; -, *-nen*

Pi·a·no *das*; *-s*, *-s* **1.** ≈ Klavier **2.** ≈ Flügel[2]

Pi·ckel[1] *der*; *-s*, -; e-e kleine, runde Erhebung auf der Haut, die *mst* rot (u. entzündet) ist 脓包,丘疹,疖子 ≈ Pustel 〈ein eitriger P. 一个化脓的疖子; e-n P. bekommen, haben, ausdrücken 长了个脓包,有一个丘疹,挤出脓包里的脓〉 ‖ -K(复合): ***Eiter-*** ‖ *hierzu* (派生) **pi·cke·lig**, **pick·lig** *Adj*(形)

Pi·ckel[2] *der*; *-s*, -; e-e spitze Hacke, mit der man Löcher in Eis, Steine u. Straßen schlägt 尖镢,鹤嘴镢,(十字)镐 ‖ -K(复合): ***Eis-***

pi·cken[1]; *pickte*, *hat gepickt*; [Vt](及物) **1.** ***ein Vogel pickt etw.*** ein Vogel stößt mit dem Schnabel nach etw., um es zu fressen 鸟啄食〈ein Huhn, e-e Taube pickt Körner 鸡,鸽子啄食谷粒〉 **2.** ***etw. aus etw. p.*** etw. mit dem Schnabel od. den Fingerspitzen aus etw. nehmen(用嘴或指尖)将…从…啄出或抠出: *Rosinen aus dem Kuchen p.* 用手指尖将葡萄干从蛋糕中抠出来; [Vi](不及物) **3.** ***ein Vogel pickt irgendwohin*** ein Vogel stößt mit dem Schnabel in e-e Richtung 鸟啄…,向…啄去: *Ein Vogel pickt nach j-s Finger* 鸟啄某人的手指

pi·cken[2]; *pickte*, *hat gepickt*; [Vt] u. [Vi](及物和不及物) Ⓐ *gespr* [奥][口] ≈ kleben

Pick·nick *das*; *-s*, *-s*; ein Essen im Freien (*z. B.* am Waldrand) während e-s Ausflugs 野餐〈(ein) P. machen 举行野餐〉 ‖ K-(复合): ***Picknick-***, ***-korb***

pi·co·bel·lo [-k-] *Adj*(形); *nur präd od adv*, *gespr*(只作表语或状语)[口]; sehr sauber u. ordentlich 十分干净整齐的: *ein Zimmer p. aufräumen* 将房间收拾得干净整齐

Pief·ke *der*; *-s*, *-s* **1.** *bes nordd gespr* 尤用于[北德][口]; j-d, der dumm ist, aber angibt u. sich für wichtig hält 愚蠢而狂妄的人,自以为了不起的人,自命不凡的人,妄自尊大的人〈ein eingebildeter, kleiner, frecher P. 自负的,卑微的,无耻的狂妄之徒〉 **2.** Ⓐ *gespr pej* [奥][口][贬] ≈ Norddeutsche(r)

piek·fein *Adj*(形); *gespr*[口]; sehr elegant od. vornehm 十分时髦的,极讲究的,极精美的,高贵的,非常雅致的〈Leute 人; sich p. anziehen 衣着十分考究入时〉

piek·sau·ber *Adj*(形); *gespr*[口]; sehr sauber 十分干净的

piep! *Interjektion*(叹); verwendet, um die Laute von jungen Vögeln zu imitieren(像小鸟作)啾啾,叽叽喳喳声 ‖ ID [谚] ***nicht mal / mehr p. sagen (können)*** kein Wort sagen (können)连一句话也不说/连一句话也说不出来,连一声也不吭/连一声也吭不出来

Piep *der*; *nur in* 只用于 ***1 e-n P. haben*** *gespr pej* [口][贬]; verrückt sein 疯疯癫癫,神经不正常 **2** ***keinen P. mehr machen / tun*** *gespr* [口]; tot sein od. nicht mehr sprechen 死了,没气了

pie·pe *Adj*(形); *nordd gespr*[北德][口]; ***j-d / etw. ist j-m p.*** j-d/etw. interessiert j-n nicht (人/物作主语)对…无所谓,引不起…的兴趣 ≈ j-d/etw. ist j-m egal

piep·egal *Adj*(形); *gespr* [口] ≈ piepe

pie·pen; *piepte*, *hat gepiept*; [Vi](及物/不及物) ***ein Tier / etw. piept*** ein Tier/etw. piepst (2) (动物/物作主语)鸣叫,啾啾叫,吱吱叫 ‖ ID [谚] ***etw. ist zum Piepen*** *gespr*[口]; etw. ist lustig 某事令人可笑; *mst* 多用 ***Bei dir piepts wohl!*** *gespr*[口]; ich glaube, du spinnst 我看,你是在胡说八道了

Pie·pen *die*; *Pl*, *gespr* (复)[口] ≈ Geld

Pie·per *der*; *-s*, -; ein kleines Gerät, das piept, wenn es ein Funksignal empfängt, u. das *z. B.* Ärzte tragen, wenn sie ständig erreichbar sein sollen 呼叫器,呼救器

pieps! *Interjektion*(叹); ↑ ***piep!***

Pieps *der*; ↑ ***Piep***

piep·sen; *piepste*, *hat gepiepst*; [Vt/i](及物/不及物) **1.** (***etw.***) ***p.*** etw. mit schwacher, hoher Stimme sagen od. singen 用尖细的嗓音说话(或唱歌)〈ein Lied p. 细声唱歌〉: *„Guck mal, Mami" piepste das Kind* "妈妈,你看!"——孩子细声尖叫道 ‖ K-(复合): ***Pieps-***, ***-stimme***; [Vi](不及物) **2.** ***ein Tier / etw. piepst*** ein Tier/ein Apparat *o. Ä.* produziert e-n leisen, hohen Ton (动物/物作主语)发出轻微的叽叽声,吱吱作响 ≈ ein Tier/etw. piept 〈ein Vogel, e-e Maus 鸟,老鼠; e-e Armbanduhr 手表; ein elektronisches Gerät 电器〉 ‖ *zu* (义项) **1. piep·sig** *Adj*(形)

Piep·ser *der*; *-s*, -; **1.** ≈ Pieper **2.** *gespr* [口] ≈ Piep (2)

Pier *der*; *-s*, *-e / -s*; e-e Art Brücke, die in e-n See od. ins Meer geht. Am P. halten Schiffe, damit man sie *z. B.* beladen kann 突堤,突堤码头,直码头,栈桥〈am P. festmachen, liegen 固定在,靠在突堤码头〉

P

Pier·cing [-s-] *das*; *-s*; *nur Sg*(只用单数); das Durchbohren der Haut, der Lippen *o. Ä.*, um Schmuck zu befestigen(为了佩戴饰物,在皮肤、嘴唇等上)扎眼,穿孔

pie·sa·cken; *piesackte*, *hat gepiesackt*; [Vt](及物) ***j-n p.*** *gespr pej*[口][贬]; j-n (absichtlich) ärgern 折磨,惹恼,搅扰≈ necken, quälen: *Die Mücken haben mich schlimm gepiesackt* 蚊子把我折磨得够呛

pie·seln; *pieselte*, *hat gepieselt*; [Vi](不及物) *südd* Ⓐ Ⓒⓗ *gespr*[南德][奥][瑞][口]; die Blase entleeren 撒尿,小便≈ pinkeln

Pi·e·tät [pie'tɛːt] *die*; *-*; *nur Sg*, *geschr*(只用单数)[书]; die Rücksicht auf religiöse Gefühle anderer od. auf ihre Trauer um Tote 虔诚,尊敬;孝敬,(对死者的)崇敬〈die P. wahren, etw. aus P. tun 保持虔诚;出于崇敬(为了孝敬)而做某事〉‖ *hierzu* (派生) **pi·e·tät·los** *Adj*(形); **pi·e·tät·voll** *Adj*(形)

Pig·ment *das*; *-(e)s*, *-e* **1.** ein Stoff, den Pflanzen, Tiere u. Menschen in den Zellen haben u. der *z. B.* den Blättern, der Haut u. den Haaren ihre Farbe gibt 色素 ‖ K-(复合): ***Pigment-***, ***-fehler***, ***-fleck*** **2.** ein Pulver, das mit Öl, Wasser *o. Ä.* vermischt wird, um e-e Farbe herzustellen 颜料(粉末)

pig·men·tiert *Adj*(形); *ohne Steigerung*, *nicht adv*(无变级,不作状语); mit Pigmenten 有色素沉着的〈schwach, stark pigmentierte Haut 色素沉着轻的,色素沉着厉害的皮肤〉

Pik *das*; *-s*, *-*; e-e Spielfarbe im internationalen Kartenspiel od. e-e Karte dieser Farbe (纸牌中的)黑桃 ‖ ↑ *Abb. unter* 图见 ***Spielkarten*** ‖ NB(注意): ↑ ***Herz***

pi·kant *Adj*(形) **1.** mit angenehm intensivem Geschmack 味道浓重的,带辣味的≈ schmackhaft ↔ fade (1)〈ein Gewürz, e-e Soße 调味品,酱汁; etw. p. würzen 把某物的味调得浓浓的〉 **2.**〈e-e Geschichte, ein Witz *o. Ä.* 故事,笑话〉mit sexuellem Inhalt od. mit sexuellen Andeutungen 淫秽的,下流的≈ schlüpfrig ‖ *zu* (义项)**2. Pi·kan·te·rie** *die*; *-*, *-n*

Pi·ke *die*; *nur in* 只用于 ***etw. von der P. auf lernen*** *gespr*[口]; etw. gründlich u. von Anfang an lernen 从基础学起,从头学起: *e-n Beruf von der P. auf lernen* 从头学一门职业

pi·ken; *pikte*, *hat gepikt*; [Vt/i](及物/不及物) **(*j-n*) *p.*** *nordd gespr* [北德][口]≈ stechen〈j-n mit e-r Nadel p. 用针刺某人; etw. pikt 某物会扎人〉

Pi·kett *das*; *-s*, *-e*; Ⓒⓗ [瑞] **1.** ≈ Bereitschaftsdienst (der Polizei, Feuerwehr *usw*) ‖ K-(复合): ***Pikett-***, ***-dienst***, ***-mannschaft***, ***-offizier*** **2.** ***auf P.*** in Bereitschaft 待命,值勤〈auf P. sein 处于待命状态,正在值勤; j-n auf P. stellen 派某人值勤,让某人待命〉

pi·kiert *Adj* (形); *geschr* [书]≈ beleidigt, entrüstet

Pik·ko·lo *der*; *-s*, *-s* **1.** e-e kleine Flasche Sekt 小瓶香槟酒〈e-n P. trinken 喝一小瓶香槟酒〉‖ K-(复合): ***Pikkolo-***, ***-flasche*** **2.** ein Kellner, der noch ausgebildet wird 正接受培训的服务员

Pik·ko·lo·flö·te *die*; e-e kleine (Quer)Flöte 短笛

pik·sen ↑ ***piken***

Pik·to·gramm *das*; e-e ganz einfache Zeichnung (*bes* an Bahnhöfen u. Flughäfen), deren Bedeutung man leicht versteht, *z. B.* ein Wegweiser(尤指火车站、航空港的)图形符号指示牌,标志牌,指路牌

Pil·ger *der*; *-s*, *-*; j-d, der e-e (weite) Reise zu e-m heiligen Ort macht, um dort zu beten 朝山进香者,参拜圣地者,朝圣者≈ Wallfahrer〈ein frommer P. 一个虔诚的朝圣者〉‖ K-(复合): ***Pilger-***, ***-fahrt***, ***-reise*** ‖ -K(复合): ***Mekka-***, ***Rom-*** ‖ *hierzu* (派生) **Pil·ge·rin** *die*; *-*, *-nen*

pil·gern; *pilgerte*, *ist gepilgert*; [Vi](不及物)**1.** ***irgendwohin p.*** als Pilger zu e-r religiösen Stätte reisen 朝山进香,参拜圣地,去…朝圣≈ wallfahren: *nach Jerusalem*, *nach Mekka p.* 去耶路撒冷,去麦加朝圣 **2.** ***irgendwohin p.*** *hum*[诙]; (*mst* in e-r Gruppe) irgendwohin gehen od. wandern(多以小组形式)漫游,徒步旅行

Pil·le *die*; *-*, *-n* **1.** ein kleines, rundes Medikament, das man (unzerkaut) schlucken soll 药丸,丸药〈e-e P. (ein)nehmen, schlucken 服用,吞服药丸〉‖ K-(复合): ***Pillen-***, ***-schachtel*** ‖ -K(复合): ***Beruhigungs-*** **2.** ***die P.*** e-e P. (1), die e-e Frau regelmäßig nimmt, um nicht schwanger zu werden 避孕丸≈ Antibabypille〈sich die P. verschreiben lassen 让大夫开避孕丸处方; die P. nehmen, absetzen 服用,停服避孕丸〉‖ K-(复合): ***Pillen-***, ***-pause*** **3.** *gespr* [口]≈ Tablette ‖ ID [谚]***e-e bittere P.*** *gespr*[口]; etw. Unangenehmes, das j-d ertragen muss 苦药丸,苦果

Pil·len·knick *der*; die schnelle Abnahme der Geburten, die es in vielen Ländern nach Einführung der Pille (2) gab(因使用避孕药带来的)生育率下降

pil·len·mü·de *Adj*(形); 〈Frauen 妇女〉so, dass sie die Pille (2) nicht mehr nehmen möchten 厌烦服用避孕药的

Pi·lot *der*; *-en*, *-en*; j-d, der ein Flugzeug, e-n Hubschrauber *o. Ä.* steuert 飞机驾驶员,飞行员 ‖ K-(复合): ***Piloten-***, ***-uniform*** ‖ -K(复合): ***Flugzeug-***, ***Hubschrauber-***, ***Jet-*** ‖ NB(注意): *der Pilot*; *den*, *dem*, *des Piloten* ‖ *hierzu* (派生)**Pi·lo·tin** *die*; *-*, *-nen*

Pi·lot- *im Subst*, *wenig produktiv*(构成名词,构词弱); verwendet, um auszudrücken, dass etw. ein erster Versuch od. das erste (Probe)Exemplar von etw. ist 首次尝试的,试验性的…≈ Test-; der ***Pilotfilm***〈e-r Fernsehserie 一部电视连续剧的〉, das ***Pilotprojekt***, die ***Pilotsendung***, die ***Pilotstudie***〈für e-e Reihe von Untersuchungen 关于一系列调查研究的〉, der ***Pilotversuch***

Pils *das*; *-*, *-*; ein Bier, das relativ bitter ist u. *mst* in e-m Glas mit Stiel serviert wird 比尔森啤酒〈P. vom Fass 比尔森生啤酒〉

Pil.se.ner *das*; *-s*, *-*; ↑ **Pils**

Pi̱lz *der*; *-es*, *-e* **1.** e-e niedrige Pflanze mit e-m Stiel u. e-r Art Hut (Kappe), die ohne Blüten u. Blätter *bes* im Wald wächst 蘑菇, 蕈,菌〈ein essbarer, (un)genießbarer, giftiger P. 可食用的,(不)可食的,有毒的蘑菇; Pilze suchen, sammeln, essen 寻找、采集、吃蘑菇〉: *Champignons sind Pilze, die wild im Wald u. auf der Wiese wachsen, aber auch gezüchtet werden* 香菇是在森林里和草地上野生的蘑菇,但也有人工栽培的 ‖ K-(复合): ***Pilz-, -gericht, -suppe, -vergiftung*** ‖ -K(复合): ***Gift-, Speise-; Lamellen-, Röhren-*** **2.** sehr kleine Organismen, die wie Puder od. Pulver aussehen u. (als Krankheitserreger) auf Pflanzen, Lebensmitteln *usw* wachsen菌,真菌,霉菌: *Meine Rosen haben e-n P.* 我的玫瑰花长出霉菌 ‖ K-(复合): ***Pilz-, -befall, -erkrankung*** ‖ -K(复合): ***Fuß-, Haut-; Hefe-, Schimmel-*** ‖ ID [谚]〈Fabriken, neue Häuser *o. Ä.* 工厂,新楼房等〉***schießen wie Pilze aus der Erde / aus dem Boden*** Fabriken / neue Häuser *o. Ä.* entstehen sehr schnell in großer Zahl 如雨后春笋拔地而起

Pilz

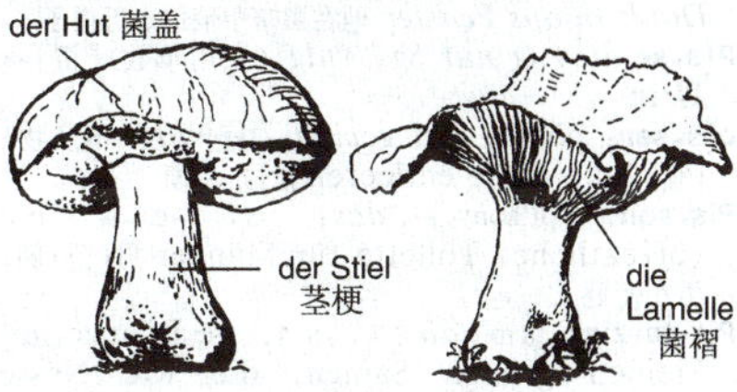

Pi̱lz|be.ra.tungs.stel.le *die*; e-e Institution, bei der man fragen kann, welche Pilze essbar sind 菌类咨询机构

Pi̱m.mel *der*; *-s*, *-*; *gespr!* [粗]≈ Penis

Pi̱mpf *der*; *-(e)s*, *-e*; *gespr* [口]≈ Knirps

pi̱n.ge.lig, pi̱ng.lig *Adj*(形); *gespr*, *mst pej* [口]多用[贬]≈ pedantisch

Pi̱ng.pong *das*; *-s*; *nur Sg*, *gespr* (只用单数) [口]≈ Tischtennis ‖ K-(复合): ***Pingpong-, -ball, -match, -spiel***

Pin.gu.in ['pɪŋguiːn] *der*; *-s*, *-e*; ein großer Vogel, der in der Antarktis lebt u. nicht fliegen, aber gut schwimmen kann 企鹅

Pi.nie ['piːniə] *die*; *-*, *-n*; ein Baum mit langen Nadeln u. dicken Zapfen, der in warmen Ländern wächst u. die Form e-s Schirms hat(地中海国家)伞松,五针松

pi̱nk *Adj*(形); *nur präd od adv*(只作表语或状语); leuchtend rosa 粉红色的,桃红色的

Pi̱n.ke *die*; *-*; *nur Sg*, *gespr* (只用单数)[口]≈ Geld

Pi̱n.kel *der*; *-s*, *-*; *mst in* 多用于 ***ein feiner P.*** *gespr pej*[口][贬]; j-d, der reich u. vornehm ist (od. nur so tut)阔佬,富豪,装阔的人

pi̱n.keln; *pinkelte*, *hat gepinkelt*; [Vi] *gespr* (不及物)[口]; die Blase entleeren 撒尿,小便 ‖ K-(复合): ***Pinkel-, -pause***

Pi̱n.ke.pi̱n.ke *die*; *-*; *nur Sg*; *gespr* (只用单数) [口]≈ Geld

Pi̱n.ne *die*; *-*, *-n*; NAUT【航海】; die Stange, mit der man das Steuerruder bewegt 舵柄 ‖ -K(复合): ***Ruder-***

pi̱n.nen; *pinnte*, *hat gepinnt*; [Vt](及物) ***etw. irgendwohin p.*** etw. *z.B.* mit Stecknadeln an der Wand *o.Ä.* befestigen (用大头针或图钉等)将…固定在…上面〈ein Plakat, e-e Notiz an die Wand p. 将招贴画,记事条(用图钉)按在墙上〉

Pi̱nn.wand *die*; e-e rechteckige Fläche aus ziemlich weichem Material, die an der Wand hängt u. an die man Notizen, Fotos *usw* pinnt 软木挂板

Pi̱n.sel *der*; *-s*, *-* **1.** ein Stiel mit feinen Haaren am Ende, mit dem man Farbe auf ein Blatt (Papier) od. auf e-e Wand bringt 毛笔,画笔,毛刷,刷子,排笔〈ein feiner, dicker, großer P. 一枝细的,粗的,大的画笔; den P. eintauchen, abstreifen 浸蘸画笔,将刷子上的颜料洗净; mit dem P. e-n Strich ziehen, etw. anstreichen, Farbe auftragen 用画笔画一条线;用毛刷涂饰(或油漆,粉刷)某物;用刷子涂颜料〉 ‖ K-(复合): ***Pinsel-, -stiel, -strich*** ‖ -K(复合): ***Leim-, Maler-*** **2.** ***ein eingebildeter P.*** *gespr pej*[口][贬]; ein arroganter Mann 自命不凡的人

Pinsel

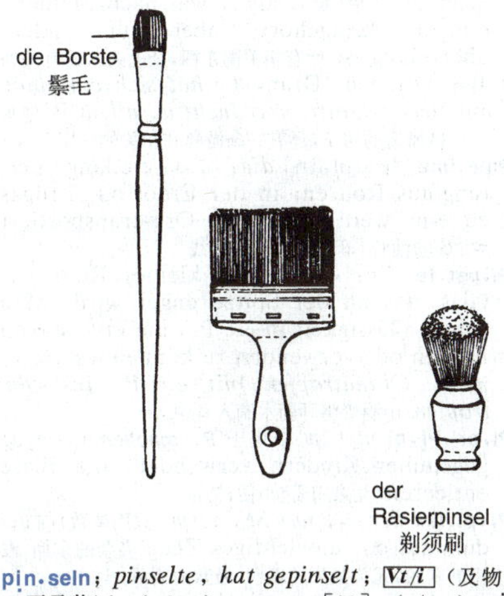

pi̱n.seln; *pinselte*, *hat gepinselt*; [Vt/i] (及物/不及物)**1.** ***(etw.) p.*** *gespr*[口]; (etw.) mit dem Pinsel malen od. schreiben 涂,刷,画,涂抹〈ein Bild p. 画一幅画〉: *Er pinselte e-n Spruch an die Wand* 他在墙上刷了一句口号; [Vt](及物) **2.** ***etw. p.*** e-e Flüssigkeit mit dem Pinsel auf etw. auftragen〈den Braten, das Zahnfleisch p. 在烤肉上涂作料,在牙龈上涂药〉

Pi̱n.te *die*; *-*, *-n*; *nordd gespr* [北德][口]≈ Lokal, Kneipe

Pin-up-Girl [ˈpɪn|apgøːɐl] *das*; *-s*, *-s* **1.** das Bild e-r (fast) nackten Frau in e-r Zeitschrift *o.Ä.* (杂志、画报等中的)裸体女人像 **2.** die Frau auf diesem Bild 裸体画上的女郎(模特)

Pin.zet.te *die*; *-*, *-n*; ein Instrument mit zwei flachen Metallstäben, die an e-m Ende miteinander verbunden sind u. mit denen man sehr kleine Dinge greifen kann 镊子: *Haare mit der P. auszupfen* 用镊子拔去毛发

Pinzette

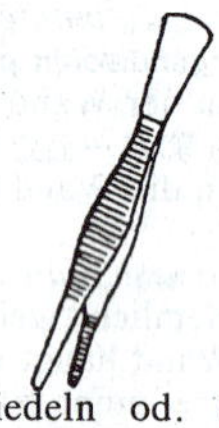

Pi.o.nier [-ˈniːɐ] *der*; *-s*, *-e* **1.** j-d, der zu den Ersten gehört, die ein Land besiedeln od. kolonisieren 开拓者,拓荒者: *die amerikanischen Pioniere* 美洲开拓者 ‖ K-(复合): ***Pionier-***, ***-zeit*** **2.** j-d, der etw. als Erster tut u. damit ein Vorbild gibt 开路先锋,创始人,创新者,先驱者,先锋≈ Wegbereiter ‖ K-(复合): ***Pionier-***, ***-arbeit***, ***-leistung***, ***-tat*** **3.** MIL【军】; ein Soldat e-r Truppe, die *z.B.* Wege od. Brücken für e-e Armee macht 工程兵 ‖ K-(复合): ***Pionier-***, ***-bataillon***, ***-truppe*** ‖ *hierzu* (派生) **Pi.o.nie.rin** *die*; *-*, *-nen*

Pi.o.nier.geist *der*; der Drang u. die Fähigkeit, neue Gedanken zu entwickeln u. neue Dinge zu tun 进取创新思想,开拓创业精神

Pi.pa.po *das*; *-s*; *nur Sg*, *gespr*, *mst pej* (只用单数)[口]多用[贬]; alles, was nach Meinung einiger dazugehört, aber für andere überflüssig ist 所有相关的东西,杂七杂八的有关物品≈ Drum u. Dran: *Er hat sich ein Haus am Meer gekauft, mit Jacht u. allem P.* 他买了一幢海边的房子,还有一条游艇和相关的一切东西

Pipe.line [ˈpaiplain] *die*; *-*, *-s*; e-e lange Leitung aus Rohren, in der Erdöl od. Erdgas zu e-m weit entfernten Ort transportiert wird 输油管,输气管,管道,管线

Pi.pet.te *die*; *-*, *-n*; ein kleines Rohr aus Glas, das an der Spitze enger wird. Man bringt Flüssigkeit in e-e P., um etw. davon messen od. verwenden zu können 吸管,量管,滴管: *Ohrentropfen mit e-r P. ins Ohr tropfen* 用滴管将耳药水滴人耳中

Pi.pi, **Pi.pi** *mst in* 多用于 ***P. machen*** (von u. gegenüber Kindern verwendet) die Blase entleeren(儿童用语)小便,撒尿

Pi.pi.fax *der*; *-*; *nur Sg*, *gespr* (只用单数)[口]; dummes od. unwichtiges Zeug 多余的东西,没用的东西,无关紧要的琐事,愚蠢的废话

Pi.rat *der*; *-en*, *-en*; ein Mann, der auf dem Meer fremde Schiffe (kapert u.) ausraubt 海盗≈ Seeräuber 〈von Piraten überfallen, gekapert werden 遭到海盗袭击,抢劫〉 ‖ -K(复合): ***Fluss-*** ‖ K-(复合): ***Piraten-***, ***-flagge***, ***-schiff*** ‖ NB(注意): *der Pirat*; *den*, *dem*, *des Piraten*

Pi.ra.ten.sen.der *der*; ein privater (Radio)-Sender, der ohne Lizenz sendet 私设的电台

Pi.ra.te.rie *die*; *-*, *-n* [-ˈriːən]; das Überfallen od. Entführen von Schiffen od. Flugzeugen 劫持(或抢劫)船只,劫持飞机;海盗行为 ‖ -K(复合): ***Luft-***

-pi.ra.te.rie *die*; *im Subst*, *wenig produktiv* (构成名词,构词弱); drückt aus, dass etw., *z.B.* Musik, Filme, Software *o.Ä.*, illegal benutzt (*z.B.* kopiert u. verkauft) wird(表示对某物的非法利用、剽窃、盗版、贩卖等)…假冒,…造假,…翻印,…盗版; ***Produktpiraterie***, ***Softwarepiraterie***, ***Videopiraterie***

Pi.rou.et.te [piˈruɛtə] *die*; *-*, *-n*; e-e Bewegung (beim Ballett, Eislaufen *o.Ä.*), bei der man sich auf einem Bein schnell dreht u. dabei auf der Stelle bleibt(芭蕾、滑冰中)单腿快速旋转动作,脚尖旋转动作

Pirsch *die*; *-*; *nur Sg* (只用单数); e-e Art der Jagd, bei der man sich leise dem Tier nähert 悄悄跟踪追猎,跟踪式狩猎↔ Treibjagd 〈auf die P. gehen 去打猎; auf der P. sein 打猎〉 ‖ K-(复合): ***Pirsch-***, ***-gang***

pir.schen; *pirschte*, *hat/ist gepirscht*; **Vi** (不及物)(*ist*) **1.** ≈ schleichen: *heimlich durch den Garten p.* 悄悄地穿过花园; **Vr** (反身)(*hat*) **2.** ***sich irgendwohin p.*** irgendwohin schleichen 悄悄走近: *Er pirschte sich im Dunkeln ans Fenster* 他在黑暗中悄悄走近窗子

Pis.se *die*; *-*; *nur Sg*, *vulg* (只用单数)[俗]≈ Urin

pis.sen; *pisste*, *hat gepisst*; **Vi** *vulg* (不及物)[俗]; die Blase entleeren 撒尿,小便

Pis.soir [piˈsoaːɐ] *das*; *-s*, *-e/-s*; e-e (öffentliche) Toilette für Männer 男(公)厕,男小便处

Pis.ta.zie [-tsiə] *die*; *-*, *-n* **1.** e-e Pflanze mit kleinen grünen Samen, die wie Nüsse schmecken 阿月浑子,开心果(植物) ‖ K-(复合): ***Pistazien-***, ***-kerne*** **2.** der Samen der P. (1) 阿月浑子,开心果(果实) 〈gesalzene Pistazien 咸味开心果〉

Pis.te *die*; *-*, *-n* **1.** der Hang e-s Berges, auf dem man Ski fährt 滑雪道≈ Abfahrt (3) 〈abseits, außerhalb der Pisten fahren, die P. verlassen 在滑道近旁,在滑道外面滑雪,离开滑雪道〉 ‖ -K(复合): ***Ski-*** **2.** e-e Art Straße, auf der Flugzeuge starten u. landen 飞机(起落)跑道,滑行道≈ Rollbahn 〈ein Flugzeug setzt auf der P. auf 一架飞机着陆在跑道上〉 ‖ -K(复合): ***Flug-***, ***Lande-***, ***Start-*** **3.** ein Weg für Autos in der Wüste, Steppe od. im Urwald (沙漠、草原或原始森林中的)汽车道 〈e-e holprige, staubige P. 高低不平的,尘土飞扬的汽车道〉 ‖ -K(复合): ***Gras-***, ***Sand-*** **4.** SPORT【体】; e-e Strecke *bes* für Motorrad- u. Autorennen (尤指摩托车和汽车的)赛车道 〈von der P. abkommen 离开赛车道〉 ‖ -K(复合): ***Renn-***

Pis.ten.sau *die*; *gespr pej* [口][贬]; j-d, der sehr schnell u. ohne Rücksicht Ski fährt 横冲直撞的滑雪者

Pis.to.le *die*; *-*, *-n*; e-e kurze Schusswaffe 手枪 〈e-e P. laden, (ent)sichern, ziehen, auf j-n richten, abschießen 给手枪装子弹,关上(打开)手枪的保险,拔出手枪,将手枪对准某人,开枪; mit der P. auf j-n zielen, schießen 用手枪瞄准某人,射击〉‖ ↑ *Abb. unter* 图见 **Schusswaffen** ‖ K-(复合): **Pistolen-, -griff, -kugel, -schuss** ‖ -K(复合): **Dienst-, Gas-, Wasser-** ‖ ID [谚] **j-m die P. auf die Brust setzen** *gespr*[口]; j-n durch Drohungen zwingen, etw. zu tun 把枪顶着某人胸口(意即:强迫某人干某事); **wie aus der P. geschossen** 〈antworten 回答〉 *gespr*[口]; sehr schnell antworten 不假思索地,脱口而出地,迅速地,毫不犹豫地

pitsch·nass *Adj*(形); *ohne Steigerung, gespr* (无变级)[口]; sehr nass 很湿的,湿透的

pit·to·resk *Adj*(形); *geschr* [书]≈ malerisch

Piz·za [-ts-] *die*; -, *-s/Piz·zen*; e-e flache, runde Speise aus (Hefe) Teig, auf den man Käse, Tomaten *o. Ä.* legt u. den man im Ofen bäckt 比萨饼,意大利式烤馅饼〈e-e P. backen 烤比萨饼〉‖ K-(复合): **Pizza-, -bäcker, -restaurant**

Piz·ze·ria [-ts-] *die*; -, *-s/Piz·ze·ri·en* [-ˈriːən]; ein (*mst* italienisches) Restaurant, in dem man *bes* Pizzas essen kann(多指意大利的)比萨饼店

Pkw, PKW [ˈpeːkaːveː, peːkaːˈveː] *der*; -(*s*), -*s*; (*Abk für* 缩写,全称为 Personenkraftwagen) ein Auto (für Personen) 载客汽车,小客车,小轿车≈ Personenwagen ‖ K-(复合): **Pkw-Fahrer** ‖ NB(注意): ↑ **Lkw**

Pla·ce·bo [plaˈtseːbo] *das*; -*s*, -*s*; MED【医】; ein Mittel, das Patienten als Medikament gegeben wird, aber keine (chemische) Wirkung hat 安慰剂 ‖ K-(复合): **Placebo-, -effekt**

pla·cie·ren [-ˈtsiː-, -ˈsiː-] ↑ **platzieren**

pla·cken, sich; *plackte sich, hat sich geplackt*; Vr (反身) **sich (mit etw.) p.** *gespr* [口]; schwere Arbeit tun u. sich sehr anstrengen 操劳,干重活,苦干,拼命干,吃苦≈ sich plagen ‖ *zu* **Plackerei** ↑ **-ei**

plä·die·ren; *plädierte, hat plädiert*; Vi(不及物) **1. für/gegen etw. p.** Argumente für od. gegen etw. bringen 主张,表示支持,提出要/发言反对,表示反对≈ sich für/gegen etw. aussprechen: *Der Redner plädierte* dafür, *härter gegen Terroristen vorzugehen* 报告人提出要更加严厉地对付恐怖分子 **2.** JUR【法】; **auf Freispruch p.** (als Rechtsanwalt) beantragen, dass der Angeklagte keine Strafe bekommt (作为律师)要求宣判被告无罪 **3.** JUR【法】; (vor Gericht) ein Plädoyer halten 在法庭上发言,发表辩护词

Plä·do·yer [plɛdoaˈjeː] *das*; -*s*, -*s* **1.** JUR【法】; die Rede, die der Staatsanwalt od. der Verteidiger vor Gericht hält, bevor das Urteil gesprochen wird 诉状,起诉书,辩护词〈ein (glänzendes) P. halten 在法庭上作(十分精彩的)发言〉 **2. ein P. für/gegen etw.** *geschr* [书]; e-e Rede, in der j-d Argumente u. Beweise für od. gegen etw. bringt 主张/反对…的发言,演讲: *ein P. für mehr Gleichberechtigung* 主张实现更彻底的平等权利的发言; *ein P. gegen die Todesstrafe* 反对实行死刑的演讲

Pla·fond [plaˈfõː] *der*; -*s*, -*s* **1.** *südd* Ⓐ [南德][奥]die Decke² e-s Zimmers od. Raumes 天花板 **2** ⒸⒽ [瑞]≈ Limit

Pla·ge *die*; -, -*n* **1.** etw., das für j-n (lange) unangenehm u. belastend ist 折磨,痛苦,苦恼,烦恼≈ Qual 〈e-e schreckliche, lästige P. 难以忍受的,烦人的折磨; j-m das Leben zur P. machen 使某人的生活备受折磨〉: *Ihre Allergie ist e-e richtige P. für sie* 她的过敏反应对她来说真是一件苦恼的事 ‖ -K(复合): **Heuschrecken-, Insekten-, Mäuse-, Mücken-** **2.** *gespr* [口]; e-e Arbeit, die schwer u. anstrengend ist 劳累,艰难的工作,辛苦≈ Mühsal

Pla·ge·geist *der*; *gespr, oft hum*[口]常用[诙]; j-d, der andere dauernd mit seinen Wünschen bedrängt 纠缠不休的人,折磨人的人,讨厌鬼≈ Quälgeist

pla·gen; *plagte, hat geplagt*; Vt (及物) **1. etw. plagt j-n** etw. ist für j-n (*mst* ziemlich lange Zeit) unangenehm u. belastend, weil Arbeit, Probleme od. Schmerzen damit verbunden sind (物作主语)折磨,使遭受痛苦,使苦恼≈ etw. quält j-n 〈die Hitze, der Durst, Schmerzen, Gedanken 炎热的天气,干渴,疼痛,想法〉: *Die Mücken plagten uns sehr* 蚊子把我们折磨得够呛 **2. j-n (mit etw.) p.** immer wieder etw. tun, sagen *o. Ä.*, das für j-n lästig od. unangenehm ist (用…)纠缠、烦扰: *Er plagte uns mit seinen Fragen* 他不断地用问题来纠缠我们; Vr (反身) **3. sich (mit etw.) p.** viel Mühe mit etw. haben 劳神费力,煞费苦心,辛苦操劳,努力苦干〈sich in der Schule p. 在学校里很用功; sich mit Problemen p. müssen 不得不为种种问题操心〉

Pla·gi·at *das*; -(*e*)*s*, -*e*; *geschr* [书] **1.** die Verwendung von Ideen, Arbeiten *o. Ä.* anderer Personen, als ob sie von einem selbst kämen 剽窃,抄袭〈ein P. begehen 进行剽窃〉 **2.** ein Buch, ein Werk *o. Ä.*, das durch ein P. (1) entstanden ist 剽窃作品 ‖ *hierzu* (派生) **Pla·gi·a·tor** *der*; -*s*, -*en*; **Pla·gi·a·to·rin** *die*; -, -*nen*; **pla·gi·ie·ren** (*hat*) *Vt* (及物)

Pla·kat *das*; -(*e*)*s*, -*e*; ein großes Blatt mit e-m Bild od. Foto u. mit Informationen od. Werbung, das man an e-e Stelle klebt, an der es viele Leute sehen 招贴画,宣传画,广告,海报〈ein P. entwerfen, anschlagen 设计,张贴海报; ein P. an e-e Litfaßsäule kleben 将一张招贴画贴在广告柱上; Plakate kleben 贴海报; etw. auf Plakaten ankündigen 用海报预告某事,用布告通知某事〉‖ K-(复合): **Plakat-, -kunst, -malerei, -wand, -werbung** ‖ -K(复合): **Film-, Kino-, Konzert-, Theater-, Wahl-, Werbe-** ‖ NB(注意): ↑ **Transparent**

pla·ka·tiv [-f] *Adj*(形); 〈Farben, j-s Sprache, ein Titel 颜色,某人的语言,标题; etw. wirkt p. 某事给人留下突出的印象〉 mit e-r starken Wirkung, weil sie einfach u. einprägsam sind 醒目的,具有宣传效果的,言简意赅的

Pla·ket·te *die*; -, -*n*; e-e kleine, flache, *mst* runde Scheibe aus Plastik, Metall *o. Ä.*, die

P

man irgendwo aufklebt od. ansteckt u. auf der Zeichen od. Worte stehen 徽章，纪念章〈e-e P. anstecken, tragen 别上，戴着一枚徽章〉: *e-e P. mit der Aufschrift „Atomkraft – nein danke!"* 一个带有"不要核能!"字样的纪念章

plan *Adj*（形）; *geschr*［书］≈ flach, eben〈e-e Fläche 地面，表面〉

Plan *der*; -(e)s, *Plä·ne* **1.** e-e Art Programm, das genau beschreibt, was man bis zu e-m bestimmten Zeitpunkt tun muss 计划，规划，方案，具体安排〈e-n P. ausarbeiten, erarbeiten, ausführen, durchführen, verwirklichen 制定，拟定，实施，贯彻，实现一项计划; e-n P., Pläne machen 做计划，做安排〉: *Er überließ nichts dem Zufall, sondern hatte e-n genauen P., wie alles gemacht werden sollte* 他对任何事情都没有随便听其自然，一切该怎么办，他都有一个详细的计划 ‖ K-(复合): **Plan-, -änderung** ‖ -K(复合): **Arbeits-, Dienst-, Fahr-, Sende-, Spiel-, Stunden-, Termin-, Veranstaltungs-, Zeit-** **2.** ≈ Absicht, Intention〈e-n P., Pläne haben 有一个打算，有一些设想; e-n P. fassen (= etw. beabsichtigen), verfolgen (= durchführen wollen), verwirklichen, aufrechterhalten (= weiterhin durchführen (wollen)), aufgeben 打算做，想要实行，实现意图，坚持原来的打算，放弃打算; e-n P. fallen lassen (= aufgeben) 放弃打算，取消计划; j-s Pläne durchkreuzen (= zerstören) 使某人的意图落空，挫败某人的计划〉: *Sie fassten den P., sich ein Haus zu kaufen* 她计划给自己买一幢房子 ‖ -K(复合): **Flucht-; Heirats-, Urlaubs-, Zukunfts-** **3.** e-e Zeichnung, die zeigt, wie etw. gebaut ist od. gebaut werden soll 设计图，平面图，图纸，草图≈ Entwurf〈e-n P. zeichnen, entwerfen, ausarbeiten 画，起草，制作出一张草图〉: *Die Pläne für den Umbau unseres Hauses sind inzwischen fertig* 改造我们这座房子的设计图现已制订好 ‖ -K(复合): **Bau-, Konstruktions-** **4.** e-e Zeichnung, die *mst* e-e Stadt in e-m kleinen Maßstab darstellt 地图，地形图，鸟瞰图≈ Karte (5): *ein P. von Salzburg* 一张萨尔茨堡市地图; *Auf diesem P. sind alle Sehenswürdigkeiten eingezeichnet* 这张地图标出了所有景点 ‖ -K(复合): **Lage-, Stadt-, Übersichts-** **5. Pläne schmieden** Pläne (1) machen 制订计划 **6. etw. steht auf dem P.** etw. ist geplant (2), steht bevor 某事已列入活动日程，已列入计划 **7. etw. geht/(ver)läuft nach P.** etw. funktioniert so, wie man es gewünscht u. geplant hat 某事正按计划进行 ‖ ID［谚］**j-d/etw. tritt auf den P.** j-d/etw. erscheint 某人出场，登场/某事出现; **etw. ruft j-n auf den P.** etw. bewirkt, dass j-d aktiv wird (indem er *z. B.* protestiert od. sich gegen etw. wehrt) 某事促使某人行动起来

Pla·ne *die*; -, -n; e-e große Decke aus Stoff od. Plastik, die man (zum Schutz) über etw. legt 苫布，防雨布，帆布篷，塑料篷〈etw. mit e-r P. abdecken, zudecken 用苫布盖住，盖严某物〉 ‖ -K(复合): **Plastik-; Regen-, Wagen-, Zelt-**

pla·nen; *plante, hat geplant*; [Vt]（及物）**1. etw. p.** sich gut überlegen, wie man etw. machen will 计划，筹划，规划〈etw. lange im Voraus p. 事先计划某事; etw. auf lange Sicht p. 对某事作长远规划; e-n Diebstahl p. 图谋偷窃; seinen Urlaub p. 作度假计划〉: *Wir müssen genau p., was wir tun wollen* 我们必须仔细计划一下想做些什么 **2. etw. p.** die Absicht haben, etw. zu tun 打算，企图≈ beabsichtigen, vorhaben: *Wir planen, nächstes Jahr nach Japan zu fliegen* 我们打算明年去日本 **3. etw. p.** e-e Zeichnung, ein Modell *o. Ä.* von etw. machen, damit man weiß, wie man es bauen muss 设计≈ entwerfen〈ein Haus, e-n Garten, e-e Straße p. 设计一栋房子，一座花园，一条街道〉

Pla·net *der*; -en, -en **1.** ein Himmelskörper, der sich um e-e Sonne dreht 行星↔ Fixstern: *Merkur, Mars u. Venus sind Planeten* 水星、火星、金星都是行星 ‖ K-(复合): **Planeten-, -bahn, -system** **2. unser P.** die Erde 地球 ‖ NB(注意): *der Planet; den, dem, des Planeten* ‖ zu（义项）**1. pla·ne·ta·risch** *Adj*（形）; *nicht adv*（不作状语）

Pla·ne·ta·ri·um *das*; -s, *Pla·ne·ta·ri·en* [-iən] **1.** e-e Anlage zur Beobachtung der Sterne u. Planeten 天象仪 **2.** ein Gebäude mit e-r Kuppel, in dem ein P. (1) steht 天文馆

pla·nie·ren; *planierte, hat planiert*; [Vt/i]（及物/不及物）(**etw.**) **p.** etw. mit Maschinen eben machen 平整，使平坦≈ einebnen〈den Boden, ein Gelände p. 平整土地，场地〉 ‖ *hierzu*（派生）**Pla·nie·rung** *die*

Pla·nier·rau·pe *die*; ein großes Fahrzeug (das auf Ketten läuft), mit dem man den Boden planiert 履带式平土机，履带式推土机

Plan·ke *die*; -, -n; ein dickes u. breites Brett 宽厚的木板，厚木板，板条 ‖ -K(复合): **Schiffs-**

plän·keln; *plänkelte, hat geplänkelt*; [Vi]（不及物）**mit j-m p.** mit j-m im Spaß ein wenig streiten 与某人开玩笑斗嘴，与某人争论逗闷子 ‖ ▶ **Geplänkel**

Plank·ton *das*; -s; *nur Sg, Kollekt*（只用单数，集合）; die sehr kleinen Pflanzen u. Tiere, die im Wasser leben u. von vielen Fischen gefressen werden 浮游生物，水生植物

plan·los *Adj*（形）; ohne Plan, Überlegung 无计划的，缺乏计划性的，杂乱的≈ unüberlegt ↔ planvoll〈j-s Handeln 某人的行为; p. arbeiten, vorgehen 无计划地工作，行事〉 ‖ *hierzu*（派生）**Plan·lo·sig·keit** *die*; *nur Sg*（只用单数）

plan·mä·ßig *Adj*（形）**1.** genau wie es im Plan (1) steht 按计划的，有计划的: *Die Arbeiten verliefen p.* 工作按计划进行 **2.** so, wie es im Fahrplan steht（按行车时刻表）正点（运行）的〈die Ankunft, die Abfahrt 到达，发车〉: *Der Zug aus Athen kam p. in Salzburg an* 从雅典来的火车正点到达萨尔茨堡 ‖ *hierzu*（派生）**Plan·mä·ßig·keit** *die*; *nur Sg*（只用单数）

Plansch·be·cken, plan·schen ↑ **Plantschbecken, plantschen**

Plan·stel·le *die*; ein Arbeitsplatz (*bes* für e-n Beamten) im öffentlichen Dienst 公职,(国家机构的)编制内的职位〈e-e P. bekommen, auf e-r P. sitzen 得到一个公职名额,任公职; Planstellen einsparen 削减公务员编制,精简编制〉

Plan·ta·ge [plan'taːʒə] *die*; -, -n; ein großes Stück Land (oft in tropischen Ländern), auf dem man Pflanzen anbaut 种植园,大农场 ‖ K-(复合): ***Plantagen-, -arbeiter, -besitzer*** ‖ -K(复合): ***Bananen-, Baumwoll-, Erdbeer-, Kaffee-, Tabak-***

Plantsch·be·cken *das*; ein flaches Becken mit Wasser, in dem Kinder im Sommer baden (供儿童戏水用的)浅水池

plant·schen *plantschte, hat geplantscht*; [Vi] (不及物) im Wasser spielen u. dabei die Hände u. Füße so bewegen, dass das Wasser spritzt 在水中玩耍打闹,戏水; *Die Kinder plantschten mit größtem Vergnügen im Wasser* 孩子们尽情地在水中玩耍打闹

Pla·nung *die*; -, -en; die Handlungen, durch die ein Plan (1,2,3,4) entsteht 规划,计划〈e-e gründliche, kurzfristige, langfristige, rechtzeitige P. 细致周密的,短期的,长期的,及时的规划〉 ‖ K-(复合): ***Planungs-, -stadium*** ‖ -K(复合): ***Fehl-, Städte-, Wirtschafts-***

Plan·wirt·schaft *die*; ein System, in dem die Wirtschaft e-s Landes von e-r zentralen Stelle (der Regierung) geplant wird 计划经济 ↔ Marktwirtschaft

Plap·per·maul *das*; *gespr pej*[口][贬]; j-d, der viel redet (ohne zu denken) 耍贫嘴的人,唠唠叨叨的人,饶舌者,说话不谨慎的人: *Du bist ein richtiges P.!* 你可真会信口开河!

plap·pern; *plapperte, hat geplappert*; *gespr* [口]; [Vt](及物)**1. etw. p.** *pej*[贬]; etw. sagen, ohne nachgedacht zu haben 瞎说,信口开河,瞎扯,不断地嘟哝〈Unsinn p. 胡说八道〉; [Vi] (不及物)**2.** schnell u. viel reden, ohne etw. Wichtiges zu sagen 喋喋不休,咿哑说个不停〈Kinder 儿童〉

plär·ren; *plärrte, hat geplärrt*; *gespr, mst pej* [口]多用[贬]; [Vt/i] (及物/不及物)**1. (etw.) p.** (etw.) mit lauter u. unangenehmer Stimme singen od. rufen 尖声唱歌,尖声叫喊; [Vi](不及物)**2.** laut u. lange weinen 大声哭闹〈kleine Kinder, Säuglinge 儿童,婴儿〉

Plas·ma *das*; -s, *Plas·men*; der flüssige Teil des Blutes 血浆〈P. spenden 献血〉 ‖ -K(复合): ***Blut-***

Plas·te *die*; -, -en; *ostd gespr* [东德][口]≈ Plastik[1]

Plas·tik[1] *das*; -s; *nur Sg* (只用单数); ein künstliches Material. Man kann es so herstellen, dass es weich u. dünn ist (wie *z.B.* für Folien) od. biegsam od. hart 塑料 ‖ K-(复合): ***Plastik-, -besteck, -beutel, -eimer, -flasche, -folie, -plane, -sack, -tasche, -tüte*** ‖ *zu* ***Plastiktüte*** ↑ *Abb. unter* 图见 ***Behälter und Gefäße***

Plas·tik[2] *die*; -, -en **1.** e-e Figur, die von e-m Künstler gemacht worden ist 雕像,塑像,雕塑品: *Plastiken von Rodin u. Henry Moore* 罗丹和亨利·穆尔的雕塑 ‖ -K(复合): ***Bronze-, Holz-, Marmor-, Stein-*** **2.** *nur Sg*(只用单数); die Kunst, Plastiken[2](1) herzustellen 造型艺术,雕塑艺术: *die P. des Mittelalters, der Gegenwart* 中世纪的,当代的雕塑艺术

Plas·tik·geld *das*; *nur Sg, gespr hum* (只用单数)[口][诙]≈ Kreditkarte〈mit P. zahlen 用信用卡支付〉

plas·tisch *Adj*(形) **1.** so (gestaltet), dass es nicht wie e-e Fläche, sondern als Raum wirkt 立体感的〈die plastische Wirkung e-s Bildes, e-s Reliefs 一幅画,一座浮雕的立体效果〉 **2.** *nur attr, nicht adv*(只作定语,不作状语); in Bezug auf e-e Plastik[2] 雕塑的,造型的〈die Kunst 艺术〉 **3.** so, dass man es sich genau vorstellen kann 形象的,生动的,活灵活现的≈ anschaulich〈e-e Erzählung 讲述; etw. p. darstellen 形象地描绘某物〉 **4.** ≈ formbar〈ein Material, e-e Masse 材料,一团东西〉 **5. *plastische Chirurgie*** Chirurgie, bei der j-s Aussehen verbessert od. verändert wird 整形外科 ‖ *zu* (义项)**1., 3.** u. **4. Plas·ti·zi·tät** *die*; -; *nur Sg*(只用单数)

Pla·ta·ne *die*; -, -n; ein Baum mit großen Blättern u. e-m hellen Stamm 悬铃木,法国梧桐 ‖ K-(复合): ***Platanen-, -allee***

Pla·teau [pla'toː] *das*; -s, -s; e-e Ebene, die *mst* höher liegt als das Land um sie herum 高原,台地≈ Hochebene ‖ -K(复合): ***Berg-, Hoch-***

Pla·tin *das*; -s; *nur Sg* (只用单数); ein sehr hartes grauweißes Metall, das sehr wertvoll ist 铂,白金; CHEM【化】Pt ‖ K-(复合): ***Platin-, -elektrode, -ring, -schmuck***

Pla·ti·tü·de [-'tyːdə] ↑ ***Plattitüde***

pla·to·nisch *Adj*(形) **1.** *nicht adv*(不作状语); in Bezug auf die Philosophie Platons 柏拉图的〈die Philosophie, die Tradition 哲学,传统〉 **2.** nur geistig u. nicht sexuell 柏拉图式的,纯粹精神的(排除肉欲的)〈Liebe, e-e Beziehung 爱情,关系〉

plat·schen; *platschte, hat/ist geplatscht*; [Vi] (不及物)**1. etw. platscht irgendwohin** (*hat/ist*) etw. erzeugt das kurze, helle Geräusch, das entsteht, wenn Wasser auf etw. fällt (物作主语)发出拍击声,水溅声〈die Wellen, das Wasser 波涛,水〉: *Der Regen platscht auf die Straße, gegen die Fenster* 雨水劈里啪啦地溅落在大街上,劈里啪啦地拍打着窗户 **2. irgendwohin p.** (*ist*) mit e-m kurzen, hellen Geräusch ins Wasser fallen 扑通一声落入水中 ‖ *hierzu* (派生) **platsch!** *Interjektion*(叹)

plät·schern; *plätscherte, hat/ist geplätschert*; [Vi](不及物)**1. etw. plätschert** (*hat*); **etw. plätschert irgendwohin** (*ist*) etw. fließt, fällt od. bewegt sich (irgendwohin) u. macht dabei ein leises, helles Geräusch (物作主语)发出潺潺声,淅沥声,拍击声,汩汩声〈das Wasser, der Bach, der Regen, die Wellen 流水,溪水,雨水,波涛〉 **2.** (*hat*) Wasser so be-

P

wegen, dass es leise, helle Geräusche macht 拍水、击水发出溅水声：*Die Kinder plätschern im Wasser* 孩子们在水中击水喧闹 **3. etw. plätschert vor sich** (*Akk* 四格) **hin** (*ist*) etw. ist ohne besondere Ereignisse od. Höhepunkte (物作主语) 平淡无奇：*Unsere Diskussion plätscherte nur vor sich hin* 我们的讨论平淡地过去了

platt, *platter*, *plattest-*; *Adj* (形) **1.** flach u. breit 平的，扁平的〈etw. p. drücken, walzen 把某物压平，压扁；sich p. auf den Boden legen, werfen 平躺到地上；p. auf der Erde liegen 平躺在地上；die Nase an der Fensterscheibe p. drücken 把鼻子紧紧贴在玻璃窗上〉 **2.** ohne Luft 瘪了气的 ↔ prall 〈ein Reifen 轮胎〉 ‖ NB(注意)：↑ **Platten** **3.** *pej*[贬]；allgemein bekannt, also weder wichtig noch interessant 平庸浅薄的，枯燥乏味的，无意义的，无聊的 ≈ geistlos, banal, trivial 〈Witze, e-e Redensart, ein Gespräch 笑话，空话，谈话〉 **4. p. sein** *gespr*[口]；sehr erstaunt sein 十分惊讶 ≈ baff sein：*Über ihr ungewöhnliches Geschenk war er einfach p.* 对她的不同寻常的礼物，他简直惊呆了

Platt *das*; -(*s*); *nur Sg* (只用单数)；die Dialekte, die im Norden Deutschlands gesprochen werden u. die dem Holländischen relativ ähnlich sind 德国北部方言，低地德语 ≈ Niederdeutsch 〈P. sprechen 说北德方言，说低地德语〉 ‖ *hierzu* (派生) **Platt·deutsch** (*das*); **Platt·deut·sche** *das*; **platt·deutsch** *Adj* (形)；*ohne Steigerung* (无变级)

platt·drü·cken ↑ **platt** (1)

Plat·te *die*; -, *-n* **1.** ein flaches, dünnes *mst* rechteckiges Stück aus e-m harten Material (硬材料做成的) 平板〈e-e P. aus Stein, Holz 石板，木板；e-e eiserne P. 铁板〉 ‖ -K(复合)：***Beton-***, ***Eis-***, ***Glas-***, ***Holz-***, ***Kunststoff-***, ***Marmor-***, ***Metall-***, ***Stahl-***, ***Stein-***; ***Tisch-***, ***Tischtennis-*** **2.** e-e (runde) Fläche *mst* auf e-m Herd, auf der man kochen kann 灶，灶台，(电)炉灶〈e-n Topf auf die P. stellen 把锅放到灶板上；die P. einschalten, ausschalten 开、关(电)炉灶〉：*ein Herd mit vier Platten* 有四个灶板的炉灶 ‖ -K(复合)：***Herd-***, ***Koch-***, ***Ofen-*** **3.** *Kurzw* (略) ↑ **Schallplatte** 〈e-e P. auflegen, anhören, spielen 放上(搁上)，听，放唱片〉 ‖ K-(复合)：***Platten-***, ***-archiv***, ***-aufnahme***, ***-cover***, ***-hülle***, ***-sammlung*** ‖ -K (复合)：***Jazz-***, ***Opern-***, ***Tanz-***; ***Langspiel-*** **4.** ein großer u. flacher Teller, auf dem man Speisen serviert 平盘，平碟，托盘〈e-e P. herumreichen 轮流传递平盘〉：*e-e P. mit kaltem Braten* 一盘冷烤肉 ‖ -K (复合)：***Fleisch-***, ***Torten-*** **5.** verschiedene Speisen, die zusammen auf e-r P. (4) serviert werden 盘菜，一道菜〈e-e P. für zwei Personen 供两个人食用的一道菜〉 ‖ -K(复合)：***Aufschnitt-***, ***Fleisch-***, ***Gemüse-***, ***Grill-***, ***Käse-***, ***Salat-*** **6. *e-e kalte P.*** ein kaltes Essen, das aus Schinken, Wurst, Käse, Salat *usw* besteht 冷盘，冷拼盘 **7.** *gespr* [口] ≈ Glatze ‖ ID [谚] ***hell auf der P. sein*** *gespr*[口]；intelligent sein 耳聪目明，聪明机灵

Plätt·ei·sen *das*; *nordd* [北德] ≈ Bügeleisen

Plat·ten *nur in* 只用于 ***e-n P. haben*** keine Luft mehr in e-m Reifen am Fahrrad, Auto *o. Ä.* haben (汽车、自行车等的)轮胎瘪了，漏气了

plät·ten; *plättete*, *hat geplättet*; [Vt/i] (及物/不及物)(**etw.**) **p.** ≈ bügeln

Plat·ten·spie·ler *der*; ein Gerät, mit dem man Schallplatten spielt 唱机，留声机，电唱机

Platt·form *die* **1.** e-e Fläche (*z. B.* auf e-m Turm), von der man nach unten sehen kann 平台，高台，塔台，坛〈e-e P. errichten, auf die P. (hinauf)steigen 建起、爬上平台〉 ‖ -K(复合)：***Aussichts-*** **2.** *geschr*[书]；e-e Art Programm, auf das sich e-e Gruppe von Personen einigt (um damit in der Öffentlichkeit aktiv zu werden) 基础，出发点 ≈ Basis (1) 〈e-e gemeinsame/politische P. finden, suchen, schaffen 找到，寻找，达成一个共同的基础/政治基础〉

Platt·fuß *der*; *-es*, *Platt·fü·ße*; *mst Pl* (多用复数) **1.** ein Fuß, bei dem die ganze Sohle den Boden berührt, wenn man geht 平足〈Plattfüße haben 生就一双平足〉 **2. *e-n P. haben*** *gespr* [口] ≈ e-n Platten haben ‖ *zu* (义项) **1. platt·fü·ßig** *Adj* (形)；*nicht adv* (不作状语)

Platt·heit *die*; -, *-en*; *pej*[贬] **1.** *nur Sg* (只用单数)；die Banalität e-r Bemerkung *o. Ä.* 平淡无奇，陈词滥调〈etw. ist an P. nicht zu übertreffen 某事俗不可耐〉 **2.** *mst Pl* (多用复数) ≈ Plattitüde 〈Plattheiten von sich geben 说一些庸俗乏味的空话〉

Plat·ti·tü·de *die*; -, *-n*; *geschr pej* [书][贬]；e-e Aussage od. Redewendung, die nicht mehr interessant ist, weil sie schon alle kennen 老生常谈，陈词滥调，老一套，老调 ≈ Gemeinplatz

platt·wal·zen ↑ **platt** (1)

Platz *der*; *-es*, *Plät·ze* **1.** e-e große Fläche (in e-m Dorf od. in e-r Stadt), die vor e-m Gebäude od. zwischen mehreren Häusern liegt 广场〈ein großer, weiter, freier P. 大的、宽敞的、空旷的广场；über den P. gehen, fahren 穿越、驶过广场〉：*Auf dem P. vor dem Rathaus steht ein großer Brunnen* 在市政厅前面的广场上有一个大喷泉 ‖ K-(复合)-：***Platz-***, ***-konzert*** ‖ -K (复合)：***Bahnhofs-***, ***Dom-***, ***Dorf-***, ***Haupt-***, ***Kirch-***, ***Rathaus-*** **2.** e-e große Fläche im Freien, die e-n bestimmten Zweck hat (露天)场地 ‖ -K(复合)：***Camping-***, ***Eislauf-***, ***Exerzier-***, ***Fußball-***, ***Golf-***, ***Lager-***, ***Minigolf-***, ***Park-***, ***Reit-***, ***Renn-***, ***Rummel-***, ***Schieß-***, ***Schrott-***, ***Spiel-***, ***Sport-***, ***Tennis-***, ***Übungs-*** **3. P.** (**für j-n/etw.**) *nur Sg* (只用单数)；ein Raum od. Bereich, in dem man sein kann od. den man mit etw. füllen kann 地方，场所，位置〈keinen, viel, wenig P. haben 没有地方(位子)，有许多地方(位子)，有一点点地方；P. haben, machen, schaffen, (frei)lassen 有，让出，腾出，空出位置；j-m/etw. P. bieten 给某人/某物提供场所〉：*keinen P. im Wohn-*

zimmer für ein Klavier haben 起居室内没有放钢琴的地方；*Haben wir in diesem kleinen Auto zu fünft P.?* 在这辆小汽车中有我们五个人坐的位子吗?；*Lassen Sie nach dieser Zeile ein wenig P. frei!* 在这一行后面稍空出一些地方!；*Der Schrank nimmt viel P. weg* 这个柜子占了很多地方 ‖ K-(复合)：***Platz-, -bedarf, -ersparnis, -mangel*** **4.** ein Ort, an dem man sein od. bleiben möchte 地方，地点〈ein windgeschützter, versteckter P. 一个背风的，隐蔽的地方〉：*ein schöner P. für ein Picknick* 一个理想的进行野餐的地点；*der richtige P. zum Erholen* 休息(休养)的好地方 ‖ -K(复合)：***Rast-, Liege-*** **5.** der Ort, an dem j-d/etw. war u. wo er/es sein soll 老地方，原处，该放的地方：*Sie stellte das Buch an seinen P. zurück* 她把书放回了原处 ‖ NB(注意)：*mst* mit Possessivpronomen (多与物主代词连用)! **6.** *mst* ein Sitz (od. e-e Stelle, an der man stehen kann) 座位，站的位子〈e-n P. suchen 找座位；j-m seinen P. anbieten 给某人让座位；Plätze reservieren lassen(让)预订座位；e-n guten, schlechten P. haben 有一个好的，不好的位子；etw. ist bis auf den letzten P. voll 全场暴满〉：*Sind hier noch Plätze frei?* 这里还有空座位吗? ‖ K-(复合)：***Platz-, -reservierung*** ‖ -K(复合)：***Liege-, Sitz-, Steh-; Fenster-*** **7.** e-e verfügbare Stelle (*mst* bei e-r Institution) 名额，位子〈e-n P. im Kindergarten, Altersheim bekommen 得到一个幼儿园，养老院的名额〉‖ -K(复合)：***Heim-, Kindergarten-, Studien-*** **8.** die Position, die ein Mensch in Bezug auf e-n anderen Menschen od. e-e Gemeinschaft hat 地位，名分〈sein P. ist in der Familie, an der Seite seiner Frau 他的地位是在家里，在他妻子一边；j-s P. im Leben, in der Gesellschaft 某人在生活中，在社会上的地位〉 **9.** die Position, die j-d in e-m Wettkampf erreicht 名次，名位 ≈ Rang[3]〈der erste, zweite P. 第一、二名(冠、亚军)；auf den ersten P. kommen 争得第一名；den ersten P. belegen, machen 取得第一名〉：*Die beiden italienischen Teilnehmer belegten die Plätze drei u. vier* 这两位意大利选手取得第三名和第四名 ‖ -K(复合)：***Tabellen-*** **10.** (***j-m/für j-n***) ***P. machen*** seine Position *o.Ä.* so ändern, dass sich noch j-d (zu j-m) setzen kann od. dass j-d vorbeigehen kann 给某人空出座位，给某人让路 **11.** ***P. nehmen*** ≈ sich setzen：*Bitte nehmen Sie P.!* 请坐! **12.** ***P. behalten*** ≈ sitzen bleiben：*Bitte behalten Sie P.!* 您请坐着! **13.** ***fehl am Platz(e) sein*** zu etw. nicht passen 不合适，不妥当，(说得)不是地方 ≈ deplaziert sein：*Deine Bemerkung war völlig fehl am Platz* 你的意见完全不合适 **14.** ***P.!*** verwendet, um e-m Hund zu befehlen, dass er sich hinsetzt od. hinlegt (命令狗)坐下！躺下! **15.** ***am Platz(e)*** *veraltend*[渐旧]；in diesem Ort 本地，此处，这里：*Er ist der größte Pelzhändler am Platze* 他是本地最大的皮毛商 ‖ ID [谚] ***j-n vom P. fegen*** *gespr*[口]；j-n in e-m Wettkampf sehr deutlich schlagen(比赛中)大胜某人，大败某人；***ein P. an der Sonne*** **a)** e-e angenehme Situation od. Position 称心如意的位置，好的职位；**b)** Glück u. Erfolg im Leben 生活幸福，事业有成；***j-n auf die Plätze verweisen*** j-n in e-m Wettkampf besiegen(比赛中)取胜某人，名次超过某人，胜某人一筹 ‖ NB (注意)：↑ ***platzsparend***

Platz·angst *die*；*nur Sg*(只用单数)；die Angst, die manche Menschen bekommen, wenn sie in e-m geschlossenen Raum od. mit zu vielen Menschen in e-m Raum sind 幽禁恐惧症，广场恐惧症(精神病的一种) ≈ Klaustrophobie〈P. haben, bekommen 患有，得了幽禁恐惧症〉

Platz·an·wei·ser *der*；*-s, -*；j-d, der im Kino od. Theater die Eintrittskarten kontrolliert u. dem Besucher zeigt, wo sein Platz ist (电影院，剧院等的)引座员 ‖ *hierzu* (派生) **Platz·an·wei·se·rin** *die*；*-, -nen*

Plätz·chen *das*；*-s, -* **1.** ein kleiner Platz (1,4) 一小块地方 **2.** ein kleines, flaches, süßes Gebäck 甜味小饼干，小点心〈Plätzchen backen 烤小饼干〉‖ -K(复合)：***Weihnachts-*** ‖ NB(注意)：*Plätzchen* bäckt man selbst, *Kekse* kauft man(自己烤的小饼干叫 Plätzchen，商店卖的叫 Kekse)

platzen

plat·zen；*platzte, ist geplatzt*；[Vi] (不及物) **1.** ***etw. platzt*** etw. geht plötzlich (oft mit e-m Knall) kaputt, *mst* weil der Druck im Inneren zu stark geworden ist (物作主语)爆裂，破裂，开裂〈der Reifen, der Luftballon, die Naht 轮胎，气球，线缝〉 **2.** ***etw. platzt*** *gespr* [口]；etw. führt nicht zu dem Ergebnis, das man geplant od. gewünscht hat (物作主语)失败，破裂 ≈ etw. scheitert〈e-e Konferenz, die Verhandlungen, die Verlobung 会议，谈判，婚约〉 **3.** ***etw. platzt*** *gespr*[口]；etw. findet nicht statt (物作主语)落空，没有举行，告吹〈j-d lässt e-n Termin, e-e Verabredung p. 某人取消约定的日期，约会〉：*Das Konzert ist geplatzt, weil die Sängerin plötzlich krank wurde* 由于女歌手突然生病，音乐会举行不了了(吹了) **4.** ***etw. platzt*** *gespr* [口]；etw. wird (plötzlich) aufgedeckt (物作主语)被揭露，被戳穿，败露 ≈ etw. fliegt auf〈der Betrug, der Schwindel 欺骗行为，骗局〉 **5.** ***in etw.*** (*Akk* 四格) ***p.*** *gespr* [口]；plötzlich irgendwohin kommen u. stören 突然闯进〈in e-e Veranstaltung, in e-e Besprechung p. 突然闯进活动场所，讨论会〉 **6.** ***vor etw.*** (***fast/schier***) ***p.*** *gespr* [口]；von e-m oft negativen Gefühl erfüllt sein（表示某种感情发展到了极点，无法忍受）…得要命，…得要死，…死了〈vor Eifersucht, Neid, Neugier, Stolz, Wut p. 嫉妒死了，羡慕得要命，好奇得不得了，趾高气扬不可一世，肺都要气炸了〉：*Als wir ein neues Auto kauften, ist unser Nachbar schier geplatzt vor Neid* 我们买了一辆新汽车，我们的邻居简直羡慕死了 ‖ ID［谚］*mst* 多用 ***Ich platze (gleich)*** *gespr*［口］; ich habe e-n vollen Magen, weil ich sehr viel gegessen (u. getrunken) habe 我的肚皮都快撑破了

plat·zie·ren; *platzierte, hat platziert*; Vi（及物）**1.** ***etw. irgendwohin p.*** etw. an e-n bestimmten Platz setzen, stellen od. legen 安置，安排，摆放，放置：*das neue Bild unter das alte p.* 把这幅新画放在那幅旧画下面 **2** ***etw. irgendwohin p.*** SPORT【体】; den Ball so schießen od. werfen, dass er an e-e ganz bestimmte Stelle kommt 对准…射球，传球，击中，投中≈ etw. irgendwohin zielen: *den Ball in die rechte untere Ecke p.* 将球准确地射入右下角; Vr（反身）**3.** ***sich p.*** SPORT【体】; in e-m sportlichen Wettkampf auf e-n bestimmten Rang kommen（体育比赛中）排名，名列，得到…名次〈sich unter den ersten fünf (Läufern) p.（赛跑）排名在前 5 名中; sich gut/schlecht p. 排名很靠前/很靠后〉: *Er konnte sich nicht p.* (= belegte e-n schlechten Platz) 他没能排上名次 **4** ***sich irgendwohin p.*** *gespr, oft hum*［口］常用［诙］≈ sich irgendwohin setzen

plat·ziert **1.** *Partizip Perfekt*（过去分词）; ↑ ***platzieren*** **2.** *Adj*（形）; genau so, wie man zielt 命中的，准确的，射中的〈ein Ball, ein Wurf, ein Schuss 球，投掷，射击〉: *ein hart u. p. geschossener Elfmeter* 踢得又狠又准的点球

Plat·zie·rung *die*; -, *-en* **1.** das Plazieren 安置，安放，放置，布置 **2.** SPORT【体】; das Ergebnis e-s Wettkampfs, das zeigt, ob j-d im Vergleich zu den anderen gut od. schlecht war 排名，名次〈die genaue P. bekannt geben 公布准确详细的名次; e-e gute, schlechte P. 好的，坏的名次〉

Platz·kar·te *die*; e-e Karte, mit der man sich *z.B.* im Zug e-n Sitzplatz reserviert（火车等的）座位票，对号票

Platz·mie·te *die* **1.** das Geld, das man für e-n Platz (3) (*z.B.* beim Campen od. zum Tennisspielen) bezahlt（野营地、网球场等的）场租，租场费 **2.** ein Abonnement (für Theateraufführungen od. Konzerte)（戏剧、音乐会等的）长期票，长期有效的入场券

Platz·pat·ro·ne *die*; e-e Patrone ohne Kugel (für Pistolen u. Gewehre), die nur knallt（演习用的）空包弹

Platz·re·gen *der*; ein sehr starker Regen, der nicht lange dauert 骤雨，阵雨，暴雨〈ein P. geht nieder 下了一场暴雨〉

platz·spa·rend, Platz spa·rend *Adj*（形）; so, dass es wenig Platz braucht 节省地方的，占地少的，紧凑的≈ Raum sparend〈e-e Lösung 答案; etw. p. aufstellen, unterbringen, verstauen 将某物摆放，安置，堆放得紧凑〉

Platz·ver·weis *der*; die Entscheidung des Schiedsrichters, dass ein Spieler das Spielfeld verlassen muss 判罚下场〈e-n P. verhängen 宣布判罚下场，出示红牌; e-n P. bekommen 得到一张红牌，被罚下场〉

Platz·wun·de *die*; e-e Wunde, die entsteht, wenn die Haut (nach e-m Stoß od. Schlag) reißt 裂伤，裂开的伤口，撕裂的伤口

plau·dern; *plauderte, hat geplaudert*; Vi（不及物）**1.** ***(mit j-m) (über j-n/etw.)/(von j-m/etw.) p.*** mit j-m auf angenehme u. freundliche Art sprechen, ohne etw. sehr Wichtiges, Ernstes od. Offizielles zu sagen 聊天，闲谈，侃大山〈nett, gemütlich mit der Nachbarin p. 愉快地，惬意地与邻居闲聊〉: *über seine Erlebnisse im Urlaub p.* 侃自己的休假经历; *von seinen neuesten Plänen p.* 闲聊自己的最新打算 **2.** j-m etw. erzählen, das geheim bleiben soll 向某人泄露，吐露≈ etw. ausplaudern: *Wenn du mir versprichst, nicht zu p., erzähle ich dir ein Geheimnis* 如果你答应不告诉别人，我就给你讲一个秘密

Plau·der·stünd·chen *das*; *-s*, *-*; e-e *mst* kurze Zeit, die man mit j-m plaudert 聊天的时间〈ein P. halten, haben 闲聊片刻〉

Plau·der·ta·sche *die*; *gespr*［口］; j-d, der viel über Dinge redet, die geheim bleiben sollen 话匣子，爱侃大山的人，爱说三道四的人

Plau·der·ton *der*; *nur Sg*（只用单数）; e-e witzige u. leichte Art, etw. zu erzählen 轻松风趣的语调，闲聊的语气〈etw. im P. erzählen 以轻松的口吻谈论某事〉

Plausch *der*; *-(e)s*, *-e*; *mst Sg*（多用单数）**1.** *bes südd* Ⓐ 尤用于［南德］［奥］≈ Gespräch〈e-n P. mit j-m halten 与某人谈话〉 **2.** CH［瑞］≈ Vergnügen, Spaß〈etw. ist ein P. 某事是一次愉快的享受; etw. aus/zum P. tun 出于消遣娱乐而做某事〉

plau·schen; *plauschte, hat geplauscht*; Vi（不及物）**1.** ***(mit j-m) p.*** *bes südd* Ⓐ 尤用于［南德］［奥］≈ plaudern **2.** Ⓐ［奥］≈ schwindeln

plau·si·bel, *plausibler, plausibelst-*; *Adj*（形）; so klar u. verständlich, dass man es gut verstehen kann 明白易懂的，容易明白的，透彻的≈ einleuchtend, verständlich〈ein Grund, e-e Antwort 理由，答复; j-m etw. p. machen 使某人明白某事; etw. p. erklären, begründen 清楚地解释，阐明某事; etw. klingt p. 某事听起来可信〉‖ NB（注意）: *plausibel* → *e-e plausible Antwort* ‖ *hierzu*（派生）**Plau·si·bi·li·tät** *die*; *nur Sg*（只用单数）

Play-back, **Play·back** [ˈpleɪbɛk] *das*; *-*; *nur Sg*（只用单数）; e-e Technik im Fernsehen, Radio *o.Ä.*, bei der der Ton nicht vom Sänger produziert wird, sondern vom Tonband kommt（录音带、录相带等的）播放，重播 ‖ K-（复合）: ***Play-back-Verfahren***; ***Playback-, -verfahren***

Play·boy [ˈpleɪbɔɪ] *der*; *-s*, *-s*; ein reicher Mann, der viel Geld für Frauen u. teure Hobbys ausgibt 花花公子，纨袴子弟，公子哥儿

Pla·zen·ta *die*; *-*, *-s/Pla·zen·ten*; MED【医】

≈ Mutterkuchen

Pla.zet *das*; *-s*, *-s*; *geschr* [书]≈ Zustimmung 〈j-m sein P. zu/für etw. geben 同意某人干某事,批准某人干某事〉

pla.zie.ren, Pla.zie.rung *usw*. ↑ ***platzieren, Platzierung usw***

plei.te *Adj*(形); *nur präd*, *ohne Steigerung*, *nicht adv*, *gespr*(只作表语,无变级,不作状语)[口] **1.** ohne Geld, sodass die Rechnungen nicht mehr bezahlt werden können 破产的≈ bankrott 〈ein Unternehmen, e-e Firma, ein Geschäftsmann 企业,公司,商人〉 **2.** so, dass man im Moment kein Geld hat 身无分文,没有钱: *Kannst du mir 100 Euro borgen? – Ich bin nämlich total p*. 你能借我100欧元吗?——我身边一分钱也没有了

Plei.te *die*; *-*, *-n*; *gespr*[口] **1.** der Zustand, in dem ein Geschäft kein Geld mehr hat 破产,倒闭≈ Bankrott 〈(kurz) vor der P. stehen(快要)面临破产〉 **2.** etw., das ohne Erfolg geblieben ist 惨败,彻底落空≈ Fehlschlag, Reinfall: *Das Konzert war e-e totale P. – Es kamen nur 200 Zuschauer* 这次音乐会彻底失败了——只来了200名观众 **3.** ***P. machen*** ≈ Bankrott machen

plei.te.ge.hen; *ging pleite*, *ist pleitegegangen*; [Vi](不及物) *gespr* [口] ≈ bankrottgehen

plem.plem *Adj*(形); *nur präd*, *nicht adv*, *gespr pej*(只作表语,不作状语)[口][贬]≈ verrückt: *Er ist total p*. 他完全疯了

Ple.num *das*; *-s*, *Ple.nen*; die Sitzung, zu der alle Mitglieder e-r Organisation od. Vereinigung kommen (*bes* alle Mitglieder e-s Parlaments) 全体大会,全会≈ Vollversammlung ‖ K-(复合): ***Plenar-***, ***-sitzung***, ***-tagung***

Ple.o.nas.mus *der*; *-*, *Ple.o.nas.men*; LING, LIT【语】【文学】; ein Ausdruck, in dem zwei Wörter, *mst* ein Adjektiv u. ein Substantiv, etw. doppelt ausdrücken 冗言,赘语,文字堆砌: *Der Ausdruck „weißer Schimmel" ist ein P., denn Schimmel sind immer weiß* "weißer Schimmel"这个词组是一种文字堆砌,因为Schimmel(白马)总是白色的 ‖ *hierzu* (派生) **ple.o.nas.tisch** *Adj*(形)

Ple.thi ↑ ***Krethi***

Ple.xi.glas® *das*; *nur Sg*(只用单数); ein harter, durchsichtiger Kunststoff 透明的硬塑料

PLO [peːɛlˈ|oː] *die*; *-*; *nur Sg*(只用单数); (*Abk für* 缩写,全称为 Palestine Liberation Organization) e-e politische Organisation der Palästinenser 巴勒斯坦解放组织 〈die Palästinensische Befreiungsorganisation PLO 巴勒斯坦解放组织,简称巴解〉 ‖ K-(复合): ***PLO-Führer***

Plom.be *die*; *-*, *-n* **1.** ein kleines Stück Metall od. Plastik. Man klebt es auf etw., das verschlossen od. verpackt ist, um zu zeigen, dass die so verschlossene Sache nicht geöffnet werden darf 封口铅,铅封,封口塑料 〈etw. mit e-r P. versiegeln, sichern, verschließen 将某物用铅封密封,封妥,封住〉 ‖ -K(复合): ***Zoll-*** **2.** ≈ Füllung (2): *e-e P. aus Amalgam* (修补龋齿的)用汞合金做成的填料 ‖ -K(复合): ***Gold-***, ***Zahn-*** ‖ *hierzu* (派生) **plom.bie.ren** (*hat*) *Vt*(及物); **Plom.bie.rung** *die*

plötz.lich *Adj* (形); sehr schnell u. überraschend 突然的,突如其来的,出乎意外的↔ allmählich 〈e-e Bewegung, e-e Wende, ein Entschluss 运动(动作),转折,决定; ein Wetterumschwung 天气变化〉: *Sein plötzlicher Entschluss, nach Amerika auszuwandern, hat uns alle sehr traurig gemacht* 他突然决定移居美国,使我们都很难过; *Ich erschrak, als der Hund p. zu bellen anfing* 狗突然开始狂吠时,我吓了一跳 ‖ ID [谚] ***aber ein bisschen p.!*** verwendet, um j-m auf sehr unhöfliche Art zu sagen, dass er sich beeilen soll (你)快点走吧! ‖ *hierzu* (派生) **Plötz.lich.keit** *die*; *nur Sg*(只用单数)

plump, *plumper*, *plump(e)st-*; *Adj*(形) **1.** so dick u. schwer, dass man sich nicht leicht u. geschickt bewegen kann 粗笨的,动作迟钝的,长得五大三粗的↔ grazil, graziös **2.** nicht höflich u. ohne Rücksicht auf die spezielle Situation 不知趣的,不灵活的,不得体的↔ taktvoll 〈e-e Anspielung, ein Annäherungsversuch 暗示,套近乎; j-s Benehmen 某人的举止〉 **3.** wenig intelligent u. in der Absicht leicht zu erkennen 笨拙的,愚蠢的,容易识破的〈e-e Lüge, ein Täuschungsmanöver 谎言,骗局〉 ‖ *hierzu* (派生) **Plump.heit** *die*; *nur Sg*(只用单数)

plump.sen; *plumpste*, *ist geplumpst*; [Vi](不及物) ***irgendwohin p.*** schwer (u. laut) zu Boden od. ins Wasser fallen 扑通倒地,扑通一声落入水中 ‖ *hierzu* (派生) **plumps!** *Interjektion*(叹); **Plumps** *der*; *-es*, *-e*

Plumps.klo *das*; *gespr* [口]; ein Klo ohne (Wasser)Spülung 无冲洗设备的厕所

Plun.der *der*; *-s*; *nur Sg*, *pej*(只用单数)[贬]; wertlose Dinge, die man nicht braucht 无用杂物,不值钱的家什,废品,破烂,废旧物品≈ Kram, Trödel

plün.dern; *plünderte*, *hat geplündert*; [Vt/i](及物/不及物) **1.** (***etw.***) ***p.*** aus Geschäften u. Häusern Dinge stehlen (*bes* im Krieg od. während e-r Katastrophe) 劫掠,掠取,抢劫; [Vt] (及物) **2.** ***etw. p.*** *hum*[诙]; (fast) alles wegnehmen, essen *o. Ä.*, was da ist 将…一扫而空〈den Kühlschrank, das Sparbuch p. 将冰箱里的东西,存折上的钱一股脑儿全拿走〉 ‖ *hierzu* (派生) **Plün.de.rer** *der*; *-s*, *-*; **Plün.de.rung** *die*

Plu.ral *der*; *-s*, *-e*; *mst Sg*, LING(多用单数)【语】; die Form e-s Wortes, die zeigt, dass von zwei od. mehr Personen od. Dingen gesprochen wird 复数≈ Mehrzahl ↔ Singular; *Abk* 缩写 Pl., Plur. 〈den P. e-s Wortes bilden 构成一个词的复数形式〉: *„Männer" ist der P. von „Mann"* "Männer"是"Mann"的复数形式 ‖ K-(复合): ***Plural-***, ***-bildung***, ***-endung***, ***-form*** ‖ NB(注意): Als Mehrzahl wird statt *Plurale* oft *Pluralformen* verwendet(Plural 的复数常不用 Plurale,而用 Pluralformen)

Plu.ra.lis.mus *der*; *-*; *nur Sg*, *geschr*(只用单

P

数)[书] **1.** die Tatsache, dass Menschen, Organisationen o. Ä. ganz verschiedene Meinungen, Ideen *usw* vertreten (dürfen) 多元格局 **2.** die politische Anschauung od. Einstellung, die den P. (1) zum Ziel hat 多元论,多元政治观,多元主义 ‖ *hierzu* (派生) **plu·ra·lis·tisch** *Adj*(形)

plus[1] MATH【数】; das Zeichen +, das e-e Addition anzeigt +,加(号) ≈ und ↔ minus: *Drei p. zwei ist (gleich) fünf* (3 + 2 = 5) 三加二等于五(3 + 2 = 5) ‖ K-(复合): ***Plus-, -zeichen***

plus[2] *Präp*(介); *mit Gen*(支配二格); zusätzlich zu e-r bestimmten Summe od. Menge 包括,连…在内 ≈ zuzüglich ↔ minus: *Die Wohnung kostet 650 Euro p. Nebenkosten* 这所房子(的租金)连杂费在内 650 欧元 ‖ NB(注意): *mst* ohne Artikel u. ohne Genitivendung verwendet(使用时多不带冠词,其后面的名词亦不带二格词尾): *p. Trinkgeld* 包括小费

plus[3] *Adv* (副) **1.** verwendet, um auszudrücken, dass ein Wert größer als Null ist 正,正数,正号,正量↔ minus[3](1): *Am Morgen waren es fünf Grad p.* (+5°)早晨的温度曾为零上 5 度(+5°); *Minus zwei mal minus zwei ist p. vier* (-2 × -2 = +4) 负 2 乘负 2 等于正 4(-2×-2 = +4) **2.** etwas besser als die angegebene (Schul)Note (给学生打分时表示略好于所给予的成绩分)加,+ ↔ minus[3](2): *Er hat im Aufsatz die Note „zwei p." bekommen* 他作文的成绩为 2⁺

Plus *das*; -; *nur Sg*(只用单数) **1.** ein *bes* finanzieller Gewinn (账上的)超额,盈余,增长↔ Minus: *Dieses Jahr konnte die Firma ein beträchtliches P. verbuchen* 今年这家公司的收益增长显著 **2.** *gespr* [口]≈ Vorteil ↔ Minus, Nachteil: *Sein gutes Aussehen ist ein wichtiges P. für ihn* 他英俊的外表是他的一个重要优点 ‖ K-(复合): ***Plus-, -punkt***

Plüsch, Plüsch *der*; -(e)s; *nur Sg* (只用单数); e-e Art dicker, weicher Stoff, den man *bes* für Sessel od. Sofas verwendet 长毛绒,长绒织品,丝绒 ‖ K-(复合): ***Plüsch-, -decke, -sessel, -sofa***

Plüsch·tier *das*; ein Tier aus Plüsch (für Kinder) 长毛绒玩具动物

Plus·pol *der*; PHYS【物】; der Pol (*bes* e-r Batterie) mit positiver elektrischer Ladung (尤指电池的)正极,阳极↔ Minuspol

Plus·quam·per·fekt *das*; -(e)s, -e; *mst Sg*(多用单数); die Form des Verbs, die mit dem Imperfekt von *sein* od. *haben* u. dem Partizip Perfekt gebildet wird (动词的)过去完成时 ≈ Vorvergangenheit 〈ein Verb ins P. setzen 将一个动词变为过去完成时〉: *„Er hatte gegessen" ist das P. zu „er isst"* "Er hatte gegessen"是"er isst"的过去完成时

Plus·zei·chen *das*; das Zeichen +, das *bes* e-e Addition ausdrückt od. das anzeigt, dass e-e Zahl positiv ist 加号,正号,+ ↔ Minuszeichen

Plu·to·ni·um *das*; -s; *nur Sg* (只用单数); ein (radioaktives) chemisches Element, das man für Atombomben u. in Atomkraftwerken verwendet 钚; CHEM【化】Pu ‖ K-(复合): ***Plutonium-, -fabrik***

PLZ *Abk für* 缩写,全称为 Postleitzahl 邮政编码

Pneu [pnøː] *der*; -s, -s; *bes* Ⓒⓗ 尤用于[瑞] ein Reifen, der mit Luft gefüllt ist 充气(橡胶)轮胎,车轮内胎

pneu·ma·tisch *Adj*(形); TECH【技】; mit Luftdruck gesteuert (用)气压(控制)的,充气的,气动的〈e-e Bremse 刹车〉

Po *der*; -s, -s; *gespr* [口]≈ Gesäß ‖ K-(复合): ***Po-, -backe***

Pö·bel *der*; -s; *nur Sg*, *pej*(只用单数)[贬]; verwendet als Bezeichnung für e-e Gruppe von Menschen, die man als ungebildet, gemein, aggressiv o. Ä. betrachtet 群氓,一群暴徒,暴民 ≈ Mob ‖ ▶ ***anpöbeln***

po·chen; *pochte*, *hat gepocht*; [Vi] (不及物) **1.** ***etw. pocht*** etw. ist in (regelmäßigen) Abständen deutlich zu spüren (物作主语)跳动〈ein pochender Schmerz 一跳一跳的痛; j-m pocht das Blut in den Schläfen, das Herz im Hals(某人)感到血在太阳穴里跳动,感到心在脖子里跳动〉 **2.** (***an etw.*** (*Akk* 四格)) ***p.*** *geschr* [书] ≈ klopfen (1) 〈an die Tür p. 敲门〉 **3.** ***auf etw.*** (*Akk* 四格) ***p.*** energisch darauf hinweisen, dass man etw. hat u. auch in Zukunft haben will 坚持;坚决要求≈ auf etw. bestehen 〈auf sein Recht p. 坚持自己的权利〉

po·chiert [pɔˈʃiːɐt] *Adj*(形); *nicht adv*(不作状语); ohne Schale in Wasser gekocht 去壳后水煮的〈ein Ei 蛋〉

Po·cken *die*; *Pl* (复); e-e gefährliche Krankheit, bei der man Fieber hat u. Blasen bekommt (die später oft zu Narben werden) 天花≈ Blattern 〈die P. haben 得了天花(病); sich gegen P. impfen lassen 接种预防天花的疫苗,种牛痘〉 ‖ K-(复合): ***Pocken-, -epidemie, -narbe, -schutzimpfung*** ‖ *hierzu* (派生) **po·cken·nar·big** *Adj*(形)

Po·dest *das*; -(e)s, -e; e-e kleine, leicht erhöhte Fläche, auf der *bes* ein Denkmal od. ein Redner steht 基座,坛,台,演讲台≈ Podium ‖ -K(复合): ***Sieger-***

Po·dex *der*; -(es), -e; *gespr hum* [口][诙]≈ Gesäß

Po·di·um *das*; -s, *Po·di·en* [-iən]; e-e kleine, leicht erhöhte Fläche, auf der *z.B.* ein Dirigent od. ein Redner steht od. wie sie das Theater hat 乐队指挥台,演讲台

Po·di·ums·dis·kus·sion *die*; e-e Diskussion zwischen Experten, die vor e-m Publikum auf e-m Podium sitzen(在听众、广播听众、电视观众前举行的)专家讨论会

Po·e·sie [poeˈziː] *die*; -; *nur Sg*, *geschr*(只用单数)[书] **1.** die Kunst, Gedichte zu schreiben 诗歌艺术≈ Lyrik, Dichtkunst ↔ Prosa **2.** *Kollekt*(集合); Gedichte 诗,诗歌,诗歌作品≈ Dichtung **3.** die faszinierende Schönheit 迷人之美,魅力,诗意≈ Zauber 〈die P. der Liebe 爱的魅力; ein Abend voller P. 一个充满诗意的夜晚〉 ‖ *zu* (义项) **1.** u. **2.** **po·e·tisch** *Adj*(形)

Po·e·sie·al·bum *das*; ein kleines Buch, in das Freunde u. Verwandte (zur Erinnerung) kurze Gedichte *o.Ä.* schreiben(供朋友、亲戚题诗、赠言的)纪念册,题词册

Po·et [po'eːt] *der*; *-en*, *-en*; *geschr* [书] ≈ Dichter ‖ NB(注意): *der Poet*; *den*, *dem*, *des Poeten* ‖ *hierzu* (派生) **Po·e·tin** [po'eːtɪn] *die*; *-*, *-nen*

Po·e·tik *die*; *-*, *-en*; *mst Sg*(多用单数); die Wissenschaft u. Darstellung von literarischen Formen 诗学,诗论

po·fen; *pofte*, *hat gepoft*; Vi (不及物) *gespr* [口] ≈ schlafen

Pog·rom *der*, *das*; *-s*, *-e*; das Verfolgen u. Töten vieler Menschen, die e-e andere Rasse, Religion *o.Ä.* haben (由于种族、民族或宗教仇恨而进行的)大屠杀,大洗劫,大破坏,浩劫 ‖ K-(复合): ***Pogrom-***, ***-stimmung*** ‖ -K(复合): ***Juden-***

Pog·rom·nacht *die*; *nur Sg*, *hist* (只用单数)[历] ≈ Kristallnacht

Poin·te ['poɛ̃ːtə] *die*; *-*, *-n*; ein überraschender Schluss, den e-e Geschichte od. ein Witz hat (故事或笑话中)出人意料的效果,风趣之处,精辟的妙句,噱头 ‹die P. verderben, nicht verstehen 破坏预期的效果;没有明白精妙之处›

poin·tiert [poɛ̃-] *Adj*(形); *geschr*[书]; besonders gut u. wirksam formuliert 绝妙的,中肯的,言简意赅的,正中要害的 ‹e-e Bemerkung, e-e Formulierung 意见,表述› ‖ *hierzu* (派生) **poin·tie·ren** (*hat*) *Vt*(及物)

Po·kal *der*; *-s*, *-e* **1.** e-e Art Becher (*mst* aus Metall), den ein Sportler od. e-e Mannschaft nach dem Sieg in e-m Wettkampf bekommt 优胜杯,奖杯 ‖ K-(复合): ***Pokal-***, ***-finale***, ***-runde***, ***-sieger***, ***-spiel***, ***-turnier*** **2.** ein wertvoller Becher 高脚杯 ≈ Kelch ‖ -K(复合): ***Gold-***, ***Kristall-***, ***Wein-***

pö·keln; *pökelte*, *hat gepökelt*; Vt (及物) ***etw. p.*** etw. in Salz legen, damit es haltbar wird 腌制,盐渍 ‹Fisch, Fleisch p. 腌肉,腌鱼› ‖ K-(复合): ***Pökel-***, ***-fleisch***

Po·ker *das*, *der*; *-s*; *nur Sg*(只用单数); ein Kartenspiel, bei dem man oft um viel Geld spielt 扑克牌游戏 ‹e-e Runde P. spielen 玩一局扑克牌游戏›

po·kern; *pokerte*, *hat gepokert*; Vi (不及物) **1.** Poker spielen 玩扑克牌,打扑克 **2.** (***um etw.***) ***p.*** ein *mst* hohes (finanzielles) Risiko eingehen (为…)下赌注冒风险 ‹hoch p. 冒很大风险›

Pol *der*; *-s*, *-e* **1.** der Punkt auf e-m Planeten (*bes* der Erde), der am weitesten im Süden od. Norden ist, u. das Gebiet um ihn herum 极,极地: *An den Polen herrscht ein kaltes Klima* 在极地天气寒冷 ‖ -K(复合): ***Nord-***, ***Süd-*** **2.** eine der beiden Stellen an e-m Gerät, e-r Batterie, e-m Kabel *o.Ä.*, an der der Strom heraus- od. hineinfließt 电极: *die Pole e-r Batterie* 电池的正负极 ‖ -K(复合): ***Minus-***, ***Plus-*** **3.** PHYS【物】; eines der beiden Enden e-s Magneten 磁极 ‖ K-(复合): ***Pol-***, ***-stärke*** **4.** ***der ruhende Pol*** j-d, der (im Gegensatz zu anderen) sehr ruhig bleibt 能稳住人心的人,稳定的因素,可靠的支柱,中坚: *der ruhende Pol des Teams* 小组的核心人物

po·lar *Adj*(形); *ohne Steigerung*, *nicht adv*(无变级,不作状语) **1.** in Bezug auf einen der Pole (1) der Erde(地球南、北)极的,极地的: *der Zustrom polarer Luftmassen* 极地气团涌入,极地来的气团 ‖ K-(复合): ***Polar-***, ***-expedition***, ***-gebiet***, ***-forscher***, ***-himmel*** **2.** *geschr* [书] ≈ gegensätzlich ‹Meinungen, Kräfte 意见,力量›

po·la·ri·sie·ren, sich; *polarisierte sich*, *hat sich polarisiert*; Vr (反身) ‹Meinungen *o.Ä.* 意见等› ***polarisieren sich*** *geschr*[书]; Meinungen *o.Ä.* gehen immer weiter auseinander 两极分化,越来越对立,分歧越来越大,距离越拉越大 ‖ *hierzu* (派生) **Po·la·ri·sa·ti·on** *die*; *-*, *-en*; **Po·la·ri·sie·rung** *die*

Po·la·ri·tät *die*; *-*; *nur Sg*, *geschr*(只用单数)[书]; die Gegensätzlichkeit von zwei Objekten od. Erscheinungen 极性;对立性,相反性,完全相反: *die P. von Licht u. Schatten* 光和影子的对立

Po·lar·kreis *der*; der (Breiten)Kreis, der im Norden u. im Süden der Erde die gemäßigte von der polaren Klimazone trennt 极圈

Po·lar·licht *das*; das Leuchten in der Nacht, das man in der Nähe e-s Pols (1) sehen kann 极光,北极光 ≈ Nordlicht

Po·lar·nacht *die*; die Zeit, in der in den Gebieten um e-n Pol (1) die Sonne Tag u. Nacht nicht scheint 极夜(期)

Po·le·mik *die*; *-*; *-en*; *mst Sg*, *geschr*(多用单数)[书]; ein (oft persönlicher) Angriff auf j-n/etw. (*bes* im Rahmen e-r politischen od. wirtschaftlichen Auseinandersetzung) mit Argumenten, die nicht sachlich sind 论战,唇枪舌战,笔战,争论,辩论 ‖ -K(复合): ***Zeitungs-*** ‖ *hierzu* (派生) **po·le·misch** *Adj*(形)

po·le·mi·sie·ren; *polemisierte*, *hat polemisiert*; Vi (不及物) ***gegen j-n/etw. p.*** *geschr* [书]; j-n/etw. scharf u. ohne sachliche Argumente angreifen 抨击某人/某事,与某人/为某事进行论战 ‖ *hierzu* (派生) **Po·le·mi·ker** *der*; *-s*, *-*; **Po·le·mi·ke·rin** *die*; *-*, *-nen*

po·len; *polte*, *hat gepolt*; Vt (及物) ***etw. p.*** etw. an e-n Pol (2,3) anschließen 使极化,使磁化

Po·len·te *die*; *-*; *nur Sg*, *gespr*(只用单数)[口]; *veraltend pej* [渐旧][贬] ≈ Polizei

Po·li·ce [po'liːsə] *die*; *-*, *-n*; ein Dokument, das beweist, dass man e-e Versicherung abgeschlossen hat 保险合同(书),保险单 ‖ -K(复合): ***Versicherungs-***

Po·lier *der*; *-s*, *-e*; ein Handwerker, der auf e-r großen Baustelle die Arbeiten der Bauarbeiter organisiert u. überwacht 工头,领班

po·lie·ren; *polierte*, *hat poliert*; Vt (及物) ***etw. p.*** etw. reiben, damit es glänzend

P

wird 抛光，擦亮〈e-n Spiegel, e-n Tisch, das Auto p.〉将镜子，桌子，汽车擦亮 ‖ K-(复合)：**Polier-**, **-mittel**, **-tuch**

Po·li·kli·nik *die*; e-e Abteilung im Krankenhaus, in der die Patienten behandelt werden u. sofort wieder nach Hause dürfen 医院的门诊部≈ Ambulanz (2)

Po·lio, Po·lio·my·e·li·tis *die*; -; *nur Sg*, MED (只用单数)【医】≈ Kinderlähmung ‖ K-(复合)：**Polio-**, **-impfung**

Po·lit- *im Subst, begrenzt produktiv* (构成名词，构词有限) **1.** mit politischem Inhalt(含)政治(内容)的…; das **Politdrama**, die **Politrevue**, der **Politthriller** **2.** *hist* (*DDR*) [历(民德)]≈ politisch; die **Politabteilung**, die **Politinformation**, der **Politoffizier**

Po·lit·bü·ro *das*; die Leitung e-r kommunistischen Partei 政治局〈die Mitglieder des Politbüros 政治局委员〉

Po·li·tes·se *die*; -, *-n*; e-e Angestellte e-r Gemeinde (1), die (für die Polizei) *bes* kontrolliert, ob die Autos richtig parken(检查汽车是否违章停放的)女交警

Po·li·tik, Po·li·tik *die*; -; *nur Sg*(只用单数) **1.** der Teil des öffentlichen Lebens, der das Zusammenleben der Menschen in e-m Staat u. die Beziehungen der Staaten untereinander bestimmt 政治〈sich für P. interessieren, sich mit P. befassen 对政治感兴趣，从事政治; in die P. gehen 涉足政治; die internationale P. 国际政治〉 **2.** e-e Form der P. (1), die von e-r bestimmten Ideologie, e-m bestimmten Programm *o.Ä.* geprägt ist 政策〈e-e konservative, e-e liberale P. 保守的，自由的政策; die P. e-r Partei, e-s Staates, e-r Regierung 政党的，国家的，政府的政策〉 ‖ K-(复合)：**Politik-**, **-wissenschaft** ‖ -K(复合)：**Außen-**, **Innen-**, **Abrüstungs-**, **Entspannungs-**, **Friedens-**; **Agrar-**, **Finanz-**, **Handels-**, **Kommunal-**, **Kultur-**, **Partei-**, **Regierungs-**, **Sozial-**, **Wirtschafts-** **3.** e-e Vorgehensweise, die e-e Person od. e-e Institution in e-m bestimmten Bereich anwendet, um erfolgreich zu sein 政策，策略≈ Taktik ‖ -K(复合)：**Finanz-**, **Gehalts-**, **Lohn-**, **Personal-**, **Preis-**; **Einschüchterungs-**, **Hinhalte-**

Po·li·ti·ker, Po·li·ti·ker *der*; *-s*, *-*; j-d, der ein politisches Amt innehat 政治家 ‖ *hierzu* (派生) **Po·li·ti·ke·rin** *die*; -, *-nen*

Po·li·ti·kum, Po·li·ti·kum *das*; *-s*; *nur Sg*(只用单数); ein Ereignis od. e-e Sache mit großer politischer Bedeutung 具有重大政治意义的事情，政治事件〈ein P. ersten Ranges 头号政治事件; etw. wird zum P. 某事将成为政治事件〉

Po·li·tik·ver·dros·sen·heit *die*; e-e Einstellung, bei der man nichts mehr von der Politik hören will (*mst* wegen Skandale *o.Ä.*) 厌恶政治，对政治的厌倦态度

po·li·tisch, po·li·tisch *Adj* (形) **1.** in Bezug auf die Politik 政治的(1)〈der Gegner, j-s Gesinnung, die Lage, e-e Partei, j-s Überzeugung 对手，某人的观点，形势，党派，某人的信念〉: *j-n aus politischen Gründen verfolgen* 由于政治原因而追捕某人 ‖ -K(复合)：**außen-**, **innen-**, **kultur-**, **partei-**, **sozial-**, **wirtschafts-** **2.** mit politischem (1) Inhalt (带)政治性(内容)的〈Dichtung, Kabarett, Lyrik 文学创作，幽默讽刺小品，抒情诗〉 **3.** aus politischen (1) Gründen (由于)政治性(原因)的〈ein Häftling, ein Verfolgter 犯人，受迫害者〉 **4.** auf ein bestimmtes Ziel gerichtet, klug u. berechnend 有针对性的，策略的，有政治手腕的，精明的，巧妙的〈e-e rein politische Entscheidung 很有针对性的决定〉

po·li·ti·sie·ren; *politisierte, hat politisiert*; [Vt] (及物) **1.** *j-n p.* j-n so beeinflussen, dass er sich für die aktuelle Politik (1) interessiert 使关心政治，使对政治感兴趣 **2.** *etw. p.* ein Thema od. e-e Sache unter e-m politischen (1) Aspekt behandeln 从政治上处理〈ein Problem p. 使问题政治化〉; [Vi] (不及物) **3.** (als Laie) über Politik diskutieren(作为外行)议论政治: *Am Stammtisch wird oft politisiert* 餐馆里的常客在一起经常谈论政治 ‖ *zu* (义项) **1.** u. **2.** **Po·li·ti·sie·rung** *die*; *nur Sg*(只用单数)

Po·li·to·lo·gie *die*; -; *nur Sg* (只用单数); die Wissenschaft, die sich mit politischen Strukturen u. Prozessen innerhalb e-s Staates u. zwischen verschiedenen Staaten beschäftigt 政治学 ‖ *hierzu* (派生) **Po·li·to·lo·ge** *der*; *-n*, *-n*; **Po·li·to·lo·gin** *die*; -, *-nen*; **po·li·to·lo·gisch** *Adj*(形)

Po·li·tur [-ˈtuːɐ] *die*; -, *-en*; ein Mittel (*mst* e-e Flüssigkeit), mit dem man *z.B.* Möbel poliert 抛光剂，擦亮剂，上光漆 ‖ -K(复合)：**Auto-**, **Möbel-**

Po·li·zei *die*; -; *nur Sg*(只用单数) **1.** e-e staatliche Institution, deren Aufgabe es ist, die Menschen u. ihr Eigentum zu schützen, Verbrechen zu verhindern u. aufzuklären 公安机关，警察当局，警察局，公安局〈(Beamter) bei der P. sein 在警察署任职; j-n der P. melden, j-n bei der P. anzeigen 向警方告发，举报某人; sich der P. stellen 向警方投案自首〉 ‖ K-(复合)：**Polizei-**, **-aktion**, **-auto**, **-beamte(r)**, **-bericht**, **-dienststelle**, **-einheit**, **-eskorte**, **-funk**, **-gewahrsam**, **-hund**, **-notruf**, **-schutz**, **-streife**, **-uniform**, **-wagen** ‖ -K(复合)：**Bahn-**, **Geheim-**, **Grenz-**, **Kriminal-**, **Verkehrs-** **2.** ein einzelner Polizist od. mehrere Polizisten 警方人员，警察〈die P. holen, rufen, verständigen 去找警察来，把警察叫来，通知警方〉: *Die P. hat den Dieb gefasst* 警察抓住了小偷 **3.** das Gebäude der P. (1) 公安局，警察局(大楼)≈ Polizeidienststelle, Polizeirevier 〈zur P. gehen 到警察局(派出所)去; sich auf/bei der P. melden 向警方报告，向警方投案〉 ‖ ID [谚] ***j-m die P. auf den Hals hetzen*** *gespr* [口]; j-n bei der P. anzeigen 向警方告发(举报)某人; ***dümmer sein, als die P. erlaubt*** *gespr* [口]; sehr dumm sein 是大笨蛋，大草包

Po·li·zei·ap·pa·rat *der*; *Kollekt* (集合); alles, was zu der Polizei (1) als e-r staatlichen Institution gehört 警察机构,公安机构

po.li.zei.lich *Adj*(形); *nur attr od adv*(只作定语或状语); von der Polizei durchgeführt, die Polizei betreffend 警方的,警察的,公安的 〈Ermittlungen侦察,调查; p. gesucht 被警方搜捕的〉

Po.li.zei.prä.si.dent *der*; der Leiter der Polizei e-r großen Stadt od. e-s großen Gebietes 警察局长,公安局长 ‖ *hierzu* (派生)**Po.li.zei.prä.si.den.tin** *die*

Po.li.zei.prä.si.di.um *das*; das zentrale Gebäude der Polizei 警察总署,公安总局

Po.li.zei.re.vier *das* **1.** das Gebäude der Polizei, die ein bestimmtes Gebiet kontrolliert 派出所,警察分局 **2.** ein Gebiet, das von der Polizei kontrolliert wird 派出所的管辖区

Po.li.zei.staat *der*; *pej*[贬]; ein Staat, in dem die Polizei so viel Macht hat, dass die Menschen sie fürchten 警察国家

Po.li.zei.sta.ti.on *die* ≈ Polizeirevier (1)

Po.li.zei.stun.de *die*; *mst Sg*(多用单数); die Zeit, zu der Lokale nachts schließen müssen (娱乐场所、酒馆等)法定停止营业时间: *Um ein Uhr ist bei uns P.* 我们这里(指各酒馆等)法定一点钟即停止营业

Po.li.zist *der*; *-en*, *-en*; ein Mitglied der Polizei (1) 警察,公安人员 ‖ -K(复合): ***Bahn-***, ***Geheim-***, ***Grenz-***, ***Kriminal-***, ***Verkehrs-*** ‖ NB(注意): *der Polizist*; *den*, *dem*, *des Polizisten* ‖ *hierzu* (派生)**Po.li.zis.tin** *die*; -, *-nen*

Pol.ka *die*; -, *-s*; ein schneller, einfacher Tanz 波尔卡舞

Pol.len *der*; *-s*, -; BIOL【生】; der feine Staub, den e-e Blüte produziert u. mit dem e-e andere Blüte befruchtet wird 花粉 ≈ Blütenstaub' ‖ K-(复合): ***Pollen-***, ***-allergie***, ***-korn***

Po.lo *das*; *-s*; *nur Sg*(只用单数); ein Spiel, bei dem beide Mannschaften auf Pferden sitzen u. e-n kleinen Ball mit e-m Schläger spielen 马球(赛) ‖ K-(复合): ***Polo-***, ***-spieler***, ***-schläger***

Po.lo.hemd *das*; ein Hemd mit kurzen Ärmeln, das nur am oberen Teil Knöpfe hat (短袖套头式)马球球衣

Po.lo.nai.se [-ˈnɛːzə], **Po.lo.nä.se** *die*; -, *-n*; ein langsamer festlicher Tanz, bei dem die Paare hintereinander hergehen, *bes* bei der Eröffnung e-s Balles² (波兰的)波洛涅兹舞

Pols.ter *das*, Ⓒⓗ Ⓐ [瑞][奥] *der*; *-s*, - **1.** ein kleiner, weicher Gegenstand, auf dem man bequem sitzen od. liegen kann 软垫,椅垫,靠垫 ≈ Kissen 〈sich ein P. unter den Kopf legen 在脑袋后面放一个软垫〉 ‖ K-(复合): ***Polster-***, ***-bank***, ***-möbel***, ***-sessel*** ‖ -K(复合): ***Leder-***, ***Plüsch-***, ***Rücken-***, ***Sitz-*** **2.** ein kleines Kissen, mit dem man (in der Kleidung) *bes* die Schultern betont 衬垫,垫片,垫肩,垫褥 ‖ -K(复合): ***Schulter-*** **3.** *gespr*[口]; das Geld, das man zu seiner Sicherheit gespart hat 储备金 ≈ Reserve 〈ein dickes, finanzielles P. 大量储备金,财政储备〉

Pols.ter.gar.ni.tur *die*; ein Sofa mit (Polster)Sesseln für das Wohnzimmer(起居室的)配套沙发,全套沙发

Pols.ter.grup.pe *die* ≈ Polstergarnitur

pols.tern; *polsterte*, *hat gepolstert*; Vt (及物) ***etw. p.*** ein Möbelstück mit Polstern bequem machen 给…装上软垫〈Sessel, ein Sofa p. 给沙发椅、长沙发装上软垫〉: *Die Autositze sind gut gepolstert* 给汽车坐椅配上很好的软垫 ‖ ID [谚] ***gut gepolstert sein*** *gespr hum* [口][诙]; dick sein 长得丰满,胖 ‖ *hierzu* (派生) **Pols.te.rung** *die*

Pol.ter.abend *der*; der Abend vor der Hochzeit, den man *mst* mit Freunden feiert (婚礼前夕的)闹婚之夜: *Am P. wird nach altem Brauch Geschirr zerschlagen* 在闹婚之夜要按照古老的习俗摔碎盘碟餐具

Pol.ter.geist *der*; ein Gespenst, das Lärm macht 制造敲击声的幽灵

pol.tern; *polterte*, *hat/ist gepoltert*; Vi (不及物) **1.** ***etw. poltert*** (*hat*) etw. macht beim Fallen laute u. dumpfe Geräusche (物作主语)(落地时)发出扑腾声 **2.** ***etw. poltert irgendwohin*** (*ist*) etw. fährt od. fällt mit lauten u. dumpfen Geräuschen(物作主语)轰隆隆地驶向;扑腾一声掉进: *Der alte Holzwagen polterte durch die Straße* 老式的木制车辘辘地驶过大街; Vimp (无人称)(*hat*) **3.** ***es poltert*** man kann das Geräusch des Polterns (1) hören 听见砰砰声,扑腾声 ‖ *hierzu* (派生) **pol.te.rig**, **polt.rig** *Adj*(形)

po.ly-, Po.ly- *im Adj u. Subst, begrenzt produktiv, nur in technischen Ausdrücken* (构成形容词和名词,构词有限,只用于技术用语); ≈ viel(e), mehrere ↔ mono-, Mono-; das ***Polyeder*** (ein geometrischer Körper mit vielen Ecken 多面体); ein ***polychromer Bildschirm*** (ein Bildschirm mit mehreren Farben 彩色显示器,彩色荧光屏)

Po.ly.amid® *das*; *-(e)s*, *-e*; CHEM【化】; ein Kunststoff, aus dem man *bes* Kleidung macht 聚酰胺: *Nylon ist ein P.* 尼龙是一种聚酰胺

Po.ly.äthy.len *das*; *-s*; *nur Sg*, CHEM (只用单数)【化】; ein harter Kunststoff 聚乙烯: *ein Eimer, e-e Schüssel aus P.* 用聚乙烯做成的桶、碗

Po.ly.es.ter *der*; *-s*, -; CHEM【化】; ein Kunststoff, aus dem man *bes* Kleidung macht 聚酯: *Der Pullover besteht zu 80% aus Wolle u. zu 20% aus P.* 这件套头毛衣含80%羊毛和20%聚酯

Po.ly.ethy.len ↑ ***Polyäthylen***

Po.ly.ga.mie *die*; -; *nur Sg*(只用单数); e-e Form der Ehe, bei der man gleichzeitig zwei od. mehr Partner hat 多配偶制,群婚制,一夫多妻制,一妻多夫制 ↔ Monogamie ‖ *hierzu* (派生)**po.ly.gam** *Adj*(形)

po.ly.glott *Adj*(形); *ohne Steigerung*, *geschr* (无变级)[书] **1.** in mehreren Sprachen geschrieben 多种语言的,多种文字的〈die Ausgabe e-s Buches 一本书的版本〉 **2.** fähig, mehrere

P

Sprachen zu sprechen 能说多种语言的，掌握多种文字的

Po·lyp *der*; *-en*, *-en* **1.** *gespr* [口]≈ Krake, Tintenfisch **2.** BIOL【生】; ein kleines Tier, das im Wasser lebt u. wie e-e Pflanze aussieht 水螅类，珊瑚虫 **3.** *mst Pl*（多用复数）; ein kleiner Zapfen, der an den Schleimhäuten *bes* der Nase wächst u. beim Atmen stört 息肉，粘膜瘤〈Polypen haben 长有息肉; j-m die Polypen herausnehmen 切除某人的息肉〉 **4.** *gespr pej* [口][贬]≈ Polizist ‖ NB（注意）: *der Polyp*; *den*, *dem*, *des Polypen*

po·ly·phon [-f-] *Adj*（形）; *ohne Steigerung*, MUS（无变级）【音】; so, dass verschiedene Stimmen gleichzeitig u. eigenständig nebeneinander erklingen 复调的 ‖ *hierzu*（派生）**Po·ly·pho·nie** *die*; *-*; *nur Sg*（只用单数）

po·ly·sem *Adj*（形）; LING【语】;〈ein Wort 一个词〉mit mehr als einer Bedeutung 多义的 ‖ *hierzu*（派生）**Po·ly·se·mie** *die*; *-*; *nur Sg*（只用单数）

Po·ly·tech·ni·kum *das*; *-s*, *Po·ly·tech·ni·ken*; *veraltet* [旧]; e-e Fachhochschule für Ingenieure 高等技术专科学院，工学院

Po·ly·the·is·mus *der*; *-*, *Po·ly·the·is·men*; der Glaube, dass es mehrere Götter gibt 多神论，多神主义↔ Monotheismus ‖ *hierzu*（派生）**po·ly·the·is·tisch** *Adj*（形）; *ohne Steigerung*（无变级）

Po·ma·de *die*; *-*, *-n*; e-e Art Creme, die man in die Haare reibt, um sich besser frisieren zu können 润发香脂，润发膏，发蜡

po·ma·dig *Adj*（形）; *gespr* [口]≈ träge, langsam

Pom·mes ['pɔməs] *die*; *Pl*, *gespr*（复）[口]≈ Pommes frites

Pommes frites [pɔm'frɪt(s)] *die*; *Pl*（复）; Kartoffeln, die in lange, dünne Stücke geschnitten sind u. in Fett gebacken werden 油炸土豆条，炸薯条〈e-e Portion Pommes frites 一份炸薯条〉

Pomp *der*; *-(e)s*; *nur Sg*, *pej*（只用单数）[贬]≈ Prunk〈etw. mit großem P. tun 大摆排场地办某事〉 ‖ *hierzu*（派生）**pom·pös** *Adj*（形）

Pon·cho ['pɔntʃo] *der*; *-s*, *-s*; e-e Art Mantel ohne Ärmel mit e-m Loch für den Kopf（中南美洲人穿的）套头斗篷（形似毡巾，无袖，中间开有领口）

Pon·ti·fi·kat *das*; *-(e)s*, *-e*; das Amt od. die Amtszeit des Papstes od. e-s Bischofs der katholischen Kirche（天主教）教皇或主教的职位（或任期）

Pon·ti·us [-tsiʊs] *nur in* 只用于 ***von P. zu Pilatus laufen*** *gespr* [口]; zu vielen Behörden, Geschäften *o. Ä.* gehen müssen, um e-e Angelegenheit zu regeln 四处奔波，东奔西跑，到处奔忙

Po·ny[1] ['pɔni] *das*; *-s*, *-s*; ein kleines Pferd 矮小的马，矮种马

Po·ny[2] ['pɔni] *der*; *-s*, *-s*; e-e Frisur, bei der die glatten Haare vom Kopf her auf die Stirn fallen（妇女的）刘海〈e-n P. haben, tragen 梳一个刘海发型〉 ‖ K-（复合）: ***Pony-***, ***-frisur***

Pool[1] ['puːl] *der*; *-s*, *-s*; *Kurzw*（略）↑ ***Swimmingpool***

Pool[2] ['puːl] *der*; *-s*, *-s*; Geld, das mehrere Menschen od. Firmen miteinander teilen u. gemeinsam verwenden 合伙经营，合办，集资经营，联营，合伙入股〈etw. in e-n gemeinsamen P. tun, etw. aus e-m P. finanzieren 用集资经营某事；从集资款项中支付〉

Pop *der*; *-s*; *nur Sg*（只用单数）; moderne (Unterhaltungs)Musik, die *bes* jungen Leuten gefällt 通俗音乐，流行音乐 ‖ K-（复合）: ***Pop-***, ***-gruppe***, ***-konzert***, ***-musik***, ***-star*** ‖ NB（注意）: ↑ ***Beat***, ***Rock***

Pop-Art *die*; *-*; *nur Sg*（只用单数）; moderne Kunst, bei der einfache Gegenstände des Lebens als Material verwendet werden 波普艺术，流行艺术，通俗艺术: *Andy Warhol ist ein Vertreter der P.* 安迪·沃霍尔是波普艺术的代表人物

Pop·corn [-k-] *das*; *-s*; *nur Sg*（只用单数）; Maiskörner, die man röstet, bis sie aufplatzen u. die man *mst* mit Salz od. Zucker isst 爆玉米花

Po·pe *der*; *-n*, *-n* **1.** ein Geistlicher in der russisch-orthodoxen Kirche（俄罗斯东正教）牧师，神职人员，教士 **2.** *pej* [贬]≈ Priester ‖ NB（注意）: *der Pope*; *den*, *dem*, *des Popen*

Po·pel *der*; *-s*, *-*; *gespr* [口]; ein kleines Stück der weichen Masse (= Schleim), die sich in der Nase bildet 鼻涕，鼻牛儿

po·pe·lig *Adj*（形）; *gespr pej* [口][贬]≈ geizig, knauserig〈ein Geschenk 礼物〉

Po·pe·lin, **Po·pe·li·ne** [-'liːn(ə)] *der*; *-s*, *-*; ein feiner u. fester Stoff für Kleidungsstücke 府绸，毛葛

po·peln; *popelte*, *hat gepopelt*; [Vi]（不及物）(***in der Nase***) ***p.*** *gespr* [口]≈ in der Nase bohren

pop·lig ↑ ***popelig***

Po·po *der*; *-s*, *-s*; *gespr* [口]≈ Po, Hintern ‖ -K（复合）: ***Kinder-***

pop·pig *Adj*（形）; *gespr* [口] **1.** mit bunten leuchtenden Farben 色彩鲜艳的，流行的〈e-e Farbe, e-e Kleidung 颜色，衣服〉 **2.** mit sehr auffälligen Effekten 效果显明的，触目的，引人注目的〈j-s Stil, e-e Show, e-e Inszenierung 某人的风格，娱乐节目，导演手法〉

po·pu·lär *Adj*（形） **1.** bekannt u. beliebt 普及的，流行的，为群众所喜爱的↔ unpopulär〈e-e Auffassung, ein Politiker, ein Sänger, ein Schlager, e-e Theorie 观点，政治家，歌手，流行乐曲，理论; durch etw. p. werden 通过某事而流行〉 **2.** so, dass viele Menschen es verstehen können 通俗易懂的，大众化的≈ allgemeinverständlich〈e-e Darstellung 描述〉 ‖ *hierzu*（派生）**Po·pu·la·ri·tät** *die*; *nur Sg*（只用单数）

po·pu·la·ri·sie·ren; *popularisierte*, *hat popularisiert*; [Vt]（及物）***etw. p.*** *geschr* [书]; etw. populär (1,2) machen 使普及，使大众化

po·pu·lär·wis·sen·schaft·lich *Adj*（形）; mit wissenschaftlichem Inhalt, aber so geschrieben od. erklärt, dass jeder es verstehen kann 通俗科学的，科普的〈ein Buch 书〉

Po·pu·la·ti·on [-'tsioːn] *die*; *-*, *-en*; *Kollekt*, BIOL（集合）【生】; die Pflanzen od. Tiere, die

P

in e-m bestimmten Gebiet leben 种群,群体,群落 ‖ -K(复合): **Affen-**, **Fisch-**, **Vogel-** *usw*

Po·re *die*; -, -*n*; *mst Pl*(多用复数); e-e sehr kleine Öffnung, *bes* in der Haut od. in e-m Schwamm 细孔,毛孔,气孔〈große, verstopfte Poren 大的,被堵塞的毛孔; j-m bricht der Schweiß aus allen Poren 某人全身毛孔在冒汗〉

Por·no *der*; -*s*, -*s*; *gespr*[口]; ein Buch, ein Film *o.Ä.*, die Pornografie (1) enthalten 色情书,色情电影等,淫秽作品〈e-n P. ansehen 看色情电影〉 ‖ K-(复合): **Porno-**, **-heft**, **-film**, **-kino**

Por·no·gra·fie, **Por·no·gra·phie** [-gra'fiː] *die*; -; *nur Sg*(只用单数) **1.** e-e Darstellung der Sexualität, die die moralischen Vorstellungen der Gesellschaft verletzt 色情描绘,色情表演,色情文学 **2.** ein Buch, Film *o.Ä.*, die P. (1) enthalten 有色情内容的书刊、电影等黄色出版物,淫秽作品 ‖ *hierzu* (派生) **por·no·gra·fisch**, **por·no·gra·phisch** *Adj*(形)

po·rös *Adj*(形); *nicht adv*(不作状语); mit sehr kleinen Löchern, sodass Wasser od. Luft durchkommt 多孔的,透水的,透气的〈e-e Dichtung, ein Gestein 垫片,岩石〉 ‖ *hierzu* (派生) **Po·ro·si·tät** *die*; -; *nur Sg*(只用单数)

Por·ree *der*; -*s*, -*s* ≈ Lauch

Por·ta·ble ['pɔrtəbl] *der*, *das*; -*s*, -*s*; ein Radio- od. Fernsehgerät, das man leicht (bei sich) tragen kann 便携式收音机,便携式电视机

Por·tal *das*; -*s*, -*e*; ein großer Eingang zu e-m wichtigen Gebäude (大建筑物的)大门,入口〈das P. e-r Kirche 一座教堂的大门〉 ‖ -K(复合): **Dom-**, **Kirchen-**, **Schloss-**

Porte·mon·naie [pɔrtmɔ'neː] *das*; -*s*, -*s*; e-e kleine Tasche für das Geld, das man bei sich hat (小)钱包≈ Geldbeutel ‖ -K(复合): **Leder-**, **Damen-**, **Herren-**

Por·ti·er [pɔr'tieː] *der*; -*s*, -*s* ≈ Pförtner ‖ -K(复合): **Hotel-**

por·tie·ren; *portierte*, *hat portiert*; [Vt](及物) **j-n p.** (CH) [瑞]j-n zur Wahl vorschlagen, als Kandidaten aufstellen 提出…为候选人,提名

Por·ti·on [-'tsioːn] *die*; -, -*en* **1.** die Menge Essen, die für e-e Person bestimmt ist (食物的)一份,一客〈e-e große, doppelte P. 一大份,一个双份; e-e P. Eis, Kartoffelsalat, Pommes frites 一客冰淇淋,一份土豆色拉、炸薯条〉 **2.** ***e-e P. Kaffee/Tee*** *zwei Tassen (ein Kännchen) Kaffee/Tee* 一份咖啡/茶(即两杯或一小壶咖啡/茶) ‖ ID [谚] ***e-e halbe P.*** *gespr hum*[口][诙]; j-d, der klein u. dünn ist 一个又矮又瘦的人; ***Dazu gehört e-e gehörige P.*** 〈Frechheit, Glück, Mut 胆大妄为,运气,勇气〉 dazu braucht man viel (Frechheit, Glück, Mut) 这里(为此)很需要 ‖ *zu* (义项)**1.** **por·ti·o·nie·ren** (*hat*) *Vt*(及物); **por·ti·ons·wei·se** *Adj*(形); *mst adv*(多作状语)

Port·mo·nee *das*; ↑ **Portemonnaie**

Por·to *das*; -*s*, -*s*; das Geld, das man zahlen muss, wenn man j-m e-n Brief, ein Paket *o.Ä.* schicken will 邮资,邮费 ‖ -K(复合): **Brief-**, **Paket-**, **Straf-**

Por·t·rät [-'trɛː] *das*; -*s*, -*s* **1.** ein Bild od. Foto, auf dem man Kopf u. Brust e-s Menschen sieht 半身像,画像,肖像,相片〈von j-m ein P. machen, malen 为某人拍一张照片,画某人的肖像〉 ‖ K-(复合): **Porträt-**, **-bild**, **-foto**, **-kunst**, **-maler** ‖ -K(复合): **Familien-**, **Kinder-**, **Selbst-** **2.** ein kurzer Text, in dem j-s Charakter od. Leben dargestellt wird 人物特写(描写一个人的性格或生活的短文) ‖ *hierzu* (派生) **por·t·rä·tie·ren** (*hat*) *Vt*(及物)

Port·wein *der*; ein süßer Wein aus Portugal 波尔图葡萄酒(葡萄牙的一种甜葡萄酒)

Por·zel·lan *das*; -*s*, -*e* **1.** e-e harte weiße Substanz, aus der *bes* Teller u. Tassen gemacht sind 瓷,硬瓷〈P. brennen 烧瓷〉 ‖ K-(复合): **Porzellan-**, **-figur**, **-geschirr**, **-laden**, **-tasse**, **-teller** **2.** ein Gegenstand aus P. (1) 瓷制器皿,瓷器〈chinesisches, kostbares, feines P. 中国的,贵重的,精致的瓷器; P. sammeln 收集瓷器〉 ‖ K-(复合): **Porzellan-**, **-fabrik**, **-laden**

Po·sau·ne *die*; -, -*n*; ein großes Blasinstrument aus Metall mit e-m langen Rohr, das man beim Spielen verschieben kann, um so den Ton zu ändern 长号 ‖ ↑ *Abb. unter* 图见 **Blasinstrumente**

Po·sau·nist *der*; -*en*, -*en*; j-d, der (in e-m Orchester) Posaune spielt 长号手 ‖ NB(注意): *der Posaunist*; *den*, *dem*, *des Posaunisten* ‖ *hierzu* (派生) **Po·sau·nis·tin** *die*, -, -*nen*

Po·se *die*; -, -*n*; die Haltung, in der j-d sitzt, steht od. liegt, *bes* wenn er fotografiert od. gemalt wird 姿势,姿态〈e-e P. einnehmen, annehmen 做出,摆出一种姿势〉

po·sie·ren; *posierte*, *hat posiert*; [Vi](不及物) *geschr*[书]; e-e Pose einnehmen 摆姿势: *für den Maler*, *vor dem Spiegel p.* 为画家(作画)摆好姿势,在镜子前摆姿势

Po·si·ti·on [-'tsioːn] *die*; -, -*en* **1.** die Aufgabe od. die Funktion, die j-d in e-m Betrieb od. in e-r Organisation hat 工作岗位,职位≈ Stellung (3), Posten[1]; 〈e-e leitende, gesicherte, gute, verantwortungsvolle, wichtige P. haben 有一个领导(的)、可靠的、好的、责任重大的、重要的工作岗位〉: *Ein Mann in seiner P. kann sich solche Fehler nicht leisten* 一个有职务在身的人不能犯此类错误 ‖ -K(复合): **Führungs-**, **Macht-**, **Schlüssel-** **2.** ein bestimmter Platz in e-r Reihenfolge od. Hierarchie 位置,地位: *in e-m Rennen in führender*, *zweiter*, *letzter P. sein/liegen* 在赛跑中处于领先位置,居第二位,处在最后的位置 ‖ -K(复合): **Spitzen-** **3.** *mst Sg*(多用单数); der Ort od. die Stelle, an denen etw. (zu e-r bestimmten Zeit) in Bezug auf seine Umgebung ist 方位,位置≈ Lage (2), Standort 〈die P. e-s Flugzeugs, Schiffes 飞机、船只(所处)的位置; e-e P. bestimmen, berechnen 确定、计算出方位; j-m seine P. durchgeben(用无线电等)向某人通知自己的方位〉 ‖ -K(复合): **Ausgangs-** **4.** die (Art der) Stellung (1), die j-d/etw. irgendwo einnimmt 姿势,姿态〈e-e liegende, sitzende, stehende P. einnehmen 采取卧姿、坐姿、站姿〉

P

5. die Meinung, die j-d zu e-m Thema hat 见解,立场,态度≈ Standpunkt ⟨e-e P. beziehen 采取一种立场⟩ 6. die Situation, in der j-d ist 境况,状况,境地,处境≈ Lage (3) ⟨sich in e-r günstigen, starken, schwachen P. befinden 处于有利的、强有力的、软弱的境地⟩ 7. ein einzelner Punkt, Gegenstand auf e-r Liste (一张单子上的具体的)项,条,目,点≈ Posten[3] (2) ⟨die einzelnen Positionen e-r Liste, Rechnung, Bestellung prüfen, nachrechnen, durchgehen 逐条(逐项、逐点)审查、核算、审核清单、账单、订单⟩ 8. ***in P. gehen*** die vorgesehene P. (3) einnehmen 进入预定的阵地⟨Soldaten 士兵⟩

po·si·tiv, po·si·tiv [-f] *Adj* (形) 1. so, dass der Betreffende etw. akzeptiert, bestätigt od. „ja" dazu sagt 肯定的,认可的,积极的↔ negativ (2), ablehnend ⟨e-e Antwort, ein Bescheid, e-e Haltung 回答,答复,态度⟩: *Er hat e-e positive Einstellung zur Arbeit* 他对工作持积极的态度 2. angenehm od. so, wie es sein sollte 满意的,有利的,积极的,正面的≈ günstig ↔ negativ (3) ⟨ein Einfluss, ein Ergebnis 影响,结果; etw. wirkt sich p. aus 某事效果良好⟩: *Er zeichnete ein positives Bild ihres Charakters – sie sei intelligent u. selbstbewusst* 他刻划了她性格的积极的一面——她聪明而又自信 3. CHEM, PHYS【化】【物】; mit mehr Protonen als Elektronen 正的,阳性的↔ negativ (4) ⟨e-e elektronische Ladung 电荷; p. geladen 带正电⟩ 4. MED【医】; mit e-m Ergebnis, das e-n Verdacht bestätigt 阳性的 ↔ negativ (5) ⟨ein Befund 检查结果⟩: *Der Krebstest war p.* 癌症的检查结果为阳性 5. MATH【数】; größer als Null 正的↔ negativ (6) ⟨e-e Zahl 数⟩

Po·si·tiv[1] [-f] *das*; *-s*, *-e* [-və]; ein Foto, bei dem das, was in der Natur hell ist, auch auf dem Bild des Filmes hell ist (照片的)正片,正像↔ Negativ ‖ -K(复合): ***Dia-***

Po·si·tiv[2] [-f] *der*; *-s*; *nur Sg* (只用单数); die Grundform des Adjektivs 形容词的原级: *Der P. des Adjektivs „groß" lautet „groß", der Komparativ lautet „größer" u. der Superlativ „am größten"* "形容词"groß"的原级为"groß",其比较级为"größer",最高级为"am größten"

Po·si·ti·vis·mus [-v-] *der*; *-*; *nur Sg* (只用单数); e-e philosophische Theorie, die sagt, dass man nur solche Dinge wissenschaftlich erforschen kann, die man mit den Sinnen wahrnehmen kann 实证主义,实证论 ‖ *hierzu* (派生) **Po·si·ti·vist** *der*; *-en*, *-en*; **po·si·ti·vis·tisch** *Adj* (形)

Po·si·tur [-'tuːɐ] *die*; *-*, *-en*; *mst in* 多用于 1. ***sich*** (*Akk* 四格) ***in P. setzen, stellen, werfen*** *gespr* [口]; in übertriebener Weise versuchen, sich so zu setzen od. zu stellen, dass man gut aussieht 站好姿势,摆好姿势 2. ***in P. gehen / sein*** die richtige Stellung/Haltung *bes* für e-n Kampf als Boxer, Fechter *o. Ä.* einnehmen(尤指在拳击、击剑等项目中)摆正姿势,站好位置

Pos·se *die*; *-*, *-n*; ein einfaches u. lustiges Theaterstück 诙谐剧,民间滑稽戏,闹剧 ‖ ID [谚] ***Possen reißen*** dumme Witze machen 搞恶作剧 ‖ NB(注意): ↑ ***Lustspiel*** ‖ *hierzu* (派生) **pos·sen·haft** *Adj* (形)

Pos·ses·siv·pro·no·men [-f-] *das*; LING【语】; ein Pronomen, mit dem man e-e Zugehörigkeit ausdrückt 物主代词: *„Mein", „dein" u. „sein" sind Possessivpronomina* "mein", "dein"和"sein"是物主代词 ‖ NB(注意): ↑ *Tabelle unter* 图表见 ***mein***

pos·sier·lich *Adj* (形); lustig u. niedlich 逗人乐的,引人开心的,滑稽可爱的≈ putzig, drollig ⟨ein Kätzchen, ein Hündchen 小猫,小狗⟩

Post[1]® *die*; *-*; *nur Sg* (只用单数) 1. e-e (öffentliche) Institution, die *bes* Briefe u. Pakete befördert 邮政,邮政机构,邮政局⟨bei der P. arbeiten, sein 在邮局工作,在邮局; etw. mit der P. schicken 邮寄某物⟩ ‖ K-(复合): ***Post-, -angestellte(r), -auto, -beamte(r), -sparbuch, -sparkasse, -stempel*** ‖ -K(复合): ***Bundes-*** 2. ≈ Postamt ⟨auf die / zur P. gehen 去邮局; etw. auf die/zur P. bringen 将某物送到邮局去⟩: *Wann macht die P. auf?* 邮局什么时候开门? ‖ ID [谚] '***ab (geht) die P.*** *gespr* [口]; verwendet, wenn j-d sofort losfährt od. losfahren soll od. wenn etw. sofort beginnt od. beginnen soll 立即出发,立即开始

Post[2] *die*; *-*; *nur Sg* (只用单数); die Briefe, Pakete *usw*, die die P.[1] befördert 邮件,信件,邮包⟨die eingegangene, heutige P. 到达的、今天的邮件; die P. austragen, zustellen, lesen, bearbeiten 分送、投递、挑拣、处理邮件; P. bekommen 收到邮件⟩: *„Ist P. für mich da?" – „Für dich ist heute keine P. gekommen"* "有我的邮件吗?"——"今天没有你的邮件" ‖ K-(复合): ***Post-, -sendung*** ‖ -K(复合): ***Eil-, Geschäfts-, Luft-, Paket-, Weihnachts-***

post-, Post- *im Adj u. Subst, begrenzt produktiv, geschr* (构成形容词和名词,构词有限) [书]; verwendet, um auszudrücken, dass etw. nach der genannten Periode, Phase *o. Ä.* erfolgt 在…之后,后…↔ prä-, Prä-; ***postglazial*** (= nach der Eiszeit), ***postnatal*** (= nach der Geburt), ***postoperativ*** ⟨Blutungen, Komplikationen 出血,并发症⟩, der ***Postimpressionismus***

pos·ta·lisch *Adj* (形); *geschr* [书]; durch die Post (1) 邮政的,邮务的⟨j-n p., auf postalischem Wege benachrichtigen 经邮政通知某人⟩

Post·amt *das*; ein Gebäude, in dem man Briefe u. Pakete abgeben u. telefonieren kann 邮局,邮政局

Post·an·wei·sung *die* 1. Geld, das man j-m mit der Post (1) schicken lässt 邮政汇款 2. das Formular, das man ausfüllen muss, um j-m Geld zu schicken 邮政汇款单≈ Zahlkarte

Post·bank *die*; *nur Sg* (只用单数); e-e Bank[2], die ihre Schalter in Postämtern hat 邮政银行,邮政储蓄所

Post·bo·te *der* ≈ Briefträger ‖ *hierzu* (派生) **Post·bo·tin** *die*

Possessivpronomen 物主代词

Person im Singular 单数人称						*Personen im Plural* 复数人称					
ich	*Sg* 单	*m* 阳	mein	junger	Hund	**wir**	*Sg* 单	*m* 阳	unser	junger	Hund
		f 阴	meine	junge	Katze			*f* 阴	unsere	junge	Katze
		n 中	mein	junges	Pferd			*n* 中	unser	junges	Pferd
	Pl 复		meine	jungen	Tiere		*Pl* 复		unsere	jungen	Tiere
du	*Sg* 单	*m* 阳	dein	junger	Hund	**ihr**	*Sg* 单	*m* 阳	euer	junger	Hund
		f 阴	deine	junge	Katze			*f* 阴	eure	junge	Katze
		n 中	dein	junges	Pferd			*n* 中	euer	junges	Pferd
	Pl 复		deine	jungen	Tiere		*Pl* 复		eure	jungen	Tiere
Sie	*Sg* 单	*m* 阳	Ihr	junger	Hund	**Sie**	*Sg* 单	*m* 阳	Ihr	junger	Hund
		f 阴	Ihre	junge	Katze			*f* 阴	Ihre	junge	Katze
		n 中	Ihr	junges	Pferd			*n* 中	Ihr	junges	Pferd
	Pl 复		Ihre	jungen	Pferde		*Pl* 复		Ihre	jungen	Pferde
er/es	*Sg* 单	*m* 阳	sein	junger	Hund	**sie**					
		f 阴	seine	junge	Katze						
		n 中	sein	junges	Pferd						
	Pl 复		seine	jungen	Tiere		*Sg* 单	*m* 阳	ihr	junger	Hund
sie	*Sg* 单	*m* 阳	ihr	junger	Hund			*f* 阴	ihre	junge	Katze
		f 阴	ihre	junge	Katze			*n* 中	ihr	junges	Pferd
		n 中	ihr	junges	Pferd						
	Pl 复		ihre	jungen	Tiere		*Pl* 复		ihre	jungen	Tiere

Pos·ten[1] *der*; *-s*, *-*; die Stellung (3), die j-d in e-m Betrieb, e-r Institution *o. Ä.* hat 工作岗位,职位,职务 ≈ Position (1) 〈ein ruhiger, wichtiger, verantwortungsvoller P. 一个清静的,重要的,责任重大的职位〉: *Als Beamter hat er e-n sicheren P.* 作为公务员,他有一个稳定可靠的职位 ‖ -K(复合): ***Direktor-***, ***Minister-***, ***Vertrauens-***, ***Vorstands-***

Pos·ten[2] *der*; *-s*, *-* **1.** die Stelle, an der *bes* ein Soldat steht, wenn er etw. bewacht 哨位,岗哨〈seinen P. beziehen, verlassen 上岗,下岗; auf dem P. bleiben 值岗,站岗〉 ‖ -K(复合): ***Alarm-***, ***Beobachtungs-*** **2.** ein Soldat, Polizist *o. Ä.*, der etw. bewacht 岗哨,哨兵,岗警 ≈ Wache 〈Posten aufstellen, verstärken, ablösen, abziehen 设置,增加,更换,撤掉岗哨〉 ‖ -K(复合): ***Grenz-***, ***Polizei-***, ***Streik-***, ***Wach-*** **3.** ***P. stehen*** etw. als P.[2](2) bewachen 站岗,放哨 ≈ Wache haben **4.** ***P. schieben*** *gespr* [口]; etw. als P.[2](2) bewachen 放哨,站岗,值勤 ‖ ID [谚] ***wieder auf dem P. sein*** *gespr* [口]; (nach e-r Krankheit) wieder gesund sein(病后)复原,恢复健康; ***sich*** (*Akk* 四格) ***nicht auf dem P. fühlen*** *gespr* [口]; sich krank fühlen 感到身体不大舒服; ***auf verlorenem P. sein/stehen/kämpfen*** *gespr* [口]; ohne Erfolg für etw. kämpfen 处于绝望的境地,作毫无希望的挣扎

Pos·ten[3] *der*; *-s*, *-* **1.** e-e bestimmte Menge e-r Ware(商品)一批: *e-n größeren P. Hosen auf Lager haben* 仓库里有一大批裤子 ‖ -K(复合): ***Rest-*** **2.** e-e einzelne Sache auf e-r Liste 项目: *die einzelnen Posten e-r Rechnung nachprüfen* 逐项审阅账目 ‖ -K(复合): ***Einzel-***

Pos·ter *das*; *-s*, *-*; ein Plakat, das man *bes* in Räumen aufhängt, um sie zu schmücken(装饰性)招贴画,美术广告画

Post·fach *das* **1.** ein Fach[1] in e-m Postamt, in dem die Briefe, die j-d bekommt, liegen bleiben, bis er sie holt 邮政信箱 **2.** (in e-m Hotel) ein Fach[1] für Briefe u. Nachrichten (旅馆中)存放信件或留言的格子

Post·ge·heim·nis *das*; *nur Sg*, JUR (只用单数)【法】≈ Briefgeheimnis

Post·gi·ro|amt [-ˈʒiː-] *das*; e-e Einrichtung der Post (1), die *bes* Girokonten verwaltet 邮政转账机构

post·hum ↑ ***postum***

pos·tie·ren; *postierte*, *hat postiert*; [Vt] (及物) ***j-n/sich irgendwo p.*** j-n/sich an e-n Ort stellen, *mst* um dort etw. zu bewachen 将…

安排在某处站岗：*e-n Polizisten am Eingang p.* 派一名警察在门口站岗

Pos.til.li.on [ˈpɔstiljoːn] *der*；*-s*，*-e*；*hist*［历］；der Kutscher e-r (Post)Kutsche 驿车夫，邮车夫

Post.kar.te *die* **1.** e-e Karte mit e-m Bild, die man j-m *bes* aus dem Urlaub schickt 风景明信片≈ Ansichtskarte **2.** e-e Karte mit e-r kurzen Nachricht, die man (ohne Umschlag) mit der Post schickt 明信片↔ Brief

Post.kut.sche *die*；*hist*［历］；die Kutsche, mit der Briefe u. Personen befördert wurden 驿车，邮政马车

post.la.gernd *Adj*(形)；〈ein Brief, ein Paket 信件，邮包；j-m p. schreiben 给某人写留局待领的信〉so, dass sie so lange auf dem Postamt bleiben, bis der Empfänger sie holt 留(邮)局待领的

Post.leit.zahl *die*；die Zahl, mit der man auf Briefen, Paketen *o. Ä.* e-n Ort kennzeichnet 邮政编码，邮区编号

Post.ler *der*；*-s*，*-*；*südd gespr*［南德］［口］；j-d, der bei der Post arbeitet 邮局工作人员 ‖ *hierzu*（派生）**Post.le.rin** *die*；*-*，*-nen*

Post.scheck *der*；*veraltend*［渐旧］；ein Scheck für ein Konto bei der Post 邮政支票，邮局储蓄存单 ‖ K-(复合)：***Postscheck-***，***-konto***

Post.skript *das*；*-(e)s*，*-e*；ein kurzer Text, den man (zusätzlich) zu e-m Brief schreibt, der eigentlich schon fertig ist(信尾的)附言，又及；*Abk* 缩写 PS

Post.skrip.tum *das*；*-s*，*Post.skrip.ta*；↑ ***Postskript***

Post.stem.pel *der*；ein Stempel, den die Post auf e-n Brief, ein Paket *o. Ä.* drückt 邮戳 ‖ ↑ *Abb. unter* 图见 ***Stempel***

Pos.tu.lat *das*；*-(e)s*，*-e*；*geschr*［书］**1.** ≈ These〈ein P. aufstellen 提出一个论点〉**2.** e-e moralische Forderung, die j-d an andere stellt (道义上的)要求，前提〈etw. zum P. erheben 要求某事，提出某事作为前提，提出某事作为先决条件〉**3** Ⓒⓗ［瑞］ein Antrag im Parlament, mit dem die Regierung aufgefordert wird, über etw. zu berichten od. in einer Sache aktiv zu werden（在议会中向政府提出的）提案，要求 ‖ *zu*（义项）**3. Pos.tu.lant** *der*；*-en*，*-en*；*zu*（义项）**1.** u. **2. pos.tu.lie.ren** (*hat*) *Vt geschr*(及物)［书］

pos.tum *Adj*(形)；*attr od adv*，*geschr*（作定语或状语）［书］；nach j-s Tod 身后的，人死之后的：*die postume Veröffentlichung e-s Romans* 身后发表一部长篇小说

post.wen.dend *Adj*(形)；*mst adv*(多作状语)**1.** mit der nächsten (Post)Sendung（通过邮局）立即(回复)的，随即的〈etw. p. zurückschicken 将某物随即寄回；j-m p. antworten 给某人立即回复〉**2.** *gespr*［口］≈ sofort

Post.wert.zei.chen *das*；ADM *geschr*【管理】［书］≈ Briefmarke

Post.wurf.sen.dung *die*；ADM *geschr*【管理】［书］；Informationen, Werbung *usw*, die mit der Post an viele Leute geschickt werden 通过邮局散发的广告、信息

Pot[1] *das*；*-s*；*nur Sg*，*gespr*（只用单数）［口］≈ Marihuana

Pot[2] *der*；*-s*；*nur Sg*(只用单数)；das Geld, das alle Spieler bei e-m Kartenspiel eingesetzt u. in die Mitte gelegt haben 牌局的赌注总额

po.tent *Adj*(形) **1.** fähig zum Sex (u. dazu, Kinder zu zeugen) 有生殖能力的，有性能力的↔ impotent〈ein Mann 男子〉**2.** mit viel Geld 有财力的，支付能力强的 ≈ finanzstark, zahlungskräftig〈ein Geldgeber, ein Geschäftspartner 贷款者(投资者)，商贸伙伴〉

Po.ten.tat *der*；*-en*，*-en*；*geschr pej*［书］［贬］≈ Herrscher ‖ NB(注意)：*der Potentat*；*den*，*dem*，*des Potentaten*

Po.ten.ti.al [-ˈt͡si̯aːl]，**po.ten.ti.ell** [-ˈt͡si̯ɛl] ↑ ***Potenzial***，***potenziell***

Po.tenz *die*；*-*，*-en* **1.** *nur Sg*（只用单数）；die Fähigkeit (e-s Mannes) zum Sex (u. dazu, Kinder zu zeugen)（男子的）生殖能力，性能力↔ Impotenz **2.** MATH【数】；die Zahl, die man erhält, wenn man e-e Zahl (mehrere Male) mit sich selbst multipliziert 幂，乘方〈die zweite, dritte *usw* P. 二次幂，三次幂等；mit Potenzen rechnen 用乘方计算〉：*Die fünfte P. von zehn wird als* 10^5 (*„zehn hoch fünf"*) *geschrieben* 10 的 5 次方写作 10^5

Po.ten.zi.al *das*；*-s*，*-e*；*geschr*［书］；alle Mittel u. Möglichkeiten, die zu e-m bestimmten Zweck verwendet werden können 潜力，潜能，潜在能力，潜在力量〈das militärische, wissenschaftliche P. e-s Staates 一个国家的军事潜力，科学潜力〉‖ -K(复合)：***Arbeits-***，***Energie-***，***Kräfte-***，***Menschen-***，***Wirtschafts-***

po.ten.zi.ell *Adj*(形)；*geschr*［书］≈ möglich〈e-e Bedrohung, e-e Gefahr 威胁，危险〉

po.ten.zie.ren；*potenzierte*，*hat potenziert*；*Vt*（及物）**1.** ***etw. p.*** MATH【数】；e-e Zahl (mehrere Male) mit sich selbst multiplizieren 使自乘，乘方 **2.** ***etw. p.*** *geschr*［书］≈ vervielfachen〈seine Bemühungen, die Leistungen, die Wirkung p. 加倍努力，提高效率，扩大影响〉‖ *hierzu*（派生）**Po.ten.zie.rung** *die*

Pot.pour.ri [ˈpɔtpʊri] *das*；*-s*，*-s*；ein Musikstück, das aus mehreren, *mst* bekannten Liedern *usw* besteht 乐曲集锦，歌曲集成 ‖ -K(复合)：***Schlager-***

Pott *der*；*-(e)s*，*Pöt.te*；*nordd gespr*［北德］［口］**1.** ≈ Topf ‖ -K(复合)：***Blumen-***，***Koch-***，***Nacht-*** **2.** ≈ Schiff〈ein großer, dicker P. 一条大船，巨轮〉‖ ID［谚］(***nicht***) ***zu Potte kommen*** *nordd gespr*［北德］［口］；mit e-r Aufgabe *o. Ä.* (nicht) zurechtkommen 能办成（办不成）

Pott.asche *die*；*nur Sg*（只用单数）；e-e Substanz, die man *mst* dazu verwendet, Teig u. andere weiche Massen größer zu machen 钾碱，碳酸钾，草碱；CHEM【化】Kaliumkarbonat

pott.häss.lich *Adj*(形)；*nordd gespr*［北德］［口］；sehr hässlich 非常难看的，很丑的

Pott.wal *der*；ein großer Wal mit eckigem Kopf 抹香鲸，巨头鲸

potz *Interjektion*（叹）；*veraltend*［渐旧］；*nur in* 只用于 **p. Blitz!** verwendet, um auszudrücken, dass man sehr überrascht ist（表示十分惊讶）天哪！

Pou·let [pu'leː] *das*; *-s*, *-s*; (CH) ［瑞］≈ Hühnchen

Pow·er ['paʊə] *die*; *-*; *nur Sg*, *gespr*（只用单数）［口］；（*bes* von Jugendlichen verwendet）große Energie, Kraft *o. Ä.*（青年人用语）（指能力、力量等）棒，神，强，过硬，了不起：*Lautsprecher mit viel P.* 具有强大功率的扩音器；*Mann, der hat vielleicht P.!* 那个人真棒！

PR [peː'|ɛr] *ohne Artikel*（无冠词）；（*Abk für* 缩写，全称为 Public Relations）alles, womit man über ein Produkt od. über e-e Institution informiert, um für sie zu werben 公共关系，公关，企业与公众的关系〈für PR zuständig sein 主管公关工作〉‖ K-（复合）：***PR-Abteilung***, ***PR-Manager***

prä-, Prä- *im Adj u. Subst, begrenzt produktiv*, *geschr*（构成形容词和名词，构词有限）［书］；vor e-m bestimmten Zeitpunkt, Ereignis *o. Ä.* 前，预先，之前 ↔ post-, Post-; ***prämenstruell*** 〈Syndrom 综合症〉, ***pränatal*** (= vor der Geburt)

Prä·am·bel *die*; *-*, *-n*; ***e-e P.*** (***zu etw.***) e-e Einleitung zu e-m Gesetz, Vertrag *o. Ä.*, die den Zweck des Textes erklärt（法律、条约等的）前言，序言：*die P. zur Verfassung, zum Staatsvertrag* 宪法的，国家条约的前言 ‖ NB（注意）：↑ ***Vorwort***

Pracht *die*; *-*; *nur Sg*（只用单数）**1.** große, strahlende Schönheit, großer Aufwand 华丽，豪华，富丽堂皇，壮丽，壮观 ≈ Herrlichkeit 〈verschwenderische, üppige P. 奢华，铺张扬厉；die P. der Gewänder, e-s Schlosses 服装的华丽，宫殿的富丽堂皇；große P. entfalten 尽显豪华，大摆排场〉：*Der Garten zeigt sich im Sommer in seiner ganzen/vollen P.* 夏天这座花园里一片姹紫嫣红，绚丽多姿 ‖ K-（复合）：***Pracht-***, ***-entfaltung***, ***-saal*** ‖ -K（复合）：***Blumen-***, ***Blüten-***, ***Farben-***, ***Locken-*** **2.** ***j-d/etw. ist e-e*** (***wahre***) ***P.*** *gespr*［口］；j-d/etw. sieht sehr schön aus（人/物作主语）看上去十分漂亮，十分出色（壮观）：*Du bist heute e-e wahre P.!* 你今天（的穿戴）可真漂亮！

Pracht- *im Subst, begrenzt produktiv*, *gespr*（构成名词，构词有限）［口］；verwendet, um e-e Person od. Sache zu bezeichnen, die alle guten Eigenschaften hat, die man sich wünscht 优秀的，好的（人）；优良的，极好的（物）；der ***Prachtjunge***, der ***Prachtkerl***, das ***Prachtmädchen***, das ***Prachtwetter***

Pracht·exemp·lar *das*; *gespr, oft hum*［口］常用［诙］；e-e Person od. Sache, die alle Eigenschaften hat, die man sich wünscht 杰出人物，楷模；精制品，精装本：*ein P. von e-m Schäferhund* 精良品种的牧羊犬

präch·tig *Adj*（形）**1.** mit großer Pracht (1) 华丽的，豪华的，富丽堂皇的，宏伟的，雄伟壮观的 ≈ prachtvoll 〈e-e Kirche, ein Schloss 教堂，宫殿；e-e Uniform 制服〉 **2.** sehr gut 很好的，出色的〈das Wetter, ein Buch 天气，书；sich p. mit j-m unterhalten 与某人交谈得十分投机；sich p. mit j-m verstehen 与某人相互很了解；p. gedeihen 生长极好，进展十分顺利，（事业）蒸蒸日上〉

Pracht·stra·ße *die*; e-e Straße mit schönen, *mst* alten Häusern, teuren Geschäften *usw* 繁华漂亮的大街

Pracht·stück *das*; *gespr*［口］≈ Prachtexemplar

pracht·voll *Adj*（形）≈ prächtig

prä·des·ti·niert *Adj*（形）；*geschr*［书］；***zu etw.*** / ***für etw. p. sein*** für etw. ideal geeignet sein 生来就适合做…的，天生是…的：*Er ist für e-e politische Laufbahn/zum Politiker p.* 他命中注定是从事政治生涯的/他天生就是当政治家的料

Prä·di·kat *das*; *-(e)s*, *-e* **1.** e-e Bezeichnung, die aussagt, von welch guter Qualität etw. ist（表示优质的）称号，品牌 ≈ Auszeichnung (1)：*ein Film mit dem P. „wertvoll"* 一部获"高品位"评价的电影；*Qualitätswein mit P.* 名牌优质葡萄酒 **2** LING【语】；der Teil des Satzes, der etw. über das Subjekt aussagt (*mst* das Verb od. das Verb plus Objekt) 谓语（指动词或动宾结构）≈ Satzaussage：*In dem Satz „Sie besuchte ihren Freund" ist „besuchte ihren Freund" das P.* 在"Sie besuchte ihren Freund"这个句子中"besuchte ihren Freund"是谓语

prä·di·ka·tiv [-f] *Adj*（形）；〈ein Adjektiv 形容词〉so, dass es *mst* e-r Form von *sein* od. *werden* folgt 作表语的，谓语性的：*Im Satz „Er ist dumm" wird das Adjektiv „dumm" p. verwendet* 在"Er ist dumm"这个句子中形容词"dumm"用作表语

Prä·fe·renz *die*; *-*, *-en*; ***e-e P.*** (***für etw.***) *geschr*［书］；die Bevorzugung e-r Person od. Sache 优先，优先选择；（关税等的）特惠，优惠〈Präferenzen haben 有优惠〉：*seine P. für französischen Rotwein* 他首选法国红葡萄酒 ‖ *hierzu*（派生）**prä·fe·rie·ren**（*hat*）*Vt*（及物）*geschr*［书］

Prä·fix *das*; *-es*, *-e*; LING【语】；ein Wortteil, der vor ein anderes Wort gesetzt wird 前缀 ≈ Vorsilbe ↔ Suffix：*das P. „un-" in dem Wort „unfreundlich"* "unfreundlich"一词的前缀"un-" ‖ K-（复合）：***Präfix-***, ***-verb*** ‖ *hierzu*（派生）**prä·fi·gie·ren**（*hat*）*Vt*（及物）

prä·gen; *prägte*, *hat geprägt*; [*Vt*]（及物）**1.** ***etw.*** (***auf/in etw.*** (*Akk* 四格)) ***p.*** ein Bild od. e-e Schrift in festes Material pressen 压铸，模压，压印，冲制〈ein Zeichen auf/in etw. p. 将一个图案压印在某物上；geprägtes Silber, Papier 压有图案（文字）的银器、纸张〉 **2.** ***Münzen p.*** Münzen herstellen 铸造硬币 **3.** ***etw. prägt j-n*** etw. hat e-n starken Einfluss auf j-s Charakter（物作主语）在某人身上打下烙印，对某人产生深刻影响 ≈ etw. formt j-n 〈etw. prägt j-n nachhaltig 某事对某人产生深远的影响；von seiner Umwelt, seinen Eltern, Freunden geprägt sein, werden 受到自己的环境，自己的父母、朋友的深刻影响〉 **4.** ***etw. prägt j-n/etw.*** etw. ist ein typisches Merkmal von j-m/etw.（物作主语）使…具有…特征：*Schneebedeckte Gipfel prägen das Bild*

P

der Landschaft 白雪覆盖的群峰形成这一景色的主要特征; *Sein Verhalten ist von Aggressivität geprägt* 他的行为有好斗性格的烙印 ‖ NB(注意): oft im Passiv (常用于被动句)! **5. etw. p.** etw. in der Sprache neu bilden 造,新造,构造〈ein Wort, ein Schlagwort, e-n Ausdruck, e-n Slogan p. 创造新词,想出标语(口号),措词,设计广告词〉 ‖ ▶ **einprägen**, **einprägsam**, **Gepräge**

prag·ma·tisch *Adj*(形); so, dass sich der Betreffende an den gegebenen Tatsachen u. an der konkreten Situation orientiert (anstatt Prinzipien zu folgen) 实际的,根据实际情况的,实用的,务实的,实用主义的≈ praktisch〈e-e Vorgangsweise, e-e Betrachtungsweise 行动方式,观察方式; j-s Denken 某人的思维; p. denken, handeln 合乎实际地思考,行事; p. veranlagt sein 具有务实精神,讲求实际〉 ‖ *hierzu* (派生) **Prag·ma·tik** *die*; -, *-en*; **Prag·ma·ti·ker** *der*; *-s*, -; **Prag·ma·ti·ke·rin** *die*; -, *-nen*

prag·ma·ti·sie·ren; *pragmatisierte*, *hat pragmatisiert*; Vt (及物) ***j-n p.*** Ⓐ ADM[奥]【管理】; j-n zum Beamten machen 录用…为公务员 ≈ verbeamten ‖ *hierzu* (派生) **Prag·ma·ti·sie·rung** *die*

präg·nant *Adj* (形); so formuliert, dass das Wichtigste mit wenigen Worten genau gesagt wird 简明扼要的,言简意赅的,准确的,中肯的 ↔ umständlich〈ein Stil, ein Beispiel 风格,例子; etw. kurz u. p. formulieren 简单明了地表述某事〉 ‖ *hierzu* (派生) **Präg·nanz** *die*; -; *nur Sg*(只用单数)

Prä·gung *die*; -, *-en* **1.** das Prägen (1) e-s Zeichens auf festes Material 压印,冲制 **2.** das Herstellen von Münzen (硬币)铸造 ‖ -K(复合): **Münz- 3.** *nur Sg*(只用单数); das Prägen (3) e-r Person 一个人的性格特征 ‖ K-(复合): **Prägungs-**, **-phase 4.** das Bild od. die Schrift, die in etw. geprägt (1) ist 压印的图案或文字 **5.** ein Wort *o. Ä.*, das j-d neu gebildet hat 新词: *„Super-GAU" ist e-e P. des 20 Jahrhunderts* "Super-GAU"(特大的核泄漏事故)是20世纪的一个新词 ‖ -K(复合): **Neu- 6.** *Adj* (*im Gen*) 形容词(二格) + **P.** mit den im Adj. ausgedrückten Charakteristika 具有…特色的: *e-e Demokratie westlicher P.* 具有西方特色的民主

prä·his·to·risch *Adj* (形); in Bezug auf die Zeit, als es noch keine Schrift gab 史前的,太古的≈ vorgeschichtlich〈Funde, Grabstätten, die Zeit 发掘物(出土文物),墓穴,时代〉

prah·len; *prahlte*, *hat geprahlt*; Vi (不及物) **(mit etw.) p.** voll übertriebenem Stolz erzählen, was man alles hat od. geleistet hat (od. haben will) 炫耀,夸耀,标榜,吹嘘≈ angeben (5): *gern mit seinen Erfolgen p.* 喜欢吹嘘自己的成绩 ‖ *hierzu* (派生) **prah·le·risch** *Adj*(形)

Prahl·hans *der*; *-es*, *Prahl·hän·se*; *gespr*[口]; j-d, der gern u. viel prahlt 爱吹牛的人,好说大话的人≈ Angeber, Aufschneider

Prak·tik *die*; -, *-en* **1.** *mst Pl* (多用复数)≈ Gepflogenheiten〈geschäftliche, wirtschaftliche Praktiken 业务上的、经济上的做法,手续,程序〉 **2.** *nur Pl*, *pej* (只用复数)[贬]≈ Machenschaften〈gewissenlose, betrügerische Praktiken 昧着良心的、欺骗的手法(伎俩,花招)〉 ‖ NB(注意): ↑ **Praxis**

prak·ti·ka·bel *Adj*(形); 〈e-e Lösung, ein Vorschlag, Methoden 解决办法,建议,方法〉 so, dass sie auch in die Praxis umgesetzt werden können 可实行的,切实可行的,适用的,实用的≈ brauchbar, zweckmäßig ‖ NB(注意): *praktikabel* → *praktikable Vorschläge* ‖ *hierzu* (派生) **Prak·ti·ka·bi·li·tät** *die*; *nur Sg*(只用单数)

Prak·ti·kant *der*; *-en*, *-en*; j-d, der ein Praktikum macht 实习生,见习生 ‖ K-(复合): **Praktikanten-**, **-stelle** ‖ NB(注意): *der Praktikant*; *den*, *dem*, *des Praktikanten* ‖ *hierzu* (派生) **Prak·ti·kan·tin** *die*; -, *-nen*

Prak·ti·ker *der*; *-s*, - **1.** j-d mit praktischer Erfahrung auf e-m bestimmten Gebiet od. j-d, der sehr praktisch[1](3) veranlagt ist 有实践经验的人,熟悉具体业务的人,讲求实际的人,实干家,实践家↔ Theoretiker〈ein reiner P. sein 是一位纯实践工作者〉 **2.** *gespr* [口]≈ praktischer Arzt

Prak·ti·kum *das*; *-s*, *Prak·ti·ka*; ein Teil e-r Ausbildung, den man in e-m Betrieb *o. Ä.* macht, um dort praktische[1](1) Erfahrungen zu sammeln 实习,实习阶段,实习课程〈ein P. machen, absolvieren 进行实习,完成实习〉 ‖ -K(复合): **Betriebs-**, **Schul-**

prak·tisch[1] *Adj* (形) **1.** in Bezug auf die konkrete Praxis[1](1) 实际的,具体的,根据实践的 ↔ theoretisch〈Erfahrungen, der Unterricht, ein Beispiel 经验,课程,例子; etw. p. erproben 对某物进行实际试验〉: *ein Problem anhand e-s praktischen Beispiels erklären* 通过实例说明一个问题 **2.** für e-n bestimmten Zweck gut geeignet 适用的,实用的≈ zweckmäßig ↔ unpraktisch〈Hinweise, Ratschläge 提示,建议; Kleidung 衣服; j-m etw. Praktisches schenken 送某人一些实用的东西〉: *Diese Schuhe sind nicht modisch, dafür aber sehr p.* 这双鞋虽然不时髦,但很实用 **3.** fähig, die Probleme des täglichen Lebens gut zu lösen 切合实际的,能解决实际问题的,能干的≈ *geschickt* ↔ *unpraktisch*〈*ein Mensch* 人; *p. denken*, *p. veranlagt sein* 切合实际地思考,具有解决实际问题的能力〉 **4. *ein praktischer Arzt*** ein Arzt, der sich (anders als *z. B.* ein Augenarzt) nicht spezialisiert hat (非专科的)普通医生≈ Allgemeinarzt ↔ Facharzt ‖ ▶ ***Praxis***

prak·tisch[2] *Adv*(副); *gespr*[口]; so gut wie, mehr od. weniger 几乎,差不多,大体上: *Er weiß p. alles* 他几乎什么都知道; *Das Dorf wurde durch das Erdbeben p. völlig zerstört* 由于地震,这个村庄几乎完全被破坏了

prak·ti·zie·ren; *praktizierte*, *hat praktiziert*; Vt (及物) **1. etw. p.** etw. im Alltag, in der Praxis[1](1) anwenden 实际应用,将…运用于实践〈e-e Methode p. 运用一种方法〉; Vt/i (及物/不

P

及物）**2.（etw.）p.** so leben, dass man die Regeln e-r Religion beachtet 遵守教规〈ein praktizierender Katholik, Jude 遵守教规的天主教徒，犹太教徒〉；Vi（不及物）**3.（als Arzt）p.** als Arzt (in seiner eigenen Praxis) tätig sein（在他自己的诊所）开业行医〈als Frauenarzt, Zahnarzt p. 作为妇科医生，作为牙医开业行医〉：*Mein Hausarzt praktiziert nicht mehr, sein Sohn hat jetzt die Praxis übernommen* 我的家庭医生已不再看病，他的儿子现在接管了诊所

Prä·lat *der*; *-en*, *-en*; REL【宗】; j-d, der in der katholischen Kirche ein hohes Amt mit bestimmten Rechten hat（天主教）高级教士，高级僧侣（如主教、修道院长等）‖ NB（注意）：*der Prälat*; *den*, *dem*, *des Prälaten*

Pra·li·ne *die*; *-*, *-n*; ein kleines Stück Schokolade, das mit e-r Masse gefüllt ist 夹心巧克力〈e-e Schachtel (mit) Pralinen 一盒夹心巧克力〉‖ K-（复合）：**Pralinen-**, **-schachtel**

prall, *praller*, *prallst-*; *Adj*（形）**1.** sehr voll u. deshalb so, dass die Oberfläche fest u. gespannt ist 饱满的，张满的，打足气的，绷紧的，鼓起的↔ schlaff〈ein Fußball, ein Kissen, ein Segel 足球，靠垫，帆；p. gefüllt sein 装得满满的，塞得满满的〉‖ -K（复合）：**prall-**, **-gefüllt**, **-voll** **2.** ziemlich dick u. so, dass die Haut fest u. gespannt ist 丰满的，结实的≈ stramm ↔ schlaff〈ein Busen, Brüste 胸脯，乳房〉**3.** *mst* 多用 **in der prallen Sonne liegen** ohne Schutz in der Sonne liegen 躺在骄阳下曝晒

pral·len, *prallte*, *ist geprallt*; Vi（不及物）**(mit etw.) gegen etw. p.** mit großer Kraft u. Geschwindigkeit gegen etw. stoßen 猛烈碰撞，撞击：*Bei dem Unfall prallte er mit dem Kopf gegen die Scheibe* 在事故中他的头猛烈地撞在玻璃上 ‖ ▶ **Aufprall**, **Zusammenprall**

Prä·mie [-iə] *die*; *-*, *-n* **1.** e-e Summe Geld, die j-d einmal (als Preis) für e-e besondere Leistung bekommt 奖金，酬金，津贴，赏金：*e-e P. für das Gewinnen e-s neuen Abonnenten* 由于争取到新订户而得的奖金 ‖ -K（复合）：**Abschluss-**, **Fang-**, **Kopf-**, **Leistungs-**, **Risiko-**, **Schuss-**, **Treue-** **2.** das Geld, das j-d (regelmäßig) für seine Versicherung zahlt 保险费≈ (Versicherungs)Beitrag〈die P. ist fällig 交付保险费的日期已到；die Prämien erhöhen 提高保险费〉‖ -K（复合）：**Versicherungs-** **3** Ⓓ［德］das Geld, das e-e Bank od. der Staat demjenigen zahlt, der regelmäßig Geld auf ein besonderes Konto zahlt (um *z. B.* für den Bau e-s eigenen Hauses zu sparen) 银行或国家支付给参加建房基金者的钱 ‖ K-（复合）：**prämien-**, **-begünstigt** ‖ -K（复合）：**Spar-**, **Bauspar-**

prä·mie·ren; *prämierte*, *hat prämiert*; Vt（及物）**j-n/etw. (für etw.) p.** j-m/etw. für e-e besondere Leistung e-n Preis geben 奖励，奖赏，给…以奖金≈ auszeichnen〈e-n Film, ein Buch, e-e Schauspielerin p. 奖励一部电影、一本书、一位女演员〉‖ *hierzu*（派生）**Prä·mie·rung** *die*

prä·mi·ie·ren [-ˈmiːrən]; *prämiierte*, *hat prämiiert*; Vt（及物）↑ **prämieren** ‖ *hierzu*（派生）**Prä·mi·ie·rung** *die*

Prä·mis·se *die*; *-*, *-n*; *geschr*［书］≈ Voraussetzung〈von bestimmten, falschen Prämissen ausgehen 从一定的、错误的前提出发〉

pran·gen; *prangte*, *hat geprangt*; Vi（不及物）**1. etw. prangt irgendwo** etw. ist an e-r Stelle so befestigt *o. Ä.*, dass es jeder gut sieht（物作主语）显眼，引人注目，十分醒目：*Mehrere Orden prangten an seiner Uniform* 好几枚勋章挂在他的制服上十分引人注目 **2. etw. prangt (in etw. (Dat（三格）))** *geschr*［书］; etw. ist schön (u. leuchtet)（物作主语）显得好看，显示光彩，被装饰一新：*Die Stadt prangt im festlichen Weihnachtsschmuck* 这座城市披上圣诞节装饰，显出一派节日景象

Pran·ger *der*; *-s*, *-*; *hist*［历］; ein Pfahl auf e-m öffentlichen Platz, an den man im Mittelalter Verbrecher zur Strafe angebunden hat, um sie allen zu zeigen（欧洲中世纪竖立在广场上用来把罪犯示众的）刑柱，耻辱柱〈j-n an den P. bringen, stellen 将某人缚在刑柱上，使某人声名狼藉〉‖ ID［谚］**j-n/etw. an den P. stellen** j-n/etw. öffentlich kritisieren 公开谴责某人/某事，公开揭露某人/某事；**am P. stehen** öffentlich kritisiert werden 被缚在刑柱上示众，遭受公众唾骂

Pran·ke *die*; *-*, *-n* **1.** einer der (Vorder)Füße e-s Löwen, Bären *o. Ä.*（猛兽的）前爪，兽爪，爪子≈ Tatze ‖ K-（复合）：**Pranken-**, **-hieb** ‖ -K（复合）：**Löwen-** **2.** *gespr pej od hum*［口］［贬］或［诙］; e-e große, kräftige Hand 粗壮有力的手

Prä·pa·rat *das*; *-(e)s*, *-e* **1.** ein (Heil)Mittel, *bes* ein Medikament, das chemisch hergestellt ist 药剂，化学制剂〈ein wirksames P. 有效的药剂〉‖ -K（复合）：**Brom-**, **Eisen-**, **Eiweiß-**, **Hormon-**, **Jod-**, **Kalk-**, **Vitamin-** *usw* **2.** BIOL, MED【生】【医】; der Körper e-s Lebewesens (od. ein Teil davon), der konserviert worden ist, damit man ihn genau untersuchen kann 标本，切片：*das P. e-s Frosches*, *e-s menschlichen Hirns* 青蛙的，人脑的标本 ‖ -K（复合）：**Gewebe-**, **Skelett-**

Prä·pa·ra·tor *der*; *-s*, *Prä·pa·ra·to·ren*; j-d, der Präparate (2) macht u. Tiere ausstopft (2)标本制作者 ‖ *hierzu*（派生）**Prä·pa·ra·to·rin** *die*; *-*, *-nen*

prä·pa·rie·ren; *präparierte*, *hat präpariert*; Vt（及物）**1. etw. p.** ein Präparat (2) machen 制作标本，将…制成标本〈e-n Vogel, ein Organ p. 将鸟，器官制成标本〉**2. etw. p.** etw. so bearbei-ten, dass es e-m bestimmten Zweck dienen kann 准备，预先准备≈ vorbereiten：*die Skipiste für das Rennen p.* 为比赛准备好滑雪道（雪橇滑道）‖ *hierzu*（派生）**Prä·pa·ra·ti·on** *die*; *-*, *-en*; *zu*（义项）**1.** u. **2. Prä·pa·rie·rung** *die*

Prä·po·si·ti·on [-ˈtsi̯oːn] *die*; *-*, *-en*; LING【语】; ein Wort, das vor od. (selten) nach e-m Subst. od. Pronomen steht, das (zeitliche, örtliche *o. Ä.*) Verhältnis dieses Worts zum Rest des Satzes festlegt u. den Fall (Kasus)

P

Präpositionen 介词

1 ***mit Dativ*** **支配三格的介词：**
aus，außer，bei，entgegen，entsprechend，fern，gegenüber，gemäß，gleich，mit，mitsamt，nach，nächst，nahe，nebst，samt，seit，von，zu，zufolge，zuliebe，zuwider

2. ***mit Akkusativ*** **支配四格的介词：**
à，bis，durch，für，gegen，（*veraltet* 旧）gen，je，ohne，per，pro，um，wider
bis wird auch mit anderen Präpositionen verwendet，wobei diese Präpositionen dann den Kasus des nachfolgenden Substantivs regieren bis 也可与其他介词连用，在这种情况下，这些介词决定其后面的名词的格：*bis an das Haus*（*Akk* 四格）；*bis zum Ende*（*Dat* 三格）

3. ***mit Dativ oder Akkusativ*** **支配三格或四格的介词：**
an，auf，entlang，hinter，in，neben，unter，über，vor，zwischen
Der Dativ steht，wenn die Präpositionen bezeichnen，**wo** j-d/etw. ist，liegt，steht *usw*；der Akkusativ steht，wenn die Präpositionen bezeichnen，**wohin** sich eine Bewegung richtet. 当介词表示某人/某物在哪里时，其后面的名词用三格，当介词表示朝某个方向运动时，其后面的名词用四格。
Die folgenden Illustrationen veranschaulichen diesen Unterschied. Bei Verbindungen aus Verb，Adjektiv oder Substantiv + Präposition wird in diesem Wörterbuch der jeweilige Kasus der Präposition（*Dativ* oder *Akkusativ*）immer eigens angegeben. 下面的插图直观地说明这种区别。本词典在动词、形容词或名词 + 介词连用的结构中对介词所支配的格(三格或四格)都专门加以标

mit dem Dativ 支配三格：

An dem Baum hängen Äpfel
树上挂着苹果
Auf der Wäscheleine hängt die Wäsche
晒衣绳上晾着衣服
Hinter dem Zelt steht ein Baum
帐篷后面有一棵树
Neben dem Zelt ist ein Mofa
帐篷旁边有一辆摩托车

Über dem Mofa ist eine Wäscheleine
摩托车上面有一条晾衣绳
Unter der Wäscheleine ist das Mofa
晒衣绳下面有摩托车
Vor dem Zelt steht ein Tisch
帐篷前面摆着一张桌子
Zwischen den Bäumen hängt eine Wäscheleine
两棵树之间挂着一条晾衣绳

mit dem Akkusativ 支配四格：

Der Mann lehnt die Leiter **an den** Baum
男人把梯子靠在树上

Der Junge setzt sich **auf das** Fahrrad
小伙子跨上自行车

Die Frau schiebt den Kinderwagen **hinter das** Haus
女人推着儿童车朝房子后面走去

Die Frau geht **in das** Haus
女人正朝屋里走去

Präpositionen (Fortsetzung) **介词(续)**

Der Mann stellt den Koffer **neben die** Bank
男人把箱子放到长椅子旁边

Der Junge springt **über das** Gitter
小伙子跳越栅栏

Der Ball rollt **unter das** Auto
Der Hund läuft **vor das** Auto
球滚到汽车下面去
狗朝汽车前面跑

Der Junge läuft **zwischen die** Autos
小伙子朝汽车之间跑去

ab wird normalerweise mit dem Dativ, in der gesprochenen Sprache auch mit dem Akkusativ verwendet ab 通常支配三格,在口语中也与四格连用

plus und *minus* werden in der gesprochenen Sprache auch mit dem Akkusativ und gelegentlich mit dem Dativ verbunden plus 和 minus 在口语中支配四格,有时也与三格连用

4 *mit Genitiv* 支配二格的介词:
abseits*, anfangs, angesichts*, anhand*, anlässlich, anstelle*, aufgrund*, aufseiten, außerhalb*, (*veraltet* [旧]) bar, beiderseits*, diesseits*, halber (*nachgestellt* 后置), infolge*, inmitten*, innerhalb*, jenseits*, kraft, links*, minus, mithilfe, namens, nördlich*, oberhalb*, östlich*, plus, rechts*, südlich*, seitens, um ... willen, unbeschadet, unfern*, ungeachtet, unterhalb*, unweit*, vonseiten, vorbehaltlich, westlich*, zeit
* diese Präpositionen werden auch adverbiell mit **von** + Dativ verwendet 加星号的这些介词也可作为状语与 von + 三格连用

5 *mit Genitiv oder Dativ* 支配二格或三格的介词:
längs, laut, ob
Vor allem in der gesprochenen Sprache werden folgende Präpositionen mit dem Dativ verwendet, aber manche Leute halten das für stilistisch schlecht 下列介词在口语中主要支配三格,可是有些人认为这种用法在修辞上不好:
statt, trotz, während, wegen
Folgende Präpositionen werden vor dem Substantiv mit dem Genitiv bzw. (seltener) nach dem Substantiv mit dem Dativ verbunden 下列介词置于名词之前时支配二格,置于名词之后时则支配三格:
zugunsten, zulasten, zuseiten, zuungunsten
zugunsten der Kirche; *mir zugunsten*
Diese Wörter können auch adverbiell mit **von** + Dativ verwendet werden. 这些词也可以作为状语与 von + 三格连用。
Folgende Präpositionen werden nur unter bestimmten Umständen mit dem Dativ verbunden (ansonsten mit dem Genitiv) 下列介词只有在特定的场合才支配三格(在其他场合都支配二格):
abzüglich, anstatt, ausschließlich, betreffs, bezüglich, binnen, dank, einschließlich, exklusive, hinsichtlich, inklusive, mangels, mittels, in puncto, vermittels(t), vermöge, zuzüglich, zwecks
Wenn ein Substantiv im Singular ohne Artikel und Attribut auf diese Präpositionen folgt, hat es (besonders in der gesprochenen Sprache) keine Genitivendung 当这些介词后面的名词为单数并且不带冠词和定语时,名词(尤其在口语中)不用二格:
mangels Interesse (*anstatt*: *Interesses*); *laut Beschluss vom 4.5.*; *inklusive Porto*; *in puncto Fleiß ist er nicht gerade der Weltmeister*
Folgt ein allein stehendes Substantiv im Plural auf diese Präpositionen, wird meistens der Dativ gebraucht 当这些介词后面单独出现名词且为复数时,名词多用三格:
mangels Beweisen; *anstatt Geschenken*
Kommt ein Adjektiv hinzu, wird aber der Genitiv gebraucht 如果名词前面加了形容词,形容词用二格:
mangels triftiger Gründe

des Worts bestimmt 介词≈ Verhältniswort: *Im Satz „Das Buch lag auf dem Tisch" ist „auf" e-e P.* 在"Das Buch lag auf dem Tisch"这个句子中,"auf"是一个介词

prä·po·tent *Adj* (形); Ⓐ *pej* [奥][贬] ≈ überheblich, arrogant ‖ *hierzu* (派生) **Prä·po·tenz** *die*; -; *nur Sg* (只用单数)

Prä·rie *die*; -, -*n* [-'riːən]; e-e weite, flache Landschaft in Nordamerika, die mit Gras bewachsen ist(北美洲)大草原

Prä·sens *das*; -; *nur Sg*, LING(只用单数)【语】; e-e grammatische Kategorie beim Verb. Die Formen des Präsens *z. B.* von *gehen* sind *ich gehe*, *du gehst*, *er geht*, *wir gehen usw.* Mit dem Präsens wird *z. B.* ausgedrückt, dass etw. gerade geschieht od. immer der Fall ist 现在时≈ Gegenwart 〈das Verb steht im P. 这个动词是现在时态; das P. von etw. bilden 构成某动词的现在时态; etw. ins P. setzen 将某动词变成现在时态〉 ‖ K-(复合): **Präsens-**, **-form** ‖ NB(注意): als Pl. wird *Präsensformen* verwendet(该词的复数用 Präsensformen)

prä·sent *Adj*(形) **1.** *nur präd, ohne Steigerung, nicht adv, geschr*(只作表语,无变级,不作状语)[书]≈ anwesend ↔ abwesend 〈stets p. sein 经常在场〉 **2.** ***etw. p. haben*** fähig sein, sich an etw. Bestimmtes zu erinnern 还记得≈ etw. im Kopf haben

Prä·sent *das*; *-(e)s*, *-e*; *geschr*[书]≈ Geschenk 〈j-m ein P. machen, überreichen 赠与,献给某人一件礼品; j-m etw. zum P. machen 将某物作为赠品送给某人〉 ‖ K-(复合): **Präsent-**, **-korb**

Prä·sen·ta·ti·on [-ˈtsi̯oːn] *die*; *-*, *-en*; e-e Veranstaltung, bei der etw. Neues der Öffentlichkeit vorgestellt wird 首发式 ‖ -K(复合): **Buch-**, **Platten-**

prä·sen·tie·ren; *präsentierte*, *hat präsentiert*; [Vt](及物) **1.** (***j-m***) ***etw. p.*** *geschr od iron* [书]或[讽]; j-m etw. anbieten od. geben 赠送,呈递,给予〈j-m ein Geschenk, die Rechnung p. 呈献某人一件礼品,递给某人一张账单〉 **2.** ***das Gewehr p.*** MIL【军】; gerade stehen u. das Gewehr senkrecht vor dem Körper halten 举枪致敬 ‖ K-(复合): **Präsentier-**, **-griff** **3.** (***j-m***) ***j-n/sich/etw. p.*** j-n/sich/etw. j-m bewusst u. stolz zeigen(向…)显耀,显摆,显示〈sich den Fotografen p. 向摄影师显示自己; sich in voller Größe p. 炫耀自己,卖弄自己〉: *den Eltern die neue Freundin p.* 向父母显耀新认识的女朋友

Prä·sen·tier·tel·ler *der*; *mst in* 多用于 ***auf dem P. sitzen*** *gespr*[口]; an e-m Ort sein, an dem einen jeder sieht 处于众目睽睽之下,处在显眼的地方: *Wir sitzen hier doch auf dem P.!* 我们在这儿可是众目睽睽!

Prä·senz *die*; *-*; *nur Sg*, *geschr*(只用单数)[书] ≈ Anwesenheit ↔ Abwesenheit 〈sich j-s P. bewusst sein, werden 知道某人出席(在场)〉

Prä·senz·dienst *der*; Ⓐ ADM [奥]【管理】≈ Militärdienst, Wehrdienst 〈den P. ableisten 履行服兵役义务〉 ‖ *hierzu*(派生) **Prä·senz·die·ner** *der*

Prä·ser·va·tiv [-f] *das*; *-s*, *-e* [-və] ≈ Kondom

Prä·si·dent *der*; *-en*, *-en* **1.** der ranghöchste Mann e-r Republik 总统,(国家)主席 ≈ Staatschef, Staatsoberhaupt 〈e-n neuen Präsidenten wählen 选举新总统; j-n zum Präsidenten wählen 选举某人为总统〉: *der P. der Vereinigten Staaten* 美国总统 ‖ K-(复合): **Präsidenten-**, **-wahl** ‖ -K(复合): **Bundes-**, **Regierungs-**, **Staats-**, **Vize-** **2.** j-d, der e-e Organisation od. Institution leitet 主席,主任,(大学)校长,(法院)院长,(社团)会长,(银行)行长,总裁,董事长,理事长≈ Vorsitzende(r) 〈der P. der Akademie, der Universität, des Fußballclubs 科学院院长,大学校长,足球俱乐部主任〉 ‖ -K(复合): **Bundestags-**, **Gerichts-**, **Polizei-**, **Universitäts-**, **Vereins-** **3** Ⓒ [瑞] ≈ Bürgermeister ‖ -K(复合): **Gemeinde-**, **Orts-**, **Stadt-** ‖ NB(注意): *der Präsident*; *den*, *dem*, *des Präsidenten*; aber: vor Namen steht *Präsident* ohne Endung(在人名前 Präsident 无词尾变化): *Er empfing Präsident Mitterand* 他接待密特朗总统 ‖ *hierzu*(派生) **Prä·si·den·tin** *die*; *-*, *-nen*; **Prä·si·dent·schaft** *die*; *-*; *nur Sg*(只用单数)

Prä·si·dent·schafts·kan·di·dat *der*; j-d, der bei e-r Wahl für das Amt e-s Präsidenten (1) kandidiert 总统候选人

Prä·si·di·um *das*; *-s*, *Prä·si·di·en* [-di̯ən]; **1.** *Kollekt*(集合); die Gruppe, die e-e Organisation leitet 主席团,领导班子≈ Vorstand 〈j-n ins P. wählen 将某人选进主席团〉 ‖ K-(复合): **Präsidiums-**, **-sitzung**, **-tagung** ‖ -K(复合): **Partei-** **2.** das Gebäude od. Büro e-s (Polizei)Präsidenten 总局(所在地) ‖ -K(复合): **Polizei-**

pras·seln; *prasselte*, *hat geprasselt*; [Vi](不及物) **1.** ***etw. prasselt*** (***irgendwohin***) etw. fällt mit vielen lauten, kurzen Geräuschen irgendwohin(物作主语)发出劈啪声或嗒嗒声: *Es blitzt u. donnert, u. der Regen prasselt auf die Dächer* 雷电交加,雨点劈里啪啦打在屋顶上 **2.** ***etw. prasselt*** etw. brennt stark u. macht dabei laute Geräusche(物作主语)发出爆裂声 〈das Feuer, die Flammen 火,火焰〉

pras·sen; *prasste*, *hat geprasst*; [Vi](不及物) viel Geld ausgeben, um gut leben zu können 大吃大喝,花天酒地,过着挥霍无度的生活 ↔ sparen ‖ *hierzu*(派生) **Pras·ser** *der*; *-s*, *-* ‖ ▶ **verprassen**

prä·ten·ti·ös [-ˈtsi̯øːs] *Adj*(形); *geschr*[书]; 〈e-e Ausstattung, e-e Wortwahl 陈设,选词〉 so, dass sie anspruchsvoll u. kultiviert wirken sollen 自负的,自命不凡的,自以为是的,矫揉造作的,虚饰外表的↔ schlicht, bescheiden

Prä·te·ri·tum *das*; *-s*, *Prä·te·ri·ta*; LING【语】≈ Imperfekt 〈das Verb steht im P. 这个动词是过去时态; das P. bilden 构成过去时; etw. ins P. setzen 将某动词变为过去时〉: *Der Satz „Ich las ein Buch" steht im P.* "Ich las ein Buch"这个句子是过去时态; *Das P. von „er tut" ist „er tat"* "er tut"的过去时是"er tat"

Prat·ze *die*; *-*, *-n*; *gespr*, *mst pej*[口]多用[贬]; e-e große, schwere Hand 粗大的手

prä·ven·tiv [-f] *Adj*(形); dazu bestimmt, etw. Unangenehmes (*bes* e-e Krankheit) zu verhindern (尤指对疾病)预防的,预防性的≈ vorbeugend, prophylaktisch 〈Maßnahmen 措施〉 ‖ K-(复合): **Präventiv-**, **-maßnahme**, **-medizin** ‖ *hierzu*(派生) **Prä·ven·ti·on** *die*; *-*; *nur Sg*(只用单数)

Pra·xis[1] *die*; *-*; *nur Sg*(只用单数) **1.** das konkrete Tun u. Handeln 实践,实际,实验↔ Theorie 〈etw. in die P. umsetzen 将某物应用于实践; etw. durch die P. bestätigen 通过实践

证实某物；etw. wird sich in der P. erweisen 某事将在实践中得到证实；Beispiele aus der P.来自实践的例子；die Verbindung von Theorie u. P.理论联系实践，理论和实践的结合〉：*e-e Theorie in der P. erproben* 在实践中检验理论 ‖ K-(复合)：**Praxis-**，**-bezug**；**praxis-**，**-bezogen**，**-nah**，**-orientiert** **2.** die Erfahrung, die j-d in e-m bestimmten Bereich (*bes* in seinem Beruf) hat 实际经验，阅历〈(viel, wenig, keine) P. haben 有(许多，很少，没有)实际经验；j-m fehlt die P.某人缺少实际经验，某人缺少工作锻炼〉：*Dafür brauchen wir jemanden mit langjähriger P.* 为此我们需要一位有多年实际工作经验的人 ‖ -K(复合)：**Berufs-**，**Fahr-**，**Unterrichts-**，**Verkaufs-** **3.** die Art u. Weise, wie etw. über e-n ziemlich langen Zeitraum überall gemacht wird 惯例，惯用的方法〈die geschichtliche, wirtschaftliche P.历史上的、经济上的惯例〉

Pra·xis² *die*；-，*Pra·xen*；die Räume, in denen ein Arzt od. Rechtsanwalt arbeitet (医生的)诊所，(律师的)事务所〈e-e gutgehende, ärztliche, eigene P. haben 有一个业务兴旺的，医务的，自己的诊所(或律师事务所)；e-e P. eröffnen, übernehmen 开设，接管一个诊所(或律师事务所)〉 ‖ -K(复合)：**Anwalts-**，**Arzt-**，**Land-**，**Privat-**

Pra·xis·ge·bühr *die*；e-e Gebühr, die ein Patient in jedem Vierteljahr neu bezahlen muss, wenn er zu e-m Arzt geht 一季度一交的门诊费 ‖ NB(注意)：Dies gilt nur für Patienten, die in einer gesetzlichen Krankenkasse versichert sind (这种费用只适用于参加法定医疗保险的病人)

Prä·ze·denz·fall *der*；*geschr* [书]；ein Fall, dessen Ausgang (*z. B.* vor Gericht) als Beispiel für zukünftige, ähnliche Fälle dient 先例，案例〈e-n P. schaffen 开创先例〉

prä·zis, prä·zi·se *Adj*(形)；genau 精确的，准确的；精密的，确切的↔ vage, unpräzise〈e-e Antwort, e-e Beschreibung, e-e Formulierung 回答，描写，表述；etw. p. beschreiben, formulieren, berechnen 精确地描写，表达，计算某事〉 ‖ *hierzu* (派生)**Prä·zi·si·on** *die*；-；*nur Sg* (只用单数)

prä·zi·sie·ren；*präzisierte*，*hat präzisiert*；Vt (及物)**etw. p.** etw., das man schon gesagt hat, noch einmal genauer sagen 更准确地说明，更明确地阐述，更仔细地阐明≈ konkretisieren〈seinen Standpunkt, seine Aussagen, seine Forderungen p.更准确地说明自己的立场，见解，要求〉 ‖ *hierzu* (派生)**Prä·zi·sie·rung** *die*

Prä·zi·si·ons·ar·beit [-ˈtsioːns-] *die*；e-e Arbeit, die mit großer Genauigkeit u. Sorgfalt gemacht worden ist od. gemacht werden muss 精密工作，精密产品：*Ein Uhrmacher leistet P.* 钟表匠从事精密工作

Prä·zi·si·ons·ge·rät [-ˈtsioːns-] *das*；ein Gerät, das sehr genau arbeitet (wie *z. B.* e-e Uhr) 精密仪器

pre·di·gen；*predigte*，*hat gepredigt*；Vi (不及物) **1.** als Pfarrer in der Kirche die Predigt sprechen 传教，布道，讲道〈gut, schlecht, schwach, eindringlich p.布道讲得好、不好、软弱无力、透彻有力〉；Vt/i (及物/不及物) **2. etw. p.**；**über etw.** (*Akk* 四格) **p.** in e-r Predigt (1) über ein bestimmtes Thema sprechen oder zu e-m bestimmten Verhalten aufrufen 宣传，鼓吹，宣扬〈(über) das Evangelium p. 传布基督教福音；Enthaltsamkeit, Nächstenliebe p. 宣传节欲，博爱〉 Vt (及物) **3.** (**j-m**) **etw. p.** *gespr* [口]；j-m immer wieder sagen, wie er sich verhalten soll 劝诫，教导，嘱咐〈Sparsamkeit, Moral p. 劝诫(某人)要节俭，讲道德〉

Pre·di·ger *der*；*-s*，-；j-d, der in e-m Gottesdienst die Predigt hält 传教士，布道者，说教者 ‖ *hierzu* (派生)**Pre·di·ge·rin** *die*；-，*-nen*

Pre·digt *die*；-，*-en* **1.** die Rede (über ein religiöses Thema), die ein Pfarrer in der Kirche hält 布道词，讲道稿，说教〈e-e P. halten 进行布道，说教〉 ‖ -K(复合)：**Oster-**，**Pfingst-**，**Sonntags-**，**Weihnachts-** **2.** *gespr pej* [口][贬]；e-e lange u. ernste Ermahnung 喋喋不休的告诫，训斥，说教≈ Standpauke：*Wenn ich spät nach Hause komme, erwartet mich e-e P.* 当我回家晚了，等待着我的是一顿训斥 **3. j-m e-e P. halten** *gespr* [口]；j-n streng ermahnen 严厉地警告某人

Preis¹ *der*；*-es*，*-e* **1. der P.** (**für etw.**) die Summe Geld, für die j-d etw. kauft, verkauft od. anbietet 价格，价钱〈ein hoher, niedriger, günstiger, fairer, angemessener P.高的、低的、便宜的、公平的、合适的价格；die Preise steigen, sinken, schwanken, sind stabil 价格上涨，下降，波动，稳定；die Preise kalkulieren, erhöhen, reduzieren, senken 计价，提价，减价，降价；e-n P. fordern, verlangen 要价，开价；die Preise in die Höhe treiben 哄抬物价；den P. herunterhandeln 杀价；etw. sinkt, steigt im P. 某物价格下跌，上涨；mit dem P. hinaufgehen, heruntergehen 随着价格上升，下降〉：*Die Preise für Erdöl steigen wieder* 石油价格再度上扬 ‖ K-(复合)：**Preis-**，**-angabe**，**-differenz**，**-entwicklung**，**-erhöhung**，**-ermäßigung**，**-liste**，**-manipulation**，**-nachlass**，**-senkung**，**-stabilität**，**-steigerung**，**-verfall**，**-vorteil** ‖ -K(复合)：**Ankaufs-**，**Einkaufs-**，**Eintritts-**，**Fahr-**，**Kauf-**，**Laden-**，**Lebensmittel-**，**Markt-**，**Miet-**，**Mindest-**，**Schwarzmarkt-**，**Verkaufs-**，**Wucher-** **2. j-m e-n guten P. machen** j-m e-e Ware billig verkaufen 给某人一个好价钱，廉价卖给某人 **3.** 〈beim Einkaufen 在购物时〉 **nicht auf den P. achten / schauen / sehen** das kaufen, was e-e gute Qualität hat, auch wenn es teuer ist 不在乎价格多少，不注意价格高低 **4. etw. über / unter** (**dem**) **P. verkaufen** etw. teurer/billiger verkaufen, als es kosten sollte 高价/廉价出售某物 ‖ ID [谚] **etw. hat seinen P.** etw. Positives kann nur erreicht werden, wenn man dafür auch etw. Negatives in Kauf nimmt 要办成事就要付出代

价,要有所得就得有所失; **um jeden P.** ≈ unbedingt: *Er will um jeden P. gewinnen* 他将不惜一切代价(无论如何)要去争取胜利; **um keinen P.** überhaupt nicht 无论如何也不,决不,从不≈ auf keinen Fall

Preis[2] *der*; *-es*, *-e*; e-e Belohnung (*mst* in Form e-s Pokals, e-r Geldsumme *o. Ä.*), die j-d bekommt, der in e-m Spiel od. in e-m Wettbewerb gewinnt 奖,奖赏,奖金〈der erste, zweite, dritte P. 一等奖,二等奖,三等奖; e-n P. gewinnen, stiften, bekommen, verleihen 赢得、设立、得到、颁发奖金〉‖ K-(复合): **Preis-**, **-verleihung**, **-verteilung** ‖ -K(复合): **Buch-**, **Ehren-**, **Geld-**; **Kunst-**, **Literatur-**, **Nobel-**, **Sieges-**

Preis[3] *der*; *-es*; *nur Sg*, *geschr* (只用单数)[书] ≈ Lob ‖ K-(复合): **Preis-**, **-lied**

Preis|aus.schrei.ben *das*; *-s*, *-*; ein Wettbewerb, bei dem derjenige e-n Preis[2] gewinnen kann, der die gestellten Aufgaben gelöst hat 有奖竞赛,有奖征文〈an e-m P. teilnehmen 参加有奖竞赛活动; bei e-m P. mitmachen 参加有奖竞赛; ein P. veranstalten 举办有奖竞赛活动〉

preis.be.wusst *Adj*(形); 〈ein Kunde 顾客,买主〉 so, dass er beim Einkaufen die Preise vergleicht, um günstig zu kaufen 有价格意识的,会讲价的,精明的: *p. einkaufen* 货比三家而后购买

Preis.bre.cher *der*; *-*, *-*; j-d, der e-e Ware viel billiger verkauft als andere Händler 削价出售者,降价甩卖者 ‖ *hierzu* (派生) **Preis.bre.che.rin** *die*; *-*, *-nen*

Preis.drü.cker *der*; *-s*, *-*; j-d, der e-e Ware billig verkauft u. der dadurch bewirkt, dass auch andere Händler die Preise senken 压价出售者

Prei.sel.bee.re *die* **1.** e-e kleine rote Beere, die an sehr niedrigen Sträuchern im Wald wächst u. die man *mst* zu Wild isst 越橘,牙疙瘩 ‖ K-(复合): **Preiselbeer-**, **-kompott**, **-marmelade**, **-strauch** **2.** ein Strauch mit Preiselbeeren (1)越橘丛

Preis.em.pfeh.lung *die*; *mst in* 多用于 **unverbindliche P.** verwendet, um auszudrücken, dass die Ware auch zu e-m anderen Preis verkauft werden kann, als der Hersteller vorgesehen hat 无约束力的价格建议,指导价格

prei.sen; *pries*, *hat gepriesen*; [Vt] (及物) **1.** **j-n/etw. p.** *geschr* [书] ≈ loben: *Der Kritiker pries die Inszenierung in den höchsten Tönen* 评论家高度赞扬了导演手法; [Vr] (反身) **2.** **sich glücklich p.** (**können**) *geschr* [书]; glücklich über etw. sein (können) 为自己庆幸

Preis.fra.ge *die* **1.** e-e Frage, die man in e-m Preisausschreiben *o. Ä.* beantworten muss 有奖竞赛活动的问题 **2.** *gespr* [口]; ein Problem, das man sehr schwer lösen kann 伤脑筋的问题,棘手的问题,难题: *Wie es jetzt weitergeht, das ist die P.* 现在怎么往下走,还是一个难题 **3.** e-e Entscheidung, die davon abhängt, wie hoch der Preis[1] ist 价格问题: *Ob wir diese Wohnung kaufen, ist e-e P.* 我们是否买这所住房,取决于它的价格

preis.ge.ben; *gibt preis*; *gab preis*, *hat preisgegeben*; [Vt] (及物) **1.** **j-n/etw.** (**j-m/etw.**) **p.** j-n/etw. nicht mehr vor j-m/etw. schützen 将…交出,不再保护,使遭受,使听凭…摆布≈ ausliefern: *j-n seinen Feinden p.* 将某人交付给他的敌人; *j-n der Schande p.* 使某人蒙受耻辱,玷辱某人 **2.** **etw. p.** ≈ verraten 〈ein Geheimnis p. 泄露秘密〉: *Er gab nicht preis, was er dachte* 他没有暴露(透露)他想些什么 **3.** **etw. p.** sich nicht mehr länger für etw. engagieren 放弃,背弃≈ aufgeben[2] (2) 〈seine Ideale p. 放弃他的理想〉 ‖ *hierzu* (派生) **Preis.ga.be** *die*; *nur Sg* (只用单数)

preis.ge.bun.den *Adj*(形); 〈Bücher, Waren 书籍,商品〉 so, dass der Preis, den ein Händler dafür verlangen darf, vom Hersteller, vom Staat *o. Ä.* festgelegt ist 有价格约束的,有约定价格的,受价格管制的 ‖ *hierzu* (派生) **Preis.bin.dung** *die*

preis.ge.krönt *Adj*(形); *nicht adv* (不作状语); 〈ein Dichter, ein Film, ein Roman 诗人,电影,长篇小说〉 so gut, dass sie einen od. mehrere Preise[2] bekommen haben 获奖的,得奖的

Preis.ge.richt *das* ≈ Jury ‖ *hierzu* (派生) **Preis.rich.ter** *der*

preis.güns.tig *Adj* (形) ≈ billig ↔ teuer 〈ein Angebot 报价; p. einkaufen 以低廉的价格采购〉

Preis.klas.se *die*; e-e Kategorie von Preisen[1], die etw. über die Qualität der Ware aussagt 价格等级,价格档次≈ Preislage: *ein Auto der mittleren P.* 一辆中档价位的汽车

Preis.la.ge *die*; die Höhe des Preises[1] für e-e Ware od. Leistung 价格水平,价位,价格幅度: *ein Hotel mittlerer P.* 一家价格中等的宾馆

preis.lich *Adj*(形); *nur attr od adv* (只作定语或状语); in Bezug auf den Preis[1] 价格的,价格方面的〈ein p. günstiges Angebot 一个价格方面很有利的报价〉

Preis.rät.sel *das*; ein Rätsel (*mst* in e-r Zeitschrift), bei dem man e-n Preis[2] gewinnen kann 有奖猜谜

Preis.schild *das*; ein kleines Schild, das den Preis e-r Ware zeigt 价格标签,标价牌

Preis.schla.ger *der*; *gespr* [口]; e-e sehr billige Ware, mit der e-e Firma Werbung macht 大减价的货物,价格特别便宜的商品

Preis.trä.ger *der*; j-d, der e-n Preis[2] bekommen hat 得奖者,奖金获得者 ‖ *hierzu* (派生) **Preis.trä.ge.rin** *die*

Preis.trei.ber *der*; *pej* [贬]; j-d, der dafür sorgt, dass die Preise[1] höher werden 哄抬物价者 ‖ *hierzu* (派生) **Preis.trei.be.rin** *die*; **preis.trei.bend** *Adj* (形) ‖ *zu* **Preistreiberei** ↑ **-ei**

preis.wert *Adj* (形); billig im Verhältnis zur Qualität 价廉物美的,价格划算的≈ günstig ↔ teuer 〈p. einkaufen 以便宜的价格购物〉

pre.kär *Adj*(形); *nicht adv*, *geschr* (不作状语)

[书]; 〈e-e Situation, e-e Lage 境况,处境〉 so, dass man nicht mehr weiß, was man (am besten) tun soll 棘手的,难办的,麻烦的,尴尬的 ≈ heikel

prel·len¹; *prellte*, *hat geprellt*; Vt (及物) **sich** (*Dat* 三格) ***etw. p.*** so stark gegen etw. stoßen, dass e-e Prellung entsteht 碰伤,碰肿 〈sich das Knie, die Schulter p. 碰伤了自己的膝盖,自己的肩膀〉

prel·len²; *prellte*, *hat geprellt*; Vt (及物) **1.** ***j-n (um etw.) p.*** *gespr* [口]; j-m etw., auf das er ein Recht hat, nicht geben 欺骗,赖账,骗走≈ betrügen 〈j-n um die Belohnung, um sein Geld p. 赖某人的报酬不给,骗某人的钱〉: *Er hat ihn um 200 Euro geprellt* 他讹了他 200 欧元 **2.** ***die Zeche p.*** die Rechnung für Essen od. Trinken nicht bezahlen(吃、喝后)赖账

Prel·lung *die*; -, *-en*; e-e Verletzung (durch e-n Stoß od. Schlag), bei der ein großer, blauer Fleck auf der Haut entsteht (碰伤、撞伤后的)肿块,挫伤,碰伤,瘀伤〈Prellungen erleiden 被撞得青一块紫一块〉 ‖ -K(复合): ***Schulter-***

Pre·mi·er [prəˈmie:] *der*; *-s*, *-s*; *Kurzw* (略) ↑ ***Premierminister***

Pre·mi·e·re [preˈmie:rə] *die*; -, *-n* **1.** die erste öffentliche Vorführung e-s Theaterstücks, Films *o. Ä.* (戏剧、电影等)首场演出,首映≈ Erstaufführung 〈etw. hat P. …首次公演; in die P./zur P. gehen 去看首场演出; die P. besuchen 观看首场公演〉 ‖ K-(复合): ***Premieren-***, ***-abend***, ***-besucher***, ***-publikum*** ‖ -K(复合): ***Film-***, ***Opern-***, ***Theater-*** **2.** *gespr hum* [口][诙]; das erste Mal, dass man etw. tut 第一次,头一遭

Pre·mi·er·mi·nis·ter [prəˈmie:-] (in manchen Ländern) der Chef der Regierung 政府总理 〈der französische P. 法国总理〉 ‖ *hierzu* (派生) **Pre·mi·er·mi·nis·te·rin** *die*

pre·schen; *preschte*, *ist geprescht*; Vi (不及物) ***(irgendwohin) p.*** *gespr* [口]; sehr schnell irgendwohin laufen od. fahren 飞跑,狂奔,急驶,疾驰

Pres·se¹ *die*; -; *nur Sg* (只用单数) **1.** *Kollekt* (集合); alle Zeitungen u. Zeitschriften in e-m Land (mit ihren Mitarbeitern u. Institutionen) 新闻报道,报纸,刊物,报刊,出版物,报界,新闻界,出版界〈die deutsche, englische, ausländische P. 德国的,英国的,外国的报章杂志; etw. steht in der P. 某事登载在报刊上〉 ‖ K-(复合): ***Presse-***, ***-bericht***, ***-fotograf***, ***-information***, ***-kommentar***, ***-korrespondent***, ***-meldung***, ***-notiz***, ***-zensur*** ‖ -K(复合): ***Auslands-***, ***Boulevard-***, ***Lokal-***, ***Sport-***, ***Welt-*** **2.** *Kollekt* (集合); die Redakteure, Journalisten *usw* bei Fernsehen, Rundfunk u. Zeitungen (电视台、广播电台、报社等的)新闻编辑,新闻记者〈die P. einladen 邀请新闻界的编辑、记者; e-n Empfang für die P. geben 举行记者招待会〉 ‖ K-(复合): ***Presse-***, ***-empfang***, ***-gespräch*** **3.** ***von der P. sein*** als Journalist *o. Ä.* bei e-r Zeitung arbeiten 在报社当记者 **4.** ***etw. geht durch die P.*** etw. wird von den Zeitungen u. Zeitschriften gemeldet (物作主语)通过报刊进行报道 **5.** ***e-e gute / schlechte P. haben*** von den Zeitungen gut/schlecht beurteilt werden 受到新闻界的好评/指摘

Die Presse in Deutschland 德国的报刊

Wichtige Tageszeitungen in Deutschland sind die **Süddeutsche Zeitung** (München), die **Frankfurter Allgemeine** (Frankfurt am Main) und **Die Welt** (Hamburg). Die Tageszeitung mit der größten Auflage ist **Bild**, eine Boulevardzeitung, die Nachrichten aus aller Welt mit Klatsch über Stars und Prominente kombiniert.

Die Zeit (Hamburg) ist eine Wochenzeitung von hohem Niveau, die fundierte Berichte über alle Themen von der Politik bis zur Mode enthält.

In Deutschland gibt es zwei wöchentlich erscheinende Zeitschriften, die sehr ausführliche Informationen über aktuelle Themen der Politik, Wirtschaft und Kultur bieten: **Der Spiegel** (Hamburg) und **Focus** (München). Immer wieder werden in ihnen auch Skandale und Affären aufgedeckt. Andere Zeitschriften, die solche Informationen mit Unterhaltung mischen, sind die Illustrierten **Bunte** und **Stern**.

德国的重要日报有《**南德意志报**》(慕尼黑)、《**法兰克福汇报**》(美因河畔法兰克福)和《**世界报**》(汉堡)。发行量最大的日报是《**图片报**》,这是一家既登载来自世界各地的消息,又发表明星们和知名人士的趣闻轶事的马路小报。

《**时代**》(汉堡)是高水平的周报,它包含从政治到时尚的所有主题的可靠报道。

德国有两个周刊,它们提供有关政治、经济和文化的现实主题的极其详细的信息,这就是《**明镜**》(汉堡)和《**焦点**》(慕尼黑)。它们也一再揭露丑闻和绯闻。结合这类信息还穿插一些娱乐内容的其他杂志,有带插图的《**五彩**》和《**明星**》。

Pres·se² *die*; -, *-n* **1.** e-e Maschine, die etw. mit hohem Druck klein od. glatt macht od. ihm e-e bestimmte Form gibt 压力机,压床 〈e-e automatische, hydraulische P. 自动压力机,水压机〉 ‖ -K(复合): ***Brikett-***, ***Schrott-***, ***Stroh-*** **2.** ein Gerät, mit dem man den Saft *bes* aus Obst drückt 压榨机,榨汁机 ‖ -K(复合): ***Obst-***, ***Saft-***, ***Wein-***, ***Zitronen-*** **3.** e-e Maschine, die etw. (*z. B.* die Seiten e-r Zeitung) druckt 印刷机〈etw. ist in der P. 某物正在印刷中〉 ‖ -K(复合): ***Drucker-***

Pres·se·a·gen·tur *die*; ein Büro, das interessante, aktuelle Informationen sammelt u. an die Presse¹ (1,2) weitergibt 新闻社,通讯社,新闻机构≈ Nachrichtenagentur

Pres·se·er·klä·rung *die*; ein gedruckter Text (zu e-m aktuellen Ereignis), den j-d der Presse¹ (1,2) übergibt 新闻公报〈e-e P. abge-

P

ben 发表新闻公报〉

Pres·se·frei·heit *die*; *nur Sg*(只用单数); das Recht, Informationen frei zu sammeln u. zu verbreiten 新闻自由,出版自由

Pres·se·kon·fe·renz *die*; ein Treffen, bei dem j-d (*mst* ein Pressesprecher) den Journalisten Informationen zu e-m aktuellen Ereignis gibt 记者招待会,新闻发布会〈auf e-r P. 在记者招待会上〉

pres·sen; *presste*, *hat gepresst*; [Vt](及物) **1. *etw. p.*** mit starkem Druck etw. herstellen od. in e-e bestimmte Form bringen 压制〈Briketts, Stroh, Schallplatten p. 压制煤砖,把干草压成捆,录制唱片〉 **2. *etw. p.*** etw. durch starken Druck glatt od. flach machen 压扁,压平: *in e-m Buch Blumen p.* 在一本书里将花压平 **3. *etw. p.*** *bes* Obst kräftig drücken, damit man daraus e-e Flüssigkeit bekommt 压榨,榨汁〈Trauben, Zitronen, Oliven p. 榨葡萄汁,柠檬汁,橄榄汁〉 **4. *j-n/etw. irgendwohin p.*** j-n/etw. mit großer Kraft irgendwohin drücken 用力挤压,将…紧逼到,使劲把…挤向,压出〈j-n/etw. an sich p. 将某人/某物紧紧抱住(搂在怀里)〉: *seinen Gegner an die Wand p.* 将他的对手紧逼到墙跟前; *die Luft durch die Nase p.* 将空气通过鼻子使劲呼出来 **5. *etw. in ein Schema/System p.*** etw. unbedingt zu e-m Teil e-s Schemas/Systems machen wollen (auch wenn es nicht hineinpasst) 把…硬塞到一个框框里去,硬往一个框框里套/把…硬塞到一个体系(一个系统,一套方法)中去 **6. *j-n zu etw. p.*** ≈ j-n zu etw. zwingen 〈j-n zum Militärdienst p. 强迫某人服兵役〉; [Vi](不及物) **7.** mit großer Kraft drücken 屏气使劲,用力挤压: *Bei der Geburt muss die Mutter kräftig p.* 母亲在分娩时必须屏气使劲 ‖ K-(复合): ***Press-***, ***-wehen***

Pres·se·or·gan *das*; e-e Zeitung, Zeitschrift *o.Ä.*, durch die e-e Institution (*z.B.* e-e politische Partei) der Öffentlichkeit Informationen gibt 机关报,机关刊物

Pres·se·spre·cher *der*; ein Vertreter e-r Behörde, Firma, Partei *o.Ä.*, dessen Aufgabe es ist, Informationen an die Presse[1] (1,2) weiterzugeben 新闻发言人 ‖ *hierzu* (派生) **Pres·se·spre·che·rin** *die*

Pres·se·stel·le *die*; die Stelle (*mst* ein Büro) e-r Institution, die bestimmte Informationen an die Presse[1] (1,2) weitergibt 新闻处,新闻司

pres·sie·ren; *pressierte*, *hat pressiert*; [Vimp] (无人称) ***es pressiert*** (***j-m***) (***mit etw.***) *bes südd* Ⓐ Ⓒⓗ *gespr* 尤用于[南德][奥][瑞][口]; etw. ist (für j-n) sehr eilig 事情紧急: *Ich hab keine Zeit, mir pressierts* 我没有时间,我现在有急事; *Mit dieser Entscheidung pressiert es* 这一决定紧急(要速办)

Pres·si·on [-ˈsio:n] *die*; -, *-en*; *mst Pl*, *geschr* (多用复数)[书] ≈ Zwang, Druck 〈Pressionen ausgesetzt sein 遭受压力,迫不得已〉

Press·luft *die*; Luft, die unter starkem Druck steht u. mit der man bestimmte Maschinen antreibt 压缩空气 ≈ Druckluft ‖ K-(复合): ***Pressluft-***, ***-bohrer***, ***-hammer***

Press·sack *der*; *nur Sg*(只用单数); e-e Art Wurst mit Sülze 肉冻香肠

Pres·ti·ge [prɛsˈti:ʒ(ə)] *das*; *-s*; *nur Sg*(只用单数); das Ansehen, das j-d, e-e Institution *o.Ä.* in der Öffentlichkeit hat 声誉,名声,威信,威望〈(soziales, politisches) P. besitzen, haben 享有(社会的,政治的)声誉; sein P. wahren, verlieren 维护,丧失自己的威信; (an) P. gewinnen 赢得声誉; j-s P., das P. der Partei ist gesunken, gewachsen 某人的威信,党的威信在下降,在提高〉 ‖ K-(复合): ***Prestige-***, ***-denken***, ***-gewinn***, ***-verlust***

Pres·ti·ge·fra·ge *die*; *geschr* [书]; e-e Angelegenheit, bei der es nur um j-s Prestige geht 与威信有关的问题,威信问题,信誉问题〈etw. zu e-r P. machen 使某事成为一个影响威望的问题; etw. ist für j-n e-e reine P. 某事对某人来说纯粹是一个威信问题〉

Preu·ße *der*; *-n*, *-n* **1.** *südd* Ⓐ *oft pej* [南德][奥]常用[贬]; j-d, der aus dem mittleren od. nördlichen Teil Deutschlands kommt 普鲁士人(指中部德国人或北德人) **2.** *hist* [历]; j-d, der in Preußen wohnte od. aus Preußen stammte 普鲁士人(指原来住在普鲁士或祖居普鲁士的人) ‖ NB(注意): *der Preuße*; *den*, *dem*, *des Preußen* ‖ *hierzu* (派生) **Preu·ßin** *die*; -, *-nen*; **preu·ßisch** *Adj*(形)

pri·ckeln; *prickelte*, *hat geprickelt*; [Vi](不及物) ***etw. prickelt*** etw. verursacht ein Gefühl, als ob viele feine Nadeln leicht in die Haut stechen würden(物作主语)发痒;刺激作痒: *Meine Finger prickeln vor Kälte* 我的手指冻得发痒

pri·ckelnd **1.** *Partizip Präsens*(现在分词); ↑ ***prickeln*** **2.** *Adj*(形); *nur attr od adv*(只作定语或状语); so, dass dabei ein erregendes Gefühl der Spannung od. Erwartung entsteht 令人心里痒痒的,手心发痒的,敏感的,令人感兴趣的〈ein Abenteuer, e-e Atmosphäre, ein Reiz, Neugier 冒险,氛围,诱惑,好奇〉

pries *Imperfekt*, *1. u. 3. Person Sg*(过去时,第一和第三人称单数); ↑ ***preisen***

Pries·ter *der*; *-s*, - **1.** ein Mann, der (*bes* in der katholischen Kirche) die Messe hält u. sich um die Gläubigen kümmert 神甫,牧师〈j-n zum P. weihen 授予某人神甫(或牧师)的圣职〉 **2.** j-d, der ein religiöses Amt hat 教士,祭司: *die Priester im Tempel des Zeus* 宙斯神庙中的祭司 ‖ K-(复合): ***Priester-***, ***-amt***, ***-gewand*** ‖ *hierzu* (派生) **Pries·ter·schaft** *die*; -; *nur Sg*(只用单数); **Pries·ter·tum** *das*; *-s*; *nur Sg*(只用单数); **pries·ter·lich** *Adj*(形); *zu* (义项) **2. Pries·te·rin** *die*; -, *-nen*

Pries·ter·se·mi·nar *das*; e-e Art Schule, in der katholische Priester ausgebildet werden (天主教)神学院

pri·ma *Adj*(形); *indeklinabel*, *ohne Steigerung*, *gespr* (词形不变,无变级)[口] ≈ sehr gut: *ein p. Sportler* 第一流的,优秀的运动员; *Das Wetter ist p.* 天气好极了

Pri·ma·bal·le·ri·na *die*; die wichtigste Tänzerin in e-m Ballett 芭蕾舞的主要女演员

Pri·ma·don·na *die*; -, *Pri·ma·don·nen*; **1.** die wichtigste Sängerin in e-r Oper, in e-m Theater (歌剧、戏剧中的)首席女歌手,主要女歌唱家 **2.** *pej*[贬]; j-d, der sich verhält, als ob er ein Star sei 自以为是明星的人

Pri·ma·ner *der*; *-s*, *-*; *veraltend*[渐旧]; ein Schüler der 12 od. 13 Klasse am Gymnasium 德国文理中学的第 12 或 13 年级的学生

pri·mär *Adj*(形); *ohne Steigerung*, *geschr* (无变级)[书]≈ vorrangig ↔ sekundär: *Die primäre Frage ist, ob wir das Projekt überhaupt finanzieren können* 首要的问题是我们到底能否向这一项目投资; *Er muss sich jetzt p. auf seinen Beruf konzentrieren* 现在他首先必须集中精力搞好自己的工作

Pri·mat[1] *das/der*; *-(e)s*, *-e*; *geschr* [书]≈ Vorrang ⟨etw. hat das/den P. 某事享有优先权,某事应受到优先考虑; das/der P. des Geistes über den Körper 精神优先于肉体⟩

Pri·mat[2] *der*; *-en*, *-en*; *mst Pl*, BIOL(多用复数)【生】; ein Affe od. ein Mensch 灵长目动物(如猴或人) ‖ NB(注意): *der Primat*; *den*, *dem*, *des Primaten*

Pri·mel *die*; *-*, *-n*; e-e Blume mit *mst* gelben Blüten, die im Frühling blüht 报春花 ‖ ID [谚] ***eingehen wie e-e P.*** *gespr*[口]; (im Sport) hoch verlieren, (im Geschäft) schnell ruiniert werden(体育比赛中)惨败,(生意上)迅速破产

pri·mi·tiv [-f] *Adj*(形) **1.** in der Entwicklung auf e-m niedrigen Niveau 原始的,未开化的,初级的,蒙昧的⟨Lebewesen, e-e Kultur 生物,文化⟩ **2.** sehr einfach 十分简单的,简陋的,粗糙的 ≈ simpel ↔ kompliziert ⟨e-e Waffe, Werkzeuge, e-e Methode 武器,工具,方法⟩ **3.** nur mit den Dingen ausgestattet, die man unbedingt zum Leben braucht 简朴的,简陋的 ≈ einfach[1](2) ⟨e-e Unterkunft, Verhältnisse 住处,生活境况; p. leben 生活十分简朴⟩: *Wir waren recht p. untergebracht, ohne fließendes Wasser u. Elektrizität* 我们住的地方十分简陋,没有自来水和电 **4.** *pej*[贬]; geistig od. intellektuell auf niedrigem Niveau 蒙昧无知的,思想简单的,智力低下的⟨ein Kerl, ein Witz 小伙子,笑话⟩ ‖ *hierzu* (派生) **Pri·mi·ti·vi·tät** [-v-] *die*; *-*; *nur Sg*(只用单数)

Pri·mi·tiv·ling *der*; *-s*, *-e*; *gespr pej*[口][贬]; j-d, der geistig od. intellektuell auf e-m niedrigen Niveau ist 思想简单的人,智力低下的人,粗俗的人,蒙昧无知的人

Pri·mus *der*; *-*, *-se*; *mst Sg*, *veraltend*(多用单数)[渐旧]; der beste Schüler e-r Klasse(一个班级里)最好的学生,拔尖生

Prim·zahl *die*; MATH【数】; e-e ganze Zahl, die man nur durch 1 u. sich selbst teilen kann, *z.B.* 11, 19, 37 质数,素数

Print·me·di·en *die*; *nur Pl*(只用复数); Zeitungen, Zeitschriften u. Bücher im Gegensatz zu Radio, Fernsehen *usw* 图书与报刊,书刊

Print·pro·dukt *das*; e-e Zeitung, Zeitschrift, ein Buch im Gegensatz zu e-m elektronischen Medium (书刊、报纸等)印刷品

Prinz *der*; *-en*, *-en*; der Sohn od. ein anderer naher Verwandter e-s Königs od. e-s Fürsten 王子,亲王,太子,王孙 ‖ NB(注意): *der Prinz*; *den*, *dem*, *des Prinzen* ‖ *hierzu* (派生) **Prin·zes·sin** *die*; *-*, *-nen*

Prinz·ge·mahl *der*; *-*, *-e*; *mst Sg*(多用单数); der Ehemann e-r regierenden Herrscherin 女王的丈夫

Prin·zip *das*; *-s*, *Prin·zi·pi·en* [-piən] **1.** e-e Regel *o.Ä.*, nach der j-d, e-e Gruppe *o.Ä.* lebt 原则,准则≈ Grundsatz ⟨demokratische, sittliche Prinzipien 民主原则,道德准则; Prinzipien haben 有原则; seinen Prinzipien treu bleiben, untreu werden 忠于自己的原则,背弃自己的原则⟩: *nach dem P. der Gleichberechtigung handeln* 按照(权利)平等的原则行事; *Er hat es sich zum P. gemacht, keinen Schüler zu bevorzugen* 他有一个原则是不偏向任何一个学生; *Bei uns herrscht das P., dass Männer u. Frauen die gleichen Rechte u. Pflichten haben* 我们这里奉行的原则是男女享有同等的权利和义务 ‖ K-(复合): ***prinzipien-***, ***-treu*** ‖ -K(复合): ***Grund-***, ***Lebens-***, ***Gleichheits-***, ***Leistungs-***, ***Mehrheits-***, ***Wirtschaftlichkeits-*** **2.** die Idee, die Gesetzmäßigkeit, auf der etw. aufgebaut ist 原理: *Er erklärte uns, nach welchem P. die Maschine funktioniert* 他向我们说明了这部机器是按照什么原理运转的 ‖ -K(复合): ***Ordnungs-*** **3.** ***aus P.*** weil man bestimmte Prinzipien (1) hat 根据原则,原则上≈ prinzipiell, grundsätzlich ⟨etw. aus P. (nicht) tun 根据原则(不)做某事⟩: *Ich rauche aus P. nicht* 我的原则是不抽烟 **4.** ***im P.*** im Grunde, eigentlich 原则上,一般说来,从根本上看: *Im P. hast du recht, aber es geht trotzdem nicht* 原则上你是对的,但尽管如此这还是不行 **5.** ***es geht (j-m) ums P.*** für j-n ist e-e Idee wichtiger als ein konkreter Fall 这(对…来说)是原则问题,是…的处事准则: *Einem unfreundlichen Kellner gebe ich kein Trinkgeld – da geht es mir ums P.* 对一个不热情的服务员我是不给小费的——这是我的行为准则 **6.** ⟨ein Mann, e-e Frau 男子,妇女⟩ ***mit Prinzipien*** e-e Person, die ihren moralischen Regeln immer folgt(一个)遵循道义准则的(人)

prin·zi·pi·ell [-ˈpiɛl] *Adj*(形); *ohne Steigerung* (无变级) **1.** grundsätzlich, wesentlich 原则上的,本质上的,根本的⟨ein Unterschied 区别⟩ **2.** *mst adv*(多作状语); (nur) in Bezug auf die theoretischen Grundlagen 原则上,理论上,一般来说⟨etw. ist p. gut/möglich/richtig, aber... 某事原则上是好的/可能的/正确的,但…⟩: *Ich bin p. einverstanden, aber ich hätte noch einen anderen Vorschlag* 我原则上同意,但我还有另外一个建议; *P. können wir schon mit dem Auto hinfahren, aber mit dem Zug ist es schneller u. bequemer* 一般来说我们可以乘汽车前往,但乘火车更快、更舒服 **3.** *mst adv*(多作状语); aus Überzeugung, aus Prinzip 根据原则,按准则,遵照信条⟨p. nicht rauchen, nicht

P

trinken 根据原则不抽烟，不喝酒〉：*Sie gibt p. keine Interviews* 他原则上不接受任何采访

Prin.zi.pi.en.rei.ter *der*；*pej*［贬］；j-d, der sich streng an bestimmte Prinzipien（1）hält, obwohl es *mst* wenig Sinn hat 拘泥于原则的人，墨守成规的人，死抠条文的人‖ *zu* ***Prinzipienreiterei*** ↑ ***-ei***

Pri.or *der*；*-s*，*Pri.o.ren*；KATH【天主】；j-d, der e-n religiösen Orden od. ein Kloster leitet 修道院院长‖ *hierzu*（派生）**Pri.o.rat** *das*；*-(e)s*，*-e*；**Pri.o.rin** *die*；*-*，*-nen*

Pri.o.ri.tät *die*；*-*，*-en*；*geschr*［书］**1. P.**（**vor etw.**）*nur Sg*（只用单数）；die größere Bedeutung, die e-e Sache bekommt（als andere Sachen）优先，优先权，优惠，特惠≈ Vorrang〈etw.（*Dat* 三格）P. einräumen 给某事以优先地位，把优先权让予某事；etw. hat（absolute）P. 某事应（绝对）优先考虑〉：*Der Schutz der Umwelt muss absolute P. vor den Interessen der Wirtschaft u. der Industrie haben* 环境保护应该绝对优先于经济和工业利益 **2. *Prioritäten setzen*** entscheiden, was für einen wichtig ist u. was nicht 权衡孰重孰轻，分清轻重缓急：*Wir können nicht alles gleichzeitig machen, darum müssen wir Prioritäten setzen* 我们不能同时做所有的事，因而我们必须区分轻重缓急

Pri.se *die*；*-*，*-n*；e-e kleine Menge von etw.（die zwischen zwei Fingern Platz hat）少量，一点点，一撮〈e-e P. Salz, Pfeffer, Zucker, Tabak 一撮盐，胡椒，糖，烟丝〉

Pris.ma *das*；*-s*，*Pris.men* **1.** MATH【数】；ein geometrischer Körper, der oben u. unten von zwei miteinander identischen Flächen begrenzt wird u. dessen Seiten schräg sind 三棱形，棱柱体，角柱体‖ ↑ *Abb. unter* 图见 ***geometrische Figuren*** **2.** ein Körper aus Glas,（der aussieht wie ein Keil）der das Licht so bricht（5），dass verschiedene Farben entstehen 棱镜，棱晶‖ K-(复合)：***Prismen-***，***-glas*** ‖ *hierzu*（派生）**pris.ma.tisch** *Adj*（形）；**pris.men.för.mig** *Adj*（形）

Prit.sche *die*；*-*，*-n* **1.** ein einfaches Bett, das aus Brettern gemacht ist 木板床，铺板〈auf e-r P. liegen, schlafen 躺在木板床上，睡铺板〉‖ -K(复合)：***Holz-*** **2.**（bei e-m Lastwagen）die Fläche, auf der man die Waren transportiert（载重卡车）车厢平板‖ K-(复合)：***Pritschen-***，***-wagen*** ‖ -K(复合)：***Lade-***

pri.vat [-v-] *Adj*（形）**1.** nur für einen selbst u. nicht für andere 私人的，个人的，私有的≈ persönlich（1,2）〈die Angelegenheiten, die Interessen, ein Vergnügen 事务，利益，乐趣〉：*Ich möchte mit niemandem darüber sprechen, das ist e-e rein private Sache* 我不想跟任何人谈这件事，这纯粹是一件私事‖ K-(复合)：***Privat-***，***-angelegenheit***，***-besitz***，***-eigentum***，***-grundstück***，***-lehrer***，***-sache***，***-sphäre***，***-vergnügen*** **2.** außerhalb des beruflichen od. dienstlichen Bereiches 私人的，非公务的↔ dienstlich, geschäftlich〈ein Brief, Mitteilungen, ein Gespräch, j-s Meinung 信件，通知，谈话，某人的意见；mit j-m p. verkehren, sprechen, zu tun haben 与某人作私人来往，进行私人谈话，私下里打交道〉‖ K-(复合)：***Privat-***，***-adresse***，***-auto***，***-brief***，***-fahrzeug***，***-gebrauch***，***-gespräch***，***-leben***，***-lektüre***，***-person*** **3.** nicht vom Staat od. e-r öffentlichen Institution finanziert od. geführt 私人开设的，私营的，私立的〈ein Unternehmen, e-e Schule, e-e Klinik, e-e Krankenkasse 企业，学校，诊所，医疗保险公司；etw. p. finanzieren 私人投资某事〉‖ K-(复合)：***Privat-***，***-bank***，***-fernsehen***，***-klinik***，***-krankenkasse***，***-mittel***，***-schule***，***-sender***，***-unternehmen***，***-wirtschaft*** **4.** nur für e-e bestimmte Gruppe von Personen 私人范围的，不对外的↔ öffentlich〈e-e Party, e-e Veranstaltung 聚会，活动；im privaten Rahmen 在私人范围内〉‖ K-(复合)：***Privat-***，***-audienz***，***-straße***，***-weg*** **5. *an/von p.*** an j-n/von j-m, der nicht im Auftrag e-r Firma, Behörde *o.Ä.* handelt 向私人（出售）/从私人手里（购买）：*etw. nur an p. verkaufen* 只向私人出售某物

Pri.vat.de.tek.tiv *der*；ein Detektiv, der nicht für die Polizei, sondern für e-e einzelne Person arbeitet 私人侦探：*Sherlock Holmes ist ein berühmter P.* 夏洛克·福尔摩斯是一位有名的私人侦探

Pri.vat.hand *die*；*mst in* 多用于 **1. aus/von P.** aus privatem（1）Besitz 从私人手中 **2. in P.** in privatem（1）Besitz 在私人手中

pri.va.ti.sie.ren [-v-]；*privatisierte*，*hat privatisiert*；[Vt]（及物）**1. etw. p.** WIRISCH【经】；ein（staatliches）Unternehmen zu e-m privaten（3）machen 使成为私有，使私有化↔ verstaatlichen〈e-e Firma p. 使一家公司私有化〉；[Vi]（不及物）**2.** keinen Beruf ausüben, weil man genug Geld hat 赋闲度日，靠财产（或利息，租金）生活‖ *zu*（义项）**1. Pri.va.ti.sie.rung** *die*

Pri.vat.le.ben *das*；*nur Sg*（只用单数）；alles, was j-d tut, das nichts mit seinem Beruf zu tun hat 私（人）生活〈sich ins P. zurückziehen（= keinen Beruf mehr ausüben）闲居，隐退〉：*Als Chef des Unternehmens hat er kaum noch（ein）P.* 作为一家企业的领导，他几乎没有自己的私生活

Pri.vat.mensch *der* ≈ Privatperson

Pri.vat.num.mer *die*；die Nummer des Telefons in j-s Wohnung od. Haus 私人电话号码，家庭电话号码↔ Dienstnummer

Pri.vat.pa.ti.ent *der*；j-d, der Mitglied e-r privaten（3）Krankenversicherung ist. Ein Arzt kann von ihm mehr Geld verlangen als von anderen Patienten 投保于私人医疗保险公司的病人↔ Kassenpatient ‖ *hierzu*（派生）**Pri.vat.pa.ti.en.tin** *die*

Pri.vat.per.son *die*；e-e Person, wie man sie unabhängig von ihrem Beruf sieht 私人身份

Pri.vat.sen.der *der*；ein（Fernseh）Sender, der ausschließlich durch Werbung finanziert wird 私营电台，私营电视台

Pri.vat.wirt.schaft *die*；die Geschäfte,

Industrien *usw*, die von privaten Unternehmern, nicht vom Staat betrieben werden 私营经济〈in der P. arbeiten 在私营企业工作〉‖ *hierzu*（派生）**pri·vat·wirt·schaft·lich** *Adj*（形）

Pri·vi·leg [-v-] *das*; *-s*, *Pri·vi·le·gi·en*; [-ˈleːgiən] ein besonderer Vorteil, den nur e-e bestimmte Person od. e-e bestimmte Gruppe von Personen hat 特权,特许权,优先权,特别优惠≈ Vorrecht, Sonderrecht〈Privilegien haben, besitzen 享有,拥有特权; j-m Privilegien gewähren 给某人以特权; j-n mit besonderen Privilegien ausstatten 赋予某人特殊的特权; etw. als sein P. betrachten 视某事为自己的特权〉: *Früher war gute Schulbildung ein P. der Reichen* 接受良好的学校教育在从前是有钱人的特权‖ *hierzu*（派生）**pri·vi·le·gie·ren**（*hat*）*Vt*（及物）; **pri·vi·le·giert** *Adj*（形）

pro *Präp*（介）; *mit Akk*（支配四格）**1. pro** + *Subst*（名词）für jede einzelne Person od. Sache 每一(人或物): *Der Eintritt kostet 12 Euro pro Person* 入场券每人 12 欧元; *Das macht 25 Euro pro Meter* 这东西每米 25 欧元 **2. pro** + *Zeitangabe*（时间说明语）drückt aus, dass etw. für den genannten Zeitraum gilt 每一(段时间): *Er verdient pro Stunde 20 Euro* 他每小时挣 20 欧元; *Die Putzfrau kommt einmal pro Woche* 女清洁工每周来一次‖ NB(注意): Das folgende Substantiv wird ohne Artikel verwendet(在 pro 后面的名词不用冠词)

Pro *das*; *-*; *nur Sg*（只用单数）; *mst in* 多用于 **das Pro u. Kontra** + *Gen*（二格）alle Argumente, die für u. gegen etw. aufgeführt werden können 赞成和反对; 正方和反方: *das Pro u. Kontra des Tourismus diskutieren* 讨论赞成还是反对发展旅游业

pro- *im Adj*, *begrenzt produktiv*(构成形容词,构词有限); mit e-r positiven Einstellung zu der im zweiten Wortteil genannten Sache, Ideologie *o.Ä.* 亲…,倾向…,赞同…↔ anti-; ***proarabisch***, ***proamerikanisch***, ***prokommunistisch***, ***proindustriell***, ***prowestlich***

Pro·band *der*; *-en*, *-en*; e-e Person, die (für wissenschaftliche Untersuchungen) bestimmte Aufgaben lösen muss od. mit der Versuche gemacht werden (科学研究)试验人员,实验人员≈ Versuchsperson, Testperson ‖ NB(注意): *der Proband*; *den*, *dem*, *des Probanden* ‖ *hierzu*（派生）**Pro·ban·din** *die*; *-*, *-nen*

pro·bat *Adj*（形）; *nicht adv*（不作状语）≈ bewährt〈ein Mittel 药品〉

Pro·be *die*; *-*, *-n* **1.** die Handlung, durch die man feststellt, ob etw. e-e bestimmte Eigenschaft hat od. ob es funktioniert 试验,检验,试用,试,尝试≈ Test, Prüfung〈e-e P. machen, vornehmen, bestehen 作,进行,通过试验〉: *e-e Zeitung für e-e Woche zur P. abonnieren* 订一份报纸试看一周‖ K-(复合): ***Probe-***, ***-alarm***, ***-bohrung***, ***-fahrt***, ***-jahr***, ***-zeit*** **2.** e-e kleine Menge von etw., an der man erkennen kann, wie es ist 试样,样品,样本,样子≈ Muster〈e-e P. von etw. nehmen, e-e P. entnehmen, untersuchen 取某物的试样,提取,检验样品〉: *Die Astronauten brachten Proben vom Mond mit* 宇航员从月球上带回了样品‖ K-(复合): ***Probe-***, ***-abzug***, ***-exemplar***, ***-packung***, ***-seite***, ***-stück*** ‖ -K(复合): ***Blut-***, ***Boden-***, ***Gesteins-***, ***Gewebe-***, ***Material-***, ***Produkt-***, ***Text-***, ***Urin-***; ***Gratis-*** **3.** das Proben, Üben (vor der Aufführung vor dem Publikum) 排练,彩排,预演〈e-e P. abhalten 举行彩排〉: *Die Theatergruppe hat dreimal in der Woche P.* 这个剧组每周排练三次‖ -K(复合): ***Chor-***, ***General-***, ***Orchester-***, ***Theater-*** **4.** *gespr*[口]; e-e (schriftliche) Prüfung in der Schule (学校中的)考试〈e-e P. haben, schreiben 有考试,写答卷〉‖ K-(复合): ***Probe-***, ***-arbeit***, ***-turnen*** ‖ -K(复合): ***Schul-*** **5.** (***auf***/***zur***) ***P.*** für kurze Zeit (um zu sehen, ob man mit j-m/etw. zufrieden ist) 试用≈ probeweise〈j-n auf P. anstellen, beschäftigen 试用某人; (ein Auto) P. fahren 试驾(车)〉: *e-e Zeitung 14 Tage zur P. abonnieren* 试订一份报纸 14 天; *in e-m Bett im Geschäft P. liegen* 在商店里的床上躺着试一试; *Er musste erst P. singen* (= vorsingen, um zu zeigen, wie gut er singt), *bevor er in den Chor aufgenommen wurde* 他在被接纳为合唱队员之前必须先试唱 **6. *die P. machen*** prüfen, ob man richtig gerechnet hat, indem man dieselbe Rechnung auf e-e andere Weise noch einmal rechnet 验算‖ -K(复合): ***Rechen-*** **7. *e-e P.*** + *Gen*（二格）***geben*** etw. tun u. damit zeigen, wie gut man es kann 验证,检验,证明〈e-e P. seiner Kunst, seines Könnens geben 验证他的艺术才能,他的本事〉**8. *j-n/etw. auf die P. stellen*** testen, ob j-d/etw. stark belastet werden kann 考验(性格等方面的承受力): *Das lange Warten stellte meine Geduld hart auf die P.* 这种长时间的等待严酷地考验了我的耐心‖ ID[谚] ***die P. aufs Exempel machen*** e-e Theorie in der Praxis prüfen 用实践检验(一种理论),用一个实例来检验‖ *zu*（义项）**1. pro·be·wei·se** *Adj*（形）; *mst adv*(多作状语)

Pro·be·lauf *der*; der Test, ob e-e Maschine, e-e Methode funktioniert (机器等的)试运转,试车〈e-n P. machen, starten 进行测试,开始测试〉

pro·ben; *probte*, *hat geprobt*; *Vt/i*(及物/不及物)(***etw.***) ***p.*** etw. so oft tun, bis man es gut kann 排练,练习,演练≈ üben〈ein Theaterstück p. 排(练)一出戏〉: *Die Feuerwehr probt* (*das Löschen von Bränden*) *für den Ernstfall* 消防队为了对付紧急情况进行(灭火)演习; *Das Orchester probt täglich* 交响乐团每天排练

Pro·be·zeit *die*; die Zeit, in der ein Arbeitnehmer am Anfang e-r neuen Tätigkeit zeigen muss, dass er für die Stelle geeignet ist 试用期,考验期

pro·bie·ren; *probierte*, *hat probiert*; *Vt*（及物）**1. *etw. p.*** versuchen, ob od. wie etw. (in der Praxis) geht 试验,检验≈ testen, aus-

P

probieren 〈ein Kunststück, ein neues Verfahren p. 检验技艺,新的操作方法〉: p, wie *schnell ein Auto fahren kann* 试验汽车能开多快; *Morgen will er p., ob seine Theorie auch in der Praxis stimmt* 明天他检验一下他的理论在实践中是否也行得通; Vt/i (及物/不及物) **2.** (**etw.**) **p.** e-e kleine Menge von etw. essen od. trinken, um den Geschmack zu prüfen 尝,品尝≈ kosten[2] (1): *e-n neuen Wein p.* 品尝一种新葡萄酒; *p., ob genug Salz in der Suppe ist* 尝一下汤里是否放够了盐; *Darf ich mal p.?* 我可以尝一下吗? **3.** (**etw.**) **p.** etw. anziehen, um zu sehen, ob es passt, gut aussieht 试穿,试≈ anprobieren: *ein Kleid, Schuhe p.* 试穿连衣裙,鞋 **4.** (**etw.**) **p.** (*mst* ohne Erfolg) versuchen, etw. zu tun 试图,尝试〈e-n Trick p. 试图施诡计(耍手腕)〉: *Er probierte, die Tür mit dem falschen Schlüssel zu öffnen* 他试着用别的钥匙打开门; *Ich habe probiert ihn zu überreden, aber er will nicht* 我试图说服他,但他不干 ‖ ID [谚] **Probieren geht über Studieren** man sollte etw. p. (1), bevor man lange darüber nachdenkt 实践磨练胜过闭门苦研 ‖ ▶ **Probe**

Prob·lem *das*; *-s*, *-e* **1.** e-e schwierige Aufgabe, über die man nachdenken muss, um sie zu lösen 问题,难题,疑难问题≈ Schwierigkeit 〈ein großes, schwieriges, technisches P. 重大的,困难的,技术上的问题; ein P. ansprechen, angehen, lösen 谈起,涉及,解决一个问题; vor e-m P. stehen 面临一个问题; etw. wird zum P. 某事将成为问题; j-m stellt sich ein P. 某人面临一个问题〉: *Sie steht vor dem P., ob sie den Vertrag unterschreiben soll od. nicht* 她面临一个要不要在合同上签字的问题; *Wir wollen ein Haus bauen. Das P. liegt nur noch darin, den richtigen Platz dafür zu finden* 我们想盖一座房子,还剩下的难题只是要找到合适的地方 ‖ K-(复合): **Problem-**, **-bewusstsein**, **-lösung**, **-stellung** ‖ -K(复合): **Haupt-**, **Rand-**, **Teil-**; **Arbeitslosen-**, **Rechts-**, **Zukunfts-** **2.** *mst Pl* (多用复数); Ärger, Schwierigkeiten 麻烦问题〈j-m Probleme machen 给某人制造问题,带来麻烦; Probleme (mit j-m/etw.) haben 在与某人的关系上/在处理某事时遇到问题(麻烦)〉: *Mit den alten Nachbarn gab es nichts als Probleme – wir sind froh, dass sie umgezogen sind* 跟原来的邻居在一起时麻烦不断——我们很高兴他们搬走了 ‖ K-(复合): **Problem-**, **-fall**, **-kind**, **-müll** ‖ -K(复合): (*im Pl* 用复数) **Alkohol-**, **Finanz-**, **Haar-**, **Haut-** ‖ ID [谚] **kein P.!** *gespr* [口]; das ist nicht schwierig 不成问题! 没有问题!; **Probleme wälzen** lange über Probleme (1) nachdenken 反复思考问题; *mst* 多用 **Das ist dein P.** das musst du allein lösen, ich kann dir dabei nicht helfen 这是你的问题,这个问题得靠你自己来解决 ‖ *hierzu* (派生) **prob·lem·los** *Adj* (形)

Prob·le·ma·tik *die*; *-*; *nur Sg* (只用单数); alle Probleme (2), die e-e Sache betreffen 麻烦问题,难题〈e-e P. ansprechen 谈论难题〉

prob·le·ma·tisch *Adj* (形); 〈e-e Beziehung, e-e Lösung 关系,解答〉 so, dass sie Probleme mit sich bringen 有问题的,疑难的,成问题的,难以解决的↔ problemlos, unproblematisch

Pro·dukt *das*; *-(e)s*, *-e* **1.** etw., das Menschen erzeugen od. herstellen 产品,产物≈ Erzeugnis 〈ein industrielles, landwirtschaftliches P. 工业品,农产品; ein P. entwickeln, erzeugen, herstellen 研制,生产,制造一件产品〉 ‖ -K(复合): **Agrar-**, **Industrie-**, **Natur-** **2.** etw., das unter bestimmten Bedingungen entsteht 成果,结果≈ Resultat, Ergebnis: *Unser Erfolg ist das P. unserer Bemühungen* 我们的成就是我们自己努力的结果 ‖ K-(复合): **Abbau-**, **Zerfalls-** **3.** MATH【数】; die Zahl, die man erhält, wenn man Zahlen miteinander multipliziert 乘积,积: *27 ist das P. von 3 mal 9; 27 ist das P. aus 3 mal 9* (27 = 3 x 9) 27 是 3 乘 9 的积 ‖ ▶ **produzieren**

Pro·dukt·haf·tung *die*; JUR【法】; die Pflicht des Herstellers e-r Ware, Schäden wiedergutzumachen, die j-m durch Fehler an der Ware entstehen 产品质量担保,产品质量保证

Pro·duk·ti·on [-ˈtsio:n] *die*; *-*, *-en* **1.** das Herstellen von Waren (*mst* in großer Menge) 生产,制造,制作≈ Herstellung, Erzeugung 〈die industrielle, maschinelle P. 工业生产,机器制造; die P. einstellen 停止生产〉 ‖ K-(复合): **Produktions-**, **-ablauf**, **-ausfall**, **-kapazität**, **-kosten**, **-leiter**, **-mittel**, **-plan**, **-prozess**, **-verfahren**, **-verhältnisse**, **-weise**, **-zweig** ‖ -K(复合): **Auto-**, **Güter-**, **Lebensmittel-**, **Metall-**; **Fließband-**, **Massen-**, **Serien-** **2.** die Menge od. der Umfang der Waren, die (in e-r bestimmten Zeit) hergestellt werden 产量,产品总额,生产规模〈die P. ankurbeln, erhöhen, steigern, drosseln, reduzieren 促进,提高,增加,紧缩,减少生产(量)〉 ‖ K-(复合): **Produktions-**, **-steigerung**, **-zuwachs** ‖ -K(复合): **Jahres-**, **Monats-**, **Tages-** **3.** *nur Sg* (只用单数); der Vorgang, bei dem etw. entsteht 形成,产生: *die P. von Speichel im Mund* 口腔内唾液的产生; *die P. der weißen Blutkörperchen* 白血球的产生 **4.** ein Film, e-e Reportage *o. Ä.* 精神产品,制品,出品: *e-e P. des Westdeutschen Rundfunks* 西德广播电台的制品 ‖ -K(复合): **Fernseh-**, **Film-**

pro·duk·tiv [-f] *Adj* (形) **1.** 〈ein Unternehmen, ein Industriezweig 企业,工业部门〉 so, dass sie viel produzieren (1) u. auch rentabel arbeiten 生产的,生产性的 **2.** 〈e-e Arbeit, e-e Sitzung 工作,会议〉 so, dass viele konkrete Ergebnisse dabei herauskommen 产生具体结果的,有成效的 **3.** 〈ein Künstler 文艺工作者〉 so, dass er quantitativ viel leistet 多产的,高产的 ‖ NB(注意): ↑ **schöpferisch** **4.** *nicht adv*, LING(不作状语)【语】; 〈ein Präfix, ein Suffix, e-e Bildung 前缀,后缀,构词〉 so, dass man damit viele neue Wörter bilden kann 有构词能力的,能产生新词的,构词型的 ‖ *hierzu* (派生)

Pro·duk·ti·vi·tät [-v-] *die*; *nur Sg*（只用单数）

Pro·du·zent *der*; *-en*, *-en* **1.** ein Mensch, e-e Firma od. ein Land, die etw.（für den Markt）produzieren (1) 生产者,生产厂家,生产国≈ Hersteller, Erzeuger ↔ Konsument, Verbraucher ‖ -K（复合）: ***Computer-***, ***Erdöl-***, ***Reis-*** *usw* **2.** j-d, der e-n Film *o.Ä.* produziert (3) 电影制片人 ‖ -K（复合）: ***Film-***, ***Schallplatten-***, ***Theater-*** ‖ NB（注意）: ↑ ***Regisseur*** ‖ NB（注意）: *der Produzent*; *den*, *dem*, *des Produzenten* ‖ *hierzu*（派生）**Pro·du·zen·tin** *die*; *-*, *-nen*

pro·du·zie·ren; *produzierte*, *hat produziert*; [Vt]（及物）**1.** ***etw. p.*** Waren（in großer Menge）herstellen 生产,制造≈ erzeugen ⟨Kunststoffe, Stahl, Autos, Lebensmittel, Maschinen p. 生产塑料,钢,汽车,食品,机器⟩ **2.** ***etw. produziert etw.*** etw. bewirkt, dass etw. entsteht（物作主语）产生: *Die Drüsen im Mund produzieren Speichel* 口腔中的腺产生唾液; **3.** ***etw. p.*** die Rahmenbedingungen für e-n Film, e-e Schallplatte, ein Theaterstück *o.Ä.* organisieren（u. finanzieren）制作; [Vr]（反身）**4.** ***sich*** (***vor j-m***) ***p.*** *gespr*, *mst pej*［口］多作［贬］; sich so benehmen, dass man beachtet wird（在…面前）显能,显摆,表现自己,出风头: *Er will sich nur p.* 他只想表现自己

Prof *der*; *-s*, *-s*; *gespr*［口］≈ Professor

pro·fan *Adj*（形）; *geschr*［书］**1.** ≈ alltäglich ↔ ungewöhnlich ⟨e-e Angelegenheit, e-e Sorge 事务,操劳⟩ **2.** *nur attr*, *nicht adv*（只作定语,不作状语）≈ weltlich ↔ sakral ⟨Bauten 建筑物⟩ ‖ K-（复合）: ***Profan-***, ***-bau***

pro·fes·si·o·nell *Adj*（形）**1.** *nur attr od adv*（只作定语或状语）; ⟨ein Fußballer, ein Sportler 足球运动员,运动员⟩ so, dass sie die genannte Tätigkeit od. den genannten Beruf ausüben 职业的,职业性的 **2.** ⟨e-e Arbeit 工作⟩ ≈ fachmännisch ↔ dilettantisch: *e-e p. ausgeführte Reparatur* 一项完成得非常老练的修补工作 ‖ *hierzu*（派生）**Pro·fes·si·o·na·lis·mus** *der*; *-*; *nur Sg*（只用单数）; **Pro·fes·si·o·na·li·tät** *die*; *-*; *nur Sg*（只用单数）

Pro·fes·sor [-soːɐ] *der*; *-s*, *Pro·fes·so·ren* **1.** ein Titel für Lehrer an der Universität 教授头衔; *Abk* 缩写 Prof. ⟨zum P. ernannt werden 被授以教授头衔⟩ ‖ -K（复合）: ***Universitäts-***, ***Fachhochschul-*** **2.** j-d, der diesen Titel trägt 教授 ⟨ein ordentlicher, außerordentlicher P. 正教授,副教授⟩ *Er ist P. für Geschichte* 他是历史学教授 ‖ -K（复合）: ***Gast-*** **3.** Ⓐ［奥］ein Lehrer an e-m Gymnasium 文理中学教师 ‖ -K（复合）: ***Gymnasial-*** **4.** ***ein zerstreuter P.*** *gespr hum*［口］［诙］; j-d, der sich nicht konzentrieren kann u. viel vergisst 丢三落四的人,粗心大意的人,心不在焉的人 ‖ *hierzu*（派生）**Pro·fes·so·rin** *die*; *-*, *-nen*; **pro·fes·so·ral** *Adj*（形）

Pro·fes·sur [-ˈsuːɐ] *die*; *-*, *-en*; die Stelle e-s Professors an e-r Universität 教授职位 ⟨e-e P. bekommen, haben 得到,担任教授职务⟩

Pro·fi *der*; *-s*, *-s*; j-d, der *bes* e-e Sportart beruflich ausübt 职业运动员↔ Amateur ‖ K-（复合）: ***Profi-***, ***-boxer***, ***-fußballer***, ***-sportler*** ‖ -K（复合）: ***Box-***, ***Fußball-***, ***Golf-***, ***Tennis-*** ‖ *hierzu*（派生）**pro·fi·haft** *Adj*（形）‖ ▶ ***professionell***

Pro·fil *das*; *-s*, *-e* **1.** *bes* ein Gesicht od. ein Kopf von der Seite gesehen 侧面像,侧面轮廓 ≈ Seitenansicht ↔ Vorderansicht ⟨ein feines, markantes P.（haben）侧面轮廓秀美,线条鲜明; j-n im P./j-s P. fotografieren, zeichnen 拍摄,画某人的侧面像⟩ ‖ K-（复合）: ***Profil-***, ***-ansicht***, ***-bild***, ***-zeichnung*** **2.** das Muster aus hohen u. tiefen Linien auf e-m Reifen od. e-r（Schuh）Sohle（轮胎或鞋底上的）凹凸花纹 ⟨ein gutes, schwaches, abgefahrenes P. 完好的,很浅的,磨平的花纹⟩: *Die Reifen seines Autos haben kaum noch P.* 他的汽车轮胎几乎没有凹凸花纹了 ‖ K-（复合）: ***Profil-***, ***-reifen***, ***-sohle***, ***-tiefe*** ‖ -K（复合）: ***Reifen-***, ***Rillen-***, ***Stollen-*** **3.** *geschr*［书］; die（positiven）Eigenschaften, die typisch für e-e Person od. Sache sind u. diese von anderen unterscheiden 鲜明的特征,明确的方针 ⟨ein Beruf/ein Künstler mit e-m unverwechselbaren P. 一个独特的职业/一位具有鲜明特色的艺术家⟩: *Die Partei bemühte sich um ein klares P.* 党曾竭力制定一个明确的方针 ‖ -K（复合）: ***Berufs-***, ***Verlags-***

pro·fi·lie·ren, sich; *profilierte sich*, *hat sich profiliert*; [Vr]（反身）**sich p.** *oft pej* 常用［贬］; zeigen, dass man sehr gut ist, u. dadurch bekannt werden 表现自己,炫耀自己: *sich als Wissenschaftler p.* 炫耀自己是科学家; *Sie will sich nur p., darum ist sie so fleißig* 她之所以如此用功,只是想表现一下自己

Pro·fil·neu·ro·se *die*; *geschr pej*［书］［贬］; das übertriebene Bemühen, sich zu profilieren 过分逞能,逞强好胜,显能 ⟨e-e P. haben 好逞能⟩

Pro·fit, Pro·fit *der*; *-(e)s*, *-e*; das Geld, das j-d od. e-e Firma bei e-m Geschäft[1] (1) verdient 利润,盈利,好处≈ Gewinn ↔ Verlust ⟨P. machen 赚钱; hohe Profite erzielen 获取高额利润; etw. mit P. verkaufen 盈利销售某物⟩ ‖ K-（复合）: ***Profit-***, ***-geschäft***, ***-gier***, ***-rate*** ‖ *hierzu*（派生）**pro·fi·ta·bel** *Adj*（形）; **Pro·fit brin·gend, pro·fit·brin·gend** *Adj*（形）

pro·fi·tie·ren; *profitierte*, *hat profitiert*; [Vi]（不及物）**1.** ***von etw. p.*** e-n Vorteil von etw. haben 从中得到好处: *von seiner guten Allgemeinbildung p.* 得益于自己所受的良好的普通教育 **2.** ***bei etw. p.*** bei e-m Geschäft *o.Ä.* Gewinn machen 在…方面赚钱,盈利

pro for·ma *Adv*（副）; nur der äußeren Form nach, aber nicht in Wirklichkeit（只是）形式上,表面上: *Es wurde nur pro forma abgestimmt, die Entscheidung war schon gefallen* 只是形式上表决一下,决定早已作出了

pro·fund *Adj*（形）; *nicht adv*, *geschr*（不作状语）［书］≈ gründlich ⟨Kenntnisse, Wissen 学识,知识⟩ ‖ *hierzu*（派生）**Pro·fun·di·tät** *die*; *-*; *nur Sg*（只用单数）

Prog·no̲·se *die*; -, -*n*; ***e-e P.*** (***zu etw.***) *geschr* [书]; e-e (wissenschaftlich begründete) Aussage darüber, wie sich etw. entwickeln wird 预测≈ Vorhersage ⟨e-e P. stellen, wagen 作预测,敢作预测⟩: *die Prognosen zum Ausgang e-r Wahl* 对选举结果的种种预测 ‖ -K(复合): ***Konjunktur-***, ***Wahl-***, ***Wetter-***, ***Wirtschafts-*** ‖ *hierzu* (派生) **prog·nos·ti·zie̲·ren** (*hat*) *Vt geschr* (及物)[书]

Pro·gra̱mm *das*; -*s*, -*e* **1.** das, was ein Theater, Kino, Fernsehsender, e-e Institution *o.Ä.* der Öffentlichkeit in e-m bestimmten Zeitraum anbietet 节目,(近期演出、播送、活动)计划⟨etw. in das P. aufnehmen, aus dem P. nehmen 将某事列入演出节目,将某事从上演节目中抽出; etw. steht auf dem P., etw. wird aus dem P. gestrichen 某事已纳入(演播)计划,某事将从(演播)计划中删去⟩: *die Fernsehzeitschrift mit dem P. der nächsten Woche* 登有下周电视节目的电视杂志; *das umfangreiche P. der Volkshochschule* 业余大学内容丰富的教学计划; *Das Theater hat diesmal „Die Räuber" von Schiller im P.* 剧院这次上演的节目中有席勒的《强盗》‖ K-(复合): ***Programm-***, ***-änderung***, ***-gestaltung***, ***-hinweis***, ***-vorschau*** ‖ -K(复合): ***Fernseh-***, ***Kino-***, ***Rundfunk-***, ***Theater-***, ***Veranstaltungs-*** **2.** die einzelnen Punkte bei e-r Veranstaltung 节目,剧目,戏码;日程,议程⟨ein abendfüllendes, buntes (= abwechslungsreiches) P. 整晚的,丰富多彩的节目; das P. e-s Konzerts, e-s Kabaretts, e-r Tagung 音乐会的,小品晚会的节目,会议的议程⟩ ‖ -K(复合): ***Abend-***, ***Fest-*** **3.** ein Heft od. Blatt, das Informationen über das P. (1,2) gibt 节目单,演出说明书,戏报⟨ein P. kaufen, e-n Blick ins P. werfen 买,看一眼节目单⟩: *im P. nachlesen, wer in e-m Theaterstück mitspielt* 查看一下节目单,是谁参加戏剧演出 ‖ K-(复合): ***Programm-***, ***-heft*** **4.** ein Kanal (3) e-s Radio- od. Fernsehsenders(广播电台、电视台播送节目的)波段,频道,套: *Im ersten P. kommt heute ein Krimi* 今天在第一套节目中播送一部侦探片 **5.** ein Plan, auf dem steht, wann man etw. machen muss od. will 计划,日程⟨(sich) ein P. machen(给自己)制订一个计划; ein P. entwerfen, ausarbeiten, einhalten 起草,制订,遵守计划⟩: *Der Minister hatte bei seinem Besuch in Prag ein umfangreiches P. zu absolvieren* 部长在布拉格访问期间把日程安排得很满 ‖ -K(复合): ***Aktions-***, ***Arbeits-***, ***Forschungs-***, ***Hilfs-***, ***Raumfahrt-***, ***Reise-***, ***Sofort-***, ***Trainings-*** **6.** ein Text, in dem e-e Partei od. Regierung sagt, welche Ziele sie hat (党派或政府的)纲领,规划,方案⟨ein politisches P. 政治纲领; ein neues P. beschließen, verabschieden 决定,通过一个新纲领⟩ ‖ -K(复合): ***Grundsatz-***, ***Partei-***, ***Wahl-*** **7.** e-e Reihe von Befehlen, die e-m Computer gegeben werden, damit er bestimmte Aufgaben macht (u. die auch auf CD-ROMs *o.Ä.* gekauft werden können) (计算机的)程序⟨ein P. schreiben, kaufen, kopieren, installieren 编制,购买,复制,安装程序⟩ ‖ K-(复合): ***Programm-***, ***-abbruch***, ***-aufruf***, ***-datei***, ***-ende***, ***-ordner*** ‖ -K(复合): ***Computer-***, ***Grafik-***, ***Textverarbeitungs-*** **8.** bestimmte Arbeitsabläufe e-r Maschine, die durch vorgegebene Befehle gesteuert werden(机器的)程序,操作过程: *e-e Waschmaschine mit mehreren Programmen* 有多项程序的洗衣机 ‖ K-(复合): ***programm-***, ***-gesteuert*** ‖ -K(复合): ***Test-***, ***Wasch-*** **9.** *Kollekt* (集合); die Waren, die ein Betrieb zu e-r bestimmten Zeit herstellt u. verkauft (在一段时间内生产与销售的)产品,货品计划≈ Sortiment ⟨das P. e-s Verlags 出版社出版的书目; etw. aus dem P. nehmen 将某物从货品中去掉; etw. ins P. aufnehmen 将某物纳入产品计划⟩ ‖ -K(复合): ***Möbel-***, ***Verlags-*** ‖ ID [谚] ***nach P.*** so, wie es geplant ist 按计划⟨nach P. vorgehen 按计划进行⟩; ***etw. steht auf dem P.*** etw. ist geplant 某事已计划好,已列入计划 ‖ *zu* (义项) **5.** u. **6.** **pro·gram·ma̲·tisch** *Adj* (形)

pro·gra̱mm·ge·mäß *Adj* (形); *nur attr od adv* (只作定语或状语); so, wie es geplant ist 有计划的,按计划的,按方案的≈ planmäßig ⟨ein Ablauf 生产过程; etw. geht, verläuft p. 某事按计划进行⟩: *Der Start der Rakete verlief p.* 火箭发射是按计划进行的

pro·gram·mie̲·ren; *programmierte, hat programmiert*; *Vt/i* (及物/不及物) (***etw.***) ***p.*** ein Programm (7) schreiben u. in den Computer geben 编制程序,程序设计⟨e-n Rechner, e-n Computer p. 给计算器,电脑编制程序⟩ ‖ K-(复合): ***Programmier-***, ***-sprache*** ‖ *hierzu* (派生) **Pro·gram·mie̲·rung** *die*

Pro·gram·mie̲·rer *der*; -*s*, -; j-d, der beruflich Programme für Computer schreibt 程序设计员 ‖ *hierzu* (派生) **Pro·gram·mie̲·re·rin** *die*; -, -*nen*

Pro·gres·si·o̲n [-'sio:n] *die*; -, -*en* **1.** ein System, nach dem man immer mehr Prozent seines Einkommens als Steuern zahlen muss, wenn das Einkommen größer wird 累进级数,累进制(指税率计征)⟨in e-e höhere, die nächste P. kommen 进入较高的纳税级数,下一个纳税级数⟩ **2.** *geschr* [书]; e-e Entwicklung, die in Stufen geschieht 逐级发展

pro·gres·si̲v, **pro̱·gres·siv** [-f] *Adj* (形) **1.** ≈ fortschrittlich ↔ konservativ ⟨e-e Haltung, e-e Gesinnung, e-e Einstellung, j-s Denkweise 态度,思想,观点,某人的思维方式⟩ **2.** *geschr* [书]≈ fortschreitend ⟨e-e Entwicklung, e-e Paralyse 发展,麻痹⟩

Pro·je̱kt *das*; -(*e*)*s*, -*e*; e-e Arbeit, die genau geplant werden muss u. ziemlich lange dauert 项目,工程⟨ein P. initiieren, entwerfen, verwirklichen, in Angriff nehmen 创议、起草、实现、开始着手一个项目⟩ ‖ K-(复合): ***Projekt-***, ***-idee***, ***-leiter***, ***-woche*** ‖ -K(复合): ***Bau-***, ***Forschungs-***, ***Groß-***, ***Raumfahrt-***

Pro·jek·ti̲l *das*; -*s*, -*e*; *geschr* [书]; das Geschoss aus e-m Gewehr od. einer Pistole 投射体,射弹,发射体

Pro·jek·tor [-toːɐ] *der*; *-s*, *Pro·jek·to·ren*; ein Gerät, mit dem man Bilder projizieren kann 放映机,幻灯机,投影机 ‖ -K(复合): **Dia-**, **Film-**

pro·ji·zie·ren; *projizierte*, *hat projiziert*; [Vt] (及物) **1. etw. irgendwohin p.** *geschr* [书]; ein Bild od. die Bilder e-s Films mit e-m Gerät beleuchten, sodass man sie auf e-r Wand sehen kann 投影,投射,放映〈Dias, e-n Film an die Wand, auf die Leinwand p. 将幻灯片,影片投射到墙上,银幕上〉 **2. etw. auf j-n/etw. p.** PSYCH【心】; meinen, dass man bei j-m/etw. ein Gefühl, Verhalten *o. Ä.* sehen kann, das man bei sich selbst kennt 对…产生心理感应 ‖ *hierzu* (派生) **Pro·jek·ti·on** *die*; *-*, *-nen*

pro·kla·mie·ren; *proklamierte*, *hat proklamiert*; [Vt] (及物) **etw. p.** *geschr* [书]; etw., das für ein Land wichtig ist, öffentlich u. feierlich sagen 公布,宣告,声明≈ verkünden: *die Unabhängigkeit p.* 宣告独立 ‖ *hierzu* (派生) **Pro·kla·ma·ti·on** *die*; *-*, *-nen*

Pro·ku·rist *der*; *-en*, *-en*; j-d, der für die Firma, in der er arbeitet, Geschäfte abschließen u. Verträge unterschreiben darf (公司的)全权代表,代理人,受委托者 ‖ NB (注意): *der Prokurist*; *den*, *dem*, *des Prokuristen* ‖ *hierzu* (派生) **Pro·ku·ris·tin** *die*; *-*, *-nen*

Pro·let *der*; *-en*, *-en*; *pej* [贬]; j-d, der sehr schlechte Manieren hat 无教养的人 ‖ NB(注意): *der Prolet*; *den*, *dem*, *des Proleten* ‖ *hierzu* (派生) **pro·le·ten·haft** *Adj* (形)

Pro·le·ta·ri·at *das*; *-s*; *nur Sg* (只用单数); die gesellschaftliche Klasse von sehr armen Arbeitern (*bes* zur Zeit der Industriellen Revolution) 无产阶级

Pro·le·ta·ri·er *der*; *-s*, *-*; j-d, der zum Proletariat gehört 无产者 ‖ *hierzu* (派生) **Pro·le·ta·ri·e·rin** *die*; *-*, *-nen*; **pro·le·ta·risch** *Adj* (形)

Pro·log *der*; *-(e)s*, *-e*; *geschr* [书]; e-e Einleitung zu e-m Theaterstück od. zu e-m langen Gedicht 开场白,序幕,序曲,序诗 ↔ Epilog

Pro·me·na·de *die*; *-*, *-n* **1.** ein schöner, breiter Weg zum Spazierengehen (供散步用的)林荫道: *die P. im Schlosspark* 城堡公园里的林荫道 ‖ -K(复合): **Ufer- 2.** *veraltend* [渐旧] ≈ Spaziergang

Pro·me·na·den·mi·schung *die*; *gespr hum* [口][诙] ≈ Mischling (2)

pro·me·nie·ren; *promenierte*, *ist/hat promeniert*; [Vi] (不及物) **(irgendwo) p.** *geschr od hum* [书]或[诙] ≈ spazieren gehen

Pro·mil·le *das*; *-(s)*, *-*; ein Tausendstel; *bes* verwendet, um anzugeben, wie viel Alkohol j-d im Blut hat 千分比,千分率; MATH【数】‰: *Autofahren mit mehr als 0,8 P. (Alkohol im Blut) ist strafbar* 开车时血液中酒精含量超过千分之零点八就要受处罚 ‖ K-(复合): **Promille-**, **-grenze**, **-wert**

pro·mi·nent *Adj* (形); *nicht adv* (不作状语); 〈ein Politiker, ein Schauspieler 政治家,演员〉 bei sehr vielen Leuten bekannt 有名的,著名的,知名的 ‖ *hierzu* (派生) **Pro·mi·nen·te** *der/die*; *-n*, *-n*

Pro·mi·nenz *die*; *-*; *nur Sg* (只用单数) **1.** *Kollekt* (集合); die Menschen, die sehr bekannt u. wichtig sind 社会名流,知名人士,知名人物: *Auf dem Ball war viel P. anwesend* 舞会上社会各界知名人士都来了 **2.** das Prominentsein 著名,知名

Pro·mis·ku·i·tät *die*; *-*; *nur Sg*, *geschr* (只用单数) [书]; das sehr häufige Wechseln der Partner, zu denen man sexuelle Beziehungen hat (男女)乱交,淫乱

pro·mo·vie·ren; *promovierte*, *hat promoviert*; [Vt] (及物) **1. j-n p.** j-m den Titel des Doktors (der Philosophie *o. Ä.*) verleihen 授与某人博士学位; [Vi] (不及物) **2.** den Titel des Doktors erwerben 获得博士学位 ‖ *hierzu* (派生) **Pro·mo·ti·on** *die*; *-*, *-en*

prompt *Adj* (形) **1.** 〈e-e Antwort, e-e Bedienung, e-e Lieferung 回答,服务,供货〉 so, dass sie ohne Zögern erfolgen 敏捷的,迅速的,及时的,毫不迟疑的 ≈ sofortig **2.** *nur adv*, *ohne Steigerung*, *gespr*, *oft iron* (只作状语,无变级) [口]常用[讽]; wie nicht anders zu erwarten war 不出所料地,果然: *Er fuhr zu schnell u. p. hatte er e-n Unfall* 他开车开得太快,果然出了事故 ‖ *hierzu* (派生) **Prompt·heit** *die*; *nur Sg* (只用单数)

Pro·no·men *das*; *-s*, *-* od *Pro·no·mi·na*; LING【语】; ein Wort, das man statt e-s Substantivs benutzt u. das sich auf dieselbe Person od. Sache bezieht wie das Substantiv, *z. B.* *er* od. *sie* 代词 ≈ Fürwort ‖ -K(复合): **Demonstrativ-**, **Indefinit-**, **Interrogativ-**, **Possessiv-**, **Personal-** ‖ *hierzu* (派生) **pro·no·mi·nal** *Adj* (形); *nur attr od adv* (只作定语或状语)

pro·non·ciert [pronõˈsiːɐt] *Adj* (形); *geschr* [书]; 〈e-e Meinung 意见〉 so, dass sie deutlich formuliert ist 明确的,毫不含糊的

Pro·pa·gan·da *die*; *-*; *nur Sg* (只用单数) **1.** *oft pej* 常用[贬]; Informationen, die *bes* e-e Partei od. Regierung verbreitet, um die Meinung der Menschen zu beeinflussen 宣传 〈P. (be)treiben, machen 进行宣传〉 ‖ K-(复合): **Propaganda-**, **-film**, **-lüge**, **-material**, **-schrift** ‖ -K(复合): **Hetz-**, **Kriegs-**, **Wahl-** **2.** *hist* (*DDR*) [历(民德)]; die Verbreitung u. Erklärung politischer Ideen u. Meinungen 宣传,传播,宣扬 **3. P. für etw. machen** den Menschen empfehlen, etw. zu kaufen, zu e-r Veranstaltung zu gehen *o. Ä.* 为…做广告 ≈ für etw. werben ‖ *zu* (义项) **1. Pro·pa·gan·dist** *der*; *-en*, *-en*; **Pro·pa·gan·dis·tin** *die*; *-*, *-nen*; **pro·pa·gan·dis·tisch** *Adj* (形)

pro·pa·gie·ren; *propagierte*, *hat propagiert*; [Vt] (及物) **etw. p.** *geschr* [书]; versuchen, viele Menschen von e-r Idee zu überzeugen 宣传,传播〈e-e Lehre, e-e Theorie p. 宣传学

P

说,理论〉: *die Gleichheit aller Menschen p.* 宣传人人平等

Pro·pan *das*; *-s*; *nur Sg*(只用单数); ein Gas, das man *bes* zum Kochen u. Heizen benutzt 丙烷 ‖ K-(复合): ***Propan-***, ***-gas***

Pro·pel·ler *der*; *-s*, *-*; ein Teil e-s Flugzeugs, das aus *mst* zwei langen, flachen Metallteilen besteht, die sich so schnell drehen, dass dadurch das Flugzeug fliegen kann 螺旋桨,推进器〈den P. anwerfen 起动螺旋桨〉‖ K-(复合): ***Propeller-***, ***-antrieb***, ***-flugzeug***, ***-maschine***

pro·per *Adj*(形); *gespr*[口]; sauber u. gepflegt 干净整齐的,整洁的〈ein Aussehen, ein Zimmer 外表,房间; sich p. kleiden 衣着整洁〉

Pro·phet [-f-] *der*; *-en*, *-en* **1.** (*bes* im Alten Testament) j-d, der die Lehre Gottes den Menschen erklärt u. von dem man glaubt, Gott habe ihn geschickt 先知: *der P. Elias* 先知以利亚; *Mohammed, der P. Allahs* 穆罕默德,真主的先知 **2.** j-d, der sagt, er könne die Zukunft vorhersehen 预言者,预言家: *Woher soll ich wissen, wie es ausgeht – ich bin doch kein P.!* 我从哪儿会知道是什么结果?——我可不是预言家! ‖ NB(注意): *der Prophet*; *den, dem, des Propheten* ‖ *hierzu* (派生) **pro·phe·tisch** *Adj*(形)

pro·phe·zei·en [-f-]; *prophezeite*, *hat prophezeit*; [Vt](及物)(***j-m***) ***etw. p.*** vorhersagen, was in der Zukunft geschehen wird 预言,预报〈e-e Katastrophe, das Kommen des Messias, den Weltuntergang p. 预言灾难,救世主的出现,世界末日; j-m e-e gute, schlechte Zukunft p. 预言某人前途美好/黯淡〉‖ *hierzu* (派生) **Pro·phe·zei·ung** *die*

pro·phy·lak·tisch [-f-] *Adj*(形); *geschr*[书]; 〈e-e Behandlung, Maßnahmen 诊治,措施〉so, dass sie *bes* e-e Krankheit verhindern 预防疾病的,预防性的 ≈ vorbeugend ‖ *hierzu* (派生) **Pro·phy·la·xe** *die*; *-*, *-n*

Pro·por·ti·on [-ˈtsi̯oːn] *die*; *-*, *-en*; *mst Pl*(多用复数) **1.** das Verhältnis der Größe e-s Teils zur Größe des Ganzen 比,比例〈ausgewogene Proportionen 均衡的比例〉: *Auf der Zeichnung stimmen die Proportionen nicht ganz*; *Im Vergleich zum Körper ist der Kopf zu groß* 这张素描上的比例不完全相称:与身体相比头部太大 **2.** *geschr*[书] ≈ Ausmaße: *Die Verschuldung des Staates hat inzwischen besorgniserregende Proportionen angenommen* 在此期间国债达到了令人忧虑的程度

pro·por·ti·o·nal [-tsi̯o-] *Adj*(形) **1.** ***p.*** (***zu etw.***) *geschr*[书]; entsprechend dem Anteil am Ganzen 按比例的 ↔ unproportional: *Die Sitze im Parlament werden p. verteilt* (= jede Partei bekommt die Zahl der Sitze, die ihrem Anteil am Wahlergebnis entspricht) 议会中(各党派)的席位是按比例分配的 **2** ***direkt p.*** (***zu etw.***) MATH【数】; 〈e-e Größe 数值〉so, dass sie größer/kleiner wird, wenn e-e andere Größe auch größer/kleiner wird 成比例的,成正比的 **3** ***indirekt/umgekehrt p.*** (***zu etw.***) MATH【数】; 〈e-e Größe 数值〉so, dass sie kleiner wird, wenn e-e andere Größe größer wird u. umgekehrt 成反比例的,成反比的 ‖ *hierzu* (派生) **Pro·por·ti·o·na·li·tät** *die*; *-*; *nur Sg*(只用单数)

pro·por·ti·o·niert [-tsi̯o-] *Adj*(形); *mst in* 多用于 ***gut p.*** mit Proportionen (1), die zueinanderpassen 匀称的,均衡的,成比例的〈ein Körper 身体〉

Pro·porz *der*; *-es*, *-e*; POL【政】 **1.** das Verteilen von Ämtern proportional zur Größe der beteiligten Gruppen/Parteien 议会的比例代表制,内阁的职位、席位按党派的得票比例分配 **2** (CH) [瑞] ≈ Verhältniswahl

propp·en·voll *Adj*(形); *nordd gespr*[北德][口]; ganz voll 挤满的,塞满的,满满的〈ein Behälter, ein Raum 容器,空间〉

Propst *der*; *-(e)s*, *Pröps·te*; REL【宗】; ein Priester, der alle Priester leitet, die zu e-m Dom od. zu e-m ziemlich großen (Kirchen)Bezirk gehören 大教堂主教,教区主教,修道院院长 ‖ -K(复合): ***Dom-***

Pro·sa *die*; *-*; *nur Sg*(只用单数); die geschriebene Sprache (außer den Texten, die in Versen u. Reimen geschrieben sind) 散文(与韵文相对) ↔ Dichtung, Poesie: *Kurzgeschichten u. Romane sind P.* 短篇小说和长篇小说均属散文 ‖ K-(复合): ***Prosa-***, ***-text***, ***-übersetzung***

pro·sa·isch *Adj*(形); *pej* [贬] ≈ nüchtern (4) ↔ romantisch

pro·sit! *Interjektion* (叹) ≈ prost!

Pro·sit *das*; *-s*, *-s*; *mst* 多用 **1.** ***ein P. auf j-n ausbringen*** ≈ auf j-s Wohl trinken **2.** ***P. Neujahr!*** verwendet am ersten Tag des neuen Jahres, um den Wunsch auszudrücken, dass das neue Jahr Gutes bringen soll 新年好!恭贺新禧!

Pros·pekt *der*; *-(e)s*, *-e*; ein Heft mit Text u. Bildern, das über e-e Ware informiert 商品说明书(小册子) ‖ -K(复合): ***Farb-***, ***Reise-***

prost! *Interjektion* (叹); verwendet, bevor man in Gesellschaft *bes* den ersten Schluck e-s alkoholischen Getränks trinkt 干杯! ‖ ▶ ***zuprosten***

Pros·ta·ta *die*; *-*; *nur Sg*(只用单数); e-e Drüse beim Mann, die e-e Flüssigkeit für den Samen produziert 前列腺 ≈ Vorsteherdrüse 〈e-e krankhaft vergrößerte P. 前列腺肥大〉‖ K-(复合): ***Prostata-***, ***-krebs***, ***-leiden***, ***-operation***

pros·ti·tu·ie·ren, sich; *prostituierte sich*, *hat sich prostituiert*; [Vr](反身) **1.** ***sich p.*** Geld dafür nehmen, dass man j-m sexuellen Kontakt erlaubt 卖淫,卖身,当妓女 **2.** ***sich p.*** *geschr pej*[书][贬]; (*mst* nur wegen des Geldes) für Leute od. für Zwecke arbeiten, mit denen man sich nicht identifizieren kann 出卖自己的灵魂〈sich als Künstler p. 为了钱而出卖艺术家的灵魂〉

Pros·ti·tu·ier·te *die*; *-*, *-n*; e-e Frau, die mit ihren sexuellen Kontakten Geld verdient 妓

P

女≈ Dirne ‖ NB(注意): *e-e Prostituierte*; *die Prostituierte*; *der Prostituierten*

Pros.ti.tu.ti.on [-ˈtsi̯oːn] *die*; -; *nur Sg*(只用单数); die Handlungen, durch die sich j-d prostituiert (1) 卖淫〈der P. nachgehen 从事卖淫〉

Pro.ta.go.nist *der*; *-en*, *-en*; die wichtigste Person (*bes* in e-m Theaterstück, Roman *o.Ä.*)(尤指戏剧、长篇小说中的)主角 ‖ NB(注意): *der Protagonist*; *den*, *dem*, *des Protagonisten* ‖ *hierzu* (派生)**Pro.ta.go.nis.tin** *die*; -, *-nen*

Pro.te.gé [-ˈʒeː] *der*; *-s*, *-s*; **ein P.** (+ *Gen* 二格) j-d, der protegiert wird 受庇护者,被提携者,受宠爱者≈ Günstling: *ein P. des Königs* 国王的宠臣

pro.te.gie.ren [-ˈʒiː]; *protegierte*, *hat protegiert*; **Vt** (及物) ***j-n p.*** *geschr* [书]; durch seine gesellschaftliche Stellung od. seinen Einfluss j-n so unterstützen, dass er *bes* beruflichen Erfolg hat 提拔,提携,提升,扶助 ‖ *hierzu* (派生)**Pro.tek.ti.on** *die*; -, *-nen*

Pro.te.in *das*; *-s*, *-e*; CHEM【化】; eine von vielen Substanzen, wie sie im Körper von Menschen u. Tieren u. in Pflanzen gebildet werden (*z.B.* Enzyme, Insulin, Hormone) 朊,蛋白质 ‖ *hierzu* (派生)**pro.te.in.arm** *Adj* (形); **pro.te.in.hal.tig** *Adj*(形); **pro.te.in.reich** *Adj*(形)

Pro.tek.ti.o.nis.mus [-tsi̯o-] *der*; -; *nur Sg*, WIRTSCH(只用单数)【经】; die Maßnahmen, durch die ein Land die eigene Wirtschaft vor der Konkurrenz aus anderen Ländern schützt (*bes* durch höhere Steuern od. Importbeschränkungen)贸易保护主义,保护贸易(关税)制

Pro.tek.to.rat *das*; *-s*, *-e* **1.** ein Land, dessen Verteidigung u. Außenpolitik von e-m anderen, mächtigeren Land bestimmt wird 受保护国 **2.** *nur Sg*(只用单数); die Schutzherrschaft e-s stärkeren Staates über e-n schwächeren Staat 保护,庇护,(强国对弱国的)保护权,保护人地位 **3.** *geschr* [书]≈ Schirmherrschaft〈unter j-s P. stehen 处在某人的保护下,受某人的庇护〉

Pro.test *der*; *-(e)s*, *-e*; ***P.*** (***gegen j-n/etw.***) Worte, Handlungen *o.Ä.*, die deutlich zum Ausdruck bringen, dass man mit j-m/etw. nicht einverstanden ist 抗议,反对,异议〈heftiger, scharfer P. 激烈的、猛烈的抗议; P. erheben, anmelden, äußern 提出抗议,宣布反对,表示异议; es hagelt Proteste 到处是抗议的浪潮〉: *Er verließ unter lautem P. den Saal* 他在一片抗议声中离开了大厅; *Aus P. gegen die Politik der Regierung trat er aus der Partei aus* 由于反对政府的政策,他退出了这个政党 ‖ K-(复合): ***Protest-***, ***-aktion***, ***-haltung***, ***-kundgebung***, ***-marsch***, ***-rufe***, ***-schreiben***, ***-song***, ***-welle***

Pro.tes.tant *der*; *-en*, *-en*; ein Mitglied e-r christlichen Kirche, die den Protestantismus vertritt 新教徒,(狭义的)基督教徒 ‖ NB(注意): *der Protestant*; *den*, *dem*, *des Protestanten* ‖ *hierzu* (派生)**Pro.tes.tan.tin** *die*; -, *-nen*

pro.tes.tan.tisch *Adj* (形); 〈ein Geistlicher, die Kirche 神职人员,教会〉zum Protestantismus gehörig 新教的,基督教的≈ evangelisch

Pro.tes.tan.tis.mus *der*; -; *nur Sg*(只用单数); die Lehre der christlichen Kirchen, die sich im 16 Jahrhundert (nach der Reformation) von der katholischen Kirche getrennt haben(基督教的)新教,抗罗宗,抗议宗,(狭义的)基督教(基督教分为天主教,东正教和新教,其中的新教在中国习惯上称为基督教,而广义的基督教为三个教派的总称)

pro.tes.tie.ren; *protestierte*, *hat protestiert*; **Vi** (不及物) (***gegen j-n/etw.***) ***p.*** deutlich zum Ausdruck bringen, dass man mit j-m/etw. nicht einverstanden ist 提出抗议,表示反对,提出异议≈ Protest erheben: *gegen e-e schlechte Behandlung p.* 对一次糟糕的处置提出抗议; *Er protestierte* dagegen, dass *man ihm die Miete erhöht hatte* 他对提高他的房租提出异议

Pro.the.se *die*; -, *-n*; ein künstlicher Körperteil 假体,弥补物(包括假肢,假牙,假牙床,假眼等)〈e-e P. tragen 装有假肢(假牙)〉 ‖ K-(复合): ***Prothesen-***, ***-träger*** ‖ -K(复合): ***Arm-***, ***Bein-***, ***Zahn-***

Pro.to.koll *das*; *-s*, *-e* **1.** ein Text, in dem genau steht, was in e-r Sitzung (*z.B.* im Gericht od. bei geschäftlichen Verhandlungen) gesagt wurde 记录,笔录≈ Niederschrift〈ein P. anfertigen, schreiben 做记录; etw. ins P. aufnehmen 将某事写进记录〉 ‖ -K(复合): ***Gerichts-***, ***Sitzungs-***, ***Verhandlungs-*** **2.** ein Text, in dem ein (wissenschaftlicher) Versuch *o.Ä.* genau beschrieben wird (科学)试验记录,实验报告 ‖ -K(复合): ***Versuchs-*** **3.** die Regeln, nach denen sich *bes* Diplomaten u. Politiker bei offiziellen Anlässen verhalten sollen 外交礼仪〈das P. einhalten, dem P. genügen 遵守,符合外交礼仪; das P. schreibt etw. vor 外交礼仪规定某事〉 **4.** (***das***) ***P. führen*** ein P. (1) schreiben 做记录 ‖ K-(复合): ***Protokoll-***, ***-führer*** **5.** ***etw. zu P. geben*** sagen, dass etw. ins P. (1) geschrieben werden soll 让人将…记录下来 **6.** ***etw. zu P. nehmen*** etw. ins P. (1) schreiben 将…记录下来,将…写进记录 ‖ *zu* (义项)**1.** u. **3. pro.to.kol.la.risch** *Adj*(形)

pro.to.kol.lie.ren; *protokollierte*, *hat protokolliert*; **Vt/i** (及物/不及物) (***etw.***) ***p.*** etw. in ein Protokoll (1,2) schreiben 记录,笔录〈e-e Aussage, e-e Sitzung, ein Verhör, den Verlauf e-s Versuchs p. 将一次陈述,会议内容,审讯,试验的过程记录下来〉

Pro.ton *das*; *-s*, *Pro.to.nen*; PHYS【物】; ein sehr kleines Teil im Atomkern, das positiv geladen ist 质子 ↔ Elektron: *Ein Wasserstoffatom besteht aus einem P. u. aus einem Elektron* 一个氢原子由一个质子和一

个电子组成

Pro·to·typ *der* **1.** das erste Exemplar e-r Maschine *o. Ä.*, das hergestellt wird 样机，原型，基本型，原机 **2.** ***der P.*** + *Gen* （二格）ein typisches Beispiel für etw. 典型，范例≈ Inbegriff

Protz *der*; *-es*, *-e*; *gespr pej*［口］［贬］; j-d, der damit protzt, was er hat od. kann 爱炫耀的人，爱出风头的人，爱摆阔的人 ‖ -K（复合）: ***Geld-***, ***Kraft-***, ***Muskel-***

prot·zen; *protzte*, *hat geprotzt*; Vi（不及物）（***mit etw.***）***p.*** *gespr pej*［口］［贬］; deutlich zeigen, dass man etw. hat, auf das man sehr stolz ist 吹嘘，炫耀，摆阔，显摆〈mit seinem Geld, Wissen p. 炫耀自己有钱，有学问〉: *Er protzt immer* (damit), dass *er sich die teuersten Hotels leisten kann* 他总是吹嘘自己能住最贵的宾馆

prot·zig *Adj*（形）; *gespr pej*［口］［贬］;〈ein Auto, ein Ring, ein Palast 汽车，戒指，宫殿〉so, dass jeder sieht, dass sie sehr viel Geld gekostet haben 吹嘘的，摆阔气的

Pro·ve·ni·enz [prove'niɛnts] *die*; -, *-en*; *geschr*［书］≈ Herkunft: *Teppiche orientalischer P.* 产自东方的地毯

Pro·vi·ant [-v-] *der*; *-s*, *-e*; *mst Sg*（多用单数）; das Essen, das man auf e-n Ausflug od. e-e Reise mitnimmt od. das Soldaten im Krieg bei sich tragen（供旅途中用的）食物，（士兵随身携带的）口粮〈reichlich P. einpacken, mitnehmen 装上，带上充足的食物〉‖ K-（复合）: ***Proviant-***, ***-korb***

Pro·vi·der [pro'vaidɐ] *der*; *-s*, -; INFORM【信息】; ein Unternehmen, das bestimmte Dienste der Telekommunikation, *z. B.* den Zugang zum Internet, anbietet 电信服务企业

Pro·vinz [-v-] *die*; -, *-en* **1.** (in manchen Staaten) ein relativ großes Gebiet mit eigener Verwaltung 省，省份 ‖ K-（复合）: ***Provinz-***, ***-hauptstadt*** **2.** *nur Sg*, *oft pej*（只用单数）常用［贬］; ein Gebiet, in dem es (im Gegensatz zu großen Städten) wenig kulturelle od. gesellschaftliche Ereignisse gibt 外省，偏僻地区，边远省份〈e-e Stadt, ein Dorf ist finsterste, tiefste P. 某个城市、某个村庄是非常闭塞、旧习俗根深蒂固的地区; in der P. leben 住在外省; aus der P. kommen 来自外省〉‖ K-（复合）: ***Provinz-***, ***-stadt***, ***-theater*** ‖ *zu*（义项）**2. Pro·vinz·ler** *der*; *-s*, -

pro·vin·zi·ell [-v-] *Adj*（形）; *mst pej* 多用［贬］; mit Eigenschaften, Ansichten, alten Bräuchen *o. Ä.*, die man als typisch für die Provinz (2) betrachtet 外省的，土气的，偏狭的，闭塞落后的: *e-e Stadt*, *ein Dorf wirkt p.* 一个城市，一个村庄显得很闭塞

Pro·vi·si·on [provi'zio:n] *die*; -, *-en*; das Geld, das j-d dafür bekommt, dass er für e-n anderen od. im Auftrag e-s anderen etw. verkauft hat 佣金，手续费，回扣〈e-e P. kassieren, einstreichen 收取佣金，将回扣塞进腰包〉: *Für jede Versicherung, die er abschließt, bekommt unser Vertreter zehn Prozent P.* 每签一份保险合同，我们的代理商都可得到 10% 的佣金 ‖ -K（复合）: ***Vermittlungs-***, ***Verkaufs-***

Pro·vi·si·ons·ba·sis *die*; *nur in* 只用于 ***auf P.*** so, dass der Betreffende für seine Tätigkeit e-e Provision bekommt 以佣金为条件〈auf P. arbeiten 挣佣金〉

pro·vi·so·risch [-v-] *Adj*（形）; nur so lange verwendet, bis man etw. Besseres hat 应急的，暂时的，临时的 ≈ behelfsmäßig, vorübergehend ↔ endgültig〈e-e Reparatur, ein Verband 修理，绷带〉

Pro·vi·so·ri·um [-v-] *das*; *-s*, *Pro·vi·so·ri·en* [-'zo:riən]; *geschr*［书］; etw., das provisorisch ist 应急措施，权宜之计，临时措施≈ Notbehelf

pro·vo·kant [-v-] *Adj*（形）; *geschr*［书］;〈ein Auftreten, ein Verhalten 举止，态度; etw. p. formulieren 挑衅性地表述某事〉so, dass man j-n damit provozieren will 挑衅性的，挑拨的，挑起事端的，煽动的≈ provokativ, herausfordernd

Pro·vo·ka·teur [provoka'tø:ɐ] *der*; *-s*, *-e*; *geschr pej*［书］［贬］; j-d, der andere zu Handlungen *bes* gegen die Regierung od. e-e Partei auffordert（尤指反对政府或某一政党的）煽风点火者，故意挑衅者，破坏分子≈ Aufwiegler ‖ *hierzu*（派生）**Pro·vo·ka·teu·rin** [provoka'tø:rɪn] *die*; -, *-nen*

Pro·vo·ka·ti·on [provoka'tsio:n] *die*; -, *-en*; e-e Handlung, e-e Aussage *o. Ä.*, mit der man j-n ärgert u. so zu e-r Reaktion auffordert 挑衅，煽动，挑拨，离间〈etw. als P. auffassen, verstehen 将某事理解为挑衅; auf e-e P. antworten, reagieren 对挑衅行为作出回答，作出反应〉

pro·vo·ka·tiv [-f] *Adj*（形）; *geschr*［书］≈ provokant

pro·vo·ka·to·risch [-v-] *Adj*（形）; *geschr*［书］≈ provokant

pro·vo·zie·ren [-v-]; *provozierte*, *hat provoziert*; Vt（及物）**1.** ***j-n*** （***zu etw.***）***p.*** etw. tun, um j-n zu ärgern u. ihn dadurch zu e-r Reaktion zu reizen 挑衅，挑拨，挑唆〈j-m provozierende Fragen stellen 向某人提出挑衅性的问题; sich nicht p. lassen 不受人挑拨〉: *Der Schüler versuchte, den Lehrer* dazu *zu p.*, *ihn* zu *schlagen* 这个学生试图挑动教员来打他; *e-n Hund so lange p.*, *bis er beißt* 长久地挑唆一条狗，直至它咬人 **2.** ***etw. p.*** durch seine Handlungen *o. Ä.* bewirken, dass etw. (Negatives) passiert, ausbricht *o. Ä.* 挑起，挑动〈e-n Krieg, e-e Schlägerei, Widerspruch p. 挑起战争，殴斗，矛盾〉‖ ▶ ***Provokation***

Pro·ze·dur *die*; -, *-en*; e-e Reihe von *mst* langen u. unangenehmen Handlungen 手续，步骤，程序，工序≈ Verfahren (3)〈e-e langwierige, umständliche, lästige P. 费时难办的，麻烦的，烦人的程序〉

Pro·zent *das*; *-(e)s*, *-/-e* **1.** einer von hundert Teilen e-r Menge 百分比，百分数，百分率;

MATH【数】%：*vier P.*（4%）*Zinsen* 百分之四的利息，利息四厘；*Zehn P. von fünfzig Euro sind fünf Euro* 五十欧元的百分之十是五欧元‖ NB(注意)：nach e-r Zahl lautet der Pl. *Prozent*（在数字后面的复数为 *Prozent*）：*zehn Prozent* 百分之十(10%) **2.** *nur Pl*，*gespr*（只用复数）［口］；ein Teil e-s Gewinns（按百分比计算的）赢利，收益〈Prozente bekommen 得到赢利〉**3.** *nur Pl*，*gespr*（只用复数）［口］；e-e Preissenkung um e-e bestimmte Summe 折扣〈bei j-m Prozente kriegen 在某人处买东西得到折扣〉：*Mein Freund hat ein Computergeschäft u. gibt mir Prozente, wenn ich bei ihm einkaufe* 我的朋友开了一家电脑商店，我在他那里买东西时，他会给我打折

-pro.zen.tig *im Adj*，*begrenzt produktiv*（构成形容词，构词有限）；mit der genannten Zahl od. Menge von Prozenten 百分之…的，…百分比的；***einprozentig***，***zweiprozentig***，***dreiprozentig*** *usw*；***hochprozentig***〈Alkohol，e-e Lösung 酒精，溶液〉：*e-e zehnprozentige Steigung*，*e-e sechzigprozentige Mehrheit* 百分之十的增长（增长十个百分点），百分之六十的多数

Pro.zent.punkt *der*；*mst Pl*（多用复数）；verwendet anstelle von Prozent (1)（um e-e Entwicklung auf e-r grafischen Kurve anzugeben）百分点：*den Diskontsatz um e-n halben P.*（= um 0,5%）*erhöhen/senken* 把贴现率提高/降低半个百分点（即 0.5%）

Pro.zent.satz *der*；ein Anteil e-r Menge（in Prozenten ausgedrückt）百分比，百分率：*Ein hoher P. der Wähler ist für das neue Gesetz* 占有很高百分率的选民赞成这项新法律

pro.zen.tu.al *Adj*（形）；*mst attr*（多作定语）；in Prozenten (1) ausgedrückt 按百分比计算的〈ein Anteil，e-e Beteiligung 份额，股份〉

Pro.zess[1] *der*；*-es*，*-e* **1.** das Verfahren，bei dem ein Gericht ein Verbrechen od. e-n Streit untersucht u. beurteilt 诉讼，诉讼程序〈ein öffentlicher P. 公开诉讼；e-n P. anstrengen，gegen j-n führen，gewinnen，verlieren，wieder aufnehmen 提起诉讼，对某人起诉，胜诉，败诉，恢复（重新受理）诉讼〉：*Bis zum P. sitzt er in Untersuchungshaft* 直到诉讼，他是待审拘留 ‖ K-（复合）：***Prozess-***，***-führung***，***-gegner***，***-kosten***，***-recht*** ‖ -K（复合）：***Mord-***，***Straf-***，***Zivil-*** **2.** ***j-m den P. machen*** *gespr*［口］；j-n vor Gericht bringen 跟…打官司，与…对簿公堂，将…告上法庭≈ j-n vor Gericht stellen ‖ ID［谚］***kurzen P. mit j-m machen*** *gespr*［口］；j-n kurz u. heftig tadeln 果断而尖锐地责备某人；***kurzen P. mit etw. machen*** *gespr*［口］；etw. sehr schnell entscheiden（*mst* zum Nachteil eines anderen）果断而迅速地处理某事（以使对方不利）

Pro.zess[2] *der*；*-es*，*-e*；ein Vorgang，der aus mehreren Phasen besteht，in dem e-e（allmähliche）Veränderung stattfindet 过程，进程 ↔ Zustand〈ein chemischer，natürlicher P. 化学过程，自然过程；e-n P. beobachten，beschleunigen，hemmen，steuern，beeinflussen 观察，加速，阻碍，操纵，影响某个过程〉：*Dieser P. dauerte tausend Jahre* 这个过程延续了上千年 ‖ -K（复合）：***Alterungs-***，***Entstehungs-***，***Entwicklungs-***，***Veränderungs-***

pro.zes.sie.ren；*prozessierte*，*hat prozessiert*；[Vi]（不及物）（***mit j-m*** / ***gegen j-n***）***p.*** e-n（Zivil）Prozess（gegen j-n）führen 对…提起（民事）诉讼≈ j-n verklagen：*wegen e-s Vertragsbruchs p.* 由于违反合同而起诉

Pro.zes.si.on [-ˈsioːn] *die*；-，*-en*；e-e religiöse Feier，bei der（katholische）Priester u. die Gläubigen hintereinander durch die Stadt od. das Dorf gehen（天主教）列队巡游的庆祝活动 ‖ -K（复合）：***Fronleichnams-***

Pro.zes.sor [proˈtsɛsoːɐ] *der*；*-s*，*Pro·zes·soren*；INFORM【信息】；wichtiges Bauteil in e-m Computer *o. Ä.*，das aus winzigen Schaltkreisen besteht u. das Rechen- u. Steuerprozesse ausführt 处理机 ‖ -K（复合）：***Mikro-*** ‖ K-（复合）：***prozessor-***，***-gesteuert***

Pro.zess.ord.nung *die*；die Regeln，nach denen ein Prozess[1] (1) ablaufen muss 诉讼条例，诉讼规则，诉讼程序

prü.de *Adj*（形）；〈ein Mensch 人〉so，dass er es als unangenehm empfindet，über sexuelle Dinge zu sprechen（谈起两性问题）极其腼腆的，羞羞答答的，过分害羞的 ‖ *hierzu*（派生）**Prü.de.rie** *die*；-，*-en*

prü.fen；*prüfte*，*hat geprüft*；[Vt]（及物）**1.** ***j-n/etw. p.*** feststellen，ob j-d/etw. e-e gewünschte Eigenschaft（im richtigen Maß）hat 检查，检验，试验，考验，考察≈ untersuchen，testen〈j-n/etw. gründlich，oberflächlich p. 认真地，草率地考察某人/检查某事；j-n prüfend ansehen 用审视的目光看某人；etw. prüfend anfassen 检测似地触摸某物〉：*p.*，ob *e-e Rechnung stimmt* 查验账单是否正确；*mit dem Finger die Temperatur des Wassers p.* 用手指测试水的温度；*p.*，wie *stark j-d ist* 考验某人有多强壮；*j-n auf seine Zuverlässigkeit*（*hin*）*p.* 考验某人的可信赖程度 ‖ K-（复合）：***Prüf-***，***-bericht***，***-gerät***，***-verfahren*** **2.** ***etw. p.*** darüber nachdenken，ob man etw. annimmt od. ablehnt 审查，审阅≈ überprüfen〈ein Angebot，e-n Antrag（eingehend）p.（详细地）审查报价，申请〉**3.** ***etw. prüft j-n*** *geschr*［书］；etw. belastet j-n psychisch stark（物作主语）（从心理上）磨炼，考验〈das Leben 生活；das Schicksal hat j-n hart，schwer geprüft 命运使他历经磨难，命运使他饱经风霜〉‖ NB(注意)：*mst* im Passiv（多用被动语态）！；[Vt/i]（及物/不及物）**4.**（***j-n***）***p.*** j-m Fragen stellen，um zu erfahren，ob er etw. gelernt hat 对…进行考试，考查〈e-n Schüler，e-n Studenten p. 对学生，大学生进行考试；j-n mündlich，schriftlich，streng p. 对某人进行口试，笔试，进行严格的考试〉：*ein staatlich geprüfter Dolmetscher* 通过国家考核的口译人员 ‖ ▶ ***Prüfung***，***überprüfen***，***nachprüfen***

Prü.fer *der*；*-s*，- **1.** j-d，der e-n Studenten *o. Ä.* prüft (4) 主考人〈ein erfahrener，gefürchteter，strenger P. 有经验的、令人生畏

的、严格的主考人〉**2.** j-d, dessen Beruf es ist, etw. zu prüfen (1) 审计员,检验员 ‖ ***Steuer-***

Prüf·ling *der*; *-s*, *-e*; j-d, der geprüft (4) wird 考生,应试者

Prüf·stand *der*; die Stelle, an der man *bes* e-e Maschine mit Messgeräten prüft 试验台〈etw. kommt auf den P. 某物上试验台测试; etw. auf dem P. erproben, testen 在试验台上试验,测试某物〉2

Prüf·stein *der*; *mst* e-e Situation, in der j-d zeigen muss, was er kann 试金石,考验 ≈ Bewährungsprobe〈ein P. für j-s Intelligenz, Mut 对某人的智力,勇气的一次考验〉

Prü·fung *die*; *-*, *-en* **1.** e-e mündliche od. schriftliche Aufgabe, mit der j-s Kenntnisse od. Fähigkeiten beurteilt werden 考试 ≈ Test, Examen〈e-e mündliche, schriftliche, schwierige P. 口试,笔试,困难的考试; sich auf e-e P. vorbereiten 准备考试; auf/für e-e P. lernen 为准备考试而学习; e-e P. machen, ablegen, schreiben, bestehen 应考,参加考试,写答卷,通过考试; in e-r P. versagen 考试失败; durch e-e P. fallen 考试不及格,没考上 ‖ K-(复合): ***Prüfungs-***, ***-anforderungen***, ***-angst***, ***-aufgabe***, ***-bedingungen***, ***-ergebnis***, ***-fach***, ***-fragen***, ***-kandidat***, ***-note***, ***-ordnung***, ***-teilnehmer***, ***-termin*** ‖ -K(复合): ***Abgangs-***, ***Abitur-***, ***Abschluss-***, ***Aufnahme-***, ***Diplom-***, ***Doktor-***, ***Eignungs-***, ***Facharbeiter-***, ***Fahr-***, ***Führerschein-***, ***Gesellen-***, ***Meister-***, ***Sprach-*** **2.** *nur Sg* (只用单数); e-e Untersuchung, mit der man feststellt, ob etw. richtig ist *o.Ä.* 检验,审查,测试,考验 ≈〈etw. bedarf e-r P., hält e-r P. (nicht) stand 某物尚需经过检验,经受(不)住检验; etw. e-r P. unterwerfen, unterziehen 使某物经受检验,对某物进行检验〉: *Die genaue P. der Rechnung hat e-n Fehler ergeben* 经过仔细审查发现账单有个错误 ‖ -K(复合): ***Brems-***, ***Gehör-***, ***Härte-***, ***Material-***, ***Qualitäts-***, ***Reaktions-***, ***Rechnungs-*** **3.** e-e Situation, in der j-d psychisch stark belastet wird (对人的)考验〈e-e harte, schwere P. zu bestehen haben 必须经受一次严峻的、严厉的考验〉 ‖ -K(复合): ***Schicksals-***

Prü·gel *die*; *Pl* (复); mehrere Schläge, die j-d in e-m Kampf od. als Strafe bekommt 殴打,揍 ≈ Hiebe〈e-e Tracht P. 一顿痛打; P. austeilen, bekommen/kriegen/beziehen 打(某人)一顿,遭到殴打/挨揍/挨打〉 ‖ K-(复合): ***Prügel-***, ***-strafe***

Prü·ge·lei *die*; *-*, *-en*; ein Streit, bei dem Menschen sich kräftig schlagen 斗殴,打架 ≈ Schlägerei

Prü·gel·kna·be *der*; j-d, den man ohne Grund *bes* für Fehler anderer Leute bestraft 代人受过者,替罪羊 ≈ Sündenbock

prü·geln; *prügelte*, *hat geprügelt*; [Vt] (及物) **1.** ***j-n p.*** j-n (voller Wut) mehrere Male kräftig schlagen 痛打,狠揍 ≈ verprügeln; [Vr] (反身) **2.** ***sich (mit j-m) p.*** kämpfen u. sich dabei gegenseitig kräftig schlagen (同某人)打架,扭打: *Er prügelte sich mit dem Nachbarsjungen* 他与邻居的小男孩打架 **3.** ***sich um etw. p.*** *gespr* [口]; mit allen Mitteln versuchen, etw. zu bekommen, das man will 争取得到〈sich um die letzten Karten, Plätze p. 力争搞到最后的几张票、几个位子〉

Prunk *der*; *-(e)s*; *nur Sg* (只用单数); e-e viel zu kostbare Ausstattung od. Verzierung (*mst* e-s Gebäudes *o.Ä.*) (多指楼房等的)豪华装饰,富丽堂皇,华贵,奢华 ≈ Pracht ↔ Nüchternheit〈verschwenderischer P. 奢华; der P. e-s Festes, e-r Kirche, e-s Schlosses 节日的壮观,教堂的富丽堂皇,宫殿的金碧辉煌〉 ‖ *hierzu* (派生) **prun·ken** (*hat*) *Vi* (不及物); **prunk·voll** *Adj* (形)

Prunk·stück *das*; das schönste od. wertvollste Stück *bes* in e-r Sammlung (尤指收藏品中的)珍品,珍宝,珍贵物品

prus·ten; *prustete*, *hat geprustet*; [Vi] (不及物) Luft durch fast geschlossene Lippen pressen, sodass ein lautes Geräusch entsteht u. Wasser od. Speichel aus dem Mund kommt (由于从口中吐气或吐水而)发出扑哧声〈vor Lachen p. 噗嗤一笑; prustend aus dem Wasser auftauchen 噗噜噗噜地从水中浮出来〉

PS[1] [peː'|ɛs] *das*; *-*, *-*; (*Abk für* 缩写,全称为: Pferdestärke) e-e Einheit, mit der man die Leistung von Automotoren angibt 马力: *ein Auto, ein Motor mit 70 PS* 70 马力的汽车,发动机 ‖ NB(注意): Statt *PS* wird heute offiziell Kilowatt (KW) verwendet (1 PS = 0,736 KW). Man spricht aber häufiger von *PS* als von *Kilowatt* (现在在正式场合不用马力而用千瓦(KW)(1 马力 = 0.736 千瓦),但人们口头上更多地还是说马力(PS))

PS[2] [pe'|ɛs] *Abk* 缩写; ↑ ***Postskript***

Psalm *der*; *-s*, *-en*; ein Gebet od. religiöses Lied in der Bibel (《旧约》中的)诗篇,赞美诗,圣诗,圣歌

pscht! *Interjektion* (叹) ≈ pst!

pseu·do-, **Pseu·do-** *im Adj u. Subst, begrenzt produktiv*, *oft pej* (构成形容词和名词,构词有限)常用[贬]; verwendet, um auszudrücken, dass j-d/etw. in Wirklichkeit nicht das ist, was er zu sein vorgibt od. es zu sein scheint 伪…,假…; der ***Pseudochrist***, ***pseudodemokratisch***, der ***Pseudomarxist***, ***pseudomodern***, die ***Pseudowissenschaft***, der ***Pseudowissenschaftler***, ***pseudowissenschaftlich***

Pseu·do·nym *das*; *-s*, *-e*; ein Name, den j-d statt seines eigenen Namens hat, um nicht erkannt zu werden 笔名,假名 ≈ Deckname〈unter e-m P. schreiben, veröffentlichen, reisen 用笔名写作,出版,用别名旅行〉

pst! *Interjektion* (叹); verwendet, um j-n aufzufordern, still zu sein (要求安静)嘘!

Psy·che *die*; *-*, *-n*; *geschr* [书]; das seelische od. geistige Leben des Menschen 心理,灵魂,精神 ≈ Geist, Seele ↔ Körper〈e-e kindliche, kranke, labile P. 儿童的,病态的,脆弱的心理; die menschliche P. 人的心理〉

Psy·chi·a·ter [psy'çiaːtɐ] *der*; *-s*, *-*; ein Arzt, der Krankheiten der Psyche feststellt u. behandelt 精神病医生，心理医生〈zu e-m P. gehen 到精神病医生那里去看病〉: *Das Gericht forderte das Gutachten e-s Psychiaters an* 法庭要求精神病医生出具的鉴定 ‖ *hierzu*（派生）**Psy·chi·a·te·rin** [psy'çiaːtərɪn] *die*; -, *-nen*

Psy·chi·at·rie [psyçia-] *die*; -, *-n* **1.** *nur Sg*（只用单数）; das Gebiet der Medizin, das sich mit seelischen Krankheiten beschäftigt 精神病学 **2.** e-e Klinik od. e-e Abteilung, in der psychisch kranke Menschen behandelt werden 精神病诊所，心理诊所 ‖ *hierzu*（派生）**psy·chi·at·risch** *Adj*（形）; *nur attr od adv*（只作定语或状语）

psy·chisch *Adj*（形）; in Bezug auf die Psyche 心理的，心理上的，精神的 ≈ seelisch ↔ körperlich, physisch 〈e-e Belastung, ein Druck, e-e Krankheit 负担，压力，病; p. gesund/krank sein 心理健康/心理有病〉

Psy·cho·ana·ly·se *die*; -; *nur Sg*（只用单数）; e-e Methode, diejenigen Erlebnisse e-s Menschen（*bes* seine Träume u. Erlebnisse als kleines Kind）zu finden u. zu analysieren, die der Grund für psychische Krankheiten sind 精神分析法: *Sigmund Freud, der Begründer der P.* 西格蒙德·弗洛伊德是精神分析法的创始人 ‖ *hierzu*（派生）**Psy·cho·ana·ly·ti·ker** *der*; *-s*, -; **Psy·cho·ana·ly·ti·ke·rin** *die*; -, *-nen*; **psy·cho·ana·ly·tisch** *Adj*（形）; *nur attr od adv*（只作定语或状语）

Psy·cho·lo·ge *der*; *-n*, *-n* **1.** j-d, der Psychologie (1) studiert hat 心理学家，心理学学者 ‖ -K（复合）: ***Betriebs-***, ***Diplom-***, ***Gerichts-***, ***Kinder-***, ***Schul-*** **2.** j-d, der die Fähigkeit hat, Menschen richtig einzuschätzen 懂得别人心理的人〈ein guter, schlechter P. 一位很善于，不善于理解对方心理的人〉 ‖ *hierzu*（派生）**Psy-cho·lo·gin** *die*; -, *-nen*

Psy·cho·lo·gie *die*; -; *nur Sg*（只用单数）**1.** die Wissenschaft, die sich mit dem seelischen Verhalten beschäftigt 心理学〈P. studieren 研究心理学〉 ‖ -K（复合）: ***Entwicklungs-***, ***Jugend-***, ***Kinder-***, ***Schul-***, ***Sexual-***, ***Sozial-***, ***Sprach-***, ***Tier-*** **2.** die Fähigkeit, die Psyche anderer Menschen zu erkennen, zu verstehen u. dieses Wissen anwenden 心理分析能力，心理学知识: *ein bisschen P. anwenden, um j-n zu überzeugen* 运用一点心理学知识去说服某人

psy·cho·lo·gisch *Adj*（形）**1.** *nur attr od adv*（只作定语或状语）; in Bezug auf die Psychologie (1) 心理学的〈ein Experiment, ein Gutachten 实验，鉴定〉 **2.** *nur attr od adv*（只作定语或状语）; in Bezug auf die Psychologie (2) 心理分析的，心理上的〈das Einfühlungsvermögen, das Verständnis, das Vorgehen, p. geschickt handeln 观察能力，理解，措施；巧妙地用心理分析的办法行事〉 **3.** *gespr* [口] ≈ psychisch 〈die Ursachen, ein Vorgang 原因，过程〉

Psy·cho·path *der*; *-en*, *-en*; *gespr* [口]; j-d, dessen Verhalten gestört od. krankhaft ist 心理变态者，精神变态者，心理病者 ‖ NB（注意）: *der Psychopath*; *den*, *dem*, *des Psychopathen* ‖ *hierzu*（派生）**Psy·cho·pa·thin** *die*; -, *-nen*; **psy·cho·pa·thisch** *Adj*（形）

Psy·cho·phar·ma·ka [-f-] *die*; *Pl*（复）; Medikamente, die die Psyche beeinflussen (wie *z. B.* Beruhigungsmittel u. Schlafmittel) 精神病药物（如镇静剂，安眠药）〈P. nehmen 服用精神病药物〉

Psy·cho·se *die*; -, *-n* **1.** e-e psychische Krankheit, bei der sich der Charakter ändert 精神病 **2.** ein Zustand, in dem j-d mit (unnatürlich) heftigen Gefühlen auf etw. reagiert 变态心理，精神变态，精神病 ‖ -K（复合）: ***Angst-***, ***Massen-***, ***Prüfungs-*** ‖ *hierzu*（派生）**psy·cho·tisch** *Adj*（形）

psy·cho·so·ma·tisch *Adj*（形）; durch Angst od. psychische Probleme verursacht 由心理变态引起的，变态心理的，心因性的〈e-e Krankheit, e-e Störung 疾病，机能障碍〉: *Ihr Kopfweh ist p. bedingt* 她的头痛是由心理变态引起的 ‖ *hierzu*（派生）**Psy·cho·so·ma·tik** *die*; -; *nur Sg*（只用单数）

Psy·cho·ter·ror *der*; *gespr pej od hum* [口][贬]或[诙]; Maßnahmen, Handlungen *o. Ä.*, mit denen j-d psychisch gequält wird 心理恐怖战术

Psy·cho·the·ra·peut *der*; ein Therapeut, der psychische Probleme behandelt 心理疗法医生，精神疗法医生 ‖ *hierzu*（派生）**Psy·cho·the·ra·peu·tin** *die*; **Psy·cho·the·ra·pie** *die*; **psy·cho·the·ra·peu·tisch** *Adj*（形）

PTT [peːteːˈteː] (CH) [瑞] *Abk für* 缩写，全称为: Post, Telefon, Telegraf 邮政，电话，电报

pu·ber·tär *Adj*（形）**1.** während der Pubertät (auftretend) 青春期的: *Akne ist e-e pubertäre Erscheinung* 粉刺是一种青春期的现象 **2** *pej* [贬]; für die Pubertät typisch（思想）不成熟的，幼稚的，缺少经验的 ≈ unreif ↔ erwachsen 〈ein Verhalten 态度; Witze 笑话〉

Pu·ber·tät *die*; -; *nur Sg*（只用单数）; die Zeit, in der sich der Körper des Menschen von dem e-s Kindes zu dem e-s Erwachsenen verändert 青春期，性成熟期〈in die P. kommen 进入青春期; in der P. sein 处于青春期〉: *In der P. wird man geschlechtsreif* 在青春期人在性方面变得成熟了 ‖ K-（复合）: ***Pubertäts-***, ***-erscheinung***

Pub·li·ci·ty [paˈblɪsiti] *die*; -; *nur Sg*（只用单数）; das (häufige) Erscheinen in den Massenmedien, wodurch der Betroffene sehr bekannt wird（在社会上）出名，闻名，受到大众注目〈für P. sorgen 关心社会知名度〉: *durch e-n neuen Film als Schauspieler an P. gewinnen* 作为演员通过一部新的电影受到社会公众注目

Pub·lic Re·la·tions [ˈpablɪk riˈleːʃnz] *die*; *Pl*（复）≈ Öffentlichkeitsarbeit 公共关系，企业与公众的关系，公关 ‖ ↑ ***PR***

pub·lik *Adj*（形）; *nur präd*, *nicht adv*, *geschr*（只作表语，不作状语）[书]; in der Öffentlichkeit bekannt 人所共知的〈*mst* 多用 etw. ist/wird p. 某事为公众所知; etw. p. machen 公开宣布某事〉 ‖ *hierzu*（派生）**Pub·li·zi-**

P

tät *die*; -; *nur Sg*(只用单数)

Pub·li·ka·ti·on [-ˈtsioːn] *die*; -, *-en*; *geschr*［书］**1.** *nur Sg*(只用单数); das Drucken von Texten od. Büchern 公开发行,出版 ≈ Veröffentlichung: *Die P. unseres Reiseführers soll im März erfolgen* 我们这本导游手册据说三月份出版 ‖ K-(复合): ***Publikations-***, ***-rechte***, ***-verbot*** **2.** etw., das j-d publiziert hat 出版物,公开发表的著作 ≈ Veröffentlichung: *die neueste P. des bekannten Autors* 名作家的最新著作

pub·lik·ma·chen ↑ ***publik***

Pub·li·kum *das*; *-s*; *nur Sg*, *Kollekt*(只用单数,集合) **1.** die Menschen, die bei e-r Veranstaltung zuhören u. zuschauen 听众,观众,公众〈ein gemischtes, junges P. 混杂的观众,年轻观众; das P. geht mit (= ist begeistert), klatscht (Beifall) 观众(或听众)情绪热烈,鼓掌; j-d/etw. kommt beim P. (gut) an, ist beim P. beliebt 某人/某事受到公众的欢迎,在公众中很受欢迎〉 ‖ K-(复合): ***Publikums-***, ***-erfolg***, ***-liebling***, ***-resonanz*** ‖ -K(复合): ***Fernseh-***, ***Gala-***, ***Konzert-***, ***Premieren-***, ***Theater-*** **2.** die Menschen, die sich für Bücher, Filme, Theater *usw* interessieren 读者,电影、戏剧的爱好者,观众,听众〈ein festes treues P. haben, sein P. finden 有固定的忠实读者(或观众); 受到读者(或观众)的欢迎; ein breites P. erreichen 获得一大批观众(听众,读者)〉 **3.** die Gäste, die ein Lokal, Hotel od. e-n Ort besuchen (饭店、宾馆或公共场所的)顾客,客人,游客〈ein gutes, gehobenes, elegantes, feines, fragwürdiges P. 友好的、高贵的、高雅的、文雅的、成问题的客人〉 ‖ -K(复合): ***Stamm-***

P

Pub·li·kums·ver·kehr *der*; *nur Sg*(只用单数) **1.** die Zulassung des Publikums (für Besprechungen, Antragstellungen *o. Ä.*) bei e-r Behörde 对公众开放(时间),对外接待,对外办公 ≈ Parteiverkehr: *Am 24 Dezember kein P.!* 12月24日不对外接待!; *P. von 8-12 Uhr* 对外开放(接待)时间为8—12时 **2.** die Leute, die zu e-r Behörde od. Bank kommen(去当局或银行的)办事人员

pub·li·kums·wirk·sam *Adj*(形); 〈e-e Schlagzeile, e-e Werbung 标题,广告; etw. p. gestalten, platzieren 将某物布置、安排得能吸引公众〉 so, dass sie in der Öffentlichkeit e-e große Wirkung haben 产生公众效应的,能吸引公众的

pub·li·zie·ren; *publizierte*, *hat publiziert*; [Vt/i](及物/不及物) **1.** (***etw.***) ***p.*** ein Buch od. e-n Text (Aufsatz) drucken lassen, damit die Leute es/ihn lesen können 发表,出版,刊印 ≈ veröffentlichen; [Vt](及物) **2.** ***etw. p.*** *geschr*［书］; etw. bekannt machen 公布,公告 ≈ publik machen ‖ ▶ ***Publikation***

Pub·li·zist *der*; *-en*, *-en*; *geschr*［书］; ein Schriftsteller od. Journalist, der das aktuelle Geschehen kommentiert 时事评论员,政治评论家 ‖ NB(注意): *der Publizist*; *den dem*, *des Publizisten* ‖ *hierzu*(派生) **Pub·li·zis·tin** *die*; -, *-nen*

Pub·li·zis·tik *die*; -; *nur Sg*(只用单数); die Wissenschaft, die sich mit den Medien (Buch, Zeitung, Film, Fernsehen, Radio) u. ihrer Wirkung beschäftigt 新闻学,公共媒体学 ‖ *hierzu*(派生) **pub·li·zis·tisch** *Adj*(形)

Puck *der*; *-s*, *-s*; die kleine runde Scheibe, mit der man beim Eishockey spielt(冰球运动用的)冰球

Pud·ding *der*; *-s*, *-e*/*-s*; e-e weiche, süße Speise, die entsteht, wenn man (Pudding)-Pulver mit Milch u. Zucker kocht 布丁(西餐中的一种甜点心)〈P. kochen, machen, essen 制作、做、吃布丁〉: *P. mit Vanillegeschmack* 香草布丁; *P. mit Himbeersaft* 覆盆子果汁布丁 ‖ K-(复合): ***Pudding-***, ***-form***, ***-pulver*** ‖ -K(复合): ***Grieß-***, ***Erdbeer-***, ***Himbeer-***, ***Schokoladen-***, ***Vanille-***

Pu·del *der*; *-s*, -; ein Hund, der ein Fell mit dichten, kleinen Locken hat 长卷毛狗〈e-n P. scheren 给长卷毛狗剪毛〉 ‖ ↑ *Abb. unter* 图见 ***Hunde*** ‖ ID［谚］***des Pudels Kern*** der wichtigste Punkt e-r Sache, den man aber *mst* erst spät erkennt(多指事后才认识到的)问题的要害; ***wie ein begossener P.*** *gespr*［口］; traurig u. enttäuscht 像一条混身淋得湿透的狗(意即:狼狈不堪)

Pu·del·müt·ze *die*; e-e (Woll)Mütze, die eng am Kopf liegt 毛线帽

pu·del·nackt *Adj*(形); *gespr*［口］; ganz nackt 全裸的,一丝不挂的

pu·del·nass *Adj*(形); *gespr*［口］; sehr nass 浑身湿透的: *im Regen p. werden* 在雨中淋得浑身湿透

pu·del·wohl *Adv*(副); *gespr*［口］, *nur in* 只用于 ***sich p. fühlen*** sich sehr wohl fühlen 感到十分舒服

Pu·der *der*, *gespr auch*［口］也用 *das*; *-s*, -; ein Pulver, das man auf die Haut gibt 香粉,扑粉,(外用)药粉〈P. auftragen 扑香粉; sich mit P. schminken 用香粉打扮自己〉 ‖ K-(复合): ***Puder-***, ***-dose*** ‖ -K(复合): ***Gesichts-***, ***Kinder-***, ***Schönheits-***, ***Wund-*** ‖ *hierzu*(派生) **pu·de·rig**, **pud·rig** *Adj*(形)

pu·dern; *puderte*, *hat gepudert*; [Vt](及物) (***j-m/sich***) ***etw. p.*** Puder auf e-e Stelle der Haut geben 给…扑粉〈sich das Gesicht, die Nase p. 给自己脸上、鼻子上扑粉; e-e Wunde p. 在伤口上撒药粉; ein Baby p. 给婴儿扑粉〉

Pu·der·zu·cker *der*; e-e Art Zucker, der so fein ist wie Mehl 绵白糖,糖粉

puff! *Interjektion*(叹); verwendet, um das Geräusch zu imitieren, das *z. B.* bei e-m Schuss entsteht od. wenn etw. platzt(发出枪声,爆炸声或破裂声)砰! 噗!

Puff[1] *das/der*; *-s*, *-s*; *gespr!*［粗］≈ Bordell

Puff[2] *der*; *-(e)s*, *Püf·fe*; *gespr*［口］; ein leichter Stoß (*bes* mit der Faust)(尤指用拳)轻击,捅;碰撞 ≈ Knuff 〈ein freundschaftlicher, kräftiger P. 友好的,有力的一拳; j-m e-n P. geben 打某人一拳〉 ‖ ID［谚］***e-n P./ein paar Püffe vertragen können*** *gespr*［口］; nicht empfindlich sein 能忍受得住打击,能顶得住心灵

的创伤

Puff·är·mel *der*; ein Ärmel, der oben am Arm sehr weit ist u. am unteren Ende eng wird 灯笼袖

puf·fen; *puffte*, *hat gepufft*; [Vt] *gespr*(及物)[口] **1.** ***j-n p.*** j-n mit der Faust od. dem Ellbogen leicht stoßen(用拳或肘)轻击,撞,碰,打某人一拳: *j-n in die Rippen p.* 轻击某人的肋部; [Vi](不及物)**2.** 〈e-e Lokomotive 火车头〉 ***pufft*** e-e Lokomotive stößt Dampf aus u. macht dabei ein Geräusch 喷气发出噗噗声

Puf·fer *der*; *-s*, *-* **1.** ein rundes Stück aus Eisen, das bei Waggons u. Lokomotiven Stöße vorn u. hinten abfängt (5) 缓冲器,减震器 **2.** ***j-d/etw. dient als P.*** j-d/etw. wird dazu benutzt, dass ein Streit *o. Ä.* nicht größer wird(人/物作主语)充当缓解矛盾的人,对冲突起缓解作用

Puf·fer·staat *der*; ein *mst* kleiner Staat, der zwischen zwei Staaten liegt u. durch seine Lage oft Konflikte zwischen diesen beiden verhindert 缓冲国

Puf·fer·zo·ne *die*; ein Gebiet, das zwischen zwei anderen Gebieten liegt u. durch seine Lage oft Konflikte zwischen diesen beiden verhindert 缓冲地带

Puff·mut·ter *die*; *gespr!* [粗] e-e Frau, die ein Bordell leitet(妓院)老鸨,鸨母

puh! *Interjektion*(叹); verwendet als Ausruf, wenn einem *z. B.* etw. unangenehm erscheint(表示厌恶或讨厌)呸,吓,啐: *Puh, hier stinkts!* 呸,这里有股臭气!

pu·len; *pulte*, *hat gepult*; *nordd gespr*[北德][口]; [Vt](及物)**1.** ***etw. aus/von etw. p.*** etw. mit den Fingern entfernen(用手指)抠出,挖出: *Rosinen aus dem Kuchen p.* 从蛋糕里抠出葡萄干; *e-n Splitter aus der Fußsohle p.* 从脚掌上抠出一块碎片; [Vi](不及物)**2.** ***an/in etw.*** (*Dat* 三格) ***p.*** versuchen, etw. mit den Fingern aus etw. zu entfernen (用手指)在…上/里抠,挖,掏〈in der Nase p. 挖鼻孔〉

Pulk *der*; *-(e)s*, *-s/-e*; mehrere Personen, Tiere, Fahrzeuge *o. Ä.*, die dicht zusammen sind (集结在一起的)群,批,组,队;人群,车队,机群〈im P. fahren, laufen, auftreten 结队、成批或成群驾车,跑步,出场〉: *In der letzten Runde gelang es ihm, sich vom P. zu lösen* 在最后一圈他终于从集群中脱颖而出

Pul·le *die*; *-*, *-n*; *gespr* [口] ≈ Flasche: *e-n Schluck aus der P. nehmen* 直接用瓶子喝一口 ‖ ID [谚] ***volle P.*** *gespr*[口]; mit voller Kraft 全力,全速,竭力〈volle P. fahren, kämpfen, laufen, schreien 全速开车,全身心地进行斗争,拼命跑步,声嘶力竭地喊叫〉

Pul·li *der*; *-s*, *-s*; *gespr* [口] ≈ Pullover

Pul·lo·ver *der*; *-s*, *-*; ein Kleidungsstück (oft aus Wolle), das man über Hemd od. Bluse zieht 套头衫,套头毛衣〈ein selbst gestrickter, warmer, flauschiger P. 自己编织的,暖和的,柔软的套头毛衣; e-n P. stricken 编织套头毛衣〉 ‖ ↑ *Abb. unter* 图见 **Bekleidung** ‖ -K(复合): ***Woll-***, ***Ringel-***, ***Rollkragen-***

Pul·lun·der *der*; *-s*, *-*; ein Kleidungsstück, das wie ein Pullover ohne Ärmel aussieht 毛背心

Puls *der*; *-es*; *nur Sg*(只用单数) **1.** die rhythmische Bewegung, mit der das Herz das Blut durch den Körper befördert 脉搏〈ein beschleunigter, langsamer, schwacher, (un)regelmäßiger P. 加速的,缓慢的,弱的,(不)规则的脉搏; j-s P. jagt, rast, schlägt schnell 某人的脉搏跳动得异常快、十分快、很快; j-m den P. fühlen, messen 给某人号脉,测量脉搏〉: *Der P. des Bewusstlosen war kaum noch spürbar* 失去知觉的人的脉搏几乎摸不到了 ‖ K-(复合): ***Puls-***, ***-schlag*** **2.** die Frequenz der Schläge des Pulses (1) pro Minute 每分钟脉搏跳动的次数,脉搏频率〈ein hoher, niedriger P. 每分钟脉搏跳动频率高,低〉: *Er hatte e-n P. von hundertfünfzig*, *hatte hundertfünfzig P.* 他的脉搏每分钟跳动 150 次 ‖ K-(复合): ***Puls-***, ***-frequenz***

Puls·ader *die*; *nur in* 只用于 ***sich*** (*Dat* 三格) ***die Pulsadern aufschneiden/öffnen*** sich die größte Ader am Handgelenk aufschneiden, um sich zu töten 割开自己腕部的大动脉(想自杀)

pul·sie·ren; *pulsierte*, *hat pulsiert*; [Vi](不及物) ***etw. pulsiert*** etw. fließt rhythmisch (物作主语)有节奏流动(跳动)〈das Blut pulsiert durch die Adern 血液在血管中流动〉

pul·sie·rend 1. *Partizip Präsens*(现在分词); ↑ ***pulsieren*** **2.** *Adj*(形); *mst* 多用 ***das pulsierende Leben*** 〈der Großstadt 大城市的〉 das dynamische, vielfältige Leben in der Großstadt 活跃多彩的(生气勃勃的)大城市生活

Pult *das*; *-(e)s*, *-e* **1.** e-e Art kleiner, hoher Tisch (mit e-r schrägen Platte), hinter den man sich stellt, *bes* wenn man e-e Rede hält od. ein Orchester dirigiert 演讲台;(乐队的)指挥台〈am P. stehen 站在讲台前; ans/hinter das P. treten u. sprechen, dirigieren 登上讲台讲话,走上指挥台指挥〉 ‖ -K(复合): ***Dirigenten-***, ***Redner-***, ***Steh-*** **2.** ein Tisch, an dem ein Kind bzw. ein Lehrer in der Schule sitzt (学生的)课桌,(教师的)讲台〈sich ans/hinter das P. setzen 坐到课桌(或讲台)旁/后面〉 ‖ -K(复合): ***Lehrer-***, ***Schreib-***

Pul·ver [-fɐ, -vɐ] *das*; *-s*, *-* **1.** e-e Substanz aus vielen sehr kleinen Körnern 粉末,药粉〈ein feines, grobkörniges P. 细的,粗的粉末; etw. zu P. zermahlen, zerreiben, zerstoßen 将某物碾成,磨成,捣成粉末〉: *ein P. gegen Insekten ausstreuen* 撒除虫药粉; *ein P. für/gegen Kopfschmerzen in Wasser auflösen u. einnehmen* 将头痛药粉溶于水中吞服; *Gips ist ein P., das man mit Wasser anrührt* 石膏是用水调合的一种粉末 ‖ K-(复合): ***Pulver-***, ***-kaffee*** ‖ -K(复合): ***Back-***, ***Brause-***, ***Juck-***, ***Kaffee-***, ***Kakao-***, ***Milch-***, ***Pudding-***, ***Seifen-***, ***Wasch-*** **2.** ein schwarzes P. (1), das leicht explodiert u. in Schusswaffen verwendet wird 火药,炸药〈mit P. u. Blei schießen 用火药和子弹射击; das P. ist feucht geworden 这些火药已返潮〉 ‖ K-(复合): ***Pulver-***, ***-dampf***,

P

-qualm ‖ -K（复合）：**Schieß-**，**Schwarz-** **3.** *gespr*［口］≈ Geld ‖ ID［谚］**sein**（**ganzes**）**P. verschossen haben** *gespr*［口］；keine Energie od. keine Ideen mehr haben 机关用尽，心余力绌；*mst* 多用 **Er/Sie hat das P. nicht erfunden** *gespr*［口］；er/sie ist dumm 他/她不太聪明，很笨 ‖ *zu*（义项）**1. pụl·ve·rig, pụlv·rig** *Adj*（形）；**pụl·ver·för·mig** *Adj*（形）；**pul·ve·ri·sie·ren**（*hat*）*Vt*（及物）

Pụl·ver·fass *das* **1.** ein Fass, in dem Schießpulver aufbewahrt wird 火药桶 **2.** **etw. gleicht e-m P.** etw. ist so, dass die Gefahr e-s Kampfes, Krieges *o. Ä.* besteht（物作主语）像一个火药桶，很危急，面临战争等危险〈e-e Lage, e-e Situation, e-e Stadt 形势，局势，城市〉 ‖ ID［谚］**auf e-m/dem P. sitzen** in e-r sehr gefährlichen Situation sein 坐在火药桶上，处于危险的境地

Pu·ma *der*；*-s*，*-s*；e-e Raubkatze, die in Amerika lebt 美洲狮≈ Berglöwe ‖ ↑ *Abb. unter* 图见 **Raubkatzen**

Pụm·mel·chen *das*；*-s*，*-*；*nordd gespr hum*［北德］［口］［诙］；ein kleines dickes Mädchen 胖丫头

pụm·me·lig, pụmm·lig *Adj*（形）；*gespr*［口］≈（ein wenig）dick 胖乎乎的，丰满的〈ein Baby, e-e Frau 婴儿，女人〉

Pụmp *der*；*nur in* 只用于 **auf Pump** *gespr*［口］；mit Geld, das man sich geliehen hat 借债，赊欠〈auf P. leben, etw. auf P. kaufen 靠借债度日，赊购某物〉

Pụm·pe *die*；*-*，*-n* **1.** ein Gerät, mit dem man Flüssigkeiten, Luft *o. Ä.*（*bes* durch Ansaugen od. durch Druck）durch Rohre leitet 泵，抽水机，打气筒，油泵，气泵〈e-e handbetriebene, elektrische P. 手工操作的，电动的泵〉 ‖ -K（复合）：**Benzin-**，**Luft-**，**Öl-**，**Wasser-**；**Hand-**，**Motor-** **2.** *gespr hum*［口］［诙］≈ Herz

pụm·pen[1]；*pumpte*，*hat gepumpt*；[*Vt/i*]（及物/不及物）（**etw. irgendwohin**）**p.** Flüssigkeiten od. Luft mit e-r Pumpe irgendwohin leiten 用泵抽（水、油），打（气）：*Luft in e-n Reifen p.* 给轮胎打气；*Wasser aus e-m Brunnen p.* 从井里抽水；*Das Herz pumpt das Blut durch die Adern* 心脏通过血管输送血液

pụm·pen[2]；*pumpte*，*hat gepumpt*；*gespr*［口］；[*Vt*]（及物）**1.**（**sich**（*Dat* 三格））（**von j-m**）**etw. p.** ≈ sich etw. leihen, borgen：*sich zehn Euro*（*von j-m*）*p.*（向某人）借 10 欧元 **2.** **j-m etw. p.** ≈ j-m etw. leihen

Pụm·per·ni·ckel *der*；*-s*；*nur Sg*（只用单数）；ein sehr dunkles u. festes（Roggen）Brot ohne Rinde 黑麦面包，黑面包

Pụmp.ho.se *die*；e-e sehr weite Hose aus dünnem Stoff, die unten eng ist 灯笼裤

Pumps［pœmps］*der*；*-*，*-*；ein eleganter（Frauen）Schuh mit Absatz 高跟轻便女鞋 ‖ ↑ *Abb. unter* 图见 **Schuhe**

Punk［paŋk］*der*；*-s*，*-s* **1.** e-e Bewegung junger Menschen, die gegen die（bürgerliche）Gesellschaft protestieren u. ihren Protest durch bunte Kleidung, Frisuren u. Musik *usw* zeigen 朋克潮（以怪异的服饰、发式和摇滚音乐表示对社会不满的青少年的运动）‖ K-（复合）：**Punk-**，**-haarschnitt**，**-musik**，**-rock** **2.** ein junger Mensch dieser Bewegung 朋克潮的青少年≈ Punker

Pun·ker［ˈpaŋkɐ］*der*；*-s*，*-* ≈ Punk（2）‖ *hierzu*（派生）**Pun·ke·rin**［ˈpaŋkərɪn］*die*；*-*，*-nen*

Pụnkt *der*；*-*（*e*）*s*，*-e* **1.** e-e kleine runde Stelle 小圆点：*ein rotes Kleid mit gelben Punkten* 一件带小黄点的红色连衣裙；*Die Sterne sind so weit von uns entfernt, dass sie nur als leuchtende Punkte zu sehen sind* 星星离我们这么远，所以只能见到闪光的小圆点 ‖ -K（复合）：**Farb-**，**Licht-** **2.** e-e bestimmte Stelle 地点，位置，场所，地方↔ Fläche, Gebiet：*An welchen Punkten willst du die Löcher in die Wand bohren?* 你想在墙上哪几个地方钻孔?；*Von diesem P. aus kann man das ganze Tal überblicken* 从这个位置望出去可看到整个山谷 ‖ -K（复合）：**Aussichts-**，**Dreh-**，**Elfmeter-**，**Halte-**，**Treff-** **3.** das Zeichen . , das am Ende e-s Satzes od. e-r Abkürzung steht 句号，（表示缩写的）圆点号〈e-n P. setzen 画上句号〉 ‖ -K（复合）：**Doppel-**，**Strich-** ‖ NB（注意）：↑ **I-Punkt** **4.** GEOM【几】；e-e genau festgelegte Stelle in e-r Ebene od. auf e-r Geraden 点，交点，切点〈zwei Linien schneiden, treffen sich in e-m P. 两条线交于一点；die Lage e-s Punktes im Raum 空间中一个点的位置〉 ‖ -K（复合）：**Berührungs-**，**Mittel-**，**Schnitt-** **5.** e-e bestimmte Stufe in e-r Entwicklung（发展的）程度，地步，关头〈e-n P. erreichen, überschreiten 达到，超过某种程度〉：*Sie ist jetzt an e-m P. in ihrem Leben angekommen, an dem sie e-e Entscheidung treffen muss* 目前她到了她一生中必须作出决定的时刻 ‖ -K（复合）：**Brenn-**，**Gefrier-**，**Null-**，**Schmelz-**，**Siede-**；**Höhe-**，**Tief-** **6.** e-e bestimmte Zeit innerhalb e-r Entwicklung 地方，时刻≈ Stelle（6），Moment ↔ Zeitraum：*An diesem P. des Films sollte eigentlich die Musik einsetzen* 电影在这个地方原本应插入音乐 ‖ -K（复合）：**Zeit-** **7.** eine der Einheiten, mit der man e-e Leistung od. e-n Erfolg in e-m Spiel od. Wettkampf misst u. bewertet（游戏或比赛中的）得分〈e-n P. erzielen, machen, gewinnen, verlieren 获得、得到、赢得、输掉一分〉：*vier Punkte Vorsprung haben* 领先 4 分；*Beim Volleyball gewinnt die Mannschaft den Satz, die als Erste 15 Punkte hat* 排球比赛中首先得到 15 分的队即胜一局；*Der Turner erhielt für seine Kür 9,8 Punkte* 这个体操运动员在自选动作项目中得到9.8分 ‖ K-（复合）：**Punkt-**，**-richter**，**-sieg**，**-spiel**，**-system**，**-wertung**，**-zahl** ‖ -K（复合）：**Minus-**，**Plus-**，**Straf-** **8.** eines von mehreren Themen 问题，议题，事情，要点，项目〈die Punkte e-r Tagesordnung 日程中的各项议题；ein strittiger, wichtiger P. 有争议的、重要的问题；sich in allen Punkten einig sein 在所有问题上都取得一致意见；auf e-n P. zurückkommen 回到一个议题上; e-n P. berühren, erörtern, abhaken 涉及,讨论一件事情,在一个项目上打钩〉‖ -K(复合): ***Anklage-***, ***Beratungs-***, ***Haupt-***, ***Programm-***, ***Tagesordnungs-***, ***Vertrags-*** **9.** WIRTSCH【经】; die Einheit, mit der man das Fallen od. Steigen e-s Preises od. Wertes misst(股市、物价指数中的)点,百分点: *E-e Aktie steigt, fällt um zwei Punkte* 某种股票上扬,下跌两个点; *Der Dollar wurde heute an der Börse drei Punkte höher notiert als gestern* 在今天的证券交易所中美元比昨天高出三个点 ‖ -K(复合): ***Prozent-*** **10.** ***P.*** + *Zeitangabe*(时间说明语); *gespr*[口]; genau dieser Zeitpunkt(时间)整点; *Es ist jetzt P. zwölf (Uhr)* 现在是12点整 **11.** ***P. für P.*** ein Thema *o.Ä.* nach dem anderen (in der richtigen Reihenfolge) 逐项,逐条,逐点〈e-e Liste P. für P. durchgehen, prüfen 逐项逐条审核,检查清单〉 **12.** ***der Grüne / grüne Punkt*** Ⓓ [德] ein rundes (*mst* grünes) Zeichen mit zwei kreisförmig verlaufenden Pfeilen, das bedeutet, dass die Verpackung für das Recycling geeignet ist 表示包装可回收利用的绿色标志 **13.** ***der springende P.*** der Kern e-r Sache 关键,要害,事情的核心 **14.** ***der tote P.*** ein Zeitpunkt, zu dem man sehr erschöpft ist u. nicht mehr weiter kann 僵局,停滞状态,极点(指精疲力尽的时刻)〈an e-m toten P. anlangen 陷入僵局;达到极点; den toten P. überwinden 打破僵局〉 **15.** ***j-s wunder P.*** *mst* ein Thema, bei dem j-d schnell beleidigt ist 弱点,敏感之处,痛处,易出问题的地方,伤心的事 ‖ ID [谚] ***ohne P. u. Komma reden*** *gespr* [口]; sehr viel u. ohne Pausen sprechen 滔滔不绝地,不停地说; ***Nun mach (aber) mal e-n P.!*** *gespr* [口]; jetzt ist genug, das geht zu weit! 现在可以打住了,已经走得太远了! ‖ *zu* (义项) **1.** **punkt·för·mig** *Adj*(形) ‖ ▶ ***gepunktet***

punk·ten; *punktete, hat gepunktet*; [Vi](不及物) einen Punkt od. mehrere Punkte (7) bei e-m Spiel od. Wettkampf erzielen(比赛中)得分,记分

punkt·gleich *Adj*(形); mit der gleichen Zahl von Punkten (7) in e-m Wettkampf od. Spiel(比赛中)得分相等,平局: *Die Mannschaften sind / liegen p.* 这两个(或几个)队得分相等 ‖ *hierzu* (派生) **Punkt·gleich·heit** *die*; *nur Sg*(只用单数)

punk·tie·ren; *punktierte, hat punktiert*; [Vt](及物) ***j-n / etw. p.*** MED【医】; mit e-r Nadel kleine Stiche in e-n Teil des Körpers machen, um so *z.B.* Flüssigkeit herauszuholen 作…穿刺,给…作穿刺〈die Lunge, den Patienten, das Rückenmark p. 作肺穿刺,给病人作穿刺,作脊髓穿刺〉‖ *hierzu* (派生) **Punk·ti·on** *die*; *-, -en*

punk·tiert *Adj*(形); *nicht adv*(不作状语), MUS【音】; um die Hälfte länger 带附点的,加附点的〈e-e Note 音符〉: *e-e punktierte Viertelnote* 加上附点的四分音符

pünkt·lich *Adj*(形); genau zu der Zeit, die festgelegt od. verabredet war 准时的,按时的,按约定时间的〈p. sein, ankommen, eintreffen, zahlen 准时,准时来到,准时到达,按时支付〉‖ *hierzu* (派生) **Pünkt·lich·keit** *die*; *nur Sg* (只用单数)

punk·tu·ell *Adj*(形); *geschr*[书]; nur in Bezug auf einen Punkt, Fall *o.Ä.* od. auf wenige Teile 逐点的,逐条逐项的≈ in einzelnen Punkten〈etw. tritt p. auf 某事逐一(一个一个地)出现〉: *e-e punktuelle Einigung erreichen* 逐条逐项达到一致

Punsch *der*; *-es, -e*; ein heißes Getränk aus Wein, Rum u. Gewürzen 潘趣酒(一种由葡萄酒、朗姆酒、香料混合制成的热饮料)

Pu·pil·le *die*; *-, -n*; der kleine schwarze Teil in der Mitte des Auges, durch den das Licht ins Auge kommt 瞳孔〈die Pupillen verengen sich, weiten sich 瞳孔缩小,放大〉‖ ↑ *Abb. unter* 图见 ***Auge***

Pup·pe[1] *die*; *-, -n* **1.** e-e kleine Figur, die wie ein Mensch aussieht u. mit der *mst* Kinder spielen 玩偶,玩具娃娃〈mit Puppen spielen 玩玩具娃娃〉‖ K-(复合): ***Puppen-***, ***-bett***, ***-haus***, ***-kleid***, ***-wagen*** ‖ -K(复合): ***Porzellan-***, ***Stoff-***, ***Stroh-*** **2.** e-e P.[1] (1), mit der man Theaterstücke aufführt 木偶 ‖ K-(复合): ***Puppen-***, ***-spiel***, ***-spieler***, ***-theater*** ‖ -K (复合): ***Hand-***, ***Holz-***, ***Marionetten-***, ***Stab-*** ‖ ↑ *Abb. unter* 图见 ***Marionette*** ‖ ID [谚] ***die Puppen tanzen lassen*** *gespr* [口]; fröhlich feiern 兴高采烈地庆祝; ***bis in die Puppen*** *gespr* [口]; sehr lange 长时间地〈bis in die Puppen aufbleiben, feiern 直到深更半夜不去睡觉,庆祝到深夜〉‖ *zu* (义项) **1.** u. **2.** **pup·pen·haft** *Adj* (形)

Pup·pe[2] *die*; *-, -n*; die Raupe in e-r festen Hülle, bevor sie zum Schmetterling *o.Ä.* wird 蛹 ‖ ▶ ***einpuppen***, ***verpuppen***

pur, *purer, purst-*; *Adj*(形) **1.** *nur attr, nicht adv*(只作定语,不作状语);〈Gold, Silber 金,银〉so, dass sie nicht mit etw. anderem gemischt sind 纯的,纯粹的,纯净的≈ rein **2.** *direkt nach dem Subst*(直接置于名词之后); ohne Wasser od. Eis 不加水或冰的〈ein Whisky p. 一杯不加水(或冰)的威士忌酒; etw. p. trinken 喝不加水(或冰)的饮料〉 **3.** *nur attr, nicht adv, gespr*(只作定语,不作状语)[口]; nichts anderes als 完全的,十足的≈ bloß, rein〈Blödsinn, Zufall 蠢事,偶然情况〉: *Er sagte das aus purer Bosheit* 他说了这些完全是出于恶意

Pü·ree *das*; *-s, -s*; e-e weiche Masse, die entsteht, wenn man *bes* Kartoffeln od. ein Gemüse weich kocht u. dann zerquetscht (土豆、蔬菜、豆类等制成的)泥,酱,糊≈ Brei ‖ -K (复合): ***Erbsen-***, ***Kartoffel-*** ‖ *hierzu* (派生) **pü·rie·ren** (*hat*) *Vt*(及物)

Pu·rist *der*; *-en, -en*; j-d, der wünscht, dass *bes* die Sprache so verwendet wird, wie es traditionell als richtig betrachtet wird 语言纯粹主义者,纯语主义者,语言净化主义者: *Puristen bekämpfen vor allem den Gebrauch von Fremdwörtern* 语言纯粹主义者主要反对使用外来

P

语词 ‖ NB(注意): *der Purist*; *den*, *dem*, *des Puristen* ‖ *hierzu* (派生) **Pu·ris·tin** *die*; -, *-nen*; **Pu·ris·mus** *der*; -; *nur Sg*(只用单数); **pu·ris·tisch** *Adj*(形)

Pu·ri·ta·ner *der*; *-s*, - **1.** ein Mitglied e-r christlichen Kirche, *bes* in den USA, die *z.B.* lehrt, dass derjenige Erfolg hat, den Gott auserwählt hat 清教徒 **2.** *pej*[贬]; j-d, der nach strengen Prinzipien lebt u. für den Freude e-e Sünde ist 清教徒式的人,过清教徒式生活的人 ‖ *hierzu* (派生) **pu·ri·ta·nisch** *Adj*(形); **Pu·ri·ta·nis·mus** *der*; -; *nur Sg* (只用单数)

Pur·pur *der*; *-s*; *nur Sg*(只用单数); ein Farbstoff, der intensiv rot ist 紫色,紫红色 ‖ K-(复合): ***purpur-***, ***-rot*** ‖ *hierzu* (派生) **pur·pur·far·ben** *Adj*(形)

pur·purn *Adj*(形); so rot wie Purpur (1) 紫色的,紫红色的≈ purpurrot ⟨der Himmel, der Sonnenuntergang 天空,晚霞⟩

Pur·zel·baum *der*; e-e Turnübung *bes* von Kindern, bei der sie ihre Hände auf den Boden stützen u. sich dann nach vorn rollen 翻滚动作,翻跟头≈ Rolle ⟨e-n P. machen, schlagen 翻一个跟头,打一个滚⟩

Purzelbaum

pur·zeln; *purzelte*, *ist gepurzelt*; [Vi](不及物)**1.** ***irgendwohin p.*** das Gleichgewicht verlieren u.(mit dem Kopf voraus) fallen, ohne sich zu verletzen (失去平衡而)栽跟头,摔倒⟨auf den Boden, in den Schnee, vom Stuhl p. 摔倒在地上,在雪地里,从椅子上栽下来⟩ **2.** ***die Preise purzeln*** die Preise fallen schnell u. stark 价格狂跌

Pus·te *die*; -; *nur Sg*, *gespr* (只用单数)[口]; *mst in* 多用于 **1.** ***aus der P. kommen / sein*** nach e-r körperlichen Anstrengung nur mit Mühe normal atmen können 喘气,气喘吁吁 **2.** ***j-m geht die P. aus*** **a)** j-d kann nicht mehr normal atmen (*mst* bei e-r körperlichen Anstrengung)某人喘不过气来; **b)** j-d hat nicht mehr genug Kraft od. Geld für etw. 某人已精疲力尽,某人已两手空空(身无分文)

Pus·te·ku·chen! *Interjektion*(叹); verwendet, um Ablehnung od. Enttäuschung auszudrücken (表示拒绝或失望)这个不行! 不成! ≈ von wegen!

Pus·tel *die*; -, *-n*; MED【医】; e-e Blase auf der Haut, die mit Eiter gefüllt ist 脓包,丘疹,疖子≈ Pickel

pus·ten; *pustete*, *hat gepustet*; [Vt](及物)**1.** ***etw. irgendwohin p.*** etw. bewegen, indem man kurz u. kräftig bläst 将…吹走: *Staub vom Tisch p.* 将灰尘从桌上吹走; *sich die Haare aus dem Gesicht p.* 将头发从脸上吹走; [Vi](不及物)**2.** (***irgendwohin***) ***p.*** (kurz u.) kräftig blasen 吹气: *p., damit die Suppe kühler wird* 把汤吹凉 **3.** nach e-r Anstrengung mit Mühe atmen 喘息,气喘≈ keuchen ⟨ins Pusten kommen 气喘吁吁⟩: *beim Treppensteigen p. müssen* 上楼梯时不得不气喘吁吁

Pu·te *die*; -, *-n*; ein (weiblicher) Truthahn 雌火鸡 ‖ K-(复合): ***Puten-***, ***-braten***, ***-fleisch***, ***-schinken***, ***-wurst***

Pu·ter *der*; *-s*, - ≈ Truthahn

Putsch *der*; *-es*, *-e*; der heimlich geplante Versuch (oft e-r militärischen Gruppe), die Regierung e-s Landes mit Gewalt zu übernehmen 暴动,政变,叛乱⟨e-n P. planen 策划一次暴动; durch e-n P. an die Macht kommen 通过政变上台⟩ ‖ K-(复合): ***Putsch-***, ***-versuch*** ‖ -K(复合): ***Militär-*** ‖ *hierzu* (派生)**put·schen** (*hat*) *Vi* (不及物); **Put·schist** *der*; *-en*, *-en*

Put·te *die*; -, *-n*; die Figur e-s Engels mit den Proportionen e-s kleinen, rundlichen Kindes(带翅膀的)裸体小天使: *Putten in e-r Barockkirche* 一座巴洛克式教堂中的裸体小天使

Putz *der*; *-es*; *nur Sg*(只用单数); e-e Mischung aus Sand, Wasser u. Gips *o. Ä.*, mit der man die Ziegel e-r Mauer bedeckt (*bes* um der Mauer e-e glatte Oberfläche zu geben) 灰泥,灰浆⟨der P. blättert, bröckelt, fällt ab 灰浆剥落,碎裂,落下; leitungen unter, auf/über P. verlegen 将管线铺设在灰浆下面,上面⟩ ‖ -K(复合): ***Außen-***, ***Innen-***, ***Rau-***, ***Roh-*** ‖ ID [谚] ***auf den P. hauen*** *gespr*[口]; **a)** sehr laut u. fröhlich feiern 热热闹闹、兴高采烈地庆祝; **b)** sich sehr laut bei j-m über etw. beschweren 大声地向某人抱怨,诉说 ‖ ▶ ***verputzen***

put·zen; *putzte*, *hat geputzt*; [Vt] (及物)**1.** ***etw. p.*** die Oberfläche von etw. durch Reiben u. Wischen sauber machen 擦,擦拭,刷≈ reinigen ⟨e-e Brille, ein Fenster, Schuhe, Silber, (sich) die Zähne p. 擦眼镜、窗户、鞋、银器,刷牙⟩ **2.** ***etw. p.*** (*bes* von Gemüse) Schmutz u. Teile, die man nicht isst, entfernen 洗净,拣净,择⟨Pilze, Salat, Spinat p. 择洗蘑菇、生菜、菠菜⟩ **3.** (***j-m / sich***) ***die Nase p.*** mit e-m Taschentuch die Nase von Schmutz u. Schleim befreien 擤鼻涕; [Vt/i] (及物/不及物) **4** (***etw.***) ***p.*** *bes südd* (CH)尤用于[南德][瑞] Räume, Fußböden (*bes* mit Wasser u. Putzmittel) sauber machen 擦,擦洗,清扫,打扫⟨ein Bad, e-e Küche, e-n Laden, e-e Treppe p. 擦洗,打扫浴室,厨房,店铺,楼梯⟩ ‖ K-(复合): ***Putz-***, ***-tag***, ***-tuch***; [Vi](不及物)**5.** ***p. gehen*** als Putzfrau arbeiten 去当清洁女工; [Vr](反身)**6.** ***ein Tier putzt sich*** ein Tier reinigt das Fell od. pflegt die Federn (动物作主语)清洗,舔净自己的皮毛,整理自己的羽毛⟨e-e Katze, ein Vogel 猫,鸟⟩

Putz·fim·mel *der*; *-s*; *nur Sg*, *pej* (只用单数)

[贬]; die zwanghafte Neigung zum Saubermachen 洁癖

Putz·frau *die*; e-e Frau, die Wohnungen *o.Ä.* putzt (4) u. dafür Geld bekommt 清洁女工≈ Raumpflegerin

put·zig *Adj*(形); *gespr*[口]; klein u. lieb 讨人喜欢的,小巧好玩的≈ possierlich 〈ein Äffchen, ein Hündchen, ein Kätzchen 小猴,小狗,小猫〉

Putz·lap·pen *der*; ein Stück Stoff, mit dem man *bes* Fußböden putzt (4) 擦地板的抹布 ≈ Scheuertuch, Wischtuch

Putz·mit·tel *das*; e-e Flüssigkeit, die man verwendet, um etw. sauber zu machen 清洁剂,除垢剂,洗涤剂≈ Reinigungsmittel

putz·mun·ter *Adj*(形); *gespr*[口]; 〈Kinder 儿童〉 sehr lustig u. überhaupt nicht müde 兴高采烈的,活泼好动的

Putz·teu·fel *der*; *gespr*[口]; j-d, der zu viel putzt (4) (*bes* eine Frau) 有洁癖的人(尤指妇女)

Puz·zle [ˈpazl, ˈpasl] *das*; *-s*, *-s*; ein Spiel, bei dem man aus vielen kleinen Teilen ein Bild zusammensetzt 拼图游戏,智力拼图板,纵横字谜〈ein P. legen, zusammensetzen 玩智力拼图板,做拼图游戏〉 ‖ K-(复合): ***Puzzle-, -spiel*** ‖ *hierzu* (派生) **puz·zeln** (*hat*) *Vi* (不及物)

PVC [peːfauˈtseː] *das*; *-(s)*; *nur Sg*(只用单数); ein Kunststoff, aus dem *z.B.* Folien bestehen 聚氯乙烯; CHEM【化】Polyvinylchlorid

Pyg·mäe [pyˈgmɛːə] *der*; *-n*, *-n*; ein kleiner Mensch mit dunkler Haut, der zu einem der verschiedenen Stämme gehört, die in Zentralafrika leben (生活在中非洲的) 俾格米人,侏儒,矮人 ‖ NB(注意): *der Pygmäe; den, dem, des Pygmäen* ‖ *hierzu* (派生) **pyg·mä·en·haft** *Adj*(形)

Py·ja·ma [pyˈdʒaːma] *der*; *-s*, *-s* ≈ Schlafanzug

Py·ra·mi·de *die*; *-*, *-n* **1.** e-e geometrische Figur mit e-r *mst* viereckigen Grundfläche u. dreieckigen Seiten, die sich an der Spitze in einem Punkt treffen 三角锥,棱锥(体),角锥(体) ‖ ↑ *Abb. unter* 图见 ***geometrische Figuren*** **2.** e-e große P. (1) aus Stein wie *z.B.* in Ägypten od. Südamerika 金字塔: *die Pyramiden von Gizeh besichtigen* 参观吉萨金字塔 **3.** etw. mit der Form e-r P. (1) 角锥状物: *Dosen zu e-r P. aufstapeln* 用罐头盒堆成一个角锥形状物 ‖ *hierzu* (派生) **py·ra·mi·den·för·mig**

Py·ro·ma·nie *die*; *-*; *nur Sg*(只用单数), PSYCH【心】; e-e psychische Krankheit, bei der man den starken Wunsch hat, etw. durch Feuer zu zerstören 放火狂,纵火狂 ‖ *hierzu* (派生) **Py·ro·ma·ne** *der*; *-n*, *-n*; **Py·ro·ma·nin** *die*; *-*, *-nen*; **py·ro·man** *Adj*(形)

Py·ro·tech·nik *die*; die Kunst, Feuerwerke zu machen 烟火制造术

Pyr·rhus·sieg [ˈpyrʊs-] *der*; *geschr*[书]; ein Erfolg od. Sieg, für den man so sehr kämpfen musste, dass man kaum e-n Vorteil davon hat 皮洛士式的胜利,得不偿失的胜利,代价惨重的胜利(公元前 279 年,古希腊伊庇鲁斯国王皮洛士战胜罗马人,但损失大批有生力量)

Py·thon *der/die*; *-*, *-s*; e-e sehr große (u. nicht giftige) Schlange, die Tiere tötet, indem sie sie erdrückt 蟒蛇 ‖ K-(复合): ***Python-, -schlange***

P

Q, q

Q, q [kuː] *das*; -, -/*gespr auch* [口] 也用 *-s*; der siebzehnte Buchstabe des Alphabets 字母表中的第十七个字母 ⟨ein großes Q 大写 Q; ein kleines q 小写 q⟩

qkm *veraltend* [渐旧], *Abk für* 缩写, 全称为 Quadratkilometer 平方公里, 平方千米 ≈ km^2

qm *veraltend* [渐旧], *Abk für* 缩写, 全称为 Quadratmeter 平方米 ≈ m^2

Quack·sal·ber [ˈkvakzalbɐ] *der*; *-s*, *-*; *pej* [贬]; j-d, der behauptet, ein Arzt zu sein, von diesem Beruf aber nichts versteht 庸医, 江湖郎中 ≈ Kurpfuscher

Quad·del [kv-] *die*; -, *-n*; e-e kleine Stelle, an der die Haut entzündet u. geschwollen ist 丘疹: *nach der Pockenimpfung Quaddeln am Arm bekommen* 种牛痘后胳膊上长出丘疹

Qua·der [ˈkvaːdɐ] *der*; *-s*, *-* **1.** MATH【数】; ein Körper (3), der von sechs Rechtecken begrenzt ist 直角平行六面体, 长方六面体 ‖ ↑ *Abb. unter* 图见 ***geometrische Figuren*** **2.** ein Steinblock in Form e-s Quaders (1) 长方石块 ‖ K-(复合): ***Quader-***, ***-stein***

Quad·rant *der*; *-en*, *-en*; *hist* [历]; ein astronomisches Instrument, mit dem man die Höhe von Gestirnen bestimmen konnte 象限仪, 四分仪 ‖ NB(注意): *der Quadrant*; *den*, *dem*, *des Quadranten*

Quad·rat *das*; *-(e)s*, *-e* **1.** ein Rechteck mit vier gleich langen Seiten 正方形 ‖ ↑ *Abb. unter* 图见 ***geometrische Figuren*** **2.** MATH【数】; die zweite Potenz e-r Zahl 平方, 二次幂: *Das Q. von 3 ist 9* 3 的平方为 9; *Den Ausdruck „a Q." schreibt man a^2* 用 a^2 来表示 a 的平方 ‖ *hierzu* (派生) **quad·ra·tisch** *Adj* (形)

Quad·rat- *im Subst vor Längenmaß*, *nicht produktiv* (加在长度单位前构成名词, 非构词型); verwendet als Maß, mit dem man die Größe e-r Fläche angibt 平方…; der ***Quadratkilometer*** (*Abk* 缩写 km^2, *veraltend* [渐旧] qkm), der ***Quadratmeter*** (*Abk* 缩写 m^2, *veraltend* [渐旧] qm), der ***Quadratmillimeter*** (*Abk* 缩写 mm^2, *veraltend* [渐旧] qmm), der ***Quadratzentimeter*** (*Abk* 缩写 cm^2, *veraltend* [渐旧] qcm)

Quad·rat·lat·schen *die*; *Pl* (复), *gespr pej* [口] [贬]; sehr große Füße od. Schuhe 大脚, 大鞋

Quad·rat·schä·del *der*; *gespr pej* [口] [贬] **1.** ein großer, eckiger Kopf 大方脑袋 **2.** j-d, der andere Meinungen nicht akzeptiert u. immer seinen eigenen Willen durchsetzt 顽固脑袋, 刚愎自用的人

Quad·ra·tur [kvadraˈtuːɐ] *die*; -, *-en*; *mst in* 多用于 ***die Q. des Kreises / Zirkels*** *geschr* [书]; e-e Aufgabe, die nicht gelöst werden kann 化圆为方问题, 不可解的算题, 无法解决的问题

Quad·rat·wur·zel *die*; MATH【数】; die Wurzel (5) e-r Zahl 平方根: (*Die*) *Q. aus fünfundzwanzig ist fünf* ($\sqrt{25} = 5$) 25 的平方根是 5

Quad·rat·zahl *die*; MATH【数】; die Zahl, die man als Ergebnis bekommt, wenn man e-e Zahl mit sich selbst multipliziert 平方数, 二次幂: *Vier ist die Q. von zwei* ($4 = 2 \times 2$) 4 是 2 的平方数

Quad·ro·fo·nie, **Quad·ro·pho·nie** [kvadrofoˈniː] *die*; -; *nur Sg* (只用单数); das Wiedergeben von Musik u. Tönen mit vier Lautsprechern, die *mst* in den vier Ecken e-s Raumes stehen 四声道立体声音乐(曲调) ‖ *hierzu* (派生) **quad·ro·fon**, **quad·ro·phon** *Adj* (形)

Quai [keː] *der/das*; *-s*, *-s*; **1.** ≈ Kai **2.** (CH) [瑞] ≈ Uferstraße

qua·ken; *quakte*, *hat gequakt*; [Vi] (不及物) ⟨e-e Ente, ein Frosch *o. Ä.* 鸭子, 青蛙等⟩ ***quakt*** e-e Ente, ein Frosch *o. Ä.* geben die Laute von sich, die für ihre Art typisch sind 嘎嘎地叫, 呱呱叫 ‖ *hierzu* (派生) **quak**! *Interjektion* (叹)

quä·ken; *quäkte*, *hat gequäkt*; [Vi] (不及物) klagende u. hohe Töne von sich geben 呱呱地啼哭, 尖声哭叫 ⟨ein Säugling 婴儿⟩

Qual *die*; -, *-en* **1.** *mst Pl* (多用复数); starker körperlicher od. seelischer Schmerz 痛苦, 苦恼 ⟨Qualen erleiden, erdulden 遭受痛苦, 忍受痛苦⟩: *Er starb unter großen Qualen* 他在极度痛苦中死去 **2.** *mst Sg* (多用单数); etw., das schwer zu ertragen ist 折磨, 烦恼: *Sie machten uns den Aufenthalt zu e-r Q.* 他们让我们住在这里, 对我们是一种折磨; *Es war e-e Q., das ansehen zu müssen* 看这些东西是一种折磨 ‖ ID [谚] ***die Q. der Wahl haben*** vor dem Problem stehen, sich zwischen mehreren Möglichkeiten entscheiden zu müssen 面临选择的烦恼, 面临做出抉择的烦恼; ***ein Tier von seinen Qualen erlösen*** ein Tier, das Schmerzen hat, töten 使一头动物解脱痛苦, 杀死一头动物

quä·len; *quälte*, *hat gequält*; [Vt] (及物) **1.** ***j-n / ein Tier q.*** bewirken, dass j-d / ein Tier körperliche Schmerzen hat (在肉体上)折磨, 使痛苦 ⟨j-n/ein Tier zu Tode q. 将某人/动物折磨致死⟩: *Quäle nie ein Tier zum Scherz, denn es fühlt wie du den Schmerz* (Sprichwort) 别以折磨动物取乐, 它也像你一样会感到痛苦的(谚语)

2. j-d/etw. quält j-n j-d/etw. bereitet j-m seelische Schmerzen（人/物作主语）（在精神上）折磨，使烦恼，使痛苦〈quälende Gedanken, Ungewissheit, Zweifel 折磨人的念头，令人烦恼的不可靠，令人痛苦的怀疑〉：*Es quälte sie zu wissen, dass er sie hasste* 她知道他恨她，这折磨着她的心灵；*Er quälte sie mit seiner Eifersucht* 他的嫉妒使她非常苦恼 **3. j-n（mit etw.）q.** j-n nicht in Ruhe lassen, ihn mit Bitten, Fragen *o. Ä.* belästigen 纠缠，缠扰：*Das Kind quälte sie so lange, bis sie ihm ein Eis kauften* 孩子缠着她不放，直到她给他买了冰淇淋为止；Vr（反身）**4. sich（mit etw.）q.** unter etw. seelisch od. körperlich leiden 受折磨，受罪，感到痛苦：*Sie quälte sich mit dem Gedanken an seinen Tod* 她一想到他的死，就感到十分痛苦；*Das Tier muss sich so q. – lass es doch einschläfern* 这头动物一定很痛苦，给它打一针麻醉剂吧 **5. sich（mit etw.）q.** sich mit etw. sehr anstrengen 十分吃力，十分费劲地做某事〈sich mit e-r Arbeit, e-r Last q. 不辞劳苦地工作，卖力地扛东西〉 **6. sich irgendwohin q.** sich mit großer Mühe irgendwohin bewegen 费劲地行走：*sich durch den Schnee q.* 十分吃力地穿过雪地 ‖ ▶ **gequält**

Quä·le·rei *die*; -, -*en*; etw., das j-n sehr anstrengt, ihm sehr schwer fällt 折磨人的事，令人痛苦、苦恼的事：*Tanzen ist für mich e-e einzige Q., ich bin einfach zu ungeschickt* 跳舞对我来说是活受罪，我太笨手笨脚了

Quäl·geist *der*; *gespr*［口］; *bes* ein Kind, das ständig seine Eltern quält (3) 纠缠不休的人，惹人厌烦的人，讨厌鬼（尤指孩子）

Qua·li·fi·ka·ti·on [kvalifikaˈtsioːn] *die*; -, -*en* **1.** die Voraussetzungen（*mst* in Form von Zeugnissen *o. Ä.*）für e-e bestimmte Tätigkeit 资格，资格证明：*Als Q. für diese Stelle ist das Abitur notwendig* 必须有高中毕业文凭，才有资格取得这个职位；*Bei seinen Qualifikationen müsste er (et)was Besseres finden* 以他的资格，他本应找到更好一点的工作 **2.** die Befähigung, e-e bestimmte Tätigkeit auszuüben 技能，能力：*Seine Q. als Trainer ist unbestritten, aber er passt nicht zur Mannschaft* 他作为教练的能力是公认的，但他不适合于带这个运动队 **3.** SPORT【体】; e-e Leistung, die man erbringen muss, um an bestimmten Wettkämpfen teilnehmen zu können 参赛资格：*die Q. für die Deutsche Meisterschaft schaffen* 取得参加德国锦标赛的资格；*in der Q.* (= in e-r Qualifikationsrunde) *ausscheiden* 在（争取出线的）资格赛中被淘汰 ‖ K-（复合）：**Qualifikations-, -runde, -spiel**

qua·li·fi·zie·ren; *qualifizierte, hat qualifiziert*; Vt（及物）**1. etw. als etw.**（*Akk* 四格）**q.** *geschr*［书］; etw. als etw. bezeichnen 将…评定为，将…鉴定为，认为…是 ≈ klassifizieren：*Er qualifizierte den Krieg als Verbrechen* 他认为战争是犯罪行为；Vr（反身）**2. sich（für etw.）q.** sich als geeignet für etw. erweisen, indem man die erforderliche Leistung erbringt 证明自己合格，获得…资格〈ein qualifizierter Mitarbeiter 合格的工作人员〉：*Er hat sich für die Weltmeisterschaft qualifiziert* 他获得了参加世界冠军赛的资格 ‖ *hierzu*（派生）**Qua·li·fi·zie·rung** *die*

qua·li·fi·ziert **1.** *Partizip Perfekt*（过去分词）; ↑ **qualifizieren** **2.** *geschr*［书］;〈e-e Arbeit 工作〉so, dass man dafür besondere Kenntnisse braucht 需要专门技能的，有专门知识的，合格的，有能力的 **3.** *geschr*［书］;〈ein Urteil, ein Kommentar 判断，评论〉sinnvoll u. nützlich 高水平的

Qua·li·tät *die*; -, -*en* **1.** *mst Pl*（多用复数）; herausragende Fähigkeiten od. Eigenschaften 良好素质，好的品质，技能，才能 ≈ Vorzüge：*Für diese Aufgabe benötigen wir j-n mit besonderen Qualitäten* 为了完成这个任务，我们需要有专门技能的人才 **2.** *mst Sg*（多用单数）; der besonders hohe Grad guter Eigenschaften 优质，高质量，质量：*Wir achten sehr auf Q.* 我们十分重视优质；*Auf Q. kommt es an* 一切取决于好的质量 ‖ K-（复合）：**Qualitäts-, -arbeit, -erzeugnis, -produkt, -ware** **3.** *mst Sg*（多用单数）; die typische Beschaffenheit（*mst* e-s Materials, e-r Ware *o. Ä.*）（多指材料、商品的）质量，质地：*ein Stoff von hervorragender/schlechter Q.* 一块质量非常好的/差的料子 ‖ K-（复合）：**Qualitäts-, -kontrolle, -minderung, -unterschied**

qua·li·ta·tiv [ˈkvalitatiːf] *Adj*（形）; *nur attr od adv*（只作定语或状语）; in Bezug auf die Qualität (2) 质量的，质地上的，质的〈ein Unterschied 区别〉：*ein q. hochwertiger Stoff* 质量一流的材料

Qual·le *die*; -, -*n*; ein kleines, durchsichtiges Tier, das im Meer lebt u. etwa die Form e-s Schirms hat 海蜇，水母

Qualm *der*; -*s*; *nur Sg*（只用单数）; ein dichter, wolkiger Rauch, der *mst* als unangenehm empfunden wird 浓烟，烟雾〈beißender, dicker Q. 刺眼的，浓烈的烟雾；der Q. e-r Zigarre 雪茄烟的烟雾〉

qual·men; *qualmte, hat gequalmt*; Vi（不及物）**1. etw. qualmt** etw. gibt dichten Rauch ab（物作主语）冒浓烟，喷出烟雾〈ein Schornstein, e-e Zigarre, e-e Lokomotive 烟囱，雪茄烟，火车头〉；Vt/i（及物/不及物）**2.（etw.）q.** *gespr*［口］≈ rauchen：*Er qualmt dicke Zigarren* 他抽粗大的雪茄烟；*Sie qualmt wie ein Schlot*（= raucht sehr viel）她抽烟很凶

qual·mig [ˈkvalmɪç] *Adj*（形）; *nicht adv, pej*（不作状语）［贬］;〈e-e Kneipe, ein Zimmer 小酒馆，房间〉voll Qualm 充满烟雾的，烟雾弥漫的 ≈ verqualmt

qual·voll *Adj*（形）;〈e-e Krankheit, e-e Strapaze, ein Tod 疾病，劳顿，死；q. sterben 极其痛苦地死〉mit Qualen (verbunden) 痛苦的，折磨人的

Quänt·chen *das*; -*s*; *mst Sg*（多用单数）; e-e sehr kleine Menge, ein wenig 一点〈ein Q. Glück, Hoffnung 一点幸运，一线希望〉

Quan·ten·sprung *der*; *geschr hum*［书］［诙］; ein so großer Entwicklungsschritt, dass dabei

Q

mehrere Stufen übersprungen werden 跨跃式发展,跨越式发展

quan·ti·fi·zie·ren; *quantifizierte*, *hat quantifiziert*; **Vt**(及物) **etw. q.** *geschr*[书]; die Anzahl od. Häufigkeit e-r Sache angeben od. bestimmen 确定…的量,用数量确定

Quan·ti·tät *die*; -, *-en*; die Menge od. Anzahl, in der etw. vorhanden ist 数量,量: *die Q. des Warenangebots* 商品供应量; *Auf die Qualität, nicht auf die Q. kommt es an* 这取决于质量,而不取决于数量 ‖ *hierzu*(派生) **quan·ti·ta·tiv** *Adj*(形); *nur attr od adv*(只作定语或状语)

Quan·tum *das*; *-s*, *Quan·ten*; die Menge von etw., die angemessen ist, j-m zusteht *o.Ä.* 定量,份额,一定的量(j-s tägliches Q. 某人每天的定量): „*Noch eine Tasse Kaffee?*" – „*Nein danke, ich habe mein Q. für heute schon getrunken*" "“再来一杯咖啡?”——“不,谢谢,我今天的定量已喝够了。” ‖ -K(复合): ***Arbeits-***

Qua·ran·tä·ne [ka-] *die*; -, *-n*; die vorübergehende Isolierung von Personen od. Tieren, die Infektionskrankheiten verbreiten könnten (为防传染病对人或动物进行的)隔离,封锁,隔离检疫〈in Q. kommen 进行隔离检疫,被隔离检疫; unter Q. sein/stehen 被隔离,接受检疫; aus der Q. entlassen werden 解除隔离; die Q. aufheben 解除隔离,取消检疫〉 ‖ K-(复合): ***Quarantäne-***, ***-station***

Quark *der*; *-s*; *nur Sg* (只用单数) **1.** ein weiches, weißes Nahrungsmittel, das aus saurer Milch gemacht wird 酸奶酪 ‖ K-(复合): ***Quark-***, ***-kuchen***, ***-speise*** **2.** *gespr pej* [口][贬] ≈ Unsinn: *So ein Q.!* 真无聊!; *Rede keinen Q.!* 别说废话!

Quar·tal *das*; *-s*, *-e*; eines der vier Viertel e-s Kalenderjahres 季度(三个月): *Der März ist der letzte Monat des ersten Quartals* 三月是第一季度的最后一个月 ‖ K-(复合): ***Quartals-***, ***-abschluss***

Quar·tal(s)·säu·fer *der*; *gespr pej* [口][贬]; j-d, der zu bestimmten Zeiten sehr viel Alkohol trinkt 周期性发作酒瘾的人

Quar·te *die*; -, *-n*; MUS【音】; ein Intervall von vier Tonstufen 四度和音,四度音程

Quar·tett *das*; *-(e)s*, *-e* **1.** MUS【音】; e-e Komposition für vier Stimmen od. Instrumente 四重唱,四重奏 **2.** MUS【音】; e-e Gruppe von vier Sängern od. Musikern 四重唱(或四重奏)小组 ‖ -K(复合): ***Streich-*** **3.** ein Kartenspiel für Kinder, bei dem man jeweils vier zusammengehörige Karten sammelt u. ablegt(儿童玩的)一种纸牌游戏

Quar·tier [kvar'tiːɐ̯] *das*; *-s*, *-e* **1.** *veraltend* [渐旧]; e-e (zeitweilige) Unterkunft, Wohnung (临时的)住所,寓所,住宿地〈ein Q. suchen, nehmen, beziehen 寻找住所,住宿,搬入一个住所; ein festes Q. haben 有一个固定住处〉 ‖ -K(复合): ***Nacht-***, ***Urlaubs-*** **2** Ⓐ Ⓒⓗ [奥][瑞] Stadtviertel 城区,市区: *Er wohnt in e-m noblen Q.* 他住在富人区 **3** MIL【军】; e-e Unterkunft für Soldaten 宿营地〈irgendwo Q. beziehen, machen 在某处宿营,在某处安营扎寨〉

Quarz *der*; *-es*, *-e*; ein hartes Mineral, das man *z.B.* bei der Herstellung von Uhren verwendet 石英,水晶; CHEM【化】SiO_2 ‖ K-(复合): ***Quarz-***, ***-glas***, ***-lampe***, ***-uhr***

qua·si *Adv*(副); mehr od. weniger 在一定程度上,在某种程度上;可以说,可谓 ≈ gewissermaßen, sozusagen: *Er hat mich q. gezwungen zu unterschreiben* 他在一定程度上强迫我签了名; *Wir sind q. zusammen aufgewachsen* 我们可以说是一起长大的 ‖ K-(复合): ***quasi-***, ***-offiziell***

quas·seln; *quasselte*, *hat gequasselt*; *bes nordd* 尤用于[北德]; **Vt/i**(及物/不及物)(**etw.**) **q.** *gespr*, *mst pej*[口]多用[贬]; lange über unwichtige Sachen reden 唠叨,絮叨,饶舌,瞎扯 ≈ quatschen, schwatzen: *Er quasselt wieder mal dummes Zeug* 他又在胡说八道了 ‖ *zu* ***Gequassel*** ↑ ***Ge-***

Quas·sel·strip·pe *die*; -, *-en*; *bes nordd* 尤用于[北德] **1.** *gespr pej*[口][贬]; j-d, der sehr oft u. lang über unwichtige Dinge redet 喜欢唠叨的人,喋喋不休的人 **2.** ***an der Q. hängen*** *gespr hum*[口][诙]; telefonieren 打电话说个没完没了

Quas·te *die*; -, *-n*; ein dichtes Büschel von gleich langen Fäden od. Haaren(装饰用的)缨络,流苏,线球: *Der Schwanz des Esels endet in e-r Q.* 驴子尾巴头上扎了一个绒球 ‖ -K(复合): ***Maler-***, ***Puder-***, ***Schwanz-***

Quatsch *der*; *-(e)s*; *nur Sg*, *gespr pej*;(只用单数)[口][贬] **1.** ≈ Unsinn〈Q. machen, reden 说废话,胡说〉 **2.** (***das ist doch***) ***Q.*** (***mit Soße***)! das ist (absoluter) Unsinn, das ist (völlig) falsch 这简直是胡说八道!

quat·schen[1]; *quatschte*, *hat gequatscht*; *gespr*[口]; **Vt/i** (及物/不及物) **1.** (**etw.**) **q.** *pej*[贬]; (viel) dummes Zeug reden 说废话,瞎扯,胡说一通: *Quatsch nicht so viel!* 别讲那么多废话!; *Quatsch doch keinen Blödsinn!* (= das stimmt nicht) 别胡说八道了!(不是这么回事); **Vi**(不及物) **2.** etw. sagen od. verraten, das geheim bleiben sollte 把不该说的事捅出去,泄露出去: *Einer von uns hat gequatscht* 我们当中的一个人把这事捅了出去 **3.** ***mit j-m q.*** sich mit j-m unterhalten 与…闲聊,聊天: *Wir haben lange miteinander gequatscht* 我们聊了很长时间 ‖ *zu* ***Gequatsche*** ↑ ***Ge-***

quat·schen[2]; *quatschte*, *hat gequatscht*; **Vi** (不及物) ***etw. quatscht*** etw. macht ein klatschendes Geräusch(物作主语)发出咯吱咯吱的响声: *Der nasse Boden quatschte unter unseren Füßen* 潮湿的地板在我们脚下发出吱吱响声

Quatsch·kopf *der*; *gespr pej*[口][贬]; j-d, der viel Unsinn redet 爱说废话的人

Queck·sil·ber *das*; ein silbrig glänzendes Metall, das *bes* in Thermometern verwendet wird 水银,汞; CHEM【化】Hg ‖ K-(复合): ***Quecksilber-***, ***-dampf***, ***-vergiftung*** ‖ ID [谚] *mst* 多用 ***j-d ist das reine Q.*** j-d ist sehr lebhaft od. unruhig 某人生性活泼好动 ‖ *hierzu*

(派生) **queck·silb·rig** *Adj*(形)

Quell *der*; *-s*; *nur Sg*, *geschr*(只用单数)[书]; der Ursprung von etw., das als sehr wertvoll betrachtet wird 源泉,泉源〈der Q. des Lebens, der Freude, der Liebe 生活、欢乐、爱情的源泉〉

Quel·le *die*; *-*, *-n* **1.** e-e Stelle, an der Wasser aus der Erde kommt 泉,泉源,泉水,水源〈e-e heiße, sprudelnde, versiegte Q. 温泉,喷泉,涸泉〉‖ K-(复合): ***Quell-***, ***-wasser*** **2.** der Ursprung e-s Baches od. Flusses(河流的)源头,发源地: *der Lauf der Donau von der Q. bis zur Mündung* 多瑙河从源头到入海口的流程 **3.** *geschr*[书]; der Ursprung od. Ausgangspunkt 由来,缘由,根源〈e-e Q. der Freude, der Angst, des Schmerzes 欢乐的源泉,恐惧的缘由,痛苦的根源〉 **4.** ein Text, den man wissenschaftlich verwertet od. in e-m anderen Text zitiert 引文的出处,原始资料 ‖ K-(复合): ***Quellen-***, ***-angabe***, ***-forschung***, ***-nachweis***, ***-studium***, ***-text*** ‖ ID [谚] ***an der Q. sitzen*** gute Verbindungen zu j-m od. etw. haben 有路子,有特殊关系,与有关方面有直接联系; *mst* 多用 ***etw. aus sicherer Q. wissen*** e-e Nachricht von e-r zuverlässigen Person od. Stelle haben 从可靠方面获悉

quel·len; *quillt*, *quoll*, *ist gequollen*; [Vi](不及物) **1.** ***etw. quillt irgendwohin / irgendwoher*** etw. kommt in relativ großer Menge durch e-e enge Öffnung (物作主语)流出,涌出,喷出,冒出〈Blut, Rauch, Tränen, Wasser *o. Ä.* 血,烟,泪,水等〉: *Blut quillt aus der Wunde*, *Tränen quellen aus den Augen* 血从伤口流出,泪夺眶而出; *Durch die Ritzen quoll Rauch ins Zimmer* 烟从裂缝涌进房间 **2.** ***etw. quillt*** etw. wird größer, weil es Feuchtigkeit aufnimmt (物作主语)(因吸收水份而)膨胀,泡涨,涨大〈Bohnen, Erbsen, Linsen 豆,豌豆,扁豆〉: *Reis quillt beim Kochen* 大米在煮的过程中膨胀

quen·geln; *quengelte*, *hat gequengelt*; [Vi](不及物) **1.** *gespr*[口]; leise u. klagend weinen 哭诉,哀求,泣求〈Kinder 小孩〉 **2.** *gespr*[口]; (von Kindern) immer wieder (weinerlich) Wünsche od. Klagen äußern(小孩)哭着要,哭哭啼啼地要求: *Hör endlich auf zu q.!* 别再哭哭啼啼了! **3.** (***über etw.*** (*Akk* 四格)) ***q.*** *gespr pej*[口][贬]; unzufrieden (über etw.) reden 诉苦,发牢骚,抱怨: *Er quengelt ständig* (darüber), dass *das Essen nicht schmeckt* 他不断抱怨饭菜不好吃 ‖ *hierzu*(派生) **Queng·ler** *der*; *-s*, *-*; *zu* ***Quengelei*** ↑ ***-ei***

Quent·chen *das*; ↑ ***Quäntchen***

quer [ˈkveːɐ] *Adv*(副) **1.** ***q. durch / über etw.*** (*Akk* 四格) von einer Ecke e-r Fläche diagonal zu e-r anderen, (schräg) von e-m Teil od. Ende e-r Fläche zu e-m anderen 斜着,斜对角地通过,越过: *q. durch den Garten*, *q. über den Rasen* 斜穿花园,横穿草地; *q. durchs Land fahren* 横穿,穿越国家 **2.** horizontal od. der kürzeren Seite nach von einer Seite e-r Fläche zur anderen od. rechtwinklig zu e-r Linie 横着,横向 ↔ längs 〈ein q. gestreiftes Hemd 横条纹的衬衫; etw. q. durchschneiden, durchstreichen 横向截断某物,横向删去某物〉: *Das Auto stand q. zur Fahrbahn* 汽车横着停在车行道边; *Das Seil war q. über die Straße gespannt* 绳索横挂在街道上方 ‖ K-(复合): ***Quer-***, ***-balken***, ***-lage***, ***-leiste***, ***-linie***, ***-straße***, ***-streifen***, ***-strich***; ***quer-***, ***-gestreift*** **3** ***kreuz u. q.*** durcheinander, planlos in verschiedene Richtungen 混乱地,杂乱地,横七竖八地: *Hier liegt alles kreuz u. q. herum* 这里一切都杂乱无章; *Er lief kreuz u. q. durch die Stadt* 他在城里到处乱窜 ‖ NB(注意): ↑ ***querlegen usw***

quer·beet *Adv*(副); *gespr*[口] **1.** ohne sich an Wege od. Straßen zu halten(没有固定路线的)漫步,信步,漫游: *q. über e-e Wiese gehen* 在草地上信步而行 **2.** so, dass alle Teile, Kategorien *o. Ä.* betroffen werden 涉及各个方面: *Die Entwicklung geht q. durch die ganze Bevölkerung* 发展在各个方面与全体居民息息相关

Quer·den·ker *der*; j-d, der andere als die üblichen Meinungen vertritt 想法怪僻者 ‖ *hierzu*(派生) **Quer·den·ke·rin** *die*

Que·re *die*; *-*; *nur Sg*, *gespr*(只用单数)[口]; die Richtung/Lage, die quer zu etw. ist 横向,横,斜: *etw. der Q. nach durchschneiden* 将某物横向截断 ‖ ID [谚] *mst* 多用 ***j-m in die Q. kommen*** j-n stören, j-s Weg kreuzen 妨碍某人,阻拦某人(做某事)

Que·re·le *die*; *-*, *-n*; *mst Pl*(多用复数); ein relativ kleiner, aber *mst* unangenehmer Streit 争吵,争执: *Ihre Gespräche endeten immer mit Querelen* 他们之间的谈话总以争吵告终

quer·feld|ein *Adv*(副); mitten durch Felder und Wiesen 横越田野,越野: *Wir gingen q.* 我们横穿过田野 ‖ K-(复合): ***Querfeldein-***, ***-lauf***, ***-rennen***

Quer·flö·te *die*; e-e Flöte, die beim Blasen quer gehalten wird 横笛 ‖ ↑ *Abb. unter* 图见 ***Flöten***

Quer·for·mat *das*; ein Format, bei dem die Breite größer ist als die Höhe(宽度大于高度的)横幅,横开本 ↔ Längsformat: *ein Bild im Q.* 一幅横幅的画

Quer·kopf *der*; *gespr pej*[口][贬]; j-d, der grundsätzlich nicht das tut, was die anderen wollen 脾气古怪的人,乖僻的人 ‖ *hierzu*(派生) **quer·köp·fig** *Adj*(形)

Quer·lat·te *die*; e-e horizontale Latte, die *mst* zwei vertikale Latten miteinander verbindet (*z. B.* beim Tor für Fußball, Handball *o. Ä.*)(足球、手球等球门的)横木,横梁: *die Q. treffen*(球)打在横木上

quer·le·gen, sich; *legte sich quer*, *hat sich quergelegt*; [Vr](反身) ***sich q.*** *gespr*[口]; versuchen, j-s Absichten zu durchkreuzen, indem man sich weigert zuzustimmen *o. Ä.* 刁难,阻挠,拒绝

quer·le·sen; *liest quer*, *las quer*, *hat quergelesen*; [Vi](不及物) ***etw. q.*** *gespr*[口]; nur Teile von etw. lesen, um sich e-n Überblick über den Inhalt *o. Ä.* zu ver-

Q

schaffen 泛读,粗略地读,浏览

quer·schie·ßen; *schoss quer, hat quergeschossen*; [Vi](不及物) *gespr*[口]; die Pläne anderer absichtlich stören 阻挠,干扰(别人的计划),捣乱 ‖ *hierzu*(派生) **Quer·schuss** *der*

Quer·schiff *das*; ARCH【建】; der Teil e-r Kirche, der quer zu dem langen Innenraum liegt(教堂十字形大厅的)耳堂,翼堂 ↔ Längsschiff

Quer·schlä·ger *der* **1.** ein Geschoss, das im Flug auf e-n Gegenstand stößt und daher von seiner ursprünglichen Richtung abkommt 跳弹,反跳过来的子弹,弹片: *Er wurde durch e-n Q. schwer verwundet* 他被一颗反跳过来的子弹击成重伤 **2.** *gespr pej*[口][贬]; j-d, der absichtlich nicht das tut, was die anderen wollen 捣乱者,不听使唤者

Quer·schnitt *der* **1.** ein Schnitt (5) senkrecht zur Längsachse e-s Körpers 横切面,横断面,截面 ↔ Längsschnitt: *der Q. e-s Kegels* 圆锥体的横切面 **2.** e-e Auswahl von verschiedenen Dingen nach bestimmten Gesichtspunkten 纵览,概括≈ Überblick: *ein Q. durch die gesamte Literaturgeschichte* 纵览整部文学史

Quer·schnitts|läh·mung *die*; *nur Sg*, MED(只用单数)【医】; e-e völlige Lähmung des Körpers unterhalb derjenigen Stelle des Rückens, an der das Rückenmark (*bes* durch e-n Unfall) verletzt worden ist 截瘫,下身麻痹 ‖ *hierzu*(派生) **quer·schnitts|gelähmt** *Adj*(形); *nicht adv*(不作状语)

Quer·sum·me *die*; MATH【数】; die Summe der einzelnen Ziffern e-r Zahl (将二位以上的数字横向相加后的)横向和〈die Q. e-r Zahl bilden, errechnen, ermitteln 构成,算出,得出一个数的横向和〉: *Die Q. von 215 ist 8* 215 的横向和为 8

Quer·trei·ber *der*; *-s, -*; *gespr pej*[口][贬]; j-d, der ständig versucht, die Pläne anderer zu stören 存心捣乱的人

Que·ru·lant *der*; *-en, -en*; *pej*[贬]; j-d, der sich ständig beschwert u. sich *z. B.* immer wieder auf Rechte beruft, die er zu besitzen glaubt 爱发怨言的人,爱发牢骚的人,总以为自己有理的人 ‖ NB(注意): *der Querulant; den, dem, des Querulanten*

Quer·ver·bin·dung *die* **1.** e-e Verbindung zwischen verschiedenen (selbstständigen) Gebieten, Themen *o. Ä.* 横向联系〈e-e Q. herstellen, bilden, schaffen 建立,形成,开辟横向联系〉: *Ihr Vortrag stellte e-e Q. zwischen den beiden Theorien her* 她的报告在这两种理论之间建立了一种横向联系 **2.** e-e *mst* schräg verlaufende Verbindung zwischen zwei Orten (durch ein anderes Gebiet hindurch) 交叉线路,横向连接

Quet·sche *die*; *-, -n*; *gespr hum*[口][诙] ≈ Akkordeon

quet·schen; *quetschte, hat gequetscht*; [Vt](及物) **1.** (*j-m/sich*) ***etw. q.*** e-n Körperteil durch starken Druck verletzen 压伤,夹伤,挤伤: *Ich quetschte mir den Finger in der Tür* 我把手指夹在门上夹伤了 ‖ K-(复合): ***Quetsch-wunde*** **2.** ***etw. q.*** 〈Kartoffeln, Bananen 土豆,香蕉〉zu Brei pressen 把…压成糊状,把…压成泥 **3.** ***j-n/etw. gegen/an etw.*** (*Akk* 四格) ***q.*** j-n/etw. mit Druck gegen/an etw. pressen 将…往…挤,把…挤到〈j-n/etw. gegen die Mauer, an die Wand q. 将某人/某物往墙上挤〉; [Vr](反身) **4.** ***sich irgendwohin q.*** sich mit Mühe irgendwohin zwängen (wo wenig Platz ist) 挤向,挤往: *Sie quetschten sich zu fünft in das Auto* 他们五个人一起挤进了汽车; *sich durch die Tür q.* 挤进门 ‖ *zu*(义项) **1.** **Quet·schung** *die*

Queue [kø:] *das/südd* Ⓐ[南德][奥] *der*; *-s, -s* ≈ Billardstock

Quiche [kɪʃ] *die*; *-, -s*; e-e Art flacher, salziger Kuchen, der oben e-e Schicht aus Eiern, Käse, Zwiebeln *o. Ä.* hat(上面有一层鸡蛋、奶酪、洋葱等的)煎饼

quick [kv-] *Adj*(形); *bes nordd* 尤用于[北德]; lebhaft u. rege 生气勃勃的,活泼好动的,富有朝气的 ≈ munter: *ein quicker Junge* 一个活泼的男孩; *ein quicker Geist* 一个精神焕发的人

Qui·ckie *der/das*; *-s, -s*; *gespr!* [粗] *bes* von Jugendlichen verwendet als Bezeichnung für kurzen, schnellen Geschlechtsverkehr (年轻人用语)草率性交,匆促性交

quick·le·ben·dig *Adj*(形); *ohne Steigerung*(无变级); äußerst lebhaft od. munter 非常活泼的,十分活跃的: *ein quicklebendiges Kind* 生龙活虎的孩子

quie·ken; *quiekte, hat gequiekt*; [Vi](不及物) **1.** 〈Ferkel, Mäuse 小猪,老鼠〉die Laute von sich geben, die für ihre Art typisch sind 发出吱吱叫声 **2.** *gespr*[口]; hohe, kurze Laute machen 发出尖叫声〈Kinder 小孩〉‖ *hierzu*(派生) **quiek!** *Interjektion*(叹)

quiek·sen; *quiekste, hat gequiekst*; [Vi](不及物) ≈ quieken

Quiek·ser *der*; *-s, -*; *gespr*[口]; ein hoher, quietschender Laut 刺耳的嘎吱声〈e-n Q. ausstoßen(突然)发出刺耳的咯吱声〉

quiet·schen; *quietschte, hat gequietscht*; [Vi](不及物) **1.** ***etw. quietscht*** etw. gibt durch Reibung e-n hellen, schrillen Ton von sich (物作主语)发出刺耳的嘎吱声〈e-e Tür, ein Schrank 门,柜〉 **2.** *gespr*[口]; helle, schrille Laute ausstoßen 发出响亮尖锐的声音〈vor Freude, Schreck, Vergnügen q. 高兴得、吓得、快活得叫起来〉

Quiet·scher *der*; *-s, -*; ein heller, schriller Ton 响亮尖锐的声音,尖叫声〈e-n Q. ausstoßen 发出响亮尖锐的声音〉

quietsch·fi·del *Adj*(形); *ohne Steigerung, gespr*(无变级)[口] ≈ quietschvergnügt

quietsch·ver·gnügt *Adj*(形); *ohne Steigerung, gespr*(无变级)[口]; sehr vergnügt, sehr fröhlich 兴高采烈的,喜洋洋的

quillt *Präsens, 3 Person Sg*(现在时,第三人称单数); ↑ ***quellen***

Quin·te *die*; *-, -n*; MUS【音】; ein Intervall von fünf Tonstufen 五度(音程),五度音

Quint·es·senz *die*; *-, -en*; *mst Sg*(多用单数);

das Wesentliche, der Kern e-r Sache 本质,核心,精髓: *die Q. e-r Diskussion, e-r Frage* 讨论的核心,问题的关键

Quin·tett *das*; *-s*, *-e*; MUS【音】**1.** e-e Komposition für fünf Stimmen od. Instrumente 五重唱,五重奏 **2.** e-e Gruppe von fünf Sängern od. Musikern 五重唱(或五重奏)小组

Quirl [kv-] *der*; *-(e)s*, *-e*; ein Gerät, dessen unterer Teil sich schnell dreht u. das man *z.B.* in e-n Teig hält, um ihn zu mischen 搅拌棒,(厨房用)搅拌器: *Eier mit dem Q. schaumig rühren* 用搅拌器将鸡蛋搅出泡沫; *die Zutaten mit e-m Q. verrühren* 用搅拌器将配料搅和 ‖ *hierzu*(派生) **quir·len** (*hat*) *Vt*(及物)

quir·lig *Adj*(形); *nicht adv*(不作状语); sehr lebhaft u. ständig aktiv 非常活泼好动的,十分活跃积极的 〈ein Kind 孩子; ein Mittelstürmer (beim Fußball)(足球赛中的)中锋〉

quitt *Adj*(形); *nur präd*, *nicht adv*, *gespr*(只作表语,不作状语)[口] **1.** ***j-d ist mit j-m q.***; 〈Personen 人〉 ***sind q.*** zwei Personen haben gegenseitig keine Schulden mehr(人作主语)单:与某人结清账目;复:双方互不欠账,账目两清 **2.** ***j-d ist mit j-m q.***; 〈Personen 人〉 ***sind q.*** zwei Personen haben miteinander abgerechnet (3)(人作主语)单:与…(在是非曲直方面)扯平;复:谁也不欠谁的: *Er hat dich geschlagen, du hast ihn geschlagen. – Jetzt seid ihr q.!* 他打了你,你打了他。——现在你们双方扯平了!

Quit·te *die*; *-*, *-n* **1.** ein Obstbaum mit gelblichen, apfelähnlichen Früchten, die sehr hart sind 榅桲树 **2.** die Frucht der Q. (1) 榅桲果 ‖ K-(复合): ***Quitten-***, ***-baum***, ***-gelee***

quit·tie·ren; *quittierte*, *hat quittiert*; Vt/i (及物/不及物) **1.** (***etw.***) ***q.*** durch Unterschrift den Empfang e-r Sache (*bes* von Geld) bestätigen 签收,签字证明收到 〈e-n Betrag, e-e Rechnung q. 签收一笔款项,一笔账〉: *Würden Sie bitte hier unten q.?* 请您在这下面签个字,好吗?; Vt(及物) **2.** ***etw. mit etw. q.*** auf etw. in e-r bestimmten Weise reagieren 以…对…作出反应、回答: *Sie quittierte diese Unverschämtheit mit e-m spöttischen Lächeln* 她用讥讽的微笑来回答这一无耻行径 **3.** ***den Dienst q.*** *veraltend* [渐旧]; ein Amt niederlegen 辞去职务

Quit·tung *die*; *-*, *-en* **1.** e-e Bescheinigung, dass man Geld od. Waren erhalten hat 发票,收据 〈j-m e-e Q. (über 30 Euro) ausstellen 给某人开一张(30欧元的)发票; e-e Q. unterschreiben 在一张收据上签字〉 ‖ K-(复合): ***Quittungs-***, ***-block***, ***-buch***, ***-formular*** **2.** ***die Q.*** *gespr* [口]; unangenehme Folgen e-s (schlechten) Verhaltens(对不良行为的)不愉快的回报,报应: *Hier hast du die Q. für deinen Leichtsinn* 这是对你的轻率行为的报应

Quiz [kvɪs] *das*; *-*; *nur Sg*(只用单数); ein unterhaltsames Spiel (*mst* im Radio od. Fernsehen), bei dem Kandidaten Fragen beantworten od. Rätsel lösen müssen (多指广播、电视中的)知识测验游戏〈ein Q. veranstalten, gewinnen 举办,赢得一场知识问答游戏; an e-m Q. teilnehmen 参加知识问答游戏〉 ‖ K-(复合): ***Quiz-***, ***-sendung***

Quiz·mas·ter [ˈkvɪsmaːstɐ] *der*; *-s*, *-*; j-d, der e-e Quizsendung leitet (moderiert) 知识测验游戏(节目)主持人 ‖ *hierzu* (派生) **Quiz·mas·te·rin** [ˈkvɪsmaːstərɪn] *die*; *-*, *-nen*

quoll *Imperfekt*, *3 Person Sg*(过去时,第三人称单数); ↑ ***quellen***

Quo·rum *das*; *-s*; *nur Sg* (只用单数); die Anzahl von Mitgliedern, die (bei e-r Versammlung) notwendig ist, um einen Beschluss zu fassen(会议等的)法定人数: *das für die Abstimmung nötige Q.* 表决所必需的法定人数

Quo·te *die*; *-*, *-n*; e-e bestimmte Anzahl im Verhältnis zu e-m Ganzen 比例,份额;分配额,限额,定额 ≈ Anteil 〈e-e hohe, niedrige Q. 高的,低的份额; die Q. von etw. ermitteln, berechnen 确定,算出某物的比例(份额)〉: *Die Q. der tödlichen Verkehrsunfälle sank um drei Prozent* 致命的交通事故的比例下降了百分之三

Quo·ten·frau *die*; (POL) *gespr*【政】[口]; e-e Frau, die e-n Posten aufgrund e-r Quotenregelung bekommen hat 根据人员分配比例的规定而获得职位(席位)的妇女

Quo·ten·re·ge·lung *die*; POL【政】; e-e Bestimmung, nach der in manchen Ämtern u. Positionen e-e bestimmte Anzahl e-r Gruppe von Menschen, *bes* Frauen, vertreten sein soll 人员分配比例的规定

Quo·ti·ent [kvoˈtsi̯ɛnt] *der*; *-en*, *-en*; MATH【数】**1.** ein Zahlenausdruck, der aus e-m Zähler u. e-m Nenner besteht (*z.B.* ⅘)(由分子、分母组成的)分数式 **2.** das Ergebnis e-r Division (除法的)商〈den Quotienten bestimmen, ermitteln, errechnen 确定、得出、算出商〉 ‖ NB(注意): *der Quotient*; *den*, *dem*, *des Quotienten*

R, r

R, r [ɛr] *das*; -, -/*gespr auch* [口]也用-*s*; der achtzehnte Buchstabe des Alphabets 字母表的第十八个字母〈ein großes R 大写 R; ein kleines r 小写 r〉

Ra·batt *der*; -(*e*)*s*, -*e*; ***R.*** (***auf etw.***(*Akk* 四格)) e-e Reduktion des Preises für Dinge, die man (*bes* in großen Mengen) kauft 折扣,价格优惠〈j-m (e-n) R. gewähren, geben 给某人提供价格优惠、打折扣〉: *Als Angestellter bekommt er zehn Prozent R. auf alle Waren des Hauses* 作为职员,他享受本店所有商品百分之十的优惠。‖ K-(复合): ***Rabatt-***, ***-marke*** ‖ -K (复合): ***Mengen-***

Ra·bat·te *die*; -, -*n*; ein schmales Beet mit Blumen 隔离花坛

Ra·batz *der*; -*es*; *nur Sg*(只用单数); *mst in* 多用于 ***R. machen*** *gespr*[口]; sehr laut feiern od. laut protestieren 喧闹,喧哗,喧嚷,大声抗议、叫嚷

Ra·bau·ke *der*; -*n*, -*n*; *gespr*[口]; ein junger Mann, der laut ist u. wenig Rücksicht auf andere nimmt 粗鲁汉子,粗野的年轻人‖ NB(注意): *der Rabauke*; *den*, *dem*, *des Rabauken*

Rab·bi *der*; -(*s*), -*s*; verwendet als Titel für e-n jüdischen Religionslehrer u. Prediger 拉比(犹太教负责执行教规、律法并主持宗教仪式者的称谓)

Rab·bi·ner *der*; -*s*, -; ein jüdischer Religionslehrer u. Prediger 犹太教经师和教士

Ra·be *der*; -*n*, -*n*; ein großer schwarzer Vogel mit schwarzem Schnabel u. e-r lauten, rauen Stimme 乌鸦〈der R. krächzt 乌鸦(呱呱地)叫〉‖ ID[谚] ***stehlen/klauen wie ein R./die Raben*** *gespr* [口]; oft stehlen 偷盗成性‖ NB(注意): *der Rabe*; *den*, *dem*, *des Raben*

Ra·ben·el·tern *die*; *Pl*(复); *pej*[贬]; Eltern, die nicht gut für ihre Kinder sorgen 狠心肠的父母‖ *hierzu*(派生) **Ra·ben·mut·ter** *die*; **Ra·ben·va·ter** *der*

ra·ben·schwarz *Adj*(形); *ohne Steigerung*(无变级); vollkommen schwarz 乌黑的,黝黑的〈j-s Haar, e-e Nacht 某人的头发,夜晚〉

ra·bi·at, *rabiater*, *rabiatest-*; *Adj*(形); brutal u. ohne Rücksicht 粗暴的,暴躁的≈ grob〈ein Bursche 年轻人; r. werden 变得暴躁〉

Ra·che *die*; -; *nur Sg*(只用单数); ***R.*** (***an j-m***) (***für etw.***) e-e Handlung, mit der man j-n (außerhalb des Gesetzes) bestraft, der einem selbst od. e-m Freund etw. Böses getan hat 报复,复仇,报仇≈ Vergeltung〈blutige, grausame R. 血仇,凶残的复仇; j-m R. schwören 发誓向某人报仇; auf R. sinnen 企图报复; j-n dürstet, gelüstet nach R. 某人渴望、图谋复仇; etw. aus R. tun 出于报复干某事; R. an j-m nehmen 向某人报复、报仇〉‖ K-(复合): ***Rache-***, ***-akt***, ***-gedanken***, ***-gelüste***, ***-schwur*** ‖ ID[谚] ***die R. des kleinen Mannes*** *gespr*, *oft hum*[口]常用[诙]; ein kleiner Schaden *o.Ä.*, den man e-m Stärkeren mit Absicht zufügt, weil man sich anders gegen ihn nicht wehren kann(弱者对强者的)小人报复

Ra·chen *der*; -*s*, -**1.** der innere Teil des Halses, der am Ende des Mundes beginnt 咽,喉头 ‖ K-(复合): ***Rachen-***, ***-entzündung***, ***-mandeln*** **2.** der offene Mund e-s gefährlichen Tieres (猛兽的)血盆大口≈ Maul: *Der Dompteur steckte den Kopf in den R. des Löwen* 驯兽员把头伸进狮子的血盆大口‖ ID[谚] ***j-m etw. in den R. werfen*** j-m etw. geben, das er unbedingt haben will 以某物满足某人的欲望,填塞某人的欲壑

rä·chen, **rä·chen**; *rächte*, *hat gerächt*; [Vt](及物) **1.** ***j-n r.*** für j-n Rache nehmen, indem man die Person (*mst* mit ungesetzlichen Mitteln) bestraft, die ihm etw. Böses getan hat 为…(人)报仇、复仇: *seinen ermordeten Freund r. wollen* 要为他被谋害的朋友报仇 **2.** ***etw. r.*** ein Unrecht *o.Ä.* wiedergutmachen, indem man die Person bestraft, die dafür verantwortlich war 对…(事)复仇,报仇〈e-n Mord, ein Verbrechen r. 报血仇,向罪行报仇雪耻〉; [Vr](反身) **3.** ***sich*** (***an j-m***) (***für etw.***) ***r.*** j-n für etw. Böses bestrafen, das er einem getan hat 报复: *Für diese Beleidigung werde ich mich noch* (*an ihm*) *r.* 对于这种侮辱我将(对他)报复 **4.** ***etw. rächt sich*** etw. hat unangenehme Folgen(物作主语)造成恶果,没有好结果,自食其果〈j-s Faulheit, Leichtsinn, Unaufmerksamkeit, Übermut 某人的懒惰、轻率、马虎、放纵〉‖ *zu*(义项)**1.-3.** **Rä·cher** *der*; -*s*, -; **Rä·che·rin** *die*; -, -*nen*

Ra·chi·tis *die*; -; *nur Sg*(只用单数); e-e Krankheit durch Mangel an Vitaminen (die *bes* kleine Kinder bekommen), bei der die Knochen weich werden 佝偻病,软骨病‖ *hierzu*(派生) **ra·chi·tisch** *Adj*(形)

Rach·sucht *die*; *nur Sg*(只用单数); der starke Wunsch, sich zu rächen 复仇欲望‖ *hierzu*(派生) **rach·süch·tig** *Adj*(形)

ra·ckern; *rackerte*, *hat gerackert*; *gespr*[口]; [Vi](不及物) schwer arbeiten 操劳,辛勤工作≈ schuften

Ra·cket [ˈrɛkət] *das*; -*s*, -*s* ≈ Tennisschläger

Rad *das*; -*(e)s*, *Rä·der* **1.** der runde Teil e-s Fahrzeugs, der sich in seinem Mittelpunkt (um die Achse) dreht u. so das Fahrzeug rollen lässt 车轮〈das Rad dreht sich, rollt, schleift, quietscht 车轮转动、滚动、摩擦、发出吱吱声; ein Rad montieren, (aus)wechseln 安装、更换车轮〉‖ ↑ *Abb. unter* 图见 **Auto**, **Fahrrad** ‖ K-(复合): **Rad-**, **-nabe**, **-wechsel** ‖ -K(复合): **Ersatz-**, **Hinter-**, **Reserve-**, **Vorder-** **2.** ein rundes Teil e-r Maschine (*mst* mit Zacken) 轮子, 齿轮〈die Räder e-s Getriebes, Uhrwerks 传动轮, 钟表齿轮〉‖ -K(复合): **Antriebs-**, **Lenk-**, **Schub-**, **Schwung-**, **Steuer-**; **Schaufel-**, **Zahn-**; **Mühl-**; **Wasser-** **3.** *Kurzw* (略) ↑ **Fahrrad**: *aufs Rad steigen* 骑上自行车; *e-n Ausflug mit dem Rad machen* 骑车郊游 ‖ K-(复合): **Rad-**, **-fahrer**, **-rennen**, **-sport**, **-tour**, **-wanderung**, **-weg** ‖ -K(复合): **Damen-**, **Herren-**; **Klapp-**, **Renn-**, **Sport-**; **Drei-**, **Zwei-** **4.** e-e Turnübung 侧手翻〈(ein) Rad schlagen 做侧手翻〉 **5.** ***ein Pfau schlägt ein Rad*** ein männlicher Pfau breitet die Schwanzfedern aus 孔雀开屏 **6.** ***Rad fahren*** mit dem Fahrrad fahren 骑自行车〈gerne Rad fahren 喜欢骑自行车; Rad fahren lernen, können 学骑, 会骑自行车〉‖ K-(复合): **Radfahr-**, **-weg** ‖ NB(注意): Will man das Ziel der Fahrt angeben, so kann man *Rad fahren* nicht verwenden. Stattdessen sagt man(如果想说明骑车去的目的地, 则不能用 Rad fahren, 而是说): *Wir sind mit dem Rad zum See gefahren* 我们骑车去湖边 **7.** ***Rad fahren*** *gespr pej* [口][贬]; freundlich, wie ein Diener zu den Vorgesetzten sein u. ihnen schmeicheln (对上司)巴结, 讨好, 谄媚, 奉承 ‖ ID[谚] ***unter die Räder kommen*** *gespr* [口]; **a)** (von e-m Fahrzeug) überfahren werden 被辗到车轮下; **b)** moralisch u. sozial völlig herunterkommen 堕落, 误入歧途; ***das fünfte Rad am Wagen sein*** (in e-r Gruppe) stören, weil man überflüssig ist 是多余的人 ‖ *zu* (义项) **6.** u **7.** **Rad·fah·rer** *der*; **Rad·fah·re·rin** *die*

Rad (4)

ein Rad schlagen 做侧手翻

Ra·dar, Ra·dar *der, das*; *-s*; *nur Sg* (只用单数) **1.** e-e technische Methode, durch die man messen kann, wo ein Gegenstand ist, wohin u. wie schnell er sich bewegt 雷达(探测技术): *durch R. feststellen, wo sich ein Flugzeug befindet* 通过雷达测定一架飞机的方位; *die Geschwindigkeit e-s Fahrzeugs mit R. messen* 用雷达测量一辆汽车的速度 ‖ K-(复合): **Radar-**, **-kontrolle**, **-station**, **-überwachung** **2.** ein Gerät, das mit R. (1) arbeitet 雷达(探测器)〈mit R. ausgestattet sein 装有雷达〉‖ K-(复合): **Radar-**, **-gerät**

Ra·dar·fal·le *die*; *gespr pej* [口][贬]; e-e Kontrolle, bei der die Geschwindigkeit von Fahrzeugen durch versteckte Radargeräte gemessen wird 雷达测速〈in e-e R. geraten 被雷达测出超速违章〉

Ra·dar·schirm *der*; der Bildschirm e-s Radargeräts 雷达屏幕

Ra·dau *der*; *-s*; *nur Sg*, *gespr* (只用单数)[口] ≈ Lärm〈R. machen 喧闹, 闹腾, 吵闹〉

ra·de·bre·chen; *radebrechte*, *hat geradebrecht*; [Vt/i] (及物/不及物) (**etw.**) **r.** e-e fremde Sprache mit viel Mühe u. vielen Fehlern sprechen 结结巴巴地说(一种外语)〈ein paar Worte (e-r Sprache) r. (können) (能)勉强说几句〉‖ NB(注意): *mst* im Infinitiv (多用不定式)

ra·deln; *radelte*, *ist geradelt*; [Vi] *bes südd* Ⓐ *gespr* (不及物)尤用于[南德][奥][口]; mit dem Fahrrad fahren 骑自行车 ≈ Rad fahren ‖ ▶ **Radler**

Rä·dels·füh·rer *der*; *pej* [贬]; j-d, der andere dazu verführt, aggressiv zu handeln od. gegen Gesetze zu verstoßen (唆使施暴、违法的)闹事的头头〈der R. e-r Bande 一个团伙的头头〉‖ *hierzu* (派生) **Rä·dels·füh·re·rin** *die*

Rä·der·werk *das*; *Kollekt* (集合); die Räder, die e-e Maschine od. Uhr antreiben 齿轮传动装置, 齿轮机构

ra·di·al *Adj* (形); TECH【技】; vom Mittelpunkt aus in alle Richtungen e-s Kreises 径向的, 辐向的 ≈ strahlenförmig〈Kräfte 力; r. verlaufen, angeordnet sein 径向走向、布列〉

Ra·di·a·tor *der*; *-s*, *Ra·di·a·to·ren* **1.** *geschr* [书]; der Teil e-r (Zentral)Heizung, der im Zimmer die Wärme abgibt 采暖器, 暖气片 ≈ Heizkörper **2.** *gespr* [口]; e-e kleine Heizung (auf Rollen), die mit Strom heizt 电取暖器

ra·die·ren; *radierte*, *hat radiert*; [Vt/i] (及物/不及物) **1.** (**etw.**) **r.** etw., das man *bes* mit Bleistift geschrieben od. gezeichnet hat, durch Reiben mit e-m Stück Gummi entfernen(用橡皮)擦, 擦去 ≈ ausradieren〈e-n Fehler, e-n Strich r. 擦掉一个错误、一道线〉 **2.** (**etw.**) **r.** ein Bild machen, indem man mit e-r Nadel u. Säure Linien in Metall ritzt (u. davon e-n Abdruck macht) 蚀刻 ‖ K-(复合): **Radier-**, **-nadel** ‖ *zu* (义项) **2.** **Ra·die·rung** *die*

Ra·dier·gum·mi *der*; ein kleiner Gegenstand aus Gummi *o. Ä.* zum Radieren (1) 橡皮(文具)

Ra·dies·chen [raˈdiːsçən] *das*; *-s*, *-*; e-e kleine Pflanze mit e-r runden dicken Wurzel, die außen rot u. innen weiß ist, scharf schmeckt u. roh gegessen wird 小红萝卜, 小水萝卜〈ein Bund R. 一扎小红萝卜〉‖ ↑ *Abb.*

R

unter 图见 ***Gemüse*** ‖ ID[谚] ***die Radieschen von unten anschauen*** *gespr hum*[口][诙]; tot u. begraben sein 翘辫子了,命赴黄泉

ra.di.kal *Adj*(形) **1.** ⟨Änderungen, Reformen 变化、改革; e-e Methode 方法⟩ so, dass sie starke Veränderungen mit sich bringen 根本的,彻底的: *ein radikaler Bruch mit der Tradition* 与传统彻底决裂 **2.** *bes* POL 尤用【政】, *pej* [贬]; ⟨die Linke, die Rechte 左派,右派⟩ so, dass sie kompromisslos extreme Positionen vertreten (u. oft bereit sind, Gewalt anzuwenden, um ihre Ziele zu erreichen) 极端的,激进的 **3** ⟨ein Gegner 对手; ein Verfechter 拥护者⟩ so, dass sie sehr stark gegen bzw. für etw. eintreten 坚决的,坚强的 **4.** *nicht adv*(不作状语); sehr stark u. wirksam (aber oft auch mit negativen Folgen)偏激的,过激的: *radikale Mittel einsetzen* 采用偏激的方法 **5** *nur adv*(只作状语); verwendet, um ein Verb od. ein Partizip zu verstärken(加强动词或分词的语义)急剧,非常,很 ≈ sehr (stark): *die Zahl der Atomwaffen r. reduzieren* 急剧减少核武器的数目; *Sie hat sich r. verändert* 她变化很大 ‖ *hierzu* (派生)**Ra.di.ka.li.tät** *die*; -; *nur Sg*(只用单数); *zu* (义项) **2. Ra.di.ka.lis.mus** *der*; -; *nur Sg*(只用单数); **ra.di.ka.li.sie.ren** (*hat*) *Vt*(及物)

Ra.di.ka.le *der/die*; *-n*, *-n*; j-d, der radikale (2) politische Meinungen u. Ziele hat 激进分子,极端主义者 ‖ NB(注意): *ein Radikaler*; *der Radikale*; *den*, *dem*, *des Radikalen*

Ra.dio *das*; *-s*, *-s* **1.** ein Gerät, das elektromagnetische Wellen empfängt u. diese als Töne wiedergibt 收音机 ≈ Rundfunkgerät ⟨ein tragbares R. 手提收音机; das R. läuft, spielt 收音机开着、响着; das R. anmachen, einschalten, ausmachen, ausschalten 打开、关上收音机⟩ ‖ K-(复合): ***Radio-***, ***-antenne***, ***-apparat***, ***-gerät*** ‖ -K(复合): ***Auto-***, ***Koffer-***, ***Transistor-*** **2.** *nur Sg*(只用单数); e-e Institution, die ein Programm sendet, das man mit e-m R. (1) empfangen kann 广播电台: *Sie arbeitet beim R.* 她在广播电台工作 ‖ K-(复合): ***Radio-***, ***-programm***, ***-sender*** **3.** *nur Sg* (只用单数); das Programm, das man mit dem R. (1) empfangen kann 广播(节目)⟨R. hören 听广播; etw. im R. bringen, hören 在广播(节目)里播出、听到某事⟩

ra.dio.ak.tiv [-f] *Adj*(形); in e-m Zustand, in dem Atome zerfallen u. dabei Energie abgeben, die Menschen, Tieren u. Pflanzen schadet 放射性的⟨Abfälle, ein Element, ein Stoff, die Strahlung, der Zerfall 废料,元素,物质,射线,衰变⟩: *Uran ist r.* 铀是有放射性的 ‖ *hierzu* (派生)**Ra.dio.ak.ti.vi.tät** *die*; *nur Sg* (只用单数)

Ra.dio.lo.ge *der*; *-n*, *-n*; ein Arzt mit e-r (Spezial)Ausbildung in Radiologie 放射科医师 ‖ NB(注意): *der Radiologe*; *den*, *dem*, *des Radiologen* ‖ *hierzu* (派生) **Ra.dio.lo.gin** *die*; -, *-nen*

Ra.dio.lo.gie *die*; -; *nur Sg* (只用单数); die Wissenschaft, die sich mit Röntgenstrahlen u. Radioaktivität u. mit deren Anwendung *bes* in der Medizin beschäftigt 放射学 ‖ *hierzu* (派生)**ra.dio.lo.gisch** *Adj*(形)

Ra.dio.we.cker *der*; ein Radio, das einen (mit Musik) weckt 闹钟收音机

Ra.di.um *das*; *-s*; *nur Sg*(只用单数); ein radioaktives Metall 镭; CHEM【化】Ra

Ra.di.us *der*; -, *Ra.di.en* [-diən]; die Entfernung vom Mittelpunkt e-s Kreises od. e-r Kugel zum Rand 半径≈ Halbmesser ‖ NB (注意): ↑ ***Durchmesser***

Rad.kap.pe *die*; e-e Scheibe, mit der man die Radnabe bei Autos u. Motorrädern bedeckt 轮毂帽,挡泥板

Rad.ler *der*; *-s*, -; *südd* Ⓐ *gespr*[南德][奥][口] **1.** ≈ Radfahrer **2.** ein Getränk aus Bier u. Limonade 啤酒和汽水的混合饮料 ‖ *zu* (义项) **1. Rad.le.rin** *die*; -, *-nen*

Rad.ler.ho.se *die*; e-e eng anliegende Hose aus elastischem Material, die fast bis zum Knie geht u. die man *bes* zum Radfahren anzieht 骑自行车穿的紧身弹力短裤

-räd.rig *im Adj*, *wenig produktiv*, *nur attr*, *nicht adv*(构成形容词,构词弱)(只作定语,不作状语); mit der genannten Zahl od. Art von Rädern …轮的: ***einrädrig***, ***zweirädrig***, ***dreirädrig***, ***vierrädrig***; ***großrädrig***, ***kleinrädrig***

RAF [ɛr|aː'|ɛf] *die*; -; *nur Sg*, *Kurzw*(只用单数)(略) ↑ ***Rote-Armee-Fraktion***

raf.fen; *raffte*, *hat gerafft*; [Vt] (及物) **1.** ***etw.*** (***an sich*** (*Akk* 四格)) ***r.*** *pej*[贬]; so viel von etw. nehmen, wie man bekommen kann 搜刮,聚敛,席卷,攫取⟨Besitz, Geld, Schmuck r. 把财物、钱、首饰席卷一空⟩ **2.** ***etw. r.*** Stoff so halten od. befestigen, dass er Falten bildet 撩,挽,提起⟨e-n Vorhang r. 撩起窗帘⟩ **3.** ***etw. r.*** e-n Text, die Handlung e-s Buches, Films *o. Ä.* kürzer machen, sodass nur das Wichtige übrig bleibt 概括,精简≈ kürzen, straffen **4.** ***etw. r.*** *gespr* [口]≈ kapieren

Raff.gier *die*; *nur Sg*, *pej*(只用单数)[贬]; der starke Wunsch, so viel wie möglich von etw. zu bekommen 贪婪,贪心,贪得无厌≈ Habgier ‖ *hierzu* (派生)**raff.gie.rig** *Adj*(形)

Raf.fi.na.de *die*; -, *-n*; Zucker, der aus sehr kleinen weißen Körnern besteht 细砂糖 ‖ -K (复合): ***Zucker-***

Raf.fi.ne.rie *die*; -, *-n* [-'riːən]; e-e Fabrik, die Erdöl od. Zucker reinigt u. bearbeitet 炼油厂;糖厂 ‖ -K(复合): ***Öl-***, ***Zucker-*** ‖ *hierzu* (派生) **raf.fi.nie.ren** (*hat*) *Vt*(及物)

Raf.fi.nes.se [-'nɛsə] *die*; -, *-n* **1.** *nur Sg*(只用单数) ≈ Schlauheit, Geschicklichkeit ⟨die R. e-s Betrügers, e-s Plans 骗子的狡猾,计划的精细周密⟩ **2.** *mst Pl*(多用复数); ein besonderes technisches Detail an e-m Gerät(精良)装备,装置: *ein Sportwagen mit allen Raffinessen* 一辆装备精良齐全的跑车

raf.fi.niert *Adj* (形) **1.** ⟨ein Plan, ein System, e-e Technik 计划、体系、技术⟩ besonders klug ausgedacht od. geschickt angewendet 周全的，精心考虑的，巧妙的：*Durch die raffinierte Anordnung der Möbel sieht der Raum größer aus* 由于家具的精心布局这屋子看来大多了 **2.** schlau u. geschickt 刁钻的，狡猾的 ≈ clever 〈ein Gauner, Machenschaften, ein Trick 骗子，诡计，招数〉

Ra·ge [ˈraːʒə] *die*；-；*nur Sg*（只用单数）；*mst in* 多用于 ***in R.*** *gespr* [口] ≈ wütend 〈in R. kommen 发怒；j-n in R. bringen 使某人大发雷霆〉

ra·gen；*ragte*，*hat/ist geragt*；Vi（不及物）***etw. ragt irgendwohin*** etw. reicht weiter nach oben, außen *usw* als die Umgebung（物作主语）突起，突出，耸立：*Ein Nagel ragt aus der Wand* 墙上露出一枚钉子 2

Ra·gout [raˈguː] *das*；*-s*，*-s*；kleine Stücke Fleisch od. Fisch in e-r Soße 浓汁肉块，浓汁鱼块 ‖ -K（复合）：***Fisch-***，***Hammel-***，***Hirsch-***，***Kalbs-***，***Lamm-***，***Reh-***，***Rinder-***

Rahm *der*；*-(e)s*；*nur Sg*，*südd* Ⓐ Ⓒⓗ（只用单数）[南德][奥][瑞] ≈ Sahne 〈süßer, saurer R. 甜的、酸的奶油〉 ‖ K-（复合）：***Rahm-***，***-schnitzel***，***-soße***，***-spinat***

rah·men；*rahmte*，*hat gerahmt*；Vt（及物）***etw. r.*** e-n Rahmen (1) um etw. machen 给…加框、配框架、镶框〈ein Bild, ein Dia, ein Fenster, e-n Spiegel r. 给画、幻灯片、窗户、镜子配框架〉 ‖ *hierzu*（派生）**Rah·mung** *die*

Rah·men *der*；*-s*，*-* **1.** ein fester Rand, den man *bes* um Bilder od. Spiegel macht, um sie zu schmücken od. zu befestigen 框，框架〈etw. in e-n R. (ein)fassen, aus dem R. nehmen 把某物安入框内、从框里取出〉 ‖ -K（复合）：***Bilder-***；***Gold-***，***Holz-***，***Silber-***；***Stick-***，***Web-*** **2.** der Teil e-r Tür od. e-s Fensters, der fest mit der Wand verbunden ist（门、窗）框 ‖ -K（复合）：***Fenster-***，***Tür-*** **3.** der (untere) Teil e-s Fahrzeugs, an dem die Achsen befestigt sind u. der die Karosserie trägt 底盘，车架 ‖ -K（复合）：***Fahrzeug-*** **4. *ein R.*** (***für etw.***) *nur Sg*（只用单数）；die Umgebung u. der Zusammenhang, in denen etw. stattfindet od. geschieht 环境，气氛〈ein feierlicher, würdiger R. 隆重的、庄严的气氛；der geschichtliche, soziale R. 历史的、社会的环境〉：*Die Konzerte bildeten den R. für die Verleihung der Preise* 音乐演奏烘托了颁奖的气氛 **5** *nur Sg*（只用单数）；der Bereich, innerhalb dessen etw. geschieht 范围，框架〈im R. des Möglichen liegen, bleiben 在可能的范围内〉：*Veränderungen in kleinem, großem R.* 小范围的，大范围的更改 **6. *im R.*** + *Gen*（二格）≈ anlässlich：*Im R. der Zweihundertjahrfeier finden zahlreiche Veranstaltungen statt* 为了二百年大庆将举行众多活动 ‖ ID [谚] ***etw. bleibt im R.*** etw. unterscheidet sich nicht vom Üblichen 某事仍在框架范围内、没有越出范围；***etw. fällt aus dem R.*** etw. unterscheidet sich stark vom Üblichen 某事出格、离谱；***j-d/etw. passt nicht in den R.*** j-d/etw. ist fehl am Platz 某人不同寻常/某事不符合常规；***etw. sprengt den R.*** (+ *Gen* 二格) etw. geht über das hinaus, was geplant war 某事突破框框

Rah·men- *im Subst*，*wenig produktiv*（构成名词，构词弱）；verwendet, um auszudrücken, dass etw. die allgemeinen Bedingungen, Regeln *usw* für etw. enthält u. keine Details 框架…；das ***Rahmenabkommen***，die ***Rahmenbedingung***，der ***Rahmenbeschluss***，die ***Rahmenbestimmung***，das ***Rahmengesetz***，der ***Rahmenplan***

-rah·men *der*；*im Subst*，*wenig produktiv*（构成名词，构词弱）；die Grenzen, die für etw. festgelegt sind u. in denen etw. bleiben muss …框架、范围；der ***Finanzrahmen***，der ***Strafrahmen***，der ***Zeitrahmen***

Rah·men·er·zäh·lung *die*；e-e Erzählung, in der mehrere Geschichten erzählt werden u. in der eine Geschichte den Zusammenhang zwischen allen herstellt 框架小说：*Das „Decamerone" von Boccaccio ist e-e R.* 薄伽丘(意大利作家，人文主义的重要代表)的《十日谈》是一部框架小说

Rain *der*；*-(e)s*，*-e*；ein schmales Stück Boden am Rand e-s Feldes, auf dem Gras u. Blumen wachsen 田埂，地埂，阡陌 ‖ -K（复合）：***Acker-***，***Feld-***，***Weg-***

rä·keln ↑ ***rekeln***

Ra·ke·te *die*；*-*，*-n* **1.** ein großer Körper in Form e-s Zylinders, der oben e-e Spitze hat u. der von der Erde weg in den Weltraum fliegen kann 火箭〈e-e mehrstufige, (un)bemannte R. 多级、(非)载人火箭；e-e R. zünden, starten 为火箭点火，发射火箭〉：*mit e-r R. zum Mond fliegen* 乘火箭飞往月球 ‖ K-（复合）：***Raketen-***，***-abschussrampe***，***-antrieb***，***-start***，***-stufe***，***-treibstoff***，***-triebwerk*** ‖ -K（复合）：***Mond-***，***Träger-***，***Weltraum-*** **2.** e-e R. (1), die als Waffe benutzt wird u. *mst* Bomben transportiert 导弹〈Raketen stationieren, abfeuern, abschießen, auf ein Ziel richten 布署、发射导弹，把导弹对准目标〉：*die Zahl der atomaren Raketen begrenzen* 限制核导弹数量 ‖ K-（复合）：***Raketen-***，***-(abschuss)basis***，***-abwehr***，***-stützpunkt***，***-werfer*** ‖ -K（复合）：***Atom-***，***Kampf-***，***Luftabwehr-***，***Panzerabwehr-***；***Kurzstrecken-***，***Mittelstrecken-***，***Langstrecken-*** **3.** e-e Art Geschoss (wie e-e kleine R. (1)), das in der Luft explodiert u. als Feuerwerk od. Signal verwendet wird 焰火 ‖ -K（复合）：***Feuerwerks-***，***Leucht-***，***Signal-***

Ral·lye [ˈrɛli] *die*；*-*，*-s od* Ⓒⓗ [瑞] *das*；*-s*，*-s*；ein Wettrennen mit Autos über weite Strecken auf normalen Wegen（汽车）拉力赛〈an e-r R. teilnehmen, e-e R. fahren 参加拉力赛，进行汽车拉力赛〉：*die R. Monte Carlo* 蒙特卡洛拉力赛；*die R. Paris – Dakar* 巴黎—达喀尔拉力赛

Ram·me *die*；*-*，*-n*；ein Gerät, das man dazu benutzt, etw. in den Boden zu stoßen od. den Boden flach u. fest zu machen 打桩机，夯 ‖ -K（复合）：***Dampf-***

ram·men；*rammte*，*hat gerammt*；Vt（及物）

R

1. **etw. irgendwohin r.** etw. mit kräftigen Schlägen *bes* in den Boden schlagen 夯人，捶人，把…打进地里〈Pfähle in den Boden r. 把桩打进地里〉 **2. j-n/etw. r.** beim Fahren an j-s Auto/etw. stoßen u. es beschädigen 撞伤，撞坏

Ram·pe *die*; -, -n **1.** e-e schräge Fläche, über die Fahrzeuge zu e-r höheren od. tieferen Ebene fahren können 坡道，斜坡 **2.** e-e erhöhte Fläche vor e-m Gebäude, auf der man Waren besser aus e-m Lastwagen laden kann 装卸台，装车平台 **3.** der vordere Rand der Bühne im Theater 舞台前缘

Ram·pen·licht *das*; *mst in* 多用于 **im R. stehen** oft in der Öffentlichkeit auftreten u. viel beachtet werden 常抛头露面，众所瞩目

ram·po·nie·ren; *ramponierte*, *hat ramponiert*; [Vt] (及物) **etw. r.** *gespr* [口]; etw. relativ stark beschädigen 毁坏，严重损坏

ram·po·niert 1. *Partizip Perfekt* 过去分词; ↑ **ramponieren 2.** *Adj* (形); *gespr* [口]; in schlechtem Zustand 糟糕的，萎靡不振的 ≈ angeschlagen, mitgenommen: *Nach dem Skandal ist sein Ansehen ziemlich r.* 出了丑闻后，他的形象相当糟糕; *Du siehst so r. aus, hast du letzte Nacht nicht geschlafen?* 你看起来无精打采的，昨夜没睡觉吗？

Ramsch *der*; *-es*; *nur Sg*, *pej* (只用单数) [贬]; Dinge von sehr schlechter Qualität (die ein Geschäft verkauft) 劣质品，次货 ‖ K-(复合): **Ramsch-, -laden, -ware**

ran *Adv* (副); *gespr* [口]; ↑ **heran**

ran- *im Verb*, *sehr produktiv*, *gespr* (构成动词，构词强) [口]; ↑ **heran-**

Rand *der*; *-(e)s*, *Rän·der* **1.** der äußere Teil von etw., der Teil e-r Fläche, der am weitesten vom Zentrum entfernt ist 边，边缘，边沿 ↔ Mitte 〈der obere, untere, äußere, innere, linke, rechte R. 上、下、外、内、左、右边缘〉: *ein Glas bis zum R. füllen* 把杯子灌得满满的; *Er stand am R. des Abgrunds u. sah hinunter* 他站在崖边往下看 ‖ K-(复合): **Rand-, -bezirk, -gebiet, -lage, -zone** ‖ -K(复合): **Außen-, Innen-; Dorf-, Feld-, Hut-, Krater-, Orts-, Stadt-, Stoff-, Tassen-, Teller-, Ufer-, Wald-, Weg-, Wiesen-, Wüsten- 2.** der seitliche, obere od. untere Teil e-s Blattes Papier, auf den man normalerweise nichts schreibt (纸)边，边空〈e-n R. lassen 留出边空; etw. am R. anmerken 在边空加注〉 ‖ K-(复合): **Rand-, -bemerkung, -notiz 3.** ein Strich od. schmaler Streifen am R. (1) von Flächen 边线，边: *ein Briefumschlag mit schwarzem R.* 带黑边的信封; *der gezackte R. e-r Briefmarke* 邮票的齿边 ‖ -K(复合): **Fett-, Kalk-, Schmutz-, Schweiß-, Trauer- 4. am Rande** ≈ nebenbei, beiläufig 〈etw. nur am Rande bemerken, erwähnen 顺便提醒、提及某事; etw. spielt sich (nur ganz) am Rande ab 某事(完全)无关紧要〉 ‖ K-(复合): **Rand-, -bemerkung, -erscheinung, -figur, -notiz** ‖ ID [谚] **außer R. u. Band sein/geraten** *gespr* [口]; voller Energie u. so wild sein/werden, dass man nicht beruhigt werden kann 难以控制自己，失控; **am Rande + Gen** (二格) **stehen** in großer Gefahr sein, etw. Negatives zu erleben 处在…的边缘〈am Rande des Grabes, Ruins, Wahnsinns stehen 一只脚已踏入坟墓，即将崩溃(破产)，简直要发疯了〉; **j-n an den R. + Gen** (二格) **bringen** j-n in die genannte Gefahr bringen 使某人濒临(危险)〈j-n an den R. des Grabes/Todes, des Ruins, der Verzweiflung bringen 使某人濒临死亡(濒危)、破产、绝望〉; *mst* 多用 **Halt den R.!** *gespr!* [粗] sei still! 安静点! ‖ NB (注意): ↑ **zurande**

Ran·da·le *die*; -; *nur Sg* (只用单数); *mst in* 多用于 **R. machen** *gespr* [口] ≈ randalieren

ran·da·lie·ren; *randalierte*, *hat randaliert*; [Vi] (不及物) Lärm machen, andere Leute stören u. Sachen mit Absicht beschädigen 闹事，滋事: *randalierende Fans* 闹事的球迷 ‖ *hierzu* (派生) **Ran·da·lie·rer** *der*; *-s*, -

Rand·grup·pe *die*; e-e Gruppe von Menschen, die nicht von der Gesellschaft akzeptiert wird u. somit isoliert lebt (孤立于社会之外的)边缘群体

-ran·dig *im Adj*, *wenig produktiv* (构成形容词，构词弱); mit der genannten Art von Rand 边的; **breitrandig, glattrandig, schmalrandig**

rand·los *Adj* (形); ohne Rahmen, ohne Einfassung 无框的〈e-e Brille 眼镜〉

Rand·stein *der*; *südd* Ⓐ Ⓒⓗ [南德][奥][瑞] ≈ Bordstein

Rand·strei·fen *der*; der äußere Teil der Straße (*bes* bei e-r Autobahn), auf dem man nicht fahren, bei e-r Panne aber das Auto abstellen darf 边道，故障停车道

rand·voll *Adj* (形); 〈ein Auto, ein Glas, ein Programm 汽车，玻璃杯，节目〉 so, dass nichts anderes mehr darin Platz hat 满满的

rang *Imperfekt*, *1. u. 3. Person Sg* (过去时，第一和第三人称单数); ↑ **ringen**

Rang *der*; *-(e)s*, *Rän·ge* **1.** e-e bestimmte Stufe in e-r Ordnung (Hierarchie), die durch soziale od. dienstliche Wichtigkeit gekennzeichnet ist 级别，等级 ≈ Stellung (3) 〈e-n hohen, niedrigen R. haben, einnehmen, bekleiden 具有、身居、担任高级、低级职位〉: *der R. e-s Leutnants* 少尉级; *Sie steht im R. e-r Ministerin* 她是部长级 ‖ K-(复合): **Rang-, -abzeichen, -folge, -höchste(r), -höhere(r), -ordnung, -stufe, -unterschied; rang-, -höchst-, -niedrigst-** ‖ -K(复合): **Dienst-; Generals-, Offiziers- 2.** *nur Sg* (只用单数); verwendet, um die Qualität od. den Stellenwert von j-m/etw. einzustufen 等级，地位，名声: *ein Komponist vom R. Beethovens* 一位与贝多芬齐名的作曲家 **3.** der Platz, den man in e-m Wettkampf erreicht 名次，排名: *den ersten/letzten R. belegen* 获第一名、最后一名 **4.** der hintere u. höher liegende Teil des Raumes, in dem man im Kino od. Theater sitzt (影剧院)楼座 ‖ ↑ *Abb. unter* 图见 **Theater 5. von R.** mit e-m hohen Wert, R. (2)上

流的，上层的，有名望的：*ein Schriftsteller von R.* 一位上流的作家，有名望的作家 **6. ersten Ranges** von großer Bedeutung 一流的，头号的：*ein Skandal ersten Ranges* 头号丑闻 ‖ ID［谚］**j-m den R. ablaufen** bessere Leistungen bringen als j-d 把某人比下去，赛过某人 ≈ j-n überflügeln；**alles, was R. u. Namen hat** sehr viele bekannte Leute 名流 ≈ die Prominenz；**zu R. u. Würden kommen** bekannt u. einflussreich werden 出名，成名 ‖ *zu*（义项）**1., 2.** u. **3. rang·gleich** *Adj*（形）；**rang·mäßig** *Adv*（副）

Ran·ge *die*; *-, -n*; ein lebhaftes u. freches Kind 淘气鬼，顽皮的孩子

ran·ge·hen; *ging ran, ist rangegangen*; Vi *gespr*（不及物）［口］**1. an etw.**（*Akk* 四格）**r.** ≈ an etw. herangehen **2.** sich ohne Zweifel od. Zögern bemühen, ein Ziel zu erreichen（毫不犹豫）说干就干：*Er hat sie gerade erst kennengelernt u. gleich zum Essen eingeladen. Der geht ganz schön ran!* 他刚认识她不久，就请她吃饭，这个人干得真不赖！

ran·geln; *rangelte, hat gerangelt*; Vi（不及物）（**mit j-m**）（**um etw.**）**r.** *gespr*［口］; mit j-m kämpfen, ohne ihm wehtun zu wollen 打闹，争抢 ≈（sich）um etw. raufen, balgen：*Die Kinder rangelten um die besten Plätze* 孩子们争抢最好的座位

ran·gie·ren [raŋˈʒiːrən]; *rangierte, hat rangiert*; Vt/i（及物/不及物）**1.**（**etw.**）**r.** Eisenbahnwagen auf ein anderes Gleis bringen, *bes* um neue Züge zusammenzustellen 进行列车编组，调车 ‖ K-（复合）：**Rangier-, -bahnhof, -gleis, -lok**；Vi（不及物）**2. irgendwo r.** e-n bestimmten Rang (2), e-e bestimmte Bedeutung haben 排列、排位、排名在：*Der Urlaub rangiert auf der Prioritätsliste vieler Deutschen ganz oben* 度假在许多德国人优先考虑的清单上位居前列

ran·hal·ten（*hat*）*gespr*［口］；Vt（及物）**1. etw. r.** ≈ heranhalten；Vr（反身）**2. sich**（**mit etw.**）**r.** ≈ sich（mit e-r Arbeit）beeilen：*Wenn wir uns*（*mit der Arbeit*）*r., werden wir rechtzeitig fertig* 假如我们赶紧干（这活儿），会及时完成的 **3. sich r.** viel essen（多多地）吃：*Haltet euch ordentlich ran, es ist genug da* 你们好好吃吧，有的是

rank *Adj*（形）；*mst in* 多用于 **r. u. schlank** sehr schlank 很苗条的，清瘦的，修长的

Ran·ke *die*; *-, -n*; ein langer, dünner u. biegsamer Teil e-r Pflanze, mit dem sie sich irgendwo festhält（植物的）卷须，蔓：*die Ranken des Efeus, der Erbse, des Weines* 常青藤、豌豆、葡萄的卷须 ‖ K-（复合）：**Ranken-, -gewächs** ‖ -K（复合）：**Blatt-, Blumen-, Bohnen-, Brombeer-, Efeu-, Hopfen-, Kürbis-, Wein-**

Rän·ke *die*; *Pl*（复）; *nur in* 只用于 **R. schmieden** *lit*［文］；（heimlich）Pläne machen, um j-m zu schaden 搞阴谋诡计 ≈ intrigieren ‖ K-（复合）：**Ränke-, -schmied**

ran·ken; *rankte, hat/ist gerankt*; Vi（不及物）（*ist*）**1. etw. rankt irgendwo** etw. wächst an e-r Stelle u. hält sich mit Ranken fest（物作主语）攀缘，蔓生〈Pflanzen 植物〉；Vr（反身）（*hat*）**2. etw. rankt sich irgendwohin** etw. wächst an etw. entlang od. in die Höhe（物作主语）向…攀缘生长：*An der Mauer rankt sich Efeu in die Höhe* 常青藤贴着围墙攀缘向上 **3. etw. rankt sich um j-n/etw.** *geschr*［书］；etw. existiert in Zusammenhang mit j-m/etw.（物作主语）围绕…展开〈Erzählungen, Geschichten, Legenden 短篇小说，故事，传奇〉：*Viele Geschichten ranken sich um König Ludwigs Tod* 许多故事都围绕国王路德维希之死展开

ran·krie·gen（*hat*）Vt *gespr*（及物）［口］**1. j-n r.** j-m e-e schwere Arbeit geben 给…出难题 **2. j-n r.** j-n zwingen, e-n Schaden wiedergutzumachen 迫使赔偿损失 **3. j-n r.** ≈ hereinlegen

ran·las·sen（*hat*）Vt（及物）**1. j-n/ein Tier**（**an j-n/etw.**）**r.** *gespr*［口］; zulassen, dass j-d/ein Tier in die Nähe e-r Person/Sache kommt 让…靠近、接近 **2. j-n r.** *gespr*［口］; j-m Gelegenheit geben zu zeigen, was er kann 给某人机会（证明自己的能力）

ran·ma·chen（*hat*）*gespr*［口］; Vt（及物）**1. etw.**（**irgendwohin**）**r.** etw. irgendwo befestigen 把…固定在；Vr（反身）**2. sich an j-n r.** ≈ sich an j-n heranmachen **3. sich r.** ≈ sich beeilen

ran·müs·sen; *muss ran, musste ran, hat rangemusst*; Vi *gespr*（不及物）［口］**1.** ≈ heranmüssen **2.**（viel）arbeiten müssen 必须干活

rann *Imperfekt, 3 Person Sg*（过去时，第三人称单数）；↑ **rinnen**

rann·te *Imperfekt, 1. u. 3. Person Sg*（过去时，第一和第三人称单数）；↑ **rennen**

ran·schmei·ßen, sich（*hat*）Vr（反身）**sich an j-n r.** *gespr pej*［口］［贬］; auf jede Weise versuchen, j-s Freund zu werden 跟…套近乎，想方设法讨好

Ran·zen *der*; *-s, -* **1.** e-e Art Tasche, die ein Schüler auf dem Rücken trägt（背包式）书包〈den R. packen, tragen 整理、背着书包〉‖ -K（复合）：**Leder-, Schul- 2.** *gespr pej*［口］［贬］; ein *mst* dicker Bauch 啤酒肚，大肚皮 ‖ ID［谚］**sich**（*Dat* 三格）**den R. vollschlagen** *gespr!*［粗］; viel essen 吃撑肚子

ran·zig *Adj*（形）; so, dass das Fett darin alt ist u. schlecht riecht u. schmeckt 有哈喇味的〈Butter, Nüsse, Öl 黄油，果仁，油〉

ra·pid, ra·pi·de *Adj*（形）; ≈ sehr schnell, rasant ↔ allmählich〈ein Anstieg, e-e Entwicklung, e-e Veränderung, ein Wachstum 上升，发展，变化，增长〉

Rap·pe *der*; *-n, -n*; ein schwarzes Pferd 黑（色）马 ↔ Schimmel ‖ NB（注意）：*der Rappe; den, dem, des Rappen*

Rap·pel *der*; *-s*; *nur Sg*, *gespr*（只用单数）［口］; ein（nervöser）Zustand, in dem j-d für kurze Zeit unvernünftige Dinge tut 精神失常，神经质，疯疯癫癫〈e-n R. kriegen, haben 产生精神失常，有神经质〉

R

rap·peln; *rappelte*, *hat gerappelt*; Vi (不及物) ***etw.* rappelt** *gespr* [口]≈ etw. klappert ‹der Wecker 闹钟›

Rap·pen *der*; *-s*, *-*; die kleinste Einheit des Geldes in der Schweiz 生丁(瑞士货币的最小单位); *Abk* 缩写 Rp: *Ein Franken hat 100 Rappen* 一瑞士法郎合100生丁

Rap·port *der*; *-(e)s*, *-e*; e-e Meldung, die j-d *bes* beim Militär an e-n Vorgesetzten machen muss 报告,汇报 ‹ein schriftlicher, mündlicher R. 一份书面、口头汇报; e-n R. schreiben, machen 写、整理一份汇报; zum R. erscheinen 去作汇报; sich zum R. melden 请求报告›

rar, *rarer*, *rarst-*; *Adj* (形) **1.** nicht oft vorkommend 少见的,稀有的≈ selten: *Eulen sind in unseren Wäldern inzwischen rar geworden* 我们的树林里猫头鹰现在很少见了 ‖ NB(注意): *selten* wird häufiger verwendet als *rar* (*selten* 比 *rar* 更常用) **2.** *nur präd*, *nicht adv* (只作表语,不作状语); nicht in genügender Menge vorhanden 短缺,紧缺≈ knapp ‹Lebensmittel, Rohstoffe 食品,原料›

Ra·ri·tät *die*; *-*, *-en* **1.** ein Gegenstand, von dem es nur wenige Stücke gibt u. der deshalb wertvoll ist 珍品,稀世珍品 ‹Raritäten sammeln 收藏珍品› **2.** das seltene Vorkommen von etw. 少有的事,罕见的事≈ Seltenheit

rar·ma·chen, sich; *machte sich rar*, *hat sich rargemacht*; Vr (反身) **sich** (**bei** ***j-m***) ***r.*** *gespr* [口]; weniger Kontakt zu j-m haben als früher, *bes* weil man keine Zeit od. Lust mehr dazu hat 减少(与某人的)联系、交往

ra·sant, *rasanter*, *rasantest-*; *Adj* (形) **1.** sehr schnell 飞快的,迅速的,飞速的 ‹e-e Fahrt, ein Tempo, ein Sportwagen 行驶,速度,赛车; e-e Entwicklung, ein Wachstum 发展、增长›: *das rasante Wachstum der industriellen Produktion* 工业生产的飞速增长 **2.** *gespr* [口]; ‹e-e Musik 音乐› in aufregender Weise schön 扣人心弦的,感人肺腑的,荡气回肠的 ‖ *hierzu* (派生) **Ra·sanz** *die*; *-*; *nur Sg* (只用单数)

rasch, *rascher*, *raschest-*; *Adj* (形); so, dass ein Vorgang od. e-e Handlung nur kurze Zeit dauert 快速的,快的,迅速的≈ schnell ↔ langsam: *e-e rasche Auffassungsgabe haben* 具有快速的理解能力; *rasche Fortschritte machen* 取得飞速的进步; *Ich gehe nur r. Zigaretten holen, ich bin gleich wieder da* 我只是跑去买烟,马上就回来 ‖ *hierzu* (派生) **Rasch·heit** *die*; *nur Sg* (只用单数)

ra·scheln; *raschelte*, *hat geraschelt*; Vi (不及物) **1.** ***etw.* raschelt** etw. macht das Geräusch, das man hört, wenn der Wind trockene Blätter bewegt (物作主语)簌簌作响,发出沙沙声 ‹das Laub, das Stroh, die Seide 树叶,秸秆,丝绸; etw. r. hören 听到某物簌簌作响› **2.** ***mit etw. r.*** etw. so bewegen, dass es raschelt (1)使发出沙沙声、簌簌作响

ra·sen¹; *raste*, *hat gerast*; Vi (不及物) (***vor etw.*** (*Dat* 三格)) ***r.*** wütend u. laut sprechen u. sich dabei wild benehmen 大发雷霆,发怒,吼叫 ≈ toben, wüten ‹vor Wut, Zorn, Eifersucht, Schmerzen r. 气得暴跳如雷,气炸了,忌妒得火冒三丈,疼得直叫; j-n zum Rasen bringen 令某人大发雷霆›

ra·sen²; *raste*, *ist gerast*; Vi (不及物) **1.** (***irgendwohin***) ***r.*** sehr schnell fahren od. laufen 飞驰,疾驰;疾步行走,奔跑: *Das Auto raste in die Zuschauer* 汽车朝观众冲去; *Wir rasten von e-m Geschäft zum anderen* 我们从一家商店赶到另一家(商店) **2.** ***die Zeit rast*** die Zeit vergeht sehr schnell 光阴似箭(日月如梭) **3.** ***der Puls / das Herz rast*** der Puls/das Herz schlägt sehr schnell 脉膊/心脏急速跳动 ‖ *zu* (义项) **1. Ra·ser** *der*; *-s*, *-*; **Ra·se·rin** *die*; *-*, *-nen*; *gespr pej* [口][贬]

Ra·sen *der*; *-s*, *-*; *mst Sg* (只用单数); (*bes* in Gärten u. Parks) e-e Fläche mit dichtem, kurzem Gras 草坪,草地 ‹ein gepflegter R. 一片精心护养的草坪; den R. mähen, sprengen 修剪草坪,给草坪浇水› ‖ NB(注意): ↑ ***Wiese***

Ra·sen·mä·her *der*; *-s*, *-*; ein Gerät, mit dem man den Rasen mäht 剪草机 ‖ -K(复合): ***Benzin-***, ***Elektro-***

Ra·sen·spren·ger *der*; *-s*, *-*; ein Gerät, das Wasser verspritzt u. so den Rasen feucht hält 草坪喷灌机

Ra·se·rei¹ *die*; *-*; *nur Sg* (只用单数); das Toben (aus Wut) 暴怒,大发雷霆 ‹in R. geraten 动怒,发怒; j-n zur R. bringen 令某人大发雷霆; ein Anfall von R. 勃然大怒›

Ra·se·rei² *die*; *-*; *nur Sg*, *gespr pej* (只用单数)[口][贬]; sehr schnelles u. unvorsichtiges Fahren 开车横冲直撞

Ra·sier·ap·pa·rat *der*; ein Gerät zum Rasieren 剃须刀(具)

ra·sie·ren; *rasierte*, *hat rasiert*; Vt (及物) ***j-n / sich r.***; (***j-m / sich***) ***etw. r.*** mit e-r Klinge od. mit e-m elektrischen Gerät j-s/die eigenen Barthaare entfernen 给…剃、刮胡子;(给…)剃、刮掉 ‹j-n/sich nass, trocken r. 给某人/自己湿刮、干剃胡子; j-m/sich den Bart r. 给某人/自己把胡子剃掉›: *Ich rasiere mich nicht mehr – ich will mir e-n Bart wachsen lassen* 我不再剃胡子了,我想蓄须 ‖ K-(复合): ***Rasier-***, ***-creme***, ***-messer***, ***-schaum***, ***-pinsel***, ***-seife***, ***-zeug*** ‖ *zu* ***Rasierpinsel*** ↑ *Abb.* *unter* 图见 ***Pinsel*** ‖ ▶ ***Rasur***

Ra·sie·rer *der*; *-s*, *-*; *gespr* [口]≈ Rasierapparat

Ra·sier·klin·ge *die*; ein kleines, sehr dünnes Stück Metall mit scharfen Kanten zum Rasieren 剃须刀片

Ra·sier·was·ser *das*; e-e Flüssigkeit (die Alkohol enthält u. angenehm riecht), die man nach dem Rasieren aufs Gesicht tut 剃须(后用的)香露,凉爽液 ≈ Aftershave

Rä·son [rɛˈzõː] *die*; *-*; *nur Sg* (只用单数) **1.** ***zur R. kommen***; (***wieder***) ***R. annehmen*** sich wieder so vernünftig verhalten, wie es von einem erwartet wird (nachdem man vorher unvernünftig war) 变得明白事理(明智、清醒); (重又)恢复理智 **2.** ***j-n zur R. bringen*** be-

R

wirken, dass sich j-d wieder so (vernünftig) verhält, wie man es von ihm erwartet 使重新明白事理、变得明智、头脑清醒、恢复理智

rä·so·nie·ren; *räsonierte, hat räsoniert*; [Vi] (不及物) (**über etw.** (*Akk* 四格)) *r. gespr* [口] ≈ nörgeln, schimpfen: *Er räsoniert ständig* (darüber), *wie böse alle Menschen sind* 他总是抱怨所有的人都那么恶劣

Ras·pel[1] *die*; -, -*n* **1.** ein Gerät aus Metall mit e-r rauen Oberfläche, mit dem man etw. reibt, um sehr kleine Stücke daraus zu machen 礤床儿,擦菜板 ≈ Reibe ⟨Äpfel, Käse, Möhren, Schokolade mit e-r R. zerkleinern 用礤床儿擦苹果、奶酪、胡萝卜、巧克力⟩ **2.** e-e grobe Feile, mit der man Holz, Metall *usw* bearbeitet 粗(齿)锉 ‖ -K(复合): ***Holz-***; ***Tischler-***

Ras·pel[2] *der*; -*s*, -*n*; *mst Pl* (多用复数); ein kleines Stück Apfel, Käse, Schokolade *o.Ä.*, das man mit e-r Raspel[1] (1) gemacht hat (用礤床儿擦出的细短)丝,末 ‖ -K(复合): ***Kokos-***, ***Schoko-***

ras·peln; *raspelte, hat geraspelt*; [Vt/i] (及物/不及物) **1.** (**etw.**) *r.* etw. mit e-r Raspel[1] (1) klein machen (用礤床儿)擦,刮 ⟨Äpfel, Schokolade, Nüsse, Karotten r. 擦苹果、巧克力、果仁、胡萝卜; etw. grob, fein r. 把某物擦成粗条、细丝(末)⟩ **2.** (**etw.**) *r.* etw. mit e-r Raspel[1] (2) bearbeiten 锉⟨Holz r. 锉木头⟩

Ras·se *die*; -, -*n* **1.** eine der großen Gruppen, in die man die Menschen einteilt, u. die sich *bes* durch die Hautfarbe unterscheiden 人种 ⟨die schwarze, gelbe, weiße, rote R. 黑、黄、白、红种人⟩ ‖ K-(复合): ***Rassen-***, ***-hass***, ***-hetze***, ***-ideologie***, ***-integration***, ***-konflikt***, ***-merkmal***, ***-unterschied***, ***-wahn*** ‖ -K(复合): ***Menschen-*** **2.** e-e Gruppe von Tieren, die sich durch bestimmte Merkmale von anderen Tieren (derselben Art) unterscheiden (动物)种,物种,品种⟨e-e neue R. (von Kühen, Hunden *usw*) züchten 培育一个新品种(奶牛、狗等); zwei Rassen (miteinander) kreuzen 将两个品种杂交⟩ ‖ -K(复合): ***Hühner-***, ***Hunde-***, ***Pferde-***, ***Tier-*** **3.** *gespr* [口]; e-e Gruppe von Menschen, deren Verhalten man seltsam u. fremd findet (行为举止不同寻常的)人,类型⟨e-e seltsame, merkwürdige R. 不寻常的、古怪的人⟩ **4.** ***die menschliche R.*** alle Menschen (im Gegensatz zu den Tieren) 人类,人≈ Menschheit **5.** ***R. haben*** *gespr* [口]≈ rassig sein

Ras·se- *im Subst, nicht produktiv* (构成名词,非构词型); verwendet, um ein Tier zu bezeichnen, das keine Mischung aus verschiedenen Rassen (2) ist 纯种…; der ***Rassehund***, die ***Rassekatze***, das ***Rassepferd*** ‖ NB(注意): ↑ ***reinrassig***

Ras·sel *die*; -, -*n*; ein einfaches Spielzeug für Babys, das ein rasselndes Geräusch macht (摇动时发出沙沙响声的幼儿玩具)摇珠 ‖ -K(复合): ***Baby-***

Ras·sel·ban·de *die*; *gespr* [口]; mehrere Kinder, die gern Lärm machen (u. Streiche spielen) 闹哄哄的一帮子(孩子)

ras·seln; *rasselte, hat/ist gerasselt*; [Vi] (不及物) **1.** ***etw. rasselt*** (*hat*) etw. macht die harten, schnellen Geräusche, die *z.B.* entstehen, wenn e-e Kette bewegt wird (物作主语)链条发出叮当响声 **2.** ***mit etw. rasseln*** (*hat*) mit etw. die Geräusche machen, die *z.B.* entstehen, wenn e-e Kette bewegt wird …发出叮当响声,使郎当作响 **3.** ***etw. rasselt*** (*hat*) etw. läutet (物作主语)发出叮叮铃声⟨der Wecker 闹钟⟩ **4.** ***etw. rasselt irgendwohin*** (*ist*) etw. fährt u. macht dabei die Geräusche, die entstehen, wenn *z.B.* e-e Kette bewegt wird (物作主语)轰隆隆地驶向⟨ein Panzer 坦克⟩ **5.** ***durch etw. r.*** (*ist*) *gespr* [口]; e-e Prüfung nicht bestehen (考试)考砸了,未通过,不及格≈ durchfallen ⟨durchs Abitur, durch das Examen r. 文理中学毕业考试、大学毕业考试考砸了⟩

Ras·sen·dis·kri·mi·nie·rung *die*; *nur Sg* (只用单数); die schlechtere Behandlung von Menschen wegen ihrer Hautfarbe *o.Ä.* 种族歧视

Ras·sen·tren·nung *die*; *nur Sg* (只用单数); die Praxis, Menschen verschiedener Rassen im öffentlichen Leben (*z.B.* in Schulen) zu trennen u. nicht nach dem gleichen Recht zu behandeln 种族隔离

Ras·sen·un·ru·hen *die*; *Pl* (复); (*mst* gewaltsame) politische Aktionen von Menschen, die wegen ihrer Rasse schlechter behandelt werden als andere 种族骚乱

ras·sig *Adj* (形); *nicht adv. gespr* (不作状语) [口] **1.** ⟨e-e Frau 女士⟩ schön u. voller Temperament 感情奔放的,热情的,性格开朗的 **2.** ⟨ein Auto 小汽车⟩ schön u. schnell 又快又好的,高级的

Ras·sis·mus *der*; -; *nur Sg*, *pej* (只用单数) [贬]; die Ideologie, die besagt, dass Menschen der einen Rasse besser sind als die e-r anderen 种族主义 ‖ *hierzu* (派生) **Ras·sist** *der*; -*en*, -*en*; **Ras·sis·tin** *die*; -, -*nen*; **ras·sis·tisch** *Adj* (形)

Rast *die*; -, -*en*; *mst Sg* (多用单数); e-e Pause, die man *bes* bei Wanderungen macht 休息,歇息,歇脚⟨(e-e) R. machen 休息,歇脚; sich (*Dat* 三格) e-e, keine R. gönnen 让自己,不让自己歇息⟩ ‖ ID[谚] ***ohne R. u. Ruh*** ohne Pause 一刻不停地,马不停蹄地

ras·ten; *rastete, hat gerastet*; [Vi] (不及物) beim Wandern e-e Pause machen 歇息,歇脚,停歇 ‖ ID[谚] ***Wer rastet, der rostet*** verwendet, um j-n aufzufordern weiterzumachen 功不习,则荒疏

Ras·ter[1] *der*; -*s*, -; TECH【技】; ein Gerät, mit dem man (beim Drucken) ein Bild in einzelne Punkte aufteilt 网屏,网版⟨ein feiner, grober R. 网纹细密、稀疏的网版⟩ ‖ -K(复合): ***Farb-***, ***Linien-***, ***Punkt-***

Ras·ter[2] *der*, *das*; -*s*, -; ein System von Begriffen, in das j-d das, was er sieht, erlebt, hört *usw*, einordnet 概念范畴、类别⟨etw. in

R

ein/e-n R. einordnen 把某事归入一个类别；aus e-m R. herausfallen 不归这一类；in kein/keinen R. passen 归不上类，对不上号〉

Rast·haus *das* ≈ Raststätte

rast·los *Adj*（形）**1.**〈ein Mensch 人〉so, dass er nie e-e Pause macht 一刻不停的，不知疲倦的 ≈ ununterbrochen, unermüdlich：*r. arbeiten* 一刻不停地工作 **2.** sehr aktiv u. unruhig 忙个不停的，繁忙的〈das Treiben der Stadt 城市的繁忙景象；Augen 眼睛〉‖ *hierzu*（派生）**Rast·lo·sig·keit** *die*；*nur Sg*（只用单数）

Rast·platz *der* **1.** ein Platz, an dem man während e-r Wanderung e-e Pause machen kann（徒步旅行中的）歇脚处 **2.** ein Parkplatz an e-r Autobahn (mit e-m Gasthaus)（高速公路旁的）停车休息处

Rast·stät·te *die*；e-e Art Gasthaus an e-r Autobahn（高速公路旁的）餐饮客店

Ra·sur *die*；-，*-en* **1.** das Rasieren ‖ -K（复合）：**Elektro-**，**Nass-**，**Trocken-** **2.** die Art, wie j-d/etw. rasiert ist 剃须、刮胡子、修面的方式〈e-e glatte, schlechte R. 修面光洁、粗糙〉

Rat[1] *der*；-(*e*)*s*；*nur Sg*（只用单数）；das, was man (aufgrund seiner Erfahrung od. Kenntnisse) j-m sagt, damit er weiß, was er tun soll（为别人出的）点子，主意，良策，建议，忠告 ≈ Ratschlag〈ein wohlgemeinter, fachmännischer, ehrlicher Rat 善意的、内行的、真诚的点子；j-m e-n Rat geben, erteilen 给某人出主意；j-n um Rat fragen, bitten 向某人征询、请求提出建议、忠言；j-s Rat (ein)holen, befolgen 征求、采纳某人的主意；e-m Rat folgen 采纳一个建议；auf j-s Rat hören 听从某人的劝告；auf j-s Rat hin (etw. tun) 按照某人的建议（做某事）〉：*Mein Rat wäre, mit dem Zug statt mit dem Auto zu fahren* 我的主意是不坐汽车改坐火车 ‖ NB（注意）：als Plural wird *Ratschläge* verwendet（复数为 Ratschläge）‖ ID［谚］**sich**（*Dat* 三格）**keinen Rat**（**mehr**）**wissen** nicht mehr wissen, was man tun soll 一筹莫展；**j-m mit Rat u. Tat zur Seite stehen** j-m helfen, so gut man kann 全力帮助某人；*mst* 多用 **Da ist guter Rat teuer** da ist es schwierig, e-e Lösung zu finden 良策难求 ‖ NB（注意）：↑ **zurate**

Rat[2] *der*；-(*e*)*s*，*Rä·te*；**1.** e-e Gruppe von Menschen, die in e-r Organisation *o. Ä.* bestimmte Probleme diskutieren u. dann entscheiden 参议会，顾问委员会，理事会〈den Rat einberufen 召开参议会；j-n in den Rat wählen 把某人选入参议会；im Rat sitzen 在参议会任职〉‖ K-（复合）：**Rats-**，**-beschluss**，**-mitglied**，**-sitzung**，**-vorsitzende**(**r**) ‖ -K（复合）：**Aufsichts-**，**Betriebs-**，**Familien-**，**Gemeinde-**，**Kirchen-**，**Minister-**，**Revolutions-**，**Stadt-** **2.** j-d, der Mitglied e-s Rates[2] (1) ist 参议员，委员，理事 **3.** *nur Sg*（只用单数）；der Titel e-s ziemlich hohen Beamten 顾问，参事，参议 ‖ -K（复合）：**Amts-**，**Regierungs-**，**Studien-** **4. der Große Rat** das Parlament e-s Schweizer Kantons（瑞士）州议会 **5 die eidgenössischen Räte** das Schweizer Parlament (Nationalrat u. Ständerat)瑞士（两院制）联邦议会 **6. Rat für Gegenseitige Wirtschaftshilfe** *hist*［历］≈ Comecon；*Abk* 缩写 RGW ‖ *zu*（义项）**2.** u. **3. Rä·tin** *die*；-，*-nen*

rät *Präsens*, *3 Person Sg*（现在时，第三人称单数）；↑ **raten**

Ra·te *die*；-，*-n*；e-e von vielen Teilzahlungen, die man so lange leistet, bis die volle Summe bezahlt ist（分期付款的）期、款项、额〈etw. auf Raten kaufen 分期付款购买某物；etw. in Raten abzahlen, bezahlen, zahlen 某物分期付款〉：*die letzte R. e-r Schuld zahlen* 支付分期债务的最后一笔；*Sie zahlt ihr Auto in monatlichen Raten von/zu 150 Euro ab* 她购买小汽车每月分期付款 150 欧元 ‖ -K（复合）：**Abzahlungs-**，**Bank-**，**Monats-** ‖ *hierzu*（派生）**ra·ten·wei·se** *Adj*（形）；*mst adv*（多作状语）

-ra·te *die*；*im Subst*, *begrenzt produktiv*（构成名词，构词有限）；verwendet, um die Häufigkeit e-s bestimmten Phänomens (*mst* in Prozent) auszudrücken …率（常以百分比计）；**Abtreibungsrate**，**Geburtenrate**，**Inflationsrate**，**Sterblichkeitsrate**，**Wachstumsrate**，**Zuwachsrate**

ra·ten[1]；*rät*，*riet*，*hat geraten*；**Vi**（不及物）**j-m zu etw. r.** j-m (aufgrund seiner Erfahrung) sagen, was er in e-r bestimmten Situation tun soll 劝告，建议 ≈ j-m etw. empfehlen, vorschlagen：*Der Arzt hat ihr zu e-r Kur geraten* 医生曾建议她去疗养；*Ich habe ihm geraten, neue Reifen zu kaufen* 我曾劝他买新轮胎 ‖ ID［谚］*mst* 多用 **Lass dir das geraten sein!** *gespr*［口］；verwendet, um e-e Aufforderung mit e-r Drohung zu verbinden 我可要奉劝你！；*mst* 多用 **Das möchte ich dir auch geraten haben!** *gespr*［口］；verwendet, um e-e Drohung auszudrücken für den Fall, dass j-d doch nicht tut, was er gerade versprochen hat *o. Ä.* 可不许出尔反尔；**j-m ist nicht zu r.** j-d hört auf keinen Rat[1] 某人听不进劝告 ‖ ▶ **anraten**，**beraten**

ra·ten[2]；*rät*，*riet*，*hat geraten*；**Vt/i**（及物/不及物）（**etw.**）**r.** versuchen, e-e richtige Antwort od. ein richtiges Urteil zu geben, obwohl man kein genaues Wissen von e-r Sache hat 猜，猜测 ≈ schätzen[1] (1)〈richtig, gut, falsch, schlecht r. 猜得正确、好、不对、糟糕〉：*Ich habe keine Ahnung, wie viel du für das Auto gezahlt hast, aber lass mich mal r.* 我不知道你买这辆汽车花了多少钱，让我猜猜看吧；*Er hat die Antwort nur geraten* 这个答案他只是猜的 ‖ K-（复合）：**Rate-**，**-spiel** ‖ -K（复合）：**Rätsel-** ‖ ID［谚］*mst* 多用 **rat mal**（...）*gespr*［口］；verwendet, um j-s Interesse zu wecken, bevor man etw. erzählt 你猜猜看（…）：*Rat mal, wen ich gestern gesehen habe!* 你猜猜，我昨天看到谁了！；**Dreimal darfst du r.** *gespr*［口］；verwendet, um auszudrücken, dass nur eine Antwort in Frage kommt 这还不明白，你一猜就猜出来了 ‖ *hierzu*（派生）**Ra·ter** *der*；*-s*，*-* ‖ ▶ **erraten**，**Rätsel**

R

Ra·ten·kauf *der*；ein Geschäft，bei dem man die gekaufte Ware in Raten zahlt（以）分期付款（方式）购买‖ *hierzu*（派生）**Ra·ten·käu·fer** *der*

Ra·ten·zah·lung *die* **1.** das Zahlen e-r（fälligen）Rate 支付（到期的）分期款额〈e-e R. leisten 支付一笔期款〉**2.** das Zahlen in Raten 分期付款↔ Barzahlung〈etw. auf R. kaufen 分期付款购买某物〉

Rat·ge·ber *der*；*-s*，*-* **1.** j-d，der anderen Leuten gute Ratschläge gibt 出主意者，劝告者，顾问，谋士，咨询人员 **2.** ***ein R.*（*für etw.*）** ein kleines Buch，in dem man Tipps u. Informationen über etw. findet 指南，入门，手册：*ein R. für den Garten* 一本园艺指南 ‖ *zu*（义项）**1. Rat·ge·be·rin** *die*；*-*，*-nen*

Rat·haus *das*；das Gebäude，in dem der Bürgermeister u. die Verwaltung e-s Ortes sind 市政厅，市府大楼‖ K-(复合)：***Rathaus-***，***-platz***，***-saal***，***-turm***

ra·ti·fi·zie·ren；*ratifizierte*，*hat ratifiziert*；Vt（及物）*mst* 多用 ***das Parlament ratifiziert etw.*** das Parlament bestätigt e-n（bereits unterzeichneten）internationalen Vertrag（国会，议会）批准，通过：*Der Friedensvertrag wurde von den Parlamenten beider Staaten ratifiziert* 和平条约已经两国国会通过‖ *hierzu*（派生）**Ra·ti·fi·ka·ti·on** *die*；*-*，*-en*；**Ra·ti·fi·zie·rung** *die*

Ra·tio [ˈraːtsio] *die*；*-*；*nur Sg*，*geschr*（只用单数）[书]≈ Vernunft

Ra·ti·on [raˈtsioːn] *die*；*-*，*-en* **1.** die Menge *bes* an Lebensmitteln，die jeder für e-e bestimmte Zeit bekommt（weil die Vorräte knapp sind）（尤为食品供应的）定量，配给量〈e-e R. Brot，Fleisch 一份定量面包、肉；die Rationen kürzen，erhöhen 减少、增加定量；Rationen zuteilen 分发配给〉‖ -K（复合）：***Brot-***，***Fett-***，***Fleisch-***；***Tages-*** **2.** ***die eiserne R.*** *gespr hum*［口］［诙］；Lebensmittel，die man nur im äußersten Notfall essen will 应急食品，备用粮 **3.** ***j-n auf halbe R. setzen*** *gespr hum*［口］［诙］；j-m weniger zu essen geben（damit er Gewicht verliert）（为了减轻体重）减少某人食量，给某人吃半饱‖ ▶ ***rationieren***

ra·ti·o·nal [ratsio-]；*Adj*（形）；vom Verstand u. nicht von Gefühlen geleitet 理性的，理智的，合情合理的 ↔ irrational，emotional〈r. denken，handeln 理智地思维、行事；ein r. denkender Typ sein 是个理智型的人〉：*e-e rationale Entscheidung fällen* 作出一理智的决定 ‖ *hierzu*（派生）**Ra·ti·o·na·lis·mus** *der*；*-*；*nur Sg*（只用单数）；**Ra·ti·o·na·list** *der*；*-en*，*-en*；**Ra·ti·o·na·li·tät** *die*；*-*；*nur Sg*（只用单数）

ra·ti·o·na·li·sie·ren [ratsio-]；*rationalisierte*，*hat rationalisiert*；Vt/i（及物/不及物）**1.**（***etw.***）***r.*** in e-m Betrieb weniger Leute u. *mst* mehr Maschinen für die Arbeit einsetzen（um Kosten zu sparen）使集约化，合理化〈e-n Betrieb，die Produktion，e-e Arbeit r. 使工厂、生产、工作集约化〉**2.**（***etw.***）***r.*** etw. so ändern，dass es rationeller wird 使（经济上）更合算、合理，优化 ‖ *hierzu*（派生）**Ra·ti·o·na·li·sie·rung** *die*

ra·ti·o·nell [ratsio-] *Adj*（形）；〈e-e Arbeitsweise，e-e Methode 工作方式，方法；r. arbeiten，wirtschaften 合理地工作、经营；die Arbeitskraft，seine Energie r. einsetzen 有效地投入劳动力、自己的精力〉so，dass mit wenig Kraft u. Material ein gutes Ergebnis erreicht wird 集约化的，有效的，合理的，经济的 ≈ effektiv，effizient

ra·ti·o·nie·ren [ratsio-]；*rationierte*，*hat rationiert*；Vt（及物）***etw. r.*** regeln，dass jeder nur e-e bestimmte，kleine Menge von etw. bekommt（weil nicht genug davon vorhanden ist）定量供应〈Lebensmittel r. 定量供应食品；Brot，Butter，Fleisch *usw* r. 定量供应面包、黄油、肉等；Benzin，Zigaretten r. 定量供应汽油、香烟〉：*Wegen der großen Hitze musste das Wasser rationiert werden* 由于酷热，水不得不定量供应

rat·los *Adj*（形）；〈r. sein，dastehen 束手无策，一筹莫展地站着；ein Blick，ein Achselzucken 目光，耸耸肩〉so，dass der Betroffene nicht weiß，was er tun soll 不知所措的，无可奈何的‖ *hierzu*（派生）**Rat·lo·sig·keit** *die*；*nur Sg*（只用单数）

rat·sam *Adj*（形）；*nur präd od adv*（只作表语或状语）；gut u. richtig 可取的，适当的，值得推荐的 ≈ empfehlenswert〈etw. für r. halten 认为某事是可取的〉：*Bei Regen ist es r.，e-n Schirm mitzunehmen* 下雨天还是带伞为好；*Ich halte es für r.，dass wir die Arbeit anders verteilen* 我认为把工作重新分配一下为好

ratsch! *Interjektion*（叹）；verwendet，um das Geräusch auszudrücken，das man hört，wenn j-d Papier od. Stoff zerreißt（表示撕纸、布的声音）哧啦，嗞

Rat·schlag *der* ≈ Rat[1] ‖ NB（注意）：*Ratschläge* wird als Plural zu dem Wort *Rat*[1] verwendet，das nur im Singular steht（Ratschläge 用作 Rat 的复数，Rat 只用作单数）：*j-m gute Ratschläge geben* 给某人出些好主意

Rät·sel *das*；*-s*，*-* **1.** e-e Art komplizierte Frage，bei der man raten[2] od. lange nachdenken muss，um die Antwort zu finden 疑难，问题〈ein leichtes，einfaches，schweres，schwieriges R. 容易的、简单的、难处理的，难解的问题；ein R. lösen，raten 解开、猜解难题；j-m ein R. aufgeben 给某人出难题；die Lösung des Rätsels wissen 知道难题的答案〉‖ K-(复合)：***Rätsel-***，***-frage*** **2.** ein Spiel mit solchen Fragen，das man in verschiedenen Formen *bes* in Zeitschriften findet 谜语，谜 ‖ K-(复合)：***Rätsel-***，***-ecke***，***-heft***，***-zeitschrift*** ‖ -K（复合）：***Bilder-***，***Kreuzwort-***，***Silben-***，***Zahlen-***；***Preis-*** **3.** etw.，das man nicht erklären kann 谜，谜团 ≈ Geheimnis（2）〈j-m ein R. sein，bleiben 对某人是、仍然是个谜〉：*Es ist mir ein R.，wo sie so lange bleibt* 这么长时间她究竟在哪里，对我来说是个谜 **4.** ***vor e-m R. stehen*** sich etw. nicht erklären können 困惑不解 **5** ***etw. gibt j-m Rätsel / ein R. auf*** etw. ist für

R

j-n ein Problem, ein R. (3)(物作主语)使某人费解,摸不着头脑 ‖ ID[谚] **in Rätseln sprechen / reden** sich so unklar ausdrüken, dass niemand weiß, wovon man spricht 说话含糊其辞、令人捉摸不透; *mst* 多用 **Das ist des Rätsels Lösung**! verwendet, um sein Staunen auszudrücken, wenn man plötzlich die Lösung od. Erklärung für etw. findet 原来这就是答案(谜底)!

rät.sel.haft *Adj* (形) **1.** 〈auf rätselhafte Weise, unter rätselhaften Umständen 神秘地,在困惑不解的情况下〉 so, dass man sie nicht erklären kann 神秘的,令人困惑不解的,捉摸不透的,莫名其妙的≈ mysteriös, geheimnisvoll **2.** **etw. ist j-m r.** etw. ist so, dass es j-d nicht verstehen kann(物作主语)对某人来说莫名其妙,无法理解: *Es ist mir absolut r., wie ich meine Uhr verlieren konnte* 我简直无法理解怎么会把自己的手表丢失的 ‖ *hierzu* (派生) **Rät·sel·haf·tig·keit** *die*; *nur Sg*(只用单数)

rät.seln; *rätselte*, *hat gerätselt*; [Vi] (不及物) *mst* 多用 (**darüber**) **r.**, **wie / wo / was** *usw* (durch Nachdenken) versuchen, e-e Erklärung für etw. zu finden 猜,猜测: *Wir haben lange gerätselt*, was *wohl diese Zeichen bedeuten* 我们对这些记号究竟表示什么意思猜了好久

Ra.te *die*; -, *-n* **1.** ein (Nage)Tier mit e-m dünnen Schwanz, das wie e-e große Maus aussieht 大老鼠 ‖ K-(复合): **Ratten-**, **-falle**, **-gift**, **-plage** **2.** *gespr pej*[口][贬]; verwendet als Schimpfwort (骂人用语)鼠辈 ‖ ID[谚] **Die Ratten verlassen das sinkende Schiff** verwendet, um zu kritisieren, dass viele Leute schnell aufgeben u. die anderen verlassen, wenn Gefahr droht 船沉鼠逃;遇到危险只顾自己逃命,不顾他人生死

-rat.te *die*; *im Subst*, *wenig produktiv*(构成名词,构词弱); j-d, der etw. sehr liebt …迷≈ -narr; **Ballettratte**, **Bücherratte**, **Leseratte**, **Wasserratte**

Rat.ten.fän.ger *der*; *-s*, *-*; *pej*[贬]; j-d, der andere Leute mit einfachen Tricks für seine Ideen begeistert 煽动者,蛊惑人心者 ‖ *hierzu* (派生) **Rat·ten·fän·ge·rin** *die*; -, *-nen*

Rat.ten.schwanz *der* **1.** der lange Schwanz e-r Ratte (大鼠)耗子尾巴 **2.** **ein R.** (**von etw.**) *gespr*[口]; viele unangenehme Dinge, die sich als Folge *z.B.* e-r Änderung ergeben — 连串(麻烦事情)

rat.tern; *ratterte*, *hat gerattert*; [Vi] (不及物) **etw. rattert** etw. macht die Geräusche, die *z.B.* entstehen, wenn große Metallstücke schnell u. oft gegeneinanderstoßen (物作主语)(金属连续碰撞)发出铿锵声、隆隆声、嗒嗒声〈das Maschinengewehr, der Zug 机关枪,火车〉

rau, *rauer-*, *rauest-*; *Adj* (形) **1.** 〈e-e Oberfläche 表面〉 relativ hart u. nicht glatt, sodass man e-n Widerstand spürt, wenn man mit dem Finger darüberstreicht 粗糙的,不光滑的: *Rauer Stoff kratzt auf der Haut* 粗糙的衣料扎皮肤; *die rauen Stellen e-s Bretts mit dem Hobel glätten* 用刨子把木板粗糙的地方刨光 **2.** *nicht adv*(不作状语); 〈ein Klima, ein Wetter, ein Winter 气候,天气,冬天〉 kalt u. mit viel Wind 寒风刺骨的,寒冷的 ≈ streng ↔ mild **3.** 〈Sitten 风气,习俗; ein Ton 口气,口吻〉 grob, ohne Taktgefühl 生硬的,粗鲁的 **4.** 〈ein Klang, e-e Stimme 声调,声音〉 kratzig od. unklar (*z.B.* wegen e-r Erkältung) 沙哑的、嘶哑的↔ klar **5.** *mst* 多用 **ein rauer Hals** ein entzündeter Hals, der die Stimme rau (4) klingen lässt 沙哑的嗓子(指发炎)**6.** *nicht adv*(不作状语); 〈die See 海洋〉 mit hohen Wellen, stürmisch 波涛汹涌的↔ ruhig ‖ *hierzu* (派生) **Rau·heit** *die*; *nur Sg*(只用单数); **Rau·ig·keit** *die*; *nur Sg*(只用单数)

Raub *der*; *-es*; *nur Sg*(只用单数) **1.** das Wegnehmen e-s Gegenstandes von j-m (unter Androhung od. Anwendung von Gewalt) 抢,抢劫,掠夺〈e-n (bewaffneten) R. begehen, verüben 进行(武装)抢劫; wegen schweren Raubes vor Gericht stehen, angeklagt sein 因重大抢劫罪受审、被起诉〉 ‖ K-(复合): **Raub-**, **-überfall** ‖ -K(复合): **Bank-**, **Kirchen-**, **Straßen-**; **Juwelen-** **2.** die Entführung e-s Menschen 绑架,劫持 ‖ -K(复合): **Kindes-**, **Mädchen-**, **Menschen-** **3.** die Dinge, die j-d / ein Tier geraubt hat 抢劫、掠夺的赃物;(动物的)猎物≈ Beute 〈seinen R. in Sicherheit bringen 隐匿自己抢劫的赃物(猎物)〉 ‖ ID[谚] **etw. wird ein R. der Flammen** *geschr*[书]; etw. wird bei e-m Brand zerstört 某物被大火吞噬,被付之一炬≈ etw. verbrennt

Raub-[1] *im Subst*, *wenig produktiv*(构成名词,构词弱); auf illegale Weise produziert od. getan 盗…,非法…≈ Schwarz-; der **Raubdruck** 〈e-s Buchs 一本书〉, die **Raubkopie** 〈e-s Computerprogramms 计算机程序〉, die **Raubpressung** 〈e-r Schallplatte 唱片〉

Raub-[2] *im Subst*, *nicht produktiv*(构成名词,非构词型); verwendet, um Tiere zu bezeichnen, die andere Tiere fangen u. fressen 肉食…,(凶)猛…,捕食(性)…; der **Raubfisch**, die **Raubkatze**, das **Raubtier**, der **Raubvogel**, das **Raubwild**

Raub.bau *der*; *nur Sg*(只用单数) **1.** **R.** (**an etw.** (*Dat* 三格)) die zu intensive Nutzung e-s Teils der Natur (*z.B.* e-s Ackers), durch die Schaden entsteht 滥采,滥伐,掠夺式开采〈R. treiben 滥用资源〉 **2.** **mit etw. R. treiben** etw. so belasten, dass man es schädigt 超负荷使用,透支(体力)≈ etw. ruinieren 〈*mst* 多用 mit seiner Gesundheit R. treiben 糟蹋自己的身体〉

Rau.bein *das*; *gespr*[口]; ein etwas grober, sonst aber sympathischer Mensch 粗犷豪放的人 ‖ *hierzu* (派生) **rau·bei·nig** *Adj*(形)

rau.ben; *raubte*, *hat geraubt*; [Vt/i] (及物/不及物) **1.** ((**j-m**) **etw.**) **r.** j-m etw. mit Gewalt od. Drohungen wegnehmen 抢,抢劫;掠夺: *Die Täter schlugen ihn nieder u. raubten ihm das ganze Geld* 案犯把他打倒并抢走了他所有的钱; [Vt] (及物) **2.** **ein Tier raubt ein Tier**

R

ein Tier fängt (u. frisst) ein anderes Tier(动物作主语)猎取，捕食动物〈der Wolf raubt Schafe, der Fuchs raubt Hühner 狼叼走绵羊，狐狸叼走鸡〉**3.** ***etw. raubt j-m etw.*** etw. bewirkt, dass j-d etw. nicht hat od. nicht bekommt (物作主语)使失去、得不到〈etw. raubt j-m den Schlaf, die Ruhe 某事使某人难以入睡、不得安宁〉**4.** (***j-m***) ***j-n r.*** *veraltend* [渐旧] ≈ entführen 〈*mst* 多用 ein Kind r. 绑架一名儿童〉‖ ▶ ***ausrauben, berauben***

Räu·ber *der*; *-s*, - **1.** j-d, der raubt (1) od. geraubt hat 强盗，匪徒，土匪，抢劫者〈von Räubern überfallen werden 遭到强盗抢劫；Räubern in die Hände fallen 落入强盗之手〉‖ K-(复合)：***Räuber-, -bande, -hauptmann*** ‖ -K(复合)：***Bank-, See-, Straßen-*** **2.** *gespr pej* [口][贬]；j-d, der zu viel Geld für seine Waren od. Dienste nimmt 索要高价者，漫天要价者 **3.** ein Tier, das andere (*mst* kleinere) Tiere frisst 猛禽、猛兽，肉食动物 ‖ -K(复合)：***Nest-*** ‖ *hierzu* (派生) **Räu·be·rin** *die*; -, *-nen*; **räu·be·risch** *Adj* (形)

Räu·ber·höh·le *die*; *mst in* 多用于 ***Da sieht es ja aus wie in e-r R.!*** *gespr* [口]；hier ist es sehr unordentlich 这儿乱得一塌糊涂

Raub·mord *der*; ein Verbrechen, bei dem j-d e-m anderen etw. raubt u. ihn ermordet 杀人越货 ‖ *hierzu* (派生) **Raub·mör·der** *der*

Raub·rit·ter *der*; *hist* [历]；ein Ritter, der davon lebte, Reisende zu überfallen, um ihnen alles Wertvolle zu rauben 拦路抢劫的骑士；马贼 ‖ *hierzu* (派生) **Raub·rit·ter·tum** *das*

Raub·tier *das*; jedes (Säuge)Tier mit starken Zähnen, das andere Tiere jagt u. frisst 猛兽，肉食动物：*Tiger u. Wölfe sind Raubtiere* 虎和狼都是猛兽 ‖ K-(复合)：***Raubtier-, -gehege, -käfig***

Rauch *der*; *-(e)s*; *nur Sg* (只用单数) **1.** die Wolken, die entstehen u. in die Luft steigen, wenn etw. verbrennt 烟 ≈ Qualm 〈dichter, dicker, schwarzer, beißender R. 浓烟、浓烟、黑烟、呛人的烟；der R. e-s Feuers 火的烟雾；aus dem Kamin kommt R., steigt R. auf 烟囱里冒烟、往上冒烟〉‖ K-(复合)：***Rauch-, -entwicklung, -säule, -schwaden, -wolke*** **2.** der R. (1) e-r Zigarette *o. Ä.* (抽香烟冒出来的)烟，烟气〈den R. inhalieren 吸(入)烟(气)〉‖ -K(复合)：***Pfeifen-, Tabak-, Zigaretten-, Zigarren-*** ‖ ID [谚] ***etw. geht in R.*** (***und Flammen***) ***auf*** etw. wird bei e-m Brand zerstört 某物在火中化为灰烬，被付之一炬 ≈ etw. verbrennt；***sich in R. auflösen / in R. aufgehen*** plötzlich nicht mehr da sein 不见踪影，化为乌有，烟消云散，云消雾散；***kein R. ohne Flamme*** verwendet, um auszudrücken, dass an e-m Gerücht *o. Ä.* wahrscheinlich etw. Wahres ist 无火不冒烟，无风不起浪 ‖ *zu* (义项) **1.** **rauch·far·ben** *Adj* (形)

rau·chen; *rauchte, hat geraucht*; Vt/i (及物/不及物) **1.** (***etw.***) ***r.*** an e-r brennenden Zigarette, Pfeife *o. Ä.* saugen u. den (Tabak-)Rauch einatmen 抽，吸(烟)〈e-e Zigarette, Pfeife, e-e Zigarre, e-n Joint r. 抽香烟、烟斗、雪茄烟、掺有大麻的自卷烟〉：*Darf man hier r.?*

Raubkatzen
猫科猛兽

der Tiger 虎

der Jaguar 美洲豹

der Puma 美洲狮

der Leopard 豹

der Gepard 猎豹

der Löwe 狮

R

这儿可以吸烟吗？‖ K-(复合)：**Rauch-**，**-verbot** **2.**（**etw.**）**r.** die Gewohnheit haben zu r.（1）吸烟，有烟瘾〈viel, wenig r. 烟瘾大、不大；sich das Rauchen abgewöhnen 戒烟；das Rauchen aufgeben 不再抽烟；zu r. aufhören 停止吸烟〉；Vi（不及物）**3.** **etw. raucht** etw. produziert Rauch u. lässt ihn nach außen kommen（物作主语）冒烟〈der Kamin, der Ofen 烟囱，炉子〉**4.** **passiv r.** den Rauch von Zigaretten anderer Leute einatmen, obwohl man selbst nicht raucht 被动吸烟 ≈ mitrauchen **5.** **r. wie ein Schlot** *gespr*［口］；sehr viel r.（2）抽烟厉害，烟瘾极大；Vimp（无人称）**6.** **es raucht**（**irgendwo**）es entsteht Rauch 冒烟：*Da drüben raucht es, wir sollten die Feuerwehr holen* 那边对面冒烟了，我们该叫消防队

Rau·cher *der*；*-s*，- **1.** j-d, der die Gewohnheit hat zu rauchen（1）吸烟者，烟民〈ein starker R. sein 是个大烟鬼〉↔ Nichtraucher（1）‖ -K（复合）：**Pfeifen-**，**Zigaretten-**，**Zigarren-** **2.** *gespr*［口］≈ ein Abteil in e-m Zug, ein Teil e-s Flugzeugs *o. Ä.*, in dem man rauchen darf 可吸烟的车厢、机舱 ↔ Nichtraucher（2）‖ *zu*（义项）**1.** **Rau·che·rin** *die*；-，*-nen*

Räu·cher- *im Subst, begrenzt produktiv*（构成名词，构词有限）≈ geräuchert；der **Räucheraal**, der **Räucherfisch**, der **Räucherlachs**, der **Räucherspeck**

Rau·cher·bein *das*；e-e Krankheit, bei der die Adern in den Beinen eng werden u. das Blut nicht mehr gut fließen kann（*bes* weil j-d zu viel raucht）（腿部）静脉曲张

Rau·cher·hus·ten *der*；ein Husten, den j-d hat, weil er zu viel raucht 吸烟太多引起的咳嗽

räu·chern；*räucherte*，*hat geräuchert*；Vt（及物）**1.** **etw. r.** etw. haltbar machen, indem man es im Rauch hängen lässt 熏制，熏〈Fisch, Fleisch, Speck, Schinken r. 熏鱼、肉、五花肉、火腿〉；Vi（不及物）**2.**（**mit etw.**）**r.** Dinge verbrennen, die gut riechen 点、烧（香）〈mit Weihrauch r. 烧香〉‖ K-(复合)：**Räucher-**，**-stäbchen** ‖ *zu*（义项）**1.** **Räu·che·rung** *die*；*nur Sg*（只用单数）

Rauch·fah·ne *die*；e-e große Menge Rauch, die wie e-e Fahne in der Luft schwebt（轮船、火车）一缕拖烟

Rauch·fang *der*；*-s*，*Rauch·fän·ge* **1.** *bes hist* 尤指［历］；e-e Art Dach über dem Herd, das den Rauch auffängt, bevor er in den Kamin zieht 吸烟罩 **2.** *bes* Ⓐ 尤［奥］≈ Kamin, Schornstein ‖ K-(复合)：**Rauchfang-**，**-kehrer**

rau·chig *Adj*（形）**1.**〈ein Lokal, e-e Bar, e-e Kneipe 饭馆，酒吧，酒馆〉voll vom Rauch der Zigaretten 烟雾弥漫的，烟雾腾腾的 **2.**〈Glas 玻璃〉grau od. schwarz wie Rauch 茶色的，烟灰色的（1）≈ rauchfarben ‖ K-(复合)：**Rauch-**，**-glas** **3.**〈ein Whisky, ein Tee 威士忌，茶〉so, dass sie nach Rauch（1）schmecken 有烟熏味的 **4.**〈e-e Stimme 声音〉tief u. rau 低沉的

Rauch·wa·ren *die*；*Pl*，*Kollekt*（复）（集合）**1.** die Dinge, die man zum Rauchen（1）braucht 烟草制品 **2.** Pelze, Pelzwaren 毛皮制品

Räu·de *die*；-；*nur Sg*（只用单数）；e-e Krankheit von（Haus）Tieren, bei der die Haare ausfallen 兽疥癣

räu·dig *Adj*（形）；*nicht adv*（不作状语）；〈ein Hund, e-e Katze, ein Fuchs 狗，猫，狐狸〉an der Räude leidend 患疥癣的

rauf *Adv*（副）；*südd gespr*［南德］［口］；↑ **herauf**, **hinauf**

rauf- *im Verb, sehr produktiv, gespr*（构成动词，构词强）［口］；↑ **herauf-**，**hinauf-**

Rau·fa·ser|ta·pe·te *die*；e-e Tapete mit rauer Oberfläche, auf die man noch Farbe streicht 粗纤维的糊墙纸

Rauf·bold *der*；*-(e)s*，*-e*；ein Mann od. Junge, der oft e-n Streit（e-e Rauferei）provoziert 好打架斗殴的人

rau·fen；*raufte*，*hat gerauft*；Vi（不及物）**1.** **j-d rauft**（**mit j-m**）；〈Personen 人〉**raufen** zwei od. mehrere Personen kämpfen ohne Waffen u. *mst* zum Spaß（人作主语）单：与…殴斗，打架，扭打；复：互相殴斗，打架，扭打；Vr（反身）**2.** **j-d rauft sich mit j-m**（**um etw.**）；〈Personen 人〉**raufen sich**（**um etw.**）≈ r.（1）：*Die Kinder rauften sich um den Ball* 孩子们为争一个皮球打作一团 **3.** **sich**（*Dat* 三格）**die Haare r.** verzweifelt od. verärgert sein（因绝望、恼怒）抓自己的头发

Rau·fe·rei *die*；-，*-en* ≈ Schlägerei, Prügelei

rauf·lus·tig *Adj*（形）；〈ein Kerl 小伙子〉so, dass er gern rauft 好打架斗殴的 ‖ *hierzu*（派生）**Rauf·lust** *die*；*nur Sg*（只用单数）

rauh，**Rauh·bein** *usw* ↑ **rau**，**Raubein** *usw*

Raum *der*；*-(e)s*，*Räu·me* **1.** der Teil e-s Gebäudes, der e-n Fußboden, Wände u. e-e Decke hat 屋子，房间 ≈ Zimmer：*e-e Wohnung mit vier Räumen: Küche, Bad, Wohnzimmer u. Schlafzimmer* 一套四个房间的住房：厨房、浴室、客厅和卧室 ‖ K-(复合)：**Raum-**，**-aufteilung**，**-gestaltung**，**-klima**，**-temperatur** ‖ -K（复合）：**Aufenthalts-**，**Ausstellungs-**，**Büro-**，**Empfangs-**，**Keller-**，**Kühl-**，**Lager-**，**Schlaf-**，**Umkleide-**，**Wasch-**，**Wohn-**；**Neben-** ‖ NB（注意）：↑ **Zimmer** **2.** ein Bereich mit drei Dimensionen（mit Länge, Breite u. Höhe/Tiefe）空间：*Das Weltall ist ein luftleerer R.* 宇宙是一个没有空气的空间；*R. u. Zeit sind die Dimensionen, in denen wir uns bewegen* 空间和时间是我们活动的范围 ‖ K-(复合)：**Raum-**，**-maß**，**-vorstellung** ‖ -K（复合）：**Hohl-**，**Innen-**，**Luft-**，**Zwischen-** **3.** *nur Sg*（只用单数）；der R.（2）od. die Fläche, die man zu e-m bestimmten Zweck benutzen kann 地方，位置，空间 ≈ Platz（3）〈ein enger, freier, offener R. 狭窄的、空旷的、敞开的地方；viel/wenig R. beanspruchen, einnehmen 需要、占用许多、少量的地方；R. schaffen 腾出地方；auf engem/engstem R. zusammenleben 居住拥挤/拥挤不堪；den R. nutzen 利用这块地方〉：*Im Auto ist / Das Auto hat nicht genug R.*

R

für so viele Koffer 这么多箱子车里地方不够 ‖ K-(复合): **Raum-**, **-ersparnis**, **-mangel**, **-not** **4.** *mst Sg* (多用单数); ein Teil der Erdoberfläche, *bes* e-s Landes 地区,区域≈ Gebiet, Gegend: *Ein Unwetter richtete im R. (um) Regensburg großen Schaden an* 暴风雨给雷根斯堡地区造成很大损失; *Er sucht e-e neue Stelle im süddeutschen R. / im R. Süddeutschland* 他寻找一份在南德地区的新工作 ‖ -K(复合): **Sprach-**, **Wirtschafts-** **5.** *nur Sg*(只用单数); der R. (2) außerhalb der Atmosphäre (der Erde) 太空,宇宙≈ Weltraum, (Welt)-All, Kosmos ‖ K-(复合): **Raum-**, **-fahrer**, **-flug**, **-forschung**, **-kapsel**, **-station** ‖ -K(复合): **Welt-** **6.** *nur Sg* (只用单数); die Möglichkeit, sich frei zu entfalten *o.Ä.*(发展)余地,空间: *Man soll neuen Ideen R. geben* 人们应该为新思想创造空间; *Als Politiker hat man nicht viel R. für private Interessen* 作为一名政治家没有很多考虑个人利益的余地 **7.** **R.sparend** ≈ platzsparend ‖ ID [谚] ***etw. steht im R.*** etw. ist als Problem vorhanden u. muss gelöst werden 某事尚待解决

Raum·an·zug *der*; die spezielle Kleidung für e-n Astronauten 宇航服,太空服

Raum·aus·stat·ter *der*; *-s*, *-*; j-d, der beruflich Wände tapeziert, Teppiche legt od. das Material dafür verkauft 室内装饰工

räu·men; *räumte*, *hat geräumt*; Vt (及物) **1.** ***etw. irgendwohin r.*** etw. (von irgendwo wegnehmen u.) an e-n bestimmten Platz bringen 拿走,搬开,清理走,收拾掉: *das Geschirr vom Tisch r.* 把碗碟从桌上收拾掉; *die Wäsche aus dem / in den Schrank r.* 把衣服从衣柜里拿走/放人衣柜 **2.** ***etw. r.*** von e-m Raum od. Ort weggehen 离开,撤离: *Die Polizei forderte die Demonstranten auf, die Straße zu r.* 警察要求游行者撤离街道 **3.** ***etw. r.*** seine Sachen aus e-r Wohnung *o.Ä.* wegnehmen u. diese verlassen 搬离,搬迁〈e-e Wohnung, ein Haus r. 搬离住房、房子〉 **4.** ***etw. r.*** e-e Straße *o.Ä.* wieder frei machen (*z.B.* nach e-m Unfall) 清理,整顿: *Die Polizei räumte die Unglücksstelle* 警察清理事故现场 **5.** ***etw. r.*** etw. wegtun, weil es ein Hindernis *o.Ä.* ist 清除〈Schnee r. 清雪,扫雪〉 ‖ *zu* (义项) **2.-5.** **Räu·mung** *die*

Raum·fahrt *die*; *nur Sg* (只用单数); die Erforschung des Weltraums mit Raketen u. Sonden 宇航,航天,宇宙飞行〈die bemannte, unbemannte R. 载人、非载人宇航〉 ‖ K-(复合): **Raumfahrt-**, **-behörde**, **-medizin**, **-programm**

Raum·in·halt *der*; der Platz, den ein Raum od. Körper hat od. braucht 容积,体积≈ Volumen

Raum·kli·ma *das*; der Zustand der Luft in e-m Raum (1) (die Temperatur, die Feuchtigkeit u. der Gehalt an ungesunden Substanzen) 室内空气状况,室内气候: *Pflanzen zur Verbesserung des Raumklimas* 能改善室内空气状况的植物

räum·lich *Adj*(形) **1.** *nur attr od adv*(只作定语或状语); in Bezug auf den Raum (1) (有关)屋子的,房间的〈die Aufteilung, Gestaltung e-s Hauses—幢住房的分配、格局〉 **2.** *nur attr od adv*(只作定语或状语); in Bezug auf den Raum (2)(有关)空间的〈die Lage e-s Körpers, etw. r. u. zeitlich einordnen 一个物体的位置,按空间和时间编排某物〉 **3.** *nur attr od adv*(只作定语或状语); in Bezug auf den Raum (3), Platz (关于)地方的,位置的〈die Enge, die Nähe 狭窄,附近〉 **4.** ≈ dreidimensional〈e-e Darstellung 展示〉 **5.** so, wie in e-m Raum (2) (wirkend) 有空间感的〈das Hören, das Sehen 听觉,视觉〉: *der räumliche Klang e-r Stereoanlage* 音响设备的空间音质

Räum·lich·keit *die*; *-*, *-en* **1.** *mst Pl*(多用复数); die Räume in e-m Gebäude 房间、(室内)场所: *Wir haben endlich passende Räumlichkeiten für unsere Tagung gefunden* 我们总算找到了开会的合适地方 **2.** *nur Sg* (只用单数) ≈ Dreidimensionalität〈die R. e-r Perspektive, e-r Zeichnung 视觉、图案的立体感〉

Raum·pfle·ge·rin *die*; *geschr* [书]; e-e Frau, die beruflich Räume putzt(打扫房间的)清洁女工

Raum·schiff *das*; ein Fahrzeug, mit dem man durch den Weltraum fliegen kann 宇宙飞船

Raum·son·de *die*; ein unbemanntes Raumschiff für wissenschaftliche Forschungen im Weltraum 宇宙探测器

Räu·mungs·ar·bei·ten *die*; *Pl* (复); Arbeiten, mit denen man *bes* Schutt od. Schnee von Plätzen u. Straßen entfernt 清扫工作,清除工作

Räu·mungs·kla·ge *die*; e-e Klage vor Gericht, mit der ein Vermieter erreichen will, dass j-d aus e-r Wohnung od. aus e-m Haus ziehen muss(房东)收回住房诉讼

Räu·mungs·ver·kauf *der*; das Verkaufen aller Waren, wenn j-d sein Geschäft aufgibt 清仓销售,甩卖

Rau·näch·te *die*; *Pl* (复); die zwölf Nächte zwischen dem 24. Dezember u. dem 6. Januar 妖魔十二夜(12月24日至元月6日)

Rau·nen *das*; *-s*; *nur Sg*, *geschr* (只用单数) [书]; das gleichzeitige, leise Sprechen (vieler Leute) 低声议论纷纷,纷纷窃窃私语: *Als sie erschien, ging ein R. durch den Saal* 当她出现时,整个大厅议论纷纷 ‖ *hierzu* (派生) **rau·nen** (*hat*) *Vt* (及物)

Rau·pe[1] *die*; *-*, *-n*; die Larve e-s Schmetterlings, die e-n länglichen Körper u. viele Füße hat 蠋,幼虫,毛虫〈e-e R. verpuppt sich 蠋变成蛹〉 ‖ K-(复合): **Raupen-**, **-befall**, **-fraß**

Rau·pe[2] *die*; *-*, *-n* **1.** ≈ Kette (3)〈etw. bewegt sich auf Raupen 某物靠履带传动〉 ‖ K-(复合): **Raupen-**, **-fahrzeug**, **-schlepper** **2.** ein Fahrzeug mit Raupen[2] (1)履带式车辆 ‖ -K(复合): **Planier-**

Rau·reif *der*; *nur Sg*(只用单数) ≈ Reif[1]

raus *Adv*(副); *gespr*[口]; ↑ **heraus**, **hinaus**

raus- *im Verb*, *sehr produktiv*, *gespr* (构成动词,构词强)[口]; ↑ **heraus-**, **hinaus-**

Rausch *der*; *-es*, *Räu·sche* **1.** der Zustand, in

R

den man kommt, wenn man zu viel Alkohol trinkt 醉,醉意,醉迷〈sich e-n R. antrinken, e-n R. bekommen, haben 喝得迷迷糊糊,喝醉,有醉意〉 **2. ein R.** (+ *Gen* 二格) *nur Sg*(只用单数); ein Zustand, in dem ein Gefühl so stark ist, dass man nicht mehr denken u. bewusst handeln kann 迷离恍惚,迷茫,精神迷惘〈in e-n R. geraten 变得迷离恍惚〉: *von e-m R. der Leidenschaft erfasst werden* 激动得神魂颠倒,心醉神迷 ‖ -K(复合): **Freuden-**, **Sieges-** ‖ *hierzu* (派生) **rausch·haft** *Adj*(形) ‖ ▶ **berauscht**

rau·schen; *rauschte*, *hat/ist gerauscht*; [Vi] (不及物) **1. etw. rauscht** (*hat*) etw. macht ein gleichmäßiges Geräusch wie man es *z.B.* bei e-m schnell fließenden Fluss hört (物作主语)发出响声:潺潺地流,哗哗作响,飒飒地吹,奔腾呼啸,刷刷地下〈der Bach, das Meer, die Wellen, der Wind 小溪,大海,波浪,风〉 **2. etw. rauscht irgendwohin** (*ist*) etw. bewegt sich (schnell) u. rauscht (1) dabei(物作主语)哗哗(汩汩、淙淙)流向: *Der Bach rauscht zu Tal* 溪水潺潺流入山谷 **3. irgendwohin r.** (*ist*) *gespr* [口]; nach e-m Streit *o. Ä.* schnell irgendwohin gehen od. fahren 愤愤地、气呼呼地疾走或疾驶: *Er rauschte wütend aus dem Zimmer* 他愤怒地冲出屋子

rau·schend 1. *Partizip Präsens*(现在分词); ↑ **rauschen 2.** *Adj*(形); sehr laut u. intensiv 雷鸣般的,轰鸣的 ≈ stark〈Beifall 掌声〉 **3.** *Adj* (形);〈ein Fest 节日、庆典〉 mit viel Luxus u. Prunk 盛大的,豪华的,隆重的

Rausch·gift *das*; e-e Substanz, die man nimmt, um angenehme Gefühle zu haben, u. die süchtig macht 麻醉毒品 ≈ Droge〈R. nehmen 吸毒; von R. abhängig sein 依赖毒品〉: *Morphium u. Heroin sind Rauschgifte* 吗啡和海洛因都是毒品 ‖ K-(复合): **Rauschgift-**, **-handel**, **-händler**, **-sucht**, **-süchtige(r)**; **rauschgift-**, **-süchtig**

Rausch·mit·tel *das* ≈ Rauschgift ‖ K-(复合): **Rauschmittel-**, **-missbrauch**, **-sucht**

räus·pern, sich; *räusperte sich*, *hat sich geräuspert*; [Vr] (反身) **sich r.** durch e-e Art kurzes Husten die Kehle reinigen, um e-e klare Stimme zu haben(咳一声)清嗓子

raus·schmei·ßen (*hat*) [Vt] *gespr*(及物)[口] **1. etw. r.** etw. wegwerfen 扔掉,扔出 **2. j-n r.** j-n aus e-m Raum entfernen (lassen)把…赶走,撵(轰)出去 **3. j-n r.** ≈ feuern (1) ‖ *hierzu* (派生) **Raus·schmiss** *der*

Rau·te *die*; -, *-n*; ein Viereck mit jeweils zwei gleich langen parallelen Seiten, das keinen rechten Winkel hat 菱形; GEOM【几】Rhombus ‖ ↑ Abb. von *Rhombus* unter 图见 **geometrische Figuren** ‖ K-(复合): **Rauten-**, **-form**, **-muster**

Ra·ver [ˈreɪvɐ] *der*; *-s*, *-*; *gespr*[口]; (*bes* von Jugendlichen verwendet 青年人用语) j-d, der gern auf Partys zu Technomusik tanzt 喜欢参加聚会跳舞的人 ‖ *hierzu* (派生) **Ra·ve·rin** [ˈreɪvərɪn] *die*; -, *-nen*

Ra·vi·o·li [-v-] *die*; *Pl*(复); kleine Taschen aus Nudelteig, die mit Fleisch od. Gemüse gefüllt sind 饺子

Raz·zia [ˈratsi̯a]; *die*; -, *Raz·zien* [-i̯ən]; e-e überraschende Aktion der Polizei, bei der die Leute in e-m Lokal, Haus *o. Ä.* kontrolliert (1) werden (警察)搜捕〈e-e R. durchführen, veranstalten 进行、组织搜捕; j-n bei e-r R. festnehmen 在一次搜捕中捕获某人〉

re- *im Verb*, *unbetont u. nicht trennbar*, *begrenzt produktiv*(构成动词,非重读并不可分,构词有限); Die Verben mit *re-* werden nach folgendem Muster gebildet (re-动词的模式如下): *rekultivieren* – *rekultivierte* – *rekultiviert*

1. *re-* drückt aus, dass etw. wieder so gemacht wird, wie es früher war 恢复(原有的状况);

etw. reprivatisieren: *Die Regierung hat die Banken reprivatisiert* 政府恢复了银行的私有制≈ Die Regierung hat die Banken, die früher in privatem Besitz waren, wieder in private Hände gegeben

ebenso(同类词有): **etw. reaktivieren**, **etw. remilitarisieren**

2. *re-* drückt aus, dass etw. neu od. anders gemacht wird 重新,改变;

etw. reorganisieren: *Nach dem Krieg wurde die Wirtschaft reorganisiert* 战后经济进行了重组≈ Nach dem Krieg wurde die Wirtschaft neu u. besser organisiert

Re·a·genz·glas *das*; ein sehr schmales, hohes Glas, in dem ein Chemiker Stoffe mischt, heiß macht *usw* 试管,烧杯

re·a·gie·ren; *reagierte*, *hat reagiert*; [Vi] (不及物) **1.** (**auf j-n / etw. irgendwie**) **r.** in e-r bestimmten Weise handeln (als Antwort auf e-e Handlung, Bemerkung *o. Ä.*)(对…)作出反应: *auf e-e Frage unfreundlich r.* 对一个问题作出不友好的反应; *Sie hat blitzschnell reagiert u. so e-n Unfall vermieden* 她迅速作出反应,因而避免了一次事故; *Wie hat sie auf die Einladung reagiert?* 她对邀请有何反应? **2. etw. reagiert** (**mit etw.**) etw. verändert sich (chemisch), wenn e-e Mischung entsteht od. etw. in Kontakt mit e-r anderen Substanz kommt(物作主语)(与…)起(化学)反应〈etw. reagiert basisch, sauer, heftig, träge 某物起碱性、酸性、剧烈、惰性反应〉: *Wenn e-e Säure mit e-r Lauge reagiert, entsteht ein Salz* 如果酸与碱起反应会产生盐

Re·ak·ti·on [-ˈtsi̯oːn] *die*; -, *-en* **1. e-e R.** (**auf j-n / etw.**) die Handlung, mit der j-d auf etw. reagiert (1) (对…的)反应〈e-e heftige, spontane, unerwartete R. 强烈的、本能的、意想不到的反应; e-e R. auslösen, bewirken, hervorrufen, provozieren 引起、激起、造成、挑起反应; keine R. zeigen 没有作出反应〉: *Wie war ihre R., als sie von dem Unfall hörte?* 当她听到事故消息时有何反应? ‖ K-(复合): **Reaktions-**, **-geschwindigkeit**; **reaktions-**, **-schnell** ‖ -K(复合): **Gegen- 2.** e-e Veränderung im Körper von Menschen, Tieren aufgrund äußerer Einflüsse 条件反射,反应〈e-e allergische R. 变态反应〉 **3. e-e R. (mit etw.)** der (chemische) Prozess, der abläuft, wenn sich Substanzen verändern (与…的)化学反应 〈e-e chemische, heftige, thermische, saure R. 化学、剧烈、热、酸性反应; e-e R. läuft ab 正在发生反应〉: *Bei der R. von Eisen mit/u. Sauerstoff entsteht Rost* 铁与酸的化学反应会生锈 ‖ K-(复合): ***Reaktions-, -geschwindigkeit*** **4.** *nur Sg, Kollekt* (只用单数)(集合); die Menschen u. Organisationen, die reaktionär sind 反动派,反动

re·ak·ti·o·när [-tsi̯oˈnɛːɐ̯] *Adj* (形); *pej* [贬]; gegen soziale u. politische Veränderungen 反动的 ↔ progressiv 〈e-e Einstellung, ein Politiker 观点、政客; r. denken 思想反动〉

re·ak·ti·ons·fä·hig [-ˈtsi̯oːns-] *Adj* (形); *nicht adv* (不作状语) **1.** fähig, schnell auf etw. zu reagieren (1) 反应快的〈ein Mensch 人〉 **2.** fähig, mit etw. zu reagieren (2)会起(化学)反应的〈e-e chemische Substanz 一种化学物质〉: *Wasserstoff ist sehr r.* 氢(原子)反应很活泼 ‖ *hierzu* (派生) **Re·ak·ti·ons·fä·hig·keit** *die*; *nur Sg* (只用单数)

Re·ak·ti·ons·ver·mö·gen [-ˈtsi̯oːns-] *das*; die Fähigkeit, (*bes* auf Gefahren) schnell zu reagieren (1) 反应能力≈ Reaktionsfähigkeit 〈ein gutes R. haben 有良好的反应力〉

Re·ak·tor *der*; *-s*, *Re·ak·t o·ren*; e-e große technische Einrichtung, mit deren Hilfe aus radioaktivem Material (Kern)Energie hergestellt wird 反应堆 ‖ K-(复合): ***Reaktor-, -sicherheit, -unfall*** ‖ -K(复合): ***Atom-, Kern-***

re·al [reˈaːl] *Adj* (形) **1.** *geschr* [书]; 〈e-e Chance, die Gegebenheiten 机会,情况; die Welt 世界〉 so, wie sie in Wirklichkeit sind 现实的,实际(存在)的,真实的 ≈ wirklich, tatsächlich ↔ imaginär **2.** ***der r. existierende Sozialismus*** der Sozialismus, wie er in kommunistischen Ländern in Wirklichkeit ist od. war 现实存在的社会主义 **3.** ≈ realistisch (1)〈e-e Einschätzung, e-e Beurteilung 估计,评价; r. denken, etw. r. einschätzen 现实地思考问题,现实地估计某事〉 **4.** WIRTSCH【经】; in Bezug auf den tatsächlichen Wert des Geldes 实际的,有真实价值的↔ nominell 〈das Einkommen, der Zinsertrag 实际收入,实际利息收益〉 ‖ K-(复合): ***Real-, -einkommen, -lohn, -wert***

re·a·li·sie·ren; *realisierte, hat realisiert*; **Vt** (及物) **1. etw. r.** *geschr* [书]; etw. tun, das man (schon lange) geplant hat 使成为现实,实现≈ verwirklichen 〈e-n Plan, ein Projekt, ein Vorhaben r. 实现计划、项目、打算〉 **2. etw. r.** etw. bewusst erkennen 意识到,认识到 ≈ sich etw. bewusst machen 〈e-e Gefahr, ein Problem 危险,疑难问题〉: *Er hat noch nicht realisiert, dass er in Gefahr ist / wie gefährlich das ist* 他还未意识到他已处在危险之中/这有多么危险 ‖ *zu* (义项) **1. Re·a·li·sa·ti·on** *die*; *nur Sg* (只用单数); **re·a·li·sier·bar** *Adj* (形); **Re·a·li·sie·rung** *die*; *nur Sg* (只用单数)

Re·a·lis·mus *der*; *-*; *nur Sg* (只用单数) **1.** e-e Einstellung, bei der man das Leben u. die Probleme nüchtern beurteilt, ohne sich dabei von Gefühlen u. falschen Vorstellungen beeinflussen zu lassen 实在论,现实主义↔ Optimismus, Pessimismus **2.** ein Stil der Kunst u. Literatur (*bes* im 19 Jahrhundert), in dem die Welt relativ realistisch (2) gezeigt wird (文艺)现实主义(派) ‖ NB(注意): ↑ ***Romantik, Naturalismus*** ‖ *hierzu* (派生) **Re·a·list** *der*; *-en*, *-en*; **Re·a·lis·tin** *die*; *-*, *-nen*

re·a·lis·tisch *Adj* (形) **1.** 〈e-e Beurteilung, e-e Einschätzung 评价、估计〉 so, dass sie an der Wirklichkeit orientiert sind 切合实际的,讲究实际的,实事求是的 ≈ sachlich, nüchtern ↔ unrealistisch: *Wann kann man r. mit der Beendigung des Projekts rechnen?* 什么时候能对完成项目作出切合实际的估计? **2.** 〈e-e Darstellung, ein Film 表现手法,电影〉 so, dass sie die Welt zeigen, wie sie wirklich ist 现实主义的≈ lebensecht, wirklichkeitsnah ↔ realitätsfern ‖ *zu* (义项) **2. Re·a·lis·tik** *die*; *-*; *nur Sg* (只用单数)

Re·a·li·tät *die*; *-*, *-en* **1.** *nur Sg* (只用单数); das, was es wirklich auf der Welt gibt 现实,事实,真实性≈ Wirklichkeit ↔ Illusion: *In der R. sieht manches anders aus, als man es sich vorgestellt hat* 在现实中有些事情与人们想象的不一样 ‖ K-(复合): ***Realitäts-, -sinn*** **2.** *nur Sg* (只用单数); **die R. + Gen** (二格) die tatsächliche Existenz, das Bestehen von etw. 客观存在〈die R. e-r Sache anzweifeln, bestreiten, beweisen 怀疑、否认、证实一个事物的存在〉 **3.** *geschr* [书] ≈ Tatsache: *die Realitäten des Lebens akzeptieren* 接受生活现实 ‖ *zu* (义项) **1. re·a·li·täts·be·zo·gen** *Adj* (形); **re·a·li·täts·fern** *Adj* (形)

Re·a·lo *der*; *-s*, *-s*; *gespr* [口]; ein gemäßigtes Mitglied der Partei der Grünen 务实派(德国绿党的一个派别) ↔ Fundi ‖ K-(复合): ***Realo-, -flügel***

Re·al·schu·le *die*; e-e Schule, die die Schüler *bes* auf wirtschaftliche u. technische Berufe vorbereitet. Wer die R. (nach der 10 Klasse) mit Erfolg beendet hat, macht e-e Lehre od. kann auf die Fachoberschule gehen 实科中学,中级中学≈ Mittelschule ↔ Hauptschule, Gymnasium 〈auf die R. gehen 上实科中级中学〉 ‖ K-(复合): ***Realschul-, -abschluss, -lehrer*** ‖ *hierzu* (派生) **Re·al·schü·ler** *der*

Re·ani·ma·ti·on [-ˈtsi̯oːn] *die*; *-*, *-en*; MED【医】≈ Wiederbelebung

Re·be *die*; *-*, *-n*; der Zweig, an dem die (Wein)Trauben wachsen 葡萄藤蔓 ‖ K-(复合): ***Reb-, -laus, -stock*** ‖ -K(复合): ***Wein-***

Re·bell *der*; *-en*, *-en*; j-d, der versucht, e-n bestehenden Zustand mit Gewalt zu ändern 叛逆者,造反者 ‖ NB(注意): *der Rebell; den, dem, des Rebellen* ‖ *hierzu* (派生) **Re·bel·lin** *die*; *-*, *-nen*

re·bel·lie·ren; *rebellierte, hat rebelliert*; **Vi** (不及物) **(gegen j-n/etw.) r.** versuchen,

R

bestehende Zustände mit Gewalt zu ändern 暴动,叛逆,举事,反叛,造反〈gegen die Regierung, e-n Vorgesetzten, e-n Befehl, e-n Zustand r.反叛政府,反抗上司,抗拒命令,举事反对一种处境〉

Re·bel·li·on [-ˈli̯oːn] *die*; -, *-en*; ***e-e R.*** (***gegen j-n/etw.***) das Rebellieren ≈ Aufstand, Revolte 〈e-e R. (blutig) niederschlagen(血腥)镇压一次暴动〉: *e-e R. der Gefangenen gegen die schlechte Behandlung* 囚犯暴动反对恶劣待遇 ‖ NB(注意): ↑ ***Revolution***

re·bel·lisch *Adj*(形) **1.** mit dem Wunsch zu rebellieren 叛逆的,造反的,反叛的 ≈ aufrührerisch 〈die Bauern, die Soldaten, das Volk 农民,士兵,人民〉 **2.** *gespr*[口]; unruhig u. ungeduldig od. nervös 心神不定的,忐忑不安的

Re·ben·saft *der*; *gespr hum* [口][诙] ≈ Wein (1)

Reb·huhn *das*; ein brauner Vogel (etwas größer als e-e Taube), der auf Feldern u. Wiesen lebt 山鹑

Re·chaud [reˈʃoː] *der/das*; *-s*, *-s* **1.** ein Gerät, mit dem man Speisen warm hält, während sie auf dem Tisch stehen(吃饭时放在桌上的)保温炉 **2.** *südd* Ⓐ Ⓒⓗ [南德][奥][瑞] ≈ (Gas)Kocher

re·chen; *rechte*, *hat gerecht*; *bes südd* Ⓐ Ⓒⓗ [Vt/i] 尤用于[南德][奥][瑞](及物/不及物) **1.** (***etw.***) ***r.*** etw. mit dem Rechen glatt u. sauber machen 耙(平) ≈ harken 〈ein Beet, e-n Weg r. 把苗圃、道路耙平〉 **2.** (***etw.***) ***r.*** etw. mit dem Rechen entfernen 耙(除) ≈ harken 〈Gras, Laub r. 耙草、树叶〉

Re·chen *der*; *-s*, *-*; *bes südd* Ⓐ Ⓒⓗ 尤用于[南德][奥][瑞] e-e Stange, die unten viele Stäbe hat, mit der man den Boden glatt macht od. Laub u. Gras sammelt 耙子 ≈ Harke: *ein Beet mit dem R. ebnen* 用耙子平整一块苗圃; *mit dem R. das gemähte Gras zusammensammeln* 用耙子耙拢割下的草 ‖ -K(复合): ***Holz-***, ***Metall-***; ***Gras-***, ***Heu-***, ***Laub-***

Re·chen- *im Subst*, *begrenzt produktiv*(构成名词,构词有限); in Bezug auf das Rechnen 算术…,运算…,计算…; die ***Rechenart***, die ***Rechenaufgabe***, das ***Rechenbuch***, der ***Rechenfehler***, das ***Rechenheft***, der ***Rechenlehrer***, die ***Rechenmaschine***, die ***Rechenstunde***, die ***Rechentechnik***, der ***Rechenunterricht***, das ***Rechenzeichen***

Re·chen·schaft *die*; *-*; *nur Sg*(只用单数) **1.** ***R.*** (***über etw.*** (*Akk* 四格)) ein Bericht *o. Ä.* darüber, warum man etw. getan hat od. wie man seine Pflicht erfüllt hat 工作报告,汇报,工作总结〈j-m R. ablegen, geben 向某人递交工作报告; von j-m R. fordern, verlangen 要求某人汇报; j-m (keine) R. schuldig sein(已向)未向某人汇报〉: *Einmal im Jahr legt der Vorstand des Vereins R. darüber ab, wofür er das Geld ausgegeben hat* 协会的理事会每年汇报一次资金使用情况 ‖ K-(复合): ***Rechenschafts-***, ***-bericht***, ***-pflicht*** **2.** ***j-n*** (***für etw.***) ***zur R. ziehen*** j-n dazu zwingen, R. (1) zu geben u. die Folgen dafür zu tragen, wenn er seine Pflicht nicht erfüllt hat 追究…(对…)的责任,对…责问

Re·chen·schie·ber *der*; *-s*, *-*; ein Stab mit mehreren Skalen, mit dem man komplizierte Rechnungen lösen kann 计算尺: *e-n Logarithmus mit dem R. berechnen* 用计算尺计算对数

Re·chen·zent·rum *das*; der Teil e-r großen Firma od. e-r Institution, in dem die großen Computer stehen 计算机中心

Re·cher·che [reˈʃɛrʃə] *die*; *-*, *-n*; *mst Pl*(多用复数); die intensive Suche nach Informationen *bes* für e-n (Zeitungs)Bericht 检索 ≈ Nachforschung, Ermittlung 〈e-e R. machen 进行检索〉 ‖ *hierzu*(派生) **re·cher·chie·ren** (*hat*) *Vt/i*(及物/不及物)

rech·nen; *rechnete*, *hat gerechnet*; [Vi](不及物) **1.** Zahlen u. Mengen (durch Addieren, Subtrahieren, Multiplizieren u. Dividieren) so miteinander in Verbindung bringen, dass neue Zahlen od. Mengen entstehen 计算,演算〈im Kopf, schriftlich r. 心算,笔算; mit großen/kleinen Zahlen, Brüchen, Logarithmen, Prozenten r. 演算大数目题、小数目题、分数题、对数题、百分数题〉 ‖ NB(注意): ↑ ***Rechen-*** **2.** ***mit j-m/etw. r.*** es für möglich od. wahrscheinlich halten, dass j-d kommen od. etw. geschehen wird 估计,预计,考虑: *Ich rechne damit, dass der Plan Erfolg hat* 我估计这计划会成功; *Was, du bist schon da! Mit dir hatte ich noch gar nicht gerechnet* 怎么,你已经来了!我根本没想到你会来 **3.** ***auf j-n/etw. r.***; ***mit j-m/etw. r.*** hoffen u. erwarten, dass j-d mitmacht od. dass etw. gemacht wird 指望,期望 ≈ sich auf j-n/etw. verlassen: *Können wir bei der Abstimmung mit dir r.?* 表决时我们能指望你吗?; *Ich rechne fest mit deiner Hilfe* 我全指望你的帮忙了 **4.** (***mit etw.***) ***r.*** mit dem Geld sparsam umgehen 盘算,掂量(花钱),精打细算; [Vt](及物) **5.** ***j-n/etw.*** (***zu etw.***) ***r.*** j-n/etw. bei e-r Überlegung auch berücksichtigen 把…考虑进去,把…计算在内: *Ich zahle fast 800 Euro Miete, Heizkosten nicht gerechnet* 我付房租800欧元,取暖费还不算; *Wenn man die Kinder dazu rechnet, sind wir 9 Personen* 如果算上孩子,我们一共是九个人 **6.** ***j-n zu etw. r.*** j-n als etw. betrachten 把…算作、看作 ≈ j-n zu etw. zählen: *Ich rechne ihn zu meinen Freunden* (= er gehört zu meinen Freunden) 我把他算作是我的朋友 **7.** ***etw. r.*** e-e Menge od. e-e Zahl schätzen 估算 ≈ veranschlagen: *Für das Fest hat er pro Person eine Flasche Wein gerechnet* 这次庆祝会他估算每人一瓶葡萄酒 **8.** ***etw. mit/zu etw. r.*** e-e bestimmte Zahl als Grundlage für e-e Rechnung/Kalkulation nehmen 把…(估)算为,以…估算 ≈ etw. mit etw. ansetzen: *Wenn man die Kosten pro Kilometer mit/zu zwanzig Cent rechnet, dann kostet die Fahrt dreißig Euro* 如果每公里的费用算20欧分的话,那么交通费就是30欧元

Rech·ner *der*; *-s*, - **1.** ***ein*** + *Adj*（形）+ ***R.*** j-d, der in der genannten Weise rechnet (1) 一个…的演算者〈ein guter, schneller, schlechter R.一个好的、快的、差的演算者〉**2.** ≈ Computer ‖ ↑ *Abb. unter* 图见 ***Computer*** ‖ -K(复合): ***Elektronen-***, ***Grafik-***, ***Groß-***

rech·ne·risch *Adj*(形); *nur attr od adv*(只作定语或状语) **1.** durch Rechnen (1) (entstanden) 通过计算得出的,算出的〈e-e Größe, ein Mittelwert 大小,平均值; etw. r. lösen, ermitteln 用计算解答、得出某事〉**2.** in Bezug auf das Rechnen (1)计算方面的,演算上的〈e-e Begabung 天资; die Richtigkeit 正确性〉

Rech·nung¹ *die*; -, *-en* **1.** die Handlung, mit Zahlen u. Mengen zu rechnen (1) 算题,计算,运算,演算〈e-e einfache, leichte R. 简单的、容易的算题; e-e R. mit Brüchen, mit mehreren Unbekannten 有分数的、有几个未知数的算题; e-e R. stimmt, geht auf, ist falsch 一则运算正确,无余数,错误〉‖ -K(复合): ***Bruch-***, ***Dezimal-***, ***Differential-***, ***Infinitesimal-***, ***Integral-***, ***Prozent-*** **2.** *nur Sg* (只用单数) ≈ Schätzung: *Nach meiner R. werden wir in etwa zehn Minuten ankommen* 据我估计我们大约 10 分钟后到达 **3.** ***etw.*** (*Dat* 三格) ***R. tragen*** *geschr* [书] ≈ etw. berücksichtigen ↔ etw. außer Acht lassen ‖ ID[谚] ***j-s R. geht nicht auf*** j-d hat bei etw. keinen Erfolg, weil etw. anders ist, als er es erwartet hat 某人的打算落空

Rech·nung² *die*; -, *-en* **1.** ***e-e R.*** (***für etw.***) (***über etw.*** (*Akk* 四格)) e-e Liste, auf der steht, wie viel Geld man für Waren od. Leistungen bezahlen muss 账单〈j-m e-e R. (aus)stellen, schreiben 给某人开、写账单; etw. auf die R. setzen 把某物列入账单; e-e R. prüfen 核查账单〉: *e-e R. für e-n Kühlschrank über 550 Euro* 一台 550 欧元的电冰箱的账单; *Herr Ober, die R. bitte!* 服务员,结账! ‖ K-(复合): ***Rechnungs-***, ***-nummer*** ‖ -K(复合): ***Arzt-***, ***Gas-***, ***Getränke-***, ***Hotel-***, ***Maler-***, ***Schneider-***, ***Strom-*** **2.** der Betrag auf e-r R.² (1)账(指账单上的金额)〈e-e R. bezahlen, überweisen 付、汇账〉‖ K-(复合): ***Rechnungs-***, ***-betrag*** **3.** ***auf R.*** so, dass man zuerst die Ware od. Leistung zusammen mit e-r R.² (1) bekommt u. später zahlt 记账,赊账,赊↔ gegen Barzahlung〈etw. auf R. kaufen, bestellen, liefern 赊购,赊欠订购,赊账交付某物〉**4.** (***j-m***) ***etw. in R. stellen*** e-e Ware od. Leistung auf e-e R.² (1) schreiben 赊销某物,把某物记在(某人)账上≈ j-m etw. berechnen ‖ ID [谚] *mst* 多用 ***Das geht auf meine / seine*** *usw* ***R.*** das bezahle ich / bezahlt er *usw* 这算在我/他的账上; ***die R. für etw. bezahlen müssen*** / ***präsentiert bekommen*** die negativen Folgen seines Verhaltens ertragen müssen 为某事得付出代价/因某事得到报应; ***e-e*** (***alte***) ***R.*** (***mit j-m***) ***begleichen*** j-n wegen e-s Vorfalls zur Rechenschaft ziehen (与某人)算(老)账≈ mit j-m abrechnen; *mst* 多用 ***Da hast du aber die R. ohne den Wirt gemacht!*** da hast du dich getäuscht (weil du j-n od. e-n Umstand nicht in deinen Überlegungen berücksichtigt hast)这回你可失算啦!

Rech·nungs·hof *der*; e-e Behörde, die prüft, ob die Verwaltung e-s Landes finanziell korrekt arbeitet 审计署、局 ‖ -K(复合): ***Bundes-***

Rech·nungs·jahr *das*; WIRTSCH【经】; ein Zeitraum von zwölf Monaten, für den ein Betrieb e-e Bilanz macht 会计年度 ‖ NB(注意): ≠ ***Kalenderjahr***

recht *Adj*(形); *ohne Steigerung*(无变级) **1.** ***r.*** (***für j-n/etw.***) für e-n bestimmten Zweck gut geeignet 对…合适的、正确的、恰当的 ≈ richtig, passend ↔ falsch, verkehrt: *Hier ist nicht der rechte Ort für so ein Gespräch* 这里不适合进行这样的谈话; *Diese Arbeit ist doch nicht das Rechte für dich* 这工作确实对你不合适 **2.** ***etw. ist*** (***j-m***) ***r.*** etw. passt j-m, j-d ist mit etw. einverstanden(物作主语)对…来说是可行的、合适的: *Ihm ist jedes Mittel r., um ans Ziel zu kommen* 为了达到目的什么办法他都不在意; *Ist es dir r., wenn ich mitkomme?* 如果我一起去,你在意吗?; *Es ist mir nicht r., dass du dir so viel Arbeit gemacht hast* 你干了那么多的活,我真过意不去 **3.** den Regeln der Moral entsprechend 合情合理的,正当的 ≈ richtig ↔ unrecht: *Es war nicht r., dass du sie angelogen hast* 你骗了她,这可不应当; *Du tätest r.* daran, *dich zu entschuldigen* 你理应道歉 **4.** *nur attr od adv* (只作定语或状语) ≈ richtig (3)〈j-n/etw. r. verstehen, r. verstanden haben 真正地理解、很好地理解了某人/某事〉: *keine rechte Vorstellung von etw. haben* 对某事没有确切的概念; *keine rechte Freude an etw. haben* 对某事没有真正的兴致(没有多少兴致); *ohne rechten Appetit essen* 吃饭没什么胃口; *Ich habe eigentlich nicht (so) r. verstanden, was er sagen wollte* 其实我对他所说的没有完全明白; *Ich höre wohl nicht r., das kann doch nicht dein Ernst sein!* 也许我听错了,这你肯定不是当真的吧! ‖ NB(注意): *mst* verneint (多用否定句) **5** *nur attr od adv*(只作定语或状语); verwendet, um ein Adj., Adv., Subst. od. Verb zu verstärken (ist stärker als „ziemlich", aber nicht so stark wie „sehr")(加强形容词、副词、名词或动词的语义,比 ziemlich 强,但不如 sehr)的确,确实: *Sie macht sich rechte Sorgen um ihn* 她真替他担心; *Er gibt sich r. viel Mühe* 他确实很努力; *Er ist ein rechter Angeber* 他是个十足的吹牛大王 **6.** ***r. und billig*** ≈ gerecht: *Es ist nur r. u. billig, wenn Frauen den gleichen Lohn für gleiche Arbeit fordern* 妇女要求同工同酬,这是合理的 **7.** ***r.*** / ***Recht haben*** bei e-m Streit *o. Ä.* derjenige sein, der das Recht (1,2) auf seiner Seite hat (在吵架中)有理,占理 **8.** ***r.*** / ***Recht haben*** etw. sagen, das den Tatsachen entspricht 说得有理,符合事实 ↔ sich irren: *Ich weiß nicht, ob du mit dieser Behauptung r. hast* 我不知道你的观点是否有道理; *Ich muss zugeben, dass du doch r. hattest* 我必须承认你说得有理; **9.** ***r.*** / ***Recht behalten*** die Bestätigung bekommen, dass man r. (8)

hat 得理 **10. j-m r. / Recht geben** j-m sagen, dass seine Meinung richtig ist od. war 承认某人的观点正确，同意某人的意见 ≈ j-m zustimmen：*In diesem Punkt muss ich Ihnen r. geben* 在这一点上我承认您是对的 **11. r. / Recht bekommen** von anderen die Bestätigung bekommen, dass die eigene Meinung richtig war 得到承认，得到肯定 ‖ ID[谚] **es j-m nicht r. machen können**; **j-m nichts r. machen können** nichts tun können, was j-m passt od. gefällt 办事情不能很好地符合某人的意愿；怎么都不能合某人的心意；*mst* 多用 **Man kann es nicht allen r. machen** man tut nie etw., das allen gefällt 众口难调；*mst* 多用 **Das geschieht dir r.!** *gespr* [口]；das ist die gerechte Strafe 你活该！你自作自受！；**R. so!**；**So ist es r.!**；**Das ist r.!** so ist es in Ordnung, gut so 这就对了！就这么干！这样就很好！；(**Das ist ja alles**) **r. u. schön, aber...** verwendet, um e-e Kritik od. Ablehnung einzuleiten(总的来讲)不错，但是…；**Alles, was r. ist!** *gespr*[口]；verwendet, um gegen etw. zu protestieren 对是对，但…，这固然对，但…；**Was dem einen r. ist, ist dem anderen billig** was der eine darf, muss man auch dem anderen erlauben 对人应一视同仁；**nichts Rechtes mit j-m / etw. anzufangen wissen / anfangen können a**) nicht wissen, was man mit j-m/etw. tun kann od. soll 对某人/某事不知该怎么办才好，束手无策，无可奈何；**b**) j-n/etw. nicht mögen 讨厌、不喜欢某人/某事；(**irgendwo**) **nach dem Rechten sehen** (irgendwo) nachsehen, ob alles in Ordnung ist (u. es in Ordnung halten)查看、检查(某处)是否正常；**r. und schlecht** nicht gut, aber auch nicht sehr schlecht 凑合，勉强；*mst* 多用 **Du kommst mir gerade r.** *gespr*[口]；**a**) dich kann ich jetzt gerade sehr gut gebrauchen 你来得真是时候(我用得着你)；**b**) *iron*[讽]；dich kann ich gerade jetzt überhaupt nicht gebrauchen (weil ich beschäftigt bin *o. Ä.*) 你来得可真是时候哇(意即：不是时候，因我正忙着呢) ‖ NB(注意)：↑ **erst²**

rech·t- *Adj*(形)；*nur attr, nicht adv*(只作定语，不作状语) **1.** auf der Seite, auf der das Herz nicht ist 右边的，右侧的↔ link- (1)：*sich das rechte Bein brechen* 右腿骨折，造成自己右腿骨折；*j-m die rechte Hand geben* 向某人伸出右手(意即：助某人一臂之力，拉某人一把)；*auf der rechten Straßenseite* 在马路右侧 **2.** mit den Prinzipien von konservativen od. nationalistischen Parteien 右(翼、派)的↔ link- ⟨ein Abgeordneter, e-e Partei, e-e Zeitung 议员，政党，报纸；der rechte Flügel e-r Partei 一个党派的右翼⟩ ‖ ▶ **rechts**

Recht *das*；*-(e)s, -e* **1.** *nur Sg*(只用单数)，*Kollekt*(集合)；die Regeln für das Zusammenleben der Menschen in e-m Staat, die in Gesetzen festgelegt sind 法，法规⟨das bürgerliche, öffentliche R. 民法，公法；das R. anwenden, verletzen, brechen 执法，犯法，违法；das R. auf seiner Seite haben, wissen 自己合理合法，知道自己合理合法⟩：*Nach geltendem R. ist die Beschaffung von Heroin strafbar* 按照现行法规，购买海洛因是违法的 ‖ K-(复合)：**Rechts-, -angelegenheit, -auffassung, -auskunft, -beratung, -lage, -ordnung, -philosophie, -schutz, -sprache, -unsicherheit, -verbindlichkeit, -verletzung, -vorschrift, -wissenschaft** ‖ -K：**Arbeits-, Beamten-, Ehe-, Eigentums-, Eltern-, Familien-, Grund-, Haus-, Jugend-, Kirchen-, Kriegs-, Kündigungs-, Patent-, Privat-, Scheidungs-, Staats-, Straf(prozess)-, Tarif-, Urheber-, Verfassungs-, Verkehrs-, Vertrags-, Völker-, Zivil- 2. das R.** (**auf etw.** (*Akk* 四格)) der (moralisch od. gesetzlich verankerte) Anspruch (auf etw.) 权，权力，权利，权限⟨ein angestammtes, unveräußerliches, verbrieftes R. 继承的、不可转让的、书面确认的权利；die demokratischen, elterlichen, vertraglichen Rechte 民主的、父母的，条约规定的权限；ein R. geltend machen, ausüben, missbrauchen, wahrnehmen 实施、行使、滥用、利用权力；sein R. fordern, wollen, bekommen 要求、想要得到、获得自己的权利；sich (*Dat* 三格) ein R. nehmen, anmaßen, vorbehalten 利用权利，无理要求权利，保留权利；auf sein R. pochen (= sein Recht fordern) 坚持自己的权利；j-m ein R. übertragen, verweigern, absprechen, entziehen 转让、拒绝、否决、剥夺权利；j-s Rechte wahren, verletzen 维护、侵犯某人的权利⟩：*Die Verfassung garantiert das R. des Bürgers auf freie Meinungsäußerung* 宪法保障公民言论自由的权利；*Der Rechtsanwalt versuchte, ihr durch e-e Klage vor Gericht zu ihrem R. zu verhelfen* 律师设法通过向法院起诉帮助她获得自己的权益；*Mit welchem R. gibst du mir Befehle?* 你有什么权利向我发号施令？ ‖ -K(复合)：**Aufenthalts-, Selbstbestimmungs-, Wahl- 3.** *nur Sg*(只用单数)；das, was die Moral od. das Gesetz erlauben 理，道理，公理，正义↔ Unrecht ⟨R. tun 做正当合理的事，办事正大光明；R. daran tun, etw. zu tun 在做什么方面做得对⟩：*Ein Kind muss lernen, zwischen R. u. Unrecht zu unterscheiden* 孩子必须学会分清是非 ‖ K-(复合)：**Rechts-, -bewusstsein, -empfinden 4. das bürgerliche R.** die Gesetze, die das Privatleben regeln 民法 **5 zu R.** mit gutem Grund, richtigerweise 正当的，合法的，有理的 **6. R. sprechen** als Richter Urteile fällen 判决，宣判 **7 das R. beugen** *pej*[贬]；(als Richter, Regierung *o. Ä.*) so handeln, dass man zwar nicht gegen den Text der Gesetze verstößt, aber gegen die Absicht, die dahintersteht 枉法，歪曲法律 **8. das R. des Stärkeren** verwendet, um *mst* Verärgerung darüber auszudrücken, wenn j-d mit viel Macht das tut, was er will, ohne das R. (2) dazu zu haben 有权就有理 **9. im R. sein** bei e-m Streit *o. Ä.* derjenige sein, der das R. (1,2) auf seiner Seite hat 有理，在理 **10. sich im R. fühlen** glauben, dass man im R. (9) ist 觉得自己有理 **11. zu seinem R. kommen** das bekommen, was einem zusteht 得到应有重视

R

12. von Rechts wegen wie es das R. (1) regelt 按照法律,依法 ‖ ID [谚] ***etw. fordert / verlangt sein R.*** etw. muss in ausreichendem Maß berücksichtigt werden 某事应给予足够重视: *Nach der großen Anstrengung verlangt der Körper sein R. – ich muss mich jetzt etwas ausruhen* 劳累后应注意身体——现在我得休息一会儿; ***alle Rechte vorbehalten*** verwendet, um auszudrücken, dass das betreffende Werk (Buch, Platte *o.Ä.*) nicht ohne Genehmigung kopiert, nachgedruckt *o.Ä.* werden darf 版权所有 ‖ NB(注意): ↑ ***recht*** (7-11) ‖ *zu* (义项) **2. recht·los** *Adj*(形)

Rech·te¹ *die*; *-n, -n* **1.** *nur Sg*(只用单数); die rechte Hand 右手↔ Linke **2.** SPORT【体】; ein Schlag mit der rechten Hand 右手击球、拳击 ↔ Linke **3.** *nur Sg* (只用单数); alle Parteien u. politischen Gruppen mit konservativen bis hin zu nationalistischen Prinzipien 右倾、右翼(党派) ↔ Linke **4. *zu j-s Rechten*** auf der rechten Seite 在某人的右首、右边、右侧 ↔ zu j-s Linken: *Zu meiner Rechten sehen Sie den Dom* 在我的右侧你们看到的是大教堂

Rech·te² *der/die*; *-n, -n*; *gespr*[口]; e-e Person, die e-r konservativen od. nationalistischen Partei angehört od. deren Prinzipien gut findet 右派(分子),右倾分子↔ Linke(r) ‖ NB(注意): *ein Rechter; der Rechte; den, dem, des Rechten*

Recht·eck *das*; e-e geometrische Figur mit vier Seiten (von denen jeweils zwei gleich lang u. parallel sind) u. vier Winkeln von je 90° 长方形,矩形 ‖ ↑ *Abb. unter* 图见 ***geometrische Figuren*** ‖ NB(注意): ↑ ***Quadrat*** ‖ *hierzu*(派生) **recht·eckig** *Adj*(形)

rech·tens *nur in*(只用于) ***etw. ist r.*** 某事是合法的≈ etw. ist rechtmäßig: *Die Kündigung war r.* 解除合同是合法的

recht·fer·ti·gen; *rechtfertigte, hat gerechtfertigt*; [Vt] (及物) **1. *etw.* (*mit etw.*) *r.*** die Gründe für e-e Handlung, Äußerung *o.Ä.* nennen 申述(理由),申辩,辩解: *Die Firma rechtfertigte die Entlassung der Arbeiter mit der schlechten Konjunkturlage* 厂家说解雇工人的理由是经济不景气 **2. *etw. rechtfertigt etw.*** etw. ist ein ausreichender Grund für etw. (物作主语)证明…是正确的、是有充分理由的 〈etw. ist (durch etw.) gerechtfertigt 某事(通过某事)证明是有理由的〉: *Die gute Qualität des Stoffs rechtfertigt den hohen Preis* 材料的质量上乘是价格高的原因; *Hältst du die strenge Bestrafung für gerechtfertigt?* 你认为严厉的处罚有道理吗?; *Sein Verhalten ist durch nichts gerechtfertigt* 他的行为任何理由都说不通; [Vr] (反身) **3. *sich* (*mit etw.*) *r.*** die Gründe für seine Aktionen, Äußerungen *o.Ä.* nennen 为自己申述(理由)、辩解: *Er versucht sich immer* damit *zu r.*, dass *er hier neu ist* 他一再申辩说,他对这儿不熟悉 ‖ *hierzu* (派生) **Recht·fer·ti·gung** *die*

Recht·ha·be·rei *die*; *-*; *nur Sg*, *pej* (只用单数) [贬]; das Verhalten e-r Person, die glaubt, dass sie immer recht habe 自以为是,刚愎自用,固执己见

recht·ha·be·risch *Adj*(形); *pej*[贬]; 〈e-e Person 人〉 so, dass sie immer recht haben will 自以为是的,刚愎自用的,固执己见的

recht·lich *Adj*(形); *nur attr od adv*(只作定语或状语); in Bezug auf das Recht (1) 法律上的≈ gesetzlich 〈die Gleichstellung, die Grundlage 平等,基础〉: *Kann man dem Mieter nach der rechtlichen Lage kündigen?* 根据法律能解除房客契约吗?; *Ist das denn r. zulässig?* 这究竟在法律上允许不允许?

recht·mä·ßig *Adj* (形); 〈der Besitzer, der Eigentümer, e-e Kündigung, ein Vorgehen 物主、财产拥有者、解除合同、行为〉 dem Recht (1) entsprechend 合法的 ‖ *hierzu* (派生) **Recht·mä·ßig·keit** *die*; *nur Sg*(只用单数)

rechts¹ *Adv*(副) **1. *r.*** (***von j-m / etw.***) auf der Seite, auf der das Herz nicht ist 在右边,在右首↔ links¹ (1) 〈nach r. abbiegen 向右拐; sich r. einordnen(开车)并入右边车道; von r. kommen 从右边过来; von links nach r. 从左向右〉: *R. von uns sehen Sie das Museum* 在我们的右边你们看到的是博物馆 **2.** (von Parteien, Gruppen od. Personen) so, dass sie konservative od. nationalistische Prinzipien anerkennen u. vertreten 右,右派,右倾保守↔ links¹ (2) 〈r. sein, wählen 右倾,投右翼(保守派)的票; r. eingestellt sein 思想观念右倾; r. stehen 观点右倾; nach r. tendieren 倾向右派〉 ‖ K-(复合): ***rechts-, -gerichtet; -stehend***

rechts² *Präp*(介); *mit Gen*(支配二格); rechts¹ von etw. 在…的右边、右侧↔ links²: *r. der Straße, des Weges* 马路、道路的右侧; *r. der Mitte* (= politisch eher konservativ) (政治观点)偏右 ‖ auch adverbiell verwendet mit *von* (也可与 *von* 连用,作状语): *r. von der Halle soll ein Schwimmbad gebaut werden* 据说大厅的右边要建一座游泳池

Rechts·an·spruch *der*; ***ein R.*** (***auf etw.*** (*Akk* 四格)) ein Anspruch, den j-d nach dem geltenden Gesetz hat 法律权利,合法要求

Rechts·an·walt *der*; j-d, dessen Beruf es ist, andere über die Gesetze zu informieren u. Leute in e-m Gerichtsprozess zu vertreten 律师〈sich e-n R. nehmen 请律师; e-n R. konsultieren 向律师咨询〉 ‖ K-(复合): ***Rechtsanwalts-, -büro, -kanzlei*** ‖ *hierzu* (派生) **Rechts·an·wäl·tin** *die*

Rechts·bei·stand *der*; JUR【法】; j-d, der die Gesetze kennt u. der vom Staat die Erlaubnis hat, Leute vor Gericht zu beraten (ohne Rechtsanwalt zu sein) 法律顾问,律师,诉讼代理人

Rechts·be·ra·ter *der*; j-d (ein Rechtsanwalt), der *z.B.* e-e Regierung, e-e große Firma in rechtlichen Fragen berät 法律顾问

Rechts·bre·cher *der*; *-s, -*; j-d, der etw. getan hat, was geltendes Recht verletzt 违法者,犯法者 ‖ *hierzu*(派生) **Rechts·bre·che·rin** *die*; *-, -nen*; **Rechts·bruch** *der*

rechts·bün·dig *Adj* (形); so, dass alle Zeilen e-s Textes rechts genau an e-r (gedachten)

R

senkrechten Linie enden 行文右边对齐↔ linksbündig ⟨r. schreiben 右边书写对齐⟩

recht·schaf·fen *Adj*（形）**1.** ⟨ein Mensch, ein Mann, e-e Frau *usw* 人、男士、女士等；r. sein, handeln 为人正直，办事正直⟩ so, dass sie auf ehrliche Weise versuchen, ihre Ziele zu erreichen 正直的，诚实的，守本分的≈ redlich **2.** *nur adv*（只作状语）；mit sehr viel Mühe 辛苦地，辛劳地 ⟨sich r. um etw. bemühen 为某事尽心尽力，费尽辛劳⟩ **3.** *nur attr od adv*（只作定语或状语）；so, dass j-d guten Grund dafür hat 很，非常，确实 ⟨ein Hunger, e-e Müdigkeit 饥饿，劳累；r. müde sein 累极了⟩ ‖ *zu*（义项）**1.** u. **2.** **Recht·schaf·fen·heit** *die*；*nur Sg*（只用单数）

Recht·schrei·bung *die*；*nur Sg*（只用单数）；die richtige Art u. Weise, wie man die Wörter e-r Sprache schreibt 正字法≈ Orthografie：*die Regeln der R. beherrschen* 掌握正字法的规则 ‖ K-（复合）：***Rechtschreib-***，***-buch***，***-fehler***，***-hilfe***，***-korrektur***，***-reform***，***-regel***，***-schwäche***

Rechts·emp·fin·den *das*；*nur Sg*（只用单数）；das Gefühl dafür, was Recht u. was Unrecht ist 是非观，正义感

rechts·ext·rem *Adj*（形）≈ rechtsextremistisch

rechts·ext·re·mis·tisch *Adj*（形）；mit extremen, undemokratischen, *bes* nationalistischen Ideen 极右（派）的≈ rechtsradikal ↔ linksextremistisch ‖ *hierzu*（派生）**Rechts·ext·re·mist** *der*；**Rechts·ext·re·mis·tin** *die*；**Rechts·ext·re·mis·mus** *der*；*nur Sg*（只用单数）

rechts·fä·hig *Adj*（形）；*ohne Steigerung*，JUR（无变级）【法】；fähig, Rechte u. Pflichten zu haben 有权能的，有享受权利和履行义务资格的，有法定资格的：*e-e rechtsfähige Organisation* 有权能的组织 ‖ *hierzu*（派生）**Rechts·fä·hig·keit** *die*；*nur Sg*（只用单数）

rechts·frei *Adj*（形）；*mst in* 多用于 ***ein rechtsfreier Raum*** ein Bereich, der nicht durch Gesetze geregelt ist 不受法律限制的范围

rechts·ge·rich·tet *Adj*（形）；*nicht adv*（不作状语）；rechte（2）Ideen, Politik vertretend 公正的，主持公道的 ⟨ein Politiker, e-e Zeitung 政治家，报纸⟩

Rechts·hän·der *der*；*-s*，*-*；j-d, der mit der rechten Hand geschickter ist als mit der linken 右撇子 ↔ Linkshänder ‖ *hierzu*（派生）**Rechts·hän·de·rin** *die*；*-*，*-nen*；**rechts·hän·dig** *Adj*（形）

rechts·he·rum *Adv*（副）；nach rechts 向右 ↔ linksherum ⟨etw. r. drehen 将某物向右旋转⟩

rechts·kräf·tig *Adj*（形）；durch ein Gericht endgültig entschieden 具有法律效力的 ⟨ein Urteil 判决；j-n r. verurteilen 判决某人具有法律效力⟩ ‖ *hierzu*（派生）**Rechts·kräf·tig·keit** *die*；*nur Sg*（只用单数）

rechts·kun·dig *Adj*（形）；mit gutem juristischem Wissen 精通法律的

Rechts·kur·ve *die*；e-e Kurve nach rechts 右转弯↔ Linkskurve：*e-e scharfe R.* 右急转弯

Rechts·mit·tel *das*；JUR，*mst Pl*【法】（多用复数）；ein rechtliches Mittel, mit dem j-d erreichen will, dass ein Urteil noch einmal überprüft wird, damit e-e andere Entscheidung getroffen wird 法律手段，法律救济，上诉 ⟨Rechtsmittel einlegen 采取法律手段⟩：*Berufung u. Revision sind Rechtsmittel* 上诉和再审都是法律手段 ‖ K-（复合）：***Rechtsmittel-***，***-belehrung***

Rechts·nach·fol·ge *die*；JUR【法】；die Tatsache, dass Rechte u. Pflichten von e-r Person auf e-e andere übergehen 权利转让，权利继承，合法继承 ⟨die R. antreten 开始权利转让（或继承）⟩ ‖ *hierzu*（派生）**Rechts·nach·fol·ger** *der*；**Rechts·nach·fol·ge·rin** *die*

Recht·spre·chung *die*；*nur Sg*，*Kollekt*（只用单数）（集合）；alle Entscheidungen, die Richter fällen 判决≈ Jurisdiktion

R

Die Regeln der neuen Rechtschreibung 新正字法规则

Am 1. 8. 1998 trat die von den deutschsprachigen Ländern gemeinsam beschlossene Rechtschreibreform in Kraft, deren Regeln 2004 und 2006 noch einmal überarbeitet wurden. Bis zum 31. 7. 2005 galt die alte Schreibung als überholt, aber nicht als falsch. In folgenden 5 Bereichen wurden Änderungen vorgenommen, die hier nur auszugsweise dargestellt werden können 1998 年 8 月 1 日，由各德语国家共同决定的正字法改革开始生效，其规则在 2004 年和 2006 年再次作了修改。直到 2005 年 7 月 31 日为止，旧的拼写法被认为已经过时，但并不算错。有下列五个方面作出了修改，在此只能简略地加以说明：(die alten Schreibungen stehen in Klammern 括号内为旧的拼写法)

1 Laut-Buchstaben-Zuordnung **语音字母类**

ss- oder ß-Schreibung ss 或 ß 的写法

- Wird der vorhergehende Vokal **Kurz** gesprochen, schreibt man **ss** statt **ß** 前面的元音为**短音**时，写作 **ss** 而不用 **ß**：
  bisschen（*bißchen*），*dass*（*daß*），*Nuss*（*Nuß*），*sie wusste*（*wußte*）
- Nach **langem** Vokal oder **Diphthong** wird wie bisher **ß** geschrieben 在**长**元音或者**双元音**之后，像以前一样写作 **ß**：
  Fuß，*sie saßen*，*draußen*，*reißen*
  In der Schweiz wird nur *ss*, nie *ß* verwendet 在瑞士只用 ss，根本不用 ß！
- Einige Wörter werden in der Schreibweise ihrem **Stamm** angenähert bzw. systematisiert, z. B. 有些词在拼写方面向其**词干**靠拢，或者更确切地说，被系统化了，比如：
  Stängel zu *Stange*（*Stengel*），*überschwänglich*（*überschwenglich*）*zu Überschwang*；*essenziell* zu *Essenz*（auch *essentiell*），*nummerieren* zu *Nummer*（*numerieren*），*platzieren*（*plazieren*），*Ass*（*As*），*Stopp*（*Stop*），*Tipp*（*Tip*），*rau*（*rauh*）*wie grau*，*Känguru*（*känguruh*）*wie Gnu*
- Bei **Zusammensetzungen** bleiben alle Buchstaben erhalten 在**构成复合词**时所有拼写字母仍然保留：

Geschirrreiniger (*Geschirreiniger*), *stilllegen* (*stillegen*), *Kaffeeernte* (*Kaffeernte*)

- Einige **Fremdwörter** werden der deutschen Schreibung angeglichen. Daneben sind auch die alten Schreibungen gültig, z.B. 有些外来语被德语拼写法所同化。不过旧的拼写法也还有效，比如：
  Bravour/Bravur, *Exposé/Exposee*, *Joghurt/Jogurt*, *Ketchup/Ketschup*, *Mayonnaise/Majonäse*, *Orthographie/Orthografie*, *Thunfisch/Tunfisch*

2. Groß- und Kleinschreibung 首字母的大写和小写

Großgeschrieben wird in der Regel, wenn vor das betreffende Wort ein Artikel gesetzt werden kann. Jetzt großgeschrieben werden unter anderem 如果有关的词前面可以加上冠词，这个词首字母通常大写。此外，现在首字母大写有如下情况：

- **Bezeichnungen für Tageszeiten** in Verbindung mit *heute*, *gestern*, *morgen* usw. 表示一天时段的名称与 heute, gestern, morgen 等词连用：
  heute Abend (*heute abend*), *vorgestern Mittag*
- als Substantive gebrauchte **Zahlwörter** 作名词使用的数词：
  jeder Dritte (*dritte*), *als Erste*, *der Nächste* (aber wie bisher klein: die Zahladjektive *viel*, *wenig*, der *eine*, der *andere* in allen ihren Flexionsformen 但是数字形容词 viel, wenig, der eine, der anderen 的所有变格形式，像以前一样，首字母都用小写：
  die einen gingen spazieren, *die anderen lasen*)
- **Substantive und substantivisch gebrauchte Adjektive in festen Verbindungen** 固定搭配中的名词和名词化形容词：
  sich in Acht nehmen (*sich in acht nehmen*), *in Bezug* (*bezug*) *auf*, *ein Spaß für Jung und Alt* (*jung und alt*), *and Ähnliches*, *im Allgemeinen*, *im Argen liegen*, *das Beste*, *bis ins Kleinste*, *des Öfteren*
- **Sprachbezeichnungen** 语言名称：
  auf/zu Deutsch (*auf/zu deutsch*), *in Spanisch*, *Englisch lernen/können/sprechen* (aber wie bisher (但是像以前一样): *Habt ihr miteinander englisch gesprochen?*)

Groß- und Kleinschreibung ist möglich bei 下列情况，首字母大写和小写均可：

- Verbindungen von **recht/Recht, unrecht/Unrecht** und *behalten*, *bekommen*, *geben*, *haben*, *tun*. recht/Recht, unrecht/Unrecht 与 behalten, geben, haben, tun 的搭配。
- festen Verbindungen aus **Präposition und dekliniertem Adjektiv** 介词与词尾变化形容词的固定搭配：
  seit Längerem/längerem, *von Neuem/neuem*, *bis auf Weiteres/weiteres*
- **Adjektiven in einigen festen Verbindungen** 在某些固定搭配中的形容词：
  Erste/erste Hilfe, *die Gelbe/gelbe Karte*, *das Schwarze/schwarze Brett*, *der weiße/Weiße Tod*
- der vertraulichen **Anrede in Briefen** 信件中的亲密称呼：
  Du/du, *Dein/dein*, *Dich/dich*, *Euer/euer*

3 Getrennt- und Zusammenschreibung 分写与合写

Getrennt geschrieben werden Verbindungen aus 下列搭配用分写

- **Präposition/Adverb +** ***sein*** 介词/副词＋sein：
  ab sein, *an sein*, *da sein*, *dabei sein*, *zusammen sein*

Getrennt- und Zusammenschreibung sind möglich bei 下列情况，分写与合写均可：

- Verbindungen aus **Adjektiv + resultativem Verb** 形容词＋结果型动词的搭配：
  glatt hobeln/glatthobeln, *klein schneiden/kleinschneiden*, *kaputt schlagen/kaputtschlagen*
- Verbindungen aus **Verb +** ***bleiben/lassen*** **bei übertragener Bedeutung** 引申意义下由动词＋**bleiben/lassen** 构成的搭配
  in der Schule sitzenbleiben/sitzen bleiben, *j-n links liegenlassen/liegen lassen*
- Verbindungen mit **adjektivisch gebrauchten Partizipien** 与作为形容词用的现在分词的搭配：
  alleinerziehend/allein erziehend, *leicht verderblich/leichtverderblich*, *Not leidend/notleidend*, *pflanzenfressend/Pflanzen fressend*
- **festen Verbindungen aus Substantiven und Präpositionen** 名词与介词组成的固定搭配：
  imstande/im Stande sein, *mithilfe/mit Hilfe von*, *zugrunde/zu Grunde gehen*

4 Zeichensetzung 标点符号的使用：

Das Komma darf entfallen 逗号可以取消：

- wenn Hauptsäze mit ***und*** bzw. ***oder*** verbunden sind 在 und 或 oder 连接的两个主句中：
  Das Essen war ausgezeichnet (,) *und der Kellner bediente uns sehr freundlich*.

5. Worttrennung am Zeilenende 移行时行末的划分音节

- vermehrte Trennung nach **Sprechsilben** 根据发音音节移行时音节划分增加了：
  da-rum (*auch* 也用 *dar-um*), *In-te-res-se* (auch 也用 *In-ter-es-se*), *Pä-da-go-ge* (auch 也用 *Päd-ago-ge*)
- **st** wird in der Regel getrennt st 一般是分写的：ärms-te (nicht mehr 不再是 *ärm-ste*), *Lis-te*
- **ck** wird bei Trennung nicht mehr zu kk **ck** 在移行划分音节时不再变为 kk：
  We-cker, *Rö-cke*

rechts·ra·di·kal *Adj* (形) ≈ rechtsextremistisch ↔ linksradikal ‖ *hierzu* (派生) **Rechts·ra·di·ka·le** *der/die*; *-n*, *-n*; **Rechts·ra·di·ka·lis·mus** *der*; *nur Sg* (只用单数)

Rechts·schutz|ver·si·che·rung *die*; e-e Versicherung, die die Kosten für Gericht,

Rechtsanwalt *usw* zahlt, wenn j-d e-e (Gerichts) Verhandlung hat 法律保护保险(诉讼费用保险)

rẹchts·sei·tig *Adj*(形); auf der rechten Seite 右边的,右侧的 ↔ linksseitig 〈e-e Lähmung 瘫痪; r. gelähmt 右半身瘫痪〉

Rẹchts·staat *der*; POL【政】; ein Staat, der die Rechte seiner Bürger schützt u. dessen Richter vom Staat unabhängig handeln können 法治国家 ‖ *hierzu*(派生) **rẹchts·staat·lich** *Adj*(形); **Rẹchts·staat·lich·keit** *die*; *nur Sg*(只用单数)

Rẹchts·streit *der*; JUR【法】; ein Streit zwischen zwei Parteien (3) vor Gericht 法律争执,诉讼,官司 ≈ Prozess

Rẹchts·ver·kehr *der*; das (vorschriftsmäßige) Fahren auf der rechten Seite der Straße 靠右行驶(交通)规则 ↔ Linksverkehr: *In Deutschland herrscht R.* 德国实行右行驶(交通)规则

Rẹchts·weg *der*; JUR【法】**1.** die Schritte, die j-d unternimmt, um die Klärung e-s Problems auf juristischem Weg zu erreichen 法律(解决)途径〈den R. einschlagen, beschreiten 采取、选择法律途径〉 **2.** ***unter Ausschluss des Rechtsweges*** JUR【法】; (*z.B.* bei e-m Preisausschreiben) ohne die Möglichkeit, etw. vor ein Gericht zu bringen 不采取法律解决途径

rẹchts·wid·rig *Adj*(形); so, dass man gegen das geltende Recht verstößt 违法的,不合法的,犯法的 ≈ gesetzeswidrig ↔ rechtmäßig ‖ *hierzu*(派生) **Rẹchts·wid·rig·keit** *die*

rẹchts·wirk·sam *Adj*(形); JUR【法】≈ rechtsgültig, rechtskräftig ‖ *hierzu*(派生) **Rẹchts·wirk·sam·keit** *die*; *nur Sg*(只用单数)

rẹcht·win·ke·lig, rẹcht·wink·lig *Adj*(形); mit e-m Winkel von 90° 直角的〈ein Dreieck 三角形〉

rẹcht·zei·tig *Adj*(形); früh genug 及时的,及早的〈etw. r. schaffen, fertig bekommen, beenden 及时干完、完成、结束〉: *Lass uns r. weggehen, damit wir uns nicht beeilen müssen* 我们及早上路吧,这样就用不着赶时间了 ‖ NB(注意): ↑ ***pünktlich***

Rẹck *das*; -(*e*)*s*, -*e*; ein Turngerät, das aus e-r waagerechten Stange (in ca. 2,50 m Höhe) u. Stützen für diese Stange besteht 单杠〈am R. turnen 做单杠(训练); vom R. abgehen 下(单)杠; e-e Übung am R. 单杠训练〉 ‖ K-(复合): ***Reck-***, ***-stange***, ***-turner***, ***-übung***

Rẹ·cke *der*; -*n*, -*n*; *lit* [文]; (*bes* in Sagen u. Epen) ≈ Held ‖ NB(注意): *der Recke; den, dem, des Recken* ‖ *hierzu*(派生) **rẹ·cken·haft** *Adj*(形)

re·cken; *reckte*, *hat gereckt*; [Vt](及物) ***etw.*** / ***sich r.*** ≈ strecken (2) ‖ ID[谚] ***sich r. u. strecken*** *bes* nach dem Schlafen die Arme u. Beine ganz gerade machen u. dehnen, damit man munter wird 伸伸胳膊伸伸腿,伸懒腰

Re·cor·der [-k-] *der*; ↑ ***Rekorder***

Re·cyc·ling [riˈsai̯klɪŋ] *das*; -*s*; *nur Sg*(只用单数); e-e Technik, mit der man aus bereits gebrauchten Gegenständen (*bes* aus Papier, Glas od. Metall) neue Gegenstände herstellt 再生利用,回收利用(技术): *das R. von leeren Dosen u. Flaschen* 空瓶罐再生利用 ‖ K-(复合): ***Recycling-***, ***-papier*** ‖ -K(复合): ***Glas-***, ***Papier-*** ‖ *hierzu*(派生) **re·cy·celn** [riˈsai̯k(ə)ln] (*hat*) *Vt*(及物); **re·cy·cel·bar** *Adj*(形)

Re·dak·teur [-ˈtøːɐ̯] *der*; -*s*, -*e*; j-d, der bei e-r Zeitung, beim Fernsehen *usw* die Texte aussucht u. bearbeitet, bevor sie veröffentlicht werden 编辑: *der verantwortliche, zuständige R. für Kunst u. Kultur* 负责、主管文学艺术的编辑 ‖ -K(复合): ***Chef-***, ***Kultur-***, ***Nachrichten-***, ***Sport-***; ***Rundfunk-***, ***Fernseh-***, ***Verlags-***, ***Zeitschriften-***, ***Zeitungs-*** ‖ *hierzu*(派生) **Re·dak·teu·rin** [-ˈtøːrɪn] *die*; -, -*nen*

Re·dak·ti·on [-ˈtsi̯oːn] *die*; -, -*en* **1.** die Tätigkeit e-s Redakteurs 编辑,编辑工作〈die R. haben 有编辑任务〉 ‖ -K(复合): ***End-***, ***Schluss-*** **2.** alle Redakteure e-r Zeitung, beim Fernsehen od. beim Rundfunk 编辑部,全体编辑人员 ‖ K-(复合): ***Redaktions-***, ***-mitglied*** ‖ -K(复合): ***Kultur-***, ***Sport-***; ***Rundfunk-***, ***Fernseh-***, ***Zeitschriften-***, ***Zeitungs-*** **3.** die Büros der Redakteure 编辑室 ‖ *hierzu*(派生) **re·dak·ti·o·nell** *Adj*(形)

Re·dak·ti·ons·schluss *der*; der Zeitpunkt, nach dem die Redaktion (2) keine Texte mehr annimmt 截稿: *Kurz vor R. bekam die Zeitung noch e-e wichtige Nachricht* 快到截稿时报社还收到一条重要新闻

Re·dak·tor *der*; -*s*, *Re·dak·to·ren* **1.** ein Bearbeiter od. Herausgeber wissenschaftlicher od. literarischer Texte 编纂者,出版者 **2.** (CH) [瑞] ≈ Redakteur ‖ *hierzu*(派生) **Re·dak·to·rin** *die*; -, -*nen*

Re·de *die*; -, -*n* **1.** ***e-e R.*** (***an j-n***/***vor j-m***) (***über j-n***/***etw.***) das Sprechen vor Zuhörern (*mst* zu e-m besonderen Anlass) 演说,演讲,讲话 ≈ Ansprache, Vortrag, Referat 〈e-e feierliche, glänzende, schwungvolle, mitreißende R. (völlig) frei halten(完全)不带稿子发表一篇隆重的、出色的、热情洋溢的、动人心弦的演说; e-e R. an der Versammlung halten 在大会上发言〉 ‖ K-(复合): ***Rede-***, ***-kunst***, ***-talent***, ***-übung***, ***-verbot***, ***-zeit*** ‖ -K(复合): ***Begrüßungs-***, ***Eröffnungs-***, ***Fest-***, ***Gedenk-***, ***Grab-***, ***Rundfunk-***, ***Trauer-***, ***Wahl-*** **2.** *mst Pl*(多用复数); das, was man (in e-m Gespräch) sagt 话,讲话 ≈ das Reden (2) 〈leere, freche, unverschämte Reden führen 讲空话、无礼的话、无耻的话; j-n mit leeren, schönen Reden hinhalten 用空话、甜言蜜语搪塞某人; etw. in seine R. einfließen lassen 在他的讲话中顺便提到〉 ‖ K-(复合): ***Rede-***, ***-weise*** **3.** *nur Sg*(只用单数); die Kunst, Reden (1) zu entwerfen u. zu halten 口才,辩才

≈ Rhetorik 〈die Gabe der R. 口才非凡; etw. in freier R. vortragen 滔滔不绝地讲某事〉 **4.** *nur Sg*(只用单数); das, was die Leute über j-n/etw. sagen 传言,谣传≈ Gerücht, Gerede 〈es geht die R., dass... 传言…〉 **5. die direkte R.** LING【语】; ein Satz, der e-e Äußerung wörtlich wiedergibt (u. in Anführungszeichen gesetzt wird) 直接引语 **6. die indirekte R.** LING【语】; ein (Neben)Satz, der e-e Äußerung sinngemäß wiedergibt u. der im Konjunktiv steht 间接引语 **7. gebundene R.** ≈ Verse, Lyrik ‖ ID[谚] **große Reden schwingen** *gespr pej* [口][贬]≈ prahlen, angeben; *mst* 多用 **Davon kann nicht die/ keine R. sein** *gespr* [口]; das trifft überhaupt nicht zu, wird nicht geschehen *o. Ä.* 这根本谈不上; **die R. kommt auf j-n/etw.**; **j-d bringt die R. auf j-n/etw.** man spricht über j-n/etw. 话题谈到某人/某事;某人把话题转到某人/某事; *mst* 多用 **von j-m/etw. ist die R.** j-d/etw. ist Thema e-r R. (1) od. e-s Gesprächs 正在谈到某人/某事: *Beim gestrigen Vortrag war viel von Psychologie die R.* 昨天的报告里谈到许多有关心理学的内容; *Es ist schon lange die R.* davon, dass *wir e-e neue Wohnung brauchen* 我们需要一套新的住房,这事早就说过了; **etw. ist nicht der R. wert** etw. ist nicht wichtig, nicht schlimm 某事不足挂齿,不值一提; **j-m R. u. Antwort stehen** j-m erklären, warum man sich auf e-e bestimmte Art verhalten hat 向某人阐明理由; **j-n (wegen etw.) zur R. stellen** j-n zwingen, sein Verhalten zu erklären 要某人(就某事)阐述理由,(就某事)质问某人; **Langer R. kurzer Sinn**:... *gespr* [口]; zusammenfassend od. kurz gesagt 简而言之…

Re·de·fluss *der*; *nur Sg*(只用单数); das Reden ohne Stocken, Zögern *o. Ä.* 口若悬河,说话滔滔不绝〈j-s R. unterbrechen 打断某人滔滔不绝的谈话〉

Re·de·frei·heit *die*; *nur Sg*(只用单数); das Recht (des Bürgers), in der Öffentlichkeit kritisch über alle Themen sprechen zu dürfen 言论自由

re·de·ge·wandt *Adj*(形); *nicht adv*(不作状语); fähig, seine Ideen klar u. gut zu formulieren 能说会道的,善于辞令的,能言善辩的 ‖ *hierzu* (派生) **Re·de·ge·wandt·heit** *die*; *nur Sg*(只用单数)

re·den; *redete*, *hat geredet*; [Vt/i](及物/不及物) **1.** (**etw.**) (**über j-n/etw.**) **r.**; (**etw.**) (**von j-m/etw.**) **r.** das, was man (über j-n/etw.) denkt, sagen 说,讲,说话≈ sprechen (5) 〈ununterbrochen, dauernd, kein Wort r. 不间断地、不停地说,一言不发; deutlich r. 说话清楚; Gutes, Schlechtes, Unsinn r. 说好话、坏话,胡说八道; j-n (nicht) zu Ende r. lassen (不)让某人说完〉: *Er redet nur von Autos u. Motorrädern* 他尽说些汽车和摩托车的事 **2.** (**etw.**) (**mit j-m**) (**über j-n/etw.**) **r.**; (**etw.**) (**von j-m/etw.**) **r.** mit j-m ein Gespräch (über j-n/etw.) haben (与…)谈论,谈话≈ mit j-m sprechen (6), sich mit j-m unterhalten 〈mit j-m gut, über alles r. können 能与某人谈得拢、无所不谈; mit sich selbst r. 自言自语〉: *mit e-r Freundin über das Studium r.* 与一位女友谈大学学习; *nicht mehr miteinander r.* 互相不再理睬; *Was habt ihr gestern über mich geredet?* 你们昨天说我些什么?; [Vi](不及物) **3.** (**vor/zu j-m**) (**über etw.** (*Akk* 四格)) **r.** e-e Rede (1) halten 发表讲话,演说 ≈ sprechen (7): *vor e-m großen Publikum über Energiepolitik r.* 对公众发表能源政策的讲话 **4.** (**über j-n/etw.**) **r.** Schlechtes über andere Menschen sagen 说坏话,背后议论 ≈ klatschen, tratschen 〈die Leute r. lassen 让别人说去〉: *Über den neuen Nachbarn wird viel geredet* 对新来的邻居有许多议论 **5.** unter Zwang Informationen geben(被迫)开口,说出实情〈j-n zum Reden bringen 迫使某人开口〉: *j-n foltern, damit er redet* 对某人用刑使他开口 ‖ ID[谚] **von sich r. machen** etw. tun, über das dann viele Leute reden u. schreiben 引起议论; **mit sich r. lassen** bereit sein, über etw. zu diskutieren u. nachzugeben 好说话,好商量; **Darüber lässt sich r.** das ist vielleicht möglich 这事可以商量; **gut r. haben** ein Problem weniger schwierig finden als j-d anderer, weil man selbst es nicht hat 说得轻巧,说得容易; **R. ist Silber, Schweigen ist Gold** oft ist es besser, nichts zu sagen 说话是银,沉默是金(还是不开口为妙) ‖ NB(注意): in den Bedeutungen **1.**, **2.** u. **3.** sind *reden* u. *sprechen* Synonyme. *Sprechen* ist gehobener als *reden* (在义项1、2、3时 reden 和 sprechen 是同义词,sprechen 比 reden 要高雅些) ‖ ▶ **beredt**

Re·dens·art *die*; -, *-en*; Sätze mit *mst* idiomatischer Bedeutung 俗话,俗语,习惯用语≈ Redewendung (1) 〈e-e übliche, häufige, banale, abgedroschene R. 惯用语,常用语,庸俗的客套语,陈词滥调〉: „*Was sich neckt, das liebt sich*" *ist e-e R.* "打情骂俏,亲热之道"是句俗语 ‖ ID[谚] **Das sind doch nur Redensarten!** was j-d sagt, darf man nicht ernst nehmen, er meint es nicht so 这只是说说而已,不必当真!

Re·de·schwall *der*; *nur Sg*, *pej*(只用单数)[贬]; das schnelle u. ununterbrochene Sprechen, das den Gesprächspartner daran hindert, selbst etw. zu sagen 滔滔不绝的话语,没完没了的大发议论

Re·de·wen·dung *die* **1.** ≈ Redensart **2.** mehrere Wörter, die *mst* e-e idiomatische Bedeutung haben 惯用语,习语,俗语,成语 ≈ Idiom: „*j-n durch den Kakao ziehen*" *ist e-e R.* "取笑某人"是一句俗语

re·di·gie·ren; *redigierte*, *hat redigiert*; [Vt/i] (及物/不及物) (**etw.**) **r.** (als Redakteur) bei e-r Zeitung, in e-m Verlag *o. Ä.* e-n Text lesen u. korrigieren 编辑,校阅,审校〈ein Buch, e-n Text r. 校阅一本书,审校一篇文章〉

red·lich *Adj*(形); *geschr*[书] **1.** mit guten Absichten u. großem Ernst 正直的,正派的,诚实

R

的，诚恳的≈ aufrichtig ↔ unredlich 〈ein Mensch人；e-e Gesinnung 思想品德；ein redliches Leben führen 生活正派；r. handeln, es r. mit j-m meinen 处事正直，对某人一片诚意〉 **2.** *mst adv*（多作状语）；sehr, intensiv 很，非常，确实〈sich r. bemühen, plagen, anstrengen 很努力，拼命苦干，非常实干；sich redliche Mühe geben 费很大劲〉 ‖ *hierzu*（派生）**Red·lich·keit** *die*；*nur Sg*（只用单数）

Red·ner *der*；*-s*，*-* **1.** j-d, der e-e Rede（1）hält 报告人，讲演者，演说者〈ein guter, schlechter R. 一位出色的、糟糕的讲演者；als R. auftreten 作为讲演者上台〉 ‖ K-（复合）：***Redner-***，***-bühne***，***-podium***，***-pult***，***-tribüne*** ‖ -K（复合）：***Fest-***，***Haupt-***，***Lob-***，***Wahl-*** **2.** j-d, der gute Reden halten kann 演说家，雄辩家〈der geborene, kein R. sein 天生的演说家，不是演说家〉 ‖ K-（复合）：***Redner-***，***-gabe***，***-talent*** ‖ *zu*（义项）**1. Red·ne·rin** *die*；*-*，*-nen*

red·ne·risch *Adj*（形）；*nur attr od adv*（只作定语或状语）；in Bezug auf die Tätigkeit, Reden zu halten 演讲的，演说的 ≈ rhetorisch 〈Fähigkeiten, ein Talent, e-e Begabung 能力，才能，才华〉

red·se·lig *Adj*（形）；〈e-e Person 人〉 so, dass sie sehr viel u. gern erzählt 健谈的，话多的，爱说话的≈ geschwätzig ‖ *hierzu*（派生）**Red·se·lig·keit** *die*；*nur Sg*（只用单数）

Re·duk·ti·on [-ˈtsioːn] *die*；*-*，*-en*；*geschr*［书］；ein Vorgang, bei dem e-e Summe od. e-e Menge kleiner gemacht wird 降低，减少，缩减 ≈ Senkung, Verminderung ↔ Erhöhung ‖ -K（复合）：***Kosten-***，***Preis-*** ‖ ▶ ***reduzieren***

re·dun·dant *Adj*（形）；*geschr*［书］；〈Informationen 信息〉 nicht unbedingt notwendig 可有可无的，多余的≈ überflüssig ‖ *hierzu*（派生）**Re·dun·danz** *die*；*-*；*nur Sg*（只用单数）

re·du·zie·ren；*reduzierte*，*hat reduziert*；Vt（及物）**1.** ***etw.***（***um etw.***）（***auf etw.***（*Akk* 四格））***r.*** e-e Zahl od. Menge kleiner machen 降低，减少，缩减≈ verringern ↔ erhöhen 〈etw. auf ein Minimum r. 把某物降到最低限度〉：*die Heizkosten um ein Drittel r.* 缩减取暖费三分之一；*Der ursprüngliche Preis von € 300 wurde um ein Drittel auf € 200 reduziert* 原价300欧元降为200欧元，降低三分之一 **2.** ***etw. auf etw.***（*Akk* 四格）***r.*** etw. so einfach machen, dass nur noch die wichtigsten Dinge da sind 减化，精减，压缩：*Er reduzierte seinen Vortrag auf die wichtigsten Punkte* 他把他的报告压缩到最重要的几点；Vr（反身）**3.** ***etw. reduziert sich***（***um etw.***）（***auf etw.***（*Akk* 四格））etw. wird in der Zahl od. Menge kleiner（物作主语）降低，减少，缩减≈ etw. verringert sich ↔ etw. erhöht sich：*Die Unfälle haben sich seit Einführung der Geschwindigkeitsbeschränkung auf die Hälfte reduziert* 自从实施限速以来事故减少了一半 ‖ *hierzu*（派生）**Re·du·zie·rung** *die*；**re·du·zier·bar** *Adj*（形） ‖ ▶ ***Reduktion***

Ree·de *die*；*-*，*-n*；ein Platz vor e-m Hafen, an dem Schiffe liegen können 锚地，港外锚地〈auf der R. liegen 在（港外）锚地停泊〉

Ree·der *der*；*-s*，*-*；j-d, der Schiffe（zum Transport von Waren od. Personen）besitzt 船主 ‖ *hierzu*（派生）**Ree·de·rin** *die*；*-*，*-nen*

Ree·de·rei *die*；*-*，*-en*；das Geschäft e-s Reeders 航运公司

re·ell *Adj*（形）**1.** *nicht adv*（不作状语）；wirklich vorhanden 真实的，确实的↔ imaginär 〈e-e Chance, Aussichten 机遇、前景〉：*reelle Chancen haben*，*e-e Stelle zu bekommen* 有就业的切实机会 **2.** ohne dass j-d versucht, mehr Gewinn zu machen als erlaubt ist（买卖）公平的，可靠的 ≈ fair, ehrlich 〈ein Geschäft 生意；ein Geschäftsmann, e-e Firma 商人，公司；Preise 价格〉

Re·fe·rat *das*；*-(e)s*，*-e* **1.** ***ein R.***（***über j-n / etw.***）der Text, den j-d über ein Thema geschrieben hat u. den er *bes* seinen Kollegen vorliest 专题报告≈ Vortrag〈ein wissenschaftliches R. 一次学术报告；ein R. halten 作专题报告〉 ‖ -K（复合）：***Kurz-*** **2.** ein *mst* wissenschaftlicher Bericht über ein bestimmtes Thema 专题学术评论〈ein R. schreiben, verfassen 写、撰写专题学术评论〉 **3.** ein Teil e-r Behörde mit e-r festgelegten Aufgabe（分管）部门，小组：*das R. für Jugend u. Sport* 分管青年和体育的部门 ‖ K-（复合）：***Referats-***，***-leiter*** ‖ -K（复合）：***Kultur-***，***Steuer-***

Re·fe·ree [refəˈriː] *der*；*-s*，*-s*；Ⓐ Ⓒⓗ SPORT［奥］［瑞］【体】≈ Schiedsrichter

Re·fe·ren·dar *der*；*-s*，*-e*；Ⓓ［德］j-d, der sein Studium（mit dem 1. Staatsexamen）beendet hat u. noch e-e praktische Ausbildung an der Schule od. am Gericht *o. Ä.* machen muss（um nach dem 2. Staatsexamen Beamter zu werden）（通过第一次国家大学毕业考试的）见习公务员 ‖ K-（复合）：***Referendar-***，***-dienst***，***-zeit*** ‖ -K（复合）：***Rechts-***，***Regierungs-***，***Studien-*** ‖ *hierzu* 派生 **Re·fe·ren·da·rin** *die*；*-*，*-nen*

Re·fe·ren·da·ri·at *das*；*-(e)s*，*-e*；Ⓓ［德］die Zeit, in der j-d als Referendar arbeitet 公务员见习（培训期）〈sein R. machen, im R. sein 参加公务员见习培训，正在公务员见习培训中〉

Re·fe·ren·dum *das*；*-s*，*Re·fe·ren·da / Re·fe·ren·den*；Ⓒⓗ［瑞］Volksabstimmung 全民公决，全民投票〈ein R. abhalten 举行全民公决〉

Re·fe·rent *der*；*-en*，*-en* **1.** j-d, der ein Referat（1）hält 专题报告演讲人 **2.** j-d, der ein Referat（3）leitet 部门领导（人） ‖ NB（注意）：*der Referent*；*den*，*dem*，*des Referenten* ‖ *hierzu*（派生）**Re·fe·ren·tin** *die*；*-*，*-nen*

Re·fe·renz *die*；*-*，*-en*；*mst Pl*，*geschr*（多用复数）［书］；e-e schriftliche Information über j-s Charakter, Fähigkeiten *o. Ä.*, *bes* wenn er e-e Arbeit sucht（求职）推荐信≈ Empfehlung〈gute Referenzen haben 有评语好的推荐信〉

re·fe·rie·ren；*referierte*，*hat referiert*；Vt/i（及物/不及物）**1.**（***etw.***）***r.*** e-n mündlichen od. schriftlichen Bericht über etw. geben

(口头或书面)汇报,报告：*den Stand der wissenschaftlichen Forschung r.* 汇报科研进展情况；[Vi](不及物) **2.** (**über etw.** (*Akk* 四格)) ***r.*** ein Referat (1) über ein Thema halten 作有关…的专题报告：*über archäologische Ausgrabungen r.* 作有关考古挖掘的专题报告

re·flek·tie·ren; *reflektierte*, *hat reflektiert*; [Vt/i] (及物/不及物) **1.** ***etw. reflektiert*** (***etw.***) etw. wirft Strahlen od. Wellen, die darauffallen, wieder zurück(物作主语)反射,反光,反照〈etw. reflektiert Töne, Strahlen, die Hitze 某物反射声音、光线、热量〉: *ein reflektierendes Nummernschild* 反射发亮的车牌；[Vt] (及物) **2.** ***etw. reflektiert etw.*** *geschr* [书] ≈ etw. spiegelt etw. wider: *Dieser Roman reflektiert die gesellschaftlichen Verhältnisse* 这部小说反映了社会境况；[Vi] (不及物) **3.** (**über etw.** (*Akk* 四格)) ***r.*** *geschr* [书]; über etw. genau u. intensiv nachdenken 思考,思索〈über das Leben, über ein Problem r. 对生活、一个问题进行思索〉 **4.** ***auf etw.*** (*Akk* 四格) ***r.*** *gespr* [口]; das Ziel haben, etw. zu bekommen od. zu erreichen 谋求,追求：*Er reflektierte auf e-e gut bezahlte Stellung* 他谋求高薪工作 ‖ *zu* (义项) **1. Re·flek·tor** *der*; *-s*, *Re·flek·to·ren*; ‖ ▶ ***unreflektiert***; ***Reflexion***

Re·flex *der*; *-es*, *-e* **1.** e-e schnelle Reaktion des Körpers auf e-n äußeren Einfluss, die man nicht kontrollieren kann 条件反射〈e-n R. auslösen 引起条件反射〉 ‖ K-(复合): ***Reflex-***, ***-bewegung***, ***-handlung***, ***-zone*** ‖ -K(复合): ***Greif-***, ***Husten-*** **2.** ≈ Widerschein ‖ -K (复合): ***Licht-***, ***Sonnen-***

Re·fle·xi·on [reflɛˈksi̯oːn] *die*; *-*, *-en* **1.** der Vorgang, bei dem Strahlen *o. Ä.* reflektiert werden 反射：*Die R. der Sonnenstrahlen bewirkt, dass es in Bodennähe wärmer ist als in der Höhe* 太阳光的反射造成地面的气温高于高空的气温 **2.** *geschr* [书]; ***R.*** (**über etw.** (*Akk* 四格)) das intensive Nachdenken über etw. 思索,思考,反思〈Reflexionen anstellen 进行思考〉

re·fle·xiv [-f] *Adj* (形); LING【语】; verwendet, um auszudrücken, dass e-e Handlung auf die Person od. Sache gerichtet ist, die sie macht 反身的 ≈ rückbezüglich〈ein Verb, ein Pronomen 动词,代词; ein Verb r. gebrauchen 一动词用作反身〉: *„sich schämen" ist ein reflexives Verb* "sich schämen"是一个反身动词

Re·fle·xiv·pro·no·men [-f-] *das*; LING【语】; ein Pronomen, das ein reflexives Verhältnis ausdrückt 反身代词 ≈ rückbezügliches Fürwort: *In „Ich schäme mich" ist „mich" ein R.* 在"Ich schäme mich"里的"mich"是一个反身代词

Re·form *die*; *-*, *-en*; e-e Veränderung (*bes* in e-r Organisation od. in der Gesellschaft), durch die man bestimmte Zustände besser machen will 改革,革新,改良〈e-e politische, e-e soziale R. 政治、社会改革; Reformen vorschlagen, durchführen 建议、实行改革〉 ‖ K-(复合): ***Reform-***, ***-bestrebungen***, ***-plan***, ***-versuch***, ***-vorschlag***, ***-werk***; ***reform-***, ***-bedürftig*** ‖ -K(复合): ***Agrar-***, ***Bildungs-***, ***Boden-***, ***Hochschul-***, ***Rechtschreib-***, ***Schul-***, ***Steuer-***, ***Strafrechts-***, ***Währungs-***, ***Wirtschafts-*** ‖ *hierzu* (派生) **Re·for·mer** *der*; *-s*, *-*; **Re·for·me·rin** *die*; *-*, *-nen*

Re·for·ma·ti·on [-ˈtsi̯oːn] *die*; *-*; *nur Sg* (只用单数); e-e religiöse u. soziale Bewegung im 16 Jahrhundert, die von Martin Luther ausging u. dazu geführt hat, dass es heute e-e protestantische Kirche gibt(欧洲十六世纪的)宗教改革,宗教改革运动 ‖ *hierzu* (派生) **Re·for·ma·tor** *der*; *-s*, *Re·for·ma·to·ren*; **Re·for·ma·to·rin** *die*; *-*, *-nen*; **re·for·ma·to·risch** *Adj* (形)

Re·for·ma·ti·ons·tag *der*; *nur Sg* (只用单数); ein Festtag in der evangelischen Kirche

R

Reflexivpronomen 反身代词

als Akkusativobjekt 作为四格宾语		*als Dativobjekt* 作为三格宾语	
1 Person Sg 第一人称单数	**ich verspäte mich**	*1 Person Sg* 第一人称单数	**ich** *gebe* **mir** *viel Mühe*
2 Person Sg 第二人称单数	**du verspätest dich** **Sie verspäten sich**	*2 Person Sg* 第二人称单数	**du** *gibst* **dir** *viel Mühe* **Sie** *geben* **sich** *viel Mühe*
3 Person Sg 第三人称单数	**er / sie / es verspätet sich**	*3 Person Sg* 第三人称单数	**er / sie / es** *gibt* **sich** *viel Mühe*
1 Person Pl 第一人称复数	**wir verspäten uns**	*1 Person Pl* 第一人称复数	**wir** *geben* **uns** *viel Mühe*
2 Person Pl 第二人称复数	**ihr verspätet euch** **Sie verspäten sich**	*2 Person Pl* 第二人称复数	**ihr** *gebt* **euch** *viel Mühe* **Sie** *geben* **sich** *viel Mühe*
3 Person Pl 第三人称复数	**sie verspäten sich**	*3 Person Pl* 第三人称复数	**sie** *geben* **sich** *viel Mühe*

(der 31. Oktober), der an die Reformation erinnert 宗教改革纪念日

Re·form·haus *das*; ein Geschäft, in dem man Nahrungsmittel bekommt, die nicht mit chemischen Mitteln behandelt wurden 绿色食品店

re·for·mie·ren; *reformierte*, *hat reformiert*; [Vt] (及物) ***etw. r.*** etw. durch e-e Reform verändern (u. verbessern) 改革, 改良, 革新 ‹ein Gesetz r. 修订法律› ‖ *hierzu* (派生) **Re·for·mie·rung** *die*; *mst Sg* (多用单数)

Re·form·kost *die*; -; *nur Sg* (只用单数); Nahrungsmittel, die nicht mit chemischen Mitteln behandelt wurden 绿色食品

Re·frain [rəˈfrɛ̃ː] *der*; *-s*, *-s*; ein Teil e-s Liedes, der am Ende jeder Strophe wiederholt wird (诗歌的)叠句, 重唱词

Re·gal *das*; *-s*, *-e*; e-e Konstruktion aus Brettern, die man an e-r Wand od. auf Stützen befestigt, damit man dort Dinge aufbewahren kann 格子架, 书架 ‹etw. ins/auf das R. stellen, legen 把某物(竖、横着)放进架子里; etw. liegt, steht im R. 某物在架子里放着; etw. aus dem / vom R. nehmen 从架子里/上取某物› ‖ K-(复合): ***Regal-***, ***-brett***, ***-fach***, ***-wand*** ‖ -K (复合): ***Akten-***, ***Bücher-***, ***Wand-***

Regal

Re·gat·ta *die*; -, *Re·gat·ten*; SPORT【体】; ein Rennen für Segel- od. Ruderboote 帆船比赛; 划船比赛 ‖ -K(复合): ***Regatta-***, ***-strecke*** ‖ -K(复合): ***Ruder-***, ***Segel-***

re·ge, *reger*, *regst-*; *Adj* (形) **1.** mit viel Bewegung, Aktivität u. Energie 频繁的, 生气勃勃的, 活跃的, 繁忙的, 有生机的 ≈ lebhaft, munter ‹Verkehr, der Handel, der Absatz, e-e Nachfrage, e-e Diskussion, ein Briefwechsel 交通, 贸易, 销售, 需求, 讨论, 通信往来; körperlich r. sein 身体灵活(健壮); regen Anteil an etw. nehmen 积极参加某事› **2.** so, dass der Betreffende Zusammenhänge schnell versteht 敏锐的, 聪颖的, 有灵性的 ≈ lebhaft ↔ träge ‹e-e rege Intelligenz, Fantasie, Vorstellungskraft haben 有敏锐的智力, 有灵性的幻想, 有活泼的想象; geistig r. sein 思想活跃› ‖ *hierzu* (派生) **Reg·sam·keit** *die*; *nur Sg* (只用单数)

Re·gel *die*; -, *-n* **1.** ein Prinzip od. e-e Ordnung, die sagt, wie man bestimmte Dinge tun muss 规则, 规定, 准则, 定律 ≈ Norm, Vorschrift ‹strenge, grammatische, mathematische Regeln 严格的规章, 语法规则, 数学定律; die Regeln anwenden, beachten, befolgen, übertreten, verletzen 运用、重视、遵循、触犯、破坏规则; e-e R. aufstellen 制定一种规则; sich an e-e R. halten 遵守规则; gegen e-e R. verstoßen 违反规则; die Regeln des Zusammenlebens, des Anstands, der Höflichkeit, e-s Spiels 共同生活的、礼仪的、礼貌的准则, 比赛(游戏)规则› ‖ K-(复合): ***Regel-***, ***-bruch***, ***-verstoß*** ‖ -K (复合): ***Anstands-***, ***Grund-***, ***Kloster-***, ***Lebens-***, ***Ordens-***, ***Rechtschreib-***, ***Spiel-***, ***Sprach-***, ***Verhaltens-***, ***Verkehrs-***, ***Vorfahrts-*** **2.** *nur Sg* (只用单数); das, was (bei j-m od. etw.) normal od. üblich ist 常规, 惯例, 习惯, 规律 ≈ das Übliche ↔ Ausnahme ‹etw. bildet, ist die R. 某事构成、已成惯例; sich (*Dat* 三格) etw. zur R. machen 养成做某事的习惯›: *Dass sie zu spät kommt, ist bei ihr die R.* 迟到已成了她的规律 **3.** *nur Sg* (只用单数) ≈ Menstruation ‹die monatliche R. der Frau 妇女的月经; die R. haben, (nicht) bekommen 有、(没)来月经; die R. bleibt aus 月经没来› ‖ K-(复合): ***Regel-***, ***-blutung***, ***-zyklus*** **4.** ***in der R.*** / ***in aller R.*** ≈ meistens, normalerweise ↔ selten: *In der R. ist er schon vor acht Uhr zu Hause* 通常他八点以前就到家了 ‖ ID[谚] ***nach allen Regeln der Kunst*** *gespr* [口]; gründlich, in jeder Hinsicht 彻底地, 仔仔细细地, 精细地

Re·gel·fall *der*; *nur Sg* (只用单数) **1.** der gewöhnliche u. normale Fall 惯例 ↔ Ausnahme **2.** ***im R.*** ≈ meistens

re·gel·los *Adj* (形); ohne feste Regeln (1) 无规则的, 无次序的 ≈ ungeordnet, ungeregelt ‹ein Durcheinander 杂乱无章; ein regelloses Leben führen 生活没有规律› ‖ *hierzu* (派生) **Re·gel·lo·sig·keit** *die*; *nur Sg* (只用单数)

re·gel·mä·ßig *Adj* (形) **1.** so, dass es im gleichen Abstand immer wieder vorkommt, stattfindet *o. Ä.* 按规律的, 有规则的, 定期(重复)的: *seine Mahlzeiten r. einnehmen* 按时就餐; *das regelmäßige Erscheinen e-r Zeitschrift* 杂志定期出版 **2.** ‹Verben 动词› so, dass sie e-m Muster entsprechen, das oft vorkommt (按)规则变位的 ↔ unregelmäßig **3.** bestimmten Vorstellungen von Harmonie u. Schönheit entsprechend 标致的, 端正的, 眉清目秀的 ≈ ebenmäßig: *ein regelmäßiges Gesicht* 一张标致的脸 **4.** *mst adv*, *gespr* (多作状语) [口]; sehr oft, immer wieder 经常, 常常: *Er versäumt r. den Zug* 他常常误火车 ‖ *hierzu* (派生) **Re·gel·mä·ßig·keit** *die*; *mst Sg* (多用单数)

re·geln; *regelte*, *hat geregelt*; [Vt] (及物) **1.** ***etw. r.*** etw. (mit Regeln (1)) in e-e bestimmte Ordnung bringen (按规定)整顿, 处理 ‹etw. ist genau geregelt 某事已妥善处理›: *Der Polizist regelt den Verkehr* 警察在指挥交通; *In unserem Haus ist genau geregelt, wann jeder Mieter die Treppe putzen muss* 我们楼里明确规定了各房客必须打扫楼梯的时间 **2.** ***etw. r.*** etw. so einstellen, dass es angenehm od. praktisch ist 调节, 调整 ≈ regulieren ‹die Temperatur r. 调节温度; die Lautstärke r. 调音量›; [Vr] (反身) **3.** ***etw. regelt sich*** (***von selbst***) etw. kommt (ohne Einflüsse von außen) in e-e Ordnung, in der alles funktioniert (物作主语)会自行解决、处理、调整

Regelmäßige und unregelmäßige Verben
规则变化动词和不规则变化动词

Die deutschen Verben werden in **schwache Verben** (regelmäßig) und **starke Verben** (unregelmäßig) unterteilt. 德语动词分为**弱变化动词**(规则变化动词)和**强变化动词**(不规则变化动词)。

Bei den schwachen Verben wird im **Imperfekt** die Silbe **-te** an den Wortstamm angehängt. 弱变化动词的**过去时**是在词干上加上音节**-te**。

Das **Partizip Perfekt** bekommt die Vorsilbe **ge-** und die Endung **-t**. 其**过去分词**是加上前缀**ge-**和词尾**-t**。

Beispiele 举例如下:
leben, lebte, gelebt
reden, redete, geredet

Bei den starken Verben ändert sich im **Imperfekt** der Stammvokal. 强变化动词的**过去时**,词干元音发生变化。

Für die Form des **Partizip Perfekt** wird im Allgemeinen die Vorsilbe **ge-** hinzugefügt, es ändert sich der Stammvokal und als Endung kommt die Silbe **-en** dazu. **其过去分词**形式一般加上前缀**ge-**,词尾则加上音节**-en**。

Beispiele 举例如下:
finden, fand, gefunden
gehen, ging, gegangen

re·gel·recht *Adj*(形); *nur attr od adv, gespr* (只作定语或状语)[口]≈ wirklich, tatsächlich: *Das ist doch regelrechter Unsinn!* 这真是乱弹琴!; *Er war r. wütend* 他确实火了

Re·gel|stu·di·en·zeit *die*; Ⓓ[德] die Zeit (in Semestern), die j-d normalerweise für sein Studium brauchen sollte 大学通常修业期限,大学常规学习期限〈die R. überschreiten 超过大学常规学习期限〉

Re·ge·lung *die*; -, *-en* **1.** die Handlungen, durch die man etw. regelt (1,2)处理,控制,调节,调整: *Die R. des Verkehrs erfolgt durch e-n Polizisten* 由警察来指挥交通 ‖ -K(复合): ***Temperatur-, Wärme-*** **2.** e-e festgelegte Vereinbarung 规定,规章≈ Vorschrift 〈e-e einheitliche, gültige, rechtliche, starre, tarifliche R. 统一(的)、现行(的)、法律(的)、僵化的、收费(的)规定; e-e R. treffen, finden 作出、达成一项规定; e-e R. tritt in Kraft 一项规定开始生效〉 ‖ -K(复合): ***Friedens-, Preis-, Sonder-***

Re·gel·ver·stoß *der*; ein Verstoß gegen die Regeln (*mst* bei Spielen od. Wettkämpfen) 违反规定,犯规,违例

re·gel·wid·rig *Adj*(形); nicht den Regeln (1) entsprechend 违反规定的,违章的,犯规的 ≈ unfair, unkorrekt 〈sich r. verhalten 行为犯规〉: *regelwidriges Verhalten im Straßenverkehr* 交通违章行为 ‖ *hierzu*(派生) **Re·gel·wid·rig·keit** *die*

Re·gen *der*; *-s*; *nur Sg*(只用单数) **1.** das Wasser, das (in Tropfen) aus den Wolken zur Erde fällt 雨〈ein leichter, starker, heftiger, anhaltender, kurzer R. 小雨,大雨,暴雨,连绵不断的下雨,阵雨; der R. prasselt 雨滴滴答答地下着〉: *Ich glaube, wir bekommen bald R.* 我估计一会儿会有雨 ‖ K-(复合): ***Regen-, -bekleidung, -dach, -front, -gebiet, -lache, -menge, -pfütze, -rinne, -schauer, -schutz, -spritzer, -tag, -tonne, -tropfen, -wasser, -wetter, -wolke; regen-, -arm, -reich*** ‖ -K (复合): ***Dauer-, Gewitter-, Monsun-, Niesel-, Sprüh-*** ‖ NB (注意): als Plural wird *Regenfälle* verwendet (复数用 *Regenfälle*) **2.** ***ein R. von etw.*** (*Pl* 复) e-e große Zahl von etw. 多如雨般的,众多的〈ein R. von Blumen, Glückwünschen, Vorwürfen 雨点般的鲜花,接连不断的祝贺,劈头盖脸的指责〉 ‖ ID[谚] ***vom R. in die Traufe kommen*** von e-r schlechten Situation in e-e noch schlechtere kommen 才脱困,又遭殃;接二连三遭倒霉; ***j-n im R. stehen lassen*** j-m nicht helfen, der in e-r schlechten Situation ist 置某人于困境而不顾,见人有难却袖手旁观; ***ein warmer R.*** Geld, das man bekommt u. gut gebrauchen kann, aber nicht erwartet hatte 及时雨,雪中炭(指钱)

re·gen; *regte, hat geregt*; [Vt] (及物) **1.** ***etw. r.*** *geschr* [书]; e-n Teil des Körpers (ein wenig) bewegen 动,活动≈ rühren 〈die Finger, e-n Arm, ein Bein r. 动动手指、胳膊、腿〉; [Vr] (反身) **2.** ***sich r.*** sich (ein wenig) bewegen 动,活动(一下)≈ sich rühren: *Er schlief ganz ruhig u. regte sich überhaupt nicht* 他一动也不动睡得很香 **3.** ***etw. regt sich (bei j-m)*** ein Wunsch, ein Gefühl *o. Ä.* macht sich bei j-m bemerkbar (物作主语)产生,激起〈Eifersucht, Angst, ein Zweifel, Mitleid 忌妒、畏惧、怀疑、同情〉: *Bei ihm regte sich der Wunsch, ein bisschen mehr von der Welt zu sehen* 他产生了多看看世界的愿望

Re·gen·bo·gen *der*; Lichteffekte mit verschiedenen Farben am Himmel in Form e-s großen Bogens, der entsteht, wenn es noch leicht regnet u. die Sonne wieder scheint 彩虹

Re·gen·bo·gen|haut *die*; der farbige Teil des Auges um die Pupille 虹膜 ≈ Iris ‖ ↑ *Abb. unter* 图见 ***Auge*** ‖ K-(复合): ***Regenbogenhaut-, -entzündung***

Re·gen·bo·gen|pres·se *die*; *nur Sg, Kollekt* (只用单数)(集合); Zeitschriften, die *mst* über Sensationen u. über das Leben bekannter Leute berichten(专门登载有轰动效应的无聊新闻及名人轶事的)花边刊物

re·ge·ne·rie·ren; *regenerierte, hat regeneriert*; [Vt] (及物) **1.** ***etw. regeneriert etw.*** *geschr* [书]; etw. gibt j-m wieder neue Kräfte (物作主语)使(身心)恢复健康〈etw. regeneriert j-s Gesundheit, j-s Kräfte 某事使某人的健康、精力得以恢复〉; [Vr] (反身) **2.** ***sich r.*** *geschr* [书]; wieder neues Leben, neue Kräfte bekommen 恢复生机、活力: *Er hat sich im Urlaub körperlich regeneriert* 休假期间他又恢复了体能 **3.** ***etw. regeneriert sich*** ein Organ, ein Gewebe *o. Ä.* wächst wieder

R

neu(物作主语)再生,新生: *Die Haut hat sich nach dem Unfall schnell wieder regeneriert* 事故之后皮肤很快又长好了 ‖ *hierzu* (派生) **Re·ge·ne·ra·ti·on** *die*; -; *nur Sg* (只用单数)

Re·gen·fäl·le *die*; *Pl* (复) ≈ Regen ⟨anhaltende, plötzliche, sintflutartige R. 持续的、突然的、灾难性的降雨⟩ 1

Re·gen·guss *der*; starker Regen 倾盆大雨

Re·gen·man·tel *der*; ein Mantel, der kein Wasser durchlässt u. den man trägt, wenn es regnet 雨衣,雨披

Re·gen·schirm *der*; ein Schirm[1] (1), den man bei Regen über den Kopf hält 雨伞 ‖ ID [谚] *mst* 多用 ***Ich bin gespannt wie ein R.*** *gespr* [口]; ich bin auf etw. sehr neugierig 我真想知道

Re·gent *der*; *-en*, *-en* **1.** ein regierender König od. Kaiser 君主 **2.** j-d, der für e-n König *usw* regiert, weil dieser krank, zu alt od. zu jung ist 摄政者 ‖ -K (复合): ***Prinz-*** ‖ NB (注意): *der Regent*; *den*, *dem*, *des Regenten* ‖ *hierzu* (派生) **Re·gen·tin** *die*; -, *-nen*; **Re·gent·schaft** *die*

Re·gen·wald *der*; ein dichter, feuchter Wald in sehr warmen Ländern 雨林 ⟨der tropische R. 热带雨林⟩

Re·gen·wurm *der*; ein Wurm, der in der Erde lebt u. bei Regen an die Oberfläche kommt 蚯蚓

Re·gen·zeit *die*; die Zeit, in der es in den Tropen u. Subtropen oft u. stark regnet 雨季 ↔ Trockenzeit

Reg·gae [ˈrɛgeɪ] *der*; *-(s)*; *nur Sg* (只用单数); e-e Art der modernen Musik, die aus Jamaika kommt (来自牙买加的)一种节拍强烈的现代音乐

Re·gie [reˈʒiː] *die*; *-*; *nur Sg* (只用单数) **1.** die Anweisungen des Regisseurs an die Schauspieler 导演(工作) ≈ Spielleitung ⟨unter j-s R. spielen 在某人的执导下拍电影或演戏⟩ ‖ K- (复合): ***Regie-***, ***-assistent***, ***-konzeption*** ‖ -K (复合): ***Bild-***, ***Ton-*** **2.** ***(die) R. führen*** **a)** für die Inszenierung e-s Theaterstücks *o. Ä.* verantwortlich sein 执导; **b)** ein Projekt leiten 主管,领导(一个项目) ‖ ID [谚] ***in eigener R.*** selbstständig, auf eigene Verantwortung 独立地,自主地,责任自负地; ***unter j-s R.*** unter der Leitung der genannten Person 在某人的领导下

re·gie·ren[1]; *regierte*, *hat regiert*; Vt/i (及物/不及物) **1.** ***(j-n/etw.) r.*** die höchste Macht über ein Land od. ein Volk haben 统治,管理,执政 ≈ (über j-n/etw.) herrschen ⟨e-e Regierung 政府; ein Monarch regiert e-n Staat, ein Volk 一个君主统治国家、人民⟩ **2.** ***(j-n/etw.) r.*** *oft hum* 多用 [诙]; über j-n/etw. so viel Macht haben, dass man alles bestimmt 掌握…的命运,对…独断专行 ⟨seine Angestellten r. 掌握他所有雇员的命运⟩; Vi (不及物) **3.** ***über j-n/etw. r.*** 统治,管理,执政 ≈ r. (1) ⟨über ein Land, ein Reich r. 统治国家、帝国⟩ **4.** ***irgendwo r.*** *oft hum* 多用 [诙]; irgendwo die absolute Macht haben (在…方面)说了算,掌管大权,大拿 ⟨im Haushalt, in der Küche r. 在家里掌权、在厨房掌勺⟩ ‖ ▶ ***Regierung***

re·gie·ren[2]; *regierte*, *hat regiert*; Vt (及物) ***etw. regiert etw.*** LING【语】; ein Wort zieht e-n bestimmten Kasus nach sich (物作主语)支配: *„Mit" regiert den Dativ* "mit"支配第三格 ‖ ▶ ***Rektion***

Re·gie·rung *die*; *-*, *-en* **1.** *mst* mehrere Personen, die (*mst* als gewählte Vertreter des Volks) in e-m Staat, Land *o. Ä.* die Macht haben 政府: *Die R. hat das Vertrauen der Wähler verloren* 政府失去了选民的信任 ‖ K- (复合): ***Regierungs-***, ***-bündnis***, ***-chef***, ***-koalition***, ***-mitglied***, ***-partei***, ***-politik***, ***-programm***, ***-sprecher***, ***-umbildung***, ***-wechsel*** ‖ -K (复合): ***Bundes-***, ***Landes-***, ***Militär-***, ***Staats-***, ***Übergangs-***, ***Zentral-*** **2.** ***an der R. sein*** in e-m Staat, Land *o. Ä.* (*mst* als gewählte Vertreter des Volks) die Macht haben 执政,当权

Re·gie·rungs·be·zirk *der*; Ⓓ [德] e-e Region (mit mehreren Städten u. Landkreisen), die dieselbe Verwaltung hat 行政区,专区; *Abk* 缩写为 Reg.-Bez.: *Bayern ist in sieben Regierungsbezirke unterteilt* 巴伐利亚分为七个行政区

Re·gie·rungs·er·klä·rung *die*; e-e Erklärung (3), in der die Regierung ihre Ziele od. ihre Haltung zu aktuellen Fragen darlegt 政府声明

re·gie·rungs·fä·hig *Adj* (形); *ohne Steigerung*, *nicht adv* (无变级)(不作状语); ⟨e-e Koalition (党派)联盟⟩ so, dass sie im Parlament die Mehrheit hat 能执政的,达到执政多数的

Re·gie·rungs·prä·si·dent *der*; Ⓓ [德] j-d, der e-n Regierungsbezirk leitet 行政专区主席,专员 ‖ *hierzu* (派生) **Re·gie·rungs·prä·si·den·tin** *die*

Re·gie·rungs·rat *der* **1.** Ⓓ [德] ein ziemlich hoher Beamter in der Verwaltung 国务委员或州政府委员 **2.** Ⓒⓗ [瑞] die Regierung (1) e-s Schweizer Kantons 州政府 **3.** Ⓒⓗ [瑞] ein Mitglied im R. (2) 州政府委员 ‖ *zu* (义项) **1.** u. **3.** **Re·gie·rungs·rä·tin** *die*

Re·gie·rungs·sitz *der*; die Stadt od. das Gebäude, in denen die Regierung ihren Sitz (3) hat 政府所在地

Re·gime [reˈʒiːm] *das*; *-s*, - [-mə]/*-s*; *oft pej* 多用 [贬]; verwendet, um *bes* Regierungen zu bezeichnen, die nicht demokratisch sind (专制)统治,政府,政权 ⟨ein autoritäres, undemokratisches, diktatorisches R. 专制的、不民主的、独裁的统治; unter dem R. des Diktators 在独裁者统治下⟩ ‖ K- (复合): ***Regime-***, ***-gegner***, ***-kritiker*** ‖ -K (复合): ***Militär-***, ***Nazi-***, ***Terror-***, ***Willkür-***

Re·gi·ment *das*; *-(e)s*, *-er* **1.** MIL【军】; e-e ziemlich große militärische Einheit (die aus mehreren Bataillonen besteht) 团 ‖ K- (复合): ***Regiments-***, ***-arzt***, ***-kommandeur*** ‖ -K (复合): ***Artillerie-***, ***Infanterie-*** **2.** ***ein strenges/hartes R. führen*** gegenüber anderen

R

sehr streng sein (z. B. als Familienoberhaupt, Firmenchef o.Ä.)管理严厉,实行严格管理 ‖ ID mst [谚]多用 ‹die Mutter 母亲› **führt ein eisernes R.** gespr [口]; die Mutter achtet in der Familie streng auf Ordnung u. Disziplin 家规严厉

Re·gi·on [re'gi̯oːn] die; -, -en **1.** ein ziemlich großes Gebiet mit bestimmten typischen Merkmalen 地区,区域‹die arktische, tropische R. 北极、热带地区› **2.** ≈ Bezirk, Bereich ‖ ID[谚] **in höheren Regionen schweben** mst iron 多用[讽]; sich so sehr mit seinen Ideen u. Fantasien beschäftigen, dass man nicht mehr an die Wirklichkeit denkt 异想天开,想入非非 ‖ zu (义项) **1. re·gi·o·nal** Adj (形)

-re·gi·on [-regi̯oːn] die; im Subst, nicht produktiv (构成名词,非构词型); verwendet, um e-n (nicht genau begrenzten) Teil des Körpers zu bezeichnen (人体的)…部(位); **Beckenregion**, **Magenregion**, **Schulterregion**

Re·gi·o·nal·bahn die; Ⓓ [德] ein Nahverkehrszug 短程火车

Re·gi·o·nal·ex·press der; Ⓓ [德] ein Nahverkehrszug 短程快车(火车)

Re·gi·o·nal·pro·gramm das; ein Fernsehprogramm, das speziell für e-e bestimmte Region gesendet wird(电视)地方节目

Re·gis·seur [reʒɪ'søːɐ̯] der; -s, -e; j-d, der in e-m Theater-, Fernsehstück od. e-m Film den Schauspielern sagt, wie sie ihre Rolle spielen sollen 导演 ‖ hierzu (派生) **Re·gis·seu·rin** die; -, -nen ‖ ▶ **Regie**

Re·gis·ter das; -s, - **1.** e-e alphabetische Liste von Wörtern am Ende e-s Buches o.Ä., die angibt, auf welcher Seite im Buch ein Begriff behandelt wird 索引 ≈ Index ‹im R. nachsehen, etw. im R. suchen, finden 查看索引,在索引里查找、找到› ‖ K-(复合): **Register-**, **-auszug**, **-band** ‖ -K(复合): **Autoren-**, **Namen-**, **Orts-**, **Personen-**, **Sach-**, **Stichwort-** **2.** ein Buch od. e-e Liste (in e-m Amt) mit wichtigen Informationen 登记簿,注册表‹ein amtliches, kirchliches R. 官方登记册,教会登记册› ‖ -K(复合): **Geburten-**, **Handels-**, **Standesamts-**, **Sterbe-**, **Straf-** **3.** MUS【音】; e-e Gruppe von Pfeifen od. Tasten (z. B. bei e-r Orgel od. e-m Keyboard), mit denen man besondere Klänge erzeugen kann 音栓,音区 ‖ ↑ Abb. unter 图见 **Akkordeon** ‖ ID[谚] **alle R. ziehen** mit allen Mitteln versuchen, sein Ziel zu erreichen 想方设法,千方百计

Re·gist·ra·tur die; -, -en; der Ort, an dem Akten, Urkunden, Briefe in e-r Behörde o.Ä. aufbewahrt werden 文件柜,档案柜,(文件)档案室

re·gist·rie·ren; registrierte, hat registriert; [Vt] (及物) **1. j-n/etw. r.** Namen od. Zahlen in e-e (mst amtliche) Liste schreiben 登记,注册,把…登记入册 ≈ erfassen (2) ‹j-s Namen r. 登录某人的姓名; Besucher, Einwohner r. 对参观者、居民进行登记› **2. etw. r.** ≈ bemerken[1] (2): Das Kind registriert einfach alles 这个孩子轻而易举地记住所有东西 **3. etw. registriert etw.** etw. misst etw. u. zeichnet es auf(物作主语)测录,记录: Der Seismograf registriert die Stöße, die bei e-m Erdbeben auftreten 地震仪记录下地震时产生的震动

Re·g·le·ment [reglə'mãː] das; -s, -s; geschr [书]; die Regeln u. Vorschriften bes beim Sport 规则‹gegen das R. verstoßen, sich an das R. halten 犯规,遵守规则›

re·g·le·men·tie·ren; reglementierte, hat reglementiert; [Vt] (及物) **etw. r.** geschr [书]; etw. durch mst sehr genaue u. strenge Vorschriften regeln 按规章办事 ‖ hierzu (派生) **Re·g·le·men·tie·rung** die

Reg·ler der; -s, -; der Teil bei e-m Gerät, mit dem man die Lautstärke, Temperatur, Frequenz o.Ä. steuern kann 调节器,调节钮 ‖ -K(复合): **Helligkeits-**, **Kontrast-**, **Lautstärke-**

reg·los Adj (形); ohne Steigerung (无变级) ≈ regungslos

reg·nen; regnete, hat geregnet; [Vimp] (无人称) **1. es regnet** es fällt Regen zur Erde 下雨‹es regnet leicht, stark, heftig, in Strömen 下小雨、大雨、暴雨、瓢泼大雨› **2. es regnet etw.** (Pl 复) etw. fällt in großen Mengen herunter 像雨点般地洒落下来: Im Karneval regnet es Konfetti 狂欢节上五彩纸屑像雨点般纷纷落下 **3. es regnet etw.** (Pl 复) gespr [口]; j-d bekommt etw. in großen Mengen 密密麻麻,铺天盖地,如雨点般密集地倾注而来(飞、打、飘、投来等) ≈ es hagelt etw.: Es regnete Anfragen 纷纷质询

reg·ne·risch Adj (形); ‹ein Wetter 天气; ein Tag 天› mit viel Regen 下雨的,多雨的

Re·gress der; -es, -e; JUR【法】; der Rückgriff z. B. von e-r Firma, die für e-n Schaden verantwortlich gemacht wird, auf e-e andere Firma (z. B. e-n Zulieferer), der den Schaden eigentlich verursacht hat 追索(权),请求偿还(权),追偿: Sollte uns durch Ihre Lieferverzögerung Schaden entstehen, werden wir R. nehmen/fordern 如果因贵方供货迟缓造成损失,我们将追索赔偿 ‖ K-(复合): **Regress-**, **-anspruch**, **-forderung**, **-klage** ‖ hierzu (派生) **re·gress·pflich·tig** Adj (形)

reg·sam Adj (形); geschr [书] ≈ rege (2)

re·gu·lär Adj (形) **1.** bestimmten Normen, Regeln, Vorschriften o.Ä. entsprechend 正规的,正常的,规范的 ↔ irregulär ‹Öffnungszeiten, Arbeitszeiten, e-e Ausbildung, ein Vertrag 营业时间,工作时间,培训,合同› **2. der reguläre Preis** der normale, nicht herabgesetzte Preis 正常价格

re·gu·la·tiv [-f] Adj (形); geschr [书]; ‹ein Faktor 因素; e-e Funktion 功能› so, dass sie steuernd od. ausgleichend auf e-n Sachverhalt einwirken 起调节作用的,有平衡作用的

Re·gu·la·tor der; -s, Re·gu·la·to·ren; geschr [书] ≈ Regler

re·gu·lie·ren; regulierte, hat reguliert; [Vt] (及

R

物）1. **etw. r.** etw. so ändern, wie man es für bestimmte Zwecke haben will 调节，调整，整治，校准〈die Temperatur, e-e Maschine, e-n Flusslauf, die schiefen Zähne e-s Kindes r. 调节温度，调整机器，整治河道，矫正孩子的歪牙〉；[Vr]（反身）2. **etw. reguliert sich (selbst)** etw. regelt sich von selbst（物作主语）会自己解决（调整）的 ‖ *hierzu*（派生）**Re·gu·lie·rung** *die*

Re·gung *die*; -, *-en*; *geschr*［书］1. e-e leichte Bewegung 微微的波动，轻微的动作 2. ein Gefühl, das man plötzlich empfindet 激动，触动，不平静（心情）‖ -K（复合）: ***Gefühls-***

re·gungs·los *Adj*（形）; *ohne Steigerung*（无变级）1.〈j-s Gesichtsausdruck 脸部表情〉so, dass er keine Gefühle zeigt 不动声色的，若无其事的，泰然自若的 2. *mst adv*（多作状语）; ohne jede Bewegung 一动不动的，无动静的: *Die Katze sitzt r. vor dem Mauseloch* 猫一动不动地蹲在老鼠洞口 ‖ *hierzu*（派生）**Re·gungs·lo·sig·keit** *die*; *nur Sg*（只用单数）

Reh [reː] *das*; -(*e*)*s*, *-e* [ˈreːə]; ein Tier mit braunem Fell u. Hufen, das im Wald lebt 狍子〈ein scheues Reh 胆小的狍子〉‖ K-（复合）: ***Reh-, -bock; -braten, -keule; reh-, -braun***

re·ha·bi·li·tie·ren; *rehabilitierte, hat rehabilitiert*; [Vt]（及物）1. *mst* 多用 ***j-d wird rehabilitiert*** *geschr*［书］; j-s Ruf wird (*z. B.* nach e-m falschen Urteil, nach e-m Skandal) wiederhergestellt（人作主语）获得平反，被恢复名誉 2. ***j-n r.*** MED【医】; j-m, der lange krank od. verletzt war, helfen, wieder gesund zu werden 使康复; [Vr]（反身）3. ***sich r.*** *geschr*［书］;（nach e-m Fehler, e-r sehr schlechten Leistung *o. Ä.*）durch besondere Leistungen sein Ansehen wiederherstellen 恢复声望，重振雄风 ‖ *hierzu*（派生）**Re·ha·bi·li·tie·rung** *die*; **Re·ha·bi·li·ta·ti·on** *die*; -, *-en*

Reh·kitz *das*; ein junges Reh 幼狍

Rei·bach *der*; *mst in*（多用于）(***den großen***) ***R. machen*** *gespr*［口］, *oft pej* 多用［贬］; viel Geld mit etw. verdienen 发大财，暴富

Rei·be *die*; -, *-n* ≈ Reibeisen

Reib·ei·sen *das* 1. ein Gerät aus Metall od. Plastik mit e-r rauen Oberfläche, mit dem man etw. in sehr kleine Stücke reibt 礤床≈ Raspel, Reibe〈Äpfel, Käse, Möhren, Schokolade mit e-m R. zerkleinern 用礤床擦苹果、奶酪、胡萝卜、巧克力〉2. ***wie ein R.*** sehr rau 极粗（糙）的〈Haut, e-e Stimme 皮肤，声音〉

Rei·be·ku·chen *der*; *bes nordd* 尤用于［北德］≈ Kartoffelpuffer

rei·ben; *rieb, hat gerieben*; [Vt]（及物）1. ***etw.*** (***an etw.*** (*Dat* 三格)) ***r.*** etw. fest auf etw. anderes drücken u. es dabei hin u. her bewegen 摩，摩擦，蹭: *Die Katze rieb ihren Kopf an meinem Bein* 猫在我的腿上来回蹭它的脑袋 2. ***sich*** (*Dat* 三格) ***etw. r.*** mit der Hand an e-m Körperteil r. (1) 揉，搓〈sich die Nase, die Augen r. 揉鼻子、眼睛〉3. ***etw. irgendwie r.*** Schmutz *o. Ä.* von etw. entfernen, indem man es reibt 把…擦干净(1)〈e-n Tisch, das Fenster sauber, trocken r. 把桌子、窗户擦干净、擦干〉4. ***etw. aus/von etw. r.*** etw. von irgendwo durch Reiben (1) entfernen 擦掉: *Sie rieb e-n Fleck aus/von ihrem Rock* 她擦掉裙子上的污痕 5. ***etw. r.*** etw. mit e-m Reibeisen zu sehr kleinen Stücken machen（用礤床）擦 ≈ raspeln〈Kartoffeln, Äpfel r. 擦土豆、苹果〉; [Vi]（不及物）6. ***etw. reibt*** ≈ etw. kratzt: *Die neue Jeans reibt ein bisschen* 这条新牛仔裤有点毛糙（扎人）; [Vr]（反身）7. ***sich (an j-m/etw.) r.*** *gespr*［口］; sich über j-n/etw. ärgern u. seinen Ärger auch zeigen 发生摩擦（口角）

Rei·be·rei *die*; -, *-en*; *mst Pl*（多用复数）; ein kleiner Streit (*mst* um unwichtige Dinge) 摩擦，口角≈ Streiterei(en): *Zwischen den beiden kommt es ständig zu Reibereien* 他们俩人之间经常发生摩擦

Rei·bung *die*; -, *-en*; PHYS【物】; die Kraft, die entsteht, wenn ein Körper auf e-n anderen drückt u. dabei bewegt wird 摩擦，摩擦力: *R. erzeugt Wärme* 摩擦生热 ‖ K-（复合）: ***Reibungs-, -elektrizität, -fläche, -kraft, -wärme, -widerstand***

rei·bungs·los *Adj*（形）; ohne Probleme 顺利的〈der Ablauf e-r Veranstaltung 一次活动的进展; etw. verläuft r., läuft r. ab 某事进行、进展顺利〉

reich *Adj*（形）1. *nicht adv*（不作状语）; mit viel Geld od. Besitz 富有的，富裕的，有钱的 ≈ vermögend ↔ arm (1): *Er ist so reich, dass er sich ein Schloss kaufen konnte* 他富得能买下一座宫殿 2. mit großem Aufwand 富丽堂皇的，奢华的 ≈ prächtig〈e-e Ausstattung im Theater, ein Gewand 剧院里的设备，服饰; etw. ist r. geschmückt, verziert 某物装饰得富丽堂皇〉‖ K-（复合）: ***reich-, -gedeckt, -geschmückt*** 3. in großer Menge vorhanden 丰富的，丰盛的，富饶的，多的〈Beute, Auswahl 猎获品，花色品种〉4. ***r. an etw.*** (*Dat* 三格) ***sein*** sehr viel von etw. haben 拥有大量的…，富有… ↔ arm an etw. (*Dat* 三格) sein: *Alaska ist r. an Bodenschätzen* 阿拉斯加矿藏丰富; *Er ist r. an Erfahrungen* 他经验丰富

Reich *das*; -(*e*)*s*, *-e* 1. das (*mst* große) Gebiet, in dem ein König, Kaiser, Diktator *o. Ä.* herrscht 帝国，王国: *das R. Karls des Großen* 查理大帝帝国; *das Römische R.* 罗马帝国 ‖ -K（复合）: ***Kaiser-, König-; Welt-*** 2. ***das R.*** + *Gen*（二格）ein bestimmter Teil der gedanklichen od. realen Welt 境界，世界〈das R. der Träume, der Fantasie, der Musik 梦幻、幻想、音乐世界〉‖ -K（复合）: ***Märchen-, Traum-*** 3. ***das Deutsche R.*** *hist*［历］; a) verwendet als inoffizielle Bezeichnung für den deutschen Staat vor 1806 德意志帝国（对 1806 年以前德国的非正规称呼）; b) verwendet als offizielle Bezeichnung für den deutschen Staat von 1871 bis 1945 德意志帝国（1871—1945 德国的正式名称）‖ K-（复合）: ***Reichs-, -deutsche(r), -gebiet, -grenze, -mark, -pfennig, -post, -präsident, -regierung*** 4. ***das Dritte R.*** *hist*

[历]; die Zeit des Nationalsozialismus in Deutschland von 1933 bis 1945 第三帝国 **5.** ***das tausendjährige R.*** verwendet als ironische Bezeichnung für das Dritte R. (4) 千年帝国(对第三帝国的讽刺性称呼) **6.** ***das R. der Mitte*** verwendet als Bezeichnung für China 中国 **7.** ***j-s R.*** *gespr* [口]; der Bereich, in dem man nicht gestört werden will u. den man liebt 王国, 天地, 领域 ⟨sein eigenes kleines R. haben 有他自己的小天地⟩

-reich *im Adj, sehr produktiv* (构成形容词,构词强); mit e-r großen Menge von der genannten Sache(含)…多的,…丰富的 ↔ -arm; ***fettreich, kalorienreich, vitaminreich*** ⟨e-e Kost 食品⟩; ***nährstoffreich, sauerstoffreich*** ⟨ein Boden 土地⟩; ***niederschlagsreich*** ⟨e-e Gegend 地方⟩, ***schneereich*** ⟨ein Winter 冬天⟩; ***ideenreich*** ⟨ein Mensch 人⟩

Rei·che *der/die; -n, -n; mst Pl* (多用复数); j-d, der sehr reich (1) ist 富人↔ Arme(r) ‖ NB(注意): *ein Reicher; der Reiche; den, dem, des Reichen*

rei·chen; *reichte, hat gereicht*; [Vt] *geschr* (及物)[书] **1.** ***j-m etw. r.*** ≈ j-m etw. geben: *Können Sie mir bitte das Buch r.?* 您能把那本书递给我吗? **2.** ***etw. r.*** etw. servieren 端上,送上: *nach dem Essen Tee u. Kaffee r.* 饭后上茶和咖啡; [Vi] (不及物) **3.** ***j-d/etw. reicht bis*** + *Präp* (介词) + *Subst* (名词) j-d/etw. kommt (von der Länge, Breite, Größe *o. Ä.* her) bis zu e-m bestimmten Punkt(人/物作主语)(长、宽、高等)伸展,够到,达到: *Der Mantel reichte ihr bis über die Knie* 这件大衣到她膝盖以下; *Mein Sohn reicht mir schon bis zur Schulter* 我儿子已经到我肩膀了 **4.** ***irgendwohin r.*** etw. mit der Hand erreichen können 拿得到,够得着≈ hinreichen **5.** ***etw. reicht*** ***(j-m)***; ***etw. reicht*** ***(für j-n/etw.)*** etw. ist genug für j-n/etw. (物作主语)够,足够≈ etw. genügt, etw. reicht aus: *Unser Geld reicht nicht für e-e teure Wohnung* 我们的钱不够买一套昂贵的住房; *Du kriegst nur ein Stück Kuchen – das reicht für dich!* 你只能拿一块点心——这对你来说够了! (= auch wenn du mehr haben willst, du bekommst es nicht) ‖ ID [谚] ***Mir reichts; Jetzt reichts mir!*** *gespr* [口]; ich habe jetzt keine Lust mehr 烦死我了!我够了!现在我腻烦死了!

reich·hal·tig *Adj* (形); mit vielen Dingen, unter denen man wählen kann 丰富的,齐全的 ⟨e-e Auswahl, e-e Speisekarte, ein Angebot 花色品种,菜单,供应⟩

reich·lich *Adj* (形) **1.** mehr als genug od. üblich 充裕的,绰绰有余的,足够的: *Er gab dem Kellner ein reichliches Trinkgeld* 他给了服务员不少小费; *Wir haben noch r. Zeit* 我们时间还很充裕 ‖ NB(注意): Vor e-m Subst. ohne Artikel ist *r.* indeklinabel(在不带冠词的名词前无词尾变化): *Ich habe r. Kleingeld* 我有足够的零钱 **2.** relativ groß (od. fast zu groß) 够大的,大一点的: *Der Mantel ist r. für ihn* 这件大衣对你来说够大的 **3.** ein bisschen mehr als 超过的,多一点的: *Er kam erst nach e-r reichlichen Stunde wieder* 过了一个多小时他才回来; *Das dauert r. zwei Tage* 这要两天多的时间 **4.** *nur adv, gespr* (只作状语)[口]; verwendet um Adjektive u. Verben zu verstärken(加强形容词和动词的语义)很,相当 ≈ ziemlich, sehr: *Sie kommt immer r. spät* 她总是姗姗来迟

Reichs·bahn *die; nur Sg* (只用单数); ***die (Deutsche) R.*** die staatliche Eisenbahn im Deutschen Reich (3) u. der ehemaligen DDR(德意志帝国和原民德时期)(德意志)帝国铁路; *Abk* 缩写 DR

Reichs·kanz·ler *der*; (POL【政】) *hist* [历] **1.** (1871-1918) der höchste Beamte der Regierung, der vom Kaiser ernannt wurde (帝国首相)宰相 **2.** (1919-1933) der Vorsitzende der Regierung des Deutschen Reiches 总理 **3.** (1933-1945) der diktatorische Führer im Dritten Reich 元首

Reichs|kris·tall·nacht *die*; ↑ ***Kristallnacht***

Reichs·tag *der; nur Sg* (只用单数) **1.** das Parlament im Deutschen Reich (3) u. manchen anderen europäischen Staaten 国会 ⟨der dänische, finnische, schwedische R. 丹麦、芬兰、瑞典国会⟩ **2.** das Gebäude, in dem sich der R. (1) versammelt 国会大厦

Reich·tum *der; -s, Reich·tü·mer* **1.** e-e große Menge Geld od. Besitz 钱财,财富,财产 ↔ Armut ⟨(sich (*Dat* 三格)) R. erwerben 获得财富; zu R. kommen 发财⟩ **2.** ***R.*** ***(an etw.*** (*Dat* 三格)) *nur Sg* (只用单数); e-e große Menge von etw. (在…方面)丰富,富饶: *sein R. an Erfahrungen* 他的经验丰富; *der R. Sibiriens an Bodenschätzen* 西伯利亚的矿藏丰富 ‖ -K(复合): ***Einfalls-, Erfahrungs-, Ideen-, Farben-, Formen-***

reif *Adj* (形); *nicht adv* (不作状语) **1.** ⟨Tomaten 西红柿; Obst: Äpfel, Birnen, Pflaumen *usw* 水果:苹果、梨、李子等; Getreide: Weizen, Roggen, Gerste, Hafer *usw* 粮食:小麦、黑麦、大麦、燕麦等⟩ so weit entwickelt, dass man sie ernten (u. essen) kann 成熟的↔ unreif, grün (2) **2.** so lange gelagert, dass der Geschmack gut ist 醇厚的,香醇的,陈年的⟨Käse, Wein, Cognac 奶酪、葡萄酒、白兰地⟩ **3.** so vernünftig, wie man es von e-m Erwachsenen erwartet 成熟的,老成持重的,老练的 ↔ unreif ⟨e-e Frau, ein Mann 女人,男人⟩: *Ihr Sohn ist sehr r. für sein Alter* 您的儿子就其年龄来说是很成熟了 **4.** klug u. vernünftig gedacht od. gemacht (思想、行为)成熟的,完美的⟨ein Urteil 判断; ein Kunstwerk, e-e Idee 艺术品、思想; e-e Leistung, e-e Arbeit 成就、工作⟩ **5.** ***für etw. r. sein*** etw. dringend benötigen 对于…已准备就绪: *Wir sind r. für e-n Urlaub* 我们已做好休假准备 **6.** ***körperlich r.*** ≈ geschlechtsreif ‖ ID[谚] ↑ ***Insel***

Reif[1] *der; -(e)s; nur Sg* (只用单数); e-e dünne weiße Schicht Eis, die *bes* auf Gras u. Zweigen entsteht, wenn es nachts sehr kalt ist (auch wenn kein Schnee liegt) 霜 ‖ K-(复合): ***Reif-, -bildung*** ‖ -K(复合): ***Früh-, Mor-***

R

gen-*，*Nacht-

Reif² *der*；*-(e)s*，*-e*；ein kreisförmiges Schmuckstück, das *bes* Frauen am Handgelenk od. am Unterarm tragen 镯子,指环 ‖ -K（复合）：***Arm-***

-reif *im Adj*，*begrenzt produktiv*（构成形容词,构词有限）**1.** drückt aus, dass j-d das im ersten Wortteil Genannte dringend braucht od. verdient 准备好…的；***erholungsreif***，***pensionsreif***，***urlaubsreif*** **2.** drückt aus, dass j-d/etw. für das im ersten Wortteil Genannte gut genug od. weit genug entwickelt ist 具备、达到…条件的；***druckreif***〈e-e Äußerung 讲话〉，***olympiareif***〈e-e Leistung 成绩〉，***pflückreif***〈Obst 水果〉，***serienreif***〈ein Prototyp 试制品〉 **3.** *oft iron* 多用[讽]；drückt aus, dass etw. sehr alt od. in schlechtem Zustand ist（因陈旧老化）够得上…的,有资格…的；***abbruchreif***〈ein Haus 房子〉，***museumsreif***〈ein Modell 模型〉，***schrottreif***〈ein Auto 小汽车〉

Rei·fe *die*；*-*；*nur Sg*（只用单数）**1.** der Zustand, in dem j-d/etw. reif (3,6) ist 成熟（指人）↔ Unreife〈j-s geschlechtliche, körperliche, geistige, politische, sittliche R. 某人性的、身体上的、思想上的、政治上的、道德上的成熟〉：*Für diese Aufgabe fehlt ihm die nötige R.* 担当此项任务他还不够成熟 ‖ -K（复合）：***Geschlechts-*** **2.** der Zustand, in dem etw. reif (1) ist 成熟（指物）：*Diese Traubensorte erreicht ihre R. im Oktober* 这种葡萄品种在十月份成熟 ‖ K-（复合）：***Reife-***，***-dauer***，***-zeit*** **3.** Ⓓ[德]（***die***）***mittlere R.*** der Abschluss, den man nach Bestehen der letzten Klasse in der Realschule od. der 10 Klasse im Gymnasium hat 实科中学结业或文理中学十年级通过考试 ↔ Abitur〈(die) mittlere R. machen, haben 参加实科中学结业考试,取得实科中学结业文凭〉

rei·fen；*reifte*，*ist gereift*；[Vi]（不及物）**1.** ***etw. reift*** etw. wird reif (1,2)（物作主语）成熟〈Obst, Getreide, Käse, Wein 水果、粮食、奶酪、葡萄酒〉**2.** ***j-d reift*** j-d wird reif (3)（人作主语）成熟：*Hans ist in den letzten Jahren sehr gereift* 最近几年汉斯已经很成熟了 **3.** ***etw. reift in j-m*** etw. entwickelt sich in j-s Gedanken（物作主语）在…的头脑里酝酿着,趋于成熟〈ein Plan, ein Entschluss 计划,决定〉

Rei·fen *der*；*-s*，*-* **1.** e-e Art dickes Band aus Gummi, das beim Auto, Fahrrad *usw* um das Rad liegt u. mit Luft gefüllt ist 轮胎〈den R. aufpumpen, flicken, wechseln 给轮胎打气,补轮胎,换轮胎；abgefahrene Reifen 磨损的轮胎〉：*An seinem Fahrrad ist ein R. geplatzt* 他的自行车爆了一个轮胎；*Die Reifen des Autos quietschten, als er um die Ecke fuhr* 他开车拐弯时汽车轮胎发出吱吱声 ‖ ↑ *Abb. unter* 图见 ***Auto***，***Fahrrad*** ‖ K-（复合）：***Reifen-***，***-panne***，***-profil***，***-schaden***，***-wechsel*** ‖ -K（复合）：***Auto-***，***Fahrrad-***；***Gummi-***，***Reserve-***；***Sommer-***，***Winter-*** **2.** ein festes Band aus Eisen, Gummi, Holz, Metall *o.Ä.*, das die Form e-s Kreises hat 圈,箍 ‖ -K（复合）：***Fass-***；***Eisen-***，***Gummi-***，***Holz-***，***Metall-***

Rei·fe·prü·fung *die*；ADM *geschr*【管理】[书]≈ Abitur

Rei·fe·zeug·nis *das*；ADM *geschr*【管理】[书]≈ Abiturzeugnis

reif·lich *Adj*（形）；*nur attr od adv*（只作定语或状语）；sehr genau 成熟的,仔细的,精细的,深入的〈nach reiflicher Überlegung 深思熟虑后；etw. r. bedenken, überlegen 仔细思考、考虑〉

Rei·gen *der*；*-s*，*-*；ein Tanz im Kreis mit Gesang 轮舞,圆圈舞 ‖ ID[谚] ***etw. eröffnet/schließt den R.*** *geschr*[书]；etw. bildet den Anfang/Schluss von etw.（*mst* e-r Feier）某事（多为庆典）以…而宣告开始/结束

Reih *nur in* 只用于 ***in Reih u. Glied*** in e-r genau festgelegten Ordnung 按顺序〈in Reih u. Glied stehen, antreten 按顺序站立、列队〉

Rei·he [ˈraiə] *die*；*-*，*-n* **1.** ***e-e R.***（***von*** + *Subst* 名词（*Pl* 复））mehrere Dinge od. Menschen, die nebeneinander od. hintereinander in e-r Linie stehen 排,行〈e-e R. von Bäumen, von Häusern 一排树、房子；Personen stehen in e-r R., bilden e-e R., stellen sich in e-r R. auf 站成一行,排成一行,站成一排〉‖ -K（复合）：***Baum-***，***Häuser-***，***Menschen-***，***Sitz-***，***Stuhl-*** **2.** ***e-e R.*** + *Gen*（二格）/ ***von j-m/etw.***（*Pl* 复）e-e ziemlich große Zahl od. Menge von Personen/Sachen 许多,一批,一系列,一串：*Nach e-r R. von Jahren haben wir uns wiedergesehen* 过了许多年我们又见面了；*E-e ganze R.（von）Untersuchungen ist nötig, um das Problem zu lösen* 为了解决这个问题,作系列的调查还是必要的 ‖ NB（注意）：Wenn *e-e Reihe* als unbestimmte Zahlangabe verwendet wird, steht das Verb *mst* im Singular（如果 eine Reihe 作为不定数量使用,动词用单数）：*Eine Reihe von Kindern war krank* 好多孩子病了 **3.** *oft Pl*（常用复数）；*mst* 多用 ***in ihre(n) Reihen*** als Teil e-r Gruppe von Menschen 到（在）他们的队伍里：*Sie nahmen ihn in ihre Reihen auf* 他们把他接纳到自己的队伍里；*Wir haben e-n Verräter in unseren Reihen* 在我们的队伍里有一个叛徒 **4.** e-e Zahl von Veröffentlichungen, Sendungen *o.Ä.*, die zusammen e-e Einheit bilden 系列,系列丛书：*e-e neue R. über Sprachprobleme* 有关语言问题的新系列丛书 ‖ -K（复合）：***Buch-***，***Fernseh-***，***Schriften-***，***Taschenbuch-***，***Veranstaltungs-***，***Vortrags-*** **5.** ***j-d ist an der R./kommt an die R.***；***die R. ist an j-m*** *gespr*[口]；j-d ist der Nächste, der bedient, behandelt wird od. der etw. tun darf od. muss（人作主语）轮到,轮上 ≈ dran sein, drankommen：*Jetzt bin ich an der R.!* 现在轮到我了！**6.** ***der R. nach*** einer nach dem anderen 按次序,按顺序：*sich der R. nach an der Kasse anstellen* 按顺序在收款处排队 **7.** ***außer der R.*** als Ausnahme (innerhalb des normalen Ablaufs) 优先,不按顺序,破例：*Weil er heftige Schmerzen hatte, nahm ihn der Arzt außer der R. dran* 因为他疼得很厉害,医生优先给他看病 ‖ ID[谚] ***aus der R. tanzen*** anders sein als allgemein

R

üblich od. erwartet 别出心裁,另搞一套,与众不同; ***etw. auf die R. kriegen*** *gespr*[口]; **a)** etw. verstehen 把某事搞懂、搞明白; **b)** mit e-m Problem *o.Ä.* fertig werden 办成,解决某事

rei·hen; *reihte, hat gereiht*; Vt(及物) **1. *etw.*** (*Pl* 复) (***auf etw.*** (*Akk* 四格)) ***r.*** gleiche od. ähnliche Dinge so zusammenbringen, dass e-e Reihe (1) entsteht 排列,排列成行: *Perlen auf e-e Schnur r.* 把珍珠串在一根线上; Vr(反身) **2. *etw. reiht sich an etw.*** (*Akk* 四格) etw. folgt (in e-r bestimmten Ordnung) auf etw.(物作主语)紧接着,连接着: *Ein schönes Erlebnis reihte sich an das andere* 美好的经历一个接一个(好事不断)

Rei·hen·fol·ge *die*; die (zeitliche) Ordnung, nach der Dinge od. Handlungen aufeinanderfolgen 顺序,次序〈e-e geänderte, umgekehrte R. 调整过的顺序,逆序; die R. ändern 改变顺序; in alphabetischer R. 按字母顺序〉

Rei·hen·haus *das*; ein Haus (*mst* für eine Familie) in e-r Reihe von (gleichen) aneinandergebauten Häusern 联排住宅 ↔ Einfamilienhaus, Doppelhaus(hälfte) 〈in e-m R. wohnen 居住在联排住宅内〉

Rei·hen·un·ter·su·chung *die*; e-e ärztliche Untersuchung vieler Personen od. bestimmter Gruppen von Personen, die *mst* vom Staat angeordnet wird 集体体检〈e-e R. anordnen 安排集体体检; an e-r R. teilnehmen 参加集体体检〉

Rei·her *der*; *-s, -*; ein *mst* grauer Vogel mit langen Beinen u. e-m langen Schnabel, der am Wasser lebt u. Frösche u. Fische fängt 鹭 ‖ -K(复合): ***Fisch-***; ***Grau-***

-rei·hig *im Adj, wenig produktiv*(构成形容词,构词弱); mit der genannten Zahl von Reihen (1) …行的,…排的; ***zweireihig, dreireihig, vierreihig usw***

reih·um *Adv*(副); von einem zum anderen, einer nach dem anderen 一个接一个地,依次轮流地〈etw. r. gehen lassen, geben 让某物依次轮流传递,挨个儿给某物; r. fragen, blicken 挨个儿询问、打量〉: *Der Lehrer ließ das Bild in der Klasse r. gehen* 老师让这张画在班上挨个传看

Reim *der*; *-(e)s, -e* **1.** der gleiche (od. ähnliche) Klang von Wörtern od. Silben am Ende von zwei od. mehr Zeilen e-s Gedichts 韵,韵脚 ‖ K-(复合): ***Reim-, -paar, -schema, -wort*** **2.** ein kurzes Gedicht mit Wörtern, die sich reimen 押韵诗〈ein lustiger R. 一首有风趣的押韵诗〉 ‖ -K(复合): ***Kinder-*** **3. *ein männlicher/weiblicher R.*** ein R. (1), dessen letzte Silbe betont/unbetont ist 阳韵/阴韵 ‖ ID[谚] ***sich*** (*Dat* 三格) ***keinen R. auf etw.*** (*Akk* 四格) ***machen können*** *gespr*[口]; etw. nicht verstehen 对某事一窍不通,摸不着头脑

rei·men; *reimte, hat gereimt*; Vt(及物) **1. *etw.*** (***auf etw.*** (*Akk* 四格)) ***r.*** ein Wort verwenden, das am Ende genauso klingt wie ein anderes Wort 使押韵: *in e-m Lied „Herz" auf „Schmerz" r.* 在歌(词)里用"Herz"与"Schmerz"押韵; Vr(反身) **2. *etw. reimt sich*** (***auf etw.*** (*Akk* 四格)/***mit etw.***) etw. klingt am Ende genauso wie ein anderes Wort(物作主语)与…押韵: *„Sonne" reimt sich auf „Wonne"* "Sonne"与"Wonne"押韵

rein[1] *Adj*(形) **1.** nicht mit anderen Stoffen gemischt 纯的 ≈ pur 〈Gold, Silber, Alkohol, Baumwolle 金,银,酒精,棉(花); chemisch r. 化学纯的〉: *Das Kleid ist aus reiner Seide* 这条连衣裙是真丝的 ‖ K-(复合): ***rein-, -golden, -seiden, -silbern, -wollen*** **2.** nicht mit anderen Tönen od. Farben gemischt 纯正的〈ein Blau, ein Ton 蓝色,音色〉 ‖ K-(复合): ***rein-, -weiß*** **3.** sehr klar 清越的,清亮的〈ein Klang, e-e Stimme 声调,(说话)声音〉: *etw. klingt r.* 某物发出清亮的响声; *j-d singt r.* 某人唱歌歌声清越 **4.** ohne Akzent 纯正的,无口音的,地道的 ≈ akzentfrei 〈e-e Aussprache 发音〉: *ein reines Französisch sprechen* 说一口纯正的法语 **5.** ganz sauber 洁净的,纯净的〈ein Hemd, Wäsche 衬衣,内衣; Luft, Wasser 空气,水〉 **6.** ohne schlechte Gedanken (*bes* sexueller Art)纯洁的,无邪念的 ≈ unschuldig ↔ verdorben 〈Gedanken, e-e Liebe 思想,爱情; ein reines Herz haben 有一颗纯洁的心〉 **7.** *nur attr od adv, gespr*(只作定语或状语)[口]; nichts anderes als 纯粹的,完全的 ≈ pur: *Es war der reine Zufall, dass wir uns heute getroffen haben* 我们今天相遇纯粹是巧合; *Dieser Antrag ist e-e reine Formalität* 这份申请完全是履行手续 **8.** *mst* 多用 ***etw. ist der/die/das reinste*** + *Subst* (名词), *gespr, oft iron od hum*[口]多用[讽]或[诙]; verwendet, um e-e Aussage zu verstärken(物作主语)是纯粹的…,是地地道道的…: *Im Vergleich zu Joggen ist Arbeiten die reinste Erholung* 与慢跑相比,工作是纯粹的休息; *Das ist der reinste Wahnsinn!* 这简直是发疯!这真不可思议! ‖ ID[谚] ***etw. ins Reine bringen*** etw. in Ordnung bringen 澄清某事; ***mit j-m/etw. ins Reine kommen*** Probleme, die man mit j-m/etw. hat, lösen 与某人取得谅解/弄清楚某事; ***mit sich*** (***selbst***) ***ins Reine kommen*** sich darüber klar werden, was man will 对自己有清醒的认识,自己明白过来; ***etw. ins Reine schreiben*** etw. noch einmal schreiben, damit es schön u. sauber ist 把某物誊写清楚〈e-n Aufsatz, e-n Brief ins Reine schreiben 誊清一篇作文、一封信〉 ‖ NB(注意): ↑ ***Gewissen*** ‖ *zu* (义项) **1.-6. Rein·heit** *die*; *nur Sg*(只用单数)

rein[2] *Adv*(副); *gespr*[口]; ↑ ***hinein, herein***

rein[3] *Partikel*(小品词); *betont u. unbetont*(重读和非重读) **1.** verwendet, um auszudrücken, dass etw. ausschließlich im genannten Sinne erfolgt (ist)完全,纯粹: *r. gefühlsmäßig handeln* 完全靠感觉行事; *Das ist ein r. privates Gespräch* 这纯粹是一次私人会晤 **2.** verwendet, um e-e Aussage zu verstärken 完全,绝对,彻底: *Sie glaubt mir r. gar nichts* 她丝毫都不相信我; *Es ist r. zum Verzweifeln mit ihm!* 对他这个人完全绝望了!(他这个人彻底不可救药!)

rein- *im Verb, sehr produktiv, gespr*(构成动

R

词，构词强)[口]；↑ **hinein-**，**herein-**

rein·bei·ßen (*hat*) [Vi] *gespr* (不及物)[口]≈ hineinbeißen ‖ ID [谚] **zum R. ausschauen/aussehen/sein** *gespr*[口]；attraktiv aussehen 令人垂涎三尺

Rei·ne·ma·chen *das*；*-s*；*nur Sg* (只用单数)；*nordd* [北德]；das Saubermachen von Räumen, Fußboden *o.Ä.* 扫除，清扫，搞卫生：*Heute ist großes R.* 今天大扫除 ‖ *hierzu* (派生) **Rei·ne·ma·che·frau** *die*

Rein·er·lös *der* ≈ Reingewinn

Rein·er·trag *der* ≈ Reingewinn

Rein·fall *der*；*nur Sg*, *gespr* (只用单数)[口]≈ Enttäuschung, Misserfolg ⟨(mit etw.) e-n R. erleben(在某事上)上当，受骗⟩：*Die Party war der größte R.* 参加聚会真是上大当了(大失所望)

Rein·ge·winn *der*；das Geld, das als Gewinn bleibt, nachdem man die Steuern u. die eigenen Kosten gezahlt hat 纯收益，净利润

rein·hän·gen；*hängte rein*, *hat reingehängt*；[Vt] (及物) **1. etw. irgendwo r.** *gespr*[口]≈ hineinhängen；[Vr] (反身) **2. sich** (**in etw.** (*Akk* 四格)) **r.** *gespr*[口]；sich stark bei e-r Sache engagieren 介入，干预

rein·hau·en；*haute rein*, *hat reingehauen*；*gespr*[口]；[Vt] (及物) **1. j-m ein paar/eine r.** j-m ins Gesicht schlagen 往某人脸上扇了几下/一下，打某人几个/一个耳光；[Vi] (不及物) **2.** (**ordentlich**) **r.** viel essen 猛吃，(往肚子里)猛塞 **3. etw. haut rein** etw. zeigt große Wirkung(物作主语)很有作用，效果很好

Rein·heits·ge·bot *das*；Ⓓ [德] ein Gesetz aus dem Jahr 1516, das bestimmt, dass man nur Gerste, Hopfen u. Wasser nehmen darf, um Bier herzustellen 啤酒酿制法(律)

rei·ni·gen；*reinigte*, *hat gereinigt*；[Vt] (及物) **etw. r.** Schmutz von etw. entfernen 洗，清洗，清洁≈ säubern ⟨die Nägel, e-e Wunde r. 清洗指甲、伤口；die Kleider (chemisch) r. lassen 把衣服送去(用化学方法)干洗；e-n Anzug zum Reinigen bringen 把西服送去干洗⟩

Rei·ni·ger *der*；*-s*, *-*；ein chemisches Mittel, mit dem man Dinge sauber machen kann 清洁剂，洗涤剂≈ Reinigungsmittel ‖ -K(复合)：**Bad-**，**Flecken-**，**WC-**

Rei·ni·gung *die*；*-*, *-en* **1.** *nur Sg* (只用单数)；der Vorgang, bei dem man etw. sauber macht 洗，清洗 ‖ K-(复合)：**Reinigungs-**，**-kraft**，**-mittel** **2.** ein Betrieb, in dem Kleider *usw* (chemisch) gereinigt werden 洗衣店，洗染店 ⟨etw. in die R. bringen 把某物送到洗衣店去⟩

Re·in·kar·na·ti·on [re|ınkarnaˈtsi̯oːn] *die*；*-*, *-en*；die Wiedergeburt in e-m anderen Körper nach dem Tod 转世，投胎：*Buddhisten glauben an die R.* 佛教徒笃信转世投胎

Rein·kul·tur *die*；*nur in Subst* (只用名词)+ **in R.** *gespr*[口]；in hohem Maße 地地道道，纯粹 ⟨Kitsch in R. 纯属低级庸俗(艺术)品⟩

rein·lich *Adj*(形) **1.** *nicht adv*(不作状语)；mit dem Willen, alles sauber zu halten 爱清洁的，爱干净的⟨Menschen, Tiere 人，动物⟩：*Katzen sind reinliche Tiere* 猫是爱干净的动物 **2.** *veraltend* [渐旧]≈ sauber ‖ *hierzu* (派生) **Rein·lich·keit** *die*；*nur Sg* (只用单数)；**rein·lich·keits·lie·bend** *Adj*(形)

Rein·ma·chen *das*；↑ **Reinemachen** ‖ *hierzu* (派生) **Rein·ma·che·frau** *die*

rein·ras·sig *Adj* (形)；*nicht adv* (不作状语)；⟨Tiere 动物：ein Hund, ein Pferd, e-e Katze *usw* 狗，马，猫等⟩ so, dass beide Eltern von derselben Rasse sind 纯种的 ‖ *hierzu* (派生) **Rein·ras·sig·keit** *die*；*nur Sg*(只用单数)

Rein·schrift *die*；die endgültige, sauber geschriebene Form e-s Textes 誊清稿⟨e-e R. machen 把稿誊清；in R. 誊清(的)⟩

rein·wa·schen；*wäscht rein*, *wusch rein*, *hat reingewaschen*；[Vt] (及物) **j-n/sich** (**von etw.**) **r.** beweisen, dass ein Verdacht (der einen selbst betrifft), nicht richtig ist 为某人/自己洗清，洗脱(证实清白)⟨j-n/sich von e-m Verdacht, von e-r Anschuldigung r. 为某人/自己洗脱嫌疑、罪名⟩

rein·wür·gen (*hat*) *gespr*[口]；[Vt] (及物) **j-m eine/eins r.** j-n absichtlich in e-e unangenehme Situation bringen 故意跟…为难(过不去)，故意整(治)，让…吃苦头

rein·zie·hen (*hat/ist*) *gespr*[口]；[Vt] (及物) (*hat*) **1. j-n/etw.** (**in etw.** (*Akk* 四格)) **r.** j-n/etw. von draußen nach irgendwo drinnen ziehen 拖入，拉入(1)：*Der Fuchs zog das Huhn in seinen Bau rein* 狐狸把鸡拖入它的窝里 **2. j-n in etw.** (*Akk* 四格) (**mit**) **r.** ≈ hineinziehen (2) **3. sich** (*Dat* 三格) **etw. r.** etw. konsumieren 消费：*sich e-n Film, ein Video r.* 看电影、录相；[Vi] (不及物) (*ist*) **4. etw. zieht** (**von etw. in etw.** (*Akk* 四格)) **rein** etw. zieht von draußen nach irgendwo drinnen 进入，渗入：*Der Rauch zieht vom Wohnzimmer ins Schlafzimmer rein* 烟从客厅进入卧室

Reis *der*；*-es*；*nur Sg*(只用单数) **1.** e-e (Getreide) Pflanze, die man in warmen Ländern auf nassen Feldern anbaut 稻，水稻⟨R. anbauen, pflanzen, ernten 种植、插种、收割水稻⟩ ‖ K-(复合)：**Reis-**，**-ernte**，**-feld**，**-korn**，**-pflanze** **2.** die gelbweißen, länglichen Körner des Reises (1), die man in Wasser kocht u. essen kann 大米，米饭≈ Reiskorn ⟨(un)geschälter, polierter R.(未)脱壳的，精碾大米；R. kochen 做米饭⟩ ‖ K-(复合)：**Reis-**，**-auflauf**，**-gericht**，**-mehl**，**-schnaps**，**-suppe**，**-wein** ‖ -K(复合)：**Milch-**；**Natur-**；**Langkorn-**，**Rundkorn-**

Rei·se *die*；*-*, *-n* **1. e-e R.** (**irgendwohin**) e-e *mst* lange Fahrt (mit dem Auto, Schiff, Flugzeug *o.Ä.*) von einem Ort zum anderen 旅行，旅游⟨auf e-r R. 在旅行中；e-e weite, lange, große, kurze, kleine, angenehme, interessante R. 远途的、长期的、大型的、短途的、小型的、舒适的、有趣的旅行；e-e R. buchen, antreten, machen 预订、开始、作一次旅游；seine R. unterbrechen 中断自己的旅行；von e-r R. zurückkehren, erzählen 旅行归来，讲述旅行经

R

历；e-e R. ans Meer，um die Welt 去海边旅行，环球旅行；j-m e-e gute R. wünschen 祝某人旅行愉快；gute R.！祝旅途愉快！一路顺风！〉：*Wohin geht die R.?* 去哪儿旅行？‖ K-（复合）：***Reise-***，***-abenteuer***，***-andenken***，***-antritt***，***-begleiter***，***-bericht***，***-beschreibung***，***-bus***，***-erlebnis***，***-gefährte***，***-gepäck***，***-koffer***，***-pläne***，***-prospekt***，***-proviant***，***-route***，***-scheck***，***-spesen***，***-tasche***，***-tipp***，***-unterlagen***，***-vorbereitungen***，***-ziel*** ‖ -K（复合）：***Auto-***，***Bahn-***，***Bus-***，***Flug-***，***Schiffs-***；***Bildungs-***，***Dienst-***，***Entdeckungs-***，***Ferien-***，***Forschungs-***，***Geschäfts-***，***Hochzeits-***，***Pilger-***，***Urlaubs-***，***Vergnügungs-***，***Vortrags-***；***Auslands-***，***Welt-***；***Afrika-***，***Italien-***，***Wien-*** *usw*；***Gruppen-*** ‖ NB（注意）：*e-e R.* *nach* verwendet man，wenn der Orts- od. Ländername ohne Artikel gebraucht wird（如果地名或国名在使用时不用冠词，则采用 eine R. nach）：*e-e R. nach Frankreich*，*Athen usw* 去法兰克福、雅典等地的旅游；wenn der bestimmte Artikel beim Ländernamen verwendet wird，sagt man *e-e R. in*（如果国名用定冠词，则说 e-e R. in）：*e-e R. in die USA* 去美国的旅游 **2.** ***auf Reisen sein*** *geschr*［书］；e-e R.（1）machen 旅行 ≈ verreist sein **3.** ***auf Reisen gehen*** *geschr*［书］≈ verreisen **4.** ***auf der R.*** ≈ unterwegs：*Wir haben auf der R. viele Leute kennengelernt* 在旅途中我们认识了许多人 ‖ ID［谚］***Wenn einer / j-d e-e R. tut，so kann er was erzählen*** wenn j-d e-e R.（1）macht，dann erlebt er viel u. lernt viel Neues kennen 旅游长见识 ‖ NB（注意）：↑ ***Ausflug***，***Fahrt***

Rei·se·apo·the·ke *die*；verschiedene medizinische Mittel，die man auf e-e Reise mitnimmt 旅行药盒，旅行常备药

Rei·se·be·kannt·schaft *die*；j-d，den man auf e-r Reise kennengelernt hat 旅途朋友

Rei·se·bü·ro *das*；ein Geschäft，in dem man Reisen（u. alles，was dazu gehört）buchen u. kaufen kann 旅行社

Rei·se·fie·ber *das*；das Gefühl der Nervosität vor e-r Reise 旅行前的激动心情〈j-n packt das R. 某人因旅游而心情激动〉

Rei·se·füh·rer *der* **1.** ein Buch，das über alles informiert，was in e-m Land od. in e-r Stadt（für den Touristen）wichtig ist 旅游手册，导游指南：*ein zuverlässiger R.* 一本准确可靠的旅行指南 **2.** ≈ Reiseleiter ‖ *zu*（义项）**2. Rei·se·füh·re·rin** *die*

Rei·se·ge·sell·schaft *die* ≈ Reisegruppe

Rei·se·grup·pe *die*；e-e Gruppe von Menschen，die miteinander e-e Reise machen，die *mst* von e-m Reisebüro organisiert worden ist 旅游团

Rei·se·ka·der *der*；*hist*（*DDR*）［历（民德）］；ein Funktionär，Wissenschaftler，Sportler *o. Ä.* mit der Erlaubnis，regelmäßig ins（westliche）Ausland zu reisen 旅游干部（指经常有机会出差去西方国家的干部、科学家、运动员等）

Rei·se·land *das*；ein Land，in dem viele Menschen Urlaub machen 旅游国家 ≈ Urlaubsland

Rei·se·lei·ter *der*；j-d，der e-e Gruppe von Menschen auf e-r Reise begleitet u. für die Organisation verantwortlich ist 旅游团领队 ‖ *hierzu*（派生）**Rei·se·lei·te·rin** *die*

Rei·se·lust *die*；*nur Sg*（只用单数）；der starke Wunsch，（immer wieder）e-e Reise zu machen 旅行的兴致、旅行的喜好〈von R. gepackt sein，werden 爱好旅游〉‖ *hierzu*（派生）**rei·se·lus·tig** *Adj*（形）

rei·sen；*reiste*，*ist gereist*；**Vi**（不及物）（***irgendwohin***）***r.*** e-e（*mst* lange）Fahrt von e-m Ort zum anderen machen 旅行，旅游 ≈ e-e Reise machen〈gern，viel，bequem，dienstlich r. 喜欢、到处、轻松舒适地、出差旅行；mit dem Zug，mit dem Auto r. 坐火车、开车旅行；erster，zweiter Klasse r. 坐一等车厢、二等车厢旅行；ins Gebirge r. 去山区旅行；um die Welt r. 环球旅行〉‖ ▶ ***bereisen***，***verreisen***

Rei·sen·de *der / die*；*-n*，*-n* **1.** j-d，der gerade e-e Reise macht 旅行者，游客，旅客：*Die Reisenden werden gebeten，an der Grenze ihre Pässe bereitzuhalten* 请旅客过境时准备出示护照 ‖ -K（复合）：***Afrika-***，***Europa-***，***Welt-*** *usw*；***Dienst-***，***Ferien-***，***Forschungs-***，***Geschäfts-***，***Vergnügungs-***；***Auto-***，***Flug-***，***Schiffs-***，***Zug-***；***Allein-*** **2.** *veraltend*［渐旧］≈ Handelsvertreter ‖ -K（复合）：***Geschäfts-***，***Handels-*** ‖ NB（注意）：*ein Reisender*；*der Reisende*；*den*，*dem*，*des Reisenden*

Rei·se·pass *der* ≈ Pass[1]

Rei·se·ruf *der*；RAD【广播】；e-e Meldung im Radio，in der j-d，der auf e-r Reise unterwegs ist，gebeten wird，wegen e-s Notfalles *mst* zu Hause anzurufen 请旅客回电话的广播通知

Rei·se·ver·an·stal·ter *der*；*mst* e-e Firma，die Reisen organisiert u. verkauft（*z. B.* an Reisebüros）旅游公司

Rei·se·ver·kehr *der*；der starke Verkehr，der entsteht，wenn viele Leute in Urlaub fahren 旅游旺季交通〈es herrscht starker，reger R. 旅游旺季交通繁忙〉

Rei·se·wel·le *die*；der sehr starke Verkehr（*z. B.* zu Beginn u. Ende der Schulferien）旅游高峰：*Die erste R. rollt in Richtung Süden* 首次旅游高峰涌向南方

Rei·se·wet·ter·be·richt *der*；ein Bericht über das Wetter，*bes* für Leute，die verreisen wollen 旅游天气预报

Rei·sig *das*；*-s*；*nur Sg*，*Kollekt*（只用单数）（集合）；dünne，trockene Zweige，die unter Bäumen am Boden liegen 枯树枝〈R. sammeln 拾柴火〉‖ K-（复合）：***Reisig-***，***-besen***，***-bündel*** ‖ -K（复合）：***Birken-***，***Tannen-***

Reiß·aus *nur in* 只用于（***vor j-m / etw.***）***R. nehmen*** *gespr*［口］；（vor j-m/etw.）schnell weglaufen 避开，躲避

Reiß·brett *das*；ein Brett，auf das man Papier legt，um darauf *mst* technische Zeichnungen zu machen 制图板〈am R. arbeiten 制图；Papier auf das R. spannen 把

纸固定在制图板上〉

rei·ßen; *riss*, *hat/ist gerissen*; [Vt] (及物)(*hat*) **1. etw.** (**in etw.** (*Akk* 四格)) **r.** aus etw. zwei od. mehrere Teile machen, indem man es kräftig in zwei verschiedene Richtungen zieht 把…撕、拉、扯成≈ zerreißen 〈etw. in Fetzen, in Stücke, in Streifen r. 撕成碎片、块、条〉: *Vor Wut riss er den Brief in tausend Stücke* 他愤怒得把信撕得粉碎 **2.** (**sich** (*Dat* 三格)) **etw. in etw.** (*Akk* 四格) **r.** ein Loch *o.Ä.* in etw. machen, *bes* dadurch, dass man irgendwo hängen bleibt od. dass etw. explodiert 把…挂破, 撕破(一个口子) 〈(sich (*Dat* 三格)) ein Loch in die Hose r. (给自己)把裤子挂破一个洞〉 **3. etw. reißt ein Loch in etw.** (*Akk* 四格) etw. explodiert u. macht dadurch ein Loch in etw. (物作主语)把…炸开一个洞: *Die Mine riss ein tiefes Loch in die Erde* 地雷在地上炸出一个深坑 **4.** (**j-m**) **etw. aus etw. r.**; **j-n/etw. von etw. r.** schnell u. kräftig an j-m/etw. ziehen, sodass er/es von e-r Stelle entfernt wird 把…拉、撕、扯、拽掉(下来) 〈j-m die Kleider vom Leib r. 把某人的衣服从身上拽掉〉: *Der starke Wind riss ihm den Hut vom Kopf* 大风把他的帽子从头上刮走 **5. j-m etw. aus der Hand/den Händen r.** ≈ j-m etw. entreißen **6. j-n/etw. irgendwohin r.** an j-m/etw. plötzlich u. schnell ziehen, sodass er/es sich irgendwohin bewegt 往…方向猛拉、拽、拖 〈j-n zu Boden r. 把某人拉倒在地; den Wagen, das Fahrrad zur Seite r. 把车、自行车拖到一边; etw. in die Höhe, in die Tiefe r. 把某物往上、往下拉〉: *Als er den Radfahrer sah, riss der Fahrer das Lenkrad nach links* 当司机发现骑车人,他使劲把方向盘往左打 **7. ein Tier reißt ein Tier** ein Tier fängt u. tötet ein anderes Tier (动物作主语)捕食、撕咬(另一动物) 〈der Wolf, der Löwe *o.Ä.* reißt ein Schaf, ein Huhn *usw* 狼、狮子之类捕食绵羊、(母)鸡等〉 **8. etw. an sich** (*Akk* 四格) **r.** mit Gewalt od. mit e-m Trick in den Besitz von etw. kommen 夺走, 夺取, 抢 〈die Macht, Geld, e-n Brief an sich r. 夺权, 抢钱、一封信〉 **9. j-n aus etw. r.** j-n bei etw. stören 干扰, 打乱 〈j-n aus dem Schlaf, aus seinen Träumen, aus seinen Gedanken r. 把某人从睡眠中弄醒, 搅乱某人的美梦, 使某人从沉思中惊醒〉; [Vt/i] (及物/不及物) (*hat*) **10.** (**die Latte**) **r.** SPORT【体】; (beim Hochsprung) die Latte so berühren, dass sie zu Boden fällt (跳高)碰掉横杆; [Vi] (不及物) **11. etw. reißt** (*ist*) etw. trennt sich plötzlich in zwei Teile od. bekommt ein Loch (物作主语)断裂, 撕裂, 撕口子, 扯破 〈das Seil, das Tau, der Film, der Schnürsenkel, e-e Kette 绳索, 缆绳, 胶卷, 鞋带, 项链〉: *Du darfst nicht so fest ziehen, sonst reißt die Schnur* 你别这么使劲拉, 否则绳子就断了 **12. an etw.** (*Dat* 三格) **r.** (*hat*) (immer wieder) schnell u. kräftig an etw. ziehen (ohne es kaputt zu machen) 拉, 拽 ≈ an etw. zerren: *Der Hund bellte laut u. riss an seiner Kette* 狗在狂吠, 并咬着链子; [Vr] (反身) (*hat*) **13. sich um j-n/etw. r.** *gespr* [口]: alles versuchen, um j-n/etw. zu bekommen 力争得到, 争夺 〈sich um e-n Auftrag, um (Kino)Karten r. 争取一份订货合同, 争(电影)票〉: *Mehrere Vereine reißen sich um den Fußballstar* 有好几个体育协会在争这位足球明星 ‖ ID [谚] **etw. reißt ein Loch** 〈in die Kasse *o.Ä.* 在资金开支方面〉 *gespr* [口]: e-e Reparatur *o.Ä.* ist sehr teuer 某事在开支上出了窟窿, 某项开支太大

rei·ßend **1.** *Partizip Präsens* (现在分词); ↑ **reißen** **2.** *Adj* (形); 〈ein Bach, ein Strom 小溪、河流〉 sehr schnell fließend u. deshalb gefährlich 湍急的 **3. etw. hat/findet reißenden Absatz** etw. wird in kurzer Zeit in großer Menge verkauft (物作主语)畅销, 销路很好: *Das Buch hat reißenden Absatz gefunden* 这本书很畅销

Rei·ßer *der*; *-s*, *-*; *gespr* [口]: ein Buch od. Film mit sehr großem Erfolg beim Publikum (*bes* weil sie spannend sind) 热门书, 畅销书, 卖座电影

rei·ße·risch *Adj* (形); *pej* [贬]: auf billige Art so interessant gemacht, dass viele Leute darauf aufmerksam werden 渲染的 〈e-e Überschrift, Schlagzeilen, e-e Aufmachung 标题、口号、装潢; etw. r. aufmachen 大肆渲染某事〉

reiß·fest *Adj* (形); *nicht adv* (不作状语); 〈ein Gewebe, ein Faden 织物, 线〉 so stabil, dass sie nicht reißen (11) 抗拉的, 经拽的, 抗断裂的 ‖ *hierzu* (派生) **Reiß·fes·tig·keit** *die*; *nur Sg* (只用单数)

Reiß·lei·ne *die*; e-e Leine, an der man zieht, damit sich der Fallschirm öffnet (降落伞)开伞索

Reiß·na·gel *der*; e-e Art kurzer, dünner Nagel, den man leicht mit e-m Finger in Holz *o.Ä.* drücken kann, weil er e-n flachen breiten Kopf hat 图钉, 摁钉: *ein Plakat mit Reißnägeln an die Wand heften* 用图钉把一张招贴画摁在墙上

Reiß·ver·schluss *der*; e-e Art Band *bes* bei Kleidungsstücken, mit dem man e-e Öffnung auf- od. zumachen kann. Ein R. besteht aus zwei Reihen von kleinen Zähnen aus Metall od. Plastik u. e-m beweglichen Teil, der die Zähne zusammen- bzw. auseinanderbringt 拉锁, 拉链 〈den R. aufmachen, öffnen, zumachen, schließen, hochziehen 拉开、打开、拉上、合上、往上拉上拉锁; der R. klemmt 拉锁卡住了〉 ‖ ↑ *Abb. unter* 图见 **Knopf**

Reiß·wolf *der*; e-e Maschine, die aus Papier u. Stoff sehr kleine Stücke macht 碎纸机

Reiß·zwe·cke *die* ≈ Reißnagel

Reißzwecke

rei·ten; *ritt*, *hat/ist geritten*; [Vi] (不及物) **1.** (*ist*) (**auf e-m Tier**) **r.** auf e-m Tier sitzen u. sich von ihm tragen lassen 骑(动物) 〈auf e-m Pferd, e-m Esel, e-m Kamel

r. 骑马、驴、骆驼；im Schritt, Galopp, Trab r. (骑马)慢走、疾驰、小跑〉‖ K-(复合)：**Reit-**, **-hose**, **-klub**, **-lehrer**, **-peitsche**, **-pferd**, **-sport**, **-stiefel**, **-stunde**, **-tier**, **-turnier**, **-unterricht**, **-weg**；Vt (及物) **2. ein Tier r.** (*hat*) auf e-m bestimmten Tier r. (1) 骑〈ein Pferd, ein Kamel, e-n Esel r. 骑马、骆驼、驴〉 **3. etw. r.** (*hat/ist*) *mst* an e-m Wettbewerb teilnehmen, bei dem man reitet (1) 参加(马术)比赛〈ein Rennen, ein Turnier r. 参加赛马、马术比赛〉‖ *hierzu* (派生) **Rei·ter** *der*; *-s, -*; **Rei·te·rin** *die*; *-, -nen*

Reit·schu·le *die* **1.** e-e Institution, bei der man das Reiten (1,2) lernen kann 马术学校 **2.** *südd* CH [南德][瑞] ≈ Karussell

Reiz *der*; *-es, -e* **1.** etw., das bewirkt, dass ein (Sinnes)Organ darauf reagiert 刺激〈ein schwacher, starker, mechanischer, akustischer, optischer R. 弱、强、机械、音响、视觉刺激；Reizen ausgesetzt sein 受到刺激〉：*Die Pupillen reagieren auf optische Reize, indem sie größer od. kleiner werden* 瞳孔受到视觉刺激，其反应会变大或变小 ‖ -K(复合)：**Brech-**, **Husten-**, **Lach-**, **Licht-**, **Sinnes-** **2.** die verlockende Wirkung 吸引力，诱惑力，魅力≈ Anziehungskraft〈der R. des Neuen, des Verbotenen 新鲜事物的吸引力，被禁止的东西的诱惑力；auf j-n e-n gewissen, starken, unwiderstehlichen R. ausüben 对某人产生一定的、强烈的、不可抗拒的吸引力；seinen R. verlieren 失去自己的魅力；immer mehr an R. verlieren 不断失去吸引力〉：*die besonderen Reize des Waldes im Herbst* 秋天森林的独特魅力 ‖ ID[谚] ***weibliche Reize*** das, was den Männern an Frauen besonders gefällt 女性的魅力；***etw. hat (so) seine Reize*** *gespr* [口]；etw. ist sehr angenehm 某事有其诱人之处：*Faulenzen hat so seine Reize* 偷懒有其诱人之处 ‖ *zu* (义项) **2. reiz·los** *Adj*(形)；**Reiz·lo·sig·keit** *die*; *nur Sg* (只用单数)

reiz·bar *Adj*(形)；*nicht adv* (不作状语)；〈ein Mensch 人〉so, dass er sehr schnell ärgerlich u. aggressiv wird 神经过敏的，爱发火的，易怒的：*leicht r. sein* 容易发火 ‖ *hierzu* (派生) **Reiz·bar·keit** *die*; *nur Sg* (只用单数)

rei·zen; *reizte, hat gereizt*; Vt (及物) **1. etw. reizt j-n** etw. ist für j-n so interessant, dass er es tun od. haben möchte(物作主语)吸引，诱惑，刺激：*Dieses Auto reizt ihn schon lange* 这辆小汽车引起他的兴趣已很久；Es *würde mich sehr r., surfen* zu *lernen* 我特想学冲浪 **2. j-n/ein Tier r.** j-n/ein Tier (lange) so behandeln, dass er/es böse reagiert 挑逗，招惹，激怒：*Mich wundert nicht, dass der Hund dich gebissen hat – du hast ihn ja lange genug gereizt* 狗把你咬了，这我一点儿都不感到奇怪——你的确把它招惹够了；Vt/i (及物/不及物) **3. (j-n) zu etw. r.** bewirken, dass j-d etw. tun will 引起，激起〈j-n zum Widerspruch, (j-n) zum Lachen r. 激起某人反对，逗(某)人发笑〉：Es *reizt mich, ihn* zu *ärgern* 我真想让他生气 **4. etw. reizt (etw.)** etw. verursacht Schmerzen u. macht etw. wund (物作主语)刺激，诱发，损伤〈etw. reizt die Augen, die Schleimhaut, den Magen, j-s Nerven 某物刺激眼睛、黏膜、胃、某人的神经〉‖ K-(复合)：**Reiz-**, **-gas**, **-stoff** ‖ NB(注意)：↑ **gereizt**

rei·zend 1. *Partizip Präsens* (现在分词)；↑ **reizen** **2.** *Adj* (形)；im Verhalten sehr freundlich u. angenehm 讨人喜欢的，可爱的≈ nett[1] (1), lieb (1)〈ein Mädchen, e-e Frau 姑娘，女子；Leute 人；etw. r. finden 认为某物可爱〉：*Es ist r. von dir, dass du mir Blumen bringst* 你给我送来花，真叫人喜欢 **3.** *Adj* (形)；〈e-e Stadt, ein Häuschen, ein Kleid, ein Abend 城市，小房子，衣服，夜晚；r. aussehen 外表迷人〉so, dass sie angenehm wirken u. gefallen 迷人的，诱人的，美丽动人的 ≈ hübsch, nett **4.** *Adj* (形)；*gespr iron* [口][讽]；nicht sehr erfreulich od. angenehm 令人扫兴的，不太愉快的：*Ein Stau von 50 km, das sind ja reizende Aussichten für unsere Fahrt!* 交通堵塞达五十公里，这对我们的旅程可真是个不太好的兆头！

Reiz·the·ma *das*; ein Thema, das, wenn es angesprochen wird, j-n ärgerlich macht od. zu Streit führt 刺激性话题，敏感话题

Reiz·über·flu·tung *die*; die Tatsache, dass es *bes* durch Fernsehen, Werbung, (Straßen)-Lärm *usw* zu viele Reize (1) für die Menschen gibt(由新闻媒介、广告、城市噪音等所引起的诸多)刺激性污染泛滥成灾：*Besonders in der Stadt ist man e-r zunehmenden R. ausgesetzt* 尤其在城市里，人们被日益严重的刺激性污染的汪洋大海所淹没

Rei·zung *die*; *-, -en* **1.** *nur Sg* (只用单数)；die Wirkung von Reizen (1) 刺激(作用)；吸引力，诱惑力：*Bei andauernder R. der Haut durch chemische Mittel können Krankheiten entstehen* 化学物质对皮肤的长期刺激会引起病变 **2.** e-e leichte Entzündung 轻度炎症：*e-e R. der Bronchien* 支气管的发炎 ‖ -K(复合)：**Blinddarm-**

reiz·voll *Adj* (形) **1.** interessant u. schön 迷人的，妩媚动人的，富有美感的〈e-e Gegend, ein Gesicht, ein Kontrast 地方，脸孔，色彩对比〉 **2.** 〈e-e Aufgabe, ein Thema 一项任务，一个主题〉so, dass sie j-s Interesse wecken 吸引人的，诱人的，有诱惑力的 ≈ verlockend：*Für Kinder ist es r., etwas* zu *tun, das verboten ist* 干不允许干的事，这对孩子来说很有诱惑力

Reiz·wä·sche *die*; *nur Sg*, *gespr* (只用单数) [口]；e-e besondere Unterwäsche, die *bes* Frauen anziehen, um erotisch zu wirken 性感内衣裤

Reiz·wort *das*; ein bestimmtes Wort, das in j-m starke, *mst* aggressive Gefühle hervorruft 刺激人的话

re·ka·pi·tu·lie·ren; *rekapitulierte, hat rekapituliert*; Vt (及物) **etw. r.** *geschr* [书]；etw. noch einmal in kürzerer Form sagen od. für sich zusammenfassen 概括性地重申，概述，扼要重述 ≈ wiederholen, zusammenfassen〈e-n Text, die wichtigsten Punkte e-s Vortrags r. 概述一篇课文、一个报告的重点〉‖

R

hierzu (派生) **Re·ka·pi·tu·la·ti·on** *die*; -, -*en*

re·keln, sich; *rekelte sich, hat sich gerekelt*; [Vr] (反身) ***sich r.*** *gespr*[口]; seinen Körper so strecken u. dehnen, dass es angenehm ist 伸懒腰: *sich vor dem Aufstehen im Bett r.* 起床前在床上伸懒腰

Re·kla·me *die*; -; *nur Sg*(只用单数) **1.** ***R.*** (***für etw.***) Maßnahmen, mit denen Leute dazu gebracht werden, bestimmte Waren zu kaufen 广告(宣传) ≈ Werbung ⟨e-e gute, schlechte, geschmacklose, aufwendige R. 好的、差的、乏味的、耗资大的广告; R. machen 做广告⟩: *Sie macht R. für teure Parfums* 她为高档香水做广告 ‖ -K(复合): ***Kino-***, ***Zeitschriften-***, ***Zeitungs-***; ***Auto-***, ***Bier-***, ***Uhren-***, ***Zigaretten-*** **2.** *gespr*[口]; ein Prospekt, ein kurzer Film, ein Bild *o. Ä.*, mit denen R. (1) gemacht wird 广告(说明书,电影,画等)⟨sich die R. ansehen, anschauen 看广告⟩: *Heute war der Briefkasten wieder voller R.* 今天又是满信箱的广告 ‖ K-(复合): ***Reklame-***, ***-bild***, ***-film***, ***-plakat***, ***-schild*** ‖ ID [谚] ***für j-n R. machen*** *gespr*[口]; j-n empfehlen 替某人做宣传: *für seinen Arzt R. machen* 替自己的医生做宣传; ***mit etw. R. machen*** *gespr* [口] ≈ prahlen, angeben (5): *mit den guten Noten seiner Kinder R. machen* 吹嘘自己孩子们的学习成绩好

re·kla·mie·ren; *reklamierte, hat reklamiert*; [Vt/i] (及物/不及物) (***etw.***) (***bei j-m/etw.***) ***r.*** sich (bei e-r Firma, in e-m Geschäft *o. Ä.*) beschweren, weil e-e Ware Fehler hat (u. in Ordnung gebracht werden muss) 投诉,要求索赔 ≈ beanstanden: *Der Kunde hat reklamiert, dass sein Fernseher nicht richtig funktioniert* 顾客投诉电视机工作不正常 ‖ *hierzu* (派生) **Re·kla·ma·ti·on** *die*; -, -*en*

re·kon·s·tru·ie·ren; *rekonstruierte, hat rekonstruiert*; [Vt] (及物) **1.** ***etw. r.*** etw., von dem es nur Reste od. Beschreibungen gibt, neu bauen 修复,重建,复制,恢复原貌: *e-n antiken Tempel, e-e zerstörte Stadt r.* 重建一座古庙、一座毁坏的城市 **2.** ***etw. r.*** (aufgrund von Berichten od. Beschreibungen) versuchen, im Nachhinein festzustellen, wie etw. war od. verlaufen ist 模拟 ⟨den Tathergang, den Unfall, ein Gespräch r. 模拟作案经过、事故现场、谈话情况⟩ ‖ *hierzu* (派生) **re·kon·s·tru·ier·bar** *Adj*(形); **Re·kon·s·truk·ti·on** *die*; -, -*en*

re·kon·va·les·zent [-v-] *Adj* (形); *ohne Steigerung, nicht adv*, MED(无变级)(不作状语)【医】; *mst* 多用 ***r. sein*** sich gerade von e-r Krankheit erholen 正在康复中,正在痊愈 ‖ *hierzu* (派生) **Re·kon·va·les·zenz** *die*; -; *nur Sg*(只用单数)

Re·kord *der*; -(*e*)*s*, -*e* **1.** (*bes* im Sport) die beste Leistung, die j-d bis zu e-m bestimmten Zeitpunkt erreicht hat (比赛)纪录,最好成绩 ⟨ein europäischer, olympischer, persönlicher R. 欧洲、奥林匹克、个人纪录; e-n R. aufstellen, halten, verbessern, brechen 创造、保持、刷新、打破一项纪录; e-n R. werfen, springen, laufen 投出、跳出、跑出一项记录⟩: *Er verbesserte seinen R. im Hochsprung um zwei Zentimeter* 他把自己的跳高纪录提高了两厘米 ‖ K-(复合): ***Rekord-***, ***-höhe***, ***-leistung***, ***-weite***, ***-zeit*** ‖ -K(复合): ***Europa-***, ***Welt-***; ***Schanzen-***, ***Strecken-*** **2.** die höchste Zahl, die bis zu e-m bestimmten Zeitpunkt erreicht wurde 最高纪录(最高数字)⟨etw. stellt e-n (absoluten) R. dar 某事是个(绝对)纪录; e-n neuen R. erreichen 达到新的纪录⟩: *Der Rekord der diesjährigen Kältewelle liegt bei minus 30° Celsius* 今年寒潮纪录是摄氏零下三十度左右 ‖ K-(复合): ***Rekord-***, ***-ergebnis***, ***-ernte***, ***-gewinn***, ***-marke*** ‖ ID [谚] ***j-d/etw. bricht/schlägt alle Rekorde*** *gespr* [口]; j-d übertrifft alle anderen/etw. übertrifft alles andere 某人首屈一指,独占鳌头;某事独一无二,出类拔萃

Re·kor·der *der*; -*s*, -; ein Gerät, mit dem man Musik, Filme *o. Ä.* aufnehmen u. wieder abspielen kann 录音机,录像机 ‖ -K(复合): ***Kassetten-***, ***Video-***

Re·kord·hal·ter *der*; -*s*, -; ein Sportler, der e-n Rekord hält 纪录保持者 ‖ *hierzu* (派生) **Re·kord·hal·te·rin** *die*

Re·k·rut *der*; -*en*, -*en*; ein Soldat, der neu beim Militär ist u. noch ausgebildet werden muss 新兵 ⟨Rekruten ausbilden 训练新兵⟩ ‖ K-(复合): ***Rekruten-***, ***-ausbildung***, ***-zeit*** ‖ NB(注意): *der Rekrut; den, dem, des Rekruten* ‖ *hierzu* (派生) **Re·k·ru·tin** *die*; -, -*nen*

re·k·ru·tie·ren; *rekrutierte, hat rekrutiert*; *geschr*[书]; [Vt] (及物) **1.** ***j-n r.*** j-n für e-e bestimmte Aufgabe, Tätigkeit *usw* holen 招,招募: *Mitarbeiter für ein Projekt r.* 为一个项目招募工作人员; [Vr] (反身) **2.** ***etw. rekrutiert sich aus j-m/etw.*** (*Kollekt od Pl* 集合或复数) etw. besteht aus Menschen e-r bestimmten Gruppe (物作主语)由…组成 ≈ etw. setzt sich aus etw. zusammen: *Das Personal dieser Firma rekrutiert sich vor allem aus Technikern u. Ingenieuren* 该公司人员主要由技术员和工程师组成 ‖ *hierzu* (派生) **Re·k·ru·tie·rung** *die*

Rek·ti·on [rɛkˈtsi̯oːn] *die*; -, -*en*; LING【语】; die Eigenschaft e-s Wortes od. Ausdrucks, den Kasus des Wortes zu bestimmen, das von ihm abhängt 格的支配关系 ⟨die R. des Verbs 动词对格的支配⟩ ‖ -K(复合): ***Verb-***

Rek·tor *der*; -*s*, *Rek·to·ren* **1.** Ⓓ [德] j-d, der e-e Grund- oder Hauptschule leitet (小学或初级中学)校长 **2.** der Leiter e-r Universität 大学校长 ‖ -K (复合): ***Universitäts-*** ‖ *hierzu* (派生) **Rek·to·rin** *die*; -, -*nen*

Rek·to·rat *das*; -*s*, -*e* **1.** die Räume für den Rektor u. seine Mitarbeiter 校长办公室 **2.** die Amtszeit e-s Rektors (2)(大学)校长任职期

Re·lais [rəˈlɛː] *das*; -, - [rəˈlɛːs]; ein Teil in e-m elektrischen Gerät, das e-n Kontakt herstellt, sodass Strom fließt 继电器 ‖ K-(复合): ***Relais-*, *-schaltung*, *-steuerung***

Re·la·ti·on [-ˈtsi̯oːn] *die*; -, *-en*; ***die R.* (*zwischen etw.* (*Dat* 三格) *u. etw.* (*Dat* 三格))** *geschr*[书]; die Beziehung od. Verbindung, die es zwischen (zwei) Dingen, Tatsachen, Begriffen *usw* gibt 相互关系,关联,比例 ≈ Verhältnis ⟨e-e R. besteht, stimmt 存在联系,比例正确; etw. in (die richtige) R. zu etw. bringen 使某事与某事建立(正确)联系⟩: *die R. zwischen Leistung u. Lohn* 工酬关系 ‖ ID[谚] ***etw. steht in keiner R. zu etw.*** die Beziehung zwischen zwei Dingen ist ungleich 某事与某事不成比例: *Die Kosten des Films standen in keiner R. zum Erfolg* 电影的耗资与成效不成比例(= der Film war sehr teuer, hatte aber kaum Erfolg)

re·la·tiv, re·la·tiv [-f] *Adj*(形) **1.** von verschiedenen Bedingungen abhängig u. von ihnen bestimmt 相对的,有条件的 ↔ absolut ⟨Werte, Größen, Begriffe 值,尺寸,概念⟩: *Es ist alles r.* (= wie man etw. beurteilt, hängt davon ab, in welchem Zusammenhang man es sieht)任何事情都是相对的 **2.** ***r.*** + *Adj*(形容词) verwendet, um e-n Vergleich (zu absoluten Werten) einzuleiten 相对,比较 ≈ verhältnismäßig, ziemlich: *ein r. heißer Sommer* 一个相对炎热的夏季; *Die Demonstration verlief r. friedlich* 游行在比较平和的气氛中进行 ‖ NB(注意): ↑ ***Mehrheit*** (4) ‖ *zu* (义项)**1. Re·la·ti·vi·tät** *die*; -; *nur Sg*(只用单数)

re·la·ti·vie·ren [-v-]; *relativierte, hat relativiert*; [*Vt*] (及物) ***etw.* (*durch etw.*) *r.*** *geschr*[书]; etw. in e-m größeren Zusammenhang u. *mst* so in der richtigen Perspektive sehen 使具有相对性,对…作比较: *Alte wissenschaftliche Erkenntnisse werden durch neue meist nicht aufgehoben, sondern relativiert* 旧的科学认识大半不是由于新的科学认识而被废弃,而是被赋予相对的意义 ‖ *hierzu* (派生)**Re·la·ti·vie·rung** *die*

Re·la·tiv·pro·no·men [-f-] *das*; LING【语】; ein Pronomen wie *z.B. welcher* od. *der*, die, das, das e-n Nebensatz einleitet u. anstelle e-s Substantivs aus dem Hauptsatz steht关系代词

Relativpronomen 关系代词				
	Sg 单数			*Pl* 复数
	m 阳	*f* 阴	*n* 中	
Nom 第一格	der	die	das	die
Akk 第四格	den	die	das	die
Dat 第三格	dem	der	dem	denen
Gen 第二格	dessen	deren	dessen	deren/derer
Derer im Genitiv Plural ist umgangssprachlich. 复数二格中的 derer 是口语表达方式。				

Re·la·tiv·satz [-f-] *der*; ein Nebensatz, der durch ein Relativpronomen eingeleitet wird 关系从句: *In dem Satz „Gestern traf ich die Frau, die neben mir wohnt, in der Stadt" ist „die neben mir wohnt" ein R.* 在"Gestern traf ich die Frau, die neben mir wohnt, in der Stadt"句中的"die neben mir wohnt"是一个关系从句

re·le·vant [-v-] *Adj*(形); ***r.* (*für j-n/etw.*)** wichtig (im Zusammenhang mit etw.) 至关重要的,关系重大的 ↔ irrelevant ⟨e-e Frage, ein Ergebnis 问题,结果; etw. ist historisch, politisch, wissenschaftlich r. 某事在历史上、政治上、科学上是至关重要的; etw. ist für j-n/etw. r. 某事对某人/某事至关重要⟩: *Diese Faktoren sind für die Auswertung des Experiments nicht r.* 这些因素对试验的评价无关紧要 ‖ *hierzu* (派生)**Re·le·vanz** *die*; -; *nur Sg* (只用单数)

Re·li·ef [reˈli̯ɛf] *das*; *-s*, *-s* **1.** e-e Art Bild aus Stein, Ton *o. Ä.*, dessen Oberfläche nicht eben ist, weil die Figuren, Muster *o. Ä.* höher (od. tiefer) als ihre Umgebung sind, wie *z. B.* bei e-r Münze 浮雕 ‖ -K(复合): ***Flach-*, *Hoch-*; *Giebel-*; *Stein-*, *Ton-*** **2.** GEOG【地】; die Form der Oberfläche e-s Planeten, *bes* der Erde 地形 ⟨ein reich gegliedertes, geringes R. 地形变化很大、极小⟩ ‖ -K(复合): ***Boden-*, *Tiefsee-*, *Unterwasser-*** **3.** e-e Art (Land) Karte, bei der Gebirge *usw* wie bei e-m R. (1) gezeichnet sind 地形模型 ‖ K-(复合): ***Relief-*, *-globus*, *-karte*** ‖ *zu* (义项) **1. re·li·ef·ar·tig** *Adj*(形)

Re·li·gi·on [-ˈgi̯oːn] *die*; -, *-en* **1.** *nur Sg*(只用单数); der Glaube an einen Gott od. mehrere Götter, mit dem man sich den Sinn des Lebens erklärt 宗教信仰 ⟨e-e/keine R. haben 有/没有宗教信仰⟩ ‖ -K: ***Natur-*** **2.** e-e bestimmte Form von R. (1) mit bestimmten Überzeugungen, Ritualen *usw* 宗教,教别 ≈ Glaube (3) ⟨die jüdische, christliche R. 犹太教,基督教⟩: *Der Buddhismus ist eine der großen Religionen der Welt* 佛教是世界大宗教之一 ‖ K-(复合): ***Religions-*, *-bekenntnis*, *-freiheit*, *-gemeinschaft*, *-geschichte*, *-krieg*, *-philosophie*, *-wissenschaft*, *-zugehörigkeit*** ‖ -K(复合): ***Staats-*, *Welt-*** **3.** *nur Sg, ohne Artikel*(只用单数)(不带冠词); ein Fach in der Schule, in dem e-e bestimmte R. (2) unterrichtet wird 宗教课 ⟨R. unterrichten 教宗教课; R. haben 上宗教课⟩ ‖ K-(复合): ***Religions-*, *-buch*, *-lehrer*, *-note*, *-stunde*, *-unterricht*** ‖ *zu* (义项)**1.** u. **2. re·li·gi·ons·los** *Adj*(形) ‖ Information Seite 1474 信息见 1474 页

re·li·gi·ös *Adj*(形) **1.** in Bezug auf die Religion (1,2)宗教的,有关(宗教)信仰的 ⟨ein Bekenntnis, e-e Zeremonie, e-e Bewegung, e-e Kunst, e-e Überlieferung, Fragen, der Eifer 信仰,仪式,运动,艺术,传统,问题,热(激)

情；etw. r. betrachten 从宗教角度看待某事〉**2.** 〈ein Mensch人〉 so, dass er entsprechend der Lehre e-r Religion (2) lebt, denkt u. handelt 信教的，虔诚的≈ gläubig, fromm: *Meine Tante ist sehr r*. 我的姨妈很虔诚‖ *zu* (义项)**2. Re·li·gi·o·si·tät** *die*; -; *nur Sg*(只用单数)

Die Religionen in den deutschsprachigen Ländern
德语国家的宗教

In Deutschland bekennen sich mehr als 55 Millionen Menschen, das sind etwa 67% der Bevölkerung, zum christlichen Glauben. Von ihnen sind etwa 28 Millionen **Protestanten** oder **evangelische Christen** und circa 27 Millionen **Katholiken**.
Ein geringer Teil der Deutschen gehört anderen Religionen an, wie etwa dem jüdischen Glauben oder dem Islam. Die muslimische Bevölkerung ist hauptsächlich türkischen Ursprungs.
Die österreichische Bevölkerung ist zu 90% katholischen Glaubens, die restlichen 10% verteilen sich auf Protestanten, andere Religionen und Nichtgläubige.
In der Schweiz sind die Protestanten mit 50% und die Katholiken mit 44% vertreten.

在德国，有5500多万人，约为人口的67%，宣布信奉基督教。其中有大约2800万**新教徒即福音教派基督徒**和大约2700万**天主教徒**。

有很小一部分德国人信奉其他宗教，如犹太教或伊斯兰教。穆斯林居民主要是土耳其裔。

奥地利居民有90%信仰天主教，其余10%分别为新教徒、其他宗教信奉者和不信教者。

在瑞士，新教徒占50%，天主教徒占44%。

Re·likt *das*; -(e)s, -e; etw., das von e-r früheren Zeit od. von e-m früheren Zustand übrig geblieben ist 遗迹，历史遗物；残余物，剩余物 ≈ Überrest, Überbleibsel: *die Relikte der Vergangenheit* 历史遗迹（或遗物）

Re·ling *die*; -; *nur Sg*(只用单数); das Geländer auf dem Deck e-s Schiffes 船舷栏杆、扶索〈an der R. stehen 站在船舷栏杆边; sich an die R. lehnen 倚着船舷栏杆; sich über die R. beugen 把身子探出船舷栏杆〉

Re·li·quie [re'liːkviə] *die*; -, -n; REL【宗】; ein Gegenstand, der aufbewahrt u. verehrt wird, weil er für die Leute e-n großen religiösen Wert hat (*z. B.* ein Schädel od. ein Ring) 圣人、佛祖的遗骨，遗物〈Reliquien verehren 崇敬圣物、圣体〉‖ K-(复合): ***Reliquien-***, ***-schrein***, ***-verehrung***

Re·make ['riːmeɪk] *das*; -s, -s; e-e neue Version e-s bekannten u. *mst* erfolgreichen Liedes od. Films 新版(名曲，名影片)，重新录制、摄制的名曲、名影片

Re·mi·nis·zenz *die*; -, -en; *geschr*[书] **1.** ***e-e R.*** (***an j-n/etw.***) ≈ Erinnerung〈e-e R. an die Kindheit 对童年的回忆; Reminiszenzen auffrischen 重温回忆〉**2.** ***e-e R.*** (***an j-n/etw.***) ≈ Ähnlichkeit, Anklang: *e-e deutliche R. an das Violinkonzert von Bach* 与巴赫的小提琴协奏曲明显雷同

re·mis [rə'miː] *Adj*(形); *nur präd od adv*(只作表语或状语); (*bes* im Schachspiel) ≈ unentschieden〈e-e Partie endet r. 一局棋打成平局; (auf) r. spielen 比赛不分胜负〉‖ *hierzu* (派生)**Re·mis** [rə'miː] *das*; -, - [rə'miːs]

Re·mou·la·de [-mu-] *die*; -, -n; e-e kalte Sauce aus Ei, Öl u. Kräutern 拌凉菜的蛋黄酱，沙拉酱‖ K-(复合): ***Remouladen-***, ***-sauce***

rem·peln; *rempelte*, *hat gerempelt*; Vt (及物) ***j-n r.*** j-n (*mst* mit Absicht) mit dem Arm od. mit dem Körper stoßen (用胳膊，身体有意)撞，顶≈ anrempeln

Rem·pler *der*; -s, -; ein Stoß mit dem Arm od. Körper (用胳膊，身体)撞，顶〈e-n R. bekommen 被顶一下; j-m e-n R. geben 顶某人一下〉

Re·nais·sance [rənɛ'sãːs] *die*; -, -n **1.** ein Stil der (europäischen) Kunst vom 15 bis 17 Jahrhundert, bei dem man mit großem Interesse die antike griechische u. römische Kunst, Literatur, Wissenschaft *usw* studierte u. zu imitieren versuchte 文艺复兴(十五至十七世纪欧洲艺术风格)〈die italienische R. 意大利文艺复兴; die Malerei, die Architektur der R. 文艺复兴的绘画、建筑〉‖ K-(复合): ***Renaissance-***, ***-bau***, ***-dichter***, ***-maler***, ***-musik***, ***-stil***, ***-zeit*** ‖ -K(复合): ***Früh-***, ***Hoch-***, ***Spät-*** **2.** *nur Sg*(只用单数); die Epoche der R. (1) 文艺复兴时期〈in der R. 在文艺复兴时期; aus der R. stammen 出自文艺复兴时期〉**3.** *geschr*[书]; e-e Phase, in der j-d/etw. wieder interessant wird od. in Mode kommt 复兴，重又时尚，重新流行〈e-e R. erleben 经历复兴阶段〉: *die R. des Biedermeier* 毕德迈耶尔风格(一种介于新古典主义和浪漫主义的艺术风格)的复兴; *die R. des Minirocks* 超短裙的再次流行

Ren·dez·vous [rãde'vuː] *das*; -, - [rãde'vuːs] **1.** ***ein R.*** (***mit j-m***) ein Treffen von zwei Leuten, die zusammen ausgehen wollen 幽会，约会〈mit j-m ein R. haben 与某人有幽会; zu e-m R. gehen 去幽会; sich zu e-m R. verabreden 约定一幽会〉**2.** ***sich*** (*Kollekt od Pl*(集合或复数)) ***irgendwo ein R. geben*** sich (als Gruppe) irgendwo treffen 聚会: *Am Wiener Opernball gibt sich die Prominenz jedes Jahr ein R*. 社会名流每年都在维也纳歌剧院举行的舞会上聚会

Ren·di·te *die*; -, -n; der Gewinn, den ein Wertpapier (jedes Jahr) bringt(有价证券的)红利

re·ni·tent *Adj*(形); *geschr* [书]≈ aufsässig

ren·nen; *rannte*, *hat/ist gerannt*; Vi (不及物) (*ist*) **1.** (***irgendwohin***) ***r.*** sich schnell auf den Füßen fortbewegen (sodass beide Füße kurze Zeit in der Luft sind) 快跑，奔跑 ≈ laufen ↔ gehen〈mit j-m um die Wette r. 与某人比赛跑; um sein Leben r. 逃命〉: *Er ist so schnell gerannt, dass er jetzt völlig außer*

R

Atem ist 他飞快地跑得喘不过气来 **2.** ***irgendwohin r.*** *gespr pej* [口][贬]；immer wieder irgendwohin gehen(经常)去：*Musst du wirklich jeden Sonntag auf den Fußballplatz r.?* 你真的每星期天都要去踢足球不可吗？**3.** ***gegen/an etw.*** (*Akk* 四格) ***r.*** *gespr* [口]；beim Laufen od. Gehen heftig an etw. stoßen (u. sich wehtun)(走路或奔跑时)撞到：*mit dem Kopf gegen/an ein Bücherregal r.* 把头撞到书架上 **4.** ***in etw.*** (*Akk* 四格) ***r.*** in e-e gefährliche Situation kommen (ohne dass man es merkt)(不知不觉地)陷入…境地〈ins Unglück, in sein Verderben r. 陷入厄运，坠入堕落；blindlings in den Tod r. 轻率地走上死路〉；Vt (及物)(*hat*) **5.** *mst* 多用 ***sich*** (*Dat* 三格) ***ein Loch in etw.*** (*Akk* 四格) ***r.*** *gespr* [口]；sich beim Laufen *o.Ä.* an e-m Körperteil verletzen 在(身上某一部位)撞了一个窟窿〈sich ein Loch in den Kopf r. 头上撞了一个窟窿〉**6.** *mst* 多用 ***j-m/sich*** 〈ein Messer *o.Ä.* 刀或类似物〉 ***in etw.*** (*Akk* 四格) ***r.*** *gespr* [口]；j-m/sich ein Messer *o.Ä.* in den Körper stoßen 往…身上刺，捅一刀 ‖ *zu* ***Rennerei*** ↑ ***-ei***

Ren·nen *das*；*-s*, *-* **1.** ein Wettkampf, bei dem man versucht, schneller als andere zu laufen, zu fahren od. zu reiten 赛跑，赛马，赛车、赛艇等比赛〈ein R. findet statt 举行(速度)比赛；ein packendes, spannendes R. 扣人心弦的、紧张的比赛；ins R. gehen 去参加(速度)比赛；ein R. machen, veranstalten, abhalten 参加、组织、举行比赛；ein R. gewinnen, verlieren 赢得、输掉比赛；als Sieger aus e-m R. hervorgehen 在比赛中以胜者脱颖而出〉‖ K-(复合)：***Renn-***, ***-auto***, ***-boot***, ***-fahrer***, ***-leitung***, ***-pferd***, ***-rad***, ***-reiter***, ***-rodel***, ***-sport***, ***-strecke***, ***-wagen*** ‖ -K(复合)：***Auto-***, ***Boots-***, ***Pferde-***, ***Rodel-***, ***Ski-***, ***Seifenkisten-***；***Hindernis-***, ***Sandbahn-***, ***Wett-*** **2.** ***ein totes R.*** ein R. (1), bei dem zwei Teilnehmer genau zur gleichen Zeit ins Ziel kommen 难分胜负的比赛 ‖ ID[谚] ***das R. machen*** *gespr* [口]；**a)** ein R. (1) gewinnen 赢得比赛；**b)** bei etw. Erfolg haben 获得成功；***gut im R. liegen*** *gespr* [口]；gute Chancen haben, bei etw. Erfolg zu haben 胜券在握；***Das R. ist gelaufen*** **a)** es ist bereits sicher, wer das R. (1) gewinnen wird 胜负已成定局；**b)** *gespr* [口]；etw. ist bereits entschieden od. vorbei 某事已生米煮成熟饭

Ren·ner *der*；*-s*, *-*；*gespr* [口]；ein Produkt, von dem in kurzer Zeit viel verkauft wird 畅销商品，热门货≈ Schlager (2)：*der R. der Saison* 季节畅销货；*Dieses Buch ist ein absoluter R.* 这本书绝对畅销

Re·nom·mee *das*；*-s*, *-s*；*mst Sg*, *geschr* (多用单数)[书]；die (gute) Meinung, die andere Leute von j-m/etw. haben 声誉，声望，好名声 ≈ Ruf (3)〈ein gutes R. haben 有一个好名声；an R. verlieren 丧失声誉〉

re·nom·mie·ren；*renommierte*, *hat renommiert*；Vi (不及物)(***mit etw.***) ***r.*** *geschr* [书] ≈ prahlen：*mit seinem Titel r. wollen* 想炫耀自己的头衔 ‖ K-(复合)：***Renommier-***, ***-sucht***

Re·nom·mier·stück *das*；*geschr*[书]；etw., das gut geeignet ist, um damit zu prahlen 炫耀物

re·nom·miert **1.** *Partizip Perfekt*(过去分词)；↑ ***renommieren*** **2.** *Adj*(形)；*nicht adv*, *geschr* (不作状语)[书]；sehr bekannt u. angesehen 有声誉的，声望高的，德高望重的：*ein renommierter Künstler* 一位有声誉的艺术家

re·no·vie·ren [-v-]；*renovierte*, *hat renoviert*；Vt/i (及物/不及物)(***etw.***) ***r.*** in e-m Gebäude alte Dinge erneuern u. kaputte Dinge instand setzen (房屋)修缮，整修〈ein Gebäude r. 修缮一幢房子：e-e Villa, e-e Kirche, Altbauten, e-e Wohnung r. 整修别墅、教堂、古建筑物、住房〉‖ *hierzu* (派生) **Re·no·vie·rung** *die*

ren·ta·bel *Adj*(形)；so, dass man davon e-n finanziellen Gewinn hat 能带来收益的，有利可图的，有效益的 ≈ einträglich ↔ unrentabel 〈ein Geschäft, ein Betrieb 买卖，企业；r. wirtschaften, arbeiten 有效益地经营、工作〉‖ NB(注意)：*rentabel* → *ein rentables Geschäft* ‖ *hierzu* (派生) **Ren·ta·bi·li·tät** *die*；*-*；*nur Sg*(只用单数)

Ren·te *die*；*-*, *-n* **1.** e-e Summe Geld, die j-d jeden Monat vom Staat bekommt, wenn er ein bestimmtes Alter erreicht hat u. nicht mehr arbeiten muss 退休金〈e-e R. beziehen, bekommen 领取、得到退休金；Anspruch auf (e-e) R. haben 有权享受退休金〉‖ K-(复合)：***Renten-***, ***-anspruch***, ***-empfänger***, ***-erhöhung*** ‖ -K(复合)：***Alters-***, ***Mindest-*** ‖ NB(注意)：ein Beamter bekommt e-e *Pension*, andere Leute bekommen e-e *Rente* 公务员得到 *eine Pension*(养老金)，其他人得到的是 *eine Rente* (退休金) **2.** *nur Sg* (只用单数)；die Zeit im Leben e-s Arbeiters od. e-s Angestellten, in der er (*mst* aus Altersgründen) nicht mehr arbeitet u. e-e R. (1) bekommt 退休≈ Pension, Ruhestand〈in R. sein 已退休；in R. gehen 退休〉**3.** e-e Summe Geld, die j-d regelmäßig von e-r Versicherung, von j-d anderem od. aus angelegtem Kapital bekommt 社会保险金，租金(收益)，息金 ‖ -K(复合)：***Boden-***, ***Grund-***, ***Invaliden-***, ***Waisen-***, ***Witwen-***, ***Zusatz-***

Ren·ten·al·ter *das*；*nur Sg*(只用单数)；das Alter, in dem man Rente bekommen kann 退休年龄，领取养老金年龄

Ren·ten·bei·trag *der*；das Geld, das man jeden Monat an die Rentenversicherung zahlt. Der R. wird von Lohn od. Gehalt abgezogen 养老保险费

Ren·ten·ver·si·che·rung *die*；e-e staatliche Einrichtung, an die man e-n Beitrag zahlt, solange man arbeitet, u. die einem im Alter dann e-e Rente zahlt 养老保险

Ren·tier *das*；ein großer Hirsch, der in den kalten Ländern im Norden (*z. B.* in Skandinavien) lebt 驯鹿

ren·tie·ren, sich；*rentierte sich*, *hat sich ren-*

R

tiert; [Vr] (反身) **etw. rentiert sich (für j-n)** etw. bringt j-m Gewinn (物作主语)能生财、赢利、赚钱，值得，合算 ≈ etw. lohnt sich, etw. zahlt sich aus: *Das Hotel rentiert sich nicht* 这饭店没赢利; Es *rentiert sich doch gar nicht, für drei Tage so weit* zu *fahren* 花三天时间，跑这么远的路，这真不值得 ‖ ▶ ***rentabel***

Rent·ner *der*; *-s*, *-*; j-d, der e-e Rente (1) bekommt u. nicht mehr arbeiten muss 退休人员，退休金领取者，养老金领取者 ‖ -K (复合): ***Früh-*** ‖ *hierzu* (派生) **Rent·ne·rin** *die*; *-*, *-nen*

Rep *der*; *-s*, *-s*; *gespr*, *Kurzw* [口](略) ↑ ***Republikaner*** (2)

re·pa·ra·bel *Adj* (形); *nicht adv* (不作状语); ⟨ein Schaden, ein Defekt 损坏，故障⟩ so, dass sie repariert werden können 可修复的 ↔ irreparabel ‖ NB (注意): *reparabel* → *ein reparabler Schaden*

Re·pa·ra·ti·on [-ˈtsi̯oːn] *die*; *-*, *-en*; *mst Pl* (多用复数); Geld, das ein besiegtes Land nach e-m Krieg an ein anderes Land als Wiedergutmachung für Schäden *o. Ä.* zahlen muss 战争赔款，赔偿 ‖ K-(复合): ***Reparations-***, ***-anspruch***, ***-zahlung***

Re·pa·ra·tur *die*; *-*, *-en*; der Vorgang, bei dem etw. Kaputtes wieder in Ordnung gebracht wird 修理，修复，修补，修缮 ≈ Instandsetzung ⟨etw. zur R. bringen 把某物拿去修理; e-e R. vornehmen, machen (lassen) 进行修理(让人修理)⟩: *Der Motor ist schon so alt, dass sich e-e R. nicht mehr lohnt* 这发动机已经老得不值得修理了 ‖ K-(复合): ***Reparatur-***, ***-arbeiten***, ***-kosten***, ***-werkstatt***; ***reparatur-***, ***-bedürftig*** ‖ -K (复合): ***Auto-***, ***Dach-***, ***Fernseh-***, ***Schuh-***

re·pa·ra·tur·an·fäl·lig *Adj* (形); *nicht adv* (不作状语); so, dass es oft repariert werden muss 经常需要修理的，经常坏的: *ein reparaturanfälliges Auto* 一辆经常需要修理的汽车

re·pa·rie·ren; *reparierte*, *hat repariert*; [Vt] (及物) **etw. r.** e-n kaputten Gegenstand wieder in Ordnung bringen 修理，修复，修补，修缮 ≈ richten ⟨etw. notdürftig r. 临时凑合修理某物⟩: *das Fahrrad / Auto selber r.* 自己修理自行车/汽车; *den Fernseher r. lassen* 让人修理电视机 ‖ ▶ ***reparabel***

Re·per·toire [reperˈtoaːɐ̯] *das*; *-s*, *-s* **1.** alle Musikstücke, Theaterstücke *usw*, die ein Künstler od. ein Theater spielen od. zeigen kann 全部戏剧或演奏节目(单) ≈ Programm (1) ⟨etw. ins R. aufnehmen, im R. haben 把某节目列入总节目单，总节目单里有某节目; ein R. zusammenstellen 列演出总目录; etw. gehört zu j-s/zum R. 某节目已排入某人的/总节目单⟩: *Die Gruppe hat auch moderne Lieder in ihrem R.* 该团演出目录中也有现代歌曲 **2.** *mst* 多用于 **ein großes** *o. Ä.* **R. an etw.** (*Dat* 三格) **haben** *gespr* [口]; etw. gut beherrschen, gute Kenntnisse in etw. haben 在…方面有丰富的知识: *ein immenses R. an Fremdwörtern haben* 掌握大量外来语词

Re·plik *die*; *-*, *-en*; *geschr* [书]; e-e Rede od. ein Text, mit denen j-d auf die Äußerung e-s Kritikers antwortet 答辩 ≈ Entgegnung ⟨e-e geschliffene, glänzende R. 犀利的、出色的答辩⟩

Re·port *der*; *-(e)s*, *-e*; *geschr* [书] ≈ Bericht

Re·por·ta·ge [-ˈtaːʒə] *die*; *-*, *-n*; **e-e R. (über j-n / etw.)** ein Bericht (im Radio, im Fernsehen od. in der Zeitung) über ein aktuelles Thema 新闻、通讯报道 ⟨e-e R. (über etw.) machen, bringen, schreiben 作、登、写有关某事的报道⟩ ‖ -K (复合): ***Bild-***, ***Foto-***; ***Fernseh-***, ***Radio-***, ***Rundfunk-***, ***Zeitungs-***; ***Sport-***

Re·por·ter *der*; *-s*, *-*; j-d, der beruflich über aktuelle Ereignisse berichtet (媒体)通讯员，记者 ‖ -K (复合): ***Fernseh-***, ***Gerichts-***, ***Radio-***, ***Rundfunk-***, ***Zeitungs-***; ***Foto-***; ***Sport-*** ‖ *hierzu* (派生) **Re·por·te·rin** *die*; *-*, *-nen*

re·prä·sen·ta·bel *Adj* (形); *geschr* [书]; ⟨ein Haus, ein Büro 房子，办公室⟩ so, dass sie in der äußeren Erscheinung e-n guten Eindruck machen 有气派的，庄重的 ≈ eindrucksvoll ‖ NB (注意): *repräsentabel* → *ein repräsentables Haus*

Re·prä·sen·tant *der*; *-en*, *-en*; *geschr* [书]; j-d, der e-e bestimmte Gruppe von Menschen, e-e Institution *o. Ä.* in der Öffentlichkeit vertritt 代表，代表人物 ≈ Vertreter (2): *ein R. der Kirche* 教会的代表 ‖ -K (复合): ***Firmen-*** ‖ NB (注意): *der Repräsentant*; *den*, *dem*, *des Repräsentanten* ‖ *hierzu* (派生) **Re·prä·sen·tan·tin** *die*; *-*, *-nen*

Re·prä·sen·ta·ti·on [-ˈtsi̯oːn] *die*; *-*, *-en*; *geschr* [书] **1.** die Vertretung e-s Staates, e-r Institution *o. Ä.* 代表，代理: *die R. e-r Partei durch ihren Vorsitzenden* 党的主席代表一个政党 **2.** *nur Sg* (只用单数); das, womit sich der Staat öffentlich repräsentiert (5), u. die damit verbundenen Kosten (体现身份、地位的)排场，派头 ⟨etw. dient der R., gehört zur R. 某物用于体现身份，是讲派头的⟩: *Der Abgeordnete hat das große Auto zur R.* 议员拥有大型轿车以体现身份 ‖ K-(复合): ***Repräsentations-***, ***-gelder***

re·prä·sen·ta·tiv [-f] *Adj* (形); *geschr* [书] **1. r. (für j-n / etw.)** für e-e Gruppe od. e-e Richtung (in der Kunst, im Denken) typisch 有典型意义的: *ein repräsentativer Vertreter des Impressionismus* 一位印象派的典型代表 **2. r. (für j-n / etw.)** ⟨e-e Erhebung, e-e Umfrage, e-e Auswahl 调查，民意测验，挑选; ein repräsentativer Querschnitt der Bevölkerung 有代表性的一部分居民⟩ so, dass darin das Gesamtbild e-r Gesellschaft *o. Ä.* mit den verschiedenen Meinungen der Menschen enthalten ist 有代表性的: *Diese Meinungsumfrage ist nicht r., weil nur Akademiker befragt wurden* 这次民意测验不具有代表性，因为只询问了有大学学历的人 ‖ K-(复合): ***Repräsentativ-***, ***-umfrage*** **3.** geeignet, um damit zu repräsentieren (5) 能体现身份、地位的，

与身份、地位相当的：*ein repräsentatives Haus* 一幢体现身份地位的房子 **4.** POL【政】；mit Prinzipien, nach denen die Interessen aller Gruppen vertreten werden 代表大众利益的，符合民众意愿的〈e-e Demokratie 民主〉

re·prä·sen·tie·ren；*repräsentierte, hat repräsentiert*；Vt（及物）*geschr*［书］**1. etw. r.** für ein Land, für e-e Institution *o. Ä.* in der Öffentlichkeit sprechen 代表 ≈ vertreten〈j-n/etw. nach außen, im Ausland r. 对外、在国外代表某人/某事〉：*Als Botschafterin repräsentiert sie ihr Land gut* 作为一名女大使，她出色地代表了自己的国家 **2. etw.（mit etw.）r.** ein typischer Vertreter (2) von etw. sein 典型地代表，充分体现：*Mit ihren Anschauungen repräsentiert sie ihre Generation* 她的观点典型代表了她那一代人 **3. den Typ + Gen**（二格）**r.** ein bestimmter Typ sein 是某种类型的人≈ j-n verkörpern：*Er repräsentiert den Typ des guten Onkels* 他属于好心大叔那一类人 **4. etw. repräsentiert e-n Wert（von + Zahl** 数字）etw. hat e-n (bestimmten) Wert（物作主语）价值（为…）：*Die Galerie repräsentiert e-n Wert von über drei Millionen Euro* 这画廊价值超过三百万欧元；Vi（不及物）**5.** sich in der Öffentlichkeit so verhalten, wie es seiner hohen gesellschaftlichen Stellung entspricht（体现风度、仪态、派头的）高雅社交〈zu r. verstehen 善于高雅社交〉

Re·pres·sa·lie [reprɛˈsaːli̯ə] *die*；-，-*n*；*mst Pl, geschr, oft pej*（多用复数）［书］常用［贬］；(als Reaktion auf etw.) e-e Maßnahme, mit der auf j-n Druck ausgeübt werden soll 报复性措施〈wirtschaftliche Repressalien 经济制裁；j-m mit Repressalien drohen 用报复措施威胁某人〉

Re·pres·si·on [-ˈsi̯oːn] *die*；-，-*en*；*geschr*［书］；die (oft gewaltsame) Unterdrückung von Widerstand, Kritik, persönlicher Freiheit *usw* 镇压，压制〈R. ausüben 进行镇压（压制）〉‖ K-（复合）：***repressions-, -frei***

re·pres·siv [-f] *Adj*（形）；*geschr*［书］；mit Repressionen verbunden 镇压的，压制的 ↔ repressionsfrei：*ein repressives Regierungssystem* 高压政府体制

Re·print [reˈprɪnt] *der*；-*s*，-*s*；*geschr*［书］；e-e neue, unveränderte Auflage e-s Buches 再版，重印≈ Nachdruck

Re·pri·se *die*；-，-*n*；MUS *geschr*【音】［书］；die Wiederholung e-s Teils e-r Komposition（乐曲节段的）重复，反复

Re·pro *die*；-，-*s od das* -*s*，-*s*；*gespr, Kurzw*［口］（略）↑ ***Reproduktion*** (1,2) ‖ K-（复合）：***Repro-, -kamera, -technik, -verfahren***

Re·pro·duk·ti·on [-ˈtsi̯oːn] *die*；-，-*en* **1.** *bes* ein Bild, das durch Fotografieren od. Drucken e-s Originalbildes entstanden ist 翻版，复制品，翻印件 ≈ Kopie ↔ Original〈e-e farbige, schwarz-weiße R. 彩色、黑白色复制品〉：*e-e R. e-s Rembrandt-Bildes* 一幅伦勃朗画的翻版复制品 **2.** die Methode od. der Vorgang, mit denen man Reproduktionen (1) macht 翻版复制，翻印

re·pro·du·zie·ren；*reproduzierte, hat reproduziert*；Vt（及物）**etw. r.** e-e Kopie von etw. machen 翻印，复制，复印：*ein Bild r.* 翻印一张画：*ein Gemälde, ein Foto r.* 翻印一幅油画、一张照片 ‖ *hierzu*（派生）**re·pro·du·zier·bar** *Adj*（形）

Rep·til *das*；-*s*，-*ien* [-i̯ən]；ein Tier, dessen Körper von Schuppen od. Horn bedeckt ist u. das Eier legt. Der Körper von Reptilien ändert seine Temperatur je nach der Umgebung 爬行动物，爬行类≈ Kriechtier：*Schlangen, Krokodile u. Eidechsen sind Reptilien* 蛇、鳄鱼和蜥蜴都是爬行动物

Re·pub·lik, Re·pub·lik *die*；-，-*en*；ein Staat, dessen Oberhaupt ein Präsident (anstelle e-s Königs od. e-r Königin) ist u. dessen Regierung *mst* vom Volk gewählt wird 共和国，共和体制 ↔ Monarchie〈e-e demokratische, sozialistische, parlamentarische R. 民主的、社会主义的、议会制共和国〉：*die R. Österreich* 奥地利共和国 ‖ -K（复合）：***Bundes-, Volks-***

Re·pub·li·ka·ner *der*；-*s*，- **1.** *nur Pl*（只用复数）；Ⓓ［德］e-e nationalistische Partei in Deutschland 共和党 **2.** Ⓓ［德］ein Mitglied der Republikaner (1) 共和党人 **3.** j-d, der das Prinzip der Republik unterstützt 共和制拥护者，共和派 ↔ Monarchist ‖ *hierzu*（派生）**Re·pub·li·ka·ne·rin** *die*；-，-*nen*

re·pub·li·ka·nisch *Adj*（形）**1.** in Bezug auf e-e Republik 共和国的；共和制的 ↔ monarchistisch：*e-e republikanische Verfassung* 一部共和制宪法 **2.** in Bezug auf die Republikaner 共和党的，共和派的

Re·pub·lik·flucht *die*；*nur Sg, hist (DDR)*（只用单数）［历（民德）］；früher in der DDR verwendet, um das Verlassen der DDR ohne offizielle Erlaubnis zu bezeichnen 出逃，偷渡（指从民德逃往西德）

Re·pu·ta·ti·on [-ˈtsi̯oːn] *die*；-，-*en*；*geschr*［书］；der Ruf (3), den e-e Person od. Firma hat 声誉，名望〈seine gute R. einbüßen 有损自己的好声誉〉

Re·qui·em [ˈreːkviɛm] *das*；-*s*，-*s* **1.** REL【宗】；e-e Messe, bei der man für e-n Toten betet（为死者做的）安魂弥撒〈ein R. lesen 做安魂弥撒〉 **2.** ein Musikstück für ein R. (1) 安魂曲，弥撒曲；挽歌，哀歌〈ein R. aufführen 演出安魂曲〉

Re·qui·sit [-kv-] *das*；-*s*，-*en* **1.** *mst Pl*（多用复数）；die Gegenstände, die man bei e-m Theaterstück für die Bühne od. bei e-m Film braucht 道具 ‖ K-（复合）：***Requisiten-, -kammer*** **2. ein R.（für j-n/etw.）** etw., das (als Mittel od. Instrument) für j-n/etw. notwendig ist 必备品，必备工具≈ Zubehör：*Das wichtigste R. für mich ist die Kamera* 对我最重要的必备工具是照相机

Re·ser·vat [-v-] *das*；-(*e*)*s*，-*e* **1.** ein Stück Land in den USA, auf dem die Indianer leben（美国为土著印第安人居住的）特定保留地、居住地〈in e-m R. leben 生活在特定保留地〉‖ -K（复合）：***Indianer-*** **2.** ein Stück Land (*bes* in Af-

R

rika), auf dem man keine Tiere jagen darf (尤指非洲)自然保护区,禁猎区 ‖ -K(复合): ***Wild-***

Re·ser·ve [-v-] *die*; -, *-n* **1. *R.*** (***an etw.*** (*Dat* 三格)) *mst Pl*(多用复数); Dinge, die man aufbewahrt, um sie später einmal (*bes* in schlechten Zeiten) zu gebrauchen 储备≈ Vorrat ⟨finanzielle Reserven 财政储备; (keine) Reserven haben, anlegen(没)有储备、储存; etw. als R. zurücklegen 把某物留作储备; die letzten Reserven angreifen, antasten, verbrauchen (müssen)(不得不)动用最后的储备⟩: *Reserven an Getreide, an Brennstoff* 粮食、燃料储备 ‖ K-(复合): ***Reserve-***, ***-kanister***, ***-rad***, ***-reifen***, ***-tank*** ‖ -K(复合): ***Benzin-***, ***Brennstoff-***, ***Energie-***, ***Geld-***, ***Gold-***, ***Rohstoff-***, ***Strom-***, ***Wasser-*** **2.** *mst* 多用 ***Reserven haben*** (*mst* nach großer Anstrengung od. in e-r schwierigen Situation) noch Kräfte frei haben 有后劲,还有精力 ⟨körperliche, psychische Reserven haben 在体能上、精神上有后劲⟩ ‖ -K(复合): ***Kraft-*** **3.** *nur Sg*, *Kollekt*, MIL(只用单数)(集合)【军】; die Männer, die als Soldaten bereits ausgebildet wurden, aber nicht mehr in der Armee sind 预备役,后备军 ⟨Soldaten, Offiziere der R. 预备役士兵、军官⟩ ‖ K-(复合): ***Reserve-***, ***-offizier***, ***-truppe***, ***-übung*** **4.** *nur Sg*, *Kollekt*, SPORT(只用单数)(集合)【体】; die Mannschaft, in der die Spieler spielen, die nicht zur ersten Mannschaft gehören 预备队,替补队员 ⟨bei der R. sein, spielen 当预备队员⟩ ‖ K-(复合): ***Reserve-***, ***-spieler***, ***-bank*** **5.** *nur Sg*(只用单数); ein Verhalten, bei dem man seine Gefühle u. Meinungen nicht zeigt 矜持,拘谨,慎重 ≈ Zurückhaltung ‖ ID [谚] ***j-n/etw. in R. haben/halten*** j-n/etw. zur Verfügung haben, falls man ihn/es braucht 有某人/某物作为后备,随时可动用某人/某物; *mst* 多用 ***j-n aus der R. locken*** j-n dazu bringen, seine Gefühle zu zeigen 使某人摆脱拘谨,使某人(言语行为)放松自然

re·ser·vie·ren [-v-]; *reservierte*, *hat reserviert*; [Vt] (及物) (***j-m / für j-n***) ***etw. r.*** *bes* e-n Platz od. ein Zimmer für j-n frei halten 保留,预订(j-m/sich etw. r. lassen(让)为某人/自己保留(预订)某物; etw. für j-n/etw. r. 为某人/某事预订某物⟩: *ein Hotelzimmer r. lassen* (让)预订一间(旅馆)房间; *für heute Abend e-n Tisch r.* 为今晚预订一张桌子 ‖ *hierzu* (派生) **Re·ser·vie·rung** *die*

re·ser·viert [-v-] **1.** *Partizip Perfekt* (过去分词); ↑ ***reservieren*** **2.** *Adj*(形); von Natur aus sehr zurückhaltend 矜持的,拘谨的,慎重的 **3.** *Adj*(形); (***j-m gegenüber***) ***r.*** *Adj*(形); *mst* aufgrund e-s Vorfalls bewusst distanziert 态度谨慎的,有保留的,冷淡的⟨sich r. verhalten 态度冷淡⟩: *Nach dem Streit war sie mir gegenüber ziemlich r.* 吵架之后她对我相当冷淡 ‖ *hierzu* (派生) **Re·ser·viert·heit** *die*; *nur Sg*(只用单数)

Re·ser·voir [rezɛrˈvoaːɐ] *das*; *-s*, *-e* **1.** ein großes Becken, in dem man Wasser sammelt, *bes* um die Umgebung damit zu versorgen 水库,蓄水池≈ Sammelbecken ⟨ein R. anlegen 修建一座水库⟩ ‖ -K(复合): ***Wasser-*** **2. *ein R.*** (***an etw.*** (*Dat* 三格)) ein großer Vorrat od. e-e große Zahl von etw. 储备,储存: *ein unerschöpfliches R. an Ideen* 一个取之不尽用之不竭的智囊

Re·si·denz *die*; -, *-en* **1.** ein Haus, in dem e-e wichtige Persönlichkeit wohnt 官邸,府邸: *die R. der englischen Königin, des Erzbischofs, des Botschafters* 英国女王的、大主教的、大使的官邸 ‖ -K(复合): ***Sommer-***, ***Winter-*** **2.** e-e Stadt, in der ein König, ein Präsident, ein Fürst *o. Ä.* wohnt u. regiert 国都,京城,首都 ‖ K-(复合): ***Residenz-***, ***-stadt***, ***-theater***

re·si·die·ren; *residierte*, *hat residiert*; [Vi] (不及物) ***irgendwo r.*** (von wichtigen Persönlichkeiten) an dem genannten Ort, in dem genannten Haus wohnen (u. dort regieren) (在官邸内)下榻,居住: *Der amerikanische Präsident residiert im Weißen Haus in Washington* 美国总统住在华盛顿白宫里

re·sig·nie·ren; *resignierte*, *hat resigniert*; [Vi] (不及物) in Bezug auf e-e bestimmte Sache die Hoffnung aufgeben 死心,认命,作罢,听天由命: *Du darfst doch nicht gleich r.! Du wirst es schon schaffen* 你可不能心灰意冷,你会成功的! ‖ *hierzu* (派生) **Re·sig·na·ti·on** *die*; -; *nur Sg*(只用单数)

re·sis·tent *Adj*(形); *nicht adv*, BIOL, MED(不作状语)【生】【医】; ***r.*** (***gegen etw.***) ⟨Pflanzen, Bakterien 植物,细菌⟩ so, dass ihnen e-e Krankheit, ein Gift *o. Ä.* nicht schaden kann 有抵抗力的,有抗拒作用的,有抗药性的≈ widerstandsfähig: *Die Bakterien sind gegen den Impfstoff r.* 细菌对接种疫苗有抗药作用 ‖ *hierzu* (派生) **Re·sis·tenz** *die*; -; *nur Sg*(只用单数)

re·so·lut *Adj*(形); ⟨ein Mensch 人⟩ so, dass er genau weiß, was er will, u. sich auch durchsetzt 坚决的,果断的≈ tatkräftig ↔ zaghaft ‖ *hierzu* (派生) **Re·so·lut·heit** *die*; *nur Sg*(只用单数)

Re·so·lu·ti·on [ˈtsi̯oːn] *die*; -, *-en*; e-e Entscheidung, die von e-r Versammlung getroffen wird u. in der bestimmte Dinge gefordert werden 决议,决定≈ Beschluss ⟨e-e R. verfassen, einbringen, annehmen, billigen, verlesen, verabschieden 起草、提出、采纳、同意、宣读、通过一项决议⟩ ‖ -K(复合): ***Friedens-***, ***Protest-***

Re·so·nanz *die*; -, *-en* **1.** die Klänge, die man hört, wenn Teile des Objekts, das den Klang erzeugt, mitschwingen 共振,共鸣 ⟨etw. erzeugt R. 某物产生共振; etw. hat (e-e gute, schlechte) R. 某物有(好的,差的)共鸣⟩: *Die Stimmbänder erzeugen im Brustkorb R.* 声带在胸腔里产生共鸣 ‖ K-(复合): ***Resonanz-***, ***-boden***, ***-kasten***, ***-körper*** **2. *die R.*** (***auf j-n/etw.***) die Reaktionen, die auf e-n Vor-

R

schlag *o.Ä.* folgen 反响,反应,共鸣≈ Echo, Widerhall ⟨etw. stößt auf R. 某事遇到反响; etw. findet R. 某事得到反响⟩: *Sein Vorschlag stieß beim Publikum auf keine R.* 他的建议在听众中没有引起反响

Re·so·pal® *das*; *-s*; *nur Sg*(只用单数); e-e harte Schicht aus Kunststoff auf Tischplatten, Küchenschränken *o.Ä.*(硬塑料)贴面 ‖ K-(复合): ***Resopal-, -platte, -tisch***

re·sor·bie·ren; *resorbierte*, *hat resorbiert*; Vt/i (及物/不及物) ***etw. resorbiert (etw.)*** CHEM, MED【化】【医】; etw. nimmt Flüssigkeiten in sich auf 吸收,吸入(液体) ‖ *hierzu* (派生) **Re·sorp·ti·on** *die*; *-, -en*

re·so·zi·a·li·sie·ren; *resozialisierte*, *hat resozialisiert*; Vt (及物) ***j-n r.*** j-m, der im Gefängnis war, helfen, wieder in ein normales Leben zu finden 使(犯人)重返社会,使重新做人 ‖ *hierzu*(派生) **Re·so·zi·a·li·sie·rung** *die*

Res·pekt *der*; *-(e)s*; *nur Sg*(只用单数) **1. *R.*** (***vor j-m/etw.***) e-e Haltung, die zeigt, dass man j-n (*z.B.* aufgrund seines Alters od. seiner Position) od. etw. (*z.B.* e-e Leistung) sehr achtet 敬重,尊敬,敬佩≈ Achtung (2), Hochschätzung ⟨großen, keinen, ziemlichen, nicht den geringsten R. vor j-m/etw. haben 对某人/某事十分、不、相当、丝毫不敬重; R. vor dem Alter 尊敬长辈; j-m seinen R. erweisen 向某人表示敬意; j-m R. zollen, schulden 对某人表示尊重,应当尊重某人; etw. nötigt j-m R. ab 某事使人不得不佩服; R. einflößen(d) 使人尊敬,令人敬重(的); sich (*Dat* 三格) (bei j-m) R. verschaffen 获得(某人的)敬重⟩: *Jürgen hat vor den Lehrern keinen R. mehr* 于尔根再也不尊重老师了 ‖ K-(复合): ***respekt-, -einflößend*** **2. *R.*** (***vor j-m/etw.***) ≈ Angst (1): *Ich habe großen R. vor Hunden* 我特别怕狗 **3. *bei allem R.*** verwendet, um e-e Kritik einzuleiten 恕我不恭: *Bei allem R., das kann ich mir nicht bieten lassen!* 恕我不恭,我决不容忍这样做! **4. *Respekt!*** *gespr*[口]; verwendet, um auszudrücken, dass man j-s Arbeit od. Leistung gut findet 佩服! ‖ *zu* (义项)**1. res·pekt·los** *Adj*(形); **res·pekt·voll** *Adj*(形); **Res·pekt·lo·sig·keit** *die*

res·pek·ta·bel *Adj*(形); *mst attr od präd*(多作定语或表语) **1.** so, dass man Respekt (1) vor j-m/etw. hat 值得敬重的,值得尊敬的: *Wir haben es alle sehr r. gefunden*, dass *sie sich so verhalten hat*/wie *sie sich verhalten hat* 我们大家认为,她的行为是很值得敬重的 **2.** ⟨e-e Leistung, j-s Gehalt 成就,某人的收入; r. verdienen 收入相当可观⟩ ziemlich gut 相当好的,相当可观的 ‖ NB(注意): *respektabel* → *respektables Verhalten* ‖ *hierzu*(派生) **Res·pek·ta·bi·li·tät** *die*; *-*; *nur Sg*(只用单数)

res·pek·tie·ren; *respektierte*, *hat respektiert*; Vt (及物) **1. *j-n/etw. r.*** vor j-m/etw. Respekt (1) haben 敬重,尊敬,尊重≈ achten, schätzen: *seine Eltern u. Lehrer r.* 尊重父母和老师 **2. *etw. r.*** etw. als legitim akzeptieren (auch wenn man damit nicht einverstanden ist) 尊重⟨j-s Meinung, Wünsche r. 尊重某人的意见、愿望; e-e Entscheidung r. 尊重一项决定⟩ **3. *etw. r.*** Rücksicht auf etw. nehmen 考虑,照顾,尊重⟨j-s Gefühle r. 尊重某人的感情⟩

res·pek·ti·ve [-v-] *Konjunktion*(连); *geschr* [书]≈ beziehungsweise; *Abk* 缩写 resp.

Res·pekts·per·son *die*; j-d, der aufgrund seiner Fähigkeiten *o.Ä.* von vielen Leuten respektiert (1) wird 德高望重的人,受敬重、尊敬的人

Res·sen·ti·ment [rɛsãti'mãː] *das*; *-s*, *-s*; *mst Pl*(多用复数); ***Ressentiments (gegen j-n/etw.)*** *geschr*[书]; ein starkes Gefühl der Abneigung (*mst* aufgrund von früheren negativen Erlebnissen)反感,抵触情绪: *Er hat starke Ressentiments gegen die neue Computertechnik* 他对新的计算机技术极为反感

Res·sort [rɛ'soːɐ̯] *das*; *-s*, *-s* **1.** ein genau begrenzter Bereich von Aufgaben u. Kompetenzen, für die j-d verantwortlich ist 职责(权)范围⟨etw. ist j-s R., fällt in j-s R., gehört zu j-s R. 某事是、归、属于某人的职责范围; ein R. übernehmen 接手一个职责范围⟩ **2.** e-e Abteilung in e-r Institution, die bestimmte Aufgaben u. Kompetenzen hat(负责某项工作的)主管部门: *das R. „Umweltschutz"* "环境保护"部门⟨ein R. leiten 领导一个部门⟩ ‖ K-(复合): ***Ressort-, -chef, -leiter***

Res·sour·cen [rɛ'sʊrsn̩] *die*; *Pl*, *geschr*(复)[书] **1.** alles, was ein Land hat, um seine Menschen zu ernähren, um Waren zu produzieren *usw* (*bes* Rohstoffe u. Geld)资源 ⟨die natürlichen R. 自然资源; R. erschließen, nutzen 开发、利用资源; R. ausschöpfen 充分挖掘利用资源⟩ **2.** die (Geld-)Mittel, über die ein Betrieb verfügen kann 财力,资金 ⟨über beachtliche R. verfügen 拥有雄厚财力⟩

Rest *der*; *-(e)s*, *-e* **1.** das, was übrig(geblieben) ist 剩余,残余,零头 ⟨ein kläglicher, kleiner R. 可怜的、少量的剩余⟩: *Es ist noch ein R. (von dem) Kuchen da* 还有一些剩点心 ‖ K-(复合): ***Rest-, -bestand, -betrag*** ‖ -K(复合): (*mst mit Pl* 多与复数连用) ***Farb-, Leder-, Stoff-, Woll-; Brot-, Kuchen-, Speise-*** **2.** *nur Sg*(只用单数); das, was noch fehlt, damit etw. vollständig od. abgeschlossen ist 余下,剩余 ⟨der R. des Tages, des Weges(一天里)剩下的时间,剩下的路途⟩: *Den R. der Arbeit können Sie morgen machen* 剩下的工作您可以明天干 ‖ K-(复合): ***Rest-, -betrag, -forderung, -summe, -zahlung*** **3.** MATH【数】; die Zahl, die bei e-r Division übrig bleibt, wenn die Rechnung nicht genau aufgeht (8)余数,余: *23 geteilt durch 7 ist 3, R. 2* 23 除以 7 得 3 余 2 ‖ ID[谚] ***etw. gibt j-m/etw. den R.*** *gespr* [口]; etw. macht j-n völlig fertig, etw. zerstört etw. völlig 某事把某人/某事拖垮: *Diese Hitze gibt mir noch den R.* 这么热的天把我搞垮了

R

Re·s·tau·rant [rɛsto'rãː] *das*; *-s*, *-s*; ein Lokal, in dem man essen u. trinken kann 餐馆,酒家,饭店

Re·s·tau·ra·ti·on [-'tsioːn] *die*; *-*, *-en* **1.** *geschr*[书]; die Arbeit, durch die *bes* alte Kunstwerke restauriert werden(尤指艺术品)修复,复原,修补: *die R. e-s Bildes, e-s Bauwerks* 修复一幅画、一座建筑物 ‖ K-(复合): ***Restaurations-***, ***-arbeit*** **2.** POL【政】; die Versuche, alte politische Verhältnisse wiederherzustellen 复辟: *die R. der Monarchie nach dem Scheitern der Revolution* 革命失败后君主制的复辟 ‖ K-(复合): ***Restaurations-***, ***-zeit*** ‖ *zu* (义项) **2. re·s·tau·ra·tiv** *Adj*(形)

Re·s·tau·ra·tor *der*; *-s*, *Re·s·tau·ra·to·ren*; j-d, der (beruflich) etw. restauriert(艺术品)修复工匠 ‖ *hierzu* (派生)**Re·s·tau·ra·to·rin** *die*; *-*, *-nen*

re·s·tau·rie·ren; *restaurierte*, *hat restauriert*; Vt (及物) ***etw. r.*** Kunstwerke (*z.B.* wertvolle Bilder), Gebäude, Möbel *o.Ä.* wieder in ihren ursprünglichen Zustand bringen 修复,复原,修补 ‖ *hierzu* (派生)**Re·s·tau·rie·rung** *die*

rest·li·ch- *Adj*(形); *nur attr*, *nicht adv*(只作定语,不作状语); als Rest übrig geblieben 剩余的,余下的,残余的≈ übrig: *die restliche Arbeit* 余下的工作; *Was hast du mit dem restlichen Geld gemacht?* 剩下的钱你用来干什么了?

rest·los *Adj*(形); *mst adv*(多作状语) **1.** *gespr* [口]≈ völlig: *Er war von deiner Idee r. begeistert* 他对你的主意极为欣赏; *die restlose Aufklärung der Affäre* 彻底澄清丑闻 **2.** so, dass nichts übrig bleibt 毫无保留的,一点不剩的: *etw. r. aufessen* 把某物吃得一点不剩; *Die Theatervorstellung war r. ausverkauft* 戏票全部售罄,一张不剩

Rest·pos·ten *der*; das, was von e-r vorher großen Menge an Waren übrig ist u. noch verkauft werden kann 剩货,尾货,剩余商品 ‹billige Restposten 廉价尾货›

Res·trik·ti·on [-'tsioːn] *die*; *-*, *-en*; *mst Pl*, *geschr*(多用复数)[书]; e-e Maßnahme, durch die man verhindern will, dass etw. ein bestimmtes Maß überschreitet 制约,限制,控制,紧缩,削减,压缩(指措施)≈ Einschränkung, Beschränkung ‹etw. Restriktionen unterwerfen 限制某事; j-m Restriktionen auferlegen 制约某人› ‖ K-(复合): ***Restriktions-***, ***-maßnahme*** ‖ -K(复合): ***Budget-***, ***Kredit-***, ***Wirtschafts-***

res·trik·tiv [-f] *Adj*(形); *geschr*[书]; ‹Maßnahmen 措施› so, dass sie verhindern, dass etw. ein bestimmtes Maß überschreitet 限制性的,紧缩的≈ einschränkend: *Die Regierung verfolgt e-e restriktive Wirtschaftspolitik* 政府推行紧缩性经济政策

Rest·stra·fe *die*; die Zeit, die ein Häftling (ab e-m bestimmten Zeitpunkt) noch im Gefängnis bleiben muss 余下的刑期‹seine R. abbüßen, absitzen 服完、坐满余下的刑期; j-m die R. erlassen 赦免某人余刑›

Re·sul·tat *das*; *-(e)s*, *-e*; *geschr*[书] **1.** das Ergebnis od. der Ausgang von j-s Bemühungen 结局,结果,成果,成绩‹ein gutes, schlechtes R. erreichen, erzielen 达到、获得好的、坏的结果› **2.** *oft iron* 多用[讽]; die Folge e-r bestimmten Handlung *o.Ä.* 后果: *Das R. seines Leichtsinns ist, dass er 2000 Euro Schulden hat* 他轻率行事的后果使他背上了2000欧元的债 **3.** das, was am Schluss e-r mathematischen Rechnung steht (数学)得数,答数≈ Ergebnis (4) ‖ -K(复合): ***End-***, ***Gesamt-***, ***Prüfungs-***, ***Teil-***

re·sul·tie·ren; *resultierte*, *hat resultiert*; Vi (不及物) *geschr*[书] **1.** ***etw. resultiert aus etw.*** etw. ist ein Effekt od. e-e Folge von etw. (物作主语)由…造成、引起≈ etw. folgt, ergibt sich aus etw.: *Diese Probleme resultieren aus e-r schlechten Politik* 这些问题是由政策失误造成的 **2.** ***etw. resultiert in etw.*** (*Dat* 三格) etw. hat etw. als Ergebnis, Folge(物作主语)造成、引起

Re·sü·mee *das*; *-s*, *-s*; *geschr*[书]; e-e inhaltliche Zusammenfassung am Schluss e-s Textes od. e-r Rede 梗概,概括,概述,总结‹ein R. ziehen 抓住要点; ein R. geben 给予概括; ein kurzes, knappes R. 简短的、简要的概括› ‖ *hierzu* (派生)**re·sü·mie·ren** (*hat*) *Vt/i*(及物/不及物)

re·tar·die·rend *Adj*(形); *mst attr*, *geschr*(多作定语)[书]; ‹ein Faktor, ein Moment 因素,契机› so, dass sie e-n Prozess verzögern 起推迟、延缓作用的

Re·tor·te *die*; *-*, *-n* **1.** CHEM【化】; ein kugelförmiges Gefäß aus Glas, in dem man Flüssigkeiten destilliert 曲颈甑,蒸馏罐 **2.** ***aus der R.*** *oft pej* 常用[贬]; nicht auf natürliche Weise entstanden 人工培育的‹ein Kind aus der R. 试管婴儿›

Re·tor·ten·ba·by *das*; *gespr*, *veraltend* [口][渐旧]; ein Baby, das außerhalb des Mutterleibes gezeugt u. dann in die Gebärmutter der Mutter implantiert wurde 试管婴儿

re·tour [re'tuːɐ] *Adv*(副); *gespr veraltend* [口][渐旧]≈ zurück ‖ K-(复合): ***Retour-***, ***-fahrkarte***

Re·tour·kut·sche *die*; *gespr*[口]; e-e Beleidigung, ein Vorwurf *o.Ä.* als Reaktion auf e-e Beleidigung, e-n Vorwurf *o.Ä.*(对侮辱,指责等)回敬 ‹mit e-r R. auf etw. reagieren 对某事给予回敬›

Ret·ro·spek·ti·ve [-v-] *die*; *-*, *-n* **1.** e-e Ausstellung, e-e Reihe von Vorführungen *o.Ä.*, die die wichtigsten Werke e-s Künstlers zeigt(个人)作品展;(个人)电影回顾展: *Im „Rialto" läuft gerade e-e Hitchcock-R.* "丽都"影院正在放演希区柯克回顾展的电影 **2.** *geschr*[书] ≈ Rückschau ‖ *zu* (义项)**2. ret·ro·spek·tiv** *Adj*(形)

ret·ten; *rettete*, *hat gerettet*; Vt (及物) **1.** ***j-n/sich r.*** j-n/sich selbst helfen, aus e-r gefährlichen Situation heraus in Sicherheit zu kommen 救，拯救，抢救，解救，挽救〈j-n aus e-r Gefahr r. 从危险中解救某人；j-n vor dem Ertrinken r. 从溺水中抢救某人〉：*Er konnte sich u. seine Kinder gerade noch aus dem brennenden Haus r.* 他勉强从燃烧的房子中逃出并把自己的孩子们救了出来 **2. *j-m das Leben r.*** verhindern, dass j-d in e-r gefährlichen Situation stirbt 救某人的性命 **3. *etw. r.*** verhindern, dass etw. zerstört wird od. verloren geht 救，挽救：*Er konnte im Krieg seinen Besitz nicht mehr r.* 在战争中他无法抢救自己的财物 **4. *seinen Kopf / seine Haut r.*** ≈ sich r. (1) **5. *etw. r.*** verhindern, dass e-e Situation peinlich od. dass etw. zum Misserfolg wird 挽救，补救〈die Situation, den Abend r. 挽救处境，补救晚会〉‖ ID[谚] ***sich*** (*Akk* 四格) ***vor j-m / etw.*** (*Kollekt od Pl* 集合或复数) ***nicht*** (***mehr***) ***r. können*** *gespr*[口]；zu viel von j-m/etw. haben od. bekommen 无法从某人/某事那里脱身，无法摆脱某人/某事：*Sie konnte sich vor Verehrern nicht mehr r.* 她无法摆脱爱慕者；***nicht mehr zu r. sein*** *gespr*[口]；ganz verrückt sein 完全疯了；***Rette sich, wer kann!*** *gespr hum*[口][诙]；verwendet, um andere vor j-m/etw. zu warnen 快跑，不好了！快逃命呀！；*mst* 多用 ***Bist du noch zu r.?*** *gespr*[口]；du spinnst wohl! 你还有救没救？你真是疯了！

Ret·ter *der*；*-s*，*-*；j-d, der j-n/etw. rettet 援救者，救命恩人，救星〈der R. in der Not 危难中的援救者〉‖ -K(复合)：***Lebens-*** ‖ *hierzu*（派生）**Ret·te·rin** *die*；*-*，*-nen*

Ret·tich *der*；*-s*，*-e*；e-e Pflanze mit *mst* weißer od. roter Wurzel, die man roh isst u. die scharf schmeckt 萝卜

Ret·tung *die*；*-*，*-en* **1.** die Handlungen, mit denen man j-n/etw. rettet 抢救，营救，救援〈die R. in der Not 紧急抢救，救困工作；e-e geglückte R. 一次成功的救援；j-m R. bringen 救某人；auf R. hoffen 盼望获救〉‖ K-(复合)：***Rettungs-***，***-aktion***，***-arzt***，***-flugzeug***，***-hubschrauber***，***-mannschaft***，***-wagen*** **2.** Ⓐ[奥] ≈ Krankenwagen

Ret·tungs·an·ker *der*；e-e Person od. Sache, die einem in e-r gefährlichen Situation hilft 救命菩萨，救命稻草

Ret·tungs·boot *das*；ein kleines Boot, das man benutzt, wenn ein Schiff untergeht 救生船，救生艇

Ret·tungs·dienst *der*；Ärzte, Sanitäter *o. Ä.*, die bei Unfällen *o. Ä.* helfen 救护中心〈den R. alarmieren, rufen 向救护中心紧急呼叫、打电话〉

ret·tungs·los *Adv*（副）**1.** so, dass es keine Rettung geben kann 无法挽救的，挽救无望的〈r. verloren sein 没救了，无法挽救〉**2.** *gespr*[口]；in sehr starkem Maße 完全，彻底 ≈ völlig：*Er war r. in sie verliebt* 他发狂地爱着她

Ret·tungs·ring *der*；ein großer Ring aus leichtem Material, der j-n vor dem Ertrinken retten kann 救生圈

Ret·tungs·schwim·mer *der*；j-d, der gelernt hat, j-n zu retten, der am Ertrinken ist（游泳）救生员 ‖ *hierzu*（派生）**Ret·tungs·schwim·me·rin** *die*

Re·turn [ri'tøːɐn] *der*；*-s*，*-s*；SPORT【体】；der Schlag, mit dem man (im Tennis, Badminton *usw*) den Aufschlag des Gegners zurückgibt 接发球

re·tu·schie·ren；*retuschierte*，*hat retuschiert*；Vt/i（及物/不及物）(***etw.***) ***r.*** ein Bild od. ein Foto so verändern, dass man bestimmte Dinge besser u. Fehler nicht mehr sieht 修，修描，修饰（照片，底片）‖ *hierzu*（派生）**Re·tu·sche** *die*；*-*，*-n*

Reue *die*；*-*；*nur Sg*（只用单数）；das Gefühl des Bedauerns, dass man etw. getan hat, das falsch od. schlecht war 后悔，懊悔，悔恨〈ehrliche, tiefe R. zeigen 表现出真诚的、深深的懊悔〉‖ K-(复合)：***Reue-***，***-bekenntnis***；***reue-***，***-voll*** ‖ ▶ ***bereuen***

reu·en；*reute*，*hat gereut*；Vt（及物）**1. *etw. reut j-n*** etw. erfüllt j-n mit Reue（物作主语）使懊悔，使后悔：Es *reute ihn*，dass *er sich so schlecht benommen hatte* 他对自己不良举止感到懊悔 **2. *etw. reut j-n*** j-d ärgert sich, weil er etw. Falsches getan hat（物作主语）使懊恼：Es *hat mich schon längst gereut*，dass *ich ihm Geld geliehen habe* 把钱借给了他，这使我懊恼很久

reu·ig *Adj*（形）voll Reue 懊悔的，后悔的，悔恨的〈ein Sünder 罪犯〉

reu·mü·tig *Adj*（形）；voll Reue 懊丧的，后悔的〈r. zurückkommen 懊丧地回来；sich r. entschuldigen 后悔地表示道歉〉

Reu·se *die*；*-*，*-n*；e-e Art Korb, mit dem man Fische u. Krebse fängt 捕鱼（虾）笼

re·üs·sie·ren [re|ʏ'siːrən]；*reüssierte*，*hat reüssiert*；Vi（不及物）(***mit etw. / bei etw.***) ***r.*** *geschr*[书]；Erfolg haben（获得）成功

Re·van·che [re'vãːʃ(ə)] *die*；*-*，*-n* **1.** die Chance, nach e-m verlorenen Spiel noch einmal zu spielen 补赛（机会）〈vom Gegner R. fordern 向对手要求补赛；j-m R. geben 给予某人补赛（机会）〉‖ K-(复合)：***Revanche-***，***-partie***，***-spiel*** **2.** *gespr*[口] ≈ Rache ‖ K-(复合)：***Revanche-***，***-foul***，***-politik***；***revanche-***，***-lüstern***

re·van·chie·ren, sich [revã'ʃiːrən]；*revanchierte sich*，*hat sich revanchiert*；Vr（反身）**1. *sich*** (***an j-m***) (***für etw.***) ***r.*** denjenigen verfolgen u. bestrafen, der einem etw. Böses getan hat 报仇，报复 ≈ sich rächen：*Er revanchierte sich mit e-m bösen Foul an seinem Gegner* 他用恶意犯规向对手进行报复 **2. *sich*** (***bei j-m***) (***für etw.***) (***mit etw.***) ***r.*** *gespr*[口]；j-m als Dank für etw. Schönes (*z. B.* ein Geschenk) später auch e-e Freude machen 报答，酬谢：*Ich werde mich bei dir für deine Hilfe r.* 我会报答你的帮助的

Re·van·chis·mus [revã'ʃɪsmʊs] *der*；*-*；*nur Sg*（只用复数）；e-e (oft sehr nationalistische) Politik, die das Ziel hat, die Gebiete

R

zurückzugewinnen, die im Krieg verloren wurden 复仇主义 ‖ *hierzu* (派生) **Re·van·chist** *der*; *-en*, *-en*; **re·van·chis·tisch** *Adj* (形)

Re·ve·renz [-v-] *die*; -, *-en*; *geschr* [书]; *mst* in 只用于 ***j-m seine R. erweisen/bezeigen*** j-m zeigen, dass man ihn ehrt u. sehr achtet 向某人表示敬意

Re·vers [reˈveːɐ̯] *das*, *der*; -, - [-ˈveːɐs]; der (dreieckige) Streifen Stoff vorn an Jacken, Jacketts od. Mänteln, der beim Kragen beginnt 领口翻边,翻领儿: *Sie trug e-e Brosche am R. ihrer Jacke* 她在上衣的翻领上别着一枚胸针 ‖ -K(复合): ***Jacken-***, ***Mantel-***; ***Seiden-***

re·ver·si·bel [-v-] *Adj* (形); *geschr* [书]; ⟨ein Prozess, ein Schaden 过程, 损失⟩ so, dass man sie wieder ändern kann u. der alte Zustand wieder erreicht wird 可逆(转)的,可翻转的 ≈ umkehrbar ↔ irreversibel ‖ NB(注意): *reversibel* → *ein reversibler Prozess* ‖ *hierzu* (派生) **Re·ver·si·bi·li·tät** *die*; -; *nur Sg* (只用单数)

re·vi·die·ren [-v-]; *revidierte*, *hat revidiert*; [Vt] (及物) **1.** ***etw. r.*** etw. (noch einmal) prüfen, um es zu verbessern od. zu korrigieren 审核,审查,复审 ⟨ein Urteil, e-n Vertrag r. 审核一个判决、条约⟩ **2.** ***seine Meinung über etw.*** (*Akk* 四格) ***r.*** seine Meinung (nach kritischer Prüfung) ändern 修正,修改,更正,校正

Re·vier [reˈviːɐ̯] *das*; *-s*, *-e* **1.** ein Gebiet mit festen Grenzen (in dem j-d *mst* für Ordnung sorgt) 区域,地区: *Der Förster betreut ein bestimmtes R.* 这个森林管理员照管一片指定的林区 ‖ K-(复合): ***Revier-***, ***-förster*** ‖ -K(复合): ***Dienst-***, ***Forst-***, ***Jagd-***, ***Polizei-***, ***Wald-***, ***Wohn-*** **2.** ein Gebiet, das ein Tier gegen andere Tiere seiner Art verteidigt (动物)领地 ⟨ein Tier markiert, verteidigt sein R. 一种动物为自己的领地做记号,护卫自己的领地⟩ **3.** *Kurzw* (略) ↑ ***Polizeirevier*** **4.** *gespr hum* [口][诙]; der Bereich, in dem man arbeitet 专业,本行: *Versicherung? – Das ist mein R.* 保险? ——这可是我的本行

Re·vi·si·on [reviˈzi̯oːn] *die*; -, *-en* **1.** JUR【法】; ein Antrag an ein höheres Gericht, das Urteil e-s untergeordneten Gerichts zu prüfen u. zu ändern 上诉,再审,要求复审(查) ⟨gegen ein Urteil R. einlegen 对判决提出上诉; in (die) R. gehen 去上诉(要求重新审理)⟩ ‖ K-(复合): ***Revisions-***, ***-antrag***, ***-gericht***, ***-prozess***, ***-urteil***, ***-verfahren***, ***-verhandlung*** **2.** die nochmalige Überprüfung von etw. 复审,复查 ⟨die R. e-s Urteils, e-s Vertrags, e-s Textes 复审判决、条约、文本⟩ ‖ K-(复合): ***Revisions-***, ***-kommission***, ***-organ*** ‖ -K(复合): ***Bücher-***, ***Gepäck-***, ***Kassen-***, ***Steuer-***, ***Verfassungs-***, ***Vertrags-***, ***Waren-*** ‖ NB(注意): ≠ ***Berufung***

Re·vi·sor [reˈviːzoːɐ̯] *der*; *-s*, *Re·vi·so·ren*; j-d, der (beruflich) *bes* Rechnungen, Bilanzen *usw* überprüft 审计员 ‖ -K(复合): ***Rechnungs-***, ***Steuer-***, ***Zoll-***

Re·vol·te [-v-] *die*; -, *-n* ≈ Aufstand, Aufruhr ⟨e-e R. bricht aus 爆发叛乱; e-e R. ersticken, niederschlagen, unterdrücken 扼杀、平息、镇压一次叛乱⟩: *Im Gefängnis ist e-e R. ausgebrochen* 监狱里发生了暴乱 ‖ -K(复合): ***Häftlings-***, ***Militär-***, ***Offiziers-***

re·vol·tie·ren [-v-]; *revoltierte*, *hat revoltiert*; [Vi] (不及物) (***gegen j-n/etw.***) ***r.*** e-n Aufstand, e-e Revolte (gegen j-n/etw.) machen 举行叛乱,发起暴动,策动反叛 ≈ sich gegen j-n/etw. auflehnen: *Das Volk revoltierte gegen den Tyrannen* 人民起来暴动反对暴君

Re·vo·lu·ti·on [revoluˈt͡si̯oːn] *die*; -, *-en* **1.** die Aktionen, durch die e-e Gruppe von Personen *mst* mit Gewalt versucht, an die Macht in e-m Land zu kommen 革命 ⟨e-e R. bricht aus, bricht zusammen, scheitert 革命爆发、瓦解、失败; e-e R. unterdrücken, niederschlagen 镇压、打败革命⟩: *die Französische R. von 1789* 1789 年法国革命 ‖ K-(复合): ***Revolutions-***, ***-führer***, ***-komitee***, ***-rat***, ***-regierung***, ***-tribunal*** ‖ -K(复合): ***Gegen-***, ***Konter-*** **2.** e-e radikale Änderung der Entwicklung 革命,变革: *e-e technische R.* 技术革命; *die industrielle R. im 19 Jahrhundert* 19 世纪的工业革命 ‖ -K(复合): ***Kultur-*** ‖ *hierzu* (派生) **Re·vo·lu·ti·o·när** *der*; *-s*, *-e*; **Re·vo·lu·ti·o·nä·rin** *die*; -, *-nen*

re·vo·lu·ti·o·när [revolut͡si̯oˈnɛːɐ̯] *Adj* (形) **1.** von Ideen bestimmt, die zu e-r Revolution (1) führen können 革命的 ⟨Ideen, Gedanken, Ziele 思想,想法,目标; e-e Anschauung, e-e Gesinnung 观点,信念; e-e Partei, ein Kampf 政党,斗争⟩ **2.** mit der Wirkung, etw. radikal zu ändern 革命性的,变革的 ⟨e-e Entdeckung, e-e Erfindung 发现,发明⟩: *Die technischen Erneuerungen der letzten 30 Jahre sind r.* 近三十年的技术革新是具有革命性的

re·vo·lu·ti·o·nie·ren [revolut͡si̯oˈniːrən]; *revolutionierte*, *hat revolutioniert*; [Vt] (及物) ***etw. r.*** etw. vollständig ändern 使彻底变革,使革命化,给…带来革命 ⟨e-e revolutionierende Entdeckung, Erfindung, Idee 带来变革的发现、发明、思想⟩: *Die Entdeckung des Insulins revolutionierte die Medizin* 胰岛素的发现给医学带来一场革命 ‖ *hierzu* (派生) **Re·vo·lu·ti·o·nie·rung** *die*; *nur Sg* (只用单数)

Re·vo·luz·zer [-v-] *der*; *-s*, -; *gespr*, *oft pej* [口]常用[贬]; j-d, der sich gegen die (soziale u. politische) Ordnung stellt 假革命者,伪装革命者 ‖ *hierzu* (派生) **Re·vo·luz·ze·rin** [-v-] *die*; -, *-nen*

Re·vol·ver [reˈvɔlvɐ] *der*; *-s*, -; e-e Art Pistole, bei der nach jedem Schuss die nächste Kugel automatisch in den Lauf kommt 左轮手枪 ⟨den R. laden, abdrücken, ziehen 将子弹装入、扣动、拔出左轮手枪⟩ ‖ ↑ *Abb. unter* 图见 ***Schusswaffen*** ‖ K-(复合): ***Revolver-***, ***-kugel***, ***-schuss*** ‖ -K(复合): ***Trommel-***

Re·vol·ver·blatt *das*; *gespr pej* [口][贬]; e-e Zeitung, die *bes* über Skandale u. Sensa-

R

tionen berichtet(制造耸人听闻消息的)庸俗低级的报纸

Re·vọl·ver·held *der*; *mst pej* 多用[贬]; j-d (*mst* in e-m Wildwestfilm), der sehr schnell u. oft schießt(美国西部电影中的)快枪手,快枪英雄 ‖ *hierzu* (派生)**Re·vọl·ver·hel·din** *die*

Re·vue [re'vyː] *die*; -, *-n* [re'vyːən]; e-e Mischung aus Show u. Theater mit Liedern u. Tänzen 歌舞节目,文艺演出〈e-e R. inszenieren 排演歌舞; in e-r R. als Sängerin, Tänzerin auftreten 在文艺演出中登台唱歌、跳舞〉 ‖ K-(复合): ***Revue-***, ***-film***, ***-girl***, ***-operette***, ***-star***, ***-theater*** ‖ ID [谚] ***etw. R. passieren lassen*** noch einmal über etw. (*z.B.* ein Erlebnis) nachdenken 让某事在脑子里过一遍

re·zen·sie·ren; *rezensierte*, *hat rezensiert*; Vt (及物) ***etw. r.*** über etw. e-e Rezension schreiben 给…写书评,(文艺)评论〈ein Buch, ein Theaterstück r. 对一本书、一出剧写评论〉 ‖ *hierzu* (派生) **Re·zen·sẹnt** *der*; *-en*, *-en*; **Re·zen·sẹn·tin** *die*; -, *-nen*

Re·zen·si·on [-'tsioːn] *die*; -, *-en*; ein Artikel (*mst* in e-r Zeitung), in dem ein Film, ein Buch od. ein Theaterstück kritisch beurteilt wird 书评,文艺评论〈e-e R. schreiben 写一篇文艺评论; e-e harte, scharfe R. 一篇强硬的、尖锐的文艺评论〉 ‖ -K(复合): ***Buch-***, ***Film-***

Re·zẹpt *das*; -(*e*)*s*, *-e* **1.** e-e schriftliche Anweisung vom Arzt, welche Medizin od. Behandlung ein Patient bekommen soll 药方,处方〈j-m ein R. ausstellen 给某人开药方〉: *ein R. in der Apotheke vorlegen* 在药店(房)交处方; *Er hat ein R. für/über acht* Massagen bekommen 他拿到一张要做八次按摩的处方; Dieses Medikament gibt es nur auf R. 这种药需凭处方 ‖ K-(复合): ***Rezept-***, ***-block***, ***-gebühr*** **2.** e-e genaue Beschreibung, nach der man ein bestimmtes Essen kochen kann 食品制作法,烹调法: *ein Kochbuch mit ausgezeichneten Rezepten* 一本介绍佳肴烹调的菜谱 ‖ -K(复合): ***Back-***, ***Koch-***, ***Kuchen-***, ***Torten-*** **3.** ***ein R.*** (***für etw.***) e-e Art Regel, nach der man ein Problem lösen kann 妙方,良方,办法: *Ich kann dir auch kein R. für ein glückliches Leben geben* 我无法给你幸福生活的妙方

re·zẹpt·frei *Adj* (形); *nicht adv* (不作状语); 〈Medikamente 药品: Tabletten, Pillen, Tropfen 药片,药丸,滴剂〉 so, dass man sie ohne Rezept (1) bekommt 无需处方的,非处方的 ↔ rezeptpflichtig

Re·zep·ti·on[1] [-'tsioːn] *die*; -, *-en*; die Stelle in e-m Hotel, zu der die Gäste gehen, wenn sie ankommen(宾馆)服务台,前台 ≈ Empfang (5): *Bitte geben Sie Ihren Schlüssel an der R. ab!* 请您把钥匙交给服务台! ‖ -K(复合): ***Hotel-***

Re·zep·ti·on[2] [-'tsioːn] *die*; -; *nur Sg* (只用单数); ***die R.*** + *Gen* (二格); ***die R. von etw.*** die Art u. Weise, in der das Publikum auf die Werke e-s Künstlers reagiert (hat)(对艺术作品的)理解接受: *die R. Shakespeares in Deutschland* 在德国对莎士比亚作品的接受

re·zep·tiv [-f] *Adj* (形); *geschr* [书]; 〈ein Mensch 人〉 so, dass er Ideen anderer übernimmt, ohne selbst kreativ zu sein (对别人的思想)易接受的,能感受的≈ passiv ↔ aktiv

re·zẹpt·pflich·tig *Adj* (形); *nicht adv* (不作状语); 〈Medikamente(药品)〉 so, dass man sie nur mit e-m Rezept (1) bekommt 需凭处方的 ≈ verschreibungspflichtig ↔ rezeptfrei

Re·zes·si·on [-'sioːn] *die*; -, *-en*; WIRTSCH【经】; e-e Situation, in der es *mst* e-m Land wirtschaftlich schlecht geht (经济)不景气,衰退 ≈ Konjunkturrückgang ↔ Aufschwung (1) 〈e-e krisenhafte, leichte, starke R. 危机性的、轻度的、严重的不景气〉: *Die Banken versuchen, die R. mit ihrer Zinspolitik zu stoppen* 银行试图靠利率政策阻止经济衰退

re·zes·siv [-f] *Adj* (形); BIOL【生】; 〈Merkmale 特征〉 so, dass sie durch Gene vererbt werden, aber nur dann zum Vorschein kommen, wenn beide Eltern diese Merkmale hatten 隐性的↔ dominant

re·zi·pie·ren; *rezipierte*, *hat rezipiert*; Vt (及物) ***etw. r.*** *geschr* [书]; etw. kennenlernen u. geistig verarbeiten 接受,理解〈neue Ideen, Gedanken r. 接受新的思想、想法; ein Kunstwerk, e-n literarischen Text r. 理解一件艺术品、一篇文学文章〉 ‖ *hierzu* (派生) **Re·zi·pi·ẹnt** *der*; *-en*, *-en*

re·zip·rok *Adj* (形); *geschr* [书] ≈ wechselseitig, gegenseitig ‖ *hierzu* (派生) **Re·zip·ro·zi·tät** *die*; -; *nur Sg* (只用单数)

Re·zi·ta·tiv [-f] *das*; *-s*, *-e* [-və]; MUS【音】; ein Sprechgesang, der von e-m Instrument begleitet wird (*z.B.* in e-r Oper od. in e-m Oratorium) (歌剧或清唱剧中的)宣叙调↔ Arie

re·zi·tie·ren; *rezitierte*, *hat rezitiert*; Vt (及物) ***etw. r.*** Gedichte vor e-m Publikum sprechen 朗诵,吟咏,诵读: *Die Schauspielerin rezitierte Balladen* 女演员在吟咏叙事诗 ‖ *hierzu* (派生) **Re·zi·ta·ti·on** *die*; -, *-en*; **Re·zi·ta·tor** *der*; *-s*, *Re·zi·ta·to·ren*; **Re·zi·ta·to·rin** *die*; -, *-nen*

Rha·bar·ber *der*; *-s*; *nur Sg* (只用单数); e-e Pflanze mit großen Blättern, die im Garten wächst u. deren rötliche, saure Stiele man essen kann 食用大黄 ‖ K-(复合): ***Rhabarber-***, ***-kompott***, ***-kuchen***

Rhap·so·die *die*; -, *-n*; MUS【音】; e-e Komposition, in der ein Geschehen (wie in e-r Ballade) ziemlich frei musikalisch dargestellt wird 狂想曲: *die „Ungarische R." von Franz Liszt* 弗兰兹·李斯特(匈牙利作曲家、钢琴家和指挥家 1811 – 1886)的《匈牙利狂想曲》 ‖ *hierzu* (派生) **rhap·so·disch** *Adj* (形)

Rhe·sus·fak·tor *der*; *nur Sg*, MED (只用单数)【医】; e-e Substanz in den roten Blutkörperchen, deren Fehlen (***Rhesus negativ***) od. Vorhandensein (***Rhesus positiv***) gefährlich werden kann, wenn j-d *z. B.* fremdes Blut bekommt 凝血素,Rh 因子(分阴性和阳性); *Abk* 缩写 Rh (= positiv), rh (=

R

negativ)

Rhe·to·rik *die*; -; *nur Sg*（只用单数）**1.** die Kunst, so zu sprechen od. zu schreiben, dass es viele Leute überzeugt 口才，雄辩术；生花妙笔，华丽辞藻：*j-s ausgezeichnete, glänzende R. bewundern* 赞叹某人杰出的、卓越的口才 **2.** die Wissenschaft, die sich mit der R. (1) beschäftigt 修辞学：*ein Lehrbuch der R.* 修辞学教科书 ‖ *hierzu*（派生）**rhe·to·risch** *Adj*（形）；*zu*（义项）**1. Rhe·to·ri·ker** *der*; *-s*, *-*; **Rhe·to·ri·ke·rin** *die*; *-*, *-nen*

Rheu·ma *das*; *-s*; *nur Sg*（只用单数）；e-e Krankheit, bei der man Schmerzen in den Gelenken, Muskeln u. Sehnen hat 风湿病 ‖ K-(复合)：***Rheuma-***, ***-bekämpfung***, ***-decke***, ***-forschung***, ***-klinik***, ***-kur***, ***-mittel***, ***-pflaster***, ***-wäsche*** ‖ -K(复合)：***Gelenk-*** ‖ *hierzu*（派生）**rheu·ma·tisch** *Adj*（形）

Rheu·ma·ti·ker *der*; *-s*, *-*; MED【医】；j-d, der Rheuma hat 风湿病患者 ‖ *hierzu*（派生）**Rheu·ma·ti·ke·rin** *die*; *-*, *-nen*

Rheu·ma·tis·mus *der*; *-*, *Rheu·ma·tis·men*; *mst Sg*, MED（多用单数）【医】≈ Rheuma

Rhi·no·ze·ros *das*; *-/-ses*, *-se* **1.** ≈ Nashorn **2.** *gespr*［口］≈ Idiot, Dummkopf

Rho·do·dend·ron *der*, *das*; *-s*, *Rho·do·dend·ren*; ein Busch mit großen, *mst* roten, rosa od. violetten Blüten, der seine Blätter auch im Winter nicht verliert 杜鹃花 ‖ K-(复合)：***Rhododendron-***, ***-strauch***

Rhom·bus *der*; *-*, *Rhom·ben*; MATH【数】；ein Viereck mit jeweils zwei gleich langen parallelen Seiten, das keinen rechten Winkel hat 菱形，斜方形 ‖ ↑ *Abb. unter* 图见 ***geometrische Figuren***

Rhyth·mik [ˈrʏtmɪk] *die*; *-*; *nur Sg*（只用单数）；die Art von Rhythmus, die ein Lied hat 节奏，节奏性

rhyth·misch [ˈrʏt-] *Adj*（形）**1.** in e-m gewissen Takt[1] (1) 有节奏的〈*r.* in die Hände klatschen, tanzen 有节奏地拍手、跳舞；e-e Melodie, ein Tanz 曲调，舞蹈〉**2.** *nur attr od adv*（只作定语或状语）；in Bezug auf den Rhythmus (der Musik) 节奏分明的，有节律的：*Ihr Sohn zeigt im Musikunterricht ein gutes rhythmisches Gefühl* 他们的儿子在音乐课上显示出良好的节奏感

Rhyth·mus [ˈrʏtmʊs] *der*; *-*, *Rhyth·men* **1.** die (bewusst gestaltete) Gliederung von Elementen e-r Melodie od. e-s Tanzes（音乐）节奏 ≈ Takt[1] (1)〈den R. ändern, wechseln, beibehalten 改变、变换、保持节奏；aus dem R. kommen 乱了节奏，不符合节奏〉：*e-n R. trommeln* 打鼓敲出节奏；*nach e-m bestimmten R. tanzen* 按一定节拍跳舞 ‖ -K(复合)：***Herz-***, ***Klopf-***, ***Sprech-***, ***Tanz-*** **2. der R. von etw.** (**u. etw.**) *geschr*［书］；die regelmäßige Folge, in der etw. passiert 节奏，循环，交替：*der R. von Tag u. Nacht, von Ebbe u. Flut* 昼夜循环，潮汐交替 ‖ -K(复合)：***Arbeits-***, ***Jahres-***, ***Schlaf-***, ***Tages-***

Ri·bi·sel *die*; *-*, *-n*; Ⓐ［奥］≈ Johannisbeere

rich·ten[1]; *richtete*, *hat gerichtet*; **Vt**（及物）**1. etw. irgendwohin r.** etw. in e-e bestimmte Stellung od. Richtung bringen 把…指向、对准：*die Augen in die Höhe r.* 眼睛往上看；*den Finger nach oben r.* 用手指指向上方 **2. etw. r.** als Arzt *o. Ä.* e-n gebrochenen Knochen wieder in die richtige Lage bringen 正(骨)，使(骨头)复位〈e-n Knochenbruch r. 为骨折正骨〉**3. etw. an j-n/etw. r.** sich mit e-r Bitte *o. Ä.* schriftlich od. mündlich an j-n wenden 向…提出，发出〈e-e Bitte, e-n Brief, e-e Beschwerde, e-e Frage an j-n r. 向某人发出请求、一封信、提出投诉、一个问题；das Wort an j-n r. (= j-n ansprechen) 与某人攀谈、搭讪〉：*Die Aufforderung war an dich gerichtet!* 这要求是向你提出来的！**4.**〈seine Aufmerksamkeit, sein Augenmerk 他的注意力、目标〉**auf j-n/etw. r.** j-n/etw. zum Mittelpunkt seines Interesses machen 把…集中在：*Sie richtete ihre ganze Aufmerksamkeit auf die Gäste* 她把注意力全部集中在客人身上 **5. etw.** (**für j-n/etw.**) **r.**; (**j-m**) **etw. r.** etw. für e-n bestimmten Zweck vorbereiten od. zurechtmachen（为…）准备、预备：*die Koffer für die Reise r.*, *das Abendessen für die Familie r./der Familie das Abendessen r.* 为旅行准备箱子，为全家准备晚餐 **6. j-m/ sich etw. r.** *bes südd* Ⓐ Ⓒⓗ 尤在［南德］［奥］［瑞］etw. (wieder) in Ordnung bringen 整理，拾掇，归整：*sich die Haare r.* 整整头发；*Das wird sich schon r. lassen!* 这马上会收拾的！**7. etw. r.** *bes südd* Ⓐ Ⓒⓗ 尤在［南德］［奥］［瑞］≈ reparieren：*die Uhr, das Auto, das Fahrrad r.* 修理手表、汽车、自行车；**Vr**（反身）**8. sich an j-n/etw. r.** ≈ etw. an j-n/etw. r. (3) **9. etw. richtet sich gegen j-n/etw.** etw. Negatives hat j-n/etw. als Ziel（物作主语）是针对：*Ihre Kritik richtete sich vor allem gegen die älteren Kollegen* 她的批评主要是针对年龄较大的同事 **10. etw. richtet sich irgendwohin** etw. wendet sich in e-e bestimmte Richtung（物作主语）指向，对准，朝：*Alle Blicke richteten sich auf mich* 所有的目光都对着我 **11. etw. richtet sich nach etw.** etw. hängt von etw. ab（物作主语）取决于，以…为准：*Die Preise richten sich nach der Nachfrage* 价格取决于需求 **12. j-d richtet sich nach j-m/etw.** j-d verhält sich so, wie es j-d will od. wie es die Situation bestimmt（人作主语）取决于，视…而定，按…行事：*„Wann möchtest du fahren?" – „Da richte ich mich ganz nach dir"* "你想什么时候开车走?"——"那我得看你了"；*Wir müssen uns bei unseren Urlaubsplänen* danach *r.*, *wann die Kinder Ferien haben* 我们安排休假计划取决于孩子们什么时候放假

rich·ten[2]; *richtete*, *hat gerichtet*; **Vi**（不及物）**1.** (**über j-n/etw.**) **r.** *geschr*［书］；ein (oft negatives) Urteil über j-n/etw. fällen 评判，评价 ≈ über j-n/etw. urteilen; **Vr**（反身）**2. sich selbst r.** *euph*［婉］；(nach e-r bösen Tat) Selbstmord begehen（畏罪）自杀，自裁

Rich·ter *der*; *-s*, *-* **1.** j-d (ein Jurist), der im

Gericht das Urteil fällt 法官〈j-n zum R. ernennen 委任某人为法官; j-n vor den R. führen 控告某人; der R. verkündet ein Urteil 法官宣读判决书〉: *Er ist R. am Landgericht* 他是地方法院的法官 ‖ K-(复合): **Richter-, -amt** ‖ -K(复合): **Amts-, Bezirks-, Dorf-, Jugend-, Militär-, Straf-, Untersuchungs-, Verkehrs-, Zivil-** **2.** j-d, den man gebeten hat, ein bestimmtes Problem zu entscheiden 裁定人 **3. der ewige/himmlische R.** *geschr* [书]≈ Gott ‖ ID[谚] ***j-n vor den R. bringen/schleppen*** vor Gericht gegen j-n klagen 把某人告到法院; ***sich zum R. über j-n aufwerfen/machen*** über j-n schlecht urteilen (ohne das Recht dazu zu haben) 武断地评判某人,以某人的审判官自居 ‖ *zu* (义项)**1. Rich·te·rin** *die*; -, -nen; **Rich·ter·schaft** *die*; -; *nur Sg* (只用单数) ‖ ▶ ***Gericht***

Rich·ter·ska·la *die*; e-e Skala, auf der man die Stärke von Erdbeben messen kann 里氏震级: *Das Erdbeben erreichte die Stärke 5 auf der nach oben offenen R.* 这次地震达到无上限的里氏震级的强度 5 级

Richt·fest *das*; das Fest, das der Besitzer e-s neuen Hauses (mit den Handwerkern u. Freunden) feiert, wenn das Haus den Dachstuhl bekommen hat 上梁庆典

Richt·ge·schwin·dig·keit *die*; Ⓓ [德] die maximale Geschwindigkeit, die man auf Autobahnen fahren sollte(高速公路)最高限速

rich·tig *Adj* (形) **1.** ohne (logische) Fehler od. Irrtümer 对的, 正确的, 准确的 ≈ korrekt ↔ falsch (1) 〈e-e Lösung, e-e Rechnung 答案, 计算; r. rechnen 准确计算; etw. r. machen, schreiben, übersetzen, messen 改正, 准确书写、翻译、测量〉 **2.** so, wie es den Regeln der Moral entspricht 正确的, 合理的, 符合道德规范的≈ gut (6) ↔ falsch (7) 〈etw. (nicht) r. finden 认为某事(不)对; etw. für r. halten 认为某事正确; nicht wissen, was r. und was falsch ist 分不清是非〉: *Es war vollkommen r., dass er sich entschuldigt hat* 他道歉是完全正确的 **3.** der Situation angemessen 恰当的, 恰如其分的〈r. reagieren 作出适宜的反应〉 **4.** *nicht adv* (不作状语); für e-n bestimmten Zweck am besten (geeignet) 合适的, 适当的≈ passend, angemessen ↔ falsch (7): *zum richtigen Zeitpunkt das Richtige tun* 在合适的时候干合适的事; *Ist das der richtige Weg in die Stadt?* 进城走这条路对吗? **5.** *nur attr od adv* (只作定语或状语)≈ echt, wirklich: *richtiges Gold, richtiges Holz* 真金, 真正的木头; *Ist „Torberg" sein richtiger Name od. nur ein Pseudonym?* "托贝格"是他的真名还是只是化名? **6.** *nur attr od adv* (只作定语或状语); ganz so, wie man es sich vorstellt od. wünscht 真正的, 正式的≈ ordentlich: *Ein Meter Schnee, das ist endlich mal ein richtiger Winter!* 雪深一米, 可算是真正的冬天了!; *Das macht r. Spaß* 这真带劲 **7.** *nur attr od adv* (只作定语或状语); verwendet, um e-e Aussage zu verstärken (强调表述)确实的, 十足的, 地道的≈ wirklich: *Er ist ein richtiger Faulpelz* 他是个十足的懒虫; *Ich war darüber r. erschrocken* 我对此确实吓了一大跳 **8.** *nur adv* (只作状语); (*bes* in e-r Antwort) verwendet, um auszudrücken, dass man sich plötzlich an etw. erinnert(表示突然想起某事)对的, 确实如此: *„Das haben wir doch neulich erst besprochen" – „R., jetzt fällts mir wieder ein"* "这事我们前不久才谈过"——"对了, 现在我想起来了" ‖ ID [谚] *mst* 多用 ***nicht ganz r. im Kopf sein*** *gespr* [口]; verrückt sein 头脑有点不正常 ‖ NB (注意): ↑ ***richtigliegen, richtigstellen*** ‖ ▶ ***berichtigen***

rich·tig·ge·hend *Partikel* (小品词); *betont u. unbetont, oft iron* (重读和非重读) 常用[讽]; verwendet, um e-e (überraschende) Aussage zu betonen (强调意外的表达)确实, 简直可以说≈ regelrecht, richtig (7): *Nur zehn Minuten zu spät – das ist ja r. pünktlich für dich!* 才迟到十分钟——对你来说这确实算是准时了!

Rich·tig·keit *die*; -; *nur Sg* (只用单数); die korrekte od. ordnungsgemäße Beschaffenheit von etw. 准确性, 正确性〈etw. auf seine R. prüfen 检验某事的正确性〉: *die R. der Rechnung überprüfen* 复查计算的准确性; *die R. von j-s Aussagen bezweifeln/bestätigen/beweisen* 怀疑、确认、证明某人证词的正确性; *ein Dokument auf seine R. prüfen* 检验一份文件的正确性 ‖ ID [谚] ***mit j-m/etw. hat es schon seine R.*** *gespr* [口]; e-e Person/Sache ist so, wie sie sein soll 某人/某事有其道理; ***es muss alles seine R. haben*** *gespr* [口]; alles muss genau u. ordentlich gemacht werden(做)什么事都要一丝不苟

rich·tig·lie·gen; *lag richtig, hat/südd* Ⓐ Ⓒⓗ [南德][奥][瑞] *ist richtiggelegen*; [Vi] (不及物) **1.** (***mit etw.***) ***r.*** *gespr* [口]; mit etw. recht haben 对…看法正确, 持正确观点〈mit e-r Vermutung r. 估计正确〉 **2.** (***mit etw.***) ***r.*** den Erwartungen entsprechen 适宜, 合时宜: *Mit e-m dunklen Anzug liegst du immer richtig* 你穿深色西服总不会错

rich·tig·stel·len; *stellte richtig, hat richtiggestellt*; [Vt] (及物) ***etw. r.*** etw., das j-d schon gesagt hat, korrigieren 更正, 纠正, 修正〈e-n Irrtum, e-e Behauptung r. 纠正一个错误、一种说法〉 ‖ *hierzu* (派生) **Rich·tig·stel·lung** *die*

Richt·li·nie *die*; *mst Pl* (多用复数); ein Text, in dem genau steht, wie man etw. machen soll 指示, 方针, 路线, 准绳〈Richtlinien ausgeben, erlassen 发出指示, 颁布方针、路线; sich an die Richtlinien halten 遵守指示; die Richtlinien beachten, einhalten, außer Acht lassen 重视、遵守、忽视方针(路线)〉

Richt·preis *der*; der Preis e-r Ware, den der Produzent empfiehlt 指导价格, 标准价格〈ein unverbindlicher R. 非约束性的指导价格〉

Rich·tung *die*; -, -en **1.** die (gedachte) Linie e-r Bewegung auf ein bestimmtes Ziel zu, die (gedachte) Linie vom Sprecher zum Punkt, zu dem er hinsieht od. auf den er zeigt 方向, 方位〈in die falsche, richtige, gleiche, entgegengesetzte, in e-e andere R. gehen 朝错的、对的、相同的、相反的、另一个方向走去; in südliche/südlicher R. fahren 朝南行驶; aus südlicher R. kommen 来自南方; in R. Süden, Äquator fliegen 朝南、赤道方向飞行; die R. e-s Flusses 河的流向; die R. (ein)halten, beibehalten, ändern, wechseln 稳住、保持、改变、变换方向; e-e bestimmte R. einschlagen 朝某个方向行进; j-m die R. zeigen, weisen 为某人指明、指出方向〉: *Die Nadel des Kompasses zeigt in R. Norden* 指南针的指针指向北方; *In welche R. müssen wir gehen?* 我们该朝哪个方向走?; *In welcher R. liegt der Hafen?* 港口在哪个方向? ‖ K-(复合): ***Richtungs-***, ***-änderung***, ***-wechsel*** ‖ -K(复合): ***Blick-***, ***Fahrt-***, ***Flug-***, ***Gegen-***, ***Himmels-***, ***Marsch-***, ***Schuss-***, ***Wind-*** **2.** die Wendung zu e-m bestimmten Ziel hin 方向(趋势) ≈ Entwicklung, Verlauf 〈e-e neue, andere R. einschlagen, nehmen 朝新的、另一个方面发展; e-r Sache e-e neue, andere R. geben 为一件事指出一个新的、另一个方向; etw. in e-e bestimmte R. lenken 把某事朝某个方向引导; etw. bewegt / entwickelt sich in e-e bestimmte R. 某事正朝某个方向发展〉: *Die Entwicklung der Technik hat in den letzten Jahrzehnten e-e gefährliche R. genommen* 在最近几十年里技术朝危险的方向发展了 **3.** die Ansichten u. Meinungen, die *mst* von e-r Gruppe gemeinsam vertreten werden 流派, 思潮, 倾向 ≈ Schule (5), Bewegung[2] (1) 〈e-e politische, literarische R. 政治、文学流派; e-r bestimmten R. angehören 属于某一流派; e-e bestimmte R. vertreten 代表某个流派〉: *Der Kubismus ist e-e R. (in) der Malerei des 20 Jahrhunderts* 立体主义是 20 世纪绘画的一个流派 ‖ -K(复合): ***Geistes-***, ***Kunst-***, ***Mode-***, ***Stil-*** **4. *aus allen Richtungen*** von überall her(来)自四面八方: *Aus allen Richtungen strömten die Menschen in die Stadt* 人们从四面八方涌进城里来 **5. *in alle / nach allen Richtungen*** überallhin 朝四面八方: *Von Paris aus fahren Züge in alle Richtungen (Frankreichs)* 火车从巴黎驶往(法国的)四面八方 **6.** (***etw.***) ***in der/dieser R.*** (etw.) von dieser Art 这一类的, 这一方面的…: *„Ich hätte gern e-e Platte mit indischer Musik“ – „In dieser R. haben wir leider nichts“* “我想要一张印度音乐的唱片”——“可惜这方面的我们没有” **7. *in 'der/dieser R.*** *gespr* [口]; was das betrifft, in Bezug darauf 在这方面: *Ich kann nicht malen, in der R. bin ich völlig unbegabt* 我不会画画, 在这方面我毫无天赋 ‖ ID[谚] ***die R. stimmt*** *gespr* [口]; verwendet, um auszudrücken, dass etw., das j-d gesagt hat, nicht ganz richtig, aber auch nicht völlig falsch ist 大致正确, 方向不错; ***etw. ist ein Schritt in die richtige R.*** verwendet, um auszudrücken, dass man e-e Maßnahme *o.Ä.* gut, aber noch nicht ausreichend findet 某事朝正确的方向迈出了一步 ‖ NB(注意): ↑ ***Orientierung*** ‖ *zu* (义项)**1. rich·tungs·los** *Adj*(形); **Rich·tungs·lo·sig·keit** *die*; *nur Sg*(只用单数)

rich·tung·wei·send *Adj* (形); 〈Vorschläge, Forschungen 建议, 研究〉 so, dass sie die weitere Entwicklung bestimmen 指导性的, 具有方向性的

Richt·wert *der*; die Zahl od. Menge, die etw. ungefähr erreichen sollte 参数, 标准值 ≈ Richtzahl: *Der R. in der Produktion ist 100 Stück pro Stunde* 生产标准值是每小时一百件

Richt·zahl *die* ≈ Richtwert

rieb *Imperfekt, 1. u. 3. Person Sg*(过去时, 第一和第三人称单数); ↑ ***reiben***

rie·chen; *roch, hat gerochen*; Vt/i (及物/不及物) **1.** (***j-n/etw.***) ***r.*** den Geruch von j-m/etw. mit der Nase wahrnehmen 嗅(到), 闻(出): *Riech mal – was für ein Duft!* 你闻闻, 真香啊!; *Man riecht, dass du Schnaps getrunken hast* 闻得出来你喝过白酒; Vt (及物) **2. *etw. r.*** *gespr* [口] ≈ ahnen, vorhersehen 〈die Gefahr r. 嗅出有危险〉: *Ich konnte doch nicht r., dass du so früh kommst!* 我真没料到你这么早就来了!; *Das kann ich doch nicht r.!* 这我可预料不到! ‖ NB 注意: kein Passiv 不用被动态; Vi (不及物) **3.** (***nach etw.***) ***r.*** e-n bestimmten Geruch haben 有气味, 发出气味 〈gut, schlecht, stark, penetrant, süßlich, widerlich r. 气味好闻、难闻、浓烈、刺鼻、甜丝丝的、恶心; nach etw., wie etw. r. 有…的气味, 闻起来像…〉: *Ihre Kleider riechen nach Rauch* 她(您)的衣服上有烟味; *Die Wohnung riecht nach frischer Farbe/In der Wohnung riecht es nach frischer Farbe* 屋里闻着有新刷的涂料味 **4.** (***an etw.*** (*Dat* 三格)) ***r.*** versuchen, den Geruch e-r Sache zu erkennen 闻, 嗅(辨味): *an e-r Blume r.* 闻花味 **5. *etw. riecht nach etw.*** *gespr* [口]; etw. weckt e-n bestimmten Verdacht (物作主语) 有…之嫌: *Die Sache riecht nach Korruption* 这事有营私舞弊之嫌 ‖ ID[谚] ***etw. nicht r. können*** *gespr* [口]; den Geruch von etw. nicht mögen 受(闻)不了某种味; ***j-n/etw. nicht r. können*** *gespr* [口]; j-n/etw. nicht mögen 不喜欢某人/某物 ‖ ▶ ***Geruch***

Rie·cher *der*; *-s*, *-*; *gespr* [口] **1.** ≈ Nase **2. *e-n R.*** (***für etw.***) ***haben*** die Fähigkeit haben, bestimmte Möglichkeiten (richtig) zu erkennen 对…鼻子很灵 〈e-n guten, den richtigen, keinen schlechten R. (für etw.) haben(对某事)嗅觉灵敏、不错〉: *e-n R. fürs Geschäft haben* 对生意嗅觉灵敏

rief *Imperfekt, 1. u. 3. Person Sg*(过去时, 第一和第三人称单数); ↑ ***rufen***

Rie·ge *die*; *-*, *-n*; SPORT【体】; e-e Mannschaft beim (Geräte)Turnen 体操队 ‖ -K(复合): ***Frauen-***, ***Männer-***, ***Turn-***

Rie·gel *der*; *-s*, *-* **1.** ein Stab aus Metall od. Holz, den man vor etw. schiebt, um es so zu sichern 闩, 插销 〈ein hölzerner, eiserner R. 木闩, 铁闩; e-n R. vorschieben 上插销; etw. mit e-m R. verschließen 用插销把某物闩上〉: *Wir konnten nicht in den Garten, weil das Tor mit e-m R. verschlossen war* 我们没

R

法进花园,因为大门上门闩了‖ -K(复合): ***Eisen-***, ***Fenster-***, ***Tür-*** **2.** ein schmales, langes Stück Schokolade *o.Ä.* 一条,一块(量词) ⟨ein R. Schokolade 一块巧克力⟩ ‖ -K(复合): ***Schoko-laden-*** ‖ ID[谚] ***etw.*** (*Dat* 三格) ***e-n R. vor-schieben*** etw. verhindern 阻止某事

Rie·men *der*; *-s*, *-*; ein langes, schmales Band *mst* aus Leder (mit dem man etw. befestigt od. trägt) (皮)带 ‖ -K(复合): ***Leder-***, ***Trag-*** ‖ ID[谚] ***sich*** (*Akk* 四格) ***am R. reißen*** *gespr* [口]; sich anstrengen (um etw. zu erreichen) 下功夫,使劲 ‖ NB(注意): ↑ ***Gurt***

Rie·se *der*; *-n*, *-n* **1.** (in Märchen) ein Wesen, das sehr groß u. stark ist(童话中)巨人,庞然大物,巨兽 ↔ Zwerg **2.** ***ein R.*** (***von j-m/etw.***) e-e Person od. Sache, die sehr groß ist 巨大的人/物 ↔ Zwerg: *ein R. von e-m Mann* 巨人 ‖ -K(复合): ***Baum-***, ***Berg-*** **3.** Ⓓ *hist* [德][历]; ein Tausendmarkschein 一张大钞(一千马克的票子) ‖ NB(注意): *der Riese*; *den*, *dem*, *des Riesen* ‖ *zu* (义项)**1. Rie·sin** *die*; *-*, *-nen*; *zu* (义项)**2. rie·sen·haft** *Adj* (形)

-rie·se *der*; *im Subst*, *begrenzt produktiv*, *gespr* (构成名词,构词有限)[口]; e-e Firma *o.Ä.*, die durch Besitz u. Größe sehr viel Macht u. Einfluss in ihrer Branche hat …巨头,大亨; ***Automobilriese***, ***Bauriese***, ***Medienriese***, ***Rüstungsriese***

rie·seln; *rieselte*, *hat/ist gerieselt*; [Vi] (不及物) **1.** ***etw. rieselt irgendwohin*** (*ist*) kleine Körnchen (*mst* Sand, Salz, Zucker) od. Flocken (Schnee) fallen langsam von oben nach unten(物作主语)撒落,滴落,飘落: *In seiner Wohnung rieselt der Kalk schon von den Wänden* 他房里的墙上已经掉石灰墙皮了 **2.** ***etw. rieselt irgendwohin*** (*ist*) etw. fließt in Tropfen od. in e-m dünnen Strom (*bes* von oben nach unten)(物作主语)流、淌、落下来 ⟨ein Bach, der Regen 小溪,雨水; Blut 血⟩ **3.** ***etw. rieselt*** (*hat*) etw. fließt langsam od. fällt mit leisen Geräuschen 潺潺流动,涓涓流淌⟨e-e Quelle, ein Bach 泉水,小溪⟩: *Zwischen den Felsen rieselt ein Bach* 溪水在岩石间潺潺流动

Rie·sen- *im Subst*, *sehr produktiv*, *gespr*(构成名词,构词强)[口]; extrem groß 巨大的…,庞大的…,极大的… ≈ Mords-; der ***Riesenappetit***, das ***Riesenbaby***, das ***Riesendefizit***, die ***Riesendummheit***, der ***Riesendurst***, die ***Riesenenttäuschung***, der ***Riesenerfolg***, der ***Riesenfortschritt***, die ***Riesenfreude***, der ***Riesenhunger***, die ***Riesenportion***, der ***Riesenschreck***, der ***Riesenskandal***, der ***Riesenspaß***, die ***Riesenüberraschung***, die ***Riesenwut***

rie·sen·groß *Adj* (形); *ohne Steigerung*, *gespr* (无变级)[口]; sehr groß 巨大的,庞大的

Rie·sen·rad *das*; e-e Art großes Rad (in e-m Vergnügungspark), an dem viele Sitze hängen, in denen man aufrecht sitzen bleibt, während sich das Rad dreht (游乐场)摩天轮⟨(mit dem) R. fahren 坐摩天轮⟩: *das R. im Wiener Prater* 维也纳游乐园的摩天轮

Rie·sen·schlan·ge *die*; e-e sehr große Schlange (in den Tropen), die sich um ihre Beute legt u. diese erdrückt 蟒蛇

Rie·sen·sla·lom *der*; SPORT【体】; ein Skirennen, bei dem die Sportler durch viele weite Tore[1] (3) fahren(滑雪)大回转

Rie·sen|tor·lauf *der* ≈ Riesenslalom

rie·sig *Adj* (形) **1.** sehr groß 巨大的,庞大的,宏伟的 ↔ winzig ⟨ein Haus, ein Berg, ein Land, e-e Summe, Angst 房子,山,土地,数目,害怕⟩ **2.** *mst präd*, *gespr* (多作表语)[口] ≈ toll, wunderbar, großartig ⟨ein Film, e-e Party 电影,聚会⟩: *Die Show war r.* 表演棒极了 **3.** *nur adv*, *gespr* (只作状语)[口]; verwendet, um Adjektive u. Verben zu verstärken (加强形容词和动词的语义)非常,极其 ≈ sehr ⟨sich r. freuen, ärgern 高兴、生气极了; r. nett, freundlich, interessant sein 非常可爱、友好、有趣⟩

Ries·ling *der*; *-s*; *nur Sg* (只用单数); e-e Sorte Wein, die aus kleinen, sehr süßen Beeren gewonnen wird 雷司令白葡萄酒

riet *Imperfekt*, *1. u. 3. Person Sg* (过去时,第一和第三人称单数); ↑ ***raten***

Riff *das*; *-(e)s*, *-e*; e-e Reihe von Felsen im Meer (*bes* vor der Küste)礁石,暗礁 ‖ -K(复合): ***Fels(en)-***, ***Korallen-***

ri·gid, ri·gi·de *Adj* (形); *geschr* [书]; sehr streng 严厉的,严格的⟨Maßnahmen, Verbote 措施,禁令⟩ ‖ *hierzu* (派生) **Ri·gi·di·tät** *die*; *-*; *nur Sg* (只用单数)

ri·go·ros *Adj* (形); *geschr* [书]; sehr streng u. hart 严厉的,严格的,严酷的⟨Maßnahmen 措施; gegen j-n/etw. r. vorgehen 对某人/某事极为严厉; etw. r. ablehnen, verurteilen 断然拒绝、严厉谴责某事⟩ ‖ *hierzu* (派生) **Ri·go·ro·si·tät** *die*; *-*; *nur Sg* (只用单数)

Ri·go·ro·sum *das*; *-s*, *Ri·go·ro·sen/Ri·go·ro·sa*; der mündliche Teil der Prüfungen an der Universität, mit denen man den Doktortitel erwirbt 博士学位答辩

Rik·scha *die*; *-*, *-s*; e-e Art kleine Kutsche, die von e-m Radfahrer gezogen wird 人力车,黄包车

Ril·le *die*; *-*, *-n*; e-e lange, schmale Spur in der Oberfläche e-s harten Materials 槽纹,纹路: *die Rillen e-r Schallplatte* 唱片的纹路; *Durch das Wasser waren im Laufe der Zeit viele kleine Rillen in den Felsen entstanden* 由于水的作用,岩石随着时间的流逝出现许多细微的纹道 ‖ ▶ ***gerillt***

Rind *das*; *-(e)s*, *-er* **1.** ein großes, schweres Tier mit Hörnern, das Gras frisst. Die weiblichen Tiere (Kühe) geben Milch 牛 ⟨Rinder züchten 养牛⟩ ‖ K-(复合): ***Rinder-***, ***-herde***, ***-zucht*** ‖ NB(注意): ↑ ***Kuh***, ***Stier***, ***Kalb*** **2.** *nur Sg*, *gespr* (只用单数)[口]; das Fleisch von e-m R. (1), das man isst 牛肉 ‖ K-(复合): ***Rind-***, ***-fleisch***, ***-leder***; ***Rinder-***, ***-braten***, ***-gulasch***, ***-leber***, ***-roulade***, ***-zunge***

Rin·de *die*; *-*, *-n* **1.** die harte u. raue

R

Oberfläche, die den Stamm e-s Baumes umgibt 树皮〈e-e glatte, raue R. 光滑的、粗糙的树皮; die R. ablösen, abschälen 剥、刮掉树皮〉 ‖ -K(复合): **Birken-**, **Eichen-**, **Tannen-** *usw* **2.** die ziemlich harte Schicht, die Käse u. Brot außen haben (硬质)表层,硬皮〈e-e knusprige, harte R. 脆的、硬的表皮〉 ‖ -K(复合): **Brot-**, **Käse-** ‖ *hierzu* (派生) **rin·den·los** *Adj*(形)

Rin·der·wahn, **Rin·der·wahn·sinn** *der*; *nur Sg*, BIOL(只用单数)【生】; e-e ansteckende Krankheit bei Rindern, die zum Tod führt u. auf den Menschen übertragbar ist 疯牛病; *Abk* 缩写 BSE

Rind·vieh *das*; *gespr* [口]; verwendet als Schimpfwort für j-n, den man für dumm hält(骂人话)蠢货,笨牛

Ring *der*; *-(e)s, -e* **1.** ein kleiner Gegenstand *mst* aus Gold od. Silber, der die Form e-s Kreises hat u. den man als Schmuck an e-m Finger trägt 戒指〈j-m, sich e-n R. anstecken/an den Finger stecken 给某人/自己带戒指,往手指上带戒指; e-n R. (am Finger) tragen(手指上)带着戒指; den R. vom Finger ziehen, streifen 从手指上退下、摘下戒指〉: *ein goldener, mit Diamanten besetzter R.* 一枚金戒指、钻戒 ‖ -K(复合): **Gold-**, **Silber-**; **Ehe-**, **Trau-**, **Verlobungs-** **2.** etw., das ungefähr die Form e-s Rings (1) hat 环, 圈〈die olympischen Ringe 奥林匹克五环〉 ‖ K-(复合): **Ring-**, **-form** ‖ -K(复合): **Eisen-**, **Gummi-**, **Holz-**, **Messing-**; **Baum-**, **Beiß-**, **Dichtungs-**, **Gardinen-**, **Nasen-**, **Ohr-**, **Rettungs-**, **Servietten-** **3.** e-e Straße, die wie ein R. (1) verläuft 环行路〈am R. wohnen, über den R. fahren 住在、行驶在环行路上〉 ‖ K-(复合): **Ring-**, **-straße** ‖ -K(复合): **Autobahn-** **4.** *Kollekt*(集合); e-e Gruppe von Menschen, die illegale Geschäfte machen(搞非法买卖的)团伙,犯罪集团: *ein internationaler R. von Waffenschmugglern* 一个走私武器的国际集团 ‖ -K(复合): **Gangster-**, **Rauschgift-**, **Schmuggler-**, **Spionage-**, **Verbrecher-** **5.** SPORT【体】; der viereckige Platz, auf dem Boxer *o. Ä.* kämpfen 拳击台〈in den R. klettern, steigen 登上、走上拳击台; den R. verlassen 离开(走下)拳击台〉 ‖ -K(复合): **Box-** ‖ ID [谚]〈das Brautpaar *o. Ä.* 新娘新郎等〉 **tauscht/wechselt die Ringe** *geschr* [书]; das Brautpaar heiratet 交换戒指; **R. frei!** SPORT【体】; beim Boxen *o. Ä.* verwendet, um die nächste Runde anzukündigen(拳击时宣布下一回合开始比赛)开始!; **R. frei für ...!** verwendet, um j-s Auftritt anzukündigen(宣布下一个队员参赛)…上场!: *R. frei für unsere nächste Kandidatin!* 下一位女选手上场; **Ringe unter den Augen haben** dunkle Schatten unter den Augen haben (*mst* weil man zu wenig geschlafen hat)眼圈发黑; **j-d** (*Kollekt od Pl*(集合或复数)) **bildet e-n R. um j-n/etw.** viele Leute stellen sich im Kreis um j-n/etw. auf 某些人围成圈把某人/某物围在中心 ‖ *zu* (义项) **2.** **ring·ar·tig** *Adj*(形); **ring·för·mig** *Adj*(形)

Ring·buch *das*; e-e Mappe mit zwei od. vier (Metall)Ringen (2) für die (Papier)Blätter 活页本,活页夹≈ Ordner

Rin·gel *der*; *-s, -*; etw., das die Form e-r Spirale od. e-s Ringes (2) hat 圈,环,螺旋圈: *Socken mit weißen u. roten Ringeln* 白红圆圈图案的(短)袜子 ‖ K-(复合): **Ringel-**, **-locke**, **-muster**, **-pullover**

Rin·gel·blu·me *die*; e-e gelbe od. orange Blume, aus der man Salben u. Tee machen kann 万寿菊,金盏花 ‖ K-(复合): **Ringelblumen-**, **-salbe**, **-tee**

rin·geln, sich; *ringelte sich, hat sich geringelt*; Vr (反身) **ein Tier/etw. ringelt sich** etw. formt sich zu Ringeln, rollt sich ein(动物/物作主语)蜷成团,蜷曲,蜷缩/盘绕〈die Haare, Schlangen 头发,蛇〉

Rin·gel·nat·ter *die*; e-e Schlange, die am u. im Wasser lebt u. nicht giftig ist 水蛇,游蛇

Rin·gel·rei·gen, **Rin·gel·rei·hen** *der*; *-s, -*; ein Spiel, bei dem Kinder sich an den Händen halten u. im Kreis tanzen (手拉手)圆圈舞〈R. spielen, tanzen 做圆圈舞游戏,跳圆圈舞〉

Rin·gel·tau·be *die*; e-e graue (Wild)Taube 斑尾林鸽

rin·gen; *rang, hat gerungen*; Vi (不及物) **1.** (**mit j-m**) **r.** mit j-m kämpfen u. dabei versuchen, ihn zu Boden zu drücken od. zu werfen 扭打,撕打,摔打: *Die beiden rangen miteinander, bis ihnen die Luft ausging* 两人摔打在一起直至喘不过气来 **2.** (**mit j-m**) **r.** als Sport r. (1)(体育)摔跤 **3. um etw. r.** mit großer Mühe u. Geduld versuchen, etw. zu erreichen 力争,争取,争夺≈ um etw. kämpfen 〈um Freiheit, Unabhängigkeit, Erfolg, Anerkennung r. 争取自由、独立、成功、承认〉 **4. mit etw. r.** sich mit etw. auseinandersetzen 深入探讨,为…绞尽脑汁〈mit e-m Problem r. 为一个问题绞尽脑汁〉 **5. mit sich r.** (**ob**, **wie**, **bevor** *o. Ä.* ...) versuchen, seine Bedenken *o. Ä.* zu überwinden 踌躇,作思想斗争,思前顾后: *Ich habe lange mit mir gerungen, bevor ich beschloss, die Firma zu verlassen* 我在决定离开公司以前,思想斗争了好长时间 **6. nach Atem, Luft r.** nur mit Mühe atmen können, weil man zu wenig Luft bekommt 大口喘气,拼命喘气 **7. nach Worten r.** (mit großer Mühe) die richtigen, passenden Worte suchen 苦索措辞 **8. mit dem Tod r.** so schwer verletzt od. krank sein, dass man sterben könnte 与死亡抗争 ‖ *zu* (义项) **2. Rin·ger** *der*; *-s, -*; **Rin·ge·rin** *die*; *-, -nen*

Rin·gen *das*; *-s*; *nur Sg*(只用单数); ein sportlicher Kampf, bei dem man mit j-m um den Sieg ringt (2)(体育)摔跤比赛

Ring·fin·ger *der*; der Finger zwischen dem kleinen Finger u. dem Mittelfinger 无名指: *den Ehering am rechten R. tragen* 右手无名指上带着结婚戒指 ‖ ↑ *Abb. unter* 图见 **Hand**

Ring·kampf *der* **1.** ein Kampf, bei dem zwei

R

Leute miteinander ringen (1)扭打,摔跤 ⟨e-n R. austragen 扭打比高低⟩ **2.** *nur Sg*(只用单数); die sportliche Disziplin, bei der man ringt (2) 摔跤比赛≈ das Ringen ‖ *zu* (义项)**2. Ring·kämp·fer** *der*

rings *Adv*(副); ***r. um j-n/etw.*** (in e-m Kreis od. Bogen) auf allen Seiten von j-m/etw. 围绕着,在…周围≈ rund um j-n/etw.: *Die Gäste saßen r. um den Tisch* 客人们围坐在桌子周围

rings·he·rum *Adv*(副); (in e-m Kreis od. Bogen) auf allen Seiten 四周,周围 ≈ rundherum: *Wir wohnen so richtig auf dem Land, r. gibt es nur Wiesen u. Felder* 我们确实是住在农村,周围全是草地和农田

rings·um *Adv* (副)≈ ringsherum

rings·um·her *Adv* (副)≈ ringsherum

Rin·ne *die*; -, -*n* **1.** ein schmaler u. *mst* langer Graben, in dem *mst* Wasser fließt 水沟,水渠,排水槽: *Die Wassermassen haben tiefe Rinnen in die Erde gezogen* 大量的水在泥土地上流出了深深的水沟 ‖ -K(复合): ***Wasser-*** **2.** ein langer u. schmaler Gegenstand *mst* aus Holz od. Metall, der aussieht wie e-e R.(1) 槽,凹槽,檐槽 ‖ -K(复合): ***Abfluss-, Dach-*** ‖ *hierzu* (派生)**rin·nen·för·mig** *Adj*(形)

rin·nen; *rann, hat/ist geronnen*; [Vi] (不及物) **1.** ***etw. rinnt (irgendwohin)*** (*ist*) etw. fließt gleichmäßig mit wenig Druck 淌,流淌,(缓慢地)流 ⟨das Blut, Tränen, ein Bach, der Schweiß 血,泪水,溪水,汗水⟩: *Das Regenwasser rinnt vom Dach* 雨水从房顶上流下来 **2.** ***etw. rinnt (irgendwohin)*** (*ist*) kleine Körnchen (*mst* Sand, Salz od. Zucker) fallen irgendwohin(物作主语)撒落,漏(指细小的颗粒): *Wenn du die Sanduhr umdrehst, rinnt der Sand nach unten* 如果你把沙漏倒过来,沙子就会向下撒 **3.** ***etw. rinnt*** (*hat*) etw. ist nicht dicht, sodass Flüssigkeit nach außen kommt (物作主语)漏,滴漏(因不密封)⟨die Kanne, die Flasche, die Packung, der Wasserhahn 水壶,瓶子,包装,水笼头⟩ ‖ ID[谚] ***j-m rinnt das Geld durch die Finger*** j-d gibt sein Geld zu schnell aus 某人存不住钱,花钱大手大脚

Rinn·sal *das*; -(*e*)*s*, -*e*; ein kleiner, schmaler Strom von e-r Flüssigkeit 涓涓细流: *Nach der großen Dürre war der große Fluss zu e-m kleinen R. geworden* 大旱之后,大河成了细流

Rinn·stein *der*; ein kleiner Graben od. Kanal am Rand e-r Straße, in dem das Regenwasser (ab)fließt 街沟,雨水沟,槽石

Ripp·chen *das*; -*s*, -; ein Stück Schweinefleisch mit dem (Rippen) Knochen, das leicht geräuchert ist(猪)排骨,小猪排骨: *R. mit Sauerkraut*(猪)排骨(配)酸菜

Rip·pe *die*; -, -*n* **1.** einer der 24 Knochen, die in Paaren (von der Wirbelsäule ausgehend) den Brustkorb bilden 肋骨⟨(sich (*Dat* 三格)) e-e R. brechen 折断一根肋骨⟩ ‖ ↑ *Abb. unter* 图见 ***Skelett*** ‖ K-(复合): ***Rippen-, -bruch*** **2.** ein Teil e-s größeren Gegenstandes, der aussieht wie e-e R. (1) (*bes* bei e-m Heizkörper od. Kühlgerät)(散热器、冷却器上的)散热片,冷却片

Rip·pen·fell *das*; die Haut, die die Rippen (1) umgibt 胸膜 ‖ K-(复合): ***Rippenfell-, -entzündung***

Ri·si·ko *das*; -*s*, *Ri·si·ken/gespr auch* [口]也用 -*s* **1.** ***ein R. (für j-n)*** die Gefahr, dass bei e-r Aktion *o. Ä.* etw. Schlimmes od. Unangenehmes passiert 危险,风险≈ Wagnis ⟨ein finanzielles R. 财政风险,金融风险; ein, kein R. auf sich nehmen(不)担风险; ein R. in Kauf nehmen 承受风险; das R. fürchten, scheuen, lieben 担心、害怕、喜好冒险; etw. birgt ein R. (in sich (*Dat* 三格)) 某事蕴藏(孕育)着风险⟩: *Als Geschäftsmann scheut er kein R.* 作为商人他不怕风险 **2.** ***ein R. eingehen*** etw. tun, das mit e-m R. (1) verbunden ist 冒险: *Bei Nebel fahre ich lieber langsam, ich möchte kein R. eingehen* 雾天我宁可开车开慢点也不愿冒险 **3.** ***ein R. übernehmen/tragen*** die (*mst* finanzielle) Verantwortung für etw. übernehmen 承担风险 ‖ *zu* (义项)**1. ri·si·ko·frei** *Adj*(形); **ri·si·ko·los** *Adj*(形); **ri·si·ko·reich** *Adj*(形)

Ri·si·ko- *im Subst, begrenzt produktiv*(构成名词,构词有限); mit e-r Gefahr, e-m Risiko verbunden(有)风险的…,冒险的…; die ***Risikogeburt***, das ***Risikogeschäft***, die ***Risikooperation***, die ***Risikoschwangerschaft***

ri·si·ko·be·reit *Adj*(形); bereit, ein Risiko auf sich zu nehmen 准备冒风(危)险的 ‖ *hierzu*(派生) **Ri·si·ko·be·reit·schaft** *die*; *nur Sg* (只用单数)

Ri·si·ko·fak·tor *der* **1.** einer von mehreren Faktoren, die zu e-r (*mst* gefährlichen) Krankheit führen können 危险因素,致病因素: *Rauchen u. fette Ernährung sind Risikofaktoren* 吸烟和油腻饮食都是致病因素 **2.** etw., das e-n Plan *o. Ä.* verhindern od. stören könnte 危险因素;可能的不利因素: *Das Wetter ist hier der einzige R.* 在这里天气是唯一可能的不利因素

ris·kant *Adj* (形); mit e-m (großen) Risiko (verbunden) 有危险的,有风险的,冒险的≈ gewagt, gefährlich ⟨ein Plan, ein Geschäft 计划,生意⟩: *Es ist ziemlich r., mit diesem alten Auto so weit zu fahren* 开这辆旧车跑这么远的路是相当冒险的

ris·kie·ren; *riskierte, hat riskiert*; [Vt] (及物) **1.** ***etw. r.*** etw. tun od. sagen, das möglicherweise negative Folgen haben könnte 拿…冒风险,冒…危险⟨viel, wenig, nichts r. 冒大、小风险,不冒任何风险; sein Leben, seinen Ruf, seine Stellung r. 拿自己的生命、声誉、地位去冒险; e-n Unfall, e-n Herzinfarkt, e-n Prozess r. 冒出事故、心肌梗塞、被起诉的危险⟩: *Wenn wir ohne Schirm weggehen, riskieren wir*, dass *wir nass werden/nass* zu werden 如果我们出门不带伞,就要冒淋湿的危险 **2.** ***e-n Blick r.*** sich etw. kurz ansehen, weil es interessant ist od. neugierig macht 贸然看一眼,偷偷地看一眼

Ri·sot·to *der*, *südd* Ⓐ Ⓒⓗ [南德][奥][瑞] *das*; -(*s*), -*s*; gekochter Reis mit Gemüse

R

菜饭

riss *Imperfekt*, *1.u. 3.Person Sg*（过去时，第一和第三人称单数）；↑ ***reißen***

Riss *der*; *-es*, *-e*; e-e lange, dünne Öffnung, die (in der Oberfläche) entsteht, wenn etw. reißt od. bricht 裂纹，裂缝，裂口：*e-n Riss in der Hose haben* 裤子上有一道口子；*Seit dem Erdbeben sind feine Risse an den Wänden* 自从地震以来墙上就有了一些小裂缝 ‖ -K（复合）：***Faser-***, ***Mauer-***, ***Muskel-*** ‖ NB（注意）：↑ ***Spalt***, ***Sprung²***

ris·sig *Adj*（形）；mit vielen Rissen, aufgesprungen 有裂纹（缝）的；龟裂的：*von der Arbeit auf dem Feld rissige Hände bekommen* 因干农活手都皲裂的

Rist *der*; *-es*, *-e* ≈ Fußrücken ‖ ↑ *Abb. unter* 图见 ***Fuß***

ritsch! *Interjektion*（叹）；*mst in* 多用于 ***r.***, ***ratsch!*** verwendet, um das Geräusch von Papier od. Stoff nachzumachen, wenn sie zerrissen werden 刺啦（声），刺（的一声）

ritt *Imperfekt*, *1.u. 3.Person Sg*（过去时，第一和第三人称单数）；↑ ***reiten***

Ritt *der*; *-(e)s*, *-e*; das Reiten auf e-m Pferd 骑马，骑 ‖ -K（复合）：***Gelände-***, ***Spazier-***, ***Übungs-***

Rit·ter *der*; *-s*, *-* **1.** *hist*［历］；(im Mittelalter) ein Mann (aus e-r hohen sozialen Schicht), der dazu ausgebildet wurde, *bes* vom Pferd aus zu kämpfen（中世纪）骑士〈ein R. u. sein Knappe 骑士与他的侍从〉‖ K-（复合）：***Ritter-***, ***-burg***, ***-drama***, ***-rüstung***, ***-saal***, ***-zeit*** **2.** ***j-n zum R. schlagen*** j-n zum R. (1) machen, ernennen 封…为骑士 ‖ K-（复合）：***Ritter-***, ***-schlag*** ‖ *zu*（义项）**1.** **Rit·ter·tum** *das*; *-s*; *nur Sg*（只用单数）

rit·ter·lich *Adj*（形）**1.** *mst attr*（多作定语）；in Bezug auf e-n Ritter (1) 骑士的 **2.** *mst hum* 多用［诙］；(von Männern) höflich gegenüber Frauen 有骑士风度的，对女士彬彬有礼的，献殷勤的 ‖ *hierzu*（派生）**Rit·ter·lich·keit** *die*; *nur Sg*（只用单数））

Rit·ter·sporn *der*; *nur Sg*（只用单数）；e-e Blume im Garten, die e-n sehr hohen Stiel u. viele, *bes* blaue Blüten hat 飞燕草，燕草

Ri·tu·al *das*; *-s*, *-e* **1.** e-e (*bes* religiöse) Handlung, die nach festen Regeln in e-r bestimmten Reihenfolge abläuft 礼仪，宗教仪式 ≈ Ritus, Zeremonie〈ein christliches, heidnisches R. 基督教、异教礼仪〉‖ -K（复合）：***Begräbnis-*** **2.** die Regeln, nach denen Rituale (1) ablaufen 礼节，礼俗〈etw. geschieht nach e-m festen, strengen R. 某事按固定的、严格的礼节进行〉**3.** *hum*［诙］；ein Vorgang, der immer wieder auf die gleiche Weise ausgeführt wird (u. der so ein Gefühl des Wohlseins od. der Ordnung erzeugt) 规矩，定规：*Zu unserem abendlichen R. gehört, dass die Kinder e-e Gutenachtgeschichte bekommen* 孩子们临睡前听一个故事已成了我们每晚的常规 ‖ *zu*（义项）**1.** u. **3.** **ri·tu·a·li·sie·ren** (*hat*) *Vt*（及物）；**ri·tu·ell** *Adj*（形）

Ri·tus *der*; *-*, *Ri·ten* ≈ Ritual (1)〈ein heidnischer, magischer R. 异教的、神奇的礼俗〉

Ritz *der*; *-es*, *-e* **1.** e-e schmale, lange u. flache Vertiefung in e-r Oberfläche, die mit e-m harten Gegenstand (*z.B.* e-m Messer) gemacht wurde 划痕，痕道〈ein R. auf der Haut, auf der Tischplatte 皮肤上、桌面上的一道划痕〉**2.** ≈ Ritze

Rit·ze *die*; *-*, *-n*; e-e sehr schmale u. lange Öffnung (Lücke) in e-m Material od. zwischen zwei Dingen 缝，缝隙 ≈ Spalte (1)：*Das Licht dringt durch die Ritzen der Fensterläden* 亮光透过百叶窗的缝隙照进来

rit·zen; *ritzte*, *hat geritzt*; [Vt]（及物）***etw.*** (***in etw.*** (*Akk* 四格)) ***r.*** e-e lange, sehr schmale u. flache Vertiefung (e-n Ritz (1)) in etw. machen 划，割，刻，拉 ≈ kratzen〈Glas mit e-m Diamanten r. 用金刚钻拉玻璃；sich (*Dat* 三格) die Haut an den Dornen r. 皮肤被棘刺划破；Buchstaben in e-e Bank, in e-n Baum r. 在凳子上、树上刻写字母〉

Ri·va·le [-v-] *der*; *-n*, *-n* **1.** j-d, der sich um die Zuneigung derselben Frau bemüht 情敌〈e-n Rivalen ausstechen (= übertreffen) 击败情敌〉**2.** ein Konkurrent im Beruf 竞争对手 ‖ NB（注意）：*der Rivale*; *den*, *dem*, *des Rivalen* ‖ *hierzu*（派生）**Ri·va·lin** *die*; *-*, *-nen*

ri·va·li·sie·ren [-v-]; *rivalisierte*, *hat rivalisiert*; [Vi]（不及物）***mit j-m*** (***um j-n/etw.***) ***r.*** dasselbe wollen wie j-d anderer u. deswegen versuchen, besser zu sein als er 与…（为…）竞争，争夺

Ri·zi·nus·öl *das*; *nur Sg*（只用单数）；ein Öl, das man trinkt, um den Darm zu aktivieren (bei Verstopfung) 蓖麻油

Roast·beef [ˈroːs(t)biːf] *das*; *-s*, *-s*; Fleisch vom Rind, das man *mst* so brät, dass es innen rot bleibt 烤牛肉，烤牛排〈zartes, kaltes R. 嫩的、凉的烤牛肉〉

Rob·be *die*; *-*, *-n*; ein Säugetier, das in kalten Meeren lebt u. Flossen u. sehr kurze Haare hat 海豹 ‖ K-（复合）：***Robben-***, ***-baby***, ***-fang***, ***-fänger***, ***-fell***, ***-jagd***, ***-jäger***

rob·ben; *robbte*, *ist gerobbt*; [Vi]（不及物）sich auf dem Bauch liegend mit Armen u. Beinen fortbewegen 匍匐前进：*Die Soldaten robbten durch den Schlamm* 士兵匍匐穿过泥泞 ‖ NB（注意）：↑ ***kriechen***

Ro·be *die*; *-*, *-n* **1.** e-e Art weiter schwarzer Mantel ohne Ärmel, den ein Richter od. Priester zu bestimmten Anlässen trägt 法衣，教士礼服，道袍 ≈ Amtstracht, Talar ‖ -K（复合）：***Amts-***, ***Richter-*** **2.** *geschr*［书］；ein festliches, langes Kleid（女式）晚礼服 ≈ Abendkleid ‖ -K（复合）：***Abend-***, ***Gala-***

Ro·bo·ter *der*; *-s*, *-* **1.** e-e Maschine, die *mst* in der Industrie gebraucht wird, um komplizierte od. stupide Arbeiten auszuführen 机器人，机械手：*Teile der Karosserie werden von Robotern zusammengeschweißt* 车身的部件由机械手组合焊接 **2.** *gespr*［口］，*oft pej* 常用［贬］；

R

j-d, der wie ein R. (1) arbeitet u. handelt, ohne nachzudenken, Gefühle zu zeigen *o.Ä.*(只会拼命干活的死脑筋)机器人 ‖ *zu*(义项)**2. ro·bo·ter·haft** *Adj*(形)

ro·bust *Adj*(形);〈j-s Gesundheit 某人的体质;ein Material, ein Motor 材料,发动机〉so, dass sie viel aushalten u. dabei nicht krank werden, kaputtgehen *o.Ä.* 强壮的,结实的,强劲的,牢固的≈ kräftig (1), stabil ↔ empfindlich ‖ *hierzu*(派生)**Ro·bust·heit** *die*; *nur Sg*(只用单数)

roch *Imperfekt, 1. u. 3. Person Sg*(过去时,第一和第三人称单数); ↑ ***riechen***

rö·cheln; *röchelte, hat geröchelt*; [Vi](不及物) ein lautes Geräusch machen, weil man Schwierigkeiten beim Atmen hat (因呼吸困难)哮喘,喘息〈ein röchelnder Atem 透不过气来的喘息〉: *Der Sterbende röchelte* 垂死的人在喘息挣扎

Ro·chen *der*; *-s, -*; ein großer flacher Fisch im Meer (mit der Form e-s Dreiecks) mit e-m langen, spitzen Schwanz 魟

Rock[1] *der*; *-(e)s, Rö·cke* **1.** ein Kleidungsstück für Frauen, das von der Hüfte frei herunterhängt 裙子〈ein enger, weiter, langer, kurzer R. 紧的、宽松的、长、短裙; R. u. Bluse tragen 身着裙子和衬衣; den R. raffen, schürzen 撩起、提起裙子〉: *Sie trägt lieber Röcke als Kleider od. Hosen* 她爱穿裙子,不爱穿连衣裙和裤子 ‖ ↑ *Abb. unter* 图见 ***Bekleidung*** ‖ K-(复合): ***Rock-, -falte, -länge, -saum, -tasche*** ‖ -K(复合): ***Falten-, Glocken-, Kostüm-, Maxi-, Mini-, Träger-, Wickel-; Karo-, Schotten-*** **2.** *veraltend*[渐旧]≈ Jackett〈der grüne R. des Försters 护林员的绿制服〉‖ -K(复合): ***Jäger-, Uniform-*** **3.** (CH)[瑞]≈ Kleid ‖ ID[谚] ***Er ist/läuft hinter jedem R. her*** *gespr*[口]; er ist ein Casanova 他是一个色鬼

Rock[2] *der*; *-(s)*; *nur Sg*(只用单数) **1.** moderne rhythmische Musik, die *mst* mit elektrischen Instrumenten gespielt wird 摇滚乐〈R. hören, spielen 听、弹奏摇滚乐〉‖ K-(复合): ***Rock-, -band, -festival, -gruppe, -konzert, -musik, -musiker, -sänger, -star, -szene*** ‖ NB(注意): ↑ ***Beat, Pop*** **2.** *Kurzw*(略) ↑ ***Rock'n'Roll*** ‖ *zu*(义项)**1. ro·ckig** *Adj*(形)

ro·cken; *rockte, hat gerockt*; [Vi](不及物) *gespr*[口] **1.** Rockmusik machen 放摇滚音乐 **2.** zu Rockmusik tanzen 随着摇滚乐跳舞

Ro·cker *der*; *-s, -*; ein Mitglied e-r Gruppe von jungen Leuten, die durch ihre Kleidung aus Leder, durch ihre Motorräder u. ihr Verhalten *mst* aggressiv wirken (摩托)飞车族青年 ‖ K-(复合): ***Rocker-, -bande*** ‖ *hierzu*(派生)**Ro·cke·rin** *die*; *-, -nen*

Rock'n'Roll [rɔkn'roːl] *der*; *-s*; *nur Sg*(只用单数); e-e Tanzmusik, die *bes* in den 50er Jahren sehr beliebt war u. e-n starken Rhythmus hat (早期)摇滚乐≈ Rock[2] (2)

Rock·zip·fel *der*; *nur in* 只用于 ***an j-s R. hängen*** **a)** (von Kindern) sich schüchtern od. ängstlich an die Mutter klammern(孩子胆小)紧紧抓着某人的衣角; **b)** sehr unselbstständig sein 依赖性很强

Ro·del *der*; *-s, -* od *die*; *-, -n*; *südd* (A)[南德][奥]≈ Schlitten (1)

ro·deln; *rodelte, ist gerodelt*; [Vi](不及物) *südd* (A)[南德][奥]mit e-m flachen Schlitten fahren 滑雪橇,玩雪橇 ‖ K-(复合): ***Rodel-, -bahn, -schlitten*** ‖ -K(复合): ***Renn-***

ro·den; *rodete, hat gerodet*; [Vt/i](及物/不及物) (***etw.***) ***r.*** Bäume mit den Wurzeln entfernen, damit man etw. anderes pflanzen od. Häuser bauen kann (连根)刨,挖,掘;开垦〈Bäume, ein Gelände, e-n Wald r. 把树连根挖掉,开荒种地,开垦一片林子〉‖ *hierzu*(派生) **Ro·dung** *die*

Ro·gen *der*; *-s*; *nur Sg, Kollekt*(只用单数)(集合); die Eier e-s Fisches 鱼卵: *Der R. vom Stör heißt Kaviar* 鲟鱼卵就是鱼子酱 ‖ -K(复合): ***Fisch-***

Rog·gen *der*; *-s*; *nur Sg*(只用单数); e-e (Getreide) Pflanze, aus deren Körnern man Mehl für dunkles Brot macht 黑麦 ‖ K-(复合): ***Roggen-, -brot, -mehl; -ernte, -feld***

roh *Adj*(形) **1.** nicht gekocht u. nicht gebraten 生的〈ein Ei, Fleisch, Gemüse 蛋,肉,蔬菜〉: *Obst wird meistens roh gegessen* 水果大多数情况下都生吃; *Das Steak ist innen noch roh* 这块牛排里面还是生的 **2.** nicht od. nur wenig bearbeitet 未经加工的;粗加工的〈ein Diamant, ein Entwurf, ein Fell, Holz, Marmor 钻石,草图,毛皮,木头,大理石〉: *ein roh behauener Stein* 一块经过粗略凿刻的石料; *Rohe Bretter sind rau, sie müssen erst noch gehobelt werden* 未经加工的木板是粗糙的,它们还得刨光 ‖ K-(复合): ***Roh-, -diamant, -eisen, -erz, -material, -metall, -öl, -produkt; -entwurf, -fassung*** **3.** *pej*[贬]; so, dass sich der Betroffene nicht darum kümmert, ob j-d Schmerzen hat od. ob etw. beschädigt wird 粗野的,粗暴的,不文明的 ≈ grob (4), brutal, rücksichtslos ↔ sanft, vorsichtig〈ein Bursche, ein Spaß, Worte 小伙子,玩笑,话; j-n roh behandeln 粗野地对待某人; roh zu j-m sein 对某人粗暴〉: *Er packte sie roh am Arm u. zerrte sie mit sich* 他粗野地抓住她的胳膊拉着就走; *Als er das Schloss nicht öffnen konnte, versuchte er es mit roher Gewalt* 当他打不开锁时就试图野蛮硬撬 **4.** ***das rohe Fleisch*** Fleisch, das nicht mehr mit Haut bedeckt ist(受伤)裸露在外的肉: *An der Stelle, an der er sich verbrannt hatte, kam das rohe Fleisch hervor* 在他烧(烫)伤的地方肉都露了出来 ‖ *zu*(义项)**3. Ro·heit** *die*

Roh·bau *der*; *mst* 多用 ***das Haus ist im R.*** von dem Haus sind erst die Mauern u. das Dach fertig gebaut 这幢房屋是毛坯建筑

Roh·kost *die*; Obst u. Gemüse, das nicht gekocht ist 生食果蔬 ‖ K-: ***Rohkost-, -diät, -salat***

Roh·ling *der*; *-s, -e*; *pej*[贬]; j-d, der roh (3) u. ohne Rücksicht auf andere handelt 粗鲁人

R

Rohr *das*; -(*e*)*s*, -*e* **1.** ein langes, rundes Stück Metall, Plastik *o.Ä.*, das innen hohl u. an beiden Enden offen ist（两端不封口的）管子,管≈ Röhre ⟨ein verkalktes, verstopftes R. 积满水垢的、堵塞了的管子; Rohre verlegen 铺设管道⟩ ‖ K-(复合): ***Rohr-***, ***-bruch***, ***-leitung***, ***-netz***, ***-zange*** ‖ -K(复合): ***Abfluss-***, ***Abzugs-***, ***Auspuff-***, ***Entwässerungs-***, ***Saug-***; ***Heizungs-***, ***Leitungs-***, ***Ofen-***; ***Gas-***, ***Wasser-*** **2.** *nur Sg*（只用单数）; e-e Pflanze mit e-m langen, festen, hohlen Stängel 茎杆植物:竹,芦苇等⟨Körbe, ein Stock aus R. 芦苇筐,竹拐棍⟩ ‖ K-(复合): ***Rohr-***, ***-flöte***, ***-geflecht***, ***-kolben***, ***-stock***, ***-zucker*** ‖ -K(复合): ***Bambus-***, ***Schilf-***, ***Zucker-*** **3.** *südd* Ⓐ [南德][奥] ≈ Backofen ⟨den Kuchen ins R. schieben 把点心推入烤箱⟩ ‖ -K(复合): ***Back-***, ***Brat-***, ***Ofen-*** **4.** *mst* 多用 ***volles R. fahren*** *gespr*[口]; mit höchster Leistung fahren 开足马力 ‖ ID [谚] ***wie ein R. im Wind sein/schwanken*** *geschr*[书]; leicht zu beeinflussen sein 像风中芦苇摇摇晃晃,动摇不定,无主见

Röh·re *die*; -, -*n* **1.** ein relativ dünnes Rohr (1), durch das etw. strömt od. das am Ende geschlossen sein kann 管子; 筒; 管状物: *Röhren aus Ton* 陶土管 ‖ K-(复合): ***Röhren-***, ***-knochen*** ‖ -K(复合): ***Glas-***; ***Leucht(stoff)-***, ***Neon-***; ***Luft-***, ***Speise-*** **2.** e-e geschlossene Röhre (1), in der Elektronen fließen 电子管 ⟨e-e R. prüfen, auswechseln 检验、更换一只电子管; e-e R. brennt durch, ist kaputt 一只电子管烧坏了、坏了⟩ ‖ -K(复合): ***Bild-***, ***Elektronen-***, ***Fernseh-***, ***Radio-***, ***Röntgen-*** **3.** ≈ Backrohr ⟨e-n Braten, e-n Kuchen in die R. schieben 把烤肉、点心推入烤箱⟩ ‖ -K(复合): ***Back-***, ***Brat-*** **4.** *gespr*, *oft pej* [口]常用[贬] ≈ Fernseher ⟨vor der R. sitzen(傻)看电视⟩ ‖ ID[谚] ***in die R. gucken*** *gespr*[口]; nichts von dem bekommen, was man gern haben möchte 干瞪眼,什么也捞不着, 眼看着吃亏≈ leer ausgehen: *Ich kenne das schon: Ihr esst wieder alles allein auf u. ich guck in die R.!* 我早就知道,你们又全吃个精光,而我只能干瞪眼! ‖ *zu*（义项）**1.** **röh·ren·för·mig** *Adj*(形)

röh·ren; *röhrte*, *hat geröhrt*; **Vi**（不及物）**1.** ***ein Hirsch*** *o.Ä.* ***röhrt*** ein Hirsch *o.Ä.* gibt laute Töne von sich 鹿鸣叫 **2.** ***etw. röhrt*** etw. macht ein zu lautes Geräusch（物作主语）发出轰鸣声⟨ein Motor, ein Motorrad 马达,摩托车⟩

Rohr·post *die*; e-e Methode, in e-m Gebäude od. e-r Stadt Briefe *o.Ä.* durch Rohre zu transportieren(信件等)管道风动传递

Rohr·spatz *der*; *nur in* 只用于 ***schimpfen wie ein R.*** *gespr*[口]; laut u. wütend schimpfen 破口大骂,谩骂

Roh·stoff *der*; e-e Substanz (wie *z.B.* Erdöl od. Kohle), die in der Natur vorkommt u. die in der Industrie bearbeitet od. verwendet wird 原材料⟨ein an Rohstoffen armes/reiches Land 原材料资源贫乏/丰富的国家⟩ ‖ K-(复合): ***Rohstoff-***, ***-mangel***, ***-reserve*** ‖ *hierzu*（派生）**roh·stoff·arm** *Adj*(形)

Ro·ko·ko *das*; -(*s*); *nur Sg*（只用单数）**1.** ein Stil der (europäischen) Kunst, der sich im 18. Jahrhundert aus dem Barock entwickelt hat u. für den starke Verzierungen typisch sind（十八世纪欧洲艺术风格）洛可可（风格）‖ K-(复合): ***Rokoko-***, ***-kirche***, ***-möbel***, ***-stil***, ***-zeit*** **2.** die Epoche des R. (1)洛可可时期 ⟨im R. 在洛可可时期⟩

Rolla·den *der*; ↑ ***Rollladen***

Roll·bahn *die*; die Bahn, auf der Flugzeuge starten od. landen(飞机)跑道

Roll·bra·ten *der*; ein Braten aus e-m flachen Stück Fleisch, das zusammengerollt u. -gebunden wird 烤肉卷 ‖ -K(复合): ***Kalbs-***, ***Puten-***, ***Schweine-***

Rol·le[1] *die*; -, -*n* **1.** etw. (*mst* Langes u. Dünnes), das kreisförmig übereinandergewickelt wurde 卷⟨e-e R. Draht, Garn, Klebeband, Klopapier 一卷铁丝、纱线、胶带、手纸⟩ ‖ -K(复合): ***Draht-***, ***Film-***, ***Garn-***, ***Kabel-***, ***Papier-***, ***Tapeten-*** **2.** e-e Packung, in der kleine runde Gegenstände aufeinandergestapelt sind 卷 ⟨e-e R. Drops, Euromünzen 一卷水果糖、一欧元的硬币⟩ **3.** ein breites, kleines Rad 轮; 滑轮; 辊子 ⟨ein Teewagen auf Rollen 有轮子的茶具小车; etw. läuft auf Rollen 某物在滑轮上滑行⟩: *Das Kabel der Seilbahn läuft über Rollen* 缆车的缆绳在滑轮上转动 ‖ ↑ *Abb. unter* 图见 ***Flaschenzug*** **4.** e-e Turnübung, bei der man sich mit dem Körper über den Kopf hinweg nach vorn oder hinten bewegt (翻)跟头,滚翻⟨e-e R. vorwärts, rückwärts 前、后滚翻; e-e R. auf dem Boden machen 在地上翻一个跟头⟩ ‖ -K(复合): ***Hecht-*** ‖ NB(注意): ↑ ***Purzelbaum***

Rol·le[2] *die*; -, -*n* **1.** die Gestalt (mit Dialogen u. Gesten), die ein Schauspieler in e-m Theaterstück, Film *o.Ä.* spielt(演员的)角色 ⟨e-e wichtige, unbedeutende, kleine R. 重要的、不重要的、小角色; seine R. lernen, gut/schlecht spielen 学好、演好/不好自己的角色; e-e R. (mit j-m) besetzen(由某人)扮演一个角色; ein Stück mit verteilten Rollen lesen 读分配好角色的剧本⟩: *Er hat die R. des Hamlet sehr gut gespielt* 他把哈姆雷特这个角色演得很好; *Sie hat in dem Film e-e R. als Diebin* 在这个电影里她扮演了一个小偷的角色 ‖ K-(复合): ***Rollen-***, ***-besetzung***, ***-verteilung*** ‖ -K(复合): ***Charakter-***, ***Doppel-***, ***Film-***, ***Haupt-***, ***Neben-***, ***Sprech-***, ***Titel-*** **2.** die Aufgaben, die j-d/etw. bei e-r Tätigkeit od. im Leben hat(工作、生活的)角色,身份: *Er war der R. des Vaters noch nicht gewachsen* 他还不配父亲这个身份; *Sie fühlte sich in ihrer R. als Lehrerin nicht wohl* 她感到当教师很不舒服; *Er tauschte mit seiner Frau die Rollen u. versorgte den Haushalt* 他与他妻子换了角色,由他来持家 ‖ K-(复合): ***Rollen-***, ***-konflikt***, ***-tausch***, ***-verhalten***, ***-verteilung*** ‖ -K(复合): ***Beschützer-***, ***Führungs-***, ***Helden-***, ***Mutter-***,

R

Vater- ‖ ID［谚］**etw. spielt (k) eine R.** etw. ist in e-r Situation, für e-n Zweck, für j-n (nicht) wichtig, hat (k) eine Bedeutung 某事(不)重要,(不)起作用：*Er ist zwar alt, aber für mich spielt das keine R. – Hauptsache, er kann was* 他虽然老了,但对我来讲这无关紧要——关键是他在行；*Für diese Aufgaben spielt es e-e große R., ob er Mut hat oder nicht* 对于这些任务来说至关重要的是他有没有胆量；*mst* 多用于 **j-d spielt bei etw. e-e** ⟨große, wichtige, entscheidende 大的,重要的,决定性的⟩ **R.** j-d ist bei etw. sehr wichtig (人作主语)(在…方面)起作用；**aus der R. fallen** sich nicht so benehmen, wie es erwartet wird 失态,言行失检

rol·len; *rollte, hat/ist gerollt*; [Vt] (及物) (*hat*) **1. etw. (irgendwohin) r.** etw. so bewegen, dass es sich um seine (horizontale) Achse dreht 滚,滚动：*e-n Stein zur Seite r.* 把一块石头滚到一边；*ein Fass vom Wagen r.* 把桶从车上滚下来 **2. etw. irgendwohin r.** etw. auf Rollen[1] (3) od. Rädern irgendwohin bewegen 推(带轮物体)：*ein Bett in den Operationssaal r.* 把床推进手术室 **3. etw. (zu etw.) r.** etw. in e-e runde Form bringen, indem man es dreht 把…团(成),卷(成)：*Papier zu e-r Tüte r.* 把纸卷成圆锥形纸口袋；*Teig zu e-r Wurst, e-r Kugel r.* 把面团揉成香肠状、球形 **4. etw. in etw.** (*Akk* 四格) **r.** ≈ etw. in etw. einwickeln od. einrollen：*e-n Fisch in Zeitungspapier r.* 把一条鱼裹在报纸里 **5. das r r.** den Laut *r* so aussprechen, dass der hintere Teil der Zunge dabei mehrmals den Gaumen berührt 发 r 的颤音⟨ein gerolltes *r* 颤音 r⟩ **6. etw. r.** etw. im Kreis bewegen 转动,使转圈 ⟨*mst* 多用 die Augen, den Kopf r. 转(动)眼睛、头⟩； [Vi] (不及物) (*ist*) **7. etw. rollt** etw. bewegt sich fort u. dreht sich um die eigene Achse(物作主语)滚动：*Der Ball rollt auf die Straße* 球滚到路上去了；*Der Felsblock kam ins Rollen* 这块大石头滚了起来 **8. etw. rollt** etw. bewegt sich auf Rollen od. Rädern (带轮物体)滑动⟨ein Wagen, ein Zug 车,火车⟩ **9. mit etw. r.** etw. im Kreis bewegen 转动,打转 ⟨mit den Augen, dem Kopf r. 转动眼睛、头⟩ **10. etw. rollt** etw. fließt (*mst* gleichmäßig)(物作主语)翻滚,滚动 ⟨e-e Welle 浪⟩：*Tränen rollten über ihr Gesicht* 泪水从她脸上滚落下来； [Vr] (反身) **11. sich irgendwo/irgendwohin r.** (*hat*) sich im Liegen hin u. her bewegen 打滚,翻滚≈ sich wälzen：*Der Hund rollte sich im Gras* 狗在草丛里打滚

Rol·ler *der*; *-s, -* **1.** ein Fahrzeug für Kinder, das zwei Räder, e-n Lenker u. ein Brett hat, auf dem man steht 儿童双轮踏板车⟨R. fahren 蹬双轮踏板车⟩ **2.** *Kurzw*(略) ↑ **Motorroller 3.** *Kurzw* (略) ↑ **Cityroller**

Roll·feld *das*; *Kollekt* (集合); die Start- u. Landebahnen auf e-m Flugplatz(机场)跑道区

Roll·kom·man·do *das*; *Kollekt* (集合); e-e Gruppe von Personen, die plötzlich an e-n Ort kommen u. dort (mit Gewalt) stören 袭击队,突击队

Roller (1)

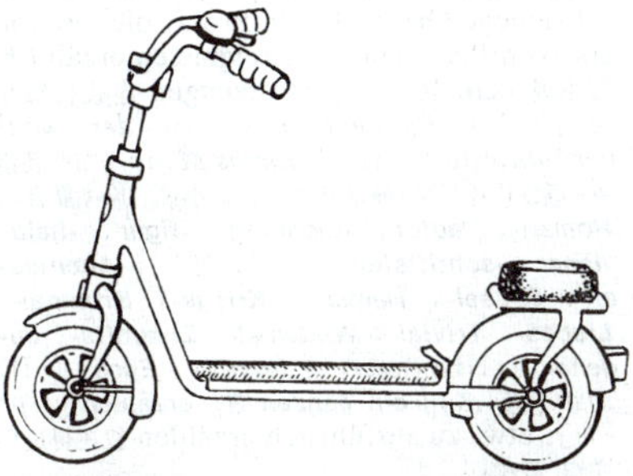

Roll·kra·gen *der*; (an e-m Pullover) ein *mst* hoher, umgestülpter Kragen (毛衣)大翻领,圆高领 ‖ K-(复合)：**Rollkragen-, -pulli, -pullover**

Roll·la·den *der*; *-s, -/Roll·lä·den*; **1.** e-e Vorrichtung aus schmalen, waagrechten Latten (aus Holz od. Plastik), die man außen vor dem Fenster auf- u. abrollen kann (卷帘式)百叶窗⟨den R. herunterlassen, hinaufziehen 把百叶窗放下来,拉起来⟩ ‖ ↑ *Abb. unter* 图见 **Fenster 2.** e-e Art Tür für Schränke u. Schreibtische, die wie ein R. (1) aussieht u. funktioniert (衣柜、书桌上的)卷帘门 ‖ K-(复合)：**Rollladen-, -schrank, -tisch**

Roll·mops *der*; das Fleisch e-s Herings, das um e-e Gurke od. Zwiebel gerollt ist 鲱鱼卷

Ro̲l·lo, Rol·lo̲ *das*; *-s, -s*; e-e Art Vorhang aus festem Material, der sich automatisch nach oben aufrollt, wenn man kurz an e-r Schnur zieht 可卷式窗帘 ⟨ein R. herunterziehen, hochziehen 把可卷式窗帘放下来、卷起来⟩ ‖ ↑ *Abb. unter* 图见 **Fenster**

Roll·schuh *der*; ein Schuh mit vier kleinen Rädern, auf dem *bes* Kinder fahren 旱冰鞋,溜冰鞋⟨R. fahren, laufen 滑旱冰,溜旱冰; die Rollschuhe anziehen 穿旱冰鞋(溜冰鞋)⟩ ‖ K-(复合)：**Rollschuh-, -bahn, -fahrer, -läufer, -sport** ‖ *hierzu* (派生) **Roll·schuh·lau·fen** *das*; *-s*; *nur Sg*(只用单数)

Roll·splitt *der*; e-e Mischung aus kleinen, spitzen Steinen u. Teer, mit der man *bes* Straßen repariert 碎石沥青

Roll·stuhl *der* **1.** ein Stuhl auf Rädern für Menschen, die nicht gehen können 轮椅⟨im R. fahren⟩ 坐轮椅 ‖ ↑ *Abb. unter* 图见 **Stühle 2. an den R. gefesselt sein** nicht mehr gehen können u. deshalb im R. (1) sitzen müssen 依赖轮椅走动 ‖ K-(复合)：**Rollstuhl-, -fahrer**

Roll·trep·pe *die*; e-e Treppe, deren Stufen sich automatisch nach oben od. unten bewegen 自动扶梯,滚梯 ⟨die R. nehmen, (mit der) R. fahren 乘自动扶梯⟩

R

Ro·ma ↑ ***Sinti***

Ro·man *der*; *-s*, *-e*; e-e lange, ausführlich beschriebene Geschichte in Prosa, die *bes* von fiktiven Personen od. Ereignissen erzählt 长篇小说〈ein R. in Fortsetzungen 连载长篇小说〉: *„Die Buddenbrooks" ist der wohl berühmteste R. von Thomas Mann*《布登勃洛克一家》是托马斯·曼最有名的长篇小说‖ K-(复合): ***Roman-***, ***-autor***, ***-dichtung***, ***-figur***, ***-held***, ***-leser***, ***-schriftsteller*** ‖ -K(复合): ***Abenteuer-***, ***Grusel-***, ***Heimat-***, ***Kriegs-***, ***Kriminal-***, ***Liebes-***, ***Trivial-***, ***Wildwest-***, ***Zukunfts-***; ***Jugend-*** ‖ NB(注意): ↑ ***Novelle***, ***Epos*** ‖ ID *mst* [谚]多用 ***e-n ganzen R. erzählen*** *gespr* [口]; etw. zu ausführlich erzählen 叙述得过于详细(啰嗦)

Ro·man·cier [romãˈsie:] *der*; *-s*, *-s*; j-d, der Romane schreibt 长篇小说家

Ro·ma·nik *die*; *-*; *nur Sg*(只用单数) **1.** ein Stil der (europäischen) Kunst in der Zeit von ungefähr 1000 bis 1250(约公元 1000—1250 年欧洲艺术风格)罗马风格 **2.** die Epoche der R. (1) 罗马风格时期〈etw. stammt aus der R. 出自罗马风格时期〉

ro·ma·nisch *Adj*(形) **1.** LING【语】; zu den Sprachen gehörig, die sich aus dem Lateinischen entwickelt haben 罗曼语族的: *Französisch, Italienisch u. Spanisch sind romanische Sprachen* 法语、意大利语和西班牙语都是罗曼语族语言 **2.** LING【语】; mit Menschen, die e-e romanische (1) Sprache sprechen 说罗曼语言的〈ein Land, ein Volk 国家,民族〉 **3.** in Bezug auf die Romanik 罗马风格的: *Romanische Kirchen erkennt man an den runden Bögen u. den Säulen* 从圆形拱顶和立柱你能辨认出是罗马式教堂

Ro·ma·nis·tik *die*; *-*; *nur Sg*(只用单数); die Wissenschaft, die sich mit den romanischen Sprachen u. deren Literatur beschäftigt 罗曼(语族)语学 ‖ *hierzu* (派生) **Ro·ma·nist** *der*; *-en*, *-en*; **Ro·ma·nis·tin** *die*; *-*, *-nen*; **ro·ma·nis·tisch** *Adj*(形)

Ro·man·tik *die*; *-*; *nur Sg*(只用单数) **1.** ein Stil der (europäischen) Kunst in der ersten Hälfte des 19 Jahrhunderts, in dem man Gefühle stark betonte u. die Natur u. die Vergangenheit bewunderte (十九世纪上半叶欧洲艺术风格)浪漫派,浪漫主义(风格)〈die Märchen, die Malerei der R. 浪漫派童话、绘画〉: *Der Maler Caspar David Friedrich ist ein bedeutender Vertreter der R.* 画家卡·戴·弗里德里希是浪漫派的杰出代表 **2.** die Epoche der R. (1)浪漫派,浪漫主义(时期)〈in der R. 在浪漫派时期; etw. stammt aus der R. 出自浪漫派时期〉 **3.** der romantische (2,3) Charakter, die romantische (2,3) Atmosphäre (von etw.)浪漫(色彩、情调、气氛)〈keinen Sinn für R. haben 不懂浪漫〉: *die R. e-s Sommerabends* 夏日夜晚的浪漫情调

Ro·man·ti·ker *der*; *-s*, *-* **1.** ein Künstler der Romantik (1) 浪漫派艺术家、作家 **2.** *oft pej* 常用[贬]; j-d, der die Menschen, die Welt u. die Zukunft für besser hält, als sie sind 浪漫主义者,浪漫的幻想者≈ Träumer ‖ *hierzu* (派生) **Ro·man·ti·ke·rin** *die*; *-*, *-nen*

ro·man·tisch *Adj*(形) **1.** mit den Merkmalen der Romantik (1) 浪漫派的〈ein Bild, ein Gedicht, ein Künstler, ein Maler 画,诗,艺术家,画家〉: *die romantischen Gedichte von Joseph von Eichendorff* 约瑟夫·冯·艾兴多夫的浪漫派诗歌 **2.** 〈e-e Burg, e-e Landschaft *o. Ä.* 城堡,风景等〉 so, dass sie (durch ihre Atmosphäre, Ausstrahlung *o. Ä.*) an Liebe od. Abenteuer denken lassen 浪漫的,富有浪漫色彩的: *Der Garten sieht im Mondlicht sehr r. aus* 花园在月光下显得格外浪漫 **3.** traumhaft schön 浪漫的,富有浪漫情趣的: *Ein Abendessen im Kerzenlicht – wie r.!* 晚餐伴着烛光——多浪漫啊! **4.** *oft pej* 常用[贬]; 〈ein Mensch 人; Ideen 想法〉 so, dass sie die Wirklichkeit für besser halten, als sie ist 浪漫的,幻想的,虚构的 ≈ unrealistisch

Ro·man·ze *die*; *-*, *-n* **1.** e-e ziemlich kurze Liebesbeziehung 罗曼史,风流韵事≈ Affäre, Verhältnis (3)〈e-e heimliche R. 隐秘的风流韵事; e-e R. mit j-m haben, erleben 与某人有罗曼史〉 **2.** ein Gedicht, das ähnlich wie ein Volkslied ist 叙事谣曲

Rö·mer[1] *der*; *-s*, *-* **1.** ein Einwohner der Stadt Rom 罗马(市)人 **2.** *hist* [历]; ein Bürger des Römischen Reiches 古罗马(帝国)人 ‖ *hierzu* (派生) **Rö·me·rin** *die*; *-*, *-nen*; **rö·misch** *Adj* (形)

Rö·mer[2] *der*; *-s*, *-*; ein Weinglas mit e-m Fuß aus braunem od. grünem Glas u. e-m Kelch, der wie e-e halbe Kugel aussieht(绿色或褐色的半圆形)高脚圆玻璃酒杯

Rö·mer·topf® *der*; ein Gefäß aus Ton, in dem man *bes* Fleisch im Backofen brät 烤肉罐

rö·misch-ka·tho·lisch *Adj*(形); REL【宗】; in Bezug auf die katholische Kirche, die der Papst in Rom leitet 罗马公教的,罗马天主教的; *Abk* 缩写 r.-k. 〈ein Geistlicher, der Glaube, die Kirche 神职人员,信仰,教会〉

Ron·dell *das*; *-s*, *-e* **1.** ein rundes Beet in e-m Park *o. Ä.* 圆形花坛 **2.** ein runder Platz in e-m Ort 圆形广场(场地)

rönt·gen; *röntgte* [ˈrœŋ(k)tə, ˈrœnçtə], *hat geröntgt*; Vt (及物) ***j-n/etw. r.*** j-n/etw. mithilfe von Röntgenstrahlen untersuchen (um ein Bild von den Knochen u. inneren Organen des Körpers zu machen)给…做 X 射线检查、爱克斯光透视: *Beim Röntgen des Beines stellte sich heraus, dass es gebrochen war* 经 X 射线检查确认腿部骨折 ‖ K-(复合): ***Röntgen-***, ***-apparat***, ***-arzt***, ***-aufnahme***, ***-bestrahlung***, ***-bild***, ***-diagnose***, ***-gerät***, ***-untersuchung***

Rönt·gen·strah·len *die*; *Pl*(复); unsichtbare Strahlen, die sehr viel Energie haben u. die durch feste Körper dringen können X 射线, 伦琴射线: *Am Flughafen wird das Handgepäck mit R. durchleuchtet* 手提行李在机场做

X射线检查

ro·sa *Adj*（形）；*indeklinabel*（词形不变）**1.** von der hellen roten Farbe vieler Rosen 玫瑰红的，粉红色的〈e-e Nelke, e-e Rose 石竹，玫瑰〉：*das r. Fleisch des Lachses* 淡红色的鲑鱼肉 ‖ K-（复合）：***rosa-, -rot*** **2.** ≈ sehr schön〈*mst* 多用 rosa Zeiten 美妙的时光〉‖ NB（注意）：in der gesprochenen Sprache wird *r.* oft dekliniert（在口语中 *r.* 经常有词形变化）：*ein rosanes Kleid* ‖ *zu*（义项）**1. Ro·sa** *das*; *-s, -s*; **ro·sa·far·ben** *Adj*（形）

Ro·se *die*; *-, -n*; e-e Blume mit Dornen u. großen, roten (auch weißen oder gelben) Blüten, die gut riechen 蔷薇，玫瑰 ‖ ↑ *Abb. unter* 图见 ***Blumen*** ‖ K-（复合）：***Rosen-, -beet, -blatt, -busch, -duft, -garten, -öl, -schere, -stock, -strauch, -strauß, -züchter*** ‖ -K（复合）：***Hecken-, Kletter-*** ‖ ID［谚］***keine R. ohne Dornen*** jede schöne Sache hat auch Nachteile 没有无刺的玫瑰；人无完人，金无足赤；***nicht auf Rosen gebettet sein*** *geschr*［书］；kein leichtes, einfaches Leben haben 生活艰难，家境清贫

ro·sé [roˈzeː] *Adj*（形）；*indeklinabel*（词形不变）；von heller rosa Farbe 粉红色的〈ein Wein 葡萄酒〉‖ *hierzu*（派生）**Ro·sé** *das*; *-(s), -(s)*

Ro·sé [roˈzeː] *der*; *-s, -s*; ein Wein, dessen Farbe rosé ist 淡红葡萄酒 ‖ K-（复合）：***Rosé-, -wein***

Ro·sen·kohl *der*; ein Kohl, der mehrere kleine Köpfe aus Blättern hat, die am Stamm wachsen 抱子甘蓝，球芽甘蓝 ‖ ↑ *Abb. unter* 图见 ***Gemüse***

Ro·sen·kranz *der*; KATH【天主】**1.** e-e Kette mit e-m Kreuz u. vielen Perlen, mit denen man die Gebete zählt, die man spricht 挂十字架的念珠 **2.** die Gebete, die man mit e-m R. (1) in der Hand betet（念珠）祈祷〈e-n R. beten（念珠）祈祷〉

Ro·sen·mon·tag *der*; der Montag vor Aschermittwoch 四旬斋前的星期一（狂欢星期一）‖ K-（复合）：***Rosenmontags-, -ball, -zug***

Ro·set·te *die*; *-, -n*; ein rundes Ornament od. Fenster aus vielen kleinen Teilen, das wie e-e Blüte e-r Rose aussieht 玫瑰花饰图案窗，圆花窗，圆花饰 ‖ K-（复合）：***Rosetten-, -fenster***

ro·sig *Adj*（形）**1.** mit rosa Farbe 呈粉红色的〈ein Baby, ein Ferkel, ein Gesicht, die Haut, die Wangen 婴儿，猪崽，脸蛋，皮肤，脸颊〉**2.** *mst* sehr positiv 美好的，前景乐观的〈etw. in rosigem Licht, in den rosigsten Farben schildern 把某事描绘得很美好、非常美好〉**3.** *mst* 多用 ***nicht gerade r.*** *gespr iron*［口］［讽］；nicht sehr erfreulich 不太妙的，不太愉快的：*Die Zukunft sieht nicht gerade r. aus* 前途看来并不太妙

Ro·si·ne *die*; *-, -n*; die getrocknete kleine Frucht des Weins (2) 葡萄干〈ein Kuchen mit Rosinen 带有葡萄干的点心〉‖ K-（复合）：***Rosinen-, -brötchen*** ‖ ID［谚］**(*große*) *Rosinen im Kopf haben*** *gespr*［口］；unrealistische Pläne haben 想入非非，抱有不切实际的想法；***sich*** (*Dat* 三格) ***die Rosinen aus etw.*** (*Dat* 三格) ***herauspicken*** *gespr*［口］；das Beste von etw. für sich selbst aussuchen 挑肥拣瘦

Ros·ma·rin *der*; *-s*; *nur Sg*（只用单数）；e-e Gewürzpflanze mit schmalen, harten Blättern 迷迭香

Ross *das*; *-es, -e / Rös·ser* **1.** (*Pl* 复 *Rosse*) *geschr*［书］；ein (wertvolles) *mst* starkesPferd 骏马 **2.** (*Pl* 复 *Rösser*) *südd* Ⓐ Ⓒⓗ *gespr*［南德］［奥］［瑞］［口］≈ Pferd **3.** ***hoch zu R.*** *hum*［诙］；auf e-m Pferd (reitend) 骑着骏马 ‖ ID［谚］***auf dem / e-m hohen R. sitzen*** arrogant, überheblich sein 趾高气扬，傲慢；***sich aufs hohe R. setzen*** sich arrogant benehmen 举止高傲；***von seinem / vom hohen R. herunterkommen*** aufhören, sich arrogant, überheblich zu benehmen 不再趾高气扬（盛气凌人）

Ross·haar *das*; *nur Sg*（只用单数）；das Haar (von der Mähne u. vom Schwanz) von Pferden, mit dem man *bes* Matratzen füllt 马鬃，马鬣 ‖ K-（复合）：***Rosshaar-, -matratze***

Ross·kur *die*; *gespr*［口］；e-e Behandlung, die für den Kranken sehr anstrengend ist 剧药强化治疗〈e-e R. machen 进行剧药强化治疗〉

Rost[1] *der*; *-(e)s*; *nur Sg*（只用单数）**1.** e-e *mst* rotbraune Substanz, die sich an der Oberfläche von Eisen *o. Ä.* bildet, wenn es lange feucht ist 锈，铁锈〈etw. setzt R. an, wird von R. zerfressen/zersetzt 某物生锈、被锈蚀〉‖ K-（复合）：***Rost-, -fleck, -schutzfarbe, -schutzmittel, -stelle; rost-, -braun*** **2.** BOT【植】；e-e Krankheit, bei der Pflanzen rotbraune Flecken bekommen, die wie R.[1] (1) aussehen 锈病 ‖ *zu*（义项）**1. rost·be·stän·dig** *Adj*（形）；**rost·far·ben** *Adj*（形）‖ ▶ ***rosten***

Rost[2] *der*; *-(e)s, -e*; ein Gitter aus Holz od. Metall, auf das man etw. legt od. mit dem man etw. abdeckt 箅子，格栅：*e-n Kellerschacht mit e-m R. abdecken, damit niemand hineinfällt* 用格栅把地下室井道口盖上，以免有人掉下去；*e-n R. über ein Feuer legen u. darauf Würstchen braten* 把一个箅子放在火上并在上面烤小香肠 ‖ K-（复合）：***Rost-, -braten, -bratwurst*** ‖ -K（复合）：***Ofen-*** ‖ ▶ ***rösten***

ros·ten; *rostete, hat / ist gerostet*; [Vi]（不及物）***etw. rostet*** etw. wird von e-r Schicht Rost[1] (1) bedeckt（物作主语）生锈：*Eisen rostet, wenn es feucht gelagert wird* 铁放在潮湿的地方会生锈 ‖ ▶ ***verrosten***

rös·ten; *röstete, hat geröstet*; [Vt]（及物）**1.** ***etw. r.*** etw. so stark erhitzen, dass es braun u. knusprig wird 烤，烘烤，焙，焙炒〈Kartoffeln, Kastanien in e-m Feuer, Brot/Fisch/Fleisch über e-m Feuer, auf e-m Grill r. 在火里烤土豆、栗子，在火上、烤肉架上烤面包、鱼、肉；frisch gerösteter Kaffee 刚焙炒的咖啡〉‖ K-（复合）：***Röst-, -kaffee*** **2.** ***etw. r.*** ≈ braten〈Brot, Kartoffeln in der Pfanne r. 在（平

底)锅里煎面包、土豆〉‖ K-(复合): **Röst-**, **-kartoffeln**

rọst·frei *Adj*(形); *nicht adv*(不作状语); 〈ein Messer, e-e Spüle, Stahl 刀,(厨房)水池,钢〉so, dass sie nicht rosten, wenn sie feucht werden 不(生)锈的,抗锈的,防锈的

Rọ̈s·ti *die*; *Pl*(复); ⒸⒽ [瑞] e-e Art von Bratkartoffeln 煎土豆(片、丝)

rọs·tig *Adj*(形); 〈Eisen, ein Nagel 铁,钉子〉mit Rost¹ (1)生锈的

rot, *röter/roter*, *rötest-/rotest-*; *Adj*(形) **1.** von der Farbe des Blutes u. reifer Tomaten 红色的〈rot gestreift, glühend 红色条纹的,发红光的〉: *ein roter Himmel bei Sonnenuntergang* 日落时红彤彤的天空; *die Fehler in e-m Text mit roter Tinte anstreichen* 用红墨水划出文章里面的错误; *sich die Lippen rot anmalen* 把嘴唇涂红 ‖ K-(复合): **rot-**, **-bärtig**, **-braun**; **rot-**, **-gestreift**, **-glühend**; **Rot-**, **-färbung** ‖ -K(复合): **blut-**, **feuer-**, **fuchs-**, **glut-**, **kirsch-**, **korallen-**, **kupfer-**, **rost- 2.** von der ziemlich dunklen Farbe, die ein Körperteil hat, wenn viel Blut darin fließt 血红的,红润的↔ blass〈Backen 脸颊; vor Anstrengung, Scham, Wut e-n roten Kopf bekommen 累得、羞得、气得满脸通红; vom Weinen rote Augen bekommen/haben 哭红了眼; rot geweinte Augen 哭红的双眼〉‖ K-(复合): **rot-**, **-geweint 3.** 〈Haare 头发〉von dunkelgelber u. leicht rötlicher Farbe 红褐色的 **4.** *gespr* [口]; mit kommunistischen od. sozialistischen Prinzipien u. Ideen 红色的(左派的,革命派的)≈ link- ↔ schwarz (5), recht-〈die Fahne, e-e Partei, ein Politiker 旗帜,政党,政治家; die Roten wählen 投左派的票〉‖ K-(复合): **Rot-**, **-china 5.** **r. sein/werden** ein rotes (2) Gesicht bekommen, weil man sich schämt od. verlegen ist(因害羞,受窘)脸红 ‖ *zu* (义项)**2.** **rot·äu·gig** *Adj*(形); **rot·ba·ckig** *Adj*(形); **rot·wan·gig** *Adj*(形); *zu* (义项)**3.** **rot·haa·rig** *Adj*(形)

Rot *das*; *-s*, *-/gespr*[口] *-s* **1.** e-e rote (1,2,3) Farbe 红颜色: *das leuchtende Rot der Mohnblume* 罂粟花的鲜红颜色 **2.** das rote Licht e-r Ampel (交通信号)红灯 ↔ Grün, Gelb: *Er fuhr bei Rot über die Kreuzung* 他过交叉路口闯红灯; *Die Ampel steht auf Rot* 交通信号是红灯

Ro·ta·ti·on [-'tsio:n] *die*; *-*, *-en* **1.** der Vorgang, bei dem sich etw. um e-n Punkt od. e-e Achse dreht 旋转,转圈 ‖ K-(复合): **Rotations-**, **-achse**, **-bewegung 2.** POL【政】; das Rotieren (3)轮岗,易地任职(定期互换领导职位) ‖ K-(复合): **Rotations-**, **-prinzip**, **-zwang**

Rö·te *die*; *-*; *nur Sg*(只用单数) **1.** der Zustand, rot (1,2,3) zu sein 红,红色,红晕,霞光: *die R. des Himmels bei Sonnenuntergang* 日落时天空红彤彤的,一片落日余辉; *die R. seiner Wangen* 他脸颊上的红晕 **2.** ***R. schießt/steigt j-m ins Gesicht*** j-d wird vor Scham od. Verlegenheit rot (2) im Gesicht 某人脸上泛起红晕,某人脸红

Ro·te-Ar·mee-Frak·ti·on *die*; *nur Sg*(只用单数); e-e terroristische Organisation in Deutschland 红色军团(德国的恐怖组织); *Abk* 缩写 RAF

Rö·teln *die*; *nur Pl*(只用复数); e-e Krankheit, bei der man kleine rote Flecken am Körper bekommt 风疹〈sich gegen R. impfen lassen 接种风疹疫苗〉: *Wenn e-e Frau in der Schwangerschaft R. bekommt, ist das sehr gefährlich für den Embryo* 如果妇女在妊娠期得了风疹,这对胎儿是很危险的 ‖ NB(注意): ↑ ***Masern***, ***Windpocken***

rö·ten; *rötete*, *hat gerötet*; Vt (及物) **1.** ***etw. rötet etw.*** etw. gibt etw. e-e rötliche Farbe (物作主语)染红,使呈红色: *Die aufgehende Sonne rötete den Himmel* 初升的太阳染红了天空; *Sein Gesicht ist von der Kälte gerötet* 他的脸冻红了; Vr (反身) **2.** *mst* 多用〈j-s Wangen 某人的脸(颊)〉***röten sich*** j-s Wangen werden rot 变红,发红 ‖ *hierzu*(派生) **Rö·tung** *die*

Rot·fuchs *der* **1.** ein Fuchs mit rotbraunem Fell 赤狐,红狐 **2.** ein Kleidungsstück aus dem Fell e-s Rotfuchses (1)赤狐皮袄〈e-n R. tragen 穿红狐皮袄〉**3.** ein Pferd mit rotbraunem Fell 红棕马,枣粟马 **4.** *gespr*, *oft pej*[口]常用[贬]; j-d, der rote Haare hat 红发人

Rot·haut *die*; *gespr hum* [口][诙]≈ Indianer ↔ Bleichgesicht

Rot·hirsch *der*; ein großer europäischer Hirsch mit rotbraunem Fell 马鹿,赤鹿

ro·tie·ren; *rotierte*, *hat rotiert*; Vi (不及物) **1.** ***etw. rotiert*** etw. dreht sich im Kreis um etw.(物作主语)旋转,转动〈ein Plattenteller, ein Propeller 唱盘,螺旋桨〉: *ein Rasenmäher mit rotierenden Messern* 带旋转刀片的剪草机 **2.** *gespr*[口]; vor e-m wichtigen Ereignis od. unter Zeitdruck allzu aktiv u. nervös werden 心神不定,发懵〈ins Rotieren kommen 开始心神不定〉: *Sie fängt vor jeder Prüfung zu r. an* 每次考试前她就开始犯怵 **3.** POL【政】; ein Amt im Turnus mit anderen wechseln 轮岗,易地任职(定期互换领导职位)

Rot·käpp·chen *das*; *-s*; *nur Sg*; das Mädchen, das in dem Märchen „R. u. der böse Wolf" seine Großmutter besuchen will u. vom Wolf gefressen wird 小红帽(格林童话故事中的小姑娘)

Rot·kehl·chen *das*; *-s*, *-*; ein kleiner (Sing)-Vogel mit roter Kehle u. weißem Bauch 鸲,欧亚鸲

Rot·kohl *der*; ein Kohl mit violetten Blättern, die beim Kochen dunkelrot werden 紫叶甘蓝,红甘蓝≈ Blaukraut

röt·lich *Adj*(形); von leicht roter (3) Farbe 微红的,略呈红色的〈ein Blond, ein Braun, ein Farbton 金黄色,棕色,色调〉

Rot·licht *das* **1.** ein Signal mit rotem Licht (bei dem der Verkehr anhalten muss) (交通信号)红灯〈bei R. über e-e Kreuzung fahren 过交叉路口闯红灯〉**2.** e-e Art Lampe, die warmes rotes Licht ausstrahlt 红外线〈j-n mit R. bestrahlen 用红外线为某人照射治疗〉

Rot·licht|vier·tel *das*; e-e Gegend in e-r Stadt, in der es viele Bordelle gibt 红灯区

Ro·tor *der*; *-s*, *Ro·to·ren*; *mst Pl*(多用复数): die schmalen, flachen u. langen Metallstücke, die sich sehr schnell drehen u. so e-n Hubschrauber bewegen (飞机)螺旋桨 ‖ ↑ *Abb. unter* 图见 **Hubschrauber** ‖ K-(复合): **Rotor-**, **-blatt**

rot·se·hen; *sieht rot*, *sah rot*, *hat rotgesehen*; Vi *gespr*(不及物)[口]: wütend werden u. die Beherrschung verlieren 气得上火、眼冒火

Rot·stift *der*; ein Stift, der rot schreibt 红笔 ‖ ID[谚] **den R. ansetzen** etw. nicht mehr od. nur teilweise finanzieren, um Geld zu sparen 节省开支,取消或缩减开支; **etw. fällt dem R. zum Opfer** etw. wird nicht mehr finanziert, *mst* weil der Staat, e-e Behörde *o.Ä.* Geld sparen will 某项开支被取消了

Rot·te *die*; *-*, *-n*; *pej*[贬]: e-e kleine Gruppe von Menschen 一小撮(群) ≈ Horde: *E-e R. Rowdies randalierte auf der Straße* 一小撮无赖在街上胡闹

Rot·wein *der*; Wein, der aus blauen od. roten Trauben gemacht wird 红葡萄酒 ↔ Weißwein, Rosé

Rot·wild *das*; *Kollekt* (集合) ≈ Rothirsche

Rotz *der*; *-es*; *nur Sg*, *vulg*(只用单数)[俗]: die Flüssigkeit, die sich in der Nase bildet 鼻涕 ≈ Nasenschleim ‖ ID [谚] **R. u. Wasser heulen** *vulg*[俗]: sehr stark weinen 一把鼻涕一把泪地号啕大哭; **der ganze R.** *vulg pej*[俗][贬]: alles 所有的东西,通通 ≈ das ganze Zeug

Rotz·ben·gel *der*; *gespr! pej* [粗][贬] ≈ Rotzjunge

rot·zen; *rotzte*, *hat gerotzt*; Vi *vulg* (不及物)[俗]: die Nase mit lautem Geräusch von Schleim befreien(大声)擤鼻涕

rotz·frech *Adj*(形); *ohne Steigerung*, *gespr*(无变级)[口]: sehr frech 极端无理的,死皮赖脸的

rot·zig *Adj*(形) **1.** *vulg*[俗]: voll Rotz 流、拖鼻涕的,沾有鼻涕的 ⟨die Nase, ein Taschentuch 鼻子,手帕⟩ **2.** *gespr!*, *oft pej*[粗]常用[贬]: sehr frech, respektlos 野的,死不要脸的

Rotz·jun·ge *der*; *vulg pej* [俗][贬]: ein schmutziger od. frecher Junge 拖鼻涕的野孩子,小瘪三

Rotz·na·se *die*; *vulg*[俗] **1.** e-e Nase, aus der Schleim läuft 流、拖着鼻涕的鼻子 **2.** *pej*[贬]: ein schmutziges od. freches Kind 野孩子,小瘪三 ‖ *hierzu* (派生) **rotz·nä·sig** *Adj*(形); *vulg*[俗]

Rouge [ˈruːʃ] *das*; *-s*, *-s*; ein rosa od. roter Puder *o.Ä.* *bes* für die Wangen 胭脂 ⟨R. auftragen 涂胭脂⟩

Rou·la·de [ru-] *die*; *-*, *-n*; e-e dünne Scheibe Fleisch, die *bes* mit Speck, Zwiebeln, Gurken u. Gewürzen gefüllt, zusammengerollt u. gebraten wird 肉卷 ‖ -K(复合): **Kalbs-**, **Rinder-**

Rou·te [ˈruːtə] *die*; *-*, *-n*; ein bestimmter Weg von e-m Ort zum anderen 路线;航线;旅程 ⟨e-e R. nehmen, wählen 走、选一条路线⟩: *Nur noch wenige Schiffe fahren auf der R. um das Kap der Guten Hoffnung von Europa nach Asien* 从欧洲驶往亚洲只有少数船只的航线取道好望角

Rou·ti·ne [ru-] *die*; *-*; *nur Sg*(只用单数) **1. R.** (**in etw.** (*Dat* 三格)) die Fähigkeit, etw. geschickt od. gut zu machen, *bes* weil man schon seit langer Zeit Erfahrung darin hat 经验,熟练,驾轻就熟 ≈ Übung (2) ⟨langjährige, große R. 长年的、丰富的经验; R. haben 驾轻就熟; j-m fehlt (noch) die R. (还)缺乏经验; zu etw. gehört R. 干某事需要熟练的经验⟩: *Er hat noch keine R. im Autofahren* 他开车还不熟练 **2.** *mst pej* 多用[贬]: etw., das man schon so oft getan hat, dass man es richtig macht, aber kein Interesse mehr daran hat 老一套(工作),例行公事 ⟨etw. wird zur R., etw. erstarrt in R. 某事成为老一套,某事僵化成固定模式⟩ ‖ K-(复合): **Routine-**, **-arbeit**

rou·ti·ne-, **Rou·ti·ne-** *im Adj u. Subst*, *wenig produktiv*(构成形容词和名词,构词弱); verwendet, um auszudrücken, dass etw. normal ist od. oft so geschieht 常规…,例行…; e-e **Routineangelegenheit**, e-e **Routinekontrolle**, e-e **Routineprüfung**, e-e **Routinesache**, e-e **Routineuntersuchung**; **routinemäßig** ⟨e-e Überprüfung, e-e Untersuchung 审查,调查⟩

Rou·ti·ni·er [rutiˈnieː] *der*; *-s*, *-s*; j-d, der etw. mit großer Routine (1) macht 有经验的人,老手,驾轻就熟的人

rou·ti·niert [ru-] *Adj*(形); mit Routine (1) 有经验的,老练的,驾轻就熟的,熟练的 ≈ erfahren ⟨ein Autofahrer, ein Schauspieler 司机,演员; etw. r. tun 干某事很老练⟩

Row·dy [ˈraudi] *der*; *-s*, *-s*; *pej*[贬]: ein Jugendlicher, der sich aggressiv u. unhöflich benimmt 无赖,小流氓 ⟨ein randalierender R. 滋事的小流氓⟩ ‖ *hierzu* (派生) **row·dy·haft** *Adj*(形); **Row·dy·tum** *das*; *-s*; *nur Sg*(只用单数)

rub·beln; *rubbelte*, *hat gerubbelt*; Vt/i (及物/不及物) (**etw.**) **r.** *gespr*[口]: kräftig an etw. reiben 搓,揉: *das Hemd r., damit ein Fleck herausgeht* 搓衬衣把污迹除掉

Rü·be *die*; *-*, *-n* **1.** e-e Pflanze mit e-r sehr dicken Wurzel, die man *bes* als Futter für Tiere verwendet 甜菜;块根 ⟨Rüben anbauen, pflanzen 种植、种甜菜⟩ ‖ K-(复合): **Rüben-**, **-feld**, **-sirup**, **-zucker** ‖ -K(复合): **Futter-**, **Zucker-** **2.** **e-e Rote R.** e-e R. (1) mit runder, roter Wurzel 红菜头 ≈ Rote Bete **3.** **e-e Gelbe R.** *bes südd* Ⓐ 尤在[南德][奥] ≈ Möhre, Karotte **4.** *gespr!*[粗] ≈ Kopf ⟨eins auf die R. kriegen, j-m eins auf die R. geben 脑袋上挨一下,揍某人脑袋一下⟩

Ru·bel *der*; *-s*, *-*; die Währung in Russland 卢布: *Ein R. hat 100 Kopeken* 一卢布合 100 戈比 ‖ ID[谚] **Da rollt der R.** *gespr*[口]: da wird viel Geld verdient 钱滚滚而来

rü·ber *Adv*(副); *gespr*[口]; ↑ **herüber**, **hinüber**

rü·ber- *im Verb, sehr produktiv, gespr*（构成动词，构词强）[口]；↑ ***herüber-, hinüber-***

rü·ber·brin·gen (*hat*) [Vt] *gespr*（及物）[口] **1. *j-n/etw. r.*** ≈ herüberbringen, hinüberbringen **2. *etw. r.*** etw. so darstellen, dass es andere verstehen, erkennen *o.Ä.* 说清楚，讲清楚

rü·ber·kom·men (*ist*) [Vi] *gespr*（不及物）[口] **1** ≈ herüberkommen: *Er kam zu mir rüber* 他朝我走过来 **2.** ≈ hinüberkommen: *Ist sie über den Fluss rübergekommen?* 她过河来了吗？**3. *mit etw. r.*** etw. nach langem Zögern hergeben（不情愿地）给，交出来 ≈ etw. herausrücken: *Jetzt komm mit dem Geld rüber!* 现在掏钱吧！**4. *etw. kommt rüber*** etw. wird deutlich od. erkennbar（物作主语）表露出来，显露出来：*Die Angst der Menschen ist in diesem Film gut rübergekommen* 人们的恐惧在这部电影里表露得很真切

rü·ber·ma·chen (*hat*) [Vi]（不及物）(***von drüben***) ***r.*** *gespr, oft pej, hist*[口]常用[贬][历]；von der DDR in die Bundesrepublik Deutschland umziehen od. umgekehrt（原民德与西德之间的移民）迁过来(去)

Ru·bi·kon *der*; *nur in* 只用于 ***den R. überschreiten*** *geschr* [书]；e-e wichtige Entscheidung treffen, die man nicht zurücknehmen kann 毅然作出决定，断然采取行动，破釜沉舟（源出古罗马恺撒不顾法律规定越过卢比孔河，引发内战）

Ru·bin *der*; *-s, -e*; ein wertvoller roter (Edel)Stein 红宝石：*ein Ring mit e-m R.* 红宝石戒指 ‖ K-(复合)：***rubin-, -rot***

Rub·rik *die*; *-, -en* **1.** ein Teil e-r Zeitung, Liste *o.Ä.*, der e-e besondere Überschrift hat 栏目，专栏，栏，项 ≈ Spalte 〈etw. in e-e R. eintragen 把某事记录入一栏目〉：*Die Nachricht stand in/unter der R. „Vermischtes"* "消息登在"综合"栏目 **2.** ≈ Kategorie

Ruch *der*; *-(e)s*; *nur Sg, geschr*（只用单数）[书]；ein schlechter Ruf, den j-d/etw. hat 臭名声，坏名声：*Er steht in dem R./ist in den R. geraten, ein Betrüger zu sein* 他有/得到一个骗子的坏名声

ruch·bar *Adj*（形）；*mst in* 多用于 ***es wird r., dass …*** *geschr*[书]；e-e negative Tatsache wird bekannt…传开，传扬，无人不晓：*Es wurde r., dass der Minister in e-n Skandal verwickelt war* 部长卷入一桩丑闻的消息已传开

ruch·los *Adj*（形）；*geschr*[书]；〈ein Mörder 杀人凶手〉verbrecherisch u. gewissenlos 丧尽天良的，野蛮的 ‖ *hierzu*（派生）**Ruch·lo·sig·keit** *die*

ruck *Adv*（副）；*gespr*[口]；*nur in* 只用于 ***ruck, zuck*** sehr schnell u. ohne große Mühe 一下子，很快，不费吹灰之力：*Das ist doch überhaupt keine Arbeit, das geht doch ruck, zuck!* 这根本算不上工作，这是举手之劳罢了！‖ NB（注意）：↑ ***hau ruck***

Ruck *der*; *-(e)s, -e*; *mst Sg*（多用单数）**1.** e-e plötzliche u. kräftige kurze Bewegung 猛一下子，突然一下子：*sich mit e-m R. losreißen* 猛地一下子挣脱；*Der Zug fuhr mit e-m R. los* 火车猛地一下子开动了 **2. *ein R. nach links/rechts*** e-e plötzliche politische Entwicklung nach links/rechts, *z.B.* ein starker Zuwachs an Wählern für linke/rechte Parteien（政治上）左/右派突然得势，冒头 ‖ *zu*（义项）**2. Links·ruck** *der*; **Rechts·ruck** *der*

Rück- *im Subst, sehr produktiv*（构成名词，构词强）**1.** verwendet, um Substantive aus Verben mit *zurück-* zu bilden（由动词加前缀 zurück 构成的动名词）回，还；die ***Rückeroberung*** 〈e-s besetzten Gebiets 被占领地区的〉，die ***Rückgabe*** 〈e-s ausgeliehenen Buches 外借图书的〉，die ***Rückzahlung*** 〈von Steuern 税收〉 **2.** verwendet, um auszudrücken, dass etw. von e-m Ziel od. Empfänger wieder zurück zum Ausgangsort od. zum Absender geht（表示返回至原出发点）返，回，倒 ↔ Hin-；die ***Rückantwort***, die ***Rückfahrkarte***, die ***Rückfahrt***, der ***Rückflug***, der ***Rücklauf*** 〈des Wassers 水的〉，der ***Rückmarsch***, die ***Rückreise***, der ***Rückweg*** **3.** verwendet, um auszudrücken, dass etw. im od. am hinteren Teil von etw. ist od. den hinteren Teil von etw. betrifft（表示整体的后面部分）后，背，尾，反 ↔ Vorder-；die ***Rückansicht*** 〈e-s Gebäudes 一幢房子的〉，die ***Rückbank*** 〈e-s Autos 小汽车的〉，die ***Rückfront*** 〈e-s Gebäudes 一幢房子的〉，die ***Rücklehne*** 〈des Stuhls 椅子的〉，das ***Rücklicht***, die ***Rückleuchte***, die ***Rückseite*** 〈e-s Gebäudes, e-s Bildes 一幢房子的，一幅画的〉，der ***Rücksitz*** ‖ *zu* ***Rücklicht*** ↑ *Abb. unter* 图见 ***Auto, Fahrrad***

ruck·ar·tig *Adj*（形）**1.** mit e-m Ruck 猛一下的，突然的 ≈ plötzlich 〈r. anfahren, bremsen 突然起动、刹车〉 **2.** 〈Bewegungen 运动〉 kurz u. ungleichmäßig 急促而又不连贯的，一顿一顿的

Rück·bil·dung *die*; MED, BIOL【医】【生】；der Vorgang, durch den ein Körperteil od. e-e Substanz kleiner od. weniger wird 萎缩，退化

Rück·blen·de *die*; ein Bericht in e-m Film od. Roman, in dem die Ereignisse erzählt werden, die vor dem Anfang des Films od. Romans geschehen sind 倒叙〈etw. in e-r R. zeigen, erzählen 用倒叙的手法表现、讲述〉

Rück·blick *der* **1. *ein R.*** (***auf etw.*** (*Akk* 四格)) ein Bericht über etw. in der Vergangenheit 回顾，回溯：*ein R. auf das vergangene Geschäftsjahr* 回顾上一个营业年度 **2. *im R.*** wenn man Vergangenes heute beurteilt 回首往事，回头来看 ≈ rückblickend: *Im R. scheint mir seine Entscheidung nicht richtig gewesen zu sein* 回过头来看，我觉得他的决定是不正确的

rück·bli·ckend *Adj*（形）≈ im Rückblick (2)

rück·da·tie·ren; *rückdatierte, hat rückdatiert*; [Vt]（及物）***etw. r.*** (nachträglich) ein früheres Datum auf etw. schreiben 在…上填写已过的日期 ↔ vordatieren 〈e-n Brief, e-n Scheck 一封信，一张支票〉 ‖ NB（注意）：nur im Infinitiv od. Partizip Perfekt verwendet（只用不定式或过去分词）

ru·cken; *ruckte, hat geruckt*; [Vi]（不及物）**1.**

an etw. (*Dat* 三格) **r.** etw. mit einem Ruck (1) od. mehreren Rucken bewegen 猛力推、拉: *Er ruckte am Schrank, um ihn vor die Tür zu schieben* 他用猛力把柜子推到门前面 **2. etw. ruckt** etw. macht e-n Ruck (1)(物作主语)猛一动,突然一动: *Der Zug ruckte ein paar Mal u. blieb dann stehen* 火车猛地震动了几下后停了下来

rụ·cken; *rückte, hat/ist gerückt*; Vt (及物) (*hat*) **1. etw.** (**irgendwohin**) **r.** etw. (*mst* Schweres) mit kurzen, kräftigen Bewegungen ein bisschen verschieben od. ziehen 挪,移,推,拉: *e-n Schrank vor die Tür r., damit niemand hereinkann* 为了不让人进来把柜子挪到门前面; *e-n Stuhl näher an den Tisch r.* 把椅子挪得更靠近桌子 **2. etw. in den Mittelpunkt/Vordergrund r.** ein Thema *o.Ä.* zum Mittelpunkt der Diskussion machen 把…列为中心议题/排在首要位置; Vi (不及物) (*ist*) **3. irgendwohin r.** (im Sitzen) sich irgendwohin bewegen(坐着)挪动: *Er rückte auf dem Sofa näher zu ihr* 他在沙发上把身子挪近她一些; *Wenn Sie ein wenig (zur Seite) r., habe ich auf der Bank auch noch Platz* 要是您稍微(往边上)挪一挪,我也可以坐在凳子上了 **4. etw. rückt in den Mittelpunkt/Vordergrund** etw. wird zum Mittelpunkt des Interesses(物作主语)成为关注的中心 **5. ein Ziel rückt in weite Ferne/in greifbare Nähe** ein Ziel ist kaum mehr zu erreichen/ist fast erreicht 目标难以实现/即将实现 **6. ein Zeitpunkt rückt näher** ein Zeitpunkt kommt näher 某一时刻即将到来 **7. ins Feld, ins Manöver r.** (MIL)(【军】) ins Feld, ins Manöver ziehen 开赴战场,参加军事演习

Rụ̈·cken *der*; *-s*, - **1.** die Seite des Körpers (zwischen Hals u. Gesäß), die beim Menschen hinten ist 背部,脊背 ↔ Bauch, Brust ⟨ein breiter, gebeugter, krummer, steifer R. 宽背,弓背,驼背,挺直的背; e-n runden R. machen 弯腰,哈腰; auf dem R. liegen 仰卧; auf den R. fallen 摔了个仰八叉儿(四脚朝天); j-m den R. zudrehen, zuwenden 不理睬某人,背弃某人; j-m die Hände auf den R. binden 把某人的手反绑在背后⟩: *Sie stellten sich R. an R., um zu sehen, wer größer war* 他们背靠背站着看谁个子高; *Er setzte sich mit dem R. zur Tür* 他背对着门坐下来 ‖ ↑ *Abb. unter* 图见 **Mensch** ‖ K-(复合): **Rücken-**, **-muskel**, **-schmerzen**, **-wirbel**; **-lage**, **-lehne**, **-polster** ‖ -K(复合): **Pferde-**, **Reh-** **2. der verlängerte R.** *hum euph* [谐][婉] ≈ Gesäß, Hintern **3.** (**mit j-m/etw.**) **im R.** mit j-m/etw. hinter einem 背对着: *Mit dem Fenster im R. saß er am Tisch* 他背对窗户靠桌子坐着 **4.** *mst* 多用 **j-n im R. haben** j-n (*mst* als Verfolger) dicht hinter einem haben 身后有…跟着、盯梢: *Die Kidnapper hatten die ganze Zeit die Polizei im R.* 绑架者的身后时刻都有警察盯着 **5.** die obere Seite von etw. 背,脊(物体的上部)⟨der R. e-s Berges, e-s Messers 山梁,刀背⟩ **6.** der längliche, dünne Teil e-s Buchs, den man sieht, wenn das Buch auf e-m Regal steht 书脊 ‖ ID [谚] **e-n breiten R. haben** viel Unangenehmes ruhig ertragen können 经受得住,顶得住; **j-m in den R. fallen** etw. tun od. sagen, das j-m schadet, nachdem man ihn vorher unterstützt hat od. mit ihm befreundet war 对某人反目无情,对某人以怨报德; **j-m den R. decken/freihalten** j-n unterstützen 作某人的后盾,使某人无后顾之忧; **sich** (*Dat* 三格) **den R. freihalten/frei halten** sich gegen Kritik absichern 确保自己有退路(防备自己背后不受敌); **den R. freihaben/frei haben** handeln können, ohne behindert zu werden 无后顾之忧; **im R.** als Unterstützung 作为后盾 ⟨j-n/etw. im R. haben 有某人/某事作后盾⟩: *mit der Gewerkschaft im R. gegen den Arbeitgeber prozessieren* 以工会作后盾起诉雇主; **hinter j-s R.** so, dass j-d nichts davon weiß od. bemerkt 背着、瞒着某人; **j-m den R. stärken** j-m helfen u. ihm Mut machen 为某人撑腰(壮胆); **j-m/etw. den R. kehren/zudrehen** mit j-m/etw. nichts mehr zu tun haben wollen 疏远、不想理睬某人/某事 ≈ sich von j-m/etw. abwenden; **mit dem R. zur Wand stehen/kämpfen** sich in e-r sehr schwierigen Situation verzweifelt verteidigen 没有退路,背水一战; *mst* 多用 **j-m läuft es eiskalt/heiß u. kalt den R. hinunter**; **j-m läuft es kalt über den R.** j-d bekommt sehr große Angst, ist über etw. entsetzt 某人感到毛骨悚然

Rụ̈·cken·de·ckung *die* **1.** der Schutz gegen e-n Angriff von hinten 背后掩护⟨j-m R. geben 为某人背后掩护⟩ **2.** der Schutz, den j-d gegen Angriffe, Kritik u. negative Folgen seiner Taten von j-m bekommt 撑腰,支持: *In dieser Angelegenheit bekam er von seinem Chef R.* 在这件事上他有上司为他撑腰

rụ̈·cken·frei *Adj*(形); ⟨ein Abendkleid 晚礼服⟩ so, dass es den Rücken nicht bedeckt 露背的

Rụ̈·cken·mark *das*; der dicke Strang von Nerven in der Wirbelsäule 脊髓 ‖ K-(复合): **Rückenmark-**, **-entzündung**, **-verletzung**

rụ̈·cken·schwim·men Vi (不及物) *nur im Infinitiv*(只用不定式); so schwimmen, dass der Rücken nach unten u. der Bauch nach oben zeigt 仰泳 ‖ *hierzu* (派生) **Rụ̈·cken·schwim·men** *das*; *-s*; *nur Sg*(只用单数)

Rụ̈·cken·stär·kung *die* ≈ moralische Unterstützung, Aufmunterung ⟨sich bei j-m R. holen 得到某人的鼓励⟩

Rụ̈·cken·wind *der*; ein Wind, der von hinten kommt 顺风 ↔ Gegenwind ⟨R. haben 顺风⟩

Rụ̈ck·er·stat·tung *die*; **die R.** (+ *Gen* 二格/**von etw.**) (**an j-n**) das Zahlen von Kosten an j-n, der diese schon bezahlt hatte 报销,偿付: *die R. von Fahrkosten* 车费的报销 ‖ *hierzu* (派生) **rück·er·stat·ten** (*hat*) *Vt*(及物) *nur im Infinitiv u. Partizip Perfekt*(只用不定式和过去分词)

Rụ̈ck|fahr·kar·te *die*; e-e Fahrkarte, die zur Fahrt zu e-m bestimmten Ziel u. zurück berechtigt 往返车票,双程车票

R

Rück·fahrt *die*; die Fahrt von e-m bestimmten Ort od. Ziel zurück(乘车、船)返程: *Auf der R. hatten wir e-e Panne* 在返程途中我们抛锚了

Rück·fall *der* **1.** das nochmalige Krankwerden, nachdem man sich von derselben Krankheit fast erholt hatte(旧病)复发〈e-n R. befürchten, bekommen, erleiden, vermeiden 担心复发,犯旧病,旧病复发,避免复发〉**2.** ***ein R.*** (***in etw.*** (*Akk* 四格)) das Abgleiten in frühere negative Denk- od. Handlungsweisen (die man schon abgelegt hatte) 复发,重犯,再犯〈ein R. in alte Fehler, in ein altes Verhalten, in alte Gewohnheiten 重犯老毛病(错误),故态复萌,旧习复发〉‖ K-(复合): ***Rückfall-, -quote, -täter***

rück·fäl·lig *Adj* (形);〈ein Dieb, ein Süchtiger, ein Täter 小偷,有毒瘾的人,案犯; r. werden 会重犯的〉so, dass sie etw. Schlechtes od. Illegales wieder tun 再犯的,重犯的 ‖ *hierzu* (派生) **Rück·fäl·lig·keit** *die*; *nur Sg*(只用单数)

Rück·fra·ge *die*; e-e Frage, die man j-m stellt, um Einzelheiten zu klären, die in e-m früheren Gespräch nicht deutlich geworden sind (进一步)反问,询问,查问,追问 ‖ *hierzu* (派生) **rück·fra·gen** (*hat*) *Vi*(不及物); *nur im Infinitiv u. Partizip Perfekt*(只用不定式和过去分词)

Rück·ga·be·recht *das*; das Recht, e-e gekaufte Ware zurückzugeben, wenn sie nicht in Ordnung ist od. wenn sie einem nicht gefällt 退货权

Rück·gang *der*; *mst Sg*(多用单数); der Prozess, bei dem etw. (wieder) weniger wird 下降,减少,倒退↔ Anstieg (5)〈etw. befindet sich im R. 某事正在倒退〉: *der R. der Säuglingssterblichkeit* 婴儿死亡率的下降

rück·gän·gig *Adj*(形) **1.** so, dass sich die Zahl od. Menge verringert 下降的,减少的,倒退的≈ rückläufig ↔ ansteigend, wachsend: *e-e rückgängige Geburtenzahl* 下降的生育率 **2.** 〈e-n Beschluss, e-n Vertrag 一项决议,一个合同〉***r. machen*** erklären, dass ein Beschluss, ein Vertrag nicht mehr gültig ist 撤消,取消,废止≈ annullieren, widerrufen

Rück·grat *das* **1.** *mst Sg* (多用单数) ≈ Wirbelsäule〈sich das R. brechen, verletzen 脊柱骨折、受伤〉‖ K-(复合): ***Rückgrat-, -verkrümmung*** **2.** *nur Sg*(只用单数); der Mut, bei seinen Überzeugungen zu bleiben u. sie zu vertreten 骨气〈R. beweisen, haben, zeigen 证明有、具有、显示出骨气; ein Mensch ohne R. 一个没有骨气的人〉‖ ID [谚] ***j-m das R. brechen*** *gespr* [口]; **a**) auf j-n so viel Druck ausüben, dass er seine Meinung aufgibt 迫使某人屈服; **b**) j-n ruinieren 搞垮某人

Rück·griff *der*; ***ein R.*** (***auf j-n/etw.***) der erneute Einsatz e-r Person, der erneute Gebrauch e-r Sache, die man früher benutzte 重新起用,重新使用: *ein R. auf alte Methoden* 重新采用老方法

Rück·halt *der*; *nur Sg* (只用单数)≈ Halt[1] (2)〈ein moralischer R. 道义上的支持; an j-m e-n festen R. haben 有某人的有力支持〉

rück·halt·los *Adj*(形); ohne Vorbehalte, ohne Bedenken 无保留的〈e-e Anerkennung, e-e Zustimmung 承认,同意; j-m r. vertrauen 毫无保留地信任某人〉‖ *hierzu*(派生) **Rück·halt·lo·sig·keit** *die*; *nur Sg*(只用单数)

Rück·hand *die*; *nur Sg*(只用单数); ein Schlag beim Tennis, Tischtennis *o. Ä.*, bei dem der Handrücken zum Ball zeigt 反手(击球)〈e-e R. spielen 反手击球; e-e gute, schlechte, gefürchtete R. haben 反手强、弱、令人生畏〉

Rück·kehr *die*; -; *nur Sg*(只用单数) **1.** das Zurückkommen (nach e-r ziemlich langen Abwesenheit 归来,返回,回归): *Flüchtlingen die R. in die Heimat ermöglichen* 使难民重返家园成为可能; *Nach deiner R. vom Urlaub feiern wir ein Fest* 你度假回来后我们庆贺一番 **2.** die Wiederaufnahme e-r früheren Tätigkeit *o. Ä.* 恢复,重返,重操〈die R. zu alten Gewohnheiten 恢复旧的习惯〉: *Frauen die R. in den alten Beruf erleichtern* 为妇女恢复以前的职业提供方便 ‖ *zu* (义项) **1. Rück·keh·rer** *der*; *-s*, -; **Rück·keh·re·rin** *die*; -, *-nen*

Rück·kopp·lung *die* **1.** das laute Pfeifen im Lautsprecher, das entsteht, wenn ein Teil der Energie des Verstärkers zurückfließt 回授,反馈(放大器部分能量回流造成的喇叭嘶叫声)**2.** ≈ Feedback

Rück·kunft *die*; -; *nur Sg*(只用单数), *geschr* [书]≈ Rückkehr (1)

Rück·la·ge *die*; -, *-n*; *mst Pl* (多用复数); Geld, das j-d/ein Betrieb für schlechte Zeiten spart 储备金,(应急用的)积蓄〈Rücklagen bilden 设立储备金〉

rück·läu·fig *Adj* (形)≈ rückgängig (1)

rück·lings *Adv*(副) **1.** mit dem Rücken in die Richtung der Bewegung 向后,朝后 ↔ vorwärts〈r. hinfallen, auf den Boden fallen, auf dem Pferd sitzen 向后倒下,向后摔倒在地,倒骑马〉**2.** von hinten 从后面↔ von vorn〈j-n r. angreifen, erstechen 从后面进攻、刺死某人〉

Rück·mel·dung *die* **1.** ***die R.*** (***zu etw.***) die Mitteilung, dass man wieder da ist 销假,(销假)报到: *die R. zur Arbeit* (返回后)上班报到 **2.** e-e Reaktion aus dem Publikum 反应≈ Feedback

Rück·nah·me *die*; -, *-n* **1.** die Erklärung (3), dass e-e Aussage, e-e Behauptung *o. Ä.* nicht mehr gültig ist 收回,撤销,撤回〈die R. e-r Anschuldigung, e-s Einspruchs, e-r Klage, e-s Vorwurfs 撤销指控、申诉,撤回诉讼、指责〉**2.** das Zurücknehmen e-r gekauften Ware durch den Verkäufer 接受退货

Rück·por·to *das*; das Porto, das j-d, der um e-e Antwort bittet, in seinen Brief legt 回信邮资〈das R. beilegen 附上回信邮资〉

Rück·rei·se *die*; die Reise von e-m bestimmten Ort od. Ziel zurück 返程,归国,返乡

Rück·rei·se|wel·le *die*; starker Verkehr am

Ende von Ferien, Wochenenden *o.Ä.*, der dadurch entsteht, dass viele Menschen nach Hause fahren(度假)返程高峰

Rück·ruf *der* **1.** ein Telefonanruf als Antwort auf ein Telefongespräch 回电话〈um R. bitten 请求回电话〉**2.** e-e Aktion, bei der *bes* e-e Firma dazu aufruft, e-e Ware, ein Modell *o.Ä.* zurückzugeben, damit es auf Mängel *o.Ä.* überprüft werden kann 召回(商品)‖ K-(复合): ***Rückruf-, -aktion***

Ruck·sack *der*; e-e Art große Tasche, die man an Riemen auf dem Rücken trägt(双肩)背包〈e-n R. packen, umhängen, auf dem Rücken tragen, ablegen 整理、背上背包,把背包背在背上、从背上卸下; etw. im R. verstauen 把某物整齐地放在背包里〉‖ K-(复合): ***Rucksack-, -tourist***

Rück·schau *die* ≈ Rückblick (1) ↔ Vorschau

rück·schau·end *Adj*(形) ≈ rückblickend

Rück·schlag *der* **1.** e-e plötzliche Wendung zum Negativen hin, *bes* e-e Niederlage od. e-e Enttäuschung 挫折,失败〈e-n R. erleben, erleiden, hinnehmen müssen 得经历、遭受、接受一次挫折〉**2.** Ⓒⓗ[瑞]≈ Defizit

Rück·schluss *der*; *-es*, *Rück·schlüs·se*; *mst Pl*(多用复数); ***Rückschlüsse (auf j-n/etw.)*** e-e logische Folgerung, die man aus etw. ableiten kann u. die über etw. anderes Auskunft gibt 推断,推理〈Rückschlüsse aus etw. ziehen 从某事中得出推断; etw. lässt auf j-n/etw. Rückschlüsse zu 从某事可以推断出某人/某事〉

Rück·schritt *der*; *nur Sg*(只用单数); e-e Entwicklung zu e-m (früheren) schlechteren Zustand hin 退步,倒退 ↔ Fortschritt〈e-e Maßnahme, ein Zustand bedeutet e-n R. 一种措施,一种状况意味着倒退〉

Rück·sicht *die*; -, *-en* **1.** *mst Sg*(多用单数); ***R. (auf j-n/etw.)*** das Bestreben, auch die Gefühle, Bedürfnisse, Wünsche *usw* anderer Menschen zu beachten, od. das Bestreben, e-r Sache nicht zu schaden 考虑,顾及,体谅,照顾〈(auf j-n/etw.) R. nehmen 考虑(到某人/某事); keine R. kennen 不顾,不予考虑; mit/ohne R. auf j-n/etw. 考虑到/不顾及某人/某事; es an R. fehlen lassen 欠考虑〉: *Du solltest etwas mehr R. auf deine kleine Schwester nehmen!* 你应该多为你妹妹想想! **2.** *nur Pl*(只用复数) ≈ Gründe〈etw. aus familiären, finanziellen, wirtschaftlichen Rücksichten tun 出于家庭、财政、经济原因(考虑)而干某事〉‖ ID [谚] ***ohne R. auf Verluste*** *gespr*[口]; so, dass es j-m egal ist, wenn sein Verhalten ihm selbst od. anderen Nachteile bringt 不计后果,不顾一切

Rück·sicht·nah·me *die*; *nur Sg*(只用单数); ein Verhalten, das sich an den Gefühlen *o.Ä.* anderer orientiert 体谅,顾及,照顾,关照

rück·sichts·los *Adj*(形); ***r. (gegen j-n/etw.)*** ohne die Gefühle, Bedürfnisse *o.Ä.* von anderen Menschen zu beachten 肆无忌惮的,毫无顾忌的 ≈ egoistisch ↔ rücksichtsvoll〈ein Mensch 人; j-s Verhalten 某人的行为; r. handeln 行事肆无忌惮; j-n r. behandeln, ausnützen 毫无顾忌地对待、利用某人〉‖ *hierzu*(派生) **Rück·sichts·lo·sig·keit** *die*; *mst Sg*(多用单数)

rück·sichts·voll *Adj*(形);〈ein Mensch 人〉so, dass er sein Verhalten an den Gefühlen, Bedürfnissen *o.Ä.* von anderen Menschen orientiert 体谅他人的,推己及人的,待人体贴入微的 ↔ rücksichtslos, egoistisch: *sich r. benehmen* 待人关怀备至; *r. handeln* 处事将心比心; *Es war sehr r. von ihm, nicht zu rauchen* 他很体谅别人,忍着不吸烟

Rück·spie·gel *der*; ein kleiner Spiegel im Auto, in dem man die Straße u. die Autos hinter sich sehen kann 后视镜,倒车镜,驾驶镜 ‖ NB(注意): ↑ ***Außenspiegel***

Rück·spiel *das*; SPORT【体】; das zweite (von zwei vereinbarten) Spielen zwischen zwei Mannschaften (in e-m Wettbewerb)(主客场制的)第二场比赛↔ Hinspiel

Rück·spra·che *die*; ***die R. (mit j-m)*** ein Gespräch, bei dem man versucht, mit e-m anderen (Betroffenen) Fragen u. Probleme zu klären 商谈,磋商〈mit j-m R. nehmen, halten 与某人商谈(商讨)〉: *Diese Frage kann ich erst nach R. mit dem Chef entscheiden* 这个问题等我和领导商谈以后才能决定

Rück·stand *der* **1.** ein *mst* schädlicher Rest von Stoffen, der nach ihrer Verarbeitung übrig bleibt 残余(物),残渣,余渣〈ein chemischer R. 化学残渣〉: *Im Kalbfleisch wurden Rückstände verbotener Medikamente gefunden* 在小牛肉里发现了违禁药物的残余 ‖ K-(复合): ***rückstands-, -frei*** **2.** *mst Pl*(多用复数); ***Rückstände (in etw.*** (*Dat* 三格)) e-e Summe Geld, die noch nicht bezahlt worden ist 拖欠款项,(仍未偿清的)欠款 ≈ Schulden〈Rückstände eintreiben, fordern 催欠款,索回拖欠款项〉**3.** das, was noch fehlt, um e-e bestimmte Norm zu erreichen 差距,不足,落后现象,拖欠↔ Vorsprung〈e-n R. aufholen 弥补不足; mit etw. im R. sein 在某方面有差距〉: *den R. in der Produktion aufholen* 扭转生产中的落后局面; *Er ist mit der Miete im R.* 他房租未付清 ‖ -K(复合): ***Produktions-*** **4.** ***der R. (auf j-n)*** der Abstand (in Punkten, Minuten *o.Ä.*) zu j-m, der in e-m Wettbewerb vor einem liegt (在比赛成绩上有)差距,落后↔ Vorsprung〈im R. liegen, sein 处于落后局面; e-n R. aufholen, wettmachen 赶上、追回差距〉: *mit drei Punkten R. verlieren* 以三分的差距输掉比赛

rück·stän·dig *Adj*(形); nicht modern 落后的≈ altmodisch ↔ fortschrittlich〈j-s Denken, Vorstellungen 某人的思想,想法〉: *Deine Ansichten sind völlig r.!* 你的看法太落后了! ‖ *hierzu*(派生) **Rück·stän·dig·keit** *die*; *nur Sg*(只用单数)

Rück·stoß *der*; der Schlag, den ein Gewehr gegen die Schulter des Schützen macht 反作用力,后坐力 ‖ K-(复合): ***rückstoß-, -frei***

R

Rück·strah·ler *der*; ein kleines rotes Glas hinten am Fahrrad od. am Auto, das Licht reflektiert 反光镜,尾灯 ‖ ↑ *Abb. unter* 图见 ***Fahrrad***

Rück·tritt[1] *der* **1.** das Aufgeben e-s Amtes *o.Ä.* 退位,卸任,辞职〈seinen R. anbieten, erklären 提出、宣布卸任; j-s R. fordern, annehmen 要求、接受某人下台〉: *Nach dem Skandal bot der Innenminister seinen R. an* 发生丑闻后,内政部长提出辞职; *Er begründete seinen R. vom Ministeramt mit seiner Krankheit* 他解释辞去部长职务是因为有病 ‖ K-(复合): ***Rücktritts-, -drohung, -erklärung, -gesuch*** **2.** das Zurücktreten aus e-m (Kauf)Vertrag 解约,退出(贸易)合同 ‖ K-(复合): ***Rücktritts-, -gebühr, -recht***

Rück·tritt[2] *der*; *nur Sg*(只用单数); e-e Bremse am Fahrrad, die funktioniert, wenn man mit e-m Pedal nach hinten drückt (自行车)倒轮闸〈ein Fahrrad mit/ohne R. 有/没有倒轮闸的自行车〉 ‖ K-(复合): ***Rücktritt-, -bremse***

Rück·ver·gü·tung *die*; e-e Summe Geld, die j-d *z.B.* von e-r Versicherung zurückbekommt, wenn diese ein gutes Geschäftsjahr gehabt hat (保险)奖励金 ‖ *hierzu* (派生) **rück·ver·gü·ten** (*hat*) *Vt*(及物); *nur im Infinitiv u. Partizip Perfekt*(只用于不定式和过去分词)

rück·ver·si·chern, sich; *rückversicherte sich, hat sich rückversichert*; [Vr] (反身) ***sich r.*** genaue Informationen einholen, bevor man sich entscheidet 办事力求稳妥、谨慎稳重 ≈ sich absichern ‖ NB(注意): *mst* im Infinitiv od. Partizip Perfekt(多用不定式或过去分词)!

Rück·ver·si·che·rung *die* **1.** ≈ Vergewisserung **2.** e-e Versicherung, die e-e Versicherungsgesellschaft bei e-r anderen abschließt, um sich gegen Risiken (*z.B.* sehr große Auszahlungen) abzusichern 再保险,分保

rück·wär·ti·g- *Adj* (形); *nur attr, nicht adv* (只作定语,不作状语); nach hinten gerichtet, hinten befindlich 后面的,背后的≈ hinter- ↔ vorder-: *der rückwärtige Teil des Gartens* 花园的后面部分

rück·wärts *Adv*(副) **1.** so, dass ein Teil, der normalerweise hinten ist, bei e-r Bewegung vorn ist 向后,朝后,倒退≈ nach hinten ↔ vorwärts (1) 〈r. einparken 倒着进入停车位; e-e Rolle r. (machen)(做)一个后滚翻〉 ‖ K-(复合): ***Rückwärts-, -bewegung, -drehung*** **2.** vom Ende zum Anfang 从后往前,倒着 ≈ von hinten nach vorn ↔ vorwärts (1) 〈das Alphabet r. aufsagen 倒背字母表〉 **3.** Ⓐ *gespr* [奥][口]≈ hinten: *im Auto r. sitzen* 坐在汽车后面 ‖ *zu* (义项) **2. rück·wärts·ge·wandt** *Adj*(形)

rück·wärts- *im Verb, betont u. trennbar, wenig produktiv* (构成动词,重读并可分,构词弱); Die Verben mit *rückwärts-* werden nach folgendem Muster gebildet (rückwärts-动词的模式如下): *rückwärtsgehen – ging rückwärts – rückwärtsgegangen*

1. *rückwärts-* bezeichnet e-e Bewegung von vorne nach hinten, mit dem Rücken oder hinteren Teil voran (rückwärts- 表示倒退,倒行) ≈ nach hinten ↔ vorwärts-;

rückwärtsgehen: *Die Katze ließ den Hund nicht aus den Augen und ging ein paar Schritte rückwärts* 猫面对着狗,倒退了几步 ≈ Die Katze wandte ihr Gesicht und ihre Brust dem Hund zu, während sie ein paar Schritte nach hinten machte

ebenso (同类词有): ***rückwärtsfahren, rückwärtslaufen***

2. *rückwärts-* drückt aus, dass ein Vorgang in umgekehrter Reihenfolge abläuft, vom Ende zum Anfang hin (rückwärts- 表示倒向,逆向,逆序);

rückwärtslaufen: *Er ließ den Film rückwärtslaufen bis zu der Szene, die er noch einmal sehen wollte* 他把电影倒到他想再看一遍的场景 ≈ Er spulte den Film zurück an eine frühere Stelle

ebenso(同类词有): ***etw. rückwärtslesen, etw. rückwärtsschreiben***

Rück·wärts·gang *der*; der Gang im Auto *o.Ä.*, mit dem man rückwärtsfahren kann 倒车挡〈den R. einlegen 挂倒车挡〉

ruck·wei·se *Adv*(副); mit mehreren kurzen u. kräftigen Bewegungen(连续以急促有力的动作)一下一下地

rück·wir·kend *Adj*(形); von e-m Zeitpunkt an gültig, der in der Vergangenheit liegt(在时间上)上溯的,从过去某一时刻开始生效的: *Ihre Gehaltserhöhung gilt r. seit dem 1. April* 您的提薪从4月1日算起

Rück·wir·kung *die*; ***e-e R.*** (***auf j-n/etw.***) *mst* negative Auswirkungen od. Konsequenzen 反作用,(不好的)后果,反馈≈ Folge[2] (1): *Der Fehler hatte Rückwirkungen auf die ganze Firma* 这个失误对整个公司造成了不良后果

Rück·zie·her *der*; *-s, -*; *mst in* 多用于 ***e-n R. machen*** *gespr*[口]; etw. Geplantes od. Vereinbartes (*mst* im letzten Moment) wieder rückgängig machen 退缩,收回承诺,取消前约: *Er hat kurz vor Vertragsabschluss e-n R. gemacht* 签约前一刻他退缩了

Rück·zug *der* **1.** das Verlassen e-s Gebiets, in dem gekämpft wird (*bes* während der Gegner angreift) 撤退,撤离〈ein geordneter, überstürzter R. 有秩序的、仓皇的撤退; den R. antreten, befehlen 开始、命令撤退; auf dem R. sein 正在撤退; j-m den R. abschneiden 切断某人的退路〉 ‖ K-(复合): ***Rückzugs-, -gefecht*** ‖ -K (复合): ***Truppen-*** **2. *der R.*** (***aus etw.***) das Verlassen e-s *mst* wichtigen Bereiches, in dem man gearbeitet hat 退出(所从事的领域)〈der R. aus dem politischen, öffentlichen Leben 退出政界,政坛〉 **3.** Ⓒⓗ [瑞]das Abheben von Geld von e-m Konto (从账户上)提款,取款

rü·de *Adj*(形); im Benehmen od. Verhalten

R

unfreundlich u. ohne Rücksicht auf andere 粗鲁的，粗暴的 ≈ grob (4) ↔ sanft, höflich ⟨j-s Benehmen 某人的举止；ein Bursche, ein Kerl 年轻人，家伙；e-n rüden Ton anschlagen 说话口气无礼⟩

Rü·de *der*; *-n*, *-n*; ein männlicher Hund, Fuchs od. Wolf 公狗，公狼，公狐狸 ‖ NB(注意)：*der Rüde*; *den*, *dem*, *des Rüden*

Ru·del *das*; *-s*, *-* **1.** e-e Gruppe von wilden Tieren, die zusammenleben （兽）群 ⟨ein R. Wölfe, Hirsche, Gämsen 一群狼、鹿、岩羚羊；Wölfe *o. Ä.* jagen in Rudeln, leben im R. 狼之类的动物以群体的方式猎取食物、群居⟩ ‖ -K(复合)：**Hirsch-**, **Wolfs-** **2.** *gespr*, *mst pej*[口]多用[贬]；e-e große u. ungeordnete Gruppe von Personen 一帮（乌合之众）≈ Schar ‖ *hierzu* (派生) **ru·del·wei·se** *Adj* (形)；*nur attr od adv* (只作定语或状语)

Ru·der *das*; *-s*, *-* **1.** e-e Stange mit e-m breiten, flachen Teil am Ende, mit der man ein Boot bewegt 船桨 ⟨die Ruder auslegen, eintauchen, einziehen 安桨，放桨，收桨⟩ ‖ K-(复合)：**Ruder-**, **-boot** ‖ NB(注意)：Im Gegensatz zum *Paddel* ist ein *R.* am Boot befestigt(与 *Paddel* 不同的是 *R.* 是固定在船上的) **2.** e-e Vorrichtung aus Holz od. Metall am Ende (Heck) e-s Schiffes, mit der man die Richtung des Schiffes bestimmt 船舵，舵⟨das R. halten, führen 把、掌舵；am R. sitzen, stehen 掌舵⟩ ‖ ↑ *Abb. unter* 图见 **Segelboot** ‖ -K(复合)：**Steuer-** ‖ ID[谚] **sich kräftig ins R. legen** *gespr*[口]；sehr engagiert arbeiten 工作很投入；**(bei etw.) das R. herumwerfen** *gespr*[口]；etw. vollständig ändern 彻底改变；**am R. sein**, **bleiben** *gespr*[口]；an der Macht sein, bleiben 掌权，继续掌权；**ans R. kommen**, **gelangen** *gespr*[口]；an die Macht kommen 上台，取得政权

Ruder

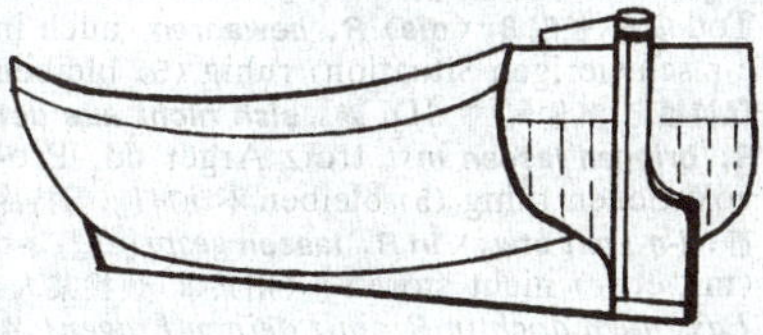

das Ruder(2)
舵

das Ruder(1)
(固定式)桨

ru·dern; *ruderte*, *hat / ist gerudert*; [Vt] (及物) (*hat*) **1. *j-n* / *etw.* (*irgendwohin*) *r.*** j-n/etw. mit e-m Boot mithilfe von Rudern (1) an e-e Stelle bringen 划船运、送：*das Vieh u. den Proviant ans andere Ufer r.* 把牲口和食物运到对岸；[Vi] (不及物) **2. (*irgendwohin*) *r.*** (*ist*) sich in e-m Boot mit Rudern (1) durch das Wasser bewegen 划船⟨kräftig r. 使劲划船；stromabwärts r. 顺流划船；über den Fluss, über den See r. 划过河、湖去⟩ **3. (*gegen j-n*) *r.*** (*hat* / *ist*) das Rudern als Sport betreiben (与…)比赛划船、划艇 ‖ K-(复合)：**Ruder-**, **-klub**, **-regatta**, **-sport** **4. (*mit den Armen*) *r.*** (*hat*) *gespr* [口]；mit den Armen kreisförmige Bewegungen machen, *bes* um das Gleichgewicht nicht zu verlieren 晃动胳膊(以保持平稳) ‖ *zu* (义项) **1.**, **2.** u. **3.** **Ru·de·rer** *der*; *-s*, *-*

Ru·dern *das*; *-s*; *nur Sg* (只用单数)；die sportliche Disziplin, bei der man rudert (3) 划船，划艇

Ru·di·ment *das*; *-(e)s*, *-e*; *geschr*[书]；etw., das als Rest aus e-r früheren Zeit noch da ist(文化)遗存，遗迹，遗址：*Rudimente e-r mittelalterlichen Stadtmauer* 中世纪城墙遗迹

ru·di·men·tär *Adj* (形)；*geschr*[书]；sehr einfach u. deshalb unvollständig 不完整的，未成熟的，初步的，不健全的⟨Kenntnisse 知识⟩

Ruf *der*; *-(e)s*, *-e* **1.** laute Töne, mit denen ein Mensch od. Tier ein Signal geben will 叫(声)，喊(声)⟨ein Ruf verhallt 叫喊声越来越轻⟩：*Niemand hörte die Rufe des Ertrinkenden* 没人听到溺水者的呼喊；*der Ruf e-r Eule* 猫头鹰的叫声 ‖ -K(复合)：**Balz-**, **Lock-**, **Warn-**; **Buh-**, **Hurra-**, **Pfui-**; **Angst-**, **Hilfe-** **2.** *nur Sg*, *geschr* (只用单数)[书]；**der Ruf (nach etw.)** der Wunsch od. der innere Drang, etw. zu tun od. etw. zu bekommen 呼声(要求)，(内心)呼唤⟨dem Ruf seines Gewissens/Herzens folgen 听从良心/心灵的呼唤；der Ruf nach Freiheit, Frieden 要求自由、和平的呼声⟩ **3.** *nur Sg* (只用单数)；das Urteil der Allgemeinheit, die (gute) Meinung, die die Leute von j-m/etw. haben 名声，声誉 ≈ Name (3), Reputation ⟨e-n guten, schlechten Ruf haben 有一个好、坏名声；j-s Ruf als Künstler 某人作为艺术家的名气；auf seinen Ruf achten 注意自己的声望；etw. schadet j-s Ruf 某事有损某人的声誉；seinen Ruf gefährden, ruinieren 危及、毁损他的声誉；e-n Ruf zu verlieren haben 会失去声誉⟩ **4.** *nur Sg* (只用单数)；das Angebot an j-n (*mst* an e-n Professor), e-e Stelle (an e-r Universität) zu bekommen 聘任(多指教授)，招聘(到大学任教) ≈ Berufung ⟨e-n Ruf bekommen, erhalten 获得聘任；e-m Ruf folgen 应聘；e-n Ruf abschlagen 拒聘⟩ ‖ ID[谚] ***j-m / etw.* geht ein *Adj* (形容词) + Ruf voraus** j-d/etw. hat e-n bestimmten Ruf (3) 某人/某事有…的名声；***j-d / etw.* ist besser als sein Ruf** *gespr hum* [口][诙]；j-d/etw. ist besser als allgemein erwartet 某人/某事比大家的期望还好

ru·fen; *rief*, *hat gerufen*; [Vt] (及物) **1. *j-n* / *etw.* *r.*** mit e-m Ruf (1) od. am Telefon j-n bitten zu kommen 叫(来)、(打电话)请来⟨den Arzt, die Polizei, die Feuerwehr r. 叫大夫、警

R

察、消防队；ein Taxi r. 叫出租车；j-n r. lassen 请(某人)叫某人来；j-n zu sich r. 把某人叫来〉**2.** ***etw. r.*** etw. mit lauter Stimme sagen 叫，喊(大声说话) ↔ flüstern：*„Bravo" r.* 呼喊："好！"；*„Hurra" r.* 呼喊："乌啦"；*Sie rief „Herein!", als es klopfte* 当有人敲门时，她喊道："请进！"**3.** ***j-n*** + *Name*(姓名) + ***r.*** j-m e-n bestimmten Namen geben 叫某人(为)…≈ nennen：*Sein richtiger Name ist Georg, aber alle rufen ihn „Schorsch"* 他真名是格奥尔格，但大家都叫他乔治；Vt/i (及物/不及物) **4.** ***etw. ruft (j-n)*** etw. macht nötig, dass j-d arbeitet(物作主语)在呼唤、召唤(去做)：*Die Arbeit ruft* 工作在召唤；*Dringende Geschäfte riefen ihn in die Firma* 紧急商务要他去公司；Vi (不及物) **5.** (*mst* laute) Töne od. Wörter von sich geben (mit denen man etw. signalisieren will) 叫，喊 ≈ schreien〈laut, schrill, aufgeregt, wütend r. 大声、尖声、激动地、愤怒地叫喊；um Hilfe r. 呼救〉**6.** ***nach j-m/etw. r.*** ≈ j-n/etw. r. (1)：*nach dem Kellner r.* 叫(餐馆)服务员 **7.** ***etw. ruft j-m etw. ins Gedächtnis/in Erinnerung*** etw. bewirkt, dass j-d sich an etw. erinnert(物作主语)唤起某人对某事的回忆：*Dieses Foto rief mir meine Kindheit in Erinnerung* 这张照片唤起我对童年的回忆 ‖ ID [谚] *mst* 多用 ***Du kommst mir wie gerufen*** *gespr* [口]；du kommst genau zur richtigen Zeit 你来得正是时候

Rüf·fel *der*; *-s*, *-*; *gespr*[口] ≈ Rüge〈j-m e-n R. geben, erteilen 斥责某人〉：*vom Chef e-n R. bekommen* 受到上司的训斥 ‖ *hierzu*(派生) **rüf·feln** (*hat*) *Vt*(及物)

Ruf·mord *der*; der Versuch, j-s guten Ruf (3) zu zerstören 诋毁，诽谤≈ Verleumdung〈R. betreiben 进行诽谤〉

Ruf·nä·he *die*; die Entfernung, in der man j-n noch hört, wenn er ruft 能听见喊声的距离、地方〈in R. bleiben 呆在能听见喊声的地方〉

Ruf·na·me *der*; der Vorname, mit dem man j-n gewöhnlich anspricht (平时称呼的)小名，叫名：*Sie heißt Anne-Marie, aber ihr R. ist Anne* 她叫安妮—玛丽，但是她平时的称呼是安妮

Ruf·num·mer *die* ≈ Telefonnummer

Ruf·wei·te *die* ≈ Rufnähe〈in/außer R. sein 在能听到喊话的距离之内/外〉

Ruf·zei·chen *das* ≈ Freizeichen

Rug·by [ˈrakbi] *das*; *-s*; *nur Sg*(只用单数)，SPORT【体】；ein Spiel, bei dem zwei Mannschaften versuchen, mit e-m eiförmigen Ball Punkte zu machen. Man darf den Ball mit der Hand u. mit dem Fuß spielen 橄榄球 ‖ K-(复合)：***Rugby-, -mannschaft, -spiel, -spieler***

Rü·ge *die*; *-, -n*; e-e Äußerung, mit der man j-n scharf kritisiert 斥责，责备，训斥≈ Tadel〈e-e scharfe, strenge R. 尖锐的、严厉的责备；j-m e-e R. erteilen 斥责某人；e-e R. bekommen 受到训斥〉

rü·gen; *rügte*, *hat gerügt*; Vt (及物) ***j-n (für/wegen etw.) r.***; ***etw. r.*** j-m deutlich sagen, dass man sein Verhalten schlecht findet 斥责，责备，训斥≈ tadeln〈j-s Verhalten, Leichtsinn, Faulheit r. 斥责某人的行为、轻率、懒惰〉

Ru·he [ˈruːə] *die*; *-*; *nur Sg*(只用单数) **1.** der Zustand, in dem sich j-d/etw. nicht bewegt 静态，静止↔ Bewegung〈in R. sein 静止不动；sich in R. befinden 处于静态；zur R. kommen 停下来，进入静止状态〉：*ein Körper in R.* 处于静态的一物体；*Das Pendel der Uhr kommt zur R.* 钟摆停了下来 ‖ K-(复合)：***Ruhe-, -lage, -stellung, -zustand*** **2.** ein Zustand, in dem *bes* keine Geräusche stören 安静，静，宁静，安宁 ≈ Stille ↔ Lärm〈um R. bitten 请安静下来；seine R. haben wollen 想(得到)安静；sich nach R. sehnen 渴望宁静；sich (*Dat* 三格) R. verschaffen 得到安宁；es herrscht vollkommene R. 这里一片寂静；die R. genießen 享受宁静的气氛〉：*Ich bitte um R. für den nächsten Redner* (我)请(求)保持安静，听下一位报告人讲话 ‖ K-(复合)：***Ruhe-, -bedürfnis, -platz, -stätte, -störer, -störung*** ‖ -K(复合)：***Mittags-, Nacht-*** **3.** der (innere) Zustand, in dem j-d sich wohlfühlt u. keine Sorgen hat(内心的)平静，镇静，(心境)坦然，恬然 ≈ Entspannung (1)〈zur R. kommen(心里)平静下来；etw. nimmt/raubt j-m die R. 某事使某人心神不定；R. ausstrahlen 镇定自若；keine R. finden 不能平静，不得安宁〉**4.** ein Zustand, in dem es keine Konflikte u. Gefahren gibt 安宁，安定，宁静〈R. u. Ordnung 安定与秩序；R. einkehren lassen 让生活安宁〉**5.** ***R. geben*** *gespr* [口]；sich so verhalten, dass man niemanden stört 让人安静，不扰人：*Gib doch endlich einmal R.!* 你倒是让人安静会儿！**6.** ***in (aller) R.*** ohne sich zu ärgern, sich aufzuregen od. sich zu beeilen 平心静气地；从容地〈j-m etw. in R. sagen 平心静气地告诉某人某事；etw. in R. tun 从容地干某事〉**7.** ***die ewige R.*** *euph*, REL[婉]【宗】；der Zustand nach dem Tod 安息，长眠 **8.** ***(die) R. bewahren*** (auch in e-r schwierigen Situation) ruhig (5) bleiben 保持镇定，沉住气 ‖ ID[谚] ***sich nicht aus der R. bringen lassen*** *mst* trotz Ärger od. Provokationen ruhig (5) bleiben 不动声色，保持冷静；***j-n (mit etw.) in R. lassen*** *gespr*[口]；j-n (mit etw.) nicht stören 不(用某事)烦扰某人：*Lass mich doch in R. mit deinen Fragen!* 别拿问题来烦我！；***etw. in R. lassen*** *gespr*[口]；etw. nicht anfassen 别(不)动某物；***etw. lässt j-m keine R.*** *gespr* [口]；j-d muss immer wieder an etw. denken 某事使某人心情不能平静(惴惴不安)；***sich zur R. legen/begeben*** *geschr* [书] ≈ schlafen gehen；***sich zur R. setzen*** ≈ in den Ruhestand, in Pension gehen；***die R. weghaben*** *gespr*[口]；auch in e-r schwierigen Situation ruhig (5) bleiben 从容不迫，不慌不忙，神色不惊，沉得住气；***die R. vor dem Sturm*** e-e sehr gespannte, aber ruhige Atmosphäre, bevor etwas Entscheidendes geschieht 暴风雨前夕的宁静(关键时刻来临前的紧张气氛)；***Immer mit der R.!*** *gespr*[口]；verwendet, wenn j-d nicht zu schnell handeln soll 别(性)急！别慌！; *mst* 多用 ***j-n zur letzten R. betten*** *geschr* [书] ≈ beerdigen, begraben

Ru·he·ge·halt *das* ≈ Pension[1] (1)

ru·he·los *Adj* (形); ohne Ruhe (3) zu finden 不得平静的,不安的,动荡不安的 ≈ rastlos 〈j-s Leben, ein Mensch 某人的生活,人〉

ru·hen; *ruhte, hat geruht*; [Vi] (不及物) **1.** *geschr* [书] ≈ sich ausruhen: *im Schatten e-s Baumes r.* 在树阴下休息 **2.** ***etw. ruht*** etw. ist nicht aktiv, in Bewegung od. in Funktion (物作主语)停顿,停止(中止进行) ≈ etw. steht still 〈e-e Maschine, ein Betrieb, ein Prozess 机器,企业,诉讼; die Arbeit, der Verkehr, die Verhandlungen 工作,交通,谈判; die Waffen 武器(停战)〉: *Unser Widerstand wird nicht (eher) r., bis wir unser Ziel erreicht haben* 不达目的,我们决不停止反抗 **3.** ***etw. ruht irgendwo*** etw. liegt auf j-m/etw. u. wird von ihm/davon gestützt od. gehalten (物作主语)倚,靠,偎依: *Ihr Kopf ruhte an seiner Schulter* 她的头靠在他的肩上; *Die Brücke ruht auf mehreren kräftigen Pfeilern* 桥建在几个坚实的桥墩上 **4.** *mst* 多用 ***j-s Blick ruht auf j-m/etw.*** j-d sieht (*mst* längere Zeit) auf j-n/etw. …的目光停留在… **5.** *geschr* [书] ≈ schlafen: *Ich wünsche wohl zu r.!* 祝您晚安(睡个好觉)! **6.** *euph* [婉]; tot u. begraben sein 长眠,安息 〈im Grabe, in fremder Erde r. 长眠于墓穴、异乡〉: *Er ruhe in Frieden!* 愿他安息!

Ru·he·pau·se *die*; e-e Pause, in der man sich erholt 休息,歇息: *Sie arbeiteten hart, ohne sich e-e R. zu gönnen* 她工作勤奋,一刻也不休息

Ru·he·stand *der*; *nur Sg* (只用单数); die Zeit im Leben e-s Menschen, in der er nicht mehr (beruflich) arbeiten muss 退休 ≈ Pension[1] (2), Rente 〈in den R. gehen, treten 退休; in den R. versetzt werden 被安排退休; im R. sein 已退休〉 ‖ *hierzu* (派生) **Ru·he·ständ·ler** *der*; *-s, -*; **Ru·he·ständ·le·rin** *die*; *-, -nen*

Ru·he·stät·te *die*; *geschr* [书] **1.** ***j-s (letzte) R.*** j-s Grab 某人的长眠之处 **2.** ein Platz zum Ausruhen 休息之处、场所

Ru·he·tag *der*; ein Tag, an dem ein Restaurant *o. Ä.* geschlossen ist 休息日: *Am Mittwoch haben wir R.* 星期三是我们的休息日

Ru·he·zei·ten *die*; *Pl* (复); die Stunden des Tages, während derer man die Nachbarn nicht mit lauter Musik od. anderen lauten Geräuschen stören darf (不允许喧闹的)安静时间

ru·hig[1] [ˈruːɪç] *Adj* (形) **1.** 〈ein Mensch, ein Ding 人,物〉 so, dass sie sich wenig od. gar nicht bewegen 静的,静态的,静止的,不动的 ↔ unruhig: *r. auf dem Stuhl sitzen u. warten* 静静地坐在椅子上等; *Das Meer ist heute ganz r.* 今天海面很平静 **2.** mit wenig Lärm 静的,安静的,寂静的,声响小的 ↔ laut (2) 〈ein Zimmer, e-e Wohnung, e-e Lage 房间,住房,所处环境; r. wohnen 住处安静; etw. liegt r./ist r. gelegen 某物处的环境很安静〉: *Die Maschine läuft sehr r.* 这台机器工作声音很轻 **3.** 〈ein Kind, ein Mieter, Nachbarn 孩子,房客,邻居〉 so, dass sie wenig stören, *bes* weil sie wenig Lärm machen 安静的,不扰人的,不闹的 ≈ leise ↔ laut (1): *Sei mal kurz r., ich möchte hören, was das Radio meldet!* 静一静!我想听听收音机里讲些什么! **4.** so, dass wenig (Aufregendes) geschieht (u. man wenig Arbeit od. Sorgen hat) 清静的,清闲的,闲静的,平静的 ≈ ungestört ↔ hektisch 〈Tage, ein Abend 日子,晚上; etw. verläuft r. 某事进展平平稳稳; irgendwo geht es r. zu 在某处一切都平静; e-e ruhige Zeit/ruhige Zeiten haben, verleben 过清静的日子/度过清静的岁月; ein ruhiges Leben führen 过着清静的生活; e-n ruhigen Posten haben 有一个清闲的职位〉 **5.** frei von Aufregung, Nervosität, hektischer Aktivität od. starken Gefühlen ≈ gleichmütig 冷静的,镇定的,从容的,平心静气的 〈ein Mensch 人; etw. r. sagen 心平气和地说某事; r. reagieren, antworten 从容地作出反应、回答〉: *Bleib ganz r., es wird dir bestimmt nichts passieren!* 你不会有事的,沉住气! **6.** frei von starken Effekten 平淡的,素净的 〈Farben, ein Muster 色彩,图案〉 ‖ NB (注意): ↑ ***Gewissen*** **7.** ***etw. r. stellen*** e-n verletzten Körperteil in e-e Lage bringen, in der er nicht mehr bewegt werden kann 固定(受伤肢体): *e-n gebrochenen Arm durch e-n Gipsverband r. stellen* 用石膏固定骨折了的胳膊 ‖ ID [谚] *mst* 多用 ***um j-n/etw. ist es r. geworden*** die Medien berichten nicht mehr (viel) von j-m/etw. 关于某人/某事媒介不再(经常)提及: *Seit er sich aus der aktiven Politik zurückgezogen hat, ist es sehr r. um ihn geworden* 自从他退出活跃的政界之后,人们已不怎么提及他了 ‖ *zu* (义项) **7. Ru·hig·stel·lung** *die*; *nur Sg* (只用单数)

ru·hig[2] [ˈruːɪç] *Partikel* (小品词); *betont u. unbetont, gespr* (重读和非重读) [口] **1.** in Aussagesätzen verwendet, um auszudrücken, dass man nichts dagegen hat, wenn j-d etw. tut (在直陈句中)随便,任凭,别管 ≈ meinetwegen: *Der soll sich r. beschweren, das ist mir egal* 随他去提意见(投诉)好了,我不在乎 **2.** verwendet, um j-m zu sagen, dass er bei etw. keine Bedenken haben muss 放心大胆地,尽管,只管 ≈ unbesorgt: *Sie können mich r. zu Hause anrufen* 您尽可以给我往家里打电话; *Du darfst ihm r. vertrauen* 你可以放心信任他 **3.** verwendet, um Ungeduld darüber auszudrücken, dass j-d etw. bisher nicht getan hat (表示不耐烦)总归,无论怎样,毕竟: *Du könntest r. auch einmal die Wäsche waschen!* 洗一次衣服你总可以吧!; *Du könntest dich r. bei mir entschuldigen!* 你向我道歉总可以吧!

ru·hig·stel·len ↑ ***ruhig***[1] (7)

Ruhm *der*; *-(e)s*; *nur Sg* (只用单数); der Zustand, in dem j-d *bes* wegen seiner Leistungen von vielen Leuten geschätzt wird 荣誉,声誉,名望,名声 ≈ Ansehen 〈als Dichter, Sportler R. erlangen, ernten, gewinnen 作

R

为诗人、运动员取得、获得、赢得荣誉; etw. bringt j-m R. 某事带给某人荣誉; etw. begründet j-s R. 某事为某人成名奠定基础; j-s R. verbreiten 传扬某人的名声; zu R. gelangen 博得荣誉; den Gipfel des Ruhmes erreichen 达到荣誉的顶峰〉 ‖ K-(复合): **ruhm-**, **-begierig**, **-reich** ‖ ID [谚] **etw. erlangt e-n zweifelhaften R.** e-e Firma *o. Ä.* wird als nicht sehr seriös bekannt 某公司捞到一个口碑不佳的名声; **sich nicht gerade mit R. bekleckern** *gespr, oft hum*[口]多用[诙]; e-e sehr schlechte Leistung bringen 不光彩, 丢丑, 丢人现眼 ‖ *hierzu* (派生) **ruhm·los** *Adj* (形); **Ruhm·lo·sig·keit** *die*; *nur Sg*(只用单数)

rüh·men; *rühmte*, *hat gerühmt*; [Vt] (及物) **1. j-n/etw. r.** mit großer Bewunderung über j-n/etw. sprechen 称赞, 颂扬, 赞美≈ preisen, loben 〈j-s Leistungen r./j-n wegen seiner Leistungen r. 赞扬某人的成就/因其成就而赞扬某人; j-n als großzügigen Menschen r. 称赞某人是一位慷慨大方之士; hoch gerühmt werden 受极高的赞颂〉 ‖ K-(复合): **rühmens-**, **-wert**; [Vr] (反身) **2. sich (etw. (*Gen* 二格)) r.** deutlich zeigen, dass man stolz auf etw. ist 自豪, 自我夸耀: *sich seines Erfolges als Staatsmann r.* 炫耀自己作为一名国务活动家所取得的成就; *Er kann sich r., einer der besten Golfspieler der Welt zu sein* 他可以为自己是世界最好的高尔夫球手之一而自豪 ‖ ▶ **berühmt**, **viel gerühmt**

Ruh·mes·blatt *das*; *mst in* 多用于 **etw. ist kein / nicht gerade ein R. für j-n** *gespr hum* [口] [诙]; etw. ist so, dass man darauf nicht stolz sein kann 某事对某人来说并不光彩, 并不是什么值得炫耀的事

rühm·lich *Adj*(形); *mst in* 多用于 **1. e-e rühmliche Ausnahme sein** nicht so sein wie alle anderen 是一个值得称颂的例外 **2. etw. nimmt kein rühmliches Ende** etw. endet nicht so, dass man stolz darauf sein kann(物作主语)结局不值得自豪

Ruhr *die*; -; *nur Sg*(只用单数); e-e Infektion des Darmes, die zu starkem Durchfall führt 痢疾〈die R. haben, bekommen 得了痢疾〉 ‖ K-(复合): **Ruhr-**, **-epidemie**

Rühr·ei *das*; e-e Speise aus Eiern, die man kräftig rührt u. dann in der Pfanne brät 炒鸡蛋, 摊鸡蛋

rüh·ren[1]; *rührte*, *hat gerührt*; [Vt/i] (及物/不及物) **1. (etw.) r.** mit e-m Löffel *o. Ä.* e-e Flüssigkeit, e-n Teig *o. Ä.* im Kreis bewegen u. so mischen 搅, 搅动, 搅拌〈den Brei, die Suppe, den Teig r. 搅粥(糊糊)、汤、(糊状)面〉: *Milch, Eier u. Mehl in e-e Schüssel geben u. kräftig r.* 把牛奶、鸡蛋和面粉放入碗内并用力搅拌; *die Soße r., damit sie nicht anbrennt* 搅动汤汁以免糊锅 ‖ K-(复合): **Rühr-**, **-kuchen**, **-löffel**, **-maschine**, **-teig**; [Vt] (及物) **2. etw. in etw. (*Akk* 四格) r.** etw. zu e-r Flüssigkeit hinzufügen u. dabei r.[1](1) 把…放入…中搅拌≈ etw. mit etw. mischen: *Kakaopulver in e-e Creme r.* 把可可粉放入奶油里搅拌

rüh·ren[2]; *rührte*, *hat gerührt*; [Vt] (及物) **1. etw. r.** e-e kleine Bewegung (mit e-m Körperteil) machen 动弹一下, 挪动, 移动(肢体): *Meine Finger waren so kalt, dass ich sie nicht mehr r. konnte* 我的手指都冻得不能动了 ‖ NB(注意): kein Passiv (不用被动态)! **2. etw. rührt j-n** etw. ruft bei j-m Mitleid od. Sympathie hervor (物作主语)打动, 感动〈zu Tränen gerührt sein 感动得落泪; ein rührender Anblick, e-e rührende Szene 动人的情景, 感人的一幕〉: *Es ist rührend, wie sie sich um ihren kleinen Bruder kümmert* 她这么关心照料她的小弟弟真是感人; *Er war zutiefst gerührt* 他被深深地打动了 ‖ NB(注意): *mst* im Zustandspassiv od. Partizip Präsens(多用状态被动态或现在分词); [Vr] (反身) **3. sich r.** ≈ sich bewegen 〈sich nicht von der Stelle, nicht aus dem Bett, nicht aus dem Haus r. 不离位, 不下床, 不出屋〉: *Er war so erschöpft, dass er sich nicht mehr r. konnte* 他已精疲力尽, 无法动弹 **4. sich (bei j-m) r.** *gespr*[口]; sich mit j-m in Verbindung setzen 走动, 交往 ≈ sich bei j-m melden: *Jetzt muss ich mal Franz anrufen, der hat sich schon lange nicht mehr gerührt* 我得给弗朗茨打个电话, 他好久没跟我来往了 **5. kein Blatt / nichts rührt sich** alles ist ruhig 连树叶都不动, 万籁俱寂 ‖ ID [谚] *mst* 多用 **Da rührt sich nichts** *gespr*[口]; es gibt keine Reaktion 没有反应, 没有动静: *Wir haben das schon mehrere Male beim Amt beantragt – aber da rührt sich nichts!* 这事我们已经向局里申请多次——但没有丝毫反应; **Rührt euch!** MIL【军】; verwendet als Kommando, bequem zu stehen 稍息! ‖ *zu* (义项)**2. Rüh·rung** *die*; *nur Sg*(只用单数)

rüh·ren[3]; *rührte*, *hat gerührt*; [Vi] (不及物) **etw. rührt von etw.**; **etw. rührt daher, dass ...** *geschr*[书]; etw. hat etw. als Ursache (物作主语)是由…引起、造成的: *Ihre starken Schmerzen rühren von e-m Unfall* 她那剧烈的疼痛是由一次事故造成的

rüh·rig *Adj*(形); sehr aktiv 勤奋的, 能干的, 精力旺盛的, 有事业心的 ≈ eifrig ↔ faul, untätig 〈ein Geschäftsmann 商人〉 ‖ *hierzu* (派生) **Rüh·rig·keit** *die*; *nur Sg*(只用单数)

rühr·se·lig *Adj* (形); *oft pej* 多用[贬] **1.** 〈ein Theaterstück, ein Gedicht, ein Film 戏, 诗, 电影〉 so, dass sie traurig machen 令人伤感的, 令人悲哀的 **2.** 〈Menschen 人〉 so, dass sie schnell traurig werden (u. weinen) 多愁善感的, 感情脆弱的 ‖ *hierzu*(派生) **Rühr·se·lig·keit** *die*; *nur Sg*(只用单数)

Ru·in *der*; *-s*; *nur Sg* (只用单数) **1.** der Zustand, in dem j-d sein Geld, seine Position, sein Ansehen *usw* verloren hat 崩溃, 破产, 衰落, 垮台〈j-s finanzieller, wirtschaftlicher R. 某人财政、经济上的崩溃; kurz vor dem R. stehen 处于崩溃的边缘; etw. führt zu j-s R. 某事导致某人的崩溃〉 **2. j-s R. sein** die Ursache für j-s R. (1) sein 是某人崩溃、破产的原因 ‖ *hierzu* (派生) **ru·i·nös** *Adj*(形)

R

Das Ruhrgebiet 鲁尔区

Das Ruhrgebiet liegt im Bundesland **Nordrhein-Westfalen**. Auf relativ kleinem Raum befinden sich hier mehrere Großstädte wie **Bochum**, **Dortmund**, **Duisburg** und **Essen**. Die Bevölkerungsdichte ist mit 527 Einwohnern pro Quadratkilometer die größte in ganz Deutschland.
Das Ruhrgebiet war einmal das größte Industriegebiet Europas, hier konzentrierten sich vor allem der Steinkohlebergbau und die Stahlindustrie. Die industrielle Umstrukturierung, die in den Sechzigerjahren des 20. Jahrhunderts begann, brachte viele soziale Probleme mit sich. Inzwischen sind viele Arbeitsplätze im Dienstleistungs-, Medien- und Hightech-Bereich geschaffen worden. Es gibt eine große Anzahl an Bildungs- und Forschungseinrichtungen.
Der **Ruhrpott** oder das **Revier**, wie das Ruhrgebiet auch genannt wird, hat sich heute von seinem schlechten Ruf befreit. In alten Fabriken und Gießereien sind inzwischen Freizeit- und Kultureinrichtungen entstanden und es gibt viele bekannte Theater und Museen.

鲁尔区位于联邦州**北莱茵—威斯特法伦**。在这相对小的区域里有好几个大城市，如**波鸿**、**多特蒙德**、**杜伊斯堡**和**埃森**。人口密度为每平方公里 527 人，居全德国的首位。

鲁尔区曾经一度是欧洲最大的工业区，首先煤矿业和钢铁业都集中在这里。20 世纪 60 年代开始的工业结构转变带来了许多社会问题。这期间在服务性行业、传媒界和高技术领域创造了许多就业岗位。有很大一部分岗位是在教育和科学研究机构。

鲁尔区也叫**鲁尔波特**或**矿区**，今天它已摆脱了自己的坏名声。现在在旧的工厂和铸造厂建起了各种休闲和文化设施，还有许多著名的剧院和博物馆。

Ru·i·ne *die*; -, *-n*; die Reste e-s Gebäudes, nachdem es zerstört worden od. verfallen ist 废墟，遗迹，遗址：*die R. e-r alten Burg* 一座古城堡遗址 ‖ -K（复合）：***Burg-***, ***Kloster-***, ***Schloss-***

ru·i·nie·ren; *ruinierte*, *hat ruiniert*; [Vt]（及物）***j-n/etw. r.*** bewirken, dass j-d/etw. großen Schaden hat 使毁灭，摧毁，搞垮，损害≈ vernichten, zerstören：*Rauchen ruiniert die Gesundheit* 吸烟损害健康

rülp·sen; *rülpste*, *hat gerülpst*; [Vi] *gespr*（不及物）[口]；mit e-m lauten Geräusch Luft aus dem Magen durch den Mund pressen 打嗝

Rülp·ser *der*; *-s*, -; das Geräusch, das entsteht, wenn j-d rülpst 打嗝声

Rum *der*; *-s*; *nur Sg*（只用单数）；ein sehr starkes alkoholisches Getränk, das man aus Zucker(rohr) macht 朗姆酒〈Tee, Cola mit R. 茶、可乐加朗姆酒〉‖ K-（复合）：***Rum-***, ***-flasche***, ***-fass***

rum *Adv*（副）；*gespr*[口]；↑ ***herum***

rum- *im Verb*, *sehr produktiv*, *gespr*（构成动词，构词强）[口]；↑ ***herum-***

Rum·ba *die*; -, *-s*; ein Tanz, der aus Kuba kommt 伦巴舞

Rum·mel *der*; *-s*; *nur Sg*（只用单数）**1.** viel Bewegung u. Lärm（*bes* weil viele Menschen an e-m Ort sind）熙攘，嘈杂，热闹≈ Trubel：*Der R. in der Stadt hat mich geschafft!* 城里的熙攘嘈杂真让我受不了！‖ -K（复合）：***Fest-***, ***Jahrmarkts-***, ***Reklame-***, ***Weihnachts-*** **2.** *nordd* [北德]≈ Jahrmarkt〈auf den R. gehen 去逛年市〉‖ K-（复合）：***Rummel-***, ***-platz*** **3. der R. um j-n/etw.** das große Aufsehen, das um j-n/etw. entsteht（*z. B.* in der Presse）有关某人/某事的热门话题，沸沸扬扬：*Die Presse macht viel R. um diesen Skandal* 媒体把这件丑闻炒得沸沸扬扬

ru·mo·ren; *rumorte*, *hat rumort*; [Vi]（不及物）***etw. rumort (irgendwo)*** etw. macht dumpfe Geräusche（物作主语）发出咕噜声：*Der Magen rumort vor Hunger* 饥肠辘辘

Rum·pel·kam·mer *die*; *gespr*[口]；ein Zimmer, in dem man Dinge aufbewahrt, die man nicht mehr braucht 杂（废）物间

rum·peln; *rumpelte*, *hat gerumpelt*; [Vimp]（无人称）***es rumpelt*** *gespr*[口]；es gibt ein dumpfes Geräusch, wie es entsteht, wenn etw. umfällt 发出咕隆，咕咚声

Rumpf *der*; *-(e)s*, *Rümp·fe* **1.** der Körper des Menschen ohne Kopf, ohne Arme u. ohne Beine 躯干 **2.** der (Haupt)Teil e-s Flugzeugs, in dem die Passagiere sitzen（飞机）机身 ‖ ↑ *Abb. unter* 图见 ***Flugzeug*** ‖ -K（复合）：***Flugzeug-*** **3.** der (Haupt) Teil e-s Schiffs, der im Wasser schwimmt 船体 ‖ -K（复合）：***Schiffs-***

rümp·fen; *rümpfte*, *hat gerümpft*; [Vt]（及物）***(über etw. (Akk*** 四格***)) die Nase r.*** die Nase ein wenig hochziehen u. damit zeigen, dass man etw. nicht gut findet 嗤之以鼻，不屑一顾

Rump·steak [ˈrʊmpsteːk] *das*; ein Stück Fleisch aus der Hüfte des Rindes, das man nur sehr kurze Zeit brät od. grillt 煎牛排

rums! *Interjektion*（叹）；verwendet, um das dumpfe Geräusch nachzuahmen, das entsteht, wenn etw. fällt od. rutscht 咚！咚！

rum·schwir·ren; *schwirrte rum*, *ist rumgeschwirrt*; [Vi]（不及物）**1.**〈Insekten *o. Ä.* 昆虫等〉***schwirren irgendwo rum*** *gespr*[口]；Insekten *o. Ä.* fliegen（*mst* in größerer Zahl）irgendwo herum 嗡嗡乱飞 **2. *j-d schwirrt irgendwo rum*** *gespr*[口]；j-d ist irgendwo zu finden（人作主语）在某地转悠：*Ich weiß nicht, wo er ist, aber er muss hier irgendwo r.* 我不知道他在哪儿，但他肯定在附近转悠

rum·sen; *rumste*, *hat gerumst*; [Vimp]（无人称）***irgendwo hat es gerumst*** irgendwo sind Fahrzeuge zusammengestoßen, hat es e-n Unfall gegeben 发生撞车

Rum·topf *der*; Obst, das man lange in Rum mit Zucker legt 朗姆酒（泡的）水果

Run [ran] *der*; *-s*, *-s*; ***ein Run (auf etw.*** (*Akk* 四格)) der (gleichzeitige) Versuch vieler

R

Menschen, etw. Bestimmtes zu kaufen 抢购: *Vor der Preiserhöhung gab es noch e-n Run auf Benzin* 提价前还发生抢购汽油的现象

rund[1], *runder*, *rundest-*; *Adj* (形) **1.** von der (*auch* ungefähren) Form e-s Kreises od. e-r Kugel 圆的, 圆形的 ↔ eckig ⟨ein Tisch, ein Turm, ein Gesicht, ein Fenster 桌子, 塔形建筑, 脸庞, 窗户; e-n runden Kopf haben 长着个圆脑袋⟩ ‖ ↑ *Abb. unter* 图见 **Eigenschaften** ‖ K-(复合): **Rund-**, **-bau**, **-beet**, **-bogen**, **-dorf** ‖ -K(复合): **kreis-**, **kugel- 2.** von teilweiser runder[1] (1) Form (胖)圆的, 圆滚滚的, 胖乎乎的 ≈ füllig, rundlich ↔ schlank ⟨j-s Backen, j-s Bauch, Wangen 某人的腮帮子, 肚子, 面颊; dick u. r. sein 又胖又圆⟩ **3.** *nur attr*, *nicht adv*, *gespr* (只作定语, 不作状语) [口]; ⟨e-e Summe, e-e Zahl 数目, 数字⟩ so, dass man sie durch 10, 100 *o. Ä.* teilen kann 整(数)的: *100 Euro sind e-e runde Summe* — 百欧元是个整数目 **4.** *nur attr*, *nicht adv*, *gespr* (只作定语, 不作状语) [口] ≈ ungefähr, etwa ↔ genau ⟨e-e Million 一百万⟩ **5.** *nur adv* (只作状语) ≈ etwa: *Es waren r. 10 000 Zuschauer im Stadion* 体育场里大约有 10 000 名观众

rund[2] *Adv* (副) **1. r. um j-n/etw.** in e-m Bogen od. Kreis um j-n/etw. 围绕 ≈ rings um j-n/etw.: *e-n Spaziergang r. um den Wald machen* 绕着树林散步 **2. r. um etw.** mit etw. als Thema 以…为题, 围绕: *e-e Sendung r. um den Garten* 以园圃为题播出节目 ‖ NB(注意): ↑ **Uhr**

Rund·blick *der*; *mst Sg* (多用单数); die Aussicht nach allen Seiten 环顾, 环视, 四周全景: *Vom Gipfel des Berges hat man e-n herrlichen R.* 从山顶上可看到四周的优美景色

Run·de *die*; -, *-n* **1.** ein Weg, ein Flug, e-e Fahrt *o. Ä.* bei denen man wieder dorthin kommt, wo man angefangen hat, u. die *mst* ungefähr die Form e-s Kreises haben 圈, 一圈 ⟨e-e R. machen, gehen, fliegen 兜、走、飞一圈⟩: *Das Flugzeug flog e-e R. über den Platz* 飞机在广场上空绕飞一圈; *Das Kind fuhr zehn Runden mit dem Karussell* 孩子坐旋转木马转了十圈 **2.** e-e Strecke in Form e-s Kreises od. Ovals, auf der Lauf- od. Fahrwettbewerbe stattfinden (跑道, 赛车道等) 圈: *Sein Wagen hatte schon nach der zweiten R. e-n Motorschaden* 他的车跑了第二圈之后发动机就发生故障 **3.** e-e kleine Gruppe von Personen, die sich gut kennen u. die sich oft treffen (社交的) 小圈子, 一伙: *in fröhlicher R. Karten spielen* 一伙高高兴兴的人聚在一起打牌; *ein neues Mitglied in e-e R. aufnehmen* 把一位新成员接纳到圈子里来 ‖ -K(复合): **Bier-**, **Kaffee-**; **Stammtisch-**, **Skat-**; **Frauen-**, **Männer- 4.** die *mst* alkoholischen Getränke, die j-d für alle Personen e-r Gruppe bezahlt (请大家喝一杯酒) 一巡, 一轮, 一圈 ⟨e-e R. (Bier, Schnaps, Wein) ausgeben, spendieren, schmeißen (= zahlen) 出钱、解囊、花钱请大家喝一杯(啤酒, 白酒, 葡萄酒)⟩ **5.** einer von mehreren Abschnitten e-s Wettkampfes (比赛) 轮, 回合: *Amateure boxen über drei Runden* 非职业拳击手打三个回合; *Unsere Mannschaft schied in der zweiten R. aus* 我队在第二轮中被淘汰 ‖ K-(复合): **Runden-**, **-rekord**, **-zeit** ‖ ID [谚] **e-e R. drehen** kurz weggehen od. wegfahren (步行或开车出去) 转一圈, 遛遛; **etw. macht die R.** *gespr* [口]; **a)** etw. wird in e-r Gruppe von Personen von einem zum anderen gegeben 某物被轮流传递: *Die Weinflasche machte am Tisch die R.* (葡萄) 酒瓶在桌上轮流传递; **b)** etw. wird weitererzählt 某事传扬开来, 一传十, 十传百 ≈ etw. spricht sich herum; **irgendwie über die Runden kommen** *gespr* [口]; seine (*mst* finanziellen) Schwierigkeiten irgendwie lösen können 渡过(多为财政)难关; **j-m über die Runden helfen** *gespr* [口]; j-m in e-r schwierigen (finanziellen) Situation helfen 帮助某人渡过(财政)难关; **etw. über die Runden bringen** *gespr* [口]; etw. trotz Schwierigkeiten beenden können 圆满完成(解决)某事

run·den; *rundete*, *hat gerundet*; [Vt] (及物) **1. etw. r.** etw. (*Dat* 三格) e-e runde Form geben 使成圆形 ⟨die Lippen r. 使嘴唇成圆形; gerundete Kanten 磨圆的棱角⟩; [Vr] (反身) **2. etw. rundet sich** etw. wird rund[1] (2) (物作主语) 变圆, 成为圆形

rund·er·neu·ert *Adj* (形); *mst in* 多用于 **runderneuerte Reifen** alte (Auto)Reifen, deren Profil erneuert worden ist 翻新的轮胎 ‖ *hierzu* (派生) **Rund·er·neu·e·rung** *die*; *nur Sg* (只用单数)

Rund·fahrt *die*; e-e Fahrt, bei der man durch e-e Stadt od. durch ein Land fährt u. die interessanten Dinge betrachtet 环游, 游览: *e-e R. durch Andalusien machen* 环游安达卢西亚 ‖ -K(复合): **Stadt-**; **Deutschland-**, **Italien-** *usw*

Rund·flug *der*; ein kurzer Flug über ein bestimmtes Gebiet (bei dem man wieder zu dem Ort zurückkommt, von dem man gestartet ist) 绕飞一圈

Rund·funk *der*; *-s*; *nur Sg* (只用单数) **1.** die Technik, mit der man Wort u. Ton (über elektromagnetische Wellen) über große Entfernungen senden kann 无线电广播, 无线电 ≈ Radio **2.** e-e Institution, die Radio- u. Fernsehprogramme sendet 广播电台, 广播电视台 ⟨beim R. sein, arbeiten 在广播电视台工作⟩: *der Westdeutsche R.* 西德意志广播电视台 ‖ K-(复合): **Rundfunk-**, **-anstalt**, **-gebühren**, **-kommentator**, **-programm**, **-sender**, **-sendung**, **-sprecher**, **-station**, **-technik**, **-werbung 3.** das Programm dieser Institution, das man mit dem Radio empfangen kann 广播节目 ⟨etw. im R. bringen, hören 在广播节目中播出、收听某事⟩

Rund·funk|ap·pa·rat *der* ≈ Rundfunkgerät

Rund·funk|ge·rät *das*; ein Gerät, mit dem man Rundfunk (3) empfangen kann 收音机 ≈ Radio

Rund·gang *der* **1.** e-e Strecke, auf der man zu

Fuß an mehreren Punkten e-s Gebäudes od. Ortes vorbeikommt 巡视、巡回、参观游览的路线 ‖ -K（复合）：**Stadt-** **2.** das Gehen auf e-r solchen Strecke 遛、逛、走一圈〈e-n R. machen 巡视一圈〉：*Der Hausmeister kontrolliert auf seinem R., ob alles in Ordnung ist* 物业管理员巡视检查是否一切正常

rund.ge.hen；*ging rund*，*ist rundgegangen*；Vi（不及物）**1.** ***etw. geht rund*** etw. wird schnell bekannt（物作主语）不胫而走，流传〈e-e Nachricht 消息〉；Vimp（无人称）**2.** ***es geht rund*** *gespr*［口］；es gibt viel Aufregung, Lärm u. Bewegung 很热闹，忙得不可开交：*Bei uns in der Firma gehts zurzeit richtig rund* 目前我们公司里真是忙得不可开交

rund.he.rum *Adv*（副）**1.** an allen Seiten 四周，周围：*Jetzt hat man r. e-n Zaun gezogen* 现在人们在四周围起了一道栅栏 **2.** ≈ überall：*Die Luft ist nach der Gasexplosion r. verpestet* 燃气爆炸后四周空气都被污染了 **3.** ≈ völlig, ganz〈r. glücklich, zufrieden sein 非常幸福、满意；r. nass werden 湿透了〉

rund.lich *Adj*（形）；*gespr*［口］；ein wenig dick 略带圆形的，圆圆的，胖乎乎的，丰满的 ≈ mollig, füllig ↔ schlank〈e-e Frau, Formen, Backen, Arme, Schultern 妇人，外形，面颊，胳膊，肩膀〉‖ *hierzu*（派生）**Rund·lich·keit** *die*；*nur Sg*（只用单数）

Rund.rei.se *die* ≈ Rundfahrt：*e-e R. durch Marokko* 周游摩洛哥

Rund.schrei.ben *das*；ein Brief, der in der gleichen Form u. mit gleichem Inhalt an mehrere Leute geschickt wird 通知书，通函

rund.um *Adv*（副）；ganz, völlig 非常，完全〈r. glücklich, zufrieden sein 非常幸福、满意〉

rund.um.her *Adv*（副）≈ ringsum

Run.dung *die*；-, *-en* **1.** der runde[1] (2) Teil e-s Gegenstandes od. e-r Form 圆，弧形，圆形物 ≈ Wölbung **2.** ***die weiblichen Rundungen*** *gespr*［口］；die besonders weibliche Figur (1) e-r Frau 女性的曲线（美）

rund.weg *Adv*（副）；sehr direkt u. ohne zu zögern 断然，直截了当，干脆〈etw. r. ablehnen, leugnen 断然拒绝，矢口否认〉

Ru.ne *die*；-, *-n*；*hist*［历］；ein Zeichen, das die Germanen beim Schreiben verwendeten 古日耳曼文字 ‖ K-（复合）：***Runen-***，***-schrift***

run.ter *Adv*（副）；*gespr*［口］；↑ ***herunter***，***hinunter***

run.ter- *im Verb*，*sehr produktiv*，*gespr*（构成动词，构词强）［口］；↑ ***herunter-***，***hinunter-***

run.ter.ho.len；*holte runter*，*hat runtergeholt*；Vt（及物）**1.** ***j-n / etw. r.*** ≈ herunterholen **2.** ***j-m / sich***（*Dat* 三格）***einen r.*** *vulg*［俗］；e-n Mann/sich mit der Hand sexuell befriedigen 手淫

Run.zel *die*；-, *-n*；*mst Pl*（多用复数）；eine der ganz kleinen Falten *bes* im Gesicht 皱纹，褶皱：*e-e alte Frau mit vielen Runzeln* 满脸皱纹的老妇人

run.ze.lig *Adj*（形）；↑ ***runzlig***

run.zeln；*runzelte*，*hat gerunzelt*；Vt（及物）*nur in* 只用于 ***die Stirn r.*** die Haut an der Stirn hochziehen, sodass sie Falten bekommt（*mst* weil man gerade skeptisch wird）皱眉，蹙额

runz.lig *Adj*（形）；mit vielen Runzeln 有皱纹的，有褶皱的 ≈ faltig〈e-e Haut, ein Gesicht 皮肤，脸；ein Apfel 苹果〉

Rü.pel *der*；*-s*，-；*pej*［贬］；ein *mst* junger Mann, der sich sehr schlecht benimmt 没教养的人，粗野的家伙 ‖ *hierzu*（派生）**rü·pel·haft** *Adj*（形）；**Rü·pel·haf·tig·keit** *die*；*nur Sg*（只用单数）

rup.fen；*rupfte*，*hat gerupft*；Vt（及物）**1.** ***etw.***（***von / aus etw.***）***r.*** mit e-r kurzen Bewegung etw. von etw. wegreißen od. es aus etw. herausreißen 把…拔、拽、揪下来：*Blätter vom Baum r.* 把叶子从树上拽下来 **2.** ***etw. r.*** die Federn e-s toten Vogels herausreißen, bevor man ihn kocht 给…煺（羽）毛〈ein Huhn, e-e Ente r. 给鸡、鸭煺毛〉**3.** ***j-n r.*** *gespr*［口］；j-m viel Geld wegnehmen 敲诈，勒索，敲某人竹杠：*Das Finanzamt hat mich kräftig gerupft* 税务局把我宰得真狠

Rup.fen *der*；*-s*；*nur Sg*（只用单数）；ein sehr grober Stoff, aus dem man *z. B.* Säcke macht 粗麻布，麻袋布 ‖ K-（复合）：***Rupfen-***，***-sack***

rup.pig *Adj*（形）；*pej*［贬］**1.**〈ein Mensch, ein Charakter 人，性格〉mit e-m groben, schlechten Benehmen 粗鲁的，粗野的，无礼的 **2.**〈ein Fell 皮毛〉rau u. schlecht gepflegt 蓬乱的，未加修饰的 ‖ *hierzu*（只用单数）**Rup·pig·keit** *die*；*nur Sg*

Rü.sche *die*；-, *-n*；ein Band aus e-m feinen Stoff, das in Falten auf e-n anderen Stoff aufgenäht ist（用于服装装饰的）褶边：*ein Kleid mit Rüschen am Kragen u. an den Ärmeln* 一件领子和衣袖上有褶边的连衣裙 ‖ K-（复合）：***Rüschen-***，***-bluse***，***-hemd***，***-kleid*** ‖ -K（复合）：***Batist-***，***Seiden-***，***Spitzen-***，***Tüll-***

Rush.hour [ˈraʃ-au̯ɐ] *die*；-, *-s*；die Zeit, in der der Berufsverkehr am stärksten ist（上下班）交通高峰期

Ruß *der*；*-es*，*-e*；das schwarze, fette Pulver, das entsteht, wenn man etw.（*bes* Kohle）verbrennt 煤烟子，（煤）烟油，烟筒灰：*e-e von Ruß geschwärzte Küche* 被烟熏黑的厨房；*den Ruß aus dem Ofen entfernen* 清除炉里的煤烟子 ‖ K-（复合）：***Ruß-***，***-entwicklung***；***ruß-***，***-farben***，***-geschwärzt***，***-schwarz*** ‖ -K（复合）：***Kohlen-***，***Ofen-***

Rüs.sel *der*；*-s*，- **1.** die sehr lange Nase *bes* des Elefanten 象鼻，（动物的长）鼻子 ‖ ↑ *Abb. unter* 图见 ***Elefant*** ‖ K-（复合）：***Rüssel-***，***-tier*** ‖ -K（复合）：***Elefanten-*** **2.** die Nase e-s Schweines 猪鼻 **3.** der rohrähnliche Teil der Mundpartie, mit dem bestimmte Insekten Nahrung aufnehmen 喙：*der R. e-r Fliege* 苍蝇的长喙 ‖ -K（复合）：***Saug-*** **4.** *gespr pej*［口］［贬］；e-e (große) Nase（大）鼻子 ‖ *zu*（义项）**1. rüs·sel·ar·tig** *Adj*（形）；**rüs·sel·för·mig** *Adj*（形）

R

ru·ßen; *rußte*, *hat gerußt*; [Vi] (不及物) **etw. rußt** etw. produziert Ruß (物作主语) 冒黑烟，生烟 ⟨ein Ofen, e-e Lampe 炉子，灯⟩

rüs·ten; *rüstete*, *hat gerüstet*; [Vt] (及物) **1. etw./sich (für etw.) r.** etw./sich selbst auf etw. vorbereiten 准备，装备 ⟨sich für e-e Reise, e-n Besuch r. 为旅行、出访作准备; gut gerüstet sein 作好充分准备⟩: *Ich bin gut für diese Aufgabe gerüstet* 我已为该项任务作好充分准备 ‖ NB(注意): oft im Zustandspassiv (多用状态被动态)!; [Vi] (不及物) **2.** *mst* 多用 ⟨ein Land 一个国家⟩ **rüstet (zum Krieg)** ein Land bereitet sich auf e-n Krieg vor, indem es Waffen produziert u. Soldaten ausbildet 备战，作战争准备

rüs·tig [ˈrʏstɪç] *Adj* (形); trotz hohen Alters noch sehr aktiv u. körperlich fit 矍铄的，硬朗的 ⟨ein Mann, e-e Frau 男人，妇人⟩

rus·ti·kal *Adj* (形); von e-r kräftigen u. einfachen Art, wie sie auf dem Land üblich ist 有乡土味的，朴素的，有田园风味的 ≈ ländlich ⟨Möbel, Stoffe, Kleidung 家具，布料，服装⟩: *ein r. eingerichtetes Zimmer* 一间布置得有乡土气的房间

Rüs·tung *die*; -, -*en* **1.** alle Waffen u. Geräte, die für die Armee produziert werden 军备，装备 ⟨die atomare, nukleare R. 原子、核军备⟩: *viel Geld für die R. ausgeben* 为军备耗费巨资 ‖ K-(复合): ***Rüstungs-, -ausgaben, -beschränkung, -industrie, -kontrolle, -konzern, -politik, -produktion, -stopp, -wettlauf*** ‖ -K (复合): ***Atom-, Kriegs-*** **2.** *hist* [历]; e-e Kleidung aus Metall, die die Ritter im Kampf trugen 铠甲，护甲 ⟨die R. anlegen 穿上护甲⟩ ‖ -K(复合): ***Ritter-***

Rüst·zeug *das*; *nur Sg* (只用单数); die Fähigkeiten u. Kenntnisse, die j-d für e-e bestimmte Tätigkeit braucht 工作能力，必要的知识，技能: *das R. für das Berufsleben haben* 具备从事职业的技能

Ru·te *die*; -, -*n* **1.** ein langer u. dünner Zweig (*mst* ohne Blätter) 枝条，枝子 ‖ -K(复合): ***Birken-, Weiden-*** **2.** mehrere Ruten (1), die zusammengebunden sind (u. mit denen man früher Leute schlug) (责打用的) 枝条(束)，鞭 **3.** ein langer, dünner Stab mit e-r Schnur u. e-m Haken, mit dem man Fische fängt 钓(鱼)竿 ‖ -K(复合): ***Angel-*** **4.** *Kurzw* (略) ↑ ***Wünschelrute*** ⟨mit der R. gehen 去找水源或(探矿脉)⟩ ‖ K-(复合): ***Ruten-, -gänger***

Rutsch *der*; *nur in* 只用于 **1. in ˈeinem R./auf ˈeinen R.** *gespr* [口]; ohne Unterbrechung 一口气，不间断地 **2. (e-n) guten R. (ins neue Jahr)!** *gespr* [口]; verwendet, um j-m alles Gute für das neue Jahr zu wünschen 新年好！新年万事如意！

Rutsch·bahn *die*; ein Gerät, auf dem Kinder auf e-r glatten, schrägen Fläche nach unten rutschen können 滑梯 ‖ ID [谚] ***etw. ist die reinste/e-e R.*** *gespr* [口]; e-e Straße *o. Ä.* ist sehr rutschig 某物很滑

Rut·sche *die*; -, -*n* **1.** Rutschbahn ein Rohr *o. Ä.*, in dem man etw. herunterrutschen lässt (传输物品的) 滑道 **2.** ≈ Rutschbahn

rut·schen; *rutschte*, *ist gerutscht*; [Vi] (不及物) **1.** aus dem Gleichgewicht kommen u. *mst* hinfallen, weil man auf e-e glatte Stelle getreten ist od. den Halt verloren hat 滑，打滑，滑倒: *auf dem Eis r.* 在冰上滑倒; *auf e-m steilen Abhang ins Rutschen kommen* 在陡坡上滑倒 ‖ K-(复合): ***Rutsch-, -gefahr*** **2. etw. rutscht** *bes* ein Kleidungsstück sitzt (9) nicht richtig, sondern bewegt sich nach unten (物作主语) 往下滑落: *Meine Hose rutscht* 我的裤子往下滑; *Die Brille rutschte mir von der Nase* 眼镜从我鼻子上滑落下来 **3.** (zum Spaß) e-e Rutschbahn *o. Ä.* benutzen 滑行，滑滑梯 **4.** *gespr* [口]; zur Seite rücken (damit noch j-d Platz hat) 挪动(腾座位): *Rutsch doch mal, ich möchte mich auch hinsetzen!* 挪一挪！我也想坐下来 **5. auf etw.** (*Dat* 三格) **hin u. her r.** sich (*bes* auf e-m Stuhl) unruhig hin u. her bewegen 坐不住，坐不安稳 **6. etw. rutscht j-m aus der Hand** etw. ist so glatt, dass j-d es nicht in der Hand halten kann (物作主语) 从…手中滑落: *Mir ist die wertvolle Vase aus der Hand gerutscht* 贵重的花瓶从我手里滑掉了 ‖ NB(注意): ↑ ***gleiten*** ‖ ID [谚] ***vor j-m auf den Knien/auf dem Bauch r.*** *pej* [贬]; übertrieben demütig sein 在某人面前卑躬屈膝，奴颜媚骨

rutsch·fest *Adj* (形); *nicht adv* (不作状语); ⟨ein Stoff, ein Teppich, der Boden, ein Material 布料，地毯，地面，材料⟩ so (beschaffen), dass man damit od. darauf nicht rutscht (1) 不打滑的

rut·schig *Adj* (形); ⟨e-e Straße, der Boden 马路，地⟩ so (glatt), dass man sehr leicht darauf rutschen (1) u. stürzen kann 滑的，容易打滑、滑倒的

rüt·teln; *rüttelte*, *hat gerüttelt*; [Vt] (及物) **1. j-n/etw. r.** j-n/etw. mit kurzen, kräftigen Bewegungen hin und her bewegen 摇，晃，摇动，摇撼: *j-n (an der Schulter) r., um ihn aufzuwecken* 摇某人(肩膀)把他叫醒; [Vi] (不及物) **2. etw. rüttelt** etw. bewegt sich heftig hin u. her (物作主语) 晃动，摇晃，颠簸 ⟨der Zug 火车⟩ **3. an etw.** (*Dat* 三格) **r.** e-n Teil e-r Sache mit kurzen u. kräftigen Bewegungen hin u. her bewegen 摇动，晃动: *Er rüttelte an der Tür* 他摇晃着门; *Der Affe rüttelte am Gitter seines Käfigs* 猴子摇晃着笼子网 ‖ ID [谚] *mst* 多用 ***Daran ist nicht(s) zu r.*** *gespr* [口]; das ist e-e Tatsache, die man nicht ändern kann 这是无法改变的，这是不可变更的

S, s

S, s [ɛs] *das*; -, - **1.** der neunzehnte Buchstabe des Alphabets 字母表的第十九个字母〈ein großes S 大写 S; ein kleines s 小写 s〉 **2.** ***ein scharfes S*** das Zeichen *ß* in der geschriebenen deutschen Sprache 送气强的清辅音 S(=ß)

s. *Abk für* 缩写,全称为 siehe ‖ NB(注意): ↑ *ID unter* [谚]见 ***sehen***

S. *Abk für* 缩写,全称为 Seite[1]

SA [ɛsˈ|aː] *die*; -; *nur Sg*, *hist*(只用单数)[历]; (*Abk für* 缩写,全称为 Sturmabteilung) e-e politische, uniformierte Truppe in der Zeit des Nationalsozialismus(纳粹时期的)冲锋队

Saal *der*; -(*e*)*s*, *Sä·le*; ein sehr großer Raum *z.B.* für Feste, Versammlungen od. Vorträge 大厅,礼堂 ‖ K-(复合): ***Saal-***, ***-miete*** ‖ -K(复合): ***Fest-***, ***Gerichts-***, ***Konferenz-***, ***Kongress-***, ***Sitzungs-***, ***Vortrags-***

Saal·toch·ter *die*; ⒸⒽ[瑞] ≈ Kellnerin

Saat *die*; -, *-en* **1.** *nur Sg*, *Kollekt*(只用单数,集合); die (Pflanzen) Samen, die man auf e-r *mst* großen Fläche verteilt 种子≈Saatgut 〈die S. geht auf 种子发芽〉 ‖ K-(复合): ***Saat-***, ***-beet***, ***-getreide***, ***-kartoffeln***, ***-korn*** ‖ -K(复合): ***Sommer-***, ***Winter-*** **2.** das Verteilen von Samen auf e-r großen Fläche 播种,下种 ≈ Aussaat 〈mit der S. beginnen 开始播种〉 ‖ K-(复合): ***Saat-***, ***-zeit*** **3.** ***die S. der Gewalt***, ***des Hasses*** (***geht auf***) *geschr* [书]; die Folgen od. Auswirkungen von Gewalt, Hass (zeigen sich) 暴力、仇恨的种子(萌芽) ‖ ▶ ***säen***

Saat·gut *das*; *nur Sg*(只用单数) ≈ Saat (1)

Sab·bat *der*; *-s*, *-e*; der Tag der Woche, an dem Juden Gottesdienst feiern u. nicht arbeiten sollen(犹太教)安息日

sab·beln; *sabbelte*, *hat gesabbelt*; [Vi](不及物) *nordd gespr*[北德][口] ≈ sabbern

sab·bern; *sabberte*, *hat gesabbert*; [Vi](不及物) *gespr*[口] **1.** beim Sprechen od. Essen Speichel aus dem Mund fließen lassen 口角流涎,流口水 **2.** *pej*[贬]; viel reden 没完没了地唠叨 ≈ schwafeln

Sä·bel *der*; *-s*, -; e-e Art leicht gebogenes Schwert (1) 佩剑,军刀 ‖ ↑ *Abb. unter* 图见 ***Waffen*** ‖ K-(复合): ***Säbel-***, ***-fechten***, ***-gerassel***, ***-hieb***, ***-klinge*** ‖ -K(复合): ***Krumm-***, ***Offiziers-*** ‖ ID[谚] ***mit dem S. rasseln*** schwere Drohungen aussprechen od. versuchen, j-n einzuschüchtern 以武力相威胁,磨刀霍霍

sä·beln; *säbelte*, *hat gesäbelt*; [Vt/i](及物/不及物) (***etw. von etw.***) ***s.***; (***etw. in etw.*** (*Akk* 四格)) ***s.*** *gespr*[口]; etw. (*bes* mit e-m großen od. stumpfen Messer) schneiden 割,切: *e-e dicke Scheibe vom Brot s.* 切下一厚片面包; *e-e Wurst in Stücke s.* 把香肠切成块

Sa.bo.ta.ge [-ˈtaːʒə] *die*; -; *nur Sg*(只用单数); die Handlung(en), durch die j-d aus *mst* politischen Gründen etw. Wichtiges behindert, zerstört od. beschädigt 破坏活动〈S. ausüben, verüben 进行、搞破坏活动; j-n wegen S. verurteilen 谴责某人搞破坏〉: *Man nimmt an, dass der Brand in der Chemiefabrik auf S. zurückgeht* 人们认为化工厂的火灾起因是破坏活动 ‖ K-(复合): ***Sabotage-***, ***-akt***, ***-tätigkeit***

sa.bo.tie.ren; *sabotierte*, *hat sabotiert*; [Vt/i](及物/不及物) (***etw.***) ***s.*** etw. bewusst stören, be- od. verhindern 破坏〈e-e geplante Aktion, e-e Wahlversammlung, die Vorstandswahl s. 破坏一次计划好的行动、选举集会、董事会选举〉 ‖ *hierzu*(派生) **Sa·bo·teur** [-ˈtøːɐ] *der*; -(*e*)*s*, *-e*

Sac.cha.rin [zaxaˈriːn] *das*; *-s*; *nur Sg*(只用单数); e-e künstliche Substanz, die man statt Zucker verwenden kann 糖精,甜味剂 ≈ Süßstoff

Sach.be.ar.bei.ter *der*; j-d, der (*z.B.* in e-m Betrieb, in e-r Behörde) ein bestimmtes Sachgebiet bearbeitet 办事人员,专职人员: *Er ist S. beim Finanzamt* 他是财政局办事员 ‖ *hierzu*(派生) **Sach·be·ar·bei·te·rin** *die*

Sach.be.schä.di.gung *die*; JUR【法】; das absichtliche Zerstören von Dingen, die e-r anderen Person gehören 财产损害,物质损失

sach.be.zo.gen *Adj*(形); ganz an der Sache (5) orientiert 与事情有关的,有针对性的〈e-e Analyse, ein Hinweis, e-e Kritik 分析,提示,批评〉

Sach.be.zü.ge *die*; *nur Pl*, ADM *geschr*(只用复数)【管理】[书]; etw., das j-d statt Geld als Teil der Bezahlung bekommt 实物工资,实物报酬: *Zu den Sachbezügen zählen freie Wohnung u. Verpflegung* 免费住房和伙食属于实物工资

Sach.buch *das*; ein Buch, das über ein bestimmtes Thema informiert od. Ratschläge gibt 专业书 ‖ K-(复合): ***Sachbuch-***, ***-autor***, ***-verlag*** ‖ NB(注意): ein *S.* ist weniger wissenschaftlich als ein *Fachbuch*(专业书在学术上不如专著)

sach.dien.lich *Adj*(形); *nicht adv*, ADM *geschr*(不作状语)【管理】[书]; *mst* 多用 ***sachdienliche Hinweise*** Hinweise aus der Bevölkerung, die helfen, ein Verbrechen aufzuklären(有助于

S

查明犯罪线索的）有关说明

Sa·che *die*；-，-*n* **1.** *mst Sg*（多用单数）；ein Vorgang，e-e Situation od. ein Ereignis，die nicht genau bezeichnet werden，weil sie bekannt sind 事情，事件 ≈ Angelegenheit〈e-e ernste，feine，gewagte，gute，hoffnungslose，unangenehme，wichtige S. 严肃的、细致的、冒险的、好的、无望的、不愉快的、重要的事；e-e S. anpacken，erledigen，entscheiden，prüfen 抓紧、解决、决定、考查一件事〉：*Überlege dir die S. gründlich，bevor du dich entscheidest!* 在你做出决定之前，请认真考虑此事！；*Unser Fest wird e-e ganz große S.!* 我们的庆祝活动将成为一桩大事！；*In dieser S. weiß niemand so richtig Bescheid* 这件事谁都不完全了解 ‖ -K（复合）：***Ansichts-***，***Routine-***，***Geheim-*** **2.** *nur Pl*（只用复数）；nicht näher genannte Gegenstände，*bes* die verschiedenen Dinge，die j-m gehören 东西，物品：*Hast du deine Sachen aufgeräumt?* 你把自己的东西整理了吗?；*Die Flüchtlinge hatten kaum Zeit，die wichtigsten Sachen einzupacken* 难民几乎没工夫收拾最要紧的东西 ‖ -K（复合）：（auch Sg 也用单数）***Fund-***，***Wert-*** **3.** etw. nicht Belebtes 物 ≈ Ding（1）**4.** *mst* 多用 ***e-e gute S.*** etw.，das für viele Menschen wertvoll u. wichtig ist 事业，好事，有意义的事〈sich für e-e gute S. einsetzen 致力于(投身)美好的事业〉**5.** das Thema e-r Diskussion od. von Verhandlungen 正题，本题，实质性的事〈bei der S. bleiben 不离题；zur S. kommen 说到本题，言归正传；etw. zur S. sagen 说点与正题有关的话；e-e Frage zur S. stellen 提一个与正题有关的问题〉‖ K-（复合）：***Sach-***，***-antrag***，***-diskussion***，***-frage***；***sach-***，***-fremd*** **6.** *nur Pl*（只用复数）≈ Kleidung〈modische，teure Sachen tragen 穿着时髦的，昂贵的衣服〉：*Er hat keine warmen Sachen für den Winter* 他没有过冬的暖和衣服 ‖ -K（复合）：***Baby-***，***Bade-***，***Kinder-***，***Sommer-***，***Winter-*** **7.** *mst* 多用〈süße，saure，scharfe 甜的、酸的、辣的〉***Sachen*** Lebensmittel，die süß，sauer od. scharf schmecken 食品 ‖ -K（复合）：***Ess-*** **8.** *nur Pl*（只用复数）；*mst* in Ausrufen verwendet，um Handlungen zu bezeichnen，die ungewöhnlich，unerwartet od. dumm sind（用于惊叹句，表示不同一般的、出乎意料的或愚蠢的行为）傻事，蠢事，意想不到的事（行为）：*Mach keine Sachen!*（= Dummheiten）别瞎说！别胡来！别犯傻！；*Du machst Sachen!* 你在胡来！；*Was sind das für Sachen!* 这事太傻了！；*Ich habe schöne*（= interessante）*Sachen von dir gehört!* 我听到了关于你的趣闻！**9.** *nur Pl*，*gespr*（只用复数）［口］≈ Stundenkilometer：*Auf der neuen Strecke rasen die Züge mit 250 Sachen durch die Gegend* 新铁路线上火车以 250 公里的时速飞驰 **10.** *mst Pl*，JUR（多用复数）【法】≈ Gegenstand ↔ Person (1)〈(un)-bewegliche Sachen（不）动产；Beschädigung von Sachen 财产损失；Gewalt gegen Sachen 毁坏财物〉‖ K-（复合）：***Sach-***，***-beschädigung*** **11.** JUR【法】；ein Streit od. e-e Angelegenheit，über die vor Gericht entschieden wird 案件，诉讼 ≈ Fall² (3)〈die S. Maier gegen Müller 迈耶尔控告米勒的案件；zur S. aussagen 为案件作证〉‖ -K（复合）：***Rechts-***，***Straf-*** **12.** ***es ist S.*** + *Gen*（二格）+ ***zu*** + *Infinitiv*（不定式）es ist die Aufgabe od. Pflicht e-r bestimmten Person od. Institution，etw. zu tun…是…的任务或职责：*Es ist nicht nur S. des Staates，sich um e-e saubere Umwelt zu bemühen* 努力创造清洁的环境不仅仅是国家的职责 ‖ -K（复合）：***Frauen-***，***Männer-*** **13.** ***etw. ist j-s S.*** j-d ist selbst für etw. verantwortlich（物作主语）是…自己的事（情）：Es *ist seine S.*，wen *er einlädt*/ob *er sich ein neues Auto kauft*/wie viel *er spendet* 他邀请谁/他是否为自己买辆新车/他捐助多少，是他自己的事 ‖ -K（复合）：***Privat-*** **14.** ***etw. ist nicht j-s S.*** etw. gefällt j-m nicht（物作主语）不是…所喜欢的，非…所好：*Krimis sind nicht jedermanns S.* 侦探故事不是人人都喜欢的；*Früh aufzustehen ist nicht meine S.* 早起非我所好 **15.** ***die S. mit j-m / etw.*** *gespr*，*oft euph*［口］常用［婉］；verwendet，um etw. zu bezeichnen，das man nicht genau nennen kann od. will（表示不能或不愿言明的）那件事：*Er kann die S. mit dem Überfall nicht vergessen* 他忘不了那次袭击的事 **16.** ***in Sachen*** in dem Fall，der in e-m Gericht verhandelt wird 在案件中，在官司中，在诉讼案中：*in Sachen Schmidt gegen Mayer* 在施密特对迈耶尔的诉讼案中 ‖ ID［谚］***e-e halbe S.*** etw.，das nicht ordentlich u. gründlich gemacht ist 虎头蛇尾（半途而废）的事；〈ein Hinweis *o. Ä.* 提示等〉***in eigener S.*** ein Hinweis *o. Ä.* im eigenen，persönlichen Interesse 代表自己利益的；***etw. ist beschlossene S.*** ein Plan *o. Ä.* wird nicht mehr geändert 某事已成定局；*mst* 多用 ***das ist e-e andere S. / e-e S. für sich*** das ist etw. ganz anderes，das ist e-eganz andere Frage 这是另一回事；***etw. ist die schönste / einfachste / natürlichste*** *usw* ***S.***（***der Welt***）*gespr*［口］；etw. ist sehr schön，ganz einfach，ganz natürlich *usw* 这是（世界上）最美好的/最简单的/最理所当然的事；***mit j-m gemeinsame S. machen*** *pej*［贬］；zusammen mit j-m etw. planen u. tun，das *mst* nicht korrekt ist 同某人勾结起来，与某人同流合污：*Die Zollbeamten machten mit den Schmugglern gemeinsame S.* 海关官员与走私犯相互勾结；（***nicht / ganz***）***bei der S. sein*** sich（nicht/ganz）auf etw. konzentrieren 聚精会神（心不在焉/全神贯注）；***etw. tut nichts zur S.*** etw. ist für das Thema，von dem man gerade spricht，nicht wichtig 某事无关紧要，与主题无关；***der S. näherkommen*** *gespr*［口］；allmählich die Wahrheit od. den wirklichen Grund für etw. finden 慢慢接近实质性问题；*mst* 多用 ***Das kommt der S. schon näher*** *gespr*［口］；das trifft eher zu，etw. geht eher in die richtige Richtung 这件事已快接近本题；***seine S.***（***nicht***）***gut machen*** etw.（nicht）so machen，wie es j-d anderer von einem erwartet 干（不）好自己的那一行；〈sagen，herausfinden 说出，弄清〉***was S. ist*** *gespr*［口］；sagen od. herausfinden，was das wirkliche Problem ist 事情的真相(真实情况); ***nicht wissen, was S. ist*** *gespr*［口］; nicht wissen, worum es eigentlich geht od. wie etw. wirklich ist 不知说的是哪门子事; ***sich*** (*Dat* 三格) ***seiner S.*** (***nicht***) ***sicher sein*** (nicht) überzeugt sein, dass es richtig ist, was man tut od. denkt 对自己的事(没)有把握,心中(没)有数; ***Sachen gibts*** (, ***die gibts gar nicht***)***!*** *gespr*［口］; verwendet, um auszudrücken, dass man sich über etw. sehr wundert(表示惊奇)竟有这等事! 真是怪事! ***seine sieben Sachen*** 〈packen, nehmen 准备行装,拿着随身用品〉 alles, was j-m gehört 随身东西,个人日常用品 ‖ ▶ ***sachlich***

-sache *die*; *im Subst*, *begrenzt produktiv*(构成名词,构词有限); ***etw. ist -sache*** etw. hängt von dem ab, was im ersten Wortteil genannt wird 某事是…的事(问题); ***etw. ist Ansichtssache*** (= es kommt darauf an, wie man den Fall sieht), ***Gefühlssache***, ***Geschmackssache***, ***Glaubenssache***, ***Glückssache***, ***Nervensache***, ***Übungssache***, ***Vertrauenssache***

Sach·ge·biet *das*; ein Bereich, in dem j-d arbeitet u. für den er ein bestimmtes Wissen braucht 专业范围,工作范围,专业领域 〈ein S. bearbeiten, für ein S. zuständig sein 从事、负责一个专业范围〉

sach·ge·mäß *Adj*(形); so, wie es in e-m bestimmten Fall, bei dem betreffenden Gegenstand richtig ist 恰当的,正确的,合适的 ≈ sachgerecht ↔ unsachgemäß 〈e-e Behandlung, Lagerung, Pflege 对待,存放,护理〉: *Der Film reißt, wenn der Projektor nicht s. bedient wird* 放影机操作不当,胶片会被撕坏

sach·ge·recht *Adj*(形) ≈ sachgemäß

Sach·kennt·nis *die*; gründliche Kenntnisse auf e-m speziellen Gebiet 专业知识 ≈ Sachverstand 〈S. besitzen 具备专业知识; über die nötige S. verfügen 拥有必要的专业知识〉

sach·kun·dig *Adj*(形); 〈ein Urteil, e-e Stellungnahme 判断,表态〉 so, dass gute Kenntnisse u. Erfahrung auf e-m Gebiet deutlich erkennbar sind 有专长的,懂行的,内行的: *Wir besichtigten die Fabrik unter der sachkundigen Führung des Ingenieurs* 我们在这位工程师的内行的引导下参观了这家工厂 ‖ *hierzu*(派生) **Sach·kun·di·ge** *der*/*die*; *-n*, *-n*

Sach·la·ge *die*; *mst Sg*, *geschr*(多用单数)［书］; die Verhältnisse in e-r bestimmten Situation 局势,事态,实际情况 〈die S. erörtern, prüfen 讨论、检查实际情况; ohne Kenntnis der S. 不了解实情〉: *Die S. ist so kompliziert, dass ich sie nicht beurteilen kann* 事态如此复杂,使我无法判断

sach·lich *Adj*(形) **1.** auf die Sache bezogen, um die es geht, u. nicht von Gefühlen bestimmt 事情本身的,符合实际的,客观的 ≈ objektiv ↔ unsachlich, emotional 〈Berichterstattung, Kritik, e-e Feststellung, ein Kommentar 报道,批评,论断,评论; s. argumentieren 实事求是地进行论证; etw. s. beurteilen 客观地评价某事〉: *Seine Kritik ist nie s., sondern rein emotional* 他的批评从不客观,总带有感情色彩 **2.** *nur attr od adv*(只作定语或状语); in Bezug auf die Tatsachen, um die es geht 与事实有关的,事实上的 〈ein Unterschied 区别; etw. ist s. falsch/richtig/zutreffend 某事在事实上是错的/对的/准确的〉: *Der Antrag wurde nicht aus sachlichen, sondern aus formalen Gründen abgelehnt* 申请不是由于事实本身的原因,而是由于形式上的原因而被拒绝了 **3.** ohne überflüssige Formen, elegante Verzierungen od. Formulierungen 朴实的,实实在在的 ≈ schlicht 〈ein Design, ein Stil 款式,风格〉 ‖ *hierzu*(派生) **Sach·lich·keit** *die*; *nur Sg*(只用单数)

säch·lich *Adj*(形); LING【语】; mit dem Artikel *das* verbunden (u. daher mit den entsprechenden Formen) 中性的 ↔ männlich, weiblich 〈die Form, die Endung, ein Substantiv 形式,字尾,名词〉

Sach·scha·den *der*; ein Schaden (1) an Sachen, Gegenständen 物质损失 ↔ Personenschaden 〈hoher, leichter S. 重大的、轻微的物质损失〉: *Bei dem Einsturz der Brücke entstand großer S.* 桥梁坍塌造成了巨大的物质损失

Sach·spen·de *die*; e-e Spende, die (nicht aus Geld, sondern) aus Dingen besteht, die ein anderer brauchen kann 实物捐助

sacht, **sach·te**, *sachter*, *sachtest-*; *Adj*(形) **1.** langsam u. vorsichtig 小心的,谨慎的 ≈ behutsam 〈etw. s. hinstellen, berühren 小心地放置、触摸某物; sich s. nähern 谨慎地靠近〉: *S. deckte sie das schlafende Kind zu* 她给睡觉的孩子小心盖好被子 **2.** leicht u. kaum spürbar 轻轻的,柔和的 ≈ sanft (2) ↔ kräftig 〈ein Streicheln, ein Windhauch 抚摸,微风〉 **3.** ***sachte, sachte!*** / ***immer sachte!*** *nur adv*(只作状语); *gespr*［口］; verwendet, um j-n aufzufordern, nicht zu schnell (u. unüberlegt) zu handeln 小心点! 慢慢地(别着急)!

Sach·ver·halt *der*; *-(e)s*, *-e*; *mst Sg*(多用单数); die Tatsachen u. ihre Zusammenhänge 事态,事实情况 〈der genaue, wahre S. 确切的、真实的情况; den S. klären, schildern 澄清、描述事态〉 ‖ NB(注意): bei e-m Delikt spricht man von e-m *Tatbestand*(如涉及违法行为,则用 Tatbestand(案情)一词)

Sach·ver·stand *der* ≈ Sachkenntnis

Sach·ver·stän·di·ge *der*/*die*; *-n*, *-n*; j-d, der ein bestimmtes Gebiet so gut kennt, dass er bei Fragen dazu ein sachkundiges Urteil (ab)geben kann u. darf 内行,专家 ≈ Experte 〈e-n Sachverständigen befragen, zu Rate ziehen 询问、请教专家; das Gutachten e-s Sachverständigen einholen 取得专家鉴定〉 ‖ K-(复合): ***Sachverständigen-***, ***-gutachten*** ‖ -K(复合): ***Bau-***, ***Kunst-***, ***Musik-*** ‖ NB(注意): *ein Sachverständiger*; *der Sachverständige*; *den*, *dem*, *des Sachverständigen*

Sach·wert *der*; *mst Pl*(多用复数); Gegenstände, die e-n bestimmten Geldwert haben 有价实物,值钱的物品 ≈ Wertobjekte 〈sein Geld in Sachwerten anlegen 以实物投资〉

Sach·wis·sen *das*; *nur Sg*(只用单数); die

Kenntnisse, die j-d in e-m bestimmten Sachgebiet hat 实际知识

Sach·zwän·ge *die*; *Pl*（复）；(soziale, wirtschaftliche *o. Ä.*) Umstände, die e-e bestimmte Entscheidung erfordern（社会的、经济的）实际困难，实际问题

Sack *der*; -(*e*)*s*, *Sä·cke* **1.** ein großer, weicher Behälter *bes* aus Stoff od. Plastik 袋，口袋，布袋〈etw. in Säcke abfüllen 将某物装入袋子；e-n S. zubinden, schleppen 扎紧、拖袋子；e-n S. auf dem Rücken/der Schulter tragen 背/扛袋子〉：*e-n S.* (*voll*) *Kartoffeln in den Keller tragen* 将(满满)一袋土豆扛入地下室 ‖ K-（复合）：**Sack-**, **-leinen**, **-karre** ‖ -K(复合)：**Jute-**, **Papier-**, **Plastik-**; **Getreide-**, **Kartoffel-**, **Mehl-**, **Müll-**, **Zement-** **2.** die Menge, die in e-n S. (1) hineinpasst 袋(量词)：*zehn Sack/Säcke Getreide/Zement* 十袋粮食/水泥；*Drei Sack/Säcke Mehl kosten 150 Euro* 三袋面粉价格为 150 欧元 ‖ NB（注意）*zu*（义项）**2.**：als Maßangabe bleibt S. im Pl. oft unverändert 作为计量说明语 Sack 的复数常常保持不变 **3.** *vulg*, *pej*［俗］［贬］；verwendet als Schimpfwort für Männer(骂男人用语)家伙，混账东西〈ein dummer, fauler, fetter, alter S. 蠢货，懒汉，胖猪，老家伙〉‖ -K(复合)：**Dreck-**, **Fett-**, **Fress-** **4.** *vulg*［俗］≈ Hodensack **5.** **ein S. voll** + *Subst*（名词）*gespr*［口］；sehr viel + Subst.（名词）〈ein S. voll Geld 满满的一袋钱〉‖ ID［谚］**mit S. u. Pack** mit allem, was einem gehört 带上全部家当〈mit S. u. Pack ausziehen, fortgehen 带上全部家当搬走、离去〉；**j-n in den S. stecken** *gespr*［口］；j-m überlegen sein 胜过(压倒)某人；**etw. im S. haben** *gespr*［口］；e-n Auftrag, e-n Job *o. Ä.* schon mit Sicherheit haben 对某事十拿九稳，稳操胜券 ‖ *zu*（义项）**1. sack·ar·tig** *Adj*（形）；**sack·för·mig** *Adj*（形）；**sack·wei·se** *Adj*（形）；*mst adv*（多作状语）‖ ▶ **einsacken**

Sack|bahn·hof *der*; ein Bahnhof, in dem die Gleise enden 尽头式车站，回行式火车站 ≈ Kopfbahnhof：„*Victoria Station*“ *u. der Münchener Hauptbahnhof sind Sackbahnhöfe*“维多利亚站”和慕尼黑火车总站是回行式火车站

S

Sä·ckel *der*; -*s*, - **1.** *südd* Ⓐ Ⓒⓗ［南德］［奥］［瑞］e-e Hosentasche od. ein Geldbeutel 裤袋；钱包 **2.** *iron*［诙］；die Kasse e-r öffentlichen Institution 财务部门，理财部门 ‖ -K(复合)：**Stadt-**, **Staats-**

sa·cken; *sackte*, *ist gesackt*; [Vi]（不及物）**irgendwohin s.** langsam u. schwer auf den Boden sinken 下沉，沉陷，倒下 ≈ zusammenbrechen：*Von e-m Schuss getroffen, sackte er zu Boden* 他中弹后倒在地上

Sack·gas·se *die*; e-e *mst* kurze Straße, die vor e-m Grundstück, Haus *o. Ä.* endet, sodass man auf ihr nicht weiterfahren kann 死胡同 ‖ ID［谚］**etw. ist in e-e S. geraten** etw. hat e-n Punkt erreicht, an dem es so viele Probleme gibt, dass man nicht mehr weitermachen kann 某事陷入僵局，走进死胡同〈politische Gespräche, Verhandlungen 政治会谈，谈判〉

Sack·hüp·fen *das*; *nur Sg*（只用单数）；ein Spiel für Kinder, bei dem man in e-m Sack (1) steht u. durch Hüpfen möglichst schnell vorwärtskommen muss 套袋赛跑(儿童游戏)

Sa·dist *der*; -*en*, -*en*; j-d, der Freude daran hat, Menschen od. Tiere zu quälen, od. sich dadurch sexuell befriedigt 性虐待狂 ‖ NB(注意)：*der Sadist*; *den*, *dem*, *des Sadisten* ‖ *hierzu*（派生）**Sa·dis·tin** *die*; -, -*nen*; **Sa·dis·mus** *der*; *nur Sg*（只用单数）；**sa·dis·tisch** *Adj*（形）

sä·en; *säte*, *hat gesät*; [Vt/i]（及物/不及物）**1.** (**etw.**) **s.** Samen auf e-m Feld od. Beet verteilen 下种，播种 ≈ aussäen ↔ ernten〈Blumen, Getreide, Hafer, Rasen, Weizen s. 播种花卉、粮食、燕麦、草坪、小麦；maschinell s. 机器播种〉‖ K-(复合)：**Sä-**, **-mann**, **-maschine**; [Vt]（及物）**2.**〈Hass, Neid, Zwietracht 仇恨，妒忌，不和〉**s.** *geschr*［书］；Hass, Neid, Zwietracht hervorrufen u. verbreiten 播下…的种子 ‖ ID［谚］〈Personen/Dinge 人/物〉**sind dünn gesät** von bestimmten Personen/Dingen findet man nur e-e kleine Zahl 寥寥无几，极为稀少，少得可怜：*Solche Jobs sind dünn gesät* 这样的工作难得碰上 ‖ ▶ **Saat**; **an-**, **aussäen**

Sa·fa·ri *die*; -, -*s*; e-e Reise *bes* in Afrika, bei der man wilde Tiere beobachten od. jagen kann(尤指非洲)游猎考察，游猎观光〈auf S. gehen 去游猎观光〉‖ -K(复合)：**Foto-**

Safe [zeːf, seɪf] *der*; -*s*, -*s*; ein Fach od. e-e Art Schrank aus Stahl zum sicheren Aufbewahren von Geld u. Wertsachen 保险柜，保险箱 ‖ K-(复合)：**Safe-**, **-schlüssel** ‖ -K（复合）：**Bank-**, **Wand-** ‖ NB(注意) ↑ **Tresor**

Saft *der*; -(*e*)*s*, *Säf·te* **1.** e-e Flüssigkeit, die man aus Obst od. Gemüse gewinnt u. die man trinken kann 果汁，菜汁〈gesüßter, gezuckerter, frisch gepresster, reiner S. 有甜味的、加糖的、新榨的、纯的果汁；S. auspressen, einkochen, in Flaschen abfüllen, trinken 榨压、煮制、用瓶装、喝果汁〉‖ K-(复合)：**Saft-**, **-kur**, **-presse** ‖ -K(复合)：**Apfel-**, **Gemüse-**, **Obst-**, **Orangen-**, **Tomaten-**, **Trauben-**, **Zitronen-** **2.** e-e Flüssigkeit, die in Pflanzen enthalten ist(植物的)浆液，水分：*Im Frühjahr steigt der S. in den Bäumen nach oben, u. sie bekommen neue Blätter* 春天树木得到滋润并长出新叶 **3.** die Flüssigkeit, die Fleisch verliert, wenn man es kocht od. brät 肉汁〈etw. im eigenen S. schmoren 用原汁炖某物〉‖ -K(复合)：**Braten-**, **Fleisch-** **4.** *gespr*［口］≈ (elektrischer) Strom：*In dieser Batterie ist kein S. mehr* 这节电池没电了 **5. der S. der Reben** *lit*［文］≈ Wein ‖ -K(复合)：**Reben-** **6. ein Baum** *o. Ä.* **steht in vollem S.** ein Baum *o. Ä.* bekommt (im Frühjahr) neue Triebe u. Blüten 一棵树枝繁叶茂，鲜花盛开 ‖ ID［谚］**j-n im eigenen S. schmoren lassen** *gespr*［口］；j-m, dem es aus eigener Schuld schlecht geht, nicht helfen 让某人自作自受；

ohne S. u. Kraft *gespr*〔口〕; völlig kraftlos 毫无生机的，平淡无奇的；***keinen S. in den Knochen haben*** *gespr*〔口〕; keine Kraft mehr haben 一点劲儿也没有，精疲力尽

saf·tig *Adj*(形) **1.** voll Saft (1,3) 多汁的，水灵的 ↔ trocken 〈Obst, Gemüse 水果，蔬菜；Fleisch, Schinken 肉，火腿〉 **2.** voll Saft (2) u. deshalb leuchtend grün 嫩绿的，茂盛的 ↔ dürr 〈Gras, Laub, Wiesen 青草，枝叶，草地〉: *das saftige Grün der Buchen im Mai* 五月里山毛榉的翠绿 **3.** *gespr*〔口〕; sehr hoch 高的，昂贵的 ≈ gepfeffert 〈Preise, e-e Rechnung, e-e Strafe 价格，账单，罚款〉 **4.** *gespr*〔口〕 ≈ unanständig 〈ein Witz 玩笑〉

Saft·la·den *der*; *gespr pej*〔口〕〔贬〕; ein Geschäft od. Betrieb[1] (1), in dem wegen schlechter Organisation nichts gut funktioniert 经营不善的店铺

Sa·ge *die*; -, *-n*; e-e sehr alte Erzählung von Helden, Kämpfen od. ungewöhnlichen Ereignissen 传说 〈deutsche, griechische, klassische, mittelalterliche Sagen 德国的、希腊的、古典的、中世纪的传说；Sagen überliefern 把传说流传下去〉: *Der S. nach haben Romulus u. Remus die Stadt Rom gegründet* 根据传说，罗马城是由罗慕路斯和雷穆斯创建的 ‖ K-(复合): ***Sagen-, -buch, -motiv, -sammlung*** ‖ -K(复合): ***Heimat-, Helden-, Volks-*** ‖ NB(注意): ↑ ***Märchen, Legende***

Sä·ge *die*; -, *-n*; ein Werkzeug, mit dem man *bes* Holz od. Metall schneidet 锯子 ‖ -K(复合): ***Hand-, Kreis-, Motor-***

Sä·ge·blatt *das*; das dünne Stück Metall mit Zacken, mit dem gesägt wird 锯条

Sä·ge·mehl *das*; *nur Sg* (只用单数); e-e Art Pulver, das entsteht, wenn man Holz sägt 锯末，锯屑

Sä·ge·müh·le *die* ≈ Sägewerk

sa·gen; *sagte, hat gesagt*; [Vt] (及物) **1.** ***(j-m) etw. s.; etw. (zu j-m) sagen*** j-m etw. mitteilen, indem man Wörter u. Sätze ausspricht 说，讲，告诉 〈etw. freundlich, laut, leise, frech, hastig, schüchtern, zögernd s. 友好地、大声地、轻声地、放肆地、匆忙地、羞怯地、犹豫地说；Bitte/bitte, Danke/danke, Ja/ja, Nein/nein s. 说请，说谢谢，说是，说不；Guten/guten Morgen, Auf/auf Wiedersehen s. 道早安，说再见；etw. Dummes, Falsches s. 说傻话，错话；kein Wort s. 一句话也不说；nichts zu s. wissen 不知说什么；etw. in e-r Fremdsprache s. 用外语讲某事；etw. auf Englisch, Französisch, Deutsch s. 用英、法、德语讲述某事〉: *„Das Kleid ist mir zu teuer", sagte sie (zur Verkäuferin)* "这件连衣裙对我来说太贵"，她(对售货员)说；*Wenn es dir zu kalt ist, kannst du es (mir) ruhig s.* 你如果觉得冷，尽可以对我讲；*„Komm mit", sagte er* "你一起去吧"，他说道；*Hast du deinem Chef schon gesagt*, dass *du kündigen willst?* 你已对你的上司讲过你要辞职吗？；*Martin sagte, er habe keine Lust mitzukommen* 马丁说他没兴趣参加 **2.** ***etw. zu etw. s.*** e-e Meinung zu e-m Thema mitteilen 认为，对…表明看法 ≈ meinen (1): *Wir fahren am Sonntag nach Paris – was sagst du dazu?* 星期天我们开车去巴黎——你认为如何？；*Was sagt deine Freundin dazu*, dass *du dir e-n Bart wachsen lässt?* 你的女友对你留胡子有什么看法？；*Was sagen Sie zu dem Wahlergebnis?* 您对选举结果有什么看法？；*Ich kann zu diesem Problem nichts s.* 对这个问题我没有什么可说的 **3.** ***etw. zu j-m/etw. s.*** e-n bestimmten Namen verwenden, wenn man von od. zu j-m spricht 称，叫…为… ≈ j-n/etw. irgendwie nennen: *Er sagt immer „Mausi" zu seiner Tochter* 他总以"毛西"称呼自己的女儿；*Früher sagte man zu Tuberkulose „Schwindsucht"* 从前称肺结核为痨病 **4.** ***etw. s.*** ≈ behaupten: *Er sagt*, dass *er den Fußgänger in der Dunkelheit nicht gesehen habe* 他声称，黑暗中他没有看见那个行人；*Das wollte ich damit nicht s.!* 我可没这个意思；*Wer hat das denn gesagt?* 这是谁说的嘛？；*Franz sagt, es sei überhaupt nicht teuer, in Schweden Urlaub zu machen* 弗朗茨说去瑞典度假根本不贵 **5.** ***etw. sagt etw. nicht*** etw. bedeutet od. impliziert etw. nicht (物作主语) 并不说明(意味): *Wenn es der Wirtschaft besser geht, sagt das noch nicht*, dass *es weniger Arbeitslose geben wird* 如果经济有所好转，这还不说明失业人数会减少 ‖ NB(注意): *mst* verneint (多用否定句) **6.** ***(j-m) etw. s.*** *gespr*〔口〕 ≈ j-m etw. verraten: *Los, nun sag (mir) endlich*, wo *du gestern warst!* 说呀，快告诉我你昨天上哪儿啦！；*Hast du deinem Vater schon gesagt*, dass *du e-n Unfall mit seinem Auto hattest?* 你向你父亲泄露你开他的车出事故了吗？ **7.** ***j-m etw. s.*** *gespr*〔口〕; j-m befehlen, etw. zu tun 交代，吩咐: *Tu, was ich dir sage!* 做好我交代给你的事！；*Ich habe dir doch schon gesagt*, dass *du früher heimkommen sollst!* 我可已经交代过你，你该早些回家的！ **8.** ***(et)was/nichts zu s. haben*** e-n/keinen Einfluss haben 有/无影响力，说话算数(顶事，管用)/不算数(顶事，管用): *Manche Ehemänner haben fast nichts zu s.* 有些做丈夫的说话几乎不管用；*In unserer Firma hat nur der Chef etwas zu s.* 我们公司只有头头说话算数 **9.** ***etw. hat wenig/nichts zu s.*** etw. bedeutet nichts Schlimmes od. Besonderes (物作主语) 关系不大/无关紧要: *E-e kleine Verspätung hat nichts zu s.* 迟到一小会儿无关紧要；*Es hat nichts zu s., wenn er einmal etwas früher heimgeht* 他就这一次提前回家，这关系不大 **10.** ***etw. sagt*** *mst* ***etwas/nichts über j-n/etw.*** etw. lässt ein/kein Urteil über j-n/etw. zu (物作主语) 说明/不说明…: *Er hat zwar e-n zu hohen Blutdruck, aber das sagt nichts über seine Kondition* 他血压偏高，不过这并不说明他体质有问题；*Damit ist alles über ihn gesagt* 此事道出了有关他的一切 **11.** ***(et)was/nichts von etw. s.*** *gespr*〔口〕; von etw. sprechen/nicht sprechen(不)表明，(没)说: *Ich wollte dir die Kassette leihen, von Schenken habe ich nichts gesagt!* 我借你这盘盒带，我可没说送啊！ **12.** ***etwas von etw. s.***

S

etw. als Möglichkeit erwähnen 提及，说起：*Er soll etwas von bevorstehenden Neuwahlen gesagt haben* 据说他提到近期换届选举的事 **13.** ***man sagt etw.*** es ist üblich, ein bestimmtes Wort zu verwenden（表示约定俗成的说法）习惯说，常说：*In Norddeutschland sagt man „Sonnabend" statt „Samstag"* 北德人常说 Sonnabend，不说 Samstag **14.** ***man sagt, dass*** ... die Leute erzählen, dass... 据说，有人说：*Man sagt, dass Knoblauch sehr gesund sei* 据说大蒜有益健康 **15.** ***sich*** (*Dat* 三格) ***etw. s.*** etw. denken u. dabei zu e-r Art Entschluss kommen 心里想：*Als er mit starken Kopfschmerzen aufwachte, sagte er sich: „Nie mehr trinke ich so viel Alkohol"* 当他带着剧烈头疼醒来时，他心里想，我从今以后再也不喝这么多酒了 ‖ ID[谚] ***sag mal, ...; sagen Sie mal, ...*** *gespr*[口]；verwendet, um e-e Frage einzuleiten（表示开始要提问）你说，喂；***sag bloß!*** *gespr*[口]；verwendet, um e-e Befürchtung od. Erstaunen auszudrücken（表示害怕或惊讶）你说什么！：*Sag bloß, du hast deine Fahrkarte verloren!* 你说什么，你把车票弄丢了！；***sagen wir (ein)mal*** *gespr*[口]；verwendet, um auszudrücken, dass man etw. als Grundlage für e-e Überlegung nimmt（表示假设的前提）我们假设：*Sagen wir mal, der Quadratmeter kostet 150 Euro, wie viel kostet dann das Grundstück?* 我们假定每平米价格为150 欧元，那么这块地皮值多少钱呢？；*Sagen wir mal, du gewinnst e-e Million im Lotto – was würdest du dann tun?* 我们假定你中了100 万的彩票——那么你可能做什么呢？；***wie man (so schön) sagt*** *gespr*[口]；verwendet, nachdem man e-n Begriff verwendet hat, der gerade e-e gewisse Beliebtheit genießt 正如人们所说：*Sie arbeitet als „Raumpflegerin", wie man heute sagt* 用今天的话说，她是"房间护理员"；***sage u. schreibe*** *gespr*[口]；verwendet, um auszudrücken, dass e-e Menge od. Zahl überraschend groß ist（表示数量惊人）确实，至少，不少于 ≈ nicht weniger als：*Er hat im Urlaub sage u. schreibe fünf Kilo abgenommen!* 他在假期确实减肥五公斤！；***Du sagst es!; Sie sagen es!*** *gespr*[口]；es ist genau so, wie du sagst/wie Sie (es) sagen 你/您说对了！果然不出你/您所料！；***Was sagst du 'nun?; Was sagen Sie 'nun?*** *gespr*[口]；verwendet, um (mit Schadenfreude) festzuhalten, dass der Gesprächspartner sich getäuscht hat 这下你（您）没的可说了吧？你（您）还有什么可说的；***'Was du nicht sagst; 'Was Sie nicht sagen!*** *gespr*[口]；verwendet, um auszudrücken, dass man nicht unbedingt glaubt, was j-d gerade erzählt 不见得吧！未必吧！是吗？；***Das 'sagst du so einfach!; Das 'sagt sich so einfach!*** *gespr*[口]；das ist viel schwieriger, als man denkt 你说得倒容易！；***Wem 'sagst du das!; Wem 'sagen Sie das!*** *gespr*[口]；das ist mir nichts Neues, das weiß ich genau 这话讲给谁听呀！这我早就知道了！；***Na, wer 'sagts denn?*** *gespr*[口]；ich habe es doch von Anfang an gewusst! 你瞧，我不是早就讲过的吗？哈，没错；***Wenn ich es dir/Ihnen doch 'sage!*** *gespr*[口]；verwendet, um zu betonen, dass das, was man gerade gesagt hat, richtig ist 我敢向你/您肯定，我向你/您保证（没错！）；***Ich würde s., (dass)...*** *gespr*[口]；meine Meinung ist, dass... 我认为，我说：*Also, ich würde s., dass der Staat mehr für die Bildung der Jugendlichen tun sollte* 我认为，国家应当为青少年教育做更多的事；***man kann s., was man will*** *gespr*[口]；verwendet, um auszudrücken, dass etw. trotz aller Gegenargumente zutrifft 不管怎么说：*Man kann s. was man will, er war doch ein großer Dichter!* 无论怎么说，他的确是一位伟大的诗人；***etw. sagt j-m (et)was/nichts*** etw. ist j-m bekannt/nicht bekannt 某事对某人来说是熟悉的/不熟悉的：*Sagt dir der Name Marie Curie/der Begriff „Symbolismus" was?* 你熟悉玛丽亚·居里这个名字/"象征主义"这个概念吗？；***sich*** (*Dat* 三格) ***etw. nicht 'zweimal s. lassen*** etw. Angenehmes, zu dem man aufgefordert wird, sofort annehmen od. tun 不需别人说第二遍，心有灵犀一点通；〈Personen 人〉***haben sich*** (*Dat* 三格) ***viel zu s.*** *mst* zwei Personen haben einander viel zu erzählen 人们彼此有许多事要说；〈Personen 人〉***haben sich*** (*Dat* 三格) ***nichts (mehr) zu s.*** *mst* zwei Personen interessieren sich nicht (mehr) füreinander, sind nicht mehr miteinander befreundet 彼此无话可说：*Schon seit ein paar Monaten haben wir uns nichts mehr zu s.* 几个月以来我们之间无话可说；***..., um nicht zu s. ...*** verwendet, um ein noch stärkeres negatives Urteil einzuleiten（引出更糟的负面判断）且不说，何况：*Diese Zeichnung ist ungenau, um nicht zu s. schlampig* 这张图且不说粗制滥造，至少不确切；***wie gesagt*** wie es schon einmal gesagt wurde 正如前面所说：*Er will, wie gesagt, in Berlin e-e Firma gründen* 正如前面所说，他想在柏林开办公司；***Gesagt, getan!*** *geschr*[书]；verwendet, um auszudrücken, dass etw. sofort realisiert wird od. wurde 说到做到！；*mst* 多用 ***Das ist leichter gesagt als getan*** das hört sich einfach an, ist aber sehr schwierig 这事说起来容易做起来难；***unter uns gesagt*** was ich jetzt sage, sollen andere nicht hören 我们私下里说说：*Unter uns gesagt, wird er nie ein guter Arzt werden* 我们私下里说说，他永远成不了一名优秀医生；***etw. ist (noch) nicht gesagt*** *gespr*[口]；etw. ist nicht sicher 某事（还）没说定：*Es ist noch gar nicht gesagt, dass du den Job kriegst* 还没说定这份工作一定你得到；*mst* 多用 ***Ich will ja nichts gesagt haben, aber ...*** *gespr*[口]；verwendet, wenn man j-m etw. erzählt (oft über j-d anderen), aber nicht als Quelle dieser Information zitiert werden will 算我啥也没说，但…；*mst* 多用 ***Lass dir das gesagt sein!*** *gespr*[口]；merke dir, was ich dir gesagt habe u. verhalte dich entsprechend! 记住我给你说的话！；***sich*** (*Dat* 三格) ***nichts s. lassen*** *gespr*[口]；Ratschläge *o. Ä.*

S

nicht befolgen 听不进任何劝告；*mst* 多用 ***Ich habs (dir) doch gleich gesagt!*** *gespr*［口］；**a)** ich habe (dich) rechtzeitig gewarnt 这点我是马上提醒过你的!；**b)** ich habe die (negativen) Folgen vorausgesagt 我说过会有不良后果! ‖ ▶ ***unsäglich***

Sa·gen *das*；*nur in* 只用于 ***irgendwo das S. haben*** *gespr*［口］；die Person sein, die in e-r Gruppe *o.Ä.* die Entscheidungen trifft 说话算数：*Wer hat denn hier das S. – du od. ich?* 这里谁说了算，是你还是我？

sä·gen；*sägte*，*hat gesägt*；**Vt/i**（及物/不及物）**1.** **(*etw.*) *s.*** mit e-r Säge Holz *o.Ä.* schneiden 锯，锯开：*Äste vom Baum s.* 从树上锯下树枝；*ein Brett in Stücke s.* 将木板锯成块 ‖ K-（复合）：***Säge-***，***-mühle***，***-späne***；**Vt**（及物）**2.** ***etw. s.*** etw. durch Arbeit mit der Säge herstellen 锯出，锯成：*Bretter s.* 锯成木板；*ein Loch in die Tür s.* 往门上锯出一个孔（洞）；**Vi**（不及物）**3.** *gespr hum*［口］［诙］≈ schnarchen

sa·gen·haft *Adj*（形）**1.** *nicht adv*（不作状语）；nur aus Erzählungen bekannt (aber nicht wirklich existierend) 传说中的：*Das sagenhafte Ungeheuer von Loch Ness* 传说中的尼斯湖大怪物 **2.** *gespr*［口］≈ großartig〈s. reich，schön 非常富有的、漂亮的；Wetter 天气〉：*sagenhaftes Glück haben* 难以置信的好运；„*Er hat e-e Million im Lotto gewonnen*" – „*Das ist ja s.!*"“他中了一百万的彩票”——“这真是不可思议!” **3.** *gespr*［口］；verwendet, um etw. Negatives zu verstärken（加强负面语气）大大的，极其〈ein Reinfall 上当；sagenhaftes Pech haben 倒了大霉〉：*Das Team hat s. schlecht gespielt* 这个球队表现出奇的糟糕

Sä·ge·werk *das*；ein Betrieb, in dem man aus Baumstämmen Bretter u. Balken macht 锯木作坊 ≈ Sägemühle

sah *Imperfekt*，*1. u. 3. Person Sg*（过去时，第一和第三人称单数）；↑ ***sehen***

sä·he *Konjunktiv II*，*1. u. 3. Person Sg*（虚拟式II，第一和第三人称单数）；↑ ***sehen***

Sah·ne *die*；-；*nur Sg*（只用单数）**1.** die gelbliche Schicht, die sich auf Milch bildet (u. die viel Fett enthält) 乳脂，奶油〈die S. abschöpfen 撇去乳脂〉**2.** S. (1), die durch e-e Zentrifuge gewonnen wird 掼奶油（搅打过的奶油）〈saure, süße S. 酸的、甜的奶油；S. schlagen 搅（掼）奶油；S. in den Kaffee nehmen 将掼奶油放入咖啡中〉‖ K-（复合）：***Sahne-***，***-bonbon***，***-joghurt***，***-kännchen***，***-quark*** ‖ -K（复合）：***Kaffee-*** **3.** steif geschlagene S. (1) 掼奶油（奶花）≈ Schlagsahne, Schlagrahm〈e-e Portion S. 一份掼奶油；Eis, Obsttorte mit S. 配奶油花的冰淇淋、水果蛋糕〉‖ K-（复合）：***Sahne-***，***-torte***

sah·nig *Adj*（形）**1.** mit viel Sahne 含奶油的，含乳脂的〈Milch, e-e Creme[1] (1) 牛奶，奶油糕点〉**2.** mit dem Geschmack od. dem Aussehen von Sahne (1) 奶油状的〈etw. schmeckt s. 某物有奶油味道〉

Sai·son［zɛˈzõː, zɛˈzɔŋ］*die*；-，*-s*/*südd* Ⓐ *auch*［南德］［奥］也用 *-en*［zɛˈzoːnən］；*mst Sg*（多用单数）**1.** die Zeit in jedem Jahr, in der die meisten Touristen kommen 旅游旺季〈e-e lebhafte S. 活跃的旺季；außerhalb der S. 旺季以外；die S. läuft aus 旺季结束了〉：*Nach der S. sind die Hotelpreise günstiger* 旅馆价格在旺季过后便宜一些 ‖ K-（复合）：***Saison-***，***-beginn***，***-betrieb***，***-ende***，***-eröffnung*** ‖ -K（复合）：***Haupt-***，***Nach-***，***Sommer-***，***Winter-*** **2.** die Zeit im Jahr, in der man e-e bestimmte Mode trägt 当令时季：*In der kommenden S. trägt man wieder Hüte* 下一个季节又将时兴戴帽子 ‖ -K（复合）：***Herbst-***，***Sommer-***，***Winter-***；***Mode-*** **3.** **(*die*) *S.*** **(*für j-n/etw.*)** die Zeit in jedem Jahr, in der etw. Bestimmtes im Vordergrund steht od. oft getan wird 时令，季节〈etw. hat S. 某事正当令（时兴）〉：*Die Monate Mai u. Juni sind die S. für Liebhaber von Spargelgerichten* 五月和六月是芦笋爱好者的美好时节 ‖ K-（复合）：***Saison-***，***-arbeiter***，***-artikel***，***-geschäft*** ‖ -K（复合）：***Bade-***，***Jagd-***，***Spargel-*** **4.** die Zeit im Jahr, in der das Angebot an Konzerten u. Theaterstücken besonders groß ist（音乐会，戏剧）演出季节 ≈ Spielzeit：*Zu Beginn der nächsten S. soll das neue Theater fertig sein* 新建的剧院据说在下一个演出季节开始时落成 ‖ K-（复合）：***Saison-***，***-auftakt*** ‖ -K（复合）：***Konzert-***，***Theater-*** **5.** die Zeit, in der regelmäßige Wettkämpfe in e-r Sportart stattfinden（比）赛季（节）≈ Spielzeit ‖ K-（复合）：***Saison-***，***-auftakt***，***-beginn***，***-eröffnung***，***-start*** ‖ -K（复合）：***Bundesliga-*** ‖ *zu*（义项）**1.**，**3.** u. **4.** **sai·son·ab·hän·gig** *Adj*（形）；**sai·son·be·dingt** *Adj*（形）

sai·so·nal［zɛzoˈnaːl］*Adj*（形）；*ohne Steigerung*（无变级）；von der Saison abhängig od. von ihr bedingt 季节性的，受季节影响的：*saisonale Schwankungen in der Zahl der Arbeitslosen* 失业人数的季节性波动

Sai·te *die*；-，*-n*；e-e Art Faden od. Draht aus Metall, Tierdarm od. Kunststoff, der an e-m Musikinstrument die Töne erzeugt, wenn man ihn streicht od. zupft 弦，弦线〈die Saiten erklingen 琴弦响起；e-e S. ist gerissen, gesprungen 弦断了，绷断了；e-e neue S. aufziehen 装上新弦；(über) die Saiten streichen 拉（拨）琴弦〉‖ ↑ *Abb. unter* 图见 ***Gitarre*** ‖ K-（复合）：***Saiten-***，***-instrument*** ‖ -K（复合）：***Geigen-***，***Harfen-***，***Klavier-***，***Lauten-***；***Darm-***，***Nylon-***，***Stahl-*** ‖ ID［谚］***andere/strengere Saiten aufziehen*** *gespr*［口］；strenger werden (*z.B.* bei der Erziehung) 采取另一种/较严厉的措施（例如在教育方面）

Sak·ko *der*，*südd*［南德］*das*/Ⓐ［奥］**Sak·ko** *das*；*-s*，*-s*；e-e (vornehme u. elegante) Jacke für e-n Mann 男式休闲式西服上衣 ≈ Jackett

sak·ral *Adj*（形）；für religiöse Zwecke bestimmt 宗教的，神圣的 ↔ profan〈Bauten, ein Gegenstand, ein Gesang, ein Raum, die Kunst 建筑物，物品，赞歌，空间，艺术〉‖ K-（复

合)：**Sakral-, -architektur, -bauten** ‖ NB(注意)：↑ **heilig**

Sak·ra·ment *das*；-(*e*)*s*，-*e* **1.** REL【宗】；e-e wichtige religiöse Zeremonie in der christlichen Kirche(基督教会的)圣礼,圣事〈das S. der Taufe, des Abendmahls 洗礼,圣餐礼〉**2.** *nur Sg*，KATH（只用单数)【天主】≈ die Hostie〈das S. austeilen, empfangen 送,迎圣体(指发、领圣饼)〉**3.** **S.!** *gespr!*［粗］verwendet als Fluch(表示咒骂)该死！见鬼！‖ *zu*（义项）**1. sak·ra·men·tal** *Adj*(形)

Sak·ri·leg *das*；-(*e*)*s*，-*e*；*geschr*［书］**1.** das Verletzen des heiligen Charakters e-r Person od. Sache 亵渎神圣罪 ≈ Frevel〈ein S. begehen 犯下渎圣罪〉**2.** e-e Handlung, durch die man etw. missachtet, was andere verehren, od. durch die man e-e angesehene Person beleidigt(对受崇敬的人和事)亵渎：*Die Entscheidungen des Professors in Frage zu stellen, gilt als S.* 对这位教授的决定提出怀疑被认为是一种亵渎的行为

Sak·ris·tei *die*；-，-*en*；ein kleiner Raum in e-r Kirche, in dem der Pfarrer sich für den Gottesdienst vorbereitet(教堂里)牧师做礼拜的准备室,神职人员更衣室

sä·ku·la·ri·sie·ren；*säkularisierte*，*hat säkularisiert*；Vt（及物）**1.** *mst* 多用 **etw. wird säkularisiert** etw., das der Kirche gehört, wird in den Besitz des Staates gebracht(物作主语)移作俗用,转为民用(指教会财产)：*Viele Klöster wurden im 19. Jahrhundert säkularisiert* 许多修道院在19. 世纪被改为俗用 **2.** *mst* 多用 **etw. wird säkularisiert** *geschr*［书］；etw. wird aus seiner religiösen Bindung gelöst(物作主语)被世俗化〈das Denken, die Kunst, die Philosophie 思想,艺术,哲学〉‖ *hierzu*(派生) **Sä·ku·la·ri·sie·rung** *die*；**Sä·ku·la·ri·sa·ti·on** *die*；-，-*en*

Sa·la·man·der *der*；-*s*，-；e-e Art Lurch 蝾螈科

Sa·la·mi *die*；-，-*s*；e-e haltbare, harte, geräucherte Wurst 萨拉米香肠,硬熏肠〈ein Brot, e-e Pizza mit S. 夹萨拉米香肠的面包,加了萨拉米香肠的比萨饼〉

Sa·lär *das*；-*s*，-*e*；*südd* Ⓐ ⒸⒽ［南德］［奥］［瑞］das Gehalt (e-s Angestellten)工资,薪水

Sa·lat *der*；-(*e*)*s*，-*e* **1.** e-e Speise, die man kalt isst u. die man aus Blattpflanzen, Gemüse, Fisch, Fleisch, Nudeln *o. Ä.* u. e-r Soße *bes* aus Essig u. Öl od. Mayonnaise macht 沙拉,凉拌菜〈ein bunter, gemischter S. 五颜六色的、什锦的凉拌菜；e-n S. anmachen, mischen 配制、搅拌凉拌菜〉‖ K-(复合)：**Salat-, -besteck, -dressing, -gurke, -öl, -schüssel, -soße, -teller** ‖ -K(复合)：**Bohnen-, Fisch-, Fleisch-, Gurken-, Hühner-, Kartoffel-, Nudel-, Rohkost-, Tomaten- 2.** ≈ Blattsalat, Kopfsalat ‖ K-(复合)：**Salat-, -beet, -blatt, -kopf, -pflanze** ‖ ID［谚］**Da / Jetzt haben wir den S.!** *gespr*［口］；jetzt ist das Unangenehme passiert (vor dem ich gewarnt habe)这下可糟了(不幸言中)！

Sal·be *die*；-，-*n*；ein Präparat (das viel Fett enthält), das man *z. B.* auf entzündete od. verletzte Stellen der Haut streicht 软膏,药膏〈e-e heilende S. 治病的药膏；e-e S. dünn auftragen 涂上薄薄一层软膏〉‖ K-(复合)：**Salben-, -dose, -tube, -verband** ‖ -K(复合)：**Augen-, Brand-, Heil-, Nasen-, Wund-**

Sal·bei *der*；-*s*；*nur Sg*(只用单数)；e-e kleine Pflanze mit rauen Blättern, die man als Gewürz od. zur Zubereitung von Tee verwendet 鼠尾草 ‖ K-(复合)：**Salbei-, -blätter, -tee**

sal·ben；*salbte*，*hat gesalbt*；Vt（及物）**1.** (**j-m**) **etw. s.**；**j-n s.** *geschr*［书］；j-m Salbe auf e-e bestimmte Stelle seines Körpers streichen 给…涂软膏,把软膏涂在…上〈j-m die Wunden s. 给某人的伤口涂软膏〉**2. j-n** (**zu etw.**) **s.** j-m in e-r Zeremonie Öl od. Salbe auf die Stirn streichen u. ihn so für ein hohes Amt weihen 为…行涂油膏礼,以涂圣油的仪式立…为…〈e-n Priester s. 为一位神职人员行涂油膏礼；j-n zum König s. 以涂圣油的仪式立某人为国王〉‖ *zu*(义项) **2. Sal·bung** *die*；*nur Sg*(只用单数)

sal·bungs·voll *Adj*(形)；*pej*［贬］；so, dass es übertrieben feierlich klingt 过分庄严的,一本正经的〈ein Ton, e-e Predigt 声调,布道；s. predigen, sprechen 一本正经地布道,讲话〉

Sal·do *der*；-*s*，-*s*/*Sal·di*/*Sal·den*；FIN【金融】；die Differenz zwischen Einnahmen u. Ausgaben od. Guthaben u. Forderungen (auf e-m Konto)结余,差额,余额

Sä·le *Pl*(复) ↑ **Saal**

Sa·li·ne *die*；-，-*n*；ein Betrieb, in dem man Kochsalz gewinnt(制)盐场,盐厂

Sal·mi·ak [zalˈmiak, ˈzalmiak] *der*, *das*；-*s*；*nur Sg*(只用单数)；e-e Substanz, die aus Ammoniak u. Salzsäure besteht u. unangenehm scharf riecht 氯化铵,卤砂；CHEM【化】NH_4Cl

Sal·mo·nel·le *die*；-，-*n*；*mst Pl*(多用复数)；e-e Bakterienart, die *bes* in (verdorbenen) Lebensmitteln vorkommt u. beim Menschen Krankheiten im Darm verursacht 沙门氏菌 ‖ K-(复合)：**Salmonellen-, -vergiftung**；**salmonellen-, -verseucht**

sa·lo·mo·nisch *Adj*(形)；sehr klug u. gerecht 贤明的,智慧的,所罗门王式的〈ein Urteil, e-e Entscheidung 裁决,决定〉

Sa·lon [zaˈlõ:, zaˈlɔŋ, zaˈlo:n] *der*；-*s*，-*s* **1.** ein modernes, schönes Geschäft *bes* für Körperpflege(从事美容、保健等服务的)厅、沙龙 ‖ -K(复合)：**Damen-, Frisier-, Herren-, Hunde-, Hut-, Kosmetik-, Mode-, Schönheits- 2.** *veraltend*［渐旧］；ein schönes, großes Zimmer, in dem man *bes* Gäste empfängt 客厅,沙龙

sa·lon·fä·hig [zaˈlɔŋ-, zaˈlo:n-] *Adj*(形)；so, wie es die gesellschaftlichen Normen verlangen 合乎交际礼仪的,文雅的：*Sein Benehmen / seine Ausdrucksweise / ihr Kleid / sein Anzug ist nicht gerade s.* 他的举止/他的讲话方式/她的衣着/他的西服不那么文雅(不能登大雅之堂)

S

sa·lopp *Adj*（形）**1.** bewusst locker 大大咧咧的，洒脱不拘的，漫不经心的，不严谨的 ≈ leger, ungezwungen 〈ein Typ 人的类型；e-e Ausdrucksweise 表达方式；sich s. ausdrücken, benehmen, kleiden 发表看法不严谨，举止大大咧咧，衣着不修边幅〉**2.** bequem u. sportlich 随便的，休闲的〈e-e Jacke 夹克，e-e Hose 外套，裤子〉‖ *hierzu*（派生）**Sa·lopp·heit** *die*；*nur Sg*（只用单数）

Sal·pe·ter *der*；*-s*；*nur Sg*（只用单数）；ein salziges Pulver, das *bes* verwendet wird, um Düngemittel u. Sprengstoff herzustellen 硝石，硝酸钾；CHEM【化】$NaNO_3$ od. KNO_3 ‖ K-（复合）：***Salpeter-***, ***-säure*** ‖ *hierzu*（派生）**sal·pe·ter·hal·tig** *Adj*（形）

Sal·to *der*；*-s*, *-s/geschr*［书］*Sal·ti*；ein Sprung, bei dem die Beine über den Kopf nach vorn od. hinten kommen, bevor man wieder auf dem Boden landet 空中转体，空中翻筋斗 ≈ Überschlag〈e-n S.（vorwärts, rückwärts）machen, springen 做、跳起做空中翻筋斗（前滚翻，后滚翻）；ein doppelter, dreifacher S. 空中翻滚两周，三周〉

Sa·lü！*bes* (CH) *gespr* 尤用于［瑞］［口］；verwendet, um j-n zu begrüßen（用于打招呼）你好！

Sa·lut *der*；*-(e)s*；*nur Sg*（只用单数）；die（militärische）Begrüßung e-r hohen Persönlichkeit durch laute Schüsse 礼炮〈S. schießen 鸣放礼炮〉‖ K-（复合）：***Salut-***, ***-schießen***, ***-kanone***, ***-schuss***

sa·lu·tie·ren；*salutierte*, *hat salutiert*；[Vi]（不及物）（***vor j-m***）***s.*** e-m Vorgesetzten od. Ehrengast e-n militärischen Gruß erweisen 向…致军礼、敬礼

Sal·ve [-v-] *die*；*-*, *-n*；e-e bestimmte Anzahl von Schüssen, die auf Kommando gleichzeitig aus mehreren Gewehren kommen（枪炮）齐发，齐鸣，排射〈e-e S. abgeben, abfeuern 射出一排子弹，齐放〉‖ -K（复合）：***Gewehr-***

Salz *das*；*-(e)s*, *-e* **1.** *nur Sg*（只用单数）；kleine weiße Kristalle, die ähnlich wie Meerwasser schmecken u. sich leicht in Wasser auflösen. Man verwendet S., um das Essen zu würzen od. um Lebensmittel zu konservieren 盐，食盐〈Pfeffer u. S. 胡椒面和盐；feines, grobes, klumpiges S. 细盐，粗盐，盐块；S. abbauen, gewinnen 采盐，炼盐；S. auf etw. streuen 将盐撒到某物上；e-e Prise S. 一撮盐〉‖ K-（复合）：***Salz-***, ***-bergwerk***, ***-gehalt***, ***-gewinnung***, ***-korn***, ***-lösung*** ‖ -K（复合）：***Jod-***, ***Koch-***, ***Meer-***, ***Pökel-***, ***Speise-*** **2.** CHEN【化】：e-e Substanz, die aus der Verbindung e-r Säure mit e-r Lauge od. mit e-m Metall entsteht 盐类：*Salpeter ist ein S. der Salpetersäure* 硝石是硝酸盐 ‖ -K（复合）：***Brom-***, ***Kali-***, ***Mineral-*** ‖ ID［谚］***j-m nicht das S. in der Suppe gönnen*** *gespr*［口］；j-m überhaupt nichts gönnen 非常嫉妒某人；***j-m S. auf/in die Wunde streuen*** j-m, der schon in e-r unangenehmen Situation ist, etw. Böses sagen 给某人伤口上撒盐（意即：雪上加霜）‖ *hierzu*（派生）**salz·hal·tig** *Adj*（形）

Salz- *im Subst*, *wenig produktiv*（构成名词，构词弱）**1.** mit Salz（1）konserviert 用盐制作的…，腌…，咸…；das ***Salzfleisch***, die ***Salzgurke***, der ***Salzhering*** **2.** mit Salz（1）gewürzt u. bestreut 咸味；die ***Salzbrezel***, das ***Salzgebäck***, die ***Salzmandel*** **3.** mit Salz（1）bedeckt 盐碱…，盐质…；die ***Salzsteppe***, die ***Salzwüste***

salz·arm *Adj*（形）；mit wenig Salz（1）少盐的，淡的，低盐的〈e-e Diät, e-e Kost 病号饭，伙食；s. kochen 做饭少放盐〉

sal·zen；*salzte*, *hat gesalzt/gesalzen*；[Vt]（及物）***etw. s.*** Salz（1）in Speisen od. Lebensmittel geben 给…加盐：*Die Suppe ist zu stark gesalzen* 汤太咸了 ‖ NB（注意）：*du salzt* ‖ ▶ ***gesalzen***, ***versalzen***

sal·zig *Adj*（形）；mit dem Geschmack von Salz 咸的，含盐的〈ein salziger Geschmack 口味重；etw. schmeckt s. 味道咸〉：*Meerwasser schmeckt s.* 海水是咸的

Salz·kar·tof·feln *die*；*Pl*（复）；Kartoffeln, die geschält u. dann in gesalzenem Wasser gekocht werden 盐水煮土豆

salz·los *Adj*（形）；ohne Salz（1）（im Essen）无盐的，淡的〈e-e Diät 病号饭；s. essen, leben 吃饭、过日子不用盐〉

Salz·säu·re *die*；e-e sehr scharfe Säure, die aus Wasserstoff u. Chlor besteht 盐酸；CHEM【化】HCl

Salz·stan·ge *die*；ein längliches, dünnes, trockenes Gebäck, das mit Salz bestreut ist u. das man *bes* zu Bier od. Wein isst 咸味条酥

Salz·streu·er *der*；*-s*, *-*；ein kleiner Behälter mit Löchern im Deckel, mit dem man Salz ins Essen streut 盖上有小孔的盐瓶，撒盐小瓶 ‖ ↑ *Abb. unter* 图见 ***Frühstückstisch***

Salz·was·ser *das*；*nur Sg*（只用单数）**1.** Wasser, in das man Salz getan hat 盐水〈Nudeln in S. kochen 盐水煮面条；mit S. gurgeln 用盐水漱口〉**2.** ≈ Meerwasser ↔ Süßwasser

-sam *im Adj*, *wenig produktiv*（构成形容词，构词弱）；verwendet, um aus Verben u. Substantiven Adjektive zu machen（用来构成由动词、名词派生的形容词）；***arbeitsam***（= fleißig）, ***gewaltsam***（= mit Gewalt）, ***mitteilsam***（= gesprächig）, ***ratsam***（= empfehlenswert）, ***schweigsam***（= wortkarg）, ***wirksam***（= effektiv）

Sa·ma·ri·ter *der*；*-s*, *-*；*geschr*［书］；j-d, der anderen Menschen gern hilft, ohne e-e Belohnung zu erwarten 助人为乐者，乐善好施者（源自古代撒马里亚人）〈ein barmherziger S. 仁慈的行善者〉

Sam·ba *die*；*-*, *-s od der*；*-s*, *-s*；ein Tanz aus Lateinamerika 桑巴舞〈(e-n/e-e) S. tanzen 跳桑巴舞〉

Sa·me *der*；*-ns*, *-n*；*geschr*［书］≈ *Samen* ‖ NB（注意）：*der Same*；*den*, *dem Samen*；*des Samens*

Sa·men *der*；*-s*, *-* **1.** eines von vielen kleinen Körnern, die von Pflanzen produziert werden u. aus denen neue Pflanzen von derselben Art wachsen 种子,籽〈Samen aussäen, in die Erde legen/stecken 播种,往地里撒/下种子;die Samen keimen, gehen auf 种子发芽、抽芽〉:*Die Samen der Sonnenblume enthalten Öl* 葵花籽含油 ‖ K-(复合):**Samen-**, **-korn**, **-kapsel** ‖ -K(复合):**Blumen-**, **Gemüse-**, **Gras-** **2.** *nur Sg*, *geschr*(只用单数)[书];**der S.** + *Gen*(二格);der Ursprung von etw. 根源,起源 ≈ Saat, Keim: *der S. des Bösen* 罪恶的根源 **3.** *nur Sg*(只用单数)≈ Sperma ‖ K-(复合):**Samen-**, **-bank**, **-faden**, **-flüssigkeit**, **-übertragung**

Sa·men·er·guss *der*; der Vorgang, bei dem der Samen (3) durch den Penis nach außen kommt (beim Orgasmus des Mannes)射精 ≈ Ejakulation

Sa·men.zel.le *die*; e-e Zelle, die von den männlichen Geschlechtsorganen produziert wird u. die fähig ist, sich mit e-m Ei zu verbinden, damit neues Leben entsteht 精子

Sä.me.rei *die*; -, *-en*; *mst Pl*(多用复数)≈ Saatgut

sä·mig *Adj*(形);〈e-e Soße 调味汁〉nicht völlig flüssig, sondern etwas dick 黏稠的,浓的

Säm.ling *der*; *-s*, *-e*; e-e ganz junge Pflanze, die aus e-m Samenkorn herauswächst 幼芽,幼苗

Sam.mel- *im Subst*, *begrenzt produktiv*(构成名词,构词有限);verwendet für Dinge, die mehrere Personen gemeinsam benutzen od. die sie gemeinsam machen 集中…,集体… ↔ Einzel-; der **Sammelauftrag**, die **Sammelfahrkarte**, das **Sammellager**, die **Sammelnummer**, die **Sammelunterkunft**, der **Sammeltransport**

Sam.mel.be.griff *der* ≈ Kollektivbegriff

sam.meln; *sammelte*, *hat gesammelt*; [Vt](及物) **1.** **etw.** (*Kollekt od Pl* 集合或复数) **s.** *mst* als Hobby über längere Zeit Dinge derselben Art erwerben, um sie (wegen ihrer Schönheit od. ihres Wertes) aufzubewahren 收集,收藏〈Briefmarken, Münzen, altes Porzellan, Autogramme, Mineralien, Schmetterlinge s. 收藏邮票、钱币、古瓷、签名、矿物标本、蝴蝶〉‖ K-(复合):**Sammel-**, **-album**, **-mappe**; **-eifer**, **-leidenschaft**, **-trieb**, **-wut** **2.** **etw.** (*Kollekt od Pl* 集合或复数) **s.** im Wald *o. Ä.* herumgehen u. von etw. möglichst viel suchen u. mitnehmen 采集,采摘,捡拾〈Beeren, Pilze, Kräuter, Holz, Tannenzapfen s. 采集草莓、蘑菇、草药,捡拾木柴、松球〉**3.** **etw.** (*Kollekt od Pl* 集合或复数) **s.** einzelne Dinge aus einem Material zusammentragen (*mst* damit sie wiederverwertet werden können) 收集,把…捡在一起(再利用)〈Altpapier, leere Flaschen s. 收集废纸、空瓶〉‖ K-(复合):**Sammel-**, **-aktion**, **-stelle** **4.** **etw.** (*Kollekt od Pl* 集合或复数) **s.** etw. zu e-m bestimmten Zweck zusammentragen 搜集〈Beweise, Informationen s. 搜集证据、情报〉**5.** **etw. s.** etw. in sich aufnehmen 积累,积聚〈Erfahrungen, neue Eindrücke s. 积累经验、新印象〉**6.** 〈Personen 人们〉**um sich s.** sich mit Leuten, die ähnliche Ansichten u. Ziele haben, umgeben 使聚集(聚拢)在自己周围 ≈ 〈Personen〉um sich scharen〈Anhänger, Fans, Schüler um sich s. 使追随者,狂热追捧者,弟子聚集在自己周围〉;[Vt/i](及物/不及物) **7.** (**etw.**) **s.** die Leute (systematisch) bitten, Geld, Kleider *o. Ä.* für e-n guten Zweck zu geben 募捐,募集,征集〈Geld, Kleider, Spenden, Unterschriften s. 募捐,募集衣服,征集捐助、签名〉:*für das Rote Kreuz s.* 为红十字会募捐 ‖ K-(复合):**Sammel-**, **-büchse**; [Vr](反身) **8.** **sich** (*Pl* 复)(**irgendwo**) **s.** ≈ sich versammeln: *Die Teilnehmer des Umzuges sammeln sich nach der Messe auf dem Kirchplatz* 参加游行者做完弥撒后在教堂广场集合 ‖ K-(复合):**Sammel-**, **-platz**, **-punkt** **9.** **sich s.** sich konzentrieren 全神贯注,专注 ‖ ▶ **versammeln**

Sam.mel.su.ri.um *das*; *-s*; *nur Sg*, *gespr*(只用单数)[口];e-e Menge von vielen verschiedenen ungeordneten Dingen 大杂烩

Samm.ler *der*; *-s*, *-*; j-d, der (als Hobby) Dinge sammelt (1) 收藏家〈ein eifriger, leidenschaftlicher, passionierter S. 热心的,热情的,着了迷的收藏家〉:*ein S. von alten Münzen* 古钱币收藏者 ‖ -K(复合):**Briefmarken-**, **Kunst-**, **Münz-** ‖ *hierzu*(派生)**Samm.le.rin** *die*; *-*, *-nen*

Samm.lung *die*; *-*, *-en* **1.** der Vorgang des Sammelns (3,6) 收集,搜集,采集(工作)〈e-e S. durchführen, organisieren, veranstalten 进行、组织、举办收集工作〉:*Die S. von Spenden für die Flüchtlinge brachte 200 000 Euro* 为难民募得捐款20万欧元 ‖ -K(复合):**Altglas-**, **Altpapier-**, **Unterschriften-**; **Straßen-** **2.** e-e (*mst* relativ große) Menge von Dingen derselben Art, die j-d gesammelt hat 收集物,收藏品〈e-e S. anlegen, ergänzen, versteigern 存放、补充、拍卖收藏品;e-e reichhaltige S. 丰富的收藏品;e-e S. von Kunstgegenständen, Münzen, alten Uhren 艺术品、钱币、古钟表的收藏〉‖ -K(复合):**Antiquitäten-**, **Bilder-**, **Briefmarken-**, **Gedicht-**, **Gemälde-**, **Kunst-**, **Lieder-**, **Märchen-**, **Mineralien-**, **Münz(en)-**, **Schallplatten-**, **Schmetterlings-**, **Waffen-** **3.** das Gebäude od. die Räume, in denen e-e S. (2) aufbewahrt (u. der Öffentlichkeit gezeigt) wird 收藏室,陈列馆:*Die Sammlungen des Völkerkundemuseums sind montags geschlossen* 民族博物馆收藏室周一闭馆 **4.** *nur Sg*(只用单数);die Beherrschung der Gefühle u. die Konzentration der Gedanken auf ein bestimmtes Problem *o. Ä.* 专心,潜心,全神贯注〈geistige, innere S. 精神集中,心神专注〉

Sam.ple [ˈsaːmpl] *das*; *-(s)*, *-s* **1.** ≈ Stichprobe **2.** ein (typischer) Teil e-s Produkts, der zeigen soll, wie das ganze Produkt ist 样本,样品 ≈ Muster (2)

Sams.tag *der*; *-s*, *-e*; der sechste Tag der Woche 星期六,周六 ≈ Sonnabend; *Abk* 缩写

Sa ⟨am S. 在星期六; letzten, diesen, nächsten S. 上、本、下个星期六; S. früh 星期六清早⟩ ‖ K-(复合): ***Samstag-***, ***-abend***, ***-mittag***, ***-morgen***, ***-nacht***; ***samstag-***, ***-abends***, ***-mittags*** *usw*

sams·tags *Adv*(副); an jedem Samstag 每星期六 ≈ sonnabends: *Die Banken sind s. geschlossen* 每逢星期六银行不开门

samt[1] *Präp*(介); *mit Dat*(支配三格); (zusammen) mit 连同,包括 ≈ einschließlich: *sein Auto samt Zubehör verkaufen* 把汽车连同配件一起出售

samt[2] *Adv*(副); *nur in* 只用于 ***s. u. sonders*** ohne Ausnahme 统统,无一例外 ≈ allesamt: *Die Parkhäuser sind s. u. sonders überfüllt* 停车楼全部爆满

Samt *der*; -*(e)s*, -*e*; *mst Sg*(多用单数); ein weicher Stoff, der auf einer Seite viele kleine kurze Fäden hat 丝绒,天鹅绒 ⟨sich in S. u. Seide kleiden 披绸着锦(衣着华丽); ein Vorhang, ein Rock aus S. 丝绒窗帘、裙子⟩: *Die Haut e-s reifen Pfirsichs ist weich wie S.* 成熟的桃子皮像天鹅绒那样柔软 ‖ K-(复合): ***Samt-***, ***-band***, ***-jacke***, ***-kleid***, ***-rock***, ***-vorhang*** ‖ *hierzu*(派生) **samt·ar·tig** *Adj*(形); **samt·weich** *Adj*(形)

sam·ten *Adj*(形) **1.** aus Samt gemacht 天鹅绒制的 ⟨e-e Jacke, ein Band 外衣,带子⟩ **2.** (weich) wie Samt 如丝绒那样柔软的 ≈ samtig (1) ⟨ein Fell, ein Pelz 毛皮,毛皮衣料⟩

Samt|hand·schu·he *die*; *mst in* 多用于 ***j-n mit Samthandschuhen anfassen*** j-n, der schnell beleidigt ist, sehr rücksichtsvoll behandeln 小心翼翼地对待某人

sam·tig *Adj*(形) **1.** ≈ samten (2) ⟨e-e Haut 皮肤⟩ **2.** ⟨e-e Stimme 声音⟩ mit e-m dunklen, weichen Klang 低沉而圆润的

sämt·lich *Indefinitpronomen*(不定代词) **1.** *nur attr*(只作定语) + *Subst im Sg*(名词单数) ≈ ganz-, gesamt-: *Er hat sein sämtliches Vermögen verloren* 他失去了自己的全部财产 **2.** *nur attr*(只作定语) + *Subst im Pl*(名词复数); alle 全部的: *Schillers sämtliche Werke* 席勒全集; *mit sämtlichen zur Verfügung stehenden Mitteln* 以可供支配的全部资金 **3.** *Subst im Pl*(名词复数) + **s.**; alle 完全,全部,统统: *Er schrieb seine Bücher s. im Exil* 他的书全是在流放时写的

Sa·na·to·ri·um *das*; -*s*, *Sa·na·to·ri·en* [-ˈtoːriən]; e-e Art Krankenhaus, in dem man sich *bes* von e-r schweren Krankheit erholen kann 疗养院 ‖ K-(复合): ***Sanatoriums-***, ***-aufenthalt***

Sand *der*; -*(e)s*; *nur Sg*(只用单数); e-e lockere Masse aus kleinen Körnern, die es *bes* am Ufer von Meeren u. in der Wüste gibt 沙,沙子 ⟨feiner, grober, lockerer S. 细的、粗的、松软的沙; S. streuen 撒沙子; im S. buddeln, spielen, stecken bleiben 挖沙玩,玩沙,陷在沙里⟩: *Die Kinder bauen e-e Burg aus S.* 孩子们用沙子筑城堡 ‖ K-(复合): ***Sand-***, ***-boden***, ***-burg***, ***-düne***, ***-haufen***, ***-hügel***, ***-korn***, ***-schaufel***, ***-schicht***, ***-strand***, ***-wüste*** ‖ -K(复合): ***Flug-***, ***Putz-***, ***Quarz-***, ***Streu-***, ***Vogel-***, ***Wüsten-*** ‖ ID[谚] ***etw. verläuft im Sande*** etw. bleibt ohne Erfolg u. wird langsam vergessen 某事毫无结果,渐渐被淡忘; ***etw. in den S. setzen*** *gespr*[口]; mit etw. keinen Erfolg haben 使某事受挫; ***S. im Getriebe*** *gespr*[口]; etw., das den Ablauf von etw. stört od. ihn schwierig macht 事情棘手,不顺利; ***j-m S. in die Augen streuen*** bewirken, dass j-d etw. Negatives nicht bemerkt 蒙骗某人; ***wie S. am Meer*** *gespr*[口]; in großen Mengen od. in großer Zahl 多如海沙,多不胜数: *Dieses Jahr gibt es Pilze wie S. am Meer* 今年的蘑菇多如海沙; ***auf S. gebaut haben*** *geschr*[书]; sich auf etw. eingelassen haben, das sehr unsicher ist 建在沙滩上,(基础)不牢靠 ‖ *hierzu*(派生) **sand·ar·tig** *Adj*(形) ‖ ▶ ***versanden***

San·da·le *die*; -, -*n*; ein offener Schuh, der nur mit Riemen am Fuß gehalten wird 凉鞋 ‖ ↑ *Abb. unter* 图见 **Schuhe** ‖ -K(复合): ***Bast-***, ***Gummi-***, ***Leder-***; ***Kinder-***

Sand·bahn *die*; SPORT【体】; e-e Rennbahn, die mit Sand bedeckt ist u. auf der *bes* Motorradrennen stattfinden 细沙跑道 ‖ K-(复合): ***Sandbahn-***, ***-rennen***

Sand·bank *die*; ein Hügel od. e-e Fläche aus Sand, *mst* unter Wasser, in Flüssen od. im Meer 沙滩,沙洲,沙坝: *Der Tanker ist auf e-e S. aufgelaufen* 油船驶上沙滩搁浅了

Sand·dorn *der*; *nur Sg*(只用单数); ein Strauch mit schmalen Blättern u. orangeroten Beeren, die viel Vitamin C enthalten 沙棘 ‖ K-: ***Sanddorn-***, ***-marmelade***, ***-saft***

san·dig *Adj*(形) **1.** voll Sand 沾满沙土的 ⟨Hände, Schuhe, die Kleidung 手,鞋,衣服⟩ **2.** *nicht adv*(不作状语); mit e-m hohen Anteil an Sand 含沙的,沙质的 ⟨ein Acker, ein Boden 耕地,土壤⟩

Sand·kas·ten *der*; ein niedriger Kasten (mit e-m Rand aus Holz), der Sand enthält, mit dem Kinder spielen können(儿童游戏的)沙箱

Sand·kis·te *die* ≈ Sandkasten

Sand·ku·chen *der* **1.** ein relativ trockener Kuchen aus e-m lockeren Teig 酥松蛋糕 **2.** ein kleiner Kuchen aus Sand, den Kinder formen(儿童用沙制作的)小点心

Sand·mann *der* ≈ Sandmännchen

Sand·männ·chen *das*; -*s*; *nur Sg*(只用单数); e-e erfundene Figur, die den Kindern abends Sand in die Augen streut, damit sie müde werden u. einschlafen 瞌睡神,睡魔

Sand·pa·pier *das*; *nur Sg*(只用单数); ein Papier, das auf e-r Seite mit feinen Sand- od. Glaskörnern bedeckt ist u. das dazu dient, durch Reiben raue Flächen glatter zu machen 砂纸 ≈ Schleifpapier

Sand·sack *der*; ein Sack, der mit Sand gefüllt ist. Mit Sandsäcken baut man (Schutz)-Mauern bei Überschwemmungen, in Kriegssituationen *o. Ä.* 沙袋

Sand·stein *der*; *nur Sg*(只用单数); ein weicher Stein aus Sand u. Ton od. Kalk 砂岩〈e-e Fassade, e-e Mauer, ein Standbild aus S. 砂岩砌成的房屋正面、墙，砂岩雕成的立像〉‖ K-(复合): ***Sandstein-***, ***-figur***, ***-plastik***, ***-platte***, ***-quader***

Sand·sturm *der*; ein Sturm in e-m trockenen Gebiet, bei dem viel Sand durch die Luft fliegt 沙暴，沙尘暴

sand·te *Imperfekt*, *1. u. 3. Person Sg*(过去时，第一和第三人称单数); ↑ ***senden***

Sand·uhr *die*; e-e Vorrichtung mit zwei übereinanderstehenden Gläsern, mit der man die Zeit messen kann. Aus dem oberen Teil rinnt Sand in den unteren Teil 沙漏，沙时计: *Ich benutze zum Eierkochen e-e kleine S.* 煮鸡蛋时我使用一个小的沙时计

Sand·wich [ˈzɛntvɪtʃ] *das*; *-(e)s*, *-(e)s*; zwei Scheiben (Weiß) Brot mit Wurst od. Käse u. Tomaten od. Salat dazwischen 三明治‖ -K(复合): ***Käse-***, ***Schinken-***

sanft, *sanfter*, *sanftest-*; *Adj*(形) **1.** ruhig, freundlich u. voller Liebe 温柔的，温和的，友爱的，和蔼的 ≈ gütig ↔ aggressiv, bösartig〈ein Mensch, ein Mädchen, ein Gesicht, e-e Stimme, Augen, ein Herz, ein Charakter, ein Wesen 人，姑娘，面容，声音，眼睛，心，性格，气质; s. lächeln, reden 温柔地微笑，细声细语地说话〉**2.** angenehm, weil nicht zu stark od. intensiv 柔和的，轻柔的〈ein Hauch, ein Wind, Licht, Musik, Töne, Rhythmen, Farben 气息，风，光线，音乐，声调，节律，颜色; ein Rot, ein Grün *usw* 红色，绿色等; j-n s. berühren, streicheln 轻柔地触摸、抚摸某人〉**3.** angenehm zart 温情的，温存的〈e-e Berührung 触摸〉**4.** vorsichtig u. indirekt 谨慎小心的，轻轻的，有分寸的〈e-e Ermahnung, Tadel 告诫，责备; Gewalt, Druck, Zwang 强力、压力、强制〉**5.** friedlich u. ruhig 安祥的，平和的，平静的 ↔ unruhig〈ein Schlaf, ein Tod, ein Ende 睡眠，死亡，结局; s. schlafen, schlummern 安静地睡觉、小憩〉**6.**〈ein Hügel, e-e Steigung, ein Anstieg, Abhänge 山丘，上坡，坡度，斜坡; etw. steigt s. an 某物平缓上升〉nicht steil, sondern angenehm u. allmählich steigend 不陡的，平缓的 ≈ leicht **7.** in Harmonie mit der Natur u. deshalb nicht schädlich od. gefährlich 平安的，无风险的〈e-e Geburt, Energiequellen, Heilmethoden 分娩，能源，治疗方法〉‖ *zu*(义项) **1. Sanft·heit** *die*; *nur Sg*(只用单数) ‖ ▶ ***besänftigen***

Sänf·te *die*; *-*, *-n*; *hist*[历]; e-e Art großer Kasten mit e-m Sitz darin, in dem reiche Leute sich früher tragen ließen 轿子‖ K-(复合): ***Sänften-***, ***-träger***

sanft·mü·tig *Adj*(形); mit e-m freundlichen u. geduldigen Charakter 温良的，温顺的，厚道的 ‖ *hierzu*(派生) **Sanft·mut** *die*; *nur Sg*(只用单数); **Sanft·mü·tig·keit** *die*; *nur Sg*(只用单数)

sang *Imperfekt*, *1. u. 3. Person Sg*(过去时，第一和第三人称单数); ↑ ***singen***

sän·ge *Konjunktiv II*, *1. u. 3. Person Sg*(虚拟式 II，第一和第三人称单数); ↑ ***singen***

Sän·ger *der*; *-s*, *-*; j-d, der (auch beruflich) an e-r Oper, in e-m Chor, in e-r Band *o. Ä.* singt 歌唱家，歌手〈sich als/zum S. ausbilden lassen 接受培训使自己成为歌手〉‖ -K: ***Chor-***, ***Opern-***, ***Pop-***, ***Schlager-*** ‖ *hierzu*(派生) **Sän·ge·rin** *die*; *-*, *-nen*; ‖ ▶ ***singen***, ***Gesang***

san·ges·freu·dig *Adj*(形); *veraltend*, *oft hum*[渐旧]常用[诙]; mit großer Begeisterung für das Singen 爱唱歌的

sang·los *Adv*(副); *nur in* 只用于 ***sang- u. klanglos*** ≈ unbemerkt, unbeachtet: *Das Produkt ist sang- u. klanglos vom Markt verschwunden* 这种产品无声无息地从市场上消失了; *Die deutsche Mannschaft ist sang- u. klanglos* (= ohne Widerstand) *untergegangen* 德国队未作抵抗而悄然败北

sa·nie·ren; *sanierte*, *hat saniert*; [Vt](及物) **1.** ***etw. s.*** ein altes Gebäude od. Teile e-r Stadt in e-n modernen Zustand bringen 整修改造，改建〈alte Wohnungen, e-n Altbau, ein Stadtviertel s. 改造旧住房、旧建筑物、市区〉**2.** ***etw. s.*** WIRTSCH【经】; etw. wieder rentabel machen 整改，使恢复经济活力，振兴〈e-n Betrieb, ein Unternehmen s. 整顿工厂，企业〉; [Vr](反身) **3.** ***sich*** (***bei etw.***) ***s.*** *gespr pej*[口][贬]; mit oft nicht ganz legalen Methoden bei etw. Geld verdienen 想法牟利，倒腾赚钱 ‖ *hierzu*(派生) **Sa·nie·rung** *die*

sa·ni·tä·r- *Adj*(形); *nur attr*, *nicht adv*(只作定语，不作状语); in Bezug auf die Hygiene u. die Körperpflege 卫生的，保健的〈Artikel, die Einrichtungen, die Verhältnisse 用品，设备，情况〉: *In dem alten Haus werden neue sanitäre Anlagen wie z. B. Bad, Dusche u. WC installiert* 旧楼内正安装新的卫生设备，如盆浴、淋浴、厕所等 ‖ K-(复合): ***Sanitär-***, ***-anlagen***, ***-einrichtungen***

Sa·ni·tär *der*; *-s*, *-e*; (CH)[瑞] ≈ Installateur, Klempner

Sa·ni·tä·ter *der*; *-s*, *-*; j-d, der (beruflich) verletzten Personen am Ort des Unfalls hilft u. sie ins Krankenhaus bringt 卫生员，急救员〈ein S. des Roten Kreuzes 红十字会急救员〉‖ *hierzu*(派生) **Sa·ni·tä·te·rin** *die*; *-*, *-nen*

Sa·ni·täts- *im Subst*, *wenig produktiv*(构成名词，构词弱); zu e-r (Hilfs) Organisation od. zu e-m Teil der Armee gehörig, der Kranken u. Verwundeten hilft 救护…，医护…; das ***Sanitätsauto***, der ***Sanitätsdienst***, die ***Sanitätskompanie***, der ***Sanitätsoffizier***, das ***Sanitätspersonal***, der ***Sanitätssoldat***, der ***Sanitätswagen***

sank *Imperfekt*, *1. u. 3. Person Sg*(过去时，第一和第三人称单数); ↑ ***sinken***

Sank·ti·on [-ˈtsio:n] *die*; *-*, *-en* **1.** *nur Pl*(只用复数); ***Sanktionen*** (***gegen j-n/etw.***) Maßnahmen, mit denen man versucht, e-e Person, e-n Staat, e-n Betrieb *o. Ä.* zu e-m bestimmten Verhalten zu zwingen 制裁

〈Sanktionen beschließen, gegen ein Land verhängen 决定制裁，对一国实施制裁；mit Sanktionen drohen 以制裁威胁〉: *Die wirtschaftlichen Sanktionen gegen das Land waren bisher wenig wirksam* 对这个国家的经济制裁迄今为止收效甚微 **2.** *mst Sg*, *geschr*(多用单数)［书］; die offizielle Zustimmung e-r Behörde od. Institution 批准，核准，认可 ≈ Billigung, Erlaubnis

sank·ti·o·nie·ren [-tsio-]; *sanktionierte*, *hat sanktioniert*; Vt(及物) **etw. s.** *geschr*［书］; seine Zustimmung zu etw. geben 批准，认可 ≈ billigen, gutheißen 〈Maßnahmen, Pläne s. 批准措施、计划; etw. behördlich s. 官方批准某事〉 ‖ *hierzu*(派生) **Sank·ti·o·nie·rung** *die*; *nur Sg*(只用单数) ‖ NB(注意): ↑ **legitimieren**

sann *Imperfekt*, *1. u. 3. Person Sg*(过去时，第一和第三人称单数); ↑ **sinnen**

Sansk·rit *das*; *-(e)s*; *nur Sg*(只用单数); e-e altindische Sprache, die heute noch *bes* in der Literatur verwendet wird 梵语，梵文 ‖ K-(复合): **Sanskrit-**, **-forscher**, **-grammatik**

Sa·phir ['za:fi:ɐ, za'fi:ɐ] *der*; *-(e)s*, *-e*; ein Edelstein von klarer blauer Farbe 蓝宝石

Sar·del·le *die*; *-*, *-n*; ein kleiner Meeresfisch, der *mst* mit viel Salz konserviert wird 盐渍小鲱鱼 ≈ Anschovis: *e-e Pizza mit Sardellen belegen* 把鲱鱼放在比萨饼上 ‖ K-(复合): **Sardellen-**, **-butter**, **-filet**, **-paste**

Sar·di·ne *die*; *-*, *-n*; ein kleiner Fisch, der *mst* in Öl eingelegt ist u. in Dosen verkauft wird 沙丁鱼 ‖ K-(复合): **Sardinen-**, **-büchse** ‖ -K(复合): **Öl-**

Sarg *der*; *-(e)s*, *Sär·ge*; der Kasten (aus Holz), in dem ein Toter ins Grab gelegt wird 棺材 〈e-n Toten in den S. legen, im S. aufbahren 将死者入殓，把死者安放在棺材里〉 ‖ K-(复合): **Sarg-**, **-deckel**, **-schmuck**, **-träger** ‖ -K(复合): **Blei-**, **Eichen-**, **Kinder-**

Sar·kas·mus *der*; *-*, *Sar·kas·men*; *geschr*［书］ **1.** *nur Sg*(只用单数); e-e Art starker Spott, mit dem man (oft in beleidigender Form) das Gegenteil von dem sagt, was man wirklich meint 讥讽，挖苦，冷嘲热讽 ≈ Hohn **2.** e-e Äußerung, die voll S. (1) ist 嘲讽、挖苦、讥讽的话语 ‖ *hierzu*(派生) **sar·kas·tisch** *Adj*(形)

Sar·ko·phag [-f-] *der*; *-(e)s*, *-e*; *hist*［历］; ein großer Sarg *mst* aus Stein 石棺，豪华的棺材

saß *Imperfekt*, *1. u. 3. Person Sg*(过去时，第一和第三人称单数); ↑ **sitzen**

sä·ße *Konjunktiv II*, *1. u. 3. Person Sg*(虚拟式 II，第一和第三人称单数); ↑ **sitzen**

Sa·tan *der*; *-s*; *nur Sg*(只用单数) **1.** verwendet als Bezeichnung für den Teufel 撒旦，魔鬼 ≈ Luzifer 〈das Reich Satans 阴曹地府，阎王殿; vom S. besessen sein 着了魔的〉 **2.** *pej*［贬］; ein sehr böser Mensch 恶魔 ≈ Teufel ‖ K-(复合): **Satans-**, **-weib** ‖ *hierzu*(派生) **sa·ta·nisch** *Adj*(形)

Sa·tel·lit, **Sa·tel·lit** *der*; *-en*, *-en* **1.** ein technisches Gerät, das sich im Kreis um die Erde bewegt u. das dazu dient, das Wetter zu beobachten, Nachrichten über weite Entfernungen zu übermitteln *o. Ä.* (人造)卫星 〈ein (un)bemannter S. (不)载人卫星〉: *Die Olympischen Spiele werden in alle Welt über / per / via S. übertragen* 奥林匹克运动会通过卫星向世界各地转播 ‖ K-(复合): **Satelliten-**, **-bahn**, **-bild**, **-fernsehen**, **-flug**, **-foto**, **-start**, **-übertragung** ‖ -K(复合): **Fernseh-**, **Nachrichten-**, **Spionage-**, **Wetter-** **2.** ein Körper im Weltraum, der sich um e-n Planeten herum bewegt 卫星 ≈ Mond (3), Trabant: *Der Mond ist ein S. der Erde* 月球是地球的一颗卫星 **3.** *geschr*［书］; ein kleiner Staat, der ganz unter dem Einfluss e-s mächtigen Staates steht 卫星国，附属国 ‖ K-(复合): **Satelliten-**, **-staat** ‖ NB(注意): *der Satellit*; *den*, *dem*, *des Satelliten*

Sa·tel·li·ten·schüs·sel *die*; e-e Antenne in Form e-r großen Schüssel, über die man Fernseh- u. Rundfunksignale von Satelliten (1) empfangen kann 碗状卫星天线装置

Sa·tel·li·ten·stadt *die* ≈ Trabantenstadt

Sa·tin [za'tɛ̃:] *der*; *-s*; *nur Sg*(只用单数); ein glatter, feiner Stoff, der wie Seide glänzt 缎子，丝织品 〈e-e Bluse aus S. 锦缎女衬衣〉

Sa·ti·re *die*; *-*, *-n* **1.** **e-e S.** (**auf j-n / etw.**) *nur Sg*(只用单数); e-e Art scharfe Kritik, mit der man die Fehler e-r bestimmten Person, der Gesellschaft *o. Ä.* in übertriebener (u. spottender) Form zeigt 讽刺 〈e-e politische S. 政治讽刺; etw. mit beißender S. darstellen 以辛辣的讽刺笔调描述某事〉 **2.** **e-e S.** (**auf j-n / etw.**) ein künstlerisches Werk, in dem S. (1) verwendet wird 讽刺作品，讽刺文学: *„Gullivers Reisen" ist e-e S. auf die sozialen Zustände der damaligen Zeit*《格利佛游记》是针砭当时社会状况的讽刺文学作品 ‖ -K(复合): **Gesellschafts-**, **Zeit-** ‖ *hierzu*(派生) **Sa·ti·ri·ker** *der*; *-s*, *-*; **sa·ti·risch** *Adj*(形)

satt, *satter*, *sattest-*; *Adj*(形) **1.** nicht mehr hungrig, weil man genug gegessen hat 吃饱的 〈s. sein, werden 饱了，会吃饱的; sich (an etw. (*Dat* 三格)) *s. essen* 饱吃一顿(某物)〉: *„Möchtest du noch etwas essen?" – „Nein danke, ich bin schon s."* "你再吃点什么吧?"——"不，谢谢，我已经吃饱了" **2.** *nur attr*, *nicht adv* (只作定语，不作状语); kräftig u. leuchtend (色彩)浓艳的，深的，重的 〈e-e Farbe, ein Farbton 色彩，色调〉: *das satte Grün der Wiesen* 草坪的墨绿 **3.** *mst attr*, *pej*(多作定语)［贬］ ≈ saturiert, selbstzufrieden 〈ein Wohlstandsbürger, ein Gesichtsausdruck 殷实市民，表情〉 ‖ NB(注意): ↑ **satthaben**, **sattsehen** ‖ *zu*(义项) **2.** u. **3.** **Satt·heit** *die*; *nur Sg*(只用单数) ‖ ▶ **sättigen**, **unersättlich**

Sat·tel *der*; *-s*, *Sät·tel* **1.** e-e Art Sitz, den man auf den Rücken e-s Pferdes legt, wenn man reitet 马鞍，鞍子 〈den S. auflegen, abnehmen, festschnallen 放上、撤下、扣紧马鞍; sich in den S. schwingen 跃上马鞍，上马; j-m

S

in den/aus dem S. helfen 帮人上/下马；ein Pferd wirft j-n aus dem S. 马把某人从鞍上摔下来；ohne S. reiten 骑无鞍马，骑光背马〉 ‖ ↑ *Abb. unter* 图见 **Pferd** ‖ K-(复合)：**Sattel-**, **-decke**, **-gurt**, **-knauf**, **-tasche** ‖ -K(复合)：**Reit-**, **Renn-** **2.** der Teil e-s Fahrrads od. Motorrads, auf dem man sitzt(自行车、摩托车的)鞍座，车座〈den S. höher, tiefer stellen 将车座拔高，降低〉 ‖ ↑ *Abb. unter* 图见 **Fahrrad** ‖ K-(复合)：**Sattel-**, **-bezug** ‖ -K(复合)：**Fahrrad-**, **Motorrad-**; **Renn-** **3.** e-e flache Stelle im Gebirge, an der man zwischen zwei Gipfeln von einem Berg zum anderen gehen kann 山隘，山口，马鞍形山脊 ≈ Pass, Joch ‖ -K(复合)：**Berg-** ‖ ID[谚] ***fest im S. sitzen*** *gespr*[口]；e-e sichere Stellung haben, aus der einen niemand verdrängen kann 地位稳固；***j-n aus dem S. heben*** j-n aus seiner Stellung verdrängen 排挤某人，赶某人下台，把某人拉下马；***j-n in den S. heben*** j-m helfen, e-e hohe Stellung zu bekommen 帮(抬)某人上台；***sich im S. halten*** in e-r hohen Stellung die Macht behalten 保住地位(权势)；***in allen Sätteln gerecht sein*** alles gut können, was man tun soll 对一切都应付自如，能胜任一切工作

sat·tel·fest *Adj*(形)；*mst präd*(多作表语)；mit sehr guten Kenntnissen 精通的，熟练的，驾轻就熟的：*In der Grammatik ist er absolut s.* 语法上他绝对精通

sat·teln; *sattelte, hat gesattelt*; [Vt/i](及物/不及物)（**ein Tier**）**s.** e-m Tier e-n Sattel (1) zum Reiten auflegen 给(一头牲畜)上鞍子

Sat·tel·schlep·per *der*; e-e Art kurzer Lastwagen (ohne Ladefläche), auf dessen hinterem Teil ein langer Anhänger aufliegt 牵引车

Sat·tel·zug *der*; ein Sattelschlepper mit e-m zusätzlichen Anhänger 拖带挂斗的牵引车

satt·ha·ben; *hat satt, hatte satt, hat sattgehabt*; [Vt](及物) *gespr*[口]；***j-n/etw. s.*** j-n/etw. nicht mehr ertragen können 对…感到厌倦、腻烦 ≈ j-s/e-r Sache überdrüssig sein: *Ich habe deine Angeberei endgültig satt!* 我对你这种吹牛作风彻底厌烦了

sät·ti·gen; *sättigte, hat gesättigt*; [Vi](不及物) **1.** ***etw. sättigt*** etw. macht satt(物作主语)使人容易饱：*Weißbrot sättigt nur wenig/ist wenig sättigend* 吃白面包不饱人/不太容易饱；[Vt](及物) **2.** ***etw. s.*** *geschr*[书]；e-n Wunsch befriedigen 满足 ≈ stillen (2)〈j-s Neugierde, ein Verlangen s. 满足某人的好奇心、要求〉 **3.** *mst* 多用 ***der Markt (für etw.) ist gesättigt*** es lässt sich nichts mehr (von e-m bestimmten Produkt) verkaufen 市场(对某物)已饱和

Sät·ti·gung *die*; -; *nur Sg*(只用单数) **1.** die Handlungen, durch die j-d od. man selbst satt (1) gemacht wird 吃饱(指行为) **2.** der Zustand, in dem j-d satt (1) ist 吃饱了(指状态) ‖ K-(复合)：**Sättigungs-**, **-gefühl** **3.** CHEM【化】；der Zustand, in dem e-e chemische Lösung od. ein Gas keine andere Substanz mehr aufnehmen (lösen) kann 饱和〈die S. der Luft mit Wasserdampf 空气中水蒸气饱和〉 ‖ K-(复合)：**Sättigungs-**, **-grad**, **-punkt** **4.** WIRTSCH【经】；der Zustand, in dem so viele Produkte auf dem Markt sind, dass man sie nicht mehr verkaufen kann 饱和状态〈die S. des Marktes 市场饱和〉

Satt·ler *der*; -s, -; j-d, der beruflich Sättel u. andere Dinge aus stabilem Leder herstellt u. repariert 制作鞍具和皮革制品的工匠 ‖ K-(复合)：**Sattler-**, **-handwerk**, **-meister**

Satt·le·rei *die*; -, -en; die Werkstatt e-s Sattlers 制鞍作坊

satt·sam *Adv*(副)；*geschr, oft pej, mst in*[书]常用[贬]多用于 ***etw. ist s. bekannt*** etw. ist bis zum Überdruss in der Öffentlichkeit debattiert worden(物作主语)是(被舆论炒烂了的)妇孺皆知的事

satt·se·hen, sich; *sieht sich satt, sah sich satt, hat sich sattgesehen*; [Vr](反身) **1.** ***sich an etw.*** (*Dat* 三格) ***sattgesehen haben*** etw. oft od. schon zu oft gesehen haben 看够了，腻了某物 **2.** ***sich an etw.*** (*Dat* 三格) ***nicht s. können*** etw. unaufhörlich ansehen wollen, weil es einem so gut gefällt 对某物百看不厌

sa·tu·riert *Adj*(形)；*geschr pej*[书][贬]；selbstzufrieden, wirtschaftlich od. materiell übersättigt 富足的，生活富裕的〈Wohlstandsbürger 殷实市民〉 ‖ *hierzu*(派生) **Sa·tu·riert·heit** *die*; *nur Sg*(只用单数)

Satz[1] *der*; -es, *Sät·ze* **1.** mehrere Wörter (zu denen *mst* ein Verb gehört), die zusammen e-e Feststellung, e-e Frage, e-n Befehl *o.Ä.* bilden. Ein geschriebener S. fängt mit e-m Großbuchstaben an u. hört mit dem Zeichen . oder ! oder ? auf 句子，语句〈e-n S. bilden, konstruieren, umformen, analysieren 造句，构句，改变句子，分析句子；in ganzen Sätzen antworten 以完整的句子回答；mitten im S. abbrechen 中断语句；j-m etw. in kurzen, knappen Sätzen mitteilen 以简短、简练的话通知某人某事；mit wenigen Sätzen die Situation schildern 以很少几句话描述情景〉 ‖ K-(复合)：**Satz-**, **-anfang**, **-art**, **-aussage**, **-ende**, **-erweiterung**, **-gefüge**, **-gegenstand**, **-teil** ‖ -K(复合)：**Attribut-**, **Aussage-**, **Befehls-**, **Frage-**; **Glied-**, **Haupt-**, **Neben-**; **Objekt-**, **Subjekt-**; **Kausal-**, **Temporal-** **2.** *mst Sg*(多用单数) ≈ Lehre (4): *Pythagoras formulierte den S. vom rechtwinkligen Dreieck* 毕达哥拉斯提出了直角三角形定理 **3.** MUS【音】；ein Teil e-s Musikstücks, für den eigene Motive u. ein eigenes Tempo typisch sind 乐章〈e-e Sonate in vier Sätzen 四乐章奏鸣曲〉: *Die Sinfonie begann mit e-m langsamen S.* 交响乐以缓慢乐章开曲 ‖ -K(复合)：**Anfangs-**, **Schluss-** **4.** *nur Sg*, MUS(只用单数)【音】；verwendet, um anzugeben, für welche u. für wie viele Instrumente od. Stimmen ein Musikstück komponiert ist 作曲法，声部处理〈ein mehrstimmiger S. 多声部作曲〉 **5.** SPORT【体】；ein Teil e-s Wettkampfes (*bes* beim Tennis, Volleyball, Badminton u. Tischtennis)局，场，盘〈den ersten, zweiten *usw* S.

gewinnen, verlieren 赢、输第一局、第二局等〉: *Er gewann das Tennismatch mit 3:1 Sätzen* 他以三胜一负的成绩取得网球赛胜利 **6.** e-e feste Anzahl von Gegenständen der gleichen Art, die zusammengehören 套, 组〈ein S. Winterreifen, Schüsseln, Schraubenschlüssel 一套冬季防滑轮胎、碗具、螺丝刀具(改锥)〉: *Von jeder neuen Briefmarkenserie kauft er sich e-n ganzen S.* 每出一种新邮票他都为自己购买一套 ‖ -K(复合): ***Schlüssel-***, ***Werkzeug-*** **7.** die Summe Geld, die für mehrere regelmäßige Zahlungen festgesetzt ist 收费标准, 价目单, 费率 ≈ Tarif〈e-n S. festlegen, vereinbaren 规定, 商定价目; ein hoher, ermäßigter S. 高价, 打折价〉‖ -K(复合): ***Beitrags-***, ***Pflege-***, ***Steuer-***, ***Tages-***, ***Zins-***; ***Höchst-***, ***Mindest-***

Satz² *der*; *-es*, *Sät·ze*; *mst Sg*(多用单数); die kleinen festen Teilchen, die in e-r Flüssigkeit nach unten sinken u. sich am Boden e-s Gefäßes sammeln 沉淀物, 沉渣 ≈ Bodensatz ‖ -K(复合): ***Kaffee-***

Satz³ *der*; *-es*, *Sät·ze*; ein großer Sprung 跳跃〈e-n S. machen 跃身一跳〉

Satz⁴ *der*; *-es*, *Sät·ze* **1.** *nur Sg*(只用单数); das Erfassen (Setzen (17)) e-s Textes, bevor man ihn druckt 排字, 排版〈das Manuskript ist im S., geht in (den) S. 手稿正在排版, 已付排〉 **2.** die erfasste Form e-s Manuskripts *o. Ä.* als Vorlage für den Druck 校样, 样稿 ≈ Schriftsatz〈ein unsauberer S. 校样不整洁; den S. korrigieren 校对样稿〉‖ K-(复合): ***Satz-***, ***-spiegel***

Satz·leh·re *die* ≈ Grammatik, Syntax

Sat·zung *die*; -, *-en*; die Regeln, die *bes* für e-n Verein *o. Ä.* formuliert werden u. an die sich alle halten müssen 章程, 条例 ‖ -K(复合): ***Vereins-***

Satz·zei·chen *das*; ein Zeichen wie *z. B.* ein Komma, ein Punkt *o. Ä.*, das zur Gliederung e-s Satzes verwendet wird 标点符号

Die Satzzeichen 标点符号		
?	das Fragezeichen	问号
!	das Ausrufezeichen	感叹号
.	der Punkt	句号
,	das Komma	逗号
;	der Strichpunkt	分号
:	der Doppelpunkt	冒号
-	der Bindestrich	连字符号, 移行符号
„ “	die Anführungszeichen	引号

Sau *die*; -, *-en/Säue* **1.** ein weibliches Schwein 母猪 ↔ Eber〈e-e fette, trächtige Sau 肥的、怀胎的母猪; e-e Sau mästen, schlachten 喂肥、宰杀一头母猪〉‖ -K(复合): ***Wild-*** **2.** *vulg pej*[俗][贬]; verwendet als Schimpfwort für j-n, der schmutzig, ordinär *o. Ä.* ist(骂人话)脏鬼, 邋遢鬼 ‖ ID [谚] ***j-n zur Sau machen*** *vulg*[俗]; j-n sehr scharf kritisieren 臭骂某人; ***unter aller Sau*** *vulg*[俗]; sehr schlecht 糟透了, 坏极了; ***keine Sau*** *vulg*[俗] ≈ niemand; ***die Sau rauslassen*** *vulg*[俗]; sich wild benehmen u. dabei viel trinken u. laut sein 胡吃海喝, 恣意狂饮

sau- *im Adj*, *wenig produktiv*, *gespr!*(构成形容词, 构词弱)[粗] verwendet, um Adjektive zu verstärken(加强形容词的语义)极端, 非常 ≈ sehr, extrem; ***saublöd(e)***, ***saudumm***, ***saugrob***, ***saukalt***, ***sauwohl***〈sich s. fühlen 感觉棒极了〉

Sau- *im Subst*, *wenig produktiv*(构成名词, 构词弱) **1.** *gespr! pej*[粗][贬]; drückt aus, dass das im zweiten Wortteil Genannte sehr unangenehm od. schlecht ist 糟糕、恶劣、坏…; die ***Sauarbeit***, der ***Saufraß***, das ***Sauwetter*** **2.** *gespr!*[粗] drückt aus, dass das im zweiten Wortteil Genannte sehr groß od. intensiv ist 极其、非常…; das ***Sauglück***, die ***Sauhitze***, die ***Saukälte***, die ***Sauwut***

Sau·bär *der*; *gespr*[口]; j-d, der (oft) schmutzig ist *o. Ä.* 邋遢的人

sau·ber *Adj*(形) **1.** ohne Schmutz 干净的 ↔ schmutzig: *Jetzt ist der Fußboden endlich wieder s.* 现在地板终于又干净了 **2.** frisch gewaschen 洗净的 ≈ frisch ↔ benützt〈ein Handtuch, die Wäsche 毛巾, 内衣〉: *ein sauberes Hemd anziehen* 穿上一件干净衬衣 **3.** frei von Schmutz u. schädlichen Stoffen 清洁的, 纯净的 ≈ rein¹(5) ↔ verschmutzt〈Luft, Trinkwasser 空气, 饮用水〉 **4.** sehr sorgfältig u. genau 工整的, 细致的, 干净利落的 ↔ schlampig〈e-e Arbeit, e-e Analyse 工作, 分析; j-s Handschrift 某人的字迹; etw. s. (ab)schreiben 誊清某物; e-e Zeichnung s. ausführen 制图工整; etw. s. vernähen 细致缝合某物〉: *Er arbeitet s. u. gewissenhaft* 他工作细致认真 **5.** ohne Fehler 无懈可击的, 纯正的, 没毛病的, 极好的 ↔ unsauber〈e-e Technik 技术〉: *Die hohen Töne hat er nicht s. gesungen* 他的高音唱得不那么纯正; *Sie spielt nicht ganz s.* 她演奏得不那么纯正 **6.** *nicht adv*(不作状语); der Moral u. den guten Sitten entsprechend 正派的, 规矩的 ≈ anständig〈Charakter 品格〉: *Die Geschichte ist nicht ganz s.* (= legal) 事情并不那么合法 **7.** *nur attr od adv*, *gespr iron*(只作定语或状语)[口][诙]; verwendet, um auszudrücken, dass man j-n/etw. sehr negativ beurteilt(表示对某人/某事的评价极不好)不三不四的, 让人恶心的: *Das ist ja e-e saubere Überraschung!* 这可让人着实吓了一大跳!; *Seine sauberen Freunde haben ihn zu dem Diebstahl überredet* 他那些狐朋狗友把他引向偷窃的道路; *Das hast du ja wieder s. hingekriegt!* 这事你可又给搞糟了! **8.**〈ein Kind 孩子〉 ***ist s.*** ein Kind braucht keine Windeln mehr 孩子不必裹尿布 **9.**〈ein junges Haustier 家养小宠物〉 ***ist s.*** ein junges Haustier ist stubenrein 家养小宠物很爱清洁(指不在室内排泄) **10.** ***etw. s. halten*** etw. regelmäßig putzen u. aufräumen 使保持整洁: *Du musst dein Zimmer selbst s. halten!* 你必须自己保持房间整洁! **11.** ***etw. s. halten*** dafür sorgen, dass etw.

S

nicht verschmutzt wird 使保持清洁不受污染 ⟨die Gewässer, die Luft s. halten 使水域、空气不受污染⟩: *Haltet den Wald s.!* 请保持森林不受污染! **12. etw. von etw. s. halten** dafür sorgen, dass etw. frei von etw. ist 保持…(不长、不生、免遭) ⟨den Rasen von Unkraut, das Haus von Ungeziefer s. halten 保持草坪不长杂草、房屋不生害虫⟩ **13. (etw.) (mit etw.) s. machen** den Schmutz (von etw.) entfernen 把…清洗、清扫、擦洗干净 ≈ putzen, säubern ⟨die Badewanne, den Herd, ein Zimmer s. machen 把浴盆、灶台、房间弄干净; etw. mit Wasser u. Seife s. machen 用水和肥皂清洗某物⟩ ‖ *zu* (义项) **1., 2., 3., 4.** u. **6. Sau·ber·keit** *die*; *nur Sg* (只用单数); *zu* (义项) **10.-12. Sau·ber·hal·tung** *die*; *nur Sg* (只用单数) ‖ ▶ **säubern**

säu·ber·lich *Adj* (形); *nur attr od adv* (只作定语或状语); sehr sorgfältig u. genau 细致的,工整的,认真的,干净利索的,井井有条的 ≈ sauber (4) ↔ unordentlich ⟨etw. s. aufstellen, ausschneiden, eintragen, ordnen, trennen, unterscheiden 把某物排列、剪裁、登记、整理、分离、区分得整整齐齐⟩

sau·ber·ma·chen ↑ **sauber** (13)

säu·bern; *säuberte, hat gesäubert*; [Vt] (及物) **1. etw. s.** den Schmutz von etw. entfernen 使清洁,清洗,把…弄干净 ≈ reinigen, sauber machen ⟨den Teppich mit e-m Staubsauger s. 用吸尘器吸净地毯⟩ **2. etw. (von j-m/etw.) s.** etw. von Personen od. Dingen frei machen, die nicht erwünscht od. schädlich sind 把…(从…)清除掉,清除(使免遭…祸害),清洗,清理 ⟨ein altes Gebäude von Ungeziefer, die Gegend von Unrat s. 清除旧楼的害虫、某地区的垃圾; e-e Partei s. 清党⟩

Säu·be·rung *die*; -, *-en* **1.** *nur Sg* (只用单数); die Handlungen, mit denen man etw. sauber macht 清扫,清洗,清洁工作 ≈ Reinigung **2.** das Entfernen von unerwünschten Personen aus e-r Partei, aus öffentlichen Ämtern od. e-m Land 清洗,清除(异己) ‖ K-(复合): **Säuberungs-, -aktion, -welle**

S

Sau·ce ['zoːs(ə)] *die*; -, *-n*; ↑ **Soße**

Sau·ci·e·re [zo'sieːrə] *die*; -, *-n*; ein Gefäß für Soße, das man beim Essen auf den Tisch stellt 调味汁壶

sau·er, *saurer, sauerst-*; *Adj* (形) **1.** mit dem Geschmack von Essig od. von Zitronen 酸的,酸味的 ↔ süß ⟨Wein, Apfelsaft 葡萄酒,苹果汁; etw. schmeckt s. 某物味道是酸的⟩ **2.** mit Essig zubereitet od. haltbar gemacht 酸的,用醋烹调的或用醋泡制的 ⟨Bohnen, Gurken 豆类,黄瓜⟩ ‖ K-(复合): **Sauer-, -braten 3.** (durch Gärung dick geworden u.) mit saurem (1) Geschmack 发酵后有酸味的,发酸的 ↔ süß ⟨Sahne 乳脂⟩: *die Soße mit saurem Rahm anrühren* 用酸乳脂搅拌调味汁 ‖ K-(复合): **Sauer-, -milch, -rahm 4.** verdorben u. mit saurem (1) Geschmack 变质的,酸败的,馊的 ↔ frisch ⟨Milch 牛奶⟩: *Im Sommer wird die Milch schnell s.* 夏天牛奶很容易变质 **5. s. (auf j-n)** *gespr* [口]; über j-n verärgert (对…)不高兴的,恼火的,生气的: *Er ist s., weil er nicht ins Kino darf* 他很恼火,因为不让他去看电影; *Bist du jetzt s. auf mich?* 你现在生我的气吗? **6.** mit viel Mühe od. Ärger 辛苦的,吃力的,艰难的;不愉快的 ≈ mühsam, mühevoll ↔ leicht ⟨s. erspartes, verdientes Geld 省吃俭用积攒的、血汗挣来的钱; j-m das Leben s. machen 使某人生活得不愉快⟩ **7.** CHEM【化】; mit der Wirkung e-r Säure 酸性的,含酸的 ↔ basisch, alkalisch ⟨Salze 盐; etw. reagiert s. 某物呈酸性反应⟩ **8.** mit Säuren verschmutzt, die aus Abgasen *o.Ä.* kommen (受到来自废气的酸污染的)酸性的 ⟨der Boden, der Regen 土壤,雨⟩ ‖ ID [谚] ***j-m Saures geben*** *gespr* [口]; j-n scharf kritisieren od. ihn verprügeln 狠狠剋或揍某人一顿 ‖ NB (注意): *sauer* → *saure Milch* ‖ ▶ **Säure**

Sau·er·amp·fer *der*; *-s*; *nur Sg* (只用单数); e-e Pflanze, die auf der Wiese u. im Garten wächst u. deren Blätter sauer schmecken 酸模

Sau·e·rei *die*; -, *-en*; *gespr! pej* [粗][贬] ≈ Schweinerei

Sau·er·kir·sche *die*; e-e (hellrote) Kirsche, die sauer (1) schmeckt 酸樱桃

Sau·er·kohl *der*; *nordd* [北德] ≈ Sauerkraut

Sau·er·kraut *das*; *nur Sg* (只用单数); (Weiß-)Kohl, der in Streifen geschnitten u. mit Salz haltbar gemacht wird. S. schmeckt sauer (1) u. wird *mst* warm gegessen 酸(腌)白菜,泡菜

säu·er·lich *Adj* (形) **1.** ein wenig sauer (1) 略带酸味的,酸溜溜的 ⟨ein Apfel, Wein 苹果,葡萄酒; etw. schmeckt s. 某物味道有点酸⟩: *Die Sahne riecht, schmeckt s.* 掼奶油闻着,吃着带点酸味 **2.** ⟨ein Gesicht, e-e Miene 脸,表情⟩ so, dass sie deutlich zeigen, dass der Betroffene unzufrieden ist od. dass er sich ärgert 闷闷不乐的,不高兴的,愁苦的 ≈ missmutig: *s. lächeln* 苦涩地微笑

Sau·er·stoff *der*; *-(e)s*; *nur Sg* (只用单数); ein Gas ohne Geruch u. Geschmack, das in der Luft enthalten ist. Pflanzen produzieren S., Tiere u. Menschen brauchen ihn, um leben zu können 氧,氧气; CHEM【化】O ‖ K-(复合): **Sauerstoff-, -apparat, -armut, -atom, -flasche, -gerät, -mangel, -molekül, -versorgung, -zufuhr** ‖ *hierzu* (派生) **sau·er·stoff|arm** *Adj* (形); *nicht adv* (不作状语); **sau·er·stoff|reich** *Adj* (形); *nicht adv* (不作状语)

Sau·er·teig *der*; e-e Mischung aus Mehl u. Wasser, die man sauer (3) werden lässt u. dann zum Backen von dunklem Brot verwendet 面肥,发酵的面团

sau·fen; *säuft, soff, hat gesoffen*; [Vt/i] (及物/不及物) **1. (etw.) s.** *gespr! pej* [粗][贬]; große Mengen von alkoholischen Getränken trinken 狂饮,痛饮 **2.** ⟨ein Pferd, e-e Kuh *o.Ä.* 马,奶牛等⟩ **säuft (etw.)** ein Pferd, e-e Kuh *o.Ä.* trinkt große Mengen (牲口)饮水: *dem Pferd e-n Eimer Wasser zu s. geben* 用

一桶水饮马 ‖ ID［谚］***einen s.*** *gespr!*［粗］Schnaps od. Bier trinken 痛痛快快喝一杯 ‖ *zu*（义项）**1. Säu·fer** *der*; *-s*, *-*; **Säu·fe·rin** *die*; *-*, *-nen*

sau·gen; *saugte/sog*, *hat gesaugt/gesogen*; Vt（及物）**1.** ***etw.*** (***aus etw.***) ***s.*** durch sehr enge Öffnungen od. mit den Lippen e-e Flüssigkeit in den Mund ziehen od. aufnehmen 吸,吸吮: *Saft durch e-n Strohhalm s.* 用吸管吸食果汁; *Die Baumwurzeln saugen die Feuchtigkeit aus dem Boden* 树根从土壤中吸取水分; Vt/i（及物/不及物）**2.** (***etw.***) ***s.*** (*saugte*, *hat gesaugt*) *gespr*［口］; mit e-m Staubsauger Staub od. Schmutz von etw. entfernen(用吸尘器)吸,吸净(指尘土): *Er saugt* (*den Teppich*) *jede Woche* 他每周吸(净)地毯(尘土); Vi（不及物）**3.** ***an etw.*** (*Dat* 三格) ***s.*** die Lippen fest an etw. drücken u. dabei Luft, Rauch od. Flüssigkeit in den Mund ziehen 吸,嘬,抽〈an e-r Pfeife, Zigarette s. 抽烟斗、香烟〉: *Das Baby saugt an der Brust der Mutter* 婴儿在吃母亲的奶

säu·gen; *säugte*, *hat gesäugt*; Vt/i（及物/不及物）***ein Tier säugt*** (***ein Tier***) ein Tier lässt sein Junges (aus dem Euter od. den Zitzen) Milch trinken（动物作主语）给…哺乳: *Das Schaf säugt sein Lamm* 绵羊给羊羔哺乳

Sau·ger *der*; *-s*, *-*; ein kleiner Gegenstand aus weichem Gummi, der (auf e-r Babyflasche steckt u.) ein feines Loch hat, durch das das Baby Milch saugen kann 橡皮奶头,奶嘴

Säu·ger *der*; *-s*, *-* ≈ Säugetier

Säu·ge·tier *das*; ein Tier, dessen Junge Milch von der Mutter trinken 哺乳动物: *Elefanten sind die größten Säugetiere an Land u. Wale im Wasser* 象是陆上最大的哺乳动物,而鲸是水中最大的哺乳动物

saug·fä·hig *Adj*（形）; *nicht adv*（不作状语）;〈ein Material, ein Papier, Windeln 材料,纸,尿布〉so, dass sie viel Flüssigkeit in sich aufnehmen können 能吸收的,吸水力强的 ‖ *hierzu*（派生）**Saug·fä·hig·keit** *die*; *nur Sg*（只用单数）

Säug·ling *der*; *-s*, *-e*; ein kleines Kind, das noch Milch an der Brust der Mutter od. aus der Flasche trinkt 婴儿 ≈ Baby ‖ K-（复合）: ***Säuglings-***, ***-alter***, ***-nahrung***, ***-pflege***, ***-sterblichkeit***

Saug·napf *der*; das Organ, mit dem *z. B.* Tintenfische od. Insekten sich an glatten Flächen festhalten können 吸盘

Sau·hau·fen *der*; *vulg pej*［俗］［贬］; verwendet, um e-e Gruppe von Menschen ohne Disziplin zu bezeichnen od. zu beschimpfen 乌合之众

säu·isch *Adj*（形）≈ schweinisch

Sau·kerl *der*; *vulg pej*［俗］［贬］; ein gemeiner Mensch 下流坯,卑鄙的人

Säu·le *die*; *-*, *-n* **1.** ein starker Pfosten (*mst* aus Stein), der das Dach e-s großen Gebäudes (*bes* e-s Tempels) stützt 柱,圆柱〈dorische, ionische, korinthische Säulen 多立斯式的、爱奥尼亚式的、科林斯式的圆柱; etw. ruht auf Säulen 某物架在柱子上; der Fuß, der Schaft, das Kapitell e-r S. 柱脚,柱体,柱顶〉‖ K-（复合）: ***Säulen-***, ***-bau***, ***-fuß***, ***-halle***, ***-kapitell***, ***-portal***, ***-tempel*** **2.** *gespr*［口］; j-d, der in e-r Gruppe von Menschen e-e sehr wichtige Stellung hat 顶梁柱,栋梁,支柱 ≈ Stütze (2)〈j-d ist e-e S. der Gesellschaft, der Mannschaft 某人是社会中坚、团队台柱子〉‖ *zu*（义项）**1. säu·len·för·mig** *Adj*（形）‖ NB（注意）: ↑ ***Pfeiler***

Säule (1)

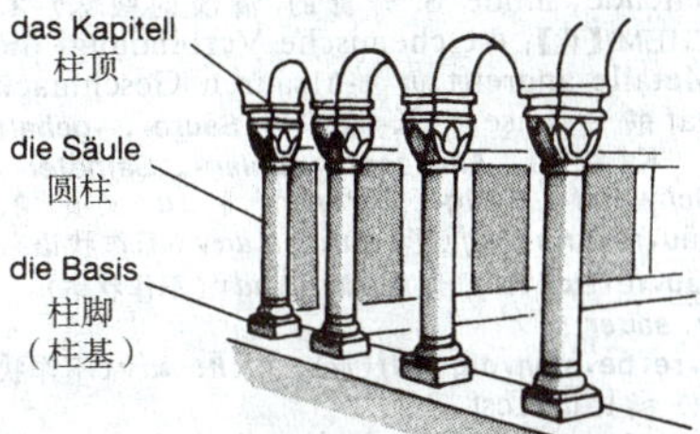

Saum *der*; *-(e)s*, *Säu·me* **1.** der Rand an e-m Stück Stoff, der gefaltet u. festgenäht ist, damit er schön aussieht u. nicht kaputtgeht 贴边,折边,镶边〈ein breiter, schmaler S. 宽的,窄的折边; e-n S. auftrennen, heften, nähen 拆开、别上、缝上贴边〉‖ K-（复合）: ***Saum-***, ***-naht*** ‖ -K（复合）: ***Rock-***, ***Mantel-*** **2.** *geschr*［书］≈ Rand〈der S. des Feldes, des Waldes, e-s Wegs 田野、森林、道路的边缘〉‖ NB（注意）: ↑ ***Borte***

sau·mä·ßig *Adj*（形）; *gespr! pej*［粗］［贬］**1.** sehr schlecht 极差的,糟透的,很坏的: *Das Essen/der Unterricht/das Wetter war s.* 饭菜/讲课/天气糟透了 **2.** unangenehm intensiv 极度的,非常的,特别的〈Hunger, Kälte 饥饿,寒冷; s. frieren, sich s. ärgern 冻得要命,气得要死〉

säu·men[1]; *säumte*, *hat gesäumt*; Vt（及物）**1.**〈Menschen/ Dinge 人/物〉***säumen etw.*** viele Menschen/Dinge stehen in Reihen am Rand e-r Fläche od. e-r Straße 在…两旁围着、站着: *Bäume säumen den Fluss* 河两岸栽着树木; *Viele Menschen säumten den Weg des Festzuges* 节日游行队伍的道路两旁站着许多围观者 **2.** ***etw. s.*** an etw. den Saum (1) nähen 给…缝边〈ein Kleid, e-e Decke, e-n Vorhang s. 给连衣裙、罩布、窗帘缝边〉

säu·men[2]; *säumte*, *hat gesäumt*; *geschr*［书］; Vi（不及物）≈ zögern, zaudern〈lange, nicht länger s. 长时间地踌躇,不再犹豫〉‖ NB（注意）: *mst* verneint（多用否定句）! ‖ ▶ ***versäumen***

säu·mig *Adj*（形）; *geschr*［书］;〈ein Schuldner, ein Zahler 负债者,交款人〉so, dass sie etw. nicht pünktlich zahlen 拖欠的,拖延(付款)的: *bei der Zahlung seines Beitrags s. sein* 拖延付款 ‖ *hierzu*（派生）**Säu·mig·keit** *die*; *nur Sg*

S

(只用单数)

saum·se·lig *Adj*(形); *veraltend geschr*[渐旧][书]; sehr langsam u. ohne Sorgfalt 疲沓的, 磨磨蹭蹭的 ‹ein Angestellter, ein Mensch 职员,人; s. arbeiten 磨洋工› ‖ *hierzu*(派生) **Saum·se·lig·keit** *die*; *nur Sg*(只用单数)

Sau·na *die*; -, *-s/Sau·nen*; ein Raum, der mit Holz verkleidet ist u. den man sehr stark heizt. Man geht für kurze Zeit hinein, um kräftig zu schwitzen 蒸汽浴室,桑拿浴室

Säu·re *die*; -, *-n* **1.** *nur Sg*(只用单数); der saure (1) Geschmack e-r Sache 酸味 ‹e-e erfrischende, milde S. 开胃的,清淡的酸味› **2.** CHEM【化】; e-e chemische Verbindung, die Metalle angreift u. e-n sauren Geschmack hat 酸 ↔ Base ‖ K-(复合): ***Säure-, -gehalt*** ‖ -K(复合): ***Ameisen-, Kohlen-, Salpeter-, Schwefel-; Essig-, Zitronen-*** ‖ *zu*(义项) **2. säu·re·arm** *Adj*(形); *nicht adv*(不作状语); **säu·re·frei** *Adj*(形); *nicht adv*(不作状语) ‖ ▶ ***sauer***

säu·re·be·stän·dig *Adj*(形); *nicht adv*(不作状语) ≈ säurefest

säu·re·fest *Adj*(形); *nicht adv*(不作状语); ‹Plastik, Kunststoff 塑料,合成材料› so, dass sie widerstandsfähig gegenüber Säuren (2) sind 耐酸的 ≈ säurebeständig

Sau·re-Gur·ken-Zeit, Sau·er·gur·ken·zeit *die*; *nur Sg*(只用单数), *gespr hum*[口][诙]; e-e Zeit (*bes* während der Sommerferien), in der wenig wichtige Ereignisse stattfinden u. es somit *bes* für die Presse wenig zu berichten gibt 新闻淡季

säu·re·hal·tig *Adj*(形); *nicht adv*(不作状语); so, dass es Säure enthält 含酸的

Säu·re|schutz·man·tel *der*; *nur Sg*, MED (只用单数)【医】; die natürliche säurehaltige Schutzschicht auf der Haut, die beim Waschen zerstört wird (皮肤)酸性保护层

Sau·ri·er [-riɐ] *der*; *-s*, -; ein sehr großes Reptil (mit e-m langen Schwanz u. e-m langen Hals), das vor vielen Millionen Jahren lebte 古代爬行动物 ‖ -K(复合): ***Flug-, Riesen-***

Saus (*der*); *nur in*(只用于) ***in S. u. Braus leben*** (ostentativ) viel Geld für Vergnügungen u. Luxus ausgeben 过骄奢淫逸的生活,过花天酒地的生活

säu·seln; *säuselte, hat gesäuselt*; Vi (不及物) **1.** ***etw. säuselt*** etw. rauscht sehr leise(物作主语)簌簌作响,发出沙沙声 ‹die Blätter, das Schilf 树叶,芦苇›: *Ein leiser Wind säuselt in den Zweigen* 微风吹得树枝簌簌响; Vt/i (及物/不及物) **2.** (***etw.***) ***s.*** *gespr iron*[口][讽]; etw. mit e-r Stimme sagen, die sehr zart u. künstlich klingt 低声说话,窃窃私语

sau·sen; *sauste, hat/ist gesaust*; Vi (不及物) **1.** (***irgendwohin***) ***s.*** (*ist*) *gespr*[口]; sich sehr schnell irgendwohin bewegen 飞奔,疾驰而去 ≈ rasen, flitzen: *um die Ecke s.* 飞速拐弯; *Plötzlich sauste ein Stein durchs Fenster* 一块石头突然嗖一声打穿了窗户; *Jetzt muss ich s., sonst komme ich zu spät zum Bahnhof!* 现在我得飞跑,要不到火车站就太晚了! **2.** ***etw. saust*** (*hat*) etw. macht ein starkes Geräusch, das zu- u. abnimmt(物作主语)呼啸,发出嗖嗖声 ≈ etw. braust[1] (1) ‹der Wind, der Sturm 风,风暴› **3.** ***durch etw. s.*** (*ist*) *gespr*[口]; e-e Prüfung nicht bestehen 考砸了 ≈ durchfallen ‹durchs Abitur, durchs Examen s. 没有通过高中毕业考试、国家考试› **4.** ***etw. s. lassen*** *gespr*[口]; auf etw. verzichten 放弃 ‹e-n Plan, e-e Einladung s. lassen 放弃计划、邀请› **5.** ***j-n s. lassen*** *gespr*[口]; zulassen, dass die Beziehung zu j-m abbricht 放走: *Lass den unzuverlässigen Kerl doch s.!* 这可是个不可靠的人,放他去吧!

sau·sen·las·sen ↑***sausen***(4,5)

Sau·stall *der*; *nur Sg*(只用单数) **1.** *gespr!*[粗] e-e schmutzige od. sehr unordentliche Wohnung 又脏又乱的住处,猪圈 **2.** *gespr!*[粗] ein Zustand, über den man sich sehr ärgert 烂摊子

Sa·van·ne [-v-] *die*; -, *-n*; ein offenes Grasland (in tropischen Gebieten) mit Gruppen von Bäumen 热带稀树草原

Sa·xo·fon, Sa·xo·phon [-f-] *das*; *-s*, *-e*; ein Blasinstrument aus Metall mit e-m kräftigen Klang, das vor allem in der Jazzmusik verwendet wird 萨克斯管 ‖ ↑ *Abb. unter* 图见 ***Blasinstrumente*** ‖ -K(复合): ***Alt-, Bariton-, Tenor-*** ‖ *hierzu*(派生) **Sa·xo·fo·nist, Sa·xo·pho·nist** *der*; *-en*, *-en*; **Sa·xo·fo·nis·tin, Sa·xo·pho·nis·tin** *die*; -, *-nen*

S-Bahn [ˈɛs-] *die*; (*Abk für* 缩写,全称为 Schnellbahn) ein schneller elektrischer Zug in e-r Großstadt u. ihrer Umgebung(市内及郊区的)市区快速火车,轻轨铁路 ‖ K-(复合): ***S-Bahn-Haltestelle, S-Bahn-Station, S-Bahn-Wagen*** ‖ NB(注意): ↑ ***U-Bahn***

SBB [ɛs|beː|beː] *die*; -; *nur Sg*(只用单数), *Abk für* 缩写,全称为 Schweizerische Bundesbahnen 瑞士联邦铁路

SB-Tank·stel·le [ɛsˈbeː-] *die*; e-e Tankstelle, an der der Autofahrer selbst das Benzin in den Tank füllt 自助加油站

Scan·ner [ˈskɛnɐ] *der*; *-s*, -; ein Gerät, das die Informationen auf e-r Vorlage (*z. B.* e-m Strichkode od. e-m geschriebenen Text) abtastet (u. an die Kasse od. e-n Computer weitergibt) 扫描仪 ‖ *hierzu*(派生) **scannen** (*hat*) *Vt/i* (及物/不及物)

sch! [ʃ] *Interjektion*(叹); verwendet, um j-n aufzufordern, leise zu sein(要求安静)嘘!

Scha·be *die*; -, *-n* **1.** ein flaches, schwarzes Insekt mit Flügeln, das in Ritzen u. Spalten (*bes* in alten od. schmutzigen Häusern) lebt 蜚蠊,蟑螂 ‖ -K(复合): ***Küchen-*** **2.** *bes* Ⓒⓗ 尤用于[瑞] ≈ Motte

scha·ben; *schabte, hat geschabt*; Vt/i (及物/不及物) **1.** (***etw.***) ***s.*** die äußerste Schicht von etw. entfernen, indem man e-n scharfen Gegenstand mehrere Male kräftig über die Oberfläche zieht od. schiebt 刮(削)去…的皮，把…刮净〈Möhren, Rüben, Karotten, Leder s.削去胡萝卜、萝卜、小红萝卜的皮，把皮革刮净〉‖ K-(复合)：***Schab-***, ***-eisen***, ***-messer***, ***-werkzeug*** **2.** (***etw. aus / von etw.***) ***s.*** ein Material von etw. entfernen, indem man e-n harten Gegenstand kräftig über dessen Oberfläche zieht od. schiebt 将…从…刮掉 ≈ kratzen (3)：*den Teig aus der Schüssel s.*将面团从和面盆里刮出来；*den alten Lack von der Tür s.*将门上的旧漆刮下来

Scha·ber *die*；*-s*，*-*；ein kleines Gerät zum Schaben 刮刀，削皮刀 ‖ -K(复合)：***Eis-***, ***Teig-***

Scha·ber·nack *der*；*-s*；*nur Sg*(只用单数)；*veraltend*［渐旧］；Dinge, die man zum Spaß macht 玩笑，逗乐 ≈ Scherz〈mit j-m (seinen) S. treiben 和某人开玩笑、逗乐〉

schä·big *Adj*(形) **1.** alt u. abgenutzt (u. deshalb nicht schön) 褴褛的，破旧的：*e-e schäbige alte Tasche* 一只破旧不堪的手提包 **2.** nicht den Regeln der Moral entsprechend 卑鄙的，恶劣的 ≈ gemein ↔ edel, vornehm〈ein Verhalten, e-e Ausrede 行为，借口；sich s. benehmen 行为卑劣；sich richtig s. vorkommen 显得(使人觉得)很卑鄙〉：*Es war ziemlich s. von ihr, ihm nicht die Wahrheit zu sagen / dass sie ihm nicht die Wahrheit sagte* 她对他不讲真话，相当卑劣 **3.** *nicht adv*，*gespr*(不作状语)［口］；sehr klein 很少的，微薄的 ≈ kläglich, karg：*ein schäbiges Gehalt haben* 一份微薄的薪金；*j-m ein schäbiges Trinkgeld geben* 给某人一点点小费 ‖ *hierzu*(派生) **Schä·big·keit** *die*；*nur Sg*(只用单数)

Schab·lo·ne *die*；*-*，*-n* **1.** e-e feste Form (aus Plastik, Pappe od. Metall), mit der man immer wieder die gleiche Figur od. den gleichen Buchstaben zeichnen od. schreiben kann 模板，模子，型板〈mit e-r S. arbeiten 使用模板工作〉‖ -K(复合)：***Blech-***, ***Holz-***, ***Papp-***；***Schrift-***, ***Zeichen-*** **2.** *mst pej* 多用［贬］≈ Klischee, Schema〈in Schablonen denken 想事框框多，思想刻板〉‖ *zu*(义项) **2. schab·lo·nen·haft** *Adj*(形)

千篇一律

Schachfiguren 国际象棋棋子

Schach (*das*)；*-s*；*nur Sg*(只用单数) **1.** ein Spiel (für zwei Personen), bei dem jeder Spieler 16 Figuren auf e-m Brett nach bestimmten Regeln bewegt u. versucht, den König des Gegners schachmatt zu setzen 国际象棋，象棋〈S. spielen 下国际象棋；mit j-m e-e Partie S. spielen 和某人下一盘国际象棋〉‖ ↑ *Abb. unter* 图见 **Brettspiele** ‖ K-：***Schach-***, ***-computer***, ***-figur***, ***-großmeister***, ***-meister***, ***-meisterschaft***, ***-partie***, ***-spiel***, ***-spieler***, ***-turnier***, ***-weltmeister***, ***-weltmeisterschaft*** ‖ -K(复合)：***Blitz-*** **2.** ***S.*** (***dem König***)***!*** verwendet während e-s Schachspiels, um auszudrücken, dass eine der eigenen Figuren in e-r Position ist, in der sie den gegnerischen König bedroht (下棋术语)将军! ‖ ID［谚］***j-n in S. halten*** *gespr*［口］；j-n daran hindern, etw. zu tun, was für andere gefährlich sein könnte 牵制、遏制某人

Schach·brett *das*；ein Brett mit 64 (quadratischen) weißen u. schwarzen Feldern, auf dem man Schach spielt 国际象棋棋盘 ‖ K-(复合)：***Schachbrett-***, ***-muster*** ‖ *hierzu*(派生) **schach·brett|ar·tig** *Adj*(形)

scha·chern；*schacherte*，*hat geschachert*；Vi (不及物)(***mit j-m***)(***um etw.***) ***s.*** *pej*［贬］；mit allen Tricks mit j-m handeln u. dabei versuchen, e-n möglichst hohen Gewinn zu machen 做投机生意，做昧良心的买卖 ≈ feilschen

schach·matt *Adj*(形) **1.** in e-r Lage, in der man beim Schach seinen König nicht mehr retten kann u. damit das Spiel verliert (下棋)被将死的，输了棋的〈s. sein 被将死；j-n s. setzen (下棋)把某人将死〉 **2.** *gespr*［口］；so müde, dass man nichts mehr tun kann 精疲力尽的 ‖ *zu*(义项) **1. Schach·matt** *das*；*-s*；*nur Sg*(只用单数)

Schacht *der*；*-(e)s*，*Schäch·te* **1.** e-e *mst* relativ schmale Öffnung, die von oben (senkrecht) in die Erde führt 竖井，井孔〈e-n S. bohren, graben, ausheben 钻、挖、挖出一口竖井；in den S. (ein)steigen 登上竖井〉：*e-n S.*

S

ausheben, um e-n Brunnen zu bauen 为建水井而挖一个深洞；*durch e-n S. in den Kanal steigen* 穿过井道进入运河 ‖ -K(复合)：**Brunnen-**, **Lüftungs-** **2.** ein S. (1), durch den man in ein Bergwerk kommt 矿井〈in den S. (ein) fahren 下矿井〉‖ K-(复合)：**Schacht-**, **-anlage** ‖ -K(复合)：**Förder-**, **Rettungs-**, **Schürf-**, **Kohlen-** **3.** ein sehr hoher, sehr enger, dunkler Raum 井道，升降通道：*Der Lift ist im S. stecken geblieben* 电梯卡在升降井道之中 ‖ -K(复合)：**Aufzugs-**, **Licht-**, **Lift-**, **Luft-**, **U-Bahn-**, **Treppen-**

Schach·tel *die*; -, *-n* **1.** ein ziemlich kleiner (rechteckiger) Behälter (*mst* aus Pappe) mit e-m Deckel 盒子，匣子：*e-e S. voll alter Rechnungen* 满满一盒旧账单；*seine Ersparnisse in e-r S. aufbewahren* 将他的积蓄收藏在一个小匣子里；*e-e S. mit Pralinen* 一盒夹心巧克力糖 ‖ ↑ *Abb.* unter 图见 **Behälter und Gefäße** ‖ -K(复合)：**Blech-**, **Papp-**; **Bonbon-**, **Bücher-**, **Hut-**, **Käse-**, **Konfekt-**, **Schuh-**, **Streichholz-**, **Zigaretten-** **2.** **e-e S.** + *Subst*(名词)；e-e S. (1) mit e-r bestimmten Menge e-r Ware, die so verkauft wird 盒(量词)〈e-e S. Zigaretten, Kekse, Streichhölzer 一盒香烟、饼干、火柴〉‖ NB(注意)：↑ **Packung** **3.** **e-e alte S.** *gespr! pej*[粗][贬]；verwendet als unhöfliche Bezeichnung für e-e alte Frau 老太婆

Schach·tel·halm *der*; e-e kleine Pflanze (e-e Art Farn) mit sehr schmalen, spitzen Blättern 木贼

Schach·tel·satz *der*; *mst pej* 多用[贬]；ein langer, komplizierter Satz mit vielen Nebensätzen 套叠长句

schäch·ten; *schächtete*, *hat geschächtet*; [Vt] (及物) **ein Tier s.** ein Tier durch e-n Schnitt in den Hals so töten, dass das ganze Blut aus dem Körper läuft 屠宰牲口

Schach·zug *der*; e-e (geschickte) Handlung, mit der man ein bestimmtes Ziel erreicht 招数，妙棋，机智的一着〈ein geschickter, raffinierter, genialer, diplomatischer S. 巧妙的、狡猾的、绝妙的、外交的招数〉‖ NB(注意)：*mst* mit e-m wertenden Adjektiv verwendet(多与评价性形容词连用)

S

scha·de *Adj*(形)；*nur präd, nicht adv*(只作表语，不作状语) **1.** so, dass man darüber traurig ist 可惜的，遗憾的 ≈ bedauerlich〈etw. ist s. 某事可惜(令人遗憾)；etw. s. finden 对某事感到遗憾〉：*Es ist wirklich s., dass du jetzt schon gehen musst* 你现在就得走，真是遗憾；*Es wäre doch zu s., wenn morgen schlechtes Wetter wäre* 要是明天天气不好，可就太遗憾了；„*Ich habe meinen schönen neuen Schirm verloren.*" – „*Oh, wie s.!*"“我把我那把漂亮的新伞弄丢了。”——“噢，多么可惜!” **2.** **um j-n/etw. ist es (nicht) s.** es ist (nicht) traurig, dass etw. (*mst* Schlimmes) mit j-m/etw. geschieht 为…(不)可惜：*Er trinkt viel zu viel, es ist wirklich s. um ihn* 他如此酗酒，真令人惋惜；*Ärgere dich nicht über den Unfall – um das alte Auto ist es doch wirklich nicht s.* 你不要为这次事故烦恼——那辆旧车其实没什么可惜的 **3.** **j-d/etw. ist für j-n/etw. zu s.** j-d/etw. ist zu gut für j-n/etw. (人/物作主语)为了/用作…太可惜：*Deine neuen Schuhe sind viel zu s. für dieses schlechte Wetter* 天气这么糟，你穿这双新鞋太可惜 **4.** **sich** (*Dat* 三格) **für etw. zu s. sein** etw. als unter seiner Würde ansehen 认为…有失身份、不值得、不屑一顾，傲慢拒绝：*Er ist sich für nichts zu s.* 他从不摆架子

Schä·del *der*; *-s*, - **1.** das Knochengebilde des Kopfes (also der Kopf ohne Haut u. Fleisch) 头盖骨，头颅 ‖ K-(复合)：**Schädel-**, **-decke**, **-form**, **-höhle**, **-knochen** ‖ -K(复合)：**Toten-**; **Affen-**, **Hunde-**, **Menschen-** *usw* **2.** *gespr*[口] ≈ Kopf **3.** **j-m brummt der S.** *gespr*[口]；j-d hat Kopfschmerzen 某人头疼

scha·den; *schadete*, *hat geschadet*; [Vi] (不及物) **etw. schadet j-m/etw.** etw. bringt j-m/etw. e-n Nachteil od. Verlust(物作主语)损害，有损于，危害 ↔ etw. nutzt j-m/etw.〈etw. schadet j-m geschäftlich, gesundheitlich, finanziell 某物对他在生意、健康、财力上有损害；etw. schadet j-s gutem Ruf, j-s Ansehen, j-s Karriere 某物危害某人的名声、威望、升迁〉：*Es kann dem Kind s., wenn die Mutter während der Schwangerschaft raucht* 母亲在怀孕期吸烟，可能对胎儿有害；*Die Affäre mit dem schlechten Fleisch hat dem Ruf des Restaurants sehr geschadet* 坏肉丑闻严重损害该餐馆的名声 ‖ ID [谚] *mst* 多用 **etw. würde ihm/ihr** *usw* **nicht (s) s.** *gespr*[口]；etw. wäre sehr gut für ihn/sie *usw* 某事对他/她不会有坏处(会有好处的)：*Ein bisschen mehr Bewegung würde dir bestimmt nichts s.* 适当多运动运动对你肯定会有好处的；*mst* 多用 **Das schadet ihm/ihr** *usw* **(gar) nichts** *gespr*[口]；das ist die gerechte Strafe für ihn/sie *usw* 他/她活该，罪有应得；**etw. kann ihm/ihr** *usw* **nicht (s) s.** *gespr*[口]；etw. ist ganz gut für ihn/sie *usw* 某事对他/她没有坏处：*Ein bisschen Sport kann (dir) nicht s.* 锻炼锻炼身体(对你)只有好处没有坏处 ‖ NB(注意)：↑ **schädigen**

Scha·den *der*; *-s*, *Schä·den* **1.** die negativen Folgen e-s Vorgangs, bei dem etw. zerstört od. kaputt gemacht wird 损失，损坏，损害〈ein beträchtlicher, empfindlicher, geringfügiger S. 可观的，严重的，轻微的损失；kein nennenswerter S. 微不足道的损失；ein materieller, finanzieller S. 物质的、经济的损失；e-n S. verursachen, feststellen 造成、确定损失；j-m (e-n) S. zufügen 给某人造成损失；e-n S. verhüten 预防损失；(e-n) S. erleiden, davontragen 遭受、遭到损失；e-n S. wiedergutmachen, beheben, ausbessern 弥补、排除损失，修复损坏的地方；für e-n S. aufkommen, haften (müssen) (必须)负责赔偿损失，担保不受损失；ein S. in Höhe von... 损失高达…；der S. beläuft sich auf... 损失达…〉：*Das Feuer richtete e-n S. in Höhe von einer Million Euro an* 火灾造成的损失高达 100 万欧元；*Die Schäden, die durch den Sturm entstanden, wurden von* *der Versicherung nicht in voller Höhe gedeckt* 保险公司没有全数抵补风暴造成的损失 ‖ K-(复合): **Schadens-, -höhe** ‖ -K(复合): **Auto-, Karosserie-, Maschinen-, Motor-, Personen-, Reifen-, Sach-; Blitz-, Bomben-, Feuer-, Hagel-, Hochwasser-, Manöver-, Sturm-, Wald-, Wasser- 2.** die Folge *bes* e-s Unfalls (*z. B.* in Form e-r Verletzung od. Störung der Körperfunktionen)(身体)损伤 〈organische, innere, bleibende, dauernde Schäden 器官的、内部的、留下的、持久的损伤; e-n S. davontragen 遭到损伤; sich e-n S. zuziehen 招致伤害〉: *von e-m Unfall bleibende Schäden davontragen* 由于一次事故造成终身损伤 ‖ -K(复合): **Bandscheiben-, Gehör-, Leber-; Haltungs-, Körper- 3.** ≈ Nachteil ↔ Vorteil 〈j-m erwächst aus etw. kein S. 某事不会给某人带来不利; etw. ist (für j-n) kein S. 某事(对某人)不会有害处〉: *Ein paar Kilo mehr wären für dich kein S.* 再长上几公斤对你也无妨 **4. etw. leidet/nimmt** (*Adj* 形容词 +) **S.** *geschr* [书]; etw. wird zerstört od. beschädigt(物作主语)蒙受/受到…损害: *Unsere Umwelt nimmt großen S. durch die starke Verschmutzung der Luft* 空气严重污染使我们的环境蒙受巨大损害 **5. j-d nimmt an etw.** (*Dat* 三格) **S.** *geschr* [书]; j-d wird in e-r bestimmten Hinsicht beeinträchtigt(人作主语)在…方面受损害 〈an seiner Gesundheit S. nehmen 健康方面受到损害〉 **6. zu S. kommen** verletzt werden(身体)受伤: *Die Autos wurden stark beschädigt, aber Personen kamen nicht zu S.* 车辆严重损坏,但人员没有受伤 ‖ ID[谚] **etw. ist j-s eigener S.** *gespr* [口]; etw. ist schlecht für j-n (aber es ist auch seine eigene Schuld)某事是某人自己吃亏: *Es ist sein eigener S., wenn er unserem Rat nicht folgt* 他若不听我们劝告,那他自己吃亏; *mst* 多用 **Es soll dein S. nicht sein** du wirst dafür belohnt werden 你不会吃亏的; **Wer den S. hat, braucht für den Spott nicht zu sorgen** verwendet, um e-e Situation zu kommentieren, in der sich j-d durch Pech od. ein Missgeschick lächerlich gemacht hat 倒了霉还要遭人笑话; **Durch S. wird man klug** man kann aus Fehlern lernen 吃一堑,长一智 ‖ ▶ **beschädigen, entschädigen**

Scha·den·er·satz *der*; *nur Sg*(只用单数); ein *mst* finanzieller Ausgleich für e-n Schaden, der von j-m schuldhaft verursacht wurde 损害赔偿 〈S. fordern 要求赔偿; j-n auf S. verklagen 控告某人要求赔偿损失; (j-m) S. leisten, zahlen (müssen)(必须)为某人赔偿、支付损失; Anspruch auf S. haben 有权索赔〉 ‖ K-(复合): **Schadenersatz-, -anspruch, -leistung, -pflicht** ‖ *hierzu*(派生) **scha·den·er·satz|pflich·tig** *Adj*(形); *nicht adv*(不作状语)

Scha·den·freu·de *die*; *nur Sg*(只用单数); die Freude, die j-d daran hat, dass einem anderen etw. Unangenehmes passiert 幸灾乐祸 〈S. empfinden 感到幸灾乐祸; S. ist die schönste Freude 幸灾乐祸是最痛快的事〉

scha·den·froh *Adj*(形); voll Schadenfreude 幸灾乐祸的 〈s. sein, grinsen, lachen 幸灾乐祸,幸灾乐祸地奸笑、笑〉

Scha·dens·er·satz *der*; ↑ **Schadenersatz**

schad·haft *Adj*(形); mit Fehlern od. Mängeln 有毛病的,有损坏的,有缺陷的 ≈ defekt: *die schadhaften Stellen des Daches ausbessern* 修理屋顶损坏处 ‖ *hierzu*(派生) **Schad·haf·tig·keit** *die*; *nur Sg*(只用单数)

schä·di·gen; *schädigte, hat geschädigt*; [Vt](及物) **1. j-d/etw. schädigt etw.** j-d/etw. beeinflusst etw. negativ(人/物作主语)损害,损坏,有损 ↔ etw. (*Dat* 三格) nützen 〈j-s Ruf, Ansehen s. 损坏某人的声誉、威望〉: *Seine Aussagen haben das Ansehen der Regierung geschädigt* 他的言论有损政府威望 ‖ NB(注意): *s.* kommt nur mit bestimmten, *mst* abstrakten Substantiven vor (s. 通常只和某些抽象名词搭配) wie *z. B.* in *j-s Ruf, Ansehen, Namen, Renommee s.* 如:损害某人名誉、威望、名声、名望; *schaden* kommt mit abstrakten u. konkreten Substantiven vor(schaden 和抽象及具体名词搭配): *etw. schadet j-s Ruf, Ansehen, Gesundheit, der Natur, den Zähnen* 某事损害某人的名声、威望、健康、大自然、牙齿 **2.** *mst* 多用 **etw. wird (um etw.) geschädigt** etw. erleidet e-n finanziellen Schaden(物作主语)遭受(经济上)损失: *Der Staat wird jedes Jahr um viele Millionen geschädigt, weil die Steuern nicht korrekt bezahlt werden* 国家每年因税款不到位而蒙受千百万损失 ‖ *hierzu*(派生) **Schä·di·gung** *die*

schäd·lich *Adj*(形); **s. (für j-n/etw.)** mit negativen Folgen für j-n/etw. 有害的 ↔ unschädlich 〈Einflüsse, Stoffe, Wirkungen, ein Zusatz 影响,物质,作用,添加剂; etw. wirkt sich s. aus 某物有害〉: *Alkohol ist s. für die Gesundheit* 酒精对健康有害; *Die schädliche Wirkung von radioaktiven Strahlen zeigt sich oft erst nach vielen Jahren* 放射物的危害作用通常在许多年后才表现出来 ‖ -K(复合): **gesundheits-** ‖ *hierzu*(派生) **Schäd·lich·keit** *die*; *nur Sg*(只用单数)

Schäd·ling *der*; *-s, -e*; ein Tier od. e-e Pflanze, die anderen Lebewesen schaden od. sie vernichten 有害的动、植物(害虫) 〈Schädlinge bekämpfen, vernichten 防治、杀灭害虫〉 ‖ K-(复合): **Schädlings-, -befall, -bekämpfung, -bekämpfungsmittel** ‖ -K(复合): **Garten-, Getreide-, Holz-, Obst-, Pflanzen-** ‖ NB(注意): ↑ **Ungeziefer**

schad·los *Adj*(形); *nur in* 只用于 **sich** (*Akk* 四格) **an etw.** (*Dat* 三格) **s. halten** *mst hum* 多用[诙]; sehr viel von etw. (als Ersatz) nehmen, kräftig zulangen 以…补偿自己的损失: *Wenn es kein Bier mehr gibt, werde ich mich eben am Wein s. halten* 如果啤酒没有了,那我就喝葡萄酒呗

Schad·stoff *der*; e-e Substanz, die Pflanzen, Tieren u. Menschen schadet 有害物质 〈etw. ist mit Schadstoffen angereichert 某物含的有害物质增多了〉: *die Schadstoffe in den Abgasen der Autos* 汽车尾气中的有害物质 ‖ K-(复

S

合）：**Schadstoff-**，**-ausstoß**，**-belastung**，**-emission** ‖ *hierzu*（派生）**schad·stoff|arm** *Adj*（形）；**schad·stoff|frei** *Adj*（形）

Schaf *das*；-(*e*)*s*，-*e* **1.** ein Tier，aus dessen dichten u. lockigen Haaren man Wolle macht 绵羊〈die Schafe hüten，scheren 牧羊，剪羊毛；Schafe halten，züchten 饲养、养羊；e-e Herde Schafe 一群羊〉‖ K-（复合）：**Schaf-**，**-bock**，**-fell**，**-fleisch**，**-herde**，**-hirt**，**-weide**，**-wolle**，**-zucht**；**Schaf**(**s**)**-**，**-milch**，**-käse**，**-pelz** **2.** *gespr*［口］；j-d，der sehr viel Geduld hat u. nie böse wird 没脾气的人〈ein geduldiges，gutmütiges S. 有耐心的、好心肠的人〉**3.** *gespr pej*［口］［贬］≈ Dummkopf **4.** **das schwarze S.** j-d，der sich von den anderen Mitgliedern e-r Gemeinschaft（*bes* e-r Familie）negativ unterscheidet 不合群的怪人〈das schwarze S.（in）der Familie sein 是家里的怪人〉

Schäf·chen *das*；-*s*，- **1.** ein kleines Schaf 羊羔，羔羊 **2.** *nur Pl*，*hum*（只用复数）［诙］；**j-s Schäfchen** Menschen，auf die j-d aufpasst u. die er beschützt 某人的羔羊（委托某人照管的人）〈seine S. beisammen haben 将委托他照管的孩子聚在一起〉‖ ID［谚］*mst* 多用 **sein**（**e**）**Schäfchen ins Trockene bringen** *gespr*［口］；für seinen eigenen Profit sorgen 确保他自己的利益不受损失

Schäf·chen·wol·ke *die*；*mst Pl*（多用复数）；eine von vielen kleinen，leichten，weißen Wolken 卷毛云

Schä·fer *der*；-*s*，-；j-d，der beruflich Schafe hütet u. züchtet 养羊的人，牧羊人 ‖ *hierzu*（派生）**Schä·fe·rin** *die*；-，-*nen*

Schä·fer·hund *der*；ein großer Hund，der wie ein Wolf aussieht u. oft als Wachhund od. bei der Polizei eingesetzt wird 牧羊犬；看家犬，警犬 ‖ ↑ *Abb. unter* 图见 **Hunde**

Schä·fer·stünd·chen *das*；*veraltend hum*［渐旧］［诙］；ein heimliches Treffen von Verliebten（恋人的）秘密约会〈ein S. haben 有一次幽会〉

Schaff *das*；-(*e*)*s*，-*e*；*südd* Ⓐ［南德］［奥］≈ Fass，Bottich

schaf·fen¹；*schaffte*，*hat geschafft*；Vt（及物）**1.** **etw. s.** e-e schwierige Aufgabe mit Erfolg meistern 完成，办到，实现 ↔ an etw. scheitern〈e-e Prüfung，sein Pensum s. 通过考试，完成自己的定额；die Arbeit allein，ohne fremde Hilfe（nicht）s. 单独地、没有别人帮助完成（不了）一项工作；etw. spielend leicht s. 像玩一样，轻而易举地办成某事〉：*Die erste Etappe haben wir also geschafft* 就是说我们已经完成第一阶段；*Sie hat*（*es*）*tatsächlich geschafft*，*noch e-e Karte für das Konzert zu bekommen* 她果然又搞到一张音乐会的票；*Meinst du*，*er schafft es*，*e-n neuen Job zu finden?* 你认为他能找到一份新的工作吗？**2.** **etw. s.** *gespr*［口］；ein（öffentliches）Verkehrsmittel erreichen 赶上 ≈ erwischen ↔ versäumen，verpassen〈den Bus，die Straßenbahn，den Zug（gerade noch）s.（刚好）赶上公共汽车、电车、火车〉：*Wenn wir laufen*，*schaffen wir die U-Bahn vielleicht noch* 我们跑着去没准还赶得上地铁 **3.** **j-n/etw. irgendwohin s.** *gespr*［口］；j-n/etw. irgendwohin bringen 带，送，搬往：*die Briefe zur Post s.* 把信件送往邮局；*das Gepäck aufs Zimmer s.* 把行李搬到房间里去；*die Verletzten ins Krankenhaus s.* 将受伤者送进医院 **4.** **etw. schafft j-n** *gespr*［口］；etw. macht j-n sehr müde od. nervös（物作主语）使精疲力竭：*Diese Wanderung hat mich völlig geschafft* 这次远足把我给累坏了；*Ich bin total geschafft* 我彻底累垮了 **5.** **etw. s.** verwendet zusammen mit e-m Substantiv，um ein Verb zu umschreiben（与名词连用，改变动词的表达）；**etw. schafft**（**j-m**）**Erleichterung** ≈ etw. erleichtert（j-m）etw.；**Klarheit s.** ≈ etw. klären；**etw. schafft Linderung** ≈ etw. lindert etw.；**Ordnung s.** ≈ etw. ordnen；Vi（不及物）**6.** *bes südd* ⒸⒽ 尤用于［南德］［瑞］≈ arbeiten (1) ‖ ID［谚］**j-d/etw. macht j-m zu s.** j-d/etw. macht j-m viel Arbeit，Sorgen od. Schwierigkeiten 某人/某事给某人制造麻烦（苦恼）；**sich**（*Dat* 三格）**irgendwo zu s. machen** etw. tun，das verdächtig ist 在某处捣什么鬼，搞什么名堂：*Schau mal*，*da macht sich einer an unserem Auto zu s.!* 看啊，有个人在咱们的汽车旁鼓捣什么呢！；**mit j-m/etw. nichts zu s. haben**（**wollen**）*gespr*［口］；keinen Kontakt mit j-m/etw. haben（wollen），mit j-m/etw. nichts zu tun haben（wollen）不想与某人/某事有任何瓜葛（打交道）

schaf·fen²；*schuf*，*hat geschaffen*；Vt（及物）**1.** **etw. s.** etw. durch（kreative）Arbeit entstehen lassen 创作，创造，塑造〈ein literarisches Werk s. 创作一部文学作品；Arbeitsplätze，die Grundlagen für etw.，die Voraussetzungen für etw. s. 创造就业机会，为某事打下基础、创造先决条件〉：*Für die Entwicklung dieses Gerätes mussten mehrere neue Arbeitsplätze geschaffen werden* 为了开发这部仪器，必须设立若干新的编制；*Mit Mickymaus schuf Walt Disney eine Figur*，*die auf der ganzen Welt bekannt wurde* 瓦尔特·迪斯尼创造了举世闻名的米老鼠形象 **2.** *mst* 多用 **Gott schuf j-n/etw.** *geschr*［书］；Gott erschuf j-n/etw. 上帝创造了某人/某物：*Gott schuf die Menschen u. die Tiere* 上帝创造了人和动物 **3.** **sich**（*Dat* 三格）**Freunde/Feinde s.** Menschen zu seinen Freunden/Feinden machen 为自己结交朋友/树敌 ‖ ID［谚］**für j-n/etw. wie geschaffen sein** besonders gut für j-n/etw. geeignet sein 对某人/某物非常合适：*Franz ist für diese Arbeit wie geschaffen* 弗朗茨仿佛生来就是干这种工作的

Schaf·fen *das*；-*s*；*nur Sg*（只用单数）；die Arbeiten，Werke e-s Künstlers 作品，著作：*Ihr künstlerisches S. wurde stark vom Naturalismus beeinflusst* 她的艺术创作深受自然主义的影响 ‖ K-（复合）：**Schaffens-**，**-kraft** ‖ -K：**Film-**，**Kunst-**，**Literatur-**，**Musik-**

Schaff·ner *der*；-*s*，-；j-d，der beruflich in Zügen，Bussen *o. Ä.* die Fahrkarten（verkauft u.）kontrolliert（汽车）售票员，（火车）乘务员 ‖ K-（复合）：**schaffner-**，**-los** ‖ -K（复合）：

Bus-, ***Eisenbahn-***, ***Zug-*** ‖ *hierzu*（派生）

Schaff·ne·rin *die*; -, -*nen*

Schaf·gar·be *die*; -; *nur Sg*（只用单数）; e-e Pflanze mit vielen kleinen, weißen Blüten, die zusammen wie e-e große Blüte aussehen, u. aus der man *bes* Tee macht 欧蓍草

Schaf·kopf（*das*）; *nur Sg*（只用单数）**1.** ein Kartenspiel für drei od. vier Spieler 三人或四人玩的一种纸牌游戏〈S. spielen 玩纸牌游戏〉**2.** ≈ Schafskopf

Scha·fott *das*; -(*e*)*s*, -*e*; *hist*［历］; e-e Art Plattform mit e-r Guillotine für Hinrichtungen 断头台〈das S. besteigen 登上断头台; auf dem S. enden 死于断头台; j-n auf das S. bringen 将某人送上断头台〉

Schafs·kopf *der*; *gespr*［口］≈ Dummkopf

Schaft *der*; -(*e*)*s*, *Schäf·te* **1.** der lange, gerade u. dünne Teil bestimmter Gegenstände, an dem man sie hält 杆, 柄 ‖ -K（复合）: ***Lanzen-***, ***Ruder-***, ***Speer-*** ‖ NB（注意）: ↑ ***Stiel*** **2.** der Teil des Stiefels, der Wade u. Knöchel bedeckt 靴筒 ‖ -K（复合）: ***Stiefel-*** **3.** Ⓒⓗ［瑞］≈ Regal, Gestell

-schaft *die*; -, -*en*; *im Subst*, *sehr produktiv*（构成名词, 构词强）**1.** *nach Adj od Subst*, *mst Sg*（在形容词或名词之后）（多用单数）; verwendet, um e-n Zustand od. e-e Funktion auszudrücken（表示状况, 职能）; ***Bereitschaft***, ***Feindschaft***, ***Gefangenschaft***, ***Mitgliedschaft***, ***Mutterschaft***, ***Präsidentschaft***, ***Schwangerschaft***, ***Vaterschaft*** **2.** *nach Subst*, *Kollekt*（在名词之后）（集合）; verwendet, um die Gesamtheit e-r Gruppe von Personen zu bezeichnen（表示总称）; ***Arbeiterschaft***, j-s ***Dienerschaft***, ***Kundschaft***, ***Nachkommenschaft***, ***Schülerschaft***, ***Verwandtschaft***, ***Wählerschaft*** **3.** verwendet, um das Ergebnis e-r bestimmten Handlung zu bezeichnen（表示行为结果）; ***Erbschaft***, ***Errungenschaft***, ***Hinterlassenschaft***

Schah [ʃaː] *der*; -*s*, -*s*; *hist*［历］; der Titel des Herrschers in Persien（伊朗国王称号）沙阿

Scha·kal *der*; -*s*, -*e*; ein hundeähnliches Raubtier in Asien u. Afrika 胡狼（产于亚洲, 非洲）

schä·kern; *schäkerte*, *hat geschäkert*; Vi（不及物）（**mit j-m**）**s.** *gespr hum*［口］［诙］≈ flirten

schal, *schaler*, *schalst-*; *Adj*（形）;〈Getränke 饮料〉ohne od. mit wenig Geschmack（*bes* weil sie zu lange offen gestanden haben）走了气的, 走了味的, 淡而无味的

Schal *der*; -*s*, -*s*/-*e*; ein langes（schmales）Stück aus Stoff od. Wolle, das man um den Hals legt 围巾〈(e-n) S. tragen, umlegen 围着围巾、把围巾围在脖子上〉‖ -K（复合）: ***Seiden-***, ***Woll-*** ‖ NB（注意）: ↑ ***Halstuch***

Scha·le[1] *die*; -, -*n* **1.** die äußere, feste Schicht von Obst, Kartoffeln, Zwiebeln *usw*（水果、土豆、洋葱等的）皮〈e-e dicke, dünne S. 厚的, 薄的皮; die S. abziehen, mitessen 削皮, 连皮食用; Kartoffeln mit der S. kochen 带皮煮土豆〉‖ ↑ *Abb. unter* 图见 ***Obst*** ‖ -K（复合）: ***Apfel-***, ***Apfelsinen-***, ***Bananen-***, ***Birnen-***, ***Kartoffel-***, ***Orangen-***, ***Zitronen-***, ***Zwiebel-*** **2.** die harte Schicht, in der e-e Nuss steckt 壳〈die S. aufknacken, aufbrechen 把壳砸开, 打开〉‖ -K（复合）: ***Nuss-*** **3.** e-e Art Gehäuse, das bestimmte kleine (Weich)Tiere schützt 贝壳, 甲: *Garnelen u. Krebse sind durch e-e S. geschützt* 小虾和龙虾以甲壳护体 ‖ K-（复合）: ***Schalen-***, ***-tier*** ‖ -K（复合）: ***Austern-***, ***Krebs-***, ***Muschel-*** ‖ ID［谚］**in S. sein** schön u. elegant angezogen sein 身着盛装; **sich**（*Akk* 四格）**in S. werfen**/**schmeißen** *gespr*［口］; sich schön u. elegant anziehen 衣着讲究, 穿上漂亮的衣服; ***e-e raue S. haben*** nach außen hart wirken 外表粗犷; *mst* 多用于 ***In e-r rauen S. steckt oft ein weicher***

Schalentiere
甲壳动物

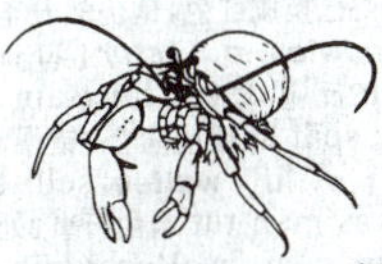

der Einsiedlerkrebs 寄居蟹

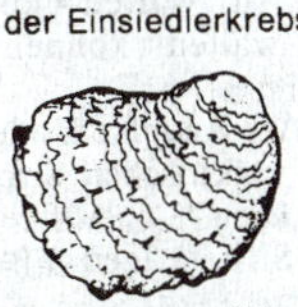

die Auster 牡蛎

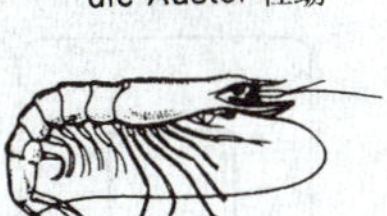

die Garnele 小虾

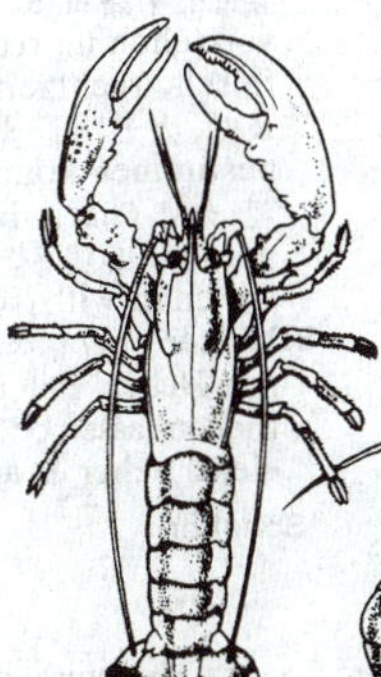

der Hummer
螯虾

die Muschel
贝类

die Krabbe
蟹

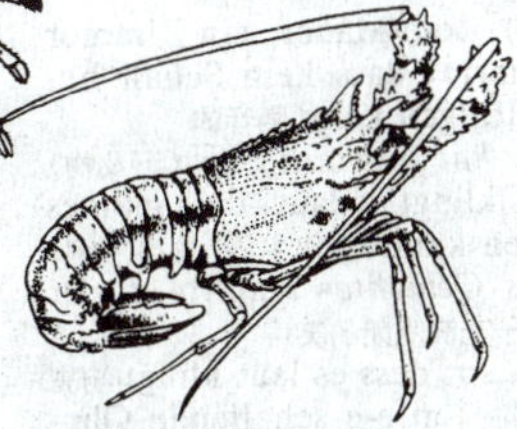

die Languste
龙虾

Kern manche Menschen sind nicht so hart od. unfreundlich, wie sie wirken 粗中有细

Scha·le[2] *die*; -, *-n* **1.** e-e relativ flache Schüssel 碗,盘: *e-e S. aus Ton* 陶土碗; *e-e S. mit Obst* 一盘水果 ‖ -K(复合): ***Glas-***, ***Holz-***, ***Kristall-***, ***Kupfer-***, ***Silber-***, ***Zinn-***; ***Blumen-***, ***Obst-***, ***Zucker-***; ***Opfer-***, ***Trink-*** **2.** *bes* Ⓐ 尤用于[奥] ≈ Tasse ‖ *zu*(义项) **1. scha·len·för·mig***Adj*(形)

schä·len; *schälte*, *hat geschält*; Vt (及物) **1. *etw. s.*** die äußere Haut (Schale) von etw. entfernen 削皮,剥皮 〈Kartoffeln, Äpfel s. 削去土豆皮、苹果皮〉 **2. *etw. s.*** die Rinde von e-m Baum entfernen 剥去…的树皮 〈Baumstämme s. 剥树干的皮〉 **3. *etw. aus etw. s.*** ≈ etw. aus etw. (heraus)lösen: *den Knochen aus dem Fleisch s.* 从肉里剔出骨头; Vr (反身) **4.** *mst* 多用 〈die Haut 皮肤〉 ***schält sich*** die Haut löst sich (*z. B.* nach e-m Sonnenbrand) in kleinen Teilen ab(晒太阳后)脱皮,掉皮 **5.** 〈ein Körperteil 人体某部位〉 ***schält sich*** die Haut löst sich vom genannten Körperteil ab 脱皮: *Mein Rücken schält sich* 我的背部正在脱皮

Schalk *der*; *mst in* 多用于 ***j-m schaut der S. aus den Augen***; ***j-m sitzt der S. im Nacken*** j-d macht gern Späße 某人爱打趣,爱开玩笑

schalk·haft *Adj*(形) ≈ schelmisch 〈s. lächeln 露出狡黠的微笑〉

Schall *der*; *-(e)s*; *nur Sg*(只用单数) **1.** Schwingungen u. Wellen, die vom Ohr wahrgenommen werden 声音,声: *S. breitet sich langsamer aus als Licht* 声比光传播得慢 ‖ K-(复合): ***Schall-***, ***-geschwindigkeit***, ***-welle*** **2.** ein lautes, nachhallendes Geräusch 声响: *der S. der Glocken* 钟声 ‖ ID[谚] ***etw. ist S. u. Rauch*** etw. ist nicht wichtig 某事是过眼烟云(不足挂齿)

Schall·däm·mung *die*; *nur Sg*(只用单数); Maßnahmen, die verhindern, dass sich Lärm ausbreitet 减声,减少噪音,隔音 ‖ *hierzu* (派生) **schall·däm·mend** *Adj*(形); *nicht adv* (不作状语)

Schall·dämp·fer *der*; *-s*, *-*; ein Gerät, das verhindert, dass e-e Maschine *o. Ä.* großen Lärm macht 消声器: *ein Motorrad, ein Gewehr mit S.* 带减声器的摩托车、枪 ‖ *hierzu* (派生) **Schall·dämp·fung** *die*; *nur Sg*(只用单数); **schall·dämp·fend** *Adj*(形); *nicht adv*(不作状语)

schall·dicht *Adj*(形); 〈e-e Mauer, ein Zimmer 墙,房间〉 so (isoliert), dass kein Schall herein- od. hinausdringen kann 隔音的

schal·len; *schallte*, *hat geschallt*; Vi (不及物) ***etw. schallt*** etw. klingt so laut, dass man es von Weitem hören kann(物作主语)发出声响,发出回音: *Lautes Gelächter schallte durch den Raum* 整个屋子充满爽朗的笑声

schal·lend *Adj*(形); so, dass es laut klingt 响亮的 〈Gelächter 笑声; j-m e-e schallende Ohrfeige geben 给某人一个响亮的耳光〉

schall·iso·liert *Adj*(形) ≈ schalldicht

Schall·mau·er *die*; *mst in* 多用于 〈ein Flugzeug 飞机〉 ***durchbricht die S.*** ein Flugzeug verursacht e-n lauten Knall, wenn es die Geschwindigkeit des Schalls erreicht 突破声障

Schall·plat·te *die*; e-e flache, runde *mst* schwarze Scheibe mit Tonaufnahmen (*mst* Musik), die man mit e-m Plattenspieler hörbar machen kann 唱片 ≈ Platte 〈e-e S. auflegen, abspielen, hören, aufnehmen, produzieren 放上、放、听、灌制、生产唱片; etw. auf S. haben 唱片上有某物〉 ‖ K-(复合): ***Schallplatten-***, ***-album***, ***-archiv***, ***-aufnahme***, ***-geschäft***, ***-hülle***, ***-industrie***, ***-produktion***, ***-produzent*** ‖ NB(注意): ↑ ***Kassette***[1], ***CD***

Schal·mei *die*; -, *-en*; *hist* [历]; ein Blasinstrument, das e-r Oboe ähnlich ist 木笛,芦笛

Scha·lot·te *die*; -, *-n*; e-e kleine Zwiebel mit e-m relativ milden Geschmack 小洋葱

schalt *Imperfekt*, *1. u. 3. Person Sg*(过去时,第一和第三人称单称); ↑ ***schelten***

schal·ten; *schaltete*, *hat geschaltet*; Vt/i (及物/不及物) **1.** (***etw.***) ***irgendwie s.*** ein Gerät (mit e-m Schalter) anders einstellen 调,调节,接通(线路) ≈ stellen (4): *den Herd höher s.* 把炉灶温度调高些; *aufs zweite Programm s.* 调到第二套节目 ‖ K-(复合): ***Schalt-***, ***-plan***, ***-tafel***, ***-zentrale***; Vi (不及物) **2.** (*z. B.* beim Autofahren) e-n anderen Gang wählen(汽车)换挡: *auf der Autobahn in den fünften Gang s.* 在高速公路上换成五挡 ‖ K-(复合): ***schalt-***, ***-faul*** **3. *irgendwohin s.*** (als Moderator od. Ansager e-r Fernseh- od. Rundfunksendung) die Programmleitung j-d anderem übergeben(将节目线路)接通,接到: *Wir schalten zu den Kollegen von der Sportredaktion!* 给我们接通体育编辑部的同事! **4.** 〈die Ampel 交通灯〉 ***schaltet auf Gelb***, ***Grün***, ***Rot*** die Ampel wechselt zum gelben, grünen, roten Licht 换成黄、绿、红色: *Obwohl die Ampel schon auf Rot schaltete, fuhr er über die Kreuzung* 尽管交通信号灯已换成红色,他仍然开车穿过十字路口 **5.** (***irgendwie***) ***s.*** *gespr* [口]; verstehen u. reagieren 反应,理解 〈langsam, falsch, rechtzeitig, zu spät s. 反应缓慢、错误、及时、太迟〉 ‖ ID[谚] ***s. u. walten*** selbst bestimmen können, was man tut 自由行事、处理、支配 〈nach Belieben s. u. walten (können)(可以)随便行事; s. u. walten (können), wie man will〉(可以)随心所欲地行事〉

Schal·ter[1] *der*; *-s*, *-*; e-e Art Knopf od. kleiner Hebel, mit dem man elektrischen Strom fließen lassen od. stoppen kann 开关,电闸 〈ein elektrischer S. 电门; den S. betätigen 操作开

Schalter[1]

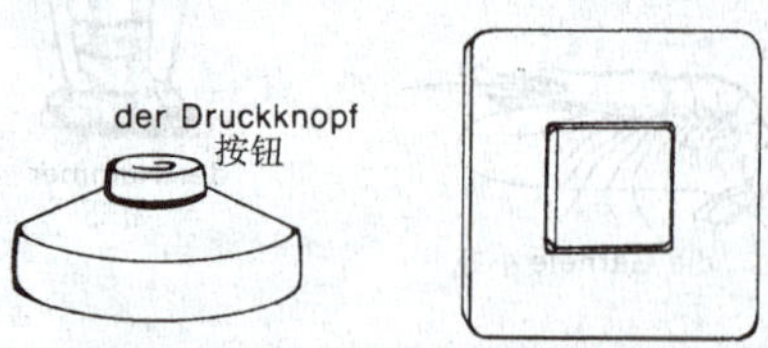

S

关〉‖ -K(复合)：***Licht-***，***Strom-***

Schal·ter² *der*；*-s*，*-*；die Stelle (oft durch e-e Art Theke mit Fenster vom Rest des Raums abgetrennt)，an der *bes* in Banken，Postämtern u. Bahnhöfen die Kunden bedient werden(服务、营业)窗口〈der S. ist geschlossen，offen，(nicht) besetzt 窗口关闭，开放，(没)有人服务；am S. warten，Schlange stehen 在窗口等候、排队〉：*Fahrkarten am S. lösen* 在窗口购买车票；*Briefmarken gibt es nur an S. eins* 只在一号窗口有邮票 ‖ K-(复合)：***Schalter-***，***-angestellte*(*r*)**，***-beamte*(*r*)**，***-halle***，***-raum*** ‖ -K(复合)：***Bank-***；***Briefmarken-***，***Fahrkarten-***，***Gepäck-***，***Paket-***，***Post-***

Schalt·he·bel *der* **1.** die kurze Stange，mit der man *z. B.* in e-m Auto die Gänge einlegt 换挡杆，操纵杆 **2.** ein Schalter[1] in der Form e-s Hebels 开关杆，控制杆 ‖ ID［谚］***an den Schalthebeln der Macht sitzen*** in e-r Position sein，in der man großen Einfluss hat 大权在握，掌握权柄

Schalt·jahr *das*；ein Jahr，das 366 Tage hat 闰年：*Alle vier Jahre ist ein S.* 每隔四年有一个闰年

Schalt·knüp·pel *der* ≈ Schalthebel (1)

Schalt·kreis *der*；ein System aus Relais，Transistoren *usw* als Teil e-r elektronischen Anlage 电路，开关电路

Schalt·tag *der*；der Tag im Februar，der im Schaltjahr zu den üblichen 365 Tagen dazukommt 闰日：*Der 29. Februar ist ein S.* 2月29日是闰日

Schal·tung *die*；*-*，*-en* **1.** e-e Vorrichtung bei e-m Fahrrad *o. Ä.*，mit der man die verschiedenen Gänge wählen kann 变速装置 ‖ -K(复合)：***Gang-***，***Lenkrad-*** **2.** *Kollekt*(集合)；die Teile，die in e-m elektrischen Gerät (als Einheit) den Strom fließen lassen u. ihn wieder stoppen 电路，配电系统

Scham *die*；*-*；*nur Sg*(只用单数) **1.** das unangenehme Gefühl，das man hat，wenn man gegen die Moral od. die Sitten verstoßen hat 羞惭，羞愧，难为情〈tiefe S. empfinden 深深感到羞愧；j-n erfüllt brennende S. 某人羞得面红耳赤(脸上火辣辣的)；aus/vor S. erröten 羞得脸红〉**2.** *geschr*［书］；der Teil des Körpers，an dem die Geschlechtsorgane sind 阴部，(人的)外生殖器〈die weibliche S. 女性阴部；seine S. bedecken，verhüllen 遮住他的阴部〉‖ K-(复合)：***Scham-***，***-gegend***，***-haare***，***-teile*** ‖ *zu* ***Schamgegend*** ↑ *Abb. unter* 图见 ***Mensch*** ‖ ID［谚］***nur keine falsche S.*** *gespr*［口］；du brauchst dich nicht (aus Bescheidenheit) zurückzuhalten 大可不必害羞，别扭扭怩怩

Scham·bein *das*；der Teil des Beckens，der vorne zwischen den Beinen liegt 耻骨

schä·men, sich；*schämte sich*，*hat sich geschämt*；[Vr](反身) **1.** ***sich* (*wegen etw.*) *s.***；***sich* (*für etw.*) *s.*** ein sehr unangenehmes Gefühl haben，weil man etw. getan hat，das gegen die Moral od. gegen die Sitten verstößt 惭愧，羞愧：*Er schämte sich，weil er seine Eltern angelogen hatte* 他因欺骗父母而感到羞愧；*Er schämt sich wegen seiner Lügen/für seine Lügen* 他因说谎而惭愧；*Du solltest dich s.!* 你该感到惭愧！你该害臊！**2.** ***sich s.*** ein unangenehmes Gefühl haben，wenn man nackt ist od. wenn man über sexuelle Dinge spricht 羞怯，难为情：*Sie duscht nie mit den anderen zusammen，weil sie sich schämt* 她因为难为情，从不和别人一起冲澡 **3.** ***sich j-s/etw. s.*** *geschr*［书］；j-n/etw. als sehr peinlich u. nicht mehr akzeptabel empfinden 为…感到惭愧〈sich seiner Vergangenheit s. 为自己的过去感到惭愧〉**4.** ***sich nicht s.*** + ***zu*** + *Infinitiv*(不定式) keine Angst od. Hemmungen haben，etw. (*mst* Negatives) zu tun 不知羞耻地、大言不惭地做、干 ≈ sich nicht scheuen + zu + Infinitiv(不定式)：*Er schämt sich nicht zuzugeben，dass er seine Geschäftspartner betrogen hat* 他大言不惭地承认，他欺骗了自己生意上的伙伴

Scham·ge·fühl *das*；*nur Sg*(只用单数)；die Fähigkeit，sich aus moralischen od. sexuellen Gründen zu schämen 羞耻感，羞耻心〈ein/kein S. haben 有/无羞耻感；j-s S. verletzten 伤害某人的羞耻感〉

scham·haft *Adj*(形) **1.** voller Scham 害羞的，羞惭的，难为情的，羞答答的 ↔ schamlos〈ein junges Mädchen，ein Lächeln 小女孩，微笑；etw. s. verbergen 难为情地隐藏某物；s. die Augen niederschlagen 忸怩地垂下目光；s. erröten 羞红了脸〉**2.** ***etw. s. verschweigen*** *iron*［讽］；(aus egoistischen Gründen) etw. nicht sagen，um sich dadurch e-n Vorteil zu verschaffen 因难为情而隐瞒某事，对某事羞于启齿 ‖ *zu*(义项) **1. Scham·haf·tig·keit** *die*；*nur Sg*(只用单数)

Scham·lip·pen *die*；*Pl*(复)；die beiden äußeren，weichen Teile an der Scheide der Frau 阴唇

scham·los *Adj*(形) **1.** unanständig u. ohne Scham 无耻的，伤风败俗的，品行不端的 ↔ schamhaft〈e-e Person，Blicke，Ausdrücke，Reden 人，目光，说法，讲话；sich s. kleiden，anziehen 穿着不端庄，穿着不正派〉**2** ≈ unverschämt〈e-e Frechheit，e-e Übertreibung 放肆行为，越轨行为；j-n s. ausbeuten，anlügen 厚颜无耻地盘剥、欺骗某人〉：*Es ist e-e schamlose Beleidigung，mich als Lügner zu bezeichnen* 把我说成撒谎者，这对我是无耻的侮辱 ‖ *hierzu*(派生) **Scham·lo·sig·keit** *die*

Scha·mott *der*；*-(e)s*；*nur Sg*(只用单数) **1.** *gespr pej*［口］［贬］；wertlose Dinge 不值钱的杂物，破烂东西 **2.** *südd* Ⓐ Ⓒⓗ［南德］［奥］［瑞］≈ Schamotte

Scha·mot·te *die*；*-*；*nur Sg*(只用单数)；ein hartes Material，das hohe Temperaturen aushält u. aus dem man die Innenseite von Öfen macht 耐火黏土

Scham·pon *das*；*-s*，*-s*；↑ ***Shampoo***

scham·po·nie·ren；*schamponierte*，*hat schamponiert*；[Vt](及物) ***etw. s.*** etw. mit Schaum od. Schampon behandeln 用洗涤剂或洗发剂洗〈e-n Teppich s. 用洗涤剂洗地毯〉

S

Scham·pus *der*; -; *nur Sg*, *gespr*(只用单数)[口] ≈ Champagner, Sekt

scham·rot *Adj*(形); rot vor Scham 羞得发红的 ⟨ein Gesicht 脸⟩

Scham·rö·te *die*; die rote Farbe, die man im Gesicht bekommt, wenn man sich schämt 赧颜,脸红 ⟨j-m steigt die S. ins Gesicht 他羞得满脸通红; j-m die S. ins Gesicht treiben 某人脸上泛起羞怯的红晕⟩

schand·bar *Adj*(形) ≈ schändlich ⟨ein Benehmen, ein Verhalten 举止,行为⟩

Schan·de *die*; -; *nur Sg*(只用单数); etw., das e-n großen Verlust des Ansehens od. der Ehre (*mst* wegen unmoralischen Verhaltens *o. Ä.*) bringt 耻辱,丢脸 ⟨j-d/etw. bringt j-m S., bringt S. über j-n 某人/某事使某人丢脸; etw. gereicht j-m zur S. 某事给某人带来不光彩(让某人丢脸); j-d macht j-m/etw. S. 某人给某人/某事抹黑; j-d tut j-m S. an 某人给某人带来不光彩⟩: *Zu seiner S. muss gesagt werden, dass er sich nicht mal bei ihr entschuldigt hat* 他一次也没有向她道歉,应该说这让他感到惭愧 ‖ K-(复合): **Schand-**, **-tat** ‖ -K(复合): **Familien-** ‖ ID[谚] **Es ist e-e S., dass / wie / + zu + Infinitiv**(不定式) *gespr*[口]; es ist sehr schlimm, dass ... 真是罪过…: *Es ist e-e S., wie viel Essen bei uns verdirbt, während andere hungern!* 有人在挨饿,而在我们这里却有多少饭菜被糟塌,真是罪过; *mst* 多用于 **Mach mir keine S.!** *gespr*[口]; benimm dich so, dass es e-n guten Eindruck macht! 别给我丢脸 ‖ NB(注意): ↑ **Schmach**, **zuschanden**

schän·den; *schändete*, *hat geschändet*; [Vt](及物) **1.** **etw. s.** etw., das (*mst* wegen seines religiösen Charakters) sehr respektiert wird, schmutzig machen od. beschädigen 亵渎,污损,损毁 ≈ entweihen ⟨e-n Friedhof, ein Grab, e-e Kirche s. 亵渎墓地、坟墓、教堂⟩ **2.** **etw. s.** *geschr*[书]; (durch seine Aussagen *o. Ä.*) bewirken, dass j-s Ruf *o. Ä.* beeinträchtigt wird 玷污,败坏 ⟨j-s Ansehen, j-s Namen, j-s Ruf s. 败坏某人的威望、名声、声望⟩ **3.** **j-n s.** *veraltend*[渐旧] ≈ vergewaltigen ‖ *hierzu*(派生) **Schän·der** *der*; *-s*, *-*; **Schän·dung** *die*

Schand·fleck *der*; etw., das das Aussehen von etw. stark beeinträchtigt 污斑,瑕疵,不光彩的事: *Das hässliche Hochhaus ist ein S. in der Altstadt* 这幢难看的高楼是老城的一个缺陷(煞风景的地方)

schänd·lich *Adj*(形) **1.** ⟨e-e Lüge, e-e Tat 谎言,行为; j-n s. behandeln 恶劣地对待某人⟩ schlecht u. böse 恶劣的,糟糕的,卑劣的 ↔ ehrenhaft **2.** *gespr*[口]; so, dass man sich darüber ärgert 令人愤慨的 ≈ unerhört: *das schändliche Ausmaß der Umweltverschmutzung* 环境污染极为严重的程度 ‖ *hierzu*(派生) **Schänd·lich·keit** *die*; *nur Sg*(只用单数)

Schand·mal *das*; *geschr*[书] ≈ Schandfleck

Schand·tat *die*; e-e böse Tat 卑劣行径 ⟨e-e S. begehen 做无耻的事; j-m e-e S. zutrauen 相信某人会干出缺德的事⟩ ‖ ID[谚] **zu jeder S. / allen Schandtaten bereit sein** *gespr hum*[口][诙]; Lust haben, aktiv zu sein u. bei allem (*bes* bei Späßen) mitzumachen 什么坏事(恶作剧)都干得出来

Schank- *im Subst*, *nicht produktiv*(构成名词,非构词型); in Bezug auf das Ausschenken u. Verkaufen von Getränken in e-m Lokal 出售酒类的…,售酒的…; der **Schankbetrieb**, die **Schankerlaubnis**, die **Schankkonzession**, der **Schanktisch**

Schänke *die*; ↑ **Schenke**

Schan·ze *die*; -, *-n* **1.** *Kurzw*(略) ↑ **Sprungschanze** ‖ K(复合)-: **Schanzen-**, **-rekord** **2.** *veraltend*, MIL [渐旧]【军】; ein Wall aus Erde, mit dem man e-e militärische Anlage schützt 战壕,掩体; 工事 ⟨e-e S. errichten, stürmen 修工事,攻占掩体⟩ ‖ ▶ **verschanzen**

Schar[1] *die*; -, *-en* **1.** **e-e S.** (+ *Gen* 二格/ **von** + *Dat Pl* 三格复数) e-e Gruppe von Menschen od. Tieren 群,队: *e-e S. Neugieriger* 一群好奇的人; *E-e S. kleiner Kinder spielte im Hof* 一群小孩在院子里玩; *E-e große S. Tauben saß auf dem Platz* 一大群鸽子落在广场上 ‖ -K(复合): **Kinder-**, **Vogel-** **2.** **Scharen von** ⟨Personen/Tieren 人/动物⟩ verwendet, um e-e große Zahl von Menschen od. Tieren zu bezeichnen 成群的,一大批的: *Scharen von Gläubigen kommen zu Ostern nach Rom* 复活节期间成群结队的教徒前往罗马 **3.** **in (hellen) Scharen** in großer Zahl 大批,成群 ⟨Menschen, Tiere 人,动物⟩ ‖ *zu*(义项) **2.** u. **3.** **scha·ren·wei·se** *Adj*(形); *mst adv*(多作状语)

Schar[2] *die*; -, *-en*; *Kurzw*(略) ↑ **Pflugschar**

Schä·re *die*; -, *-n*; e-e kleine, flache Insel (in Skandinavien) 岛礁,岩礁,岩岛

scha·ren; *scharte*, *hat geschart*; [Vt](及物) **1.** ⟨Personen 人们⟩ **um sich s.** mehrere od. viele Menschen um sich versammeln 使聚集,使围在自己身边: *Sie scharte die Kinder um sich* 她让孩子们聚拢在自己身边; [Vr](反身) **2.** **j-d** (*Kollekt od Pl* 集合或复) **schart sich um j-n / etw.** e-e Gruppe von Menschen versammelt sich um j-n/etw. (人作主语)围在,聚集在某人/某物旁边: *Die Kinder scharten sich / Die Truppe scharte sich ums Feuer* 孩子们/部队围在火堆(篝火)旁

scharf, *schärfer*, *schärfst-*; *Adj*(形) **1.** ⟨e-e Axt, e-e Klinge, e-e Kralle, ein Messer, e-e Schneide, ein Zahn 斧子,刀刃,爪子,刀,刀口,牙齿⟩ mit solchen Spitzen od. Kanten, dass sie gut schneiden od. stechen 锐利的,锋利的,尖锐的 ↔ stumpf: *Er hat sich an e-r scharfen Kante geschnitten* 他被一个锋利的棱角划破了 ‖ K-(复合): **scharf-**, **-kantig** **2.** stark gewürzt od. mit intensivem Geschmack 味浓的,辛辣的 ↔ mild: *Das Gulasch / der Meerrettich / der Paprika / der Pfeffer / der Senf ist sehr s.* 红烧牛肉/辣根/辣椒/胡椒面/芥末非常辣; *Die Peperoni auf der Pizza waren mir zu s.* 比萨饼上放的小辣椒我觉得太辣 **3.** ⟨e-e Lauge, e-e Säure, ein Putzmittel 碱,酸,洗涤剂⟩ so, dass sie die

S

Oberfläche mancher Dinge angreifen 腐蚀性强的，有刺激性的 ≈ ätzend **4.** ≈ stechend, beißend ⟨ein Geruch 气味⟩ **5.** grell u. unangenehm 刺眼的 ⟨ein Licht 光⟩ **6.** durchdringend u. unangenehm 刺耳的，尖锐的 ⟨ein Pfiff 哨声⟩ **7.** unangenehm intensiv 凛冽的，寒冷的 ⟨ein Frost, ein Wind 严寒，风⟩ **8.** ⟨Augen 眼睛；e-e Nase 鼻子⟩ so, dass sie sehr genau wahrnehmen 敏锐的，灵敏的 **9.** so, dass man die Konturen sehr gut erkennen kann 轮廓鲜明的，清晰的 ≈ klar, deutlich ↔ verschwommen, unscharf ⟨gestochen (= sehr) s. 轮廓极其鲜明的；ein Bild, ein Foto, Umrisse 图片，照片，轮廓；etw. s. sehen 精确地看某事⟩：*Mit diesem Fotoapparat kann ich gestochen scharfe Bilder machen* 用这架相机我可以拍出极为清晰的照片 **10.** stark ausgeprägt, markant 线条分明的，特征显明的 ⟨Gesichtszüge, ein Kinn, e-e Nase, ein Profil 脸型，下巴，鼻子，侧面像；etw. ist s. geschnitten 某物有棱有角（棱角分明）⟩ **11.** ≈ genau ⟨eine Analyse, ein Verstand 分析，理解；s. aufpassen, hinsehen, nachdenken 十分留心，仔细打量，周密思考；j-n/etw. s. ansehen, beobachten, prüfen 细心注视，精心观察，细致审视某人/某事⟩：*Er hat e-n scharfen Blick / ein scharfes Auge für Fehler* (= erkennt Fehler ganz genau) 他的目光敏锐，任何错误都逃不过他的眼睛 **12.** ≈ hart, streng ↔ mild ⟨e-e Kritik, ein Tadel, ein Urteil 批评，责备，判决；j-n s. angreifen, bewachen, kritisieren 猛烈地攻击某人，严密监视某人，尖锐批判某人；s. durchgreifen, vorgehen 采取有力的措施，采取有力的行动⟩ **13.** ≈ heftig ⟨e-e Auseinandersetzung, ein Kampf, ein Protest 争论，斗争，抗议；j-m s. widersprechen 激烈反对某人⟩ **14.** sehr schnell 急速的，急剧的 ⟨ein Ritt, ein Tempo 骑行，速度⟩：*in scharfem Galopp reiten* 骑马疾驰 **15.** abrupt u. stark 突变的，急剧的 ⟨e-e Wendung, e-e Kurve 转变，转弯；s. anfahren, bremsen 猛地起动，急刹车⟩：*s. in e-e Kurve fahren* (= mit hohem Tempo) 驾车急转弯 **16.** mit großer Wucht u. hoher Geschwindigkeit (geschossen, geworfen *o. Ä.*) 迅猛的，用力的 ⟨ein Ball, ein Schuss, ein Wurf 球，射门，投掷；s. schießen 用力射门⟩ **17.** *mst adv*（多作状语）；sehr nahe, sehr dicht 紧挨着，紧贴着 ⟨s. rechts fahren, s. an j-m/etw. vorbeifahren 紧紧靠右行驶，紧挨某人/某物身边驶过；s. auf ein Auto auffahren 结结实实地撞到一辆汽车上⟩ **18.** ⟨Hunde 狗⟩ so dressiert, dass sie auf Befehl angreifen u. beißen（好斗的）会咬人的 **19.** ***scharfe Sachen*** *gespr*［口］；Getränke mit hohem Alkoholgehalt 烈性酒 **20.** ***ein scharfes S*** ≈ ß **21.** *ohne Steigerung*（无变级）；⟨Munition 弹药⟩ so, dass sie verletzen, töten od. zerstören kann 上了膛的，有杀伤力的 **22.** ⟨ein Film, ein Buch 电影，书⟩ so, dass sie viel Sex enthalten 有刺激性的，有色情内容的 **23.** ***s. schießen*** mit scharfer (21) Munition schießen 实弹射击 ‖ K-（复合）：***Scharf-, -schießen*** **24.** ***auf etw.*** (*Akk* 四格) ***s. sein*** *gespr*［口］；etw. unbedingt haben od. tun wollen 强烈渴望得到：*Er ist ganz s. auf Erdnüsse* 他非常想吃花生；*Sie ist ganz s. darauf, dich endlich mal kennenzulernen* 她非常渴望能有机会认识你 **25.** ***auf j-n s. sein*** *gespr*［口］：ein sehr starkes (*mst* sexuelles) Verlangen nach j-m haben 对…图谋不轨，有强烈的性欲要求：*Ich glaube, er ist s. auf dich* 我看他对你图谋不轨 **26.** ***aufs / auf das Schärfste / schärfste*** sehr scharf (12) 非常严厉地，极其激烈地：*etw. aufs Schärfste / schärfste verurteilen* 极其严厉地谴责某事 **27.** ***j-n s. machen*** *gespr*［口］；j-n sexuell erregen 激起某人的性欲 ‖ NB（注意）：↑ ***scharfmachen*** ‖ *zu*（义项）**1.-16.** **Schär·fe** *die*；-；*nur Sg*（只用单数）

Scharf·blick *der*；*nur Sg*（只用单数）；die Fähigkeit, Zusammenhänge, j-s Absichten *o. Ä.* zu erkennen od. zu durchschauen 洞察力，敏锐的目光 ⟨(seinen) S. beweisen 证明（他）目光敏锐⟩

schär·fen；*schärfte, hat geschärft*；**Vt**（及物）**1.** ***etw. s.*** etw. scharf (1) machen 磨，磨尖，磨快 ≈ schleifen ⟨e-e Axt, ein Messer s. 磨斧子、刀⟩：*Die Katze schärfte ihre Krallen am Baum* 猫在树上磨爪子 **2.** ***etw. schärft etw.*** etw. macht etw. genauer, leistungsfähiger（物作主语）使敏锐，增强 ⟨etw. schärft j-s Bewusstsein, Verstand 某事增强某人的意识、理解力⟩；**Vr**（反身）**3.** ***etw. schärft sich*** etw. wird genauer, leistungsfähiger 变得敏锐，灵敏 ↔ etw. lässt nach ⟨j-s Bewusstsein, j-s Verstand 某人的意识、理解力⟩

scharf·ma·chen；*machte scharf, hat scharfgemacht*；**Vt**（及物）*gespr*［口］**1.** ***j-n s.*** ≈ j-n aufhetzen **2.** ***e-n Hund s.*** e-n Hund so dressieren, dass er auf Befehl angreift u. beißt 嗾使狗去咬人 ‖ NB（注意）：aber（但是）：*das Messer, die Bombe scharf machen*（磨刀，给炸弹装上引信）(getrennt geschrieben 分开写)

Scharf·rich·ter *der* ≈ Henker ‖ *hierzu*（派生）**Scharf·rich·te·rin** *die*

Scharf·schüt·ze *der*；j-d, der (beim Schießen) ein Ziel auch aus großer Entfernung trifft 狙击手 ⟨Scharfschützen postieren 部署狙击手岗哨⟩ ‖ *hierzu*（派生）**Scharf·schüt·zin** *die*

Scharf·sinn *der*；-(*e*)*s*；*nur Sg*（只用单数）；die Fähigkeit, alles Wichtige sofort mit dem Verstand zu erkennen 敏锐的洞察力，机敏性 ⟨S. beweisen 证明有敏锐的洞察力；etw. mit S. beurteilen 以敏锐眼光判断某事⟩ ‖ *hierzu*（派生）**scharf·sin·nig** *Adj*（形）；**Scharf·sin·nig·keit** *die*；*nur Sg*（只用单数）

scharf·zün·gig *Adj*（形）；böse u. verletzend 尖嘴薄舌的，伤人的，嘴上不饶人的，刻薄的 ⟨e-e Bemerkung, ein Kritiker 看法，批评者⟩

Schar·lach[1] *der, das*；-*s*；*nur Sg*（只用单数）；e-e leuchtende, helle rote Farbe 鲜红，绯红（色）‖ K-（复合）：***scharlach-, -rot***

Schar·lach[2] *der*；-*s*；*nur Sg*（只用单数）；e-e ansteckende (Kinder) Krankheit, bei der der Patient e-e rote Haut, hohes Fieber u. Kopf- u. Halsschmerzen bekommt 猩红热

Schar·la·tan *der*；-*s*, -*e*；*pej*［贬］；j-d, der be-

S

hauptet, bestimmte Fähigkeiten zu haben, die er in Wirklichkeit nicht hat 江湖骗子,招摇撞骗者 ≈ Schwindler: *Dieser angebliche Wahrsager ist doch ein S.!* 这个所谓的算命先生是个江湖骗子!

Schar·nier [-ˈniːɐ] *das*; *-s*, *-e*; das bewegliche Verbindungsteil zwischen Fenster/Tür u. Rahmen od. zwischen Gefäß u. Deckel(门、窗上的)绞链,折页,合页 ⟨die Scharniere quietschen 折页发出刺耳的咯吱声; die Scharniere ölen 给(门、窗的)折页上油⟩

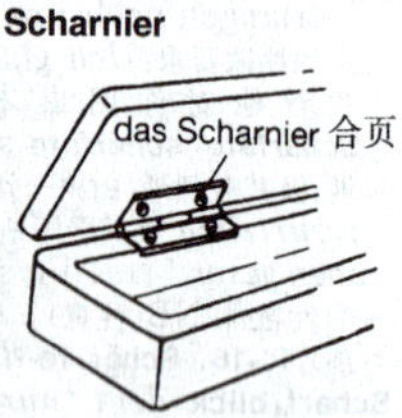

Schạ̈r·pe *die*; *-*, *-n*; ein breites Band aus Stoff, das man als Schmuck um die Hüfte od. über Schulter u. Brust trägt 绶带,佩带: *Sie trug e-e S., auf der „Miss Germany" stand* 她佩了一条有"德国小姐"字样的绶带

schạr·ren; *scharrte*, *hat gescharrt*; [Vi] (不及物) **1. *ein Tier scharrt* (*irgendwo*)** ein Tier bewegt die Hufe, die Krallen *o. Ä.* so auf dem Boden hin u. her, dass dabei kleine Löcher entstehen(动物作主语)扒,抓,刨,挖: *Die Hühner scharren im Mist/im Stroh* (母)鸡在粪堆上/干草上刨食 **2. *ein Tier scharrt irgendwo*** ein Tier verursacht ein (kratzendes) Geräusch durch Scharren (1)(动物作主语)扒、抓而发出嚓啦嚓啦的声音: *Der Hund winselte u. scharrte an der Tür, um hinausgelassen zu werden* 狗在门边又叫唤又抓挠想出去; [Vt] (及物) **3. *ein Tier scharrt etw.*** ein Tier produziert etw. durch Scharren (1)(动物作主语)抓出,扒出,刨出 ⟨e-e Höhle, ein Loch in den Boden s. 往地里刨出一个洞穴、窟窿⟩

Schạr·te *die*; *-*, *-n*; e-e Stelle, an der ein Stück e-s glatten Randes fehlt 凹痕,缺口: *ein Messer mit vielen Scharten* 一把多处缺刃的刀 ‖ ID[谚] ***e-e S. auswetzen*** e-n Fehler wiedergutmachen 弥补缺陷 ‖ *hierzu* (派生) **schạr·tig** *Adj*(形) ‖ NB(注意): ↑ ***Kerbe***

schar·wẹn·zeln; *scharwenzelte*, *hat scharwenzelt*; [Vi](不及物) *gespr pej*[口][贬]; ***um j-n s.*** oft in der Nähe von j-m sein, um etw. von ihm zu erreichen 巴结,谄媚,讨好,给…拍马屁

Schạsch·lik *der*, *das*; *-s*, *-s*; kleine Stücke Fleisch, die zusammen mit Zwiebeln, Paprika, Speck *usw* auf e-m Spieß gebraten od. gegrillt werden 洋葱青椒烤肉串

schạs·sen; *schasste*, *hat geschasst*; ***j-n s.*** *gespr*[口] ≈ entlassen (1) ‖ NB(注意): *mst* im Passiv(多用于被动语态)!

Schạt·ten *der*; *-s*, *-* **1.** *nur Sg*(只用单数); ein Bereich, den das Licht (der Sonne) nicht erreicht u. der deswegen dunkel (u. kühl) ist 背阴处,阴凉地 ⟨im S. liegen 躺在阴凉地; etw. spendet S. 某物提供阴凉地⟩: *Mir ist es zu heiß in der prallen Sonne, ich setze mich jetzt in den S.* 阳光直射之下我太热了,现在我坐到背阴处去; *Heute haben wir 35. Grad im S.* 今天在背阴处气温为35.度 ‖ K-(复合): ***Schatten**, **spendend-*** **2.** die dunklere Fläche, die hinter e-r Person/Sache entsteht, wenn diese vom Licht beschienen werden 影子,阴影: *Er saß im S. des Baumes* 他坐在树阴下; *Gegen Mittag werden die Schatten kürzer u. gegen Abend wieder länger* 影子正午时变短,而傍晚又变长 **3.** e-e Gestalt, die nur in ihren Konturen zu erkennen ist 身影: *Er sah nur e-n S. vorbeihuschen* 他只看见一个身影闪过 **4.** ein dunkler Fleck, der irgendwo zu sehen ist 黑点,阴影,蛛丝马迹: *Auf dem Röntgenbild zeigten sich Schatten auf seiner Lunge* 在X光片上显示出他的肺部有阴影 **5.** *geschr*[书]; etw. sehr Unerfreuliches od. Negatives 污点,阴影 ⟨die Schatten der Vergangenheit 过去的阴影(污点); ein S. fällt auf j-s Glück, Leben, Liebe 某人的幸福、生活、爱情蒙上一层阴影⟩ ‖ ID[谚] ***etw. wirft seine Schatten voraus*** ein wichtiges zukünftiges Ereignis *o. Ä.* ist schon jetzt in einigen Anzeichen zu erkennen 某事先有征兆; *mst* 多用 ***Er/Sie ist nur noch ein S. seiner/ihrer selbst*** **a)** er/sie bringt bei weitem nicht mehr die Leistungen, die er/sie früher gebracht hat 他的/她的成绩不如以前; **b)** er/sie sieht sehr schwach u. krank aus 他/她骨瘦如柴,瘦弱得不成样子; ***j-m wie ein S. folgen*** j-m auf allen Wegen folgen 像影子一样跟踪某人; ***über seinen S. springen*** endlich den Mut haben, etw. zu tun, das einem nicht liegt *o. Ä.* 超越自我,战胜自我; ***nicht über seinen S. springen können*** nur so handeln können, wie es dem eigenen Charakter entspricht 本性难移,改不了自己的脾性; ***in j-s S. stehen*** weniger beachtet werden als j-d anderer 与某人相比黯然失色; ***j-d/etw. stellt j-n/etw. in den S.*** j-d macht od. kann etw. viel besser als j-d anderer, etw. ist viel besser als etw. anderes 某人/某物使某人/某物相形见绌 ‖ ▶ ***beschatten***

Schạt·ten·da·sein *das*; *mst in* 多用于 ***ein S. fristen/führen*** ein wenig beachtetes Leben führen, immer im Abseits stehen 过隐居(隐退、隐姓埋名)的生活

schạt·ten·haft *Adj* (形) **1.** mit undeutlichen Konturen 模糊的,隐隐约约的 ≈ schemenhaft ⟨e-e Gestalt, ein Umriss 身影,轮廓⟩ **2.** ≈ ungenau ⟨e-e Erinnerung, e-e Vorstellung 回忆,想像⟩

Schạt·ten·ka·bi·nett *das*; *Kollekt*(集合), POL【政】; ein Kabinett (1) aus Politikern der Opposition, die die entsprechenden Ämter übernehmen würden, wenn ihre Partei die nächsten Wahlen gewinnen sollte 影子内阁

Schạt·ten·sei·te *die* **1.** die Seite (der Straße *o. Ä.*), die im Schatten liegt 背阴面 **2.** *mst Pl*(多用复数) ≈ Nachteile: *Dieser Plan hat natürlich auch seine Schattenseiten* 这个计划当然也有其不足之处(短处) **3. *die S. des Lebens*** die negative Seite des Lebens 生活的阴暗面

schat·tie̱·ren; *schattierte*, *hat schattiert*; [Vt]

(及物) **etw. s.** auf e-m Bild dunkle Flächen malen/zeichnen, damit es räumlich wirkt 在…上画阴影、涂深色

Schat·tie·rung *die*; -, *-en* **1.** *nur Sg*(只用单数); das Schattieren **2.** ≈ Nuance, Abstufung: *Rot in allen Schattierungen* 从浅红到深红的各种色调

schat·tig *Adj*(形); 〈ein Ort, ein Plätzchen 地方,一点点地方〉 so, dass sie im Schatten liegen od. viel Schatten bieten 成阴的,多阴的,阴凉的 ↔ sonnig: *s. u. kühl* 背阴而且凉快的

Scha·tul·le *die*; -, *-n*; ein fester kleiner Behälter, in dem man Schmuck od. Geld aufbewahrt 精巧的钱盒,首饰盒,宝盒 ‖ -K(复合): **Geld-, Schmuck-**

Schatz *der*; *-es*, *Schät·ze* **1.** e-e große Menge an wertvollen Münzen, Schmuck *o.Ä.* 珍宝,财宝,宝藏 〈e-n S. anhäufen, hüten, suchen, finden 积累、守护、寻找、找到财宝〉: *Die Piraten vergruben ihren S. auf e-r einsamen Insel* 海盗将他们的财宝埋藏在一个孤岛上 ‖ K-(复合): **Schatz-, -insel, -kammer, -kiste, -suche, -sucher** ‖ -K(复合): **Gold-, Piraten- 2. ein S.** (**an etw.** (*Dat* 三格)) e-e große Menge an wertvollen Dingen 大量珍品: *Das Museum besitzt e-n großen S. an alten Gemälden* 博物馆拥有大量古老油画珍藏; *Der Antiquitätenhändler hat wahre Schätze in seinem Lager* 这位古董商在仓库里藏有大量珍宝 ‖ -K(复合): **Bücher-, Kirchen-, Kunst-, Museums- 3. ein S. an etw.** (*Dat Pl* 三格复数)/**von etw.** (*Pl* 复) ≈ Fülle 〈ein S. an/von Erfahrungen, Erinnerungen 丰富的经验,一连串的回忆〉 ‖ -K(复合): **Erfahrungs-, Märchen-, Sagen- 4.** etw. (Abstraktes), das sehr wichtig od. wertvoll ist 财富: *Gesundheit ist ein kostbarer S.* 健康是宝贵的财富 **5.** *gespr*[口]; verwendet als liebevolle Anrede für den Ehepartner, die eigenen Kinder *o.Ä.* 宝贝,心肝,亲爱的 ≈ Liebling **6.** *gespr*[口]; j-d, der sehr nett u. hilfsbereit ist 好人,乐于助人的人: *Du hast viel für mich getan – du bist ein (wahrer) S.!* 你帮了我大忙了——你真是个大好人!

schät·zen[1]; *schätzte, hat geschätzt*; [Vt](及物) **1. j-n/etw.** (**auf etw.** (*Akk* 四格)) **s.** etw. Messbares (*z.B.* j-s Alter, die Länge od. das Gewicht von etw.) nach eigener Meinung aufgrund äußerer Tatsachen ungefähr bestimmen 估计,估量 〈j-s Alter, die Dauer, das Gewicht, die Höhe, die Länge, den Preis *usw* von etw. s. 估计某人的年龄,某物的时间长短、重量、高度、长度、价格等〉: *Er schätzte sie auf Mitte zwanzig* 他估计她 25 岁上下; *Sie schätzte, dass die Sitzung noch zwei Stunden dauern würde* 她估计会议还要开上两小时 **2. etw.** (**auf etw.** (*Akk* 四格)) **s.** (als Experte) feststellen, wie viel Geld etw. wert ist od. wie viel etw. kosten darf 估价 ≈ taxieren 〈ein Grundstück, ein Haus, e-n Unfallschaden s. 估计地皮、房屋、事故损失的价值〉: *Der Händler schätzte das gebrauchte Auto (auf zweitausend Euro)* 商人给这辆旧汽车估了价(为 2000 欧元) ‖ K-(复合): **Schätz-, -preis, -wert**; [Vt/i](及物/不及物) **3.** *mst* 多用 **s.** (, **dass** ...) *gespr*[口] ≈ vermuten, annehmen: *Ich schätze, dass er morgen kommt* 我推测他明天会来; „*Meinst du, es regnet morgen?*" – „*Ich schätze, ja/Ich schätze schon*" "你认为明天会下雨吗?"——"我猜会的/我猜是会下的" ‖ NB(注意): *mst* in der ersten Person verwendet(多用第一人称) ‖ *zu*(义项) **1.** u. **2. Schät·zung** *die*

schät·zen[2]; *schätzte, hat geschätzt*; [Vt] (及物) **1. j-n/etw. s.** j-n/etw. sehr gern haben 赏识,爱好,重视 ↔ missachten, gering schätzen: *Er schätzt gutes Essen* 他爱好美食; *Sie schätzt sein freundliches Wesen* 她很看重他和蔼可亲的气质 **2. etw. zu s. wissen** den Wert von etw. Gutem erkennen 对…懂得鉴赏、珍视、评价、赏识: *Ich weiß ihre Hilfe sehr zu s.* 我懂得她的帮助有多么重要; *Ich weiß* es *zu s.*, dass *Sie so freundlich zu meiner Familie waren* 您善待我的家人,这点我懂得珍视 **3. j-n/etw. s. lernen** mit der Zeit e-e gute Meinung von j-m/etw. bekommen 知道敬重,学会赏识; [Vr] (反身) **4. sich glücklich s.,** (**dass**) ... *geschr*[书]; froh sein, dass ... 感到高兴…: *Ich schätze mich glücklich, Sie hier begrüßen* zu *dürfen* 能在这里迎候您,我感到荣幸 ‖ ▶ **abschätzig**

Schät·zer *der*; *-s*, *-*; j-d, der beruflich den Wert von Dingen schätzt[1] (2) 估价者,评价者

Schatz·grä·ber *der*; *-s*, *-*; j-d, der nach e-m Schatz (1) gräbt 探宝者,寻宝者 ≈ Schatzsucher ‖ *hierzu*(派生) **Schatz·grä·be·rin** *die*; -, *-nen*

Schatz·meis·ter *der*; j-d, der das Geld e-s Vereins, e-r Partei *o.Ä.* verwaltet 司库,财务主管 ‖ *hierzu*(派生) **Schatz·meis·te·rin** *die*

schät·zungs·wei·se *Adv*(副); verwendet, um die Einschätzung des Sprechers (in Bezug auf etw. Messbares) anzugeben 估计,大约,大概 ≈ etwa, ungefähr: *Wir werden in s. drei Stunden da sein* 我们将在大约三小时后到达

Schau *die*; -, *-en* **1.** e-e Veranstaltung, auf der Tiere, Pflanzen od. Waren gezeigt werden 展出,展览,陈列 ≈ Ausstellung, Messe 〈e-e internationale, landwirtschaftliche S. 国际展览,农业展览; etw. auf e-r S. ausstellen, vorführen, zeigen 在展览会上陈列、展出、展示某物〉 ‖ -K(复合): **Auto-, Garten-, Moden-, Tier-, Verkaufs- 2.** *nur Sg*(只用单数); e-e Veranstaltung, *bes* im Fernsehen od. Theater, bei der Künstler auftreten 演出 ≈ Show ‖ K-(复合): **Schau-, -geschäft** ‖ -K(复合): **Bühnen-, Fernseh- 3.** *gespr pej*[口][贬]; Handlungen, mit denen man versucht, die Aufmerksamkeit der Leute auf sich zu ziehen 显摆,夸耀,自我炫耀 ≈ Show 〈e-e große S. (um etw.) machen 大肆夸耀某事; etw. ist nur S. 某事只是装门面罢了〉: *Ihre ganze Hochzeit*

S

war e-e große S.! 他们的婚礼真的出够风头啦! **4. *etw. zur S. stellen*** etw. auf e-r Ausstellung od. S. (1) zeigen 展出某物 ≈ etw. ausstellen **5. *etw. steht zur S.*** etw. wird auf e-r Ausstellung gezeigt(物作主语)供展示用 ‖ ID[谚] ***etw./sich zur S. stellen*** *pej*[贬]; etw./sich demonstrativ in den Vordergrund stellen 卖弄,炫耀: *Er stellt sein Wissen gern zur S.* 他喜欢炫耀自己的知识; ***etw. zur S. tragen*** *pej*[贬]; e-e Meinung *o.Ä.* demonstrativ zum Ausdruck bringen 显露,表露: *Sie trägt ihre Abneigung gegen ihn offen zur S.* 她公开表露对他的反感; ***e-e (große)/seine S. abziehen; (einen) auf S. machen*** *gespr, mst pej*[口]多用[贬]; sich in Szene zu setzen versuchen, die Aufmerksamkeit auf sich zu lenken versuchen 装腔作势,引人注意; ***j-m die S. stehlen*** *gespr*[口]; mehr Aufmerksamkeit erregen als j-d anderer, e-e bessere Leistung bringen als j-d anderer 使某人黯然失色; ***j-d/etw. ist e-e S.*** *gespr*[口]; verwendet, um j-n/etw. positiv zu bewerten 某人/某事了不起,太棒了 ≈ j-d/etw. ist toll: *Das Essen war e-e S.!* 饭菜真棒! ‖ ▶ ***schauen, Zurschaustellung***

Schau·bild *das*; e-e Zeichnung, die e-e ziemlich komplizierte Sache deutlich u. einfach zeigt 示意图,简图: *ein S. des menschlichen Körpers, e-r geplanten Siedlung* 人体示意图,居住区规划图

Schau·bu·de *die*; e-e Bude (1) auf dem Jahrmarkt, in der etw. gezeigt wird 年集上陈列商品的摊棚

Schau·der *der*; *-s, -* **1.** ein starkes Gefühl der Angst od. des Ekels 战栗,寒噤 〈j-d wird von e-m S. ergriffen, überkommen 某人感到毛骨悚然,浑身打战〉 **2.** ein kurzes Zittern des Körpers vor Kälte 打冷战,寒战 ≈ Schauer (2) 〈j-n überläuft ein S. 某人禁不住打了一个寒战; Schauder laufen j-m den Rücken hinunter 某人感到背脊发凉〉

schau·der·haft *Adj*(形); *pej*[贬]; sehr unangenehm 可怕的,令人毛骨悚然的,糟透的 ≈ widerlich, grässlich 〈ein Anblick, ein Geschmack, ein Wetter 景象,味道,天气〉

schau·dern; *schauderte, hat geschaudert*; [Vi] (不及物) **1.** (vor Angst, Kälte *o.Ä.*) zittern 打寒噤: *Allein der Gedanke ließ/machte sie s.* 她只要一想起来就不寒而栗; [Vimp] (无人称) **2. *j-n/j-m schaudert (es)*** j-d zittert vor Angst od. Ekel 害怕或恶心得发抖: *Ihn schauderte beim Anblick des Toten* 看到死者她吓得浑身发抖

schau·en; *schaute, hat geschaut*; [Vi] (不及物) **1. *irgendwie s.*** e-n bestimmten Gesichtsausdruck haben 看着,瞧着(表情) 〈finster, freundlich, müde, spöttisch *usw* s. 阴沉地、和善地、疲倦地、嘲笑地瞧着〉: *Schau doch nicht so (böse), da kriegt man ja Angst!* 别这么(气呼呼地)瞧着,人家会害怕的呀! **2. *irgendwohin s.*** *bes südd* Ⓐ 尤用于[南德][奥] irgendwohin sehen (10) 朝…方向看、瞧: *aus dem Fenster s.* 从窗口往外看; *j-m in die Augen s.* 盯着某人的眼睛看 **3. *irgendwohin s.*** nachsehen, ob etw. irgendwo ist 朝…方向查找: *„Ich kann meine Brille nicht finden" – „Schau doch mal auf den Nachttisch/in die Schublade!"* "我找不着我的眼镜"——"看一下床头柜上/抽屉里!" **4. *auf etw.*** (*Akk* 四格) ***s.*** *gespr*[口]; auf etw. besonders achten 重视,关注: *Er schaut sehr auf Sauberkeit* 他非常看重清洁 **5. *nach etw. s.*** prüfen, ob etw. in e-m bestimmten Zustand ist 看看,查看一下 ≈ nachsehen (2): *Schau mal, ob der Kuchen schon fertig ist!* 去看一下点心是不是已经好了! **6. *nach j-m/ etw. s.*** *südd* Ⓐ [南德][奥]; ***zu j-m/etw. s.*** ⒸⒽ [瑞] (von Zeit zu Zeit) nach j-m/etw. sehen (11), sich um etw. kümmern 照看,照料: *Im Urlaub schaut unser Nachbar nach unseren Blumen* 在假期我们的邻居照看我们家的花; *Schaust du mal nach den Kindern, ob sie noch etwas brauchen?* 你去看一看孩子们是否还需要什么? **7. *s.*** + *Nebensatz* (从句) *südd* Ⓐ [南德][奥] sich bemühen, etw. zu erreichen 争取,注意… ≈ zusehen (3): *Schau*, dass *du auch pünktlich bist* 注意你也要准时哟!; *Du musst selbst s., wie du das schaffst* 你得自己考虑怎么做好这件事; *Schau mal, ob du das kannst!* 这一点你是否能行,你看着办! **8. *schau (mal)/schauen Sie (mal)*** + *Nebensatz* (从句) *südd* Ⓐ [南德][奥] verwendet, um e-e Äußerung einzuleiten, bei der man versucht, j-n von etw. zu überzeugen 你瞧 ≈ sehen: *Schau (mal), das musst du doch verstehen!* 你瞧,这个你该懂得的呀!; *Schau (mal), wenn das jeder machen würde, gäbe es doch ein Chaos. Also sei vernünftig!* 你瞧瞧,所有的人都来做不就乱了嘛。现在你冷静些吧! ‖ ID[谚] ***Schau, schau!*** verwendet, um Überraschung auszudrücken(表示惊奇)你瞧瞧!

Schau·er *der*; *-s, -*; ein kurzer (u. *mst* starker) Regen 阵雨 〈örtliche, gewittrige, vereinzelte Schauer 局部阵雨,雷阵雨,零星阵雨; in e-n S. geraten 遇上阵雨; von e-m S. überrascht werden 意外地遇到阵雨〉: *am Nachmittag vereinzelt Schauer, ansonsten sonnig u. trocken* 下午有零星阵雨,大部地区晴朗无雨 ‖ -K (复合): ***Gewitter-, Hagel-, Regen-*** **2.** ≈ Schauder (2) ‖ *zu* (义项) **1. schau·er·ar·tig** *Adj*(形)

Schau·er·ge·schich·te *die*; e-e Geschichte, in der etw. Negatives übertrieben (u. *mst* grausam) dargestellt wird 荒诞无稽的故事 ≈ Schauermärchen 〈Schauergeschichten erzählen 讲述荒诞的故事〉

schau·er·lich *Adj*(形) ≈ schaurig ‖ *hierzu*(派生) **Schau·er·lich·keit** *die*; *nur Sg*(只用单数)

Schau·fel *die*; *-, -n* **1.** ein Gerät, das aus e-m langen Stiel u. e-m breiten, dünnen Stück Metall, Plastik *o.Ä.* besteht u. dazu dient, Erde, Sand *o.Ä.* hochzuheben u. zu bewegen 铲子,锹: *Er nahm die S. u. füllte den Sand in die Schubkarre* 他拿起铁锹,将沙子装入手推车里 ‖ -K (复合): ***Kehricht-, Kohlen-, Müll-, Sand-, Schnee-*** ‖ NB(注意): ↑ ***Spa-***

S

ten* 2. *e-e S.* +** *Subst* (名词) die Menge, die auf e-e S. (1) passt 一锹，一铲…: *e-e S. Sand aufs Feuer werfen, um es zu löschen* 为了灭火而往火上扔一锹沙子 **3.** ein Teil e-s Gerätes, der wie e-e S. (1) aussieht 叶片，叶轮 ‖ K-(复合): ***Schaufel-*, *-bagger*, *-rad **4.** das breite flache Ende am Geweih e-s Elches *o. Ä.* 驼鹿等的掌状角顶 **5.** das breite, flache Ende an e-m Ruder od. Paddel 桨叶，舵叶

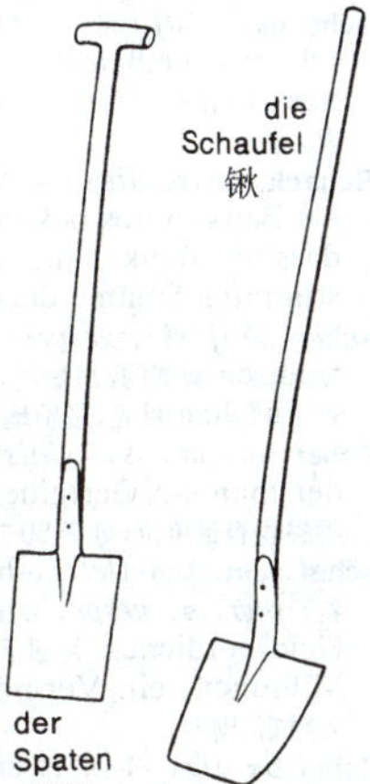

schau·feln; *schaufelte, hat geschaufelt*; [Vt/i] (及物/不及物) **1.** ***(etw. irgendwohin) s.*** etw. mit e-r Schaufel, in den hohlen Händen *o. Ä.* irgendwohin bewegen 铲，挖，掘: *Er schaufelte die Erde in e-n Eimer* 他把土铲进桶里; *Der Maulwurf schaufelte Erde aus seinem Loch* 鼹鼠从洞中往外扒土; [Vt] (及物) **2. *etw. s.*** etw. durch Schaufeln (1) entstehen lassen(用铲)挖掘，挖出〈ein Grab, e-e Höhle, ein Loch s. 挖一座坟墓、一个洞穴、一个窟窿〉 **3. *Schnee s.*** mit e-r Schaufel Schnee entfernen 铲雪

Schau·fens·ter *das*; das große Fenster, in dem ein Geschäft seine Waren zeigt 陈列橱窗〈etw. im S. ausstellen 在橱窗里展出某物; etw. liegt, steht im S. 某物放在橱窗内〉: *Ich habe ein tolles Kleid im S. gesehen* 我看见橱窗里有一件特别漂亮的连衣裙 ‖ K-(复合): ***Schaufenster-*, *-auslage*, *-bummel*, *-dekoration*, *-puppe*, *-reklame***

Schau·kas·ten *der*; ein Kasten aus Glas an der Wand od. auf e-m Tisch, in dem etw. (*bes* in e-m Museum *o. Ä.*) gezeigt wird 陈列柜〈etw. im S. aushängen, auslegen 将某物张贴、陈列在陈列柜中〉

Schau·kel *die*; -, *-n* **1.** e-e Art Sitz (*bes* für Kinder), der an Seilen od. Ketten hängt u. mit dem man hin- u. herschwingen kann 秋千 ‖ -K(复合): ***Garten-*, *Kinder-*** **2.** ≈ Wippe

schau·keln; *schaukelte, hat geschaukelt*; [Vt] (及物) **1. *j-n/etw. s.*** j-n/etw. hin- u. herschwingen 摇，摇晃，摇摆〈ein Kind auf den Armen, in der Wiege s. 抱在怀里、在摇篮里摇晃孩子〉 **2. *etw. s.*** *gespr*[口]; etw., das problematisch ist, lösen od. in Ordnung bringen 解决，办妥; [Vi] (不及物) **3.** sich mit e-r Schaukel *o. Ä.* hin- u. herbewegen, auf etw. nach oben u. nach unten schwingen 晃动，荡秋千〈mit der Schaukel, auf dem Schaukelpferd, auf dem Schaukelstuhl, mit der Wippe s. 在秋千上、木马上、摇椅上、跷跷板上来回摇晃〉 **4. *etw. schaukelt*** etw. schwankt (1), etw. bewegt sich auf u. ab(物作主语)摇，摆动〈ein Boot, ein Schiff 小船，船〉: *Lampions schaukeln im Wind* 灯笼在风中摇晃

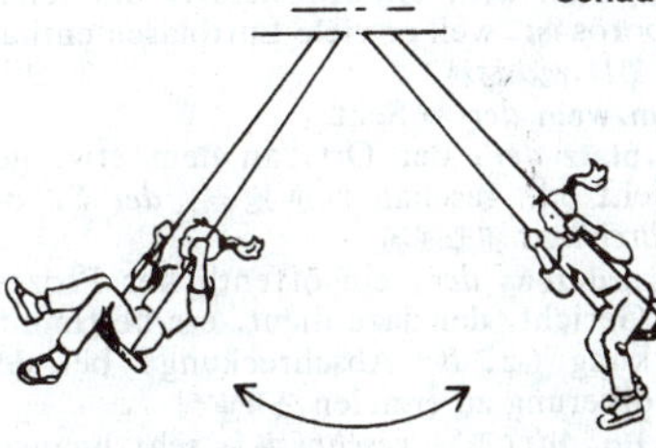

Schau·kel·pferd *das*; ein kleines Pferd aus Holz, auf dem Kinder schaukeln können 摇动木马

Schau·kel·stuhl *der*; ein Stuhl, der unten gebogene Teile hat u. mit dem man schaukeln kann 摇椅 ‖ ↑ *Abb. unter* 图见 ***Stühle***

Schau·lau·fen *das*; e-e Vorführung für das Publikum beim Eiskunstlauf 花样滑冰表演

Schau·lus·ti·ge *der/die*; *-n, -n*; *mst pej* 多用[贬]; j-d, der bei e-m Unfall, Brand *o. Ä.* zusehen will 爱看热闹的人，围观者: *Die Schaulustigen behindern die Arbeit der Polizei am Unfallort* 围观者妨碍警察在肇事地点的工作 ‖ NB(注意): *ein Schaulustiger; der Schaulustige; den, dem, des Schaulustigen* ‖ *hierzu*(派生) **Schau·lust** *die*; *nur Sg*(只用单数)

Schaum *der*; -(e)s, *Schäu·me*; *mst Sg*(多用单数); e-e weiche u. leichte Masse aus vielen kleinen Luftblasen, die sich manchmal an der Oberfläche e-r Flüssigkeit bildet 沫，泡沫，浮沫〈Eiweiß zu S. schlagen 将蛋白打成泡沫状〉: *der S. des Bieres, der Wellen* 啤酒沫，浪花 ‖ K-(复合): ***Schaum-*, *-bad*, *-bildung*, *-bläschen*, *-löffel*; *schaum-*, *-bedeckt*** ‖ -K(复合): ***Bier-*, *Eier-*, *Meer-*, *Seifen-*, *Wellen-*** ‖ ID[谚] ***S. schlagen*** *pej*[贬] ≈ prahlen

schäu·men; *schäumte, hat geschäumt*; [Vi] (不及物) **1. *etw. schäumt*** etw. entwickelt Schaum(物作主语)起泡沫，冒泡〈das Bier, die Seife, der Sekt, das Wasser 啤酒，肥皂，香槟酒，水〉 **2. *vor Wut s.*** ganz wütend sein 气得呼呼的，大发雷霆，勃然大怒 ‖ ▶ ***überschäumen***

Schaum·ge·bäck *das* ≈ Baiser

Schaum·gum·mi *der*; Gummi, der besonders weich ist (weil er viele Luftblasen enthält) u. der für Polster *o. Ä.* verwendet wird 泡沫橡胶，海棉橡胶 ‖ K-(复合): ***Schaumgummi-*, *-kissen*, *-matratze***

schau·mig *Adj* (形) **1.** aus Schaum bestehend 起泡沫的，有泡沫的〈e-e Masse 物质〉: *Butter u. Zucker/Eigelb/Eiweiß s. schlagen/rühren* 将黄油和糖/蛋黄/蛋白打/搅得起泡沫 **2.** mit Schaum 多泡沫的: *Das Meer/Das Wasser war s.* 海水/水泡沫多

Schaum·kro·ne *die*；e-e Schicht Schaum oben auf e-r Flüssigkeit，*bes* auf Wellen 上面的一层白色泡沫

Schaum·schlä·ger *der*；*pej*［贬］≈ Angeber ‖ *hierzu*（派生）**Schaum·schlä·ge·rin** *die*

Schaum·stoff *der*；ein Kunststoff，der leicht u. porös ist，weil er viele Luftblasen enthält 泡沫塑料，泡沫材料

Schaum·wein *der* ≈ Sekt

Schau·platz *der*；der Ort，an dem etw. geschieht od. geschah 出事地点：*der S. e-s Verbrechens* 犯罪现场

Schau·pro·zess *der*；ein öffentlicher Prozess vor Gericht，der dazu dient，e-e bestimmte Wirkung（*z. B.* Abschreckung）bei der Bevölkerung zu erzielen 公开审判

schau·rig *Adj*（形）；*geschr*［书］；sehr unangenehm 恐怖的，可怕的 ≈ schauerlich，grässlich 〈ein Wetter，ein Anblick 天气，景象〉

Schau·spiel *das* **1.** ein Stück *mst* aus mehreren Akten，das man auf der Bühne spielt 戏剧 ≈ Theaterstück ‖ K-（复合）：***Schauspiel-***，***-haus***，***-kunst***，***-schule***，***-schüler***，***-unterricht*** **2.** ein beeindruckender Anblick，den ein Ereignis bietet 场面，奇观，景观，景象〈ein erhabenes，eindrucksvolles，fesselndes S. 庄严的、令人难忘的、引人入胜的景象〉‖ -K（复合）：***Natur-***

Schau·spie·ler *der*；j-d，der（beruflich）in e-m Film，Theaterstück *o. Ä.* Personen darstellt（电影、戏剧等）演员 ≈ Darsteller ‖ -K（复合）：***Film-***，***Volks-*** ‖ ID［谚］***ein guter/schlechter S. sein*** seine Gefühle gut/nicht gut verstellen können 做一名好的/蹩脚的演员 ‖ *hierzu*（派生）**Schau·spie·le·rin** *die*；**schau·spie·le·risch** *Adj*（形）

Schau·stel·ler *der*；*-s*，*-*；j-d，der mit e-m Wohnwagen von einem Jahrmarkt zum anderen fährt，um dort etw. vorzuführen 流动艺人（拉着房车到处参加年市做买卖或演出的人）

Schau·stück *das*；ein *mst* wertvoller Gegenstand，der（in e-r Vitrine，in e-m Schaukasten）gezeigt wird 珍玩，陈列品，展览品：*die Schaustücke e-s Museums* 博物馆展品

Schau·ta·fel *die*；e-e Tafel，auf der etw.（als Information *o. Ä.*）dargestellt ist 展示牌，公告牌：*e-e S. mit den chemischen Elementen* 化学元素表

Scheck *der*；*-s*，*-s* **1.** ein Vordruck，mit dem der Inhaber e-s Bankkontos ohne Bargeld etw. bezahlen kann. Das Geld wird dann von seinem Konto abgezogen. Er kann e-n S. bei e-r Bank auch gegen Bargeld einlösen 支票〈ein ungedeckter S. 非保付（空头）支票；e-n S. ausstellen，ausfüllen 开出、填写支票；einlösen 兑付（兑现）支票；j-m e-n S. ausschreiben 为某人开写支票〉：*Zahlen Sie bar od mit S.?* 您支付现金还是用支票？；*Er gab mir e-n S. über drei hundert Euro* 他给了我一张300欧元的支票 ‖ K-（复合）：***Scheck-***，***-betrüger***，***-fälschung***，***-heft***，***-verkehr*** ‖ -K（复合）：***Blanko-***，***Post-*** **2.** ≈ Gutschein ‖ -K（复合）：***Bilder-***，***Urlaubs-***

sche·ckig *Adj*（形）；mit weißen u. braunen od. mit weißen u. schwarzen Flecken auf dem Fell 有花斑的，带斑点的〈Pferde，Rinder 马，牛〉

Scheck·kar·te *die*；e-e Karte，die der Inhaber e-s Bankkontos bekommt u. die garantiert，dass die Bank seine Schecks bis zu e-r bestimmten Summe deckt（6）支票卡，信用卡

scheel *Adj*（形）；*gespr*［口］；neidisch od. misstrauisch 斜视的，忌妒的，猜疑的〈ein Blick，j-n s. ansehen 目光，忌妒地看着某人〉

Schef·fel *der*；*-s*，*-*；*hist*［历］；e-e Einheit，mit der man e-e Getreidemenge misst 舍非尔（一种谷物容量单位，等于50—222升）

schef·feln；*scheffelte*，*hat gescheffelt*；Vt（及物）***etw. s.*** *gespr*，*oft pej*［口］常用［贬］；viel Geld verdienen 大量攫取，捞取，积聚〈Geld，Millionen，ein Vermögen s. 积聚大量金钱、百万财富、财产〉

Schei·be *die*；*-*，*-n* **1.** ein flacher，runder Gegenstand 圆盘，圆片：*E-e Schallplatte ist e-e schwarze S.* 唱片是一张黑色圆盘；*Früher dachte man，die Erde sei e-e S.* 从前人们以为地球是一个圆盘 ‖ K-（复合）：***Scheiben-***，***-schießen*** ‖ -K（复合）：***Dreh-***，***Schieß-***，***Töpfer-***，***Wähl-***，***Ziel-*** **2.** ein flaches Stück Glas als Teil e-s Fensters *o. Ä.*（窗子等的）玻璃〈e-e blanke，zerbrochene，zerkratzte S. 明亮的、打碎的、碰碎的窗玻璃；die Scheiben putzen 擦窗子〉‖ -K（复合）：***Butzen-***，***Fenster-***，***Glas-***，***Heck-***，***Milchglas-***，***Schaufenster-***，***Windschutz-*** **3.** ein *mst* dünnes，flaches（u. rundes）Stück，das von e-m Lebensmittel abgeschnitten ist 片〈Brot，Eier，Wurst，Zitronen in Scheiben schneiden 将面包、鸡蛋、香肠、柠檬切成片〉：*Er schnitt sich e-e dicke Scheibe Käse ab* 他给自己切了厚厚的一片干酪 ‖ ↑ *Abb. unter* 图见 ***Stück*** ‖ -K（复合）：***Brot-***，***Wurst-***，***Zitronen-*** *usw* **4.** *gespr*［口］≈ Schallplatte ‖ ID［谚］***sich***（*Dat* 三格）***von j-m e-e S. abschneiden können*** *gespr*［口］；j-n als Vorbild nehmen können 可以以某人作为榜样 ‖ *zu*（义项）**1. schei·ben·för·mig** *Adj*（形）；*zu*（义项）**3. schei·ben·wei·se** *Adj*（形）；*mst adv*（多作状语）

Schei·ben·ho·nig！*Interjektion*（叹）；*euph*［婉］；verwendet，um seine Wut auszudrücken（表示愤怒）胡扯蛋！乱弹琴！

Schei·ben·kleis·ter！*Interjektion*（叹）；*hum*［诙］≈ Scheibenhonig

Schei·ben|wasch·an·la·ge *die*；der Teil des Autos，der Wasser auf die Windschutzscheibe des Autos spritzt 挡风玻璃冲洗装置

Schei·ben·wi·scher *der*；*-s*，*-*；ein Stab aus Metall u. Gummi，der sich bei Regen über die Windschutzscheibe e-s Autos hin- u. herbewegt u. das（Regen）Wasser zur Seite schiebt 刮水器，雨刷 ‖ ↑ *Abb. unter* 图见 ***Auto***

Scheich *der*；*-(e)s*，*-s/-e*；der Titel e-s arabischen Herrschers 酋长

Scheich·tum *das*；*-s*，*Scheich·tü·mer*；ein

S

Gebiet, das e-n Scheich als Herrscher hat 酋长领地,酋长国

Schei·de *die*; -, -*n* **1.** ≈ Vagina ‖ K-(复合): ***Scheiden-***, ***-eingang***, ***-entzündung***, ***-krampf***, ***-öffnung*** **2.** e-e schmale Hülle für ein Messer od. Schwert(刀、剑的)鞘,套 ⟨etw. aus der S. ziehen, in die S. stecken 把某物拔出鞘,插入鞘中⟩

schei·den; *schied*, *hat/ist geschieden*; [Vt] (及物) (*hat*) **1.** *mst* 多用 ***sie werden/ihre Ehe wird geschieden*** ihre Ehe wird durch ein Gerichtsurteil aufgelöst 他们离婚/他们的婚约被解除: *Ihre Ehe wurde schon nach zwei Jahren geschieden* 他们结婚两年后就离了; *Sie lassen sich s./Sie lässt sich von ihm s.* 他们申请离婚/她申请同他离婚 **2.** *mst* 多用 ***j-d ist geschieden*** j-s Ehe ist durch ein Gerichtsurteil aufgelöst(人作主语)离婚: *Sind Sie ledig, verheiratet, verwitwet od. geschieden?* 您是未婚、已婚、丧偶还是离婚? **3.** ⟨Personen/Dinge 人/物⟩ (***voneinander***) ***s.***; ***etw. von etw. s.*** *geschr* [书]; mehrere Personen od. Dinge voneinander trennen 将…彼此分开;从…中挑出、剔出、分离出 ‖ K-(复合): ***Scheide-***, ***-linie***, ***-wand*** **4.** ***etw. von etw. s.*** (***können***); ⟨Dinge 物⟩ ***s. können*** *geschr* [书]; mehrere Dinge voneinander unterscheiden können 能够将…和…区别开来: *Gut u./von Böse s. können* 分得清善恶; [Vi] (不及物) (*ist*) **5. *aus etw. s.*** *geschr* [书]; e-e Funktion, e-e Tätigkeit endgültig aufgeben 离开,分开,退出⟨aus dem Amt, dem Berufsleben s. 离职,退休⟩ **6. *j-d scheidet von j-m***; ⟨Personen 人⟩ ***scheiden*** (***voneinander***) zwei od. mehrere Personen gehen auseinander(人作主语)单:和…分手;复:彼此分手: *Sie schieden als Freunde* 他们友好地分手 ‖ ID[谚] ***die/ihre Geister scheiden sich*** (***an/in etw.*** (*Dat* 三格)) die Leute haben über etw. e-e ganz verschiedene Meinung 在某事上意见/他们的意见有分歧; ***aus dem Leben s.*** *euph*[婉] ≈ sterben

Schei·de·weg *der*; *nur in* 只用于 ***am S. stehen*** vor e-r wichtigen Entscheidung stehen (die Auswirkungen auf das zukünftige Leben haben wird)站在十字路口,面临抉择

Schei·dung *die*; -, -*en* **1.** die Auflösung e-r Ehe durch ein Gericht 离婚⟨die S. beantragen, aussprechen 申请,提出离婚⟩ ‖ K-(复合): ***Scheidungs-***, ***-anwalt***, ***-grund***, ***-klage***, ***-prozess***, ***-urteil*** ‖ -K(复合): ***Ehe-*** **2. *in S. leben*** (nachdem die S. (1) beantragt wurde) getrennt vom Ehepartner leben, bevor das Gericht die Ehe auflöst(正在进行离婚诉讼时)分居 **3. *die S. einreichen*** e-e S. (1) bei Gericht beantragen 递交离婚诉状

Schein[1] *der*; -(*e*)*s*; *nur Sg* (只用单数) **1.** das Licht, das von e-r Lampe *o.Ä.* verbreitet wird 光: *Der Garten war vom matten S. des Mondes erleuchtet* 花园沐浴在黯淡的月光中; *Er saß im S. der Lampe u. las* 他坐在灯光下读书 ‖ -K(复合): ***Fackel-***, ***Feuer-***, ***Kerzen-***, ***Lampen-***, ***Licht-***, ***Mond-***, ***Sonnen-*** **2** ≈ Schimmer, Glanz: *der helle S. ihrer Augen* 她眼睛那明亮的光泽(闪闪发光)

Schein[2] *der*; -*s*; *nur Sg* (只用单数) **1.** etw., das nicht so ist, wie es aussieht 假象,幌子: *Ihre Freundlichkeit war nur S., in Wirklichkeit wollten sie uns nur ausnutzen* 他们的友好态度仅仅是个幌子,实际上他们只想利用我们 **2.** der äußere Eindruck 外表,外观,表面印象,门面⟨der S. spricht für/gegen j-n/etw. 外表对某人/某事有利/不利; den (äußeren) S. wahren, aufrechterhalten 维持、保持表面关系⟩ **3. *zum S.*** um j-n zu täuschen(为了迷惑人)装样子,装门面: *Sie ist zum S. weggegangen u. hat ihn dann heimlich beobachtet* 她假装离开了,然后偷偷地监视他 **4. *der S. trügt*** die Realität ist anders als der äußere Eindruck 外表是靠不住的

Schein[3] *der*; -(*e*)*s*, -*e* **1.** e-e offizielle Bescheinigung (die etw. bestätigt od. die zu etw. berechtigt) 证件,证明,证书 ‖ -K(复合): ***Angel-***, ***Erlaubnis-***, ***Entlassungs-***, ***Fahr-***, ***Führer-***, ***Garantie-***, ***Gepäck-***, ***Impf-***, ***Jagd-***, ***Kranken-***, ***Liefer-***, ***Lotto-***, ***Pfand-***, ***Passier-***, ***Schuld-***, ***Toten-***, ***Überweisungs-***, ***Waffen-***, ***Wett-*** **2. *ein*** (***kleiner/großer***) ***S.*** ein Geldschein (mit niedrigem/hohem Wert) (小/大面值的)钞票 ≈ Banknote ⟨e-n großen S. wechseln 换一张大票⟩: *Die Entführer forderten e-e halbe Million Euro in kleinen Scheinen* 劫持者索要 50 万欧元小面值现钞 ‖ -K(复合): ***Zehneuro-***, ***Zwanzigeuro-***, ***Fünfzigeuro-***; ***Hundertfranken-*** *usw* ‖ NB(注意): ↑ ***Münze***

schein-, Schein- *im Adj od Subst, begrenzt produktiv, oft pej*(构成形容词或名词,构词有限)常用[贬]; drückt aus, dass das im zweiten Wortteil Genannte nur scheinbar, aber nicht in Wirklichkeit zutrifft(表示虚假、伪装)假,伪,装,佯,表面的…; der ***Scheinangriff***, das ***Scheinargument***, die ***Scheinfirma***, das ***Scheingeschäft***, ***scheinliberal***, die ***Scheinlösung***, das ***Scheinproblem***, die ***Scheinschwangerschaft***, ***scheintot***, der ***Scheintod***, der/die ***Scheintote***, der ***Scheinvertrag***, der ***Scheinwiderstand***

Schein·asy·lant *der*; *pej*[贬]; j-d, der für sich in Anspruch nimmt, politischer Flüchtling zu sein (u. deswegen Asyl beantragt), obwohl das nicht zutrifft 冒充的政治避难者 ‖ *hierzu*(派生) **Schein·asy·lan·tin** *die*

schein·bar *Adj* (形); nur dem äußeren Eindruck nach, aber nicht in Wirklichkeit 表面装的,虚假的 ⟨ein Gegensatz, ein Widerspruch 对立,矛盾⟩: *Er nahm die Botschaft s. gelassen hin, aber innerlich war er sehr erregt* 他对这个消息表面上装作不动声色,而内心却十分激动 ‖ NB(注意): *Er hat nur scheinbar seine Meinung geändert* bedeutet, dass er nur so tat, als hätte er seine Meinung geändert (aber dies in Wirklichkeit nicht getan hat)(有 scheinbar 的这句话的意思是:他只是假装改变了自己的意见,其实他并没改); *Er hat anscheinend seine Meinung geändert* bedeutet, dass es so aussieht, als ob er seine Mei-

S

nung geändert habe. In der gesprochenen Sprache werden aber *scheinbar* u. *anscheinend* oft synonym gebraucht(有 anscheinend 的这句话的意思是:从表面上看来,他改变了自己的意见。但在口语中 scheinbar 和 anscheinend 常作同义词使用)

schei·nen[1]; *schien*, *hat geschienen*; Vi(不及物) **1.** ***etw. scheint*** etw. verbreitet Licht u. ist am Himmel zu sehen(物作主语)照耀,照射,发光,发亮〈der Mond, die Sonne 月亮,太阳〉**2.** ***etw. scheint irgendwohin*** etw. sendet Lichtstrahlen in e-e Richtung(物作主语)照在,照到: *Die Sonne schien mir ins Gesicht* 阳光照到我的脸上

schei·nen[2]; *schien*, *hat geschienen*; Vi(不及物) **1.** ***etw. scheint*** (***j-m***) + *Adj*(形); ***etw. scheint*** (***j-m***) + ***zu*** + *Infinitiv*(不定式) etw. macht (auf j-n) e-n bestimmten Eindruck (物作主语)看来,似乎,觉得: *Die Lage scheint sich zuzuspitzen* 局势看来正在激化; *Seine Erzählung schien* (*mir*) *recht unglaubwürdig* 他的叙述(在我)看来的确不可信 **2.** ***j-d scheint*** + *Adj*(形) (+ ***zu*** + *Infinitiv* 不定式); ***j-d scheint*** + *Subst*(名词) + ***zu*** + *Infinitiv*(不定式) j-d vermittelt den Eindruck, dass er so ist, wie im Adj. od. im Subst. beschrieben(人作主语)看来,似乎,给人印象: *Er scheint sehr glücklich* (*zu sein*)看来他很幸福; *Sie scheinen ein Fachmann zu sein* 他们看来是行家 **3.** ***wie es scheint*** ≈ anscheinend; Vimp (无人称) **4.** *mst* 多用 ***es scheint mir*** (*usw*), ***dass .../als ob*** ... ich (*usw*) habe den Eindruck, dass ... 我觉得好像…: *Es scheint mir, als ob ich schon mal hier gewesen wäre* 我觉得似乎来过这个地方

schein·hei·lig *Adj*(形); *gespr pej*[口][贬]; so dass der Betreffende dabei den Eindruck erweckt, er habe positive Eigenschaften (wie *z. B.* Unschuld, Freundlichkeit, Ehrlichkeit)虚情假意的,假虔诚的,假诚恳的,假装无辜的 ≈ heuchlerisch〈ein Blick, ein Gesichtsausdruck 目光,面部表情; s. tun (= so tun, als wäre man ganz unschuldig)装作清白无辜的样子; j-n s. ansehen 虚情假意地看着某人〉‖ *hierzu*(派生) **Schein·hei·lig·keit** *die*; *nur Sg* (只用单数)

Schein·wer·fer *der*; *-s*, *-*; e-e sehr helle Lampe, die e-n bestimmten Teil der Umgebung beleuchtet 探照灯,聚光灯,前灯: *Die Bühne wird von Scheinwerfern angestrahlt* 舞台被聚光灯照亮; *Der rechte S. an deinem Auto ist kaputt* 你汽车上的右前灯坏了 ‖ ↑ *Abb. unter* 图见 **Auto** ‖ -K(复合): ***Auto-***, ***Nebel-***, ***Such-***

Schein·wer·fer|licht *das*; das Licht e-s Scheinwerfers 探照灯光 ‖ ID[谚] ***im S.*** (***der Öffentlichkeit***) ***stehen*** im Mittelpunkt des öffentlichen Interesses stehen 受众人瞩目,处在众目睽睽之下 ≈ im Rampenlicht stehen

Scheiß *der*; *ohne Genitiv*(不用二格); *nur Sg*, *gespr! pej*(只用单数)[粗][贬]; etw., worüber man sich ärgert od. das man für völlig unwichtig hält 讨厌的、不遂心的、乌七八糟的事,胡扯 ≈ Blödsinn

scheiß- *im Adj*, *begrenzt produktiv*, *gespr! pej*(构成形容词,构词有限)[粗][贬] **1.** verwendet, um ein Adjektiv zu verstärken(加强形容词的语义)极其,非常; ***scheißfrech***, ***scheißkalt*** **2.** verwendet, um auszudrücken, dass man etw. als übertrieben empfindet 过分,太; ***scheißfreundlich*** (= zu freundlich), ***scheißnormal***

Scheiß- *im Subst*, *sehr produktiv*, *gespr! pej* (构成名词,构词强)[粗][贬]; verwendet, um auszudrücken, dass man sich über j-n/etw. sehr ärgert od. etw. sehr schlecht findet(表示对人/物恼火或指某物蹩脚)臭,糟,破,鬼…; das ***Scheißbuch***, das ***Scheißding***, der ***Scheißfilm***, der ***Scheißjob***, der ***Scheißkerl***, das ***Scheißwetter***

Scheiß·dreck *der*; *vulg*, *pej*[俗][贬]; verwendet als Verstärkung von Dreck (2)屁事,讨厌的事,蹩脚货: *Das geht dich e-n S. an* (= das ist nicht deine Sache, halt dich da raus)! 这关你屁事!

Schei·ße *die*; *-*; *nur Sg*(只用单数) **1.** *vulg*[俗] ≈ Kot **2.** *gespr! pej*[粗][贬]; etw., worüber man sich ärgert 令人烦心的事,恼火的事 ≈ Mist (2)〈S. bauen (= etw. Dummes machen)做蠢事; etw. ist große S. 某事全乱套了〉**3.** *mst* 多用 ***S.!*** *gespr!* [粗] verwendet, um seinen Ärger auszudrücken 他妈的! 该死!: (*So e-e S. - ich hab den Zug verpasst!* 该死——我误了火车! ‖ ID[谚] ***j-m steht die S. bis zum Hals*** *vulg*[俗]; j-d ist in e-r sehr unangenehmen Situation 某人倒了八辈子大霉

scheiß·egal *Adj*(形); *gespr!*[粗] völlig egal, ganz gleichgültig(带咒骂语气)完全无所谓,根本不在乎〈etw. ist j-m s. 对某人来说,某事他妈的全一样〉

schei·ßen; *schiss*, *hat geschissen*; *vulg*[俗]; Vi(不及物) **1.** den Darm entleeren 拉屎〈vor Angst in die Hosen s. 吓得屁滚尿流〉**2.** ***auf j-n/etw. s.*** j-n/etw. nicht für wichtig halten 对…根本不在乎、不理睬、不屑一顾 ‖ ID[谚] *mst* 多用 ***Dem werde ich*** (***et***)***was s.!*** ich denke nicht daran, seinen Wunsch zu erfüllen 我他妈的不想理他

Schei·ßer *der*; *-s*, *-*; ***ein*** (***kleiner***) ***S.*** *vulg pej* [俗][贬]; verwendet, um j-n zu bezeichnen, den man für nicht wichtig hält(不值一提的)小人物

Schei·ße·rei *die*; *-*; *nur Sg*(只作单数); *vulg* [俗] ≈ Durchfall〈(die) S. haben 拉稀〉

Scheiß·haus *das*; *vulg*[俗] ≈ Toilette, Klo

Scheit *das*; *-(e)s*, *-e/südd* Ⓐ Ⓒⓗ [南德][奥][瑞] *-er*; ein Stück Holz, das man im Ofen verbrennt 木柴块,柴火〈ein paar Scheite auflegen, nachlegen 放、添木柴〉‖ K-(复合): ***Scheit-***, ***-holz*** ‖ -K(复合): ***Holz-***

Schei·tel *der*; *-s*, *-* **1.** e-e Art Linie auf dem Kopf, die dadurch entsteht, dass man an dieser Stelle die Haare nach links u. nach rechts kämmt(头发的)分缝,头路〈e-n S. zie-

S

hen 梳分头；den S. rechts, links, in der Mitte tragen(头发)右、左、中分缝〉‖ -K(复合)：***Mittel-***, ***Seiten-*** **2.** der (höchste) Punkt e-s Bogens, e-r Kurve od. e-s Winkels(弧线、曲线、拱形的)顶点，顶峰；角顶点〈der S. e-r Flugbahn, e-s Gewölbes 飞行轨道的、拱门的顶点〉‖ ↑ *Abb. unter* 图见 ***Winkel*** ‖ ID[谚] ***vom S. bis zur Sohle*** völlig 从头顶到脚底，完完全全，地地道道 ≈ von Kopf bis Fuß, ganz u. gar: *Er ist ein Gentleman vom S. bis zur Sohle* 他是一位地地道道的绅士 ‖ *zu*(义项) **1.** **schei·teln** (*hat*) *Vt*(及物)

Schei·ter·hau·fen *der*; *hist*[历]; ein Holzhaufen, auf dem man Menschen, die zum Tode verurteilt wurden, öffentlich verbrannte 用来执行火刑的柴堆〈e-n S. errichten 立起柴堆；Hexen, Ketzer auf dem S. verbrennen 将巫婆、异教徒处以火刑(烧死)；auf dem S. sterben 死于火刑〉

schei·tern; *scheiterte*, *ist gescheitert*; *Vi*(不及物) **1.** (***mit etw.***) (***an j-m/etw.***) ***s.*** (aus e-m bestimmten Grund) ein Ziel nicht erreichen(因…)失败，落空 ↔ Erfolg haben 〈mit e-m Plan, e-m Projekt, e-m Vorhaben s. 计划、工程、设想落空〉: *Sie wollten ein neues Kraftwerk bauen, sind aber mit ihren Plänen am Widerstand der Bevölkerung gescheitert* 他们本想建造一个新的发电厂，但是他们的计划因居民反对而失败了 **2.** ***etw. scheitert*** (***an j-m/etw.***) etw. misslingt, etw. wird kein Erfolg(物作主语)(因…)失败，落空: *Ihr Plan, ein eigenes Geschäft zu kaufen, ist an der Finanzierung gescheitert* 他们购买一家商号的计划因财力不足而落空了；*Ihre Ehe ist schon nach kurzer Zeit gescheitert* 他们的婚姻不久后就破裂(失败)了 ‖ ID[谚] ***etw. ist zum Scheitern verurteilt*** etw. kann keinen Erfolg haben 某事注定要失败〈von Anfang an, von vornherein zum Scheitern verurteilt sein 从一开始，从一开头就注定要失败〉

Schel·le[1] *die*; -, *-n* **1.** e-e kleine Glocke in der Form e-r Kugel 小铃铛: *ein Pferdeschlitten mit Schellen* 一部配有铃铛的马拉雪橇 **2.** *ohne Artikel*, *nur Pl*(不带冠词，只用复数); e-e Spielfarbe im deutschen Kartenspiel, die als Symbol Schellen[1] (1) hat od. e-e Karte dieser Farbe(德国纸牌中的)铃儿，相当于红方块或一张方块牌 ‖ ↑ *Abb. unter* 图见 ***Spielkarten*** ‖ NB(注意): ↑ ***Herz*** (6,7) **3.** *südd*[南德] ≈ Klingel

Schel·le[2] *die*; -, *-n*; e-e Art runde Klammer, die man um ein Rohr legt, um es irgendwo zu befestigen 箍，环，套

schel·len; *schellte*, *hat geschellt*; *südd* (CH) [南德][瑞] *Vi*(不及物) **1.** ≈ läuten 〈die Klingel schellt 响起铃声; an der Tür s. 按(摇)门铃〉; *Vimp* (无人称) **2.** ***es schellt*** j-d läutet (an der Tür) 门铃响了，有人摁门铃

Schell·fisch *der*; ein Fisch, der in kalten Meeren lebt u. viel gegessen wird 鳕鱼

Schelm *der*; -(*e*)*s*, *-e* **1.** *veraltet*[旧]; j-d, der gern Streiche spielt u. Witze macht 爱开玩笑的人，爱恶作剧的人 ‖ K-(复合): ***Schelmen-***, ***-roman***, ***-streich*** **2.** ein Kind (*bes* ein Junge), das gern Späße macht 捣蛋鬼，小淘气 **3.** (CH) [瑞] ≈ Dieb ‖ *zu*(义项) **1.** u. **2.** **schel·misch** *Adj*(形)

Schel·te *die*; -; *nur Sg*(只用单数); e-e Äußerung, mit der man j-m deutlich sagt, dass man sich über ihn ärgert 责骂，呵斥 ≈ Tadel 〈S. bekommen 受到责骂〉

schel·ten; *schilt*, *schalt*, *hat gescholten*; *geschr*[书]; *Vt/i*(及物/不及物) **1.** (***j-n***) ***s.*** j-m deutlich sagen, dass man sich über ihn ärgert 责骂，斥责 ≈ schimpfen, tadeln ↔ loben; *Vt* (及物) **2.** ***j-n etw.*** (*Akk* 四格) ***s.*** *veraltend*[渐旧]; j-n als etw. Negatives bezeichnen 骂…是…: *j-n e-n Dummkopf s.* 斥责某人是个笨蛋

Sche·ma *das*; *-s*, *-ta/-s od Sche·men* **1.** e-e Zeichnung, in der die wichtigsten Merkmale e-r Sache dargestellt sind 图表，示意图: *das S. e-r Konstruktion, e-r elektrischen Schaltung* 结构图，电路图 ‖ -K(复合): ***Ablauf-***, ***Schalt-***, ***Schaltungs-*** **2.** *oft pej* 常用[贬]; e-e Vorstellung, die man davon hat, wie etw. geschehen soll u. nach der man immer wieder handelt 模式，样板，成规 ≈ Konzept 〈ein festes, starres S. 固定的，一成不变的模式; etw. läuft nach e-m S. ab 某事按照老框框进行; nach e-m bestimmten S. arbeiten, vorgehen 按规定程式工作，行事〉‖ -K(复合): ***Denk-***, ***Handlungs-*** ‖ ID[谚] ***j-d/etw. passt nicht ins/passt in kein S.***; ***j-d/etw. lässt sich in kein S. pressen*** j-d/etw. ist ganz eigenartig, anders als normal 某人独树一帜，独辟蹊径/某物别具一格，别有风味; ***nach Schema F*** [ʃeːmaˈ|ɛf] *gespr pej*[口][贬]; ohne die besonderen Merkmale u. Verhältnisse des jeweiligen Einzelfalls zu berücksichtigen 按照老一套，按老规矩 ‖ *hierzu*(派生) **sche·ma·ti·sie·ren** (*hat*) *Vt*(及物); **Sche·ma·tis·mus** *der*; -, *Sche·ma·tis·men*

Sche·ma·ta *Pl*(复); ↑ ***Schema***

sche·ma·tisch *Adj*(形) **1.** in der Form e-s Schemas (1) 以图表形式的，图解的〈e-e Abbildung, e-e Darstellung 插图，说明〉**2.** *mst pej* 多用[贬]; nach e-m Schema (2), ohne Überlegung 机械的，照葫芦画瓢的，老一套的 ≈ mechanisch 〈e-e Arbeit, e-e Tätigkeit 工作，活动〉

Sche·mel *der*; *-s*, - **1.** ein niedriger Stuhl ohne Lehne 小板凳 ≈ Hocker ‖ ↑ *Abb. unter* 图见 ***Hocker*** ‖ -K(复合): ***Küchen-***, ***Melk-***, ***Schuster-*** **2.** ein sehr niedriger S. (1), auf den man im Sitzen die Füße legen kann 脚蹬 ≈ Fußbank ‖ -K(复合): ***Fuß-***

Sche·men[1] *Pl*(复); ↑ ***Schema***

Sche·men[2] *die*; *Pl*(复); die Umrisse, Konturen e-r Person od. Sache 外形，概貌，阴影，轮廓 ≈ Schatten (3): *Im Nebel waren die Bäume nur als Schemen zu erkennen* 在雾中树木只能看得出隐隐约约的轮廓 ‖ NB(注意): ↑ ***Schema*** ‖ *hierzu*(派生) **sche·men·haft** *Adj*

S

(形)

Schen·ke *die*; -, -*n*; ein *mst* kleines, einfaches Lokal, in dem man Getränke bekommt 小酒店 ‖ -K(复合): ***Bauern-, Dorf-, Wald-***

Schen·kel *der*; -*s*, - **1.** der Teil des Beines zwischen Hüfte u. Knie 大腿,腿 ≈ Oberschenkel ⟨die Schenkel spreizen 叉开大腿⟩: *sich vor Lachen auf die Schenkel schlagen* 笑得拍大腿⟩ ‖ K-(复合): ***Schenkel-, -bruch, -knochen*** **2.** das gebratene od. gekochte Bein e-s Tieres(食用动物的)腿 ‖ -K(复合): ***Enten-, Frosch-, Gänse-, Hühner-*** **3.** MATH【数】; eine der beiden Linien, die e-n Winkel bilden(三角形的)腰,边 ‖ ↑ *Abb.* *unter* 图见 ***geometrische Figuren*** u. unter ***Winkel***

schen·ken; *schenkte*, *hat geschenkt*; Vt (及物) **1.** (***j-m***) ***etw. s.*** (als Zeichen der Anerkennung, Freundschaft od. Liebe) j-m etw. geben, das er behalten kann 赠送,给予 ≈ j-m etw. zum Geschenk machen ⟨j-m etw. als/zum Andenken, zum Geburtstag, zu Weihnachten s. 赠送某人某物留念、祝贺生日、祝贺圣诞节⟩: *Er schenkte ihr zum Abschied e-e Kette* 临别时他送给她一条项链; *Er bekam zu Weihnachten ein Fahrrad geschenkt* 过圣诞节他得到一辆馈赠的自行车 **2.** ***etw. schenkt j-m etw.*** etw. bewirkt, dass j-d etw. sehr Positives bekommt(物作主语)给予 ⟨j-m neue Kraft, neuen Lebensmut s. 给予某人新的力量,新的生活勇气⟩ **3.** ***sich*** (*Dat* 三格) ***etw. s.*** *gespr*[口]; etw., was einem Mühe macht, nicht tun 省去,甩掉,不用费神: *Diese Arbeit kannst du dir schenken, ich mache sie schon* 这个工作你就甭管了,由我去做就是了 **4.** ***e-m Kind das Leben s.*** ein Kind zur Welt bringen 生小孩 **5.** ***j-m/etw. etw. s.*** *geschr*[书]; verwendet zusammen mit e-m Substantiv, um ein Verb zu umschreiben(与名词连用,改换动词的表达); ***j-m/etw. seine Aufmerksamkeit s.*** ≈ j-n/etw. beachten; ***j-m/etw. Beachtung s.*** ≈ j-n/etw. beachten; ***j-m/e-m Tier die Freiheit s.*** ≈ j-n/ein Tier freilassen; ***j-m/etw. Gehör s.*** ≈ j-m/etw. zuhören; ***j-m/etw. Glauben s.*** ≈ j-m/etw. glauben; ***j-m sein Vertrauen s.*** ≈ j-m vertrauen ‖ ID[谚] ***Geschenkt!*** *gespr*[口]; das ist nicht nötig od. wichtig 这无关紧要! 甭管! ≈ Vergiss es!, Lass nur!; ***etw. nicht (einmal) geschenkt haben wollen*** *gespr* [口]; etw. nicht haben wollen, weil es einem überhaupt nicht gefällt 某物白送也不要; ***etw. ist (halb/fast) geschenkt*** *gespr*[口]; etw. ist sehr billig 某物很便宜,几乎是白送; ***nichts geschenkt bekommen*** hart arbeiten müssen 没有白得的东西,一切都得付出艰辛才能得到 ‖ ▶ ***Geschenk, beschenken***

Schen·kung *die*; -, -*en*; JUR【法】; Geld od. etw. Wertvolles, das j-d e-m anderen (als Eigentum) gibt 赠与,馈赠,礼品 ⟨e-e S. machen 馈赠⟩ ‖ K-(复合): ***Schenkungs-, -steuer, -urkunde***

schep·pern; *schepperte*, *hat gescheppert*; *gespr*[口]; Vi (不及物) **1.** ***etw. scheppert*** etw. macht das Geräusch, das entsteht, wenn Dinge aus Metall zu Boden fallen(物作主语)金属碰撞发出响声,丁当作响 ≈ etw. klappert, klirrt ⟨Büchsen, Eimer, Milchkannen 罐,桶,牛奶壶⟩; Vimp (无人称) **2.** ***es scheppert*** *gespr*[口]; es gibt e-n Unfall, Autos stoßen zusammen 出交通事故了,撞车了

Scher·be *die*; -, -*n* **1.** ein Stück e-s gebrochenen Gegenstandes aus Glas od. Porzellan(玻璃或瓷器)碎片: *Er hat sich an e-r S. geschnitten* 他让一块玻璃碎片割着了 ‖ ↑ *Abb. unter* 图见 ***Stück*** ‖ K-(复合): ***Scherben-, -haufen*** ‖ -K(复合): ***Flaschen-, Glas-, Ton-*** **2.** ***etw. geht in Scherben***(物作主语)打碎了,打破了 ≈ etw. zerbricht ⟨ein Fenster, ein Glas, ein Spiegel, e-e Vase *usw* 窗户,玻璃杯,镜子,花瓶等⟩ ‖ ID[谚] ***Scherben bringen Glück*** verwendet als formelhafte Redewendung, wenn man etw. aus Glas *o.Ä.* zerbricht(当有人打碎玻璃、陶瓷时的礼貌语)碎碎(音同岁岁)平安,否极泰来

Sche·re *die*; -, -*n* **1.** ein Gerät, mit dem man *bes* Papier od. Stoff schneidet. Es besteht aus zwei scharfen, flachen Metallstücken, die an einem Ende e-n Griff (*mst* mit e-m Loch für e-n Finger) haben u. die beweglich in der Form e-s *X* miteinander verbunden sind 剪刀 ⟨e-e scharfe, spitze, stumpfe S. 锋利的、尖的、不快(钝)的剪刀; e-e S. schleifen 磨剪刀⟩ ‖ ↑ *Abb. unter* 图见 ***nähen*** ‖ -K(复合): ***Blumen-, Draht-, Garten-, Geflügel-, Haut-, Nagel-, Papier-*** **2.** der Teil des Körpers, mit dem ein Krebs, Skorpion *o.Ä.* Dinge greifen kann(龙虾、蟹、蝎子等的)螯: *die kräftigen Scheren des Hummers* 螯虾有力的前足 **3.** ***die S.*** (***zwischen etw.*** (*Dat* 三格) ***u. etw.*** (*Dat* 三格)) der Abstand zwischen zwei verschiedenen Dingen 剪刀差,差额 ⟨die S. zwischen Preisen u. Löhnen, Kosten u. Erträgen, Einnahmen u. Ausgaben 物价和工资、成本和产量、收入和支出间的差额⟩ ‖ -K(复合): ***Preis-, Lohn-*** ‖ ID[谚] ***etw. fällt der S. zum Opfer*** etw. wird aus e-m geschriebenen Text gestrichen 某物被删除(被勾掉)

sche·ren[1]; *schor*, *hat geschoren*; Vt (及物) **1.** ***j-n/ein Tier/etw. s.*** die Haare sehr kurz schneiden 给…剪发、剪毛、剪短 ⟨j-s Kopf, j-s Haare, e-n Pudel, ein Schaf s. 给某人剃头、剪头发,给卷毛狗、绵羊剪毛⟩ **2.** ***etw. s.*** etw. durch Schneiden kürzer machen u. in e-e bestimmte Form bringen 修剪 ⟨e-e Hecke, Sträucher s. 修剪树篱、灌木丛⟩ ‖ ▶ ***Schur***

sche·ren[2]; *scherte*, *hat geschert*; Vt (及物) *gespr*[口] **1.** ***etw. schert j-n*** etw. ist so, dass es j-d beachtet(物作主语)与…有关,使牵挂 ≈ etw. kümmert j-n ↔ etw. ist j-m gleichgültig: *Es scherte sie nicht, dass das Essen kalt war* 饭菜凉了,他们不在乎; *Was schert mich das?* 这和我有什么关系?; Vr (反身)

2. sich um j-n/etw. s. j-n/etw. beachten 关心,挂虑 ≈ sich um j-n/etw. kümmern: *Sie scherte sich nicht um das Verbot* 她不关心禁令 ‖ NB(注意) *zu*(义项) **1.** u. **2.**: *mst* verneint od. in e-r Frage(常用于否定句或疑问句) ‖ ID[谚] ***Scher dich nach Hause!*** *gespr!* [粗] geh nach Hause! 滚回家去!; ***Scher dich zum Teufel!*** *gespr!* [粗] verwendet, um j-m auf unhöfliche Weise zu sagen, dass man ihn nicht mehr sehen will 滚开! 见你的鬼去吧!

Sche.ren.schlei.fer *der*; *-s*, *-*; j-d, der beruflich Messer u. Scheren scharf macht (schleift) 磨剪匠,磨刀匠 ‖ *hierzu*(派生) **Sche.ren.schlei.fe.rin** *die*; *-*, *-nen*

Sche.ren.schnitt *der*; e-e Figur *o.Ä.*, die aus e-m Blatt Papier ausgeschnitten wurde 剪纸,剪影

Sche.re.rei *die*; *-*, *-en*; *mst Pl*, *gespr*(多用复数)[口]; Mühe u. Ärger 麻烦,烦恼 ≈ Unannehmlichkeit ⟨j-m Scherereien machen, ersparen 给某人添、减少麻烦; Scherereien mit j-m/etw. haben 和某人/某事有瓜葛⟩

Scherf.lein *das*; *mst in* 多用于 ***ein/sein S.*** **(*zu etw.*) *beitragen/beisteuern*** e-n (kleinen) *mst* finanziellen Beitrag zu etw. geben(为某事)做出(微薄)捐助

Scher.ge *der*; *-n*, *-n*; *geschr pej*[书][贬]; j-d, der im Auftrag e-r Regierung *o.Ä.* Gewalt ausübt 行刑者,刽子手: *die Schergen des faschistischen Regimes* 法西斯政权的刽子手 ‖ NB(注意): *der Scherge*; *den*, *dem*, *des Schergen* ‖ *hierzu*(派生) **Scher.gin** *die*; *-*, *-nen*

Scherz *der*; *-es*, *-e* **1.** etw., das man sagt od. tut, um j-n zum Lachen zu bringen 玩笑,笑话,趣话 ≈ Spaß, Witz ⟨ein gelungener, harmloser S. 成功的、无害的玩笑; e-n S. machen 开一个玩笑; seine Scherze über j-n/etw. machen, mit j-m treiben 拿某人/某事开玩笑,跟某人寻开心; sich (*Dat* 三格) e-n S. mit j-m erlauben 成心和某人开玩笑; etw. aus/im/zum S. sagen, tun 某事是说着玩的,做某事是开个玩笑⟩ ‖ K-(复合): ***Scherz-***, ***-artikel***, ***-frage*** ‖ -K(复合): ***April-*** **2. *ein schlechter S.*** etw. Unangenehmes, das j-d j-m antut 恶意的,不愉快的玩笑 **3. (*ganz*) *ohne S.*** verwendet, um auszudrücken, dass etw. wahr ist (obwohl es unwahrscheinlich klingt) 说正经的,不是闹着玩的 ≈ im Ernst **4. *S. beiseite*** verwendet, um auszudrücken, dass man nach e-r scherzhaften Bemerkung etw. Ernstes sagen will 谈正事,说正经的 ‖ ID[谚] ***Mach keinen S./keine Scherze!*** *gespr* [口]; verwendet, um seine Verwunderung über etw. auszudrücken, das j-d gerade gesagt hat(表示惊异)别开玩笑了! (这不会是真的吧!); *mst* 多用 ... ***u. all solche/ähnliche Scherze*** *gespr* [口]; ... u. noch mehr solche unwichtigen/lächerlichen Dinge…以及诸如此类的令人不快的事

Scherz.bold *der*; *-(e)s*, *-e*; *gespr* [口]; j-d, der oft Scherze macht 诙谐的人,爱说俏皮话的人 ≈ Witzbold

scher.zen; *scherzte*, *hat gescherzt*; [Vi] *geschr* (不及物)[书] **1. (*über j-n/etw.*) *s.*** e-n Scherz, Scherze machen 开玩笑,逗乐 ≈ spaßen, witzeln **2. *mit j-m s.*** ≈ mit j-m schäkern, flirten ‖ ID[谚] ***Sie belieben zu s.!*** *hum*[诙]; das kann nicht ernst gemeint sein 您真会开玩笑! (意即:这不会是真的); ***mit etw. ist nicht zu s.*** man muss etw. (*z.B.* e-e Krankheit) ernst nehmen, damit vorsichtig sein 这件事可开不得玩笑

scherz.haft *Adj*(形); ⟨e-e Frage, e-e Übertreibung 问题,夸张⟩ als Scherz gemeint, nicht (ganz) ernst gemeint 开玩笑的,打趣的,戏谑的 ↔ ernsthaft ‖ *hierzu*(派生) **Scherz.haf.tig.keit** *die*; *nur Sg*(只作单数)

Scherz.keks *der*; *gespr* [口]; (*bes* von Jugendlichen verwendet)(青年人用语) ≈ Scherzbold

scheu *Adj*(形) **1.** (verwendet in Bezug auf Tiere) bereit zu fliehen, wenn Menschen kommen(指动物)受惊的,惊吓的 ↔ zutraulich, zahm ⟨ein Reh, ein Vogel *usw* 鹿,鸟等⟩: *Der Lärm hier macht die Pferde s.* 这儿的声响使马受惊 **2.** *mst* aus Unsicherheit sehr zurückhaltend 胆怯的,腼腆的,害羞的 ≈ schüchtern ↔ selbstbewusst ⟨s. sein, wirken 是胆怯的,看上去胆怯的⟩ **3.** ⟨ein Blick, ein Lächeln 目光,微笑⟩ so, dass sie die ängstliche Zurückhaltung des Betreffenden zeigen 畏缩的,胆小怕事的

-scheu *im Adj*, *begrenzt produktiv*(构成形容词,构词有限); drückt aus, dass der Betreffende j-n/etw. meidet od. vor etw. Angst hat(表示回避或害怕)怕…的; ***arbeitsscheu***, ***ehescheu***, ***männerscheu***, ***menschenscheu***, ***wasserscheu***

Scheu *die*; *-*; *nur Sg*(只用单数) **1. *die S.*** **(*vor j-m/etw.*)** die Eigenschaft, scheu (1) zu sein 羞怯,胆怯,害怕(指性格): *Die Rehe ließen sich ohne S. streicheln* 小鹿不怕被人抚摸 **2. *die S.*** **(*vor j-m/etw.*)** die Angst vor dem Kontakt mit j-m/etw. 腼腆,害羞,胆怯(指怕交往、接触) ⟨seine S. überwinden, ablegen 克服、摆脱腼腆; keine S. zeigen 不流露出胆怯⟩ ‖ -K(复合): ***Menschen-*** **3. *die S.*** **(*vor j-m/etw.*)** die Abneigung gegen etw. 反感,厌恶,怕 ‖ -K(复合): ***Arbeits-***, ***Wasser-***

scheu.chen; *scheuchte*, *hat gescheucht*; [Vt] (及物) **1. *ein Tier* (*irgendwohin*) *s.*** mit lautem Rufen od. kräftigen Bewegungen e-m Tier Angst machen (damit es flieht) 吓跑,赶走,轰走 ≈ (ver)treiben: *Wespen vom Kuchen s.* 轰跑叮点心的马蜂 **2. *j-n s.*** j-m befehlen, etw. sehr schnell zu tun 催赶,催促 ≈ hetzen

scheu.en; *scheute*, *hat gescheut*; [Vt] (及物) **1. *etw. s.*** versuchen, etw. zu vermeiden 畏惧,害怕,力图避免 ⟨Auseinandersetzungen, Kämpfe s. 害怕争论、斗争; keine Arbeit, keine Mühen, keine Kosten s. 不怕工作,不辞辛苦,不惜代价⟩: *Sie hat den weiten Weg nicht gescheut, um ihn zu besuchen* 为了看望他,她

S

不怕路途遥远; Vi (不及物) **2.** 〈*mst* ein Pferd 多指马〉 **scheut** (**vor etw.** (*Dat* 三格)) ein Pferd erschrickt u. versucht zu fliehen(在…前面)受惊吓: *Das Pferd scheute vor dem Hindernis* 马在障碍前受惊; Vr (反身) **3. sich** (**vor etw.** (*Dat* 三格)) **s.** etw. nicht tun, weil man Bedenken hat(对…)有顾虑,有畏惧心理: *Sie scheute sich* (davor), *ihn zu verraten* 她有顾虑不想讲出他来

scheu·ern; *scheuerte, hat gescheuert*; Vt (及物) **1. etw. s.** etw. durch kräftiges Reiben (mit Lappen, Wasser u. Putzmittel) sauber machen 冲刷,擦洗,擦净 ≈ schrubben, putzen 〈das Bad, den Fußboden, e-n Kochtopf, e-e Pfanne s. 擦净浴室、地板、锅、平底锅〉 ‖ K-(复合): **Scheuer-, -lappen, -mittel, -sand, -tuch** **2. etw. scheuert j-n wund; etw. scheuert j-m etw. wund** etw. reibt so, dass dadurch etw. beschädigt od. j-d verletzt wird(物作主语)把…磨痛、擦伤、蹭伤: *Die Schuhe haben mir die Fersen wund gescheuert* 鞋把我的脚后跟磨破了 **3. sich** (*Dat* 三格) **etw. s.** sich an e-m Körperteil verletzen, weil dort etw. Raues *o. Ä.* reibt 把…蹭痛、擦伤: *sich die Knie wund s.* 把膝盖擦伤 ‖ ID [谚] **j-m eine s.** *gespr* [口]; j-m e-e Ohrfeige geben 给某人一记耳光 ≈ j-m eine kleben; **eine gescheuert bekommen/kriegen** *gespr* [口]; e-e Ohrfeige bekommen 挨一记耳光

Scheu·klap·pe *die*; *mst Pl* (多用复数); *mst in* 多用于 **Scheuklappen** (**vor den Augen**) **haben** die Wirklichkeit nicht sehen wollen od. können 闭目塞听,不想正视现实

Scheu·ne *die*; -, *-n*; ein Gebäude, in dem ein Bauer *bes* Heu u. Stroh aufbewahrt 谷仓,粮仓,干草棚 ‖ K-(复合): **Scheunen-, -tor**

Scheu·nen·dre·scher *der*; *mst in* 多用于 **essen/reinhauen wie ein S.** *gespr* [口]; sehr viel essen 非常能吃,饭量极大

Scheu·sal *das*; *-s, -e*; *pej* [贬] **1.** ein gemeiner od. brutaler Mensch 卑鄙的人,粗暴残忍的家伙 **2.** ein hässliches u. gefährliches Tier 狰狞凶猛的动物 ≈ Ungeheuer

S

scheuß·lich *Adj* (形) **1.** sehr hässlich 丑陋的,令人厌恶的 ≈ abscheulich 〈ein Anblick 景象; s. aussehen 看上去丑陋不堪〉 **2.** unangenehm (intensiv)令人作呕的,可憎恶的,难受的〈ein Geschmack, ein Lärm, ein Wetter 味道,噪音,天气; etw. riecht, schmeckt s. 某物非常难闻,难吃极了; s. kalt, heiß, laut 冷、热、吵得够戗〉 **3.** mit großer Brutalität 残暴的 ≈ abscheulich 〈ein Verbrechen 罪行〉 ‖ *hierzu* (派生) **Scheuß·lich·keit** *die*

Schi *usw* ↑ **Ski** *usw*

Schicht *die*; -, *-en* **1.** e-e Masse (*mst* e-e Substanz) in e-r relativ flachen u. breiten Form, die über od. unter etw. anderem liegt 层 ≈ Lage: *Pflanzensamen mit e-r dünnen S. Erde bedecken* 用薄薄的一层泥土覆盖植物种子; *Die oberen Schichten der Atmosphäre sind ziemlich kalt* 大气层的上层相当冷 ‖ K-(复合): **Schicht-, -gestein; -kuchen** ‖ -K(复合): **Boden-, Erd-; Dämm-, Isolier-; Dunst-, Eis-, Farb-, Luft-, Öl-, Ozon-, Rost-, Ruß-, Schmutz-, Schnee-, Staub-, Wachs-; Fett-, Speck-; Schutz-** **2.** der Teil der Bevölkerung, der ungefähr gleich viel verdient u. in ähnlichen Verhältnissen lebt 阶层〈e-e soziale, die besitzende, gebildete S. 社会阶层,有产阶层、文化阶层; die untere, obere S. 下层,上层(社会)〉 ‖ K-(复合): **schichten-, -spezifisch** ‖ -K(复合): **Arbeiter-, Mittel-, Ober-, Unter-; Bevölkerungs-, Führungs-, Gesellschafts-** ‖ NB(注意): ↑ **Klasse**² (1), **Stand**² (1) **3.** der Abschnitt des Arbeitstages in e-m Betrieb *o. Ä.*, in dem durchgehend gearbeitet wird(工作)班〈die S. wechseln 换班,交接班〉: *Die S. dauert von zwei bis zehn Uhr* 这一班(工作)从两点干到十点 ‖ K-(复合): **Schicht-, -arbeit-, -arbeiter, -dienst** ‖ -K(复合): **Arbeits-, Sonder-; Sonntags-; Früh-, Spät-, Tag-, Nacht-** **4.** die Gruppe von Menschen, die in e-r S. (3) arbeitet 班组人员〈in Schichten arbeiten 分几班工作〉: *Die erste S. fängt um acht Uhr zu arbeiten an, die zweite um vier u. die dritte um zwölf Uhr nachts* 第一班八点钟开始干活儿,第二班四点钟,第三班夜里十二点钟 ‖ K-(复合): **Schicht-, -ablösung, -wechsel**

schich·ten; *schichtete, hat geschichtet*; Vt (及物) **etw.** (*Kollekt od Pl* 集合或复数) **s.** etw. in Schichten (1) aufeinanderlegen 分层堆放,堆叠,码,摞 ≈ stapeln: *Holz s.* 堆放木材

Schich·tung *die*; -, *-en*; der Aufbau in verschiedenen Schichten (1) 成层结构,分层结构: *die S. e-s Berges untersuchen* 考察山脉的分层结构

schick *Adj* (形) **1.** elegant u. modern 漂亮的,时髦的 ≈ chic 〈ein Anzug, ein Kleid 西服,连衣裙; ein Auto, ein Apartment 汽车,公寓〉 **2.** so, dass es der Mode entspricht 入时的,时兴的,时尚的 ≈ in²; *Es gilt gerade als s., Golf zu spielen* 现在打高尔夫球很时兴 ‖ *hierzu* (派生) **Schick** *der*; *-(e)s*; *nur Sg* (只用单数)

schi·cken¹; *schickte, hat geschickt*; Vt (及物) **1.** (**j-m**) **etw. s.**; **etw.** (**an j-n/irgendwohin**) **s.** j-m (per Post *o. Ä.*) etw. bringen lassen, etw. irgendwohin bringen lassen 把…寄往,送给 ≈ senden ↔ bekommen, erhalten 〈j-m e-n Brief/ein Paket s. 给某人寄信/邮包; j-m Blumen s. 给某人送花; e-n Brief/ein Paket/Blumen an j-n s. 给某人寄信/邮包/给某人送花〉: *Mein Großvater hat mir Geld geschickt* 我的祖父给我寄了钱; *Zum Geburtstag schickte er mir e-n Strauß Blumen* 他送给我一束鲜花祝贺生日; *sich e-e Hose von e-m Versandhaus s. lassen* 让邮购商店为自己邮寄一条裤子 ‖ NB (注意): *senden* gehört e-r gehobeneren Stilebene an als *s.* (与 schicken 相比,senden 属较高雅的文体) **2. j-n** (**irgendwohin/zu j-m**) **s.** j-n auffordern, bitten *o. Ä.*, irgendwohin zu gehen 派往,派遣,打发: *die Kinder ins Bett s.* 打发孩子们去睡觉; *j-n zum Arzt s.* 让某人去看病; *Die Firma schickt ihn* *oft ins Ausland* 公司经常派遣他去国外；Vt/i（及物/不及物）**3.**（**j-n**）**nach j-m/etw. s.**；（**j-n**）**um j-n/etw. s.** j-n bitten od. beauftragen, j-n/etw. zu holen 叫…去请、去找 ≈ j-n/etw. holen lassen：（*den Nachbarn*）*nach dem Arzt s.* 让人（邻居）去请大夫；*nach dem Krankenwagen s.* 请人去找救护车

schi̩·cken², sich; *schickte sich, hat sich geschickt*; Vr（反身）**1. etw. schickt sich** *geschr*［书］≈ etw. ist schicklich, gehört sich：Es *schickt sich nicht, beim Essen die Ellenbogen auf dem Tisch* zu *haben* 吃饭时把胳膊肘放在桌上是不得体的 ‖ NB（注意）：oft verneint（常用否定句）**2. sich in etw.**（*Akk* 四格）**s.** *geschr*［书］；sich in etw. fügen, sich mit etw. abfinden 适应，顺应，安于 **3. sich s.** *südd gespr*［南德］［口］≈ sich beeilen

Schi·cke·ria *die*; -; *nur Sg*, *gespr pej*（只用单数）［口］［贬］；e-e Gruppe von wohlhabenden, modisch gekleideten Leuten, die sich bei vielen gesellschaftlichen Anlässen treffen u. sich für sehr wichtig halten 交际场合的名流显贵，风云人物

Schi̩·cki·mi̩·cki *der*; *-s, -s*; *gespr pej*［口］［贬］；j-d, der sehr teure u. elegante Kleidung trägt, *bes* um andere Leute zu beeindrucken 追求穿着华贵的人

schi̩ck·lich *Adj*（形）；*geschr*［书］；der jeweiligen Situation angemessen 合适的，适当的，得体的 ≈ passend (2)〈j-s Verhalten, j-s Benehmen, j-s Kleidung 某人的行为、举止、穿着；nicht s. sein 是不得体的；etw. nicht s. finden 认为某事不合适〉‖ *hierzu*（派生）**Schi̩ck·lich·keit** *die*; *nur Sg*（只用单数）

Schi̩ck·sal *das*; *-s, -e* **1.** *nur Sg*（只用单数）；e-e (höhere) Macht, von der manche glauben, sie könne das Leben e-s Menschen bestimmen 天命，命运：*Das S. war sehr grausam zu ihr/hat sie hart getroffen* 命运对她太残酷/使她遭受沉重打击；*Ich wollte immer Schauspieler werden, aber das S. hat es anders entschieden* 我本来一直想当演员，但是命运作了另外的抉择 ‖ K-（复合）：**Schicksals-, -fügung, -göttin, -tragödie, -wende; schicksals-, -bedingt, -gläubig** **2.** die Ereignisse, die das Leben od. das Glück e-r Person bestimmen, ohne dass sie daran etw. ändern kann 遭遇，劫难，命运 ≈ Los (3)〈ein schweres, trauriges S. haben 有着苦难的、悲惨的遭遇；sich mit seinem S. abfinden 忍认命运；sich in sein S. ergeben 屈服于命运；mit dem S. hadern 抱怨命运；sein S. ertragen, meistern 忍受、掌握自己的命运〉‖ K-（复合）：**Schicksals-, -gefährte, -genosse, -wende; schicksals-, -voll** ‖ -K（复合）：**Emigranten-, Flüchtlings-, Lebens-** **3. j-d ist j-s S.** j-d ist für j-s Leben sehr wichtig u. entscheidend（人作主语）是…的命根子，对…至关重要：*Sie wusste sofort, dass dieser Mann ihr S. war* 她立即意识到这个男人就是她的命根子 ‖ ID［谚］**j-n seinem S. überlassen** sich nicht mehr für j-n interessieren (u. ihm nicht mehr helfen) 丢下某人不管，不管某人的死活，让某人听天由命；**S. spielen** *gespr*［口］；versuchen, etw. nach seinem eigenen Wunsch zu beeinflussen 驾驭、安排、主宰命运 ‖ NB（注意）：↑ **Zufall, Verhängnis**

Schi̩ck·sals·schlag *der*; ein sehr schlimmes Ereignis, das das Leben e-s Menschen sehr negativ verändert 命运的打击，厄运

Schie̲·be·dach *das*; der Teil des Daches (bei manchen Autos), den man öffnen kann 可活动的汽车顶盖，车顶气窗 ‖ ↑ *Abb. unter* 图见 **Auto**

schie̲·ben; *schob, hat geschoben*; Vt/i（及物/不及物）**1.**（**etw.**（**irgendwohin**））**s.** etw. *mst* relativ langsam durch Drücken irgendwohin bewegen, ohne dass der Kontakt zum Boden aufgehoben wird 推，推动，推移 ↔ ziehen (1)：*e-n Kinderwagen s.* 推儿童车；*e-n Einkaufswagen*（*durch den Supermarkt*）*s.* 推着一辆购物车（逛超市）；*ein Fahrrad*（*bergauf*）*s.* 推自行车（上坡）；*den Kuchen in den Ofen s.* 把点心推入烤炉；*den Stuhl näher an den Tisch s.* 把椅子朝桌子跟前推近点；*Sie schoben den schweren Schrank zur Seite* 他们把沉重的柜子推到一边 ‖ K-（复合）：**Schiebe-, -fenster, -tür** **2.**（**j-n**（**irgendwohin**））**s.** j-n mit der Hand od. der Schulter irgendwohin stoßen od. drängen 推塞，推挤：*Sie schob die Kinder ins Auto* 她把孩子们一个个塞进汽车 **3.**（**etw.**）**s.** *gespr*［口］；illegale Geschäfte machen 做非法（或黑市）买卖〈Devisen s. 倒卖外汇〉；Vt（及物）**4. etw. auf j-n/etw. s.** j-n/etw. für etw. Negatives (*z. B.* e-n Fehler) verantwortlich machen (*mst* obwohl er es nicht ist) 推诿，转嫁，把…推给〈die Schuld, die Verantwortung, e-n Verdacht auf j-n s. 把过错、责任、怀疑推到某人头上〉**5. etw.**（**weit**）**von sich s.** behaupten, dass man mit e-r bestimmten Angelegenheit nichts zu tun habe 开脱，推脱〈e-n Vorwurf von sich s. 推脱对自己的责备〉；Vr（反身）**6. etw. schiebt sich irgendwohin** etw. bewegt sich langsam irgendwohin（物作主语）慢慢向…方向推移、移动：*E-e Wolke schob sich vor die Sonne* 云慢慢遮住太阳 **7. j-d schiebt sich nach vorn** j-d wird bei e-m Rennen *o. Ä.* schneller u. kommt in e-e bessere Position（人作主语）向前冲，往前挤

Schie̲·ber *der*; *-s, -*; j-d, der illegale Geschäfte macht 投机商，奸商，黑市商人 ≈ Schwarzhändler ‖ K-（复合）：**Schieber-, -geschäft** ‖ -K（复合）：**Devisen-, Waffen-** ‖ *hierzu*（派生）**Schie̲·be·rin** *die*; *-, -nen*

Schie̲·bung *die*; *-, -en*; *mst Sg*, *gespr*（多用单数）［口］**1.** e-e Handlung, durch die j-d begünstigt wird 偏袒，袒护，舞弊 ≈ Manipulation, Schwindel **2.** ein illegales Geschäft 黑市交易，投机买卖，走私生意

schied *Imperfekt*, *1 u. 3. Person Sg*（过去时，第一和第三人称单数）；↑ **scheiden**

Schie̲ds·ge·richt *das* **1.** JUR【法】；e-e Art Gericht, das anstelle e-s staatlichen Gerichts *z. B.* bei internationalen Streitig-

S

keiten eingesetzt wird, *mst* weil beide Parteien darum gebeten haben 仲裁法庭 **2.** SPORT【体】≈ Jury

Schieds·rich·ter *der* **1.** SPORT【体】; die Person, die darauf achtet, dass die Spieler sich an die (Spiel) Regeln halten 裁判员〈der S. leitet die Partie, pfeift das Spiel an/ab, verwarnt e-n Spieler, stellt e-n Spieler vom Platz 裁判员主持一场(局)比赛,吹哨开始/结束比赛,警告运动员,将运动员罚出场〉‖ K-(复合): **Schiedsrichter-**, **-entscheidung**, **-lehrgang** ‖ -K(复合): **Eishockey-**, **Fußball-**, **Handball-**, **Volleyball-** **2.** ein Richter, der Mitglied e-s Schiedsgerichts (1) ist 仲裁法庭法官 **3.** e-e Person, e-e Institution *o. Ä.*, die bei e-m Streit die Entscheidung fällen soll, weil sie neutral ist 公断人,仲裁人;仲裁处 ‖ *hierzu* (派生) **Schieds·rich·te·rin** *die*

Schieds·spruch *der*; JUR【法】; die Entscheidung e-s Schiedsgerichts (1) 仲裁法庭的判决

schief *Adj* (形) **1.** nicht gerade, sondern so, dass es mit e-r senkrechten od. waagrechten Linie od. Fläche e-n (spitzen) Winkel bildet 斜的,歪的: *e-e schiefe Mauer* 一堵斜墙; *den Kopf s. halten* 歪着头; *Er hat e-e schiefe Nase* 他的鼻子是歪的; *Das Bild hängt s. an der Wand* 墙上的图挂歪了 ‖ ↑ *Abb. unter* 图见 **Eigenschaften** ‖ NB(注意): ↑ **schräg** **2.** 〈ein Vergleich, e-e Darstellung 比喻,陈述〉 so, dass sie die Realität zum Teil od. ganz falsch darstellen 不正确的,走了样的,不恰当的,有错误的 ≈ falsch **3.** ***ein schiefes Bild von etw. haben*** *gespr* [口]; e-n falschen Eindruck von etw. haben 对…有错误印象 **4.** ***j-n s. ansehen*** *gespr* [口]; sich misstrauisch gegenüber j-m verhalten 斜着眼看,瞧不起 ‖ NB(注意): ↑ **schiefgehen**, **schiefgewickelt** *usw*

Schie·fer *der*; *-s*, *-* **1.** ein dunkelblaues Gestein mit dünnen, flachen Stücken, mit dem man *bes* Dächer deckt 石板,石板瓦 ‖ K-(复合): **Schiefer-**, **-bergbau**, **-dach**, **-platte**, **-tafel** **2.** *südd* Ⓐ [南德][奥] ein sehr kleines u. spitzes Stück Holz 碎木块 ≈ Splitter ‖ *zu* (义项) **1. schie·fe·rig**, **schief·rig** *Adj* (形); **schie·fern** *Adj* (形)

schief·ge·hen; *ging schief*, *ist schiefgegangen*; Vi (不及物) ***etw. geht schief*** *gespr* [口]; etw. hat nicht das Ergebnis, das man erwartet hat (物作主语)失败,不成功 ↔ etw. gelingt: *Die Prüfung ist total schiefgegangen* 考试彻底砸了(失败) ‖ ID [谚] *mst* 多用 ***Das wird schon s.!*** *gespr iron* [口][讽]; es wird sicher keine Probleme geben 这事会成的! 这肯定不会出事!

schief·ge·wi·ckelt *Adj* (形); *mst in* 多用于 ***Da bist du (aber) s.!*** *gespr* [口]; in diesem Fall irrst du dich 那你可大错特错了!

schief·la·chen, sich; *lachte sich schief*, *hat sich schiefgelacht*; Vr (反身) ***sich (über j-n/etw.) s.*** *gespr* [口]; kräftig lachen 笑得前仰后合 ≈ sich totlachen

schief·lie·gen; *lag schief*, *hat schiefgelegen*; Vi (不及物) (***mit etw.***) ***s.*** *gespr* [口]; in seiner Meinung nicht recht haben 看法有错,想歪了 ≈ sich irren: *Damit liegst du aber schief!* 那你可就想错了!

schie·len; *schielte*, *hat geschielt*; Vi (不及物) **1.** e-n Sehfehler haben, bei dem die Augen von der normalen, parallelen Lage abweichen 斜视(斜眼病) **2.** ***irgendwohin s.*** *gespr* [口]; heimlich versuchen, etw. Bestimmtes zu sehen 瞟,偷眼看〈durch das Schlüsselloch s. 透过钥匙孔看; über den Zaun s. 从篱笆外往里观看; um die Ecke s. 在拐角处偷看〉 **3.** ***nach etw. s.*** etw. unbedingt haben wollen 对…垂涎欲滴

schien *Imperfekt*, *1. u. 3. Person Sg* (过去时第一和第三人称单数); ↑ **scheinen**

Schien·bein *das*; der vordere Knochen des Beines unter dem Knie 胫骨〈j-m gegen das S. treten 踢某人的胫骨; sich (*Dat* 三格) das S. brechen 胫骨骨折〉 ‖ ↑ *Abb. unter* 图见 **Mensch**, **Skelett** ‖ K-(复合): **Schienbein-**, **-bruch**, **-schoner**, **-schützer**

Schie·ne *die*; *-*, *-n* **1.** eines der beiden langen u. schmalen Stücke aus Stahl, auf denen Züge od. Straßenbahnen fahren 轨道,钢轨: *Die Straßenbahn ist aus den Schienen gesprungen* 电车出轨了 ‖ K-(复合): **Schienen-**, **-bahn**, **-fahrzeug**, **-netz**, **-verkehr**, **-weg** ‖ -K(复合): **Eisenbahn-**, **Straßenbahn-**; **Strom-** ‖ NB(注意): ↑ **entgleisen** **2.** e-e Vorrichtung, auf der etw. (*z. B.* ein Wagen, ein Fahrzeug) *mst* auf Rollen bewegt werden kann 滑轨: *die Schiene in e-r Gardinenstange* 窗帘杆活动轨 ‖ -K(复合): **Leit-**, **Rillen-** **3.** e-e Art Stange, die als Stütze dient (um *z. B.* e-n gebrochenen Arm ruhig zu stellen) 夹板 ‖ -K(复合): **Arm-**, **Bein-**

schier[1] [ʃiːɐ] *Adv* (副) ≈ beinahe, fast 〈etw. ist s. unmöglich 某事几乎不可能〉

schie·r-[2] [ʃiː ɐ] *Adj* (形); *nur attr*, *ohne Steigerung*, *nicht adv* (只用定语,无变级,不作状语) **1.** nicht mit e-m anderen Material vermischt 纯粹的,纯净的,十足的 ≈ rein- **2.** 〈e-e Lüge, Dummheit, Frechheit 谎言,愚蠢,无礼〉 ≈ eindeutig-

Schieß·be·fehl *der*; der Befehl (*mst* bei der Polizei u. beim Militär), auf j-n zu schießen 命令开枪

Schieß·bu·de *die*; e-e Bude (1) auf dem Jahrmarkt, bei der man auf etw. schießen kann (年市上的)射击游艺棚 ‖ K-(复合): **Schießbuden-**, **-besitzer**

Schieß·bu·den|fi·gur *die*; *gespr pej* [口][贬]; j-d, über den alle lachen u. den niemand ernst nimmt 滑稽可笑的人 ≈ Witzfigur

Schieß·ei·sen *das*; *gespr hum* [口][诙]; ein Gewehr od. e-e Pistole 枪,枪械

schie·ßen[1]; *schoss*, *hat geschossen*; Vi (不及物) **1.** (***mit etw.***) (***auf j-n/etw.***) ***s.*** mit e-r Waffe *bes* e-e Kugel od. e-n Pfeil in die Richtung e-r Person od. Sache fliegen lassen, um diese zu treffen 射击,开枪〈mit e-r

S

Pistole, mit e-m Gewehr s. 用手枪、步枪射击〉: *„Hände hoch, od. ich schieße!“* “举起手来，要不我开枪了!”; *Die Terroristen schossen auf den Präsidenten* 恐怖分子朝总统开了枪 ‖ K-(复合): **Schieß-**, **-sport**, **-übung** ‖ NB(注意): ↑ **treffen** (1) **2. etw. schießt irgendwie** e-e (Schuss) Waffe funktioniert irgendwie(物作主语)(枪)好使，好用: *Dieses Gewehr/diese Flinte schießt gut* 这支步枪/这支猎枪好用; Vt/i (及物/不及物) **3. j-m/sich (etw.) irgendwohin s.** j-n/sich an e-r bestimmten Körperstelle durch e-n Schuss aus e-r Waffe verletzen(朝…)开枪: *sich e-e Kugel durch den Kopf s.* 朝自己的头上开了一枪; *e-m Räuber e-e Kugel ins Bein s.* 开枪击中强盗的腿 **4. (etw. irgendwohin) s.** in e-m Spiel (*z.B.* beim Fußball) e-n Ball irgendwohin schlagen 踢球射门: *den Ball ins Tor/ins Aus s.* 把球射入门内/踢出界外; *Schieß doch endlich!* 你倒是快射(踢)啊!; Vt (及物) **5. ein Tier s.** ein Tier durch e-n Schuss aus e-r Waffe töten 开枪打死一只动物: *Auf der Jagd schoss er ein Reh* 打猎时他开枪打死一只鹿 ‖ NB(注意): ↑ **erschießen 6. ein Tor s.** in e-m Spiel (wie *z.B.* Fußball) den Ball mit e-m Schuss (5) ins Tor bringen 射门 **7. ein Bild, ein Foto (von j-m/etw.) s.** *gespr*[口]; ein Bild, ein Foto machen 抢拍一张像、一张照片

schie·ßen[2]; *schoss, ist geschossen*; Vi (不及物) **1. irgendwohin s.** *gespr*[口]; sich mit sehr viel Kraft in e-e bestimmte Richtung bewegen 急速奔向，冲向: *Er schoss mit seinem Auto plötzlich um die Kurve* 他开车突然急转弯; *Plötzlich kam er in mein Zimmer geschossen* 突然他冲进我的房间 **2. etw. schießt irgendwohin** etw. fließt mit sehr starkem Druck in e-e bestimmte Richtung(物作主语)涌出，喷射出来: *Das Wasser schoss aus dem Rohr* 水从管子里喷出来 **3.** *gespr*[口]; sehr schnell wachsen 猛长: *Ihr Sohn ist in die Höhe geschossen* 您的儿子一个劲地往高里蹿个儿; *Bei diesem Wetter schießt der Salat* 在这种天气条件下，生菜疯长

Schie·ßen *das*; *-s*; *nur Sg*(只用单数); e-e *mst* sportliche Veranstaltung, bei der man schießt[1] (1)射击运动 ‖ -K(复合): **Bogen-**, **Gefechts-**, **Preis-**, **Scheiben-**, **Sport-**, **Wett-** ‖ ID[谚] **etw. geht aus wie das Hornberger S.** *gespr*[口]; etw. bringt trotz vieler Vorbereitungen kein Ergebnis 某事白忙一场; **j-d/etw. ist zum S.** *gespr*[口]; j-d/etw. ist sehr lustig u. komisch 某人/某事非常滑稽可笑: *Die Clowns im Zirkus waren zum S.* 马戏团的小丑真逗

Schie·ße·rei *die*; *-, -en*; e-e Situation, in der zwei od. mehrere Personen aufeinander schießen 对射，交火

Schieß·ge·wehr *das*; (von u. gegenüber Kindern verwendet 儿童用语) ≈ Gewehr

Schieß·pul·ver *das*; ein explosives Material aus verschiedenen Substanzen in der Form e-s Pulvers 火药 ‖ ID [谚] *mst* 多用 **Er/Sie hat das S. (auch) nicht (gerade) erfunden** *gespr hum*[口][诙]; er/sie ist nicht besonders intelligent 他/她(也)不见得多聪明

Schieß·schar·te *die*; *hist*[历]; e-e Lücke in e-r Mauer (*z.B.* bei e-r Burg), durch die man auf den Feind schießen konnte 枪眼，炮眼

schieß·wü·tig *Adj*(形); *pej*[贬]; 〈ein Polizist, ein Soldat, ein Jäger 警察，士兵，猎手〉 so, dass sie ohne Grund od. rücksichtslos (u. oft) schießen[1] (1)疯狂开枪的

Schiff[1] *das*; *-(e)s*, *-e*; ein großes Fahrzeug für das Wasser, auf dem Menschen od. Waren transportiert werden 船，舰 〈das S. läuft aus, läuft vom Stapel, legt an, liegt vor Anker, liegt im Hafen 船离港、下水、靠岸、抛锚停泊、停靠港口; ein S. versenken 使船沉没; ein S. entern, kapern 攻占，劫掠一只船; an Bord e-s Schiffes 在船上(或在船甲板上)〉: *Der vordere Teil e-s Schiffes heißt „Bug“, der hintere „Heck“* 船的前部叫船头，后部叫船尾 ‖ K-(复合): **Schiff(s)-**, **-bau**; **Schiffs-**, **-besatzung**, **-eigentümer**, **-flagge**, **-fracht**, **-führung**, **-kapitän**, **-kiel**, **-koch**, **-kollision**, **-küche**, **-ladung**, **-last**, **-mannschaft**, **-modell**, **-name**, **-papiere**, **-reise**, **-rumpf**, **-tau**, **-verkehr**, **-werft** ‖ -K(复合): **Expeditions-**, **Fähr-**, **Fracht-**, **Handels-**, **Kriegs-**, **Schlacht-**; **Fang-**, **Forschungs-**, **Rettungs-**, **Versorgungs-**; **Passagier-**, **Piraten-**, **Urlauber-**, **Wikinger-**; **Dampf-**, **Linien-**, **Segel-** ‖ NB(注意): ↑ **Boot**

Schiff[2] *das*; *-(e)s*, *-e*; ARCH【建】; der lange innere Raum e-r Kirche, der *mst* von Westen nach Osten geht(教堂的)堂，厅 ‖ -K(复合): **Kirchen-**; **Haupt-**, **Mittel-**, **Neben-**, **Seiten-**

Schiffahrt *die*; *nur Sg* (只用单数); ↑ **Schifffahrt**

Schiff·bruch *der*; das Sinken od. die starke Beschädigung e-s Schiffes, in deren Folge alle Menschen von Bord gehen müssen 船只失事，船舶遇难 〈S. erleiden 船舶遇难〉 ‖ ID[谚] **(mit etw./bei etw.) S. erleiden** (mit etw./bei etw.) e-n Misserfolg haben 在某事上遭到失败 ‖ *hierzu*(派生) **schiff·brü·chig** *Adj*(形); **Schiff·brü·chi·ge** *der/die*; *-n*, *-n*

Schiff·chen *das*; *-s*, *-* **1.** ein kleines Schiff[1] (als Spielzeug *o.Ä.*)玩具小船 **2.** MIL【军】; e-e (Uniform) Mütze, die der Länge nach gefaltet ist 船形帽，军便帽

schif·fen; *schiffte, hat geschifft*; Vi (不及物) **1.** 〈ein Mann 男人〉 **schifft** *vulg*[俗]; ein Mann entleert die Blase 撒尿; Vimp (无人称) **2. es schifft** *gespr!*[粗] es regnet (stark)下(大)雨

Schif·fer *der*; *-s*, *-*; j-d, der beruflich ein Schiff führt 船员，水手 ‖ *hierzu*(派生) **Schif·fe·rin** *die*; *-*, *-nen*

Schif·fer·kla·vier *das* ≈ Akkordeon

Schiff·fahrt *die*; *nur Sg*, *Kollekt*(只用单数，集合); der gesamte Verkehr der Schiffe auf dem Wasser 航海，航行，航运 ‖ K-(复合):

S

Schifffahrts-, ***-kanal***, ***-kunde***, ***-linie***, ***-weg*** ‖ -K（复合）：***Binnen-***, ***Handels-***, ***Küsten-***, ***Linien-***, ***See-***

Schiff·schau·kel *die*; e-e große Schaukel auf e-m Jahrmarkt, die aussieht wie ein Boot（年市上的）船形秋千

Schiffs·jun·ge *der*; ein junger Mann, der auf e-m Schiff e-e Ausbildung zum Matrosen macht 见习水手

Schiffs·schrau·be *die*; e-e Art Propeller hinten am Schiff unter der Wasseroberfläche 船尾推进器，螺旋桨

Schi·it [ʃiˈiːt] *der*; *-en*, *-en*; ein Angehöriger e-r islamischen Religion, die *bes* im Iran verbreitet ist（伊斯兰教的）什叶派教徒 ‖ K-（复合）：***Schiiten-***, ***-führer*** ‖ NB（注意）：*der Schiit*; *den*, *dem*, *des Schiiten* ‖ *hierzu*（派生）**schi·i·tisch** *Adj*（形）

Schi·ka·ne *die*; -, *-n* **1.** e-e Handlung（*mst* e-s Vorgesetzten od. e-r Behörde），durch die j-d unnötige Arbeit od. Schwierigkeiten bekommt（滥用职权）刁难 **2.** SPORT【体】；（beim Autorennen）ein schwieriger Teil der Strecke, bei dem man langsamer fahren muss（赛车途中的）艰难路段 ‖ ID[谚] ***mit allen Schikanen*** *gespr*[口]；mit sehr viel Komfort u. Luxus 设备齐全，条件舒适：*ein Auto mit allen Schikanen* 一辆设备一应俱全的汽车 ‖ *zu*（义项）**1. schi·ka·nös** *Adj*（形）

schi·ka·nie·ren; *schikanierte*, *hat schikaniert*; [Vt]（及物）***j-n s.***（*bes* als Vorgesetzter）j-m unnötige Arbeit geben od. ihm Schwierigkeiten machen 刁难，恶意折磨 ≈ drangsalieren：*Der Chef schikaniert die ganze Abteilung* 上司刁难整个部门的人员

Schi·ko·ree *der / die*; ***Chicorée***

Schild¹ *das*; *-(e)s*, *-er* **1.** e-e Tafel od. e-e Platte, auf denen etw. geschrieben od. gezeichnet steht 牌，牌子〈ein S. anbringen, aufstellen 安装、竖立一块牌子〉‖ -K（复合）：***Holz-***, ***Messing-***; ***Hinweis-***, ***Stopp-***, ***Warn-***; ***Orts-***, ***Straßen-***, ***Verkehrs-***; ***Firmen-***, ***Wirtshaus-***; ***Tür-***; ***Nummern-***, ***Reklame-*** **2.** ≈ Etikett：*das S. von e-m neuen Kleid / von e-r Flasche entfernen* 扯掉新连衣裙/瓶子上的商标 ‖ -K（复合）：***Preis-***, ***Waren-***

Schild² *der*; *-(e)s*, *-e* **1.** *hist*[历]；e-e große Platte aus Metall, Holz od. Leder, die（im Altertum u. im Mittelalter）Soldaten trugen, um sich vor Pfeilen, Speeren, Stößen *o. Ä.* zu schützen 盾，盾牌 ‖ -K（复合）：***Schutz-*** **2.** TECH【技】；e-e äußere Hülle aus Beton, die verhindern soll, dass radioaktive Strahlen aus e-m Reaktorkern nach außen kommen 护甲，水泥防护板 ‖ ID[谚] ***etw.***（***gegen j-n / etw.***）***im Schilde führen*** etw. heimlich planen（das gegen j-n gerichtet ist）暗中策划，心怀叵测；***j-n auf den S. heben*** *geschr*[书]；j-n zum Anführer machen 拥戴某人为领袖

Schild·bür·ger|streich *der*; e-e Maßnahme（oft von e-r Behörde *o. Ä.*），bei der in der Planungsphase etw. Wesentliches nicht berücksichtigt wurde u. die sich deswegen als Idiotie herausstellt 舍本逐末的做法

Schild·drü·se *die*; ein Organ im Hals, das Hormone produziert, die für das Wachstum u. für die Entwicklung des Körpers sehr wichtig sind. Diese Drüse liegt dicht unter dem Kehlkopf an der Luftröhre 甲状腺 ‖ K-（复合）：***Schilddrüsen-***, ***-hormon***, ***-überfunktion***, ***-unterfunktion***

schil·dern; *schilderte*, *hat geschildert*; [Vt]（及物）**1.**（***j-m***）***etw. s.*** etw. so erzählen, dass sich der Leser od. Zuhörer die Situation od. die Atmosphäre gut vorstellen kann 描述，描绘，叙述〈etw. anschaulich, lebhaft s. 形象地、生动地描述某事〉：*j-m die Eindrücke s., die man auf e-r Reise gewonnen hat* 向某人描述旅途中获得的印象 **2.** ***j-n s.*** j-s Charakter, Eigenschaften, Verhalten *o. Ä.* genau beschreiben 描绘某人（指性格、特征、举止等）‖ *hierzu*（派生）**Schil·de·rung** *die*

Schil·der·wald *der*; *Kollekt*, *gespr*（集合）[口]；e-e verwirrende Menge von Verkehrsschildern（an einer Stelle）交通指示牌林立

Schild·krö·te *die*; ein Tier, das im Wasser u. auf dem Land lebt u. dessen Körper mit e-m harten Panzer bedeckt ist. Die S. kann ihre Beine u. ihren Kopf bei Gefahr ganz unter diesen Panzer ziehen 龟，鳖鱼（或元鱼）‖ K-（复合）：***Schildkröten-***, ***-suppe*** ‖ -K（复合）：***Land-***, ***Meeres-***, ***Riesen-***

Schild·patt *das*; *-(e)s*; *nur Sg*（只用单数）；e-e harte Platte, die man aus dem Panzer e-r Schildkröte gewinnt 龟甲，玳瑁壳，鳖甲：*Kämme aus S.* 玳瑁制的梳子

Schilf *das*; *-(e)s*, *-e* **1.** *mst Sg*（多用单数）；e-e Pflanze mit dünnen, langen u. starken Stängeln, die ähnlich wie Gras ist u. die an nassen Stellen wächst 芦苇：*S. wächst am Ufer e-s Sees* 芦苇生长在湖岸边 ‖ K-（复合）：***Schilf-***, ***-dach***, ***-gürtel***, ***-matte***; ***schilf-***, ***-bewachsen*** **2.** *nur Sg*, *Kollekt*（只用单数，集合）；e-e Fläche, auf der S.（1）wächst 芦苇塘〈im S. 在芦苇塘里〉‖ *hierzu*（派生）**schil·fig** *Adj*（形）

schil·lern; *schillerte*, *hat geschillert*; [Vi]（不及物）***etw. schillert*** etw. glänzt in verschiedenen Farben（物作主语）闪闪发光，闪烁〈ein Kleid, ein Stoff, Seide 连衣裙，面料，丝绸；ein Käfer, ein Schmetterling 甲虫，蝴蝶；etw. schillert in allen Farben 某物色彩缤纷，闪闪发光〉

schil·lernd **1.** *Partizip Präsens*（现在分词）；↑ ***schillern*** **2.** *Adj*（形）；*mst attr*（多作定语）；〈ein Charakter, e-e Persönlichkeit 性格，个性〉so, dass man ihren wahren Charakter nicht erkennen kann 多变的，捉摸不透的，阴阳怪气的 ≈ undurchschaubar

Schil·ling *der*; *-s*, *-e*; *hist*[历]；die ehemalige österreichische Währungseinheit 先令（原奥地利货币单位）：*ein S. hat 100 Groschen* 一先令等于 100 格罗申

S

Friedrich von Schiller 弗里德里希·冯·席勒

Friedrich von Schiller ist neben Goethe der wichtigste literarische Vertreter der deutschen Klassik.
Der Dramaturg, Dichter und Essayist wurde 1759 in Marbach in der Nähe von Stuttgart geboren. Er studierte Medizin und Jura. 1783 zog er als Hofdichter nach Mannheim, später unterrichtete er an der Universität Jena Geschichte. 1799 zog er nach Weimar um, wo die bereits bestehende tiefe Freundschaft zu Goethe zu einer fruchtbaren Zusammenarbeit der beiden Schriftsteller führte. Nach einer Lungenerkrankung starb er 1805 in Weimar.
Seine berühmtesten Werke sind ***Die Räuber***, ***Kabale und Liebe***, die ***Wallenstein***-Trilogie, ***Maria Stuart*** und ***Wilhelm Tell***.

弗里德里希·冯·席勒是除歌德以外德国文艺鼎盛时期文学界最重要的代表人物。

这位剧作家、诗人和散文家1759年生于斯图加特附近的马尔巴赫。他曾攻读医学和法学。1783年他作为宫廷诗人移居曼海姆，后来，他在耶拿大学讲授历史。1799年他迁居魏玛，在那里原来已有的同歌德的深厚友谊使这两位作家进行了卓有成效的合作。1805年他因肺部疾患在魏玛逝世。

他的最著名的著作有《强盗》、《阴谋与爱情》、《华伦斯坦》三部曲、《马丽亚·斯图亚特》和《威廉·退尔》。

schilt *Präsens, 3. Person Sg*（现在时，第三人称单数）；↑ ***schelten***

Schi·mä·re *die*; -, *-n*; *geschr*［书］; e-e Hoffnung, e-e Idee, ein Traum *o. Ä.*, die niemals wahr werden können 妄想，幻想，幻觉，幻景

Schim·mel[1] *der*; *-s*, -; ein weißes Pferd 白马

Schim·mel[2] *der*; *-s*; *nur Sg*（只用单数）; e-e weiche, *mst* weiße od. grüne Schicht, die sich *z. B.* auf Brot u. Obst bildet, wenn diese zu lange in warmer u. feuchter Umgebung waren 霉，霉菌 ‖ K-(复合)：***Schimmel-***, ***-belag***, ***-bildung***, ***-fleck*** ‖ *hierzu*（派生）**schim·me·lig**, **schimm·lig** *Adj*（形）

schim·meln; *schimmelte*, *hat/ist geschimmelt*; [Vi]（不及物）***etw. schimmelt*** etw. bekommt Schimmel[2]（物作主语）长霉，发霉：*Die Marmelade hat/ist geschimmelt* 果酱长霉了 ‖ ▶ ***verschimmeln***

Schim·mel·pilz *der*; e-e Art Pilz, der auf feuchten od. faulen organischen Stoffen entsteht 霉菌，丝状霉菌〈etw. ist vom S. befallen 某物受霉菌污染(长霉了)〉

Schim·mer *der*; *-s*; *nur Sg*（只用单数）**1.** der schwache Schein e-s Lichts 微光，闪光，闪烁〈ein matter, heller S. 一丝黯淡的、明亮的闪光〉: *der S. des Goldes*, *des Schmucks* 金子、首饰的光泽；*der S. des Meeres am Abend* 晚上海面闪烁的微光 ‖ -K（复合）：***Abend-***, ***Morgen-***; ***Kerzen-***, ***Licht-***, ***Silber-***, ***Sternen-*** **2.** ***ein S.*** + *Gen*（二格）e-e leichte Spur, ein Hauch von etw. 一丝，一线，一点：*der S. e-s Lächelns* 一丝微笑 **3.** ***ein S.*** + *Subst*（名词）; ***ein S. von etw.*** e-e geringe Menge von etw. 一点，一线，一丝〈ein S. von Anstand, Hoffnung 一点规矩，一线希望〉‖ -K（复合）：***Hoffnungs-*** ‖ ID［谚］***keinen*** (***blassen***) ***S.*** (***von etw.***) ***haben***/ ***nicht den geringsten S.*** (***von etw.***) ***haben*** *gespr*［口］; von etw. sehr wenig od. nichts verstehen 对某事一无所知/一窍不通

schim·mern; *schimmerte*, *hat geschimmert*; [Vi]（不及物）***etw. schimmert*** etw. verbreitet ein schwaches Licht（物作主语）闪烁，闪光〈die Lampe, das Licht, die Kerze, das Mondlicht 灯，光，烛光，月光〉

Schim·pan·se *der*; *-n*, *-n*; ein afrikanischer (Menschen)Affe mit braunem Fell 黑猩猩 ‖ NB(注意)：*der Schimpanse*; *den*, *dem*, *des Schimpansen*

Schimpf *der*; *-(e)s*; *nur Sg*（只用单数）; *mst in* 多用于 ***mit S. u. Schande*** so, dass der Betroffene gedemütigt u. verachtet wird 羞辱着，辱骂着，连骂带损地：*j-n mit S. u. Schande verjagen* 连骂带损地将某人轰走

schimp·fen; *schimpfte*, *hat geschimpft*; [Vt/i]（及物/不及物）**1.** (***j-n***) ***s.*** seinen Ärger od. seine Wut über j-n od. etw. mit heftigen Worten zum Ausdruck bringen 骂，谩骂：*Sie hat Peter geschimpft, weil er seine Hausaufgaben nicht gemacht hat* 她责骂彼得，因他没做家庭作业；*Meine Frau schimpft den ganzen Tag* 我太太整天骂骂咧咧；[Vi]（不及物）**2.** ***mit j-m s.*** j-n mit heftigen Worten kritisieren 责备，数落：*Sie schimpft oft mit ihrer Tochter* 她时常数落自己的女儿 **3.** ***auf j-n/ etw. s.***; ***über j-n/etw. s.*** ≈ s. (1): *auf die rücksichtslose Fahrweise der anderen Autofahrer s.* 责骂别的驾驶员肆无忌惮的开车行为；*über den Lärm der Nachbarn s.* 责骂邻居制造噪音；[Vr]（反身）**4.** ***j-d schimpft sich etw.*** *gespr iron*［口］［讽］; j-d nennt sich etw. (ohne dabei die entsprechende Leistung zu bringen)（人作主语）自称是，自诩：*Er schimpft sich Arzt u. hat keine Ahnung von Anatomie* 他自称是医生，但是根本不懂解剖学

Schimpf·ka·no·na·de *die*; *gespr*［口］; ein sehr heftiges u. lautes Schimpfen (1) 连珠炮式的骂人话〈e-e S. loslassen 开始一连串的谩骂〉

schimpf·lich *Adj*（形）;〈e-e Tat, ein Verhalten 行动，举止〉so, dass sie gegen gutes Benehmen, gegen die Ehre od. die Würde verstoßen 侮辱人的，损人名誉的，不光彩的 ≈ schändlich

Schimpf·na·me *der*; ein beleidigender Name für j-n 骂人的绰号

Schimpf·wort *das*; *-(e)s*, *Schimpf·wör·ter*; ein derbes Wort, mit dem man seinen Ärger ausdrückt, j-n beleidigt *o. Ä.* 骂人的话，脏话〈ein derbes, grobes S. 粗鲁的、粗暴的骂人话；Schimpfwörter gebrauchen 使用骂人话〉

S

Schin·del *die*; -, *-n*; ein dünnes, kleines Brett aus Holz. Mit Schindeln deckt man *z.B.* ein Dach 薄的木板条儿,盖房顶的板条儿 ‖ K-(复合): ***Schindel-***, ***-dach***

schin·den; *schindete*, *hat geschunden*; Vt (及物) **1.** ***j-n/ein Tier s.*** j-n/ein Tier quälen, *bes* indem man sie sehr hart arbeiten lässt 折磨,虐待 **2.** ***Zeit s.*** *gespr* [口]; auf unfaire Weise versuchen, Zeit zu gewinnen 故意拖延时间,耗时间 **3.** (***bei j-m***) ***Eindruck s.*** *gespr* [口]; sich mit allen Mitteln bemühen, j-n zu beeindrucken 千方百计博得…好感 **4.** (***bei j-m***) ***Mitleid s.*** *gespr* [口]; mit allen Mitteln versuchen, in j-m ein Gefühl des Mitleids zu erwecken 不择手段博得…同情; Vr (反身) **5.** ***sich s.*** sehr hart arbeiten 辛苦劳作,当牛作马 ‖ *zu* (义项) **1. Schin·der** *der*; *-s*, -

Schin·de·rei *die*; -, *-en* ≈ Qual, Mühsal

Schind·lu·der *das*; *nur in* 只用于 ***mit j-m/etw. S. treiben*** *pej* [贬]; j-n/etw. sehr schlecht behandeln 侮辱,虐待/糟蹋,糟践: *mit seiner Gesundheit S. treiben* (= sehr ungesund leben) 他在糟践自己的身体

Schin·ken *der*; *-s*, - **1.** geräuchertes, gekochtes od. getrocknetes Fleisch vom Bein *mst* e-s Schweines (多指猪的)腿肉,火腿〈roher, gekochter, geräucherter S. 生的、熟的、熏的腿肉; fetter, magerer, saftiger S. 肥的、瘦的、鲜嫩的火腿肉〉 ‖ K-(复合): ***Schinken-***, ***-brot***, ***-brötchen***, ***-speck***, ***-wurst*** ‖ -K (复合): ***Räucher-***, ***Schweine-*** **2.** *gespr iron od pej* [口][诙]或[贬]; ein sehr großes u. dickes Buch 大部头的书 **3.** *gespr iron od pej* [口][诙]或[贬]; ein großes Bild von schlechter Qualität 蹩脚的大幅油画 ‖ -K (复合): ***Öl-*** **4.** *gespr iron od pej* [口][诙]或[贬]; ein langes Theaterstück od. ein langer Film von schlechter Qualität 一部又臭又长的蹩脚戏剧或电影

Schip·pe *die*; -, *-n*; *bes nordd* 尤用于[北德] ≈ Schaufel ‖ ID [谚] ***j-n auf die S. nehmen*** *gespr* [口]; mit j-m e-n Spaß machen 愚弄某人,拿某人开心 ≈ j-n auf den Arm nehmen

schip·pen; *schippte*, *hat geschippt*; Vt/i (及物/不及物) (***etw.***) ***s.*** ≈ schaufeln 〈Schnee, Kohlen s. 铲雪,铲煤〉

schip·pern; *schipperte*, *ist geschippert*; Vi (不及物) *gespr* [口]; ***irgendwohin s.*** e-e gemütliche Reise od. Fahrt auf e-m Schiff machen 乘船旅游,乘船游览

Schi·ri *der*; *-s*, *-s*; *gespr*, SPORT [口]【体】≈ Schiedsrichter

Schirm[1] *der*; *-(e)s*, *-e* **1.** e-e Vorrichtung aus e-m großen Stück Stoff, das über e-n *mst* runden Rahmen gespannt ist, u. e-m Schaft (mit Griff). Sie dient als Schutz vor Regen od. Sonne 伞〈den S. aufspannen, aufmachen, öffnen, schließen 把伞撑开、打开、张开、合拢〉 ‖ K-(复合): ***Schirm-***, ***-griff***, ***-hülle*** ‖ -K (复合): ***Regen-***, ***Sonnen-***; ***Damen-***, ***Herren-***; ***Garten-*** **2.** der Teil der Lampe (*mst* aus Stoff od. Kunststoff), der über u. seitlich der Glühbirne ist, damit diese nicht blendet 灯罩 ‖ -K (复合): ***Lampen-*** **3.** e-e Art Schild, das vor sehr hellem Licht od. vor starker Hitze schützt 护罩 ‖ -K (复合): ***Augen-***, ***Ofen-***, ***Schutz-*** **4.** der Teil e-r Mütze, der Augen u. Stirn (*mst* gegen die Sonne) schützt 帽檐(或鸭舌) ‖ K-(复合): ***Schirm-***, ***-mütze***

Schirm[2] *der*; *-(e)s*, *-e* ≈ Bildschirm 〈etw. auf dem S. sehen 在屏幕上看到某事〉 ‖ -K (复合): ***Fernseh-***, ***Radar-***, ***Röntgen-***

Schirm·herr *der*; e-e wichtige Persönlichkeit, die e-e Veranstaltung, e-e Institution od. e-e Aktion fördert u. diese (*mst* nur der Form nach) leitet 倡导者,赞助者 ‖ *hierzu* (派生) **Schirm·her·rin** *die*; **Schirm·herr·schaft** *die*

Schirm·stän·der *der*; *mst* e-e Art Gestell, in das man Regenschirme stellen kann 伞架

Schi·rok·ko *der*; *-s*, *-s*; ein heißer Wind, der von der Wüste Nordafrikas in Richtung Südeuropa weht 西罗科热风

Schis·ma *das*; *-s*, *Schis·men/Schis·ma·ta*; *geschr* [书]; die Teilung e-r Gruppe, Institution (*mst* wegen e-s religiösen od. ideologischen Streits) 教派分裂 ‖ *hierzu* (派生) **schis·ma·tisch** *Adj* (形)

schiss *Imperfekt*, *1. u. 3. Person Sg* (过去时,第一和第三人称单数); ↑ ***scheißen***

Schiss *der*; *gespr!* [粗], *mst in* 多用于 ***S. haben*** ≈ Angst haben

Schi·zo·phre·nie [-f-] *die*; -; *nur Sg* (只用单数) **1.** MED, PSYCH【医】【心】; e-e psychische Krankheit, bei der j-d e-e Spaltung der Persönlichkeit erlebt u. die Realität nicht mehr richtig wahrnehmen kann 精神分裂症 **2.** ≈ Absurdität, Widersprüchlichkeit 〈die S. e-r Situation, j-s Verhaltens 处境的荒谬性,某人行为的相互矛盾〉 ‖ *hierzu* (派生) **schi·zo·phren** *Adj* (形); **Schi·zo·phre·ne** *der/die*; *-n*, *-n*

schlab·be·rig ↑ ***schlabbrig***

schlab·bern; *schlabberte*, *hat geschlabbert*; *gespr* [口]; Vt/i (及物/不及物) **1.** ***ein Tier schlabbert*** (***etw.***) ein Tier nimmt Wasser *o.Ä.* mit schnellen Bewegungen der Zunge auf u. macht dabei laute Geräusche (动物作主语) 吧唧吧唧地吃,吧嗒吧嗒地大声啜饮; Vi (不及物) **2.** ***etw. schlabbert*** ein (schlabbriges) Kleidungsstück bewegt sich locker hin u. her (物作主语) 摆动,摆来摆去〈Röcke, Hosen, Pullover 裙子,裤子,圆领衫〉

schlabb·rig *Adj* (形); *gespr*, *mst pej* [口]多用[贬]; sehr weich u. locker (u. *mst* nicht sehr ordentlich) (尤指织物)柔软的〈Kleider, Stoffe 衣服,面料〉

Schlacht *die*; -, *-en* **1.** ein schwerer Kampf zwischen militärischen Einheiten (Truppen) im Krieg 战役,会战,战斗〈e-e blutige, entscheidende S. 血战,决战; e-e S. tobt, wütet 战斗激烈进行、疯狂进行; e-e S. gewinnen, schlagen (= an e-r S. teilnehmen), verlieren 打赢、参加、输掉一次战役〉: *die S. von Verdun im 1. Weltkrieg* 第一次世界大战中的凡尔登战役 ‖ K-(复合): **Schlacht-, -schiff** ‖ -K(复合): **Luft-, See-; Straßen-** **2. e-e S.** (**um etw.**) *gespr* [口]; das Bemühen verschiedener Leute, etw. Bestimmtes zu bekommen (为…)你争我夺,一场混战,争夺战: *e-e S. um die wenigen Eintrittskarten* 争抢几张入场券; *die S. am kalten Büffet* 冷餐桌旁的一场混战 ‖ -K(复合): **Rede-, Wahl-**

schlach·ten; *schlachtete, hat geschlachtet*; Vt/i (及物/不及物) (**ein Tier**) **s.** ein Tier töten, damit dessen Fleisch gegessen werden kann 屠宰,宰杀 〈ein Huhn, ein Kalb, ein Rind, ein Schwein s. 宰鸡、小牛、牛、猪〉 ‖ K-(复合): **Schlacht-, -messer, -tag, -tier, -vieh** ‖ *hierzu* (派生) **Schlach·tung** *die*

Schlach·ten·bumm·ler *der*; *-s, -*; *gespr* [口]; ein Fan e-r (Sport)Mannschaft, der zu den Wettkämpfen dieser Mannschaft in andere Städte fährt 前往赛场助威的球迷

Schlach·ter *der*; *-s, -*; *nordd* [北德] ≈ Fleischer, Metzger ‖ *hierzu* (派生) **Schlach·te·rei** *die*; *-, -en*

Schläch·ter *der*; *-s, -* **1.** *nordd* [北德] ≈ Schlachter **2.** *pej* [贬]; j-d, der viele Menschen grausam getötet hat 残杀者,屠杀者,刽子手 ‖ *hierzu* (派生) **Schläch·te·rei** *die*; *-, -en* ‖ *hierzu* (派生) **Schläch·te·rin** *die*; *-, -nen*

Schlacht·feld *das*; ein Gelände, auf dem es e-e Schlacht gegeben hat 战场 ‖ ID [谚] *mst* 多用 **Hier sieht es aus wie auf e-m S.!** *gespr* [口]; hier sieht es sehr unordentlich aus 这里看起来像刚打完仗(那么乱)!

Schlacht·hof *der*; ein Betrieb (in e-r Stadt), in dem große Mengen *bes* von Schweinen u. Kühen geschlachtet werden 屠宰场

Schlacht·plan *der*; *mst in* 多用于 **e-n S. aushecken** *gespr* [口]; sich e-e Strategie überlegen, wie man ein Ziel am besten erreicht 暗中策划作战计划(行动方案)

schlacht·reif *Adj* (形); *nicht adv* (不作状语); 〈ein Huhn, ein Kalb 鸡,牛犊〉 so alt u. gut gefüttert, dass man sie schlachten kann 达到屠宰标准的

Schlacht·ruf *der*; *hum* [诙]; e-e Parole, die die Fans e-r Sportmannschaft bei e-m Wettkampf rufen (*z.B.* um ihre Mannschaft zu motivieren) 赛场上球迷为本队加油的口号

Schla·cke *die*; *-, -n*; e-e harte Masse, die vom Erz übrig bleibt, wenn das Metall geschmolzen ist 矿渣,炉渣

schla·ckern; *schlackerte, hat geschlackert*; Vi (不及物) *nordd* [北德] **1. mit etw. s.** etw. lose hin u. her bewegen 摇晃,抖动 〈mit den Armen, Beinen s. 摇晃胳臂,抖动腿〉 **2. j-m schlackern die Knie** j-d hat große Angst 某人吓得膝盖打哆嗦 ‖ ID[谚] ↑ **Ohr**

Schlaf *der*; *-(e)s*; *nur Sg* (只用单数) **1.** der Zustand, in dem ein Mensch od. Tier ruht u. schläft 睡觉,睡眠 〈ein leichter, (un)ruhiger, fester, tiefer, traumloser S. 微睡,(不)安稳的睡眠,熟睡,沉睡,无梦的睡眠; gegen den S. ankämpfen 克服困倦; vom S. übermannt, überwältigt werden 被困倦袭击,征服(困极了,困得要命); in (tiefen) S. sinken (沉)入梦乡; in tiefem S. liegen 熟睡着; im S. sprechen 说梦话; aus dem S. erwachen 从睡梦中醒来; j-n in den S. singen, wiegen 唱歌、摇摇篮使某人入睡; j-n aus dem S. reißen 把某人从睡梦中唤醒; etw. bringt j-n um den S., raubt j-m den S. (= lässt j-n nicht schlafen) 某事使某人睡不着觉、夜不成寐〉 ‖ K-(复合): **Schlaf-, -bedürfnis, -entzug, -gewohnheiten, -mangel; -tablette** **2. halb im S.** so, dass man fast schläft 半睡眠状态 ‖ -K(复合): **Halb-, -schlaf** **3. e-n** + *Adj* (形) + **S. haben** regelmäßig auf bestimmte Weise schlafen 有…睡觉习惯,睡得… 〈e-n guten, gesunden, tiefen S. haben 有良好的、有规律的、有熟睡的睡觉习惯(睡得好、有规律、熟)〉: *Ich habe e-n leichten S.* (= ich wache bei fast jedem Geräusch auf) 我睡觉容易醒 **4. keinen S. finden** (**können**) *geschr* [书]; (aus Angst, vor Sorgen *o. Ä.*) nicht (ein)schlafen können 夜不成眠,睡不着 **5. sich** (*Dat* 三格) **den S. aus den Augen reiben** nach dem Schlafen die Augen reiben 揉眼睛醒醒,醒后揉揉眼 ‖ ID [谚] **den S. des Gerechten schlafen** gut u. fest schlafen 酣睡,睡得沉; **etw. im S. können / beherrschen** etw. so gut können, dass man sich dabei kaum anstrengen od. konzentrieren muss 某事闭着眼睛都会/掌握得滚瓜烂熟 ‖ *zu* (义项) **1. schlaf·los** *Adj* (形); **Schlaf·lo·sig·keit** *die*; *nur Sg* (只用单数)

Schlaf·an·zug *der* ≈ Pyjama ‖ K-(复合): **Schlafanzug-, -hose, -jacke**

Schläf·chen *das*; *-s, -*; *gespr* [口]; ein kurzer Schlaf (*mst* am Nachmittag) 睡一小会儿,打个盹儿 ≈ Nickerchen 〈ein kleines, kurzes S. machen 打个盹儿,眯一会儿,打个瞌睡〉 ‖ -K(复合): **Mittags-, Nachmittags-**

Schlä·fe *die*; *-, -n* **1.** die Stelle am Kopf zwischen Ohr u. Stirn 太阳穴 ‖ K-(复合): **Schläfen-, -bereich, -gegend** **2. graue Schläfen bekommen / haben** an den Schläfen (1) (schon) graue Haare bekommen/haben 鬓角发白,鬓发花白

schla·fen; *schläft, schlief, hat geschlafen*; Vi (不及物) **1.** in e-m Zustand der Ruhe sein, in dem die Augen geschlossen sind u. in dem man die Umwelt nicht mehr bewusst wahrnimmt 睡觉 〈gut, schlecht, fest, tief, (un)ruhig s. 睡得好、差、熟、沉、(不)安稳〉 **2. s. gehen; sich s. legen** ins Bett gehen, um zu s. (1) 去睡觉,上床睡觉 〈früh/zeitig, spät s. gehen 睡觉(或就寝)早、晚〉 **3. irgendwo s.** irgendwo über Nacht bleiben (u. dort s. (1)) 过夜,住宿 ≈ übernachten 〈im Hotel, bei Freunden s. 在旅馆、朋友处过夜〉 **4.** *gespr* [口]; nicht konzentriert u. aufmerksam sein 走神,心不在焉,思想开小差 ↔ aufpassen 〈im Unterricht s. 上课走神〉 **5. mit j-m s.** mit j-m Geschlechtsverkehr haben 和…上床(发生两性关

S

系）；Vr（反身）**6.** *mst* 多用 ***sich gesund s.*** （*mst* lange）schlafen u. so wieder gesund werden 睡足觉，身体好 ‖ *zu*（义项）**2. Schla̲·fen·ge·hen** *das*；*-s*；*nur Sg*（只用单数）

Schla̲·fens·zeit *die*；*nur Sg*（只用单数）；*mst in* 多用于 ***Es / Jetzt ist S.*** （jetzt）ist es Zeit, schlafen zu gehen（现在是）睡觉时间，就寝时间

schla̲ff，*schlaffer*，*schlaffst-* **1.** locker nach unten hängend, nicht gespannt 松的，下垂的 ≈ schlapp（3）↔ straff〈ein Seil 绳子〉**2.** nicht mehr straff 不紧的，松弛的 ≈ welk〈Haut 皮肤〉**3.** ohne Kraft 软弱无力的 ≈ matt[1]（1），schlapp（1）〈ein Händedruck 握手；sich s. fühlen 感觉虚弱无力〉**4.** ohne feste u. klare Prinzipien 松松垮垮的，松散的〈e-e Moral 道德规范〉**5.** *gespr pej*［口］［贬］；langweilig, ohne Temperament 萎靡不振的，无精打采的 ≈ schlapp（2）‖ NB（注意）：↑ ***lose***

Schla̲f·ge·le·gen·heit *die*；ein Platz（*mst* ein Bett od. e-e Couch）zum Schlafen 睡觉的地方

Schla·fi̲tt·chen *das*；*nur in* 只用于 ***j-n am / beim S. packen / kriegen / nehmen*** *gespr*［口］；j-n fassen u. festhalten, *mst* um ihn zu schimpfen 揪住…训斥

Schla̲f·krank·heit *die*；*nur Sg*（只用单数）；e-e tropische Krankheit, bei der man Fieber hat u. sehr müde ist. Die S. wird durch die Tsetse-Fliege übertragen（由舌蝇引起的）睡眠病，昏睡病

Schla̲f·lied *das*；ein Lied, das man e-m kleinen Kind（am Bett）vorsingt, damit es einschläft 催眠曲

Schla̲f·mit·tel *das* **1.** ein Medikament, das man nimmt, um gut zu schlafen 安眠药 **2.** *gespr*［口］；etw. sehr Langweiliges（*z. B.* e-e lange Rede）催眠剂，冗长而枯燥的事（如长篇讲话）

Schla̲f·müt·ze *die*；*gespr*［口］**1.** *hum*［诙］；j-d, der gern schläft 贪睡者，瞌睡虫 **2.** *pej*［口］；j-d, der kein Temperament hat, langweilig ist u. träge reagiert 懒懒散散的人，萎靡不振的人 ‖ *zu*（义项）**2. schla̲f·müt·zig** *Adj*（形）

schlä̲f·rig *Adj*（形）**1.** so müde, dass man einschlafen könnte 瞌睡的，困倦的〈s. werden 想睡，发困〉：*Der Wein hat mich s. gemacht* 葡萄酒使我昏昏欲睡 **2.** so, dass der Betreffende den Eindruck macht, dass er sehr müde ist 样子困倦的，极疲惫的〈j-n mit schläfrigen Augen ansehen, mit schläfriger Stimme sprechen 睡眼惺忪地看着某人，用疲惫不堪的声音说话〉‖ *hierzu*（派生）**Schlä̲f·rig·keit** *die*；*nur Sg*（只用单数）

Schla̲f·rock *der*；*veraltend*［渐旧］≈ Morgenmantel

Schla̲f·saal *der*；ein großer Raum mit vielen Betten（*bes* in e-m Internat od. e-r Jugendherberge）大卧室

Schla̲f·sack *der*；e-e Art Hülle aus e-m dicken, warmen Stoff, in der man beim Camping schläft 睡袋

schlä̲ft *Präsens*，*3. Person Sg*（现在时，第三人称单数）；↑ ***schlafen***

schla̲f·trun·ken *Adj*［形］；*geschr*［书］；noch nicht richtig wach 睡眼惺忪的，未睡醒的 ≈ verschlafen〈j-n s. ansehen 睡眼惺忪地注视某人〉‖ *hierzu*（派生）**Schla̲f·trun·ken·heit** *die*；*nur Sg*（只用单数）

Schla̲f·wa·gen *der*；ein Eisenbahnwagen mit Betten 卧铺车（厢）‖ NB（注意）：↑ ***Liegewagen***

schla̲f·wan·deln；*schlafwandelte*，*hat / ist schlafgewandelt*；Vi（不及物）im Schlaf aufstehen u. umhergehen u. verschiedene Dinge tun（ohne sich später daran erinnern zu können）梦游 ‖ *hierzu*（派生）**Schla̲f·wand·ler** *der*；*-s*，*-*；**Schla̲f·wand·le·rin** *die*；*-*，*-nen*

schla̲f·wand·le·risch *Adj*（形）；*mst in* 多用于 ***mit schlafwandlerischer Sicherheit*** mit absoluter Sicherheit, ohne jegliche Unsicherheit 有确切把握，万无一失：*Der Artist bewegte sich mit schlafwandlerischer Sicherheit auf dem Seil* 杂技演员走钢丝走得十分轻松稳当

Schla̲f·zim·mer *das*；das Zimmer（in e-m Haus od. e-r Wohnung），in dem man schläft 卧室 ‖ K-（复合）：***Schlafzimmer-***，***-einrichtung***，***-lampe***，***-kommode***，***-schrank*** ‖ -K（复合）：***Eltern-***，***Kinder-***

Schla̲f·zim·mer|blick *der*；*mst* 多用〈e-e Frau hat 一名女子有〉***e-n S.*** *gespr hum*［口］［诙］；e-e Frau deutet durch ihren Blick an, dass sie mit e-r bestimmten Person schlafen（5）möchte 轻佻的目光，轻狂的眼神

Schla̲g *der*；*-(e)s*，*Schlä·ge* **1.** e-e *mst* schnelle, heftige Berührung mit der Hand od. mit e-m Gegenstand 打，击〈ein leichter, heftiger S. 轻轻的、有力的一击；zu e-m S. ausholen 抡拳一击；j-m（mit e-m Stock, mit der Faust）e-n S.（ins Gesicht, in den Magen）versetzen（用棍棒、拳头）给某人（脸上、肚子上）一棍、一拳；e-n S. abwehren, parieren 抵挡、挡开一击〉‖ -K（复合）：***Faust-***，***Handkanten-*** ‖ NB（注意）：↑ ***Stoß***[1]，***Tritt*** **2.** *nur Pl*（只用复数）；Schläge（1），die j-d in e-m Kampf od. zur Strafe bekommt 揍，打，殴打 ≈ Prügel〈j-m Schläge androhen 威胁要打某人；Schläge bekommen 挨了揍〉**3.** ein hartes, dumpfes Geräusch, das durch e-n S.（1）od. e-n heftigen Aufprall hervorgerufen wird 打击声，撞击声，敲打声〈ein dumpfer S. 低沉的打击声〉**4.** e-e kurze Bewegung in e-r Reihe einzelner *mst* rhythmischer Stöße（die mit e-m Geräusch verbunden sind（有节奏的）敲击，锤击，搏动声：*die Schläge der Ruderer* 划船者的划浆声；*die gleichmäßigen Schläge des Herzens* 心脏有规律的跳动（声）‖ -K（复合）：***Herz-***，***Pendel-***，***Puls-***，***Ruder-***，***Wellen-*** **5.** der Stoß, den der Körper bekommt, wenn elektrischer Strom durch ihn fließt 电击〈e-n leichten, tödlichen S. bekommen 受到轻微的、致命的电击〉‖ -K（复合）：***Strom-*** **6.** ein großes persönliches Unglück, das j-n（plötzlich）trifft 打击：*Der Tod seiner Frau war ein har-*

S

ter S. für ihn 妻子的死对他是一次沉重的打击 ‖ -K(复合): ***Schicksals-*** **7.** ein akustisches Signal, mit dem *bes* e-e Uhr bestimmte Zeiten (*z.B.* die volle Stunde) angibt 敲钟声: *der S. der alten Standuhr* 旧式立钟的钟声 ‖ -K(复合): ***Glocken-*** **8.** *nur Sg, gespr* (只用单数) [口]; ***S.*** + *Zeitangabe* (时间说明语) genau zu der genannten Zeit 正点 ≈ Punkt + *Zeitangabe* (时间说明语): *Er kam S. sieben (Uhr)* 他七点整来到 **9.** *gespr* [口], *Kurzw* (略) ↑ ***Schlaganfall*** ⟨e-n S. erleiden 患中风; j-n hat der S. getroffen 某人中风了⟩ **10.** ***ein S.*** + *Subst* (名词); *gespr* [口]; e-e Portion e-r Speise, die in e-n großen (Schöpf) Löffel passt 一份,满满一大勺 ⟨ein S. Suppe, Püree, Kartoffelsalat 满满一大勺汤、土豆泥、土豆沙拉⟩ **11.** *nur Sg* (只用单数); e-e Gruppe von Menschen (oft in e-r bestimmten Region), die bestimmte Merkmale gemeinsam haben 种,类型(指人) ⟨j-d ist vom selben S. 某人是同一类型的人; j-d ist ein ganz anderer S. 某人完全是另一种类型的人⟩: *Die Bayern sind ein eigener S.* 巴伐利亚人自成一个类型 ‖ -K(复合): ***Menschen-*** **12.** *nur Sg* (只用单数); der Gesang *mst* der Nachtigall 夜莺的啼鸣声 **13.** *veraltet* [旧]; die Tür e-s Autos od. e-r Kutsche 车门 ⟨den S. öffnen 打开车门⟩ ‖ ID [谚] ***S. auf S.*** schnell nacheinander, ohne Pause 接二连三,连续不断: *Dann ging es S. auf S.* (= dann passierte sehr viel innerhalb kurzer Zeit) 然后就连续不断地发生; ***mit einem S.*** *gespr* [口] ≈ plötzlich, auf einmal; ***etw. ist (für j-n) ein S. ins Gesicht*** etw. ist e-e schwere Beleidigung (für j-n) 某事对某人是莫大的侮辱(极端无礼的行为); ***etw. ist ein S. ins Wasser*** etw. hat ein enttäuschendes Ergebnis, ist ein Misserfolg 某事是白费劲,(竹篮子打水)一场空; *mst* 多用 ***Mich trifft der S.!*** *gespr* [口]; verwendet als Ausdruck großer (oft unangenehmer) Überraschung 我大吃一惊!; *mst* 多用 ***Er / Sie hat e-n S.*** *gespr* [口]; er/sie ist verrückt 他/她发疯了; ***ein S. unter die Gürtellinie*** *gespr* [口]; e-e sehr unfaire Handlung, e-e Gemeinheit 卑鄙的行径; ***auf 'einen S.*** *gespr* [口]; **a)** ≈ plötzlich; **b)** alles auf einmal 一下子: *die ganze Pizza auf einen S. essen* 一下子吃一整块比萨饼; ***Er / Sie tut keinen S.*** *gespr* [口]; er/sie tut überhaupt nichts, ist sehr faul 他/她什么都不干(很懒)

Schlag·ab·tausch *der*; -(e)s; *nur Sg* (只用单数); e-e heftige Diskussion, ein verbaler Streit 短兵相接的争论,激烈辩论 ⟨ein offener S. (= e-e heftige Debatte) 一场公开的激烈辩论⟩: *ein S. zwischen Regierung u. Opposition* 政府和反对派之间的激烈交锋

Schlag·ader *die*; e-e Ader, in der das Blut vom Herzen zu e-m Organ fließt 动脉 ≈ Arterie ‖ -K(复合): ***Hals-***, ***Haupt-*** ‖ NB(注意): ↑ ***Vene***

Schlag·an·fall *der*; e-e Störung der Tätigkeit des Gehirns (*mst* weil es zu wenig Blut bekommt), die Lähmungen bestimmter Körperteile zur Folge haben kann 中风,卒中 ≈ Gehirnschlag; MED【医】Apoplexie ⟨e-n S. bekommen, erleiden, haben 得了、患中风⟩

schlag·ar·tig *Adj* (形); *nur attr od adv* (只用定语或状语); sehr schnell, ganz plötzlich 突然的,遽然的,猛然的: *e-e schlagartige Wetterbesserung* 天气突然好转; *Als er eintrat, verstummte s. das Gespräch* 当他进门时,谈话突然停止了

Schlag·baum *der*; e-e Schranke (*bes* an e-r Grenze) (边境上的)栏木,横木,关木,卡木 ⟨den S. öffnen, herunterlassen 打开、放下横木⟩

Schlag·boh·rer *der*; e-e elektrische Bohrmaschine, bei der der Bohrer sich schnell dreht u. sich gleichzeitig vor- u. zurückbewegt 电钻机

schla·gen; *schlägt, schlug, hat / ist geschlagen*; [Vt] (及物) (*hat*) **1.** ***j-n (irgendwohin) s.*** j-n mit der Hand od. mit e-m Gegenstand, den man in der Hand hält, (mehrmals) kräftig treffen, um ihm wehzutun 打,拍,揍,敲 ⟨j-n mit der Hand, mit e-m Stock s. 用手、棍子打某人; j-n ins Gesicht, auf die Finger s. 朝脸上、手指上打某人; j-n k.o., blutig, krankenhausreif s. 把某人重拳击倒、打出血,打得要送医院⟩ **2.** ***j-m etw. irgendwohin s.*** j-n mit e-m Gegenstand treffen, den man schnell bewegt 朝…抡、挥舞: *j-m die Faust ins Gesicht s.* 抡拳头向某人的脸上打 **3.** ***j-m etw. aus der Hand s.*** so fest auf j-s Hand od. auf e-n Gegenstand in j-s Hand s. (1), dass er diesen Gegenstand fallen lässt 将…从…手里打掉,把…打脱手: *j-m den Ball aus der Hand s.* 打掉某人手中的球 **4.** ***etw. irgendwohin s.*** etw. mithilfe e-s Werkzeugs irgendwohin treiben 将…钉进、敲入 ⟨e-n Nagel in die Wand s. 往墙上敲(钉)钉子; e-n Pfahl in den Boden s. 往地里打桩⟩ **5.** ***etw. irgendwohin s.*** etw. durch kräftige Schläge mit e-m Werkzeug entstehen lassen 往…上凿,打眼 ⟨ein Loch in die Wand s. 往墙里打一个洞⟩ **6.** ***die Pauke, die Trommel s.*** mit der Hand od. mit e-m Stock rhythmisch auf die Pauke od. Trommel schlagen u. so Töne erzeugen 敲定音鼓,打鼓 **7.** ***den Takt s.*** mit der Hand od. mit e-m Stab den Takt angeben 打拍子 **8.** ***etw. s.*** e-e flüssige Masse kräftig rühren, damit sie fest *o.Ä.* wird 打,搅打 ⟨*mst* Eiweiß (schaumig, steif) s. 打蛋白(使起泡沫、黏稠); Sahne (steif) s. 掼(打)奶油⟩ **9.** ***etw. s.*** ≈ fällen ⟨e-n Baum, e-n Wald s. 砍树,伐木⟩ **10.** ***ein Ei in die Pfanne s.*** ein Ei (an der Kante e-s Gegenstandes) aufbrechen u. den Inhalt in die Pfanne geben 把鸡蛋打到平锅里 **11.** ***j-n / ⟨e-e Mannschaft o.Ä.* 球队等⟩ *s.*** in e-m (Wett)-Kampf gegen j-n/e-e Mannschaft *o.Ä.* gewinnen (在比赛中)战胜,打败: *seinen Konkurrenten vernichtend s.* 彻底击败他的竞争对手; *Inter Mailand schlug Bayern München 3:1* 国际米兰队以3:1打败拜仁慕尼黑队 **12.** ***etw. zu etw. s.; etw. auf etw.*** (*Akk* 四格) ***s.*** e-e (Geld)Summe zu e-r (bereits vorhandenen)

S

Summe dazurechnen 打人,算人: *die Unkosten auf den Preis s.* 将杂费打人价格内 **13. ein Bein über das andere s.** im Sitzen od. Liegen ein Bein über das andere legen 跷起二郎腿 **14. etw. schlägt Wurzeln** e-e Pflanze bekommt Wurzeln (u. wächst im Boden an) (物作主语)生根,扎根: *Der Ableger des Gummibaums hat Wurzeln geschlagen* 橡皮树的插枝已扎了根; Vi (不及物) **15. irgendwohin s.** (*hat*) mit der Hand kräftig auf e-n Gegenstand s. (1)打,敲,击,拍: *mit der flachen Hand auf den Tisch s.* 用手掌拍桌子; *mit der Faust gegen die Tür s.* 以拳头敲门 **16. j-m irgendwohin s.** ≈ s.(1): *j-m ins Gesicht/auf die Finger/auf die Schulter s.* 打某人的脸/敲某人的指头/拍某人的肩膀 **17. (mit etw.) irgendwohin s.** (*ist*) mit e-m Körperteil kräftig gegen etw. stoßen 撞到,碰到: *Er stolperte u. schlug mit dem Kopf gegen den Schrank* 他绊了一下,头撞到了柜子上 **18. etw. schlägt** (+ *Zeitangabe* 时间说明语) *mst* e-e Uhr zeigt durch Töne bestimmte Zeiten (*z.B.* die volle Stunde) an(物作主语)打点,敲响,鸣响: *Die Turmuhr schlägt (acht)* 塔钟响了(敲响八点) **19. etw. schlägt (irgendwohin)** (*hat*) etw. wird kräftig bewegt u. prallt (wiederholt) gegen etw. (u. erzeugt ein Geräusch) (物作主语)拍打,撞击,晃动,摆动(发出声响): *Der Fensterladen schlug im Wind* 百叶窗在风中晃动; *Der Regen schlägt gegen die Scheibe* 雨点打在窗玻璃上 **20. etw. schlägt** (*hat*) etw. macht rhythmische Bewegungen(物作主语)有节奏地跳动、搏动 ⟨*mst* das Herz, der Puls 心脏,脉搏⟩ **21. etw. schlägt irgendwoher** (*hat/ist*) etw. dringt aus etw. hervor(物作主语)涌出,窜出 ⟨Flammen, Rauch(schwaden)火焰,浓烟⟩: *Aus den Fenstern schlug Feuer* 火苗窜出窗外 **22. j-d schlägt nach j-m** j-d wird (im Wesen) j-m sehr ähnlich(人作主语)(生性)像某人: *Er schlägt ganz nach dem Vater* 他的秉性完全像父亲 **23. die Nachtigall schlägt** (*hat*) die Nachtigall gibt die Laute von sich, die für ihre Art typisch sind 夜莺啁啾,鸣叫 **24.** ⟨ein Vogel 鸟⟩ **schlägt mit den Flügeln** (*hat*) ein Vogel macht schnell hintereinander kräftige Bewegungen mit den Flügeln 鸟拍打翅膀: *Der Hahn schlägt aufgeregt mit den Flügeln* 公鸡兴奋地拍打着翅膀; Vr (反身) (*hat*) **25. j-d schlägt sich mit j-m**; ⟨Personen 人⟩ **schlagen sich** *mst* zwei Personen prügeln sich, kämpfen gegeneinander(人作主语)单:与…打架,殴打;复:相互打架,殴打: *Er schlug sich mit seinem Freund* 他和自己的朋友打架 **26. sich irgendwie s.** (*mst* in e-m sportlichen Wettkampf od. e-r Diskussion) e-e bestimmte Leistung bringen(在体育比赛中)争夺,拼搏;(在讨论中)争论 ⟨sich ordentlich, tapfer, wacker s. 打得有板有眼、勇敢、坚强⟩ **27. sich irgendwohin s.** (*mst* unauffällig) nach rechts od. links (vom Hauptweg) abbiegen 拐弯,转向: *Er schlug sich seitwärts in die Büsche* 他往一旁拐进了小树丛 **28. etw. schlägt sich j-m auf etw.** (*Akk* 四格) etw. hat e-e negative Auswirkung auf ein Organ(物作主语)对…产生不好影响,影响到: *Der ganze Ärger hat sich mir auf den Magen geschlagen* 满脑子的烦心事使得我吃不下饭 ‖ ID[谚] **sich geschlagen geben** in e-m Kampf, Streit *o.Ä.* nachgeben, aufgeben(在比赛、争吵中)放弃,认输

schla·gend 1. *Partizip Präsens* (现在分词); ↑ **schlagen** 2. *Adj* (形); ⟨ein Argument, ein Beweis 论据,证据⟩ so klar u. logisch, dass sie eindeutig richtig sind 中肯的,有道理的,令人信服的

Schla·ger *der*; *-s*; - 1. ein Lied mit e-r einfachen Melodie u. e-m einfachen Text, das (oft nur für kurze Zeit) sehr bekannt u. beliebt ist 流行歌曲 ≈ Hit ‖ K-(复合): **Schlager-, -festival, -komponist, -musik, -sänger, -star, -text, -wettbewerb** 2. ein *mst* neues Produkt *o.Ä.*, von dem (e-e bestimmte Zeit lang) sehr viel verkauft wird 热门货,畅销货 ≈ Renner

Schlä·ger[1] *der*; *-s*, -; ein (Sport)Gerät, mit dem man *z.B.* beim Tennis den Ball schlägt 球拍,球棍 ‖ -K(复合): **Badminton-, Eishockey-, Federball-, Tennis-, Tischtennis-**

Schlä·ger[2] *der*; *-s*, -; *pej* [贬]; ein brutaler Mensch, der sich gern (ohne besonderen Anlass) mit anderen prügelt 好斗殴者,打手 ≈ Raufbold ‖ K-(复合): **Schläger-, -bande, -truppe, -typ** ‖ *hierzu* (派生) **Schlä·ge·rin** *die*; -, *-nen*

Schlä·ge·rei *die*; -, *-en*; ein Streit, bei dem sich die Leute prügeln 斗殴,厮打,格斗

schlag·fer·tig *Adj* (形) 1. fähig, schnell u. mit passenden (*mst* witzigen) Worten zu antworten 对答如流的,反应敏捷而风趣的 ⟨ein Mensch 人⟩ 2. treffend u. witzig 中肯而有风趣的,机灵的 ⟨e-e Antwort 回答; s. antworten, reagieren, parieren 回答很妙,反应机灵,应付自如⟩ ‖ *hierzu* (派生) **Schlag·fer·tig·keit** *die*; *nur Sg* (只用单数)

Schlag·in·stru·ment *das*; ein Musikinstrument, mit dem man durch Schlagen od. Klopfen Töne erzeugt 打击乐器: *Die Pauke u. die Trommel sind Schlaginstrumente* 定音鼓和鼓都是打击乐器 ‖ NB(注意): ↑ **Blas-, Streichinstrument** ↑ Abb. Seite 1559 图见第 1559 页

Schlag·kraft *die*; *nur Sg* (只用单数) 1. die Fähigkeit, e-e überzeugende Wirkung zu haben 说服力,效力 ≈ Wirksamkeit ⟨*mst die S.* e-s Arguments 论据的说服力⟩ 2. ≈ Kampfkraft, Kampfstärke ⟨die militärische S. 军事上的战斗力⟩ ‖ *hierzu* (派生) **schlag·kräf·tig** *Adj* (形)

Schlag·licht *das*; *mst in* 多用于 **etw. wirft ein S. auf j-n/etw.** etw. zeigt deutlich, wie j-d/etw. ist(物作主语)清楚地表明…的特点 ≈ etw. charakterisiert j-n/etw.: *Diese Bemerkung wirft ein S. auf seinen Charakter* 这个看法表明他的性格特征 ‖ *hierzu* (派生) **schlag·licht|ar·tig** *Adj* (形)

S

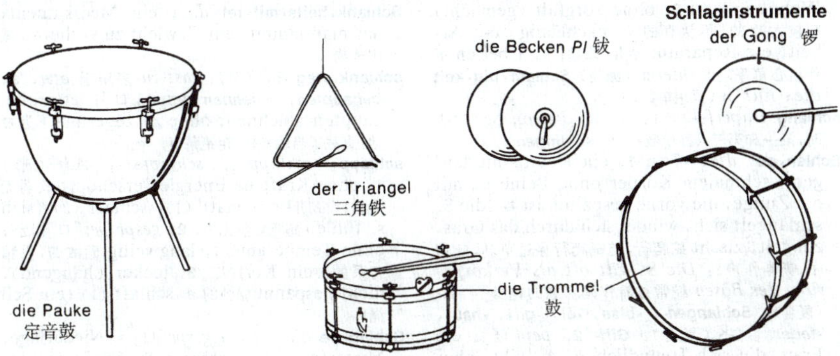

Schlag·loch *das*；ein ziemlich großes Loch in der Straße 道路上的坑洼

Schlag·obers *das*；-；*nur Sg*，Ⓐ（只用单数）［奥］≈ Schlagsahne

Schlag·rahm *der*；*bes südd* 尤用于［南德］≈ Schlagsahne

Schlag·sah·ne *die* **1**. flüssige Sahne, die man zu e-r weichen schaumigen Masse schlägt 掼奶油 **2**. die (gesüßte) weiche Masse, die man aus S. (1) geschlagen hat 加糖的掼奶油花：*Obstkuchen mit S.* 加掼奶油花的水果蛋糕

Schlag·sei·te *die*；*nur Sg*（只用单数）；die schräge Lage e-s Schiffes zu einer Seite hin 斜位〈ein Schiff hat schwere, starke S. 船向一边严重倾斜〉‖ ID［谚］***S. haben*** *gespr hum*［口］［诙］；nicht mehr geradeaus gehen können, weil man zu viel getrunken hat（因喝醉酒）走路踉踉跄跄的

Schlag·stock *der*；ein kurzer Stock aus hartem Gummi (den Polizisten als Waffe verwenden) 警棍

schlägt *Präsens, 3. Person Sg*（现在时，第三人称单数）；↑ ***schlagen***

Schlag·wort *das*；-(e)s, *Schlag·wör·ter/Schlag·wor·te* **1**. ein Begriff (*mst* aus dem Wortschatz e-r politischen od. philosophischen Bewegung), der *mst* propagandistischen Zwecken dient 简短的标语，口号：„*Freiheit*“, „*Gleichheit*“, „*Brüderlichkeit*“ *waren die Schlagworte der Französischen Revolution* “自由”、“平等”、“博爱”是法国革命的口号 **2**. *mst pej* 多用［贬］；ein *mst* politischer Begriff, der meistens so ungenau gebraucht wird, dass seine ursprüngliche Bedeutung verloren gegangen ist 陈词滥调，老生常谈 **3**. ein Wort (in Katalogen von Bibliotheken), das den Inhalt eines Buches od. mehrerer Bücher charakterisiert（标明书刊内容的）导语，提示词 ‖ K-（复合）：***Schlagwort-, -katalog, -verzeichnis***

Schlag·zei·le *die* **1**. die Überschrift (in großen Buchstaben) in e-r Zeitung über dem Text 大标题 **2**. ***j-d/etw. macht Schlagzeilen, sorgt für Schlagzeilen*** j-d/etw. erregt so viel Aufsehen, dass die Presse viel über sie berichtet（人/物作主语）引起轰动，成为头条新闻

Schlag·zeug *das*；-s, -e；die Schlaginstrumente (wie *z.B.* Trommeln u. Becken), die von e-m Musiker in e-r Band od. in e-m Orchester gespielt werden（乐队中由一人演奏的）打击乐器组〈S. spielen 演奏一组打击乐器〉‖ *hierzu*（派生）**Schlag·zeu·ger** *der*；-s, -

schlak·sig, schlak·sig *Adj*（形）；groß u. schlank u. dabei ein bisschen ungeschickt wirkend 瘦长而动作笨拙的〈ein Bursche 男孩〉

Schla·mas·sel *der/südd* Ⓐ［南德］［奥］*das*；-s；*nur Sg*（只用单数）；*gespr*［口］；e-e ärgerliche, schwierige Lage 倒霉，背运〈im S. sitzen/stecken 处境窘迫/进退维谷〉：*Da haben wir den S.!* 这下我们倒霉了！

Schlamm *der*；-(e)s；*nur Sg*（只用单数）；e-e feuchte Masse *mst* aus Wasser u. Erde 泥泞，烂泥〈im S. waten, stecken bleiben 在泥泞中跋涉，陷在烂泥里〉：*den S. auf dem Boden des Sees aufwühlen* 把湖底的淤泥掘出来 ‖ *hierzu*（派生）**schlam·mig** *Adj*（形）

Schlamm·schlacht *die*；*gespr*［口］；ein unsachlicher Streit, der (*bes* in der Öffentlichkeit) mit Beleidigungen *o.Ä.* ausgetragen wird 互相诋毁的公开论战

Schlam·pe *die*；-, -n；*gespr pej*［口］［贬］**1**. verwendet als Schimpfwort für e-e unordentliche Frau 邋遢的女人 **2**. verwendet als Schimpfwort für e-e Frau, die sexuelle Beziehungen zu mehreren Männern hat 荡妇，破鞋

schlam·pen；*schlampte, hat geschlampt*；Vi（不及物）*pej*［贬］；oberflächlich u. ungenau arbeiten 草率从事，吊儿郎当干活，马马虎虎做事：*bei den Hausaufgaben s.* 草率地做家庭作业 ‖ *hierzu*（派生）**Schlam·per** *der*；-s, -；**Schlam·pe·rin** *die*；-, -nen ‖ *zu* ***Schlamperei*** ↑ ***-ei***

schlam·pig *Adj*（形）；*gespr pej*［口］［贬］**1**. unordentlich od. schmutzig 凌乱的，邋遢的，不修边幅的 ↔ gepflegt〈s. angezogen, gekleidet sein, herumlaufen 衣着不整洁，不修边幅，穿戴邋遢到处乱跑；s. aussehen 看起来不修边幅；e-e

S

Wohnung 住房〉 **2.** ohne Sorgfalt (gemacht) 粗枝大叶的,不认真的 ≈ nachlässig 〈e-e Arbeit, e-e Reparatur 活儿,修理; s. arbeiten 工作粗心草率〉 ‖ *hierzu*(派生) **Schlam·pig·keit** *die*; *nur Sg*(只用单数)

schlang *Imperfekt*, *1. u. 3. Person Sg*(过去时,第一和第三人称单数); ↑ ***schlingen***

Schlan·ge[1] *die*; *-, -n* **1.** ein Reptil mit langem, schmalem Körper ohne Beine u. mit e-r Zunge, die vorne gespalten ist 蛇 〈die S. schlängelt sich, windet sich durch das Gras, züngelt, zischt 蛇爬行,蜿蜒爬行穿过草丛,吐信子,嘶嘶作声〉: *Die S. gilt oft als Verkörperung des Bösen* 蛇常被看作是邪恶的化身 ‖ K-(复合): ***Schlangen-, -biss, -ei, -gift, -haut, -leder*** ‖ -K(复合): ***Gift-*** **2.** *pej*[贬]: e-e Frau, die sich freundlich *o. Ä.* gibt, aber böse Absichten hat 虚伪阴险的女人 ‖ ID[谚] ***e-e S. am Busen nähren*** *geschr*[书]; j-m vertrauen, der einem später schadet 怀揣毒蛇,姑息养奸 ‖ *zu*(义项) **1. schlan·gen·ar·tig** *Adj*(形)

Schlan·ge[2] *die*; *-, -n* **1.** e-e Reihe von Menschen, die dicht hintereinanderstehen u. auf etw. warten 长队,长龙: *An der Kasse bildete sich e-e lange S.* 等候的人在收款处排成长队 ‖ -K(复合): ***Warte-*** **2.** e-e lange Reihe von Autos 一长列,一长串汽车 ‖ -K(复合): ***Auto-*** **3. *S. stehen*** in e-r langen Reihe stehen u. warten, bis man an der Reihe ist 排长队等候: *vor der Kinokasse S. stehen* 在电影院售票处排长队等候

schlän·geln, sich; *schlängelte sich, hat sich geschlängelt*; [Vr] (反身) **1.** 〈e-e Schlange *o. Ä.* 蛇等〉 ***schlängelt sich irgendwohin*** e-e Schlange *o. Ä.* gleitet in Windungen am Boden entlang 爬行,蜿蜒而行 **2. *etw. schlängelt sich* (*irgendwohin*)** etw. verläuft in vielen engen Kurven(物作主语)蜿蜒,弯弯曲曲地延伸,盘旋伸展: *Der Pfad schlängelt sich durch den Dschungel* 小路曲曲弯弯穿过热带丛林 **3. *sich irgendwohin s.*** sich zwischen Menschen od. Gegenständen, die sehr dicht nebeneinanderstehen, geschickt (u. ohne anzustoßen) hindurchbewegen 穿过障碍前进: *Er schlängelte sich durch die Menschenmenge nach vorn* 他巧妙地穿过人群往前走

Schlan·gen·li·nie *die*; e-e Linie, die in vielen Windungen verläuft 波浪线,蛇行曲线 〈etw. verläuft in Schlangenlinien 某事呈波浪形发展〉: *Der betrunkene Autofahrer fuhr in S.* 这个醉汉驾车歪七扭八地往前闯

schlank, *schlanker, schlankst-*; *Adj*(形); mit e-r schmalen Figur u. schönen Proportionen 苗条的,细长的 ↔ dick, fett: *Sie will jetzt weniger essen, damit sie schlanker wird* 为了更加苗条,她现在想节食 ‖ *hierzu*(派生) **Schlank·heit** *die*; *nur Sg*(只用单数) ‖ NB(注意): ↑ ***mager***

Schlank·heits·kur *die*; e-e (Fasten)Kur, durch die man schlank(er) wird od. werden soll 减肥疗法

Schlank·heits·mit·tel *das*; ein Medikament, das man nimmt, um Gewicht zu verlieren 减肥药物

schlank·weg *Adv*(副); *mst in* 多用于 ***etw. s. behaupten, ablehnen*** *gespr*[口]; etw. behaupten/ablehnen, ohne zu zögern 毫不迟疑地,直截了当地坚持/拒绝某事

schlapp, *schlapper, schlappst-*; *Adj*(形) **1.** ohne Kraft u. Energie, erschöpft 软弱无力的,没劲儿的 ≈ matt[1] (1), schlaff (3) 〈sich s. fühlen 感觉疲惫无力〉 **2.** *gespr pej*[口][贬]; ohne Temperament, langweilig 懒散的,没精打采的 〈ein Kerl 人〉 **3.** locker (hängend), nicht gespannt 松弛的 ≈ schlaff (1) 〈ein Seil 绳〉

Schlap·pe *die*; *-, -n*; *gespr*[口] ≈ Niederlage, Misserfolg 〈e-e schwere S. erleiden, einstecken müssen 遭受重挫,遭到惨败〉

Schlap·pen *der*; *-s, -*; *gespr*[口]; ein weicher u. bequemer Hausschuh od. Pantoffel 拖鞋,便鞋

Schlapp·hut *der*; ein Hut aus weichem Material (mit e-r breiten, nach unten hängenden Krempe) 宽边软呢帽

schlapp·ma·chen; *machte schlapp, hat schlappgemacht*; [Vi] (不及物) *gespr*[口]; bei e-r bestimmten Tätigkeit nicht mehr weitermachen, weil man keine Kraft mehr hat(因疲劳而)不能坚持,顶不住,干不下去 ↔ durchhalten: *Schon nach zwei Kilometern machte er schlapp* 他走了两公里就坚持不住了

Schlapp·schwanz *der*; *gespr pej*[口][贬]; ein Mann ohne Energie u. Durchsetzungsvermögen 意志薄弱者,胆小鬼,窝囊废 ≈ Schwächling

Schla·raf·fen·land *das*; *nur Sg*(只用单数); *mst in* 多用于 ***wie im S.*** von Reichtum u. Luxus umgeben, für die man nicht arbeiten muss (童话中的)极乐世界,天国 〈wie im S. leben 好像生活在极乐世界〉

schlau, *schlauer, schlaust-*; *Adj*(形) **1.** mit dem Wissen, wie man mit Tricks od. Geschick das erreicht, was man will 机灵的,机敏的,狡猾的 ≈ listig, raffiniert 〈ein Bursche 小伙子; s. wie ein Fuchs 像狐狸一样狡猾〉 **2. *aus j-m/etw. nicht s. werden*** *gespr*[口]; j-n/etw. nicht verstehen, nicht durchschauen können 捉摸不透/弄不明白 ‖ *zu*(义项) **1. Schlau·heit** *die*; *nur Sg*(只用单数); **schlau·er·wei·se** *Adv*(副)

Schlau·ber·ger *der*; *-s, -*; *gespr hum*[口][诙]; j-d, der schlau, durchtrieben ist 灵巧的人,机灵鬼,滑头

Schlauch *der*; *-(e)s, Schläu·che* **1.** e-e biegbare Röhre aus Gummi od. Kunststoff, durch die man Flüssigkeiten od. Gas leitet 橡皮管,软管,水龙带: *der S. am Wasserhahn* 水龙头上的软管; *Die Feuerwehr rollte die Schläuche aus* 消防队将水龙带铺展开 ‖ -K(复合): ***Garten-, Wasser-*** **2.** ein runder S. (1) aus Gummi (in e-m Auto- od. Fahrradreifen), der mit Luft gefüllt ist(汽车、自行车等车

S

轮的)内胎〈e-n S. aufpumpen, flicken 给内胎充气,补内胎〉‖ K-(复合): **Schlauch-, -reifen** **3.** *hist*[历]; e-e Art Sack (*mst* aus Leder) für Flüssigkeiten 水袋,酒囊 ‖ -K(复合): **Wasser-, Wein-** ‖ ID[谚] ***etw. ist ein S.*** *gespr*[口]; etw. dauert sehr lange u. ist anstrengend 某事是费时又费力的事,烦难的事: *Die Prüfung war ein richtiger S.* 考试实在是拖累人的事; ***auf dem S. stehen*** *gespr hum od pej* [口][诙]或[贬]; etw. nicht sofort verstehen 脑瓜不灵,反应迟钝 ‖ *zu*(义项) **2. schlauch·los** *Adj*(形) ‖ NB(注意): ↑ **Rohr**

Schlauch·boot *das*; ein Boot aus Gummi od. Kunststoff, das mit Luft gefüllt ist 橡皮艇

schlau·chen; *schlauchte, hat geschlaucht*; Vt/i (及物/不及物) ***etw. schlaucht*** (***j-n***) *gespr* [口]; etw. ist (körperlich) sehr anstrengend (物作主语)使精疲力尽,使劳累: *Die lange Wanderung in den Bergen hat mich ziemlich geschlaucht* 这次长距离徒步爬山把我搞得相当疲劳

Schläue *die*; -; *nur Sg*(只用单数); das Schlausein 机灵,精明,狡猾

Schlau·fe *die*; -, *-n* **1.** ein (schmales) Band (*mst* aus Stoff od. Leder) in Form e-s Rings, an dem man sich festhalten od. mit dem man etw. tragen kann 环,圈: *die S. an e-m Skistock* 滑雪棍的搭环; *sich in der Straßenbahn an e-r S. festhalten* 在电车里手抓住挂环 ‖ -K(复合): **Leder-** ‖ NB(注意): ↑ **Schlinge** **2.** ein (schmales) Band aus Stoff od. ein dicker Faden, die an e-m Rock od. an e-r Hose angenäht sind u. den Gürtel halten(裙、裤上的)襻儿 ‖ -K(复合): **Gürtel-**

Schlau·mei·er *der*; *-s, -*; *gespr hum*[口][诙] ≈ Schlauberger

Schla·wi·ner *der*; *-s, -*; *südd gespr pej od hum*[南德][口][贬]或[诙]; j-d, der raffiniert ist u. oft unfaire Tricks anwendet 滑头,狡猾的家伙

schlecht, *schlechter, schlechtest-*; *Adj*(形) **1.** 〈e-e Arbeit, e-e Leistung 劳动,成绩; ein Essen, ein Wein 饭菜,葡萄酒; ein Stoff 面料; ein Tänzer 舞蹈者〉 nicht so, wie sie sein sollten, mit Mängeln, von geringer Qualität 不好的,差的,质量低下的,劣质的 ↔ gut (1): *Er hat sehr s. geschlafen* 他觉睡得很差(很不好); *Die Wunde heilt s.* 伤口愈合得不好 **2.** *nicht adv*(不作状语); 〈Augen, Ohren, Nerven, ein Gedächtnis, ein Gehör 眼睛,耳朵,神经,记忆力,听觉〉 so, dass sie nicht (mehr) richtig funktionieren 不健全的,有病的,弱的 ≈ schwach ↔ gut (2) **3.** *nicht adv*(不作状语); 〈ein Schüler, ein Student 小学生,大学生; ein Anwalt, ein Arzt, ein Lehrer *usw* 律师,医生,教师等; Eltern 家长〉 so, dass sie ihren Aufgaben nicht gewachsen sind 不称职的,不尽心的 ↔ gut (3) **4.** ≈ böse ↔ gut (4) 〈ein Mensch, e-e Tat 人,行为〉: *j-n s. behandeln* 恶劣地对待某人 **5.** 〈ein Benehmen, ein Verhalten 举止,态度〉 nicht so, wie es *bes* in der Gesellschaft üblich ist od. erwartet wird 差劲的,坏的,不良的 ↔ gut (6) **6.** 〈ein Freund 朋友; ein Christ 基督徒; ein Demokrat 民主主义者〉 so, dass sie nur dem Anschein nach das sind, als was sie sich ausgeben 糟糕的,不够格的,不真心的 ↔ gut (7): *Er ist ein schlechter* (= kein richtiger) *Freund, wenn er dich so behandelt!* 他这样对待你,他就不是你真正的朋友 **7.** ***s.*** (***für j-n / etw.***) so, dass es j-m/etw. schadet, nicht geeignet od. passend ist 不好的,不合适的,不恰当的 ≈ ungünstig, unpassend ↔ gut (8): *Er hat e-n schlechten Augenblick gewählt, um mit seinem Chef über e-e Gehaltserhöhung zu sprechen* 他和上司谈增加工薪的事儿没选好时机; *Das feuchte Klima ist s. für die Gesundheit* 潮湿的气候对健康不利 **8.** unangenehm od. unerfreulich 不好的,糟糕的,令人不愉快的 ↔ gut (10) 〈e-e Nachricht 坏消息〉 **9.** mit Problemen verbunden 有麻烦的,不顺心的〈ein Flug, e-e Reise 飞行,旅行〉 **10.** mit Regen, Schnee *o. Ä.* 坏的,有雨雪的,阴沉的 〈Wetter 天气〉 **11.** unangenehm, ungenießbar 坏的,有怪味的,不能吃的〈etw. riecht, schmeckt s. 某物难闻,难吃(坏了)〉 **12.** mit weniger Ertrag als erwartet od. normal 不好的,歉收的 ↔ gut (12) 〈e-e Ernte, ein Jahr 收成,年成〉 **13.** ***etw. ist / wird s.*** etw. ist/wird ungenießbar, weil es schon zu alt ist(物作主语)变质了,坏了,不能吃(喝)了 ≈ etw. verdirbt 〈das Fleisch, die Wurst, die Milch 肉,香肠,牛奶〉 **14.** *nur adv*(只作状语); nur mit großer Mühe 费劲地,吃力地 ↔ gut (24), leicht[2] (1) 〈sich (*Dat* 三格) etw. s. merken können 记住某事很吃力〉 **15.** *nur adv*(只作状语); nicht ohne Probleme 很难,不顺利,有麻烦 ↔ gut (25): *Ich kann hier s. weg* (= Ich bekomme Schwierigkeiten, wenn ich hier weggehe) 我很难(难以)从这儿脱身 **16.** ***j-m geht es s.*** j-d ist krank od. fühlt sich seelisch nicht wohl 身体不好,心情不好: *Nach der Trennung von seiner Freundin ist es ihm lange Zeit ziemlich s. gegangen* 和女友分手后,他长时间心情不好 **17.** ***j-m geht es s.*** j-d hat kein Geld u. nichts zu essen… 境况窘迫,生活困难,手头拮据 **18.** ***es steht s. um j-n / etw.*** j-d/etw. hat (*mst* finanzielle) Probleme… 境况不好(多指经济上): *Es steht s. um seine Firma* 他的公司财务状况很糟(不景气) **19.** ***j-m ist / wird s.*** j-d hat das Gefühl, sich erbrechen zu müssen… 感觉不好,恶心,想吐 ≈ j-m ist/wird übel **20.** ***j-d hat es s. / ist s. dran*** *gespr*[口]; j-d hat Probleme(人作主语)境况不好,生活困难 ‖ ID[谚] ***nicht s.*** *gespr*[口] ≈ sehr: *Ich habe nicht s. gestaunt, als ich sein neues Auto gesehen habe* 当我看到他的新车时,我着实大吃了一惊; ***mehr schlecht als recht*** nicht besonders gut 凑凑合合地,勉勉强强地; ***j-d ist auf j-n / etw. s. zu sprechen*** j-d ist gegen j-n/etw. ablehnend eingestellt 某人容不得某人/谈起某事就反感; ***j-d hat ein schlechtes Gewissen*** *oft hum* 常用[诙]; j-d hat Schuldgefühle, weil er etw. Falsches getan hat 某人感到内疚,问心有愧 ‖ NB(注意): ↑ ***schlechtmachen***

schlech·ter·dings, schlech·ter·dings *Adv*(副);

S

veraltend[渐旧] ≈ einfach² (3): *Es ist s. unmöglich, ihn zufriedenzustellen* 叫他称心如意,这简直是不可能的

schlẹcht·ge·hen ↑ **schlecht** (16,17)

schlẹcht·hịn¹ *Adv*(副); in reinster Form 地地道道的,绝对的,完美的: *Van Gogh verkörpert den Künstler s.* 梵高是完美的艺术家的化身 ‖ NB(注意): nach e-m Substantiv mit bestimmtem Artikel(用于带定冠词的名词之后)

schlẹcht·hịn² *Adv*(副) ≈ ganz u. gar: *Es war s. unmöglich, den Auftrag rechtzeitig zu erledigen* 按时完成这个任务,是根本不可能的

Schlẹch·tig·keit *die*; -, *-en* **1.** *nur Sg*(只用单数); das Schlechtsein, die Boshaftigkeit 坏,恶,糟,差: *So viel S. hätte ich ihm nicht zugetraut* 我不敢相信他竟这么坏 **2.** *mst Pl*(多用复数); e-e schlechte (4)/böse Handlung 卑劣行径,丑事,恶劣行为

Schlẹcht·ma·chen; *machte schlecht, hat schlechtgemacht*; [Vt](及物) ***j-n/etw.*** (***bei j-m***) ***s.*** *gespr*[口]; etw. Negatives über j-n/etw. sagen, um ihm zu schaden 贬低,说…坏话: *Sie hat ihre Kollegin beim Chef schlechtgemacht* 她在上司那里把她的女同事说得一塌糊涂

Schlẹcht·wẹt·ter (*das*); *nur Sg*(只用单数); schlechtes Wetter mit Regen od. Schnee 恶劣天气 ↔ Schönwetter ‖ K-(复合): ***Schlechtwetter-, -front, -periode***

Schlẹcht·wẹt·ter|geld *das*; Geld, das Bauarbeiter im Winter vom Staat bekommen, wenn sie wegen des schlechten Wetters nicht arbeiten können(建筑工人因天气恶劣所得的)误工补贴

schlẹ·cken; *schleckte, hat geschleckt*; *bes südd* Ⓐ Ⓒⓗ 尤用于[南德][奥][瑞] [Vt/i](及物/不及物) **1.** (***etw.***) ***s.*** ≈ lecken: *Die Kinder schlecken Eis* 孩子们舐食冰淇淋 **2.** (***etw.***) ***s.*** ≈ naschen 〈Bonbons, Pralinen, Schokolade s. 偷吃块糖、巧克力夹心糖、巧克力〉; [Vi](不及物) **3.** ***an etw.*** (*Dat* 三格) ***s.*** ≈ an etw. lecken (4)

Schle·cke·rei *die*; -, *-en*; *bes südd* Ⓐ 尤用于[南德][奥] ≈ Leckerei, Süßigkeit

Schlẹ·cker·maul *das*; *bes südd* Ⓐ *gespr hum* 尤用于[南德][奥][口][诙]; j-d, der gern Süßigkeiten isst 爱吃甜食的人

Schle̱·gel *der*; *-s*, - **1.** e-e Art großer Hammer aus Holz 木槌 **2.** e-e Art (Holz-)Stock, mit dem man e-e Trommel *o. Ä.* schlägt 鼓槌 ‖ -K(复合): ***Trommel-*** **3.** *südd* Ⓐ Ⓒⓗ [南德][奥][瑞] ≈ Keule (3) ‖ -K (复合): ***Kalbs-, Puten-, Reh-***

Schle̱h·dorn *der*; *-(e)s, -e*; *mst Sg*(多用单数) ≈ Schlehe (1)

Schle̱·he [ˈʃleːə] *die*; -, *-n* **1.** ein Strauch mit vielen Dornen, der weiße Blüten hat u. runde, dunkelblaue, saure Früchte trägt 黑刺李 ‖ K-(复合): ***Schlehen-, -blüte*** **2.** die Frucht der S. (1) 黑刺李子 ‖ K-(复合): ***Schlehen-, -likör, -schnaps***

schlei̱·chen; *schlich, hat/ist geschlichen*; [Vi](不及物) (*ist*) **1.** (***irgendwohin***) ***s.*** sich leise, langsam u. vorsichtig fortbewegen (damit man nicht bemerkt wird)轻轻地,蹑手蹑脚地走动: *Sie schlich lautlos ins Zimmer* 她悄无声息地轻轻走进了房间; [Vr](反身) (*hat*) **2.** ***sich irgendwohin s.*** heimlich u. leise irgendwohin gehen (sodass man nicht bemerkt wird)潜行,偷偷地走动,溜进,溜到 〈sich ins Zimmer s. 偷偷进房间(潜入房间); sich aus dem Haus s. 偷偷溜出家门〉

schlei̱·chend **1.** *Partizip Präsens*(现在分词); ↑ **schleichen** **2.** *Adj*(形); *mst attr*(多作定语); 〈e-e Krankheit 疾病〉 so, dass sie langsam immer schlimmer wird 慢慢加剧的,日趋严重的

Schlei̱ch·weg *der*; ein Weg, den nur sehr wenige Leute kennen u. über den man *mst* schneller od. bequemer an sein Ziel kommt 秘密通道,隐蔽小道

Schlei̱ch·wer·bung *die*; das indirekte Werben für ein Produkt od. für e-e Firma (*z. B.* indem man im Fernsehen od. in e-m Interview den Namen des Produkts od. der Firma erwähnt)(在电视或采访中提及产品或公司名称的)间接广告 〈S. machen, treiben 做,从事间接广告〉

Schlei̱·er *der*; *-s*, - **1.** ein dünnes Stück Stoff od. Netz, das e-e Frau vor dem Gesicht od. auf dem Kopf trägt 面纱,纱头巾: *Viele Frauen in arabischen Ländern tragen e-n S.* 在阿拉伯国家许多妇女头戴面纱 ‖ -K(复合): ***Braut-, Witwen-*** **2.** e-e Schicht aus kleinen Tropfen od. Staubkörnern in der Luft, die die Sicht behindert 雾霭,空气浑浊 ‖ -K(复合): ***Dunst-, Nebel-, Rauch-, Regen-, Wolken-*** ‖ ID[谚] ***den S. lüften*** ein Geheimnis verraten 揭开秘密

schlei̱·er·haft *Adj*(形); *gespr*[口]; *mst in* 多用于 ***etw. ist/bleibt j-m s.*** etw. ist so, dass es j-d nicht versteht 某事对某人来说很费解,某人对某事捉摸不透 ≈ etw. ist j-m unerklärlich: *Es ist mir s.*, wie *er diese Strapazen erträgt* 我弄不明白,他怎能忍受这样的劳累

Schlei̱·fe *die*; -, *-n* **1.** ein Knoten mit zwei Schlingen 活扣,活结,蝴蝶结,飘带 〈e-e S. im Haar, am Kleid tragen 头发上扎着、连衣裙上系着一个蝴蝶结〉: *die Schnürsenkel zu Schleifen binden* 把鞋带系成活扣 ‖ ↑ *Abb. unter* 图见 ***Adventskranz*** ‖ -K(复合): ***Haar-, Kranz-, Samt-, Seiden-*** **2.** e-e Linie mit der Form e-r Schlinge 环形弯道,环线: *Der Fluss macht hier e-e S.* 河流在这儿拐了一个环形线; *Er flog mit dem Flugzeug e-e S. am Himmel* 他驾驶飞机在空中飞出一道环形线 ‖ -K(复合): ***Lande-***

schlei̱·fen¹; *schliff, hat geschliffen*; [Vt/i](及物/不及物) **1.** (***etw.***) ***s.*** die Oberfläche von etw. durch Reiben mit e-m harten Gegenstand glatt od. scharf machen 磨,磨快,磨光 〈ein Beil, ein Messer, e-e Schere, e-e Sense s. 磨小斧子、刀、剪刀、镰刀; Diamanten s. 打磨钻石〉 ‖ K-(复合): ***Schleif-, -lack, -maschine, -mittel, -papier, -stein***; [Vt](及物) **2.** ***j-n s.*** *gespr*[口]; Soldaten (*bes* Rekruten) sehr hart u. lange üben lassen 使刻苦训练 ‖ *zu*

（义项）**2. Schlei·fer** *der*; *-s*, *-* ‖ ▶ **Schliff**

schlei·fen²; *schleifte*, *hat/ist geschleift*; [Vt]（及物）（*hat*）**1. j-n/etw.（irgendwohin）s.** j-n/etw. *mst* mit viel Mühe auf e-r Fläche（*mst* auf dem Boden）irgendwohin ziehen（吃力地）拖，拉，拽：*e-n schweren Sack s.* 拖一个重的口袋 ‖ K-（复合）：**Schleif-**, **-spur** **2. etw. irgendwohin s.** *gespr*［口］；etw. irgendwohin mitnehmen, obwohl es schwer od. lästig ist（不顾沉重或麻烦）把…拖走、带走、拉走 **3. j-n irgendwohin s.** *gespr hum*［口］［诙］；j-n dazu überreden, nachdem er sich zuerst dagegen gesträubt hat, doch irgendwohin mitzugehen（经劝说）把…拖走、拽走、拉走：*Letzte Woche habe ich meinen Mann ins Theater geschleift* 上星期我拽我丈夫去看了一场戏；[Vi]（不及物）**4. etw. schleift（irgendwo）（*hat/ist*）** etw. berührt bei e-r Bewegung etw. anderes（sodass Reibung entsteht）（物作主语）拖着，擦着，蹭着：*Das lange Abendkleid schleifte am Boden* 长长的女式晚礼服拖在地上；*Der Reifen schleift am Schutzblech* 轮胎擦着挡泥板 **5. etw. s. lassen** *gespr*［口］；sich nicht so sehr um etw. bemühen wie sonst 放松，松劲：*In der letzten Zeit hat er seine Arbeit s. lassen* 前一段时间他对工作放松了

schlei·fen·las·sen ↑ **schleifen** (5)

Schleim *der*; *-(e)s*, *-e* **1.** e-e Substanz, die teilweise flüssig ist u. sich klebrig u. unangenehm anfühlt 黏液：*Schnecken sondern S. ab* 蜗牛分泌出黏液 ‖ K-（复合）：**Schleim-**, **-absonderung**, **-drüse** ‖ -K（复合）：**Magen-**, **Mund-**, **Nasen-** **2.** ein leichter Brei aus（gekochtem）Getreide 糊，粥 ‖ K-（复合）：**Schleim-**, **-suppe** ‖ -K（复合）：**Hafer-**

Schleim·haut *die*; die Haut bestimmter Organe des Körpers, die Schleim produziert 黏膜 ‖ -K（复合）：**Magen-**, **Mund-**, **Nasen-**

schlei·mig *Adj*（形）**1.** mit Schleim bedeckt 有黏液的，黏滑的〈ein Fisch, e-e Schnecke 鱼，蜗牛〉**2.** wie Schleim 黏液的，黏液状的〈ein Ausfluss, e-e Substanz 分泌物，物质〉**3.** *gespr pej*［口］［贬］；〈ein Typ 类型的人〉so, dass er j-m schmeichelt, um Vorteile zu bekommen 奉迎的，谄媚的，巴结的 ≈ heuchlerisch

Schleim·schei·ßer *der*; *vulg pej*［俗］［贬］；j-d, der j-m schmeichelt, um Vorteile zu bekommen 马屁精，阿谀奉承的人 ≈ Kriecher

schlem·men; *schlemmte*, *hat geschlemmt*; [Vt/i]（及物/不及物）**（etw.）s.** etw. sehr Gutes u. *mst* Teures essen u. es genießen 大吃大喝，享用珍馐美味：*Gestern Abend schlemmten wir in e-m Dreisternerestaurant* 昨晚我们在一家三星级餐馆美餐了一顿 ‖ K-（复合）：**Schlemmer-**, **-lokal**, **-mahlzeit** ‖ *hierzu*（派生）**Schlem·mer** *der*; *-s*, *-*

schlen·dern; *schlenderte*, *ist geschlendert*; [Vi]（不及物）gemütlich, mit Zeit u. Ruhe, spazieren gehen 闲游，闲逛，溜达

Schlend·ri·an *der*; *-s*; *nur Sg*, *gespr pej*（只用单数）［口］［贬］；e-e nachlässige Art u. Weise zu arbeiten *o. Ä.* 干活疲塌，磨洋工

Schlen·ker *der*; *-s*, *-*; e-e plötzliche, *mst* unerwartete Bewegung in e-e bestimmte Richtung 急转弯：*Er machte mit dem Auto e-n S. nach links* 他驾车突然向左拐弯

schlen·kern; *schlenkerte*, *hat geschlenkert*; [Vi]（不及物）**1. etw. schlenkert** etw. hängt lose herab u. bewegt sich hin u. her（物作主语）悬着摇摆，摆动，晃动〈e-e schlenkernde Bewegung 摇摆的动作〉：*Ihre Arme schlenkerten beim Gehen* 走路时她的胳膊来回晃动 **2.（mit etw.）s.** mit etw. e-e Bewegung machen, bei der man es hin u. her schwingt 摆动，摇摆，晃动〈mit den Armen, den Beinen s. 摆动双臂、双腿〉：*auf e-m Geländer sitzen u. mit den Beinen s.* 坐在栏杆上摆动两条腿；[Vt/i]（及物/不及物）**3.（etw.）s.** ≈ s. (2)

Schlepp *der*; *-s*; *nur in* 只用于 **im S.** ≈ im Schlepptau〈j-n/etw. in S. nehmen, im S. haben 带领某人/拖着某物，身后有某人/某物追随〉

Schlep·pe *die*; *-*, *-n*; der lange, hintere Teil e-s festlichen Kleides, den e-e Frau beim Gehen auf dem Boden nach sich zieht（拖在地上的）长衣裙后襟：*die S. e-s Brautkleides* 新娘礼服的后襟（后摆）‖ K-（复合）：**Schleppen-**, **-träger** ‖ -K（复合）：**Braut-**, **Samt-**, **Seiden-**

schlep·pen; *schleppte*, *hat geschleppt*; [Vt]（及物）**1. j-n/etw.（irgendwohin）s.** e-e Person/etw. Schweres mit viel Mühe（irgendwohin）tragen（吃力地）搬，扛，提，背〈Kisten, Kohlen, e-n Sack, Steine s. 扛箱子、煤、口袋、石头〉：*Kartoffelsäcke in den Keller s.* 将一袋袋土豆往地下室扛 **2. etw.（irgendwohin）s.** ein Fahrzeug mit der Hilfe e-s anderen Fahrzeugs ziehen 牵引，拖走 ≈ abschleppen：*Das kaputte Auto musste zur Werkstatt geschleppt werden* 这辆坏汽车必须拖到维修车间去；*Der Tanker wurde in den Hafen geschleppt* 油轮被拖入港内 **3. j-n irgendwohin s.** *gespr*［口］≈ j-n irgendwohin schleifen² (3)：*j-n zum Zahnarzt s.* 硬拖（拽）某人去看牙；[Vr]（反身）**4. sich irgendwohin s.** sich mit viel Mühe irgendwohin bewegen（吃力地）拖着双脚走：*Er war zwar schwer verletzt, aber er konnte sich noch ans Telefon s.* 他虽身受重伤，但还能艰难地走去接电话

schlep·pend **1.** *Partizip Präsens*（现在分词）；↑ **schleppen** **2.** *Adj*（形）；〈e-e Bewegung, Schritte 动作，步履〉langsam u. mit viel Mühe（*z. B.* weil der Betroffene krank od. erschöpft ist）缓慢而吃力的，蹒跚的：*Sein Gang ist sehr s., seitdem er den Unfall hatte* 自从出了事故以来，他走起路来很吃力 **3.** *Adj*（形）；langsam u. mit Schwierigkeiten 缓慢费力的，不顺的 ↔ zügig：*Die Arbeit geht nur s. voran* 工作进展得很慢

Schlep·per *der*; *-s*, *-* **1.** ein schweres Fahrzeug（*z. B.* ein Traktor od. ein Schiff）, das andere Fahrzeuge od. Anhänger zieht 拖轮，牵引车 **2.** *gespr pej*［口］［贬］；j-d, der auf der Straße Leute zu überreden versucht, in ein Bordell, ein Nachtlokal *o. Ä.* zu gehen 拉皮条者，皮条客 **3.** j-d, der Flüchtlinge, illegale

S

Einwanderer *o.Ä.* gegen hohe Bezahlung heimlich in ein Land/aus e-m Land bringt 蛇头 ‖ K-(复合): **Schlepper-**, **-bande** ‖ *hierzu*(派生) **Schlep·pe·rin** *die*; -, *-nen*

Schlepp·lift *der*; ein Skilift, der Skifahrer, die auf Skiern stehen, den Berg hinaufzieht (滑雪者登山)缆车

Schlepp·tau *das*; *mst in* 多用于 **1.** ***in j-s S.*** *gespr*[口]; als Begleitung (von j-m)跟随在…后面: *Der Star hatte viele Fans in seinem S.* 这位明星有许多影(歌)迷追随其后 **2.** ***j-n ins S. nehmen*** *gespr*[口]; j-m bei etw. helfen, ihn unterstützen 拉、帮…一把

Schleu·der *die*; -, *-n* **1.** e-e einfache Waffe, mit der man (mit Hilfe e-s Bandes od. e-r Schnur) Steine *o.Ä.* weit schießen kann 弹弓 ‖ -K(复合): **Stein-** **2.** e-e Art Behälter, der durch Zentrifugalkraft Flüssigkeit aus den Dingen herausschleudert, die in dem Behälter sind 离心机,分离器,甩干机 ‖ -K(复合): **Wäsche-**

schleu·dern; *schleuderte*, *hat/ist geschleudert*; Vt (及物) (*hat*) **1.** ***j-n/etw.*** (***irgendwohin***) ***s.*** j-n/etw. mit sehr viel Kraft in e-e bestimmte Richtung werfen 投,扔,抛 ⟨etw. in die Ecke s. 把某物扔到墙角⟩: *Er schleuderte den Stein weit von sich* 他把石头抛出去很远; *Bei dem Unfall wurde sie aus dem Auto geschleudert* 出事时她被甩出车外; Vt/i (及物/不及物) (*hat*) **2.** ***etw. schleudert*** (***etw.***) e-e Waschmaschine od. e-e Wäscheschleuder bewegt nasse Wäsche so schnell, dass durch Zentrifugalkraft das Wasser ausgepresst wird(物作主语)把…甩干,使…脱水 ⟨Wäsche s. 将洗涤物甩干⟩: *Hat die Maschine schon geschleudert?* 洗衣机已经进行甩干了吗?; Vi (不及物) (*ist*) **3.** ***etw. schleudert*** (***irgendwohin***) ein Fahrzeug kommt aus der Spur u. rutscht nach rechts od. links weg(物作主语)打滑,滑向: *Auf der glatten Fahrbahn kamen mehrere Autos ins Schleudern* 在湿滑的行车道上好几辆汽车打滑 ‖ K-(复合): **Schleuder-**, **-gefahr** ‖ ID[谚] ***ins Schleudern geraten/kommen*** *gespr*[口]; in e-r Situation unsicher werden, *bes* weil man Angst hat od. etw. nicht weiß 陷入不知所措(或晕头转向)的境地; ***j-d/etw. bringt j-n ins Schleudern*** *gespr*[口]; j-d/etw. bewirkt, dass j-d in e-r bestimmten Situation unsicher wird 某人/某事使某人不知所措、晕头转向

Schleu·der·preis *der*; *mst Pl*(多用复数); ein extrem niedriger Preis 赔本价,倾销价: *Waren zu Schleuderpreisen verkaufen* 甩卖商品

Schleu·der·sitz *der* **1.** ein Sitz, mit dem sich der Pilot aus e-m abstürzenden Flugzeug retten kann 弹射座椅 **2.** e-e sehr unsichere Stelle, ein sehr unsicheres Amt *o.Ä.* 不稳定的岗位,朝不保夕的职位

schleu·nig *Adj*(形); *nur attr od adv*(只作定语或状语); ⟨e-e Antwort, die Erledigung 答复,完成⟩ ≈ schnell

schleu·nigst *Adv*(副); sehr schnell 赶快,急速,立刻 ⟨etw. s. tun 急忙做某事; s. das Weite suchen 匆匆逃走⟩

Schleu·se *die*; -, *-n* **1.** e-e Vorrichtung an e-m Kanal *o.Ä.*, die *mst* aus zwei Toren besteht, zwischen denen man das Wasser höher u. niedriger machen kann, um somit Schiffen zu helfen, auf e-e höhere od. niedrigere Ebene zu kommen 闸门,水闸,水门,船闸 ‖ K-(复合): **Schleusen-**, **-tor**, **-wärter** ‖ -K(复合): **Fluss-**, **Kanal-** **2.** ein kleiner Raum, der dicht abgeschlossen werden kann, damit *z.B.* j-d desinfiziert werden kann, bevor er in e-n anderen Raum gelangt 隔离室 ‖ ID[谚] ***Es regnet wie aus Schleusen*** *gespr*[口]; es regnet sehr stark 下瓢泼大雨

schleu·sen; *schleuste*, *hat geschleust*; Vt (及物) **1.** ***etw. irgendwohin s.*** etw. durch e-e Schleuse bringen 使通过闸门: *ein Schiff durch den Kanal s.* 开闸使船通过运河 **2.** ***j-n/etw. irgendwohin s.*** j-n/etw. durch ein fremdes Gebiet, durch Hindernisse *o.Ä.* führen 带领(引)…通过(障碍等): *j-n durch den Großstadtverkehr s.* 带领某人穿过大城市的交通要道 **3.** ***j-n/etw. irgendwohin s.*** j-n/etw. irgendwohin bringen, obwohl es illegal od. gefährlich ist(非法地)带…通过: *Sie wollten mehrere Kilo Rauschgift durch den Zoll s.* 他们想带上若干公斤毒品通过海关

schlich *Imperfekt*, *1 u. 3. Person Sg*(过去时,第一和第三人称单数); ↑ **schleichen**

Schli·che *die*; *Pl*(复); *mst in* 多用于 ***j-m auf die S. kommen/ hinter j-s S. kommen/j-s S. durchschauen*** herausfinden, welche heimliche Absicht j-d hat 识破/看穿…的诡计

schlicht *Adj*(形) **1.** einfach u. ohne Schmuck od. viele Details 纯朴的,朴实无华的,简单的 ↔ aufwendig ⟨e-e Feier, Kleidung, e-e Mahlzeit 庆祝会,衣着,膳食⟩: *Sie trägt nur schlichte Kleider* 她总是穿着俭朴 **2.** *nur adv*(只作状语); ***s.*** (***u. einfach***) ohne Zweifel 毫无疑问地,明明白白地 ≈ eindeutig, unmissverständlich: *Das ist s. u. einfach gelogen* 这毫无疑问是谎言 ‖ *zu*(义项) **1. Schlicht·heit** *die*; *nur Sg*(只用单数)

schlich·ten; *schlichtete*, *hat geschlichtet*; Vt/i (及物/不及物) **1.** (***etw.***) ***s.*** als Unbeteiligter versuchen, e-n Streit *o.Ä.* zu beenden, indem man zwischen den streitenden Parteien vermittelt (5) 调解,调停,斡旋; Vt (及物) **2.** ***etw. s.*** ≈ aufschichten, stapeln ⟨Holz s. 把木柴摞起来⟩ ‖ *zu*(义项) **1. Schlich·ter** *der*; *-s*, *-*

Schlich·tung *die*; -, *-en*; der Versuch e-r dritten Person, e-n Streit zwischen zwei Personen od. Parteien zu beenden 调解,调停 ‖ K-(复合): **Schlichtungs-**, **-ausschuss**, **-gespräch**, **-kommission**, **-verfahren**, **-versuch**

schlicht·weg *Adv*(副); einfach, eindeutig 简直,毫无疑问: *Das ist s. gelogen!* 这简直是在撒谎!

S

Schlick *der*; -(*e*)*s*; *nur Sg*(只用单数); Schlamm am Boden e-s Flusses, e-s Sees od. des Meeres 沉积物, 淤泥 ‖ K-(复合): **Schlick-**, **-ablagerung** ‖ *hierzu*(派生) **schlickig** *Adj*(形)

schlief *Imperfekt*, *1. u. 3. Person Sg*(过去时, 第一和第三人称单数); ↑ **schlafen**

Schlie·re *die*; -, -*n*; ein (Schmutz)Streifen auf e-r Glasscheibe, e-m Spiegel *o. Ä.*(玻璃、镜面上的)条痕, 条纹 ‖ *hierzu*(派生) **schlie·rig** *Adj*(形)

schlie·ßen¹; *schloss*, *hat geschlossen*; [Vt] (及物) **1. etw. s.** etw. so bewegen, dass ein Raum *o. Ä.* nicht mehr offen ist 关上, 关闭 ≈ zumachen ↔ öffnen, aufmachen: *das Fenster, die Tür, das Tor s.* 把窗子、门、大门关上 **2. etw. s.** durch Zuklappen, mit e-m Deckel *o. Ä.* bewirken, dass etw. nach außen hin nicht mehr offen ist 合上, 盖上 ≈ zumachen ↔ öffnen, aufmachen: *ein Buch, e-e Flasche, e-e Kiste s.* 把书合上, 把瓶子、箱子盖上 **3. etw.** (*mst Pl* 多用复数) **s.** beide Teile e-s Körperteils zusammentun 闭上, 合起, 合拢: *die Augen, den Mund, die Lippen s.* 闭上双眼、嘴、双唇 **4. j-n / etw. irgendwohin s.** j-n/etw. in e-n Raum bringen u. mit e-m Schlüssel zusperren 关进, 锁进 ≈ einsperren: *e-n Häftling in die Zelle s.* 把犯人关进牢房; *seinen Schmuck in e-n Tresor s.* 将自己的首饰锁进保险箱 **5. etw. s.** aufhören, e-n Betrieb, e-e Firma zu betreiben 关闭, 关张, 使停业: *Mehrere Firmen wurden geschlossen, weil sie nicht mehr rentabel waren* 多家公司因亏损而停业 **6. e-e Lücke s.** e-e Lücke auffüllen 填补缺口 **7. j-d schließt e-n Vertrag mit j-m**; 〈Personen 人〉 **schließen e-n Vertrag** zwei od. mehrere Personen vereinbaren e-n gültigen Vertrag(人作主语)单: 与…缔结, 签订条约; 复: 缔结, 签订条约 **8. j-d schließt den Bund der Ehe mit j-m**; 〈zwei Personen 两人〉 **schließen den Bund der Ehe** zwei Personen heiraten(人作主语)单: 与…结婚, 缔结婚约; 复: 结婚, 缔结婚约 **9. j-n in die Arme s.** j-n umarmen 拥抱某人; [Vt/i] (及物/不及物) **10.** (**etw.**) **s.** ein Geschäft, ein Gasthaus *o. Ä.* (vorübergehend) nicht mehr geöffnet haben 停止营业, 打烊 ≈ zumachen ↔ öffnen: *Wir schließen* (*den Laden*) *in 10 Minuten* 我们十分钟后就关(店)门 **11.** (**etw.**) **s.** e-e Tätigkeit *o. Ä.* beenden 结束, 终止 〈e-e Sitzung s. 结束会议〉: *Er schloss* (*seine Rede*) *mit e-m Aufruf zu mehr Solidarität* 他结束讲话时号召大家团结互助; [Vi] (不及物) **12. etw. schließt irgendwann** etw. ist ab e-m bestimmten Zeitpunkt nicht mehr offen(物作主语)停止开放, 停止营业 ≈ etw. macht zu ↔ etw. öffnet, macht auf: *Um Mitternacht schließt das Lokal* 这家餐馆午夜关门歇业 **13. etw. schließt irgendwie** etw. lässt sich auf e-e bestimmte Weise zumachen(物作主语)关得, 闭得, 锁得: *Das Fenster schließt nicht richtig* 窗子关不严; [Vr] (反身) **14. etw. schließt sich** etw. bewegt sich so od. wird so bewegt, dass ein Raum nicht mehr offen ist (物作主语)关上, 合上, 锁上 ↔ etw. öffnet sich 〈das Fenster, das Tor, die Tür 窗子, 大门, 门〉 **15. etw. schließt sich irgendwie** ≈ s. (13): *Die Tür schließt sich automatisch* 门自动关闭 **16. etw. schließt sich** etw. kommt an einem Punkt zusammen, sodass es nicht mehr offen ist 接上, 愈合, 合上 ↔ etw. öffnet sich 〈e-e Blüte, e-e Wunde 花朵, 伤口〉: *Wenn es dunkel wird, schließen sich die Blütenblätter* 天一黑, 花瓣就合起来了 ‖ ▶ **Schluss**, **verschlossen**

schlie·ßen²; *schloss*, *hat geschlossen*; [Vt] (及物) **1. etw.** (**aus etw.**) **s.** zu e-m bestimmten Ergebnis kommen, nachdem man etw. analysiert hat 推断出, 得出…结论 ≈ ableiten, folgern: *Aus seinen Andeutungen konnten wir s., dass die Firma finanzielle Schwierigkeiten hat* 从他的暗示中, 我们可以推断出那家公司经济上有困难; [Vi] (不及物) **2. von j-m / etw. auf j-n / etw. s.** annehmen, dass etw., das auf j-n/etw. zutrifft, auch auf e-e andere Person od. Sache zutrifft 以…推测、揣度: *Sei vorsichtig, du darfst nicht von dir auf andere s.!* 请你注意, 你不能以己度人! ‖ ▶ **Schluss**

Schließ·fach *das*; ein Fach (*z. B.* am Bahnhof), in das man für e-e bestimmte Zeit Dinge legt u. zusperrt 物品保管箱, 行李寄存柜

schließ·lich¹ *Adv*(副) **1.** nach langem Warten, nach e-r umständlichen Prozedur *o. Ä.* 终于, 最终 ≈ endlich, zuletzt: *Sie diskutierten sehr lange, aber s. fanden sie doch e-e Lösung für ihr Problem* 他们争论了很长时间, 但是最终还是找到了解决问题的方法 **2. s. u. endlich** *gespr* [口]; verwendet, um s.¹ (1) zu verstärken 到最后阶段, 到末了

schließ·lich² *Partikel*(小品词); *betont u. unbetont*(重读和非重读) **1.** verwendet, um e-e Begründung od. Erklärung für etw. anzuführen od. um auszudrücken, dass etw. berücksichtigt werden sollte 毕竟, 不管怎么说: *Du musst schon tun, was er sagt, s. ist er dein Chef* 他说的事, 你还是得做, 不管怎么说他是你的头儿啊; *Ich werde mich nicht entschuldigen, s. habe ich den Streit nicht angefangen* 我不打算道歉, 这场争论毕竟不是我挑起的 **2. s. u. endlich** *gespr*[口]; verwendet, um s.² (1) zu verstärken 总归, 终究

schliff *Imperfekt*, *1. u. 3. Person Sg*(过去时, 第一和第三人称单数); ↑ **schleifen¹**

Schliff *der*; -(*e*)*s*, -*e* **1.** *nur Sg*(只用单数); das Schleifen¹ (1) ‖ K-(复合): **Schliff-**, **-art**, **-fläche** **2.** die (*mst* glatte) Oberfläche, die durch Schleifen¹ (1) entsteht 光洁面, 磨光面 〈etw. hat e-n schönen S. 某物有漂亮的光面; der S. der Diamanten, der Edelsteine 钻石、宝石的光面〉 ‖ -K(复合): **Brillant-**, **Glas-**, **Facetten-**, **Spezial-** **3.** *nur Sg*(只用单数); gutes Benehmen, gute Manieren *o. Ä.* 举止文雅, 有礼貌, 彬彬有礼 〈(keinen) S. haben(没)有礼貌〉

S

‖ ID［谚］*mst* 多用 ***etw.***（*Dat* 三格）***den letzten S. geben*** abschließende kleine Verbesserungen an etw. machen 对某事进行最后润色（修饰）：*e-r Rede den letzten S. geben* 对一次演讲进行最后润色（推敲）‖ ▶ ***geschliffen***

schlimm *Adj*（形）**1.** mit sehr unangenehmen Folgen für j-n 糟糕的，严重的，很坏的〈ein Fehler, e-e Nachricht 错误，消息〉：*Die lange Dürre hatte schlimme Auswirkungen auf die Getreideernte* 长时间的干旱对谷物收成影响很坏 **2.**〈ein Verbrechen 罪行〉so, dass es gegen alle moralischen Prinzipien verstößt 恶劣的，不道德的 **3.** *nur attr, nicht adv*（只作定语，不作状语）；*gespr*［口］；entzündet *o. Ä.* u. schmerzhaft 发炎的，疼痛的，受伤的 ↔ gesund：*e-n schlimmen Zahn, e-n schlimmen Finger haben* 有一颗蛀牙、一只受伤的手指

schlimms·ten·falls *Adv*（副）；wenn man die Sache von der ungünstigsten Seite betrachtet 在最不利的情况下，从最坏的情况考虑 ↔ bestenfalls

Schlin·ge *die*；-, *-n*；die Form, die ein Faden, Draht *o. Ä.* hat, wenn man ihn so biegt, dass ungefähr ein Kreis entsteht 绳套，活套，活结〈e-e S. knüpfen, machen 系、打绳套；die S. zuziehen 拉紧绳套〉：*den gebrochenen Arm in e-r S. tragen* 用悬带吊着骨折的胳臂 ‖ -K（复合）：***Arm-***, ***Draht-***, ***Lasso-***, ***Schnur-***, ***Seil-***, ***Stoff-*** ‖ ID［谚］***j-m in die S. gehen*** von j-m gefangen werden 进某人的圈套，被某人捕获

Schlin·gel *der*；*-s*, *-*；*gespr*［口］≈ Bengel

schlin·gen[1]；*schlang, hat geschlungen*；Vt（及物）***etw. um etw. s.*** etw. in Form e-r Schlinge um etw. legen 把…围（绕、盘）在…上：*ein Seil um e-n Ast s.* 将绳子缠在树枝上

schlin·gen[2]；*schlang, hat geschlungen*；Vt/i（及物/不及物）（***etw.***）***s.*** etw. sehr schnell essen（ohne richtig zu kauen）狼吞虎咽 ‖ ▶ ***verschlingen***

schlin·gern；*schlingerte, hat/ist geschlingert*；Vi（不及物）**1.** ***ein Schiff schlingert*** ein Schiff bewegt sich beim Fahren stark nach oben u. unten, nach rechts u. nach links 船摇晃，船颠簸 ≈ ein Schiff schwankt **2.** ***etw. schlingert*** ein Anhänger *o. Ä.* bewegt sich beim Fahren nach links u. rechts（物作主语）在行驶中左右摆动

Schling·pflan·ze *die*；e-e Pflanze, die um etw. herum nach oben wächst 攀缘植物

Schlips *der*；*-es*, *-e* ≈ Krawatte ‖ -K（复合）：***Seiden-*** ‖ ID［谚］***j-m auf den S. treten*** *gespr*［口］；j-n beleidigen od. in seinen Gefühlen verletzen 侮辱、伤害某人的感情，得罪某人〈sich auf den S. getreten fühlen 感到受了侮辱〉

Schlit·ten *der*；*-s*, *-* **1.** ein Fahrzeug mit zwei Kufen, mit dem man auf Schnee u. Eis fahren kann 雪橇，爬犁〈(mit dem) S. fahren 滑雪橇〉‖ K-（复合）：***Schlitten-***, ***-bahn***, ***-fahrt***, ***-hund***, ***-kufe***, ***-partie***, ***-pfad*** ‖ -K（复合）：***Eskimo-***, ***Kinder-***, ***Rodel-***；***Hunde-***, ***Pferde-*** **2.** *gespr*［口］；ein großes u. teures Auto 豪华小轿车 **3** ein Teil an e-r Maschine（*z. B.* an e-r Schreibmaschine），den man in zwei Richtungen bewegen kann（打字机上的）滑动座架，滑动架 ‖ ID［谚］***mit j-m S. fahren*** *gespr*［口］；j-n autoritär u. grob behandeln 斥责、训斥某人

Schlitten (1)

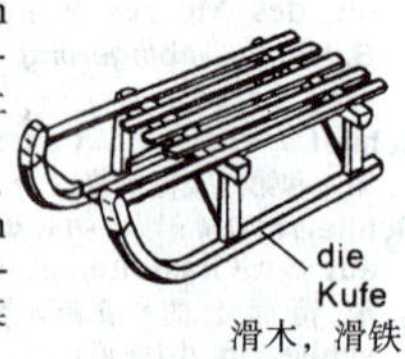

schlit·tern；*schlitterte, ist geschlittert*；Vi（不及物）（***irgendwohin***）***s.*** rutschen, ohne die Richtung bestimmen od. die Bewegung stoppen zu können 滑，溜，滑行〈auf dem Eis s. 在冰面上滑行；ins Schlittern kommen 开始打滑〉

Schlitt·schuh *der*；ein Schuh mit e-r schmalen Schiene aus Metall, mit dem man über das Eis gleiten kann 滑冰鞋〈S. laufen 滑冰，溜冰〉‖ K-（复合）：***Schlittschuh-***, ***-lauf***, ***-laufen***, ***-läufer***

Schlitz *der*；*-es*, *-e* **1.** e-e sehr schmale Öffnung 裂缝，缝隙，细长的开口 ≈ Spalt：*Bei Automaten wirft man das Geld in e-n S.* 把钱扔进自动售货机的投币口里 ‖ -K（复合）：***Brief-kasten-***, ***Fenster-***, ***Tür-*** **2.** ein offener Einschnitt an e-m Kleidungsstück 衣服上的开口，开襟 ‖ -K（复合）：***Rock-***

Schlitz·au·ge *das*；*-s*, *-n*；*mst Pl*（多用复数）**1.** Augen, die e-e schmale u. längliche Form haben 细长的眼睛 **2.** *mst pej* 多用［贬］；j-d der Schlitzaugen (1) hat 迷缝眼 ‖ *hierzu*（派生）**schlitz·äu·gig** *Adj*（形）

schlit·zen；*schlitzte, hat geschlitzt*；Vt（及物）***etw. s.***（mit e-r Schere, e-m Messer *o. Ä.*）e-n Schlitz in etw. schneiden 切开，剪开，撕开，在…上开缝 ‖ ▶ ***aufschlitzen***

Schlitz·ohr *das*；*gespr*［口］；j-d, der schlau u. listig ist 精明狡猾的人 ‖ *hierzu*（派生）**schlitz·oh·rig** *Adj*（形）；**Schlitz·oh·rig·keit** *die*；*nur Sg*（只用单数）

schloh·weiß *Adj*（形）；vollkommen weiß 纯白的，雪白的〈Haare 头发〉

schloss *Imperfekt*, *1. u. 3. Person Sg*（过去时，第一和第三人称单数）；↑ ***schließen***

Schloss[1] *das*；*-es*, *Schlös·ser* **1.** e-e Vorrichtung *z. B.* an Türen, Schränken od. Koffern zum Verschließen（mit e-m Schlüssel）锁〈das S. aufschließen, zuschließen 打开、锁上锁〉‖ -K（复合）：***Kasten-***, ***Koffer-***, ***Kombinations-***, ***Lenkrad-***, ***Schnapp-***, ***Schrank-***, ***Sicherheits-***, ***Tür-***, ***Zahlen-*** **2.** ***etw. fällt ins S.*** etw. schließt sich（物作主语）砰的一声锁（撞）上了〈die Tür 门〉**3.** ***hinter S. u. Riegel*** *gespr*［口］；ins od. im Gefängnis 关进或关在牢里〈j-n hinter S. u. Riegel bringen 将某人送进监牢〉

Schloss[2] *das*；*-es*, *Schlös·ser*；ein großes u. sehr wertvolles Haus, in dem Könige u. Fürsten leben od. lebten 宫殿，皇宫，城堡〈ein prunkvolles, verfallenes S. 豪华的、倒塌的宫

殿；ein S. besichtigen 参观宫殿〉：*die Schlösser König Ludwigs II* 路德维希二世的王宫. ‖ K-(复合)：***Schloss-***, ***-brücke***, ***-fassade***, ***-garten***, ***-hof***, ***-kapelle***, ***-park***, ***-ruine***, ***-tor***, ***-turm***；***-besichtigung***, ***-führung***；***-verwalter*** ‖ -K(复合)：***Barock-***, ***Renaissance-***, ***Rokoko-***；***Fürsten-***, ***Königs-***；***Jagd-***；***Lust-***, ***Prunk-*** ‖ NB(注意)：↑ ***Palast***, ***Burg***

Schlos·ser *der*；*-s*，- **1.** j-d, der beruflich *bes* aus Metall od. Eisen Produkte herstellt od. der Maschinen repariert 钳工,五金工,装配工 ‖ K-(复合)：***Schlosser-***, ***-anzug***, ***-arbeiten***, ***-geselle***, ***-handwerk***, ***-meister*** ‖ -K(复合)：***Auto-***, ***Bau-***, ***Betriebs-***, ***Maschinen-***, ***Schiffs-***, ***Werkzeug-*** **2.** (CH) [瑞] ≈ Installateur, Klempner ‖ *hierzu* (派生) **Schlos·se·rin** *die*；-，*-nen*

Schlos·se·rei *die*；-，*-en*；e-e Werkstatt, in der Schlosser arbeiten 钳工车间,装配车间

Schloss·hund *der*；*nur in* 只用于 ***heulen wie ein S.*** *gespr*[口]；sehr heftig u. laut weinen 号啕大哭,大声哭嚎

Schlot *der*；*-(e)s*，*-e/Schlö·te*；ein sehr hoher Schornstein (*mst* bei e-r Fabrik)(多指工厂的)高大的烟囱 ‖ -K(复合)：***Fabrik-*** ‖ ID [谚] ***rauchen wie ein S.*** *gespr*[口]；sehr viele Zigaretten *o. Ä.* rauchen 烟抽得太多

schlot·tern；*schlotterte*，*hat geschlottert*；[Vi] (不及物) **1.** (***vor etw.*** (*Dat* 三格)) ***s.*** sehr stark zittern, *z. B.* weil man sehr friert od. große Angst hat 颤抖,发抖,哆嗦〈vor Kälte, vor Angst s. 冷得、怕得发抖；j-m s. die Knie 某人双膝颤抖〉 **2.** ***etw. schlottert*** ein Kleidungsstück hängt sehr weit u. lose an e-m Körper(物作主语)晃荡(指衣着肥大)：*weite, schlotternde Hosen* 宽大的、穿着晃里晃荡的裤子 ‖ *hierzu* (派生) **schlot·te·rig**；**schlott·rig** *Adj*(形)

Schlucht *die*；-，*-en*；ein sehr enges u. tiefes Tal *mst* in den Bergen 峡谷,山谷,深谷,沟壑〈e-e tiefe, steile, felsige, dunkle S. 深的、陡峭的、岩石的、阴暗的峡谷〉 ‖ -K(复合)：***Berg-***, ***Felsen-***, ***Gebirgs-***, ***Tal-***, ***Wald-***

schluch·zen；*schluchzte*，*hat geschluchzt*；[Vi] (不及物) wegen starker emotionaler Erregung weinen u. dabei in kurzen Abständen einatmen, sodass dabei ein Geräusch entsteht 抽噎,啜泣,呜咽〈bitterlich, heftig, fassungslos s. 痛苦地、激烈地、失去自制地抽噎；mit schluchzender Stimme 以啜泣的声音〉

Schluch·zer *der*；*-s*，-；ein einmaliges Schluchzen 抽噎,啜泣

Schluck *der*；*-(e)s*，*-e* **1.** die Menge e-r Flüssigkeit, die man auf einmal schluckt 一口(液体的量)〈ein S. Wasser, Bier, Kaffee, Milch 一口水、啤酒、咖啡、牛奶；e-n kräftigen, tüchtigen S. nehmen 喝一大口〉：*ein S. kaltes Wasser*/(*geschr auch* [书]也用) *kalten Wassers* 一口凉水 ‖ -K(复合)：***Probe-*** **2.** das Hinunterschlucken e-r kleinen Menge Flüssigkeit 吞咽,吞下,咽下：*in hastigen Schlucken trinken* 一口接一口地喝 **3.** ***j-n auf e-n S. einladen*** *gespr*[口]；j-n dazu einladen, mit einem etw. (*mst* Alkoholisches) zu trinken 邀请某人喝酒

Schluck·auf *der*；*-s*；*nur Sg*(只用单数)；ein unkontrolliertes Zucken des Zwerchfells, das *mst* über e-n bestimmen Zeitraum wiederholt vorkommt, das die Atmung kurz unterbricht, u. bei dem *mst* ein kurzes Geräusch aus dem Mund kommt (*z. B.* wenn man etw. sehr schnell getrunken hat) 打嗝,呃逆〈(e-n) S. bekommen, haben 打嗝,打呃〉

Schluck·be·schwer·den *die*；*Pl*(复)；Schmerzen beim Schlucken 吞咽疼痛,吞咽困难

schlu·cken；*schluckte*，*hat geschluckt*；[Vt/i] (及物/不及物) **1.** (***etw.***) ***s.*** durch Zusammenziehen der Muskeln im Hals u. Mund etw. vom Mund in den Magen gelangen lassen 吞咽,咽下,吞下〈e-n Bissen, ein Medikament, Tabletten s. 咽下一口食物,吞下药物、药片〉；*beim Schwimmen Wasser s.* 游泳时喝水；*Er hatte starke Halsschmerzen u. konnte kaum noch s.* 他喉咙极疼,几乎没法咽东西；**2.** (***etw.***) ***s.*** *gespr*[口]；Alkohol trinken 喝酒；[Vt] (及物) **3.** ***etw. schluckt etw.*** *gespr*[口]；etw. nimmt etw. in sich auf(物作主语)吸进,吸收,容纳：*Der Boden hat das Regenwasser geschluckt* 土地把雨水吸收了；*Die Tür ist schalldicht – sie schluckt jeden Lärm* 门是隔音的——它能吸噪音 **4.** ***etw. schluckt etw.*** *gespr*[口]；etw. verbraucht e-e bestimmte (*mst* große) Menge von etw.(物作主语)耗尽,吞食：*Die Reise hat unser ganzes Geld geschluckt* 旅行耗尽了我们所有的钱；*Sein neues Auto schluckt 14 Liter Benzin auf 100 Kilometer* 他的新汽车每 100 公里耗费汽油 14 升 **5.** *mst* 多用 ***etw. s. müssen*** *gespr*[口]；sich nicht gegen etw. wehren können 得忍受,忍住,对…忍气吞声〈e-e Beleidigung, e-n Vorwurf s. müssen 得忍受侮辱、责备〉：*Die Erhöhung der Miete musst du wohl s.* 看来你必须忍受房租涨价

Schlu·cker *der*；*-s*，-；*mst in* 多用于 ***ein armer S.*** *gespr*[口]；ein Mensch, mit dem man Mitleid hat (*mst* weil er arm ist) 可怜虫,可怜的穷光蛋

Schluck·imp·fung *die*；e-e Impfung, bei der man e-e Flüssigkeit schlucken muss 口服的预防疫苗：*die S. gegen Kinderlähmung* 预防小儿麻痹的口服疫苗

Schluck·specht *der*；*gespr hum*[口][诙]；j-d, der oft u. viel Alkohol trinkt 酒徒,酒鬼

schlu·dern；*schluderte*，*hat geschludert*；[Vi] (不及物) *gespr pej*[口][贬]；e-e Arbeit nicht ordentlich u. genau machen 干活粗糙,做事马虎 ≈ schlampen ‖ *hierzu*(派生) **schlu·de·rig**，**schlud·rig** *Adj*(形)；**Schlud·rig·keit** *die*；*nur Sg*(只用单数)

schlug *Imperfekt*，*1. u. 3. Person Sg*(过去时,第一和第三人称单数)；↑ ***schlagen***

schlü·ge *Konjunktiv II*，*1. u. 3. Person Sg* (虚拟式 II,第一和第三人称单数)；↑ ***schlagen***

Schlum·mer *der*；*-s*；*nur Sg*(只用单数)；ein ruhiger (*mst* kurzer) Schlaf 微睡，瞌睡，打盹儿

schlụm·mern; *schlummerte*, *hat geschlummert*; Vi (不及物) **1.** ruhig schlafen 打盹儿，微睡 **2. etw. schlummert in j-m** ein Talent ist bei j-m vorhanden, jedoch noch nicht entdeckt od. gefördert worden(物作主语)潜藏，蕴藏：*In diesem Jungen schlummert e-e große musikalische Begabung* 这个男孩身上蕴藏着巨大的音乐天赋

Schlụnd *der*; -(*e*)*s*, *Schlün·de* **1.** der Rachen *bes* e-s Tieres 动物的食道，咽喉 **2.** *geschr*[书]; e-e sehr tiefe u. *mst* dunkle Öffnung 深深的洞穴(窟窿)，深渊〈der S. e-r Höhle, e-s Kraters 洞穴口，火山口〉

schlüp·fen; *schlüpfte*, *ist geschlüpft*; Vi (不及物) **1. *irgendwohin* s.** sich leise, schnell u. gewandt irgendwohin bewegen 滑行，溜过去：*aus e-m Versteck s.* 从隐藏处溜出来；*heimlich durch die Tür s.* 悄悄地溜出门 **2.**〈ein Vogel, ein Insekt 鸟，昆虫〉***schlüpft*** ein Vogel od. ein Insekt kriecht aus dem Ei, der Puppe od. der Larve 出壳：*Das Küken ist geschlüpft* 小鸡出壳了 **3. *in etw.*** (*Akk* 四格) ***s.*/*aus etw. s.*** ein Kleidungsstück schnell anziehen/ausziehen 迅速穿上/脱下：*in den Pulli s.* 快速穿上套头衫；*aus dem Hemd s.* 快速脱掉衬衣

Schlüp·fer *der*; -*s*, -; e-e Unterhose (*bes* für Frauen)(女式)短衬裤

Schlupf·loch *das* **1.** ein Ort, an dem man sich verstecken kann 藏身处，避难所，藏身的洞穴 ≈ Schlupfwinkel **2.** ein Loch, durch das man/ein Tier irgendwohin schlüpfen (1) kann(可潜逃、溜脱、爬过去的)洞口

schlüpf·rig *Adj* (形) **1.** (in Bezug auf e-e Oberfläche) glatt u. feucht 滑溜的，又湿又滑的 **2.** *pej* [贬] ≈ unanständig, obszön 〈ein Witz, e-e Geschichte *o. Ä.* 笑话，故事等〉‖ -*hierzu*(派生) **Schlüpf·rig·keit** *die*; *nur Sg*(只用单数)

Schlupf·win·kel *der* ≈ Schlupfloch (1)

schlur·fen; *schlurfte*, *ist geschlurft*; Vi (不及物) beim Gehen die Füße so über den Boden schleifen lassen, dass sie ein Geräusch verursachen 走路不抬脚，蹭着地走路

schlür·fen; *schlürfte*, *hat geschlürft*; Vt/i (及物/不及物) (**etw.**) **s.** e-e Flüssigkeit mit lautem Geräusch in den Mund saugen 发出响声地啜饮，咕嘟咕嘟地喝水：*heiße Suppe*, *seinen Tee s.* 刺溜刺溜喝热汤、喝茶 ‖ NB(注意)：↑ **schmatzen**

Schlụss¹ *der*; -*es*, *Schlüs·se* **1.** *nur Sg*(多用单数)；der Zeitpunkt, an dem etw. aufhört od. die letzte Phase von etw. 结束，终结，完结 ≈ Ende (2) ↔ Anfang: *am S. der Vorstellung* 演出结束时；*kurz vor S. der Sitzung* 会议临结束时；*Zum S. verbeugte sich der Pianist* 最后钢琴演奏者鞠躬谢幕；*Damit muss jetzt endlich S. sein!* 这事现在终该结束了！(= ich dulde das nicht mehr, es muss aufhören) ‖ -K(复合)：***Dienst-***, ***Schul-***, ***Sende-***, ***Spiel-*** **2.** *mst Sg*(多用单数)；der letzte Teil von etw. 结尾，结局，最后一部分 ≈ Ende (1) ↔ Anfang: *ein Roman mit e-m überraschenden S.* 一部结局令人意外的长篇小说；*Ein Konzert bildete den S. der Feier* 一场音乐会成为庆祝活动的尾声 ‖ K-(复合)：***Schluss-***, ***-akkord***, ***-bericht***, ***-satz***, ***-teil*** **3.** (**mit etw.**) **S. machen** aufhören, etw. zu tun 停止，结束：*Machen wir S. für heute, ich bin müde* 今天我们就此结束工作，我累了；*Er hat mit dem Rauchen S. gemacht* 他不抽烟了 **4. *j-d macht S. mit j-m***; 〈zwei Personen 两人〉***machen S.*** zwei Personen beenden e-e Liebesbeziehung, trennen sich(人作主语)单：与…断绝恋爱关系、一刀两断，复：彼此断绝恋爱关系、分手绝交 **5. *S. machen*** *gespr*[口]; Selbstmord begehen 自杀 **6.** *mst* 多用 ***S. jetzt!*** verwendet, um j-n dazu aufzufordern, mit etw. aufzuhören 够了！得了！：*S. jetzt – hör endlich auf zu jammern!* 够了——不要诉苦了！

Schlụss² *der*; -*es*, *Schlüs·se* **1.** das Ergebnis e-s Denkprozesses 推论，结论 ≈ Folgerung 〈ein falscher, kühner, naheliegender, voreiliger, zwingender S. 错误的、大胆的、显而易见的、草率的、有说服力的推论；zu e-m S. kommen 得出结论〉：*Die Versicherung kam zu dem S., dass das Haus absichtlich in Brand gesteckt wurde* 保险公司得出结论，这幢房子是有人故意纵火烧掉的 ‖ K-(复合)：***Schluss-***, ***-folgerung*** ‖ -K(复合)：***Fehl-***, ***Rück-***, ***Trug-*** **2. *e-n S. ziehen*** zu e-m S.² (1) kommen 得出结论

-schlụss *der*; *im Subst*, *wenig produktiv*(构成名词，构词弱)；der Zeitpunkt, an dem etw. geschlossen wird…关门时间，停止办公、营业的时间：***Büroschluss***, ***Geschäftsschluss***, ***Ladenschluss***, ***Schalterschluss***

Schlüs·sel¹ *der*; -*s*, **Schlüssel¹ (1)** -**1.** ein Gegenstand aus Metall, mit dem man e-e Tür auf- u. zuschließen kann, mit dem man ein Auto startet *usw* 钥匙 〈den S. ins Schloss/Loch stecken 将钥匙插入锁眼；den S. herumdrehen, abziehen 转动、抽出钥匙；der S. klemmt, passt, steckt (im Schloss, in der Tür) 钥匙卡住了，很合适，插着(在锁上，在门上)〉‖ K-(复合)：***Schlüssel-***, ***-loch*** ‖ -K(复合)：***Auto-***, ***Haus-***, ***Keller-***, ***Koffer-***, ***Safe-***, ***Schrank-***, ***Tür-***, ***Zünd-*** **2.** *Kurzw* (略) ↑ ***Schraubenschlüssel*** **3.** *Kurzw*(略) ↑ ***Notenschlüssel*** ‖ -K(复合)：***Bass-***, ***Violin-***

Schlüs·sel² *der*; -*s*, - **1. *der S.* (*zu etw.*)** das Mittel, durch das etw. erreicht od. etw. verstanden werden kann 诀窍，秘诀，门道，钥匙〈der S. zum Erfolg, zu e-m Problem 取得成功的秘诀，解决问题的门道〉**2. *der S.* (*zu etw.*)** ≈ Code: *den S. zu e-r alten ägyptischen Schrift suchen* 寻找解读古埃及文字的暗码 ‖ -K

（复合）：**Chiffrier-**，**Dechiffrier-**，**Geheim-**，**Telegrafen-** **3.** e-e Art festgelegter Plan, nach dem etw. aufgeteilt od. verteilt wird 分配方案：*der S., nach dem die Gelder e-s Staates verteilt werden* 国家资金的分配方案 ‖ -K(复合)：**Verteiler-** **4.** der Teil e-s Buches, in dem die Lösungen der Aufgaben stehen, die das Buch enthält 题解，答案 ‖ ▶ **entschlüsseln**, **verschlüsseln**

Schlüs·sel- *im Subst, wenig produktiv*（构成名词，构词弱）；drückt aus, dass j-d/etw. sehr wichtig (innerhalb e-s Systems) ist 关键的…，重要的… ≈ Zentral-；die **Schlüsselfigur** 〈e-r Organisation, e-r Bewegung 一个组织、一种运动的〉, die **Schlüsselfrage**, die **Schlüsselposition** 〈innehaben 担任〉, die **Schlüsselrolle**, die **Schlüsselstellung** 〈einnehmen 占据〉, das **Schlüsselwort**

Schlüs·sel·bein *das*；einer der beiden Knochen, die vorne am Körper vom Hals zur Schulter gehen 锁骨 ‖ ↑ *Abb. unter* 图见 **Skelett**

Schlüs·sel·blu·me *die*；e-e kleine Blume mit gelben Blüten, die im Frühling auf feuchten Wiesen blüht 报春花，黄花九轮草，樱草

Schlüs·sel·bund *der od das*；*-(e)s, -e*；mehrere Schlüssel, die an e-m Ring *o.Ä.* zusammengehalten sind 钥匙串，钥匙圈

Schlüs·sel·er·leb·nis *das*；ein psychologisch wichtiges Erlebnis im Leben e-s Menschen, das sein Verhalten in ähnlichen Situationen stark beeinflusst 影响人生的重要经历

schlüs·sel·fer·tig *Adj*(形)；fertig gebaut, sodass man sofort einziehen kann 可以迁入居住的，可交付钥匙的 〈ein Haus 住房〉

Schlüs·sel·kind *das*；ein Kind, dessen Eltern beide arbeiten, sodass niemand zu Hause ist, wenn es aus der Schule kommt 胸前挂钥匙的孩子

schluss·fol·gern；*schlussfolgerte, hat geschlussfolgert*；[Vt](及物) **etw. s.** ≈ folgern：*Sie schlussfolgerte, dass er gelogen hatte* 她推断他说谎了 ‖ *hierzu*(派生) **Schluss·fol·ge·rung** *die*

schlüs·sig *Adj*(形) **1.** logisch u. überzeugend 合乎逻辑的，有说服力的 ≈ folgerichtig 〈e-e Argumentation, ein Beweis 论据，证明〉 **2.** **sich** (*Dat* 三格) (**über etw.** (*Akk* 四格)) **s. sein** sich in Bezug auf etw. entschieden haben 决意，下定决心：*Bist du dir schon s.* (darüber), was *wir jetzt machen sollen?* 对我们现在该干的事，你是否已下定决心啦？ **3.** **sich** (*Dat* 三格) (**über etw.** (*Akk* 四格)) **s. werden** sich über etw. klar werden, sich endgültig zu etw. entscheiden 下决心，作决定：*Wir sind uns immer noch nicht s.*, wohin *die Reise gehen soll* 我们一直没有决定，该到哪里去旅游 ‖ *zu*(义项) **1.** **Schlüs·sig·keit** *die*；*nur Sg*(只用单数)

Schluss·leuch·te *die* ≈ Schlusslicht (1)

Schluss·licht *das* **1.** das Licht am hinteren Teil e-s Autos *o.Ä.* 尾灯，后灯 ≈ Rücklicht **2.** SPORT【体】；der Letzte in der Tabelle 最后一名

Schluss·pfiff *der*；der Pfiff, mit dem der Schiedsrichter ein (Ball)Spiel beendet 比赛结束的哨声 ↔ Anpfiff (1)

Schluss·punkt *der*；etw., das e-e Sache endgültig beendet 结局 ↔ Ausgangspunkt 〈der S. e-r Entwicklung 发展的结局〉 ‖ ID[谚] **e-n S.** (**unter/hinter etw.** (*Akk* 四格)) **setzen** etw. Unangenehmes endgültig abschließen 了结一件(不愉快的)事

Schluss·strich *der*；*mst in* 多用于 **e-n S. unter etw.** (*Akk* 四格) **ziehen** e-n unangenehmen Zustand beenden 了却一件(不愉快)事

Schluss·ver·kauf *der*；der Verkauf von Waren zu besonders niedrigen Preisen am Ende der Sommer- bzw. Wintersaison(夏季、冬季)季末廉价出售(大甩卖) ‖ -K(复合)：**Sommer-**，**Winter-**

Schmach *die*；*-*；*nur Sg*, *geschr*(只用单数)[书] ≈ Demütigung 〈S. u. Schande 奇耻大辱；(e-e) S. erleiden, erdulden müssen 得忍受、蒙受耻辱(含垢忍辱)；j-m (e-e) S. antun, zufügen 侮辱某人〉：*e-e Strafe als S. empfinden* 感到一种处罚是污辱 ‖ *hierzu*(派生) **schmach·voll** *Adj*(形)

schmach·ten；*schmachtete, hat geschmachtet*；[Vi] *geschr*（不及物）[书] **1.** **irgendwo s.** irgendwo *bes* unter Hunger, Durst od. Hitze leiden 忍饥挨饿，受(饥渴、酷暑之)苦，受罪，受煎熬 〈im Gefängnis, im Kerker, in der Wüste s. 在监狱、牢房、沙漠里受苦〉 **2.** **nach j-m/etw. s.** sich sehr nach j-m/etw. sehnen u. daran leiden 渴望，向往，切望，渴慕，企盼：*nach Freiheit, e-m Stück Brot s.* 渴望自由，渴望得到一块面包 ‖ ID[谚] **j-n s. lassen** j-n lange auf e-e Entscheidung *o.Ä.* warten lassen 让某人翘首企盼

schmach·tend **1.** *Partizip Präsens*(现在分词)；↑ **schmachten** **2.** *Adj*(形)；*hum*[诙]；〈ein Blick 眼神〉 voller Sehnsucht 满怀期望的，不胜翘企的，渴慕的

Schmacht·fet·zen *der*；*gespr pej*[口][贬]；ein sentimentales Buch, Lied *o.Ä.* 感伤的小说、歌曲等

schmäch·tig *Adj*(形)；dünn u. schwach 瘦弱的，单薄的，消瘦的，柔弱的 〈e-e Gestalt 身材〉：*Er ist klein u. s.* 他既矮小又瘦弱

schmack·haft *Adj*（形） **1.** mit gutem Geschmack 美味的，可口的 ≈ wohlschmeckend, lecker 〈Essen 饭食〉 **2.** **j-m etw. s. machen** *gespr*[口]；etw. so darstellen, dass j-d es für sehr positiv hält od. Lust darauf bekommt 使某人对某物感兴趣

Schmäh *der*；*-s*, *-(s)*；Ⓐ[奥] e-e witzige Art, etw. zu erzählen od. zu sagen 风趣的话语，妙语，幽默话：*der berühmte Wiener S.* 有名的维也纳调侃

schmä·hen；*schmähte, hat geschmäht*；[Vt](及物) **j-n/etw. s.** *geschr*[书]；mit Verachtung über j-n/etw. sprechen od. schimpfen 斥责，责骂，辱骂 ↔ preisen ‖ K-(复合)：**Schmäh-**，

S

-rede, *-schrift*, *-worte* ‖ *hierzu*（派生）**Schmä·hung** *die* ‖ ▶ ***verschmähen***

schmäh·lich *Adj*（形）; so, dass man sich dafür schämen muss 可耻的，无耻的 ≈ schändlich ↔ ehrenhaft 〈e-e Niederlage, ein Verrat 失败，叛变; j-n s. im Stich lassen, behandeln 无耻地遗弃、对待某人〉

schmal, *schmäler / schmaler*, *schmälst- / schmalst-*; *Adj*（形）**1.** von relativ geringer Ausdehnung in seitlicher Richtung od. zwischen zwei Seiten 狭窄的，窄小的 ↔ breit (3) 〈ein Bett, ein Fluss, e-e Straße 床，河，街道; Hüften, Schultern 臀部，肩膀〉 ‖ ↑ *Abb. unter* 图见 ***Eigenschaften*** **2.** *nicht adv*, *geschr*（不作状语）[书]; nicht ausreichend 少量的，微薄的 〈ein Einkommen, e-e Kost 收入，食物〉

schmä·lern; *schmälerte*, *hat geschmälert*; Vt（及物）**1.** ***etw. s.*** den Wert von etw. kleiner machen 缩小，贬低 〈j-s Erfolg, j-s Verdienste s. 贬低某人的成绩，功绩〉 **2.** ***etw. s.*** etw. kleiner machen 减少，降低，缩减，限制 ≈ verringern, einschränken 〈j-s Einkommen, j-s Rechte, j-s Vergnügen 减少某人的收入，缩小某人的权利，限制某人的娱乐活动〉 ‖ *hierzu*（派生）**Schmä·le·rung** *die*

Schmal·film *der*; ein ziemlich schmaler Film[1] (1) für e-e Filmkamera, mit der *bes* Amateure bewegte Bilder filmen 窄电影胶片 ‖ K-（复合）: ***Schmalfilm-***, ***-kamera***

Schmal·spur- *im Subst*, *begrenzt produktiv*, *gespr pej*（构成名词，构词有限）[口][贬]; verwendet, um auszudrücken, dass j-d keine intensiven Kenntnisse auf e-m bestimmten Gebiet hat（表示知识局限）一知半解的…，半瓶醋的…; ein ***Schmalspurchemiker***, ein ***Schmalspuringenieur***

Schmal·spur|bahn *die*; ein kleiner Zug, der auf Schienen fährt, die enger nebeneinanderliegen als normal 窄轨铁路

Schmalz[1] *das*; *-es*; *nur Sg*（只用单数）; e-e weiche, weiße Masse, die man aus dem heiß gemachten Fett von Tieren erhält 动物油脂 〈mit S. kochen 用动物油烧、煮; S. auslassen (= herstellen) 炼油〉 ‖ K-（复合）: ***Schmalz-***, ***-brot***, ***-gebäck***, ***-topf*** ‖ -K（复合）: ***Gänse-***, ***Grieben-***, ***Schweine-*** ‖ ID [谚] ***etw. kostet viel S.*** *gespr* [口]; etw. ist körperlich anstrengend 某事很累人

Schmalz[2] *der*; *-es*; *nur Sg*, *gespr pej*（只用单数）[口][贬] **1.** ≈ Sentimentalität: *ein Film mit viel S.* 一部很伤感的电影 **2.** etw., das sentimental ist 令人伤感的事情 ‖ *hierzu*（派生）**schmal·zig** *Adj*（形）

Schman·kerl *das*; *-s*, *-n*; *südd* Ⓐ [南德][奥] ≈ Leckerbissen

Schmant *der*; *-(e)s*; *nur Sg*, *nordd*（只用单数）[北德]; die Schicht, die sich auf gekochter Milch bildet, wenn diese kalt wird 奶衣，奶皮

schma·rot·zen; *schmarotzte*, *hat schmarotzt*; Vi（不及物）**1.** *pej* [贬]; von der Arbeit od. vom Geld anderer leben 过寄生生活，依赖他人生活 **2.** 〈ein Tier, e-e Pflanze 动物，植物〉 ***schmarotzt*** BIOL【生】; ein Tier od. e-e Pflanze lebt (als Parasit) auf od. in e-m anderen Tier, e-r anderen Pflanze u. nimmt ihnen Nahrung weg 寄生 ‖ *hierzu*（派生）**Schma·rot·zer** *der*; *-s*, *-*

Schmar·ren *der*; *-s*; *nur Sg*; *südd* Ⓐ（只用单数）[南德][奥] **1.** *Kurzw*（略）↑ ***Kaiserschmarren*** **2.** *gespr pej* [口][贬] ≈ Unsinn, Blödsinn: *So ein S.!* 真是胡扯！

Schmatz *der*; *-es*, *-e / Schmät·ze*; *mst Sg*, *gespr*（多用单数）[口]; ein (lauter) Kuss 带响的接吻

schmat·zen; *schmatzte*, *hat geschmatzt*; Vi（不及物）laut essen 吃饭吧唧着嘴: *Hör auf zu s.!* 吃饭不要吧唧嘴！

schmau·chen; *schmauchte*, *hat geschmaucht*; Vt/i（及物/不及物）(***etw.***) ***s.*** mit Genuss rauchen 惬意地（舒适地）抽烟 〈e-e Pfeife, e-e Zigarre s. 惬意地抽着烟斗、香烟〉

Schmaus *der*; *-es*; *nur Sg*, *veraltend od hum*（只用单数）[渐旧]或[诙]; gutes Essen in großer Menge 盛宴，酒宴，丰盛的筵席 〈ein köstlicher S. 美味佳肴; e-n S. halten 举行盛大酒宴〉 ‖ -K（复合）: ***Fest-***, ***Hochzeits-***, ***Leichen-*** ‖ *hierzu*（派生）**schmau·sen** (*hat*) *Vi*（不及物）

schme·cken; *schmeckte*, *hat geschmeckt*; Vt（及物）**1.** ***etw. s.*** mit der Zunge den Geschmack von etw. erkennen od. spüren 品尝，尝味，辨味: *Schmeckst du den Wein in der Soße?* 你尝出调味汁里的酒味没有?; *Ich habe sofort geschmeckt*, dass *die Milch nicht in Ordnung war* 我马上尝出牛奶变味了; Vt/i（及物/不及物）**2.** (***etw.***) ***s.*** ≈ kosten[2] (1); Vi（不及物）**3.** ***etw. schmeckt irgendwie***; ***etw. schmeckt nach etw.*** etw. ruft ein bestimmtes Gefühl im Mund hervor, hat e-n bestimmten Geschmack（物作主语）吃着有…味道 〈etw. schmeckt gut, salzig, scharf, süß, sauer, bitter, angebrannt 某物味道好、咸、辣、甜、酸、苦、糊了〉: *Das Brot schmeckt wie selbst gebacken* 这面包吃起来像自己烤的味; *Das Eis schmeckt nach Zitrone* 这冰琪淋吃起来有柠檬味 **4.** ***etw. schmeckt*** (***j-m***) etw. ruft (bei j-m) ein angenehmes Gefühl im Mund hervor（物作主语）（某人觉得）口味好，味道中意: *Der Kaffee schmeckt* 这咖啡味道很好 **5.** ***etw. schmeckt irgendwie / nach etw.*** *südd* Ⓐ *gespr* [南德][奥][口] ≈ etw. riecht irgendwie **6.** ***lass es dir s.! / lasst es euch s.!*** verwendet, um j-n freundlich zum Essen aufzufordern（用来友好地请对方用餐）吃好！祝你（们）吃得满意！**7.** ***etw. schmeckt j-m nicht*** *gespr* [口]; etw. gefällt j-m nicht（物作主语）不合某人的口味，某人不喜欢，不合某人心意: *Die ganze Sache schmeckt mir nicht* 整个事情我不喜欢（讨厌）‖ ID [谚] *mst* 多用 ***Das schmeckt nach mehr!*** *gespr* [口]; davon würde ich gern mehr essen (weil es so gut ist) 这个味道很好，吃了还想吃 ‖ ▶ ***Geschmack***

S

Hat es Ihnen geschmeckt? 合您口味吗?

Nach dem Essen in einem Lokal wird man meist vom Kellner gefragt: „**Hat es (Ihnen) geschmeckt?**". Es ist eine Gelegenheit, die man dem Gast gibt, um sein Lob oder seine Kritik bezüglich des Essens auszusprechen. Gewöhnlich antwortet man „**Ja, danke**", auch wenn einige Gäste die Möglichkeit nutzen, das Essen oder den Service wirklich zu loben oder zu kritisieren.

在饭馆吃完饭后,服务员多半会问:"**合(您)口味吗?**"这是给客人一个对饭菜发表表扬或批评意见的机会。人们通常会回答说:"**行,谢谢!**"即使有些客人利用这一机会来表扬或批评饭菜或服务,也会这样说。

schmei·chel·haft *Adj*(形) **1.** so, dass es j-s Selbstbewusstsein hebt, sehr angenehm für ihn ist 奉承的,讨人喜欢的,投人所好的: *Ihr Angebot ist sehr s. für mich* 她的建议完全是投我所好 **2.** so, dass es j-n in ein sehr positives Licht stellt 显得比本人更好看的〈ein Foto 照片〉

schmei·cheln; *schmeichelte, hat geschmeichelt*; [Vi](不及物) **1.** (*j-m*) *s.* j-n übertrieben loben, damit er freundlich zu einem ist od. damit er einen mag 奉承,巴结,谄媚,逢迎 ≈ j-m schöntun〈j-m mit schönen, vielen Worten s. 用花言巧语,用很多好话奉承某人〉 **2.** *etw. schmeichelt j-m / etw.* etw. ist für j-n angenehm u. hebt sein Selbstbewusstsein(物作主语)讨好,投其所好,抬举〈etw. schmeichelt j-s Eitelkeit 某事迎合了某人的虚荣心; sich geschmeichelt fühlen 感到受抬举〉: Es *schmeichelte ihm sehr*, dass *man ihm die Leitung des Projekts anbot* 把这项工程的领导工作交给他管,这很抬举他 **3.** *etw. schmeichelt j-m / etw.* etw. betont j-s gute Seiten, stellt j-n/etw. in ein sehr positives Licht(物作主语)使…显得(比本人/原物)更好看、更美: *Das Foto schmeichelt ihm – in Wirklichkeit sieht er viel älter aus* 这张照片拍得比他本人更好——实际上他看上去要老得多 ‖ *zu* (义项) **1.** **Schmeich·ler** *der*; *-s, -*; **Schmeich·le·rin** *die*; *-, -nen*; **schmeich·le·risch** *Adj*(形); *zu Schmeichelei* ↑ *-ei*

schmei·ßen; *schmiss, hat geschmissen*; *gespr* [口]; [Vt](及物) **1.** *etw. irgendwohin s.* etw. mit e-r kräftigen Bewegung des Arms irgendwohin fliegen lassen 扔,丢,摔 ≈ werfen[1]: *die Schultasche in die Ecke s.* 将书包扔到角落里去 **2.** *etw. irgendwohin s.* etw. plötzlich mit großem Schwung bewegen 用力甩 ≈ werfen[1]: *die Tür ins Schloss s.* 把门一甩锁上 **3.** *etw. s.* aufhören, etw. zu tun, weil man damit keinen Erfolg hat od. weil man keine Lust mehr dazu hat 甩手不干,抛弃,撂下不干 ≈ abbrechen (2), aufgeben[2] (1)〈e-e Ausbildung, e-n Job, die Lehre, die Schule, das Studium s. 放弃进修机会、工作、学徒学习、上学、念大学〉 **4.** *etw. s.* e-e Aufgabe gut machen, sodass ein Betrieb *o. Ä.* gut funktioniert 办好,搞好〈den Haushalt, den Laden s. 搞好家务,管好商店〉: *Mach dir keine Sorgen, wir werden die Sache schon s.!* 你不用操心,我们会把这事办好的! **5.** *etw. s.* etw. bezahlen 为…付款,掏钱〈e-e Lage/e-e Runde (Bier, Schnaps *usw*) s. 付每人一杯酒(啤酒/白酒)的钱,掏钱请大家每人喝一杯酒〉 **6.** *etw. s.* etw. organisieren u. veranstalten 组织,安排〈e-e Party s. 组织一次聚会〉 **7.** *j-n s.* j-n zwingen, e-n Ort zu verlassen od. seine Arbeit aufzugeben 逼离开,把…撵(轰、逐、赶)走 ≈ j-n hinauswerfen, feuern〈j-n aus dem Haus, aus dem Zimmer, von der Schule s. 把某人赶出家门、撵出房门、逐出校门〉: *Sie haben ihn geschmissen, weil er etw. gestohlen hat* 他们把他赶走了,因为他偷了东西; [Vi](不及物) **8.** *mit etw.* (*nach j-m / auf j-n*) *s.* etw. in j-s Richtung fliegen lassen, um ihn zu treffen 向…投掷,朝…扔去 ≈ werfen[1]〈mit Steinen, faulen Eiern (nach j-m) s. (朝某人)投掷石块,扔臭鸡蛋〉 **9.** *mit etw. um sich s.* etw. in großer Zahl od. Menge hergeben 乱花,滥送〈mit Geld, Geschenken um sich s. 乱花钱,乱送礼〉; [Vr](反身) **10.** *sich irgendwohin s.* sich mit viel Schwung irgendwohin fallen lassen 重重地摔(扑、跌)倒在 ≈ sich irgendwohin werfen[1]〈sich aufs Bett, in den Sessel s. 扑到床上,一屁股坐到沙发椅上〉 **11.** *sich in etw.* (*Akk* 四格) *s.* elegante Kleidung anziehen 穿上,围上(时髦衣物)〈sich in Schale, in ein Abendkleid, in e-n Smoking s. 围上披巾,穿上女式晚礼服、男式黑礼服〉

Schmelz *der*; *-es*; *nur Sg*, *Kurzw*(只用单数)(略) ↑ ***Zahnschmelz***

schmel·zen; *schmilzt, schmolz, hat/ist geschmolzen*; [Vt](及物)(*hat*) **1.** *etw. s.* durch Wärme od. Hitze etw. Festes flüssig machen 熔化,熔解,熔炼〈Eis, Eisen, Gold, Silber s. 熔化冰,熔炼铁、金、银〉; [Vi](不及物)(*ist*) **2.** *etw. schmilzt* etw. wird durch Wärme od. Hitze flüssig(物作主语)融化,消融: *In der Sonne ist der Schnee schnell geschmolzen* 雪在阳光下很快就融化了

Schmelz·kä·se *der*; gelber, weicher Käse, den man aufs Brot streicht(涂面包的)精制软干酪

Schmelz·ofen *der*; ein großer Ofen in e-r Fabrik, in dem Metalle flüssig gemacht werden 熔炉,冶炼炉

Schmelz·punkt *der*; die Temperatur, bei der ein fester Stoff flüssig wird 熔点

Schmelz·tie·gel *der* **1.** ein Topf zum Schmelzen von Metallen 熔锅,熔炼坩锅 **2.** *ein S.* (*verschiedener Nationalitäten o. Ä.*) ein Ort, an dem viele Leute aus veschiedenen Ländern zusammen leben u. arbeiten 各民族共同生活和工作的地方

Schmelz·was·ser *das*; *nur Sg*(只用单数); Wasser, das aus Schnee od. Eis entsteht 融化的雪水: *Das S. aus den Bergen verursachte im Tal Überschwemmungen* 山里的融雪造成山谷洪水

Schmer·bauch *der*; *gespr pej* [口][贬]; ein dicker Bauch (mit viel Fett) 大肚皮,胖肚子

Schmerz *der*; *-es, -en* **1.** *mst Pl*(多用复数); das

S

unangenehme Gefühl im Körper, wenn man verletzt od. krank ist 痛,疼痛〈ein bohrender, brennender, dumpfer, stechender S. 钻心的、火辣辣的、隐隐的、针刺般的痛; Schmerzen betäuben, lindern 镇痛, 缓解疼痛; ein S. durchfährt j-n, lässt nach, klingt ab 某人突然感到一阵疼痛,痛减缓了,消失了〉: *Er hatte heftige Schmerzen im Bauch* 他肚子痛得厉害; *Die Verbrennungen bereiteten ihr unerträgliche Schmerzen* 烧伤处使她痛得无法忍受 ‖ K-(复合): ***Schmerz-***, ***-gefühl***, ***-mittel***, ***-schwelle***, ***-tablette***; ***Schmerzens-***, ***-schrei***; ***schmerz-***, ***-empfindlich***, ***-lindernd*** ***-verzerrt*** ‖ -K(复合)(*mst Pl* 多用复数): **Bauch-**, **Hals-**, **Herz-**, **Kopf-**, **Kreuz-**, **Rücken-**, **Zahn-** **2. der S.** (***über etw.*** (*Akk* 四格)) *mst Sg* (多用单数); das Gefühl, wenn man sehr traurig ist od. psychisch unter etw. leidet 痛苦,悲痛 ≈ Kummer, Leid: *aus S. über e-n Verlust weinen* 因失去亲人感到悲痛而哭泣; *tiefen S. bei e-r Trennung empfinden* 分手时感到很痛苦 ‖ -K(复合): ***Abschieds-***, ***Seelen-***, ***Trennungs-*** ‖ *hierzu* (派生) **schmerz·los** *Adj* (形); **schmerz·voll** *Adj* (形); *zu* (义项) **1. schmerz·frei** *Adj* (形)

schmer·zen; *schmerzte*, *hat geschmerzt*; [Vi] (不及物) **1. *etw. schmerzt*** etw. verursacht bei j-m Schmerzen (1) (物作主语) 痛,疼痛 ≈ etw. tut j-m weh: *Mein gebrochenes Bein schmerzt* 我这条断腿很痛; [Vt] (及物) **2. *etw. schmerzt j-n*** etw. macht j-n sehr traurig (物作主语) 使痛苦,使悲痛: Es *schmerzt mich, dich so leiden* zu *sehen* 看到你如此难过,我很痛苦

Schmer·zens·geld *das*; *nur Sg* (只用单数); Geld, das j-d (nach e-m Gerichtsverfahren od. von e-r Versicherung) für Schmerzen bekommt, die ein anderer verursacht hat (给予受害者的)伤痛费,赔偿费

schmerz·haft *Adj* (形) **1.** mit großen Schmerzen (1) 痛苦的,疼痛的〈e-e Behandlung, e-e Krankheit, e-e Wunde 治疗,疾病,伤口〉 **2.** mit großen Schmerzen (2) 悲痛的,十分痛苦的〈e-e Erfahrung, e-e Trennung 经验,分离〉

schmerz·lich *Adj* (形); so, dass j-d dabei Schmerz (2) fühlt 令人痛苦的,使人悲痛的〈e-e Erfahrung, e-e Erinnerung, ein Verlust 经验,回忆,损失; j-n/etw. s. vermissen 伤心地惦念不在身边的某人/某物〉: *Er hat die schmerzliche Erinnerung an seine Frau einfach nicht verkraftet* 他简直经受不住思念妻子的悲痛

schmerz·stil·lend *Adj* (形); so, dass es die Schmerzen (1) beseitigt 镇痛的,止痛的〈ein Mittel 药剂; etw. wirkt s. 某物起镇痛作用〉

Schmet·ter·ling[1] *der*; *-s*, *-e*; ein Insekt mit großen, *mst* schönen, bunten Flügeln 蝴蝶〈ein S. flattert 一只蝴蝶翩翩飞舞〉: *Aus dem Ei wird e-e Raupe. Diese verpuppt sich, u. aus der Puppe schlüpft schließlich der S.* 由卵变成幼虫,幼虫作茧成蛹,最后蝴蝶从蛹中破壳而出 ‖ K-(复合): ***Schmetterlings-***, ***-flügel***, ***-netz***, ***-sammlung***

Schmet·ter·ling[2] *das*, *der*; *-s*; *nur Sg*, SPORT (只用单数)【体】≈ **Schmetterling**[1] Delphinschwimmen ‖ K-(复合): ***Schmetterlings-***, ***-stil***

schmet·tern; *schmetterte*, *hat geschmettert*; [Vt] (及物) **1. *j-n/etw. irgendwohin s.*** j-n/etw. mit großer Kraft irgendwohin stoßen od. werfen 将…猛力抛向,掀起,用力掷出: *Der Sturm schmetterte das Schiff gegen die Felsen* 风暴将船掀起,猛撞在岩石上; [Vt/i] (及物/不及物) **2.** (***etw.*** (***irgendwohin***)) ***s.*** (beim Tennis, Volleyball *o.Ä.*) e-n Ball mit großer Kraft (von oben nach unten) über das Netz schlagen 用力扣(击、杀)球〈e-n Ball (übers Netz) s. 击球过网〉 ‖ K-(复合): ***Schmetter-***, ***-ball***, ***-schlag***; [Vi] (不及物) **3. *etw. schmettert*** etw. ist sehr laut zu hören (物作主语) 发出嘹亮的声音,吹响〈Fanfaren, Posaunen, Trompeten 军号,长号,喇叭〉

Schmied *der*; *-(e)s*, *-e*; j-d, der beruflich Metall, *bes* Eisen, bearbeitet u. formt, nachdem er es stark erhitzt hat 铁匠,锻工: *Der S. steht am Amboss* 铁匠站在铁砧旁 ‖ -K(复合): ***Dorf-***, ***Gold-***, ***Huf-***, ***Kunst-***, ***Waffen-*** ‖ *hierzu* (派生) **Schmie·din** *die*; *-*, *-nen*

Schmie·de *die*; *-*, *-n*; das Haus od. der Betrieb, in dem ein Schmied arbeitet 锻工车间,铁匠铺 ‖ -K(复合): ***Dorf-***, ***Hammer-***, ***Waffen-***

schmie·den; *schmiedete*, *hat geschmiedet*; [Vt/i] (及物/不及物) **1.** (***etw.***) ***s.*** Metall erhitzen u. bearbeiten, formen 锤,击打,锻造(金属): *Kupfer (zu e-m Kessel) s.* 锻造铜(将铜打成一只水壶) ‖ K-(复合): ***Schmiede-***, ***-eisen***, ***-feuer***, ***-hammer***, ***-handwerk***, ***-kunst***, ***-ofen*** **2.** (***etw.***) ***s.*** etw. aus glühendem Metall formen 锻造(压),锤打成〈ein Hufeisen, e-n Kessel, ein Schwert s. 打成马蹄铁、水壶、剑〉 ‖ K-(复合): ***Schmiede-***, ***-arbeit***; [Vt] (及物) **3. *Pläne schmieden*** Pläne machen 制定计划 **4. *ein Komplott, Ränke s.*** *geschr* [书] ≈ intrigieren

schmie·gen; *schmiegte*, *hat geschmiegt*; [Vt] (及物) ***etw./sich irgendwohin s.*** e-n Körperteil/sich gegen j-n od. etw. Weiches, Warmes drücken, weil man zärtlich sein will od. damit man sich sicher u. wohl fühlt 将…紧靠/偎依,温柔舒服地靠(贴)〈sich in j-s Arme, eng an j-n, in e-e Decke s. 偎依在某人怀抱里,舒服地紧靠着某人,蜷伏在被子里〉: *Das Mädchen schmiegte seine Wange an das weiche Fell der Katze* 这个姑娘将自己的面颊紧贴在猫的柔软毛皮上 ‖ NB(注意): kein Passiv! (不用被动语态!) ‖ ▶ ***anschmiegsam***

schmieg·sam *Adj* (形); 〈Leder, Stiefel 皮革,靴子〉 so weich, dass sie sich leicht e-r Form anpassen 柔韧的,柔软的 ≈ geschmeidig ‖

hierzu(派生) **Schmieg·sam·keit** *die*; *nur Sg*(只用单数)

Schmie·re *die*; -, -*n*; *mst Sg*(多用单数); Fett od. Öl, mit dem man etw. schmiert (1)润滑油,油膏 ‖ ID[谚] ***S. stehen*** *gespr*[口]; bei e-m Einbruch *o. Ä.* draußen bleiben, um die anderen warnen zu können, wenn j-d kommt 望风,巡风,把风

schmie·ren; *schmierte*, *hat geschmiert*; Vt (及物) **1. *etw. s.*** Fett od. Öl auf Teile e-r Maschine od. e-s Geräts geben, damit diese sich leichter u. schneller bewegen 给…上油、加润滑油、涂油 ≈ ölen ⟨e-e Fahrradkette, e-e Maschine, die Räder s. 给自行车链条、机器、轮子上油⟩ ‖ K-(复合): ***Schmier-***, ***-mittel***, ***-öl*** **2. *etw. irgendwohin s.*** *gespr*[口] ≈ streichen (2) ⟨Butter, Honig, Schmalz aufs Brot s. 往面包上涂黄油、蜂蜜、动物油; sich Creme ins Gesicht, Pomade ins Haar s. 往脸上抹润肤膏,往头发上擦发膏⟩ **3. *etw. irgendwohin s.*** *gespr pej*[口][贬]; etw. auf e-n Gegenstand schreiben od. malen, wo es nicht erlaubt ist (u. den Gegenstand dadurch verunstalten 往…乱写、乱画、乱涂 ⟨seinen Namen, e-n Spruch auf die Schulbank, an die Wand s. 往学生课桌上、往墙上乱写自己的名字、格言⟩ **4. *etw. s.*** *gespr pej*[口][贬]; e-n Text schnell u. ohne Sorgfalt schreiben 草率书写,涂写 ⟨e-n Artikel, e-n Aufsatz s. 草草地写一篇文章、作文⟩ ‖ K-(复合): ***Schmier-***, ***-heft***, ***-papier***, ***-zettel*** **5. *j-n s.*** *gespr pej*[口][贬]; j-n bestechen 贿赂: *Die beiden Polizisten waren geschmiert worden* 这两位警察受了贿赂 ‖ K-(复合): ***Schmier-***, ***-geld*** **6. *j-m eine s.*** *gespr*[口] ≈ j-m e-e Ohrfeige geben; Vi (不及物) **7.** so schreiben, dass es schwer zu lesen ist 书写潦草,涂鸦 **8. *etw. schmiert*** *gespr*[口]; etw. gibt Tinte od. Farbe nicht sauber ab 漏油,漏墨水: *Mein Kugelschreiber schmiert* 我的圆珠笔漏油 ‖ *zu*(义项) **3.** u. **7. Schmie·rer** *der*; -*s*, -

Schmier·fink *der*; *gespr*[口] **1.** *mst hum* 多用[诙]; ein Kind, das nicht schön schreibt od. das sich oft schmutzig macht 乱涂乱画的孩子,不爱整洁的脏孩子 **2.** *pej*[贬]; j-d, der (politische *o. Ä.*) Parolen an Wände schreibt 往墙上涂写政治口号的人

schmie·rig *Adj*(形) **1.** schmutzig u. feucht od. klebrig 油腻的,油污的 ⟨e-e Schmutzschicht 油污层⟩: *Von dem verspritzten Fett ist der Herd ganz s.* 灶台被油溅得全是油污 ‖ K-(复合): ***Schmier-***, ***-film*** **2.** *pej*[贬]; auf unehrliche u. unangenehme Art freundlich 假惺惺的,假仁假义的 ⟨ein Kerl, ein Typ 小伙子,家伙; s. grinsen 假惺惺地冷笑⟩ **3.** *pej*[贬] ≈ unanständig ⟨ein Witz 笑话⟩ ‖ *hierzu*(派生) **Schmie·rig·keit** *die*; *nur Sg*(只用单数)

schmilzt *Präsens*, *3. Person Sg*(现在时,第三人称单数); ↑ ***schmelzen***

Schmin·ke *die*; -; *nur Sg*(只用单数); ein Puder od. e-e Creme, die *bes* e-e Frau od. ein Schauspieler auf das Gesicht aufträgt, um besser od. anders auszusehen 脂粉,化妆品 ≈ Make-up ⟨S. auftragen, benutzen, abmachen 涂脂抹粉(化妆),使用化妆品,擦去粉脂(卸装)⟩ ‖ K-(复合): ***Schmink-***, ***-koffer***, ***-tisch***, ***-topf*** ‖ -K(复合): ***Clowns-***, ***Faschings-***, ***Karnevals-***

schmin·ken; *schminkte*, *hat geschminkt*; Vt (及物) ***j-n*/ (*sich* (*Dat* 三格)) *etw./sich s.*** Schminke, Make-up auftragen 给…化妆、涂脂抹粉⟨(sich) die Augen, die Lippen, das Gesicht s. 给眼睛、嘴唇、脸蛋化妆(画眉、涂口红、扑粉)⟩: *e-n Schauspieler für den Auftritt s.* 给准备登场的演员化妆; *Sie schminkt sich immer sehr stark* 她总是浓妆艳抹

schmir·geln; *schmirgelte*, *hat geschmirgelt*; Vt/i (及物/不及物) **1.** (***etw.***) ***s.*** etw. glatt machen od. Farbe od. Rost davon entfernen, indem man mit e-m rauen festen Papier (Sandpapier) reibt 用砂纸打平,磨光 ⟨ein Rohr, e-n Zaun s. 把管子、栅栏用砂纸打光⟩ ‖ K-(复合): ***Schmirgel-***, ***-papier*** **2. *etw. von etw. s.*** Farbe od. Rost von etw. (*mst* vor dem Malen) mit Sandpapier entfernen 把(漆、锈)打、磨、蹭掉

schmiss *Imperfekt*, *1. u. 3. Person Sg*(过去时,第一和第三人称单数); ↑ ***schmeißen***

Schmö·ker *der*; -*s*, -; *gespr*[口]; ein dickes, literarisch *mst* nicht wertvolles Buch 消遣解闷的书

schmö·kern; *schmökerte*, *hat geschmökert*; Vi (不及物) (***in etw.*** (*Dat* 三格)) ***s.*** *gespr*[口]; in e-m Buch blättern u. (ab u. zu) Texte lesen 翻阅,浏览: *auf dem Dachboden alte Bücher finden u. darin s.* 在阁楼上找到一些旧书并翻阅几篇

schmol·len; *schmollte*, *hat geschmollt*; Vi (不及物) schweigen u. ein beleidigtes Gesicht machen, weil man sich über j-n ärgert 露出不快的神情,对人生闷气,怄气 ‖ K-(复合): ***Schmoll-***, ***-mund***

Schmoll·win·kel *der*; *mst in* 多用于 ***sich in den S. zurückziehen*** *gespr*[口]; sich beleidigt zurückziehen 怄气走开了

schmolz *Imperfekt*, *1. u. 3. Person Sg*(过去时,第一和第三人称单数); ↑ ***schmelzen***

schmo·ren; *schmorte*, *hat geschmort*; Vt (及物) **1. *etw. s.*** etw. kurze Zeit braten u. dann zudecken u. mit wenig Flüssigkeit gar werden lassen 焖,煨,炖 ⟨e-n Braten, Fleisch im eigenen Saft s. 原汁炖烤肉、炖肉⟩ ‖ K-(复合): ***Schmor-***, ***-braten*** ‖ NB(注意): ↑ ***dünsten***; Vi (不及物) **2. *etw. schmort*** etw. wird in e-m geschlossenen Gefäß mit wenig Flüssigkeit gar(物作主语)焖,煨,炖 ⟨ein Braten, Rouladen 烤肉,肉片卷⟩ **3. *irgendwo s.*** *gespr*[口]; irgendwo sein, wo es sehr heiß ist u. dabei kräftig schwitzen 热得出汗 ⟨in der Sauna, in der Sonne s. 在桑拿浴室、在阳光下热得汗流夹背⟩ ‖ ID[谚] ***j-n s. lassen*** *gespr*[口]; j-n in e-r unangenehmen Situation längere Zeit auf e-e Antwort, e-e Entscheidung *o. Ä.* warten lassen 让…苦苦等待,使焦灼不安

S

schmo·ren·las·sen ↑ ***schmoren*** ID[谚]

Schmu *der*; *-s*; *nur Sg*, *gespr*(只用单数)[口]; ein kleiner od. harmloser Betrug 小招数;无恶意的欺骗 ≈ Schwindel

schmuck *Adj*(形) ≈ hübsch 〈ein Haus, ein Paar, e-e Uniform 一幢住房,一对,一套制服; s. aussehen 看上去很漂亮〉

Schmuck *der*; *-(e)s*; *nur Sg*(只用单数) **1.** *Kollekt*(集合): Dinge wie Ketten, Ringe, Armreifen *o. Ä.*, die man am Körper trägt, um schöner auszusehen od. seinen Reichtum deutlich zu zeigen 首饰〈kostbarer, echter, goldener, silberner S. 贵重的、纯正的、金的、银的首饰; S. anlegen, tragen, ablegen 戴上、戴着、摘下首饰〉‖ K-(复合): ***Schmuck-***, ***-kästchen***, ***-nadel***, ***-sachen***, ***-stein***, ***-stück***, ***-waren*** ‖ -K(复合): ***Brillant-***, ***Gold-***, ***Mode-*** **2.** alles, was e-e Person od. e-e Sache schöner macht 饰物,装饰品 ≈ Zierde: *Ihr einziger S. waren ihre langen schwarzen Haare* 她唯一的装饰是她那一头长长的黑发 ‖ -K(复合): ***Bart-***, ***Blumen-***, ***Fahnen-***, ***Feder-***; ***Altar-***, ***Christbaum-***, ***Fenster-***, ***Fest-***, ***Hochzeits-***, ***Tisch-***, ***Wand-*** ‖ *hierzu*(派生) **schmuck·los** *Adj*(形)

schmü·cken; *schmückte*, *hat geschmückt*; [Vt](及物) **1.** ***etw./sich s.*** etw./sich schöner machen, indem man schöne Gegenstände hinzufügt bzw. trägt 装饰,点缀,美化,打扮: *e-n Tisch mit Blumen*, *e-n Weihnachtsbaum mit Kerzen u. Kugeln*, *sich mit Ketten u. Ringen s.* 用花卉点缀桌子,用蜡烛、小球装饰圣诞树,用项链和戒指打扮自己 ‖ NB(注意): ↑ ***verzieren*** **2.** ***etw. schmückt etw.*** etw. dient als Schmuck (1,2) für etw. (物作主语)点缀,映衬,烘托: *Blumen schmückten ihr Haar* 鲜花点缀她的头发

schmud·de·lig, **schmudd·lig** *Adj*(形); 〈Kleider, ein Hemd, ein Restaurant, ein Lokal 衣服,衬衫,饭店,酒店; s. aussehen 看上去很邋遢〉 schmutzig u. nicht gepflegt 不整洁的,邋遢的,不干净的

Schmug·gel *der*; *-s*; *nur Sg*(只用单数); die Handlungen, durch die j-d Waren illegal über e-e Landesgrenze bringt 走私,偷运 〈(mit etw.) S. (be)treiben 进行走私活动,走私某物; vom S. leben 靠走私过活〉‖ -K(复合): ***Devisen-***, ***Drogen-***, ***Rauschgift-***, ***Waffen-***

schmug·geln; *schmuggelte*, *hat geschmuggelt*; [Vt/i](及物/不及物) **1.** (***j-n/etw.***) (***irgendwohin***) ***s.*** Personen od. Waren illegal in ein Land bringen od. aus e-m Land ausführen 走私,偷运〈Drogen, Waffen, Geld, Tabak, Zigaretten s. 走私毒品、武器、金钱、烟草、香烟; etw. über die Grenze s. 将某物偷运出境; j-n beim Schmuggeln erwischen 抓获某人走私〉‖ K-(复合): ***Schmuggel-***, ***-ware***; [Vt](及物) **2.** ***j-n/(j-m) etw. irgendwohin s.*** j-n/etw. heimlich an e-n bestimmten Ort bringen 把…偷偷带往: *dem Gefangenen e-e Waffe in die Zelle s.* 把一件武器带进牢房给犯人; *Er versuchte, ein Mädchen auf sein Zimmer im Internat zu s.* 他试图把一位姑娘带到宿舍自己的房间去 ‖ *zu* ***Schmuggelei*** ↑ ***-ei***

Schmugg·ler *der*; *-s*, *-*; j-d, der Schmuggel treibt 走私者,偷运者 ‖ K-(复合): ***Schmuggler-***, ***-bande***, ***-organisation***, ***-ring***, ***-schiff*** ‖ -K(复合): ***Drogen-***, ***Waffen-*** ‖ *hierzu*(派生) **Schmugg·le·rin** *die*; *-*, *-nen*

schmun·zeln; *schmunzelte*, *hat geschmunzelt*; [Vi](不及物)(***über j-n/etw.***) ***s.*** lächeln, weil man j-n/etw. lustig od. amüsant findet 满意地,会心地微笑

Schmus *der*; *-es*; *nur Sg*, *gespr pej*(只用单数)[口][贬] **1.** ≈ Blödsinn **2.** Worte, mit denen man j-m schmeichelt 奉承话,拍马屁的话

Schmu·se·kat·ze *die*; *gespr*[口]; e-e (*mst* weibliche) Person, die gern zärtlich ist 甜言蜜语的女人,温柔多情的女人

schmu·sen; *schmuste*, *hat geschmust*; [Vi](不及物)(***mit j-m***) ***s.*** *gespr*[口]; j-n zärtlich streicheln, küssen 柔情地抚摸,亲吻,(对…)表示亲热: *mit seiner Freundin*, *mit den Kindern s.* 对自己的女友,对孩子们表示亲热 ‖ *hierzu*(派生) **Schmu·ser** *der*; *-s*, *-*; **Schmu·se·rin** *die*; *-*, *-nen*

Schmutz *der*; *-es*; *nur Sg*(只用单数); Substanzen wie *z. B.* nasse Erde od. Staub, Ruß *usw*, die bewirken, dass j-d/etw. nicht sauber ist 脏物,污泥,污垢,尘垢,脏土 ≈ Dreck: *den S. von den Schuhen putzen* 擦去鞋上的污泥; *ein S. abweisendes Material* 一种不沾污垢的材料 ‖ K-(复合): ***Schmutz-***, ***-fleck***, ***-schicht***, ***-spritzer***, ***-wäsche***, ***-wasser***; ***schmutz-***, ***-abweisend*** ‖ -K(复合): ***Straßen-*** ‖ ID[谚] ***j-n/etw. durch/in den S. ziehen*** schlechte Dinge über j-n/etw. sagen 说某人/某事的坏话,诋毁某人/某事

Schmutz·ar·beit *die*; e-e Arbeit, bei der viel Schmutz entsteht u. bei der man *mst* schmutzig wird 脏活

schmut·zen; *schmutzte*, *hat geschmutzt*; [Vi](不及物) ***etw. schmutzt*** etw. wird schnell u. leicht schmutzig od. sieht schmutzig aus(物作主语)容易脏,脏得快: *Weiße Kleidung schmutzt schnell* 白色服装脏得快

Schmutz·fink *der*; *gespr*[口]; j-d, den es nicht stört, wenn er od. etw. schmutzig ist 不讲干净的人,脏鬼,邋遢鬼

schmut·zig *Adj*(形) **1.** voller Schmutz 肮脏的,龌龊的,不干净的 ≈ dreckig ↔ sauber 〈j-n/sich/etw. s. machen 把某人/自己/某物弄脏; Hände, Kleidung, die Wäsche 手,衣服,衣物〉 **2.** so, dass dabei viel Schmutz entsteht 肮脏的,脏人的 ≈ dreckig ↔ sauber 〈e-e Arbeit 工作〉 **3.** (in Bezug auf Farben) nicht sehr hell u. rein(颜色)灰暗的,暗淡的,不明净的〈s. blau, grau, grün *usw* 暗蓝,暗灰,暗绿; ein schmutziges Blau *usw* 灰暗的蓝色〉 **4.** 〈Witze, Bemerkungen 笑话,看法; s. lachen 下流猥亵地笑声〉 so, dass sie auf unangenehme Art mit Sex zu tun haben 下流的,肮脏的,猥亵的,卑鄙的 ≈ dreckig (2): *Du hast e-e schmutzige Fantasie* 你的幻想是肮脏的 **5.** *nicht adv*(不作状语)

≈ illegal, unehrlich〈Geschäfte 交易〉

Schna·bel *der*; *-s*, *Schnä·bel* **1.** der Teil des Kopfes, mit dem der Vogel seine Nahrung aufnimmt 鸟嘴,喙〈ein gekrümmter, breiter S. 一张弯弯的、宽大的鸟嘴; ein Vogel reißt, sperrt den S. auf, wetzt den S. 一只鸟咧开、张开、磨嘴〉‖ K-(复合): ***Schnabel-***, ***-hieb*** ‖ -K (复合): ***Enten-***, ***Geier-***, ***Storchen-*** ‖ NB(注意): ↑ ***Maul*** **2.** *südd* Ⓐ Ⓒⓗ [南德][奥][瑞] e-e Vorrichtung bei Gefäßen wie *z. B.* Kannen, durch die die Flüssigkeit nach außen fließt 壶嘴,(容器的)嘴子: *der S. e-r Teekanne* 茶壶嘴 ‖ ID[谚] ***reden / sprechen, wie einem der S. gewachsen ist*** *gespr*[口]; ganz natürlich reden, so wie es einem gerade einfällt 说话自然,想到什么说什么,怎么想就怎么说; *mst* 多用 ***Halt*** (***endlich***) ***den S.!*** *gespr*[口]; hör auf zu sprechen 闭嘴! 给我住嘴! ‖ *zu*(义项) **1. schna·bel·för·mig** *Adj*(形)

schnä·beln; *schnäbelte*, *hat geschnäbelt*; Vi (不及物) ***ein Vogel schnäbelt mit e-m Vogel***; 〈zwei Vögel 两只鸟〉 ***schnäbeln*** zwei Vögel berühren sich immer wieder zärtlich mit dem Schnabel(鸟作主语)单:与…接嘴(喙);复:相互接嘴(喙)

Schna·bel·tier *das*; ein Säugetier mit e-m Schnabel, das Eier legt u. *bes* in Australien vorkommt 鸭嘴兽

schna·bu·lie·ren; *schnabulierte*, *hat schnabuliert*; Vt/i (及物/不及物) (***etw.***) ***s.*** *gespr*, *oft hum* [口]常用[诙]; etw. mit großem Vergnügen essen 津津有味地吃 ≈ naschen: *Bonbons s.* 有滋有味地吃着糖块

Schnack *der*; *-(e)s*; *nur Sg*(只用单数); *nordd gespr*[北德][口] ≈ Plauderei〈e-n S. halten 闲聊,瞎侃〉

Schna·ke *die*; *-*, *-n*; e-e große Mücke mit dünnem Körper u. langen, dünnen Beinen u. Flügeln 大蚊子 ≈ Stechmücke ‖ K-(复合): ***Schnaken-***, ***-plage***, ***-stich***

Schnal·le *die*; *-*, *-n* **1.** e-e Vorrichtung (ein Verschluss) aus Metall od. Plastik, mit der man e-n Riemen, e-n Gürtel *o. Ä.* zusammenzieht 扣环,带扣 ≈ Schließe ‖ ↑ *Abb. unter* 图见 ***Knopf*** ‖ K-(复合): ***Schnallen-***, ***-schuh*** ‖ -K(复合): ***Gürtel-***, ***Rucksack-*** **2.** *südd* Ⓐ [南德][奥] ≈ (Tür) Klinke **3.** *vulg*, *pej*[俗][贬]; e-e Frau, die ein unmoralisches Leben führt 娼妇,婊子

schnal·len[1]; *schnallte*, *hat geschnallt*; Vt (及物) **1.** (***sich*** (*Dat* 三格)) ***etw. irgendwohin s.*** etw. mit Riemen od. mit Schnüren irgendwo befestigen 系住,扣住,用带子(绳子)固定住,捆住: *den Koffer aufs Fahrrad s.* 把箱子系在自行车上; *sich e-n Gürtel um die Hüfte s.* 腰间系一根皮带 **2.** ***etw. von etw. s.*** etw., das mit Riemen od. Schnüren irgendwo befestigt ist, losmachen 松开,解开: *die Skier vom Autodach s.* 把雪橇从汽车顶上解下来; *den Rucksack vom Rücken s.* 把背囊从背上松下 **3.** ***etw. weiter / enger s.*** e-e Schnalle weiter außen od. weiter innen befestigen u. so etw. weiter od. enger machen 把…放松/勒紧点: *den Gürtel, die Riemen am Rucksack weiter, enger s.* 把皮带、背包带放松/勒紧点

schnal·len[2]; *schnallte*, *hat geschnallt*; Vt (及物) ***etw. s.*** *gespr*[口] ≈ verstehen, kapieren

schnal·zen; *schnalzte*, *hat geschnalzt*; Vi (不及物) (***mit etw.***) ***s.*** ein kurzes lautes Geräusch (wie e-n kleinen Knall) erzeugen 发出短促的响声〈mit der Zunge, mit den Fingern, mit der Peitsche s. 咂舌声,打榧子声,抽响鞭声〉‖ K-(复合): ***Schnalz-***, ***-laut***

schnapp! *Interjektion*(叹); verwendet, um das Geräusch wiederzugeben, mit dem *z. B.* e-e Tür ins Schloss fällt 砰! 吧嗒!

Schnäpp·chen *das*; *-s*, *-*; etw., das man zu e-m sehr günstigen Preis kaufen kann 便宜货,廉价商品

schnap·pen; *schnappte*, *hat / ist geschnappt*; Vt (及物)(*hat*) **1.** (***sich*** (*Dat* 三格)) ***j-n / etw. s.*** j-n/etw. mit e-r schnellen Bewegung nehmen u. behalten 抓取,抢走 ≈ packen: *Der Taschendieb schnappte meine Geldbörse u. rannte davon* 扒手掏走我的钱包就跑掉了 **2.** ***ein Tier schnappt*** 〈ein Insekt *o. Ä.* 昆虫等〉 ein Tier nimmt mit e-r schnellen Bewegung ein Insekt *o. Ä.* mit dem Maul, *mst* um es zu fressen(动物作主语)迅速咬往,叼住(吃掉): *Der Frosch schnappte die Fliege* 青蛙捕食苍蝇 **3.** ***j-n s.*** *gespr*[口] ≈ festnehmen, fangen〈e-n Dieb, e-n Einbrecher s. 逮住小偷,抓住窃贼〉**4.** (***sich*** (*Dat* 三格)) ***etw. s.*** *gespr*[口]; (sich) etw. nehmen 抓起,拿起: *Los, schnapp dir den Tennisschläger, u. dann fahren wir!* 走,拿起你的网球拍,我们立即动身!; Vi (不及物) **5.** ***ein Tier schnappt nach j-m / etw.*** (*hat*) ein Tier versucht mit e-r schnellen Bewegung, j-n/etw. mit dem Maul zu fangen(动物作主语)想咬,扑向: *Die Kinder fürchten sich vor dem kleinen Hund, weil er immer nach ihnen schnappt* 孩子们怕这条小狗,因为它总想咬他们 **6.** ***etw. schnappt irgendwohin*** (*ist*) etw. kommt in e-e (*mst* festgelegte) Lage od. Position(物作主语)吧嗒一声关上,砰的一声撞上,锁上: *Die Tür ist ins Schloss geschnappt* 门砰的一声锁上了 **7.** ***nach Luft s.*** (*hat*) angestrengt versuchen, richtig zu atmen 急促地呼吸,拼命吸气,大口喘气 ‖ ID [谚] *mst* 多用 (***ein bisschen***) ***frische Luft s.*** nach draußen gehen, um frische Luft zu bekommen 到户外去呼吸新鲜空气

Schnapp·schuss *der*; ein Foto, bei dem die Beteiligten nicht extra posieren, sondern etw. ganz natürlich machen(不特意摆姿势的、很自然的)快照〈e-n S. von j-m machen 给某人抢拍一张快照〉

Schnaps *der*; *-es*, *Schnäp·se*; ein starkes alkoholisches Getränk (mit mehr als 30% Alkohol), das aus Obst, Kartoffeln od. Getreide gemacht wird 烧酒〈S. brennen 酿制烧酒〉‖ K-(复合): ***Schnaps-***, ***-brenner***, ***-brennerei***, ***-flasche***, ***-glas*** ‖ -K(复合): ***Anis-***,

Birnen-*, *Kräuter-*, *Wacholder-*, *Zwetschgen- ‖ NB(注意): ↑ ***Branntwein***

Schnaps·bru·der *der*; *gespr pej* [口][贬] ≈ Alkoholiker

Schnaps·idee *die*; *gespr* [口]; e-e unrealistische, verrückte Idee 奇想, 狂想, 想入非非

schnar·chen; *schnarchte*, *hat geschnarcht*; Vi (不及物) **1.** mit e-m (lauten) Geräusch durch die Nase u. durch den Mund atmen, während man schläft 打呼噜, 打鼾, 鼾睡 **2.** *gespr*[口] ≈ schlafen ‖ *zu*(义项) **1. Schnar·cher** *der*; *-s*, *-*; **Schnar·che·rin** *die*; *-*, *-nen*

schnar·ren; *schnarrte*, *hat geschnarrt*; Vt/i (及物/不及物) (***etw.***) ***s.*** etw. mit e-r unangenehmen harten Stimme sagen 口气生硬地说 ‖ NB(注意): Das Objekt ist immer ein Satz (宾语总是一个句子)

schnat·tern; *schnatterte*, *hat geschnattert*; Vi (不及物) **1.** 〈Gänse, Enten 鹅, 鸭〉 ***schnattern*** Gänse od. Enten geben (aufgeregt) die Laute von sich, die typisch für ihre Art sind 发出嘎嘎叫声 **2.** 〈*mst* Mädchen 姑娘〉 ***schnattern*** *gespr* [口]; mehrere Mädchen unterhalten sich erregt (*mst* über unwichtige Dinge) 喋喋不休地拉话, 唠叨, 谈天说地 ≈ schwatzen, plappern

schnau·ben; *schnaubte*/*veraltet* [旧] *schnob*, *hat geschnaubt*/*veraltet* [旧] *geschnoben*; Vi (不及物) **1.** ***ein Pferd schnaubt*** ein Pferd macht ein lautes Geräusch, indem es kräftig durch die Nase atmet 马打响鼻 **2.** (***vor etw.*** (*Dat* 三格)) ***s.*** sich vor Wut *o. Ä.* kaum mehr beherrschen können 气呼呼, 气冲冲, 气急败坏 〈vor Wut, Ärger, Entrüstung s. 因愤怒、生气、愤慨而气呼呼〉

schnau·fen; *schnaufte*, *hat geschnauft*; Vi (不及物) schwer u. laut atmen 气喘吁吁, 喘大气: *Auf dem Weg zum Gipfel kamen wir alle ganz schön ins Schnaufen* 在往山顶爬的路上, 我们大家都气喘吁吁

Schnau·ferl *das*; *-s*, *-(n)*; *bes südd* Ⓐ 尤用于[南德][奥] ein kleines, altes Auto 一辆旧的小汽车

Schnauz·bart *der* ≈ Schnurrbart ‖ *hierzu*(派生) **schnauz·bär·tig** *Adj*(形)

Schnau·ze *die*; *-*, *-n* **1.** das lange Maul mancher Tiere, das zusammen mit der Nase ein Ganzes bildet 某些动物的口鼻部位: *dem Hund e-n Maulkorb über die S. binden* 给狗(口鼻部位)套上嘴套 ‖ -K(复合): ***Hunde-*, *Schweine-*** **2.** *gespr! pej*[粗][贬] ≈ Mund ‖ ID[谚] ***frei*** (***nach***) ***S.*** *gespr*[口]; ohne Plan od. genaues Konzept 毫无计划, 胸中无数, 做到哪里算哪里; (***von j-m/etw.***) ***die S.*** (***gestrichen***) ***voll haben*** *gespr!* [粗] nichts mehr mit j-m/etw. zu tun haben mögen (da man sich schon lange ärgern musste) 对某人/某事实在够了, 腻烦死了; (***mit etw.***) ***auf die S. fallen*** *gespr!* [粗] mit etw. keinen Erfolg haben(某事)失败了, 栽跟头了, 办砸了; *mst* 多用 ***Ihn/Sie hat es auf die S. gehauen/geschlagen*** *gespr!* [粗] er/sie ist zu Boden gefallen, gestürzt 他/她摔了个嘴啃泥(大马趴) ‖ NB(注意): Viele Wendungen, die unter *Mund* u. *Maul* aufgeführt sind, hört man auch mit *S.*(由 Mund 和 Maul 构成的许多成语也用 Schnauze)

schnau·zen; *schnauzte*, *hat geschnauzt*; Vt/i (及物/不及物) (***etw.***) ***s.*** *gespr*[口]; etw. mit lauter Stimme u. voll Ärger sagen 气得大声叫嚷 ≈ schimpfen: *„Das schmeckt ja abscheulich!" schnauzte sie* "这简直难吃死了!" 她高声叫嚷 ‖ NB(注意): Das Objekt ist immer ein Ausruf(宾语总是感叹句)

schnäu·zen, sich; *schnäuzte sich*, *hat sich geschnäuzt*; Vr (反身) ***sich s.*** Luft kräftig durch die Nase pressen, damit die Flüssigkeit aus der Nase kommt 擤鼻涕 ≈ sich die Nase putzen

Schnau·zer *der*; *-s*, *-* **1.** ein (rauhaariger) schwarzer od. grauer Hund mit spitzen Ohren u. kurzem Schwanz 一只尖耳短尾的粗毛黑狗或灰狗 **2.** *gespr*[口] ≈ Schnurrbart

Schne·cke *die*; *-*, *-n* **1.** ein kleines Tier mit e-m weichen Körper (ohne Beine), das nur sehr langsam kriecht. Manche Schnecken haben e-e harte, runde Schale auf dem Rücken, in der sie sich verstecken können 蜗牛 ‖ -K(复合): ***Gehäuse-*, *Nackt-*, *Weg-*, *Weinberg-*** **2.** etw., das die Form e-r Spirale (wie bei e-m Schneckenhaus) hat 涡形物: *die S. am Hals e-r Geige* 小提琴颈上的涡形头 **3.** ein Gebäck in der Form e-r Spirale 螺纹状的饼干或糕点 ‖ -K(复合): ***Mohn-*, *Nuss-*** ‖ ID [谚] ***j-n zur S. machen*** *gespr*[口]; j-n sehr scharf kritisieren 把某人训得耷拉着脑袋(狠狠训斥某人)

schne·cken·för·mig *Adj*(形); in der Form e-r Spirale (wie sie ein Schneckenhaus hat) 螺旋状的: *das schneckenförmige Gewinde e-r Schraube* 一只螺丝的螺旋形螺纹

Schne·cken·haus *das*; die harte Schale, die manche Schnecken auf dem Rücken tragen u. die wie e-e Spirale gewunden ist 蜗牛壳 ‖ ID [谚] ***sich*** (*Akk* 四格) ***in sein S. zurückziehen*** niemanden sehen u. mit niemanden reden wollen 闭门谢客, 幽居息交, 不想露面见人

Schne·cken·tem·po *das*; *mst in* 多用于 ***im S.*** sehr langsam 以蜗牛爬行速度, 慢腾腾地

Schnee *der*; *-s*; *nur Sg* (只用单数) **1.** die weißen, weichen Flocken, die *bes* im Winter statt Regen auf die Erde fallen 雪 〈pappiger, pulveriger, trockener, nasser S. 易粘成团的、粉状的、干巴巴的、湿漉漉的雪; es fällt S. 下雪了; der S. knirscht, schmilzt, taut, friert, bleibt liegen 雪沙沙作响、消融、融化、结冰、不化; S. fegen, kehren, räumen, schippen, schaufeln 扫、打扫、清扫、铲走、铲掉雪; weiß wie S. 洁白如雪; durch den S. stapfen 迈着沉重脚步穿过雪地〉: *Auf der Zugspitze liegen/liegt bereits zwei Meter S.* 在楚格峰上已有两米积雪 ‖ K-(复合): ***Schnee-*, *-ball*, *-brille*, *-fall*, *-fläche*, *-flocke*, *-gestöber*, *-matsch*, *-regen*, *-schauer*, *-schaufel*, *-schicht*, *-schippe*,**

-schmelze, ***-sturm***, ***-wasser***, ***-wechte***, ***-wehe***; ***schnee-***, ***-bedeckt***, ***-frei***, ***-weiß*** ‖ -K(复合): ***Neu-***, ***Papp-***, ***Pulver-*** ‖ NB(注意): als Plural wird *Schneefälle* verwendet(复数用Schneefälle) **2.** steif geschlagenes Eiweiß 蛋白花〈S. schlagen 打蛋花; das Eiweiß zu S. schlagen 将蛋清打发〉‖ -K(复合): ***Ei(er)-*** **3.** *gespr*[口]; Kokain in Form e-s weißen Pulvers 可卡因,白面〈S. schnupfen 吸可卡因; mit S. handeln 买卖可卡因粉〉‖ ID[谚] ***S. von gestern / vorgestern / vom letzten Jahr*** *gespr*[口]; Dinge, die nicht mehr aktuell sind 旧闻,老皇历,明日黄花 ‖ ▶ ***schneien***

Schnee·ball|schlacht *die*; ein Spiel, bei dem *bes* Kinder mit kleinen Bällen aus Schnee aufeinander werfen 打雪仗,扔雪球〈e-e S. machen 玩打雪球〉

Schnee·be·sen *der*; ein Gerät mit e-m Stiel u. gebogenen Drähten, mit dem man Eiweiß zu Schnee (2) schlägt 搅蛋器,鸡蛋搅拌器

Schnee·brett *das*; e-e Schicht aus hartem, gefrorenem Schnee, die vom Hang e-s Berges abbrechen kann, wenn man darübergeht 冰雪层〈ein S. lostreten 踩塌一层冰雪; ein S. löst sich 一层冰雪融解〉‖ K-(复合): ***Schneebrett-***, ***-gefahr***

Schnee·de·cke *die*; e-e dicke Schicht Schnee 厚的积雪层

Schnee·frä·se *die*; ein Gerät, das den Schnee von der Straße räumt, indem es ihn wegbläst 扫雪机

Schnee·glät·te *die*; *nur Sg*(只用单数); Glätte auf der Straße, die durch festgefahrenen Schnee verursacht ist(街上踩实了的)光滑雪层,地穿甲 ‖ *hierzu*(派生) **schnee·glatt** *Adj*(形)

Schnee·glöck·chen *das*; *-s*, *-*; e-e kleine Blume mit weißen Blüten in der Form kleiner Glocken, die schon im Winter blüht 雪花莲 ‖ ↑ *Abb. unter* 图见 ***Blumen***

Schnee·ka·no·ne *die*; ein Gerät, mit dem man künstlich Schnee erzeugt (damit man Ski fahren kann)(人工)造雪机

Schnee·ket·ten *die*; *Pl*(复); e-e Vorrichtung aus Metallketten, die man über die Räder e-s Autos spannt, damit sie bei Schnee nicht rutschen 车轮雪地防滑链 ‖ K-(复合): ***Schneeketten-***, ***-pflicht***

Schnee·kö·nig *der*; *nur in* 多用于 ***sich freuen wie ein S.*** *gespr*[口]; sich sehr freuen 欢欣雀跃,欢天喜地

Schnee·mann *der*; e-e Figur, die aus Schnee gemacht wird 雪人〈e-n S. bauen 堆雪人〉

Schnee·mensch *der* ≈ Yeti

Schnee·pflug *der* **1.** ein Gerät, mit dem man Schnee, der auf der Straße liegt, zur Seite schiebt 扫雪机,犁式除雪机 **2.** *nur Sg*(只用单数); e-e Technik beim Skifahren, bei der man die Skier hinten weit auseinander- u. vorn eng zusammenbringt u. so langsam fahren u. bremsen kann(滑雪时雪橇以人字型)犁式制动〈(im) S. fahren 犁式制动滑行〉

Schnee·schuh *der*; e-e Vorrichtung in Form e-s länglichen Tennisschlägers, die man unter die Schuhe schnallt, damit man bei tiefem Schnee nicht einsinkt 滑雪板

schnee·si·cher *Adj*(形); mit so viel Schnee im Winter, dass man dort mit Sicherheit Ski fahren kann 滑雪安全的,适于滑雪的〈ein Ort, e-e Lage, e-e Gegend 地方,地势,地区〉

Schnee·trei·ben *das*; *nur Sg*(只用单数); heftiger Schneefall bei starkem Wind 风雪交加,暴风雪

Schnee·ver·hält·nis·se *die*; *Pl*(复); die Menge u. die Qualität des Schnees an e-m Ort 雪况(指雪的质与量): *gute S. zum Skifahren antreffen* 遇到滑雪的好雪况

Schnee·ver·we·hung *die*; *mst Pl*(多用复数); e-e lockere, aber relativ dicke Schicht Schnee, die der Wind irgendwohin geweht hat 风吹到一起的雪堆

Schnee·witt·chen *das*; *-s*; *nur Sg*(只用单数); e-e Märchengestalt, die bei den sieben Zwergen gewohnt hat(童话中的)白雪公主

Schneid *der*; *-(e)s*; *nur Sg*, *gespr*(只用单数)[口] ≈ Mut〈(keinen) S. haben(没)有魄力,胆量; j-m fehlt der S., etw. zu tun 他缺乏做某事的胆量〉‖ ID[谚] ***j-m den S. abkaufen*** j-m den Mut nehmen 使某人失去勇气,把某人吓倒

Schnei·de *die*; *-*, *-n*; der dünne, scharfe Teil e-s Messers, e-r Schere *o. Ä.*, der schneidet 刀口,刃〈e-e scharfe, stumpfe S. 锋利的、钝的刀口; die S. schleifen, schärfen 磨刀,磨快刀口〉

schnei·den; *schnitt*, *hat geschnitten*; Vt (及物) **1.** ***etw.*** (***in etw.*** (*Akk* 四格)) ***s.*** etw. mit e-m Messer, e-r Schere *o. Ä.* in (kleine) Teile teilen 切,铰,剪: *Wurst in Scheiben, in Stücke, in Würfel, in Streifen s.* 将香肠切成片、块、丁、条; *den Apfel in zwei Hälften s.* 把苹果切成两半 **2.** ***etw. s.*** etw. mit e-m Messer, e-r Schere *o. Ä.* von etw. trennen 割、刈、剪、修、截下〈Blumen, Getreide s. 剪花,割庄稼〉: *e-n toten Ast vom Baum s.* 把一根枯死的树枝从树上截下; *e-e Annonce aus der Zeitung s.* 从报上剪下一篇广告 **3.** ***etw. s.*** etw. mit e-m Messer, e-r Schere od. e-r Säge herstellen 破、剪、锯、劈成〈Balken, Bretter, Scherenschnitte s. 锯成横梁,破成木板,剪成剪纸〉 **4.** ***etw. zu etw. s.*** (durch Schneiden (1)) etw. aus e-m Holzstück herstellen 把…锯成: *Baumstämme zu Brettern s.* 把树干锯成木板 **5.** ***etw. in etw.*** (*Akk* 四格) ***s.*** etw. s. (1) u. in e-e Speise geben 将…切了放入(菜肴): *Wurst in den Salat s.* 把香肠切碎放入色拉 **6.** ***etw. in etw.*** (*Akk* 四格) ***s.*** mit e-m Messer, e-r Schere *o. Ä.* ein Loch, e-e Öffnung *o. Ä.* in etw. machen 在…上剪、戳、穿、刻、雕出: *ein Loch ins Tischtuch s.* 在桌布上剪一个洞; *ein Herz in den Stamm der Eiche s.* 在橡树干上雕刻一颗心 **7.** (***j-m / sich***) ***etw. s.*** etw. mit e-m Messer, e-r Schere *o. Ä.* kürzer machen u. in e-e bestimmte Form bringen 剪短,锉短,修(剪)〈(j-m) die Haare, die (Finger)Nägel s. 给(某人)理发,修剪指甲; sich (*Dat* 三格) die Haare

s. lassen 让(人)理发〉 **8.** (**j-m**) **etw. s.** (für j-n) etw. mit der Gartenschere *o. Ä.* kürzer machen(替…)修剪〈die Hecke, die Sträucher s. 修剪树篱、树丛〉 **9.** **j-n/sich** (**in etw.** (*Akk* 四格)) **s.** j-n/sich mit e-m Messer od. mit e-r Schere verletzen 割破,剪伤,划伤,切伤〈sich beim Rasieren s. 剃胡子时刮破脸; sich mit e-r Glasscherbe s. 被碎玻璃划伤; sich in den Finger s. 切破手指〉: *Ich habe mich in den Daumen geschnitten* 我把大姆指拉了个口子 **10.** **etw. s.** aus Teilen von Filmen od. Tonbändern die Version machen, die das Publikum sehen od. hören soll 剪辑,剪接 ≈ cutten **11.** **j-n s.** *gespr*[口]; j-n absichtlich nicht ansehen u. nicht mit ihm sprechen 不理睬,不答理 ≈ ignorieren: *Seit unserem kleinen Streit schneidet sie mich* 自从我们小吵了一场以来,她一直不理我 **12.** **e-e Kurve s.** auf dem kürzesten Weg durch e-e Kurve fahren 抄近道 **13.** **j-n/etw. s.** sich *bes* beim Überholen od. beim Wechseln der Spur so knapp vor e-m anderen Fahrzeug wieder einordnen, dass der Fahrer dieses Fahrzeugs bremsen muss 驾车抢道超车 **14.** *mst* 多用〈Grimassen 鬼脸〉 **s.** sein Gesicht so verziehen, dass es lächerlich od. abstoßend aussieht 做,扮 **15.** **etw. schneidet etw.**; 〈Linien *o. Ä.* 线等〉 **schneiden sich** Linien *o. Ä.* treffen sich in e-m Punkt, Linien *o. Ä.* kreuzen sich(物作主语)单:与…相交、相切;复:彼此相交、相切: *Dort, wo die Bahnlinie die Straße schneidet, wurde e-e Unterführung gebaut* 铁路线与马路相交处建了一条地下通道; *Parallelen sind Geraden, die sich nicht schneiden* 平行线是互不相交的直线; [Vi](不及物) **16.** *mst* 多用 **etw. schneidet gut/schlecht** ein Messer, e-e Schere *o. Ä.* ist scharf/ist nicht scharf(物作主语)(刀、剪等)锋利/钝 **17.** **j-m/sich in etw.** (*Akk* 四格) **s.** ≈ s. (9) **18.** (**mit etw.**) **in etw.** (*Akk* 四格) **s.** mit e-r Schere *o. Ä.* unabsichtlich e-n Schnitt in etw. machen 给…无意中剪出一道口子: *mit der Schere in den Stoff s.* 无意中用剪子给料子剪个口子 ‖ ID[谚] **e-e Luft zum Schneiden** sehr schlechte (verbrauchte od. verrauchte) Luft 污浊的、烟雾腾腾的空气 ‖ ▶ **Schnitt**

Schnei·der[1] *der*; *-s*, *-*; j-d, der beruflich aus Stoff Kleider, Mäntel, Jacken *usw* macht 裁缝 ‖ K-(复合): **Schneider-**, **-atelier**, **-geselle**, **-handwerk**, **-kreide**, **-meister**, **-werkstatt** ‖ -K(复合): **Damen-**, **Herren-**; **Maß-** ‖ ID[谚] **frieren wie ein S.** *gespr*[口]; sehr stark frieren 寒冷刺骨,冻得要命 ‖ *hierzu*(派生) **Schnei·de·rin** *die*; *-*, *-nen*

Schnei·der[2] *der*; *nur Sg*(只用单数); ein sehr schlechtes Ergebnis *bes* beim Kartenspielen u. beim Tischtennis(打牌、打网球时)比分大大落后〈(im) S. sein 大比分落后〉 ‖ ID[谚] **aus dem S. sein** in e-r schwierigen Situation das Schlimmste hinter sich haben 度过难关,摆脱困境

Schnei·de·rei *die*; *-*, *-en* **1.** die Werkstatt, in der ein Schneider[1] arbeitet 缝纫车间,裁缝铺 ‖ -K(复合): **Änderungs-**, **Damen-**, **Herren-**, **Maß-** **2.** *nur Sg*(只用单数); die Tätigkeit e-s Schneiders[1] 缝纫业

schnei·dern; *schneiderte*, *hat geschneidert*; [Vt/i](及物/不及物) (**etw.**) **s.** (*bes* als Schneider) Kleider, Mäntel *usw* machen 缝制,做 ≈ nähen〈e-n Anzug, ein Kostüm s. 缝制男西装、女套服〉

Schnei·der·sitz *der*; *nur Sg*(只用单数); e-e Sitzposition (*bes* am Boden), bei der man die Beine wie ein *X* übereinanderlegt 盘膝坐姿〈im S. sitzen 盘膝而坐〉

Schnei·de·zahn *der*; *mst Pl*(多用复数); einer der dünnen, breiten u. scharfen Zähne vorne im Mund 门齿,门牙 ↔ Eckzahn

schnei·dig *Adj*(形); *südd* Ⓐ *gespr*[南德][奥][口]; mutig u. mit viel Temperament 大胆的,勇敢的,骁勇的,勇猛的 ‖ *hierzu*(派生) **Schnei·dig·keit** *die*; *nur Sg*(只用单数)

schnei·en; *schneite*, *hat geschneit*; [Vimp](无人称) **es schneit** Schnee fällt 下雪〈es schneit heftig, stark, dicht, leicht 大雪纷纷扬扬,大雪纷飞,下大雪,下小雪〉

Schnei·se *die*; *-*, *-n*; ein *mst* langer u. schmaler Streifen (*bes* in e-m Wald), in dem die Bäume u. Büsche entfernt wurden 森林中(树木砍伐后留下的)狭长通道〈e-e S. (in den Wald) schlagen, hauen 在森林中开出、砍出一条通道〉 ‖ -K(复合): **Wald-**

schnell[1] *Adj*(形) **1.** mit hoher Geschwindigkeit 快的,快速的,迅速的(指速度快) ≈ rasch ↔ langsam〈ein Rennen, ein Lauf, e-e Fahrt, ein Ritt 赛跑、跑步、开车、骑马; e-e Bewegung, e-e Drehung 运动,转动; s. laufen, rennen, fahren, reiten, gehen, sprechen 跑步、奔跑、驾车、骑马、走路、说话快〉: *zu s. in e-e Kurve fahren* 开车急转弯 **2.** so, dass es nur wenig Zeit beansprucht 很快的,急速的(指时间短) ≈ rasch ↔ gemächlich: *e-n schnellen Entschluss fassen* 作出紧急的决定; *s. auf ein Ereignis reagieren* 对一个事件作出急速反应; *Die Nachricht breitete sich s. aus* 消息很快就传开了; *Sie gewöhnten sich s. an das tropische Klima* 他们很快就适应了热带气候 ‖ -K(复合): **blitz-**, **pfeil-** **3.** so (gebaut), dass hohe Geschwindigkeiten möglich sind 能高速行驶的,速度快的,能快速行走的 ↔ langsam〈ein Auto, ein Fahrrad 汽车,自行车; e-e Straße, e-e Strecke 马路,路段〉 ‖ ID[谚] *mst* 多用 **So s. macht mir** *usw* **das keiner nach** *gespr*[口]; das, was ich *usw* getan habe, ist sehr schwierig 做这事没人比得上我(意即:我做的事很难) ‖ *hierzu*(派生) **Schnel·lig·keit** *die*; *nur Sg*(只用单数)

schnell[2] *Partikel*(小品词); *gespr*, *unbetont*[口](非重读); verwendet, wenn man *mst* e-n Namen im Moment des Sprechens nicht weiß(用于一时记不起,叫不出某人的姓名的场合)来着 ≈ gleich[3] (1): *Wie heißt sie noch s.?* 她叫什么来着?(我一时想不起来)

Schnell·bahn *die* ≈ S-Bahn

S

Schnel·le *die*; *nur in* 只用于 **1. *auf die S.*** *gespr* [口]; ohne es genau u. sorgfältig zu machen 草草地,匆匆忙忙,急忙: *Ich habe den Brief auf die S. getippt u. viele Fehler gemacht* 我把信匆匆忙忙打出来了,出了很多错 **2. *auf die S.*** *gespr*[口]; in kurzer Zeit 短时间内,一时半刻 ≈ schnell[1] (2), kurzfristig: *Wo kriege ich auf die S. 5000 Euro her?* 一时间我从哪里去搞5000欧元?

schnel·len; *schnellte, ist geschnellt*; Vi (不及物) **1. *irgendwohin s.*** sich schnell u. plötzlich irgendwohin (*mst* nach oben) bewegen 弹,跳,跃,蹿,蹦,射 ≈ springen ⟨in die Höhe, aus dem Wasser, in die Luft, durch die Luft s. 向上跳起,跃出水面,弹向空中,射入空中⟩: *Ein kleiner Fisch schnellte aus dem Wasser u. schnappte e-e Fliege* 一条小鱼跃出水面,逮住了一只苍蝇 **2. *etw. schnellt in die Höhe, nach oben*** etw. steigt in kurzer Zeit stark in seinem Wert, in seinem Umfang *o.Ä.* (物作主语)急剧上升,猛增,飞涨 ⟨die Preise, die Nachfrage 价格,需求; Aktien 股票⟩: *Der Dollarkurs schnellte innerhalb weniger Tage kräftig in die Höhe* 美元汇率在几天内急剧攀升

Schnell·hef·ter *der*; *-s, -*; e-e Art Mappe (ein Ordner) aus Karton od. Plastik, in die man (Papier)Blätter legt u. heftet 硬板文件夹

Schnell·im·biss *der*; e-e Art Restaurant, in dem man sein Essen sofort bekommt 快餐店,小吃店

Schnell|koch·topf *der*; ein Kochtopf, in dem Speisen schnell gar werden, weil der Wasserdampf im Topf bleibt u. dadurch hohen Druck entstehen lässt 高压锅,压力锅

schnell·le·big *Adj*(形); *nicht adv*(不作状语); ⟨e-e Zeit, e-e Epoche 时间,时代⟩ so, dass sich alles schnell verändert u. nichts von Dauer ist 短暂的 ‖ *hierzu*(派生) **Schnell·le·big·keit** *die*; *nur Sg*(只用单数)

schnells·tens *Adv* (副); so schnell[1] (2) wie möglich 尽快地,尽速地 ≈ schleunigst: *Der Auftrag muss s. erledigt werden* 这项任务必须尽快完成

Schnell·stra·ße *die*; e-e breite Straße (*bes* in e-r Stadt) für Autos u. Motorräder, auf der man relativ schnell fahren darf 快速道

Schnell·ver·fah·ren *das* **1.** e-e besonders schnelle Art der Produktion 快速生产方法 ⟨im S. 以快速生产方法⟩ **2.** JUR【法】; ein Prozess, bei dem bestimmte Teile (*mst* die schriftliche Klage) fehlen(缺乏书面诉讼的)即决审判程序: *j-n im S. aburteilen* 对某人采取即决审判程序作出判决

Schnell·zug *der*; *gespr*[口]; ein Zug, der nur an relativ wichtigen Bahnhöfen hält u. lange Strecken fährt(火车)快车 ≈ D-Zug: *der S. München-Rom mit Kurswagen nach Neapel* 挂有直达那不勒斯的联运车厢的慕尼黑—罗马快车 ‖ K-(复合): ***Schnellzug-, -zuschlag*** ‖ NB(注意): ↑ ***Eilzug, Intercity***

Schnep·fe *die*; *-, -n* **1.** ein Vogel mit langen Beinen u. e-m langen Schnabel, der in der Nähe von Wasser lebt 丘鹬,田鹬 ‖ K-(复合): ***Schnepfen-, -jagd*** **2.** *gespr pej*[口][贬]; verwendet als Schimpfwort für e-e Frau 破鞋,野鸡

schnet·zeln; *schnetzelte, hat geschnetzelt*; Vt (及物) ***etw. s.*** Fleisch in lange, dünne Streifen schneiden 把…切成细长条 ‖ ▶ ***Geschnetzeltes***

schneu·zen, ↑ ***schnäuzen***

Schnick·schnack *der*; *-s*; *nur Sg*, *gespr*, *mst pej*(只用单数)[口]多用[贬] **1.** überflüssige, wertlose Gegenstände 没有用的东西,废物 ≈ Krempel, Kram **2.** sinnloses Gerede 胡扯,空话,废话

schnie·ke *Adj*(形); *nordd gespr*[北德][口] ≈ schick, elegant

schnipp! *Interjektion*(叹); verwendet, um das Geräusch e-r Schere wiederzugeben 嚓!(剪刀剪物的声响)

Schnipp·chen *das*; *nur in* 只用于 ***j-m ein S. schlagen*** *gespr* [口]; verhindern, dass j-d etw. tun kann 使某人的打算落空,不让某人干成 ≈ j-m e-n Strich durch die Rechnung machen

schnip·peln; *schnippelte, hat geschnippelt*; Vt/i (及物/不及物) **(*etw.*) *s.*** *bes nordd* 尤用于[北德] ≈ schneiden (1,5,6)

schnip·pen; *schnippte, hat geschnippt*; Vt (及物) **1. *etw. irgendwohin s.*** etw. mit e-r schnellen Bewegung e-s Fingers irgendwohin befördern(用手指)弹掉,弹去: *die Brotkrümel vom Tisch s.* 将面包屑从桌子上弹掉; *die Asche (von) der Zigarette in den Aschenbecher s.* 将香烟的烟灰弹入烟灰缸; Vi (不及物) **2. (*mit den Fingern*) *s.*** e-n Finger mit e-r schnellen Bewegung am Daumen reiben u. so ein Geräusch erzeugen 打榧子 ≈ schnalzen

schnip·pisch *Adj*(形); *pej*[贬]; ohne Respekt u. ein bisschen frech 无礼的,莽撞的,唐突的,轻率的,愣头愣脑的 ⟨e-e Bemerkung, e-e Antwort 评语,回答; s. sein, reagieren, antworten 为人无礼,反应鲁莽,回答唐突⟩ ‖ NB(注意): *mst* auf Mädchen bezogen(多指姑娘)

Schnip·sel *der, das*; *-s, -*; ein kleines Stück Stoff od. Papier, das j-d abgeschnitten hat od. das abgerissen wurde(裁剪或撕下的)布头,纸片,碎片 ‖ ↑ *Abb. unter* 图见 ***Stück*** ‖ -K (复合): ***Papier-, Stoff-***

schnip·seln; *schnipselte, hat geschnipselt*; *gespr*[口]; Vt/i (及物/不及物) **1. (*etw.*) *s.*** etw. in kleine Stücke schneiden 切碎,剁碎: *Gemüse s.* 切蔬菜; Vi (不及物) **2. *an etw.*** (*Dat* 三格) ***s.*** kleine Stücke von etw. wegschneiden 把…剪碎扔掉 ⟨an e-r Zeitung, e-m Foto s. 把报纸、相片剪碎毁掉⟩

schnitt *Imperfekt, 1. u. 3. Person Sg*(过去时,第一和第三人称单数); ↑ ***schneiden***

Schnitt *der*; *-(e)s, -e* **1.** die Handlung, bei der man etw. schneidet(用刀、剪等工具)切,割,剪,裁,截,雕,刻: *mit einem S. e-n Apfel*

S

teilen 一刀把苹果切开 **2.** e-e Öffnung od. e-e Wunde, die durch Schneiden entstanden ist 创口,刀口,伤口: *Sie hat e-n tiefen S. im Finger* 她把手指划了一道深口子 ‖ K-(复合): ***Schnitt-***, ***-wunde*** **3.** die Form e-s Kleidungsstücks od. e-r Frisur 衣服式样;发式 ⟨ein flotter, eleganter, modischer S. 漂亮的、神气的、时髦的服式或发型⟩ ‖ -K(复合): ***Haar-***, ***Bürsten-***, ***Igel-***, ***Pagen-*** **4.** ***ein S.*** (***für etw.***) ≈ Schnittmuster ⟨etw. nach e-m S., ohne S. machen 按纸样、不按纸样裁剪某物⟩ ‖ -K(复合): ***Blusen-***, ***Hosen-***, ***Kleider-*** **5.** e-e Zeichnung, die den inneren Aufbau e-r Figur so zeigt, als hätte man sie in zwei Teile geschnitten 剖面图 ‖ -K(复合): ***Längs-***, ***Quer-*** **6.** das Schneiden (10) von Filmmaterial zur Endversion 影片剪辑: *Nach den Filmaufnahmen macht die Cutterin den S. für die einzelnen Szenen* 影片拍摄后,剪接员为个别场景进行剪辑 **7.** *gespr* [口] ≈ Durchschnitt ⟨im S. 平均⟩: *Er hatte* (*im Zeugnis*) *e-n S. von 1,3*(成绩单上)他的平均分为1.3分 ‖ ID[谚] ***e-n guten / seinen S.*** (***bei etw.***) ***machen*** *gespr* [口]; bei e-m Geschäft e-n guten Gewinn machen(在某事上)赚大钱,收益很好

Schnit̩t·blu·me *die*; *mst Pl*(多用复数); e-e (mit dem Stängel abgeschnittene) Blume, die man in e-e Vase stellt 插花,切花 ↔ Topfblume

Schnit̩·te *die*; -, *-n*; *nordd*[北德]; e-e Scheibe Brot 一片面包,面包片 ‖ -K(复合): ***Schwarzbrot-***, ***Weißbrot-***; ***Butter-***, ***Wurst-***

schnit̩t·fest *Adj*(形); *nicht adv*(不作状语); ⟨Tomaten, Käse 西红柿,干酪⟩ so fest, dass man sie gut schneiden kann 好切的

Schnit̩t·flä·che *die*; die Fläche, die man sieht, wenn man etw. aufgeschnitten hat 切割面,截面: *an der S. e-s Baumes die Ringe zählen* 在一棵树的截面上数年轮

schnit̩·tig *Adj*(形); ⟨ein Auto, ein Boot 汽车,小船⟩ gut aussehend u. schnell 流线型的,式样美观的

Schnit̩t·kä·se *der*; Käse, der in Scheiben (geschnitten) verkauft wird 切片干酪 ↔ Streichkäse

Schnit̩t·lauch *der*; *nur Sg*(只用单数); e-e Pflanze in der Form von dünnen grünen Röhren, die man klein schneidet, um damit Salate u. Suppen zu würzen 香葱

Schnit̩t·men·ge *die*; MATH【数】; alle Elemente, die zwei od. mehrere Mengen gemeinsam haben 交集 ↔ Vereinigungsmenge

Schnit̩t·mus·ter *das*; ein Stück Papier, das man (als Vorlage) verwendet, wenn man den Stoff für ein Kleidungsstück zuschneidet 裁剪纸样 ‖ K-(复合): ***Schnittmuster-***, ***-bogen***

Schnit̩t·punkt *der*; der Punkt, an dem sich zwei od. mehrere Linien schneiden 交叉点,交点,切点,截点

Schnit̩t·stel·le *die*; INFORM【信息】; ein Programm od. technisches Teil, das möglich macht, dass Computer, Programme, Drucker *usw* (auch von verschiedenen Herstellern) zusammen benutzt werden können 接口,交接点

Schnit̩z *der*; *-es*, *-e*; *südd*[南德]; ein kleines Stück von e-m Apfel, e-r Orange *o. Ä.* 一片,一块(水果) ‖ -K(复合): ***Apfel-***, ***Orangen-***

Schnit̩·zel[1] *das*; *-s*, - **1.** e-e dünne Scheibe Fleisch ohne Knochen, die man *bes* in heißem Fett brät(不带骨头的)肉排 ‖ -K(复合): ***Hähnchen-***, ***Kalbs-***, ***Puten-***, ***Schweine-*** **2.** ***Wiener S.*** e-e dünne, panierte Scheibe Kalbfleisch, die in viel Fett gebraten wird 煎小牛排

Schnit̩·zel[2] *das*, *der*; *-s*, -; ≈ Schnipsel ‖ ↑ *Abb. unter* 图见 ***Stück*** ‖ -K(复合): ***Papier-***

schnit̩·zen; *schnitzte*, *hat geschnitzt*; Vt/i (及物/不及物) (***etw.***) ***s.*** durch Schneiden u. Schaben mit speziellen Messern *bes* aus e-m Stück Holz e-n bestimmten Gegenstand machen 雕刻: *e-n Engel s.* 雕刻一个天使; *ein aus Elfenbein geschnitztes Amulett* 用象牙雕的护身符 ‖ K-(复合): ***Schnitz-***, ***-arbeit***, ***-messer***

Schnit̩·zer[1] *der*; *-s*, -; j-d, der beruflich schnitzt 雕刻匠,雕刻家 ‖ -K(复合): ***Holz-*** ‖ *hierzu*(派生) **Schnit̩·ze·rin** *die*; -, *-nen*

Schnit̩·zer[2] *der*; *-s*, -; *gespr*[口]; ein Fehler, den man macht, weil man nicht aufmerksam ist 错误,纰漏,失误,洋相 ⟨ein grober S. 一个大错; e-n S. machen 犯错,失误; sich (*Dat* 三格) e-n S. leisten 出了纰漏(洋相)⟩

Schnit·ze·rei *die*; -, *-en*; e-e Figur, die aus Holz geschnitzt ist 木雕,木刻 ≈ Schnitzarbeit; *afrikanische Schnitzerei* 非洲木雕 ‖ -K(复合): ***Elfenbein-***, ***Holz-***

schnob *Imperfekt*, *1. u. 3. Person Sg*(过去时,第一和第三人称单数); ↑ ***schnauben***

schnọd·de·rig, **schnodd·rig** *Adj*(形); *bes nordd gespr pej* 尤用于[北德][口][贬]; ⟨ein Auftreten, ein Benehmen, ein Ton, ein Bursche 举止,待人态度,声调,小伙子⟩ frech u. ohne Respekt 粗野的,鲁莽的,不懂礼貌的,不尊敬人的 ≈ arrogant ‖ *hierzu*(派生) **Schnọd·de·rig·keit**, **Schnọdd·rig·keit** *die*; *nur Sg*(只用单数)

schnȫ·de *Adj*(形); *mst attr*, *pej*(多作定语)[贬] **1.** abweisend u. verletzend 鄙视的,轻蔑的,出口伤人的 ⟨e-e Antwort 回答⟩ **2.** ***der schnöde Mammon*** verwendet als geringschätzige Bezeichnung für Geld 臭钱,不义之财

Schnọr·chel *der*; *-s*, -; ein Rohr, durch das ein Taucher unter Wasser Luft bekommt(潜水员的)吸气管 ‖ *hierzu*(派生) **schnọr·cheln** (*hat*) *Vi* (不及物)

Schnọ̈r·kel *der*; *-s*, - **1.** e-e geschwungene Linie, mit der man Gegenstände, Buchstaben *usw* verziert 花体字,签字的花笔道,物体的花饰: *mit e-m großen S. unterschreiben* 签字很花哨(龙飞凤舞) ‖ K-(复合): ***Schnörkel-***, ***-schrift*** **2.** ***ohne Schnörkel*** ≈ schlicht (1) ‖ *zu* (义项)**2.** **schnọ̈r·kel·los** *Adj*(形)

schnọr·ren; *schnorrte*, *hat geschnorrt*; Vt/i (及物/不及物) (***etw.***) (***von j-m***) ***s.*** *gespr*[口]; j-n (immer wieder) um kleine Geldsummen, Zigaretten *o.Ä.* bitten, die man ihm nicht zurückbezahlt bzw. ersetzt(向…)乞讨,要,乞求(钱、烟等) ‖ *hierzu*(派生) **Schnọ·rer** *der*; *-s*, *-*

Schnö·sel *der*; *-s*, *-*; *gespr pej*[口][贬]; verwendet, um *bes* e-n jungen Mann zu bezeichnen, den man dumm, frech od. arrogant findet 既愚蠢又傲慢的年轻人,不知天高地厚的年轻人

schnụ·cke·lig, schnụck·lig *Adj* (形); *gespr hum*[口][诙]; hübsch u. lieb 标致的,秀美的,俊俏的,妩媚的 ≈ putzig

schnüf·feln; *schnüffelte*, *hat geschnüffelt*; Vi (不及物) **1.** ‹ein Hund *o.Ä.* 狗等› **schnüffelt** ein Hund *o.Ä.* atmet die Luft mit e-m Geräusch mehrere Male u. kurz hintereinander durch die Nase ein, um etw. zu riechen(带鼻息声地)嗅一嗅,闻一闻 ≈ ein Hund schnuppert **2.** (**in etw.** (*Dat* 三格)) **s.** *gespr pej* [口][贬]; im privaten Bereich von j-m etw. suchen, ohne dass man die Erlaubnis dazu hat 窥探,偷看,探听 ‹in j-s Zimmer, Taschen, Papieren s. 偷翻某人的房间、提包,偷看某人的资料文件›: *Er schnüffelte in alten Briefen seiner Frau* 他偷偷翻看妻子从前的信件; Vt/i (及物/不及物) **3.** (**etw.**) **s.** (als Ersatz für Drogen) an Klebstoff riechen 嗅胶粘剂(毒品代用品) ‖ *zu*(义项) **2.** u. **3. Schnụ̈ff·ler** *der*; *-s*, *-*; **Schnụ̈ff·le·rin** *die*; *-*, *-nen*

Schnụl·ler *der*; *-s*, *-*; etw., das man Babys in den Mund steckt, damit sie daran saugen können u. ruhig sind 橡皮奶头,安抚奶嘴

Schnụl·ze *die*; *-*, *-n*; *gespr pej*[口][贬]; ein *mst* sentimentales Lied od. ein kitschiger Film von *mst* schlechter Qualität 伤感的歌曲;庸俗拙劣的电影 ‖ K-(复合): **Schnulzen-**, **-sänger** ‖ -K(复合): **Film-**, **Schlager-** ‖ *hierzu*(派生) **schnụl·zig** *Adj*(形)

schnụp·fen; *schnupfte*, *hat geschnupft*; Vt/i (及物/不及物) (**etw.**) **s.** Tabak *o.Ä.* in Form e-s feinen Pulvers in die Nase ziehen 吸(鼻烟)‹Tabak s. 吸鼻烟› ‖ K-(复合): **Schnupf-**, **-tabak**

Schnụp·fen *der*; *-s*; *nur Sg*(只用单数); e-e leichte Erkrankung, bei der sich Flüssigkeit, Schleim in der Nase bildet 伤风,感冒,流鼻涕 ‹e-n (leichten, starken, schlimmen) S. haben 得了(轻、重、严重)伤风; sich (*Dat* 三格) e-n S. holen 染上伤风; e-n S. bekommen 得了感冒›

schnụp·pe *Adj*(形); *nur in* 只用于 **j-d/etw. ist** (**j-m**) **s.** *gespr*[口]; j-d/etw. interessiert j-n überhaupt nicht, j-d/etw. ist j-m egal 某人/某事对某人来说无所谓、不在乎,某人对某人/某事不感1兴趣: *Das Ergebnis der Wahl war ihm völlig s.* 他对选举结果根本不感兴趣

schnụp·pern; *schnupperte*, *hat geschnuppert*; Vi (不及物) **1.** ‹ein Hund *o.Ä.* 狗等› **schnuppert** (**an j-m/etw.**) ≈ ein Hund *o.Ä.* schnüffelt (1): *Ich wollte der Katze etw. zu essen geben, aber sie schnupperte nur daran* 我想给猫喂点食,可它只是嗅了一下; Vt (及物) **2. Landluft**, **Seeluft**, **Stadtluft**, **Zirkusluft** *o.Ä.* **s.** für kurze Zeit auf dem Land, auf dem Meer *usw* sein 呼吸一下乡村空气、海洋空气、城市空气、马戏团的气息等

Schnur [ʃnuːɐ] *die*; *-*, *Schnü·re* **1.** ein ziemlich dicker, fester Faden, mit dem man Dinge festmacht od. Pakete bindet(捆扎用的)绳,索 **2.** *gespr*[口]; ein elektrisches Kabel an e-m (Haushalts)Gerät(家用电器的)电源接线,导线 ‖ *zu*(义项)**2. schnur·los** *Adj*(形) ‖ Abb. Seite 1582 图见第 1582 页

Schnür·chen *das*; *mst in* 多用于 **etw. läuft wie am S.** *gespr* [口]; etw. funktioniert ohne Schwierigkeiten u. Unterbrechungen 某事进展顺利、一帆风顺

schnü·ren; *schnürte*, *hat geschnürt*; Vt (及物) **etw. s.** etw. mit e-r Schnur so befestigen, dass es nicht aufgeht 扎,捆,系 ≈ binden ‹die Schuhe, die Stiefel, ein Paket s. 系鞋带、靴子带,捆扎包裹›

schnur·ge·ra·de *Adj*(形); *ohne Steigerung*, *gespr*(无变级)[口]; ganz gerade 笔直的: *Die Straßen verlaufen s.* 各条街道走向笔直

schnur·los *Adj*(形); *mst in* 多用于 **ein schnurloses Telefon** ein Telefon, dessen Hörer keine Schnur hat u. das man deshalb in ein anderes Zimmer *o.Ä.* mitnehmen kann, um dort zu telefonieren. Man muss jedoch in der Nähe des Anschlusses bleiben 无绳电话 ‖ NB(注意): ↑ **Handy**

Schnürl·re·gen *der*; *südd* Ⓐ [南德][奥] ein leichter Regen, der lange dauert 连绵阴雨,绵绵细雨

Schnurr·bart *der*; ein kleiner Bart zwischen Nase u. Mund 小胡子,髭须 ‖ *hierzu*(派生) **schnụrr·bär·tig** *Adj*(形); *mst attr*(多作定语)

Schnụr·re *die*; *-*, *-n*; *veraltend* [渐旧] ≈ Anekdote

schnur·ren; *schnurrte*, *hat geschnurrt*; Vi (不及物) **e-e Katze schnurrt** e-e Katze macht das Geräusch, das für sie typisch ist, wenn sie sich sehr wohl fühlt 猫发出呼噜声

Schnür·schuh *der*; ein Schuh, den man oben (mit Schnürsenkeln) zubindet 系带鞋

Schnür·sen·kel *der*; *-s*, *-*; e-e Art Schnur, mit der man Schuhe zubindet 鞋带 ‖ ↑ *Abb. unter* 图见 **Schnur**, **Schuhe**

schnur·stracks *Adv*(副); sofort u. direkt 立刻,马上,径直 ‹s. auf j-n/ein Ziel zugehen 径直朝某人/一个目标走去›

schnurz *Adj*(形); *nur in* 只用于 **j-d/etw. ist j-m s.** *gespr*[口]; j-d/etw. ist j-m egal 某人对某人/某事不感兴趣,某人/某事对某人来说无所谓 ≈ j-d/etw. ist j-m schnuppe ‖ K-(复合): **schnurz-**, **-(piep) egal**

Schnu·te *die*; *-*, *-n*; *gespr* [口]; (gegenüber Kindern verwendet) der Mund(对孩子用语)嘴 ‖ ID [谚] **e-e S. ziehen** die Lippen nach vorn schieben, um zu zeigen, dass man beleidigt ist(表示不悦)撅嘴

schob *Imperfekt*, *1. u. 3. Person Sg*(过去时,第一和第三人称单数); ↑ **schieben**

S

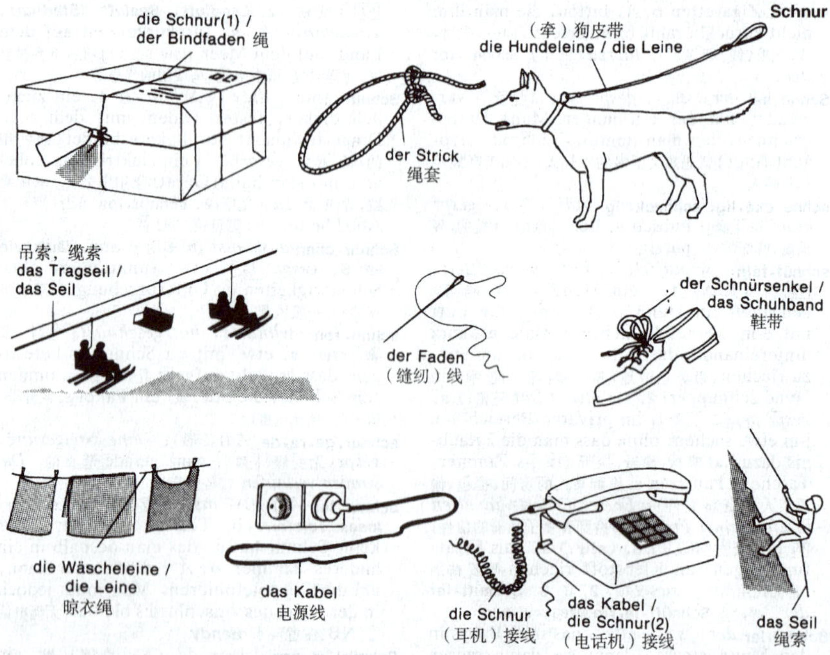

Scho·ber *der*; *-s*, *-*; e-e kleine Hütte auf dem Feld, in der man *bes* Heu u. Stroh aufbewahrt 草料棚，堆草的棚子 ‖ -K(复合): ***Heu-***

Schọck *der*; *-(e)s*, *-s* **1.** ***ein S.*** (***für j-n***) e-e seelische Erschütterung, die durch ein unerwartetes u. sehr unangenehmes Ereignis ausgelöst wird 精神打击或刺激；震惊，休克 ⟨ein leichter, schwerer S. 轻度的、沉重的精神打击；e-n S. erleiden 受到精神打击；j-m e-n S. versetzen 使某人受到精神打击；sich von e-m S. erholen 从精神打击中恢复过来⟩：*Die Kündigung war ein S. für ihn* 解雇对他来讲是个精神打击 **2.** der Zustand (*bes* nach e-m Unfall), in dem j-d ganz anders als normalerweise reagiert 精神失常 ⟨e-n S. bekommen 精神失常；unter S. stehen 处于(精神)失常状态；etw. löst bei j-m e-n (schweren) S. aus 某事使某人精神(严重)失常⟩ ‖ -K(复合)：***Nerven-***

schọ·cken; *schockte, hat geschockt*; [Vt/i] (及物/不及物) (***j-n***) ***s.*** *gespr* [口]使震惊，使愤慨 ≈ schockieren

Schọ·cker *der*; *-s*, *-*; *gespr* [口]; ein Film od. ein Buch mit brutalem, schockierendem Inhalt (有残暴恐怖内容的)刺激性强的电影或书籍

scho·ckie·ren; *schockierte, hat schockiert*; [Vt/i] (及物/不及物) ***j-d/etw. schockiert*** (***j-n***) j-d/etw. ruft in j-m plötzlich sehr unangenehme Gefühle hervor (*bes* weil er/es die Regeln der Moral verletzt od. weil etw. Schlimmes passiert) (人/物作主语)使震惊，使愤慨，使极度厌恶：*Ihre obszöne Art zu reden hat uns alle schockiert* 她讲话的那种轻狂作风使得我们大伙都很愤怒

scho·ckiert **1.** *Partizip Perfekt* (过去分词)；↑ ***schockieren*** **2.** *Adj* (形)；***s.*** (***über j-n/etw.***) ≈ empört, entsetzt

scho·fel *Adj* (形)；*gespr pej* [口][贬] ≈ schäbig (2), gemein[1] (1) ‖ NB(注意)：*Das war ziemlich schofel von ihm* → *sein schofles Verhalten*

Schöf·fe *der*; *-n*, *-n*; j-d, der ehrenamtlich zusammen mit anderen u. e-m Richter Fälle bei Gericht entscheidet, ohne Jurist zu sein 陪审员 ‖ K-(复合)：***Schöffen-, -gericht*** ‖ *hierzu* (派生) **Schöf·fin** *die*; *-*, *-nen* ‖ NB(注意)：*der Schöffe*; *den, dem, des Schöffen*

Scho·ko- *im Subst, betont, begrenzt produktiv gespr* (构成名词，重读，构词有限) [口]；aus Schokolade, mit (dem Geschmack von) Schokolade (表示用巧克力做的，带有巧克力味的)巧克力…, das ***Schokoeis***, der ***Schokoguss***, der ***Schokokeks***, der ***Schokoriegel***, der ***Schokopudding***

Scho·ko·la·de *die*; *-*; *nur Sg* (只用单数) **1.** e-e feste, süße, *mst* braune Substanz aus Milch, Kakao u. Zucker 巧克力 ⟨ein Stück, e-e Tafel, ein Riegel S. 一块、一板、一条巧克力⟩ ‖ K-(复合)：***Schokoladen-, -ei, -eis, -figur, -glasur, -herz, -keks, -nikolaus, -osterhase, -pudding, -pulver, -riegel, -tafel, -torte, -überzug***；***schokolade(n)-, -braun*** ‖ -K(复合)：***Bitter-, Mandel-, Milch-, Nuss-, Trüffel-*** **2.**

ein Getränk aus (heißer) Milch u. Pulver aus S. (1)巧克力饮料〈heiße S. 热巧克力饮料; e-e Tasse S. 一杯巧克力饮料〉‖ -K(复合): **Trink-**

Scho·ko·la·den·sei·te *die*; *gespr*[口]; ***j-s S.*** j-s beste Seite 某人的优点,强项〈sich von seiner S. zeigen 显示他的优点〉

Schol·le[1] *die*; -, *-n* **1.** ein großes Stück Erde, das entsteht, wenn man den Acker pflügt 土块,泥块 ‖ -K(复合): ***Erd-*** **2.** ein Stück Eis, das auf e-m Fluss od. See schwimmt 浮冰 ‖ -K(复合): ***Eis-***

Schol·le[2] *die*; -, *-n*; ein flacher, essbarer Fisch, der *bes* in der Nordsee u. im Atlantik lebt 鲽鱼

schon[1], **schon** *Adv*(副) **1.** verwendet, um auszudrücken, dass etw. relativ früh od. früher als erwartet geschieht 就,早,已 ≈ bereits ↔ erst: *„Achtung, er kommt!" – „Was, jetzt s.?"*"注意! 他来了。"——"什么,现在就来了?"; *Er ist erst 32 u. s. Professor* 他才 32 岁就已是教授了; *Es ist erst 6 Uhr, u. s. ist er bei der Arbeit* 才六点钟,他就在干活了 **2.** verwendet, um auszudrücken, dass e-e Handlung zu e-m bestimmten Zeitpunkt bereits abgeschlossen ist ↔ noch nicht 已经: *Als wir das Auto ansehen wollten, war es s. verkauft* 当我们想看看这辆汽车时,它已经卖了 **3.** in dem Zeitraum von der Vergangenheit bis zum Zeitpunkt des Sprechens 曾经,已经 ↔ noch nicht: *„Warst du s.(einmal) in Japan?"*"你曾到过日本吗?"; *„Hast du s. gehört, dass unser Nachbar ausziehen will?" – „Ja, das weiß ich s."*"我们的邻居想搬走,你已经听说了吗?"——"是的,这我已经知道了。"

schon[2], **schon** *Partikel*(小品词) **1.** *unbetont*(非重读); verwendet, um e-e Aussage zu verstärken 真,的确 ≈ wirklich: *Er hat s. Glück gehabt, dass er bei dem Unfall nicht verletzt wurde* 他真幸运,在事故中竟没受伤; *Von hier oben hat man s. e-n wunderbaren Blick auf den See* 站在这上面的确可看到一幅湖上美景; *Du brauchst nicht nachzurechnen, das stimmt s.* 你不用再算,这肯定没错; *Es ist s. so lange her!* 这的确是很久以前的事了! **2.** *betont u. unbetont*(重读和非重读); (auch alleinstehend) verwendet, um Zustimmung auszudrücken u. diese Zustimmung gleichzeitig einzuschränken od. um e-e Aussage zu relativieren(也可单独使用,表示有保留的肯定,赞同)固然…,诚然,虽然(但,就是); 还可以吧 ≈ an u. für sich, wohl: *Das Haus ist s. schön, aber viel zu groß* 这所房子固然漂亮,但过于大了; *Ich würde das Buch s. gern lesen, aber ich habe keine Zeit* 这本书我虽然乐意看,但我就是没有时间; *„Gefällt es dir hier nicht?" – „S.(aber nicht so sehr)"*"你不喜欢这儿吗?"——"还可以(但不十分喜欢)" **3.** ***schon*** + *Zeitangabe*(时间说明语) verwendet, um auszudrücken, dass etw. früher als erwartet geschieht(表示比设想的早)就,就已经 ≈ bereits ↔ erst: *Letztes Jahr schneite es s. im Oktober* 去年在十月份就已经下雪了; *Wir wollten uns erst um 8. Uhr treffen, aber er war s. um 7. Uhr da* 我们打算八点钟才碰头,可他七点钟就已经到了; *Sie hat s. mit 16 Jahren das erste Kind bekommen* 她 16 岁就已经有了第一个孩子 **4.** **s.** + *Zeitangabe*(时间说明语) verwendet, um auszudrücken, dass etw. später als erwartet geschieht(表示比设想的晚)都,都已经 ≈ bereits: *Es war s. Januar, als es endlich schneite* 最终下雪的时候,都已经一月份了(都已经一月份了,总算下了雪); *Sie war s. 39, als sie das erste Kind bekam* 她有第一个孩子的时候都已经 39 岁了 **5.** verwendet, um auszudrücken, dass etw. mehr als normal od. als erwartet ist 都,都甚至: *„Wo bleibst du denn? Ich warte s. seit zwei Stunden auf dich!"*"你究竟在哪儿呀? 我等你都两个小时了!"; *„Peter hat s. drei Stück Kuchen gehabt"*"彼得都吃了三块点心了" **6.** *betont*(重读); verwendet als Antwort auf negativ formulierte Fragen od. Aussagen, um e-e Einschränkung od. e-n Widerspruch auszudrücken(表示限定、反对)就,却不然: *„Weiß niemand die Antwort?" – „Doch, ich s.!"*"没人知道答案吗?"——"不,我就知道!"; *Wir machen uns nichts aus solchen Veranstaltungen, die Kinder aber s.* 我们对这些活动不感兴趣,而孩子们却不然 **7.** *unbetont*(非重读); verwendet, um j-n in Bezug auf etw. Zukünftiges zu beruhigen od. um ihm Selbstvertrauen zu geben 肯定会,一定会: *Keine Angst, das schaffst du s.!* 不用担心,你肯定行!; *Das wird s. noch gut gehen!* 肯定会好起来的! **8.** *unbetont*(非重读); verwendet, um j-n aufzufordern, sich zu beeilen od. etw. zu tun, auf das man wartet(表示请求,催促)吧 ≈ endlich: *Los, komm s., in zehn Minuten geht unser Zug* 快走吧,还有十分钟我们的火车就开了; *Nun entschuldige dich s.!* 现在你该道歉了吧! **9.** *unbetont*(非重读); verwendet, um e-n dringenden Wunsch auszudrücken, der zum Zeitpunkt des Sprechens nicht erfüllbar ist(表示当时不可能实现的迫切愿望)要是…就好了,该多好啊: *Wenn ich doch die Prüfung s. hinter mir hätte!* 要是我考完试了该多好啊!; *Wenn (es) nur s. morgen wäre!* 如果是明天该多好啊! ‖ NB(注意): Das Verb steht immer im Konjunktiv II(动词总用虚拟式 II) **10.** *unbetont*(非重读); verwendet, um auszudrücken, dass etw. ein ausreichender Grund für etw. ist 一…,只要…就 ≈ allein[2](2), bereits: *S. der Gedanke daran ärgert mich* 一想起这件事我就生气; *S. ein kurzer Brief von ihr hätte ihn sehr gefreut* 只要是她的一封简短来信就会使他欣喜若狂 **11.** *unbetont*(非重读); verwendet in rhetorischen Fragen, die e-e negative Antwort erwarten(用于反诘句)又,究竟 ≈ denn: *Was weißt du s. von Elektrotechnik?* 对电工学你究竟懂些什么?; *„Wer kann dazu s. nein sagen?"*"对这一点,谁又能说个不字?" **12.** *unbetont*(非重读); in rhetorischen Fragen verwendet, um auszudrücken, dass

S

etw. ganz offensichtlich ist, dass e-e Antwort ganz leicht ist(用于反诘句,表示事情很清楚)还会,还用问 ≈ wohl: *„Ich kann meine Brille nicht finden" – „Na, wo wird die s. sein!"* "我的眼镜找不到了"——"哼,它还会在哪儿啊!"; *„Wem gehört denn das?" – „Na, wem s.? Mir natürlich!"* "这到底是谁的?"——"嘿,还会是谁的? 当然是我的!" **13. wenn s. ..., (dann)** verwendet, um e-e Begründung od. Rechtfertigung e-s Wunsches, e-r Handlung *o. Ä.* anzugeben(用来说明愿望或行为的根据或理由)要是(真)…,那… ≈ da ..., so ...: *Wenn ich s. mal hier bin, dann kann ich dir auch helfen* 要是我真的在这儿的话,到时我也会帮你的; *Wenn du ihr s. ein Geschenk kaufst, dann am besten etw., was ihr wirklich gefällt* 如果你真给她买件礼物的话,那最好买她确实喜欢的 ‖ ID[谚] ↑ **wennschon**

schön *Adj*(形) **1.** so, dass es einem gefällt, wenn man es sieht, hört od. erlebt 美丽的,漂亮的,美好的,动听的,令人愉快的: *Hattet ihr schönes Wetter im Urlaub?* 你们度假的时候天气好吗?; *Sie hat ein schönes Gesicht* 她有一张俊俏的脸; *Das Ballett fand ich ausgesprochen s.* 我觉得这场芭蕾舞美极了; *Er hat e-e schöne Stimme* 他有一副好嗓子 **2. s. (von j-m)** ≈ nett, anständig (von j-m): *Es ist schön von ihm, dass er seiner Frau oft Blumen bringt* 他真好,常常给妻子送花 **3.** *gespr*[口]: ziemlich groß, weit, hoch, schwer *usw* 可观的,相当大(远、高、重等)的 ≈ beträchtlich, beachtlich: *ein schönes Stück Arbeit* 一项不轻的工作; *ein schönes Alter haben* 有一大把年纪; *e-e ganz schöne Strecke gelaufen sein* 走了相当远的一段路 **4.** *gespr iron*[口][讽]: verwendet, um auszudrücken, dass etw. als unerfreulich od. ärgerlich empfunden wird 令人不快的,惹人恼怒的,糟糕的 〈e-e Bescherung, Geschichten, Aussichten, e-e Pleite 意外之事,事情,前景,失败〉: *E-n ganzen Monat ohne Fernseher – das sind ja schöne Aussichten!* 整整一个月没电视看——这真是糟糕! **5.** *nur adv, gespr*(只作状语)[口]: verwendet, um ein Verb od. Adjektiv zu verstärken(用来加强动词或形容词的语义)很,非常: *Der Junge ist ganz s. clever* (= sehr schlau)这个男孩很机灵 **6.** *nur adv*(只作状语): verwendet, um e-e Aufforderung zu verstärken(用来加强要求的语气)好好地,乖乖地: *Immer s. der Reihe nach!* 好好地按次序!; *Komm, sei jetzt s. artig!* 过来,现在乖乖地听话! **7. (na) s.!** verwendet, um seine Zustimmung (*mst* gegen seinen Willen) auszudrücken(表示勉强同意)(那)好吧! ≈ na gut: *S., dann treffen wir uns um halb acht vor dem Café* 好吧,那我们就七点半在咖啡馆前碰头; *Na s., wenn es unbedingt sein muss, kannst du das Auto haben* 那好吧,如果非得如此,那你可以用这辆汽车 **8.** verwendet in formelhaften Wendungen, die e-n Dank od. e-e Bitte ausdrücken(用于表示感谢或请求的惯用语中)〈danke s. 非常感谢; bitte s. 不用客气; schönen Dank 非常感谢〉 **9. sich (für j-n/etw.) s. machen** *gespr*[口]: hübsche Kleider anziehen, sich schön frisieren, schminken *usw*, um gut auszusehen 化妆,打扮 ≈ sich fein machen: *sich für ein Rendezvous s. machen* 为幽会而打扮 ‖ NB(注意): *mst* in Bezug auf e-e Frau, nur ironisch in Bezug auf e-n Mann verwendet(多用于女士,用于男士则含有讽刺意味) ‖ ID[谚] *mst* 多用 **Das ist ja alles s. u. gut, aber...** *gespr*[口]: verwendet, um e-n Einwand od. e-e Kritik einzuleiten(引出托词或批评)这好是好,但是…,这一切固然好,但是…; **wie man so s. sagt**; **..., wie es so s. heißt** *gespr, mst iron*[口]多为[讽]: wie man oft (mit e-m Sprichwort) sagt 就像人们所说的那样…: *Er lebt da wie Gott in Frankreich, wie es so s. heißt* 就像人们所说的那样,他过着神仙般的日子; **Das wäre ja noch schöner!** *gespr*[口]: verwendet, um etw. mit Nachdruck abzulehnen 这不就更糟糕了! 这可不行!; *mst* 多用 **Das wäre zu s., um wahr zu sein** *gespr*[口]: ich kann kaum glauben, dass das wahr ist (weil es nur Vorteile hat) 这个做梦也想不着,难以想象这是真的 ‖ ▶ **verschönern**

Schö·ne *die*; *-n, -n*; *gespr, oft hum*[口]常用[谑]: verwendet als Bezeichnung für e-e Frau, die man nicht kennt 美人(指不认识的女性): *Wer war denn die S. an seiner Seite?* 他身边的那位美人是谁呀?

scho·nen; *schonte, hat geschont*; [Vt](及物) **1. etw. s.** etw. so behandeln, dass es möglichst lang in e-m guten Zustand bleibt 爱惜,爱护,保养 ↔ strapazieren 〈das Auto, die Kleider, die Möbel s. 爱惜汽车、衣服、家具〉 ‖ K-(复合): **Schon-, -bezug 2. j-n/sich s.** von j-m/sich keine Anstrengungen verlangen, j-n rücksichtsvoll behandeln 不(使)操劳过度,保重,珍惜,保养: *sich nach e-r schweren Operation s. müssen* 大手术后要保重身体; *Der Verteidiger schonte weder sich noch den Gegner* 这位防守队员既不顾自己也不顾对手的安全 ‖ hierzu(派生) **Scho·nung** *die*; *nur Sg*(只用单数) ‖ ▶ **verschonen**

scho·nend 1. *Partizip Präsens*(现在分词); ↑ **schonen 2. j-m etw. s. beibringen** *gespr, oft iron*[口]常用[讽]; j-m etw. Unangenehmes mit viel Rücksicht auf seine Gefühle vermitteln 婉转地(有分寸地)告诉某人某事(指不愉快的事)

Scho·ner *der*; *-s, -*; ein schnelles Segelschiff mit *mst* zwei Masten 双桅帆船,多桅帆船

Schön·fär·be·rei *die*; *-*; *nur Sg*(只用单数); die Beschreibung von Dingen od. Zuständen auf e-e solche Art, dass man das Gute od. Positive zu stark betont 美化,粉饰

Schön·geist *der*; *oft iron* 多为[讽]; j-d, der sich sehr intensiv mit Kunst u. Literatur beschäftigt 文人墨客,文人雅士

schön·geis·tig *Adj*(形); die Dichtung, Malerei *o. Ä.* betreffend 文艺(方面)的,爱好文艺的

Schön·heit *die*; *-, -en* **1.** *nur Sg*(只用单数); die

schöne (1) Beschaffenheit, das Schönsein 美,美丽: *Ihre S. ist unwiderstehlich* 她的美貌令人倾倒 ‖ K-(复合): ***Schönheits-, -mittel, -operation, -pflege, -sinn*** **2.** e-e *mst* weibliche Person, die sehr schön (1) ist 靓女,美人: *Seine Freundin ist e-e richtige S.* 他的女友是个真正的美人 ‖ -K(复合): ***Dorf-, Film-*** **3.** etw., das schön (1) ist 美景,胜景,名胜: *j-m die Schönheiten des Landes zeigen* 带某人看乡村的美景 ‖ -K(复合): ***Form-, Klang-, Natur-***

Schön·heits·feh·ler *der*; ein kleiner Fehler, der den optischen Eindruck e-r Person/Sache etwas beeinträchtigt 影响美观的小缺陷,美中不足,瑕疵

Schön·heits·ide·al *das*; das, was die Menschen e-r bestimmten Zeit für schön (1) halte 美的典范

Schön·heits·kö·ni·gin *die*; e-e Frau, die den 1. Preis in e-m Wettbewerb bekommen hat, bei dem Frauen nach ihrer Schönheit beurteilt werden 美女皇后,选美比赛的冠军获得者

Schon·kost *die*; *nur Sg* (只用单数); Nahrung, die man leicht verdauen kann, u. die *bes* Kranke essen 病号饭,保健饮食 ≈ Diät

Schön·ling *der*; *-s, -e*; *pej*[贬]; ein gut aussehender (junger) Mann, der *mst* zu viel Wert auf seine äußere Erscheinung legt(过于注意外表的)小白脸

schön·ma·chen, sich ↑ ***schön*** (9)

Schön·schrei·ben *das*; *-s*; *nur Sg* (只用单数); das Üben der Buchstaben u. der Schreibschrift in der Schule 习字,练字,练书法 ‖ K-(复合): ***Schönschreib-, -heft, -übung, -unterricht*** ‖ *hierzu* (派生) **Schön·schrift** *die*; *nur Sg* (只用单数)

scho·nungs·los *Adj* (形); 〈e-e Kritik, Offenheit 批评,开诚布公〉 so, dass sie niemanden schonen (2)毫不留情的,不讲情面的 ≈ unbarmherzig: *e-n Skandal s. aufdecken* 毫不留情地揭露一桩丑闻

Schon·zeit *die* **1.** ein Zeitraum im Jahr, in dem man bestimmte Tiere nicht jagen darf 禁猎期 〈e-e Tierart hat S. 某类动物有禁猎期; für e-e Tierart ist S. 对某类动物正是禁猎期〉 **2.** e-e Zeit, in der j-d (*z.B.* ein Berufsanfänger) Fehler machen darf, ohne scharf kritisiert zu werden 工作适应期 〈j-m e-e S. einräumen 给(或规定)某人一段工作适应期〉

Schopf *der*; *-(e)s, Schöp·fe* **1.** die Haare auf j-s Kopf 头发: *e-n dichten S. haben* 一头浓发 ‖ -K(复合): ***Haar-*** **2.** *bes* Ⓒⓗ 尤用于[瑞] ≈ Schuppen (1) ‖ -K(复合): ***Holz-*** ‖ ID[谚] ***j-n beim S. fassen / packen*** j-n an den Haaren fassen 抓某人头发; ***etw. beim S. packen*** e-e günstige Gelegenheit nutzen 抓住(机会),把握(机遇) 〈das Glück, die Gelegenheit beim S. packen 把握运气、机会〉

schöp·fen; *schöpfte, hat geschöpft*; [Vt] (及物) **1. *etw.* (*aus etw.*) (*in etw.* (*Akk* 四格)) *s.*** mit der hohlen Hand od. mit e-m (tiefen) Gefäß (*z.B.* e-m Eimer) e-e Flüssigkeit irgendwo herausholen 舀,汲,打(水): *Wasser aus dem Brunnen s.* 从井里打水 ‖ K-(复合): ***Schöpf-, -kelle, -löffel*** **2.** *mst* 多用 〈Wissen, Mut, Kraft, Glauben 知识,勇气,力量,信心〉 ***s.*** *geschr*[书]; e-r bestimmten Situation etw. Positives abgewinnen 获得,获取,汲取: *Seit es dieses Medikament gibt, schöpfen viele Kranke wieder neuen Mut* 自从有了这种药以来,许多病人重新获得了新的勇气 ‖ ID[谚] ***(frische) Luft schöpfen*** ins Freie gehen 去户外呼吸新鲜空气; ↑ ***voll***[1]

Schöp·fer[1] *der*; *-s, -* **1. *der S.*** (+ *Gen* 二格) j-d, der ein sehr wichtiges Werk gemacht od. etw. Neues erfunden hat 创作者;发明者 〈der S. e-s Gemäldes, e-r Sinfonie, e-s Kunstwerks 一幅油画的、一部交响曲的、一件艺术品的创作者〉 ‖ -K(复合): ***Mode-, Neu-, Sprach-, Wort-*** **2.** *nur Sg*, REL (只用单数)【宗】≈ Gott als Erschaffer des Himmels u. der Erde ‖ *zu* (义项) **1 Schöp·fe·rin** *die*; *-, -nen*

Schöp·fer[2] *der*; *-s, -*; ein großer Löffel, mit dem man *bes* Suppe auf den Teller gibt(汤)勺,舀子 ≈ Schöpflöffel

schöp·fe·risch *Adj* (形) **1.** mit neuen, kreativen Ideen 富有创造性的,善于创造的 〈ein Mensch, e-e Arbeit, e-e Begabung 人,工作,才能; s. arbeiten, tätig sein 创造性地工作,从事创造性的活动〉 **2. *e-e schöpferische Pause einlegen*** e-e bestimmte Zeit lang etw. nicht tun, um neue Kraft, neue Ideen *o.Ä.* zu bekommen 作一次休整,养精蓄锐

Schöp·fung *die*; *-, -en* **1.** *geschr*[书]; etw., das durch j-s schöpferische Tätigkeit entstanden ist(创)作品,创作 ≈ Kreation ‖ -K(复合): ***Neu-, Sprach-, Wort-*** **2.** *nur mit dem bestimmten Artikel, nur Sg*, REL (只与定冠词连用)(只用单数)【宗】; das gesamte Universum (wie es nach christlichem Glauben von Gott geschaffen wurde)(上帝创造的)世界,宇宙,万物,造物 ‖ K-(复合): ***Schöpfungs-, -bericht, -geschichte***

Schop·pen *der*; *-s, -*; ***ein S. (Wein)*** *südd* Ⓐ [南德][奥] ein (Glas mit e-m) Viertelliter Wein 一杯(葡萄酒)(四分之一升)

schor *Imperfekt, 1. u. 3. Person Sg* (过去时,第一和第三人称单数); ↑ ***scheren***[1]

Schorf *der*; *-(e)s*; *nur Sg* (只用单数); e-e Schicht aus getrocknetem Blut od. aus trockener Haut auf e-r Wunde 痂 ‖ *hierzu* (派生) **schorf·ar·tig** *Adj* (形); **schor·fig** *Adj* (形)

Schor·le *die*; *-, -n od das*; *-s, -s*; e-e Mischung aus Wein od. Apfelsaft u. Mineralwasser (= e-e saure S.) od. Zitronenlimonade (= e-e süße S.)(葡萄酒或苹果汁掺上矿泉水或柠檬汽水的)混合饮料 ‖ -K(复合): ***Saft-, Wein-***

Schorn·stein *der*; der Teil am Dach e-s Hauses, aus dem der Rauch der Heizung kommt 烟囱 ≈ Kamin 〈der S. raucht, qualmt 烟囱冒着烟,冒浓烟; den S. fegen, reinigen 清扫烟囱〉 ‖ ID[谚] ***etw. in den S. schreiben*** *gespr*

S

[口]; etw. als endgültig verloren betrachten 权当某物丢失了

Schorn·stein|fe·ger *der*; *-s*, *-*; j-d, der beruflich Schornsteine reinigt 烟囱清扫工 ‖ *hierzu*(派生) **Schorn·stein|fe·ge·rin** *die*; *-*, *-nen*

schoss *Imperfekt*, *1. u. 3. Person Sg*(过去时,第一和第三人称单数); ↑ ***schießen***

Schoß *der*; *-es*, *Schö·ße* **1.** die Fläche, die die Oberschenkel u. der Unterleib bilden, wenn man auf e-m Stuhl sitzt, u. auf die sich *z.B.* ein Kind setzen kann 膝上,腿上,怀 ⟨sich auf j-s S. setzen/sich j-m auf den S. setzen 坐到某人的怀里(腿上); die Hände in den S. legen 揣起双手不干事(无所事事,优游自在)⟩: *Komm, setz dich auf meinen S.!* 过来,坐到我腿上来! **2.** *nur Sg*, *geschr*(只用单数)[书]; der Bauch e-r Frau 母腹 ≈ Mutterleib ⟨ein Kind im S. tragen 怀着身孕⟩ **3. *der S.*** + *Gen*(二格); *geschr*[书]; der Schutz u. die Hilfe, die e-e Gruppe od. Organisation bietet 怀抱: *in den S. der Familie, der Kirche zurückkehren* 回到家庭、教会的怀抱 ‖ ID[谚] ***etw. fällt j-m in den S.*** j-d bekommt etw. ohne Mühe u. Anstrengung 某人得到某物全不费工夫,某物给某人自动送上门来

Schoß·hund *der*; ein sehr kleiner Hund, den man häufig auch trägt u. den man sehr verwöhnt(常抱在怀中的)小爱犬,袖珍犬

Schöss·ling *der*; *-s*, *-e*; ein Trieb[2], der aus e-r Pflanze wächst u. aus dem man wieder e-e neue Pflanze ziehen (9) kann 幼芽,嫩枝,苗 ⟨Schösslinge ziehen, setzen, pflanzen 培育、栽种、种植幼苗⟩

Scho·te *die*; *-*, *-n*; die *mst* schmale u. lange Hülle, in der bei bestimmten Pflanzen die Samen sind 荚果,长角果 ≈ Hülle (1) ‖ -K(复合): ***Erbsen-***, ***Paprika-***, ***Pfeffer-***, ***Vanille-***

Schot·ter *der*; *-s*; *nur Sg*(只用单数), *Kollekt*(集合); e-e Menge spitzer Steinstücke, die als Unterlage beim Bau von Straßen verwendet werden(铺路基用的)碎石 ‖ K-(复合): ***Schotter-***, ***-straße***, ***-werk*** ‖ -K(复合): ***Gleis-***, ***Straßen-*** ‖ *hierzu*(派生) **schot·tern** (*hat*) *Vt*(及物)

S

schraf·fie·ren; *schraffierte*, *hat schraffiert*; *Vt/i*(及物/不及物) (***etw.***) ***s.*** e-e leere Fläche auf e-m Blatt Papier, e-m Plan *o.Ä.* mit dünnen parallelen Strichen füllen 画阴影线 ‖ *hierzu*(派生) **Schraf·fie·rung** *die*

Schraf·fur [-ˈfuːɐ] *die*; *-*, *-en*; die Striche, mit denen e-e Fläche schraffiert ist 阴影线 ≈ Schraffierung ⟨etw. durch S. hervorheben, kennzeichnen 用阴影线突出、标明某物⟩

schräg *Adj*(形) **1.** weder senkrecht noch parallel zu e-r (gedachten) Linie od. Fläche 斜的,倾斜的,不正的 ⟨s. neben, über, unter j-m/etw. sein, liegen, stehen 在、位于、站在某人/某物的侧斜方、斜上方、斜下方; s. gegenüber von j-m/etw. 在某人/某物的斜对面⟩: *Die meisten Häuser haben schräge Dächer* 大多数房子都是斜屋顶; *Sie wohnt im Haus s. gegenüber* 她住在斜对面的房子里; *Er lief s. über die Wiese* 他跑着斜穿过了草坪 ‖ ↑ *Abb. unter* 图见 ***Eigenschaften*** ‖ K-(复合): ***Schräg-***, ***-lage***, ***-schnitt***, ***-streifen***, ***-strich*** ‖ NB(注意): ↑ ***schief*** **2.** *gespr*[口] ≈ seltsam ⟨Musik 音乐; s. ausschauen 看上去古怪; j-n s. anschauen 怪里怪气地看着某人⟩ ‖ *hierzu*(派生) **Schräg·heit** *die*; *nur Sg*(只用单数)

Schrä·ge *die*; *-*, *-n* **1.** *nur Sg*(只用单数); die Eigenschaft, schräg (1) zu sein 斜,倾斜,斜度: *Die Wand hat e-e leichte S.* 墙有轻度倾斜 **2.** e-e schräge (1) Wand(房屋)斜面,斜坡墙面: *e-e Mansarde mit Schrägen* 斜屋面顶楼 ‖ -K(复合): ***Dach-***

Schram·me *die*; *-*, *-n*; e-e Stelle, an der e-e glatte (Ober) Fläche durch e-n spitzen od. harten Gegenstand beschädigt (*bes* geritzt) od. verletzt ist 抓伤,擦伤;刮痕,划痕 ≈ Kratzer: *e-e S. an der Stirn, am Auto haben* 额头上有擦伤,汽车上有刮痕

schram·men; *schrammte*, *hat geschrammt*; *Vt*(及物) ***etw. s.*** etw. so berühren od. treffen, dass daran Spuren (Kratzer) zu sehen sind 把…擦、刮、蹭出伤痕: *beim Einparken ein anderes Auto s.* 停车时蹭了另一辆车

Schrank *der*; *-(e)s*, *Schrän·ke*; ein großes Möbelstück (*bes* aus Holz) mit Türen, in dem man Kleider, Geschirr *o.Ä.* aufbewahrt 橱,柜 ⟨e-n S. aufstellen, öffnen, schließen, einräumen, ausräumen 放置、打开、关上、整理、腾空柜子; etw. in e-n S. tun, legen, hängen 把某物放入、摆入、挂入柜子; etw. im S. aufbewahren 把某物保存在柜子里⟩ ‖ K-(复合): ***Schrank-***, ***-fach***, ***-tür*** ‖ -K(复合): ***Akten-***, ***Besen-***, ***Bücher-***, ***Geld-***, ***Geschirr-***, ***Kleider-***, ***Schuh-***, ***Wäsche-***; ***Eichen-***, ***Glas-***; ***Küchen-***, ***Schlafzimmer-***, ***Wohnzimmer-***; ***Wand-*** ‖ ID[谚] ***ein S.*** (***von e-m Mann***) *gespr*[口]; ein sehr kräftiger, großer Mann 人高马大的汉子,大汉

Schran·ke *die*; *-*, *-n* **1.** e-e (waagrechte) Stange, mit der man e-e Straße *o.Ä.* sperren kann(道口)栏木,护栏 ≈ Barriere ⟨die Schranken an e-m Bahnübergang, Grenzübergang 铁路道口的、边境通道的栏木; die S. herunterlassen, schließen, hochziehen, öffnen 放下、关闭、拉起、开启道口栏木⟩: *Man muss den Pass vorzeigen, bevor man die S. passieren darf* 在被允许通过界杆之前,必须出示护照 ‖ K-(复合): ***Schranken-***, ***-wärter*** ‖ -K(复合): ***Bahn-***, ***Zoll-*** **2.** *mst Pl*(多用复数); e-e gesellschaftliche od. moralische Grenze, die j-n daran hindert, etw. zu tun(社会、道德)束缚,约束 ⟨e-e gesellschaftliche, moralische S. 社会的、道德的束缚; die Schranken durchbrechen, überwinden 冲破、克服束缚⟩ **3. *etw.*** (*Dat* 三格) ***Schranken setzen*** etw. einschränken 限制,束缚,约束: *Eurer Fantasie sind keine Schranken gesetzt. Malt, was ihr wollt!* 对你们的想象力不加任何限制,你们想画什么就画什么! ‖ ID[谚] ***j-n in die/seine Schranken weisen*** j-m deutlich zeigen, dass er nicht so wichtig od. gut ist, wie er meint 使安分守

己,使收敛,使不越轨,杀…的傲气; ***etw. in Schranken halten*** verhindern, dass etw. zu wichtig, zu groß od. zu stark wird 控制,限制; ***etw. hält sich in Schranken*** etw. überschreitet ein gewisses Maß nicht 某事保持节制 ‖ *hierzu*(派生) **schran·ken·los** *Adj*(形)

Schrank·wand *die*; ein sehr breiter, hoher Schrank, der fast e-e ganze Wand bedeckt 组合柜

Schrau·be *die*; -, *-n* **1.** ein kleiner Stift (aus Metall) mit e-m Gewinde, den man (mit e-m Schraubenzieher) *mst* in Holz od. in Dübel hineindreht, um etw. zu befestigen 螺丝,螺钉,螺栓 ‹e-e S. eindrehen, anziehen, lockern, lösen, herausdrehen 拧入、拧紧、拧松、拧脱、拧出螺钉›: *ein Regal mit Schrauben an der Wand befestigen* 用螺丝钉把书架固定在墙上 ‖ ↑ *Abb. unter* 图见 ***Werkzeug*** ‖ K-(复合): ***Schrauben-, -gewinde, -kopf, -mutter*** ‖ -K(复合): ***Kreuzschlitz-*** ‖ NB(注意): ↑ ***Nagel***[1] **2.** e-e Art Propeller, der ein Schiff antreibt 螺旋桨 ‖ -K(复合): ***Schiffs-*** **3.** e-e Drehung um die eigene Längsachse, *bes* beim Turnen, Schlittschuhlaufen od. Kunstfliegen (体操、滑冰、特技飞行中的)转体 ‖ ID[谚] ***die Schrauben fester anziehen*** stärkeren Druck auf j-n ausüben 施加更大的压力; *mst* 多用 ***Bei ihm/ihr ist e-e S. locker*** *gespr*[口]; er/sie benimmt sich nicht normal 他/她举止有点不正常

schrau·ben; *schraubte, hat geschraubt*; [Vt] (及物) **1. *etw. irgendwohin/von, aus etw. s.*** etw. (das ein Gewinde hat) irgendwo befestigen/entfernen, indem man daran dreht 拧,旋,拧紧: *e-e Glühbirne in die Lampe s.* 把灯泡拧到灯头上去(拧上灯泡); *e-n Deckel vom Glas s.* 把盖子从瓶上拧下来(拧下瓶盖); *e-n Haken aus der/in die Wand s.* 把钩子从墙上拧下来/拧到墙上去 ‖ K-(复合): ***Schraub-, -deckel, -glas, -verschluss*** **2. *etw. irgendwohin/von, aus etw. s.*** etw. mithilfe von Schrauben (1) irgendwo befestigen/entfernen 用螺丝钉把…拧上/拧下来: *ein Schild an die Tür s.* 把牌子拧到门上固定住 **3. *etw. höher/niedriger s.*** etw. so lange drehen, bis es die richtige Höhe od. Lage hat 把…旋高点/低点 ‹e-n Bürostuhl, Klavierstuhl höher/niedriger s. 把办公椅、钢琴椅旋高点儿/低点儿› **4. *etw.*** (*Pl* 复) ‹in die Höhe, ständig höher, wieder niedriger 提高,不断提高,重新降低› ***s.*** etw. auf das genannte Niveau bringen 提高或降低: *Ansprüche, Erwartungen, Preise in die Höhe s.* 提高要求、期望、价格

Schrau·ben·dre·her *der*; ↑ ***Schraubenzieher***

Schrau·ben·schlüs·sel *der*; ein einfaches Werkzeug, mit dem man *bes* (Schrauben-) Muttern festziehen od. lösen kann 扳手,扳子 ‖ ↑ *Abb. unter* 图见 ***Werkzeug***

Schrau·ben·zie·her *der*; *-s, -*; ein Werkzeug aus e-m Griff u. e-m Metallstab, mit dem man Schrauben befestigt od. löst 改锥,螺丝刀,螺丝起子 ‖ ↑ *Abb. unter* 图见 ***Werkzeug***

Schraub·stock *der*; ein Gerät, in dem man e-n Gegenstand befestigen kann, den man bearbeiten will 虎钳,老虎钳,台钳 ‹etw. in den S. spannen 把某物夹在虎钳上›

Schre·ber·gar·ten *der*; ein kleiner Garten, der nicht direkt beim Haus ist, sondern neben vielen anderen kleinen Gärten *z.B.* am Stadtrand liegt(市郊)小园圃

Schreck *der*; *-(e)s*; *nur Sg*(只用单数) **1.** ein (oft kurzes) plötzliches starkes Gefühl der Angst (*bes* bei Gefahr)恐吓,惊恐 ‹j-m e-n S. einjagen 使某人惊恐; sich von e-m S. erholen 从惊恐中缓过来; j-n durchfährt ein S. 某人受到惊吓; der S. fährt j-m in die Glieder/Knochen 某人惊恐万状、吓得四肢发软; j-d bekommt/kriegt e-n S. 某人吃了一惊›: *Er war vor S. wie gelähmt, als das Auto auf ihn zuraste* 当汽车急速向他驶来时,他吓瘫了 **2. *ein freudiger S.*** *gespr*[口]; e-e angenehme Überraschung 惊喜 ‖ ID[谚] ***S., lass nach!*** *gespr*[口]; verwendet in e-r unangenehmen Situation, in der man stark überrascht wird (受惊后的喊叫)啊,不好了! 出事了!; ***Ach du (mein) S.!*** *gespr*[口]; verwendet, um auszudrücken, dass man unangenehm überrascht ist 啊,可吓着我了! ‖ *zu*(义项) **1. schreck·er·füllt** *Adj*(形) ‖ ▶ ***erschrecken***

-schreck *der*; *-(e)s, -e*; *im Subst, wenig produktiv*(构成名词,构词弱); j-d, vor dem die im ersten Wortteil genannte Gruppe von Menschen Angst hat 使…害怕的人,使…心惊胆战的人; ***Bürgerschreck, Frauenschreck, Kinderschreck***

schre·cken[1]; *schreckte, hat geschreckt*; [Vt] (及物) ***j-n s.*** *geschr*[书]; j-m Angst machen 惊吓,使惊恐,使害怕 ≈ erschrecken, ängstigen

schre·cken[2]; *schrickt, schreckte/schrak, ist geschreckt*; [Vi] (不及物) ***aus dem Schlaf s.*** sehr plötzlich aufwachen (*bes* weil man schlecht geträumt od. ein lautes Geräusch gehört hat)从睡梦中惊醒 ≈ aufschrecken

Schre·cken *der*; *-s, -* **1.** *nur Sg*(只用单数); ein starkes Gefühl der Angst 惊恐,惊吓 ‹e-n S. bekommen, kriegen 受到惊吓,吃了一惊; j-m e-n S. einjagen 使某人惊恐; j-n in Angst u. S. versetzen 使某人胆战心惊; (Angst u.) S. verbreiten 使惊恐情绪蔓延开来; etw. erfüllt j-n mit S. 某事使某人吓了一跳›: *Als er ins Zimmer kam, sah er zu seinem S. e-e riesige Spinne* 当他走进屋子,看见一只大蜘蛛,吓了他一跳 ‖ K-(复合): ***Schreckens-, -schrei; schreckens-, -blass, -bleich*** ‖ NB(注意): Ein *Schreck* kann schnell vorbei sein, wenn man entdeckt, dass die Gefahr nicht wirklich besteht – ein *Schrecken* dauert längere Zeit(当发现危险实际上并不存在,那么Schreck会很快过去,而Schrecken持续时间较长) **2.** *mst* 多用 ***die Schrecken*** + *Gen*(二格) die äußerst unangenehmen Auswirkungen von etw. 恐怖 ‹die Schrecken des Krieges 战争的恐怖› ‖ K-(复合): ***Schreckens-, -herrschaft, -meldung, -nachricht, -nacht, -tat, -vision, -zeit*** **3. *der S.*** + *Gen*(二格)

S

e-e Person, ein Tier od. e-e Sache, die irgendwo große Unruhe erzeugen 恐惧：*Der Hund ist der S. der Nachbarschaft* 这条狗在邻里之间造成了恐惧 ‖ *zu*（义项）**1.** u. **2. schreckens·voll** *Adj*（形）

Schreck·ge·spenst *das*; **das S.**（+ *Gen* 二格）e-e Person od. Sache, die Angst macht 恐怖的恶魔，令人胆寒的幽灵〈das S. e-s Atomkrieges 核战争这个恐怖的恶魔〉

schreck·haft *Adj*（形）; leicht zu erschrecken 胆小的，易受惊吓的 ‖ *hierzu*（派生）**Schreck·haf·tig·keit** *die*; *nur Sg*（只用单数）

schreck·lich *Adj*（形）**1.**〈e-e Ahnung, e-e Katastrophe, ein Traum, ein Unfall, ein Verbrechen, ein Verdacht 预感，灾难，梦，事故，罪行，嫌疑〉so, dass sie Angst od. Entsetzen verursachen 可怕的，令人震惊的，惊人的，令人吃惊的，骇人的 ≈ furchtbar, entsetzlich: *Es ist etwas Schreckliches passiert.* – *Dein Sohn hat e-n Autounfall gehabt* 发生了可怕的事——你的儿子出了车祸 **2.** *gespr*[口]; sehr unangenehm 可怕的，难以忍受的 ≈ furchtbar, entsetzlich: *Die Hitze heute ist s.* 今天热得够戗；*Der kaputte Auspuff macht e-n schrecklichen Lärm* 坏了的排气管发出可怕的噪音 **3.** *nur adv*, *gespr*（只作状语）[口]; verwendet, um Adjektive u. Verben zu verstärken（用来加强形容词和动词的语义）极，非常 ≈ fürchterlich: *Ich hab ihn s. gern* 我对他喜欢得要命；*Er war s. müde* 他累极了；*Das tut s. weh* 这疼极了；*Heute ist es s. kalt* 今天冷得要命

Schreck·nis *das*; *-ses*, *-se*; *geschr* [书] ≈ Schrecken (2)

Schreck·schrau·be *die*; *gespr pej*[口][贬]; e-e hässliche u. unsympathische, *mst* ältere Frau 丑婆娘，恶婆

Schreck·schuss *der*; ein Schuss ohne Kugel, mit dem man j-n nur erschrecken will 鸣空枪警告，恐吓性的空枪射击 ‖ K-(复合): **Schreckschuss-**, **-pistole**

Schreck·se·kun·de *die*; e-e kurze Zeit, in der j-d aus Schreck nicht reagieren kann 受惊吓的瞬间

Schrei *der*; *-(e)s*, *-e* **1.** ein lautes Geräusch, das ein Mensch od. Tier mit seiner Stimme macht (*bes* aus Angst od. wegen Schmerzen) 叫喊；吼叫〈ein gellender, markerschütternder, erstickter, wilder S. 尖声的、令人毛骨悚然的、令人透不过气的、疯狂的叫喊; e-n S. ausstoßen 发出叫喊声〉: *Mit e-m S. des Entsetzens ergriff er die Flucht* 随着一声惊恐的叫喊，他夺路而逃；*Die Schreie der Affen waren weithin zu hören* 远处传来猴子的叫声 ‖ -K(复合): **Eulen-**, **Hahnen-**, **Möwen-**, **Vogel-**; **Empörungs-**, **Freuden-**, **Hilfe-**, **Jubel-**, **Schmerzens-**, **Schreckens-**, **Todes-**, **Triumph-**, **Verzweiflungs-**, **Wut-**; **Brunft-** **2. der S. nach etw.** *geschr*[书]; der starke Wunsch, etw. zu bekommen 呼声，疾呼，渴望〈der S. nach Freiheit, Gerechtigkeit, Rache 渴望自由、渴望正义的呼声，图谋报仇〉**3. der letzte S.** *gespr* [口]; etw., das sehr modern ist 最时髦的事物 ‖ ▶ **schreien**

schrei·ben; *schrieb*, *hat geschrieben*; Vt/i（及物/不及物）**1.** (**etw.**) **s.** (*bes* mit e-m Bleistift, mit e-m Kugelschreiber *usw* od. mit e-r Maschine) Zeichen auf Papier *o. Ä.* machen, die Zahlen, Buchstaben od. Wörter darstellen 写，书写，写字〈mit Bleistift, mit Kugelschreiber, auf/mit der Maschine, mit Tinte s. 用铅笔、圆珠笔、打字机、墨水书写; ordentlich, sauber, unleserlich s. 写得工整、整洁、难以辨认〉: *in der Schule rechnen, s. u. lesen lernen* 在学校里学算术、写字和阅读；*ein Wort an die Tafel s.* 把一个单词写到黑板上；*„Rhythmus" schreibt man mit zwei „h"* "Rhythmus"要写两个"h" ‖ K-(复合): **Schreib-**, **-feder**, **-gerät**, **-heft**, **-papier**, **-pult**, **-stift**, **-tafel**, **-unterlage**, **-zeug**; **-fehler**; **-krampf**; **-kunst** **2.** (**etw.**) **s.** e-n schriftlichen Text verfassen 写，撰写，写作〈e-n Aufsatz, e-n Artikel, e-n Bericht, e-n Brief, ein Gedicht s. 写一篇作文、一篇文章、一份报告、一封信、一首诗; anschaulich, lebendig, spannend s. 写得形象、生动、扣人心弦〉: *Er schreibt regelmäßig für e-e Zeitung* 他定期为一家报纸撰稿；*Der Krimi ist wirklich spannend geschrieben* 这部侦探小说写得确实紧张 **3.** (**j-m**) (**etw.**) **s.** j-m etw. in e-m Brief *o. Ä.* mitteilen 写(信)，函告: *j-m e-e Karte zum Geburtstag/e-e Postkarte aus dem Urlaub s.* 给某人写一张生日贺卡/从度假地给某人写明信片；*Schreibst du mir mal wieder?* 你还给我写信吗？; Vt（及物）**4. etw. s.** seine Texte in e-m bestimmten Stil verfassen 文笔，笔势〈e-n guten/schlechten Stil, gutes/schlechtes Deutsch s. 文笔流畅/艰涩，德语表达通顺/晦涩〉**5. etw.** (**über etw.** (*Akk* 四格)) **s.** in e-m schriftlichen Text etw. zu e-m bestimmten Thema sagen 写到，提及: *Er schreibt* (*in seinem Brief*), *dass er krank sei* 他(在信中)说，他病了；*Hat er in dem Artikel auch etwas über die Wahlen geschrieben?* 他在文章里是否也谈到了有关选举的事？**6. etw. ins Reine s.** die endgültige Fassung e-s Textes s. (1) 誊清 **7. etw. s.** ≈ komponieren〈ein Musical, e-e Oper, e-e Sinfonie *usw* s. 谱写音乐剧、歌剧、交响曲等〉**8. ein Arzt schreibt j-n arbeitsunfähig** ein Arzt bestätigt (in e-m Attest), dass j-d nicht arbeiten kann, weil er krank ist 医生诊断证明某人失去工作能力 **9.** *mst* 多用 **Wir schreiben** (**heute**) + *Datum*（日期）; *veraltend*[渐旧]; verwendet, um das Datum anzugeben 署(上日期)，注(明日期): *Heute schreiben wir den zehnten Mai* 今天是5月10日; Vi（不及物）**10. auf** + *Sprache*（语言）**s.** seine Texte in der genannten Sprache verfassen 用…书写〈auf Deutsch, Englisch *usw* s. 用德语、英语等写东西〉**11. an etw.** (*Dat* 三格) **s.** gerade dabei sein, e-n relativ langen Text zu produzieren (正在)撰写: *Er schreibt schon seit Jahren an seiner Doktorarbeit* 几年来他一直在写他的博士论

文 **12. *etw. schreibt gut/schlecht*** ein Stift *o. Ä.* funktioniert gut/schlecht（物作主语）（笔）好/不好写：*Der Kugelschreiber schreibt schlecht* 这支圆珠笔不好写；Vr（反身）**13. *j-d/etw. schreibt sich irgendwie*** j-s Name/ein bestimmtes Wort wird mit bestimmten Buchstaben richtig geschrieben（人/物作主语）写法是：„*Schreibt sich ‚Foto' mit ‚f' oder mit ‚ph'?*"“‘Foto’一词的写法是带‘f’还是带‘ph’?” ‖ *-K*（复合）：***groß-***, ***klein-*** ‖ ▶ ***Schrift***, ***schriftlich***

Schrei·ben *das*; *-s*, *-*; ADM *geschr*【管理】[书] ≈ Schriftstück, Brief 〈ein amtliches, vertrauliches S. 公函,内部机密信件; ein S. abfassen, an j-n richten 起草一份函件,给某人发函〉：*Wir danken Ihnen für Ihr S. u. teilen Ihnen hiermit mit, dass ...* 我们感谢您的来函并在此告知您…; *Betrifft: Ihr S. vom 2. März* 事由：您3月2日的来函

Schrei·ber *der*; *-s*, *-* **1.** j-d, der e-n Text geschrieben (2) hat 笔者,撰写人,写信人 ≈ Verfasser：*Kennen Sie den S. dieses Briefes?* 您认识写这封信的人吗? **2.** *veraltend* [渐旧] ≈ Schriftführer, Sekretär 〈S. bei Gericht sein 是法院的书记员〉 ‖ -K(复合)：***Gerichts-***, ***Kanzlei-*** **3.** *gespr*[口]; ein Bleistift, Kugelschreiber, technisches Schreibgerät *usw* 笔 ‖ zu（义项）**1.** u. **2.** **Schrei·be·rin** *die*; *-*, *-nen*

Schrei·ber·ling *der*; *-s*, *-e*; *pej* [贬]; ein schlechter Autor 粗制滥造的作者,蹩脚的作者

schreib·faul *Adj*（形）; zu faul, Briefe zu schreiben 懒于写信的,手懒的 ‖ *hierzu*（派生）**Schreib·faul·heit** *die*; *nur Sg*（只用单数）

Schreib·ge·schützt *Adj*（形）; *nicht adv*, INFORM（不作状语）【信息】; so, dass man die Daten nicht (aus Versehen) verändern, überschreiben kann 书写安全的

Schreib·kraft *die*; j-d, der die Aufgabe hat, Texte mit der Schreibmaschine od. dem Computer abzutippen 打字员,录入员

Schreib·ma·schi·ne *die*; e-e Maschine, mit der man Buchstaben u. andere Zeichen auf Papier bringt, indem man auf Tasten drückt 打字机 〈S. schreiben 用打字机打字; etw. auf der S. schreiben, tippen 用打字机写、打; ein neues Farbband in die S. einlegen 往打字机里装一盘新色带〉 ‖ K-(复合)：***Schreibmaschinen-***, ***-papier***, ***-schrift*** ‖ ▶ ***maschinengeschrieben***

Schreib·schrift *die*; die Schrift, bei der die einzelnen Buchstaben e-s Wortes miteinander verbunden werden 手写体 ↔ Druckschrift

Schreib·stu·be *die* **1.** MIL【军】; ein Büro in e-r Kaserne(军营中的)文书室 **2.** *hist* [历] ≈ Büro

Schreib·tisch *der*; e-e Art Tisch (oft mit Schubladen), an dem man sitzt, wenn man schreibt, rechnet *usw* 写字台,办公桌,书桌 ‖ K-(复合)：***Schreibtisch-***, ***-lampe***, ***-sessel***, ***-stuhl***

Schreib·tisch|tä·ter *der* **1.** *gespr pej*[口][贬]; j-d, der *z. B.* unter e-m totalitären Regime als Beamter indirekt für großes Unrecht mitverantwortlich ist 犯有渎职罪的人,玩忽职守者 **2.** *hum*[诙]; j-d, der ein minderwertiges Buch *o. Ä.* geschrieben hat 文笔拙劣的作者,蹩脚的作者 ‖ *hierzu*（派生）**Schreib·tisch|tä·te·rin** *die*

Schrei·bung *die*; *-*, *-en* ≈ Schreibweise, Orthografie

Schreib·weise *die*; die Art u. Weise, in der man ein Wort schreibt 写法,拼写法 〈e-e veraltete, moderne S. 过时的、现代的写法〉：*Für „Delphin" gibt es auch die S. „Delfin"* “Delphin”也可写成“Delfin”

schrei·en; *schrie*, *hat geschrien*; Vt/i（及物/不及物）**1.** (***etw.***) ***s.*** etw. mit sehr lauter Stimme rufen 叫,喊,吼 ↔ flüstern 〈Hurra/hurra, um Hilfe s. 欢呼鸣啦,呼救〉：*lautes Schreien hören* 听到大声喊叫; *Die Musik war so laut, dass man s. musste, um sich zu verständigen* 音乐太响了,人们不得不扯着嗓门叫喊才能互相听见; Vi（不及物）**2.** (***vor etw.*** (*Dat* 三格)) ***s.*** ein lautes Geräusch mit der Stimme produzieren 因…而叫喊、叫嚷 ≈ e-n Schrei ausstoßen 〈vor Angst, Schmerz, Wut s. 怕得、疼得叫起来,由于愤怒而喊叫起来〉：*Das Baby schrie vor Hunger* 婴儿饿得哭叫 **3.** ***nach j-m/etw. s.*** mit lauter Stimme fordern, dass j-d zu einem kommt od. dass man etw. bekommt 叫嚷着要…：*Die jungen Vögel schreien nach Futter* 幼鸟叫着要吃食 **4.** ***etw. schreit nach etw.*** *gespr*[口]; etw. hat etw. dringend nötig(物作主语)迫切需要：*Mein Magen schreit nach Essen* 我的肚子咕咕叫,要吃饭; *Dieses Zimmer schreit doch nach e-r neuen Einrichtung* 这个房间急需一套新的陈设; Vr（反身）**5.** ***sich heiser s.*** so lange schreien, bis man e-e raue Stimme hat 喊哑了嗓子 ‖ ID[谚] ***j-d/etw. ist zum Schreien*** *gespr*[口]; j-d/etw. ist sehr lustig 某人/某事实在滑稽,可笑

schrei·end **1.** *Partizip Präsens*（现在分词）; ↑ ***schreien*** **2.** ≈ grell ↔ gedeckt 〈e-e Farbe 颜色〉

Schrei·hals *der*; *gespr pej*[口][贬]; *mst* ein kleines Kind, das oft laut schreit 爱哭闹的小孩,爱吵闹的孩子

Schrei·krampf *der*; ein langes, lautes Schreien (2), das man nicht beenden kann (*mst* wegen e-r extremen psychischen Belastung) 神经质的狂叫,歇斯底里的喊叫 〈e-n S. bekommen 得了爱喊叫的狂躁病〉

Schrein *der*; *-(e)s*, *-e*; *geschr*[书]; ein verziertes Behältnis aus edlem Holz, Glas *o. Ä.*, in dem *mst* religiöse Dinge aufbewahrt werden 圣骨匣,圣物箱 ‖ -K(复合)：***Altar-***, ***Reliquien-***, ***Toten-***

Schrei·ner *der*; *-s*, *-*; ≈ Tischler ‖ *hierzu*（派生）**Schrei·ne·rin** *die*; *-*, *-nen*

Schrei·ne·rei *die*; *-*, *-en* ≈ Tischlerei

schrei·ten; *schritt*, *ist geschritten*; Vi（不及物）**1.** aufrecht u. mit langsamen Schritten gehen, *bes* bei feierlichen Anlässen 缓步行

进,迈步行走:*Das Brautpaar schritt zum Altar* 这对新人走向圣坛(举行婚礼) **2.** 〈ein Flamingo, ein Storch 火烈鸟,鹳〉 **schreitet** ein Flamingo od. ein Storch geht so, wie es für ihre Art typisch ist 踱来踱去 **3. zu etw. s.** mit e-r Handlung beginnen 开始,着手(干某事)〈zur Abstimmung, zum Angriff, zur Tat s. 开始表决、进攻、行动〉

schrie *Imperfekt*, *1. u. 3. Person Sg*(过去时,第一和第三人单数); ↑ **schreien**

schrieb *Imperfekt*, *1. u. 3. Person Sg*(过去时,第一和第三人称单数); ↑ **schreiben**

Schrieb *der*; *-s*, *-e*; *gespr pej*[口][贬] ≈ Brief

Schrift *die*; *-*, *-en* **1.** das System der Zeichen, mit denen man die Laute u. Wörter e-r Sprache schreibt (1)文,文字,字母(语言的书写符号)〈die arabische, chinesische, griechische, kyrillische, lateinische S. 阿拉伯文,中文,希腊文,基立尔字母,拉丁文〉‖ K-(复合): **Schrift-**, **-zeichen** ‖ -K(复合): **Blinden-**, **Geheim- 2.** ein Wort od. mehrere Wörter, die irgendwo geschrieben stehen 字,文字,题词 ≈ Aufschrift: *Die S. auf dem Schild über der Tür war kaum noch lesbar* 门上方牌子上的文字已难以辨认 ‖ -K(复合): **Leucht-**, **Neon- 3.** die Art, wie j-d schreibt (1)字体,笔迹,字迹,书法〈e-e kleine, ungelenke, unleserliche S. 小的、不流畅的、难以辨认的字体; seine S. verstellen 伪装(自己)的笔迹〉: *Ich kann ihre S. einfach nicht lesen/entziffern* 我怎么也认不出她写的字 ‖ K-(复合): **Schrift-**, **-bild**, **-fälscher**, **-probe**, **-sachverständige**(**r**) ‖ -K(复合): **Schön-**, **Hand- 4.** eine von vielen möglichen Formen, in denen e-e S. (1) gedruckt werden kann 体,字体: *Dieses Wort soll in kursiver S. erscheinen* 这个单词应是斜体 ‖ K-(复合): **Schrift-**, **-art**, **-bild**, **-setzer**, **-type** ‖ -K(复合): **Block-**, **Druck-**, **Gold-**, **Kursiv-**, **Maschinen-**, **Zier- 5.** ein geschriebener, *mst* gedruckter Text *bes* mit wissenschaftlichem, religiösem od. politischem Inhalt 论文,文章,著作〈e-e S. verfassen, herausgeben, veröffentlichen 撰写、出版、发表一篇著作; die gesammelten Schriften e-s Autors 一个作者的作品集〉‖ K-(复合): **Schriften-**, **-reihe** ‖ -K(复合): **Anklage-**, **Beschwerde-**, **Bitt-**, **Denk-**, **Hetz-**, **Kampf-**, **Schmäh- 6. die** (**Heilige**) **S.** ≈ die Bibel ‖ K-(复合): **Schrift-**, **-gelehrte**(**r**)

Schrift·form *die*; *mst in* 多用于 **etw. bedarf der S.** *geschr*[书]; etw. muss schriftlich (u. nicht mündlich) gemacht werden(物作主语)需要有书面形式〈ein Antrag, ein Vertrag 一份申请,一项条约〉

Schrift·füh·rer *der*; j-d, der für e-e Gruppe, e-e Versammlung *o. Ä.* Briefe u. Protokolle schreibt 书记,秘书,记录员 ‖ *hierzu*(派生) **Schrift·füh·re·rin** *die*

schrift·lich *Adj*(形); in geschriebener Form 书面的,文字的 ↔ mündlich〈ein Antrag, e-e Prüfung 申请,考试; j-m etw. s. geben 将某物以书面形式交给某人; etw. s. bekommen 以书面形式收到某物〉‖ -K(复合): **hand-**, **maschinen-** ‖ ID [谚] *mst* 多用 **Das kannst du s. haben!** das kannst du mir glauben! 这事你可以放心! ‖ *hierzu*(派生) **Schrift·lich·keit** *die*; *nur Sg*(只用单数)

Schrift·satz *der*; JUR【法】; ein geschriebener Antrag od. e-e geschriebene Erklärung e-s Rechtsanwalts in e-m Gerichtsverfahren 书面申请,书面声明,书面辩护

Schrift·spra·che *die*; die geschriebene Form e-r Sprache, die e-r bestimmten Norm entspricht u. die man in der Schule lernt 书面语言 ≈ Hochsprache ↔ Umgangssprache ‖ *hierzu*(派生) **schrift·sprach·lich** *Adj*(形)

Schrift·stel·ler *der*; *-s*, *-* ≈ Autor〈ein freier, zeitgenössischer S. 自由作家,同时代的作家〉‖ -K(复合): **Jugend-**, **Nachwuchs-**, **Prosa-**, **Roman-** ‖ *hierzu*(派生) **Schrift·stel·le·rin** *die*; *-*, *-nen*; **schrift·stel·le·risch** *Adj*(形)

Schrift·stück *das*; ein offizieller, geschriebener Text 文本,文件,公文〈ein amtliches, wichtiges S. 官方的、重要的文件; ein S. aufsetzen, unterzeichnen, verlesen 起草、签署、宣读一份文件〉

Schrift·ver·kehr *der*; *nur Sg*, ADM *geschr*(只用单数)【管理】[书] ≈ Briefwechsel: *der S. mit e-r Behörde* 与当局的书信往来

Schrift·zug *der*; das individuelle Erscheinungsbild e-s geschriebenen Wortes, e-r Unterschrift *o. Ä.* 笔法,笔路,笔迹〈ein unleserlicher S. 难以辨认的笔迹〉

schrill *Adj*(形);〈ein Klingeln, ein Schrei, e-e Stimme, ein Ton 铃声,叫声,嗓音,声音〉so hoch u. laut, dass sie unangenehm sind 刺耳的,尖锐的 ‖ *hierzu*(派生) **schril·len** (*hat*) *Vi*(不及物); **Schrill·heit** *die*; *nur Sg*(只用单数)

schritt *Imperfekt*, *1. u. 3. Person Sg*(过去时,第一和第三人称单数); ↑ **schreiten**

Schritt *der*; *-(e)s*, *-e* **1.** die Bewegung, mit der man beim Gehen od. Laufen e-n Fuß hebt u. *mst* vor den anderen setzt 步,步子,步伐,脚步〈ein kleiner, langer, schneller S. 小步,大步,快步; e-n S. nach vorn, nach hinten, zur Seite machen 向前、向后、向旁边跨一步; e-n S. zurücktreten 退后一步〉: *Er stieg mit schweren, müden Schritten die Treppe hinauf* 他迈着沉重的、疲乏的步子爬上楼梯 ‖ K-(复合): **Schritt-**, **-länge**, **-weite 2.** *nur Sg*(只用单数); die Art, wie j-d geht 脚步,步态 ≈ Gang[1] (1)〈j-n am S. erkennen 从脚步声知道某人〉‖ -K(复合): **Lauf-**, **Stech-** ‖ NB(注意): *Schritt* verwendet man *bes* für den akustischen, *Gang* für den optischen Eindruck(Schritt 尤其指走路的声音,Gang 则指走路的姿势) **3.** *nur Sg*(只用单数); die langsamste Art e-s Pferdes *o. Ä.* zu gehen(马匹等的)慢步 ↔ Trab, Galopp〈ein Pferd (im) S. gehen lassen 让马慢慢走〉**4.** e-e Entfernung, die der Länge e-s normalen Schrittes (1) entspricht 步,步幅: *Es sind nur noch ein paar Schritte bis zum Gipfel* 离顶峰还只有几步远; *Die Straße ist etwa zehn Schritt/Schritte breit* 马路约十步宽 **5.**

eine von mehreren Handlungen, die zu etw. nötig sind 步骤,措施 ≈ Maßnahme 〈die nötigen Schritte einleiten, unternehmen, um ...采取必要的步骤,为了…〉: *rechtliche Schritte gegen e-e Firma einleiten* 对一家公司采取法律措施; *Unser nächster S. muss sehr gut überlegt werden* 我们的下一步必须好好考虑 **6. der erste S.** ≈ der Anfang: *bei e-r Versöhnung den ersten S. tun* 在和解方面迈出第一步 **7.** *mst Sg*(多用单数); der Teil der Hose, an dem die Hosenbeine innen zusammentreffen 裤裆: *Die Hose spannt im S.* 这条裤子裤裆绷得太紧 **8. im S.** so schnell, wie ein Mensch geht 以步行速度,慢速〈(im) S. fahren 慢速驾驶〉‖ K-(复合): ***Schritt-, -geschwindigkeit, -tempo*** **9.** *nur Sg*(只用单数) ≈ Gleichschritt 〈aus dem S. kommen 走乱了脚步〉: *Sie gingen / blieben im S.* 他们行走/保持步伐整齐 **10. S. für S.** ≈ allmählich **11. S. um / für S.** langsam u. vorsichtig 一步一步(地): *Er bewegte sich mit seinen Krücken S. für S. auf den Ausgang zu* 他拄着双拐一步一步地朝出口走去 ‖ ID[谚] ***mit j-m / etw. S. halten*** **a)** genauso schnell gehen, laufen *o. Ä.*, wie sich j-d/etw. bewegt 跟上…的步伐,跟…保持同样的速度(同步) ↔ hinter j-m/etw. zurückbleiben; **b)** (in Bezug auf Personen) genauso viel leisten wie ein anderer, (in Bezug auf Sachen) sich genauso schnell entwickeln wie etw. anderes 与某人不分伯仲,并驾齐驱/与某事同步发展; ***j-m auf S. u. Tritt folgen*** j-m überallhin folgen 步步紧跟某人,形影不离地跟着某人; ***einen S. zu weit gehen*** etw. tun, das verboten ist od. das e-e Norm verletzt 越轨一步; ***den zweiten S. vor dem ersten tun*** bei etw. nicht alles der Reihe nach machen, sondern die Reihenfolge der Schritte (5) durcheinanderbringen 办事不按部就班,办事不循序渐进 ‖ *zu*(义项) **5.** u. **10. schritt·wei·se** *Adj*(形); *mst adv*(多作状语)

Schritt·ma·cher *der* **1.** j-d, der in e-m Wettkampf vor den anderen herläuft *o. Ä.* u. dadurch das Tempo bestimmt(赛跑中的)领跑运动员 **2.** j-d, der neue Dinge tut u. denkt u. dadurch anderen ein Vorbild ist 带头人 **3.** *Kurzw*(略) ↑ ***Herzschrittmacher***

schroff, *schroffer, schroffst-; Adj*(形) **1.** sehr unfreundlich 生硬的,粗暴的,不讲情面的 ≈ barsch 〈e-e Antwort, ein Verhalten 回答,行为; etw. s. ablehnen 生硬地拒绝〉 **2.** sehr plötzlich u. ohne Vorwarnung 突如其来的,陡然的〈ein Ende, ein Übergang 结束,转变; sich s. von j-m abwenden 突然与某人疏远〉 **3.** sehr steil 陡峭的,陡立的,险峻的〈ein Abhang, e-e Felswand 斜坡,崖壁; etw. fällt s. ab 某物陡直地落下〉 ‖ *hierzu*(派生) **Schroff·heit** *die*; *nur Sg*(只用单数)

schröp·fen; *schröpfte, hat geschröpft*; Vt (及物) ***j-n s.*** *gespr pej*[口][贬]; viel Geld von j-m verlangen 过量索取…的钱,宰,让…放血〈seine Kunden, seine Klienten s. 宰顾客、委托人〉

Schrot *das, der*; *-(e)s*; *nur Sg, Kollekt*(只用单数)(集合) **1.** grob gemahlene (Getreide)-Körner 粗磨的谷粒,粗磨的麦粉〈Getreide zu S. mahlen 把粮食碾成粗粒〉‖ K-(复合): ***Schrot-, -brot, -korn, -mühle*** ‖ -K(复合): ***Roggen-, Weizen-*** **2.** kleine (Blei)Kugeln in e-r Patrone 霰弹〈mit S. schießen 用霰弹射击; e-e Ladung S. abbekommen 挨了一枪霰弹〉‖ K-(复合): ***Schrot-, -flinte, -kugel*** ‖ ID[谚] ***von echtem S. u. Korn*** *veraltend*[渐旧]; anständig u. fleißig 诚实而勤奋 ‖ *zu*(义项) **1. schro·ten** (*hat*) *Vt*(及物)

Schrott *der*; *-(e)s*; *nur Sg*(只用单数) **1.** alte Dinge aus Metall, die man nicht mehr gebrauchen kann 废金属,废钢铁,废铜烂铁〈S. sammeln 收集废金属; mit S. handeln 做废金属生意〉‖ K-(复合): ***Schrott-, -handel, -händler, -haufen, -platz, -presse*** **2.** *gespr pej*[口][贬]; etw., das schlecht od. nutzlos ist 破烂,垃圾,废料 ≈ Schund **3. *etw. zu S. fahren*** ein Fahrzeug bei e-m Unfall so beschädigen, dass es nicht mehr repariert werden kann(因出车祸)使报废,使彻底毁坏: *Er hat sein neues Auto zu S. gefahren* 他把新汽车撞坏报废了 ‖ NB(注意): ↑ ***Abfall***

schrott·reif *Adj*(形); so beschädigt od. alt, dass es nur noch als Schrott (1) zu bezeichnen ist 该报废的,破旧得可报废的〈ein Auto 小汽车〉

schrub·ben; *schrubbte, hat geschrubbt*; Vt/i (及物/不及物) **(*etw.*) *s.*** *gespr*[口]; den Boden e-s Zimmers reinigen, indem man ihn kräftig mit e-r Bürste, e-m Schrubber reibt(用刷子)刷,刷洗〈e-n Fußboden, die Küche s.刷地(面)、厨房〉

Schrub·ber *der*; *-s, -*; e-e Art Besen mit langem Stil u. kurzen, harten Borsten, mit dem man e-n Fußboden scheuert (1)长柄刷子,地板刷子

Schrul·le *die*; *-, -n* **1.** e-e seltsame Angewohnheit od. Idee 怪癖,怪念头 ≈ Marotte 〈(den Kopf voller) Schrullen haben 有(满脑子的)怪念头〉: *Er trägt oft zwei verschiedene Socken. Das ist so e-e S. von ihm* 他常常穿着两只不成对的袜子。这是他的一种怪癖 **2.** *gespr pej*[口][贬]; e-e (alte) Frau mit komischen Angewohnheiten 古怪的老太婆 ‖ *hierzu*(派生) **schrul·len·haft** *Adj*(形); **schrul·lig** *Adj*(形)

schrum·pe·lig *Adj*(形); ↑ ***schrumplig***

schrum·pfen; *schrumpfte, ist geschrumpft*; Vi (不及物) **1. *etw. schrumpft*** etw. verliert Feuchtigkeit u. wird dadurch kleiner(物作主语)干瘪,皱缩,蔫了〈ein Apfel, Leder 苹果,皮革〉 **2. *etw. schrumpft*** etw. wird kleiner(物作主语)收缩,减少,缩小 ↔ etw. wächst 〈Einkünfte, das Kapital, Vorräte 收入,资金,储备〉 ‖ *hierzu*(派生) **Schrump·fung** *die*

schrump·lig *Adj*(形); ohne Feuchtigkeit u. mit vielen Falten 干瘪的,起皱的 ≈ runzlig 〈ein Apfel, e-e Haut 苹果,皮肤〉

Schrun·de *die*; *-, -n*; ein Riss in der Haut 裂口,皲裂〈Blasen u. Schrunden haben 打泡起裂口〉‖ *hierzu*(派生) **schrun·dig** *Adj*(形)

Schub *der*; *-(e)s, Schü·be* **1.** die Kraft, die

etw. antreibt, in Bewegung setzt 推力：*der S., den e-e Rakete beim Start braucht* 火箭发射时所需要的推力 ‖ K-(复合)：**Schub-**, **-kraft**, **-leistung**, **-wirkung** **2.** MED【医】≈ Anfall ⟨ein depressiver, manischer S. 抑郁性、躁狂性阵发⟩：*e-e Krankheit, die in Schüben auftritt* 阵发性疾病 **3. ein S.** + *Subst*(名词)(*Pl* 复) e-e Gruppe von Personen, Dingen, mit denen etw. gleichzeitig geschieht 一批，一组：*den nächsten S. Besucher ins Museum lassen* 让下一批参观者进入博物馆 **4.** ≈ Stoß[1] (1)：*alle Kegel auf einen S. umwerfen* 一掷把所有瓶柱都击倒 ‖ *zu*(义项) **2.** u. **3. schub·wei·se** *Adj*(形)；*mst adv*(多作状语)

Schub·fach *das* ≈ Schublade

Schub·kar·re *die*；**Schub·kar·ren** *der*；e-e Art kleiner Wagen mit e-m Rad u. zwei langen Griffen am hinteren Ende, den man vor sich her schiebt 独轮手推车

Schub·la·de *die*；-, *-n*；ein Kasten, der oben offen ist u. den man aus e-m Schrank, e-r Kommode *o. Ä.* herausziehen kann 抽屉 ≈ Schubfach ⟨die S. klemmt 抽屉卡住了；e-e S. herausziehen, hineinschieben 拉开、推入抽屉⟩ ‖ -K(复合)：**Kommoden-**, **Nachttisch-**, **Schreibtisch-**

Schubs *der*；*-es*, *-e*；*gespr*［口］；ein leichter Stoß 轻推，轻撞 ⟨j-m e-n S. geben 推某人一下⟩

schub·sen；*schubste*, *hat geschubst*；Vt(及物) ***j-n (irgendwohin) s.*** *gespr*［口］；j-n leicht stoßen (u. dadurch irgendwohin bewegen) (轻轻地)推，挤，撞：*j-n von der Bank s.* 把某人挤下长凳

schüch·tern *Adj* (形) **1.** mit wenig Selbstvertrauen u. deswegen sehr zurückhaltend im Kontakt mit anderen Menschen (因缺乏自信而)胆怯的，拘谨的，畏缩的⟨ein Mensch 人⟩ **2.** ⟨ein Blick, ein Annäherungsversuch 目光，接近(某人)的尝试⟩ so, dass sie die Unsicherheit des Betreffenden zeigen 腼腆的，羞怯的，怕羞的：*j-n s. anlächeln* 腼腆地向某人笑一笑 ‖ *hierzu*(派生) **Schüch·tern·heit** *die*；*nur Sg*(只用单数)

schuf *Imperfekt*, *1. u. 3. Person Sg*(过去时，第一和第三人称单数)；↑ ***schaffen***[2]

schü·fe *Konjunktiv II*, *1. u. 3. Person Sg*(虚拟式 II，第一和第三人称单数)；↑ ***schaffen***

Schuft *der*；*-(e)s*, *-e*；*hum od pej*［诙］或［贬］；j-d, der böse ist 恶棍，坏蛋 ≈ Schurke ‖ *hierzu* (派生) **schuf·tig** *Adj*(形)

schuf·ten；*schuftete*, *hat geschuftet*；Vi *gespr* (不及物)［口］；schwer arbeiten 拼命工作，苦干，辛劳地干活 ≈ ackern (2) ‖ *zu* ***Schufterei*** ↑ ***-ei***

Schuh *der*；*-s*, *-e*；das Kleidungsstück für den Fuß, das *mst* aus Leder ist 鞋 ⟨der linke, rechte S. 左脚的、右脚的鞋；ein ausgetretener, abgelaufener, bequemer, enger, weiter, leichter, flacher S. 穿惯了的、穿坏了的、舒适的、紧的、宽松的、轻便的、平底的鞋；ein S. mit hohem Absatz 高跟鞋；ein S. zum Binden/Schnüren 系带鞋；der S. drückt, passt/sitzt 这鞋挤脚、合脚；die Schuhe anziehen, binden, schnüren, putzen, neu besohlen lassen 穿鞋，系、系上鞋带，擦鞋，给鞋打鞋掌⟩ ‖ K-(复合)：***Schuh-***, ***-bürste***, ***-creme***, ***-fabrik***, ***-geschäft***, ***-karton***, ***-macher***, ***-schachtel***, ***-sohle***, ***-spitze***, ***-wichse***；***-größe***, ***-nummer*** ‖ -K(复合)：***Filz-***, ***Gummi-***, ***Lack-***, ***Leder-***, ***Leinen-***, ***Stoff-***；***Baby-***, ***Braut-***, ***Damen-***, ***Herren-***, ***Kinder-***；***Bade-***, ***Berg-***, ***Haus-***, ***Lauf-***, ***Ski-***, ***Sport-***, ***Straßen-***, ***Tennis-***, ***Turn-***, ***Wander-*** ‖ ID［谚］***j-m etw. in die Schuhe schieben*** *gespr*［口］；j-m die Schuld für etw. geben, das er nicht getan hat 把某事嫁祸于某人，把某事的责任推给某人；***wissen, wo j-n der S. drückt*** *gespr*［口］；wissen, welche Probleme es gibt 知道某人的难处(苦衷)；***Umgekehrt wird ein S. draus*** *gespr*［口］；etw. muss andersherum gemacht od. gesagt werden 事情应该倒过来做或说才对；*mst* 多用 ***Ich möchte nicht in seinen/ihren Schuhen stecken*** *gespr*［口］；ich möchte nicht an seiner/ihrer Stelle sein (weil er/sie Probleme hat)我可不愿是他(她)那种处境 ‖ NB(注意)：↑ ***Stiefel*** ‖ ↑ *Abb. Seite 1593* 图见 1593 页

Schuh·band *das*；*bes südd* Ⓐ 尤用于［南德］［奥］≈ Schnürsenkel ‖ ↑ *Abb. unter* 图见 ***Schnur***, ***Schuhe***

Schuh·löf·fel *der*；ein langer, flacher Stab, den man an der Ferse in den Schuh steckt, damit man ihn leichter anziehen kann 鞋拔子

Schuh·platt·ler *der*；*-s*, *-* **1.** ein (Volks) Tanz in Bayern u. Österreich, bei dem die Männer sich mit den Händen auf Schuhsohlen, Knie u. Hintern schlagen 拍鞋舞(巴伐利亚和奥地利的一种民间舞蹈) **2.** j-d, der e-n S. (1) tanzt 跳拍鞋舞的人 ‖ *hierzu*(派生) **schuh·plat·teln** *Vi nur im Infinitiv*(不及物)(只用不定式)

Schuh·put·zer *der*；*-s*, *-* **1.** j-d, der auf der Straße für Geld Schuhe putzt 擦皮鞋的人 **2.** ein Gerät, das automatisch Schuhe putzt 擦鞋机

Schuh·werk *das*；*nur Sg*, *Kollekt*(只用单数)(集合) ≈ Schuhe ⟨festes, gutes, stabiles S. 结实的、优质的、坚固的鞋⟩

Schu·ko·ste·cker® *der*；(*Abk für* 缩写，全称为 Schutzkontaktstecker) ein Stecker an e-m elektrischen Gerät, der besonderen Schutz vor Stromschlag bietet(带保护接地触点的)安全插头，保险插头 ‖ ↑ *Abb. unter* 图见 ***Stecker***

Schul|ab·gän·ger *der*；*-s*, *-*；ein Schüler, der seine Schulzeit beendet 中、小学毕业生 ↔ Schulanfänger ‖ *hierzu*(派生) **Schul|ab·gän·ge·rin** *die*；-, *-nen*

Schul·ar·beit *die* **1.** e-e Aufgabe, die man in der Schule bekommt u. zu Hause machen muss 家庭作业 ≈ Hausaufgabe ⟨(die/seine) Schularbeiten machen 做家庭作业；Schularbeiten aufhaben 有家庭作业要做⟩ **2.** e-e (angekündigte) schriftliche Prüfung in der Schule 笔试，单元考试 ≈ Klassenarbeit

Schuhe

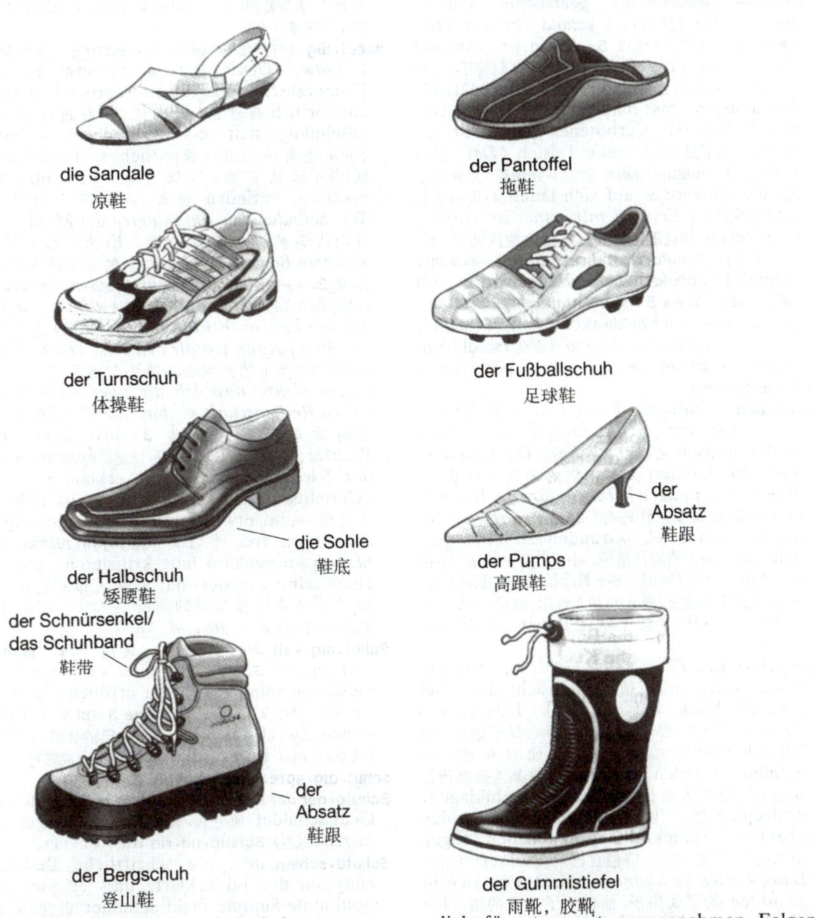

Schul·auf·ga·be *die* ≈ Schularbeit (1,2)

Schul·bank *die*; *veraltend* [渐旧]; ein Tisch in der Schule mit e-r Bank für Schüler 课桌椅 ‖ ID[谚] ***die S. drücken*** *gespr* [口]; zur Schule gehen 上学; ***mit j-m die S. gedrückt haben*** *gespr* [口]; mit j-m in derselben (Schul)-Klasse gewesen sein 曾与某人同班

Schul·bei·spiel *das*; ein typisches, oft verwendetes Beispiel 常用的典型例子

Schul·bil·dung *die*; die Bildung, die Kinder in der Schule bekommen 中小学教育 ⟨e-e abgeschlossene, gute S. haben 受过完整的、良好的中小学教育⟩

Schul·bus *der*; ein Bus, der Kinder in die Schule u. nachher wieder nach Hause bringt (接送孩子上学的)校车

schuld *Adj*（形）; *nur in* 只用于 ***j-d/etw. ist*** (***an etw.*** (*Dat* 三格)) ***s.*** j-d ist verantwortlich für etw. mit unangenehmen Folgen, etw. ist die Ursache von etw. Unangenehmem 某人(对…)有过错，负有责任/某事是…的原因: *Du bist s. daran, dass wir den Zug verpasst haben* 我们错过了火车，这都是你的错

Schuld *die*; -; *nur Sg* (只用单数) **1. *die S.*** (***an etw.*** (*Dat* 三格)/***für etw.***) die Verantwortung für etw. Böses, Unmoralisches od. Verbotenes (对…)负有责任、罪责 ≈ Unschuld ⟨die S. haben, tragen 负有、承担责任; seine S. bekennen, leugnen 供认、否认自己的罪责; die S. von sich weisen 推卸罪责; die S. liegt bei j-m/etw. 责任在于某人/某事; j-m/etw. die S. zuschreiben 把责任归咎于某人/某事; die S. auf j-n abwälzen, schieben 把过错转嫁于、推卸给某人⟩: *Der Staatsanwalt konnte die S. des Angeklagten nicht beweisen* 检察官无法证实被告的过错; *Er nahm die S. für den Unfall auf sich*

S

他把事故的责任揽到自己身上 ‖ K-（复合）：**Schuld-**，**-bekenntnis**，**-geständnis**，**-zuweisung** ‖ NB（注意）：↑ **schuld** **2.** ***j-m/etw.*** （***an etw.***（*Dat* 三格）） ***S. geben*** j-n/ etw. als Ursache für etw. ansehen（把…）归咎于…，认为…是…的责任、过错、过失、罪责 **3.** das quälende Bewusstsein, dass man für etw. Böses, Unmoralisches od. Verbotenes verantwortlich ist 愧疚；负罪感 ↔ Unschuld〈sich（*Dat* 三格）keiner S. bewusst sein 意识不到愧疚，无愧疚之感；e-e schwere S. auf sich laden 心头压着沉重的负罪感〉：*Er wird mit seiner S. einfach nicht fertig* 他就是无法摆脱自己的愧疚感 ‖ K-（复合）：**Schuld-**，**-bewusstsein**，**-gefühl**，**-komplex**；**schuld-**，**-beladen**，**-bewusst** ‖ ID［谚］（***tief***） ***in j-s S. sein/stehen*** *geschr*［书］；j-m für etw.（sehr）dankbar sein（深深）感激某人，对某人感激不尽 ‖ *hierzu*（派生）**schuld·haft** *Adj*（形）；**schuld·los** *Adj*（形）‖ NB（注意）：↑ ***zuschulden***

schul·den；*schuldete*，*hat geschuldet*；[*Vt*]（及物）**1.**（***j-m***） ***etw. s.*** j-m noch Geld（zurück）zahlen müssen 欠（债），应付给：*Du schuldest mir noch hundert Euro* 你还欠我一百欧元；*Wie viel schulde ich Ihnen für die Reparatur?* 我应付你多少修理费？**2.** ***j-m etw. s.*** aus moralischen *o. Ä.* Gründen zu etw. verpflichtet sein 有责任给予，对…负有…义务〈j-m e-e Antwort, Dank, e-e Erklärung, Respekt s. 尚未给某人答复，尚未对某人致谢、解释，对某人有失尊重〉‖ NB（注意）：kein Passiv（不用被动语态）！

Schul·den *die*；*Pl*（复）；das Geld, das man j-m noch zahlen muss 债，债务〈Schulden（bei j-m, der Bank, auf der Bank）haben, machen 欠（某人的，银行的）债；sich（*Akk* 四格）in Schulden stürzen 负债累累，债台高筑；j-s Schulden stunden, erlassen 允许某人延期清偿债务，免除某人的债务；Schulden einklagen, eintreiben 起诉索债，追回债款；seine Schulden abzahlen, zurückzahlen, begleichen, tilgen 分期偿付、偿还、结清、清偿自己的债务〉：*Um das Haus kaufen zu können, stürzten sie sich in Schulden* 为了买房子，他们欠了一身的债；*Ich glaube, ich habe noch Schulden bei dir* 我想，我还欠你的钱 ‖ K-（复合）：**Schulden-**，**-berg**，**-erlass**，**-last**；**Schuld-**，**-recht**，**-zins** ‖ -K（复合）：**Bank-**，**Kredit-**，**Spiel-**，**Steuer-** ‖ ID［谚］***tief in Schulden/bis über beide Ohren in Schulden stecken*** *gespr*［口］；viele Schulden haben 负债累累，债台高筑 ‖ *hierzu*（派生）**schul·den·frei** *Adj*（形）

schuld·fä·hig *Adj*（形）；JUR【法】；in e-m（geistigen u. psychischen）Zustand, in dem einem bewusst ist, wenn e-e Handlung nicht richtig ist u. bestraft werden kann 有责任能力的 ↔ schuldunfähig ‖ *hierzu*（派生）**Schuld·fä·hig·keit** *die*；*nur Sg*（只用单数）

Schuld·fra·ge *die*；die Frage, wer od. was die Schuld（1）an etw. hat 责任问题〈die S. klären 澄清责任问题〉

Schul·dienst *der*；die Tätigkeit als Lehrer in e-r Schule 教务工作，教学工作〈in den S. gehen 去教书，去当教师；aus dem S. ausscheiden 从教学工作中退下来〉

schul·dig *Adj*（形）；*ohne Steigerung*（无变级）**1.**（***etw.***（*Gen* 二格）） ***s.*** für etw. Böses, Unmoralisches od. für ein Verbrechen verantwortlich 有罪的，有责任的，有过失的 ↔ unschuldig〈sich（e-s Verbrechens）s. machen 犯有…过失（罪）；sich s. bekennen, fühlen 承认有罪，感到有罪；j-n（für）s. erklären, befinden 宣布、认定某人有罪〉：*Wir befinden den Angeklagten des Mordes s.* 我们认为被告犯有谋杀罪；*Er hat sich des schweren Betrugs s. gemacht* 他犯了严重的欺诈罪 **2.**（***j-m***） ***etw. s. sein/bleiben*** j-m etw. schulden（1，2）欠…的（债）；对…负有…责任：*Ich bin ihm noch fünfzig Euro s.* 我还欠他50. 欧元；*Kann ich dir den Rest erst mal s. bleiben?* 余下的款我能不能先欠着你的？；*Ich glaube nicht, dass ich dir über mein Verhalten Rechenschaft s. bin* 我不认为，我有责任向你解释我的行为 **3.** *mst* 多用〈der Richter, das Gericht 法官，法庭〉***spricht j-n s.*** der Richter, das Gericht erklärt in e-m（Gerichts）Urteil, dass j-d s.（1）ist 宣判某人有罪 ≈ j-d/etw. verurteilt j-n ↔ j-d/etw. spricht j-n frei ‖ ID［谚］***j-m nichts s. bleiben*** j-n genauso hart kritisieren, wie er einen selbst kritisiert hat 给某人以相应的反击，对某人作针锋相对的回答 ‖ *zu*（义项）**1.** **Schul·di·ge** *der/die*；*-n*，*-n*

Schul·dig·keit *die*；*nur in* 只用于 **1.** ***seine*** （***Pflicht u.***） ***S. tun*** das tun, was man tun muss, um seine Pflicht zu erfüllen 尽自己的（义务和）责任 **2.** ***etw. tut seine S.*** etw. erfüllt seinen Zweck（物作主语）达到自己的目的 ‖ NB（注意）：*mst* im Perfekt（多用现在完成时）！

schul·dig·spre·chen ↑ ***schuldig***（3）

Schuld·ner *der*；*-s*，*-*；j-d, der einem anderen Geld schuldet 债务人，负债者 ↔ Gläubiger ‖ *hierzu*（派生）**Schuld·ne·rin** *die*；*-*，*-nen*

Schuld·schein *der*；e-e schriftliche Bestätigung, in der j-d erklärt, dass er j-m e-e bestimmte Summe Geld schuldet 借据，欠条〈j-m e-n S. ausstellen 给某人立借据〉

Schuld·spruch *der*；ein（Gerichts）Urteil, in dem der Angeklagte für schuldig befunden wird 判决书，判罪

Schuld·ver·schrei·bung *die*；WIRTSCH【经】；ein Wertpapier mit festem Wert u. festen Zinsen 债券

Schu·le *die*；*-*，*-n* **1.** e-e Institution, die dazu dient, *bes* Kindern Wissen zu vermitteln u. sie zu erziehen（中、小）学校〈in die S. kommen 来到学校；in die/zur S. gehen 去上学；die S. besuchen 念书，上学；aus der S. kommen 放学回来；die S. verlassen 离开学校；von der S. gewiesen werden, fliegen, abgehen 被学校开除，被赶出学校，离开学校〉：*Er ist in der S. zweimal sitzen geblieben* 他在学校留级两次；*„Nicht für die S., sondern fürs Leben lernen wir" ist ein bekanntes Sprichwort* “我们学习不

是为了学校，而是为今后的一生”——这是一句人所共知的至理名言 ‖ K-（复合）：**Schul-**，**-abschluss**，**-amt**，**-anfänger**，**-arzt**，**-(aufsichts)-behörde**，**-chor**，**-direktor**，**-klasse**，**-lehrer**，**-leiter**，**-orchester**，**-pädagogik**，**-reform**，**-sprecher**，**-stufe**，**-system**，**-zeugnis**；**-junge**，**-kind**，**-mädchen**；**-freund**，**-kamerad** ‖ -K（复合）：**Abend-**，**Ganztags-**，**Tages-**；**Blinden-**，**Ingenieur-**，**Jungen-**，**Mädchen-**；**Berufs-**，**Fach-**，**Fahr-**，**Handels-**，**Haushalts-**，**Reit-**，**Ski-**，**Segel-**，**Tanz-**；**Kloster-**，**Privat-**，**Staats-** ‖ NB（注意）：↑ **Grund-**，**Haupt-**，**Hoch-**，**Mittel-**，**Real-**，**Volksschule**；**Gymnasium** **2.** das Gebäude, in dem e-e S.（1）ist（中小）学校（指校舍）：*Bei uns bauen sie e-e neue S.* 他们正在我们这里修建一所新学校 ‖ K-（复合）：**Schul-**，**-gebäude**，**-glocke**，**-haus**，**-hof** **3.** der Unterricht an e-r S.（1）课程，功课，学业〈(die) S. schwänzen 旷课，逃学〉：*Die S. fängt um acht Uhr an u. hört um ein Uhr auf* 八点钟上课，一点钟放学；*Morgen habe ich erst später S.* 明天（我）上课晚 ‖ K-（复合）：**Schul-**，**-angst**，**-atlas**，**-aufsatz**，**-beginn**，**-besuch**，**-buch**，**-fach**，**-ferien**，**-fernsehen**，**-funk**，**-grammatik**，**-heft**，**-kenntnisse**，**-mappe**，**-pflicht**，**-ranzen**，**-reife**，**-schluss**，**-stress**，**-stunde**，**-tag**，**-tasche**，**-wissen**，**-zeit** **4.** *Kollekt*（集合）；die Lehrer u. Schüler e-r S.（1）（中小）学校（全体师生）：*Alle Schulen der Stadt beteiligten sich an dem Sportfest* 市里所有学校都参加这次运动会 **5.** e-e bestimmte Richtung u. Meinung in der Wissenschaft od. in der Kunst, die *bes* von einer Persönlichkeit bestimmt wird 学派，流派：*die Frankfurter S.* 法兰克福学派；*die S. Leonardo da Vincis* 达·芬奇（意大利文艺复兴时期著名画家、雕塑家、建筑家和工程师 1452—1519）学派 **6.** *nur Sg*（只用单数）；e-e bestimmte Ausbildung od. Erziehung, die j-d bekommen hat 教育，教养：*Er ist ein Kavalier der alten S.* 他是一位很有风度和教养的男子；*Man merkt ihnen ihre gute S. an* 看得出他们受过良好的教育 **7.** **die Hohe / hohe S.** schwierige Dressurübungen beim Reiten 马术高难动作训练 ‖ ID［谚］*mst* 多用 **Sein / Ihr Beispiel macht S.** sein/ihr Verhalten wird von vielen nachgeahmt 他/她的榜样为众人所效法；**aus der S. plaudern** Außenseitern von den inneren Angelegenheiten des Betriebs *o. Ä.* erzählen, in dem man arbeitet 把内部的事情捅出去；**bei j-m in die S. gehen** etw., *bes* ein Handwerk, von j-m lernen 向某人学习技艺，跟某人学手艺；*mst* 多用 **ein Kavalier der alten S.** ein (*mst* älterer) Herr mit sehr guten Manieren, viel Charme *usw* 一位很有风度和教养的男子，旧派绅士

schu·len; *schulte*, *hat geschult*; [*Vt*]（及物）**1.** **j-n s.** j-n bestimmte Fähigkeiten lehren, die er *bes* beruflich nutzen kann 培训，教育，传授 ≈ fortbilden〈j-n politisch, psychologisch s. 从政治上、心理学上培训某人〉：*Er wurde in Abendkursen geschult, wie man sich in Verhandlungen durchsetzt* 他在夜校接受培训，学习如何进行谈判 **2.** **etw. s.** durch Übung bewirken, dass etw. besser wird 训练〈das Auge, das Gedächtnis, das Gehör s. 训练视力、记忆力、听力〉**3.** **ein Tier s.** ≈ dressieren ‖ *hierzu*（派生）**Schu·lung** *die*；-, *-en*

Schü·ler *der*；*-s*, - **1.** ein Kind od. ein Jugendlicher, die zur Schule gehen（中小学）学生〈ein guter, schlechter, fleißiger S. 一个好的、差的、用功的学生〉：*e-e Klasse mit dreißig Schülern* 一个 30 个学生的班级 ‖ K-（复合）：**Schüler-**，**-austausch**，**-vertreter**，**-zeitung** ‖ -K（复合）：**Grund-**，**Haupt-**，**Real-**；**Durchschnitts-**，**Muster-** **2.** j-d, der e-n Beruf, e-e Kunst *o. Ä.* von j-m lernt od. gelernt hat 弟子，门生，门徒：*ein S. Einsteins* 爱因斯坦的弟子 ‖ -K（复合）：**Meister-** ‖ *hierzu*（派生）**Schü·le·rin** *die*；-, *-nen*

Schü·ler·lot·se *der*；ein Schüler, der aufpasst, dass jüngere Schüler sicher über die Straße gehen können, indem er Autos anhält *o. Ä.* 带领学生们横穿马路的学生 ‖ *hierzu*（派生）**Schü·ler·lot·sin** *die*

Schü·ler·schaft *die*；-；*nur Sg*, *Kollekt*（只用单数）（集合）；die Schüler e-r Schule（全校）学生

Schul·geld *das*；*nur Sg*（只用单数）；das Geld, das man bezahlen muss, damit man e-e bestimmte Privatschule besuchen kann 学费

Schul·heft *das* **1.** ein Heft(1) für Schüler 作业本，练习本：*neue Schulhefte für die Kinder kaufen* 给孩子们买新的作业本 **2.** ein Heft(1), in das die Schüler im Unterricht schreiben 课堂练习本：*In Mathe haben wir ein Heft für die Hausaufgaben u. ein S.* 算术课我们有一本家庭作业本和一本课堂练习本

schu·lisch *Adj*（形）；*nur attr od adv*（只作定语或状语）；in Bezug auf die Schule (1,3) 学校的，有关学习的〈e-e Frage, ein Problem, j-s Leistungen 问题，疑难，某人的成绩〉

Schul·jahr *das*；die Zeit (etwa ein Jahr), in der man in e-r bestimmten Schulklasse ist u. Unterricht hat 学年：*Das neue S. beginnt nach den Sommerferien* 暑假过后开始新学年 ‖ K-（复合）：**Schuljahres-**，**-beginn**，**-ende**

Schul·me·di·zin *die*；*nur Sg*（只用单数）；die Art der Medizin, die an der Universität gelehrt wird (im Gegensatz zu weniger anerkannten Methoden) 正规的医学，现代医学

Schul·meis·ter *der*；*pej*［贬］；j-d, der andere gern korrigiert u. belehrt 爱指手划脚的人，好为人师的人 ‖ *hierzu*（派生）**Schul·meis·te·rin** *die*；**schul·meis·ter·lich** *Adj*（形）；**schul·meis·tern** (*hat*) *Vt/i*（及物/不及物）

Schul·ord·nung *die*；*Kollekt*（集合）；die Vorschriften u. Regeln, die für die Schule u. in der Schule gelten 校规，学校守则

schul·pflich·tig *Adj*（形）；*nicht adv*（不作状语）；〈ein Kind 儿童〉in dem Alter, in dem es zur Schule gehen muss 应受义务教育的，够学龄的 ‖ *hierzu*（派生）**Schul·pflicht** *die*；*nur Sg*（只用单数）

Das Schulsystem 普通学校体制

Die schulische Ausbildung wird in Deutschland von den Bundesländern festgelegt und ist deshalb von Bundesland zu Bundesland unterschiedlich. Der Schulbesuch ist vom 6. Lebensjahr an zwölf Jahre lang Pflicht, d.h. es gibt 9 Jahre Vollzeit-Schulpflicht und 3 Jahre Teilzeit-Schulpflicht. Obwohl es auch kirchliche und private Schulen gibt, besucht die Mehrzahl der deutschen Kinder staatliche Schulen.

Fast alle Kinder besuchen in Deutschland, meist ab drei oder vier Jahren, freiwillig einen **Kindergarten**. Zusätzlich ist auch der Besuch einer **Vorschule** möglich, besonders für Kinder, die besonders gefördert werden müssen. Mit sechs Jahren kommen die Kinder dann in die **Grundschule**, die im Allgemeinen eine Dauer von 4 Jahren (in Berlin und Brandenburg: von 6 Jahren) hat.

Nach dieser Zeit werden die Kinder je nach ihren schulischen Leistungen und Interessen auf die verschiedenen Schultypen aufgeteilt. Ein Teil der Schüler geht auf die **Hauptschule**, wo sie eine grundlegende Allgemeinbildung bekommen. Nachdem sie den **Qualifizierten Hauptschulabschluss** erhalten haben, beginnen die meisten eine Berufsausbildung, die mit dem Besuch einer **Berufsschule** kombiniert ist. Andere gehen auf die **Realschule**, die sie besonders auf wirtschaftliche oder technische Berufe vorbereitet und die sie in der 10. Klasse mit der **mittleren Reife** abschließen. Eine dritte Gruppe besucht das **Gymnasium**, das auf das Studium an einer Hochschule vorbereitet und in der 12. Klasse (früher 13.) mit dem **Abitur** abgeschlossen wird.

Ein weiterer Schultyp ist die **Gesamtschule**, die die drei vorher genannten Schultypen in einer Institution vereinigt.

在德国,普通学校教育是由各联邦州规定的,因此,在不同的联邦州是不相同的。从6岁起,上普通学校读书是长达12年的义务,就是说,有9年的全日制义务教育和3年的半日制义务教育。虽然也有教会学校和私立学校,但是多数德国儿童上的是公立学校。

在德国几乎所有儿童从三岁或四岁起都自愿进入**幼儿园**。另外,还可以进入**学前班**,尤其是需要特别照顾的儿童。六岁时,儿童可以进入**小学**学习,小学一般为期四年(在柏林和勃兰登堡为六年)。

在此以后,儿童们根据各自的学习成绩和兴趣被分到不同类型的学校。有一部分学生升入**普通中学**,在那里他们接受基础的普通教育。他们在**普通中学毕业考试合格**后,大多数开始接受职业教育,进入**职业学校**。另一部分学生升入**实科中学**,使他们专门为经济的或技术的职业作好准备,他们在十年级参加**结业考试**完成实科中学学业。第三部分学生进入**文理高级中学**,使他们为升入高等学校学习作好准备,并在12年级(过去是13年级)通过**文理高中毕业考试**毕业。

一种更为宽泛的类型的学校是**一贯制学校**,它把前面所说的三种类型的学校统一在一个机构中。

S

Schul·sa·chen *die*; *Pl* (复); Bücher, Hefte, Stifte *usw*, die ein Kind in der Schule braucht 学习用品〈seine S. einpacken 装好自己的学习用品〉

Schul·schiff *das*; ein Schiff, auf dem Matrosen ausgebildet werden 海员培训船

Schul·spre·cher *der*; der Schüler, der die Interessen aller anderen (gegenüber den Lehrern) vertritt 学生代表 ≈ Schülersprecher ‖ *hierzu* (派生) **Schul·spre·che·rin** *die*

Schul·ter *die*; -, -*n* **1.** einer der beiden Teile des Körpers neben dem Hals, mit denen die Arme verbunden sind 肩,肩膀,肩头〈breite, schmale, hängende Schultern 宽肩,窄肩,溜肩膀; die linke/rechte S. 左、右肩; die Schultern anspannen, verkrampfen, hochziehen, hängen lassen 绷紧、抽搐、耸起、耷拉着肩膀; den Kopf an j-s S. legen 把头偎依在某人的肩上; j-m die Hand auf die S. legen 把手搭在某人肩上; den Arm um j-s S. legen 用胳膊搂着某人的肩膀,勾肩搭背; j-m auf die S. klopfen 拍某人的肩膀〉: *Sie schaute ihm über die S. u. fragte*: „*Was liest du denn da?*" 她探头从他肩后看了看,问道:"你究竟在读什么?" ‖ ↑ *Abb. unter* 图见 **Mensch** ‖ K-(复合): ***Schulter-***, ***-gelenk***, ***-höhe***; ***schulter-***, ***-hoch*** **2.** der Teil e-s Kleidungsstückes, der die S. (1) bedeckt 衣肩〈e-e gefütterte, wattierte S. 带衬里的、带衬垫的衣肩〉 ‖ K-(复合): ***Schulter-***, ***-polster***, ***-stück***, ***-teil*** **3.** ***S. an S.*** sehr dicht nebeneinander, gemeinsam 并肩,肩并肩: *Sie standen/kämpften S. an S.* 他们比肩而立/并肩战斗 **4.** ***mit den Schultern zucken*** die Schultern kurz hochziehen, um auszudrücken, dass man etw. nicht weiß od. dass einem etw. egal ist 耸耸肩 ‖ ID [谚] ***etw. lastet/liegt auf j-s Schultern*** etw. ist e-e schwere Verantwortung, die j-d tragen muss 某事压在、落在某人的肩上,某事得由某人承担〈die Entscheidung, die Verantwortung 决断,责任〉; ***etw. auf die leichte S. nehmen*** *gespr* [口]; etw. nicht ernst genug nehmen 对某事不够认真、掉以轻心; ***j-m die kalte S. zeigen*** *gespr* [口]; unfreundlich zu j-m sein u. ihn nicht beachten 冷淡某人,冷落某人

Schul·ter·blatt *das*; einer der beiden flachen, breiten Knochen am oberen Teil des Rückens 肩胛骨 ‖ ↑ *Abb. unter* 图见 **Skelett**

schul·ter·frei *Adj* (形); 〈ein Kleid, ein Abendkleid 连衣裙,晚礼服〉 so, dass sie die Schultern nicht bedecken 袒露肩膀的

schul·ter·lang *Adj* (形); 〈Haare 头发〉 so, dass sie bis zu den Schultern reichen 齐肩的,披到肩上的

schul·tern; *schulterte*, *hat geschultert*; [Vt] (及物) **1.** ***etw. s.*** etw. auf die Schulter legen u. so tragen 扛,背〈ein Gewehr, e-n Rucksack s. 扛枪,背上背包〉 **2.** ***j-n s.*** beim Judo od. beim Ringen e-n Gegner so auf den Rücken werfen, dass seine Schultern den Boden berühren (柔道、摔跤比赛中)使双肩着地

Schul·ter·schluss *der*; das enge Zusammenhalten von Organisationen *o. Ä.* mit ähnlichen Zielen 齐心协力,紧密团结: *der S.*

der Gewerkschaften 各工会的齐心协力

Schul·tü·te *die*; e-e große spitze Tüte mit Süßigkeiten u. kleinen Geschenken, die ein Kind zum ersten Schultag bekommt 上学礼品袋(儿童第一次上学得到的锥形大纸袋,里面装有糖果和小礼物)

Schul·weis·heit *die*; *pej*[贬]; Wissen, das man aus Büchern u. nicht aus Erfahrung hat 书本知识

Schul·we·sen *das*; *-s*; *nur Sg*, *Kollekt*(只用单数)(集合); die staatlichen Behörden u. die Beamten u. Angestellten, die mit der Schule (1) zu tun haben 普通教育事业

schum·meln; *schummelte*, *hat geschummelt*; [Vi] (不及物) *gespr* [口]; *bes* bei Spielen mit Tricks versuchen, e-n Vorteil zu bekommen (游戏、赌博时)作弊,做手脚 ≈ mogeln

schum·me·rig, **schumm·rig** *Adj* (形) **1.** mit sehr schwachem Licht u. deshalb fast dunkel 朦胧的,昏暗的,光线暗淡的 ≈ dämmrig 〈e-e Bar, e-e Beleuchtung, ein Hinterhof, ein Licht 酒吧,照明,后院,光线〉 **2.** *gespr* [口]; so, dass der Betroffene dabei fast ohnmächtig wird 昏昏沉沉的,迷迷糊糊的,半昏迷的〈ein Gefühl 感觉; j-m wird s. (vor Augen) 某人(眼前)变得迷迷糊糊的〉

Schund *der*; *-(e)s*; *nur Sg*, *pej* (只用单数)[贬]; etw. (*mst* Geschriebenes), dessen Qualität sehr schlecht ist 粗糙低劣的作品: *Was liest du denn da für e-n S.?* 你到底在看些什么蹩脚玩意? ‖ K-(复合): ***Schund-***, ***-heft***, ***-literatur***

schun·keln; *schunkelte*, *hat geschunkelt*; [Vi] (不及物)〈Personen 人们〉 ***schunkeln*** mehrere Personen bewegen (*bes* im Bierzelt *o. Ä.*) im Rhythmus der Musik den Oberkörper hin u. her u. hängen sich dabei mit den Armen bei den Nachbarn ein (众人手挽手随音乐节拍)左右摇摆 ‖ K-(复合): ***Schunkel-***, ***-lied*** ‖ NB (注意): der Gebrauch mit e-m Subjekt im Singular ist auch möglich (主语也可能用单数): *Ich habe sogar geschunkelt!* 我甚至还摇晃了!

Schu·po *der*; *-s*, *-s*; *gespr veraltend* [口][渐旧] ≈ (Schutz)Polizist

Schup·pe *die*; *-*, *-n* **1.** *mst Pl* (多用复数); eine der vielen kleinen flachen Platten, die den Körper von Fischen, Reptilien u. Insekten bedecken 鳞,鳞片: *ein Fisch mit bunten Schuppen* 带彩色鳞片的鱼 ‖ ↑ *Abb. unter* 图见 ***Hecht*** ‖ K-(复合): ***Schuppen-***, ***-panzer*** ‖ -K (复合): ***Fisch-***, ***Haut-*** **2.** *nur Pl* (只用复数); ein kleines Stück Haut, das sich von der Kopfhaut löst u. in den Haaren hängt 头皮屑〈Schuppen haben 有头皮屑〉: *ein Shampoo gegen Schuppen benutzen* 使用去头皮屑的香波 ‖ K-(复合): ***Schuppen-***, ***-bildung*** **3.** *mst Pl* (多用复数); etw., das wie e-e S. (1) aussieht 鳞片,鳞片状物体: *die Schuppen e-s Tannenzapfens* 枞树球果的鳞片 ‖ ID [谚] ***j-m fällt es wie Schuppen von den Augen*** j-d erkennt plötzlich, wie j-d/etw. wirklich ist 某人恍然大悟 ‖ *zu* (义项)**1.** **schup·pen·ar·tig** *Adj* (形)

schup·pen; *schuppte*, *hat geschuppt*; [Vt] (及物) **1.** 〈e-n Fisch 一条鱼〉 **s.** die Schuppen (1) e-s Fisches entfernen (damit man ihn kochen kann) 刮鳞,去鳞; [Vi] (不及物) **2.** ***etw. schuppt*** etw. bildet Schuppen (2) (物作主语)长头皮屑〈die Kopfhaut, die Haare 头皮,头发〉; [Vr] (反身) **3.** ***die Haut schuppt sich*** die Haut sondert Schuppen (2) ab 皮肤掉皮,爆皮: *Nach e-m Sonnenbrand schuppt sich die Haut* 太阳暴晒后皮肤掉皮

Schup·pen *der*; *-s*, *-* **1.** e-e Art kleines Haus *mst* aus Holz, in dem man Geräte, Fahrzeuge *o. Ä.* aufbewahrt 木棚,棚屋: *den Rasenmäher in den S. stellen* 把剪草机放进棚屋 ‖ -K (复合): ***Boots-***, ***Geräte-***, ***Vorrats-***; ***Bretter-***, ***Holz-***; ***Lager-*** **2.** *gespr*, *mst pej* [口]多用[贬] ≈ Gebäude 〈ein hässlicher, vornehmer S. 一幢难看的、豪华的楼房〉

Schup·pen·flech·te *die*; e-e Krankheit, bei der die Haut rote Flecken bekommt u. Schuppen bildet 银屑病,牛皮癣; MED【医】Psoriasis

schup·pig *Adj* (形); mit Schuppen (2) 有头皮屑的〈e-e Haut, Haar 皮肤,头发〉

Schur [ʃuːɐ] *die*; *-*, *-en*; das Scheren von Schafen 剪(羊毛) ‖ K-(复合): ***Schur-***, ***-wolle***

schü·ren; *schürte*, *hat geschürt*; [Vt] (及物) **1.** ***etw. s.*** mit e-m Stock in e-m Feuer rühren, damit die Flammen größer werden 挑(火),捅(炉子)〈ein Feuer, den Ofen s. 捅火、炉子〉 **2.** ***etw. s.*** ein *mst* negatives Gefühl verstärken 煽动,挑拨 ≈ anstacheln 〈j-s Hass, Neid, Wut s. 激起某人的仇恨、忌妒、怒火〉

schür·fen; *schürfte*, *hat geschürft*; [Vt] (及物) **1.** ***etw. s.*** ≈ abbauen (1) 〈Erz, Kohle s. 采矿,采煤〉 **2.** ***sich*** (*Dat* 三格) ***etw. s.*** die Haut durch Reiben an e-m rauen Gegenstand verletzen 擦伤,磨破〈sich die Haut, das Knie s. 擦破皮、膝盖〉 ‖ K-(复合): ***Schürf-***, ***-wunde***; [Vi] (不及物) **3.** (***nach etw.***) ***s.*** in der Erde graben, um etw. zu finden 勘探,探矿〈nach Gold, Silber s. 勘探金、银〉; [Vr] (反身) **4.** ***sich s.*** ≈ s. (2)

Schür·ha·ken *der*; ein langer Metallstab mit e-m Haken am Ende, mit dem man das Feuer schürt 炉钩子

Schur·ke *der*; *-n*, *-n*; *pej* [贬]; j-d, der böse Dinge tut 恶棍,无赖 ≈ Schuft 〈ein ausgemachter, gemeiner S. 一个十足的,无耻的恶棍〉 ‖ K-(复合): ***Schurken-***, ***-streich***, ***-tat*** ‖ NB (注意): *der Schurke*; *den*, *dem*, *des Schurken* ‖ *hierzu* (派生) **schur·kisch** *Adj* (形) ‖ *zu* ***Schurkerei*** ↑ ***-ei***

Schurz *der*; *-es*, *-e*; e-e Art kurzes Tuch, das man sich um die Hüften bindet, damit die eigentliche Kleidung nicht schmutzig wird (短)围裙 ‖ -K (复合): ***Leder-***; ***Lenden-*** ‖ NB (注意): Ein S. ist *mst* kürzer als e-e Schürze (Schurz 通常比 Schürze 要短)

S

Schür·ze *die*; -, -*n*; ein einfaches Kleidungsstück, das man sich vor (die Brust u.) den Bauch bindet, um bei der Arbeit die Kleidung nicht schmutzig zu machen (齐胸)围裙 ⟨e-e S. umbinden 系上围裙⟩ ‖ K-(复合): **Schürzen-**, **-band**, **-tasche**, **-zipfel** ‖ -K(复合): **Dirndl-**; **Küchen-**; **Servier-**; **Gummi-**, **Leder-**, **Leinen-**

schür·zen; *schürzte*, *hat geschürzt*; Vt (及物) **etw. s.** ein langes Kleid od. e-n Rock (raffen u.) in die Höhe halten 撩起,提起

Schür·zen·jä·ger *der*; *gespr pej* [口][贬]; ein Mann, der ständig versucht, mit Frauen e-e sexuelle Beziehung aufzunehmen 色鬼,好色之徒 ≈ Frauenheld

Schuss *der*; *-es*, *Schüs·se* **1. ein S.** (**auf j-n/etw.**) das Schießen[1] (1) mit e-r Waffe, das Abfeuern e-r Waffe 射击,开枪 ⟨ein gezielter, scharfer S. 瞄准目标、实弹射击; ein S. fällt, löst sich, geht los 响了一枪,一声枪响,放了一枪; e-n S. auf j-n/etw. abgeben, abfeuern 朝某人/某物开枪、射击; e-n S. auslösen 扳动扳机开枪⟩ ‖ K-(复合): **Schuss-**, **-verletzung**, **-wunde** ‖ -K(复合): **Flinten-**, **Gewehr-**, **Kanonen-**, **Pistolen-**; **Schreck-**; **Warn-**; **Start- 2.** ein Geschoss, das abgefeuert wurde (射出的)枪弹;炮弹 ⟨ein S. sitzt, trifft sein Ziel, geht daneben 一颗子弹打中了、射中了目标、打飞了; e-n S. abbekommen 挨了一枪; ein S. streckt j-n nieder 一颗子弹击倒某人⟩ **3.** e-e Verletzung, die j-d od. ein Tier durch e-n S. (2) bekommt 中弹,枪伤: *an e-m S. ins Herz sterben* 死于心脏中弹 ‖ K-(复合): **Bauch-**, **Genick-**, **Kopf-**; **Streif- 4.** *Zahl* (数) + **S.** (**Munition**) verwendet, um die Menge der Munition auszudrücken, die man für e-n S. (1) hat od. verwendet 子弹;炮弹: *noch drei S. (Munition) in der Pistole haben* 手枪里还有三发子弹 **5.** das Schießen[1] (6) e-s Balles (球类)劲射,射门: *ein S. aufs Tor* 朝球门劲射 ‖ K-(复合): **Schuss-**, **-gelegenheit**, **-kraft**, **-winkel** ‖ -K(复合): **Fern-**, **Weit- 6.** der Ball, den man schießt[1] (6)射、击出的球: *Der S. ging ins Aus, ins Tor* 射球出界,射进球门; *Der S. ist nicht zu halten* 射来的球无法接住 ‖ -K(复合): **Latten-**, **Pfosten-**, **Tor- 7. ein S.** + *Subst* (名词); *nur Sg* (只用单数); e-e kleine Menge (*bes* e-r Flüssigkeit) 少许,一丁点: *e-n S. Essig in den Salat tun* 往凉拌菜里放少许醋; *e-n S. Fantasie für etw. brauchen* 对某事需要一些想象力 **8.** *nur Sg* (只用单数); die Form des Skifahrens, bei der man sehr schnell (ohne Kurven) den Berg hinunterfährt (滑雪时)直冲下去 ⟨(im) S. fahren 一直往下冲⟩ ‖ K-(复合): **Schuss-**, **-fahrt 9.** *gespr* [口]; die Injektion e-r Droge (*bes* Heroin) 注射(毒品),打针 ⟨sich e-n S. geben, setzen 打一针,扎一针⟩ **10. der goldene S.** *gespr* [口]; e-e Überdosis Heroin *o.Ä.*, an der der Betreffende stirbt 黄金注射(指致命的超剂量注射毒品) **11. in/im S.** in gutem Zustand 状况良好 ⟨in S. sein 状况良好; j-n/etw. in S. bringen, halten 使某人/某物进入、保持良好状态⟩: *Unser Auto ist schon zehn Jahre alt u. noch sehr gut in S.* 我们的汽车已用了十年,车况仍然良好 **12. weit**(**ab**) **vom S.** *gespr* [口]; weit weg vom Mittelpunkt des Geschehens (*z.B.* von der Stadtmitte) 离得远,相距远 ≈ abseits: *Ich würde dich ja gern öfter besuchen, aber du wohnst so weitab vom S.* 我很乐意经常来看望你,可是你住得太远 ‖ ID [谚] **ein S. in den Ofen** *gespr* [口]; ein Fehlschlag 失败,毫无成效; **ein S. ins Schwarze** *gespr* [口]; ein Volltreffer 正中靶心,击中要害; **ein S. vor den Bug** *gespr* [口]; e-e Warnung 警告; **e-n S. haben** *gespr* [口] ≈ verrückt sein; **zum S. kommen** *gespr* [口]; die Möglichkeit bekommen, etw. zu tun 获得机会 ≈ zum Zug kommen; **j-d ist keinen S. Pulver wert** *gespr* [口]; j-d ist überhaupt nichts wert 某人毫无用处,毫无价值; *mst* 多用 **Der S. ging nach hinten los** *gespr* [口]; e-e Maßnahme hatte e-e negative Auswirkung auf denjenigen, der sie veranlasst hat 自作自受,搬起石头砸自己的脚

schuss·be·reit *Adj* (形) **1.** bereit zu schießen 准备好射击的,处于战斗准备状态的 ⟨e-e Waffe 武器; ein Schütze 射手⟩ **2.** *gespr* [口]; bereit zum Fotografieren 作好拍摄准备的 ⟨ein Fotograf 摄影师; ein Reporter 记者; e-e Kamera 照相机⟩

Schus·sel *der*; *-s*, -; *gespr*, *mst pej* [口]多用[贬]; j-d, der sich nicht konzentrieren kann u. deswegen Dinge vergisst u. Fehler macht 粗心大意的人,丢三落四的人 ‖ *hierzu* (派生) **schus·se·lig**, **schuss·lig** *Adj* (形); **schus·seln** (*hat*) *Vi* (不及物)

Schüs·sel *die*; -, -*n* **1.** ein *mst* tiefes, rundes Gefäß, das oben offen ist u. in dem man *bes* Speisen auf den Tisch stellt 碗,钵,盆: *e-e S. voll Suppe* 满满一碗汤 ‖ -K (复合): **Kompott-**, **Salat-**, **Soßen-**, **Suppen-**; **Porzellan-**; **Spül- 2. e-e S.** (+ *Subst* 名词) die Menge, die in e-e S. (1) passt 一碗: *e-e S. Salat, Reis* 一碗凉拌菜、米饭 ‖ NB (注意): ↑ **Schale²**

Schüssel

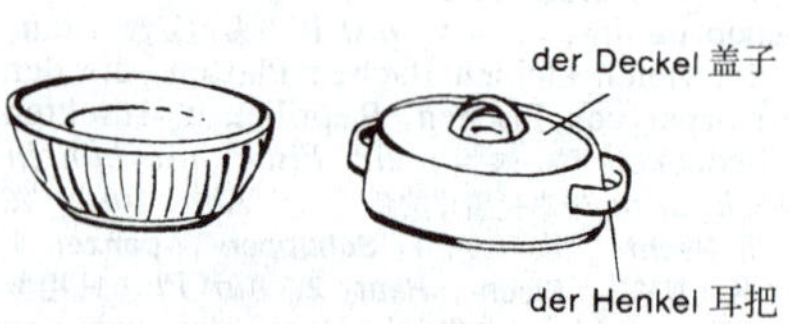

Schuss·feld *das*; der Bereich, den man mit e-m Schuss aus e-r Waffe treffen kann 射界,射击扇面,射击区域 ⟨ein freies S. haben 射程区内无障碍⟩ ‖ ID [谚] **ins S.** (**der Öffentlichkeit**) **geraten** (öffentlich) kritisiert werden 遭到公众批评

schuss·fest *Adj* (形); ⟨Glas, e-e Weste 玻璃,背心⟩ so stabil, dass sie durch ein Geschoss nicht kaputtgehen 防弹的,射不穿的 ≈ kugelsicher

Schuss·li·nie *die*; die gedachte Linie von der Waffe zum Ziel 射线，炮目线，目标线〈in die S. geraten, aus der S. gehen 处于射线之内，脱离射线〉‖ ID［谚］**in die/j-s S. geraten**; **sich in die S. begeben** etw. tun, wofür man (öffentlich) kritisiert wird 遭到公众批评

Schuss·waf·fe *die*; e-e Waffe, mit der man schießen kann 枪，枪械，火器

Schusswaffen

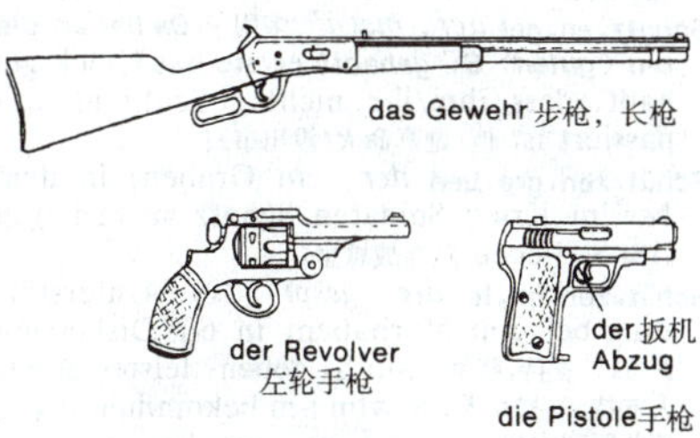

Schuss·wech·sel *der*; e-e Situation, bei der Leute aufeinander schießen 交火，对射，互射：*Die Entführer u. die Polizei lieferten sich e-n S.* 劫持者与警察交火

Schus·ter *der*; *-s*, *-*; j-d, der beruflich Schuhe macht u. repariert 鞋匠 ≈ Schuhmacher ‖ K-（复合）：**Schuster-**, **-handwerk**, **-lehrling**, **-werkstatt** ‖ ID［谚］**auf Schusters Rappen** *hum*［诙］; zu Fuß 步行，走着去；**S.**, **bleib bei deinem Leisten!** tu nur das, was du kannst u. gelernt hast! 鞋匠，管好你自己的楦子吧！（意即你干好你自己的事！用不着你多管闲事！别越俎代庖！）‖ *hierzu*（派生）**Schus·te·rin** *die*; *-*, *-nen*

Schutt *der*; *-(e)s*; *nur Sg*, *Kollekt*（只用单数）（集合）; Steine, Reste von Mauern *usw*, die man nicht mehr braucht 瓦砾，建筑废料〈ein Haufen S. 一大堆瓦砾；S. abladen verboten! 禁止卸下建筑垃圾！〉：*Nach dem Erdbeben waren die Straßen von S. bedeckt* 地震过后街道都被瓦砾覆盖了 ‖ K-（复合）：**Schutt-**, **-(ablade)platz**, **-halde**, **-haufen** ‖ -K（复合）：**Bau-** ‖ ID［谚］**in S. u. Asche** völlig zerstört 成为一片废墟〈Häuser, e-e Stadt in S. u. Asche legen 把房屋、一座城市夷为平地（= zertrümmern）; etw. liegt in S. u. Asche 某物已成一片废墟〉

Schüt·tel·frost *der*; der Zustand, in dem man stark zittert u. friert, wenn man Fieber hat 高烧时的寒颤

schüt·teln; *schüttelte*, *hat geschüttelt*; [Vt]（及物）**1. j-n/etw. s.** e-e Person od. Sache kräftig u. schnell hin u. her bewegen, sodass sie schwankt od. zittert 摇，晃，抖〈j-m (zur Begrüßung, zum Abschied) die Hand s. 与某人握手（表示欢迎，告别）; von Angst, vom Fieber, von Weinkrämpfen geschüttelt werden 因害怕、发烧、嚎啕大哭而颤抖〉：*e-e Saftflasche vor dem Öffnen s.* 开盖前摇晃果汁饮料瓶；*Er schüttelte den Baum, um die Äpfel zu ernten* 为了收苹果，他用力摇树 **2. etw. irgendwohin s.** etw. durch Schütteln (1) von e-m Gegenstand entfernen 摇下，抖落：*Krümel vom Tischtuch s.* 把碎渣从台布上抖掉；*Äpfel vom Baum s.* 把苹果从树上摇下来；**3. den Kopf s.** den Kopf hin u. her bewegen, *bes* um e-e Frage mit „nein" zu beantworten od. um seine Verwunderung auszudrücken 摇头（表示否定或惊讶）；[Vi]（不及物）**4. mit dem Kopf s.** ≈ s. (3)：*Da kann man nur mit dem Kopf s.* (= das ist nicht zu fassen) 对此人们只能摇头（表示不可理解）；[Vr]（反身）**5. sich s.** schnelle u. kurze Bewegungen mit dem (Ober) Körper machen 抖动身子，颤动：*Der nasse Hund schüttelte sich* 湿淋淋的狗抖动着身子；*Sie schüttelte sich vor Lachen* 她笑得浑身抖动

Schüt·tel·reim *der*; ein witziger doppelter Reim, bei dem die Anfangsbuchstaben von Wörtern u. Silben vertauscht werden 互换双（头）韵：„*Es klapperten die Klapperschlangen, bis ihre Klappern schlapper klangen*" ist ein S. "Es klapperten die Klapperschlangen, bis ihre Klappern schlapper klangen"就是一例互换双韵

schüt·ten; *schüttete*, *hat geschüttet*; [Vt]（及物）**1. etw. irgendwohin s.** etw. aus e-m Gefäß entfernen (u. irgendwohin tun), indem man das Gefäß neigt od. (heftig) bewegt 倒入，倾倒：*Kohlen in den Ofen s.* 把煤倒进炉子；*e-n Eimer Wasser in/auf ein Feuer s.* 把一桶水泼在火上；*Zucker in e-e Schüssel s.* 把食糖倒进一个碗里；[Vimp]（无人称）**2. es schüttet** *gespr*［口］; es regnet stark 下着倾盆大雨，雨大如注 ‖ NB（注意）：↑ **gießen**

schüt·ter *Adj*（形）;〈Haar 头发〉so, dass es nicht (mehr) dicht wächst 稀疏的

Schutz *der*; *-es*; *nur Sg*（只用单数）**1. ein S.** (**gegen j-n/etw.**; **vor j-m/etw.**) etw., das e-e Gefahr *o. Ä.* abhält od. e-n Schaden abwehrt 保护，防护 ≈ Sicherheit〈j-m S. bieten, gewähren 向某人提供保护，保护某人；unter j-s S. stehen 处于某人的保护之下；irgendwo S. suchen, finden 在某处寻找、找到保护〉：*Seine dünne Kleidung bot kaum S. vor dem Regen* 他那薄薄的衣衫几乎防不了雨；*Ehe u. Familie genießen den besonderen S. des Staates* (= der Staat sorgt durch besondere Gesetze *o. Ä.* dafür, dass diese Institutionen bestehen bleiben) 婚姻和家庭受国家的特别保护；*Die Stacheln des Igels sind ein S. vor Feinden* 刺猬身上的刺是御敌的一种保护；*Fett ist ein natürlicher S. gegen Kälte* 脂肪是御寒的天然保护 ‖ K-（复合）：**Schutz-**, **-brille**, **-gitter**, **-helm**, **-hülle**, **-maske**, **-mauer**, **-umschlag**; **-anstrich**, **-farbe**; **-gebiet**; **-maßnahme**; **-impfung**; **-bedürfnis** ‖ -K（复合）：**Brand-**, **Frost-**, **Lärm-**, **Licht-**, **Regen-**, **Sonnen-**, **Wind-**; **Kündigungs-**, **Unfall-**; **Denkmal-**, **Grenz-**; **Jugend-**, **Mutter-**, **Natur-**, **Pflanzen-**, **Tier-**, **Umwelt-**, **Urheber-**; **Impf-**; **Polizei-**; **Versicherungs-** **2. zum S.** (**vor etw.** (*Dat* 三格); **gegen etw.**) als Maßnahme, die etw. (Unangenehmes) verhindern soll 为防御，为了抵御：*Sie ließ sich* *zum S. gegen Typhus impfen* 她打了预防针以防伤寒；*Zum S. vor Erkältungen geht er jede Woche in die Sauna* 为了防止感冒，他每周去洗桑拿浴 ‖ ID［谚］***j-n vor j-m/etw. in S. nehmen; j-n gegen j-n/etw. in S. nehmen*** j-m helfen, dem Vorwürfe gemacht werden 保护某人免遭某人的/某种指责 ≈ j-n verteidigen ‖ *hierzu*（派生）**schụtz·be·dürf·tig** *Adj*（形）；**schụtz·su·chend** *Adj*（形）

Schụtz·be·foh·le·ne *der/die*；*-n*，*-n*；JUR【法】；j-d, für den ein anderer sorgt u. den ein anderer schützt 被监护人 ≈ Schützling 〈der Missbrauch, die Misshandlung von Schutzbefohlenen 滥用、虐待被监护人〉‖ NB（注意）：*ein Schutzbefohlener*；*der Schutzbefohlene*；*den*，*dem*，*des Schutzbefohlenen*

Schụtz·blech *das*；ein gebogenes Blech über dem Rad e-s Fahrrads, das verhindern soll, dass man schmutzig wird（自行车、摩托车上的）挡泥板 ‖ ↑ *Abb. unter* 图见 ***Fahrrad***

Schụ̈t·ze *der*；*-n*，*-n* **1.** j-d, der mit e-r Waffe schießt 射手，射击者〈ein sicherer S. 射得很准（弹无虚发）的射手，神枪手〉‖ -K（复合）：***Bogen-***；***Pistolen-***；***Scharf-***；***Todes-***；***Meister-*** **2.** *nur Sg*（只用单数）；das Sternzeichen für die Zeit vom 23. November bis 21. Dezember 人马座（指 11 月 23 日至 12 月 21 日），人马宫 ‖ ↑ *Abb. unter* 图见 ***Sternzeichen*** **3.** j-d, der in der Zeit vom 23. November bis 21. Dezember geboren ist 人马座（指 11 月 23 日至 12 月 21 日内出生的人）：*Sie ist (ein) S.* 她是人马座 **4.** MIL【军】；ein Soldat mit dem niedrigsten Rang in der Infanterie（步兵中的）列兵 **5.** SPORT【体】；j-d, der den Ball ins Tor schießt 射手，射门者：*der S. zum 4 : 3* 踢成四比三的射手 ‖ -K（复合）：***Tor-*** ‖ NB（注意）：*der Schütze*；*den*，*dem*，*des Schützen* ‖ *hierzu*（派生）**Schụ̈t·zin** *die*；*-*，*-nen*

schụ̈t·zen；*schützte*，*hat geschützt*；[Vt]（及物）**1. *j-n/sich/etw. (vor j-m/etw.) s.***；***j-n/sich/etw. (gegen j-n/etw.) s.*** verhindern, dass e-e Person verletzt wird od. in Gefahr kommt bzw. dass e-e Sache beschädigt wird 保护，防护；抵御〈sich schützend vor j-n stellen 站到某人前去面保护他〉：*Er schützt seine Augen mit e-r dunklen Brille gegen die starke Sonne* 他带着一副深色眼镜保护自己的眼睛，以防止强烈阳光的伤害；*Wölfe sind durch ein dickes Fell gut gegen die Kälte geschützt* 狼靠着厚厚的皮毛能很好地御寒 **2. *etw. s.*** durch Gesetze bestimmen, dass etw. nicht zerstört, e-e Tier- od. Pflanzenart nicht ausgerottet werden darf（通过法律）保护 ≈ etw. unter Naturschutz stellen 〈e-e Landschaft, e-e Pflanze, e-e Tierart s. 保护一个地区、一种植物、一种动物〉：*Geschützte Blumen darf man nicht pflücken* 受保护的花不允许采摘；*Wenn die Nashörner nicht wirksamer geschützt werden, sterben sie bald aus* 犀牛如果不有效地加以保护，将很快灭绝 **3. *etw. s.*** dafür sorgen, dass ein Autor, Erfinder *o. Ä.* e-n finanziellen Vorteil davon hat, wenn seine Idee verwirklicht wird 保护（某种权益）〈etw. ist gesetzlich, urheberrechtlich geschützt 某人受法律、版权保护〉：*Erfindungen werden durch Patente geschützt* 发明受专利保护 ‖ NB（注意）：*zu*（义项）**2.** u. **3.**：*mst* im Passiv（多用被动语态）！‖ ▶ ***beschützen***

Schụ̈t·zen·fest *das*；ein Volksfest, bei dem es e-n Wettbewerb im Schießen gibt（民间）射击比赛盛会

Schụtz·en·gel *der*；*mst in* 多用于 ***Da hat er/sie e-n (guten) S. gehabt!*** er/sie hat Glück gehabt, dass ihm/ihr nichts (Schlimmeres) passiert ist 他/她真命大（没出事）！

Schụ̈t·zen·gra·ben *der*；ein Graben, in dem bes im Krieg Soldaten Schutz suchen 战壕〈im S. liegen 趴在战壕里〉

Schụ̈t·zen·hil·fe *die*；*gespr*［口］；Unterstützung bei e-m Vorhaben, in e-r Diskussion *o. Ä.* 支持，帮助〈j-m S. geben, leisten 给予某人支持，支持某人；S. von j-m bekommen 从某人那儿得到支持〉

Schụ̈t·zen·kö·nig *der*；j-d, der bei e-m Wettbewerb am besten schießt u. e-n Preis bekommt（民间射击比赛的）射击冠军 ‖ *hierzu*（派生）**Schụ̈t·zen·kö·ni·gin** *die*

Schụ̈t·zen·ver·ein *der*；ein Verein, dessen Mitglieder als Sport (mit Gewehr u. Pistolen auf Zielscheiben) schießen 射击协会，射击俱乐部

Schụtz·ge·bühr *die*；e-e Summe Geld, die man für etw. zahlen muss u. die verhindern soll, dass Leute es nehmen, benutzen *o. Ä.* obwohl sie es nicht wirklich brauchen 保管费，看管费：*e-e S. für e-n Katalog, e-n Prospekt erheben* 收取目录、介绍资料的保管费

Schụtz·geld *das*；Geld, das e-e Gruppe von Verbrechern (regelmäßig) von e-m Lokal, Geschäft *o. Ä.* verlangt, damit sie u. andere Verbrecher es in Ruhe lassen（犯罪团伙向酒店、商店索取的）保护费

Schụtz·haft *die*；*nur Sg*（只用单数）；e-e Haft, die j-n vor Verbrechern schützen soll 保护性拘留〈j-n in S. nehmen 对某人进行保护性拘留〉

Schụtz·hei·li·ge *der/die*；KATH【天主】≈ Schutzpatron

Schụtz·herr·schaft *die*；die Kontrolle der Außenpolitik u. der Verteidigung e-s Landes durch ein anderes Land 宗主权

Schụtz·imp·fung *der*；e-e Impfung, die vor gefährlichen Krankheiten schutzt 预防注射，预防接种 ‖ *hierzu*（派生）**schụtz·imp·fen** *Vt*（及物）

Schụtz·leu·te *die*；*Pl*（复）；↑ ***Schutzmann***

Schụ̈tz·ling *der*；*-s*，*-e*；j-d, für den ein anderer verantwortlich ist u. für den er sorgt 被保护人，被监护人

schụtz·los *Adj*（形）；ohne Schutz 无保护的，无防御的，无防卫的〈j-m/etw. s. ausgeliefert sein 无防备地听凭某人/某事摆布〉‖ *hierzu*（派生）**Schụtz·lo·sig·keit** *die*；*nur Sg*（只用单数）

Schụtz·mann *der*；(*Pl*（复）*Schutz·män·ner/*

S

Schutz·leu·te); *gespr veraltend* [口][渐旧] ≈ Polizist

Schutz·mar·ke *die*; ein Name od. ein Symbol für ein bestimmtes Produkt, das gesetzlich vor Nachahmung geschützt ist 商标 ≈ Warenzeichen ⟨e-e eingetragene S. 注册商标⟩

Schutz·pat·ron *der*; KATH【天主】; ein Heiliger, von dem man glaubt, dass er bestimmte Personen, Gebäude *o. Ä.* besonders schütze 庇护圣徒,守护神,保护神 ≈ Schutzheilige(r) ‖ *hierzu*(派生) **Schutz·pat·ro·nin** *die*

Schutz·zoll *der*; ein Zoll, den man für Waren bezahlen muss, wenn sie in ein bestimmtes Land importiert werden, u. der die Wirtschaft des Landes vor Konkurrenz aus dem Ausland schützen soll 保护关税

schwab·be·lig, **schwabb·lig** *Adj*(形); *gespr* [口]; ⟨ein Bauch 肚子; ein Gelee, ein Pudding, e-e Qualle 果冻,布丁,水母⟩ weich, nicht ganz fest, sodass sie leicht zu vibrieren beginnen 晃荡的,凝胶状的,颤动的 ‖ *hierzu*(派生) **schwab·beln** (*hat*) *Vi* (不及物)

schwach; *schwächer*, *schwächst-*; *Adj*(形) **1.** mit wenig körperlicher Kraft 体弱的,虚弱的,无力的 ↔ stark, kräftig: *Ich bin noch zu s., um diese schweren Kisten zu tragen* 我劲儿还太小,搬不动这些重箱子 ‖ -K(复合): ***alters-*** **2.** nicht fähig, viel zu leisten od. große Belastungen zu ertragen(机能,功能)弱的,差的,不好的,不结实的,功率小的 ↔ stark, robust ⟨Augen, ein Gedächtnis, e-e Gesundheit, ein Herz, e-e Konstitution, Nerven 眼睛,记忆力,健康状况,心脏,体质,神经; ein Motor 发动机⟩: *Das Regal war zu s. für die schweren Bücher u. brach zusammen* 这个书架经受不了这些沉重的书,结果压塌了; *Sie hat so schwache Nerven, dass sie sich wegen jeder Kleinigkeit aufregt* 她的神经很脆弱,为了每件小事都要发脾气 ‖ -K(复合): ***konditions-***, ***nerven-*** **3.** nicht fähig, andere Menschen zu führen od. sich selbst unter Kontrolle zu haben (能力)薄弱的,脆弱的,软弱的 ≈ weich, labil ↔ stark ⟨ein Charakter, ein Wille 性格;意志⟩: *Er ist zu s., um e-e Firma zu führen* 他能力太薄弱了,领导不了一家公司; *Bei Kuchen werde ich immer s.* (= kann ich der Versuchung nicht widerstehen) 我总经不起点心的诱惑 **4.** von schlechter Qualität 质量差的,劣质的,次的 ≈ schlecht ↔ gut: *e-e schwache Theatervorstellung* 一场蹩脚的戏剧演出 ‖ -K(复合): ***ausdrucks-***, ***inhalts-*** **5.** in den Leistungen unter dem Durchschnitt (成绩)差的,低下的: *In Biologie ist er recht s., aber in den anderen Fächern kommt er gut mit* 他生物课相当差,但其他功课能跟得上 **6.** ⟨ein Kaffee, ein Tee 咖啡,茶⟩ nicht sehr intensiv im Geschmack 味淡的,淡的 **7.** ⟨e-e Lauge, e-e Salzlösung, e-e Säure 碱,盐溶液,酸⟩ mit nur geringer Konzentration 浓度低的,稀薄的 **8.** nur in geringem Maß (vorhanden) 微弱的,微量的,轻微的,稀少的,淡淡的 ≈ gering, leicht ↔ stark, intensiv ⟨ein Anzeichen, Beifall, ein Druck, ein Duft, Erinnerungen, e-e Gegenwehr, e-e Hoffnung, ein Wind 迹象,掌声,压力,香味,回忆,抵抗,希望,风⟩: *Das ist ein schwacher Trost* 这是一个小小的安慰 (= das hilft nicht viel) **9.** *mst adv* (多作状语); in geringer Zahl 人数少的,数量少的 ⟨e-e Beteiligung 参与; s. besetzt, besiedelt, besucht, bevölkert 上座的人少,居住的人少,观看的人少,人口少⟩: *Er beklagte sich über den schwachen Besuch seiner Konzerte auf der letzten Tournee* 他抱怨在最后一次巡回演出中音乐会的听众太少 **10.** LING【语】; (*von Verben*) dadurch gekennzeichnet, dass die Formen des Imperfekts u. des Partizips Perfekt mit dem gleichen (Stamm) Vokal u. mit dem Konsonanten *t* gebildet werden (动词) 弱变化的 ↔ stark (13) ⟨e-e Form, e-e Konjugation, ein Verb 形式,变位,动词⟩: *Das Verb „glauben" wird s. konjugiert* (*glaubte – geglaubt*) 动词"glauben"是弱变化 **11.** LING【语】; (*von männlichen Substantiven*) dadurch gekennzeichnet, dass sie außer im Nom. Sg. immer auf *-(e)n* enden(名词)弱变化的: *Die Substantive „der Rabe" u. „der Patient" werden s. dekliniert* 名词"der Rabe"和"der Patient"是弱变化 **12.** LING【语】; (*von Adjektiven*) dadurch gekennzeichnet, dass sie im Dat. u. Gen. u. im Pl. immer auf *-en* enden (形容词)弱变化的: *Nach dem bestimmten Artikel u. nach „dieser" u. „jener" wird das Adjektiv s. dekliniert* 在定冠词以及"dieser"和"jener"后面的形容词是弱变化 ‖ NB (注意): ↑ *Tabelle unter* 图表见 ***Adjektive***; die *schwache Deklination* entspricht *Deklinationstyp A* (弱变化符合变格型 A) ‖ ID [谚] ***j-m wird ganz s., wenn ...*** j-d wird in e-r bestimmten Situation nervös od. bekommt Angst 只要…,某人就吓趴(软)了

-schwach *im Adj*, *begrenzt produktiv* (构成形容词,构词有限) **1.** so, dass der Betreffende in Bezug auf die genannte Sache Schwächen hat …软弱的,…脆弱的 ↔ -stark; ***charakterschwach***, ***nervenschwach***, ***willensschwach*** **2.** so, dass der Betreffende Probleme hat mit dem im ersten Wortteil Genannten …差的; ***gedächtnisschwach***, ***konzentrationsschwach***, ***leistungsschwach***, ***lernschwach*** **3.** mit e-r geringen Zahl od. Menge der genannten Sache …(量)少的 ↔ -stark; ***einkommensschwach*** ⟨Schichten 阶层⟩, ***geburtenschwach*** ⟨ein Jahrgang 年度⟩, ***konditionsschwach*** ⟨ein Sportler 运动员⟩, ***mitgliederschwach*** ⟨e-e Partei 党派⟩, ***strukturschwach*** ⟨ein Gebiet 地区⟩, ***verkaufsschwach*** ⟨ein Monat 月份⟩ ‖ NB (注意): ↑ ***-arm***

Schwä·che *die*; -, -n **1.** *nur Sg* (只用单数); der Mangel an körperlicher Kraft 体弱,虚弱,衰弱 ↔ Stärke: *Der Kranke konnte vor S. fast nichts essen* 病人虚弱得几乎吃不下东西 ‖ K- (复

合): **Schwäche-, -anfall, -gefühl, -zustand** ‖ -K (复合): **Augen-, Gedächtnis-, Herz-, Kreislauf-, Muskel-, Nerven-, Seh-; Alters-; Geistes-; Konzentrations- 2. e-e S.** (**in etw.** (*Dat* 三格)) e-e mangelnde Begabung in etw. (能力上的)弱点,不足,缺点: *Seine Schwächen in Chemie u. Physik konnte er durch intensives Lernen ausgleichen* 通过加紧学习他可以弥补在化学和物理上的不足 ‖ -K (复合): **Ausdrucks- 3.** ein Fehler od. Mangel (*mst* innerhalb e-r bestimmten Struktur) (结构内部的)缺点,缺陷: *ein Buch mit Schwächen* 一本有缺陷的书 ‖ -K (复合): **Inhalts- 4.** ein (*mst* kleiner) charakterlicher Fehler (品行性格上的)缺点,弱点 ↔ Stärke ⟨e-e charakterliche, entschuldbare, kleine, persönliche, verzeihliche S. 性格上的、可原谅的、小小的、个人的、可谅解的缺点; seine Schwächen kennen 了解自己的缺点; j-s Schwächen ausnutzen 利用某人的弱点⟩ ‖ K- (复合): **Charakter-, Willens- 5. e-e S.** (**für j-n/etw.**) *nur Sg* (只用单数) ≈ Vorliebe, Neigung ⟨e-r S. nachgeben 迁就一种偏爱(嗜好)⟩: *e-e S. für Süßigkeiten haben* 偏爱甜食

schwä.chen; *schwächte, hat geschwächt*; [Vt/i] (及物/不及物) **1. etw. schwächt** (**j-n/etw.**) etw. macht j-n körperlich schwach (物作主语)使无力,使虚弱 ↔ etw. kräftigt j-n ⟨j-s Gesundheit, j-s Herz s. 使某人的身体、心脏虚弱⟩: *Das Fieber hat ihn so geschwächt, dass er e-e ganze Woche im Bett liegen muss* 发烧使他虚弱了,不得不在床上躺了整整一个星期; [Vt] (及物) **2. etw. schwächt etw.** etw. macht die Wirkung von etw. geringer (物作主语)减弱,削弱 ≈ etw. mindert etw. ↔ etw. stärkt etw. ⟨etw. schwächt j-s Einfluss, j-s Macht, j-s Position 某事削弱某人的影响、权力、地位⟩: *Der Skandal hat sein Ansehen sehr geschwächt* 丑闻大大削弱了他的名望 ‖ *hierzu* (派生) **Schwä.chung** *die*; *nur Sg* (只用单数)

Schwach.heit *die*; -, *-en*; *mst in* 多用于 **Bilde dir keine Schwachheiten ein!** *gespr* [口]; mach dir keine falschen Hoffnungen! 你别痴心妄想啦!

Schwach.kopf *der*; *gespr pej* [口][贬]; verwendet, um j-n zu bezeichnen, den man für sehr dumm hält 笨蛋,笨脑瓜,蠢货

schwäch.lich *Adj* (形); körperlich schwach (1)体弱的,虚弱的,体质差的 ⟨ein Bürschchen, ein Kind 小子,小孩⟩

Schwäch.ling *der*; *-s, -e*; *pej* [贬]; j-d, der sehr wenig Kraft hat 弱不禁风的人,手无缚鸡之力的人

schwach.ma.chen; *machte schwach, hat schwachgemacht*; [Vt] (及物) *mst* 多用 **Mach mich nicht schwach!** *gespr* [口]; das kann ich nicht glauben 别把我当傻子! 别蒙我!

Schwach.punkt *der* **1.** ein Teil e-s Systems, der für Störungen sehr anfällig ist 薄弱环节,弱点 **2.** ≈ Schwäche (4) ⟨etw. ist j-s (große) S. 某事是某人的一个(大)弱点⟩

Schwach.sinn *der*; *nur Sg* (只用单数) **1.** *gespr pej* [口][贬] ≈ Blödsinn, Unsinn **2.** MED【医】; ein starker Mangel an Intelligenz 弱智,低能 ≈ Debilität ‖ *hierzu* (派生) **schwach.sin.nig** *Adj* (形)

Schwach.stel.le *die* ≈ Schwachpunkt

Schwach.strom *der*; elektrischer Strom mit e-r Spannung, die geringer ist als normal 弱电流

schwach.wer.den ↑ **schwach** ID [谚]

Schwa.den *der*; *-s, -*; *mst Pl* (多用复数); e-e ziemlich dichte Masse von Rauch, Nebel *o. Ä.* in der Luft 烟雾,烟障,雾障 ⟨dichte, giftige Schwaden 浓密的、有毒的烟雾; der Rauch hängt, liegt, steht in Schwaden über etw. (*Dat* 三格), zieht über etw. (*Akk* 四格)⟩ 团团浓烟笼罩(遮蔽、聚集)在某物之上,在…上空飘过 ‖ -K (复合): **Dunst-, Nebel-, Rauch-, Tabak-**

schwa.feln; *schwafelte, hat geschwafelt*; [Vi] (及物) (**über etw.** (*Akk* 四格)) **s.**; **von etw. s.** *gespr pej* [口][贬]; viele Dinge erzählen, die unwichtig u. wenig intelligent sind 唠唠叨叨,喋喋不休 ‖ *hierzu* (派生) **Schwaf.ler** *der*; *-s, -* ‖ *zu* **Geschwafel** ↑ **Ge-**

Schwa.ger *der*; *-s, -/Schwä.ger*; der Ehemann von j-s Schwester od. der Bruder von j-s Ehepartner 姐夫,妹夫;大伯子,小叔子;大舅子,小舅子 ‖ ▶ **verschwägert**

Schwä.ge.rin *die*; -, *-nen*; die Ehefrau von j-s Bruder od. die Schwester von j-s Ehepartner 嫂子,弟媳;大姑子,小姑子;大姨子,小姨子

Schwal.be *die*; -, *-n*; ein kleiner Vogel, der sehr schnell fliegen kann u. der schmale, spitze Flügel u. e-n Schwanz mit zwei Spitzen hat 燕子: *Die Schwalben haben sich Nester unter dem Dach gebaut* 燕子在屋檐下做了窝 ‖ ID [谚] **Eine S. macht noch keinen Sommer** ein gutes Anzeichen führt nicht unbedingt zu e-m guten Ergebnis 孤燕不成夏(喻:不可凭个别良好征兆去推论整个事情的良好结果)

Schwal.ben.schwanz *der*; ein großer Schmetterling mit Flügeln, die hinten spitz sind u. die ein weißes, gelbes u. schwarzes Muster haben 凤蝶

Schwall *der*; *-(e)s, -e*; *mst Sg* (多用单数); **ein S.** + *Gen* (二格)/**von etw.** e-e ziemlich große Menge *bes* e-r Flüssigkeit od. e-s Gases, die sich plötzlich irgendwohin bewegt (突然出现的)大量…(液体,气体): *ein S. heißen Dampfes* 一股高温蒸汽

schwamm *Imperfekt*, *1. u. 3. Person Sg* (过去时,第一和第三人称单数); ↑ **schwimmen**

Schwamm *der*; *-(e)s, Schwäm.me* **1.** ein Lebewesen mit e-m elastischen Körper mit vielen kleinen Öffnungen, das im Meer lebt u. an e-r Stelle festgewachsen ist 海绵(多细胞动物) **2.** der Körper e-s toten Schwammes (1) od. etw. Ähnliches aus e-m weichen Material, mit dem man e-e große Menge Wasser aufsaugen u. Oberflächen sauber machen kann 海绵(多孔材料): *sich mit e-m S. waschen* 用海绵洗澡 ‖ -K (复合): **Bade-, Tafel-, Wasch- 3.** ein Pilz, der auf Holz od.

feuchten Mauern wächst 菌类,蕈,蘑菇 ‖ -K (复合): ***Baum-***, ***Haus-***, ***Holz-***, ***Keller-*** ‖ ID [谚] ***S. drüber!*** *gespr* [口]; wir wollen nicht mehr über diese unangenehme Sache sprechen! 别再提这事了! ‖ *zu* (义项) **1.** u. **2. schwamm·ar·tig** *Adj* (形)

Schwam·merl *das*; *-s*, *-(n)*; *südd* Ⓐ Ⓒⓗ [南德][奥][瑞] ≈ Pilz (2)

schwam·mig *Adj* (形) **1.** dick u. weich 海绵状的,虚胖的,浮肿的 ≈ aufgedunsen: *Er ist im Gesicht ziemlich s. geworden* 他的脸肿得挺厉害 **2.** *pej* [贬]; ⟨ein Begriff, e-e Formulierung 概念,表述; etw. s. formulieren 含糊不清地表述某事⟩ so, dass der Inhalt nicht völlig klar ist 含糊不清的,不明确的 ≈ vage ‖ *hierzu* (派生) **Schwam·mig·keit** *die*; *nur Sg* (只用单数)

Schwan *der*; *-(e)s*, *Schwä·ne*; ein großer weißer Vogel mit e-m langen Hals, der auf Seen u. Flüssen lebt 天鹅 ‖ ↑ *Abb. unter* 图见 ***Gans*** ‖ K- (复合): ***schwanen-***, ***-weiß*** ‖ ID [谚] ***Du/Mein lieber S.!*** *gespr* [口]; verwendet, um Erstaunen od. Ärger auszudrücken (表示惊讶或恼怒)好家伙! 好,你这个家伙!

schwand *Imperfekt*, *3. Person Sg* (过去时,第一和第三人称单数); ↑ ***schwinden***

schwa·nen; *schwante*, *hat geschwant*; **Vi** (不及物) ***j-m schwant etw.*** *gespr* [口]; j-d ahnt etw. *mst* Unangenehmes 预料,预感(多指不愉快的事): *Mir schwant, dass es Ärger gibt* 我料到会有麻烦

schwang *Imperfekt*, *1. u. 3. Person Sg* (过去时,第一和第三人称单数); ↑ ***schwingen***

Schwang *der*; *nur in* 只用于 ***etw. ist im Schwang(e)*** *gespr* [口]; e-e Verhaltensweise *o.Ä.* ist in Mode 某事很时兴,流行,时髦

schwan·ger [ˈʃvaŋɐ] *Adj* (形); ⟨e-e Frau 妇女⟩ mit e-m Kind im Bauch 怀孕的,妊娠的: *Sie ist im fünften Monat s.* 她怀孕已是第五个月了(她怀孕已四个多月了) ‖ NB (注意): bei Tieren sagt man *trächtig* oder *tragend* (动物怀胎用 trächtig 或 tragend) ‖ ID [谚] ***mit etw. s. gehen*** *gespr hum* [口][诙]; etw. (schon seit einiger Zeit) als Plan haben 正在酝酿某事 ⟨mit e-r Idee, e-m Projekt s. gehen 正在酝酿一个办法、一个项目⟩

-schwan·ger *im Adj*, *wenig produktiv* (构成形容词,构词弱) **1.** voll der genannten Sache 充满…的,…丰富的; ***bedeutungsschwanger***, ***hoffnungsschwanger***, ***inhaltsschwanger*** **2.** drückt aus, dass etw. Schicksalhaftes zu erwarten ist 决定…的,孕育着…的,酝酿着…的; ***schicksalsschwanger*** ⟨e-e Zeit 时刻⟩, ***unheilsschwanger*** ⟨e-e Atmosphäre, e-e Situation 气氛,局面⟩

Schwan·ge·re *die*; *-n*, *-n*; e-e schwangere Frau 孕妇 ‖ K- (复合): ***Schwangeren-***, ***-beratung***, ***-gymnastik***

schwän·gern; *schwängerte*, *hat geschwängert*; **Vt** (及物) ***e-e Frau s.*** *oft pej* 多用[贬]; e-e Frau schwanger machen 使一个女子怀孕

Schwan·ger·schaft *die*; *-*, *-en*; der Zustand, schwanger zu sein 怀孕,妊娠 ⟨e-e geplante, ungewollte S. 计划之中的、意外的妊娠; e-e S. feststellen, unterbrechen 确定,中止妊娠(堕胎)⟩ ‖ K- (复合): ***Schwangerschafts-***, ***-abbruch***, ***-beschwerden***, ***-erbrechen***, ***-gymnastik***, ***-test***, ***-unterbrechung***, ***-vorsorge***

Schwank *der*; *-(e)s*, *Schwän·ke* **1.** ein einfaches, lustiges Theaterstück 闹剧,滑稽戏 ‖ -K (复合): ***Bauern-*** **2.** *gespr* [口]; e-e (oft derbe) lustige Erzählung 滑稽的故事,笑谈

schwan·ken; *schwankte*, *hat geschwankt*; **Vi** (不及物) **1.** ***j-d/etw. schwankt*** j-d/etw. bewegt sich auf der Stelle *mst* langsam hin u. her od. auf u. ab 摇摆,摆动: *Die Bäume schwankten im Wind* 树在风中晃动; *Auf dem schwankenden Schiff wurde ihr übel* 在摇晃的船上她觉得恶心; *Der Betrunkene schwankte ins Haus* 醉汉摇晃着走进房子 **2. *etw. schwankt (zwischen etw.*** (*Dat* 三格) ***u. etw.*** (*Dat* 三格)) etw. ändert sich immer wieder in der Qualität od. Quantität (物作主语)(在…之间)波动,摆动,起伏 ↔ etw. ist stabil ⟨der Druck, die Preise, die Temperatur, e-e Zahl 压力,物价,温度,数目⟩: *Der Dollarkurs schwankt in der letzten Zeit stark* 最近美元汇率波动大; *Seine Stimmung schwankte zwischen Hoffen u. Bangen* 他的情绪随着希望和担忧而波动 **3.** (***zwischen etw.*** (*Dat* 三格) ***u. etw.*** (*Dat* 三格)) ***s.*** sich nicht zwischen zwei Möglichkeiten entscheiden können (在…之间)举棋不定,犹豫不决: *Ich schwanke noch zwischen e-r Schreibmaschine u. e-m Computer* 我还在犹豫,是买打字机还是买计算机; *Er hat e-e Zeit lang geschwankt, bevor/ehe er sich entschied* 他在作出决定以前犹豫了好一阵子; *Bei dieser Frage geriet er ins Schwanken* 在这个问题上他举棋不定

Schwan·kung *die*; *-*, *-en*; *mst Pl* (多用复数); Änderungen in der Qualität od. Quantität 波动,不稳定 ⟨etw. unterliegt starken Schwankungen 某物发生剧烈波动⟩ ‖ -K (复合): ***Gefühls-***, ***Stimmungs-***; ***Druck-***, ***Klima-***, ***Konjunktur-***, ***Kurs-***, ***Strom-***, ***Temperatur-***, ***Wert-***

Schwanz *der*; *-es*, *Schwän·ze* **1.** der lange schmale (bewegliche) Teil am Rücken od. Ende des Körpers e-s Tieres 尾巴 ⟨ein buschiger, gestutzter S. 毛茸茸的、剪短了的尾巴⟩: *Als der Hund mich sah, wedelte er mit dem S.* 这条狗见到我时,摇着尾巴; *Eidechsen können ihren S. abwerfen* 蜥蜴会扔掉自己的尾巴 ‖ ↑ *Abb. unter* 图见 ***Pferd*** ‖ K- (复合): ***Schwanz-***, ***-borste***, ***-feder***, ***-flosse***, ***-haare***, ***-wirbel*** ‖ -K (复合): ***Fisch-***, ***Fuchs-***, ***Herings-***, ***Krebs-***, ***Kuh-***, ***Mause-***, ***Pferde-*** *usw*; ***Ringel-***, ***Stummel-*** ‖ NB (注意): ↑ ***Schweif*** **2.** *gespr* [口]; etw., das so aussieht wie ein S. (1) 尾巴(类似尾巴的物体),尾部 ⟨der S. e-s Papierdrachens, e-s Flugzeugs, e-s Kometen 风筝尾巴,(飞)机尾(部),慧(星)尾(巴)⟩ ‖ -K (复合): ***Drachen-*** **3.** *vulg* [俗] ≈ Penis **4. *ein S.***

von etw. (*Pl* 复) *nur Sg*, *gespr* (只用单数)［口］; e-e Reihe von Dingen der gleichen Art 一连串的…, 一长串的…〈etw. zieht e-n S. von Konsequenzen nach sich 某事引起一连串的后果〉: *Der Bericht hatte e-n ganzen S. von Leserbriefen zur Folge* 这篇报道招来了接连不断的读者来信 **5. kein S.** *vulg*［俗］≈ niemand ‖ ID［谚］**den S. einziehen** *gespr*［口］; (*mst* nachdem man seine Meinung laut verkündet hat) kleinlaut nachgeben 却步, 夹起尾巴退缩

schwän·zeln; *schwänzelte*, *hat geschwänzelt*; [Vi] (不及物) ***ein Hund schwänzelt*** *gespr*［口］; ein Hund bewegt den Schwanz schnell hin u. her 狗摇尾巴

schwän·zen; *schwänzte*, *hat geschwänzt*; [Vt/i] (及物/不及物) (**etw.**) **s.** *gespr*［口］; nicht zur Schule gehen, weil man keine Lust hat 逃学, 旷课〈die Schule, e-e Stunde s. 逃学, 旷一节课〉

schwap·pen; *schwappte*, *hat/ist geschwappt*; [Vi] (不及物) **1. *etw. schwappt*** (*hat*) e-e Flüssigkeit bewegt sich hin u. her u. macht dabei ein klatschendes Geräusch (物作主语) 晃荡: *Er sprang ins Becken, dass das Wasser schwappte* 他跳进池子, 水随之晃荡 **2. *etw. schwappt irgendwohin*** (*ist*) e-e Flüssigkeit bewegt sich irgendwohin u. macht dabei ein klatschendes Geräusch (物作主语) 晃出来, 洒出来, 溢出来: *Er stieß an den Eimer, u. das Wasser schwappte auf den Boden* 他撞到水桶上, 水晃了出来 ‖ *hierzu* (派生) **schwapp!** *Interjektion* (叹)

schwä·ren; *schwärte*, *hat geschwärt*; [Vi] (不及物) *mst* 多用〈e-e Wunde 伤口〉 ***schwärt*** *geschr*［书］; e-e Wunde eitert 溃烂, 化脓

Schwarm[1] *der*; -(*e*)*s*, *Schwär·me* **1. ein S. + *Subst*** (名词) / ***von***〈Tieren, Insekten *o. Ä.* 动物, 昆虫等〉e-e große Zahl von Fischen, Vögeln od. Insekten, die zusammen leben 一群…: *ein S. Krähen* 一群乌鸦; *Hier gibt es Schwärme von Mücken* 这儿蚊子成群 ‖ -K (复合): ***Bienen-***, ***Fisch-***, ***Herings-***, ***Heuschrecken-***, ***Mücken-***, ***Vogel-*** **2. ein S. + *Subst*** (名词) / ***von***〈Menschen 人〉 *hum*［诙］; viele Menschen 一群人: *Schwärme von Touristen* 一群群的游客

Schwarm[2] *der*; -(*e*)*s*, *Schwär·me*; j-d, den man (*bes* als Jugendliche(r)) sehr attraktiv od. interessant findet (年轻人眼中的) 崇拜对象, 偶像: *Der Popstar war der S. aller jungen Mädchen* 流行歌星是所有年轻姑娘的崇拜对象; *Er traute sich nicht, seinen S. einmal anzusprechen* 他不敢与自己崇拜的对象交谈

schwär·men[1]; *schwärmte*, *hat/ist geschwärmt*; [Vi] (不及物) **1.**〈Insekten, Vögel, Fische 昆虫, 鸟, 鱼〉 ***schwärmen irgendwo/irgendwohin*** Insekten, Vögel, Fische *o. Ä.* treten in großer Zahl auf, bewegen sich irgendwo/irgendwohin 麇集, 群集, 蜂拥 **2.**〈Menschen 人〉 ***schwärmen irgendwohin*** viele Menschen bewegen sich an e-n Ort/zu e-m Ort hin 成群结队地朝…拥去

schwär·men[2]; *schwärmte*, *hat geschwärmt*; [Vi] (不及物) **1. *für j-n/etw. s.*** j-n sehr attraktiv, etw. sehr gut finden 崇拜, 追求, 喜爱: *Sie schwärmt für ihren Lehrer* 她崇拜她的老师; *Er schwärmt für Erdbeerkuchen* 他喜欢草莓点心 **2.** (***von j-m/etw.***) **s.** begeistert über j-n/etw. sprechen 痴迷, 对…如醉如痴, 对…狂热, 热中于: *Er schwärmt von Irland* 他对爱尔兰如醉如痴

Schwär·mer *der*; -*s*, -; j-d, der nicht realistisch denkt, sondern sehr schnell von etw. begeistert ist 痴迷者, 耽于幻想的狂热者 ≈ Fantast ‖ *hierzu* (派生) **Schwär·me·rin** *die*; -, -*nen*; **schwär·me·risch** *Adj* (形)

Schwar·te *die*; -, -*n* **1.** die dicke, feste Haut mit viel Fett, *bes* beim Schwein 硬厚皮, 肉皮〈e-e geräucherte, knusprige S. 熏肉皮, 脆肉皮〉 ‖ -K (复合): ***Speck-*** **2.** *gespr pej*［口］［贬］; ein (dickes) Buch 大部头书

schwarz *Adj* (形) **1.** von der Farbe der Nacht, wenn es überhaupt kein Licht gibt 黑的, 黑色的 ↔ weiß〈s. gefärbt, gerändert, geräuchert, gestreift, umrandet 染黑, 镶黑边, 熏黑, 刷上黑条纹, 镶黑圈〉: *schwarze Haare haben* 长着黑头发; *sich aus Trauer s. kleiden* 披黑纱戴孝, 穿黑色丧服 ‖ K- (复合): ***schwarz-***, ***-gefärbt***, ***-gerändert***, ***-geräuchert***, ***-gestreift***, ***-umrandet***; ***Schwarz-***, ***-bär***, ***-specht***, ***-storch*** ‖ -K (复合): (***kohl***) ***raben-***, ***pech-***, ***samt-***, ***tief-*** **2.** von sehr dunkler Farbe 黑的, 漆黑色的, 深色的 ↔ blass, hell〈Augen, e-e Nacht, Pfeffer, Wolken 眼睛, 夜晚, 胡椒, 云〉 ‖ K- (复合): ***schwarz-***, ***-braun*** ‖ -K (复合): ***nacht-*** **3.** *nicht adv* (不作状语); (in Bezug auf Menschen e-r afrikanischen Rasse) mit dunkler Haut 黑色人种的〈die Hautfarbe 肤色〉 **4.** schmutzig u. deswegen dunkel 黑乎乎的, 黑不溜秋的, 又黑又脏的 ↔ sauber〈Fingernägel, Hände, ein Kragen 指甲, 手, 衣领; schwarze Ränder unter den Fingernägeln 黑乎乎的指甲缝〉: *Er hatte ganz schwarze Hände* 他两手黝黑 **5.** *mst präd*, *nicht adv*, *gespr* (多作表语, 不作状语)［口］; mit konservativen politischen Prinzipien 保守党派的 ↔ rot (4)〈s. wählen 投保守党派的票〉 **6.** *gespr*, *nur attr od adv*［口］(只作定语或状语); so, dass es nicht bei den Behörden gemeldet wird, *bes* um ein Verbot zu umgehen od. um Steuern, Gebühren zu vermeiden 非法的, 暗中的, 秘密的 ≈ illegal〈etw. s. machen lassen 让人暗中干某事; der schwarze Markt 黑市; e-e schwarze Kasse führen 搞非法财务, 设小金库; etw. s. verkaufen, über die Grenze bringen 非法出售, 非法将某物携带出境; s. verdientes Geld 非法挣来的钱〉: *Er hat den Anbau s. machen lassen* 他叫人非法搞了房屋扩建 ‖ K- (复合): ***Schwarz-***, ***-geld***, ***-handel***, ***-händler*** **7.** *nur attr*, *nicht adv* (只作定语, 不作状语); mit etw. Unangenehmem (verbunden) 不祥的, 不吉利的, 倒楣的 ≈ unheilvoll, finster〈ein Gedanke, ein Tag 念头, 日子; für j-n sieht es s. aus 某人看来情况不妙〉 **8** ≈ böse, niederträchtig〈Gedanken, Pläne, e-e Seele 念头, 计划, 心

S

肠〉**9. etw. ist s. von** 〈Menschen/Tieren 人/动物〉 etw. ist so voll mit Menschen od. Tieren, dass es dunkel erscheint（物作主语）黑压压的一片…：*Die Luft war s. von Heuschrecken* 天空中黑压压的全是蝗虫 **10. s. auf weiß** in geschriebener (u. gedruckter) Form (u. somit gewissermaßen offiziell) 白纸黑字，书面的 ≈ schriftlich 〈etw. s. auf weiß bekommen, (haben) wollen, besitzen 得到、想要、掌握书面的东西；j-m etw. s. auf weiß geben 给某人白纸黑字的东西〉 **11.** *gespr* [口]；ohne Milch 不加奶的：*den Tee, den Kaffee s. trinken* 喝不加奶的茶、咖啡 ‖ ID [谚] *mst* 多用 ***Da kannst du warten, bis du s. wirst!*** *gespr* [口]；es ist sinnlos, darauf zu hoffen 你等也是白等 ‖ NB（注意）：↑ ***schwarzärgern, schwarzbrennen*** *usw* ‖ *zu*（义项）**1. schwarz·haa·rig** *Adj*（形）；*zu*（义项）**2. schwarz·äu·gig** *Adj*（形）

Schwarz *das*；-(*es*)；*nur Sg*（只用单数）**1.** die schwarze Farbe 黑色：*das schillernde S. der Federn e-s Raben* 一只乌鸦的羽毛黑得发亮 **2.** schwarze Kleidung, die man trägt, weil man über j-s Tod trauert（黑色）丧服 〈S. tragen 身着丧服；in S. gehen 服丧〉

Schwarz·ar·beit *die*；*nur Sg*（只用单数）；(illegale) Arbeit, für die keine Steuern bezahlt werden (weil sie nicht behördlich angemeldet ist) 黑工 ‖ *hierzu*（派生）**Schwarz·ar·bei·ter** *der*；**Schwarz·ar·bei·te·rin** *die*；**schwarz·ar·bei·ten** *Vi*（不及物）

schwarz·är·gern, sich；*ärgerte sich schwarz, hat sich schwarzgeärgert*；[Vr]（反身）*gespr* [口]；sehr großen Ärger empfinden 盛怒，非常生气

schwarz·bren·nen；*brannte schwarz, hat schwarzgebrannt*；[Vt/i]（及物/不及物）illegal Schnaps brennen 非法酿酒 ‖ *hierzu*（派生）**Schwarz·bren·ner** *der*；**Schwarz·bren·ne·rei** *die*

Schwarz·brot *das*；ein dunkles Brot, das *bes* aus Roggenmehl gemacht wird 黑面包

Schwar·ze[1] *der/die*；*-n, -n* **1.** j-d mit schwarzer (3) Hautfarbe 黑（种）人 **2.** *gespr* [口]；j-d mit sehr konservativen politischen Ideen 右翼分子，保守党分子 ≈ Rechte(r)² ↔ Rote(r) (4), Linke(r)² ‖ NB（注意）：*ein Schwarzer; der Schwarze; den, dem, des Schwarzen*

Schwar·ze[2] *das*；*-n*；*nur Sg*（只用单数）；der schwarze Teil in der Mitte e-r Zielscheibe 靶心 〈ein Schuss ins S. 一枪命中靶心；das/ins S. treffen 命中靶心〉 ‖ ID [谚] ***ins S. treffen*** *gespr* [口]；genau das Richtige raten, sagen od. tun 击中要害，猜个正着，抓住关键

Schwär·ze *die*；-；*nur Sg*（只用单数）**1.** die schwarze (1) Farbe von etw. 黑色，黑 **2.** die tiefe Dunkelheit 黑暗：*die S. der Nacht* 夜晚的黑暗

schwär·zen；*schwärzte, hat geschwärzt*；[Vt]（及物）***etw. s.*** etw. schwarz (4) machen 弄脏，把…弄得黑乎乎的：*Das Gesicht des Schornsteinfegers war von Ruß geschwärzt* 烟囱清扫工的脸被烟灰弄黑了 ‖ NB（注意）：*mst* im Zustandspassiv（多用于状态被动句）！‖ *hierzu*（派生）**Schwär·zung** *die*

schwarz·fah·ren；*fuhr schwarz, ist schwarzgefahren*；[Vi]（不及物）mit Bus od. Bahn fahren, ohne e-e Fahrkarte zu haben 乘车逃票 ‖ *hierzu*（派生）**Schwarz·fah·rer** *der*；**Schwarz·fah·re·rin** *die*

schwarz·hö·ren；*hörte schwarz, hat schwarzgehört*；[Vi]（不及物）als Radiobesitzer keine Gebühren an den Rundfunk bezahlen 不交费听收音机 ‖ *hierzu*（派生）**Schwarz·hö·rer** *der*

schwärz·lich *Adj*（形）；von leicht schwarzer Farbe 略带黑色的，发黑的，浅黑色的：*schwärzliches Wasser* 发黑的水

schwarz·ma·len；*malte schwarz, hat schwarzgemalt*；[Vi]（不及物）*oft pej* 常用[贬]；die Zukunft pessimistisch darstellen 对前途悲观 ‖ *hierzu*（派生）**Schwarz·ma·ler** *der*

Schwarz·markt *der*；der illegale Markt für bestimmte Waren 黑市 〈etw. auf dem S. kaufen 在黑市上买某物〉 ‖ K-（复合）：***Schwarzmarkt-, -preis***

Schwarz·rot·gold, Schwarz-Rot-Gold *das*；*nur Sg*（只用单数）；die Farben der deutschen Fahnen von 1919 bis 1933 u. nach 1945 黑红黄（德国国旗的三种颜色）‖ *hierzu*（派生）**schwarz·rot·gol·den, schwarz-rot-golden** *Adj*（形）

schwarz·schlach·ten；*schlachtete schwarz, hat schwarzgeschlachtet*；[Vi]（不及物）ein Tier (illegal) schlachten, ohne es den Behörden zu melden 非法屠宰动物

schwarz·se·hen；*sieht schwarz, sah schwarz, hat schwarzgesehen*；[Vi]（不及物）**1.** als Fernsehbesitzer keine Gebühren bezahlen 不交费看电视 **2.** (***für j-n/etw.***) ***s.*** die Zukunft für j-n/etw. pessimistisch beurteilen 对（某人/某事）做悲观的评价：*Für unseren Ausflug sehe ich schwarz — ich glaube, es gibt Regen* 我不看好我们的郊游——我认为会下雨 ‖ *hierzu*（派生）**Schwarz·se·her** *der*；*-s, -*；*zu* ***Schwarzseherei*** ↑ ***-ei***

schwarz-weiß, schwarz·weiß *Adj*（形）**1.** mit schwarzen u. weißen Flecken, Streifen *usw* 黑白斑纹的，黑白条纹的：*e-e schwarz-weiße Kuh, ein s. gestreiftes Hemd* 一头黑白相间的奶牛，一件黑白条纹的衬衣 **2.** schwarz, weiß u. mit verschiedenen grauen Farben 黑白（色）的 ↔ farbig, bunt 〈ein Bild, ein Foto 画，照片；s. fotografieren 拍黑白照片〉 ‖ K-（复合）：***Schwarz-Weiß-, -aufnahme, -fernseher, -film, -foto(grafie)***

Schwarz-Weiß|-Ma·le·rei, Schwarz·weiß·ma·lerei *die*；*nur Sg*（只用单数）；die Darstellung von etw. nach e-m sehr einfachen Schema (ohne Nuancen) 简略的叙述，浅显的描述

schwarz·wer·den ↑ ***schwarz*** ID [谚]

Schwarz·wur·zel *die*；e-e Pflanze mit langer, spitzer schwarzer Wurzel, die man als Gemüse isst 紫草科植物

Schwatz *der*；*-es*；*nur Sg*（只用单数）；ein freundliches Gespräch über unwichtige Themen 闲

S

聊，闲谈，聊天 ≈ Plauderei〈e-n S.（mit j-m）halten（与某人）聊天〉‖ NB（注意）：oft in der Verkleinerungsform *Schwätzchen*（常用指小形式 Schwätzchen）

schwat·zen；*schwatzte*，*hat geschwatzt*；[*Vt/i*]（及物/不及物）**1.（*etw.*）*s.*** *pej*［贬］；Dinge sagen，die wenig Sinn haben 瞎说，空谈，扯淡，闲扯 ≈ quasseln〈Blödsinn，Unsinn，dummes Zeug s. 尽说些无聊话、废话、蠢话〉；[*Vi*]（不及物）**2.（*mit j-m*）*s.*** freundlich über unwichtige Themen reden（与某人）闲聊，聊天 ≈ plaudern：*Sie standen im Hof u. schwatzten miteinander* 他们站在院子里闲聊 **3.（*mit j-m*）*s.*** während des Unterrichts leise mit e-m Mitschüler reden（上课时）私下讲话 **4.** *pej*［贬］；Geheimnisse weitererzählen 乱捅消息，瞎传消息 ‖ *zu*（义项）**1.** u. **3. Schwät·zer** *der*；*-s*，*-*；**Schwät·ze·rin** *die*；*-*，*-nen*

schwät·zen；*schwätzte*，*hat geschwätzt*；*bes südd* Ⓐ 尤用于［南德］［奥］[*Vt/i*]（及物/不及物）**1.（*etw.*）*s.*** ≈ schwatzen（1）；[*Vi*]（不及物）**2.** ≈ schwatzen（2，3，4）

schwatz·haft *Adj*（形）；*pej*［贬］；so，dass der Betreffende gern schwatzt（2）u. Geheimnisse verrät 爱闲聊的，好闲扯的，饶舌的 ‖ *hierzu*（派生）**Schwatz·haf·tig·keit** *die*；*nur Sg*（只用单数）

Schwe·be *die* **1.** *in der S.* in der Luft（schwebend）（浮、悬）在空中：*Der Kolibri kann sich durch sehr schnelle Flügelbewegungen in der S. halten* 蜂鸟可以通过高速扇动翅膀停在空中 **2.** *in der S.* noch nicht entschieden 悬而未决：*Das Verfahren ist noch in der S.* 审理还未见分晓 ‖ K-（复合）：***Schwebe-***，***-zustand***

Schwe·be·bal·ken *der*；ein schmaler，langer Balken，auf dem Mädchen u. Frauen turnen 平衡木

schwe·ben；*schwebte*，*hat/ist geschwebt*；[*Vi*]（不及物）**1.** ***etw. schwebt*（*irgendwo*）**（*hat/südd* Ⓐ Ⓒⓗ［南德］［奥］［瑞］*ist*）etw. steht od. bewegt sich ruhig in der Luft od. im Wasser（物作主语）飘动，悬挂（在空中），漂动，浮游（在水中）：*E-e Wolke schwebte am Himmel* 天上飘着一朵云；*Ein Drachen schwebt in der Luft* 一只风筝在空中翱翔 ‖ K-（复合）：***Schwebe-***，***-zustand***；***Schweb-***，***-stoffe*** **2.** ***etw. schwebt irgendwohin***（*ist*）etw. bewegt sich langsam durch die Luft（物作主语）飘浮，飘过〈ein Ballon，e-e Feder 气球，羽毛〉**3.** ***irgendwohin s.***（*ist*）sich ohne Mühe u. ohne Geräusch bewegen u. dabei den Boden kaum berühren 翩然而至，迈着轻快地步履走来：*Die Balletttänzer schwebten über die Bühne* 芭蕾舞演员们在舞台上翩翩起舞 **4.** ***in Lebensgefahr s.***；***zwischen Leben u. Tod s.***（*hat/südd* Ⓐ Ⓒⓗ［南德］［奥］［瑞］*ist*）lebensgefährlich krank od. verletzt sein 气息奄奄，生命垂危，病入膏肓，危在旦夕

schwe·bend **1.** *Partizip Präsens*（现在分词）；↑ ***schweben*** **2.** *Adj*（形）；*nur attr*，*nicht adv*（只作定语，不作状语）；noch nicht entschieden 悬而未决的，尚未决定的〈*mst* ein Verfahren 审理，诉讼〉

Schwe·fel *der*；*-s*；*nur Sg*（只用单数）；ein chemisches Element，das gelb ist u. unangenehm riecht，wenn man es verbrennt 硫，硫磺；CHEM【化】S ‖ K-（复合）：***Schwefel-***，***-bad***，***-dioxid***，***-quelle***，***-säure***，***-wasserstoff***；***schwefel-***，***-gelb*** ‖ *hierzu*（派生）**schwe·fel·far·ben** *Adj*（形）；**schwe·fel·hal·tig** *Adj*（形）

schwe·feln；*schwefelte*，*hat geschwefelt*；[*Vt*]（及物）***etw. s.*** etw. mit Schwefel behandeln，um es haltbar zu machen od. vor Schädlingen zu schützen 对…作硫化处理，用硫磺消毒〈Rosinen，Wein，Reben s. 对葡萄干、葡萄、葡萄藤作硫化处理（进行消毒、防腐）〉‖ *hierzu*（派生）**Schwe·fe·lung** *die*

Schweif *der*；*-(e)s*，*-e*；*geschr*［书］**1.** der lange，buschige Schwanz e-s Pferdes 马尾巴，长而带毛的尾巴 ‖ ↑ *Abb. unter* 图见 ***Pferd*** ‖ -K（复合）：***Ross-*** **2.** e-e Schicht aus Gas，die hinter e-m Kometen zu sehen ist 彗（星）尾 ‖ -K（复合）：***Kometen-***

schwei·fen；*schweifte*，*ist geschweift*；[*Vi*]（不及物）**1.** ***irgendwohin s.*** *geschr*［书］；ohne festes Ziel irgendwohin wandern 信步，漫步，漫游 ≈ streifen〈in die Ferne，durch die Wälder s. 漫步走向远处，信步穿过树林〉**2.** ***etw. schweift irgendwohin*** etw. wechselt ohne bestimmtes Ziel die Richtung *o. Ä.*（物作主语）变换，转移，浮动〈seinen Blick，seine Gedanken s. lassen 无目的转动目光（扫视），东想西想（浮想联翩）〉

Schwei·ge·geld *das*；Geld，das j-d einem anderen zahlt，damit er ein Geheimnis（*bes* etw. Illegales）nicht verrät 私下里给的钱，贿金，贿赂款

Schwei·ge·marsch *der*；e-e Demonstration，bei der alle Teilnehmer schweigend zu ihrem Ziel gehen 沉默（示威）游行

Schwei·ge·mi·nu·te *die*；e-e kurze Zeit，in der e-e Gruppe von Menschen schweigt，um an ein wichtiges Ereignis od. e-e wichtige Person zu erinnern 默哀，静默 ≈ Gedenkminute〈e-e S.（zum Gedenken an j-n/etw.）einlegen 为悼念某人/纪念某事进行默哀〉

schwei·gen；*schwieg*，*hat geschwiegen*；[*Vi*]（不及物）**1.** kein Wort sagen 沉默，缄默，不开口 ≈ still sein〈betroffen，ergriffen，ratlos，verlegen s. 惊讶得、感动得、一筹莫展地、难堪得说不出话来；beharrlich，eisern s. 坚决不开口，缄口不语；schweigend zuhören 静静地倾听〉**2.（*über etw.*（*Akk* 四格））*s.*；（*zu etw.*）*s.*** zu e-m bestimmten Thema nichts sagen，ein Geheimnis nicht verraten 对…保持沉默〈zu e-r Anschuldigung，e-m Vorwurf s. 对指控、指责保持沉默〉：*Ich habe lange über den Vorfall geschwiegen，aber jetzt fühle ich mich verpflichtet，Ihnen die Wahrheit zu sagen* 对这一事件我沉默了很长时间，现在我觉得有义务向诸位说出真相 **3.** ***etw. schweigt*** *geschr*［书］；etw. macht keine Geräusche mehr（物作主语）停息了，（声音）停了 ≈ etw. ist verstummt〈die Gewehre 枪声；die Musik 音乐〉**4.** ***s. wie ein***

S

Grab unter keinen Umständen ein Geheimnis *o.Ä.* verraten 守口如瓶，绝不透露半点信息 ‖ ID［谚］↑ ***ganz²*** ‖ ▶ ***verschweigen, verschwiegen***

Schwei·gen *das*; *-s*; *nur Sg*（只用单数）**1.** e-e Situation, in der niemand etw. sagt 沉默，缄默，寂静〈beklommenes, eisiges, tiefes, betretenes S. 压抑的，冷冰冰的，极度的，窘迫的沉默；das S. brechen (= etw. sagen od. verraten) 打破沉默〉: *Als er e-e kurze Pause machte, herrschte gespanntes S. im Saal* 当他稍作停顿时，大厅里鸦雀无声 **2.** das bewusste S. (1) zu e-m bestimmten Thema 沉默，不表态〈(über etw.) S. bewahren(对某事)保持沉默；zum S. verurteilt sein 不得泄露 (= nichts über etw. sagen dürfen)〉: *Der Komplize bewahrte S. über die Motive des Attentats* 同案犯对行刺的动机保持沉默 **3.** ***sich in S. hüllen*** zu e-m Thema nichts sagen, auf Fragen nicht antworten 缄口不语，拒不回答 ‖ ID［谚］***j-n zum S. bringen*** *euph*［婉］; **a)** j-n töten, *mst* weil er Zeuge e-s Verbrechens ist 把某人干掉，灭口; **b)** j-n (*z.B.* durch Drohungen) dazu zwingen, über etw. nichts zu sagen 使某人沉默，不让某人泄露某事

Schwei·ge·pflicht *die*; *nur Sg*（只用单数）; die Pflicht, über bestimmte Dinge, die man in seinem Beruf erfährt, nicht zu sprechen 保(守秘)密义务(或责任)〈die ärztliche S. 医务保密义务; j-d/etw. unterliegt der S. 某人/某物有保密义务; die S. verletzen 违背保密义务〉

schweig·sam *Adj*（形）;〈ein Mensch 人〉so, dass er nur wenig spricht 沉默寡言的 ≈ wortkarg ↔ gesprächig: „*Warum bist du heute so s.?*"“今天你为什么这么沉默寡言?” ‖ *hierzu*（派生）**Schweig·sam·keit** *die*; *nur Sg*（只用单数）

Schwein *das*; *-(e)s, -e* **1.** ein Tier mit kurzen Beinen u. dicker Haut, das man wegen seines Fleisches züchtet 猪〈das S. grunzt, quiekt 猪发出哼哼声，在吱吱尖叫; j-d mästet, schlachtet Schweine 某人喂、宰猪〉‖ K-（复合）: ***Schweins-, -leder*** ‖ -K（复合）: ***Haus-, Mast-; Mutter-; Wild-*** **2.** *nur Sg*（只用单数）; das Fleisch e-s Schweins (1), das man isst 猪肉 ‖ K-（复合）: ***Schweine-, -braten, -filet, -fleisch, -gulasch, -kotelett, -lende, -schmalz, -schnitzel***; (*südd* Ⓐ Ⓒⓗ［南德］［奥］［瑞］) ***Schweins-, -braten, -filet, -haxe, -kotelett*** **3.** *gespr pej*［口］［贬］; verwendet als Bezeichnung für e-n rücksichtslosen, schmutzigen od. (moralisch) unanständigen Menschen 无赖，下流坯，猪猡 **4.** *nur Sg, gespr*（只用单数）［口］; Glück, das man nicht verdient hat 幸运，好运: *Da hast du noch mal S. gehabt, das hätte leicht schiefgehen können* 你真是又走运了，这件事本来是很容易弄砸的 **5.** ***kein S.*** *gespr! pej*［粗］［贬］≈ niemand: *Das glaubt dir doch kein S.!* 这事鬼才(没人)相信你! **6.** ***ein armes S.*** *gespr*［口］; j-d, mit dem man Mitleid hat 可怜的家伙

Schwei·ne·hund *der*; *gespr*［口］**1.** *pej*［贬］; verwendet als Bezeichnung für j-n, der rücksichtslos u. böse handelt 无赖，杂种，猪猡 ≈ Schwein (3) **2.** ***der innere S.*** die Bequemlichkeit, die einen daran hindert, das zu tun, was man tun sollte 贪图安逸的思想，污浊的内心世界〈den inneren S. überwinden 克服贪图安逸的思想〉

Schwei·ne·rei *die*; *-, -en*; *gespr pej*［口］［贬］**1.** Schmutz u. Unordnung 污秽，脏乱，不整洁 **2.** etw., über das man sich sehr ärgert 混账事，烦心的事 **3.** *mst Pl*（多用复数）; etw., das moralisch anstößig ist (*bes* im sexuellen Bereich) 下流行径，见不得人的事，卑鄙龌龊的行为

Schwei·ne·stall *der* **1.** ein Stall für Schweine 猪圈 **2.** *gespr pej*［口］［贬］; ein Raum, e-e Wohnung *o.Ä.*, in denen es sehr unordentlich od. schmutzig ist 猪圈(指脏乱的住房等)

Schwein·igel *der*; *-s, -*; *gespr pej od hum*［口］［贬］或［诙］**1.** j-d, der obszöne Dinge sagt 讲下流话的人，满嘴脏话的人 **2.** j-d, der keinen Wert auf Sauberkeit legt 邋遢鬼

schwei·nisch *Adj*（形）; *gespr*［口］≈ unanständig〈ein Film, ein Witz 电影，笑话〉

Schweiß *der*; *-es*; *nur Sg*（只用单数）**1.** die salzige Flüssigkeit, die aus der Haut kommt, wenn einem heiß ist 汗，汗水〈j-m steht der S. auf der Stirn 某人额头出汗了; j-m bricht der S. aus allen Poren 某人浑身冒汗; j-m läuft der S. in Strömen herunter 某人汗如雨下〉: *Er wischte sich mit e-m Taschentuch den S. von der Stirn* 他用手帕擦去额头上的汗水 ‖ K-（复合）: ***Schweiß-, -absonderung, -ausbruch, -bildung; -drüse; -fleck; -geruch, -perle, -tropfen; schweiß-, -bedeckt, -nass, -triefend, -überströmt, -verklebt*** ‖ -K（复合）: ***Angst-; Fuß-*** **2.** ***in S. gebadet sein*** nass von S. (1) sein 大汗淋漓 ‖ K-（复合）: ***schweiß-, -gebadet*** ‖ ID［谚］***etw. kostet (viel) S.*** etw. ist (sehr) anstrengend 某事很费力气: *Es hat viel S. gekostet, den Betrieb aufzubauen* 建起这家企业花费了很多心血; ***im Schweiße seines Angesichts*** mit harter, anstrengender Arbeit 满头大汗地，汗流浃背地 ‖ ▶ ***schwitzen***

Schweiß·bren·ner *der*; ein Gerät, das e-e sehr heiße Flamme erzeugt, mit der man Metalle schweißen kann 气焊嘴，焊炬

schwei·ßen; *schweißte, hat geschweißt*; Vt/i（及物/不及物）(***etw.***) ***s.*** Teile aus Metall od. Kunststoff miteinander verbinden, indem man sie an einer Stelle sehr heiß macht u. zusammenpresst 焊，焊接〈ein Rohr, e-n Riss s. 焊接管子、一条缝〉‖ K-（复合）: ***Schweiß-, -gerät, -naht***

Schwei·ßer *der*; *-s, -*; j-d, der beruflich Metalle schweißt 电焊工 ‖ *hierzu*（派生）**Schwei·ße·rin** *die*; *-, -nen*

Schweiß·fuß *der*; *-es, Schweiß·fü·ße*; *mst Pl*（多用复数）; Füße, die stark schwitzen 汗脚〈Schweißfüße haben 是汗脚〉

schwei·ßig *Adj*（形）; feucht von Schweiß 出汗的，有汗的 ≈ schwitzig〈Füße, Hände 脚，手〉

Schwei·zer·deutsch *das*; *-*; *nur Sg*（只用单数）;

S

die deutsche Sprache, so wie sie in e-m Teil der Schweiz gesprochen wird 瑞士德语 ‖ *hierzu*(派生) **schwei·zer·deutsch** *Adj* (形)

Die Schweiz 瑞士

Die Schweiz ist eine Bundesstaat (offizieller Name: **Confoederatio Helvetica**) und liegt in Mitteleuropa. Sie besteht aus 26 **Kantonen**. Die etwa 7 300 000 Schweizer **Eidgenossen** leben auf einer Fläche von 41 290 km².
In der Schweiz gibt es vier Amtssprachen: **Deutsch**, **Französisch**, **Italienisch** und **Rätoromanisch**. Deutsch ist die am meisten gesprochene Sprache (60% der Bevölkerung), gefolgt von Französisch, das in der Westschweiz verbreitet ist. Italienisch wird in dem südlich gelegenen Kantons **Tessin** und in einigen Gegenden des Kantons **Graubünden** gesprochen. Etwa 60 000 Einwohner sprechen Rätoromanisch.
Die Schweiz ist das gebirgigste Land Europas. Sie ist ein bedeutender Finanzplatz und zieht dank ihrer traditionellen politischen Neutralität und ihres strengen Bankgeheimnisses große Mengen ausländischen Kapitals an.
Die Hauptstadt ist **Bern**. Andere wichtige Städte sind **Genf**, das weltweit bekannt ist als Sitz zahlreicher internationaler Organisationen, **Zürich**, **Basel** und **Lausanne**.

瑞士是一个联邦国家(正式名称为**瑞士联邦**),位于欧洲中部。瑞士由26个州组成。大约730万**瑞士人**生活在面积为41 290平方公里的土地上。

瑞士有四种官方语言:**德语**、**法语**、**意大利语**和**列托罗曼语**。说德语的人数最多(占人口的60%),其次是法语,法语流行于瑞士西部。位于南部的**提契诺州**以及**格劳宾登州**的一些地区说意大利语。约有6万居民说列托罗曼语。

瑞士是欧洲山地最多的国家。它是著名的金融中心,由于它传统的政治上的中立地位和严格的银行保密制度而吸引大量的外国资金。

首都是**伯尔尼**。其他的重要城市有**日内瓦**(它作为为数众多的国际组织驻在地而闻名于世)、**苏黎世**、**巴塞尔**和**洛桑**。

schwe·len; *schwelte*, *hat geschwelt*; [Vi] (不及物) **1.** ***etw. schwelt*** etw. brennt (ohne sichtbare Flamme) schwach u. entwickelt dabei viel Rauch (物作主语)无焰燃烧,阴燃,微微燃烧 〈ein Feuer 火〉 ‖ K- (复合): ***Schwel-***, ***-brand*** **2.** ***etw. schwelt*** (***in j-m***) etw. ist wirksam, ohne sichtbar zu werden (物作主语)暗存,埋藏,隐藏 〈in j-m schwelt der Hass 仇恨埋藏在某人心中〉

schwel·gen; *schwelgte*, *hat geschwelgt*; [Vi] (不及物) **1.** ***in etw.*** (*Dat* 三格) ***s.*** *geschr* [书]; etw. Angenehmes bewusst u. intensiv genießen 沉浸,沉迷,沉湎,耽于 〈in Erinnerungen, in Gefühlen, in Wonne s. 沉浸在回忆、情感、欢乐之中〉 **2.** mit Genuss viel essen u. trinken 吃喝享受,大吃大喝: *Wir haben auf der Party mal so richtig geschwelgt* 在聚会时我们痛快地吃喝了一回

Schwel·le *die*; -, *-n* **1.** der leicht erhöhte Teil des Fußbodens an der Türöffnung 门槛〈über die S. treten 跨过门槛〉 ‖ -K (复合): ***Tür-***, ***Zimmer-*** **2.** ein Stück Holz, Beton *o.Ä.*, das quer unter den (Eisenbahn) Schienen liegt u. an dem diese befestigt sind 轨枕,枕木 ‖ -K (复合): ***Bahn-*** **3.** ***an der S. zu etw.*** kurz vor etw. (*mst* e-m neuen Lebensabschnitt *o.Ä.*) 即将进入、迈入(人生的新阶段): *an der S. zum Erwachsenensein stehen* 即将成为成年人 ‖ -K (复合): ***Bewusstseins-***, ***Reiz-***, ***Schmerz-***

schwel·len[1]; *schwillt*, *schwoll*, *ist geschwollen*; [Vi] (不及物) ***etw. schwillt*** etw. wird größer u. dicker als normal (物作主语)肿,肿起;膨胀;变大: *Nach dem Unwetter schwoll der Fluss zu e-m reißenden Strom* 暴风雨过后这条河涨成了一条汹涌的大江; *Sein Arm ist geschwollen, weil ihn e-e Biene gestochen hat* 他的胳膊肿了,因为蜜蜂把他蜇了一下

schwel·len[2]; *schwellt*, *schwellte*, *hat geschwellt*; [Vt] (及物) ***etw. schwellt etw.*** etw. bewirkt, dass etw. rund wird (物作主语)使鼓起来,把…吹得鼓起来 ≈ etw. bläht, bauscht etw.: *Der Sturm schwellt die Segel* 狂风把帆吹得鼓鼓的

Schwem·me *die*; -, *-n*; ein Überangebot e-r bestimmten Ware 大量充斥市场,(商品)过剩,供过于求 ↔ Knappheit ‖ -K (复合): ***Eier-***, ***Gemüse-***, ***Obst-***, ***Wein-***

-schwem·me *die*; *im Subst*, *wenig produktiv* (构成名词,构词弱); drückt aus, dass es zu viele Menschen in dem Beruf gibt, der im ersten Wortteil genannt wird …过剩,…过多 ↔ -mangel; ***Akademikerschwemme***, ***Ärzteschwemme***, ***Lehrerschwemme***

Schwel·lung *die*; -, *-en* **1.** e-e Stelle am Körper, die wegen e-r Verletzung, e-s Insektenstichs *o.Ä.* dicker als normal ist 肿起的部位,肿块 **2.** *nur Sg* (只用单数); der Zustand, in dem etw. geschwollen ist 肿大,肿胀 〈die S. klingt ab, geht zurück 肿消了,消退了〉: *Der Zahn kann erst gezogen werden, wenn die S. der Backe abgeklungen ist* 面颊消肿后才能拔牙

schwem·men; *schwemmte*, *hat geschwemmt*; [Vt] (及物) ***etw. schwemmt j-n/etw. irgendwohin*** die Strömung des Wassers befördert j-n/etw. irgendwohin (物作主语)把…冲往,冲走 ≈ etw. spült j-n/etw. irgendwohin 〈ans Land, ans Ufer geschwemmt werden 被冲上陆地、冲上岸〉: *Viele tote Seehunde wurden an den Strand geschwemmt* 许多死海豹被冲上海滩 ‖ NB (注意): *mst* im Passiv (多用被动语态)!

Schwemm·sand *der*; Sand, den ein Fluss, das

S

Meer *o. Ä.* ans Ufer geschwemmt hat 冲积砂

Schwen·gel *der*; *-s*, *-* **1.** ein Teil e-r Pumpe in Form e-r Stange, die man hin- u. herbewegt, um Wasser aus dem Boden zu pumpen (手压泵的)压杆,推杆,摇杆,摇臂 ‖ -K(复合): ***Pumpen-*** **2** ≈ Klöppel (1) ‖ -K(复合): ***Glocken-***

Schwenk *der*; *-(e)s*, *-s* **1.** e-e (*mst* schnelle) Änderung der Richtung 变向,转向 〈e-n S. nach links/rechts machen 向左、右变换方向〉 **2.** die Bewegung mit der Kamera beim Filmen (拍电影,电视)摇摄

schwen·ken; *schwenkte*, *hat/ist geschwenkt*; [Vt](及物)(*hat*) **1.** ***etw. s.*** etw. (in der Hand halten u.) durch die Luft bewegen 挥动,摇动,舞动,晃动 ≈ schwingen 〈e-e Fahne, e-n Hut, ein Taschentuch s. 挥动旗帜、帽子、手帕〉: *Sie schwenkte die Arme über dem Kopf, um ihn auf sich aufmerksam zu machen* 为了让他注意自己,她高举胳膊挥动着 **2.** ***etw. (irgendwohin) s.*** etw. in e-e bestimmte Richtung od. Stellung bewegen 转动,旋转 ≈ drehen: *Er schwenkte den Wasserhahn nach rechts* 他向右转动水龙头 ‖ K-(复合): ***Schwenk-, -arm, -hahn, -kran*** **3.** ***etw. in etw.*** (*Dat* 三格) ***s.*** etw. in e-e Flüssigkeit tun u. dort kurze Zeit hin u. her bewegen 在油里翻炒,在水里搅动: *Wäsche im Wasser s.* 在水里漂洗衣服; *Kartoffeln in heißem Fett s.* 把土豆放在滚烫的油里翻炒; *in Butter geschwenkte Bohnen* 用黄油翻炒过的豆子; [Vi](不及物)(*ist*) **4.** ***irgendwohin s.*** sich in e-e bestimmte Richtung bewegen 转向,转弯: *Das Auto schwenkte nach links in e-e Nebenstraße* 汽车向左拐入一条横街 ‖ *zu* (义项) **2.** u. **4.** **Schwen·kung** *die*

schwer[1] *Adj* (形) **1.** mit relativ hohem Gewicht 重的,沉重的,笨重的 ↔ leicht 〈etw. ist s. wie Blei 某物重如铅块; s. beladen, bepackt sein 重载,负载很重〉: *e-n schweren Koffer schleppen* 拖着一只很重的箱子; *Mit 75 Kilo ist sie viel zu s. für ihre Größe* 她体重75公斤,与自己身高相比太重了 ‖ ↑ *Abb. unter* 图见 ***Eigenschaften*** ‖ K-(复合): ***Schwer-, -gewicht, -metall; schwer-, -beladen*** ‖ -K(复合): ***blei-; tonnen-, zentner-*** **2.** in großem Maße, mit großer Intensität 强烈的,严重的,厉害的 ≈ stark, heftig ↔ leicht 〈ein Gewitter, ein Schneefall, ein Sturm, ein Unwetter 雷雨,下雪,狂风,暴风雨; e-e Gehirnerschütterung, Kopfweh, e-e Krankheit, ein Schock, e-e Verletzung 脑震荡,头疼,疾病,休克,受伤; s. bewaffnet, enttäuscht, krank, verletzt, verwundet sein 用重武器武装,非常失望,病得厉害,严重受伤; etw. lastet s. auf j-s Gewissen 某事沉重地压在某人的心头; s. an e-r Schuld zu tragen haben 应该承担重大的责任〉: *Er liegt mit e-r schweren Grippe im Bett* 他患了严重流感,卧病在床; *Die Hitze macht ihm s. zu schaffen* 炎热使他非常难熬 ‖ K-(复合): ***schwer-, -bewaffnet, -krank, -verletzt, -verwundet*** **3.** sehr intensiv u. süß 浓烈的 〈ein Duft, ein Parfüm 香气,香水〉 **4.** *mst attr* (多作定语); sehr belastend für den Organismus 过量的,难消化的,过饱的 ≈ stark ↔ leicht, bekömmlich 〈ein Essen, e-e Kost, ein Wein, e-e Zigarre 饭菜,食物,葡萄酒,雪茄〉: *Vor dem Schlafengehen solltest du nicht so s. essen* 就寝前你不要吃得过饱; **5.** *Gewicht* (重量) + ***s.*** mit dem genannten Gewicht…重的: *ein zwanzig Tonnen schwerer Lastwagen* 一辆20吨重的载重汽车; Der junge Vogel war nur zehn Gramm s. 这只幼鸟只有十克重 **6.** mit sehr unangenehmen Folgen 重大的,严重的 ≈ schlimm 〈e-e Schuld, ein Verbrechen, ein Vergehen 责任,罪行,违法行为〉 ‖ K-(复合): ***Schwer-, -verbrecher*** ‖ *zu* (义项) **1.-4.**, **6. Schwe·re** *die*; *-*; *nur Sg* (只用单数)

schwer[2] *Adj* (形) **1.** mit viel Arbeit od. Mühe verbunden 困难的,艰难的,艰巨的,繁重的 ≈ schwierig ↔ leicht, einfach 〈e-e Aufgabe, ein Beruf, ein Leben, e-e Verantwortung 任务,职业,生活,责任〉: *Der Kranke atmete s.* 病人呼吸困难; *Du musst lauter sprechen, er hört s.* 你得再大点声说,他听起来吃力(耳背) **2.** 〈e-e Arbeit 工作〉 so, dass man viel Kraft dazu braucht 费力气的,艰苦的 ↔ leicht ‖ K-(复合): ***Schwer-, -arbeit*** **3.** *nicht adv* (不作状语) ≈ anspruchsvoll ↔ leicht 〈Musik, Literatur 音乐,文学〉 **4.** ***j-d/etw. ist s. zu*** + *Infinitiv* (不定式) es ist schwierig, mit j-m/etw. etw. zu tun (人/物作主语)难以…: *Es ist s. zu beurteilen, ob er recht hat* 他是否正确,这很难判断; *Sie war nur s. zu überzeugen* 她这个人难以说服 **5.** ***j-d/etw. macht (j-m) etw. s.***; ***j-d macht sich*** (*Dat* 三格) ***etw. s.*** j-d/etw. bereitet j-m auf e-m bestimmten Gebiet Probleme, j-d erschwert die Situation für sich selbst (人/物作主语)给…造成困难、麻烦; 自找麻烦 ↔ j-d/etw. macht (j-m) etw. leicht; j-d macht sich (*Dat* 三格) etw. leicht 〈sich u. anderen das Leben s. machen 给自己和他人的生活造成不便〉: *Sie machte es ihm s., sich von ihr zu trennen* 她使得他难以与她分手 ‖ NB(注意): ↑ ***schwerfallen, schwernehmen, schwertun*** ‖ *zu* (义项) **1.** u. **2. Schwe·re** *die*; *-*; *nur Sg* (只用单数)

schwer[3] *Adv* (副); *gespr* [口]; verwendet, um Adjektive u. Verben zu verstärken (用来加强形容词和动词的语义)很,非常,严重,厉害 ≈ sehr 〈s. beleidigt, betrunken sein 受到严重的侮辱,喝得大醉; j-n s. beeindrucken, enttäuschen 给某人留下深刻的印象,使某人非常失望; etw. s. büßen müssen 必须为某事付出沉重的代价; sich s. blamieren 大大出丑; sich s. hüten, etw. zu tun 非常小心避免干某事〉: *Unsere neue Lehrerin ist s. in Ordnung* 我们新来的女教师很不错 ‖ K-(复合): ***schwer-, -reich*** ‖ ID [谚] ***Das will ich s. hoffen!*** *gespr* [口]; das erwarte ich unbedingt 这我非要等到不可!

schwer[4] *mit Adj*, *wenig produktiv* (与形容词连用,构词弱); drückt aus, dass das, was im Adjektiv ausgedrückt wird, nur mit großer Mühe

S

möglich ist 很难…的，难以…的：**schwer erziehbar** 〈ein Kind 孩子〉，**schwer löslich** 〈ein Pulver 粉末〉，**schwer verdaulich** 〈ein Essen 饭菜〉，**schwer verkäuflich**，**schwer verständlich** 〈e-e Aussprache 发音〉，**schwer verträglich** 〈ein Medikament 药〉 ‖ NB（注意）：**a**）↑ **schwer¹**（1，2），**schwerbehindert**，**schwerbeschädigt**，**schwerwiegend**；**b**）die hier genannten Adjektive können auch mit *schwer* zusammengeschrieben werden（这里提及的形容词也可以与 schwer 连写）

-schwer *im Adj*，*wenig produktiv*（构成形容词，构词弱）；voll von dem，was im ersten Wortteil ausgedrückt wird …重大的，…严重的，…沉重的，…深沉的：**bedeutungsschwer**，**folgenschwer** 〈e-e Tat 行为〉，**gedankenschwer** 〈ein Moment 时刻〉，**inhaltsschwer** 〈ein Brief 信〉，**schicksalsschwer** 〈ein Tag 一天〉，**sorgenschwer**，**verantwortungsschwer**

Schwer·ath·le·tik *die*；-；*nur Sg*，*Kollekt*（只用单数）（集合）；die Sportarten Gewichtheben，Ringen，Boxen *usw* 重竞技运动 ↔ Leichtathletik 〈S. betreiben 进行重竞技运动〉 ‖ *hierzu*（派生）**schwer·ath·le·ti·sch-** *Adj*（形）；*nur attr*，*nicht adv*（只作定语，不作状语）；**Schwer·ath·let** *der*

schwer·be·hin·dert，**schwer be·hin·dert** *Adj*（形）；*nicht adv*（不作状语）；mit e-r ernsthaften（*bes* körperlich od. geistigen）Behinderung 严重残疾的，重度残疾的〈s. sein 是严重残疾〉 ‖ *hierzu*（派生）**Schwer·be·hin·der·te** *der/die*；*-n*，*-n*

schwer·be·schä·digt，**schwer be·schä·digt** *Adj*（形）；*nicht adv*（不作状语）；durch e-e Verletztung（körperlich）stark behindert 严重残废的，重度伤残的 ≈ invalid：*ein schwerbeschädigter Kriegsteilnehmer* 战争重度伤残者，重残废军人 ‖ *hierzu*（派生）**Schwer·be·schä·dig·te** *der/die*；*-n*，*-n*

schwe·re·los *Adj*（形）**1.** ohne Gewicht 失重的：*Die Astronauten im Weltraum befinden sich im schwerelosen Zustand* 太空中的宇航员处于失重状态 **2.** so，als ob der Betreffende kein Gewicht hätte 轻飘飘的，轻盈的：*Sie glitt s. über den Boden* 她轻盈地从地面上飘浮而过 ‖ *hierzu*（派生）**Schwe·re·lo·sig·keit** *die*；*nur Sg*（只用单数）

schwer·fal·len；*fällt schwer*，*fiel schwer*，*ist schwergefallen*；[Vi]（不及物）**etw. fällt j-m schwer** etw. macht j-m viel Mühe od. Schwierigkeiten（物作主语）使感到困难、吃力 ↔ etw. fällt j-m leicht：Es *fiel ihm schwer*，*sich bei ihr zu entschuldigen* 他感到很难向她道歉

schwer·fäl·lig *Adj*（形）；so，dass der Betreffende nicht fähig ist，schnell u. geschickt zu denken od. sich so zu bewegen 迟钝的，缓慢的 ≈ unbeholfen ↔ wendig 〈e-e Bewegung 动作；s. denken，gehen，sprechen 思考迟钝，行走吃力，说话不利索；sich s. bewegen 动作迟钝〉 ‖ *hierzu*（派生）**Schwer·fäl·lig·keit** *die*；*nur Sg*（只用单数）

schwer·hö·rig *Adj*（形）；〈ein Mensch 人〉 so，dass er schlecht hört 耳背的，听觉不好的：*Sprich lauter*，*er ist s.!*说大点儿声，他耳背！ ‖ ID［谚］*mst* 多用 **Bist du s.?** *gespr*［口］；verwendet，um Ungeduld auszudrücken，weil j-d nicht sofort das tut，was man ihm sagte 你耳朵聋啦！ ‖ *hierzu*（派生）**Schwer·hö·ri·ge** *der/die*；*-n*，*-n*；**Schwer·hö·rig·keit** *die*；*nur Sg*（只用单数） ‖ NB（注意）：↑ **taub**

Schwer·in·dust·rie *die*；*Kollekt*（集合）；der Bergbau u. die Industrie，die Eisen erzeugt u. verarbeitet 重工业

Schwer·kraft *die*；*nur Sg*（只用单数）；die（Anziehungs）Kraft e-s Planeten *o. Ä.*，die bewirkt，dass alles ein Gewicht hat 重力，万有引力 ≈ Gravitation 〈j-d/etw. unterliegt der S.，ist der S. unterworfen 某人/某物受重力的影响〉：*Mit dieser Vorrichtung lässt sich die S. aufheben/überwinden* 用这一装置可以消除/克服重力

schwer·lich *Adv*（副）；*geschr*［书］；wahrscheinlich nicht 难，难以 ≈ kaum：*Es wird dir s. helfen*，*wenn du ihn beleidigst* 如果你冒犯他，那就很难帮你了

Schwer·machen ↑ **Schwer²**（5）

Schwer·mut *die*；-；*nur Sg*（只用单数）；ein Zustand，in dem man so traurig ist，dass man nichts mehr tun will 消沉，情绪低落，忧郁，心情沉重 ≈ Melancholie 〈in S. verfallen 心情阴郁〉 ‖ *hierzu*（派生）**schwer·mü·tig** *Adj*（形）；**Schwer·mü·tig·keit** *die*；*nur Sg*（只用单数）

schwer·neh·men；*nimmt schwer*，*nahm schwer*，*hat schwergenommen*；[Vt]（及物）**etw. s.** etw. sehr ernst nehmen u. sich viele Sorgen darüber machen；把…看得严重，对…感到担心 ↔ leichtnehmen

Schwer·punkt *der* **1.** der Punkt，der wichtig für das Gleichgewicht e-s Körpers ist. Wenn man e-n Gegenstand auf e-r Spitze balancieren will，muss die Spitze genau unter dem S. sein 重心 **2. der S.**（+ *Gen* 二格）etw.，das besonders wichtig ist u. viel Zeit，Raum od. Aufmerksamkeit braucht 重点，要点：*Der S. der Ausstellung waren Gemälde von Rembrandt* 展览的重点是伦勃朗的油画；*Der S. ihrer Arbeit liegt in der Beratung* 她工作的重点是咨询 ‖ *zu*（义项）**2. schwer·punkt·mä·ßig** *Adj*（形）

Schwert *das*；*-(e)s*，*-er* **1.** e-e Waffe mit e-m langen，geschliffenen Teil（e-r Klinge）aus Metall u. e-m kurzen Griff 剑〈das S. ziehen，zücken，in die Scheide stecken 拔剑、抽剑，插剑入鞘〉：*Der Ritter war mit e-m S. u. e-r Lanze bewaffnet* 骑士佩带剑和长枪 ‖ ↑ *Abb. unter* 图见 **Waffen** ‖ K-（复合）：**Schwert-**，**-klinge**，**-knauf** **2.** e-e senkrechte Platte，die man unten an Surfbrettern，Segelbooten *o. Ä.* befestigt，damit sie stabil im Wasser bleiben（帆船、冲浪板上的）中插板，中插水板 ‖ ↑ *Abb. unter* 图见 **Segelboot** **3. j-d kreuzt mit j-m die Schwerter**；〈Personen 人〉 **kreuzen die Schwerter** *geschr*［书］；*mst* zwei

Personen kämpfen od. streiten miteinander（人作主语）单：与…击剑决斗，较量；复：相互击剑决斗 ‖ ID［谚］**etw. ist ein zweischneidiges S.** etw. hat positive u. negative Seiten 某事是一把双刃剑（意即：有利有弊）

Schwert·li·lie *die* ≈ Iris (1)

schwer·tun; *tat sich schwer, hat sich schwergetan*; Vr（反身）**sich (bei/mit etw.) s.** Schwierigkeiten bei e-r Tätigkeit haben / mit etw. Probleme haben（干…，在…方面）有困难，有麻烦 ↔ sich leichttun: *Mit solchen Fremdwörtern tue ich mich immer schwer* 认这种外来语词我总感觉吃力

schwer·wie·gend, schwer wie·gend; *schwerer wiegend/schwerwiegender, am schwersten wiegend/schwerwiegendst-*; *Adj*（形）；*nicht adv*（不作状语）**1.** mit weitreichenden Auswirkungen 重大的，重要的，影响深远的〈ein Entschluss, e-e Entscheidung 决定，决策〉**2.** mit sehr unangenehmen Folgen 严重的 ≈ folgenschwer, ernst (4)〈*ein Fehler, e-e Erkrankung* 错误，疾病〉

Schwes·ter *die*; -, -*n* **1.** e-e weibliche Verwandte, die dieselben Eltern hat 姐姐，妹妹 ↔ Bruder: „*Wie viele Geschwister hast du?*" – „*Zwei Brüder u. eine S.*"“你有几个兄弟姐妹？”——“两个哥哥（弟弟）和一个姐姐（妹妹）。” ‖ K-（复合）：**Schwester-, -liebe 2.** KATH【天主】；ein weibliches Mitglied e-s Ordens 修女 ≈ Nonne ‖ -K（复合）：**Kloster-, Ordens- 3.** e-e Frau, die Kranke od. Alte pflegt u. oft e-e Art Uniform trägt 护士，护理员：*Sie arbeitet als S. im Krankenhaus* 她在医院里当护士 ‖ K-（复合）：**Schwestern-, -haube, -schule, -schülerin, -tracht, -wohnheim** ‖ -K（复合）：**Alten-, Kinder-, Säuglings-; Kranken-, Operations-, Rotkreuz-, Stations-** ‖ NB（注意）*zu*（义项）**2.** u. **3.**: auch als Anrede verwendet（也可用作称呼）：*S. Josefine, S. Monika* 约瑟菲妮姐姐（妹妹），莫尼卡姐姐（妹妹）

Schwes·ter·herz *das*; *nur Sg, gespr hum*（只用单数）［口］［诙］；verwendet als Anrede für die eigene Schwester (1)（用来称呼自己的亲姐妹）

schwes·ter·lich *Adj*（形）；*nur attr od adv*（只作定语或状语）；wie für e-e (gute) Schwester (1) typisch 姐妹般的〈Liebe, Verbundenheit 亲情，亲密关系〉

Schwes·tern·schaft *die*; -, -*en*; *Kollekt*（集合）；die Krankenschwestern e-s Krankenhauses（全体）护士

schwieg *Imperfekt, 1. u. 3. Person Sg*（过去时，第一和第三人称单数）；↑ **schweigen**

Schwie·ger·el·tern *die*; die Eltern des Ehepartners 公公婆婆；岳父岳母

Schwie·ger·mut·ter *die*; die Mutter des Ehepartners 婆婆；岳母

Schwie·ger·sohn *der*; der Ehemann der Tochter 女婿

Schwie·ger·toch·ter *die*; die Ehefrau des Sohnes 儿媳

Schwie·ger·va·ter *der*; der Vater des Ehepartners 公公；岳父

Schwie·le *die*; -, -*n*; e-e dicke, harte Stelle an der Haut (*bes* der Hand), die durch Druck entstanden ist 趼子，老茧 ≈ Hornhaut: *vom Arbeiten Schwielen bekommen* 因劳动而生趼子 ‖ *hierzu*（派生）**schwie·lig** *Adj*（形）

schwie·rig *Adj*（形）**1.**〈e-e Aufgabe, e-e Entscheidung, e-e Frage 任务，决定，问题〉so, dass man über sie viel nachdenken muss u. viel Energie für sie braucht 难的，困难的，难处理的，艰巨的 ≈ schwer² (1) **2.** ≈ unangenehm, heikel〈e-e Lage, e-e Situation 形势，处境〉**3.**〈ein Mensch, ein Charakter 人，性格〉so, dass man mit ihnen vorsichtig sein muss, weil man nicht weiß, wie sie reagieren 难相处的，难对付的，难伺候的 ↔ umgänglich

Schwie·rig·keit *die*; -, -*en* **1.** *nur Sg*（只用单数）；die Eigenschaft, problematisch zu sein 难度，艰难：*die S. e-r Aufgabe, e-r Situation* 一项任务的难度，处境的艰难；*e-e sportliche Übung von großer S.* 一项难度大的体育训练 ‖ K-（复合）：**Schwierigkeits-, -grad 2.** *mst Pl*（多用复数）；etw., das j-m große Probleme macht 困难〈j-d/etw. bereitet (j-m) erhebliche Schwierigkeiten 某人/某事（给某人）造成巨大的困难；auf Schwierigkeiten stoßen 遇到困难〉：*Beim Bau des Tunnels ergaben sich immer neue Schwierigkeiten* 在修建隧道时常常产生新的困难 ‖ -K（复合）：（*nur mit Pl* 只用复数）**Geld-, Zahlungs-** ‖ ID［谚］**(j-m) Schwierigkeiten machen** j-n in e-e unangenehme Situation bringen（给某人）造成困难，制造麻烦：*Die Zollbeamten machten ihm an der Grenze Schwierigkeiten* 过境时海关人员给他制造了麻烦；**etw. macht j-m Schwierigkeiten** etw. bereitet j-m Mühe 某事使某人很费力：*Das Atmen machte ihr Schwierigkeiten* 她感到呼吸困难

schwillt *Präsens, 3. Person Sg*（现在时，第三人称单数）；↑ **schwellen¹**

Schwimm·bad *das*; ein großes Gebäude (od. e-e große Fläche) mit Schwimmbecken 游泳场，游泳馆：*Heute Nachmittag gehen wir ins S.* 今天下午我们去游泳 ‖ NB（注意）：↑ **Freibad**

Schwimm·be·cken *das*; ein großes Becken, in dem man schwimmen kann 游泳池 ‖ NB（注意）：↑ **Swimmingpool**

Schwimm·bla·se *die*; der Teil des Körpers e-s Fisches *o. Ä.*, der voll Luft ist u. mit dem sich der Fisch an die Tiefe des Wassers anpassen kann 鱼鳔

schwim·men; *schwamm, hat/ist geschwommen*; Vi（不及物）**1.** *s.* (*hat/südd* Ⓐ Ⓒⓗ［南德］［奥］［瑞］*ist*)；**irgendwohin s.** (*ist*) sich durch Bewegungen des Körpers im Wasser (od. an der Oberfläche) halten u. sich dabei fortbewegen 游泳，游水，浮水〈auf dem Rücken, um die Wette s. 仰游，比赛游泳〉：*Enten schwimmen auf dem See* 鸭子在湖上浮水；*Fische schwimmen im Wasser* 鱼在水里游；*Er kann nicht s. u. wäre deswegen beinahe ertrunken* 他不会游泳，所以差点淹死；*Sie ist ans andere Ufer geschwommen* 她游到对岸去了 ‖

S

K-（复合）：**Schwimm-**，**-bewegung**，**-halle**，**-lehrer**，**-sport**，**-stil**，**-unterricht**，**-verein**，**-vogel** ‖ -K（复合）：**Brust-**，**Delphin-**，**Kraul-**，**Rücken-**；**Rettungs-**，**Wett-** **2. etw. schwimmt**（*hat/südd* Ⓐ ⒸⒽ［南德］［奥］［瑞］*ist*）etw. liegt auf der Oberfläche e-r Flüssigkeit u. geht nicht unter（物作主语）浮，漂浮：*Kork ist leichter als Wasser u. schwimmt deswegen* 软木塞比水轻，所以浮在水上；*Die Kinder ließen Papierschiffe s.* 孩子们把纸船放在水上漂；*Hausboote sind schwimmende Häuser* 住家小船就是浮动的房屋 **3. etw. schwimmt**（*ist*）*gespr*［口］；etw. ist sehr nass（物作主语）湿淋淋，水汪汪〈j-s Augen, das Badezimmer, der Fußboden 某人的眼睛，洗澡间，地面〉**4. in etw.**（*Dat* 三格）**s.**（*ist*）*gespr*［口］；sehr viel von etw. haben 多如牛毛，有许多，有的是〈in Geld s. 有的是钱〉**5. ins Schwimmen kommen** *gespr*［口］；etw. nicht gut können u. deswegen unsicher werden 心里没底，不知所措：*Als ihn der Prüfer zu diesem Thema Fragen stellte, kam er ins Schwimmen* 当考官就这个题目向他提问时，他就不知所措了 **6. etw. schwimmt j-m vor den Augen / j-m vor Augen**（*ist*）etw. ist nicht klar zu sehen（物作主语）…在眼前模糊不清，看不清楚：*Sie war so müde, dass ihr die Buchstaben vor den Augen schwammen* 她困极了，字母在眼前一片模糊；Vt/i（及物/不及物）（*ist/hat*）**7.**（**etw.**）**s.** in e-m sportlichen Wettkampf s.（1）游泳（比赛）：*Sie ist/hat die 100 Meter Kraul in neuer Bestzeit geschwommen* 她游出了一百米自由泳新的最好成绩；*Er schwimmt morgen im Endkampf* 他明天要参加游泳决赛

schwim·mend 1. *Partizip Präsens*（现在分词）；↑ **schwimmen** **2.** *mst* in 多用于 **etw. in schwimmendem Fett backen**，**braten** etw. mit sehr viel Fett backen, braten 用油炸

Schwim·mer *der*；*-s*，- **1.** ein Mensch, der schwimmen kann 游泳者，会游泳的人 ↔ Nichtschwimmer **2.** j-d, der das Schwimmen als Sport betreibt 游泳运动员 **3.** ein leichter Gegenstand, der im Wasser schwimmt u. dadurch etw. an der Oberfläche hält, ein Ventil regelt od. die Menge der Flüssigkeit in e-m Behälter anzeigt 浮子，浮标，浮球，浮筒：*die Schwimmer e-s Wasserflugzeugs* 水上飞机的浮筒；*der S. im Spülkasten der Toilette* 厕所水箱内的浮球 ‖ K-（复合）：**Schwimmer-**，**-ventil** ‖ *zu*（义项）**1.** u. **2. Schwim·me·rin** *die*；-，*-nen*

Schwimm·flos·se *die*；e-e Art Schuh aus Gummi, der vorne sehr lang, breit u. flach ist u. mit dem man gut tauchen u. schwimmen kann 脚蹼

Schwimm·flü·gel *der*；*mst Pl*（多用复数）；einer von zwei Plastikringen（voll Luft），die ein Kind im Wasser an den Armen trägt, wenn es nicht schwimmen kann（套在手臂上的）充气塑料游泳圈

Schwimm·haut *die*；-，*Schwimm·häu·te*；*mst Pl*（多用复数）；die Haut zwischen den Zehen e-r Ente, e-s Schwans *o.Ä.* 蹼

Schwimm·rei·fen *der*；ein Reifen（voll Luft），den Kinder, die nicht schwimmen können, im Wasser unter den Armen tragen（充气）游泳圈

Schwimm·wes·te *die*；e-e Weste zum Aufblasen od. aus Kork, die einen an der Wasseroberfläche hält 救生衣，救生背心〈die S. anlegen 穿上救生衣〉

Schwin·del[1] *der*；*-s*；*nur Sg*（只用单数）；ein unangenehmes Gefühl, bei dem man meint, alles drehe sich im Kreis 头晕，眩晕：*Nach der Fahrt mit dem Karussell konnte er sich vor S. kaum auf den Beinen halten* 坐完旋转木马后，他头晕得几乎站不住脚 ‖ K-（复合）：**Schwindel-**，**-anfall**，**-gefühl** ‖ NB（注意）：↑ **Taumel**

Schwin·del[2] *der*；*-s*；*nur Sg*，*gespr pej*（只用单数）［口］［贬］≈ Betrug〈etw. ist ausgemachter, unerhörter S. 某事是个不折不扣的，前所未闻的骗局；ein S. fliegt auf, kommt heraus 一起诈骗败露了、露馅了〉‖ *hierzu*（派生）**Schwind·ler** *der*；*-s*，-；**Schwind·le·rin** *die*；-，*-nen*

schwin·del·er·re·gend, Schwin·del er·re·gend *Adj*（形）**1.** so, dass der Betreffende dort Schwindel[1] fühlt 令人头晕目眩的〈in schwindelerregender Höhe 在令人头晕的高度〉**2.** sehr hoch 极高的，令人咋舌的〈Preise, Kosten, Summen 价格，费用，数额〉

schwin·del·frei *Adj*（形）；so, dass der Betreffende in großer Höhe nie Schwindel[1] spürt 不头晕的，不恐高的：*Als Dachdecker muss man s. sein* 当一名屋顶瓦工必须不恐高

schwin·de·lig *Adj*（形）；↑ **schwindlig**

schwin·deln[1]；*schwindelte*，*hat geschwindelt*；Vimp（无人称）**j-m/j-n schwindelt**（**es**）j-d fühlt Schwindel[1] 头晕目眩，头晕

schwin·deln[2]；*schwindelte*，*hat geschwindelt*；Vi（不及物）*gespr*［口］；e-e harmlose Lüge erzählen 瞎说，撒谎，说谎：*„Ich bin schon fünf Jahre alt“ – „Na, hast du da nicht ein bisschen geschwindelt?“* “我已经五岁了”——“哈，你不是在瞎说吧？”

schwin·den；*schwand*，*ist geschwunden*；Vi（不及物）**1. etw. schwindet** etw. wird immer weniger（物作主语）减少，减退，消失：*Als sie zwei Wochen lang nicht anrief, schwand seine Hoffnung auf e-e Versöhnung* 当她两周都没打来电话时，他想和解的希望渺茫了 **2. j-m schwinden die Sinne** *geschr*［书］；j-d wird ohnmächtig, verliert das Bewusstsein 失去知觉

schwind·lig *Adj*（形）；*nur präd*，*nicht adv*（只作表语，不作状语）；so, dass der Betreffende Schwindel[1] fühlt 头晕的，眩晕的 ↔ schwindelfrei〈j-m ist, wird s. 某人晕了，要晕〉：*Beim Karussellfahren wird mir immer s.* 我坐旋转木马总是头晕

Schwind·sucht *die*；*veraltend*［渐旧］≈ Tuberkulose ‖ *hierzu*（派生）**schwind·süch·tig** *Adj*（形）

Schwin·ge *die*；-，*-n*；*geschr*［书］；ein Flügel

bes e-s großen Vogels 翅膀，翼〈ein Vogel breitet seine Schwingen aus 飞鸟展翅〉‖ -K (复合): ***Adler-***

schwin·gen; *schwang, hat geschwungen*; [Vt] (及物) **1. *etw. s.*** etw. (in e-m großen Bogen od. in mehreren Kreisen) schnell durch die Luft bewegen 挥舞，舞动，抡〈e-e Axt, e-n Hammer, e-e Fahne, e-e Keule, e-e Peitsche, die Arme s. 挥动斧子、锤子、旗子、木棍、鞭子、胳膊〉**2. *e-e Rede s.*** *gespr* [口]; e-e Rede halten 发言，发表演说; [Vi] (不及物) **3. *etw. schwingt*** etw. bewegt sich im gleichen Abstand um e-n Punkt (an dem etw. befestigt ist) hin u. her(物作主语)来回摆动，振动，晃动 ≈ etw. pendelt〈e-e Glocke, ein Pendel, e-e Schaukel 钟，钟摆，秋千〉: *Das Tor schwingt in den Angeln* 门以户枢为中心摆动; *Lampions schwingen im Wind* 灯笼在风中摆动 **4. *etw. schwingt*** etw. bewegt sich auf der Stelle schnell hin u. her od. auf u. ab(物作主语)颤动，振荡 ≈ etw. vibriert〈e-e Brücke, e-e Saite, e-e Welle 桥，弦，波浪〉: *Die Saiten des Klaviers bringt man zum Schwingen, indem man auf die Tasten drückt* 人们通过弹琴键使钢琴的弦产生振荡; [Vr] (反身) **5. *sich irgendwohin s.*** sich festhalten u. gleichzeitig mit e-r schnellen Bewegung auf od. über etw. springen 跨，跃，跳〈sich aufs Pferd, aufs Fahrrad, in den Sattel, über die Mauer s. 纵身上马，跨上自行车，跃上马鞍，跳过墙头〉**6.**〈ein Vogel 鸟〉***schwingt sich in die Luft/Lüfte*** *geschr* [书]; ein Vogel fängt an zu fliegen 振翅起飞 ‖ ▶ ***Schwingung, Schwung***

Schwing·tür *die*; e-e Tür, die man öffnet, indem man dagegen drückt, u. die sich von selbst wieder schließt(双向)弹簧门

Schwin·gung *die*; -, *-en*; e-e Bewegung von einer Seite zur anderen, die sich regelmäßig wiederholt 来回摆动，颤动，振荡〈die Dauer, Frequenz e-r S. 振荡的持续时间、频率〉: *e-e Gitarrensaite in Schwingungen versetzen* 使一根吉他弦振荡，拨动吉他琴弦; *die Schwingungen e-s Pendels* 钟摆的摆动 ‖ K- (复合): ***Schwingungs-, -dauer, -frequenz***

Schwipp·schwa·ger *der*; *gespr* [口]; der Schwager des Ehepartners 连襟，大姑子的丈夫，小姑子的丈夫 ‖ *hierzu* (派生) **Schwipp·schwä·ge·rin** *die*

Schwips *der*; *-es, -e*; *gespr* [口]; der Zustand, in dem man ein wenig betrunken ist 醉意，微醉〈e-n leichten, kleinen S. bekommen, haben 有点醉，稍有醉意〉‖ NB (注意): ↑ ***Rausch***

schwir·ren; *schwirrte, hat/ist geschwirrt*; [Vi] (不及物) **1. *ein Insekt/etw. schwirrt*** (*ist*) ein Insekt/etw. bewegt sich mit e-m leisen, vibrierenden Geräusch durch die Luft(昆虫/物作主语)嗡嗡地飞过，飕的一声飞过: *Mücken schwirrten über dem Wasser* 蚊子在水面上嗡嗡地飞; *Pfeile schwirrten durch die Luft* 箭飕飕地在空中飞射 **2. *j-m schwirrt der Kopf*** (***von etw.***) (*hat*); j-d ist verwirrt u. nervös, weil er sich mit vielen Dingen beschäftigt hat 某人(因…)头昏脑胀: *Mir schwirrt der Kopf vom Lernen, ich muss mich jetzt ausruhen* 我学习学得头昏脑胀，现在我得歇一歇 **3. *etw. schwirrt j-m durch den Kopf*** (*ist*) etw. wirkt auf j-s Gedanken u. verwirrt ihn dadurch(物作主语)困扰，使头脑乱哄哄的〈Ideen, Pläne 想法，计划〉

Schwit·ze *die*; -, *-n*; Mehl, das in Butter heiß gemacht wird, um daraus e-e Soße zu machen 奶油炒面(作勾芡用的调料) ‖ -K (复合): ***Mehl-***

schwit·zen; *schwitzte, hat geschwitzt*; [Vi] (不及物) **1.** Feuchtigkeit auf der Haut haben, weil man intensiv arbeitet, weil es sehr heiß ist od. weil man Angst hat 出汗，流汗，冒汗，发汗〈am ganzen Körper, unter den Achseln/Armen s. 浑身、腋下/胳膊下出汗; ins Schwitzen kommen 出汗〉: *Er schwitzte vor Aufregung* 他激动得冒汗了; *in die Sauna gehen, um kräftig zu s.* 去洗桑拿浴，好好发发汗 ‖ K- (复合): ***Schwitz-, -bad, -kur***; [Vt] (及物) **2. *etw./sich nass s.*** so s. (1), dass etw./man selbst nass wird 出汗弄湿/出汗变湿〈das Bett, ein Hemd nass s. 把床、衬衣汗湿〉: *Ich war völlig nass geschwitzt* 我浑身都汗湿了 ‖ -K (复合): ***nass-, -geschwitzt*** ‖ ▶ ***Schweiß, verschwitzt***

Schwof *der*; *-(e)s, -e*; *gespr* [口]; ein Tanz od. e-e Tanzveranstaltung 跳舞，舞会 ‖ *hierzu* (派生) **schwo·fen** (*hat*) *Vi* (不及物)

schwoll *Imperfekt, 3. Person Sg* (过去时，第三人称单数); ↑ ***schwellen***[1]

schwor *Imperfekt, 1. u. 3. Person Sg* (过去时，第一和第三人称单数); ↑ ***schwören***

schwö·ren; *schwor, hat geschworen*; [Vt/i] (及物/不及物) **1.** (***etw.***) ***s.*** vor Gericht feierlich erklären, dass man die Wahrheit sagt(在法庭上)宣誓，发誓〈e-n Eid s. 宣誓; e-n Meineid s. (= absichtlich etw. Falsches schwören) 发假誓〉: *Der Zeuge musste mit erhobener Hand s., dass er die Wahrheit sagte* 证人必须举手宣誓，保证他说的是事实; [Vt] (及物) **2.** (***j-m***) ***etw. s.*** j-m versichern, dass das wahr ist, was man sagt od. dass man etw. bestimmt tun wird(向…)起誓，发誓，保证〈j-m Rache s. 向某人发誓要报仇〉: *Ich schwöre* (*dir*), *dass ich dich nie betrügen werde* 我(向你)起誓，我决不会欺骗你; *Er schwor* (*mir*), *er habe nichts von dem Plan gewusst* 他(向我)发誓，说他对这项计划毫无所知 **3. *sich*** (*Dat* 三格) ***etw. s.*** beschließen, etw. zu tun 发誓，决意 ≈ sich etw. vornehmen: *Nach diesem Unfall habe ich mir geschworen, nie wieder so schnell zu fahren* 这次事故后我发誓决不再这么高速开车了 ‖ ID [谚] ***Ich könnte s., dass ...*** *gespr* [口]; ich weiß ganz sicher, dass ... 我可以发誓，…: *Ich könnte s., dass ich das Auto abgesperrt habe* 我可以发誓，我把汽车锁好了 ‖ NB (注意): die Imperfektform *schwur* ist veraltet(过去时 schwur 这种形式已过时) ‖ ▶ ***Schwur, Verschwörung***

S

Schwuch·tel *die*; -, -*n*; *vulg*, *pej*［俗］［贬］≈ ein Homosexueller

schwul *Adj*（形）；*gespr*［口］≈ homosexuell ‖ NB（注意）：↑ ***lesbisch*** ‖ *hierzu*（派生）**Schwu·le** *der*; -*n*, -*n*

schwül *Adj*（形）**1.** unangenehm heiß u. feucht 闷热的，潮湿闷热的 ≈ drückend 〈das Klima, die Luft 气候，空气〉：*Heute ist es so s., es wird sicher ein Gewitter geben* 今天这么闷热，肯定会下一场雷雨 **2.** 〈e-e Atmosphäre, e-e Stimmung 气氛，情绪〉so, dass sie Angst machen 紧张的，压抑的，沉闷的 ≈ beklemmend **3.** 〈ein Duft, Fantasien, ein Traum 香气，幻想，梦〉so, dass sie e-e erotische Wirkung haben 搅动春心的，桃色的 ‖ *hierzu*（派生）**Schwü·le** *die*; -; *nur Sg*（只用单数）

Schwu·li·tä·ten *die*; *Pl*, *gespr*（复）［口］≈ Schwierigkeiten 〈in S. kommen, sein 陷人窘境，身处困境；j-n in S. bringen 使某人为难〉

schwuls·tig *Adj*（形）；dicker u. größer als normal 鼓起的，厚的〈Lippen 嘴唇〉

schwüls·tig *Adj*（形）；*pej*［贬］；mit zu viel Schmuck od. übertrieben feierlich 浮华的，浮夸的，矫饰的，华而不实的 ↔ nüchtern（4）〈ein Stil, ein Gerede 风格，空话〉‖ *hierzu*（派生）**Schwulst** *der*; -*es*; *nur Sg*（只用单数）

schwumm·rig *Adj*（形）**1.** ≈ benommen 〈j-m ist/wird ganz s.（im Kopf, vor Augen）某人头晕目眩〉‖ NB（注意）：↑ ***schwindlig*** **2.** so, dass der Betroffene Angst bekommt 提心吊胆的，担惊受怕的〈ein Gefühl 感觉〉：*Mir wird ganz s., wenn ich an die Prüfung denke* 我一想到考试就提心吊胆

Schwund *der*; -(*e*)*s*; *nur Sg*（只用单数）**1.** der Vorgang, bei dem etw. immer weniger od. schwächer wird 萎缩，收缩，缩减，减弱 ‖ -K（复合）：***Gedächtnis-***, ***Muskel-***, ***Vertrauens-***; ***Zuschauer-*** **2.** WIRTSCH【经】; ein Verlust an Waren, der e-m Händler durch Beschädigung, Diebstahl *usw* entsteht 损耗，亏损量：*E-n gewissen S. muss ein Geschäft immer einkalkulieren* 商店必须要打入一定的损耗 ‖ ▶ ***schwinden***

Schwung[1] *der*; -(*e*)*s*; *nur Sg*（只用单数）**1.** e-e Bewegung mit großer Geschwindigkeit u. Kraft 猛力，冲力：*Er warf das Fenster mit solchem S. zu, dass das Glas zerbrach* 他猛地使劲关上窗户，结果玻璃碰碎了；*Auf dem steilen Berg kam der Schlitten ordentlich in S.*（= wurde der Schlitten immer schneller）在陡峭的山上雪橇急速下滑 **2.** ≈ Elan 〈mit S. an die Arbeit gehen 满怀激情投入工作〉**3.** die Fähigkeit, die eigene Kraft u. Begeisterung auf j-n zu übertragen 鼓舞力，鼓动力：*der S. e-r Rede* 演说的鼓舞力；*Peter bringt S. in jede Party* 彼得每次都给聚会带来生气 **4.** ein Zustand, in dem man fit u. aktiv ist 活力，生机〈etw. bringt, hält j-n/etw. in S. 某事给某人/某物带来活力，使某人/某物保持活力〉：*Du wirst sehen, diese Kur bringt dich wieder in S.* 你将看到，这次疗养会重新给你带来活力 **5. S. holen** e-e große Bewegung machen, um mehr S.（1）zu bekommen 纵身跳起，飞身跃过，翻身腾越，挥动手臂：*Wenn du über diese Mauer springen willst, musst du großen S. holen* 如果你要跳过墙去，必须全身使劲纵身一跳；*Er holte S. u. trieb den Nagel mit e-m Schlag ins Brett* 他抡起胳膊一锤子把钉子砸进木板 **6. *etw. kommt in S.*** etw. entwickelt sich positiv, wird lebhafter od. funktioniert gut（物作主语）开始有进展，有了生机活力：*Die Konjunktur kommt nach der Flaute wieder in S.* 不景气过后经济发展又恢复了生机；*Jetzt kommt die Party langsam in S.* 现在聚会开始慢慢活跃起来 **7. *j-d kommt in S.*** j-d wird wach, aktiv od. lebhaft（人作主语）有了生气，提起精神：*Morgens brauche ich zwei Tassen Kaffee, damit ich in S. komme* 早上我要喝两杯咖啡，才有精神 ‖ zu（义项）**1.-4. schwung·voll** *Adj*（形）

Schwung[2] *der*; -(*e*)*s*, *Schwün·ge*; e-e schnelle Bewegung des Körpers in e-m Bogen od. im Kreis 快速摆动，急速旋转

Schwung[3] *der*; -(*e*)*s*; *nur Sg*, *gespr*（只用单数）［口］; ***ein S.*** + *Subst*（名词）e-e relativ große Zahl von etw. 许多，大量，堆 ≈ e-e Menge + *Subst*（名词）：*Er hat e-n ganzen S. Comichefte zu Hause* 他家里有许多连环画

schwupp! *Interjektion*（叹）；verwendet, um e-e kurze, schnelle Bewegung zu beschreiben 忽地一下，嗖地一下，扑通：*S., sprang der Frosch ins Wasser* 扑通一声，青蛙跳进了水里

schwupp·di·wupp! *Interjektion*（叹）≈ schwupp

schwups! *Interjektion*［叹］≈ schwupp

Schwur *der*; -(*e*)*s*, *Schwü·re* **1.** das feierliche Versprechen, dass e-e Aussage wahr ist（向法庭）宣誓，誓言，誓词 ≈ Eid 〈e-n S. ablegen, leisten 发誓，起誓〉：*die Hand zum S. erheben* 举手发誓 **2.** *geschr*［书］; das, was man j-m feierlich versprochen hat 誓言，誓约，宣誓，发誓〈seinen S. halten, brechen 遵守、违背自己的誓言〉‖ -K（复合）：***Liebes-***, ***Treue-***

Schwur·ge·richt *das*; JUR【法】; ein Gericht, bei dem neben dem Richter noch Geschworene über die Schuld des Angeklagten (mit)entscheiden 陪审法庭

Sci·ence-Fic·tion, Sci·ence-fic·tion [ˈsaɪənsˈfɪkʃn] *die*; -; *nur Sg*, *Kollekt*（只用单数）（集合）；e-e Gattung der Literatur u. des Films, die sich mit（*mst* unrealistischen, fantastischen）Themen beschäftigt, die in der Zukunft spielen 科学幻想（文学、电影）作品〈S. lesen, schreiben 看、写科幻作品〉‖ K-（复合）：***Science-Fiction-Film***, ***Science-Fiction-Roman***

Sé·an·ce [zeːˈãs] *die*; -, -*n* [-sn]; ein Treffen mit e-m Medium (3), bei dem man angeblich Kontakt mit Geistern od. Toten aufnimmt 降神会

sechs [zɛks] *Zahladj*（数形）；(als Ziffer) 6；六，陆 ↑ ***Anhang***（5）见附录（五）‖ NB（注意）：Gebrauch ↑ *Beispiele unter* 用法，用例见 ***vier***

Sechs [zɛks] *die*; -, -*en* **1.** die Zahl 6 六，陆 **2.** j-d/etw. mit der Ziffer/Nummer 6 六号（运动员），6 路车等 **3.** Ⓓ［德］die schlechteste

Schulnote (auf der Skala von 1-6), mit der man e-e Prüfung nicht bestanden hat 六分,不及格(德国六分制中的最差分数) ≈ ungenügend **4.** (CH) [瑞] die beste Note in der Schule 六分,优(瑞士六分制中的最好分数) ≈ sehr gut

Sechs·eck *das*; *-s*, *-e*; e-e Fläche mit sechs Seiten 六边形,六角形

Sech·ser [ˈzɛksɐ] *der*; *-s*, *-*; *gespr* [口] **1.** ≈ Sechs **2.** sechs richtige Zahlen im Lotto (mit denen man die höchste Summe gewinnt)(彩票)六个数字全对,头奖

sechs·hun·dert *Zahladj* (数形); (als Zahl) 600 六百,陆佰

sechst [zɛkst] *nur in* 只用于 ***zu s.*** mit insgesamt sechs Personen 一行六人,六人一起: *Wir sind zu s.* 我们一共六人; *zu s. essen gehen* 六人一起去吃饭

sechs·t- [ˈzɛkst-] *Zahladj*, *nur attr*, *nicht adv* (数形)(只作定语,不作状语) **1.** in e-r Reihenfolge an der Stelle sechs 第六 ≈ 6. ‖ NB (注意): Gebrauch ↑ *Beispiele unter* 用法,用例见 ***viert-*** **2.** ***der sechste Teil*** (***von etw.***) ≈ ⅙

Sechs·ta·ge|ren·nen *das*; ein Radrennen in der Halle, das sechs Tage u. Nächte dauert (自行车)六日赛

sechs·tau·send *Zahladj* (数形); (als Zahl) 6000 六千,陆仟

sechs·tel *Adj* (形); *nur attr*, *indeklinabel*, *nicht adv* (只作定语,词形不变,不作状语); den sechsten Teil von etw. bildend 六分之一的 ≈ ⅙

Sechs·tel *das*; *-s*, *-*; der 6. Teil von etw., *mst* e-r Menge od. Masse 六分之一

sechs·tens *Adv* (副); verwendet bei e-r Aufzählung, um anzuzeigen, dass etw. an 6. Stelle kommt 第六(点、项)

sech·zehn [ˈzɛçt͡seː(ː)n] *Zahladj* (数形); (als Zahl) 16 十六,拾陆; ↑ ***Anhang*** (5) 见附录(五)

sech·zehn·t- *Zahladj* (数形), *nur attr*, *nicht adv* (只作定语,不作状语) **1.** in e-r Reihenfolge an der Stelle 16 第十六 ≈ 16. **2.** ***der sechzehnte Teil*** (***von etw.***) ≈ $\frac{1}{16}$

sech·zig [ˈzɛçt͡sɪç] *Zahladj* (数形) **1.** (als Zahl) 60 六十,陆拾; ↑ ***Anhang*** (5) 见附录(五) **2.** ***Anfang***, ***Mitte***, ***Ende s. sein*** ungefähr 60 bis 63, 64 bis 66, 67 bis 69 Jahre alt sein 六十出头,六十五六,六十大几(岁)

Sech·zig *die*; *-*, *-en*; *mst Sg* (多用单数) **1.** die Zahl 60 六十,陆拾 **2.** j-d/etw. mit der Zahl/Nummer 60 六十号

sech·zi·ger *Adj* (形); *nur attr*, *indeklinabel*, *nicht adv* (只作定语,词形不变,不作状语); die zehn Jahre (e-s Jahrhunderts od. Menschenlebens) von 60 bis 69 betreffend 六十年代的,六十多岁的: *e-e Frau in den/ihren Sechzigern* 60 多岁的妇女; *in den s. Jahren des 18. Jahrhunderts* 在 18 世纪 60 年代 ‖ K- (复合): ***Sechziger-***, ***-jahre***

Sech·zi·ger *der*; *-s*, *-*; *gespr* [口]; j-d, der zwischen 60 u. 69 Jahren alt ist 六十多岁的人,年逾花甲的人 ‖ -K (复合): ***End-***, ***Mitt-*** ‖ *hierzu* (派生) **Sech·zi·ge·rin** *die*; *-*, *-nen*

sech·zigs·t- *Zahladj* (数形), *nur attr*, *nicht adv* (只作定语,不作状语) **1.** in e-r Reihenfolge an der Stelle 60 第六十 ≈ 60. **2.** ***der sechzigste Teil*** (***von etw.***) ≈ $\frac{1}{60}$

Se·cond·hand|la·den [ˈsɛkəndˈhɛnd-] *der*; ein Laden, in dem man gebrauchte Kleidung kaufen kann 二手货商店,旧货商店

SED [ɛs|eːˈdeː] *die*; *-*; *nur Sg* (只用单数), *hist* (*DDR*) [历(民德)]; (*Abk für* 缩写,全称为 Sozialistische Einheitspartei Deutschlands) die Partei, die bis 1990 die Regierung der DDR bildete 德国统一社会党

Se·di·ment *das*; *-(e)s*, *-e*; GEOL【质】; Substanzen, die von Wasser od. Eis bewegt u. irgendwo zurückgelassen werden 沉积物,沉积层 ≈ Ablagerung ‖ K- (复合): ***Sediment-***, ***-gestein***

See[1] *der*; *-s*, *Se·en* [ˈzeː(ə)n]; e-e relativ große Fläche auf dem (Fest)Land, die mit Wasser gefüllt ist 湖 ⟨in e-m See baden, schwimmen 在湖里洗澡、游泳; auf e-m See segeln, surfen 在湖上驾乘帆船,冲浪; über den See rudern 划船渡过湖去⟩: *Der Bodensee ist der größte See in Deutschland* 博登湖是德国最大的湖 ‖ K- (复合): ***See-***, ***-ufer*** ‖ -K (复合): ***Berg-***, ***Binnen-***, ***Stau-***; ***Salz-***, ***Süßwasser-*** ‖ NB (注意): ↑ ***Teich***, ***Weiher***, ***Meer***

See[2] *die*; *-*; *nur Sg* (只用单数) **1.** ≈ Meer: *Heute haben wir e-e ruhige See* 今天海上风平浪静; *Er hat ein Haus an der See* 他有一幢靠海的房子 ‖ K- (复合): ***See-***, ***-bad***, ***-fisch***, ***-hafen***, ***-karte***, ***-klima***, ***-krieg***, ***-luft***, ***-möwe***, ***-reise***, ***-schlacht***, ***-streitkräfte***, ***-tang***, ***-vogel***, ***-wasser*** ‖ -K (复合): ***Tief-*** **2.** ***die offene See*** das Meer in relativ großer Entfernung vom Festland 外海: *Das Boot trieb auf die offene See hinaus* 小船向外海漂去 **3.** ***auf See*** an Bord e-s Schiffes auf dem Meer 在海上 **4.** ***auf hoher See*** auf dem Meer, weit vom Festland entfernt 在公海上 **5.** ⟨ein Schiff 一艘船⟩ ***sticht in See*** ein Schiff verlässt den Hafen 离港出海,出航 ≈ ein Schiff läuft aus (3) **6.** ***zur See fahren*** als Seemann auf e-m Schiff arbeiten 出海

See·ad·ler *der*; ein Adler, der am Wasser lebt u. Fische fängt 海雕

See·bär *der*; *gespr hum* [口][诙]; ein alter, erfahrener Seemann 海狗,海熊(指:有经验的老海员)

See·be·ben *das*; ein Erdbeben unter dem Meer 海震,海底地震

See·fahrt *die* **1.** *nur Sg* (只用单数); die Schifffahrt auf dem Meer 航海: *Die Erfindung des Dampfschiffes machte die S. schneller u. sicherer* 轮船的发明使航海更快捷,更安全 ‖ K- (复合): ***Seefahrts-***, ***-amt***, ***-schule*** **2.** e-e Fahrt übers Meer 海上旅行 ⟨e-e S. machen 做海上旅行⟩ ‖ *zu* (义项) **1. See·fah·rer** *der*; **See·fah·re·rin** *die*

see·fest *Adj* (形) **1.** ≈ seetüchtig ⟨ein Schiff 轮船⟩ **2.** so, dass einem nicht übel wird, wenn man auf e-m Schiff fährt 不晕船的: *Bist du*

S

s. ? 你不晕船吧?

See·gang *der*; *nur Sg* (只用单数); die Wellen, die der Wind auf dem Meer erzeugt 海浪,波涛 ⟨leichten, hohen, starken, schweren S. haben 有小、大、巨、狂浪⟩

See·hund *der*; e-e Robbe, die im nördlichen Teil des Atlantiks lebt 海豹 ‖ K- (复合): ***Seehund-***, ***-baby***, ***-fell***, ***-junges***, ***-sterben***

See·igel *der*; ein kleines Tier, das in warmen Meeren lebt u. e-e harte, runde Schale mit langen Stacheln hat 海胆

see·krank *Adj* (形); mit e-m schlechten Gefühl im Magen, wenn man auf e-m Schiff fährt 晕船的 ⟨s. sein, werden 晕船,会晕船⟩ ‖ *hierzu* (派生) **See·krank·heit** *die*; *nur Sg* (只用单数)

See·lachs *der*; *nur Sg* (只用单数) **1.** ein sehr großer Meeresfisch (ein Dorsch) 青鳕,银青鳕 **2.** das orangefarbene Fleisch des Seelachses (1), das man in Öl u. Salz legt u. in Form von Scheiben od. kleinen Stücken isst 青鳕鱼肉 ‖ K- (复合): ***Seelachs-***, ***-filet***, ***-scheiben***, ***-schnitzel***

See·le *die*; -, *-n* **1.** REL【宗】; der Teil e-s Menschen, von dem die Mitglieder vieler Religionen glauben, dass er nicht sterbe 灵魂,阴魂: *Sie ist überzeugt, dass die S. e-s guten Menschen in den Himmel kommt* 她坚信,好人的灵魂会升天 ‖ K- (复合): ***Seelen-***, ***-frieden***, ***-heil*** **2.** *nur Sg* (只用单数); die Gefühle u. das moralische Empfinden e-s Menschen 心灵,内心 ≈ Psyche: *Wenn ich Kinder leiden sehe, tut mir das in der S. weh* 我看到孩子受罪,心里就感到悲伤 ‖ K- (复合): ***Seelen-***, ***-qual***, ***-verwandtschaft*** **3.** *nur Pl*, *veraltend* (只用复数) [渐旧] ≈ Einwohner: *ein Ort mit 300 Seelen* 一个有三百人(居民)的地区 **4.** ***e-e arme/gute/treue S.*** ein armer/guter/treuer Mensch 一个可怜的人/好人/忠实的人 **5.** ***die*** (***gute***) ***S.*** + *Gen* (二格); j-d, der dafür sorgt, dass etw. gut funktioniert …好管家,热心人: *Sie ist die gute S. unseres Hauses/des Betriebs* 她是我们公司/企业的好管家 **6.** ***e-e S. von e-m Mensch*** (***en***) ein Mensch, der immer geduldig u. gut zu anderen ist 心地善良的人,善解人意的人 **7.** ***aus tiefster S.*** ≈ sehr, intensiv ⟨j-n aus tiefster S. hassen, lieben, verachten 打心底里恨,爱,鄙视某人⟩ **8.** ***mit ganzer S.*** mit Begeisterung 全身心地,全心全意地 ≈ mit ganzem Herzen ‖ ID [谚] ***etw. liegt j-m auf der S.*** etw. macht j-m Sorgen 某事沉重地压在某人心头; ***etw. brennt j-m auf der S.*** ein Anliegen ist für j-n sehr wichtig u. dringend 某人为某事心急如焚; ***sich*** (*Dat* 三格) ***etw. von der S. reden/schreiben*** etw., das einem Sorgen macht, sagen od. schreiben, damit man sich danach besser fühlt 说出/写出堵在心里的事; ***j-m aus der S. sprechen*** das Gleiche sagen, was j-d empfindet 说出某人的心里话; ***sich*** (*Dat* 三格) ***die S. aus dem Leib schreien*** *gespr* [口]; sehr laut u. lange schreien 声嘶力竭地喊叫; ↑ ***Herz***

See·len·ru·he *die*; *nur in* 只用于 ***in/mit aller S.*** sehr ruhig, ohne nervös zu werden 心平气和地,心地坦然地,镇静地: *Er ließ die Beleidigungen in/mit aller S. über sich ergehen* 他镇定地面对那些侮辱 ‖ *hierzu* (派生) **see·len·ru·hig** *Adj* (形)

see·len·voll *Adj* (形); mit sehr viel Gefühl 深情的,富有感情的,充满热情的 ≈ gefühlvoll ⟨ein Blick, Worte 目光,话语⟩

See·len·wan·de·rung *die* ≈ Reinkarnation

see·lisch *Adj* (形); in Bezug auf die Seele (2), Psyche 心灵上的,内心的,心理上的 ≈ psychisch ⟨e-e Belastung, das Gleichgewicht 负担,平衡⟩

Seel·sor·ge *die*; -; *nur Sg* (只用单数); die Beratung u. Hilfe, die man von e-m Pfarrer od. von der Kirche bekommt (神职人员的)心灵劝说,心理帮助 ⟨in der S. tätig sein 从事心灵劝说工作⟩ ‖ *hierzu* (派生) **Seel·sor·ger** *der*; *-s*, -; **Seel·sor·ge·rin** *die*; -, *-nen*; **seel·sor·ge·risch** *Adj* (形)

See·mann *der*; -(*e*)*s*, *See·leu·te*; j-d, der auf e-m Schiff (auf dem Meer) arbeitet 海员,水手 ‖ K- (复合): ***Seemanns-***, ***-braut***, ***-heim***, ***-leben***, ***-lied***, ***-sprache***, ***-tod*** ‖ NB (注意): ↑ ***Matrose***, ***Seefahrer***

See·manns|garn *das*; *mst in* 多用于 ***S. spinnen*** (als Seemann) Geschichten erzählen, die übertrieben od. nicht wahr sind 编造海员的冒险故事

See·mei·le *die*; die Einheit, mit der Entfernungen auf dem Meer gemessen werden 海里,浬: *Eine S. entspricht 1852 Metern* 一海里等于1852米

See·not *die*; *nur Sg* (只用单数); e-e Situation, in der ein Schiff in höchster Gefahr ist 海难,船只遇难 ⟨ein Schiff gerät in S. 一艘船海上遇难; j-n aus S. retten 从海难中救出某人⟩

Seen·plat·te [ˈzeː(ə)n-] *die*; ein flaches Gebiet mit vielen Seen 多湖泊的平原: *die finnische S.* 芬兰的多湖平原

See·pferd(**·chen**) *das*; ein kleiner (Meeres)-Fisch, dessen Kopf wie der Kopf e-s Pferdes aussieht 海马

See·räu·ber *der* ≈ Pirat ‖ K- (复合): ***Seeräuber-***, ***-flagge***, ***-schiff***

See·recht *das*; *nur Sg*, *Kollekt* (只用单数)(集合); die internationalen Gesetze, die die Schifffahrt u. die Fischerei auf dem Meer regeln 海洋法

See·ro·se *die*; e-e Blume mit großen Blüten u. großen runden Blättern, die im Wasser wächst 睡莲: *ein Teich mit Seerosen* 长有睡莲的池塘

See·sack *der*; ein Beutel, in dem *bes* Matrosen ihre Kleidung tragen 水手袋

See·stern *der*; ein kleines Tier in der Form e-s Sterns, das im Meer lebt 海星

see·tüch·tig *Adj* (形); in e-m so guten Zustand, dass man damit e-e Reise auf dem Meer machen kann 适合航海的,经得起(航海)风浪的 ⟨ein Schiff 船⟩

see·wärts *Adv* (副); in Richtung auf das Meer

朝海,向海 ↔ landwärts 〈der Wind weht s. 风朝大海方向吹〉

See·weg *der*; *mst* 多用 **auf dem S.** über das Meer 由海路,走海路 ↔ auf dem Landweg/Luftweg 〈etw. auf dem S. befördern 由海路运送某物〉: *Sie kamen auf dem S. nach China* 他们是经海路来中国的

See·zun·ge *die*; ein langer, flacher Fisch, der beide Augen auf e-r Seite des Kopfes hat 鳎,鳎目鱼(比目鱼的一种)

Se·gel *das*; *-s*, - **1.** ein großes Stück Stoff, das man so an e-m Schiff, Boot od. Surfbrett befestigt, dass der Wind das Schiff *usw* über das Wasser bewegt 帆 〈der Wind bläht, schwellt die Segel 风把帆吹鼓了; ein S. hissen, aufziehen, einziehen, reffen, einholen, klarmachen (= einsatzbereit machen) 扬帆,把帆升起、降落、卷小,收、备帆〉 ‖ K-(复合): **Segel-**, **-jacht**, **-schiff** **2.** (**die**) **Segel setzen** die Segel aufrollen u. am Mast hochziehen 张帆 ‖ ID [谚] **die Segel streichen** den Kampf/Widerstand aufgeben 屈服,放弃抗争

Se·gel·boot *das*; ein Boot mit Mast u. Segel, das durch die Kraft des Windes fortbewegt wird 帆船

Segelboot

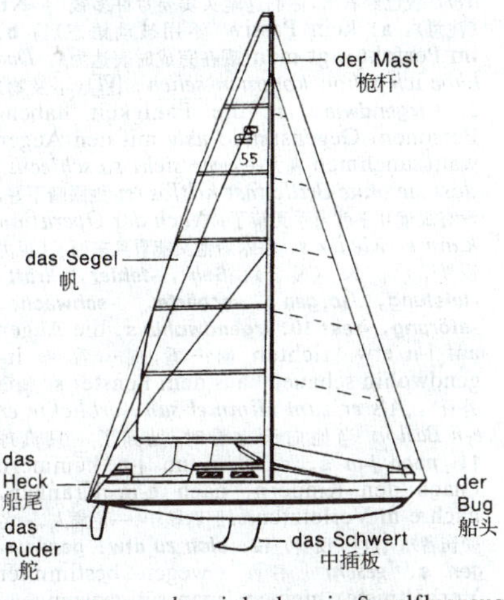

Se·gel·flie·ger *der*; j-d, der ein Segelflugzeug lenkt 滑翔机飞行员,滑翔机运动员 ‖ *hierzu* (派生) **Se·gel·flie·gen** *das*; *nur Sg* (只用单数)

Se·gel|flug·zeug *das*; ein leichtes Flugzeug, das ohne Motor fliegen kann 滑翔机: *Segelflugzeuge gleiten durch die Luft* 滑翔机在空中滑翔

se·geln; *segelte*, *hat/ist gesegelt*; [Vi] (不及物) **1. s.** (*hat/ist*); **irgendwohin s.** (*ist*) mit e-m Boot od. Schiff fahren, das Segel hat 驾驶帆船,坐帆船: *Er will einmal um die ganze Welt s.* 他想驾驶帆船周游世界; *Wir gehen morgen s.* 我们明天去驾驶帆船 ‖ K-(复合): **Segel-**, **-fahrt**, **-regatta**, **-schule**, **-sport**, **-tour** **2.** (*ist*) 〈ein Vogel 鸟〉 **segelt** ein Vogel fliegt ohne Mühe, fast ohne die Flügel zu bewegen 滑翔 ≈ ein Vogel gleitet: *Die Möwen segelten am Himmel* 海鸥在空中滑翔 **3. j-d/** 〈ein Segelflugzeug *o. Ä.* 滑翔机等〉 **segelt** j-d fliegt in e-m Segelflugzeug od. als Drachenflieger durch die Luft (人作主语)滑翔飞行: *Der Drachenflieger segelte über die Bäume* 滑翔器运动员在树上面滑翔而过 **4. etw. segelt irgendwohin** (*ist*) *gespr* [口]; etw. wird irgendwohin geworfen od. geschleudert (物作主语)甩,飞,滑: *Das Auto fuhr zu schnell u. segelte aus der Kurve* 汽车行驶过快,甩出了弯道 **5. durch etw. s.** (*ist*) *gespr* [口]; e-e Prüfung nicht bestehen 不及格,没有通过 〈durch ein Examen, e-e Prüfung s. 没通过大学毕业考试,考试不及格〉 ‖ *zu* (义项) **1. Seg·ler** *der*; *-s*, -

Se·gel·oh·ren *die*; *Pl* (复); *gespr hum* [口][诙]; weit abstehende Ohren 招风耳朵 〈S. haben 长有招风耳朵〉

Se·gel·tuch *das*; *nur Sg* (只用单数); ein fester Stoff (aus Baumwolle *o. Ä.*), aus dem man Segel, Zelte u. Turnschuhe macht 帆布 ‖ K-(复合): **Segeltuch-**, **-schuh**

Se·gen *der*; *-s*, - **1.** REL【宗】; die Bitte um göttliche Hilfe od. um göttlichen Schutz für j-n/etw. (*mst* in Form e-s Gebets *o. Ä.* u. oft von Gebärden begleitet) 祈福,祝福,祝祷 〈ein mütterlicher, päpstlicher, väterlicher S. 母亲的、教皇的、父亲的祝福; j-m den/seinen S. erteilen, geben 为某人祝福; den S. (vom Pfarrer) bekommen, erhalten 受到(牧师的)祝福〉: *Der Gottesdienst endet mit dem S.* 礼拜以祝福告结束 ‖ K-(复合): **Segens-**, **-spruch**, **-wunsch** **2.** REL【宗】; der Schutz, den man von Gott bekommt (神灵的)荫庇,赐福,保佑 〈der S. Gottes 上帝的保佑; Gottes S. 上帝的庇佑〉 **3. ein S.** (**für j-n/etw.**) etw., das gut für j-n/etw. ist 福,福份,福气,喜事 ≈ Wohltat ↔ Unheil: *Nach der langen Trockenzeit ist der Regen ein wahrer S. für das Land* 长期干旱之后这场雨对全国来讲真是福气; *Es ist ein S., dass du da bist* 真幸运,你在这儿 **4.** *gespr*, *mst iron* [口]多用[诙]; e-e große Menge od. Zahl von etw. 大量的恩赐: *Unsere Bäume tragen dieses Jahr so viele Früchte, dass wir gar nicht wissen, was wir mit dem (ganzen) S. tun sollen* 今年我们的树结了这么多的果子,我们都不知道该怎么报答老天爷的恩赐 ‖ -K (复合): **Ernte-**, **Kinder-** **5. zu j-s S.** so, dass/damit es j-m gut geht 为了造福某人,为了某人的康泰 ≈ zu j-s Wohl(e): *e-e Erfindung zum S. der Menschheit* 一项造福人类的发明 ‖ ID [谚] **Heile, heile S.!** verwendet, um kleine Kinder zu trösten, denen etw. wehtut (用来安慰小孩)噢,不疼,不疼!; (**j-m**) (**zu etw.**) **seinen S. geben** *gespr* [口]; j-m etw. erlauben 准许,同意(某人干某事): *Meinen S. hast du* (= du darfst es machen, wenn du willst, ich habe nichts dagegen) 你得到我的准许了 ‖ *zu* (义项) **2.** u. **3. Se·gen brin·gend**,

se·gen·brin·gend *Adj*（形）；*geschr*［书］；**se·gens·reich** *Adj*（形）

Seg·ment *das*；-*s*，-*e*；GEOM【几】；ein Teil e-s Kreises od. e-r Kugel, den man mit e-r Geraden od. mit e-r Fläche vom Rest abtrennt 弓形，割线半圆，球缺 ‖ -K（复合）：**Kreis-**，**Kugel-** ‖ *hierzu*（派生）**seg·men·tie·ren**（*hat*）*Vt*（及物）

seg·nen；*segnete*，*hat gesegnet*；**Vt**（及物）**1.** REL【宗】；***j-n/etw. s.*** für e-e Person od. Sache um den Schutz Gottes bitten u. ihr so seinen Segen（1）geben 为…祝福，祝祷〈die Hände segnend erheben，ausbreiten 举起、伸出双手祝福〉：*Der Papst segnete die Gläubigen* 教皇为信徒们祝福；*Der Priester segnet Brot u. Wein* 神甫为面包和葡萄酒祝祷 **2.** *mst* 多用 ***Gott segnet j-n mit etw.*** Gott gibt j-m etw. Gutes 上帝赐予某人某物：*Gott segnete ihre Ehe mit vielen Kindern* 上帝祝福他们的婚姻子孙满堂 **3.** ***j-d ist mit etw. gesegnet*** *geschr*［书］；j-d hat etw. Positives（人作主语）有福，很幸运：*Er ist mit e-m gesunden Schlaf gesegnet* 他很幸运睡了一个好觉 **4.** ***j-d ist nicht mit etw. gesegnet*** *hum*［诙］；j-d hat nicht viel von etw.（人作主语）不怎么具备：*Er ist nicht gerade mit Intelligenz gesegnet* 他不怎么聪明

seh·be·hin·dert *Adj*（形）；mit e-r Störung der Augen, die bewirkt, dass man schlecht sieht 眼睛残疾的，有视力障碍的，有视力缺陷的 ‖ *hierzu*（派生）**Seh·be·hin·de·rung** *die*

se·hen［ˈzeːən］；*sieht*，*sah*，*hat gesehen*；**Vt**（及物）**1.** ***j-n/etw. s.*** mit den Augen erkennen, wo e-e Person od. Sache ist u. wie sie aussieht 看见，看到，瞧见 ≈ erblicken（1）：*Der Nebel war so dicht, dass er den Radfahrer nicht rechtzeitig sah* 雾很浓，使得他没有及时看见骑车人；*Als er sie sah, ging er auf sie zu u. umarmte sie* 当他看到了她时，他就向她走去并拥抱她；*Bei klarem Wetter kann man von hier aus die Berge s.* 要是晴天从这儿可以看见山；*Hast du gesehen*, wie *wütend er war?* 你看到没有，他怎么发火来着？；*auf dem linken Auge nichts s.* 用左眼什么都看不见 **2.** ***etw. s.*** sich etw.（aus Interesse）ansehen（3）看，观看〈e-n Film，ein Theaterstück，e-e Oper s. 看电影、戏、歌剧〉：*Wenn Sie in Nürnberg sind, müssen Sie unbedingt die Burg s.* 如果您来到纽伦堡，您一定得看看城堡；*Rolf hat schon fast die ganze Welt gesehen* 罗尔夫已经几乎看遍了全世界 ‖ NB（注意）：kein Passiv（不用被动语态）！**3.** ***j-n s.*** j-n（mit od. ohne Absicht）treffen 见到，碰上，照面 ≈ j-m begegnen：„*Hast du Werner wieder mal gesehen?*"–„*Naklar, den sehe ich doch jeden Morgen im Bus*"“你又看见维尔纳了吗？”——“当然啰，每天早上我在公共汽车上总见到他” ‖ NB（注意）：kein Passiv（不用被动语态）！**4.** ***etw. s.*** etw.（*mst* nach langer Zeit u. durch eigene Erfahrungen）richtig beurteilen 看到，看出，看清，领会到 ≈ erkennen：*Als seine Schulden immer größer wurden, sah er endlich*, dass *er noch zu wenig Kapital hatte, um ein eigenes Geschäft zu führen* 当他的债务越来越多时，他终于看到，要想自己开业，他的资金还太少；*Siehst du jetzt*, dass *deine Reaktion übertrieben war?* 现在你看清没有，你当时反应太过份了？ ‖ NB（注意）：kein Passiv（不用被动语态）！**5.** ***etw. irgendwie s.*** etw. in der genannten Art u. Weise beurteilen 认清，看清 ≈ einschätzen：*Er war der Einzige, der die wirtschaftliche Lage richtig sah* 他是唯一认清了经济形势的人；*Wir müssen diese Gesetzesänderungen in e-m größeren Zusammenhang s.* 我们必须更全面地看待这些法律条文的修改 ‖ K-（复合）：**Seh-**，**-weise** **6.** ***s.***，***ob/wie...*** versuchen, e-e Lösung zu finden 看看，是否/如何… ≈ überlegen：*Dann will ich mal s., ob ich dir helfen kann* 那我看看，我是否能帮你忙 **7.** ***etw. in j-m s.*** der Meinung sein, dass j-d die genannte Person sei od. die genannte Funktion habe 把…看作… ≈ j-n als etw. betrachten, einschätzen：*Du täuschst dich, wenn du e-n Konkurrenten in ihm siehst* 如果你把他看作是竞争对手，那你就错了 ‖ NB（注意）：kein Passiv（不用被动语态）！**8.** ***etw. kommen s.*** *gespr*［口］；ahnen, vorhersehen, dass etw. passiert 看出，预感到：*Ich sehe schon kommen*, dass *ihr bei diesem Geschäft viel Geld verliert* 我已经看出，你们这笔买卖要亏许多钱 ‖ NB（注意）：**a**）kein Passiv（不用被动语态）！；**b**）im Perfekt sagt man（现在完成时表达为）：*Das habe ich schon kommen sehen*；**Vi**（不及物）**9.**（***irgendwie***）***s.*** die Fähigkeit haben, Personen, Gegenstände *usw* mit den Augen wahrzunehmen 视力…：*Sie sieht so schlecht, dass sie ohne Brille fast hilflos ist* 她眼睛不好，没有眼镜几乎就束手无策了；*Nach der Operation kann er wieder s.* 手术后他又能看到东西了（视力恢复了） ‖ K-（复合）：**Seh-**，**-fehler**，**-kraft**，**-leistung**，**-organ**，**-schärfe**，**-schwäche**，**-störung**，**-test** **10.** ***irgendwohin s.*** die Augen auf j-n/etw. richten 朝…看，向…看 ≈ irgendwohin schauen〈aus dem Fenster s. 朝窗外看〉：*Als er zum Himmel sah, erblickte er e-n Ballon* 当他向天空看时，见到了一只汽球 **11.** ***nach j-m s.*** ≈ sich um j-n kümmern〈nach den Kindern, nach e-m Kranken, nach e-m Verletzten s. 照看孩子、一位病人、一名受伤者〉；**Vr**（反身）**12.** ***sich zu etw. gezwungen s.*** *geschr*［书］；（wegen bestimmter Verhältnisse）meinen, man sei gezwungen, etw.（*mst* Unerfreuliches）zu tun 迫不得已，被迫去干：*Die Regierung sah sich gezwungen, unpopuläre Entscheidungen* zu *treffen* 政府是迫不得已才作出不受大众欢迎的决定的 **13.** ***sich nicht imstande/in der Lage s.*** + ***zu*** + *Infinitiv*（不定式）*geschr*［书］；der Meinung sein, dass man etw.（*bes* aufgrund seiner Fähigkeiten od. seines Zustandes）nicht tun kann 认为没有能力干 ↔ zu etw. fähig sein：*Der Minister sieht sich zurzeit nicht in der Lage, das Problem des Sondermülls endgültig zu lösen* 部长认为目前没有能力彻底解决特殊垃圾问题 ‖ ID［诙］***j-n nur vom ˈSehen***

S

kennen j-n schon (mehrere Male) gesehen (1) haben, aber noch nicht mit ihm gesprochen haben 与某人只是见过面(面熟); ***j-n/etw. nicht mehr s. können*** *gespr* [口]; mit e-r Person/Sache zu lange Kontakt gehabt haben, sodass man sie als unangenehm empfindet 再也不想看到(讨厌)某人/某物 ≈ j-n/etw. satthaben: *Ich bin froh, dass wir endlich mit dieser Arbeit fertig sind. – Ich kann sie einfach nicht mehr s.!* 我真高兴,我们总算把这项工作干完了。— 我简直对它腻烦了!; ***sich*** (*Akk* 四格) (***bei j-m***) ***s. lassen*** *gespr* [口]; j-n (kurz) besuchen 到某人处坐坐,串门 ≈ bei j-m vorbeikommen: *Lass dich doch mal wieder bei uns s.!* 再到我们家来坐坐呀!; ***j-d/etw. kann sich s. lassen*** *gespr* [口]; e-e Person sieht so gut aus/e-e Sache ist so gut gemacht, dass sie bei allen Leuten e-n guten Eindruck machen 某人让人看得上眼/某物值得注意; ***sich mit j-m/etw. s. lassen können*** *gespr* [口]; mit j-m/etw. bei allen Leuten e-n guten Eindruck machen 可以为某人/某事而自豪(感到脸上光彩); ***es nicht gern s., wenn...*** *gespr* [口]; nicht einverstanden sein (dass j-d etw. tut) 不愿意看到…,不同意…: *Seine Eltern sehen es gar nicht gern, wenn er abends in die Disko geht* 他父母根本不愿意看到他晚上去跳迪斯科; *mst* 多用 ***'Den/'Die/'Das möchte ich aber s.!*** *gespr* [口]; drückt aus, dass man nicht glauben kann, dass j-d/etw. so ist, wie behauptet wird (表示不信)这我倒很想亲眼看看!; ***Siehst du!/Siehste!; Sehen Sie!*** *gespr* [口]; verwendet, um j-n darauf hinzuweisen, dass man mit seiner eigenen Behauptung recht hatte 你看到了吧! 您(你们)看到了吧!(意即:还是我说的对); ***... u. siehe da!*** *gespr* [口]; verwendet, um anzuzeigen, dass jetzt e-e überraschende Handlung kommt 你瞧!; ***siehe*** + *Seitenangabe* (页码) verwendet in Texten u. Fußnoten, um den Leser auf e-e Stelle auf der genannten Seite hinzuweisen 参看: *Siehe dazu die Tabelle auf Seite ...* 参看…页上的图表; ***Man muss schon sehen, wo man bleibt!*** *gespr* [口]; man muss jeden Vorteil u. jede günstige Chance nützen, um Erfolg zu haben 人要讲究实际! 人必须正视自己所处的环境! ‖ ▶ ***Sicht***

se·hen·las·sen *nur in* 只用于 ***sich*** (***mit j-m/etw.***) ***s. können*** ↑ ***sehen*** ID [谚]

se·hens·wert *Adj* (形); *nicht adv* (不作状语); 〈ein Film, e-e Ausstellung 电影,展览会〉 so, dass es sich lohnt, sie anzusehen 值得看的 ≈ sehenswürdig

se·hens·wür·dig *Adj* (形); *nicht adv* (不作状语) ≈ sehenswert

Se·hens·wür·dig·keit *die*; -, *-en*; ein Gebäude, ein Platz *o.Ä.*, die besonders schön, wertvoll od. interessant sind 名胜,古迹,游览景点 〈Sehenswürdigkeiten besichtigen 参观名胜古迹〉

Se·her ['zeːɐ] *der*; *-s*, -; j-d, der die Zukunft voraussagen kann 先知,预言家 ≈ Prophet ‖ K- (复合): ***Seher-, -blick, -gabe*** ‖ *hierzu* (派生) **Se·he·rin** *die*; -, *-nen*; **se·he·risch** *Adj* (形)

Seh·hil·fe *die*; ADM *geschr* 【管理】[书]; e-e Brille od. Kontaktlinsen 助视器(如眼镜、放大镜、望远镜等)

Seh·ne *die*; -, *-n* **1.** e-e Art starkes Band im Körper, das e-n Muskel mit e-m Knochen verbindet 腱,肌腱,筋 〈sich (*Dat* 三格) e-e S. zerren 扭伤了筋〉 ‖ K- (复合): ***Sehnen-, -riss, -zerrung*** ‖ -K (复合): ***Achilles-*** **2.** die starke Schnur, mit der man e-n Bogen[1] (4) spannt 弓弦 〈die S. straffen, spannen 拉紧,绷紧弓弦〉 **3.** MATH【数】; e-e gerade Linie, die zwei Punkte e-s Kreises verbindet 弦 ‖ -K (复合): ***Kreis-***

seh·nen, sich; *sehnte sich, hat sich gesehnt*; Vr (反身) ***sich nach j-m/etw. s.*** den starken Wunsch haben, dass j-d da ist od. dass man etw. bekommt 思念,想念,渴望,渴求 ≈ nach j-m/etw. Sehnsucht haben: *sich nach e-r Pause s.* 渴望休息; *sich nach seiner Frau s.* 思念他的妻子; *Nach drei Jahren Exil sehnte er sich* danach, *in sein Land zurückkehren* zu *können* 经过三年的流亡,他渴望能回到自己的国家

Seh·nerv *der*; der Nerv, der das Auge mit dem Gehirn verbindet 视(觉)神经,眼神经 ‖ ↑ *Abb. unter* 图见 ***Auge***

seh·nig *Adj* (形) **1.** voll von Sehnen u. deshalb zäh 多腱的,多筋的 〈Fleisch 肉〉 **2.** schlank u. ohne Fett, aber kräftig 瘦而结实的,精壮的: *die sehnigen Beine e-s Läufers* 跑步运动员精壮的腿

sehn·lich *Adj* (形); *nur attr od adv* (只作定语或状语); mit großer Sehnsucht 渴求的,渴望的,迫切的 ≈ sehnsüchtig 〈j-s sehnlichster Wunsch 某人最迫切的愿望; j-n sehnlichst erwarten 急切地等待某人〉 ‖ NB (注意): *mst* im Superlativ (多用最高级)

Sehn·sucht *die*; *mst Sg* (多用单数); der sehr starke Wunsch, dass j-d da wäre od. dass man etw. bekäme 渴望,渴求,思念,想念 ≈ Verlangen 〈S. nach j-m/etw. haben, verspüren 思念某人/渴求某物〉: *die S. nach Liebe u. Geborgenheit* 渴望爱情和安全 ‖ *hierzu* (派生) **sehn·süch·tig** *Adj* (形); *nur attr od adv* (只作定语或状语); **sehn·suchts·voll** *Adj* (形)

sehr [zeːɐ] *Adv* (副) **1.** verwendet, um ein Adjektiv od. ein Adverb zu verstärken (用来加强形容词或副词的语义)很,非常,十分 ≈ äußerst: *ein s. schönes Bild* 一幅非常美丽的画; *Ich bin jetzt s. müde* 我现在很累 **2.** verwendet, um ein Verb zu verstärken (用来加强动词的语义)很,非常,厉害: *Er freute sich s. über mein Geschenk* 他对我的礼物感到很高兴 **3.** verwendet, um bestimmte Höflichkeitsformeln zu verstärken (用来加强客套话的语义): *bitte s.!* 请! 别客气! 不用谢!; *danke s.!* 十分感谢! 非常感谢! **4.** *mst in* 多用于 ***etw. s. wohl wissen, können*** etw. genau wissen, können, obwohl das Gegenteil der Fall zu sein scheint 对…知道得很清楚；很会，很擅长：*Sie wusste s. wohl, was geschehen war, sie wollte nur nichts sagen* 她知道得很清楚发生了什么事，她只是什么也不愿说

Seh·ver·mö·gen *das*；die Fähigkeit zu sehen 视力 ≈ Sehkraft

seicht *Adj*（形）**1.** so, dass das Wasser nicht tief ist 浅的 ≈ flach：*an e-r seichten Stelle durch den Bach waten* 在水浅的地方趟过小溪 **2.** *pej*〔贬〕；von niedrigem Niveau 肤浅的，粗浅的 ≈ banal, oberflächlich〈ein Gespräch, ein Theaterstück, ein Roman 交谈，剧（剧本），小说〉‖ *hierzu*（派生）**Seicht·heit** *die*；*nur Sg*（只用单数）

seid *Präsens, 2. Person Pl*（现在时，第二人称复数）；↑ **sein**[1]

Sei·de *die*；-，-*n*；ein weicher, glänzender, teurer Stoff, den man aus dem Faden macht, den ein Insekt (die Seidenraupe) produziert 丝织品，丝绸：*ein Kleid aus reiner S.* 一件真丝连衣裙 ‖ K-（复合）：***Seiden-***, ***-band***, ***-bluse***, ***-brokat***, ***-damast***, ***-faden***, ***-gewebe***, ***-glanz***, ***-hemd***, ***-kleid***, ***-malerei***, ***-schal***, ***-stickerei***, ***-stoff***, ***-strumpf***, ***-tuch***; ***seiden-***, ***-weich*** ‖ -K（复合）：***Natur-***, ***Roh-***, ***Wasch-*** ‖ *hierzu*（派生）**sei·den·ar·tig** *Adj*（形）

Sei·del *das*；-*s*，-；ein Glas od. Krug, aus denen man Bier trinkt 啤酒杯 ‖ -K（复合）：***Bier-***

sei·den *Adj*（形）；*nicht adv*（不作状语）；aus Seide 丝的，丝绸的〈ein Kleid, ein Schal, e-e Krawatte, ein Stoff, Strümpfe 连衣裙，围巾，领带，衣料，长袜〉

Sei·den·pa·pier *das*；ein sehr dünnes u. weiches Papier (in dem *z.B.* Schuhe verpackt sind) 薄棉纸

Sei·den·rau·pe *die*；ein Insekt, das Fäden produziert, aus denen man Seide macht 蚕 ‖ K-（复合）：***Seidenraupen-***, ***-zucht***

sei·dig *Adj*（形）；weich u. glänzend wie Seide 丝一般的，丝绸般的，柔顺光滑的〈Haare, ein Fell 头发，皮毛；etw. fühlt sich s. an 某物摸上去像丝一般光滑〉

Sei·fe *die*；-，-*n*；e-e *mst* feste Substanz od. ein Stück dieser Substanz, die man zusammen mit Wasser benutzt, um sich zu waschen 肥皂〈ein Stück S. 一块肥皂〉：*sich die Hände mit S. waschen* 用肥皂洗手 ‖ K-（复合）：***Seifen-***, ***-flocken***, ***-lauge***, ***-schale***, ***-schaum***, ***-wasser*** ‖ -K（复合）：***Bade-***, ***Lavendel-***, ***Schmier-***, ***Wasch-***

Sei·fen·bla·se *die*；e-e kleine Kugel aus Luft, die von e-r dünnen Schicht aus Seife umgeben ist (u. die schnell platzt) 肥皂泡 ‖ ID〔谚〕***etw. zerplatzt wie e-e S.*** etw. ist schnell, plötzlich vorbei 某物像肥皂泡一样破灭了〈Hoffnungen, Träume 希望，梦想〉

Sei·fen·kis·te *die*；ein kleiner Wagen mit vier Rädern ohne Motor, den Kinder selbst bauen, um damit zu fahren（可乘坐的）玩具汽车，儿童汽车 ‖ K-（复合）：***Seifenkisten-***, ***-rennen***

Sei·fen·oper *die*；TV，*gespr*【电视】［口］；e-e anspruchslose Fernsehserie, die *mst* am frühen Abend gesendet wird 肥皂剧

sei·fig *Adj*（形）**1.** voller Seife 涂有肥皂的：*die seifigen Hände im Wasser abspülen* 在水中把涂有肥皂的手洗净 **2.** mit e-m unangenehmen Geschmack wie Seife 有肥皂味的〈etw. schmeckt s. 某物吃起来有肥皂味〉

sei·hen [ˈzai̯ən]；*seihte*, *hat geseiht*；[*Vt*]（及物）***etw.*** (***durch etw.***) ***s.*** e-e Flüssigkeit durch e-e Art Filter od. ein Tuch laufen lassen, um feste Teile von ihr zu trennen 过滤：*die Milch s.* 过滤牛奶 ‖ K-（复合）：***Seih-***, ***-tuch***

Seil *das*；-(*e*)*s*，-*e* **1.** e-e sehr starke Schnur, die aus mehreren Drähten od. Fasern gedreht ist u. mit der man schwere Dinge (*z.B.* Autos u. Schiffe) ziehen od. befestigen kann 绳索，钢丝绳，钢索〈ein S. festziehen, festzurren, spannen 拉紧、拴紧、绷紧一根绳索；das S. reißt 绳索断了〉：*Wir mussten das Auto mit dem S. abschleppen* 我们不得不用绳子把汽车拖走；*Der Akrobat balancierte in 5 Meter Höhe auf dem S.* 这位杂技演员在五米高的钢丝绳上保持平衡 ‖ ↑ *Abb. unter* 图见 ***Schnur*** ‖ K-（复合）：***Seil-***, ***-akrobat***, ***-winde*** ‖ -K（复合）：***Abschlepp-***, ***Zug-***; ***Draht-***, ***Hanf-***, ***Stahl-*** **2.** ***am S. gehen*** beim Bergsteigen ein S. (1) verwenden, damit man nicht abstürzt 拴着绳索登山

Seil·bahn *die*；e-e technische Anlage mit Kabinen, die von Seilen durch die Luft auf e-n Berg gezogen werden, *bes* um Personen dorthin zu transportieren 缆车，索道〈mit der S. fahren 乘坐缆车〉‖ NB（注意）：↑ ***Lift***

Seilbahn

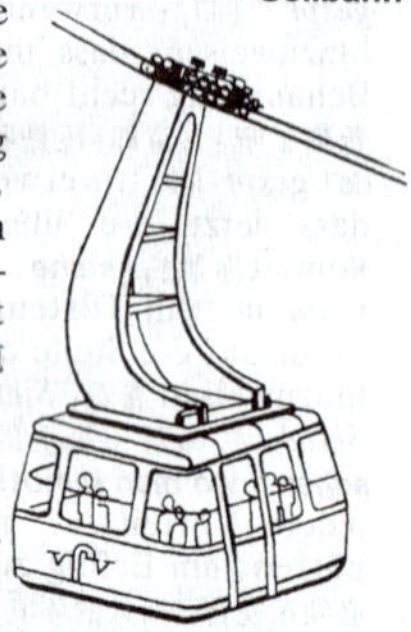

seil·hüp·fen [*Vi*] *nur im Infinitiv*（不及物）（只用不定式）≈ seilspringen

Seil·schaft *die*；-，-*en*；*Kollekt*（集合）**1.** e-e Gruppe von Bergsteigern, die bei e-r Bergtour durch ein Seil verbunden sind（共同使用一根登山绳的运动员）队，组 **2.** *pej*〔贬〕；Leute, die sich gegenseitig (auch mit illegalen Mitteln) helfen 一伙，一帮

seil·sprin·gen [*Vi*]（不及物）*nur im Infinitiv*（只用不定式）；(*bes* als Kind) über ein Seil springen, das j-d/man selbst immer wieder unter den Füßen weg nach oben schwingt 跳绳 ‖ *hierzu*（派生）**Seil·sprin·gen** *das*；*nur Sg*（只用单数）

Seil·tän·zer *der*；j-d, der auf e-m Seil, das in der Luft gespannt ist, geht u. Kunststücke zeigt 走钢丝的人、演员 ‖ *hierzu*（派生）**Seil-**

tanz *der*; *nur Sg*（只用单数）; **Seil·tän·ze·rin** *die*; **seil·tan·zen** *Vi*（不及物）（*nur im Infinitiv* 只用不定式）

sein[1]; *ich bin*, *du bist*, *er ist*, *wir sind*, *ihr seid*, *sie sind*; *er war*, *er ist gewesen*; *Konjunktiv I*（虚拟式Ⅰ）*er sei*, *Konjunktiv II*（虚拟式Ⅱ）*er wäre*; [Vi]（不及物）**1. j-d/etw. ist etw.**（*Nom* 一格）/**ist** + *Adj*（形）; verwendet, um ein Subst. od. ein Adj. auf das Subjekt des Satzes zu beziehen u. dessen Zustand, Eigenschaft(en) *o. Ä.* zu beschreiben（人/物作主语）是：*Das Essen ist gut* 饭菜好吃；*Sein Vater ist Richter* 他父亲是法官；*Wale sind Säugetiere* 鲸鱼是哺乳动物；*Ich bin heute nicht richtig in Form* 今天我竞技状态不好；*Die Anlage ist außer Betrieb* 设备停止使用 **2. j-d/etw. ist irgendwo** j-d/etw. kann irgendwo gefunden od. getroffen werden（人/物作主语）在≈ j-d/etw. befindet sich irgendwo：*Wo warst du denn gestern Abend?* 昨天晚上你在哪儿?；*Weißt du, wo meine Brille ist?* 你知道我的眼镜在哪里吗? **3. etw. ist irgendwann/irgendwo** etw. findet zur genannten Zeit od. am genannten Ort statt（物作主语）发生：*Weißt du noch, wann die erste Mondlandung war?* 你还记得吗，第一次登月是在什么时候(发生的)? ‖ NB（注意）：*mst* im Imperfekt（多用过去时）! **4. etw. ist** + **zu** + *Infinitiv*（不定式）etw. muss od. soll getan werden, man muss od. soll etw. tun（物作主语）必须，应该：*Die Fenster sind alle fünf Jahre zu streichen* 窗户必须每五年油漆一次；*Die Rechnung ist innerhalb von 10 Tagen zu überweisen* 账款必须在十天之内汇出 ‖ NB（注意）：Diese Konstruktion wird verwendet, wenn zwischen den beiden (Gesprächs)-Partnern ein distanziertes Verhältnis besteht. Besteht ein persönliches Verhältnis, wird *müssen* verwendet（当双方关系不密切时，采用这种表达结构，如果有私交，则用 *müssen*）：*Du musst das Geld innerhalb von 10 Tagen überweisen* 你必须在十日内把钱汇出 **5. etw. ist** + **zu** + *Infinitiv*（不定式）etw. kann getan werden (wenn man die geistigen, körperlichen od. materiellen Voraussetzungen dazu hat)（物作主语）可能，可以：*Ist unsere Welt noch zu retten?* 我们这个世界还有救吗?；*Diese Schachpartie ist noch zu gewinnen* 这盘棋还能赢 ‖ NB（注意）：Diese unpersönliche Konstruktion zieht man oft e-r Passivkonstruktion mit *können* vor（人们常常首选这种无人称的表达结构，而较少使用 *können* 的被动语态结构）：*Trotz aller Bemühungen konnte der Patient nicht mehr gerettet werden* 尽管作了一切努力，这位病人已无法挽救 ≈ *Trotz aller Bemühungen war der Patient nicht mehr zu retten* **6. j-d ist (gerade) bei etw./am** + *substantiviertem Infinitiv*（名词化不定式）j-d tut od. macht etw. gerade（人作主语）(正)在：*Ich bin gerade* dabei, *den Fernseher* zu *reparieren* 我正在修理电视机；*Wir waren (gerade) am Gehen, als sie ankamen* 当他们到这儿时，我们正(刚好)要走 **7. j-d/etw. ist irgendwoher** j-d/etw. kommt od. stammt aus e-m bestimmten Ort（人/物作主语）来自，产自，出生于：*Diese Tomaten sind aus Holland* 这些西红柿来自(产自)荷兰；*Sie ist aus der Schweiz* 她来自瑞士 **8. etw. ist von j-m** etw. kommt von j-m（物作主语）是…写的，出自…之手：*Ich weiß nicht, von wem dieser Brief ist* 我不知道这封信是谁写的 **9. für/gegen j-n/etw. sein** e-e positive/negative Einstellung zu j-m/etw. haben, j-n/etw. (nicht) wollen 赞同/反对：*Sie ist gegen Atomkraftwerke* 她反对核电厂；*Ich bin* dafür, dass *wir heute ins Kino gehen u. nicht ins Theater* 我同意我们今天去看电影，不看戏 **10. j-d ist nicht (mehr)** *geschr veraltend*［书］［渐旧］; j-d lebt nicht mehr（人作主语）去世，故去，不在人世：*Seitdem seine Frau nicht mehr ist, hat er keinen Halt mehr* 自从他的妻子去世以来，他就再也没有依靠了 **11. j-m ist** 〈schlecht, übel, schwindlig, mulmig *usw* 身体不好、难受、头晕、不舒服等〉j-d fühlt sich schlecht, übel *usw*（指身体状况）感觉：*Ich muss mich ein bisschen hinlegen, mir ist furchtbar schlecht* 我得躺会儿，我觉得难受极了 **12. j-m ist nicht nach etw.** *gespr*［口］; j-d will etw. nicht tun od. haben 不想干，或对…不感兴趣 ≈ j-d hat keine Lust auf etw.：*Nach so viel Aufregung war mir nicht mehr nach Feiern* 经历了这么多的麻烦，我对庆贺再也不感兴趣了 **13.** *mst* 多用 **mir ist, als (ob)** + *Konjunktiv II*（虚拟式Ⅱ）; ich habe das Gefühl, den Eindruck, dass... 我觉得，似乎…：*Mir ist, als ob wir uns schon mal irgendwo gesehen hätten* 我觉得，我们似乎在什么地方见过一次面；*Mir ist, als hätte ich davon schon mal gehört* 我觉得，我好像听到过有关这方面的情况 **14. j-d ist es** j-d ist der Schuldige od. derjenige, den j-d sucht（人作主语）是谁(指有过失者或被寻找者)：*Also, wer von euch beiden war es?* 那么你们俩人中究竟是谁(干的)?；*Keiner will es gewesen sein* (= keiner gibt zu, dass er es getan hat) 没人承认 **15. etw. ist es** *gespr*［口］; etw. ist das, was j-d sucht（物作主语）就是它(指被寻之物)：*Das ist es! Ich habe die Lösung!* 就是它，我找到答案了! **16. es ist** + *Zeitangabe*（时间说明语）; verwendet, um die (Uhr) Zeit anzugeben 现在是(指钟点)：*Es ist jetzt genau fünf Minuten nach vier Uhr* 现在正好是四点过五分 **17. etw. s. lassen** *gespr*［口］; etw. nicht tun 搁下，不干，罢手 ≈ unterlassen：*Komm, lass das jetzt s., das machen wir später* 过来，现在把这件事撂下，我们以后再干 ‖ ID［谚］**j-d 'ist wer** *gespr*［口］; j-d hat in der Gesellschaft hohes Ansehen (*bes* weil er im Beruf Erfolg hat)（人作主语）是有名望的人，是个人物：*Wenn ich erwachsen bin, möchte ich auch einmal wer sein* 如果我长大了，我也想有朝一日出出名；**es ist nichts mit etw.** *gespr*［口］; etw. findet nicht statt, etw. wird nicht so wie geplant 某事吹

S

了：*Mit dem Straßenfest war nichts, wir bekamen keine Genehmigung dafür* 街道游艺活动吹了，我们没有得到批准；*mst* 多用 **'Sei doch nicht so !** *gespr* ［口］；verwendet, um j-m zu sagen, dass er etw. nicht ohne ausreichenden Grund ablehnen sollte 别这样嘛！*Nun sei doch nicht so, lass mich doch ausgehen!* 别这样嘛！就让我出去玩会儿吧！；*mst* 多用 **Dem 'ist nicht so** diese Sache (Angelegenheit) ist nicht so, wie gesagt wird 事情并非如此；**Wie dem auch 'sei** verwendet, um auszudrücken, dass etw. nicht wichtig ist 不管怎么样 ≈ gleichgültig, egal wie: *Wie dem auch sei, wir müssen den Termin trotzdem einhalten* 不管怎么样，我们还是必须遵守约定日期；**es sei denn, (dass) ...** ≈ außer wenn: *Er hat kaum e-e Chance, den Titel zu gewinnen, es sei denn, er hat sehr viel Glück* 他几乎没有机会获得名次，除非他运气特别好；**sei es ... sei es / oder** *geschr* ［书］ ≈ entweder ... oder: *Naturkatastrophen werden die Menschheit immer wieder erschüttern, seien es Erdbeben, seien es Überschwemmungen* 自然灾害，不管是地震，还是洪水，总是使人类一次又一次受到震惊；**Das wars / wärs** (für heute, für diesmal 今天，这次) *gespr* ［口］；verwendet, um auszudrücken, dass man mit seinen Mitteilungen, seiner Arbeit *o. Ä.* zu Ende ist 到此结束，到此为止；**'Ist was?** *gespr* ［口］；verwendet, um j-n in provozierender Weise zu fragen, ob er sich beschweren will od. ob er mit e-r Entscheidung nicht einverstanden ist 还有什么(要说的)？；**'Muss das s.?**；**Das 'muss doch nicht s.!** *gespr* ［口］；verwendet, um seinen Ärger über etw. auszudrücken 这有必要吗？(反问)；这根本没有必要！：*Jetzt ist deine Hose schon wieder dreckig! Muss das denn s.?* 现在你的裤子又脏了！难道非得弄脏不可?；**Was 's. muss, muss 's.** *gespr* ［口］；verwendet, um e-e Entscheidung od. ein Verhalten zu begründen od. zu rechtfertigen 该怎么样，就得怎么样；**Was nicht 'ist, kann (ja) noch 'werden** *gespr* ［口］；man darf die Hoffnung auf etw. nicht aufgeben 事情可能会变好(意即：事情还会有希望)

sein² *Hilfsverb* (助动词) **1.** verwendet, um das Perfekt u. das Plusquamperfekt von vielen intransitiven Verben u. von Verben zu bilden, die e-e Bewegung in e-e bestimmte Richtung hin angeben (用来构成许多不及物动词和动向动词的现在完成时和过去完成时)：*Die Preise sind gestiegen* 价格上涨了；*Als er die Katze fangen wollte, war sie schon über den Zaun gesprungen* 当他想把猫逮住时，猫已跳过了篱笆 ‖ NB (注意)：Transitive u. reflexive Verben bilden das Perfekt u. Plusquamperfekt mit *haben*, ebenso die meisten intransitiven Verben, die e-e Dauer ausdrücken (及物动词和反身动词构成现在完成时和过去完成时用 *haben*，大多数表示时间延续的不及物动词也同样如此)：*Ich habe sie beim Einkaufen getroffen* 购物时我遇到了她；*Er hatte sich sehr geschämt* 他一度曾感到非常惭愧；*Die Tulpen haben nicht lange geblüht* 郁金香开了没有很长时间 **2.** *Partizip Perfekt* (过去分词) + **sein** verwendet, um die Form des Passivs zu bilden, die e-n Zustand od. das Ergebnis e-r Handlung bezeichnet (用来构成状态被动语态或表示行为结果的被动语态)：*Die Tür ist verschlossen* 门锁着；*Die Renovierungsarbeiten sind inzwischen beendet* 在此期间维修工作已结束 ‖ NB (注意)：Das Passiv, das e-n Vorgang bezeichnet, wird mit *werden* gebildet. Man vergleiche (表示行为过程的被动语态由 *werden* 构成，试比较)：*Heute wird der neue Präsident gewählt* 今天选举新总统 (= Heute wählt die Bevölkerung den neuen Präsidenten: ein Vorgang) mit: *Der neue Präsident ist gewählt* 新总统已选出 (= Die Wahl ist zu Ende, die Bevölkerung hat e-n neuen Präsidenten: ein Ergebnis, ein Zustand)

sein³ *Possessivpronomen der 3. Person Sg* (*er, es*)(第三人称单数 *er, es* 的物主代词)；↑ *Tabellen unter* 图表见 **Possessivpronomen** u. unter 并见 **mein**

Sein *das*; *-s*; *nur Sg*, *geschr* (只用单数)［书］; die Existenz von materiellen u. ideellen Dingen 存在，生存：*über das menschliche S. nachdenken* 对人类的存在进行思考

sei·n- *Possessivpronomen der 3. Person Sg* (*er, es*)(第三人称单数 *er, es* 的物主代词)；↑ **mein-**

sei·ner *Personalpronomen der 3. Person Sg* (*er, es*), *Genitiv* (第三人称单数 *er, es* 的二格人称代词)；↑ *Tabelle unter* 图表见 **Personalpronomen**

sei·ner·seits *Adv* (副)；was ihn od. es betrifft 就他(它)而言，在他(它)那方面 ≈ von ihm aus: *S. gab es keinen Widerspruch* 就他而言没有异议

sei·ner·zeit *Adv* (副)；zu der (vergangenen) Zeit, über die man gerade spricht 那时，当时，当初 ≈ damals

sei·nes·glei·chen *Pronomen* (代)；*indeklinabel*, *oft pej* (词形不变) 常用［贬］; Leute wie er 他这一类的，他之类：*Ich kenne ihn u. s.* 我了解他以及他这一类的人 ‖ ID［谚］**etw. sucht s.** etw. ist so (gut od. schlecht), dass es nichts gibt, mit dem man es vergleichen kann 某事是独一无二(独一份)的

sei·net·we·gen *Adv* (副) **1.** deshalb, weil es gut für ihn ist 为了他的缘故 ≈ ihm zuliebe **2.** aus e-m Grund, der ihn betrifft 由于他的原因 ≈ wegen ihm: *S. kommen wir immer zu spät* 由于他的原因，我们总是来得太晚 **3.** mit seiner Erlaubnis od. Zustimmung 有他的同意或许可 ≈ von ihm aus: *S. können wir tun, was wir wollen* 有他的许可，我们想干啥就可以干啥

sei·net·wil·len ≈ seinetwegen (1,2)

sei·ni·g-, **Sei·ni·g-** *Possessivpronomen* (物主代词)；*veraltend* ［渐旧］; wie ein Subst. verwendet für *der, die, das seine, Seine* 用作名词，替代 *der, die, das seine, Seine* ‖ ↑

S

mein-

sein.las.sen ↑ ***sein***[1] (17)

Seis.mo.graf, **Seis.mo.graph** [-f] *der*; *-en*, *-en*; ein Gerät, das misst, wie stark die Erde *bes* bei Erdbeben zittert 地震仪 ‖ NB (注意): *der Seismograf*; *den*, *dem*, *des Seismografen*, ‖ *hierzu* (派生) **seis.mo.gra.fisch**, **seis.mo.gra.phisch** *Adj* (形)

seit[1] *Präp* (介); *mit Dat* (支配三格); von dem genannten Zeitpunkt in der Vergangenheit bis zur Gegenwart 自从, 从…以来, 从…起: *s. 1945* 从1945年以来; *s. dem letzten/s. letztem Monat* 从上个月以来; *„S. wann bist du da?" – „Erst s. zehn Minuten"* "你什么时候起到这儿的?"——"才来十分钟"; *S. letztem Sonntag haben wir uns nicht mehr gesehen* 自从上星期日以来我们就再没见过面

seit[2] *Konjunktion* (连); ab dem genannten Zeitpunkt in der Vergangenheit 自从, 自从…以来, …以后 ≈ seitdem[2]: *S. er nicht mehr raucht, fühlt er sich viel wohler* 自从他不再抽烟后, 他身体感觉好多了; *Sie verreist sehr viel, s. sie geschieden ist* 自从离婚后, 她经常外出旅行

seit.dem[1] *Adv* (副); von dem genannten Zeitpunkt in der Vergangenheit an 从那以后, 从此以后 ≈ von da an: *Wir hatten letzte Woche e-n Streit, s. hat er mich nicht mehr angerufen/er hat mich s. nicht mehr angerufen* 上周我们吵了一架, 从那以后他再没给我打过电话

seit.dem[2] *Konjunktion* (连) ≈ seit[2]: *S. sie diesen Job hat, ist sie ein anderer Mensch* 自从她有了这份工作, 她成了另一个人

Sei.te[1] *die*; *-, -n*; eine der beiden Flächen e-s Blattes (in e-m Buch, e-m Heft, e-r Zeitung), auf denen etw. gedruckt, geschrieben od. gezeichnet ist 页, 面 ⟨e-e S. aufschlagen 翻开一页⟩: *ein Roman mit über 300 Seiten* 一部三百多页的长篇小说; *auf S. 124* 在第124页上 ‖ K- (复合): ***Seiten-***, ***-rand***, ***-zahl***, ***-zählung***; ***seiten-***, ***-lang*** ‖ -K (复合): ***Buch-***, ***Druck-***, ***Manuskript-***, ***Titel-***, ***Zeitungs-***

Sei.te[2] *die*; *-, -n* **1.** eine der Oberflächen, die e-n Körper od. Raum nach rechts, links, nach vorn od. hinten begrenzen 面, 一面: *die vier Seiten e-s Schranks* 柜子的四个面; *Das Auto überschlug sich u. landete auf der S.* 汽车翻了个跟斗, 侧卧在地上 ‖ K- (复合): ***Seiten-***, ***-ansicht***, ***-lage***, ***-wand*** ‖ -K (复合): ***Außen-***, ***Innen-***; ***Vorder-***, ***Rück-*** **2.** der rechte od. linke Teil e-r Sache od. e-s Raumes 边, 侧面 ⟨auf die S. gehen, treten 往边上走, 走到一边去; etw. zur S. stellen 把某物靠边放⟩: *Hausnummer 64 müsste auf der rechten S. der Straße sein* 门牌号码64号想必是在街道的右边 ‖ K- (复合): ***Seiten-***, ***-ansicht***, ***-flügel***, ***-portal***, ***-trakt*** ‖ *zu* ***Seitenflügel*** ↑ *Abb. unter* 图见 ***Flügel*** **3.** der gesamte rechte od. linke Teil des menschlichen Körpers od. des Körpers e-s Tieres (人、动物) 侧面, 侧身 ⟨auf der S. liegen 侧身躺着; sich auf die S. legen 侧身躺下⟩: *Er ist auf der linken S. gelähmt* 他左侧瘫痪 ‖ K- (复合): ***Seiten-***, ***-lage*** **4.** eine der beiden Flächen e-s dünnen, flachen Gegenstandes 面(扁薄物体的两个面): *die beiden Seiten e-r Münze, e-r Schallplatte* 硬币、唱片的两面 **5.** MATH【数】; eine der Flächen e-s geometrischen Körpers (几何体的) 面: *die Seiten e-s Würfels, e-r Pyramide* 正方体、棱锥体的(各个)面 **6.** MATH【数】; eine der Linien, die e-e geometrische Figur begrenzen 边(线): *die Seiten e-s Dreiecks, e-s Trapezes* 三角形、梯形的(各条)边 **7.** *Adj* (形) + **S.** ein Aspekt, unter dem man etw. sieht 方面, 角度 ⟨etw. von der heiteren S. nehmen 多从好的一面去看待某事(意即: 对某事别愁眉苦脸)⟩: *Wir müssen diesen Fall von der menschlichen S. betrachten* 我们必须从人的方面看待这一事件 **8.** eine von zwei gegensätzlichen Parteien, Personen od. Gruppen, die zu e-m bestimmten Thema unterschiedliche Meinungen haben 方面, 一方 ⟨j-n auf seine S. bringen, ziehen 把某人拉到自己一方⟩: *Man sollte immer beide Seiten hören* 我们应该经常听取双方意见 **9.** ***von amtlicher***, ***offizieller***, ***zuverlässiger*** *o. Ä.* **S.** verwendet, wenn man sich auf j-n bezieht, dessen Namen man nicht sagen will od. kann 来自官方, 正式方面, 可靠方面: *Das Wahlergebnis ist von offizieller S. noch nicht bestätigt worden* 选举结果还未得到官方的证实 **10.** ***S. an S.*** ≈ nebeneinander: *Sie gingen S. an S. durch die Straßen* 他们并排走在马路上 **11.** ***auf der einen S. ..., auf der anderen S.*** verwendet, um bei e-r Argumentation zuerst ein Argument für etw. u. dann ein Argument gegen etw. einzuleiten (od. umgekehrt) 一方面…, 另一方面 ≈ einerseits ..., andererseits, zum einen ..., zum anderen ‖ ID [谚] ***j-m zur S. stehen*** j-m in e-r schwierigen Situation helfen 站在某人一边, 支持、帮助某人 ⟨j-m mit Rat u. Tat zur S. stehen 全力帮助某人⟩; ***j-m nicht von der S. weichen***, ***gehen*** *gespr* [口]; j-n keinen Augenblick allein lassen 寸步不离某人; ***etw. auf die S. legen*** Geld sparen 积攒(钱), 节省(钱); ***etw. auf der S. haben*** Geld gespart haben 攒下了(钱), 积蓄下了(钱); ***etw. auf die S. schaffen*** *gespr* [口]; etw. heimlich wegnehmen u. für sich selbst benutzen 私拿某物, 把某物偷偷攫为己有; ***j-n auf die S. schaffen*** *gespr euph* [口][婉] ≈ ermorden; ***sich von seiner besten S. zeigen*** sich sehr bemühen, besonders nett, freundlich, hilfsbereit *o. Ä.* zu sein 极力表现自己的友好、善意、优势、特长等 ‖ NB (注意): ↑ ***aufseiten***, ***vonseiten*** ‖ ▶ ***beiseite***

Sei.ten.auf.prall.schutz *der*, AUT【汽】; verstärkte Seitenteile u. Türen, die die Insassen bei e-m seitlichen Aufprall schützen sollen 侧面撞击防护

Sei.ten.blick *der*; ein kurzer Blick auf j-n, mit dem man versucht, ihm etw. mitzuteilen, ohne dass andere es bemerken 暗示的

目光，暗示性的一瞥〈j-m e-n S. zuwerfen 向某人投去暗示的目光〉

Sei·ten·hieb *der*; **ein S.** (**auf j-n**) e-e böse od. kritische Bemerkung 含沙射影，影射，旁敲侧击〈j-m e-n S. versetzen 对某人含沙射影〉

sei·tens *Präp*(介); *mit Gen*, *geschr*(支配二格)[书]; von e-r bestimmten Partei, Gruppe, Position aus 从…一方

Sei·ten·schiff *das*; der lange, schmale Raum in e-r Kirche, der parallel zum Hauptschiff liegt(教堂的)翼堂，侧厅

Sei·ten·sprung *der*; e-e *mst* kurze sexuelle Beziehung, die j-d, der e-n festen Partner hat, mit e-m anderen Partner hat 外遇，偷情

Sei·ten·ste·chen *das*; *-s*; *nur Sg* (只用单数); ein stechender Schmerz links od. rechts des Magens, den man manchmal bekommt, wenn man schnell läuft od. geht 腹部一侧的刺痛〈S. haben, bekommen 腹部一侧有、出现刺痛〉

Sei·ten·stra·ße *die* ≈ Nebenstraße ↔ Hauptstraße: *in e-e S. einbiegen* 拐进一条横街

Sei·ten·strei·fen *der*; der äußere rechte od. linke Streifen entlang e-r Autobahn *o. Ä.*, auf dem man normalerweise nicht fahren, sondern nur bei Pannen anhalten darf (高速公路上的)临时停车带

sei·ten·ver·kehrt *Adj* (形); so, dass das, was normalerweise links ist, rechts erscheint u. umgekehrt (wie in e-m Spiegel) 左右侧颠倒的，(面)反的，反向的 ≈ spiegelbildlich: *ein Dia s. in den Projektor einlegen* 把一张幻灯片倒着放进幻灯机

Sei·ten·wech·sel *der*; der Vorgang (*z. B.* beim Fußball od. Tennis), bei dem die Sportler auf die andere Hälfte des Spielfelds wechseln 交换(比赛)场地，换边: *Kurz nach dem S. fiel der Ausgleich zum 1:1* 刚换场地不久就扳成一比一平

sei·ten·wei·se *Adv*(副); *gespr* [口]; mehrere Seiten lang 成页地，一页又一页地，长篇大论地: *Jetzt beschreibt er schon s., wie das Haus aussah – wie langweilig!* 现在他用好几页的篇幅描写这幢房子的外观——真没劲!

Sei·ten·wind *der*; der Wind, der von rechts od. links kommt 侧风〈S. haben 有侧风; bei S. 在有侧风的情况下〉 ‖ NB (注意): ↑ ***Rückenwind***, ***Gegenwind***

seit·her [-ˈheːɐ̯] *Adv*(副) ≈ seitdem[1]

-sei·tig *im Adj*, *begrenzt produktiv*(构成形容词，构词有限) **1.** *nur attr*, *nicht adv*(只作定语，不作状语); mit der genannten Zahl od. Menge von Seiten[1] 有…页的、面的; ***einseitig***, ***zweiseitig***, ***dreiseitig*** *usw*; ***beidseitig*** 〈beschriftet 写有文字〉, ***halbseitig***, ***ganzseitig***, ***mehrseitig*** *usw*: *ein tausendseitiges Manuskript*, *ein zehnseitiger Brief* 一份上千页的手稿，一封十页的信 **2.** auf der genannten Seite[2] 在…一面、一侧的; ***sonnenseitig***, ***südseitig***, ***rückseitig***, ***westseitig***

seit·lich[1] *Adj* (形); *nur attr od adv*(只作定语或状语); von der rechten od. linken Seite bzw. nach rechts od. nach links 侧面的，旁边的: *e-m Hindernis s. ausweichen* 从侧面避开障碍; *Er stieß s. mit meinem Auto zusammen* 他从侧面与我的汽车相撞

seit·lich[2] *Präp*(介); *mit Gen*(支配二格); an der Seite der genannten Person od. Sache 在…的旁边，在…的侧旁 ≈ neben: *Die Kapelle steht s. der Kirche* 小礼拜堂在教堂的侧旁 ‖ NB(注意): in der gesprochenen Sprache verwendet mit *von*(在口语中与 von 连用): S. vom Bahnhof befinden sich die Busparkplätze 在火车站旁边是公共汽车停车场

-seits *im Adv*, *begrenzt produktiv*(构成副词，构词有限); von j-m/etw. ausgehend 从…方面; ***meinerseits***, ***deinerseits***, ***seinerseits***, ***ihrerseits***, ***uns(e)rerseits***, ***eurerseits***; ***amtlicherseits***, ***ärztlicherseits***, ***behördlicherseits***, ***staatlicherseits***

seit·wärts *Adv*(副) **1.** in die Richtung zu e-r Seite hin 朝侧面，向旁边: *sich s. drehen* 转向侧面 **2.** auf der rechten od. linken Seite 在侧面，在旁边: *S. sehen Sie die berühmte Kirche* 在侧面你们看到的是有名的教堂

Sek·ret *das*; *-s*, *-e*; e-e Flüssigkeit (wie *z. B.* Speichel od. Tränen), die *bes* in Drüsen u. in Wunden entsteht 分泌液 ‖ -K (复合): ***Drüsen-***, ***Nasen-***, ***Wund-***

Sek·re·tär *der*; *-s*, *-e*; *veraltend* [渐旧] **1.** ein Schreibtisch, der wie ein Schrank aussieht (插板式、翻启式的)旧式写字台 ‖ -K (复合): ***Barock-***, ***Rokoko-*** **2.** ↑ ***Sekretärin***

-sek·re·tär *der*; *im Subst*, *wenig produktiv*(构成名词，构词弱); j-d, der in e-r großen Organisation (*z. B.* e-r Partei) e-e relativ wichtige Funktion hat …秘书，…书记; der ***Generalsekretär*** 〈der Vereinten Nationen 联合国的〉; der ***Parteisekretär***, der ***Staatssekretär*** ‖ *hierzu* (派生) **-sek·re·tä·rin** *die*; *-*, *-nen*

Sek·re·ta·ri·at *das*; *-s*, *-e* der Raum, in dem e-e Sekretärin arbeitet 秘书处，书记处，秘书办公室: *die Briefe zum Tippen ins S. bringen* 把要打录的信件送到秘书办公室

Sek·re·tä·rin *die*; *-*, *-nen*; e-e Frau, die für j-n Briefe tippt, Telefonate führt, Treffen arrangiert *usw* 女秘书 ‖ -K (复合): ***Chef-***, ***Privat-*** ‖ *hierzu*(派生) **Sek·re·tär** *der*; *-s*, *-e*

Sekt *der*; *-(e)s*, *-e*; e-e Art Wein mit vielen Bläschen (aus Kohlensäure), den man *mst* bei besonderen Gelegenheiten trinkt 香槟酒〈der S. perlt, schäumt 香槟酒起泡沫，在冒泡; den S. kalt stellen 把香槟酒冰镇〉: *j-n zu e-m Glas S. einladen* 请某人喝一杯香槟酒 ‖ K- (复合): ***Sekt-***, ***-flasche***, ***-glas***, ***-kelch***, ***-kellerei***, ***-korken***, ***-kübel*** ‖ *zu* ***Sektglas*** ↑ *Abb. unter* 图见 ***Gläser***

Sek·te *die*; *-*, *-n*; *oft pej* 多用[贬]; e-e Gruppe von Personen mit dem gleichen Glauben, die sich von e-r großen Religion getrennt hat 教派 ‖ K- (复合): ***Sekten-***, ***-führer***

sek·tie·re·risch *Adj* (形); *pej* [贬]; (*mst* im religiösen od. politischen Bereich) mit Vorstellungen u. Ideen, die von denen der

S

Hauptreligionen od. -parteien sehr stark abweichen u. die von kleinen Gruppen vertreten werden 教派的；闹宗派的，宗派主义的 ‖ *hierzu*（派生）**Sek·tie·rer** *der*；*-s*，*-*；**Sek·tie·re·rin** *die*；*-*，*-nen*；**Sek·tie·rer·tum** *das*；*nur Sg*（只用单数）

Sek·ti·on [-ˈtsi̯oːn] *die*；*-*，*-en*；ein（selbstständiger）Teil e-r großen Organisation（大机构下设的）部门（司，局，处，科，部等）≈ Abteilung

Sek·tor *der*；*-s*，*Sek·to·ren* **1.** ein Teil e-s（Sach）Gebiets 领域，部门，方面：*Die Industrie ist einer der wichtigsten Sektoren der Wirtschaft* 工业是最重要的经济部门之一 ‖ -K（复合）：***Handels-***，***Wirtschafts-*** **2.** MATH【数】；die Fläche in e-m Kreis, die durch zwei Linien eingeschlossen wird, die vom Mittelpunkt zum Kreisrand gehen 扇形 ≈ Kreisausschnitt

se·kun·där *Adj*（形）；*geschr*［书］；nicht so wichtig wie etw. anderes 次要的，从属的，第二位的 ≈ zweitrangig ↔ primär〈etw. ist von sekundärer Bedeutung 某事是次要的〉‖ K-（复合）：***Sekundär-***，***-tugend***

Se·kun·där·li·te·ra·tur *die*；wissenschaftliche Texte *bes* über literarische Werke（研究或评论著作的资料、书籍）参考文献，二次文献

Se·kun·dar·stu·fe *die*；Ⓓ *mst in*［德］多用于 **1. *S. I*** [-ˈai̯ns] die Klassen 5-9 an der Hauptschule u. die Klassen 5-10 an der Realschule u. am Gymnasium 中等教育 I（类似初中）**2. *S. II*** [-ˈtsvai̯] die Klassen 11-13 am Gymnasium 中等教育 II（类似高中）

Se·kun·de *die*；*-*，*-n* **1.** einer der 60. Teile e-r Minute (1) 秒；*Abk* 缩写 Sek.，*veraltet*［旧］sek.，sec.：*mit einer S. Vorsprung das Rennen gewinnen* 以一秒的优势赢得比赛；*Es ist jetzt genau 10 Uhr, 31 Minuten u. 20 Sekunden* 现在准确时间是 10 点 31 分 20 秒 ‖ K-（复合）：***Sekunden-***，***-zeiger***；***sekunden-***，***-lang*** ‖ -K（复合）：***Hundertstel-***，***Zehntel-*** **2.** *gespr*［口］；ein sehr kurzer Zeitraum 即刻，瞬间 ≈ Augenblick：*Ich bin in einer S. wieder zurück* 我马上就回来 **3.** MUS【音】；das Intervall zwischen zwei aufeinanderfolgenden Tonstufen auf e-r Tonleiter（*z. B.* zwischen *d* u. *e*）二度（音程）**4.** MATH【数】；einer der 60. Teile e-r Minute (5) e-s Winkels 秒（角度单位）：*ein Winkel von 45 Grad, 8 Minuten u. 13 Sekunden* 一个 45 度 8 分 13 秒的角 **5. *auf die S.*（*genau*）** *gespr*［口］≈（ganz）pünktlich

Se·kun·den·schlaf *der*；das gefährliche, sehr kurzzeitige Einschlafen am Steuer e-s Autos *o. Ä.* 小睡，打盹儿，眯一会儿，打瞌睡

Se·kun·den·schnel·le *die*；*nur in* 只用于 ***in S.*** sehr schnell 在瞬间，顷刻间 ≈ blitzschnell：*Alles geschah in S.* 这一切都发生在瞬间

sel·b- *Demonstrativpronomen*（指示代词）；verwendet statt *derselbe* u. *dasselbe*, wenn der Artikel mit e-r Präposition zu einem Wort verbunden ist 同一个；*vom selben Mann*（= von demselben Mann）被同一个人；*am selben Platz*（= an demselben Platz）在同一个位置；*zum selben Zeitpunkt*（= zu demselben Zeitpunkt）在同一个时刻；*im selben Zug*（= in demselben Zug）在同一辆火车上；*ans selbe Ziel*（= an dasselbe Ziel）*kommen* 到达同一个目的地

sel·ber *Demonstrativpronomen*（指示代词）；*indeklinabel*，*gespr*（词形不变）［口］≈ selbst¹：*Diesen Pullover habe ich s. gestrickt* 这件套头毛衣是我自己织的

selbst¹ *Demonstrativpronomen*（指示代词）；*indeklinabel*，*betont*（词形不变）（重读）；verwendet, um zu betonen, dass e-e Aussage sich auf die genannte Person od. Sache u. auf niemand anderen/nichts anderes bezieht 自己，本人，自身，亲自：*Diesen kleinen Defekt kann ich s. reparieren!* 这个小毛病我能自己修理!；*Ich möchte nicht irgendeinen Mitarbeiter, sondern den Chef s. sprechen* 我不想跟某一个工作人员谈，而要跟领导本人谈；*Die Elektronik soll Störungen verhindern, aber was ist, wenn die Elektronik s. gestört ist?* 据说电子技术可以防止干扰，可是电子技术本身受到干扰又怎么办? ‖ ID［谚］***j-d ist etw. 's.*** *gespr*［口］；j-d hat etw. in e-m hohen Maß 某人（表现得）很…：*Sogar in kritischen Situationen ist Peter die Ruhe s.* 即使在危急情况下彼得也很镇静

selbst² *Partikel*（小品词）；verwendet, um auszudrücken, dass e-e Aussage auch auf j-n/etw. zutrifft, von dem man es（vielleicht）nicht erwarten würde 甚至，连…都 ≈ sogar, auch² (1)：*Über diesen gelungenen Witz musste s. unser strenger Lehrer lachen* 听了这个滑稽的笑话，就连我们严肃的老师都不得不笑了

selbst³ *mit Partizip Perfekt*（与过去分词连用）；drückt aus, dass etw. von der betreffenden Person（im Gegensatz zu e-m anderen, e-r Fabrik *o. Ä.*）getan od. hergestellt wurde（表示自己制作的，而不是由工厂生产的）自己…的，亲自…的；***selbst gebacken***〈der Kuchen 点心〉，***selbst gebastelt***〈das Vogelhaus 鸟舍〉，***selbst gebrannt***〈der Schnaps 白酒〉，***selbst gebraut***〈das Bier 啤酒〉，***selbst gedreht***〈die Zigarette 香烟〉，***selbst gemacht***〈die Marmelade 果酱〉，***selbst geschneidert***〈das Kleid 连衣裙〉，***selbst gestrickt***〈der Pullover 套头毛衣〉，***selbst gewählt***〈der Name 名字〉，***selbst verdient***〈das Geld 钱〉，***selbst verfasst***〈das Gedicht 诗〉，***selbst verschuldet***〈der Unfall 事故〉‖ NB（注意）：die hier genannten Adjektive können auch mit *selbst* zusammengeschrieben werden（这里提及的形容词也可以与 selbst 连写）

Selbst *das*；*-*；*nur Sg*，*geschr*（只用单数）［书］；e-e Person als Ganzes mit ihren Eigenschaften, Wünschen, Fähigkeiten *usw* 自我 ≈ Ich：*Man soll sich niemandem so stark unterordnen, dass man dabei sein S. aufgibt* 人不应过分从属于任何人而放弃自我

selbst-，**Selbst-** *im Adj u. Subst*，*sehr produktiv*（构成形容词和名词，构词强）**1.** auf die

S

eigene Person bezogen 自我、自己、自身…；die **Selbstachtung**，der **Selbstbetrug**，die **Selbsteinschätzung**，der **Selbsthass**，die **Selbstironie**，die **Selbstkritik**，das **Selbstlob**，das **Selbstmitleid**，das **Selbstporträt**，die **Selbsttäuschung**，die **Selbstverachtung**，die〈freiwillige 自愿的〉**Selbstzensur**，die **Selbstzerstörung**，der **Selbstzweifel**；**selbstkritisch**〈e-e Äußerung 言论〉，**selbstzerstörerisch**〈ein Verhalten 行为〉**2.** drückt aus，dass etw. aus eigener Kraft u. ohne Hilfe von außen geschieht 自己的、自力的、自动的…；die **Selbsthilfe**，die **Selbstschussanlage**，die **Selbstverwaltung**；die **Selbstklebefolie**；**selbstklebend**〈e-e Folie 薄膜〉

selb.stän.dig，**Selb.stän.di.ge** *usw* ↑ **selbstständig**，**Selbstständige**

Selbst.auf.op.fe.rung *die*；*nur Sg*（只用单数）；das Einsetzen seiner gesamten Kräfte u. Fähigkeiten，ohne Rücksicht auf die eigene Gesundheit *usw* 献身精神，奉献精神，自我牺牲（精神）

Selbst.aus.lö.ser *der*；ein Mechanismus an e-r (Foto)Kamera，der bewirkt，dass das Bild erst einige Sekunden später gemacht wird（照相机）自拍装置，自动快门

Selbst.be.die.nung *die*；*nur Sg*（只用单数）；e-e Form des Verkaufens，bei der die Kunden die Waren selbst aus dem Regal *usw* nehmen 自助，自选，无人售货：*e-e Tankstelle mit S.* 自助加油站；*Hier gibt es keine S.!* 这里不实行自选售货方式！‖ K-（复合）：**Selbstbedienungs-**，**-gaststätte**，**-laden**，**-restaurant**，**-tankstelle**

Selbst.be.frie.di.gung *die*；*nur Sg*（只用单数）≈ Masturbation，Onanie

Selbst.be.herr.schung *die*；*nur Sg*（只用单数）；die Kontrolle über seine Gefühle，Wünsche u. Triebe 自我控制，自我克制〈keine S. haben 不能自我控制；die S. verlieren 失去自制〉

Selbst.be.stä.ti.gung *die*；*nur Sg*（只用单数）；e-e Bestätigung des Werts der eigenen Person (*z.B.* wenn man gelobt wird od. ein Erfolgserlebnis hat) 证实自身价值

Selbst.be.stim.mung *die*；*nur Sg*（只用单数）；die Möglichkeit e-s Menschen od. e-s Volks，selbst entscheiden zu können，wie man (*bes* in Bezug auf die politische Ordnung) leben will 自决权 ↔ Fremdbestimmung ‖ K-（复合）：**Selbstbestimmungs-**，**-recht**

Selbst.be.wusst.sein *das*；*nur Sg*（只用单数）；das Wissen um seine Fähigkeiten u. um seinen Wert in der Gesellschaft 自信心，自我意识 ≈ Selbstsicherheit ↔ Minderwertigkeitsgefühl〈kein，zu wenig，ein ausgeprägtes S. haben 没有自信心，自信心不足，具有鲜明的自信心；j-m fehlt es an S. 某人缺少自信心〉‖ *hierzu*（派生）**selbst.be.wusst** *Adj*（形）

Selbst.dar.stel.lung *die*；*mst pej* 多用［贬］；die Handlungen u. Äußerungen，mit denen man anderen (*bes* der Öffentlichkeit) zeigt，was man alles kann u. geleistet hat 自我表现

Selbst.dis.zip.lin *die*；*nur Sg*（只用单数）；die Fähigkeit，sich selbst zu beherrschen (u. *z.B.* die eigenen Wünsche e-m wichtigeren Ziel unterzuordnen) 自律，自我约束：*Es erfordert viel S.，mit dem Rauchen aufzuhören* 戒烟需要严加自律

Selbst.er.fah.rung *die*；-；*nur Sg*（只用单数）；der Prozess，bei dem man lernt，die eigenen Wünsche，Probleme *usw* zu verstehen 自我了解，自我体验 ‖ K-（复合）：**Selbsterfahrungs-**，**-gruppe**

Selbst.er.hal.tungs|trieb *der*；*nur Sg*（只用单数）；der Trieb von Menschen u. Tieren，der bewirkt，dass sie (bei e-r Bedrohung) alles Mögliche unternehmen，um nicht zu sterben 生存本能，自卫本能

Selbst.er.kennt.nis *die*；*nur Sg*（只用单数）；die Erkenntnis，dass man (e-n) Fehler gemacht hat 自我认识，自知之明 ‖ ID［谚］***S. ist der erste Schritt zur Besserung*** nur wenn man erkennt，dass man Fehler macht od. gemacht hat，kann sich etw. verändern u. besser werden 自知之明是改正缺点的第一步

selbst.ge.fäl.lig *Adj*（形）；*pej*［贬］；davon überzeugt，dass man schön，intelligent，gut *usw* ist 洋洋自得的，自我欣赏的，沾沾自喜的 ≈ eitel ↔ bescheiden〈ein Mensch 人；s. nicken，lächeln 洋洋自得地点点头、微笑〉‖ *hierzu*（派生）**Selbst.ge.fäl.lig.keit** *die*；*nur Sg*（只用单数）

selbst.ge.nüg.sam *Adj*（形）；mit dem zufrieden，was man ist u. hat 知足的，满足现状的 ↔ ehrgeizig ‖ *hierzu*（派生）**Selbst.ge.nüg.sam.keit** *die*；*nur Sg*（只用单数）‖ NB（注意）：↑ **bescheiden**[1]

selbst.ge.recht *Adj*（形）；*pej*［贬］；davon überzeugt，dass die eigenen Urteile，Meinungen *usw* immer richtig sind 自以为是的，自负的，妄自尊大的 ↔ selbstkritisch ‖ *hierzu*（派生）**Selbst.ge.rech.tig.keit** *die*；*nur Sg*（只用单数）

Selbst.ge.spräch *das*；(lautes) Sprechen mit sich selbst 自言自语〈Selbstgespräche führen 自言自语〉

selbst.herr.lich *Adj*（形）；*pej*［贬］；so，dass man nur die eigenen Interessen u. Ziele verfolgt u. die der anderen Menschen nicht respektiert 专断的，独断专行的〈ein Mensch 人；sich s. verhalten 行为专横跋扈〉：*sich s. über alle Bedenken u. Zweifel hinwegsetzen* 一意孤行地不理睬大家的顾虑和疑虑 ‖ *hierzu*（派生）**Selbst.herr.lich.keit** *die*；*nur Sg*（只用单数）

Selbst.hil.fe|grup.pe *die*；e-e Gruppe von Personen，die das gleiche Problem haben u. die sich zusammenschließen，um sich gegenseitig zu helfen (*z.B.* Alkoholiker，Süchtige，Eltern mit behinderten Kindern) 自助团体，互助组织〈e-e S. gründen 成立一个互助组织；sich e-r S. anschließen 加入一个互助组织〉

Selbst.jus.tiz *die*；*nur Sg*，JUR（只用单数）【法】；illegale Handlungen，mit denen Leute j-n für ein Delikt bestrafen, ohne dies dem Gericht zu überlassen 私设公堂,私刑〈S. üben 私设公堂,用私刑〉

Selbst·kos·ten|preis *der*; der Preis, der gerade alle Kosten des Herstellers, Händlers *o. Ä.* deckt (aber keinen Gewinn abgibt) 成本价格〈etw. zum S. abgeben 按成本价销售某物〉

Selbst·laut *der* ≈ Vokal ↔ Mitlaut

selbst·los *Adj* (形); so, dass der Betreffende nicht darauf achtet, ob er selbst e-n Gewinn od. Vorteil hat 无私的,忘我的,不谋私利的 ≈ uneigennützig ↔ egoistisch: *j-m s. helfen* 无私地帮助某人 ‖ *hierzu* (派生) **Selbst·lo·sig·keit** *die*; *nur Sg* (只用单数)

Selbst·mord *der*; die Handlung, bei der j-d sich selbst tötet 自杀,自尽〈S. begehen 自杀; j-n in den/zum S. treiben 逼得某人自杀; (j-m) mit S. drohen 以自杀要挟(某人)〉≈ Suizid, Freitod ‖ K- (复合): ***Selbstmord-***, ***-gedanken***, ***-kandidat***, ***-versuch***; ***selbstmord-***, ***-gefährdet*** ‖ ID [谚] 多用 *mst* ***Das ist doch glatter/reiner S.!*** *gespr* [口]; das ist sehr gefährlich 这纯粹是自杀 ‖ *hierzu* (派生) **Selbst·mör·der** *der*; **Selbst·mör·de·rin** *die*

selbst·mör·de·risch *Adj* (形) **1.** *nur attr, nicht adv* (只作定语,不作状语); mit dem Ziel, sich zu töten 自杀的,抱着自杀目的的: *in selbstmörderischer Absicht handeln* 采取打算自杀的行动 **2.** so gefährlich, dass es leicht zum Tod führen kann 自杀性的,容易致死的,有生命危险的〈ein Unternehmen 行动〉

Selbst·mord|kom·man·do *das*; e-e Gruppe von Soldaten od. Terroristen, die e-e Aktion durchführen u. schon vorher wissen, dass sie dabei sterben werden 敢死队

selbst·re·dend *Adv* (副); *geschr veraltend od hum* [书][渐旧]或[诙] ≈ selbstverständlich, natürlich[2] (1)

Selbst·si·cher·heit *die*; *nur Sg* (只用单数) ≈ Selbstbewusstsein〈j-m seine S. nehmen 打击某人的自信心,使某人失去自信心; seine S. verlieren 失去自信心〉‖ *hierzu* (派生) **selbst·si·cher** *Adj* (形)

selbst·stän·dig *Adj* (形) **1.** mithilfe der eigenen Fähigkeiten u. ohne die Hilfe anderer 自立的,自主的,独立的 ↔ unselbstständig〈ein Mensch 人; s. arbeiten, urteilen, handeln, entscheiden 独立工作、判断、行事、决定; an selbstständiges Arbeiten gewöhnt sein 习惯于独立性的工作〉: *Unsere Kinder sind schon ganz s. geworden* 我们的孩子们都已经完全独立了 **2.** von keiner Person, Institution *o. Ä.* in den Entscheidungen abhängig 独立自主的 ≈ autonom: *Viele Staaten, die heute s. sind, waren lange Zeit Kolonien* 许多今天已经独立的国家曾经长期是殖民地 **3.** ***sich s. machen*** e-n eigenen Betrieb gründen 独立开业: *Sobald sie die Meisterprüfung bestanden hat, möchte sie sich s. machen* 她想一通过出师资格考试,就独立开业 **4.** ***sich s. machen*** *gespr hum* [口][诙]; sich von j-m/etw. entfernen 离开,溜走 ≈ verschwinden: *Zwei von unserer Gruppe haben sich s. gemacht u. sind e-e Abkürzung gegangen* 我们小组有两个人离开,抄近路走了 **5.** ***etw. macht sich s.*** *gespr* [口]; etw. löst sich (ab) (物作主语) 脱落: *Das Rad/der Knopf hat sich s. gemacht* 轮子、钮扣脱落了 ‖ *hierzu* (派生) **Selbst·stän·dig·keit** *die*; *nur Sg* (只用单数)

Selbst·stän·di·ge *der/die*; *-n*, *-n*; j-d, der e-n eigenen Betrieb hat 独立开办企业者,独立经营者 ‖ NB (注意): *ein Selbstständiger*; *der Selbstständige*; *den*, *dem*, *des Selbstständigen*

Selbst·stu·di·um *das*; das Lernen aus Büchern (u. nicht an e-r Schule *o. Ä.*) 自学,自修〈sich etw. im S. aneignen, erarbeiten 通过自学掌握、学会某事〉

Selbst·sucht *die*; *nur Sg* (只用单数) ≈ Egoismus ‖ *hierzu* (派生) **selbst·süch·tig** *Adj* (形)

selbst·tä·tig *Adj* (形); ADM *geschr*【管理】[书] ≈ automatisch: *Vorsicht, die Türen schließen s.!* 小心,门自动关闭!

Selbst·über·schät·zung *die*; *nur Sg* (只用单数); *mst in* 多用于 ***an S. leiden*** *gespr* [口]; die eigenen Fähigkeiten zu hoch einschätzen 过高估计自己的能力,自命不凡

selbst·ver·ges·sen *Adj* (形); so konzentriert auf seine Gedanken od. auf e-e Tätigkeit, dass man nicht merkt, was um einen herum passiert 专心致志的,聚精会神的 ‖ *hierzu* (派生) **Selbst·ver·ges·sen·heit** *die*; *nur Sg* (只用单数)

selbst·ver·ständ·lich *Adj* (形) **1.** so logisch u. natürlich, dass man es nicht erklären u. begründen muss 理所当然的,不言而喻的: *E-m Verletzten zu helfen, ist wohl die selbstverständlichste Sache der Welt* 帮助受伤者是世上理所当然的事; *Ich finde es s., Blumen mitzubringen, wenn man bei j-m zum Essen eingeladen ist* 假如你被某人邀请去吃饭,我认为带花去是很自然的 **2.** *nur adv* (只作状语); verwendet in e-r Antwort, um seine Zustimmung zu betonen 当然,理所当然 ≈ natürlich, klar: *„Könntest du mir bitte helfen?" – „Aber s.!"* "你能帮帮我吗?"——"当然啰!"

Selbst·ver·ständ·lich·keit *die*; *-*, *-en* **1.** etw., das man nicht erklären od. begründen muss, etw. ganz Natürliches: 理所当然的事,不言而喻的事 *„Vielen Dank für Ihre Hilfe" – „Das ist doch e-e S."* "多谢您的帮忙"——"这是理所当然的事。" **2.** *nur Sg* (只用单数); ein Verhalten, das ausdrückt, dass man etw. für selbstverständlich (1) hält 理所当然的行为: *Der Junge setzte sich mit e-r solchen S. ans Steuer, als ob er seit Jahren schon Auto fahren würde* 男孩毫无顾忌地坐上驾驶位置,好像他已开了多年的汽车

Selbst·ver·tei·di·gung *die*; *nur Sg* (只用单数); alle Maßnahmen, mit denen man sich gegen e-n Angriff verteidigt 自卫

Selbst·ver·trau·en *das*; das Vertrauen in die eigenen Fähigkeiten 自信心〈ein gesundes,

S

übertriebenes S. haben 有健全的自信心，过于自信；j-s S. stärken, heben 增强、提高某人的自信心；voller S. sein 充满自信〉：*Jedes Erfolgserlebnis hebt das S.* 每一次成功的经历都会增强自信心

Selbst·ver·wirk·li·chung *die*；*nur Sg*（只用单数）；die Entwicklung der eigenen Persönlichkeit, indem man alle Möglichkeiten u. Fähigkeiten nutzt, die man hat 自我实现，实现自我

Selbst·wert|ge·fühl *das*；*nur Sg*（只用单数）；das Gefühl, als Mensch an sich wertvoll zu sein 自身价值感〈ein mangelndes S. haben 缺乏自身价值感〉

selbst·zu·frie·den *Adj*（形）；*mst pej* 多用[贬]；so zufrieden mit dem, was man hat u. ist, dass man seine Fehler nicht mehr sieht 自满的，沾沾自喜的 ‖ *hierzu*（派生）**Selbst·zu·frie·den·heit** *die*；*nur Sg*（只用单数）

Selbst·zweck *der*；*nur Sg*（只用单数）；*mst in* 多用于 ***etw. wird zum S., etw. ist reiner S.*** etw. dient keinem höheren Ziel, der Sinn e-r Sache liegt in dieser Sache selbst某事成为目的本身，就是目标本身：*Bei ihm ist das Autowaschen zum S. geworden*（= er wäscht das Auto oft, aber nicht weil das Auto schmutzig ist, sondern weil er es gern wäscht）对他来说洗车成了目的本身（就是为了洗车而洗车）

sel·chen；*selchte, hat geselcht*；[Vt/i]（及物/不及物）**(etw.) s.** *südd* Ⓐ［南德］［奥］≈ räuchern〈Fleisch s. 熏（制猪）肉；geselchter Speck 熏板肉〉

se·lek·tie·ren；*selektierte, hat selektiert*；[Vt]（及物）**etw.**（*Kollekt od Pl*）（集合或复数）**s.** *geschr*［书］；*mst* e-e Reihe von ähnlichen Dingen nach bestimmten Kriterien aus e-r größeren Menge auswählen 筛选，分选，挑选 ‖ *hierzu*（派生）**Se·lek·tie·rung** *die*；**Se·lek·ti·on** *die*；-, -*en*

se·lek·tiv [-f] *Adj*（形）；*geschr*［书］；so, dass man sich nur auf bestimmte Dinge od. Kriterien konzentriert 有选择的，有针对性的〈s. vorgehen 有针对性地行事〉：*e-e selektive Wahrnehmung haben* 有选择的接受

se·lig *Adj*（形）**1.** in e-m Zustand, in dem man keine Probleme u. keine Wünsche mehr hat 无忧无虑的，无比快乐的，极其幸福的 ≈ sehr glücklich：*Die Kinder waren s., als die Ferien begannen* 当开始放假时，孩子们开心极了 **2.** REL【宗】；nach dem Tod bei Gott im Paradies 极乐（世界）的 **3.** *nur attr, nicht adv*（只作定语，不作状语）；*veraltend*［渐旧］；verwendet, wenn man von j-m spricht, der (schon seit längerer Zeit) gestorben ist 已作古的，已故的：*meine selige Mutter / meine Mutter selig* 我已故的母亲 **4.** KATH【天主】≈ seliggesprochen ‖ *zu*（义项）**1.** u. **2.** **Se·lig·keit** *die*；*nur Sg*（只用单数）‖ *zu*（义项）**1.**, **2.** u. **4.** **Se·li·ge** *der / die*；-*n*, -*n*

se·lig·spre·chen；*spricht selig, sprach selig, hat seliggesprochen*；[Vt] *mst*（及物）多用 ***j-d wird seliggesprochen*** KATH【天主】；j-d wird vom Papst für würdig erklärt, bis zu e-m gewissen Grad (religiös) verehrt zu werden（人作主语）受宣福礼 ‖ *hierzu*（派生）**Se·lig·spre·chung** *die* ‖ NB（注意）：↑ ***heiligsprechen***

Sel·le·rie *der*；-*s*；*nur Sg*（只用单数）；e-e Pflanze mit intensivem Geschmack. Man verwendet die Blätter, ihre dicken Stiele od. die dicke runde Wurzel als Gewürz für Suppen od. als Salat 芹菜，洋芹菜 ‖ K-（复合）：***Sellerie-, -knolle, -salat*** ‖ -K（复合）：***Stangen-, Wurzel-***

sel·ten *Adj*（形）**1.** nur in kleiner Zahl, nicht oft vorkommend 少有的，稀有的，罕见的，难得的 ≈ rar ↔ oft, häufig：*ein seltenes Mineral* — 种稀有矿物；*ein sehr seltener Schmetterling* — 种很少见的蝴蝶；*So freundliche Leute wie sie trifft man s.* 像他们这样友善的人是难得遇上的；*Wir fahren sehr s. in die Stadt, vielleicht einmal im Monat* 我们难得进城，或许每月一次 **2.** *nur adv*（只作状语）；verwendet, um Adjektive zu verstärken（加强形容词的语义）很，非常，出奇 ≈ besonders：*ein s. schöner Hund* 一条出奇漂亮的狗；*e-e s. dumme Frage* 一个笨得出奇的问题

Sel·ten·heit *die*；-, -*en* **1.** *nur Sg*（只用单数）；die geringe Häufigkeit, das seltene Vorkommen von etw. 稀有，珍稀，稀罕：*Diese Tierart ist aufgrund ihrer S. geschützt* 这个动物物种因珍稀而受到保护 **2.** etw., das selten vorkommt 罕有的事，鲜见的事，偶发的事 ≈ Rarität：*Solche Störungen sind leider keine S.* 遗憾的是这类的故障并不稀罕（= kommen häufig vor）

Sel·ten·heits·wert *der*；*nur Sg*（只用单数）；der große Wert, den etw. hat, weil es selten ist 珍稀价值〈etw. hat S. 某物具有珍稀价值〉：*Seine Anrufe haben inzwischen S.* 这期间他打电话很难得（= er ruft sehr selten an）

Sel·ters·was·ser *das*；*nur Sg*, *nordd*（只用单数）［北德］≈ Mineralwasser

selt·sam *Adj*（形）；ungewöhnlich u. nicht leicht zu verstehen od. zu erklären 奇特的，古怪的，不寻常的 ≈ merkwürdig〈ein Mensch, ein Vorfall, ein Ereignis, e-e Begebenheit, e-e Geschichte, e-e Begegnung 人，事故，事件，事情，故事，相遇；j-d sieht s. aus, benimmt sich s. 某人外貌、举止古怪〉：*Es ist schon s., dass die Tür plötzlich aufgeht, obwohl sie niemand geöffnet hat* 没有人开门，门自己突然开了，真怪 ‖ *hierzu*（派生）**Selt·sam·keit** *die*；**selt·sa·mer·wei·se** *Adv*（副）

Se·man·tik *die*；-；*nur Sg*, LING（只用单数）【语】；die Lehre von der Bedeutung der Wörter u. Sätze 语义学 ‖ *hierzu*（派生）**Se·man·ti·ker** *der*；-*s*, -；**se·man·tisch** *Adj*（形）

Se·mes·ter *das*；-*s*, - **1.** einer der beiden Abschnitte, in die das Jahr für Unterrichtszwecke *bes* an den Universitäten eingeteilt ist 学期：*Ich bin jetzt im dritten S.* 我现在上第三学期；*Nach dem zehnten S. machte sie ihr Examen* 第十个学期之后，她参加了大学毕业考试

‖ K-（复合）：***Semester-***，***-beginn***，***-schluss*** ‖ -K（复合）：***Sommer-***，***Winter-*** **2.** ***ein jüngeres / älteres S.*** *gespr hum*［口］［诙］；e-e relativ junge/alte Person 较为年轻/年长的人

Se·mes·ter·fe·ri·en *die*；*Pl*（复）；die Zeit zwischen zwei Semestern, in der es keine Vorlesungen (an der Universität) gibt（大学）假期

Se·mi·fi·na·le *das*；SPORT【体】≈ Halbfinale

Se·mi·ko·lon *das*；*-s*，*-s*；*geschr*［书］≈ Strichpunkt

Se·mi·nar *das*；*-s*，*-e* **1.** e-e Form des Unterrichts *bes* an Universitäten, bei der die Teilnehmer mit Referaten u. Diskussionen an e-m bestimmten Thema arbeiten（大学）讨论课，课堂讨论〈ein S. belegen 选上讨论课；an e-m S. teilnehmen 参加讨论课；ein S. durchführen, leiten, abhalten 进行、主持、举行讨论课〉‖ K-（复合）：***Seminar-***，***-arbeit***，***-teilnehmer***，***-zeugnis*** **2.** ein Institut an e-r Universität（大学）系，教研室：*das Germanistische S. der Universität* 大学的日耳曼语系 **3.** e-e Institution, an der Priester ausgebildet werden 神学院 ‖ -K（复合）：***Priester-*** ‖ *zu*（义项）**3. Se·mi·na·rist** *der*；*-en*，*-en*

Se·mit *der*；*-en*，*-en*；*mst Pl*（多用复数）；ein Angehöriger e-r Völkergruppe, zu deren heutigen Nachkommen *z.B.* Juden u. Araber gehören 闪米特人 ‖ NB（注意）：*der Semit*；*den*，*dem*，*des Semiten* ‖ *hierzu*（派生）**Se·mi·tin** *die*；*-*，*-nen*；**se·mi·tisch** *Adj*（形）

Sem·mel *die*；*-*，*-n*；*südd* Ⓐ［南德］［奥］≈ Brötchen ‖ ↑ *Abb. unter* 图见 **Brot** ‖ K-（复合）：***Semmel-***，***-knödel***；***semmel-***，***-blond*** ‖ -K（复合）：***Butter-***，***Käse-***，***Schinken-***，***Wurst-***［谚］‖ ID ***etw. geht weg wie warme Semmeln*** *gespr*［口］；von etw. wird in kurzer Zeit viel verkauft 某物卖得很快，销路很好，很畅销

Sem·mel·brö·sel *die*；*Pl*（复），*südd* Ⓐ［南德］［奥］≈ Paniermehl

Se·nat *der*；*-s*，*-e*；*Kollekt*（集合）**1.** Ⓓ［德］die Regierung der Bundesländer Bremen, Hamburg u. Berlin（不来梅、汉堡和柏林联邦州的）州政府 **2.** einer der beiden Teile des Parlaments in den USA（美国的）参议院，上院 ↔ Kongress **3.** *hist*［历］；ein Gremium im antiken Rom, dessen Mitglieder (die Patrizier) die Aufsicht über die Gesetzgebung, die Finanz- u. die Außenpolitik hatten（古罗马）元老院 **4.** e-e Gruppe (ein Gremium) von Professoren, von Beamten u. Angestellten der Verwaltung *usw*, die an e-r Hochschule Fragen der gesamten Institution entscheiden（大学）校务委员会 ‖ K-（复合）：***Senats-***，***-beschluss***，***-präsident***，***-sitzung***，***-sprecher*** **5.** ein Gremium von mehreren Richtern an den höheren Gerichten in Deutschland（德国高等法院的）审判委员会 ‖ K-（复合）：***Senats-***，***-präsident*** ‖ *zu*（义项）**1.-4. Se·na·tor** *der*；*-s*，*Se·na·to·ren*；*zu*（义项）**1.**，**2.** u. **4. Se·na·to·rin** *die*；*-*，*-nen*

Sen·de·be·richt *der*；TEL【电信】；ein Ausdruck e-s Faxgerätes, auf dem Datum, Uhrzeit, Dauer des abgeschickten Faxes u. die Faxnummer des Empfängers stehen 传真邮件发文单

sen·den；*sendete / sandte*，*hat gesendet / gesandt*；Vt/i（及物/不及物）**1.**（***etw.***）***s.***（*sendete*，Ⓒⓗ［瑞］*sandte*）e-e Sendung im Fernsehen od. Radio bringen 播放，播送，播出 ≈ ausstrahlen：*Wegen e-r Programmänderung senden wir den vorgesehenen Spielfilm erst um 21 Uhr* 由于节目安排改动，原定的故事片我们在21点才播出；*Wir senden rund um die Uhr / in Mono / in Stereo* 我们全天24小时/以单声道/以立体声播出节目 ‖ K-（复合）：***Sende-***，***-anlage***，***-mast***，***-saal***，***-station***，***-termin***，***-turm***；Vt（及物）**2.**（***j-m***）***etw. s.***（*sandte*）邮寄，寄发 ≈ schicken：*j-m ein Paket s.* 给某人寄一个包裹 **3.** ***j-n / etw. irgendwohin s.***（*sandte*）*geschr*［书］≈ schicken, entsenden：*Helfer in das Erdbebengebiet s.* 向地震地区派出救援人员

Sen·der *der*；*-s*，*-* **1.** e-e Station, die Fernseh- u./od. Radiosendungen macht u. sendet (1) 发射台，电视台，广播电台〈ein öffentlicher, privater S. 公共的、私人的电视台（广播电台）；e-n S. gut, schlecht empfangen, hereinbekommen 接收电视台效果良好、差〉‖ -K（复合）：***Fernseh-***，***Geheim-***，***Radio-***，***Regional-***，***Rundfunk-*** **2.** ein Gerät, das elektromagnetische Wellen erzeugt u. sendet 电磁波发射机 ↔ Empfänger

Sen·de·rei·he *die*；e-e Reihe (4) von Sendungen (1) zu e-m bestimmten Thema 系列节目

Sen·de·schluss *der*；der Zeitpunkt, ab dem (*bes* im Fernsehen) keine Sendung (1) mehr kommt 播送结束

Sen·de·zeit *die*；die Zeit, die für e-e bestimmte Sendung (1) (od. für e-n bestimmten Sender) vorgesehen ist 播出时间：*e-e Sportübertragung zur besten S.* 在黄金播出时间的体育实况转播

Sen·dung *die*；*-*，*-en* **1.** ***e-e S.***（***über etw.***（*Akk* 四格））ein bestimmter, abgeschlossener Teil des Programms im Fernsehen u. Radio（有关…的）播出节目〈（sich（*Dat* 三格））e-e S. anhören, ansehen 收听、收看一个节目；e-e S. hören, sehen 收听、收看一个节目；e-e S. machen, ausstrahlen, ankündigen 播放、播送、预告一个节目〉：*e-e S. über das aktuelle Tagesgeschehen* 有关当天最新时事的节目 ‖ -K（复合）：***Abend-***，***Fernseh-***，***Live-***，***Nachrichten-***，***Radio-***，***Rundfunk-***，***Sport-***，***Unterhaltungs-*** **2.** der Vorgang, durch den etw. irgendwohin geschickt wird 发送，运送，寄送：*Die S. der bestellten Ware wird sich verzögern* 订购的商品将推迟发货 **3.** ***e-e S.***（+ *Subst* 名词）etw., das j-m (*bes* mit der Post) geschickt wird 邮件，寄发的物品〈e-e S. in Empfang nehmen, erhalten 收到一件邮寄品；den Empfang e-r S. bestätigen 证实邮件已收到〉：*e-e S. Ersatzteile* 一批邮寄备件 ‖ -K（复合）：***Brief-***，***Geld-***；

S

Post-; **Auslands-** 4. *geschr veraltend*［书］［渐旧］; e-e wichtige Aufgabe 使命 ≈ Mission (1) ‖ K-（复合）: **Sendungs-**, **-bewusstsein**

Senf *der*; -(e)s, -e; *mst Sg*（多用单数）1. e-e gelbbraune, *mst* scharfe (2) Paste, die man in kleinen Mengen *bes* zu Würstchen u. Fleisch isst 芥末〈milder, scharfer, mittelscharfer, süßer S. 淡味型、浓烈型、普通型、甜味型芥末; ein Glas, e-e Tube S. 一瓶、一管芥末〉: *Frankfurter Würstchen mit S.* 法兰克福小香肠加芥末 ‖ K-（复合）: **Senf-**, **-glas**, **-soße**, **-tube** 2. e-e gelbe Pflanze, die scharf schmeckende Samen produziert, aus denen man S. (1) macht 芥菜 ‖ K-（复合）: **Senf-**, **-korn**, **-pflanze** ‖ ID［谚］*mst* 多用 **seinen S. dazugeben (müssen)** *gespr pej*［口］［贬］; zu e-m Thema etw. sagen, obwohl das niemand wünscht（硬要）乱发表见解 ‖ *zu*（义项）1. **senf·far·ben** *Adj*（形）; **senf·far·big** *Adj*（形）

Senf·gur·ke *die*; e-e Gurke, die in e-r Flüssigkeit mit Senfkörnern u. anderen Gewürzen konserviert ist(用芥菜籽腌制的)酸黄瓜

sen·gend *Adj*（形）; *mst attr*（多作定语）; sehr heiß, intensiv 烤人的，灼热的〈Hitze, Sonne 炎热，太阳〉‖ ▶ **versengen**

se·nil *Adj*（形）; *pej*［贬］; (aufgrund hohen Alters) mit geistigen Schwächen 年迈的，衰老的，年老昏聩的〈ein Greis 年迈老人〉‖ *hierzu*（派生）**Se·ni·li·tät** *die*; -; *nur Sg*（只用单数）

se·ni·or [ˈzeːnioːɐ] *Adj*（形）; *indeklinabel*, *nicht adv*（词形不变，不作状语）; *Personenname*（人名）+ **s.** verwendet, um den Vater zu bezeichnen, wenn Vater u. Sohn denselben Vornamen haben（父子同名时对父亲的称呼）老的; *Abk* 缩写 sen. ↔ junior: *Kann ich Herrn Robert Wagner s. sprechen?* 请老罗伯特·瓦格纳听电话，好吗?

Se·ni·or [ˈzeːnioːɐ] *der*; -s, *Se·ni·o·ren* 1. *mst Pl*（多用复数）; ein alter Mensch, *bes* ein Rentner 老年人，老者，退休老人: *e-e Tanzveranstaltung für die Senioren der Stadt* 本（城）市老年人舞会 ‖ K-（复合）: **Senioren-**, **-heim**, **-treffen** 2. *nur Sg*（只用单数）; der Besitzer e-r Firma *o. Ä.* (*bes* wenn sein Sohn auch in der Firma ist u. den gleichen Vornamen hat)（父子同名，在一企个业，对父亲的称号）长者，老者 ↔ Junior (1) ‖ K-（复合）: **Senior-**, **-chef** 3. der älteste Mitarbeiter e-r Abteilung *o. Ä.*（部门内）最年长者，老前辈: *Herr Brand ist unser S.* 勃兰特先生是我们的老前辈 4. SPORT【体】; ein Sportler, der (je nach Sportart) über 18 bzw. 20, 21 od. 23 Jahre alt ist 老运动员，元老运动员: *bei den Senioren starten* 从老龄段开始 ‖ K-（复合）: **Senioren-**, **-klasse**, **-meister**, **-meisterschaft** ‖ *zu*（义项）1. u. 4. **Se·ni·o·rin** *die*; -, *-nen*

Se·ni·o·ren·pass *der*; ein Ausweis, der alten Leuten erlaubt, zu günstigeren Preisen mit dem Zug *o. Ä.* zu fahren 老年证，老年优待证

Se·ni·o·ren·tel·ler *der*; (in e-m Gasthaus) e-e Portion Essen für alte Leute, die billiger u. kleiner ist als die normalen Portionen（餐馆的）老人份饭〈e-n/den S. bestellen 要一份老人饭菜〉

Sen·ke *die*; -, *-n*; e-e Fläche, die tiefer liegt als die Flächen der Umgebung 洼地，凹地，低地 ↔ Erhebung ‖ -K（复合）: **Boden-**, **Tal-** ‖ NB（注意）: ↑ **Grube**

sen·ken; *senkte*, *hat gesenkt*; [Vt]（及物）1. **etw. s.** bewirken, dass etw. nach unten kommt 使下落，低下，垂下，放下，沉下 ↔ heben〈den Kopf, die Schultern s. 低下头，垂下肩膀〉: *den Sarg ins Grab s.* 把棺木放入墓穴 2.〈die Augen, den Blick 眼睛，目光〉**s.** auf den Boden blicken 垂下 3. **etw. s.** bewirken, dass etw. kleiner od. geringer wird 降低，减少 ≈ verringern ↔ anheben, erhöhen〈die Preise, die Kosten s. 降低价格、费用〉4. **etw. s.** bewirken, dass etw. niedriger wird 使下降〈das Fieber s. 退烧〉; [Vr]（反身）5. **etw. senkt sich** etw. kommt nach unten（物作主语）下降，下垂，下沉，下陷 ≈ etw. sinkt ↔ etw. hebt sich, steigt: *Beim Ausatmen senkt sich der Brustkorb* 呼气时胸腔瘪下去; *Der Boden hat sich gesenkt* 地面下沉了（= liegt jetzt tiefer als zuvor）‖ *hierzu*（派生）**Sen·kung** *die*

Senk·fuß *der*; ein leichter Plattfuß 轻度平足，半平足〈Senkfüße haben 有轻度平足〉

senk·recht *Adj*（形）1. in e-m Winkel von 90°（zu e-r Ebene od. Fläche）成直角的 ≈ vertikal: *Die beiden Linien stehen s. aufeinander* 两条直线互成直角 ‖ ↑ *Abb.* *unter* 图见 **Eigenschaften** 2. in e-r geraden Linie nach oben gehend 垂直的 ≈ vertikal ↔ waagrecht: *Die Felswand ist extrem steil, fast s.* 悬崖陡峭，几乎垂直; *Wenn kein Wind weht, steigt der Rauch s. in die Höhe* 如果没有风的话，烟笔直上升 ‖ K-（复合）: **Senkrecht-**, **-start**

Senk·rech·te *die*; *-n*, *-n*; e-e senkrechte Linie od. Richtung 垂直线；垂直方向 ↔ Waagrechte

Senk·recht|star·ter *der*; *-s*, *-*; *gespr*［口］; e-e Person od. Sache, die von Anfang an großen Erfolg hat 平步青云者；一帆风顺的事 ‖ *hierzu*（派生）**Senk·recht|star·te·rin** *die*; -, *-nen*

Senn *der*; *-s*, *-e*; *südd* Ⓐ Ⓒⓗ［南德］［奥］［瑞］ein Mann, der hoch auf dem Berg (auf e-r Alm) *bes* die Kühe versorgt u. Milch, Butter u. Käse macht 高山牧民

Sen·ner *der*; *-s*, *-*; *südd* Ⓐ［南德］［奥］≈ Senn ‖ *hierzu*（派生）**Sen·ne·rin** *die*; -, *-nen*; **Sen·ne·rei** *die*; -, *-en*

Sen·sa·ti·on [-ˈtsi̯oːn] *die*; -, *-en*; ein ungewöhnliches Ereignis, das in der Öffentlichkeit große Aufregung verursacht 轰动事件，轰动新闻〈e-e literarische, technische S. 文坛上的、科技上的轰动〉: *Der erste Flug zum Mond war e-e echte S.* 首次飞往月球是一件真正的轰动事件; *Im Finale kam es zu e-r S.: Der Außenseiter schlug den Favoriten mit 6:1* 决赛爆出了轰动新闻：不被看好的球队（运动员）以6:1击败了冠军有力争夺者 ‖ K-（复合）: **Sensations-**, **-meldung**, **-nachricht**, **-sieg**; **sensa-**

tions-, ***-hungrig***, ***-lüstern***

sen·sa·ti·o·nell [-tsio-] *Adj* （形）；mit der Wirkung e-r Sensation 具有轰动效应的，轰动性的 ≈ aufsehenerregend, spektakulär 〈e-e Meldung, ein Ereignis, e-e Entdeckung 广播，事件，发现〉：*e-e s. aufgemachte Story* 一篇被渲染得轰动一时的报道

Sen·sa·ti·ons·gier *die*; *nur Sg*, *pej*（只用单数）[贬]；der starke Wunsch vieler Menschen, Sensationen zu erleben od. davon zu erfahren 追逐轰动新闻

Sen·sa·ti·ons·pres·se *die*; *nur Sg*, *Kollekt*, *pej*（只用单数）（集合）[贬]；die Zeitungen u. Zeitschriften, die über Ereignisse so berichten, als ob sie alle Sensationen wären 喜欢炒作轰动新闻的媒体

Sen·se *die*; -, *-n*; ein Gerät mit e-r scharfen, spitzen u. leicht gebogenen Schneide an e-m langen Stiel, mit dem man *bes* Gras mäht 钐镰，钐刀 〈die S. wetzen 磨钐镰〉 ‖ K-（复合）：***Sensen-***, ***-blatt***, ***-griff*** ‖ ID [谚] *mst* 多用 ***Jetzt ist*** (***bei mir***) ***S.!*** *gespr* [口]；jetzt ist Schluss, das reicht 该结束了！够了！

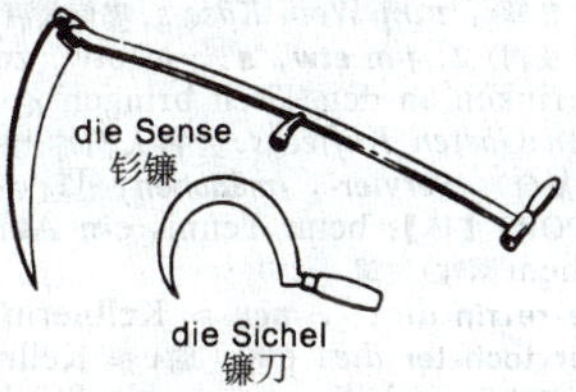

sen·si·bel; *sensibler*, *sensibelst-*; *Adj* （形）**1.** *oft pej* 多用[贬]；〈ein Mensch 人〉 so, dass er auf Einflüsse stark reagiert u. schnell verletzt (3) ist 小心眼的，敏感的 ≈ feinfühlig ↔ unsensibel: *Sei nicht so grob zu ihm, er ist sehr s.* 你对他别那么粗鲁，他心眼很小 **2.** MED【医】；fähig, Reize zu empfangen u. weiterzugeben 有感觉的 ≈ empfindlich 〈Nerven 神经〉 ‖ NB（注意）：*sensibel → ein sensibles Kind* ‖ *hierzu*（派生）**Sen·si·bi·li·tät** *die*; -; *nur Sg*（只用单数）

Sen·si·bel·chen *das*; *-s*, -; *gespr pej* [口][贬]；j-d, der sehr sensibel (1) ist 小心眼的人，很敏感的人

sen·si·bi·li·sie·ren; *sensibilisierte*, *hat sensibilisiert*; [Vt]（及物）***j-n*** (***für etw.***) ***s.*** bewirken, dass j-d bestimmte Probleme besser versteht u. mehr beachtet 使关注，使重视：*die Öffentlichkeit für die Probleme der Aidskranken s.* 使公众关注爱滋病人的问题 ‖ *hierzu* （派生）**Sen·si·bi·li·sie·rung** *die*

Sen·sor *der*; *-s*, *Sen·so·ren* **1.** e-e Art Schalter an elektrischen Geräten, den man nur leicht berühren muss 传感开关，感应开关 **2.** TECH【技】；ein Gerät, das geringe Änderungen von Wärme, Licht, Geräuschen *o. Ä.* feststellt u. misst od. das auf solche Änderungen reagiert (u. *z. B.* e-e Tür öffnet od. die Heizung reguliert) 传感器：*Die Garagentür wird durch Sensoren geöffnet* 车库门靠传感器打开

sen·so·risch *Adj* （形）；*nur attr od adv*, *geschr*（只作定语或状语）[书]；in Bezug auf die Sinnesorgane 感觉机能的：*sensorische Störungen* 感觉机能障碍

Sen·tenz *die*; -, *-en*; *geschr* [书]；ein kurzer Satz mit e-m *mst* klugen Inhalt, der allgemeingültig ist 格言，警句，箴言，至理名言

sen·ti·men·tal *Adj*（形）；*mst pej* 多用[贬]；〈e-e Geschichte, ein Lied, ein Gedicht 故事，歌，诗〉 so, dass sie in übertriebener Weise die Gefühle ansprechen 多愁善感的，伤感的 ≈ rührselig ↔ unsentimental, nüchtern ‖ *hierzu*（派生）**Sen·ti·men·ta·li·tät** *die*; -, *-en*

se·pa·rat *Adj* （形）；vom Rest od. von den anderen getrennt 单独的，分别的，分开的 ≈ gesondert 〈ein Eingang 入口；s. wohnen 分开住〉：*etw. auf e-m separaten Blatt ausrechnen* 在另一张纸上计算 ‖ K-（复合）：***Separat-***, ***-eingang***

Se·pa·ra·tis·mus *der*; -; *nur Sg*, *mst pej*（只用单数），多用[贬] **1.** der Wunsch, e-e eigene Gemeinschaft (*bes* in e-m eigenen Staat) zu bilden 分立主义，分离主义，分裂主义 **2.** die Maßnahmen, durch die versucht wird, *mst* e-n eigenen Staat zu bilden 分立主义活动 ‖ *hierzu*（派生）**Se·pa·ra·tist** *der*; *-en*, *-en*; **Se·pa·ra·tis·tin** *die*; -, *-nen*; **se·pa·ra·tis·tisch** *Adj* （形）

Sep·sis *die*; -, *Sep·sen*; MED【医】≈ Blutvergiftung

Sep·tem·ber *der*; *-s*, -; der neunte Monat des Jahres 九月；*Abk* 缩写 Sept. 〈im S. 在九月份；Anfang, Mitte, Ende S. 九月初、中、末；am 1., 2., 3. *usw* S. 在九月一日、二日、三日等〉

sep·tisch *Adj* （形）；MED【医】**1.** von e-r Blutvergiftung verursacht 败血症的，由败血症引起的 〈Fieber 发烧〉 **2.** voller Bakterien 细菌感染的，有细菌的 ↔ aseptisch, keimfrei 〈Verbandsmaterial, e-e Wunde 包扎用品（绷带），伤口〉

Se·quenz *die*; -, *-en*; *geschr* [书] **1.** ***e-e S.*** (+ *Gen* 二格 / ***von etw.*** (*Pl* 复)) ≈ Folge, Kette: *e-e S. von Tönen* 一连串的声音 **2.** e-e mehr od. weniger abgeschlossene Einheit in e-m Film（电影）连续镜头 ‖ -K（复合）：***Film-***

Se·re·na·de *die*; -, *-n*; ein *mst* heiteres Stück Musik in mehreren Teilen, das von e-m kleinen Orchester gespielt wird 小夜曲

Se·rie [-iə] *die*; -, *-n* **1.** ***e-e S.*** (+ *Gen* 二格/ ***von etw.*** (*Pl* 复)) e-e Folge von Ereignissen ähnlicher Art, die nacheinander geschehen 一连串，一系列 ≈ Reihe (2): *e-e S. von Unfällen* 一连串的事故 ‖ -K（复合）：***Erfolgs-***, ***Gewinn-***, ***Sieges-***, ***Unfall-***, ***Unglücks-***, ***Versuchs-*** **2.** ***e-e S.*** (+ *Gen* 二格/ ***von etw.*** (*Pl* 复)) e-e Anzahl von gleichen Dingen aus derselben Produktion 系列，成套 ≈ Satz[1] (6), Reihe (2) 〈e-e S. läuft aus 某个系列不生产了；e-e S. Briefmarken, Fotos 一组系列邮票，一组照片〉 ‖ -K（复合）：***Briefmarken-***, ***Foto-*** **3.** ein

Text od. e-e Radio- od. Fernsehsendung, die in Teilen zu bestimmten Zeiten erscheinen 连载；连续剧；系列广播；系列作品：*e-e fünfteilige S.* 五集电视连续剧 ‖ -K（复合）：**Familien-, Krimi- 4. etw. in S. herstellen, fertigen** *usw* von etw. e-e große Zahl gleicher Exemplare industriell produzieren 批量生产某物 ‖ K-（复合）：**Serien-, -bau, -fertigung, -herstellung, -produktion 5. etw. geht in S.** etw. wird in e-r großen Zahl gleicher Exemplare industriell hergestellt（物作主语）批量生产

se·ri·en·mä·ßig *Adj*（形）**1.** in Serie（4）（produziert）批量的，成批的〈etw. s. herstellen 批量生产某物〉**2.** zu e-r Serie（2）gehörig 属系列产品的，配套的：*Bei diesem Automodell ist die Klimaanlage s.* 这种汽车型号的空调属配套产品

se·ri·en·wei·se *Adj*（形）；*mst adv*（多作状语）**1.** in e-r ganzen Serie（2）（nicht in einzelnen Exemplaren）按系列的，成套的，配套的〈etw. s. herstellen, produzieren, verkaufen 成套制造、生产、出售某物〉**2.** *gespr*［口］；in großer Menge 批量的，成批的 ≈ massenweise, massenhaft

se·ri·ös；*seriöser, seriösest-*；*Adj*（形）；〈ein Herr, e-e Firma, ein Unternehmen, ein Geschäft 先生、公司、企业、商店〉so, dass man ihnen glauben u. vertrauen kann 信得过的，可信的 ≈ vertrauenswürdig ↔ unseriös：*Er macht nicht gerade e-n seriösen Eindruck* 他给人一个不那么可信的印象 ‖ *hierzu*（派生）**Se·ri·o·si·tät** *die*；-；*nur Sg*（只用单数）

Ser·mon *der*；*-s, -e*；*gespr pej*［口］［贬］**1.** e-e langweilige, sinnlose（u. dumme）Rede 空洞的说教，无聊的谈话 **2.** ≈ Strafpredigt

Ser·pen·ti·ne *die*；-, *-n* **1.** e-e steile Straße od. ein steiler Weg mit vielen engen Kurven 盘山道 **2.** e-e enge Kurve in e-r S.（1）山道急弯 ≈ Haarnadelkurve ‖ K-（复合）：**Serpentinen-, -straße**

Serpentine

Se·rum *das*；*-s, Se·ren/Se·ra* **1.** e-e Flüssigkeit（oft aus dem Blut von Tieren gewonnen），die man Menschen ins Blut spritzt, um sie gegen bestimmte Krankheiten u. Vergiftungen zu schützen（免疫）血清：*nach e-m Schlangenbiss sofort ein S. spritzen* 蛇咬之后立即注射（免疫）血清 ‖ -K（复合）：**Diphtherie-；Schlangen-；Test- 2.** der flüssige Teil des Blutes 血清 ‖ -K（复合）：**Blut-**

Ser·ver [ˈzøːɐvɐ] *der*；*-s*；-；INFORM【信息】；der zentrale Computer, mit dem mehrere Computer verbunden sind u. in dem alle（Anwendungs）Programme gespeichert sind 服务器，伺服机 ‖ -K（复合）：**Datenbank-, Netzwerk-；E-Mail-Server**

Ser·vice¹ [zɛrˈviːs] *das*；*-/-s*，-［zɛrˈviːsə］；*Kollekt*（集合）；ein Satz von Tellern, Tassen, Schüsseln *usw* derselben Art 整套瓷器，整套餐具、茶具：*ein 24 teiliges S. aus Porzellan* 一套 24 头的瓷器 ‖ -K（复合）：**Porzellan-, Silber-；Kaffee-, Speise-, Tee-** ‖ NB（注意）：↑ **Geschirr¹**

Ser·vice² [ˈzøːɐvɪs] *der*；*-/-s*；*nur Sg*（只用单数）**1.** *Kollekt*（集合）；alle Leistungen, die ein Betrieb seinen Kunden bietet（销售及售后）服务 ≈ Kundendienst：*Die Firma hat e-n guten, schlechten S.* 这家公司的服务质量好、差 ‖ -K（复合）：**Reparatur- 2.** die Art u. Weise, wie Gäste in e-m Restaurant, Hotel *o. Ä.* bedient werden（餐馆、宾馆）服务 ≈ Bedienung：*Das Essen in diesem Lokal ist gut, aber der S. ist e-e Katastrophe* 这家餐馆的饭菜不差，但是服务糟透了 **3.** SPORT【体】；der Aufschlag im Tennis（网球）发球 **4.** Ⓒⓗ［瑞］≈ Trinkgeld

ser·vie·ren [-v-]；*servierte, hat serviert*；[Vt/i]（及物/不及物）**1.**（**etw.**）**s.** Speisen u. Getränke zum Tisch tragen u. anbieten 上，端上（饭菜、饮料）≈ auftragen〈das Essen, die Suppe, die Getränke, das Menü s. 上饭菜、汤、饮料、套餐〉：*zum Wein Käse s.* 喝葡萄酒上奶酪；[Vt]（及物）**2. j-m etw. s.** j-m etw. zu essen od. trinken an den Tisch bringen 给…端上：*seinen Gästen Kaffee s.* 为客人们端上咖啡 ‖ K-（复合）：**Servier-, -mädchen**；[Vi]（不及物）**3.** SPORT【体】；beim Tennis e-n Aufschlag machen（网球）发球

Ser·vie·re·rin *die*；-, *-nen* ≈ Kellnerin

Ser·vier·toch·ter *die*；Ⓒⓗ［瑞］≈ Kellnerin

Ser·vi·et·te [-vi̯-] *die*；-, *-n*；ein Stück Tuch od. Papier, mit dem man sich beim Essen den Mund u. die Hände sauber macht 餐巾，餐巾纸〈sich（*Dat* 三格）den Mund, die Hände mit e-r S. abwischen 用餐巾擦嘴、手；sich e-e S. umbinden 围上餐巾〉‖ K-（复合）：**Servietten-, -ring** ‖ -K（复合）：**Leinen-, Papier-, Stoff-**

ser·vil [-v-] *Adj*（形）；*gespr pej*［口］［贬］；bereit, jedem, der e-n höheren Rang hat, zu schmeicheln u. ihn zu bedienen 卑躬屈膝的，溜须拍马的，奴性十足的 ≈ unterwürfig, kriecherisch ‖ *hierzu*（派生）**Ser·vi·li·tät** *die*；-；*nur Sg*（只用单数）

Ser·vo·len·kung [-v-] *die*；ein System（in Autos），das die Lenkung verstärkt, sodass der Fahrer wenig Kraft zum Lenken u. Rangieren braucht 伺服操纵，自动转向

Ser·vus! [-v-] *Interjektion*（叹）；*südd* Ⓐ *gespr*［南德］［奥］［口］；verwendet zur Begrüßung od. zur Verabschiedung *bes* unter Freunden od. Kollegen（朋友、同事之间的问候或告别用语）你好！大家好！回见！：*S.! Wie gehts dir?* 你好！你身体好吗？；*Bis morgen Renate, S.!* 明天见，蕾娜特，回见！

Se·sam *der*；*-s, -s*；die kleinen, weißen, glatten Samen e-r tropischen Pflanze 芝麻 ‖ K-（复合）：**Sesam-, -brot, -brötchen, -öl, -semmel**

Ses·sel *der*；*-s*，- **1.** ein Möbelstück zum Sitzen für eine Person, das weich gepolstert ist u. *mst* Lehnen für die Arme u. e-e breite Lehne für den Rücken hat(单人)沙发,沙发椅 ‹sich in e-n S. setzen 坐到沙发椅上; sich aus dem/vom S. erheben 从沙发椅上站起来; in e-n S. sinken 倒进沙发椅› ‖ K-(复合): **Sessel-**, **-lehne** ‖ -K (复合): **Büro-**, **Garten-**; **Korb-**, **Leder-**, **Plüsch-**, **Polster-**; **Rohr-** **2.** Ⓐ[奥] ≈ Stuhl **3.** ⒸⒽ[瑞] ≈ Sitz (2)

Ses·sel·bahn *die* ≈ Sessellift

Ses·sel·lift *der*; e-e Vorrichtung, mit der Leute (auf Sitzen) e-n Berg hinauf- od. hinunterfahren können 吊椅缆车 ‹mit dem S. fahren 乘坐吊椅缆车›

sess·haft *Adj* (形); drückt aus, dass der Betreffende nicht dazu neigt, von seinem Heimatort wegzuziehen 定居的 ‹ein Volk 民族; ein sesshaftes Leben führen 过着定居的生活; s. werden 变成定居,要定居下来; j-n/sich s. machen 使某人定居下来/定居下来› ‖ *hierzu* (派生) **Sess·haf·tig·keit** *die*; *nur Sg* (只用单数)

Set *das*; *-s*, *-s* **1.** *Kollekt* (集合); ***ein S.*** + *Subst* (名词)/ ***von*** ‹Dingen 物品› e-e Gruppe (Serie) von Dingen, die zusammengehören, *bes* gleiche Dinge unterschiedlicher Größe, Farbe *o. Ä.* (一)套,(一)组 ≈ Satz[1] (6): *ein S. von verschiedenen Nähnadeln* 一套各种各样的缝衣针; *ein S. Kugelschreiber* 一套圆珠笔 **2.** ein Stück Stoff, Plastik *o. Ä.*, das man auf den Tisch unter den Teller legt(就餐时放盘、碟的)桌垫

Set·ter *der*; *-s*, *-*; ein großer, schlanker Hund mit langen Beinen u. rotbraunen langen Haaren 谍犬,蹲伏猎狗

Set-up, **Set·up** [ˈset | ap] *das*; *-(s)*, *-s*; INFORM【信息】; ein Programm, das dazu dient, ein Betriebssystem an die Hardware e-s Computers anzupassen 建立,安装,准备,设置

set·zen; *setzte*, *hat/ist gesetzt*; [Vr] (反身) (*hat*) **1.** ***sich*** (***irgendwohin***) ***s.*** seine (Körper)Haltung so ändern, dass man nicht mehr steht, sondern sitzt 坐下 ↔ aufstehen, sich erheben ‹sich aufs Pferd, aufs Rad, auf e-n Stuhl, aufs Sofa, an den Tisch, ins Gras s. 骑上马背、自行车,坐到椅子上、沙发上、桌子旁、草丛中›: *Setzen Sie sich doch, ich komme gleich* 您坐,我马上就来; *Er setzte sich zu mir/neben mich unter den Baum, in den Schatten* 他坐到我身边/挨着我坐到树下、树阴下 ‖ NB (注意): Kommt j-d vom Liegen zum Sitzen, sagt man *sich aufsetzen* (要是有人躺着坐起来,则用 *sich aufsetzen*) **2.** ***etw. setzt sich*** ein fester Stoff sinkt in e-r Flüssigkeit zu Boden (物作主语)沉淀: *Das Wasser ist trüb, weil du Sand aufgewirbelt hast. Wenn er sich setzt, wird es wieder klar* 因为你把沙子搅翻起来了,所以水是混的。如果沙子沉淀了,水又会变清; [Vt] (及物) (*hat*) **3.** ***j-n irgendwohin s.*** j-n irgendwohin bringen, damit er dort sitzt 把…(人)放置在,安排在,使坐在: *ein Baby aufs Töpfchen, auf seinen Schoss s.* 把婴儿放在便盆上坐好,把婴儿抱在怀里坐着; *e-n Gast an den besten Platz s.* 把客人安排在最好的坐位上 **4.** ***etw. irgendwohin s.*** etw. so an e-e Stelle bewegen, dass es sie berührt 把…(物)放到… ‹e-e Flöte, ein Glas, e-e Trompete an den Mund, an die Lippen s. 把笛子、玻璃杯、小号放到嘴边、唇边; e-n Hut, e-e Mütze auf den Kopf s. 把礼帽、帽子戴到头上› **5.** *mst* 多用 ‹ein Tier 动物› ***irgendwohin s.*** ein Tier irgendwohin bringen, damit es dortbleibt od. etw. tut 把…(动物)放到,放进: *Fische in e-n Teich, Vögel in e-n Käfig s.* 把鱼放进池塘,把鸟放进笼子 **6.** *mst* 多用 ***einen Fuß/ Schritt vor den anderen s.*** gehen od. laufen 一步一步地走 **7.** ***etw.*** (***irgendwohin***) ***s.*** etw. irgendwohin schreiben 写上,记入,打上,列入,登上 ‹ein Fragezeichen, ein Komma, e-n Punkt s. 打上一个问号、逗号、句号; j-n (= j-s Namen)/etw. auf e-e Liste s. 把某人/某物列入名单/清单; etw. auf die Rechnung/Tagesordnung, in die Zeitung s. 把…记入账单、列入议事日程、登在报上; seinen Namen, seine Unterschrift unter e-n Brief, auf ein Dokument s. 在一封信、一份文件下面署名、签字› **8.** verwendet in bestimmten festen Redewendungen(用于固定搭配); ***j-d/etw. setzt sich in Bewegung*** ≈ j-d/etw. fängt an, sich zu bewegen ‹ein Zug, e-e Prozession 火车,队伍›; ***etw. in, außer Betrieb s.*** ≈ etw. einschalten, ausschalten; ***j-n auf Diät s.*** ≈ j-m e-e Diät verordnen; ***etw. außer Funktion s.*** ≈ bewirken, dass etw. nicht mehr funktioniert; ***etw. in Gang s.*** ≈ bewirken, dass etw. anfängt; ***etw. unter Strom s.*** ≈ Strom durch etw. fließen lassen; ***etw. setzt etw. unter Wasser*** ≈ etw. überflutet etw.; ‹e-e Frau 妇人› ***setzt ein Kind in die Welt*** ≈ e-e Frau gebärt ein Kind, bringt ein Kind zur Welt **9.** ***etw. s.*** bei e-r Tätigkeit etw. als wichtig od. sinnvoll festlegen 确定 ‹Akzente, Prioritäten s. 确定重点、优先地位› **10.** (***j-m***) ***etw. s.*** bestimmen, dass j-d e-e Frist *o. Ä.* einhalten muss 规定 ‹j-m e-e Frist s. 给某人规定一个期限› **11.** ***sich*** (*Dat* 三格) ***etw. s.*** etw. als wünschenswert od. erstrebenswert ansehen 为自己确立、制定、树立… ‹sich (*Dat*) ein Ziel s. 给自己确立一个目标; sich (*Dat* 三格) etw. zum Ziel s. 把某事确定为自己的目标› **12.** ***etw.*** (*Dat* 三格) ***etw. s.*** etw. irgendwie beschränken od. einschränken 对…加以(限制) ‹etw. (*Dat* 三格) ein Ende, Grenzen, Schranken s. 结束、限制、控制某事›: *Diesen peinlichen Pannen muss ein Ende gesetzt werden!* (= es dürfen keine solchen Pannen mehr passieren) 这种倒霉的汽车故障该整治一下了! **13.** ***j-n über etw.*** (*Akk* 四格) ***s.*** j-n in e-m Boot od. Schiff über e-n Fluss, See *o. Ä.* bringen 把…渡过(江河湖海) **14.** ***j-n irgendwohin s.*** *gespr* [口]; j-n zwingen, ein Haus, e-e Wohnung *o. Ä.* zu verlassen 把…赶出(家)去 ‹j-n an die (frische) Luft, auf die Straße, vor die Tür s. 把某人赶出去,赶到马路上去(解雇,开除),赶出家门› **15.** ***etw. an etw.*** (*Akk* 四格) ***s.*** Zeit u. Arbeit

S

dafür verwenden, um etw. zu erreichen 在…方面花费、投人〈viel Arbeit/Geld/Mühe/Zeit an etw. s. 在…方面投人许多劳力/资金/精力/时间〉: *Er setzte viel Energie daran, die Wohnung zu renovieren* 他修缮住房花了许多精力 **16. die Segel s.** NAUT【航海】; die Segel hochziehen 张帆,升帆↔die Segel einholen **17. etw. s.** e-e Textvorlage mit e-r besonderen Maschine (e-m Satzrechner) so erfassen, dass sie dann gedruckt werden kann 将…排字〈ein Manuskript s. 排一篇手稿〉; Vt/i (及物/不及物) (*hat*) **18.** (**etw.**) (**auf j-n/etw.**) **s.** um Geld wetten, dass *z.B.* ein bestimmtes Pferd bei e-m Rennen od. e-e bestimmte Zahl bei e-m Roulettespiel gewinnt 下注,押宝: *zwanzig Euro im ersten Rennen auf Nummer drei s.* 第一轮在三号(马)上下注 20 欧元; *Ich setze auf die Nummer 36* 我押 36 号 **19.** (**etw.**) **auf j-n/etw. s.** ≈ auf j-n/etw. vertrauen〈seine Hoffnung, sein Vertrauen auf j-n/etw. s. 把自己的希望、信任寄托于某人/某事〉: *Ich setze auf ihre Diskretion* 我寄希望于她的慎重; Vi (不及物) **20. über etw.** (*Akk* 四格) **s.** (*ist*) ein Hindernis mit e-m großen Sprung überqueren 越过,跳过〈über e-n Graben, e-e Mauer, e-n Zaun s. 越过一条沟、一堵墙、一堵篱笆〉 **21. über etw.** (*Akk* 四格) **s.** (*hat/ist*) über e-n Fluss *o.Ä.* mit dem Boot, Schiff fahren 渡过: *über den Ärmelkanal s.* 渡过英吉利海峡; Vimp (无人称) (*hat*) **22. es setzt etw.** *gespr* [口]; verwendet, um e-m Kind mit Schlägen zu drohen (吓唬孩子)要挨打…〈es setzt Hiebe, Ohrfeigen 要挨打、吃耳光〉: *Wenn du nicht brav bist, setzt es was!* 如果你不乖的话,就要挨揍! ‖ ID [谚] *mst* 多用 ***keinen Fuß mehr vor die Tür s.*** nicht mehr nach draußen gehen 不再跨出大门一步,不再出门: *Bei diesem scheußlichen Wetter setze ich heute keinen Fuß mehr vor die Tür!* 遇上这种讨厌的天气,我今天再也不跨出大门一步!; ***sich an die Spitze s.*** in e-m Wettlauf *o.Ä.* die Führung übernehmen(赛跑中)领先; ↑ ***Denkmal***

Set·zer *der*; *-s*, *-*; j-d, dessen Beruf es ist, Manuskripte (für den Druck) zu setzen (17) 排字工 ‖ *hierzu* (派生) **Set·ze·rin** *die*; *-*, *-nen*

Seu·che *die*; *-*, *-n* **1.** e-e (ansteckende) Krankheit, die sehr viele Menschen in kurzer Zeit bekommen 瘟疫,流行病,传染病 ≈ Epidemie〈e-e S. bricht aus 爆发一场瘟疫; e-e S. bekämpfen 与瘟疫作斗争; etw. breitet sich wie e-e S. aus 某事像瘟疫一样四处蔓延〉: *Eine der gefürchtetsten Seuchen des Mittelalters war die Pest* 鼠疫是中世纪最可怕的瘟疫之一 ‖ K- (复合): ***Seuchen-***, ***-bekämpfung***, ***-gebiet***, ***-schutz*** ‖ -K (复合): ***Tier-***, ***Vieh-*** **2.** *gespr pej* [口][贬]; etw., das (im Moment) sehr häufig vorkommt u. das man als unangenehm empfindet 泛滥成灾: *Diese Werbeprospekte sind doch e-e echte S.* 这些推销广告真是泛滥成灾了!

Seu·chen·herd *der*; das Gebiet, von dem aus sich e-e Seuche verbreitet 疫灶,疫源地

seuf·zen; *seufzte*, *hat geseufzt*; Vi (不及物) so ausatmen, dass ein Geräusch entsteht (*mst* weil man leidet od. weil man erleichtert ist) 叹息,叹气

Seuf·zer *der*; *-s*, *-*; der Vorgang od. das Geräusch des Seufzens 叹息,叹气〈ein tiefer, schwerer S. 一声深深的、重重的叹息; ein S. der Erleichterung 舒松的叹气声; e-n S. tun, ausstoßen 叹了一口气,发出一声叹息〉

Sex *der*; *-(es)*; *nur Sg* (只用单数); der Geschlechtsverkehr u. die Handlungen, die damit verbunden sind 性,性关系〈(mit j-m) S. haben(与某人)有性关系〉‖ K- (复合): ***Sex-***, ***-film***, ***-idol***, ***-shop***

Sex·bom·be *die*; *gespr* [口]; e-e sexuell attraktive Frau mit sehr weiblicher Figur(丰满的)性感女人

Se·xis·mus *der*; *-*; *nur Sg* (只用单数); die Einstellung u. Auffassung, dass das männliche Geschlecht größere Fähigkeiten als das weibliche hat (u. die damit begründete Benachteiligung von Frauen u. Mädchen) 性别歧视,重男轻女,男尊女卑,歧视妇女 ‖ *hierzu* (派生) **Se·xist** *der*; *-en*, *-en*; **se·xis·tisch** *Adj* (形)

Sex·tou·ris·mus *der*; *gespr* [口]; das Reisen in bestimmte Länder, weil man erwartet, dort sexuelle Kontakte zu haben (以)性(为目的的)旅游

Se·xu·al- *im Subst*, *begrenzt produktiv* (构成名词,构词有限); in Bezug auf den Geschlechtsverkehr u. die damit verbundenen Handlungen, Probleme u. (Moral) Vorstellungen 性的…,与性有关的…; die ***Sexualaufklärung***, die ***Sexualerziehung***, die ***Sexualethik***, der ***Sexualforscher***, die ***Sexualmoral***, der ***Sexualpartner***, das ***Sexualverhalten***, die ***Sexualwissenschaft***

Se·xu·al·de·likt *das* ≈ Sexualverbrechen

Se·xu·a·li·tät *die*; *-*; *nur Sg*, *Kollekt* (只用单数)(集合); alle Gefühle, Handlungen, Bedürfnisse, Fähigkeiten *usw*, die mit dem Geschlechtsverkehr verbunden sind 性感,性行为,性欲,性功能等

Se·xu·al·kun·de *die*; *nur Sg* (只用单数); ein (Unterrichts)Fach in der Schule, in dem die Kinder lernen, wie sich Menschen fortpflanzen 性教育课 ‖ K- (复合): ***Sexualkunde-***, ***-unterricht***

Se·xu·al·le·ben *das*; *nur Sg*, *Kollekt* (只用单数)(集合); alle Handlungen e-s Menschen im Zusammenhang mit dem Geschlechtsverkehr 性生活

Se·xu·al·ob·jekt *das*; e-e Person (*bes* e-e Frau), von der j-d glaubt, er könne seine sexuellen Wünsche an ihr befriedigen 满足性欲的对象〈j-n zum S. degradieren 把某人当作满足性欲的对象; j-n nur als S. sehen 把某人只是看作满足性欲的对象〉

Se·xu·al·ver·bre·chen *das*; ein Verbrechen,

bei dem j-d e-n anderen Menschen zu sexuellen Handlungen zwingt 性犯罪 ‖ *hierzu* (派生) **Se·xu·al·ver·bre·cher** *der*; **Se·xu·al·ver·bre·che·rin** *die*

se·xu·ell *Adj* (形); *nur attr od adv* (只作定语或状语); in Bezug auf den Geschlechtsverkehr u. die damit verbundenen Bedürfnisse u. Handlungen 性欲的,性方面的 ⟨das Verhalten, Aktivitäten, Kontakte, Tabus 行为,活动,接触,禁忌; j-n s. missbrauchen 对某人进行性虐待; s. erregt sein 性欲亢奋⟩

se·xy *Adj* (形); *mst präd, indeklinabel, gespr* (多作表语,词形不变) [口]; attraktiv u. sexuell aufregend 性感的

se·zie·ren; *sezierte, hat seziert*; [*Vt/i*] (及物/不及物) (**j-n/etw.**) **s.** den Körper e-s toten Menschen od. e-s toten Tieres öffnen, *mst* um zu sehen, woran sie gestorben sind 解剖(尸体) ⟨Leichen s. 解剖尸体⟩ ‖ K- (复合): ***Sezier-, -kurs, -messer***

sFr *Abk für* 缩写,全称为 Schweizer Franken 瑞士法郎

Sham·poo [ˈʃampu] *das*; *-s*; *-s*; ein *mst* flüssiges Mittel, mit dem man sich die Haare wäscht 香波,洗发液,洗发剂: *ein S. gegen fettige Haare, gegen Schuppen* 去油性(头发)、去头皮屑的洗发液 ‖ -K (复合): ***Schuppen-; Trocken-***

Sham·poon [ˈʃampoːn] *das*; *-s*, *-s*; ↑ ***Shampoo***

Sher·ry [ˈʃɛri] *der*; *-s*, *-s*; ein schwerer Wein aus Südspanien 雪利酒(西班牙南部产的一种葡萄酒)

Shit [ʃɪt] *der, das*; *-s*; *nur Sg*, *gespr!* (只用单数)[粗] ≈ Haschisch ⟨S. rauchen 吸大麻⟩

Shop [ʃɔp] *der*; *-s*, *-s* ≈ Geschäft, Laden

Shorts [ʃoːɐ̯ts] *die*; *Pl* (复); e-e kurze Hose 西装短裤 ⟨S. anziehen, tragen, anhaben 穿上、穿、穿着西装短裤⟩

Show [ʃoː, ʃoʊ] *die*; *-*, *-s* ≈ Schau (2) ‖ ID [谚] ***e-e (große) / seine S. abziehen*** ↑ ***Schau***; ***(einen) auf S. machen*** ↑ ***Schau***; ***j-m die S. stehlen*** *gespr* [口]; ↑ ***Schau***

Show·busi·ness [ˈʃoːbɪznɪs] *das*; *-*; *nur Sg*, *Kollekt* (只用单数)(集合); alle Betriebe, Arbeiten, Aktivitäten, Menschen *usw*, die mit der Produktion von Unterhaltungssendungen u. -veranstaltungen *o.Ä.* zu tun haben 娱乐演艺界 ⟨im S. sein, arbeiten 在娱乐演艺界工作⟩

Show·ge·schäft *das*; *nur Sg* (只用单数) ≈ Showbusiness

Show·mas·ter [ˈʃoːmaːstɐ] *der*; *-s*, *-*; j-d, der (beruflich) Shows arrangiert u. präsentiert 娱乐演艺经纪人 ‖ *hierzu* (派生) **Show·mas·te·rin** [ˈʃoːmaːstərɪn] *die*; *-*, *-nen*

Shut·tle·ver·kehr [ˈʃatl-] *der*; ein Verkehr mit Flugzeugen od Autobussen zwischen zwei Punkten (飞机或公共汽车)穿梭往返运行: *Es gibt e-n S. zwischen dem Flughafen u. dem Hotel* 机场和旅馆之间有往返公共汽车

sich[1] *Reflexivpronomen der 3. Person Sg u. Pl* (*er, sie*[1], *es*; *sie*[2]), *Akkusativ u. Dativ* (第三人称单数和复数 *er, sie, es*; *sie* 的反身代词,四格和三格) **1.** verwendet als Akkusativpronomen zu reflexiven Verben (作为反身动词的四格代词): *Er freut s. schon auf die Ferien* 他为(即将到来的)假期感到高兴; *Sie ärgerte s. über seine Lügen* 她为他的谎言而生气; *Das Hotel befindet s. außerhalb der Stadt* 这家宾馆地处城外 **2.** verwendet als Dativpronomen zu Verben, die ein direktes Objekt (im Akkusativ) haben. Das Dativpronomen *sich* bezieht sich auf das Subjekt des Satzes(作支配四格直接宾语的动词的三格代词,该三格代词指代句中的主语): *Sie kaufte s. am Kiosk e-e Zeitung* 她(替自己)在售货亭买了一份报纸; *Er hat s. in den Finger geschnitten* 他把(自己)手指划破了; *Meine amerikanischen Freunde haben s. Bonn viel größer vorgestellt* 我的美国朋友们把波恩想象得大得多 ‖ NB (注意): *zu* (义项) **1.** u. **2.**: ↑ *Tabelle unter* 图表见 ***Reflexivpronomen*** **3.** *gespr* [口]; verwendet in e-r unpersönlichen Konstruktion mit *es* anstatt e-r Konstruktion mit *man*(用于无人称的 *es* 句子结构中,代替 *man* 句子结构): *In diesem Viertel wohnt es s. recht gut* 住在这个住宅区相当舒服 (= In diesem Viertel wohnt man ziemlich gut) **4.** ***etw. an 's.*** verwendet, um auszudrücken, dass man etw. ohne seine Begleitumstände u. Folgen betrachtet(事物)本身: *Die Idee an s. ist nicht schlecht, nur lässt sie sich kaum realisieren* 这主意本身不错,只是难以实现 **5.** ***von 's. aus*** ohne dass man j-n auffordert, etw. zu tun 主动: *Er hat von sich aus das Geschirr gespült* 他主动把碗洗了

sich[2] *reziprokes Pronomen der 3. Person Pl* (*sie*[2]), *Akkusativ u. Dativ* (第三人称复数 *sie*[2] 的相互代词,四格和三格); verwendet, um auszudrücken, dass jede der genannten Personen die gleiche Verbhandlung auf die andere(n) Person(en) richtet 互相 ≈ einander: *Gabi u. Klaus erzählten s. Witze* 夏比和克劳斯互相讲笑话 (= Gabi erzählte Klaus Witze, u. Klaus erzählte Gabi Witze); *Nach fast zwanzig Jahren sahen sie s. wieder* 过了将近 20 年后,他们又互相见面了 (= Jeder sah den anderen wieder) ‖ NB (注意): **a)** Es gibt Verben, bei denen *sich* theoretisch Reflexivpronomen und reziprokes Pronomen sein kann(有些动词的 *sich* 在理论上讲既可以是反身代词又是相互代词): *Die beiden Kandidaten stellten sich vor* kann bedeuten (该句可以表示): *Jeder Kandidat stellte sich selbst vor* (sich = Reflexivpronomen) 每位候选人作自我介绍 oder aber (但是或许表示): *Jeder Kandidat stellte den anderen Kandidaten vor* (sich = reziprokes Pronomen) 每位候选人互相介绍对方。Wenn der Kontext nicht eindeutig ist, kann man auf folgende Weise Klarheit schaffen(如果上下文不清楚,可用下面的方法明确表达): reflexives Verhältnis (反身关系用): *Jeder Kandidat stellte sich selbst vor*; reziprokes Verhältnis(互相关系用): *Die Kandidaten stellten einander vor*; *Die Kandidaten*

S

stellten sich gegenseitig vor；**b)** ↑ *Tabelle unter* 图表见 ***Reflexivpronomen***

Si̱·chel *die*；-，*-n* **1.** ein Gerät mit e-m kleinen Griff aus Holz u. e-m flachen, scharfen u. gebogenen Stück aus Metall. Mit e-r S. schneidet man (kleine Flächen von) Gras 镰刀 ‖ ↑ *Abb. unter* 图见 ***Sense*** **2.** etw., das die Form e-r S. (1) hat 镰形物 ‖ -K（复合）：***Mond-*** ‖ *zu*（义项）**2. si·chel·för·mig** *Adj*（形）

si̱·cher *Adj*（形）**1.** vor Gefahren od. Risiken geschützt 安全的，保险的，有保障的 ↔ unsicher 〈ein Versteck, ein Weg 隐藏地，道路；ein Arbeitsplatz, ein Einkommen 工作，收入；irgendwo s. sein 在某处安全；sich irgendwo s. fühlen 在某处感到安全；etw. aus sicherer Entfernung beobachten 从安全的距离观看某物〉**2.** so, dass Fehler od. Irrtümer fast nie vorkommen 准确的，无误的，有把握的：*ein sicheres Urteil, e-n sicheren Geschmack haben* 有准确的判断、鉴赏力；*sehr s. Auto fahren* 开车很有把握 **3.** mit der versprochenen Wirkung 有效的 〈ein Medikament, e-e Methode, ein Verhütungsmittel 药，方法，避孕手段〉**4.** so, dass man keine Zweifel an der Wahrheit (der Äußerung) haben muss 可信的，可靠的 ≈ zuverlässig, verlässlich 〈etw. aus sicherer Quelle wissen, erfahren 从可靠的来源得知、获悉某事〉**5.** so, dass man nicht leicht fällt od. stürzt 稳当的，牢固的〈s. stehen, gehen 站得，走得稳当；auf sicheren Beinen stehen 两腿站得稳当；etw. hat e-n sicheren Stand 某物很稳当〉**6.** voller Vertrauen in die eigenen Fähigkeiten 自信的 ≈ selbstsicher, selbstbewusst ↔ unsicher 〈ein Auftreten 举止；s. wirken 表现得自信〉**7.** sehr wahrscheinlich 肯定的，无疑的，很可能的 ≈ gewiss 〈das Ende, der Tod, ein Sieg 结束，死亡，胜利；es ist (so gut wie) s., dass... (完全)肯定…〉：*Es ist ziemlich s., dass sie e-e Stelle an der Universität bekommt* 很可能她会在大学得到一份工作；*Sie hat s. den Zug versäumt* 她肯定误了火车；*Er freut sich s., wenn wir ihn besuchen* 如果我们去看望他，他肯定会高兴的 **8.** ***sich*** (*Dat* 三格) ***etw.*** (*Gen* 二格) ***s. sein***；(***sich*** (*Dat* 三格)) ***s. sein, dass*** ... von etw. überzeugt sein 对…深信无疑：*sich seines Erfolgs s. sein* 深信他会成功；*Ich bin mir absolut s., dass sie meine Kassette noch hat* 我断定，我的磁带还在她那儿 ‖ ID［谚］***s. ist s.*** verwendet, um auszudrücken, dass es besser ist, sehr vorsichtig zu sein, als ein Risiko einzugehen 谨慎为妙，保险点为好

-si·cher *im Adj, sehr produktiv*（构成形容词，构词强）**1.** drückt aus, dass j-d/etw. vor dem im ersten Wortteil Genannten geschützt ist 防…的；***diebessicher, diebstahlsicher, fälschungssicher*** 〈ein Ausweis 证件〉，***kindersicher*** 〈ein Verschluss 锁定装置〉，***kugelsicher*** 〈e-e Weste, ein Auto 背心，汽车〉，***lawinensicher*** 〈e-e Piste 滑雪道〉，***mottensicher, störsicher*** **2.** drückt aus, dass etw. das im ersten Wortteil Genannte aushält, ohne beschädigt od. zerstört zu werden 抗、防、耐…的，经得起…的；***bruchsicher*** 〈Geschirr 碗碟〉，***feuersicher*** 〈Glas 玻璃〉，***frostsicher*** 〈Pflanzen 植物〉，***kochsicher*** 〈Wäsche 衣物〉，***krisensicher*** 〈ein Job 工作〉**3.** drückt aus, dass man fest mit dem im ersten Worteil Genannten rechnen kann 对…有把握的、有望的；***ertragssicher, schneesicher*** 〈ein Wintersportort 冬季运动地区〉，***sonnensicher, zinssicher*** **4.** drückt aus, dass der Betreffende etw. gut kann od. dass etw. (in e-r bestimmten Situation) gut funktioniert …安全的，…准确无误的；***funktionssicher, kurvensicher*** 〈ein Fahrzeug 机动车〉，***stilsicher*** 〈ein Geschmack 鉴赏力〉，***treffsicher, zielsicher***

si̱·cher·ge·hen；*geht sicher, ging sicher, ist sichergegangen*；[Vi]（不及物）so handeln, dass man kein Risiko hat 办事稳当，不出差错：*Sie wollte s. u. fragte deshalb noch e-n Arzt* 她不想出差错，所以又问了一位大夫 ‖ NB（注意）：*mst* im Infinitiv!（多用不定式！）

Si̱·cher·heit *die*；-，*-en* **1.** *nur Sg*（只用单数）；der Zustand, in dem es keine Gefahr für j-n/etw. gibt 安全 ↔ Gefährdung, Unsicherheit 〈die soziale, öffentliche, wirtschaftliche, politische, persönliche S. 社会的、公共的、经济的、政治的、人身的安全；die innere S. e-s Staates 国家内部安全；in S. sein 处境安全；j-m S. bieten 为某人提供安全；j-n/sich/etw. in S. bringen 保护某人/自己/某物，使安全；j-n/sich/etw. in S. glauben, wähnen 相信、误以为某人/自己/某物是安全的；j-m ein Gefühl der S. vermitteln 给某人安全感〉：*Wir bewahren unser Geld in e-m Safe auf, damit es in S. ist* 为了安全，我们把我们的钱保存在保险箱里 ‖ K-（复合）：***Sicherheits-, -denken, -fanatiker, -vorkehrungen*** **2.** *nur Sg*（只用单数）；das zuverlässige Funktionieren, die verlässliche Wirkung von etw. 安全可靠性，有效性 ≈ Zuverlässigkeit, Verlässlichkeit：*die S. e-r Methode, e-s Medikaments* 一种方法、一种药品的可靠性；*ein technisches Gerät auf seine S. überprüfen* 检验一台技术仪器的可靠性 ‖ K-（复合）：***Sicherheits-, -maßnahmen, -vorkehrungen, -vorschriften*** **3.** *mst* 多用 ***mit S.*** ohne Zweifel, ganz bestimmt 肯定，一定 〈etw. mit S. wissen, behaupten können 肯定知道，可以肯定地说；etw. wird mit S. eintreten, geschehen 某事肯定会发生〉**4.** *nur Sg*（只用单数）；die Fähigkeit, etw. sehr gut zu können 把握 ≈ Gewandtheit 〈etw. mit traumwandlerischer S. machen, können 十分有把握地干某事、会某事；in etw. (*Dat* 三格) große S. erlangen, erwerben, erreichen, haben 对某事有很大的把握〉：*die S. in der Beherrschung e-r Fremdsprache* 对掌握一门外语有把握 ‖ -K（复合）：***Fahr-, Flug-, Treff-, Ziel-*** **5.** *nur Sg*（只用单数）；das Vertrauen in die eigenen Fähigkeiten 自信 ≈ Selbstsicherheit ↔ Unsicherheit 〈große S. zeigen, an den Tag legen 表现出、表露出很大的自信〉：*Der Erfolg*

S

hat ihr S. gegeben 成功给了她自信 **6.** ≈ Pfand, Bürgschaft ⟨(j-m) Sicherheiten geben, leisten, stellen（为某人）作担保⟩: *Die Bank verlangte den Wert des Hauses als S. für den Kredit* 银行要求把房屋作为贷款的抵押 **7. *j-n/sich in S. wiegen*** j-n davon überzeugen od. selbst glauben, dass es keine Gefahr gibt 使人/自己确信是安全的 **8. *mit an S. grenzender Wahrscheinlichkeit*** 很有可能 ≈ höchstwahrscheinlich

Si̜·cher·heits·ab·stand *der*; die Distanz zwischen zwei Fahrzeugen, die groß genug ist, dass das hintere Fahrzeug noch halten kann, falls das erste plötzlich bremst 安全车距 ⟨den S. einhalten 保持安全车距⟩

Si̜·cher·heits·bin·dung *die*; e-e Bindung an Skiern, die sich automatisch öffnet, wenn man stürzt（滑雪板）安全扣

Si̜·cher·heits·dienst *der* **1.** ≈ Geheimdienst **2.** e-e Abteilung e-s Betriebes od. ein privates Unternehmen, das im Auftrag e-s Betriebes handelt. Der S. ist für den Schutz vor Einbruch, Diebstahl, Industriespionage *usw* zuständig 保安部门，保卫部门

Si̜·cher·heits·grün·de *die*; *mst in* 多用于 ***aus Sicherheitsgründen*** damit keine Gefahr für die Betroffenen entsteht 出于安全原因，为安全起见

Si̜·cher·heits·gurt *der*; e-e Art Gurt, den man sich im Auto, Flugzeug *usw* umlegt, damit man bei e-m plötzlichen Bremsen *o.Ä.* geschützt ist 安全带 ⟨den S. anlegen 系上安全带⟩

si̜·cher·heits·hal·ber *Adv*（副）; um ganz sicher zu sein, dass keine Gefahr entsteht, dass kein Fehler gemacht wird od. dass nichts versäumt wird 为了安全起见，为了保险 ≈ vorsichtshalber: *Ich habe s. alle Türen u. Fenster geschlossen* 为安全起见，我把所有的门窗都关上了; *e-n Text s. auf zwei Disketten speichern* 为了保险，把文章存在两张磁盘上

Si̜·cher·heits·na·del *die*; e-e gebogene Nadel, mit der man *bes* Teile aus Stoff aneinander befestigen kann 别针 ⟨etw. mit e-r S. befestigen 把某物用别针别住⟩ ‖ ↑ *Abb. unter* 图见 ***Nadel***

Si̜·cher·heits·or·gan *das*; -s, -e; *mst Pl*（多用复数）; e-e staatliche Organisation, die für den Schutz e-s Staates（*bes* vor Spionage）arbeitet（国家）安全部门

Si̜·cher·heits·ri·si·ko *das*; *nur Sg*, *gespr*（只用单数）[口]; e-e Person od. Sache, die e-e Gefahr für die Sicherheit (1) e-r Organisation, e-s Staates *o.Ä.* darstellt 危害（国家、社会等）安全的人或事 ⟨j-d ist ein S., stellt ein S. dar 某人对安全有危害，是危害安全的人⟩

si̜·cher·lich *Adv*（副）; mit großer Wahrscheinlichkeit 肯定，必定 ≈ sicher (7), gewiss, bestimmt

si̜·chern; *sicherte, hat gesichert*; [Vt]（及物）**1. *etw.* (*gegen etw.*) *s.*** etw. vor e-r bestimmten Gefahr schützen 使安全、保险，防范: *die Tür durch ein doppeltes Schloss gegen Einbruch s.* 用一把双保险锁锁门，以防止被撬 **2. *etw. s.*** ein Gewehr, e-e Pistole *o.Ä.* blockieren, damit nicht plötzlich ein Schuss losgeht 给…（枪支）关上保险 ↔ entsichern **3. *etw. s.*** alles tun, was nötig ist, damit etw. funktionieren od. existieren kann 确保，保障 ≈ garantieren, gewährleisten ↔ bedrohen ⟨die Menschenrechte, die Nahrungsmittelversorgung s. 保障人权、食品供应; seine Existenz, seine Zukunft s. 保障自己的生存、未来; ein gesicherter (= sicherer) Arbeitsplatz 一份有保障的工作⟩ **4. *etw. s.*** INFORM【信息】; e-n Text während der Bearbeitung speichern od. Dateien u. Programme kopieren, damit sie bei Stromausfall, Absturz des Computers *o.Ä.* nicht verloren gehen 储存，保存 **5. *j-m/sich etw. s.*** alles tun, was nötig ist, damit j-d/man selbst etw. bekommt 确保…获得、取得 ⟨sich den Sieg, e-n Erfolg, e-n Vorsprung s. 确保（自己）获胜、取得成功、领先⟩ **6.** *mst* 多用 ***Spuren s.*** (als Polizist *o.Ä.*) alles, was als Beweis für ein Verbrechen dienen kann, noch am Tatort untersuchen（在犯罪现场）搜寻线索 **7. *j-n s.*** j-n beim Bergsteigen ans Seil nehmen, damit er nicht abstürzt（登山时）系上绳索确保…安全

si̜·cher·stel·len; *stellte sicher, hat sichergestellt*; [Vt]（及物）**1. *etw. s.*** dafür sorgen, dass etw. funktioniert od. vorhanden ist 保证，确保 ≈ gewährleisten, garantieren ↔ bedrohen: *den reibungslosen Ablauf e-r Veranstaltung s.* 确保一次活动的顺利进行; *Wir müssen s., dass nicht noch mehr Vogelarten aussterben* 我们必须确保不再有更多的鸟类灭绝 **2. *etw. s.*** im Auftrag e-r Behörde etw. zu sich nehmen, *bes* um illegale Geschäfte zu verhindern 封存，扣留 ≈ beschlagnahmen: *die Beute, das gestohlene Auto s.* 封存赃物、被盗汽车 ‖ *hierzu*（派生）**Si̜·cher·stel·lung** *die*; *nur Sg*（只用单数）

Si̜·che·rung *die*; -, -en **1.** ein kleines Gerät in e-m elektrischen System. Es unterbricht den Strom, wenn zu starker Strom fließt *o.Ä.* 保险丝，保险装置，保险管，熔断器 ⟨die S. brennt durch 保险丝烧断了; die S. herausdrehen, auswechseln, ausschalten, einschalten 旋出、更换、断开、接通保险⟩ ‖ K-（复合）: ***Sicherungs-, -kasten*** **2.** *nur Sg*（只用单数）; die Maßnahmen, durch die man etw. vor Gefahr schützt 安全、防护（措施）: *die S. der Arbeitsplätze* 工作岗位的安全措施 ‖ -K（复合）: ***Friedens-*** **3.** *nur Sg*（只用单数）; die Maßnahmen, die das Funktionieren od. die Existenz e-r Sache garantieren 保障，保证（措施）: *die S. seiner Existenz* 生存的保障 **4.** *nur Sg*（只用单数）; die Handlungen, mit denen man Spuren sichert (5)（在犯罪现场）搜寻线索 ‖ -K（复合）: ***Spuren-*** **5.** INFORM【信息】; das Sichern (4) 储存，保存 ‖ K-（复合）: ***Sicherungs-, -datei, -diskette, -kopie*** ‖ -K（复

S

合): **Daten-** ‖ ID [谚] *mst* 多用 ***Bei j-m ist e-e/die S. durchgebrannt*** *gespr* [口]; j-d hat die Kontrolle über sein Verhalten verloren 某人失去理智、失去自我控制

Sicht *die*; -; *nur Sg* (只用单数) **1.** die Möglichkeit, Menschen u. Dinge zu sehen (die vom Wetter, der Luft, dem eigenen Standort *usw* abhängt) 能见度;视线,视野 ⟨e-e freie, gute, klare S. haben 有广阔的、好的、清楚的视野; j-m die S. verstellen, versperren, nehmen 挡住、遮住、障蔽某人的视线⟩: *Auf der Autobahn herrscht starker Bodennebel, die S. beträgt weniger als 50 Meter* 高速公路上笼罩着浓密的低雾,能见度不足 50 米 ‖ K- (复合): **Sicht-**, **-behinderung**, **-kontakt**, **-verhältnisse**, **-weite** ‖ -K (复合): **Fern-** **2.** die Art, wie man j-n/etw. beurteilt (看问题的方法) 看法,眼光,角度 ≈ Blickwinkel: *Aus der S. der Opposition war das Ergebnis der Wahl ein voller Erfolg* 从反对党的眼光看这次选举结果是一次巨大的成功 ‖ K- (复合): **Sicht-**, **-weise** **3. *in S. sein, kommen*** gesehen werden können 在视线内,进入视线 **4. *außer S. sein*** nicht gesehen werden können 在视线之外 **5. *auf lange S.*** für e-e lange Zeit od. e-n späten Zeitpunkt in der Zukunft 从长远眼光来看 ⟨etw. auf lange S. planen 以长远眼光计划某事,对某事从长计议⟩

sicht·bar *Adj* (形) **1.** so, dass es mit den Augen gesehen werden kann 可见的,看得见的 ↔ unsichtbar: *Unter dem Mikroskop werden Bakterien s.* 在显微镜下能看见细菌 **2.** *nur attr od adv* (只作定语或状语); so, dass es jeder leicht erkennen kann 显而易见的,明显的,显然的 ≈ deutlich, offenkundig: *Ihr Gesundheitszustand hat sich s. gebessert* 她的健康状况明显好转了 ‖ *zu* (义项) **1. Sicht·bar·keit** *die*; *nur Sg* (只用单数)

sich·ten; *sichtete, hat gesichtet*; [Vt] (及物) **1. *j-n/etw. s.*** *geschr* [书]; aus großer Entfernung j-n/etw. sehen (从远处)看见,眺望可见 ⟨Land, ein Schiff, e-n Eisberg s. 远远地看见陆地、一艘船、一座冰山⟩ **2. *etw.*** (*Kollekt od Pl*) (集合或复数) ***s.*** e-e größere Menge von etw. unter e-m bestimmten Aspekt prüfen 挑选整理、归置 ⟨Material, Notizen, Akten, e-n Nachlass s. 整理材料、笔记、文档、一份遗稿⟩ ‖ *zu* (义项) **2. Sich·tung** *die*; *nur Sg* (只用单数)

sicht·lich *Adj* (形); *nur attr od adv* (只作定语或状语); so, dass es jeder sehen od. bemerken kann 显而易见的,明显的,显然的 ≈ offensichtlich, deutlich ⟨mit sichtlicher Freude, Begeisterung 喜笑颜开,抑止不住的激动; s. nervös, erschrocken, ärgerlich sein 明显地紧张、惊恐、恼怒⟩

Sicht·schutz *der*; etw., das einen vor neugierigen Blicken schützt 遮掩物: *e-e Hecke als S. pflanzen* 种植矮树篱作为遮掩物

Sicht·ver·merk *der* ≈ Visum

si·ckern; *sickerte, ist gesickert*; [Vi] (不及物) **1. *etw. sickert irgendwohin*** etw. fließt langsam, Tropfen für Tropfen, irgendwohin (物作主语) 滴,渗: *Das Wasser sickert in den Boden* 水渗入地下; *Durch den Verband sickert immer noch Blut* 血仍然不停地从绷带里渗出来 **2. *etw. sickert an die Öffentlichkeit*** etw. wird langsam bekannt (物作主语) 向公众透露出来,泄露出来,传扬开: *Die Nachricht von dem neuen Skandal sickerte allmählich an die Öffentlichkeit* 有关新丑闻的消息逐渐在公众中传开了

sie[1] *Personalpronomen der 3. Person Sg* (第三人称单数的人称代词); verwendet anstatt e-s Substantivs, um e-e Person od. Sache zu bezeichnen, deren grammatisches Geschlecht feminin ist (指代阴性名词) 她;它: *„Hast du Gabi gesehen?" – „Ja, sie ist im Garten"* "你看见戛比了吗?"——"看见了,她在花园里"; *Pass auf, da ist e-e Schlange, sie kann dich beißen* 小心,那儿有一条蛇,它会咬你的; *Du kannst die Uhr morgen holen, ich habe sie zum Uhrmacher gebracht* 你可以明天去取手表,我把它送去修理了; *„Wo ist die Torte?" – „Wir haben sie gegessen"* "蛋糕在哪儿?"——"我们把它吃了"; *Schmids kommen beide, er u. sie* 施密德两口子都来,他和她 ‖ NB (注意): ↑ *Tabelle unter* 图表见 **Personalpronomen**

sie[2] *Personalpronomen der 3. Person Pl* (第三人称复数的人称代词) **1.** verwendet anstatt e-s Substantivs, um mehrere Personen od. Sachen zu bezeichnen, von denen man spricht 他们,她们,它们: *Meine Eltern sind da. Sie sind vor e-r Stunde gekommen* 我父母来了,他们是一小时前到的; *„Weißt du, wo meine Schuhe sind?" – „Nein, ich habe sie nirgends gesehen"* "你知道我的鞋在哪儿吗?"——"不知道,我哪儿都没看见它们" **2.** *gespr* [口]; verwendet, um Leute zu bezeichnen, die man nicht nennen kann od. will 他们(指叫不上姓名或不愿说出姓名的人) ≈ man: *Jetzt wollen sie schon wieder die Benzinpreise erhöhen* 现在他们又想提高汽油的价格; *Vor der Oper haben sie ein paar Bäume gepflanzt* 在歌剧院前他们种了几棵树; *Haben sie dir auch e-e Mahnung geschickt?* 他们也给你寄催款单了吗? **3.** *gespr* [口]; irgendein Unbekannter 他们,有人(泛指某个不认识的人) ≈ man, (irgend) jemand, einer: *Mir haben sie gestern das Fahrrad gestohlen* 昨天有人把我的自行车偷走了 ‖ NB (注意): ↑ *Tabelle unter* 图表见 **Personalpronomen**

Sie[1] *Personalpronomen der 2. Person Sg u. Pl, Höflichkeitsform* (第二人称单、复数的人称代词,尊称) **1.** verwendet als höfliche Anrede 您;你们(尊称) ↔ du: *Guten Tag, Frau Bauer, kommen Sie herein* 您好,鲍尔女士,您请进; *Möchten Sie etw. zu trinken?* 您想喝些什么吗? *Meine Damen u. Herren, darf ich Sie ins Nebenzimmer bitten?* 女士们,先生们,请你们去隔壁房间好吗? **2. *zu j-m Sie sagen***; ***mit j-m per Sie sein*** j-n mit „Sie" anreden 对…用"您"称呼,与…称呼"您" ≈ siezen ‖ NB (注意): **a)** ↑ Erläuterungen auf

Seite 102 注释见第102页; **b)** ↑ *Tabelle unter* 图表见 ***Personalpronomen***

Sie² *die*; -, *-s*; *gespr* [口]; ein Mensch od. Tier weiblichen Geschlechts 女的;母的,雌的 ↔ Er: *Ist euer Hund e-e Sie?* 你们的狗是母的吗?; *Wenn j-d Hosen trägt u. lange Haare hat, weiß man oft nicht, ob es e-e Sie od. ein Er ist* 假如有人穿着裤子并留着长发,人们经常弄不清这人是女的还是男的

Sieb *das*; *-(e)s*, *-e* **1.** e-e Art Korb mit vielen kleinen Löchern, mit dem man Flüssigkeiten u. feste Stoffe od. kleine u. große Körner voneinander trennen kann 过滤器,筛子,漏勺,笊篱〈ein feines, grobes S. 细、粗筛子〉: *die Nudeln ins S. schütten* 把面条倒入笊篱; *Sand durch ein S. schütten* 用筛子筛沙子 ‖ K- (复合): ***Draht-***; ***Mehl-***, ***Tee-*** **2.** das Netz, das man beim Siebdruck verwendet (筛印用的)丝网,筛网 ‖ *zu* (义项) **1. sieb·ar·tig** *Adj* (形)

Sieb

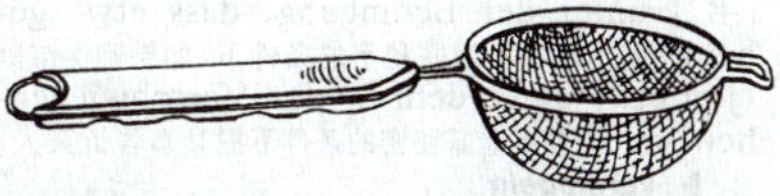

Sieb·druck *der* **1.** *nur Sg* (只用单数); e-e Methode, mit der man Drucke macht, indem man die Farbe durch ein sehr feines Netz presst 丝网印刷 ‖ K- (复合): ***Siebdruck-***, ***-verfahren*** **2.** ein Bild, das man mit der Technik des Siebdrucks (1) gemacht hat 丝网印刷品

sie·ben¹; *siebte*, *hat gesiebt*; [Vt/i] (及物/不及物) **1.** (***etw.***) ***s.*** etw. durch ein Sieb schütten u. auf diese Art die festen von den flüssigen od. die großen von den kleinen Teilen trennen 筛,滤〈Sand, Mehl s. 筛沙子、面粉〉 **2.** (***j-n/etw.*** (*Kollekt od Pl* 集合或复数)) ***s.*** *gespr* [口]; aus e-r Gruppe von Menschen/Sachen einige auswählen 挑选,筛选 ≈ aussieben〈die Bewerber, das Material s. 对报名申请者、材料进行筛选〉

sie·ben² *Zahladj* (数形); (als Ziffer) 7 七,柒; ↑ ***Anhang*** (5)见附录(五) ‖ NB (注意): Gebrauch ↑ *Beispiele unter* 用法,用例见 ***vier***

Sie·ben *die*; -, *-/-en* **1.** die Zahl 7 七,柒 **2.** j-d/etw. mit der Nummer 7(指人/物的编号)七号

Sie·be·ner *der*; *-s*, -; *gespr* [口] ≈ Sieben

sie·ben·hun·dert *Zahladj* (数形); (als Zahl) 700 七百,柒佰

Sie·ben·mei·len|stie·fel *die*; *mst in* 多用于 ***mit Siebenmeilenstiefeln*** *hum* [谑]; sehr schnell 大步流星地(直译为脚穿七里靴,童话中一种一步跨七里的靴子)

Sie·ben·mo·nats|kind *das*; ein Baby, das schon sieben Monate nach der Zeugung geboren wird 怀胎七个月的早产儿

Sie·ben·sa·chen *die*; *Pl* (复), *nur in* 只用于 ***seine usw S.*** *gespr* [口]; alles, was man braucht 随身用品,所需(日)用品〈seine S. packen 装好随身用品〉: *Hast du deine S.? Dann können wir ja gehen* 你随身用品都带好了吗?那我们就可以走了

Sie·ben·schlä·fer *der*; *-s*, - **1.** ein kleines Tier, das wie ein Eichhörnchen aussieht u. e-n langen Winterschlaf macht 可食榛睡鼠,肥睡鼠 **2.** *nur Sg*, *ohne Artikel* (只用单数)(不带冠词); der 27 Juni. Das Wetter bleibt angeblich sieben Wochen lang so, wie es an diesem Tag ist 七睡仙日(6月27日,根据民俗,若这天下雨则以后七周均为雨天)

sie·ben·t- *Zahladj* (数形) ≈ siebt-

sie·ben·tau·send *Zahladj* (数形); (als Zahl) 7000 七千,柒仟

sie·ben·tel *Adj* (形); *nur attr*, *indeklinabel*, *nicht adv* (只作定语,词形不变,不作状语) ≈ siebtel

Sie·ben·tel *das*; *-s*, -; 1/7 ≈ Siebtel

sie·ben·tens *Adv* (副); 7. ≈ siebtens

siebt *nur in* 只用于 ***zu s.*** (mit) insgesamt sieben Personen 一共七人,七人一起: *Wir sind zu s.* 我们一共七人; *Sie sind zu s. in dem kleinen Wagen gefahren* 他们七个人一起坐这辆小车

sieb·t- *Zahladj* (数形); *nur attr*, *nicht adv* (只作定语,不作状语) **1.** in e-r Reihenfolge an der Stelle sieben 第七的 ≈ 7. ‖ NB (注意): Gebrauch ↑ *Beispiele unter* 用法,用例见 ***viert-*** **2. *der siebte Teil*** (***von etw.***) ≈ 1/7

Sieb·tel *das*; *-s*, -; der 7. Teil von etw., *mst* e-r Menge od. Masse 七分之一: *ein S. der Strecke hinter sich haben* 走了七分之一的路程

sieb·tel *Adj* (形); *nur attr*, *indeklinabel*, *nicht adv* (只作定语,词形不变,不作状语); den siebten Teil von etw. bildend 七分之一的 ≈ 1/7

sieb·tens *Adv* (副); verwendet bei e-r Aufzählung, um anzuzeigen, dass etw. an 7. Stelle kommt 第七(点、项)

sieb·zehn *Zahladj* (数形); (als Zahl) 17 十七,拾柒; ↑ ***Anhang*** (5)见附录(五)

sieb·zehn·t- *Zahladj* (数形), *nur attr*, *nicht adv* (只作定语,不作状语) **1.** in e-r Reihenfolge an der Stelle 17 第十七的 ≈ 17. **2. *der siebzehnte Teil*** (***von etw.***) ≈ 1/17

sieb·zig *Zahladj* (数形) **1** (als Zahl) 70 七十,柒拾; ↑ ***Anhang*** (5)见附录(五) **2. *Anfang***, ***Mitte***, ***Ende s. sein*** ungefähr 70 bis 73, 74 bis 76, 77 bis 79 Jahre alt sein 七十出头,七十五六,七十八九(岁)

Sieb·zig *die*; -, *-en*; *mst Sg* (多用单数) **1.** die Zahl 70 七十,柒拾 **2.** j-d/etw. mit der Zahl/Nummer 70 七十号

sieb·zi·ger *Adj* (形); *nur attr*, *indeklinabel*, *nicht adv* (只作定语,词形不变,不作状语); die zehn Jahre (e-s Jahrhunderts od. Menschenlebens) von 70 bis 79 betreffend 七十年代的,70多岁的: *Ein Mann in den/seinen Siebzigern* 70多岁的男人; *in den s. Jahren des 18. Jahrhunderts* 在18世纪70年代里 ‖ K- (复合): ***Siebziger-***, ***-jahre***

Sieb·zi·ger *der*; *-s*, -; *gespr* [口]; j-d, der

S

zwischen 70 u. 79 Jahren alt ist 七十多岁的人，年逾古稀的人 ‖ -K（复合）：**End-**，**Mitt-** ‖ *hierzu*（派生）**Sieb·zi·ge·rin** *die*；-，*-nen*

sieb·zigs·t- *Zahladj*（数形）；*nur attr*，*nicht adv*（只作定语，不作状语）**1.** in e-r Reihenfolge an der Stelle 70 第七十的 ≈ 70. **2. der siebzigste Teil**（**von etw.**）≈ 1/70

siech *Adj*（形）；*nicht adv*，*geschr veraltet*（不作状语）［书］［旧］；alt，krank u. schwach 年迈多病的，行将就木的

Siech·tum *das*；*-s*；*nur Sg*，*veraltet*（只用单数）［旧］；e-e lange Zeit der Krankheit，*bes* wenn man alt ist 年迈多病，行将就木

sie·den；*siedeten*，*hat gesiedet*；Vi（不及物）**1. etw. siedet** etw. hat die Temperatur，bei der Flüssigkeit zu Dampf wird（物作主语）沸腾，（煮）开 ≈ etw. kocht：*siedend heißes Öl* 滚烫的油；*Du kannst den Tee jetzt aufgießen，das Wasser siedet* 你现在可以泡茶了，水开了 ‖ K-（复合）：**Siede-**，**-punkt**，**-temperatur**；Vt（及物）**2. etw. s.** e-e Flüssigkeit zum Kochen bringen 把…烧开，把…煮开〈Wasser，Milch s. 把水、牛奶烧开〉ID［谚］**etw. fällt j-m siedend heiß ein** j-d erinnert sich plötzlich an etw.，das er tun soll 某人猛然想起（要干）某事

Sied·ler *der*；*-s*，-；j-d，der in e-r Gegend，in der noch keine Menschen sind，ein Haus baut u. den Boden bebaut（垦荒）移民 ‖ *hierzu*（派生）**sie·deln**（*hat*）*Vi*（不及物）；**Sied·le·rin** *die*；-，*-nen*

Sied·lung *die*；-，*-en* **1.** ein Ort，an dem Menschen Häuser bauen，um dort wohnen zu können 居住区，居民点〈e-e ländliche，städtische S. 乡村、城市住宅区；e-e S. anlegen，gründen 建立一个住宅区〉：*e-e S. mit Dorfcharakter* 一个有乡村气息的住宅区；*Viele deutsche Städte gehen auf römische Siedlungen zurück* 许多德国城市起源于古罗马的定居点 ‖ K-（复合）：**Siedlungs-**，**-dichte**，**-form**，**-gebiet**，**-geschichte**，**-politik** **2.** *Kollekt*（集合）；e-e Gruppe von（ähnlich aussehenden）（Wohn-）Häusern mit Garten，*bes* am Rand e-r Stadt 住宅小区，住宅区 ‖ K-（复合）：**Siedlungs-**，**-bau**，**-haus** ‖ -K（复合）：**Arbeiter-**，**Baracken-**，**Neubau-**，**Wohn-** **3.** *Kollekt*（集合）；die Leute，die in e-r S.（2）wohnen 住宅小区的全体居民：*Die ganze S. ist dafür，dass ein neuer Kindergarten gebaut wird* 整个住宅小区都赞同盖一所新的幼儿园

Sieg *der*；*-es*，*-e*；**ein S.**（**über j-n/etw.**）das Ergebnis e-s erfolgreich geführten Kampfes，Streits *o. Ä.* 胜利，战胜，获胜 ↔ Niederlage〈ein knapper，deutlicher，haushoher S. 险胜，明显的、巨大的胜利；ein diplomatischer，militärischer，politischer，olympischer S. 外交上的、军事上的、政治上的、奥运会上的胜利；den S. erringen，davontragen 取得、获得胜利；sich（*Dat* 三格）den S. in etw.（*Dat* 三格）/bei etw. holen，sichern 在某一项目上取得、确保胜利〉：*Nach dem S. im letzten Rennen war sie Weltmeisterin* 上一次赛跑获胜后，她成了世界冠军 ‖ K-（复合）：**Sieges-**，**-freude**，**-taumel**；**sieges-**，**-froh** ‖ *hierzu*（派生）**sieg·los** *Adj*（形）

Sie·gel *das*；*-s*，- **1.** das Muster，das ein Stempel *o. Ä.* in Wachs，Siegellack od. Papier macht，wenn man ihn daraufdrückt. Siegel verwendet man *bes* auf Urkunden 公章（印迹），火漆印记，封记〈ein S. auf etw.（*Dat*）anbringen，etw. mit e-m S. versehen 在某物上打上火漆印，给某物盖上印；ein S. aufbrechen，öffnen 揭开、打开封记〉：*das kaiserliche S.* 皇帝封记 ‖ -K（复合）：**Amts-**，**Dienst-**，**Staats-**；**Wachs-** **2.** der offizielle Stempel e-r Behörde 公章，官印：*das S. der Universität* 大学的印章 **3.** ein Streifen，den *z.B.* die Polizei über e-e（Wohnungs）Tür klebt，um anzuzeigen，dass die Wohnung offiziell verschlossen wurde 封条〈ein S. anbringen，aufbrechen 贴、拆开封条〉**4.** ein Stempel *o. Ä.*，mit dem man ein S.（1）macht 章，图章，印章：*ein S. ins Wachs drücken* 在封蜡上按上章 ‖ K-（复合）：**Siegel-**，**-ring**，**-wachs** ‖ ID［谚］**unter dem S. der Verschwiegenheit** *geschr*［书］；unter der Bedingung，dass etw. geheim bleibt 在不泄露秘密的条件下，如果确保缄默〈j-m etw. unter dem S. der Verschwiegenheit sagen 在不泄露秘密的条件下把某事告诉某人〉‖ ▶ **versiegeln**

Sie·gel·lack *der*；e-e *mst* rote Substanz，die in der Wärme schmilzt u. dann schnell wieder hart wird. Man verwendet sie besonders，um Briefe u. Akten zu verschließen 火漆

sie·geln；*siegelte*，*hat gesiegelt*；Vt（及物）**etw. s.** ≈ versiegeln

sie·gen；*siegte*，*hat gesiegt*；Vi（不及物）（**gegen**，**über j-n/etw.**）**s.** in e-m Kampf，Streit od. in e-m Wettbewerb stärker od. besser als der Gegner sein 战胜，获胜 ≈ j-n besiegen，etw. gewinnen ↔ verlieren：*Der Außenseiter siegte überraschend über den Favoriten* 不被看好的运动员（队）出人意料地战胜了夺标热门运动员（队）；*Er hat mit einer Sekunde Vorsprung gesiegt* 他以领先一秒钟获胜

Sie·ger *der*；*-s*，-；**ein S.**（**über j-n**）j-d，der in e-m Kampf，Streit od. in e-m Wettbewerb gewonnen hat 胜利者，获胜者 ≈ Gewinner ↔ Verlierer〈als S. aus e-m Wettkampf hervorgehen 成为比赛的获胜者〉：*dem S. e-n Pokal überreichen* 为获胜者授奖杯 ‖ K-（复合）：**Sieger-**，**-pokal** ‖ -K（复合）：**Olympia-**，**Turnier-** ‖ *hierzu*（派生）**Sie·ge·rin** *die*；-，*-nen*

Sie·ger·eh·rung *die*；die offizielle Feier，bei der die Besten e-s sportlichen Wettbewerbs ihre Medaillen，Urkunden *o. Ä.* bekommen（体育）颁奖仪式

Sie·ger·macht *die*；-，*Sie·ger·mäch·te*；*mst Pl*（多用复数）；ein Staat，der e-n Krieg gewonnen hat 战胜国：*die vier Siegermächte des Zweiten Weltkriegs* 第二次世界大战的四个战胜国

S

Sie·ger·mie·ne *die*; ein Gesicht, das ausdrückt, dass j-d e-n Erfolg gehabt hat od. mit Sicherheit erwartet 胜利者的面孔

sie·ges·be·wusst *Adj*（形）≈ siegessicher

sie·ges·ge·wiss *Adj*（形）；*geschr*［书］≈ siegessicher ‖ *hierzu*（派生）**Sie·ges·ge·wiss·heit** *die*；*nur Sg*（只用单数）；*geschr*［书］

sie·ges·si·cher *Adj*（形）；fest davon überzeugt, dass man Erfolg haben wird 满怀胜利信心的，必胜的，稳操胜券的 ≈ 〈ein Auftreten, ein Blick 态度，目光；s. auftreten, blicken, schauen, lächeln 举止满怀胜利的信心，目光露出必胜的神情，对胜利充满自信地张望着、微笑着〉

Sie·ges·zug *der*；*nur Sg*（只用单数）；（*mst* in Bezug auf ein Produkt verwendet）e-e Reihe von großen Erfolgen bei vielen Leuten 大获全胜，获得成功（多指产品）〈etw. tritt seinen S. an 某物一炮打响〉：*Das Buch wurde ein Bestseller u. begann seinen S. durch den gesamten europäischen Buchmarkt* 这本书成了畅销书，并且在整个欧洲图书市场大获成功

sieg·ge·wohnt *Adj*（形）；（in Wettkämpfen *o. Ä.*）immer wieder erfolgreich 屡屡获胜的，常胜的：*e-e sieggewohnte Läuferin* 一位屡屡获胜的女跑步运动员

sieg·reich *Adj*（形）**1.**（*bes* in e-m Wettbewerb）erfolgreich 成功的，卓有成效的，有成就的：*die siegreiche Schwimmerin* 有成就的游泳女选手；*Sie haben das Turnier s. beendet* 他们成功地举办了这次赛事 **2.** so, dass es mit e-m Sieg endet 胜利的，凯旋的，得胜的：*e-e siegreiche Schlacht* 一次胜利的战役

siehst *Präsens, 2. Person Sg*（现在时，第二人称单数）；↑ ***sehen***

sieht *Präsens, 3. Person Sg*（现在时，第三人称单数）；↑ ***sehen***

Si·es·ta [ˈziesta, ˈs-] *die*；-, *-s/Si·es·ten* ≈ Mittagsruhe, Mittagsschlaf 〈S. halten 午休，午睡〉

sie·zen；*siezte, hat gesiezt*；[Vt]（及物）***j-n s.*** j-n mit „Sie" anreden 用尊称"您"称呼 ↔ duzen：*Obwohl sie sich schon seit mehreren Jahren kennen, siezen sie sich immer noch* 虽然他们已认识多年，但仍然互相用尊称"您"称呼 ‖ NB（注意）：↑ Erläuterungen auf Seite 102 注释见第 102 页

Si·gel *das*；*-s, -*；*geschr*［书］；ein Zeichen, das für etw. anderes steht 缩写，缩写符号 ≈ Kürzel：*Das S. „NB" steht für „Notabene"* "NB"是"Notabene"的缩写

Sig·nal *das*；*-s, -e* **1. *ein S.*（*für etw.*）** etw., das dazu dient, j-m e-e Warnung, e-e Information od. e-n Befehl zu geben, *z. B.* ein bestimmter Ton od. e-e bestimmte Handlung 信号 ≈ Zeichen (4) 〈ein akustisches, optisches S. 声音信号，光信号；j-m ein S. geben 给某人一个信号；Signale empfangen, aussenden 接收、发出信号；ein S. beachten, überhören, übersehen 注意、漏听、忽视一个信号；auf ein S. reagieren 对一个信号作出反应〉 ‖ K-（复合）：***Signal-, -fahne, -farbe, -feuer, -flagge, -funktion, -glocke, -horn, -lampe, -licht, -wirkung*** ‖ -K（复合）：***Alarm-, Not-, Warn-; Blink-, Funk-, Horn-, Hup-, Licht-, Morse-, Pfeif-, Rauch-*** **2. *ein S.*（*zu etw.*）** *bes* ein Ton od. e-e Bewegung, auf die hin j-d etw. tut（…行动的）信号〈das S. zum Angriff, zum Aufbruch 进攻、出发信号〉：*Der Pfiff dient dem Lokführer als S. zur Weiterfahrt* 对机车司机来说，哨声是继续开车的信号 ‖ K-（复合）：***Signal-, -funktion*** ‖ -K（复合）：***Jagd-, Start-*** **3.** ein Gerät neben dem Gleis, das e-m Zugführer zeigt, ob er (weiter) fahren kann od. halten muss（铁路）信号器：*Das S. steht auf* "Halt"信号器指示"停车" ‖ K-（复合）：***Signal-, -anlage*** **4.** Ⓒⓗ［瑞］≈ Verkehrszeichen

sig·na·li·sie·ren；*signalisierte, hat signalisiert*；[Vt]（及物）**1.（*j-m*）*etw. s.*** j-m etw. durch ein Signal od. andere Handlungen mitteilen 发信号，用信号表示：*Ihr Blick signalisierte ihm*, dass *sie zur Versöhnung bereit war* 她的目光向他表示，她愿意和好 **2. *etw. signalisiert etw.*** etw. ist ein klares Zeichen für etw. od. ein Hinweis auf etw.（物作主语）发出…信号，标志着 ≈ etw. markiert etw.：*Diese Reform signalisiert e-e Wende in der Wirtschaftspolitik* 这个改革标志着在经济政策上的转变

Sig·nal·wir·kung *die*；*mst in* 多用于 ***etw. hat S.*** etw. löst ein bestimmtes Verhalten *mst* unter vielen Menschen aus 某事具有连锁效应：*Die Demonstration hatte S.* 游行造成了连锁效应（= löste viele ähnliche Aktivitäten aus）

Sig·na·tur *die*；*-, -en* **1.** die Unterschrift e-s Künstlers auf seinem Bild（艺术家的）落款，署名，签名 **2.** e-e Reihe von Buchstaben u. Zahlen, unter denen ein Buch in e-r Bibliothek registriert ist, damit man es leichter findet（藏书）分类号，索书号

sig·nie·ren；*signierte, hat signiert*；[Vt/i]（及物/不及物）**1.（*etw.*）*s.*** als Künstler seinen Namen auf ein Bild od. in ein Buch schreiben（为艺术品）落款，署名，签名，在…上标出姓名〈Bilder, Bücher s. 为画、书署名〉；[Vt]（及物）**2. *etw. s.*** *geschr*［书］≈ unterschreiben, unterzeichnen 〈e-n Vertrag s. 签署一份条约〉 ‖ *hierzu*（派生）**Sig·nie·rung** *die*；*zu*（义项）**1. hand·sig·niert** *Adj*（形）

sig·ni·fi·kant *Adj*（形）；*geschr*［书］；〈Unterschiede, Merkmale 区别，特征〉wichtig u. deutlich zu erkennen 显著的，重要的 ≈ wesentlich ‖ *hierzu*（派生）**Sig·ni·fi·kanz** *die*；*-*；*nur Sg*（只用单数）

Sil·be *die*；*-, -n*；eine von mehreren Einheiten, aus denen längere Wörter bestehen 音节：*die Wörter „Mädchen" u. „staubig" bestehen aus je zwei Silben*（Mädchen, staubig）单词"Mädchen"和"staubig"各由两个音节组成 ‖ -K（复合）：***End-, Nach-, Vor-; Sprech-*** ‖ NB（注意）：Kurze Wörter wie *bald* od.

wenn bestehen aus nur einer Silbe（短的单词如 bald 或 wenn 只由一个音节组成）

Sil·ben·rät·sel *das*；ein Rätsel, bei dem man aus bestimmten Silben Wörter bilden muss 音节字谜

Sil·ben·tren·nung *die*；das Trennen von Wörtern（zwischen den einzelnen Silben）am Ende e-r Zeile 分音节，音节划分

Sil·ber *das*；*-s*；*nur Sg*（只用单数）**1.** ein relativ weiches, wertvolles Metall, das sehr hell glänzt, wenn man es poliert, u. aus dem man *bes* Schmuck, Geld u. Besteck macht 银；CHEM【化】Ag〈echtes, reines, poliertes S. 真的、纯的，擦得锃亮的银；Gold u. Silber 金和银〉：*e-e Gabel, ein Ring aus S.* 银叉子，银戒指 ‖ K-（复合）：**Silber-**，**-barren**，**-becher**，**-besteck**，**-draht**，**-erz**，**-gabel**，**-geld**，**-geschirr**，**-kette**，**-legierung**，**-löffel**，**-messer**，**-mine**，**-münze**，**-pokal**，**-ring**，**-schmuck**，**-schüssel**，**-teller**；**silber-**，**-bestickt**，**-glänzend**，**-grau**，**-weiß** **2.** *Kollekt*（集合）；Besteck u./od. Geschirr aus S.（1）银餐具〈das S. putzen 擦银餐具；von S. speisen, essen 用银餐具用餐、吃饭〉‖ -K（复合）：**Tafel-** **3.** *ohne Artikel*，*gespr*（不带冠词）［口］；e-e Medaille aus S.（1），die der Zweite e-s sehr wichtigen Wettkampfes bekommt 银牌，银质奖章〈S. gewinnen, holen 赢得、获得银牌〉‖ K-（复合）：**Silber-**，**-medaille** ‖ *zu*（义项）**1. sil·ber·far·ben** *Adj*（形）；**sil·ber·far·big** *Adj*（形）；**sil·ber·hal·tig** *Adj*（形）‖ ▶ **versilbern**

Sil·ber·blick *der*；*mst in* 多用于 ***j-d hat e-n S.*** *gespr hum*［口］［诙］；j-d schielt ein bisschen 某人有些斜视

sil·bern *Adj*（形）**1.** *nur attr*，*nicht adv*（只作定语，不作状语）；aus Silber 银质的，银制的：*ein silbernes Armband*，*ein silberner Becher* 一只银手镯，一只银杯 **2.** so hell u. glänzend wie Silber 像银子一样发亮的，银色的，银光闪闪的〈etw. glänzt, schimmert s. 某物像银子似地闪闪发亮〉：*das silberne Licht des Mondes* 银色的月光 **3.** hell u. hoch, aber angenehm zu hören 银铃般的〈ein Lachen 笑声；etw. klingt s. 某物发出银铃般的声音〉

Sil·ber·pa·pier *das*；*nur Sg*（只用单数）≈ Aluminiumfolie, Stanniolpapier：*in S. eingewickelte Bonbons* 用锡纸包的糖果

Sil·ber·schmied *der*；j-d, der beruflich Schmuck aus Silber macht 银匠

Sil·ber·streif, **Sil·ber·strei·fen** *der*；*nur in* 只用于 ***ein S. am Horizont*** ein Grund zur Hoffnung, dass die（jetzige）schwierige Situation besser wird 一线转机，一线曙光

Sil·ber·tab·lett *das*；ein Tablett aus Silber 银质托盘 ‖ ID［谚］***j-m etw. auf dem S. präsentieren*** *oft pej* 常用［贬］；j-m e-e Chance bieten, ohne dass er sich anstrengen muss 将（一机会）奉送给某人

-sil·big *im Adj*，*wenig produktiv*，*nicht adv*（构成形容词，构词弱）（不作状语）；mit der genannten Zahl od. Menge von Silben…音节的；***einsilbig***，***zweisilbig***，***dreisilbig*** *usw*，***mehrsilbig***，***vielsilbig***

silb·rig *Adj*（形）≈ silbern（2）

Sil·hou·et·te [ziˈlu̯ɛtə] *die*；*-*，*-n*；die dunklen Konturen e-s Körpers, die man sieht, wenn das Licht hinter ihm stärker ist als vor ihm（背光）影像，影像轮廓 ≈ Schatten（3）：*Ihre S. hob sich gegen die untergehende Sonne ab* 她那倩影映衬在夕阳的背景上显得分外清晰

Si·li·kon *das*；*-s*，*-e*；ein Stoff, den man aus Silizium macht u. *z. B.* verwendet, um Imprägniermittel, Gummi u.（Computer）-Chips herzustellen 硅酮，硅（酮）树脂

Si·li·zi·um *das*；*-s*；*nur Sg*（只用单数）；ein chemisches Element, das in sehr vielen Substanzen, aber nicht allein vorkommt, u. aus dem man Silikon macht 硅；CHEM【化】Si

Si·lo *der*，*das*；*-s*，*-s*；e-e Art Turm, in dem Bauern Getreide u. *bes* das Futter für ihr Vieh lagern 粮垛，垛仓，草垛 ‖ K-（复合）：**Silo-**，**-futter** ‖ -K（复合）：**Futter-**，**Getreide-**

-si·lo *der*，*das*；*im Subst*，*wenig produktiv*，*gespr pej*（构成名词，构词弱）［口］［贬］；ein großes, hässliches Gebäude für e-e große Zahl von Menschen od. Dingen（丑陋的）楼房，仓房：**Autosilo**，**Betonsilo**，**Hotelsilo**，**Wohnsilo**

Sil·ves·ter [zɪlˈvɛstɐ]（*das*，*der*）；*-s*，*-*；der letzte Tag des Jahres, der 31. Dezember 除夕〈S. feiern 欢庆除夕；zu S./an S. 在除夕（那天）〉‖ K-（复合）：**Silvester-**，**-abend**，**-nacht**；**-ball**，**-feier** ‖ ↑ *Informations Seite 1643* 信息见 1643 页

sim·pel；*simpler*，*simpelst-*；*Adj*（形）；*gespr*，*oft pej*［口］多用［贬］**1.** so, dass es jeder verstehen u. machen kann 简单的，容易的 ≈ einfach[1]（1），leicht ↔ kompliziert, schwierig〈e-e Arbeit, e-e Aufgabe, e-e Methode 工作，任务，方法；etw. s. ausdrücken, erklären 简单地表述、解释某事〉：*Komm her, ich zeig dir, wie das geht, es ist ganz s.* 过来，我给你示范怎么干，这很简单 **2.** ohne besondere Merkmale, Qualitäten（u. ohne Luxus）普通的，一般的，大众化的 ≈ einfach[1]（2）↔ besonder-〈ein Essen, ein Gasthaus, ein Auto, ein Haus 饭菜，餐馆，汽车，房子〉：*e-e simple Angestellte sein* 是一位普通的女职员；*ein ganz simples Fahrrad ohne Gangschaltung* 一辆不能变速的普通自行车 **3.** einfach u. allen bekannt 人所共知的，通常的 ≈ normal, selbstverständlich：*Er kennt die simpelsten Regeln des Anstands nicht, sonst hätte er sich wohl längst entschuldigt* 他不懂待人接物的最基本准则，否则他早就道歉了 **4.** ohne jede Begabung 呆头呆脑的，傻乎乎的，头脑简单的 ≈ beschränkt：*j-d macht e-n simplen Eindruck* 某人给人以呆头呆脑的感觉 ‖ NB（注意）：*simpel* ↔ *e-e simple Arbeit* ‖ *zu*（义项）**1. Simp·li·zi·tät** *die*；*-*；*nur Sg*（只用单数）；*geschr*［书］

Silvester 除夕

Den Abend des 31. Dezember verbringt man meist gemeinsam mit Freunden oder der Familie.
Ein klassisches Abendessen an Silvester ist der Karpfen. Auch andere Fischgerichte sind beliebt oder es gibt ein Essen wie Fondue oder Raclette, bei dem am Tisch gekocht wird.
Ein traditioneller Zeitvertreib beim Warten auf den Jahreswechsel ist das **Bleigießen**. Hierbei wird eine kleine Menge Blei auf einem Löffel über einer Kerze geschmolzen und schnell in kaltes Wasser geworfen. Die entstandene Figur wird interpretiert, um die Zukunft des nächsten Jahres vorherzusagen. Pünktlich um 12 Uhr stößt man dann mit Sekt an und wünscht sich gegenseitig „**Prosit Neujahr**" oder „**Ein gutes neues Jahr**". Danach geht man auf die Straße, um Silvesterraketen und Böller abzuschießen oder einfach nur das Feuerwerk zu bewundern.

12月31日晚上人们多半是和朋友们或家人一起共同度过的。

除夕的传统晚宴是鲤鱼。其他鱼肉菜肴也受欢迎，或者吃热奶酪火锅或在餐桌上烹制火烤刮着吃的干酪。

辞旧迎新守岁的一种传统的活动是**铅卜**。这时用勺子盛一小块铅放到蜡烛上溶化，再迅速投入凉水中。为了对下一年的未来作出预测，就对铅块形成的形状作出解释。到12点整，人们举起香槟酒碰杯，相互祝愿**"新年好"**或**"新年快乐"**。然后，人们上街去放除夕礼花或礼炮，或只是单纯地观赏烟火。

Sim·pel *der*; *-s*, *-*; *südd gespr pej*［南德］［口］［贬］; ein dummer Mensch 傻瓜

sim·p·li·fi·zie·ren; *simplifizierte*, *hat simplifiziert*; [Vt]（及物）**etw. s.** *geschr*, *oft pej*［书］多用［贬］; etw. wesentlich einfacher beschreiben, als es in Wirklichkeit ist 简单地表述，通俗地叙述，使简化 ≈ vereinfachen ↔ komplizieren: *die simplifizierte Darstellung e-r chemischen Reaktion* 对一种化学反应的通俗表述 ‖ *hierzu*（派生）**Sim·p·li·fi·ka·ti·on** *die*; *-*, *-en*; **Sim·p·li·fi·zie·rung** *die*

Sims *der*, *das*; *-es*, *-e*; der lange, schmale u. waagrechte Teil e-r Mauer *bes* unter dem Fenster 窗沿，沿，缘饰 ‖ K-复合: ***Fenster-***, ***Kamin-***

Sim·sa·la·bim! *Interjektion*（叹）; verwendet, wenn man e-n einfachen Zaubertrick zeigt（变魔术时念的咒语）≈ Abrakadabra

sim·sen; *simst*, *simste*, *hat gesimst*; *gespr*［口］; [Vi]（不及物）**1.** e-e SMS versenden 发送（手机）短信息，短消息; [Vt]（及物）**2.** e-e Nachricht als SMS versenden 发送某事的短信息

Si·mu·lant *der*; *-en*, *-en*; *pej*［贬］; j-d, der so tut, als wäre er krank 装病者，无病呻吟者 ‖ NB（注意）: *der Simulant*; *den*, *dem*, *des Simulanten* ‖ *hierzu*（派生）**Si·mu·lan·tin** *die*; *-*, *-nen*

Si·mu·la·tor *der*; *-s*, *Si·mu·la·to·ren*; ein Gerät, mit dem man bestimmte Situationen nachahmen kann 模拟器，模拟装置 ‖ -K（复合）: ***Flug-***

si·mu·lie·ren; *simulierte*, *hat simuliert*; [Vt/i]（及物/不及物）**1.**（**etw.**）**s.** *pej*［贬］; so tun, als ob man e-e Krankheit hätte 假装，佯装（有病）≈ vortäuschen 〈e-e Krankheit, Lähmungen, Gedächtnisschwund s. 装病，装作瘫痪，假装失去记忆〉; [Vt]（及物）**2.** **etw. s.** e-n komplizierten Vorgang nachahmen, *bes* um etw. zu üben od. um bestimmte Wirkungen zu testen 模拟: *e-n Raumflug s.* 模拟宇航; *auf dem Bildschirm e-n militärischen Angriff s.* 在屏幕上模拟军事进攻 ‖ *hierzu*（派生）**Si·mu·la·ti·on** *die*; *-*, *-en*; ‖ ▶ ***Simulant***

si·mul·tan *Adj*（形）; *nur attr od adv*, *geschr*（只作定语或状语）［书］**1.** ≈ gleichzeitig: *Der Schachweltmeister spielte s. gegen mehrere Gegner* 世界象棋冠军同时与好几个对手对弈 ‖ K-（复合）: ***Simultan-***, ***-schach***, ***-spiel*** **2.** ***s. übersetzen***, ***dolmetschen*** übersetzen od. dolmetschen, während der Sprecher spricht (u. nicht auf Pausen warten) 同声传译 ‖ K-（复合）: ***Simultan-***, ***-dolmetscher***, ***-übersetzung***

sind *Präsens*, *1. u. 3. Person Pl*（现在时，第一和第三人称复数）; ↑ ***sein***[1]

Sin·fo·nie *die*; *-*, *-n* [-ˈniːən] **1.** ein Musikstück aus *mst* vier Teilen (Sätzen), das für ein Orchester geschrieben ist 交响曲，交响乐 〈e-e S. schreiben, komponieren, dirigieren 写、谱写、指挥一部交响曲〉: *die neunte S. von Beethoven* 贝多芬第九交响曲 ‖ K-（复合）: ***Sinfonie-***, ***-konzert***, ***-orchester*** **2.** ***e-e S.*** + *Gen*（二格）/ ***von etw.***（*Pl* 复）*geschr*［书］; viele ähnliche Dinge, die gut zusammenpassen 和谐，协调: *e-e S. von Farben*, *Düften* 色彩、香味的协调 ‖ NB（注意）: Statt *Sinfonie* schreibt man auch *Symphonie*, *bes* in älteren Texten u. in Musiktiteln（尤其在较老的文章和音乐标题中 *Sinfonie* 也写作 *Symphonie*）‖ *zu*（义项）**1.** **sin·fo·nisch** *Adj*（形）

Sin·fo·ni·ker *der*; *-s*, *-* **1.** j-d, der Sinfonien schreibt 交响乐作曲家 **2.** j-d, der in e-m Sinfonieorchester spielt 交响乐演奏家 ‖ NB（注意）: In den Namen von Sinfonieorchestern wird *mst Symphoniker* verwendet（交响乐团团名多用 Symphoniker）: *die Berliner Symphoniker* 柏林交响乐团 ‖ *hierzu*（派生）**Sin·fo·ni·ke·rin** *die*; *-*, *-nen*

sin·gen; *sang*, *hat gesungen*; [Vt/i]（及物/不及物）**1.**（**etw.**）**s.** e-e Melodie od. ein Lied mit der Stimme produzieren 唱，唱歌 〈ein Lied s. 唱首歌; falsch, richtig, laut, leise, schön, gut s. 唱错、对，唱得响、轻、美、好; nach Noten/vom Blatt s. 按谱/照着乐谱唱; solo, Sopran s. 独唱，唱女高音〉: *Weihnachtslieder s.* 唱圣诞歌 ‖ K-（复合）: ***Sing-***, ***-stimme***,

S

-weise; [Vi] (及物) **2. j-n in den Schlaf s.** leise s. (1), bis bes ein Kind einschläft 唱歌催眠; [Vi] (不及物) **3.** beruflich od. als Hobby regelmäßig s. (1) (专业的或业余的定期)演唱,唱歌: *im Kirchenchor, am Theater s.* 在唱诗班、剧团唱歌 **4.** *gespr* [口]; *mst* vor der Polizei ein Verbrechen gestehen 招供 ⟨j-n zum Singen bringen 使某人招供⟩ **5. ein Vogel singt** ein Vogel produziert melodische Töne 鸟在歌唱 ‖ ▶ **Gesang**

Sin.gle¹ [sɪŋgl] *die*; -, -(*s*); e-e kleine Schallplatte, die auf jeder Seite nur ein Musikstück hat(每一面只有一首歌的)单一唱片,小唱片

Sin.gle² [sɪŋgl] *der*; -(*s*), -*s*; j-d, der nicht verheiratet ist u. allein lebt 单身汉,独身 ⟨(ein) S. sein 是个单身汉; als S. leben 过着单身生活⟩ ‖ K- (复合): **Single-, -haushalt; Singles-, -bar, -treff**

Sing.sang *der*; -*s*; *nur Sg*, *pej* (只用单数)[贬]; ein einfaches, monotones Lied 节奏单调的歌曲

Sin.gu.lar [ˈzɪŋgulaːɐ̯] *der*; -*s*; *nur Sg* (只用单数); LING【语】**1.** e-e grammatische Form, die beim Verb zusammen mit den Pronomen *ich, du, er, sie, es* erscheint(动词的)单数(形式) ↔ Plural **2.** e-e grammatische Form, die bei Substantiven, Adjektiven, Artikeln *usw* erscheint u. bei der das folgende Verb im S. (1) steht(名词、形容词、冠词的)单数 ↔ Plural: *„der grüne Baum" u. „die junge Frau" stehen im S.* "der grüne Baum"和"die junge Frau"都是单数 ‖ K- (复合): **Singular-, -endung, -form**

Sing.vo.gel *der*; ein Vogel, der Melodien hervorbringen kann 鸣禽,叫声悦耳的鸟: *Nachtigall u. Lerche sind Singvögel* 夜莺和百灵都是鸣禽

sin.ken; *sank, ist gesunken*; [Vi] (不及物) **1.** (**irgendwohin**) **s.** sich *mst* langsam (aufgrund des eigenen Gewichts) nach unten bewegen 下落,垂落 ⟨(erschöpft, getroffen) zu Boden/auf den Boden s. (精疲力尽地,被击中)跌倒在地/摔到地上; ins Bett s. 倒在床上; den Kopf auf die Schultern s. lassen 把脑袋耷拉在肩膀上; in die Knie s. 屈膝跪倒; das Buch, die Arme s. lassen 松手让书落下,垂下双臂⟩ **2. etw. sinkt** etw. verschwindet unter e-r Oberfläche od. unter e-r (gedachten) Linie(物作主语)下沉,下陷 ≈ etw. geht unter ⟨das Schiff, das Boot 轮船,船⟩: *Der Sturm war so kräftig, dass das Boot kenterte u. schließlich sank* 暴风雨很猛烈,结果船翻了,最后沉没了 **3. etw. sinkt** etw. verliert (*mst* langsam) an Höhe, Wert *usw*, etw. wird weniger ↔ etw. steigt(物作主语)下降,降低 ⟨der Wasserspiegel, die Preise, das Fieber, die Temperaturen 水位,价格,烧,温度⟩: *Der Verbrauch von Kalbfleisch ist in den letzten Jahren gesunken* 最近几年小牛肉的消费下降了 **4. tief s.** nicht mehr nach den Regeln der Moral handeln u. in der Gesellschaft auf e-e niedrige Ebene geraten 堕落,沦落,沉沦 **5. in Bewusstlosigkeit / Ohnmacht s.** 失去知觉/晕倒 ≈ bewusstlos werden **6. in Schlaf s.** *geschr* [书] ≈ einschlafen ‖ ▶ **senken**

Sinn *der*; -(*e*)*s*, -*e* **1.** *mst Pl* (多用复数); die Fähigkeit zu sehen, zu hören, zu riechen, zu schmecken u. zu fühlen (1) u. so die Umwelt wahrzunehmen 官能,感官 ⟨die fünf Sinne 五种官能; etw. mit den Sinnen wahrnehmen 靠官能感知⟩ ‖ K- (复合): **Sinnes-, -eindruck, -erfahrung, -reiz, -schärfe, -störung, -wahrnehmung** ‖ -K (复合): **Gehör-, Geruchs-, Geschmacks-, Gesichts-, Gleichgewichts-, Orientierungs-, Tast- 2. ein S. für etw.** *nur Sg* (只用单数); e-e innere Beziehung zu etw. 意识,感知 ⟨keinen S. für etw. haben 没有意识到某事⟩: *e-n starken S. für Gerechtigkeit haben* 有强烈的正义感; *viel S. fürs Ästhetische haben* 有很强的审美感; *Er hat keinen S. für Humor* 他没有幽默感 ‖ -K (复合): **Familien-, Gemeinschafts-, Gerechtigkeits-, Geschäfts-, Kunst-, Ordnungs-, Realitäts-, Schönheits-, Wirklichkeits- 3.** *nur Sg* (只用单数) ≈ Bedeutung ⟨der verborgene, tiefere, wahre S. von etw. 某物的隐晦的、更深的、真实的含义; den S. e-r Sache erfassen, ahnen, begreifen 领会、意识、理解一件事情的意义; etw. dem S. nach wiedergeben 复述某事的大意; (in etw. (*Dat* 三格)) keinen S. erkennen können 认识不到某事的意义; etw. ergibt keinen S. 某事结果毫无意义⟩ ‖ K- (复合): **Sinn-, -gehalt** ‖ -K (复合): **Doppel-, Hinter-, Neben-; Wort- 4.** *nur Sg* (只用单数); der Zweck, der Wert od. das Ziel von etw. 意义,用处,价值,目的 ⟨etw. hat viel, wenig, keinen S. 某事有很大的意义,意义不大,没有意义; nach dem S. des Lebens fragen 问及生命的意义⟩: *Es hat keinen S., ihn zu kritisieren, er wird sich ja doch nicht bessern* 批评他是没有意义的,他不会改好的; *Ich kann keinen S. darin sehen, Fenster zu bauen, die man nicht öffnen kann* 我看不出安装窗户不能打开有什么用处 **5. der sechste / ein sechster S.** ≈ Gespür, Instinkt (2) **6. etw. hat / macht S.** *gespr* [口]; etw. hat e-n Nutzen od. e-n Zweck 某事有意义 ≈ etw. ist sinnvoll ↔ etw. ist sinnlos: *Meiner Meinung nach hat es keinen S., schon im Sommer die Kleidung für den Winter zu kaufen* 依我看,夏天就买冬天的服装是毫无意义的 ‖ ID [谚] **seiner Sinne nicht mächtig sein** *geschr* [书]; die Dinge nicht mehr richtig wahrnehmen, weil man *z. B.* betrunken od. sehr müde ist(醉得或累得)迷迷糊糊,昏头昏脑; (**nicht**) **bei Sinnen sein** (nicht) klar denken können u. entsprechend handeln 头脑(不)清楚; (**wie**) **von Sinnen sein** nicht mehr wissen, was man tut u. sagt 神志不清楚; **j-m schwinden die Sinne** j-d wird ohnmächtig 某人失去知觉; **in j-s Sinn(e) handeln** so handeln, wie es j-d anderer auch getan hätte 按照某人的意愿行事; **etw. ist (nicht) nach j-s S.** etw. ist (nicht) so, wie es j-d

S

will 某事(并不)符合某人的心意; ***j-m steht der S.*** (***nicht***) ***nach etw.*** j-d hat (keine) Lust auf etw. 某人对某事(没)有兴致; ***j-d/etw. geht j-m nicht mehr aus dem S.*** j-d muss immer wieder an j-n/etw. denken 某人总是惦记着(放心不下)某人/某事; ***etw. im S. haben*** die Absicht haben, etw. zu tun 打算干某事 ≈ etw. vorhaben; ***mit j-m/etw. nichts im S. haben*** mit j-m/etw. nichts zu tun haben wollen 不愿与某人/某事有瓜葛; ***etw. kommt j-m in den S.*** j-d denkt an etw. (Ungewöhnliches) 某人想到某件(不寻常的)事: *Es wäre mir nie in den S. gekommen, den Chef zu fragen, ob er mit uns in die Kneipe mitgeht* 我是永远不会想到去问领导,是否他和我们一块儿去酒馆喝酒; ***ohne S. u. Verstand*** ohne darüber nachzudenken, ob es sinnvoll, nicht übertrieben, nicht schädlich *o.Ä.* ist 不加考虑,不问青红皂白,冒失; ***sich*** (*Dat* 三格) ***j-n/etw. aus dem S. schlagen*** *gespr* [口]; die Hoffnung auf j-n/etw. aufgeben 对某人/某事不再抱有希望; ***im wahrsten S./Sinne des Wortes*** genau so, wie es j-d sagt 按词的本意/名符其实的,真的: *Er ist im wahrsten S. des Wortes geflogen* 他确实是被炒了鱿鱼(= man hat ihn buchstäblich rausgeschmissen); ***Das ist nicht im Sinne des Erfinders*** *gespr hum* [口][诙]; das ist nicht so, wie es beabsichtigt od. geplant war 这并非是本来的意图; ***In diesem Sinn(e)*** *gespr* [口]; verwendet, um auf höfliche Weise ein Gespräch unter Freunden, guten Bekannten *o.Ä.* abzubrechen(朋友、熟人之间结束谈话的礼貌用语)就说到这儿 ‖ NB (注意): ↑ ***eng***

Sinn·bild *das*; ***ein S.*** + *Gen*(二格); etw., das e-e Idee *o.Ä.* darstellt 象征,表象 ≈ Symbol: *welke Blumen als S. der Vergänglichkeit* 凋谢的花朵作为生命短暂的象征 ‖ *hierzu*(派生) **sinn·bild·lich** *Adj* (形)

sin·nen; *sann, hat gesonnen*; [Vi] (不及物) **1.** (***über etw.*** (*Akk* 四格)) ***s.*** nachdenken, grübeln 思考,思索 〈ins Sinnen kommen 思考起来; in düsteres Sinnen verfallen 陷入苦苦思索之中〉: (darüber) *s.*, wie *man ein Problem lösen könnte* 思考如何能解决一个问题 **2.** ***auf etw.*** (*Akk* 四格) ***s.*** die Absicht haben, etw. Bestimmtes zu tun 寻思,盘算,筹划 ≈ etw. planen 〈auf Rache, Mord, Vergeltung, j-s Verderben s. 筹划报仇、谋杀、复仇、使某人扫兴〉

Sin·nen·freu·den *die*; *Pl* (复); die Lust od. Freude an intensiven (sexuellen) Erlebnissen u. Gefühlen 性的享乐,性的欢愉

sinn·ent·stel·lend *Adj* (形); 〈ein Druckfehler, e-e Übersetzung 印刷错误,翻译〉 so, dass sie den Sinn, die Bedeutung von etw. verändern 歪曲原意的,与原意有出入的

Sin·nes·or·gan *das*; *mst Pl* (多用复数); ein Teil des Körpers (wie Nase, Auge, Ohr, Haut *usw*), mit dem man die Umwelt wahrnehmen kann 感觉器官

Sin·nes·täu·schung *die*; etw., das man hört od. sieht, das es aber in Wirklichkeit nicht gibt 错觉,幻觉 ≈ Halluzination: *E-e Fata Morgana ist e-e S.* 海市蜃楼是一种错觉

Sin·nes·wan·del *der*; *nur Sg* (只用单数); e-e *mst* plötzliche Änderung der Meinung 转变思想,改变看法 ≈ Meinungsänderung 〈e-n (totalen) S. vollziehen 进行(彻底的)思想转变〉

sinn·fäl·lig *Adj* (形); so, dass es sofort verstanden wird 易懂的,一目了然的 ≈ anschaulich 〈etw. s. zum Ausdruck bringen 简明易懂地表述某事〉 ‖ *hierzu*(派生) **Sinn·fäl·lig·keit** *die*; *nur Sg* (只用单数)

sinn·ge·mäß *Adj* (形); *nur attr od adv*(只作定语或状语); so, dass die Bedeutung der Äußerung (u. nicht die Äußerung selbst) wiedergegeben wird 按意思的,按照精神的,按大意的 ↔ wörtlich 〈etw. s. wiedergeben, übersetzen 按意思复述、翻译〉

sin·nie·ren; *sinnierte, hat sinniert*; [Vi] (不及物); (***über etw.*** (*Akk* 四格)) ***s.*** *gespr* [口]; über etw. nachdenken, grübeln 思考,思索 〈vor sich hin s. 独自沉思〉: *über sein Schicksal s.* 思索自己的命运

sinn·lich *Adj* (形) **1.** in Bezug auf die Sinne (1) od. mit den Sinnen (1) 官能的,感官上的 〈die Wahrnehmung, die Erfahrung, Reize 感受,经验,刺激; etw. s. wahrnehmen 感受到某事〉 **2.** in Bezug auf den Körper (u. nicht auf den Geist) 肉体上的 ≈ körperlich ↔ geistig 〈Genüsse, Freuden, Begierden 享受,欢愉,欲望〉 **3.** an sexuellem Vergnügen interessiert 耽于性享乐的 〈e-e Frau, ein Mann 女子,男人〉 **4.** so, dass es die Sexualität stark anspricht 性感的: *Der Tango ist ein sehr sinnlicher Tanz* 探戈是一种很性感的舞蹈; *Sie hat e-n sinnlichen Mund* 她有一张性感的嘴 ‖ *hierzu* (派生) **Sinn·lich·keit** *die*; *nur Sg* (只用单数) ‖ ▶ ***übersinnlich***

sinn·los *Adj* (形) **1.** ohne Zweck od. Bedeutung 无意义的,无目的的 ≈ unsinnig, zwecklos ↔ sinnvoll 〈ein Krieg 战争; Opfer 牺牲; Zerstörung 破坏; etw. s. vergeuden 无意义地挥霍某物〉: *Es ist doch völlig s., ihm das zu erklären, er versteht das sowieso nicht* 给他解释是完全没有用的,他反正是不会理解的 **2.** *nur attr od adv*(只作定语或状语); ohne Grund 莫名其妙的,无缘无故的 ≈ grundlos 〈sich s. ärgern, aufregen 莫名其妙地生气、激动〉 **3.** ohne Überlegung od. Verstand 未经思考的;缺乏理智的 〈Gerede, Zeug 废话,胡言乱语; s. drauflosarbeiten 盲目瞎干〉 **4.** *nur adv* (只作状语); so, dass man seiner Sinne nicht mehr mächtig ist 神志不清的,失去自制的 〈sich s. betrinken 醉得迷迷糊糊〉 ‖ *zu* (义项) **1.**, **2.** u. **3.** **Sinn·lo·sig·keit** *die*; *nur Sg* (只用单数)

sinn·ver·wandt *Adj* (形); mit ähnlicher Bedeutung 近义的 〈Wörter 词〉

sinn·voll *Adj* (形) **1.** so, dass es e-n Nutzen, e-n Zweck hat 有意义的,有用的 ≈ nützlich ↔ sinnlos 〈e-e Erfindung 发明〉 **2.** so, dass es den Betreffenden zufrieden macht 有意义的,令人满意的 ≈ befriedigend ↔ frustrierend 〈e-e Tätigkeit, e-e Arbeit, ein Leben 活动,工作,生活〉 **3.** 〈ein Satz 句子〉 so, dass er e-n

Sinn (3), e-e Bedeutung ergibt 有含义的,有意思的 ↔ sinnlos

sịnn·wid·rig *Adj*; so, dass es dem Sinn (4) von etw. widerspricht 违背原意的,背理的,荒谬的: *ein Gesetz s. auslegen* 荒谬地解释一条法律 ‖ *hierzu* (派生) **Sịnn·wid·rig·keit** *die*; *nur Sg* (只用单数)

Sịnn|zu·sam·men·hang *der*; die Verbindung mehrerer Sätze, aus der man *z.B.* ein Wort od. e-e Äußerung richtig deuten kann 连贯意思,上下文关系 ≈ Kontext: *aus dem S. erraten können, was ein unbekanntes Wort bedeutet* 从上下文关系中可以猜出一个生词是什么意思

Si·no·lo·gie *die*; *nur Sg* (只用单数); die Wissenschaft, die sich mit der chinesischen Sprache u. Kultur beschäftigt 汉学,中国学 ‖ *hierzu* (派生) **Si·no·lo̲·ge** *der*; *-n*, *-n*; **Si·no·lo̲·gin** *die*; *-*, *-nen*

Sịnt·flut *die*; *nur Sg* (只用单数) **1.** REL【宗】; (nach biblischer Überlieferung) ein starker Regen, mit dem Gott die Menschen für ihre Sünden bestrafte(《圣经》中的)大洪水 **2.** *gespr* [口]; ein sehr starker Regen 大暴雨: *Das ist ja die reinste S.!* 这真是一场特大暴雨! ‖ ID [谚] ***Nach mir die S.!*** *gespr* [口]; es ist mir egal, welche Folgen mein Verhalten haben wird 在我之后,哪管它洪水泛滥!(意指:以后的事,我管不着了!) ‖ *zu* (义项) **2. sịnt·flut·ar·tig** *Adj* (形) ‖ ▶ ***vorsintflutlich***

Sịn·ti *die*; *Pl* (复), *mst in* 多用于 ***S. u. Roma*** verwendet als Bezeichnung für e-e Volksgruppe, die in mehreren Ländern Europas lebt. Früher waren fast alle *Sinti* u. *Roma* nicht sesshaft u. zogen *mst* in Wohnwagen von Ort zu Ort (生活在欧洲的两个吉卜赛部族,泛指)吉卜赛人

Si·phon [ˈziːfõ, ziˈfoːn] *der*; *-s*, *-s* **1.** e-e Art Flasche, in der das (Soda) Wasser so unter Druck steht, dass man es herausspritzen kann(饮料)充气瓶,虹吸瓶 ‖ K- (复合): ***Siphon-***, ***-flasche*** **2.** ein gebogenes Rohr *z.B.* unten an e-m Waschbecken. Im Rohr bleibt immer e-e bestimmte Menge Wasser, das verhindert, dass unangenehme Gerüche aus dem Abfluss kommen 存水弯管,反虹吸阀

Sịp·pe *die*; *-*, *-n*; *Kollekt* (集合) **1.** e-e Gruppe von mehreren Familien, die zusammen leben 氏族,宗族,家族: *Während der Steinzeit lebten unsere Vorfahren in Sippen* 在石器时代我们的祖先以氏族为单位生活 ‖ K- (复合): ***Sippen-***, ***-forschung***, ***-verband*** **2.** *gespr hum* [口][诙]; die (eigenen) Verwandten 亲戚

Sịp·pen·haf·tung *die*; *nur Sg* (只用单数); die Praxis, dass die ganze Sippe (1) *o.Ä.* für die Straftaten e-s einzelnen Mitglieds verantwortlich gemacht wird (*bes* bei Blutrache) 家族株连,株连九族

Sịpp·schaft *die*; *nur Sg*, *Kollekt*, *mst pej* (只用单数)(集合)多用[贬]; die (eigenen) Verwandten 族人;亲戚 ≈ Sippe (2)

Si·re̲·ne *die*; *-*, *-n* **1.** ein Gerät, das lange, laute Töne erzeugt, *bes* um vor e-r Gefahr zu warnen 警报声,汽笛声 (die Sirenen heulen 警报声大作) ‖ K- (复合): ***Sirenen-***, ***-geheul*** ‖ -K (复合): ***Auto-***, ***Schiffs-***; ***Fabrik-***; ***Feuerwehr-***, ***Polizei-*** **2.** eine der Frauen, die in der griechischen Sage Männer durch ihren schönen Gesang ins Unglück brachten 塞壬(希腊神话中半人半鸟的海妖,常用歌声诱惑路过的航海者,使航船触礁,海员死亡) ‖ K- (复合): ***Sirenen-***, ***-gesang*** ‖ *zu* (义项) **2. si·re̲·nen·haft** *Adj* (形)

sịr·ren; *sirrte*, *ist gesirrt*; [Vi] (不及物) ***ein Insekt sirrt*** ein Insekt fliegt u. erzeugt dabei e-n hohen, hellen Ton 昆虫发出嗡嗡声 (e-e Mücke, e-e Schnake, e-e Libelle 蚊子,大蚊,蜻蜓)

Si̲·rup *der*; *-s*; *nur Sg* (只用单数) **1.** e-e braune, dicke Flüssigkeit, die entsteht, wenn man Zucker herstellt 糖浆 **2.** e-e süße dicke Flüssigkeit, die man mit Wasser mischt u. als Saft trinkt 浓缩果汁: *den S. mit Wasser verdünnen* 用水稀释浓缩果汁 ‖ -K (复合): ***Apfel-***, ***Frucht-***, ***Himbeer-***, ***Kirsch-***, ***Zitronen-***

Si̲·sal *der*; *-s*; *nur Sg*, *Kollekt* (只用单数)(集合); Fasern, aus denen man Seile u. Matten herstellt 西沙尔麻(纤维) ‖ K- (复合): ***Sisal-***, ***-faden***, ***-seil***, ***-teppich***

Si̲·sy·phus·ar·beit [ˈziːzyfʊs-] *die*; e-e Arbeit, die nie zu Ende geht bzw. nie zu e-m Erfolg führt 西绪福斯的苦役(西绪福斯为希腊神话中创建科林斯城的王,生性狡诈,因触犯天神,死后在冥府被罚推巨石上山,刚到山顶,巨石又滚落山下,如此周而复始,永无停歇),无尽无休的工作: *Hausarbeit ist die reinste S.* 家务活纯粹是件没完没了的工作

Sịt·te *die*; *-*, *-n* **1.** *mst Pl* (多用复数); die Verhaltensweisen, die e-e bestimmte Gesellschaft traditionell angenommen hat 风俗,习俗 ≈ Bräuche, Gepflogenheiten (die Sitten u. Gebräuche e-s Volkes 一个民族的风俗习惯; irgendwo herrschen wilde, raue, strenge Sitten 在某个地方盛行野蛮的、粗野的、严厉的风俗): *Andere Länder, andere Sitten* (Sprichwort) 不同的国家有不同的风俗; *Bei uns gibt es die S., ein Fest zu feiern, wenn das Dach e-s Hauses fertig geworden ist* 在我们那儿有这么一个习俗,房子封顶要庆贺一番 ‖ K- (复合): ***Sitten-***, ***-geschichte*** ‖ -K (复合): ***Landes-***, ***Volks-*** **2.** *mst Sg* (多用单数); die Normen, die in e-r Gesellschaft bestimmen, was gut u. richtig ist 道德风尚,道德 ≈ Moral (die gute S. 良好的道德风尚; gegen S. u. Anstand verstoßen 违背道德规范和礼俗; gegen die Sitten verstoßen 触犯规矩): *In vielen mohammedanischen Ländern verlangt die S., dass Frauen e-n Schleier tragen* 许多穆斯林国家的道德风尚要求妇女都戴面纱 ‖ K- (复合): ***Sitten-***, ***-kodex***, ***-lehre***, ***-verfall*** **3.** *Adj* (形) + ***Sitten*** die Art, wie sich j-d vor anderen verhält … 的行为、举止、规矩、习惯 ≈ Adj. (形) + Benehmen (eigenartige, sonderbare, komische

Sitten haben 独特的、不寻常的、奇怪的习惯(规矩); ein Mensch mit guten, schlechten Sitten 有良好、不良习惯的人; etw. ist gegen die guten Sitten 某事是不道德的行为(= ist unmoralisch)〉 **4. *etw. ist S.*** etw. ist üblich(物作主语)是个惯例,常规: *Bei uns ist* es *S., dass man ein Geschenk mitbringt, wenn man irgendwo zu Gast ist* 在我们那儿这是个习惯,不管你上哪儿去作客都带上一份礼物; *In unserer Familie ist* es *S., nach dem Essen e-n Kaffee* zu *trinken* 饭后喝杯咖啡在我们家是个习惯 **5.** *Kurzw*(略) ↑ ***Sittenpolizei*** ‖ ID [谚] ***Das sind ja ganz neue Sitten!*** *gespr* [口]; verwendet, um seine Überraschung über etw. Neues auszudrücken (das man nicht gut findet) 这也算是新规矩! (表示新奇) ‖ *zu* (义项) **2. sit·ten·los** *Adj* (形); **Sit·ten·lo·sig·keit** *die*; *nur Sg*(只用单数)

Sit·ten·bild *das*; die Beschreibung der Sitten (1) e-r bestimmten Zeit u. Gesellschaft 风俗描绘,风俗画: *ein S. des Bürgertums im 19. Jahrhundert geben* 提供一幅19世纪市民的风俗画

Sit·ten·po·li·zei *die*; *nur Sg* (只用单数); e-e Abteilung der Polizei, die gegen illegale Prostitution, illegales Glücksspiel *o. Ä.* kämpft(扫黄禁赌的)道德警察

Sit·ten·rich·ter *der*; *mst pej* 多用[贬]; j-d, der die Lebensweise anderer Menschen verurteilt, ohne dass er das Recht dazu hat 道德判官(意即:对他人生活方式说三道四的人)〈j-d spielt den S., spielt sich als S. auf 某人扮演道德判官,摆出一付道德判官的架势〉 ‖ *hierzu*(派生) **Sit·ten·rich·te·rin** *die*

sit·ten·streng *Adj* (形); *veraltend* [渐旧]; 〈Eltern, ein Vater 父母,父亲〉 so, dass sie sehr genau darauf achten, dass ihre Angehörigen nichts tun, das unmoralisch ist 道德上要求严格的 ‖ *hierzu*(派生) **Sit·ten·stren·ge** *die*

Sit·ten·strolch *der*; *pej* [贬]; ein Mann, der in sexueller Absicht Frauen u. Kinder verfolgt (u. belästigt) 道德败坏的男子,流氓

sitt·lich *Adj* (形) **1.** *nur attr od adv*(只作定语或状语); in Bezug auf die Sitte (2), die Moral 道德上的,道德风尚的 ≈ moralisch (1) 〈die Erziehung, Reife, der Verfall 教育,成熟,堕落; Bedenken 顾虑; der sittliche Wert e-s Romans, e-s Films 一本小说、一部电影的道德价值〉 **2.** den Regeln der Sitte (2), der Moral entsprechend, vorbildlich in moralischer Hinsicht 合乎道德规范的,有规矩的,品行端正的,有教养的 ≈ sittsam ↔ unsittlich 〈ein Mensch, Verhalten, Handeln 人,举止,行为; sich s. verhalten 待人接物很懂规矩〉 ‖ *hierzu*(派生) **Sitt·lich·keit** *die*; *nur Sg* (只用单数)

Sitt·lich·keits|de·likt *das*; ≈ Sexualdelikt

Sitt·lich·keits|ver·bre·chen *das* ≈ Sexualdelikt ‖ *hierzu*(派生) **Sitt·lich·keits|ver·bre·cher** *der*; **Sitt·lich·keits|ver·bre·che·rin** *die*

sitt·sam *Adj* (形); *veraltend od hum*[渐旧]或[诙]; den Regeln der Sitte (2), der Moral entsprechend 合乎道德规范的,有教养的,懂规矩的 ≈ anständig, brav ‖ *hierzu* (派生) **Sitt·sam·keit** *die*; *nur Sg* (只用单数)

Si·tu·a·ti·on [-ˈtsio:n] *die*; -, *-en*; die Umstände, Bedingungen, Tatsachen, wie sie zu e-r bestimmten Zeit vorhanden sind 情况,形势,处境 ≈ Lage (3), Verhältnisse (1) 〈e-e schwierige, heikle, komplizierte, peinliche, gefährliche, verfahrene, ausweglose S. 困难的、尴尬的、复杂的、窘迫的、危险的、糟糕的、无出路的处境; j-s familiäre, finanzielle, berufliche S. 某人的家庭、经济、工作情况; die wirtschaftliche, politische S. e-s Landes 一个国家的经济、政治形势; e-r S. (nicht) gewachsen sein 对付(不了)得了某种情况〉: *Der Brief hat ihn in e-e schwierige S. gebracht* 这封信使他陷入了困境 ‖ -K (复合): ***Konflikt-, Krisen-, Markt-, Verkehrs-*** ‖ *hierzu* (派生) **si·tu·a·ti·ons·bedingt** *Adj* (形)

Si·tu·a·ti·ons·ko·mik *die*; *nur Sg* (只用单数); Komik, die von e-r bestimmten Situation (*bes* in e-m Film od. im Theater) kommt (u. nicht von dem, was gesagt wird) 情景滑稽

si·tu·iert *Adj* (形); *mst in* 多用于 ***gut s. sein*** viel Geld u. e-e (gesellschaftlich) hohe Position haben 有钱又有地位,有钱有势,生活富裕

Sitz *der*; *-es, -e* **1.** etw., auf dem man (*z. B.* im Auto od. im Theater) sitzen kann 座位 〈bequeme, gepolsterte, weiche, lederne Sitze 舒适的、有软垫的、柔软的、皮革座位〉 ‖ K- (复合): ***Sitz-, -bank, -platz*** ‖ -K (复合): ***Leder-, Plastik-; Auto-; Fahrer-; Fenster-, Rück-, Vorder-; Not-, Schleuder-*** **2.** e-e Stelle in e-r (öffentlichen) Institution od. e-m Gremium (mit dem Recht, bei Abstimmungen mitzumachen) 席位 〈ein S. im Parlament, im Gemeinderat, im Aufsichtsrat, im Parteivorstand *usw* 在议会、乡代表大会、监察委员会、党领导机构中的一个席位〉: *Die Partei hat / gewann / verlor 20 Sitze im Parlament* 这个党在议会中有/赢得/失去20个席位 ‖ K- (复合): ***Sitz-, -verteilung*** ‖ -K (复合): ***Abgeordneten-, Parlaments-*** **3.** das Gebäude, in dem e-e Institution, ein Betrieb *o. Ä.* arbeitet 所在地,驻地,办公大楼: *Die Firma hat ihren S. in Frankfurt / hat ihren Sitz nach Berlin verlegt* 这家公司的所在地在法兰克福/把它的办公地点迁到柏林去了; *Der Bundespräsident hat seinen S. in der Villa Hammerschmidt* 联邦总统在哈默施密特别墅办公 ‖ -K (复合): ***Amts-, Regierungs-; Haupt-; Land-; Wohn-; Bischofs-*** ‖ ID [谚] ***auf einen S.*** *gespr* [口]; auf einmal, ohne zu unterbrechen 一下子,一口气 〈etw. auf einen S. (auf)essen, austrinken 一口气吃光、喝光某物〉

Sitz·blo·cka·de *die*; e-e Art Demonstration, bei der sich die Demonstranten auf e-e Straße, in e-e Einfahrt *o. Ä.* setzen, um j-m den Weg zu versperren 静坐示威

Sitz·ecke *die*; *Kollekt* (集合); e-e Gruppe von Möbeln zum Sitzen (u. ein Tisch), die in

S

einer Ecke e-s Zimmers stehen(放有沙发,桌椅的)休息角

sit·zen; *saß*, *hat/ist gesessen*; [Vi](不及物) 1. ***irgendwo s.*** (*hat/bes südd* Ⓐ Ⓒⓗ 尤用于[南德][奥][瑞] *ist*) in e-r ruhenden Stellung sein, in der der Oberkörper senkrecht bleibt 坐,坐着 ↔ stehen, liegen 〈bequem, weich s. 坐得舒适、柔软; ruhig, still s. 安静地、默默地坐着〉: *auf e-r Parkbank s.* 坐在一张公园的长凳子上; *Im Kino saß ein älterer Herr neben mir* 在电影院里一位年长的先生坐在我旁边 ‖ NB(注意): *s.* bezeichnet e-n Zustand(sitzen 表示一种状态): *Sie saßen im Schatten des Baumes* 他们坐在树阴下; *sich setzen* bezeichnet e-n Vorgang (sich setzen 表示一个动作过程): *Nach dem Spaziergang setzten sie sich auf e-e Bank* 散步之后他们在一张凳子上坐了下来 ‖ K-(复合): ***Sitz-***, ***-badewanne***, ***-bank***, ***-brett***, ***-kissen***, ***-möbel*** 2. (*hat/südd* Ⓐ Ⓒⓗ [南德][奥][瑞] *ist*) *bes* lange Zeit irgendwo s. (1), sich irgendwo aufhalten (u. sich dabei mit etw. beschäftigen)坐着(指长时间地): *den ganzen Tag zu Hause, im Wirtshaus s.* 整天坐在家里、饭馆里; *stundenlang vor dem Fernseher s.* (= fernsehen), *am Schreibtisch s.* (= arbeiten), *über den Büchern s.* (= lernen) 几个小时(长久地)坐在电视机前(看电视),坐在办公桌后(工作),趴在书本上(学习) 3. ***ein Tier sitzt irgendwo*** (*hat/südd* Ⓐ Ⓒⓗ [南德][奥][瑞] *ist*) ein Tier ist in e-r Art sitzenden (1) Position(动物)蹲,(禽类)蹲,趴: *Der Hase sitzt auf den Hinterbeinen* 兔子用后腿蹲着; *Die jungen Vögel sitzen im Nest* 小鸟趴在窝里; *Die Henne sitzt auf ihren Eiern u. brütet* 母鸡伏在蛋上孵小鸡 ‖ K-(复合): ***Sitz-***, ***-stange*** 4. (*Zeitangabe* 时间说明语 +) ***s.*** (*hat*) *gespr* [口]; im Gefängnis sein 坐牢,蹲监狱: *Für seinen Banküberfall muss er (5 Jahre) s.* 因抢劫银行他得蹲(五年)监狱 5. ***irgendwo s.*** (*hat/südd* Ⓐ Ⓒⓗ [南德][奥][瑞] *ist*) Mitglied e-r (öffentlichen) Institution od. e-s Gremiums sein 有席位,占一席〈im Parlament, im Stadtrat, im Aufsichtsrat *usw* s. 在议会、市议会、监察委员会占有席位〉 6. ***auf etw.*** (*Dat* 三格) ***s.*** (*hat/südd* Ⓐ Ⓒⓗ [南德][奥][瑞] *ist*) *gespr pej* [口][贬]; etw. besitzen u. nicht hergeben wollen 守候着,死抱着(不松手)〈auf seinem Geld s. 守着自己的钱〉 7. ***auf etw.*** (*Dat* 三格) ***s.*** (*hat/südd* Ⓐ Ⓒⓗ [南德][奥][瑞] *ist*) *gespr pej* [口][贬]; etw. nicht (weiter) bearbeiten 把持着(不处理): *Er sitzt seit drei Wochen auf meinem Bericht* 他拿着我的那篇报告已经有三周了 8. ***etw. sitzt*** (***gut***) (*hat*) etw. hat die richtige Größe u. Form u. passt j-m deshalb(物作主语)合身: *Die Jacke sitzt gut* 这件外衣合身 9. ***etw. sitzt schlecht*** (*hat*) etw. hat nicht die richtige Größe u. Form u. passt j-m deshalb nicht (物作主语)不合身 10. ***etw. sitzt irgendwie*** (*hat/südd* Ⓐ Ⓒⓗ *auch*[南德][奥][瑞]也用 *ist*) etw. hängt, liegt, steckt irgendwo auf e-e bestimmte Art(物作主语)挂,搁,别,插: *Deine Brosche sitzt verkehrt* 你的胸针别倒了 11. ***etw. sitzt*** (*hat*) *gespr* [口]; etw. wird (von j-m) beherrscht(物作主语)熟练掌握,精通,到位: *die Tonleiter so lange üben, bis sie (richtig) sitzt* 练音阶一直练到它准确为止; *Bei e-m Meister muss jeder Handgriff s.* 要当师傅的话,他的每个动作都必须到位 12. ***etw. sitzt*** (***tief***) (*hat*) etw. wirkt sehr stark in j-m, ist irgendwie zu spüren(物作主语)铭刻在、埋藏在…的心头〈j-s Hass, e-e Beleidigung, e-e Kränkung, e-e Verletzung 某人的仇恨,侮辱,委屈,伤害〉: *Mir sitzt noch die Angst in den Knochen* 我仍然毛骨悚然 13. ***e-e sitzende Tätigkeit***, ***Arbeit*** *usw* e-e Tätigkeit *usw*, bei der man viel sitzt (1)一份坐着的工作 14. ***einen 's. haben*** *gespr* [口]; (ein wenig) betrunken sein 有醉意 15. ***sitz!*** verwendet, um e-m Hund zu sagen, dass er sich setzen soll 蹲下!(对狗的命令) 16. ***s. bleiben*** e-e Klasse in der Schule noch einmal machen müssen, weil die Leistungen zu schlecht waren 留级,蹲班: *in der fünften Klasse s. bleiben* 在五年级时留级; *in der Schule zweimal s. bleiben* 在学校里两次留级 17. ***auf etw.*** (*Dat* 三格) ***s. bleiben*** niemanden finden, der e-e Ware kauft 没有销路,滞销,卖不动: *Er ist auf seinen Waren s. geblieben, weil er sie zu teuer angeboten hat* 因为他卖的商品太贵,所以卖不动 18. ***j-n s. lassen*** j-n verlassen 抛弃,遗弃: *Nach zehn Jahren Ehe hat ihr Mann sie u. die Kinder s. lassen* 结婚10年之后,她的丈夫把她和孩子都抛弃了 19. ***j-n s. lassen*** zu e-r Verabredung nicht kommen(失约)让…空等 ≈ versetzen (5): *Wir hatten e-e Verabredung, aber sie hat mich s. lassen* 我们是约好了的,可她让我空等了 20. *mst* 多用 ***etw. nicht auf sich*** (*Dat* 三格) ***s. lassen*** sich gegen e-n Vorwurf od. e-e Kritik verteidigen 不能容忍,对…不能置之不理: *E-e solche Anschuldigung kann ich unmöglich auf mir s. lassen* 对于这种指控我是不能容忍的 ‖ *zu* (义项) 16. **Sit·zen·blei·ber** *der*; *-s*, *-*; **Sit·zen·blei·be·rin** *die*; *-*, *-nen* ‖ ▶ ***setzen***

sit·zen·blei·ben ↑ ***Sitzen*** (16,17)

sit·zen·las·sen ↑ ***Sitzen*** (18-20)

Sitz·fleisch *das*; *mst in* 多用于 ***kein S. haben*** *gespr hum* [口][诙]; a) nicht lange irgendwo (ruhig) sitzen können 坐不住; b) keine Ausdauer haben 没有耐心,没有毅力

Sitz·ge·le·gen·heit *die*; etw. (wie *z. B.* ein Stuhl od. ein Hocker), auf dem man sitzen kann 坐的地方

Sitz·grup·pe *die*; *Kollekt* (集合); mehrere einzelne (Polster)Sessel *o. Ä.*, die als Gruppe in e-m Zimmer stehen 一套沙发椅: *e-e S. aus Leder im Wohnzimmer haben* 在客厅里有一套皮沙发

-sit·zig *im Adj*, *wenig produktiv* (构成形容词,构词弱); mit der genannten Zahl von Sitzen (1)…坐位的; ***einsitzig***, ***zweisitzig***, ***viersitzig*** *usw*: *ein achtsitziger Kleinbus* 一辆有八个座位的小面包车

Sitz·ord·nung *die*; die Verteilung von Per-

S

sonen auf die Plätze in e-m Saal, an e-m Tisch 座次,坐位的安排: *Die S. sah vor, dass die Ehrengäste in der ersten Reihe saßen* 坐位事先排定,贵宾坐在第一排

Sitz·platz *der*; ein Platz zum Sitzen (in e-m Bus, Zug, Stadion *o. Ä.*), für den man bezahlt hat 坐位,坐席 ↔ Stehplatz ⟨j-m e-n S. anbieten 让给某人一个座位; sich e-n S. reservieren lassen 订一个座位; keinen S. mehr finden 找不到坐位⟩

Sitz·streik *der*; ein Streik, bei dem die Leute irgendwo sitzen, *bes* um e-n Weg zu blockieren 静坐罢工

Sit·zung *die*; -, *-en* **1.** ein Treffen von mehreren Leuten, um etw. zu besprechen od. zu entscheiden 会议≈Konferenz ⟨e-e S. einberufen, anberaumen, abhalten 召开会议,确定一次会议的日期,举行会议; die S. eröffnen, unterbrechen, schließen 开始、中断、结束会议; an e-r S. teilnehmen 参加会议; zu e-r S. gehen 去开会; bei/auf/in e-r S. sein 正在开会⟩ ‖ K- (复合): ***Sitzungs-***, ***-bericht***, ***-protokoll***, ***-saal***, ***-zimmer*** ‖ -K (复合): ***Arbeits-***, ***Fraktions-***, ***Gewerkschafts-***, ***Kommissions-***, ***Parlaments-***, ***Plenar-***, ***Präsidiums-***, ***Rats-***, ***Senats-***, ***Vorstands-*** **2.** ein (einzelner) Besuch bei e-m Maler, e-m Therapeuten, e-m Arzt *usw*, während dessen man porträtiert bzw. behandelt wird 就诊,接受治疗;让人画肖像 ‖ -K (复合): ***Therapie-***, ***Zahnarzt-*** **3.** ***e-e lange S.*** *gespr hum* [口][谐]; e-e ziemlich lange Zeit, die j-d auf der Toilette sitzt 久坐不出来(指蹲厕所时间长)

Ska·la [sk-] *die*; -, *-s/Ska·len* **1.** e-e grafische Darstellung der Ergebnisse e-r Messung durch ein Instrument (*mst* in Form von Strichen u. Zahlen) 刻度,标度尺 ⟨etw. von/auf e-r S. ablesen 从刻度上读出某物⟩: *Die S. des Fieberthermometers reicht von 35° bis 42°C* 体温表的刻度是从摄氏 35 度到 42 度 **2.** e-e grafische Darstellung verschiedener Werte, Farben *o. Ä.*, mit denen man etw. messen od. vergleichen kann 数值图表;比色图表: *e-e S. von Blautönen* 蓝色的比色表 ‖ -K (复合): ***Bewertungs-***, ***Duft-***, ***Farb(en)-***, ***Gefühls-***, ***Lohn-***, ***Noten-***, ***Werte-***

Skalp [sk-] *der*; *-s*, *-e*; *hist*[历]; e-e Trophäe (die Kopfhaut u. die Haare), die Indianer von ihrem besiegten Feind nahmen(印第安人从战败的敌人头上剥下的带毛发的)头皮 ‖ *hierzu* (派生) **skal·pie·ren** (*hat*) *Vt*(及物)

Skal·pell [sk-] *das*; *-s*, *-e*; ein kleines, sehr scharfes Messer, mit dem Chirurgen, Zoologen u. Botaniker arbeiten 解剖刀,手术刀,外科刀

Skan·dal [sk-] *der*; *-s*, *-e*; ***ein S. (um j-n/etw.)*** ein Ereignis, das viele Leute schockiert (u. ärgert), weil es moralisch nicht akzeptabel ist 丑闻 ⟨e-n S. verursachen, aufdecken 造成、揭露一件丑闻; es kommt zu e-m S. 发生一起丑闻; etw. als S. empfinden 认为某事是一件丑闻⟩: *der S. um die Finanzierung des Krankenhauses* 有关这所医院财务的丑闻; *Diese Verschwendung von Steuergeldern ist ein S.* 这次税款挥霍事件是一起丑闻 ‖ -K (复合): ***Bestechungs-***, ***Finanz-***

skan·da·lös [sk-]; *skandalöser*, *skandalösest-*; *Adj* (形); so, dass es als Skandal empfunden wird 丑恶的,骇人听闻的,令人愤慨的 ≈ unerhört, empörend ⟨ein Vorfall, ein Benehmen, ein Verhalten, Zustände 事件,举止,行为,状况⟩: *Es ist s., wie sie ihre Kinder behandelt* 她如此对待自己的孩子真是骇人听闻

skan·dal·um·wit·tert *Adj* (形); *nicht adv*(不作状语); so, dass es schon oft Skandale um die betreffende Person/Sache gegeben hat 丑闻不断的: *der skandalumwitterte Filmstar* 这位丑闻不断的电影名星

Skat [sk-] (*der*); *-(e)s*, *-e* **1.** *nur Sg* (只用单数); ein Kartenspiel für drei Personen 斯卡特(一种三人玩的纸牌) ⟨(e-e Runde) S. spielen 打(一轮)斯卡特⟩ ‖ K- (复合): ***Skat-***, ***-abend***, ***-karte***, ***-partie***, ***-runde***, ***-spiel***, ***-spieler***, ***-turnier*** **2.** die zwei Karten, die beim S. (1) verdeckt liegen(打斯卡特牌时的两张)暗牌 ⟨den S. aufnehmen, liegen lassen 抽出、留出暗牌⟩

Skat·bru·der *der*; *gespr* [口]; j-d, der oft Skat spielt 斯卡特牌友

Skate·board [ˈskeɪtbɔːd] *das*; *-s*, *-s*; ein kurzes Brett mit kleinen Rädern, auf dem man steht u. fährt 滑板 ⟨S. fahren 滑滑板⟩

Ske·lett [sk-] *das*; *-s*, *-e* **1.** *Kollekt* (集合); alle Knochen des Körpers e-s Menschen od. Tiers 骨骼,骷髅,骨架 ≈ Gerippe: *das S. e-s Mammuts im Museum* 博物馆里一具猛犸象骨骼 **2.** ***j-d ist nur mehr ein S.*** *gespr* [口]; j-d ist sehr abgemagert 某人瘦得只剩骨架 **3.** ***j-d ist das reinste S.*** *gespr* [口]; j-d ist sehr mager 某人瘦得皮包骨头(骨瘦如柴) ‖ ↑ *Abb. Seite 1650* 图见 1650 页

Skep·sis [sk-] *die*; -; *nur Sg* (只用单数); ***S. (gegenüber j-m/etw.)*** der Glaube od. die Befürchtung, dass etw. nicht stimmen, klappen *o. Ä.* könnte 怀疑,不相信 ≈ Zweifel ⟨voller S. sein 满怀疑虑; etw. mit S. betrachten 以怀疑的态度观察某事; j-m/etw. mit S. gegenüberstehen, begegnen 抱着疑虑面对、对待某人/某事⟩

skep·tisch [sk-] *Adj* (形); von dem Glauben geprägt, dass alles in Frage zu stellen ist, was nicht ganz sicher ist 怀疑的,疑虑的,将信将疑的 ⟨ein Mensch, e-e Haltung 人,态度; s. sein, klingen, schauen 是有疑虑的,(说话)听起来有疑虑,怀疑地看着; j-n s. stimmen, machen 使某人将信将疑、产生怀疑; j-m/etw. s. gegenüberstehen 对待某人/某事将信将疑⟩: *Ich bin ziemlich s., ob das wohl gut gehen wird* 这是否可行我相当怀疑 ‖ *hierzu* (派生) **Skep·ti·ker** *der*; *-s*, -; **Skep·ti·ke·rin** *die*; -, *-nen*

Sketch [skɛtʃ] *der*; *-es*, *-e/-es*; e-e kurze witzige Szene auf der Bühne, im Fernsehen *o. Ä.* 滑稽小品,讽刺短剧

Ski [ʃiː] *der*; *-s*, *-/-er* [ˈʃiːɐ]; eines von zwei langen, schmalen Brettern (*mst* aus Kunststoff), mit denen man über Schnee gleiten

S

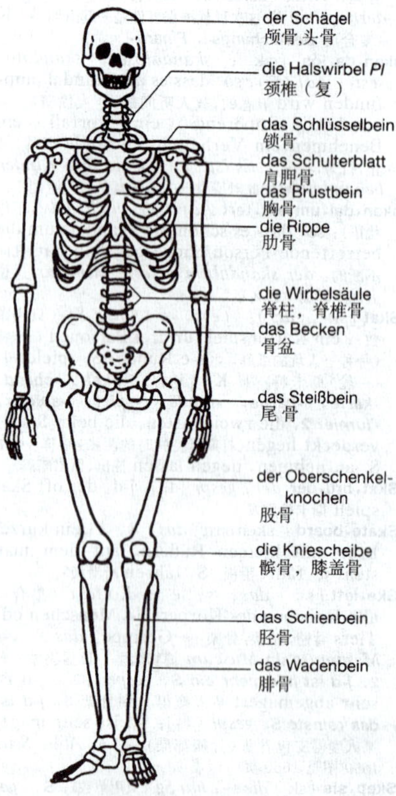

Skelett

kann 滑雪板〈S. fahren, laufen 滑雪; die Ski/Skier anschnallen, abschnallen, wachsen 扣上、解下滑雪板,给滑雪板上蜡〉‖ K-(复合): ***Ski-***, ***-anzug***, ***-belag***, ***-bindung***, ***-brille***, ***-fahren***, ***-fahrer***, ***-gebiet***, ***-gymnastik***, ***-hose***, ***-kleidung***, ***-laufen***, ***-läufer***, ***-lehrer***, ***-piste***, ***-schuh***, ***-schule***, ***-sport***, ***-stiefel***, ***-stock***, ***-unfall***, ***-wachs*** ‖ -K(复合): ***Abfahrts-***, ***Langlauf-***, ***Touren-***; ***Holz-***

Ski·flie·gen *das*; *-s*; *nur Sg*(只用单数); e-e Art des Skispringens, bei der man sehr weit springt 跳台滑雪(跳远)

Ski·kurs *der*; ein Kurs, in dem man lernt, Ski zu fahren 滑雪学习班,滑习训练班

Ski·lang·lauf *der*; *nur Sg*(只用单数)≈ Langlauf

Ski·lauf *der*; *-s*; *nur Sg*, *Kollekt*(只用单数)(集合); die Sportarten, bei denen die Sportler auf Skiern über den Schnee gleiten 滑雪〈alpiner, nordischer S. 高山、北欧滑雪〉

Ski·lift *der*; e-e Konstruktion (*z. B.* e-e Seilbahn), die Skifahrer den Berg hinaufbringt (供登山滑雪用的)吊椅缆车,吊椅索道

Skin·head [ˈskɪnhɛd] *der*; *-s*, *-s*; ein Jugendlicher, der sich den Kopf rasiert hat u. zu (Rechts)Radikalismus neigt 光头帮(滋事青年)

Ski·sprin·gen *das*; *-s*; *nur Sg*(只用单数); e-e Sportart, bei der man auf Skiern e-e Sprungschanze hinunterfährt u. dann durch die Luft fliegt 跳台滑雪(跳跃) ‖ *hierzu*(派生): **Ski·sprin·ger** *der*; *-s*, *-*

Skiz·ze [sk-] *die*; *-*, *-n* **1.** e-e einfache, schnell gemachte Zeichnung, die mit wenigen Strichen das Wichtigste zeigt 草图,略图,速写(绘画)〈e-e flüchtige S. 简略的草图; e-e S. machen, anfertigen 画,制作一幅草图〉: *e-e S. des geplanten Hauses* 一份计划盖房的草图 ‖ K-(复合): ***Skizzen-***, ***-block***, ***-mappe*** **2.** ein kurzer Text, der das Wichtigste von etw. beschreibt 梗概,概要 ‖ -K(复合): ***Reise-*** ‖ *hierzu*(派生) **skiz·zen·haft** *Adj*(形); **skiz·zie·ren** (*hat*) *Vt*(及物)

Skla·ve [ˈsklaːvə, ˈsklaːfə] *der*; *-n*, *-n* **1.** *hist* [历]; j-d, der nicht frei ist, sondern e-r Person gehört, für die er arbeitet 奴隶〈mit Sklaven handeln 贩卖奴隶; Sklaven halten 拥有奴隶〉‖ K-(复合): ***Sklaven-***, ***-aufstand***, ***-halter***, ***-handel***, ***-händler***, ***-markt*** ‖ -K(复合): ***Galeeren-***, ***Ruder-***; ***Neger-*** **2.** ***ein S.*** + *Gen*(二格), *pej* [贬]; j-d, der von j-m/etw. (innerlich) abhängig ist …的奴隶: *ein S. seiner Leidenschaften, seiner Gewohnheiten sein* 是自己癖好的、习惯的奴隶(摆脱不了自己的癖好、习惯) ‖ NB(注意): *der Sklave*; *den*, *dem*, *des Sklaven* ‖ ID [谚] ***j-n wie e-n Sklaven behandeln*** j-n sehr schlecht behandeln, immer herumkommandieren 像对待奴隶一样地对待某人 ‖ *hierzu*(派生) **Skla·vin** *die*; *-*, *-nen* ‖ ▶ ***versklaven***

Skla·ve·rei [sklaːvəˈrai, -f-] *die*; *-*; *nur Sg*(只用单数) **1.** *hist* [历]; die Praxis, Sklaven zu haben 奴隶制度〈die S. abschaffen 废除奴隶制〉 **2.** *hist* [历]; der Zustand, ein Sklave (1) zu sein 奴隶身份〈aus der S. freikommen, entlassen werden, befreit werden 摆脱、被免除、被解除奴隶身份〉 **3.** *gespr pej* [口][贬]; schwere körperliche Arbeit 苦役,奴役

skla·visch [ˈsklaːvɪʃ, -f-] *Adj*(形); *pej* [贬] **1.** so, dass der Betreffende keinen eigenen Willen u. Stolz mehr zeigt 奴隶般的,卑躬屈膝的 ≈ unterwürfig〈Gehorsam, Unterwerfung 顺从,屈服; j-m s. ergeben sein 奴隶般地服从某人〉 **2.** *nur attr od adv*(只作定语或状语); ohne eigene Ideen 奴性的,无主见的,无创见的〈e-e Nachahmung 模仿; j-n/etw. s. nachmachen, imitieren 无创见地模仿,仿效某人/某事〉

Skon·to [sk-] *der*, *das*; *-s*, *-s*; der Betrag, um den der Preis e-r Ware (manchmal) reduziert wird, wenn man sie bar bezahlt 付现折扣〈j-m 3% S. gewähren 给某人打百分之三的付现折扣; 3% S. bekommen 得到百分之三的付现折扣〉‖ NB(注意): ↑ ***Rabatt***

Skor·but [sk-] *der*; *-(e)s*; *nur Sg*(只用单数); e-e Krankheit, die durch e-n Mangel an Vitamin C entsteht 坏血病

S

Skor·pi·on [skɔr'pioːn] *der*; *-s*, *-e* **1.** ein Tier, das mit den Spinnen verwandt ist, in den Tropen lebt u. e-n giftigen Stachel hat 蝎子 ⟨von e-m S. gestochen werden 被蝎子蜇一下⟩ **2.** *nur Sg*（只用单数）; das Sternzeichen für die Zeit vom 24. Oktober bis 22. November (10 月 24 日至 11 月 22 日为)天蝎座,天蝎宫 ‖ ↑ *Abb. unter* 图见 ***Sternzeichen*** **3.** j-d, der in der Zeit vom 24. Oktober bis 22. November geboren ist(10 月 24 日至 11 月 22 日内出生的人) 天蝎座: *Sie ist* (*ein*) *S.* 她是天蝎座

Skript [sk-] *das*; *-(e)s*, *-en*/*-s* **1.** ein geschriebener Text *bes* e-r Vorlesung 讲稿;手稿 **2.** FILM【电影】≈ Drehbuch

Skrip·tum [sk-] *das*; *-s*, *Skrip·ten* ≈ Skript (1)

Skru·pel [sk-] *der*; *-s*, *-*; *mst Pl*（多用复数）; die Gedanken u. Gefühle, die einen daran hindern, etw. Böses zu tun 顾忌 ≈ Hemmungen, Gewissensbisse ⟨(keine) Skrupel haben, etw. zu tun 干某事(没)有顾忌; sich (wegen etw.) Skrupel machen(因某事而)有顾忌; keine Skrupel kennen 毫无顾忌⟩ ‖ *hierzu*（派生）**skru·pel·los** *Adj*（形）; **Skru·pel·lo·sig·keit** *die*

Skulp·tur *die*; *-*, *-en*; e-e Figur (aus Bronze, Gips *usw*), die ein Künstler gemacht hat 塑像,雕像,雕塑品 ≈ Plastik[2] (1) ‖ K-（复合）: ***Skulpturen-***, ***-sammlung*** ‖ -K（复合）: ***Bronze-***, ***Gips-***, ***Holz-***, ***Marmor-***

skur·ril [sk-] *Adj*（形）; von e-r Art, die als seltsam od. komisch empfunden wird 怪诞的,稀奇古怪的;滑稽的 ≈ bizarr, verrückt ⟨ein Mensch, ein Typ 人,类型(的人); e-e Idee, ein Einfall 想法,念头; j-d sieht s. aus 某人看上去滑稽⟩ ‖ *hierzu*（派生）**Skur·ri·li·tät** *die*; *-*, *-en*

S-Kur·ve ['ɛs-] *die*; e-e Strecke mit zwei Kurven direkt hintereinander, wobei die eine Kurve nach links u. die andere nach rechts geht 之字形弯道

Sla·lom *der*; *-s*, *-s* **1.** ein Wettkampf (beim Skifahren, Kanufahren), bei dem man zwischen senkrechten Stäben (Toren) hindurch viele Kurven fahren muss 回转滑雪;障碍划艇 ⟨e-n S. fahren 滑回转滑雪⟩ ‖ K-（复合）: ***Slalom-***, ***-lauf***, ***-läufer***, ***-wettbewerb*** **2.** ***S. fahren*** *gespr*［口］; ein Fahrzeug so steuern, dass man viele Kurven fährt 开车忽左忽右,开车走之字形

Slang [slɛŋ] *der*; *-s*, *-s*; *oft pej* 常用［贬］; e-e sehr saloppe Form der gesprochenen Sprache (*bes* im Englischen) 俚语 ⟨der amerikanische S. 美语俚语; S. sprechen 讲俚语⟩ ‖ K-（复合）: ***Slang-***, ***-ausdruck***, ***-wort***

Sla·we *der*; *-n*, *-n*; ein Mitglied e-s Volkes, das e-e slawische Sprache spricht 斯拉夫人 ‖ NB（注意）: *der Slawe*; *den*, *dem*, *des Slawen* ‖ *hierzu*（派生）**Sla·win** *die*; *-*, *-nen*

sla·wisch *Adj*（形）; zu den ost-, südost- u. mitteleuropäischen Völkern (*z.B.* den Russen, Polen, Bulgaren) od. ihren Sprachen gehörend 斯拉夫的;斯拉夫语的

Sla·wis·tik *die*; *-*; *nur Sg*（只用单数）; die Wissenschaft, die sich mit den slawischen Sprachen beschäftigt 斯拉夫语学

Slip *der*; *-s*, *-s*; e-e kleine, enge Unterhose 三角内裤 ‖ -K（复合）: ***Damen-***, ***Herren-***

Slip·per *der*; *-s*, *-*; ein bequemer (Halb-) Schuh ohne Schnürsenkel 便鞋

Slo·gan ['sloːgn] *der*; *-s*, *-s*; ein Satz, der in der Werbung verwendet wird u. den man sich gut merken kann 广告用语,口号;标语 ‖ -K（复合）: ***Werbe-***

Slum [slam] *der*; *-s*, *-s*; *mst Pl*（多用复数）; der Teil e-r großen Stadt, in dem sehr arme Leute (in schlechten Verhältnissen) wohnen 贫民窟,贫民区 ≈ Elendsviertel ‖ K-（复合）: ***Slum-***, ***-bewohner***

Sma·ragd [sm-] *der*; *-(e)s*, *-e*; ein wertvoller, durchsichtiger, grüner (Edel)Stein 祖母绿,绿柱石,绿宝石 ‖ K-（复合）: ***smaragd-***, ***-grün***

smart [sm-] *Adj*（形）**1.** elegant gekleidet 衣着潇洒(时髦)的 **2.** *mst pej* 多用［贬］; geschickt im Verhalten mit anderen Menschen 老于世故的,精明老练的 ≈ clever ⟨ein Geschäftsmann 商人⟩

Smog [sm-] *der*; *-(s)*; *nur Sg*（只用单数）; e-e dichte Schicht aus Rauch, giftigen Gasen u. oft auch Nebel in der Luft (über e-r Stadt od. Fabrik) 烟雾层 ‖ K-（复合）: ***Smog-***, ***-alarm***

Smo·king [sm-] *der*; *-s*, *-s*; ein festlicher (*mst* schwarzer) Anzug für Männer(男式)晚礼服 ‖ K-（复合）: ***Smoking-***, ***-jackett***

SMS [ɛsɛm'ɛs] *die*; *-*, *-*; (*Abk für* 缩写,全称为 Short Message Service) e-e kurze Nachricht, die man von e-m Handy zu e-m anderen sendet(手机)短信息,短消息: *e-e SMS erhalten* 收到一条短信息

Snack [snɛk] *der*; *-s*, *-s* ≈ Imbiss ‖ K-（复合）: ***Snack-***, ***-bar***

sna·cken [sn-]; *snackte*, *hat gesnackt*; [Vi]（不及物）*nordd*［北德］*gespr*［口］; sich mit j-m unterhalten 聊天,闲聊 ≈ plaudern

Snob [sn-] *der*; *-s*, *-s*; *pej*［贬］**1.** j-d, der sehr stolz darauf ist, dass er zu e-r relativ hohen sozialen Schicht gehört (u. andere daher verachtet) 摆绅士派头的人,恃才傲物的人 **2.** j-d, der viel Wert auf exklusive Dinge (*bes* Kunstgegenstände) legt 追逐风雅的人,自命高雅的人

Sno·bis·mus [sn-] *der*; *-*; *nur Sg*（只用单数）; *pej*［贬］; die Einstellung e-s Snobs 恃才傲物,势利作风,假绅士派头,自视风雅 ‖ *hierzu*（派生）**sno·bis·tisch** *Adj*（形）

Snow·board ['snoubɔːɐt] *das*; *-s*, *-s*; ein flaches Brett aus Kunststoff, das breiter als ein Ski ist u. mit dem man auf Schnee bergab gleitet 在雪地上滑行的滑板;雪地滑板 ‖ *hierzu*（派生）**Snow·boar·der** *der*; *-s*, *-*

so[1] *Adv*（副）**1.** *betont u. nicht betont*（重读和非重读）; verwendet, um die Art u. Weise zu bezeichnen, auf die e-e (*mst* schon be-

S

kannte) Handlung abläuft 这样,这么,如此(表示方式、方法): *Wir machen das so u. nicht anders* 我们就这么干,不用其他方法; *Das machst du gut so!* 这件事你这么干很好! **2.** *betont*(重读); in diesem Zustand od. in dieser Form 这样(表示状态、形状): *So kannst du unmöglich zu e-r Hochzeitsfeier gehen!* 你这个样子可不能去参加婚礼!; *So gefällt mir das Bild schon viel besser* 这样我觉得这幅画就好多了; *Ich glaube nicht, dass man dieses Wort so schreiben kann* 我不相信这个单词可以这样写 **3.** *unbetont*(非重读); **so** + *Adj / Adv*(形/副)(+ **wie**) in diesem (hohen) Maß, Grad (wie j-d/etw.)这么,这般,如此(表示程度): *Gestern war das Wetter nicht so schön* 昨天天气没这么好; *Ich habe noch nie so viel gegessen* 我从没吃得这么多; *Er ist so groß wie sein Bruder* 他与他哥哥一般高; *so schnell wie möglich* 尽快地 **4.** *unbetont*(非重读); verwendet, um e-e logische Folge auszudrücken 那么,因此(表示结果) ≈ also, deshalb: *Es regnete, so bin ich zu Hause geblieben* 天下雨,因此我就呆在家里; *Du wolltest, dass ich das koche, so iss es jetzt auch!* 是你要我做(烧)这个的,所以现在你把它吃了! **5.** *unbetont*(非重读); **so** + *Zeitangabe / Mengenangabe*(时间说明语/数量说明语); *gespr* [口] ≈ ungefähr, etwa, circa: *So in e-r halben Stunde bin ich fertig, dann können wir fahren* 大约半小时以后我可以结束,那时我们就可以开车走了; *Der Taschenrechner hat mich so (um die) 40 Euro gekostet* 这只计算器大约花了我40欧元 **6.** *unbetont*(非重读); **so** + *Substantiv*(名词); verwendet in elliptischen Angaben, die ausdrücken, von wem od. woher e-e Aussage od. ein Zitat stammt 说道,写道(省略引句中的动词) ≈ so sagt(e) ..., so steht es in ...: „*Für das kommende Jahr*", *so der Wirtschaftsminister*, „*wird ein Wachstum von 2,5% erwartet*"“明年”,经济部长说,“增长率将达到2.5%” **7.** *unbetont*(非重读); **oder so**; **und so** *gespr* [口]; verwendet (nach e-r Aussage), wenn man etw. nicht genau weiß od. wenn man etw. nicht präziser formulieren will(用在表述后,表示对某事知道得不确切或不想说明)什么的,或是别的什么: *Ich muss noch ein paar Anrufe machen und so, dann bin ich fertig* 我还得打几个电话什么的,然后才完; *Sie heißt Koslowski oder so* 她叫科斯诺夫斯基或者叫别的什么名字 **8.** *betont*(重读); **'so und / oder 'so** auf diese und/oder andere Weise 这么和/或者那么: *Das kann man so und so / so oder so sehen* 这件事情人们可以这么看和/或那么看 **9.** *betont*(重读); **'so oder 'so** *gespr* [口]; egal, wie man es macht od. betrachtet 反正,总归,不管怎样 ≈ ohnehin, auf jeden Fall: *Er braucht sich nicht mehr anzustrengen, er wird die Prüfung so oder so bestehen* 他用不着再拼命用功,反正他会通过考试的 **10.** *betont*(重读); (wie ein Demonstrativpronomen verwendet) von der genannten Art(作指示代词用)如此,这般,这么 ≈ solch: *Bei so schlechtem Wetter bleibt man besser zu Hause* 这么糟糕的天气还是呆在家里好; *So ein Motorrad wollte ich mir schon lange kaufen* 我早就想买这么一辆摩托车了; *So ein Lügner!* 如此(恶劣的)一个骗子! **11.** *unbetont*(非重读); **so** + *Substantiv im Plural*(复数名词); *gespr* [口]; verwendet, um Personen od. Dinge zu bezeichnen, die man nicht genau nennen od. beschreiben kann (表示说不准名称的人或物)那些,这些: *Das sind so Gräser, die vor allem am Ufer von Seen wachsen* 这就是那些主要生长在湖边的草 **12.** *betont*(重读); **'so jemand / 'so (et) was** e-e Person od. Sache dieses Typs od. dieser Art 这种人,这种东西,这类事: *Mit so jemandem wollen wir nichts zu tun haben* 与这种人我们不想有什么瓜葛; *So etwas ist mir doch noch nie passiert!* 这种事我还真没遇上过 **13.** *betont*(重读); (**Na**,) **'so was** *gespr* [口]; verwendet, um Erstaunen od. Empörung auszudrücken (表示惊讶、气愤)真没想到,居然有这事: *Na, so was, jetzt finde ich meinen Autoschlüssel nicht mehr!* 哈,有这事儿,现在我连汽车钥匙都找不到了! **14.** **so viel wie** + *Adj / Pronomen / Subst*(形/代/名); **so** + **viel** / *Satz*(句子); verwendet, um auszudrücken, dass etw. im selben hohen Maß od. Umfang zutrifft wie etw. anderes(表示程度范围)跟…一样多,加同↔ so wenig: *Er muss so viel wie möglich liegen, damit er gesund wird* 为了恢复健康,他必须尽量多躺着; *Sie verdient doppelt so viel wie ich* 她挣钱挣我的双份; *Das bedeutet mir so viel wie ein Versprechen* 这对我来讲如同保证一样; *In diesem Restaurant zahlt man 20 Euro, dann kann man essen, so viel man will* 在这家餐馆付20欧元,你就可以想吃多少就吃多少 **15.** **so weit sein** bereit sein, etw. zu tun 准备好了,准备就绪 ≈ fertig sein: *Wir können jetzt gehen, ich bin so weit* 我们现在可以走了,我已经准备好了 **16.** ***etw. ist so weit*** etw. hat *e-n bestimmten (Zeit) Punkt, ein bestimmtes Maß* erreicht (物作主语)到了这种程度: *Endlich ist es so weit, das Haus ist fertig* 房子总算是盖好了; *Jetzt ist es bald so weit, dass ich die Geduld verliere* 我马上就要失去耐心了 **17.** **so weit** in e-m bestimmten Rahmen, der nicht näher beschrieben wird 基本上,大体上,总体上 ≈ im Großen und Ganzen, im Allgemeinen: *So weit ist alles in Ordnung* 基本上一切都正常; *Es geht uns so weit ganz gut* 我们基本上都很好 **18.** *mst* (多用) **so weit das Auge reicht** bis zum Horizont 只要目光所及: *Das ganze Land hier gehört einem Mann, so weit das Auge reicht* 这儿的土地,只要目光所及,都属于一个男人 **19.** **so wenig wie / als** + *Adj / Pronomen / Subst*(形/代/名); **so wenig** + *Satz*(句子) verwendet, um auszudrücken, dass etw. im selben niedrigen Maß od. Umfang zutrifft wie etw. anderes 跟…一样少(表示程度,范围),如同↔so viel ⟨so wenig wie möglich 尽可能少⟩: *Ruhen Sie sich aus u. arbeiten Sie so wenig wie / als möglich* 您好好休息,尽量少干活; *Ich habe so wenig Erfahrung wie er* 我的经验跟他一样少(我跟他一样缺少经验) ‖ ID [谚] **so viel für**

heute** gespr* [口]; das ist im Moment genug 今天到此为止 ‖ NB(注意): ↑ ***nur³**, **sogenannt-**, **soviel**, **soweit**, **sowenig

so² *Konjunktion* (连) **1.** verwendet, um e-e Art Vergleich einzuleiten(用于比较): *Sie been-dete ihr Studium so schnell sie nur konnte* 她尽快完成了她的大学学业 **2.** verwendet, um e-n Nebensatz einzuleiten, in dem e-e einräumende Bemerkung gemacht wird (用于让步从句)虽然,即使: *So leid es mir tut, ich kann ihnen nicht helfen* 虽然我感到抱歉,但还是不能帮他们 **3.** **so** + *Adj/Adv*(形/副)..., **so** + *Adj/Adv*(形/副) verwendet, um e-e Art Vergleich einzuleiten(用于比较)同样: *So nett er ist, so schwierig kann er dann auch sein* 他很友善,同样他也很难相处

so³ *nur in* 只用于 **1.** **so** (+ *Adj/Adv* 形/副), **dass...** verwendet, um die Ursache(n) u. deren Folge(n) auszudrücken(表示据因索果)如此…,以致于、使得、结果: *Der Film war so langweilig, dass ich dabei fast eingeschlafen wäre* 这部电影真没意思,使我差点儿睡着了; *Er ist so schnell gerannt, dass er hingefallen ist* 他跑得很快,结果摔倒了; *Sie lachte so, dass sie Tränen in den Augen hatte* 她笑得眼泪汪汪的 ‖ NB(注意): Folgt auf *so* kein Adj./Adv., dann wird es betont (so 后面如果没有形容词或副词,就要重读) **2.** **so** + *Adj*(形) + *Infinitiv*(不定式) verwendet, um die Voraussetzung für e-e Handlung anzugeben (说明行为的前提)如此: *Sie war so freundlich, mir zu helfen* 她是那么的友好,能帮我忙; *Ich bin nicht so dumm, das zu glauben* 我不至于笨得会相信这一点 **3.** **so ... wie** verwendet, um e-n Vergleich auszudrücken(表示比较)像…一样: *Das Haus sieht nicht so aus, wie ich es mir vorgestellt habe* 这幢房子的外观并不像我所想象的那样 ‖ NB(注意): ↑ ***auch³**, **je²** (1), **sodass**, **um³** (4)*

so⁴ *Partikel*(小品词) **1.** *betont*(重读); *mst* elliptisch verwendet, um e-e Geste zu begleiten, die klarmacht, wie j-d/etw. ist od. war 这么,那么(配上手势说明): *„Wie groß war denn der Tisch?" – „So groß!"* "那桌子究竟有多大?"——"这么大!"; *„Wie hat er denn da geguckt?" – „So!"* "他当时究竟是怎么看的?"——"就这样!" **2.** (***ja***) **so** *betont*(重读); in sehr hohem Maß 多么,真: *Ich bin ja so froh darüber* 对这件事我真是很高兴; *Das war so lustig!* 这件事真有趣! **3.** *unbetont*(非重读); verwendet, um e-e Aussage zu verstärken (加强陈述语气)的确,确实,真 ≈ wirklich: *Das kann ich nicht so recht glauben* 这件事我的确真难以相信; *Das will mir nicht so ganz einleuchten* 这件事我真弄不明白 (= das verstehe ich einfach nicht) **4.** *unbetont*(非重读); (als Floskel) in Fragen verwendet, um ein Gespräch in Gang zu bringen(用于问句,引起话题): *Wie geht es dir so?* 你好吗,嗯?; *Was macht ihr denn so?* 你们这是在干什么,嗯? **5.** *unbetont*(非重读); verwendet, um auszudrücken, dass man etw. nicht genauer sagen will(不愿作具体说明)反正: *Ich habe so meine Gründe, warum ich das tue* 我为什么要这么做,反正我有我的理由 **6.** *unbetont*(非重读); verwendet am Anfang e-r Aufforderung (oft zusammen mit *doch*), um Ungeduld od. Verärgerung auszudrücken(表示失去耐心或表示生气,用于命令句句首)听着: *So komm jetzt endlich!* (听着,)你给我过来!; *So unterbrich mich doch nicht immer!* (听着,)别老打断我! **7.** *betont*(重读); allein stehend od. am Anfang e-s Satzes als e-e Art Kommentar verwendet, wenn man etw. gerade getan hat (u. damit zufrieden ist)(用于句首或独立使用,完成某事后表示得意、满意)嘿,好: *So, das hätten wir geschafft!* 嘿,我们终于干完了!(我们终于成功了!); *So, dann gehen wir zum nächsten Punkt auf der Tagesordnung über* 好,接着我们讨论日程的下个问题 **8.** *betont*(重读); allein stehend verwendet als Reaktion auf e-e Aussage, um zu zeigen, dass man die Aussage registriert hat (dass sie einen jedoch nicht sehr interessiert)(表示不感兴趣的反应)喔: *„Unsere Nachbarn haben ein neues Auto gekauft" – „So"* "我们的邻居买了辆新车"——"喔" ‖ NB(注意): ↑ ***soso²*** **9.** *betont*(重读); *mst* allein stehend in Form e-r Frage verwendet, um Erstaunen od. Skepsis auszudrücken(多半独立使用,表示诧异)是吗?: *„Sie ist schon mit 34 Jahren Großmutter geworden" – „So?"* "她34岁就当了外祖母"——"是吗?" **10.** *betont, gespr*(重读) [口]; ohne die Person od. Sache, die schon genannt wurde od. die schon bekannt ist 就这样,就这么: *„Was hast du dafür bezahlt?" – „Das habe ich einfach so bekommen"* (= ohne Geld zu zahlen) "这东西你花了多少钱?"——"我就这么拿来了(没付钱)"; *„Kann ich Ihnen helfen?" – „Nein danke, es geht schon so"* (= ohne Ihre Hilfe) "要我帮您吗?"——"不,谢谢,就这样(没有您帮助)还行"; *„Den Brief brauchen Sie nicht zu tippen" – „Ich habe aber auch so genug zu tun"* (= auch ohne den Brief) "这封信您不用打字了"——"就这样(即使不打信)我的事情就够多的了"

so·bald *Konjunktion*(连); verwendet, um auszudrücken, dass etw. sofort geschehen wird, wenn e-e Voraussetzung erfüllt ist(表示前后时间上的紧密衔接)(只要)一…就… ≈ sowie: *Ich komme, s. ich mit der Arbeit fertig bin* 我一干完活就来; *S. ich ihn sehe, sage ich ihm Bescheid* 只要我一看到他就告诉他

Söck·chen *das*; *-s*, *-*; ein dünner, kurzer Strumpf für Kinder od. Frauen, der bis zum Knöchel reicht(妇女、儿童)齐踝短袜

So·cke *die*; *-*, *-n*; ein kurzer Strumpf, der bis über die Knöchel reicht 短袜 ⟨ein Paar Socken 一双短袜⟩ ‖ -K(复合): ***Frottee-**, **Woll-**, **Ringel-*** ‖ ID [谚] ***sich auf die Socken machen** gespr* [口]; fortgehen od. -fahren 动身,上路 ≈ aufbrechen (7); ***von den Socken sein** gespr* [口]; überrascht sein 大吃一惊

So·ckel *der*; *-s*, *-*; der flache untere Teil, auf

S

dem ein Denkmal, ein Zaun, ein Möbelstück *o. Ä.* steht 基座,底座,支座 ‖ -K(复合): ***Marmor-***, ***Stein-***, ***Zement-***

So·cken *der*; *-s*, *-*; *südd* Ⓐ Ⓒⓗ [南德][奥][瑞] ≈ Socke

So·da *das*; *-s*; *nur Sg* (只用单数) **1.** ein weißes Pulver, das die wichtigste Substanz im Backpulver ist 苏打,碱; CHEM【化】Natriumkarbonat 碳酸钠 **2.** Wasser mit Kohlensäure 苏打水〈ein Whisky (mit) S.一份(加)苏打水威士忌〉‖ K-(复合): ***Soda-***, ***-wasser***

so·dann *Adv*(副); *veraltend* [渐旧] **1.** ≈ danach, dann **2.** ≈ außerdem

so·dass, so dass *Konjunktion* (连); verwendet, um die Folge einzuleiten, die sich aus der Handlung des Hauptsatzes ergibt (用于结果从句)以致于: *Er war völlig verwirrt, s. er nicht mehr wusste, was er sagte* 他完全糊涂了,连他自己都不知道说了些什么 ‖ NB(注意): ↑ ***so***³(1)

Sod·bren·nen *das*; *-s*; *nur Sg* (只用单数); ein unangenehmes, brennendes Gefühl in der Brust u. im Hals, das vom Magen kommt 烧心,胃灼热〈S. haben 烧心〉

So·de *die*; *-*, *-n*; ein Stück Rasen od. Torf, das man mit dem Spaten *o. Ä.* abgetrennt hat(连根带泥的)草皮〈Soden ausstechen 铲草皮〉‖ -K(复合): ***Gras-***, ***Rasen-***, ***Torf-***

So·dom *das*; *mst in* 多用于 ***Das ist das reinste S. u. Gomorrha*** *geschr*[书]; verwendet, um auszudrücken, dass man über die unmoralische Lebensweise an e-m bestimmten Ort schockiert ist 这真是所多玛与蛾摩拉(《圣经》中所指罪恶之城),这真是淫乱污秽之地

So·do·mie *die*; *-*; *nur Sg* (只用单数); der Geschlechtsverkehr e-s Menschen mit e-m Tier 兽奸,鸡奸〈S. betreiben 搞兽奸〉

so·eben *Adv* (副) **1.** jetzt, in diesem Augenblick 这时,刚好 ≈ gerade²(1): *S. kommt er zur Tür herein* 他刚好进门 **2.** vor sehr kurzer Zeit 刚才 ≈ gerade²(3): *Sie ist s. aus dem Haus gegangen* 她刚出门

So·fa *das*; *-s*, *-s*; ein weiches, bequemes Möbelstück (mit e-r Rückenlehne u. Armlehnen), auf dem mehrere Personen sitzen können 长沙发 ≈ Couch ‖ K-(复合): ***Sofa-***, ***-kissen*** ‖ -K(复合): ***Wohnzimmer-***; ***Leder-***, ***Plüsch-***

so·fern *Konjunktion*(连); verwendet, um e-e Voraussetzung zu bezeichnen 如果,假如,只要,要是 ≈ wenn (1), vorausgesetzt dass: *Die Fahrt dauert zwei Stunden, s. es keinen Stau gibt* 如果不堵车,要开两个小时; *S. das Wetter schön bleibt, machen wir morgen e-n Ausflug* 只要天气还是这么好,我们明天就去郊游

soff *Imperfekt*, *1. u. 3. Person Sg*(过去时,第一和第三人称单数); ↑ ***saufen***

so·fort *Adv*(副) **1.** unmittelbar nach der ersten Handlung(表示紧接着前一行为)立刻,随即,就,马上 ≈ augenblicklich, gleich: *Der Hund fing s. an zu bellen, als es klingelte* 门铃一响,狗立刻就开始叫了起来; *Ruf mich bitte s. an, wenn du heimkommst* 如果你回到家,请随即就给我打电话 ‖ K-(复合): ***Sofort-***, ***-hilfe***, ***-maßnahme*** **2.** ohne zeitliche Verzögerung (表示时间不延缓)即刻,立即,马上,就 ≈ unverzüglich ↔ später: *Du sollst s. nach Hause kommen!* 你应该马上回家!; *Der Brief muss s. zur Post!* 这封信必须立即送邮局! **3.** in sehr kurzer Zeit(表示短时间内)马上,立即 ≈ gleich: *E-n Moment noch, ich bin s. fertig* 稍等一会儿,我就好!; *Wartet auf mich, ich komme s.!* 等等我,我(马上)就来!

So·fort·bild|ka·me·ra *die*; e-e Kamera, aus der direkt nach dem Fotografieren ein fertiges Foto herauskommt 即刻成像相机

so·for·ti·g- *Adj* (形); *nur attr*, *nicht adv*(只作定语,不作状语); ohne dass Zeit zwischen zwei Handlungen od. Zuständen vergeht 立即的,马上的,立时的〈mit sofortiger Wirkung 有立即效应〉: *Lebensmittel, die für den sofortigen Verzehr bestimmt sind* 即食食品,方便食品

soft *Adj* (形); *gespr*, *oft pej* [口]多用[贬]; (verwendet in Bezug auf Männer) so, dass sie ihre Gefühle zeigen u. Fehler zugeben 窝囊的,懦弱无能的(指男人)

Soft·eis *das*; sehr weiches (Speise)Eis 松软冰淇淋

Sof·tie [ˈsɔfti] *der*; *-s*, *-s*; *oft pej* 多用[贬]; ein sanfter, nachgiebiger Mann 厌包,窝囊废 ↔ Macho, Chauvi

Soft·ware [ˈsɔftvɛːɐ̯] *die*; *-*; *nur Sg* (只用单数); die Informationen u. Befehle (in Form von Programmen), mit denen ein Computer arbeiten kann 软件 ↔ Hardware ‖ -K(复合): ***Lern-***

sog *Imperfekt*, *1. u. 3. Person Sg*(过去时,第一和第三人称单数); ↑ ***saugen***

Sog *der*; *-(e)s*; *nur Sg* (只用单数); die Kraft, die e-n Körper in die Richtung zieht, in die sich die Luft od. e-e Flüssigkeit bewegt(水或空气的)吸力,吸〈etw. erzeugt e-n S. 某物产生吸力〉: *in den S. e-s Strudels geraten* 陷入旋涡

so·gar [zoˈgaːɐ̯] *Partikel* (小品词); *unbetont*(非重读) **1.** verwendet, um auszudrücken, dass man weniger erwartet hat 甚至: *Er war bei dem Rennen nicht nur erfolgreich, er hat s. gewonnen!* 在赛跑中他不但取得了好成绩,甚至得了第一名 **2.** verwendet, um auszudrücken, dass etw. ungewöhnlich ist 就连,甚至…都 ≈ selbst²: *S. Peter hat das kapiert, warum du nicht?* 就连彼得都懂了,怎么你就没明白?; *Die Sonne scheint im Sommer am Nordpol s. nachts* 在北极连夜晚都阳光灿烂 **3.** verwendet, um e-e Steigerung auszudrücken 甚至 ≈ ja (7): *Er war reich, s. sehr reich* 他曾经富有,甚至是很富有

so·ge·nannt-, so ge·nannt- *Adj*(形); *nur attr*, *nicht adv*(只作定语,不作状语) **1.** verwendet, um auszudrücken, dass j-d/etw. die nachfolgende Bezeichnung nicht verdient(表示有保留或不承认)所谓的,名为: *mein sogenannter Freund Klaus* 我那所谓的朋友克劳斯 **2.** verwendet, um auszudrücken, dass die nachfolgende Bezeichnung neu ist u. von bestimmten Leuten verwendet wird(表示后面的用词新鲜或为某些人使用)通常所说的,所谓的: *der sogenannte Treibhauseffekt* 通常所说的温室效应

so·gleich *Adv*(副); *veraltend* [渐旧] ≈ sofort

Soh·le *die*; -, -*n* **1.** die untere Fläche des Fußes 脚底,脚掌 ‖ ↑ *Abb. unter* 图见 **Fuß** ‖ -K (复合): **Fuß- 2.** die untere Fläche des Schuhs, des Strumpfes *o. Ä.* 鞋底;袜底: *Die Sohlen meiner Gummistiefel haben ein gutes Profil / sind durchgelaufen* 我那橡胶雨鞋底有着很好的防滑花纹/磨穿了 (= haben ein Loch) ‖ ↑ *Abb. unter* 图见 **Schuhe** ‖ -K (复合): **Schuh-**; **Gummi- 3.** ein flaches Stück aus warmem Material, das man in die Schuhe legt 鞋垫 **4.** die Fläche am Boden e-s Tals, Grabens *usw* 谷底,河底,沟底 ‖ -K (复合): **Tal-** ‖ ID [谚] **auf leisen Sohlen** leise u. unbemerkt 蹑手蹑脚地 ⟨auf leisen Sohlen gehen, kommen 蹑手蹑脚地走、走来⟩; **e-e kesse S. aufs Parkett legen** *gespr* [口]; mit viel Schwung tanzen 翩翩起舞,欢快地跳舞

Sohn *der*; -(*e*)*s*, *Söh·ne* **1.** j-s männliches Kind 儿子 ↔ Tochter ‖ -K (复合): **Adoptiv-**, **Pflege-**, **Stief-**; **Arbeiter-**, **Bauern-**, **Königs-** *usw* **2.** j-d, der in e-r bestimmten Umgebung aufgewachsen ist (u. *mst* von ihr geprägt ist) 子,儿子: *Bert Brecht, ein berühmter S. Augsburgs* 贝尔特·布莱希特,著名的奥格斯堡之子; *die Tuareg, Söhne der Wüste* 图阿雷格人,沙漠之子 ‖ -K (复合): **Wüsten- 3.** *mst* 多用 **mein S.** *gespr* [口]; verwendet als Anrede für e-n Jungen (der auch nicht der eigene S. (1) ist)(用于对小辈男性的称呼)(我的)孩子: *Na, wie gehts, mein S.?* 嘿,你好吗,孩子? **4.** *mst* 多用 **mein S.** verwendet von Priestern als Anrede für Männer (*bes* bei der Beichte)(神职人员对男性教徒的称呼)(我的)孩子 **5. der S. Gottes** REL【宗】; Jesus Christus 上帝之子,基督: *Gott Vater, S. u. der heilige Geist* 圣父,圣子,圣灵 ‖ -K (复合): **Gottes- 6. ein verlorener S.** j-d, der seine Eltern enttäuscht, weil er nicht nach ihren moralischen Prinzipien handelt 不成器的儿子

Soh·ne·mann *der*; *gespr hum* [口][诙]; verwendet (als zärtliche Anrede) für seinen (kleinen) Sohn(用于对小儿子的爱称)小儿,小宝宝

Soi·ree [soa'reː] *die*; -, -*n*; e-e festliche Veranstaltung am Abend 节庆晚会

So·ja *die*; -; *nur Sg* (只用单数) ≈ Sojabohne ‖ K- (复合): **Soja-**, **-brot**, **-mehl**, **-öl**, **-soße**, **-sprossen**

So·ja·boh·ne *die*; e-e Bohne, die *bes* in Asien wächst u. deren Samen *mst* als Gemüse, für Öl u. als Ersatz für Fleisch verwendet werden 大豆,黄豆

so·lang, so·lan·ge *Konjunktion* (连) **1. s.** (**wie**) in/während der Zeit, in der ... 当…一直…,只要…一直…,在此期间: *S. (wie) sein Auto kaputt ist, fährt er mit dem Fahrrad* 在他的汽车坏了的时候,他一直骑自行车; *Ich spreche s. nicht mehr mit ihm, bis er sich entschuldigt hat* 我不再跟他说话了,一直到他道歉为止(只要他不道歉,我不再和他说话) **2.** *gespr* [口] ≈ vorausgesetzt: *Du darfst zuschauen, s. du mich nicht bei der Arbeit störst* 只要你不妨碍我工作,你就可以在一旁看着

so·lar [zo'laːɐ̯] *Adj* (形); *geschr* [书]; von der Sonne 太阳的,日光的 ⟨Energie, Strahlung 能源,照射⟩ ‖ K- (复合): **Solar-**, **-energie**, **-heizung**

So·la·ri·um *das*; -*s*, *So·la·ri·en* [-iən] **1.** ein Gerät, das Licht erzeugt, von dem die Haut wie in der Sonne rot od. braun wird 日光浴灯 **2.** ein Raum (ein Studio) mit Solarien (1)(人工)日光浴室

So·lar·zel·le *die*; ein technisches Gerät (e-e Fotozelle), das Sonnenlicht in elektrischen Strom verwandelt 太阳能电池 ‖ K- (复合): **Solarzellen-**, **-batterie**, **-rechner**

solch *Demonstrativpronomen* (指示代词); *indeklinabel* (词形不变); verwendet, um ein Adj. zu verstärken(加强形容词的语义)如此的,这样的 ≈ so[1] (10): *Sie trug s. ein schönes Kleid, dass sich alle Leute nach ihr umdrehten* 她身穿一件如此漂亮的连衣裙,使得大家都朝她转过身来看; *Bei s. nassem / s. einem nassen / einem s. nassen Wetter bleibt man besser zu Hause* 要是老天总是那么雨淋淋的,还是呆在家里为好 ‖ NB (注意): *mst* vor dem unbestimmten Artikel (大多位于不定冠词前)

sol·ch- *Demonstrativpronomen* (指示代词); *nur attr, nicht adv* (只作定语,不作状语) **1.** von der schon genannten od. bekannten Art 这样的,这种的,这类的: *Solche Autos rosten schnell* 这种汽车锈得快; *Es gab Kuchen, Plätzchen u. solche Sachen* 有点心,饼干以及诸如此类的东西; *Ich hätte lieber gar keine Nachbarn als solche* 我宁可没有这样的邻居 ‖ NB (注意): wie ein Subst. od. ein attributives Adj. verwendet (用法同名词或定语形容词) **2.** verwendet, um zu betonen, dass etw. sehr intensiv, groß, stark *o. Ä.* ist(表示程度强烈)如此的,非常的,极度的: *Sie hatte solchen Hunger, dass sie nicht einschlafen konnte* 她饿极了,饿得睡不着; *Es ist e-e solche Freude, dich zu sehen* 见到你真是高兴极了 ‖ NB (注意): nach dem unbestimmten Artikel (用于不定冠词之后) **3.** *Subst* (名词) + **als solche** (**r**, **-s** *usw*); die genannte Sache, so, wie sie ist 就像这样的 ≈ *Subst* (名词) + an sich: *Der Winter als solcher stört mich nicht, aber er dauert mir einfach zu lange* 就这样的冬天不影响我,不过我觉得它就是太长了

sol·cher·art[1] *Demonstrativpronomen* (指示代词); *indeklinabel*, *geschr* (词形不变)[书]; von der genannten od. bekannten Art 这类的,这种的,类似的 ≈ so geartet: *S. Fehler dürfen nicht noch einmal passieren* 这类错误不允许再次发生

sol·cher·art[2] *Adv* (副); *geschr* [书]; auf solche Art u. Weise 如此这般地,这样地: *Er schämte*

S

sich s., dass ... 他如此羞愧,以致…

sol·cher·lei *Demonstrativpronomen*(指示代词); *indeklinabel*(词形不变); (nur mit Plural verwendet 只与复数连用) von der genannten od. bekannten Art 诸如此类的: *S. (Ausreden) kenne ich!* 诸如此类的(借口)我见多了! ‖ NB(注意): wie ein Subst. od. ein attributives Adj. verwendet (用法同名词或定语形容词)

sol·cher·ma·ßen *Adv*(副); *geschr*[书] ≈ solcherart[2]

Sold *der*; -*(e)s*; *nur Sg* (只用单数); das Geld, das ein Soldat für seinen Dienst bekommt (义务兵的)薪饷

Sol·dat *der*; *-en*, *-en*; ein Mitglied e-r Armee, *bes* j-d, der kein Offizier ist 战士,士兵 ⟨ein S. salutiert, zieht in den Krieg, fällt im Krieg 士兵敬礼、上前线、在战争中阵亡; Soldaten werden rekrutiert, eingezogen 士兵被征募、应召入伍⟩ ‖ K-(复合): ***Soldaten-***, ***-friedhof***, ***-grab***, ***-lied***, ***-uniform*** ‖ -K(复合): ***Berufs-***, ***Front-***, ***Heeres-***, ***Luftwaffen-***, ***Marine-***; ***Zinn-*** ‖ NB(注意): *der Soldat*; *den*, *dem*, *des Soldaten* ‖ *hierzu*(派生) **Sol·da·tin** *die*; -, *-nen*

Söld·ner *der*; *-s*, *-*; ein Soldat, der für Geld in e-r fremden Armee kämpft 雇佣兵 ⟨Söldner anwerben 召募雇佣兵⟩ ‖ K-(复合): ***Söldner-***, ***-heer*** ‖ *hierzu*(派生) **Söld·ne·rin** *die*; -, *-nen*

So·le *die*; -, *-n*; Wasser, das viel Salz enthält 卤水,盐液 ‖ K-(复合): ***Sole-***, ***-bad***, ***-quelle***

So·li *Pl* (复); ↑ ***Solo***

so·lid *Adj* (形); ↑ ***solide***

so·li·da·risch *Adj* (形); **s.** (***mit j-m***) drückt aus, dass die Beteiligten gemeinsame Interessen haben u. sich gegenseitig helfen 团结的,团结一致的 ⟨e-e Gemeinschaft 集体; s. handeln 行动团结一致; sich mit j-m s. fühlen, erklären (= erklären, dass man zu ihm hält) 觉得与某人合得来,声援某人⟩ ‖ K-(复合): ***Solidar-***, ***-beitrag***, ***-gemeinschaft***

so·li·da·ri·sie·ren, sich; *solidarisierte sich*, *hat sich solidarisiert*; [Vr] (反身) **1.** ***sich mit j-m s.*** zu j-m halten bzw. für j-n eintreten 与某人团结一致 **2.** ⟨Personen 人⟩ ***solidarisieren sich*** mehrere Personen mit gemeinsamen Interessen od. Zielen schließen sich zusammen u. helfen sich gegenseitig 彼此团结互助 ‖ *hierzu*(派生) **So·li·da·ri·sie·rung** *die*; *nur Sg* (只用单数)

So·li·da·ri·tät *die*; -; *nur Sg* (只用单数); ***die S.*** (***mit j-m***) das Zusammenhalten von Personen mit ähnlichen Interessen od. Zielen 团结互助 ‖ K-(复合): ***Solidaritäts-***, ***-erklärung***, ***-gefühl***, ***-streik***

So·li·da·ri·täts·zu·schlag *der*; *nur Sg* (只用单数); e-e (zusätzliche) Steuer in Deutschland, mit der die wirtschaftliche Entwicklung Ostdeutschlands nach der Wiedervereinigung gefördert werden soll (德国重新统一后为促进东德经济发展而实行的)团结互助附加税

so·li·de *Adj* (形) **1.** sorgfältig u. aus gutem, festem Material hergestellt 坚固的,牢固的,结实耐用的 ≈ stabil: *solide Mauern*, *solide (gearbeitete) Möbel* 坚固的墙,(制作)结实的家具 **2.** so, dass nichts Wichtiges fehlt 坚实的,牢固的,扎实的 ≈ fundiert, gründlich ⟨e-e Ausbildung, e-e Grundlage, ein Wissen 培训,基础,知识⟩ **3.** ohne moralische Fehler 正派的,品行端正的,规规矩矩的 ≈ rechtschaffen, anständig ↔ ausschweifend ⟨ein Lebenswandel 生活作风; ein Mann 男人⟩ **4.** ⟨ein Unternehmen, e-e Firma, ein Betrieb 企业,公司,工厂⟩ in guten finanziellen Verhältnissen u. so, dass man sich auf sie verlassen kann 资金雄厚的,可靠的,讲信用的 ≈ seriös ‖ *hierzu* (派生) **So·li·di·tät** *die*; -; *nur Sg* (只用单数)

So·list *der*; *-en*, *-en*; ein Musiker, der ein Solo singt od. spielt 独唱演员,独奏演员 ‖ NB (注意): *der Solist*; *den*, *dem*, *des Solisten* ‖ *hierzu* (派生) **So·lis·tin** *die*; -, *-nen*

soll *Präsens*, *1. u. 3. Person* (现在时,第一和第三人称单数); ↑ ***sollen***

Soll *das*; *-s*; *nur Sg* (只用单数) **1.** die Arbeit od. Leistung, die j-d (nach e-m Plan) erfüllen muss (劳动)定额,指标 ≈ Norm ⟨ein S. festlegen 规定一个指标; das S. erfüllen 完成定额⟩: *Ich habe mein S. erfüllt, jetzt kann ich nach Hause gehen* 我完成了自己的定额,现在我可以回家了 ‖ K-(复合): ***Soll-***, ***-stärke***, ***-wert***, ***-zustand*** **2.** WIRTSCH【经】; der Schuldbetrag, den man auf e-m bestimmten Bankkonto hat 借方 ↔ Haben ‖ K-(复合): ***Soll-***, ***-zinsen***

sol·len[1]; *sollte*, *hat sollen*; *Modalverb* (情态动词) **1.** *Infinitiv* (不定式) + **s.** verwendet, um auszudrücken, dass j-d e-e Verpflichtung od. e-e Aufgabe hat 有必要,该,要(表示义务、责任): *Ich soll mich ein bisschen ausruhen (hat der Arzt gesagt)* 我该休息休息(医生讲); *Dein Vater hat angerufen. Du sollst zurückrufen* 你父亲来过电话要你回电话 **2.** *Infinitiv* (不定式) + **s.** verwendet, um auszudrücken, dass j-d e-e Vereinbarung hat 务必,要(表示约定): *Ich soll ihn um fünf Uhr vom Hotel abholen* 我要在五点钟从旅馆接他 **3.** ***soll ich / sollen wir*** + *Infinitiv* (不定式); verwendet, um e-n Vorschlag in Form e-r Frage zu machen (用问句的形式提出建议)要我/我们…?: *Soll ich das Fenster aufmachen?* 要我把窗子打开吗? **4.** *mst* 多用 ***du sollst nicht*** + *Infinitiv* (不定式); verwendet, um j-m etw. zu verbieten (表示禁止)你不该…: *Du sollst nicht alles anfassen!* 你不该什么都碰!; *Das fünfte Gebot lautet: „Du sollst nicht töten"* 第五(条)戒(律)为"不杀生" **5.** ***j-d / etw. soll*** + *Infinitiv* (不定式); verwendet, um ein Gerücht od. e-e (noch) nicht bestätigte Information auszudrücken (表示未经证实的消息或传言)据说,听说: *Er soll ja sehr reich sein* 据说他很有钱; *Der Anführer der Rebellen soll festgenommen worden sein* 听说叛乱头领被抓起

来了 **6. j-d/etw. soll** + *Infinitiv*（不定式）；verwendet, um e-e geplante Handlung od. Maßnahme auszudrücken（表示计划、措施）要，会：*Nächstes Jahr sollen die Steuern erhöht werden* 明年税收要提高 **7.** *mst* 多用 **soll ich** + *Infinitiv*（不定式）；*gespr*［口］；verwendet in rhetorischen Fragen, um Ärger auszudrücken（用于反诘句，表示生气）要我：*Soll ichs denn alleine machen?* 难道要我一个人干这活吗？；*Wie oft soll ich dir das noch sagen?* 还要我告诉你多少遍呀？ **8. j-d soll** + *Infinitiv*（不定式）；*gespr*［口］；verwendet, um e-e Herausforderung auszudrücken（表示挑战）让，叫：*Soll er doch selbst versuchen, so ein Buch zu schreiben!* 让他自己来试试写这么一本书吧！ **9.** *Infinitiv*（不定式）+ **s.** verwendet, um die feste Absicht od. die Entschlossenheit des Sprechers auszudrücken（表示说话人坚决的意图或决心）（一定、肯定）会：*Du sollst alles bekommen, was du brauchst – dafür sorge ich* 你一定会得到所需要的一切 —— 这事我来办 **10. j-d soll** + *Infinitiv*（不定式）；*gespr*［口］；verwendet, um die Einwilligung des Sprechers auszudrücken（表示说话人同意）：„*Er will noch 50. Euro haben*" – „*Dann soll ers (von mir aus) haben!*"“他还想要 50 欧元”——“那（我看）就给他吧！” **11.** *Infinitiv*（不定式）+ **s.** verwendet, um e-e Frage zu stellen, auf die man keine Antwort weiß（表示无法回答的问题）该：*Was soll ich nur tun?* 我到底还该做什么呢？；*Wie sollte das denn funktionieren?* 这究竟该怎么运转呢？ **12.** *Infinitiv*（不定式）+ **sollte(n)** *usw* verwendet, um e-n Wunsch auszusprechen (von dem man nicht erwartet, dass er immer erfüllt wird)（表示愿望）但愿，愿，…该多好啊：*So sollte das Wetter immer sein!* 但愿天气永远如此！ **13. j-d hätte** + *Infinitiv*（不定式）+ **s.** verwendet, um auszudrücken, dass es gut od. schön gewesen wäre, wenn j-d etw. gemacht hätte 要是…就好了，本该：*Du hättest sein Gesicht sehen s.!* 你要是看到他的那张脸就好了！；*Wir hätten nicht kommen s.* 我们本不该来 **14.** *Infinitiv*（不定式）+ **sollte(n)** *usw* verwendet, um e-e höfliche od. bestimmte Aufforderung auszudrücken（表示有礼貌的请求）最好是：*Du solltest ihn nicht immer ärgern* (= es wäre besser, wenn du ihn nicht immer ärgern würdest) 最好是你别老惹他生气 **15. hätte(n)** + *Infinitiv*（不定式）+ **s.** verwendet, um auszudrücken, dass etw. besser od. richtiger gewesen wäre 要是…就更好了，本该：*Das hättest du nicht sagen s.* (= es wäre besser gewesen, wenn du das nicht gesagt hättest) 你要是没说这事那就好了（你本不该说这事的） **16. j-d/etw. sollte** + *Infinitiv*（不定式）；verwendet, um ein Ereignis *o. Ä.*, das inzwischen eingetreten ist, vorwegzunehmen 居然将：*Es sollte aber anders kommen, als er es sich vorgestellt hatte* 但是将会发生的情况与他想象的不一样；*Damals wusste sie noch nicht, dass sie ihn nie wiedersehen sollte* 当时她还不知道，她再也见不到他了 **17. wenn/falls j-d/etw.** + *Infinitiv*（不定式）+ **sollte** verwendet, um e-n theoretischen Fall zu konstruieren（用于假设）要是：*Falls/Wenn meine Frau anrufen sollte, sagen Sie ihr, dass ich später heimkomme* 要是我妻子打电话来，请您告诉她，我晚一点回家 **18.** *Infinitiv*（不定式）+ **sollte(n)** *usw* verwendet, um e-e Möglichkeit in Erwägung zu ziehen（表示考虑）有可能：*Sollte sie damit recht haben?* (= es ist denkbar, dass sie recht hat) 有可能她在这个问题上是正确的？ **19.** *mst* 多用 **Woher soll ich das wissen?** *gespr*［口］；verwendet, um (auf ziemlich unhöfliche Weise) auszudrücken, dass man etw. nicht weiß 我怎么会知道？‖ ID［谚］**Es hat nicht s. sein/sein s.** das Schicksal wollte nicht, dass es so sein würde 命不该如此

sol·len²；*sollte*, *hat gesollt*；**Vi**（不及物）**1. irgendwohin s.** *gespr*［口］；den Auftrag od. die Verpflichtung haben, irgendwohin zu gehen od. zu fahren 该去，要去：*Der Chef rief an u. sagte, du sollst sofort in sein Büro* 头儿打电话说要你马上去他办公室 **2. etw. soll irgendwohin** es ist vereinbart od. vorgesehen, dass etw. irgendwohin gebracht wird（物作主语）该放到，该送到：*Der Schrank soll neben das Fenster* 这个柜子该放到窗户边上 ‖ ID［谚］**Was solls?** *gespr*［口］；verwendet, um auszudrücken, dass man sich mit etw. abgefunden hat, *bes* weil man nichts daran ändern kann 还能怎么办！；*mst* 多用 **Soll er/sie (doch, ruhig)!** *gespr*［口］；verwendet, um auszudrücken, dass einem j-s Verhalten egal ist：随他/她就是了！„*Sie hat ziemlich über dich geschimpft*" – „*Soll sie doch, das ist mir egal!*"“她骂你骂得好厉害”——“随她就是了，我不在乎！”；**Was soll das/Was soll der Quatsch/Was soll der Unsinn?** *gespr*［口］；verwendet um auszudrücken, dass man sich über etw. ärgert（表示生气）这是怎么回事？/说些什么呀？/瞎说些什么呀？‖ NB（注意）：**a)** sollen² wird als Vollverb verwendet（sollen² 作为完全动词使用）；zusammen mit e-m Infinitiv wird *sollen* als Modalverb verwendet（sollen 与不定式连用则为情态动词）；↑ **sollen¹**；**b)** das Partizip Perfekt wird selten verwendet（过去分词使用很少）

so·lo *Adj*（形）**1.** *nur präd od adv*, *gespr*（只作表语或状语）［口］；ohne Partner, ohne Begleiter 独自一人的，单独的 ≈ allein 〈s. sein, gehen, kommen 独自一人，一个人独自去、来〉 **2.** *nur adv*（只作状语）；in der Form e-s Solos (1) 单独 〈s. singen, spielen 独唱，独奏〉

So·lo *das*；*-s*，*-s/geschr*［书］*So·li* **1.** ein Teil e-s Musikstückes od. Balletts, bei dem ein einzelner Künstler singt, spielt od. tanzt 独唱，独奏，独舞 〈ein S. singen, spielen, tanzen 表演独唱、独奏、独舞〉 ‖ K-（复合）：**Solo-, -gesang, -instrument, -part, -tanz** ‖ -K（复合）：**Gitarren-, Schlagzeug-, Violin-** *usw* **2.** ein Spiel bei manchen Kartenspielen (wie Schafkopf u. Skat), bei dem j-d allein ge-

S

gen alle spielt(纸牌游戏)独打(即由叫牌墩数最高者单独与其余众人对阵) ‖ K-(复合): **Solo-, -spiel, -spieler** ‖ -K (复合): **Herz-, Karo-, Kreuz-, Pik-** ‖ ▶ **Solist**

sol·vent [-v-], *solventer*, *solventest-*; *Adj* (形); *geschr*[书]; ⟨ein Mieter, e-e Firma 房客,公司⟩ mit genug Geld 有偿付能力的 ≈ zahlungsfähig, zahlungskräftig ‖ *hierzu*(派生) **Sol·venz** *die*; -, *-en*

so·mit, so·mit *Adv* (副) **1.** verwendet, um auszudrücken, dass etw. e-e logische Folge von etw. ist 因此,所以,故此 ≈ also, folglich: *Das Erdöl wird teurer, u. s. steigen die Preise* 石油贵了,因此(石油产品)价格也涨了 **2.** (*nur somit*) ≈ hiermit, damit: *U. s. kommen wir zum Ende unserer Veranstaltung* 就此结束我们的活动

Som·mer *der*; *-s*, - **1.** die Jahreszeit nach dem Frühling, in der die Tage warm u. lang sind 夏天,夏季,夏 ↔ Winter ⟨ein heißer, verregneter S. 炎热的、阴雨连绵的夏天; der S. kommt 夏天来了; es wird S. 入夏了⟩ ‖ K-(复合): **Sommer-, -anfang, -blume, -fahrplan, -ferien, -fest, -hitze, -kleid, -monat, -reifen, -schlussverkauf, -schuh, -semester, -sonnenwende, -tag, -urlaub; Sommers-, -zeit** ‖ -K (复合): **Früh-, Hoch-, Spät-** **2. S. u./wie Winter** während des ganzen Jahres 无论冬夏,一年四季

Som·mer·fri·sche *die*; -; *nur Sg*, *veraltend* (只用单数)[渐旧] **1.** die Ferien im Sommer, die man *bes* auf dem Land verbringt 避暑,消夏: *zur S. aufs Land fahren* 去乡村避暑 ‖ NB (注意): ↑ **Urlaub 2.** ein Ort, wo man die Sommerferien verbringt 避暑(胜)地

Som·mer·frisch·ler *der*; *-s*, -; *veraltend* [渐旧]; j-d, der seine Ferien im Sommer auf dem Land verbringt(去乡村)避暑的人

som·mer·lich *Adj* (形); so, wie es im Sommer typisch ist od. sein sollte 夏天的,夏季的 ⟨Kleidung, Wetter 服装,天气; s. warm 像夏天一样热⟩

Som·mer·loch *das*; die Zeit im Sommer, während der wenig geschieht, weil die meisten Leute im Urlaub sind 盛夏淡季

som·mers *Adv*(副); *geschr*[书] **1.** im Sommer 在夏天,夏季里 **2. s. wie winters** während des ganzen Jahres 无论冬夏,一年四季: *Er geht s. wie winters täglich spazieren* 无论冬夏,他每天散步

Som·mer·spie·le *die*; *Pl* (复) **1.** die Olympischen Spiele, die im Sommer stattfinden 夏季奥运会 ⟨die Olympischen S. 夏季奥林匹克运动会⟩ ↔ Winterspiele **2.** e-e Reihe von Theatervorstellungen *o. Ä.* im Sommer 夏季汇演

Som·mer·spros·se *die*; -, *-n*; *mst Pl* (多用复数); einer von mehreren kleinen braunen Flecken auf der Haut, die *bes* Menschen mit roten Haaren haben, od. die die Leute bekommen, wenn die Sonne scheint 日晒斑,雀斑 ‖ *hierzu*(派生) **som·mer·spros·sig** *Adj* (形)

Som·mer·zeit *die* **1.** *zur S.* im Sommer 在夏季,在夏天 **2.** der Zeitraum im Sommer, in dem die Uhren um eine Stunde vorgestellt sind 夏时制时间 ↔ Winterzeit ⟨(die Uhren) auf S. (um)stellen(把表)调到夏时制时间; mitteleuropäische S. 中欧夏时制时间⟩: *Ab nächsten Sonntag gilt die S., da bleibt es länger hell* 从下星期日开始实行夏时制时间,因此白天更长了

So·na·te *die*; -, *-n*; ein Musikstück in drei od. vier Teilen, das *mst* für ein bestimmtes Instrument geschrieben ist 奏鸣曲 ‖ K-(复合): **Sonaten-, -form** ‖ -K (复合): **Klavier-, Violin-**

Son·de *die*; -, *-n* **1.** ein sehr dünnes, bewegliches Rohr, das man j-m *z. B.* durch den Mund in den Magen führt, um diesen zu untersuchen(用于医学的)探针,探子 ⟨e-e S. einführen 导入探子(针)⟩ ‖ -K (复合): **Blasen-, Magen-** **2.** *Kurzw*(略) ↑ **Raumsonde** ‖ -K (复合): **Mars-, Mond-, Venus-, Weltraum-**

Son·der- *im Subst*, *sehr produktiv*(构成名词,构词强) **1.** zusätzlich zum Normalen u. Gewohnten 附加…,专门(增加)… ≈ Extra-; die **Sonderfahrt**, der **Sonderflug**, die **Sondermaschine** ⟨mit e-r S. fliegen 乘坐专机⟩, die **Sonderration** ⟨e-e S. Zigaretten 一份专门配给的香烟⟩, die **Sondersendung**, die **Sondersitzung** ⟨e-e S. einberufen 召开一次专门会议⟩, der **Sonderurlaub**, der **Sonderzug** **2.** nur für e-e bestimmte Person od. Gruppe gültig od. sie betreffend 特别…,特殊…,专门…(指适用于某人或团组) ≈ Spezial-; die **Sondererlaubnis**, die **Sondergenehmigung**, die **Sonderinteressen**, die **Sonderregelung** **3.** mit e-r speziellen Aufgabe od. Funktion 特别…,特殊…(指任务或职能); der **Sonderauftrag**, der **Sonderbeauftragte**, der **Sonderberichterstatter**, die **Sonderdeponie**, das **Sonderkommando**, die **Sonderkommission**

Son·der·an·fer·ti·gung *die*; ein Produkt, das außerhalb e-r Serie als Einzelstück hergestellt wird 专门加工制作的产品,特制品

Son·der·an·ge·bot *das* **1.** das Angebot e-r Ware für e-e bestimmte Zeit unter dem normalen Preis 特价供应,廉价供应 ⟨etw. im S. kaufen 以特价购买某物⟩ **2.** e-e Ware, die im S. (1) zu kaufen ist 特价商品,廉价商品 ⟨ein S. kaufen 买特价商品⟩

Son·der·aus·ga·be *die* **1.** die Ausgabe e-s Buches *o. Ä.*, die *mst* nur einmal, aus e-m bestimmten Anlass, gemacht wird 特刊,特刊本 ⟨e-e S. herausbringen 发行特刊(本)⟩ **2.** *mst Pl* (多用复数); Geldbeträge, die man für spezielle Zwecke (nicht regelmäßig) ausgibt 特殊开销,额外支出 ⟨Sonderausgaben haben 有特殊开支⟩

son·der·bar *Adj* (形); nicht so, wie man es gewöhnt ist, u. deshalb überraschend u. verwirrend 特殊的,奇怪的,奇特的 ≈ merkwürdig, eigenartig ⟨ein Mensch 人; ein Vorfall, e-e Erklärung 事件,声明; sich s. benehmen 举止古怪⟩: *Ich finde es s., dass sie plötzlich*

S

nicht mehr mit mir spricht 我觉得奇怪，她突然不再跟我说话了 ‖ *hierzu*（派生）**son·der·ba·rer·wei·se** *Adv*（副）；**Son·der·bar·keit** *die*；*nur Sg*（只用单数）

Son·der·be·hand·lung *die*；e-e besondere（*mst* bessere）Behandlung 特殊对待，优惠待遇〈j-m e-e S. angedeihen lassen, zuteilwerden lassen 给予某人特殊待遇，使某人享受优惠待遇〉

Son·der|brief·mar·ke *die*；e-e Briefmarke, die zu e-m speziellen Anlass herausgegeben wird 特种纪念邮票：*e-e S. zu den Olympischen Spielen* 一张奥运会特种纪念邮票

Son·der·fall *der*；etw., das in kein Schema, keine Regel *usw* passt u. als einzelner Fall behandelt werden muss 特殊情况 ≈ Ausnahmefall：*Führungen durch die Ausstellung nur in Sonderfällen!* 只有在特殊情况下参观展览会才有讲解

son·der·glei·chen *Adj*（形）；*nur nach dem Subst*，*indeklinabel*（只位于名词后，词形不变）；〈e-e Frechheit, e-e Unverschämtheit, e-e Rücksichtslosigkeit s. 放肆、无耻、肆无忌惮之极〉von solcher Art, dass man sie mit nichts vergleichen kann 无比的，少有的，出奇的 ≈ ohnegleichen

Son·der·heft *das*；ein Heft e-r Zeitschrift, das außerhalb der Reihe erscheint u. ein bestimmtes Thema hat（杂志）特刊，专辑：*ein S. zum Thema Erziehung* 有关教育专题的特刊

son·der·lich *Adj*（形）；*nur attr od adv*（只作定语或状语）；besonders groß, stark *o. Ä.* 特别（大、多）的：*etw. ohne sonderliche Anstrengung schaffen* 完成某事没费特别大的力气；*kein sonderliches Interesse an j-m/etw. zeigen* 对某人/某事没有表现出特别大的兴趣；*nicht s. schön sein* 不是特别的漂亮 ‖ NB（注意）：nur in Verbindung mit e-r Verneinung *o. Ä.*（只与否定词连用）

Son·der·ling *der*；*pej*［贬］；j-d, der sich anders als die Mehrheit verhält u. etwas merkwürdig wirkt 古怪的人，怪人

Son·der·mar·ke *die*；*gespr*［口］≈ Sonderbriefmarke

Son·der·müll *der*；Müll, der auf besondere Art gelagert u. vernichtet werden muss 特殊垃圾 ‖ K-（复合）：***Sondermüll-***，***-beseitigung***，***-deponie***

son·dern[1]；*sonderte*，*hat gesondert*；**Vt**（及物）***j-n/etw.***（***von j-m/etw.***）***s.*** *geschr*［书］≈ trennen, entfernen

son·dern[2] *Konjunktion*（连）；verwendet, um nach e-r verneinten Aussage das Zutreffende einzuleiten（不是…）而是 ≈ vielmehr：*Wir sind im Sommer nicht wie geplant nach Italien, s. nach Frankreich gefahren* 夏天我们并没有按计划那样去意大利，而是去了法国；*Ich bin nicht mit dem Auto gefahren, s. zu Fuß gegangen* 我没开车去，而是走去的 ‖ NB（注意）：↑ ***nur***[2]（1）

Son·der·num·mer *die* ≈ Sonderheft

Son·der·preis *der*；ein besonders billiger Preis 特价：*Socken zum S. von drei Euro* 三欧元的特价短袜

son·ders ↑ ***samt***[2]

Son·der·schu·le *die*；e-e Schule, in der *bes* Kinder unterrichtet werden, die Schwierigkeiten beim Lernen haben 特殊学校，弱智学校，聋哑学校 ‖ K-（复合）：***Sonderschul-***，***-lehrer***，***-pädagogik*** ‖ *hierzu*（派生）**Son·der·schü·ler** *der*；**Son·der·schü·le·rin** *die*

Son·der·stel·lung *die*；*nur Sg*（只用单数）；e-e Stellung（3），in der man anders（u. besser）behandelt wird als die anderen 特殊岗位（职位），特殊地位〈e-e S. haben, einnehmen 有、占据特殊岗位；j-m e-e S. einräumen 安排某人一个特殊岗位〉

Son·der·wunsch *der*；*mst Pl*（多用复数）；ein spezieller Wunsch e-r einzelnen Person 特殊愿望：*keine Sonderwünsche berücksichtigen können* 不能考虑特殊愿望

Son·der·zei·chen *das*；ein Zeichen（wie *z. B.* ein Lautschriftzeichen），das in e-m Zeichensystem normalerweise nicht vorhanden ist 特殊符号

son·die·ren；*sondierte*，*hat sondiert*；**Vt/i**（及物/不及物）（***etw.***）***s.*** *geschr*［书］≈ erkunden, erforschen〈das Terrain, die Lage s. 勘测地形、地况〉‖ *hierzu*（派生）**Son·die·rung** *die*；*nur Sg*（只用单数）

Son·die·rungs·ge·spräch *das*；ein Gespräch, das dazu dient, j-s Meinung zu e-m bestimmten Thema zu erfahren 征求意见的谈话

So·nett *das*；*-(e)s*，*-e*；ein Gedicht mit 14 Zeilen, das *mst* aus zwei Strophen mit vier Zeilen u. aus zwei Strophen mit drei Zeilen besteht 十四行诗

Song *der*；*-s*，*-s* **1.** ein Lied aus der Popmusik（流行）歌曲 **2.** ein Lied, mit e-m satirischen od. kritischen Inhalt 讽刺歌曲或批判歌曲

Sonn·abend *der*；*nordd*［北德］≈ Samstag ‖ *hierzu*（派生）**sonn·abends** *Adv*（副）

Son·ne *die*；*-*，*-n* **1.** *nur Sg*（只用单数）；der große Stern am Himmel, den man am Tag sieht u. von dem die Erde Wärme u. Licht bekommt 太阳〈die S. scheint, glüht, sticht, die S. geht（im Osten）auf u.（im Westen）unter 阳光照耀，太阳烧得通红，太阳晒得火辣辣的，日出（东方）和日落（西方）；die Erde dreht sich um die S. 地球绕着太阳转；die S. steht hoch, niedrig/tief（am Himmel）太阳当空照，太阳低挂/沉落在天边（西下/落山）〉‖ K-（复合）：***Sonnen-***，***-aufgang***，***-energie***，***-licht***，***-strahl***，***-untergang***，***-wärme*** ‖ -K（复合）：***Januar-***，***Februar-*** *usw*；***Frühlings-***，***Sommer-*** *usw*；***Abend-***，***Mittags-***，***Morgen-*** **2.** *nur Sg*（只用单数）；das Licht u. die Wärme der S.（1）阳光，日光〈keine S. vertragen 经不起太阳晒；sich von der S. bräunen lassen 让阳光晒黑〉：*In meinem Zimmer habe ich den ganzen Tag S.* 我的屋子里整天都有阳光；*e-e Pflanze, die viel S. braucht* 一种喜欢阳光的植物 ‖ K-（复合）：***sonnen-***，***-durchflutet***，***-gebräunt***，***-gereift***，***-verbrannt*** **3.** *nur Sg*（只用单数）；ein Platz mit dem Licht der S.（2）有阳光的地方

S

↔ Schatten 〈in die S. gehen 到有阳光的地方去，到太阳光下去；in der S. liegen, sitzen 躺着，坐着晒太阳（躺在、坐在阳光下）；etw. glänzt, glitzert in der S. 某物在阳光下闪闪发光、闪烁〉：*Hier bleiben wir, hier ist noch S.* 我们呆在这儿吧，这儿还有阳光 **4.** ein Stern, um den Planeten kreisen 恒星 **5.** ***die S. lacht*** die S. (1) scheint 阳光灿烂

son·nen, sich; *sonnte sich, hat sich gesonnt*; Vr（反身）**1.** ***sich s.***（für längere Zeit）irgendwo sitzen od. liegen, wo man das Licht u. die Wärme der Sonne am Körper spürt 晒太阳：*sich am Strand s.* 在海滩上晒太阳 **2.** ***sich in etw.***（*Dat* 三格）***s.*** etw. genießen u. sehr stolz darauf sein 为…洋洋得意〈sich in seinem Glück, Ruhm, Erfolg s. 为自己的运气、荣誉、成就洋洋得意〉

Son·nen·an·be·ter *der*; *-s, -*; *hum*［诙］; j-d, der sich gern u. oft sonnt, *bes* um braun zu werden 喜欢日光浴的人 ‖ *hierzu*（派生）**Son·nen·an·be·te·rin** *die*; *-, -nen*

Son·nen·bad *das*; das Liegen in der Sonne 日光浴〈ein S. nehmen 沐日光浴〉‖ *hierzu*（派生）**son·nen·ba·den** *Vi*（不及物）; *nur im Infinitiv*（只用不定式）

Son·nen·blu·me *die*; e-e Blume mit großen, gelben Blüten auf sehr hohen Stängeln, die flache Samen produziert, aus denen man Öl macht 向日葵 ‖ K-（复合）: ***Sonnenblumen-, -kern, -öl***

Son·nen·brand *der*; rote, schmerzhafte Haut, die davon kommt, dass man zu lange in der Sonne gewesen ist 日晒斑，晒痕〈e-n S. haben, bekommen 有、晒出日晒斑〉

Son·nen·bril·le *die*; e-e Brille mit dunklen Gläsern, die die Augen vor starkem (Sonnen) Licht schützt 太阳镜，墨镜〈e-e S. tragen, aufsetzen 戴着、戴上太阳镜〉

Son·nen·cre·me *die*; e-e Creme, die die Haut davor schützt, von der Sonne verbrannt zu werden 防晒霜

Son·nen·fins·ter·nis *die*; der Vorgang, bei dem sich der Mond (von der Erde aus gesehen) vor die Sonne schiebt 日食 ↔ Mondfinsternis〈e-e totale, partielle S. 日全食，日偏食；e-e S. beobachten 观察日食〉

son·nen·hung·rig *Adj*（形）; mit großem Bedürfnis nach dem Licht u. der Wärme der Sonne 渴望阳光的，盼晴天的，盼出太阳的〈s. sein 盼着出太阳〉

Son·nen·hut *der*; ein leichter Hut (*mst* aus Stroh) mit e-m breiten Rand, der den Kopf u. das Gesicht vor der Sonne schützt 太阳帽，遮阳帽

Son·nen·jahr *das*; ASTR【天】; der Zeitraum von ca. 365 Tagen, in dem die Erde einmal um die Sonne kreist 太阳岁，回归年

son·nen·klar *Adj*（形）; *gespr*［口］; eindeutig, völlig klar 明明白白的，一清二楚的〈etw. ist j-m s. 某人对某事一清二楚〉

Son·nen·kol·lek·tor *der*; *-s, Son·nen·kol·lek·to·ren*; ein Gerät, das aus Sonnenenergie elektrischen Strom produziert 太阳能发电机

Son·nen·öl *das*; ein Öl, das die Haut davor schützt, von der Sonne verbrannt zu werden 防晒油〈sich mit S. einreiben 抹防晒油〉

Son·nen·schein *der*; *nur Sg*（只用单数）**1.** das Licht der Sonne, wenn sie auf die Erde scheint 阳光：*bei strahlendem S. spazieren gehen* 在明媚的阳光下散步 **2.** *gespr veraltend*［口］［渐旧］; j-d (*bes* ein Kind), der einem viel Freude macht 爱子，爱女，心肝宝贝〈j-s S. sein 是某人的心肝宝贝〉

Son·nen·schirm *der*; ein großer Schirm, der vor der Sonne schützt 太阳伞，遮阳伞

Son·nen·schutz|mit·tel *das*; e-e Creme od. ein Öl, die die Haut vor Sonnenbrand schützen 防晒护肤品

Son·nen·sei·te *die*; *mst Sg*（多用单数）**1.** die Seite e-s Hauses, e-r Straße *o. Ä.*, auf die die Sonne scheint 阳面，朝阳的一侧 ↔ Schattenseite **2.** ***die S.*** + *Gen*（二格）die angenehmen Aspekte von etw. 好的方面，光明的一面 ↔ Schattenseite〈die S. des Lebens 生活的光明面〉‖ *zu*（义项）**1. son·nen·sei·tig** *Adj*（形）

Son·nen·stich *der*; *nur Sg*（只用单数）; Kopfschmerzen, Übelkeit *usw*, die man bekommt, wenn man zu lange in der Sonne war 中暑，日射病〈e-n S. bekommen, haben 得了中暑，患日射病〉‖ ID［谚］***e-n S. haben*** *gespr*［口］; verrückte Dinge tun u. sagen 有病，一派胡言

Son·nen·sys·tem *das* **1.** *nur Sg*（只用单数）; die Sonne (1) u. die Planeten, die um sie kreisen 太阳系 **2.** e-e Sonne (4) u. die Planeten, die um sie kreisen 恒星系，星系

Son·nen·tag *der*; ein Tag, an dem die Sonne scheint 晴天，好天，出太阳的日子 ↔ Regentag: *Die Gegend hat 150 Sonnentage im Jahr* 这地区一年有150个晴天

Son·nen·uhr *die*; e-e Vorrichtung, die aus e-m Stab u. e-r Skala besteht. Der Schatten des Stabes zeigt (wenn die Sonne scheint) auf der Skala an, wie viel Uhr es ist 日晷

Son·nen·wen·de *die*; der Zeitpunkt (in e-m Jahr), an dem die Sonne am längsten od. am kürzesten scheint 至，至点（即夏至或冬至）‖ K-（复合）: ***Sommer-, Winter-***

son·nig *Adj*（形）**1.** im Licht der Sonne 有阳光的，向阳的 ↔ schattig: *sich auf e-e sonnige Bank setzen* 在一张有阳光的长凳上坐下来 **2.** mit viel Sonnenschein 阳光充足的，多晴天的〈Wetter 天气〉: *in e-m sonnigen Land Urlaub machen* 在一个阳光充足的国家度假 **3.** immer fröhlich u. optimistisch 开朗的，乐观的，愉快的〈ein Gemüt, ein Wesen 情绪，性格〉

Sonn·tag *der*; *-s, -e*; der siebte Tag der Woche, an dem die meisten Leute nicht arbeiten 星期日，星期天，周日; *Abk* 缩写 So ↔ Werktag〈am S. 在星期天; letzten, diesen, nächsten S. 在上、这、下星期天; S. früh 星期天早上〉: *Der Zug fährt täglich außer an Sonn- u. Feiertagen* 除周日和节日外这班火车每天都开 ‖ K-（复合）: ***Sonntag-, -abend, -mittag,***

S

-morgen*, *-nacht*; *Sonntags-*, *-anzug*, *-arbeit*, *-ausflug*, *-braten*, *-dienst*, *-gottesdienst*, *-kleid*, *-ruhe*, *-spaziergang*, *-vergnügen*; *sonntag-*, *-abends*, *-mittags *usw* ‖ -K（复合）：***Advent-*, *Oster-*, *Pfingst-***

sonn·täg·lich *Adj*（形）**1.** wie es dem üblichen Verhalten am Sonntag entspricht 像星期天一般的，休闲的，舒闲的〈s. angezogen sein 穿戴得跟星期天一样舒闲〉：*die sonntägliche Ruhe* 像星期天一样的宁静 **2.** *nur attr od adv*（只作定语或状语）；〈der Kirchgang, der Spaziergang 去教堂，散步〉so, dass sie regelmäßig am Sonntag stattfinden 每逢星期天的

Sonn·tags·fah·rer *der*; *mst pej* 多用[贬]；j-d, der schlecht Auto fährt, weil er es selten tut 开车不老练的人 ‖ *hierzu*（派生）**Sonn·tags·fah·re·rin** *die*

so·nor *Adj*（形）；*geschr*［书］；mit e-m angenehmen, vollen Klang 洪亮的，响亮的〈e-e Stimme 嗓音〉

sonst¹ *Adv*（副）**1.** bei anderen Gelegenheiten, in den meisten anderen Fällen 往常，平时，一向 ≈ gewöhnlich, üblicherweise：*Sag doch endlich was, s. redest du ja auch immer* 你来说点什么吧，平时你总说个不停；*Die s. so laute Straße war plötzlich ganz ruhig* 通常非常喧闹的大街突然安静极了 **2.** zusätzlich zu dem, was schon gesagt worden ist 另外 ≈ darüber hinaus〈s. nichts/nichts s. 另外没有别的了；s. niemand/niemand s. 此外没有别人了〉：*Hast du s. noch Fragen*？你另外还有问题吗？；*Nur wir sind eingeladen, s. niemand* 只是我们被邀请，另外没有别人了 **3.** abgesehen von dem, was gesagt worden ist 除此（刚才所说的）之外，此外：*Die Nudeln waren etwas fad, aber s. war das Essen ausgezeichnet* 面条有点淡，除此之外这顿饭好极了 ‖ ID［谚］***S. noch was?*** *gespr, oft iron*［口］多用［讽］；*bes* verwendet, um j-n zu fragen, ob er noch Wünsche hat（你）还想要点什么？；**'*S. gehts dir 'gut?***；***S. hast du 'keine Probleme?*** *gespr*［口］；verwendet, um auszudrücken, dass man sich über j-n ärgert 这下你开心了吧？这下你没烦心事了吧

sonst² *Konjunktion*（连）≈ andernfalls, ansonsten：*Es ist besser, du gehst gleich, s. kommst du zu spät* 你现在赶紧走为好，否则就太晚了；*Gib mir sofort das Geld, s. werde ich böse* 快把钱给我，否则我要生气了

sonst³ *mit Indefinitpronomen, nicht produktiv*（与不定代词连用，非构词型）；drückt aus, dass irgendeine andere Person od. Sache, irgendein anderer Ort *o. Ä.* gemeint werden kann 其他的…，别的…；***sonst jemand***（= irgendjemand anders），***sonst was***（= irgendetwas anders），***sonst wer*, *sonst wie*, *sonst wo*, *sonst wohin***

sons·ti·g- *Adj*（形）；*nur attr, nicht adv*（只作定语，不作状语）；zusätzlich noch vorhanden 其他的，别的，另外的 ≈ anderweitig-, ander-：*Rauchen, Trinken u. sonstige schlechte Gewohnheiten* 抽烟、喝酒及其他的不良习惯；*Die Anzeige erschien in der Rubrik „Sonstiges“* 广告启事刊登在“其他”栏目内

so·oft [zo'|ɔft] *Konjunktion*（连）≈ immer wenn, jedes Mal wenn：*Er geht ins Kino, s. er kann* 每当他有空就去看电影；*S. ich sie sehe, freue ich mich* 我每次见到她都很高兴 ‖ NB（注意）：↑ ***auch³***（2）

so·phis·tisch *Adj*（形）；*geschr*［书］；haarspalterisch, spitzfindig (in der Argumentation) 诡辩的，狡辩的，强词夺理的

Sop·ran *der*; *-s*, *-e*; MUS【音】**1.** *nur Sg*（只用单数）；die höchste Singstimme bei Frauen u. Jungen 女高音〈S. singen 唱女高音〉‖ K-（复合）：***Sopran-*, *-stimme*** **2.** *nur Sg*（只用单数）；alle hohen Stimmen im Chor 合唱高音部，高音声区：*Der S. setzte zu spät ein* 高音部起晚了 **3.** e-e Frau od. ein Junge mit e-r Sopranstimme 女高音歌手；唱女高音的男歌手 ‖ *zu*（义项）**1. Sop·ra·nis·tin** *die*; *-*, *-nen*

Sop·ran- *im Subst, begrenzt produktiv*（构成名词，构词有限）；verwendet, um auszudrücken, dass das im zweiten Wortteil genannte Instrument relativ hohe Töne produziert 高音…；die ***Sopranflöte***, das ***Sopransaxophon***

Sor·ge *die*; *-*, *-n* **1.** *mst Pl*（多用复数）；die unangenehmen Gedanken u. Gefühle, die man hat, wenn man Probleme mit j-m/etw. od. vor etw. Angst hat 忧愁，忧虑，忧烦，愁闷〈große, berufliche, finanzielle Sorgen 很大的、工作上的、经济上的忧虑；(mit j-m/etw.) Sorgen haben（为某人/某事）犯愁，放心不下；voller/ohne Sorgen sein 满腹忧闷/无忧无虑；etw. erfüllt j-n mit S. 某事令某人忧心忡忡；mit S. an etw. denken 忧思某事，想起某事就犯愁；j-d/etw. gibt j-m Anlass zur S., vertreibt j-m die Sorgen 某人/某事引起、驱走某人的忧烦；seine Sorgen vergessen 忘记自己的忧烦；Kummer u. Sorgen 苦恼与忧愁〉：*vor Sorgen graue Haare bekommen* 愁白了头发；*Wegen seiner hohen Schulden macht er sich so viele Sorgen, dass er nachts nicht schlafen kann* 因债台高筑愁得他夜里睡不着觉 ‖ -K（复合）：***Alltags-*, *Existenz-*, *Geld-*, *Kleider-*, *Nahrungs-*, *Wohnungs-*** **2. *Sorgen* (*um j-n/etw.*)** die Angst, dass mit j-m/etw. etw. Unangenehmes geschehen könnte（为…而）担忧，担心，操心〈sich (*Dat* 三格) (um j-n/etw.) Sorgen machen（为某人/某事）担忧〉：*die Sorgen um j-s Zukunft* 为某人的未来担忧；*Ich mache mir immer Sorgen um dich, wenn du allein mit dem Auto unterwegs bist* 每回你一人开车出差，我总替你担心 **3. *die S.* (*für j-n*)** *nur Sg*（只用单数）；alle Handlungen, mit denen man erreichen will, dass es j-m gut geht 关心，关照，关怀 ≈ Fürsorge：*die elterliche S. für die Kinder* 父母对孩子的关怀 **4. *j-d/etw. macht j-m Sorgen*** j-s Verhalten/etw. bewirkt, dass j-d Angst hat od. unruhig wird（人/物作主语）使担忧；使不安：*Das Examen macht mir große Sorgen* 大学毕业考试弄得我心神不定 **5. *für etw. S. tragen*** *geschr*［书］；das tun, was nötig ist, damit e-e bestimmte Aufgabe erfüllt wird 负责操持某事：*dafür S. tragen, dass die Ter-*

S

mine eingehalten werden 负责(照管)进度 ‖ ID［谚］**Keine S.!** *gespr*［口］; verwendet, um j-m Mut zu machen 别担心，甭操心！≈ keine Angst!: *Keine S., das wird schon klappen!* 别担心，会成功的！; *mst* 多用 **Lass das (nur) 'meine S. sein!** *gespr iron*［口］［讽］; ich werde mich um dieses Problem kümmern 这件事交给我处理好了！; *mst* 多用 **'Du hast Sorgen! / 'Deine Sorgen möchte ich haben!** *gespr*［口］; verwendet, um auszudrücken, dass man j-s Problem nicht schlimm findet 你操个什么心呀！(不值得为此操心！/这算不了什么问题！) ‖ *zu* (义项) **1. sor·gen·frei** *Adj* (形); **sor·gen·los** *Adj* (形); **sor·gen·voll** *Adj* (形)

sor·gen; *sorgte, hat gesorgt*; **Vi** (及物) **1. für j-n s.** alles tun, was j-d braucht, damit es ihm gut geht 关心，关照，照料 ≈ sich um j-n kümmern〈für die Kinder, den Ehepartner s. 关心孩子、爱人〉**2. für etw. s.** alles tun, was nötig ist, damit etw. geschieht, entsteht od. da ist 负责(操持，照应，办理，制造等) ≈ für etw. Sorge tragen〈für Unterhaltung, Heiterkeit, Musik s. 负责组织娱乐、制造欢快气氛、安排音乐; für das Essen, die Getränke s. 负责安排饭菜、饮料〉: *Sorgst du dafür, dass wir genügend Getränke für die Party haben?* 是你负责为聚会准备充足的饮料吗？; **Vr** (反身) **3. sich (um j-n / etw.) s.** sich um j-n/etw. Sorgen machen, besorgt sein 为…担心、担忧、操心: *Ich sorge mich um seine Gesundheit* 我担心他的健康 ‖ ▶ **besorgt**

Sor·gen·fal·te *die*; *mst Pl* (多用复数); e-e Falte im Gesicht (*bes* auf der Stirn), die man bekommt, wenn man viele Sorgen hat 愁出来的皱纹

Sor·gen·kind *das*; ein Kind, mit dem die Eltern viele Probleme u. Sorgen haben 令父母操心的孩子

Sor·ge·pflicht *die*; *nur Sg* (只用单数); die Pflicht *bes* der Eltern, sich darum zu kümmern, dass die (eigenen) Kinder Essen u. Kleidung haben u. e-e (gute) Ausbildung bekommen 抚养义务

Sor·ge·recht *das*; *nur Sg* (只用单数); das Recht (*mst* der Eltern od. eines Elternteils), ein Kind bei sich zu haben u. zu erziehen 抚养权〈j-m wird das S. entzogen 某人的抚养权被剥夺〉: *Nach der Scheidung wurde ihr das S. für ihre beiden Töchter zugesprochen* 离婚后对两个女儿的抚养权判给了她

Sorg·falt *die*; -; *nur Sg* (只用单数); die gewissenhafte u. sehr genaue Ausführung e-r Aufgabe *o. Ä.* 细心，仔细，周到，小心谨慎 ≈ Gewissenhaftigkeit〈große S. auf etw. (*Akk* 四格) verwenden 对某事很仔细; bei etw. die nötige S. walten lassen, etw. mit (großer) S. tun 干某事要分外谨慎，干某事(很)小心〉: *Er zeichnete den Plan mit größter S.* 他画的这张设计图非常仔细 ‖ *hierzu* (派生) **sorg·fäl·tig** *Adj* (形); **Sorg·fäl·tig·keit** *die*; *nur Sg* (只用单数)

sorg·lich *Adj* (形); *veraltend*［渐旧］**1.** ≈ sorgfältig **2.** ≈ sorgsam (1)

sorg·los *Adj* (形) **1.** frei von Problemen u. Sorgen 无忧无虑的，悠闲自在的 ≈ unbekümmert ↔ sorgenvoll〈ein Dasein, ein Leben 生存，生活; s. in den Tag hineinleben 无忧无虑地过日子〉**2.** ohne die nötige Sorgfalt u. Aufmerksamkeit 漫不经心的，马虎的，草率的，不重视的 ≈ leichtfertig, unachtsam〈mit etw. s. umgehen 对某事漫不经心〉: *Es ist erschreckend, wie s. mit der Umwelt umgegangen wird* 对环境如此不重视真让人吃惊 ‖ *hierzu* (派生) **Sorg·lo·sig·keit** *die*; *nur Sg* (只用单数)

sorg·sam *Adj* (形) **1.** liebevoll u. mit großer Aufmerksamkeit u. Vorsicht 关切的，小心翼翼的，细心的: *die Verletzte s. in e-e Decke wickeln* 把这位(女)受伤者小心翼翼地裹在毯子里 **2.** ≈ sorgfältig ‖ *hierzu* (派生) **Sorg·sam·keit** *die*; *nur Sg* (只用单数)

Sor·te *die*; -, *-n* **1. e-e S.** (+ *Subst* 名词) e-e Gruppe von Pflanzen od. Dingen, die sich durch bestimmte Eigenschaften von anderen Pflanzen od. Dingen der gleichen Art unterscheiden 种，类，品种〈etw. ist von e-r bestimmten S. 某物是一种特殊的品种〉: *e-e billige S. Tee* 一种廉价的茶叶; *e-e S. Trauben ohne Kerne* 一种无核的葡萄; *Er raucht nur e-e ganz bestimmte S. Zigarren* 他只抽一种特制的雪茄烟 ‖ -K (复合): **Apfel-, Birnen-, Getreide-, Käse-, Obst-, Tabak-, Tee-, Zigaretten-** *usw* **2.** *gespr, pej*［口］［贬］; ein Typ von Menschen mit bestimmten Eigenschaften 类型(指人): *Er ist von der S. Mensch, die ich nicht leiden kann* 他属于我无法忍受的那种类型的人

sor·tie·ren; *sortierte, hat sortiert*; **Vt** (及物) **etw. (Kollekt od Pl** (集合或复数)) **(nach etw.) s.** Dinge mit ähnlichen Eigenschaften zu Gruppen mit gleichen Eigenschaften ordnen (按照…)把…分类，(按照…)归类整理〈etw. nach der Größe, Farbe *usw* s. 按大小、颜色等把某物归类; etw. alphabetisch s. 按字母顺序归类整理〉: *Die Äpfel werden nach der Größe sortiert* 苹果按大小分类 ‖ K- (复合): **Sortier-, -maschine** ‖ *hierzu* (派生) **Sor·tie·rung** *die*; *nur Sg* (只用单数); **Sor·tie·rer** *der*; *-s, -*; **Sor·tie·re·rin** *die*; -, *-nen*

Sor·ti·ment *das*; -(e)s, -e; *Kollekt* (集合); **ein S. (an etw.** (*Dat* 三格)) (*Kollekt od Pl* (集合或复数)) alle Waren, die ein Geschäft anbietet 商品品种，花色品种 ≈ Warenangebot〈ein gutes, breites, reichhaltiges, reiches S. anbieten 提供优质的、众多的、充足的、丰富的花色品种; das S. erweitern, vervollständigen, vergrößern 拓宽、完善、扩大花色品种; etw. (nicht) im S. haben (没)有某个品种〉: *ein breites S. an T-Shirts* 各种花色、款式的T恤衫 ‖ -K (复合): **Waren-**

SOS [ɛs|oː'|ɛs] *das*; -; *nur Sg* (只用单数); ein internationales Zeichen, mit dem der Kapitän um Hilfe ruft, wenn sein Schiff in Not ist 国际通用的船舶呼救信号，SOS (SOS

S

funken 发出无线电呼救信号〉‖ K-（复合）：***SOS-Ruf***，***SOS-Signal***

so·sehr *Konjunktion*（连）；so sehr auch immer 无论…多么…，无论怎样…：*S. wir uns auch anstrengten, wir hatten nie Erfolg* 无论我们怎样努力，都没有成效；*Ich kann die Situation nicht ändern, s. es mir (auch) leidtut* (= obwohl es mir sehr leidtut) 无论我多么遗憾，都无法改变这种处境 ‖ NB（注意）：↑ ***auch³*** (2)

so·so¹ *Adv*（副）；*gespr*［口］；weder gut noch schlecht 就这样，凑合，马马虎虎：*„Wie geht es dir heute?“ – „Naja, s.“*“你今天好吗”——“咳，就这样”

so·so² *Partikel*（小品词）；*betont, gespr*（重读）［口］**1.** als nichtssagende Antwort verwendet. Drückt aus, dass man die Äußerung nicht sehr wichtig findet（表示不以为然）嗯：*„Ich war gestern beim Friseur“ – „S.“*“我昨天去理发馆了”——“嗯”**2.** verwendet, um auszudrücken, dass man etw. nicht gut findet od. es nicht ganz glaubt（表示不好或不信）噢，是这样：*Im Kino bist du gewesen, s. – Dürfen da kleine Kinder überhaupt hinein?* 你是去看电影了，好哇——小孩也居然让进电影院？

So·ße *die*; -, -*n* **1.** e-e *mst* relativ dicke (gekochte) Flüssigkeit, die man zu Fleisch, Gemüse *o.Ä.* isst 调味汁，酱汁，汤汁：*Willst du noch etwas S. über den Braten?* 你想给烤肉再加点汤汁吗？‖ K-（复合）：***Soßen-***，***-koch***，***-löffel*** ‖ -K（复合）：***Braten-***，***Salat-***；***Dill-***，***Rahm-***，***Sahne-***，***Senf-***，***Tomaten-*** ‖ NB（注意）：Besonders auf Speisekarten wird *Soße* auch *Sauce* geschrieben（尤其在菜单上 Soße 也写作 Sauce）**2.** e-e dicke, süße Flüssigkeit, die man zur Nachspeise isst 黏稠的饭后甜食 ‖ -K（复合）：***Schokoladen-***，***Vanille-***

sott *Imperfekt, 3. Person Sg*（过去时，第三人称单数）；↑ ***sieden***

Soub·ret·te [zub-] *die*; -, -*n*; e-e Frau (mit e-r Sopranstimme), die in Operetten *o.Ä.* lustige Rollen singt 小歌剧中（滑稽）女高音演员；风骚女仆（喜剧角色）

Souf·f·lé, **Souf·f·lee** [zu'fleː] *das*; -*s*, -*s*; e-e Speise (ein Auflauf) mit geschlagenem u. gebackenem Eiweiß 烤蛋奶，蛋奶酥

Souf·f·leur [zu'fløːɐ] *der*; -*s*, -*e*; j-d, der (beruflich) im Theater den Schauspielern den Text zuflüstert, wenn sie ihn vergessen haben 提白员，提词员 ‖ *hierzu*（派生）**Souf·f·leu·se** [zu'fløːzə] *die*; -, -*n*

souf·f·lie·ren; *soufflierte, hat souffliert*; Vt/i（及物/不及物）**1.** ***j-m (etw.) s.*** j-m e-e Antwort *o.Ä.* zuflüstern 给…提示，悄悄把…告诉…：*seinem Freund während der Prüfung die Antworten s.* 在考试中给他的朋友提示答案（悄悄把答案告诉自己的朋友）；Vi（不及物）**2.** als Souffleur od. Souffleuse arbeiten 提台词，提白

Soul [soul] *der*; -*s*; *nur Sg*（只用单数）；e-e Form von Musik, die *bes* von Schwarzen gemacht wird u. viel Gefühl ausdrückt 爵士灵歌，黑人灵歌 ‖ K-（复合）：***Soul-***，***-musik***

Sound [saunt] *der*; -*s*, -*s*; der charakteristische Klang der Musik (*bes* e-r Rockgruppe *o.Ä.*)（具有特点的、自己风格的）声音，发声〈ein guter, harter S. 悦耳的、硬邦邦的声音〉

Sound·kar·te ['saund-] *die*; INFORM【信息】；ein elektronisches Bauteil, das die Wiedergabe von Musik, gesprochenem Text *usw* durch e-n Computer möglich macht 声卡

so·und·so¹ *Adv*（副）；*gespr*［口］；verwendet, um e-e Angabe zu e-r Menge, e-m Maß, e-r Art *o.Ä.* zu machen, die man nicht näher beschreiben kann od. will（表示不能或不愿详细说明）如此这般：*Er meinte, das würde s. viel kosten* 他认为，这要花费许多许多钱

so·und·so² *Adj*（形）；nach dem Subst（用于名词后）．verwendet, um e-e bestimmte Person od. Sache zu bezeichnen, die man nicht näher beschreibt（表示未作具体说明的人或事）某某：*Nach Paragraf s. kann man Schadensersatz fordern* 遵照某某条款可以要求赔偿损失

so·und·so·viel·t- *Zahladj*（数形）；verwendet, um e-e Zahl zu bezeichnen, die man nicht genau nennt 这么些的，那么些的：*der soundsovielte Kunde* 这么些的顾主

Sound·track ['saundtrɛk] *der*; -*s*, -*s*; *gespr*［口］；Musik, die in e-m Kinofilm zu hören ist *bzw.* e-e CD, Kassette *o.Ä* mit dieser Musik 配乐，配音；音乐光盘

Sou·ta·ne [zu'taːnə] *die*; -, -*n*; e-e Art langes Kleid, das katholische Priester *bes* früher trugen（天主教教士的）皂袍，黑色长袍

Sou·ter·rain [zutɛ'rɛ̃ː] *das*; -*s*, -*s*; die Etage e-s Hauses, die (teilweise) tiefer liegt als das Niveau der Straße（半）地下层；（半）地下室 ≈ Untergeschoss, Tiefgeschoss〈im S. wohnen 住在（半）地下室〉‖ K-（复合）：***Souterrain-***，***-wohnung*** ‖ NB（注意）：↑ ***Keller***

Sou·ve·nir [zuvə'niːɐ] *das*; -*s*, -*s*; ein *mst* kleiner Gegenstand, den man von e-r Reise mitbringt u. der einen an die Reise erinnern soll 旅游纪念品 ≈ Andenken ‖ K-（复合）：***Souvenir-***，***-laden***

sou·ve·rän [zuvə'rɛːn] *Adj*（形）**1.** so, dass man die Situation bzw. den Gegner deutlich unter Kontrolle hat 有把握的，有信心的 ≈ überlegen ↔ unsicher〈s. sein, wirken, lächeln 是有信心的，表现得有信心，自信地微笑；(ein Spiel) s. gewinnen 有把握赢得比赛；s. siegen 有把握取胜；etw. s. beherrschen 有把握掌握某事〉：*Obwohl sie von allen Seiten angegriffen wurde, trug sie ganz s. ihre Argumente vor* 虽然她受到各方面的抨击，但她还是很有信心地陈述了她的理由 **2.** von keinem anderen Staat regiert od. verwaltet 拥有主权的，独立自主的 ≈ unabhängig〈ein Staat 国家〉**3.** *hist*［历］；mit unbegrenzter Macht 至高无上的 ≈ unumschränkt, uneingeschränkt〈ein Herrscher 统治者〉‖ *hierzu*（派生）**Sou·ve·rä·ni·tät** *die*; -; *nur Sg*（只用单数）

Sou·ve·rän [zuvə'rɛːn] *der*; -*s*, -*e* **1.** *mst hist* 多用［历］；ein Herrscher mit unbegrenzter Macht 君主，最高权力者 **2.** CH *Kollekt*［瑞］

(集合)；alle Bürger, die bei Parlaments-, Kantons- od. Kommunalwahlen wählen dürfen 选民 ‖ *hierzu*（派生）**Sou·ve·rä·nin** [zuvəˈrɛːnɪn] *die*; -, -*nen*

so·viel *Konjunktion*（连）；verwendet, um *mst* den eigenen Informationsstand einzuleiten 就…而言，据… ≈ soweit: *S. ich weiß, sind die Geschäfte morgen geschlossen* 据我所知，明天商店都关门；*S. mir bekannt ist, fällt der Unterricht heute aus* 据我所知，今天课不上了 ‖ NB（注意）：↑ **auch**[3] (2), **so**[1] (14)

so·weit *Konjunktion*（连）**1.** ≈ soviel **2.** in dem Maße, wie 只要（达到某种程度）：*S. ich dazu in der Lage bin, werde ich es auch machen* 只要我有这个能力，我也会这么做的 ‖ NB（注意）：↑ **so**[1] (15—18)

so·we·nig *Konjunktion*（连）；**s. ... auch** obwohl ... wenig 尽管…（这么）少，无论…怎样少：*S. Erfahrung er auch hat* (= obwohl er nur sehr wenig Erfahrung hat), *er will immer alles besser wissen* 尽管他经验甚少，但他总自以为比别人懂得更多 ‖ NB（注意）：↑ **so**[1] (19)

so·wie *Konjunktion*（连）**1.**（bei Aufzählungen verwendet）und auch 以及，还有，和：*Wir sahen Boston, New York u. Washington s. einige Städte im Süden* 我们看了波士顿、纽约和华盛顿以及南方的几个城市 **2.** *gespr* [口] ≈ sobald: *S. die Ferien anfangen, fahren wir weg* 假期一开始，我们就开车走；*Ich komme, s. ich mit der Arbeit fertig bin* 我一干完活就来

so·wie·so, **so·wie·so** *Partikel*（小品词）；*betont u. unbetont, gespr*（重读和非重读）[口]；unabhängig von allem 反正，本来就 ≈ ohnehin: *Es ist nicht schlimm, dass du das Buch vergessen hast, ich habe jetzt s. keine Zeit zum Lesen* 你把书忘了，这没关系，我现在反正没时间看

Sow·jet [zɔˈvjɛt, ˈzɔvjɛt] *der*; -*s*, -*s*; *hist* [历]；e-e Behörde, ein Organ der Selbstverwaltung in der ehemaligen Sowjetunion 苏维埃 〈der Oberste S. 最高苏维埃; die städtischen, ländlichen Sowjets 城市、农村苏维埃〉

so·wohl *nur in* 只用于 **s. ... als/wie (auch)** das eine wie das andere 不仅…而且，既…又 ≈ nicht nur ..., sondern auch: *Sie ist s. Sängerin als auch Schauspielerin* 她既是歌手又是演员；*Ich mag beides, s. die Berge als auch das Meer* 两者我都喜欢，既喜欢山又喜欢海 ‖ NB（注意）：Bei zwei Subjekten kann das Verb auch im Singular stehen（在两个主语的情况下，动词也可以用单数）：*S. er als auch sie hört gern Musik*. Häufiger ist jedoch Plural（但更多的是用复数）：*S. er als auch sie hören gern Musik* 不仅他，而且她也喜欢听音乐

So·zi *der*; -*s*, -*s*; *gespr pej* [口][贬] **1.** ≈ Sozialdemokrat **2.** Ⓐ [奥] ≈ Sozialist

so·zi·al *Adj*（形）**1.** *nur attr, nicht adv*（只作定语，不作状语）；in Bezug auf die Art u. Weise, in der die Menschen in der Gesellschaft zusammenleben 社会的 ≈ gesellschaftlich 〈die Ordnung, der Fortschritt, die Verhältnisse, die Entwicklung 秩序，进步，关系，发展; soziale Fragen diskutieren 讨论社会问题; Konflikte, Spannungen 冲突，紧张关系〉 ‖ K-（复合）：***Sozial-***, ***-geschichte***, ***-pädagogik***, ***-psychologie*** **2.** *nur attr od adv*（只作定语或状语）；in Bezug auf die Tatsache, dass Menschen zu verschiedenen Gruppen, Klassen od. Schichten gehören 有关社会（地位、阶层）的，社会性的〈Unterschiede, Schichten 差别，阶层; das Gefälle 差异; Gerechtigkeit 公正; s. aufsteigen, absteigen, sinken 社会地位上升、下降、沉落〉：*Dieses Steuersystem fördert die sozialen Gegensätze: Die Armen werden ärmer, die Reichen reicher* 这种税收制度助长了社会对立：穷人更穷，富人更富 ‖ K-（复合）：***Sozial-***, ***-prestige*** **3.** *nur attr od adv*（只作定语或状语）；in Bezug auf die finanzielle Situation der Menschen 社会经济的〈das Elend, die Sicherheit 贫困，保障〉 **4.** 〈die Errungenschaften, die Einrichtungen, die Leistungen 成绩，机构，服务项目〉 so, dass sie dem Wohl der Gesellschaft, *bes* der armen u. schwachen Menschen dienen 社会福利的，社会服务的，公益的：*e-n sozialen Beruf haben* 从事社会福利职业；*s. denken, handeln, empfinden* 从公益角度去考虑、行事、感受（体验）；*s. eingestellt sein* 有公益意识 ‖ K-（复合）：***Sozial-***, ***-politik***

So·zi·al·ab·bau *der*; *nur Sg*（只用单数）；*pej* [贬]；die Kürzung der Sozialleistungen durch den Staat, wovon *bes* sozial schwache Menschen betroffen sind 降低社会福利，缩减社会福利

So·zi·al·ab·ga·ben *die*; *Pl*（复）；das Geld, das man als Arbeitnehmer dem Staat zahlen muss, damit man bei Krankheit, Arbeitslosigkeit u. im Alter finanziell gesichert ist（个人交付的）社会福利保险金

So·zi·al·amt *das*; die Behörde, bei der man die Sozialhilfe bekommt 民政局，民政部门

So·zi·al·ar·beit *die*; *nur Sg*（只用单数），*Kollekt*（集合）；die Arbeit, mit der staatliche od. private Institutionen versuchen, schlechte soziale Bedingungen besser zu machen u. Menschen zu helfen, die in Not sind 社会福利工作，社会服务工作，公益工作〈S. machen 干社会服务工作〉 ‖ *hierzu*（派生）**So·zi·al·ar·bei·ter** *der*; **So·zi·al·ar·bei·te·rin** *die*

So·zi·al·de·mo·kra·tie *die*; *nur Sg*（只用单数）**1.** e-e politische Richtung, die versucht, die Prinzipien des Sozialismus in e-r freien Demokratie zu verwirklichen 社会民主主义 **2.** die sozialdemokratischen Gruppen, Parteien (wie *z. B.* die SPD in Deutschland) u. deren Ziele 社会民主党 ‖ *hierzu*（派生）**So·zi·al·de·mo·krat** *der*; **So·zi·al·de·mo·kra·tin** *die*; **so·zi·al·de·mo·kra·tisch** *Adj*（形）

So·zi·al·fall *der*; j-d, der staatliche Unterstützung braucht, um leben zu können 靠国家救济者，靠社会救济的人〈ein S. sein 是一位靠社会救济生活的人〉

So·zi·al·hil·fe *die*; *nur Sg*（只用单数）；Geld, das der Staat Menschen gibt, die in Not sind, damit sie das bezahlen können, was sie unbedingt zum Leben brauchen (wie Wohnung, Kleidung u. Nahrung) 社会救济(金) ‖ K-(复合): ***Sozialhilfe-***, ***-empfänger***

So.zi.a.li.sa.ti.on [-ˈtsio:n] *die*; -; *nur Sg* (只用单数); die Integration des Individuums in die Gesellschaft 社会化 ‖ *hierzu* (派生) **so.zi.a.li.sie.ren** (*hat*) *Vt* (及物)

So.zi.a.lis.mus *der*; -; *nur Sg* (只用单数) **1.** (in den Theorien von Marx u. Engels) die Entwicklungsstufe der Gesellschaft, die dem Kommunismus vorausgeht (u. in der es *z. B.* kein Privateigentum an den wichtigsten Produktionsmitteln mehr gibt, die Ausbeutung beseitigt ist, die Arbeiterklasse die Macht hat, die Menschen nach ihren Fähigkeiten eingesetzt u. nach ihren Leistungen bezahlt werden) 社会主义 **2.** die tatsächliche Form des Sozialismus (1), die *bes* in den Ländern des ehemaligen Ostblocks herrschte (指原东方集团的)社会主义 ≈ Kommunismus ↔ Kapitalismus ⟨der real existierende S. 现实存在的社会主义; der S. in der DDR, in Polen, in der Sowjetunion 民主德国、波兰、苏联的社会主义; der S. in China *usw* 中国的社会主义等⟩ ‖ *hierzu* (派生) **So.zi.a.list** *der*; *-en*, *-en*; **So.zi.a.lis.tin** *die*; -, *-nen*; **so.zi.a.lis.tisch** *Adj* (形)

So.zi.al.kri.tik *die*; *nur Sg* (只用单数); die Kritik an den schlechten Zuständen in e-r Gesellschaft 批判社会弊端, 社会批评 ≈ Gesellschaftskritik ⟨S. üben 对社会弊端进行批判⟩ ‖ *hierzu* (派生) **so.zi.al.kri.tisch** *Adj* (形)

So.zi.al.kun.de *die*; *nur Sg*, Ⓓ (只用单数) [德] ein Fach in der Schule, in dem die Kinder politische u. gesellschaftliche Zusammenhänge lernen 社会教育课(程), 德育课(程) ‖ K-(复合): ***Sozialkunde-***, ***-arbeit***, ***-buch***, ***-lehrer***, ***-note***, ***-stunde***

So.zi.al.leis.tun.gen *die*; *Pl* (复); alle Leistungen des Staates u. des Arbeitgebers, die der Gesundheit, der Bildung u. dem Wohlstand der Bevölkerung dienen 社会福利事业

So.zi.al.plan *der*; ein Plan bei Massenentlassungen in e-m Betrieb, der soziale Härten vermeiden helfen soll (u. in dem *z. B.* festgelegt ist, dass allein verdienende Familienväter nicht entlassen werden) (在大量裁员时企业实行的)社会福利计划

So.zi.al.staat *der*; ein Staat mit e-m komplexen System von Sozialleistungen, das garantieren soll, dass niemand Not u. Armut leidet (auch wenn er krank od. arbeitslos ist) (社会)福利国家

So.zi.al.uni.on *die*; POL【政】; der Teil des Vertrags zwischen der BRD u. der DDR (im Jahre 1990), der die soziale u. politische Grundlage nach der Wiedervereinigung für die Umwandlung der Planwirtschaft in der DDR in e-e soziale Marktwirtschaft war 社会联盟

So.zi.al.ver.si.che.rung *die*; ein System von (staatlichen) Versicherungen, die Arbeitgeber u. Arbeitnehmer finanzieren u. die Not u. Armut im Fall von Krankheit, Arbeitslosigkeit od. im Rentenalter verhindern sollen 社会保险(制度) ‖ K-(复合): ***Sozialversicherungs-***, ***-beitrag***

So.zi.al.ver.träg.lich *Adj* (形); ⟨e-e Maßnahme 措施⟩ so, dass sie keine sozialen Ungerechtigkeiten mit sich bringt 有利社会和谐的, 对社会公正的

So.zi.al.woh.nung *die*; e-e relativ billige Wohnung, die der Staat solchen Leuten zur Verfügung stellt, die wenig Geld verdienen (社会)福利住房

So.zio.lo.gie *die*; -; *nur Sg* (只用单数); die Wissenschaft, die sich mit dem Verhalten des Menschen in e-r Gruppe u. in der Gesellschaft beschäftigt 社会学 ‖ *hierzu* (派生) **So.zio.lo.ge** *der*; *-n*, *-n*; **So.zio.lo.gin** *die*; -, *-nen*; **so.zio.lo.gisch** *Adj* (形)

So.zi.us *der*; -, *-se* **1.** ein Sitz auf e-m Motorrad *o. Ä.*, auf dem e-e zweite Person mitfahren kann (摩托车的)后座 ‖ K-(复合): ***Sozius-***, ***-sitz*** **2.** j-d, der auf dem S. (1) sitzt (摩托车的)同乘者 ‖ K-(复合): ***Sozius-***, ***-fahrer*** **3.** WIRTSCH【经】; j-d, dem ein Teil e-s Geschäfts od. e-r Firma gehört 合伙人, 股东

so.zu.sa.gen *Adv* (副); wie man sagen könnte 可以说, 这么说吧 ≈ gewissermaßen: *Paul ist in seiner Firma s. Mädchen für alles* 保罗在他的公司里可以说是个打杂的

Spach.tel *der*; *-s*, -; *bes südd* Ⓐ *auch* 尤其在[南德][奥]也用 *die*; -, *-n*; ein einfaches Werkzeug aus e-m Griff u. e-m flachen Stück Metall, mit dem man Mörtel, Putz *usw* auf Flächen verteilt u. glatt macht 油灰刀, 铲刀 ‖ K-(复合): ***Spachtel-***, ***-masse*** ‖ *hierzu* **spach.teln** (*hat*) *Vt/i* (及物/不及物)

Spachtel

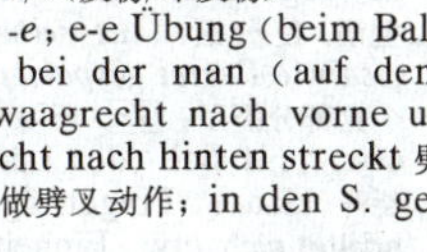

Spa.gat[1] *der*; *-(e)s*, *-e*; e-e Übung (beim Ballett od. Turnen), bei der man (auf dem Boden) ein Bein waagrecht nach vorne u. das andere waagrecht nach hinten streckt 劈叉 ⟨e-n S. machen 做劈叉动作; in den S. gehen 跃起做劈叉⟩

Spa.gat[2] *der*; *-(e)s*, *-e*; *südd* Ⓐ [南德][奥] ≈ Schnur

Spa.get.ti, Spa.ghet.ti [ʃpaˈgɛti] *die*; *Pl* (复); lange dünne Nudeln 意大利面条

spä.hen [ˈʃpɛːən]; *spähte*, *hat gespäht*; Vi (不及物) **1.** (*irgendwohin*) **s.** heimlich u. genau nach j-m/etw. sehen 窥视, 窥探 ⟨aus dem Fenster, durchs Schlüsselloch, durch e-n Spalt s. 向窗外、从锁眼、从缝隙窥视⟩ **2.** ***nach j-m/etw. s.*** j-n/etw. mit den Augen suchen 张望, 翘望 ≈ nach j-m/etw. Ausschau halten **3.** heimlich e-n Feind beobachten 侦察, 刺探 ‖ K-(复合): ***Späh-***, ***-patrouille***, ***-trupp*** ‖ *zu*

S

(义项) **3** **Spä·her** *der*; *-s*, -

Spa·lier¹ [-ˈliːɐ] *das*; *-s*, *-e*; e-e Art Gasse zwischen zwei Reihen von Personen (*mst* zur Ehrung e-r wichtigen Person) 夹道列队(欢迎): *Die Mitglieder des Schützenvereins standen S./bildeten ein S.* 射击俱乐部的会员夹道列队(欢迎) ‖ K-(复合): **Ehren-**

Spa·lier² [-ˈliːɐ] *das*; *-s*, *-e*; ein Gitter, *mst* aus Holz, *bes* an e-r Hauswand, an dem Pflanzen (wie *z.B.* Wein, Efeu) nach oben wachsen (爬蔓植物的)棚,架 ‖ K-(复合): **Spalier-**, **-baum**, **-obst** ‖ -K(复合): **Obst-**, **Rosen-**, **Wein-**

Spalt *der*; *-(e)s*, *-e*; e-e schmale, lange Öffnung 缝,裂缝 ≈ Spalte, Schlitz: *ein S. in der Erde*, *im Holz*, *in e-m Gletscher* 地表、木头、冰川上的一条裂缝 ‖ K-(复合): **spalt-**, **-breit**; ‖ -K(复合): **Gletscher-**, **Tür-**

Spalt·breit, **Spalt breit** *der*; -; *nur Sg* (只用单数); ein kleines Stück weit 小缝隙: *Bitte lassen Sie die Tür e-n S. offen* 请您将门留一条缝

Spal·te *die*; *-*, *-n* **1**. e-e lange Öffnung 缝隙,裂缝,裂口 ⟨e-e breite, schmale, tiefe S. 一条宽的、窄的、深的裂缝⟩: *e-e S. in e-r Mauer*, *in e-m Felsen* 墙上的、岩石上的一条裂缝 ‖ -K(复合): **Eis-**, **Fels(en)-**, **Gletscher-**, **Tür-** **2**. einer der schmalen Streifen mit gedrucktem Text auf derselben Seite (e-s Buches od. e-r Zeitung) (书、报的)栏: *Dieses Wörterbuch hat zwei Spalten pro Seite* 这本词典每页有两栏 ‖ -K(复合): **Druck-**, **Text-** ‖ *zu* (义项) **2**. **spal·ten·wei·se** *Adj* (形); *mst adv*(多作状语)

spal·ten; *spaltete*, *hat gespalten/gespaltet*; [Vt] (及物) **1**. **etw. s.** etw. der Länge nach (*mst* mit e-m Werkzeug) in zwei od. mehrere Teile trennen 劈开: *ein Stück Holz mit e-m Beil s.* 用斧子把一块木头劈开; *Der Baumstamm wurde vom Blitz gespalten* 树干被雷电劈开了 **2**. **Atomkerne s.** um Energie zu gewinnen, Atome in kleinere Partikel teilen 使原子核裂变 **3**. **j-d/etw. spaltet etw.** j-s Handlungen *o.Ä.*/etw. trennt e-e Einheit in (gegensätzliche) Gruppen *o.Ä.* (人/物作主语)使分裂: *Mit seiner Politik hat er die gesamte Partei gespalten* 由于他的政策,他使整个党都分裂了; [Vr] (反身) **4**. **etw. spaltet sich** etw. teilt sich (der Länge nach) (物作主语)裂开⟨Haare, Fingernägel 头发,指甲⟩ **5**. **etw. spaltet sich** etw. Einheitliches trennt sich in verschiedene Gruppen (物作主语)分裂⟨e-e Partei 一个政党⟩ ‖ *hierzu* (派生) **Spal·tung** *die*; *zu* (义项) **1**. u. **2**. **spalt·bar** *Adj* (形)

-spal·tig *im Adj*, *wenig produktiv* (构成形容词,构词弱); mit der genannten Zahl od. Menge von Spalten (2) 分…栏的; **einspaltig**, **zweispaltig**, **dreispaltig** *usw*; **mehrspaltig**: *e-e zweispaltige Seite* 分成两栏的页面

Span *der*; *-(e)s*, *Spä·ne*; *mst Pl* (多用复数); kleine, dünne Streifen, die entstehen, wenn man Holz od. Metall verarbeitet 屑,金属屑,刨花,木屑⟨feine, grobe Späne 细、粗屑⟩ ‖ -K(复合): **Eisen-**, **Holz-** ‖ ID [谚] **Wo gehobelt wird, da fallen Späne** jede gute Sache hat auch e-n Nachteil 刨木头就会掉刨花(意即:好事难全,有得必有失)

Span·fer·kel *das* **1**. ein sehr junges Schwein 猪崽 **2**. das Fleisch e-s sehr jungen Schweins, das als Delikatesse serviert wird 烤乳猪

Span·ge *die*; *-*, *-n* **1**. ein kleines gebogenes Stück Metall od. Kunststoff (*mst* ein Schmuckstück), mit dem man *bes* die Haare od. ein Kleidungsstück befestigt 发卡,服饰卡: *Sie trug e-e S. im Haar* 她头发上别着发卡 ‖ -K(复合): **Haar-** **2** ≈ Schnalle ‖ K-(复合): **Spangen-**, **-schuh** **3**. e-e Konstruktion aus Metall, die man (*bes* im Kindesalter) über schiefen Zähnen trägt, damit sie wieder gerade werden 牙齿矫正器 ‖ -K(复合): **Zahn-**

spa·nisch *Adj* (形); in Bezug auf das Land Spanien 西班牙的 ‖ ID [谚] **etw. kommt j-m s. vor** *gespr* [口]; j-d findet etw. sehr seltsam u. verdächtig 某人觉得某事奇怪(希罕、蹊跷)

spann *Imperfekt*, *1. u. 3. Person Sg* (过去时,第一和第三人称单数); ↑ **spinnen¹**, **spinnen²**

Spann *der*; *-(e)s*, *-e*; der schmale, obere Teil des Fußes 跗面,脚背,脚面 ≈ Rist

Span·ne *die*; *-*, *-n* **1**. der Gewinn beim Verkauf e-r Ware (also der Unterschied zwischen dem Preis, den ein Händler selbst für e-e Ware bezahlt, u. dem, den er dafür verlangt) 盈利,毛利 ‖ -K(复合): **Gewinn-**, **Handels-** **2** ≈ Zeitraum ‖ -K(复合): **Zeit-** **3**. *veraltend* [渐旧]; ein Längenmaß von etwa 20 cm (dem Abstand zwischen den Spitzen des gestreckten Zeigefingers u. des gestreckten Daumens) (一)拃(大约 20 厘米) ‖ -K(复合): **Hand-**

span·nen; *spannte*, *hat gespannt*; [Vt] (及物) **1**. **etw. s.** an den Enden od. Rändern von etw. ziehen (u. diese irgendwo befestigen), sodass es fest u. straff wird 拉紧,绷紧,张紧⟨etw. straff s. 拉紧某物; ein Netz, ein Seil s. 绷紧网、绳子⟩: *die Saiten e-r Gitarre s.* 绷紧吉他的弦 **2**. **etw. in etw.** (*Akk* 四格) **s.** etw. so zwischen zwei Teilen e-s Geräts befestigen, dass es dort festgehalten wird 夹紧,夹牢 ≈ etw. in etw. einklemmen, einspannen: *ein Blatt Papier in die Schreibmaschine*, *ein Stück Holz in den Schraubstock s.* 把一张纸夹到打字机里,把一块木头夹到台虎钳里 ‖ K-(复合): **Spann-**, **-rahmen**, **-vorrichtung** **3**. ⟨e-e Waffe 武器⟩ **s.** e-e Vorrichtung an e-r Waffe so umstellen, dass man sofort damit schießen kann 打开(武器的)保险,扳机待发: *den Hahn e-s Gewehrs s.* 打开枪机 **4**. ⟨den Bogen 弓⟩ **s.** die Schnur e-s Bogens¹(4) ganz fest zu sich heranziehen, sodass man dann damit e-n Pfeil abschießen kann 开弓,张弓 **5**. **ein Tier an/vor etw.** (*Akk* 四格) **s.** ein Tier an e-n Wagen *o.Ä.* binden, damit es ihn zieht 把一牲口套在…(车)上 **6**. *mst* 多用 **es s.** *bes südd* Ⓐ *gespr* 尤用于[南德][奥][口]; etw. merken, kapieren 明

S

白,理解: *Jetzt hat ers endlich gespannt* 现在他总算领悟了; [Vi](不及物) **7. etw. spannt** ein Kleidungsstück ist unangenehm eng (物作主语)绷在身上,张紧,箍: *Das Hemd spannt über dem Bauch* 这件衬衣腹部太紧; [Vr](反身) **8. etw. spannt sich** etw. wird straff(物作主语)拉紧,绷紧 ↔ etw. lockert sich 〈etw. spannt sich zum Zerreißen 某物绷断了〉: *Als das Auto losfuhr, spannte sich das Abschleppseil* 汽车开动时,牵引绳拉得紧紧的 **9. etw. spannt sich über etw.** (*Akk* 四格); etw. wölbt sich über etw. (物作主语)横跨、架在…上: *E-e Brücke spannt sich über das Tal* 一座桥架设在河谷上

span·nend 1. *Partizip Präsens* (现在分词); ↑ **spannen** 2. *Adj* (形); 〈ein Film, ein Krimi, ein Thriller, ein Roman 电影,侦探小说,惊险小说,长篇小说〉 so, dass sie einen neugierig machen, wie sich die Situation weiterentwickelt 紧张的,扣人心弦的 ≈ aufregend ↔ langweilig

Span·ner *der*; *-s*, *-* **1.** *gespr pej* [口][贬] ≈ Voyeur **2.** e-e Schmetterlingsart 尺蛾,尺蠖蛾

-spän·nig *im Adj*, *wenig produktiv* (构成形容词,构词弱); drückt aus, dass die genannte Zahl von Tieren vor e-n Wagen *o.Ä.* gespannt ist 用…匹马拉的,驾、套…匹马的,…驾、套的; **einspännig**, **zweispännig**, **vierspännig**, **sechsspännig**, **achtspännig**

Span·nung¹ *die*; *-*, *-en* **1.** der (*mst* nervöse) Zustand, in dem man ist, wenn man *z.B.* auf e-e wichtige Entscheidung wartet od. e-e gefährliche Situation überstehen muss 紧张情绪,紧张心情〈die S. steigt, wächst 心情越发紧张; j-n/etw. mit (großer) S. erwarten 紧张地期待某人/某事; voller S. sein 十分紧张; e-e mit S. erwartete Begegnung 一次怀着紧张心情期待的会面〉: *Mit S. warteten wir auf ihren Anruf* 我们紧张地等着她的电话 ‖ K- (复合): **Spannungs-**, **-moment**, **-zustand** **2.** *mst Pl* (多用复数); der Zustand, in dem ein Streit od. e-e problematische, gefährliche Situation droht 紧张(形势,关系) ≈ Krise 〈soziale, politische, wirtschaftliche Spannungen 社会的、政治上的、经济方面的紧张局势; innere, psychische Spannungen 内心的、心理上的紧张〉: *Schon längere Zeit gab es Spannungen in ihrer Ehe. Jetzt lassen sie sich scheiden* 他们的婚姻关系很长时间一直紧张,现在他们要离婚了 ‖ K-: **Spannungs-**, **-verhältnis**, **-zustand** **3.** das Straffsein *mst* e-r Leine, e-r Schnur od. e-s Seils 拉紧,绷紧

Span·nung² *die*; *-*, *-en* **1.** die Stärke der elektrischen Kraft 电压〈die S. (in Volt) messen 测量电压(的伏数); etw. steht unter hoher, niedriger S. 某物负载有高、低压〉: *Starkstrom hat e-e S. von 380 Volt* 强电流的电压是 380 伏 ‖ K- (复合): **Spannungs-**, **-abfall**, **-ausgleich**, **-feld**, **-gefälle**, **-messer**, **-prüfer**, **-regler** ‖ -K (复合): **Hoch-** **2.** PHYS【物】; die Kraft in e-m Körper, die bewirkt, dass seine Form stabil bleibt 应力,张力: *die S. e-r Brücke, e-s Gewölbes* 一座桥梁、一个拱顶的应力

span·nungs·ge·la·den *Adj* (形); voller Spannungen¹ (2) (关系)紧张的〈e-e Atmosphäre 气氛〉

Spann·wei·te *die* **1.** die Entfernung zwischen den äußersten Enden der gestreckten Flügel e-s Vogels bzw. der Tragflächen e-s Flugzeugs (鸟、飞机)翼展宽度 ‖ -K (复合): **Flügel-** **2.** die Entfernung zwischen einem Pfeiler u. e-m anderen (*z.B.* bei e-r Brücke)跨度

Spannweite

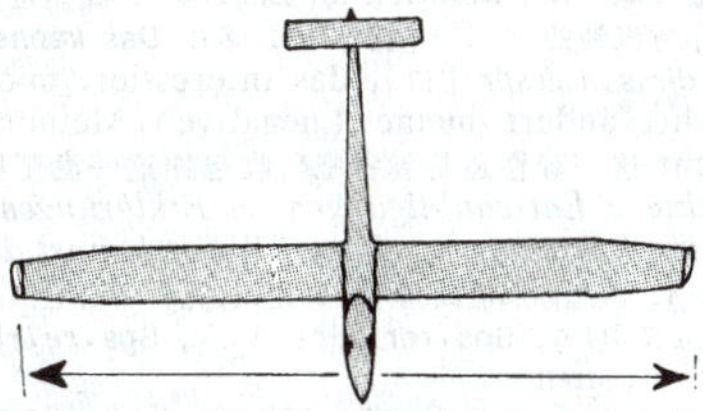

die Spannweite
翼展宽度

Span·plat·te *die*; e-e Platte, die aus (Holz-)Spänen zusammengepresst u. geklebt worden ist 刨花板,密度板

Spar·buch *das*; e-e Art Heft, in dem notiert wird, wie viel Geld man auf e-e bestimmte Art von Konto (ein Sparkonto) legt, wie viel Zinsen man dafür bekommt *usw* 存折〈ein S. anlegen 开一个户头,立一个存折; etw. auf ein S. einzahlen, vom S. abheben 往存折上存(钱),从存折上取(钱)〉

Spar·büch·se *die*; e-e Art Dose (mit e-m Schlitz), in der *mst* Kinder das Geld sammeln, das sie sparen wollen 储蓄罐,扑满

Spar·do·se *die* ≈ Sparbüchse

spa·ren; *sparte*, *hat gespart*; [Vt/i](及物/不及物) **1.** (**etw.**) **s.** Geld nicht ausgeben, sondern sammeln u. es für e-n späteren Zweck (bei e-r Bank, in e-r Sparbüchse *o.Ä.*) aufheben 攒钱,存钱,积攒: *Ich habe schon 1000 Euro gespart* 我已经攒了一千欧元; *Wir müssen s., wenn wir in Urlaub fahren wollen* 要是我们想去度假的话,就得攒钱 ‖ K- (复合): **Spar-**, **-guthaben**, **-konto**, **-prämie**, **-vertrag**, **-zins** **2.** (**etw.**) **s.** weniger von etw. verbrauchen od. ausgeben als bisher 节约,节省: *Wir alle müssen Energie s.* 我们大家都必须节省能源 ‖ K- (复合): **Spar-**, **-maßnahme**, **-programm**; [Vt](及物) **3. etw. spart etw.** etw. verursacht weniger Kosten *o.Ä.* (物作主语)节省,节约: *Die neue Methode wird sicherlich Kosten s.* 新的方法肯定会节省费用 **4. etw. an etw.** (*Dat* 三格) **s.** weniger Geld als früher od. als erwartet für e-n bestimmten Zweck ausgeben 在…方面省下、少花费: *Ich habe 100 Euro an der Reparatur gespart, weil ich sie selbst gemacht habe* 在修理上我省了一百欧元,因为是我自己动手干的 **5. j-m/sich etw. s.** etw. Unangenehmes für j-n/sich vermeiden 给…省去、省掉〈j-m/sich

S

Ärger，(die) Mühe，viel Arbeit s. 给某人/自己省去烦恼、劳累、好多事儿〉**6. etw. spart j-m etw.** etw. macht etw. Unangenehmes nicht nötig (物作主语)为…节省，省下：*Das spart uns viel Zeit* 这为我们节省许多时间；[Vi] (不及物) **7. auf etw.** (*Akk* 四格) **/ für etw. s.** Geld s. (1)，um sich etw. zu kaufen 为买…攒钱：*auf ein neues Auto, für ein Haus s.* 攒钱买新车、房子 **8. an etw.** (*Dat* 三格) **/ mit etw. s.** ≈ s. (3)：*Wir sollten mit der Energie s.* 我们务必节省能源；*Wir könnten an Benzin s.* 我们是可以节省汽油的 ‖ ID [谚] *mst* 多用 **Das kannst du dir s.!** *gespr* [口]；das interessiert mich nicht，ändert meine (negative) Meinung nicht 这一套你还是省省吧！收起你这一套吧！：*Deine Entschuldigungen, Erklärungen, guten Ratschläge, schönen Worte kannst du dir s.* 收起你那道歉、解释、好建议、花言巧语吧！‖ *zu* (义项) **1. Spa·rer** *der*；*-s*，*-*；**Spa·re·rin** *die*；*-*，*-nen*

Spar·flam·me *die*；*mst in* 多用于 (**etw.**) **auf S. kochen** *gespr hum* [口][诙]；etw. ohne Kraft u. Mühe tun (干某事)不费吹灰之力

Spar·gel *der*；*-s*，*-* **1.** e-e Pflanze mit *mst* weißen Stängeln，die unter der Erde wachsen u. die man als Gemüse isst 芦笋〈e-e Stange S. 一根芦笋；ein Bund S. 一捆芦笋〉‖ K- (复合)：**Spargel-**，**-beet**，**-gemüse**，**-spitze**，**-stange**，**-suppe** ‖ -K (复合)：**Stangen- 2. S. stechen** S. (1) ernten 挖芦笋，收芦笋

Spargel

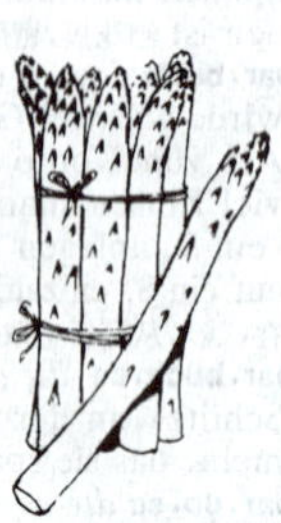

Spar·heft *das*；(CH) [瑞] ≈ Sparbuch

Spar·kas·se *die*；e-e Bank，die von e-r Stadt od. von e-r Gemeinde betrieben wird 储蓄银行(德国地方银行)，储蓄所 ‖ K- (复合)：**Sparkassen-**，**-angestellte** (**r**)，**-filiale** ‖ -K (复合)：**Kreis-**，**Stadt-**

spär·lich *Adj* (形)；nur in geringem，enttäuschendem Maß vorhanden 少得可怜的，贫乏的，寥寥无几的 ≈ gering：*e-e spärliche Zuschauerzahl* 少得可怜的观众；*spärlicher Beifall* 零星的掌声；*spärliche Reste* 所剩无几；*ein spärliches Einkommen* 微薄的收入

Spar·pa·ket *das*；mehrere (geplante) Maßnahmen zur Einsparung von Ausgaben 一揽子节省开支的措施〈ein S. schnüren (= zusammenstellen)，verabschieden 提出一揽子紧缩开支的措施，通过节省开支的措施〉

Spar·ren *der*；*-s*，*-*；einer der vielen kleinen schrägen Balken，die das Dach e-s Hauses *o. Ä.* tragen 椽，椽子 ‖ -K (复合)：**Dach-**

Spar·ring [ˈʃparɪŋ] *das*；*-s*，*-s*；SPORT【体】；das Training beim Boxen 拳击训练，练拳(击) ‖ K- (复合)：**Sparrings-**，**-kampf**，**-partner**

spar·sam *Adj* (形) **1.** so，dass man wenig von etw. (*mst* Geld) verbraucht 节约的，节省的，节俭的〈s. leben，sein，wirtschaften 生活、为人、经营节俭；s. mit etw. umgehen 对待某物讲节约；s. von etw. Gebrauch machen 节约使用某物〉：*Sind die Schotten wirklich so s.?* 苏格兰人真是这么节俭吗？**2.**〈ein Auto，ein Motor，e-e Maschine 汽车，发动机，机器〉so，dass sie sehr wenig Benzin，Energie *o. Ä.* brauchen，um zu funktionieren 耗能低的，节能的 **3.** *mst adv* (多作状语)；nur auf das Nötigste beschränkt 简朴的 ≈ spärlich：*e-e s. eingerichtete Wohnung* 布置得简朴的住房 ‖ *hierzu* (派生) **Spar·sam·keit** *die*；*nur Sg* (只用单数)

Spar·schwein *das*；e-e Art Spardose (in der Form e-s kleinen Schweins) 猪形储钱罐，扑满 ‖ ID [谚] **das S. schlachten** *gespr*；gespartes Geld für etw. verwenden 动用存款

Spar·strumpf *der*；*mst in* 多用于 **etw. in den S. tun** *hum* [诙]；Geld sparen (1) 攒钱，存钱

spar·ta·nisch *Adj* (形) **1.** ohne Luxus，sehr einfach 简朴的，节俭的〈e-e Einrichtung 设施；s. leben 生活简朴〉**2.** sehr streng 严格的，严厉的〈e-e Erziehung 教育〉

Spar·te *die*；*-*，*-n* **1.** der Teil e-r Zeitung，der für ein bestimmtes Thema reserviert ist (报纸)专栏，栏目 **2.** ein bestimmter Teil od. Bereich innerhalb e-s größeren Ganzen (下属)部门，科室，领域 ≈ Abteilung：*In unserem Sportverein ist die S. Leichtathletik am erfolgreichsten* 在我们体育俱乐部里田径部门成绩最好

Spaß，(A) [奥] *auch* **Spass** *der*；*-es*，*Spä·ße od* (A) [奥] *Späs·se* **1.** etw.，das man sagt od. tut，damit andere darüber lachen können 玩笑，笑话，滑稽，戏言 ≈ Scherz〈ein alberner，gelungener，schlechter S. 无聊的、滑稽的、恶作剧的玩笑；e-n S. machen 开玩笑〉：*über die Späße des Clowns lachen* 因小丑的滑稽而发笑 **2. S.** (**an etw.** (*Dat* 三格)) *nur Sg* (只用单数)；das Gefühl der Freude，das man bei etw. Angenehmem empfindet 乐趣，趣味，开心，欢快 ≈ Vergnügen〈großen，viel S. an etw. haben 对某事有很大的、很多的乐趣；etw. macht j-m S. 某事给某人带来乐趣；S. an etw. finden 在某事上找到乐趣；j-d/etw. verdirbt j-m den S. 某人/某事使某人扫兴；j-m vergeht der S. 某人觉得扫兴，某人兴趣没了〉：*Kinder haben viel S. daran, die Kleider anderer anzuziehen* 孩子们觉得穿别人的衣服很有趣 ‖ -K (复合)：**Riesen- 3. zum S.** weil es einem Freude macht 为了寻找乐趣，为了高兴(寻开心)：*Ich lerne Italienisch nur so zum S.* 我学意大利语只是为了好玩 **4. keinen S. verstehen** sehr ernst u. ohne Humor sein 不懂得开玩笑 **5. etw. nur aus / im / zum S. sagen** etw. nicht ernst meinen 某事只是说着玩而已，对某事不要当真 ‖ ID [谚] **Da hört der S. auf!** *gespr* [口]；das geht (aber) zu weit 别再开玩笑了！说离谱了！；**ein teurer S.** etw.，das sehr viel Geld kostet 代价昂贵的玩笑；**S. muss sein!** verwendet，um auszudrücken，dass man etw. nicht ernst gemeint hat 开个玩笑嘛！‖ NB (注意)：↑ **beiseite**

spa·ßen; *spaßte, hat gespaßt*; [Vi] (不及物) (*mit j-m/etw.*) **s.** Späße machen (与…)开玩笑,取乐,寻…开心 ≈ scherzen ‖ ID [谚] ***mit j-m/etw. ist nicht zu s.*** j-n/etw. muss man sehr ernst nehmen (weil es Probleme geben könnte) 对某人/某事可不是闹着玩的(得认真对待)

spa·ßes·hal·ber *Adv* (副); um Spaß u. Freude zu haben 出于取乐,为了好玩 〈s. auf etw. (*Akk* 四格) eingehen 为了取乐同意干某事〉: *Er machte den Wettkampf nur s. mit* 他参加比赛只是为了好玩

spaß·haft *Adj* (形); so, dass man darüber lachen kann 有趣的,滑稽的,风趣的 ≈ lustig 〈e-e Bemerkung 有趣的说法〉

spa·ßig *Adj* (形) ≈ lustig, spaßhaft 〈ein Erlebnis, e-e Geschichte 经历,故事; ein Mensch 人; etw. s. erklären 风趣地解释某事〉

Spaß·ma·cher *der*; j-d, der Späße (1) macht 爱开玩笑的人,爱逗乐的人 ‖ *hierzu* (派生) **Spaß·ma·che·rin** *die*

Spaß·vo·gel *der*; j-d, der gern Späße u. Witze macht 爱开玩笑的人,说话风趣的人,爱说笑的人

Spas·ti·ker *der*; *-s, -*; j-d, der manche Teile des Körpers nicht kontrolliert bewegen kann, weil die Muskeln zusammengezogen sind 肌肉痉挛患者 ‖ *hierzu* (派生) **Spas·ti·ke·rin** *die*; *-, -nen*; **spas·tisch** *Adj* (形)

spät, *später, spätest-*; *Adj* (形) **1.** am Ende e-s Zeitabschnitts 晚的,后期的 ↔ früh 〈am späten Abend 在夜晚; s. am Abend 夜间很晚〉: *Es ist schon s., ich muss ins Bett* 已经晚了,我得上床去了; *In den späten Sechzigerjahren kam es zu großen Demonstrationen der Studenten* 60年代后期发生了大规模的学生游行 ‖ K- (复合): ***Spät-, -gotik, -stadium, -werk; -herbst, -nachmittag, -sommer, -winter; -dienst, -schicht; -vorstellung; spät-, -gotisch*** **2.** nach der erwarteten od. üblichen Zeit 晚(来)的,(来)迟的 ↔ früh 〈s. aufstehen 起床晚; s. ins Bett gehen 睡觉晚; ein Sommer, ein Winter, ein Glück, e-e Reue 夏天,冬天,幸福,悔恨; es ist zu etw. zu s. 某事为时已晚; zu s. kommen 来太迟了〉: *e-n späteren Zug nehmen* 乘坐晚些时候的火车 ‖ K- (复合): ***Spät-, -folgen, -schaden; -kartoffel*** ‖ ID [谚] ***Wie s. ist es?*** wie viel Uhr ist es? 现在几点啦?; ***Wie s. haben wir?*** *gespr* [口]; wie viel Uhr ist es? 现在几点啦? ***s. dran sein*** *gespr* [口]; in Eile sein 晚了,得赶紧: *Beeil dich, wir sind s. dran!* 你快点,我们晚了!

Spät|aus·sied·ler *der*; Ⓓ [德] ein Einwohner Polens, Rumäniens, Russlands *o.Ä.*, der deutsche Vorfahren hat u. alle Rechte e-s Deutschen bekommt, wenn er in die Bundesrepublik Deutschland zieht 后期移民(指战后很晚才从波兰、罗马尼亚、俄罗斯等国迁返德国的移民) ‖ K- (复合): ***Spätaussiedler-, -kind, -politik, -unterricht, -zustrom*** ‖ *hierzu* (派生) **Spät·aus·sied·le·rin** *die*

Spa·ten *der*; *-s, -*; e-e Art Schaufel mit e-m langen Stiel u. e-m flachen Teil aus Metall, mit der man die Erde im Boden umgräbt 铁锹,铲 ‖ ↑ *Abb. unter* 图见 **Schaufel** ‖ K- (复合): ***Spaten-, -stich***

Spät·ent·wick·ler *der*; *-s, -*; ein Kind od. ein Jugendlicher, die später als andere in e-n bestimmten Zustand der Reife kommen 发育晚的人 ‖ *hierzu* (派生) **Spät·ent·wick·le·rin** *die*; *-, -nen*

spä·ter **1.** *Komparativ* (比较级); ↑ ***spät*** **2.** *Adj* (形); *nur attr, nicht adv* (只作定语,不作状语); in der Zukunft 以后的,今后的 ≈ kommend, zukünftig: *E-e spätere Einigung ist nicht ausgeschlossen* 不排除今后的统一 **3.** *Adj* (形); *nur attr, nicht adv* (只作定语,不作状语); von e-m bestimmten Zeitpunkt der Vergangenheit aus gesehen in der Zukunft 后来的: *Auf e-r Party lernte er seine spätere Frau kennen* 在一次聚会上他结识了自己后来的妻子 **4.** *nur adv* (只作状语); nach Ablauf e-r gewissen Zeit 后来,过后,以后,将来: *Erst s. verstand ich, was er mir sagen wollte* 后来我才明白他想跟我说什么; *Zuerst haben wir uns gestritten, u. s. wurden wir Freunde* 起初我们曾吵过架,后来成了朋友 **5.** ***bis s.!*** *gespr* [口]; verwendet, wenn man sich von j-m verabschiedet, den man schon bald wiedersehen wird 回头见!

spä·tes·tens *Adv* (副); **s.** + *Zeitangabe* (时间说明语) nicht später als + Zeitangabe 最迟,最晚: *Ich gebe Ihnen die Manuskripte s. nächste Woche* 最迟下个星期我把手稿给您; *S. in fünf Tagen ist er zurück* 他最晚五天后回来

Spät·le·se *die* **1.** die Ernte des letzten Weines am Ende des Herbstes 晚秋采摘葡萄 **2.** der süße, schwere Wein aus den Trauben der S. (1) (由晚秋采收的葡萄所酿制的优质)晚秋葡萄酒

Spatz *der*; *-en/-es, -en* **1.** ein kleiner u. häufiger Vogel mit braunen u. grauen Federn 麻雀,家雀 ≈ Sperling **2.** verwendet als Kosewort für ein Kind od. für e-n Erwachsenen, den man liebt (对小孩或成年男人的爱称)宝贝 ≈ Liebling ‖ ID [谚] *mst* 多用 ***Das pfeifen die Spatzen von den/allen Dächern*** *gespr* [口]; das weiß schon jeder 这事路人皆知,妇幼皆知; ***Besser den S. in der Hand als die Taube auf dem Dach*** *gespr* [口]; verwendet, um auszudrücken, dass man mit dem zufrieden sein soll, was man hat 手中的麻雀强于房顶上的鸽子(意即:贪大利不如小实惠) ‖ NB (注意): *der Spatz; den, dem Spatz/Spatzen; des Spatzen/Spatzes*

Spat·zen·hirn *das*; *gespr pej* [口][贬]; *mst in* 多用于 ***j-d hat ein S.*** j-d ist dumm 某人脑瓜笨

Spätz·le *die*; *Pl* (复), *bes südd* 尤用于[南德]; kleine rundliche Nudeln(家庭自制的)短面条

Spät·zün·der *der*; *-s, -*; *gespr hum* [口][诙] **1.** j-d, der etw. (*z.B.* e-n Witz, e-n Zusammenhang) nicht so schnell versteht wie die anderen 脑子转得慢的人,反应迟钝的人 **2.** ≈ Spätentwickler ‖ *hierzu* (派生) **Spät·zün·de·rin** *die*; *-, -nen*

spa·zie·ren; *spazierte, ist spaziert*; [Vi] (不及物) **1.** (*irgendwohin*) **s.** langsam (durch e-n

S

Park, e-n Wald, bestimmte Straßen) gehen, ohne ein Ziel zu haben 散步，漫步 ≈ schlendern ‖ K-（复合）: **Spazier-**, **-weg** 2. （**mit j-m/e-m Tier**） **s. gehen** in seiner freien Zeit langsam im Freien herumgehen, um Bewegung zu haben 散步，遛弯儿: *im Park, im Wald s. gehen* 在公园里、在树林里散步 3. *mst* 多用 **e-n Hund s. führen** mit dem Hund e-n Spaziergang machen, damit er Bewegung hat 遛狗 4. （**mit j-m**） **s. fahren** （mit j-m) im Auto *o.Ä.* zum Vergnügen （ohne bestimmtes Ziel) fahren 开车兜风 5. **j-n/etw. s. fahren** mit j-m/etw. ohne bestimmtes Ziel fahren 带某人/某物开车兜风 ‖ zu（义项）4. u. 5. **Spa·zier·fahrt** *die*

Spa·zier·gang *der*; *mst in* 多用于 **e-n S. machen** ≈ spazieren gehen ‖ *hierzu* （派生） **Spa·zier·gän·ger** *der*; *-s*, *-*; **Spa·zier·gän·ge·rin** *die*; *-*, *-nen*

Spa·zier·stock *der*; ein Stock mit e-m gebogenen Griff, den *mst* alte Menschen beim Gehen benutzen 拐杖，手杖

SPD [ɛspeːˈdeː] *die*; *-*; *nur Sg* （只用单数）; （*Abk für* 缩写，全称为 Sozialdemokratische Partei Deutschlands） e-e politische Partei in Deutschland 德国社会民主党 ‖ K-（复合）: **SPD-nah**, **SPD-Mitglied**

Specht *der*; *-(e)s*, *-e*; ein Vogel mit e-m langen Schnabel, mit dem er Löcher in Bäume macht, um so Insekten zu fangen 啄木鸟〈der S. klopft, pocht 啄木鸟在嘟嘟啄食〉 ‖ -K（复合）: **Blau-**, **Bunt-**, **Gold-**, **Grün-**, **Schwarz-**

Speck *der*; *-(e)s*; *nur Sg* （只用单数） 1. ein （gesalzenes u. geräuchertes） Stück Schweinefleisch mit sehr viel Fett （五花）肥猪肉〈fetter, geräucherter S. 肥的、熏制好的猪肉; S. braten, räuchern 煎熏肥肉〉 ‖ K-（复合）: **Speck-**, **-scheibe**, **-schwarte** ‖ -K（复合）: **Schinken-** 2. das Fett （bei Tieren u. *hum* auch bei Menschen） direkt unter der Haut （动物的，[诙]也指人的）肥肉，脂肪 ‖ K-（复合）: **Speck-**, **-bauch**, **-nacken**, **-schwarte** ‖ ID [谚] **Ran an den S.!** *gespr* [口] ≈ los, fangt an!

spe·ckig *Adj* （形）; glänzend vor Fett od. Schmutz 脏得油乎乎的〈ein Kragen, ein Hut, ein Sessel 衣领，帽子，沙发椅〉

Spe·di·ti·on [ʃpediˈtsi̯oːn] *die*; *-*, *-en*; e-e Firma, die （in Lastwagen） Waren für andere transportiert 运输公司，运输行 ‖ K-（复合）: **Speditions-**, **-firma**, **-geschäft**, **-kaufmann** ‖ *hierzu* （派生） **Spe·di·teur** [-ˈtøːɐ̯] *der*; *-s*, *-e*; **Spe·di·teu·rin** [-ˈtøːrɪn] *die*; *-*, *-nen*

Speer [ʃpeːɐ̯] *der*; *-(e)s*, *-e* 1. ein langer Stab mit e-r Spitze, der früher als Waffe verwendet wurde 矛，长（扎）枪，梭镖 ‖ ↑ *Abb. unter* 图见 **Waffen** ‖ K-（复合）: **Speer-**, **-spitze** ‖ NB（注意）: ↑ **Lanze**, **Spieß**[1] 2. SPORT【体】; e-e Art S. （1）, der möglichst weit geworfen werden soll 标枪 ‖ K-（复合）: **Speer-**, **-werfen**, **-werfer**, **-wurf**

Spei·che *die*; *-*, *-n* 1. eine von mehreren dünnen Stangen, die die Felge e-s Rades mit der Nabe verbinden 辐条，轮辐: *E-e S. an meinem Fahrrad ist verbogen* 我自行车上的一根辐条弯了 ‖ ↑ *Abb. unter* 图见 **Fahrrad** 2. （im Unterarm） der jenige Knochen, der auf der Seite des Daumens ist 桡骨 ‖ NB（注意）: ↑ **Elle**

Spei·chel *der*; *-s*; *nur Sg* （只用单数）; die Flüssigkeit, die sich im Mund bildet 唾液，唾沫，口水 ≈ Spucke ‖ K-（复合）: **Speichel-**, **-absonderung**, **-drüse**, **-fluss** ‖ *hierzu* （派生） **spei·cheln** （*hat*） *Vi* （不及物）

Spei·chel·le·cker *der*; *-s*, *-*; *pej* [贬]; j-d, der sich Vorgesetzten gegenüber besonders unterwürfig verhält, um so Vorteile zu bekommen 好阿谀奉承的人，爱溜须拍马的人

Spei·cher *der*; *-s*, *-* 1. ein Gebäude, in dem man Vorräte aufbewahrt 仓房，库房 ≈ Lager （1） ‖ -K（复合）: **Getreide-**, **Korn-** 2. ein großer Behälter, in dem etw. gesammelt wird （大型）贮藏容器 ‖ K-（复合）: **Speicher-**, **-becken**, **-kapazität** ‖ -K（复合）: **Wärme-**, **Wasser-** 3. ≈ Dachboden 4. der Teil des Computers, der die Informationen trägt （计算机）存储器〈der S. ist voll 存储器已占满〉 ‖ K-（复合）: **Speicher-**, **-element**, **-funktion**, **-kapazität**, **-platz** ‖ -K（复合）: **Arbeits-**, **Informations-**

spei·chern; *speicherte*, *hat gespeichert*; Vt （及物） 1. **etw. s.** e-n Vorrat irgendwo für lange Zeit aufbewahren 储存，存放，储备，把…储入仓库 ≈ lagern 〈Vorräte, Getreide, Futter s. 储备存货、粮食、饲料〉 2. **etw. s.** Informationen, Daten *o.Ä.* in e-n Computer geben, damit sie dort aufbewahrt werden u. wieder verwendet werden können （计算机）存储: *Daten auf Magnetband s.* 把数据存储在磁带上 3. **etw. speichert etw.** ein Computer *o.Ä.* sichert Daten u. bewahrt sie auf （物作主语）存储: *Ein Computer speichert Daten* 计算机存储数据 ‖ *hierzu* （派生） **Spei·che·rung** *die*; *nur Sg* （只用单数）

spei·en; *spie*, *hat gespien*; Vt/i （及物/不及物） 1. （**etw.**） **s.** Flüssigkeit u. Essen aus dem Magen durch den Mund herausbringen, wenn man sich sehr schlecht fühlt 呕吐，吐 ≈ sich erbrechen 2. **etw. speit** （**etw.**） etw. wirft flüssiges u. heißes Material nach oben （物作主语）喷发，喷射〈Vulkane speien Feuer u. Lava 火山喷发出火焰和熔岩〉

Speis *die*; *nur in* 只用于 **S. u. Trank** *geschr od hum* [书]或[诙]; das Essen u. die Getränke 吃的喝的: *Vielen Dank für S. u. Trank* 多谢吃喝款待

Spei·se *die*; *-*, *-n*; ein （einzelnes） Gericht[2] （一道）菜，菜肴〈e-e köstliche S. 一道美味的菜肴; kalte/warme Speisen 凉/热菜; e-e S. anrichten 端上一道菜〉 ‖ K-（复合）: **Speise-**, **-raum**, **-rest**, **-restaurant**, **-saal**, **-salz**; **Speisen-**, **-folge** ‖ -K（复合）: **Eier-**, **Fleisch-**, **Mehl-**, **Milch-**, **Reis-**; **Haupt-**; **Lieblings-**; **Süß-**

Spei·se·eis *das*; e-e süße, gefrorene Mi-

S

schung *mst* aus Milchprodukten u. Früchten, die man zur Erfrischung kalt isst 冰淇淋
Spei·se·kam·mer *die*; ein kleiner u. kühler Raum (*mst* neben der Küche), in dem man Essen u. Vorräte aufbewahrt 食物储藏室,厨房储物间
Spei·se·kar·te *die*; e-e Liste mit den Gerichten, die man in e-m Restaurant essen kann 菜单
Spei·se·lo·kal *das* ≈ Restaurant
spei·sen; *speiste*, *hat gespeist*; [Vt/i] (及物/不及物) 1. (**etw.**) **s.** *geschr* [书] ≈ essen ⟨gut, teuer, exklusiv s. 吃得好、贵、高档⟩: *Sie speisten Hummer* 他们享用了鳌虾; [Vt] (及物) 2. **j-n s.** *geschr* [书]; j-m, der arm ist, etw. zu essen geben 给…吃的,给…饭吃⟨die Armen s. 给穷人饭吃⟩ 3. *mst* 多用 **etw. wird mit / aus etw. gespeist** etw. wird mit etw. versorgt (物作主语)靠、由…供料、供电: *Das Radiogerät wird mit Strom aus 6 Batterien gespeist* 这台收音机由六节电池供电 ‖ *zu* (义项) 2. u. 3. **Spei·sung** *die*; *nur Sg* (只用单数)
Spei·se·röh·re *die*; e-e Art Röhre (der Schlund), durch die das Essen vom Mund zum Magen kommt 食管,食道; MED 【医】 Ösophagus
Spei·se·wa·gen *der*; ein Wagen im Zug[1] mit e-r Art Restaurant, in dem man etw. essen kann (火车)餐车
spei·übel *Adj* (形); *mst in* 多用于 **j-m ist s.** *gespr* [口]; j-m ist so schlecht, dass er sich wahrscheinlich erbrechen muss 某人感到恶心想吐
Spek·ta·kel[1] *das*; -*s*, -; ein Ereignis, das sehr interessant od. spannend ist 轰动事件,热闹场面 ≈ Schauspiel (2) ‖ *hierzu* (派生) **spek·ta·ku·lär** *Adj* (形)
Spek·ta·kel[2] *der*; -*s*, -; *mst Sg* (多用单数) ≈ Lärm, Krach
Spekt·rum *das*; -*s*, *Spekt·ren* / *Spekt·ra*; *Kollekt* (集合) 1. **das S.** + *Genitiv* (二格) / **ein S. von etw.** (*Pl* 复) *geschr* [书]; e-e große Vielfalt von einzelnen Phänomenen, Dingen u. Möglichkeiten 各种各样,丰富多彩,形形色色 ≈ Palette (2): *das breite S. der klassischen Dichtung* 丰富多彩的古典文学作品 2. PHYS 【物】; die verschiedenen Farben, aus denen das weiße Licht gebildet ist 七色光谱,光谱,色谱 ‖ -K (复合): **Farb-** ‖ *zu* (义项) 2. **spekt·ral** *Adj* (形)
Spe·ku·lant *der*; -*en*, -*en*; j-d, der *bes* mit Aktien od. Immobilien spekuliert (2) 风险投资者,投机商,投机者 ‖ NB (注意): *der Spekulant*; *den*, *dem*, *des Spekulanten* ‖ *hierzu* (派生) **Spe·ku·lan·tin** *die*; -, -*nen*
Spe·ku·la·ti·on [-ˈtsioːn] *die*; -, -*en* 1. *mst* 多用 **Spekulationen** (**über etw.** (*Akk* 四格)) die Gedanken über etw., was man nicht (genau) kennt u. weiß 推测,猜测 ≈ Mutmaßungen ⟨Spekulationen anstellen 进行推测; sich in Spekulationen ergehen, verlieren 胡乱推测,耽于推测⟩ ‖ -K (复合): **Fehl-** 2. **e-e S.** (**mit etw.**) ein Geschäft[1] (1), bei dem man hofft, durch die Veränderung von Preisen viel Geld zu verdienen 风险交易,投机生意: *die S. mit Aktien* 做股票风险交易 ‖ K- (复合): **Spekulations-**, **-geschäft**, **-gewinn**, **-objekt** ‖ -K (复合): **Boden-**, **Börsen-**, **Grundstücks-**, **Währungs-**
Spe·ku·la·ti·us [-ˈlaːtsiʊs] *der*; -, -; ein dünner, flacher, würziger Keks, der häufig e-e Figur darstellt 图形五香饼干
spe·ku·la·tiv [-f] *Adj* (形) 1. ⟨Gewinne, Verluste 利润,损失; Geschäfte 生意⟩ so, dass sie durch Spekulation (2) zustande gekommen sind 风险交易的,投机的 2. ⟨Ideen 想法⟩ so, dass sie auf Vermutungen beruhen 推测的,臆测的
spe·ku·lie·ren; *spekulierte*, *hat spekuliert*; [Vi] (不及物) 1. (**über etw.** (*Akk* 四格)) **s.** über die weitere Entwicklung bzw. den Ausgang von etw. nachdenken od. sprechen, von dem man wenig weiß 推测,臆测,臆说 ≈ mutmaßen 2. (**mit etw.**) **s.** Häuser, Grundstücke, Waren od. Wertpapiere kaufen u. hoffen, dass ihr Wert steigt, damit man sie dann teuer verkaufen kann 做…风险交易,投机生意⟨an der Börse s. 在交易所做风险投资; mit Aktien, Grundstücken s. 做股票、地产风险交易⟩ 3. **auf etw.** (*Akk* 四格) **s.** *gespr* [口]; hoffen, dass man etw. bekommt 期望得到,指望: *auf e-e freie Wohnung s.* 期望得到一套无人住的住房
Spe·lun·ke *die*; -, -*n*; *gespr pej* [口][贬]; ein *mst* schmutziges Lokal, das e-n schlechten Ruf hat 下等饭馆,肮脏的酒馆
spen·da·bel; *spendabler*, *spendabelst-*; *Adj* (形); *gespr* [口]; gern bereit, Geschenke zu machen od. j-n (zum Essen) einzuladen 大方的,慷慨的,乐于施舍的 ≈ großzügig, freigebig ↔ geizig ⟨s. aufgelegt sein, sich s. zeigen 乐于施舍,表现慷慨⟩ ‖ NB (注意): *spendabel* → *ein spendabler Mensch*
Spen·de *die*; -, -*n*; etw. (*mst* Geld), das man *bes* e-r Organisation gibt, um damit anderen Menschen zu helfen 捐助,捐赠 ≈ Gabe (4) ⟨um e-e S. bitten 请求捐助; viele Spenden gehen ein 大量捐助纷纷而至⟩: *um e-e kleine S. für das Rote Kreuz bitten* 为红十字会请求微薄的捐助; *Spenden für die Flüchtlinge sammeln* 为难民募捐 ‖ K- (复合): **Spenden-**, **-aktion**, **-aufruf**, **-konto**, **-sammlung** ‖ -K (复合): **Geld-**, **Lebensmittel-**, **Medikamenten-**, **Sach-**
spen·den; *spendete*, *hat gespendet*; [Vt/i] (及物/不及物) 1. (**etw.**) (**für j-n / etw.**) **s.** *bes* e-r Organisation etw. geben, um anderen zu helfen (为…)捐助,捐赠⟨Geld, Lebensmittel, Medikamente s. 捐钱,捐赠食品、药品⟩: *für die Erdbebenopfer s.* 捐助地震灾民; [Vt] (及物) 2. **etw. spendet etw.** *geschr* [书]; etw. (produziert u.) gibt etw. (物作主语)产生,带来 ⟨etw. spendet Licht, Wärme, Schatten 某物发光、生热、投下阴影⟩: *Der große Baum spendet*

S

im Sommer viel Schatten 夏天这棵大树带来大片阴凉 **3.** ***etw. s.*** etw. abgeben od. sich nehmen lassen, damit so anderen Menschen geholfen wird 献(出)，捐献〈Blut, Organe, e-e Niere, Samen s. 献(出)血、器官、一个肾脏、精子〉 **4.** *geschr* [书]; verwendet zusammen mit e-m Subst., um ein Verb zu umschreiben (与名词连用，替换动词的表达); ***(j-m) Beifall s.*** ≈ applaudieren; ***(j-m) ein Lob s.*** ≈ j-n loben; ***(j-m) den Segen s.*** ≈ j-n segnen; ***(j-m) Trost s.*** ≈ j-n trösten

Spẹn·der *der*; *-s*, *-* **1.** j-d, der (e-r Organisation) e-e Spende gibt od. gegeben hat 捐助者，捐赠者 **2.** j-d, der ein Organ od. Blut spendet (3) od. gespendet (3) hat 献血者，(人体)器官捐献者 ‖ K-(复合): ***Spender-***, ***-herz***, ***-niere*** ‖ -K (复合): ***Blut-***, ***Organ-***, ***Samen-*** ‖ ID [谚] ***Wer war der edle S.?*** *hum* [诙]; von wem ist dieses Geschenk? 这礼品是谁送的? ‖ *hierzu* (派生) **Spẹn·de·rin** *die*; *-*, *-nen*

-spen·der *der*; *-s*, *-*; *im Subst*, *wenig produktiv* (构成名词，构词弱) **1.** ein Gerät, aus dem man etw. nehmen kann (存放)…器具、盒; der ***Handtuchspender***, der ***Papierspender***, der ***Seifenspender*** **2.** e-e Person od. Sache, die etw. gibt od. spendet (2) 带来、产生、散发…的人/物; der ***Trostspender***, der ***Energiespender***, der ***Feuchtigkeitsspender***, der ***Vitaminspender***, der ***Wärmespender***

spen·die·ren; *spendierte*, *hat spendiert*; [Vt] (及物) ***(j-m) etw. s.*** *gespr* [口]; *mst* ein Getränk od. ein Essen für j-n bezahlen 请客，招待，替…付钱 ≈ ausgeben (3); *seinen Mitarbeitern ein Abendessen s.* 请他的同事吃晚饭 ‖ *hierzu* (派生) **spen·dier·freu·dig** *Adj* (形)

Spẹng·ler *der*; *-s*, *-*; *südd* Ⓐ Ⓒⓗ [南德][奥][瑞] j-d, der beruflich Dinge aus Metall (*bes* Blech) herstellt, repariert u. einbaut 白铁工，管道工，装修工 ≈ Klempner ‖ -K (复合): ***Auto-***, ***Karosserie-*** ‖ *hierzu* (派生) **Speng·le·rei** *die*; *-*, *-en* ‖ NB (注意): ↑ ***Mechaniker***, ***Installateur***

Spẹr·ber *der*; *-s*, *-*; ein mittelgroßer (Raub-) Vogel, der *bes* kleine Vögel frisst 雀鹰

Spẹr·ling *der*; *-s*, *-e* ≈ Spatz (1)

Spẹr·ma *das*; *-s*, *Sper·men/Sper·ma·ta*; *geschr* [书]; die Flüssigkeit mit Samenzellen, die von männlichen Geschlechtsorganen produziert wird 精液 ≈ Samen (3)

sperr·ạn·gel|weit *Adv* (副); *nur in* 只用于 ***s. offen/auf*** *gespr* [口]; so weit offen wie nur möglich 开得(张得)大大的，大开: *Die Tür/Sein Mund stand s. offen* 门大敞着/他的嘴张得大大的

Spẹr·re *die*; *-*, *-n* **1.** etw. (*z.B.* e-e Schranke od. e-e Art Zaun), das andere auf e-m Weg od. auf der Straße daran hindert, weiterzukommen 路障〈e-e S. errichten 设置路障; durch die S. gehen 穿越路障〉 ‖ -K (复合): ***Straßen-*** **2.** ***e-e S.*** (***von*** + *Zeitangabe* 时间说明语) SPORT【体】; das Verbot, (e-e bestimmte Zeit lang) an Wettkämpfen teilzunehmen 禁赛〈über j-n e-e S. (von vier Wochen) verhängen 对某人处以(四周)禁赛; e-e S. wieder aufheben 解除禁赛〉 **3.** ***e-e S. haben*** *gespr* [口]; aus psychischen Gründen etw. nicht tun können 有心理障碍

-sper·re *die*; *im Subst*, *begrenzt produktiv* (构成名词，构词有限); e-e Maßnahme, die verhindert, dass etw. Bestimmtes geschieht od. getan wird 禁止…，封锁…，…冻结; die ***Ausfuhrsperre***, die ***Einfuhrsperre***, die ***Exportsperre***, die ***Importsperre***, e-e ***Nachrichtensperre*** 〈verhängen 宣布〉, die ***Urlaubssperre***, die ***Zahlungssperre***

spẹr·ren; *sperrte*, *hat gesperrt*; [Vt] (及物) **1.** ***etw. s.*** verhindern, dass man weitergehen od. -fahren kann 封锁，禁止通行〈die Polizei *o.Ä.* sperrt e-e Straße, ein Tal, e-n Pass 警察封锁了一条马路、河谷、一处关口〉: *Wegen e-s Unfalls ist die Autobahn für den gesamten Verkehr gesperrt* 由于事故这条高速公路所有交通都封锁了 ‖ K-(复合): ***Sperr-***, ***-bezirk***, ***-gebiet***, ***-mauer*** **2.** ***etw. s.*** verhindern, dass j-d etw. benutzen kann 冻结，切断，停止，关闭〈ein Konto, das Sparbuch, das Telefon s. 冻结一个账号、一个存折，切断电话〉: *Ihm wurde der Strom gesperrt, weil er seine Rechnung nicht bezahlt hat* 他的电源被断了，因为他没交费 **3.** ***j-n*** (***für*** + *Zeitangabe* 时间说明语) ***s.*** SPORT【体】; j-m verbieten, e-e bestimmte Zeit lang an Wettkämpfen teilzunehmen 对…处以禁赛: *e-n Spieler für acht Wochen s.* 对一个运动员处以八周的禁赛 **4.** ***j-n/ein Tier irgendwohin s.*** j-n/ein Tier in e-n Raum bringen, aus dem er/es nicht heraus kann 把…关进 ≈ einsperren: *den Löwen in e-n Käfig s.* 把狮子关进一个笼子 **5.** ***etw. s.*** Wörter so drucken od. tippen, dass zwischen den einzelnen Buchstaben mehr Platz ist als normal 疏排〈etw. gesperrt drucken 疏排印刷〉‖ NB (注意): *mst* im Zustandspassiv (多用状态被动句); [Vi] (不及物) **6.** ***etw. sperrt*** *südd* Ⓐ [南德][奥] etw. kann weder geöffnet noch geschlossen werden 卡住(关不上，打不开) ≈ etw. klemmt 〈das Fenster, die Tür, die Schublade 窗户，门，抽屉〉; [Vr] (反身) **7.** ***sich gegen etw. s.*** sich weigern, etw. zu tun 拒绝，违抗〈sich gegen e-e Vorschrift, e-e Bestimmung, e-n Vorschlag, e-n Plan s. 违抗规章、规定、建议、计划〉

Spẹrr·frist *die*; JUR【法】; die Zeit, in der j-d bestimmte Dinge nicht machen darf 权益保护期，等待期，冻结期〈e-e S. verlängern, aufheben 延长、取消保护期〉

Spẹrr·holz *das*; *nur Sg* (只用单数); e-e Art Brett, das aus mehreren dünnen Schichten Holz besteht, die zusammengeklebt sind 胶合板 ‖ K-(复合): ***Sperrholz-***, ***-platte***

spẹr·rig *Adj* (形); von/mit e-r Form, die viel Platz erfordert 体积大的，不易携带的 ↔ handlich: *Die Kiste ist so s., dass wir sie in unserem Auto nicht transportieren können* 这只木箱体积太大，(以致)我们的汽车无法装运

Sperr·müll *der*; *nur Sg*, *Kollekt*（只用单数）（集合）; Dinge, die so groß od. schwer sind, dass man sie nicht zum normalen Müll tun kann 大件废品,废弃的家具家电 ‖ K-（复合）: ***Sperrmüll-***, ***-abholung***, ***-aktion***, ***-sammlung***

Sperr·stun·de *die* ≈ Polizeistunde

Spe·sen *die*; *Pl*（复）; die Unkosten, die j-d auf e-r Dienstreise für Hotels, Essen, Fahrkarten *usw* hat u. die er vom Arbeitgeber wiederbekommt 差旅费〈(hohe) S. haben, machen 用了、花了(很多)差旅费; j-m die S. erstatten 给某人报销差旅费〉 ‖ K-（复合）: ***Spesen-***, ***-rechnung*** ‖ -K（复合）: ***Reise-***, ***Tages-*** ‖ ID［谚］***Außer S. nichts gewesen*** *gespr hum*［口］［诙］; verwendet, um auszudrücken, dass man keinen Erfolg hatte 劳民伤财,毫无成果

Spe·zi®[1] *das*; *-s*, *-*; ein Getränk aus (Orangen)Limonade u. Cola 橙汁兑可乐饮料

Spe·zi[2] *der*; *-s*, *-(s)*; *südd* Ⓐ *gespr*［南德］［奥］［口］≈ Kumpel (2), Freund (1)

Spe·zi·al- *im Subst*, *begrenzt produktiv*（构成名词,构词有限）**1.** in Bezug auf ein bestimmtes (Teil)Gebiet e-s Fachs 专业…,专项…≈ Fach-; die ***Spezialausbildung***, die ***Spezialdisziplin***, das ***Spezialgebiet***, die ***Spezialkenntnisse***, die ***Spezialliteratur***, das ***Spezialwissen*** **2.** mit e-r besonderen Aufgabe od. Funktion u. deshalb von ganz bestimmter Art 特殊…,特别…,专门…≈ Sonder-; die ***Spezialanfertigung***, die ***Spezialausführung***, das ***Spezialfahrzeug***, die ***Spezialkamera***, das ***Spezialtraining***

spe·zi·a·li·sie·ren, sich; *spezialisierte sich*, *hat sich spezialisiert*; Vr（反身）***sich*** (***auf etw.***（*Akk* 四格）) ***s.*** sich intensiv mit e-m bestimmten (Teil)Gebiet e-s Fachs beschäftigen 专门研究,专攻,专门从事: *sich nach dem Studium der Medizin auf Chirurgie s.* 学了医学后专攻外科 ‖ *hierzu*（派生）**Spe·zi·a·li·sie·rung** *die*; *nur Sg*（只用单数）

Spe·zi·a·list *der*; *-en*, *-en* **1.** ***ein S.*** (***für etw.***) j-d, der über e-n relativ kleinen Teil e-s (Fach)Gebiets sehr viel weiß 专家,行家≈ Experte: *ein S. für alte Handschriften* 一位古字体的专家; *ein S. in Sachen Außenpolitik sein* 是一位外交政策方面的专家 **2.** ***ein S.*** (***für etw.***) ≈ Facharzt ↔ praktischer Arzt〈e-n Spezialisten aufsuchen, konsultieren 找一位专科医生看病、诊断〉: *ein S. auf dem Gebiet der Neurochirurgie* 一位神经外科方面的专科医生 ‖ NB（注意）: *der Spezialist*; *den*, *dem*, *des Spezialisten* ‖ *hierzu*（派生）**Spe·zi·a·lis·tin** *die*; *-*, *-nen*; *zu* **1. Spe·zi·a·lis·ten·tum** *das*; *-s*; *nur Sg*（只用单数）

Spe·zi·a·li·tät *die*; *-*, *-en* **1.** e-e besonders gute Speise, die für ein Gebiet od. für ein Land typisch ist 名菜,土特产(食品)〈e-e S. des Hauses 本店名菜〉: *Spaghetti sind e-e italienische S.* 意大利面条是意大利的特产 ‖ K-（复合）: ***Spezialitäten-***, ***-restaurant*** **2.** *nur Sg*（只用单数）; etw., das j-d besonders gut kann od. besonders gern mag 特长,专长,爱好〈etw. ist j-s S. 某事是某人的专长〉: *Griechische Vasen sind seine S.* 希腊花瓶是他的专门爱好

spe·zi·ell *Adj*（形）**1.** *nur attr*, *nicht adv*（只作定语,不作状语）; von e-r ganz bestimmten Art u. deshalb von den anderen verschieden 特别的,特殊的,专门的 ≈ besonder- (2) ↔ allgemein, generell〈ein Fall, e-e Bedeutung, ein Wunsch 事件,意义,愿望〉**2.** *nur adv*（只作状语）; in besonders hohem Maß 特别,尤其≈ besonders: *Er liebt Italien*, *s. die Toskana* 他喜欢意大利,尤其喜欢托斯卡纳 **3.** *nur präd od adv*（只作表语或状语）; ***s. für j-n/etw.*** ≈ besonders, vor allem: *Den Spargel habe ich s. für dich gekauft* 这些芦笋是我专门为你买的

Spe·zi·es [ˈʃpeːtsi̯ɛs, ˈsp-] *die*; *-*, *-* [-eːs]; *geschr*［书］≈ Art, Sorte

Spe·zi·fi·kum *das*; *-s*, *Spe·zi·fi·ka*; e-e Eigenschaft od. ein Merkmal, durch das j-d/etw. sich von anderen unterscheidet 特征,特点 ≈ Besonderheit

spe·zi·fisch *Adj*（形）; von e-r ganz bestimmten Art, die die betreffende Person/Sache von anderen unterscheidet 特有的,特殊的,特别的,专门的 ≈ besonder- (2)〈ein Problem, ein Merkmal 问题,标志〉: *E-e spezifische Eigenschaft des Menschen ist seine Fantasie* 人所特有的一种特点是他的想象力 ‖ NB（注意）: ↑ ***Gewicht***

-spe·zi·fisch *im Adj*, *begrenzt produktiv*（构成形容词,构词有限）; typisch für j-n/etw. …特有的; ***altersspezifisch***, ***geschlechtsspezifisch***〈Merkmale, ein Verhalten 标志,行为〉, ***rollenspezifisch***, ***systemspezifisch***

spe·zi·fi·zie·ren; *spezifizierte*, *hat spezifiziert*; Vt（及物）***etw. s.*** *geschr*［书］; etw. sehr genau u. mit vielen Details beschreiben 详细说明,详细列举 ‖ *hierzu*（派生）**Spe·zi·fi·zie·rung** *die*

Sphä·re [ˈsfɛːrə] *die*; *-*, *-n*; ein Bereich, der j-n interessiert od. in dem j-d aktiv ist 范围,领域,区域〈j-s private, berufliche S. 某人的私人生活、工作范围〉 ‖ -K（复合）: ***Einfluss-***, ***Interessen-***, ***Intim-***, ***Privat-*** ‖ ID［谚］*mst* 多用 ***Er/Sie schwebt in höheren Sphären*** *mst hum* 多用［诙］; **a)** er/sie ist geistig od. künstlerisch tätig u. hat wenig Interessen für die Probleme des täglichen Lebens 他/她超脱尘寰,不过问凡夫俗子之事; **b)** er/sie denkt an etw. anderes als an das, worüber gerade gesprochen wird 他/她(别人说话时)心不在焉

Sphinx [sfɪŋks] *die*; *-*; *nur Sg*; die Figur e-s liegenden Löwen, der den Kopf e-s Menschen hat 斯芬克斯,狮身人面像 ‖ ID［谚］***wie e-e S. lächeln*** geheimnisvoll lächeln 神秘地微笑

spi·cken[1]; *spickte*, *hat gespickt*; Vt（及物）**1.** ***etw. s.*** kleine Stücke Speck in ein Stück Fleisch stecken, bevor man es brät 往…里夹、塞、填五花肥肉〈Fleisch, den Braten s. 往肉里、烤肉里夹肉〉: *gespickter Hasenbraten* 夹肥肉的

S

烤兔肉 **2. etw. mit etw. s.** *gespr*［口］; etw. so gestalten, dass e-e bestimmte Erscheinung in großer Menge vorkommt 用…充斥,把…夹进: *e-e Rede mit witzigen Bemerkungen s.* 讲话夹入风趣的语言; *Der Aufsatz war mit Fehlern gespickt* 作文错误百出 ‖ NB（注意）: *mst* im Zustandspassiv（多用于状态被动句）!

spi·cken²; *spickte, hat gespickt*; Vt/i（及物/不及物）(**etw.**)(**bei j-m**) **s.** *gespr*［口］; in der Schule bei e-r Prüfung (vom Nachbarn) abschreiben（考试）偷看,抄袭 ‖ K-（复合）: ***Spick-, -zettel***

spie *Imperfekt, 1. u. 3. Person Sg*（过去时,第一和第三人称单数）; ↑ ***speien***

Spie·gel *der*; *-s, -* **1.** ein flacher Gegenstand aus Glas, in dem man alles sieht, was vor diesem Glas ist 镜子〈sich im S. betrachten, sehen 照镜子; vor dem S. stehen（站在镜子跟前）照镜子〉 ‖ K-（复合）: ***Spiegel-, -glas, -schrank*** ‖ -K（复合）: ***Ankleide-, Gardero-be(n)-, Probier-, Rasier-, Toiletten-, Wand-*** **2. ein blinder S.** ein S. (1), der so viele Flecken hat, dass man in ihm nur noch wenig sieht 污浊不清的镜子 ‖ ID［谚］***j-m e-n S. vorhalten*** j-m zeigen, welche schlechten Eigenschaften od. Fehler er hat 给某人指出缺点毛病,给某人照照镜子

-spie·gel *der*; *im Subst, wenig produktiv*（构成名词,构词弱） **1.** die Menge der genannten Substanz im Körper（人体内的）…含量 ≈ -pegel; der ***Alkoholspiegel***, der ***Cholesterinspiegel***, der ***Hormonspiegel***, der ***Penizillinspiegel***, der ***Zuckerspiegel*** **2.** die Höhe der Oberfläche von etw. …平面、高度、位; der ***Grundwasserspiegel***, der ***Meeresspiegel***, der ***Wasserspiegel***

Spie·gel·bild *das* **1.** das Bild, das man von sich/j-m/etw. in e-m Spiegel sieht (od. in e-m Gegenstand, der wie ein Spiegel wirkt) 镜子照出的影像,（水中）倒影: *sein S. auf der Oberfläche e-s Sees betrachten* 看他自己在湖面上的倒影 **2.** e-e Person od. Sache, die e-r anderen sehr ähnlich ist 一模一样、毫无二致的人或物 ≈ Abbild: *Sie ist das vollkommene S. ihrer Mutter* 她长得跟她母亲一模一样 ‖ *hierzu*（派生）**spie·gel·bild·lich** *Adj*（形）

spie·gel·blank *Adj*（形）; *ohne Steigerung*（无变级）; sehr sauber 光亮如镜的,锃亮的: *das Fenster s. putzen* 把窗户擦得锃亮

Spie·gel·ei *das*; ein gebratenes Ei, bei dem das Eigelb in der Mitte liegt u. außen herum das Eiweiß ist 荷包蛋

spie·gel·frei *Adj*（形）; 〈e-e Brille, Gläser 眼镜,玻璃〉 so, dass sie keine Spiegelbilder (1) verursachen 不反光的

spie·gel·glatt *Adj*（形）; *ohne Steigerung*（无变级）; sehr glatt 很滑的,像镜子一样光滑的: *spiegelglatte Fahrbahnen im Winter* 冬天很滑的行车道

spie·geln; *spiegelte, hat gespiegelt*; Vt（及物） **1. etw. spiegelt etw.** *geschr*［书］; etw. ist ein Abbild von etw., zeigt etw. anderes auf（物作主语）反映,反射,反照 ≈ etw. reflektiert (2) etw.: *Seine Romane spiegeln die gesellschaftlichen Zustände* 他的长篇小说反映了社会状况 **2. etw. s.** (als Arzt *o. Ä.*) ein Organ mit e-r Art Spiegel untersuchen（用内窥镜,反射镜）照,检查〈den Magen, den Darm, den Kehlkopf s. 照(检查)胃、肠、喉头〉; Vi（不及物） **3. etw. spiegelt** etw. glänzt sehr（物作主语）闪闪发亮,晃眼,闪光: *das Parkett polieren, bis es vor Sauberkeit spiegelt* 把复合地板擦得光洁发亮; Vr（反身） **4. etw. spiegelt sich in etw.** (*Dat* 三格) etw. ist in etw. deutlich (wie ein Spiegelbild) zu sehen（物作主语）在…里产生倒影,映照在…里: *Die Wolken spiegeln sich im Wasser* 云彩映照在水中 **5. etw. spiegelt sich in etw.** (*Dat* 三格) etw. ist irgendwo deutlich zu erkennen（物作主语）表露、反映、体现在…上: *Der Hass spiegelte sich in seinem Gesicht* 在他脸上显露出仇恨的神色 ‖ *hierzu*（派生）**Spie·ge·lung** *die* ‖ ▶ ***entspiegeln***

Spie·gel·re·flex|ka·me·ra *die*; e-e Kamera, in der ein kleiner Spiegel bewirkt, dass man das, was man fotografieren will, genau so sieht, wie es später auf dem Bild ist 反光照相机

spie·gel·ver·kehrt *Adj*（形）; so, dass das, was normalerweise rechts ist, links ist (u. umgekehrt) 图像反的,镜像反的 ≈ seitenverkehrt

Spiel *das*; *-(e)s, -e* **1.** *nur Sg*（只用单数）; etw. (e-e Aktivität), das man freiwillig ohne Zweck u. zum Vergnügen macht (wie es *bes* Kinder tun) 玩,玩耍: *das S. mit den Puppen* 玩布娃娃 ‖ K-（复合）: ***Spiel-, -gefährte, -kamerad, -trieb, -wiese, -zimmer*** **2.** etw., womit man sich (*mst* mit anderen) nach bestimmten Regeln, aber zum Spaß beschäftigt (unterhält) 游戏〈ein S. machen, spielen, gewinnen, verlieren 做、玩、赢、输一场游戏〉 ‖ K-（复合）: ***Spiel-, -brett, -figur, -karte, -stein*** ‖ -K（复合）: ***Brett-, Fang-, Geschicklichkeits-, Karten-, Puzzle-, Rate-, Schach-, Versteck-; Frage-und-Antwort-Spiel*** **3.** ein sportlicher Wettkampf zwischen zwei Menschen od. Mannschaften (*z. B.* beim Tennis od. Fußball)（体育）比赛 ≈ Match〈ein S. machen, austragen, gewinnen, verlieren 进行、举行、赢、输一次比赛〉: *Der Schiedsrichter pfeift ein S. an/ab, bricht das S. ab* 裁判吹哨开始、结束、中断比赛; *Das S. steht 1:0* 比分是一比零; *Das S. endete unentschieden/ging unentschieden aus* 比赛打成平局,不分胜负 ‖ K-（复合）: ***Spiel-, -abbruch, -abschnitt, -anfang, -beginn, -ende, -schluss, -stand, -unterbrechung*** ‖ -K（复合）: ***Ball-, Basketball-, Billard-, Federball-, Fußball-, (Tisch)Tennis-, Volleyball-; Ausscheidungs-, Auswahl-, Entscheidungs-, Ersatz-, Freundschafts-, Meisterschafts-, Qualifikations-; Auswärts-, Heim-; Mannschafts-*** **4. die Olympischen Spiele** ≈ Olympiade **5.** der Versuch, durch Glück

S

(viel) Geld zu gewinnen 赌博〈viel Geld im S. gewinnen, verlieren 赌博赢、输许多钱; dem S. ergeben, verfallen sein 迷上、沉溺于赌博〉‖ K-（复合）: ***Spiel-***, ***-automat***, ***-kasino***, ***-leidenschaft*** ‖ -K（复合）: ***Glücks-***, ***Lotterie-***, ***Lotto-***, ***Roulette-***, ***Vabanque-*** **6.** einer der Teile (Abschnitte), aus denen ein ganzes S. (3) besteht (*z. B.* beim Tennis od. Skat)（体育比赛）局: *Beim gestrigen Tennisturnier gewann die Favoritin alle Spiele des ersten Satzes* 在昨天的网球赛中这位冠军争夺者（女）赢得了第一盘中的所有小局 **7.** *Kollekt*（集合）; alle Gegenstände (Figuren, Brett, Würfel od. Karten *usw*), die man für ein S. (2) braucht 全套游戏(物品)〈das S. aufstellen 摆好游戏〉‖ K-（复合）: ***Spiele-***, ***-sammlung*** ‖ -K（复合）: ***Dame-***, ***Domino-***, ***Mühle-***, ***Schach-***; ***Mensch-ärgere-dich-nicht-Spiel*** **8.** *nur Sg*（只用单数）; die Art u. Weise, in der *bes* ein Musiker, Schauspieler, Sportler od. e-e Mannschaft spielt（演员的）表演，演技;（运动员的）比赛，打法，踢法，战略战术，表演〈ein raffiniertes, technisch perfektes, offensives, defensives S. 聪明老练的、技术完美的、进攻型的、防守型的打法〉 **9.** *nur Sg*（只用单数）; e-e Handlungsweise, bei der man nicht an die Folgen denkt 儿戏，冒险，游戏〈ein gefährliches, gewagtes, frivoles, verwerfliches S. 危险的、大胆的、轻率的、卑鄙的儿戏; das S. mit der Liebe 拿爱情作儿戏，玩弄爱情; das S. zu weit treiben, sein S. mit j-m/etw. treiben 要弄得太过份，要弄某人/某事〉‖ -K（复合）: ***Intrigen-***, ***Ränke-*** **10.** *nur Sg*（只用单数）; Bewegungen, die keinen bestimmten Zweck erkennen lassen（无目的的）跳动，滚动，转动，闪动，晃动〈das S. der Wellen 浪涛翻滚; das S. von Licht u. Schatten, das S. der Augen, der Muskeln 光和影的闪动，眼睛的转动，肌肉的跳动〉‖ -K（复合）: ***Farben-***, ***Mienen-*** **11.** *nur Sg*（只用单数）; der kleine Bereich, in dem sich ein (Maschinen) Teil frei bewegen kann, ohne e-e Wirkung zu haben（机器）活动间隙，空隙: *die Bremsen nachstellen lassen, weil sie zu viel S. haben* 让人调整刹车，因为间隙太大 **12.** ***ein abgekartetes S.*** e-e Situation, in der Leute so tun, als ob sie etw. entscheiden würden, dieses aber schon vorher entschieden haben 暗中已谋划好的把戏 ‖ ID［谚］***etw. aufs S. setzen*** riskieren, dass man etw. verliert 拿某物作赌注，去冒险（孤注一掷）〈sein Leben, seine Gesundheit aufs S. setzen 拿自己的生命、健康作赌注〉; ***etw. steht auf dem S.*** etw. könnte verloren, zerstört *o. Ä.* werden 某物有(遭损失、破坏等)危险(有风险): *Sei vorsichtig, es steht e-e große Menge Geld auf dem S.* 你得小心，这可能要损失一大笔钱; ***(mit j-m) leichtes S. haben*** keine Mühe haben, besser, klüger *o. Ä.* zu sein als ein anderer 对付某人轻而易举，跟玩一样; ***j-n/etw. aus dem S. lassen*** über j-n/etw. *bes* in e-m Streit nicht sprechen 不把某人/某事牵扯进去; ***j-n/etw. ins S. bringen*** über j-n/etw. in e-m Streit, in e-r Diskussion zu sprechen beginnen 把某人/某事牵扯进去; ***ein S. mit dem Feuer*** ein gefährliches, gewagtes Verhalten 玩火（危险的事）

-spiel *das*; *im Subst*, *begrenzt produktiv*（构成名词，构词有限）; etw. (ein Stück), das e-m Publikum *bes* im Theater gezeigt wird …剧，…演出; das ***Fastnachtsspiel***, das ***Fernsehspiel***, das ***Mysterienspiel***, das ***Passionsspiel***, das ***Puppenspiel***, das ***Weihnachtsspiel***

Spiel·art *die*; eine von mehreren Varianten, in denen etw. vorkommt 变种，种类: *Rockmusik in all ihren Spielarten* 所有各种摇滚乐

Spiel·ball *der* **1.** e-e Person od. e-e Sache, die von anderen völlig abhängig ist（无足轻重）任人摆布的玩物: *zum S. der Mafia werden* 成为黑手党要弄的玩物 **2.** der Ball, der in e-m Spiel benutzt wird 比赛用球

Spiel·bank *die*; ein Unternehmen, in dem man Roulette od. andere Glücksspiele spielen kann, um Geld zu gewinnen 赌场

spie·len; *spielte*, *hat gespielt*; [*Vt/i*]（及物/不及物）**1.** ***(etw.) s.*** ein (bestimmtes) Spiel (1,2, 3) machen 玩，做游戏，打球，踢球〈Fangen, Verstecken, Räuber u. Gendarm s. 玩抓人、捉迷藏、官兵抓强盗; Mühle, Dame, Mikado, Karten, Skat, Schafkopf, Schach *usw* s. 下连珠棋、皇后跳棋，玩游戏棒，打牌，打斯卡特，抓笨蛋(牌)，下国际象棋等; beim Spielen schwindeln 在玩的时候作弊，做手脚〉: *mit Puppen s.* 玩娃娃; *mit den Kindern im Garten Federball s.* 和孩子们在园子里打羽毛球 **2.** ***(etw.) s.*** etw. (regelmäßig) als Sport od. Hobby tun（经常性地）打球，踢球〈Fußball, (Tisch) Tennis, Volleyball, Minigolf s. 踢足球，打网球（乒乓球）、排球、微型高尔夫〉: *Der Stürmer ist verletzt u. kann heute nicht s.* 前锋受伤了，他今天不能打（踢）了 **3.** ***(etw.) s.*** Musik machen 玩(吹，拉，弹，敲等)乐器，演奏〈ein Instrument s. 玩一种乐器; Klavier, Geige, Flöte s. 弹钢琴，拉小提琴，吹笛子; ein Musikstück s. 演奏一支曲子; e-e Sinfonie, ein Lied, e-n Marsch s. 演奏一首交响曲、一支歌、一首进行曲〉 **4.** ***(etw.) s.*** (beim Roulette, an Automaten *usw*) versuchen, Geld zu gewinnen 玩(彩票，轮盘赌，老虎机等)〈Roulette, Lotto, Toto s. 玩轮盘赌、六合彩、体育彩票; mit hohen Einsätzen s. 玩大赌注，大赌〉‖ K-（复合）: ***spiel-***, ***-süchtig*** **5.** ***(j-n/etw.) s.*** (als Schauspieler) e-e Person/Rolle in e-m Film od. Theaterstück darstellen 演，扮演〈die Hauptrolle, e-e Nebenrolle s. 演主角、配角〉: *in Goethes „Faust" den Mephisto s.* 在歌德的《浮士德》中扮演梅菲斯特; *Spielt er in diesem Film?* 他在这部电影里扮演角色吗?; [*Vt*]（及物）**6.** 〈e-e Theatergruppe *o. Ä.* 剧团等〉 ***spielt etw.*** e-e Theatergruppe *o. Ä.* zeigt e-e künstlerische Produktion dem Publikum, führt etw. auf 演出，上演〈ein Theaterstück, e-e Oper, ein Musical, e-n Film *usw* s. 演出一出剧目、歌剧、音乐剧，上演一部电影等〉: *Das Stadttheater spielt diesen Winter „Die Räuber" von Schiller* 市立剧团在这个冬季上演席勒的《强盗》 **7.** ***etw. s.*** *oft pej* 常用［贬］; so tun, als ob man etw. wäre,

S

was man in Wirklichkeit nicht ist 装作,假装,装扮〈den Clown, den Boss, die Starke, die Überlegene s. 装作小丑、老板、强者、优胜者〉**8.** ***j-n s.*** *gespr*［口］;（für kurze Zeit）e-e bestimmte Aufgabe übernehmen 代理,代表,担当: *die Gastgeberin s.* 代理女主人 **9.** ***etw. s.*** e-e Schallplatte, Kassette *o. Ä.* laufen lassen, um die Musik zu hören 放(音乐)〈e-e Platte, e-e Kassette, ein Lied s.放一张唱片、一盘磁带、一首歌〉**10.** ***etw. s. lassen*** etw. verwenden, um ein Ziel zu erreichen 动用,使用,使发挥作用 ≈einsetzen (2)〈seine Beziehungen, seinen ganzen Charme s. lassen 动用他的关系,发挥他的魅力〉: *Er ließ alle seine Beziehungen s., um seinem Sohn e-e gute Stellung zu verschaffen* 为了给他儿子弄到一个好职位,他动用了自己所有的关系; Vi（不及物）**11.**（***gegen j-n / e-e Mannschaft***）(+ *Resultat* 结果) ***s.*** ein Match od. ein Spiel (3) machen (u. ein bestimmtes Resultat erreichen)跟…比赛战成,打成…: *Stuttgart hat gegen Bremen nur unentschieden gespielt* 斯图加特队与不来梅队战成平手 **12.** ***etw. spielt irgendwann / irgendwo*** die Handlung e-s Romans *o. Ä.* findet zu e-r bestimmten Zeit an e-m bestimmten Ort statt（物作主语）发生在: *Schnitzlers Drama „Der Reigen" spielt in Wien / um 1900* 施尼茨勒的戏剧《轮舞》(的情节)发生在维也纳/约 1900 年 **13.** ***mit j-m / etw. s.*** j-n/etw. ohne (den nötigen) Respekt behandeln od. benutzen 玩弄〈mit dem Leben, mit j-s Gefühlen s. 拿生命作儿戏,玩弄某人的感情〉**14.** ***um etw. s.*** versuchen, in e-m Spiel (2,5) etw. (*bes* Geld) zu gewinnen 为…而赌博,打赌〈um Geld s. 赌钱; um die Ehre s. 为名誉而打赌〉‖ ID［谚］↑ ***Rolle²***

spie·lend **1.** *Partizip Präsens*（现在分词）; ↑ ***spielen*** **2.** *nur adv*（只作状语）; ohne Mühe 玩一样地,轻而易举地,易如反掌地 ≈ mühelos ↔ schwer〈etw. s. (er)lernen, bewältigen, schaffen 轻而易举地学会、克服、完成某事〉

spie·len·las·sen ↑ ***spielen*** (10)

Spie·ler *der*; *-s*, *-* **1.** j-d, der bei e-m Spiel (2, 3,5) mitmacht 运动员,演奏者,扮演者: *E-e Fußballmannschaft besteht aus elf Spielern* 一个足球队由十一个运动员组成 ‖ -K（复合）: ***Billard-***, ***Fußball-***, ***Karten-***, ***Schach-***, ***Tennis-***; ***National-***; ***Ersatz-***, ***Nachwuchs-*** **2.** j-d, der (aus Gewohnheit) spielt (4), um Geld zu gewinnen 赌博者,赌徒;玩彩票的人 ‖ -K（复合）: ***Gewohnheits-***, ***Lotto-***, ***Glücks-***, ***Roulette-***, ***Toto-*** **3.** j-d, der gern Risiken eingeht 喜欢冒风险的人 ‖ *hierzu*（派生）**Spie·le·rin** *die*; *-*, *-nen*

Spie·le·rei *die*; *-*, *-en* **1.** etw., das man leicht, ohne große Mühe tun kann 轻而易举的事,易如反掌的事: *E-n Reifen wechseln. – Das ist doch e-e S.!* 换轮胎——这简直是小事一桩! **2.** *mst pej* 多用［贬］; e-e Tätigkeit od. Sache, die man für sinnlos od. überflüssig hält 闹着玩,瞎胡闹,儿戏: *E-e Uhr, die auch den Stand des Mondes anzeigt, ist doch reine S.!* 一只表,也能显示月亮的方位,这确实纯属胡闹!

spie·le·risch *Adj*（形）; *nur attr od adv*（只作定语或状语）**1.** wie im Spiel (1) 玩耍的,游戏的 ≈ verspielt: *Der Hund schnappte s. nach meiner Hand* 这只狗咬我的手玩 **2.** in Bezug auf j-s Spiel (3,8) 比赛的〈j-s Leistung 某人的成绩〉

Spie·ler·na·tur *die* ≈ Spieler (2,5)

Spiel·far·be *die*; eine der vier Serien von Karten beim Kartenspiel. Die Spielfarben sind beim internationalen Kartenspiel *Herz*, *Pik*, *Karo* u. *Kreuz* (*geschr*［书］*Treff*) u. beim deutschen Kartenspiel *Herz*, *Blatt*, *Eichel u. Schellen* 扑克牌花色

Spiel·feld *das*; die (genau begrenzte) Fläche, auf der ein sportliches Spiel (3) stattfindet 比赛场地,赛场 ≈ Spielfläche ‖ NB（注意）: ↑ ***Sportplatz***

Spiel·film *der*; ein Film, dessen Handlung erfunden ist, u. der zur Unterhaltung dient 故事影片

Spiel·geld *das*; imitiertes Geld, das in bestimmten Spielen verwendet wird（游戏或赌博用的）代用币

Spiel·hal·le *die*; ein Raum mit vielen (Spiel)-Automaten, an denen man *z. B.* Geld gewinnen kann 老虎机游戏厅

Spiel·höl·le *die*; *gespr pej*［口］［贬］; ein Ort, an dem *mst* illegal um Geld gespielt wird 赌窝

Spiel·kar·te *die*; e-e Art Karte mit Bildern u. Symbolen, die im Kartenspiel verwendet wird 扑克牌 ‖ ↑ *Abb. Seite 1677* 图见 1677 页

Spiel·ka·si·no *das* ≈ Spielbank

Spiel·mar·ke *die*; e-e Art Münze aus Plastik, die man *z. B.* beim Roulette statt echten Geldes verwendet（赌场的）筹码 ≈ Jeton

Spie·lo·thek *die*; *-*, *-n* ≈ Spielhalle

Spiel·plan *der*; das Programm (1) e-s Theaters（剧院）演出计划,演出日程表〈etw. auf den S. setzen 把某事列入演出计划; etw. in den S. aufnehmen 把某事纳入演出计划〉

Spiel·platz *der*; ein Platz (*bes* in der Stadt) mit verschiedenen Geräten, auf denen Kinder spielen können 儿童乐园,儿童活动场 ‖ -K（复合）: ***Abenteuer-***; ***Kinder-***

Spiel·raum *der*; die Möglichkeit, sich frei zu bewegen, kreativ zu sein od. frei zu entscheiden 余地,活动余地,回旋余地〈genug, wenig, keinen S. haben 有足够的、很少的,没有(活动)余地〉: *Mein Terminkalender ist so voll, dass ich überhaupt keinen S. mehr habe* 我的日程表排得满满的,根本连一点余地也没有

Spiel·re·geln *die*; *Pl*（复）**1.** die Regeln, an die man sich bei e-m Spiel (2,3,5) halten muss 游戏规则,比赛规则,赌博规则〈die Spielregeln beachten, verletzen 注意、违反比赛规则(或游戏规则)〉**2.** die Regeln für ein Verhalten, das zu e-r bestimmten Situation passt 行为准则,准则〈sich an die Spielregeln halten 遵守行为准则; gegen die Spielregeln verstoßen 违背行为准则〉: *die S. der internationalen Diplomatie* 国际外交准则

Spiel·sa·chen *die*; *Pl*（复）≈ Spielzeug

Spiel·schul·den *die*; *Pl*（复）; Schulden, die j-d

S

hat, weil er beim Spiel (5) verloren hat 赌债

Spiel·stra·ße *die*; e-e Straße, auf der Autos langsam fahren müssen, weil Kinder dort spielen dürfen 允许儿童玩耍的街道

Spiel·ver·der·ber *der*; *-s*, -; j-d, der anderen die Freude an etw. nimmt, *bes* weil er nicht mitmacht 令人扫兴的人 ‖ *hierzu* (派生) **Spiel·ver·der·be·rin** *die*; -, *-nen*

Spiel·wa·ren *die*; *Pl* (复); das Spielzeug, das man im Geschäft kaufen kann (商品)玩具 ‖ K-(复合): ***Spielwaren-***, ***-geschäft***, ***-händler***, ***-handlung***

Spiel·zeit *die*; *nur Sg* (只用单数) **1.** die Zeit, während der ein Theaterstück, e-e Oper, ein Film *usw* im Programm ist 演出期,上演期 **2.** SPORT【体】; die Zeit, die ein Spiel (3) (normalerweise) dauert 比赛时间,赛时

Spiel·zeug *das*; *Kollekt* (集合); Spiele (7), (Stoff) Tiere u. andere Dinge, mit denen Kinder spielen 玩具 ‖ K-(复合): ***Spielzeug-***, ***-auto***, ***-eisenbahn*** ‖ -K (复合): ***Kinder-***

Spieß[1] *der*; *-es*, *-e* **1.** e-e Stange mit e-m spitzen Ende, auf der man Fleisch (*bes* über e-m Feuer) brät 扦子,烤肉扦: *e-n Ochsen am S. braten* 在烤肉扦上烤一头牛 ‖ -K (复合): ***Brat-*** **2.** *hist* [历]; e-e lange Stange mit e-m spitzen Ende, die man als Waffe verwendete 矛,长矛,梭镖 ‖ ↑ *Abb. unter* 图见 ***Waffen*** ‖ NB (注意): ↑ ***Lanze*** ‖ ID [谚] ***den S. umdrehen / umkehren*** *gespr* [口]; dieselben (unangenehmen) Mittel gegen j-n verwenden, die er vorher gegen einen selbst verwendet hat 以其人之道还治其人之身; ***wie am S.*** (brüllen, schreien 吼,号叫) *gespr* [口]; sehr laut brüllen, schreien *o. Ä.* 声嘶力竭地,没命地

Spieß[2] *der*; *-es*, *-e*; MIL *gespr*【军】[口]; der Feldwebel (*mst* ein Hauptfeldwebel) in e-r Kompanie, der viele organisatorische Aufgaben hat 军士长,三级军士长

Spieß·bür·ger *der*; *pej* [贬]; j-d, der ein ruhiges u. sicheres Leben führen möchte, *bes* keine (politischen) Veränderungen will u. immer das tut, was die Gesellschaft für richtig hält 小市民,市侩 ‖ *hierzu* (派生) **Spieß·bür·ge·rin** *die*; **Spieß·bür·ger·lich·keit** *die*; *nur Sg* (只用单数); **Spieß·bür·ger·tum** *das*; *nur Sg* (只用单数); **spieß·bür·ger·lich** *Adj* (形)

spie·ßen; *spießte*, *hat gespießt*; Vt (及物) ***etw. auf etw.*** (*Akk* 四格) ***s.*** etw. mit e-m spitzen Gegenstand durchbohren u. auf diese Weise festhalten od. befestigen 把…穿、扎、插在…(尖物)上: *ein Fleischstückchen auf die Gabel s.* 把一小块肉穿到烤肉叉上

Spie·ßer *der*; *-s*, -; *gespr pej* [口][贬] ≈ Spießbürger ‖ K-(复合): ***Spießer-***, ***-moral***

Spieß·ge·sel·le *der*; *pej* [贬]; j-d, der e-m anderen bei e-m Delikt hilft 帮凶,同谋 ≈ Komplize, Helfershelfer ‖ *hierzu* (派生) **Spieß·ge·sel·lin** *die*

spie·ßig *Adj* (形); *gespr pej* [口][贬]; wie ein Spießbürger 小市民气的,市侩式的,庸俗的 ≈ spießbürgerlich ‖ *hierzu* (派生) **Spie·ßig·keit** *die*; *nur Sg* (只用单数)

Spieß·ru·te *die*; *mst in* 多用于 ***Spießruten laufen*** an vielen Menschen vorbeigehen (müssen), die einen beleidigen, bedrohen *o. Ä.* 受到众人的侮辱或威胁 ‖ *hierzu* (派生) **Spieß·ru·ten|lau·fen** *das*; *nur Sg* (只用单数)

Spikes [ʃpaiks, sp-] *die*; *Pl* (复); die Nägel an Autoreifen od. Schuhen (von Läufern), die verhindern, dass man rutscht (轮胎、鞋底上的)防滑钉 ‖ K-(复合): ***Spike(s)-***, ***-reifen***

spil·le·rig *Adj* (形); *nordd gespr* [北德][口]; dünn u. mit wenig Muskeln 瘦的,瘦弱的 ≈ schmächtig

Spi·nat *der*; *-(e)s*; *nur Sg* (只用单数); ein Gemüse aus breiten grünen Blättern 菠菜

Spielkarten

das Ass 爱斯 | der König 王,老K | die Dame 皇后 | der Bube 杰克 | das Herz 红桃 | das Pik 黑桃 | das Karo 方块 | das Kreuz / das Treff 梅花

das Ass 爱斯 (德国扑克) | der König 王,老K | der Ober ≈皇后 | der Unter 杰克 | das Herz 心≈红桃 | das Blatt 叶≈黑桃 | die Eichel 橡子≈梅花 | die Schellen *Pl* 铃儿≈方块

Spi̦nd *der*; -(*e*)*s*, -*e*; ein schmaler Schrank für die Kleidung, *bes* in Kasernen 更衣柜

Spi̦n·del *die*; -, -*n*; ein Stab, auf den der Faden gewickelt wird, wenn man aus Wolle Fäden spinnt[1] (1) 锭子,纺锤

spi̦n·del·dürr *Adj*(形); *ohne Steigerung*, *gespr* (无变级)[口] ≈ sehr mager: *spindeldürre Arme* 骨瘦如柴的胳膊

Spi·ne̦tt *das*; -(*e*)*s*, -*e*; e-e Art Klavier, das *bes* im 16. u. 17. Jahrhundert verwendet wurde 斯平纳(又译斯宾耐)琴,老式钢琴(由意大利人G. Spinetti 发明)

Spi̦n·ne *die*; -, -*n*; ein kleines Tier mit acht Beinen, das oft Netze macht, um Insekten *o.Ä.* zu fangen 蜘蛛 〈die S. spinnt, webt ihr Netz 蜘蛛吐丝、织网; die S. lauert, sitzt im Netz 蜘蛛在网上守候着〉 ‖ K-(复合): ***Spinnen-***, ***-netz***, ***-tier***

Spi̦n·ne·feind *nur in* 只用于 ***j-m S. sein gespr*** [口]; j-n überhaupt nicht mögen u. sehr böse auf ihn sein 与某人势不两立,与某人水火不相容,与某人是死对头

spi̦n·nen[1]; *spann*, *hat gesponnen*; Vt/i (及物/不及物) **1.** (***etw.***) ***s.*** Wolle *o.Ä.* drehen u. so Fäden machen 纺,纺(成)纱〈Wolle, Flachs s. 纺棉花、亚麻; Garn s. 纺纱; am Spinnrad s. 用纺车纺纱〉 ‖ K-(复合): ***Spinn-***, ***-maschine*** **2.** ***ein Tier spinnt*** (***etw.***) *bes* e-e Spinne produziert Fäden u. macht daraus ein Netz 动物吐丝,织〈e-e Spinne spinnt ein Netz 一只蜘蛛在吐丝织网〉 ‖ *zu* (义项) **1. Spi̦n·ne·rin** *die*; -, -*nen*

spi̦n·nen[2]; *spann*, *hat gesponnen*; Vi (不及物) ***j-d spinnt gespr*** [口]; j-d tut od. sagt verrückte Dinge(人作主语)异想天开,想入非非: *Du willst auf diesen Berg steigen? Du spinnst wohl!* 你想登上这座山?你不是在异想天开吧! ‖ *hierzu* (派生) **Spi̦n·ner** *der*; -*s*, -; **Spi̦n·ne·rin** *die*; -, -*nen*

Spin·ne·rei[1] *die*; -, -*en*; ein Betrieb, in dem man Wolle *o.Ä.* herstellt 纺纱厂,棉纺厂 ‖ -K(复合): ***Baumwoll-***, ***Flachs-***

Spin·ne·rei[2] *die*; -, -*en*; *gespr pej* [口][贬]; e-e Idee od. Sache, die man für sinnlos u. unvernünftig hält 胡思乱想,玄想,异想天开,想入非非

Spi̦nn·rad *das*; ein Gerät mit e-r Art Rad (2), mit dem man aus Wolle Fäden macht 纺车

Spi̦nn·we·be *die*; -, -*n*; ein Spinnennetz od. ein einzelner Faden davon 蜘蛛网;蜘蛛丝

spin·ti·sie·ren; *spintisierte*, *hat spintisiert*; Vi (不及物) (***über etw.*** (*Akk* 四格)) ***s. gespr pej*** [口][贬]; seltsame Gedanken u. Fantasien haben (对…)产生古怪的想法,产生幻想,想入非非 ‖ *hierzu* (派生) **Spin·ti·sie·rer** *der*; -*s*, -

Spi·on *der*; -*s*, -*e* **1.** j-d, der versucht, geheime Informationen (*bes* über e-n Feind od. neue Produkte e-r Firma) zu bekommen 间谍,特务 ≈ Agent (1) 〈e-n S. irgendwo einschleusen 把间谍偷偷送到某处; e-n S. entlarven, enttarnen 揭露、揭穿一个间谍〉 **2.** ein Loch in der Wohnungstür, durch das man sieht, wer draußen ist 窥视孔,门镜,猫眼 ‖ -K(复合): ***Tür-*** ‖ *zu* (义项) **1. Spi·o·nin** *die*; -, -*nen*

Spi·o·na·ge [-ˈnaːʒə] *die*; -; *nur Sg* (只用单数); die Handlungen e-s Spions (1) 间谍活动 〈S. (be)treiben 从事间谍活动〉 ‖ K-(复合): ***Spionage-***, ***-abwehr***, ***-affäre*** ‖ -K(复合): ***Betriebs-***, ***Militär-***, ***Werk-***

Spi·o·na·ge·ring *der*; *Kollekt* (集合); e-e Gruppe von Spionen, die zusammenarbeiten 间谍小组,谍报小组

spi·o·nie·ren; *spionierte*, *hat spioniert*; Vi (不及物) **1.** als Spion (1) arbeiten 从事间谍活动,刺探情报 **2.** ***irgendwo s.*** *pej* [贬]; heimlich versuchen, etw. *mst* Neues zu erfahren 偷看,窥视 ≈ schnüffeln: *neugierig in j-s Koffern, in fremden Schubladen s.* 好奇地偷看某人的箱子、别人的抽屉

Spi·ra·le *die*; -, -*n* **1.** e-e Linie, die um e-n Punkt herum in immer größer werdenden Kreisen verläuft od. die um e-e Achse herum in immer gleich großen Kreisen in e-e bestimmte Richtung verläuft 螺旋形,螺纹 〈etw. verläuft in e-r S. 某物走向呈螺旋形〉 ‖ K-(复合): ***Spiral-***, ***-windung*** **2.** etw. (*z.B.* e-e Feder[3] od. Drähte) mit der Form e-r S. (1) 螺旋形物体: *die S. e-s Tauchsieders, e-s elektrischen Heizofens* 煮水器的螺旋形加热部分,电取暖炉的螺旋形加热部分 ‖ K-(复合): ***Spiral-***, ***-bohrer***, ***-feder*** ‖ -K(复合): ***Heiz-***, ***Kupfer-*** **3.** *gespr* [口]; ein Gegenstand, den e-e Frau benutzt, um nicht schwanger zu werden 子宫托,子宫帽〈sich (*Dat* 三格) e-e S. einsetzen lassen 做子宫托植入〉 **4.** e-e Entwicklung, bei der sich zwei Faktoren, die voneinander abhängen, in die gleiche Richtung bewegen (两种因素)螺旋形上升,竞相升级 ‖ -K(复合): ***Preis-Lohn-Spirale*** ‖ *zu* (义项) **1. spi·ral·för·mig** *Adj*(形); **spi·ra·lig** *Adj*(形)

Spi·ri·ti̦s·mus *der*; -; *nur Sg* (只用单数); der Glaube an Geister (von Toten) u. daran, dass man mit ihnen Kontakt bekommen kann 灵魂论,招魂术 ‖ *hierzu* (派生) **Spi·ri·ti̦st** *der*; -*en*, -*en*; **spi·ri·ti̦s·tisch** *Adj*(形)

spi·ri·tu·e̦ll *Adj*(形); *geschr* [书] **1.** ≈ geistig 〈e-e Entwicklung, das Leben 发展,生活〉 **2.** ≈ religiös, geistlich 〈ein Lied 歌〉

Spi·ri·tu·o̦·se *die*; -, -*n*; *mst Pl* (多用复数); Getränke, die viel Alkohol enthalten, wie *z.B.* Schnaps, Whisky, Rum (*nicht* Bier u. Wein) 烈性酒

Spi·ri·tus, **Spi̦·ri·tus** *der*; -; *nur Sg* (只用单数); e-e Flüssigkeit mit 70 - 90 % Alkohol, mit der man *bes* Feuer macht 乙醇,酒精 ‖ K-(复合): ***Spiritus-***, ***-kocher*** ‖ -K(复合): ***Brenn-***

Spi·tal *das*; -*s*, *Spi·tä·ler*; Ⓐ Ⓒⓗ [奥][瑞] ≈ Krankenhaus

spi̦tz *Adj* (形) **1.** 〈e-e Ecke, ein Ende, ein Hut, ein Kragen 角,末端,帽子,衣领〉 so (geformt), dass die Seiten an einem Ende immer schmaler werden u. sich in e-m Punkt treffen 尖(角)的 ↔ rund ‖ ↑ *Abb. unter* 图见 **Winkel** ‖ K-(复合): **Spitz-, -bart, -bogen** **2.** so, dass man sich leicht daran verletzen kann 尖(锐)的 ↔ stumpf 〈ein Bleistift, ein Messer, e-e Nadel, ein Nagel 铅笔,刀,针,钉子〉 ‖ ↑ *Abb. unter* 图见 **Eigenschaften** ‖ -K(复合): **nadel-** **3.** 〈e-e Bemerkung 评语〉 so, dass sie j-n ärgern, treffen soll 尖刻的,挖苦人的,刻薄的 ≈ bissig **4.** *gespr* [口]; mager u. schmal 瘦削的〈ein Gesicht 脸庞〉

Spitz[1] *der*; *-es*, *-e*; ein kleiner, *mst* weißer od. schwarzer Hund mit langen Haaren u. spitzer (1) Schnauze 狐狸狗(一种尖嘴长毛的黑色或白色小狗) ‖ ID [谚] **Du / Mein lieber S.!** *gespr* [口]; verwendet, um seine (*mst* ärgerliche) Überraschung auszudrücken(表示惊讶)(你)要我的命呀!

Spitz[2] *nur in* 只用于 **etw. steht S. auf Knopf** etw. ist kurz vor e-r Entscheidung, die (mit gleicher Wahrscheinlichkeit) positiv od. negativ sein kann 某事到了(成败)关键时刻(千钧一发之际) ≈ etw. steht auf des Messers Schneide

spitz·be·kom·men; *bekam spitz, hat spitzbekommen*; [Vt] (及物) **etw. s.** *gespr* [口] ≈ erfahren: *Wenn meine Eltern spitzbekommen*, dass *ich hier bin, dann gibt es Ärger* 要是我父母得知我在这儿,准会生气的

Spitz·bu·be *der*; *pej* [贬] ≈ Gauner

spitz·bü·bisch *Adj* (形) ≈ verschmitzt 〈ein Lächeln 微笑〉

spit·ze *Adj*(形); *indeklinabel*, *gespr*(词形不变)[口]; sehr gut 拔尖的,出众的,出色的 ≈ klasse, toll: *Sie ist e-e s. Frau* 她是位出众的女人; *Das hast du s. gemacht!* 你干得太棒了! ‖ NB(注意): ↑ **Spitze**[1] (11)

Spit·ze[1] *die*; *-*, *-n* **1.** ein spitzes (2) Ende 尖: *ein Messer mit e-r scharfen S.* 一把刀尖锋利的刀; *ein Bleistift mit e-r abgebrochenen S.* 一枝断了笔尖的铅笔 ‖ -K(复合): **Bleistift-, Nadel-, Pfeil-, Speer-** **2.** der höchste Punkt von etw., das hoch (u. oft spitz (1)) ist 尖,(尖)顶,端: *die S. des Kirchturms* 教堂的塔尖 ‖ -K(复合): **Baum-, Berg-, Kirchturm-** ‖ NB(注意): ↑ **Gipfel, Wipfel, Kuppe** **3.** der äußerste, schmale Teil, an dem etw. aufhört 尖,顶端 ≈ Ende (4): *Die Blätter der Pflanze sind an den Spitzen ganz braun* 这棵植物的叶尖完全干枯了 ‖ -K(复合): **Finger-, Nasen-, Zehen-**; **Schuh-**; **Land-**; **Schwanz-**; **Spargel-** **4.** der vorderste Teil in e-r Reihe 前头,排头,前列: *An der S. des Zuges befinden sich die Wagen der 1. Klasse* 火车的前部是一等车厢 **5.** der erste u. Beste Platz in e-r Reihenfolge (in Bezug auf Erfolg, Leistung, Macht od. Qualität) 前茅,首位,第一把交椅 ≈ Führung (4) 〈an die S. kommen 升为第一,名列前茅; an der S. des Feldes, der Läufer liegen 名列第一,名列(赛跑)运动员的首位; an der S. des Staates, e-s Unternehmens stehen 身居国家之首,为一家企业的领导〉: *Er setzte sich an die S. u. gewann das Rennen* 他冲到了第一位,并赢得了赛跑; *An der S. des Konzerns steht ein Generaldirektor* 康采恩的第一把手是董事长 ‖ K-(复合): **Spitzen-, -position** ‖ -K(复合): **Konzern-, Partei-, Tabellen-**; **Welt-** **6.** ≈ Mundstück ‖ -K(复合): **Zigaretten-** **7.** der höchste Punkt auf e-r Skala, den etw. (innerhalb e-s bestimmten Zeitraums) erreicht 顶点,最高点 ≈ Gipfel (2): *Die Verkehrsdichte erreicht ihre S. zu Anfang u. Ende der Sommerferien* 在暑假开始和结束的时候,交通拥挤达到了顶峰 ‖ K-(复合): **Spitzen-, -belastung, -geschwindigkeit, -leistung, -wert, -zeit** ‖ -K(复合): **Bedarfs-, Belastungs-, Temperatur-, Verbrauchs-, Verkehrs-**; **Jahres-, Monats-, Wochen-, Tages-** **8.** *gespr* [口] ≈ Höchstgeschwindigkeit: *Sein Auto fährt fast zweihundert (Stundenkilometer) S.* 他的汽车最高时速几乎达二百公里 **9.** SPORT【体】; der Spieler (beim Fußball *o. Ä.*), der im Angriff vorn spielt 前锋,锋线队员: *Wir spielen heute mit drei Spitzen* 今天我们上三个前锋 ‖ -K(复合): **Sturm-** **10.** **e-e S. (gegen j-n / etw.)** e-e Bemerkung, mit der man j-n ärgern will 挖苦人的话,刻薄的话,刺人的话 ≈ Seitenhieb **11.** **j-d / etw. ist einsame / absolute S.** *gespr* [口]; j-d/etw. ist sehr gut 某人是唯一/绝对的尖子;某物是唯一/绝对最好的 ‖ NB(注意): ↑ **spitze** ‖ ID [谚] *mst* 多用 **Das ist nur die S. des Eisbergs** das ist nur ein kleiner Teil e-r großen, unangenehmen Sache 这只是冰山一角(意即:厄运的开端,倒霉的开始); **etw.** (*Dat* 三格) **die S. nehmen** bewirken, dass etw. (*bes* e-e Maßnahme) in seiner Wirkung schwächer od. weniger gefährlich wird 削弱,减少…的锐气,磨掉…的棱角; **etw. auf die S. treiben** etw. so lange tun, bis es zu e-r negativen Reaktion kommt 做某事搞极端 ‖ NB(注意): ↑ **Spitzen-**

Spit·ze[2] *die*; *-*, *-n*; *mst Pl* (多用复数); ein feines Netz (Gewebe) mit Ornamenten, das *bes* Tischdecken, Kleider u. Blusen als Schmuck ziert 花边 〈Spitzen häkeln, klöppeln 勾、编织花边〉 ‖ K-(复合): **Spitzen-, -bluse, -deckchen, -häubchen, -klöpplerin, -taschentuch** ‖ -K(复合): **Häkel-, Klöppel-, Seiden-**

Spit·zel *der*; *-s*, *-*; *pej* [贬]; j-d, der heimlich Informationen zu bekommen versucht, die er an andere weitergibt 探子,坐探,密探,眼线 〈als S. für die Polizei tätig sein, arbeiten 做警察的眼线〉 ‖ -K(复合): **Polizei-, Stasi-** ‖ *hierzu* (派生) **spit·zeln** (*hat*) *Vi* (不及物)

spit·zen; *spitzte*, *hat gespitzt*; [Vt] (及物) **1.** **etw. s.** etw. (mit e-m Messer *o. Ä.*) spitz (2) machen 削尖,把…弄尖 ≈ anspitzen 〈e-n Bleistift s. 削尖铅笔〉 **2.** **etw. s.** die Lippen vorschieben u. rund machen, *bes* um zu pfeifen od. um j-n zu küssen 撅〈die Lippen, den Mund s. 撅嘴、努嘴〉; [Vi] (不及物) **3.** **irgendwohin s.** *gespr* [口]; *bes* durch e-e Öffnung blicken 窥视,窥探,偷看 ≈ lugen: *durchs Schlüsselloch s.* 通过锁眼窥视 **4.** **auf**

etw. (*Akk* 四格) **s**. *gespr* [口]; hoffen, dass man etw. bekommt 想得到,指望得到: *auf ein Stück Kuchen s.* 想得到一块点心

Spit·zen- *im Subst, sehr produktiv, gespr* (构成名词,构词强)[口]; verwendet, um e-e gute Qualität od. Leistung zu bezeichnen 拔尖…,最佳…,最优…≈ Super-; das ***Spitzenangebot***, das ***Spitzenauto***, das ***Spitzenessen***, 〈etw. ist〉 ***Spitzenklasse***, die ***Spitzenleistung***, die ***Spitzenmannschaft***, die ***Spitzenqualität***, das ***Spitzenprodukt***, das ***Spitzenwetter***, e-e ***Spitzenzeit*** 〈fahren, laufen 开车,跑步〉

Spit·zen·kraft *die*; j-d, der als Angestellter sehr viel leistet 干活的好手,得力的人手

Spit·zen·rei·ter *der*; der Beste in e-r Tabelle 名列前茅,榜首,领先者↔ Schlusslicht (2): *der S. der Fußball-Bundesliga* 德国足球甲级联赛的榜首 ‖ *hierzu* (派生) **Spit·zen·rei·te·rin** *die*

Spit·zen·tanz *der*; ein Tanz (beim Ballett), bei dem die Tänzer sich auf Zehenspitzen bewegen(芭蕾舞)足尖舞

Spit·zer *der*; *-s*, *-*; ein kleines Gerät, mit dem man Bleistifte spitz (2) macht 卷笔刀 ‖ -K(复合): ***Bleistift-***

spitz·fin·dig *Adj* (形); *pej* [贬]; so (genau), dass unwichtige Details zu stark betont werden 吹毛求疵的,小题大做的〈e-e Unterscheidung, e-e Erklärung 区分,解释〉‖ *hierzu* (派生) **Spitz·fin·dig·keit** *die*

Spitz·ha·cke *die* ≈ Pickel[2] ‖ ID [谚] ***etw. fällt der S. zum Opfer*** ein Haus *o. Ä.* wird abgerissen 某物成了镐头的牺牲品(意即:被拆除)

spit·zig *Adj* (形); *veraltend* [渐旧]≈ spitz (1, 2,3)

spitz·krie·gen; *kriegte spitz, hat spitzgekriegt*; [Vt] (及物) ***etw. s.*** *gespr* [口]≈ herausfinden, erfahren

Spitz·maus *die*; ein kleines Tier (ähnlich e-r Maus) mit spitzer Schnauze, das von Insekten lebt 鼩鼱

Spitz·na·me *der*; ein Name, den man zum Spaß od. aus Spott bekommt 绰号,外号,诨名

spitz·win·ke·lig, **spitz·wink·lig** *Adj* (形); so, dass alle Winkel kleiner als 90° sind 锐角的 〈ein Dreieck 三角形〉

spitz·zün·gig *Adj* (形) ≈ boshaft 〈e-e Bemerkung 评语〉 ‖ *hierzu* (派生) **Spitz·zün·gig·keit** *die*; *nur Sg* (只用单数)

Spleen [ʃpliːn, sp-] *der*; *-s*, *-s*; e-e seltsame Angewohnheit, Idee *o. Ä.* 怪癖,怪念头≈ Marotte, Schrulle: *Der hat e-n S.!* 他有一种怪癖! ‖ *hierzu* (派生) **splee·nig** *Adj* (形)

Splitt *der*; *-s*; *nur Sg, Kollekt* (只用单数)(集合); spitze kleine Steine, die man beim Bauen von Straßen verwendet 碎石,砂砾 ‖ -K (复合): ***Roll-***

Split·ter *der*; *-s*, *-*; ein sehr kleines, spitzes Stück, das von Holz, Metall, Glas *o. Ä.* abgebrochen ist 碎片,碎渣 ‖ ↑ *Abb. unter* 图见 ***Stück*** ‖ -K (复合): ***Bomben-***, ***Glas-***, ***Granat-***, ***Holz-***, ***Knochen-***, ***Stein-*** ‖ NB (注意): ↑ ***Span***

split·ter·fa·ser|nackt *Adj* (形); *gespr* [口]; völlig nackt 一丝不挂的,赤身裸体的

Split·ter·grup·pe *die*; e-e kleine Gruppe, die sich von e-r großen (*mst* politischen) Gruppe getrennt hat 分裂出来的(政党)派别 〈e-e radikale S. 一个分裂出来的激进派〉

split·tern; *splitterte*, *ist gesplittert*; [Vi] (不及物) ***etw. splittert*** etw. bricht auseinander u. bildet dabei Splitter(物作主语)破碎,打碎,摔碎

split·ter·nackt *Adj* (形); *ohne Steigerung*, *gespr* (无变级)[口]; völlig nackt 一丝不挂的,赤身裸体的

Split·ter·par·tei *die*; e-e kleine politische Partei (*mst* eine, die sich von e-r großen getrennt hat)分裂出来的政党

SPÖ [ɛspeːˈ|øː] *die*; *-*; *nur Sg* (只用单数); (*Abk für* 缩写,全称为 Sozialistische Partei Österreichs) e-e politische Partei in Österreich 奥地利社会党

Spoi·ler [ˈʃpɔylɐ, ˈsp-] *der*; *-s*, *-*; e-e Vorrichtung *bes* am Heck e-s Autos, die es beim schnellen Fahren besser zum Boden hin drücken soll 扰流制动器,扰流器 ‖ -K(复合): ***Front-***, ***Heck-***

Spon·sor [ˈʃpɔnzɐ, ˈsp-] *der*; *-s*, *Spon·so·ren*; e-e Firma *o. Ä.*, die e-n Sportler, e-e Veranstaltung *usw* mit Geld unterstützt 赞助商,赞助单位 ‖ *hierzu* (派生) **Spon·so·rin** *die*; **spon·sern** (*hat*) *Vt* (及物)

Spon·so·ring *das*; *-s*; *nur Sg* (只用单数); die Unterstützung durch e-n Sponsor 赞助,资助 ‖ -K(复合): ***Kultur-***, ***Sport-***

spon·tan *Adj* (形); schnell u. e-m plötzlichen inneren Antrieb folgend 本能的,不由自主的,自发的 ≈ impulsiv 〈ein Entschluss, e-e Reaktion 决定,反应〉: *j-m s. Hilfe anbieten* 自发地为某人提供帮助; *Er ist nicht s. genug* 他缺乏主观能动性 ‖ *hierzu* (派生) **Spon·ta·n(e)·i·tät** [-n(e)iˈtɛt] *die*; *-*; *nur Sg* (只用单数)

Spon·ti *der*; *-s*, *-s*; POL *gespr*【政】[口]; ein Mitglied od. Anhänger einer von vielen kleinen politisch linken Gruppen 左翼分子

spo·ra·disch *Adj* (形); *mst adv* (多作状语); nur manchmal od. an manchen Stellen 偶尔的,零星的≈ selten 〈etw. tritt (nur) s. auf, kommt (nur) s. vor 某物(只是)偶尔出现、发生〉

Spo·re *die*; *-*, *-n*; BIOL【生】**1.** der Samen von Pilzen, Algen u. Farnen 孢子 **2** ≈ Keim[2]: *etw. desinfizieren, um Sporen abzutöten* 给某物消毒,以便杀死细菌

Spo·ren *Pl* (复); ↑ ***Spore***, ***Sporn***

Sporn *der*; *-(e)s*, *Spo·ren* **1.** ein Stachel od. ein kleines Rad mit scharfen Spitzen aus Metall am Stiefel e-s Reiters, mit denen er das Pferd antreiben kann 马刺,靴刺 **2.** der spitze Teil hinten am Fuß e-s Hahns *o. Ä.* (雄鸡腿上的)距 ‖ -K(复合): ***Hahnen-*** **3.** ***e-m Pferd die Sporen geben*** ein Pferd mit den Sporen (1) stoßen, um es anzutreiben 用马刺刺马 ‖ ID [谚] ***seine (ersten) Sporen verdienen*** die ersten Erfolge (*bes* im Beruf) haben 取得初步成效

Sport *der*; -(*e*)*s*; *nur Sg*(只用单数) **1.** *Kollekt* (集合); Tätigkeiten, die *mst* Kraft u. Geschicklichkeit voraussetzen (wie *z. B.* Turnen, Fußball, Skifahren) u. bei denen man sich oft in Wettkämpfen mit anderen vergleicht 体育,体育运动〈Sport treiben 进行体育锻炼〉‖ K-(复合): ***Sport-***, ***-angler***, ***-art***, ***-artikel***, ***-arzt***, ***-ausrüstung***, ***-berichterstattung***, ***-boot***, ***-dress***, ***-ereignis***, ***-fischer***, ***-flieger***, ***-flugzeug***, ***-gerät***, ***-geschäft***, ***-gewehr***, ***-halle***, ***-hemd***, ***-hose***, ***-journalist***, ***-kamerad***, ***-kleidung***, ***-klub***, ***-meldung***, ***-nachrichten***, ***-reporter***, ***-schuh***, ***-sendung***, ***-stadion***, ***-taucher***, ***-unfall***, ***-veranstaltung***, ***-verletzung***, ***-zentrum***; ***sport-***, ***-begeistert***; ***Sports-***, ***-freund*** ‖ -K(复合): ***Ausgleichs-***, ***Freizeit-***, ***Hochleistungs-***, ***Leistungs-***, ***Wettkampf-*** **2.** ein Spiel od. e-e Disziplin, die man als S. (1) betreibt 体育项目,体育比赛,体育运动≈ Sportart: *Fußball ist ein sehr beliebter S.* 足球是很受欢迎的体育项目 ‖ -K(复合): ***Massen-***, ***Mode-***, ***Volks-***; ***Ball-***, ***Berg-***, ***Eis-***, ***Kampf-***, ***Kraft-***, ***Motor-***, ***Rad-***, ***Rasen-***, ***Reit-***, ***Schwimm-***, ***Ski-***, ***Wasser-***; ***Winter-*** ‖ NB(注意): Als Plural verwendet man *Sportarten* (复数用 Sportarten) **3.** ein Fach in der Schule, in dem die Kinder Sportarten lernen u. betreiben 体育课 ‖ K-(复合): ***Sport-***, ***-lehrer***, ***-note***, ***-stunde***, ***-unterricht*** ‖ -K(复合): ***Schul-*** ‖ ID[谚] ***sich*** (*Dat* 三格) ***e-n S. daraus machen***, ***etw. zu tun*** *gespr* [口]; etw. (*mst* Negatives) mit viel Spaß u. Ehrgeiz tun 干某事(多指坏事)很得意: *Er macht sich e-n S. daraus, den Staat um Steuern zu betrügen* 他骗取国家的税款,觉得很得意

Sport·ab·zei·chen *das*; ein Abzeichen, das man bekommt, wenn man in verschiedenen Sportarten bestimmte Leistungen erreicht 体育运动奖章〈das S. machen 争夺体育运动奖章〉

spor·teln; *sportelte*, *hat gesportelt*; [Vi] (不及物) *gespr* [口]; (zum Vergnügen) Sport treiben 参加体育活动

Sport·fest *das*; e-e Veranstaltung mit Wettkämpfen in verschiedenen Sportarten (*bes* der Leichtathletik) 运动会

Sport·geist *der*; *nur Sg*, *veraltend* (只用单数) [渐旧]≈ Fairness

spor·tiv [-f] *Adj* (形)≈ sportlich (2) 〈ein Typ 类型(的人)〉

Sport·ler *der*; *-s*, *-*; j-d, der regelmäßig Sport treibt 运动员〈ein S. trainiert 运动员在训练〉‖ -K(复合): ***Amateur-***, ***Berufs-***, ***Freizeit-***, ***Profi-*** ‖ *hierzu* (派生) **Sport·le·rin** *die*; *-*, *-nen*

sport·lich *Adj*(形) **1.** *nur attr od adv* (只作定语或状语); in Bezug auf den Sport (2) 体育的,体育运动的〈Leistungen, ein Wettkampf 成绩,比赛; sich s. betätigen 从事体育运动〉**2.** schlank u. gesund 运动型的,运动员型的,健美的〈e-e Erscheinung, e-e Figur, ein Typ 形象,体型,类型的人; s. aussehen〉看上去像运动员 **3.** ≈ fair ↔ unsportlich〈ein Benehmen, ein Verhalten 举止,行为〉**4.** einfach u. praktisch, aber trotzdem elegant 运动型的,很精神的,简便实用的 ≈ flott〈Kleidung, e-e Frisur 服装,发型〉‖ K-(复合): ***sportlich-elegant*** ‖ *zu* (义项) **2.**, **3.** u. **4.** **Sport·lich·keit** *die*; *nur Sg* (只用单数)

Sport·platz *der*; ein Platz (der *mst* e-m Sportverein od. zu e-r Schule gehört), auf dem man im Freien Ball spielen u. Leichtathletik treiben kann 运动场,操场 ‖ NB(注意): ↑ ***Stadion***

Sport·stät·te *die*; ein Ort, an dem man Sport treiben kann, *bes* ein Stadion, e-e Sporthalle od. ein Sportplatz 体育运动场所,体育场馆

Sport·ver·ein *der*; ein Verein für eine od. mehrere Sportarten 体育联合会,体育协会

Sport·wa·gen *der* **1.** ein schnelles Auto (in dem *mst* nur zwei Personen Platz haben) 比赛用汽车,赛车 **2.** ein Kinderwagen, in dem das Kind sitzt (u. nicht liegt) (坐式)童车 ‖ ↑ *Abb. unter* 图见 ***Kinderwagen***

Spot [spɔt] *der*; *-s*, *-s* **1.** e-e kurze Sendung im Radio od. ein kurzer Film im Fernsehen od. Kino, in denen für ein Produkt Werbung gemacht wird (广告)插播 ‖ -K(复合): ***Fernseh-***, ***Rundfunk-***, ***Werbe-*** **2.** e-e Lampe, deren Licht auf einen Punkt konzentriert wird 聚光灯 ‖ ↑ *Abb. unter* 图见 ***Lampe***

Spott *der*; -(*e*)*s*; *nur Sg* (只用单数); **S.** (***über j-n/etw.***) Worte od. Handlungen, die die Absicht haben, j-s Gefühle zu verletzen, sich über ihn lustig zu machen 嘲讽,嘲笑,取笑 ≈ Hohn〈seinen S. mit j-m treiben 嘲讽某人; für etw. (Hohn u.) S. ernten 因某事遭到嘲笑〉‖ K-复合): ***Spott-***, ***-gedicht***, ***-lied*** ‖ ▶ ***verspotten***, ***Gespött***

spott·bil·lig *Adj* (形); *ohne Steigerung*, *gespr* (无变级) [口]; sehr billig 很便宜的,极廉价的〈Waren 商品〉

spöt·teln; *spöttelte*, *hat gespöttelt*; [Vi] (不及物) (***über j-n/etw.***) **s.** auf subtile Art u. Weise spotten (对…)进行嘲讽,暗讽

spot·ten; *spottete*, *hat gespottet*; [Vi] (不及物) (***über j-n/etw.***) **s.** j-n (oft vor anderen) bloßstellen, indem man sich *z. B.* über seine Fehler *o. Ä.* lustig macht 嘲讽,嘲笑,取笑: *Er spottete über ihre neue Frisur* 他取笑她的新发型 ‖ *hierzu* (派生) **Spöt·ter** *der*; *-s*, *-*

spöt·tisch *Adj* (形); so, dass damit Spott ausgedrückt wird 嘲讽的,嘲笑的,取笑的〈e-e Bemerkung, ein Lächeln 评语,微笑; j-n s. ansehen 面带嘲笑地望着某人〉

Spott·preis *der*; *gespr* [口]; ein sehr niedriger Preis 廉价,很低的价格

sprach *Imperfekt*, *1. u. 3. Person Sg* (过去时,第一和第三人称单数); ↑ ***sprechen***

Spra·che *die*; *-*, *-n* **1.** ein System von Lauten, von Wörtern u. von Regeln für die Bildung von Sätzen, das man benutzt, um sich mit anderen zu verständigen 语言〈e-e afrikanische, germanische, romanische, slawische S. 非洲的、日耳曼的、罗曼语系的、斯拉夫的语言; die deutsche, englische, französische *usw*

S

S. 德语，英语，法语等；die geschriebene, gesprochene S. 书面语，口语；e-e S. (er)lernen, beherrschen, (fließend) sprechen, verstehen 学(会)、掌握、(流利地)说、懂一种语言；e-r S. (*Gen* 二格) mächtig sein 会某种语言；etw. aus einer S. in e-e andere übersetzen 把…从一种语言译成另一种语言：„*Wie viele Sprachen sprichst du?*" – „*Zwei: Deutsch u. Spanisch*"“你会说几种语言？”——“两种：德语和西班牙语” ‖ K-(复合)：***Sprach-, -beherrschung, -didaktik, -forscher, -genie, -geografie, -geschichte, -grenze, -kenntnisse, -kurs(us), -lehrer, -norm, -studium, -system, -unterricht; sprach-, -begabt; Sprachen-, -institut, -schule, -studium*** ‖ -K(复合)：***Fremd-, Landes-, Mutter-, Zweit-; Hilfs-, Kunst-, Standard-, Umgangs-, Verkehrs-, Vulgär-, Welt-*** **2.** *nur Sg* (只用单数)；die Fähigkeit zu sprechen 说话能力〈die menschliche S. 人的说话能力〉：*durch e-n Schock die S. verlieren* 因受刺激说不出话来；*herausfinden, ob Affen zur S. fähig sind* 弄明白猴子是否会说话 ‖ K-(复合)：***Sprach-, -fähigkeit, -handlung, -probleme, -störung*** **3.** die Variante e-r S. (1), die e-e Gruppe von Menschen spricht 行话，切口，暗语 ≈ Jargon：*die S. der Diebe, der Jugendlichen, der Juristen* 小偷的、青年人的用语，法律人士的行话 ‖ -K(复合)：***Ganoven-, Gauner-, Jäger-, Kaufmanns-, Rechts-, Soldaten-; Sonder-*** ‖ NB(注意)：↑ ***Dialekt, Mundart*** **4.** die spezielle Art, sich auszudrücken 说话的方式(风格) ≈ Ausdrucksweise, Stil〈e-e gekünstelte, geschraubte, gestelzte, gewählte, gezierte, lebendige, klare, natürliche, schlichte S. 装腔作势的、做作的、不自然的、措词讲究的、花哨的、生动的、明了的、自然的、朴实的语言(说话方式)〉‖ K-(复合)：***Sprach-, -ebene, -kunst, -register, -schicht, -stil; sprach-, -gewandt*** ‖ -K(复合)：***Bibel-, Dichter-*** **5.** ein System von Symbolen, Bewegungen *o. Ä.*, mit dem bestimmte Bedeutungen od. Gefühle ausgedrückt werden (形象)语言〈die S. der Kunst, der Musik, der Malerei 艺术、音乐、绘画语言〉：*In der S. der Blumen bedeuten rote Rosen „ich liebe dich*"“在花卉语言里红玫瑰表示‘我爱你’” ‖ -K(复合)：***Computer-, Gebärden-, Körper-, Programmier-, Taubstummen-, Tier-, Zeichen-*** **6.** ***e-e lebende / tote S.*** e-e S. (1), die heute noch/nicht mehr gesprochen wird 有生命力的(活的、仍在使用的)/没有生命力的(死的、已不再使用的)语言：*Latein ist e-e tote S.* 拉丁语是一种已不再使用的语言 ‖ ID [谚] ***e-e andere S. sprechen*** e-e andere Einstellung als j-d haben u. sich deshalb schlecht mit ihm verstehen 说话谈不拢，各说各的，持不同看法；***die gleiche / j-s S. sprechen*** die gleiche Einstellung wie j-d haben u. sich deshalb gut mit ihm verstehen(与某人)有共同语言，说话合拍，持相同看法；***etw. spricht e-e andere S.*** etw. drückt etw. völlig anders aus als j-d anderer/etw. anderes 某事说法不一样(完全相反)：*Die Regierung sagt zwar, der Bevölkerung gehe es gut, aber die Statistik spricht e-e andere S.* 虽然政府说人民生活过得好，但是数字统计的说法不一样；***etw. spricht e-e eigene S.*** etw. lässt ganz bestimmte Schlüsse, Interpretationen zu 某事有自己的说法；***etw. spricht e-e deutliche S.*** etw. lässt etw. Negatives deutlich erkennen 某物说得清清楚楚(负面)：*Die neuen Arbeitslosenzahlen sprechen e-e deutliche S.* 新的失业人数数字说明得很清楚；***j-m verschlägt es die S.*** j-d ist so überrascht, dass er nicht mehr weiß, was er sagen soll 某人惊得说不上话来；***etw. kommt zur S.*** etw. wird besprochen 某事提出讨论，被谈及；***die S. auf etw.*** (*Akk* 四格) ***bringen***; ***etw. zur S. bringen*** auf ein bestimmtes Thema kommen 谈及某事，讨论某事；***mit der S. nicht herausrücken / herauswollen*** *gespr* [口]；über etw. nicht sprechen wollen 不愿说出来，闭口不谈；*mst* 多用 ***Raus mit der S.!*** *gespr* [口]；verwendet, um j-n ungeduldig aufzufordern, e-e unangenehme Frage zu beantworen 快说(呀)！有话说吧！‖ ▶ ***sprechen***

sprä·che *Konjunktiv II, 1. u. 3. Person Sg* (虚拟式 II，第一和第三人称单数)；↑ ***sprechen***

Sprach·er·werb *der*; das Lernen e-r Sprache 语言习得，语言的掌握 ‖ -K(复合)：***Erst-, Zweit-***

Sprach·fa·mi·lie *die*; e-e Gruppe von Sprachen, die sich ursprünglich aus einer Sprache entwickelt haben 语系〈die indoeuropäische S. 印欧语系〉

Sprach·feh·ler *der*; *mst in* 多用于 ***e-n S. haben*** bestimmte Laute nicht od. nur falsch produzieren können 语音有缺陷，语音有错误

Sprach·füh·rer *der*; ein kleines Buch mit Wörtern u. Sätzen e-r Fremdsprache, die für verschiedene Situationen (*z. B.* im Hotel) wichtig sind(外语)情景会话手册

Sprach·ge·brauch *der*; *mst in* 多用于 ***nach allgemeinem S.*** so, wie man das Wort od. den Ausdruck meistens verwendet 根据一般的语言(表达)习惯

Sprach·ge·fühl *das*; die Fähigkeit zu erkennen, was in e-r Sprache richtig u. angemessen ist 语感

sprach·ge·wal·tig *Adj* (形)；fähig, Texte auf wirkungsvolle Art zu schreiben 文才出众的，文笔流畅的〈ein Dichter, ein Schriftsteller 诗人，作家〉

-spra·chig *im Adj, wenig produktiv* (构成形容词，构词弱)；mit/von der genannten Art od. Zahl von Sprachen…语言的；***anderssprachig, fremdsprachig***〈ein Ausdruck, ein Einfluss 表达，影响〉，***mehrsprachig***〈ein Buch, e-e Konferenz 书，大会〉，***einsprachig, zweisprachig***〈aufwachsen, erzogen werden 成长，受教育〉‖ NB(注意)：↑ ***sprachlich***

Sprach·la·bor *das*; ein Raum, in dem man e-e Sprache mit technischen Geräten (Tonband, Kopfhörern *usw*) lernen kann 语言实验室

Sprach·leh·re *die* ≈ Grammatik (1)

S

sprach·lich *Adj*(形)；in Bezug auf die Sprache (1, 4) 语言的，语言上的：*ein Aufsatz mit vielen sprachlichen Fehlern* 一篇有许多语言错误的作文

sprach·los *Adj*(形)；so schockiert od. beeindruckt, dass man nichts mehr sagen kann 说不出话的，张口结舌的，哑口无言的〈Erstaunen 吃惊；vor Freude, Schreck, Überraschung s. sein 高兴得、害怕得、惊讶得说不出话来〉‖ *hierzu* (派生) **Sprach·lo·sig·keit** *die*；*nur Sg* (只用单数)

Sprach·pfle·ge *die*；der Versuch, bestimmte Normen in e-r Sprache aufrechtzuerhalten 语言规范化(工作)，维护语言的纯洁 ‖ *hierzu* (派生) **sprach·pfle·ge·risch** *Adj*(形)

Sprach·raum *der*；das Gebiet, in dem e-e bestimmte Sprache gesprochen wird 语言区：*der deutsche S.* 德语区

Sprach·rei·se *die*；e-e Reise in ein fremdes Land, die man macht, um dort e-e fremde Sprache zu lernen 到国外学习外语的旅行

Sprach·rohr *das*；*mst in* 多用于 ***j-s S. sein*** die Meinungen u. Wünsche e-r Person od. Gruppe ausdrücken 是某人的喉舌，传声筒

Sprach·wis·sen·schaft *die*；die Wissenschaft, die sich mit der Entstehung, dem Aufbau, dem Funktionieren der Sprachen beschäftigt 语言学≈ Linguistik ‖ *hierzu* (派生) **Sprach·wis·sen·schaft·ler** *der*；**sprach·wis·sen·schaft·lich** *Adj*(形)

Sprach·zent·rum *das*；der Teil des Gehirns, der bewirkt, dass wir sprechen u. Sprache verstehen können 语言(神经)中枢

sprang *Imperfekt*, *1. u. 3. Person Sg*(过去时，第一和第三人称单数)；↑ ***springen***

Spray [ʃpreː, spreː, spreɪ] *das*, *der*；*-s*, *-s*；e-e Flüssigkeit in e-r Dose, die in sehr feinen Tropfen in der Luft verteilt wird, wenn man auf e-n Knopf drückt 喷雾剂，喷雾液〈ein S. versprühen, irgendwohin sprühen 喷喷雾剂，往某处喷雾〉‖ K-(复合)：***Spray-***, ***-dose*** ‖ -K(复合)：***Deo-***, ***Farb-***, ***Haar-***, ***Insekten-***, ***Lack-*** ‖ *hierzu* (派生) **spray·en** (*hat*) *Vt/i*(及物/不及物)

Spray·er [ˈʃpreːɐ, ˈsp-] *der*；*-s*, *-*；j-d, der mit der Spraydose Zeichen, Sprüche od. Bilder *bes* auf Wände u. Mauern malt 用喷雾颜料往墙上涂写的人

Sprech·an·la·ge *die*；ein elektrisches Gerät, durch das man von innerhalb e-s Gebäudes mit j-m sprechen kann, der vor dem Eingang des Hauses steht (u. hereingelassen werden möchte) 楼房对讲器

Sprech·bla·se *die*；e-e gezeichnete Blase in e-m Comic *o. Ä.*, in der der Text steht, den e-e Figur spricht od. denkt(连环画中把人物说的话圈起来的)话语圈

Sprech·chor *der*；*mst in* 多用于 ***in Sprechchören*** so, dass mehrere Menschen gleichzeitig das Gleiche rufen u. rhythmisch wiederholen 齐声地，异口同声地：*Die Demonstranten protestierten in Sprechchören* 游行者齐声呼喊抗议口号

spre·chen；*spricht*, *sprach*, *hat gesprochen*；[Vi](不及物) **1.** die Fähigkeit haben, aus einzelnen Lauten Wörter od. Sätze zu bilden 说，说话〈noch nicht, nicht richtig s. (können) 还不会说话，说得不好；s. lernen 学说话〉‖ K-(复合)：***Sprech-***, ***-alter***, ***-störung***, ***-übung*** **2.** sich sprachlich artikulieren 说出话来：*Ich konnte vor Aufregung kaum s.* 我激动得差点儿说不出话来 **3.** ***irgendwie s.*** sich auf die genannte Art u. Weise artikulieren (können) 说话(以某种方式)〈(un)deutlich, gestelzt, gewählt, leise, laut s. 说话(不)清楚、装腔作势、措词讲究、轻、响〉：*Sie sprach mit hoher/zitternder Stimme* 她说话声音高/声音发颤；*Er spricht fast akzentfrei* 他说话几乎不带口音 ‖ K-(复合)：***Sprech-***, ***-stimme***, ***-technik***, ***-weise*** **4.** 〈deutsch, englisch *usw* 德语，英语等〉 ***s.*** Worte u. Sätze der genannten Sprache artikulieren 说(某种话语)：*Hörst du, die Leute am Nebentisch sprechen portugiesisch* 你听，旁边桌上的人说葡萄牙语 ‖ NB(注意)：↑ ***s.*** (18) **5.** ***von j-m/etw. s.*** bei e-r Unterhaltung *o. Ä.* j-n/etw. erwähnen 说起，谈及，提到：*Wir haben neulich erst von dir gesprochen* 我们刚才还提到你呢；*Er sprach davon, wie erfolgreich das vergangene Jahr gewesen sei* 他说去年的成绩很大 **6.** ***über j-n/etw. s.*** über j-n/etw. diskutieren 谈，谈论，讨论：*Sie sprechen nur noch über ihre Arbeit* 他们只是谈工作 **7.** ***mit j-m (über j-n/etw.) s.*** sich mit j-m (über ein bestimmtes Thema) unterhalten 与…交谈、叙谈：*Ich habe mit ihm über Ihr Anliegen gesprochen* 我跟他谈了您的要求；*Sie haben schon lange nicht miteinander gesprochen* 他们已经有好久没有互相聊聊了 **8.** ***zu j-m (über j-n/etw./seltener*** 罕用 ***von j-m/etw.) s.*** *mst* vor e-m Publikum *o. Ä.* seine Meinung zu e-m Thema vortragen 对…讲(话)，讲述：*Der Direktor sprach zu den Schülern* darüber, wie *wichtig Disziplin in der Schule sei* 校长向学生讲，纪律在学校里是何等重要；*Er sprach zu ihnen von Glück u. Leid* 他对他们讲述幸福与痛苦 **9.** ***zum Thema ... s.*** über ein bestimmtes Thema e-e Rede halten 就…题目发表讲话：*Der Papst sprach zum Thema „Hunger in der Welt"* 教皇就"全球饥饿"问题发表讲话 **10.** ***gut/schlecht über j-n/etw. s.*** etw. Positives/Negatives über j-n/etw. sagen 说…的好话/坏话 **11.** ***j-d spricht für j-n*** (*mst Pl* 多用复数)/***im Namen*** + *Gen* (二格) j-d sagt stellvertretend für andere Leute etw. (人作主语)代表…发言，说话：*Ich spreche wohl im Namen aller Anwesenden, wenn ich Ihnen für diesen wunderschönen Abend danke* 我代表所有在场的人为这个美好的夜晚向您表示感谢 **12.** ***etw. spricht für/gegen j-n/etw.*** etw. zeigt j-n/etw. in e-m positiven/negativen Licht (物作主语)表明对…有利/不利，说明…是好的/不好的：Es *spricht zumindest für ihn*, dass *er sich entschuldigt hat* 他已经作了道歉，至少这一点说明他是好的 **13.** ***etw. spricht für/gegen j-n/etw.*** etw. deutet auf die Wahrscheinlichkeit/Unwahrscheinlichkeit, dass

S

j-d an etw. teilgenommen hat, dass etw. stimmt *o. Ä.*（物作主语）说明…是可能的/是不可能的：*Die Indizien sprechen gegen ihn als Täter* 物证说明他不可能是案犯；*Alles spricht dafür, dass Thomas recht hat* 所有一切都表明托马斯是对的 **14. aus etw. spricht etw.** an etw. ist etw.（*mst* e-e Emotion）erkennbar（物作主语）从…中流露出：*Aus ihren Augen sprach Verzweiflung* 从她的眼光里流露出绝望的神色 **15. etw. spricht für sich**（**selbst**）etw. lässt nur eine mögliche Interpretation zu（物作主语）提供明证，不言自明：*Es war ein erfolgreiches Jahr. – Die Zahlen sprechen für sich selbst* 这是卓有成效的一年。—— 这些数字就是明证 **16. auf j-n/etw. schlecht/nicht gut zu s. sein**（zurzeit gerade）keine hohe Meinung von j-m/etw. haben 对…恰好评价不好 **17. j-d spricht**（**zu j-m**）*geschr*［书］；e-e Autoritätsperson *o. Ä.* gibt（j-m）Anweisungen *o. Ä.*（人作主语）对…指示说：*Und Gott sprach, „Es werde Licht!* "上帝说："光明将会来临!"；Vt（及物）**18. etw.**（**irgendwie**）**s.** e-e Sprache verstehen u. in dieser Sprache seine Gedanken in Wörtern u. Sätzen ausdrücken können 说，操〈Deutsch, Hochdeutsch, Dialekt s. 说德语、标准德语、方言；（fließend, gebrochen, gut, passabel, perfekt）Englisch, Italienisch, Griechisch *usw* s. 说英语、意大利语、希腊语等（流利、磕磕巴巴、好、还过得去、地道）〉：*Sie spricht akzentfrei Deutsch* 她说德语没口音（很纯）‖ NB（注意）：↑ **s.**（4）**19. etw. s.** Worte, Sätze *o. Ä.* formulieren können 说，讲：*Das Baby kann schon ein paar Wörter/ganze Sätze s.* 这个婴儿已经会说几个单词/完整句子了 **20. etw. s.** ≈ sagen：*Er sprach den ganzen Abend kein Wort* 整个晚上他一声都不吭 **21. j-n s.** sich mit j-m unterhalten（*mst* über ein Problem *o. Ä.*）跟…谈话，谈谈：*Ich muss Sie unbedingt s.!* 我一定得跟您谈谈！**22.**（*mst* 多用 den Kommentar 评论〉**s.** seine Meinung zu e-m aktuellen Thema（*mst* im Fernsehen *o. Ä.*）geben 发表（意见）**23. den Segen s.** als Priester od. Pfarrer j-n segnen 祝福，祈祷 **24. ein Urteil s.** als Richter das Urteil öffentlich verkünden 宣读判决书，宣判 **25.**〈Personen 人〉**sprechen sich** *mst* zwei Personen unterhalten sich über etw. 交谈，聊天：*Wir haben uns lange nicht mehr gesprochen* 我们好久没聊聊了；Vt/i（及物/不及物）**26. zu j-m**（**etw.**）**s.** j-m etw. sagen 对…说：*Der Priester sprach Worte des Trostes zu den Hinterbliebenen* 牧师对死者家属表示慰问 ‖ ID［谚］*mst* 多用 **Ich spreche aus Erfahrung** ich habe das gleiche schon mal erlebt u. weiß, wovon ich rede 我这可都是经验之谈；*mst* 多用 **ich bin für niemanden zu s.** ich möchte nicht gestört werden 我概不会客 ‖ ID［谚］↑ **Band²** ‖ ▶ **Sprache, gesprächig**

spre·chend **1.** *Partizip Präsens*（现在分词）；↑ **sprechen** **2.** *Adj*（形）；*nur attr, nicht adv*（只作定语，不作状语）；〈Augen, Blicke, Hände, j-s Mimik 眼睛，目光，两手，某人的表情〉so, dass sie j-s Gedanken, Gefühle *o. Ä.* deutlich zeigen 会说话的，传神的，富有表情的≈ausdrucksvoll

Spre·cher *der*; *-s*, - **1.** j-d, der von e-r Gruppe gewählt wurde, um deren Interessen zu vertreten 代言人，代表 ‖ -K（复合）：**Klassen-**, **Schüler-** **2.** j-d, der beruflich im Radio od. Fernsehen die Nachrichten liest, Sendungen ansagt *usw* 播音员，广播员 ‖ -K（复合）：**Fernseh-**, **Nachrichten-**, **Radio-**, **Rundfunk-** **3.** j-d, der offizielle Mitteilungen e-r Partei od. Regierung an die Öffentlichkeit weitergibt（政府，政党的）发言人 ‖ -K（复合）：**Fraktions-**, **Regierungs-** **4.** j-d, der e-e bestimmte Sprache spricht（18）讲某种语言的人〈ein fremdsprachlicher, muttersprachlicher S. 一个讲外语、母语的人〉‖ *hierzu*（派生）**Spre·che·rin** *die*; -, *-nen*

Sprech·funk *der*; ein Gerät, mit dem man（ohne Kabel）über e-e bestimmte Entfernung mit anderen sprechen kann 对讲机 ‖ K-（复合）：**Sprechfunk-**, **-gerät**

Sprech·mu·schel *die*; der Teil des（Telefon）-Hörers, den man an den Mund hält（电话机听筒的）送话口 ↔ Hörmuschel

Sprech·stun·de *die*; e-e bestimmte Zeit, in der man *z. B.* zu e-m Arzt, zu e-m Lehrer *o. Ä.* gehen kann, um sich e-n Rat zu holen od. um Fragen zu stellen 门诊时间；接待时间；（教师）辅导时间〈S. haben 有门诊（接待或辅导）；e-e S. abhalten 进行门诊（会客接待或辅导）；zu j-m in die S. gehen 到某人那里去就诊、谈事、辅导〉‖ -K（复合）：**Eltern-**; **Vormittags-**, **Nachmittags-**

Sprech·stun·den|hil·fe *die*; *neg!*［侮］e-e Frau, die beruflich e-m Arzt（*z. B.* bei der Vergabe von Terminen, aber auch in medizinischen Sachen）hilft（门诊时）医生的女助手≈Arzthelferin

Sprech·zim·mer *das*; ein Zimmer, in dem ein Arzt seine Sprechstunde hat 就诊室，门诊室

Sprei·ßel *der*; *-s*, -; *südd* Ⓐ *gespr*［南德］［奥］［口］≈ Splitter, Span

sprei·zen; *spreizte*, *hat gespreizt*; Vt（及物）〈die Arme, die Beine *o. Ä.* 手臂，腿等〉**s.** die Arme, Beine *o. Ä.*（so weit wie möglich）auseinanderstrecken 分开，（劈）叉开，展开，张开：*Ein Vogel spreizt die Flügel* 鸟展开翅膀

Spreiz·fuß *der*; *-es*, *Spreiz·fü·ße*; *mst Pl*（多用复数）；ein Fuß, bei dem die großen Zehen nach außen zeigen 扇形足

Spren·gel *der*; *-s*, -; ein Gebiet, das ein Pfarrer betreut 教区 ‖ -K（复合）：**Pfarr-**

spren·gen¹; *sprengte*, *hat gesprengt*; Vt/i（及物/不及物）**1.**（**etw.**）**s.** etw. durch e-e Explosion zerstören 炸毁，炸掉，爆破〈e-e Brücke, e-n Felsen, ein Haus s. 炸桥、岩石、房子〉‖ K-（复合）：**Spreng-**, **-kapsel**, **-kommando**, **-körper**, **-kraft**, **-ladung**, **-satz**, **-trupp**; Vt（及物）**2. etw. durch, in etw.**（*Akk* 四格）**s.** durch gezielte Explosionen Teile von etw.

S

zerstören, um Platz für etw. zu schaffen 炸出,炸通：*e-n Tunnel durch e-n Berg s.* 炸出一条穿山隧道 **3. *etw. sprengt etw.*** etw. zerstört etw. durch starken Druck von innen, lässt es platzen(物作主语)炸碎,炸坏,炸裂：*Das Bier ist in der Flasche gefroren u. hat sie gesprengt* 啤酒在瓶子里冻住了,结果把瓶子撑裂了 **4. *e-e Versammlung, e-e Veranstaltung s.*** e-e Veranstaltung so stören, dass sie abgebrochen werden muss 强行驱散(冲散)集会、活动 **5. *etw. sprengt den Rahmen*** etw. ist zu umfangreich, etw. geht zu weit für den vorgesehenen Rahmen (e-s Aufsatzes, e-r Rede *o.Ä.*)(物作主语)超出(突破)范围 ‖ *zu* (义项)**1. Spren·gung** *die*

spren·gen[2]; *sprengte, hat gesprengt*; [Vt](及物)**1. *etw. irgendwohin s.*** Wasser in kleinen Tropfen verteilen 喷,洒,浇(水)：*Wasser auf die Wäsche, den Rasen s.* 往衣服上、草地上喷水 **2. *etw. s.*** etw. nass machen, indem man Wasser darauf sprengt[2] (1) 给…喷水、洒水、浇水 〈den Garten, den Rasen s. 给花园、草地喷水〉

spren·gen[3]; *sprengte, ist gesprengt*; [Vi](不及物) ***j-d sprengt irgendwohin*** j-d reitet sehr schnell irgendwohin(人作主语)纵马疾驰

Spreng·stoff *der*; e-e Substanz (*z.B.* Dynamit, Nitroglyzerin), mit der man e-e Explosion machen kann 炸药 ‖ K-(复合)：***Sprengstoff-, -anschlag***

Spren·kel *der*; *-s, -*; ein kleiner (Farb) Fleck 斑点,污点 ‖ *hierzu* (派生) **spren·ke·lig** *Adj* (形) ‖ ▶ ***gesprenkelt***

Spreu *die*; *-*; *nur Sg* (只用单数)；die Halme, Hüllen, Abfälle vom Getreide 秸杆,糠秕 ‖ ID [谚] ***die S. vom Weizen trennen*** Schlechtes vom Guten trennen 取其精华,去其糟粕

sprich *Adv* (副)；verwendet, um e-e genauere od. einfachere Formulierung anzuschließen 即,也就是说,说得精确一些 ≈ nämlich：*die Risikofaktoren des Herzinfarkts, s. falsche Ernährung, Stress u. Übergewicht* 得心肌梗塞的危险因素,具体说就是不合理的饮食,劳累紧张和肥胖

spricht *Präsens, 3. Person Sg* (现在时,第三人称单数)；↑ ***sprechen***

Sprich·wort *das*; *-(e)s, Sprich·wör·ter*; ein bekannter Satz, den man gern als Rat od. allgemeine Erfahrung zitiert, wie *z.B.* „*Man soll den Tag nicht vor dem Abend loben*" 谚语,俗语,成语 ‖ NB(注意)：↑ ***Redewendung***

sprich·wört·lich *Adj* (形) **1.** *nur attr, nicht adv* (只作定语,不作状语)；wie ein Sprichwort verwendet 谚语的,谚语式的 〈e-e Redensart, e-e Wendung 习惯用语,固定用语〉 **2.** *nur attr, nicht adv* (只作定语,不作状语)；wie es im Sprichwort vorkommt 如常言所说的：*Das war der sprichwörtliche Wink mit dem Zaunpfahl* 这正如常言所说是一个明显的暗示 **3.** *nicht adv* (不作状语)；allgemein bekannt 众所周知的,人人皆知的：*Ihr Glück, Pech, Geiz ist (fast) schon s.* 她的走运、背运、吝啬(几乎)是人人皆知的

sprie·ßen; *spross, ist gesprossen*; [Vi](不及物) ***etw. sprießt*** etw. fängt an zu wachsen (物作主语)发芽,开始生长 〈ein Bart 胡子; die Saat, das Gras, Blumen 种子,草,花〉 ‖ NB(注意)：↑ ***keimen***

Spring·brun·nen *der*; ein Brunnen (der als Schmuck dient), bei dem das Wasser in die Höhe gespritzt wird 喷水池,(人工)喷泉

sprin·gen[1]; *sprang, ist/hat gesprungen*; [Vi](不及物)(*ist*) **1.** sich mit einem od. mit beiden Beinen kräftig vom Boden abstoßen, sodass man sich durch die Luft bewegt 跳,跳跃 〈hoch, weit s. können 能跳得高、远; mit Anlauf, aus dem Stand s. 助跑、原地跳; in die Höhe, in die Luft, zur Seite s. 往高、往空中、朝旁边跳〉：*aus e-m fahrenden Zug s.* 从行驶中的火车上跳下来; *Das Pferd sprang mühelos über den Graben* 马轻松地跃过沟渠 **2. *irgendwohin s.*** sich fortbewegen, indem man springt[1] (1) 走路连蹦带跳,撒欢：*Der Hund sprang aufgeregt durch den Garten* 这条狗兴奋地蹦蹦跳跳穿过花园 **3.** 〈aus dem Bett, auf die Beine/Füße 从床上,两脚落地〉 ***s.*** mit Schwung aufstehen 猛然跳将起来 **4. *etw. springt irgendwohin*** etw. wird mit Schwung durch die Luft geschleudert (物作主语)弹：*Der Ball springt in die Luft, gegen die Wand* 球弹向空中、弹到墙上 **5. (*von etw.*) *zu etw. s.*** schnell u. plötzlich das Thema wechseln(从…)跳到(突然换题)…：*von einem Thema zum nächsten s.* 从一个话题跳到另一个话题; **6. *etw. springt* (*von etw.*) *auf etw.*** (*Akk* 四格) etw. wechselt schnell u. plötzlich seine Position, seinen Zustand *o.Ä.* (物作主语)(从…)跳到(突然变换状态)…：*Die Ampel springt (von Grün) auf Gelb* 交通信号灯(从绿色)跳到黄色; *Der Zeiger springt auf die nächste Zahl* 指针跳到了下一个数字 **7. (*irgendwohin*) *s.*** *südd* Ⓐ Ⓒⓗ [南德][奥][瑞] schnell irgendwohin gehen, sich beeilen 疾走,急匆匆地走,跑：*noch schnell zum Metzger s.* 赶紧去肉铺 **8.** (bei Brettspielen) e-e Figur über ein od. mehrere Felder hinweg auf ein Feld setzen (下棋)跳; [Vt](及物)(*hat/ist*) **9. *etw. s.*** e-e Übung ausführen, indem man springt[1] (1) 跳,练…跳跃动作 〈e-n Salto, e-e Schraube s. 做一个空翻、转体跳跃动作〉 ‖ ID [谚] ***etw. s. lassen*** *gespr* [口] ≈ spendieren ‖ ▶ ***Sprung[1]***

sprin·gen[2]; *sprang, ist gesprungen*; [Vi](不及物) ***etw. springt*** etw. zerfällt (durch Einwirkung von außen, *z.B.* starken Druck, Stöße, Hitze, Kälte) in zwei od. mehrere Teile od. bekommt Risse (物作主语)裂,爆裂,崩裂;断裂 〈Glas, das Eis 玻璃杯,冰; j-s Lippen, e-e Saite 某人的嘴唇,琴弦〉：*Die Vase ist gesprungen* 花瓶裂了; *Bei starken Temperaturänderungen springt der Straßenbelag* 由于强烈的温度变化引起路面爆裂 ‖ ▶ ***Sprung[2]***

sprin·gen·las·sen ↑ ***springen[1]*** ID [谚]

Sprin·ger *der*; *-s, -* **1.** ein Sportler, dessen Sprünge den Regeln e-r bestimmten Disziplin folgen 跳跃运动员‖ -K(复合):***Hoch-***, ***Weit-***; ***Fallschirm-***, ***Kunst-***, ***Ski-*** **2.** e-e Schachfigur, die ein Feld in gerader u. anschließend ein Feld in schräger Richtung bewegt werden kann 马(棋子) ≈ Pferd (3) ‖ ↑ *Abb. unter* 图见 **Schachfiguren** **3.** j-d, der in e-r Firma an ganz verschiedenen Arbeitsplätzen eingesetzt wird (工厂里的)机动工人⟨als S. arbeiten 当机动工⟩ ‖ *zu* (义项) **1.** u. **3.** **Sprin·ge·rin** *die*; -, *-nen*

Spring·flut *die*; das schnelle u. starke Steigen des Meeres bei Vollmond od. Neumond(海潮)大潮

Spring·rei·ten *das*; *-s*; *nur Sg*, SPORT (只用单数)【体】; ein Wettkampf, bei dem man mit dem Pferd über Hindernisse springt (马术)跳越障碍 ‖ *hierzu* (派生) **Spring·rei·ter** *der*; **Spring·rei·te·rin** *die*

Spring·seil *das*; ein Seil mit Griffen an beiden Enden zum Seilspringen 跳绳,跳绳用的绳子

Sprint *der*; *-s*, *-s*; SPORT【体】**1.** ein schnelles Rennen über e-e ziemlich kurze Strecke 短(距离)跑 **2.** das Beschleunigen u. Laufen mit sehr hoher Geschwindigkeit, *mst* kurz vor dem Ziel 冲刺⟨e-n S. einlegen 发起冲刺⟩ ‖ *hierzu* (派生) **sprin·ten** (*ist*) *Vi* (不及物); **Sprin·ter** *der*; *-s*, *-*; **Sprin·te·rin** *die*; *-*, *-nen*

Sprit *der*; *-s*; *nur Sg*, *gespr* (只用单数)[口] ≈ Benzin, Treibstoff

Sprit·ze *die*; *-*, *-n* **1. Spritze** ein kleines Instrument, dessen Röhre man *mst* mit e-m flüssigen Medikament füllt, das durch e-e dünne, hohle Nadel in den Körper gedrückt wird 注射器⟨e-e S. aufziehen (= mit e-m Medikament füllen)用注射器抽药水⟩ ‖ -K(复合): ***Injektions-*** **2.** das Zuführen e-s Medikaments durch e-e S. (1) in j-s Körper 注射,打针≈ Injektion ⟨j-m e-e S. (in den Arm, in die Vene) geben, verabreichen 给某人(往胳膊上,静脉)打针、注射; e-e S. bekommen 打(挨)一针⟩ ‖ -K(复合): ***Beruhigungs-***, ***Betäubungs-***, ***Penizillin-***, ***Tetanus-*** **3.** ein Gerät, mit dem man Flüssigkeiten *o. Ä.* irgendwohin spritzen¹ (2) kann 喷射器,喷雾器,喷洒器 ‖ -K(复合): ***Blumen-***, ***Garnier-***, ***Teig-***, ***Torten-***, ***Wasser-*** **4.** ein Gerät mit e-m langen Schlauch, mit dem die Feuerwehr Wasser ins Feuer spritzt 消防水枪⟨an der S. stehen 把住水枪; die S. auf etw. richten 把水枪对准某物⟩ ‖ K-(复合): ***Spritzen-***, ***-haus***, ***-wagen*** ‖ -K(复合): ***Feuer-*** ‖ ID [谚] ***an der S. hängen*** *gespr* [口]; von Heroin abhängig sein 打针(毒品)成瘾

sprit·zen¹; *spritzte*, *hat / ist gespritzt*; [*Vt/i*] (及物/不及物)(*hat*) **1.** (***etw.***) ***irgendwohin s.*** Flüssigkeit in Tropfen durch die Luft bewegen 洒到,溅到: *j-m / sich Wasser ins Gesicht s.* 把水溅到某人/自己脸上; *sich beim Malen Farbe aufs Hemd s.* 绘画时把颜料溅到衬衣上 ‖ NB(注意): ↑ ***sprengen²*** **2.** (***etw.***) (***irgendwohin***) ***s.*** e-e Flüssigkeit *o. Ä.* so durch e-e enge Öffnung pressen, dass sie ihr Ziel schnell u. in Form e-s Strahls erreicht 注,喷: *Wasser ins Feuer s.* 往火上喷水 ‖ NB(注意): ↑ ***sprühen*** (1) ‖ K-(复合): ***Spritz-***, ***-beutel***, ***-flasche***, ***-gerät***, ***-pistole*** **3.** (***etw.***) (***gegen etw.***) ***s.*** Gift (*z. B.* gegen Ungeziefer) auf Pflanzen sprühen 喷药,洒药⟨Felder, Obstbäume, Rosen s. 给农田、果树、玫瑰花喷药; mit Pflanzenschutzmitteln, Insektenvertilgungsmitteln s. 喷洒植物保护制剂、杀虫药; gegen Schädlinge, Unkraut s. 喷药杀虫、除草⟩: *Die Äpfel sind nicht gespritzt. – Die Schale kann man ruhig mitessen* 这苹果没喷药。——可放心带皮吃; [*Vt*] (及物)(*hat*) **4.** ***j-n nass s.*** j-n nass machen 把…溅湿: *durch e-e Pfütze fahren u. Fußgänger nass s.* 驾车(开过一个水洼)把行人溅湿 **5.** ***etw.*** (+ *Adj* (形) +) ***s.*** etw. mit Farbe, Lack bedecken, indem man spritzt¹ (2) (用油漆)喷涂⟨ein Auto, die Heizkörper s. 喷涂汽车、暖气片⟩: *das Auto grün s.* 把这辆汽车喷涂成绿色 ‖ K-(复合): ***Spritz-***, ***-lack***, ***-lackierung***; [*Vi*] (不及物) **6.** (***mit etw.***) ***s.*** aus Unachtsamkeit Flüssigkeit in Tropfen durch die Luft bewegen, sodass etw. verschmutzt wird (把…)溅出来,洒出来⟨mit Wasser, Farbe s. 把水、颜料溅出来⟩ **7.** ***etw. spritzt*** (*hat*); ***etw. spritzt irgendwohin*** (*ist*) etw. fliegt in vielen kleinen Tropfen durch die Luft (物作主语)溅,飞溅⟨Wasser, heißes Fett 水,热油⟩ ‖ NB(注意): ↑ ***sprühen*** (3); [*Vimp*] (无人称)(*hat*) **8.** ***es spritzt*** e-e Flüssigkeit spritzt¹ (7) 溅水,溅油: *Es spritzte, als er das Steak in die Pfanne legte* 当他把牛排放入锅内时,油溅了出来

sprit·zen²; *spritzte*, *hat gespritzt*; [*Vt/i*] (及物/不及物) **1.** ((***j-m***) ***etw.***) (***irgendwohin***) ***s.*** ein Medikament *o. Ä.* mit e-r Spritze (1) in j-s Körper bringen (给…)注射,打针 ≈ etw. injizieren ⟨(j-m) ein Beruhigungsmittel, Betäubungsmittel, Schmerzmittel (in den Arm, das Gesäß, die Vene) s. (给某人往胳膊上、臀部、静脉)注射镇静剂、麻醉剂、镇痛剂; sich (*Dat* 三格) Heroin, Insulin s. 给自己注射海洛英、胰岛素⟩: *Der Zuckerkranke spritzt täglich (Insulin)* 这个糖尿病人每天打(胰岛素)针; [*Vt*] (及物) **2.** ***j-n / sich s.*** *gespr* [口]; j-m/sich etw. s.² (1) 打针,注射: *Er ist zuckerkrank u. muss sich täglich s.* 他有糖尿病,必须每天打针

Sprit·zer *der*; *-s*, *-*; etwas Flüssigkeit, die irgendwohin spritzt¹ (7) od. gespritzt wird 溅起的液体,喷出的液体: *ein paar Spritzer Parfüm, Spülmittel, Wasser* 喷出的一些香水、洗涤剂、水; *Nach der Fahrt durch den Matsch war das Auto voller Spritzer* 开车经过泥浆地后

车上溅满了泥水 ‖ -K(复合): **Blut-**, **Parfüm-**, **Wasser-**

Spritz·ge·bäck *das*; Gebäck, dessen Teig durch e-e Spritze (3) gepresst wird u. dadurch e-e bestimmte Form bekommt 注形饼干

sprit·zig *Adj*(形) **1.** schwungvoll u. unterhaltsam 妙趣横生的,生动活泼的 ≈ flott ⟨e-e Komödie, e-e Rede 喜剧,演讲⟩ **2.** leicht u. erfrischend 清醇的,清淡爽口的⟨ein Wein 葡萄酒⟩ ‖ *hierzu* (派生) **Sprit·zig·keit** *die*; *nur Sg*(只用单数)

Spritz·tour *die*; *gespr* [口]; ein kurzer Ausflug *mst* mit dem Auto, den man zum Vergnügen macht 短途郊游

sprö·de *Adj* (形) **1.** ⟨ein Kunststoff, ein Material 塑料,材料⟩ so (unbiegsam), dass sie leicht zerbrechen 脆的,易断裂的 ↔ biegsam, geschmeidig **2.** trocken u. voller Risse 皲裂的,干裂的⟨Haut 皮肤⟩ **3.** ≈ rau ⟨e-e Stimme 嗓音⟩ **4.** nicht bereit, mit Männern in Kontakt zu kommen (对男性)淡漠的,不愿(与男性)交往的≈ abweisend ⟨ein Mädchen 姑娘⟩ ‖ *hierzu* (派生) **Sprö·dig·keit** *die*; *nur Sg* (只用单数)

spross *Imperfekt*, 3. *Person Sg*(过去时,第三人称单数); ↑ **sprießen**

Spross *der*; *-es*, *-e* **1.** ein neuer Teil (Trieb), der aus e-r Pflanze od. aus e-m Samen wächst 幼芽,新枝,嫩芽⟨etw. treibt e-n S. 某物长出幼芽,发芽了⟩ **2.** *nur Sg*(只用单数); **der letzte S.** das letzte, einzige Kind *mst* e-r adligen Familie 独苗,独生子(或女)

Spros·se *die*; *-*, *-n*; eine der waagrechten Stangen e-r Leiter 梯子横档,梯子横木 ‖ ↑ *Abb. unter* 图见 **Leiter** ‖ -K(复合): **Leiter-**

Spros·sen·wand *die*; e-e Art breite Leiter, die senkrecht an e-r Wand befestigt ist u. an der man gymnastische Übungen macht (一种运动器材,供悬吊、攀爬用)肋木

Spröss·ling *der*; *-s*, *-e*; *gespr hum*[口][诙]; j-s Sohn 根,后裔,儿子

Sprot·te *die*; *-*, *-n*; ein kleiner (Meeres)-Fisch, den man geräuchert isst 鲱鱼

Spruch *der*; *-(e)s*, *Sprü·che* **1.** ein Satz (oft mit e-m Reim), den man sich gut merken kann u. der e-e allgemeine Regel, e-n Wunsch od. e-e Erfahrung ausdrückt 格言,箴言,警句 ⟨ein alter, weiser S. 一句古老的格言,一句至理名言; e-n S. lernen, aufsagen, beherzigen 学习、背诵、牢记一句格言⟩: „*Aus Schaden wird man klug*“ *ist ein weiser S.* “吃一堑长一智”是一句至理名言 ‖ K-(复合): **Spruch-**, **-weisheit** ‖ -K(复合): **Leit-**, **Merk-**, **Trink-**, **Werbe-**; **Bauern-**, **Bibel-**, **Grab-**, **Kalender-**, **Tisch-**, **Zauber-** **2.** das Urteil, das ein Richter *o.Ä.* spricht 宣判,判决 ‖ -K(复合): **Frei-**, **Schuld-**; **Rechts-**, **Urteils-**; **Richter-**, **Schieds-** ‖ ID [谚] **Sprüche machen/klopfen** *gespr pej* [口][贬] ≈ prahlen; *mst* 多用 **Das sind doch nur Sprüche!** *gespr pej* [口][贬]; was j-d sagt, hat nichts zu bedeuten 这些无非都是空话!; **seinen S./sein Sprüchlein aufsagen**, **herunterleiern**, **herbeten** *gespr* [口]; etw. in ähnlichen Situationen immer wieder mit den gleichen Worten sagen 一再重复、絮叨、唠叨他那老一套

Spruch·band *das*; ein Band aus Papier od. Stoff mit e-r Parole 标语横幅,标语牌 ≈ Transparent

spruch·reif *Adj* (形); *mst präd*, *nicht adv* (多作表语,不作状语); so (geplant), dass bald darüber entschieden werden kann 可做出决定的,已可作出判断的 ⟨e-e Angelegenheit, e-e Sache 事情,事⟩

Spru·del *der*; *-s*, *-*; Mineralwasser (Ⓐ auch [奥]也指 Limonade) mit Kohlensäure 碳酸矿泉水,苏打矿泉水,碳酸汽水⟨saurer, süßer S. 酸的、甜的苏打矿泉水; S. mit/ohne Geschmack 加味/无味苏打矿泉水⟩ ‖ K-(复合): **Sprudel-**, **-wasser**

spru·deln; *sprudelte*, *hat/ist gesprudelt*; Vi (不及物) **1.** **etw. sprudelt** (*hat*); **etw. sprudelt irgendwohin** (*ist*) e-e Flüssigkeit bewegt sich so, dass es Bläschen od. Schaum gibt 冒泡,冒水花⟨ein Bach, e-e Quelle 小溪,泉眼; Limonade, Sekt, kochendes Wasser 汽水,香槟酒,煮沸的水⟩: *Frisches Wasser ist aus dem Felsspalt gesprudelt* 清冽的水从岩石缝中汩汩地冒出来 **2.** **etw. sprudelt über j-s Lippen** (*Akk* 四格) j-d spricht vor Aufregung, Begeisterung *o.Ä.* sehr schnell u. viel(物作主语)滔滔不绝地、口若悬河地说

spru·delnd **1.** *Partizip Präsens* (现在分词); ↑ **sprudeln** **2.** *Adj* (形) ≈ lebhaft ⟨e-e Fantasie, j-s Gedanken 幻想,某人的思想⟩

sprü·hen [ˈʃpryːən]; *sprühte*, *hat/ist gesprüht*; Vt (及物) (*hat*) **1.** **etw. irgendwohin s.** e-e Flüssigkeit durch e-e enge Öffnung pressen, sodass sie sich in sehr kleine Tropfen verteilt 朝…喷 ≈ sprayen: *Lack auf ein Auto s.* 往汽车上喷漆; *Wasser, Gift auf die Blätter e-r Pflanze s.* 往植物叶面上喷水、农药 ‖ NB(注意): spritzen[1] (2) ‖ K-(复合): **Sprüh-**, **-dose**, **-flasche** **2.** **etw. sprüht Funken** etw. wirft Funken durch die Luft (物作主语)迸发出(爆出)火星⟨ein Feuer 火⟩; Vi (不及物) **3.** **etw. sprüht** (*hat*); **etw. sprüht irgendwohin** (*ist*) etw. fliegt in sehr kleinen Tropfen od. als Funken durch die Luft (物作主语)喷,飞溅;迸,爆出⟨die Gischt, das Wasser 浪花,水; Funken 火花⟩ ‖ K-(复合): **Sprüh-**, **-regen** ‖ NB(注意): ↑ **spritzen[1]** (7) **4.** **vor etw. s.** (*hat*) in guter Stimmung u. deswegen lebhaft, witzig *usw* sein 奔放,活跃,洋溢⟨vor Geist, Ideen, Temperament, Witz (nur so) s. 才智洋溢,才思奔泻,热情奔放,妙趣横生⟩

Sprung[1] *der*; *-(e)s*, *Sprün·ge* **1.** e-e Bewegung, bei der j-d springt[1] (1,2) 跳,跳跃⟨ein hoher, weiter S. 高跳,远跳; e-n S. machen, tun 做一次跳跃,跳一下; ein Hindernis mit e-m/im S. nehmen 跃过一个障碍; zum S. ansetzen 准备起跳⟩: *ein S. in die Luft*, *zur*

S

Seite 往上跳，朝旁边跳；*ein S. aus zwei Metern Höhe, von fünf Meter Weite* 跳起两米高，跳出五米远；*ein S. aus dem Fenster, vom Dach, ins Wasser, über den Graben* 跳出窗外，跳下房顶，跃入水中，跃过沟渠 ‖ K-(复合)：***Sprung-, -höhe, -weite*** ‖ -K(复合)：***Freuden-, Hecht-, Luft-, Start-, Todes-*** **2.** ein plötzlicher Wechsel 突变，飞跃：*Er wäre gerne Musiker geworden, aber er hat den S. nie gewagt* 他本喜欢当音乐家，可他没有胆量去实现这个转变 ‖ -K(复合)：***Entwicklungs-, Gedanken-*** ‖ ID［谚］***keine großen Sprünge machen können*** *gespr*［口］；wenig Geld haben 钱少买不起多少东西，不敢大手大脚；***ein S. ins kalte Wasser*** ein neuer Anfang, auf den man sich nicht vorbereitet hat u. zu dem man Mut braucht 新的考验，勇敢的尝试；***nur e-n S.*** *gespr*［口］；nicht weit 不远，几步路〈etw. ist nur e-n S. von irgendwo entfernt 某地离某处只有几步路〉；***auf e-n S.*** *gespr*［口］；für kurze Zeit 一会儿〈auf e-n S. irgendwohin gehen, bei j-m vorbeikommen/-schauen 去某处一会儿，到某人那儿小坐一会儿、串会儿门〉；***auf dem S. sein*** *gespr*［口］；in Eile sein, keine Zeit haben 匆匆忙忙，赶紧；***j-m auf die Sprünge helfen*** *gespr*［口］；j-m e-n Hinweis, e-n Tipp geben, damit er dann allein weitermachen kann 为某人指点迷津，点拨，提携；*mst* 多用 ***Dir werde ich auf die Sprünge helfen!*** *gespr*［口］；verwendet, um j-m zu drohen, damit er tut, was man von ihm will(表示威胁)我会设法叫你照办的！

Sprung² *der*；*-(e)s, Sprün·ge*；ein sehr dünner Riss in e-m harten Material, wie Holz, Glas od. Porzellan 裂纹，裂缝〈etw. bekommt, hat e-n S. 某物有条裂纹〉‖ ID［谚］*mst* 多用 ***Der/Die hat ja e-n S. in der Schüssel!*** *gespr*［口］；verwendet, um auszudrücken, dass j-d verrückt ist 他/她脑子有毛病 ≈ er/sie spinnt wohl!

-sprung *der*；*im Subst, nur Sg, nicht produktiv* (构成名词，只用单数，非构词型)；verwendet, um Disziplinen der Leichtathletik zu bezeichnen, bei denen man springt …跳，跳…；***Dreisprung, Hochsprung, Stabhochsprung, Weitsprung***

Sprung·be·cken *das*；ein (tiefes) Becken in e-m Schwimmbad, in das man von e-m Sprungturm springt 跳水池

Sprung·bein *das*；*nur Sg*, SPORT (只用单数)【体】；das Bein, mit dem man sich beim Springen abstößt 起跳腿

Sprung·brett *das* **1.** ein biegsames Brett, von dem man mit viel Schwung ins Wasser od. über ein Turngerät springen kann (跳水)跳板；踏板 **2.** ***ein S. für etw.*** e-e günstige Position, um in Zukunft etw. zu erreichen 作为…的跳板：*e-e Tätigkeit als S. für die Karriere ansehen* 把一项工作看作是平步青云(晋升)的跳板

Sprung·fe·der *die*；e-e Feder in der Form e-r Spirale (in Sesseln, Sofas u. Matratzen) 弹簧 ‖ K-(复合)：***Sprungfeder-, -matratze***

Sprung·ge·lenk *das*；das Gelenk zwischen Bein u. Fuß 踝关节

sprung·haft *Adj*(形) **1.** unfähig, sich lange mit etw. zu beschäftigen, e-n Gedanken logisch zu Ende zu denken *o. Ä.* 不能专心致志的，思想不稳定的〈ein Mensch, ein Charakter, ein Wesen 人，性格，天性〉**2.** plötzlich u. schnell 急速的，急骤的，迅速的，飞跃的〈ein Anstieg, e-e Entwicklung 上升，发展〉‖ *hierzu* (派生) **Sprung·haf·tig·keit** *die*；*nur Sg*(只用单数)

Sprung·schan·ze *die*；e-e Art von künstlichem steilem Hügel, von dem aus Skispringer (nach e-m Anlauf) durch die Luft gleiten(跳台滑雪的)跳台

Sprung·seil *das* ≈ Springseil

Sprung·tuch *das*；ein festes Tuch, das Feuerwehrleute festhalten, u. in das man aus e-m brennenden Haus springen kann, ohne sich zu verletzen(消防)救生帆布，接跳布

Sprung·turm *der*；e-e Konstruktion aus mehreren Sprungbrettern übereinander in e-m Schwimmbad (跳水)跳台

SPS [ɛspeː'|ɛs] *die*；-；*nur Sg*(只用单数)；(*Abk für* 缩写，全称为 Sozialdemokratische Partei der Schweiz) e-e politische Partei in der Schweiz 瑞士社会民主党

Spu·cke *die*；-；*nur Sg*(只用单数)；*gespr*［口］≈ Speichel ‖ ID［谚］***j-m bleibt die S. weg*** *gespr*［口］；j-d kann vor Überraschung nichts sagen 某人(惊讶得)目瞪口呆，张口结舌

spu·cken；*spuckte, hat gespuckt*；*Vt/i* (及物/不及物) **1.** ***(etw.) (irgendwohin) s.*** etw. (*bes* Speichel) mit Druck durch fast geschlossene Lippen irgendwohin fliegen lassen 啐，吐唾沫，吐痰〈sich (*Dat* 三格) in die Hände s. 往自己手上吐唾沫；j-m ins Gesicht s. 啐某人脸〉：*Kirschkerne auf den Boden s.* 往地上吐樱桃核 ‖ K-(复合)：***Spuck-, -napf*** **2.** ***(etw.) s.*** *gespr*［口］≈ erbrechen, speien (1)〈Blut, Galle s. 咯血，吐胆汁；s. müssen 要呕吐〉；*Vi* (不及物) **3.** ***nach j-m/etw. s.*** s. (1) u. dabei versuchen, j-n/etw. zu treffen 朝…吐唾沫 **4.**〈der Motor 发动机〉***spuckt*** *gespr*［口］；der Motor *mst* e-s Autos funktioniert nicht richtig, nur ruckartig 发出不正常的突突声

Spuk *der*；*-(e)s*；*nur Sg*(只用单数)；das Erscheinen e-s Geistes od. Gespenstes 闹鬼，(鬼魂)作祟〈ein geheimnisvoller, mitternächtlicher S. 神秘的、深夜的闹鬼〉：*Gespenster treiben ihren S.* 鬼魂在作祟 ‖ K-(复合)：***Spuk-, -geschichte, -gestalt, -schloss*** ‖ *hierzu* (派生) **spuk·haft** *Adj*(形)

spu·ken；*spukte, hat gespukt*；*Vimp* (无人称) **1.** ***irgendwo spukt es*** an e-m Ort erscheinen Geister, Gespenster 闹鬼；*Vi* (不及物) **2.** ***j-d spukt irgendwo*** der Geist e-s Verstorbenen geht nachts irgendwo umher (人作主语)(指亡灵、幽灵)闹鬼，作祟 **3.**〈e-e Idee, ein Gedanke *o. Ä.* 主意，想法等〉***spukt in j-s Kopf*** (*Dat* 三格) *gespr*［口］；j-d muss immer wieder an etw. denken 总在…的脑子里作怪，转悠，萦绕：*Diese absurde Hoffnung spukt immer noch* *in seinem Kopf* 这个荒唐的希望总在他的脑子里作怪

Spu·le *die*; -, -*n* **1.** e-e Art Rad od. Rolle, um die man e-n Faden, e-n Draht, ein Tonband od. e-n Film *o. Ä.* wickelt 线轴,线盘,梭芯,(绕胶片、磁带等的)盘〈etw. auf e-e/von e-r S. wickeln 把某物绕到一个轴上/从一个轴上绕下来〉: *e-e neue S. in den Filmprojektor einlegen* 把新的一盘电影胶片装入放映机 ‖ -K(复合): ***Draht-***, ***Film-***, ***Garn-***, ***Tonband-*** **2.** ELEK【电】; ein langer, dünner (Kupfer)Draht, der in vielen Windungen um e-e S. (1) gewickelt ist u. durch den elektrischer Strom fließt 线圈,卷轴 ‖ -K(复合): ***Magnet-***

Spü·le *die*; -, -*n*; ein Möbelstück für die Küche mit einem od. zwei Becken, in denen man Geschirr spült(厨房里的)洗餐具水池,水槽

spu·len; *spulte*, *hat gespult*; [Vt] (及物) **1.** ***etw. auf etw.*** (*Akk* 四格) ***s.*** etw. auf e-e Spule (1) wickeln 把…绕到线轴(盘)上去 **2.** ***etw. von etw. s.*** etw. von e-r Spule (1) wickeln 把…从线轴(盘)上绕下来

spü·len; *spülte*, *hat gespült*; [Vt/i] (及物/不及物) **1.** (***etw.***) ***s.*** Teller, Töpfe, Besteck *usw* sauber machen 涮洗 ≈ abwaschen 〈Geschirr, Gläser s. (涮)洗碗筷、玻璃杯〉: *Wir teilen uns die Arbeit. – Ich spüle, u. du trocknest ab* 我们来分工。—— 我来洗,你擦干 ‖ K-(复合): ***Spül-***, ***-becken***, ***-bürste***, ***-maschine***, ***-mittel***, ***-tuch***, ***-wasser*** **2.** (***etw.***) ***s.*** etw. nach dem Waschen in Wasser bewegen, um die Seife od. das Waschmittel davon zu entfernen 漂洗,清洗,涮洗: *e-n Pullover in/mit klarem Wasser s.* 用清水漂洗一件毛衣; *Die Waschmaschine ist bald fertig, sie spült schon* 洗衣机马上就好了,它已经在清洗了 ‖ K-(复合): ***Spül-***, ***-gang*** **3.** (***etw.***) ***s.*** etw. mit Wasser *o. Ä.* von Schmutz, Blut *usw* befreien 冲洗,洗 ≈ auswaschen 〈die Augen, e-e eitrige Wunde s. 冲洗眼睛、化脓的伤口〉: *beim Zahnarzt den Mund s.* 在牙医那里清洗口腔; *nach dem Bohren (das Blut aus dem Mund) s.* 钻牙后冲洗(嘴里的血); [Vt] (及物) **4.** ***etw. spült j-n/etw. irgendwohin*** Wassermassen bewegen j-n/etw. irgendwohin (物作主语)把…冲走,冲到…去: *Die Strömung spülte das Holz ans Ufer* 急流把木头冲到岸边; [Vi] (不及物) **5.** e-n Hebel bewegen *o. Ä.*, damit Wasser die Toilette reinigt 冲便池,冲马桶,冲水

Spü·lung *die*; -, -*en* **1.** das Spülen (3) 冲洗,清洗 **2.** e-e Art Reinigung (mit e-r Flüssigkeit) *mst* von Organen des Körpers (冲、清)洗(多用于人体器官) ‖ -K(复合): ***Darm-***, ***Magen-***, ***Nasen-***, ***Scheiden-*** **3.** ein Gerät mit e-m Behälter voll Wasser, mit dem man e-e Toilette nach dem Benutzen reinigt (便池水箱、马桶的)冲洗装置,(厕所的)水箱 ‖ -K(复合): ***Klo-***, ***Toiletten-***, ***Wasser-***

Spul·wurm *der*; ein Wurm, der im Darm von Menschen u. Tieren als Parasit lebt 蛔虫

Spund[1] *der*; -(e)*s*, -*e*/*Spün·de*; ein kleiner Stab aus Holz od. Metall, mit dem man das Loch an e-m Bierfass, Weinfass *o. Ä.* verschließt (酒桶的)塞子,楔子,橛子〈e-n S. einschlagen 打入一个塞子〉‖ K-(复合): ***Spund-***, ***-hahn***, ***-loch***

Spund[2] *der*; -(e)*s*, *Spun·de*; *mst in* 多用于 ***ein junger S.*** *gespr* [口]; ein junger, unerfahrener Mann 毛头小伙子,初出道的小伙子,不成熟的小伙子

Spur[1] *die*; -, -*en* **1.** das, was man *bes* auf weichem Boden sieht, wenn j-d darauf geht od. fährt 踪迹,足迹,脚印; 车迹,车辙〈Spuren im Schnee, im Sand 雪地上、沙地上的足迹; Spuren hinterlassen, suchen 留下、寻找踪迹; e-r S. folgen 追踪一个脚印; der Wind verweht die Spuren 风吹掉脚印〉: *Der Jäger verfolgte die S., die der Hase im Schnee hinterlassen hatte* 猎人追踪兔子在雪地上留下的足迹 ‖ K-(复合): ***Spuren-***, ***-suche*** ‖ -K(复合): ***Fuß-***, ***Reifen-***; ***Schleif-***; ***Fuchs-***, ***Hasen-***, ***Reh-***, ***Tier-*** **2.** die Zeichen (*z. B.* Schmutz od. Bluttropfen), an denen man erkennen kann, dass j-d irgendwo war od. dass etw. Besonderes geschehen ist 痕迹〈deutliche Spuren hinterlassen 留下明显的痕迹; Spuren sichern, verwischen 搜寻(现场)、抹去痕迹〉: *Der Einbrecher zog Handschuhe an, um keine Spuren zu hinterlassen* 为了不留下痕迹盗贼戴上手套 ‖ K-(复合): ***Spuren-***, ***-sicherung*** ‖ -K(复合): ***Blut-***, ***Brems-***, ***Kratz-***, ***Öl-***, ***Schmutz-*** **3.** die Zeichen, die helfen, *bes* e-n Verbrecher od. etw. Verschwundenes zu finden 踪迹,行踪,蛛丝马迹,线索〈j-s S. führt irgendwohin 某人的踪迹引向某处; j-s S. irgendwohin verfolgen 追随某人的行踪来到某处; e-m Verbrecher, e-m Betrug, e-m Verbrechen auf die S. kommen (= ermitteln) 找到一个罪犯、一起诈骗案、一桩罪行的蛛丝马迹; e-m Verbrecher auf der S. sein/bleiben (= hinter ihm her sein/bleiben) 正在追踪一个罪犯; von j-m/etw. fehlt jede S. (= er/es ist verschwunden 不见某人/某物的任何踪迹〉: *Die S. der Juwelendiebe führt nach Italien* 盗窃珠宝的线索引向意大利 **4.** *nur Pl* (只用复数); die Folgen, die ein Ereignis *o. Ä.* für das spätere Verhalten od. die Entwicklung e-s Menschen hat 印迹,痕迹,迹象: *Ihre schwere Kindheit hat Spuren in ihrem Charakter hinterlassen* 她那苦难的童年在她的性格中留下了痕迹 **5.** e-e S.[1] (1) im Schnee, die j-d (ein Langläufer) mit seinen Skiern macht u. der andere Skifahrer folgen (滑雪留下的)雪板迹〈e-e S. legen 形成雪板迹; in der S. gehen 在雪板迹上行走〉‖ -K(复合): ***Langlauf-***, ***Ski-*** **6.** ein Streifen e-r Straße, auf dem Fahrzeuge in dieselbe Richtung fahren 行车道〈die linke, rechte, mittlere S. 左、右、中间车道; die S. wechseln 换车道; auf/in e-r S. fahren 在一条车道上行驶〉‖ K-(复合): ***Spur-***, ***-wechsel*** ‖ -K(复合): ***Fahr-***, ***Stand-***; ***Abbiege-***, ***Linksabbieger-***, ***Rechtsabbieger-***, ***Überhol-*** **7.** der

S

Abstand zwischen den beiden nebeneinanderliegenden Rädern e-s Autos od. Zuges 轨距；(左右)轮距〈etw. hat e-e breite, schmale S. 某物轮距(或轨距)宽、窄〉‖ K-(复合)：**Spur-**, **-breite**, **-weite** ‖ -K(复合)：**Breit-**, **Normal-**, **Schmal- 8.** e-e Art (unsichtbare) Linie, auf der sich ein Auto bewegt, wenn es geradeaus fährt 行车线路〈das Auto hält die S. (gut)/nicht, bricht aus der S. aus, gerät aus der S. 这辆汽车保持/没有保持、偏离、驶离行车线路〉**9.** einer von mehreren Streifen auf e-m Tonband. Auf jeder S. kann man Musik *o. Ä.* aufnehmen (磁带的上、下)磁道〈auf e-e andere S. umschalten 转换到另一条磁道〉‖ -K(复合)：**Tonband- 10.** INFORM【信息】; einer von vielen Teilbereichen auf e-r Diskette od. Festplatte, auf denen man Informationen speichert (磁盘或硬盘上的)磁道 **11.** ***e-e heiße S.*** wichtige Zeichen, die bei der Aufklärung e-s Verbrechens helfen 一条重要的线索 ‖ ID［谚］***auf j-s Spuren wandeln*** *gespr*［口］; das tun, was ein anderer vor einem getan hat 步某人的后尘，跟某人亦步亦趋

Spur² *die*; -, *-en*; ***e-e S.*** (+ *Gen* 二格/ ***von etw.***) e-e sehr kleine Menge von etw. 一点儿，丝毫，一丁点儿 ≈ Idee, Hauch: *nicht die leiseste S. e-s Zweifels haben/von Furcht empfinden* 没有丝毫的怀疑/没有感到一丝胆怯; *An der Soße fehlt noch e-e S. Pfeffer* 调味汁里还少一丁点儿胡椒; *Der Tee ist* (*um*) *e-e S.* (ein bisschen) *zu stark* 这茶稍微浓了一点; *Im Magen des Toten fanden sich Spuren e-s Schlafmittels* 在死者的胃里有残留的安眠药 ‖ ID［谚］***nicht die/keine S.*** *gespr*［口］; überhaupt nicht 丝毫没有，根本没有: *„Bist du müde?" – „Nicht die S.!"* "你累了吗"？——"一点儿都不!"

spür·bar *Adj* (形); so, dass man es fühlen od. bemerken kann 能感觉到的，可觉察到的 ≈ fühlbar, merklich〈e-e Abkühlung, e-e Erwärmung 变冷，变热; e-e Erleichterung, e-e Verschlechterung 轻松，恶化; (es wird) s. kälter, wärmer 明显变冷了、暖和了〉

spu·ren¹; *spurte, hat gespurt*; [Vi] *gespr* (不及物)［口］≈ gehorchen

spu·ren²; *spurte, hat gespurt*; [Vt/i] (及物/不及物)(***etw.***) ***s.*** e-e Spur¹(5) in den Schnee machen 在雪里滑出一道轨迹: *e-e Loipe s.* 滑出一条滑雪道

spü·ren; *spürte, hat gespürt*; [Vt] (及物) **1.** ***etw. s.*** *bes* mithilfe des Tastsinns u. der Nerven wahrnehmen, dass etw. vorhanden ist 感觉，感觉到 ≈ fühlen (1): *e-n Schmerz, die Wärme der Sonne auf der Haut s.* 感觉到疼痛、皮肤上阳光的温暖; *Ich habe gar nicht gespürt, dass mich die Mücke gestochen hat* 蚊子叮了我，我毫无感觉 **2.** ***etw. s.*** *gespr*［口］; in e-m Teil des Körpers Schmerzen haben 感到…地方疼痛: *Wenn er im Garten arbeitet, spürt er immer seinen Rücken* 每当他在园子里干活的时候，总感到背部疼痛 **3.** ***etw. s.*** etw. empfinden, fühlen (2) 感到: *Durst, Hunger, Mitleid s.* 感到渴、饿、同情; *Ich spürte, dass er traurig war* 我感到他在伤心

Spu·ren·ele·ment *das*; BIOL【生】; e-e Substanz, die der Körper in sehr kleinen Mengen braucht, um nicht krank zu werden 微量元素

Spür·hund *der*; ein Hund, der so dressiert ist, dass er Drogen *o. Ä.* (*z. B.* für die Polizei) aufspüren kann(受过训练的)猎狗；警犬

-spu·rig [-ʃpuːrɪç] *im Adj, wenig produktiv* (构成形容词，构词弱); mit der genannten Zahl od. Menge von Spuren …车道的，…磁道的: ***sechsspurig***〈e-e Autobahn 高速公路〉, ***vielspurig***〈e-e Autobahn 高速公路〉, ***vierspurig***〈ein Tonband(gerät), e-e Autobahn 录音机，高速公路〉, ***zweispurig***〈e-e Autobahn, e-e Straße 高速公路，马路〉

spur·los *Adj* (形); *mst adv* (多作状语); ohne Spuren zu hinterlassen 无影无踪的，不留痕迹的，无踪迹的〈s. verschwinden 消失得无影无踪; etw. geht s. (= ohne, dass er es merkt) an j-m vorüber 某物从某人身边神不知鬼不觉地消失了〉

Spür·na·se *die*; *mst in* 多用于 ***e-e S. für etw. haben*** *gespr*［口］; bestimmte Situationen gut einschätzen, voraussehen können 对某事嗅觉敏锐，对某事有觉察力

Spur·ril·le *die*; -, *-n*; *mst Pl* (多用复数); tiefe Stellen (Rinnen) in e-r Straße, die dadurch entstanden sind, dass sehr viele Fahrzeuge die Straße benutzen 车道沟，深车辙: *Achtung, Spurrillen!* 小心车道沟!

Spür·sinn *der*; *nur Sg* (只用单数) **1.** die Fähigkeit e-s Hundes *o. Ä.*, gut riechen zu können 嗅觉 **2.** die Fähigkeit, etw. zu ahnen 感知的能力 ≈ Instinkt, Intuition

Spurt *der*; *-(e)s, -s*; das Spurten〈e-n S. einlegen, zum S. ansetzen 发起冲刺，准备冲刺〉‖ -K(复合): ***End-***, ***Zwischen-***

spur·ten; *spurtete, ist gespurtet*; [Vi] (不及物) **1.** SPORT【体】; *bes* auf dem letzten Teil e-r Strecke so schnell wie möglich laufen 冲刺，加速: *die letzten fünfzig Meter, die letzte Runde s.* 最后50米、最后一圈冲刺 **2.** *gespr*［口］; schnell laufen 全速奔跑，飞跑: *Wir mussten ganz schön s., um den Zug noch zu erwischen* 为了还能赶上火车，我们不得不全速奔跑

spu·ten, sich; *sputete sich, hat sich gesputet*; [Vr] (反身) ***sich s.*** *veraltend*［渐旧］≈ sich beeilen

Squash [skvɔʃ] *das*; -; *nur Sg*, SPORT (只用单数)【体】; ein Spiel, bei dem zwei Spieler in e-m geschlossenen Raum abwechselnd e-n kleinen Ball gegen e-e Wand schlagen 壁球: *Er spielt jeden Donnerstag S.* 他每个星期四打壁球 ‖ K-(复合): ***Squash-***, ***-center***, ***-court***

Squaw [skvɔː] *die*; -, *-s* **1.** e-e Indianerin 印地安女人 **2.** die Ehefrau e-s Indianers 印地安人的妻子

SRG [ɛs|ɛrˈgeː] *die*; -; *nur Sg*(只用单数);(*Abk für* 缩写,全称为 Schweizerische Radio- u. Fernsehgesellschaft) die offizielle Radio- u. Fernsehgesellschaft der Schweiz 瑞士广播电视公司

ß [ɛsˈtsɛt] *das*; -, -; ein Zeichen, das man im Deutschen unter bestimmten Bedingungen statt *ss* verwendet 在德语中有时用来替代 ss 字符≈scharfes S: *„aß" schreibt man mit „ß", „muss" mit zwei „s"* 写"aß"用"ß",写"muss"用两个"s"

Wann verwendet man ss und wann ß?
何时用 ss,何时用 ß?

ss schreibt man 写作 ss:
- nach einem kurzen Vokal 位于一个短元音之后:
  lassen, müssen, wissen,
  Busse (Pl 复 von *Bus*), *Fluss*
- Ausnahme 例外: *Litfaßsäule* (der Personenname Litfaß wird nicht geändert 人名 Litfaß 保持不变)

ß wird verwendet 用 ß:
- nach einem langen Vokal 位于一个长元音之后:
  fließen, gießt, sie ließen, Muße, Straße
- nach einem Diphthong 位于一个复合元音之后:
  beißen, reißt, weißen, außen, draußen

Bei unterschiedlicher (regionaler) Aussprache gibt es entsprechende unterschiedliche Schreibungen 在(区域性)发音不同的情况下,相应的写法不同: *Geschoss*, Ⓐ [奥] *Geschoß*; *Löss/Löß*

Komposita behandelt man so, als ob die einzelnen Wortteile selbstständige Wörter wären 复合词的各组合部分同独立词一样处理: *Kreissparkasse, Missstimmung*

NB(注意): In der Schweiz wird immer *ss*, nie *ß* geschrieben! 在瑞士永远写作 ss,从不写成 ß!

SS [ɛsˈ|ɛs] *die*; -; *nur Sg*, *hist*(只用单数)[历]; e-e Art militärisch organisierte Polizei in der Zeit des Nationalsozialismus(纳粹德国)党卫军 ‖ K-(复合): ***SS-Mann***, ***SS-Verbrechen***

Staat *der*; -(*e*)*s*, -*en* **1.** ein Land als politisches System (mit seinen Institutionen, Bürgern *usw*) 国家〈ein demokratischer, feudaler, kapitalistischer, kommunistischer, totalitärer S. 一个民主的、封建的、资本主义的、共产主义的、极权的国家; die Regierung, ein Repräsentant, die Verfassung, die Verwaltung e-s Staates 一个国家的政府、代表、宪法、行政管理; e-n S. gründen 建立一个国家; ein S. erkennt e-n S. an 一个国家承认另一个国家〉‖ K-(复合): ***Staats-***, ***-bürger***, ***-chef***, ***-flagge***, ***-führung***, ***-gebiet***, ***-grenze***, ***-gründung***, ***-hoheit***, ***-kirche***, ***-macht***, ***-notstand***, ***-oberhaupt***, ***-ordnung***, ***-organ***, ***-präsident***, ***-recht***, ***-regierung***, ***-religion***, ***-sprache***, ***-wesen*** ‖ -K(复合): ***Agrar-***, ***Industrie-***, ***Kultur-***; ***Feudal-***, ***Kasten-***, ***Klassen-***, ***Stände-***; ***Klein-***, ***Zwerg-*** **2.** die Regierung u. Verwaltung e-s Landes 国家,政府〈beim S. arbeiten, beschäftigt sein 在政府部门工作、任职; vom S. gelenkt 由国家控制〉: *Dieses Theater wird vom S. subventioniert* 这个剧院是由国家补贴的 ‖ K-(复合): ***Staats-***, ***-amt***, ***-angelegenheit***, ***-angestellte(r)***, ***-apparat***, ***-archiv***, ***-aufsicht***, ***-ausgaben***, ***-bahn***, ***-bank***, ***-bankrott***, ***-beamte(r)***, ***-bibliothek***, ***-eigentum***, ***-einnahmen***, ***-etat***, ***-finanzen***, ***-form***, ***-forst***, ***-gelder***, ***-haushalt***, ***-kasse***, ***-monopol***, ***-oper***, ***-schulden***, ***-steuer***, ***-theater***, ***-vermögen***, ***-verschuldung***, ***-wald*** **3.** eines der Länder[2] (2) e-s Bundesstaats(联邦)州 ↔ Bund ‖ K-(复合): ***Staats-***, ***-minister***, ***-ministerium***, ***-straße*** **4.** ***die Vereinigten Staaten*** ≈ Amerika (= die USA) ‖ ID [谚] ***in vollem S.*** in festlicher, offizieller Kleidung 身着盛装; ***mit etw. S. machen können*** mit etw. großen Eindruck machen, imponieren können 可以炫耀某物

Staa·ten·bund *der*; *Kollekt*, POL(集合)【政】; e-e Union zwischen gleichberechtigten, unabhängigen Staaten, die bestimmte Institutionen gemeinsam haben 邦联 ≈ Konföderation: *der deutsche S. von 1815-1866* 1815—1866 年的德意志邦联 ‖ NB(注意): ↑ ***Bundesstaat***

staa·ten·los *Adj*(形); ohne bestimmte Staatsangehörigkeit 无国籍的 ‖ *hierzu*(派生) **Staa·ten·lo·se** *der/die*; -*n*, -*n*; **Staa·ten·lo·sig·keit** *die*; *nur Sg*(只用单数)

staat·lich *Adj*(形) **1.** *mst attr*(多作定语); in Bezug auf den Staat (1) 国家的 ≈ national 〈die Souveränität, die Unabhängigkeit 主权,独立〉 **2.** *nur attr od adv*(只作定语或状语); in Bezug auf den Staat (2) 国家的,政府的 ≈ öffentlich 〈Gelder, Institutionen, Maßnahmen 资金,机构,措施〉: *ein s. gefördertes Projekt* 一个由政府资助的项目 **3.** *nicht adv*(不作状语); im Besitz des Staates (1) u. von ihm verwaltet 国有的,国立的 ↔ privat 〈ein Betrieb, ein Unternehmen 企业,公司〉

Staats·af·fä·re *die*; *mst in* 多用于 ***e-e S. aus etw. machen*** *gespr* [口]; etw. viel zu wichtig nehmen od. übertreiben 对某事小题大做,对某事大惊小怪: *Sie macht aus allem e-e S.* 他对什么都大惊小怪(或小题大做)

Staats·akt *der*; e-e feierliche Veranstaltung der Regierung e-s Staates (1) 国家庆典

Staats·an·ge·hö·ri·ge *der/die*; ein Bürger e-s Staates (1) 公民,国民 ≈ Staatsbürger: *deutscher, österreichischer, Schweizer Staatsangehöriger sein* 德国、奥地利、瑞士公民

Staats·an·ge·hö·rig·keit *die*; JUR【法】; die Tatsache, dass j-d Bürger e-s Staates (mit all seinen Rechten u. Pflichten) ist 国籍 ≈ Staatsbürgerschaft, Nationalität 〈die deutsche, britische, österreichische, Schweizer *usw* S. annehmen, besitzen, haben 接受、拥有、有德国、英国、奥地利、瑞士等国籍〉

S

Staats·an·walt *der*; j-d, der im Auftrag des Staates Verbrechen untersucht u. vor Gericht die Anklage vertritt 检察官‖ *hierzu*（派生）**Staats·an·wäl·tin** *die*

Staats·an·walt·schaft *die*; -,-*en* **1**. die Behörde e-s Staatsanwalts 检察院，检察机关 **2**. *nur Sg*, *Kollekt*（只用单数）（集合）; alle Staatsanwälte e-r Behörde od. e-s Staates 检察院（的全体检察官员）: *In der Korruptionsaffäre ermittelt bereits die S.* 检察机关已经在对这起贿赂丑闻进行调查

Staats·be·gräb·nis *das*; ein feierliches Begräbnis, das der Staat für j-n veranstaltet, der sehr viel für den Staat getan hat 国葬: *Der verstorbene Dichter erhielt ein S.* 已故的诗人获得国葬待遇

Staats·be·such *der*; ein offizieller Besuch e-s Mitglieds der Regierung e-s Staates bei der Regierung e-s anderen Staates 国事访问

Staats·bür·ger *der* ≈ Staatsangehörige(r) ‖ *hierzu*（派生）**Staats·bür·ge·rin** *die*

Staats·bür·ger·schaft *die* ≈ Staatsangehörigkeit

Staats·die·ner *der*; *mst hum* 多用[诙] ≈ Beamte(r) ‖ *hierzu*（派生）**Staats·die·ne·rin** *die*

Staats·dienst *der*; die berufliche Tätigkeit als Beamter od. Angestellter des Staates (2) 公职，公务〈in den S. gehen 到国家机关工作，去当公务员; im S. sein 在国家机关任职，当公务员〉

staats·ei·ge·n- *Adj*（形）; *nur attr*, *nicht adv*（只作定语，不作状语）≈ staatlich (3) ↔ privat 〈ein Betrieb 企业〉

Staats·emp·fang *der*; e-e feierliche Veranstaltung der Regierung e-s Staates (1), bei der *z. B.* wichtige Persönlichkeiten des öffentlichen Lebens zusammenkommen 国家级的接见（或欢迎）

Staats·exa·men *das*; ein Examen, das man an e-r Universität macht u. mit dem man *bes* als Jurist od. Lehrer in den Staatsdienst gehen kann（法律、师范等）大学毕业国家考试

Staats·feind *der*; *pej*[贬]; j-d, der das System e-s Staates ablehnt u. die Sicherheit des Staates gefährdet 危害国家安全的人，公敌 ‖ *hierzu*（派生）**Staats·fein·din** *die*; **staats·feind·lich** *Adj*（形）

Staats·ge·heim·nis *das*; ein Geheimnis, das die Sicherheit od. die Verteidigung e-s Staates betrifft 国家机密 ‖ ID [谚] ***Das ist kein S.*** *gespr* [口]; das ist nicht geheim, das darf jeder wissen 这不是国家机密

Staats·mann *der*; *geschr*[书]; ein Politiker mit internationalem Ansehen 国务活动家〈ein großer S. sein 是一位伟大的国务活动家〉

staats·män·nisch *Adj*（形）; wie es zu e-m guten, klugen Staatsmann gehört 有国务活动家风范的〈ein Auftreten, e-e Gewandtheit 举止，机敏; s. handeln 处理事务有国务活动家的风范〉

Staats|ober·haupt *das*; e-e Person, die an der Spitze e-s Staates steht u. ihn repräsentiert, wie *z. B.* der Bundespräsident der Bundesrepublik Deutschland od. der Präsident der USA 国家元首，国家首脑

Staats·par·tei *die*; e-e Partei, die in e-m Staat die Macht allein ausübt（一党制国家的）执政党

Staats·prü·fung *die*; e-e Prüfung, die vor e-r staatlichen Kommission abgelegt wird u. die öffentlich anerkannt ist 国家考试

Staats·rä·son *die*; die Einstellung, dass die Rechte e-s Staates in bestimmten Situationen wichtiger sind als die des einzelnen Bürgers 国家利益至上原则

Staats·rat *der* **1**. *Kollekt*, *hist* (*DDR*)（集合）[历（民德）]; e-e Gruppe von Politikern in der DDR, die das Amt des Staatsoberhauptes ausübten 国务委员会 ‖ K-（复合）: ***Staatsrats-***, ***-vorsitzende(r)*** **2**. *Kollekt* (CH)（集合）[瑞] die Regierung in manchen Schweizer Kantonen 州政府 **3**. (CH) [瑞] ein Mitglied des Staatsrates (2) 州政府成员 ‖ *zu*（义项）**3**. **Staats·rä·tin** *die*

Staats·sek·re·tär *der*; (D) [德] **1**. der höchste Beamte in e-m Ministerium der Bundesrepublik Deutschland 国务秘书 ‖ NB（注意）: der Minister selbst ist kein Beamter（部长本人不是公务员）**2**. ***ein parlamentarischer S.*** ein Mitglied des Bundestags, dessen Aufgabe es ist, dem Bundeskanzler od. e-m Minister zu helfen 议会国务秘书 ‖ *hierzu*（派生）**Staats·sek·re·tä·rin** *die*

Staats·si·cher·heit *die*; *gespr hist* (*DDR*) [口] [历（民德）] ≈ Staatssicherheitsdienst

Staats·si·cher·heits|dienst *der*; *hist* (*DDR*) [历（民德）]; die geheime, politische Polizei der DDR bis 1989 国家安全机关; *Abk* 缩写 SSD, *gespr auch* [口]也用 Stasi

Staats·streich *der*; e-e Aktion, bei der ein Politiker, e-e Gruppe *o. Ä.* (ohne demokratischen Auftrag) die Macht in e-m Staat (gewaltsam) übernimmt 政变 ≈ Umsturz

Stab[1] *der*; -(e)s, *Stä·be* **1**. ein langer, dünner, runder Gegenstand aus e-m harten Material 条，细棍，细杆: *die Stäbe e-s Käfigs* 笼子的栅条 ‖ -K（复合）: ***Eisen-***, ***Gitter-***, ***Holz-*** ‖ NB（注意）: ↑ ***Stange*** **2**. ein langer, dicker Stock, wie man ihn bei manchen Berufen (als Symbol) u. bei manchen Tätigkeiten verwendet 权杖，杖，杆，棍，棒 ‖ -K（复合）: ***Bischofs-***, ***Hirten-***, ***Pilger-*** ‖ ID [谚] ***den S. über j-n brechen*** *geschr* [书]; j-n nicht mehr akzeptieren, j-n verurteilen 与某人绝交

Stab[2] *der*; -(e)s, *Stä·be*; *Kollekt*（集合）**1**. MIL【军】; e-e Gruppe von Offizieren beim Militär, die den Kommandeur e-r großen Einheit[2] (2) unterstützen 参谋部 ‖ K-（复合）: ***Stabs-***, ***-arzt***, ***-offizier*** ‖ -K（复合）: ***Bataillons-***, ***Kommando-***, ***Regiments-*** **2**. e-e Gruppe von Personen (*mst* Experten), die zusammen wichtige Entscheidungen (*bes* für ein Projekt) treffen（项目）指挥部 ‖ -K（复合）: ***Krisen-***

Stäb·chen *das*; -s, - **1**. ein kleiner Stab[1] (1) 小棍子，小木条 **2**. *nur Pl*（只用复数）; zwei dünne Stäbchen (1), mit denen man *bes* in China

u. Japan isst 筷子〈mit Stäbchen essen 用筷子吃饭〉

Stab|hoch·sprin·gen *das*; e-e Sportart, bei der der Sportler mithilfe e-s langen Stabes über e-e Latte springt 撑杆跳 ‖ *hierzu* (派生) **Stab-hoch·sprin·ger** *der*; **Stab|hoch·sprin·ge·rin** *die*; **Stab|hoch·sprung** *der*; *nur Sg* (只用单数)

sta·bil *Adj* (形) **1.** so, dass es große Belastungen aushält u. nicht leicht kaputtgeht 紧固的,牢固的 ≈ robust: *ein stabiler Stahlbau* 一个牢固的钢结构 **2.** 〈die Wirtschaft, die Wetterlage, die Regierung, die Preise 经济,天气形势,政府,物价〉 so, dass sich ihr Zustand wahrscheinlich nicht stark ändert 稳定的,稳固的 ≈ verlässlich **3.** *nicht adv* (不作状语); fähig, große (psychische u. physische) Belastungen zu ertragen 坚强的,强壮的,结实的 ↔ anfällig, labil 〈j-s Gesundheit, j-s Psyche, j-s Konstitution ist s. 某人的身体结实,某人的心理坚毅,某人的体格健壮; ein Kreislauf (血液循环系统)〉 ‖ *hierzu* (派生) **Sta·bi·li·tät** *die*; *nur Sg* (只用单数)

sta·bi·li·sie·ren; *stabilisierte*, *hat stabilisiert*; [Vt] (及物) **1.** ***etw. s.*** etw. stützen od. befestigen, damit es nicht umfällt 使牢固,加固,固定: *ein Gerüst s.* 固定脚手架; *ein Zelt mit Seilen s.* 用绳子固定帐篷 **2.** ***etw. s.*** dafür sorgen, dass etw. in e-m sicheren Zustand bleibt 巩固,稳定 ≈ konsolidieren: *Die Regierung versucht, die Wirtschaft, die Preise zu s.* 政府设法稳定经济、物价 **3.** ***etw. stabilisiert etw.*** etw. trägt dazu bei, dass man bestimmte (physische od. psychische) Belastungen ertragen kann (物作主语) 巩固,稳定 〈etw. stabilisiert den Kreislauf, den Gesundheitszustand 某物稳定血液循环、巩固健康状况〉: *Knoblauch stabilisiert den Blutdruck* 大蒜稳定血压; [Vr] (反身) **4.** ***etw. stabilisiert sich*** etw. kommt in e-n Zustand, in dem keine starken Änderungen mehr auftreten (物作主语) 稳定下来 ≈ etw. konsolidiert sich 〈die Preise, die wirtschaftliche Lage, die Aktienkurse 物价、经济形势、股市行情〉 **5.** ***etw. stabilisiert sich*** etw. kommt in e-n Zustand, in dem man bestimmte (physische u. psychische) Belastungen wieder ertragen kann (物作主语) 稳定,稳固住: *Nach der schweren Herzoperation hat sich sein Kreislauf wieder stabilisiert* 做了心脏大手术之后,他的血液循环重新稳定了 ‖ NB (注意): *mst* im Perfekt (多用现在完成时态)

Stab·reim *der* ≈ Alliteration

stach *Imperfekt, 1. u. 3. Person Sg* (过去时,第一和第三人称单数); ↑ ***stechen***

Sta·chel *der*; *-s*, *-n* **1.** einer von vielen spitzen u. scharfen länglichen Teilen an e-r Pflanze od. an e-m Tier 刺,毛棘: *die Stacheln e-s Kaktus, e-s Igels* 仙人掌的、刺猬的刺 ‖ ↑ *Abb. unter* 图见 ***Igel*** **2.** der spitze Körperteil von bestimmten Tieren, mit denen sie andere Tiere u. Menschen stechen u. verletzen können 螯针,刺 〈der S. e-r Biene, e-s Skorpions 蜜蜂的螯针,蝎子的(尾)刺〉 ‖ -K- (复合): ***Gift-*** **3.** ein spitzes u. scharfes Stück Metall an e-m Gegenstand 毛刺,金属刺 ‖ K- (复合): ***Stachel-***, ***-halsband*** **4.** *geschr* [书]; ***der S.*** + *Gen* (二格) ≈ Qual, Pein 〈der S. der Eifersucht, des Misstrauens 忌妒的、猜疑的痛苦〉 **5.** *geschr* [书]; ***der S.*** + *Gen* (二格); ein starker Trieb, der j-n dazu bringt, etw. zu tun 刺激,驱动 〈der S. des Ehrgeizes, der Neugier 名利心、好奇心的驱动〉 ‖ ID [谚] ***j-d / etw. ist j-m ein S. im Fleische*** *geschr* [书]; j-d/ etw. ist für j-n die Ursache für ständigen Ärger 某人/某物是某人的眼中钉,肉中刺; ***etw. nimmt etw.*** (*Dat* 三格) ***den S.*** etw. macht etw. weniger unangenehm 某事削弱某事的锐气(棱角) ‖ NB (注意): ↑ ***Dorn***

Sta·chel·bee·re *die*; e-e kleine runde, grüne Frucht (*mst* mit Haaren auf der Haut), die an e-m stachligen Strauch wächst u. sauer schmeckt 醋栗 ‖ K- (复合): ***Stachelbeer-***, ***-strauch***

Sta·chel·draht *der*; ein Draht mit Stacheln (3), den man als Zaun verwendet 带刺铁丝,蒺藜丝: *sich die Hose am S. zerreißen* 在铁丝网上挂破了裤子 ‖ K- (复合): ***Stachel-draht-***, ***-zaun***

Stacheldraht

sta·che·lig *Adj* (形); ↑ ***stachlig***

Sta·chel·schwein *das*; ein Tier mit kurzen Beinen u. langen, scharfen, schwarz-weißen Stacheln (1) auf dem Rücken, das *mst* in Afrika u. Asien lebt 豪猪

stach·lig *Adj* (形) **1.** mit vielen Stacheln (1) 有刺的,多刺的 〈ein Kaktus 仙人掌〉 **2.** mit relativ harten Haaren (毛发)硬得扎人的〈ein Bart 胡子〉 ‖ *hierzu* (派生) **Stach·lig·keit** *die*; *nur Sg* (只用单数)

Sta·del *der*; *-s*, *-*; *südd* Ⓐ Ⓒⓗ [南德][奥][瑞] ≈ Scheune ‖ -K (复合): ***Heu-***

Sta·di·on [ˈʃtaːdi̯ɔn] *das*; *-s*, *Sta·di·en* [ˈʃtaːdi̯ən]; e-e große Anlage für sportliche Veranstaltungen mit Tribünen für die Zuschauer. Manche Stadien sind ganz od. teilweise mit e-m Dach bedeckt 体育场 ‖ K- (复合): ***Stadion-***, ***-ansager***, ***-lautsprecher*** ‖ -K (复合): ***Fußball-***, ***Olympia-***, ***Sport-***

Sta·di·um [ˈʃtaːdi̯ʊm] *das*; *-s*, *Sta·di·en* [ˈʃtaːdi̯ən]; ein bestimmter Zustand in e-r Entwicklung 阶段,时期 ≈ Phase: *Krebs im vorgerückten S.* 接近晚期的癌症 ‖ -K (复合): ***Anfangs-***, ***End-***, ***Früh-***, ***Spät-***, ***Verfalls-***, ***Vorbereitungs-***, ***Zwischen-***

Stadt [ʃtat] *die*; *-*, *Städ·te* [ˈʃtɛ(ː)tə] **1.** e-e große Menge von Häusern u. anderen Gebäuden, in denen Leute wohnen u. arbeiten, mit e-r eigenen Verwaltung 城市 ↔ Dorf 〈e-e S. gründen, erobern, verteidigen, zerstören 建立、占领、保卫、摧毁一座城市; in die S. fahren, ziehen 驱车进城,迁入城市; im Zentrum, am Rande e-r S. 在市中心,在城市边缘〉: *Die Städte Bonn, Koblenz u. Köln liegen am Rhein* 波恩、科布伦茨和科隆这三座城市都位于莱茵河畔 ‖ K- (复合): ***Stadt-***, ***-archiv***,

S

-bevölkerung, ***-bewohner***, ***-bezirk***, ***-bibliothek***, ***-bücherei***, ***-chronik***, ***-gärtnerei***, ***-gebiet***, ***-grenze***, ***-kern***, ***-klima***, ***-mitte***, ***-park***, ***-rand***, ***-wappen***, ***-wohnung***, ***-zentrum*** ‖ -K(复合): ***Küsten-***, ***Provinz-***; ***Hafen-***, ***Handels-***, ***Industrie-***, ***Messe-***, ***Universitäts-***; ***Groß-***, ***Klein-***, ***Millionen-***, ***Welt-*** **2.** das Zentrum e-r S. (1) mit den Geschäften, Banken, *usw* 市区≈ City ↔ Vorort: *zum Einkaufen in die S. fahren* (坐车,开车)去市区购物 ‖ -K(复合): ***Innen-*** **3.** *nur Sg*, *Kollekt* (只用单数)(集合); die Personen, die in e-r S. (1) wohnen 全城的市民: *Die ganze S. hat über den Skandal geredet* 全城都议论了这件丑闻 **4.** *nur Sg*(只用单数); die Verwaltung e-r S. (3) 市政府 ⟨bei der S. angestellt sein, bei der S. arbeiten 受雇于市政府,在市政府工作⟩ **5.** ***die Ewige S.*** ≈ Rom **6.** ***die Heilige S.*** ≈ Jerusalem **7.** ***die Goldene S.*** ≈ Prag

stadt·aus·wärts *Adv* (副); in der Richtung vom Zentrum e-r Stadt nach außen 离开市区 ↔ stadteinwärts

Stadt|au·to·bahn *die*; e-e Autobahn innerhalb e-r Stadt 市内高速公路

Stadt·bahn *die*; e-e S-Bahn im Gebiet e-r großen Stadt 城市(轻轨)火车

stadt·be·kannt *Adj*(形); *nicht adv* (不作状语); aufgrund bestimmter negativer Eigenschaften in der ganzen Stadt (3) bekannt 全城出了名的,全城名声不好的

Stadt·bum·mel *der*; *gespr* [口]; ein Spaziergang durch die (Innen) Stadt (市区)逛马路 ⟨e-n S. machen 逛马路⟩

Städ·te·bau *der*; *nur Sg*(只用单数); das Planen u. Bauen von Städten u. Siedlungen 市政建设,城市建设 ‖ *hierzu* (派生)**städ·te·bau·lich** *Adj*(形)

Städ·te·bund *der*; *Kollekt*, *hist* (集合)[历]; (im Mittelalter) ein Bündnis zwischen Städten 城市同盟

stadt·ein·wärts *Adv* (副); zum Zentrum e-r Stadt hin 进入市区

Städ·te·part·ner·schaft *die*; ein freundschaftlicher Vertrag zwischen zwei Städten *mst* in verschiedenen Ländern, der dazu dient, den kulturellen Austausch u. persönliche Kontakte zwischen den Einwohnern zu fördern 友好城市关系: *die S. zwischen Augsburg u. Nagasaki* 奥格斯堡和长崎的友好城市关系

Städ·ter *der*; *-s*, *-*; j-d, der in der Stadt wohnt 城市居民,城里人 ‖ -K(复合): ***Groß-***, ***Klein-*** ‖ *hierzu* (派生)**Städ·te·rin** *die*; *-*, *-nen*

Stadt·ex·press *der*; Ⓓ [德] ein Nahverkehrszug für den Transport zu und von e-r größeren Stadt 城市快速列车

Stadt·flucht *die*; das Phänomen, dass viele Leute von der Stadt auf das Land ziehen 大批城市居民迁往农村↔ Landflucht

Stadt·füh·rer *der*; ein kleines Buch (*mst* für Touristen) mit e-r Karte u. Informationen über e-e Stadt 城市观光指南,城市导游手册

Stadt·ge·spräch *das*; ein Thema, über das alle Bewohner e-r Stadt sprechen 全城热门话题 ⟨j-d/etw. ist S. 某人/某事是全城的热门话题; j-d/etw. wird (zum) S. 某人/某事成为全城的热门话题⟩

städ·tisch *Adj* (形) **1.** im Eigentum e-r Stadt od. von e-r Stadt verwaltet 市属的,市立的,市政的⟨e-e Organisation, e-e Schule, ein Altersheim 组织,学校,养老院⟩ **2.** so, wie es in der Stadt normal u. üblich ist 城市的;城市般的↔ ländlich

Stadt·mau·er *die*; e-e Mauer (*mst* aus dem Mittelalter) um e-e Stadt, die früher die Bewohner vor Feinden schützte 城墙

Stadt·mensch *der* **1.** j-d, der lieber in e-r Stadt wohnt als auf dem Land 迷恋城市的人 **2.** j-d, der in allem, was er sagt u. tut, als Stadtbewohner zu erkennen ist(从言行上能识别的)城里人

Stadt·plan *der*; ein Plan mit allen wichtigen Straßen u. Plätzen e-r Stadt 城市交通图,市区地图

Stadt·rand *der*; das Gebiet in e-r Stadt, das am weitesten weg vom Zentrum liegt u. an das Umland grenzt 城市边缘,市郊 ↔ Stadtmitte ⟨am S. wohnen 住在市郊; ein Haus am S. haben 在市郊拥有一幢房子⟩ ‖ K-(复合): ***Stadtrand-***, ***-siedlung***

Stadt·rat *der* **1.** *Kollekt* (集合); e-e Art Parlament in e-r Stadt, das über Verwaltung, Planung *usw* entscheidet 市议会 ‖ K-(复合): ***Stadtrats-***, ***-fraktion*** **2.** ein Mitglied des Stadtrats (1) 市议员 ‖ *zu* (义项)**2. Stadt·rä·tin** *die*

Stadt|rund·fahrt *die*; e-e Fahrt durch e-e Stadt, bei der man *bes* Touristen die interessanten Gebäude u. Plätze zeigt (乘车)市内观光游览 ⟨e-e S. machen 进行市内观光游览⟩

Stadt·staat *der*; e-e Stadt mit den gleichen Rechten u. Pflichten wie ein Bundesland od. ein Staat 市州; 城邦: *Die Stadtstaaten Bremen u. Hamburg* 市州不来梅和汉堡; *Florenz u. Venedig waren früher Stadtstaaten* 佛罗伦萨和威尼斯以前曾是城邦

Stadt·strei·cher *der*; *-s*, *-*; e-e *mst* arme Person ohne Wohnung, die sich in Städten aufhält 城市漂泊者 ‖ *hierzu* (派生) **Stadt·strei·che·rin** *die*; *-*, *-nen*

Stadt·teil *der*; ein bestimmtes Gebiet in e-r Stadt mit oft typischen Straßen, Gebäuden *o. Ä.* 城区,市区 ≈ Bezirk, Viertel

Stadt·the·a·ter *das*; das repräsentative Theater e-r Stadt, die es zum großen Teil auch selbst finanziert 市立剧院,(城)市剧院

Stadt·vä·ter *die*; *Pl*, *gespr hum* (复)[口][诙]; die Mitglieder des Stadtrats (1) 市议会议员≈ Stadträte

Stadt·vier·tel *das* ≈ Stadtteil

Stadt·wer·ke *die*; *Pl* (复); e-e Firma, die e-r Stadt gehört u. diese mit Strom u. Gas versorgt 城市供电供气厂

Sta·fet·te *die*; *-*, *-n*; *Kollekt*, *veraltet* (集合)[旧]; e-e Reihe von Personen, bei der eine Person der jeweils nächsten etw. (*mst* e-e Nachricht) übergibt, damit es über e-e weite Strecke an e-n bestimmten Ort gebracht wird

（骑马送急件的信使）驿使 ‖ K-（复合）：***Stafetten-***, ***-lauf***

Staf·fa·ge [ʃtaˈfaːʒə] *die*；-；*nur Sg*，*mst pej*（只用单数）多用［贬］；etw.，das dazu dient，(nach außen) e-n guten Eindruck zu machen 装门面，点缀，装饰物〈etw. ist nur S. 某物只不过是装装门面〉

Staf·fel *die*；-，*-n* **1.** *Kollekt*，SPORT（集合）【体】；e-e Gruppe von *mst* vier Sportlern，die in e-m Wettkampf（als Mannschaft）nacheinander e-e bestimmte Strecke schwimmen，laufen od. fahren 接力赛参赛队 ‖ K-（复合）：***Staffel-***，***-lauf***，***-läufer***，***-schwimmen***，***-stab*** ‖ -K（复合）：***Lauf-***，***Schwimm-*** **2.** ein Wettkampf，der zwischen mehreren Staffeln (1) stattfindet 接力赛 **3.** *Kollekt*，MIL（集合）【军】；e-e militärische Einheit bei der Luftwaffe（飞行）中队 ‖ -K（复合）：***Flieger-***

Staf·fe·lei *die*；-，*-en*；ein Rahmen aus Holz，der das Bild hält，das man gerade malt 画架

staf·feln；*staffelte*，*hat gestaffelt*；[Vt]（及物）**etw.**（*Kollekt od Pl*（集合或复数））（***nach etw.***）**s.** etw. nach bestimmten Kategorien einteilen（按…）划分…的等级〈die Gebühren，die Beiträge s. 划分收费、保险费的等级〉：*Die Zuschüsse werden nach dem Einkommen，die Gehälter nach Leistung gestaffelt* 按收入划分补助等级，按工作成绩划分工资等级 ‖ K-（复合）：***Staffel-***，***-miete***，***-tarif*** ‖ *hierzu*（派生）**Staf·fe·lung** *die*

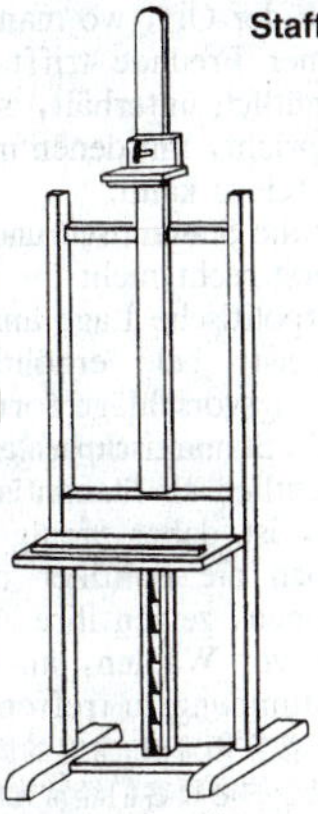
Staffelei

stag·nie·ren；*stagnierte*，*hat stagniert*；[Vi]（不及物）*geschr*［书］；***etw. stagniert*** etw. bleibt in seiner Entwicklung stehen（物作主语）停滞不前 ≈ etw. steht still，etw. stockt〈die Wirtschaft，e-e Entwicklung 经济，发展〉‖ *hierzu*（派生）**Stag·na·ti·on** *die*；-，*-en*；*mst Sg*（多用单数）

stahl *Imperfekt*，*1. u. 3. Person Sg*（过去时，第一和第三人称单数）；↑ ***stehlen***

Stahl *der*；*-s*；*nur Sg*（只用单数）；Eisen，das man hart gemacht hat u. aus dem man *bes* Werkzeuge u. wichtige Teile für Bauwerke herstellt 钢〈rostfreier，veredelter S. 不锈钢，调质钢；etw. ist hart wie S. 某物坚硬如钢〉‖ K-（复合）：***Stahl-***，***-band***，***-bau***，***-blech***，***-draht***，***-erzeugung***，***-feder***，***-helm***，***-industrie***，***-nagel***，***-rohr***，***-saite***，***-schrank***，***-träger***，***-waren***，***-werk***；***stahl-***，***-grau***，***-hart***

Stahl·be·ton *der*；ein Material aus Stahlstäben u. Beton，aus dem man *bes* Häuser u. Brücken baut 钢筋混凝土 ‖ K-（复合）：***Stahl-beton-***，***-bau***，***-konstruktion***

stahl·blau *Adj*（形）；von kräftiger u. leuchtend blauer Farbe 深蓝的，蓝得发亮的〈Augen 眼睛〉

stäh·len；*stählte*，*hat gestählt*；[Vt]（及物）***etw. / sich s.*** etw. /sich sehr stark machen 锻炼，使坚强〈die Muskeln，den Willen s. 锻炼肌肉、意志〉

stäh·lern *Adj*（形）**1.** *nur attr*，*nicht adv*（只作定语，不作状语）；aus Stahl 钢质的，钢制的：*ein stählernes Gerüst* 钢质脚手架 **2.** *nicht adv*（不作状语）；voller Kraft 强壮有力的；钢铁般的，坚强的〈Muskeln，ein Wille 肌肉，意志〉

Stahl·ross *das*；*gespr hum*［口］［诙］≈ Fahrrad

stak *Imperfekt*，*1. u. 3. Person Sg*（过去时，第一和第三人称单数）；↑ ***stecken***

sta·ken；*stakte*，*hat gestakt*；[Vt/i]（及物/不及物）（***etw.***）（***irgendwohin***）**s.** ein Boot in flachem Wasser mit e-r langen Stange fortbewegen（用篙）撑（船）：*Sie stakte den Kahn durch das Schilf* 她撑小船穿过芦苇

stak·sen；*stakste*，*ist gestakst*；[Vi]（不及物）*gespr*［口］；***j-d/ein Tier stakst*** j-d/ein Tier geht steif u. ungeschickt（*bes* wenn er/es lange，dünne Beine hat）（人/动物作主语）（因腿长）像踩高跷似地笨拙行走 ‖ *hierzu*（派生）**stak·sig** *Adj*（形）

Stall *der*；-(*e*)*s*，*Stäl·le* **1.** ein Raum od. Gebäude，in dem man Kühe，Schafe *usw* hält u. füttert（牲口）圈，厩，棚〈den S. ausmisten 起圈，清栏，清厩〉‖ K-（复合）：***Stall-***，***-bursche***，***-gebäude***，***-geruch***，***-knecht***，***-magd***，***-mist*** ‖ -K（复合）：***Hühner-***，***Kaninchen-***，***Kuh-***，***Pferde-***，***Schweine-*** **2.** *Kollekt*（集合）；alle Pferde，die für e-n Besitzer in Wettrennen starten（属同一马主的所有）参赛马 ‖ -K（复合）：***Renn-*** ‖ ID［谚］*mst* 多用 ***ein ganzer S. voll Kinder*** *gespr*［口］；sehr viele Kinder 一窝孩子

Stal·lung *die*；-，*-en*；*mst Pl*（多用复数）；ein großer Stall 大型圈（厩、栏）

Stamm *der*；-(*e*)*s*，*Stäm·me* **1.** der dicke Teil e-s Baumes，aus dem die Äste kommen 树干〈ein dicker，dünner，schlanker，knorriger，morscher S. 粗的、细的、细长的、多节疤的、腐朽的树干〉‖ K-（复合）：***Stamm-***，***-holz*** ‖ -K（复合）：***Baum-***；***Buchen-***，***Fichten-***，***Weiden-*** *usw* **2.** *Kollekt*（集合）；e-e Gruppe von Personen von derselben Art，Sprache，demselben Glauben u. denselben Sitten，die in e-m bestimmten Gebiet *mst* unter der Leitung e-s Häuptlings leben 种族，部落：*die germanischen Stämme* 各日耳曼部族；*der S. der Hopi-Indianer*（北美）霍皮印地安人部族 ‖ K-（复合）：***Stammes-***，***-bewusstsein***，***-entwicklung***，***-führer***，***-fürst***，***-geschichte***，***-häuptling***，***-kunde***，***-name***，***-sage***，***-sprache***，***-zugehörigkeit*** ‖ -K（复合）：***Indianer-***；***Hirten-*** **3.** *Kollekt*（集合）；e-e Gruppe von Personen，die für bestimmte Aufgaben sehr wichtig sind 一批骨干，核心人员：*ein S. von Mitarbeitern*，*von guten Spielern im Team* 一批工作骨干，队里的一批骨干

运动员 ‖ K-(复合): ***Stamm-***, ***-belegschaft***, ***-mannschaft***, ***-personal***, ***-publikum***, ***-spieler*** ‖ -K(复合): ***Besucher-***, ***Kunden-*** **4.** LING【语】: der zentrale Teil e-s Wortes ohne Vorsilbe, Nachsilbe u. Endung 词干: *„fahr" ist der S. von „gefahren"*"fahr" 是 "gefahren" 的词干 ‖ K-(复合): ***Stamm-***, ***-form***, ***-silbe***, ***-vokal*** **5.** BIOL【生】: die höchste Kategorie im Reich (= System) der Tiere (动物界分类系统) 门: *Zum S. „Wirbeltiere" gehört die Klasse „Säugetiere"* 哺乳动物纲属于脊椎动物门 ‖ ID [谚] ***vom Stamme Nimm sein*** *gespr hum* [口][诙]: immer alles nehmen, was man bekommen kann 爱占便宜, 什么都要, 贪得无厌

Stamm.baum *der* **1.** e-e Darstellung der verwandtschaftlichen Beziehungen zwischen den Mitgliedern e-r Familie (*bes* über e-n langen Zeitraum) (家族) 谱系; 家谱 ⟨e-n S. aufstellen 列一个家族谱系⟩: *seinen S. bis ins Mittelalter zurückverfolgen können* 可把他的家族谱系追溯到中世纪 ‖ -K(复合): ***Familien-*** **2.** e-e Information des Züchters über die Vorfahren e-s Tieres(动物)谱系: *der S. e-s Hundes, e-s Pferdes* 一只狗、一匹马的谱系

stam.meln; *stammelte, hat gestammelt*; [Vt/i] (及物/不及物) (**etw.**) **s.** mit Pausen (stockend) u. sehr undeutlich sprechen, *mst* weil man Angst hat od. aufgeregt ist 吞吞吐吐地说, 结结巴巴地说 ⟨e-e Entschuldigung s. 吞吞吐吐地道歉⟩ ‖ NB(注意): ↑ ***stottern***

stam.men; *stammte, hat gestammt*; [Vi] (不及物) **1. *etw. stammt von j-m/etw.*** etw. ist von j-m/etw. gemacht(物作主语)出自…之手, 是…所作: *Das Bild stammt von Salvador Dali* 这幅画出自萨尔瓦多·达利之手 **2. *etw. stammt aus etw.*** etw. ist aus e-m Text od. aus e-m Buch genommen (物作主语) 引自, 出自: *Dieser Satz stammt aus e-m Roman von Thomas Mann* 这句话出自托马斯·曼的一部小说 **3. *j-d stammt aus etw.*** j-d kommt aus e-m bestimmten Ort od. Land bzw. aus e-r bestimmten Familie (人作主语) 出生(出身)于: *Er stammt aus Ungarn* 他出生于匈牙利; *Sie stammt aus e-r Arbeiterfamilie* 她出身于工人家庭 **4. *etw. stammt aus*** + *Sprache* (语言): ein Wort *o. Ä.* wurde aus e-r anderen Sprache übernommen (物作主语) 源出: *Das Wort „Chance" stammt aus dem Französischen* "Chance" 这个单词源出法语 **5. *etw. stammt aus etw.*** etw. ist in e-r bestimmten Zeit entstanden (物作主语) 创于, 建于, 始于: *Das Bauwerk stammt aus der Antike, aus dem Mittelalter, aus dem Barock* 这幢建筑建于古希腊罗马时期、中世纪、巴洛克时期 ‖ NB (注意): selten im Partizip Perfekt (很少用现在完成时)

Stamm.gast *der*; j-d, der sehr oft in dasselbe Lokal geht u. der dort bekannt ist (饭馆的) 老主顾, 常客

Stamm.hal.ter *der*; *hum* [诙]: j-s erster Sohn 长子, 嫡子

stäm.mig *Adj* (形): mit viel Kraft (u. fast etwas zu muskulös) 粗壮有力的 ⟨ein Junge 年轻人; Beine 两腿⟩

Stamm.knei.pe *die*; *gespr* [口] ≈ Stammlokal

Stamm.kun.de *der*; j-d, der sehr oft in demselben Geschäft einkauft (商店的) 老主顾, 老顾客 ‖ *hierzu* (派生) **Stamm.kun.din** *die*; **Stamm.kund.schaft** *die*

Stamm.lo.kal *das*; ein Lokal, in das j-d sehr oft u. gern geht 经常光顾的饭馆

Stamm.platz *der*; der Platz, auf dem j-d (in e-m Lokal, im Theater) meistens sitzt 老位置, 常坐的位置

Stamm.tisch *der* **1.** der Tisch in e-m Lokal, der für die Stammgäste reserviert ist 常客的固定桌位 **2.** *Kollekt* (集合): e-e Gruppe von Personen, die sich regelmäßig (*mst* in e-m Lokal) trifft 定期在某个饭馆固定餐桌聚会的常客, 同桌常客: *Unser S. trifft sich jeden Samstag* 我们的同桌常客每星期六相聚 ‖ K-(复合): ***Stammtisch-***, ***-runde***

Der Stammtisch 常客的固定桌位

Wörtlich verstanden ist der Stammtisch derjenige Tisch in einem Lokal, an dem sich regelmäßig die **Stammgäste** treffen. Die Institution Stammtisch hat viel mit Tradition zu tun. Für *Stammtischbrüder* (und zunehmend auch *Stammtischschwestern*) ist der Stammtisch der Ort, wo man zu bestimmten Zeiten immer Freunde trifft, mit denen man sich gemütlich unterhält, seine Sorgen und Nöte bespricht, mit denen man aber auch ausgelassen feiern kann.

Für die **Stammtischrunde** ist kein Thema tabu – erst recht nicht die Politik. Hier wird die weltpolitische Lage analysiert und es werden (meist bei erhöhtem Alkoholspiegel) Lösungsvorschläge formuliert, die sogenannten **Stammtischparolen**. Einen Politiker öffentlich als **Stammtischpolitiker** zu bezeichnen, ist daher wenig schmeichelhaft. Dass jedoch die Politiker die Stammtische ernst nehmen, zeigen ihre Anstrengungen, besonders vor Wahlen, an den Stammtischen auf Zustimmung zu treffen.

按字面理解, 常客的固定桌位是定期在某个饭馆聚会的**老顾客们**经常光顾的那张餐桌。常客的固定桌位这一习俗同传统习惯有很大关系。对**定期在固定桌位聚会的男伙伴们**(以及日益增加的**定期在固定桌位聚会的女伙伴们**)来说, 常客的固定桌位是人们在一定时间经常同朋友们聚会的地方, 在这里人们和朋友们无拘无束地闲谈聊天, 谈论自己的苦恼和麻烦, 但是在这里人们也可以同朋友们尽情地举行欢庆活动。

对于**定期在固定桌位聚会的那一帮常客**来说, 任何话题都不是禁区——政治就更加不是了。在这里会分析世界政治形势, 并且(多半在酒兴酣畅之际)提出解决问题的建议, 这就是所谓**固定桌位聚会上的政治言谈**。因此, 公开把一个政治家称作**固定桌位聚会上被谈论的政治家**, 很少含有恭维讨好的意味。但是, 政治家们不辞辛劳地要在常客的固定桌位上获得认同, 这说明政治家们是认真对待这些固定桌位上的常客的。

S

Stamm·tisch|po·li·tik *die*; *nur Sg*, *pej*（只用单数）［贬］；e-e politische Diskussion am Stammtisch, die *mst* nicht sehr sachlich ist 常客餐桌上的政治言谈

Stamm·wäh·ler *der*; j-d, der immer dieselbe Partei wählt 忠实选民，铁杆选民 ↔ Wechselwähler ‖ *hierzu*（派生）**Stamm·wäh·le·rin** *die*

stand *Imperfekt*, *1. u. 3. Person Sg*（过去时，第一和第三人称单数）；↑ ***stehen***

stamp·fen; *stampfte*, *hat/ist gestampft*; [Vt]（及物）(*hat*) **1. *etw. s.*** etw. (*mst* mit e-m Gerät) fest nach unten drücken u. es auf diese Weise klein u. flach machen 捣碎，捣烂 ≈ zerdrücken: *Kartoffeln*, *Sauerkraut s.* 把土豆、酸菜捣碎; *Gemüse zu Brei s.* 把蔬菜捣成泥 **2. *etw. irgendwohin s.*** etw. kräftig mit dem Fuß nach unten treten（使劲）踩，跺，踏〈etw. in die Erde s. 把某物踩入地里〉; [Vi]（不及物）**3. *irgendwohin s.*** (*hat*) e-n Fuß laut u. kräftig aufsetzen（使劲）跺脚: *aus Wut auf den Boden s.* 气得往地上直跺脚 **4.** (*ist*) mit lauten u. kräftigen Schritten gehen 蹬蹬地行走: *Er stampfte durch die Eingangshalle* 他重步走过大堂 **5. *etw. stampft*** (*hat*) etw. bewegt sich mit lauten Geräuschen in e-m bestimmten Rhythmus（物作主语）发出隆隆的响声〈e-e Maschine, ein Motor 机器，发动机〉‖ ID［谚］↑ ***Boden¹***

Stand¹ *der*; -(*e*)*s*, *Stän·de* **1. *der S.*** (+ *Gen* 二格/***von etw.***) *nur Sg*（多用单数）; e-e bestimmte Stufe innerhalb e-r Entwicklung *o. Ä.* 状况，状态，情形，水平〈etw. auf den neuesten S. bringen 把某物提高到最新的水平〉: *der gegenwärtige S. der Verhandlungen* 目前的谈判状况; *Das Spiel wurde beim S.* (= Ergebnis) *von 1:2 abgebrochen* 比赛在1:2的情况下中止了 ‖ -K（复合）: ***End-***, ***Schluss-***, ***Spiel-***, ***Zwischen-*** **2.** *nur Sg*（只用单数）; das ruhige Stehen (*mst* nach e-r Bewegung) 站，立，停: *nach dem Sprung vom Barren im sicheren S. landen* 从双杠上跃下落地站稳 **3.** ein kleines Geschäft (e-e Art Bude), oft nur ein großer Tisch 摊位 ‖ -K（复合）: ***Imbiss-***, ***Jahrmarkts-***, ***Markt-***, ***Verkaufs-***, ***Zeitungs-*** **4.** ein Ort für e-n bestimmten Zweck 位置，地方 ‖ -K（复合）: ***Beobachtungs-***, ***Schieß-***, ***Übungs-***, ***Taxi-*** **5.** e-e bestimmte Angabe, Größe od. Position, die man messen kann（能测量的）位置，大小，方位，高度: *der S. des Wassers*, *des Barometers*, *des Kilometerzählers* 水位，气压表的高度，时速表的指示位置; *der S. der Sonne* 太阳的位置 ‖ -K（复合）: ***Barometer-***, ***Öl-***, ***Sonnen-***, ***Wasser-***, ***Zähler-*** **6. *aus dem S.*** ohne Anlauf 立定，无助跑〈aus dem S. weitspringen, werfen 立定跳远、投掷〉 **7. *aus dem S.*** ohne sich darauf vorzubereiten 无准备地，即席 **8. *etw. hat e-n festen/sicheren S.*** etw. steht stabil, wackelt nicht（物作主语）站得牢固/稳当 ‖ ID［谚］***bei j-m e-n schlechten S. haben*** *gespr*［口］; j-m nicht sympathisch sein 在某人处没有好感，不受欢迎; ***e-n schweren S. haben*** *gespr*［口］; in e-r bestimmten Situation hart arbeiten od. kämpfen müssen 处境艰难 ‖ NB（注意）: ↑ ***außerstande***, ***imstande***, ***instande***, ***zustande***

Stand² *der*; -(*e*)*s*, *Stän·de* **1.** *Kollekt*, *hist*（集合）［历］; die gesellschaftliche Gruppe, zu der j-d gehörte 等级，阶层，社会地位 ≈ Schicht (2): *Im Mittelalter konnte man die verschiedenen Stände an ihrer Kleidung erkennen* 在中世纪人们可以从服装上判断出不同的等级 ‖ K-（复合）: ***Stände-***, ***-ordnung***, ***-recht***, ***-staat***, ***-versammlung***, ***-wesen***; ***Standes-***, ***-dünkel***, ***-ehre***, ***-organisation***, ***-person***, ***-sprache***, ***-unterschied***, ***-würde***, ***-zugehörigkeit*** ‖ -K（复合）: ***Adels-***, ***Bauern-***, ***Bürger-*** **2.** (CH)［瑞］≈ Kanton ‖ ID［谚］***in den (heiligen) S. der Ehe treten*** *geschr*［书］≈ heiraten ‖ *hierzu*（派生）**stän·di·sch-** *Adj*（形）; *nur attr*, *nicht adv*（只作定语，不作状语）

Stan·dard *der*; *-s*, *-s* **1.** e-e Qualität auf e-m bestimmten Niveau 标准，水准〈ein hoher, niedriger S. 高、低标准〉‖ -K（复合）: ***Lebens-*** **2.** das, was die meisten Leute als normal betrachten u. woran man sich halten muss od. sollte 标准，规范 ≈ Maßstab, Norm ‖ K-（复合）: ***Standard-***, ***-abweichung***, ***-ausführung***, ***-ausrüstung***, ***-brief***, ***-form***, ***-klasse***, ***-kosten***, ***-lösung***, ***-modell***, ***-preis***, ***-sprache***

stan·dar·di·sie·ren; *standardisierte*, *hat standardisiert*; [Vt]（及物）***etw. s.*** ≈ etw. normen, vereinheitlichen ‖ *hierzu*（派生）**Stan·dar·di·sie·rung** *die*; *nur Sg*（只用单数）

Stan·dard·werk *das*; ein Buch, das für ein bestimmtes (Fach)Gebiet sehr wichtig ist（专业）基础书

Stan·dar·te *die*; *-*, *-n*; die kleine Fahne e-r militärischen Truppe 军用队旗

Stand·bein *das* **1.** SPORT【体】; das Bein, auf dem man steht（支撑人体重量的）重力腿 **2.** das Bein, das die Last des Körpers in e-r Statue *o. Ä.* trägt（支撑人体雕塑的）重力腿 ‖ ID［谚］***ein zweites S.*** e-e zweite, abgesicherte Möglichkeit (im Beruf *o. Ä.*) 第二条（另一条）谋生之道

Stand·bild *das*; *veraltend*［渐旧］≈ Statue ‖ -K（复合）: ***Reiter-***

Stand-by, **Stand·by** [ˈstɛntˈbaj] *das*; *-(s)*, *-s* **1.** FLUG【航空】; e-e billige Flugreise, die man nicht vorher gebucht hat, sondern auf die man am Flughafen wartet u. die nur möglich ist, wenn noch Plätze im Flugzeug frei sind 用购买便宜的剩余机票的办法乘坐航班 ‖ K-（复合）***Stand-by-Flug*** **2.** ELEK【电】; der Zustand, wenn *z. B.* ein Fernseher *bzw.* ein Handy nicht in Betrieb sind, aber auf die Signale der Fernbedienung *bzw.* e-n Anruf reagieren 待命提供服务的状态，待机状态 ‖ K-（复合）***Stand-by-Betrieb***

Ständ·chen *das*; *-s*, *-*; Musik, die man (als Überraschung) für j-n macht, *mst* um ihm zu gratulieren 小夜曲〈j-m ein S. spielen, singen 为某人演奏、演唱一首小夜曲〉‖ -K（复合）: ***Geburtstags-***

stän·de *Konjunktiv II*, *1. u. 3. Person Sg*（虚拟式 II,第一和第三人称单数）; ↑ ***stehen***

Stän·der *der*; *-s*, *-* **1.** e-e Konstruktion aus Stangen, Latten od. Rohren, auf die man etw. stellt od. legt od. an die man etw. hängt 支架,架子: *ein S. für Mäntel, Schirme, Fahrräder* 大衣架,伞架,自行车架; *die Wäsche auf e-n S. hängen* 把洗好的衣服挂在晾衣架上 ‖ -K（复合）: ***Eisen-***, ***Holz-***; ***Bilder-***, ***Fahrrad-***, ***Garderoben-***, ***Gepäck-***, ***Kleider-***, ***Noten-***, ***Schirm-*** ‖ NB（注意）: ↑ ***Gestell*** **2.** *vulg* [俗]; ein Penis im Zustand der Erektion 勃起的阴茎

Stän·de·rat *der* **1.** *nur Sg*, *Kollekt*（只用单数）（集合）; e-e Art Parlament in der Schweiz, das nicht direkt gewählt wird, sondern sich aus Vertretern der einzelnen Kantone zusammensetzt. Der S. wirkt auch bei Aufgaben des Nationalrats mit（瑞士）联邦议会 **2.** ein Mitglied des Ständerats (1)（瑞士）联邦议会议员

Stan·des·amt *das*; die Behörde, vor der man die Ehe schließt u. bei der man Geburten u. Todesfälle meldet（办理结婚、出生、死亡登记的）户籍所 ‖ *hierzu*（派生）**Stan·des·be·am·te** *der*; **Stan·des·be·am·tin** *die*

stan·des·amt·lich *Adj*（形）;〈e-e Trauung 结婚仪式〉so, dass sie durch das Standesamt durchgeführt wird 经户籍所办理的: *s. heiraten* 经户籍所办理结婚

Stan·des·be·wusst·sein *das*; die Einstellung, dass man sich so benehmen soll, wie es den Normen der (sozialen) Schicht entspricht, zu der man gehört 社会地位观念 ‖ *hierzu*（派生）**stan·des·be·wusst** *Adj*（形）

stan·des·ge·mäß *Adj*（形）; so, wie es den Normen der (sozialen) Schicht entspricht, zu der man gehört 合乎身份的,门当户对的,与门第相配的〈s. heiraten 门当户对地结婚; sich s. benehmen 举止合乎身份〉

stand·fest *Adj*（形）**1.** so, dass es sicher u. fest steht（站立）稳当的: *e-e standfeste Leiter* 一架稳当的梯子 **2.**〈ein Mensch 人〉so, dass er sich nicht leicht beeinflussen lässt 坚定的,不动摇的 ≈ standhaft, stabil ↔ schwach, labil ‖ *hierzu*（派生）**Stand·fes·tig·keit** *die*; *nur Sg*（只用单数）

Stand·ge·richt *das*; ein (*mst* militärisches) Gericht, das während e-s Krieges sehr schnell Urteile fällt 临时(军事)法庭

stand·haft *Adj*（形）; so, dass einen nichts dazu bringen kann, seine Meinung *o. Ä.* zu ändern (u. nachzugeben) 坚定的,坚决的,不动摇的 ≈ beharrlich〈s. sein 是坚定的; s. bleiben 坚持不动摇; sich s. weigern 坚决拒绝〉‖ *hierzu*（派生）**Stand·haf·tig·keit** *die*; *nur Sg*（只用单数）

stand·hal·ten; *hält stand*, *hielt stand*, *hat standgehalten*; [Vi]（不及物）**1.** ***j-m/etw. s.*** sich von j-m/etw. nicht beeinflussen lassen, nicht nachgeben 顶住,面对…不退却 ≈ j-m/etw. widerstehen〈e-m Gegner, e-m Angriff, der Kritik, e-r Versuchung s. 顶住对手、进攻、批评、诱惑〉**2.** ***etw. hält etw.***（*Dat* 三格）***stand*** etw. hält e-e Belastung *o. Ä.* aus (u. geht nicht kaputt)（物作主语）承受得住,经得住 **3.** ***etw. hält***〈e-r Überprüfung *o. Ä.* 检验等（*Dat* 三格）〉***stand*** etw. zeigt sich als richtig *o. Ä.*（物作主语）经得起(检验): *Sein Alibi konnte e-r genauen Überprüfung nicht s.* 他的不在犯罪现场之说法经不起仔细验证

stän·dig *Adj*（形）; *nur attr od adv*（只作定语或状语）**1.**〈ein Begleiter 陪同; Lärm 噪音; Kritik 批评〉so, dass sie immer od. meistens da sind 固定不变的;持续不断的,接二连三的 **2.** *mst adv*（多作状语）; sehr oft, häufig 经常的,不断的,持久的 ≈ andauernd〈Unterbrechungen, Wiederholungen 打断,重复〉: *Sie vergisst s. etw.* 她总是忘记某事; *S. hat er an anderen etw. auszusetzen* 他老是对别人有点看不顺眼(挑三拣四的)

Stand·licht *das*; *nur Sg*（只用单数）; das schwache Licht e-s Autos, das man einschaltet, wenn man im Dunkeln kurz stehen bleibt 停车灯,车尾停车信号灯

Stand·ort *der* **1.** ein Ort, an dem sich j-d gerade befindet（人处的）位置,方位 **2.** ein Ort, an dem sich e-e Firma befindet od. an dem ein *mst* großes Gebäude steht bzw. stehen könnte（建筑的）位置,地方: *An Flüssen gibt es meistens günstige Standorte für Fabriken* 一般而言靠河边是建厂的有利位置 ‖ K-（复合）: ***Standort-***, ***-verlegung***, ***-wahl***, ***-wechsel*** **3.** MIL【军】; der Ort, an dem e-e militärische Truppe stationiert ist（部队）驻地 ‖ K-（复合）: ***Standort-***, ***-kommandant*** **4.** *nur Sg*, POL（只用单数）【政】; die Position, das Konzept u. die Prinzipien e-r politischen Partei（政党的）立场,观点 ‖ K-（复合）: ***Standort-***, ***-bestimmung***

Stand·pau·ke *die*; *mst in* 多用于 ***j-m e-e S. halten*** *gespr* [口]; j-m laut sagen, dass er etw. falsch gemacht hat 训诫某人

Stand·punkt *der*; die Art, wie man ein Problem od. e-e Situation beurteilt 立场,观点,看法 ≈ Auffassung, Anschauung〈ein klarer S. 鲜明的立场; e-n bestimmten S. vertreten 代表某种观点; j-s S. teilen 赞同某人的立场; sich auf e-n bestimmten S. stellen 站到某种立场上去; j-m seinen S. klarmachen, darlegen, auseinandersetzen 向某人阐明、陈述、说明自己的立场〉: *vom S. der Wissenschaft aus* 从科学的立场出发; *Sie steht auf dem S., dass der Staat die Wirtschaft lenken sollte* 她坚持认为,国家应该驾驭经济

stand·recht·lich *Adj*（形）; entsprechend dem Urteil u. den Gesetzen e-s Standgerichts 按紧急状态法的〈j-n s. erschießen 按紧急状态法枪决某人〉‖ *hierzu*（派生）**Stand·recht** *das*; *nur Sg*（只用单数）

Stand·spur *die*; der schmale Streifen am Rand der Autobahn, auf dem man nur halten darf, wenn man e-e Panne hat（高速公路上的）紧急停车带

Stan·ge *die*; -, -*n* **1.** ein langer, dünner, runder Gegenstand aus Holz od. Metall 杆，竿，篙：*Die Bohnen wachsen an Stangen in die Höhe* 豆科植物攀着竿子向上生长；*mit e-r S. das Boot vom Ufer abstoßen* 用篙把船撑离岸边 ‖ NB（注意）：e-e *S.* ist *mst* länger als ein *Stab*. E-e *Latte* ist nicht rund, sie hat Kanten（通常 Stange 要长于 Stab. Latte 不是圆的，而是方木条）‖ K-（复合）：***Stangen-***，***-bohne*** ‖ -K（复合）：***Bambus-***，***Eisen-***，***Holz-***，***Messing-***；***Bohnen-***，***Hopfen-***，***Teppich-*** **2.** ***e-e S.*** + *Subst*（名词）；ein ganzes, längliches Stück von etw. 一根…，一条…〈e-e S. Vanille, Zimt 一根香草、桂皮〉‖ K-（复合）：***Stangen-***，***-brot***，***-weißbrot*** ‖ -K（复合）：***Vanille-***，***Zimt-*** **3.** ***e-e S. Zigaretten*** zehn Schachteln Zigaretten, die zusammen verpackt sind 一条香烟 ‖ ↑ *Abb. unter* 图见 ***Behälter und Gefäße*** **4.** ***e-e S. Geld*** *gespr*［口］；viel Geld 一大笔钱 **5.** ***von der S.*** in der Fabrik in Serien mit üblichen Größen (nicht nach Maß) gemacht 成批生产的：*ein Anzug von der S.* 成衣西服 ‖ ID［谚］***j-m die S. halten*** j-m (in e-m Streit) helfen（在争论中）为某人撑腰，庇护、支持某人；***j-n bei der S. halten*** bewirken, dass j-d bei e-r gemeinsamen Arbeit weitermacht（在一项工作上）挽留、留住某人；***bei der S. bleiben*** an e-r gemeinsamen Arbeit weitermachen 坚持干下去 ↔ abspringen ‖ ▶ ***Gestänge***

Stän·gel *der*; -*s*, -; der lange, dünne Teil e-r Pflanze, auf dem die Blüte ist 茎，秆 ≈ Stiel ‖ ↑ *Abb. unter* 图见 ***Blumen***

stank *Imperfekt*, *1. u. 3. Person Sg*（过去时，第一和第三人称单数）；↑ ***stinken***

stän·kern; *stänkerte*, *hat gestänkert*; Vi（不及物）(***gegen j-n***) ***s.*** *gespr pej*［口］［贬］；versuchen, mit j-m e-n Streit anzufangen (*mst* indem man ihn ständig kritisiert) 跟…找茬儿、过不去、捣乱 ‖ *hierzu*（派生）**Stän·ke·rer** *der*; -*s*, -

Stan·ni·ol *das*; -*s*; *nur Sg*（只用单数）；e-e Art Papier aus sehr dünnem Metall (Zinn), mit dem man *bes* Schokolade einwickelt 锡纸，锡箔 ‖ K-（复合）：***Stanniol-***，***-papier***

stan·zen; *stanzte*, *hat gestanzt*; Vt（及物）**1.** ***etw.*** (***in/auf etw.*** (*Akk* 四格)) ***s.*** (mit e-r Maschine) ein Muster auf etw. machen（在…上面）冲压、压出（花纹图案）≈ etw. in etw. prägen：*ein Wappen ins Leder s.* 在皮革上压出徽记 ‖ K-（复合）：***Stanz-***，***-maschine*** **2.** ***etw. aus etw. s.*** aus e-m dünnen Material Stücke mit der gleichen Form mit e-r Maschine schneiden 模压成，冲压出

Sta·pel[1] *der*; -*s*, -; ***ein S.*** + *Subst*（名词）；mehrere gleiche Dinge, die (ordentlich) aufeinandergelegt wurden 一摞，一叠 ≈ Stoß 〈ein S. Bücher, Briefe, Wäsche 一摞书、信、衣服；etw. zu e-m S. schichten 把…摞成一摞〉‖ -K（复合）：***Bretter-***，***Bücher-***，***Holz-***，***Wäsche-***

Sta·pel[2] *der*; -*s*, -; *nur in* 只用于 **1.** ***ein Schiff läuft vom S.*** ein neu gebautes Schiff wird ins Wasser gelassen 一艘船下水 **2.** ***etw. vom S. lassen*** *gespr*［口］；etw. sagen, das in der betreffenden Situation überrascht u. auf Ablehnung stößt 信口开河 ‖ *zu*（义项）**1. Sta·pel·lauf** *der*; *nur Sg*（只用单数）

Stapel[1]

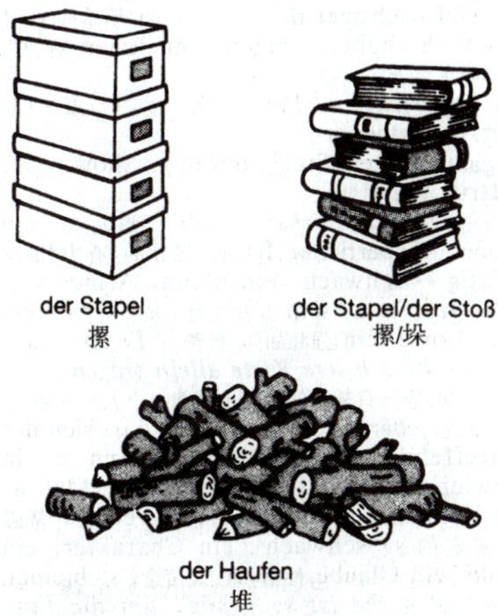

sta·peln; *stapelte*, *hat gestapelt*; Vt/i（及物/不及物）**1.** (***etw.*** (*Kollekt od Pl*（集合或复数）)) ***s.*** mehrere gleiche Dinge so aufeinanderlegen, dass ein Stapel[1] entsteht 摞，堆垛，码放 ≈ aufschichten 〈Holz, Wäsche, Geschirr, Zeitungen s. 把木头、衣服、碗碟、报纸摞起来〉；Vr（反身）**2.** ***etw.*** (*Kollekt od Pl*（集合或复数）) ***stapelt sich*** e-e große Menge von etw. ist irgendwo (u. liegt aufeinander)（物作主语）摞成垛，摞在一起，堆存起来〈Zeitungen, Briefe, das Geschirr 报纸，信，碗碟〉：*In seinem Zimmer stapeln sich die Schallplatten* 在他的房间里唱片摞成垛

sta·pel·wei·se *Adv*（副）；in großen Mengen 成摞地：*Bei uns liegen s. alte Zeitungen im Keller* 我们那儿旧报纸成摞地堆在地下室里

stap·fen; *stapfte*, *ist gestapft*; Vi（不及物）(***irgendwohin/durch etw.***) ***s.*** mit großen Schritten auf e-m weichen Boden gehen, in den man immer wieder einsinkt（因地面松软、泥泞）艰难地行走，高一脚低一脚地行走〈durch den Schnee, Schlamm s. 高一脚低一脚地穿过雪地、泥泞的道路〉

Star[1] *der*; -*s*, -*e*; ein mittelgroßer, dunkler Singvogel mit hellen Punkten 椋鸟

Star[2] *der*; -(*e*)*s*; *nur Sg*（只用单数）；e-e Krankheit der Augen, bei der entweder die Linse des Auges trüb wird (= *grauer S.*) od. bei der die Netzhaut u. der Sehnerv schwach werden (= *grüner S.*) 白内障〈den S. haben, bekommen 患有、得了白内障；j-n am S. operieren 给某人做白内障手术〉

Star[3] [ʃt-, st-] *der*; -*s*, -*s*; j-d, der (*bes* in der Kunst, im Sport) sehr berühmt ist 明星 ‖ K-（复合）：***Star-***，***-anwalt***，***-autor***，***-besetzung***，

S

-dirigent, -journalist, -kult, -mannequin ‖ -K(复合): ***Bühnen-, Fernseh-, Film-, Fußball-, Operetten-, Opern-, Pop-, Revue-, Rock-, Schlager-***

Star·al·lü·ren *die*; *Pl*, *pej* (复)[贬]; ein *mst* arrogantes Verhalten, das j-d zeigt, der sich für viel wichtiger hält, als er ist 明星架子,明星派头 〈S. haben, zeigen, annehmen 有、摆、沾染明星架子〉

starb *Imperfekt*, *3. Person Sg* (过去时,第三人称单数); ↑ ***sterben***

Star·gast *der*; ein Star³, der in j-s Show *o. Ä.* auftritt 客串明星

stark; *stärker*, *stärkst-*; *Adj* (形) **1.** mit großer körperlicher Kraft 强壮的,有力的 ≈ kräftig ↔ schwach 〈ein Mann, Arme 男人,胳膊; groß u. s. sein 是高大有力的; s. wie ein Bär, Löwe sein 强壮如熊、狮子〉: *Er ist so s., dass er die schwere Kiste allein tragen kann* 他很有劲,连这只笨重的木箱他都能一个人扛起来 ‖ -K(复合): ***bären-, löwen-*** **2.** so, dass sich der Betreffende gut durchsetzen kann u. in schwierigen Situationen nicht den Mut u. die Kontrolle über sich selbst verliert 坚强的,坚定的 ↔ schwach 〈ein Charakter, ein Wille, ein Glaube 性格,意志,信念; s. bleiben 保持坚强〉: *Sie ist s. genug, um die Einsamkeit zu ertragen* 她很坚强,能承受孤独 **3.** belastbar 承受能力强的〈Nerven 神经; ein Herz 心脏〉 **4.** 〈ein Motor 发动机; e-e Glühbirne 电灯泡〉 so, dass sie e-e große Leistung bringen können (功率)强大的 ≈ leistungsstark **5.** ≈ massiv, stabil 〈e-e Mauer 墙〉 **6.** 〈e-e Brille 眼镜〉 mit dicken Gläsern 度数深的 **7.** 〈Zigaretten 香烟; ein Kaffee, ein Tee, ein Schnaps 咖啡,茶,烧酒; ein Medikament 药〉 mit e-r großen Wirkung, *bes* weil sie sehr konzentriert sind 浓的,浓烈的,烈性的 ↔ schwach, leicht ‖ K-(复合): ***Stark-, -bier*** **8.** in hohem Maß (vorhanden) 强烈的,猛烈的,厉害的 ≈ intensiv ↔ schwach, leicht 〈Regenfälle, Verkehr, Frost, Wind, Schmerzen, Zweifel 下雨,交通,霜冻,风,疼痛,怀疑; etw. s. betonen 特别强调某物; s. erkältet, beschäftigt sein 患重感冒,很忙; etw. ist s. ausgeprägt, entwickelt 某物特征很鲜明,发展很迅猛〉: *Die Wunde blutete so s., dass man e-n Verband anlegen musste* 伤口血流得厉害,不得不扎上绷带; *Er ist ein starker Raucher* 他抽烟厉害(= er raucht viel) ‖ K-(复合): ***Stark-, -strom*** **9.** *mst adv* (多作状语); in großer Zahl 多,大量 ≈ rege ↔ schwach 〈etw. ist s. besetzt, besiedelt, besucht, bevölkert 某处上座率高、居住密集、参观人数多、人口密度大〉: *e-e stark bevölkerte Gegend* 人口稠密的地区 **10.** *Maßangabe* (计量说明语) + **s.** verwendet, um anzugeben, wie dick etw. ist …厚的,…粗的: *ein 5. mm starker Karton* 五毫米厚的纸箱; *Das Seil ist 4. cm s.* 这条绳子四厘米粗 **11.** *mst im Komparativ*, *gespr euph* (多用比较级)[口][婉] ≈ dick, mollig 〈e-e Figur 体形〉: *Mode für stärkere Damen* 适合于体形较粗壮女士的流行款式 **12.** *gespr* [口]; (*bes* von Jugendlichen) verwendet, um großes Lob auszudrücken (青年人用语)棒的,帅的 ≈ toll: *Deine Frisur ist echt s.!* 你这个发型真是棒极了!; *Das war ein starker Film* 这真是一部够味的电影 **13.** LING【语】; (*von Verben*) dadurch gekennzeichnet, dass die Formen des Imperfekts u. des Partizips Perfekt mit e-m anderen (Stamm) Vokal gebildet werden (动词变位)强变化的,不规则的 ↔ schwach (10) 〈e-e Form, e-e Konjugation, ein Verb 形式,动词人称变位,动词〉: *Das Verb „finden" wird s. konjugiert* 动词"finden"作强变化 **14.** LING【语】; (*von männlichen u. sächlichen Substantiven*) dadurch gekennzeichnet, dass der Genitiv mit *-(e)s* gebildet wird (名词变格)强变化的 ↔ schwach (11): *Das Substantiv „der Ball" wird s. dekliniert* 名词"der Ball"作强变化 **15.** LING【语】; (*von Adjektiven*) in der Form, die Adjektive haben, wenn *z. B.* der unbestimmte Artikel davorsteht (形容词变格)强变化的 ↔ schwach (12) 〈die Deklination 变格〉: *Das Adjektiv „groß" in „ein großer Hund" ist s. dekliniert* 形容词"groß"在"ein großer Hund"词组里作强变化 ‖ NB(注意): ↑ *Tabelle unter* 图表见 ***Adjektive***; die *starke Deklination* entspricht *Deklinationstyp B* (强变化相当于变格型 B) ‖ ID [谚] *mst* 多用 ***Das ist s.!*** *gespr* [口]; verwendet, um Empörung auszudrücken (表示生气)不像话! 太过分! 太放肆! ‖ NB(注意): ↑ ***starkmachen, Stück¹, Tobak***

-stark *im Adj*, *begrenzt produktiv* (构成形容词,构词有限) **1.** so, dass sich der Betreffende in Bezug auf die genannte Sache gut unter Kontrolle hat …坚强的,…坚毅的 ↔ -schwach; ***charakterstark, nervenstark, seelenstark, willensstark*** **2.** so, dass die betreffende Person/Sache die genannte Sache gut kann …强的,…好的 ↔ -schwach; ***gedächtnisstark, kampfstark*** 〈e-e Mannschaft (体育)队〉, ***konzentrationsstark, leistungsstark*** **3.** mit e-r großen Zahl od. Menge der genannten Sache …强的,…多的,…高的 ↔ -schwach; ***geburtenstark*** 〈ein Jahrgang 年度〉, ***konditionsstark*** 〈ein Sportler 运动员〉, ***mitgliederstark*** 〈e-e Partei 党〉, ***PS-stark*** 〈ein Auto 汽车〉

Stär·ke¹ *die*; -, *-n* **1.** *nur Sg* (只用单数); große körperliche Kraft 强壮;力量 **2.** *nur Sg* (只用单数); die Fähigkeit, auch in schwierigen Situationen die Kontrolle über sich selbst zu behalten 坚强,坚定,坚毅 ↔ Schwäche ‖ -K(复合): ***Charakter-, Nerven-, Willens-*** **3.** *mst Sg* (多用单数) ≈ Intensität: *ein Erdbeben der S. 6,5 auf der Richterskala* 一次里氏 6.5 级(强度)的地震 ‖ -K(复合): ***Beben-, Druck-, Strom-, Wind-*** **4.** ***j-s S.*** das, was j-d besonders gut kann, bzw. ein Gebiet, auf dem sich j-d sehr gut auskennt 强项,特长;优点: *Chemie war noch nie seine S.* 化学从来就不是他的强项; *Seine Stärken liegen in der Technik u. in der Ausdauer* 他的特长是技术好和有耐力

S

5 ≈ Dicke: *die S. e-s Bretts, e-r Mauer* 木板的、围墙的厚度 ‖ -K(复合): **Brett-**, **Wand-**

Stär·ke² *die*; -; *nur Sg* (只用单数) **1.** e-e Substanz, die ein wichtiger (Bestand) Teil von Lebensmitteln wie Getreide, Reis u. Kartoffeln ist 淀粉(成分) ‖ K-(复合): **Stärke-**, **-gehalt**, **-mehl** ‖ -K(复合): **Kartoffel-**, **Mais-**, **Reis-**, **Weizen-** **2.** ein weißes Pulver aus S.² (1), mit dem man Wäsche steif macht (浆洗衣服的)淀粉 ‖ -K(复合): **Wäsche-** **3.** e-e Art Mehl aus S.² (1), mit dem man Soßen, Cremes *usw* fester macht (烹饪用)淀粉,芡粉 ‖ -K(复合): **Speise-**

stär·ken¹; *stärkte, hat gestärkt*; [Vt] (及物) **1.** ***etw. stärkt j-n / etw.*** etw. macht j-s (körperliche) Kräfte größer (物作主语)使强身、强壮、健壮有力/巩固,增强↔ etw. schwächt j-n/etw.: *Schlaf stärkt die Nerven* 睡眠使神经更强健 **2.** ***j-n / etw. s.*** j-m/etw. neue Kraft geben, unterstützen 增强,增添 ⟨j-s Mut, Glauben, Willen, Position s. 增强某人的勇气、信念、意志、地位; j-n in seiner Entschlossenheit, in seinem Vertrauen s. 增强某人的决心、信心⟩; [Vr] (反身) **3.** ***sich (mit etw.) s.*** etw. essen od. trinken(以饮食)恢复体力,强身,滋补

stär·ken²; *stärkte, hat gestärkt*; [Vt] (及物) ***etw. s.*** Wäsche mit Stärke² (2) steif machen 浆⟨den Hemdkragen, die Tischtücher s. 浆衬衣的领子、台布⟩

stark·ma·chen, sich; *machte sich stark, hat sich starkgemacht*; [Vr] (反身) ***sich für j-n / etw.) s.*** j-n/etw. mit viel Energie unterstützen 全力支持某人/某事

Stär·kung *die*; -, *-en* **1.** der Vorgang, bei dem j-d/etw. stärker u. kräftiger gemacht wird 强身,滋补,增强,加强;巩固 ‖ K-(复合): **Stärkungs-**, **-mittel** **2.** Essen u. Trinken (*bes* wenn man etw. Anstrengendes tut)进食强身: *nach dem Rennen e-e S. zu sich nehmen* 赛跑之后进食(恢复体力)

starr, *starrer, starrst-*; *Adj* (形) **1.** so, dass man die einzelnen Teile nicht unabhängig voneinander bewegen kann 僵硬的,僵直的 ≈ steif (2) ↔ beweglich ⟨Finger, Glieder, ein Körper 手指,肢体,身体⟩: *Vom langen Warten in der Kälte waren meine Hände s. geworden* 由于在寒冷中长时间的等待我的手都冻僵了 **2.** ≈ regungslos, bewegungslos ⟨ein Blick, e-e Miene, ein Lächeln 目光,表情,微笑; s. geradeaus blicken 呆滞地直视; s. vor Schreck sein 吓呆了⟩: *Sie waren so erschrocken, dass sie ganz s. stehen blieben* 他们吓得两腿发直 **3.** so, dass e-e Veränderung u. Anpassung an e-e neue Situation nicht möglich ist 固执的,死板的,不变的 ≈ streng ⟨j-s Charakter, j-s Haltung 某人的性格,某人的看法; Prinzipien, Gesetze, Regeln 原则,法律,规则; s. an etw. (*Dat* 三格) festhalten 固执地坚持某事⟩ ‖ *hierzu* (派生) **Starr·heit** *die*; *nur Sg* (只用单数); *zu* (义项) **1.** u. **2.** **Star·re** *die*; -; *nur Sg* (只用单数)

star·ren; *starrte, hat gestarrt*; [Vi] (不及物) (***irgendwohin / auf j-n / etw.) s.*** den Blick lange auf j-n/etw. richten, ohne die Augen davon abzuwenden 呆呆地望着,凝视,呆看: *geistesabwesend ins Leere s.* 心不在焉地呆望着,走神发呆; *unhöflich auf j-n s.* 无礼貌地盯着看某人

starr·köp·fig *Adj* (形) ≈ stur, starrsinnig

Starr·sinn *der*; *nur Sg, pej* (只用单数)[贬] ≈ Sturheit, Eigensinn ‖ *hierzu* (派生) **starr·sin·nig** *Adj* (形)

Start *der*; *-s, -s* **1.** der Vorgang, bei dem *bes* ein Flugzeug od. e-e Rakete den Boden verlässt u. in die Luft steigt 起飞,升空 ↔ Landung ‖ K-(复合): **Start-**, **-erlaubnis**, **-rampe**, **-verbot**; **start-**, **-bereit** ‖ -K(复合): **Raketen-**, **Senkrecht-** **2.** der Beginn e-s Rennens 起跑,(从起点)比赛出发⟨das Zeichen zum S. geben 发出起跑信号; e-n guten, schlechten S. erwischen 起跑把握得好、不好; den S. wiederholen (müssen)(必须)重新起跑⟩ ‖ K-(复合): **Start-**, **-flagge**, **-pistole**, **-signal**, **-verbot**; **start-**, **-bereit** ‖ -K(复合): **Fehl-** **3.** die Stelle, an der die Läufer od. Fahrer den Lauf od. das Rennen beginnen 起点,起跑点↔ Ziel ‖ K-(复合): **Start-**, **-block**, **-linie**, **-platz** **4.** der Beginn e-r *mst* geschäftlichen Tätigkeit 开端,开始,启动: *der S. ins Berufsleben* 进入职业生涯 ‖ K-(复合): **Start-**, **-kapital** ‖ -K(复合): **Berufs-**, **Tournee-** **5.** ***an den S. gehen***; ***am S. sein*** an e-m Lauf od. Rennen teilnehmen 准备起跑≈ starten (2) **6.** ***den S. freigeben*** erlauben, dass ein Flugzeug od. ein Sportler startet 允许起飞,允许起跑 **7.** ***ein fliegender S.*** SPORT【体】; ein S. (2), bei dem die Läufer/Fahrer das Rennen nicht stehend, sondern schon mit e-r bestimmten Geschwindigkeit beginnen 助跑式、行进式起跑

Start·bahn *die*; e-e Art breite Straße (auf e-m Flugplatz), auf der die Flugzeuge starten(机场)跑道

star·ten; *startete, hat/ist gestartet*; [Vi] (不及物)(*ist*) **1.** ***j-d / etw. startet*** ein Flugzeug, e-e Rakete bzw. deren Besatzung verlässt den Boden u. steigt in die Luft (人/物作主语)起飞,升空↔ j-d/etw. landet **2.** (***für etw.) s.*** an e-m Rennen teilnehmen(为…)参(加比)赛(赛跑、赛车、赛马): *für Frankreich s.* 为法国参赛 **3.** ***etw. startet (irgendwie)*** der Motor e-s Fahrzeugs springt an (物作主语)启动,发动: *Sein Auto startet selbst bei eisiger Kälte sehr gut* 即使在严寒中他的汽车发动也很顺利 **4.** e-e Reise od. ein Rennen beginnen 开始,出发 ↔ beenden; [Vt/i] (及物/不及物) (*hat*) **5.** (***etw.) s.*** etw. beginnen od. stattfinden lassen 开始⟨ein Rennen, den Film, ein Geschäft, e-e Aktion s. 开始赛跑(或赛车)、演电影、做生意、行动⟩ **6.** (***etw.) s.*** den Motor einschalten 发动,启动 ≈ anlassen ⟨das Auto, das Moped *usw* s. 发动汽车、轻型摩托车等; den Motor s. 启动发动机⟩: *Der Wagen lässt sich schlecht s.* 这辆车不好发动 ‖ K-(复合): **Start-**, **-automatik**

Star·ter *der*; *-s*, - **1.** SPORT【体】; j-d, der das Zeichen gibt, dass ein Rennen beginnt 发令

S

员：*Der S. gab den Startschuss ab* 发令员开了发令枪 **2.** ein Gerät *z.B.* im Auto, das e-n (Benzin) Motor startet (5) 起动器，点火器≈ Anlasser ⟨den S. betätigen 操作起动器⟩ ‖ *zu* (义项) **2. Star·te·rin** *die*; -, *-nen*

Start·hil·fe *die*; *nur Sg* (只用单数) **1.** e-e Verbindung durch Kabel von e-r vollen (Auto)-Batterie zu e-r leeren Batterie, um so den Motor des Autos mit der leeren Batterie zu starten (6) (汽车)电池搭桥起动，起动辅助装置 ⟨j-m S. geben 帮某人电池搭桥起动汽车⟩ ‖ K-(复合)：***Starthilfe-, -kabel*** **2.** Geld, das man j-m gibt, damit er *z.B.* ein Geschäft eröffnen od. e-e Familie gründen kann 启动资金

start·klar *Adj* (形)；fertig für e-n Start 起飞、起跑就绪的，作好起飞、起跑准备的≈ startbereit

Start·num·mer *die*; die Nummer, die ein Teilnehmer in e-m Rennen hat(径赛、赛车、赛马)运动员号码

Start·schuss *der* **1.** der Schuss, der zeigt, dass ein Rennen beginnt 起跑(发令)枪声：*den S. zum Hürdenlauf (ab) geben* 发出跨栏赛跑的起跑枪声 **2.** etw., das deutlich zeigt, dass e-e Tätigkeit beginnt od. beginnen kann 起始信号，开始信号⟨den S. für etw. geben 为某事发出开始信号⟩：*Dieser Beschluss war der S. für den Bau des Kraftwerks* 这项决议就是建设这座电厂的起始信号

Sta·si *der*; *-s od die*; -; *nur Sg*, *gespr hist* (只用单数)[口][历]≈ Staatssicherheitsdienst (in der ehemaligen DDR)

State·ment [ˈsteɪtmənt] *das*; *-s*, *-s*; *geschr* [书]；e-e (öffentliche) Erklärung (3) 正式声明⟨ein S. abgeben 发表一项声明⟩

Sta·tik *die*; -; *nur Sg* (只用单数) **1.** die Kräfte, die bewirken, dass ein Gebäude fest steht u. nicht einstürzt 静力：*die S. e-r Brücke berechnen* 计算一座桥的静力 **2.** die Lehre von der S. (1) 静力学 **3.** *geschr* [书]；der statische (2) Zustand von etw. 静态，静止↔ Dynamik ‖ *zu* (义项) **2. Sta·ti·ker** *der*; *-s*, - ‖ ▶ ***statisch***

Sta·ti·on [-ˈtsioːn] *die*; -, *-en* **1.** ein Platz, an dem Züge u. andere öffentliche Verkehrsmittel regelmäßig halten, damit die Leute ein- u. aussteigen können 车站，站⟨bei der nächsten S. aussteigen, umsteigen 在下一站下车、换车; drei Stationen (weit) fahren 乘三站; ein Zug hält (nicht) an jeder S. 列车(不是)每站都停⟩ ‖ K-(复合)：***Stations-, -vorsteher*** ‖ -K(复合)：***Bahn-, Berg-, Gipfel-, Tal-; End-, Zwischen-*** ‖ NB (注意)：**a)** *S.* verwendet man vor allem bei Zügen, Seilbahnen, Sesselliften *u.Ä.*; bei Bussen u. Straßenbahnen verwendet man meistens *Haltestelle* (Station 主要用于火车、缆车、吊椅式缆车等，对于公共汽车、有轨电车大多用 Haltestelle)；**b)** Das Gebäude, in dem man Fahrkarten für Züge kauft, heißt *Bahnhof* (买火车票的建筑物叫做 Bahnhof) **2.** (*Adj* 形容词 +) **S.** e-e Abteilung in e-m Krankenhaus (医院)部门，科室，住院区 ⟨die neurologische, chirurgische, gynäkologische S. 神经科，外科，妇科; auf der psychiatrischen S. sein, liegen, arbeiten 在精神病治疗科治疗、住院、工作; j-n auf die urologische S. bringen 把某人送入泌尿科⟩ ‖ K-(复合)：***Stations-, -arzt, -schwester*** ‖ -K (复合)：***Frauen-, Kinder-, Männer-; Seuchen-*** **3.** Gebäude u. technische Anlagen, die als Basis für bestimmte (*bes* wissenschaftliche) Tätigkeiten dienen 工作站，站，台，大楼⟨e-e meteorologische S. 气象站; e-e S. einrichten, errichten 配置、建立一个工作站⟩ ‖ -K(复合)：***Beobachtungs-, Empfangs-, Fernseh-, Forschungs-, Missions-, Radio-, Radar-, Versuchs-, Wetter-; Boden-, Unterwasser-, Weltraum-*** **4.** ein Punkt in e-r Entwicklung(发展)阶段，时期：*die verschiedenen Stationen seiner Karriere* 他事业有成的不同阶段 **5. *auf S. sein*** MED *gespr*【医】[口]；als Arzt od. Krankenschwester in e-r S. (2) Dienst haben (医生、护士)在科室上班 **6. (*irgendwo*) *S. machen*** e-e Fahrt od. Reise unterbrechen(在…)作停留

sta·ti·o·när [ʃtatsioˈnɛːɐ] *Adj* (形)；im Krankenhaus 住院的↔ ambulant ⟨e-e Behandlung 治疗; j-n s. behandeln 为某人住院治疗⟩

sta·ti·o·nie·ren [-tsio-]; *stationierte*, *hat stationiert*; [Vt] *mst* (及物)多用 ***j-d/etw. ist/wird irgendwo stationiert*** Soldaten/Waffen *o.Ä.* werden an e-n Ort gebracht/sind an e-m Ort, um dort (über längere Zeit) e-n bestimmten Zweck zu erfüllen (人/物作主语)派驻，驻扎，驻守在：*die auf Zypern stationierten UN-Soldaten* 派驻在塞浦路斯的联合国士兵 ‖ *hierzu* (派生) **Sta·ti·o·nie·rung** *die*; *nur Sg* (只用单数)

sta·tisch *Adj*(形) **1.** *nur attr od adv* (只作定语或状语)；in Bezug auf die Statik (1,2) 静力的，静力学的⟨die Gesetze, Berechnungen 定律，计算⟩ **2.** *geschr* [书]；ohne Bewegung u. Veränderung 静止的，静态的↔ dynamisch (1), flexibel ⟨ein Zustand 状况⟩

Sta·tist *der*; *-en*, *-en* **1.** ein Schauspieler, der e-e kleine Rolle hat, bei der er nichts sagen muss 群众演员，无台词演员，跑龙套演员：*Für diese Massenszenen brauchen wir 500 Statisten* 用于这些大场面我们需要 500 名群众演员 **2.** *pej* [贬]；j-d, den man für unwichtig hält 小人物，无足轻重的人 ‖ NB (注意)：*der Statist; den, dem, des Statisten* ‖ *hierzu* (派生) **Sta·tis·tin** *die*; -, *-nen*

Sta·tis·tik *die*; -, *-en* **1.** *mst* 多用 e-e Tabelle mit Zahlen, die zeigen, wie häufig bestimmte Dinge irgendwo vorkommen 统计；统计报表⟨e-e amtliche S. 一项官方的统计; e-e S. erstellen, interpretieren, auswerten 做、阐明、分析一项统计; etw. aus e-r S. ablesen, folgern 从一项统计中读认出、得出某物⟩：*Laut S. fahren Frauen vorsichtiger Auto als Männer* 根据统计，女性开车比男性更谨慎 ‖ -K(复合)：***Bevölkerungs-, Unfall-, Verkehrs-*** **2.** *nur Sg* (只用单数)；die Wissenschaft, die sich mit dem Herstellen u. Interpretieren von Statistiken (1) beschäftigt 统计学 ‖ *zu* (义项) **2.**

S

Sta·tis·ti·ker *der*; *-s*, *-* ‖ *hierzu* (派生) **sta·tis·tisch** *Adj* (形)

Sta·tiv [-f] *das*; *-s*, *-e*; ein Gerät mit drei Beinen, auf dem man e-e Kamera befestigt, damit diese beim Fotografieren nicht wackelt (摄影)三角架 ⟨das S. aufstellen 支三角架⟩

statt[1] *Konjunktion* (连) ≈ anstatt[1]: *Sie drehte die Heizung auf, s. sich wärmer anzuziehen* 她拧开了暖气,而不是穿暖和些; *S. dass wir hier herumsitzen, sollten wir lieber spazieren gehen* 与其说我们在这里无所事事地坐着,还不如去散散步

statt[2] *Präp* (介); *mit Gen/gespr auch Dat* (支配二格/[口]也用三格) ≈ anstatt[2]: *Nimm doch das frische Brot s. des alten* 吃这新鲜面包吧,别吃陈的 ‖ NB (注意): Gebrauch ↑ *Tabelle unter* 用法见图表 ***Präpositionen***

statt[3] *veraltend* [渐旧]; *nur in* 只用于 **1. *an j-s s.*** stellvertretend für j-n 代替,顶替: *Weil ihr Bruder krank war, ging sie an seiner s. zum Fest* 因为她的兄弟病了,所以她代替他去参加庆典 **2. *j-n an Kindes s. annehmen*** ≈ adoptieren ‖ NB(注意): ↑ ***Eid***

statt·des·sen *Adv* (副); so, dass nicht mehr das gerade Genannte der Fall ist, sondern das Folgende, Neue (表示代替)不…,而…,不是…,而是: *Sie hat das Joggen aufgegeben, s. geht sie jetzt schwimmen* 她已经不跑步了,现在她改为去游泳了 ‖ NB (注意): aber (但是): *Der Star, statt dessen seine Frau erschienen war, war erkrankt* 明星生病了,没有露面,他的夫人代替他到场 (getrennt geschrieben 分开写)

Stät·te *die*; *-*, *-n*; *geschr* [书]; ***die S.*** (+ *Gen* 二格) ein Ort, e-e Stelle, wo etw. *mst* Wichtiges passiert (ist) 地点,地方,场所 ⟨e-e historische S. 一个有历史意义的地方⟩: *die S. seines Wirkens, seines Todes* 他工作过的、他去世的地方; *die Stätten seiner Kindheit wiedersehen wollen* 想再看看他儿童时代的地方 ‖ -K(复合): ***Arbeits-***, ***Brand-***, ***Fund-***, ***Gedenk-***, ***Grab-***, ***Heim-***, ***Rast-***, ***Unglücks-***, ***Zufluchts-***

statt·fin·den; *findet statt, fand statt, hat stattgefunden*; [Vi] (不及物) ***etw. findet statt*** etw. geschieht (als geplantes Ereignis) 举行,发生: *Die Trauung findet im Dom statt* 婚礼在大教堂举行; *Das Konzert hat bereits gestern stattgefunden* 音乐会昨天就已经举行了; *Die Gerichtsverhandlung wird unter Ausschluss der Öffentlichkeit s.* 法庭审理将以不公开的形式举行

statt·ge·ben; *gibt statt, gab statt, hat stattgegeben*; [Vi] (不及物) ***etw.*** (*Dat* 三格) ***s.*** ADM *geschr* 【管理】[书]; e-e Bitte *o. Ä.* erfüllen 准予,批准,同意 ≈ etw. (*Dat*) nachkommen (3) ↔ etw. ablehnen ⟨e-m Antrag, e-r Bitte, e-r Forderung s. 批准申请、请求、要求⟩

statt·haft *Adj* (形); *nur präd, nicht adv*, ADM *geschr* (只作表语,不作状语)【管理】[书] ≈ erlaubt, zulässig

Statt·hal·ter *der*; *hist* [历]; j-d, der die Aufgaben e-s Kaisers, Fürsten *usw* übernahm, wenn dieser nicht da war 总督,代牧 ⟨der kaiserliche, päpstliche S. 皇帝的总督、教皇的代牧⟩

statt·lich *Adj* (形) **1.** groß, kräftig u. elegant 魁梧的,魁伟的: *Er ist e-e stattliche Erscheinung* 他是一位身躯魁梧的人 **2.** ziemlich hoch 可观的,相当大(多的) ⟨e-e Summe, ein Gewinn, ein Vermögen 数目,收益,财产⟩ **3.** groß u. eindrucksvoll 雄伟的,壮丽的 ⟨ein Haus 房子⟩

Sta·tue [-tuə] *die*; *-*, *-n*; e-e Figur (aus e-m harten Material wie *z. B.* Metall od. Stein), die die Form e-s ganzen Menschen od. e-s Tieres hat (全身)雕像,塑像 ≈ Standbild: *e-e S. von König Ludwig aufstellen* 立一座路得维希国王的(全身)雕像 ‖ -K (复合): ***Bronze-***, ***Gips-***, ***Marmor-***; ***Reiter-*** ‖ NB (注意): ↑ ***Skulptur***, ***Plastik***[2] (1) ‖ *hierzu* (派生) **sta·tu·en·haft** *Adj* (形)

Sta·tur *die*; *-*; *nur Sg* (只用单数); die Art, wie j-s Körper gebaut, gewachsen ist 身材 ≈ Körperbau ⟨von kräftiger S. sein 身体健壮⟩

Sta·tus *der*; *-*; *nur Sg* (只用单数); die gesellschaftliche od. rechtliche Stellung e-r Person, e-r Firma, e-s Landes *usw* (社会、法律)地位,状况,身份 ⟨j-s gesellschaftlicher, sozialer S. 某人的社会地位; der politische S. e-s Landes 一个国家的政治地位⟩ ‖ -K (复合): ***Neutralitäts-***, ***Rechts-***

Sta·tus quo *der*; *-*; *nur Sg* (只用单数); der Zustand, wie er zur Zeit ist 现状 ⟨den Status quo aufrechterhalten 保持现状,维持现状⟩

Sta·tus·sym·bol *das*; etw., mit dem man anderen Leuten zeigen will, welche (hohe) Stellung man in der Gesellschaft hat od. wie viel Geld man hat 地位的象征,身份的象征: *ein Swimmingpool als S.* 一个游泳池作为身份的象征

Sta·tus·zei·le *die*; INFORM【信息】; e-e Zeile unten am Bildschirm, die einem *z. B.* Informationen darüber gibt, auf welcher Seite u. in welcher Zeile e-s Textes man sich gerade befindet 状态行,状态线

Sta·tut *das*; *-(e)s*, *-en*; eine der Regeln, die bestimmen, welche Aufgaben, Rechte u. Pflichten *bes* ein Verein hat 章程,规章,法规 ≈ Satzung ⟨Statuten aufstellen 制定章程⟩ ‖ K-(复合): ***Statuten-***, ***-änderung*** ‖ -K (复合): ***Partei-***, ***Vereins-***

Stau *der*; *-(e)s*, *-s/-e* **1.** *Pl* (复) *Staus*; e-e lange Reihe von Autos, die auf der Straße stehen u. nicht weiterfahren können 堵车,拥堵 ⟨ein S. bildet sich, löst sich auf 形成堵车,堵车松动; im S. stecken 堵车了,前后堵住了; in e-n S. kommen, geraten 遇上堵车⟩ ‖ K-(复合): ***Stau-***, ***-länge***, ***-meldung***, ***-warnung*** ‖ -K(复合): ***Verkehrs-*** **2.** *mst Sg* (多用单数); e-e Ansammlung e-r großen Menge *mst* von Wasser, das nicht weiterfließen kann (水)壅塞,阻塞: *Durch quer liegende Bäume kam es zu e-m gefährlichen S. des Baches* 由于横卧的树木造成溪流严重壅塞 ‖ K-(复合): ***Stau-***, ***-becken***, ***-mauer*** ‖ -K(复合): ***Blut-***, ***Wärme-***, ***Wasser-***

S

Staub *der*; -(*e*)*s*; *nur Sg* (只用单数) **1.** die vielen kleinen Teilchen von verschiedenen Substanzen, die immer in der Luft sind u. sich *bes* auf ebenen Flächen in Häusern u. Wohnungen sammeln 灰尘,尘土〈feiner S. 极细的灰尘; etw. wirbelt S. auf 某物扬起尘土〉: *Als ich das Buch vom Regal nahm, war es mit e-r Schicht S. bedeckt/überzogen* 当我把书从书架上拿下来时,上面已蒙着一层灰 ‖ K-(复合): ***Staub-, -korn, -schicht, -teilchen***; ***staub-, -bedeckt, -frei*** ‖ -K(复合): ***Gold-, Kohlen-, Mehl-, Ziegel-*** **2.** ***S. wischen*** mit e-m Tuch den S. (1) von den Möbeln entfernen 擦去灰尘,抹去灰尘 **3.** ***S. saugen*** 吸(灰)尘≈ staubsaugen ‖ ID [谚] ***j-d/etw. wirbelt viel S. auf*** *gespr* [口]; j-d/etw. verursacht große Aufregung in der Öffentlichkeit(人/物作主语)引起轰动、引起公众关注; ***sich*** (*Akk* 四格) ***aus dem S. machen*** *gespr* [口]; sich schnell u. heimlich entfernen 悄悄离开,一溜烟地走了

stau·ben; *staubte, hat gestaubt*; [Vi] (不及物) **1.** ***etw. staubt*** etw. produziert Staub u./od. gibt Staub von sich (物作主语)扬起尘土,扬起灰尘: *Die Decken staubten sehr, als wir sie ausschüttelten* 当我们抖搂毯子时,毯子扬起很多灰尘; [Vimp] (无人称) **2.** ***es staubt*** irgendwo entsteht viel Staub 尘土飞扬

Staub·fän·ger *der*; *-s, -*; *gespr pej* [口][贬]; ein Gegenstand, der ohne Zweck in der Wohnung (herum)steht 招尘土的东西

Staub·ge·fäß *das*; *-es, -e*; *mst Pl* (多用复数); die Teile e-r Blüte, die den Blütenstaub enthalten 雄蕊

stau·big *Adj* (形); voller Staub 有灰尘的,满是尘土的

Staub·lap·pen *der* ≈ Staubtuch

staub·sau·gen; *staubsaugte, hat gestaubsaugt*; [Vt/i] (及物/不及物) **(*etw.*) *s.*** etw. mit e-m Staubsauger reinigen (用吸尘器)把…吸干净,给…吸尘≈ saugen (2)

Staub·sau·ger *der*; *-s, -*; ein elektrisches Gerät, das den Staub einsaugt u. so den (Fuß)Boden reinigt 吸尘器

Staub·tuch *das*; ein weiches Tuch, mit dem man Staub von Möbeln entfernt 抹布

Staub·wol·ke *die*; e-e große Menge Staub in der Luft 尘烟,尘雾〈etw. wirbelt e-e S. auf, hinterlässt e-e S. 某物扬起、带起一股尘烟〉

Stau·damm *der*; e-e große Mauer quer über ein ganzes Tal, hinter der man das Wasser e-s Flusses od. e-s Bachs sammelt (staut), *bes* um elektrischen Strom od. Wasservorräte zu gewinnen 坝,拦河坝,水坝 ≈ Talsperre 〈e-n S. bauen 筑水坝〉

Stau·de *die*; *-, -n* **1.** e-e Pflanze, deren Wurzeln im Winter in der Erde überleben, während der obere Teil abstirbt 亚灌木 ‖ K-(复合): ***Stauden-, -gewächs*** ‖ -K(复合): ***Rhabarber-*** **2.** *südd* Ⓐ ⒸⒽ [南德][奥][瑞] ≈ Strauch ‖ *zu* (义项) **1.** **stau·den·ar·tig** *Adj* (形)

stau·en; *staute, hat gestaut*; [Vt] (及物) **1.** ***etw. s.*** *mst* Wasser sammeln, indem man durch e-e Mauer *o. Ä.* verhindert, dass es weiterfließt (筑坝)截断,截住,拦住〈e-n Bach s. 截断一条小溪〉; [Vr] (反身) **2.** ***etw. staut sich*** e-e große Menge von etw. (*bes* e-r Flüssigkeit) bildet sich irgendwo u. kann nicht od. kaum weiterfließen 壅塞,淤塞,梗塞 ≈ etw. sammelt sich an: *Das Blut staut sich, weil die Arterien verkalkt sind* 由于动脉硬化而血流受阻 **3.** ***etw. staut sich*** ein Gefühl wird sehr stark, *bes* weil man es unterdrückt 积压,郁结〈der Ärger, die Wut, der Zorn 烦恼,怒火,恼怒〉‖ *zu* (义项) **1.** u. **2.** **Stau·ung** *die*

stau·nen; *staunte, hat gestaunt*; [Vi] (不及物) **(*über j-n/etw.*) *s.*** Überraschung, Verwunderung u. Respekt empfinden 惊讶,惊奇,惊叹: *Da staunst du, wie gut ich das kann, was?* 我干得多棒,你感到吃惊吧,怎么样?; darüber *s.*, dass *j-d etw. kann* 为某人会某事而惊讶 ‖ ▶ ***Erstaunen***

Stau·nen *das*; *-s*; *nur Sg* (只用单数); ein Gefühl der Überraschung u. Bewunderung 惊讶,惊叹〈etw. versetzt j-n in S. 某物使某人惊叹; aus dem S. nicht mehr herauskommen 惊叹得说不出话来(目瞪口呆)〉‖ *hierzu* (派生) **stau·nen·er·re·gend, Stau·nen er·re·gend** *Adj* (形)

Stau·pe *die*; *-, -n*; e-e Krankheit bei Hunden u. Katzen, bei der sich verschiedene Organe entzünden(狗、猫等动物的一种传染病)犬瘟热,犬热病

Stau·see *der*; der künstliche See hinter e-m Staudamm 水库

Steak [ʃteːk, st-] *das*; *-s, -s*; ein Stück (Rind)-Fleisch, das man relativ kurz brät 煎牛排: *Möchten Sie Ihr S. englisch, medium od durchgebraten?* 您的牛排是想要煎得嫩、煎得适中还是要煎透? ‖ -K(复合): ***Rinder-, Schweine-; Filet-, Hüft-***

ste·chen; *sticht, stach, hat gestochen*; [Vt/i] (及物/不及物) **1.** **(*etw.*) *irgendwohin s.*** e-n spitzen Gegenstand in e-e Oberfläche drücken 刺,扎,戳: *e-e Nadel in den Stoff s.* 往布料上扎针; *in den Kuchen s., um zu sehen, ob er gar ist* 戳一戳点心看它是否熟了 **2.** ***j-m/sich*** **(*etw.*) *irgendwohin s.*** j-n/sich verletzen od. ihm/sich wehtun, indem man irgendwohin sticht (1) 用…刺、扎、杵入: *j-m ein Messer ins Herz s.* 用刀刺入某人心脏; *Ich habe mir in den Finger gestochen* 我把自己的手指扎了 **3.** **(*etw.*) *s.*** beim Kartenspiel e-e Karte hinlegen, die e-n höheren Wert hat als die, die bereits dort liegt (出扑克牌)盖过,压过 **4.** ***etw. sticht*** (***etw.***) e-e Karte hat bei e-m Kartenspiel e-n höheren Wert als e-e andere (物作主语)一张牌大于、盖过、压过另一张牌: *Das Ass sticht (den König)* 爱斯(Ass)压上(老K); [Vt] (及物) **5.** ***j-n/sich*** (***irgendwohin***) ***s.*** ≈ s. (2): *Ich habe mich in den Finger gestochen* 我把自己的手指给扎了; *Pass doch auf, jetzt hast du mich gestochen!* 小心点,你现在扎着我

了! **6. *ein Tier sticht j-n/ein Tier*** ein Tier verletzt j-n/ein Tier mit seinem Stachel (动物作主语)刺,叮,螫 **7. *etw. s.*** mit e-m spitzen Gerät e-e Pflanze aus der Erde holen od. etw. vom Boden trennen 挖,掘,把…挖出来 ⟨Feldsalat, Löwenzahn, Spargel s. 挖野莴苣、蒲公英、芦笋; Rasen, Torf s. 掘草皮、泥炭⟩; [Vi] (不及物) **8. *ein Tier sticht*** ein Tier hat die Möglichkeit, j-n/ ein Tier mit seinem Stachel zu verletzen (动物作主语)刺人,叮人,螫人⟨Bienen, Wespen, Mücken *usw* 蜜蜂,黄蜂,蚊子等⟩ ‖ K-(复合): ***Stech-, -fliege, -mücke, -rüssel*** **9. *etw. sticht*** etw. ist spitz u. verursacht deshalb Schmerzen, wenn man es berührt (物作主语)刺人,扎人⟨Dornen, Disteln, Rosen *usw* (植物的)刺,飞廉,玫瑰等⟩ **10. *etw. sticht*** etw. schmerzt (in kurzen Abständen) für kurze Zeit so, als ob man gestochen (9) würde (物作主语)出现刺痛,扎痛: *Mein Herz sticht wieder einmal* 我的心脏又出现一次刺痛; *stechende Schmerzen haben* 有刺痛 **11. *die Sonne sticht*** die Sonne ist unangenehm heiß 赤日炎炎,太阳烤人; [Vr] (反身) **12. *sich an etw.*** (*Dat* 三格) ***s.*** e-e Pflanze so berühren, dass man sich wehtut 挨刺,挨扎: *Ich habe mich an den Rosen gestochen* 我让玫瑰给扎了

Ste·chen *das*; *-s*, - **1.** *nur Sg* (只用单数); kurze Schmerzen, die sich wiederholen u. die man wie (kleine) Stiche empfindet 刺痛: *ein S. im Rücken haben* 背部有刺痛感 **2.** SPORT【体】; (beim Reiten) der letzte Teil e-s Wettkampfes, an dem nur noch die Besten teilnehmen, die die gleiche Zahl von (Fehler) Punkten haben(赛马加赛决胜负的)决赛

ste·chend *Adj* (形) **1.** *Partizip Präsens* (现在分词); ↑ ***stechen*** **2.** unangenehm u. intensiv 刺鼻的⟨ein Geruch 气味; etw. riecht s. 某物气味刺鼻⟩

Stech·kar·te *die*; e-e Karte, die man in e-e Stechuhr steckt(自动)考勤卡

Stech·pal·me *die*; ein kleiner Baum mit Stacheln an den Blättern 冬青

Stech·uhr *die*; ein Gerät, das auf e-r Karte registriert, wann man zur Arbeit kommt u. wann man geht 考勤机

Steck·brief *der*; e-e kurze Beschreibung, die die Polizei von e-m Verbrecher gibt, um ihn zu finden 通缉令

steck·brief·lich *Adj* (形); *mst adv* (多作状语); mithilfe e-s Steckbriefs 通缉的,用通缉方式的 ⟨j-n s. suchen 通缉搜捕某人; s. gesucht 被通缉⟩

Steck·do·se *die*; ein kleiner Gegenstand mit zwei Öffnungen, der an e-e elektrische Leitung angeschlossen ist. Mit e-m Stecker kann man von e-r S. Strom abnehmen 插座: *den Stecker in die S. stecken* 把插头插入插座 ‖ ↑ *Abb. unter* 图见 ***Stecker***

ste·cken; *steckte*, *hat/ist gesteckt*; [Vt] (及物) (*hat*) **1. *etw. irgendwohin s.*** etw. durch e-e Öffnung (*z. B.* ein Loch od. e-n Spalt) in etw. hineintun 把…插、塞、放、投入: *den Brief in das Kuvert s.* 把信塞入信封; *das Hemd in die Hose s.* 把衬衣塞到裤子里; *Samen in die Erde s.* 把种子埋入地里; *die Hände in die Manteltaschen s.* 把(双)手插入大衣口袋 **2. (*j-m/sich*) *etw. irgendwohin s.*** etw. an e-m bestimmten Platz befestigen 把…别、套、戴在…上: *e-e Brosche aufs Kleid s.* 把一枚胸针别在连衣裙上; *j-m e-n Ring an den Finger s.* 把一枚戒指戴在某人的手指上; *sich e-n Kamm in die Haare s.* 用一把梳子笼住头发 **3. *j-n irgendwohin s.*** *gespr* [口]; j-n an e-n bestimmten Platz bringen, an dem er bleiben muss 把…带到、放置到⟨j-n ins Gefängnis, ins Bett s. 把某人关入监狱、弄上床⟩ **4. *etw. in etw.*** (*Akk* 四格) ***s.*** *gespr* [口]; Geld od. Arbeit in etw. investieren 把…投入: *sein Geld in ein Geschäft s.* 把他的钱投入一宗买卖; *seine gesamte Kraft in die Arbeit s.* 把他的全部精力投入工作 **5. *j-m etw. s.*** *gespr* [口]; j-m etw. verraten, das für ihn unangenehm ist 向…泄露,暗暗告知 **6. *etw. in Brand s.*** ≈ etw. anzünden: *ein Haus in Brand s.* 纵火烧房子 **7. *etw. s.*** *gespr* [口]; mit etw. aufhören, *bes* weil man keinen Erfolg hat 甩手不干: *Ich glaub, ich stecks!* 我想,我甩手不干了!; [Vi] (不及物) **8. *j-d/etw. steckt irgendwo*** (*hat/südd* Ⓐ Ⓒⓗ *auch* [南德][奥][瑞]也作 *ist*) j-d/etw. ist an e-m bestimmten Ort u. kommt nicht weg(人/物作主语)扎、卡、陷在某处⟨s. bleiben 卡住,不能动弹⟩: *Die Wurzeln stecken fest in der Erde* 根牢牢地扎在土壤里; *im Schnee s. bleiben* 陷在雪地里; *j-m bleibt das Essen im Hals s.* 饭卡在某人嗓子里 ‖ NB (注意): *geschr veraltend* heißt die Form des Imperfekts *stak* ([书][渐旧]过去时形式为 stak) **9. *der Schlüssel steckt*** (*hat*) der Schlüssel ist im Schloss 钥匙插在锁上⟨den Schlüssel im Schloss, in der Tür s. lassen 让钥匙插在锁上、门上⟩ **10. *j-d/etw. steckt irgendwo*** (*hat*) *gespr* [口]; j-d/etw. ist irgendwo (人/物作主语)呆/藏: *Weißt du, wo die Kinder stecken?* 你知道孩子们呆在哪里吗? ‖ NB(注意): *mst* mit *wo* (多与 wo 连用) **11. *etw. steckt in j-m*** (*hat*) *gespr* [口]; j-d hat bestimmte Fähigkeiten (物作主语)蕴藏,蕴蓄,蕴含在某人身上: *In ihr stecken musikalische Talente!* 在她身上蕴蓄着音乐才华! **12. *etw. steckt in etw.*** (*Dat* 三格) (*hat*) *gespr* [口]; etw. wurde für etw. gebraucht, investiert(物作主语)投入: *In dem Geschäft steckt e-e Menge Geld* 在这笔买卖里投入一大笔钱 **13. *j-d/etw. steckt hinter etw.*** (*Dat* 三格) *gespr* [口]; j-d ist für etw. verantwortlich, etw. ist die eigentliche Ursache von etw. (人/物作主语)在…背后插手、作梗: *Dahinter steckt bestimmt die Mafia* 此事的背后肯定有黑手党在插手 **14. *in Schwierigkeiten s.*** (*hat*) *gespr* [口]; *mst* finanzielle Schwierigkeiten haben 陷入(多为经济)困境 **15. *etw. bleibt irgendwo s.*** etw. kann sich nicht weiterentwickeln od. nicht fortgesetzt werden (物作主语)卡住,无法进展: *Das Projekt blieb im Anfangsstadium s.* 这个

项目在起始阶段就卡住了 **16. *s. bleiben*** *gespr* [口]; nicht mehr weitersprechen können (weil man vergessen hat, was man sagen wollte)(说话)卡住了: *Der Schauspieler blieb mitten im Satz s.* 这位演员一句话没说完就卡壳了

Ste·cken *der*; *-s*, *-*; *südd* (CH) [南德][瑞] ≈ Stock[1](1), Stab

ste·cken.blei·ben ↑ ***stecken*** (15,16)

ste·cken.las·sen ↑ ***stecken*** (9)

Ste·cken.pferd *das* **1.** e-e Tätigkeit, mit der sich j-d zum Vergnügen (regelmäßig) beschäftigt, bzw. ein Thema, das j-d immer wieder anspricht 业余爱好,爱谈的话题: *Der Garten ist ihr S., sie verbringt dort fast jede freie Minute* 花园是她的爱好,几乎每一分钟的空余时间她都泡在那里 **2.** ein Stab (aus Holz) mit e-m Pferdekopf, den Kinder als Spielzeug verwenden 马头棍,竹马

Ste·cker *der*; *-s*, *-*; ein kleiner Gegenstand (aus Plastik) mit Stiften[1] (1), mit dem man ein elektrisches Gerät (über e-e Steckdose) an das Stromnetz anschließt 插头

Stecker

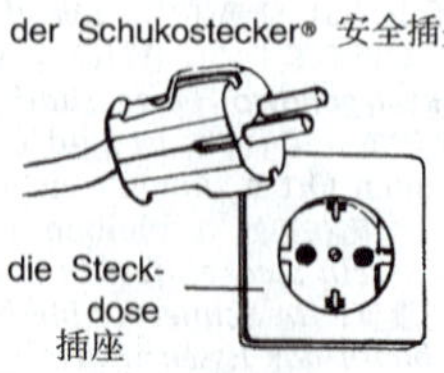

Steck·na·del *die*; e-e Nadel, die man *bes* verwendet, um Stoffstücke aneinander zu befestigen, wenn man Kleider näht 大头针: *den Saum mit Stecknadeln abstecken* 用大头针别住(衣服上的)镶边 ‖ ↑ *Abb. unter* 图见 ***Nadel*** ‖ K-(复合): ***Stecknadel-, -kopf*** ‖ ID [谚] ***j-n/ etw. wie e-e S. (im Heuhaufen) suchen*** *gespr* [口]; j-n/etw. mit großer Mühe (u. wenig Aussicht auf Erfolg) suchen 寻找某人/某物如同草堆里寻针(大海捞针); ***Es ist so still, dass man e-e S. fallen hören kann*** es ist sehr still 静得连一根针掉在地上都能听见

Steg *der*; *-(e)s*, *-e* **1.** e-e schmale, einfache Brücke (*mst* aus Holz), auf der man über e-n Bach od. von e-m Boot od. Schiff an Land gehen kann 小木桥;(船用)跳板 ‖ -K(复合): ***Lande-*** **2.** e-e Art Brücke aus Holz, die in e-n See *o.Ä.* gebaut ist u. an der man *bes* Boote festbindet (船用)栈桥 ⟨j-d/ein Boot legt am S. an 某人把船/船靠栈桥停下⟩ ‖ -K(复合): ***Boots-*** **3.** ein kleines Brett am oberen Ende e-r Gitarre, Geige *o.Ä.*, auf dem die Saiten liegen 琴马 **4.** der Teil der Brille (zwischen den Gläsern), der auf der Nase sitzt(眼镜的)鼻架

Steg·reif *der*; *nur in* 只用于 ***aus dem S.*** spontan (u. ohne Vorbereitung) 即席,即兴,无准备的 ≈ improvisiert ⟨e-e Rede aus dem S. halten 作一次即席发言⟩ ‖ K-(复合): ***Stegreif-, -rede***

Steh·auf·männ·chen *das* **1.** j-d, der auch nach vielen Enttäuschungen immer optimistisch bleibt 乐天派(的人) **2.** ein Spielzeug für Kinder, das aussieht wie ein kleiner dicker Mann, der immer wieder aufsteht, wenn man ihn umwirft 不倒翁

Steh|aus·schank *der*; ein kleines u. einfaches Lokal, in dem man im Stehen Bier trinken kann(不设桌椅的)站立酒吧

Steh·emp·fang *der*; ein Besuch, bei dem man sich nicht setzt, sondern im Stehen isst u. trinkt 站立招待会

ste·hen[1] [ˈʃteːən]; *stand*, *hat/südd* (A) (CH) [南德][奥][瑞] *ist gestanden*; [Vi] (不及物) **1.** (***irgendwo***) ***s.*** in aufrechter Haltung auf e-r Stelle bleiben 站,立 ↔ liegen, sitzen ⟨auf einem Bein s. 用一条腿站着; Personen stehen in e-r Reihe 人们站成一排; hinter, vor, neben j-m s. 站在某人后面、前面、旁边; in der Tür, am Fenster, im Regen, unter der Dusche s. 站在门框里,靠窗站着,站在雨里,站着淋浴; j-m auf dem Fuß s. 踩着某人的脚⟩: *Am Eingang zum Palast stehen zwei Wachsoldaten* 在宫殿的入口站着两个卫士; *Der Zug war so voll, dass wir von Köln bis Stuttgart s. mussten* 火车挤得满满的,从科隆到斯图加特我们只能站着; *Wollen wir uns hinsetzen oder s. bleiben?* 我们是坐下呢,还是仍然站着? **2. *etw. steht irgendwo*** etw. ist an der Stelle, an der es gebaut od. aufgestellt wurde od. an der es gewachsen ist (物作主语)竖立着,站立着,耸立着,长着 ≈ etw. befindet sich irgendwo: *Auf dem Rathausplatz steht jetzt ein Denkmal* 现在在市政厅广场上竖立着一座纪念碑; *Unser Nachbar hat drei große Tannen im Garten s.* 在我们的邻居花园里长着三棵高大的杉树; *Diese Hausfassaden müssen bei der Sanierung unbedingt s. bleiben!* 这幢房子的正面在修整时必须保护好! **3. *etw. steht irgendwo*** etw. wurde an e-e Stelle in e-m Raum od. Gebäude gestellt (物作主语)竖放在,竖立在: *Die Gläser stehen schon auf dem Tisch* 玻璃杯已搁在桌上; *Bitte lass doch das Geschirr s., ich spüle selbst ab* 请别动餐具,我自己来冲洗 **4.** ⟨Wasser 水⟩ ***steht irgendwo*** Wasser ist an der genannten Stelle (u. erreicht e-e bestimmte Höhe) 涨到,漫上: *Nach den starken Regenfällen stand überall das Wasser auf den Wiesen* 大雨过后水全都漫上了草坪 **5. *etw. steht*** etw. ist nicht mehr in Bewegung od. in Funktion (物作主语)停了,失灵 ↔ etw. läuft (7) ⟨e-e Maschine, ein Motor, e-e Uhr 机器,发动机,手表⟩ **6. *etw. steht irgendwo*** etw. ist an e-r bestimmten Stelle des Himmels sichtbar (物作主语)悬挂在(天空) ⟨Sterne 星星; die Sonne, der Mond 太阳,月亮⟩: *Die Sonne steht im Zenit* 太阳挂在头顶(天顶),日当午 **7. *j-d/etw. steht irgendwo*** j-s Name/etw. ist irgendwo (*bes* auf Papier) gedruckt od. geschrieben (人/物作主语)刊登在,写在: *Kannst du lesen, was auf dem Wegweiser steht?* 路标上写的什么你能看得见吗?;

Steht etw. Interessantes in der Zeitung? 报纸上刊登了什么有趣的事吗?; *Bei der Korrektur sind ein paar Fehler s. geblieben, hat sie ein paar Fehler s. (ge)lassen* 校对时留下了几个错误,她看漏了几个错误 **8. etw. steht auf etw.** (*Dat* 三格) etw. zeigt durch seine Position e-e Zeit od. e-n Wert an(物作主格)指示,显示: *Der Zeiger steht auf vier Uhr* 指针指向四点钟; *Das Barometer steht auf „Regen"* "晴雨表显示"雨" **9. vor etw.** (*Dat* 三格) **s.** mit etw. Schwierigem zu tun haben 面临 ≈ mit etw. konfrontiert sein 〈vor Problemen, Schwierigkeiten s. 面临问题、困难; vor dem Ruin, dem Bankrott, dem Nichts, der Pleite s. 面临崩溃、破产、一无所有、倒闭〉: *Länder, die vor enormen wirtschaftlichen Schwierigkeiten stehen* 面临着巨大经济困难的国家 **10. über j-m s.** e-n höheren Rang haben als ein anderer 级别比…高: *Der Oberst steht über dem Hauptmann* 上校级别比上尉高 **11. über etw.** (*Dat* 三格) **s.** so viel Erfahrung u. Intelligenz haben, dass man sich nicht über kleine Probleme ärgert 超脱,超逸: *Man muss über den Dingen s.* 人要超然物外 **12. etw. steht u. fällt mit j-m/etw.** etw. hängt von j-m/etw. ab (物作主语)成败取决于: *Diese Firma steht u. fällt mit Jürgens technischem Können* 这家企业的存亡全在于尔根的技术才能 **13. etw. steht** *gespr* [口]; etw. ist fertig (gebaut, geschrieben *usw*) (物作主语)(建造,书写等)完毕,完工: *Bis nächsten Montag muss der Bericht s.* 到下星期一这篇报告必须写好 **14. etw. steht irgendwie** etw. ist zu e-m bestimmten Zeitpunkt in e-m bestimmten Zustand der Entwicklung (物作主语)…的情况如何: *Die Chancen für e-n Erfolg stehen gut* 成功的机会看好; *Wie steht die Sache? – Werden wir bald ein Ergebnis bekommen?* 事情怎么样了? —— 我们很快会得到结果吗? **15. etw. 'steht vor Dreck** *gespr* [口]; etw. ist sehr schmutzig (物作主语)极脏 **16. j-d/etw. steht unter etw.** (*Dat* 三格) j-d ist in e-r bestimmten Situation, j-d/etw. ist in e-m bestimmten Zustand (人/物作主语)处于…状况 〈j-d steht unter Arrest 某人正在拘留中; etw. steht unter Spannung/Strom 某物带电〉 **17.** verwendet zusammen mit e-m Subst., um ein Verb zu umschreiben (与名词连用,改换动词的表达); **unter Anklage s.** ≈ angeklagt sein; **unter Aufsicht s.** ≈ beaufsichtigt werden; **etw. steht unter Beschuss** ≈ etw. wird beschossen; **etw. steht in Blüte** ≈ etw. blüht; **etw. steht zur Debatte, Diskussion** ≈ etw. muss debattiert, diskutiert werden; **im Einsatz s.** ≈ eingesetzt werden; **etw. steht in Flammen** ≈ etw. brennt; **unter Verdacht s.** ≈ verdächtigt werden; **j-d/etw. steht j-m zur Verfügung** ≈ j-d kann über j-n/etw. verfügen; **in Verhandlungen** (**mit j-m**) **s.** ≈ mit j-m verhandeln; **etw. steht im Widerspruch zu etw.** ≈ etw. widerspricht etw. (*Dat* 三格); [Vimp] (无人称) **18. es steht irgendwie** ein bestimmter Punkt e-r Entwicklung ist erreicht 事情、情况、趋势如何: *Wie steht es (mit ihm)? – Wird er überleben?* (他)情况怎么样? —— 他会活过来吗? **19. es steht irgendwie** verwendet, um den momentanen Spielstand e-s Spiels anzugeben 比赛情况,比分如何: *Nach der ersten Halbzeit steht es 2:1 (zwei zu eins)* 上半场结束时比分为2比1; *„Wie steht es denn?" – „68:47 für Heidelberg"* "比赛情况怎么样?"——"68比47,海德堡领先" **20. um j-s Gesundheit/j-n steht es schlecht** j-d ist sehr krank, in e-m schlechten Zustand 某人健康状况很差,某人病得很重 **21. s. bleiben** nicht weitergehen od. -fahren 站住,停下来 ≈ anhalten: *Wir blieben s., um auf dem Stadtplan nachzusehen* 我们停下来看城市交通图 **22. etw. bleibt s.** etw. funktioniert nicht mehr (物作主语)停止不动,停了: *Meine Uhr ist s. geblieben* 我的表停了 **23. etw. s. lassen** etw. nicht (ganz) essen 把…(饭菜)放着(不吃,不吃完): *Wenn Ihnen der Kuchen nicht schmeckt, können Sie ihn ruhig s. lassen* 如果你们(或您)不喜欢吃这点心,你们(或您)尽可以让它放着 **24. etw. irgendwo s. lassen** etw. irgendwo vergessen u. nicht mitnehmen 把…忘在、落在: *Ich habe meinen Schirm im Geschäft s. lassen* 我把我的伞忘在商店里了 **25. j-n s. lassen** (*mst* aus Verärgerung) j-n nicht (länger) beachten (u. von ihm weggehen) 丢下…不管,不理睬 ‖ ID [谚] **Wo sind wir s. geblieben?** an welchem Punkt unseres Gesprächs waren wir zuletzt? 我们刚才说到哪儿了?; *mst* 多用 **Na, wie stehts?** *gespr* [口]; verwendet, um j-n zu fragen, wie es ihm geht 近来好吗? ‖ ▶ **Stand, Ständer**

ste·hen² ['ʃteːən]; *stand, hat/südd* Ⓐ Ⓒⓗ [南德][奥][瑞] *ist gestanden*; [Vi] (不及物) **1. etw. steht j-m** etw. passt gut zu j-s Figur u. Aussehen (物作主语)(服装)对…合适、合身 〈ein Kleidungsstück, e-e Farbe, e-e Frisur 衣服,颜色,发型; e-e Brille 眼镜〉: *Steht mir diese Bluse?* 这件衬衣我穿合适吗?; *Ich glaube, helle Farbtöne stehen mir nicht* 我觉得浅颜色不适合我 **2. zu etw. s.** die Verantwortung für etw. übernehmen, das man getan od. versprochen hat 对…负责 ≈ etw. verantworten 〈zu e-r Tat, e-r Entscheidung, e-m Versprechen s. 对一种行为、决定、诺言负责〉: *Der Umweltminister steht weiterhin zu seinem Beschluss* 环保部长一如继往对他的决定负责 **3. zu j-m s.** j-m, der Schwierigkeiten hat, helfen (*bes* weil man ihn mag od. weil man von seinen Leistungen überzeugt ist) 支持,鼓励,帮助 ≈ zu j-m halten: *Trotz der Niederlage steht der Trainer zu seinen Spielern* 尽管输了,但教练还是鼓励他的运动员 **4.** (**voll**) **hinter j-m s.** j-m helfen, seine *mst* politischen Ziele zu erreichen (全力)支持,作…的后盾: *Die Partei steht voll hinter ihrem Vorsitzenden* 全党全力支持党的主席 **5. irgendwie zu j-m/etw. s.** e-e bestimmte Meinung od. Einstellung zu j-m/etw. haben 对…有某种看法≈ j-n/etw. irgendwie beurteilen: *Wie stehen Sie zu den neuen Sparmaßnahmen der Regierung?* 您对政府节省开支的新举措有何看法? ‖ NB(注意): *mst* in e-r Frage (多用于问句) **6. *etw. steht auf etw.*** (*Akk* 四格) für ein Verbrechen gibt es die genannte Strafe (物作主语)对…要被判,要科处≈ etw. wird mit etw. bestraft: *Auf Steuerhinterziehung stehen hohe Geldstrafen* 对于逃税要科处高额罚款 **7. *etw. steht bei j-m*** etw. wird von j-m entschieden (物作主语)由…决定、说了算 ≈ etw. liegt bei j-m: „*Sollen wir heute Abend ins Theater gehen?*" – „*Das steht ganz bei dir*"“我们今晚去看戏吗?”——“这事完全由你说了算”; Es *steht bei dir*, ob *wir wieder nach England fahren* 我们是否重游英国,这由你来决定 **8. *j-d/etw. steht für etw.*** j-d/etw. vertritt etw., ist ein typisches Beispiel für viele andere Menschen od. Dinge (人/物作主语)代表着…≈ j-d/etw. ist stellvertretend für etw.: *Seine Worte stehen für die Meinung vieler Arbeitsloser* 他的话代表了众多失业者的看法 **9. *auf j-n/etw. s.*** *gespr* [口]; j-n/etw. sehr gut finden (u. deshalb haben wollen) 喜欢,偏爱 ≈ auf j-n/etw. fliegen, abfahren: *Sie steht auf große, schlanke Männer/auf französische Chansons* 她喜欢瘦高个的男子/法国歌谣 **10. *etw. steht zu erwarten, befürchten, hoffen*** *geschr* [书]; man hat Gründe, etw. zu erwarten *usw* (物作主语)有理由期待、担心、希望: *E-e Verschlechterung steht nicht mehr zu befürchten* 没有理由再担心恶化; Es *steht zu erwarten*, dass *der Dollarkurs in den nächsten Wochen steigen wird* 可以期望在今后几周内美元的汇率将会上升 ‖ NB(注意): *zu* (义项)10.: nur im Präsens u. im Imperfekt (只用现在时和过去时)

ste·hen·blei·ben ↑ ***stehen¹*** (21,22,ID)

ste·hen·las·sen ↑ ***stehen¹*** (23-25)

Steh·im·biss *der*; ein einfaches Lokal, in dem man im Stehen essen kann(不设桌椅的)站立小吃店

Steh·kra·gen *der*; ein *mst* steifer, enger Kragen an e-m Hemd od. Kleid, der nach oben steht 立领(衣领)

Steh·lam·pe *die*; e-e Lampe, die auf dem Boden od. e-m Tisch steht (u. nicht an der Decke hängt) 落地灯 ‖ ↑ *Abb. unter* 图见 ***Lampe***

Steh·lei·ter *die*; e-e Leiter aus zwei Teilen, die frei steht u. nicht an die Wand gelehnt wird 人字梯

steh·len; *stiehlt*, *stahl*, *hat gestohlen*; [Vt/i] (及物/不及物) **1. ((*j-m*) *etw.*) *s.*** unbemerkt etw. nehmen, das einem anderen gehört, u. es behalten 偷,偷窃: *j-m das Fahrrad s.* 偷某人的自行车; *Ich glaube, er stiehlt* 我看,他偷东西; [Vt] (及物) **2. *j-m etw. s.*** verhindern, dass j-d etw. hat od. bekommt 使得不到…≈ rauben 〈j-d/etw. stiehlt j-m die Ruhe, den Schlaf, die Zeit 某人/某物使某人不得安宁,不能入睡,占用某人的时间〉; [Vr] (反身) **3. *sich irgendwohin s.*** leise u. heimlich irgendwohin gehen 偷偷地溜走 ‖ ID [谚] *mst* 多用 ***Der/Das kann mir gestohlen bleiben!*** *gespr pej* [口][贬]; mit dem/damit will ich nichts zu tun haben 我可不愿和他/与此事有什么瓜葛 ‖ ▶ ***Diebstahl***

Steh·platz *der*; ein Platz (*z.B.* im Bus od. in e-m Stadion) ohne Sitz 站位↔ Sitzplatz

Steh·ver·mö·gen *das*; *nur Sg* (只用单数); die Fähigkeit, e-e große (körperliche od. geistige) Belastung über relativ lange Zeit auszuhalten 耐力,毅力〈S. zeigen 表现出有耐力〉

steif *Adj* (形) **1.** ziemlich hart, sodass man die Form nur schwer verändern kann 硬的↔ weich, biegsam 〈ein Kragen, Pappe 衣领,纸板; etw. ist s. gefroren 某物冻得发硬; etw. ist s. wie ein Brett 某物硬得像木板〉 **2.** so, dass man es nicht od. nur schwer od. unter Schmerzen bewegen kann 僵硬的,行动不便的,僵直的: *Seit dem Unfall hat er ein steifes Bein* 自从出了事故,他的一条腿就行动不便了 **3.** angespannt u. verkrampft u. nicht sehr schön anzusehen 直挺挺的,僵直的,不自然的≈ ungelenk ↔ anmutig, geschmeidig 〈ein Gang, e-e Haltung, Bewegungen 走路姿式,姿势,动作〉 **4.** sehr streng den gesellschaftlichen Regeln entsprechend 死板的,僵化的,拘谨的≈ förmlich, gezwungen ↔ locker (6) 〈e-e Atmosphäre 气氛; sich s. benehmen 行为举止古板〉: *Bei dem Empfang ging es sehr vornehm u.s. zu* 会见时气氛很高雅但呆板 **5.** *mst* 多用 ***etw. steif schlagen*** Eiweiß, Sahne *o.Ä.* mit e-m Kochlöffel od. e-m Mixer so schlagen, dass sie zu Schaum od. fest werden 把(蛋白,奶油)打稠 **6.** *nicht adv*, NAUT (不作状语)【航海】; ziemlich stark 强劲的〈e-e Brise, ein Wind 海风,风〉 **7.** durch sexuelle Erregung groß u. hart 坚挺的,绷硬的 ≈ erigiert 〈das Glied, der Penis 男性生殖器,阴茎〉 ‖ ID [谚] ***etw. s. u. fest behaupten/glauben*** *gespr* [口]; etw. behaupten/glauben, ohne daran zu zweifeln 固执地断定/对某事坚信不疑 ‖ *hierzu* (派生) **Steif·heit** *die*; *nur Sg* (只用单数)

steif·schlagen ↑ ***steif*** (5)

Steig *der*; -(*e*)*s*, -*e*; ein steiler, schmaler Weg 陡峭的小径,山间小道 ‖ -K(复合): ***Fuß-, Kletter-*** ‖ NB(注意): ↑ ***Pfad***

Steig·bü·gel *der*; einer der zwei Bögen aus Metall, in die man die Füße steckt, wenn man auf e-m Pferd sitzt 马镫 ‖ ↑ *Abb. unter* 图见 ***Pferd***

Steig·bü·gel|hal·ter *der*; *pej* [贬]; j-d, der e-r anderen Person hilft, Karriere zu machen 为他人晋级而出力的人,帮别人飞黄腾达的人

Stei·ge *die*; -, -*n*; *südd* Ⓐ [南德][奥] **1.** e-e flache, offene Kiste, in der man Obst od. Gemüse transportiert u. (auf dem Markt) verkauft (装蔬菜、水果的)板条箱 ‖ -K(复合): ***Obst-*** **2. *e-e S.*** + *Subst* (名词) die Menge Obst od. Gemüse, die in e-e S. (1) passt 一(板条)箱(水果,蔬菜): *e-e S. Äpfel kaufen* 买一

(板条)箱苹果 **3.** e-e steile Straße, ein steiler Weg 陡坡路,陡坡小径

stei·gen; *stieg, ist gestiegen*; [Vi] **1. *irgendwohin s.*** an e-n Ort gehen (*bes* klettern), der höher od. tiefer liegt 攀登,爬〈auf e-n Berg, e-n Turm, aufs Dach s. 登上山、塔、屋顶; von e-m Berg ins Tal, vom Dach s. 从山上爬到山谷下,从房顶上爬下来〉: *vom zweiten Stock hinunter in den ersten Stock s.* 从三层下到二层 **2. *irgendwohin s.*** sich mit e-r Bewegung an/auf e-n bestimmten Platz bringen 跨上,登上,骑上,上/下,进/出: *aufs/vom Fahrrad, Pferd s.* 跨上/跨下自行车、马; *ins/aus dem Auto s.* 上/下汽车; *in den/aus dem Zug s.* 上/下火车; *über e-n Zaun s.* 跨过栅栏; *in die/aus der Badewanne s.* 跨入/跨出浴缸; *auf e-n Stuhl s.* 登上椅子 **3. *j-d/etw. steigt*** j-d bewegt sich (in e-m Flugzeug *o. Ä.*)/etw. bewegt sich (*mst* durch die Luft) nach oben (人/物作主语)升起,升高,升空,上升〈ein Flugzeug, der Nebel 飞机,雾; der Rauch steigt in die Luft 烟升向空中; Drachen s. lassen 放飞风筝〉: *Das Blut steigt ihm ins Gesicht* 血涌上他的脸(他脸上充血); *Der Duft der angebratenen Zwiebeln stieg ihr in die Nase* 煎洋葱的香味传入了她的鼻子(她闻到了煎洋葱的香味) ‖ K-(复合): ***Steig-, -flug*** **4. *etw. steigt*** etw. wird (im Niveau, Umfang od. Wert) höher od. größer 上升,上扬,提高,攀升 ≈ etw. steigt an ↔ etw. sinkt 〈das Wasser 水; die Leistung 工作效率; die Aktien, die Preise 股票,价格〉 **5. (*j-m*) *auf etw.*** (*Akk* 四格) ***s.*** *gespr* [口]; auf etw. treten 踩,踩在…上: *auf die Bremse, aufs Gas s.* 踩刹车、油门; *j-m auf den Fuß s.* 踩着某人的脚 **6. *etw. steigt*** *gespr* [口] ≈ etw. findet statt 〈e-e Party 聚会〉 **7. *in etw.*** (*Akk* 四格) ***s.*** *gespr* [口]; etw. anziehen, indem man bei den Füßen beginnt (从脚往上)穿,蹬〈in die Hose, in die Kleider s. 蹬上裤子,穿上连衣裙〉

stei·gern; *steigerte, hat gesteigert*; [Vt] (及物) **1. *etw. s.*** bewirken, dass etw. besser, größer, intensiver wird 提高;增强 ≈ erhöhen ↔ senken 〈die Leistung, die Produktion s. 提高工作效率、产量〉: *Kleine Fehler steigern oft den Wert von Briefmarken* 小小的错误往往会使邮票升值 **2. *etw. s.*** die Formen e-s Adjektivs od. Adverbs bilden, mit denen man e-n Vergleich ausdrückt 把(形容词、副词)升级〈ein Adjektiv s. 把一个形容词升级〉: *„Gut" steigert man mit den Formen „besser" u. „am besten"* "人们用"besser"和"am besten"的形式使"gut"升级; [Vr] (反身) **3. *etw. steigert sich*** etw. wird besser od. intensiver (物作主语)增强,加剧,提高〈etw. steigert sich im Tempo 某物提高速度〉: *Die Spannung steigerte sich bis ins Unerträgliche* 紧张气氛加剧,令人喘不过气来 **4. *j-d steigert sich*** j-d verbessert seine Leistungen (人作主语)有提高,有长进〈j-d steigert sich notenmäßig, in der Leistung 某人分数、成绩有提高〉

Stei·ge·rung *die*; -, *-en* **1.** ein Vorgang, durch den etw. besser, größer od. intensiver wird 增强,加剧,提高: *e-e S. des Umsatzes anstreben* 努力提高销售额 ‖ K-(复合): ***Steigerungs-, -rate*** ‖ -K(复合): ***Leistungs-, Umsatz-, Wert-*** **2.** das Steigern (2) 〈die S. e-s Adjektivs 形容词的升级〉 ≈ Komparation ‖ K-(复合): ***Steigerungs-, -form, -stufe*** **3.** (CH) [瑞] ≈ Versteigerung ‖ *zu* (义项) **1.** u. **2. stei·ge·rungs·fä·hig** *Adj* (形)

Stei·gung *die*; -, *-en* **1.** der Grad, in dem etw. (*z. B.* ein Weg) höher od. steiler wird 坡度,斜度↔ Gefälle: *Die Straße zum Pass hat e-e S. von 14%* 通往山口的路有一个14度的坡度 ‖ K-(复合): ***Steigungs-, -winkel*** **2.** e-e Strecke, bei der der Weg nach oben geht 上坡,斜坡: *an der S. in e-n niedrigeren Gang schalten* 爬坡挂低档

steil *Adj* (形); 〈ein Berg, ein Weg 山,路〉 so, dass sie mit e-r starken Steigung (1) (od. fast senkrecht) nach oben hin ansteigen bzw. e-m starken Gefälle nach unten hin abfallen 陡的,陡峭的: *e-e Straße, ein Hang steigt s. an, fällt s. ab* 一条马路、一个山坡陡然向上、向下 ‖ ↑ *Abb. unter* 图见 **Eigenschaften** ‖ K-(复合): ***Steil-, -abfahrt, -dach, -hang, -küste, -pass, -ufer, -wand*** ‖ *hierzu* (派生) **Steil·heit** *die*; *nur Sg* (只用单数) ‖ NB (注意): ↑ ***schroff, schräg***

Steil·kur·ve *die*; e-e Kurve (auf e-r Rennbahn), bei der der äußere Rand viel höher ist als der innere(向内侧倾斜的)急弯

Stein *der*; -(*e*)*s*, *-e* **1.** *nur Sg* (只用单数); die harte Substanz, aus der Berge bestehen 石头 〈hart wie S. 硬如石头; etw. in S. hauen, meißeln 把某事刻、凿在石头上〉 ‖ K-(复合): ***Stein-, -bank, -block, -boden, -bohrer, -brocken*** ‖ -K(复合): ***Kalk-, Quarz-, Sand-, Tuff-; Natur-*** ‖ NB(注意): ↑ ***Fels*** **2.** ein relativ kleines Stück S. (1) 小石块,碎石块: *Auf dem Acker liegen viele Steine* 田里有许多石块 ‖ K-(复合): ***Stein-, -hagel, -haufen, -lawine, -schleuder, -wall, -wüste*** ‖ -K(复合): ***Kiesel-, Mosaik-, Pflaster-; Grab-, Mühl-, Schleif-, Schmuck-*** **3.** ein Naturstein od. Backstein (Ziegel), der zum Bau von Häusern, Mauern *o. Ä.* verwendet wird 砖石,石板,石料 ‖ K-(复合): ***Stein-, -haus*** ‖ -K (复合): ***Klinker-, Ziegel-*** **4.** ein einzelner, großer, harter Kern in e-r Frucht 果核,核: *der S. in e-m Pfirsich, in e-r Pflaume* 桃核,李子核 ‖ K-(复合): ***Stein-, -obst*** **5.** *Kurzw* (略); ↑ ***Edelstein*** **6.** e-e Art kleiner S. (2), der sich aus Ablagerungen bestimmter Stoffe in manchen Organen bildet 结石 ‖ K-(复合): ***Stein-, -leiden, -operation*** ‖ -K (复合): ***Gallen-, Harn-, Nieren-*** **7.** ein kleiner, *mst* runder Gegenstand, mit dem man bei Brettspielen spielt 小圆棋子〈e-n S. legen, ziehen 下、走棋子〉 ‖ ↑ *Abb. unter* 图见 ***Brettspiele*** ‖ -K (复合): ***Brett-, Dame-, Domino-, Mühle-, Spiel-*** ‖ ID [谚] ***der S. der Weisen*** *geschr* [书]; die ideale Lösung

S

für ein wichtiges Problem 哲人之石，点金石，（解决难题的）妙诀，钥匙，门道〈den S. der Weisen finden 找到（解决难题的）办法〉；***der S. des Anstoßes*** *geschr*［书］：die Ursache dafür, dass e-e unangenehme Situation od. ein Problem entstanden ist 恼怒的起因，问题的症结；***j-m fällt ein S. vom Herzen*** j-d ist sehr erleichtert 某人心上的一块石头落了地，了却了一件心事；***e-n S. ins Rollen bringen*** *gespr*［口］：mit e-r Handlung bewirken, dass es für viele Personen（*mst* negative）Folgen gibt 使事情有进展，把事情搞活；***j-m Steine in den Weg legen*** j-n daran hindern od. es j-m erschweren, sein Ziel zu erreichen 给某人设置障碍，给某人制造困难；***j-d hat bei j-m e-n S. im Brett*** *gespr*［口］：j-d ist so, dass ein anderer ihn besonders gern mag 某人特别受某人青睐；***S. u. Bein schwören*** *gespr*［口］：etw. ganz fest behaupten, versprechen od. glauben 郑重起誓，绝对保证；***keinen S. auf dem anderen lassen*** *gespr*［口］：etw. völlig zerstören 使一切都荡然无存，毁个片瓦不留

Stein·ad·ler *der*；ein großer, brauner Adler, der in den Bergen lebt 金雕

stein·alt *Adj*（形）；*ohne Steigerung*，*gespr*（无变级）［口］：sehr alt 老迈的，古稀之年的

Stein·bock *der* **1.** ein Tier mit langen, nach hinten gebogenen Hörnern, das auf hohen Bergen lebt 山羊 **2.** *nur Sg*（只用单数）：das Sternzeichen für die Zeit vom 22. Dezember bis 19. Januar（12月22日至1月19日为）摩羯座，摩羯宫‖↑ *Abb. unter* 图见 ***Sternzeichen*** **3.** j-d, der in der Zeit vom 22. Dezember bis 19. Januar geboren ist（12月22日至1月19日出生的人）摩羯座：*Sie ist（ein）S.* 她是摩羯座

Stein·bruch *der*；e-e Stelle, an der man Steine von den Felsen bricht（um Baumaterial zu gewinnen）采石场

Stein·butt *der*；ein runder, flacher Meeresfisch, der gern gegessen wird 大菱鲆

stei·nern *Adj*（形）**1.** *nur attr*，*nicht adv*（只作定语，不作状语）：aus Stein 石头的，石制的〈ein Boden 地面〉**2.** *nicht adv*（不作状语）：ohne Gefühl 铁石心肠的，冷漠的〈j-s Herz, j-s Miene 某人的心、表情〉

Stein|er·wei·chen *nur in* 只用于 ***zum S.***〈weinen 哭〉so（sehr weinen）, dass andere Mitleid bekommen（哭得）使人铁石心肠都变软，使人肝肠寸断

Stein·gut *das* **1.** ein Material aus Ton, das dem Porzellan ähnlich ist u. aus dem man Geschirr machen kann 陶土 **2.** *Kollekt*（集合）：Geschirr aus S.（1）陶器

stein·hart *Adj*（形）；*ohne Steigerung*，*gespr*，*oft pej*（无变级）［口］多用［贬］：sehr hart 硬如石头的〈Brot 面包〉

stei·nig *Adj*（形）**1.** mit vielen Steinen 多石的，有石头的〈ein Weg, ein Gelände, ein Acker 路，一片土地，农田〉**2.** mit vielen Schwierigkeiten 坎坷的，困难重重的：*Bis zum Abitur hast du noch e-n steinigen Weg vor dir* 到高中毕业你前头还有一段坎坷的路要走

stei·ni·gen；*steinigte*，*hat gesteinigt*；［Vt］（及物）***j-n s.*** j-n töten, indem man Steine auf ihn wirft 用石头把…砸死‖*hierzu*（派生）**Stei·ni·gung** *die*

Stein·koh·le *die*；e-e sehr harte schwarze Kohle, mit der man heizt 石煤，烟煤 ↔ Braunkohle ‖ K-（复合）：***Steinkohlen-***，***-bergbau***，***-bergwerk***，***-förderung***，***-lager***，***-teer***，***-zeche***

Stein·metz *der*；*-en*，*-en*；j-d, der beruflich Steine（*bes* für Gräber）bearbeitet 石匠 ‖ NB（注意）：*der Steinmetz*；*den*，*dem*，*des Steinmetzen*

Stein·pilz *der*；ein Pilz mit hellbrauner Kappe u. dickem Stiel 牛肝菌，石菌

stein·reich *Adj*（形）；*ohne Steigerung*，*gespr*（无变级）［口］；sehr reich 非常富有的

Stein·schlag *der*；*nur Sg*（只用单数）：das Abstürzen von Steinen, die sich von großen Felsen lösen u. den Berg hinabrollen 岩崩，石流 ‖ K-（复合）：***Steinschlag-***，***-gefahr***

Stein·wurf *der*；*mst in* 多用于 ***nur e-n S. weit***〈entfernt 相距〉nicht sehr weit（weg）不远，一箭之遥

Stein·zeit *die*；*nur Sg*（只用单数）：die（lange vergangene）Zeit, während der die Menschen Waffen u. Werkzeuge aus Steinen machten 石器时代 ‖ K-（复合）：***Steinzeit-***，***-mensch*** ‖ *hierzu*（派生）**stein·zeit·lich** *Adj*（形）

Steiß *der*；*-es*，*-e* **1.** *Kurzw*（略）↑ ***Steißbein*** **2.** *gespr*［口］≈ Hintern

Steiß·bein *das*；*nur Sg*（只用单数）：der Knochen am unteren Ende der Wirbelsäule 尾骨 ‖ ↑ *Abb. unter* 图见 ***Skelett***

Stel·la·ge [ʃtɛ'la:ʒə] *die*；*-*，*-n* ≈ Gestell（1）

Stell·dich·ein *das*；*-(s)*，*-(s)*；*veraltend*［渐旧］**1.** ≈ Rendezvous〈mit j-m ein S. haben 与某人有幽会〉**2.**〈Personen 人〉***geben sich***（*Dat* 三格）***ein S.*** *mst* zwei Personen treffen sich 约会，幽会

Stel·le *die*；*-*，*-n* **1.** ein Ort, Punkt od. Platz, an dem j-d/etw. ist od. an dem etw. geschieht 地点，地方：*sich an der vereinbarten S. treffen* 在约定的地点会面；*Das muss die S. sein, an der der Unfall geschah* 这肯定是出事地点 ‖ -K（复合）：***Feuer-***，***Gefahren-***，***Kontroll-***，***Unfall-***，***Unglücks-***；***Ansatz-***，***Bruch-***，***Druck-***，***Naht-***，***Schnitt-*** **2.** die Position in e-r Firma od. in e-r Institution, in der man arbeitet 工作岗位，职位〈e-e freie, offene S. 一个空缺的岗位；sich um e-e S. bewerben 求职，谋职；e-e S. antreten 上岗；die S. wechseln 换工作岗位；e-e S. besetzen 充任一职；e-e S. ausschreiben, suchen, finden, bekommen 招聘、寻求、找到、得到一份工作〉：*Er hat e-e S. als Verkäufer in e-m Kaufhaus* 他在一家购物大厦当售货员 ‖ K-（复合）：***Stellen-***，***-angebot***，***-besetzung***，***-gesuch***，***-markt***，***-nachweis***，***-plan***，***-streichungen***，***-vermittlung***，***-wechsel*** ‖ -K（复合）：***Assistenten-***，***Bürgermeister-***，***Pfarr-***，***Plan-***，***Regierungs-*** **3.** j-s Position in e-r

S

Rangordnung 名次，排位：*an erster / letzter S. kommen / stehen / liegen* 跃居榜首/名落孙山，排名第一/倒数第一；（*im Wettkampf*）*an erster S. sein* 名列第一 **4. e-e S.**（**für etw.**）e-e Institution, die bestimmte Aufgaben hat, bzw. ihr Büro 部门，单位〈e-e staatliche, kirchliche S. 政府、教会部门〉：*sich bei der S. für Personalangelegenheiten melden* 找人事部门报到 ‖ -K（复合）：***Annahme-***, ***Ausgabe-***, ***Auskunfts-***, ***Außen-***, ***Beratungs-***, ***Dienst-***, ***Geschäfts-***, ***Pass-***, ***Presse-*** **5.** e-e kleine Fläche am Körper od. an e-m Gegenstand mit bestimmten Kennzeichen od. Eigenschaften 部位，位置：*e-e entzündete, geschwollene, gerötete S. auf der Haut* 皮肤上发炎、肿起、发红的部位；*e-e abgenutzte S. am Teppich* 地毯上磨损的地方；*e-e schadhafte S. am Auto* 汽车上损坏的部位 ‖ -K（复合）：***Druck-***, ***Rost-*** **6.** ein relativ kurzer Teil in e-m Text od. e-m musikalischen Werk（文章，音乐作品）一处，一段，地方：*e-e S. aus e-m Buch zitieren* 引用书上的一段文字；*Diese S. des Gedichtes gefällt mir besonders gut* 我尤其喜爱这首诗的这一段 ‖ -K（复合）：***Beleg-***, ***Bibel-***, ***Brief-***, ***Text-*** **7.** MATH【数】；*mst in* 多用于 ***die erste / zweite / dritte*** *usw* ***S.***（***nach dem Komma***）der Platz（hinter/nach dem Komma）, an dem e-e Ziffer steht（小数点后）第一、二、三位：*etw. bis auf zwei Stellen hinter / nach dem Komma ausrechnen* 把某数计算到小数点后的第二位 ‖ -K（复合）：***Dezimal-*** **8. *an j-s S. / an der S. von j-m / etw.*** （stellvertretend）für e-e Person od. Sache, um deren Funktion zu übernehmen 代表，以…身份 ≈ anstelle von j-m/etw. **9. *an j-s S.*** in j-s Lage, Situation 处于…的位置，地位：*An deiner S. wäre ich vorsichtig!* 我要处在你的位置上，我就会小心谨慎!；*Ich an seiner S. würde das nicht tun* 我要是他（的话）就不会这么干 **10. *auf der S.*** ≈ sofort：*Du kommst jetzt auf der S. her!* 你现在马上来!；*Er war auf der S. tot* 他当场就死了 **11. *zur S. sein*** da sein, um j-m（bei der Arbeit/bei e-m Problem）zu helfen 来到，到场，在场（给予帮助）：*Sie ist immer pünktlich zur S.* 她总是在需要的时候出现 **12. *nicht von der S. weichen*** genau an dem Ort bleiben, an dem man ist 不离开原地，在原地不动 ‖ ID［谚］***nicht von der S. kommen / auf der S. treten*** *gespr*［口］；bei e-r Arbeit od. in e-r Entwicklung keine Fortschritte machen 停滞不前/原地踏步（毫无进展）；***j-n an seiner empfindlichen / verwundbaren / wunden S. treffen*** etw. tun od. sagen, das j-s Gefühle an e-m Punkt verletzt, mit dem er besondere Probleme hat 触到某人的敏感处/痛处/伤疤；***sich zur S. melden*** *mst* MIL 多用【军】；melden, dass man angekommen ist 报到

stel·len；*stellte, hat gestellt*；[Vt]（及物）**1. *etw. irgendwohin s.*** etw. so an e-e Stelle bringen, dass es dort steht od. ist（竖着）摆放，放置：*e-e Leiter an die Mauer s.* 把梯子靠在墙上；*die Blumen in e-e Vase s.* 把花插入花瓶；*den Staubsauger in die Ecke s.* 把吸尘器放到墙角；*In manchen Ländern stellen die Kinder ihre Stiefel zu Weihnachten vor den Kamin* 在某些国家孩子们在圣诞节时把靴子放在壁炉前 **2. *etw. s.*** ein（technisches）Gerät in die Position bringen, in der es seine Funktion erfüllt 拨置，调，校正〈die Weichen, das Signal s. 扳道岔，调信号；Fallen s. 设圈套〉 **3. *etw.*** + *Adj*（形容词）+ ***s.*** etw. an e-e Stelle bringen, an der es e-e bestimmte Temperatur behält od. bekommt 使达到一定的温度：*Hast du den Sekt schon kalt gestellt?* 你把香槟酒冰镇了吗?；*Das Essen warm s., bis die Kinder aus der Schule kommen* 把饭菜温着，等孩子们放学回家 **4. *etw.*** + *Adj*（形容词）+ ***s.*** die Funktion e-s（technischen）Gerätes verändern 调，调节：*Wenns dir zu kalt ist, kann ich die Heizung höher s.* 如果你太冷的话，我可以把暖气调高些；*Kannst du das Radio nicht etwas leiser s.?* 你能不能把收音机调得轻点儿? **5. *e-e Uhr s.*** die Zeit, die e-e Uhr anzeigt, ändern u. so korrigieren 调（整手）表（的时间） **6. *den Wecker***（***auf*** + *Uhrzeit* 钟点时间）***s.*** den Wecker so einstellen, dass er zu e-m bestimmten Zeitpunkt läutet 把闹钟调到（拨到）：*Er stellte den Wecker auf sieben Uhr* 他把闹钟拨到七点钟 **7. *j-n s.*** j-n, der flieht, dazu zwingen, stehen zu bleiben（*bes* damit man ihn festnehmen kann）截住，拦住，堵截：*Nach kurzer Flucht wurde der Bankräuber von der Polizei gestellt u. festgenommen* 银行抢劫犯没逃出多久就被警察截住并捕获 **8.**（***j-m***）***j-n / etw. s.*** j-m Leute, Geräte, Kleider *o. Ä.* für e-e bestimmte Zeit（*mst* kostenlos）geben 给…配置，提供：*Das Stadttheater stellte den Laienschauspielern die Kostüme* 市立剧院为业余演员提供戏服；*In seiner Position bekommt er e-n Fahrer u. e-n Wagen gestellt* 以他的职位他配有一名司机和一辆汽车 **9. *j-n vor e-e Entscheidung s.*** j-m sagen, dass er sich für eine von *mst* zwei Möglichkeiten entscheiden muss 让…去作出抉择 **10. *etw. s.*** zusammen mit e-m Subst. verwendet, um ein Verb zu umschreiben（与名词连用，改换动词的表达）；***e-n Antrag auf etw. s.*** ≈ etw. beantragen；***j-m e-e Aufgabe s.*** ≈ j-m etw. aufgeben；***j-m etw. in Aussicht s.*** ≈ sagen, dass man für j-n etw. tun will od. dass er etw. bekommt；***e-e Diagnose s.*** ≈ etw. diagnostizieren；***etw. zur Diskussion s.*** ≈ etw. diskutieren lassen；***e-e Forderung s.*** ≈ etw. fordern；***j-m e-e Frage s.*** ≈ j-n etw. fragen；***etw. infrage s.*** ≈ etw. bezweifeln；***j-n vor Gericht s.*** ≈ j-n anklagen；***j-m etw. zur Verfügung s.*** ≈ j-n über etw. verfügen lassen **11. *j-m ein Ultimatum s.*** j-m sagen, dass e-e Forderung bis zu e-m bestimmten Zeitpunkt erfüllt werden muss 向…提出最后通牒；[Vr]（反身）**12. *sich irgendwohin s.*** an e-e Stelle gehen u. dort stehen（bleiben）走到…处站住，站到：*sich in die Tür, ans Fenster s.* 站到门檐下，走到窗户跟前；*Sie stellte sich auf*

S

e-n Stuhl, um die Lampe aufzuhängen 她站到一把椅子上挂灯 **13. sich j-m/etw. s.** bereit sein, sich mit j-m auseinanderzusetzen bzw. e-e Herausforderung anzunehmen 准备面对…(挑战,争论) ↔ sich j-m/etw. entziehen: *Nach der Gerichtsverhandlung stellte sich der Schauspieler den wartenden Journalisten* 法庭审理后这位演员准备接受等候着的记者的提问; *Der Minister war bereit, sich der Diskussion zu s.* 部长已经准备出席讨论 **14. sich (der Polizei) s.** zur Polizei gehen u. sagen, dass man ein Verbrechen begangen hat (向警方)自首,投案 **15. sich hinter j-n s.** j-m helfen, der von anderen beschuldigt wird 支持,为…撑腰,作…后盾 ≈ zu j-m stehen: *Der Kanzler stellte sich voll hinter seinen Minister, als die Opposition dessen Rücktritt forderte* 当反对党要求这位部长引退时,总理却全力支持他 **16. sich + Adj** (形容词) **+ s.** so tun, als hätte man die genannte Eigenschaft 假装,装作 ⟨sich blind, taub, stumm, tot, dumm s. 装瞎、聋、哑、死、傻⟩ ‖ NB(注意): ↑ ***Falle*** ‖ ▶ ***gestellt***, ***Stellung***

Stel.len.ab.bau *der*; *nur Sg* (只用单数); das Verringern der Zahl von Arbeitsplätzen 缩减编制,裁减员工,裁员,精简: *gegen den geplanten S. demonstrieren* 举行游行反对计划中的裁员

stel.len.wei.se *Adj* (形); *mst adv* (多作状语); an manchen Stellen (1,5,6) 有些地方,局部: *Das Auto ist s. rostig* 这辆汽车局部地方生锈了

Stel.len.wert *der*; die Bedeutung, die j-d/etw. innerhalb e-s Systems *o. Ä.* hat 作用,价值 ⟨j-d/etw. hat, besitzt e-n hohen, niedrigen S., j-d/etw. nimmt e-n hohen S. ein 某人/某物具有很高、不高的价值,某人/某物起着重要的作用⟩

-stel.lig *im Adj, begrenzt produktiv, nicht adv* (构成形容词,构词有限)(不作状语); mit der genannten Zahl od. Menge von Ziffern…位数的: ***einstellig***, ***zweistellig***, ***dreistellig***, ***vierstellig*** *usw*; ***mehrstellig*** ⟨e-e Zahl, e-e Summe 数字,数目⟩

Stell.platz *der*; ein Platz, den man mieten kann, um dort ein Fahrzeug hinzustellen (可租用的)车位 ‖ -K(复合): ***Tiefgaragen-***

Stel.lung *die*; -, *-en* **1.** die Art u. Weise, wie man den Körper hält 姿势,姿态 ≈ (Körper)-Haltung ⟨e-e S. einnehmen 做一个姿势⟩ ‖ -K(复合): ***Schlaf-***, ***Spreiz-***, ***Sprung-***; ***Lippen-*** **2.** die Lage e-r Sache in Bezug auf ihre Umgebung 状态,位置 ≈ Stand, Position: *Wenn der Schalter in dieser S. ist, fließt Strom* 如果开关处在这种位置,电流就通过 ‖ -K(复合): ***Schalter-***, ***Signal-***, ***Stern-***, ***Weichen-***, ***Wort-*** **3.** die Position, in der j-d in e-r Firma/Institution arbeitet职位,职务,工作 ≈ Posten, Stelle (2): *e-e S. als Chauffeur* 汽车司机的工作 ‖ -K(复合): ***Dauer-***, ***Lebens-***, ***Vertrauens-*** **4.** MIL【军】; ein Platz, der für die Verteidigung besonders geeignet ist od. der dafür gebaut wurde 阵地⟨Truppen *o. Ä.* beziehen, halten, stürmen e-e S. 部队进入、守住,攻占阵地⟩ ‖ K-(复合): ***Stellungs-***, ***-kampf***, ***-krieg***, ***-wechsel*** **5.** (**für/gegen j-n/etw.**) **S. nehmen, beziehen** in Bezug auf j-n/etw. seine (positive/negative) Meinung sagen 表态(支持/反对)

Stel.lung.nah.me *die*; die Meinung, die j-d zu e-m Thema hat u. (*mst* öffentlich) sagt 观点,看法⟨e-e S. abgeben 表态⟩

Stel.lungs.su.che *die*; die Suche nach e-r Arbeitsstelle 找工作,求职 ‖ *hierzu* (派生) **Stel.lungs.su.chen.de** *der/die*; *-n*, *-n*

stell.ver.tre.tend *Adj* (形); *nur attr od adv* (只作定语或状语); in/mit der Funktion e-s Stellvertreters 副(职)的;代表的,代理的⟨etw. s. für j-n tun 代理某人干某事⟩

Stell.ver.tre.ter *der*; j-d, der für e-e kurze Zeit die Aufgabe e-s anderen (*mst* seines Chefs) übernimmt 代表,代理人 ‖ *hierzu* (派生) **Stell.ver.tre.te.rin** *die*

Stell.ver.tre.tung *die* **1.** die Position e-s Stellvertreters 代表,代理(职位) **2.** *nur Sg* (只用单数); die Handlungen u. Aufgaben e-s Stellvertreters 代表,代理(行为,工作) ‖ NB(注意): ↑ ***Vize-***

Stell.werk *das*; ein Gebäude, von dem aus die Signale u. die Weichen für die Züge gestellt (2) werden (铁路)调度室,集中信号楼

Stel.ze *die*; -, *-n*; *mst Pl* (多用复数) **1.** eine von zwei Stangen, an denen Teile (Stützen) befestigt sind, auf denen man gehen kann 高跷⟨auf Stelzen gehen, laufen 走、踩高跷⟩ **2.** *nur Pl, gespr hum* (只用复数)[口][诙]; lange u. dünne Beine 细长的腿 ‖ *zu* (义项) **1. stelzen** (*ist*) *Vi* (不及物)

Stemm.bo.gen *der*; e-e Art Kurve beim Skifahren(滑雪)半犁式转弯

Stemm.ei.sen *das*; *-s*, *-*; ein Werkzeug aus Eisen, das vorn e-e scharfe Kante hat u. mit dem man Holz bearbeiten kann, indem man mit e-m Hammer auf das hintere Ende schlägt 凿子,榫凿

stem.men; *stemmte*, *hat gestemmt*; Vt (及物) **1. etw. s.** etw. mit viel Kraft über den Kopf nach oben drücken (向上)撑起,顶住,抵住⟨Gewichte s. 举起杠铃⟩ **2. etw./sich irgendwohin s.** etw./sich (*mst* mit viel Kraft) gegen etw. drücken 把…抵住、撑在…上/(自己)顶着,支撑着: *sich gegen die Tür s.* 顶着门; *die Arme in die Seiten s.* (= die Hände über die Hüften legen, mit den Ellbogen nach außen) 把双手叉在腰上 **3. ein Loch** (**in etw.** (*Akk* 四格)) **s.** mit e-m Stemmeisen ein Loch machen (往…上)凿一个洞 **4. ein Bier s.** *gespr* [口]; ein Bier trinken 喝杯啤酒; Vr (反身) **5. sich gegen etw. s.** mit viel Energie versuchen, etw. zu verhindern 阻止,抵制,反对: *sich gegen e-e bestimmte Entwicklung s.* 阻止某种发展

Stem.pel *der*; *-s*, *-* **1.** ein kleiner Gegenstand, mit dem man e-e Schrift od. Zeichen auf Papier druckt 图章,印 ‖ K-(复合): ***Stempel-***, ***-abdruck***, ***-farbe*** ‖ -K(复合): ***Gummi-***; ***Präge-***, ***Roll-***; ***Bibliotheks-***, ***Datums-***, ***Dienst-***, ***Firmen-***, ***Namen-***, ***Sonder-*** **2.** der

S

Text, die Symbole *o.Ä.*, die mit e-m S. (1) auf Papier gedruckt werden 印记，戳记：*ein S. im Pass, auf e-m Brief, auf e-m Dokument* 盖在护照上、信上、文件上的印记 ‖ K-(复合)：***Stempel-, -aufdruck*** ‖ -K(复合)：***Post-*** **3.** BIOL【生】：der mittlere Teil e-r Blüte (der die weiblichen Samen produziert) 雌蕊：*Der S. besteht aus dem Fruchtknoten, dem Griffel u. der Narbe* 雌蕊由子房、花柱和柱头组成 ‖ ID［谚］***j-d/etw. drückt j-m/etw. seinen S. auf*** j-d/etw. beeinflusst den Charakter e-r Person od. Sache stark 某人/某事在某人身上/给某物打下烙印 ≈ j-d/etw. prägt j-n/etw.; ***etw. trägt j-s S./den S. von j-m/etw.*** etw. zeigt deutlich den Einfluss von j-m/etw. 某物留有某人/某物的烙印

Stempel

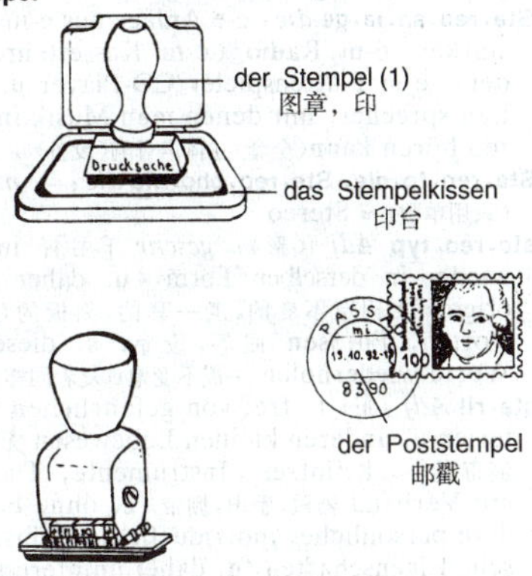

der Datumsstempel 日期章

Stem.pel.geld *das*; *nur Sg*, *gespr* (只用单数)［口］; das Geld, das ein Arbeitsloser vom Staat bekommt 失业救济金

Stem.pel.kis.sen *das*; ein Stück Filz mit feuchter Farbe in e-m kleinen Kästchen, in das man e-n Stempel (1) drückt, damit er Farbe bekommt 印台 ‖ ↑ *Abb. unter* 图见 ***Stempel***

stem.peln; *stempelte, hat gestempelt*; Vt (及物) **1.** ***etw. s.*** mit e-m Stempel (1) Zeichen auf etw. drucken 给…盖章：*e-e Urkunde, ein Formular, e-n Brief, e-e Postkarte s.* 给一份证书、表格、信、明信片盖章(或盖戳) **2.** ***j-n zu etw. s.*** j-n als etw. *mst* Negatives bezeichnen 把…列为、定为：*j-n zum Dieb, Lügner, Versager s.* 把某人说成小偷、骗子、不中用的人；Vi (不及物) **3.** ***s.*** (***gehen***) *gespr*［口］; arbeitslos sein 失业，领救济金生活 **4.** beim Beginn u. beim Ende der Arbeit e-e Karte in die Stechuhr stecken 打考勤卡；Vt/i (及物/不及物) **5.** (***etw.***) ***s.*** *gespr*［口］; seine Fahrkarte entwerten(给车票打上日期、时间以表示已使用)注销，销值

Sten.gel *der*; ↑ ***stängel***

Ste.no (*die*); -; *nur Sg*, *gespr*, *Kurzw* (只用单数)［口］(略) ↑ ***Stenografie***: *Kannst du S.?* 你会速记吗? ‖ K-(复合)：***Steno-, -kurs***

Ste.no.gra.fie *die*; -; *nur Sg* (只用单数); e-e Schrift mit besonderen Zeichen u. Abkürzungen von Silben od. Wörtern, mit der man viel schneller schreiben kann als mit der Normalschrift 速记 ≈ Kurzschrift ‖ *hierzu* (派生) **ste.no.gra.fie.ren** (*hat*) *Vt/i* (及物/不及物); **Ste.no.graf** *der*; *-en*, *-en*; **Ste.no.gra.fin** *die*; -, *-nen*; **ste.no.gra.fisch** *Adj* (形)

Ste.no.gramm *das*; *-s*, *-e*; ein Text, der in Stenografie geschrieben ist 速记稿，速记记录 ‖ K-(复合)：***Stenogramm-, -block***

Ste.no.graph [-f-], **Ste.no.gra.phie** [-f-] *usw* ↑ ***Stenograf, Stenografie*** *usw*

Ste.no.ty.pis.tin *die*; -, *-nen*; e-e Frau, die beruflich stenografiert u. auf der Schreibmaschine schreibt 女速记打字员

Stenz *der*; *-es*, *-e*; *gespr*, *mst pej*［口］多用［贬］; ein junger Mann, der sehr eitel ist 纨绔子弟，公子哥儿

Stepp.de.cke *die*; e-e warme Decke, die mit e-m weichen Material gefüllt ist u. die durch mehrere Nähte unterteilt ist(把棉絮和面儿缝在一起的)褥花被

Step.pe *die*; -, *-n*; ein großes, flaches Gebiet (in trockenem Klima), auf dem fast nur Gras wächst (*z.B.* die Prärie in Nordamerika) 草原 ‖ K-(复合)：***Steppen-, -bewohner, -brand, -fuchs, -gras, -landschaft*** ‖ -K(复合)：***Gras-, Salz-***

step.pen[1]; *steppte, hat gesteppt*; Vt (及物) ***etw. s.*** e-e stabile Naht so nähen, dass auf beiden Seiten des Stoffes keine Lücken zwischen den Stichen sind 绗，双面连锁缝，回针缝住 ↔ heften (e-e Naht, e-n Saum s. 锁缝，锁边) ‖ K-(复合)：***Stepp-, -naht, -stich***

step.pen[2]; *steppte, hat gesteppt*; Vi (不及物) Stepptanz tanzen 跳踢踏舞

Stepp.ke *der*; *-(s)*, *-s*; *nordd gespr*［北德］［口］; ein kleiner Junge 小男孩，小子

Stepp.tanz *der*; ein Tanz, bei dem man viele schnelle u. kleine Schritte macht u. mit den Schuhen im Rhythmus auf den Boden schlägt 踢踏舞 ‖ *hierzu* (派生) **Stepp.tän.zer** *der*

Ster.be.bett *das*; *mst in* 多用于 ***auf dem S. liegen*** so krank sein, dass man bald sterben muss 病人膏肓，奄奄一息，生命垂危

Ster.be.hil.fe *die* **1.** ***aktive S.*** das Einleiten von Maßnahmen, durch die j-d, der todkrank ist u. sterben will, schnell stirbt 主动安乐死 **2.** ***passive S.*** das Unterlassen von Maßnahmen, die bei e-m Menschen, der sehr krank ist u. sterben will, das Leben künstlich verlängern 被动安乐死

ster.ben; *stirbt, starb, ist gestorben*; Vi (不及物) **1.** aufhören zu leben 死去，去世，死亡(nach langem Leiden, durch e-n Unfall, durch e-n Mord s. 经受长时间的痛苦后死去，因事故死亡，被谋害致死; e-s (un)natürlichen Todes s. (非)自

S

然死亡；den Hungertod s. 饿死〉：*Goethe starb 1832 in Weimar im Alter von 83 Jahren* 歌德于1832年在魏玛去世，享年83岁 **2. an etw.** (*Dat* 三格) **s.** aus e-m bestimmten Grund s. (1) 因…而死，死于〈an Krebs, an Malaria, an e-m Herzinfarkt, an Altersschwäche s. 死于癌症、疟疾、心肌梗塞、年老衰竭；an den Folgen e-s Unfalls, e-r Verletzung s. 因事故、受伤而死亡〉 **3. für j-n / etw. s.** wegen e-r Person/Sache (*z.B.* e-r Idee, e-r Überzeugung) getötet werden 为…而死〈für sein Vaterland, für die Freiheit s. 为祖国、自由而死〉 **4. vor etw.** (*Dat* 三格) **s.** *gespr* [口]；etw. in hohem Maße empfinden（因一种强烈感受所折腾）得要死、要命〈vor Angst, Hunger, Durst, Sehnsucht *o.Ä.* s. 害怕、饿、渴、思念得要命；vor Neugier, Ungeduld, Langeweile *o.Ä.* (fast) s. 好奇、急躁、无聊得（几乎）要死〉‖ ID [谚] ***im Sterben liegen*** kurz vor dem Tod sein 奄奄一息，垂危；***zum Sterben*** *gespr* [口] ≈ sehr：*Ich bin zum Sterben müde* 我快累死了；*Der Film war zum Sterben langweilig* 这部电影无聊得要命；*mst* 多用 ***Er / Sie / Es ist für mich gestorben*** *gespr* [口]；mit ihm/ihr/damit will ich nichts mehr zu tun haben 他/她/它对我来说已死了（意即：我再也不想与他/她/这事有牵连或瓜葛）；***etw. ist gestorben*** *gespr* [口]；etw. wird nicht mehr realisiert, weil es Probleme gibt 某事黄了（吹了）〈ein Plan 计划〉；*mst* 多用 ***Daran wirst du schon nicht (gleich) s.!*** *gespr* [口]；das ist nicht so unangenehm/schlimm für dich, wie du tust 为这件事你（马上）死不了！（意即：事情并不像你想的那么糟）

-ster·ben *das*; *-s*; *nur Sg*, *im Subst*, *begrenzt produktiv*（只用单数）（构成名词，构词有限）；**1.** bezeichnet e-e Situation, in der innerhalb relativ kurzer Zeit viele Tiere sterben od. Pflanzen absterben …（的大批）死亡；***Baumsterben***, ***Fischsterben***, ***Robbensterben***, ***Ulmensterben***, ***Waldsterben*** **2.** verwendet, um den (allmählichen) Untergang *mst* e-s bestimmten Berufs od. e-r bestimmten Branche zu bezeichnen (die durch e-e neue Entwicklung verdrängt werden) …衰败，…没落，…维持、经营不下去；***Bauernsterben***, ***Einzelhandelssterben***, ***Kinosterben***, ***Zechensterben***

ster·bens- *im Adj*, *nicht produktiv*（构成形容词，非构词型）；verwendet, um ein Adj. (emotional) zu verstärken …得要命的，…得要死的，极端…的 ≈ sehr：***sterbenselend***, ***sterbenskrank***, ***sterbenslangweilig***

Ster·bens·see·le *die*; *nur in* 只用于 ***keine / nicht eine S.*** *gespr* [口] ≈ niemand

Ster·bens·wort *das*; *nur in* 只用于 ***kein / nicht ein S. / Sterbenswörtchen*** *gespr* [口]；kein einziges Wort 连一个字都不〈kein S. sagen (dürfen), verraten 连一个字都不（许）说、吐露〉

sterb·lich *Adj*（形）；*nur in* 只用于 **1. s. sein** einmal sterben müssen, nicht ewig leben können 是会死亡的，终有一死的 **2. *j-s sterbliche Überreste*** *geschr euph* [书][婉]；der Körper e-s Toten 某人的遗体：*j-s sterbliche Überreste der Erde anvertrauen* 把某人的遗体葬入地下

Sterb·lich·keit *die*; *-*; *nur Sg*（只用单数）**1.** die Tatsache, dass j-d/etw. sterben muss 死亡 ↔ Unsterblichkeit **2.** die (durchschnittliche) Zahl der Toten 死亡率 ≈ Mortalität ‖ K-(复合)：***Sterblichkeits-***, ***-rate***, ***-ziffer*** ‖ -K(复合)：***Kinder-***

Ste·reo [ˈʃteːreo, ˈst-] *das*; *-s*; *nur Sg*（只用单数）；e-e Technik, Musik *o.Ä.* so (aufzunehmen u.) wiederzugeben, dass der Klang aus zwei verschiedenen Richtungen kommt u. so sehr voll u. räumlich wirkt 立体声 ↔ Mono〈etw. in S. aufnehmen, senden 用立体声录制、播放某物〉‖ K-(复合)：***Stereo-***, ***-empfang***, ***-fernseher***, ***-kassettenrekorder***, ***-konzert***, ***-lautsprecher***, ***-platte***, ***-rundfunkgerät***, ***-sendung***, ***-tonbandgerät***

Ste·reo·an·la·ge *die*; e-e Anlage aus e-m Verstärker, e-m Radio (e-m Kassettenrekorder), e-m Plattenspieler/CD-Player u. e-m Lautsprecher, mit denen man Musik in Stereo hören kann（全套）立体声音响（设备）

Ste·reo·fo·nie, **Ste·reo·pho·nie** *die*; *-*; *nur Sg*（只用单数）≈ Stereo

ste·reo·typ *Adj*（形）；*geschr* [书]；immer wieder in derselben Form (u. daher nicht originell) 固定不变的，老一套的，刻板的〈Antworten, Phrasen 回答，废话；s. dieselben Worte wiederholen 一成不变地重复着同样的话〉

ste·ril *Adj*（形）**1.** frei von gefährlichen Bakterien u. anderen kleinen Lebewesen 无菌的，消毒的 ≈ keimfrei〈Instrumente, Tücher, ein Verband 器械，手巾，绷带〉**2.** ohne besondere persönliche, individuelle od. künstlerische Eigenschaften (u. daher uninteressant) 平淡的，索然无味的，乏味的〈e-e Umgebung, e-e Atmosphäre 环境，气氛；etw. wirkt s. 某事平淡乏味〉**3.** *nicht adv*（不作状语）；nicht fähig, Kinder/Junge zu bekommen od. zu zeugen 不育的，无生育能力的 ≈ unfruchtbar ‖ *hierzu*（派生）**Ste·ri·li·tät** *die*; *-*; *nur Sg*（只用单数）

ste·ri·li·sie·ren; *sterilisierte*, *hat sterilisiert*; [Vt]（及物）**1. *j-n / ein Tier s.*** e-e Person od. ein Tier durch e-e Operation steril (3) machen 使（人）失去生育能力，使绝育，给…结扎输精（卵）管/（把动物）阉，阉割：*die Katze s. lassen* 让阉割猫 ‖ NB（注意）：↑ ***kastrieren*** **2. *etw. s.*** etw. steril (1) machen 消毒：*die Instrumente für die Operation s.* 消毒手术器械；*sterilisierte Milch* 消毒牛奶 ‖ *hierzu*（派生）**Ste·ri·li·sa·ti·on** *die*; *-*, *-en*; **Ste·ri·li·sie·rung** *die*

Stern *der*; *-(e)s*; *-e* **1.** einer der kleinen hellen Punkte, die man nachts am Himmel sehen kann 星，星体〈ein funkelnder, heller S. 一颗闪亮的、明亮的星；die Sterne stehen am Himmel 星星挂在天空；die Sterne leuchten, strahlen, glänzen 星星发亮、发光、闪亮；die Sterne gehen auf, unter 星星升起、落下；Sonne, Mond u. Sterne 太阳、月亮和星星〉：*In e-r klaren Nacht ist der Himmel mit Sternen übersät* 在明亮的夜晚天空上布满了星星 ‖ K-(复

合)：**Sternen-**，**-himmel**，**-licht**，**-schein** ‖ -K (复合)：**Abend-**，**Morgen-**；**Polar-** **2.** ein S. (1)，der selbst leuchtet，wie *z.B.* die Sonne od. die Fixsterne 恒星 **3.** e-e Figur mit *mst* fünf Zacken，die e-n S. (1) darstellt 星(图形)，五角星：*Kekse in Form von Sternen* 五角星(形状)饼干；*die Sterne auf der Flagge der USA* 美国国旗上的星 ‖ -K(复合)：**Stroh-**，**Weihnachts-** **4.** ein S. (3)，der ein Symbol für hohe Qualität ist 星(级)：*ein Hotel mit fünf Sternen* 五星级饭店 ‖ K-(复合)：**Drei-sterne-**，**Fünfsterne-**，**Viersterne-**，**-hotel**，**-lokal** **5.** ein Planet od. ein Sternzeichen，von denen manche Leute glauben，dass sie Einfluss auf unser Schicksal haben 星座，星宿，星象〈die Sterne deuten，befragen 星座预示命运，求问星座〉：*Sie liest in jeder Zeitung die Rubrik „Was sagen die Sterne?“* 每期报纸上的“星象预卜”栏目她都要看 ‖ K-(复合)：**Stern-**，**-deuter** **6.** ***j-s/ein guter S.*** ein angenehmer Zufall 某人的/一次巧合，一次偶然机会：*Ein guter S. hat dich hierhergeführt* 一次巧合把你带到了这儿 ‖ ID[谚] ***Sterne sehen*** *gespr* [口]；ein flimmerndes Licht vor den Augen sehen，*bes* nach e-m Schlag auf den Kopf 眼冒金星；***nach den Sternen greifen*** etw. erreichen od. bekommen wollen，was unmöglich ist 上天摘星，海底捞月(意即：干不可能达到或得到的事)；***etw. steht unter e-m guten S.*** etw. (*bes* e-e Unternehmung，ein Projekt) funktioniert gut u. ohne Probleme 某事福星高照，一帆风顺；*mst* 多用 ***Das steht (noch) in den Sternen (geschrieben)*** das ist noch nicht sicher，das weiß man noch nicht 此事还不能肯定；此事还很难预料；***j-m/für j-n die Sterne vom Himmel holen (wollen)*** aus großer Liebe alles für j-n tun (wollen) (愿)为某人上天摘星星，(愿)为某人肝脑涂地 ‖ *zu* (义项)**3.** **stern·förmig** *Adj* (形)

Stern·bild *das*；e-e Gruppe von Sternen am Himmel，in denen man e-e Figur erkennen kann 星座，星宿：*Das S. des Großen Wagens* 北斗七星，大熊星座

Stern·chen *das*；*-s*，-；ein kleiner Stern (3)，der *bes* dazu dient，in e-m Text auf e-e Fußnote hinzuweisen 星号，星花

Ster·nen·ban·ner *das*；die Fahne der USA 星条旗

stern·ha·gel|voll *Adj* (形)；*ohne Steigerung*，*gespr hum* (无变级)[口][诙]；völlig betrunken 酩酊大醉的，酕醄大醉的

stern·klar，**ster·nen·klar** *Adj* (形)；*ohne Steigerung*，*nicht adv* (无变级)(不作状语)；(ohne Wolken u. deshalb) so，dass man die Sterne gut sehen kann 星光灿烂的，满天星斗的 ↔ sternlos〈e-e Nacht 夜晚；ein Himmel 天空〉

Stern·schnup·pe *die*；-，*-n*；ein kurzes，helles Licht am (nächtlichen) Himmel，das entsteht，wenn Material aus dem Weltall (ein Meteor) in der Luft der Erde verbrennt 流星 ‖ NB (注意)：↑ **Komet**

Stern·sin·gen *das*；*-s*；*nur Sg* (只用单数)；ein Brauch，bei dem Kinder in der Zeit um den 6. Januar (Dreikönigsfest) von Haus zu Haus gehen u. singen，um Geld für e-n guten Zweck zu sammeln (三圣节孩子们)唱颂歌(募捐) ‖ *hierzu* (派生) **Stern·sin·ger** *der*；*mst Pl* (多用复数)

Stern·stun·de *die*；*geschr* [书]；ein Zeitpunkt，zu dem etw. geschieht，das für die weitere Entwicklung sehr positiv ist 历史性时刻，具有重大意义的时刻：*Die Erfindung des Buchdrucks war eine der Sternstunden der Menschheit* 发明印刷术是人类发展的历史性时刻之一

Stern·war·te *die*；-，*-n*；ein Gebäude，von dem aus Wissenschaftler *bes* die Sterne beobachten 天文台≈ Observatorium

Stern·zei·chen *das*；eines der zwölf Symbole，die ihren Namen von Gruppen von Sternen haben，von denen manche Leute glauben，dass sie Einfluss auf das Schicksal der Menschen hätten 星座，生肖星座 ≈ Tierkreiszeichen：*im S. des Stiers geboren sein* 金牛座出生；*„Welches S. hast du?“ – „Ich bin Wassermann“* “你属什么星座?”——“我属(是)宝瓶座” ‖ NB (注意)：Die zwölf Sternzeichen sind：*Wassermann*，*Fische*，*Widder*，*Stier*，*Zwillinge*，*Krebs*，*Löwe*，*Jungfrau*，*Waage*，*Skorpion*，*Schütze* u. *Steinbock* (十二生肖星座为宝瓶座、双鱼座、白羊座、金牛座、双子座、巨蟹座、狮子座、室女座、天秤座、天蝎座、人马座和摩羯座) ‖ ↑ *Abb. Seite 1716* 图见 第 *1716* 页

ste·t- *Adj* (形)；*nur attr*，*nicht adv*，*geschr* (只作定语，不作状语)[书]≈ ständig，dauernd〈ein Wandel，ein Wechsel 变化，改变〉：*Sein Leben ist e-m steten Wandel unterworfen* 他的生活饱经沧桑(动荡不定)

Ste·tho·skop *das*；*-s*，*-e*；ein Gerät，mit dem ein Arzt die Töne von Herz u. Lunge e-s Patienten hören kann 听诊器

ste·tig *Adj* (形)；*nur attr od adv* (只作定语或状语)；gleichmäßig u. ohne Unterbrechung 持续的，不断的，不停的〈etw. steigt，wächst，sinkt s. 某物不断上升、增长(或生长)、下降；etw. nimmt s. ab 某物不断减少〉 ‖ *hierzu* (派生) **Ste·tig·keit** *die*；*nur Sg*(只用单数)

stets *Adv* (副)；*geschr* [书] ≈ immer，jedes Mal：*Die Opposition hat s. mehr Geld für den staatlichen Wohnungsbau gefordert* 在野党始终要求为国家住房建设增加资金

Steu·er[1] *das*；*-s*，- **1.** der (bei Autos runde) Teil e-s Fahrzeugs，mit dem man die Richtung bestimmt，in die das Fahrzeug sich bewegt 方向盘，方向舵〈am S. sitzen 坐在驾驶位上(驾驶)；das S. herumreißen 赶紧打方向盘(转舵)；das S. übernehmen 接过方向盘〉 ‖ K-(复合)：**Steuer-**，**-knüppel**，**-rad**，**-ruder** ‖ NB (注意)：↑ **Lenkrad**，↑ **Ruder** **2.** ***am/hinter dem S. sitzen*** *gespr* [口]；Auto fahren 开车，驾驶 ‖ ID [谚] ***das S. (fest) in der Hand haben*** die Kontrolle über e-e Entwicklung od. e-n Zustand haben 把领导权(或主动权)牢牢掌握在手中，控制住局势 ‖ ▶ **steuern**

S

Sternzeichen/Tierkreiszeichen

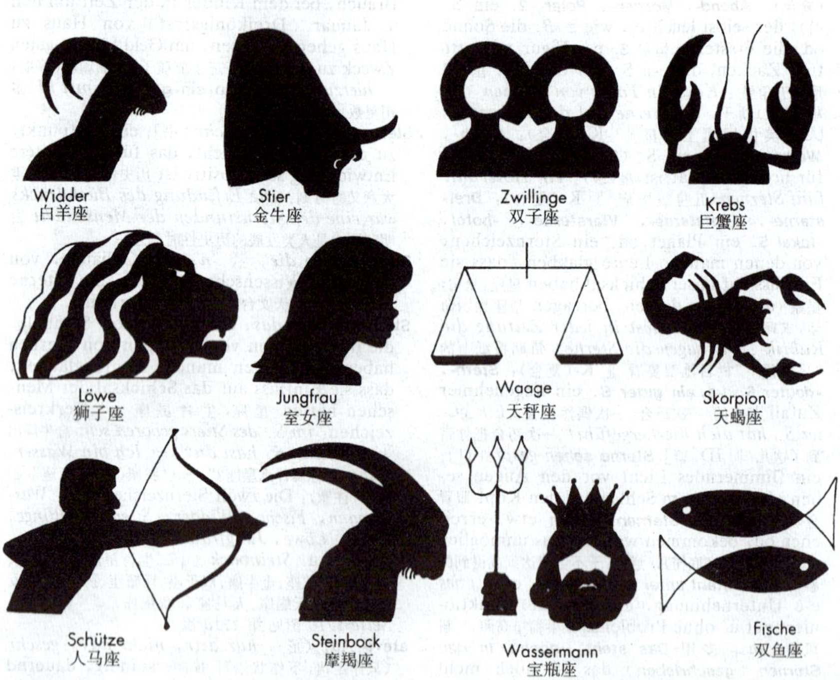

Steu·er² *die*; -, -*n*; der Teil des Einkommens, Vermögens, des Werts von (gekauften) Waren *usw*, den man an den Staat zahlen muss 税,赋税〈hohe, niedrige Steuern 高、低的税; Steuern zahlen, abführen, hinterziehen 纳、扣、逃税(= nicht zahlen); Steuern erheben, eintreiben 收、征税; die Steuern senken, erhöhen 降低、提高税收; j-n von der S. befreien 给某人免税; etw. mit e-r S. belegen 给某物课税; etw. von der S. absetzen 将某物从税单中扣除〉: *Er kann sein Arbeitszimmer von der S. absetzen* (= für die Summe Geld, die er an Miete für sein Arbeitszimmer bezahlt, braucht er keine Steuern zu zahlen) 办公室的租金他可以从税单中扣除 ‖ K-(复合): ***Steuer-, -einnahmen, -erhöhung, -erleichterung, -gesetz, -hinterziehung, -last, -politik, -progression, -recht, -reform, -schuld, -senkung, -system*** ‖ -K(复合): ***Einkommen(s)-, Erbschaft(s)-, Getränke-, Gewerbe-, Hunde-, Kraftfahrzeug-, Lohn-, Mehrwert-, Umsatz-, Vermögen(s)-, Vergnügung(s)-; Gemeinde-, Kirchen-*** ‖ ▶ ***besteuern, versteuern***

steu·er·be·güns·tigt *Adj* (形); *ohne Steigerung* (无变级); so, dass man relativ wenig Steuern dafür zahlen muss 减税的,享受税收优惠的〈Wertpapiere, Aktien 有价证券,股票〉

Steu·er·be·ra·ter *der*; j-d, der beruflich für Geschäfte, Firmen u. Privatpersonen ausrechnet, wie viel Steuern sie zahlen müssen u. wie sie Steuern sparen können 税务顾问 ‖ *hierzu* (派生) **Steu·er·be·ra·te·rin** *die*

Steu·er·be·scheid *der*; ein Schreiben, mit dem das Finanzamt mitteilt, wie viel Steuern man zahlen muss 征税单,征税通知书 ‖ -K(复合): ***Einkommen(s)-***

Steu·er·bord (*das*); *mst ohne Artikel, nur Sg* (多不带冠词,只用单数); die rechte Seite e-s Schiffs od. Flugzeugs, wenn man nach vorne blickt 右舷 ↔ Backbord

Steu·er·er·klä·rung *die*; Angaben für das Finanzamt über sein Gehalt, seine Ausgaben *usw* im abgelaufenen Jahr (zur genauen Festlegung der Steuern) (年终)报税,(年终)报税单,纳税申报表〈die S. machen, abgeben 做报税单,交纳税申报表〉: *Die S. ist bald wieder fällig!* 很快又要申报纳税了! ‖ -K(复合): ***Einkommen(s)-***

Steu·er·fahn·der *der*; j-d, der (beruflich) prüft, ob die Leute genügend Steuern gezahlt haben 税务稽查员,税务调查员 ‖ *hierzu* (派生) **Steu·er·fahn·de·rin** *die*; **Steu·er·fahn·dung** *die*; *nur Sg* (只用单数)

steu·er·frei *Adj* (形); so, dass man keine Steuern dafür zahlen muss 免税的 ↔ steuerpflichtig〈Beträge 金额〉: *Niedrige Einkom-*

men bis zu e-r bestimmten Höhe sind s. 到一定额度的低收入是免税的

Steu·er|frei·be·trag *der*; ein bestimmter Teil des Verdiensts, für den man keine Steuern zahlen muss 免税额

Steu·er·gel·der *die*; *Pl*（复）; das gesamte Geld, das ein Staat an Steuern einnimmt 税收,税款,税金

Steu·er·klas·se *die*; eine von mehreren Stufen, nach denen bestimmt wird, wie viel Steuer j-d zahlen muss. Die S. richtet sich *z. B.* danach, ob der Betreffende verheiratet ist u. ob er Kinder hat 税率等级

steu·er·lich *Adj*（形）; *nur attr od adv*（只作定语或状语）; in Bezug auf die Steuer² 赋税的,税的 〈Vergünstigungen 优惠〉

Steu·er·mann *der*; j-d, der ein Boot od. ein Schiff steuert 舵手,舵工

steu·ern; *steuerte, hat/ist gesteuert*; [Vt/i]（及物/不及物）(*hat*) **1.** (**etw.**) **s.** bewirken, dass ein Fahrzeug sich in e-e bestimmte Richtung bewegt 驾驶,掌舵≈ lenken 〈ein Auto, ein Flugzeug, ein Schiff s. 驾驶汽车、飞机、轮船; nach links, nach rechts s. 左、右转舵〉; [Vt]（及物）(*hat*) **2. etw. s.** bestimmen, wie sich etw. entwickelt od. wie es verläuft 控制,驾御(驭),左右 〈e-e Entwicklung, ein Gespräch, e-e Unterhaltung, e-n Prozess s. 控制发展、会谈、交谈、进程〉 **3. etw. steuert etw.** etw. bewirkt, dass in e-m System od. in e-r Maschine bestimmte Prozesse regelmäßig ablaufen (物作主语) 控制,操纵: *e-e elektronisch gesteuerte Rechenanlage* 一台由电子控制的计算设备; *Die Tätigkeit des Sprechens wird vom Gehirn gesteuert* 说话的行为是由大脑控制的 ‖ K-(复合): **Steuer-, -befehl, -gerät, -programm, -system**; [Vi]（不及物）(*ist*) **4. irgendwohin s.** e-e bestimmte Richtung wählen, in die man sich bewegen will 向…方向行进、运动: *Das Flugzeug steuerte nach Süden* 飞机向南飞行 ‖ *zu*（义项）**1., 2.** u. **3. steu·er·bar** *Adj*（形）; **Steu·e·rung** *die*; *mst Sg*（多用单数）‖ ▶ **ansteuern**

Steu·er·pa·ra·dies *das*; *gespr*［口］; ein Land, in dem man wenig Steuern zahlen muss 避税天堂,低税率国家

steu·er·pflich·tig *Adj*（形）; *nicht adv*（不作状语）; so, dass man (dafür) Steuern zahlen muss 应纳税的↔ steuerfrei 〈ein Einkommen, ein Gewinn 收入,赢利〉

Steu·er·zah·ler *der*; *-s, -* **1.** j-d, der Steuern zahlen muss 纳税者 **2. der S.** der normale Bürger 纳税人(指公民) ‖ *hierzu*（派生）**Steu·er·zah·le·rin** *die*; *-, -nen*

Ste·ward [ˈstjuːɐt, ˈʃt-] *der*; *-s, -s*; ein Mann, der sich beruflich *bes* auf Schiffen (u. in Flugzeugen) um die Passagiere kümmert (轮船或飞机上的)男服务员

Ste·war·dess [ˈstjuːɐdɛs, ˈʃt-, -ˈdɛs] *die*; *-, Ste·war·des·sen*; e-e Frau, die sich beruflich *bes* in Flugzeugen um die Passagiere kümmert (飞机上的)女服务员,空中小姐

StGB [ɛs|te|geˈ|beː] *das*; *-*; *nur Sg*, JUR（只用单数）【法】, *Abk für* 缩写,全称为 Strafgesetzbuch 刑法法典

sti·bit·zen; *stibitzte, hat stibitzt*; [Vt]（及物）(**j-m**) **etw. s.** *gespr hum*［口］［诙］; j-m etw. (von *mst* geringem Wert) wegnehmen, ohne dass der andere es bemerkt 顺手牵羊,偷拿,小偷小摸≈ klauen, stehlen

Stich¹ *der*; *-(e)s, -e* **1.** die Verletzung, die man bekommt, wenn man mit e-m spitzen Gegenstand od. von e-m Insekt gestochen wird 刺,戳,扎,螫,叮咬 ‖ K-(复合): **Stich-, -verletzung, -wunde** ‖ -K(复合): **Dolch-, Lanzen-, Messer-, Nadel-; Bienen-, Insekten-, Mücken-, Wespen- 2.** ein kurzer, starker Schmerz 刺痛: *vom schnellen Laufen Stiche in der Seite bekommen* 因快速奔跑觉到腰侧有刺痛 **3.** das Stück Faden, das beim Nähen zwischen zwei Löchern (im Stoff) bleibt 针脚,针迹 〈mit großen Stichen nähen 缝得针脚大〉 ‖ -K(复合): **Heft-, Stepp-, Zier- 4.** die Karten, die derjenige Spieler beim Kartenspielen bekommt, der die Karte mit dem höchsten Wert auf den Tisch gelegt hat (扑克)一墩牌; 盖吃 〈e-n S. machen, bekommen 拿、赢得一墩牌〉: *mit dem König e-n S. machen* 用老K拿(盖吃)一墩牌 **5 ein S. ins** + *Farbe*（颜色）; drückt aus, dass e-e Farbe in e-e andere Farbe übergeht (颜色)泅,湮: *blau mit e-m S. ins Violette* 蓝色带青紫色 ‖ ID［谚］**j-d hat e-n S.** j-d ist ein bisschen verrückt 某人脑子有些不正常(糊涂); **etw. hat e-n S.** etw. ist leicht verdorben u. schmeckt deshalb nicht mehr gut 某物有点变味 〈die Suppe, die Milch, die Sahne 汤,牛奶,奶油〉; **etw. gibt j-m e-n S.** etw. erzeugt in j-m für kurze Zeit ein sehr unangenehmes Gefühl, *bes* des Verlustes od. des Neids 某事使某人心头不快; **j-n im S. lassen** j-m, den man gut kennt, in e-r schwierigen Situation nicht helfen 对某人(好友,熟人)置之不顾,对某人(有困难)撒手不管; **etw. im S. lassen** ≈ zurücklassen, aufgeben²(2); **keinen S. (gegen j-n) machen** *gespr*［口］; in e-m Wettbewerb ohne Chancen gegen j-n sein 不是(某人的)对手,无法(与某人)抗衡

Stich² *der*; *-(e)s, -e*; ein Bild, das entsteht, wenn man Linien in e-e (Metall)Platte ritzt, diese dann mit Farbe bestreicht u. auf Papier presst (金属)版画 ‖ -K(复合): **Kupfer-**

sti·cheln; *stichelte, hat gestichelt*; [Vi]（不及物）(**gegen j-n**) **s.** *pej*［贬］; kleine böse Bemerkungen über j-n machen, um ihn zu ärgern 奚落,挖苦

stich·fest *Adj*（形）; ↑ **hiebfest**

Stich·flam·me *die*; e-e helle Flamme, die kurz in die Höhe schießt (*z. B.* wenn etw. explodiert) (突然爆发的)冲天火焰,喷射的火焰

Stich·fra·ge *die*; die Frage, die (*bes* bei e-m Quiz) entscheidet, welcher Kandidat gewinnt, wenn alle gleich viele Punkte haben 加赛提问(决定胜负)

S

stịch·hal·tig *Adj* (形); 〈ein Argument, e-e Begründung 论据,理由〉 so gut, dass sie nicht durch andere Argumente widerlegt werden können 无懈可击的,不可辩驳的≈ unwiderlegbar, überzeugend ‖ *hierzu* (派生)**Stịch·hal·tig·keit** *die*; *nur Sg*(只用单数)

Stịch·pro·be *die*; ein Test, den man an e-r kleinen repräsentativen (Teil)Menge macht, um so Informationen über das Ganze zu gewinnen 抽查〈Stichproben machen, vornehmen 做、进行抽查〉 ‖ *hierzu* (派生) **stịch·pro·ben·wei·se** *Adv*(副)

Stịch·punkt *der* ≈ Stichwort² (3)

sticht *Präsens*, *3. Person Sg* (现在时,第三人称单数); ↑ ***stechen***

Stịch·tag *der*; ein bestimmter Tag, den man als Grundlage für e-e Berechnung *o. Ä.* nimmt (统计)基准日: *S. der Volkszählung war der 10. Oktober 1992* 人口普查的基准日是1992年10.月10.日

Stịch·waf·fe *die*; e-e spitze Waffe, wie *z. B.* ein Dolch 刺杀武器,刺刀,匕首

Stịch·wahl *die*; e-e Wahl, bei der zwischen den zwei Kandidaten entschieden wird, die vorher die meisten Stimmen (aber nicht die absolute Mehrheit) hatten 二次投票(对获票最多的但都未获绝对多数的两名候选人再投票)

Stịch·wort¹ *das*; *-(e)s*, *Stich·wör·ter*; ein Wort, das in e-m Lexikon od. Wörterbuch erklärt wird 词目,条目,词条: *ein Wörterbuch mit 20000 Stichwörtern* 一本有20000条目的词典

Stịch·wort² *das*; *-(e)s*, *Stich·wor·te* **1.** e-e Bemerkung, die e-e spontane Reaktion hervorruft 启迪,启示 **2.** ein Wort, das für e-n Schauspieler das Signal ist, auf die Bühne zu gehen od. etw. zu sagen (演员)上场提示语,说白暗示语,接头语〈j-m das S. (für seinen Einsatz) geben 提示某人(说白)das S. für j-s Auftritt 某人上场的提示〉 **3.** *mst Pl* (多用复数); einzelne Wörter (u. unvollständige Sätze), mit denen man die wichtigsten Punkte *z. B.* e-s Vortrags notiert od. beschreibt 关键词,要点,提纲挈领≈ Stichpunkt(e) 〈etw. in ein paar Stichworten aufzeichnen, festhalten, wiedergeben 把某事提纲挈领地记下,记录下来,复述出来; sich (*Dat* 三格) (zu e-m Vortrag) Stichworte machen (为一个报告)列提纲,写要点〉 ‖ *zu* (义项) **3. stịch·wort·ar·tig** *Adj*(形)

Stịch·wort|re·gis·ter *das*; e-e Liste von Wörtern (am Ende e-s Buchs), die zeigt, auf welcher Seite das genannte Thema behandelt wird 关键词索引,关键词标引

stị·cken; *stickte*, *hat gestickt*; Vt/i (及物/不及物)(***etw.***) ***s.*** mit e-r Nadel u. mit e-m Faden Muster auf ein Stück Stoff machen 绣,刺绣〈ein Monogramm, e-e Blume (auf e-e Serviette) s. (在一块餐巾布上)绣字、一朵花; ein Bild s. 绣一幅画〉 ‖ K- (复合): ***Stick-***, ***-arbeit***, ***-garn***, ***-muster***, ***-nadel*** ‖ *hierzu* (派生)**Stị·cke·rin** *die*; *-*, *-nen* ‖ ► ***besticken***

Sti·cker [ˈʃtɪkɐ, ˈst-] *der*; *-s*, *-*; ein Zettel mit e-m Text od. e-m Bild darauf, den man irgendwohin kleben kann 贴画,贴纸,标贴 ≈ Aufkleber

Sti·cke·rei *die*; *-*, *-en*; ein gesticktes Muster od. Bild 刺绣,刺绣品,绣花品: *alte Tischtücher mit schönen Stickereien* 有年头的精美刺绣台布 ‖ -K(复合): ***Seiden-***; ***Gold-***, ***Silber-***

stị·ckig *Adj* (形); *nicht adv* (不作状语) **1.** 〈Luft 空气〉 verbraucht u. mit schlechtem Geruch 有臭味的,污浊的 **2.** 〈ein Raum, ein Zimmer 室,房间〉 voll warmer u. verbrauchter Luft 空气污浊的,令人窒息的

Stịck·stoff *der*; *nur Sg* (只用单数); ein Gas ohne Farbe u. Geruch, das in großen Mengen in der Luft vorkommt 氮; CHEM【化】N

stie·ben; *stob*, *ist gestoben*; Vi (不及物) **1.** ***etw. stiebt*** etw. fliegt in vielen kleinen Teilchen durch die Luft (物作主语)迸发,飞溅〈Funken 火星〉 **2.** 〈Menschen, Tiere 人,动物〉 ***stieben irgendwohin*** Menschen od. Tiere laufen bzw. fliegen (wie) in Panik in verschiedene Richtungen 向四处散开,四处逃窜: *Aufgeschreckt stoben plötzlich Dutzende kleiner Vögel aus dem Gebüsch* 突然几十只小鸟从树丛里惊恐地向四处飞走了

Stief- *im Subst*, *nicht produktiv* (构成名词,非构词型); nicht durch die Geburt mit j-m bzw. miteinander verwandt, sondern dadurch, dass die Mutter od. der Vater nach dem Tod des Ehepartners od. nach e-r Scheidung noch einmal geheiratet hat 继…,后…,配偶前婚的…; die ***Stiefmutter***, der ***Stiefbruder***, die ***Stiefgeschwister***, das ***Stiefkind***, die ***Stiefschwester***, der ***Stiefsohn***, die ***Stieftochter***, der ***Stiefvater***

Stie·fel *der*; *-s*, *-* **1.** ein Schuh, der den ganzen Fuß u. e-n Teil des Beines bedeckt 靴子;雨靴〈hohe, gefütterte Stiefel 高筒靴,棉靴; ein Paar S. 一双靴子〉: *für den Spaziergang im Regen die Stiefel anziehen* 雨天散步穿上雨靴 ‖ K-(复合): ***Stiefel-***, ***-absatz***, ***-schaft***, ***-spitze*** ‖ -K (复合): ***Gummi-***, ***Leder-***, ***Pelz-***; ***Damen-***, ***Herren-***, ***Kinder-***; ***Militär-***, ***Reit-***, ***Schnür-***, ***Winter-*** **2.** ein Bierglas, das die Form e-s Stiefels (1) hat 靴形啤酒杯 ‖ ID [谚] ***j-m die S. lecken*** *gespr* [口]; sich j-m gegenüber sehr unterwürfig verhalten 对某人卑躬屈膝; ***e-n S.*** 〈fahren, schreiben *usw* 开车、写字等〉 *gespr pej* [口][贬]; schlecht fahren, Unsinn schreiben *usw* (车开得、字写得)糟糕,差劲 ‖ NB(注意): ↑ ***Paar***

Stie·fe·lẹt·te *die*; *-*, *-n*; ein *mst* kurzer, eleganter Stiefel, der den Fuß u. die Knöchel bedeckt 矮腰靴子

stie·feln; *stiefelte*, *ist gestiefelt*; Vi (不及物) ***irgendwohin s.*** *gespr* [口]; mit großen, schweren Schritten gehen 迈大步走

Stief·kind *das* **1.** ein Kind des Ehepartners, das dieser aus e-r früheren Ehe hat 配偶前婚的孩子 **2.** ***etw. ist das S.*** + *Gen* (二格)etw.

bekommt wenig Aufmerksamkeit, wird vernachlässigt（物作主语）不被重视，后娘养的：*Die Kultur ist häufig das S. der Finanzpolitik* 文化往往不被财经政策所重视

Stief·müt·ter·chen *das*; *-s*, *-*; e-e kleine Blume, die *bes* in Gärten wächst u. Blüten in allen Farben hat. Die Blüten haben Muster, die an Gesichter erinnern 三色堇，蝴蝶花

stief·müt·ter·lich *Adj*（形）; mit weniger Aufmerksamkeit, als es die betreffende Person/Sache verdient hätte 后母似的，冷漠无情的，歧视的〈j-n/etw. s. behandeln 歧视某人/某事〉

stieg *Imperfekt*, *1. u. 3. Person Sg*（过去时，第一和第三人称单数）; ↑ **steigen**

Stie·ge *die*; *-*, *-n* **1.** e-e enge, steile Treppe aus Holz 窄而陡的（木）楼梯 **2.** *südd* Ⓐ［南德］［奥］≈ Treppe ‖ K-（复合）: ***Stiegen-***, ***-geländer***, ***-haus***

Stieg·litz *der*; *-es*, *-e*; ein kleiner (Sing)Vogel mit gelben Flecken auf den Flügeln 金翅雀 ≈ Distelfink

stiehlt *Präsens*, *3. Person Sg*（现在时，第三人称单数）; ↑ **stehlen**

Stiel *der*; *-(e)s*, *-e* **1.** der lange, feste, *mst* gerade Teil *bes* von Werkzeugen u. Pfannen, an dem man sie hält 柄，把：*Der S. des Hammers ist abgebrochen* 锤子的把断了 ‖ ↑ *Abb. unter* 图见 **Besen** ‖ K-（复合）: ***Stiel-***, ***-bürste***, ***-kamm*** ‖ -K（复合）: ***Besen-***, ***Hammer-***, ***Löffel-***, ***Pfannen-***; ***Holz-*** ‖ NB（注意）: Ein *Griff* ist meistens kürzer als ein *S.* Ein *Henkel* ist rund od. gebogen (wie *z.B.* an e-m Eimer)（Griff 一般要比 Stiel 短，而 Henkel 是圆的或弯的（像桶把一样））**2.** der lange, dünne Teil *bes* von Blumen, an dem die Blätter u. Blüten wachsen 花梗，叶柄 ≈ Stängel: *rote Rosen mit langen Stielen* 长枝红玫瑰 ‖ -K（复合）: ***Blumen-*** **3.** das kleine Stück Holz, an dem e-e Frucht am Baum od. am Strauch hängt（水果）梗：*Er aß den Apfel mitsamt S.* 他把苹果连同梗一起吃了 ‖ -K（复合）: ***Apfel-***, ***Birnen-***, ***Pflaumen-*** **4.** der dünne, lange Teil, der *bes* bei Wein- u. Sektgläsern den oberen Teil mit dem unteren (auf dem das Glas steht) verbindet（酒杯的）细颈：*das Weinglas am S. halten* 拿住葡萄酒杯的细颈 ‖ K-（复合）: ***Stiel-***, ***-glas*** ‖ *zu*（义项）**2.** u. **4.** **lang·stie·lig** *Adj*（形）

Stiel·au·gen *die*; *nur in* 只用于 ***S. machen / bekommen / kriegen*** *gespr hum*［口］［诙］; deutlich zeigen, dass man sehr erstaunt (u. neidisch) ist（因吃惊、羡慕）眼睛发直：*Die Nachbarn werden S. kriegen, wenn sie mein neues Auto sehen* 要是我的邻居看到我的新车，一定会眼睛发直的

stier *Adj*（形）; ohne Ausdruck u. Bewegung der Augen（目光）呆滞的 ≈ starr〈ein Blick 目光；s. blicken 呆滞地看；s. vor sich hin schauen 呆滞地朝前望着〉

Stier *der*; *-(e)s*, *-e* **1.** das erwachsene männliche Rind, das fähig ist, Junge zu zeugen 公牛 ≈ Bulle ‖ K-（复合）: ***Stier-***, ***-kalb*** ‖ -K（复合）: ***Zucht-*** **2.** *nur Sg*（只用单数）; das Sternzeichen für die Zeit vom 21. April bis 20. Mai（4月21日至5月20日为）金牛座，金牛宫 ‖ ↑ *Abb. unter* 图见 **Sternzeichen** **3.** j-d, der in der Zeit vom 21. April bis 20. Mai geboren ist（4月21日至5月20日内出生的人）金牛座：*Sie ist (ein) S.* 她是金牛座 ‖ ID［谚］***brüllen wie ein S.*** *gespr*［口］; sehr laut brüllen 声嘶力竭地吼叫；***den S. bei den Hörnern packen / fassen*** e-e schwierige Aufgabe sofort mit Mut u. Energie angehen（拿出魄力，鼓起勇气）大胆去抓/解决疑难问题

stie·ren; *stierte*, *hat gestiert*; [Vi]（不及物）***irgendwohin s.*** *mst pej* 多用［贬］; ohne Ausdruck u. Bewegung der Augen schauen 呆滞地看着，望着出神 ≈ starren〈vor sich hin s. 呆滞地朝前看着；auf j-n/etw. s. 望着某人/某物出神〉

Stier·kampf *der*; e-e öffentliche Veranstaltung *bes* in Spanien, bei der Männer nach bestimmten Regeln mit Stieren kämpfen 斗牛 ‖ K-（复合）: ***Stierkampf-***, ***-arena*** ‖ *hierzu*（派生）**Stier·kämp·fer** *der*; **Stier·kämp·fe·rin** *die*

stieß *Imperfekt*, *1. u. 3. Person Sg*（过去时，第一和第三人称单数）; ↑ **stoßen**

Stift¹ *der*; *-(e)s*, *-e* **1.** ein kleiner, länglicher (zylinderförmiger) Gegenstand aus e-m harten Material, den man *bes* in Bretter steckt, um sie so miteinander zu verbinden 销钉，销轴，销子：*die Seitenwände des Schrankes mit Stiften an der Bodenplatte befestigen* 用销钉把柜子的侧板与底板固定住 ‖ -K（复合）: ***Holz-***, ***Metall-*** **2.** ein langer, dünner Stab (*bes* aus Holz) mit e-r Spitze, mit dem man schreibt od. zeichnet 铅笔，石笔〈die Stifte spitzen 把铅笔削尖〉‖ -K（复合）: ***Bunt-***, ***Farb-***, ***Mal-***, ***Schreib-***, ***Zeichen-***; ***Blau-***, ***Rot-*** *usw* ‖ NB（注意）: ↑ **Bleistift**, **Filzstift**

Stift² *das*; *-(e)s*, *-e* **1.** e-e kirchliche Institution, die Land u. Gebäude (geschenkt) bekommen hat, damit sie e-e bestimmte Aufgabe erfüllt (*z.B.* Kranke pflegt)（教会）慈善会，慈善机构 ‖ K-（复合）: ***Stifts-***, ***-kirche*** **2.** Ⓐ［奥］ein (großes) Kloster 修道院，隐修院：*das S. Melk* 梅尔克大隐修院

Stift³ *der*; *-(e)s*, *-e*; *gespr*［口］≈ Lehrling ‖ NB（注意）: ↑ **Azubi**

stif·ten¹; *stiftete*, *hat gestiftet*; [Vt]（及物）**1.** ***etw. s.*** etw. gründen u. das nötige Geld dafür geben 捐资创办〈ein Kloster, ein Krankenhaus, ein Forschungszentrum s. 捐资创办修道院、医院、研究中心〉**2.** ***etw.*** (***für etw.***) ***s.*** Geld od. Dinge für e-n *mst* wohltätigen Zweck geben 捐赠，捐资，捐助 ≈ spenden: *Für das Rennen hatte der Bürgermeister mehrere Preise gestiftet* 市长为这次赛跑（或赛车、赛马）捐助了好几个奖项 **3.** ***j-d / etw. stiftet etw.*** j-d/etw. verursacht e-n bestimmten Zustand（人/物作主语）造成，酿成，引起〈Unruhe, Verwirrung, Chaos, Frieden s. 造成动乱、混乱、骚乱，促成和平〉‖ *zu*（义项）**1.** u. **2.** **Stif·ter** *der*; *-s*,

S

-; **Stif·te·rin** *die*; -, *-nen*

stif·ten² *nur in* 仅用于 **s. gehen** *gespr* [口]; schnell u. heimlich weggehen (*mst* weil man etw. Verbotenes getan hat)溜走,逃走

-stif·ter *der*; *im Subst*, *begrenzt produktiv*(构成名词,构词有限) **1.** j-d, der e-e Religion gegründet hat …(宗教)的创始人: der **Glaubensstifter**, der **Religionsstifter** **2.** j-d, der bewirkt, dass ein bestimmter Zustand entsteht 制造、引起、促成…的人: der **Brandstifter**, der **Ehestifter**, der **Friedensstifter**, der **Unruhestifter** ‖ *hierzu* (派生) **-stif·te·rin** *die*

Stif·tung *die*; -, *-en* **1.** e-e Organisation, die mit dem Geld, das ihr j-d gegeben hat, soziale Aufgaben erfüllt 基金会 ⟨e-e private, öffentliche, wohltätige S. 私人的、公共的、慈善的基金会⟩ **2.** e-e sehr hohe Summe Geld, die j-d für e-n guten Zweck gegeben hat u. aus der andere Menschen regelmäßig unterstützt werden 基金,捐赠,捐款: *ein Stipendium aus e-r S. erhalten* 从一个基金获得奖学金 **3.** *nur Sg* (只用单数); die Gründung (e-s Vereins *o. Ä.*) 成立,创办 ‖ K-(复合): **Stiftungs-**, **-fest**, **-urkunde**

Stift·zahn *der*; ein künstlicher Zahn, der mit e-m Stift¹(1) in der Zahnwurzel befestigt ist 桩冠牙

Stig·ma [ˈʃt-, ˈst-] *das*; *-s*, *Stig·men/Stig·mata*; *geschr* [书]; ein Merkmal, das j-n in seiner besonderen (negativen) Art kennzeichnet 标记,记号,烙印: *mit dem S. des Verräters behaftet sein* 打上告密者(或背叛者)的烙印 ‖ *hierzu* (派生) **stig·ma·ti·sie·ren** (*hat*) *Vt* (及物); **Stig·ma·ti·sie·rung** *die*; -, *-en*

stig·ma·ti·siert *Adj* (形) **1.** mit Wunden, wie sie Jesus bei der Kreuzigung hatte 带有基督伤痕的 **2.** ***durch etw. s. sein*** *geschr* [书]; durch etw. auf negative Art gekennzeichnet sein 因…而具有…特征的,因…而打上…烙印的: *durch seine Sprache als Ungebildeter s. sein* 他的话语表明他是没有教养的人

Stil [ʃtiːl, stiːl] *der*; -(*e*)*s*, *-e* **1.** die Art u. Weise, in der j-d spricht od. schreibt 风格,文风,文笔;文体 ⟨ein flüssiger, holpriger, schlechter S. 流畅的、不通顺的、糟糕的文笔; e-n eleganten, lebendigen, eigenwilligen, gepflegten S. haben 文笔高雅、生动、独特、规整⟩: *Sie verwendet sehr viele Fremdwörter, das gehört zu ihrem S.* 她用了许多外来词,这就是她的风格 ‖ K-(复合): **Stil-**, **-analyse**, **-art**, **-ebene**, **-kunde**, **-lehre**, **-übung**, **-untersuchung** ‖ -K(复合): **Feuilleton-**, **Telegramm-**, **Vortrags-**; **Darstellungs-**, **Sprach-**, **Schreib-** **2.** die Art, in der ein Kunstwerk *o. Ä.* gemacht ist, *bes* wenn sie typisch für den Künstler od. für e-e bestimmte Epoche ist (艺术)风格,格调 ⟨e-n neuen, eigenen, persönlichen S. entwickeln 发展一种新的、自己的、与众不同的风格⟩: *der viktorianische, gotische, klassizistische, impressionistische S.* 维多利亚、哥特、古典主义、印象派风格; *den S. Mozarts imitieren* 效仿莫扎特的风格; *Mode im S. der 20er Jahre* 20年代风格中的流行式 ‖ K-(复合): **Stil-**, **-element**, **-epoche**, **-mittel**, **-richtung** ‖ -K(复合): **Barock-**, **Biedermeier-**, **Empire-**, **Renaissance-**, **Rokoko-**; **Wohn-** **3.** die (typische) Art u. Weise, wie sich j-d (im Sport) bewegt (体育)动作,姿势 ⟨seinen S. verbessern 改进他的姿势; e-n guten, eleganten, schlechten S. fahren, laufen, schwimmen 骑自行车、跑步、游泳姿势好、优美、不好⟩ ‖ -K(复合): **Lauf-**, **Schwimm-** **4.** *nur Sg* (只用单数); die Art u. Weise, wie sich j-d verhält od. wie er handelt 作风,方式 ⟨j-s politischer S. 某人的政治作风; (etw.) im gleichen S. weitermachen 用同样的方式把事情进行下去⟩: *Er ist ein Kavalier alten Stils: Er hilft den Damen in den Mantel* 他是位老派绅士:他帮女士穿大衣 ‖ -K(复合): **Arbeits-**, **Lebens-** **5.** ***j-d hat S.*** j-d versteht es, sich gut zu benehmen, sich geschmackvoll zu kleiden *o. Ä.* (人作主语)有风度 **6.** ***etw. hat Stil*** etw. sieht gut u. elegant aus (物作主语)有风格: *Das Haus hat S.* 这幢房子很有风格 ‖ ID [谚] ***im großen S./großen Stils*** in hohem Maße 大量的,大宗的: *ein Betrug großen Stils* 巨额诈骗; *mst* 多用 ***in ˈdem S. geht es weiter*** es geht so weiter, wie es vorher beschrieben wurde 就这样继续下去; ***Das ist nicht mein ˈS.*** das ist nicht meine Art (Probleme zu lösen)这不是我(解决问题)的风格

Stil·blü·te *die*; e-e Äußerung, die durch die ungeschickte od. falsche Verbindung von Wörtern komisch wirkt 可笑的修辞错误

Stil·bruch *der*; e-e Mischung aus (zwei) verschiedenen Stilen (2), die nicht zueinanderpassen 风格不协调,破坏风格

stil·echt *Adj* (形); genau e-m bestimmten Stil (2) entsprechend 真正有风格的,独具风格的: *stilechte Möbel* 独具风格的家具

Sti·lett [ʃt-, st-] *das*; *-s*, *-e*; e-e Art Messer (ein Dolch) mit e-r kurzen Klinge, die drei Kanten hat 三棱匕首,三刃尖刀 ‖ ↑ *Abb. unter* 图见 **Waffen**

Stil·ge·fühl *das*; *nur Sg* (只用单数); die Fähigkeit, den Stil (1,4) zu finden, der zu e-r Situation passt 文体修辞感,艺术风格感 ⟨(kein) S. haben (没)有文体修辞感或艺术风格感⟩ ≈ Stilempfinden

sti·li·sie·ren; *stilisierte*, *hat stilisiert*; *Vt* (及物) *geschr* [书] **1.** ***j-n/etw. s.*** j-n/etw. ohne Details, nur mit seinen wichtigsten Merkmalen darstellen 勾勒出…的风格特征: *stilisierte Blumen zeichnen* 简要画出花朵的特征 **2.** ***j-n/etw. s.*** *oft pej* 常用[贬]; j-n/etw. nur mit seinen positiven Eigenschaften beschreiben 标榜,美化,吹嘘: *Er gab e-e recht stilisierte Darstellung seiner Pläne. – Die Probleme verschwieg er* 他吹他的计划如何如何好。——问题他却闭口不谈 ‖ *hierzu* (派生) **Sti·li·sie·rung** *die*

Sti·lis·tik *die*; -; *nur Sg* (只用单数) **1.** die Lehre davon, wie man gut schreibt u.

S

spricht 修辞学 **2.** die Wissenschaft, die den Stil (1) von Schriftstellern untersucht 文体论

sti·lis·tisch *Adj* (形); *nur attr od adv* (只作定语或状语); in Bezug auf den Stil (1,3) 修辞的, 文笔的,风格方面的〈ein Fehler, Schwächen 错误,缺点〉: *Sein Aufsatz ist s. schlecht* 他的作文修辞糟糕

still *Adj* (形) **1.** frei von Geräuschen 无声的,安静的,宁静的,清静的≈ ruhig ↔ laut: *Je weiter wir uns von der Stadt entfernten, desto stiller wurde es* 我们离城市越远,就越感到安静 **2.** so, dass man keine Geräusche verursacht 不出声的,静静的,安静的 ≈ leise, ruhig ↔ laut 〈s. bleiben, sein 保持安静,是安静的〉: *Sei bitte s., ich möchte schlafen* 请安静,我想睡觉了; *Wir müssen uns ganz s. verhalten, damit uns niemand hört* 我们得尽量保持安静,免得有人听见 **3.** mit wenig od. keiner Bewegung ≈ ruhig ↔ unruhig 静的,平静的,不动的〈s. (da) liegen, halten, sitzen, stehen 静静地躺着,呆着,坐着,站着; etw. s. halten 使某物保持安静; die Luft, ein See, ein Wasser 风,湖,水〉: *Du musst schon s. halten / stehen, wenn ich dich kämmen soll* 如果要我给你梳头,你就得安静地呆着/站着; *Ihr sollt doch beim Essen s. sitzen* 吃饭时您应该静静地坐着 ‖ -K(复合): **wind- 4.** mit wenig Aktivität u. Lust zum Sprechen 斯文的,文静的,娴静的 ≈ ruhig, zurückgezogen ↔ lebhaft, gesprächig 〈ein Kind 孩子; j-d hat e-e stille Art 某人文质彬彬(温文尔雅); ein stilles Leben führen 过着平静的生活; still u. bescheiden 为人文静和简朴〉 **5.** zwar nicht deutlich ausgesprochen, aber doch bemerkbar 默默的,不明言的〈ein Vorwurf 责备; s. leiden 默默地受苦〉 **6.** so, dass andere davon nichts wissen 不为人知的,悄悄的,隐藏在内心的,暗暗的 ≈ heimlich 〈e-e Hoffnung 希望; in stillem Einvernehmen 默契〉 **7.** ***s. sitzen*** irgendwo sitzen, ohne zu arbeiten, herumzulaufen *o. Ä.* 安静地坐着,老实地坐着: *Sie kann keine fünf Minuten s. sitzen* 她连五分钟都坐不住 ‖ ID[谚] ***im Stillen*** **a)** ohne, dass es die anderen merken 悄悄地,偷偷地 ≈ heimlich 〈etw. im Stillen vorbereiten 悄悄地准备某事〉; **b)** ohne es nach außen zu zeigen 默默地,内心深处: *Äußerlich war sie ganz ruhig, aber im Stillen ärgerte sie sich* 她外表很平静,但在默默地生气

Stil·le *die*; -; *nur Sg* (只用单数) **1.** der Zustand, in dem es still (1,2) ist 平静,宁静,安静,静谧 ≈ Ruhe ↔ Lärm 〈(e-e) sonntägliche, feierliche, unheimliche, gespenstische S. 星期日的、节日的宁静,令人毛骨悚然的、阴森恐怖的死寂; es herrscht tiefe, völlige S. 万籁俱寂,阒无一人; die S. der Nacht 夜晚的宁静〉 **2.** ***in aller S.*** ohne viel Aufhebens, im engen Familienkreis 悄悄地,不惊动人家地: *in aller S. heiraten* 悄悄地结婚; *Die Beerdigung fand in aller S. statt* 葬礼是在亲友小范围内举行的

stil·len; *stillte*, *hat gestillt*; [Vt/i](及物/不及物) **1.** ***(ein Baby) s.*** als Mutter ein Baby an der Brust Milch trinken lassen 奶(婴儿),(给婴儿)喂奶〈ein Kind, den Säugling, das Baby s. 给孩子、乳儿、婴儿喂奶〉: *Sie kann nicht s.* 她没奶喂奶 ‖ K-(复合): **Still-, -zeit**; [Vt](及物) **2.** ***etw. s.*** bewirken, dass man/j-d das bekommt, was man/er haben möchte od. braucht 消除,消解,满足 ≈ befriedigen 〈seinen Hunger, seinen Durst, seine Wünsche, seinen Ehrgeiz, seine/j-s Neugier, seine Bedürfnisse s. 解饿、渴,满足他的愿望、进取心、他/某人的好奇心、他的需求〉: *Er hat e-n Preis bekommen. Ich glaube, sein Bedürfnis nach Anerkennung ist jetzt gestillt* 他获了奖,我想,他那想得到大家认可的要求现在得到满足了 **3.** ***etw. s.*** bewirken, dass etw. aufhört (zu fließen) 止住〈das Blut, die Tränen s. 止血,止住眼泪〉 **4.** ***etw. stillt etw.*** etw. schwächt etw. ab (物作主语) 抑止,缓解〈etw. stillt den Schmerz, j-s Zorn 某物止(镇)痛,平息某人的怒火〉 ‖ *zu* (义项) **1. Stil·len** *das*; *-s*; *nur Sg* (只用单数) ‖ *zu* (义项) **2., 3.** u. **4. Stil·lung** *die*; *nur Sg* (只用单数)

still.hal·ten; *hält still*, *hielt still*, *hat stillgehalten*; [Vi](不及物) nicht protestieren, sich nicht wehren 忍耐,容忍,忍气吞声 ‖ NB(注意): aber(但是): *still halten, während man e-e Spritze bekommt* 打针时不动≈ sich nicht bewegen 不动(= getrennt geschrieben 分开写)

Still·le·ben *das*; ein Bild, das Gegenstände, *bes* Früchte u. Blumen zeigt 静物画

still·le·gen; *legte still*, *hat stillgelegt*; [Vt](及物) ***etw. s.*** e-e Firma, e-n Betrieb schließen[1](5) u. so mit der Produktion (für immer) aufhören 使停业,关闭 ‖ *hierzu* (派生) **Still·le·gung** *die*

still·lie·gen; *lag still*, *hat* / *südd* Ⓐ Ⓒⓗ [南德][奥][瑞] *ist stillgelegen*; [Vi](不及物) ***etw. liegt still*** etw. ist nicht (mehr) in Funktion, in Betrieb (物作主语) 停工,停产,停机,停运〈e-e Maschine, e-e Fabrik 机器,工厂〉

stil·los *Adj* (形) **1.** ohne e-n bestimmten Stil (2) 无艺术风格的〈ein Gebäude, ein Bild 楼房,画〉 **2.** so, dass es nicht der Vorstellung von gutem Benehmen entspricht 风格不协调的,破坏格调的≈ geschmacklos: *Sekt in Biergläsern zu servieren, halte ich für s.* 我认为用啤酒杯上香槟酒不符合格调 ‖ *hierzu* (派生) **Stil·lo·sig·keit** *die*; *nur Sg* (只用单数)

Still·schwei·gen *das*; *-s*; *nur Sg* (只用单数); **S. (über etw. (*Akk* 四格))** das Verhalten, über bestimmte (*bes* geheime od. unangenehme) Dinge nicht zu sprechen 缄默,闭口不谈,守口如瓶 ≈ Diskretion 〈S. bewahren, vereinbaren 保持沉默,约定守口如瓶; j-m S. auferlegen 迫使某人沉默; über etw. mit S. hinwegsehen 对某事沉默不顾〉

still·schwei·gend *Adj* (形); *nur attr od adv* (只作定语或状语); so, dass über etw. Bestimmtes nicht gesprochen wird 缄默的,悄悄的,不言语的〈ein Übereinkommen, e-e Voraussetzung 协议,先决条件; sich s. entfernen 悄悄地离开; etw. s. hinnehmen, übersehen, verschwinden lassen 默默地忍受某事,悄悄地对某物视而不见,不言语地放走某物〉

S

still·sit·zen ↑ *still* (7)

Still·stand *der*; *nur Sg* (只用单数); ein Zustand ohne Bewegung, Aktivität u. (Weiter) Entwicklung 静态,停滞: *die Blutung zum S. bringen* 止血; *Die Proteste sind zum S. gekommen* 抗议无声无息了; *In der Forschung ist ein S. eingetreten* 研究工作出现停滞状态

still·ste·hen; *stand still*, *hat* / *südd* Ⓐ Ⓒⓗ [南德][奥][瑞] *ist stillgestanden*; [Vi] (不及物) **1. etw. steht still** etw. ist ohne Bewegung, Aktivität od. Entwicklung (物作主语)停业,停产,停顿,停止活动 ‹die Maschinen, der Betrieb 机器,工厂; der Verkehr 交通; j-s Herz 某人的心脏› **2.** MIL【军】; steif u. ohne Bewegung stehen 立正: *Kompanie, stillgestanden!* 全连,立正! ‖ NB (注意): aber (但是): *Du musst jetzt mal still stehen* 你现在得静静地站着 (= getrennt geschrieben 分开写)

Stil·mö·bel *die*; *Pl* (复); Möbel im Stil e-r vergangenen Epoche 古典风格的家具,古色古香的家具

stil·voll *Adj* (形) ≈ geschmackvoll ‹e-e Einrichtung 布置摆设; e-e s. eingerichtete Wohnung 布置得极有艺术情趣的(讲究风格的)一套住房›

Stimm·band *das*; -(e)s, *Stimm·bän·der*; *mst Pl* (多用复数); eines der beiden dünnen, elastischen Bänder im Hals (im Kehlkopf), die mit ihren Schwingungen stimmhafte Laute erzeugen u. die Höhe der Stimme[1] (1) bestimmen 声带 ‖ K-(复合): ***Stimmband-***, ***-entzündung***

stimm·be·rech·tigt *Adj* (形); mit dem Recht, bei e-r Wahl od. Abstimmung zu wählen 有选举权的,有表决权的 ‹ein Bürger, ein Mitglied 公民,成员› ‖ *hierzu* (派生) **Stimm·be·rech·tig·te** *der/die*; *-n, -n*

Stimm·bruch *der*; *nur Sg* (只用单数); die Phase in der Entwicklung e-s jungen Mannes, in der seine Stimme[1] (1) tief wird (男性发育期的)变音,声变 ‹im S. sein 在变音; sich im S. befinden 处在变音期›

S

Stim·me[1] *die*; -, *-n* **1.** die Töne, die j-d produziert, wenn er spricht od. singt 嗓音,声音 ‹e-e hohe, tiefe, laute, leise, volle, sonore, kräftige, piepsige, belegte, heisere, raue, männliche, weibliche S. 高的、低的、响的、轻的、饱满的、洪亮的、有力的、尖的、沙哑的、嘶哑的、粗哑的、男的、女的声音; e-e schöne S. haben 有一副好嗓音; mit bebender, zitternder S. sprechen, schreien 说话声、叫声发颤、发抖; j-s S. überschlägt sich (vor Wut) (由于愤怒)某人的嗓门突然提高; j-n an der S. erkennen 听声音认出某人; j-s S. nachahmen, nachmachen 模仿某人的嗓音›: *j-s S. klingt ängstlich, ungeduldig* 某人的话音显得胆怯、不耐烦 ‖ K-(复合): ***Stimmen-***, ***-gewirr*** ‖ -K(复合): ***Frauen-***, ***Jungen-***, ***Kinder-***, ***Knaben-***, ***Mädchen-***, ***Männer-***; ***Menschen-***, ***Tier-***, ***Vogel-*** **2.** die Fähigkeit, zu sprechen od. zu singen (说话、唱歌的)声音 ‹die S. verlieren 发不出声(唱不好)›: *Sie hat heute keine S., weil sie erkältet ist* 她今天说不出声,因为她感冒了 **3.** die Fähigkeit, gut zu singen (唱歌)嗓子 ‹e-e gute, schlechte S. haben 有一副好嗓子,嗓子不好; keine S. haben (= schlecht singen) 唱得不好,五音不全; seine S. ausbilden lassen, schulen 训练自己的嗓子› ‖ -K(复合): ***Sing-***, ***Sprech-*** **4.** einer der Teile e-r Komposition, die gleichzeitig gespielt od. gesungen werden 声部 ‹die erste, zweite S. (e-s Liedes) singen 唱(一首歌的)第一、第二声部; die Stimmen setzen gleichzeitig, nacheinander ein 各声部同时,分先后起唱› ‖ -K(复合): ***Flöten-***, ***Geigen-***, ***Orgel-***; ***Alt-***, ***Bariton-***, ***Bass-***, ***Sopran-***, ***Tenor-***; ***Chor-***, ***Einzel-***, ***Solo-*** **5. die S. des Herzens / des Gewissens / der Vernunft** *geschr* [书]; das, was man aufgrund seiner Gefühle/seines Gewissens/der Vernunft denkt 心灵的、良知的、理智的呼唤 ‹der S. des Herzens *usw* folgen 遵循心灵的呼唤› **6. e-e innere S.** ein unbestimmtes Gefühl 内心的呼唤,内心的声音: *E-e innere S. hielt ihn von seinem Plan ab* 一个内心的呼唤使他放弃了自己的计划 **7. die S. heben / senken** lauter/leiser sprechen 提高/压低嗓门 **8. seine S. erheben** *geschr* [书]; anfangen zu sprechen 开始说话 **9. mit erhobener S.** lauter als gewöhnlich 高声地,提高嗓门地 **10. seine S. verstellen** so sprechen, als ob man j-d anderer wäre 改变自己的嗓音(声调) **11. j-m versagt die S.** j-d wird von e-m starken Gefühl daran gehindert weiterzusprechen 某人说不出话来,某人话不成声: *j-m versagt vor Schmerz, Trauer, Freude die S.* 某人痛得、伤心得、高兴得说不出话来

Stim·me[2] *die*; -, *-n* **1.** das Recht, mit anderen zusammen etw. zu entscheiden od. e-e Person zu wählen, indem man *z. B.* die Hand hebt od. e-n (Wahl) Zettel ausfüllt 发言权,选举权,表决权: *e-e S. in e-m Gremium haben* 在一个领导班子里有发言权 **2.** j-s Entscheidung für j-n/etw. (bei e-r Wahl od. Abstimmung) (选举)票 ‹e-e gültige, ungültige S. 一张有效的、无效的选票; j-m seine S. geben 投某人一票; (viele) Stimmen erhalten, bekommen, auf sich vereinigen, gewinnen, verlieren 获得、得到、获取、赢得、失去(许多)选票; die (abgegebenen) Stimmen auszählen 清点(投的)选票›: *Der Antrag wurde mit 107 zu 100 Stimmen angenommen* 提案以107票对100票获得通过 ‖ K-(复合): ***Stimmen-***, ***-auszählung***, ***-gewinn***, ***-gleichheit***, ***-mehrheit***, ***-verhältnis***, ***-verlust*** ‖ -K(复合): ***Gegen-***, ***Ja-***, ***Nein-***, ***Wähler-*** **3.** *mst Pl* (多用复数); j-s Meinung, wie sie *bes* in der Öffentlichkeit zu hören ist 意见,看法,呼声 ‹kritische, warnende Stimmen 批判性的、警告性的意见; Stimmen (des Protests) werden laut, erheben sich (抗议)呼声变大了,起来了; j-s S. gilt viel, wiegt schwer 某人的看法有斤两,有份量›: *Es werden immer mehr Stimmen für e-n besseren Schutz der Umwelt laut* 要求更好地保护环境的呼声越来越高 ‖ -K(复合): ***Hörer-***, ***Leser-***, ***Presse-*** **4. seine S. abgeben** (*bes* in e-r geheimen Wahl) wählen 投票 ‖ K-(复合): **Stimm-**, **-abgabe** **5.** **sich der S. enthalten** *geschr* [书]; (bei e-r Wahl) sich für keinen der Kandidaten, keine der Möglichkeiten entscheiden 投弃权票 ‖ K-(复合): **Stimm-**, **-enthaltung**

stim·men[1]; *stimmte*, *hat gestimmt*; Vi (不及物) **etw. stimmt** etw. ist richtig od. wahr (物作主语) 正确,真实 〈das Ergebnis, e-e Rechnung, e-e Äußerung 答案,计算,讲话〉: *Stimmt es, dass Monika krank ist?* 莫尼卡病了,是真的吗?; *Sie behauptet, sie sei gestern zu Hause gewesen, aber das stimmt nicht* 她说她昨天在家,但这不确实 ‖ ID[谚] **Stimmt!** das ist richtig! 对的! 没错!; **Stimmts, od. hab ich recht?** *gespr hum* [口][诙]; verwendet nach e-r Aussage, wenn man die Zustimmung des Gesprächspartners erwartet 我说得对吧?; **Mit j-m stimmt etw. nicht** j-d macht den Eindruck, krank zu sein 某人(健康状况)不得劲; **Mit etw. stimmt etw. nicht/Da stimmt (doch) etw. nicht** etw. macht den Eindruck, dass es nicht in Ordnung ist od. dass es gegen die Gesetze verstößt 某事不对劲(不正常),出事了; **Stimmt so/schon!** *gespr* [口]; (*bes* zu Kellnerinnen u. Kellnern) den Rest können Sie (als Trinkgeld) behalten! 不用找(钱)了! 就这样吧!(让服务员把找头留作小费)

stim·men[2]; *stimmte*, *hat gestimmt*; Vt (及物) **1.** *mst* 多用 **etw. stimmt j-n irgendwie** etw. erzeugt in j-m ein bestimmtes Gefühl (e-e Stimmung) (物作主语)使产生一种情感〈etw. stimmt j-n heiter, traurig, optimistisch, hoffnungsvoll 某物使某人快活、伤心、乐观、满怀希望〉; Vt/i (及物/不及物) **2.** **(etw.) s.** ein Musikinstrument (*z. B.* durch Spannen u. Verlängern der Saiten) so einstellen, dass die Töne die richtige Höhe haben 调音,校音 〈die Gitarre, das Klavier (tiefer, höher) s. 给吉它、钢琴调音(调低点,调高点)〉: *Die Musiker stimmen noch* 演奏家们还在调音

stim·men[3]; *stimmte*, *hat gestimmt*; Vi (不及物) **(für/gegen j-n/etw.) s.** sich bei e-r Wahl od. Abstimmung für od. gegen j-n/etw. entscheiden 投票(或表决)赞成/反对 〈mit Ja, Nein s. 投票赞成、反对〉

Stim·men·fang *der*; *mst in* 多用于 **auf S. gehen** *pej* [贬]; *bes* als Politiker versuchen, (durch Versprechungen *usw*) viele Wähler für sich zu gewinnen 拉选票

Stimm·ga·bel *die*; ein kleines Gerät, das e-n bestimmten Ton (das *a*) erzeugt, wenn man es kurz auf etw. schlägt 音叉

stimm·ge·wal·tig *Adj* (形); mit e-r sehr lauten u. kräftigen Stimme[1](1) 声音洪亮的,嗓门大的 〈ein Sänger, ein Tenor 歌手,男高音歌手〉

stimm·haft *Adj* (形); so (weich) gesprochen, dass die Stimmbänder schwingen 振动声带的,浊的 ↔ stimmlos 〈ein Laut, ein Konsonant 音,辅音〉: *B, d u. g sind im Deutschen stimmhafte Laute* 在德语里 b、d 和 g 是浊音 ‖ *hierzu* (派生) **Stimm·haf·tig·keit** *die*; *nur Sg* (只用单数)

stim·mig *Adj* (形); so, dass alles harmonisch zueinanderpasst 和谐的,协调的: *Dieses System ist (in sich) völlig s.* 这个体系(本身)很协调 ‖ *hierzu* (派生) **Stim·mig·keit** *die*; *nur Sg* (只用单数)

-stim·mig *im Adj*, *begrenzt produktiv* (构成形容词,构词有限) **1.** mit der genannten Zahl od. Menge von Stimmen[1](4) …声部的; **einstimmig**, **zweistimmig**, **dreistimmig** *usw*, **mehrstimmig**: *ein Lied fünfstimmig singen* 用五声部唱一首歌 **2.** von vielen Menschen (produziert) 由…人发出的; **tausendstimmig**, **vielstimmig** 〈Geschrei, Protest 叫喊,抗议〉

Stimm·la·ge *die*; e-e bestimmte Höhe (od. Tiefe) der menschlichen Stimme 声调,音调,音区

stimm·lich *Adj* (形); *nur attr od adv* (只作定语或状语); in Bezug auf den Zustand der Stimme[1](1) 嗓音的,声音的: *Er war s. in bester Form* 当时他嗓音处在最佳状态

stimm·los *Adj* (形); so (hart) gesprochen, dass die Stimmbänder nicht schwingen 不振动声带的,清音的 ↔ stimmhaft 〈ein Laut, ein Konsonant 音,辅音〉: *P, t u. k sind im Deutschen stimmlose Laute* 在德语里 p、t 和 k 是清音 ‖ *hierzu* (派生) **Stimm·lo·sig·keit** *die*; *nur Sg* (只用单数)

Stim·mung *die*; -, *-en* **1.** der seelische Zustand e-s Menschen zu e-m bestimmten Zeitpunkt 心情,情绪 ≈ Laune 〈(in) fröhlicher, ausgelassener, gedrückter, gereizter S. sein 心情愉快,激情洋溢,心情压抑,情绪激动〉 ‖ K-(复合): **Stimmungs-**, **-umschwung**, **-wechsel** ‖ -K (复合): **Abschieds-**, **Aufbruchs-**, **Festtags-**, **Weihnachts-** **2.** *nur Sg* (只用单数); die fröhliche S. (1) 好心情,好情绪,兴致勃勃 ≈ gute Laune 〈in S. sein, kommen 心情好,情绪高涨起来; j-m die S. verderben 破坏某人的情绪,扫某人的兴〉 **3.** *nur Sg* (只用单数); die vorherrschende S. (1), Atmosphäre in e-r Gruppe 气氛,氛围: *Bei uns im Büro ist die S. zurzeit sehr schlecht* 目前我们办公室里的气氛很糟糕,情绪很低落 **4.** *nur Sg* (只用单数); die (vorherrschende) Meinung von bestimmten Gruppen zu e-m Thema 主流,主要倾向,主导意见: *die S. unter den Wählern* 选民的主要倾向 ‖ K-(复合): **Stimmungs-**, **-umschwung**, **-wechsel** **5.** die Wirkung auf j-s Gefühle 气氛,情调 ≈ Atmosphäre (2,3): *Der Maler stellt in seinem Bild die S. des Sonnenuntergangs dar* 这位画家在他的画中渲染了日落的气氛 **6.** **für/gegen j-n/etw. S. machen** *mst pej* 多用[贬]; versuchen, die allgemeine Meinung für/gegen j-n/etw. zu beeinflussen 为支持/反对…而造舆论 ‖ *zu* (义项)**6.** **Stim·mungs·ma·che** *die*; -; *nur Sg* (只用单数)

Stim·mungs·ba·ro·me·ter *das*; *mst in* 多用于 **das S. steht auf null** *gespr* [口]; die Stimmung (3) ist sehr schlecht 气氛很糟糕,大家的情绪低到了极点

S

Stim·mungs·ka·no·ne *die*; *gespr hum* [口][诙]; j-d, der lustigen Geschichten od. Witze erzählt, sodass andere fröhlich sind u. sich amüsieren 说笑的人,活跃气氛的人,逗乐的人

stim·mungs·voll *Adj*（形）; so schön u. angenehm, dass es die Menschen froh (aber auch ein bisschen nachdenklich) macht 气氛活跃的,富有情趣的〈e-e Atmosphäre, ein Gedicht 气氛,诗; etw. s. vortragen 情绪饱满地朗诵〉

Stimm·wech·sel *der*; *nur Sg*（只用单数）≈ Stimmbruch

Stimm·zet·tel *der*; ein Formular, mit dem man bei e-r Wahl od. bei e-r Abstimmung e-n Kandidaten od. e-e Partei wählt 选票

Sti·mu·lans [ˈʃtiː-, ˈstiː-] *das*; -, *Sti·mu·lan·zi·en* [-ˈlantsi̯ən]; *geschr* [书]; ein Mittel, das j-n wach u. munter macht (indem es *z.B.* den Kreislauf anregt) 兴奋剂,兴奋药: *Koffein u. Nikotin sind Stimulanzien* 咖啡因和尼古丁是兴奋剂

sti·mu·lie·ren; *stimulierte*, *hat stimuliert*; **Vt**（及物）*geschr* [书] **1. *j-d/etw. stimuliert j-n (zu etw.)*** j-d/etw. wirkt so positiv auf j-n ein, dass seine Leistungen noch besser werden（人/物作主语）激励、提高…的积极性 ≈ j-d/etw. spornt j-n an: *Der Erfolg hat sie zu e-m noch intensiveren Training stimuliert* 成绩激励她更刻苦训练 **2. *etw. stimuliert etw.*** etw. regt etw. an (3)（物作主语）刺激,使兴奋: *Das Medikament stimuliert den Haarwuchs* 药物刺激头发生长 ‖ *hierzu*（派生）**Sti·mu·lie·rung** *die*; *nur Sg*（只用单数）

stink- *im Adj*, *begrenzt produktiv*, *gespr pej*（构成形容词,构词有限）[口][贬]; verwendet, um bestimmte Adjektive zu verstärken 极…, 很…, 特… ≈ sehr; ***stinkfaul***, ***stinkfein*** (= übertrieben vornehm), ***stinklangweilig***, ***stinknormal***, ***stinkreich***, ***stinkvornehm***, ***stinkwütend***

Stink·bom·be *die*; ein kleiner Behälter mit e-r stinkenden Flüssigkeit. *Bes* Kinder werfen die Stinkbomben auf den Boden, damit die Flüssigkeit herausläuft u. es irgendwo stinkt 臭液弹

stin·ken; *stank*, *hat gestunken*; **Vi**（不及物）**1. *j-d/etw. stinkt*** j-d/etw. hat od. verbreitet e-n sehr unangenehmen Geruch（人/物作主语）发臭,散发臭味: *Faule Eier stinken* 坏鸡蛋发出臭味 **2. *j-d/etw. stinkt nach etw.*** j-d/etw. hat denselben od. e-n sehr ähnlichen unangenehmen Geruch wie etw.（人/物作主语）发出…的臭味: *Das Gas stinkt nach faulen Eiern* 这种气体发出像坏鸡蛋的臭味 **3. *etw. stinkt j-m*** *gespr* [口]; etw. ist so, dass sich j-d darüber ärgert（物作主语）使感到恼火: *Es stinkt mir, dass er mir nicht hilft* 他不帮我使我感到恼火

Stin·ker *der*; -s, -; *gespr pej* [口][贬] **1.** j-d, der stinkt (1) 有臭味的人 **2.** verwendet als Schimpfwort für e-n Mann 臭男人

stin·kig *Adj*（形）; *gespr* [口]; mit e-m sehr unangenehmen Geruch 臭的,发臭的 ≈ stinkend: *ein stinkiger Mülleimer* 一个发出臭味的垃圾桶

Stink·lau·ne, **Stink·lau·ne** *die*; *nur Sg*（只用单数）; *mst in* 多用于 ***e-e S. haben*** *gespr pej* [口][贬]; e-e sehr schlechte Laune haben 情绪极不好,心情极为恶劣

stink·sau·er *Adj*（形）; ***s. (auf j-n/etw.)*** *gespr* [口]; sehr wütend, sehr ärgerlich (auf j-n/etw.) 极恼火的,大为光火的

Stink·tier *das*; ein (Nage)Tier, das in Amerika lebt u. bei Gefahr e-e stinkende Flüssigkeit auf seinen Angreifer spritzt（北美）臭鼬 ≈ Skunk

Stink·wut *die*; ***e-e S. (auf j-n/etw.)*** *gespr* [口]; e-e sehr große Wut (auf j-n/etw.) 暴怒〈e-e S. haben 大发雷霆,极为愤怒〉

Sti·pen·di·at [ʃtipenˈdi̯aːt] *der*; *-en*, *-en*; j-d, der ein Stipendium bekommt 奖学金、助学金获得者 ‖ NB（注意）: *der Stipendiat*; *den*, *dem*, *des Stipendiaten* ‖ *hierzu*（派生）**Sti·pen·di·a·tin** *die*; -, *-nen*

Sti·pen·di·um [ʃtiˈpendi̯um] *das*; *-s*, *Sti·pen·di·en* [-di̯ən]; Geld *o.Ä.*, das Schüler, Studenten, Wissenschaftler od. Künstler *mst* von Stiftungen od. Universitäten bekommen, damit sie ohne finanzielle Probleme arbeiten können 奖学金,助学金

Stip·pe *die*; -, *-n*; *nordd* [北德]; e-e Art dicke Soße 酱汁,卤汁: *Kartoffeln mit S.* 酱汁土豆

stip·pen; *stippte*, *hat gestippt*; **Vt**（及物）***etw. in etw.*** (*Akk* 四格) ***s.*** *nordd* [北德]; etw. kurz in etw. tauchen 蘸: *Kartoffeln in die Soße s.* 用土豆蘸汁

Stipp·vi·si·te *die*; *gespr* [口]; ein kurzer Besuch bei j-m 短暂拜访〈(bei j-m) e-e S. machen（对某人）作一次短暂拜访〉

stirbt *Präsens*, *3. Person Sg*（现在时,第三人称单数）; ↑ ***sterben***

Stirn *die*; -, *-en*; *mst Sg*（多用单数）; der Teil des Kopfes zwischen den Augen u. den Haaren 额头,前额,额〈e-e hohe, niedrige, flache, gewölbte, fliehende S. 前额高、低、平、隆起、扁平; die S. runzeln, in Falten legen/ziehen 皱眉头,皱额〉: *sich den Schweiß von der S. wischen* 抹去额头上的汗水 ‖ ↑ *Abb. unter* 图见 ***Kopf*** ‖ K-（复合）: ***Stirn-***, ***-band***, ***-falte***, ***-haar***, ***-locke***, ***-wunde*** ‖ *zu* ***Stirnfalte*** ↑ *Abb. unter* 图见 ***Falten*** ‖ ID [谚] ***über j-n/etw. die S. runzeln*** j-s Verhalten/etw. nicht gut finden 为某人/某事直皱眉头 ≈ etw. missbilligen; ***j-m/etw. die S. bieten*** keine Angst vor j-m/etw. haben u. Widerstand leisten 敢于与某人/某事针锋相对(抗争),敢于面对某人/某事: *seinem Gegner, dem Schicksal, e-r schweren Krankheit die S. bieten* 敢于同对手、命运、重病作抗争; ***die S. haben + zu + Infinitiv***（不定式）; *pej* [贬]; so unverschämt u. frech sein, etw. (Schlimmes) zu tun 胆敢,胆大妄为: *Er hatte tatsächlich die S., mich zu belügen!* 他居然胆敢来骗我!

Stirn·glat·ze *die*; das Fehlen der Haare oben

S

am vorderen Teil des Kopfes 前秃，额顶秃〈e-e S. haben (有)额顶秃〉

Stirn·höh·le *die*; ein Hohlraum im Innern der Stirn über der Nase 鼻窦 ‖ K-(复合): ***Stirnhöhlen-, -entzündung, -vereiterung***

Stirn·run·zeln *das*; *-s*; *nur Sg* (只用单数); die Reaktion, bei der sich Falten auf der Stirn bilden (*bes* wenn man nachdenkt od. mit etw. nicht einverstanden ist) 皱眉头〈etw. ruft S. hervor 某事令人愁眉不展〉

Stirn·sei·te *die*; die vordere Seite *mst* e-s Gebäudes od. Möbelstücks 正面 ≈ Vorderseite, Front(seite)

stob *Imperfekt*, *1. u. 3. Person Sg* (过去时，第一和第三人称单数); ↑ ***stieben***

stö·bern; *stöberte*, *hat gestöbert*; Vi (不及物) ***irgendwo (nach etw.) s.*** *gespr* [口]; *mst* dort, wo alte od. gebrauchte Sachen gelagert werden, längere Zeit nach etw. suchen 翻寻，搜索: *auf dem Dachboden (nach alten Fotos) s.* 在阁楼翻寻(旧照片)

sto·chern; *stocherte*, *hat gestochert*; Vi (不及物) ***in etw.*** (*Dat* 三格) ***s.*** mit e-m langen, spitzen Gegenstand mehrere Male in etw. stechen (用细长的尖物)拨，捅，戳: *mit dem Feuerhaken in der Glut s.* 用炉勾子捅火

Stock[1] *der*; *-(e)s*, *Stö·cke* **1.** ein langer, relativ dünner u. harter Gegenstand aus Holz *o.Ä.*, den man *z.B.* als Stütze (beim Gehen) verwendet od. um j-n zu schlagen 棍，棒，手杖〈am S. gehen 拄着手杖走路〉‖ -K(复合): ***Spazier-*** ‖ NB(注意): ↑ ***Stab***[1] **2.** einer von zwei Stöcken[1](1) beim Skifahren 雪杖 ‖ K-(复合): ***Stock-, -einsatz*** ‖ -K(复合): ***Ski-*** ‖ ID [谚] ***am S. gehen*** **a)** *gespr* [口]; sehr krank sein 病得不轻; **b)** *gespr* [口]; kein Geld mehr haben 身无分文

Stock[2] *der*; *-(e)s*, *Stö·cke* **1.** e-e Art kleiner Strauch, den man in ein Beet od. in e-n Topf pflanzt 树苗 ‖ -K(复合): ***Blumen-, Rosen-*** **2** ≈ Baumstumpf ‖ ID [谚] ***über S. u. Stein*** 〈rennen 奔跑〉 nicht auf e-m Weg, sondern quer über Felder u. Wiesen (rennen) 在坎坷不平的野地上

Stock[3] *der*; *-(e)s*, *-*; der Teil e-s Gebäudes, der alle Räume umfasst, die auf gleicher Höhe liegen 楼层 ≈ Etage, Geschoss[2], Stockwerk: *Sie wohnt im dritten S.* 她住在四层 ‖ ▶ ***-stöckig***

stock- *im Adj*, *wenig produktiv*, *gespr*, *oft pej* (构成形容词，构词弱)[口]常用[贬]; verwendet, um bestimmte (oft negative) Adjektive zu verstärken (加强形容词的负面语义)很，极，非常 ≈ sehr (stark); ***stockbetrunken, stockdumm, stockdunkel, stockduster, stockfinster, stockkonservativ, stocknüchtern, stocktaub***

Stock·bett *das*; ein Gestell mit zwei Betten übereinander 上下铺，上下床，双层床

Stö·ckel·schuh *der*; ein (Damen)Schuh mit e-m sehr hohen u. sehr schmalen Absatz 高跟鞋

sto·cken[1]; *stockte*, *hat gestockt*; Vi (不及物) **1.** ***etw. stockt*** etw. ist in der Bewegung od. im normalen Ablauf für kurze Zeit unterbrochen (物作主语)停顿，停滞，中断〈die Arbeit 工作; das Gespräch 谈话; der Verkehr 交通; etw. kommt/gerät ins Stocken 某事停顿了; e-e stockende Unterhaltung, stockender Verkehr 一次中断的谈话，中断的交通〉: *Als sie plötzlich die Tür öffnete, stockte die Unterhaltung im Zimmer* 当她突然推开门时，屋里的说话停了下来 **2.** (***bei/in etw.*** (*Dat* 三格)) ***s.*** während e-r Bewegung od. e-r Tätigkeit plötzlich e-e kurze Pause machen 突然停下来 ≈ innehalten: *Mitten im Schreiben stockte er u. sah sie an* 他正写着突然停了下来望着她; *Sie stockte in ihrer Rede* 她正发着言突然停了下来 **3.** *mst* 多用 ***j-m stockt der Atem, das Herz*** j-d hat das Gefühl, dass er (*mst* aus Angst) nicht mehr atmen kann od. dass sein Herz nicht mehr schlägt 某人呼吸停止了，心脏不跳了

sto·cken[2]; *stockte*, *hat/ist gestockt*; Vi (不及物) *bes südd* Ⓐ Ⓒⓗ 尤用于[南德][奥][瑞] ***etw. stockt*** ≈ etw. gerinnt 〈die Milch 牛奶〉

-stö·ckig *im Adj*, *begrenzt produktiv* (构成形容词，构词有限) **1.** mit der genannten Zahl von Stockwerken …(楼)层的; ***einstöckig, zweistöckig, dreistöckig*** *usw*: *ein zwanzigstöckiges Hochhaus* 一幢20层的高楼 **2.** mit der genannten Zahl von Schichten, Lagen übereinander …层的: *e-e dreistöckige Torte, ein vierstöckiges Sandwich* 一个三层的蛋糕，一块四层的三明治

stock·sau·er *Adj* (形); ***s.*** (***auf j-n/etw.***) *gespr* [口]; sehr verärgert (über j-n/etw.) (对…)十分气恼

stock·steif *Adj* (形); *gespr* [口]; mit e-r sehr geraden, steifen Haltung 僵硬的，僵直的，直挺挺的〈ein Gang, s. dasitzen 步态，直挺挺地坐着〉

Stock·werk *das* ≈ Stock[3], Etage ‖ NB (注意): Bei der Zählung der Stockwerke wird das Erdgeschoss mitgezählt (在计算楼层时底层也算作一层): *Das Haus hat vier Stockwerke* (= Erdgeschoss + 3 obere Stockwerke) 这幢房子有四层

Stock·zahn *der*; *südd* Ⓐ Ⓒⓗ [南德][奥][瑞] ≈ Backenzahn

Stoff[1] *der*; *-(e)s*, *-e* **1.** ein Gas, e-e Flüssigkeit od. e-e feste Masse in e-r bestimmten Form mit bestimmten Eigenschaften 物质，物 ≈ Substanz (1) 〈ein pflanzlicher, chemischer, synthetischer, wasserlöslicher, radioaktiver S. 植物的、化学的、人工合成的、水溶的、放射性的物质〉‖ -K(复合): ***Bau-, Brenn-, Heiz-, Impf-, Kleb-, Leucht-, Nähr-, Reiz-, Riech-, Spreng-, Treib-, Wirk-; Abfall-, Ballast-, Duft-, Ersatz-, Farb-, Fest-, Geruchs-, Geschmacks-, Grund-, Kraft-, Schaum-, Süß-*** **2.** *nur Sg* *gespr* (只用单数)[口]; Rauschgift od. Alkohol 东西(指毒品、酒)〈sich (*Dat* 三格) S. besorgen 弄些东西(毒品，酒)来〉‖ *zu* (义项)**1.** **stoff·lich**

S

Adj（形）；*nur attr od adv*（只作定语或状语）

Stoff² *der*；-(*e*)*s*，-*e*；das (gewebte) Material，aus dem *z. B.* Kleidung，Tischdecken u. Tücher bestehen 布，布料，衣料〈ein dünner，leichter，dicker，schwerer，gemusterter，knitterfreier，seidener，wollener S. 一块薄的、轻的、厚的、份量重的、有图案的、防皱的、丝的、毛的衣料；e-n S. zuschneiden 裁一块布料〉‖ K-(复合)：***Stoff-***，***-bahn***，***-ballen***，***-muster*** ‖ -K(复合)：***Kleider-***，***Mantel-***，***Vorhang-***；***Baumwoll-***，***Leinen-***，***Seiden-***，***Woll-***

Stoff³ *der*；-(*e*)*s*；*nur Sg*（只用单数）；e-e Geschichte od. e-e Idee，die das Thema u. den Inhalt für e-n Roman，e-n Film，e-e wissenschaftliche Arbeit *usw* bieten 素材，题材，材料〈e-n S. bearbeiten，verfilmen 加工素材，把一个题材拍成电影〉：*Der Putsch bot den S. für e-n Dokumentarfilm* 暴乱给一部记录片提供了素材；*Seine Worte gaben ihr S. zum Nachdenken* 他的话给了她思考的材料 ‖ -K(复合)：***Diskussions-***，***Gesprächs-***，***Lese-***，***Roman-*** ‖ *hierzu*（派生）**stoff·lich** *Adj*（形）；*nur attr od adv*（只作定语或状语）

Stof·fel *der*；-*s*，-；*gespr pej*［口］［贬］；ein ungeschickter，unhöflicher Mensch 粗鲁的人，鲁莽人，无礼的人 ‖ *hierzu*（派生）**stof·fe·lig**，**stoff·lig** *Adj*（形）

Stoff·samm·lung *die*；e-e Sammlung von Ideen u. Material zu e-m Thema 素材的搜集

Stoff·wech·sel *der*；*mst Sg*（多用单数）；alle chemischen Umwandlungen von (Nähr)-Stoffen im Körper (der Lebewesen) 新陈代谢；BIOL【生】Metabolismus ‖ K-(复合)：***Stoffwechsel-***，***-krankheit***，***-produkt***，***-störung***

stöh·nen；*stöhnte*，*hat gestöhnt*；[Vi]（不及物）**1.** (vor Schmerz od. Erregung) beim Ausatmen e-n tiefen，langen Laut von sich geben 呻吟：*Der Verletzte stöhnte vor Schmerz* 这位受伤者因疼痛而呻吟 **2.** ***über etw.***（*Akk* 四格）***s.*** sich über etw. beklagen 抱怨，诉苦：*Sie stöhnt über die schwere Arbeit* 她抱怨工作繁重

sto·isch *Adj*（形）；*mst in* 多用于 ***mit stoischer Ruhe*** *geschr*［书］；ohne sich zu ärgern u. ohne die Ruhe zu verlieren 平心静气，恬淡寡欲 ≈ gelassen，gleichmütig

Sto·la [ʃt-，st-] *die*；-，*Sto·len*；e-e Art breiter Schal，den Frauen (über e-m Kleid) um die Schultern tragen 披巾，披肩

Stol·len¹ *der*；-*s*，-；ein waagrechter Gang unter der Erde，*z. B.* in e-m Bergwerk 地道，巷道，平巷，坑道〈e-n S. in den Fels treiben 在岩石里打一条坑道〉‖ NB（注意）：Ein senkrechter Gang in e-m Bergwerk heißt *Schacht*（垂直的矿井通道叫做 Schacht 竖井）

Stol·len² *der*；-*s*，-；einer der (zylinderförmigen) Teile an der Sohle von Fußballschuhen *o. Ä.*，die beim Laufen mehr Halt¹ (1) geben 防滑钉 ‖ K-(复合)：***Stollen-***，***-schuh***

Stol·len³ *der*；-*s*，-；*bes südd* Ⓐ Ⓒⓗ 尤用于［南德］［奥］［瑞］ein länglicher Kuchen mit Rosinen，Mandeln *usw*，den man *bes* zu Weihnachten isst 枕形蛋糕

stol·pern；*stolperte*，*ist gestolpert*；[Vi]（不及物）**1.** (***über etw.***（*Akk* 四格））***s.*** beim Gehen mit dem Fuß gegen ein Hindernis stoßen u. das Gleichgewicht verlieren 绊住，绊个踉跄，趔趄：*Sie stolperte* (*über e-e Baumwurzel*) *u. fiel hin* 她被（一个树根）绊倒在地 **2.** ***über j-n/etw. s.*** *mst* wegen e-s Skandals (an dem man selbst schuld ist) seine berufliche Stellung od. sein Amt verlieren 因…而栽跟头（丢官）：*Der Minister stolperte über die Bestechungsaffäre* 这位部长因贿赂丑闻栽了跟头 **3.** ***über etw.***（*Akk* 四格）***s.*** etw. nicht genau verstehen u. sich deshalb wundern bzw. mit etw. nicht ganz einverstanden sein 不尽明白，不尽同意：*beim Lesen über e-n Fachausdruck s.* 在阅读时因一个专业术语卡住了；*über j-s Bemerkung s.* 对某人的评注不敢苟同

Stol·per·stein *der*；ein Problem，an dem j-d scheitert/scheitern kann 绊脚石：*Der Skandal war ein S. auf seinem Weg zum Erfolg* 这件丑闻是他成功道路上的一块绊脚石

stolz *Adj*（形）**1.**〈ein Mensch 人〉von sich，*bes* seinen eigenen Leistungen überzeugt 自尊的，自信的 ≈ selbstbewusst：*Sie war zu s.，um ihn um Hilfe zu bitten* 她自信得很，是不会求他帮助的 **2.** ***s.***（***auf j-n/etw.***）voll Freude über etw.，das man selbst od. j-d anderer geleistet hat od. über etw.，das man besitzt 自豪的，骄傲的〈ein stolzer Vater 值得自豪的父亲；s. auf seine Kinder，seinen Erfolg sein 为自己的孩子、成功而骄傲〉：*Er war sehr s.* darauf，dass *er die Prüfung bestanden hatte* 他通过了考试，为此感到很骄傲 **3.** *pej*［贬］≈ hochmütig，überheblich ↔ bescheiden：*Er ist wohl zu s.，(um) uns zu grüßen!* 他太傲慢了，连招呼都不打！**4.** *nur attr*，*nicht adv*（只作定语，不作状语）；〈ein Schiff 一艘船；ein Bauwerk 一幢建筑物〉groß u. schön u. deshalb beeindruckend 雄伟的，壮观的 ≈ imposant，stattlich **5.** *nur attr*，*nicht adv*，*gespr*（只作定语，不作状语）［口］；sehr hoch，zu teuer 相当可观的，相当高的 ≈ beträchtlich〈e-e Geld)Summe，ein Preis 金额，价格〉

Stolz *der*；-*es*；*nur Sg*（只用单数）**1.** das Gefühl e-s Menschen，wichtig u. viel wert zu sein，das sich auch in seiner Haltung zeigt 自尊〈j-s S. verletzen 伤害某人的自尊；keinen S. haben 没有自尊〉**2.** ***der S.***（***auf j-n/etw.***）die große Freude u. Zufriedenheit über etw.，das man selbst od. j-d anderer geleistet hat，od. über etw.，das man besitzt 自豪，骄傲〈etw. erfüllt j-n mit S. 某事使某人充满、感到自豪（骄傲）〉：*Man sah ihm den S. auf seine Tochter an* 人们看出他为自己的女儿感到骄傲 ‖ -K(复合)：***Vater-*** **3.** *pej*［贬］；das Gefühl e-s Menschen，besser zu sein als andere u. sie deshalb verachten zu können 傲慢，骄傲 ≈ Hochmut，Überheblichkeit ↔ Bescheidenheit

stolz·ge·schwellt *Adj*（形）；*mst in* 多用于 ***mit stolzgeschwellter Brust*** in e-r Haltung，die zeigt，dass j-d sehr stolz (2) ist 昂首挺胸地

S

stol·zie·ren; *stolzierte*, *ist stolziert*; Vi(不及物) **irgendwo(hin)** **s.** langsam, steif u. mit erhobenem Kopf gehen, um anderen Leuten zu zeigen, wie wichtig man zu sein glaubt 昂首阔步地走，趾高气扬地走：*Er stolzierte durch den Saal* 他趾高气扬地穿过大厅

stop! [ʃt-, st-] auf Verkehrsschildern verwendet, um anzuzeigen, dass man halten muss 停！站住！≈ halt!

stop·fen; *stopfte*, *hat gestopft*; Vt/i(及物/不及物) **1.** (**etw.**) **s.** ein Loch in e-m Kleidungsstück mit Nadel u. Faden schließen 补，织补，补缀〈Socken, Strümpfe, e-n Pullover an den Ellbogen s. 补短袜、长袜、一件毛衣的肘部〉‖ K-(复合): **Stopf-**, **-garn**, **-nadel**, **-wolle**; Vt(及物) **2.** **etw.** **s.** e-e Öffnung *o.Ä.* verschließen, indem man sie mit etw. füllt 堵，堵住 ≈ abdichten: *ein Leck im Öltank s.* 堵油罐的漏洞 **3.** **etw.** **in etw.** (*Akk* 四格) **s.** etw. (ohne besondere Sorgfalt) kräftig irgendwohin drücken 塞进，填入: *das Hemd in die Hose s.* 把衬衣塞到裤子里面; *die Hemden in den Koffer s.* 把衬衣塞进箱子 **4.** (**sich** (*Dat* 三格)) **e-e Pfeife s.** Tabak in e-e Pfeife füllen 装烟斗; Vi(不及物) **5.** **etw.** **stopft** *gespr*[口]; etw. macht schnell satt(物作主语)容易吃饱，顶饱: *Nudeln stopfen* 面条顶饱 **6.** **etw.** **stopft** etw. verhindert, dass man den Darm entleeren kann(物作主语)使大便干燥，造成便秘 ↔ etw. führt ab: *Schokolade stopft* 巧克力使大便干燥

Stop·fen *der*; *-s*, *-* ≈ Stöpsel ‖ NB(注意): ↑ **Pfropfen**

stopp! *Interjektion* (叹) **1.** ≈ halt! **2.** moment (mal)! 慢着！停停！

Stopp [ʃtɔp, stɔp] *der*; *-s*, *-s* **1.** das Anhalten, das Stoppen e-s Fahrzeugs 停车: *ohne S. an der Ampel weiterfahren können* 可以在交通指挥灯旁不停车继续行驶 **2.** e-e Pause, e-e Unterbrechung während der Fahrt 停车休息，停下来〈e-n kurzen S. einlegen 停一会儿车〉 **3.** e-e (kurze) Unterbrechung e-r Handlung, e-s Vorgangs 停顿，中断 ‖ -K(复合): **Export-**, **Import-**, **Lieferungs-**

Stop·pel *die*; *-*, *-n*; *mst Pl* (多用复数) **1.** der Rest e-s Getreidehalms, der nach dem Mähen stehen geblieben ist (农作物收割后留在地里的)茬儿，茬子 ‖ K-(复合): **Stoppel-**, **-feld** **2.** *gespr* [口]; ein kurzes Barthaar 胡子茬儿 ‖ K-(复合): **Stoppel-**, **-bart** ‖ -K(复合): **Bart-** ‖ *hierzu* (派生) **stop·pe·lig** *Adj* (形)

stop·pen[1]; *stoppte*, *hat gestoppt*; Vt(及物) **1.** **j-n/etw.** **s.** bewirken, dass e-e Person od. Sache, die in Bewegung ist, hält 拦住，使停下 ≈ anhalten (1): *Der Polizist stoppte den Motorradfahrer* 警察拦住这个摩托车驾驶者 **2.** **j-n/etw.** **s.** bewirken, dass j-d aufhört, etw. zu tun, od. dass etw. aufhört 阻拦，制止，阻止: *die Produktion s.* 停止生产; *e-e Entwicklung nicht mehr s. können* 无法再阻止发展 ‖ K-(复合): **Stopp-**, **-taste**; Vi(不及物) **3.** (aus der Bewegung heraus) zum Stehen kommen 停住，停下来 ≈ anhalten (4): *Der Autofahrer stoppte kurz vor der Ampel* 汽车驾驶员在交通信号灯前停了下来

stop·pen[2]; *stoppte*, *hat gestoppt*; Vt/i(及物/不及物) (**j-n/etw.**) **s.** mit e-r (Stopp)Uhr die Zeit messen, die j-d für e-e Strecke braucht 用秒表测时间〈e-n Rennfahrer, e-n Lauf s. 给赛车手、赛跑测时间〉

Stopp·schild *das*; ein Verkehrsschild, auf dem „STOP"steht u. an dem jedes Fahrzeug halten muss停车牌(交通标志)

Stopp·uhr *die*; e-e Uhr, die man beim Sport (*z.B.* beim Wettlauf) verwendet, um Zeiten genau zu messen 秒表，马表，跑表

Stöp·sel *der*; *-s*, *-*; ein *mst* kleiner, runder Gegenstand, mit dem man e-e Öffnung verschließt 塞子，瓶塞: *den S. aus der Badewanne ziehen* 拔出浴缸的塞子

Stör [ʃtøːɐ] *der*; *-s*, *-e*; ein Fisch, dessen Eier man als Kaviar isst 鲟鱼

stör·an·fäl·lig *Adj* (形); 〈ein Radio, die Elektronik e-s Autos 收音机，汽车的电子装置〉 so, dass sie schon bei leichten äußeren Störungen od. wegen schlechter Qualität häufig nicht mehr funktionieren 容易发生故障的，故障频繁的 ‖ *hierzu* (派生) **Stör·an·fäl·lig·keit** *die*; *nur Sg* (只用单数)

Storch *der*; *-(e)s*, *Stör·che*; ein großer Vogel mit schwarzen u. weißen Federn, langen Beinen u. einem langen, roten Schnabel. Der Storch baut sein Nest auf Dächern 鹳〈der S. klappert (mit dem Schnabel) 鹳(用喙)发出啪嗒声〉‖ K-(复合): **Storchen-**, **-nest**, **-schnabel** ‖ ID [谚] **wie der S. im Salat** 〈herumgehen 踱来踱去〉 *gespr hum* [口][谐]; mit steifen Beinen (herumgehen) (走路)像只鹳，直着腿(走路) ≈ ungelenk; **Da 'brat mir einer e-n S.!** *gespr* [口]; verwendet als Ausdruck der Überraschung(表示惊讶)这真让人感到吃惊！不可思议！

Store [ʃtoːɐ, st-] *der*; *-s*, *-s*; e-e Gardine aus fast durchsichtigem Stoff 薄纱窗帘

stö·ren; *störte*, *hat gestört*; Vt/i (及物/不及物) **1.** (**j-n**) (**bei etw.**) **s.** j-n bei e-r Tätigkeit unterbrechen (u. ihn dadurch ärgern) 打搅，打扰，妨碍〈j-n bei der Arbeit, beim Lesen s. 打扰某人工作、看书〉: *Entschuldigen Sie bitte, wenn ich Sie störe!* 要是我打搅您了，请您包涵！; *Störe ich (dich) gerade?* 我打扰(你)了吗？ **2.** (**etw.**) **s.** sich mit Absicht so verhalten, dass etw. nicht normal verlaufen kann 扰乱，妨碍，干扰: *Die Schüler unterhielten sich u. störten dadurch den Unterricht* 学生们互相说话，因此干扰了上课 **3.** **etw.** **stört** (**etw.**) etw. hat e-e negative Wirkung auf etw. u. verhindert den normalen Ablauf (物作主语)干扰，影响 ≈ etw. beeinträchtigt etw.: *Elektromagnetische Wellen stören den Radioempfang* 电磁波干扰收音机接收 ‖ K-(复合): **Stör-**, **-geräusch** **4.** **etw.** **stört** (**j-n**) etw. gefällt j-m überhaupt nicht (物作主语)令人反感，令人不舒服，使人恶心 ≈ etw. missfällt

S

j-m：*Mich stören seine schmutzigen Fingernägel* 他那脏指甲真让我不舒服；[Vr]（反身）**5. sich an etw.**（*Dat* 三格）**s.** *gespr*［口］；etw. als schlecht od. unangenehm empfinden（对）反感，感到不舒服、恶心

Stö·ren·fried *der*；-(*e*)*s*，-*e*；*gespr*［口］；j-d, der andere Leute dauernd mit Absicht stört (2)扰乱者，捣乱者

Stör·fak·tor *der*；ein Faktor, der den normalen (geplanten) Ablauf von etw. stört (3) 干扰因素

Stör·fall *der*；ein Defekt, e-e Störung in e-r technischen Anlage（*bes* e-m Atomkraftwerk）故障

Stör·ma·nö·ver *das*；e-e Aktion, mit der der Ablauf e-r Handlung gestört (2) wird 扰乱行动，干扰行动

stor·nie·ren；*stornierte*，*hat storniert*；[Vt]（及物）**etw. s.** e-n Auftrag od. e-e Buchung wieder rückgängig machen 撤销，撤回，取消，冲销〈e-e Gutschrift, e-n Betrag s. 冲销贷方款项、一笔款子；e-n Flug, e-e Buchung s. 取消一次飞行、预订（机、船、车）票〉‖ *hierzu*（派生）**Stor·nie·rung** *die*

Stor·no *der/das*；-*s*，*Stor·ni*；das Stornieren ‖ K-（复合）：**Storno-**，**-gebühren**，**-kosten**

stör·risch *Adj*（形）；nicht bereit, das zu tun, was andere wünschen 固执的，倔强的，不听话的 ≈ starrsinnig

Stö·rung *die*；-，-*en* **1.** Handlungen od. Dinge, die stören (1) 打扰，打搅〈e-e lästige, unliebsame, nächtliche S. 讨厌的、令人不快的、深夜的打搅〉：*Entschuldigen Sie bitte die S.!* 请原谅，打搅您一下！‖ -K（复合）：**Ruhe- 2.** Handlungen od. Dinge, die stören (2) 扰乱，干扰，妨碍：*Ich werde e-e S. des Unterrichts nicht dulden!* 对于干扰上课我是不会容忍的 **3.** ein Fehler in der Funktion od. dem Ablauf von etw. 故障，失灵：*Die Störungen im Radio wurden durch ein Gewitter ausgelöst* 收音机的失灵是由雷阵雨引起的 ‖ -K（复合）：**Durchblutungs-**，**Empfangs-**，**Entwicklungs-**，**Gleichgewichts-**，**Verdauungs-**，**Wachstums- 4.** MET【气】；ein Gebiet mit niedrigem Luftdruck 低压区，低压干扰≈ Tiefdruckgebiet ‖ K-（复合）：**Störungs-**，**-front**

Sto·ry [ˈstɔ(:)ri, ˈʃtɔ(:)ri] *die*；-，-*s*；*gespr*［口］**1.** der Inhalt, die Handlung *z. B.* e-s Films od. e-s Romans 故事情节：*e-e sentimentale S.* 一个动情的故事情节 **2** ≈ Bericht, Report

Stoß[1] *der*；-*es*，*Stö·ße* **1.** e-e schnelle Bewegung, mit der etw. kurz u. kräftig auf j-n/etw. trifft（猛力）推，撞，踢〈j-m e-n S. (in die Seite, in die Rippen) geben, versetzen（朝一旁、朝胸肋）推、撞…一下〉‖ -K（复合）：**Rippen- 2.** ein schneller Schlag od. Stich mit e-r Waffe（用武器）砸，捅，击，刺〈e-n S. auffangen, parieren 挡住，避开一击；j-m e-n S. versetzen 砸（或捅）某人一下〉‖ -K（复合）：**Degen-**，**Dolch-**，**Messer- 3.** *mst Pl*（多用复数）；die einzelne, schnelle u. kräftige Bewegung, mit der man sich beim Schwimmen od. Rudern fortbewegt（游泳，划船）划〈mit kräftigen Stößen schwimmen, rudern 游泳时、划船时使劲划〉**4.** *mst Pl*（多用复数）；die kurzen, kräftigen Bewegungen bei e-m Erdbeben（地震）震动，晃动≈ Erdstoß：*Die Stöße erreichten die Stärke 7. auf der Richterskala*（地震）震级达到里氏七级

Stoß[2] *der*；-*es*，*Stö·ße*；*Kollekt*（集合）；e-e Menge von gleichen Dingen, die übereinandergelegt wurden 叠，摞，垛≈ Stapel：*Brennholz zu Stößen aufschichten* 把柴火码成垛；*ein S. Bücher, Wäsche* 一摞书、衣服；*Stöße von Akten, Zeitschriften* 好几摞文件、杂志 ‖ -K（复合）：**Holz-**

Stoß·dämp·fer *der*；-*s*，-；e-e Konstruktion an Autos, die verhindert, dass sie zu stark auf u. ab schwingen 减震器，缓冲器

Stö·ßel *der*；-*s*，-；e-e Art kurzer Stab (aus Keramik, Eisen od. Stein), der am unteren Ende dick ist u. mit dem man Substanzen kleiner macht od. zerreibt 杵：*Mörser u. S.* 臼与杵

sto·ßen；*stößt*，*stieß*，*hat/ist gestoßen*；[Vt]（及物）（*hat*）**1. j-n（irgendwohin）s.** j-m an e-r Stelle seines Körpers e-n Stoß[1] (1) geben 推，撞，踢：*Er hat mich mit dem Ellbogen in die Rippen gestoßen* 他用胳膊肘撞了我的肋骨 **2.（j-m）etw. in etw.**（*Akk* 四格）**s.** mit e-m kurzen, kräftigen Stoß[1] (1, 2) bewirken, dass etw. in etw. eindringt 把…砸入、捅进、打入：*e-n Pfahl in die Erde s.* 把一根桩子打入地里；*Der Verbrecher stieß ihm ein Messer in den Arm* 罪犯往他胳膊上捅了一刀 **3. j-n/etw. irgendwohin s.** j-n/etw. mit e-m kurzen u. kräftigen Stoß[1] (1) an e-e andere Stelle bewegen 把…推、撞、踢到：*j-n ins Wasser, zur Seite, von der Treppe s.* 把某人推下水，推到一边，推下楼梯；*Er stieß den Ball ins Tor* 他把球踢进球门；[Vt/i]（及物/不及物）（*hat*）**4.（etw.）s.** (CH)［瑞］≈ drücken, schieben；[Vi]（不及物）**5. gegen/an etw.**（*Akk* 四格）**s.**（*hat*）etw. e-n kurzen u. kräftigen Stoß[1] (1) geben（猛力）朝…撞，踢，推：*Voller Wut stieß er mit dem Fuß gegen die Tür* 他勃然大怒地用脚踢门 **6. an/gegen j-n/etw. s.**（*ist*）in e-r schnellen Bewegung j-n/etw. ohne Absicht kurz u. kräftig berühren (u. sich selbst dabei wehtun od. verletzen) 与…相撞，碰撞，碰着：*Ich bin im Gedränge gegen ihn gestoßen* 在拥挤中我撞到了他；*Er ist mit dem Kopf an die Decke gestoßen* 他的头撞到了顶棚 **7. auf j-n s.**（*ist*）j-m zufällig begegnen 遇上，碰上，巧遇：*Im Wald stießen wir auf e-n Jäger* 在树林里我们遇上一位猎人 **8. auf etw.**（*Akk* 四格）**s.**（*ist*）etw. zufällig finden, entdecken 意外发现〈auf Erdöl s. 意外发现石油〉**9.（irgendwo）auf etw.**（*Akk* 四格）**s.**（*ist*）überraschend auf etw. Unangenehmes treffen 遭遇到〈auf Schwierigkeiten, bei j-m auf Widerstand, Ablehnung s. 遇到困难，遭到某人的抵抗、拒绝〉**10. zu j-m**（*Kollekt od Pl* 集合或复数）**s.**

S

(*ist*) zu e-r Gruppe, die unterwegs ist, hinzukommen u. mit ihr e-e Einheit bilden 加入…的行列 ≈ sich j-m anschließen: *zu den Partisanen s.* 加入游击队 **11. etw. stößt an etw.** (*Akk* 四格) (*hat*) etw. hat mit etw. anderem e-e gemeinsame Linie, Fläche od. e-n Punkt, wo sie sich berühren (物作主语)与…相邻、相接≈ etw. grenzt an etw. (*Akk* 四格): *Das Grundstück stößt auf einer Seite an e-n Wald* 这块地与一片树林相邻 **12. ins Horn s.** *veraltend* [渐旧]; auf e-m Horn (3) blasen 吹圆号; [Vr] (反身) (*hat*) **13. sich** (**an etw.** (*Dat.* 三格)) **s.** in e-r schnellen Bewegung ohne Absicht etw. kurz u. heftig berühren u. sich dabei *mst* wehtun od. verletzen 碰上,撞上;在…上磕伤了: *sie hat sich an der Tischkante gestoßen* 她在桌子边上磕了一下 **14. sich an etw.** (*Dat* 三格) **s.** etw. nicht gut od. angemessen finden u. sich darüber ärgern 对…反感,恼火≈ an etw. Anstoß nehmen: *sich an den schlechten Manieren anderer s.* 对他人的不懂礼貌反感

stoß·fest *Adj* (形); ⟨e-e Uhr 手表⟩ so, dass sie durch Stöße nicht beschädigt wird 防震的,抗震的,抗冲击的≈ stoßsicher ↔ stoßempfindlich

Stoß·ge·bet *das*; ein kurzes Gebet, das man bei e-r plötzlichen Gefahr schnell u. spontan spricht (在突发危险时)即时祈祷,求主保佑

Stoß·kraft *die*; *nur Sg* (只用单数); die Kraft od. Wirkung von etw. 推动力,冲击力,冲力⟨die S. e-r Idee, e-s Gedankens, e-r Erfindung 一个主意、一个念头的驱使作用,一项发明的推动作用⟩ ‖ *hierzu* (派生) **stoß·kräf·tig** *Adj* (形)

Stoß·rich·tung *die*; die Richtung, in die ein gegnerischer Angriff *o. Ä.* geht 突击方向

Stoß·seuf·zer *der*; ein kurzer, starker, spontaner Seufzer, mit dem man *mst* ausdrückt, dass einem etw. unangenehm ist 叹气,叹息 ⟨e-n S. von sich geben 发出一声叹息⟩

Stoß·stan·ge *die*; e-e Art Stange aus e-m harten Material am vorderen u. hinteren Ende e-s Autos, die es bei e-m leichten Zusammenstoß schützen soll (汽车前后的)保险杆,保险杠 ‖ ↑ *Abb. unter* 图见 **Auto**

stößt *Präsens, 3. Person Sg* (现在时,第三人称单数); ↑ **stoßen**

Stoß·trupp *der*; *Kollekt*, MIL (集合)【军】; e-e kleine Gruppe von Soldaten, die e-e spezielle Aufgabe *mst* im feindlichen Gebiet hat 突击队,强击队

Stoß·ver·kehr *der*; sehr starker Verkehr (zu e-r bestimmten Tageszeit) 高峰时间的交通

Stoß·waf·fe *die*; e-e Waffe mit e-r langen Klinge, wie *z. B.* ein Degen 刀剑,刺杀武器

stoß·wei·se[1] *Adj* (形); *mst adv* (多作状语); kurz u. ruckartig 间歇的,一阵阵的: *Der Atem des Kranken ging s.* 病人的呼吸急促

stoß·wei·se[2] *Adv* (副); in der Form von Stößen[2] 成摞地,成叠地: *auf dem Schreibtisch liegen s. Akten* 办公桌上成摞地放着文件

Stoß·zahn *der*; einer der beiden langen Zähne des Elefanten 獠牙,长牙 ‖ ↑ *Abb. unter* 图见 **Elefant**

Stoß·zeit *die* **1.** die Zeit, in der der Verkehr (in der Stadt) am stärksten ist (交通)高峰期 ≈ Hauptverkehrszeit **2.** die Zeit, in der es in Betrieben die meiste Arbeit gibt (生产)高峰期: *die S. vor Weihnachten* 圣诞节前的生产高峰期

stot·tern; *stotterte, hat gestottert*; [Vi] (不及物) **1.** (als Folge e-r Sprachstörung) so sprechen, dass man oft einzelne Laute od. Silben wiederholt 口吃,结巴; [Vt] (及物) **2. etw. s.** (*mst* aus Verlegenheit od. vor Aufregung) einzelne, nicht zusammenhängende Worte sprechen 结结巴巴地、吞吞吐吐地说: *Sie stotterte e-e Entschuldigung* 她结结巴巴地道歉 ‖ ID [谚] **auf Stottern** *gespr* [口]; auf Raten 以分期付款的方式,分期付款: *Ich habe mir das Auto auf Stottern gekauft* 我分期付款买了这辆汽车 ‖ *zu* (义项) **1. Stot·te·rer** *der*; *-s, -*; **Stot·te·rin** *die*; *-, -nen*

Stöv·chen [-f-] *das*; *-s, -*; ein kleines Gestell mit e-r Kerze, auf dem man *mst* Kaffee od. Tee warm hält (咖啡、茶)保温烛炉

Str. *Abk für* 缩写,全称为 Straße

stracks *Adv* (副); *veraltend* [渐旧]; ohne zu zögern 立刻,马上,径直≈ sofort, schnurstracks

Straf·an·stalt *die*; ADM *geschr*【管理】[书]≈ Gefängnis

Straf·an·trag *der*; JUR【法】 **1.** *mst* 多用 **S.** (**gegen j-n**) **stellen** (als Staatsanwalt) schriftlich fordern, dass ein Verbrecher vor Gericht gestellt wird (对…)提起公诉 **2.** der Antrag des Staatsanwalts, in dem er e-e bestimmte Strafe für e-n Verbrecher fordert 公诉书

Straf·an·zei·ge *die*; *mst in* 多用于 **S.** (**gegen j-n**) **erstatten** ADM *geschr*【管理】[书]; der Polizei od. dem Staatsanwalt melden, dass ein Delikt begangen wurde (对…)提出犯罪指控,刑事指控

Straf·ar·beit *die*; *mst* e-e zusätzliche Hausaufgabe *o. Ä.*, die ein Schüler als Strafe von seinem Lehrer bekommt (对学生的)惩罚性作业

straf·bar *Adj* (形) **1.** so, dass es gegen ein Gesetz ist u. durch ein Gericht bestraft werden kann 要受法律惩罚的,犯法的 ⟨e-e strafbare Handlung begehen 犯一件违法行为⟩ **2. sich s. machen** ADM *geschr*【管理】[书]; etw. tun, das gegen ein Gesetz ist u. durch ein Gericht bestraft werden kann 犯法,要受法律惩处: *Wer e-m Verletzten nicht Erste Hilfe leistet, macht sich s.* 谁不救助受伤者,就要受处罚 ‖ *zu* (义项) **1. Straf·bar·keit** *die*; *nur Sg* (只用单数)

Straf·be·fehl *der*; JUR【法】; e-e Strafe für geringe Delikte, die ein Gericht auf Antrag des Staatsanwaltes ohne Verhandlung ausspricht 处罚决定

Straf·be·scheid *der*; *veraltend* [渐旧]≈ Buß-

S

geldbescheid

Stra·fe *die*; -, -*n* **1.** e-e Maßnahme, durch die j-d bestraft wird, *z.B.* indem man ihn einsperrt, ihn schlägt, ihm etw. verbietet od. ihn Geld zahlen lässt 处分,处罚,惩罚,惩处〈e-e harte, schwere, strenge, drakonische, abschreckende, empfindliche, leichte, milde S. 严厉的、重的、严格的、无情的、威慑性的、够受的、轻的、宽容的处罚; j-m e-e S. androhen, auferlegen, erlassen 用惩罚吓唬某人,对某人进行惩处,免除对某人的惩处; e-e S. (über j-n) verhängen 对某人实施惩处; e-e S. absitzen, verbüßen 坐牢,服刑; seine (gerechte) S. bekommen 得到(应有的)惩罚; etw. unter S. stellen (= strafbar machen)对某事进行处罚; etw. steht unter S. 某事受到处罚; e-e S. fällt glimpflich aus 处罚从宽取消〉: *Zur S. durfte er nicht ins Kino gehen* 作为惩罚他不准去看电影; *Auf Raub stehen hohe Strafen* 抢劫将受到严惩 ‖ K-(复合): ***Straf-, -aktion, -erlass, -verbüßung; straf-, -mildernd, -mindernd, -verschärfend*** ‖ -K(复合): ***Gefängnis-, Geld-, Haft-*** **2.** die unangenehme Folge, die ein falsches Verhalten für einen selbst hat 报应,惩罚,代价: *Das ist die S. für deinen Leichtsinn!* 这就是对你轻率的惩罚! **3.** *mst* 多用 ***e-e S. (be)zahlen müssen*** *gespr* [口]; e-e Geldbuße (*z.B.* für Falschparken) zahlen müssen 得付罚款 ‖ ID [谚] ***die S. folgt auf dem Fuß*** verwendet, um auszudrücken, dass j-d, der etw. Falsches od. Böses getan hat, sofort bestraft wird 立刻遭到报应(受到惩处、挨罚款) ‖ *zu* (义项) **1.** **straf·los** *Adj* (形)

stra·fen; *strafte, hat gestraft*; [Vt] (及物) ***j-n (für / wegen etw.) s.*** 罚,惩处 ≈ bestrafen 〈j-n hart, schwer, unnachsichtig s. 严厉地、重重地、不留情地处罚某人; j-n strafend ansehen 以责备的目光看着某人〉 ‖ ID [谚] ***mit j-m / etw. gestraft sein*** *oft hum* 多用[诙]; ständig Sorgen od. Ärger mit j-m/etw. haben 为某人/某事吃尽苦头,受罪倒霉: *Mit diesen frechen Kindern bin ich wirklich gestraft!* 为这些调皮捣蛋的孩子我真是吃尽了苦头!

Straf·ent·las·se·ne *der/die*; -*n*, -*n*; j-d, der aus dem Gefängnis entlassen wurde, nachdem er seine Strafe verbüßt hatte 刑满释放者 ‖ NB (注意): *ein Strafentlassener; der Strafentlassene; den, dem, des Strafentlassenen*

straff, *straffer, straffst-*; *Adj* (形) **1.** 〈ein Seil, e-e Leine, e-e Saite 绳索,绳子,弦〉 fest gespannt u. glatt, weil sie stark gezogen werden 拉紧的,绷紧的 ↔ locker, schlaff: *die Zügel s. anziehen* 拉紧缰绳 **2.** ohne Falten 无皱纹的,绷紧的 ↔ schlaff 〈die Haut 皮肤〉 **3.** streng u. effektiv u. mit dem Ziel, dass alle Arbeiten schnell, aber auch gut gemacht werden 讲究效率的,精明强干的〈e-e Leitung, e-e Organisation 领导,组织〉: *Die Firma ist s. organisiert* 这家公司组织得很精干 ‖ *zu* (义项) **2.** **Straff·heit** *die*; *nur Sg* (只用单数)

straf·fäl·lig *Adj* (形); *mst in* 多用于 ***s. werden*** ADM *geschr*【管理】[书]; etw. Kriminelles tun (u. dafür von e-m Gericht bestraft werden) 触犯刑法的,应予惩处的

straf·fen; *straffte, hat gestrafft*; [Vt] (及物) **1.** ***etw. s.*** etw. straff (1) machen 拉紧,绷紧 ≈ spannen 〈das Seil, die Zügel s. 拉紧绳索、缰绳〉 **2.** ***etw. s.*** etw. sehr gut organisieren u. alles Unwichtige weglassen 精简,优化〈e-n Betrieb, e-e Organisation s. 精简企业、组织; e-n Lehrplan, das Drehbuch e-s Films s. 精简教学计划、电影剧本〉 **3.** ***etw. strafft*** 〈die Haut 皮肤〉 e-e Creme *o.Ä.* macht die Haut straff (2) (物作主语)使(皮肤)有弹性; [Vr] (反身) **4.** ***etw. strafft sich*** etw. wird straff (1) (物作主语)紧拉着,紧绷着 ≈ etw. spannt sich: *Die Leinen des Segelboots straffen sich* 帆船的绳子紧绷着 **5.** 〈*mst* j-s Körper, j-s Gestalt 多指某人的身体,某人的体形〉 ***strafft sich*** j-d nimmt e-e gerade, aufrechte Haltung an 绷、挺得直直的

straf·frei *Adj* (形); ohne Strafe 免受处罚的,免于惩处的,无罪的〈j-d/etw. bleibt s., j-d geht s. aus (= wird nicht bestraft) 某人/某事免受处罚,某人无罪释放〉 ‖ *hierzu* (派生) **Straf·frei·heit** *die*; *nur Sg* (只用单数)

Straf·ge·fan·ge·ne *der*; JUR【法】; j-d, der verurteilt wurde u. im Gefängnis ist 刑事囚犯 ≈ Sträfling

Straf·ge·richt *das* **1.** JUR【法】; ein Gericht, das über die Bestrafung von Straftätern entscheidet 刑事法庭 **2.** *geschr* [书]; die Bestrafung *mst* durch e-e höhere Macht 惩罚,处罚〈ein S. Gottes 上帝的惩罚; ein S. (über j-n) abhalten 惩罚(某人)〉

Straf·ge·setz *das*; ein Gesetz, das die Strafen für Verbrechen regelt 刑法,刑律

Straf·ge·setz|buch *das*; JUR【法】; die Sammlung von Gesetzen, die bestimmte Handlungen für strafbar erklären u. die die Strafen dafür regeln 刑法法典; *Abk* 缩写 StGB

sträf·lich *Adj* (形); so, dass es schlimme Folgen haben könnte 后果严重的,不可原谅的,应受责备的 ≈ unverzeihlich 〈Leichtsinn, e-e Nachlässigkeit 轻率,粗心大意; j-n/etw. s. vernachlässigen 冷落某人/忽略某事是不可原谅的〉

Sträf·ling *der*; -*s*, -*e* ≈ Strafgefangene(r) ‖ K-(复合): ***Sträflings-, -anzug, -kleidung***

Straf·man·dat *das* **1.** e-e Strafe, die man bezahlen muss, wenn man *z.B.* falsch geparkt hat od. zu schnell gefahren ist 罚款〈ein S. bekommen 受到罚款处理〉 **2.** ein Zettel, auf dem steht, dass man ein S. (1) bekommen hat 罚款单

Straf·maß *das*; *nur Sg* (只用单数); die Art u. die Höhe e-r Strafe für e-e Straftat 量刑尺度,惩处尺度〈das S. festsetzen 定刑〉

straf·mün·dig *Adj* (形); JUR【法】; alt genug, um wegen e-s Verbrechens bestraft zu werden 够判刑年龄的

Straf·pre·digt *die*; *gespr* [口]; e-e lange, ermahnende Rede, mit der *bes* Eltern ihre

Kinder stark kritisieren, weil sie etw. falsch gemacht haben 惩戒训话

Straf·pro·zess *der*; JUR【法】; ein Prozess, in dem über die Strafe für ein Delikt entschieden wird 刑事诉讼,刑事审理

Straf·raum *der*; SPORT【体】; (beim Fußball) die rechteckige Fläche, in der das Tor steht u. in der ein Foul e-s Verteidigers *mst* mit e-m Elfmeter bestraft wird 罚球区 ‖ ↑ *Abb. unter* 图见 **Fußball**

Straf·recht *das*; *Kollekt* (集合); die Gesetze, die die Strafen für Verbrechen bestimmen 刑法 ↔ Zivilrecht ‖ *hierzu* (派生) **straf·recht·lich** *Adj* (形)

Straf·stoß *der*; SPORT【体】; (beim Fußball) ein Schuss aus 11 Metern Entfernung auf das Tor, bei dem nur der Torwart des Gegners es verteidigen darf 罚点球 ≈ Elfmeter ⟨der Schiedsrichter verhängt e-n S., spricht j-m e-n S. zu 裁判判罚点球,判罚某人点球⟩

Straf·tat *die*; JUR【法】≈ Delikt ⟨e-e S. begehen 进行犯罪活动,犯下罪行⟩ ‖ *hierzu* (派生) **Straf·tä·ter** *der*

Straf·ver·fah·ren *das* ≈ Strafprozess

straf·ver·set·zen; -, *hat strafversetzt*; [Vt] (及物) *mst* 多用 ***j-d wird strafversetzt*** j-d wird zur Strafe an e-n anderen Ort, auf e-n anderen Posten versetzt (人作主语)受处分调离工作 ‖ NB(注意): kein Imperfekt (不用过去时态)! ‖ *hierzu* (派生) **Straf·ver·set·zung** *die*

Straf·voll·zug *der*; ADM *geschr*【管理】[书]; der Teil des rechtlichen Apparats, der mit der Ausführung von (Gerichts) Urteilen, mit dem Aufenthalt von Sträflingen in Gefängnissen *usw* zu tun hat 执行监禁

Straf·voll·zugs|an·stalt *die*; ADM *geschr*【管理】[书]≈ Gefängnis

straf·wür·dig *Adj* (形); JUR【法】; ⟨ein Verhalten, e-e Tat 行为,行动⟩ so, dass sie e-e Strafe verdienen 够判刑的,应受惩处的

Straf·zeit *die*; SPORT【体】; der Zeitraum, für den ein Spieler (beim Eishockey, Handball) das Spielfeld verlassen muss, weil er gegen die Regeln verstoßen hat 受罚时间,处罚时间

Straf·zet·tel *der*; *gespr* [口] ≈ Strafmandat (2) ⟨e-n S. bekommen 收到一张罚款单⟩

Strahl *der*; -(e)s, -en **1.** e-e Art schmaler Streifen Licht, *bes* einer von vielen, die von einem Punkt ausgehen 光束,光照,光线: *der Strahl e-r Taschenlampe* 手电筒的光束; *die warmen Strahlen der Sonne* 太阳温暖的光照 ‖ -K(复合): ***Blitz-***, ***Laser-***, ***Licht-***, ***Sonnen-*** **2.** *nur Sg* (只用单数); ein schneller, schmaler Strom e-r Flüssigkeit od. e-s Gases, der durch e-e enge Öffnung gedrückt wird 一股喷射物(如:水柱,气流)⟨ein dünner, kräftiger, starker S. 一股细细的、有力的、强劲的喷射物⟩: *Ein S. Wasser schoss aus dem Loch im Rohr* 从管道的漏洞中喷出一股水柱 ‖ -K(复合): ***Blut-***, ***Dampf-***, ***Wasser-***; ***Düsen-*** **3.** *mst Pl*, PHYS (多用复数)【物】; Energie (wie Licht, Elektrizität, Radioaktivität), die sich in der Form von Wellen irgendwohin bewegt 射束,射线 ⟨ionisierende, kosmische, radioaktive, ultraviolette Strahlen 电离子、宇宙、放射性、紫外射线; etw. sendet Strahlen aus, gibt Strahlen ab, reflektiert, absorbiert Strahlen, schirmt Strahlen ab 某物发出、放出、反射、吸收、屏蔽射线⟩ ‖ K-(复合): ***Strahlen-***, ***-brechung***, ***-bündel***, ***-quelle*** ‖ -K(复合): ***Alpha-***, ***Beta-***, ***Elektronen-***, ***Energie-***, ***Gamma-***, ***Infrarot-***, ***Ionen-***, ***Kathoden-***, ***Neutronen-***, ***Radar-***, ***Radio-***, ***Röntgen-***, ***Wärme-***; ***UV-Strahlen*** ‖ *zu* (义项) **1. strah·len·för·mig** *Adj* (形)

Strah·le·mann *der*; *gespr hum* [口][诙]; j-d, der immer lächelt u. Optimismus verbreitet 笑口常开的人,乐天派,豁达的人

strah·len; *strahlte*, *hat gestrahlt*; [Vi] (不及物) **1.** ***etw. strahlt*** etw. sendet (helles) Licht aus (物作主语)射出光线,发光≈ etw. leuchtet ⟨die Sonne, ein Scheinwerfer 太阳,探照灯⟩ **2.** (***vor etw.*** (*Dat* 三格)) ***s.*** sehr froh u. glücklich aussehen (因…)喜笑颜开,眉开眼笑,笑容满面 ⟨vor Begeisterung, Freude, Glück, Stolz s. 因激动、快乐、幸福、自豪而喜笑颜开⟩: *Sie strahlte vor Glück, als sie ihn sah* 她见到他时高兴得眉开眼笑 **3.** ***etw. strahlt*** etw. sendet radioaktive Strahlen (3) aus (物作主语)发出放射线,辐射: *Uran strahlt* 铀有辐射 ‖ ID [谚] ***über das ganze Gesicht / über beide Backen / von einem Ohr zum anderen s.*** ≈ s. (2)

strah·len-, **Strah·len-** *im Adj u. Subst, begrenzt produktiv* (构成形容词和名词,构词有限); durch od. gegen radioaktive Strahlen od. Röntgenstrahlen 辐射…,放射…; die ***Strahlenbehandlung***, die ***Strahlenbelastung***, die ***Strahlendosis***, ***strahlenkrank***, der ***Strahlenschutz***, ***strahlensicher***, die ***Strahlentherapie***, der ***Strahlentod***, ***strahlenverseucht***

Strah·ler *der*; -s, - **1.** e-e Lampe 灯 ‖ -K(复合): ***Tief-*** **2.** ein Gerät, das Wärme ausstrahlt (红外线)取暖器 ‖ -K(复合): ***Heiz-*** **3.** e-e Fläche *mst* aus Plexiglas an Autos, Fahrrädern *o.Ä.*, die Licht reflektiert 反射镜,反射体 ≈ Reflektor ‖ -K(复合): ***Rück-***

Strah·lung *die*; -, -en; die Ausbreitung von Strahlen (3) 射线 ⟨kosmische, radioaktive, ultraviolette S. 宇宙、放射性、紫外射线; die S. messen 测量射线⟩ ‖ K-(复合): ***Strahlungs-***, ***-belastung***, ***-bereich***, ***-energie***, ***-intensität***, ***-wärme***; ***strahlungs-***, ***-arm*** ‖ -K(复合): ***Atom-***, ***Höhen-***, ***Kern-***, ***Radio-***, ***Röntgen-***, ***Sonnen-***

Sträh·ne *die*; -, -n; *Kollekt* (集合); e-e größere Menge langer u. glatter Haare, die zusammen sind 一缕(或一撮、一绺)头发 ⟨graue Strähnen im Haar haben 头发里有几绺白发; j-m Strähnen ins Haar färben 给某人一缕缕地染发; j-m fällt e-e Strähne in die Stirn, ins Gesicht 某人有一缕头发耷拉在额头,脸上⟩ ‖ *hierzu* (派生) **sträh·nig** *Adj* (形)

stramm, *strammer*, *strammst-*; *Adj* (形) **1.** ⟨ein Gummiband 橡皮筋,松紧带; e-e Hose sitzt s. 裤子穿着紧紧的⟩ so fest gespannt, dass

S

sie eng anliegen 紧绷的 **2.** kräftig 有力的，强健的↔ schwächlich〈Beine，Waden 腿，小腿肚；ein Junge 小伙子〉**3.**（*bes* als Soldat）sehr gerade，mit angespannten Muskeln 绷直的，笔直的，挺直的〈in strammer Haltung 用挺直的姿势〉**4.** *gespr pej*［口］［贬］；sehr überzeugt 笃信的≈ strenggläubig〈ein Katholik，ein Protestant 天主教徒，新教徒〉**5.** ***etw. s. ziehen*** etw. stark spannen，sodass es fest u. straff ist 把…拉紧、绷紧〈e-n Gürtel，e-e Leine s. ziehen 把皮带收紧，把绳子拉紧〉‖ *hierzu*（派生）**Stramm·heit** *die*；*nur Sg*（只用单数）

stramm·ste·hen；*stand stramm*，*hat / südd* Ⓐ Ⓒⓗ［南德］［奥］［瑞］*ist strammgestanden*；[Vi]（不及物）（*bes* als Soldat）in gerader（Körper）Haltung stehen 立正，笔直地站立：*die Kompanie s. lassen* 让全连立正

stramm·zie·hen ↑ ***stramm*** (5)

Stram·pel·ho·se *die*；e-e Hose für Babys，die auch die Füße bedeckt u. über der Schulter befestigt wird 婴儿连袜（背带）裤

stram·peln；*strampelte*，*hat / ist gestrampelt*；[Vi]（不及物）**1.**（*hat*）die Beine kräftig u. schnell hin u. her od. auf u. ab bewegen（两脚来回）蹬：*das Baby strampelte vor Vergnügen* 婴儿乐得两腿直蹬 **2.** ***irgendwohin s.***（*ist*）*gespr*［口］；mit dem Fahrrad irgendwohin fahren 骑，蹬（自行）车出游

Strand *der*；-(*e*)*s*，*Strän·de*；ein flaches Stück Ufer *bes* am Meer 海滩，沙滩〈ein breiter，schmaler，steiniger，felsiger，sandiger，weißer S. 一片宽阔的、狭窄的、石头多的、有岩石的、沙质的、白色的海滩；am S. liegen u. sich sonnen 躺在沙滩上晒太阳；an den/zum S. gehen 去海滩〉：*Das Hotel liegt direkt am S.*，*hat e-n eigenen S.* 这家饭店（宾馆）紧靠着海滩，有自己的海滩 ‖ K-（复合）：***Strand-***，***-bad***，***-café***，***-hotel***，***-promenade*** ‖ -K（复合）：***Bade-***，***Kies-***，***Meeres-***，***Nacktbade-***，***Palmen-***，***Sand-***，***See-***；***FKK-Strand***

Strand·burg *die*；e-e Art kleiner（Schutz）Wall aus Sand，die ein Urlauber am Strand baut（游客在沙滩堆的）堆沙城堡

stran·den；*strandete*，*ist gestrandet*；[Vi]（不及物）**1.** *mst* 多用 ***ein Schiff strandet*** ein Schiff wird ans Ufer getrieben u. kommt von dort nicht mehr weg 一艘船搁浅 **2.** ***j-d strandet*** j-d scheitert im Beruf od. im Leben（人作主语）失意，受挫折，不顺心

Strand·gut *das*；*nur Sg*，*Kollekt*（只用单数）（集合）；die Dinge（*bes* Teile von Schiffen u. deren Ausrüstung），die das Meer an den Strand trägt 冲上海滩的船只碎片和物品

Strand·korb *der*；e-e Art（großer，vorne offener）Korb mit e-r Bank，in den man sich setzt，damit man am Strand vor dem Wind od. der Sonne geschützt ist 沙滩（挡风、遮阳）筐棚

Strang *der*；-(*e*)*s*，*Strän·ge* **1.** *Kollekt*（集合）；***ein S.*** + *Subst*（名词）ein Bündel von Fäden *o.Ä.* 一绞，一束（线等）〈ein S. Stickgarn，Wolle 一绞绣线、毛线〉**2.** *Kollekt*（集合）；e-e zusammengehörige Einheit aus Muskeln，Nerven *o.Ä.*（肌肉、神经等）束状组织 ‖ -K（复合）：***Muskel-***，***Nerven-***，***Sehnen-*** **3** ≈ Gleis ‖ ID［谚］***j-n zum Tod durch den S. verurteilen*** *geschr*［书］；j-n dazu verurteilen，dass er erhängt wird 判处某人绞刑；*mst* 多用 ***Wir ziehen (alle) an 'einem / am 'gleichen / am 'selben S.*** wir kämpfen für das gleiche Ziel 我们（大家）同心协力；***über die Stränge schlagen*** *gespr*［口］；（aus Übermut）etw. leichtfertig tun 办事轻率

stran·gu·lie·ren［ʃtraŋgu'li:rən］；*strangulierte*，*hat stranguliert*；[Vt]（及物）***j-n / sich s.*** *geschr*［书］≈ erdrosseln，erwürgen ‖ *hierzu*（派生）**Stran·gu·la·ti·on** *die*；-，-*en*

Stra·pa·ze *die*；-，-*n*；etw.（*z.B.* e-e Arbeit od. e-e Reise），das den Körper sehr stark belastet 劳累，艰苦，艰辛 ≈ Anstrengung〈Strapazen aushalten，durchmachen，überstehen 忍受、经历、经受住艰辛；etw. ist mit Strapazen verbunden 某事是要付出艰辛的；sich von den Strapazen erholen 从劳累中恢复过来〉：*Er war den Strapazen der Wanderung nicht gewachsen u. musste umkehren* 他受不了徒步旅游的辛劳，不得不返回

stra·pa·zie·ren；*strapazierte*，*hat strapaziert*；[Vt]（及物）**1.** ***etw. s.*** etw. so oft benutzen，dass man Spuren der Abnutzung sieht 把…用旧，使损耗 ↔ schonen：*ein strapazierter Teppichboden* 一块用旧了的全铺地毯 **2.** ***j-n / etw. s.*** e-e Person od. Sache so belasten，dass sie krank，schwach od. müde wird 使过度疲劳↔ schonen〈j-s Geduld，Nerven s. 使某人失去耐心，使神经疲惫不堪〉‖ *zu*（义项）**1.** **stra·pa·zier·fä·hig** *Adj*（形）；*nicht adv*（不作状语）

stra·pa·zi·ös *Adj*（形）≈ anstrengend，beschwerlich〈e-e Arbeit，e-e Reise，e-e Wanderung 工作，旅行，徒步旅行〉

Straps *der*；-*es*，-*e*；*mst Pl*（多用复数）≈ Strumpfhalter

Strass *der*；-*es*；*nur Sg*（只用单数）；ein kleines Stück Glas，das so geschliffen ist，dass es wie ein Edelstein aussieht 假宝石，人造（玻璃）宝石：*e-e mit S. besetzte Bluse* 一件带有人造宝石的女衬衣

Stra·ße *die*；-，-*n* **1.** e-e Art breiter Weg für Fahrzeuge mit Rädern，der *mst* eine glatte，harte Oberfläche hat 马路，大街，街道；*Abk* 缩写 Str.〈e-e enge，schmale，breite，holprige，kurvenreiche，gut ausgebaute，vierspurige，frisch geteerte，gepflasterte，ruhige，belebte，verkehrsreiche，viel befahrene S. 一条窄的、狭小的、宽的、坑坑洼洼的、弯弯曲曲的、拓宽了的、四车道的、刚铺好沥青的、铺石头的、安静的、热闹的、交通繁忙的、车辆多的马路；e-e S. überqueren 横穿马路；ein Haus，ein Grundstück *o.Ä.* liegt（direkt）an e-r S. 一幢房子、一块地皮紧挨着一条马路；in e-r S. wohnen 住在某条路上；auf der S. spielen，stehen 在马路上玩，站在马路上；durch die Straßen fahren，gehen，schlendern，bummeln 开车、步行穿马路，逛、遛马路；e-e S. sperren 禁止一条马路通行；ein Fenster，ein Zimmer auf die/zur S. 朝马路的

窗户、房间〉‖ K-(复合): **Straßen-**, **-arbeiten**, **-belag**, **-ecke**, **-fest**, **-karte**, **-kehrer**, **-kreuzung**, **-lampe**, **-lärm**, **-laterne**, **-musikant**, **-name**, **-netz**, **-pflaster**, **-rand**, **-raub**, **-räuber**, **-reinigung**, **-rennen**, **-sänger**, **-schuh**, **-seite**, **-sperre**, **-theater**, **-verkehr** ‖ -K(复合): **Asphalt-**, **Beton-**, **Schotter-**, **Teer-**; **Berg-**, **Dorf-**; **Fern-**, **Geschäfts-**, **Karawanen-**, **Land-**, **Pass-**, **Schnell-**, **Ufer-**; **Haupt-**, **Neben-**, **Seiten-** **2.** *Kollekt* (集合); die Menschen, die an e-r S. (1) wohnen 街坊,一条街的人: *Die ganze S. beteiligte sich an dem Fest* 整条街都参加了庆祝会 **3.** verwendet als Teil von geografischen Namen (用于地理名称)海峡 ≈ Meerenge: *die S. von Dover, Gibraltar* 多佛尔海峡,直布罗陀海峡 **4.** ***ein Mädchen von der S.*** e-e Prostituierte 姑娘,妓女 ‖ K-(复合): **Straßen-**, **-mädchen** **5.** ***ein Kind, Junge von der S.*** ein Kind, um das sich niemand kümmert, das sich viel auf der S. (1) aufhält 一个流落街头的孩子,流浪儿 ‖ K-(复合): **Straßen-**, **-junge** ‖ ID [谚] ***j-n von der S. holen*** j-n (*z.B.* e-n Arbeitslosen, Jugendlichen, e-e Prostituierte) beschäftigen (damit sie sich nicht mehr auf der S. (1) aufhalten) 不再使某人流落街头,收容(或收留)流落街头的人; ***j-n auf die S. setzen*** *gespr* [口]; e-m Angestellten od. Mieter kündigen 把某人赶上街头(解雇职工或解除租约赶走房客); ***auf der S. sitzen/stehen*** *gespr* [口]; keine Arbeit/keine Wohnung (mehr) haben 流落街头(失业,无家可归); ***(für/gegen j-n/etw.) auf die S. gehen*** *gespr* [口] ≈ demonstrieren

Stra·ßen·bahn *die*; e-e elektrische Bahn, die auf Schienen durch die Straßen e-r (großen) Stadt fährt 有轨电车〈mit der S. fahren 乘坐有轨电车〉 ‖ K-(复合): **Straßenbahn-**, **-fahrer**, **-haltestelle**, **-wagen** ‖ NB(注意): ↑ ***Eisenbahn***, ***S-Bahn***

Stra·ßen·bau *der*; *-s*; *nur Sg* (只用单数) **1.** *Kollekt* (集合); die Firmen u. die Leute, die Straßen bauen 道路建设业〈beim/im S. arbeiten 在道路建设业工作〉 **2.** das Bauen von Straßen 修筑道路,道路建设工程 ‖ -K(复合): **Straßenbau-**, **-amt**, **-ingenieur**

Stra·ßen·be·nut·zungs|ge·bühr *die*; Geld, das man für das Benutzen bestimmter Straßen (*z.B.* Autobahnen, Tunnel) in manchen Ländern zahlen muss 养路费 ≈ Maut ‖ NB (注意): ↑ ***Vignette***

Stra·ßen·bord *das*; (CH) [瑞] ≈ Straßenrand

Stra·ßen·ca·fé *das*; ein Café mit Stühlen u. Tischen im Freien, direkt neben e-r Straße 街头咖啡座

Stra·ßen·de·cke *die*; die harte Oberfläche e-r Straße 路面

Stra·ßen·fe·ger *der*; *-s*, - **1.** j-d, der beruflich die Straßen reinigt 街道清扫工 **2.** *gespr* [口]; e-e Fernsehsendung, die von sehr vielen Leuten gesehen wird 收视率高的电视节目 ‖ *zu* (义项) **1. Stra·ßen·fe·ge·rin** *die*; -, *-nen*

Stra·ßen·glät·te *die*; *nur Sg* (只用单数); die Glätte auf den Straßen (*mst* im Winter), die durch Eis od. Schnee verursacht wird 路面结冰,路面滑: *erhöhte Gefahr von S.* 由于路面结冰增加了的危险

Stra·ßen·gra·ben *der*; ein Graben neben e-r (Land) Straße 路沟〈in den S. fahren, rutschen 开进、滑入路沟〉

Stra·ßen·kreu·zer *der*; *gespr* [口]; ein sehr großes, breites Auto 大型豪华小轿车: *ein amerikanischer S.* 一辆美国大型豪华小轿车

Stra·ßen·schild *das*; ein Schild mit dem Namen e-r Straße 路牌

Stra·ßen·schlacht *die*; ein Kampf zwischen verschiedenen Gruppen von Personen (*z.B.* zwischen Demonstranten) in den Straßen e-r Stadt 巷战,街头战斗: *Die Demonstranten lieferten sich e-e S. mit der Polizei* 游行者与警察发生大规模街头冲突

Stra·ßen·sig·nal *das*; (CH) [瑞] ≈ Verkehrszeichen

Stra·ßen·ver·kehrs|ord·nung *die*; *Kollekt* (集合); die Gesetze, die den Verkehr auf der Straße regeln 交通法规; *Abk* 缩写 StVO

Stra·ßen·wacht *die*; -; *nur Sg* (只用单数); ein Verein od. Hilfsdienst, die ihren Mitgliedern helfen, wenn sie mit dem Auto e-e Panne haben 汽车故障服务站

Stra·te·ge *der*; *-n*, *-n*; j-d, der sich Pläne od. (militärische) Strategien ausdenkt 战略家;谋士,智囊 ‖ NB (注意): *der Stratege*; *den*, *dem*, *des Strategen* ‖ *hierzu* (派生) **Stra·te·gin** *die*; -, *-nen*

Stra·te·gie *die*; -, *-n* [-ˈgiːən]; ein genauer Plan für die Handlungen, mit denen man *bes* ein politisches, militärisches od. wirtschaftliches Ziel erreichen will 战略〈e-e S. ausarbeiten, anwenden 制定、采用一种战略; sich auf e-e S. festlegen 确定一种战略; sich (*Pl* 复) auf e-e S. einigen 统一战略思想; nach e-r S. vorgehen 按一种战略行动〉 ‖ *hierzu* (派生) **stra·te·gisch** *Adj* (形); *nur attr od adv* (只作定语或状语)

Stra·to·sphä·re [-f-] *die*; -; *nur Sg*, MET (只用单数)【气】; die Schicht der Atmosphäre der Erde, die zwischen 12. u. 50 Kilometer über der Erdoberfläche liegt 平流层

sträu·ben; *sträubte*, *hat gesträubt*; Vr (反身) **1.** ***etw. sträubt sich*** etw. richtet sich auf u. steht vom Körper weg (物作主语)竖立起来〈das Fell, das Gefieder 皮毛,全身的羽毛; die Federn 羽毛; j-m sträuben sich vor Angst, Entsetzen die Haare 某人害怕、恐惧得毛骨悚然〉 **2.** ***sich (gegen etw.) s.*** etw. nicht wollen, sich dagegen wehren 拒绝,抗拒,拒不〈sich mit Händen u. Füßen s. 全力抗拒某事〉: *Er sträubte sich (dagegen), sein Zimmer aufzuräumen* 他拒不收拾他的屋子; Vt (及物) **3.** *mst* 多用 ***ein Tier sträubt das Fell*** bei e-m Tier richtet sich das Fell auf u. steht vom Körper weg (*z.B.* weil das Tier Angst hat) (动物作主语)竖起毛来 ‖ ID [谚] ***in j-m sträubt sich alles gegen etw.*** j-d fühlt e-e starke Ab-

S

neigung, e-n starken Widerwillen gegen etw. 某人对某事极为反感

Strauch *der*; *-(e)s*, *Sträu·cher* ≈ Busch (1) 〈Sträucher pflanzen, beschneiden, abernten 种植、修剪灌木，采摘灌木上的果实〉‖ -K(复合): ***Beeren-***, ***Brombeer-***, ***Hasel(nuss)-***, ***Himbeer-***, ***Holunder-***, ***Johannisbeer-***, ***Rosen-***; ***Zier-***

Strauch·dieb *der*; *mst in* 多用于 ***wie ein S.*** in alten, kaputten Kleidern 像个瘪三，穿着衣衫褴褛〈wie ein S. aussehen, herumlaufen 看上去像瘪三，像瘪三一样到处游逛〉‖ *hierzu* (派生) **Strauch·die·bin** *die*

strau·cheln; *strauchelte*, *ist gestrauchelt*; [Vi] (不及物) **1.** *geschr* [书] ≈ stolpern **2.** straffällig werden (*mst* mit e-m kleinen Delikt) 失足，犯罪，干违法的事: *Die Spielsucht ließ ihn immer wieder s.* 赌瘾使他一再干违法的事

Strauß[1] *der*; *-es*, *Sträu·ße*; *Kollekt* (集合); mehrere Blumen, die man zusammen in der Hand hält od. die man in e-e Vase stellt 一束花，花束〈ein frischer, verwelkter, bunter S. 一束新鲜的、凋谢的、五彩的花束; e-n S. pflücken 摘一束花; j-m e-n S. Blumen überreichen, schenken 给某人递上、送上一束花〉‖ K-(复合): ***Blumen-***, ***Rosen-***, ***Veilchen-***; ***Braut-***, ***Geburtstags-***, ***Hochzeits-***, ***Willkommens-***

Strauß[2] *der*; *-es*, *-e*; ein sehr großer Vogel *bes* in Afrika (aber auch in Südamerika u. Australien), der sehr schnell laufen, aber nicht fliegen kann 鸵鸟〈der Vogel S. 鸵鸟〉‖ K-(复合): ***Straußen-***, ***-ei***, ***-feder***

Strauß[3] *der*; *-es*, *Sträu·ße*; *veraltet* [旧] ≈ Streit 〈e-n S. mit j-m haben, austragen 与某人有争执，争个高低〉

Stre·be *die*; *-*, *-n*; e-e schräge Stange od. ein schräger Balken, die etw. stützen 斜撑，斜撑木: *e-e Wand, ein Dach mit Streben (ab)stützen* 用斜撑木撑住墙、房顶; *die Streben e-s Gerüstes* 脚手架的斜撑 ‖ K-(复合): ***Strebe-***, ***-balken***, ***-pfeiler***

stre·ben; *strebte*, *hat/ist gestrebt*; [Vi] (不及物) **1.** ***nach etw. s.*** (*hat*) mit großer Energie versuchen, etw. zu erreichen 争取，力求，追求，谋求〈nach Erfolg, Glück, Macht, Ruhm s. 争取成功、幸福、权力、荣誉〉 **2.** ***irgendwohin s.*** (*ist*) sich mit fester Absicht in Richtung auf ein Ziel bewegen 径直走向: *mit schnellen Schritten ins Büro s.* 快步直奔办公室 **3.** (*hat*) *gespr*, *oft pej* [口]多用[贬]; fleißig lernen 埋头苦读，一味苦读 ≈ büffeln, pauken

Stre·ber *der*; *-s*, *-*; *pej* [贬]; j-d, der fleißig lernt u. übermäßig ehrgeizig ist 追求功名的人，追逐名利的人 ‖ K-(复合): ***Streber-***, ***-natur*** ‖ *hierzu* (派生) **stre·ber·haft** *Adj* (形); **stre·be·risch** *Adj* (形)

streb·sam *Adj* (形) ≈ fleißig 〈ein Schüler 学生〉 ‖ *hierzu* (派生) **Streb·sam·keit** *die*; *nur Sg* (只用单数)

Stre·cke *die*; *-*, *-n* **1.** der Weg (mit e-r bestimmten Länge) zwischen zwei Punkten od. Orten 路段，一段路(或路程)〈e-e kurze, kleine, große, lange, weite S. fahren, gehen, laufen, zurücklegen 乘车、步行、跑步、走过很短一段路、一小段路、一大段路、一长段路、很远的路〉: *die S. Frankfurt – New York fliegen* 飞法兰克福——纽约航线; *Mitten auf der S. hatten wir e-e Panne* 半路上我们的汽车抛锚了; *Für e-e/Auf e-r S. von hundert Kilometern braucht mein Auto nur sechs Liter Benzin* 开一百公里的路，我的汽车只需要六升汽油 ‖ K-(复合): ***Strecken-***, ***-abschnitt***, ***-rekord*** ‖ -K: ***Autobahn-***, ***Brems-***, ***Fahr-***, ***Fahrt-***, ***Flug-***, ***Test-***, ***Transit-***, ***Weg-*** **2.** e-e S. (1) mit Eisenbahnschienen 一段铁路，(铁路)路段 ≈ Linie 〈e-e S. abgehen, kontrollieren, ausbessern〉 巡视、检查、维修一处(铁路)路段: *Wenn Sie von München nach Frankfurt fahren, können Sie die S. über Stuttgart od. die über Würzburg nehmen* 如果您想从慕尼黑乘火车去法兰克福，可以取道斯图加特或取道维尔茨堡的路线走 ‖ K-(复合): ***Strecken-***, ***-arbeiter***, ***-aufseher***, ***-führung***, ***-netz***, ***-signal***, ***-wärter*** ‖ -K(复合): ***Anschluss-***; ***Bahn-***, ***Gleis-***; ***Haupt-***, ***Neben-*** **3.** die S. (1), die man bei e-m Rennen läuft, fährt *usw* (赛跑，赛车，赛马)赛段，赛程: *Zuschauer säumten die S.* 赛段的两边站满了观众; *Mir liegen die langen Strecken mehr als die kurzen* 我宁可跑长跑也不愿跑短跑 ‖ -K (复合): ***Abfahrts-***, ***Hindernis-***, ***Marathon-***, ***Regatta-***, ***Renn-***, ***Slalom-***, ***Sprint-***; ***Kurz-***, ***Lang-***, ***Mittel-*** **4.** GEOM【几】; die kürzeste Verbindung zwischen zwei Punkten (两点之间的)直线 **5.** ***auf offener / freier S.*** außerhalb des Bahnhofs 在(火车)站外的线道上: *Der Zug hielt auf offener S. / blieb auf offener S. stehen* 火车在站外线道上停了下来/仍停在站外线道上 **6.** ***über weite Strecken (hin)*** zu e-m großen Teil 大部分: *Der Film war über weite Strecken langweilig* 这部电影的大部分内容都没意思; *Nordafrika ist über weite Strecken hin Wüste* 北非大部分都是沙漠 ‖ ID [谚] ***auf der S. bleiben*** *gespr* [口]; aufgeben müssen, keinen Erfolg haben 停滞不前，半途而废; ***etw. bleibt auf der S.*** etw. muss aufgegeben werden 某事停滞不前，半途而废: *Im Alltag blieben seine guten Vorsätze auf der S.* 在日常生活中他的好主意都搁浅了; ***ein Tier zur S. bringen*** ein Tier auf der Jagd töten 猎杀一只动物 ≈ erlegen; ***j-n zur S. bringen*** *gespr* [口]; (als Polizist) e-n Verbrecher verhaften 逮住某人

stre·cken; *streckte*, *hat gestreckt*; [Vt] (及物) **1.** ***etw. s.*** e-n Körperteil so bewegen, dass er gerade wird 伸，伸直; 挺直 ↔ beugen 〈e-n Arm, ein Bein, ein Knie, den Rücken s. 伸胳膊，伸腿，伸直膝盖，挺直背〉: *Du musst das Bein s., dann vergeht der Krampf* 你得把腿伸直，抽筋就会过去 ‖ K-(复合): ***Streck-***, ***-muskel***, ***-verband*** **2.** ***etw./sich s.*** e-n Körperteil/sich dehnen u. s. (1), sodass der Körperteil od. man selbst seine volle Länge erreicht 伸长，舒展，伸展 ≈ recken 〈seine Glieder, Arme u. Beine s. 舒展开自己的四肢、胳膊和腿〉: *sich nach dem Aufwachen recken u.*

s. 醒来后伸伸懒腰、抻抻四肢; *Sie streckte sich, um e-n Apfel vom Baum zu pflücken* 为了摘到树上的苹果,她使劲往上够 **3. etw. irgendwohin s.** e-n Körperteil in e-e bestimmte Richtung s. (1) 把…朝…方向伸、探 ≈ recken ⟨den Kopf aus dem Fenster, die Arme in die Höhe, die Füße unter den Tisch s. 把头探出窗外,把两臂向上抻,把双脚伸到桌子下面⟩ **4. etw. s.** etw. mit e-r Substanz mischen, damit es mehr wird 稀释,搀兑≈ verdünnen ⟨die Soße, Suppe (mit Wasser), Rauschgift s. (用水)搀兑卤汁、汤,搀兑毒品⟩ ‖ K-(复合): ***Streck-***, ***-mittel***; Vr (反身) **5. sich irgendwohin s.** sich irgendwo auf den Rücken legen 舒展四肢躺倒在⟨sich aufs Bett, ins Gras, aufs Sofa s. 舒展四肢躺倒在床上、在草丛里、在沙发上⟩

stre·cken·wei·se *Adv* (副); an mehreren Stellen 在多个地段,多处≈ teilweise, stellenweise: *Der Damm ist s. reparaturbedürftig* 堤坝多处需要修复加固; *Sein Vortrag war s. sehr interessant* 他的报告有多处很精彩

Street·wor·ker [ˈstriːtwøːɐkɐ] *der*; *-s*; *-*; ein Sozialarbeiter, der auf der Straße tätig wird, um Drogenabhängige, Jugendliche, Prostituierte *usw* zu betreuen 街区民政工作人员 ‖ *hierzu* (派生) **Street·wor·ke·rin** [ˈstriːtwøːɐkərɪn] *die*; *-*, *-nen*

Streich *der*; *-(e)s*, *-e* **1.** e-e Handlung, mit der *bes* ein Kind j-n zum Spaß ärgert, täuscht *usw* 恶作剧,捣蛋,捉弄⟨ein frecher, lustiger, übermütiger S. 放肆的、令人发笑的、胆大妄为的恶作剧; Streiche aushecken, machen 琢磨些、干些恶作剧⟩: *Kennst du Wilhelm Buschs Geschichte über die Streiche von Max u. Moritz?* 你知道威廉·布施写的关于马克斯和莫里茨恶作剧的故事吗? ‖ -K(复合): ***Jungen-***, ***Kinder-*** **2.** *geschr* [书] ≈ Schlag, Hieb **3. *j-m e-n S. spielen*** j-n mit e-m S. (1) ärgern, täuschen 对…恶作剧,作弄,戏弄 **4. *etw. spielt j-m e-n S.*** etw. ist/funktioniert nicht so, wie j-d erwartet hat (物作主语)作弄某人⟨j-s Augen, j-s Gedächtnis 某人的眼睛、记忆力⟩: *Wir wollten e-e Radtour machen, aber das Wetter hat uns e-n S. gespielt* 我们本想作一次骑自行车郊游,但是天气作弄了我们 ‖ ID[谚] ***auf ˈeinen S.*** gleichzeitig, auf einmal 一下子,一并,同时,一举: *mehrere Probleme auf einen S. lösen* 一并解决好几个问题

Strei·chel·ein·hei·ten *die*; *Pl*, *gespr hum* (复) [口][诙]; nette Worte, Zärtlichkeit, Lob *usw*, die j-d braucht, um sich wohlzufühlen 亲昵话,温存,体贴⟨seine S. bekommen 得到他的体贴; sich (*Dat* 三格) seine S. holen 需要他的体贴⟩

strei·cheln; *streichelte*, *hat gestreichelt*; Vt (及物) **1. *j-n/ein Tier/etw. s.*** sanft u. liebevoll die Hand auf e-m Körperteil e-r Person od. e-s Tieres hin u. her bewegen 抚摩⟨das Fell e-s Tieres, j-s Haar, j-s Hände, j-s Wangen s. 抚摸一只动物的毛,某人的头发、某人的手、某人的脸(颊)⟩; Vi (不及物) **2. (*j-m*) *über etw.*** (*Akk* 四格) **s.** ≈ s. (1) ⟨j-m übers Haar, über den Kopf s. 抚摸某人的头发、头⟩

strei·chen; *strich*, *hat/ist gestrichen*; Vt/i (及物/不及物) (*hat*) **1.** (*etw.*) **s.** mit e-m Pinsel *o. Ä.* Farbe auf etw. verteilen 涂,刷(油漆、颜料) ≈ anstreichen: *e-n Zaun (braun) s.* 给栅栏涂(成棕)色; *Vorsicht, die Tür ist frisch gestrichen!* 小心,门刚刷过漆(油漆未干)!; Vt (及物) (*hat*) **2. *etw. irgendwohin s.*** e-e weiche Masse mit e-m Messer *o. Ä.* irgendwohin verteilen 涂抹,抹 ≈ etw. irgendwohin schmieren/bringen ⟨Butter, Margarine, Marmelade, Honig aufs Brot s. 往面包上抹黄油、人造黄油、果酱、蜂蜜; Salbe auf e-e Wunde s. 往伤口上抹药膏; Mörtel in die Fugen s. 勾缝; Soße durch ein Sieb s. 用筛子过滤调味汁⟩ ‖ K-(复合): ***Streich-***, ***-käse***, ***-wurst*** **3. *etw. s.*** etw. mit e-r dünnen Schicht Butter, Marmelade *o. Ä.* bedecken 给…抹上黄油(或果酱等),抹 ≈ schmieren ⟨ein Brot, ein Brötchen, e-e Stulle s. 抹面包、小圆面包、面包片⟩ **4.** (***sich*** (*Dat* 三格)) ***etw. irgendwohin s.*** mit e-r leichten Bewegung der Hand etw. irgendwohin bewegen 捋,拂,撩: *sich die Haare aus der Stirn, aus dem Gesicht s.* 撩去额头、脸上的头发; *Krümel vom Tisch s.* 拂去桌上的碎渣 **5. *etw. s.*** e-n Teil e-s geschriebenen Textes durch e-n Strich ungültig machen 划去,删除 ≈ ausstreichen ⟨ein Wort, e-n Satz, e-n Absatz s. 划掉一个单词、一句话、一段话⟩: *Nicht Zutreffendes streichen!* 把不恰当的划掉! **6. *j-n/j-s Namen aus e-r Liste s.*** e-n Strich durch j-s Namen auf e-r Liste machen (*z. B.* weil er an etw. nicht mehr teilnehmen will) 把…从名单上划掉 **7. *etw.*** (***aus etw.***) ***s.*** bewirken, dass etw. nicht mehr gültig ist bzw. dass etw., das geplant war, nicht (mehr) ausgeführt wird 把…划掉,取消⟨e-n Auftrag, e-n Programmpunkt, ein Rennen s. 取消合同、一个方案条目、赛跑(或赛车、赛马)⟩: *Mein Vater hat mir das Taschengeld für zwei Wochen gestrichen* 我父亲取消了我两个星期的零花钱; *Er hat den Autokauf vorerst gestrichen* 他暂时取消了买汽车的打算 **8.** ⟨die Flagge, die Segel 旗,帆⟩ **s.** NAUT【航海】; die Flagge/die Segel einholen, einziehen 收起,降下; Vi (不及物) **9. *durch/über etw.*** (*Akk* 四格) **s.** (*hat*) etw. leicht mit der Hand berühren u. die Hand dabei in e-e bestimmte Richtung bewegen 抚摸,拂 ≈durch/über etw. (*Akk* 四格) fahren (13): *j-m zärtlich durchs/übers Haar s.* 温柔地抚摸某人的头发; *über die Tischdecke s., um sie zu glätten* 把桌布捋平 **10. *durch etw. s.*** (*ist*) ohne festes Ziel herumgehen 溜达,漫步,瞎逛 ≈ streifen (6) ⟨durch den Wald, die Felder, die Wiesen s. 漫步穿过树林、田地、草地⟩ **11. *ein Tier streicht um etw.*** (*ist*) ein Tier geht (heimlich, leise) um etw. herum u. wartet od. hofft dabei auf etw. (动物作主语)绕行,在…周围转悠: *j-m streicht e-e Katze um die Beine* 一只猫绕着某人的脚转来转去; *Ein Fuchs streicht um den Hühnerstall* 一只狐狸绕着鸡舍打转 **12. *etw.***

streicht über etw. (*Akk* 四格) (*ist*) etw. bewegt sich dicht über e-r Fläche (物作主语) 掠过,拂过: *Der Wind streicht über die Felder* 风掠过田野 ‖ ID [谚] ***j-n/etw. aus seinem Gedächtnis s.*** nicht mehr an j-n/etw. denken 把某人/某事从自己的记忆中抹去

Strei·cher *der*; *-s*, *-*; j-d, der in e-m Orchester ein Streichinstrument (*z. B.* e-e Geige) spielt 弦乐演奏者 ‖ *hierzu* (派生) **Strei·che·rin** *die*; *-*, *-nen*

streich·fä·hig *Adj* (形); *nicht adv* (不作状语); 〈Butter, Käse 黄油,奶酪〉 so, dass man sie gut aufs Brot streichen kann 容易涂抹的 ‖ *hierzu* (派生) **Streich·fä·hig·keit** *die*; *nur Sg* (只用单数)

Streich·holz *das*; *-es*, *Streich·höl·zer*; e-e Art kleiner Stab aus Holz (mit e-m entzündbaren Kopf), den man an e-r rauen Fläche reibt, um e-e Flamme zu bekommen 火柴 ≈ Zündholz 〈ein S. anzünden 划着一根火柴〉 ‖ K-(复合): ***Streichholz-, -heftchen, -schachtel***

Streichholz

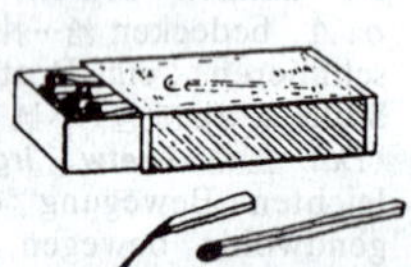

Streich·in·stru·ment *das*; ein Musikinstrument mit Saiten, über die man mit e-m Bogen streicht, um Töne zu erzeugen, *z. B.* e-e Geige od. ein Cello 弦乐器

Streich·quar·tett *das* **1.** *Kollekt* (集合); vier Musiker (ein Quartett) mit zwei Geigen, Bratsche u. Cello 弦乐四重奏(乐队) **2.** ein Musikstück für ein S. (1) 弦乐四重奏乐曲

Strei·chung *die*; *-*, *-en* **1.** die Handlung, mit der man ein Stück aus e-m Text od. e-n Namen od. e-e Zahl aus e-r Liste entfernt 删除,删掉,划掉 〈Streichungen in e-m Text vornehmen 对一篇文章进行删减〉 **2.** das Kürzen e-r Summe Geld *o. Ä.*, die j-m zur Verfügung steht 削减: *Streichungen am Etat vornehmen* 对预算进行削减

Streif *der*; *-(e)s*, *-e*; *geschr* [书] ≈ Streifen 〈ein S. am Horizont 一条地平线〉 ‖ -K(复合): ***Silber-***

Streif·band *das*; ein Band aus Papier (*z. B.* um ein neues Buch od. ein Bündel Geldscheine) (新书的)封带;捆钱的纸带 ‖ K-(复合): ***Streifband-, -zeitung***

Strei·fe *die*; *-*, *-n* **1.** *Kollekt* (集合); *mst* zwei Polizisten, die durch ein Gebiet fahren, um zu prüfen, ob alles in Ordnung ist (警察)巡逻队 ‖ K-(复合): ***Streifen-, -dienst, -gang, -wagen*** ‖ -K(复合): ***Funk-; Polizei-*** **2** e-e Fahrt, die die S. (1) macht 巡逻 〈auf S. gehen, müssen, sein 去、必须去、正在巡逻〉

strei·fen; *streifte*, *hat/ist gestreift*; [Vt] (及物) (*hat*) **1. *j-d/etw. streift j-n/etw.*** j-d/etw. geht bzw. fährt so nahe an e-r Person/Sache vorbei, dass er/es sie leicht berührt (人/物作主语)擦碰,蹭着: *Beim Einparken habe ich ein anderes Auto gestreift* 在驶入停车位时我蹭了另一辆车; *Der Schuss hat das Tier nur an der Schulter gestreift* 这一枪只是擦伤了动物的肩部 ‖ K-(复合): ***Streif-, -schuss*** **2. *etw. von etw. s.*** etw. mit leichtem Druck über etw. ziehen, von etw. entfernen 把…捋、撸、退下来: *Beeren, Blätter vom Stiel s.* 把浆果、树叶从梗上捋下来; *den Schnee vom Fensterbrett s.* 把积雪从窗沿上撸下来; *Farbe vom Pinsel s.* 把颜料从毛笔上刮下来; *den Ring vom Finger s.* 把戒指从手指上退下来 **3. *etw. auf/über etw.*** (*Akk* 四格) ***s.*** ein enges Kleidungsstück *o. Ä.* anziehen, indem man daran zieht od. schiebt 把…穿、套、戴上 〈e-n Ring auf den Finger s. 把戒指戴到手指上; ein Hemd, ein Kleid über den Kopf s. 从头上套穿一件衬衣、一件连衣裙; (sich (*Dat* 三格) die Kapuze über den Kopf s. 把(连衣)帽子戴在头上〉 **4. *etw. s.*** sich nur kurz mit etw. beschäftigen 略微提及 〈ein Problem, ein Thema in e-m Vortrag, e-r Diskussion s. 在报告中、讨论中略微提及一个问题、一个论题〉 **5. *j-n/etw. mit e-m Blick s.*** j-n/etw. kurz ansehen 扫视,扫…一眼; [Vi] (不及物) (*ist*) **6. *durch etw. s.*** ohne festes Ziel herumgehen 无目的地溜达,闲逛,游逛 〈durchs Land, durch die Felder, Wälder, Wiesen s. 在乡间、在田野上、在树林里、在草地上溜达〉

Strei·fen *der*; *-s*, *-* **1.** ein langer, schmaler Teil e-r Fläche, der sich *bes* durch seine Farbe vom Rest unterscheidet 条纹,条 〈ein

S

Streichinstrumente

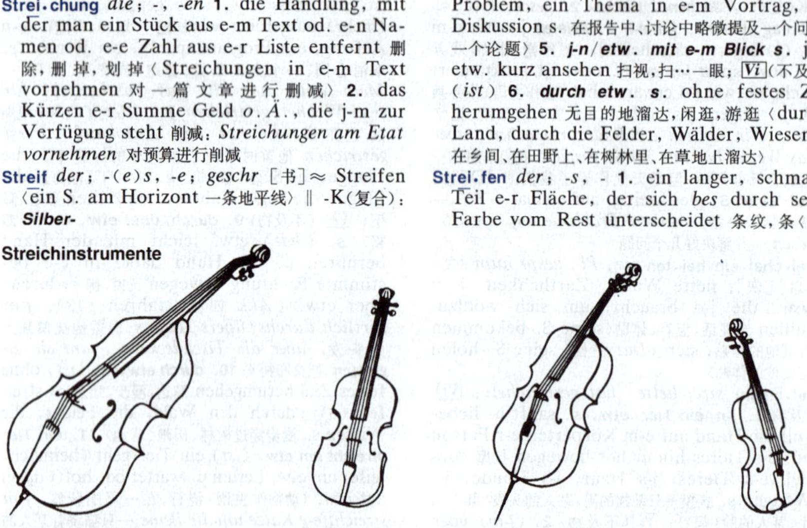

der Kontrabass 低音提琴 | die Bratsche 中提琴 | das Cello 大提琴 | die Geige 小提琴

Stoff mit feinen, schmalen, breiten, bunten, gelben, weißen *usw* Streifen 一块带细、窄、宽、彩色、黄色、白色等条纹的布料〉‖ K-(复合)：**Streifen-**，**-muster** ‖ -K(复合)：**Längs-**，**Quer-**，**Schräg-**；**Farb-**，**Schmutz-**，**Silber-**，**Zebra- 2.** ein langes, schmales Stück 条，带(状物)：*ein schmaler S. Gras zwischen Feld u. Straße* 农田和道路之间的狭长草地；*Papier in Streifen schneiden* 把纸裁成条；*auf dem mittleren S. der Straße fahren* 在马路的中间车道行驶 ‖ -K(复合)：**Filz-**，**Papier-**，**Pelz-**，**Stoff-**；**Acker-**，**Gras-**，**Küsten-**，**Wald-**；**Kleb(e)-**；**Licht-**；**Mittel-**，**Rand- 3.** *gespr*［口］≈ Film 〈e-n S. drehen, vorführen 拍、放一部片子〉‖ *zu*（义项）**1. strei·fen·för·mig** *Adj*（形）；*zu*（义项）**2. strei·fen·wei·se** *Adv*（副）‖ ▶ **gestreift**

strei·fig *Adj*（形）；(nach dem Putzen, Waschen) mit Streifen (1) von Schmutz 有脏条纹的，有污痕的〈ein Fenster, Wäsche 窗户，衣服〉

Streif·zug *der* **1.** ein Ausflug, e-e Fahrt ohne bestimmtes Ziel 漫游，开车兜风：*Streifzüge in die nähere Umgebung unternehmen* 在附近地区开车兜风 **2.** MIL【军】；ein Gang, e-e Fahrt e-r kleinen Gruppe von Soldaten, die Informationen über das Gelände od. über den Feind sammeln 侦察，巡察

Streik *der*；-(*e*)*s*，-*s*；**ein S.**（**für etw.**）e-e organisierte Handlung von Arbeitern od. Angestellten, die für e-e bestimmte Zeit(dauer) nicht arbeiten, damit ihre Forderungen (*z. B.* höhere Löhne, bessere Arbeitsbedingungen) erfüllt werden 罢工 ≈ Ausstand〈e-n S. ausrufen, durchführen, erfolgreich/friedlich beenden, niederschlagen, abbrechen 宣布、进行、成功地/和平地结束、镇压、中止罢工；in (den) S. treten 进行罢工；sich e-m S. anschließen 参加罢工〉；*ein S. für kürzere Arbeitszeit* 要求缩短工作时间的罢工；*Die Gewerkschaft drohte mit (e-m) S., falls ihre Forderungen nicht erfüllt würden* 如果要求得不到满足，工会威胁要举行罢工 ‖ K-(复合)：**Streik-**，**-aufruf**，**-drohung**，**-recht**，**-welle** ‖ -K(复合)：**Bummel-**，**General-**，**Hunger-**，**Sitz-**，**Solidaritäts-**，**Warn-**

Streik·bre·cher *der*；j-d, der während e-s Streiks arbeitet u. so den Erfolg des Streiks in Gefahr bringt 破坏罢工者 ‖ *hierzu*（派生）**Streik·bre·che·rin** *die*

strei·ken；*streikte*，*hat gestreikt*；[*Vi*]（不及物）**1.**（**für etw.**）**s.** e-n Streik durchführen, bei e-m Streik mitmachen 罢工：*für höhere Löhne s.* 为提高工资罢工 **2.** *gespr*［口］；etw. nicht mehr tun wollen 不想干活了：*Ich habe keine Lust mehr zu kochen. – Ich streike!* 我做饭没兴趣了。——我不干了！**3. etw. streikt** *gespr*［口］；etw. funktioniert plötzlich nicht mehr（物作主语）不运作，不运转，不起作用：*Bei dieser Kälte streikt mein Auto oft* 碰上这么冷的天，我的车经常发动不起来

Streik·geld *das*；das Geld, das streikende Arbeiter anstelle des Lohns (von der Gewerkschaft) bekommen 罢工补助费

Streik·pos·ten *der*；j-d, der während e-s Streiks vor e-m Betrieb steht, um zu verhindern, dass j-d hineingeht u. arbeitet 罢工岗哨，罢工纠察队员

Streit *der*；-(*e*)*s*；*nur Sg*（只用单数）**1. ein S.**（**mit j-m**）（**um/über etw.**（*Akk* 四格））ein Vorgang, bei dem man voller Ärger mit j-m spricht, weil man e-e andere Meinung hat 争执，争论，争吵 ≈ Zank, Zwist〈ein erbitterter, heftiger S. 激愤的、激烈的争执；S. suchen, bekommen 寻衅滋事(惹事生非)，发生争执；e-n S. beilegen, schlichten 平息、调解争执；sich in e-n S. einmischen, sich aus e-m S. heraushalten 介入、摆脱争执〉：*Es gab e-n heftigen S. darüber, ob man in Streik treten sollte* 就是否要参加罢工一事发生了激烈的争论；*Wir haben (mit den Nachbarn) S.* 我们(与邻居)有争吵 ‖ NB（注意）：als Plural wird *Streitigkeiten* verwendet（作为复数用 Streitigkeiten）‖ -K(复合)：**Gelehrten-**，**Glaubens-**，**Grenz-**，**Meinungs-**，**Rechts-**，**Religions- 2. ein S. um des Kaisers Bart** ein S. (1) um etw., das nicht wichtig ist 无谓的争执，为鸡毛蒜皮争执不休 **3. e-n S. vom Zaun brechen** e-n S. (1) provozieren 挑起争执

streit·bar *Adj*（形）；*nicht adv*（不作状语）；bereit zu kämpfen u. sich zu verteidigen 好争执的，好斗的 ‖ *hierzu*（派生）**Streit·bar·keit** *die*；*nur Sg*（只用单数）

strei·ten；*stritt*，*hat gestritten*；[*Vi*]（不及物）**1.**（**mit j-m**）（**um/über etw.**（*Akk* 四格））**s.** voller Ärger mit j-m sprechen (u. ihn aggressiv behandeln), weil man e-e andere Meinung *o. Ä.* hat 争吵，争执：*Er stritt mit seinem Bruder um das Spielzeug* 因为玩具他与他兄弟发生争吵；*Sie streiten immer wieder darüber, wer aufräumen muss* 他们总是为了谁该收拾屋子而争执；*Hört auf zu s. u. vertragt euch wieder!* 别争吵了，你们俩和好吧！**2. j-d streitet mit j-m über etw.**（*Akk*（四格）；〈Personen 人们〉**streiten über etw.**（*Akk* 四格））Personen diskutieren über etw. (heftig), haben verschiedene Meinungen（人作主语)单：与…争论；复：相互争论：*Wir wollen nicht darüber s., ob es klug war – jedenfalls wurde der Plan ausgeführt* 计划是否明智，对此我们不想争论，反正它已经实施了；*Sie stritten über die Gefahren der Atomkraft* 他们在争论原子能的危险性 ‖ K-(复合)：**Streit-**，**-fall**，**-frage**，**-gespräch**，**-punkt 3. für/gegen etw. s.** *geschr*［书］；sich für/gegen etw. einsetzen 为/为反对…而斗争 ≈ kämpfen：*für Gerechtigkeit s.* 为正义而斗争 **4.** *veraltet*［旧］；(in e-m Krieg) mit Waffen kämpfen 作战，战斗 ‖ K-(复合)：**Streit-**，**-axt**，**-ross**，**-wagen**；[*Vr*]（反身）**5. sich mit j-m**（**über etw.**（*Akk* 四格））**s.** ≈ mit j-m über etw. s. (1) ‖ *zu*（义项）**3.** u. **4. Strei·ter** *der*；-*s*，-

Streit·ham·mel *der*；*gespr pej*［口］［贬］；j-d, der oft u. gern mit anderen streitet (1) 好争执的人，好争吵的人

S

strei·tig *Adj* (形); *mst in* 多用于 ***j-m etw. s. machen*** sagen, dass j-d kein Recht auf etw. hat 与…就…(的权利)发生争议,与…争夺

Strei·tig·kei·ten *die*; *Pl* (复); die Handlungen, bei denen Personen miteinander streiten (1) 争执,争吵,争论

Streit·kräf·te *die*; *Pl*, *Kollekt* (复)(集合); alle militärischen Organisationen u. Soldaten e-s Landes 武装力量,军队

streit·lus·tig *Adj* (形); bereit, sich mit j-m zu streiten (1) 好争执的,好争吵的: *j-n s. anschauen* 好斗地盯着某人 ‖ *hierzu* (派生) **Streit·lust** *die*; *nur Sg* (只用单数)

Streit·macht *die*; *nur Sg* (只用单数) ≈ Truppen, Streitkräfte

Streit·sa·che *die*; JUR【法】≈ Rechtsstreit ⟨in e-r S. tätig werden 将进行诉辩⟩

Streit·schrift *die* ≈ Pamphlet

streit·süch·tig *Adj* (形); ⟨ein Mensch 人⟩ so, dass er gern od. oft mit anderen streitet 有争执癖的,好争辩的 ‖ *hierzu* (派生) **Streit·sucht** *die*; *nur Sg* (只用单数)

Streit·wert *der*; JUR【法】; die Summe Geld, die für e-e Sache festgesetzt wird, wegen der man vor Gericht geht 诉讼涉及的财物价值: *Die Gebühren von Anwalt u. Gericht richten sich nach dem S.* 律师费和诉讼费视诉讼涉及的财物价值而定

streng *Adj* (形) **1.** ohne Mitleid, freundliche Gefühle od. Rücksicht 严的,严厉的,严肃的,严峻的 ≈ hart, unerbittlich ↔ mild, nachsichtig ⟨ein Blick, e-e Strafe, ein Urteil, Worte 目光,惩罚,判决,话语; j-n s. ansehen 严肃地看着某人; s. gegen j-n/sich sein 对某人/自己严厉⟩ **2.** ⟨Eltern, ein Lehrer 父母,老师; e-e Erziehung 教育⟩ so, dass sie Ordnung, Disziplin u. Gehorsam verlangen 严格的 ≈ unnachgiebig, strikt: *s. mit/zu j-m sein* 对某人严格 **3.** *nur attr od adv* (只作定语或状语); so, dass es genau bestimmten Forderungen od. Regeln entspricht 严的,严密的,严格的 ≈ strikt ⟨e-e Diät, e-e Ordnung, e-e Prüfung, e-e Untersuchung 病人饮食,秩序,考试,检查; j-n s. bewachen 严密看守某人; etw. s. befolgen, einhalten 严格遵循、遵守某事; sich s. an etw. halten 严格遵照某事⟩: *strengstes Stillschweigen bewahren* 严格保持肃静; *j-m strengste Diskretion zusichern* 向某人保证严守机密; *Das ist s. verboten* 这是严格禁止的 ‖ -K(复合): ***sitten-*** **4.** ***aufs Strengste/strengste*** sehr hart u. ohne Mitleid 极严地⟨j-n aufs Strengste bestrafen 极为严厉地处罚某人⟩ **5.** ***aufs Strengste/strengste*** sehr genau 极其严格地,一丝不苟地: *die Vorschrift aufs Strengste befolgen* 极其严格地遵守规则 **6.** ≈ deutlich, klar ⟨e-e Trennung, e-e Unterscheidung 划分,区分⟩ **7.** intensiv u. *mst* unangenehm 难闻的,刺鼻的⟨ein Geruch, ein Geschmack 气味,味道⟩ **8.** *nicht adv* (不作状语); mit sehr niedrigen Temperaturen 凛冽的,刺骨的,冷峭的 ⟨Frost, Kälte, ein Winter 冰冻,寒冷,冬天⟩ **9.** einfach, ohne Ornamente od. Schmuck 朴素的,素雅的 ⟨ein Aufbau, eine Schönheit, ein Stil 布局,美,风格⟩ **10.** ***etw. s. nehmen*** etw. genau befolgen 严格遵循,严格遵守 ≈ etw. genau nehmen ⟨Vorschriften, Regeln s. nehmen 严格遵守规章制度、规则⟩: *S. genommen ist das verboten, aber ausnahmsweise lasse ich es mal zu* 严格来说,这是不允许的,但作为例外我就允许这一次(下不为例) ‖ K-(复合): ***streng-***, ***-genommen*** ‖ *zu* (义项) **1.-3.** u. **6.-9.** **Stren·ge** *die*; -; *nur Sg* (只用单数)

streng·gläu·big *Adj* (形); sehr fromm 笃信的,虔诚的 ≈ orthodox ⟨ein Christ, ein Jude, ein Moslem 基督教徒,犹太教徒,伊斯兰教徒⟩

strengs·tens *Adv* (副); sehr streng (1,2,3), absolut 极其严厉(或严格,严密)地,绝对地⟨etw. ist s. verboten, untersagt 某事是绝对禁止的、不允许的; sich s. an die Regeln halten 绝对遵守规则⟩

Stress *der*; *-es*; *nur Sg* (只用单数) **1.** e-e unangenehme, starke Belastung durch Probleme, zu viel Arbeit, Lärm *usw* 身心负担,精神压力,过度紧张⟨unter S. stehen 处在精神压力之下; S. haben 有精神压力⟩: *Von all dem S. hat er e-n Herzinfarkt bekommen* 由于这一切精神压力他患了心肌梗塞 ‖ K-(复合): ***Stress-***, ***-situation*** **2.** ***im S. sein*** *gespr* [口]; viel Arbeit u. wenig Zeit haben 工作紧张有压力 ‖ *hierzu* (派生) **stress·frei** *Adj* (形)

stres·sen; *stresste*, *hat gestresst*; [Vt] (及物) **1.** ***j-n*** (***mit etw.***) ***s.*** bewirken, dass j-d Stress hat 使有精神压力(负担): *Er hat sie mit seinen Problemen gestresst* 他有自己的难题,因此给她增添了精神负担; [Vt/i] (及物/不及物) **2.** ***etw. stresst*** (***j-n***) etw. verursacht Stress bei j-m (物作主语)使人有精神压力: *Diese Art von Arbeit stresst* (*mich*) *ziemlich* 这种工作方式使人(我)颇有精神压力

stress·ge·plagt *Adj* (形); mit viel Stress belastet 承受着巨大精神压力的,思想压力很大的 ⟨e-e Hausfrau, ein Manager 家庭主妇,经理⟩

stres·sig *Adj* (形); *gespr* [口]; ⟨e-e Arbeit, ein Tag 工作,一天⟩ so, dass sie j-m Stress verursachen 令人有精神压力的

Streu *die*; -; *nur Sg* (只用单数); Stroh *o.Ä.*, mit dem man den Boden in e-m Stall bedeckt 麦秸,稻草,干草

streu·en; *streute*, *hat gestreut*; [Vt] (及物) **1.** ***etw.*** (*Kollekt od Pl* (集合或复数)) (***irgendwohin***) ***s.*** mehrere kleine Dinge so werfen od. fallen lassen, dass sie sich über e-r Fläche verteilen 撒: *den Vögeln Futter aufs Fensterbrett s.* 把鸟食撒在窗台上给鸟吃; *Salz in die Suppe s.* 往汤里撒盐; *Die Kinder streuten bei der Hochzeit Blumen* 婚礼上孩子们抛撒鲜花 ‖ K-(复合): ***Streu-***, ***-dose***; ***-zucker***; [Vt/i] (及物/不及物) **2.** (***etw.*** (*Kollekt* 集合)) ***s.*** im Winter Salz, Sand *o.Ä.* auf e-e Straße, e-n Weg s. (1), damit diese nicht so glatt sind 撒盐、沙子化雪: *Dieser Fußweg wird im Winter nicht geräumt od. gestreut. – Benutzung auf eigene Gefahr!* 此小道冬天既不扫雪也不撒沙子。—— 危险责任自负! ‖ K-(复合): ***Streu-***, ***-gut***, ***-salz***, ***-sand***

Streu.er *der*; *-s*, *-*; ein kleines Gefäß mit mehreren Löchern im Deckel, mit dem man *bes* Gewürze streuen (1) kann (撒胡椒或食盐的)小瓶 ‖ -K (复合): ***Pfeffer-***, ***Salz-***

streu.nen; *streunte*, *hat / ist gestreunt*; Vi (不及物) (***irgendwo***) ***s.*** (*hat*); (***irgendwohin***) ***s.*** (*ist*) *oft pej* 常用[贬]; viel Zeit auf der Straße verbringen u. dort ohne Ziel herumlaufen 闲逛,游荡≈ sich herumtreiben: *streunende Hunde* 到处乱跑的狗; *durch die Straßen s.* 在街上闲逛 ‖ *hierzu* (派生) **Streu·ner** *der*; *-s*, *-*

Streu.sel *die*; *Pl* (复); kleine Stücke aus Butter, Zucker u. Mehl, die man auf Kuchen streut (用黄油、糖、面粉制作的撒在糕点上的)丝,碎末 ‖ K-(复合): ***Streusel-***, ***-kuchen***

Streu.ung *die*; *-*, *-en*; der Vorgang, bei dem etw. (*mst* proportional) verteilt od. verbreitet wird 散射,撒播,散飞 ⟨die S. von Licht 光的散射⟩ ‖ -K (复合): ***Licht-***

strich *Imperfekt*, *1. u. 3. Person Sg* (过去时,第一和第三人称单数); ↑ ***streichen***

Strich *der*; *-(e)s*, *-e* **1.** e-e *mst* gerade Linie, die man malt od. zeichnet 线条 ⟨ein dicker, dünner, feiner S. 一条粗的、细的、极细的线条; e-n S. (durch, unter etw.) machen, (mit dem Lineal) ziehen (在某物的中间、下面)划一条线,(用尺)划一条线⟩: *etw., in groben Strichen zeichnen* 用粗线条画某物; *etw. mit dicken roten Strichen durchstreichen* 用粗红线条划掉某物 ‖ -K (复合): ***Bleistift-***, ***Feder-***, ***Kreide-***, ***Pinsel-***; ***Längs-***, ***Quer-*** **2.** e-e kurze Linie als (gedrucktes od. geschriebenes) Zeichen 标线: *ein S. auf dieser Waage bedeutet zehn Gramm* 这台秤的每一道标线表示十克 ‖ -K(复合): ***Anführungs-***, ***Binde-***, ***Bruch-***, ***Eich-***, ***Gedanken-***, ***Schräg-***, ***Trennungs-*** **3.** *nur Sg* (只用单数); die Richtung, in der Haare od. die Fäden e-s Stoffes liegen 毛发生长的顺方向,织物的纹缕 ⟨Haare, ein Fell gegen den S. bürsten, ein Tier gegen den S. streicheln 戗着势梳头发,逆毛梳理,戗着毛抚摸一只动物⟩ **4.** ≈ Streichung (1) ⟨Striche in e-m Manuskript, Text vornehmen⟩ 对一篇手稿、文章作删减 **5.** die Art u. Weise, wie j-d den Pinsel führt 刷法,笔势,笔法 ‖ -K(复合): ***Pinsel-*** **6.** e-e Bewegung mit der Hand, mit der man etw. glatt macht 捋,撸(平) **7.** *gespr* [口]; e-e Gegend (*bes* e-e Straße), in der Prostituierte auf Kunden warten (妓女)拉客的地方 ‖ -K(复合): ***Bahnhofs-***, ***Straßen-*** **8.** *gespr* [口]≈ Prostitution ‖ K-(复合): ***Strich-***, ***-junge***, ***-mädchen*** ‖ ID [谚] ***keinen S. tun*** *gespr* [口]; nicht arbeiten 什么活都不干; ***j-m e-n S. durch die Rechnung machen*** *gespr* [口]; verhindern, dass etw. so abläuft, wie es geplant war 使某人打算(或计划)落空 ≈ j-s Pläne durchkreuzen; ***unter dem S.*** wenn man alles berücksichtigt 总体而言,总的来看: *Unter dem S. hat der Streik wenig eingebracht* 总体而言,这次罢工收效不大; ***nur ein 'S. (in der Landschaft) sein*** *gespr* [口]; sehr mager, dünn sein 只是一条狭长地带; *mst* 多用 ***Das geht mir gegen den 'S.!*** *gespr* [口]; verwendet, um seine Abneigung gegen etw. auszudrücken 这不合我的意!; ***nach S. u. Faden*** *gespr* [口]; intensiv 狠狠地,扎实地,彻底地≈ gehörig, gründlich ⟨j-n nach S. u. Faden verprügeln, verwöhnen 狠狠地揍某人,百依百顺地溺爱某人⟩; ***auf den S. gehen*** *gespr* [口];als Prostituierte(r) (auf der Straße) arbeiten 当妓女,拉客,卖淫; ***j-n auf den S. schicken*** *gespr* [口]; (als Zuhälter) *mst* e-e Frau dazu bringen, dass sie (auf der Straße) als Prostituierte arbeitet唆使某人拉客卖淫

stri.cheln; *strichelte*, *hat gestrichelt*; Vt/i (及物/不及物) (***etw.***) ***s.*** e-e Fläche mit kleinen parallelen Strichen (1) bedecken 画影线,在…上画平行线条≈ schraffieren

Stri.cher *der*; *-s*, *-*; *gespr* [口]; ein (junger) Mann, der als Prostituierter arbeitet (拉客的)男妓≈ Strichjunge

Strich.kode *der*; e-e Art Kode aus e-r Reihe von senkrechten Strichen nebeneinander an e-r Ware. Der S. enthält Angaben über die Ware (*z. B.* Preis, Beschreibung), die an der Kasse (von e-m Scanner) entschlüsselt werden 条形码

Strich.punkt *der*; das Zeichen ; 分号(标点符号)

strich.wei.se *Adv* (副); in manchen Gegenden 在局部地区,局部地: *Es gibt s. Regen* 局部地区有雨

Strick *der*; *-(e)s*, *Stri·cke* **1.** e-e dicke Schnur od. ein Seil, mit der/dem man j-n/etw. irgendwo festbindet 绳索,麻绳 ⟨der S. hält, reißt 绳索经得住、断了; e-n S. um etw. binden 用绳索捆绑某物⟩: *j-m mit e-m S. die Hände fesseln* 用绳索捆住某人的手 ‖ ↑ *Abb. unter* 图见 ***Schnur*** **2.** ***der Tod durch den S.*** der Tod durch Erhängen 绞死 ‖ ID [谚] ***j-m aus etw. e-n S. drehen*** j-m wegen e-s kleinen Fehlers, den er gemacht hat, schaden 抓住某事对某人做文章,整某人; ***wenn alle Stricke reißen*** *gespr* [口]; wenn es keine andere Möglichkeit mehr gibt 万不得已的话,一旦情况危急 ≈ im Notfall, zur Not

stri.cken; *strickte*, *hat gestrickt*; Vt/i (及物/不及物) (***etw.***) ***s.*** mit zwei langen Nadeln u. e-m (Woll)Faden Schlingen (Maschen) machen u. daraus *mst* ein Kleidungsstück (wie *z. B.* e-n Pullover) herstellen 编织,针织,打毛线,织毛活⟨linke, rechte Maschen s. 织上针、下针; e-n Pullover, e-n Schal, Strümpfe s. 织一件毛衣、一条围巾、袜子⟩: *zwei rechts, zwei links s.* (= abwechselnd zwei rechte u. zwei linke Maschen s.) 织两针下两针上; *Ich stricke gern* 我喜欢打毛线 ‖ K-(复合): ***Strick-***, ***-bündchen***, ***-garn***, ***-kleid***, ***-mode***, ***-nadel***, ***-waren***, ***-weste*** ‖ NB(注意): ↑ ***häkeln*** ‖ *hierzu* (派生) **Stri·cke·rin** *die*; *-*, *-nen*

Strick.ja.cke *die*; e-e Art Jacke, die aus Wolle *o. Ä.* gestrickt ist u. vorne e-n Reißverschluss od. Knöpfe hat 羊毛外套,针织外套

Strick.lei.ter *die*; e-e Leiter aus Stricken, wie man sie *z. B.* auf e-m Schiff benutzt 绳梯;

S

j-m e-e S. zum Wasser hinunterlassen 给某人往水面放下绳梯

Strick·ma·schi·ne *die*; e-e Maschine, mit der Strickwaren hergestellt werden 毛线编织机,针织机

Strick·mus·ter *das* **1.** ein Muster (1), das man strickt 毛线编织图案,针织图案 **2.** e-e Zeichnung (e-e Vorlage), nach der man etw. strickt 毛线编织图案样稿 ‖ ID [谚] ***nach dem gleichen/demselben S.*** *gespr* [口]; nach derselben Methode 按老一套的

Strick·zeug *das* **1.** etw., das man gerade strickt 针织品,毛线编织物 **2.** *Kollekt* (集合); die Sachen, die man zum Stricken braucht 毛线编织用具

strie·geln; *striegelte, hat gestriegelt*; [*Vt*] (及物) ***ein Tier/etw. s.*** das Fell e-s Pferdes *o.Ä.* mit e-r Bürste reinigen 刷(动物/物体皮毛)〈ein Pferd, das Fell s. 刷马、毛皮〉

Strie·me *die*; -, *-n*; **Strie·men** *der*; *-s*, -; ein dunkler, relativ langer Streifen auf der Haut, der durch e-n Schlag entstanden ist 淤痕,淤斑,血痕

strikt *Adj* (形); *nur attr od adv* (只作定语或状语); so, dass keine Ausnahme od. Abweichung, kein Widerspruch geduldet wird 严格的,严厉的,不可违背的 ≈ streng 〈e-e Anordnung, ein Befehl, Gehorsam 吩咐,命令,服从; etw. s. befolgen 严格遵循某事〉

strin·gent [ʃtrɪŋˈgɛnt, str-] *Adj* (形); *geschr* [书]; logisch u. überzeugend 令人信服的,严谨的〈e-e Beweisführung, ein Schluss 举证,结束语〉 ‖ *hierzu* (派生) **Strin·genz** *die*; -; *nur Sg* (只用单数)

Strip [ʃtrɪp, str-] *der*; *-s*, *-s*; *Kurzw* (略) ↑ ***Striptease***

Strip·pe *die*; -, *-n*; *nordd gespr* [北德][口] **1.** ≈ Schnur, Kabel **2.** ≈ Telefon 〈an der S. sein 在打电话; j-n an die S. kriegen 要某人接电话〉

strip·pen [ˈʃtrɪpn, ˈstr-]; *strippte, hat gestrippt*; [*Vi*] *gespr* (不及物)[口]; e-n Striptease machen 跳脱衣舞 ‖ *hierzu* (派生) **Strip·per** *der*; *-s*, -; **Strip·pe·rin** *die*; -, *-nen*

Strip·tease [ˈʃtrɪptiːs, ˈstr-] *der*; -; *nur Sg* (只用单数); e-e Vorführung (*mst* in e-m Lokal), bei der j-d tanzt od. erotische Bewegungen macht u. sich dabei auszieht 脱衣舞〈e-n S. hinlegen, machen, tanzen 跳脱衣舞〉 ‖ K- (复合): ***Striptease-, -tänzer, -tänzerin, -vorführung***

stritt *Imperfekt*, 1. u. 3. *Person Sg* (过去时,第一和第三人称单数); ↑ ***streiten***

strit·tig *Adj* (形); 〈e-e Frage, ein Problem, ein Punkt 问题,疑难,点〉 so, dass es darüber verschiedene Meinungen gibt 有争议的,有意见分歧的

Stroh *das*; *-(e)s*; *nur Sg*, *Kollekt* (只用单数)(集合); die trockenen, gelben Halme des Getreides, nachdem die Körner entfernt wurden 秸秆,麦秸,稻草〈S. binden, pressen 捆,机器打捆秸秆; ein Ballen S. 一大捆秸秆; ein Dach mit S. decken 用秸秆苫房顶; im Stall S. streuen 给牲口圈铺撒秸秆; etw. mit S. polstern 用秸秆铺垫某物〉 ‖ K- (复合): ***Stroh-, -ballen, -dach, -haufen, -hut, -matte, -presse, -puppe; stroh-, -blond, -gelb*** ‖ ID [谚] ***etw. brennt wie S.*** etw. brennt mit heller Flamme od. fängt leicht zu brennen an 某物像麦秸一样一烧就着; ***etw. schmeckt wie S.*** *gespr* [口]; etw. ist trocken u. hat wenig Geschmack 某物难吃(干而无味); ***j-d hat nur S. im Kopf*** *gespr* [口]; j-d ist dumm 某人脑子笨,某人是草包; ***j-d drischt leeres S.*** *gespr* [口]; j-d sagt unwichtige Dinge 某人尽说废话、空话

stroh·dumm *Adj* (形); *ohne Steigerung*, *gespr* (无变级)[口]; sehr dumm 笨得出奇的

Stroh·feu·er *das*; *mst in* 多用于 ***ein kurzes S.*** *gespr* [口]; ein starkes Gefühl der Begeisterung od. Liebe, das nicht lange bleibt 短暂的激情,一时的冲动,昙花一现的爱情

Stroh·halm *der*; ein kleines Rohr aus Plastik (früher aus Stroh), durch das man Getränke in den Mund saugt (饮料的)吸管 ‖ ID [谚] *mst* 多用 〈ein Sturm, ein Hurrikan *o.Ä.* 暴风,飓风等〉 ***knickt etw. wie e-n S.*** ein Sturm, ein Hurrikan *o.Ä.* knickt durch seine Stärke mühelos e-n Baum od. etw. Großes 如同折断秸秆一样将…吹断: *Der Sturm knickte den Mast des Schiffes wie e-n S.* 暴风像折断一根麦杆一样刮断了船的桅杆; ***nach dem rettenden S. greifen*** e-e letzte kleine Chance nutzen, um vielleicht doch noch aus e-r unangenehmen Lage herauszukommen 捞救命稻草; ***sich (wie ein Ertrinkender) an e-n S. klammern*** auf e-e unwahrscheinliche Möglichkeit hoffen u. nicht aufgeben (像溺水者似的)抓住一根稻草不放

stro·hig [ˈʃtroːɪç] *Adj* (形) **1.** hart u. ohne Glanz (wie Stroh) 干涩的,无光泽的〈Haare 头发〉 **2.** trocken u. fade 干而无味的,干巴巴的 〈ein Geschmack 味道; etw. schmeckt s. 某物吃起来干巴巴的〉

Stroh·mann *der*; *pej* [贬]; j-d, der im Auftrag e-r anderen Person, die anonym bleiben will, etw. kauft od. tut (匿名人的)代理人,代办;代言人

Stroh·sack *der*; ein Sack od. e-e Matratze, die mit Stroh gefüllt sind 草袋子,(布套)草垫子 〈auf Strohsäcken schlafen 在草垫子上睡觉〉 ‖ ID [谚] ***(Ach du) heiliger S.!*** *gespr* [口]; verwendet, um auszudrücken, dass man unangenehm überrascht ist (你呀)吓死我了!

stroh·tro·cken *Adj* (形); *ohne Steigerung*, *gespr* (无变级)[口]; sehr trocken 极干的,毫无水份的: *Die Erde ist s.* 土地枯干

Stroh·wit·we *die*; e-e Frau, deren Mann verreist *o.Ä.* ist 守活寡的女子(丈夫出门在外的妻子)

Stroh·wit·wer *der*; ein Mann, dessen Frau verreist *o.Ä.* ist 鳏居男子(妻子出门在外的丈夫)

Strolch *der*; *-(e)s*, *-e* **1.** *pej* [贬]; ein Mann, der sich viel auf der Straße aufhält, ungepflegt wirkt od. Gewalt anwendet 流氓,无赖 〈von e-m S. angefallen, belästigt,

S

überfallen werden 遭到一个流氓的攻击、骚扰、袭击〉**2.** *hum* [谐] ≈ Schlingel

strol·chen; *strolchte*, *ist gestrolcht*; Vi (不及物) **j-d**/〈ein Hund *o. Ä.* 狗等〉 **strolcht** (**irgendwo**, **irgendwohin**) j-d/ein Hund *o. Ä.* wandert ohne bestimmtes Ziel herum (人)无所事事地游荡，游逛/(狗)到处乱跑 ≈ j-d/ein Hund *o. Ä.* streunt

Strom[1] *der*; -(*e*)*s*, *Strö·me* **1.** ein großer Fluss, der in ein Meer mündet (大)江，(大)河〈ein breiter, mächtiger S. 一条宽阔的、汹涌的大江; ein Fluss schwillt zu e-m reißenden Strom an 河水上涨成了滚滚洪流〉**2.** Wasser, das sich im Meer (wie ein Fluss) in e-e bestimmte Richtung bewegt 海流，洋流 ≈ Strömung (2) 〈ein kalter, warmer S. (海洋)寒流，暖流〉‖ -K(复合): **Golf-**, **Meeres-** **3.** e-e große Menge e-r Flüssigkeit od. e-s Gases, die sich in e-e Richtung bewegt 水流，气流〈es regnet in Strömen 大雨如注; Wasser fließt, Tränen fließen/rinnen in Strömen 水、眼泪哗哗地流〉: *Ein S. von Tränen lief über sein Gesicht* 他泪流满面 ‖ K-(复合): **Blut-**, **Lava-**, **Luft-**, **Tränen-** **4.** *Kollekt* (集合); e-e große Menge von Menschen od. Fahrzeugen, die sich in e-e Richtung bewegen 人流，车流〈ein S. von Autos, Besuchern, Touristen *usw* wälzt sich irgendwohin, ergießt sich irgendwohin 汽车、游人、旅游观光者像一股洪流向某处滚滚、蜂拥而来〉‖ -K(复合): **Besucher-** **5.** **mit dem**/**gegen den S.** in die/entgegen der Richtung e-s Flusses *o. Ä.* 顺/逆流 ‖ ID [谚] **mit dem S. schwimmen** sich der Meinung der Mehrheit anschließen 随大流; **gegen**/**wider den S. schwimmen** e-e andere Meinung als die Mehrheit vertreten, sich nicht anpassen 逆潮流，不随大流

Strom[2] *der*; -(*e*)*s*; *nur Sg* (只用单数) **1.** e-e fließende elektrische Ladung 电流，电 ≈ Elektrizität 〈elektrischer, schwacher, starker S. 电流，弱、强电流; den S. einschalten, abschalten, ausschalten 开通、切断、关闭电流; etw. (ver)braucht viel S. 某物要(耗)用许多电; S. sparen 省电; S. aus e-r Batterie, e-r Leitung, e-r Steckdose entnehmen 用电池里、电线上、插座上的电〉‖ K-(复合): **Strom-**, **-abnehmer**, **-ausfall**, **-erzeuger**, **-erzeugung**, **-kabel**, **-leitung**, **-netz**, **-preis**, **-quelle**, **-rechnung**, **-schiene**, **-schlag**, **-stoß**, **-verbrauch**, **-zähler** ‖ -K(复合): **Atom-**, **Batterie-**, **Netz-**; **Gleich-**, **Wechsel-**; **Hochspannungs-**, **Schwach-**, **Stark-** **2.** **etw. steht unter S.** S.[2] (1) fließt durch ein Kabel, e-e Leitung *o. Ä.* 某物带电，某物有电: *Als er den Fernseher reparierte, bekam er e-n Schlag, weil die Rückwand unter S. stand* 在他修理电视机的时候被电了一下，因为后线路板有电

strom·ab·wärts *Adv* (副); in die Richtung, in die der Strom[1] (1) od. der Fluss fließt 顺流而下

strom·auf·wärts *Adv* (副); in die Richtung, aus der der Strom[1] (1) od. der Fluss kommt 逆流而上

strö·men; *strömte*, *ist geströmt*; Vi (不及物) **1.** **etw. strömt irgendwohin** ein Gas od. e-e Flüssigkeit bewegt sich (*mst* in großen Mengen) in e-e bestimmte Richtung (物作主语)流，涌，冒，喷: *Gas strömt aus der Leitung* 气体从管道里冒出来; *Blut strömt aus der Wunde* 血从伤口里涌出来; *Tränen strömten über ihr Gesicht* 她泪流满面 **2.** *mst* 多用于〈Menschen 人〉 **strömen irgendwohin** Menschen bewegen sich in großer Zahl in e-e bestimmte Richtung 涌向，朝…蜂拥而去: *Die Kinder strömten aus der Schule* 孩子们涌出学校

strö·mend **1.** *Partizip Präsens* (现在分词); ↑ **strömen** **2.** *Adj* (形); *nur attr*, *nicht adv* (只作定语，不作状语) ≈ stark, heftig 〈Regen 雨〉

Stro·mer *der*; -*s*, - ≈ Streuner, Landstreicher ‖ *hierzu* (派生) **Stro·me·rin** *die*; -, -*nen*

stro·mern; *stromerte*, *ist gestromert*; Vi (不及物) *gespr* [口]; ohne Ziel herumwandern 游荡，流浪 ≈ strolchen, sich herumtreiben

Strom·kreis *der*; ein System von Drähten od. Leitungen, die so miteinander verbunden sind, dass elektrischer Strom fließen kann 电路，回路〈e-n S. unterbrechen, schließen 断开、接通电路〉

Strom·li·ni·en|form *die*; e-e möglichst günstige Form *mst* e-s Fahrzeuges, die bewirkt, dass der Widerstand der Luft beim Fahren sehr gering ist 流线型 ‖ *hierzu* (派生) **strom·li·ni·en·för·mig** *Adj* (形)

Strom·schnel·le *die*; -, -*n*; ein Teil e-s Flusses, an dem das Wasser schnell über Felsen fließt 急滩河段，急流，湍流

Strom·stär·ke *die*; die Menge des elektrischen Stroms, die sich in e-r bestimmten Zeit durch e-e Leitung bewegt 电流强度: *Die S. wird in Ampere gemessen* 电流强度是用安培测量的

Strö·mung *die*; -, -*en* **1.** die Bewegung, mit der das Wasser e-s Flusses od. des Meeres *o. Ä.* fließt 水流〈e-e gefährliche, starke, reißende S. 危险的、强大的、滚滚的水流; in e-e S. geraten 卷进水流里; von e-r S. erfasst, mitgerissen werden 被水流裹住、冲走〉: *Er kämpfte verzweifelt gegen die S. an, wurde aber immer weiter vom Ufer abgetrieben* 他拼命地与水流搏斗，但仍被冲得离岸越来越远 **2.** Wasser, Luft od. Gas, das sich in e-e bestimmte Richtung bewegt 水流，气流〈e-e kalte, warme S. im Meer 海洋里的寒流、暖流〉**3.** *mst Pl* (多用复数); eine der verschiedenen Meinungen innerhalb e-r großen Gruppe 思潮，潮流，流派 ≈ Bewegung[2] (1) 〈geistige, politische, kulturelle Strömungen 思想的，政治的，文化的潮流〉

Stro·phe [-fə] *die*; -, -*n*; ein abgeschlossener Teil des Textes in e-m Lied od. in e-m Gedicht 诗节，歌词段落: *ein Lied mit fünf Strophen* 一首有五小段的歌; *die erste S. e-s Liedes singen* 唱一首歌的第一段; *nach jeder S. den Refrain singen* 每一段后唱副歌 ‖ -K(复合): **Anfangs-**, **Schluss-**

-stro·phig [-f-] *im Adj*, *begrenzt produktiv* (构成形容词，构词有限); mit der genannten Zahl

S

od. Menge von Strophen …节(或段)的; ***ein-strophig***, ***zweistrophig***, ***dreistrophig*** *usw*, ***mehrstrophig***

strot·zen; *strotzte*, *hat gestrotzt*; [Vi] (不及物) ***j-d / etw. strotzt vor etw.*** (*Dat* 三格) *gespr* [口]; j-d/etw. hat sehr viel von etw. (人/物作主语)充溢,充满,充斥〈j-d strotzt vor Gesundheit 某人很健康; etw. strotzt vor Fehlern 某物错误百出〉

strub·be·lig, **strubb·lig** *Adj* (形); *gespr* [口] ≈ zerzaust, struppig〈ein Fell, Haare 皮毛,头发; s. aussehen 显得蓬乱〉

Stru·del[1] *der*; *-s*, *-*; e-e Stelle in e-m Fluss *o. Ä.*, an der das Wasser e-e kreisförmige Bewegung macht u. nach unten gezogen wird 漩涡 ≈ Wirbel (1)〈in e-n S. geraten 陷入漩涡; von e-m S. ergriffen, in die Tiefe gesogen werden 被漩涡卷住,被卷入水下〉|| -K (复合): ***Wasser-***

Stru·del[2] *der*; *-s*, *-*; *südd* Ⓐ [南德][奥] e-e dünne Schicht Teig, die mit Obst *o. Ä.* belegt u. dann zusammengerollt u. gebacken wird 水果面卷 || -K (复合): ***Apfel-***, ***Mohn-***, ***Quark-***, ***Topfen-***

Struk·tur [ʃtr-, str-] *die*; *-*, *-en* **1.** die Art, wie verschiedene Teile zusammen zu e-m System geordnet sind 结构,构造;组织 ≈ Aufbau, Gliederung〈etw. hat e-e einfache, komplizierte S. 某物结构简单、复杂; etw. in seiner S. verändern 从结构上改变某物〉: *die soziale*, *wirtschaftliche S. e-s Landes* 一个国家的社会、经济结构; *die S. e-r Sprache erforschen* 研究一种语言的结构; *die S. e-s Moleküls untersuchen* 研究一个分子结构 || K- (复合): ***Struktur-***, ***-analyse***, ***-änderung***, ***-element***, ***-formel***, ***-reform***, ***-wandel*** || -K (复合): ***Bevölkerungs-***, ***Boden-***, ***Gesellschafts-***, ***Organisations-***, ***Satz-***, ***Sprach-***, ***Verkehrs-***, ***Verwaltungs-***, ***Wirtschafts-***; ***Fein-***, ***Makro-*** **2.** die Oberfläche e-s Stoffes *o. Ä.* mit e-m Muster aus hohen u. tiefen Stellen 织物纹理,质地 || K- (复合): ***Struktur-***, ***-gewebe***, ***-tapete*** || -K (复合): ***Oberflächen-***, ***Relief-***

struk·tu·rell [ʃtr-, str-] *Adj* (形); *nur attr od adv* (只作定语或状语); in Bezug auf die Struktur (1) 结构上的,构造上的,组织上的〈e-e Veränderung, e-e Verbesserung 改变,改进〉

struk·tu·rie·ren; [ʃtr-, str-] *strukturierte*, *hat strukturiert*; [Vt] (及物) ***etw. s.*** *geschr* [书]; etw. (*Dat* 三格) e-e bestimmte Struktur (1) geben 使具有…的结构 ≈ gliedern, aufbauen: *die Wirtschaft neu s.* 重新安排经济结构; *ein gut strukturierter Aufsatz* 一篇结构好的作文 || *hierzu* (派生) **Struk·tu·rie·rung** *die* || ▶ ***umstrukturieren***

struk·tur·schwach *Adj* (形); WIRTSCH【经】; mit wenig Arbeitsplätzen, wenig Industrie 经济结构不合理的;就业率低、工业欠发达的〈ein Gebiet, e-e Region 地区〉

Strumpf *der*; *-(e)s*, *Strümp·fe*; ein Kleidungsstück, das den Fuß u. e-n Teil des Beines (bei Frauen auch das ganze Bein) bedeckt 长筒袜〈Strümpfe stricken, stopfen 织、补袜子; e-e Laufmasche, ein Loch im S. haben 袜子上有抽丝、一个洞〉: *Er zog die Schuhe aus u. ging auf Strümpfen ins Zimmer* 他脱了鞋穿着袜子走进屋子; *zwei Paar Strümpfe* 两双长袜 || -K (复合): ***Nylon-***, ***Perlon-***, ***Seiden-***, ***Woll-***; ***Damen-***, ***Herren-***, ***Kinder-***; ***Netz-***, ***Strick-***; ***Sport-*** || NB (注意): ↑ ***Kniestrumpf***, ***Socke***

Strumpf·band *das*; *-(e)s*, *Strumpf·bän·der*; ein Band, das verhindert, dass ein Strumpf herunterrutscht 长袜松紧带

Strumpf·hal·ter *der* **1.** ≈ Strumpfband **2** ≈ Hüfthalter

Strumpf·ho·se *die*; ein enges Kleidungsstück (*bes* für Frauen u. Kinder), das den Unterleib, die Beine u. die Füße bedeckt 连裤袜 || ↑ *Abb. unter* 图见 ***Bekleidung*** || -K (复合): ***Nylon-***, ***Perlon-***, ***Seiden-***, ***Woll-***; ***Damen-***, ***Kinder-***

Strumpf·mas·ke *die*; ein dünner Strumpf, den j-d *bes* bei e-m Überfall über den Kopf zieht, damit er nicht erkannt wird 蒙面丝袜罩

Strunk *der*; *-(e)s*, *Strün·ke* **1.** der dicke, harte Teil e-r Pflanze dicht über der Erde 秆,茎,梗 || -K (复合): ***Kohl-***, ***Salat-*** **2.** der Rest des Stammes e-s abgestorbenen Baumes 枯树干,枯树墩 || -K (复合): ***Baum-***

strup·pig *Adj* (形); so, dass die Haare relativ hart sind u. in alle Richtungen durcheinander vom Kopf od. vom Körper abstehen 蓬乱的,散乱的 ≈ zerzaust〈Haare 头发; ein Hund, ein Fell 狗,皮毛〉|| *hierzu* (派生) **Strup·pig·keit** *die*; *nur Sg* (只用单数)

Struw·wel·pe·ter *der*; ein Junge, der sich nicht kämmt u. die Fingernägel nicht schneidet u. deswegen wild u. struppig aussieht. (Ursprünglich e-e Figur aus e-m bekannten Kinderbuch) 蓬头垢面的男孩(源自一本著名的儿童读物中的人物蓬头彼得)

Strych·nin [ʃtrʏç'niːn, str-] *das*; *-s*; *nur Sg* (只用单数); ein Gift, das auf die Nerven, den Kreislauf u. auf die Atmung wirkt 士的宁,番木鳖素

Stu·be *die*; *-*, *-n* **1.** *südd* Ⓐ [南德][奥] ≈ Wohnzimmer **2.** ein Zimmer in e-r Kaserne, in dem mehrere Soldaten schlafen 集体宿舍,军营营房 || K- (复合): ***Stuben-***, ***-älteste(r)***, ***-appell***, ***-dienst***, ***-kamerad*** || -K (复合): ***Kranken-***, ***Mannschafts-*** || ID [谚] (***Immer***) ***rein in die gute S.!*** *gespr hum* [口][诙]; komm(t) nur herein! 请屋里坐!

-stu·be *die*; *-*, *-n* **1.** verwendet als Bezeichnung für ein einfaches Lokal, Restaurant *o. Ä.* …(餐饮)店,馆,家; ***Bauernstube***, ***Imbissstube***, ***Kaffeestube***, ***Teestube***, ***Weinstube*** **2.** *südd* Ⓐ Ⓒⓗ [南德][奥][瑞] ≈ Raum, Zimmer; ***Backstube***, ***Dachstube***, ***Mansardenstube***, ***Nähstube***, ***Schlafstube***, ***Schreibstube***, ***Studierstube***, ***Wohnstube***

Stu·ben·ar·rest *der*; *gespr* [口]; (als Strafe) das Verbot für ein Kind, sein Zimmer zu verlassen (um draußen zu spielen *o. Ä.*) 关

在屋里，关(家庭)禁闭〈S. haben, bekommen 被关在屋里，吃(家庭)禁闭〉

Stu·ben·ho·cker *der*; *gespr pej* [口][贬]; j-d, der am liebsten im Haus bleibt u. nicht gern nach draußen geht 老蹲在家里的人，不爱外出的人 ‖ *hierzu*(派生) **Stu·ben·ho·cke·rin** *die*

stu·ben·rein *Adj*(形); *nicht adv*(不作状语); 〈ein Hund, e-e Katze 狗，猫〉 so erzogen, dass sie Darm u. Blase nicht auf dem Teppich *o. Ä.* entleeren 不弄脏屋子的，不随地拉撒的

Stu·ben·wa·gen *der*; ein Kinderwagen, in dem ein Baby tagsüber im Haus schlafen kann 家用婴儿车

Stuck *der*; -(*e*)*s*; *nur Sg*(只用单数); Ornamente aus Gips *o. Ä.* an den Decken u. Wänden e-s Zimmers (*bes* in alten, vornehmen Häusern) 石膏花饰〈etw. ist mit S. bedeckt, verziert 某物装有、饰有石膏花饰〉 ‖ K-(复合): **Stuck-**, **-arbeiten**, **-decke** ‖ ▶ **Stuckateur**

Stück[1] *das*; -(*e*)*s*, -/-*e* **1.** (*Pl* 复 *Stücke*) ein Teil e-s größeren Ganzen 块，段，张: *e-n Balken in Stücke sägen* 把一根粗木料锯成几段; *ein großes S. (vom) Kuchen abschneiden*, *(von der) Schokolade abbrechen*, *(von der) Wurst abbeißen* 切下一大块点心，掰下一大块巧克力，咬下一大口香肠; *ein S. Papier abreißen* 撕下一张纸; *Die Fensterscheibe zersprang in tausend Stücke* 窗户玻璃炸得粉碎; *Sie kauften sich ein S. Land* 他们买了一块地 ‖ -K(复合): **Braten-**, **Brot-**, **Fleisch-**, **Haut-**, **Knochen-**, **Kuchen-**, **Land-**, **Torten-**, **Wurst-** **2.** (*Pl* 复 *Stücke*) *mst Sg* (多用单数); ein Teil e-s Textes, den man für e-n bestimmten Zweck als Einheit behandelt (文章的)一段，一部分 ≈ Abschnitt: *ein kurzes S. aus e-m Buch vorlesen* 朗诵一本书的其中一小段; *das erste S. e-s Gedichtes aufsagen* 背诵一首诗的第一段 **3.** (*Pl* 复 *Stück/Stücke*) **ein S.** + *Subst* (名词) ein einzelner Gegenstand od. ein Teil e-r bestimmten Substanz *o. Ä.* 一块〈ein S. Butter, Kohle, Seife, Zucker 一块黄油、煤、肥皂、(方)糖〉: *drei Stück Zucker im Tee nehmen* 往茶里放三块(方)糖 ‖ K-(复合): **Stück-**, **-gut**, **-zahl** ‖ -K(复合): **Beweis-**, **Fracht-**, **Fund-**, **Gepäck-**, **Kleidungs-**, **Möbel-**, **Schmuck-**, **Schrift-**, **Seifen-**, **Wäsche-**, **Zucker-** **4.** (*Zahlwort* 数词 + *Stück*) die genannte Zahl von etw./Tieren 块，只，枝，段，张，头，匹等(量词): *fünf Stück Vieh* 五头牲口; *drei Stück*

Stück[1]

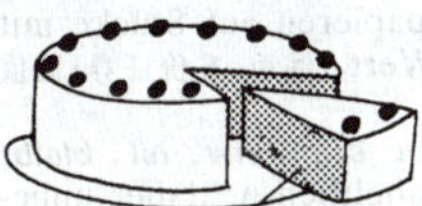

das Stück (Kuchen)
块(点心)

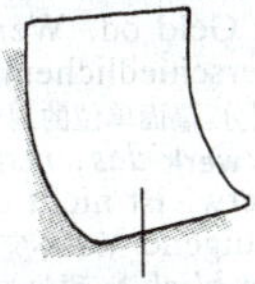

das Stück (Papier)
张(纸)

das Stück (Schokolade)
块(巧克力)

das Stück (Käse)
块(奶酪)

das Stück (Brot)
块(面包)

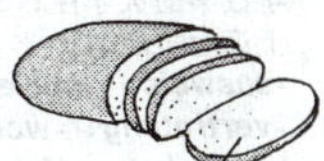

die Scheibe (Brot)
片(面包)

der Krümel /
der Brotkrümel
碎屑/面包屑

die Scheibe
(Käse)
片(奶酪)

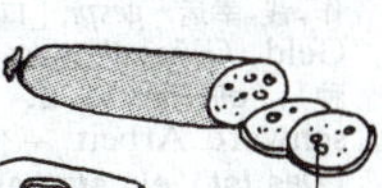

die Scheibe
(Wurst)
片(香肠)

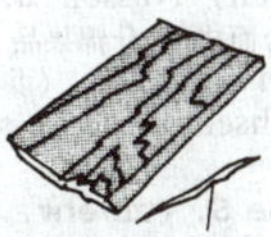

der Splitter /
der Holzsplitter
碎片/木头刺儿

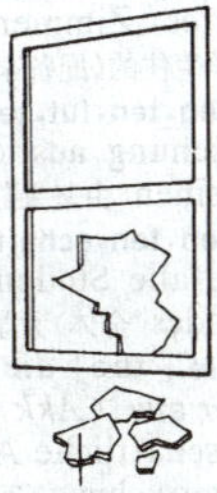

die Scherbe /
die Glasscherbe
碎片/玻璃碎片

der Fetzen /
der Papierfetzen
碎片/碎纸片

der Schnipsel /
der Papierschnipsel /
das Schnitzel
碎片/纸屑

Kuchen essen 吃三块点心；*Die Eier kosten zwanzig Cent das/pro S.* 鸡蛋每只卖 20 分；*„Wie viele Zigaretten hast du?" – „Zehn Stück"* "你有多少香烟？"——"10 支"；*Ich hätte gern sechs Stück von den Äpfeln da drüben* 我想要六只那对面的苹果 **5.** (*Pl* 复 *Stücke*) ein einzelner Gegenstand, der für j-n e-n besonderen Wert hat (*bes* als Teil e-r Sammlung) (特殊价值的收藏品)件，枚 ≈ Exemplar: *In seiner Briefmarkensammlung hat er ein paar seltene Stücke* 在他的集邮册里有几枚稀有品；*Diese Vase ist mein schönstes S.* 这只花瓶是我最精美的一件 ‖ -K(复合)：**Ausstellungs-**, **Erb-**, **Museums-**, **Pracht-**, **Prunk-** **6. S. für S.** eins/einen Teil nach dem anderen 一块(接一)块地，一只(接一)只地：*Pralinen S. für S. aufessen* 一块接一块地吃完夹心巧克力糖；*ein Gedicht S. für S. auswendig lernen* 一段接一段地背诗 **7. in ˈeinem S.** ganz u. nicht in Teilen 整块地，整只地(不分成小块的)〈etw. in einem S. lassen, herunterschlucken 把某物整块留下、吞下〉 **8. am/im S.** ganz u. nicht in dünne Scheiben geschnitten 整块地，整个地(不是切片的)〈Käse, Wurst am/im S. kaufen 整块地买奶酪，整根地买香肠〉 **9. ein dummes/faules S.** *gespr!* [粗] verwendet als Schimpfwort für j-n, der dumm/faul ist 笨蛋，蠢货/懒鬼，懒骨头 **10. ein ganzes/gutes S.** ziemlich viel, weit *o. Ä.* 整整一大截〈ein ganzes/gutes S. älter, größer, kleiner, jünger, klüger *usw* als j-d sein 比某人年长、高、矮、年轻、聪明得多；ein ganzes/gutes S. wachsen 长高整整一大截；ein ganzes/gutes S. (weit) fahren, gehen müssen 得乘(车)、步行很长一段路〉 **11. ein (kleines/kurzes) S.** e-e relativ kurze Entfernung 一(小)段路：*Ich werde dich noch ein S. begleiten* 我再陪你一段路 ‖ ID [谚] **ein gutes/schönes S.** 〈Arbeit, Geld, Glück 工作，钱，幸运〉 *gespr* [口]；ziemlich viel Arbeit, Geld, Glück 相当多(好、美、可观)的一笔(一份，一种)；**ein hartes S. ˈArbeit** *gespr* [口]；viel schwere Arbeit 一份艰苦的工作；*mst* 多用 **(Das ist) ein starkes ˈS.** *gespr* [口]；das ist e-e Unverschämtheit (这)真是厚颜无耻！；**etw. aus freien Stücken tun** etw. freiwillig tun 自愿干某事；**große ˈStücke auf j-n halten** e-e sehr gute Meinung von j-m haben 认为某人是块料；*mst* 多用 **Das ist nur ein S. ˈPapier** das ist zwar schriftlich festgelegt, aber es kann trotzdem falsch od. ungültig sein 这只不过是一张纸而已(指文字无效)；*mst* 多用 **Du bist doch mein/unser bestes ˈS.!** *gespr hum* [口][诙]；verwendet, *bes* um ein Mitglied der Familie zu trösten u. um auszudrücken, dass man es sehr gern hat 你可是我/我们最喜欢的！；*mst* 多用 **Da ˈhast du dir aber ein S. geleistet!** *gespr* [口]；verwendet, um j-m zu sagen, dass er e-n großen Fehler gemacht hat 这下你可干了好事！(意即犯了个大错) ‖ *zu* (义项) **1., 2.** u. **3. stück·wei·se** *Adv* (副)

Stück² *das*; *-(e)s, -e* **1.** ein literarisches Werk, das *mst* im Theater gezeigt (aufgeführt) wird 剧本，剧 ≈ Theaterstück, Drama 〈ein S. schreiben, inszenieren, proben, aufführen 写，导演，排练，上演一出剧〉 ‖ K-(复合)：**Stücke-**, **-schreiber** ‖ -K(复合)：**Bühnen-**, **Fernseh-**; **Erfolgs-**; **Lehr-**; **Volks-** **2.** ein musikalisches Werk 曲子，乐曲 ≈ Musikstück: *ein S. von Chopin spielen* 演奏肖邦的一首乐曲；*Das Orchester studiert Stücke von Mozart u. Vivaldi ein* 乐队在排练莫扎特和维瓦尔第的曲子 ‖ -K(复合)：**Gesangs-**, **Klavier-**, **Orchester-**; **Übungs-**

-stück *das*; ein Geldstück mit der genannten Währungseinheit od. aus dem genannten Material …(硬)币 ≈ Münze; **Goldstück**, **Kupferstück**, **Messingstück**, **Silberstück**; **Pfennigstück**, **Markstück**, **Schillingstück**, **Frankenstück**, **Pfundstück** *usw*

Stu·cka·teur [-tøːɐ̯] *der*; *-s, -e*; j-d, der beruflich Verzierung aus Stuck herstellt 石膏花饰制作工人，石膏花饰工 ‖ *hierzu* (派生) **Stu·cka·teu·rin** [-ˈtøːrɪn] *die*; *-, -nen*

stü·ckeln; *stückelte, hat gestückelt*; [Vt/i] (及物/不及物) (**etw.**) **s.** etw. aus kleinen Stücken¹(1) zusammensetzen (用小块)拼，拼成：*s. müssen, weil der Stoff nicht reicht* 因为布料不够，得拼缝

Stü·cke·lung *die*; *-, -en* **1.** *nur Sg* (只用单数)；das Stückeln **2.** WIRTSCH【经】；die Verteilung von Geld od. Wertpapieren auf Stücke mit unterschiedlichem Wert (钱币，有价证券)面值的划分，票面单位的划分

Stück·werk *das*; *mst in* 多用于 **etw. ist, bleibt S.** etw. ist nicht einheitlich u. daher unbefriedigend 某事不完整，仍不完善：*Die Steuerreform blieb S.* 税收改革仍不完善

Stu·dent *der*; *-en, -en*; j-d, der an e-r Universität od. Hochschule studiert 大学生 ≈ Studierende(r)：*ein S. der Mathematik* 学数学的大学生；*S. im siebten Semester sein* 上第七学期的大学生 ‖ K-(复合)：**Studenten-**, **-ausweis**, **-bewegung**, **-revolte**, **-unruhen**, **-vertretung**, **-wohnheim** ‖ -K(复合)：**Fachhochschul-**, **Universitäts-**; **Chemie-**, **Jura-**, **Medizin-**, **Sprachen-** *usw* ‖ NB (注意)：*der Student; den, dem, des Studenten* ‖ *hierzu* (派生) **Stu·den·tin** *die*; *-, -nen*; **stu·den·tisch** *Adj* (形) ‖ ▶ **studieren**, **Studium**

Stu·den·ten·bu·de *die*; *gespr* [口]；ein (möbliertes) Zimmer, in dem ein Student wohnt 大学生住的(配备家具的)房间，大学生宿舍

Stu·den·ten·fut·ter *das*; *Kollekt* (集合)；e-e Mischung aus (verschiedenen) Nüssen u. Rosinen(由坚果仁、葡萄干等混合而成的)什锦果品

Stu·den·ten·schaft *die*; *-, -en*; *Kollekt* (集合)；alle Studenten e-r Hochschule od. e-s Landes(全体)大学生

Stu·die [-diə] *die*; *-, -n* **1. e-e S.** (**zu etw., über etw.** (*Akk* 四格)) e-e schriftliche wissenschaftliche Arbeit (有关…的)研究，调查 ≈ Untersuchung (2)：*e-e S. über die Ursachen des Waldsterbens* 一篇有关森林树木死亡之因的研究 **2.** e-e einfache Zeichnung, mit der ein Maler ausprobiert, wie etw. aus e-r bestimmten Per-

S

spektive *o. Ä.* aussieht 绘画草图，绘画构思图 〈Studien anfertigen 画一个构思图〉

Stu·di·en [-iən] *Pl* (复)；↑ ***Studium***，***Studie***

Stu·di·en- [-iən-] *im Subst*，*begrenzt produktiv* (构成名词，构词有限)；in Bezug auf das Studium an e-r Universität *o. Ä.* (大学)学习…；die ***Studienberatung***，der ***Studienbewerber***，das ***Studienfach***，der ***Studienfreund***，die ***Studiengebühren***，der ***Studienkollege***，der ***Studienplatz***，die ***Studienreform***，die ***Studienzeit***

Stu·di·en·gang *der*；die Ausbildung，die man an der Universität *o. Ä.* für bestimmte Fächer macht (大学)专业，学科，学习过程，学习阶段 ‖ -K：***Aufbau-***，***Diplom-***，***Fachhochschul-***，***Lehramts-***；***Kurz-***

stu·di·en·hal·ber *Adv* (副)；im Rahmen e-s Studiums (1) 因上大学的缘故〈sich s. irgendwo aufhalten 因上大学而在某处逗留〉

Stu·di·en·rat *der*；Ⓓ [德] ein Titel für e-n Lehrer am Gymnasium *o. Ä.* 高级文理中学公职教师 ‖ -K(复合)：***Ober-*** ‖ *hierzu* (派生) **Stu·di·en·rä·tin** *die*

Stu·di·en·re·fe·ren·dar *der*；Ⓓ [德] ein Lehrer，der (nach dem 1. Staatsexamen) seine praktische Ausbildung an der Schule macht (an deren Ende er das 2. Staatsexamen macht) (通过第一次国家考试的)中学实习教师 ‖ *hierzu* (派生) **Stu·di·en·re·fe·ren·da·rin** *die*

stu·die·ren；*studierte*，*hat studiert*；[Vt/i] (及物/不及物) **1.** (***etw.***) ***s.*** e-e Universität od. Hochschule besuchen u. dort etw. lernen (大学)学习，上大学〈Mathematik，Medizin，Sprachen *usw* s. 学数学、医学、语言等；an e-r Universität，Fachhochschule s. 在(综合性)大学、专科高等学校学习〉：*Sie studiert im dritten Semester Biologie* 她在第三学期学生物学；*Nach dem Abitur will sie s.* 高中毕业后她想上大学；[Vt] (及物) **2.** ***etw. s.*** etw. genau beobachten u. untersuchen，um viele Informationen zu bekommen 研究，钻研：*das Verhalten der Bienen s.* 研究蜜蜂的习性；*die Sitten u. Gebräuche der Eskimos s.* 研究爱斯基摩人的风俗习惯 **3.** ***etw. s.*** *gespr* [口]；etw. genau lesen 认真读，仔细看〈die Akten，den Fahrplan，die Speisekarte s. 认真看文件、行车时刻表、菜单〉；[Vi] (不及物) **4.** ***auf etw.*** (*Akk* 四格) ***s.*** *gespr* [口]；s. (1)，um e-n bestimmten Abschluss zu machen od. e-n bestimmten Beruf zu erlernen 攻读，习研〈auf das Diplom，auf das Lehramt s. 攻读硕士、师范〉 ‖ *zu* (义项) **1. Stu·die·ren·de** *der/die*；*-n*，*-n*

stu·diert 1 *Partizip Perfekt* (过去分词)；↑ ***studieren*** **2** *Adj* (形)；*nicht adv*，*gespr* (不作状语) [口]；〈e-e Frau，ein Mann 女子，男人〉 mit e-m abgeschlossenen Studium 受过高等教育的，上过大学的，大学毕业的 ‖ *hierzu* (派生) **Stu·dier·te** *der/die*；*-n*，*-n*

Stu·dio *das*；*-s*，*-s* **1.** ein Raum，in dem Sendungen (für Radio u. Fernsehen) od. Filme (für das Kino) aufgenommen werden 摄影棚；(广播节目)录制室，演播室 ‖ -K(复合)：***Fernseh-***，***Film-***，***Rundfunk-*** **2.** ein Raum，in dem ein Künstler，*bes* ein Maler，arbeitet 艺术创作室，画室 ≈ Atelier **3** ein kleines Kino od. Theater，in dem oft Filme od. Stücke gezeigt werden，die man in großen Kinos od. Theatern nicht sieht (戏剧，电影的)试演影剧院 ‖ K-(复合)：***Studio-***，***-bühne***，***-kino***

Stu·di·o·sus *der*；*-*，*Stu·di·o·si*；*hum* [诙] ≈ Student

Wie bekomme ich einen Studienplatz?
我怎样获得大学学习名额？

Die Voraussetzung，einen Studienplatz an einer deutschen Universität zu erhalten，ist die „allgemeine **Hochschulreife**“，das sogenannte **Abitur**. Zum **Studium** an einer der **Fachhochschulen** benötigt man die „fachgebundene Hochschulreife“，das sogenannte **Fachabitur**.

Potenzielle Studenten aus dem Ausland，die nicht an einer deutschen Schule die Hochschulreife erlangt haben，sollten sich rechtzeitig (etwa ein Jahr vor dem geplanten Studienbeginn) darüber informieren，ob ihr Schulabschluss ausreicht，um ein Studium in Deutschland aufzunehmen. Auskünfte darüber geben die Akademischen Auslandsämter der jeweiligen Hochschulen bzw. die ZVS，die Zentralstelle für die Vergabe von Studienplätzen，in Dortmund.

Genaueres erfährt man beim Deutschen Akademischen Austauschdienst，dem DAAD，unter der Internetadresse **www. daad. de** oder bei der ZVS unter **www. zvs. de**.

Seit etwa 30 Jahren müssen angehende Studenten，die ein Fach studieren möchten，bei dem die Zulassungszahlen für Studienanfänger bundesweit begrenzt sind (das sind die „harten **Numerus-Clausus**-Fächer“ wie Medizin，Pharmazie oder Psychologie)，ihren Antrag auf Zuteilung eines Studienplatzes an die ZVS richten. Man kann zwar seine Wünsche hinsichtlich des Studienortes äußern，hat jedoch keine Garantie，einen Studienplatz an der gewünschten Universität zu erhalten.

获得德国大学学习名额的前提，是有“**普遍的高等学校入学资格**”即所谓**高中毕业**。为了上**专科高等学校**学习，需要有“专业对口的高等学校入学资格”，即所谓“**专科高中毕业**”。

没有在德国中学获得中学毕业证书的来自外国的未来的大学生们，应该及时地(大约在计划中的大学开学时间前一年)查询，他们中学毕业后是否可以在德国进入大学学习。各大学的外事办公室或设在多特蒙德的大学名额分配中心(ZVS)提供这方面的咨询。

人们可以向德国学术交流中心(即 DAAD，通过互联网网站 www.daad.de)或向大学名额分配中心(通过 www.zvs.de)了解详细的情况。

近 30 年来，想攻读新生入学人数在联邦范围内有限制的专业(这是硬性**限额录取**的专业，如医学、药学或心理学)的未来的大学生，必须向大学名额分配中心提出自己的关于分配大学名额的申请书。虽然人们可以对大学学习地点表达自己的愿望，但是并不保准就能获得他所期望的大学的入学名额。

S

Stu·di·um *das*; *-s*, *Stu·di·en* [-diən] **1.** *nur Sg*（只用单数）; e-e Ausbildung an e-r Universität *o. Ä.*（大学）学习，上大学〈zum S. zugelassen werden 被录取上大学; ein S. aufnehmen, abschließen 开始、结束大学学业〉: *das S. der Biologie* 学生物学 ‖ -K（复合）: **Fachhochschul-, Universitäts-; Kurz-; Aufbau-, Zweit-; Diplom-, Doktor-, Magister-, Promotions-; Chemie-, Jura-, Lehramts-, Medizin-, Sprachen-** *usw* **2. das S.**（+ *Gen* 二格）die intensive u. wissenschaftliche Beschäftigung mit etw. 研究，钻研: *das S. alter Kulturen* 研究古代文化; *das S. der sozialen Verhältnisse e-s Landes* 研究一个国家的社会状况 ‖ K-（复合）: **Studien-, -aufenthalt, -reise** **3. das S.** + *Gen*（二格）; das genaue Lesen e-s Textes 认真读、看〈das S. der Akten, des Fahrplans 认真看文件、行车时刻表〉: *Er war so in das S. seiner Zeitung vertieft, dass er uns nicht bemerkte* 他专心致志地看报，连我们来了都没察觉

Stu·fe *die*; -, *-n* **1.** eine von mehreren waagrechten, schmalen Flächen e-r Treppe（楼梯）级，梯级: *auf der untersten, obersten S. stehen* 站在最低的、最高的梯级; *zwei Stufen auf einmal nehmen* 一步迈两个梯级; *die Stufen zum Aussichtsturm hinaufgehen* 爬楼梯上观景塔楼 ‖ ↑ *Abb. unter* 图见 **Treppenhaus** ‖ K-（复合）: **Stufen-, -leiter** ‖ -K（复合）: **Altar-, Treppen-** **2.** e-e Art S. (1) in e-r großen Fläche 级，台阶: *Der Meeresboden fällt in Stufen ab* 海底像台阶似地斜降 ‖ K-（复合）: **Stufen-, -dach, -pyramide** **3.** der Zustand zu e-m bestimmten Zeitpunkt e-r Entwicklung 阶段 ≈ Stadium〈e-e niedrige, hohe S. 低级、高级阶段; etw. steht auf e-r S., bleibt auf e-r S. stehen 某物处在某个阶段，某物仍处在某个阶段; etw. erreicht e-e S. 某物达到某个阶段〉‖ -K（复合）: **Alters-, Bildungs-, Entwicklungs-; Intelligenz-, Kultur-; Anfangs-, Grund-, Übergangs-, Vor-, Zwischen-** **4.** ein bestimmter Punkt auf e-r Skala 级，级别，等级〈etw. rückt in die nächste S. auf 某物上升到下一个级别〉‖ K-（复合）: **Stufen-, -folge, -plan** ‖ -K（复合）: **Besoldungs-, Gehalts-, Preis-, Rang-, Schwierigkeits-** **5.** der Teil e-r Rakete, der diese zu e-r bestimmten Zeit mit e-r bestimmten Kraft antreibt（火箭推进器）级〈die erste, zweite, dritte S. zünden 点燃第一、二、三级〉‖ -K（复合）: **Antriebs-, Raketen-** ‖ ID［谚］**sich mit j-m auf die gleiche S. / auf eine S. stellen** **a)** etw. tun, das einen auf j-s niedriges Niveau bringt 把自己降低到与某人相等的级别（同一水平）; **b)** sich für gleich gut wie j-d anderer halten 把自己与某人相提并论，认为自己不比某人逊色 ‖ *zu*（义项）**1.** u. **2.** **stu·fen·ar·tig** *Adj*（形）; **stu·fen·för·mig** *Adj*（形）; *zu*（义项）**2. stu·fen·los** *Adj*（形）; *zu*（义项）**3.** u. **4. stu·fen·wei·se** *Adj*（形）; *mst adv*（多作状语）

Stu·fen·bar·ren *der*; ein Turngerät für Frauen, dessen zwei waagrechte Stangen verschieden hoch sind 高低杠

stu·fig *Adj*（形）; so, dass die Haare mehrere unterschiedliche Längen haben 有层次的，阶梯状的〈e-e Frisur, ein Haarschnitt 发型，发式; das Haar/die Haare s. schneiden 把头发剪得有层次〉

Stuhl[1] *der*; -(*e*)*s*, *Stüh·le* **1.** ein Möbelstück, auf dem e-e Person sitzen kann u. das aus *mst* vier Beinen, e-r Sitzfläche u. e-r Rückenlehne besteht 椅子〈sich auf e-n S. setzen 坐到一把椅子上去; auf e-m S. sitzen 坐在一把椅子上; vom S. aufstehen, aufspringen 从椅子上站、跳起来; j-m e-n S. anbieten 请某人在椅子上就坐; ein S. ist besetzt, frei 某把椅子有人了、空着〉‖ K-（复合）: **Stuhl-, -bein, -kissen, -lehne** ‖ -K（复合）: **Camping-, Garten-, Kinder-, Klavier-, Küchen-, Lehn-; Dreh-, Klapp-, Roll-, Schaukel-; Holz-, Korb-, Metall-, Rohr-** **2. der elektrische S.** e-e Art S.[1] (1), auf dem j-d (als Strafe für ein Verbrechen) mit elektrischem Strom getötet wird 电椅 ‖ ID［谚］**zwischen zwei Stühlen sitzen** in der unangenehmen Lage sein, dass man Nachteile hat, egal was man macht od. wie man sich entscheidet 弄得两头落空，两头不讨好; **sich zwischen zwei / alle Stühle setzen** sich durch e-e Handlung od. Entscheidung in e-e Lage bringen, in der man nur Nachteile od. Feinde hat 弄得两头落空，两头不讨好; (**fast**) **vom S. fallen**〈vor Erstaunen, Entsetzen 因惊讶，惊恐〉*gespr*［口］; sehr überrascht sein, entsetzt sein（差一点）从椅子上跌落下来（意即：惊奇得不得了）; **etw. reißt / haut j-n vom S.** *gespr*［口］; etw. überrascht od. begeistert j-n sehr 某事使某人大吃一惊；使某人赞叹不已

Stühle

der Stuhl[1](1)
椅子

der Drehstuhl
滚轮转椅

der Liegestuhl
躺椅

der Rollstuhl
轮椅

der Kinderstuhl
儿童坐椅

der Schaukelstuhl
摇椅

Stuhl[2] *der*; -(*e*)*s*; *nur Sg*, MED（只用单数）【医】; der Kot des Menschen 大便 ‖ K-（复合）: **Stuhl-, -untersuchung**

Stuhl·gang *der*; *nur Sg*（只用单数）; *mst in* 多用于 **S. haben** den Darm entleeren 排便，大便

Stuk·ka·teur ↑***Stuckateur***

Stul·le *die*; -, *-n*; *nordd* [北德]; e-e Scheibe Brot (mit Butter u. Käse, Wurst *o.Ä.*) 涂了黄油的(或夹奶酪、香肠等的)面包片 ‖ -K(复合): ***Butter-***, ***Käse-***, ***Wurst-***

Stul·pe *die*; -, *-n*; ein weiter Teil am Ende e-s Ärmels, Handschuhs od. Stiefels, der (nach außen) umgebogen ist (外)翻边,翻口 ‖ K-(复合): ***Stulpen-***, ***-handschuh***, ***-stiefel***

stül·pen; *stülpte*, *hat gestülpt*; [Vt] (及物) **1.** ***etw. auf / über etw.*** (*Akk* 四格) ***s.*** e-n Behälter *o.Ä.* mit der Öffnung nach unten drehen u. über etw. anderes ziehen od. stellen 把…罩、套、倒扣在…上: *dem Schneemann e-n Eimer auf den Kopf s.* 把一只桶倒扣在雪人头上; *ein Glas über e-e Fliege s., um sie zu fangen* 用玻璃杯扣苍蝇以便抓住它 **2.** ***etw. nach außen s.*** die innere Seite e-r Tasche *o.Ä.* nach außen wenden 把…翻到外面来,向外翻

stumm *Adj* (形) **1.** nicht fähig zu sprechen, weil man die Laute nicht produzieren kann 哑的,哑巴的: *von Geburt s. sein* 天生是哑巴 ‖ -K(复合): ***taub-*** **2.** so voller Angst *o.Ä.*, dass man nichts sagen kann 说不出话来的〈s. vor Angst, Schreck, Wut sein 怕得、吓得、气得说不出话来〉**3.** 〈ein Zuhörer, Zuschauer 听众,观众〉so, dass sie kein Wort sagen 不出声的,一言不发的 **4.** so, dass dabei kein Wort gesagt wird 无言的,无声的,鸦雀无声的〈ein Abschied, e-e Begrüßung 告别,欢迎; s. zuhören, zuschauen, sein, bleiben 鸦雀无声地倾听,默不作声地观看,不言语,保持缄默〉**5.** ***etw. bleibt s.*** etw. macht kein Geräusch, weil es nicht funktioniert od. nicht benutzt wird (物作主语)没有声响〈der Fernseher, das Radio, das Telefon 电视机,收音机,电话机〉‖ *zu* (义项) **1. Stum·me** *der / die*; *-n*, *-n*; *zu* (义项) **1.** u. **3. Stumm·heit** *die*; *nur Sg* (只用单数)

Stum·mel *der*; *-s*, -; ein kurzes Stück, das von etw. übrig geblieben ist 残余的末端,头 ≈ Stumpf ‖ K-(复合): ***Stummel-***, ***-schwanz*** ‖ -K(复合): ***Bleistift-***, ***Kerzen-***, ***Zigaretten-***

Stumm·film *der*; *hist* [历]; ein (Kino) Film ohne Ton 无声电影 ↔ Tonfilm

Stum·pen *der*; *-s*, -; *bes* (CH) 尤用于[瑞] ≈ Stumpf ‖ -K(复合): ***Baum-***

Stüm·per *der*; *-s*, -; *pej* [贬]; j-d, der etw. nicht gut kann u. deswegen viele Fehler macht 无能者,工作蹩脚的人,技术差劲的人 ≈ Pfuscher ‖ *hierzu* (派生) **stüm·per·haft** *Adj* (形); **stüm·pern** (*hat*) *Vi* (不及物)

Stüm·pe·rei *die*; -, *-en*; *gespr* [口]; die Arbeit e-s Stümpers 粗劣的活儿,外行干的活儿 ≈ Pfusch

stumpf, *stumpfer*, *stumpfst-*; *Adj* (形) **1.** 〈ein Bleistift, e-e Nadel, e-e Spitze 铅笔,针,尖〉am Ende rund od. nicht so spitz, wie sie sein sollten 不尖的,秃的,圆头的 ↔ spitz ‖ ↑ *Abb. unter* 图见 ***Eigenschaften*** **2.** 〈ein Messer, e-e Schere 刀,剪刀〉so, dass man damit nicht gut schneiden kann 钝的,不锋利的,不快的 ↔ scharf **3.** ohne Glanz 无光泽的〈Augen, ein Fell, Haare 眼睛,皮毛,头发〉**4.** ohne Interesse u. Gefühle 无感觉的,麻木的,迟钝的 ≈ abgestumpft, teilnahmslos 〈ein Blick 目光; s. vor sich hin starren 毫无表情地盯着前方; s. dahinleben 麻木不仁地苟活〉‖ NB(注意): ↑ ***Winkel*** ‖ *hierzu* (派生) **Stumpf·heit** *die*; *nur Sg* (只用单数)

Stumpf *der*; *-(e)s*, *Stümp·fe*; ein kurzes Stück, das als Rest bleibt, nachdem etw. abgetrennt wurde *o.Ä.* 末端,截剩的一段 ≈ *Stummel* ‖ -K(复合): ***Arm-***, ***Baum-***, ***Bein-***, ***Kegel-***, ***Kerzen-***, ***Zahn-*** ‖ ID [谚] ***mit S. u. Stiel*** völlig, ohne Rest 一点不剩地,彻底地,完全地〈etw. mit S. u. Stiel ausrotten, vernichten 彻底根除,消灭某物〉

Stumpf·sinn *der*; *nur Sg* (只用单数) **1.** ein Zustand, in dem man sich für nichts interessiert 冷漠,麻木,迟钝 ≈ Teilnahmslosigkeit 〈in S. verfallen, versinken 变得迟钝,陷于麻木〉**2.** die Eigenschaft e-r Sache od. Tätigkeit, langweilig od. monoton zu sein 枯燥乏味,单调 ≈ Stupidität: *Diese Arbeit ist doch (der reine) S.!* 这活儿真是(十分)单调乏味! ‖ *hierzu* (派生) **stumpf·sin·nig** *Adj* (形)

stumpf·win·ke·lig, **stumpf·wink·lig** *Adj* (形); MATH【数】; mit e-m stumpfen Winkel über 90° 钝角的〈ein Dreieck 三角形〉

Stünd·chen *das*; *-s*, -; *gespr* [口]; ungefähr eine Stunde (1) 个把小时: *Du kannst ruhig mal ein S. bei mir bleiben* 你尽可以在我这儿呆上个把小时

Stun·de *die*; -, *-n* **1.** einer der 24. Teile, in die der Tag eingeteilt wird 小时,钟头; *Abk* 缩写 Std. 〈e-e viertel, halbe, ganze, knappe, volle S. 一刻钟,半个、整整一个、将近一个、足足一个小时〉: *e-e geschlagene* (= ganze) *S. warten müssen* 得等整整一个小时; *Er wollte in einer S. hier sein* 他原先打算一小时后到这儿; *Sie verdient fünfzehn Euro die S. / pro S. / in der S.* 她每小时挣15欧元 ‖ NB(注意): *in drei viertel Stunden* 在45分钟(三刻钟)内, aber (但是) *eine Dreiviertelstunde* 三刻钟(45分钟)(zusammengeschrieben 连写) ‖ K-(复合): ***Stunden-***, ***-geschwindigkeit***, ***-lohn***, ***-zeiger*** ‖ -K(复合): ***Dreiviertel-***, ***Viertel-*** **2.** die Zeit, zu der etw. Bestimmtes geschieht 时刻,时候: *in der S. der Not zu j-m halten* 在某人有困难的时候给予支持; *j-m in der S. seines Todes beistehen* 在某人临终之时守在身边; *schöne Stunden mit j-m verbringen* 与某人度过美好的时刻; *zur gewohnten S. kommen* 在跟往常一样的时候来 ‖ -K(复合): ***Abschieds-***, ***Feier-***, ***Geburts-***, ***Muße-***, ***Ruhe-***, ***Sterbe-***, ***Todes-***; (*mit Pl* 用复数:) ***Arbeits-***, ***Bank-***, ***Büro-***, ***Dienst-***, ***Geschäfts-*** **3.** der Unterricht in e-m Fach *o.Ä.*, der ungefähr e-e S. (1) dauert 课时〈j-m Stunden geben, erteilen 给某人上课; Stunden in etw. (*Dat* 三格) nehmen 听某学科的课; e-e S. schwänzen 旷一节课〉: *privat Stunden im Gitarrespielen neh-*

S

men 上吉它家教课; *In der ersten S. haben wir Mathe* 第一节课我们上数学 ‖ K-(复合): **Stunden-**, **-soll**, **-zahl** ‖ -K(复合): **Deutsch-**, **Englisch-**, **Geschichts-**, **Mathe-**, **Physik-**, **Turn-**, **Zeichen-** *usw*; **Geigen-**, **Klavier-**, **Reit-**, **Tanz-**; **Doppel-**; **Nachhilfe-**, **Privat-**, **Schul-**, **Unterrichts-**, **Vertretungs-** **4. zur S.** *geschr* [书]; jetzt, in diesem Augenblick 当前,目前,眼下 **5. zu später / vorgerückter S.** *geschr* [书]; spät am Abend 在夜晚 **6. in e-r stillen S.** wenn man Zeit (zum Nachdenken) hat 在沉思的时刻 **7. j-s große S.** der Zeitpunkt, an dem j-d Gelegenheit hat zu zeigen, was er kann 某人露一手的时候 **8. die S. der Wahrheit** der Zeitpunkt, an dem sich zeigt, was j-d kann od. wie gut etw. ist 拿出真本事的时候,亮相的时刻 **9. die S. null** der Zeitpunkt, an dem etw. sehr Wichtiges geschieht u. e-e neue Epoche anfängt 划时代的时刻,新时代的开始 **10. die S. X** ['ɪks] der Zeitpunkt in der Zukunft, an dem etw. Wichtiges geschehen soll (将要发生重大事件的)某个时候 **11. von Stund an** *geschr veraltend* [书][渐旧]; von jetzt/da an 从现在起,从这时起 ‖ ID [谚] **j-s letzte S. hat geschlagen / ist gekommen** j-s Tod ist nahe 某人的丧钟已敲响/某人的死期已来临; **wissen, was die S. geschlagen hat** die Situation richtig einschätzen u. wissen, was man tun muss 知道审时度势; ⟨ein Mann, e-e Frau, ein Kämpfer, ein Revolutionär *usw* 男士,女士,斗士,革命者等⟩ **der ersten S.** j-d, der von Anfang an bei e-r Sache dabei war 一开始就参加的 ‖ *zu* (义项) **1.** u. **3.** **stụn·den·wei·se** *Adj* (形); *mst adv* (多作状语)

stụ̈n·de *Konjunktiv II*, *1. u. 3. Person Sg* (虚拟式 II,第一和第三人数单数); ↑ **stehen**

stụn·den; *stundete*, *hat gestundet*; [Vt] (及物) **(j-m) etw. s.** die Frist für etw. verlängern (允许…)延缓…的期限 ≈ j-m Aufschub gewähren ⟨j-m e-n Kredit, e-e Rate, seine Schulden s. 给某人延缓偿还贷款、分期付款、偿清债务的期限⟩ ‖ *hierzu* (派生) **Stụn·dung** *die*

Stụn·den·ho·tel *das*; *euph* [婉]; e-e Art Hotel, in das j-d geht, um *bes* mit e-r Prostituierten Sex zu haben 嫖娼(钟点)计时旅馆

Stụn·den·ki·lo·me·ter *der*; *mst Pl* (多用复数); Kilometer pro Stunde (als Maß für die Geschwindigkeit e-s Fahrzeugs) (每)小时公里,时速

stụn·den·lang *Adj* (形); *nur attr od adv* (只作定语或状语) **1.** mehrere Stunden (1) lang 数小时的,个把小时的 **2.** sehr lange 很久的,长时间的: *s. mit j-m telefonieren* 与某人打电话很久

Stụn·den·plan *der*; e-e Liste mit den Zeiten, zu denen j-d etw. Bestimmtes tun muss, *bes* zu denen Schüler Unterricht haben 课程表,日程表 ⟨e-n gedrängten, vollen S. haben 日程表排得紧凑、很满⟩

-Stụn·den-Wo·che *die*; *begrenzt produktiv* (构词有限); verwendet, um auszudrücken, wie viele Stunden j-d pro Woche arbeitet 每周…小时; die **60-Stunden-Woche**, die **40-Stunden-Woche**, die **35-Stunden-Woche**

-stụ̈n·dig *im Adj*, *begrenzt produktiv* (构成形容词,构词有限); so, dass es die genannte Zahl od. Menge von Stunden dauert …小时的; **einstündig**, **zweistündig**, **dreistündig** *usw*; **mehrstündig**

stụ̈nd·lich **1.** *Adj* (形); *nur attr od adv* (只作定语或状语); jede Stunde (1) einmal 每小时的,每小时一次的 ⟨im stündlichen Wechsel 每小时更换的; etw. fährt, verkehrt s. 某物每小时开、运行一次⟩ **2.** *nur adv* (只作状语); sehr bald 随时,时刻 ≈ jeden Augenblick ⟨etw. kann s. eintreten, geschehen 某事可能随时出现、发生; etw. wird s. erwartet 某事会随时到来⟩

-stụ̈nd·lich *im Adj*, *wenig produktiv*, *selten* (构成形容词,构词弱)(罕); mit Abständen der genannten Zahl von Stunden 每隔…小时的; **zweistündlich**, **dreistündlich**, **vierstündlich** *usw*

Stụnk *der*; *-s*; *nur Sg*, *gespr*, *mst pej* (只用单数)[口]多用[贬] ≈ Streit, Ärger ⟨mit j-m S. haben 与某人有争执; (j-m) S. machen (与某人)发生争执; es gibt S. 有争执⟩

Stunt ['stant] *der*; *-s*, *-s*; FILM, TV【电影】【电视】; ein gefährliches Kunststück, das ein Stuntman macht 特技(动作),绝技

Stunt·man ['stantmɛn] *der*; *-s*, *Stunt·men*; FILM, TV【电影】【电视】; ein Mann, der in Filmen gefährliche Szenen für e-n Schauspieler spielt 替身演员,特技演员,绝技演员 ‖ *hierzu* (派生) **Stunt·frau** *die*

stu·pid, **stu·pi·de** *Adj* (形); *geschr pej* [书][贬] **1.** ≈ dumm, beschränkt ⟨Menschen 人⟩ **2** ≈ langweilig, stumpfsinnig ⟨e-e Arbeit 工作⟩ ‖ *hierzu* (派生) **Stu·pi·di·tät** *die*; -; *nur Sg* (只用单数)

Stụps *der*; *-es*, *-e*; *gespr* [口]; ein leichter Stoß 轻推,拱⟨j-m e-n S. geben 轻轻推某人一下⟩ ‖ *hierzu* (派生) **stụp·sen** (*hat*) *Vt* (及物)

Stụps·na·se *die*; e-e kleine Nase, deren Spitze flach ist u. nach oben zeigt 塌(而微翘的)鼻子

stur, *sturer*, *sturst-*; *Adj* (形); *pej* [贬]; nicht bereit, seine Meinung zu ändern u. neue Argumente zu hören od. neue Verhältnisse zu berücksichtigen 固执的,顽固的,死板的 ⟨s. an etw. festhalten, auf etw. bestehen 固执地坚持某事; s. nach Vorschrift handeln 死板地按规章制度办事⟩: *Markus ist nicht zu überzeugen, er bleibt s. bei seiner Meinung* 马尔库斯是很难说服的,他顽固地坚持自己的看法 ‖ *hierzu* (派生) **Stur·heit** *die*; *nur Sg* (只用单数)

stụ̈r·be *Konjunktiv II*, *1. u. 3. Person Sg* (虚拟式 II,第一和第三人称单数); ↑ **sterben**

Stụrm *der*; *-(e)s*, *Stür·me* **1.** ein sehr starker Wind 风暴,狂风 ⟨ein S. kommt auf, bricht los, wütet, flaut ab, legt sich 一场风暴来临了,降临了,狂风在怒号,减弱,停息; in e-n S. geraten 遭遇风暴⟩: *Der heftige S. hat zahlreiche Bäume entwurzelt u. Dächer abgedeckt* 强烈的风暴把无数的树木连根拔起并掀掉了房顶 ‖ K-

(复合): **Sturm-**, **-bö**, **-glocke**, **-nacht**, **-schaden**, **-signal**, **-tief**, **-warnung** ‖ -K(复合): **Sand-**, **Schnee-** **2. ein S.** + *Gen* (二格); e-e starke u. oft unkontrollierte Reaktion …的浪潮〈ein S. der Begeisterung, der Entrüstung 赞叹的、愤怒的浪潮〉: *Die Entscheidung der Regierung löste e-n S. der Entrüstung aus* 政府的决定激起了愤怒的浪潮 ‖ -K(复合): **Beifalls-**, **Protest-** **3. der S.** (**auf etw.** (*Akk* 四格)) MIL【军】; ein schneller Angriff, mit dem man den Gegner überraschen will 对…的猛攻, 冲击: *Die Truppen nahmen / eroberten die Stadt im S.* 队伍发起猛烈攻击夺取/占领了这座城市 ‖ K-(复合): **Sturm-**, **-angriff**, **-gepäck**, **-leiter** **4.** *nur Sg* (只用单数); SPORT【体】; die Spieler e-r Mannschaft, die angreifen sollen 前锋〈im S. spielen 打(或踢)前锋〉 **5. S. u. Drang** LIT【文学】; e-e Richtung der deutschen Literatur (in der zweiten Hälfte des 18. Jahrhunderts), die *bes* im Drama starke Gefühle u. den Wunsch nach Freiheit ausdrückte 狂飙突进运动(18世纪后期的德国文学运动): *Die frühen Dramen von Schiller werden zum S. u. Drang gerechnet* 席勒的早期戏剧算作狂飙突进运动的作品 ‖ ID [谚] **ein S. im Wasserglas** große Aufregung wegen e-r unwichtigen Sache 杯水风波(意即: 小题大作, 大惊小怪); **S. läuten / klingeln** ungeduldig mehrere Male kurz hintereinander an j-s Tür klingeln 猛按门铃; **gegen etw. S. laufen** heftig gegen etw. protestieren, das j-d plant 强烈抗议(或反对)某事

stür·men; *stürmte*, *hat / ist gestürmt*; Vt (及物) (*hat*) **1.** 〈Truppen *o. Ä.* 军队等〉 **stürmen etw.** MIL【军】; Truppen *o. Ä.* erobern etw. durch e-n schnellen Angriff 攻占, 攻克, 袭取〈Truppen stürmen e-e Brücke, e-e Festung, e-e Stellung 军队攻占一座桥梁、一个要塞、一个阵地〉 **2.** 〈Personen 人们〉 **stürmen etw.** viele Menschen drängen plötzlich irgendwohin 涌向, 挤向: *Die Zuschauer stürmten die Bühne* 观众涌向舞台; *Am ersten Tag des Schlussverkaufs stürmten die Käufer die Geschäfte* 大减价的第一天购物者都涌向商店; Vi (不及物) **3. irgendwohin s.** (*ist*) schnell irgendwohin laufen, gehen (u. sich dabei nicht aufhalten lassen) 冲向, 向…狂奔: *Voller Wut stürmte er aus dem Zimmer* 他怒气冲冲地冲出房间; *Die Kinder stürmten aus der Schule* 孩子们冲出学校 **4.** (*hat*) 〈e-e Mannschaft 球队〉 **stürmt** SPORT【体】; e-e Mannschaft greift (beim Fußball *o. Ä.*) immer wieder an 进攻, 猛攻; Vimp (无人称) (*hat*) **5. es stürmt** es herrscht starker Wind, Sturm 狂风大作: *In den Bergen stürmt u. schneit es* 山里刮起了暴风雪

Stür·mer *der*; *-s*, *-*; SPORT【体】; ein Spieler *bes* beim Fußball, dessen Aufgabe es ist, Tore zu schießen 前锋, 锋线队员 ↔ Verteidiger ‖ *hierzu* (派生) **Stür·me·rin** *die*; *-*, *-nen*

Sturm·flut *die*; e-e sehr hohe Flut bei Sturm, die oft große Schäden verursacht 由风暴引起的海啸

sturm·frei *Adj* (形); *nicht adv* (不作状语); *nur in* 只用于 **e-e sturmfreie Bude haben** allein in e-m Raum (*bes* im Haus der Eltern) sein u. machen können, was man will 有一间随心所欲的(属于自己支配的)房间

stür·misch *Adj* (形) **1.** mit (viel) Sturm 有风暴的, 狂风大作的 ↔ windstill 〈ein Monat, ein Tag, e-e Überfahrt 一个月, 一天, 一次摆渡; Wetter 天气〉 **2.** voller Leidenschaft 狂热的, 充满激情的 ≈ ungestüm 〈e-e Begrüßung, e-e Umarmung 欢迎, 拥抱; ein Liebhaber 爱好者〉 **3** ≈ heftig, vehement 〈Applaus, Beifall 鼓掌, 掌声〉 **4.** sehr schnell 迅猛的〈e-e Entwicklung 发展〉

Sturm·schritt *der*; *nur in* 只用于 **im S.** mit schnellen Schritten 疾步

Sturz *der*; *-es*, *Stür·ze* **1.** der Vorgang, bei dem j-d zu Boden fällt 跌倒, 摔倒, 跌落, 坠落: *sich* (*Dat* 三格) *bei e-m S. wehtun*, *das Bein brechen* 摔痛, 摔断腿; *ein S. in die Tiefe*, *vom Fahrrad*, *mit dem Fahrrad*, *beim Skifahren* 跌入深渊, 从自行车上摔下来, 连同自行车一起摔倒, 滑雪时摔倒 ‖ K-(复合): **Fenster-**, **Todes-** **2.** der Rücktritt vom Amt (der *mst* durch e-n Skandal, e-e gewaltsame Machtübernahme *o. Ä.* erzwungen wird) 下台, 垮台, 推翻〈j-s S. herbeiführen 导致某人的下台; etw. führt zu j-s S. 某事导致某人下台〉 **3. der S.** (+ *Gen* 二格) das plötzliche starke Sinken 猛跌, 骤跌, 急剧下降: *der S. der Kurse an der Börse* 股市行情猛跌 ‖ -K(复合): **Kurs-**, **Preis-**, **Temperatur-** **4. e-n S. bauen** *gespr* [口]; beim Skifahren, Motorradfahren *o. Ä.* zu Boden fallen (滑雪, 开摩托车时) 滑倒, 摔倒

Sturz·bach *der*; ein schmaler Bach im Gebirge mit viel Wasser, das sehr schnell fließt 山涧湍流

stür·zen; *stürzte*, *hat / ist gestürzt*; Vt (及物) (*hat*) **1. etw. s.** ein Gefäß mit der Öffnung so nach unten drehen, dass der Inhalt herausfällt 弄倒, 碰翻, 把…翻过来, 把…倒扣出来〈e-e Kuchenform, e-n Topf s. 把点心模子、锅翻过来; den Kuchen, den Pudding (aus der Form, auf e-n Teller) s. 把点心、布丁(从模子里)倒出来(扣在盘子里)〉 **2. j-n irgendwohin s.** j-n so stoßen, dass er in die Tiefe fällt 把…推下去: *j-n aus dem Fenster*, *von der Brücke s.* 把某人从窗口、桥上推下去 **3. j-n s.** j-m sein wichtiges Amt nehmen 把…赶下台, 推翻〈e-n König, e-e Regierung s. 推翻国王、政府〉 **4. j-n / sich in etw.** (*Akk* 四格) **s.** j-n/sich in e-e sehr unangenehme Situation bringen 把…推入, 使陷入(困境)〈j-n/sich in den Ruin, ins Unglück, ins Verderben s. 使某人/自己陷入崩溃、不幸、堕落〉; Vi (不及物) (*ist*) **5. j-d / etw. stürzt irgendwohin** j-d/etw. fällt (1) (aufgrund seines Gewichts) nach unten (人/物作主语) 掉下, 跌落, 摔下, 坠落: *aus dem Fenster*, *vom Dach*, *in die Tiefe s.* 从窗口、房顶摔下来, 坠入深渊; *Das Wasser stürzt über die Felswand zu Tal* 水从悬崖上泻入山谷 **6.** (*bes* wenn man steht od. geht) das Gleichgewicht verlieren u. dadurch zu Boden fallen 跌倒, 摔倒 ≈ hinfallen: *bewusstlos zu Boden s.* 摔倒在地失去知觉; *ausrutschen u. schwer s.* 重重地滑倒; *s. u. sich ein Bein*

S

brechen 跌断了一条腿 **7.** ***etw. stürzt*** etw. sinkt plötzlich stark 猛跌，骤跌，急剧下降〈die Temperaturen, der Wasserspiegel 温度，水平面；die Preise, die Kurse, Wertpapiere 价格，行情，有价证券〉 **8.** ***irgendwohin s.*** plötzlich schnell irgendwohin gehen, laufen 冲向，奔向：*wütend aus dem Haus s.* 愤怒地冲出房子；*aufgeregt zum Fenster s.* 激动地冲向窗户；[Vr]（反身）（*hat*）**9.** ***sich irgendwohin s.*** von e-r hohen Stelle aus in die Tiefe springen, um Selbstmord zu begehen（从高处）跳下自杀：*sich aus dem Fenster, von e-r Brücke s.* 从窗户、从桥上跳下自杀 **10.** ***sich auf j-n s.*** plötzlich schnell zu j-m hinlaufen u. ihn angreifen, festhalten, verhaften *o.Ä.* 向…扑去，猛扑过去：*Er stürzte sich auf sie u. warf sie zu Boden* 他向她扑去并把她摔倒在地 **11.** ***ein Tier stürzt sich auf j-n/ein Tier*** ein Tier greift j-n/ein Tier plötzlich u. schnell an, fällt j-n/ein Tier an（动物作主语）向…扑去，猛扑过去：*Der Hund stürzte sich auf die Katze* 狗向猫猛扑过去 **12.** ***sich auf j-n/etw. s.*** *gespr*［口］；sich mit Begeisterung j-m/etw. widmen 迷上，热中，耽于：*sich auf e-e Neuigkeit s.* 热中新事物；*Die Fans stürzten sich auf den Star* 狂热崇拜者们迷上了这位明星 **13.** ***sich in etw.*** (*Akk* 四格) ***s.*** anfangen, etw. intensiv u. mit viel Freude zu tun 投身于，迷恋于，沉缅于〈sich in die Arbeit, ins Nachtleben, ins Vergnügen s. 全身心地投入工作，迷恋于夜生活，沉缅于享乐〉

Sturz·flug *der*；ein Flug (mit dem Flugzeug) fast senkrecht nach unten 俯冲〈zum S. ansetzen 准备俯冲；im S. nach unten gehen 向下俯冲〉

Sturz·flut *die*；e-e große Menge Wasser, die mit großer Kraft nach unten strömt 山洪〈e-e S. ergießt sich irgendwohin 一股山洪向某处倾泻而下〉

Sturz·helm *der*；ein Helm, mit dem man *bes* beim Motorradfahren den Kopf schützt 头盔，防护帽，安全盔形帽

Sturzhelm

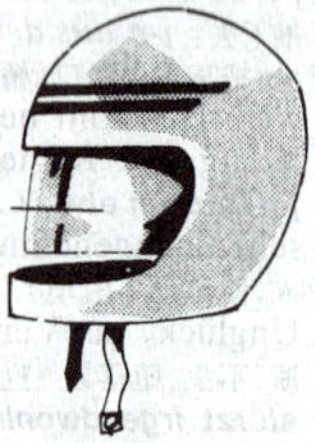

Stuss *der*；*-es*；*nur Sg*，*gespr pej*（只用单数）［口］［贬］≈ Unsinn〈S. reden 胡扯，胡说八道〉

Stu·te *die*；*-*，*-n*；das weibliche Tier beim Pferd, Esel, Kamel *o.Ä.* 母牲口，母马，母驴，母骆驼等 ↔ Hengst ‖ K-（复合）：***Stuten-***，***-milch***；***Stut-***，***-fohlen*** ‖ -K（复合）：***Esel-***，***Kamel-***，***Zebra-***；***Zucht-***

Stütz *der*；*-es*，*-e*；*mst Sg*，SPORT（多用单数）【体】；die Haltung beim Geräteturnen, bei der das Gewicht des Körpers von oben auf den gestreckten Armen lastet 支撑倒立，倒立：*in den S. springen* 跃起支撑倒立 ‖ K-（复合）：***Stütz-***，***-sprung***

Stüt·ze *die*；*-*，*-n* **1.** ein Gegenstand, der verhindert, dass etw. schief steht, umfällt od. nach unten sinkt 支撑物，支柱，支架：*Pfähle als Stützen für e-n jungen Baum verwenden* 用桩子作为幼树的支撑物；*e-m Verletzten e-e Jacke als S. unter den Kopf legen* 给受伤者的头下垫一件衣服 ‖ -K（复合）：***Arm-***，***Buch-***，***Bücher-***，***Fuß-***，***Kopf-***，***Rücken-*** **2.** j-d, der e-m anderen hilft u. für ihn sorgt 支持者，依靠（的人），靠山〈für j-n e-e S. sein 是某人的依靠；an j-m e-e S. haben 有某人作为依靠〉 **3.** *gespr*［口］≈ Arbeitslosengeld, Arbeitslosenhilfe

stut·zen[1]；*stutzte*，*hat gestutzt*；[Vt]（及物）***etw. s.*** etw. kürzer machen 剪短，修剪〈den Bart, j-s Haare, e-e Hecke s. 修剪胡子、某人的头发、树篱〉

stut·zen[2]；*stutzte*，*hat gestutzt*；[Vi]（不及物）e-e Handlung plötzlich unterbrechen u. (erstaunt od. misstrauisch) horchen od. kurz nachdenken 愣住，惊呆，突然生疑：*Er stutzte, als er plötzlich e-n Knall hörte* 当他突然听到"叭"的一声时，他愣住了 ‖ ▶ ***stutzig***

Stut·zen *der*；*-s*，*-* **1.** ein kurzes Gewehr 短筒猎枪 **2.** ein kurzes Rohr 接管，套管 **3.** e-e Art Strumpf aus Wolle, der nur den Unterschenkel u. nicht den Fuß bedeckt 小腿护套

stüt·zen；*stützte*，*hat gestützt*；[Vt]（及物）**1.** ***j-d/etw. stützt j-n/etw.*** j-d/etw. gibt j-m/etw. Halt[1] (1), bewirkt, dass sie ihre Lage, Form *o.Ä.* halten können（人/物作主语）支撑，搀扶：*die Äste e-s Baumes mit Stangen s.* 用棍支撑树杈；*e-n Kranken s., damit er nicht zusammenbricht* 搀扶一位病人不让他瘫倒；*Die Brücke wird von acht Pfeilern gestützt* 这座桥靠八个桥墩支撑 ‖ K-（复合）：***Stütz-***，***-korsett***，***-mauer***，***-pfeiler***，***-strumpf***，***-verband*** **2.** ***etw. auf/in etw.*** (*Akk* 四格) ***s.*** *bes* e-n Körperteil auf etw. legen od. gegen etw. drücken u. ihn somit s. (1) 把…撑在…上，用…托住、支撑着〈das Kinn, das Gesicht auf/in die Hände s. 用两手托住下巴、脸；die Arme, die Hände in die Hüften, in die Seiten, auf den Tisch s. 把两只胳膊、双手叉在胯间、腰里，撑在桌上〉 **3.** ***etw. auf etw.*** (*Akk* 四格)/***durch etw. s.*** mithilfe von etw. zeigen, dass etw. richtig od. wahr ist 用…来证明、证实 ↔ widerlegen〈e-e Behauptung, e-n Verdacht auf Beobachtungen, auf/durch Beweise s. 通过观察，用证据来证实一个论点、怀疑〉 **4.** ***etw. stützt etw.*** etw. ist ein Beleg, ein Indiz dafür, dass etw. richtig od. wahr ist（物作主语）证实，证明：*Die Versuchsergebnisse stützen seine These* 研究结果证实了他的论点 **5.** 〈e-e Bank *o.Ä.* 银行等〉 ***stützt etw.*** WIRTSCH【经】；e-e Bank *o.Ä.* verhindert, dass der Wert von etw. sinkt 支持，扶持：*Die Bundesbank versuchte, den Dollar zu s., indem sie große Mengen kaufte* 联邦银行力图通过大量收购美元来支持美元（不下跌） **6.** ***etw./sich auf j-n/etw. s.*** das Gewicht e-s Körperteils auf j-m/etw. ruhen lassen 把…倚靠在…上：*sich auf e-n Stock s.* 拄着拐棍；*sich auf e-e Krankenschwester s.* 靠在护士身上；*die*

Hände, die Ellbogen auf den Tisch s. 把两手、胳膊肘撑着桌子 **7. etw. stützt sich auf etw.**（*Akk* 四格）etw. hat etw. als Grundlage（物作主语）以…为依据，以…为基础：*Ein Urteil, ein Verdacht stützt sich auf Indizien, Fakten* 判决、怀疑是以证据、事实为依据的 **8. sich auf etw.**（*Akk* 四格）**s.** etw. als wichtige Hilfe nehmen 依靠，依赖，借助于：*sich auf seine Erfahrung s. können* 可以借助他的经验 ‖ *zu*（义项）**1.** u. **5.** **Stüt·zung** *die*; *nur Sg*（只用单数）

Stut·zer *der*; *-s, -*; *veraltend pej*［渐旧］［贬］；ein übertrieben eleganter, eitler Mann 爱打扮的男人，（在衣着上）爱出风头的男人 ‖ *hierzu*（派生）**stut·zer·haft** *Adj*（形）

stut·zig *Adj*（形）；*mst in* 多用于 **1. s. werden** misstrauisch werden 生疑，疑惑不解 **2. etw. macht j-n s.** etw. bewirkt, dass j-d misstrauisch od. nachdenklich wird（物作主语）使起疑心，使疑惑不解：Es *macht mich s.*, dass *die Lieferung immer noch nicht angekommen ist* 货物一直都没到，这真叫我犯疑

Stütz·punkt *der*; ein Ort, von dem aus man *bes* militärische Aktionen startet 基地，根据地，据点 ≈ Basis (3)〈Truppen *o. Ä.* beziehen, errichten e-n S. 军队等进驻、建立一个基地〉‖ K-（复合）：***Flotten-, Militär-, Truppen-***

StVO [ɛsteːfaʊ̯ˈ|oː] *die*; *-*; *nur Sg*, Ⓓ *Abk*（只用单数）［德］缩写；↑ ***Straßenverkehrsordnung***

Sty·ling [ˈstailɪŋ] *das*; *-s*; *nur Sg*（只用单数）；die Art, wie etw. gestaltet u. geformt ist 造型，款式 ≈ Design: *das moderne S. e-s Autos* 一辆汽车的时髦造型 ‖ *hierzu*（派生）**sty·len**（*hat*）*Vt*（及物）；**Sty·list** *der*; *-en, -en*

Sty·ro·por® [ʃtyroˈpoːɐ̯] *das*; *-s*; *nur Sg*（只用单数）；ein leichtes, weißes Material, das aus vielen kleinen, weichen Kugeln besteht. S. wird als Material zum Verpacken u. zum Isolieren verwendet 聚苯乙烯泡沫塑料

sub- *im Adjektiv, wenig produktiv*（构成形容词，构词弱）；verwendet, um e-e geografische Lage direkt neben e-r bestimmten Klimazone auszudrücken 次…的，亚…的；***subarktisch, subpolar, subtropisch***〈Verhältnisse, ein Klima 情况，气候〉

Sub- *im Substantiv, begrenzt produktiv*（构成名词，构词有限）**1.** verwendet, um auszudrücken, dass etw. ein Teil von etw. ist, der deutlich abgegrenzt ist u. eigene Eigenschaften hat 次…，亚…；die ***Subkategorie***, der〈indische, nordamerikanische, südamerikanische 印度的、北美的，南美的〉***Subkontinent***, die ***Subkultur***, die ***Subspezies***, das ***Subsystem*** **2.** verwendet, um auszudrücken, dass j-d e-e untergeordnete od. abhängige Position hat 副…，下属…，隶属…；der ***Subdirigent***, der ***Subunternehmer***

Sub·bot·nik *der*; *-(s), -s*; *hist* (*DDR*)［历（民德）］；e-e Arbeit, die man ohne Bezahlung in seiner Freizeit, *mst* an Samstagen, leistete 星期六义务劳动：*sich am S. beteiligen* 参加星期六义务劳动

Sub·jekt *das*; *-(e)s, -e* **1.** LING【语】；der Teil e-s Satzes, der bestimmt, ob das Verb e-e Singularform oder eine Pluralform hat. Der Kasus für das Subjekt ist der Nominativ 主语：*In dem Satz „Mein Onkel kaufte sich ein Motorrad" ist „mein Onkel" das S.* 在"我叔叔买了一辆摩托车"一句中，"我叔叔"是主语 **2.** *pej*［贬］；ein Mensch, der moralisch schlecht handelt 家伙，东西，坏人〈ein kriminelles, übles, verkommenes S. 犯罪的、道德败坏的、堕落的家伙〉

sub·jek·tiv, sub·jek·tiv [-f] *Adj*（形）；von der eigenen, persönlichen Meinung od. Erfahrung bestimmt 主观的 ↔ objektiv〈e-e Ansicht, ein Standpunkt 看法，立场〉‖ *hierzu*（派生）**Sub·jek·ti·vi·tät** [-v-] *die*; *-*; *nur Sg*（只用单数）

sub·ku·tan *Adj*（形）；MED【医】；unter der od. unter die Haut 皮下的〈ein Gewebe, e-e Infektion, e-e Injektion 组织，感染，注射〉

Sub·skrip·ti·on [-ˈtsi̯oːn] *die*; *-, -en*; *geschr*［书］；die Verpflichtung, die j-d übernimmt, ein Buch (*z. B.* e-n Band e-s Lexikons) od. e-e Aktie zu kaufen, sobald es sie gibt（图书的）认购，预订 ‖ K-（复合）：***Subskriptions-, -preis*** ‖ *hierzu*（派生）**sub·skri·bie·ren**（*hat*）*Vt*（及物）；**Sub·skri·bent** *der*; *-en, -en*

sub·stan·ti·ell, sub·stan·zi·ell [-ˈtsi̯ɛl] *Adj*（形）；*geschr*［书］**1.** in Bezug auf die Substanz (2) 物质的，本质的，实质的 ≈ wesentlich〈ein Unterschied, e-e Veränderung, e-e Verbesserung 差异，变化，改善〉**2.** *nicht adv, veraltend*（不作状语）［渐旧］≈ nahrhaft〈e-e Mahlzeit 一顿饭〉

Sub·stan·tiv [-tiːf] *das*; *-s, -e* [-tiːvə]; LING【语】；ein Wort, das ein Ding, e-n Menschen, ein Tier, e-n Begriff *o. Ä.* bezeichnet. Substantive werden im Deutschen mit einem großen Buchstaben am Wortanfang geschrieben. Die meisten Substantive haben e-e Singular- u. e-e Pluralform u. können mit einem Artikel (*der, die, das*) verbunden werden, der auch das Genus anzeigt 名词 ‖ *hierzu*（派生）**sub·stan·ti·visch** [-v-] *Adj*（形）

sub·stan·ti·viert [-v-] *Adj*（形）；*nicht adv*（不作状语）；als od. wie ein Substantiv gebraucht 名词化的〈ein Adjektiv, ein Infinitiv 形容词，不定式〉：*„Das Sehen" ist ein substantivierter Infinitiv* "das Sehen"是一个名词化的不定式 ‖ *hierzu*（派生）**Sub·stan·ti·vie·rung** *die*

Sub·stanz [zʊpˈstants] *die*; *-, -en* **1.** e-e Flüssigkeit, ein Gas od. etwas Festes 物质，材料 ≈ Stoff[1] (1)〈e-e feste, flüssige, gasförmige, organische, anorganische S. 一种固体的、液体的、气体的、有机的、无机的物质〉**2.** der wichtige Teil, der Inhalt *bes* an Gedanken, Ideen 实质，核心（指思想，内容）≈ Gehalt[2] (2)〈die geistige, finanzielle, inhaltliche S. 思想上的、财政上的、内容上的核心；etw. (*Dat* 三格) fehlt es an S. 某物缺乏实质内容〉‖ K-（复合）：***Substanz-, -verlust*** ‖ ID（谚）***etw. geht (j-m) an die S.***; ***etw. zehrt an der S.*** etw. kostet j-n so viel Geld od. Kraft, dass es gefährlich für ihn ist 某事消耗（某人的）财力（或精力）

S

sub·sti·tu·ie·ren; *substituierte*, *hat substituiert*; [Vt] (及物) ***j-n/etw.*** (***durch j-n/etw.***) ***s.*** *geschr* [书] ≈ ersetzen ‖ *hierzu* (派生) **Sub·sti·tu·ti·on** *die*; -, *-en*

Sub·sti·tut [zʊpstiˈtuːt] *der*; *-en*, *-en*; j-d, der e-e Ausbildung in e-m großen Geschäft gemacht hat u. als Vertreter des Abteilungsleiters angestellt ist 部门经理(代理) ‖ NB (注意): *der Substitut*; *den*, *dem*, *des Substituten*

Sub·strat [zʊpˈstraːt] *das*; *-(e)s*, *-e*; BIOL【生】≈ Nährboden

sub·su·mie·ren; *subsumierte*, *hat subsumiert*; [Vt] (及物) ***etw.*** (***unter etw.*** (*Akk/Dat* 四格/三格)) ***s.*** *geschr* [书]; etw. in e-e Kategorie einordnen 把…归入、纳入(或归属于)〈etw. unter e-m/e-n Begriff s. 把某物归属于某个概念〉

sub·til *Adj* (形) **1.** so, dass (viele) kleine Nuancen beachtet werden (müssen) 细微的，细致的〈e-e Unterscheidung, ein Unterschied 分辨，差异〉 **2.** gut durchdacht u. immer wieder verbessert 周全的，周密的，精细的 ≈ verfeinert 〈Methoden 方法〉 **3.** sehr zurückhaltend u. mit viel Feingefühl 微妙的，难以捉摸的，难以把握的〈Andeutungen, ein Hinweis, e-e Vorgehensweise 暗示，提示，做法〉 ‖ *hierzu* (派生) **Sub·ti·li·tät** *die*; -, *-en*

Sub·tra·hend *der*; *-en*, *-en*; MATH【数】; e-e Zahl, die man von e-r anderen Zahl subtrahiert 减数 ‖ NB (注意): *der Subtrahend*; *den*, *dem*, *des Subtrahenden*

Substantivierte Adjektive und Partizipien 名词化形容词和分词

			bestimmter Artikel 定冠词	*unbestimmter Artikel* 不定冠词
Nominativ 一格	*Sg* (单)	*m*	der alte Bekannte	ein alter Bekannter
		f	die alte Bekannte	eine alte Bekannte
	Pl (复)		die alten Bekannten	alte Bekannte
Akkusativ 四格	*Sg* (单)	*m*	den alten Bekannten	einen alten Bekannten
		f	die alte Bekannte	eine alte Bekannte
	Pl (复)		die alten Bekannten	alte Bekannte
Dativ 三格	*Sg* (单)	*m*	dem alten Bekannten	einem alten Bekannten
		f	der alten Bekannten	einer alten Bekannten
	Pl (复)		den alten Bekannten	alten Bekannten
Genitiv 二格	*Sg* (单)	*m*	des alten Bekannten	eines alten Bekannten
		f	der alten Bekannten	einer alten Bekannten
	Pl (复)		der alten Bekannten	alter Bekannter

Substantivierte Adjektive oder Partizipien im Neutrum bezeichnen meist abstrakte Begriffe (*das Schöne*, *das Richtige*, *das Ganze*, *das Gesagte*). In Verbindung mit Indefinitpronomen gibt es zwei Möglichkeiten, je nachdem, ob das Indefinitpronomen selbst flektiert wird oder nicht 中性的名词化形容词或分词通常表示抽象概念(美好，正确，整体，所讲的)。与不定代词连用时有两种词尾的可能性，两者取决于这个不定代词本身是否已经变格：

Nom 一格	alles / einiges *usw* Wichtige	etwas / nichts *usw* Wichtiges
Akk 四格	alles / einiges *usw* Wichtige	etwas / nichts *usw* Wichtiges
Dat 三格	allem / einigem *usw* Wichtigen	etwas / nichts *usw* Wichtigem

Für den Genitiv verwendet man meist eine Konstruktion mit *von* 通常用介词 von 的结构代替二格：*von etwas Wichtigem*; *von allem Wichtigen*

sub·tra·hie·ren [zʊptraˈhiːrən]; *subtrahierte*, *hat subtrahiert*; Vt/i (及物/不及物) (**etw.** (**von etw.**)) **s.** e-e Zahl um e-e andere verringern 减,减去 ≈ abziehen (5) ↔ addieren ‖ *hierzu* (派生) **Sub·trak·ti·on** *die*; -, *-en*

Sub·ven·ti·on [zʊpvɛnˈtsioːn] *die*; -, *-en*; WIRTSCH【经】; Geld, das ein Betrieb *o. Ä.* vom Staat bekommt, damit er etw. billiger herstellen od. verkaufen kann (国家)补贴,资助: *ohne staatliche Subventionen nicht mehr konkurrenzfähig sein* 没有国家补贴就不再具有竞争能力 ‖ *hierzu* (派生) **sub·ven·ti·o·nie·ren** (*hat*) Vt (及物)

sub·ver·siv [zʊpvɛrˈziːf] *Adj* (形); *geschr* [书]; mit dem Ziel, durch geheime Tätigkeiten e-e politische Ordnung allmählich zu ändern (对政权搞)颠覆的,破坏的 ⟨Elemente, Ideen, Kräfte, e-e Tätigkeit 分子(人),思想,力量,活动⟩ ‖ *hierzu* (派生) **Sub·ver·si·on** *die*; -, *-en*

Such·ak·ti·on *die*; e-e organisierte Suche 搜寻行动,搜捕行动 ⟨e-e polizeiliche S. 警察的搜寻(或搜捕)行动; e-e S. durchführen, abbrechen 进行,中止搜寻(或搜捕)行动⟩

Such·dienst *der*; e-e Organisation, die Menschen sucht, die nach e-m Krieg, e-r Naturkatastrophe *usw* vermisst werden (寻找战争和自然灾害失踪人员的)寻人组织

Su·che *die*; -; *nur Sg* (只用单数) **1. die S.** (**nach j-m/etw.**) das Suchen (1) 寻找,搜寻 ⟨auf die S. gehen 去寻找; auf der S. sein 正在搜寻; j-n/etw. nach langer S. finden 经过长时间的寻觅找到某人/某物; die S. nach Vermissten aufgeben, ergebnislos abbrechen 放弃,毫无结果地中止搜寻失踪者⟩ **2. sich auf die S. machen** anfangen, j-n/etw. zu suchen 开始寻找

su·chen; *suchte*, *hat gesucht*; Vt/i (及物/不及物) **1.** (**j-n/etw.**) **s.** an verschiedenen Orten nachsehen, ob dort j-d/etw. ist 寻找,搜寻 ↔ finden (1) ⟨sich suchend umsehen 四下寻找张望; fieberhaft s. 一个劲地找⟩: *e-n Verbrecher, e-n Vermissten, den richtigen Weg, im Wald Pilze s.* 寻找一名罪犯、一名失踪者、正确的道路,在树林里找蘑菇; *den verlorenen Schlüssel s.* 寻找丢失的钥匙 ‖ K-(复合): **Such-**, **-scheinwerfer**, **-trupp**; Vt (及物) **2. etw. s.** versuchen, etw. durch Nachdenken zu erfahren od. herauszufinden 寻找,探索,探求,寻思 ↔ finden (3): *die Antwort auf e-e Frage s.* 探求一个问题的答案; *e-e Lösung für ein Problem s.* 寻思一个问题的解决办法; *den Fehler in e-r Rechnung s.* 寻找计算中的错误 **3. j-n/etw. s.** sich bemühen, j-n für sich zu gewinnen od. etw. zu bekommen 找,寻找,寻求 ↔ finden (2) ⟨e-e neue Arbeitsstelle, e-e Wohnung s. 找一个新的工作、一套住房; Kontakt, j-s Gesellschaft, j-s Nähe s. 寻求接触、与某人的结交、接近某人; e-n Freund, e-e Frau s. 寻求朋友、妻子; bei j-m Rat, Schutz, Trost, Zuflucht s. 向某人寻求主意、保护、安慰、藏身之处⟩: *Sie suchen noch e-n neuen Mechaniker. – Wäre das nichts für dich?* 他们还要找一位新的机械工。——难道这不适合你吗? **4. s.** + **zu** + *Infinitiv* (不定式); *geschr* [书] ≈ versuchen: *Er suchte, sie zu überzeugen* 他试图让她相信 ‖ NB(注意) *zu* (义项)4: kein Passiv(不用被动语态)!; Vi (不及物) **5. nach j-m/etw. s.** j-n/etw. zu finden versuchen 寻找,想找到: *nach e-m Vorwand, nach den richtigen Worten s.* 想找到一个借口,合适的词句 ‖ ID [谚] ***j-d hat irgendwo nichts zu 's.*** *gespr* [口]; j-d gehört irgendwo nicht hin, ist nicht erwünscht 这儿没你要找的东西(意即:某人在某处不受欢迎); *mst* 多用 ***Was suchst 'du denn hier?*** *gespr* [口]; verwendet, um auszudrücken, dass man über j-s Anwesenheit überrascht ist (表示意外)你来这儿干什么?; *mst* 多用 ***Da kannst du 'lange s.!*** *gespr* [口]; so j-n/etw. findet man nicht leicht 这够你找的! 这可不容易找!; ***j-d/etw. sucht seinesgleichen*** *oft iron* 多用[讽]; j-d/etw. ist nicht zu übertreffen 某人/某物是独一无二的(无与伦比的); ***Wer sucht/suchet, der findet*** wenn man sich viel Mühe gibt, findet man das, was man sucht 力求者必得之,功夫不负有心人; *mst* 多用 ***Die beiden haben sich gesucht u. gefunden*** *gespr*, *mst iron od hum* [口]多用[讽]或[诙]; diese beiden passen sehr gut zueinander 这两个人臭味相投(或志趣相投) ‖ ▶ **gesucht**

Su·cher *der*; *-s*, *-*; der Teil e-r Kamera, in dem man das, was man fotografieren od. filmen will, als kleines Bild sieht (摄影)取景器

-su·cher *der*; *im Subst*, *wenig produktiv* (构成名词,构词弱); j-d, der etw. sucht …寻找者,…探求者; **Fährtensucher**, **Goldsucher**, **Schatzsucher**

Such·funk·ti·on *die*; *mst Sg*, INFORM (多用单数)【信息】; e-e Funktion e-s Computerprogramms, mit der man bestimmte Wörter od. Zeichen in e-r Datei finden kann 搜索功能

Such·hund *der*; ein Hund, der so dressiert ist, dass er *z. B.* Verletzte in e-r Lawine od. Rauschgift in j-s Gepäck finden kann 搜寻犬,警犬 ‖ -K(复合): **Lawinen-**, **Polizei-**

Such·lauf *der*; ein Teil e-s Radio- od. Fernsehgerätes *o. Ä.*, das automatisch *z. B.* e-n Sender sucht u. einstellt (电视机,收音机的)自动选台装置,调频装置 ‖ -K(复合): **Sender-**

Such·mel·dung *die*; e-e Nachricht im Radio od. Fernsehen, dass *z. B.* die Polizei j-n sucht (1) (电视,电台的)寻人启事

Sucht *die*; -, *Süch·te* **1. die S.** (**nach etw.**) der Zustand, in dem man bestimmte schädliche Gewohnheiten nicht mehr ändern kann (vor allem das Rauchen, das Trinken von Alkohol, die Einnahme von Drogen) (烟,酒,吸毒)瘾 ≈ Abhängigkeit ⟨an e-r S. leiden 患瘾,染上瘾; von e-r S. nicht loskommen 摆脱不了瘾; j-n von e-r S. befreien, heilen 使某人摆脱瘾,治愈某人的瘾;

etw. wird bei j-m zur S. 某事成了某人的瘾〉‖ K-(复合): **Sucht-**, **-gefahr**, **-kranke(r)**, **-mittel** ‖ -K(复合): **Drogen-**, **Rauschgift-**, **Tabletten-**, **Trunk-** **2.** ***die S.*** (***nach etw.***) das übertriebene Verlangen, etw. zu tun 过分渴求,追求,嗜好,癖 ≈ Manie: *die S. nach Abwechslung, nach Vergnügen* 过分追求多彩多变的生活、享乐 ‖ -K(复合): **Abenteuer-**, **Fress-**, **Genuss-**, **Gewinn-**, **Herrsch-**, **Nasch-**, **Prunk-**, **Putz-**, **Rach-**, **Schlaf-**, **Schwatz-**, **Streit-**, **Vergnügungs-**

süch·tig *Adj*(形) **1.** ***s.*** (***nach etw.***) so, dass man e-e Sucht (1) hat (对烟,酒,吸毒)有瘾的 ≈ von etw. abhängig 〈s. werden, sein 要上瘾,有瘾〉: *Nimm keine Schlaftabletten, davon kann man s. werden* 别服用安眠药,会上瘾的 ‖ -K(复合): **alkohol-**, **heroin-**, **nikotin-**, **rauschgift-**, **tabletten-** **2.** ***s.*** (***nach etw.***) mit e-m übertrieben starken Wunsch nach etw. (对…)有嗜好的,成癖的,渴望的,追求的〈s. nach Erfolg, Glück, Vergnügen 追求成功、幸福、享乐〉‖ -K(复合): **genuss-**, **gewinn-**, **herrsch-**, **profit-**, **rach-**, **streit-**, **vergnügungs-** ‖ *zu* (义项) **1. Süch·ti·ge** *der/die*; *-n*, *-n*; ‖ *hierzu* (派生) **Süch·tig·keit** *die*; *nur Sg*(只用单数)

Sud *der*; *-(e)s*, *-e* **1.** die Flüssigkeit, die entsteht, wenn man Fleisch od. Fisch brät od. kocht, u. aus der man *mst* Soßen macht (肉,鱼)浓汁 ‖ -K(复合): **Braten-** **2.** e-e Flüssigkeit, die durch Kochen entsteht 汁,汤 ‖ -K(复合): **Bier-**, **Kräuter-**

Süd[1] *ohne Artikel*, *indeklinabel*, NAUT, MET (不带冠词)(词形不变)【航海】【气】≈ Süden (1) ↔ Nord 〈Wind aus/von S. 南风; ein Kurs Richtung S. 航向南〉

Süd[2] *der*; *-s*; *nur Sg*, NAUT (只用单数)【航海】≈ Südwind

süd·deutsch *Adj*(形); in Bezug auf den südlichen Teil der Bundesrepublik Deutschland u. seine Sprache 南德的〈ein Ausdruck, ein Dialekt 表达,方言〉‖ *hierzu* (派生) **Süd·deutsche** *der/die*; **Süd·deutsch·land** (*das*); *nur Sg* (只用单数)

Sü·den *der*; *-s*; *nur Sg*(只用单数) **1.** die Richtung, die auf der Landkarte nach unten zeigt 南,南方 ↔ Norden 〈der Wind weht aus/von S. 风从南方吹来; aus, in Richtung S. 来自、向南方; etw. zeigt nach S. 某物指向南方〉: *Mittags steht die Sonne im S.* 中午太阳在南面 ‖ K-(复合): **Süd-**, **-fenster**, **-hang**, **-küste**, **-rand**, **-seite**, **-teil** **2.** der Teil e-s Gebietes, der im S. (1) liegt 南部,南方(地区) ≈ Südteil ↔ Norden: *Er wohnt im S. des Landes, der Stadt* 他居住在南国、城南 ‖ K-(复合): **Süd-**, **-afrika**, **-amerika**, **-europa** *usw*

Süd·frucht *die*; *mst Pl* (多用复数); Obst wie *z.B.* Bananen, Ananas, Orangen, das in warmen Ländern wächst 南方水果,热带水果

Süd·län·der *der*; *-s*, *-*; *gespr* [口]; j-d, der zu einem der Völker gehört, die am Mittelmeer leben 地中海沿岸国家的人,南欧国家的人

süd·län·disch *Adj* (形); in Bezug auf die Länder am Mittelmeer od. ihre Bewohner 地中海沿岸国家的,南欧国家的〈ein Aussehen, ein Charakter, ein Klima 外观,性格,气候〉≈ südlich[1](4)

süd·lich[1] *Adj*(形) **1.** *nur attr*, *nicht adv* (只作定语,不作状语); nach Süden (gerichtet) (向)南方的 ↔ nördlich 〈ein Kurs 航线; in südliche Richtung fahren 向南方行驶〉 **2.** *nur attr*, *nicht adv* (只作定语,不作状语); von Süden nach Norden 来自南方的 ↔ nördlich 〈ein Wind 风; der Wind kommt, weht aus südlicher Richtung 风来自南方,风从南方吹来〉 **3.** *mst attr* (多作定语); im Süden (1) (befindlich) (在)南方的 ↔ nördlich 〈ein Land, die Seite, der Teil 国家,一侧,部分〉: *Wir befinden uns auf zehn Grad südlicher Breite* 我们位于南纬十度 **4.** *mst attr* (多用定语); *in Bezug auf die Länder am Mittelmeer u. die Menschen, die dort leben* 地中海沿岸国家的,南欧的 ≈ *südländisch*: *ein Dorf mit südlichem Charakter* 一个具有地中海沿岸特征的村庄

süd·lich[2] *Präp* (介); *mst in* 多用于 ***etw. ist/liegt*** (*1 Kilometer o. Ä.*) ***s. etw.*** (*Gen* 二格); etw. liegt (1 Kilometer *o. Ä.*) tiefer im Süden als etw. (物作主语)在…以南(一公里处): *Das Gebiet s. der Stadt ist hügelig* 城市以南地区丘陵起伏 ‖ NB(注意): Folgt ein Wort ohne Artikel, verwendet man *s. von* (如果后面的名词无冠词,则用 *südlich von*): *s. von Europa* 欧洲以南

Süd·ost *ohne Artikel*, *indeklinabel*, NAUT, MET (不带冠词)(词形不变)【航海】【气】≈ Südosten (1); *Abk* 缩写 SO

Süd·os·ten *der* **1.** die Richtung zwischen Süden u. Osten 东南,东南方; *Abk* 缩写 SO 〈der Wind weht aus/von S. 风从东南方吹来; aus, in Richtung S. 从、向东南方; etw. zeigt nach S. 某物指向东南〉 **2.** der Teil e-s Gebietes, der im S. (1) ist 东南部,东南方(地区) ≈ Südostteil: *Er wohnt im S. des Landes* 他住在国家的东南部 ‖ K-(复合): **Südost-**, **-asien**, **-europa**

süd·öst·lich[1] *Adj*(形) **1.** *nur attr od adv* (只作定语或状语); nach Südosten (gerichtet) od. von Südosten (kommend) 向东南方的; 来自东南方向的〈in südöstliche Richtung, aus südöstlicher Richtung 向、自东南方向〉 **2.** *mst attr* (多作定语); im Südosten (befindlich) (在)东南方的〈die Seite, der Teil 一侧,部分〉

süd·öst·lich[2] *Präp* (介); *mst in* 多用于 ***etw. ist/liegt*** (*1 Kilometer o. Ä.*) ***s. etw.*** (*Gen* 二格); etw. liegt (1 Kilometer *o. Ä.*) weiter im Südosten als etw. (物作主语)在…东南方(一公里处): *e-e Straße s. der Stadt* 城市东南的一条路 ‖ NB(注意): Folgt ein Wort ohne Artikel, verwendet man *s. von* (如果后面的名词无冠词,则用 südöstlich von): *s. von Italien* 意大利的东南

Süd·pol *der*; *nur Sg*(只用单数); der südlichste Punkt auf der Erde 南极 ↔ Nordpol

S

süd·wärts *Adv*（副）; nach Süden 向南

Süd·west *ohne Artikel*, *indeklinabel*, NAUT, MET（不带冠词）（词形不变）【航海】【气】≈ Südwesten (1); *Abk* 缩写 SW

Süd·wes·ten *der* **1.** die Richtung zwischen Süden u. Westen 西南, 西南方〈der Wind weht aus S. 风从西南方吹来; aus/in Richtung S. 从、向西南方; etw. zeigt nach S. 某物指向西南〉**2.** der Teil e-s Gebietes, der im S. (1) ist 西南部, 西南方（地区）‖ K-(复合): ***Südwest-***, ***-afrika***; ***-teil***

süd·west·lich¹ *Adj*（形）**1.** *nur attr od adv*（只作定语或状语）; nach Südwesten (gerichtet) od. von Südwesten (kommend)（向, 自）西南方的〈in südwestliche Richtung, aus südwestlicher Richtung 向、自西南方向〉**2.** *mst attr*（多作定语）; im Südwesten (befindlich)（在）西南方的〈die Seite, der Teil 一侧, 部分〉

süd·west·lich² *Präp*（介）; *mst in* 多用于 ***etw. ist/liegt*** (*1 Kilometer o.Ä.*) ***s. etw.*** (*Gen* 二格) etw. liegt (1 Kilometer *o.Ä.*) weiter im Südwesten als etw.（物作主语）在…西南方（一公里处）: *e-e Straße s. der Stadt* 城市西南的一条路 ‖ NB（注意）: Folgt ein Wort ohne Artikel, verwendet man *s. von*（如果后面的名词无冠词, 则用 südwestlich von）: s. von Griechenland 希腊的西南

Süd·west·wind *der*; ein Wind, der aus Südwesten kommt 西南风

Suff *der*; -(*e*)*s*; *nur Sg*, *gespr*（只用单数）[口] **1.** ≈ Trunksucht〈dem S. verfallen 沉溺于酒瘾〉**2.** ***im S.*** in betrunkenem Zustand 酒醉

süf·feln; *süffelte*, *hat gesüffelt*; Vt/i（及物/不及物）(***etw.***) ***s.*** *gespr* [口]; etw. mit Genuss u. *mst* in kleinen Schlucken trinken 津津有味地品酌, 抿(酒)

süf·fig *Adj*（形）; *gespr* [口]; mit angenehmem Geschmack 醇正的, 醇厚的〈ein Bier, ein Wein 啤酒, 葡萄酒〉

süf·fi·sant *Adj*（形）; *geschr pej* [书][贬];〈ein Lächeln, e-e Miene 微笑, 表情〉so (spöttisch), dass sie zeigen, dass der Betreffende sich für überlegen hält 得意的, 高傲的, 瞧不起人的: *s. lächeln* 得意地微笑 ‖ *hierzu*（派生）**Süf·fi·sanz** *die*; -; *nur Sg*（只用单数）

Suf·fix *das*; -*es*, -*e*; LING【语】; ein Wortteil, der hinter ein Wort gesetzt wird 后缀 ≈ Nachsilbe ↔ Präfix: *das S. „-heit" in „Schönheit"* "Schönheit" 的后缀 "-heit" ‖ *hierzu*（派生）**suf·fi·gie·ren** (*hat*) *Vt*（及物）

sug·ge·rie·ren; *suggerierte*, *hat suggeriert*; Vt（及物）*geschr* [书] **1.** ***etw. suggeriert*** (***j-m***) ***etw.*** etw. beeinflusst j-n geschickt so, dass er e-e bestimmte Meinung, e-n Wunsch *o.Ä.* bekommt（物作主语）启发, 诱发, 使产生（愿望、想法）: *Diese Werbung suggeriert, dass „richtige Männer" rauchen* 广告使人认为"真正的男子汉"都吸烟 **2.** ***etw. suggeriert etw.*** etw. bewirkt, dass bei j-m ein bestimmter Eindruck entsteht（物作主语）产生（一种感觉）, 形成（一种效果）: *Die leuchtenden Farben suggerieren Wärme* 发光的颜色产生暖效果 **3.** ***j-d suggeriert etw. mit etw.*** j-d bringt etw. indirekt zum Ausdruck（人作主语）用…婉转（含蓄）地表示: *Mit seiner Bemerkung suggerierte er, dass er mit dem Plan nicht einverstanden war* 他用自己的意见婉转地表示他不赞成这个计划 ‖ *hierzu*（派生）**Sug·ges·ti·on** *die*; -, -*en*

sug·ges·tiv [-f] *Adj*（形）; *geschr* [书];〈e-e Frage 问题〉so, dass sie e-e bestimmte Antwort als natürlich erscheinen lässt 诱导性的, 启发性的 ‖ K-(复合): ***Suggestiv-***, ***-frage***

suh·len, sich; *suhlte sich*, *hat sich gesuhlt*; Vr（反身）***ein Tier suhlt sich*** (***irgendwo***) ein Tier wälzt sich im Dreck（动物作主语）（在肮脏处）打滚〈Schweine 猪〉

Süh·ne *die*; -; *nur Sg*, *geschr*（只用单数）[书] ≈ Buße〈für etw. S. leisten 为某事作出抵偿（进行赎罪）; j-m etw. zur S. auferlegen, abverlangen 责成, 要求某人做某事作为赔偿（赎罪）〉‖ K-(复合): ***Sühne-***, ***-versuch***

süh·nen; *sühnte*, *hat gesühnt*; *geschr* [书]; Vt（及物）**1.** ***etw. s.*** ≈ büßen〈e-e Schuld, ein Verbrechen (mit dem Leben, dem Tod) s. 抵偿债务,（用命, 以死）抵罪〉**2.** ***etw. s.*** ein Unrecht wiedergutmachen, indem man den Schuldigen bestraft（以惩处负债人或处罚有罪的人）讨回公道; Vi（不及物）**3.** ***für etw. s.*** ≈ für etw. büßen

Sui·te [ˈsviːt(ə)] *die*; -, -*n* **1.** mehrere Zimmer in e-m Hotel, die man zusammen mieten kann（宾馆）套房〈e-e S. bewohnen, mieten 住, 租套房〉‖ -K(复合): ***Präsidenten-*** **2.** MUS【音】; ein Musikstück, das aus mehreren Tänzen *o.Ä.* besteht 组曲, 舞蹈组曲

Su·i·zid *der*; -(*e*)*s*, -*e*; *geschr* [书] ≈ Selbstmord ‖ K-(复合): ***suizid-***, ***-gefährdet***

Su·jet [zyˈʒeː] *das*; -*s*, -*s*; *geschr* [书]; ein Thema od. Motiv, das in e-m künstlerischen Werk dargestellt wird（艺术创作的）主题, 题材

suk·zes·siv [-f] *Adj*（形）; *geschr* [书] ≈ schrittweise〈e-e Veränderung 改变〉‖ *hierzu*（派生）**suk·zes·si·ve** *Adv*（副）

Sul·fat *das*; -(*e*)*s*, -*e*; CHEM【化】; ein Salz der Schwefelsäure 硫酸盐

Sul·tan *der*; -*s*, -*e*; ein Fürst od. Herrscher in e-m islamischen Land (*mst* in früherer Zeit) 苏丹(某些伊斯兰国家最高统治者的称号)

Sul·ta·nat *das*; -(*e*)*s*, -*e*; das Gebiet, über das ein Sultan herrscht(e) 苏丹领地

Sul·ta·ni·ne *die*; -, -*n*; e-e große, helle Rosine 无核大葡萄干, 提子

Sül·ze *die*; -, -*n*; e-e Speise aus kleinen Stücken von gekochtem Fleisch, Möhren, Essiggurken *o.Ä.*, die in Gelee gelegt sind 水晶肠, 肉冻, 鱼冻

sum·ma·risch *Adj*（形）; so, dass nur das Wichtige genannt wird 扼要的, 笼统的, 概括的 ↔ detailliert〈ein Überblick, e-e Zusammenfassung 梗概, 总结〉

sum·ma sum·ma·rum *gespr* [口] ≈ insgesamt, alles in allem: *Das macht summa summarum fünfzig Euro* 这总共是 50 欧元

S

Sụ̈mm·chen *das*; *mst in* 多用于 ***ein hübsches/erkleckliches S.*** *gespr* [口]; ziemlich viel Geld 一笔不算少的钱,一笔可观的钱

Sụm·me *die*; -, -*n* **1.** das Ergebnis, das man erhält, wenn man Zahlen zusammenzählt, addiert (总)和,总数 ↔ Differenz: *Die S. von drei u./plus vier ist sieben* (3 + 4 = 7) 三加四之和是七 ‖ -K(复合): ***End-***, ***Gesamt-***, ***Zwischen-*** **2.** e-e bestimmte Menge Geld 款额,金额,款项 ≈ Betrag ⟨e-e kleine, große, beträchtliche, erhebliche, hübsche S. (Geld) haben, zahlen 有,支付一小笔、一大笔、一笔可观的、一笔高额的、一笔不小的款项; etw. kostet e-e hübsche, beträchtliche, ganz schöne S. Geld 某物花费一笔不小的、一笔可观的、一笔相当多的钱⟩: *Die Reparatur beläuft sich auf e-e S. von € 250* 修理费金额为 250 欧元 ‖ -K(复合): ***Darlehens-***, ***Garantie-***, ***Geld-***, ***Höchst-***, ***Millionen-***, ***Rest-***

sụm·men; *summte*, *hat gesummt*; [Vt/i](及物/不及物) **1.** **(*etw.*) *s.*** mit geschlossenen Lippen e-n Laut machen wie ein langes *m* u. dabei e-e Melodie hervorbringen 哼唱,哼曲子 ⟨ein Lied s. 哼一支歌; leise vor sich hin s. 轻轻地哼着歌⟩; [Vi] (不及物) **2.** ***ein Tier/etw. summt*** ein Tier/etw. produziert e-n gleichmäßigen, langen u. leisen Laut (动物/物作主语)发出嗡嗡声,发出蜂鸣声 ⟨e-e Biene, e-e Mücke 蜜蜂,蚊子; e-e Stromleitung 电线⟩: *Die Drähte der Hochspannungsleitung summen* 高压线发出嗡嗡声 ‖ K-(复合): ***Summ-***, ***-ton***

Sụm·mer *der*; -*s*, - **1.** e-e Art Klingel, die summt (2) 蜂鸣声 ‖ -K(复合): ***Telefon-*** **2.** ein Schalter, mit dem man von der Wohnung aus die Haustür öffnen kann 蜂鸣式门锁 ‖ -K(复合): ***Tür-***

sum·mie̱·ren, sich; *summierte sich*, *hat sich summiert*; [Vr] (反身) ***Das/Es summiert sich***; ⟨Dinge 物⟩ ***summieren sich*** (***zu etw./auf etw.*** (*Akk* 四格)) verschiedene Dinge kommen zusammen u. bilden insgesamt e-e relativ große Menge 累计,累积(达…)⟨Kosten, Probleme 费用,问题⟩: *Der Kaufpreis des Hauses ist gar nicht so hoch, aber die Kosten für Makler, Notar u. Reparaturen summieren sich auf/zu über 150000 Euro* 房价并不算高,但是用于经纪人、公证人和修缮的费用累计超过 15 万欧元

Sụmpf *der*; -(*e*)*s*, *Sümp·fe* **1.** ein Gelände mit sehr feuchtem, weichem Boden, der oft mit Wasser bedeckt ist 沼泽地 ⟨e-n S. entwässern, trockenlegen, austrocknen 排干一块沼泽地; im S. stecken bleiben, einsinken 陷在,陷入沼泽地里⟩: *Die Everglades in Florida sind ein riesiger S., in dem Alligatoren u. viele Wasservögel leben* 佛罗里达州的埃弗格莱兹是一片巨大的沼泽地,那里生活着钝吻鳄及许多水禽 ‖ K-(复合): ***Sumpf-***, ***-boden***, ***-gebiet***, ***-loch***, ***-niederung***, ***-pflanze*** **2.** *pej* [贬]; ein Ort, an dem moralische Prinzipien ignoriert werden (用作比喻)罪恶的泥坑,泥潭⟨ein moralischer S. 道德堕落的泥坑; ein S. des Lasters, der Korruption 恶习、腐败的渊薮⟩ ‖ -K(复合): ***Großstadt-*** ‖ *zu* (义项) **1.** **sụmp·fig** *Adj* (形)

Sụmpf|dot·ter·blu·me *die*; e-e leuchtend gelbe Blume, die auf feuchten Wiesen wächst 驴蹄草

Sụnd *der*; -(*e*)*s*, -*e* ≈ Meerenge

Sụ̈n·de *die*; -, -*n* **1.** e-e Handlung, die gegen die Gesetze der Religion verstößt (违背宗教教规的)罪⟨e-e schwere, große S. 深重的罪,大罪; e-e S. begehen 犯罪; seine Sünden beichten 为自己的罪行忏悔; für seine Sünden büßen 给自己赎罪; j-m werden seine Sünden vergeben 某人的罪孽得到宽恕⟩ ‖ NB(注意): ↑ ***Todsünde*** **2.** e-e Handlung, die schlecht, unmoralisch od. nicht vernünftig ist 作孽,罪过,孽障 ⟨e-e lässliche, unverzeihliche S. 可宽恕的、不可饶恕的罪过; e-e S. wider die Vernunft 违背理性的罪过; e-e S. begehen 作孽⟩: *die Sünden der Städteplaner* 城建规划人员的罪过 ‖ *hierzu* (派生) **sụ̈n·dig** *Adj* (形); **Sụ̈n·der** *der*; -*s*, -; **Sụ̈n·de·rin** *die*; -, -*nen*

Sụ̈n·den·bock *der*; j-d, dem man die Schuld an etw. gibt (obwohl er unschuldig ist) 替罪羊 ≈ Prügelknabe ⟨j-n zum S. machen 把某人当作替罪羊⟩

Sụ̈n·den·pfuhl *der*; -*s*; *nur Sg*, *pej* (只用单数) [贬]; ein Ort, an dem die Menschen wenig Moral haben 罪恶之地,罪恶的泥沼

Sụ̈n·den·re·gis·ter *das*; *mst in* 多用于 ***ein langes S. haben*** *hum* [诙]; viel verschuldet haben 屡屡犯错,一错再错

sụ̈nd·haft *Adj*(形) **1.** ⟨ein Gedanke, ein Leben 念头,生活⟩ so, dass sie unmoralisch sind (道德)邪恶的,罪恶的 **2.** *nur adv*, *gespr* (只作状语) [口]; verwendet, um Adjektive zu verstärken (加强形容词的语义)很,非常 ≈ sehr ⟨s. teuer, schön, faul 非常贵、美、懒⟩ ‖ *hierzu* (派生) **Sụ̈nd·haf·tig·keit** *die*; *nur Sg* (只用单数)

sụ̈n·di·gen; *sündigte*, *hat gesündigt*; [Vi] (不及物) **1.** Sünden (1) begehen 犯(宗教道德)罪⟨in Gedanken, mit Worten, mit Taten s. 在思想、言语、行为上犯罪⟩ **2.** *hum* [诙]; viele gute Dinge essen od. Alkohol trinken 作孽(指大吃大喝): *Über Weihnachten habe ich schwer gesündigt* 圣诞节期间我们真是作了大孽

sụ̈nd·teu·er *Adj* (形); *ohne Steigerung*, *gespr* (无变级)[口]; sehr teuer 贵得要命的,极贵的

su̱·per *Adj* (形); *indeklinabel*, *gespr* (词形不变)[口]; (*bes* von Jugendlichen verwendet 年青人用语) ≈ toll, prima: *Er singt s.* 他歌唱得棒极了; *Der Film war einfach s.!* 这部电影简直棒极了!; *e-e s. Disco* 一家超级迪斯科舞厅

Su̱·per *das*; -*s*; *nur Sg* (只用单数) ≈ Superbenzin ⟨S. tanken 加特级汽油⟩ ‖ NB (注意): *mst* ohne Artikel! (多不带冠词!)

su̱·per- *im Adj*, *sehr produktiv*, *gespr*, *oft hum od iron* (构成形容词,构词强)[口]常用[诙]或[讽]; verwendet, um auszudrücken, dass etw. das normale Maß weit übersteigt 超

(级)…，极…；**superbillig**，**superfein**，**superfleißig**，**superleicht**，**supermodern**，**superreich**，**superschlau**，**supersparsam**

Su·per- *im Subst*，*sehr produktiv*，*gespr*（构成名词，构词强）［口］；verwendet，um auszudrücken，dass man j-n/etw. für sehr gut hält 超级…，特级… ≈ Klasse-，Spitzen-；ein **Superauto**，ein **Superbuch**，ein **Superding**，ein **Superfilm**，e-e **Superfrau**，ein **Superpreis**，ein **Superrennen**，ein **Superspiel**

Su·per·ben·zin *das*；*nur Sg*（只用单数）；das teure Benzin（mit hoher Oktanzahl），das e-e sehr gute Qualität hat 特级汽油，高辛烷值汽油〈S. tanken 加特级汽油〉‖ NB（注意）：↑ **Normalbenzin**，**Diesel**

Su·per-GAU *der*；-（*s*），-*s* **1.** TECH【技】；der denkbar größte GAU in e-m Kernkraftwerk 特大恶性核泄漏事故 **2.** *hum gespr*［诙］［口］；e-e große Panne 严重故障：*Wir haben wieder einmal e-n S. in unserem Computernetz!* 我们的计算机网络中又有了严重故障!

Su·per·la·tiv ［-f］ *der*；-*s*，-*e* **1.** LING【语】；die Form e-s Adjektivs od. Adverbs，die das höchste Maß ausdrückt 最高级：*Der S. von „reich“ ist „am reichsten“* “reich”的最高级是“am reichsten” ‖ NB（注意）：↑ **Komparativ** **2.** *mst Pl*，*geschr*（多用复数）［书］；ein Ding，ein Ereignis *o. Ä.*，die zu den besten，größten *o. Ä.* gehören 顶级，最高级，超一流：*ein Fest*，*ein Land der Superlative* 超一流的节庆、国家 ‖ *zu*（义项）**1.** **su·per·la·ti·visch** ［-v-］ *Adj*（形）

Su·per·macht *die*；ein Staat mit sehr großer militärischer u. wirtschaftlicher Macht（wie die USA）超级大国

Su·per·mann *der*；*gespr*［口］**1.** ein Mann mit besonders männlicher Ausstrahlung 具有男人魅力的超人 **2.** *oft iron* 常用［讽］；ein Mann，der schwierige Probleme lösen kann od. soll（能解决疑难的）超人

Su·per·markt *der*；ein großes Geschäft *bes* für Lebensmittel，in dem man die Waren selbst aus dem Regal holt u. zur Kasse bringt 超级市场，超级商场

Su·per·star *der*；*gespr*［口］；ein sehr bekannter u. beliebter Star 超级明星

Süpp·chen *das*；-*s*，-；*mst in* 多用于 **sein eigenes S. kochen** *gespr pej*［口］［贬］；für seinen eigenen Vorteil sorgen u. nicht mit anderen zusammenarbeiten 只顾自己私利

Sup·pe *die*；-，-*n* **1.** ein flüssiges，gekochtes Essen，oft mit kleinen Stücken Fleisch，Gemüse *usw* 汤〈e-e klare，dicke，dünne S. 清的、稠的、稀的汤；e-e S. kochen，würzen，abschmecken，essen，löffeln 做汤，给汤加调料，尝汤的口味，喝汤，舀汤〉‖ K-（复合）：**Suppen-**，**-einlage**，**-extrakt**，**-fleisch**，**-gemüse**，**-huhn**，**-kelle**，**-löffel**，**-nudeln**，**-schüssel**，**-tasse**，**-teller**，**-terrine**，**-würze** ‖ -K（复合）：**Bohnen-**，**Champignon-**，**Creme-**，**Erbsen-**，**Fisch-**，**Gemüse-**，**Gulasch-**，**Hühner-**，**Kartoffel-**，**Kräuter-**，**Ochsenschwanz-**，**Spargel-**，**Tomaten-**，**Zwiebel-** **2.** *gespr hum*［口］［诙］；dichter Nebel 浓雾，大雾 ‖ ID［谚］**j-m die S. versalzen**；**j-m in die S. spucken** *gespr*［口］；j-s Pläne verhindern u. ihm die Freude an etw. nehmen 毁坏某人的计划，坏某人的事；**die S. auslöffeln（müssen），die man sich**（*Dat* 三格）**eingebrockt hat** *gespr*［口］；die Folgen seines Verhaltens ertragen（müssen）自作自受，自食其果；**j-m/sich e-e schöne S. eingebrockt haben** *gespr*［口］；j-n/sich in e-e unangenehme Situation gebracht haben 使某人倒霉/自找倒霉

Sup·pen·grün *das*；*nur Sg*，*Kollekt*（只用单数）（集合）；Petersilie，Lauch，Sellerie u. Karotten，die man zum Würzen in e-e Suppe gibt 放人汤里的香料蔬菜

Sup·pen·kas·per *der*；*gespr*［口］；ein Kind，das keine Suppe essen will 不愿喝汤的孩子

Sup·pen·wür·fel *der* ≈ Brühwürfel

Sup·ple·ment *das*；-（*e*）*s*，-*e*；ein zusätzlicher Band *bes* zu e-m Lexikon 增补本、册 ‖ K-（复合）：**Supplement-**，**-band**，**-lieferung**

Su·re *die*；-，-*n*；ein Abschnitt im Koran 章（特指《古兰经》篇章）

Surf·brett ［ˈsøːɐ̯f-］ *das*；ein langes，flaches Brett aus Holz od. Kunststoff（mit e-m Segel），mit dem man über das Wasser gleitet 冲浪板，帆板

sur·fen ［ˈsøːɐ̯fn］；*surfte*，*hat gesurft*；**Vi**（不及物）**1.** auf e-m（Surf）Brett stehend über e-n See od. das Meer segeln 玩帆板，进行帆板运动 ≈ windsurfen **2.** auf e-m（Surf）Brett stehend über Wellen reiten 冲浪 **3.**（**im Internet**）**s.** INFORM【信息】；ohne bestimmtes Ziel Informationen im Internet abrufen（在互联网上）冲浪，漫游 ‖ *hierzu*（派生）**Sur·fer** *der*；-*s*，-；**Sur·fing** *das*；-*s*；*nur Sg*（只用单数）

Sur·re·a·lis·mus *der*；-；*nur Sg*（只用单数）；e-e Richtung in der modernen Kunst u. Literatur，die ihre künstlerischen Aussagen auf e-e Art u. Weise macht，die an Träume erinnert 超现实主义 ‖ *hierzu*（派生）**Sur·re·a·list** *der*；-*en*，-*en*；**sur·re·a·lis·tisch** *Adj*（形）

sur·ren；*surrte*，*hat/ist gesurrt*；**Vi**（不及物）**1. etw. surrt**（*hat*）etw. macht ein leises，gleichmäßiges Geräusch（物作主语）发出呼呼的转动声〈e-e Filmkamera，ein Projektor，e-e Nähmaschine 摄影机，幻灯机（或放映机，投影仪），缝纫机〉**2. etw.**/〈ein Insekt 一只昆虫〉**surrt**（**irgendwo**（**hin**））（*ist*）etw./ein Insekt bewegt sich mit e-m surrenden（1）Geräusch durch die Luft（物/昆虫作主语）嗡嗡地飞：*Die Fliegen surren um die Lampe* 苍蝇嗡嗡地绕着电灯飞

Sur·ro·gat *das*；-（*e*）*s*，-*e*；**ein S.**（**für etw.**）*geschr*［书］；ein *mst* billiger，qualitativ schlechter Ersatz für etw. 廉价替代物：*das Fernsehen als S. für die Wirklichkeit* 电视作为现实生活的代用品

sus·pekt；*suspekter*，*suspektest-*；*Adj*（形）；〈e-e Angelegenheit，j-s Benehmen，e-e Sa-

S

che ist (j-m) s., kommt j-m s. vor 一件事情、某人的举止、一件事令某人生疑〉so, dass sie Verdacht erregen 令人生疑的，可疑的 ≈ verdächtig: *Sein merkwürdiges Verhalten kommt mir s. vor* 他那古怪的行为让我感到可疑

sus·pen·die·ren; *suspendierte*, *hat suspendiert*; [Vt]（及物）**1.** ***j-n*** (***von etw.***) ***s.*** erlauben, dass j-d an etw. nicht teilzunehmen braucht 准许…缺席，准假〈j-n vom Unterricht, vom Training s. 准许某人缺课，不参加训练〉**2.** ***j-n*** (***von etw.***) ***s.*** bestimmen, dass j-d seine Arbeit so lange nicht mehr machen darf, bis eventuelle Vorwürfe gegen ihn geklärt sind 暂令…停职: *Beamte wegen Verdachts auf Bestechlichkeit vom Dienst s.* 因涉嫌受贿暂令公务员停职 **3.** ***etw. s.*** etw. für e-e bestimmte Zeit für ungültig erklären 暂时中止，暂停〈diplomatische Beziehungen s. 暂时中止外交关系〉‖ *hierzu*（派生）**Sus·pen·si·on** *die*; -, *-en*; **Sus·pen·die·rung** *die*

süß, *süßer*, *süßest-*; *Adj*（形）**1.** mit dem Geschmack von Zucker od. Honig（味道）甜的 ↔ sauer, salzig, bitter: *Der Kaffee ist zu süß* 这咖啡太甜了; *der süße Geschmack reifer Trauben* 熟葡萄的甜味 ‖ -K（复合）: ***honig-***, ***zucker-*** **2.** mit dem Geruch von etw., das süß (1) ist 发甜香味的，芳香的 ↔ herb〈ein Duft, ein Parfüm 香气，香水; etw. duftet s. 某物发出甜甜的香气〉**3.** 〈e-e Stimme, ein Klang 嗓音，音质; ein Kind 小孩; e-e Wohnung, ein Kleid 住房，连衣裙〉so, dass man sie als sehr angenehm empfindet 甜的，甜美的，甜蜜的，可爱的: *Sie hat e-e süße kleine Wohnung in der Altstadt* 她在老城区有一套小而舒适的住房 **4.** *pej* [贬]: übertrieben freundlich 过份亲热友好的〈ein Lächeln, e-e Miene, Reden 微笑，表情，讲话〉

Sü·ße *die*; -; *nur Sg*, *geschr*（只用单数）[书]; der süße Geschmack od. Geruch von etw. 甜味，甜: *die S. des Weins, e-r Frucht* 葡萄酒的、水果的甜味

sü·ßen; *süßte*, *hat gesüßt*; [Vt/i]（及物/不及物）(***etw.***) ***s.*** etw. mit Zucker *o. Ä.* süß (1) machen（给…）加糖，使发甜〈etw. schwach, stark s. 给某物加少许糖、多加糖〉: *Süßt du mit Zucker od. Honig?* 你想加糖还是加蜂蜜

Süß·holz *das*; *mst in* 多用于 ***S. raspeln*** *gespr pej* [口][贬]; j-m (auf übertriebene Art) schmeicheln 奉承，讨好，谄媚，说花言巧语

Sü·ßig·keit *die*; -, *-en*; *mst Pl*（多用复数）; e-e kleine süße Sache zum Essen, die *bes* aus Zucker od. Schokolade gemacht wird (*z. B.* Bonbons od. Pralinen) 甜食，糖果

süß·lich *Adj*（形）**1.** mit e-m (*mst* unangenehmen) leicht süßen Geschmack od. Geruch 带甜味的，略甜的〈ein Geschmack, ein Geruch 口味，气味; etw. schmeckt, riecht s. 某物吃起来，闻起来略带甜味〉**2.** *pej* [贬]; übertrieben freundlich 过份热情友好的，装出甜蜜的 ≈ süß (4)〈e-e Stimme 嗓音; s. lächeln 装出很甜蜜地微笑〉‖ *hierzu*（派生）**Süß·lich·keit** *die*; *nur Sg*（只用单数）

süß·sau·er *Adj*（形）**1.** süß (1) u. gleichzeitig sauer (1) im Geschmack 酸甜的，糖醋的〈Bonbons, e-e Speise, ein Gericht 糖块，食物，菜肴; s. eingelegte Gurken 带酸甜味的泡黄瓜; etw. schmeckt s. 某物吃着有酸甜味〉**2.** *oft pej* 常用[贬]; halb freundlich, halb mürrisch 苦笑的，喜忧参半的〈ein Lächeln, e-e Miene, ein Gesicht 微笑，表情，脸〉

Süß·spei·se *die*; e-e süße Speise, die man *bes* als Dessert isst 甜食

Süß·stoff *der*; e-e *mst* künstliche Substanz, die man statt Zucker verwendet, um Tee *usw* süß zu machen 糖精，甜味剂

Süß·wa·ren *die*; *Pl*, *geschr*（复）[书]; Lebensmittel, die viel Zucker enthalten 糖果，甜食 ‖ K-（复合）: ***Süßwaren-***, ***-geschäft***, ***-industrie***

Süß·was·ser *das*; *nur Sg*（只用单数）; das Wasser in Flüssen u. Seen 淡水 ↔ Meerwasser, Salzwasser ‖ K-（复合）: ***Süßwasser-***, ***-fisch***, ***-krebs***, ***-muschel***, ***-perle***

SV [ɛs'fau] *der*; *Kurzw*（略）↑ ***Sportverein***

SVP [ɛsfau'peː] *die*; -; *nur Sg*（只用单数）**1.** (*Abk für* 缩写，全称为 Schweizerische Volkspartei) e-e politische Partei in der Schweiz 瑞士人民党 **2.** (*Abk für* 缩写，全称为 Südtiroler Volkspartei) e-e politische Partei in Südtirol 南蒂罗尔人民党

Sweat·shirt ['svetʃøːɐt] *das*; *-s*, *-s*; ein bequemer Pullover *mst* aus Baumwolle 针织套衫，运动衫，长袖圆领衫

Swim·ming·pool [-puːl] *der*; *-s*, *-s*; ein Schwimmbecken, *bes* in e-m privaten Garten od. in e-m Hotel 游泳池

Syl·lo·gis·mus *der*; -, *Syl·lo·gis·men*; e-e Schlussfolgerung in der Logik, bei der man vom Allgemeinen auf das Besondere schließt 三段论法，三段论 ‖ *hierzu*（派生）**syl·lo·gis·tisch** *Adj*（形）; **Syl·lo·gis·tik** *die*; *nur Sg*（只用单数）

Sym·bi·o·se *die*; -, *-n*; e-e Form des Zusammenlebens, bei der *mst* zwei Lebewesen voneinander abhängig sind u. sich gegenseitig Vorteile bringen 共生: *Pflanzen leben in S.* 植物共生; *Der Dichter lebte in enger S. mit seiner Lebensgefährtin* 这位诗人与他的妻子同生共死 ‖ *hierzu*（派生）**sym·bi·o·tisch** *Adj*（形）

Sym·bol *das*; *-s*, *-e* **1.** ***ein S.*** (***für etw.***) ein Ding od. Zeichen, das für etw. anderes (*z. B.* e-e Idee) steht od. auf etw. hinweist 象征 ≈ Sinnbild〈christliche, magische Symbole 基督教的、有魔力的象征; ein S. des Friedens, der Hoffnung, der Macht 和平、希望、权力的象征〉: *Die fünf Ringe sind das S. für die Olympischen Spiele* 五环是奥运会的象征; *Der Löwe gilt als ein S. der Stärke* 狮子是力量的象征 ‖ K-（复合）: ***Symbol-***, ***-deutung***, ***-kraft*** ‖ -K（复合）: ***Farb-***, ***Friedens-***; ***Status-*** **2.** ein Buchstabe, ein Zeichen od. e-e Figur, die e-e Zahl, ein chemisches Element, e-n (Rechen)Vorgang *o. Ä.* ausdrücken 符

S

号 ≈ Zeichen 〈ein mathematisches, chemisches, sprachliches S. 一个数学的、化学的、语言的符号〉: *Das S. der Addition ist ein +* 加法的符号为+

sym·bol·haft *Adj*（形）;〈e-e Darstellung 表现, 表述〉so, dass sie wie ein Symbol wirkt 含象征意义的, 象征的: *etw. ist s. gemeint* 某事具有象征意义 ‖ *hierzu*（派生）**Sym·bol·haf·tig·keit** *die*; *nur Sg*（只用单数）

Sym·bo·lik *die*; -; *nur Sg*（只用单数）**1.** die tiefere (symbolische) Bedeutung von etw. 象征意义, 象征性〈die S. e-s Ritus, e-r Geste, e-s Bildes 一种宗教仪式的、一种手势的、一幅画的象征意义; e-e Handlung von tiefer S. 具有深刻象征意义的行动〉**2.** *Kollekt*（集合）; alle Symbole (1) e-s bestimmten Bereiches u. die Art ihrer Verwendung u. Bedeutung 象征学, 象征〈die christliche, mittelalterliche S. 基督教的、中世纪的象征; die S. e-s Gedichts, e-s Bildes, e-s Autors, e-s Kulturkreises, der Träume 一首诗、一幅画、一位作者、一个文化领域、梦的象征〉

sym·bo·lisch *Adj*（形）**1.**〈ein Ausdruck, e-e Farbe, e-e Geste 表达, 颜色, 手势〉so, dass sie ein Symbol darstellen od. wie ein Symbol wirken 具有象征意义的, 象征的 ≈ sinnbildlich, symbolhaft: *etw. hat symbolische Bedeutung* 某物具有象征意义; *etw. ist s. zu verstehen* 某物应从象征方面理解; *Die Schlange hier hat symbolischen Charakter: Sie steht für das Böse* 蛇在这里具有象征性: 它表示邪恶 **2.** mithilfe von Symbolen 象征的, 用象征手法的〈etw. s. darstellen 用象征手法表述某物〉

sym·bo·li·sie·ren; *symbolisierte, hat symbolisiert*; [Vt]（及物）***j-d/etw. symbolisiert etw.*** j-d/etw. ist das Symbol (1) für etw.（人/物作主语）象征: *Die Farbe Schwarz symbolisiert Trauer* 黑色象征哀悼 ‖ *hierzu*（派生）**Sym·bo·li·sie·rung** *die*; *nur Sg*（只用单数）

Sym·bol·leis·te *die*; INFORM【信息】; e-e Zeile mit Symbolen auf dem Bildschirm, die für verschiedene Optionen stehen, die man mit der Maus (2) aufrufen kann 符号栏（常指菜单, 格式）

Sym·met·rie *die*; -, *-n* [-ˈtriːən]; die Eigenschaft von etw., symmetrisch zu sein 对称 ↔ Asymmetrie ‖ K-（复合）: ***Symmetrie-, -achse, -ebene***

sym·met·risch *Adj*（形）; so, dass etw. auf beiden Seiten e-r (gedachten) Linie genau gleich aussieht 对称的 ↔ asymmetrisch: *der symmetrische Aufbau des Quadrats* 正方形的对称结构; *Das menschliche Gesicht ist mehr od. weniger s.* 人的脸或多或少是对称的

Sym·pa·thie *die*; -, *-n* [-ˈtiːən] **1.** ***die S. (für j-n)*** das Gefühl, dass man j-n gernhat od. dass einem j-d angenehm ist 好感, 同情 ≈ Wohlwollen ↔ Antipathie〈S. für j-n empfinden 对某人产生好感; wenig, volle S. für j-n haben 对某人有少许、极大的好感; j-m seine S. bekunden 对某人表示同情; sich (*Dat* 三格) alle Sympathien bei j-m verscherzen 由于戏谑而失去某人的一切好感〉‖ K-（复合）: ***Sympathie-, -bekundung, -bezeigung, -erklärung, -kundgebung, -streik*** **2.** ***etw. hat/findet j-s (volle) S.*** *gespr*［口］; j-d findet etw. gut, gibt etw. seine Zustimmung（物作主语）得到某人的（完全）赞同〈ein Plan, ein Projekt, ein Vorschlag 计划, 项目, 建议〉

Sym·pa·thie·trä·ger *der*; j-d (*z. B.* ein Mitglied e-r politischen Partei), der bei vielen anderen e-n positiven Eindruck macht 获得众人好感的人 ‖ *hierzu*（派生）**Sym·pa·thie·trä·ge·rin** *die*

Sym·pa·thi·sant *der*; *-en, -en*; j-d, der die Ziele e-r *mst* politischen Gruppe gut findet, sie jedoch nicht aktiv unterstützt 同情者 ‖ NB（注意）: *der Sympathisant; den, dem, des Sympathisanten* ‖ *hierzu*（派生）**Sym·pa·thi·san·tin** *die*; -, *-nen*; **Sym·pa·thi·san·ten·tum** *das*; *nur Sg*（只用单数）

sym·pa·thisch *Adj*（形）; ***(j-m) s.*** mit e-r angenehmen Wirkung (auf (andere) Menschen) 使人产生好感的, 令人同情的, 吸引人的 ↔ unsympathisch〈ein Mensch, e-e Stimme, ein Wesen 人, 声音, 气质; s. aussehen, wirken 看起来招人喜欢, 使人产生好感〉: *Unser neuer Nachbar ist mir nicht s.* 我对我们的新邻居没有好感

sym·pa·thi·sie·ren; *sympathisierte, hat sympathisiert*; [Vi]（不及物）***mit j-m/etw. s.*** *bes* e-n Politiker, e-e politische Gruppe od. Ideologie gut finden, aber nicht aktiv unterstützen 对…表示同情

Sym·pho·nie, Sym·pho·ni·ker [-f-] *usw* ↑ ***Sinfonie, Sinfoniker*** *usw*

Sym·po·si·um *das*; *-s, Sym·po·si·en* [-ziən]; ***ein S. (über etw. (Akk*** 四格)) *geschr*［书］; e-e Versammlung von Fachleuten, die über ein spezielles Thema diskutieren 学术交流会, 研讨会 ≈ Tagung, Kongress〈ein S. abhalten, veranstalten, durchführen 召开、举行、进行一研讨会; ein S. findet statt 正在举行一次研讨会; an e-m S. teilnehmen 参加一次研讨会〉

Symp·tom *das*; *-s, -e* **1.** ***ein S. (für/von etw.)*** e-e Veränderung im Zustand od. in der Funktion e-s Organs od. im Aussehen e-s Menschen od. anderen Lebewesens, die für e-e bestimmte Krankheit typisch ist 病状, 症状 ≈ Anzeichen: *ein S. für Krebs* 癌的一种症状; *Symptome von Unterernährung zeigen* 显示出营养不良的症状 ‖ K-（复合）: ***Symptom-, -behandlung*** ‖ -K（复合）: ***Krankheits-; Malaria-, Vergiftungs-*** **2.** ***ein S. (für etw.)*** *geschr*［书］; etw., das für e-e *mst* negative Entwicklung typisch ist 征兆, 不良预兆 ≈ Anzeichen: *Ist die hohe Scheidungsrate ein S. für den Verfall unserer Gesellschaft?* 高离婚率是我们这个社会衰败的一个征兆吗?

symp·to·ma·tisch *Adj*（形）; *geschr*［书］; ***s. (für etw.)*** ≈ typisch, charakteristisch: *Diese Aussage ist s. für seine Denkweise* 这一见解典型代表了他的思维方式

Sy·na·go·ge *die*; -, *-n*; der Raum od. das

Gebäude, in dem Juden beten u. den Gottesdienst feiern 犹太教堂

syn·chron [zynˈkroːn] *Adj*(形); TECH【技】; so, dass zwei od. mehrere Vorgänge zur gleichen Zeit u./od. mit gleicher Geschwindigkeit ablaufen 同步的, 同时的 ≈ gleichzeitig 〈Bewegungen, Vorgänge 运动, 过程; zwei (od. mehr) Prozesse verlaufen s., laufen s. ab 两个(或多个)过程同步进行; etw. s. schalten 同步接通某物〉‖ K-(复合): ***Synchron-***, ***-getriebe*** ‖ *hierzu* (派生) **Syn·chro·nie** *die*; -; *nur Sg*(只用单数)

syn·chro·nisch [-ˈkroː-] *Adj*(形) ≈ synchron

syn·chro·ni·sie·ren [-kro-]; *synchronisierte*, *hat synchronisiert*; *Vt/i* (及物/不及物) (***etw.***) ***s.*** e-n Film *o.Ä.* mit e-m (neuen) Ton (in e-r anderen Sprache) versehen u. den Text so sprechen lassen, dass er zeitlich mit den Bewegungen übereinstimmt, die die Schauspieler mit ihren Lippen machen (给…)配音〈e-n Film s. 给一部电影配音; e-n Film in e-r synchronisierten Fassung zeigen 放映一部同步配音电影〉‖ *hierzu* (派生) **Syn·chro·ni·sa·ti·on** *die*; -, *-en*

Syn·di·kat *das*; *-(e)s*, *-e*; *Kollekt*, WIRTSCH (集合)【经】; e-e Gruppe von Firmen, die gemeinsam über die Preise u. den Verkauf ihrer Produkte bestimmen 辛迪加(财团) ≈ Kartell 〈Firmen schließen sich zu e-m S. zusammen 几个公司联合组成一个辛迪加〉

Syn·di·kus *der*; -, *-se/Syn·di·zi*; ADM【管理】; ein Jurist, der e-r großen Firma bei juristischen Problemen hilft 法律顾问

Syn·drom *das*; *-(e)s*, *-e*; MED【医】; e-e Gruppe von Symptomen, die typisch für e-e Krankheit sind 综合征,症候群

Sy·ner·gie *die*; -; *nur Sg*(只用单数); das Phänomen, dass sich die Wirkung od Energie einzelner Substanzen, Faktoren *usw* noch verstärkt, wenn sie gemeinsam auftreten 协同作用,协力 ‖ K-(复合): ***Synergie-***, ***-effekt***

S

Syn·ko·pe *die*; -, *-n*; MUS【音】; die Betonung e-s normalerweise unbetonten Teiles e-s Taktes 切分音 ‖ *hierzu* (派生) **syn·ko·pie·ren** (*hat*) *Vt* (及物); **syn·ko·pisch** *Adj*(形)

Sy·no·de 1. e-e Versammlung von Vertretern der evangelischen Kirche, die über Fragen der Lehre u. der Verwaltung entscheiden 基督教(新教)会议,基督教(新教)代表大会 2. e-e Versammlung von katholischen Bischöfen (天主教)主教会议,(天主教)代表大会 ≈ Konzil

sy·no·nym *die*; -, *-n* *Adj*(形); ***s.*** (***zu etw.***) LING【语】; mit (fast) der gleichen Bedeutung wie ein anderes Wort 同义的 ↔ antonym: „*Samstag*" *ist s. zu* „*Sonnabend*" "Samstag"与"Sonnabend"同义

Sy·no·nym, **Sy·no·nym** *das*; *-s*, *-e/Sy·no·ny·ma*; ***ein S.*** (***für***, ***von***, ***zu etw.***) LING【语】; ein Wort, das (fast) die gleiche Bedeutung hat wie ein anderes Wort 同义词 ↔ Antonym: „*Streichholz*" *u.* „*Zündholz*" *sind Synonyme* "*Streichholz*"与"*Zündholz*"是同义词 ‖ K-(复合): ***Synonymen-***, ***-wörterbuch***

syn·tak·tisch *Adj*(形); *nur attr od adv*, LING (只作定语或状语)【语】; in Bezug auf die Syntax 句法(上)的〈Konstruktionen, Regeln 结构,规则〉

Syn·tax *die*; -; *nur Sg*, LING (只用单数)【语】; die Regeln, mit denen man in e-r Sprache aus Wörtern Sätze bilden kann 句法: *die S. des Deutschen* 德语的句法 ‖ K-(复合): ***Syntax-***, ***-fehler***, ***-regeln***

Syn·the·se *die*; -, *-n* 1. *geschr* [书]; ***e-e S.*** (***aus etw. u. etw.***/***von etw.*** (*Pl* (复))) die Verbindung verschiedener Elemente zu e-r neuen Einheit 组合,结合: *Sein Glaube ist e-e S. aus westlichen u. östlichen Ideen* 他的信仰是东西方思想的结合 2. CHEM【化】; der Aufbau e-r (komplizierten) chemischen Verbindung aus mehreren einfachen Substanzen 合成 ↔ Analyse: *die S. des Chlorophylls* 叶绿素的合成 ‖ K-(复合): ***Synthese-***, ***-produkt*** ‖ -K(复合): ***Foto-*** ‖ *zu* (义项) 2. **syn·the·ti·sie·ren** (*hat*) *Vt* (及物)

Syn·the·si·zer [ˈzʏntəsaizɐ] *der*; *-s*, -; ein elektronisches Gerät, mit dem man verschiedene Klänge, *bes* den Klang bestimmter Musikinstrumente erzeugen kann 电子音响合成器

Syn·the·tik (*das*); *-s*, *-s*; ein synthetischer Stoff od. Kleidung *o.Ä.* daraus 化纤织物: *Das Kleid ist S.* 这件连衣裙是化纤织物

syn·the·tisch *Adj*(形); chemisch hergestellt, aber natürlichen Stoffen sehr ähnlich 合成的,人造的,化纤的 ≈ künstlich ↔ natürlich 〈ein Aroma, ein Edelstein, Fasern, Kautschuk, ein Material, ein Stoff, ein Treibstoff, e-e Verbindung 香精,宝石,纤维,橡胶,材料,织物,动力燃料,化合物; etw. s. herstellen, gewinnen 合成生产、提炼某物〉

Sy·phi·lis [ˈzyːfilɪs] *die*; -; *nur Sg*(只用单数); e-e gefährliche Geschlechtskrankheit, bei der sich die Haut, die Knochen u. das Gehirn verändern können 梅毒 ‖ K-(复合): ***syphilis-***, ***-krank***

Sys·tem *das*; *-s*, *-e* 1. etw., das man als e-e Einheit sehen kann u. das aus verschiedenen Teilen besteht, die miteinander zusammenhängen 体系〈ein biologisches, ökologisches, kompliziertes S. 生物的、经济的、复杂的体系〉‖ K-(复合): ***Nerven-***, ***Öko-***, ***Planeten-***, ***Sonnen-***, ***Verdauungs-***, ***Währungs-*** 2. die Gliederung u. der Aufbau e-r Regierung od. Gesellschaft (社会)制度,体制 ≈ Staatsform, Gesellschaftsordnung 〈ein parlamentarisches, sozialistisches, demokratisches, totalitäres, korruptes S. 议会制的、社会主义的、民主的、极权的、腐败的制度; ein S. befürworten, bekämpfen, verändern 赞成、反对、改变某一制度〉‖ K-(复合): ***System-***, ***-kritik***, ***-kritiker***, ***-veränderung***; ***system-***, ***-feindlich***, ***-konform*** ‖ -K(复合): ***Gesell-***

schafts-*, *Regierungs-*, *Herrschafts- **3.** ein Bereich mit e-r eigenen Ordnung u. Organisation (*mst* als Teil e-s größeren Systems (2)) 系统 ‖ -K(复合): ***Erziehungs-*, *Finanz-*, *Kommunikations-*, *Schul-*, *Wirtschafts-*** **4.** ***das S.*** *nur Sg*, *pej* (只用单数)[贬]; ein S. (2), das man negativ beurteilt 社会弊制〈gegen das S. kämpfen 与社会弊制作斗争〉 **5.** die Prinzipien, nach denen etw. geordnet ist, damit man etw. finden kann 体系,系统 ≈ Ordnung 〈ein übersichtliches, brauchbares, raffiniertes S. 一目了然的、可行的、精妙的体系〉: *Nach welchem S. sind die Bücher in dieser Bibliothek geordnet?* 这个图书馆的图书是按照哪种体系排序的?; *Du musst mit mehr S.* (= systematischer) *arbeiten!* 你得更有条理地工作! ‖ -K(复合): ***Dezimal-*, *Ordnungs-*** ‖ ID [谚] ***hinter etw.*** (*Dat* 三格) ***steckt S.*** etw. geschieht nicht zufällig, sondern mit Absicht 某事后面有计谋(并非偶然); ***mit S.*** nach e-m genauen Plan 系统地

Sys·te·ma̲·tik *die*; -, *-en*; *mst Sg*, *geschr* (多用单数)[书]; die Gliederung e-s Stoffes³ od. Sachbereiches nach sachlichen u. logischen Kriterien 分类,分类学 ‖ *hierzu* (派生) **Sys·te·ma̲·ti·ker** *der*; *-s*, -

sys·te·ma̲·tisch *Adj*(形); sorgfältig nach e-m genauen Plan organisiert 系统的,有系统的,系统化的 ≈ planvoll ↔ unsystematisch 〈die Schulung, der Unterricht, das Training 学习,课程,训练; s. arbeiten 系统地工作; etw. s. aufbauen, erfassen 系统地建设某物、理解某物〉

sys·te·ma·ti·sie̲·ren; *systematisierte*, *hat systematisiert*; [Vt](及物) ***etw. s.*** *geschr* [书]; etw. mithilfe e-s bestimmten Systems (1,5) ordnen 使系统化: *die Arbeitsabläufe s.* 使工作程序系统化 ‖ *hierzu* (派生) **Sys·te·ma·ti·sie̲·rung** *die*

Sys·te̲m|bau·wei·se *die*; e-e schnelle Art, Häuser *o.Ä.* zu bauen, bei der man Teile zusammensetzt, die vorher in e-r Fabrik hergestellt wurden 预制(构件)建筑法≈ Fertigbauweise

Sys·te̲m·zwang *der*; der Einfluss *bes* e-s politischen od. gesellschaftlichen Systems, durch den j-d nicht immer das tun kann, was er möchte u. was er für richtig hält 社会制度约束〈e-m S. ausgesetzt sein 受到社会制度的约束〉

Sze·ne [ˈstseːnə] *die*; -, *-n* **1.** einer der kurzen Abschnitte (e-s Aktes) in e-m Film od. Theaterstück (电影,戏剧)场景,场 〈e-e S. aufnehmen, drehen, proben, spielen 录制、拍摄、排练、演一个场景〉: *Die letzte S. des dritten Aktes spielt im Schlosspark* 第三幕的最后一个场景发生在王宫花园 ‖ K-(复合): ***Szenen-*, *-folge*, *-wechsel*** ‖ -K(复合): ***Massen-*, *Schluss-*; *Abschieds-*, *Kampf-*, *Liebes-*, *Sterbe-*, *Verwandlungs-*; *Film-*, *Opern-*** **2.** der Ort, an dem die Handlung e-r S. (1) stattfindet (电影,戏剧)场景地点 ≈ Schauplatz: *Die S. stellt e-e Bauernstube dar* 场景的地点为一处农舍 ‖ K-(复合): ***Szenen-*, *-bild*** **3.** ≈ Ereignis, Vorfall 〈e-e ergreifende, erschütternde, komische, lustige S. 扣人心弦的、令人震惊的、奇怪的、有趣的一幕; e-e S. spielt sich ab 一件事态正在演变〉 **4.** *mst Sg* (多用单数); heftige Vorwürfe od. Streit 争吵,口角,争执〈e-e hässliche, heftige, turbulente S. 难听的、剧烈的、闹哄哄的争吵〉 ‖ -K(复合): ***Familien-*** **5.** ***die*** (+ *Adj* 形容词) ***S.*** *nur Sg*(只用单数); ein Bereich mit bestimmten (oft künstlerischen) Aktivitäten (u. e-m bestimmten Lebensstil) 界,圈,坛,活动领域 〈die literarische, politische S. (e-r Stadt) (一个城市的)文学界、政治界; sich in der S. auskennen 熟悉一个领域; in der S. bekannt sein 在一个圈子里有名; Verbindungen zur S. haben 与圈子的人有联系〉 ‖ -K(复合): ***Jazz-*, *Kunst-*, *Musik-*, *Pop-*, *Theater-*, *Untergrund-*; *Drogen-*, *Rauschgift-*** ‖ ID [谚] ***sich in S. setzen*** sich so verhalten, dass man von allen anderen beachtet wird 有意引起众人注意,卖弄,表现自己; ***etw. in S. setzen*** etw. veranstalten od. arrangieren 举行,组织; ***j-m e-e S. machen*** j-m (in der Öffentlichkeit) laut Vorwürfe machen 当众责骂某人,当众对某人大发脾气

Sze·ne·rie̲ [-ˈriːən] *die*; -, *-n* **1.** die Szene (2) **2.** *geschr* [书]; e-e eindrucksvolle Landschaft, *z.B.* als Hintergrund e-s Gemäldes 景致,景色,背景

sze̲·nisch *Adj*(形); *nur attr od adv* (只作定语或状语); in Bezug auf e-e Szene (1,2) 场景的,舞台的,布景的〈die Gestaltung 造型; die Darstellung 表现〉

Szep·ter [ˈstsɛptɐ] *das*; *-s*, -; *veraltend* [渐旧]; ↑ ***Zepter***

S

T, t

T, t [teː] *das*; -, -/*gespr auch*[口]也作-*s*; der zwanzigste Buchstabe des Alphabets 字母表第二十个字母〈ein großes T 大写 T; ein kleines t 小写 t〉 ‖ *hierzu*(派生) **T-för·mig** *Adj*(形)

Ta·bak, Ta·bak *der*; -*s*, -*e*; *mst Sg*(多用单数) **1.** bestimmte Pflanzen, die Nikotin enthalten 烟草 ‖ K-(复合): ***Tabak-, -anbau, -blatt, -ernte, -pflanze, -pflanzer, -pflanzung, -plantage*** **2.** die (getrockneten u. klein geschnittenen) Blätter des Tabaks (1), die man *bes* in Zigaretten od. Pfeifen raucht 烟,烟丝,烟斗丝〈leichter, milder, starker T. 味淡的、清淡的、浓烈的烟叶; T. rauchen, kauen, schnupfen 抽烟,嚼烟丝,吸(鼻)烟〉 ‖ K-(复合): ***Tabak-, -fabrik, -geschäft, -laden, -mischung, -qualm, -rauch, -steuer***; ***Tabaks-, -beutel, -dose, -pfeife*** ‖ -K(复合): ***Pfeifen-, Zigaretten-***; ***Kau-, Schnupf-***

Ta·bak·wa·ren *die*; *Pl*(复); Zigaretten, (Pfeifen) Tabak, Zigarren *o. Ä.* 烟草制品: *ein Kiosk mit T.* 售烟亭

ta·bel·la·risch *Adj*(形); in Form von Tabellen (1) 表格式的〈e-e Aufstellung, e-e Übersicht 名单目录,一览表〉

Ta·bel·le *die*; -, -*n* **1.** e-e Art Liste von Zahlen od. Fakten (*mst* mit mehreren Spalten) 表格,表〈e-e T. anfertigen, aufstellen 制、列表; etw. in e-e T. eintragen 将某事登记入表; etw. steht in e-r T. 某事在表上记着〉 ‖ -K(复合): ***Lohn-, Steuer-*** **2.** SPORT【体】; e-e Liste *mst* der Mannschaften in e-r Liga *o. Ä.* mit der Zahl der Spiele, den Punkten *usw.* Die beste Mannschaft steht oben u. die schlechteste unten 球队排名表,积分榜 ‖ K-(复合): ***Tabellen-, -ende, -erste(r), -führer, -führung, -letzte(r), -platz, -spitze, -stand*** ‖ *zu* (义项) **1. ta·bel·len·för·mig** *Adj*(形)

Ta·ber·na·kel *das/der*; -*s*, -; e-e Art kleiner Schrank in e-r (*mst* katholischen) Kirche, in dem die geweihten Hostien aufbewahrt werden(教堂里的)神龛

Tab·lett *das*; -*s*, -*s*; e-e Art kleine Platte (*mst* mit Rand), auf der man Geschirr trägt u. Speisen serviert (放饭菜、餐具的)托盘〈etw. auf e-m T. servieren 用托盘端上某物〉 ‖ -K(复合): ***Holz-, Silber-*** ‖ ID [谚] ***j-m etw. auf e-m silbernen T. servieren*** *pej*, *oft iron*[贬]常用[诙]; **a)** j-m etw. übertrieben feierlich (über)geben 过分隆重地将某物交付给某人; **b)** j-m etw. anbieten od. geben, ohne dass er sich dafür anstrengen muss 将某物奉送给某人

Tab·let·te *die*; -, -*n*; ein Medikament von kleiner, runder, relativ flacher Form 药片〈e-e T. einnehmen, schlucken, in Wasser auflösen 服、吞、在水中溶化药片〉 ‖ K-(复合): ***Tabletten-, -röhrchen, -sucht***; ***tabletten-, -abhängig, -süchtig*** ‖ -K(复合): ***Abführ-, Kopfweh-, Schlaf-, Schmerz-***

ta·bu *Adj*(形); *nur präd od adv, ohne Steigerung*(只作表语或状语,无变级) **1. *etw. ist t.* (*für j-n*)** etw. ist so, dass man nicht darüber spricht od. es nicht tut, weil es die Gesellschaft[1](1) ablehnt(物作主语)(对…)是禁忌的,禁谈的〈ein Bereich, ein Thema 领域,题目〉 **2. *etw. ist für j-n t.*** *gespr*[口]; j-d spricht nicht gern über etw.(物作主语)(对…来说)是忌讳,不愿谈论

Ta·bu *das*; -*s*, -*s*; *geschr*[书]; die Sitte od. die Regel in e-r Gesellschaft[1](1), über etw. Bestimmtes nicht zu sprechen od. etw. Bestimmtes nicht zu tun 禁忌,忌讳,戒律〈ein T. errichten, brechen, verletzen 设置、违反、触犯禁忌(戒律); gegen ein T. verstoßen 犯戒〉 ‖ K-(复合): ***Tabu-, -bereich, -thema, -wort***

ta·bu·i·sie·ren [-bui-]; *tabuisierte, hat tabuisiert*; [Vt](及物) ***etw. t.*** *geschr*[书]; etw. zu e-m Tabu machen 把…列为禁忌〈ein Thema t. 把一个题目列为禁忌〉 ‖ *hierzu* (派生) **Ta·bu·i·sie·rung** *die*; *nur Sg*(只用单数)

Ta·bu·la ra·sa *mst in* 多用于 (***mit etw.***) ***Tabula rasa machen*** *geschr*[书]; in e-r Angelegenheit rücksichtslos Ordnung od. Klarheit schaffen 彻底清理,弄清,荡涤,扫荡 ≈ reinen Tisch machen

Ta·bu·la·tor *der*; -*s*, *Ta·bu·la·to·ren*; e-e Funktion e-r Schreibmaschine, e-s Computers *o. Ä.*, die den Wagen (3), den Cursor *o. Ä.* nach Drücken e-r Taste auf e-e bestimmte, vorher eingestellte Stelle bringt (打字机、电脑等上制表用的)定位键,跳格键〈den T. einstellen 调跳格键〉 ‖ -K(复合): ***Tabulator-, -taste***

Ta·che·les *nur in* 只用于 (***mit j-m***) ***T. reden*** *gespr*[口]; über e-e Sache reden, ohne auf Höflichkeit zu achten 说话不拘礼节

Ta·cho *der*; -*s*, -*s*; *gespr*[口]; *Kurzw*(略) ↑ ***Tachometer***

Ta·cho·me·ter *der*, *auch* 也作 *das*; -*s*, -; ein technisches Gerät, in/an einem Fahrzeug, das die Geschwindigkeit misst u. anzeigt 转速计,里程表,速度计: *Der T. zeigt 120 km/h an* 速度计显示每小时 120 公里 ‖ K-(复合): ***Tachometer-, -nadel, -stand***

T

Ta·del *der*; *-s*, *-*; e-e (harte) Kritik an j-s Verhalten, die deutlich zum Ausdruck bringt, dass er Fehler gemacht hat 责难,指责 ↔ Lob 〈ein gerechtfertigter, ein scharfer T. 正当的、严厉的指责; e-n T. aussprechen, verdienen 提出,应受指责; j-m e-n T. erteilen 责备某人〉 ‖ ID[谚] ***über jeden T. erhaben sein*** keinerlei Kritik verdienen 不应受到责备; ***j-d ist ohne*** (***Fehl u.***) ***T.*** *veraltend*[渐旧]; j-d ist ohne Fehler, vollkommen 某人无可指责(完美无缺) ‖ *hierzu* (派生) **ta·delns·wert** *Adj* (形)

ta·del·los *Adj*(形); ohne Fehler, sehr gut 无可指责的,无懈可击的,无可非议的,很满意的〈e-e Arbeit, ein Benehmen 工作,品行〉: *Der neue Anzug sitzt t.* 那件新上衣穿着很满意

ta·deln; *tadelte*, *hat getadelt*; Vt (及物) ***j-n*** (***wegen etw.***) ***t.***; ***etw. t.*** j-s Aktionen od. Verhalten negativ beurteilen, scharf kritisieren(因…)指责,责难,责备,非难,挑剔 ↔ loben

Ta·fel *die*; *-*, *-n* **1.** e-e Art große Platte (*mst* in e-r Schule), auf die man schreiben u. malen kann 黑板,布告牌,牌子〈die T. abwischen, löschen 揩、擦(净)黑板〉: *Der Lehrer schrieb das Wort an die T.* 老师往黑板上写字 ‖ K-(复合): ***Tafel-***, ***-kreide***, ***-lappen***, ***-schwamm*** ‖ K-(复合): ***Schreib-***, ***Wand-*** **2.** e-e kleine T. (1), die *bes* Kinder früher in der Schule benutzt haben (小学生用)小石板,小木板 ‖ -K(复合): ***Holz-***, ***Schiefer-***; ***Schul-*** **3.** ein großer, langer Tisch, der für ein festliches Essen gedeckt ist 长桌,宴席〈die T. decken, schmücken, abräumen(用布)铺、布置、清理宴席长桌; sich an die T. setzen 入席〉 ‖ K-(复合): ***Tafel-***, ***-besteck***, ***-geschirr***, ***-service***, ***-silber***, ***-tuch*** **4.** ***die T. aufheben*** das Festessen für beendet erklären 宣布宴会结束 **5.** ***e-e T. Schokolade*** Schokolade in Form e-s Rechtecks 一块(板)巧克力 ‖ -K(复合): ***Schokoladen-*** **6.** e-e Übersicht aus Bildern od. Tabellen, *mst* auf e-r ganzen Seite e-s Buches 图表 ‖ -K(复合): ***Übersichts-***

ta·feln; *tafelte*, *hat getafelt*; Vi *geschr*(不及物)[书]; an e-r (*mst* festlichen) Tafel (3) essen u. trinken(在筵席上)欢宴,吃喝

tä·feln; *täfelte*, *hat getäfelt*; Vt (及物) ***etw. t.*** *mst* Wände od. Decken mit dünnen Brettchen, Platten aus Holz bedecken 给…装护墙板〈ein Zimmer t. 给房间装护墙板〉

Ta·fel·obst *das*; Obst von sehr guter Qualität 上等水果,优质水果

Ta·fel·run·de *die*; *geschr*[书]; Menschen, die an e-r Tafel (3) sitzen, um gemeinsam zu essen u. zu trinken 同桌客人,同一宴席上的客人

Ta·fel·spitz (*der*); *mst ohne Artikel u. unflektiert*, *bes südd* Ⓐ(多不带冠词,词形不变)尤用于[南德][奥]; gekochtes Rindfleisch (als spezielle Speise) 煮牛肉〈T. mit Kren/Meerrettich 煮牛肉配辣根〉

Tä·fe·lung *die*; *-*, *-en* **1.** *nur Sg*(只用单数); das Täfeln 安装护墙板 **2.** *Kollekt* (集合); die Brettchen aus Holz, die die Wände od. die Decke e-s Zimmers bedecken 护墙板

Ta·fel·was·ser *das*; *-s*, *Ta·fel·wäs·ser*; Mineralwasser (in Flaschen) 瓶装矿泉水

Taft *der*; *-(e)s*, *-e*; ein glänzender Stoff aus echter od. künstlicher Seide *bes* für festliche Kleider 塔夫绸: *ein Abendkleid aus T.* 塔夫绸晚礼服 ‖ K-(复合): ***Taft-***, ***-bluse***, ***-kleid***

Tag *der*; *-(e)s*, *-e* **1.** der Zeitraum von 24 Stunden (zwischen 0^{00} u. 24^{00} Uhr) 日,天,日子: *Die Woche hat sieben Tage* 一周有七天; *„Welchen Tag haben wir heute?/Was ist heute für ein Tag?"* "今天几号?"; *Es geht mir von Tag zu Tag besser, bald bin ich wieder gesund* 我身体一天一天好起来了,很快又会恢复健康的 ‖ K-(复合): ***Tages-***, ***-ablauf***, ***-hälfte***, ***-mitte***, ***-stunde*** ‖ -K(复合): ***Arbeits-***, ***Ferien-***, ***Urlaubs-***; ***Regen-***, ***Sonnen-***; ***Frühlings-***, ***Herbst-***, ***Sommer-***, ***Winter-*** ‖ NB(注意): ↑ ***Wochentag*** **2.** die Zeit zwischen Sonnenaufgang u. Sonnenuntergang, in der es hell ist 白天,白昼,日子 ↔ Nacht 〈ein bewölkter, regnerischer, sonniger, heißer, kühler, windiger, windstiller Tag 多云的、下雨的、晴朗的、炎热的、凉爽的、刮风的、无风的日子; es wird Tag 天亮了; der Tag bricht an, graut 天色破晓,天亮了〉: *Im Winter sind die Tage kurz, im Frühling werden sie wieder länger* 冬天白天短,春天白天又变长; *Kommen wir noch bei Tag(e)/am Tag an?* 我们白天能到达吗? ‖ K-(复合): ***Tages-***, ***-anbruch***, ***-anfang***, ***-dienst***, ***-ende***, ***-temperatur***; ***Tag-***, ***-schicht*** **3.** *nur Pl* (只用复数) ≈ Zeiten: *Der alte Mann hatte schon bessere Tage gesehen* (= erlebt) 这位老人是经历过好日子的; *Dieser Brauch war bis in unsere Tage hinein* (= bis vor kurzem) *verbreitet* 这种风俗不久前曾经流传 **4.** ***der Tag des Herrn*** *geschr veraltet* [书][旧] ≈ Sonntag **5.** ***der Jüngste Tag*** der Tag, an dem (nach christlichem Glauben) die Welt aufhört zu existieren 世界末日 **6.** ***Tag der offenen Tür*** ein Tag, an dem man e-n Betrieb, e-e Schule *o.Ä.* besichtigen kann (企业、学校等)对外开放日,接待日,参观日 **7.** ***der Tag der*** (***Deutschen***) ***Einheit*** der Nationalfeiertag der Bundesrepublik Deutschland am 3. Oktober (seit 1991; vorher am 17. Juni) 德国统一日(91 年以来是 10 月 3 日,以前是 6 月 17 日) **8.** ***der Tag der Republik*** *hist* (*DDR*) [历(民德)]; der Nationalfeiertag der früheren DDR am 7. Oktober (民德)国庆节(10 月 7 日) **9.** ***Guten Tag!*** verwendet als Gruß, wenn man j-n trifft (u. seltener auch beim Abschied) (问候语)你好! **10.** ***Tag!*** *gespr* [口] ≈ Guten Tag (9) **11.** ***Tag für Tag*** jeden Tag 每天 **12.** ***des Tags***; ***unter Tags*** am Tag (2) 在白天 ↔ nachts **13.** ***Tag u. Nacht*** ohne Unterbrechung 白天黑夜,日以继夜,昼夜 ≈ immer, ständig: *Das Lokal hat Tag u. Nacht geöffnet* 这家饭馆昼夜营业 **14.** ***über/unter Tage*** (beim Bergbau) über/unter der Erde 露天/地下: *Kohle über/unter Tage abbauen* 露天/地下采煤 ‖ ID[谚] ***eines*** (***schönen***) ***Tages*** an

T

irgendeinem Tag (*bes* in der Zukunft) 有一天，有朝一日：*Das wirst du eines Tages bereuen!* 这有朝一日你会后悔的！；**am helllichten Tag** verwendet, um Erstaunen od. Entsetzen darüber auszudrücken, dass etw. bei Tag (2) geschieht(表示惊愕) 大白天，光天化日：*Er wurde am helllichten Tag auf der Straße überfallen* 光天化日之下他在马路上遭到袭击；**heute** *usw* **in acht / vierzehn Tagen** am gleichen Wochentag wie heute *usw* in einer Woche/in zwei Wochen 一周/两周后的今天；**heute** *usw* **vor acht / vierzehn Tagen** heute *usw* vor einer Woche/zwei Wochen 一周/两周前的今天；**(bei) j-m (kurz) Guten / guten Tag sagen** *gespr* [口]；j-n kurz besuchen, um mit ihm zu reden 去看望某人问个好，到某人家登门问好；**bei Tage besehen** wenn man genau darüber nachdenkt 严格说来，仔细一想；**j-s (großer) Tag** ein wichtiger Tag für j-n 某人的重要日子；**jeden Tag** ≈ bald 〈j-d/etw. muss jeden Tag kommen 某人/某事肯定很快就到；j-n/etw. jeden Tag erwarten 期待某人/某事早日来到〉；**e-e Frau hat die / ihre Tage** *gespr euph* [口][婉]；e-e Frau hat ihre Menstruation 妇女正处在月经期；**die kritischen Tage (e-r Frau)** die Tage, an denen e-e Frau schwanger werden kann 妇女受孕期；**j-s Tage sind gezählt a)** j-d wird bald sterben 某人的日子屈指可数(快死了)；**b)** j-d wird bald seine Stellung verlieren *o.Ä.* 某人的好景不长了(快失去地位了)；**die Tage** + *Gen* (二格)/**von etw. sind gezählt** etw. wird bald nicht mehr existieren 某事很快就不复存在；**ein Unterschied wie Tag u. Nacht** *gespr* [口]；ein sehr großer Unterschied 天壤(渊)之别；**auf meine, deine** (*usw*) **alten Tage** *gespr*, *mst hum* [口]多用[诙]；in meinem (*usw*) (hohen) Alter 在我、你的晚年(暮年)；**den lieben langen Tag** den ganzen Tag 整天，成天；**von e-m Tag auf den anderen** plötzlich, unerwartet 突然，出乎意料；**keinen guten Tag haben** nicht in Form sein, kein Glück haben(身体、竞技)状况不佳，运气不好，倒霉；*mst* 多用 **er / sie hat e-n schlechten Tag heute** er/sie ist schlecht gelaunt od. nicht in Form heute 他/她今天情绪不好(心情不佳)；**etw. an den Tag bringen** etw. aufdecken od. bekannt machen 将某事公布于众(披露出来)，使某事真相大白；**etw. kommt an den Tag** etw. wird bekannt 某事会被披露，会真相大白；**etw. an den Tag legen** e-e Eigenschaft unerwartet zeigen 意外流露出某种特点；**in den Tag hinein leben** sich keine Sorgen um die Zukunft machen 无忧无虑地过日子；**j-n von einem Tag auf den anderen vertrösten** j-n immer wieder auf etw. warten lassen 一天天敷衍某人，让某人一天天空等；**ewig u. drei Tage** *gespr* [口]；sehr lange 很久很久〈etw. dauert, hält, reicht ewig u. drei Tage 某事延续、保持、能用很久；ewig u. drei Tage für etw. brauchen, auf j-n/etw. warten müssen 做某事需要很长时间，得等待某人/某事很久〉；**Morgen ist auch noch ein Tag!** das kann bis morgen warten 明天还有一天！明天再说！；**Man soll den Tag nicht vor dem Abend loben** man muss erst auf das Ende warten, bevor man weiß, ob etw. gut war 事情未到头，不要高兴得太早；**Noch ist nicht aller Tage Abend** *geschr* [口]；es gibt noch Hoffnung 事情还有希望，尚未定局 ‖ NB(注意)：↑ **zutage**

tag·aus *Adv* (副)；*nur in* 只用于 **t., tagein** jeden Tag 每天总是，日复一日 ≈ immer, ständig：*t., tagein dasselbe tun müssen* 天天得做一样的事

Ta̲·ge·bau *der*；*nur Sg* (只用单数)；der Bergbau an der Oberfläche der Erde 露天采矿：*Kohle im T. abbauen* 露天开采煤矿

Ta̲·ge·buch *das*；ein Heft od. Buch, in das man (täglich) seine Erlebnisse u. Gedanken schreibt 日记(本)〈ein T. führen 记日记〉‖ K-(复合)：**Tagebuch-, -schreiber**

Ta̲·ge·dieb *der*；*veraltend pej* [渐旧][贬]；ein sehr fauler Mensch 游手好闲的人，懒鬼

Ta̲·ge·geld *das* **1.** e-e (Geld)Summe, die e-e Firma od. Behörde e-m Angestellten bei (Dienst)Reisen pro Tag für Essen u. Getränke zahlt 每天出差补贴 **2.** e-e (Geld)-Summe, die e-e Versicherung j-m für jeden Tag seines Aufenthalts im Krankenhaus zahlt 每天住院补贴

tag·ein *Adv* (副)；↑ **tagaus**

ta̲·ge·lang *Adj* (形)；*nur attr od adv* (只作定语或状语)；mehrere Tage dauernd 接连数日的，数日之久的〈das Warten 等待〉：*Ich habe t. auf deinen Anruf gewartet* 我等你的电话已等了好几天了

Ta̲·ge·löh·ner *der*；*-s, -*；*hist* [历]；ein Arbeiter (*mst* in der Landwirtschaft), der nur für einige Tage eingestellt u. täglich bezahlt wird(按日计酬的)农村临时工，短工〈als T. arbeiten 干临时工〉‖ *hierzu* (派生) **Ta·ge·lohn** *der*

ta̲·gen；*tagte, hat getagt*；[Vi] (不及物)〈Personen 人〉**tagen / etw. tagt** die Mitglieder e-r Organisation *o.Ä.* halten e-e wichtige u. *mst* lange Sitzung, Versammlung od. e-n Kongress ab 举行会议，开会〈das Gericht, das Parlament 法庭，议会〉

Ta̲·ges- *im Subst, begrenzt produktiv* (构成名词，构词有限) **1.** in Bezug auf e-n einzelnen od. bestimmten Tag (1) 一天，每日，日，当日…；der **Tagesbedarf**, der **Tagesbefehl** 〈an e-e Truppe 对部队的〉, der **Tagesbericht**, die **Tageseinnahmen** 〈e-s Lokals 酒店的〉, die **Tagesform** 〈e-s Sportlers 一位运动员的〉, das **Tagesgeschehen**, der **Tageskurs** 〈an der Börse 交易所上的〉, die **Tagesleistung**, der **Tagespreis** 〈von Fleisch, Obst, Gemüse 肉、水果、蔬菜的〉, die **Tagesproduktion** 〈e-s Betriebs 企业的〉, die **Tagessuppe** 〈in e-m Restaurant 在餐馆的〉, der **Tagesumsatz**, der **Tagesverbrauch**, der **Tagesverdienst** **2.** nur einen Tag (1) dauernd, gültig 当天有效的，一日…；der **Tagesausflug**, die **Tagesfahrt**, die **Tagesreise**, die **Tagesrückfahrkarte**, die **Tagestour** **3.** für den Tag (2) im Gegensatz zur Nacht od. zum Abend 白天(用)的；der **Tagesanzug**, die ***Tagescreme***, die ***Tagesdecke*** (für das Bett 床上的), der ***Tagesraum***

Ta·ges·ge·spräch *das*; *nur in* 只用于 ***etw. ist (das) T.*** etw. ist e-e Sensation, Neuigkeit, über die alle sprechen 某事是眼下的中心话题,热门话题: *Die spektakuläre Flugzeugentführung war (das) T.* 这起轰动的劫机案是眼下人人谈论的话题

Ta·ges·heim|schu·le *die*; e-e Schule, in der die Schüler den ganzen Tag bleiben (auch essen u. Hausaufgaben machen) 全日制学校

Ta·ges·kar·te *die* **1.** e-e Speisekarte, die in Restaurants für einen bestimmten Tag gilt 当日菜单: *Darf ich Ihnen die T. vorlesen?* 我给您念这份当日菜单,好吗? **2.** e-e Fahrkarte od. Eintrittskarte, die einen Tag lang gültig ist 当天(一日)有效的车票或入场券 ⟨e-e T. kaufen, lösen 买一张当天票⟩

Ta·ges·licht *das*; *nur Sg* (只用单数); das natürliche Licht am Tag (2) 自然光线,白天光线: *Diese Farbe will ich bei T. ansehen* 这种颜色我想在自然光照下观看 ‖ ID[谚] ***j-d scheut das T.*** *mst pej* 多用[贬]; j-d meidet die Öffentlichkeit, weil er etw. (*z. B.* ein Verbrechen) verbergen muss 某人怕见阳光(怕暴露罪行,怕公众舆论); ***etw. ans T. bringen / holen*** etw., das geheim war, öffentlich bekannt machen 把某事揭露出来(公布于众)

Ta·ges·licht|pro·jek·tor *der* ≈ Overheadprojektor

Ta·ges·mut·ter *die*; e-e Frau, die während des Tages auf Kinder von berufstätigen Frauen aufpasst (指白天照管上班妇女孩子的)日托阿姨

Ta·ges·ord·nung *die*; *mst Sg* (多用单数); e-e Art Liste mit den Themen in der Reihenfolge, wie sie bei e-r Sitzung od. Versammlung besprochen werden sollen 议程,议事日程 ⟨die T. aufstellen, etw. auf die T. setzen 列出议事日程,将某事列入议程; das steht auf der T. 某事已列入议程⟩ ‖ K-(复合): ***Tagesordnungs-, -punkt*** ‖ ID[谚] ***etw. ist an der T.*** *mst pej* 多用[贬]; etw. kommt immer wieder vor 某事经常发生: *Nächtliche Überfälle sind hier an der T.* 这里常常发生夜间袭击; ***zur T. übergehen*** ein Thema nicht weiter behandeln u. sich anderen Dingen zuwenden 把话题又转到议事日程上来

Ta·ges|rück·fahr·kar·te *die*; e-e Rückfahrkarte, die nur an e-m bestimmten Tag gültig ist 当天有效的往返车票

Ta·ges·satz *der* **1.** JUR【法】; ein (variabler) Geldbetrag, der sich am Einkommen des Betroffenen orientiert u. der als Einheit[2] (1) bei der Festsetzung von Geldstrafen dient (按当事人毛收入的比例制定的)每天罚款金额: *Er wurde zu zwanzig Tagessätzen verurteilt* 他被判交纳20.天份额的罚金 **2.** der Geldbetrag, der für die Behandlung u. Unterbringung e-s Patienten in e-m Krankenhaus, Altersheim *o. Ä.* pro Tag berechnet wird (指医院、养老院的)每天住院费

Ta·ges·schau *die*; *nur Sg* (只用单数) **1.** e-e tägliche Nachrichtensendung im Ersten Deutschen Fernsehen (德国一台的)每日(电视)新闻 **2.** *gespr*[口]; verwendet als allgemeine Bezeichnung für Nachrichtensendungen im Fernsehen (泛指)电视新闻

Ta·ges·zeit *die* **1.** ein bestimmter Abschnitt des Tages, *z. B.* der Morgen 一天的时段、时分,白天的一段时间: *Um diese T. ist wenig/viel Betrieb* 这一段时间不/很繁忙 **2.** ***zu jeder Tages- u. Nachtzeit*** 24. Stunden hindurch, immer 白天黑夜,不分昼夜,通宵达旦: *Das Restaurant am Bahnhof hat zu jeder Tages- u. Nachtzeit geöffnet* 火车站的饭店昼夜营业

Ta·ges·zei·tung *die*; e-e Zeitung, die an jedem Werktag der Woche erscheint 日报 ↔ Sonntagszeitung, Wochenzeitung: *Wir haben e-e T. abonniert* 我们订了一份日报

tag·hell *Adj* (形); sehr hell (wie am Tag (2)) 明亮的,亮如白昼的: *Der Saal war t. erleuchtet* 礼堂灯火通明,如同白昼

-tä·gig *im Adj, begrenzt produktiv* (构成形容词,构词有限); mit e-r Dauer von der genannten Zahl von Tagen, dem genannten Teil e-s Tages *o. Ä.* …天(之久)的; ***eintägig, zweitägig, dreitägig, viertägig*** *usw*; ***halbtägig, ganztägig, mehrtägig***

täg·lich *Adj* (形); so, dass es jeden Tag (1) geschieht 每天的,天天的: *Er arbeitet t. acht Stunden/acht Stunden t.* 他每天工作八小时; *Der Zug verkehrt t. außer sonn- u. feiertags* 火车除周日及节假日外天天运行

-täg·lich *im Adj, wenig produktiv, selten* (构成形容词,构词弱,罕); mit Abständen der genannten Zahl von Tagen 每(隔)…天的; ***zweitäglich, dreitäglich*** *usw*, ***vierzehntäglich***

tags *Adv* (副) **1.** am Tag (2) 白天 ≈ tagsüber ↔ nachts: *Sie arbeitet tags im Büro u. nachts in e-r Bar* 她白天在办公室工作,晚上在一家酒吧 **2.** ***tags zuvor / davor*** am vorhergehenden Tag 前一天,一天前 **3.** ***tags darauf*** am darauffolgenden Tag 来日,次日,第二天

tags·über *Adv* (副); bei Tag (2), während des Tags (2) 白天,日间 ↔ nachts: *Sie ist t. nicht zu Hause* 她白天不在家

tag·täg·lich *Adj* (形); jeden Tag (ohne Ausnahme) geschehend 天天的,每天(毫无例外)的 ≈ täglich, Tag für Tag: *Die Arbeit in der Küche ist t. dieselbe* 厨房的工作每天都是千篇一律

Tag·träu·mer *der*; j-d, der in der Welt seiner Fantasie lebt u. ohne Sinn für die Realität ist 白日作梦者,想入非非的人 ‖ *hierzu* (派生) **Tag·träu·me·rin** *die*

Ta·gung *die*; -, *-en*; ein Treffen von Fachleuten, Mitgliedern e-r Institution *o. Ä.*, bei dem man sich informiert u. diskutiert u. das *mst* mehrere Tage dauert (专业)会议,大会 ⟨e-e T. findet statt 会议正在举行; e-e T. abhalten, veranstalten, auf e-r T. sprechen, an e-r T. teilnehmen 举行、组织会议,在会上讲话,参加会议⟩ ‖ K-(复合): ***Tagungs-, -ort***,

T

-raum, ***-teilnehmer***

Tag·werk *das*; *-(e)s*, *-*; *veraltend* [渐旧] **1.** *nur Sg*(只用单数); die Arbeit während e-s Tages 一天的工作,一天的活〈sein T. vollbringen 完成一天的活〉 **2.** *südd* Ⓐ [南德][奥] ein Flächenmaß (ca. 3000 m^2) 塔(面积单位,约 3000 平米): *fünf Tagwerk Land besitzen* 拥有 5 塔(约一公顷半)土地

Tai·fun *der*; *-s*, *-e*; ein (Wirbel)Sturm in den Tropen 台风

Tail·le [ˈtaljə] *die*; *-*, *-n*; die schmalste Stelle in der Mitte des (menschlichen) Körpers 腰,腰身: *Ein enges Kleid betont die T.*, *ist auf T. gearbeitet* 一件紧身连衣裙能显出腰身,是按腰身尺寸缝制的 ‖ ↑ *Abb. unter* 图见 ***Mensch***

tail·liert [taˈjiːɐt] *Adj* (形); 〈ein Hemd, ein Kleid 衬衣,连衣裙〉 so, dass sie an der Taille eng sind 紧贴腰身的,束腰的

Ta·ke·la·ge [-ʒə] *die*; *-*, *-n*; alle Teile, die die Segel e-s Schiffes tragen (*z. B.* die Masten) 全套帆具,索具〈das Schiff mit T. versehen 将这条船装备上全套帆具〉

Takt[1] *der*; *-(e)s*, *-e* **1.** *nur Sg*(只用单数); das Maß[1](1), das ein Musikstück rhythmisch in gleiche Einheiten teilt 节拍,拍子〈nach dem T. spielen 按节拍演奏; aus dem T. kommen 拍子乱了,走调了; im T. bleiben 保持节拍; den T. wechseln 换节拍〉 ‖ K-(复合): ***Takt-***, ***-art***, ***-wechsel*** ‖ -K(复合): ***Dreiviertel-***, ***Vierviertel-***, ***Walzer-*** **2.** ein kurzer Abschnitt e-s Musikstücks, der durch den T. (1) bestimmt wird(乐曲)小节 **3.** ***ein paar Takte spielen*** *gespr* [口]; e-n kurzen Teil e-s Musikstücks spielen 演奏一小节(乐曲): *Sie hat ein paar Takte des Walzers auf dem Klavier gespielt* 她用钢琴弹奏了一小节华尔兹 ‖ ID [谚] ***j-n aus dem T. bringen*** *gespr* [口]; j-n verwirren 使某人心慌意乱,使某人晕头转向

Takt[2] *der*; *-(e)s*; *nur Sg* (只用单数); das Gefühl für höfliches, rücksichtsvolles u. anständiges Benehmen 懂礼貌,举止谈吐得体,有规矩,举止文雅; 〈viel, wenig, keinen T. haben 很懂、缺少、不懂礼貌;(举止谈吐)很、不很、不得体; etw. mit großem T. behandeln 雍容大度地对待某事; T. zeigen 表示出彬彬有礼〉 ‖ *hierzu*(派生) **takt·los** *Adj*(形); **Takt·lo·sig·keit** *die*; **takt·voll** *Adj*(形)

Takt·ge·fühl *das*; *nur Sg*(只用单数) ≈ Takt[2] 〈(kein) T. haben(举上谈吐)(不)得体(风雅)〉

tak·tie·ren; *taktierte*, *hat taktiert*; Vi (不及物) ***irgendwie t.*** *geschr*[书]; taktisch (klug) handeln 办事(有策略)〈geschickt, klug, vorsichtig t. 机灵、聪明、审慎行事〉

Tak·tik *die*; *-*, *-en*; ein überlegtes Handeln nach e-m Plan, mit dem man ein bestimmtes Ziel zu erreichen versucht 战术,策略〈e-e erfolgreiche T. 卓有成效的策略; e-e T. verfolgen, aufgeben 采用、放弃一种策略; nach e-r bestimmten T. vorgehen 遵循一定的策略行动〉 ‖ -K(复合): ***Verzögerungs-***

Tak·ti·ker *der*; *-s*, *-*; j-d, der nach e-r Taktik (überlegt) handelt 策略家,战术家〈ein geschickter, kluger T. 一位机灵的、聪明的策略家〉

tak·tisch *Adj*(形); *nur attr od adv*(只作定语或状语) **1.** in Bezug auf die Taktik 策略上的,战术上的〈ein Fehler 错误; aus taktischen Gründen 出于战术原因〉 **2.** ≈ planvoll, überlegt〈t. vorgehen 审慎行动〉

Takt·stock *der*; ein dünner, kurzer Stock, mit dem der Dirigent e-m Orchester den Takt[1] (1) anzeigt 指挥棒

Takt·strich *der*; ein senkrechter Strich zwischen zwei Takten[1] (2) auf e-m Blatt mit (Musik)Noten(乐谱上的)小节竖线

Tal *das*; *-(e)s*, *Tä·ler* **1.** das tief liegende Gelände, das zwischen Hügeln od. Bergen liegt, *mst* mit e-m Fluss 谷,山谷〈ein breites, enges, tiefes, weites Tal 宽的、狭窄的、深深的、广阔的山谷; durch ein Tal wandern 徒步穿越山谷〉 ‖ K-(复合): ***Tal-***, ***-enge*** ‖ -K(复合): ***Fluss-***, ***Gebirgs-***, ***Seiten-*** **2.** ***zu Tal*** *geschr*[书]; (in) das Tal hinunter 往下游,沿山谷而下〈etw. fließt zu Tal 某物流向下游; j-n zu Tal bringen 带领某人沿着山谷而下〉

tal·ab·wärts *Adv*(副); das Tal hinunter 沿山谷而下,顺流而下 ↔ talaufwärts

Ta·lar *der*; *-s*, *-e*; ein langes Gewand, das *bes* Geistliche u. Richter tragen 长袍,法衣〈den T. anlegen, tragen 披上、穿着法衣〉

tal·auf·wärts *Adv*(副); das Tal hinauf 沿山谷而上,逆流而上 ↔ talabwärts

Ta·lent *das*; *-s*, *-e* **1.** ***T.*** (***für / zu etw.***) die (angeborene) Fähigkeit zu guten od. sehr guten Leistungen, *bes* im künstlerischen Bereich 天赋,才能,才干,才华〈kein, viel, wenig T. haben 没有、很有天赋,天赋不高; großes T. zum Malen, Musizieren besitzen 对绘画、弹奏有很高的天赋; ein T. fördern, verkümmern lassen 发掘、摧残天赋〉≈ Begabung: *Er hat T. für Musik, für alte Sprachen* 他对音乐、古老的语言很有才华 **2.** e-e Person, die viel T. (1) hat 人才,能人,人杰〈ein viel versprechendes T. 一位多才多艺的人才〉 ‖ K-(复合): ***Talent-***, ***-suche*** ‖ -K(复合): ***Musik-***, ***Sprach-*** **3.** ***ein ewiges T.*** j-d, der trotz seines Talents nie den großen Erfolg hat 一位无所建树的天才

ta·len·tiert *Adj*(形); mit Talent (1)有天赋的,有才华的,有才干的 ≈ begabt ↔ untalentiert: *ein talentierter junger Künstler* 一位有天赋的年轻艺术家

Ta·ler *der*; *-s*, *-*; *hist*[历]; e-e alte deutsche Münze 塔勒(德国古币)

Tal·fahrt *die* **1.** e-e Fahrt von e-m Berg in das Tal hinunter(驾)乘车下山: *e-e T. mit der Seilbahn* 乘缆车下山 **2.** e-e negative wirtschaftliche Entwicklung (oft auch der Sturz von Kursen an der Börse) 滑坡,走下坡,跌落(指经济,汇率): *Die T. der deutschen Automobilindustrie ist gebremst* 德国汽车工业的滑坡已刹住了; *die T. des Dollars* 美元下跌

Talg *der*; *-(e)s*; *nur Sg* (只用单数) **1.** ein tierisches Fett, das *z. B.* zur Produktion von Kerzen u. Seifen verwendet wird 油脂, 脂肪(供生产蜡烛、肥皂用) ‖ -K(复合): ***Rinder-*** **2.** das Fett auf der (Kopf)Haut(头)皮脂质 ‖ *hierzu* (派生) **tạl·gig** *Adj*(形)

Tạlg·drü·se *die*; e-e Drüse in der Haut, die e-e Art Fett produziert 皮脂腺,皮囊腺

Ta̱·lis·man *der*; *-s*, *-e*; ein kleiner Gegenstand, von dem man glaubt, dass er Glück bringt od. vor Unglück schützt 护身符,吉祥物

Talk·show [ˈtɔːkʃoː] *die*; *-*, *-s*; e-e (Fernseh)-Sendung, in der j-d das Publikum durch Gespräche *mst* mit bekannten Persönlichkeiten unterhält 电视采访

Tạl·mud *der*; *-s*; *nur Sg*(只用单数); das wichtigste religiöse Buch der Juden 犹太教法典

Ta̱l·soh·le *die* **1.** GEOG【地】; der Boden e-s Tals, also die tiefste Stelle in e-m Tal 谷底 **2.** der tiefste Punkt in e-r negativen wirtschaftlichen Entwicklung 经济低谷

Ta̱l·sper·re *die*; e-e hohe Mauer (ein Damm) in e-m engen Flusstal, die das Wasser zu e-m See staut(河谷)蓄水坝,拦水坝

Ta̱l·sta·ti·on *die*; die Station (1) e-r Bergbahn od. e-s Skilifts im Tal(缆车的)山谷车站 ↔ Bergstation

tal·wärts *Adv*(副); den Berg hinunter 下山

Tạm·bu·rin [-riːn] *das*; *-s*, *-e*; e-e kleine, leichte, unten offene Trommel mit kleinen Glocken am Rand 小鼓,铃鼓〈das T. schlagen 打小鼓〉

Tam·pon [ˈtampɔn, tamˈpoːn] *der*; *-s*, *-s*; e-e Art kleiner Stab aus dichter Watte, der Flüssigkeiten (*bes* Blut od. Speichel) aufsaugen soll 止血栓(塞)

Tam·tạm *das*; *-s*; *nur Sg*(只用单数); *mst* 多用 ***viel T. um j-n/etw. machen*** *gespr pej*[口][贬]; j-m/etw. übertrieben viel Aufmerksamkeit schenken 对…大吹大擂,大肆宣传,大肆吹捧

Tạnd *der*; *-s*; *nur Sg*, *veraltend*(只用单数)[渐旧]; wertlose Dinge 不值钱的玩意,剩货,下脚货 ≈ Kram〈billiger T. 便宜货〉

tän·deln; *tändelte*, *hat getändelt*; [*Vi*](不及物) **1.** etw. spielerisch, nicht ernsthaft tun 敷衍塞责处理,办事当儿戏: *Statt wie bisher mit dem Problem nur zu t., sollte die Regierung endlich handeln!* 政府不能再像以往一样处理问题只是敷衍塞责,而是应该认真办事了 **2.** ***mit j-m t.*** *veraltend*[渐旧]; mit j-m flirten 与…调笑卖俏

Tạn·dem *das*; *-s*, *-s*; ein Fahrrad für zwei Personen mit zwei Sätteln u. zwei Paaren von Pedalen 双座自行车〈(auf e-m) T. fahren 骑双座自行车〉

Tạng *der*; *-s*; *nur Sg*(只用单数); *mst* rote od. braune Pflanzen (Algen), die im Meer schwimmen u. dicht wachsen 海藻,海草

Tan·gen·te [taŋˈgɛntə] *die*; *-*, *-n* **1.** MATH【数】; e-e Gerade, die e-e Kurve in e-m Punkt berührt 切线〈e-e T. ziehen 划(拉)条切线〉 ‖ ↑ *Abb. unter* 图见 ***geometrische Figuren*** **2.** e-e Straße, die am Rande e-s Orts od. e-s Gebiets vorbeigeht 外切道 ‖ *zu* (义项) **1 tan·gen·ti·al** [-ˈtsiaːl] *Adj*(形)

tan·gie·ren [taŋˈgiːrən]; *tangierte*, *hat tangiert*; [*Vt*](及物) **1.** ***etw. tangiert etw.*** MATH【数】; etw. berührt e-e Kurve od. Fläche in e-m Punkt(物作主语)与…相切 **2.** ***etw. tangiert j-n*** *geschr*[书]; etw. beeinflusst j-n in seinem Denken u. Tun(物作主语)影响,牵涉到,关系到: *Das tangiert mich nicht* 这不影响我 **3.** ***etw. tangiert etw.*** *geschr*[书]; etw. betrifft etw. (nur am Rande)(物作主语)沾…的边,触及: *Dieser Diskussionspunkt tangiert das zentrale Thema nur* 这个讨论内容只沾上点儿中心主题的边

Tan·go [ˈtaŋgo] *der*; *-s*, *-s*; ein Tanz, der in Argentinien entstanden ist 探戈舞〈e-n T. spielen, tanzen 演奏探戈舞曲,跳探戈舞〉

Tạnk *der*; *-s*, *-s*; ein großer Behälter zum Lagern od. zum Transportieren von Flüssigkeiten (*z.B.* Heizöl) 槽,罐,大油箱,油罐,油桶〈ein leerer/voller T. 一只空的/满的油桶; den T. füllen 装满油箱〉 ‖ K-(复合): ***Tank-***, ***-deckel***, ***-füllung***, ***-inhalt***, ***-lager***, ***-lastzug***, ***-wagen***, ***-zug*** ‖ -K(复合): ***Benzin-***, ***Öl-***, ***Trinkwasser-***

tạn·ken; *tankte*, *hat getankt*; [*Vt/i*](及物/不及物) **1.** (***etw.***) ***t.*** Benzin od. andere Flüssigkeiten in e-n Tank füllen 加油,给…加油〈Benzin, Öl t. 加汽油,加油〉: *Ich muss noch (30 Liter) t.* 我还要加(30 升)油; [*Vt*](及物) **2.** *mst* 多用 ***Sonne, frische Luft t.*** *gespr*[口]; sich (lange) sonnen, frische Luft tief einatmen 晒晒太阳,呼吸新鲜空气; [*Vi*](不及物) **3.** *gespr*[口]; alkoholische Getränke trinken 喝酒,灌酒: *Er hat zuviel getankt* 他酒灌得太多了

Tạn·ker *der*; *-s*, *-*; ein großes Schiff, das Erdöl transportiert 油轮,油船 ‖ K-(复合): ***Tanker-***, ***-flotte***

Tạnk·säu·le *die* ≈ Zapfsäule

Tạnk·stel·le *die*; ein Geschäft, in dem Benzin u. Öl für (Kraft)Fahrzeuge verkauft werden 加油站 ‖ K-(复合): ***Tankstellen-***, ***-besitzer***, ***-überfall***

Tạnk·uhr *die*; ein technisches Gerät in (Kraft)Fahrzeugen, das anzeigt, wie viel Benzin *o.Ä.* noch im Tank ist 油表,计油器,油位显示计 ≈ Benzinuhr

Tạnk·wart *der*; *-s*, *-e*; j-d, der beruflich an e-r Tankstelle Benzin *usw* verkauft 加油站职工 ‖ *hierzu* (派生) **Tạnk·war·tin** *die*; *-*, *-nen*

Tạn·ne *die*; *-*, *-n*; ein Nadelbaum mit Nadeln von blaugrüner Farbe, dessen Zapfen aufrecht stehen 冷杉 ‖ ↑ *Abb. unter* 图见 ***Nadelbäume*** ‖ K-(复合): ***Tannen-***, ***-holz***, ***-nadel***, ***-wald***, ***-zapfen***, ***-zweig***

Tạn·nen·baum *der* **1.** ≈ Tanne **2.** *bes nordd* 尤用于[北德] ≈ Weihnachtsbaum

Tạn·ta·lus·qua·len *die*; *Pl*(复); *geschr*[书]; seelische Qualen, die dadurch entstehen, daß man ein Ziel nie ganz erreicht 坦塔罗斯的痛苦(指可望而不可即的心灵折磨。源于希腊传说中宙斯的儿子因泄露天机、杀子作菜等触怒诸神,从而

T

在冥界被罚站在齐颈的水里,口渴想喝水时,水就退去;头上悬着果树,想吃果子时,果子被风吹走。)〈T. ausstehen, erleiden 忍受、经受坦塔罗斯的痛苦折磨〉

Tạn·te *die*; -, *-n* **1.** die Schwester der Mutter od. des Vaters od. die Ehefrau des Onkels 姑母,伯母,姨母,婶婶,舅母 **2.** (von u. gegenüber Kindern verwendet) e-e (bekannte, befreundete) Frau(儿童用语)阿姨 **3.** *gespr*, *oft pej*[口]常用[贬]; verwendet als leicht abschätzige Bezeichnung für ein Mädchen, e-e Frau 女人: *Was wollte die T. von dir?* 那女人想要你干什么?

Tạn·te-Ẹm·ma-La·den *der*; ein kleines Lebensmittelgeschäft 小杂货店,小铺子,零售小商店 ↔ Supermarkt

Tan·ti·e·me [tan'tieːmə] *die*; -, *-n*; das Geld, das *bes* Künstler bekommen, wenn ihre Lieder, Schallplatten im Radio *o. Ä.* gespielt werden, wenn ihre Werke im Theater aufgeführt werden *usw*(艺术家演出、播出后的)报酬,版税

Tạnz *der*; *-es*, *Tän·ze* **1.** e-e Folge von rhythmischen Bewegungen des Körpers (oft in der Gruppe u. als Teil e-s Rituals *o. Ä.*) 舞,跳舞 ‖ -K(复合): ***Fruchtbarkeits-***, ***Kriegs-***, ***Tempel-*** **2.** e-e Art des rhythmischen Tanzes (1) mit festgelegten Bewegungen *mst* zu Musik u. mit Partner 舞蹈,交谊舞,交际舞〈ein moderner, traditioneller T. 现代、传统舞蹈; j-n zum T. auffordern, bitten 邀请某人跳(交谊)舞〉: *Der Tango war früher ein beliebter T. in Europa* 探戈舞从前在欧洲是很受欢迎的舞蹈 ‖ -K(复合): ***Gesellschafts-***, ***Volks-*** **3.** *nur Sg*(只用单数); e-e Veranstaltung, auf der getanzt wird 舞会〈zum T. gehen 去参加舞会〉 ‖ ID[谚] ***e-n T. aufführen / machen*** *gespr*[口]; sehr schimpfen, weil man wütend ist 大吵大闹,破口大骂; *mst* 多用 ***e-n T. ums Goldene Kalb aufführen*** materielle Dinge (*mst* Geld) zum zentralen Inhalt seines Tuns machen 围绕金牛跳舞(意即:一切都是为了钱)

Tạnz·bein *das*; *nur in* 只用于 ***das T. schwingen*** *gespr hum*[口][诙]≈ tanzen

tạ̈n·zeln; *tänzelte*, *hat / ist getänzelt*; Vi(不及物) **1.** *mst* 多用 ***ein Pferd tänzelt*** (*hat*) ein Pferd bewegt sich in kleinen, leichten Schritten 马走碎步: *Am Start wurde das Pferd nervös u. tänzelte unruhig* 起跑时这匹马受了刺激,烦躁地踏着碎步 **2.** ***irgendwohin t.*** (*ist*) sich mit tänzerischen Schritten irgendwohin bewegen 蹦跳着走

tạn·zen; *tanzte*, *hat getanzt*; Vt/i(及物/不及物) (***etw.***) (***mit j-m***) ***t.*** (mit j-m) e-n Tanz machen(与…)跳舞: (*e-n*) *Tango*, (*e-n*) *Walzer t.* 跳探戈、华尔兹; *Sie tanzt nicht gern mit Anfängern* 她不爱和初学者跳舞 ‖ K-(复合): ***Tanz-***, ***-bar***, ***-café***, ***-fläche***, ***-kapelle***, ***-kurs***, ***-lehrer***, ***-lokal***, ***-musik***, ***-partner***, ***-saal***, ***-salon***, ***-schritt***, ***-turnier***, ***-veranstaltung*** ‖ ID[谚]↑ ***Reihe***

Tạ̈n·zer *der*; *-s*, -; j-d, der (auch beruflich) tanzt 舞蹈家,跳舞的人〈ein geschmeidiger, berühmter T. 舞姿优美的、有名的舞蹈家〉 ‖ -K(复合): ***Ballett-*** ‖ *hierzu*(派生) **Tạ̈n·ze·rin** *die*; -, *-nen*

tạ̈n·ze·risch *Adj*(形); *nur attr od adv*(只作定语或状语) **1.** nach Art e-s Tänzers 像舞蹈家的,舞姿的〈Bewegungen 动作〉 **2.** in Bezug auf das Tanzen 舞蹈方面的: *Das Paar bot e-e tänzerische Bestleistung* 这对舞伴显示了舞蹈方面的优异成绩

Tạnz·schu·le *die*; e-e private Institution, bei der man tanzen lernen kann 舞蹈学校 ‖ *hierzu*(派生) **Tạnz·schü·ler** *der*; **Tạnz·schü·le·rin** *die*

Tạnz·stun·de *die*; *mst* 多用 ***zur T. gehen*** Unterricht im Tanzen nehmen 去上舞蹈课

Ta·pe̱t *das*; *nur in* 只用于 ***etw. aufs T. bringen*** ein (*mst* unangenehmes) Thema zur Sprache bringen 把某事拿到桌面上来讨论

Ta·pe̱·te *die*; -, *-n*; ein festes Papier *mst* mit Mustern, das auf Wände geklebt wird 糊墙纸〈e-e gemusterte, abwaschbare T., e-e Rolle Tapeten 有图案的、可洗刷的糊墙纸,一卷糊墙纸〉 ‖ K-(复合): ***Tapeten-***, ***-bahn***, ***-muster***, ***-rolle*** ‖ -K(复合): ***Kork-***, ***Seiden-***, ***Textil-*** ‖ NB(注意): *mst* im Plural verwendet(多用复数): *neue Tapeten fürs Wohnzimmer* 供起居室用的新墙纸

Ta·pe̱·ten·wech·sel *der*; *mst* 多用 (***dringend e-n***) ***T. brauchen*** *gespr*[口]; e-n Urlaub *o. Ä.* nötig haben, weil die gewohnte Umgebung monoton, langweilig wirkt(急)需换换环境

ta·pe·zie̱·ren; *tapezierte*, *hat tapeziert*; Vt/i(及物/不及物) (***etw.***) ***t.*** Tapeten an e-e Wand kleben 给…裱糊、贴墙纸〈die Wand, das Zimmer (neu) t. 给墙、房间重新裱糊〉 ‖ K-(复合): ***Tapezier-***, ***-arbeit***, ***-tisch*** ‖ *hierzu*(派生) **Ta·pe·zie̱·rer** *der*; *-s*, -

tạp·fer *Adj*(形) **1.** ohne Angst, Furcht u. bereit, gegen Gefahren u. Schwierigkeiten mutig zu kämpfen 勇敢的,有勇气的,英勇的,无所畏惧的 ↔ ängstlich, feige〈ein tapferer Kämpfer 勇敢的战士; sich t. verteidigen, wehren 英勇保卫、抵抗〉 **2.** *mst präd od adv*(多作表语或状语); mit großer Selbstbeherrschung, ohne zu klagen 坚强的,能自我克制的〈(die) Schmerzen t. ertragen 坚强地忍受痛苦〉 ‖ *hierzu*(派生) **Tạp·fer·keit** *die*; *nur Sg*(只用单数)

tạpp! *Interjektion*(叹); ***t.***, ***t.*** verwendet, um das Geräusch zu imitieren, das Füße auf e-m Fußboden machen(步履声)嗒嗒!

tạp·pen; *tappte*, *ist getappt*; Vi(不及物) ***irgendwohin t.*** sich langsam, vorsichtig u. unsicher fortbewegen(小心谨慎地)摸索着行走: *Sie tappte durch die dunkle Wohnung* 她摸索着穿过黑乎乎的住房 ‖ ID[谚]↑ ***dunkel***

tạ̈p·pisch *Adj*(形); *pej*[贬]; ungeschickt 笨拙的,迟钝的,不灵活的 ↔ gewandt〈sich t. benehmen 举止笨拙〉

tạp·sig *Adj*(形); (von jungen Tieren) ungeschickt in den Bewegungen, aber so, dass es dabei nett wirkt(指幼兽动作)不灵活的,笨拙的,傻乎乎的

Ta·ra *die*; -, *Ta·ren*; WIRTSCH【经】; das Gewicht der Verpackung e-r Ware 皮重

Ta·ran·tel *die*; -, *-n*; e-e große, giftige Spinne, die in den Tropen u. Subtropen vorkommt 塔兰托毒蛛〈die T. sticht 塔兰托毒蛛蜇人〉‖ ID [谚] ***wie von e-r/der T. gestochen/gebissen*** *gespr* [口]; in plötzlicher Erregung od. Wut 像挨毒蛛咬(蜇)了一样(突然惊叫/发火)

Ta·rif *der*; *-s*, *-e* **1.** der festgesetzte Preis für etw., das e-e staatliche od. offizielle Institution (als Leistung) anbietet (*z. B.* e-e Fahrt mit der Eisenbahn)价目表,收费标准,费率〈ein amtlicher T. 官方价目表; e-n T. aufstellen 列出一份收费标准〉: *Die Post hat ihre Tarife erhöht* 邮局提高了邮费标准 ‖ K-(复合): ***Tarif-, -erhöhung*** ‖ -K(复合): ***Bahn-, Post-, Sonder-, Steuer-, Strom-, Versicherungs-, Zoll-*** **2.** die Höhe (u. Abstufung) der Löhne u. Gehälter, über die die Arbeitgeber u. Gewerkschaften verhandeln 工资等级表,工资标准,工资率〈neue Tarife aushandeln 谈判达成新的工资等级; nach T. bezahlt werden 按工资标准支付〉‖ K-(复合): ***Tarif-, -abschluss, -gespräch, -gruppe, -lohn, -recht, -verhandlungen, -vertrag*** ‖ -K(复合): ***Lohn-*** ‖ *hierzu* (派生) **ta·rif·lich** *Adj*(形)

Ta·rif·au·to·no·mie *die*; das Recht von Arbeitgebern u. Arbeitnehmern/Gewerkschaften, über Tarife (2) zu verhandeln u. sie festzusetzen, ohne dass der Staat dabei entscheidet 劳资双方协商工资标准的自主权

Ta·rif·kon·flikt *der*; ein Konflikt zwischen Arbeitgebern u. Arbeitnehmern/Gewerkschaften, die sich nicht über die Tarife (2) einigen können 劳资之间的工资争议

Ta·rif·part·ner *der*; *mst Pl*(多用复数); die Arbeitgeber bzw. die Gewerkschaften, die über die Tarife (2) verhandeln 劳资双方

Ta·rif·run·de *die*; alle Verhandlungen über die neuen Tarife (2) in allen Branchen 工资谈判〈die diesjährige T. 今年的工资谈判〉

Ta·rif·ver·trag *der*; der Vertrag zwischen Arbeitgebern u. Gewerkschaften, in dem die Tarife (2) festgelegt sind 劳资双方确定的工资协议 ‖ *hierzu* (派生) **ta·rif·ver·trag·lich** *Adj* (形)

tar·nen; *tarnte*, *hat getarnt*; [Vt](及物)**1.** ***j-n/sich/etw. t.*** j-n/sich/etw. mit bestimmter Kleidung, bestimmten Farben *o. Ä.* so der Umgebung angleichen, dass er/man/es kaum (aus der Entfernung, von oben *o. Ä.*) sichtbar ist 掩蔽,伪装: *Die Polizei hatte die Radarfalle geschickt getarnt* 警方巧妙地把探测车速的雷达收集器掩蔽起来了; *Die Kanone war im Gebüsch gut getarnt* 大炮在树丛中伪装得很好 ‖ K-(复合): ***Tarn-, -anstrich, -anzug, -farbe*** **2.** ***etw. als etw. t.*** etw. so gestalten, dass der wirkliche Zweck nicht zu erkennen ist 把…伪装成: *Das Rauschgiftlabor war als Fotowerkstatt getarnt* 这间毒品化验室被伪装成照像馆 ‖ K-(复合): ***Tarn-, -organisation***; [Vr](反身)**3.** ***sich als etw. t.*** e-e neue Identität, e-e andere Stellung *o. Ä.* annehmen 伪装成: *Der Spion tarnte sich als Fotograf* 特务伪装成摄影师 ‖ K-(复合): ***Tarn-, -name*** ‖ *hierzu* (派生) **Tar·nung** *die*

Tarn·kap·pe *die*; (in Sagen) e-e Art Mütze, die denjenigen unsichtbar macht, der sie aufsetzt 魔帽,隐身帽

Ta·sche *die*; -, *-n* **1.** ein Behälter *mst* aus Leder od. Stoff mit e-m Griff (od. e-m Riemen zum Umhängen), in dem man Dinge bei sich trägt od. transportiert 手提包,挎包: *Er trug seiner Mutter die schwere T. nach Hause* 他帮母亲把那沉重的提包提回家 ‖ -K(复合): ***Einkaufs-, Sport-; Leder-*** **2.** e-e Art kleiner Sack aus e-m Stück Stoff in der Kleidung, in dem man kleine Dinge aufbewahren kann 口袋,衣袋〈e-e aufgesetzte, eingesetzte T. 缝在外面、里面的口袋; etw. aus der T. ziehen 从口袋里拿出某物〉: *die Hände in die Taschen stecken* 把手插进口袋 ‖ K-(复合): ***Taschen-, -inhalt*** ‖ -K(复合): ***Brust-; Hosen-, Jacken-, Mantel-*** ‖ ID [谚] ***j-m auf der T. liegen*** *gespr*, *oft pej* [口]常用[贬]; von j-s Geld leben u. ihn dadurch belasten 靠某人生活,由某人养活; ***j-m etw. aus der T. ziehen*** *gespr* [口]; j-n durch Tricks, Schmeicheleien *o. Ä.* dazu bewegen, dass er einem Geld *o. Ä.* gibt 骗某人掏腰包; ***etw. aus der eigenen T. bezahlen/finanzieren*** *o. Ä.* etw. vom eigenen Geld bezahlen *o. Ä.* 自己掏腰包支付; ***(für etw.) tief in die T. greifen müssen*** *gespr* [口]; viel Geld für etw. zahlen müssen (为…)得掏很多钱,狠掏腰包; ***etw. fließt/wandert in j-s Taschen*** *gespr*, *oft pej* [口]常用[贬]; j-d bekommt (*bes* auf unehrliche Weise) viel Geld 某物(指钱)流入某人的腰包; ***etw. schon in der T. haben*** *gespr* [口]; etw. sicher bald bekommen od. erreichen 稳得某物,手中已掌握某物〈e-n Sieg, e-n Vertrag schon in der T. haben 稳操胜券,手里捏着合同〉; *mst* 多用 ***Er/Sie steckt ihn/sie in die T.*** *gespr* [口]; er/sie kann viel mehr als j-d anderer, ist ihm/ihr überlegen 他/她比他/她强; ***sich*** (*Dat* 三格) ***in die eigene T. lügen*** *gespr* [口]; (in bestimmter Hinsicht) nicht ehrlich gegenüber sich selbst sein, sich etw. vormachen 自欺欺人

Ta·schen- *im Subst*, *begrenzt produktiv* (构成名词,构词有限); verwendet, um auszudrücken, dass etw. relativ klein ist u. für den Zweck produziert wurde, dass man es bequem (*bes* in der Tasche (2)) bei sich tragen kann 袖珍…,小型…; der ***Taschenfahrplan***, das ***Taschenformat***, der ***Taschenkalender***, der ***Taschenkamm***, der ***Taschenrechner***, der ***Taschenschirm***, der ***Taschenspiegel***, die ***Taschenuhr***, das ***Taschenwörterbuch***

Ta·schen·buch *das*; ein relativ billiges Buch in

e-m kleinen Format u. ohne festen Einband 袖珍本 ‖ K-(复合): ***Taschenbuch-***, ***-verlag***

Ta·schen·dieb *der*; j-d, der anderen Geld *usw* aus der Tasche (1,2) stiehlt 扒手,小偷: *Vor Taschendieben wird gewarnt!* 谨防扒手! ‖ *hierzu*(派生) **Ta·schen·die·bin** *die*

Ta·schen·geld *das*; *nur Sg*(只用单数); ein *mst* kleiner Geldbetrag, den j-d (der selbst kein Geld verdient) für persönliche Ausgaben regelmäßig bekommt 零花钱: *Ich gebe meinem Sohn dreißig Euro T. im Monat* 我每月给儿子 30 欧元零用钱

Ta·schen·lam·pe *die*; e-e kleine Lampe mit Batterie 手电筒

Ta·schen·mes·ser *das*; ein kleines Messer *mst* mit mehreren Klingen, das man zusammenklappen u. so in der Tasche (2) tragen kann(随身)小折刀

Ta·schen·rech·ner *der*; ein kleines elektronisches Gerät, das man zum Rechnen(1) benutzt 袖珍计算器

Ta·schen·tuch *das*; ein kleines, viereckiges Stück Stoff *o. Ä.*, das man zum Naseputzen *o. Ä.* in der Tasche bei sich trägt 手帕,手绢

Tas·se *die*; -, -*n* **1.** ein kleines Gefäß mit Henkel, *mst* aus Porzellan od. Keramik, aus dem man *mst* warme Getränke trinkt 杯(带耳柄)〈etw. in e-e T. gießen 把某物倒进杯子; aus e-r T. trinken 用杯子喝〉 ‖ ↑ *Abb. unter* 图见 ***Frühstückstisch*** ‖ K-(复合): ***Tassen-***, ***-rand*** ‖ -K(复合): ***Kaffee-***, ***Tee-*** **2.** der Inhalt e-r T. (1) 杯…(量词)〈e-e T. Tee, Kaffee, Schokolade trinken 喝杯茶、咖啡、巧克力饮料〉 **3.** ***e-e trübe T.*** *gespr*[口]; verwendet als Bezeichnung für e-n langweiligen, temperamentlosen Menschen 一个没劲(无聊、乏味)的人 ‖ ID [谚] *mst* 多用 ***Er/Sie hat nicht alle Tassen im Schrank*** *gespr iron*[口][讽]; er/sie ist verrückt 他/她神志不清,头脑不正常

Tas·ta·tur *die*; -, -*en*; die Tasten e-s Klaviers, e-r Schreibmaschine, e-s Computers *o. Ä.* 键盘 ‖ ↑ *Abb. unter* 图见 ***Computer***

Tas·te *die*; -, -*n*; einer der kleinen Teile e-s Musikinstruments od. e-r Maschine, die man mit den Fingern (herunter)drückt, um Töne, Signale *o. Ä.* zu produzieren 键: *e-e T. auf der Schreibmaschine, auf dem Klavier anschlagen, drücken* 敲打打字机的键,弹击钢琴的键 ‖ ↑ *Abb. unter* 图见 ***Akkordeon*** ‖ K-(复合): ***Tasten-***, ***-instrument***, ***-telefon*** ‖ -K(复合): ***Notruf-***

tas·ten; *tastete, hat getastet*; [Vi](不及物) **1.** (***nach etw.***) ***t.*** vorsichtig od. suchend nach etw. mit den Händen greifen 摸索,寻摸,探索: *Ich tastete im Dunkeln nach dem Lichtschalter* 在黑暗中我寻摸着电灯开关; [Vr](反身) **2.** ***sich irgendwohin t.*** sich vorsichtig, suchend in e-e bestimmte Richtung bewegen(小心)摸着走: *Ich tastete mich langsam zur Tür* 我摸着慢慢朝门口走去

Tast·sinn *der*; *nur Sg*(只用单数); die Fähigkeit, etw. durch Berühren wahrzunehmen 触觉: *Blinde haben e-n stark entwickelten T.* 盲人有很敏锐的触觉

tat *Imperfekt*, *1. u. 3. Person Sg* 过去时,第一和第三人称单数; ↑ ***tun***

Tat *die*; -, -*en* **1.** e-e einzelne Handlung, mit der man etw. bewirkt 行为,行动〈e-e böse Tat begehen 做一件坏事; e-e gute Tat vollbringen 做成一件好事〉: *Den Worten müssen jetzt Taten folgen!* 有言现在必须有行! 言必行! **2.** *Kurzw*(略); ↑ ***Straftat***〈e-e Tat gestehen 承认罪行〉 ‖ K-(复合): ***Tat-***, ***-bericht***, ***-beteiligung***, ***-hergang***, ***-motiv***, ***-ort***, ***-umstand***, ***-waffe***, ***-zeit***, ***-zeuge*** ‖ -K(复合): ***Mord-*** **3.** ***etw. in die Tat umsetzen*** e-e Idee realisieren 把…变成行动,付诸实施 **4.** ***ein Mann der Tat*** j-d, der nicht lange zögert, sondern gleich energisch handelt 行动果断的人,说干就干的人 **5.** ***j-n auf frischer Tat ertappen*** j-n ertappen, wenn er gerade dabei ist, ein Verbrechen zu begehen od. etw. Verbotenes zu tun 当场逮住某人 **6.** ***in der Tat*** ≈ wirklich ‖ ▶ ***betätigen***

Ta·tar *das*; -*s*; *nur Sg*(只用单数); e-e Speise, die aus rohem gehacktem Rindfleisch (mit e-m rohen Ei und verschiedenen Zutaten) besteht 鞑靼生牛肉末(菜肴)

Tat·be·stand *der* **1.** alle Fakten, die bei etw. relevant sind 事实,实情≈ Sachverhalt〈den T. feststellen 查明事实〉: *An dem T. lässt sich nichts ändern* 任何事情都不可能改变事实 **2.** JUR【法】; die Kriterien, die e-e Handlung als Verbrechen kennzeichnen(犯罪行为的)事实构成: *Der T. der Körperverletzung ist erfüllt* 人身伤害的事实构成是成立的

tä·te *Konjunktiv II*, *1. u. 3. Person Sg*(虚拟式 II,第一和第三人称单数); ↑ ***tun***

Tat·ein·heit *die*; *mst in* 多用于 ***etw. in T. mit etw.*** JUR【法】; drückt aus, dass zwei Delikte gleichzeitig begangen wurden(一项罪行)同时触犯(另一项罪行): *j-n wegen Nötigung in T. mit schwerer Körperverletzung verurteilen* 判处某人胁迫罪及严重伤害身体罪

Ta·ten·drang *der*; *nur Sg*(只用单数); die Energie, die einen antreibt, etw. zu tun(对工作的)急迫感,强烈欲望 ≈ Dynamik ↔ Passivität: *Er war voller T.* 他曾对工作充满激情

Ta·ten·durst *der*; *geschr*[书] ≈ Tatendrang ‖ *hierzu*(派生) **ta·ten·durs·tig** *Adj*(形)

ta·ten·los *Adj*(形); *nur präd od adv*(只作表语或状语); so, dass man in e-r *mst* kritischen Situation nicht handelt u. unbeteiligt bleibt 袖手旁观的,观望的,不参与的 ≈ passiv〈t. (bei etw.) zusehen 袖手旁观,站在一旁观看〉 ‖ *hierzu*(派生) **Ta·ten·lo·sig·keit** *die*; *nur Sg*(只用单数)

Tä·ter *der*; -*s*, -; j-d, der e-e Straftat begangen hat 作案人,犯罪者〈den T. fassen, finden 抓住、找到作案人〉: *Wer war der T.?* 谁是案犯? ‖ K-(复合): ***Täter-***, ***-beschreibung*** ‖ -K(复合): ***Mehrfach-***, ***Nachahmungs-***, ***Wiederholungs-*** ‖ *hierzu*(派生) **Tä·te·rin** *die*; -, -*nen*;

T

Tä·ter·schaft *die*; -; *nur Sg*(只用单数)

Tä·ter·kreis *der*; alle Personen, die in dem Verdacht stehen, ein Verbrechen begangen zu haben 作案嫌疑人(范围)

tä·tig *Adj*(形); *nicht adv*(不作状语) **1.** *mst präd*(多作表语); ***j-d ist als etw./irgendwo t.*** j-d arbeitet in e-m bestimmten Beruf/ist irgendwo aktiv(人作主语)在…工作,任职,干事: *Sie ist als Juristin im Staatsdienst t.* 她在国家机关当法学家 **2.** *nur attr*(只作定语); aktiv od. intensiv 积极的,有效的,有实际行动的〈Anteilnahme, Hilfe, Reue 同情,帮助,后悔〉**3.**〈ein Vulkan 火山〉so, dass er noch ausbricht, nicht erloschen ist 活动着的

Tä·tig·keit *die*; -, -*en* **1.** die Arbeit in e-m Beruf 职业,工作〈e-e gut/schlecht bezahlte, j-s berufliche T. 一份报酬好/不好的工作,某人的业务工作; e-e T. aufnehmen, ausüben, aufgeben 接受,执行,放弃一项工作〉: *Er nimmt seine T. als Lehrer wieder auf* 他又干起自己的教师工作; *Sie sucht e-e interessante T. in der Industrie* 她正在工业方面寻找一份有意思的工作 ‖ K-(复合): ***Tätigkeits-, -beschreibung, -merkmal*** ‖ -K(复合): ***Erwerbs-, Berufs-; Agenten-, Büro-, Forschungs-, Lehr-, Verwaltungs-; Neben-*** **2.** *mst Sg*(多用单数); das Aktivsein, das Sichbeschäftigen mit etw. 忙碌,活动≈ Aktivität〈Tätigkeiten entfalten 开展活动〉‖ -K(复合): ***Aufklärungs-, Ermittlungs-, Kampf-, Sabotage-, Spionage-; Denk-, Hilfs-, Stör-***

Tä·tig·keits·be·richt *der*; der Bericht *mst* e-r Organisation über die Arbeit, die sie gemacht hat 工作情况进展的报告,业务报告〈e-n T. liefern 提交一份业务报告〉: *der T. des Datenschutzbeauftragten* 人事档案保护受托人的工作情况报告

Tä·tig·keits·wort *das* ≈ Verb

Tat·kraft *die*; *nur Sg*(只用单数); die Energie, die einen zum Handeln antreibt 精力,活力,干劲〈T. entfalten, entwickeln, beweisen 发挥,提高,证明活力〉‖ *hierzu*(派生) **tat·kräf·tig** *Adj*(形)

tät·lich *Adj*(形); mit körperlicher Gewalt gegen andere Menschen 动手打人的,暴力的〈j-n t. angreifen 动手打某人; gegen j-n t. werden 对某人动手〉

Tät·lich·keit *die*; -, -*en*; *mst Pl*, ADM *geschr*(多用复数)【管理】[书]; die Anwendung von körperlicher Gewalt gegen andere Menschen 使用暴力,动手打人: *Wenn er provoziert wird, lässt er sich leicht zu Tätlichkeiten hinreißen* 他一受挑唆,就容易动手打人

Tat·ort *der*; der Ort, an dem ein Verbrechen begangen wurde 作案现场,犯罪地点

tä·to·wie·ren; *tätowierte, hat tätowiert*; [Vt](及物) ***j-n/etw. t.; j-m etw. irgendwohin t.*** j-m mit e-r Nadel u. Farben (dauerhafte) Zeichnungen auf die Haut machen 给…(在皮肤上)刺花纹,给…文身: *j-n am ganzen Körper t.* 给某人全身刺上花纹; *j-s Arm t.* 给某人的手臂刺花纹; *j-m e-n Adler auf die Brust t.* 给某人胸前刺上一只鹰 ‖ *hierzu*(派生) **Tä·to·wie·rung** *die*

Tat·sa·che *die*; -, -*n*; etw., das sich wirklich ereignet hat, das objektiv festgestellt wurde 事实,客观事实,真相,真实情况 ≈ Faktum〈etw. beruht auf Tatsachen, entspricht den Tatsachen 某事是以事实为基础的,是符合事实的; es ist e-e T., dass 事实是…〉: *Du musst dich mit den Tatsachen abfinden* 你必须顺应事实 ‖ K-(复合): ***Tatsachen-, -bericht*** ‖ ID[谚] ***die Tatsachen verdrehen*** die wahren Ereignisse falsch darstellen 歪曲事实; ***j-n vor vollendete Tatsachen stellen*** j-n mit e-r Situation konfrontieren, an der er nichts mehr ändern kann 让某人面对既成的事实

tat·säch·lich, tat·säch·lich *Adj*(形) **1.** *nur attr, nicht adv*(只作定语,不作状语); der Wirklichkeit entsprechend 符合事实的,真实的,实在的 ≈ wahr (1), wirklich (1)〈der Grund, die Ursache 理由,起因〉**2.** *nur adv*(只作状语); in Wirklichkeit (u. nicht nur in der Fantasie) 真的,的确,确实 ≈ wirklich (1): *Gibt es t. Hexen?* 真的有女妖吗? **3.** ***T.?*** *gespr, oft iron*[口]常用[讽]; ist das auch wahr? 是真的吗? **4.** verwendet, um Erstaunen über etw. auszudrücken(表示惊奇)果真!确实!: *Du bist ja t. pünktlich gekommen!* 你来得确实准时!; *Jetzt hat er t. noch gewonnen, obwohl er erst so weit zurücklag!* 虽然他起初落得很远,可现在他还真取得了胜利!

tät·scheln; *tätschelte, hat getätschelt*; [Vt](及物) ***j-n/(j-m) etw. t.*** mehrmals mit der Hand leicht u. zärtlich auf j-s Haut/auf das Fell e-s Tieres *o. Ä.* schlagen 轻柔地拍打: *Er tätschelte den Hals des Pferdes* 他轻柔地拍打马的脖子

Tat·ter·greis *der*; *gespr pej*[口][贬]; ein schwacher, alter, zittriger Mann 体弱发颤的老人

tat·te·rig, tatt·rig *Adj*(形); *gespr*[口]≈ zittrig: *ein tattriger alter Mann* 一位发颤的老人

ta·tü·ta·ta! *Interjektion*(叹); verwendet, um den Klang des Warnsignals von Polizei-, Feuerwehr- u. Krankenwagen zu imitieren(警车、消防车、救护车的警声)呜呜,嘟嘟

Tat·ver·dacht *der*; der verdacht, dass j-d ein verbrechen begangen hat 作案嫌疑,犯罪嫌疑〈unter T. stehen 受到嫌疑; gegen j-n besteht T. 某人存在作案嫌疑〉

Tat·ze *die*; -, -*n*; der Fuß (die Pfote) großer Raubtiere, *bes* von Bären 爪,兽掌 ‖ NB(注意): Löwen, Tiger *usw* haben *Pranken*(狮、虎等用 Pranken)

Tau[1] *der*; -*s*; *nur Sg*(只用单数); kleine Wassertropfen, die am frühen Morgen auf der Erde, auf den Pflanzen liegen (ohne dass es geregnet hat) 露水 ‖ K-(复合): ***Tau-, -tropfen***

Tau[2] *das*; -(*e*)*s*, -*e*; ein dickes, starkes Seil (*bes* auf Schiffen) 粗绳索,缆绳〈ein T. auswerfen, kappen 甩出、剪断缆绳〉

taub *Adj*(形) **1.** nicht fähig zu hören 聋的,听不

T

见的 ≈ gehörlos 〈auf dem linken/rechten Ohr t. sein 左/右耳听不见〉 **2.** *nicht adv*（不作状语）; ohne Gefühl (1), wie abgestorben 无感觉的，无知觉的，麻木的：*Meine Füße waren t. vor Kälte* 我的脚冻麻木了 **3.** *nicht adv*（不作状语）; ohne Inhalt, ohne Kern 空的，无果实的，秕的〈*mst* 多用 e-e Ähre, e-e Nuss 麦穗、坚果〉 **4. sich t. stellen** so tun, als ob man nichts hören könnte 装聋 ‖ *zu*（义项）**1. Tau·be** *der/die*; *-n, -n*; *zu*（义项）**1.** u. **2. Taub·heit** *die*; *nur Sg*（只用单数）

Tau·be *die*; *-, -n*; ein mittelgroßer, *mst* grauer Vogel mit kleinem Kopf u. kurzen Beinen (der auch als Haustier gehalten wird) 鸽子〈die T. girrt, gurrt 鸽子咕咕叫〉：*Die weiße T. gilt als Symbol des Friedens* 白鸽是和平的象征 ‖ K-(复合)：**Tauben-**, **-art**, **-ei**, **-zucht** ‖ -K(复合)：**Brief-**, **Haus-**, **Wild-**

Tau·ben·schlag *der*; e-e Art kleines Häuschen (oft auf e-m hohen Pfahl) od. ein Stall, in dem Tauben gehalten werden 鸽棚，鸽窝 ‖ ID [谚] *mst* 多用 ***Hier geht es zu wie in e-m T.!*** *mst pej* 多用[贬]；hier kommen u. gehen viele Leute 这里人来人往，熙熙攘攘！

taub·stumm *Adj*（形）; unfähig zu hören u. zu sprechen 聋哑的 ‖ *hierzu*（派生）**Taub·stum·me** *der/die*; **Taub·stumm·heit** *die*; *nur Sg*（只用单数）

tau·chen; *tauchte, hat/ist getaucht*; [Vi]（不及物）**1.** ***t.*** (*hat/ist*); ***irgendwohin t.*** (*ist*); mit dem Körper unter die Wasseroberfläche gehen, ganz im Wasser verschwinden (u. e-e bestimmte Zeit od. Strecke irgendwohin schwimmen) 潜入（水中），潜水：*Die Ente taucht u. sucht unter Wasser nach Futter* 鸭子潜入水中觅食；*zum Grund des Schwimmbeckens t.* 潜入游泳池底；*Das U-Boot taucht* 潜艇潜入水下 ‖ K-(复合)：**Tauch-**, **-boot**, **-sport**, **-tiefe** **2. nach etw. t.** (*hat/ist*) unter die Wasseroberfläche gehen u. nach etw. suchen 潜水寻找〈nach Perlen, Schwämmen t. 潜水寻找珍珠、海绵〉 **3. in etw.** (*Akk* 四格) ***t.*** (*ist*) *geschr*[书]；in etw. verschwinden 消失在…中：*Sie tauchten in die Finsternis* 他们消失在黑暗之中；[Vt]（及物）(*hat*) **4. *j-n* (*in etw.* (*Akk* 四格)) *t.*** j-s Kopf mit Gewalt unter Wasser drücken 将…的头用力往水里浸 **5. *etw. in etw.*** (*Akk* 四格) ***t.*** etw. in e-e Flüssigkeit hineinhalten 把…浸入…中去，蘸：*den Pinsel in die Farbe t.* 把笔浸入油彩中，拿笔蘸颜色 ‖ *zu*（义项）**1. Tau·chen** *das*

Tau·cher *der*; j-d, der (als Sport od. beruflich) *mst* mit e-r Ausrüstung taucht 潜水员：*Der T. fand Perlen* 潜水员找到了珍珠 ‖ K-(复合)：**Taucher-**, **-anzug**, **-ausrüstung**, **-brille** ‖ -K(复合)：**Perlen-**, **Sport-**, **Tiefsee-** ‖ *hierzu*（派生）**Tau·che·rin** *die*

Tauch·sie·der *der*; *-s, -*; ein elektrisches Gerät in Form e-r Spirale, mit dem man Wasser heiß macht 浸入式煮水器

Tauch·sta·ti·on *die*; *mst in* 多用于 ***auf T. gehen*** *gespr*[口]；sich an e-n Ort begeben, an dem man allein sein kann u. für andere nicht zu erreichen ist 躲藏起来，隐居避世，息交绝友

tau·en; *taute, hat/ist getaut*; [Vi]（不及物）(*ist*) **1. *etw. taut*** etw. wird zu Wasser（物作主语）下露水，降露 ≈ etw. schmilzt ↔ etw. gefriert; [Vimp]（无人称）(*hat*) **2. *es taut*** die Temperatur im Freien liegt wieder über 0℃, wobei Eis u. Schnee schmelzen 冰、雪融化了 ↔ es friert

Tauf·be·cken *das*; ein Becken aus Stein od. Metall für das Wasser, das bei der Taufe verwendet wird 洗礼盆

Tau·fe *die*; *-, -n*; ein christliches Ritual, mit dem j-d in die Kirche aufgenommen wird. Dabei wird die Stirn mit Wasser befeuchtet. Wenn Neugeborene getauft werden, erhalten sie auch ihren Namen（基督教的）洗礼，命名仪式〈die Taufe empfangen, erhalten 接受、受到洗礼〉 ‖ K-(复合)：**Tauf-**, **-gelübde**, **-kleid**, **-pate**, **-zeuge** ‖ ID [谚] ***etw. aus der T. heben*** etw. gründen 建立

tau·fen; *taufte, hat getauft*; [Vt]（及物）**1. *j-n*** (***auf den Namen ...***) ***t.*** j-m die Taufe (u. dabei e-n Namen) geben 给…洗礼起名：*Der Pfarrer taufte das Baby auf den Namen Michael* 牧师给孩子取名叫米歇尔；*Er ließ sich t.* 他接受洗礼 **2. *etw.*** (***auf den Namen ...***) ***t.*** etw. (im Rahmen e-r Feier) e-n Namen geben 给…命名：*Sie taufte das Schiff (auf den Namen Phoenix)* 她给这条轮船命名(为凤凰号)

Tauf·na·me *der* ≈ Vorname

tau·frisch *Adj*（形）; *mst hum* 多用[诙] **1.** sehr frisch 新鲜的，鲜嫩的〈Blumen, Gemüse 花，蔬菜〉 **2.** sehr neu 很新的：*Sein Führerschein ist noch t.* 他的驾驶证还很新 **3. *sich (noch) t. fühlen*** sich sehr fit, dynamisch fühlen 感到很有活力，很精神

Tauf·schein *der*; ein Dokument, das von der Kirche ausgestellt wird als Beweis, dass man getauft wurde 洗礼证明书

tau·gen; *taugte, hat getaugt*; [Vi]（不及物）**1. *t.*** (***für/zu etw.***) geeignet, nützlich sein 适用于，对…有用：*Er taugt nicht zu dieser/für diese Arbeit* 他不适宜做这个工作；*Dieses Buch taugt nicht für Kinder* 这本书不适宜于儿童 ‖ NB(注意)：*mst* verneint gebraucht（多用否定句）**2. *etw. taugt j-m*** *bes südd* Ⓐ *gespr* 尤用于[南德][奥][口]；etw. gefällt j-m gut（物作主语）让…喜欢，满意 **3. *j-d/etw. taugt nichts*** *gespr pej*[口][贬]；j-d/etw. ist (für etw.) unbrauchbar, j-d hat e-n schlechten Charakter（人/物作主语）不中用，毫无用处

Tau·ge·nichts *der*; *-(es), -e*; *pej*[贬]；ein fauler, nutzloser Mensch 无用之辈，废物，饭桶

taug·lich *Adj*（形）**1. *zu/für etw. t.*** zu/für etw. geeignet od. brauchbar 适用于，对…有用、合适 ↔ ungeeignet, unbrauchbar **2.** für den Militärdienst geeignet 宜服兵役的，符合服兵役条件的 ↔ untauglich 〈ein junger Mann 年轻人〉：*Er wurde bei der Musterung für t. erklärt* 经目测他被宣布符合服兵役条件 ‖ *hierzu*

(派生) **Taug·lich·keit** *die*; *nur Sg*(只用单数)

-taug·lich *im Adj*, *wenig produktiv*(构成形容词,构词弱); in der Lage, etw. zu tun, geeignet für etw. 适用、适合、适宜…的; ***diensttauglich*** 〈ein Soldat 战士〉, ***fahrtauglich*** 〈ein Wagen 汽车〉, ***flugtauglich*** 〈ein Flugzeug 飞机〉, ***wehrtauglich*** 〈ein Mann 男子〉, ***wintertauglich*** 〈ein Autoreifen 汽车轮胎〉, ***zuchttauglich*** 〈Tiere 动物〉

Tau·mel *der*; *-s*; *nur Sg*(只用单数) **1.** das Schwanken (als Folge e-s Schwindelgefühls)(眩晕所致)踉跄,趔趄,蹒跚 **2.** ***ein T. + Gen***(二格)e-e große Begeisterung (die wie ein Rausch (2) ist)陶醉,狂喜,欣喜若狂,心醉神迷〈in e-n T. der Freude, des Glücks geraten 陷入极度欣喜、幸福之中〉: *Ein T. der Begeisterung ergriff die Menschen* 一种狂热气氛感动了人们 ‖ -K(复合): ***Freuden-*** ‖ *zu*(义项) **1. tau·me·lig** *Adj*(形)

tau·meln; *taumelte*, *ist/hat getaumelt*; [Vi](不及物) **1.** (*hat/ist*) sich im Stehen von e-r Seite zur anderen bewegen (u. dabei fast umfallen)站立不稳 ≈ schwanken, torkeln **2.** ***irgendwohin t.*** (*ist*) schwankend irgendwohin gehen 跌跌撞撞地,踉跄着行走 ≈ wanken

Tausch *der*; *-(e)s*; *nur Sg*(只用单数) **1.** das Tauschen (1) 交换,交易〈e-n (guten, schlechten) T. machen 进行(有利的、不利的)交换; etw. zum T. anbieten 提供某物交换〉‖ K-(复合): ***Tausch-***, ***-angebot***, ***-geschäft***, ***-handel***, ***-objekt***, ***-wert*** ‖ -K(复合): ***Waren-*** **2.** ***im T. für/gegen etw.*** als Gegenleistung für etw. 作为交换…的回报,作为…的交换条件: *Im T. für/gegen das Buch gebe ich dir e-e Schallplatte* 我给你一张唱片作为换书的回报

tau·schen; *tauschte*, *hat getauscht*; [Vt/i](及物/不及物) **1.** (***mit j-m***) (***etw.***) ***t.*** j-m etw. geben, um dafür etw. anderes zu bekommen, das ungefähr den gleichen Wert hat(与…)交换,互换〈Briefmarken, die Plätze t. 交换邮票,互换座位〉: *„Ich habe das Asterix-Heft Nr. 2 u. du hast Nummer 8 – wollen wir t.?"* "我有阿斯特里克斯(法国连环漫画系列中的人物形象)第2辑,你有第8辑——我们交换好吗?" ‖ K-(复合): ***Tausch-***, ***-börse***; ***-waren***; [Vt](及物) **2.** ***etw. gegen etw. t.*** ≈ t. (1) **3.** 〈Personen 人〉 ***tauschen etw.***; ***j-d tauscht mit j-m etw.*** zwei od. mehrere Personen machen das Gleiche(人作主语)与…交换,互换(指做同样的事): *Sie tauschten Blicke* (= sahen sich kurz an) 他们交换眼色 ‖ ID[谚] ***nicht mit j-m t. mögen*** nicht an j-s Stelle sein wollen (weil das unangenehm wäre) 不愿处在某人的位置

täu·schen; *täuschte*, *hat getäuscht*; [Vt](及物) **1.** ***j-n*** (***durch etw.***) ***t.*** (mit etw.) absichtlich e-n falschen Eindruck bei j-m erwecken 迷惑,蒙,故意造成错觉≈ irreführen: *Er täuscht sie durch seinen Charme* 他用自己的魅力迷惑了她; [Vi](不及物) **2.** ***etw. täuscht*** etw. vermittelt e-n falschen Eindruck(物作主语)把人搞糊涂,让人产生错觉: *Der erste Eindruck täuscht oft* 第一印象常常让人产生错觉; [Vr](反身) **3.** ***sich t.*** ≈ irren: *Du täuschst dich, er war es nicht* 你搞错了,他不是这样的人 **4.** ***sich in j-m t.*** von j-m einen falschen Eindruck haben 对…有错觉,把…看(估计)错了 ‖ ID[谚] *mst* 多用 ***Wenn mich nicht alles täuscht***, (***dann***)... ich bin ziemlich sicher, dass 要是我没搞错的话…(意即:我相当有把握…)

täu·schend 1. *Partizip Präsens*(现在分词); ↑ ***täuschen* 2.** *Adj*(形); sehr stark, sehr 真假难分的,完全的〈e-e Ähnlichkeit 相似; j-m/etw. t. ähnlich sehen〉看上去与某人/某物完全相似(一模一样)

Täu·schung *die*; *-*, *-en* **1.** das Täuschen (1) 迷惑,欺骗〈e-e plumpe, geschickte, raffinierte T. 愚蠢的、巧妙的、狡猾的欺骗; auf e-e T. hereinfallen 受骗上当〉‖ K-(复合): ***Täuschungs-***, ***-absicht***, ***-manöver*** **2.** e-e falsche Vorstellung, die man von etw. hat 错觉,误会 ≈ Irrtum 〈sich e-r T. hingeben 抱有误会〉 **3.** ***e-e optische T.*** e-e falsche Wahrnehmung, die durch die Perspektive des Sehens entsteht 视错觉

tau·send *Zahladj*(数形); (als Zahl) 1000 一千,壹仟 ‖ NB(注意): ↑ ***Tausend***[3]

Tau·send[1] *die*; *-*, *-en*; die Zahl 1000 一千,壹仟

Tau·send[2] *das*; *-s*, *-*; e-e Menge von tausend Personen od. Dingen 上千的(人或物)〈das erste, zweite *usw* T. 头一千,第二个一千; j-d/etw. macht das T. voll (由于)某人/某物(加入)使一千满整数〉

Tau·send[3], **tau·send** *Zahlwort*(数词); *indeklinabel*, *gespr*(词形不变)[口] ≈ Tausende 〈einige, ein paar, viele T. 好几千,几千,成千上万〉: *Den Film hab ich schon T. Mal gesehen* (= sehr oft) 这部电影我已经看了许多许多遍了 ‖ NB(注意): wie ein Adj. od. Subst. verwendet (用法像一个形容词或名词)

Tau·sen·de, **tau·sen·de** *Zahlwort*(数词) **1.** ***T.*** (+ *Gen* (*Pl*) 二格(复)); ***T.*** (***von j-m/etw.*** (*Pl*(复))) e-e sehr große Menge von Personen od. Dingen 数以千计,好几千,大量(人或物): *Das kann nur einer von/unter Tausenden* 这可能只是数千人中的一个; *Sie waren zu Tausenden gekommen* 他们来了好几千人; *T. kleiner Insekten/von kleinen Insekten* 成千上万的小昆虫 ‖ NB(注意): verwendet wie ein Adj. od. Subst. (用法像一个形容词或名词) **2.** ***etw. geht in die T.*** etw. beträgt deutlich mehr als 1000 (Personen, Dinge, Euro *usw*)(人,物,钱等)数以千计,总共达数千: *Die Kosten gingen in die T.* 费用花了好几千; *Die Zahl der Todesopfer ging in die T.* 死难者人数达好几千人

Tau·sen·der *der*; *-s*, *-*; *gespr*[口] **1.** tausend Mark, Schilling *usw* 一千马克/先令 **2.** ein Geldschein im Wert von tausend Euro, Mark, Schilling *usw* 一张一千欧元/马克/先令的钞票

tau·send·fach *Adj*(形) **1.** 1000 Mal so viel, so oft *o. Ä.* 千倍的,千次的: *die tausendfache Menge der üblichen radioaktiven Strahlung* 通常的放射性辐射量的一千倍 **2.** *mst adv*, *gespr*

T

(多作状语)[口]; sehr viele Male 无数次地,千百次地: *e-e t. angewandte Technik* 经无数次应用的技术 ‖ *zu*(义项) **1. Tau·send·fa·che** *das*; *-n*; *nur Sg*(只用单数)

Tau·send·füß·ler *der*; *-s*, *-*; ein kleines Tier, das aussieht wie ein Wurm mit sehr vielen Beinen 千足虫(如蜈蚣)

tau·send·mal *Adv*(副) **1.** 1000 Mal 千次地,千倍地 **2.** *gespr*[口] ≈ sehr oft: *Das hab ich dir schon t. erklärt!* 这我已经给你讲了不知多少次了! ‖ *hierzu*(派生) **tau·send·ma·li·g-** *Adj*(形); *nur attr*, *nicht adv*(只作定语,不作状语)

Tau·send·sas·sa *der*; *-s*, *-s*; *gespr hum od iron*[口][诙]或[讽]; j-d, der sehr viel kann u. den man deswegen bewundert 万事通,百事通

tau·sends·t- *Zahladj*, *nur attr*, *nicht adv*(数形)(只作定语,不作状语) **1.** in e-r Reihenfolge an der Stelle 1000 第一千的≈ 1000. **2.** ***der tausendste Teil* (*von etw.*)** ≈ 1/1000

tau·sends·tel *Adj*(形); *nur attr*, *indeklinabel*, *nicht adv*(只作定语,词形不变,不作状语); den 1000. Teil von etw. bildend 千分之一的: *e-e t. Sekunde* 千分之一秒

Tau·sends·tel *das*; *-s*, *-*; der 1000. Teil von etw. 千分之一 ‖ K-(复合): ***Tausendstel-***, ***-sekunde***

Tau·wet·ter *das*; *nur Sg*(只用单数) **1.** relativ mildes Wetter, das auf Kälte folgt u. Schnee u. Eis schmelzen lässt 解冻天气,冰雪融化的天气 **2.** e-e Phase, in der sich die politische Atmosphäre entspannt, in der die politischen Beziehungen besser werden(政治气氛)解冻时期,(政治关系)缓和时期〈T. setzt ein 开始解冻(缓和)〉

Tau·zie·hen *das*; *-s*; *nur Sg*(只用单数) **1.** ein Wettkampf, bei dem zwei Mannschaften an den beiden Enden e-s Taus[2] ziehen u. versuchen, den Gegner auf die eigene Seite zu ziehen 拔河比赛 **2. *ein T.* (*um etw.*)** ein lange dauernder Kampf od. Streit um etw.(旷日持久的)争论,争吵,争斗≈ Hin u. Her: *das T. zwischen Regierung u. Opposition um Reformen* 政府和反对派之间为改革而争论不休

Ta·ver·ne [-v-] *die*; *-*, *-n*; ein italienisches Gasthaus 意大利酒店

Ta·xe[1] *die*; *-*, *-n*; *nordd*[北德] ≈ Taxi

Ta·xe[2] *die*; *-*, *-n*; *bes* (CH) 尤用于[瑞] ≈ Gebühr ‖ -K(复合): ***Kur-***, ***Fahr-***, ***Post-***, ***Spital-***, ***Telefon-***

Ta·xi *das*, (CH)[瑞]*der*; *-s*, *-s*; ein Auto, dessen Fahrer gegen Bezahlung Personen fährt 出租汽车〈ein T. bestellen 订一辆出租汽车〉‖ K-(复合): ***Taxi-***, ***-chauffeur***, ***-fahrer***, ***-fahrt***, ***-unternehmen*** ‖ -K(复合): ***Funk-***

ta·xie·ren; *taxierte*, *hat taxiert*; [Vt](及物) **1. *j-n/etw. t.*** j-n/etw. kritisch betrachten, um ihn/es beurteilen zu können 打量,估量,审视: *Lange taxierte er sein Gegenüber* 他久久地审视着对面的人 **2. *etw.* (*auf etw.*)** (*Akk* 四格)) ***t.*** als Experte den Wert, den Preis von etw. bestimmen 评估,估价 ≈ schätzen: *Der Diamant wurde auf 5000 Euro taxiert* 这颗钻石估价 5000 欧元 ‖ *hierzu*(派生) **Ta·xie·rung** *die*

Ta·xi·stand *der*; e-e Stelle, an der Taxis auf Kunden warten 出租车停车场,停靠点

Tbc [teːbeːˈtseː] *die*; *-*; *nur Sg*(只用单数); *Kurzw*(略) ↑ ***Tuberkulose***

Teak [tiːk] *das*; *-s*; *nur Sg*(只用单数); das sehr harte Holz e-s tropischen Baums, das *bes* bei der Produktion von teuren Möbeln u. Schiffen verwendet wird 柚木 ‖ K-(复合): ***Teak-***, ***-holz***, ***-möbel***

Team [tiːm] *das*; *-s*, *-s*; e-e Gruppe von Personen, die gemeinsam etw. macht, an etw. arbeitet(小)组,队 ≈ Mannschaft〈ein T. von Fachleuten 专家小组; in e-m T. arbeiten, (mit)spielen 在小组里工作、一起演奏〉‖ K-(复合): ***Team-***, ***-arbeit***, ***-chef*** ‖ -K(复合): ***Ärzte-***, ***Experten-***

Team·geist *der*; *nur Sg*(只用单数); das Gefühl bei allen Mitgliedern e-s Teams, dass man zusammengehört 团队精神,集体精神: *Es herrscht ein guter, sportlicher T.* 有着良好的、体育的团队精神

Team·work [ˈtiːmvøɐk] *das*; *-s*; *nur Sg*(只用单数); die Zusammenarbeit in der Gruppe 小组协同工作〈in T. arbeiten 在小组里协同工作〉

Tech·nik[1] *die*; *-*; *nur Sg*(只用单数) **1.** alle Mittel u. Methoden, mit denen der Mensch die Kräfte der Natur u. die Erkenntnisse der Naturwissenschaften für sich praktisch (aus)nutzt 技术〈der neueste Stand der T. 技术的最新水平; ein Wunder der T. 技术奇迹〉**2.** die Maschinen u. Geräte (e-s Betriebs) 技术设备,装备: *e-e Firma mit modernster T.* 一家拥有现代技术装备的公司 **3.** die technische (1) Beschaffenheit e-s Geräts *o. Ä.* 技术性能: *Ich komme mit der T. dieser Maschine einfach nicht klar* 我简直弄不懂这架机器的技术性能

Tech·nik[2] *die*; *-*, *-en*; e-e bestimmte Methode, etw. zu tun 技术,技能,技巧〈handwerkliche, künstlerische, sportliche Techniken 手工的、艺术上的、体育的技巧; e-e (neue) T. anwenden, beherrschen 运用、掌握(新的)技术; sich e-r T. bedienen 使用一种技术〉‖ -K(复合): ***Arbeits-***, ***Mal-***, ***Spreng-***

Tech·ni·ker *der*; *-s*, *-* **1.** ein Experte od. Handwerker auf e-m Gebiet der Technik[1], *bes* im mechanischen, elektrischen od. elektronischen Bereich 技术员,技工,工程技术人员 **2.** j-d, der e-e Technik[2] beherrscht 技师,专家,行家: *Dieser Pianist ist ein hervorragender T.* 这位钢琴演奏家是一位杰出的大师 ‖ *hierzu*(派生) **Tech·ni·ke·rin** *die*; *-*, *-nen*

tech·nisch *Adj*(形) **1.** die Technik[1] betreffend 技术的,技术方面的〈ein Beruf, Daten, e-e Errungenschaft, e-e Neuerung, Probleme, e-e Störung 职业,数据,成就,革新,疑难,故障; t. begabt sein 有技术才华的〉**2.** die Technik[2] betreffend 技能上的,技巧上的,技术上的〈j-s

T

Können 某人的能力；t. einwandfrei 技能上无可指摘〉**3.** *mst* 多用 ***aus technischen Gründen*** aus Gründen, die mit dem Ablauf von etw. od. mit den äußeren Umständen von etw. zu tun haben 出于技术上的原因：*Aus technischen Gründen fällt das Konzert aus* 由于技术上的原因音乐会取消了

-tech·nisch *im Adj*, *begrenzt produktiv*, *ohne Steigerung*, *geschr*（构成形容词，构词有限，无变级）［书］；in Bezug auf die praktische Durchführung, *bes* die Organisation und den Ablauf des genannten Prozesses…技术上的（指实际操作、组织、运行）；***drucktechnisch*** 〈e-e gute, schlechte Reproduktion 一次优质、劣质翻印〉，***fertigungstechnisch*** 〈Mängel, Verbesserungen 缺陷，改进〉，***finanztechnisch*** 〈Bedenken, Schwierigkeiten 考虑，困难〉，***steuertechnisch*** 〈e-e Umbuchung 转账〉，***verkehrstechnisch*** 〈ein Problem 问题〉，***verwaltungstechnisch*** 〈ein Verfahren 措施〉

tech·ni·siert *Adj*（形）；mit technischen Geräten 技术化的，机械化的〈ein Betrieb, e-e Produktion 企业，生产〉‖ *hierzu*（派生）**Tech·ni·sie·rung** *die*；*nur Sg*（只用单数）

Tech·no [-ˈtekno] *das*, *der*；*-s*；*nur Sg*（只用单数）；moderne elektronische Tanzmusik mit schnellem, intensivem Rhythmus 节奏急速而紧张的电子舞曲 ‖ K-（复合）：***Techno-***, ***-fan***, ***-musik***

Tech·no·kra·tie *die*；*-*；*nur Sg*, *oft pej*（只用单数）常用［贬］；die Beherrschung u. Kontrolle von Politik u. Wirtschaft durch Technik[1] u. Verwaltung 技术至上，技术统治，专家治国 ‖ *hierzu*（派生）**tech·no·kra·tisch** *Adj*（形）；**Tech·no·krat** *der*；*-en*, *-en*

Tech·no·lo·gie *die*；*-*, *-n* [-ˈgiːən] **1.** die Lehre, wie naturwissenschaftliche Erkenntnisse in der Produktion genutzt werden 工艺学 **2.** alle technischen Kenntnisse 工艺，技术（知识）‖ *hierzu*（派生）**tech·no·lo·gisch** *Adj*（形）；**Tech·no·lo·ge** *der*；*-n*, *-n*；**Tech·no·lo·gin** *die*；*-*, *-nen*

Tech·tel·mech·tel *das*；*-s*, *-*；*gespr*［口］；ein Flirt, e-e kurze, kleine Liebesaffäre 桃色事件，风流韵事，艳事〈ein T. mit j-m haben 与某人有一段风流韵事〉

Ted·dy [-i] *der*；*-s*, *-s*；ein kleiner Bär aus Plüsch od. Stoff als Spielzeug für Kinder 泰迪熊（玩具）‖ K-（复合）：***Teddy-***, ***-bär***

TEE [teːǀeːǀeː] *der*；*-(s)*, *-(s)*；（*Abk für* 缩写，全称为 Trans-Europ-Express）ein schneller Zug, der nur Wagen der 1. Klasse hat u. nur in großen Städten hält 欧洲联运特快列车

Tee *der*；*-s*, *-s* **1.** e-e (asiatische) Pflanze, aus deren Blättern man ein heißes Getränk macht 茶树 ‖ K-（复合）：***Tee-***, ***-blatt***, ***-plantage***, ***-strauch*** **2.** die getrockneten Blätter des Tees (1) 茶叶〈schwarzer Tee 红茶〉‖ K-（复合）：***Tee-***, ***-büchse***, ***-dose***, ***-mischung***, ***-sieb*** **3.** ein anregendes, heißes Getränk aus Tee (2) 热茶（指红茶）↔ Kaffee〈schwacher, starker Tee 淡茶、浓茶；Tee aufbrühen, kochen, machen, ziehen lassen, trinken 泡、煮、冲、沏、喝茶；Tee mit Milch, mit Zitrone, mit Rum 茶加牛奶、柠檬、朗姆酒〉‖ K-（复合）：***Tee-***, ***-glas***, ***-kanne***, ***-service***, ***-tasse***, ***-wasser***；***-trinker*** **4.** ein heißes Getränk aus getrockneten Blättern, Blüten od. Früchten von (Heil)Pflanzen（由药草的叶、花、果等泡制的热饮料）药茶 ‖ -K（复合）：***Fenchel-***, ***Früchte-***, ***Hagebutten-***, ***Kamillen-***, ***Malven-***, ***Pfefferminz-*** ‖ NB（注意）：**a)** *zu*（义项）**1.**-**4.**：der Plural wird nur in der Bedeutung „Teesorten" verwendet（复数只作 Teesorten "茶叶品种"用）；**b)** *zu*（义项）**3.** u. **4.**：um Tee (3) u. Tee (4) zu unterscheiden, wird Tee (3) oft *schwarzer Tee* u. Tee (4) *Kräutertee od. Früchtetee* genannt（为区分(3)和(4)，Tee (3)常用 schwarzer Tee 红茶，Tee (4)用 Kräutertee 药草茶或 Früchtetee 药果茶）**5.** ein Treffen (von Freunden) am Nachmittag, bei dem man Tee trinkt u. Kuchen *o. Ä.* isst（下午）茶点，小型茶话会〈e-n Tee geben 举行一次茶话会；j-n zum Tee bitten 请某人喝茶〉‖ K-（复合）：***Tee-***, ***-gebäck***, ***-gesellschaft*** ‖ -K（复合）：***Tanz-*** ‖ ID［谚］↑ ***abwarten***

Tee·beu·tel *der*；ein kleiner Beutel aus Papier, in dem e-e bestimmte Menge Tee (2) ist (u. den man in heißes Wasser hängt, um Tee (3,4) zu machen) 袋装茶叶

Tee-Ei, **Tee·ei** [ˈteːǀai] *das*；ein kleiner Behälter aus Metall mit Löchern, den man mit Tee (2) füllt u. in e-e Kanne mit heißem Wasser hängt, um Tee (3,4) zu machen（悬挂在茶壶里泡茶时用的）滤茶器

Tee·haus *das*；ein Lokal *bes* in China od. Japan, in dem man Tee trinkt 茶馆

Tee·kes·sel *der*；ein Topf aus Metall, der wie e-e Kanne aussieht u. in dem man Wasser heiß macht 茶壶，烧水壶 ≈ Wasserkessel

Tee·kü·che *die*；e-e kleine Küche *mst* in der Firma (zum Kochen von Kaffee, Tee *usw*)（公司里供煮咖啡、茶用的）小厨房

Tee·licht *das*；*-s*, *-e*/*-er*；e-e kleine Kerze in e-m (Aluminium)Behälter für ein Stövchen 温茶用的烛光（器）

Tee·löf·fel *der* **1.** ein kleiner Löffel, mit dem man Getränke umrührt 茶匙 **2.** die Menge von etw., die auf e-n T. (1) passt 一茶匙〈ein gestrichener, gehäufter T. Backpulver, Salz, Zucker *usw* 平平的、满满的一茶匙发酵粉、盐、糖等〉‖ *zu*（义项）**2.** **tee·löf·fel·wei·se** *Adj*（形）；*mst adv*（多作状语）

Teen·ager [ˈtiːneːdʒɐ] *der*；*-s*, *-*；ein Junge od. ein Mädchen im Alter von ungefähr 13 bis 19 Jahren（13—19 岁的）青少年

Teer [teːɐ] *der*；*-(e)s*；*nur Sg*（只用单数）；e-e schwarze, zähe od. flüssige Masse, die beim Bau von Straßen verwendet wird 焦油，沥青，柏油 ‖ K-（复合）：***Teer-***, ***-straße*** ‖ *hierzu*（派生）**teer·hal·tig** *Adj*（形）；**tee·rig** *Adj*（形）

tee·ren；*teerte*, *hat geteert*；*Vt/i*（及物/不及物）

T

(***etw.***) ***t***. etw. mit Teer bedecken 给…铺沥青〈e-e Straße t. 给马路铺沥青〉‖ *hierzu*（派生）**Tee·rung** *die*

Tee·stu·be *die*; ein Lokal od. ein Raum in e-m öffentlichen Gebäude, in dem man Tee trinkt 茶室,茶座

Tee·wa·gen *der*; ein kleiner Tisch auf Rädern zum Servieren von Speisen *o.Ä.* 上菜的小推车≈ Servierwagen

Teich *der*; -(*e*)*s*, -*e*; ein relativ kleines, nicht sehr tiefes, stehendes Gewässer 池塘,水池 ‖ K-(复合): ***Teich-***, ***-pflanze*** ‖ -K（复合）: ***Fisch-***, ***Garten-***, ***Karpfen-***, ***Zier-*** ‖ ID［谚］***über den großen T. fahren*** *gespr hum*［口］［诙］; nach Amerika fahren 出洋,飘洋过海,去美洲

Teig *der*; -(*e*)*s*, -*e*; e-e weiche Masse hauptsächlich aus Mehl, Fett u. Wasser od. Milch, aus der *z.B.* Brot od. Kuchen gebacken wird 生面团〈den T. kneten, rühren, gehen lassen, formen, backen 揉、和、醒、捏、烘烤面团〉‖ K-(复合): ***Teig-***, ***-schüssel*** ‖ -K（复合）: ***Brot-***, ***Kuchen-***, ***Plätzchen-***

tei·gig *Adj*（形）**1.** wie Teig 像面团一样的〈e-e Masse 一团(块)〉**2.** nicht fertig gebacken 未烤透的: *Die Brötchen sind innen noch t.* 这些小面包还没有烤透

Teig·wa·ren *die*; *Pl*（复）; alle Arten von Nudeln 面食

Teil[1] *der*; -(*e*)*s*, -*e* **1.** e-e kleinere Menge od. ein Stück aus e-m Ganzen 部,部分,块: *ein Brot in zwei Teile schneiden* 把面包切成两块; *Der erste T. des Buches war langweilig* 这本书的第一部分很乏味; *der nördliche T. Italiens* 意大利的北部; *Der Fernsehfilm wird in zwei Teilen gesendet* 这部电视剧分两部分播放; *Einen T. des Geldes habe ich schon ausgegeben* —部分钱我已花掉了 ‖ K-(复合): ***Teil-***, ***-abschnitt***, ***-aspekt***, ***-bereich***, ***-erfolg***, ***-stück*** **2.** ***zum T.*** nicht ganz, aber ein bisschen; nicht immer, aber in einigen Fällen 部分地;有时候,有些场合; *Abk* 缩写 z. T. ≈ teilweise: *Zum T. war es meine Schuld* 部分是我的过错 **3.** ***zu e-m / zum großen***, ***zum größten T.*** fast ganz/fast alle/fast alles —大部分/大部分/绝大部分: *Ich habe das Buch schon zum größten T. gelesen* 我把这本书的绝大部分读完了; *Die Anwesenden waren zum größten T. für den Antrag* 在场的人绝大部分都赞同这个动议; *Das Gebiet ist zu e-m großen T. sumpfig* 这地区有一大部分是沼泽

Teil[2] *das*; -(*e*)*s*, -*e*; ein einzelnes Stück *mst* e-r Maschine od. e-s Apparats, das ersetzt werden kann, wenn es nicht funktioniert 部件,零件〈ein defektes T. austauschen, ersetzen 更换、替换一个损坏的零件〉: *Er hat das Fahrrad in seine Teile zerlegt* 他把这辆自行车全拆成部件 ‖ -K(复合): ***Ersatz-***

Teil[3] *der*, *das*; -(*e*)*s*, -*e* **1.** etw., das j-d von e-m Ganzen hat 份,份额≈ Anteil〈sein(en) T. bekommen 得到自己的一份〉: *Sie erbten das Vermögen ihrer Eltern zu gleichen Teilen* 他们继承父母的遗产,份额均等 **2.** ***sein***(***en***) ***T. zu etw. beisteuern / beitragen / tun*** bei e-m Unternehmen *o.Ä.* seinen Beitrag leisten 对某事作出自己的一份贡献 ‖ ID［谚］***ich für mein***(***en***) ***T. ...*** was mich betrifft, ... 就我来讲…; ***sich***（*Dat* 三格）***sein***(***en***) ***T. denken*** in e-r bestimmten Situation seine Meinung für sich behalten (müssen) 对…有自己的想法（看法）

Teil·chen *das*; -*s*, -; ein sehr kleiner Teil, Körper (e-r Materie) 粒子,颗粒,质点≈ Partikel

tei·len; *teilte*, *hat geteilt*; [Vt]（及物）**1.** ***etw.*** (***in etw.***（*Akk* 四格）) ***t.*** ein Ganzes in (gleiche) Teile zerlegen 将…均分成(部分),等分,平分: *e-n Kuchen in zwölf Stücke t.* 把一块点心分成 12. 块 **2.** ***sich***（*Dat* 三格）***etw. mit j-m t.*** sich selbst u. j-d anderem den gleichen Teil von etw. geben 与…分享、分担: *Wir haben uns den Gewinn, die Arbeit geteilt* 我们分享了利润,分担了工作 **3.** (***sich***（*Dat* 三格）) ***etw. mit j-m t.*** etw. gemeinsam benutzen 与…共同使用,合用〈(sich) e-e Wohnung mit j-m t. 与某人共住一套房〉**4.** *mst* 多用 ***j-s Ansicht***, ***Meinung t.*** derselben Ansicht, Meinung sein wie ein anderer 与某人看法相同,意见一致 **5.** *mst* 多用 ***j-s Freude / Trauer t.*** sich mit j-m freuen/mit j-m trauern 分享某人的欢乐/分担某人的悲痛; [Vt/i]（及物/不及物）**6.** (***e-e Zahl durch e-e Zahl***) ***t.*** e-e Zahl durch e-e andere dividieren 除: *9 geteilt durch 3 ist 3* (9 ÷ 3 = 3) 用三除九等于三; [Vr]（反身）**7.** ***etw. teilt sich*** etw. geht in verschiedene Richtungen auseinander(物作主语)分岔,分道,(朝各自的方向)分开 ≈ etw. gabelt sich〈ein Fluss, e-e Straße, ein Weg 河道,马路,道路〉**8.** ***etw. teilt sich*** etw. spaltet sich（物作主语)分裂〈e-e Zelle 细胞〉

Tei·ler *der*; -*s*, -; MATH【数】; e-e Zahl, durch die e-e andere geteilt wird 除数,因子,约数≈ Divisor: *Der größte gemeinsame T. von 12 u. 18 ist 6* 12 和 18 的最大公约数为 6

-tei·ler *der*; *im Subst*, *begrenzt produktiv*（构成名词,构词有限）; etw. (*z.B.* e-e Fernsehserie od. ein Kleidungsstück) mit der genannten Anzahl od. Menge von Teilen(指电视片或衣物)…部,集,块,片; ***Einteiler***, ***Zweiteiler***, ***Dreiteiler*** *usw*; ***Mehrteiler***

Teil·ge·biet *das*; ein Bereich od. e-e Richtung (2) innerhalb e-s wissenschaftlichen Faches 分科,分支

teil·ha·ben; *hatte teil*, *hat teilgehabt*; [Vi]（不及物）***an etw.***（*Dat* 三格）***t.*** *geschr*［书］; an etw. beteiligt sein, etw. mit j-m teilen (*z.B.* sich mit ihm freuen)参与,分享,分担: *an der Macht t.* 参与执政; *an j-s Freude t.* 分享某人的快乐 ‖ NB（注意）: aber（但是）: *an etw. keinen Teil haben* (großgeschrieben 大写)

Teil·ha·ber *der*; -*s*, -; j-d, der an e-r Firma finanziell beteiligt ist 股东,股份持有者,合伙人

‖ *hierzu*(派生) **Teil·ha·be·rin** *die*; -, *-nen*

teil·haf·tig *Adj*(形); *mst in* 多用于 **etw.** (*Gen* 二格)) **t. werden** *veraltend*[渐旧]; etw. erleben, erfahren 经历,感受到,享受到: *e-r Freude t. werden* 感受到一种愉快

-tei·lig *im Adj, begrenzt produktiv*(构成形容词,构词有限); mit der genannten Anzahl od. Menge von Teilen…部分(组成)的; **einteilig**, **zweiteilig** ⟨ein Badeanzug 泳衣⟩, **dreiteilig** ⟨ein Fernsehfilm 电视片⟩, **vierteilig** ⟨e-e Serie 系列⟩ *usw*; **mehrteilig**, **vielteilig**

Teil·nah·me[1] *die*; -; *nur Sg*(只用单数); das Mitmachen, Mitwirken 参与,参加,合作: *Die T. an diesem Kurs ist Pflicht* 参加这次培训是义务 ‖ K-(复合): **Teilnahme-**, **-bedingung**, **-voraussetzung**; **teilnahme-**, **-berechtigt**

Teil·nah·me[2] *die*; -; *nur Sg*(只用单数) ≈ Anteilnahme, Mitgefühl ‖ *hierzu*(派生) **teil·nahms·voll** *Adj*(形)

teil·nahms·los *Adj*(形); ohne Interesse od. Reaktion 淡漠的,漠视的,无动于衷的,漠不关心的 ≈ apathisch ↔ interessiert: *t. alles mit sich geschehen lassen* 漠视周围发生的一切 ‖ *hierzu*(派生) **Teil·nahms·lo·sig·keit** *die*; *nur Sg*(只用单数)

teil·neh·men; *nimmt teil, nahm teil, hat teilgenommen*; [Vi](不及物)(**an etw.** (*Dat*.三格)) **t.** bei etw. mitmachen, sich an etw. beteiligen 参加,参与: *An der Sitzung nahmen 20 Personen teil* 这次会议有20人参加

Teil·neh·mer *der*; *-s*, *-*; **ein T.** (**an etw.** (*Dat* 三格)) j-d, der bei etw. mitmacht, an etw. teilnimmt 参加者,参与者: *ein T. an e-r Reise, e-m Kurs, e-m Preisausschreiben* 旅游、学习班、价格投标的参加者 ‖ K-(复合): **Teilnehmer-**, **-zahl** ‖ -K(复合): **Kurs-**, **Sitzungs-** ‖ *hierzu*(派生) **Teil·neh·me·rin** *die*; -, *-nen*

teils *Konjunktion*(连); **t. ..., t. ...** verwendet, um auszudrücken, dass zwei verschiedene Aussagen zutreffen 一部分…,一部分;有的…,有的;有时…,有时: *Wir hatten t. schönes, t. schlechtes Wetter im Urlaub* 休假中,天气时好时坏; *T. hatte ich Glück, teils Pech* 我有时走运,有时倒霉 ‖ NB(注意): in Anfangsstellung mit Inversion von Subjekt u. Prädikat(在句首时主语和谓语词序转换) ‖ ID [谚] **t., t.** *gespr* [口]; weder gut noch schlecht 不好不坏: *„Wie hat dir das Konzert gefallen?" – „Naja, t., t."* "音乐会你喜欢吗?"——"嗯,不好不坏"

Tei·lung *die*; -, *-en* **1.** das Teilen 分,分开 **2.** das Geteiltsein 分成: *die T. der Welt in Arm u. Reich* 世界分成穷富

teil·wei·se *Adj*(形); *nur attr od adv*(只作定语或状语); einzelne Teile betreffend 部分地: *e-e teilweise Erneuerung des Motors* 部分更新马达; *Die Stadt wurde im Krieg t. zerstört* 这座城市在战争中部分被毁; *Das stimmt nur t.* 这只是对了一部分

Teil·zah·lung *die*; e-e Zahlungsform, bei der e-e *mst* relativ große Geldsumme in mehreren Teilen nacheinander gezahlt wird 分期付款 ≈ Ratenzahlung ⟨e-e T. leisten 进行分期付款⟩ ‖ K-(复合): **Teilzahlungs-**, **-kredit**

Die Teilung Deutschlands 德国的分裂

Nach dem Zweiten Weltkrieg wurde Deutschland in vier Besatzungszonen aufgeteilt. Die amerikanische, britische und französische Zone schlossen sich am 23. Mai 1949 zur **Bundesrepublik Deutschland (BRD)** zusammen, in der sowjetischen Zone wurde am 7. Oktober 1949 die **Deutsche Demokratische Republik (DDR)** gegründet. Die DDR war ein kommunistisches Regime unter der Führung der **Sozialistischen Einheitspartei Deutschlands (SED)**. In den folgenden Jahren verschärften sich weltweit die Spannungen zwischen dem kapitalistischen Westen und dem kommunistischen Osten. In diesem Klima des **Kalten Krieges** und um die weitere Auswanderung der eigenen Bevölkerung zu verhindern, errichtete die DDR ab dem 13. August 1961 die Mauer in Berlin. Die Grenze zwischen den beiden Staaten wurde mit Zäunen und Minen abgesichert und scharf bewacht. Der Kontakt zwischen der Bevölkerung aus beiden Teilen Deutschlands wurde stark eingeschränkt. Erst am 9. November 1989 wurden die Grenzen wieder allgemein geöffnet.

第二次世界大战以后,德国被分为四个占领区。1949年5月23日,美占区、英占区和法占区联合成为**德意志联邦共和国(联邦德国)**,1949年10月7日在苏占区则建立了**德意志民主共和国(民主德国)**。民主德国是**德国统一社会党**(SED)领导下的共产主义统治。在以后的年月里,资本主义西方和共产主义东方之间的紧张关系在世界范围内尖锐起来了。在这种**冷战**的气氛下,同时为了阻止本国居民移居国外,从1961年10月13日起,民主德国建起了柏林墙。两国之间的边界用栅栏和地雷来防卫并严加看守。德国两个部分的居民之间的接触受到强有力的限制。直到1989年11月9日,边界才重新全面开放。

Teil·zeit *die*; *nur Sg*(只用单数); e-e geringere als die übliche Arbeitszeit 非全日制 ⟨T. arbeiten 做非全日制工作⟩ ‖ K-(复合): **Teilzeit-**, **-arbeit**, **-beschäftigte(r)**, **-beschäftigung** ‖ -K(复合): **Alters-**

Teil·zeit·ar·beit *die*; *nur Sg*(只用单数); die Arbeit in e-m Beruf mit weniger Stunden pro Tag bzw. an weniger Tagen der Woche, als es normal ist 非全日制工作,非全日制就业 ↔ Ganztagsbeschäftigung

Teil·zeit·be·schäf·ti·gung *die* ≈ Teilzeitarbeit ‖ *hierzu*(派生) **teil·zeit·be·schäf·tigt** *Adj*(形); **Teil·zeit·be·schäf·tig·te** *der/die*

Teint [tɛ̃:] *der*; *-s*, *-s*; die Farbe u. der Zustand der Haut im Gesicht 脸色,面部肤色,肤质,面容 ⟨ein blasser, gesunder, zarter T. 苍白的、健康的、细嫩的面部肤色⟩

-tel *im Zahladj, sehr produktiv*(构成数字形容

词，构词强）；verwendet，um Brüche[1]（6）zu formen（构成分数）…分之一：***drittel***（= $\frac{1}{3}$），***viertel***，***fünftel***，***sechstel***，***siebtel***，***achtel***，***neuntel***，***zehntel***，***elftel***，***zwölftel***，***dreizehntel***（= $\frac{1}{13}$）*usw*，***zwanzigstel***，***einundzwanzigstel***（= $\frac{1}{21}$）*usw*，***hundertstel***，***tausendstel***；*ein viertel Pfund*，*drei achtel Liter*，*elf Zwanzigstel* $\frac{1}{4}$磅，3 $\frac{1}{8}$升，11 $\frac{1}{20}$

Te·le·ar·beit *die*；*nur Sg*（只用单数）；e-e Arbeit als Angestellte（r）zu Hause am Computer（der mit e-m Computer in der Firma verbunden ist）在家用电脑办公，远程网上办公 ‖ *hierzu*（派生）**Te·le·ar·beit·neh·mer** *die*；**Te·le·ar·beit·neh·me·rin** *die*；**Te·le·ar·beits·platz** *der*

Te·le·fax *das*；-，-（*e*）**1**. *nur Sg*（只用单数）；ein System，mit dem man über Telefonleitungen genaue Kopien von Briefen，Dokumenten *o. Ä*. senden u. empfangen kann 远程传真，远程传真复印 ‖ K-（复合）：***Telefax-***，***-anschluss***，***-gerät*** **2**. ein Gerät für T.（1）传真机 **3**. e-e Kopie，die mit T.（1）empfangen wird 远程传真件 ‖ *hierzu*（派生）**te·le·fa·xen**（*hat*）*Vt/i*（及物/不及物）

Te·le·fon [ˈteːlefoːn，teleˈfoːn] *das*；*-s*，*-e*；ein Apparat（mit Mikrofon u. Hörer），mit dem man mit anderen Personen sprechen kann，auch wenn diese sehr weit weg sind 电话；*Abk* 缩写 Tel.〈ein T. einrichten，benutzen，ans T. gehen 装、用、去打（接）电话；das T. läutet 电话铃响了；ein öffentliches T. 公用电话〉 ‖ K-（复合）：***Telefon-***，***-anruf***，***-anschluss***，***-gebühr***，***-gespräch***，***-hörer***，***-kabel***，***-leitung***，***-netz***，***-rechnung***，***-schnur*** ‖ -K（复合）：***Funk-***，***Mobil-***

Te·le·fon·abon·nent *der*；(CH)［瑞］j-d，der ein Telefon hat 电话用户 ≈ Fernsprechteilnehmer

Te·le·fo·nat *das*；*-(e)s*，*-e*；ein Gespräch am Telefon 电话谈话，电话通话〈ein T. führen 通话，打电话〉

Te·le·fon·ban·king [-bɛŋkɪŋ] *das*；*-(s)*；*nur Sg*（只用单数）；das Abwickeln von Geschäften mit e-r Bank am Telefon 通过电话办理银行业务

te·le·fo·nie·ren；*telefonierte*，*hat telefoniert*；*Vi*（不及物）**1**.（***mit j-m***）***t***.（mit j-m）am Telefon sprechen（与…）通话，打电话 **2**. ***irgendwohin t***. *gespr*［口］≈ anrufen（1）：*Ich telefoniere mal schnell nach Hamburg* 我马上给汉堡打电话

te·le·fo·nisch *Adj*（形）；*nur attr od adv*（只作定语或状语）；mithilfe des Telefons 电话的，通电话的：*Sind Sie t. erreichbar?* 打电话能找到您吗？

Te·le·fo·nist *der*；*-en*，*en*；j-d，der beruflich Telefone bedient u. Telefongespräche vermittelt 电话（接线）员 ‖ NB（注意）：*der Telefonist*；*den*，*dem*，*des Telefonisten* ‖ *hierzu*（派生）**Te·le·fo·nis·tin** *die*；-，*-nen*

Te·le·fon·kar·te *die*；e-e kleine Plastikkarte，die man statt Münzen in ein öffentliches Telefon steckt u. von der die Gebühren für das Gespräch abgebucht werden 电话卡 ‖ NB（注意）：↑ ***Kartentelefon***

> **Am Telefon　打电话**
>
> Wenn man einen Anruf erhält，ist es üblich，sich gleich mit seinem Namen zu melden. Der Anrufer seinerseits gibt sich ebenfalls durch seinen Vornamen oder Familiennamen zu erkennen，je nachdem，wie vertraut er mit dem Gesprächspartner ist.
>
> 当人们接电话时，通常是立即通报自己的名字。打电话的人也会根据他与通话人的亲密程度马上告知自己的名或姓。
>
> Bei förmlicheren Anlässen verabschiedet man sich am Ende des Gesprächs mit **„Auf Wiederhören!"**
>
> 在比较正式的场合，人们都会在谈话结束时说一声“**再见！**”告别。
>
> Hier noch einige Ausdrücke，die häufig am Telefon verwendet werden 这里还有一些在打电话时经常使用的话语：
>
> Wenn man die falsche Nummer gewählt hat 当人们拨错电话号码时说：
>
> **„Entschuldigung，ich habe mich verwählt."**
> **“对不起，我打错了。”**
>
> Wenn man mit jemand anderem in einem Büro o. Ä. sprechen möchte 当人们想同一个办公室里的另一个人谈话时说：
>
> **„Könnten Sie mich bitte mit . . . verbinden?"**
> **“劳驾，您能帮我接通…吗？”**
>
> Wenn man am Telefon warten soll 让人在电话机旁等待时说：
>
> **„Bleiben Sie bitte am Apparat."**
> **“请您稍等。”**
>
> Wenn der gewünschte Ansprechpartner nicht da ist 当期望要找的通话人不在时说：
>
> **„Könnten Sie bitte . . . etwas ausrichten?"** oder **„Kann ich für . . . eine Nachricht hinterlassen?"**
> **“劳驾，您能否转告…一声？”或者“我能不能给…留下一个口信？”**
>
> Wenn man im Augenblick keine Zeit für ein Gespräch hat 当人们一时没有时间谈话时说：
>
> **„Kann ich später zurückrufen?"**
> **“我能不能过一会儿再给您回电话？”**

Te·le·fon·num·mer *die*；die Nummer，die man wählen muss，um j-n am Telefon zu erreichen 电话号码

Te·le·fon·seel·sor·ge *die*；e-e Institution，bei der Menschen，die in Not sind，anrufen können，um über ihre Probleme zu sprechen 心理咨询电话

Te·le·fon·ver·bin·dung *die*；die technische Leitung，die zwei Personen verbindet，die miteinander telefonieren 电话联系〈die T. wurde unterbrochen，ist gestört 电话联系中断、受干扰〉

Te·le·fon·zel·le *die*；e-e Kabine，in der sich ein öffentliches Telefon befindet 电话亭，电话间〈von e-r T. aus anrufen 从电话间打电话〉

T

Te·le·fon·zent·ra·le *die*; e-e technische Anlage, in der die Telefonleitungen (*z. B.* e-s großen Büros, e-r Firma) zusammenkommen u. in der man die Teilnehmer miteinander telefonisch verbinden kann 电话总机

te·le·gen *Adj*(形); 〈ein Gesicht 脸; e-e Person 人〉 so, dass sie im Fernsehen gut wirken 在电视(镜头)里很上相的,上电视(镜头)的

Te·le·graf *der*; *-en*, *-en*; ein Gerät, mit dem man Nachrichten in Form von elektrischen Impulsen schnell über große Entfernungen schicken kann 电报机 ‖ NB(注意): *der Telegraf*; *den*, *dem*, *des Telegrafen* ‖ K-(复合): ***Telegrafen-***, ***-amt***, ***-mast***, ***-stange*** ‖ *hierzu*(派生) **Te·le·gra·fie** *die*; *-*; *nur Sg*(只用单数)

te·le·gra·fie·ren; *telegrafierte*, *hat telegrafiert*; [Vt/i] (及物/不及物)(***j-m***)(***etw.***) ***t.*** e-e Nachricht (ein Telegramm) mithilfe des Telegrafen schicken 给…发电报,拍电报通知: *Sie hat mir telegrafiert*, dass *sie morgen kommt* 她给我拍来电报说,她明天到

te·le·gra·fisch *Adj*(形); per Telegramm 通过电报的,用电报的 〈e-e Mitteilung 通知; j-m t. Geld anweisen (lassen) 向某人电汇钱〉

Te·le·gramm *das*; *-s*, *-e*; e-e Nachricht, die mithilfe e-s Telegrafen übermittelt wird u. die der Empfänger in Form e-s Briefs bekommt 电报 〈ein T. aufgeben, telefonisch durchgeben 拍发电报,以电话传达电报内容〉 ‖ K-(复合): ***Telegramm-***, ***-formular***, ***-gebühr***

Te·le·gramm·stil *der*; *nur Sg*(只用单数); die knappe Ausdrucksweise, die man *z. B.* in e-m Telegramm verwendet (*z. B.* „Alles in Ordnung, komme morgen") 电报文体〈im T. schreiben 用电报文体写〉

Te·le·graph [-f], **te·le·gra·phie·ren** [-f-] *usw* ↑ ***Telegraf***, ***telegrafieren*** *usw*

Te·le·kom *die*; *-*; *nur Sg*, Ⓓ (只用单数)[德] (*Kurzw für* 略,全称为 Deutsche Telekom AG) das deutsche Unternehmen, das das Telefonnetz betreibt 德国电话股份公司

Te·le·kom·mu·ni·ka·ti·on *die*; *nur Sg*(只用单数); die Kommunikation über große Entfernungen durch Computer, Fax, Fernsehen, Radio, Telefon *usw* 远程通讯,电讯

Te·le·ob·jek·tiv *das*; ein Objektiv, mit dem man Dinge fotografieren kann, die sehr weit weg sind 远距照像物镜,远摄物镜

Te·le·pa·thie *die*; *-*; *nur Sg*(只用单数); die Fähigkeit, j-s Gedanken u. Gefühle zu wissen, ohne die normalen Sinne (Sehen, Hören *usw*) zu benutzen 心灵感应能力,传心术 ≈ Gedankenlesen ‖ *hierzu* (派生) **Te·le·path** *der*; *-en*, *-en*; **Te·le·pa·thin** *die*; *-*, *-nen*; **te·le·pa·thisch** *Adj*(形)

Te·le·phon, **te·le·pho·nie·ren** [-f-] *usw* ↑ ***Telefon***, ***telefonieren*** *usw*

Te·le·shop·ping [-ʃɔpɪŋ] *das*; *-*; *nur Sg*, *gespr* (只用单数)[口]; das Bestellen u. Kaufen von Waren, die im Fernsehen angeboten werden, per Telefon 电视购物

Te·le·skop *das*; *-s*, *-e*; ein optisches Gerät, mit dem man die Sterne betrachten kann 望远镜 ≈ Fernrohr

Te·le·text *der*; *nur Sg*, TV (只用单数)【电视】 Informationen, die ein Sender zusätzlich zu seinem Fernsehprogramm auf dem Bildschirm anbietet u. die man nur empfangen kann, wenn ein zusätzliches Bauteil im Fernseher eingebaut ist 用户电视电报,文字电视广播

Te·lex *das*; *-*, *-e* **1.** *nur Sg*(只用单数); ein System, mit dem man auf e-r Art Schreibmaschine Texte schreibt u. sie über e-e Telefonleitung zu e-m gleichen Gerät sendet 用户电报,电传电报 ‖ K-(复合): ***Telex-***, ***-anschluss***, ***-gerät***, ***-nummer*** **2.** ein Text, der per T. (1) übermittelt wird 电传电报文≈ Fernschreiben

Tel·ler *der*; *-s*, *-* **1.** e-e flache, *mst* runde Platte (*bes* aus Porzellan), auf die man das legt, was man essen will 盘,碟 〈die Teller spülen 冲涮盘子; seinen T. volladen, leer essen 把盘子装满、吃干净; sich (*Dat* 三格) etw. auf den T. tun 把某物装(盛)到盘子里去〉 ‖ ↑ *Abb. unter* 图见 **Frühstückstisch** ‖ -K(复合): ***Blech-***, ***Holz-***, ***Porzellan-***; ***Frühstücks-*** **2.** ***ein tiefer T.*** ein T. (1), aus dem man Suppe isst 深盘,汤盘 **3.** die Menge Essen, die auf e-m T. (1) ist 盘(量词): *e-n T. Suppe essen* 喝一盘汤 **4.** der flache, runde Teil unten am Skistock(滑雪杖下端的)扁圆盘

Tem·pel *der*; *-s*, *-*; ein Gebäude, in dem manche Religionen ihren Gott/ihre Götter verehren 庙(宇),寺(院),神庙: *der T. von Jerusalem* 耶路撒冷的寺院; *ein buddhistischer T.* 一座佛教的庙宇 ‖ K-(复合): ***Tempel-***, ***-schändung***, ***-tanz***

Tem·pe·ra·ment *das*; *-(e)s*, *-e* **1.** die typische Art, wie sich j-d verhält, als Folge seines (individuellen) Charakters 脾气,气质,禀性,性格,性情 〈ein feuriges, lebhaftes, cholerisches, melancholisches, phlegmatisches T. 急性子的、活泼的、暴躁的、多愁善感的、冷漠的性格〉 **2.** *nur Sg*(只用单数); ein lebhaftes, dynamisches Wesen 性格活泼、热情: *Sie hat kein/wenig T.* 她没有/很少热情 ‖ ID[谚] ***j-s T. geht mit ihm durch*** j-d verliert die Kontrolle über sich u. wird wütend *o. Ä.* 某人控制不了自己,容易激动 ‖ *zu* (义项) **2. tem·pe·ra·ment·los** *Adj* (形); **tem·pe·ra·ment·voll** *Adj* (形)

Tem·pe·ra·tur *die*; *-*, *-en*; die Wärme (*z. B.* der Luft, des Wassers, e-s Körpers), die man in Graden messen kann 温度,气温,体温,水温〈die T. fällt, sinkt, steigt, bleibt gleich 温度下降、降低、上升、保持不变; die T. ermitteln, messen 测定、测量温度〉: *Die T. beträgt 25 °C* 温度为摄氏 25 度; *Bei Temperaturen um 20° kann man schon im See baden* 水温 20 度上下就可以在湖里游泳 ‖ K-(复合): ***Temperatur-***, ***-anstieg***, ***-ausgleich***, ***-kurve***, ***-messung***, ***-rückgang***, ***-schwankung***, ***-unterschied***

T

‖ -K(复合): ***Körper-***, ***Luft-***, ***Wasser-***, ***Zimmer-***; ***Außen-***, ***Innen-***

Tem·pe·ra·tur·sturz *der*; ein plötzliches, starkes Sinken der Lufttemperatur 气温骤降

tem·pe·rie·ren; *temperierte*, *hat temperiert*; [Vt](及物) ***etw. t.*** etw. auf e-e angenehm warme Temperatur bringen 给…调温,把…的温度调合适〈ein temperiertes Zimmer, ein temperierter Wein 温度调得适宜的房间,温度适口的葡萄酒〉‖ NB(注意): *mst* im Partizip Perfekt(多用过去分词)

Tem·po[1] *das*; *-s*, *-s*; *mst Sg*(多用单数) **1.** die Geschwindigkeit e-r Bewegung(运动)速度〈ein zügiges, rasendes T. 均匀的、飞快的速度; das T. erhöhen 提高速度; mit hohem/niedrigem T. fahren 以快速/低速开车〉‖ K-(复合): ***Tempo-***, ***-limit*** **2.** die Geschwindigkeit e-r Handlung(行为)速度〈ein hohes, scharfes T. vorlegen, anschlagen 开始加速(赛跑、赛马、赛车等运动中)〉: *das T. der Produktion verringern* 减低生产速度 ‖ -K(复合): ***Arbeits-*** **3.** ***T.*** (, ***T.***)! *gespr*[口]; verwendet, um j-m zu sagen, dass er etw. schnell(er) machen soll 加油(,加油)!

Tem·po[2] *das*; *-s*, *Tem·pi*; ein musikalisches Zeitmaß, die Geschwindigkeit, mit der e-e Musikpassage gespielt wird 节拍,速度

Tem·po®[3] *das*; *-s*, *-s*; *Kurzw*(略) ↑ ***Tempotaschentuch***

tem·po·rär *Adj*(形); *ohne Steigerung*(无变级); für e-e gewisse Zeit 暂时的,临时的 ≈ vorübergehend

Tem·po·sün·der *der*; j-d, der zu schnell (Auto, Motorrad) fährt (u. deshalb bestraft wird)超速驾驶者 ‖ *hierzu*(派生) **Tem·po·sün·de·rin** *die*

Tem·po·ta·schen·tuch® *das*; *gespr* [口] ≈ Papiertaschentuch

Tem·pus *das*; *-*, *Tem·po·ra*; LING【语】; e-e Form des Verbs, die anzeigt, in welcher Zeit (Gegenwart, Vergangenheit od. Zukunft) die Handlung abläuft 动词时态

Ten·denz *die*; *-*, *-en*; *geschr*[书] **1.** ***e-e T.*** (***zu etw.***) e-e Entwicklung in e-e bestimmte Richtung 倾向,趋势,趋向〈e-e steigende, fallende T. 上升、下降趋势; e-e T. hält an, zeichnet sich ab 一种趋势持续稳定、显露出来〉: *Die T. geht dahin, mehr Teilzeitkräfte einzustellen* 目前的趋势是多聘用非全日制的职工 ‖ K-(复合): ***Tendenz-***, ***-wende*** **2.** ***e-e T.*** (***zu etw.***) ≈ Hang[2], Neigung (3): *Er hat die T., alles zu kritisieren* 他对什么都爱批评; *Sie hat e-e T. zum Fanatismus* 她好狂热 **3.** *mst Pl*(多用复数) ≈ Richtung (2), Strömung (3): *neue Tendenzen in der bildenden Kunst* 造型艺术中的新流派

ten·den·zi·ell [-ˈtsiɛl] *Adj*(形); e-r Tendenz (1) folgend 随发展趋势的,符合趋势的

ten·den·zi·ös [-ˈtsiøːs] *Adj*(形); einseitig politisch od. ideologisch orientiert(政治,思想上)有倾向性的: *ein tendenziöser Bericht* 一份有倾向性的报告

ten·die·ren; *tendierte*, *hat tendiert*; *geschr*[书]; [Vi](不及物) **1.** ***irgendwohin t.*** e-e (*mst* politische od. ideologische) Richtung haben od. zeigen 倾向于: *Die Zeitung tendierte nach links* 这份报纸左倾 **2.** ***zu etw. t.*** zu etw. neigen (2) 爱好,倾向: *Er tendiert zu überstürzten Entschlüssen* 他喜欢仓促作决定

Ten·nis *das*; *-*; *nur Sg*(只用单数); ein Ballspiel, bei dem zwei (od. vier) Spieler auf e-m relativ großen Platz e-n kleinen Ball mit Schlägern über ein Netz schlagen 网球〈T. spielen 打网球〉‖ K-(复合): ***Tennis-***, ***-ball***, ***-klub***, ***-platz***, ***-schläger***, ***-lehrer***, ***-match***, ***-spiel***, ***-spieler***, ***-turnier*** ‖ -K(复合): ***Hallen-***, ***Rasen-***

Te·nor[1] *der*; *-s*, *Te·nö·re* **1.** *nur Sg*(只用单数); die höchste Singstimme bei Männern 男高音: *Er singt T.* 他唱男高音; *Er hat e-n kräftigen T.* 他的男高音很有力 **2.** ein Sänger, der T. (1) singt 男高音歌手: *Er ist (ein) T.* 他是男高音

Te·nor[2] *der*; *-s*; *nur Sg*, *geschr*(只用单数)[书]; die allgemeine Einstellung, die in etw. zum Ausdruck kommt 基本点,基本内容〈der T. e-r Rede, e-r Diskussion, e-s Kommentars 演讲、讨论、评论的基本内容〉

Ten·sid *das*; *-(e)s*, *-e*; *mst Pl*, CHEM(多用复数)【化】; ein wichtiger Bestandteil von Wasch- u. Putzmitteln 表面活性剂

Tep·pich *der*; *-s*, *-e*; ein (*mst* viereckiges) Stück aus gewebtem od. geknüpftem (weichem) Material, das man auf Fußböden legt 地毯〈e-n T. knüpfen, weben 编结、编织地毯; den T. klopfen, saugen 拍打、吸地毯(上的尘土)〉: *den T. mit dem Staubsauger reinigen* 用吸尘器吸净地毯 ‖ K-(复合): ***Teppich-***, ***-bürste***, ***-fliese***, ***-händler***, ***-knüpfer***, ***-weber*** ‖ -K(复合): ***Orient-***, ***Perser-***; ***Wand-*** ‖ ID[谚] ***etw. unter den T. kehren*** *gespr*[口]; etw. nicht öffentlich bekannt werden lassen 对某事不予公布(秘而不宣,加以掩饰); *mst* 多用 ***Bleib auf dem T.!*** *gespr*[口]; bleib realistisch 现实点吧!要实际点儿!

-tep·pich *der*; *im Subst*, *wenig produktiv*(构成名词,构词弱); verwendet, um e-e Fläche zu bezeichnen, die mit der genannten Sache bedeckt ist 一层…; ***Algenteppich***, ***Blumenteppich***, ***Ölteppich***〈auf dem Meer 在海上的〉

Tep·pich·bo·den *der*; e-e Art Teppich, der den ganzen Boden e-s Zimmers bedeckt u. der *mst* festgeklebt wird(用来铺设整个地面的)地毯〈e-n T. verlegen 整铺地毯; ein Zimmer mit T. auslegen 用地毯满铺房间〉

Tep·pich·klop·fer *der*; *-s*, *-*; ein Gerät aus geflochtenem Rohr (2), mit dem man den Staub aus e-m Teppich klopft 拍地毯的藤鞭

Tep·pich·stan·ge *die*; e-e Stange im Hof od. im Garten, über die man Teppiche legt, um den Staub herauszuklopfen 晾挂地毯的长杆

Ter·min *der*; *-s*, *-e* **1.** der Zeitpunkt, bis zu dem etw. fertig sein soll 期限,日期〈e-n T. festsetzen, vereinbaren, einhalten, überschreiten, verlegen, verschieben 确定、约定、遵守、超过、延期、推迟日期; an e-n T. gebunden sein 受期限约束〉‖ K-(复合): ***Termin-***, ***-druck***, ***-plan*** ‖ -K(复合): ***Abgabe-***, ***Einsende-*** **2.** der Zeitpunkt, an dem etw. stattfinden soll 日子,日期〈etw. auf e-n anderen, späteren T. verschieben 把某事推迟到另一个、以后一个日期〉: *Was ist der früheste T., an dem sie liefern können?* 你可能交货的最早日期是哪天? ‖ K-(复合): ***Termin-***, ***-gründe*** ‖ -K(复合): ***Hochzeits-***, ***Kündigungs-***, ***Liefer-***, ***Melde-***, ***Prüfungs-***, ***Scheidungs-***, ***Umzugs-***, ***Urlaubs-***, ***Zahlungs-*** **3.** e-e Vereinbarung für ein Gespräch, e-e Behandlung *o. Ä.*(谈话、治疗等的)约定时间〈e-n T. (beim Arzt *usw*) haben(在医生处)约了看病时间; sich (*Dat* 三格) e-n T. (beim Arzt *usw*) geben lassen 让安排个看病时间〉‖ -K(复合): ***Anwalts-***, ***Arzt-*** ‖ *zu* (义项) **1.** u. **2.** **ter·min·ge·mäß** *Adj*(形); **ter·min·ge·recht** *Adj*(形); **ter·min·lich** *Adj*(形); *nur attr od adv*(只作定语或状语)

Ter·mi·nal[1] [ˈtøːɐminl] *der, das*; *-s, -s*; das Gebäude in e-m Flughafen, in dem man eincheckt, auf das Flugzeug wartet *usw* 机场大楼,候机楼

Ter·mi·nal[2] [ˈtøːɐminəl] *das*; *-s, -s*; ein Gerät mit e-m Bildschirm, das mit e-m Computer verbunden ist 终端(机),接头,端点: *ein Computer mit vier Terminals* 一台电脑带四个终端

Ter·mi·ni *Pl*(复); ↑ ***Terminus***

Ter·min·ka·len·der *der*; ein Heft od. kleines Buch, in das man sich seine Termine notiert 记事日历,记事本〈etw. im T. notieren, eintragen 把某事记在、登入记事本〉

Ter·mi·no·lo·gie *die*; *-, -n* [-ˈgiːən]; *Kollekt, geschr*(集合)[书]; alle Fachausdrücke e-s bestimmten wissenschaftlichen od. technischen Gebiets 术语,专业用语 ≈ Fachwortschatz ‖ *hierzu*(派生) **ter·mi·no·lo·gisch** *Adj*(形)

Ter·mi·nus *der*; *-, Ter·mi·ni*; *geschr* [书] ≈ Fachausdruck

Ter·mi·te *die*; *-, -n*; ein Insekt (wie e-e große Ameise) in den Tropen, das *bes* Holz frisst 白蚁 ‖ K-(复合): ***Termiten-***, ***-bau***, ***-hügel***, ***-staat***, ***-volk***

Ter·pen·tin *das*; *-s, -e*; e-e Art dünnes Öl, mit dem man Farben mischt od. Farbflecke von Gegenständen entfernt 松节油

Ter·rain [tɛˈrɛ̃ː] *das*; *-s, -s* **1.** ein Gebiet mit seinen topografischen Eigenschaften 地区,地带,地域 ≈ Gelände〈ein sumpfiges, unwegsames, waldiges T. 沼泽的、不能通行的、多林木的地带; das T. erkunden, sondieren 探明、摸清地形〉 **2.** ≈ Grundstück ‖ ID[谚] ***das T. sondieren*** *geschr*[书]; vorsichtig prüfen, wie es um e-e Sache steht 小心摸清情况; ***sich auf / in unbekanntem T. bewegen*** sich mit e-r neuen Sache beschäftigen (u. deswegen noch unsicher sein) 到不熟悉的领域工作,从事新的工作

Ter·ra·ri·um *das*; *-s, Terrarien* [-riːən]; ein Behälter od. ein Gebäude (im Zoo), in dem Reptilien u. Amphibien gehalten werden(动物园饲养爬行动物及两栖动物的)饲养室,生物育养箱

Ter·ras·se *die*; *-, -n* **1.** e-e *mst* leicht erhöhte Fläche mit Platten (1) darauf, die neben e-m Haus ist u. auf der man sich sonnt *o. Ä.* 晒台,露台,平台,屋顶平台: *Wir frühstücken im Sommer auf der T.* 夏天我们在晒台上吃早餐 ‖ K-(复合): ***Terrassen-***, ***-café*** ‖ NB(注意): ↑ ***Balkon*** **2.** e-e horizontale Stufe an e-m Hang 梯田: *Terrassen für den Weinbau anlegen* 为种植葡萄开发梯田 ‖ -K(复合): ***Reis-***, ***Wein-***

Terrasse (1)

Ter·ri·er [-riɐ] *der*; *-s, -*; ein *mst* relativ kleiner Hund mit kurzem, rauem Fell 㹴,捕捉穴居动物的猎犬

Ter·ri·ne *die*; *-, -n*; e-e Schüssel aus Porzellan *o. Ä.* in der *bes* Suppe serviert wird (盛汤用的)大瓷碗,海碗 ‖ -K(复合): ***Suppen-***

ter·ri·to·ri·al [-ˈriaːl] *Adj*(形); in Bezug auf ein Territorium 领土的〈Streitigkeiten 争吵〉 ‖ K-(复合): ***Territorial-***, ***-hoheit***, ***-verteidigung***

Ter·ri·to·ri·um *das*; *-s, Ter·ri·to·ri·en* [-ˈtoːriən] **1.** das (Hoheits) Gebiet e-s Staates 领土,版图,疆土: *Wir befinden uns auf deutschem T.* 我们在德国领土上 **2.** ein Gebiet, das ein Tier als sein eigenes betrachtet u. das es gegen andere Tiere der gleichen Art verteidigt(动物活动的)领域,地盘

Ter·ror *der*; *-s*; *nur Sg*(只用单数); die (systematische) Verbreitung von Angst u. Schrecken durch brutale Handlungen, *mst* um politische Ziele zu erreichen 恐怖,暴政〈T. ausüben 实施恐怖手段; sich durch T. an der Macht halten 用暴政维持政权; unter dem T. leiden 受恐怖煎熬〉 ‖ K-(复合): ***Terror-***, ***-akt***, ***-anschlag***, ***-herrschaft***, ***-methoden***, ***-regime*** ‖ ID[谚] ***T. machen*** *gespr*[口]; j-n ärgern od. schikanieren 欺侮人,刁难人

ter·ro·ri·sie·ren; *terrorisierte, hat terrorisiert*; Vt(及物) **1.** ***j-n*** (*Pl* 复)/***etw. t.*** j-n (*Pl* 复)/ die Bewohner e-s Landes *o. Ä.* durch Terror u. Gewalt unterdrücken 对…实行恐怖统治,施以暴政〈das Land t. 对国家施以暴政〉 **2.** ***j-n / etw. t.*** j-m/den Mitgliedern e-r Familie *o. Ä.* (durch seine Aktionen, Drohungen *o. Ä.*) Angst machen 恐吓,威胁〈die Familie t. 恐吓家庭〉 ‖ *hierzu*(派生) **Ter·ro·ri·sie·rung** *die*; *nur Sg*(只用单数)

Ter·ro·ris·mus *der*; *-*; *nur Sg*(只用单数); die Anwendung von Gewalt u. Terror, *bes* um politische Ziele durchzusetzen 恐怖主义，恐怖分子的施暴政策

Ter·ro·rist *der*; *-en*, *-en*; j-d, der versucht, durch Terror sein (politisches) Ziel zu erreichen 恐怖主义者，恐怖分子，施暴政者 ‖ K-(复合): ***Terroristen-***, ***-bekämpfung***, ***-gruppe*** ‖ NB(注意): *der Terrorist*; *den*, *dem*, *des Terroristen* ‖ *hierzu*(派生) **Ter·ro·ris·tin** *die*; *-*, *-nen*; **ter·ro·ris·tisch** *Adj*(形)

Ter·zett *das*; *-(e)s*, *-e*; e-e Gruppe von drei Musikern od. Sängern 三人重唱组，三重唱

Te·sa·film® *der*; *nur Sg*(只用单数); ein durchsichtiges Klebeband 透明胶带

Test *der*; *-s*, *-s/-e* **1.** die Überprüfung u. Bewertung bestimmter Leistungen e-r Person 测试〈ein psychologischer T. 心理测试; j-n e-m T. unterziehen 对某人进行测试; e-n T. bestehen 通过测试〉 **2.** die Überprüfung od. Messung bestimmter Funktionen e-r Maschine *o. Ä.* 检测，检验，试验 ‖ K-(复合): ***Test-***, ***-ergebnis***, ***-fahrt***, ***-flug***, ***-gelände***, ***-pilot***, ***-reihe***, ***-serie***, ***-stopp***, ***-strecke***, ***-verfahren***

Tes·ta·ment *das*; *-(e)s*, *-e* **1.** e-e schriftliche Erklärung, in der j-d bestimmt, wer sein Vermögen nach seinem Tode bekommen soll 遗嘱，遗言〈sein T. machen 立遗嘱; ein T. anfechten 不承认一份遗嘱(的有效性)〉 ‖ K-(复合): ***Testaments-***, ***-eröffnung***, ***-vollstreckung*** **2.** ***das Alte u. das Neue T.*** die Bibel 圣经(包括《旧约圣经》和《新约圣经》) ‖ ID[谚] *mst* 多用 ***Dann kannst du gleich dein T. machen!*** *gespr hum*[口][诙]; verwendet, um auszudrücken, dass j-d große Nachteile haben wird, wenn er etw. macht 那你可以马上立自己的遗嘱了！(意即：到那时可有你好看的！)

tes·ta·men·ta·risch *Adj*(形); durch ein Testament (1) belegt 经遗嘱证实的〈etw. t. festlegen, verfügen 遗嘱明文确定、规定某事〉

tes·ten; *testete*, *hat getestet*; Vt (及物) ***j-n/etw.*** (***auf etw.*** (*Akk* 四格)) ***t.*** j-n/etw. in e-m Test prüfen 测试，检验，试验: *ein Boot auf seine Wasserfestigkeit t.* 测试船的耐水性能; *j-n auf seine Intelligenz t.* 测试某人的智力 ‖ *hierzu*(派生) **Tes·ter** *der*; *-s*, *-*; **Tes·te·rin** *die*; *-*, *-nen*

Test·lauf *der* ≈ Probelauf

Test·per·son *die*; j-d, an dem od. mit dem etw. wissenschaftlich geprüft, getestet wird 被测试的人员

Te·ta·nus, **Te·ta·nus** *der*; *-*; *nur Sg*(只用单数) ≈ Wundstarrkrampf ‖ K-(复合): ***Tetanus-***, ***-impfung***, ***-schutzimpfung***, ***-spritze***

Tete-a-tete, **Tête-à-tête** [tɛta'tɛːt] *das*; *-*, *-s*; *veraltend hum*[渐旧][诙]; ein Treffen von Verliebten 情人幽会〈ein T. (mit j-m) haben (与某人)有幽会〉

teu·er, *teurer*, *teuerst-*; *Adj*(形) **1.** so, dass es viel Geld kostet 贵的，昂贵的，价格高的 ↔ billig: *ein teures Auto*, *ein teurer Abend* 一辆贵的汽车，一次昂贵的晚会 **2.** so, dass es schlimme (finanzielle) Folgen hat 代价高的，后果严重的: *ein teurer Unfall*, *ein teurer Fehler* 一次后果严重的事故、错误 **3.** *nur adv*(只作状语); so, dass einem dadurch Nachteile entstehen 以高昂的代价，付出沉重的代价〈ein t. erkaufter Sieg 用高昂的代价换来的胜利; seinen Leichtsinn t. bezahlen (müssen)(得)为他的轻率付出沉重的代价; sich (*Dat* 三格) seine Freiheit, seine Unabhängigkeit t. erkaufen (müssen)(得)付出高昂代价去换取自由、独立〉 **4.** *nicht adv*, *veraltend od iron*(不作状语)[渐旧]或[讽]; wichtig u. wertvoll für j-n u. deshalb von ihm geschätzt, geehrt 珍贵的，难能可贵的〈j-m (lieb u.) t. sein 对某人来说很珍贵(难得)〉: (in Anreden) *Mein teurer Freund!* (用于称呼中)我亲爱的朋友！ ‖ ID[谚] ***etw. kommt j-n t. zu stehen*** j-d muss viel für etw. bezahlen od. für etw. büßen 某人得为某事付出沉重代价 ‖ NB(注意): *teuer* → *ein teures Auto*

Teu·e·rung *die*; *-*, *-en*; ein (allgemeines) Steigen der Preise 涨价，提价 ‖ K-(复合): ***Teuerungs-***, ***-rate***

Teu·fel *der*; *-s*, *-* **1.** *nur Sg*(只用单数); e-e Gestalt (in der christlichen Religion), die das Böse verkörpert 鬼，魔鬼，鬼怪 ≈ Satan〈etw. ist ein Werk des Teufels 某事是魔鬼的杰作; j-d ist vom T. besessen 某人着了魔了，鬼迷了心窍〉: *Der T. herrscht über die Hölle* 魔鬼统治着地狱 ‖ K-(复合): ***Teufels-***, ***-austreibung***, ***-werk*** **2.** ein böser Geist 恶魔 ≈ Dämon **3.** ein böser Mensch 恶棍，魔鬼〈ein T. in Menschengestalt 披着人皮的魔鬼〉 **4.** *gespr*[口]; ein sehr temperamentvolles, wildes Kind 疯孩子，野小子: *ein richtiger kleiner T.!* 真是一个野孩子！ **5.** ***ein armer T.*** ein armer, bedauernswerter Mensch 可怜的穷人 **6.** *gespr*[口]; in Flüchen verwendet, um auszudrücken, dass man sich über j-n/etw. ärgert (咒语，表示生气)见鬼〈Hols der T.! 见鬼去吧!; zum T. (nochmal)! 滚开! 见鬼去!; Der T. soll dich holen! 见你的鬼去吧!(我讨厌死你了!); Geh doch zum T.! 你给我滚! 去你的!〉 ‖ ID[谚] ***Pfui T.!*** *gespr*[口]; verwendet, um Ekel od. Abscheu auszudrücken 真讨厌! 恶心!; ***Den T. werde ich (tun)!*** *gespr*[口]; verwendet, um e-e Aufforderung unhöflich abzulehnen 我才不干(这种蠢事)呢! 这事儿我绝对不干!; ***in drei Teufels Namen*** *gespr veraltend*[口][渐旧]; wenn es unbedingt sein muss 真是见鬼 ≈ meinetwegen; ***Weiß der T., wo/wann/wer usw*** *gespr*[口]; verwendet, um Ärger darüber auszudrücken, dass man etw. nicht weiß 鬼知道在哪里/什么时候/是谁: *Weiß der T., wo sie wieder ist!* 鬼知道她又到哪里去了!; ***wer/wo/was*** *usw* ***zum T.*** *gespr*[口]; in Fragen verwendet, um Ärger auszudrücken(该死的)谁/哪里/什么: *Wen zum T. interessiert das schon?* 这该死的对谁稀罕?; *Was zum T. ist das?* 这该死的是什么呀?; ***Bist du des Teufels?*** *gespr veraltet*[口][旧]; bist du verrückt? 你疯了? 你发神经了!; ***j-n reitet der T.*** *gespr*[口]; j-d hat verrückte Ideen 某人被鬼迷上了; ***etw. ist beim/zum T.*** *gespr*[口]; etw. ist kaputt, verloren 某物丢了，毁了; ***wie***

T

der T. *gespr*[口]; wie wild 像疯了似的,野了: *Sie reitet wie der T.* 她骑马狂奔; ***auf T. komm raus*** *gespr*[口]; mit allen Kräften 全力地,拼命地,尽心地: *Wir arbeiteten auf T. komm raus* 我们拼命干活; ***irgendwo ist der T. los*** *gespr*[口]; irgendwo gibt es viel Lärm od. große Aufregung 在某个地方人声鼎沸,一片混乱; ***der T. ist los, wenn ...*** *gespr*[口]; es gibt Ärger od. Streit, wenn ... 要是…,就不得安宁(闹翻天): *Wenn ich zu spät zum Essen komme, ist (zu Hause) der T. los* 要是我回来吃饭太晚,家里就要闹翻天; ***sich den T. um etw. kümmern/scheren*** *gespr*[口]; sich von etw. nicht beeinflussen, stören lassen 压根不关心某事; ***Mal den T. nicht an die Wand!*** du sollst nicht von solchen unangenehmen Dingen sprechen (weil du sie vielleicht heraufbeschwörst) 别把魔鬼画在墙上!(意即:别惹祸!); ***in Teufels Küche geraten/kommen*** *gespr*[口]; in e-e sehr unangenehme Situation geraten 陷入困境,处境十分为难; ***Es müsste schon mit dem T. zugehen, wenn ...*** *gespr*[口]; es ist sehr unwahrscheinlich, dass etw. (*mst* Negatives) passiert 要是…,那真是见鬼了(太奇怪了); ***Wenn man vom T. spricht (, dann kommt er)*** *gespr*[口]; verwendet, um auszudrücken, dass j-d kommt, von dem man gerade spricht 说曹操,曹操就到; ***den T. mit dem Beelzebub austreiben*** *gespr*[口]; versuchen, ein Problem zu lösen u. dabei neue Probleme schaffen 召魔驱鬼(意即:挖肉补疮,后果更糟); ***Der T. steckt im Detail*** es sind die Kleinigkeiten, die bei der Durchführung e-s Plans *o. Ä.* *mst* die größten Probleme bereiten 小事酿大祸;小洞不补,大洞吃苦 ‖ *zu* (义项) **2.** u. **3.** **Teu·fe·lin** *die*; -, *-nen*

Teu·fels·kerl *der*; *gespr* [口]; verwendet als Bezeichnung für e-n Mann, dessen Mut man bewundert 硬汉,好汉,胆大的汉子

Teu·fels·kreis *der*; *nur Sg*(只用单数); e-e ausweglose Situation, die durch e-e Folge von negativen Faktoren od. Ereignissen entsteht, wobei immer eines die Ursache des anderen ist 恶性循环: *Wir müssen diesen T. durchbrechen* 我们必须打破这个恶性循环

Teu·fels·weib *das*; *gespr*[口]; verwendet als Bezeichnung für e-e Frau, deren Temperament u. Mut man bewundert 了不起的女人

Teu·fels·zeug *das*; *-s*; *nur Sg*, *gespr*(只用单数)[口]; Dinge, die (*bes* für die Gesundheit) schädlich sind 有损健康的东西

teuf·lisch *Adj*(形) **1.** sehr böse, grausam 残忍的,残酷的,恶毒的〈ein Plan, ein Verbrechen 计划,罪行〉 **2.** *mst adv*(多作状语); verwendet, um *bes* Adjektive u. Verben mit negativem Inhalt zu verstärken(加强形容词和动词的负面语义) 极端,非常,太 ≈ höllisch: *Es ist t. kalt, schwer* 冷极了,重极了; *Die Wunde tut t. weh* 伤口太痛了

Text *der*; *-(e)s*, *-e* **1.** e-e Folge von Sätzen, die miteinander in Zusammenhang stehen 文,文章,文本 ‖ K-(复合): ***Text-, -ausgabe, -buch, -stelle, -teil, -vergleich, -vorlage*** **2.** die Worte, die zu e-m Musikstück gehören 歌词〈der T. e-s Liedes 一首歌的歌词〉 ‖ ID [谚] ***Weiter im T.!*** mach weiter! 说下去! 读下去!

Text·auf·ga·be *die* **1.** e-e Rechenaufgabe in Form e-s Textes 应用题 **2.** e-e Prüfung (in der Schule), die aus verschiedenen Fragen u. Aufgaben zu e-m Text besteht(针对一篇文章出的)篇章考题

tex·ten; *textete*, *hat getextet*; **Vt/i**(及物/不及物) (**etw.**) **t.** e-n Text *bes* für Lieder od. für Reklame schreiben 写歌词或广告词 ‖ *hierzu* (派生) **Tex·ter** *der*; *-s*, -; **Tex·te·rin** *die*; -, *-nen*

tex·til·frei *Adj*(形); *gespr hum*[口][诙]; ohne Kleidung, nackt 裸体的,赤条条的,一丝不挂的

Tex·ti·li·en [-ˈtiːli̯ən] *die*; *Pl*(复); alle Dinge, die (maschinell) gewebt od. gestrickt werden, also Kleidungsstücke, Wäsche, Stoffe *usw* 纺织品,纺织物

Tex·til·in·dust·rie *die*; ein Zweig der Industrie, der Textilien herstellt 纺织工业

Tex·til·wa·ren *die*; *Pl* (复) ≈ Textilien

Text·ver·ar·bei·tung *die*; das Bearbeiten e-s Textes (*bes* am Computer) 文字处理 ‖ K-(复合): ***Textverarbeitungs-, -gerät, -programm, -system***

TH [teˈhaː] *die*; -, *-s*; *Abk für* 缩写,全称为 Technische Hochschule 工业大学,技术高等学校

The·a·ter[1] [teˈaːtɐ] *das*; *-s*, - **1.** ein Gebäude, in dem Schauspiele, Opern *o. Ä.* aufgeführt werden 剧院,剧场,戏院 ‖ K-(复合): ***Theater-, -bühne, -kasse*** **2.** *nur Sg*(只用单数); e-e Institution, die Schauspiele, Opern *usw* organisiert 剧团〈am/beim T. (beschäftigt) sein 在剧团工作〉 ‖ K-(复合): ***Theater-, -direktor, -regisseur*** **3.** *nur Sg*(只用单数); e-e Aufführung im T.[1] (1) 演出,表演: *Das T. beginnt heute um 20⁰⁰ Uhr* 演出今晚 8 点开始 ‖ K-(复合): ***Theater-, -abend, -abonnement, -aufführung, -besuch, -besucher, -karte, -kritiker, -saal, -vorstellung*** **4.** ***zum T. gehen (wollen)*** Schauspieler(in) (beim T.[1](2)) werden (wollen) 想当演员 ‖ ID [谚] *mst* 多用 (***Das ist***) ***alles nur T.*** *gespr*[口]; das ist alles nicht echt, er/sie spielt alles nur vor 这一切都是假的,这一切都是演戏 ‖ ↑ *Abb. Seite 1784* 图见 1784 页

The·a·ter[2] [teˈaːtɐ] *das*; *-s*; *nur Sg*, *gespr pej* (只用单数)[口][贬] ≈ Ärger (2), Krach (3): *Es gibt sicher viel T. zu Hause, wenn meine Eltern meine schlechte Note in Mathematik sehen* 要是我父母看见我的数学成绩不好,家里肯定要大吵大闹 ‖ ID [谚] *mst* 多用(***ein***) ***T.*** (***um/wegen etw.***) ***machen*** bei e-r (oft unwichtigen) Sache übertrieben heftig reagieren(因为某事)大惊小怪

The·a·ter·pro·be *die*; das Einüben e-s Theaterstücks durch die Schauspieler 练戏,排练

The·a·ter·stück *das*; ein Werk, *z. B.* e-e

Tragödie, das für die Aufführung in e-m Theater geschrieben wurde 剧本，戏本〈ein T. schreiben, verfassen, inszenieren, aufführen, vorführen 写、编写、排演、上演、演出一出戏〉

Theater

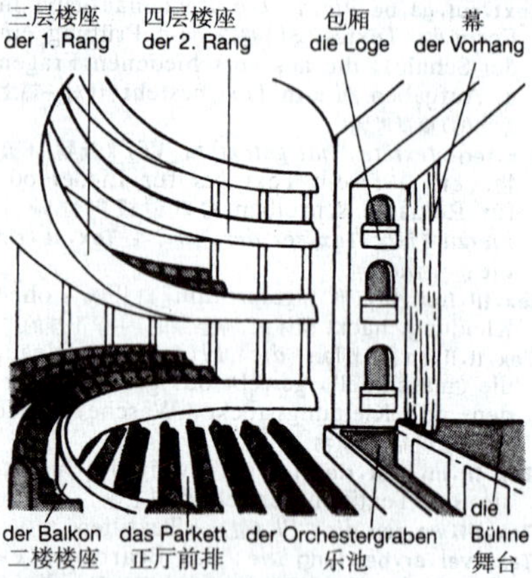

the·at·ra·lisch *Adj*（形）；*geschr pej*［书］［贬］；stark übertrieben（*bes* in den Gesten）装腔作势的，装模作样的〈Gebärden, Bewegungen 举止，动作〉

The·ke *die*；-，*-n* **1.** ein hoher, schmaler Tisch in e-m Gasthaus, e-r Bar *o. Ä.*, an dem die Getränke ausgeschenkt werden u. wo auch Gäste sitzen können（酒吧）柜台：*ein Glas Wein an der T. trinken* 在酒吧柜台喝一杯葡萄酒 **2.** e-e Art Tisch, an dem Kunden in e-m Geschäft bedient werden（商店）柜台 ‖ -K（复合）：***Laden-***

The·ma *das*；*-s*，*The·men* **1.** der zentrale Gedanke, über den man spricht od. schreibt 主题（思想），题目〈ein aktuelles, heikles, unerschöpfliches T. 有现实意义的、棘手的、内容取之不尽的题目；ein T. anschneiden, abhandeln, behandeln 触及、论述、处理主题；das T. wechseln 换题；vom T. abkommen 离题〉‖ K-（复合）：***Themen-***，***-bereich***，***-kreis***，***-stellung***，***-wahl*** **2.** e-e Folge von Tönen in e-r Komposition, die sich（in Variationen）wiederholt 主旋律，主题〈ein T. variieren 变奏主旋律〉‖ *hierzu*（派生）**the·ma·tisch** *Adj*（形）

The·ma·tik *die*；-，*-en*；*geschr*［书］≈ Thema (1)：*Was war die eigentliche T. dieses Films?* 这部电影原本的主题是什么？

the·ma·ti·sie·ren；*thematisierte*，*hat thematisiert*；[Vt]（及物）***etw. t.*** *geschr*［书］；etw. zum Thema (1) von etw. machen 使成为主题 ‖ *hierzu*（派生）**The·ma·ti·sie·rung** *die*

Theo·lo·ge *der*；*-n*，*-n*；j-d, der Theologie studiert hat（od. auf diesem Gebiet beruflich tätig ist）神学家，神学研究家〈ein evangelischer, katholischer T. 一位新教的、天主教的神学家〉‖ NB（注意）：*der Theologe*；*den*，*dem*，*des Theologen* ‖ *hierzu*（派生）**Theo·lo·gin** *die*；-，*-nen*

Theo·lo·gie *die*；-，*-n*［-ˈgiːən］；*mst Sg*（多用单数）；die Wissenschaft, die sich *bes* mit den Schriften e-r Religion u. deren Interpretation beschäftigt 神学：*die evangelische, jüdische, katholische T.* 新教、犹太教、天主教神学 ‖ *hierzu*（派生）**theo·lo·gisch** *Adj*（形）

The·o·re·ti·ker *der*；*-s*，- **1.** j-d, der an der Theorie (1) e-s Faches arbeitet 理论家〈ein anerkannter T. 一位公认的理论家〉**2.** *oft pej* 常用［贬］；j-d, der viel über e-e Sache spricht, aber keine praktische Erfahrung darin hat 空谈理论家 ↔ Praktiker：*Der ist ja bloß ein T.!* 这个人的确只是一个口头理论家！‖ *hierzu*（派生）**The·o·re·ti·ke·rin** *die*；-，*-nen*

the·o·re·tisch *Adj*（形）**1.** die Theorie (1) betreffend 理论的，有关理论的〈Kenntnisse, Grundlagen, Voraussetzungen 知识，基础，先提条件〉**2.** mithilfe e-r Theorie 用理论的〈etw. t. erklären, begründen 用理论阐明、说明某事（的理由）〉**3.** nur in Gedanken（vorhanden）, aber nicht in der Praxis, Wirklichkeit 理论上的〈e-e Möglichkeit 可能性〉：*T. ginge es, aber praktisch ist es zu schwierig* 理论上看是可行的，但实际上太困难了

the·o·re·ti·sie·ren；*theoretisierte*，*hat theoretisiert*；[Vi]（不及物）*geschr*，*oft pej*［书］常用［贬］；auf der theoretischen Ebene über etw. nachdenken od. sprechen 脱离实际地空想，空谈理论

The·o·rie *die*；-，*-n*［-ˈriːən］**1.** ***e-e T.***（***über etw.***（*Akk* 四格）/***zu etw.***）e-e wissenschaftliche Erklärung von Zusammenhängen u. Tatsachen（in Bezug auf ein *z. B.* naturwissenschaftliches Phänomen）, bei der von bestimmten Voraussetzungen/Hypothesen ausgegangen wird, die man als richtig erkennt u. systematisiert 学说〈e-e anerkannte, klassische T. 公认的、经典的学说；e-e T. aufstellen, beweisen, verwerfen 提出、证明、批驳一种学说〉：*e-e T. der/über die/zur Entstehung der Erde* 地球形成的学说 ‖ -K（复合）：***Dramen-***，***Entstehungs-***，***Roman-*** **2.** *nur Sg*（只用单数）；e-e Betrachtensweise, die nur theoretische（u. keine praktischen）Überlegungen berücksichtigt 理论 ↔ Praxis[1] (1)〈etw. ist bloße, reine T. 某事纯属理论〉：*Das stimmt nur in der T.* 这一点只是在理论上是对的；*die Gegensätzlichkeit von T. u. Praxis* 理论与实践的对立 ‖ ID［谚］*mst* 多用 ***Grau ist alle T.!*** *geschr*［书］；in der T. (2) ist alles einfach, in der Praxis[1] (1) aber schwer 一切理论都是灰色的（意即：什么事情光说是容易的，要做到就难了）！

The·ra·peut *der*；*-en*，*-en*；j-d, dessen Beruf es ist, andere durch e-e Therapie zu heilen 治疗专家，临床医生 ‖ NB（注意）：*der Therapeut*；*den*，*dem*，*des Therapeuten* ‖ *hierzu*（派生）**The·ra·peu·tin** *die*；-，*-nen*

The·ra·pie *die*; -, *-n* [-ˈpiːən]; die Maßnahmen, die angewendet werden, um e-e Krankheit zu heilen 治疗,疗法〈e-e gezielte, erfolgreiche T. 有针对的、有成效的治疗; e-e T. absetzen, anwenden 取消、运用疗法〉‖ *hierzu* (派生) **the·ra·peu·tisch** *Adj* (形)

Ther·mal·bad *das* 1. e-e Stadt *o.Ä.*, in der es Quellen mit warmem, heilendem Wasser gibt 有温泉的地方,温泉浴场 2. ein Schwimmbad mit warmem, heilendem Wasser 温泉浴

Ther·mal·quel·le *die*; e-e Quelle mit warmem (heilendem) Wasser 温泉

Ther·mik *die*; -; *nur Sg*, MET【气】; die Luft, die nach oben aufsteigt, wenn sich der Boden erwärmt 热(气)流: *e-e günstige T. für den Segelflug* 一股有利于滑翔飞行的热流

Ther·mo- *im Subst, nicht produktiv* (构成名词,非构词型); aus warmem, aber leichtem, gefüttertem Material 热…,温…,暖…; die ***Thermohose***, der ***Thermomantel***

Ther·mo·dy·na·mik *die*; ein Gebiet der Physik, das sich mit der Wirkung von Wärme beschäftigt 热力学 ‖ *hierzu* (派生) **ther·mo·dy·na·misch** *Adj* (形)

Ther·mo·me·ter *das*, *südd* Ⓐ Ⓒⓗ *auch* [南德][奥][瑞]也作 *der*; -s, -; ein Gerät, mit dem man Temperaturen misst 温度计,寒暑表: *Das T. ist auf 17℃ gestiegen, gefallen* 温度上升、下降到摄氏 17 度 ‖ -K(复合): ***Außen-, Innen-, Zimmer-; Bade-, Fieber-***

Ther·mos·fla·sche® *die*; ein (isolierter) Behälter, in dem man Getränke längere Zeit warm od. kalt halten kann 暖瓶,热水瓶,保温瓶

Ther·mos·kan·ne® *die* ≈ Thermosflasche

Ther·mos·tat *der*; *-s/-en, -e(n)*; ein Instrument, das die Temperatur bei Geräten regelt, die Wärme produzieren 恒温器,调温器 ‖ K-(复合): ***Thermostat-, -ventil*** ‖ -K(复合): ***Heizungs-*** ‖ NB(注意): *der Thermostat; den, dem Thermostat/Thermostaten; des Thermostats/Thermostaten*

The·se *die*; -, *-n* 1. e-e Behauptung als Teil e-r (*mst* wissenschaftlichen) Theorie 论题,论点,命题 2. ≈ Annahme, Behauptung 〈e-e kühne, fragwürdige T. 大胆的、成问题的推论; e-e T. aufstellen, verteidigen, verfechten, verwerfen 提出论点,为论点辩护,捍卫、批驳一种论点〉

Thril·ler [ˈθrɪlɐ] *der*; *-s, -*; ein spannender u. aufregender (Kriminal) Roman od. Film 惊险小说或电影

Throm·bo·se *die*; -, *-n*; verwendet als Bezeichnung für ein Krankheitsbild, bei dem das Blut an e-r Stelle e-r Ader nicht mehr fließen kann (weil sich ein Pfropf aus Blut gebildet hat) 血栓形成,血栓

Thron *der*; *-(e)s, -e* 1. ein besonderer Sessel e-r mächtigen Persönlichkeit, *z. B.* e-s Königs od. Bischofs, der deren Würde u. Macht symbolisiert 宝座,王位,帝位,御座〈auf dem T. Platz nehmen 在帝位上就坐,登上宝座; sich vom T. erheben 从宝座上站起来〉‖ K-(复合): ***Thron-, -saal*** ‖ -K(复合): ***Bischofs-, Kaiser-, Königs-, Papst-*** 2. ***den T. besteigen*** als Monarch die Herrschaft übernehmen 登基即位,登上王位 ‖ K-(复合): ***Thron-, -besteigung*** 3. ***auf den T. verzichten*** als Monarch die Herrschaft nicht übernehmen 放弃帝位,退位 ‖ K-(复合): ***Thron-, -verzicht*** 4. *mst* 多用 ***auf dem Thron sitzen*** *gespr hum*[口][诙]; auf der Toilette[1] (1) sein 正在厕所,蹲茅房,如厕 ‖ ID [谚] ***j-s T. wackelt*** *gespr*[口]; j-s mächtige Stellung ist in Gefahr 某人的宝座摇摇欲坠

thro·nen; *thronte, hat gethront*; Vi (不及物) 1. ***etw. thront irgendwo*** etw. steht auf e-m erhöhten Platz (物作主语)座落在,耸立在,屹立在: *Die Burg thront auf einem hohen Felsen* 城堡座落在一块高高的岩石上 2. ***j-d thront irgendwo*** j-d hat e-n bevorzugten Platz (人作主语)端坐在,正襟危坐

Thron·fol·ge *die*; *nur Sg* (只用单数) 1. die Reihenfolge der Personen, die Anspruch auf den Thron haben, wenn der Monarch stirbt od. abdankt 王位继承〈die T. regeln 协调王位继承〉2. ***die T. antreten*** als Monarch die Herrschaft übernehmen 继承王位

Thron·fol·ger *der*; *-s, -*; der König, der die Regierung übernimmt, wenn der alte stirbt od. abdankt 王位继承人 ‖ *hierzu* (派生) **Thron·fol·ge·rin** *die*; -, *-nen*

Thu·ja *die*; -, *Thu·jen*; ein relativ kleiner, immergrüner Baum, der zu den Zypressen gehört u. oft für (Garten) Hecken verwendet wird 侧柏

Thun·fisch *der*; ein großer essbarer Meeresfisch. T. wird oft in Stücken in Dosen mit Öl verkauft 金枪鱼

Thy·mi·an *der*; *-s*; *nur Sg* (只用单数); e-e kleine Pflanze, deren Blätter man als Gewürz verwendet 百里香

Tic, Tick *der*; *-s, -s*; MED【医】; schnelle kleine Bewegungen von Muskeln aufgrund nervöser Störungen 肌肉抽搐〈e-n nervösen T. haben 患有神经性抽搐〉

Tick *der*; *-s, -s* 1. *gespr, mst pej*[口]多用[贬]; e-e seltsame, oft unangenehme Angewohnheit, die j-d hat 不良习惯,怪癖 2. ≈ Nuance: *Sie ist e-n T. besser als ihre Schwester* 她比她姐稍许好些

ti·cken; *tickte, hat getickt*; Vi (不及物) ***etw. tickt*** etw. produziert in regelmäßigen Abständen kurze, helle Töne (物作主语)发出滴答声〈e-e Uhr, ein Wecker, e-e Zeitbombe 钟,闹钟,定时炸弹〉‖ ID [谚] ***Bei ihm/ihr*** *usw* ***tickt es nicht richtig; Er/Sie*** *usw* ***tickt nicht mehr richtig*** *gespr* [口]; er/sie *usw* ist verrückt 他/她有毛病(不正常,邪门)

Ti·cket *das*; *-s, -s*; e-e Fahrkarte für e-e Reise mit dem Flugzeug od. Schiff 机票,船票 ‖ -K(复合): ***Flug-***

tick·tack! *Interjektion* (叹); verwendet, um das Geräusch e-r Uhr zu imitieren 滴答滴答!

T

Ti·de *die*; -, *-n*; *nordd*[北德] **1**. das Steigen u. Fallen der Gezeiten 潮汛涨落 **2**. *nur Pl*(只用复数) ≈ Gezeiten

tief *Adj*(形) **1**. verwendet, um die relativ große Ausdehnung e-s Raumes, e-r Schicht *o.Ä.* nach unten zu bezeichnen 深的(空间向下延伸) ↔ flach, niedrig 〈ein Brunnen, ein Graben, e-e Schüssel, ein See 井,沟,碗,湖; Schnee, Wasser 雪,水; t. bohren, graben, tauchen 深钻,深挖,潜入深水〉: *t. in den Schnee einsinken* 深深陷入雪里; *sich nicht ins tiefe Wasser trauen* 不敢去深水; *t. verschneite Wälder* 积雪很厚的森林 ‖ ↑ *Abb. unter* 图见 ***Eigenschaften*** ‖ K-(复合): ***Tief-, -schnee***; ***tief-, -verschneit*** **2**. *Maßangabe*(计量说明语) + ***t.*** verwendet, um die Ausdehnung nach unten zu bezeichnen(向下延伸)深的 ↔ hoch: *ein zehn Meter tiefer See* 一个十米深的湖; *Das Wasser ist nur fünfzig Zentimeter t.* 水只有 50 厘米深 **3**. in relativ geringer Entfernung über dem Meeresspiegel, dem Boden *o.Ä.* 低的,(离地)近的 ≈ niedrig ↔ hoch 〈ein Ort liegt t. 一个地方地势低; t. fliegen 低(空)飞(行); t. fliegende Vögel, die t. stehende Sonne 飞得低低的鸟儿,快落上的太阳〉: *Die Sonne steht schon t., es wird Abend* 太阳落山了,快天黑了 ‖ K-(复合): ***Tief-, -ebene, -land***; ***tief-, -fliegend, -stehend*** **4**. (relativ zu e-m Bezugspunkt) weiter nach unten gelegen 深深的(相对而言)〈ein Tal 山谷〉 **5**. *mst präd im Komparativ*(多作表语,用比较级); weiter nach unten 下面的: *Er wohnt ein Stockwerk tiefer* 他住下面一层楼 **6**. weit nach unten (in Richtung zum Erdboden) 深深向下的〈e-e Verbeugung, ein Fall 鞠躬,坠落; t. fallen 坠落得很深; sich t. bücken, verneigen 深深地弯腰、鞠躬〉 **7**. 〈ein Ausschnitt 领口〉 so, dass er weit nach unten geht (u. *mst* viel vom Busen zeigt) 袒胸露背的,大敞口的 **8**. auf e-r Skala weit unten, im Vergleich zum Durchschnitt sehr gering, niedrig(刻度)低的 ↔ hoch 〈Temperaturen 温度; das Barometer steht t. (= zeigt niedrigen Luftdruck an)气压表显示气压很低〉: *Die Zahl der Arbeitslosen hat ihren tiefsten Stand erreicht* 失业人数达到了最低点 ‖ K-(复合): ***Tiefst-, -kurs, -preis, -stand, -temperatur, -wert*** **9**. weit nach hinten reichend 深的(向后延伸) ↔ hoch, breit 〈ein Schrank, ein Regal 柜子,书架〉 **10**. weit nach innen reichend 深的(向内延伸): *Die Höhle reicht t. in den Berg* 洞穴往山里伸展得很深 **11**. 〈e-e Wunde 伤口〉 so, dass die Verletzung weit ins Innere reicht 深的(往肉里延伸) **12**. *Maßangabe*(计量说明语) + ***t.*** verwendet, um (bei Möbeln) die Ausdehnung nach hinten od. (bei Wunden) nach innen zu bezeichnen …进深的,深的: *Der Schrank ist sechzig Zentimeter t.* 这个柜子 60 厘米进深; *e-e zwei Zentimeter tiefe Wunde* 一处 2 厘米深的伤口 **13**. ***im tiefsten*** ... verwendet, um etw. in seiner schlimmsten Form zu bezeichnen 表示深、后、晚、末,尾,终,暮等〈im tiefsten Mittelalter, Winter 中世纪末,隆冬〉 **14**. ***bis t. in*** ... verwendet, um auszudrücken, dass etw. weit in den genannten Zeitraum andauert 直到…(时间的末了): *bis t. in die Nacht* 直到深夜; *bis t. ins 18. Jahrhundert* 直到十八世纪后期 **15**. *nur attr od adv*(只作定语或状语); verwendet, um auszudrücken, dass etw. weit in das genannte Gebiet hineinreicht 深处的(向地区延伸进去)〈im tiefsten Urwald 在原始森林深处; t. im Gebirge, Tal, Wald 在山区、山谷、森林深处〉: *t. ins Landesinnere vordringen* 深入腹地 **16**. intensiv (*bes* in Bezug auf Gefühle)(内心深处)强烈的,深深的 ≈ stark (8) 〈Glaube, Liebe, Trauer, Reue 信念,爱情,悲痛,悔恨; Einsamkeit 孤独感; etw. t. bedauern, bereuen 对某事深表遗憾、深感后悔; etw. t. empfinden 深刻地感受到某事; j-n t. beeindrucken 给某人深刻印象; t. beleidigt, betroffen, betrübt, bewegt, erschüttert 使某人深受伤害,深受感动,极度悲伤,深受触动,深受震动〉 ‖ NB(注意): ↑ ***tief-*** **17**. ≈ kräftig (2) 〈t. (durch)atmen 深呼吸〉 **18**. so, dass man nicht so leicht geweckt od. abgelenkt werden kann 深沉的,酣的 ↔ leicht 〈ein Schlaf 酣睡,沉睡; t. schlafen 睡得很熟; t. in Gedanken versunken sein 陷入沉思,深思〉 ‖ K-(复合): ***Tief-, -schlaf*** **19**. *nur attr, nicht adv*(只作定语,不作状语); nicht oberflächlich erkennbar, sondern geistig weitreichend 透彻的,深刻的,深邃的〈e-e Einsicht 理解〉: *der tiefere Sinn e-s Films* 一部电影的深刻意义 **20**. von dunkler, intensiver Farbe 深的(颜色): *ein tiefes Grün* 深绿色 **21**. (relativ) dunkel klingend 低沉的,深沉的 ↔ hoch 〈ein Ton 语调; e-e Stimme 声音〉 **22**. ***t. gehend/greifend*** 〈ein Wandel, ein Wechsel, ein Unterschied 转变,变化,差别〉 so, dass sie das Wichtige, Wesentliche betreffen 深入的,深远的,深刻的 ↔ oberflächlich ‖ NB(注意): ↑ ***tiefschürfend*** ‖ ID[谚] *mst* 多用 ***Das lässt t. blicken*** das zeigt etw. sehr deutlich (*mst* wie j-d wirklich ist)这发人深省,耐人寻味; *mst* 多用 ***Er/Sie ist t. gesunken*** er/sie ist auf ein niedriges moralisches Niveau gekommen 他/她堕落得厉害

Tief *das*; *-s*, *-s* **1**. MET【气】; e-e Zone mit niedrigem Luftdruck 低(气)压区,低压带 ↔ Hoch 〈ein ausgedehntes, umfangreiches T. 大面积的、大范围的低压带; das T. verlagert sich, schwächt sich ab 低压区正在转移、减弱〉 ‖ K-(复合): ***Tief-, -ausläufer*** **2**. ***ein (seelisches) T. haben*** in sehr schlechter (gedrückter) Stimmung sein 情绪很低落,很压抑 ‖ -K(复合): ***Stimmungs-***

tief- *im Adj, begrenzt produktiv*(构成形容词,构词有限) **1**. (in Bezug auf Gefühle) verwendet, um Adjektive zu verstärken 很…,极… ≈ sehr; ***tiefernst, tiefgläubig, tiefreligiös, tieftraurig*** ‖ NB(注意): die hier genannten Adjektive müssen, die bei *tief* (16) genannten Partizipien können auch mit *tief* zusammengeschrieben werden (这里提及的形

T

容词必须,tief 第 16 个释义中提及的第二分词可以与 tief 连写〉**2.** mit einem intensiven Farbton 深…色的; ***tiefblau***, ***tiefrot***, ***tiefschwarz***

Tief·bau *der*; *nur Sg*(只用单数); die Bauarbeiten am u. unter dem Erdboden (*z.B.* bei Straßen, Kanälen) 地下工程,地下建筑 ↔ Hochbau ‖ K-(复合): ***Tiefbau-***, ***-unternehmen***

Tief·druck *der*; *nur Sg*, MET (只用单数)【气】; niedriger Luftdruck 低气压 ‖ K-(复合): ***Tiefdruck-***, ***-gebiet***, ***-zone***

Tie·fe *die*; -, *-n* **1.** *mst Sg*(多用单数); die Ausdehnung e-s Raumes, e-r Schicht *o.Ä.* nach unten 深,深度(自上而下延伸): *die T. e-s Abgrundes* 深渊的深度; *ein See von dreißig Meter T.* 30 米深的湖; *Das Meer hat hier e-e T. von tausend Metern* 这海此处深一千米 ‖ K-(复合): ***Tiefen-***, ***-messung***, ***-unterschied***; ***tiefen-***, ***-gleich*** ‖ -K(复合): ***Brunnen-***, ***Meeres-***, ***Schnee-***, ***Wasser-*** *usw* **2.** die Entfernung, die etw. von e-m bestimmten Punkt (*mst* der Erd- od. Wasseroberfläche) hat, der darüberliegt 深处: *Wir haben das Wrack des Schiffes in neunzig Meter T. gefunden* 我们在 90 米深处找到了轮船的残骸; *Der Bohrer dringt in große Tiefen vor* 钻头向极深处推进 **3.** ***in die T.*** (weit) nach unten 往下面深处〈in die T. blicken, fallen, stürzen 朝下面很深的地方看、坠落、跌下去〉 **4.** die Ausdehnung *bes* von Möbeln nach hinten (往后)进深,深度↔ Höhe, Breite: *ein Schrank mit e-r T. von fünfzig Zentimetern/mit fünfzig Zentimeter T.* 柜子进深 50 厘米 **5.** die Ausdehnung nach Innen(向里)进深,深度〈die T. e-r Höhle, Wunde 洞穴、伤口深度〉 **6.** ein Gebiet, das weit im Inneren von etw. liegt 内部深处〈in der T./den Tiefen des Waldes, des Gebirges, der Erde 森林、山区、地球的深处〉 **7.** ***die T.*** + *Gen* (二格)≈ Intensität〈die T. des Glaubens, der Liebe, der Reue, der Trauer, der Einsamkeit, des Schlafes, e-r Farbe 信念、爱情、悔恨、悲痛、孤独、睡眠、颜色的强烈程度〉 **8.** *nur Sg*(只用单数); verwendet, um die tiefe (21), dunkle Beschaffenheit e-s Tons od. e-r Stimme zu bezeichnen 低沉,深沉 **9.** ein tiefer (21) Ton 低音调↔ Höhe〈die Tiefen aussteuern 调低音〉 ‖ K-(复合): ***Tiefen-***, ***-regler*** **10.** ≈ Tiefpunkt ↔ Höhe〈ein Leben ohne Höhen u. Tiefen 没有低潮和高潮的生活(意即:没有烦恼和欢愉的生活)〉

Tie·fen·psy·cho·lo·gie *die*; *nur Sg*(只用单数); die Wissenschaft, die unbewusste seelische Erlebnisse des Menschen untersucht(研究人的无意识心理活动的)精神分析理论 ‖ *hierzu*(派生) **tie·fen·psy·cho·lo·gisch** *Adj*(形)

Tie·fen·wir·kung *die* **1.** e-e Wirkung, die bis ins Innere von etw. (*z.B.* der Haut) geht 深部作用,渗透(皮肤深层的)效应: *e-e Nachtcreme mit T.* 具有渗透效应的晚间护肤膏 **2.** der Eindruck, dass ein Bild *o.Ä.* weit nach hinten geht 立体感

Tief·flie·ger *der*; ein Flugzeug, das sehr niedrig fliegt (*bes* für militärische Zwecke) 低空飞机

Tief·flug *der*; der Flug in geringer Höhe (*bes* für militärische Zwecke) 低空飞行〈in den T. gehen 进入低空飞行〉

Tief·gang *der*; *nur Sg*(只用单数) **1.** die Entfernung vom Wasserspiegel bis zur unteren Kante des Kiels e-s Schiffes 吃水深度,船舶吃水: *Das Schiff hat geringen/großen T.* 这条轮船吃水浅/深 **2.** *gespr*[口]; tiefe, ernste Gedanken 思想深度: *e-e Rede ohne T.* 一次缺乏思想深度的演讲

Tief·ga·ra·ge *die*; e-e Garage unter der Erde (*mst* für viele Autos) 地下车库

tief·ge·frie·ren; -, *hat tiefgefroren*; Vt/i (及物/不及物) (***etw.***) ***t.*** Lebensmittel konservieren, indem man sie (bei ungefähr -15℃) gefrieren lässt 低温冷冻: *tiefgefrorenes Gemüse* 低温冷冻的蔬菜 ‖ NB(注意): nur im Infinitiv u. Partizip Perfekt, *mst* im Partizip Perfekt(只用不定式和过去分词,多用过去分词)

tief·ge·hend, **tief·grei·fend** ↑ ***tief*** (22)

tief·grün·dig, *tiefgründiger*, *tiefgründigst-*; *Adj*(形);〈e-e Darstellung, e-e Analyse 描述,分析〉so, dass sie sehr ins Detail gehen 深入细致的,透彻的,深刻的

tief·küh·len; -, *hat tiefgekühlt*; Vt/i (及物/不及物) (***etw.***) ***t.*** ≈ tiefgefrieren ‖ K-(复合): ***Tiefkühl-***, ***-truhe***, ***-schrank***

Tief·kühl|fach *das*; ein Fach im Kühlschrank, in dem man gefrorene Lebensmittel aufbewahren kann od. in dem man etw. tiefgefrieren kann (冰箱的)低温冷冻格,速冻格

Tief·la·der *der*; *-s*, -; ein Lastwagen mit niedriger Ladefläche zum Transport sehr schwerer Lasten 装卸面低的载重货车

Tief·punkt *der* **1.** der schlechteste, negativste Punkt[1] (5) e-r Entwicklung 最低点,低潮: *Die deutsche Exportwirtschaft ist auf ihrem absoluten T. angelangt* 德国出口经济达到绝对最低点; *Unsere Beziehung ist zurzeit auf e-m T.* 目前,我们的关系正处于低潮 **2.** ***ein seelischer T.*** e-e Zeit, in der es einem psychisch sehr schlecht geht 精神消沉期

Tief·schlag *der* **1.** SPORT【体】; (beim Boxen) ein verbotener Schlag unterhalb der Taille (拳击比赛时严禁的)腰下击拳 **2.** ein Ereignis, ein Vorfall *o.Ä.*, die j-m e-n (*mst* seelischen) Schaden zufügen 心灵伤害,精神打击〈e-n T. bekommen 受到心灵伤害; j-m e-n T. versetzen 给某人一次精神打击〉

tief·schür·fend, *tiefer schürfend*, *am tiefsten schürfend*/*tiefstschürfend*; *Adj*(形) ≈ tiefgründig〈e-e Analyse 分析〉

Tief·see *die*; *nur Sg*(只用单数); der Bereich e-s Ozeans, der tiefer als 4000m unter dem Meeresspiegel liegt 深海 ‖ K-(复合): ***Tiefsee-***, ***-forscher***

Tief·sinn *der*; *nur Sg* (只用单数) **1.** tiefes, grüblerisches Nachdenken 深思,沉思冥想,苦苦思索 **2.** die tiefe (19) Bedeutung von etw. 深刻含义,深邃的思想内容 ‖ *hierzu*(派生) **tief·sin-**

nig *Adj*（形）

Tief·stand *der*；*nur Sg*（只用单数）；der Tiefpunkt (1) e-r Entwicklung 最低点，低落，低水平，低潮：*Der T. des Dollarkurses* 美元汇率的最低点

tief·sta·peln；*stapelte tief*，*hat tiefgestapelt*；[Vi]（不及物）etw. bewusst als weniger wichtig darstellen, als es wirklich ist 轻描淡写，轻轻带过 ≈ untertreiben ↔ hochstapeln ‖ *hierzu*（派生）**Tief·stap·ler** *der*；*-s*，*-*；*zu* ***Tiefstapelei*** ↑ ***-ei***

Tie·gel *der*；*-s*，*-*；ein flacher Topf mit Stiel 带把的平底锅

Tier *das*；*-(e)s*，*-e*；ein Lebewesen, das Sinnesorgane hat, sich (normalerweise) fortbewegen kann, wenn es will, u. das nach seinen Instinkten handelt 动物，兽，牲畜 ⟨ein zahmes, wildes, heimisches T. 温顺的动物，野兽，家畜；ein T. züchten, halten, dressieren 饲养、畜养、驯养动物⟩：*Die Haltung von Tieren ist in diesem Haus verboten* 这座楼里不准养动物 ‖ K-(复合)：***Tier-***，***-art***；***-arzt***，***-bild***，***-buch***，***-gehege***，***-geschichte***，***-halter***，***-haltung***，***-heilkunde***，***-klinik***，***-medizin***，***-zucht*** ‖ ID[谚] ***ein großes / hohes T.*** *gespr hum*[口][诙]；j-d, der e-e hohe öffentliche Position hat 大人物，大官，大亨，要人：*Er ist ein hohes T. in der Politik* 他是政界要人

Tier·freund *der*；j-d, der Tiere gernhat u. sich für ihren Schutz einsetzt 动物之友，动物爱好者 ‖ *hierzu*（派生）**Tier·freun·din** *die*

Tier·gar·ten *der* ≈ Zoo

tier·haft *Adj*（形）；*mst attr*（多作定语）≈ tierisch[1] (1)

Tier·hand·lung *die*；ein Geschäft, in dem Tiere verkauft werden 动物商店

Tier·heim *das*；ein Gebäude, in dem (Haus-)Tiere ohne Besitzer aufgenommen u. gepflegt werden 动物收养所

tie·risch[1] *Adj*（形）；*mst attr*（多作定语）**1.** charakteristisch für Tiere 动物(特征)的，兽类的 **2.** von Tieren stammend（源于）动物的：*tierische u. pflanzliche Fette* 动物和植物脂肪 **3.** *pej*[贬]；mit Eigenschaften, die ein Mensch nicht haben sollte (*mst* brutal, roh od. triebhaft) 兽性的，野蛮的，粗鲁的 ⟨Gewalt, Rohheit 强暴，野性⟩

tie·risch[2] *Adj*（形）；*gespr*[口]；(*bes* von Jugendlichen verwendet)（青年人用语）**1.** sehr groß, sehr schwer, sehr intensiv（表示程度）极端的，无比的，极度的 ⟨e-e Arbeit, Schmerzen, ein Vergnügen 工作，疼痛，愉快⟩ **2.** *nur adv*（只作状语）；verwendet, um Adjektive, Adverbien od. Verben zu verstärken（加强形容词、副词或动词的语义）极，十分，拼命 ≈ verdammt ⟨t. ernst, hart, schwer 极严厉、硬、重；t. schuften müssen 得死命地干⟩

Tier·kreis *der*；*nur Sg*，ASTR（只用单数）【天】；e-e Folge von zwölf Sternbildern auf e-m Kreis um die Erde 黄道带

Tier·kreis|zei·chen *das* ≈ Sternzeichen ‖ ↑ *Abb. unter* 图见 ***Sternzeichen***

Tier·kun·de *die*；*nur Sg*（只用单数）≈ Zoologie

tier·lieb *Adj*（形）；voll Verständnis u. Liebe für Tiere 热爱动物的，对动物有爱心的 ‖ *hierzu*（派生）**Tier·lie·be** *die*；*nur Sg*（只用单数）

Tier·park *der* **1.** ein Gelände, in dem Tiere in e-r natürlichen Umgebung (ohne Käfig u. oft ohne Zäune) gehalten werden 自然动物园 **2.** *gespr* ≈[口] Zoo

Tier·pfle·ger *der*；*-s*，*-*；j-d, der (*mst* im Zoo) beruflich für Tiere sorgt 动物饲养员 ‖ *hierzu*（派生）**Tier·pfle·ge·rin** *die*；*-*，*-nen*

Tier·quä·le·rei *die*；*nur Sg*（只用单数）；das *mst* absichtliche Quälen von Tieren 虐待动物 ‖ *hierzu*（派生）**Tier·quä·ler** *der*；*-s*，*-*

Tier·reich *das*；*nur Sg*（只用单数）；alle Tiere (Tierarten), die es auf der Erde gibt 动物界 ↔ Pflanzenreich

Tier·schutz *der*；*nur Sg*（只用单数）；alle gesetzlichen u. privaten Maßnahmen, um Tiere vor Misshandlungen, Tötung od. Ausrottung zu bewahren 动物保护 ‖ K-(复合)：***Tierschutz-***，***-bestimmung***，***-gebiet***，***-verein*** ‖ *hierzu*（派生）**Tier·schüt·zer** *der*；*-s*，*-*；**Tier·schüt·ze·rin** *die*；*-*，*-nen*

Tier·ver·such *der*；ein (*mst* medizinisches) Experiment an lebenden Tieren 动物试验 ‖ K-(复合)：***Tierversuchs-***，***-gegner***

Tier·welt *die*；*nur Sg*（只用单数）；alle Tiere (*bes* in e-m bestimmten Gebiet) 动物世界，动物界 ≈ Fauna ↔ Pflanzenwelt, Flora：*die reiche T. Afrikas* 非洲丰富的动物世界

Ti·ger *der*；*-s*，*-*；die größte Raubkatze Asiens 虎，老虎 ‖ ↑ *Abb. unter* 图见 ***Raubkatzen*** ‖ K-(复合)：***Tiger-***，***-fell***；***-jagd***

ti·gern；*tigerte*，*ist getigert*；[Vi]（不及物）***irgendwohin t.*** *gespr*[口]；(*bes* von Jugendlichen verwendet) oft ohne festes Ziel irgendwo herumgehen（青年人用语）闲逛，转悠，游荡：*unruhig durch die Wohnung, Stadt t.* 心神不定地在房间里、城里瞎转悠

Til·de *die*；*-*，*-n* **1.** das Zeichen ~ in Wörterbüchern, das man verwendet, um Wörter od. Wortteile nicht wiederholen zu müssen 替代省略字符号～ **2.** das Zeichen ~, das im Spanischen über n (ñ), im Portugiesischen über Vokalen stehen kann 发音符号～（西班牙语中注在 n 上，葡萄牙语中注在元音上）

til·gen；*tilgte*，*hat getilgt*；[Vt]（及物）**1.** ***etw. t.*** Geld, das man sich geliehen hat, zurückzahlen 偿还，清还 ⟨e-n Kredit, seine Schulden t. 清偿贷款、债务⟩ **2.** ***etw.*** (***aus etw.***) ***t.*** etw. *mst* aus e-r Liste od. e-m Dokument entfernen 勾销，删去，除掉：*Sein Name wurde aus der Kartei getilgt* 他的名字从卡片索引中被勾销了 **3.** *mst* 多用 ***j-n / etw. aus seinem Gedächtnis t.*** *geschr*[书]；bewusst versuchen, j-n/etw. zu vergessen 把…忘却，忘掉，抛到九霄云外 ‖ *zu*（义项）**1. til·g·bar** *Adj*（形）；*hierzu*（派生）**Til·gung** *die*

Ti·ming [ˈtaɪmɪŋ] *das*；*-s*；*nur Sg*（只用单数）；die Koordination mehrerer Handlungen

T

nach e-m Zeitplan 时机选择: *Beim Kochen ist das T. das Wichtigste* 在烹调时,(火候、下料、掌勺等)时机选择是至关重要的 ‖ *hierzu* (派生) **ti·men** ['taj-] (*hat*) *Vt/i gespr* (及物/不及物)[口]

tin·geln; *tingelte, ist getingelt*; [Vi](不及物) **irgendwohin t.** *gespr pej* [口][贬]; (als Schauspieler, Musiker) in verschiedene kleine Städte u. Dörfer kommen u. etw. vorführen 去小城镇演唱卖艺

Tin·gel·tan·gel *der, das*; *-s, -*; *veraltend pej* [渐旧][贬] **1.** e-e Musik- od. Theatergruppe (*bes* eine, die von Ort zu Ort zieht) 流动演出乐队或剧团 **2.** ein Lokal für Aufführungen solcher Gruppen 供流动乐队、剧团演出的场所 **3.** Unterhaltung, wie sie ein T. (1) bietet 低水平娱乐

Tink·tur *die*; *-, -en*; e-e Flüssigkeit, die *mst* aus Pflanzen gemacht wird u. für medizinische Zwecke verwendet wird(药用)酊剂,浸剂

Tin·nef *der*; *-s*; *nur Sg*, *gespr pej* (只用单数)[口][贬]; wertlose Dinge 分文不值的东西,不值钱的玩意儿 ≈ Plunder

Tin·te *die*; *-, -n*; e-e gefärbte Flüssigkeit zum Schreiben od. Zeichnen 墨水 ‖ K-(复合): **Tinten-, -fleck, -klecks, -patrone**; **tinten-, -blau** ‖ ID[谚] ***in der T. sitzen*** *gespr* [口]; in e-r unangenehmen Lage sein 进退维谷,处境尴尬,坐蜡

Tin·ten·fass *das*; ein kleines Gefäß, das Tinte enthält 墨水瓶

Tin·ten·fisch *der*; ein Tier, das im Meer lebt, acht Arme hat u. bei Gefahr e-e dunkle Flüssigkeit ausspritzt 墨斗鱼

Tin·ten·killer® *der*; ein Stift, mit dem man etw. mit Tinte Geschriebenes entfernen kann 清除墨迹的笔,修正液笔,涂改笔

Tipp *der*; *-s, -s* **1.** ein nützlicher Rat, ein guter Hinweis 忠告,好建议,好主意 〈von j-m e-n T. bekommen 从某人那里得到一个好建议; j-m e-n T. geben 给某人忠告〉: *Tipps für den Anfänger, für den Garten* 对初学者、园圃的建议 **2.** der Versuch, bei Wetten u. Gewinnspielen den Gewinner bzw. die Gewinnzahlen im Voraus zu erraten 预测,推测: *der richtige T. im Toto/Lotto, beim Pferderennen* 彩票、赛马的正确预测

Tip·pel·bru·der *der*; *gespr pej* [口][贬]; ein Mann ohne Wohnung, der *mst* auch Alkoholiker ist 流浪汉,无家可归者,流落街头的人 ≈ Obdachloser

tip·pen[1]; *tippte, hat getippt*; [Vt/i](及物/不及物) (**etw.**) **t.** *gespr* [口]; etw. auf der Schreibmaschine schreiben 打字〈e-n Brief t. 打一封信〉 ‖ K-(复合): **Tipp-, -fehler**

tip·pen[2]; *tippte, hat getippt*; [Vi](不及物) (**j-m**) **irgendwohin t.** j-n/etw. (*bes* mit der Finger- od. Fußspitze) kurz u. leicht berühren 轻扣、击、拍、敲: *j-m auf die Schulter t.* 轻轻拍打某人的肩膀; *kurz auf die Bremse t.* 轻踩刹车

tip·pen[3]; *tippte, hat getippt*; [Vi](不及物) **1. auf j-n/etw. t.** *gespr* [口]; e-e Vermutung *o.Ä.* zum Ausdruck bringen 猜测,揣测: *Ich tippe* darauf, dass *deine Lieblingsfarbe Rot ist* 我猜你最喜欢的颜色是红色; *Ich tippe auf ihn als Sieger* 我猜他是胜者 **2.** am Lotto, Toto teilnehmen 参加抽彩票: *Sie tippt jede Woche (im Lotto)* 每周她都玩彩票 ‖ K-(复合): **Tipp-, -schein, -zettel**

Tipp·se *die*; *-, -n*; *gespr pej* [口][贬]; e-e Angestellte, die nur auf der Schreibmaschine schreibt u. sonst keine andere Arbeit macht 女打字员

tipp, tapp! *Interjektion* (叹); verwendet, um das Geräusch von leichten, leisen Schritten zu imitieren 踢踏,蹑蹑脚步声

tipp·topp *Adj* (形); *nur präd od adv*, *ohne Steigerung*, *gespr* (只作表语或状语,无变级)[口]; sehr gut, ordentlich 整洁的,井然有序的,干净利落的: *Sie ist t. angezogen* 她的穿着干净利落; *Das Zimmer ist t. aufgeräumt* 这个房间收拾得干净整齐

Ti·ra·de *die*; *-, -n*; *pej* [贬] **1.** e-e lange Rede, die nichts Wichtiges enthält 空洞的长篇大论 **2.** e-e Rede od. ein Artikel mit aggressivem Inhalt 内容激烈的讲演或文章 ‖ -K (复合): **Hetz-, Schimpf-**

Tisch *der*; *-(e)s, -e* **1.** ein Möbelstück aus e-r waagrechten Platte u. *mst* vier Stützen (Beinen), auf das man Dinge legt, an dem man isst *usw* 桌子,台子〈ein runder, ausziehbarer, zusammenklappbarer T. 圆的、可伸缩的、可折叠的桌子; sich an den T. setzen 入座就餐; am T. sitzen 用餐; vom T. aufstehen 离席,站起来离开餐桌; den T. decken, abräumen 摆上、撤掉餐具〉: *die Ellbogen auf den T. stützen* 把双肘撑在桌子上; *im Restaurant e-n T. für vier Personen bestellen* 在饭店订一桌四人的饭菜; *Fünf Leute saßen um den T. (herum)* 五个人围坐在桌旁吃饭 ‖ K-(复合): **Tisch-, -bein, -kante, -platte, -schublade** ‖ -K(复合): **Arbeits-, Ess-, Näh-, Schreib-, Spiel-**; **Auszieh-, Klapp-**; **Camping-, Garten-, Küchen-, Wohnzimmer-**; **Laden-, Verkaufs-**; **Eichen-, Holz-, Marmor-** *usw* **2.** *Kollekt* (集合); die Leute, die an e-m T. (1) sitzen 坐在桌旁的人,在座的人: *Das muss doch nicht der ganze T. hören!* 这用不着在座的人都听! **3. zu T.** *geschr* [书]; zum/beim Essen an e-m T. (1) 用餐,入席,就餐〈zu T. gehen, sitzen 入席,就餐; zu T. sein (= beim Mittagessen sein) 正在用餐; sich zu T. setzen 入席用餐; j-n zu T. bitten 请某人就座〉: *Bitte zu T., das Essen ist fertig* 请入席,饭菜已就绪 **4. vor/bei/nach T.** *geschr* [书]; vor/bei/nach dem Essen 饭(餐)前,用饭(餐)时,饭(餐)后: *sich vor T. die Hände waschen* 饭前洗手; *sich bei T. anständig benehmen* 吃饭时举止规矩 **5. am runden T.** bei e-r Verhandlung, Sitzung *o.Ä.*, bei der alle Personen gleichberechtigt sind 在圆桌会上 **6. am grünen T.**; **vom grünen T. aus** auf der theoretischen Ebene, ohne

T

die konkrete Situation zu beachten 不从实际出发,闭门造车;从文牍主义出发考虑问题 ‖ ID [谚] (**mit etw.**) **reinen T. machen** klare Verhältnisse schaffen 澄清,了结; **etw. unter den T. fallen lassen** *gespr* [口]; etw. nicht (mehr) berücksichtigen 搁下某事不予考虑; **etw. ist vom T.** *gespr* [口]; etw. ist abgeschlossen, erledigt 某事已了; **etw. muss/soll vom T.** *gespr* [口]; etw. muss/soll entschieden, abgeschlossen *o. Ä.* werden 某事该了结; (**bar**) **auf den T.** (**des Hauses**) *gespr* [口]; so, dass etw. sofort bar bezahlt wird 现金拍在桌上,立刻现付: *Tausend Euro bar auf den T., u. das Auto gehört dir!* 你立刻把一千欧元拿出来,汽车就是你的!; **j-n unter den T. trinken** *gespr* [口]; mehr Alkohol trinken können als j-d anderer 酒量比某人大,把某人喝醉

Tịsch·da·me *die*; e-e Frau, die bei e-m festlichen Essen rechts von e-m Mann sitzt 宴席上在主人右侧就坐的女宾客

Tịsch·de·cke *die* ≈ Tischtuch

tịsch·fer·tig *Adj* (形); zum Essen fertig zubereitet 做好了的,烹调好的 ⟨ein Gericht 菜⟩

Tịsch·ge·bet *das*; ein Gebet vor od. nach dem Essen 饭前或饭后的祈祷

Tịsch·ge·spräch *das*; ein Gespräch während des Essens 饭桌上的谈话

Tisch·lein|deck·dich *das*; (im Märchen) ein Tisch, der sich von selbst mit Speisen u. Getränken deckt(童话中的)变出来的一桌美味佳肴

Tịsch·ler *der*; *-s*, *-*; *bes nordd* Ⓐ 尤用于[北德][奥] j-d, der beruflich *z. B.* Möbel u. Fenster aus Holz herstellt 木工, 细木工 ≈ Schreiner ‖ K-(复合): **Tischler-**, **-werkstatt** ‖ *hierzu* (派生) **Tịsch·le·rin** *die*; *-*, *-nen*

Tisch·le·rei *die*; *-*, *-en*; *bes nordd* Ⓐ 尤用于[北德][奥] **1.** die Werkstatt e-s Tischlers 细木工场,家具厂 ≈ Schreinerei **2.** *nur Sg* (只用单数); das Handwerk des Tischlers 细木工手艺

Tịsch·ma·nie·ren *die*; *Pl* (复); das Benehmen beim Essen 餐桌上的举止,饭桌上的规矩 ⟨gute, schlechte T. haben 吃饭时很懂,不懂礼貌⟩

Tịsch·nach·bar *der*; die Person, die beim Essen neben einem sitzt 饭桌邻座 ‖ *hierzu* (派生) **Tịsch·nach·ba·rin** *die*

Tịsch·ord·nung *die*; e-e Regelung, die besagt, wer bei e-m festlichen Essen wo sitzen soll 餐桌席位安排

Tịsch·re·de *die*; e-e Rede, die während e-s festlichen Essens gehalten wird 宴会上的讲话,席间演说

Tịsch·ten·nis *das*; ein Sport, bei dem zwei od. vier Spieler e-n kleinen weißen Plastikball mit Schlägern auf e-m Tisch mit Netz hin- u. herschlagen 乒乓球 ‖ K-(复合): **Tischtennis-**, **-ball**, **-klub**, **-match**, **-platte**, **-schläger**, **-spiel**, **-spieler**, **-turnier**

Tịsch·tuch *das*; ein großes Tuch, das (*bes* beim Essen) den ganzen Tisch bedeckt 桌布, 台布 ≈ Tischdecke

Tịsch·wä·sche *die*; *nur Sg* (只用单数); alle Tücher (Tischtücher, Servietten), die bei Mahlzeiten verwendet werden 餐桌用布(如台布、餐巾)

Ti·tan[1] *der*; *-en*, *-en* **1.** ein Riese in der griechischen Mythologie 提坦(希腊神话中的天神、地神的子孙,因反主神宙斯而被囚禁在冥界) **2.** *geschr* [书]; j-d, der auf e-m bestimmten Gebiet Außergewöhnliches leistet 巨人,巨匠,巨擘 ‖ NB(注意): *der Titan*; *den*, *dem*, *des Titanen* ‖ *zu* (义项) **2. ti·ta·nen·haft** *Adj* (形); **ti·ta·nisch** *Adj* (形)

Ti·tan[2] *das*; *-s*; *nur Sg* (只用单数); ein chemisches Element 钛; CHEM【化】Ti

Ti·tel[1] *der*; *-s*, *-* **1.** e-e Bezeichnung, die j-d als Ehrung bekommt od. die seine berufliche Stellung anzeigt 头衔,称号,学衔,学位,职称: *Er führt den T. e-s Amtsarztes* 他的头衔是官方医生; *Ihr wurde der akademische T. e-s Dr. med. verliehen* 她被授予医学博士学位 ‖ -K(复合): **Doktor-** **2.** ≈ Meisterschaft (1) ‖ K-(复合): **Titel-**, **-anwärter**, **-aspirant**, **-gewinn**, **-kampf**, **-träger**, **-verteidiger** (**in**) ‖ -K(复合): **Weltmeister-**

Die akademischen Titel　学衔

In den deutschsprachigen Ländern beschränkt sich die Verwendung der akademischen Titel nicht nur auf den reinen Arbeitsbereich. Die Titel **Doktor** (**Dr.**) oder **Professor Doktor** (**Prof. Dr.**) werden oft auch bei förmlichen Gelegenheiten außerhalb des beruflichen oder akademischen Umfelds verwendet, d. h. sie gehören zum Namen einer Person.
Beispiel: **Der Bürgermeister hat Herrn Dr. Salzberger in der Oper getroffen.**
Auch auf Visitenkarten und manchmal auf Namensschildern an der privaten Haus- oder Wohnungstür kann man diese akademischen Titel finden.
In Österreich ist die Verwendung der Titel noch weiter verbreitet, hier wird bei förmlichen Anlässen auch die Bezeichnung für den einfachen Studienabschluss als Titel zum Namen hinzugefügt. Beispiel: **Herr/Frau Magister** (**Mag.**)

在各德语国家,学衔的使用不仅仅局限于纯粹的工作领域。**博士**(Dr.)或**教授博士**(Prof. Dr.)的头衔在职业领域或学术领域以外的正式场合也经常使用,就是说,这些头衔属于个人的名字。

例如:**在歌剧院市长遇到了博士萨尔茨贝尔格先生。**

在名片上,有时在私人寓所或住宅门上的姓名牌上也可以看到这种学衔。

在奥地利,衔头的使用更加广泛,在那里在正式场合单纯的大学毕业考试名称也在姓名前加上头衔。例如:**硕士(Mag.)…先生/女士。**

Ti·tel[2] *der*; *-s*, *-* **1.** der Name *z. B.* e-s Buches, e-r Zeitschrift od. e-s Liedes 名(如书名,杂志名,歌名) ⟨etw. trägt, hat den T. „..."

某某书(歌)名是…〉‖ -K(复合): **Buch-** **2.** ein Buch 书: *Diesen T. haben wir nicht* 这本书我们没有 **3.** die Überschrift e-s *mst* relativ langen (Zeitungs) Artikels, die den Inhalt zusammenfasst 文章标题 **4.** die erste Seite e-r Zeitung od. Zeitschrift (报纸的)第一版面,(杂志的)封面 ‖ K-(复合): ***Titel-***, ***-bild***, ***-blatt***, ***-geschichte***, ***-seite***

Ti·tel[3] *der*; *-s*, *-*; ADM *geschr*【管理】[书]; die Ausgaben für e-n bestimmten Zweck 支出项目: *Die Personalkosten sind der größte T.* 员工开销是最大的支出项目

Ti·tel·held *der*; die zentrale Gestalt e-s literarischen Werkes, deren Name im Titel[2] (1) steht(与文学作品书名同名的)主角,主人公 ‖ *hierzu* (派生) **Ti·tel·hel·din** *die*

Ti·tel·me·lo·die *die*; das Lied, das zu Anfang (u. Ende) e-s (Kino) Films gespielt wird(电影)主调,主题歌曲

Ti·tel·rol·le *die*; die Hauptrolle e-r Person in e-m Film *o. Ä.*, deren Name im Titel[2] (1) steht 与电影名同名的主角

Ti·tel·song *der*; das Lied, das e-r Schallplatte ihren Namen gibt 与唱片名同名的主曲

ti·tel·süch·tig *Adj* (形); sehr daran interessiert, Titel[1] zu erringen 热衷于头衔的,对头衔有癖好的

Tit·ten *die*; *Pl*, *vulg*(复)[俗]; die weiblichen Brüste 女人的奶子

tja!, **tja!** *Interjektion* (叹); verwendet als Floskel am Anfang des Satzes (ohne eigentliche Bedeutung)(句首口头语,无词义)哎: *Tja, was sollen wir jetzt tun?* 哎,现在我们该做什么?

TNT [teːenˈteː] *das*; *-*; *nur Sg*(只用单数); (*Abk für* 缩写,全称为 Trinitrotoluol) ein sehr starker Sprengstoff 梯恩梯炸药,三硝基甲苯

Toast[1] [toːst] *der*; *-(e)s*, *-s*; e-e Scheibe geröstetes Weißbrot 一片烤面包,吐司 ‖ K-(复合): ***Toast-***, ***-brot***

Toast[2] [toːst] *der*; *-(e)s*, *-s* **1.** ≈ Trinkspruch **2.** ***e-n T. auf j-n ausbringen*** j-m mit e-m T.[2] (1) danken, ihn ehren *o. Ä.* 向某人敬酒,祝词

toas·ten [ˈtoːstn]; *toastete*, *hat getoastet*; Vt (及物) ***etw. t.*** *bes* Scheiben von Weißbrot (in e-m Toaster) rösten 烤(面包片)

Toas·ter [ˈtoː-] *der*; *-s*, *-*; ein elektrisches Gerät, in dem Scheiben von Weißbrot geröstet werden 烤面包器

To·bak *der*; *nur in* 只用于 ***etw. ist starker T.*** *gespr*[口]; etw. ist empörend, unverschämt 某事太无耻了(太让人生气了)

To·bel *der*, (CH) *mst*[瑞]多用 *das*; *-s*, *-*; *südd* (A) (CH) [南德][奥][瑞] ein tiefes, enges Tal im Wald 森林里的沟壑

to·ben; *tobte*, *hat/ist getobt*; Vi (不及物) **1.** (*hat*) (vor Wut *o. Ä.*) schreien u. heftige Bewegungen machen 怒叫,暴跳,大喊大叫: *Der Betrunkene tobte die halbe Nacht* 醉汉又跳又叫号了半个夜晚 **2.** (*hat*) (vor Begeisterung *o. Ä.*) schreien, sich ausgelassen benehmen 狂欢,纵情闹腾: *Bei dem Rockkonzert tobten die Fans* 在摇滚乐音乐会上那些发烧友狂欢乱跳 **3.** (*hat/ist*) (beim Spielen) sehr viel Lärm machen u. sich lebhaft bewegen 嬉闹,欢叫: *Die Kinder sind durch die Straßen getobt* 儿童们欢叫着跑过马路 **4.** ***etw. tobt*** (*hat*) etw. ist in starker Bewegung (u. richtet dabei großen Schaden an) (物作主语) 怒吼,呼啸,翻腾(起极大破坏作用) 〈*mst* 多指 das Meer, ein Gewitter, ein Brand 大海(汹涌澎湃),暴风雨(呼啸),大火(肆虐)〉

Tob·sucht *die*; *nur Sg*(只用单数); e-e starke, oft krankhafte Wut 躁狂症,癫狂症 ‖ K-(复合): ***Tobsuchts-***, ***-anfall*** ‖ *hierzu* (派生) **tob·süch·tig** *Adj*(形)

Toch·ter *die*; *-*, *Töch·ter* **1.** j-s weibliches Kind 女儿 ↔ Sohn ‖ -K(复合): ***Adoptiv-***, ***Pflege-***, ***Stief-***; ***Arbeiter-***, ***Bauern-***, ***Königs-*** *usw* **2.** ***e-e T.*** + *Gen*(二格) e-e Frau, die in der genannten Umgebung aufgewachsen od. geboren ist 女人,女性(人物): *Marie Curie, e-e berühmte T. Warschaus* 玛丽·居里是华沙有名的女人 **3.** ***e-e höhere T.*** *veraltend* (渐旧) ein Mädchen od. e-e Frau mit relativ reichen, gebildeten Eltern 高贵人家的小姐或夫人,大家闺秀 **4.** *Kurzw* (略) ↑ ***Tochtergesellschaft***

-toch·ter *die*; (CH) [瑞] e-e junge Frau, die in e-m Beruf, als Verkäuferin od. Kellnerin arbeitet… 女招待,女服务员; ***Buffettochter***, ***Ladentochter***, ***Saaltochter***, ***Serviertochter***

Toch·ter·fir·ma *die* ≈ Tochtergesellschaft

Toch·ter·ge·sell·schaft *die*; ein Betrieb od. e-e Firma, die zu e-r größeren (Mutter) Gesellschaft gehören u. von ihr abhängig sind 分公司,子公司(又称:女儿公司)

Tod *der*; *-es*; *nur Sg*(只用单数) **1.** das Sterben, das Ende des Lebens 死,死亡 〈ein sanfter, qualvoller, früher Tod 平静的、痛苦万分的死亡,早死; Tod durch Ersticken, Ertrinken, Herzversagen *usw* 窒息致死,淹死,心力衰竭而死; j-d hat e-n leichten, schönen Tod 某人死得轻松、愉快; j-d stirbt e-s natürlichen, gewaltsamen Todes 某人自然死亡、横遭惨死; dem Tod(e) nahe sein 濒临死亡; den Tod kommen/nahen fühlen 感到死亡来临/临近; den Tod fürchten 怕死; bis zum/in den Tod 直到死亡; j-n vor dem Tod(e) (er)retten, bewahren 拯救、保护某人免遭死亡; j-n/ein Tier zu Tode hetzen, prügeln, schinden 追捕、毒打、虐待某人/动物致死; etw. wird mit dem Tod(e) bestraft 某种行为将被处以死刑; j-n zum Tode verurteilen 判处某人死刑; etw. mit dem Tod(e) büßen, bezahlen (müssen) (得)为某事付出生命的代价; j-d stürzt sich zu Tode (= stürzt u. stirbt dadurch) 某人坠落致死〉: *Der Arzt stellte fest, dass der Tod zwischen zwei u. vier Uhr eingetreten war* 医生确定死亡时间是在2—4点之间; *Aids ist e-e Krankheit, die meist zum Tod führt* 爱滋病是一种多半会导致死亡的疾病 ‖ K-(复合): ***Todes-***, ***-ahnung***, ***-art***, ***-datum***, ***-gefahr***, ***-jahr***, ***-nachricht***, ***-pein***, ***-qual***, ***-schrei***, ***-strafe***, ***-ursache***, ***-zeit*** ‖

T

NB(注意)：als Plural wird *Todesfälle* verwendet(复数用 Todesfälle) **2.** der Tod (1), den man sich als Person vorstellt 死神〈dem Tod entfliehen, entkommen, ein Schnippchen schlagen (= nicht sterben)逃脱、躲开死神，给死神开了个玩笑；dem Tod ins Auge blicken 冒着生命的危险，视死如归；der Tod klopft (bei j-m) an, holt j-n, hält reiche Ernte (= viele Leute sterben)死神敲响某人的门，召见某人，获得大丰收(意即：夺走许多人的生命)〉 **3.** das Ende *mst* e-s Plans od. e-r Institution 终结，破产，完蛋：*Die hohen Zinsen bedeuten den Tod für die Firma* 高利息意味着公司的破产 **4.** ***der Schwarze / schwarze Tod*** die Pest 黑死病，鼠疫 **5.** ***der Weiße / weiße Tod*** der Tod (1) durch Lawinen, im Schnee 在雪崩中死亡 **6.** ***der nasse Tod*** der Tod (1) durch Ertrinken 淹死，溺死 **7.** ***j-d kommt (bei etw.) zu Tode*** j-d stirbt durch e-n Unfall(人作主语)因…而死亡 **8.** ***j-d findet / erleidet den Tod*** *geschr* [书]；j-d stirbt (人作主语)遇难身亡/惨遭死亡 ‖ ID[谚] ***j-d ist des Todes***；***j-d ist dem Tod(e) geweiht*** *geschr*[书]；j-d muss bald sterben 某人肯定快死了，注定要死；***etw. ist j-s Tod*** etw. führt zu j-s Tod 某事导致某人死亡；***j-d / etw. treibt j-n in den Tod*** j-d/etw. bewirkt, dass j-d Selbstmord begeht 某人/某事逼得某人自杀；***für j-n / etw. in den Tod gehen*** sterben, um j-m zu helfen od. um etw. zu erreichen 为了某人/某事去死；***mit dem Tod(e) ringen*** lebensgefährlich krank od. verletzt sein 与病魔搏斗，与死神抗争；***über den Tod hinaus*** auch nachdem j-d schon tot ist 在死后：*j-m über den Tod hinaus die Treue halten* 在某人死后仍对其忠贞不渝；***bis dass der Tod euch scheide*** verwendet (vom Priester bei der Hochzeit), um auszudrücken, dass e-e Ehe bis zum Tod eines der Partner dauern soll (牧师在婚礼上的祝愿)祝你们白头偕老，至死不渝；*mst* 多用 ***Du wirst dir (noch) den Tod holen*** *gespr*[口]；du wirst dich schwer erkälten 你会得重感冒的；***dem Tod von der Schippe springen*** *gespr hum*[口][谑]；in höchster (Todes)-Gefahr sein u. noch einmal gerettet werden 临危得救，死里逃生；***aussehen wie der (leibhaftige) Tod*** sehr blass u. krank aussehen 看上去脸色惨白；***weder Tod noch Teufel fürchten*** sich vor nichts fürchten 无所畏惧；***Tod u. Teufel!*** verwendet als Fluch(咒语)没好死!；*mst* 多用 ***Ich bin tausend Tode gestorben, als ...*** *gespr*[口]；ich hatte e-e panische Angst, als ... 当…时候，我差点儿被吓死；***j-n / etw. auf den Tod nicht ausstehen / leiden können*** *gespr*[口]；j-n/etw. überhaupt nicht mögen 无法忍受(死也受不了)某人/某事；***zu Tode*** *gespr*[口] ≈ sehr〈sich zu Tode erschrecken, langweilen, schämen 吓得、无聊得、羞得要死；zu Tode erschöpft, erschrocken sein 累得、吓得要死〉；***Umsonst ist nur der Tod!*** *gespr*[口]；man muss für alles im Leben bezahlen 生活中任何事情都要付出代价！‖ ▶ ***tot, Tote, töten***

tod- *im Adj, betont, wenig produktiv, gespr* (构成形容词，重读，构词弱)[口] ≈ äußerst, sehr；***todernst***〈ein Gesicht 脸〉，***todhungrig***，***todkrank***，***todlangweilig***〈ein Film 影片〉，***todmüde***〈ins Bett fallen 倒头便睡〉，***todschick***〈Kleidung 衣服〉，***todsicher***〈etw. t. wissen 对某事知道得非常有把握〉，***todtraurig***，***todunglücklich***

tod·brin·gend *Adj*(形)；*nicht adv*(不作状语)；so, dass man (daran) sterben wird 招致死亡的，致死的，致命的 ≈ tödlich〈e-e Krankheit, e-e Verletzung 疾病，伤害〉

To·des·angst *die* **1.** die Angst vor dem Sterben 怕死 **2.** e-e sehr große Angst 极度恐惧〈Todesängste ausstehen 忍受死亡的恐惧；e-e T. vor j-m/etw. haben 对某人/某事极度恐惧〉

To·des·an·zei·ge *die*；e-e Anzeige in der Zeitung, die mitteilt, dass j-d gestorben ist 讣告，讣闻

To·des·er·klä·rung *die*；ein amtliches Dokument, in dem j-d offiziell für tot erklärt wird, der seit mindestens zehn Jahren vermisst ist 死亡声明

To·des·fall *der*；der Tod e-s Menschen 死亡事件：*ein T. in der Familie* 在家里的死亡，死在家中

To·des·fol·ge *die*；*nur in* 只用于 ***mit T.*** JUR【法】；so, dass infolge *mst* e-s Verbrechens j-d stirbt 造成死亡的，致命的〈Körperverletzung, ein Unfall mit T. 致命的伤害、车祸〉

To·des·kampf *der*；das Ringen mit dem Tod 垂死挣扎，殊死斗争 ≈ Agonie

To·des·kan·di·dat *der* **1.** j-d, der zum Tode verurteilt ist 被判死刑的人 **2.** j-d, der sich in sehr große Gefahr begibt 临危的人，濒死的人 ‖ *hierzu*(派生) **To·des·kan·di·da·tin** *die*

To·des·mut *der*；sehr große Tapferkeit in e-r sehr gefährlichen Situation 临危不惧，视死如归的精神 ‖ *hierzu* (派生) **to·des·mu·tig** *Adj* (形)

To·des·op·fer *das*；j-d, der bei e-m Unfall od. e-r Katastrophe gestorben ist 蒙难者，死难者：*Der Brand forderte mehrere Todesopfer* 大火造成好几个人死亡

To·des·schuss *der*；ein (gezielter) Schuss, mit dem man e-n Menschen tötet 致命的一枪

To·des·schüt·ze *der*；j-d, der j-n durch e-n Schuss tötet 枪杀人的射手，杀手 ‖ *hierzu* (派生) **To·des·schüt·zin** *die*

To·des·stoß *der* **1.** der (beabsichtigte u. gezielte) Stoß *z. B.* mit e-m Messer od. e-m Dolch, mit dem man e-n Menschen od. ein Tier tötet 致命的一击(一刀或一剑)〈j-m/e-m Tier den T. versetzen 一刀刺死某人/砍死一只动物；den T. erhalten 挨了致命的一刀〉 **2.** ein Ereignis, das zum Ende, Untergang von etw. führt(导致破产、失败、衰亡的事件)致命打击

To·des·tag *der*；der Tag, an dem j-d gestorben ist (u. das entsprechende Datum in den folgenden Jahren) 逝世纪念日，忌辰：*der zweihundertste T. e-s Dichters* 一位诗人逝世200周年纪念日

To·des·ur·teil *das* **1.** ein Urteil, das als Strafe

j-s Tod vorsieht 判处死刑,死刑判决〈das T. verhängen, vollstrecken 宣布、执行死刑(判决)〉 **2.** der Grund für das Ende e-s Vorhabens, e-s Unternehmens *o. Ä.*(计划失败、经营破产的原因)判死刑: *Für viele Betriebe war die Inflation das T.* 对许多企业来说通货膨胀就是宣判死刑

To·des·ver·ach·tung *die*; *nur Sg*(只用单数); *mst in* 多用于 ***mit T.*** *mst hum* 多用[诙]; ohne sich seine Angst, seinen Ekel *o. Ä.* anmerken zu lassen 不怕死地,硬着头皮,强忍着

Tod·feind *der*; ein Feind od. Gegner, der voller Hass ist 死敌,不共戴天的仇人 ‖ *hierzu* (派生) **Tod·fein·din** *die*; **Tod·feind·schaft** *die*; *nur Sg*(只用单数)

tod·ge·weiht *Adj*(形); *nicht adv*, *geschr*(不作状语)[书];〈ein Mensch, ein Tier 人,动物〉 so, dass sie bald sterben werden 濒死的,快要死的

tod·krank *Adj*(形) **1.**〈ein Mensch 人〉 so krank, dass er sterben wird 病危的,重病垂危的 **2.** *gespr*[口] ≈ sehr krank

töd·lich *Adj*(形) **1.** so, dass man (daran od. dabei) stirbt 致命的,要命的〈e-e Krankheit, e-e Verletzung, ein Gift 疾病,伤势,毒品; mit tödlichen Folgen 带有致命的后果; t. verunglücken 遇难身亡; j-n t. verletzen, treffen 致命地击伤、击中某人; etw. wirkt t. 某事会造成死亡; etw. verläuft t., geht t. aus 某事的趋势、结果会致命〉: *Bei dem Unfall wurde er t. verletzt* 在这次事故中受伤致死 **2.** *nur attr*, *nicht adv*, *gespr*(只作定语,不作状语)[口]; sehr groß od. intensiv 非常的,极其的,很大的〈e-e Beleidigung, Ernst, Hass 侮辱,严厉,仇恨; mit tödlicher Sicherheit 怀着极大的把握〉 **3.** *nur adv*, *gespr*(只作状语)[口]; verwendet, um Adjektive od. Verben mit negativer Bedeutung zu verstärken(加强形容词或动词的负面语义)极,要命,极其〈t. beleidigt, erschrocken sein 受极大侮辱,吓得要命; j-n/sich t. langweilen 使某人/自己感到无聊透顶〉

Tod·sün·de *die* **1.** KATH【天主】; e-e sehr schwere Sünde 大罪,罪孽深重: *die sieben Todsünden* 天大的罪孽 **2.** *gespr*[口]; e-e große Dummheit 大蠢事

Töff·töff *das*; *-s*, *-s*; (von u. gegenüber Kindern verwendet) ein Auto od. Motorrad (儿童用语)嘟嘟车(汽车或摩托)

To·fu *der*; *-(s)*; *nur Sg*(只用单数); e-e Art Quark, den man aus Sojabohnen macht 豆腐

To·hu·wa·bo·hu *das*; *-(s)*, *-s*; *gespr*[口] ≈ Durcheinander, Chaos

toi *Interjektion*(叹); *nur in* 只用于 ***toi, toi, toi!*** verwendet, um j-m/sich (weiterhin) Glück u. Erfolg zu wünschen 祝你走运!祝你成功!

To·i·let·te¹ [toaˈlɛtə] *die*; *-*, *-n* **1.** e-e Art Becken, auf das man sich setzen kann, um Blase u. Darm zu entleeren. Die T. ist am Fußboden befestigt u. endet in e-m Rohr 马桶,坐便器 ≈ WC, Klo(sett)〈e-e T. mit Wasserspülung 抽水马桶; sich auf die T. setzen 坐到马桶上去; etw. in die T. werfen 把某物扔进马桶; die T. ist verstopft 马桶堵了〉 ‖ K-(复合): ***Toiletten-***, ***-becken***, ***-spülung*** **2.** ein Raum mit einer T.¹ (1) od. mehreren Toiletten¹ (1) 厕所 ≈ WC, Klo(sett)〈e-e öffentliche T. 公共厕所; auf die/zur T. gehen, müssen 上、得上厕所〉: *e-e Wohnung mit Bad u. separater T.* 一套带浴室及单独厕所的住房 ‖ K-(复合): ***Toiletten-***, ***-fenster***, ***-tür*** ‖ -K(复合): ***Damen-***, ***Herren-***

To·i·let·te² [toaˈlɛtə] *die*; *-*, *-n*; *nur Sg*, *geschr*(只用单数)[书]; das Waschen, Frisieren u. Ankleiden 梳妆打扮,盥洗: *die morgendliche T.* 早晨梳妆打扮 ‖ K-(复合): ***Toiletten-***, ***-tisch***

To·i·let·ten·ar·ti·kel *der*; *mst Pl*(多用复数); etw. (*z. B.* Seife, Creme, Zahnbürste), das man für die Pflege des Körpers braucht 盥洗用品,化妆用品

To·i·let·ten·frau *die*; e-e Putzfrau, die öffentliche Toiletten¹ reinigt 公共厕所的清洁女工

To·i·let·ten·pa·pier *das*; Papier, mit dem man sich wischt, nachdem man Blase u. Darm entleert hat 手纸,卫生纸

To·i·let·ten·was·ser *das* ≈ Parfüm

to·le·rant; *toleranter*, *tolerantest-*; *Adj*(形); ***t.*** (***gegenüber j-m/etw.***); ***t.*** (***gegen j-n/etw.***) *geschr*[书]; so, dass man andere (religiöse, politische od. weltanschauliche) Meinungen, Haltungen od. Sitten respektiert od. duldet 宽容的,大度的,襟怀宽阔的,容忍的 ↔ intolerant: *t. gegenüber der Jugend* 对年轻人宽容

To·le·ranz *die*; *-*; *nur Sg*(只用单数); ***T.*** (***gegenüber j-m/etw.***) (***gegen j-n/etw.***) *geschr*[书]; e-e Einstellung, bei der man andere Meinungen *o. Ä.* respektiert od. duldet 宽容,容忍,大度,胸襟开阔〈T. üben, zeigen 学会、表示宽容(待人)〉 ‖ K-(复合): ***Toleranz-***, ***-grenze***

to·le·rie·ren; *tolerierte*, *hat toleriert*; [Vt](及物) ***j-n/etw. t.*** j-n/etw. akzeptieren od. respektieren 对…宽容、大度,宽待 ‖ *hierzu*(派生) **To·le·rie·rung** *die*; **to·le·rier·bar** *Adj*(形)

toll, *toller*, *tollst-* **1.** *gespr*[口]; *bes* in Ausrufen verwendet, um Bewunderung auszudrücken(表示惊叹)棒极了,神了 ≈ prima, super: *Das ist e-e tolle Idee!* 这是一个绝妙的主意! ; *Sie singt wirklich t.!* 她唱得确实棒! **2.** *nur adv*, *gespr*(只作状语)[口]; verwendet, um Adjektive u. Verben zu verstärken(加强形容词和动词的语义): *Es regnet ganz t.* 雨下得好极了; *Sie ist t. verliebt* 她爱得着迷了 **3.** *veraltend*[渐旧] ≈ verrückt, geistesgestört〈sich wie t. gebärden 举止、神情疯疯癫癫〉 **4.** ***es zu t. treiben*** *gespr*[口]; etw. übertreiben 把事弄得太过分(出格)了

Tol·le *die*; *-*, *-n*; e-e große Welle im Haar (über der Stirn) 额前一绺鬈发,刘海: *die T. von Elvis Presley* 普雷斯利(美国摇滚乐歌手,猫王)的刘海

tol·len; *tollte*, *hat getollt*; [Vi](不及物) ≈

T

springen, toben (3)

Tọll·heit *die*; -, *-en*; e-e Handlung, die sehr gefährlich, (fast) verrückt ist 疯狂性,癫狂行为

Tọll·kir·sche *die* **1.** ein Strauch mit sehr giftigen schwarzen Beeren 颠茄 **2.** e-e Beere der T. (1)颠茄果

tọll·kühn *Adj*(形); *oft pej* 常用[贬]; sehr mutig, aber ohne Gefühl für das Risiko (u. daher leichtsinnig)极大胆的,胆大的,不怕危险的: *ein tollkühner Bergsteiger* 一位生死置于度外的登山运动员 ‖ *hierzu*(派生) **Tọll·kühn·heit** *die*; *nur Sg*(只用单数)

Tọll·patsch *der*; *-s*, *-e*; ein ungeschickter Mensch 笨手笨脚的人,笨拙的人 ‖ *hierzu*(派生) **tọll·pat·schig** *Adj*(形)

Tọll·wut *die*; e-e *mst* tödliche (Virus)-Krankheit bei Tieren, die durch den Biss e-s erkrankten Tieres auf Menschen übertragen werden kann 狂犬病 ‖ *hierzu*(派生) **tọll·wü·tig** *Adj*(形)

Tọ̈l·pel *der*; *-s*, *-*; *pej*[贬]; ein dummer, ungeschickter Mensch 笨蛋,蠢货 ‖ *hierzu*(派生)**tọ̈l·pel·haft** *Adj* (形) ‖ *zu* ***Tölpelei*** ↑ ***-ei***

To·ma̲·te *die*; -, *-n* **1.** e-e rote, runde, fleischige (Gemüse) Frucht, die man *z. B.* als Salat isst 西红柿,番茄(果实) ‖ ↑ *Abb. unter* 图见 ***Gemüse*** ‖ K-(复合): ***Tomaten-***, ***-ketschup***, ***-mark***, ***-saft***, ***-salat***, ***-soße***, ***-suppe*** **2.** die Pflanze, an der Tomaten (1) wachsen 西红柿,番茄(植物)〈Tomaten anbauen, anpflanzen 种植西红柿〉 ‖ ID [谚] ***e-e treulose T.*** *gespr hum*[口][诙]; ein Mensch, auf den man sich nicht verlassen kann 不可信的人,靠不住的人; *mst* 多用 ***Er/Sie hat Tomaten auf den Augen*** *gespr*[口]; er/sie sieht etw. nicht, was andere deutlich u. klar erkennen 他/她是睁眼瞎

Tọm·bo·la *die*; -, *-s*/*Tom·bo·len*; e-e Art Verlosung, bei der man Gegenstände gewinnen kann, die gestiftet worden sind 义卖活动: *e-e T. zugunsten des Roten Kreuzes* 为红十字会举行义卖

To·mo·gra·fi̲e, **To·mo·gra·phi̲e** [-f-] *die*; -, *-n* [ˈfiːən]; MED【医】**1.** ein Verfahren zur Untersuchung mit Röntgenstrahlen, bei dem ein Teil des Körpers mit mehreren Aufnahmen schichtweise abgebildet wird 层析 X 射线摄影法,断层造影术 ‖ -K(复合): ***Computer-*** **2.** e-e Untersuchung mittels T. (1)层析 X 射线摄影,断层造影(检查)

To̲n[1] *der*; *-(e)s*, *Tö·ne* **1.** etw., das man hören kann, e-e kleine akustische Einheit 声,声音〈ein hoher, tiefer, leiser, lauter, schriller Ton 高、低、轻、大、尖声〉 ‖ K-(复合): ***Ton-***, ***-frequenz***, ***-höhe*** **2.** ein genau festgelegter Ton[1] (1), der in e-m musikalischen System (Tonleiter) e-e bestimmte Stelle hat u. durch e-n Buchstaben bezeichnet wird 音,音级〈ein ganzer, halber Ton 全音,半音〉 ‖ K-(复合): ***Ton-***, ***-folge*** **3.** die Qualität des Klangs e-r Stimme od. e-s Musikinstruments 音色,音质〈ein heller, dunkler, voller, weicher Ton 响亮的、低沉的、饱满的、柔软的音色〉 **4.** die Sprache, die Musik u. Geräusche in Film, Fernsehen od. Radio 声响,音响 ↔ Bild (4): *Plötzlich sind Ton u. Bild ausgefallen* 突然音响和图像全消失了 ‖ K-(复合): ***Ton-***, ***-ausfall***, ***-störung*** **5.** LING【语】≈ Betonung: *Der Ton liegt auf der ersten Silbe* 重音落在第一个音节上 ‖ ID [谚] ***keinen Ton herausbringen/von sich geben*** *gespr* [口]; (*z. B.* aus Angst od. Aufregung) kein Wort sagen 说不出话来/一声不吭; (***bei etw.***) ***den Ton angeben*** bestimmen, was getan wird(在…方面)定调子; ***j-n/etw. in den höchsten Tönen loben*** j-n/etw. sehr loben 极力夸奖某人/某事,为…极力捧场; ***große/ dicke Töne schwingen/spucken*** *gespr pej*[口][贬]; sehr angeben, prahlen 吹牛,说大话,唱高调; ***Hast du Töne?*** *gespr*[口]; verwendet, um Überraschung auszudrücken (表示惊奇)你还有什么可说的? 你说神不神?

To̲n[2] *der*; *-s*; *nur Sg*(只用单数) **1.** die Art u. Weise, wie j-d mit anderen Menschen spricht 声调,口气,语调,口吻〈j-m etw. in e-m angemessenen, freundlichen, ruhigen T. sagen 用适当的、友好的、平静的语气把某事告诉某人; e-n aggressiven, scharfen T. anschlagen 发出一种进攻性的、严厉的声调〉 **2.** ≈ Umgangston: *Hier herrscht ein freundlicher, rauer, ungezwungener Ton* 这里有着友好的、令人不快的、自然的氛围 **3.** ***etw. gehört zum guten Ton*** etw. (ein bestimmtes Verhalten) ist nötig, wenn man höflich sein will 某事属于礼仪上的要求(规范的礼仪必须要…) ‖ ID [谚] ***e-n anderen/schärferen T. anschlagen*** (von jetzt ab) strenger sein(从现在开始)要用另一种/严厉的口气讲话(意即:要严厉些)

To̲n[3] *der*; *-s*, *Tö·ne* **1.** *Kurzw* (略) ↑ ***Farbton*** **2.** ***Ton in Ton*** in verschiedenen, farblichen Nuancen, die nur wenig voneinander unterschieden sind 色调和谐

To̲n[4] *der*; *-s*, *-e*; e-e schwere Erde, aus der man Keramiken (Töpferwaren) formen kann 黏土,陶土〈Ton formen, brennen 捏、烧陶土; etw. in Ton modellieren 用陶土把某物制成模型〉 ‖ K-(复合): ***Ton-***, ***-gefäß***, ***-geschirr***, ***-krug***, ***-pfeife***, ***-tafel***, ***-vase***, ***-waren***, ***-ziegel***

to̲n·an·ge·bend *Adj*(形); von großem Einfluss auf das Benehmen u. Handeln anderer Menschen 定调子的,起示范(主导)作用的

To̲n·arm *der*; ein bewegliches Teil am Plattenspieler, das man auf die Schallplatte aufsetzt 唱头臂

To̲n·art *die* **1.** MUS【音】; e-e bestimmte Tonleiter als System von Tönen[1] (2), auf die ein Musikstück aufbaut 调: *die T. D-Dur* D 大调 ‖ -K(复合): ***Dur-***, ***Moll-*** **2.** ≈ Ton[2] (1)

To̲n·band *das* **1.** ein (Kunststoff) Band, auf dem man Musik, Sprache u. Geräusche speichern kann 音带,录音磁带〈ein T. abhören, abspielen, besprechen, überspielen 听、放、灌、复制音带; etw. auf T. aufnehmen 将某事录在音带上〉‖ K-(复合)：***Tonband-***，***-aufnahme***，***-aufzeichnung***，***-gerät*** **2.** ein Gerät, mit dem man Tonbänder (1) bespielt od. abspielt(磁带)录放机

Ton·dich·tung *die*；ein Musikstück, das konkrete Vorgänge (*z. B.* e-n Sonnenaufgang *o. Ä.*) mit Tönen beschreibt 标题音乐

tö·nen[1]；*tönte*，*hat getönt*；[Vi](不及物) **1.** ***etw. tönt irgendwie/irgendwoher*** etw. ist in e-r bestimmten Qualität, von irgendwoher zu hören(物作主语)发出声响,传出声音：*Aus dem Lautsprecher tönte ein Lied* 从扩音器传出一支歌曲 **2.** (***von etw.***) ***t.*** *gespr*[口]；mit etw. angeben, prahlen 吹牛,夸夸其谈 **3.** ***irgendwie t.*** Ⓐ Ⓒⓗ [奥][瑞] ≈ klingen (3)

tö·nen[2]；*tönte*，*hat getönt*；[Vt](及物) ***etw.*** (***irgendwie***) ***t.*** etw. leicht färben 给…染色,轻微涂染：*Ich will mir die Haare* (*blond*) *t.* 我想把头发染一染(染成金黄)

To·ner *der*；*-s*，*-*；TECH【技】；die Druckfarbe in Fotokopiergeräten, Computerdruckern *o. Ä.* (复印机、打印机的)着色剂,色粉

tö·nern *Adj*(形)；*nicht adv*(不作状语)；aus Ton[4] 陶土制的,黏土制的

Ton·fall *der*；*nur Sg*(只用单数) **1.** ≈ Ton[2](1) **2.** ≈ Ton[2](2) **3.** die Art zu sprechen (*bes* in Bezug auf die Sprachmelodie)语调,声调

Ton·film *der*；ein (Kino) Film, der mit dem Bild auch Sprache, Musik *o. Ä.* wiedergibt 有声电影 ↔ Stummfilm

Ton·ge·schlecht *das*；eine der beiden Tonarten (*Dur* u. *Moll*)调性(指大调和小调)

To·ni·kum *das*；*-s*，*To·ni·ka*；ein medizinisches Mittel, das das Herz od. die Nerven stärken soll 强壮剂,补药 ‖ -K(复合)：***Herz-***，***Nerven-***

Ton·in·ge·ni·eur *der*；ein Ingenieur, der bei Aufnahmen von Musik auf die technische Qualität achtet 录音师,音响效果的技师 ‖ *hierzu*(派生) **Ton·in·ge·ni·eu·rin** *die*

Ton·kunst *die*；*nur Sg*，*geschr* (只用单数)[书] ≈ Musik

Ton·künst·ler *der*；*geschr*[书] **1.** ein Musiker, der sehr gut spielt 大音乐家,大演奏家 ≈ Virtuose **2.** ≈ Komponist ‖ *hierzu*(派生) **Tonkünst·le·rin** *die*

Ton·lei·ter *die*；e-e Folge von acht Tönen[1] (2), die mit e-m bestimmten Anfangston beginnt 音阶 ‖ -K(复合)：***C-Dur-Tonleiter***，***D-Dur-Tonleiter*** *usw*

Tonleiter

ton·los *Adj*(形)；ohne Ausdruck u. Betonung in der Stimme 无音调的,声音平淡的

Ton·na·ge [tɔ'naːʒə] *die*；*-*，*-n*；der Rauminhalt e-s Schiffes(船舶)吨位,装载吨数：*e-e T. von 150000 BRT* (Bruttoregistertonnen) 150000 总登记吨

Ton·ne[1] *die*；*-*，*-n* **1.** ein relativ großer Behälter in Form e-s Zylinders (1) 桶 ≈ Fass：*e-e T. voll/voller/voll mit Benzin* — 桶满满的汽油 ‖ ↑ *Abb. unter* 图见 ***Behälter und Gefäße*** ‖ -K(复合)：***Müll-***，***Regen-***，***Wasser-*** **2.** die Menge von etw., die in e-e T.[1] (1) passt 桶(量词)

Ton·ne[2] *die*；*-*，*-n*；e-e Maßeinheit, die 1000kg bezeichnet 吨(1000 公斤)；*Abk* 缩写 t

ton·nen·wei·se *Adv*(副) **1.** in Mengen von einer Tonne od. mehreren Tonnen 成桶地,以桶计,成吨地,以吨计 **2.** *gespr*[口]；in großen Mengen 大量地

-ton·ner *der*；*-s*，*-*；*im Subst*，*begrenzt produktiv*(构成名词,构词有限)；ein Lastwagen, auf den man Gegenstände bis zu e-m Gewicht der genannten Zahl von Tonnen[2] laden kann 能装载…吨的车辆；***Dreitonner***，***Fünftonner***，***Achttonner*** *usw*

Ton·schöp·fung *die*；*geschr*[书]；e-e wichtige, berühmte musikalische Komposition 名曲

Ton·stu·dio *das*；ein Raum, in dem Musik, Geräusche u. Texte auf Tonband aufgenommen werden 音响录制室

Ton·sur *die*；*-*，*-en*；e-e Stelle am Kopf, an der (bei Mönchen) die Haare weggeschnitten sind(教士)头顶削发部分

Ton·tau·ben·schie·ßen *das*；*nur Sg*(只用单数)；ein Sport, bei dem man auf e-e kleine Scheibe aus Ton[4], die in die Luft geworfen wird, schießt 飞碟射击

Ton·tech·ni·ker *der*；j-d, der bei Aufnahmen von Musik auf die technische Qualität der Töne[1] (1) achtet 录音师,音响效果的技师

Ton·trä·ger *der*；RAD, TV【广播】【电视】；verwendet als allgemeine Bezeichnung für Schallplatte, Tonband u. Kassette 载声体(如唱片、音带、盒带)

Tö·nung *die*；*-*，*-en* **1.** *nur Sg*(只用单数)；das Tönen[2] **2.** e-e farbliche Nuance 色调,色泽,色彩的细微差别 ≈ Schattierung

Top *das*；*-s*，*-s*；e-e Art Hemd für Frauen (ohne Ärmel u. mit dünnen Trägern)女士的无袖吊带衬衫

top- *im Adj*，*wenig produktiv*，*gespr*(构成形容词,构词弱)[口]；verwendet, um ein Adjektiv zu intensivieren (加强形容词语义) ≈ hoch-；***topaktuell***，***topfit***，***topmodern***，***topmodisch***

Top- *im Subst*，*begrenzt produktiv*(构成名词,构词有限)；verwendet, um auszudrücken, dass die genannte Person/Sache sehr gut ist, zu den Besten gehört 出色的,优秀的,上好的… ≈ Spitzen-；der ***Topagent***，das ***Topangebot***，der ***Topathlet***，die ***Topform*** (e-s Sportlers 运动员的)，der ***Topmanager***，das ***Topmodell***，der ***Topstar***

To·pas *der*；*-(es)*，*-e*；ein heller, *mst* gelblicher Halbedelstein 黄玉,黄晶

Topf *der*；*-(e)s*，*Töp·fe* **1.** ein rundes, relativ tiefes Gefäß mit Griffen u. Deckel, in dem

T

Topf (1)

man etw. kochen kann 锅: *ein T. aus Edelstahl* 一口不锈钢的锅; *ein T. voll Suppe* 满满一锅汤 ‖ K-(复合): ***Topf-**, **-deckel*** **2.** ein Gefäß (*bes* aus Keramik), zum Aufbewahren von Nahrungsmitteln 罐,盆,钵(尤指陶瓷制品): *ein T. mit Honig* 一罐蜂蜜 ‖ -K(复合): ***Ton-*** **3.** die Menge von etw., die in e-n T. (1, 2) passt 锅,罐,钵(量词): *ein T. Suppe, ein T. Honig* 一锅汤,一罐蜜 **4.** *Kurzw*(略) ↑ ***Blumentopf*** ‖ K-(复合): ***Topf-**, **-blume**, **-pflanze*** **5.** *Kurzw*(略) ↑ ***Nachttopf*** ⟨auf den T. müssen, gehen 要、去尿尿(小便)⟩ ‖ ID[谚] ***alles in e-n T. werfen*** *pej* [贬]; ganz verschiedene Dinge gleich beurteilen 把什么都一锅煮(意即:把一切都混为一谈)

Töpf·chen *das*; *-s*, *-*; *gespr* [口]; (von u. gegenüber Kindern verwendet)(儿童用语)小锅(罐、钵、盆) ≈ Topf (5)

Top·fen *der*; *-s*; *nur Sg*, *südd* Ⓐ(只用单数)[南德][奥] ≈ Quark

Töp·fer *der*; *-s*, *-*; j-d, der beruflich Gegenstände (*mst* Geschirr) aus Ton[4] herstellt 陶工,陶器工人 ‖ K-(复合): ***Töpfer-**, **-handwerk**, **-ware**, **-werkstatt*** ‖ *hierzu*(派生) **Töp·fe·rin** *die*; *-*, *-nen*

Töp·fe·rei *die*; *-*, *-en*; die Werkstatt e-s Töpfers 制陶工场,制陶作坊

töp·fern; *töpferte*, *hat getöpfert*; **Vt/i** (及物/不及物)(***etw.***) ***t.*** etw. aus Ton[4] herstellen 用陶土制作: *Krüge, Teller t.*(用陶土)制作罐、碟; *Sie töpfert gern* 她爱好制陶工作

Töp·fer·schei·be *die*; e-e runde Scheibe, die man drehen kann u. auf der der Töpfer Gegenstände aus Ton[4] formt 陶工旋盘

Topf|hand·schuh *der*; ein Handschuh, mit dem man heiße Töpfe anfassen kann 防烫手套

Topf·krat·zer *der*; *-s*, *-*; e-e Art kleiner, harter Schwamm, mit dem man Töpfe reinigt (擦洗锅盆用的)硬海棉,百洁布

Topf·lap·pen *der*; ein dicker Lappen, mit dem man heiße Töpfe (an den Griffen) anfassen kann(端热锅用的)厚布,垫布

To·po·gra·fie, **To·po·gra·phie** [-ˈfiː] *die*; *-*, *-n* [-ˈfiːən]; GEOG【地】; die Beschreibung od. Darstellung e-s geografischen Raumes 地形,地貌,地势: *die T. von Nordeuropa* 北欧地貌 ‖ *hierzu*(派生) **to·po·gra·fisch**, **to·po·gra·phisch** *Adj*(形)

topp! *Interjektion*(叹); verwendet, um e-e Vereinbarung od. Wette zu bekräftigen(用于商定或打赌)好,就这么着,定了: *T., die Wette gilt!* 好,打赌算数!

Tor[1] *das*; *-(e)s*, *-e* **1.** e-e Art breite Öffnung in e-m Gebäude, e-m Zaun od. e-r Mauer 大门,城门(入口): *die Tore der alten Stadtmauer* 古城墙的大门 ‖ K-(复合): ***Tor-**, **-bogen**, **-einfahrt**, **-wächter**, **-weg*** **2.** e-e Art breite Tür (die oft aus zwei Flügeln[1] (3) besteht), mit der das Tor[1] (1) geschlossen wird(由两扇门组成的)大门 ⟨das Tor schließen 关上大门; ans Tor klopfen 敲大门⟩ ‖ -K(复合): ***Burg-**, **Scheunen-**, **Stadt-*** **3.** SPORT【体】; zwei Stangen, zwischen denen man *z.B.* beim Kanufahren, Skifahren hindurchfahren muss(独木舟、滑雪穿越的)门 ‖ K-(复合): ***Tor-**, **-lauf***

Tor[2] *das*; *-(e)s*, *-e* **1.** e-e Konstruktion aus (Holz)Balken u. e-m Netz, in die man *z.B.* beim Fußball mit dem Ball treffen soll 球门 ⟨ins/das T. treffen 射中球门,进球; am T. vorbeischießen 在球门旁擦过⟩ ‖ ↑ *Abb. unter* 图见 ***Fußball*** ‖ K-(复合): ***Tor-**, **-latte**, **-linie**, **-mann**, **-netz**, **-pfosten**, **-raum**, **-schuss*** ‖ *zu* **Tormann** ↑ *Abb. unter* 图见 ***Fußball*** **2.** der gelungene Versuch, den Ball ins Tor[2] (1) zu schießen 射进的球,进球 ‖ K-(复合): ***Tor-**, **-chance**, **-differenz**, **-gelegenheit**, **-stand**, **-verhältnis*** **3.** ***ein Tor schießen*** mit dem Ball ins Tor[2] (1) treffen 射中球门,射门进球

Tor[3] *der*; *-en*, *-en*; *veraltend* [渐旧] ≈ Narr (1) ‖ NB(注意): *der Tor*; *den*, *dem*, *des Toren*

To·re·ro *der*; *-s*, *-s* ≈ Stierkämpfer

To·res·schluss *der*; *mst in* 多用于 ***bei/kurz vor T.*** gerade noch zur rechten Zeit, in letzter Minute 在最后一瞬间(一刹那),及时地,适时

Torf *der*; *-(e)s*; *nur Sg*(只用单数); e-e sehr leichte dunkle Erde (im Moor), die aus Pflanzenteilen entstanden ist 泥炭,泥煤 ⟨T. stechen (= abbauen)采挖泥煤; den T. trocknen, pressen 晾干、压制泥煤⟩ ‖ K-(复合): ***Torf-**, **-ballen**, **-gewinnung**, **-moor***

Torf·mull *der*; getrockneter Torf, mit dem man im Garten die Erde verbessert(用于改良花园土壤的)泥炭

Tor·heit *die*; *-*, *-en*; *geschr*[书] **1.** *nur Sg*(只用单数) ≈ Dummheit, Unvernunft **2.** e-e unvernünftige, dumme Handlung 愚蠢行为,傻事 ⟨e-e T. begehen 犯傻,作蠢事⟩

Tor·hü·ter *der* ≈ Torwart ‖ ↑ *Abb. unter* 图见 ***Fußball*** ‖ *hierzu*(派生) **Tor·hü·te·rin** *die*

tö·richt *Adj*(形); *geschr* [书] ≈ dumm, unvernünftig

Tor·jä·ger *der*; SPORT【体】; ein Spieler, der viele Tore[2] (2) schießt 射进球多的运动员,射手

tor·keln; *torkelte*, *hat/ist getorkelt*; **Vi** (不及物) **1.** (*hat/ist*) sich schwankend hin u. her bewegen (*bes* weil man betrunken ist)走路跌跌撞撞、摇晃、蹒跚 **2.** ***irgendwohin/irgendwoher t.*** (*ist*) schwankend irgendwohin gehen od. irgendwoher kommen 踉踉跄跄: *Sie torkelten aus dem Wirtshaus* 他们踉踉跄跄地走出酒店

Törn *der*; *-s*, *-s*; e-e Fahrt mit e-m Segelboot 扬帆航行 ‖ -K(复合): ***Segel-***

Tor·na·do *der*; *-s*, *-s*; ein heftiger (Wirbel-)Sturm (in Nordamerika)(北美)龙卷风

Tor·nis·ter *der*; *-s*; - **1.** ein flaches Gepäckstück, das *mst* Soldaten auf dem Rücken tragen 背囊,背包 **2.** *nordd* [北德]≈ Schulranzen

tor·pe·die·ren; *torpedierte*, *hat torpediert*; [Vt] (及物) **1.** *etw. t.* etw. mit e-m Torpedo beschießen (用鱼雷)袭击,射击 **2.** *etw. t.* sich gegen etw. engagieren u. es verhindern 阻挠,破坏〈Pläne, ein Vorhaben t. 破坏计划、打算〉: *Der Gesetzesentwurf wurde von der Opposition torpediert* 法律草案遭反对派攻击而受阻 ‖ *hierzu* (派生) **Tor·pe·die·rung** *die*

Tor·pe·do *der*; *-s*, *-s*; ein sehr starkes, schnelles Geschoss, das unter Wasser auf feindliche Schiffe gelenkt wird 鱼雷,水雷 ‖ K-(复合): ***Torpedo-***, ***-boot***

Tor·schluss|pa·nik *die*; *nur Sg* (只用单数); die Angst, etw. zu versäumen (*mst* etw., das für das Leben wichtig ist) 诚惶诚恐,恐惧心理: *aus T. heiraten* 出自惶惶的心理而结婚

Tor·schüt·ze *der*; ein Spieler, der ein Tor² (2) geschossen hat 射中球门的运动员,进球队员

Tor·so *der*; *-s*, *-s*/*Tor·si*; e-e Statue, deren Arme, Beine od. Kopf fehlen 躯干裸体雕像

Tört·chen *das*; *-s*, -; ein kleines rundes Gebäck, das mit Obst belegt od. mit Creme gefüllt ist 圆形奶油小蛋糕

Tor·te *die*; -, *-n*; e-e Art Kuchen, der *mst* aus mehreren Schichten mit Sahne od. Creme besteht 奶油大蛋糕 ‖ K-(复合): ***Torten-***, ***-platte***, ***-stück*** ‖ -K (复合): ***Creme-***, ***Obst-***, ***Sahne-***, ***Schokoladen-***

Tor·ten·bo·den *der*; ein flacher (Biskuit) Kuchen, auf den man Obst *o.Ä.* legt 蛋糕底模

Tor·ten·guss *der*; e-e Art Gelee, das man bei Obstkuchen über die Früchte gießt u. das dann fest wird 浇注在蛋糕上的果冻

Tor·ten·he·ber *der*; *-s*, -; e-e Art kleine flache dreieckige Schaufel, mit der man ein Stück Torte auf den Teller legt 分蛋糕的扁平三角形小铲

Tor·tur *die*; -, *-en*; ein sehr unangenehmes, anstrengendes Erlebnis 磨难,折磨,痛苦的经历 ≈ Strapaze: *Die Reise in der Postkutsche war früher oft e-e T.* 从前乘驿车旅行常常是一种折磨

Tor·wart *der*; *-s*, *-e*; der Spieler (*z. B.* beim Fußball od. Hockey), der im Tor² (1) steht u. verhindern soll, dass ein Gegner den Ball hineinschießt 守门员 ‖ ↑ *Abb. unter* 图见 ***Fußball*** ‖ *hierzu* (派生) **Tor·war·tin** *die*; -, *-nen*

to·sen; *toste*, *hat getost*; [Vi] (不及物) ***etw. tost*** etw. ist sehr stark u. laut (物作主语)咆哮,呼啸,轰鸣〈tosender Beifall, ein tosender Wasserfall 雷鸣般的掌声,咆哮的瀑布〉 ‖ NB (注意): *mst* im Partizip Präsens (多用现在分词)

tot *Adj* (形) **1.** gestorben, nicht mehr am Leben 死的,死去的〈tot umfallen, zusammenbrechen 晕死过去,累死倒下〉: *Sie wurde von e-m Auto überfahren u. war sofort tot* 她被一辆汽车当场压死了; *Nachdem er zehn Jahre vermisst war, wurde er für tot erklärt* 他失踪十年之后,被宣告死亡; *ein tot geborenes Kind* 死胎 ‖ K-(复合): ***tot-***, ***-geboren*** **2.** ≈ abgestorben〈ein Ast, ein Baum 树枝,树〉 **3.** ohne Menschen od. Tiere 空无人烟的,荒无人迹的 ≈ leer〈e-e Stadt, e-e Landschaft 城市,地区〉 **4.** ohne Glanz u. Lebendigkeit 无精打彩的,无生气的,无光泽的≈ stumpf〈Augen, e-e Farbe 眼睛,颜色〉 **5.** so, dass man keinen Ton hört, weil die Leitung unterbrochen ist 无声音的,断路的〈die Leitung, das Telefon ist tot 线路、电话断了〉 **6.**〈ein Gleis, ein Flussarm, e-e Strecke 铁轨,河汊,路段〉so, dass sie nirgendwo hinführen, vom Verkehr nicht genutzt werden können 死的,不通行的,终端的 **7.** ≈ anorganisch〈Materie 物质〉 **8.** ***totes Wissen*** Kenntnisse, die man nicht nutzt od. anwenden kann 死的知识 **9.** ***e-e tote Zeit*** e-e Zeit, die man nicht nutzt od. (kommerziell) nutzen kann (生意)冷清的(无人问津的)时间,歇业期: *Für Skigeschäfte ist der Sommer e-e tote Zeit* 对滑雪业来说,夏天是歇业期 **10.** ***sich tot stellen*** so tun, als ob man tot sei 装死: *Manche Tiere stellen sich tot, wenn sie bedroht sind* 某些动物受到威胁时会装死 ‖ ID [谚] ***mehr tot als lebendig*** völlig erschöpft 精疲力尽,累得要死; ***halb tot*** *gespr* [口]; sehr mitgenommen 半死: *Sie war vor Angst/Kälte/Schmerzen halb tot* 她怕得/冻得/痛得半死; ***etw. ist (schon längst) tot u. begraben*** *gespr* [口]; etw. ist schon lange vorbei u. vergessen 某事早已成了过去(被人遗忘) ‖ NB (注意): **a)** ↑ ***Hose***, ***Kapital***, ***Punkt***, ***Sprache***, ***Winkel***; **b)** scherzhaft kann *tot* auch gesteigert werden (开玩笑时也可用比较级): *toter*/*töter*, *totest-* ‖ ▶ ***Tod***

tot- *im Verb*, *betont u. trennbar*, *wenig produktiv*, *mst gespr* (构成动词,重读并可分,构词弱)多用[口]; Die Verben mit *tot-* werden nach folgendem Muster gebildet (tot- 动词的模式如下): *totschießen* – *schoss tot* – *totgeschossen*;

1. *tot-* drückt aus, dass j-d/ein Tier durch die genannte Handlung stirbt (表示由所指行为导致死亡);

j-n/ein Tier totfahren: *Er fuhr e-e Katze tot* 他开车把一只猫轧死了 ≈ Er fuhr Auto u. tötete dabei e-e Katze, weil er sie zu spät sah

ebenso (同类词有): ***j-n/ein Tier tothetzen***, ***j-n/ein Tier totschießen***, ***j-n/ein Tier totstechen***, ***j-n/ein Tier tottrampeln***, ***j-n/ein Tier tottreten***

2. *tot-* hebt die Intensität e-r Handlung, e-s Vorgangs hervor (突出行为、过程的程度);

sich (über j-n/etw.) totärgern: *Ich könnte mich (darüber) totärgern*, dass *ich das Haus nicht gekauft habe* 我气得要命,我没有把这栋房子买下来 ≈ Ich ärgere mich sehr darüber, dass ...

ebenso 同类词有: ***sich totarbeiten***, ***sich (über***

T

***j-n/etw.*) totlachen**

to·tal *Adj*(形); *mst attr od adv*(多作定语或状语) **1.** ≈ gänzlich, völlig, ausnahmslos 〈ein Chaos, ein Misserfolg, e-e Niederlage, ein Reinfall 混乱,挫折,失败,扫兴; t. ausgehungert, erschöpft sein 完全饿垮、累垮了〉 **2.** *bes* (CH) ADM *geschr* 尤用于[瑞]【管理】[书] ≈ (ins) gesamt ‖ K-(复合): ***Total-***, ***-betrag***, ***-ergebnis***, ***-zahl*** ‖ *hierzu*(派生) **To·ta·li·tät** *die*; -; *nur Sg*(只用单数)

To·tal|aus·ver·kauf *der*; der vollständige Verkauf aller Waren zu *mst* billigen Preisen 全场大甩卖

to·ta·li·tär *Adj*(形); auf diktatorische Weise (wobei das gesamte gesellschaftliche Leben staatlich reglementiert u. jede Opposition gegen die Regierung unterdrückt wird) 极权主义的 〈ein Regime 政权; e-n Staat t. regieren 对一个国家进行极权主义的统治〉 ‖ *hierzu*(派生) **To·ta·li·ta·ris·mus** *der*; -; *nur Sg*(只用单数)

To·tal·ope·ra·ti·on *die*; die vollständige chirurgische Entfernung e-s Organs (*z.B.* der Gebärmutter) 完全切除手术 〈sich e-r T. unterziehen 进行完全切除手术〉

To·tal·scha·den *der*; ein so schwerer Schaden (an e-m Auto *o.Ä.*), dass sich e-e Reparatur nicht mehr lohnt 彻底损坏,完全损坏 〈T. haben 受彻底损坏〉: *An seinem Wagen entstand T.* 他的车子受到完全损坏

tot·ar·bei·ten, sich (*hat*) [Vr](反身) ***sich t.*** *gespr*[口]; zu schwer arbeiten (müssen), sodass man auf Dauer viel Kraft verliert 拼死拼活地干

To·te *der/die*; *-n*, *-n*; j-d, der nicht mehr lebt 死人,死者,亡灵,尸体 ≈ Leiche 〈e-n Toten/e-e Tote identifizieren, begraben, bestatten, beerdigen, beisetzen, einäschern, verbrennen 验明、埋掉、安葬、埋葬、火化、焚化、烧掉死者尸体〉: *Bei dem Unfall gab es drei Tote* 事故中有三人死亡 ‖ K-(复合): ***Toten-***, ***-bahre***, ***-bett***, ***-blässe***, ***-ehrung***, ***-feier***, ***-hemd***, ***-klage***, ***-kult***, ***-maske***, ***-messe***; ***toten-***, ***-blass***, ***-bleich*** ‖ -K(复合): ***Krebs-***, ***Kriegs-***, ***Unfall-***, ***Verkehrs-*** ‖ ID[谚] ***wie ein Toter schlafen*** *gespr*[口]; sehr fest schlafen 睡得死死的; ***das/etw. weckt Tote auf*** *gespr*[口]; etw. (*z.B.* ein Lärm, ein Geschmack, ein Schnaps) ist sehr stark od. intensiv 这/某物(如:嘈杂声、味道、酒味的浓度)吵、呛、熏得要命; *mst* 多用 ***Bist du von den Toten auferstanden?*** *gespr*[口]; bist du endlich wieder da, gesund *o.Ä.*? 你终于又复活了!(意即:又康复了) ‖ NB(注意): **a)** meint man die Person, spricht man von e-m *Toten*, meint man den Körper, spricht man von e-r *Leiche*(指人为Tote (死者),指身体为 Leiche (尸体)); **b)** *ein Toter*; *der Tote*; *den*, *dem*, *des Toten*

To·tem *das*; *-s*, *-s*; ein Tier od. ein Objekt, das manche (Natur) Völker als Symbol, Zeichen ihres Stammes verehren 图腾(原始氏族崇拜的动物或物体) ‖ K-(复合): ***Totem-***, ***-figur***, ***-pfahl***

tö·ten; *tötete*, *hat getötet*; [Vt/i](及物/不及物) (***j-n/ein Tier***) ***t.*** bewirken, dass ein Mensch od. ein Tier stirbt 杀死,杀害 〈j-n fahrlässig, vorsätzlich, mit e-m Dolch, mit Gift t. 过失、故意杀人,用匕首、用毒药杀人〉 ‖ ID[谚] ↑ ***Nerv***

To·ten·glo·cke *die*; e-e Glocke, die bei Beerdigungen geläutet wird 丧钟

To·ten·grä·ber *der*; *-s*, *-*; j-d, der beruflich auf dem Friedhof die Gräber gräbt 掘墓人 ‖ *hierzu*(派生) **To·ten·grä·be·rin** *die*; *-*, *-nen*

To·ten·kopf *der* **1.** der Schädel e-s Toten ohne Haut u. Fleisch 骷髅头 **2.** ein T. (1) als Zeichen, um vor e-r Gefahr zu warnen (*z.B.* auf e-r Flasche mit Gift) 骷髅标记(以示危险)

To·ten·schein *der*; ein Dokument mit Angaben e-s Arztes darüber, wann u. woran j-d gestorben ist 死亡证书 〈e-n T. ausstellen 开一张死亡证书〉

To·ten·sonn·tag *der*; der Sonntag vor dem ersten Advent, an dem man sich *bes* an die Verstorbenen erinnert (in der evangelischen Kirche)(新教中)追思亡灵的星期日

To·ten·star·re *die*; der Zustand des Körpers e-s Menschen einige Stunden nach dem Tod, in dem alle Muskeln starr geworden sind 尸僵,死尸僵硬 〈die T. tritt ein 死尸开始僵硬〉

To·ten·wa·che *die*; die Wache von einer Person od. mehreren Personen bei e-m Toten bis zu seiner Beerdigung 守灵人

Tot·ge·burt *die*; ein Kind od. Tier, das bei seiner Geburt nicht mehr lebt 死胎,死产

Tot·ge·glaub·te, Tot Ge·glaub·te *der/die*; *-n*, *-n*; j-d, von dem man irrtümlich glaubt, er sei tot 误以为已死了的人 ‖ NB(注意): *ein Totgeglaubter*; *der Totgeglaubte*; *den*, *dem*, *des Totgeglaubten*

Tot·ge·sag·te *der/die*; *-n*, *-n*; j-d, von dem behauptet wird, er sei tot 传说已死了的人 ‖ NB(注意): *ein Totgesagter*; *der Totgesagte*; *den*, *dem*, *des Totgesagten*

tot·krie·gen *nur in* 只用于 ***nicht totzukriegen sein*** *gespr hum*[口][诙]; so kräftig u. so voller Energie sein, dass man nicht müde wird od. aufgibt 禁得起磨练(折腾),累不垮

tot·lau·fen, sich (*hat*) [Vr](反身) **1.** ***etw. läuft sich tot*** etw. wird immer schwächer od. seltener u. hört schließlich ganz auf(物作主语)逐渐消逝,消亡,消失 〈ein Gerücht, e-e Mode 谣言,时装〉 **2.** ***etw. läuft sich tot*** etw. endet ohne konkretes Ergebnis od. kommt zu e-m Punkt, an dem nichts mehr weitergeht(物作主语)不了了之,毫无结果: *Die Verhandlungen über e-e Steuererhöhung haben sich totgelaufen* 提高税收的谈判毫无结果

tot·ma·chen (*hat*) [Vt](及物) ***ein Tier t.*** *gespr* [口]; ein kleineres Tier (*bes* ein Insekt) töten 弄死动小动物(指掐死一只昆虫)

To·to *das*; *-s*; *nur Sg*(只用单数); ein Wettspiel, bei dem man versucht, die Ergebnisse von Fußballspielen (Sieg, Niederlage, Unentschieden) od. Pferderennen vorauszusagen 足球赛赌博(赌球),赛马赌博(赌马)〈(im) T. spielen 赌球或赌马; im T. gewinnen 赌球或赌马获胜〉‖ K-(复合): ***Toto-***, ***-gewinn***, ***-schein***, ***-zettel*** ‖ -K(复合): ***Fußball-***, ***Pferde-***

tot·re·den (*hat*) [Vt](及物) **1.** ***j-n t.*** so lange u. intensiv mit j-m diskutieren, bis er nicht mehr antworten kann od. will 说得…无言以对(哑口无言) **2.** ***etw. t.*** *gespr*[口]; ↑ ***etw. totreiten*** (2)

tot·rei·ten (*hat*) [Vt](及物) **1.** ***ein Pferd t.*** ein Pferd so lange ohne Pause reiten, bis es stirbt 把一匹马骑得累死 **2.** ***etw. t.*** *gespr*[口]; viel zu lange über etw. diskutieren, sprechen 无休止地讨论,对…讨论不休,说个没完〈ein Thema, e-e Sache t. 对一个题目、一件事情说个不停〉

tot·sa·gen (*hat*) [Vt](及物) ***j-n/etw. t.*** zu Unrecht behaupten, j-d sei tot/etw. sei vorbei 误传…(人)已死亡/…(事)已过去了

Tot·schlag *der*; *nur Sg*, JUR (只用单数)【法】; das Töten e-s Menschen (*mst* aus Wut od. Angst u. ohne die Absicht des Raubes *usw*) 杀害,打人致死(罪) ‖ NB(注意): ↑ ***Mord***

tot·schla·gen (*hat*) [Vt](及物) ***j-n/ein Tier t.*** j-n/ein Tier durch Schläge töten 打死,杀死: *Die jungen Robben wurden totgeschlagen* 小海豹被打死了 ‖ ID [谚] *mst* 多用 ***Du kannst mich t., aber ...*** *gespr*[口]; du kannst machen, was du willst (es ist nicht zu ändern) 你可以打死我,但…(意即:你怎么说(看、对待)我都可以,我爱莫能助): *Du kannst mich t., aber ich weiß es nicht/aber ich tue das nicht* 你打死我,我也不知道/我也不干这种事; ***sich eher/lieber t. lassen, als*** + ***zu*** + *Infinitiv* (不定式)/***als dass man ...*** *gespr*[口]; etw. unter keinen Umständen tun wollen/werden 宁死也不干… ‖ NB(注意): ↑ ***Zeit***

Tot·schlä·ger *der*; *-s*, *-*; e-e kurze Waffe zum Schlagen(钢制)打人短棍(凶器)

tot·schwei·gen (*hat*) [Vt](及物) ***j-n/etw. t.*** über j-n/etw. nichts sagen (damit die Person od. Sache vergessen wird) 对…秘而不宣,保持缄默

Tö·tung *die*; *-*; *nur Sg*, *bes* JUR (只用单数)尤用【法】; das Töten 〈fahrlässige, versuchte, vorsätzliche T. 过失、未遂、故意杀人; die T. auf Verlangen (= auf Wunsch des Menschen, den man tötet) 按死者的愿望处死〉‖ K-(集合): ***Tötungs-***, ***-absicht***, ***-versuch***, ***-vorsatz***

Touch [tatʃ] *der*; *-s*, *-s*; *gespr*[口]; verwendet, um auszudrücken, dass etw. nur andeutungsweise vorhanden ist 一点儿味道,劲头: *ein Film mit e-m philosophischen T.* 一部带点哲学味道的电影; *Er gibt sich gern e-n intellektuellen T.* 他爱摆点知识分子的架子

Touch·screen [ˈtatʃskriːn] *der*; *-s*; *-s*; INFORM【信息】; ein Bildschirm, auf dem man durch Berührung mit e-m Finger Befehle an e-n Computer eingeben kann 触摸屏

Tou·pet [tuˈpeː] *das*; *-s*, *-s*; ein Teil, das aus Haaren gemacht ist u. das manche Männer tragen, wenn sie nur wenige oder keine Haare haben 男子的假发

tou·pie·ren [tu-]; *toupierte*, *hat toupiert*; [Vt](及物)(***j-m/sich***) ***die Haare t.*** mit e-m Kamm die Haare in kleinen Strähnen so zum Kopf hin kämmen, dass sie dichter aussehen 给…把头发一绺绺地倒梳使其蓬松

Tour[1] [tuːɐ] *die*; *-*, *-en* **1.** ≈ Ausflug 〈e-e T. machen, unternehmen 去远足,外出郊游〉‖ K-(复合): ***Touren-***, ***-rad***, ***-ski*** ‖ -K(复合): ***Auto-***, ***Fahrrad-***, ***Rad-***; ***Tages-*** **2.** e-e relativ lange Fahrt od. Reise, bei der man wieder dahin zurückkommt, wo man angefangen hat 旅游,旅行,游历: *e-e T. durch Europa machen* 周游欧洲 **3.** ein bestimmter Weg, den man zurücklegt 一段路程,行程≈ Route ‖ K-(复合): ***Touren-***, ***-karte*** ‖ ID[谚] ***auf T. gehen/sein*** *gespr*[口]; zu e-r beruflichen Reise als Künstler, Vertreter, Lastwagenfahrer *o. Ä.* aufbrechen/auf e-r solchen Reise sein 出差去/正在出差

Tour[2] [tuːɐ] *die*; *-*, *-en*; *gespr pej*[口][贬]; e-e bestimmte (*mst* unangenehme) Vorgehensweise, mit der j-d etw. erreichen will 手腕,手法〈e-e fiese, krumme (= unehrliche), miese T. 卑劣的、不正当的、恶劣的手法〉: *Diesmal versucht er es auf die sanfte T.* 这次他试试温和的手法; *Komm mir bloß nicht mit dieser T.!* 别用这种手腕来对我! ‖ ID[谚] ***j-m die T. vermasseln*** *gespr* [口]; j-s Pläne *o. Ä.* durchkreuzen 挫败(破坏)某人的计划

Tour[3] [tuːɐ] *die*; *-*, *-en*; *mst Pl*, TECH (多用复数)【技】; die Umdrehungen e-s Motors 旋转,转数〈der Motor läuft auf vollen/höchsten Touren, kommt schnell auf Touren (= beschleunigt sehr gut) 这台发动机全速/高速运转、很快就加速运转起来〉: *Der Motor läuft mit 4000 Touren pro Minute* 这台发动机每秒 4000 转 ‖ ID [谚] ***in ˈeiner T.*** *gespr* [口] ≈ immer, andauernd; ***auf Touren kommen*** *gespr* [口]; in Stimmung kommen od. aktiv werden 情绪(精神)好起来了或活跃起来;〈die Arbeiten, die Vorbereitungen *o. Ä.* 工作,准备工作等〉***laufen auf vollen/höchsten Touren*** *gespr* [口]; die Arbeiten, die Vorbereitungen *o. Ä.* sind schon voll im Gange, werden intensiv betrieben 全面开展起来,热火朝天地进行着

Tou·ris·mus [tu-] *der*; *-*; *nur Sg* (只用单数); das (organisierte) Reisen, um sich zu erholen od. um andere Länder kennenzulernen 旅游事业: *Viele Gebiete leben vom T.* 很多地区靠旅游业生活 ‖ K-(复合): ***Tourismus-***, ***-branche***, ***-geschäft*** ‖ -K(复合): ***Massen-***

-tou·ris·mus *im Subst*; *produktiv* (构成名词,构词强) **1.** bezeichnet das organisierte Reisen zu e-m bestimmten Ziel (表示去某地旅游,观光,旅行); ***Alpentourismus*** **2.** *mst pej* 多用[贬]; bezeichnet das Reisen vieler Leute zu e-m bestimmten (auch illegalen *o. Ä.*) Zweck (表示为了某种目的(也有非法的)而进行

T

的旅游，观光，旅行）；***Kulturtourismus***，***Sextourismus***，***Abtreibungstourismus***，***Katastrophentourismus*** **3.** *pej* ［贬］：das verbotene Transportieren von etw.（*bes* Müll）in andere Länder（表示某种（垃圾类）物品的被禁止的转运，输出）；***Mülltourismus***

Tou·rist [tu-] *der*；*-en*，*-en*；j-d，der reist，um andere Länder kennenzulernen od. um dort Urlaub zu machen 旅游者，游客 ‖ NB（注意）：*der Tourist*；*den*，*dem*，*des Touristen* ‖ *hierzu*（派生）**Tou·ris·tin** *die*；*-*，*-nen* **tou·ris·tisch** *Adj*（形）

Tou·ris·ten·klas·se *die*；*nur Sg*（只用单数）；e-e einfachere，billigere Kategorie von Reisen（mit weniger Komfort）mit dem Schiff od. Flugzeug 经济舱，普通舱，二等舱

Tou·ris·tik [tu-] *die*；*-*；*nur Sg*（只用单数）**1.** *Kollekt*（复合）；die Firmen，die im Bereich des Tourismus tätig sind 旅游业单位，旅游公司 **2.** ≈ Tourismus

Tour·nee [tʊrˈneː] *die*；*-*，*-n* [-ˈneːən]；e-e Folge von Konzerten，Theateraufführungen *o.Ä.* in verschiedenen Orten 巡回演出：*Die Berliner Philharmoniker gehen/sind auf T.* 柏林爱乐乐团外出/正在巡回演出

Tow·er [ˈtaʊə] *der*；*-s*，*-* ≈ Kontrollturm

To·xi·ko·lo·gie *die*；*nur Sg*（只用单数）；die Wissenschaft，die sich mit Giften u. deren Wirkung beschäftigt 毒理学，毒物学 ‖ *hierzu*（派生）**To·xi·ko·lo·ge** *der*；*-n*，*-n*；**to·xi·ko·lo·gisch** *Adj*（形）

to·xisch *Adj*（形）；*geschr*［书］≈ giftig

Trab *der*；*-s*；*nur Sg*（只用单数）；eine der drei Arten，in denen ein Pferd *o.Ä.* geht. Der T. liegt im Tempo zwischen *Schritt* u. *Galopp*（马）小跑，疾步（介于慢步与奔跑之间）〈ein leichter，scharfer T. 轻快的、急速的小跑；ein Pferd fällt in T. 一匹马开始小跑〉‖ K-（复合）：***Trab-***，***-rennen*** ‖ ID［谚］***j-n auf T. bringen*** *gespr*［口］；j-n veranlassen，etw. schneller zu tun 催促某人，催某人快干；***j-n auf/in T. halten*** *gespr*［口］；j-n nicht zur Ruhe kommen lassen 不让某人歇着，让某人马不停蹄地忙着：*Meine Kinder halten mich auf T.!* 我的孩子们总不让我歇着！；***immer auf T. sein*** *gespr*［口］；immer in Eile sein，nie ausruhen 总是忙个不停

Tra·bant *der*；*-en*，*-en*；ASTR【天】≈ Mond（3），Satellit：*Der Mond ist der T. der Erde* 月亮是地球的卫星 ‖ NB（注意）：*der Trabant*；*den*，*dem*，*des Trabanten*

Tra·ban·ten·stadt *die*；e-e neu gebaute Stadt od. e-e Siedlung neben e-r Großstadt 卫星城 ≈ Satellitenstadt

tra·ben；*trabte*，*hat/ist getrabt*；[Vi]（不及物）**1.** ***ein Pferd trabt***（*hat/ist*）ein Pferd bewegt sich im Trab fort 马快步小跑 **2.** ***irgendwohin t.***（*ist*）*gespr*［口］；mit schnellen/mit gleichmäßigen Schritten irgendwohin laufen 朝…快步走、急行

Tra·ber *der*；*-s*，*-*；ein Pferd，das bei Trabrennen läuft 赛小跑的马 ‖ K-（复合）：***Traber-***，***-sport***

Tracht[1] *die*；*-*，*-en*；e-e Kleidung，die für e-e bestimmte regionale（Volks）Gruppe od. e-e Berufsgruppe typisch ist 服饰，民族或职业服装：*in bayrischer*，*Schwarzwälder T.* 穿巴伐利亚、黑森林服饰 ‖ K-（复合）：***Trachten-***，***-anzug***，***-dirndl***，***-hut***，***-rock***

Tracht[2]（*die*）；*gespr*［口］*nur in* 只用于 **1.** ***e-e T. Prügel bekommen/kriegen***（*mst* als Strafe）geschlagen werden 挨一顿揍 **2.** ***j-m e-e T. Prügel erteilen/verabreichen*** j-n（zur Strafe）mehrmals schlagen 揍某人一顿

trach·ten；*trachtete*，*hat getrachtet*；[Vi]（不及物）***nach etw. t.*** sich bemühen，etw. zu erreichen 致力，渴求，希图〈nach Ruhm，Gewinn t. 追求荣誉、利润〉：*Er trachtete danach*，*den Plan* zu *verhindern* 他极力阻挠这个计划 ‖ ID［谚］↑ ***Leben***

Trach·ten·ka·pel·le *die*；e-e Gruppe von Musikern，die e-e einheitliche Tracht tragen u. *mst* Volksmusik spielen 穿民族服式的小乐队

Trach·ten·ver·ein *der*；ein Verein，dessen Ziel es ist，alte regionale Bräuche zu pflegen 弘扬古老地方习俗的协会

träch·tig *Adj*（形）；（von weiblichen Säugetieren）mit e-m noch nicht geborenen jungen Tier im Körper（指动物）怀胎的，有胎的〈e-e Hündin，e-e Katze，e-e Stute *usw* 母狗，雌猫，母马等〉‖ *hierzu*（派生）**Träch·tig·keit** *die*；*nur Sg*（只用单数）

-träch·tig *im Adj*，*begrenzt produktiv*（构成形容词，构词有限）；drückt aus，dass das im ersten Wortteil Genannte wahrscheinlich eintritt 有可能产生、取得、引起…的；***erfolgsträchtig***〈ein Geschäft 生意〉，***gewinnträchtig***〈ein Unternehmen 企业〉，***konfliktträchtig***〈e-e Situation 情况〉，***skandalträchtig***〈ein Foto 照片〉，***unfallträchtig***〈e-e Straße 街道〉

Tra·di·ti·on [-ˈtsioːn] *die*；*-*，*-en*；Verhaltensweisen u. Handlungen，die es seit langer Zeit in e-m Volk od. in e-r Gruppe gibt u. die bewahrt werden 传统〈e-e alte，lebendige，kirchliche T. 古老的、有生命力的、教会的传统；e-e T. pflegen 保持传统；mit e-r T. brechen 与传统决裂；etw. ist（irgendwo）T. 某事（在某地）是一种传统；〉：*Nach alter T. wird bei uns an Weihnachten ein Baum festlich geschmückt* 按古老传统在我们那里逢圣诞节要把一棵树点缀装饰得很华丽 ‖ K-（复合）：***Traditions-***，***-pflege*** ‖ *hierzu*（派生）**tra·di·ti·ons·ge·mäß** *Adj*（形）；**tra·di·ti·ons·reich** *Adj*（形）

Tra·di·ti·o·na·lis·mus *der*；*-*；*nur Sg*，*geschr*（只用单数）［书］；das bewusste Bewahren u. Pflegen alter Traditionen 传统主义，拘泥于传统，墨守成规

tra·di·ti·o·nell *Adj*（形）；gemäß e-r Tradition，seit langem üblich 传统的，惯例的

tra·di·ti·ons·be·wusst *Adj*（形）；alte Traditionen（streng）bewahrend 自觉维护传统的，有传统意识的

traf *Imperfekt*，*1. u. 3. Person Sg*（过去时，第一和第三人称单数）；↑ ***treffen***

T

trä·fe *Konjunktiv II*, *1. u. 3. Person Sg*(虚拟式 II,第一和第三人称单数)；↑ ***treffen***

Tra·fo *der*; *-s*, *-s*; *Kurzw*(略)；↑ ***Transformator***

träg ↑ ***träge***

Trag·bah·re *die*; ein Gestell, auf dem man Kranke, Verletzte od. Tote (liegend) transportiert 担架

trag·bar[1] *Adj*(形) **1.** so, dass man es (leicht) tragen (1) kann 可搬动的,容易搬的：*ein tragbarer Fernseher* 一台容易搬的电视机 **2.** *nicht adv* (不作状语)≈ kleidsam 〈e-e Mode 时装〉

trag·bar[2] *Adj*(形)；*nicht adv*(不作状语) **1.** so, dass die betroffene Person/Sache noch toleriert werden kann 还能被接纳的,还能被宽容的,还符合要求的：*Nach der Bestechungsaffäre ist der Vorsitzende für seine Partei nicht mehr t.* 在贿赂丑闻后这位主席对他的党派来说已不再适合了 **2.** *mst* 多用 ***finanziell***, ***wirtschaftlich t.*** so, dass man es bezahlen, es sich (finanziell) leisten kann 财政上、经济上负担得起的：*Das Projekt ist finanziell nicht mehr t.* 这个项目在财政上已不堪负担了 ‖ NB(注意)：*mst* verneint(多用否定)

Tra·ge *die*; *-*, *-n* ≈ Tragbahre

trä·ge *Adj*(形) **1.** langsam in der Bewegung u. ohne Lust, aktiv zu werden 迟缓的,懒散的,无精打采的〈geistig t. 思想懒散的〉：*t. in der Sonne liegen* 懒洋洋地躺着晒太阳；*Er ist zu t., sich darüber zu informieren* 他太迟钝,对此一无所知 **2.** PHYS【物】；mit der Eigenschaft der Trägheit (2)不活泼的,惰性的〈e-e Masse 物质〉

tra·gen; *trägt*, *trug*, *hat getragen*; [Vt](及物) **1.** ***j-n/etw. (irgendwohin) t.*** j-n/etw. *z.B.* auf dem Arm, am Rücken, in der Hand transportieren, irgendwohin bringen 携带,提,拎,抱,挎,扛,揹,背〈etw. in der Hand, unter dem Arm, auf dem Rücken t. 手里拎着,胳臂上挎着,背上扛着某物；j-n huckepack (= auf dem Rücken) t. 背上驮着某人〉：*Sie trug ihr Kind auf dem/am Arm* 她抱着自己的孩子；*Trägst du die Briefe zur Post?* 你把这些信带到邮局去吗？‖ K-(复合)：***Trage-***, ***-gestell***, ***-gurt***, ***-tasche*** **2. *etw. t.*** etw. (*bes* Kleidung) am Körper haben 穿着,戴着：*e-n Rock, e-n Hut, Schmuck, Waffen, e-e Perücke, e-e Brille, e-n Bart, e-e Blume im Haar, e-e Maske t.* 穿着裙子,戴着帽子、首饰,携带武器,戴着假发、眼镜,蓄着胡子,头发里夹着一朵花,戴着假面具 **3. *etw. (irgendwie) t.*** e-e bestimmte Frisur haben 梳…发式,留…发型〈e-n Mittelscheitel, e-n Pferdeschwanz, Zöpfe t. 留分头,梳马尾式,梳辫子；das Haar/die Haare kurz, lang, offen, zu e-m Pferdeschwanz gebunden t. 留短发、长发,让头发蓬松着,把头发扎成马尾式〉 **4. *etw. bei sich t.*** etw. dabei haben, wenn man irgendwohin geht 随身携带：*Sie trägt immer e-e Waffe bei sich* 她经常随身携带武器；*Er trägt seinen Ausweis stets bei sich* 他常常随身带着证件 ‖ NB(注意)：kein Passiv (不用被动语态)！**5. *etw. irgendwie t.*** e-n Körperteil in e-r bestimmten Haltung haben(使身体某一部位)保持姿势〈den Arm in e-r Schlinge, Schiene t. 用悬带吊着、用夹板吊着胳臂；den Kopf hoch, schief, senkrecht t. 昂着、歪着、挺着脑袋〉：*Der Hund trug den Schwanz hoch erhoben/zwischen die Beine geklemmt* 这条狗翘着/夹着尾巴 **6. *etw. t.*** etw. haben 有,带有,拥有,享有〈j-d/etw. trägt e-n Titel, etw. trägt e-e Aufschrift, e-e Inschrift 某人/某物有一个头衔/名称,某物有一篇题词,一篇铭文〉：*Das Buch trägt den Titel „Das Urteil"* 这本书的书名是《判决》；*Er trägt e-n berühmten Namen* 他享有很好声誉 **7. *etw. (irgendwie) t.*** etw. Unangenehmes akzeptieren 忍受 ≈ ertragen〈etw. mit Fassung, Geduld, Gelassenheit, Würde t. 镇定地、耐心地、冷静地、不失尊严地忍受某事〉 **8. *etw. t.*** die Verantwortung für etw. haben od. übernehmen 承担,承受〈die Folgen, die Kosten, das Risiko, die Schuld an etw. (*Dat* 三格), die Verantwortung t. 承担后果、费用、风险、对某事的过错、责任〉；[Vi](不及物) **9. *nicht schwer t. dürfen/sollen*** (aus gesundheitlichen Gründen) keine schweren Gegenstände t. (1) dürfen/sollen(因体弱的缘故)不准/不该拿重物 **10. *j-m t. helfen*** j-m dabei helfen, etw. zu t. (1) 帮助…提(拿、拎、背、扛等) **11. *etw. trägt weit*** etw. hat e-e große Reichweite (物作主语)传(射、播)得远〈ein Gewehr, e-e Stimme 枪的射程远,声音传得远〉；[Vt/i](及物/不及物) **12. *etw. trägt (etw.)*** etw. bewirkt, dass etw. oben bleibt, etw. stützt etw. von unten(物作主语)支承,支撑,承受(压力、重量)〈tragende Balken, Wände 承压梁、墙〉：*Das Dach des Tempels wird von Säulen getragen* 这座庙的屋顶由柱子支撑 **13. *etw. trägt (j-n/etw.)*** etw. hält ein bestimmtes Gewicht aus(物作主语)承载,禁得住(压力、重量)：*Die Brücke trägt (Lasten bis zu) 12 Tonnen* 这座桥承载 12 吨的重压(荷重 12 吨)；*Das Eis trägt schon* 这冰已能承压 ‖ NB(注意)：kein Passiv (不用被动语态)！**14. *etw. trägt (j-n/etw.)*** etw. trägt (12) j-n/etw. u. hält od. bewegt ihn/es dabei irgendwohin(物作主语)带走,卷走：*sich von den Wellen t. lassen* 被浪卷走；*Er lief, so schnell die Füße (ihn) trugen* 他甩开脚飞跑；*Sie war so erschöpft, dass ihre Füße sie nicht mehr t. wollten* 她累得不行,脚都提不起来了 **15. *ein Tier trägt (ein Junges/Junge)*** ein weibliches Tier hat ein ungeborenes Tier/ungeborene Tiere im Körper(动物作主语)怀胎 ≈ ein Tier ist trächtig：*e-e tragende Kuh* 一头怀胎的母牛；*Die Stute trägt (ein Fohlen)* 母马怀有一头小马驹子 ‖ K-(复合)：***Trag(e)-***, ***-zeit*** **16. *etw. trägt (etw.)*** etw. bringt etw. als Ertrag(物作主语)结果实,有收获〈etw. trägt Früchte, Samen, Zinsen 某物结果、结子、生息〉：*Der Kirschbaum trägt dieses Jahr nicht* 这棵樱桃树今年不结果 ‖ NB(注意)：kein Passiv (不用被动语态)！；[Vr](反身) **17. *sich mit etw. t.*** *geschr* [书]；etw. als Plan, Vorstellung haben 怀有,抱有,有打算 ⟨sich mit e-r Absicht, e-m Gedanken, e-r Hoffnung, Heiratsabsichten t. 怀有意图、想法、希望、结婚的打算⟩: *Er trägt sich mit dem Gedanken, ein Haus zu bauen* 他打算盖房子 **18. etw. trägt sich (selbst)** etw. braucht keine finanzielle Hilfe mehr(物作主语)经济自理,独力经营(无须经济上帮助) ⟨ein Geschäft, ein Verein, ein Projekt 商店,协会,工程⟩ **19. etw. trägt sich irgendwie** etw. zeigt e-e bestimmte Eigenschaft, wenn es getragen (2) wird(物作主语)穿着(有…感觉): *Mein neuer Mantel trägt sich angenehm* 我的新大衣穿着很舒服 **20. etw. trägt sich irgendwie** etw. ist auf die genannte Art u. Weise am bequemsten zu tragen (1)(物作主语)以…方式提、拎、挎、扛、背、捎等: *Solche Lasten tragen sich am besten auf dem Rücken* 这么重的东西最好扛在背上 ‖ ID [谚] **etw. kommt zum Tragen** etw. wird wirksam 某事开始起作用: *Bei dieser Aufgabe kommt ihre Erfahrung voll zum Tragen* 在完成此项任务时,他们的经验会充分起作用的; **(schwer) an etw.** (*Dat* 三格) **zu t. haben** etw. als schwere Last empfinden, unter etw. leiden 在某一方面有着沉重的负担,痛苦地忍受着某事; **ein schweres Los zu tragen haben** (*z. B.* wegen e-s Schicksalsschlages) es nicht leicht im Leben haben 要忍受苦难的命运 ‖ ▶ **getragen**

tra·gend 1. *Partizip Präsens*(现在分词); ↑ **tragen 2.** *Adj*(形); *nur attr, nicht adv, geschr* (只作定语,不作状语)[书] ≈ grundlegend, wichtig ⟨ein Gedanke, ein Motiv, e-e Rolle 想法,动机,角色⟩

Trä·ger *der*; *-s*, *-* **1.** j-d, der (beruflich) j-n od. etw. (Schweres) trägt (1) 搬运工,运送者 ‖ -K(复合): **Gepäck-**, **Kohlen-**, **Lasten-**, **Möbel-**, **Sarg- 2.** ein längliches (Bau)Teil, das e-e technische Konstruktion trägt (12)支架,托架,支柱,支座 ‖ -K(复合): **Beton-**, **Stahl-**; **Bau-**, **Brücken- 3.** e-e Konstruktion, die man auf dem Dach e-s Autos befestigt, um darauf Dinge zu transportieren 车顶货架 ‖ K-(复合): **Boots-**, **Gepäck-**, **Ski-**; **Dach- 4.** ein Band aus Stoff, das an e-m Kleidungsstück befestigt ist u. über den Schultern liegt 背带 ‖ K-(复合): **Träger-**, **-kleid**, **-rock**, **-schürze** ‖ -K(复合): **Hosen-**, **Schürzen- 5.** ADM *geschr*【管理】[书]; e-e (öffentliche) Institution, die für etw. (*bes* die Kosten von etw.) verantwortlich ist(承担责任的)负责机构,负责单位 ‖ -K(复合): **Kosten-**, **Krankenhaus-**, **Schul- 6.** *bes südd* 尤指[南德]; ein Behälter zum Transportieren von Flaschen(装运瓶子的)木箱 ≈ Kasten ⟨ein T. Bier, Limo, Wasser 一箱啤酒、汽水、水⟩ ‖ *zu*(义项) **1.** u. **5. Trä·ge·rin** *die*; *-*, *-nen*; *zu*(义项) **4. trä·ger·los** *Adj*(形); *nicht adv* (不作状语)

-trä·ger *der*; *im Subst, begrenzt produktiv*(构成名词,构词有限) **1.** e-e Person, die die genannte Sache am Körper hat, trägt (2)(指身上)戴、穿、蓄有…的人; **Bartträger**, **Brillenträger**, **Gebissträger**, **Prothesenträger**, **Toupetträger**, **Uniformträger 2.** j-d, der die genannte Sache im od. am Körper hat u. sie auf andere übertragen kann(指体内)带…菌的人; **Bakterienträger**, **Bazillenträger**, **Keimträger**, **Virusträger 3.** e-e Person, die die genannte Sache (bekommen, gewonnen *o. Ä.*) hat 指获得…的人; **Preisträger**, **Titelträger 4.** e-e Sache, die dazu dient, die im ersten Wortteil genannte Sache zu speichern, zu verbreiten *o. Ä.* …载体; **Datenträger**, **Energieträger**, **Informationsträger**, **Werbeträger**

Trä·ger·ra·ke·te *die*; e-e Rakete, die *z. B.* Satelliten ins All transportiert 运载火箭

Trä·ger·schaft *die*; *-*; *nur Sg*, ADM *geschr* (只用单数)【管理】[书]; die (*mst* finanzielle) Verantwortung für etw. 经济责任(单位),负有经济责任的机构 ⟨die T. übernehmen 承担经济责任⟩: *Die Klinik steht unter öffentlicher T.* 这个医院隶属于公共的经济责任机构

Tra·ge·ta·sche *die*; e-e relativ große Tasche (*mst* zum Einkaufen)(采购用)提兜

trag·fä·hig *Adj*(形); *nicht adv*(不作状语) **1.** stark genug, um ein größeres Gewicht tragen zu können 有承载能力的,能负荷重物的⟨e-e Brücke, ein Fundament 桥,地基⟩ **2.** ≈ akzeptabel ⟨ein Kompromiss 妥协⟩ ‖ *hierzu* (派生) **Trag·fä·hig·keit** *die*; *nur Sg*(只用单数)

Trag·flä·che *die*; e-r der beiden Flügel e-s Flugzeugs 机翼 ‖ ↑ *Abb. unter* 图见 **Flugzeug**

Träg·heit *die*; *-*; *nur Sg*(只用单数) **1.** das Trägesein 懒散,迟缓,迟钝,无精打采 **2.** PHYS【物】; **die T. der Masse** die Eigenschaft jedes Körpers, sich nicht zu bewegen bzw. in seiner momentanen Bewegung zu bleiben, solange keine Kräfte auf ihn wirken 物质的惰性

Tra·gik *die*; *-*; *nur Sg*(只用单数) **1.** sehr großes Leid (das durch ein Unglück, e-n Schicksalsschlag *o. Ä.* hervorgerufen wird)惨祸,极大的不幸,灾难: *die T. e-s Unfalls* 一次事故的不幸 **2.** LIT【文学】; die unabänderliche Notwendigkeit, so zu handeln, dass etw. Fatales geschehen muss 悲剧: *die T. Wallensteins* 华伦斯坦的悲剧

Tra·gi·ko·mö·die *die*; ein Schauspiel, das zugleich lustig u. traurig ist 悲喜剧 ‖ *hierzu*(派生) **tra·gi·ko·misch** *Adj*(形)

tra·gisch *Adj*(形); voller Tragik (1,2)极大不幸的,悲惨的,悲剧性的,惨痛的 ⟨ein Schicksal, ein Unglücksfall 命运,不幸事件⟩: *Die Erzählung endet t.* 短篇小说的结局很悲惨 ‖ ID[谚] *mst* 多用 **Nimm es nicht so t.** *gespr*[口]; nimm es nicht so ernst, es ist nicht so schlimm 别把事情看得那么悲观(严重); **Das ist nicht so t.!** *gespr*[口]; das ist nicht so schlimm 这事并不那么严重!

Tra·gö·die [-diə] *die*; *-*, *-n* **1.** ein Schauspiel mit unglücklichem, tragischem Ende 悲剧 ≈ Trauerspiel ↔ Komödie **2.** ein schreckliches Ereignis 悲惨事件: *Er wurde Zeuge e-r T.* 他成了一件惨痛事件的见证人

T

trägt *Präsens, 3. Person Sg*（现在时，第三人称单数）；↑ ***tragen***

Trag·wei·te *die*；-；*nur Sg*，*geschr*（只用单数）[书]；der Grad, in dem sich e-e Entscheidung *o.Ä.* auswirkt 影响程度，(产生的)效果，作用：*Er war sich der T. seines Handelns nicht bewusst* 他并没有意识到自己行为的影响；*Der Beschluss ist von großer T.* 这一决定具有很大的影响

Trai·ler [ˈtreilɐ] *der*；-*s*，- **1.** ≈ Wohnwagen (-anhänger) **2.** FILM【电影】；e-e Folge von Filmausschnitten als Werbung für diesen Film（广告性的）电影预告片

Trai·ner [ˈtrɛːnɐ] *der*；-*s*，-；j-d, der Sportler auf Wettkämpfe vorbereitet 教练（员）‖ *hierzu*（派生）**Trai·ne·rin** [ˈtrɛːnərɪn] *die*；-，-*nen*

trai·nie·ren [trɛˈniːrən]；*trainierte*，*hat trainiert*；[Vt/i]（及物/不及物）**1.**（***etw.***）***t.*** ein Programm mit gezielten körperlichen Übungen ausführen, um (bei e-r Sportart) bessere Leistungen zu erreichen 练，训练，锻炼：*Er trainiert täglich (Hochsprung)* 他每天进行训练（练跳高）；[Vt]（及物）**2.** ***j-n / ein Tier***（***in etw.***（*Dat* 三格））***t.*** e-n Sportler od. ein Tier auf Wettkämpfe vorbereiten u. mit ihnen üben 教练，训练：*Sie trainiert ihn im Eiskunstlauf* 她教他练花样滑冰 **3.** ***etw. t.*** mit bestimmten Teilen od. Funktionen des Körpers gezielte Übungen machen, um diese zu höherer Leistung zu bringen 锻炼，训练，磨练：*Man kann auch das Gedächtnis t.* 人们也可以训练记忆能力；[Vi]（不及物）**4.** ***für / auf etw.***（*Akk* 四格）***t.*** sich auf (sportliche) Wettkämpfe vorbereiten 为…而进行训练：*Er trainierte für die Meisterschaft* 他为夺取冠军而训练

Trai·ning [ˈtrɛːnɪŋ] *das*；-*s*；*nur Sg*（只用单数）**1.** das systematische Ausführen e-s Programms zur Verbesserung der Leistungsfähigkeit bei e-r Sportart（系统）训练，锻炼〈ein hartes, regelmäßiges T. 艰苦的、有规律的训练〉‖ K-（复合）：***Trainings-***，***-bedingungen***，***-lager***，***-methode*** ‖ -K（复合）：***Fußball-***，***Tennis-***；***Gedächtnis-*** **2.** ***nicht mehr im T. sein*** (bei e-r sportlichen Tätigkeit) nicht mehr in Übung sein（在某一体育项目上）不熟练了，生疏了，功夫荒废了

Trai·nings·an·zug *der* ≈ Jogginganzug

Trakt *der*；-(*e*)*s*，-*e*；ein relativ großer Teil e-s (*mst* öffentlichen) großen Gebäudes 大楼侧翼：*Im südlichen T. der Universität befindet sich die Bibliothek* 图书馆位于大学的南翼楼内 ‖ -K（复合）：***Gebäude-*** ‖ NB（注意）：↑ ***Flügel***[1] (5)

Trak·tat *das*；-(*e*)*s*，-*e*；*geschr veraltend* [书][渐旧]；e-e relativ kurze (*mst* wissenschaftliche od. religiöse) Schrift 短篇科学论文或宗教论文 ≈ Abhandlung

trak·tie·ren；*traktierte*，*hat traktiert*；[Vt]（及物）**1.** ***j-n mit etw. t.*** j-n immer wieder mit etw. Unangenehmem stören 为难，折磨，跟…过不去：*j-n mit Vorwürfen t.* 不断责难某人 **2.** ***j-n mit etw. t.*** j-n mit etw. misshandeln 折磨，虐待〈j-n mit Schlägen, mit dem Stock t. 殴打某人，用棍棒虐待某人〉

Trak·tor *der*；-*s*，*Trak·to·ren*；ein schweres Fahrzeug in der Landwirtschaft, mit dem man *z.B.* den Pflug zieht 拖拉机

tral·la·la！*Interjektion*（叹）；verwendet beim (fröhlichen) Singen, wenn man *z.B.* den Text nicht kennt（哼歌词的声音）啦，啦！

träl·lern；*trällerte*，*hat geträllert*；[Vt/i]（及物/不及物）**1.**（***etw.***）***t.*** e-e Melodie (*mst* ohne Text) fröhlich singen 愉快地哼一首曲调 **2.**〈die Lerche, die Nachtigall 云雀，夜莺〉***trällert***（***etw.***）die Lerche, die Nachtigall gibt die Laute von sich, die für die Art typisch sind 歌唱，鸣叫，啼啭

Tram *die*；-，-*s*；*südd* Ⓐ Ⓒⓗ *gespr* [南德][奥][瑞][口] ≈ Straßenbahn

Tram·bahn *die*；*südd* Ⓐ Ⓒⓗ [南德][奥][瑞] ≈ Straßenbahn

Tram·pel *der*；-*s*，-；*gespr pej* [口][贬]；ein ungeschickter Mensch 笨手笨脚的人

tram·peln；*trampelte*，*hat / ist getrampelt*；[Vi]（不及物）**1.**（*hat*）(*mst* aus Wut od. Begeisterung) mit beiden Füßen abwechselnd kurz u. fest stampfen 跺脚，顿脚 **2.** ***irgendwohin t.***（*ist*）laut, rücksichtslos od. ungeschickt irgendwohin gehen 踩着笨重的脚步走去

Tram·pel·pfad *der*；ein schmaler Weg, der dadurch entstanden ist, dass viele Leute dort entlanggegangen sind 踩出来的小路，便道：*ein T. im Dschungel* 热带丛林中的小道

Tram·pel·tier *das* **1.** ein Kamel mit zwei Höckern 双峰骆驼 **2.** *gespr pej* [口][贬]；ein ungeschickter u. lauter Mensch 笨手笨脚的家伙

tram·pen [ˈtrɛmpn̩]；*trampte*，*ist getrampt*；[Vi]（不及物）（***irgendwohin***）***t.*** reisen, indem man (durch Handzeichen) die Autofahrer bittet, einen kostenlos mitzunehmen 搭车旅行 ≈ per Anhalter reisen ‖ *hierzu*（派生）**Tram·per** *der*；-*s*，-；**Tram·pe·rin** *die*；-，-*nen*

Tram·po·lin [-liːn] *das*；-*s*，-*e*；e-e Art Matratze, die mit Federn in e-n Rahmen gehängt ist u. auf der man hohe Sprünge machen kann 弹簧跳床，蹦床

Tran *der*；-(*e*)*s*；*nur Sg*（只用单数）；e-e Art Öl, das aus dem Fett von Walen od. Robben gewonnen wird 鱼油，鲸鱼油

Tran·ce [trãːs(ə)] *die*；-，-*n*；ein Zustand (ähnlich wie der Schlaf), in dem man keinen eigenen Willen hat 精神恍惚，似睡非睡状态，睡眠似的迷糊状态〈in T. fallen, geraten 陷入迷糊状态；j-n in T. versetzen 使某人精神恍惚〉‖ K-（复合）：***Trance-***，***-zustand***

tran·chie·ren ↑ ***transchieren***

Trä·ne[1] *die*；-，-*n*；*mst Pl*（多用复数）**1.** ein Tropfen der klaren salzigen Flüssigkeit, die aus den Augen kommt, wenn man *z.B.*

T

sehr traurig ist od. Schmerzen hat 眼泪〈bittere Tränen, Tränen der Freude vergießen, weinen 流出痛苦的、高兴的眼泪; in Tränen ausbrechen 大哭起来〉: *Der Rauch trieb uns die Tränen in die Augen* 烟熏得我们直流眼泪 ‖ K-(复合): ***Tränen-***, ***-drüse***, ***-fluss***; ***tränen-***, ***-blind***, ***-feucht***, ***-nass***, ***-überströmt***, ***-voll*** ‖ *zu* **Tränendrüse** ↑ *Abb. unter* 图见 **Auge 2.** ***Tränen lachen*** so sehr lachen, dass einem die Tränen (1) in die Augen kommen 笑出眼泪 ‖ ID[谚] ***j-m / etw. keine T. nachweinen*** nicht traurig sein, dass einen j-d verlassen hat od. dass man etw. verloren hat 不为某人离去而惋惜/不为某物丢失而痛惜; ***j-d / etw. ist keine T. wert*** *gespr* [口]; j-d/etw. ist kein großer Verlust für j-n 某人/某物微不足道(不值得叹息、心痛); ***Mir kommen die Tränen*** *gespr iron* [口][讽]; verwendet, um j-m zu sagen, dass er nicht so viel jammern soll, dass es ihm nicht so schlecht geht, wie er meint 你不要唉声叹气(无病呻吟),你身体还行

Trä·ne² *die*; -, *-n*; *gespr pej* [口][贬]; ein sehr langweiliger Mensch 极无聊的人,没趣的人

trä·nen; *tränte, hat getränt*; Vi (不及物) ***ein Auge tränt***; ***j-m tränen die Augen*** j-d hat Tränen in einem od. beiden Augen (nicht weil er traurig ist, sondern weil Wind, Rauch *o. Ä.* die Augen reizt) 一只眼睛流眼泪; …的眼睛流眼泪(因风、烟刺激所致)

Trä·nen·gas *das*; *nur Sg* (只用单数); ein Gas, das die Augen stark tränen lässt 催泪性毒气: *Die Polizei setzte gegen die Demonstranten T. ein* 警察用催泪毒气反对示威者

Trä·nen·sack *der*; schlaffe, erweiterte Haut unter dem Auge 泪腺(囊)〈Tränensäcke haben 有泪囊〉

tra·nig *Adj* (形) **1.** wie Tran 像鱼油的,有鲸油味的 **2.** *gespr pej* [口][贬]; (von Menschen) langweilig, träge 懒散的,腻味的,乏味的(指人)

trank *Imperfekt, 1. u. 3. Person Sg* (过去时,第一和第三人称单数); ↑ ***trinken***

Trank *der*; -(e)s, *Trän·ke*; *mst Sg*, *geschr* (多用单数)[书] ≈ Getränk ‖ -K(复合): ***Zauber-***

Trän·ke *die*; -, *-n* **1.** e-e Stelle an e-m Fluss, an der Tiere trinken können (牲口)饮水处 **2.** ein Behälter, aus dem Tiere trinken können (牲口)饮水桶(槽) ‖ -K(复合): ***Pferde-***, ***Vieh-***, ***Vogel-***

trän·ken; *tränkte, hat getränkt*; Vt (及物) **1.** ***ein Tier t.*** e-m Tier (*bes* e-r Kuh, e-m Pferd) zu trinken geben 给一头动物饮水 **2.** ***etw. mit etw. t.*** etw. mit Flüssigkeit vollsaugen lassen (用…)浸湿,滋润,使…浸透: *die Watte mit Öl, die Torte mit Rum t.* 把棉花浸透油,用朗姆酒浸润大蛋糕

Trans·ak·ti·on [-ˈtsi̯oːn] *die*; -, *-en*; WIRTSCH【经】; e-e *mst* große finanzielle (oft riskante) Unternehmung 大宗交易、买卖

tran·schie·ren [trãˈʃiːrən]; *transchierte, hat transchiert*; Vt/i (及物/不及物) (***etw.***) ***t.*** e-n Braten, Geflügel *o. Ä.* in Scheiben, kleinere Teile schneiden 切开,切成小块 ≈ zerlegen 〈Geflügel t. 把家禽(肉)切成块〉

Trans·fer *der*; *-s*, *-s* **1.** *geschr* [书]; die Weitergabe, der Austausch von etw. 转让,转移: *der technologische T. zwischen den führenden Industriestaaten* 先进工业国之间的技术转让 ‖ -K(复合): ***Informations-***, ***Technologie-***, ***Wissens-*** **2.** WIRTSCH【经】; die Zahlung *mst* größerer (Geld) Summen ins Ausland (向国外)转账,转移(资金),调拨,汇兑 ‖ -K(复合): ***Geld-*** **3.** der Weitertransport von Reisenden (*z. B.* vom Flughafen zum Hotel) 转运旅客,换乘 **4.** SPORT【体】; der Wechsel e-s Spielers von einem Verein zum anderen, für den der erste Verein Geld bekommt (运动员)转会,转让 ‖ K-(复合): ***Transfer-***, ***-summe*** ‖ *zu* (义项) **2.** u. **4. trans·fe·rie·ren** (*hat*) *Vt* (及物)

Trans·for·ma·ti·on [-ˈtsi̯oːn] *die*; -, *-en* **1.** *geschr* [书] ≈ Umformung, Umwandlung **2.** PHYS【物】; die Änderung der Spannung e-s elektrischen Stroms 变压 ‖ *hierzu* (派生) **trans·for·mie·ren** (*hat*) *Vt* (及物)

Trans·for·ma·tor *der*; *-s*, *Trans·for·ma·to·ren*; PHYS【物】; ein Gerät, mit dem man die Spannung u. Stärke des elektrischen Stroms stärker od. schwächer machen kann 变压器

Trans·fu·si·on [-ˈzi̯oːn] *die*; -, *-en*; die Übertragung von Blut e-s Spenders auf e-n Menschen, der (*z. B.* bei e-m Unfall) viel Blut verloren hat 输血 ‖ -K(复合): ***Blut-***

Tran·sis·tor *der*; *-s*, *Tran·sis·to·ren*; PHYS【物】; ein elektrisches Bauelement zur Regulierung von Strom 晶体管 ‖ K-(复合): ***Transistor-***, ***-gerät***, ***-radio***

Tran·sit, **Tran·sit** *der*; *-s*; *nur Sg* (只用单数); die Reise od. der Transport von einem Land zu e-m anderen durch ein drittes Land 过境 ‖ K-(复合): ***Transit-***, ***-abkommen***, ***-handel***, ***-reisende(r)***, ***-verkehr***, ***-visum***

tran·si·tiv [-f] *Adj* (形); LING【语】; (von e-m Verb) dadurch gekennzeichnet, dass es ein Objekt im Akkusativ haben muss (u. ins Passiv gesetzt werden kann) 及物的,支配四格宾语的 ↔ intransitiv, reflexiv 〈ein Verb 动词; ein Verb t. verwenden 把一个动词作及物使用〉

tran·skri·bie·ren; *transkribierte, hat transkribiert*; Vt/i (及物/不及物) (***etw.***) ***t.*** etw. in e-e andere Schrift übertragen 将…译成、改写为(另一种文字): *e-n Text aus der griechischen in die lateinische Schrift t.* 将一篇文章从希腊文译成拉丁文 ‖ *hierzu* (派生) **Tran·skrip·ti·on** *die*; -, *-en*

trans·pa·rent *Adj* (形) **1.** das Licht durchlassend 透明的 ≈ durchsichtig 〈Papier, Farbe 纸,色〉 **2.** gut zu verstehen u. sinnvoll 一目了然的,简明易懂的 ↔ undurchsichtig: *e-e transparente Politik machen* 制定一种简明的政策 ‖ *hierzu* (派生) **Trans·pa·renz** *die*; -; *nur Sg* (只用单数)

Trans·pa·rent *das*; *-s*, *-e* **1.** ein breites Stück Papier od. Stoff, auf dem (politische) Parolen stehen u. das man *z. B.* bei Demonstrationen trägt 横幅标语 **2.** ein Bild auf e-m durchsichtigen Papier, Stoff od. auf Glas 透明画

tran·spi·rie·ren; *transpirierte*, *hat transpiriert*; Vi *geschr*(不及物)[书]≈ schwitzen ‖ *hierzu*(派生) **Tran·spi·ra·ti·on** *die*; -; *nur Sg*(只用单数)

Trans·plan·ta·ti·on [-ˈtsio:n] *die*; -, *-en*; die Übertragung e-s Gewebes od. Organs auf e-n anderen Körperteil od. e-n anderen Menschen 移植(器官)≈ Verpflanzung ⟨e-e T. vornehmen, durchführen 作、进行器官移植手术⟩ ‖ -K(复合): ***Herz-***, ***Nieren-*** ‖ *hierzu*(派生) **trans·plan·tie·ren** (*hat*) *Vt*(及物); **Trans·plan·tat** *das*; *-s*, *-e*

Trans·port *der*; *-s*, *-e* **1.** das Transportieren (1) 运输,运送,发运,搬运 ≈ Beförderung: *der T. von Waren ins Ausland* 把商品运往国外; *der T. des Verletzten ins Krankenhaus* 把伤员送往医院 ‖ K-(复合): ***Transport-***, ***-behälter***, ***-firma***, ***-kosten***, ***-schaden***, ***-unternehmen*** ‖ K-(复合): ***Güter-***, ***Kranken-***, ***Tier-***, ***Waren-*** **2.** das, was in e-r Ladung *o.Ä.* transportiert (1) werden soll 要运送的物品,运输物 ⟨e-n T. zusammenstellen 把一批要运送的物品排放在一起⟩

trans·por·ta·bel *Adj*(形); *nicht adv*(不作状语); so, dass man etw. (leicht) transportieren (1) kann 容易运输的,方便运输的 ‖ NB(注意): *transportabel* → *ein transportabler Bohrturm*

Trans·por·ter *der*; *-s*, -; ein Lastwagen, Schiff od. Flugzeug, mit denen man große Mengen von Waren *usw* transportieren kann 运输车,货轮,运输机

trans·port·fä·hig *Adj*(形); *nicht adv*(不作状语); in e-m Zustand, der e-n Transport erlaubt 可运输的,可运送的,可转移的: *Ist der Verletzte t.?* 伤员可以运送吗?

trans·por·tie·ren; *transportierte*, *hat transportiert*; Vt (及物) **1.** ***j-n/etw.*** (***irgendwohin***) ***t.*** j-n/etw. (mit e-m Fahrzeug) an e-n anderen Ort bringen 运输,运送,搬运,发运 ≈ befördern (1) ⟨Kranke, Verletzte, Vieh, Gepäck, Güter, Material, Waren t. 运送病人、伤员、牲口、行李、物资、材料、商品⟩; Vt/i (及物/不及物) **2.** ***etw. transportiert*** (***etw.***) etw. bewegt etw. (mechanisch) weiter(物作主语)传送,使(机械)转动: *Die Kamera transportiert (den Film) automatisch* 相机自动上胶卷

Trans·port·mit·tel *das*; ein Fahrzeug, das zum Transport (1) dient 运输工具

trans·se·xu·ell *Adj*(形); so, dass sich ein Mann wie e-e Frau fühlt od. e-e Frau als Mann 性变的,性转换的 ⟨t. veranlagt sein 具有性变的特点⟩

Tran·su·se *die*; -, *-n*; *gespr pej*[口][贬]; ein langweiliger, träger Mensch (*bes* ein Mädchen) 傻妞儿,没劲的人

Trans·ves·tit [-v-] *der*; *-en*, *-en*; ein Mann, der sich wie e-e Frau kleidet u. verhält 打扮像女人的男子,男扮女装者,人妖 ‖ NB(注意): *der Transvestit*; *den*, *dem*, *des Transvestiten*

Tran·tü·te *die*; *gespr* [口]≈ Transuse

Tra·pez *das*; *-es*, *-e* **1.** e-e Konstruktion aus e-r waagrechten Stange, die an zwei Seilen hängt, die *mst* für akrobatische Übungen verwendet wird 高架秋千,空中飞人(器械),吊环 ‖ K-(复合): ***Trapez-***, ***-akt***, ***-künstler*** **2.** GEOM【几】; ein Viereck mit zwei parallelen, aber verschieden langen Seiten 不规则四边形,梯形 ‖ ↑ *Abb. unter* 图见 ***geometrische Figuren***

trap·peln; *trappelte*, *hat/ist getrappelt*; Vi (不及物) mit kurzen, schnellen Schritten laufen 快步小跑,嗒嗒嗒地跑 ⟨Pferde, Kinder 马,小孩⟩

Tra·ra *das*; *mst in* 多用于 ***viel T. um j-n/etw. machen*** *gespr pej* [口][贬]; j-m/etw. mehr Aufmerksamkeit schenken, als er/es verdient 为…大肆嚷嚷

Tras·se *die*; -, *-n*; der (geplante) Verlauf e-r Straße, Bahnlinie *usw* 线路 ⟨e-e T. abstecken 立桩标明一条线路⟩

trat *Imperfekt*, *1. u. 3. Person Sg*(过去时,第一和第三人称单数); ↑ ***treten***

trä·te *Konjunktiv II*, *1. u. 3. Person Sg*(虚拟式 II,第一和第三人称单数); ↑ ***treten***

Tratsch *der*; *-(e)s*; *nur Sg*, *gespr*, *mst pej*(只用单数)[口]多用[贬]; das Reden über andere Menschen *o.Ä.* 对别人说三道四,闲扯≈ Klatsch

trat·schen; *tratschte*, *hat getratscht*; Vi(不及物) (***über j-n/etw.***) ***t.*** *gespr*[口], *mst pej* 多用[贬]; über andere Menschen reden, Dinge weitererzählen, die man nicht weitererzählen soll *o.Ä.* 对…说三道四,说…的闲话≈ klatschen[2]; *Er tratscht viel zu viel* 他喜欢摇唇鼓舌

trat·zen, trät·zen; *tratzte/trätzte*, *hat getratzt/geträtzt*; Vt(及物) ***j-n t.*** *südd* Ⓐ[南德][奥]≈ necken

Trau·al·tar *der*; *geschr veraltend* [书][渐旧]; *mst in* 多用于 **1.** ***e-e Frau zum T. führen*** (als Mann) e-e Frau heiraten 举行婚礼(娶媳妇) **2.** (***mit j-m***) ***vor den T. treten*** sich (mit j-m) kirchlich trauen[3] lassen(与…)走向婚礼圣坛(意即:在教堂举行婚礼)

Trau·be *die*; -, *-n* **1.** eine einzelne kleine runde Frucht des Weinstocks 葡萄 ≈ Weintraube ⟨weiße/grüne/rote/blaue, kernlose Trauben 白/绿/红/蓝,无籽葡萄⟩ ‖ ↑ *Abb. unter* 图见 ***Obst*** ‖ K-(复合): ***Trauben-***, ***-lese***, ***-most***, ***-saft***, ***-sorte*** **2.** mehrere Trauben (1) an e-m Stiel, die zusammen ungefähr die Form e-r Pyramide bilden 一串葡萄 **3.** mehrere Blüten an e-m Stiel, die zusammen ungefähr die Form e-r T. (2) haben 一串花 **4.** ***e-e T. von Menschen*** viele Menschen, die dicht beieinanderstehen 一堆人 ‖ ID[谚] ***j-m sind die Trauben zu sauer/hängen die Trauben zu hoch*** j-d tut so, als wolle er etw. Positives gar nicht haben, damit er nicht zugeben muss, dass er es nicht bekommen od. erreichen konnte 对某人来说葡萄太酸/挂得太高(意即:因对某种好事可望而不可即,故作无兴趣状)

Trau·ben·zu·cker *der*; natürlicher Zucker, der *z.B.* in Obst u. Honig vorkommt 葡萄糖; CHEM【化】Glukose

trau·en[1]; *traute, hat getraut*; [Vi] (不及物) ***j-m/etw. t.*** sicher sein, dass j-d nichts Falsches, Böses tut od. dass etw. keinen Nachteil enthält 信任,信赖,相信: *Ich traue seinen Versprechungen nicht* 我不信他的承诺 ‖ ID [谚] ***seinen Augen/Ohren nicht t.*** *gespr* [口]; kaum glauben können, was man sieht od. hört 不相信自己的眼睛/耳朵

trau·en[2], **sich**; *traute sich, hat sich getraut*; [Vr] (反身) **1. *sich t.*** (+ ***zu*** + *Infinitiv* 不定式) den Mut zu etw. haben 敢于,有胆量 ≈ etw. wagen (1): *Ich traue mich nicht, nachts allein spazieren zu gehen* 我不敢黑夜一个人散步; *Du traust dich ja doch nicht!* 你真没有胆量! ‖ NB(注意): *mst* verneint od. in Fragen(常用否定或疑问) **2. *sich irgendwohin t.*** den Mut haben, irgendwohin zu gehen 敢去: *Er traute sich nicht in die dunkle Höhle* 他不敢走进黑咕隆咚的洞穴; *Sie traut sich nicht ins Wasser* 她不敢下水

trau·en[3]; *traute, hat getraut*; [Vt] (及物) 〈ein Brautpaar 一对新郎新娘〉 ***t.*** als Priester od. Standesbeamter die Zeremonie durchführen, mit der e-e Ehe geschlossen wird 给…举行结婚仪式 〈sich kirchlich/standesamtlich t. lassen 以宗教仪式/不以宗教仪式举行婚礼〉

Trau·er *die*; -; *nur Sg* (只用单数) **1. *T.*** (***um j-n/über etw.***) ein tiefer seelischer Schmerz, den man *z.B.* empfindet, wenn ein geliebter Mensch stirbt od. wenn man von j-m schwer enttäuscht wurde(为…而)悲痛,悲哀,哀悼 〈tiefe T. 沉痛哀悼; T. empfinden 感到悲痛〉 ‖ K-(复合): ***Trauer-, -anzeige, -brief, -feier, -gottesdienst, -karte, -kleidung, -marsch, -musik*** **2.** der (durch Tradition festgelegte) Zeitraum, in dem man über den Tod e-s Menschen trauert 丧期 **3. *T. tragen*** schwarze Kleidung tragen, um die T. (1) um e-n Verstorbenen zu zeigen 穿戴丧服,披麻戴孝,戴黑纱 ‖ ID[谚] ***in stiller/tiefer T.*** verwendet in Todesanzeigen *mst* vor den Namen der Angehörigen des Toten 默默的/沉痛的哀悼

Trau·er·fall *der*; ein Todesfall (in der Familie) 丧事 〈e-n T. (in der Familie) haben(家)有丧事〉

Trau·er·ge·mein·de *die*; *Kollekt* (集合); alle Teilnehmer bei e-m Begräbnis, e-r Trauerfeier 参加丧礼(追悼会)的全体人员

Trau·er·jahr *das*; das erste Jahr nach dem Tod e-s nahen Verwandten (in dem man *bes* früher Trauer (3) trug)服丧之年(指近亲死后第一年)

Trau·er·kloß *der*; *gespr pej* [口][贬]; j-d, der langweilig ist u. selten Freude empfindet 闷闷不乐的人,郁郁寡欢的人

Trau·er·mie·ne *die*; *mst in* 多用于 ***e-e T. aufsetzen*** *gespr* [口]; ein trauriges (sorgenvolles) Gesicht machen 哭丧着脸,摆出一副愁眉苦脸的样子

trau·ern; *trauerte, hat getrauert*; [Vi] (不及物) (***um j-n/über etw.*** (*Akk* 四格)) ***t.*** tiefen seelischen Schmerz empfinden, *z.B.* weil ein geliebter Mensch gestorben ist 哀悼,悲哀,悲痛: *Er trauerte um seine verstorbene Frau* 他为自己死去的妻子而悲痛

Trau·er·spiel *das*; ein ernstes Theaterstück mit tragischem Ausgang 悲剧 ≈ Tragödie (1) ‖ ID[谚] ***Das ist das reinste T.!*** *gespr pej* [口][贬]; das ist sehr schlecht od. schlimm 这纯粹是一场悲剧!

Trau·er·wei·de *die*; ein Laubbaum (e-e Weide) mit hängenden Zweigen 垂柳

Trau·er·zug *der*; die Personen, die bei e-r Beerdigung den Sarg des Toten zum Grab begleiten 送葬的队伍,出殡行列

Trau·fe *die*; -, *-n*; *veraltend* [渐旧] ≈ Dachrinne ‖ ID[谚] ↑ ***Regen***

träu·feln; *träufelte, hat geträufelt*; [Vt] (及物) ***etw. irgendwohin t.*** e-e Flüssigkeit in kleinen Tropfen in od. auf etw. geben 将…滴入,给…滴液: *j-m Tropfen ins Ohr t.* 给某人耳朵里滴药水

trau·lich *Adj* (形); *veraltend* [渐旧]; in e-r gemütlichen, freundlichen u. ruhigen Atmosphäre (气氛)舒适的,安宁的,安逸的,惬意的 ‖ *hierzu* (派生) **Trau·lich·keit** *die*; *nur Sg* (只用单数)

Traum *der*; -(e)s, *Träu·me* **1.** Bilder, Gedanken, Gefühle, die man während des Schlafes hat 梦: *Ich hatte heute Nacht e-n seltsamen, bösen, wirren T.* 昨夜我做了一个古怪的、可怕的、杂乱的梦; *Meine Großmutter ist mir im T. erschienen* 我梦见了奶奶 ‖ K-(复合): ***Traum-, -bild, -deutung, -inhalt, -symbolik*** **2.** ein großer Wunsch 梦想,愿望 〈ein T. geht in Erfüllung, erfüllt sich, wird wahr 梦想在实现、将成真〉: *der T. vom eigenen Haus* 梦想有自己的房子; *Es ist sein T., Diplomat zu werden* 他梦想成为外交家 ‖ ID[谚] ***etw. fällt j-m im 'T. nicht ein; j-d denkt nicht im 'T. daran*** + ***zu*** + *Infinitiv* (不定式) *gespr* [口]; verwendet, um auszudrücken, dass j-d etw. überhaupt nicht tun will 某人连做梦也未曾想过某事/要干某事: *Ich denk ja nicht im T. daran, deine Arbeit zu machen* 我做梦也没想要干你的工作; ***'Aus der T.!*** *gespr* [口]; als Ausruf verwendet, um auszudrücken, dass ein Wunsch nicht mehr in Erfüllung geht 别做梦了!; ***ein T. von*** 〈e-m Auto, e-m Haus, e-m Kleid, e-r Frau, e-m Mann *usw* 汽车,房子,连衣裙,老婆,老公等〉 *gespr* [口]; verwendet, um auszudrücken, dass j-d/etw. sehr schön, attraktiv od. wünschenswert erscheint 梦想有…; ***im T. versunken*** geistesabwesend 沉浸于梦境中(意即:心不在焉); ***Träume sind Schäume!*** Träume bedeuten

T

nichts 梦想是泡沫！（意即：如梦一场空！）

Traum- *im Subst*；*begrenzt produktiv*，*gespr*（构成名词，构词有限）［口］；verwendet，um auszudrücken，dass etw. ideal ist 理想的…，绝妙的… ≈ Super-；das ***Traumauto***，der ***Traumberuf***，die ***Traumfrau***，das ***Traumhaus***，der ***Traummann***，die ***Traumnote***，die ***Traumreise***，die ***Traumvilla***

Trau·ma *das*；*-s*，*-ta*；*geschr*［口］；ein schwerer seelischer Schock，der lange nachwirkt 心灵创伤，精神创伤 ‖ *hierzu*（派生）**trau·ma·tisch** *Adj*（形）

träu·men；*träumte*，*hat geträumt*；Vi（不及物）**1.**（***von j-m/etw.***）***t.*** e-n Traum（1）haben（in dem j-d/etw. vorkommt）梦见，做梦：*Er hat von seiner Prüfung geträumt* 他做梦考试 **2.** ***von etw. t.*** den großen Wunsch haben，etw. zu haben，zu erleben *o.Ä.* 梦想，幻想：*Er träumt von e-r Weltreise* 他梦想周游世界 **3.** unkonzentriert sein，nicht aufpassen 走神，思想开小差：*Er träumt bei den Hausaufgaben* 他做家庭作业时走神 ‖ ID［谚］***Das hätte ich mir nicht/nie t. lassen!*** das hätte ich nie geglaubt 这事我从来就不信！‖ *zu*（义项）**3. Träu·mer** *der*；*-s*，*-*；**Träu·me·rin** *die*；*-*，*-nen*

träu·me·risch *Adj*（形）；so wie j-d，der träumt（3）u. in Gedanken ist 思想走神的，心不在焉的 ≈ gedankenverloren

traum·haft *Adj*（形）；*gespr*［口］**1.** sehr groß，stark，schön *usw* 非常漂亮的，美好的，绝妙的〈ein Wetter，e-e Reise，ein Glück，ein Kleid 天气，旅行，幸运，连衣裙〉**2.** *nur adv*（只作状语）；verwendet，um positive Adjektive u. Verben zu verstärken（加强形容词和动词的正面语义）呱呱叫，神，棒，帅〈t. schön 美极了；j-d spielt，singt t. 某人演、唱得神了〉

Traum·tän·zer *der*；*gespr pej*［口］［贬］；j-d，der zwar große Pläne hat，aber nicht viel erreicht 干事虎头蛇尾的人，三分钟热度的人 ‖ *hierzu*（派生）**Traum·tän·ze·rin** *die*

Traum·welt *die*；*mst in* 多用于 ***Er/Sie lebt in e-r T.*** er/sie beurteilt die Welt nicht realistisch，hat große Illusionen 他/她生活在梦幻世界里（意即：看世界不现实，好想入非非）

trau·rig *Adj*（形）**1.** ***t.***（***über etw.***（*Akk* 四格））voll Kummer u. Schmerz od. Trauer（1）痛苦的，悲痛的，难过的，悲伤的 ↔ froh，fröhlich：*ein trauriges Gesicht machen* 做出一副难过的样子；*Bist du t.* darüber，dass *wir ihn nicht wiedersehen werden?* 你是不是因为我们再也见不到他而感到伤心？**2.** *nicht adv*（不作状语）；〈ein Ereignis，ein Film，ein Lied，e-e Nachricht 事件，影片，歌曲，消息〉so，dass sie den Betroffenen voll Kummer od. Schmerz machen 令人悲伤的，使人伤心的 ↔ lustig **3.** so，dass der Betreffende es sehr schade od. beklagenswert findet 令人痛惜的，让人遗憾的，使人痛心的：*Es ist t.，aber wahr!* 这让人遗憾，但是真的！；*Es ist t.，dass du das nicht einsiehst* 你没有看出这一点真遗憾；*Ich finde es sehr t.，wenn ihr euch immer streitet* 要是你们总吵吵闹闹，我觉得这太让人痛心了；*Das Traurige daran ist，dass ...* 令人痛惜的是… **4.** *nicht adv*（不作状语）≈ schlecht，armselig〈e-e Gegend，Verhältnisse，ein Zustand 地区，生活条件，状况〉**5.** *nicht adv*（不作状语）；so，dass man sich darüber schämen sollte 可耻的，丢人的，可悲的〈bei etw. e-e traurige Rolle spielen 在某一方面扮演一个可悲的角色；e-e traurige Figur machen 给人一个不光彩的形象〉‖ *zu*（义项）**1.** u. **2. Trau·rig·keit** *die*；*nur Sg*（只用单数）‖ ID［谚］↑ ***Berühmtheit***

Trau·ring *der* ≈ Ehering

Trau·schein *der*；ein（amtliches）Dokument，auf dem steht，dass man geheiratet hat 结婚证书 ≈ Heiratsurkunde

traut *Adj*（形）；*geschr veraltend*［书］［渐旧］**1.** ≈ traulich **2.** *mst* 多用 ***im trauten Kreis der Familie*** im engsten Familienkreis 在最亲的家庭成员之间

Trau·ung *die*；*-*，*-en*；e-e Zeremonie，mit der Mann u. Frau zu e-m Ehepaar werden 婚礼，结婚仪式 ≈ Eheschließung〈die standesamtliche，kirchliche T. 非宗教的、宗教的结婚仪式〉

Trau·zeu·ge *der*；j-d，der bei der Trauung als Zeuge anwesend sein muss 证婚人 ‖ *hierzu*（派生）**Trau·zeu·gin** *die*

Treck *der*；*-s*，*-s*；ein Zug[2]（4）von Menschen（*mst* Flüchtlingen od. Siedlern），die mit ihrem Besitz auf Wagen ihre Heimat verlassen 背井离乡的队伍，移居他乡的队伍 ‖ -K（复合）：***Flüchtlings-***，***Siedler-***

Tre·cker *der*；*-s*，*-*；*bes nordd* 尤用于［北德］≈ Traktor

Tre·cking ↑ ***Trekking***

Treff[1] *der*；*-s*，*-s*；*gespr*［口］**1.** ≈ Treffen〈e-n T. vereinbaren 约好碰头地点〉**2.** *Kurzw*（略）；↑ ***Treffpunkt***

Treff[2] *das*；*-s*，*-s* ≈ Kreuz（7）

tref·fen；*trifft*，*traf*，*hat/ist getroffen*；Vt/i（及物/不及物）（*hat*）**1.**（***j-n/etw.***）***t.*** j-n/etw. mit e-m Schuss，Schlag，Wurf *o.Ä.* erreichen（u. verletzen，beschädigen *o.Ä.*）击中，打中 ↔ verfehlen：*Er traf sie mit dem Schneeball mitten ins Gesicht* 他用雪球打中了她的脸；*Er sank tödlich getroffen zu Boden* 他被击中倒地身亡 **2.**（***etw.***）***t.*** genau das herausfinden，was（am besten）passt 正适合，找到，切中〈j-s Geschmack，den richtigen Ton，die richtigen Worte t. 正适合某人的胃口，找对了声调，找到合适的话语：*Mit diesem Geschenk hast du genau das Richtige getroffen* 这个礼品你买得对极了！；*Getroffen!*（= stimmt，genau richtig!）对了！一点不错！；Vt（及物）（*hat*）**3.** ***j-n t.*** mit j-m（zufällig od. aufgrund e-r Verabredung）zusammenkommen 遇见，碰到，会面：*Ich habe sie beim Einkaufen getroffen* 我在采购时碰上了她；*Wir treffen uns morgen um neun Uhr* 我们明天九点碰头 ‖ NB（注意）：kein Passiv（不用被动语态）！**4.** ***etw. t.*** etw. beschließen u. durchführen 作出，采取〈Maßnahmen，Vorkehrungen，Vorsichtsmaßnahmen t. 采取措施、预防手段、安全措施〉**5.** ***ein Abkommen t.*** ein Abkommen beschließen 达成协议 **6.** ***j-d/etw. trifft j-n/etw.*** (***irgendwie/irgendwo***) j-d/etw. macht j-n traurig, verletzt seine Gefühle od. schadet e-r Sache(人/物作主语)伤害,使伤心,打击〈j-n an seiner empfindlichsten Stelle, j-s wunden Punkt t. 触痛某人的敏感点,刺痛某人的创伤; etw. trifft j-n hart, schwer, tief, zutiefst 某事使某人很、十分难过,深深地刺痛某人〉: *Ihr Tod hat ihn schwer getroffen* 她的去世对他打击很重; *Mit dieser Beleidigung hast du ihn zutiefst getroffen* 你的这种侮辱伤透了他的心 **7.** ***j-n trifft keine/die Schuld*** (***an etw.*** (*Dat* 三格)) j-d ist nicht schuld/ist schuld an etw. 某人(对某事)没有/有错 **8.** ***etw. t.*** *geschr*[书]; verwendet zusammen mit e-m Subst., um ein Verb zu umschreiben(与名词连用,改换动词的表达); ***e-e Abmachung*** (***mit j-m***) ***t.*** ≈ etw. (mit j-m) abmachen (= vereinbaren); ***e-e Absprache*** (***mit j-m***) ***t.*** ≈ etw. (mit j-m) absprechen; ***e-e Anordnung t.*** ≈ etw. anordnen (= befehlen); ***e-e Entscheidung*** (***über j-n/etw.***) ***t.*** ≈ etw. (über j-n/etw.) entscheiden; ***e-e Verabredung t.*** ≈ etw. verabreden; ***e-e Vereinbarung*** (***mit j-m***) ***t.*** ≈ etw. (mit j-m) vereinbaren; ***Verfügungen t.*** ≈ etw. verfügen; ***Vorbereitungen*** (***für/zu etw.***) ***t.*** ≈ etw. vorbereiten; ***e-e Wahl t.*** ≈ j-n/etw. (aus) wählen; Vi (不及物)(*ist*) **9.** ***auf etw.*** (*Akk* 四格) ***t.*** irgendwo etw. finden (*mst* ohne dies zu erwarten)无意中找到,遇上 ≈ auf j-n/etw. stoßen: *auf Spuren t.* 无意中找到踪迹 **10.** ***auf j-n t.*** j-n als Gegner in e-m Wettkampf bekommen(在比赛中)遇上,碰上,与…相遇: *Im Finale traf die englische Mannschaft auf die italienische* 决赛中英国球队与意大利球队相遇 **11.** ***auf etw.*** (*Akk* 四格) ***t.*** *geschr*[书]; etw. *mst* Unangenehmes u. Unerwartetes erleben 经受到,遭到,遇到 ≈ auf etw. stoßen 〈auf Ablehnung, Schwierigkeiten, Widerstand t. 遭到拒绝,遇到困难、反抗〉; Vr (反身)(*hat*) **12.** ***j-d trifft sich mit j-m***; 〈Personen 人〉 ***treffen sich*** zwei od. mehrere Personen kommen (wie vereinbart) zusammen(人作主语)单:与…碰面,会面;复:彼此碰头、会面: *Er trifft sich mit seiner Freundin/sie treffen sich um fünf Uhr im Park* 他与他女友/他们五点钟在公园碰面; Vimp (无人称)(*hat*) **13.** ***es trifft j-n/etw.*** j-d/etw. ist an der Reihe (etw. Unangenehmes zu tun *o. Ä.*)轮上,挨上(干不高兴干的事): *Wen trifft es heute mit dem Aufräumen?* 今天轮上谁打扫? ‖ ID[谚] ***j-d ist gut/schlecht getroffen*** j-d sieht auf e-m Bild, Foto so/nicht so aus wie in Wirklichkeit(照片上的)某人看上去逼真/走样了; ***es gut/schlecht*** (***mit j-m/etw.***) ***getroffen haben*** Glück/Pech bei der Wahl von j-m/etw. gehabt haben 中意/不中意,运气好/倒霉: *Sie hat es mit ihrem neuen Freund gut getroffen* 她对自己新交的男友很中意; ***es trifft sich gut/bestens*** *usw*, ***dass ...*** es ist ein schöner Zufall, dass ..., es passt gut, dass ... 正巧,恰好,正是时候; ***wie es sich so trifft!*** das war ein Zufall 这真是巧遇!真巧!

Tref·fen *das*; *-s*, *-*; e-e (verabredete) Begegnung, ein Zusammenkommen von zwei od. mehreren Personen 会面,碰面,聚会: *Sie vereinbarten regelmäßige Treffen* 他们商定定期会面 ‖ -K(复合): ***Abiturienten-***, ***Klassen-***, ***Schüler-***

tref·fend *Adj*(形); so, dass es genau passt 确切的,中肯的,恰当的〈ein Vergleich 比喻〉: *Sie hat ihn t. beschrieben* 她对他作了恰当的描写

Tref·fer *der*; *-s*, *-* **1.** ein Schuss, Schlag, Wurf od. Stoß (im Sport od. Kampf), der sein Ziel erreicht 击中,命中,投中,射中 **2.** ein Los, das gewinnt 中彩,得奖,中奖↔ Niete **3.** ***e-n T. erzielen*** ein Tor[2](2) schießen 射中球门 **4.** ***e-n T. landen*** j-n/etw. treffen (1)射中某人/射中某物(指靶、球门等)

treff·lich *Adj*(形); *geschr*, *veraltend*[书][渐旧]; sehr gut 杰出的,优秀的,卓越的 ≈ ausgezeichnet ‖ *hierzu*(派生) **Treff·lich·keit** *die*; *nur Sg*(只用单数)

Treff·nis *das*; *-ses*, *-se*; (CH) [瑞] der Anteil, den j-d von etw. bekommt 份额

Treff·punkt *der*; ein Ort, an dem zwei od. mehrere Personen zusammenkommen 见面的地点,约会处〈e-n T. vereinbaren 商定见面地点〉

treff·si·cher *Adj*(形) **1.** 〈ein Schütze 射手〉 so, dass er das Ziel genau trifft (1)命中目标的 **2.** genau passend für etw., e-e Sache genau charakterisierend 中肯的,剀切(中理)的,正中要害的〈e-e Bemerkung, e-e Formulierung 看法,措辞〉 **3.** *mst* 多用 ***t. in seinem Urteil sein*** fähig sein, etw. ganz richtig zu beurteilen 善于切中事理,善于正确判断

trei·ben; *trieb*, *hat/ist getrieben*; Vt (及物)(*hat*) **1.** ***j-n/ein Tier*** (***irgendwohin***) ***t.*** j-n/etw. (durch Rufe, Schläge *o. Ä.* u. *mst* indem man hinter ihnen hergeht, herläuft *o. Ä.*) dazu bringen, sich in e-e bestimmte Richtung zu bewegen 赶,驱赶,放牧: *das Vieh auf die Weide t.* 把牲口赶往牧场 **2.** ***etw. durch/in etw.*** (*Akk* 四格) ***t.*** etw. *bes* durch Bohrungen *o. Ä.* irgendwo entstehen lassen 打出,开出,凿出: *e-n Schacht/Stollen in den Fels, in die Erde t.* 往岩石、地里打出一口竖井/坑道; *e-n Tunnel durch den Berg t.* 开凿一条穿山隧道 **3.** ***etw. in etw.*** (*Akk* 四格) ***t.*** etw. (*bes* durch Schläge od. Stöße mit e-m Werkzeug) in etw. hineingelangen lassen 把…打、敲、钻入: *e-n Haken in die Wand t.* 把挂钩钉到墙上 **4.** ***etw. treibt j-n/etw. irgendwohin*** etw. bewegt j-n/etw. irgendwohin(物作主语)把…冲往,推向: *Die Strömung trieb ihn ans Ufer* 水流把他冲向岸边; *Das Boot wurde vom Wind an Land getrieben* 这条船被风刮到陆地上搁浅了 **5.** ***etw. treibt etw.*** etw. bewirkt, dass sich e-e Maschine bewegt(物作主语)驱动,推动,发动 ≈ etw. treibt etw. an: *Diese Turbinen werden durch Wasserkraft getrieben* 这台涡轮机由水力驱动 **6.** ***j-d/etw. treibt j-n zu etw./in etw.*** (*Akk* 四格) j-d/etw. bringt j-n

T

(*z.B.* durch Drohungen, Qualen *o.Ä.*) in e-n unangenehmen Zustand od. bewegt ihn dazu, etw. Unangenehmes zu tun (人/物作主语)迫使,驱使,逼迫,胁迫,威逼〈j-n zum Äußersten, in den Tod, in den/bis zum Selbstmord, in die Flucht, in den Wahnsinn, zur Verzweiflung t. 逼得某人走上极端,把某人逼死,逼得某人自寻短见,逼得某人逃跑,逼得某人发疯,逼得某人绝望〉: *Der Hunger trieb ihn zum Diebstahl* 饥饿迫使他偷窃 **7. *j-n zu etw. t.*** j-n ungeduldig zu etw. auffordern 催,催促 ≈ drängen 〈j-n zur Eile, zum Aufbruch t. 催某人快一点,上路〉 **8. *etw. treibt etw. irgendwohin*** etw. bewirkt, dass etw. irgendwohin gelangt 使产生、出现〈etw. treibt j-m Schweiß ins Gesicht, auf die Stirn 某事使得某人汗流满面、额头冒汗珠; etw. treibt j-m Tränen in die Augen 某事使得某人热泪盈眶〉 **9. *j-d/etw. treibt die Preise in die Höhe/in den Keller*** j-d/etw. bewirkt, dass die Preise drastisch steigen/sinken(人/物作主语)使价格飞涨/下跌 **10. *etw.* (*aus etw.*) *t.*** ein Stück Metall mit e-m Hammer in e-e bestimmte Form bringen 打制,冷轧,敲制: *e-n Becher aus Kupfer t.* 用铜打制酒杯; *e-e Schale aus getriebenem Gold* 一只打制的金碗 **11. *etw. t.*** sich mit etw. beschäftigen, etw. machen 从事,干,搞〈Sport, Ackerbau u. Viehzucht t. 搞体育,从事农业和畜牧业〉: *Na, was treibst du denn so?* 嘿,你究竟是干什么呀? **12. *Unsinn t.*** unvernünftige Dinge tun 胡闹,干傻事 **13. *j-d treibt es irgendwie*** j-d übertreibt etw. so, dass es den Sprecher stört(人作主语)闹,折腾,喧扰〈j-d treibt es arg, bunt, toll, wild 某人闹得太厉害、太疯、太野; j-d treibt es zu weit 某人喧扰得太过份〉: *Er treibt es noch so weit, dass er seinen Job verliert!* 他闹得太过份,结果把饭碗都砸了! **14. *j-d treibt es mit j-m*; *mst*** 多用 ***sie treiben es*** *gespr!* [粗] zwei Personen haben (regelmäßig) Geschlechtsverkehr (人作主语)单:与…鬼混;复:鬼混(指两性关系) **15. *etw. t.*** verwendet zusammen mit e-m Subst., um ein Verb zu umschreiben(与名词连用,改换动词的表达); ***Handel*** (***mit etw.***) ***t.*** ≈ mit etw. handeln; ***Missbrauch*** (***mit j-m/etw.***) ***t.*** ≈ j-n/etw. missbrauchen; ***Spionage t.*** ≈ spionieren; ***seinen Spott mit j-m t.*** ≈ über j-n spotten; [Vt/i](及物/不及物)(*hat*) **16. *etw. treibt*** (***etw.***) etw. entwickelt Blätter, Blüten od. Knospen(物作主语)萌芽,吐艳,绽开: *Der Kirschbaum treibt weiße Blüten* 这棵樱桃树开白花; *Die Keimlinge treiben schon* 胚芽长出来了; [Vi](不及物) **17.** (***irgendwo***) ***t.*** (*hat/ist*); ***irgendwohin t.*** (*ist*) auf dem/im Wasser (od. in der Luft) vom Wind od. der Strömung bewegt werden 漂流,漂浮,漂动〈an Land, ans Ufer, aufs offene Meer, durch die Luft t. 漂泊到陆地,漂流到岸边,漂到公海,随风飘动; im/auf dem Wasser, auf dem Fluss, auf dem Meer, in der Luft t. 在水上、河上、海上、空中飘动〉: *Das Boot trieb an den Strand* 这条船漂到海滩 ‖ K-(复合): ***Treib-, -eis, -holz*** ‖ ID [谚] ***sich t. lassen*** sich passiv verhalten, kein Ziel im Leben verfolgen 随大流,与世浮沉,与时俯仰 ‖ NB(注意): ↑ ***Enge, Spitze***[1]

Trei·ben *das*; *-s*; *nur Sg*(只用单数) **1.** die lebhaften Aktivitäten von vielen Menschen, die zu gleicher Zeit etw. tun, sich hin u. her bewegen *o.Ä.* 繁忙,忙碌,热闹,喧闹,熙熙攘攘,拥挤: *Auf den Straßen herrscht reges T.* 街上熙来攘往,一派繁忙景象 ‖ -K(复合): ***Faschings-*** **2.** *pej*[贬]; nicht ganz legale Handlungen 阴谋活动 ≈ Machenschaften 〈j-s schändliches T. 某人卑鄙的阴谋活动〉

trei·ben·las·sen ↑ ***treiben*** ID [谚]

Trei·ber *der*; *-s*, - **1.** j-d, der bei der Treibjagd die Tiere zu den Jägern treibt 围猎者 **2.** *pej*[贬]; j-d, der andere Menschen zwingt, sehr viel zu arbeiten 催人拼命干活的人,监工 ‖ *hierzu*(派生) **Trei·be·rin** *die*; -, *-nen*

Treib·gas *das* **1.** ein Gas, das den Inhalt von Spraydosen unter Druck setzt 膨胀气体 **2.** ein Gas als Treibstoff 燃气,动力煤气

Treib·haus *das*; e-e Art Haus aus Glas, in dem Pflanzen feucht u. warm gehalten werden, damit sie schneller wachsen 暖房,温室 ≈ Gewächshaus

Treib·haus|ef·fekt *der*; *nur Sg*(只用单数); bezeichnet das Phänomen, bei dem die Atmosphäre der Erde wärmer wird (durch Schäden in der Umwelt)温室效应

Treib·jagd *die*; e-e Art der Jagd, bei der die Tiere durch Lärm zu den Jägern getrieben werden 围猎

Treib·mit·tel *das* **1.** ein Mittel wie Backpulver od. Hefe, das bewirkt, dass der Teig locker wird 膨胀剂,发酵剂 **2.** CHEM【化】≈ Treibgas

Treib·rie·men *der*; e-e Art starkes Band, das e-e Drehbewegung in e-m Motor *o.Ä.* überträgt 传动皮带

Treib·sand *der*; Schichten von lockerem Sand, in dem man leicht versinkt 流沙

Treib·stoff *der*; *mst* Flüssigkeiten od. Gase, durch deren Verbrennung Energie für Motoren entsteht 动力燃料

Trek·king *das*; *-s*, *nur Sg* (只用单数); längere Wanderungen, *bes* im Gebirge 跋涉

Tre·mo·lo *das*; -, *-s*; MUS【音】; e-e Art Zittern des gesungenen od. gespielten Tones, das dadurch entsteht, dass derselbe Ton schnell wiederholt wird 震音

Trench·coat [ˈtrɛnʃkoːt] *der*; *-s*, *-s*; ein leichter, knielanger sportlicher Mantel 轻便短大衣

Trend *der*; *-s*, *-s*; ***der T.*** (***zu etw.***) e-e (allgemeine) Entwicklung in e-e bestimmte Richtung 倾向,趋势 ≈ Tendenz (1): *Der* (*modische*) *T. geht wieder zu kurzen Röcken* 时髦趋势又盛行穿短裙了 ‖ K-(复合): ***Trend-, -wende***

tren·nen; *trennte*, *hat getrennt*; [Vt](及物) **1. *j-n/etw.*** (***von j-m/etw.***) ***t.*** Personen od. Dinge aus e-r Verbindung lösen, (räumlich)

T

auseinanderbringen 分开,拆开,拆下: *Sie trennte den Ärmel vom Mantel* 她拆下大衣袖子; *zwei raufende Jungen (voneinander) t.* 把两个扭打在一起年轻人分开 **2. etw. von etw. t.** verschiedene Dinge einzeln tun od. beurteilen, nicht miteinander verbinden 把…与…分开(处理)、区分开: *Er trennt stets das Private vom Beruflichen* 他经常把私事与公事分开(处理); *Ursache u. Wirkung kann man nicht getrennt sehen* 因与果不能分开来看待 **3. etw. trennt j-n / etw. von j-m / etw.** etw. bildet e-e Grenze, ein Hindernis zwischen zwei Personen, Dingen(物作主语)把…与…分隔开,使与…之间形成界线: *Die Straße von Messina trennt Sizilien von Italien* 墨西拿海峡把西西里与意大利分隔开; *Unsere politischen Ansichten trennen uns* 我们的政见解有分歧 **4. etw. trennt j-n / etw von j-m / etw.** etw. stellt e-n zeitlichen od. örtlichen Abstand (*mst* zu e-r bestimmten Person od. zu e-m bestimmten Ereignis) dar(物作主语)使与…相隔,构成与…的时间或空间距离: *Nur noch zwei Wochen trennten sie vom Urlaub* 对他们来说离假期还只有两周了 **5. etw. t.** ein Wort in seine Silben zerlegen 将…分成音节,将…(按音节)分开; [Vr] (反身) **6. sich von etw. t.** etw. weggeben, weglegen, auf etw. verzichten 放下,释手,丢弃: *sich von e-m spannenden Buch nicht t. können* 对一本情节紧张的书爱不释手 **7. j-d trennt sich von j-m**; ⟨Personen 人⟩ ***trennen sich*** zwei od. mehrere Personen gehen in unterschiedliche Richtungen auseinander(人作主语)单:与…分手;复:彼此分手,分别: *Am Bahnhof trennte er sich von seinen Freunden* 他和他的朋友在车站分手了; *Hier trennen sich unsere Wege* 我们在这里分手(各走各的路) **8. j-d trennt sich von j-m**; ⟨Personen 人⟩ ***trennen sich*** ein Partner verlässt (endgültig) den anderen, beide Partner beenden (endgültig) ihre Beziehung (人作主语)单:与…断交;复:彼此绝交: *Nach drei Jahren trennte er sich von seiner Freundin* 三年后他与他女友断绝了往来 **9. e-e Mannschaft trennt sich irgendwie von e-r Mannschaft**; ⟨Mannschaften 球队⟩ ***trennen sich irgendwie*** SPORT【体】; zwei Mannschaften beenden e-n Wettkampf mit dem genannten Ergebnis 两队比赛结果为…: *Die Mannschaften trennten sich unentschieden* 球队比赛不分胜负 ‖ *zu* (义项) **5. trenn·bar** *Adj*(形)

Tren·nung *die*; -, *-en* **1.** das Nicht-mehr-Zusammensein (*mst* mit j-m, den man gern hat)分手,离别: *Die T. schmerzt heute noch* 那次分手至今还很痛苦 ‖ K-(复合): ***Trennungs-, -angst, -schmerz*** **2.** die Auflösung e-r Beziehung 诀别,绝交: *die T. von der Freundin* 与女友诀别 **3.** das Trennen (2): *Die T. von Staat u. Kirche* 国家与教会分开 **4.** das Trennen (5) e-s Wortes 分音节 ‖ K-(复合): ***Trennungs-, -strich*** ‖ -K(复合): ***Silben-*** **5.** ⟨zwei Personen 两人⟩ ***leben in T.*** zwei Personen leben nicht mehr (als Ehepaar) zusammen 分居 ‖ ID [谚] ***die T. von Tisch u. Bett*** das Aufgeben des gemeinsamen Haushaltes u. der sexuellen Beziehung von Eheleuten 夫妻吃饭、睡觉不在一起过,夫妻生活分开过,分居另过

> **Trennbare Verben 可分动词**
>
> Im Deutschen gibt es Verben, bei denen in den konjugierten Formen die Vorsilbe abgetrennt wird, wenn das Verb an erster oder zweiter Stelle im Satz steht.
>
> 在德语中有一类动词,当它在句子中居第一位或第二位时,其变位形式中前缀是分开的。
>
> Beispiel 例如:
>
> **ankommen - Ich komme morgen um 10. Uhr an.**
>
> In Infinitivsätzen wird die Partikel **zu** zwischen die Vorsilbe und den Verbstamm eingeschoben 在带动词不定式的句子中,虚词 zu 嵌在前缀和动词词干之间:
>
> **Ich werde versuchen, pünktlich anzukommen.**
>
> Beim Partizip Perfekt steht die Silbe **ge** zwischen der Vorsilbe und dem Verbstamm 在过去分词中,音节 **ge** 居于前缀和动词词干之间:
>
> **Der Zug ist pünktlich angekommen.**

Tren·nungs·geld *das*; *nur Sg* (只用单数); zusätzliches Geld, das man vom Arbeitgeber erhält, wenn man aus beruflichen Gründen von der Familie getrennt leben muss 分居补助

Trenn·wand *die*; e-e Wand, mit der man e-n *mst* großen Raum in kleinere Flächen / Räume teilt 隔墙,隔板

Tren·se *die*; -, *-n*; e-e Art Gebiss aus Eisenteilen, das man e-m Pferd ins Maul steckt, um die Zügel daran zu befestigen 嚼子,辔头

trepp·ab *Adv*(副); die Treppe hinunter 下楼梯

trepp·auf *Adv*(副); die Treppe hinauf 上楼梯

Trep·pe *die*; -, *-n* **1.** mehrere Stufen, die aufeinanderfolgen u. die *z. B.* die verschiedenen Etagen e-s Hauses miteinander verbinden 楼梯,阶梯 ‖ ↑ *Abb. unter* 图见 ***Treppenhaus*** ‖ K-(复合): ***Treppen-, -absatz, -geländer, -stufe*** ‖ -K(复合): ***Holz-, Marmor-, Stein-*** ‖ *zu* ***Treppenabsatz*** ↑ *Abb. unter* 图见 ***Treppenhaus*** **2. *e-e T. höher / tiefer*** ein Stockwerk höher/tiefer 上面一层楼(楼上)/下面一层楼(楼下) ‖ ID [谚] ***die T. hinauffallen*** *gespr hum* [口][诙]; e-n Fortschritt in der beruflichen Karriere machen (*mst* ohne große Anstrengung)(没费

Treppenhaus

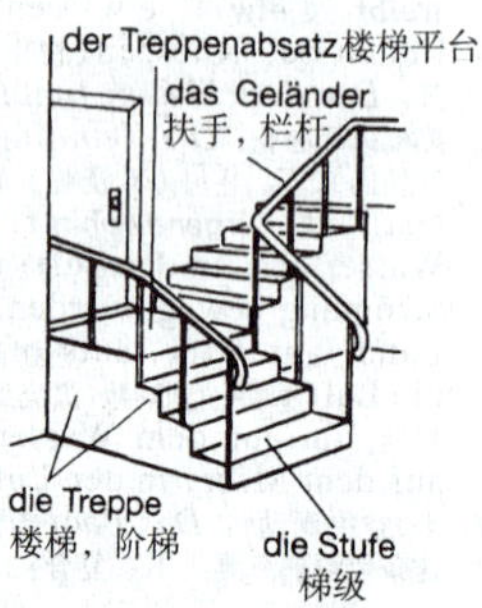

多大努力)得到提升,提拔,擢用

Trep·pen·haus *das*; der Teil e-s Hauses, in dem sich die Treppe (1) befindet 楼梯间

Tre·sen *der*; *-s*, *-*; *nordd*[北德] ≈ Theke

Tre·sor *der*; *-s*, *-e* ≈ Safe ⟨e-n T. aufbrechen, knacken 撬开、砸开保险箱⟩ ‖ K-(复合): ***Tresor-***, ***-raum***, ***-schlüssel*** ‖ -K(复合): ***Bank-***

Tres·se *die*; *-*, *-n*; ein schmales Stoffband zur Verzierung an Kleidungsstücken, *bes* bei Uniformen(尤指军服)金银丝饰带

Tret·au·to *das*; e-e Art (Spielzeug) Auto für Kinder, das mit Pedalen fortbewegt wird 儿童的脚踏汽车

Tret·boot *das*; ein Boot, das mit Pedalen fortbewegt wird 脚踏(式)游船

Tret·ei·mer *der*; ein Mülleimer, dessen Deckel man mit e-m Fußhebel öffnet 脚踏(式)垃圾箱

tre·ten; *tritt*, *trat*, *hat/ist getreten*; [Vt/i](及物/不及物)(*hat*) **1.** ⟨***j-n/ein Tier irgendwohin***⟩ ***t.*** j-m/e-m Tier e-n Stoß mit dem Fuß geben 踢: *Er trat ihn in den Rücken* 他朝他背后踢了一脚; [Vt](及物)(*hat*) **2.** ***etw. t.*** etw. in Bewegung od. Funktion setzen, indem man mit dem Fuß darauf drückt 踩,蹬,踏⟨die Kupplung, die Bremse, die Pedale t. 踩离合器、刹车、脚蹬⟩ **3.** ***etw. in etw.*** (*Akk* 四格) ***t.*** durch e-n Fußtritt e-n Schaden in etw. verursachen 踢出,踹出(损伤)⟨e-e Beule ins Auto t. 把汽车踢出个凹痕(把汽车踢瘪了一块)⟩ **4.** ***etw.*** (***irgendwohin***) ***t.*** etw. entstehen lassen, indem man (immer wieder) dort geht 踩出,踏出⟨e-n Pfad in den Schnee t. 在雪里踩出一条小道⟩ **5.** ***etw. irgendwie t.*** etw. mit dem Fuß in e-e bestimmte Form, in e-n bestimmten Zustand drücken 把…踩成,踏成⟨etw. flach, platt t. 把某物踏平、踩扁⟩ **6.** ***sich*** (*Dat* 三格) ***etw. irgendwohin t.*** sich am Fuß verletzen, indem man versehentlich mit dem Fuß auf etw. kommt 把…踩入(致伤)⟨sich e-n Dorn in den Fuß t. 脚里踩进一根刺⟩ **7.** ⟨e-e Ecke, e-n Elfmeter 角球、点球⟩ ***t.*** SPORT【体】; e-e Ecke, e-n Elfmeter ausführen(足球比赛中)罚球; [Vi](不及物)(*ist*) **8.** ***irgendwohin t.*** beim Gehen den Fuß irgendwohin setzen 踩进,踩入⟨in e-e Pfütze t. 踩入水坑⟩ **9.** ***irgendwohin t.*** einige Schritte in e-e bestimmte Richtung machen 举步、迈步走向⟨ins Zimmer, auf die Bühne, vor das Publikum t. 走进房间,走上舞台,走近观众⟩: *Bitte zur Seite t.!* 请靠边点!(站到一旁去!) **10.** ***j-m/e-m Tier irgendwohin t.*** j-n/ein Tier mit dem Fuß stoßen *o. Ä.*, u. *mst* dadurch verletzen 踩着(致伤)⟨j-m auf die Zehen t., e-m Hund auf den Schwanz t. 踩着某人的脚趾,踩着狗的尾巴⟩ **11.** ***nach j-m/etw. t.*** versuchen, j-m/etw. e-n Stoß mit dem Fuß zu geben 朝…踢、踹: *nach der Katze t.* 踢猫 **12.** ***etw. tritt irgendwohin*** etw. wird irgendwo sichtbar(物作主语)显出,出现,冒出⟨der Schweiß tritt j-m auf die Stirn 他额头上冒出汗珠⟩ **13.** ***etw. tritt in j-s Bewusstsein*** j-d wird sich e-r Sache bewusst(物作主语)使人意识到 **14.** ⟨ein Fluss *o. Ä.* 河流等⟩ ***tritt über die Ufer*** ein Fluss *o. Ä.* führt so viel Wasser mit sich, dass er breiter wird, als er sonst ist 泛滥,漫过河岸 **15.** ***j-d tritt in etw.*** (*Akk* 四格) j-d beginnt mit e-r Handlung, j-d übernimmt e-e bestimmte Rolle *o. Ä.* (人作主语)进入,开始⟨in Aktion, in Erscheinung, in (den) Streik, in j-s Dienste, in den Staatsdienst, in den Ruhestand t. 开始行动,出现,参加罢工,为某人效劳,在国家机关任职,退休; mit j-m in Kontakt, in Verbindung, in Verhandlungen t. 与某人开始接触、联系、谈判⟩ **16.** ***etw. tritt in etw.*** (*Akk* 四格) etw. erreicht ein bestimmtes Stadium(物作主语)进入,达到(某一阶段)⟨ein Gesetz, e-e Regelung tritt in/außer Kraft (= wird wirksam/unwirksam) 一项法律、一项规则开始生效/失效⟩: *Die Verhandlungen treten in die entscheidende Phase* 谈判进入决定性阶段 ‖ ▶ ***Tritt***

Tret·mi·ne *die* **1.** e-e Mine, die explodiert, wenn man auf sie tritt 地雷 **2.** *gespr hum*[口][谐]; ein Haufen Kot (*mst* von e-m Hund) 一堆狗粪

Tret·müh·le *die*; *gespr pej* [口][贬]; e-e Tätigkeit (*bes* im Beruf), die sich immer wiederholt 单调乏味的工作,无聊的工作

Tret·rol·ler *der*; ↑ ***Cityroller***

treu, *treuer*, *treu(e)st-*; *Adj* (形) **1.** ⟨ein Freund 朋友⟩ so, dass er e-e freundschaftliche Beziehung zu einem hat, die voll Vertrauen ist u. lange dauert 忠诚的,可信的,可靠的,信得过的 **2.** ohne sexuelle Beziehungen außerhalb der Ehe bzw. der festen Partnerschaft 忠贞(不二)的,忠实的,无二心的 ↔ untreu ⟨j-m t. sein, bleiben 对某人无二心、忠贞不渝⟩ **3.** ⟨ein Anhänger, ein Fan, ein Kunde, ein Mitarbeiter 信徒,狂热追随者,顾客,合作者⟩ so, dass sie über lange Zeit mit j-m/etw. verbunden bleiben 忠实的,真心实意的,诚心诚意的 **4.** ***seinen Grundsätzen***, ***Prinzipien*** *usw* ***t. bleiben*** sich immer fest an seine Grundsätze *usw* halten 忠于自己的原则,对自己的原则坚定不移 ‖ ID[谚] ***t. u. brav*** genau so, wie es andere wollen, ohne Proteste od. eigene Wünsche 老老实实的,忠心耿耿的

Treu *mst in* 多用于 ***auf T. u. Glauben*** im Vertrauen darauf, dass alles richtig od. wahr ist 坚信不疑地,完全信赖地

-treu *im Adj*, *wenig produktiv*(构成形容词,构词弱) **1.** drückt aus, dass sich j-d an dem im ersten Wortteil Genannten genau festhält 忠于…的,对…坚贞不渝的; ***gesetzestreu***, ***königstreu***, ***linientreu*** ⟨ein Parteipolitiker 党派政治家⟩, ***prinzipientreu***, ***regierungstreu***, ***verfassungstreu*** **2.** dem im ersten Wortteil Genannten genau entsprechend 完全符合…的,…精确的; ***plantreu***, ***winkeltreu*** ⟨e-e Zeichnung 图⟩

Treue *die*; *-*; *nur Sg*(只用单数); das Treusein 忠诚,忠实⟨j-m die T. halten, bewahren 对某

T

人守信、保持忠诚；die T. brechen 失信，不忠〉：*seine T. beweisen* 证明自己的忠诚 ‖ K-(复合)：**Treue-**，**-bruch**，**-schwur**，**-versprechen**

Treu·e·pflicht *die*；die Pflicht，seine Vorgesetzten，den Staat，seine Partner im Beruf od. Geschäft *o. Ä.* zu unterstützen u. nicht zu betrügen 忠于职守，恪守职责，履行义务的承诺

Treu·e·prä·mie *die*；e-e besondere Belohnung für e-n treuen (3) Kunden od. Mitarbeiter (给老顾客的)特殊优惠，(给资深的工作人员的)特殊补助，资历补助

Treu·hand *die*；Ⓓ *hist*［德］［历］e-e Behörde，die die Aufgabe hat，die staatlichen Betriebe der ehemaligen DDR zu privatisieren 托管局，信托机构

Treu·hand|an·stalt *die* ≈ Treuhand

Treu·hän·der *der*；*-s*，*-*；JUR【法】；j-d，der das Vermögen für e-n anderen verwaltet 信托资财管理人 ‖ *hierzu*（派生）**Treu·hän·de·rin** *die*；*-*，*-nen*；**treu·hän·de·risch** *Adj*（形）

treu·her·zig *Adj*（形）；voll naiven Vertrauens 真心实意的，纯真的，天真无邪的〈ein Blick 眼光；j-n t. ansehen 天真地看着某人〉‖ *hierzu*（派生）**Treu·her·zig·keit** *die*；*nur Sg*（只用单数）

treu·los *Adj*（形）；nicht treu (1,3) 不忠诚的，不可靠的，不忠实的 ‖ *hierzu*（派生）**Treu·lo·sig·keit** *die*；*nur Sg*（只用单数）

Tri·an·gel *der/das*；*-s*，*-* **1.** ein Musikinstrument aus Metall in Form e-s Dreiecks 三角铁 ‖ ↑ *Abb. unter* 图见 **Schlaginstrumente** **2.** *gespr*［口］；ein Riss in der Kleidung in Form e-s Dreiecks 衣服上撕开的一个三角口子

Tri·ath·lon *das*；*-s*，*-s*；SPORT【体】**1.** ein Wettkampf，bei dem die Teilnehmer ohne Pause nacheinander lange Strecken schwimmen，Rad fahren u. laufen（远程游泳、自行车、跑步）铁人三项比赛 **2.** ein Wettkampf，der aus Skilanglauf，Scheibenschießen u. Riesenslalom besteht（越野滑雪、射击、大回转）滑雪三项比赛

Tri·bu·nal *das*；*-s*，*-e*；*mst in* 多用于 ***j-n vor ein T. stellen/bringen*** j-m in der Öffentlichkeit Fragen stellen，als sei er vor Gericht angeklagt 公开质问某人

Tri·bü·ne *die*；*-*，*-n*；die Sitzreihen für Zuschauer，die in Stufen angeordnet sind，*z. B.* in e-m Stadion 看台，观众座位 ‖ K-(复合)：**Tribünen-**，**-platz**，**-reihe** ‖ -K(复合)：**Zuschauer-**

Tri·but *der*；*-(e)s*，*-e*；*hist*［历］；e-e Art Steuer，die der Besiegte nach e-m Krieg dem Sieger zahlen musste 贡金，贡物，贡税，战争赔款〈T. erheben 上贡；T. an j-n entrichten/zahlen 向某人进贡/纳贡〉‖ ID［谚］***j-m/etw. T. zollen*** *geschr*［书］；j-n/etw. anerkennen 尊重某人/重视某事；*mst* 多用 ***etw. fordert e-n hohen T.*** (***an Menschenleben***) *geschr*［书］；ein Unfall，ein tragisches Ereignis verursacht viele Tote 某事要求付出高昂的代价(作出很大牺牲) ‖ *hierzu*（派生）**tri·but·pflich·tig** *Adj*（形）

Tri·chi·ne *die*；*-*，*-n*；ein kleiner Wurm，der *bes* in Schweinen lebt u. der für Menschen gefährlich ist（猪体内的）旋毛虫

Trich·ter *der*；*-s*，*-* **1.** e-e Art Rohr，das oben weit und unten eng ist u. mit dem man Flüssigkeiten in Flaschen od. enge Gläser füllt 漏斗：*den Wein mit e-m T. in Flaschen abfüllen* 用漏斗将葡萄酒灌入瓶内 ‖ K-(复合)：**Trichter-**，**-rohr** **2.** ein großes Loch im Erdboden，das durch die Explosion e-r Bombe entstanden ist 弹坑 ‖ -K(复合)：**Bomben-** ‖ ID［谚］**auf den (richtigen) T. kommen** *gespr*［口］；allmählich verstehen，wie etw. ist，wie etw. funktioniert 渐渐明白、开窍、领悟

Trick *der*；*-s*，*-s* **1.** *pej*［贬］；ein geschicktes Vorgehen，mit dem man j-n betrügt 手腕，诡计，计谋，花招〈ein billiger (= primitiver)，raffinierter T. 幼稚的、狡猾的诡计〉：*auf die üblen Tricks von Betrügern hereinfallen* 中了骗子的毒计 ‖ K-(复合)：**Trick-**，**-betrug**，**-betrüger**，**-dieb** **2.** ein Kunststück，mit dem ein Zauberer sein Publikum unterhält 技艺，绝技，绝招〈e-n T. vorführen 演绝技〉‖ -K(复合)：**Karten-**，**Zauber-** **3.** ein einfacher Handgriff *o. Ä.*，mit dem man ein Problem löst 窍门，奥妙，门路≈ Kniff：*Wie schafft er das nur? Ist da ein T. dabei?* 这件事他究竟怎么干的？干这个有什么窍门吗？‖ *hierzu*（派生）**trick·reich** *Adj*（形）

Trick·film *der*；ein Film，der aus e-r langen Serie fotografierter Zeichnungen besteht 动画片 ‖ -K(复合)：**Zeichen-**

Trick·kis·te *die*；*mst in* 多用于 ***tief in seine T. greifen*** *gespr*［口］；alle Tricks (2) anwenden，die man kann 要尽花招，玩弄种种阴谋诡计

trick·sen；*trickste*，*hat getrickst*；Vi（及物）**1.** e-n Trick anwenden 要诡计，要手腕儿；Vt（及物）**2.** *mst in* 多用于 ***Die Sache/Das werden wir schon t.*** *gespr*［口］；das Problem werden wir (mithilfe e-s Tricks (3) *o. Ä.*) lösen 这件事我们会设法巧妙解决的

trieb *Imperfekt*，*1. u. 3. Person Sg*（过去时，单数第一和第三人称）；↑ **treiben**

Trieb[1] *der*；*-(e)s*，*-e*；ein starker (vom Instinkt gesteuerter) Drang bei Menschen u. Tieren，der darauf zielt，*mst* lebenswichtige Bedürfnisse (*z. B.* Essen od. Trinken) zu befriedigen（强烈的）欲望，本能，天性，性欲〈seine Triebe befriedigen，zügeln，zähmen，beherrschen 满足、克制、抑制、控制自己的欲望〉‖ K-(复合)：**Trieb-**，**-handlung**，**-leben** ‖ -K(复合)：**Geschlechts-**，**Spiel-**，**Sexual-**，**Selbsterhaltungs-**

Trieb[2] *der*；*-(e)s*，*-e*；ein neu gewachsener Teil e-r Pflanze 嫩芽，嫩枝 ≈ Sproß〈e-n T. stutzen 修剪嫩枝〉

Trieb·fe·der *die*；der Grund，warum man etw. tut 动因：*Eifersucht war die T. des Mordes* 忌妒是杀人的动因

trieb·haft *Adj*；von Trieben[1] bestimmt od. beherrscht 易冲动的，为欲望所左右的〈ein Mensch，ein Verhalten 人，行为〉‖ *hierzu*（派生）**Trieb·haf·tig·keit** *die*；*nur Sg*（只用单数）

T

Trieb·kraft *die*; der (charakterliche) Grund für ein Verhalten 动力,驱动力: *Ehrgeiz als T. des Handelns* 虚荣心是行为的动力

Trieb·tä·ter *der*; j-d, der ein Verbrechen begeht, um e-n Trieb (*bes* den Geschlechtstrieb) zu befriedigen 强奸犯 ‖ *hierzu* (派生) **Trieb·tä·te·rin** *die*

Trieb·ver·bre·cher *der* ≈ Triebtäter ‖ *hierzu* (派生) **Trieb·ver·bre·che·rin** *die*

Trieb·wa·gen *der*; ein Eisenbahn-, Straßenbahn- od. U-Bahnwagen mit e-m eigenen Motor 机动车

Trieb·werk *das*; e-e Maschine, die *z.B.* ein Flugzeug od. e-e Rakete antreibt 传动器,推进装置 ‖ ↑ *Abb. unter* 图见 ***Flugzeug***

trie·fen; *triefte/geschr* [书] *troff*, *hat/ist getrieft*; [Vi] (不及物) **1. etw. trieft** (*ist*) etw. fällt in großen Tropfen herunter od. fließt in e-m Rinnsal von etw. weg(物作主语)滴落,滴下: *Das Blut triefte aus der Wunde* 伤口滴血 **2. j-d trieft** (**von/vor etw.** (*Dat* 三格)) (*hat*) j-d ist so nass, dass die Flüssigkeit heruntertropft od. -fließt(人作主语)湿淋淋,湿得滴水: *Du triefst ja vor Nässe!* 你浑身湿淋淋的! **3. j-d/etw. trieft** (**von/vor etw.** (*Dat* 三格)) *mst pej* 多用[贬]; j-d/etw. zeigt etw. in übertriebenem Maße(人/物作主语)过分地流露出,表露出,显露出: *Er trieft vor Mitleid* 他表露出过分怜悯; *Ihre Worte triefen vor Spott* 她的话流露出嘲笑的口吻

trief·nass *Adj* (形); *gespr* [口]; sehr nass 湿淋淋的,湿漉漉的

trifft *Präsens, 3. Person Sg* (现在时,第三人称单数); ↑ ***treffen***

trif·tig *Adj* (形); gut begründet u. überzeugend 理由充分的,有充分根据的,有说服力的,有力的 ≈ stichhaltig, zwingend ⟨e-e Erklärung, ein Beweis 声明,证明⟩: *triftige Gründe als Entschuldigung anführen* 提出充分的理由表示歉意

Tri·kot [triˈkoː] *das*; *-s, -s* **1.** ein Sporthemd (针织弹力)运动衫 ‖ -K (复合): ***Sport-*** **2.** ein Kleidungsstück, das sehr eng am Körper anliegt u. das *z.B.* Balletttänzer tragen(舞蹈演员的)紧身衣

Tril·ler *der*; *-s, -*; ein Klang, der durch die schnelle Wiederholung von zwei (hohen) Tönen entsteht (*bes* beim Gesang der Lerche od. Nachtigall 鸣啭声,啁啾) ‖ K-(复合): ***Triller-, -pfeife*** ‖ *zu* ***Trillerpfeife*** ↑ *Abb. unter* 图见 ***Pfeife***

tril·lern; *trillerte, hat getrillert*; [Vt/i] (及物/不及物) ⟨die Lerche 云雀⟩ ***trillert*** (**etw.**) die Lerche gibt die Laute von sich, die für ihre Art typisch sind 鸣啭,啁啾

Tri·lo·gie *die*; *-, -n* [ˈgiːən]; e-e Folge von drei Büchern, Filmen od. Musikstücken, die zwar selbstständig sind, aber thematisch zusammengehören 三部曲

Tri·mes·ter *das*; *-s, -*; einer von drei Abschnitten e-s Schul- od. Studienjahres 一学季 (欧美学校一年分三个学季,每学季三个月)

Trimm-dich-Pfad *der*; e-e Strecke (*z. B.* im Wald), auf der man läuft, an Sportgeräten Übungen macht *usw* (在林间进行)体育训练的地段

trim·men; *trimmte, hat getrimmt*; [Vt] (及物) **1. j-n auf etw.** (*Akk* 四格)/ **zu etw. t.** *gespr pej* [口][贬]; j-n *mst* zu e-m Verhalten zwingen (*bes* durch Worte) 调教,训练 ≈ drillen (1,2): *Sie wurden auf/zur Höflichkeit getrimmt* 他们受过礼貌训练 ‖ NB(注意): *mst* im Passiv(多用被动语态)! **2. etw. auf etw.** (*Akk* 四格) **t.** *gespr, oft pej* [口]常用[贬]; etw. so (stark) verändern, dass es so aussieht od. so ist, wie man es wünscht 将…改变成,改造…成为: *Er hat sein Restaurant ganz auf rustikal getrimmt* 他把自己的饭店布置得具有十足的田园风味 **3.** *mst* 多用 ***e-n Hund t.*** die Haare e-s Hundes in e-r bestimmten Form schneiden 修剪狗毛 ⟨e-n Pudel t. 给一条狮子狗修毛⟩; [Vr] (反身) **4. sich t.** regelmäßig Sport treiben (*bes* um gesund u. fit zu bleiben) 锻炼身体,进行体育锻炼 ‖ K-(复合): ***Trimm-, -aktion, -sport***

trink·bar *Adj* (形); so, dass man es trinken kann (ohne schädliche Wirkungen für die Gesundheit) 可饮用的: *Das Wasser vieler Flüsse ist nicht mehr t.* 很多河里的水不能再饮用

trin·ken; *trank, hat getrunken*; [Vt/i] (及物/不及物) **1.** (**etw.**) **t.** e-e Flüssigkeit, ein Getränk durch den Mund zu sich nehmen 喝,饮: *Er trank sein Glas (in einem Zug) leer* 他把一杯酒一饮而尽 ‖ K-(复合): ***Trink-, -gefäß, -glas*** ‖ *zu* ***Trinkglas*** ↑ *Abb. unter* 图见 ***Gläser*** **2.** (**etw.**) **t.** alkoholische Getränke (regelmäßig u. in großen Mengen) zu sich nehmen 喝酒,饮酒; [Vi] (不及物) **3. auf j-n/etw. t.** beim Trinken von *mst* Sekt od. Wein die Gläser heben, um j-n zu ehren, etw. zu feiern *usw* 为祝贺…而干杯: (*Wir trinken*) *auf die Gastgeber/auf ein gutes Neues Jahr!* 为主人干杯,为新年快乐而干杯! ‖ *zu* (义项) **1. trink·fer·tig** *Adj* (形) ‖ ▶ ***Trank, Trunk***

Trin·ker *der*; *-s, -*; j-d, der regelmäßig u. aus Gewohnheit viel Alkohol trinkt 饮酒者,酒徒 ≈ Alkoholiker ‖ *hierzu* (派生) **Trin·ke·rin** *die*; *-, -nen*

trink·fest *Adj* (形); fähig, viel Alkohol zu trinken, ohne betrunken zu werden 能喝酒的,酒量大的 ‖ *hierzu* (派生) **Trink·fes·tig·keit** *die*; *nur Sg* (只用单数)

trink·freu·dig *Adj* (形); ⟨ein Mensch 人⟩ so, dass er gern u. oft alkoholische Getränke trinkt 爱喝酒的

Trink·geld *das*; e-e relativ kleine (Geld)-Summe, die man *z.B.* e-m Kellner od. e-m Taxifahrer zusätzlich gibt 小费,酒钱 ⟨(ein) T. geben 给小费⟩ ‖ ↑ *Information Seite 1814* 信息见 1814 页

Trink·spruch *der*; ein kurzer (oft formelhafter) Spruch *mst* bei e-m Fest, mit dem ein Redner die Gäste auffordert, gemeinsam (auf j-n/etw.) zu trinken 祝酒,祝酒词 ≈

T

Toast

Das Trinkgeld 小费

In Deutschland, Österreich und der Schweiz ist es üblich, beim Bezahlen der Rechnung in einem Lokal ein Trinkgeld zu geben. Beträgt die Rechnung zum Beispiel 36,50 Euro, so rundet man auf 40 Euro auf, indem man sagt: „**Machen Sie vierzig!**" oder indem man dem Kellner 40 Euro gibt und sagt: „(**Das**) **Stimmt so!**" Das Trinkgeld wird dem Kellner direkt beim Bezahlen gegeben, man lässt es nicht auf dem Tisch.

在德国、奥地利和瑞士，通常在饭馆吃饭会账时都给小费。比如，账单款额为36.50欧元，那就凑个整数40欧元，说："**就算40元吧!**"或者给服务员40欧元说："**不用找啦!**"小费都直接交给服务员，而不是放在桌上。

Trink·was·ser *das*; trinkbares Wasser 饮用水 ‖ K-(复合): ***Trinkwasser-, -aufbereitung, -versorgung***

Trio *das*; *-s, -s* **1.** e-e Gruppe von drei Musikern 三重唱小组 **2.** ein Musikstück für drei Instrumente 三重奏乐曲: *ein T. für Violine, Viola u. Cello* 小提琴、中提琴、大提琴三重奏 **3.** drei Menschen, die oft zusammen sind u. gemeinsam etw. tun 三人小组

Trip *der*; *-s, -s* **1.** *gespr*[口]; e-e kurze Reise 短程旅行 ≈ Ausflug **2.** ein Rauschzustand nachdem man Drogen genommen hat, in dem man Halluzinationen hat (吸毒后产生的)迷幻感觉，兴奋状态〈auf e-m T. sein 处于兴奋状态〉**3.** die Menge Haschisch, die man für e-n T.(2) braucht 一份量剂大麻 ‖ ID[谚] ***auf dem + Adj***(形容词) ***+ T. sein***; *mst pej od iron* 多用[贬]或[讽]; sich seit einiger Zeit sehr intensiv für etw. interessieren 对…很感兴趣，津津乐道: *auf dem ökologischen, religiösen T. sein* 对生态、宗教兴趣极浓

trip·peln; *trippelte, ist getrippelt*; [Vi](不及物) mit kurzen, schnellen Schritten laufen 小步快跑: *Das kleine Kind trippelte durch das Zimmer* 这个小孩嗒嗒嗒地小跑穿过房间

Trip·per *der*; *-s*; *nur Sg*(只用单数); e-e Geschlechtskrankheit 淋病; MED【医】Gonorrhö 〈(den) T. haben 患有淋病〉

trist, *trister, tristest-*; *Adj*(形); *geschr*[书] **1** ≈ traurig (1)〈e-e Miene 表情〉**2** ≈ traurig (3)〈ein Leben 生活; in tristen Verhältnissen leben 生活困苦(贫困)〉**3** ≈ öde (1)〈e-e Gegend, e-e Landschaft 地区，地方〉

tritt *Präsens, 3. Person Sg*(现在时，第三人称单数); ↑ ***treten***

Tritt *der*; *-(e)s, -e* **1.** das Aufsetzen des (einzelnen) Fußes auf den Boden beim Gehen (一步)脚步，步子 ≈ Schritt (1): *Man hörte Tritte auf der Treppe* 听见楼梯上的脚步声 **2.** *nur Sg*(只用单数); die Art, wie j-d geht 行走姿态，步伐，步履 ≈ Gangart〈e-n leichten, schweren T. haben 步履轻松、沉重〉**3.** ein Stoß mit dem Fuß 踢(踹，踩)一脚 ≈ Fußtritt〈j-m e-n T. versetzen 踢某人一脚〉‖ ID[谚] (***irgendwo***) ***T. fassen*** sich (wieder) in die Gesellschaft integrieren od. wieder seine früheren Leistungen bringen (在某处)站稳脚跟，站住脚 ‖ ▶ ***treten***

Tritt·brett *das*; e-e Stufe zum Ein- und Aussteigen bei Bussen, Zügen *o.Ä.*(上下车的)踏板

Tritt·brett|fah·rer *der*; *pej*[贬]; j-d, der Ideen anderer ausnutzt, um (ohne viel Arbeit) davon zu profitieren 趁机捞一把的人，浑水摸鱼的人 ‖ *hierzu*(派生) **Tritt·brett|fah·re·rin** *die*

tritt·fest *Adj*(形); so, dass man ohne Gefahr darauftreten od. -steigen kann 经踩的，踩着结实(牢靠)的〈ein Untergrund, e-e Leiter 地基，梯子〉

Tritt·lei·ter *die*; e-e Leiter, die frei stehen kann u. wie e-e Treppe aussieht 踏梯，人梯，梯凳

Tri·umph [triˈʊmf] *der*; *-(e)s, -e* **1.** ein großer Erfolg od. Sieg 胜利，巨大成功，凯旋: *Die Theatergruppe feierte auf ihrer Tournee viele Triumphe* 剧团欢庆巡回演出的巨大成功 **2.** *nur Sg*(只用单数); die Freude über e-n Erfolg od. Sieg 胜利的喜悦: *Er genoss seinen T.* 他享受自己胜利的喜悦 ‖ K-(复合): ***Triumph-, -gefühl, -geschrei***

tri·um·phal [triʊmˈfaːl] *Adj*(形) **1.** von großem Jubel, großer Begeisterung begleitet 欢欣鼓舞的，凯旋的〈ein Erfolg 成功; j-m e-n triumphalen Empfang bereiten 欢迎某人凯旋〉**2.** überall bewundert u. anerkannt 惊人的，伟大的，了不起的: *ein triumphaler Erfolg der medizinischen Forschung* 医学研究的伟大成绩

Tri·umph·bo·gen *der*; e-e Art Tor, das *mst* zur Erinnerung an e-n Sieg im Krieg gebaut wurde 凯旋门

tri·um·phie·ren [triʊmˈfiːrən]; *triumphierte, hat triumphiert*; [Vi](不及物) **1.** (***über j-n/etw.***) ***t.*** j-n besiegen, in e-r Sache Erfolg haben 战胜 ≈ siegen〈über seinen Feind, Rivalen t. 战胜敌人、对手〉: *Sein Mut triumphierte über die Angst* 他的勇气战胜了恐惧; *Am Ende triumphierte die Gerechtigkeit* 最后正义战胜了 **2.** Stolz, Freude od. Hochmut über e-n Sieg od. e-n Erfolg deutlich zeigen 为胜利、成功而喜悦、骄傲、得意洋洋〈ein triumphierendes Lächeln 洋洋得意的微笑; triumphierend grinsen, lächeln 得意地狞笑、微笑〉‖ NB(注意): *mst* im Partizip Präsens(多用现在分词)

Tri·umph·zug *der* **1.** ein festlicher Umzug, mit dem ein Sieg gefeiert wird 欢迎凯旋的盛大游行队伍 ≈ Siegeszug **2.** *mst* 多用 ***e-n T. antreten*** überall Erfolg haben 到处获得成功: *Der Film trat seinen T. durch Europa an* 这部片子誉满全欧洲

tri·vi·al [triˈvi̯aːl] *Adj*(形); *geschr, mst pej*

[书]多用[贬] 1. nicht wichtig 不重要的，普通的，一般的，平常的 ‹e-e Bemerkung, e-e Angelegenheit 看法，事情› 2. von niedrigem (künstlerischem) Niveau(艺术)水平低劣的，平庸的，稀松的，差劲的，蹩脚的 ‖ K-(复合): ***Trivial-***, ***-literatur***, ***-roman*** ‖ *hierzu* (派生) **Tri·vi·a·li·tät** *die*; -, *-en*

tro·cken; *trock(e)ner, trockenst-*; *Adj*(形) 1. ohne Feuchtigkeit, nicht nass 干的: *Der Boden/Die Straße war t.* 土地/街道是干的; *Ist die Wäsche schon t.?* 洗的衣服干了吗? ‖ K-(复合): ***Trocken-***, ***-futter***, ***-gewicht*** 2. so, dass es wenig regnet 干燥的，干旱的 ‹ein Klima, die Jahreszeit, Wetter 气候，季节，天气› ‖ K-(复合): ***Trocken-***, ***-gebiet***, ***-periode*** 3. *nicht adv* (不作状语) ≈ abgestorben, tot (2) ‹ein Ast, Holz, Blätter, Laub 树枝，树木，叶子，树叶› 4. ***im Trockenen*** nicht im Regen (sondern in e-m Haus *usw*) 在避雨的地方 5. mit nur wenig Fett 干性的，油脂少的 ‹Haut 皮肤› 6. *nicht adv* (不作状语); mit e-m elektrischen Rasierapparat 干刮的(用电刮胡子刀) ‹e-e Rasur 刮胡子; sich t. rasieren 干刮(胡子)› ‖ K-(复合): ***Trocken-***, ***-rasierer***, ***-rasur*** 7. *nicht adv* (不作状语); ohne Butter, Wurst *usw* 干巴巴的(不涂黄油，不加香肠等): *trockenes/(gespr auch* [口]也用) *trocken Brot essen* 干吃面包(吃不加黄油、香肠的面包) 8. *nicht adv* (不作状语); nicht süß 不甜的，酸涩的，干的 ≈ herb ‹ein Wein, ein Sekt, ein Sherry 葡萄酒，香槟酒，雪利酒› 9. sachlich u. daher oft langweilig u. ohne Fantasie 干巴巴的，枯燥的，乏味的，内容单调的: *Das Buch/Sein Unterricht ist mir zu t.* 这本书/他的课我觉得太乏味了 10. witzig u. ironisch 讽刺挖苦的 ‹ein Humor, e-e Bemerkung 幽默，评论› 11. ***j-n/etw. t. reiben*** j-n/etw. so lange (mit e-m Tuch *o.Ä.*) reiben, bis er/es trocken ist 把…擦干 ‹sich (*Dat* 三格) die Haare t. reiben 把头发擦干› ‖ ID[谚] ***auf dem Trock(e)nen sitzen*** *gespr*[口]; kein Geld haben 两手空空，不名一文，囊空如洗; ***j-d ist trocken*** *gespr*[口]; j-d trinkt (als früherer Alkoholiker) nichts Alkoholisches mehr 某人戒酒了 ‖ *hierzu* (派生) **Tro·cken·heit** *die*

Tro·cken- *im Subst, begrenzt produktiv* (构成名词，构词有限) 1. bezeichnet ein Gerät, e-n Raum *o.Ä.*, mit od. in dem etw. getrocknet wird 干燥、烘干、晾干…(器材、空间等); der ***Trockenautomat***, der ***Trockenboden*** (ein Raum unter dem Dach e-s Hauses 阁楼), das ***Trockengestell***, die ***Trockenhaube*** (beim Friseur 理发厅里用的), die ***Trockenkammer*** 2. (zum Trocknen geeignet od. bereits) getrocknet 干…，脱水…; die ***Trockenblume***, das ***Trockenfleisch***, das ***Trockenfutter***, das ***Trockengemüse***, das ***Trockenobst***

Tro·cken·bat·te·rie *die*; e-e Batterie ohne Flüssigkeit (wie *z.B.* in e-r Taschenlampe) 干电池

tro·cken·le·gen; *legte trocken, hat trockengelegt*; [Vt] (及物) 1. ***j-n t.*** e-m Baby die nassen Windeln entfernen u. es in frische wickeln 给…换尿布 ‹ein Baby, ein Kleinkind t. 给婴儿，小孩换尿布› 2. ***etw. t.*** aus e-m sehr feuchten (Erd) Boden das Wasser durch Kanäle ableiten 排干，把…的水排走 ‹ein Moor, e-n Sumpf t. 把泥沼，沼泽排干›

Tro·cken·milch *die*; Milch in Form von weißem Pulver 奶粉 ≈ Milchpulver

tro·cken·rei·ben ↑ ***trocken*** (11)

Tro·cken·zeit *die*; die Jahreszeit (in den Tropen u. Subtropen), in der es nicht regnet 旱季，早期 ↔ Regenzeit

trock·nen; *trocknete, hat/ist getrocknet*; [Vt] (及物) (*hat*) 1. ***etw. t.*** etw. Nasses od. Feuchtes trocken machen, indem man es reibt *o.Ä.* 使干燥，把…弄干: *Sie trocknet ihre Haare* 她弄干自己的头发 2. ***etw. t.*** etw. trocken werden lassen 使变干，晒干，晾干，烘干: *Ich trockne die Wäsche auf dem Balkon* 我把衣服挂在凉台上晒干 3. ***etw. t.*** etw. aufwischen, abtupfen *o.Ä.* 把…抹干，擦干; [Vi] (不及物) (*ist*) 4. ***etw. trocknet*** etw. wird allmählich trocken 变干: *Die Wäsche trocknet im Wind* 洗的衣服在风里吹吹慢慢会干的

Trock·ner *der*; *-s, -*; e-e Maschine, mit der man etw. trocknet 干燥器 ‖ -K(复合): ***Haar-***, ***Hände-***, ***Wäsche-***; ***Heißluft-***

Trö·del *der*; *-s*; *nur Sg, pej* (只用单数)[贬]; alte, gebrauchte, wertlose Dinge 旧货，破烂货 ≈ Plunder ‖ K-(复合): ***Trödel-***, ***-laden***, ***-markt***

trö·deln; *trödelte, hat getrödelt*; [Vi] (不及物) *mst pej* 多用[贬]; sich bei e-r Arbeit, Tätigkeit viel Zeit lassen 工作磨蹭，做事慢悠悠 ↔ sich beeilen: *Sie trödelt bei den Hausaufgaben* 她做作业磨磨蹭蹭 ‖ *zu* ***Trödelei*** ↑ ***-ei***

Tröd·ler *der*; *-s, -* 1. j-d, der mit Trödel handelt 旧货商，做旧货生意的人 2. *pej*[贬]; j-d, der trödelt 磨洋工的人 ‖ *hierzu* (派生) **Tröd·le·rin** *die*; -, *-nen*

troff *Imperfekt, 1. u. 3. Person Sg* (过去时，第一和第三人称单数); ↑ ***triefen***

trog *Imperfekt, 3. Person Sg* (过去时，第三人称单数); ↑ ***trügen***

Trog *der*; *-(e)s, Trö·ge*; ein großes, längliches Gefäß (*mst* aus Holz od. Stein), in das man das Futter od. Wasser *z.B.* für Schweine od. Pferde gibt(喂牲口用的)槽，饲料槽，水槽 ‖ -K(复合): ***Futter-***, ***Wasser-***; ***Holz-***

trol·len, sich; *trollte sich, hat sich getrollt*; [Vr] (反身) ***sich irgendwohin t.*** *gespr*[口]; langsam von j-m weggehen (*mst* weil man beleidigt ist od. sich schämt(因被羞辱或羞怯而)悄然离去

Trom·mel *die*; -, *-n* 1. ein rundes, hohles (Musik)Instrument, über das e-e Tierhaut gespannt ist u. auf das man mit der Hand od. e-m Stock schlägt 鼓 ‹die T. schlagen 敲鼓› ‖ ↑ *Abb. unter* 图见 ***Schlaginstrumente*** ‖ K-(复合): ***Trommel-***, ***-schlag*** 2. ein runder Behälter, der sich dreht (*z.B.* bei

T

e-r Waschmaschine od. e-m Revolver)滚筒，转筒 ‖ K-(复合)：**Trommel-**，**-revolver** ‖ -K (复合)：**Wäsche-**

Trom·mel·fell *das*；e-e dünne Haut（Membrane）im Ohr，die die Schallwellen überträgt 鼓膜〈j-m platzt das T. 某人的鼓膜破裂〉

trom·meln；*trommelte*，*hat getrommelt*；Vt/i（及物/不及物）**1.**（**etw.**）**t.** den Rhythmus（zu e-r Melodie）auf der Trommel（1）spielen 击鼓，打鼓：*e-n Marsch t.* 击鼓奏出一首进行曲；Vi（不及物）**2.**（**mit etw.**）**irgendwohin t.** mit den Fäusten od. e-m Gegenstand fest u. immer wieder auf od. gegen etw. schlagen(用…)敲，击：*Er trommelte mit geballten Fäusten an / gegen die Tür* 他用拳头敲门 ‖ *zu*（义项）**1. Tromm·ler** *der*；*-s*，*-*；**Tromm·le·rin** *die*；*-*，*-nen*

Trom·mel·wir·bel *der*；e-e sehr schnelle Folge von Schlägen auf der Trommel 鼓声阵阵，急速擂鼓

Trom·pe·te *die*；*-*，*-n*；ein（Musik）Instrument aus Blech，auf dem man bläst 喇叭，号 ‖ ↑ *Abb. unter* 图见 **Blasinstrumente** ‖ K-(复合)：**Trompeten-**，**-solo**，**-stück** ‖ -K(复合)：**Bass-**，**Jazz-** ‖ *hierzu*（派生）**Trom·pe·ter** *der*；*-s*，*-*；**Trom·pe·te·rin** *die*；*-*，*-nen*

trom·pe·ten；*trompetete*，*hat trompetet*；Vi（不及物）**1. ein Elefant trompetet** ein Elefant gibt die Laute von sich，die für seine Art typisch sind 大象吼叫（发生嘟嘟声）**2. j-d trompetet** *gespr*（口）；j-d spielt auf der Trompete(人作主语)吹号，吹喇叭

Trom·pe·ten·stoß *der*；ein kurzes Signal，das auf der Trompete geblasen wird 短促的喇叭声

Tro·pen *die*；*Pl*（复）；die heißen Gebiete um den Äquator（zwischen dem nördlichen u. dem südlichen Wendekreis）热带 ‖ K-(复合)：**Tropen-**，**-institut**，**-klima**，**-medizin**，**-pflanze**，**-wald**

Tro·pen·krank·heit *die*；e-e Krankheit，die *bes* in den Tropen verbreitet ist（*z. B.* die Malaria）热带病（如：疟疾）

tro·pen·taug·lich *Adj*（形）；（*bes* als Europäer）körperlich dafür geeignet，in den Tropen zu leben 适应热带生活的

T

Tropf[1] *der*；*-(e)s*，*-e*；ein Gerät，das flüssige Nahrung u. Medikamente in die Adern e-s Patienten leitet 静脉输液装置，吊针器具〈am T. hängen 打吊针〉‖ K-(复合)：**Tropf-**，**-infusion**

Tropf[2] *der*；*-(e)s*，*Tröp·fe*；*veraltend*[渐旧]；*mst in* 多用于 **ein armer T.** ein bedauernswerter Mensch 一位可怜虫，一位值得怜悯的人

tröpf·chen·wei·se *Adj*（形）；*mst adv*（多作状语）；in einzelnen Tropfen od. in sehr kleinen Mengen 一滴滴的

tröp·feln；*tröpfelte*，*hat / ist getröpfelt*；Vt（及物）（*hat*）**1. etw. irgendwohin t.** e-e Flüssigkeit in kleinen Tropfen langsam irgendwohin fallen lassen 将…（一滴滴地）滴入 ≈ träufeln：*Medizin in ein Glas Wasser t.* 把药滴入一杯水里；Vi（不及物）**2. etw. tröpfelt**（*hat*）ein Wasserhahn *o. Ä.* ist undicht（物作主语）滴水，滴漏 **3. j-s Nase tröpfelt**（*hat*）j-d ist erkältet *o. Ä.*，u. seine Nase läuft 某人（感冒）流鼻涕 **4 etw. tröpfelt irgendwoher / irgendwohin**（*ist*）etw. fällt in kleinen Tropfen（langsam u. in kleinen Abständen）herunter(物作主语)滴，漏：*Aus deinem Tank tröpfelt Benzin* 你的油箱漏油；Vimp（无人称）（*hat*）**5. es tröpfelt** es regnet schwach 滴滴答答下雨，淅淅沥沥下雨

tröpfeln

trop·fen；*tropfte*，*hat / ist getropft*；Vt（及物）**1. etw. irgendwohin t.**（*hat*）e-e Flüssigkeit in einzelnen Tropfen（in（regelmäßigen）Abständen）irgendwohin fallen lassen 滴入，滴下：*Der Arzt tropfte ihr e-e Tinktur in die Augen* 医生给她眼里滴药水；Vi（不及物）**2. etw. tropft**（*hat*）etw. lässt einzelne Tropfen（in regelmäßigen Abständen）fallen（物作主语）滴漏〈j-s Nase，der Wasserhahn 某人的鼻子（流鼻涕），水龙头（漏水）〉**3. etw. tropft irgendwoher / irgendwohin**（*ist*）etw. fällt in einzelnen Tropfen（in regelmäßigen Abständen）herunter（物作主语）滴水：*Tau tropft von den Blättern* 树叶上滴露水

Trop·fen *der*；*-s*，*-* **1.** e-e sehr kleine Menge e-r Flüssigkeit（in runder od. ovaler Form）珠，滴，点 ‖ -K(复合)：**Bluts-**，**Regen-**，**Wasser-** **2.** *nur Pl*（只用复数）；ein Medikament，das in einzelnen Tropfen（1）genommen wird 药水，滴剂 ‖ -K(复合)：**Augen-**，**Nasen-** ‖ ID[谚] **ein guter T.** ein guter Wein 上等好葡萄酒；**etw. ist**（**nur**）**ein T. auf den heißen Stein** etw. ist viel zu wenig，um e-e（große）Wirkung zu haben 某物只是杯水车薪（沧海一粟），无济于事；**Steter T. höhlt den Stein** obwohl es zunächst unmöglich erscheint，führt etw. doch zum Ziel，wenn es immer wieder wiederholt wird 水滴石穿 ‖ *zu*（义项）**1. trop·fen·wei·se** *Adj*（形）；*mst adv*（多作状语）；**trop·fen·för·mig** *Adj*（形）

tropf·nass *Adj*（形）；*gespr*[口]；sehr nass 湿淋淋的

Tropf·stein|höh·le *die*；e-e Höhle mit Zapfen aus Kalk，die am Boden stehen oder von der Decke herabhängen 钟乳石洞

Tro·phäe [troˈfɛːə] *die*；*-*，*-n* **1.** ein Pokal *o. Ä.* für den Sieger e-s sportlichen Wettbewerbs 奖杯 **2.** ein Teil e-s getöteten Tieres（*z. B.* das Geweih，das Fell）鹿角，兽皮等猎获物

tro·pisch *Adj*（形）；charakteristisch für die Tropen 热带的〈ein Klima，e-e Pflanze 气候，植物〉

Tross *der*；*-es*，*-e*；*hist od hum*[历]或[诙] **1** ≈ Gefolge **2.** die Fahrzeuge e-r militärischen Truppe，die Essen u. Munition transportieren 辎重车队

Trost *der*；*-(e)s*；*nur Sg*（只用单数）；etw.，das

Kummer, Trauer u. Leid leichter macht u. wieder neuen Mut gibt 安慰,宽慰 ≈ Zuspruch 〈T. (in etw. (*Dat* 三格)) suchen, finden(在某方面)寻找、找到安慰; j-m T. spenden 给某人以宽慰〉‖ ID[谚] ***ein schwacher T.*** etw., das eigentlich positiv od. erfreulich wäre, das aber in der jetzigen Situation wenig nutzt 不顶事的安慰,与事无补的宽慰; *mst* 多用 ***Bist du nicht ganz / recht bei T.?*** *gespr* [口]; bist du verrückt? 你疯了? 你神经有病啊?

trös·ten; *tröstete, hat getröstet*; [Vt] (及物) **1.** ***j-n t.*** j-s Leid, Kummer od. Trauer leichter machen (indem man mit ihm spricht, ihm hilft *o. Ä.*) 安慰,劝慰,抚慰,宽慰: *Sie tröstete das weinende Kind* 她安慰那个哭泣的孩子; [Vr] (反身) **2.** ***sich mit j-m / etw. t.*** bei j-m/in etw. (*z. B.* nach e-m Verlust od. e-r Enttäuschung) Trost finden 在某人处/以某物得到宽慰: *Er tröstete sich mit Alkohol* 他以酒自慰

tröst·lich *Adj* (形); Trost gebend 令人安慰的,给人以宽慰的 〈Gedanken, Worte, ein Gespräch 想法,话语,一次谈话〉

trost·los *Adj* (形) **1.** ohne Trost u. Hoffnung 无希望的,前途渺茫的 ≈ verzweifelt: *Ihnen war t. zumute* 他们心情很糟,感到前景不妙 **2.** deprimierend (schlecht) 令人沮丧的,扫兴的 〈Wetter 天气〉 **3.** hässlich u. langweilig 荒凉的,苍凉的,荒僻的 ≈ trist 〈e-e Gegend 地区〉‖ *hierzu* (派生) **Trost·lo·sig·keit** *die*; *nur Sg* (只用单数)

Trost·pflas·ter *das*; *mst hum* 多用[诙]; ein kleines Geschenk *o. Ä.* für j-n, der etw. Unangenehmes erlebt hat 安慰性的小礼品

Trost·preis *der*; ein nicht sehr wertvoller Preis für den Verlierer bei e-m Wettbewerb 安慰奖

Trös·tung *die*; *-, -en*; *geschr* [书] ≈ Trost 〈j-m wird T. zuteil 给予某人抚慰〉

Trott *der*; *-(e)s*; *nur Sg* (只用单数) **1.** e-e langsame Art zu gehen (bei Pferden) (马)慢步走 **2.** *gespr pej* [口][贬]; Arbeit, die immer wieder gemacht werden muss 老一套工作,陈规旧习,惯例: *der tägliche, ewig gleiche T.* 每天的、老一套的工作 ‖ ID[谚] ***in den alten T. verfallen, zurückfallen*** alte Gewohnheiten wieder aufnehmen 重犯旧习 ‖ *zu* (义项) **1. trotten** (*ist*) *Vi* (不及物)

Trot·tel *der*; *-s, -*; *gespr pej* [口][贬]; ein dummer, ungeschickter Mensch 傻瓜,二百五,笨蛋 ≈ Dummkopf ‖ *hierzu* (派生) **trot·telig** *Adj* (形)

Trot·toir [trɔ'toaːɐ] *das*; *-s, -e / -s*; *bes südd* (CH) 尤用于[南德][瑞] ≈ Bürgersteig

trotz *Präp* (介); *mit Gen / gespr auch Dat* (支配二格/[口]也支配三格); verwendet, um auszudrücken, dass etw. geschieht od. etw. irgendwie ist, obwohl es Umstände gibt, die e-e andere Wirkung od. Folge als wahrscheinlich erscheinen lassen 尽管,不管,不顾: *T. des Regens gingen wir spazieren* 尽管下雨,我们还是去散步了 ‖ NB (注意): Gebrauch ↑ *Tabelle unter* 用法,图表见 ***Präpositionen***

Trotz *der*; *-es*; *nur Sg* (只用单数); dauernder u. fester Widerstand gegen etw., weil man selbst etw. anderes will 对抗,抗拒,反抗 〈etw. aus T. (nicht) tun (出自)抗拒(不)做某事〉‖ K- (复合): ***Trotz-, -phase, -reaktion***

Trotz·al·ter *das*; e-e Phase (*bes* zwischen dem 3. u. 4. Lebensjahr), in der ein Kind immer seinen eigenen Willen durchzusetzen versucht 儿童逆反心理阶段

trotz·dem[1] *Adv* (副); trotz der genannten Umstände 尽管如此, ≈ dennoch: *Die Sonne schien, aber t. war es kalt* 太阳出来了,尽管如此天气仍然很冷

trotz·dem[2] *Konjunktion* (连); *gespr* [口] ≈ obwohl, auch wenn: *Er ist zufrieden, t. er nicht viel Geld hat* 尽管他没有很多钱,但是很知足

trot·zen; *trotzte, hat getrotzt*; [Vi] (不及物) **1.** seinen Trotz zeigen 表示抗拒 ≈ schmollen **2.** ***j-m / etw. t.*** j-m/etw. Widerstand leisten 抗拒,反抗,对抗 〈dem Feind, der Gefahr t. 抗拒敌人,不顾危险〉

trot·zig *Adj* (形); voller Trotz 固执的,倔强的 〈ein Kind, e-e Antwort 小孩,回答〉

Trotz·kopf *der*; ein trotziger Mensch (*bes* ein Kind) 倔强的人,犟脾气的孩子 ‖ *hierzu* (派生) **trotz·köp·fig** *Adj* (形)

Trou·ble ['trabl] *der*; *-s*; *nur Sg*, *gespr* (只用单数)[口]; (*bes* von Jugendlichen verwendet (年青人用语)) ≈ Ärger, Streit 〈T. (mit j-m) bekommen, haben (同某人)有麻烦,闹气; T. machen 制造麻烦(苦恼、纠纷); es gibt T. 有烦恼,有麻烦〉

trüb, trü·be; *trüber, trübst-*; *Adj* (形) **1.** nicht durchsichtig, nicht klar 混浊的,不透明的,不清彻的 〈Wasser 水〉: *Der Wein ist t.* 这种葡萄酒混浊 **2.** nicht hell (leuchtend) 昏暗的,暗淡的: *das trübe Licht e-s nebligen Morgens im November* 十一月份雾晨暗淡的光线 **3.** mit (grauen) Wolken, so, als ob es bald regnen würde 阴沉沉的,阴霾的 ≈ regnerisch 〈ein Himmel, Wetter 天空,天气〉: *Heute ist es t.* 今天天气阴沉沉的 **4.** ***trübe Augen*** Augen (ohne Glanz), die darauf deuten, dass j-d krank od. traurig ist 灰暗无神的眼睛 **5** ≈ traurig (1) 〈in trüber Stimmung sein 心情抑郁(怏怏不乐); trüben Gedanken nachhängen 沉湎于忧郁的思想〉‖ ID[谚] ***im Trüben fischen*** *gespr* [口]; (mit Erfolg) versuchen, e-e unklare Situation zu seinem Vorteil auszunutzen (oft mit nicht ganz legalen Mitteln) 混水摸鱼 ‖ *zu* (义项) **1.** u. **2. Trü·be** *die*; *-*; *nur Sg* (只用单数)

Tru·bel *der*; *-s*; *nur Sg* (只用单数); ein lebhaftes, *mst* lautes Durcheinander vieler Menschen 人声沸腾,沸沸扬扬,喧腾: *der T. auf e-r Tanzfläche* 舞池人声沸腾 ‖ -K (复合): ***Faschings-, Weihnachts-***

trü·ben; *trübte, hat getrübt*; [Vt] (及物) **1.** ***etw. trübt etw.*** etw. macht etw. trübe (1, 2) (物作主语)使混浊,使暗淡: *Der aufgewühlte Sand trübt das Wasser* 翻掘开的沙土把水弄混了 **2.** ***etw. trübt etw.*** etw. bewirkt, dass ein

T

Gefühl, e-e Beziehung zwischen Menschen nicht mehr so gut ist(物作主语)使情绪低落,使扫兴,搞坏,搅乱 ≈ etw. beeinträchtigt etw.: *Nichts kann meine gute Laune t*. 任何事情都不可能搅乱我愉快的心情 **3. etw. trübt etw.** etw. macht etw. trübe (3)(物作主语)使阴暗: *Keine Wolke trübt den Himmel* 万里无云,晴空万里 **4. etw. trübt j-s Urteil(skraft)** *geschr*[书]; etw. bewirkt, dass j-d etw. nicht mehr (so gut, gerecht) beurteilen kann(物作主语)影响某人判断; [Vr] (反身) **5. etw. trübt sich** *geschr* [书]; etw. wird schlechter 变坏,恶化,暗淡: *Unsere gute Beziehung/Freundschaft hat sich getrübt* 我们良好的关系/友谊恶化了 ‖ *hierzu*(派生) **Trü·bung** *die*; *nur Sg*(只用单数)

Trüb·sal *die*; -; *nur Sg*(只用单数); *geschr*[书]; e-e tiefe Traurigkeit, e-e melancholische Stimmung 悲伤,忧愁,郁郁不乐,伤感 ‖ ID[谚] **T. blasen** *gespr*[口]; *mst* aus Langeweile missmutig, deprimiert sein u. nichts aktiv dagegen tun 愁眉苦脸,提不起精神,无精打采

trüb·se·lig *Adj*(形); ⟨e-e Gegend, ein e-e Stimmung, ein Wetter 地区,心情,天气⟩ so, dass sie traurig od. pessimistisch machen 令人沮丧的,令人抑郁的,令人悲观失望的

Trüb·sinn *der*; *nur Sg*(只用单数); ein Gemütszustand, in dem man lange Zeit traurig u. apathisch ist 意志消沉,忧郁,情绪沮丧 ≈ Schwermut ‖ *hierzu* (派生) **trüb·sin·nig** *Adj* (形)

tru·deln; *trudelte*, *ist getrudelt*; [Vi] (不及物) **etw. trudelt (irgendwohin)** etw. fällt unkontrolliert u. dreht sich dabei um die eigene Achse (物作主语)失控坠落,旋冲而下,翻旋飘落而下⟨Blätter, ein Flugzeug 树叶,飞机⟩

Trüf·fel *die*/*gespr auch*[口]也用 *der*; -, -*n*; ein essbarer Pilz, der unter der Erde wächst(生长在地下的)块菌

trug *Imperfekt*, *1. u. 3. Person Sg*(过去时,第一和第三人称单数); ↑ **tragen**

Trug ↑ **Lug**

Trug·bild *das*; ein Bild, das nur in der Fantasie von j-m, aber nicht in der Wirklichkeit existiert (*z.B.* e-e Fata Morgana)幻影,幻觉,幻象

trü·ge *Konjunktiv II*, *1. u. 3. Person Sg*(虚拟式 II,第一和第三人称单数); ↑ **tragen**

trü·gen; *trog*, *hat getrogen*; [Vt/i] (及物/不及物) **etw. trügt (j-n)** etw. lässt e-n falschen Eindruck entstehen (物作主语)使人产生假象(错觉),使人迷惑≈ etw. täuscht (j-n) ⟨der Schein trügt (oft)外表(往往)是靠不住的⟩: *Wenn mich mein Gedächtnis nicht trügt, habe ich den Film schon einmal gesehen* 要是我没有记错的话,这部电影我已经看过

trü·ge·risch *Adj*(形); auf Illusionen beruhend (u. daher gefährlich)虚幻的,虚假的,骗人的,不可靠的 ≈ irreführend ⟨ein trügerisches Gefühl 骗人的感觉; sich trügerischen Hoffnungen hingeben 沉湎于虚无漂渺的希望之中⟩

Trug·schluss *der*; e-e falsche Folgerung (die *mst* auf den ersten Blick als richtig erscheint)错误的结论,谬误之见 ⟨e-m T. verfallen, unterliegen 陷入错误的结论,受谬误所左右⟩

Tru·he ['truːə] *die*; -, -*n*; e-e Art großer Kasten mit e-m Deckel (den man aufklappen kann), in dem man früher *bes* Kleidung od. Geld aufbewahrt hat 箱子 ‖ -K(复合): **Schatz-**, **Wäsche-**

Trüm·mer *die*; *Pl*(复) **1.** die Reste, die einzelnen Teile e-s zerstörten Ganzen 废墟,瓦砾,残骸: *Er wurde aus den Trümmern des abgestürzten Flugzeugs geborgen* 他从坠落飞机的残骸中被救了出来; *Nach dem Bombenangriff waren von dem Haus nur noch T. übrig* 轰炸后,这栋房子只留下一堆瓦砾 ‖ K-(复合): **Trümmer-**, **-feld**, **-haufen** **2. etw. geht in T.** etw. geht kaputt, zerbricht (物作主语)变成瓦砾,受到毁坏 **3. etw. in T. legen** etw. (*mst* durch e-n Bombenangriff) ganz zerstören 把…毁坏、炸毁,使成废墟 ⟨e-e Stadt in T. legen 把一个城市变成废墟⟩

Trumpf *der*; -(*e*)*s*, *Trümp·fe* **1.** (beim Kartenspiel) jeweils die Farbe, die den höchsten Wert (von den vier Farben) hat 王牌(色) ⟨T. (aus)spielen 打出王牌⟩: *Herz ist T.* 红桃是王牌 ‖ K-(复合): **Trumpf-**, **-ass**, **-könig** *usw*; **-karte**, **-stich** **2.** e-e Karte der Farbe, die T. (1) ist 一张王牌 ⟨e-n T. ausspielen 打出一张王牌; mit e-m T. stechen 用王牌杀死(吃掉)对方⟩ ‖ ID[谚] **seine Trümpfe ausspielen** etw. (*z.B.* e-e Information, e-e Kenntnis), das man bisher für sich behielt, nun (gezielt) zu seinem Vorteil einsetzen 使出杀手锏,拿出看家本领; **alle Trümpfe in der Hand haben** selbst alle Vorteile haben 稳操胜券,手中掌握王牌; **etw. ist T.** etw. ist das Wichtigste 某事至关重要(是出奇制胜的绝招、王牌)

Trunk *der*; -(*e*)*s*; *nur Sg*(只用单数) **1.** *geschr* [书] ≈ Getränk ‖ -K(复合): **Schlaf-**, **Willkommens-** **2.** das (regelmäßige, krankhafte) Trinken von Alkohol 酒瘾,酒癖: *Er hat sich dem T. ergeben* 他饮酒成瘾了

trun·ken *Adj*(形); *mst in* 多用于 **t. vor Glück** *geschr*[书]; von e-m sehr starken Glücksgefühl erfüllt 为幸福所陶醉,沉醉在幸福之中

Trun·ken·bold *der*; -(*e*)*s*, -*e*; *gespr pej* [口][贬] ≈ Trinker

Trun·ken·heit *die*; -; *nur Sg*(只用单数); *mst in* 多用于 **T. am Steuer** ADM【管理】; verwendet als Bezeichnung für das Autofahren, nachdem man Alkohol getrunken hat 酒后开车: *Er verlor den Führerschein wegen T. am Steuer* 他因酒后开车被吊销了驾驶证

Trunk·sucht *die*; *nur Sg*(只用单数); der krankhafte Zwang, Alkohol zu trinken 嗜酒,酗酒癖,有酒瘾 ≈ Alkoholismus ‖ *hierzu* (派生) **trunk·süch·tig** *Adj*(形)

Trupp *der*; -*s*, -*s*; e-e relativ kleine Gruppe *bes* von Soldaten od. Arbeitern, die zusammengehören, gemeinsam arbeiten *o.Ä.* 小分队,一小队(士兵),一小组(工人) ‖ -K (复合): **Bauarbeiter-**, **Such-**

Trup·pe *die*; -, -*n* **1.** e-e Gruppe *bes* von

Schauspielern od. Artisten, die gemeinsam auftreten 剧团,剧组,杂技团 ‖ K-(复合): ***Ballett-***, ***Theater-*** **2.** ein Teil e-s Heeres, e-r Armee 部队,军队〈Truppen stationieren 派驻部队〉‖ K-(复合): ***Truppen-***, ***-abbau***, ***-abzug***, ***-einheit***, ***-führer***, ***-parade*** ‖ -K(复合): ***Kampf-***

Trust [trast] *der*; *-s*, *-s*; ein Zusammenschluss von Firmen der gleichen Branche (mit dem Ziel, e-e beherrschende Stellung in dieser Branche zu erreichen) 托拉斯 ‖ K-(复合): ***Öl-***, ***Stahl-***

Trut·hahn *der* **1.** e-e Art sehr großes Huhn mit nacktem roten Hals 火鸡,吐绶鸡 ‖ K-(复合): ***Truthahn-***, ***-braten***, ***-brust***, ***-filet***, ***-schinken***, ***-schnitzel*** **2.** das männliche Tier dieser Art 雄火鸡,雄吐绶鸡 ≈ Puter ‖ *zu* (义项) **2. Trut·hen·ne** *die*

tschau! ↑ ***ciao***

tschil·pen; *tschilpte*, *hat getschilpt*; [Vi] (不及物)〈ein Spatz 麻雀〉***tschilpt*** ein Spatz gibt die Laute von sich, die für seine Art typisch sind 吱喳叫,啾啾叫

tschüs! **tschüss**! *gespr* [口]; verwendet, um sich in lockerer Form von j-m zu verabschieden(与亲朋好友告别用语)回见,回头见!

T-Shirt [ˈtiːʃøːt] *das*; *-s*, *-s*; ein Hemd aus e-m leichten (Baumwoll) Stoff, mit *mst* kurzen Ärmeln u. ohne Kragen T 恤衫

TSV [teːǀɛsˈfau̯] *der*; *-*, *-s*; (*Abk für* 缩写,全称为 Turn- u. Sportverein) verwendet als Teil des Namens von Vereinen 体操和体育协会

TU [teˈǀuː] *die*; *-*, *-s*; *Abk für* 缩写,全称为 Technische Universität 技术大学

Tu·ba *die*; *-*, *Tu·ben*; ein großes (Blas) Instrument aus Blech, das sehr tiefe Töne erzeugt 大号 ‖ ↑ *Abb. unter* 图见 ***Blasinstrumente***

Tu·be *die*; *-*, *-n*; ein kleiner länglicher Behälter (*mst* aus weichem Metall) *z.B.* für Zahnpasta, Senf, Klebstoff od. Salbe 管,软管(装牙膏、芥末、胶水或涂膏用) ‖ ID [谚] ***auf die T. drücken*** *gespr* [口]; mit dem Auto schnell(er) fahren 加速,加大油门

Tube

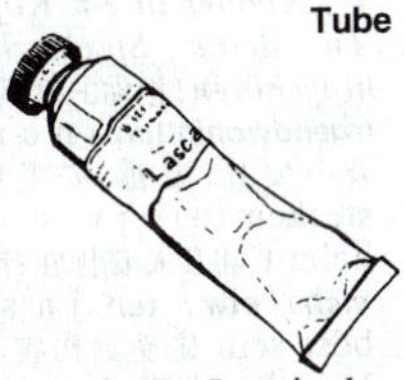

Tu·ber·ku·lo·se *die*; *-*; *nur Sg* (只用单数); e-e schwere chronische (Infektions) Krankheit, die *bes* die Lunge angreift u. das Gewebe schwinden lässt 肺结核,结核病; *Abk* 缩写 Tb, Tbc ‖ -K(复合): ***Lungen-***, ***Knochen-*** ‖ *hierzu* (派生) **tu·ber·ku·lös** *Adj* (形); *nicht adv* (不作状语)

Tuch *das*; *-(e)s*, *-e*/*Tü·cher* **1.** (*Pl* 复 *Tücher*) ein Stück Stoff, mit dem man etw. bedeckt od. sauber macht 巾,帕;布块,抹布 ‖ -K(复合): ***Dreiecks-***; ***Kopf-***, ***Schulter-***; ***Staub-***, ***Wisch-*** **2.** (*Pl* 复 *Tuche*) ein Stoff, aus dem *bes* Anzüge u. Kostüme hergestellt werden 料子,布料 ‖ ID [谚] ***j-d / etw. ist ein rotes T. für j-n*** j-d/etw. macht j-n wütend 某人/某物会惹某人发火,会激怒某人

Tuch·füh·lung *die*; *-*; *nur Sg*, *hum* (只用单数) [诙]; *mst in* 多用于 **1.** ***T. mit j-m haben / auf T. mit j-m sein*** so nahe bei j-m sein, dass man ihn leicht spürt 与…靠得很近,紧贴着 **2.** ***auf T. (mit j-m) gehen*** eng an j-n heranrücken 去与…接近,靠拢

tüch·tig *Adj* (形) **1.** *nicht adv* (不作状语); fähig, seine Aufgaben sehr gut zu erfüllen, fleißig u. geschickt 能干的,有本事的,干练的〈t. im Beruf sein 在业务上很精干〉**2.** *nur attr od adv*, *gespr* (只作定语或状语) [口]; verwendet, um e-e große Menge, ein großes Ausmaß zu bezeichnen 大量的,可观的,很大的〈e-e Mahlzeit, e-e Portion, ein Stück 饭菜,一份饭,一块; e-e tüchtige Tracht Prügel 结结实实揍一顿〉: *j-m e-n tüchtigen Stoß versetzen* 狠狠推某人一下; *sich t.* (= sehr) *ärgern* 很生气; *Greift nur t. zu – es ist genug Kuchen für alle da!* 好好多吃点——点心有的是,足够大家吃的! ‖ *zu* (义项) **1. Tüch·tig·keit** *die*; *nur Sg* (只用单数)

-tüch·tig *im Adj*, *begrenzt produktiv* (构成形容词,构词有限); für das im ersten Wortteil Genannte geeignet od. fähig, es zu tun 善于…,能适应…,有…能力的…; ***fahrtüchtig***〈ein Auto 汽车〉, ***funktionstüchtig***〈e-e Maschine 机器〉, ***geschäftstüchtig***, ***lebenstüchtig***〈ein Mensch 人〉, ***seetüchtig***〈ein Schiff 轮船〉, ***verkehrstüchtig***〈ein Auto 汽车〉

Tü·cke *die*; *-*, *-n* **1.** ein böser (hinterlistiger) Trick 恶毒的手腕,狡计,险恶的行径 **2.** Bosheit, Arglist 阴谋,诡计,险恶用心: *Sie ist voller T.* 她诡计多端 **3.** ***etw. hat seine Tücken*** etw. hat Fehler u. Mängel u. funktioniert nicht immer gut (物作主语) 有毛病 (缺陷)〈e-e Maschine, ein Gerät 机器,仪器〉**4.** ***die T. des Objekts*** e-e (versteckte) Schwierigkeit, die sich erst beim Gebrauch e-s Gegenstandes zeigt 隐患,潜在的疑难

tu·ckern; *tuckerte*, *hat / ist getuckert*; [Vi] (不及物) **1.** ***etw. tuckert*** (*hat*) etw. macht ein gleichmäßig klopfendes Geräusch (物作主语) 发出均匀的突突声(嗒嗒声) **2.** ***j-d tuckert irgendwohin*** (*ist*) j-d bewegt sich mit e-m Fahrzeug, dessen Motor tuckert (1), langsam fort (人作主语) 突突突地驾车离去 **3.** ***ein Fahrzeug tuckert irgendwohin*** (*ist*) ein Boot, ein Auto *o. Ä.* bewegt sich langsam mit tuckerndem (1) Motor irgendwohin 一辆机动车随着突突的马达声慢慢离去

tü·ckisch *Adj* (形) **1.** voller Tücke (2) 诡计多端的,阴险奸诈的 ≈ arglistig, hinterhältig **2.** voll von versteckten Gefahren od. Problemen 有潜在危险的,有隐患的〈ein Sumpf, e-e Krankheit 沼泽,疾病〉

tüf·teln; *tüftelte*, *hat getüftelt*; [Vi] (不及物) (***an etw.*** (*Dat* 三格)) ***t.*** *gespr* [口]; mit viel Geduld daran arbeiten od. darüber nachdenken, wie man ein schwieriges Problem lösen kann 摆弄,鼓捣;仔细推敲,耐心琢磨: *Er tüftelt ewig am Motor seines Autos* 他总鼓捣

他的汽车马达 ‖ K-(复合): ***Tüftel-***, ***-arbeit*** ‖ *hierzu*(派生) **Tüft·ler** *der*; *-s*, *-*; **Tüft·le·rin** *die*; *-*, *-nen*

Tu·gend *die*; *-*, *-en* **1**. *nur Sg*(只用单数); ein vorbildliches moralisches Verhalten 德行,道德行为 **2**. e-e gute moralische Eigenschaft 善,美德,好的品德 ↔ Laster, Untugend: *Ehrlichkeit ist eine T.* 诚实是一种美德

tu·gend·haft *Adj*(形); moralisch vorbildlich 道德高尚的,有道德的〈ein Mensch, ein Lebenswandel 人,生活作风〉

Tüll *der*; *-s*; *nur Sg*(只用单数); ein Stoff in der Art e-s feinen Netzes, aus dem *z.B.* Gardinen od. Schleier gemacht werden(作窗帘或面纱的)薄纱,透花纱,绢纱 ‖ K-(复合): ***Tüll-***, ***-gardine***

Tül·le *die*; *-*, *-n*; *bes nordd* 尤用于[北德]; e-e Art kleine, kurze Röhre (*z. B.* an e-r Kanne), aus deren Öffnung man die Flüssigkeit gießt(罐、壶)嘴

Tul·pe *die*; *-*, *-n*; e-e (Garten)Blume mit e-r Blüte in der Form e-s Kelches 郁金香: *Tulpen aus Holland* 来自荷兰的郁金香 ‖ ↑ *Abb. unter* 图见 ***Blumen*** ‖ K-(复合): ***Tulpen-***, ***-beet***, ***-feld***, ***-zwiebel***

-tum *das*; *-s*, *-tü·mer*; *im Subst, sehr produktiv*(构成名词,构词强) **1**. *nur Sg*(只用单数); verwendet, um e-n Zustand zu bezeichnen(表示状态); ***Analphabetentum***, ***Außenseitertum***, ***Draufgängertum***, ***Heldentum*** **2**. *nur Sg*, *Kollekt*(只用单数,集合); verwendet als Sammelbegriff für die im ersten Wortteil genannten Personen(表示集合概念); ***Bauerntum***, ***Bürgertum***, ***Christentum***, ***Judentum***, ***Rittertum*** **3**. verwendet als Bezeichnung für das Reich des im ersten Wortteil Genannten(表示领地); ***Fürstentum***, ***Herzogtum***, ***Scheichtum***

tum·meln, **sich**; *tummelte sich*, *hat sich getummelt*; Vr (反身) **1**. 〈Personen, Tiere 人,动物〉 ***tummeln sich irgendwo*** *mst* mehrere Personen/Tiere bewegen sich lebhaft (u. fröhlich) hin u. her (人,动物作主语,多用复数)跑来跑去地嬉闹,玩耍: *Die Kinder tummelten sich am Strand* 孩子们在海滩上跑来跑去玩耍 **2**. ***sich t.*** *nordd gespr*[北德][口] ≈ sich beeilen

Tum·mel·platz *der*; *mst* 多用 ***ein T.*** + *Gen*(二格); ***ein T. für j-n/etw.*** *oft pej* 常用[贬]; ein Ort, an dem e-e bestimmte Art von Personen/Tieren *o.Ä.* häufig anzutreffen sind 聚会、休闲场所/嬉戏、游憩的地方: *St. Tropez ist ein T. der High Society* 圣·特洛裴茨(法国南部城市)是上层社会的聚会场所

Tu·mor, **Tu·mor** *der*; *-s*, *-e* [-ˈmoːrə]; e-e krankhafte Vergrößerung e-s Organs od. im Organ 肿瘤 ≈ Geschwulst 〈ein gutartiger, bösartiger T. 良性、恶性肿瘤〉 ‖ -K(复合): ***Gehirn-***

Tüm·pel *der*; *-s*, *-*; ein kleiner Teich, der *mst* sumpfig u. von Wasserpflanzen bedeckt ist 小池沼,小池塘〈ein schlammiger, trüber T. 满是烂泥的、混浊的小池塘〉 ‖ K-(复合): ***Frosch-***

Tu·mult *der*; *-(e)s*, *-e*; ein Durcheinander von Protestaktionen vieler Menschen 骚动,闹事,暴乱: *Nach dem Putsch kam es zu schweren Tumulten* 政变后发生严重骚乱 ‖ *hierzu*(派生) **tu·mult·ar·tig** *Adj*(形)

tun[1]; *tut*, *tat*, *hat getan*; Vt (及物) **1**. ***etw. tun*** e-e Handlung ausführen, etw. machen 干,做,作,搞,办,完成(指一种行为)〈e-n Blick irgendwohin, e-n Schritt, e-e gute Tat, ein Wunder, j-m e-n Gefallen tun 向某处瞥一眼,迈出一步,做好事,创奇迹,帮某人的忙〉: *„Was tust du da?" – „Ich schreibe e-n Brief"*"你在干什么?"——"我在写信"; *„Das habe ich doch gern getan"*"这事我是很乐意干的"; *Er wollte sie besuchen, tat es dann aber doch nicht* 他说要去看她,但后来却没去 **2**. ***etw. tun*** e-e bestimmte Arbeit verrichten 干(工作),做(事): *Im Garten gibt es viel zu tun* 花园里有许多事要做; *Im Büro konnte ich heute gar nichts tun, weil ich dauernd gestört wurde* 我今天在办公室什么工作也没干成,因为我不断受干扰 **3**. ***etw. (für/gegen j-n/etw.) tun*** aktiv werden, um j-m zu helfen, etw. zu bewirken, zu verhindern od. zu beseitigen(为帮助/为克服…而)积极工作〈alles Erdenkliche, sein Möglichstes tun 想尽一切办法去干,尽自己最大努力; tun, was man kann 尽力而为〉: *Der Minister versprach, etwas gegen die Arbeitslosigkeit zu tun* 这位部长承诺要设法克服失业现象; *Hier wird viel zu wenig für Behinderte getan* 这儿为残疾人做的事太少; *Der Verkäufer sagte: „Was kann ich für Sie tun?"* 售货员说:"我能为您做点什么?" **4**. ***etw. irgendwohin tun*** *gespr* [口]; etw. irgendwohin legen, stellen *o.Ä.* 把…放入、搁到: *Kleider in e-n Koffer tun* 把衣服放进箱子; *Tu deine Spielsachen dahin, wo sie hingehören!* 把你的玩具放到该放的地方! **5**. ***j-n irgendwohin tun*** j-n e-r Institution übergeben 将…安插、安排、安置到 ≈ j-n irgendwohin stecken (3)〈j-n in ein Heim, ein Altersheim t. 将某人安排在疗养所、敬老院〉 **6**. ***(j-m/sich) etw. tun*** j-n/sich verletzen, zu j-m böse sein 使受到伤害,得罪,使蒙受〈j-m ein Leid tun 做伤害某人的事〉: *Bitte, tu mir nichts!* 请不要惹我!; *Hast du dir bei dem Sturz was getan?* 你摔倒时受伤了吗?; *Keine Angst, der Hund tut nichts!* 别怕,这条狗不咬人! **7**. 〈Personen 人〉 ***tun es*** *gespr euph* [口][婉]; zwei Personen haben Geschlechtsverkehr 同房,交欢,行房 **8**. ***etw. tun*** verwendet zusammen mit e-m Subst., um ein Verb zu umschreiben(与名词连用,改换动词的表达); ***e-e Äußerung tun*** ≈ etw. äußern, ***e-n Fall tun*** ≈ fallen, ***e-e Frage tun*** ≈ etw. fragen, ***etw. tut e-n Knall*** ≈ etw. knallt, ***e-n Schrei tun*** ≈ schreien, ***e-n Sprung tun*** ≈ springen, ***etw. tut (seine) Wirkung*** ≈ etw. wirkt; Vi (不及物) **9**. ***irgendwie tun*** e-e Eigenschaft od. e-n Zustand vortäuschen, sich so benehmen, als wäre etw. der Fall 装作,假装,装出〈freundlich, interessiert, geheimnisvoll, vornehm tun 装作友好、有兴趣、很神秘、高贵的样子〉: *Er tut sehr selbstsicher, aber eigentlich ist er eher schüchtern* 他装出很自信的样子,其实他很胆怯; *Tun Sie, als ob Sie zu Hause wären* 您假装在家; *Sie tat so, als wäre nichts geschehen* 他装出一副若无其事的样子(好像什么也没有发生); [Vimp] (无人称) **10. es tut sich** (**et**) **was**/ **viel**/ **wenig**/ **nichts** *gespr*[口]; es geschieht etwas/ viel/wenig/nichts 发生一点事/很多事/一些事/什么事也没有发生: *Hier tut sich abends einfach nichts!* 这里晚上根本不会发生什么事!(= hier ist nichts los); *Hat sich in diesem Fall schon etwas getan?* 在这件案子中出了点什么事没有? ‖ ID[谚] **etw. tuts** *gespr*[口]; **a**) etw. funktioniert 某物正常运行,能用: *Tuts das alte Radio noch?* 这台旧收音机还灵吗?; **b**) etw. ist gut genug für j-n/etw. 适合,适宜: *Für die Gartenarbeit tuts diese alte Jacke* 这件旧外套穿着干园艺活还行; *mst* 多用 **Das tut nichts** *gespr*[口]; das ist nicht schlimm, schadet nicht, ist nicht wichtig 这无关紧要,这没有关系; **j-d tut gut daran** + **zu** + *Infinitiv* (不定式) es ist gut, dass j-d etw. tut 某人在…方面做得很好; **j-d täte gut**/ **wohl**/ **besser daran** + **zu** + *Infinitiv* (不定式) j-d sollte etw. machen 某人是该在…方面好好干: *Du tätest besser daran, zu lernen, statt hier herumzusitzen* 你是该好好学习,不要在这里晃荡; **j-m ist es um etw. zu tun** j-d will etw. erreichen, findet etw. wichtig 对某人来说至关重要的事是…,某人最关心的是…: *Mir ist es nicht* darum *zu tun, den Schuldigen zu bestrafen, sondern* darum, *dem Opfer zu helfen* 对我来说关键问题不是处罚责任人,而是帮助受害者; (**etw.**) **mit j-m**/ **etw. zu tun haben a**) im Zusammenhang, in Beziehung mit j-m/etw. stehen 与某人/某事有关系: *Haben die Stürme etw. mit dem Treibhauseffekt zu tun?* 风暴是否与温室效应有什么关系?; *Ich habe mit dem Überfall nichts zu tun!* 我同这次袭击毫无关系!; **b**) mit j-m/etw. Kontakt haben, sich (beruflich) mit etw. beschäftigen 与某人/某事有联系、接触、(业务上)往来: *Sie hat in der Arbeit viel mit Computern zu tun* 她在工作中常接触电脑; *Ich will mit dir nichts mehr zu tun haben!* 我不想再与你有任何往来!; *Hast du schon einmal mit der Polizei zu tun gehabt?* 你曾经与警方打过交道吗? **es mit j-m**/ **etw. zu tun haben** j-n/etw. vor sich haben 同某人打交道/有某事要办理: *Wir haben es hier mit e-m interessanten Problem zu tun* 我们这里有一个有趣的疑难问题要解决; *Du weißt wohl nicht, mit wem du es zu tun hast, sonst wärst du nicht so frech!* 你肯定并不知道你与谁在打交道,要不你不会如此放肆的!; **es mit etw. zu tun haben** *gespr*[口]; Schmerzen, Beschwerden an e-m Körperteil haben 在某一身体部位有病痛 ⟨es mit dem Herz, dem Magen, den Nieren, den Ohren zu tun haben 心脏、胃、肾、耳朵有毛病⟩; **es mit j-m zu tun bekommen**/ **kriegen** *gespr*[口]; Ärger mit j-m bekommen, von j-m bestraft werden 会与某人闹气,会挨某人剋; **j-d kann tun u. lassen, was er will** j-d kann alles machen, was er will 某人可以干他想干的事; *mst* 多用 **ich kann tun, was ich will, ...** egal, was ich tue, ich kann etw. nicht erreichen, ändern, verhindern *o. Ä.* 我想干啥就干啥; **j-d weiß, was er zu tun u. zu lassen hat** j-d verhält sich genau richtig, j-d weiß, was von ihm erwartet wird 某人知道该干啥和不该干啥(意即:懂得为人处事); *mst* 多用 **Was tust 'du hier?** *gespr*[口]; warum bist du hier? 你在这里干啥?; *mst* 多用 **Das 'tut man nicht!** *gespr*[口]; hör auf damit, das ist schlechtes Benehmen 别这样做! 别不懂礼貌!; *mst* 多用 **'Tu** (**doch**) **nicht so!** *gespr*[口]; verwendet, um auszudrücken, dass man j-s Reaktion für vorgetäuscht hält 可别装! 可不要假模假样!; *mst* 多用 **Darunter tu ichs nicht!** *gespr*[口]; das ist das Mindeste, was ich verlange 低于这个(价格、要求)我不干; *mst* 多用 **Damit ist es nicht getan** das reicht nicht, ist nicht genug 这是不够的(不顶事的); **Man tut, was man kann** verwendet als Antwort, wenn man gerade ein Lob für e-e gute Leistung *o. Ä.* erhalten hat(对得到表扬时的回答)做点力所能及的事(意即:不足挂齿,不要过誉) ‖ NB(注意): ↑ **guttun**, **leidtun**, **wehtun**, **wohltun** ‖ ▶ **Tat**

tun² *Hilfsverb* (助动词); *gespr*[口] **1.** *mst* im Präsens od. im Imperfekt verwendet, um das Vollverb zu betonen(多用现在时或过去时强调完全动词): *Lügen tu ich nie!* 我从不撒谎!; *Er wusste die Antwort, aber sagen tat er sie nicht* 他知道怎么回答,但他就是不说出来 **2.** *bes südd* 尤用于[南德]; verwendet, um den Konjunktiv II von Verben zu bilden(构成动词虚拟式 II): *Ich tät dir schon helfen, aber ich hab leider keine Zeit* 我真想帮你,但遗憾我没时间 **3.** *mst* von Kindern verwendet, um das Präsens von Verben zu bilden(构成动词现在时,多为儿童用语): *Tust du mir jetzt helfen?* 你现在帮帮我好吗?

Tun *das*; *-s*; *nur Sg*, *geschr* (只用单数)[书]; das, was j-d tut, seine Handlungen 行为,行动 ⟨j-s T. missbilligen 反对某人的行为⟩

Tün·che *die*; *-*, *-n*; e-e helle Farbe aus Kalk, mit der man Wände streicht 白灰(粉刷墙用) ‖ *hierzu* (派生) **tün·chen** (*hat*) *Vt* (及物)

tu·nen ['tju:nən]; *tunte*, *hat getunt*; [Vt] (及物) **etw. t.** (*mst* den Motor e-s Autos) so verändern, dass das Fahrzeug mehr Leistung bringt(为提高效率)改装,更换(多指汽车发动机) ≈ frisieren (4)

Tu·ner ['tju:nɐ] *der*; *-s*, *-*; ein Radio (als Teil e-r Stereoanlage)(立体声音响设备的)调谐器

Tun·fisch *der*; ↑ **Thunfisch**

Tu·nicht·gut *der*; *-(e)s*, *-e*; j-d, der Unfug macht 捣蛋鬼,爱捅娄子的人 ≈ Taugenichts

Tun·ke *die*; *-*, *-n* ≈ *nordd*[北德] Soße

tun·ken; *tunkte*, *hat getunkt*; [Vt] (及物) **etw. in etw.** (*Akk* 四格) **t.** *nordd*[北德] ≈ (ein)tauchen: *den Pinsel in die Farbe t.* 用笔蘸颜色

T

tun·lich *Adj*（形）；*mst präd*，*geschr*（多作表语）［书］≈ ratsam，zweckmäßig：*Er hielt es für t.，Lärm zu machen* 他认为闹闹是适当的

tun·lichst *Adv*（副）；*geschr*［书］；auf jeden Fall，unbedingt 尽可能地，尽量地，无论如何〈etw. t. vermeiden 尽量避免某事〉：*Er sollte t. keinen Alkohol mehr trinken* 他要尽可能别再喝酒

Tun·nel *der*；*-s*，*-*；ein Verkehrsweg（*bes* e-e Straße od. Geleise），der unter der Erde ist，*mst* durch e-n Berg führt 隧道，隧洞 ‖ -K（复合）：***Straßen-***，***Eisenbahn-***

Tun·te *die*；*-*，*-n*；*gespr! pej*［粗］［贬］**1.** verwendet als negative Bezeichnung für e-e（*mst* langweilige，unattraktive）Frau 令人讨厌的女人 **2.** verwendet als negative Bezeichnung für e-n Homosexuellen，der sich wie e-e Frau benimmt 扮女人的同性恋男子 ‖ *zu*（义项）**2. tun·ten·haft** *Adj*（形）

Tüp·fel·chen *das*；*-s*，*-*；*mst in* 多用于 ***das T. auf dem i*** *oft iron* 常用［讽］；das kleine Detail，das e-e Sache perfekt macht；i 上的一个小点（意即：白璧微瑕）

tup·fen；*tupfte*，*hat getupft*；Vt（及物）**1. *etw. auf etw.***（*Akk* 四格）***t.*** *mst* e-e Flüssigkeit auf e-e Stelle bringen，indem man diese mehrmals leicht berührt 轻轻涂抹，轻搽：*Jod auf die Wunde t.* 往伤口轻轻涂上碘酒 **2.**（***j-m/sich***）***etw. von etw. t.*** etw. von e-r Stelle entfernen，indem man diese Stelle（*z.B.* mit e-m Tuch）mehrmals berührt 轻轻擦去，抹掉：*Er tupfte sich den Schweiß von der Stirn* 他擦掉额头的汗水；Vi（不及物）**3.**（***j-m***）***auf/an etw.***（*Akk* 四格）***t.***（j-m）irgendwohin tippen[2] 轻轻拍打

Tup·fen *der*；*-s*，*-*；ein kleiner runder Punkt（als Teil e-s Musters *o.Ä.*）花色小点：*ein weißer Rock mit blauen Tupfen* 带蓝点的白裙

Tup·fer *der*；*-s*，*-* **1.** *mst* ein Stück Watte od. ein kleines Stück Stoff，mit dem man e-e Flüssigkeit entfernen kann 药棉，棉球 ‖ -K（复合）：***Watte-*** **2.** *gespr*［口］≈ Tupfen

Tür *die*；*-*，*-en*；die Platte，mit der man e-n Eingang öffnen od. schließen kann，e-e Öffnung schließen kann 门〈die Tür öffnen，schließen 开、关门；die Tür schließt nicht/schlecht 门关不上，门不好关〉‖ ↑ *Abb. unter* 图见 ***Flugzeug*** ‖ K-（复合）：***Tür-***，***-flügel***，***-klingel***，***-pfosten***，***-rahmen***，***-schild***，***-schloss***，***-schwelle*** ‖ -K（复合）：***Auto-***，***Garten-***，***Haus-***，***Ofen-***，***Schrank-***，***Wohnungs-***，***Zimmer-*** ‖ *zu* ***Türflügel*** ↑ *Abb. unter* 图见 ***Flügel*** ‖ *zu* ***Türklinke*** ↑ *Abb. unter* 图见 ***Griff*** ‖ ID［谚］*mst* 多用 ***etw. zwischen Tür u. Angel besprechen*** etw. kurz，in Eile besprechen 匆匆地交谈某事；***etw.***（*Dat* 三格）***Tür u. Tor öffnen*** e-e negative Entwicklung ermöglichen 为某事敞开大门，大开方便之门；*mst* 多用 ***Du rennst offene Türen ein*** du brauchst nichts mehr zu sagen，ich bin sowieso deiner Meinung 你找对了门（我完全支持你）；***mit der Tür ins Haus fallen*** sich mit e-m Problem，*mst* e-r Bitte，sehr direkt an j-n wenden 开门见山地提出（问题、请求）；***j-m die Tür weisen*** j-n auffordern，das Haus，das Zimmer zu verlassen（weil man ihn nicht mehr sehen will）将某人撵出门去，让某人出去；***j-n vor die Tür setzen*** **a)** *gespr*［口］；j-m kündigen 解雇某人；**b)** j-n（mit Gewalt）aus e-m Raum entfernen 把某人赶出门去；***etw. steht vor der T.*** etw. wird bald da sein 某事即将来临：*Weihnachten steht vor der T.* 圣诞节快到了

Tür·an·gel *die*；e-e Art Scharnier，an dem die Tür befestigt ist 门铰链，门枢

Tur·ban *der*；*-s*，*-e*；e-e Art langer Schal，den sich Männer（*z.B.* in Indien）um den Kopf winden（印度男子的）缠头布

Tur·bi·ne *die*；*-*，*-n*；e-e Maschine，mit der man aus strömendem Wasser，Dampf od. Gas Energie gewinnt 透平，涡轮机 ‖ K-（复合）：***Turbinen-***，***-antrieb***

Tur·bo *der*；*-s*，*-s*；*gespr*［口］；ein Turbomotor od. ein Auto mit Turbomotor 涡轮马达，涡轮发动机或带涡轮发动机的汽车〈den T. einschalten 开动涡轮发动机〉

Tur·bo·mo·tor *der*；ein Motor e-s Autos od. Flugzeugs，dessen Kraft durch e-e Düse verstärkt wird 涡轮发动机

tur·bu·lent *Adj*（形）；〈Szenen 场景〉dadurch gekennzeichnet，dass viele（aufgeregte，schreiende *o.Ä.*）Menschen daran beteiligt sind 喧嚣的，骚动的，乱哄哄的

Tur·bu·len·zen *die*；*Pl*（复）**1.** starke Strömungen in der Luft 强气流 **2.** turbulente Ereignisse 骚动，骚扰

-tü·rig *im Adj*，*wenig produktiv*，*nicht adv*（构成形容词，构词弱，不作状语）；mit der genannten Zahl von Türen 有…扇门的；***eintürig***〈ein Eingang 入口〉，***zweitürig***，***doppeltürig***，***viertürig***，***fünftürig***〈ein Auto 汽车〉

tür·ken；*türkte*，*hat getürkt*；Vt（及物）***etw. t.*** *gespr*［口］≈ fälschen，fingieren

Tür·kis *der*；*-es*，*-e* **1.** ein（Halb）Edelstein mit e-r hellen，blaugrünen Farbe 绿松石 **2.** *nur Sg*（只用单数）；die Farbe，die ein T.（1）hat 绿松石的颜色（色泽）‖ *zu*（义项）**2. tür·kis** *Adj*（形）；**tür·kis·far·ben** *Adj*（形）

Tür·klin·ke *die*；ein beweglicher Griff，mit dem e-e Tür geöffnet u. geschlossen werden kann 门把

Turm *der*；*-(e)s*，*Tür·me* **1.** ein hohes，aber schmales Bauwerk，das *bes* zu e-r Kirche，e-r Burg od. e-m Schloss gehört 塔，塔楼 ‖ K-（复合）：***Turm-***，***-bau***，***-uhr***，***-zimmer*** ‖ -K（复合）：***Kirch-*** ‖ *zu* ***Kirchturm*** ↑ *Abb. unter* 图见 ***Kirche*** ‖ **2.** eine der beiden Figuren beim Schachspiel，die bei der Aufstellung in der hinteren Reihe ganz rechts u. links stehen（象棋棋子）车 ‖ ↑ *Abb. unter* 图见 ***Schachfiguren*** **3.** *Kurzw*（略）；↑ ***Sprungturm***

tür·men[1]，sich；*türmte sich*，*hat sich getürmt*；Vr（反身）***etw.***（*Kollekt od Pl* 集合或复数）***türmt sich***（***irgendwo***）Akten，Briefe，Bücher *o.Ä.* bilden irgendwo e-n hohen Stapel(物作主语)堆积,堆聚,摞成堆

Türken in Deutschland 德国的土耳其人

In den 50er und 60er Jahren des 20. Jahrhunderts herrschte in Deutschland großer Mangel an Arbeitskräften. Es wurden Verträge mit südeuropäischen Ländern und der Türkei geschlossen, um gezielt Arbeitnehmer von dort anzuwerben. Viele besonders aus der Türkei, blieben nicht nur für ein paar Jahre, sondern auf Dauer. Sie brachten Angehörige mit oder gründeten hier neue Familien. Für sie wurde Deutschland zur neuen Heimat. Heute leben fast 2 Millionen türkische Staatsbürger oft schon in dritter Generation in Deutschland, dazu kommen über 400.000 eingebürgerte Türken. Sie sind aus dem öffentlichen Leben in Deutschland nicht mehr wegzudenken. Es gibt prominente Sportler, Kulturschaffende und Politiker türkischer Abstammung, Moscheen und ganze türkisch geprägte Viertel in den Großstädten (wie z.B. Kreuzberg in Berlin), türkische Radiosender, Obst- und Gemüseläden, Restaurants und Straßenimbisse, bei denen man die beliebte deutsch-türkische Spezialität, den Döner kaufen kann – ein Fladenbrot, das mit gebratenem Lamm- oder Rindfleisch, Salat und Joghurtsoße gefüllt wird.

20 世纪 50 和 60 年代,在德国劳动力严重缺乏。当时,同南欧各国和土耳其签订了协议,以便有目的地招聘雇员。很多人,尤其是来自土耳其的人,不仅逗留几年,而且长期居留。他们携带自己的亲属,或者在这里组建新的家庭。对他们来说,德国成为新的故乡。

今天有近 200 万土耳其公民经常在德国生活,已经到了第三代。此外,还有 40 万已加入德国国籍的土耳其人。他们已再也不能被从公共生活中撇开而不加考虑了。现在有出身土耳其裔的知名的运动员、文化创作人员和政治家,在各大城市有清真寺和具有地道土耳其风格的居住区(如柏林的克罗依茨贝格地区),有土耳其语广播电台,水果和蔬菜商店,饭馆以及街边小吃店,在那里可以买到广受欢迎的德式土耳其特产"土耳其烤肉夹饼"——一种夹着烤羊肉或牛肉、沙拉和酸奶沙司的扁面包。

tür·men²; *türmte, ist getürmt*; [Vi] *gespr* (不及物)[口] ≈ fliehen, ausreißen: *Er ist aus dem Gefängnis getürmt* 他越狱逃跑了

turm·hoch *Adj* (形) **1.** sehr hoch 像塔一样高的,高高的 ⟨Brecher, Wellen 激浪,浪头⟩ **2.** *mst adv, gespr* (多作状语)[口]: mit großem Abstand, Unterschied 相距很大的,远远的 ≈ haushoch ⟨t. gewinnen 大胜,大获全胜; j-m t. überlegen sein 远远地胜过某人⟩ ‖ NB (注意): *turmhoch* → *ein turmhoher Brecher*

Turn·an·zug *der*; ein einteiliges Kleidungsstück, das Frauen beim Turnen tragen 运动衣,体操服

tur·nen; *turnte, hat / ist geturnt*; [Vt/i] (及物/不及物)(*hat*) **1.** (**etw.**) (**an etw.** (*Dat* 三格)) **t.** gymnastische Übungen an bestimmten Geräten (*z. B.* Barren, Ringe) od. am Boden machen 做体操 ⟨e-e Übung t. 练做操; am Barren, an den Ringen t. 做双杠,练吊环⟩; [Vi] (不及物)(*ist*) **2.** ***irgendwohin t.*** *gespr* [口]; geschickt u. schnell irgendwohin klettern 轻捷登上,敏捷爬上: *Die Kinder turnten über die Mauer* 孩子们很麻利地爬上了墙; *Die Affen turnen durch die Bäume* 猴子在树丛中穿梭攀援

Tur·nen *das*; *-s*; *nur Sg* (只用单数) **1.** ein Sport, bei dem an bestimmten Geräten u. am Boden gymnastische Übungen gemacht werden 体操运动 ‖ K-(复合): ***Turn-, -gerät, -halle, -hemd*** ‖ -K: ***Boden-, Geräte-*** **2.** das T. (1) als Unterrichtsfach in der Schule 体操课 ‖ K-(复合): ***Turn-, -lehrer, -note, -stunde*** ‖ *zu* (义项) **1. Tur·ner** *der*; *-s, -*; **Tur·ne·rin** *die*; *-, -nen*; **tur·ne·risch** *Adj* (形)

Tur·nier *das*; *-s, -e* **1.** ein sportlicher Wettbewerb mit mehreren Wettkämpfen (*mst* in mehreren Runden (4)) 大型体育比赛,竞赛 ‖ K-(复合): ***Turnier-, -pferd, -reiter, -schach, -spiel, -sieg, -sieger, -teilnehmer*** ‖ -K (复合): ***Reit-, Schach-, Skat-*** **2.** *hist* [历]; ein Wettkampf zwischen Rittern 骑士比武

Turn·schuh *der*; ein leichter Schuh aus Stoff od. Leder mit e-r Gummisohle, den man *z. B.* beim Sport od. beim Turnen trägt 体操鞋 ‖ ↑ *Abb. unter* 图见 ***Schuhe***

Tur·nus *der*; *-, -se*; der festgelegte Zeitraum, nach dem bestimmte Vorgänge wieder geschehen (müssen) 循环,周期,轮: *Die Abgeordneten werden im T. von vier Jahren in das Parlament gewählt* 议员选举四年为一个周期 ‖ K-(复合): ***Turnus-, -regelung; turnus-, -gemäß, -mäßig***

Turn·ver·ein *der*; *veraltend* [渐旧] ≈ Sportverein; *Abk* 缩写 TV

Turn·zeug *das*; *gespr* [口]; die Kleidung, die man beim Sport od. beim Turnen trägt 运动服装,体操服

Tür·öff·ner *der*; ein Knopf, auf den man drückt, damit sich e-e Tür öffnet od. öffnen lässt. Man hört an der Tür ein Summen, wenn j-d den T. betätigt 门铃

Tür·stock *der*; *südd* Ⓐ [南德][奥] der (Holz-)Rahmen e-r Tür(木)门框

tur·teln; *turtelte, hat geturtelt*; [Vi] (不及物) ***j-d turtelt mit j-m***; ⟨Personen 人⟩ ***turteln*** *veraltend* [渐旧]; zwei Personen verhalten sich zärtlich od. auffallend verliebt(人作主语)单:与…情意绵绵、相亲相爱;复:彼此柔情缱绻、情意缠绵

Tusch *der*; *-(e)s, -e*; ein kurzer, lauter Akkord, mit dem e-e Musikkapelle die Zuhörer auf etw. aufmerksam macht 一阵响亮的吹奏乐 ⟨e-n kräftigen T. spielen 演奏一段

铿锵有力的乐曲〉

Tu̦·sche *die*; -, *-n*; e-e besondere, *mst* schwarze Tinte, die zum Schreiben u. Zeichnen verwendet wird 墨汁 ‖ K-(复合): ***Tusch-*, *-farbe*, *-zeichnung*; *Tusche-*, *-füller***

tu̦·scheln; *tuschelte*, *hat getuschelt*; Vi (不及物)〈Personen 人〉***tuscheln*** (***über j-n/etw.***) *mst pej* 多用[贬]; zwei od. mehrere Personen unterhalten sich heimlich u. flüsternd miteinander 窃窃私语,悄悄地说话,咬耳朵 ‖ *zu* ***Tuschelei*** ↑ ***-ei***

tu̦·schen; *tuschte*, *hat getuscht*; Vt (及物) **1.** ***etw. t.*** etw. mit Tusche zeichnen od. schreiben 用墨汁绘画、写字 **2.** ***sich*** (*Dat* 三格) ***die Wimpern t.*** sich mit Wimperntusche die Wimpern färben 描睫毛

Tu̦s·si *die*; -, *-s*; *gespr*, *mst pej* [口]多用[贬]; (*bes* von Jugendlichen) verwendet als Bezeichnung für e-e junge Frau(年轻人用语)妙龄少女,漂亮妞儿

tūt! *Interjektion* (叹); verwendet, um das Geräusch e-r Hupe zu bezeichnen 嘟嘟,呜呜(喇叭声)

Tǖ·te *die*; -, *-n* **1.** e-e Art kleiner Sack (*mst* aus Papier u. oft in Form e-s Dreiecks), in den man einzelne Dinge (beim Einkauf) hineinsteckt(圆锥形)小纸袋 ‖ ↑ *Abb. unter* 图见 ***Behälter und Gefäße*** ‖ -K(复合): ***Bonbon-***, ***Obst-***; ***Papier-*** **2.** e-e Art Einkaufstasche aus dünnem Plastik 塑料口袋 ‖ -K(复合): ***Plastik-*** ‖ ID [谚] ***Das kommt nicht in die T.!*** *gespr* [口]; das erlaube ich auf gar keinen Fall 这我无论如何不同意! 这是绝对不允许的!

tū·ten; *tutete*, *hat getutet*; Vi *gespr* (不及物) [口] ≈ hupen ‖ ID [谚] *mst* 多用 ***er/sie hat von Tuten u. Blasen keine Ahnung!*** *gespr* [口]; er/sie versteht von etw. überhaupt nichts 他/她对此一窍不通!

TÜV [tʏf] *der*; -; *nur Sg* (只用单数); (*Abk für* 缩写,全称为 Technischer Überwachungsverein) e-e Institution in Deutschland, die die Sicherheit von technischen Geräten, *bes* von Fahrzeugen überprüft(德国)技术监督联合会〈durch den TÜV kommen (= mit dem Auto die Sicherheitsprüfung bestehen) 通过技监(指汽车通过安全检查); zum TÜV müssen 该去技监了〉: *das Auto beim TÜV vorführen* 把汽车开到技监处接受技监; *Bei mir ist der TÜV wieder fällig* 我的车又该技监了

TV[1] [teːˈfau] *der*; -; *nur Sg* (只用单数); (*Abk für* 缩写,全称为 Turnverein) verwendet als Teil des Namens von Sportvereinen 体操协会

TV[2] [teːˈfau, tiːˈviː] *das*; -; *nur Sg* (只用单数); (*Abk für* 缩写,全称为 Television) das Fernsehen 电视 ‖ K-(复合): ***TV-Gerät***

Twe̦n *der*; -(*s*), *-s*; j-d im Alter von 20 bis 29 Jahren(20 至 29 岁的)年轻人,后生,雏凤: *Teens u. Twens* 青少年

Ty̲p *der*; *-s*, *-en* **1.** e-e Art von Menschen od. Dingen, die bestimmte charakteristische Merkmale od. Eigenschaften gemeinsam haben(人的)类型,(物的)种类: *Er ist der T. von Mann, in den sich die Frauen gleich verlieben* 他是女人一见就爱的那种男人 **2.** e-e Art von (*mst* technischen) Gegenständen, die durch charakteristische Merkmale von ähnlichen Arten unterschieden sind(产品)型号,品种,式样 ≈ Modell (4): *Unsere Techniker entwickeln e-n ganz neuen T.* 我们的技术员发明一种崭新的品种 ‖ K-(复合): ***Typen-***, ***-bezeichnung*** **3.** *gespr* [口]; (*bes* von Jugendlichen) verwendet als Bezeichnung für e-n Mann(青年人用语)人,家伙(指男的)〈ein mieser, blöder, toller, irrer Typ 让人恶心的家伙,傻瓜,好样的,糊涂虫〉 ‖ ID [谚] *mst* 多用 ***Ich bin nicht der Typ dazu/dafür*** das liegt mir nicht, das mache ich nicht gern 我不是干这种事的人,我不乐意做这种事; ***j-d ist j-s Typ*** *gespr* [口]; j-d gefällt j-m 某人正是某人所喜欢的那种人; ***Dein Typ wird verlangt*** *gespr* [口]; j-d möchte dich sprechen 你有电话,有人找你有事; ***ein kaputter Typ*** *mst* ein Mann, der in der Gesellschaft nicht zurechtkommt u. Alkoholiker *o. Ä.* 没有用的人,废物(多指男人)

Ty̲·pe *die*; -, *-n* **1.** ein kleines Teil e-r Schreibmaschine, das den jeweiligen Buchstaben auf das Papier druckt 打字机的字头 **2.** e-e Form mit e-m (spiegelverkehrten) Buchstaben, Symbol *o. Ä.* darauf, die beim Druck e-s Buches, e-r Zeitung *o. Ä.* verwendet wird 铅字,印刷活字 **3.** *gespr* [口]; verwendet als Bezeichnung für j-n, der sich seltsam verhält 怪人,古怪的人〈e-e komische T. 一个滑稽的怪人〉 **4.** *bes* Ⓐ 尤用于[奥] ≈ Typ (2)

Ty·phus [ˈtyːfʊs] *der*; -; *nur Sg* (只用单数); e-e schwere (Infektions)Krankheit, bei der man Flecken auf der Haut, Fieber u. Durchfall bekommt 斑疹伤寒

ty̲·pisch *Adj* (形); ***t.*** (***für j-n/etw.***) so, wie man es von j-m/etw. erwartet 典型的,有特点的,独特的 ≈ charakteristisch, bezeichnend 〈ein Beispiel, ein Verhalten 例子,行为〉: *Er ist ein typischer Lehrer* 他是一位典型的老师; *T. Monika, sie kommt mal wieder zu spät!* 典型莫妮卡的作风,她又来得很晚!; *Nadelbäume sind t. für diese Gegend* 针叶林是这个地区独特的风貌

ty·pi·sie̲·ren; *typisierte*, *hat typisiert*; ***j-n/etw. t.*** Menschen/Dinge nach gemeinsamen Merkmalen in Gruppen ordnen 将…规格化,分成类型

Ty·po·lo·gie̲ *die*; -, *-n* [-ˈgiːən]; die Einteilung von Menschen, Tieren od. Gegenständen nach bestimmten Eigenschaften 类型学 ‖ *hierzu* (派生) **ty·po·lo̲·gisch** *Adj* (形)

Ty̲·pus *der*; -, *Ty·pen*; *geschr* [书] ≈ Typ (1)

Ty·ra̦nn *der*; *-en*, *-en* **1.** *pej* [贬]; ein autoritärer Mensch, der andere zwingt, das zu tun, was er will 独断专行的人,一意孤行的人 **2.** *hist* [历]; ein (*mst* grausamer) Herrscher, der nur nach seinem Willen regiert 暴君,专制统治者 ‖ K-(复合): ***Tyrannen-***,

-herrschaft ‖ NB(注意)：*der Tyrann*；*den, dem, des Tyrannen* ‖ *hierzu*（派生）**Ty·ran·nin** *die*；-，*-nen*；**ty·ran·nisch** *Adj*(形)

Ty·ran·nei *die*；-；*nur Sg*(只用单数) **1**. autoritäres, tyrannisches Verhalten 专横，武断，一意孤行：*j-s T. nicht mehr ertragen können* 没法忍受某人独断独行的行为 **2**. die Herrschaft durch e-n Tyrannen (2) 暴政，专制统治〈ein Land, ein Volk aus der T. befreien, führen 使一个国家、一个民族从暴政下解放出来，摆脱专制统治〉

ty·ran·ni·sie·ren；*tyrannisierte*，*hat tyrannisiert*；[Vt]（及物）***j-n t***. *pej*[贬]；j-n quälen, indem man ihn immer wieder dazu zwingt, das zu tun, was man will 虐待，折磨，欺压，对…施暴政

U, u

U, u [uː] *das*; -, -/*gespr auch* [口]也用-*s*; der einundzwanzigste Buchstabe des Alphabets 字母表中的第 21 个字母〈ein großes U 大写 U; ein kleines u 小写 u〉‖ ID[谚] ↑ ***x***

Ü, ü [yː] *das*; -, -/*gespr auch* [口]也用 -*s*; der Umlaut des u 字母 u 的变元音〈ein großes Ü 大写 Ü; ein kleines ü 小写 ü〉

u.a. *Abk für* 缩写,全称为 und andere(s), unter anderem/anderen 等等,此外

U-Bahn *die*; *gespr*[口]; ein Fahrzeug für den öffentlichen Verkehr in Großstädten, das unter der Erde auf Schienen fährt 地下铁道,地铁 ≈ Untergrundbahn〈mit der U. fahren, die U. nehmen 乘地下铁道,坐地下铁道〉‖ K-(复合): ***U-Bahn-***, ***-netz***, ***-station***

übel, *übler*, *übelst-*; *Adj*(形) **1.** unangenehm (für die Sinnesorgane) 坏的,不好的,令人不快的,使人恶心的 ≈ widerlich (2) ↔ angenehm〈ein Geruch, ein Geschmack, ein Beigeschmack 气味,味道,怪味; etw. riecht, schmeckt ü. 某物闻着有味,某物有坏味道〉: *ü. riechene Abfälle* 散发难闻气味的垃圾 ‖ K-(复合): ***übel-***, ***-riechend*** **2.** ohne Moral, gefährlich für andere 没有道德的,品质恶劣的 ≈ schlecht (6)〈ein Bursche 小伙子; in üble Gesellschaft geraten 落入坏人圈子,结交一帮坏朋友 (= mit zwielichtigen Charakteren verkehren)〉 **3.** so, dass es Nachteile für j-n bringt 不利的,恶劣的,糟糕的 ≈ unerfreulich, unangenehm〈e-e Lage, e-e Situation 境况,状况; etw. geht ü. aus 某事结果糟糕〉 **4.** böse und gemein 难听的,卑鄙的,下流的 ≈ schlimm〈Schimpfwörter 骂人话; j-m ü. mitspielen 对待某人极坏,折磨、虐待某人; j-n auf übelste Weise beschimpfen 破口大骂某人〉 **5.** ***j-m ist ü.*** j-d hat das Gefühl, er müsse sich übergeben 某人感到恶心 ≈ j-m ist schlecht **6.** **(*j-m*) *etw. ü. nehmen*** nicht verzeihen können, dass j-d einem etw. Böses getan hat 因…而抱怨,为…而生气 ≈ (j-m) etw. nachtragen: *Sie nahm* (es) *ihm übel*, *dass er sie belogen hatte* 她为他欺骗了她而生他的气 **7.** ***ü. gelaunt*** in e-r sehr schlechten Stimmung 心情不好的,情绪恶劣的,烦躁的 ≈ schlecht gelaunt ‖ ID [谚] ***ü. dran sein*** *gespr*[口]; in e-r schlimmen Situation sein 境况不好 ↔ gut dran sein; ***nicht ü. Lust haben*** + ***zu*** + *Infinitiv*(不定式) *gespr*[口]; etw. sehr gern tun wollen (was man eigentlich nicht darf od. kann) 真想做某事,恨不得做某事: *Ich hätte nicht ü. Lust, dem frechen Kerl e-e Ohrfeige zu geben* 我恨不得给那厚颜无耻的家伙一记耳光; ***nicht ü.!*** *gespr* [口]; verwendet, um auszudrücken, dass etw. gut ist 不错,不坏! ‖ NB(注意): *übel* → *e-e üble Lage*

Übel *das*; -*s*, - **1.** etw., das unangenehm od. schlimm ist 恶事,坏事,祸害,弊病,弊端 ≈ Misere: *das Ü. der Arbeitslosigkeit beseitigen* 消除失业这个弊病 **2.** *geschr* [书] ≈ Krankheit, Leiden: *an e-m unerträglichen Ü. leiden* 患一种难以忍受的疾病 **3.** ***das kleinere Ü.***〈wählen 选择〉die bessere von zwei schlechten Möglichkeiten (wählen) 两害相权取其轻 **4.** ***etw. ist ein notwendiges Ü.*** etw. muss man ertragen, obwohl man eigentlich nicht will 某事是躲避不了的灾难

übel·ge·launt ↑ ***übel*** (7)

Übel·keit *die*; -, -*en*; *mst Sg*(多用单数); das Gefühl, dass es einem körperlich schlecht geht, dass man sich übergeben muss 恶心

übel·neh·men ↑ ***übel*** (6)

Übel·tä·ter *der*; *oft hum* 常用[诙]; j-d, der etw. Schlechtes getan hat 干坏事的人,作恶者,犯罪者 ≈ Missetäter ‖ *hierzu*(派生) **Übel·tä·te·rin** *die*

üben; *übte*, *hat geübt*; **Vt/i** (及物/不及物) **1.** (***etw.***) ***ü.*** etw. immer wieder tun, um es zu lernen, damit man es dann gut kann 练习: *Sie übt jeden Tag* (*zwei Stunden Klavier*) 她每天练习(弹两个小时钢琴); *Handstand ü.* 练习倒立,做倒立; **Vt** (及物) **2.** ***etw. ü.*** *geschr*[书]; verwendet zusammen mit e-m Subst., um ein Verb zu umschreiben(与名词连用,改换动词的表达); (***an j-m/etw.***) ***Kritik ü.*** ≈ j-n/etw. kritisieren; (***an j-m***) ***Rache ü.*** ≈ sich an j-m rächen **3.** *mst* 多用 ***Gerechtigkeit***, ***Nachsicht***, ***Rücksicht*** (***gegen j-n***) ***ü.*** *geschr*[书]; gerecht, nachsichtig, rücksichtsvoll gegenüber j-m sein 公正对待(某人),宽容(某人),照顾,关怀(某人); **Vr** (反身) **4.** ***sich in Geduld ü.*** *geschr*[书]; geduldig sein 练耐心,学会忍耐

über[1] *Präp*(介) **1.** *mit Dat*(支配三格); bezeichnet die Lage von j-m/etw., die höher ist als j-d/etw. (mit od. ohne Abstand) 在…上面,在…之上,在…上方(表示地点) ↔ unter: *Das Bild hängt ü. dem Schreibtisch* 画挂在写字台的上方; *Ü. der Blüte schwebt ein Schmetterling* 鲜花上面有一只蝴蝶在飞翔; *Er wohnt in der Etage ü. uns* 他住在我们上面那一层 ‖ ↑ *Abb. unter* 图见 ***Präpositionen*** **2.** *mit Akk*(支配四格); drückt aus, dass j-d/etw. in Richtung e-r höher gelegenen Stelle bewegt wird od. sich dorthin bewegt 到…上面去,到…上去,到…上方去(表示方向) ↔ unter: *Er hängte ein Bild*

U

ü. die Couch 他把画挂到长沙发上方去了 **3.** *mit Akk*（支配四格）；bezeichnet e-n Ort, e-e Stelle *o.Ä.*, die von j-m durchschritten, überquert *o.Ä.* wird 经过，越过，穿过（表示地点）：*Er ging ü. den Hof* 他穿过院子 **4.** *mit Dat*（支配三格）；verwendet, um auszudrücken, dass sich etw. unmittelbar auf j-m/etw. befindet und ihn/es ganz od. teilweise bedeckt 在…上面，在…表面，在…外面（表示部分或完全覆盖）↔ unter：*Er trägt e-n Pullover ü. dem Hemd* 他在衬衣外面穿着一件套头毛衣；*Schnee lag ü. den Feldern* 雪覆盖了田野 **5.** *mit Akk*（支配四格）；verwendet, um auszudrücken, dass etw. auf j-n/etw. gelegt wird, dass j-d/etw. mit etw. ganz od. teilweise bedeckt wird 到…上面去（表示盖到某物上面去）↔ unter：*Sie breitete ein Tuch ü. den Tisch* 她把一块布铺到桌子上面 **6.** *mit Akk*（支配四格）；verwendet, um auszudrücken, dass e-e Bewegung von e-m Punkt e-r Oberfläche zu e-m anderen hin verläuft（表示动作经过某物的表面）：*Sie strich ihm ü. den Rücken* 她抚摸他的背部；*Tränen liefen ihr ü. die Wangen* 泪水流过她的面颊；*Sie liefen barfuß ü. die Wiese* 她赤着脚跑过了草地 **7.** *mit Akk*（支配四格）；verwendet, um auszudrücken, dass j-d/etw. den obersten Punkt von etw. überschreitet 跨越，超出，越过：*Sie sprang ü. den Zaun* 她跳过了篱笆；*Der Baum ragt weit ü. das Haus hinaus* 那棵树长得高出房子一大截儿 ‖ ↑ *Abb.* *unter* 图见 ***Präpositionen*** **8.** *mit Akk*（支配四格）；verwendet, um auszudrücken, dass j-d/etw. e-e bestimmte Grenze, Strecke, Länge *o.Ä.* überschreitet（表示超出一定界线、距离、长度等）超出：*Er lief einige Meter ü. das Ziel hinaus* 他跑过终点好几米；*Der Fluss trat ü. die Ufer* 河水漫出河岸；*Der Rock geht bis ü. das Knie* 裙子长过膝盖 **9.** *mit Akk*（支配四格）；**ü.** + *Ortsname*（地名）verwendet, um auszudrücken, dass auf dem Weg zu e-m bestimmten Ziel die Bewegung durch e-n Ort hindurchgeht（表示途径）经过：*Der Zug fährt ü. Augsburg nach München* 火车经奥格斯堡开往慕尼黑 **10.** *mit Akk*（支配四格）；verwendet, um e-n bestimmten Zeitraum zu bezeichnen 在…期间：*ü. Ostern verreisen* 在复活节出去旅行；*Kann ich heute ü. Nacht bei euch bleiben?* 今天我能在你们家过夜吗？**11.** *mit Akk*（支配四格）；verwendet, um auszudrücken, dass e-e zeitliche Grenze überschritten wird 超过（某种时间界线）：*Sie ist ü. das Alter hinaus, in dem man mit Puppen spielt* 她已经过了玩玩具娃娃的年龄 **12.** *mit Dat*（支配三格）；verwendet, um auszudrücken, dass etw. während e-s anderen Vorgangs erfolgt 在…时候 ≈ bei (13)：*Ü. ihrer Häkelarbeit schlief sie ein* 她在干钩织活儿的时候睡着了 **13.** *mit Dat*（支配三格）；verwendet, um auszudrücken, dass j-d/etw. in e-r Reihenfolge od. Hierarchie höher steht als j-d anderer/etw. anderes 高于…，在…之上（指地位或级别）↔ unter：*Der Abteilungsleiter steht ü. dem Gruppenleiter* 科长（处长）地位高于组长 **14.** *mit Dat*（支配三格）；verwendet, um auszudrücken, dass e-e Zahl, ein Wert überschritten wird, dass etw. größer od. höher ist als etw. anderes 超过，高于，大于（指数量或价值）↔ unter 〈etw. liegt ü. dem Durchschnitt 某物超过一般水平，在一般水平以上〉：*Die Temperatur liegt ü. dem Gefrierpunkt* 温度高于冰点 **15.** *mit Akk*（支配四格）；verwendet, um das Thema, den Inhalt von etw. anzugeben 关于（表示课题、内容）〈ü. j-n/etw. diskutieren, reden, sprechen, schreiben 讨论，谈，说，写某人/某事〉：*Die Kinder mussten e-n Aufsatz ü. ihr schönstes Ferienerlebnis schreiben* 孩子们必须写一篇关于自己最美好的假期经历的作文 **16.** *mit Akk*（支配四格）；verwendet, um auf ein Mittel, e-e Mittelsperson hinzuweisen 通过（指手段，工具，中间人等）：*etw. ü. Satellit empfangen* 通过卫星接收到某事；*Schicken Sie mir das Ticket bitte ü. meine Sekretärin* 请您通过我的女秘书把票带给我 **17.** *mit Akk*（支配四格）≈ in Höhe von, im Wert von：*e-e Rechnung ü. zweihundert Euro ausstellen* 开出一张 200 欧元的账单 **18.** *mit Akk*（支配四格）；verwendet, um auszudrücken, dass e-e Grenze überschritten wird 超过（某种界限）〈etw. geht ü. j-s Kraft, Verstand, Vorstellungsvermögen 某事非某人力所能及，某事超出了某人的理解力、想象力〉**19.** *Subst*（名词）+ **über** + *Subst*（名词）（*Akk* 四格）；verwendet, um auszudrücken, dass etw. in großer Menge vorkommt 接二连三，一个又一个，许多：*Sie bekam Geschenke ü. Geschenke zu ihrem Geburtstag* 她收到了许多祝贺她生日的礼物；*Er fand Fehler ü. Fehler in dem Diktat* 他发现了听写中一个又一个错误 **20.** *mit Akk*（支配四格）；verwendet, um den Grund für etw. anzugeben 为…，因为…（表示原因）：*sich ü. j-n/etw. ärgern* 为某人/某事而生气；*ü. e-n Erfolg glücklich sein* 为成就而高兴；*die Trauer ü. j-s Tod* 为某人的去世而悲痛 **21.** *mit Akk*（支配四格）；verwendet mit bestimmten Verben, Substantiven und Adjektiven, um e-e Ergänzung anzuschließen（与某些动词、名词和形容词连用，作为固定搭配）：*ü. j-n/etw. herrschen* 统治某人/某物；*die Macht, die Kontrolle ü. j-n/etw.* 控制，监督某人/某事

über[2] *Adv*（形）**1.** verwendet, um auszudrücken, dass ein Wert, e-e Zahl *o.Ä.* überschritten wird 超过，多于 ≈ mehr als ↔ unter[2]：*Das Grundstück ist ü. 1000 Quadratmeter groß* 这块地皮有1000多平方米；*Sie ist schon ü. achtzig Jahre alt* 她已经80开外了；*Ich warte seit ü. einer Stunde auf dich* 我等了你一个多小时 **2.** *Zeitangabe*（时间说明语）+ **ü.** verwendet, um e-n Zeitraum zu bezeichnen, von dessen Anfang bis zu dessen Ende etw. dauert od. getan wird（表示从头到尾的某一段时间）≈ durch[1] (7), hindurch (3)：*Es regnete den ganzen Tag ü.* 雨下了一整天；*Er musste das ganze Wochenende ü. arbei-*

U

ten 整个周末他都必须工作 **3. über und über** ≈ völlig, ganz und gar: *Ihr Gesicht war über und über mit Sommersprossen bedeckt* 她脸上长满了雀斑,她满脸都是雀斑

über[3] *Adj*(形); *gespr*[口]; *mst in* 多用于 **1. etw. ü. haben** etw. übrig haben 有剩余的(多余的)某物 **2. j-n/etw. ü. haben** j-n/etw. nicht mehr mögen 不再喜欢某人/某物 ≈ j-s/etw. überdrüssig sein

über-[1] *im Verb, unbetont und nicht trennbar, sehr produktiv*(构成动词,不重读并不可分,构词强); Die Verben mit *über-* werden nach folgendem Muster gebildet (über-动词的模式如下): *überspringen – übersprang – übersprungen*

1. *über-* drückt aus, dass e-e Bewegung von einem Punkt zum anderen führt, indem man über etw. fährt, fliegt, springt *usw* (表示动作由一点到另一点,在某物上面驶过,飞过,跳过)越过;

etw. überfliegen: *Charles Lindbergh überflog den Atlantik* 查尔斯·林德伯格飞越了大西洋 ≈ Er flog von New York nach Paris über den Atlantik

ebenso(同类词有): **etw. überqueren, etw. überschreiten, etw. überspringen**

2. *über-* drückt aus, dass etw. e-e Fläche bedeckt(表示某物覆盖表面)盖过;

etw. überschwemmt etw.: *Als die Leitung platzte, war der Keller innerhalb weniger Minuten überschwemmt* 当水管爆裂时,地下室几分钟内就被淹没了 ≈ Der Keller stand nach wenigen Minuten unter Wasser

ebenso(同类词有): **etw. überdecken, etw. überflutet etw., etw. überkleben, etw. überwuchert etw., etw. überziehen/etw. überzieht sich**

3. *über-* drückt aus, dass e-e Person od. Sache größer, länger, stärker *o. Ä.* als e-e andere ist(表示某人/某物比另一人/物大、长、强)超过;

j-n/etw. übertönen: *Der Jubel der Fans übertönte die Ansage des Stadionsprechers* 球迷们的欢呼声盖过了体育场广播员的广播声 ≈ Der Jubel der Fans war lauter als die Stimme des Stadionsprechers

ebenso(同类词有): **j-n/etw. überbieten, etw. überdauert etw., j-n/etw. überleben, j-n/etw. überragen, j-n/etw. überstimmen**

4. *über-* drückt aus, dass e-e Handlung in übertriebenem od. extremem Maße abläuft (表示行为超过一定限度);

etw. überladen: *Er überlud sein Auto* 他使他的汽车超载(装载过重) ≈ Er lud mehr Dinge in sein Auto, als es transportieren kann od. darf

ebenso(同类词有): **j-n/sich/etw. überanstrengen, sich überarbeiten, j-n/sich überfordern, j-n/ein Tier überfüttern, sich/etw. übersteigern**

5. *über-* drückt aus, dass man j-n/etw. (ohne Absicht) nicht sieht od. hört(表示由于不注意而没有看到或听到);

etw. überlesen: *Diese Stelle muss ich wohl überlesen haben* 我肯定是看漏了这段话 ≈ Ich glaube, ich habe diese Stelle nicht gesehen, als ich die Zeitung las

ebenso(同类词有): **etw. überhören, j-n/etw. übersehen**

6. *über-* drückt aus, dass man etw. prüft, *bes* um es dann besser zu machen(表示为了改进而重复,反复检查);

etw. überarbeiten: *Er wollte den zweiten Teil seines Vortrags noch einmal überarbeiten* 他想把他报告的第二部分再修改一次 ≈ Er wollte diesen Teil prüfen, korrigieren *o. Ä.*

ebenso(同类词有): **etw. überdenken, etw. überprüfen**

über-[2] *im Verb, betont und trennbar, begrenzt produktiv*(构成动词,重读并可分,构词有限); Die Verben mit *über-* werden nach folgendem Muster gebildet (über-动词的模式如下): *überhängen – hing über – übergehangen*

1. *über-* drückt aus, dass etw. über e-e Grenze od. über e-n Rand hinausgeht(表示某物超出某种界限或溢出);

etw. kocht über: *Die Milch kochte über* 牛奶溢出来了,牛奶潽了 ≈ Die kochende Milch lief über den Rand des Topfes

ebenso(同类词有): **etw. hängt über, etw. quillt über, etw. schäumt über, etw. schwappt über, etw. sprudelt über**

2. *über-* drückt aus, dass e-e Handlung od. Bewegung von einer Seite zur anderen geht (表示由一方转入另一方的行为或运动);

(irgendwohin) überwechseln: *Er wechselte von der rechten auf die linke Fahrspur über* 他从右车道换到左车道 ≈ Er verließ die rechte Fahrspur, dann fuhr er auf der linken weiter

ebenso(同类词有): **(irgendwohin) überlaufen, (irgendwohin) übertreten**

über-[3] *im Adj, betont, begrenzt produktiv*(构成形容词,重读,构词有限); verwendet, um auszudrücken, dass etw. übertrieben od. extrem ist(表示过分或极端); **überängstlich, übereifrig, überempfindlich, überkorrekt, überpünktlich**

Über- *im Subst, betont, begrenzt produktiv* (构成名词,重读,构词有限); verwendet, um auszudrücken, dass die Zahl od. Menge von etw. zu groß ist(表示过量,过分); das **Überangebot** 〈an Waren 商品〉, die **Überbevölkerung**, der **Übereifer**

über·all, über·all *Adv*(副) **1.** an jedem Ort 在任何地方,到处: *Der laute Knall war ü. zu hören* 到处可听见猛烈的爆炸声 **2.** in jeder Situation 在任何情况下,到处: *Du musst dich auch ü. einmischen* 你肯定也到处插手 **3.** bei allen Leuten 在任何人那里,到处

über·all·her, über·all·her *Adv*(副); *nur in* 只用于 **von ü.** von allen Orten, aus allen Richtungen 从各处来,从各方面来,来自四面八方

über·all·hin *Adv*(副); zu allen Orten, in alle

Richtungen 到各处去，到各方面去

über·al·tert *Adj*（形）；*nicht adv*（不作状语）**1.** mit e-m zu hohen Anteil alter Menschen (im Verhältnis zu den jungen) 老年人比例高的，老年人过多的，人口老化的，老龄化的〈e-e Bevölkerung 居民，人口〉**2.** nicht mehr modern 陈旧的，过时的 ≈ veraltet: *Die technischen Anlagen in unserem Betrieb sind ü.* 我们工厂的技术设备是过时的 ‖ *hierzu*（派生）**Über·al·te·rung** *die*；*nur Sg*（只用单数）

über·an·stren·gen; *überanstrengte, hat überanstrengt*; [Vt]（及物）**j-d überanstrengt sich / etw.; etw. überanstrengt j-n** j-d macht etw., das ihn zu sehr anstrengt (und ihm gesundheitlich schadet), j-d mutet sich zu viel zu（人作主语）过于劳累，过分紧张/使过于劳累，过分紧张；（物作主语）使过度疲劳〈seine Augen, seine Gelenke, sein Herz *usw* ü. 使自己的眼睛，自己的关节，自己的心脏等过分紧张，过度疲劳〉: *Er hat sich beim Joggen überanstrengt* 他跑步锻炼过分劳累 ‖ *hierzu*（派生）**Über·an·stren·gung** *die*

über·ant·wor·ten; *überantwortete, hat überantwortet*; [Vt]（及物）*geschr*［书］**1. j-n j-m ü.** ≈ j-n an j-n ausliefern〈j-n dem Gericht ü. 把某人送上法庭，送交法庭审判〉**2. j-n / etw. j-m ü.** j-m die Verantwortung für j-n/etw. (über)geben 把某人/某物委托，托付（给某人）≈ j-n/etw. j-m anvertrauen: *ein Kind den Pflegeeltern ü.* 把孩子托付给养父母 ‖ *hierzu*（派生）**Über·ant·wor·tung** *die*；*nur Sg*（只用单数）

über·ar·bei·ten; *überarbeitete, hat überarbeitet*; [Vt]（及物）**1. etw. ü.** noch einmal an etw. arbeiten, um es besser zu machen 加工，修改〈e-n Aufsatz, e-n Text ü. 修改文章，正文〉; [Vr]（反身）**2. sich ü.** so viel arbeiten, bis man erschöpft ist, die Gesundheit in Gefahr ist *o. Ä.* 工作劳累过度，累垮，累坏 ≈ sich überanstrengen ‖ *hierzu*（派生）**Über·ar·bei·tung** *die*

über·ar·bei·tet **1.** *Partizip Perfekt*（过去分词）；↑ **überarbeiten** **2.** *Adj*（形）: von zu viel Arbeit sehr erschöpft und anfällig für Krankheiten 因工作而劳累过度的，累垮的：*Er ist total ü.* 他完全累垮了

über·aus, über·aus *Adv*（副）；*geschr*［书］≈ sehr: *ü. glücklich sein* 非常幸福，非常高兴

über·ba·cken; *überbäckt / überbackt, überbackte, hat überbacken*; [Vt]（及物）**etw. (mit etw.) ü.** e-e Speise mit e-r Schicht Käse versehen und das Ganze dann im Ofen kurz backen（加上一片奶酪）略加烘烤：*den Auflauf mit Käse ü.* 将烤饼加上奶酪烘烤一下

über·be·an·spru·chen; *überbeanspruchte, hat überbeansprucht*; [Vt]（及物）**etw.** / *seltener*（较少用）**j-n ü.** e-e Maschine *o. Ä.* /j-n zu stark belasten 使负担过重，过度使用 ≈ überstrapazieren ‖ *hierzu*（派生）**Über·be·an·spru·chung** *die*

Über·bein *das*; ein (harter) Knoten unter der Haut (*bes* an der Hand od. am Fuß) 腱鞘囊肿，赘骨

über·be·kom·men; *bekam über, hat überbekommen*; [Vt]（及物）**j-n / etw. ü.** *gespr*［口］; j-n/etw. (allmählich) nicht mehr mögen 对…（逐渐）感到厌倦，厌烦 ≈ genug von j-m/etw. haben

über·be·las·ten; *überbelastete, hat überbelastet*; [Vt]（及物）**1. etw. ü.** etw. mit e-r zu schweren Last beladen 使超载，给…加大载重量〈ein Auto, e-n Anhänger ü. 使汽车，拖车超载〉**2. j-n ü.** j-n zu sehr anstrengen 使负担过重 ≈ überfordern ‖ *hierzu*（派生）**Über·be·las·tung** *die*

über·be·lich·ten; *überbelichtete, hat überbelichtet*; [Vt]（及物）**etw. ü.** die Kamera so einstellen, dass der Film zu viel Licht bekommt 使感光过度 ↔ unterbelichten〈e-n Film ü. 使胶卷感光过度〉‖ *hierzu*（派生）**Über·be·lich·tung** *die*

über·be·to·nen; *überbetonte, hat überbetont*; [Vt]（及物）**etw. ü.** etw. zu wichtig nehmen 把…看得太严重：*Wir sollten die Probleme nicht so ü.* 我们不应该把问题看得太严重 ‖ *hierzu*（派生）**Über·be·to·nung** *die*

über·be·trieb·lich *Adj*（形）; so, dass es nicht nur einen einzelnen Betrieb betrifft, sondern auch noch viele andere 超出单个企业范围的，涉及许多企业的，跨企业的 ↔ innerbetrieblich〈Tarifvereinbarungen 劳资双方关于工资的协定〉

Über·be·völ·ke·rung *die*; *nur Sg*（只用单数）; e-e zu hohe Anzahl von Menschen für ein bestimmtes Gebiet 人口过剩，人口数量太多，居民太多，人口过于稠密：*die Ü. in der Dritten Welt* 第三世界的人口过剩

über·be·wer·ten; *überbewertete, hat überbewertet*; [Vt]（及物）**j-n / etw. ü.** j-n/etw. für besser od. wichtiger nehmen, als er/es ist 对…评价过高，估计过高 ‖ *hierzu*（派生）**Über·be·wer·tung** *die*

über·be·zahlt *Adj*（形）；*nicht adv*（不作状语）**1.** mit zu hohem Lohn 薪金过高的〈ein Manager 经理，e-e Stelle 职位〉**2.** *gespr*［口］; zu teuer 太贵的：*Mit 8000 Euro ist der Gebrauchtwagen ü.* 这部旧车要花 8000 欧元是太贵了

über·bie·ten; *überbot, hat überboten*; [Vt]（及物）**1. j-n ü.** (*bes* auf e-r Auktion) mehr Geld für etw. bieten als ein anderer 出价比别人高（尤指在拍卖时）**2. j-n / etw. (an etw. (Dat** 三格**)) ü.** besser sein, mehr von etw. bieten als ein anderer（在…方面）超过，赶过 ≈ j-n/etw. in/an etw. übertreffen〈e-n Rekord ü. 打破记录〉: *An Frechheit ist er kaum zu ü.!* 在厚颜无耻方面几乎没有人能比得上他！

Über·bleib·sel *das*; *-s, -*; *gespr*［口］≈ Rest

Über·blick *der* **1. ein Ü. (über etw. (Akk** 四格**))** die gute Aussicht von e-r Stelle aus, die höher liegt als ihre Umgebung 全景，全貌，鸟瞰：*Von hier aus hat man e-n guten Ü. über die ganze Stadt* 从这里人们可以很好地看到整个城市的全景 **2. ein Ü. (über etw. (Akk** 四格**))** e-e kurze Zusammenfassung von etw. 梗概，概况，概貌，概要 ≈ Abriss: *Dieses Buch gibt*

U

e-n Ü. über die deutsche Geschichte 这本书提供了德国历史的概貌 **3.** *nur Sg*(只用单数); die Fähigkeit, bestimmte Zusammenhänge zu erkennen 概观全局,通观全局,了解全局的能力 ≈ Übersicht (1) 〈j-m fehlt der Ü. 某人不了解全局〉

über·bli·cken; *überblickte, hat überblickt*; [Vt](及物) **1.** ***etw. ü.*** gut über e-e *mst* große Fläche sehen können 眺望,鸟瞰,俯视 ≈ übersehen (3): *vom Turm aus die ganze Stadt ü. können* 从塔楼上可以鸟瞰整个城市 **2.** ***etw. ü.*** fähig sein, die Zusammenhänge von etw. zu erkennen 通观,熟悉,全面了解: *sein Fachgebiet ü.* 熟悉自己的专业

über·breit *Adj*(形); breiter als normal 超宽的,特别宽大的〈Reifen 轮胎〉‖ *hierzu*(派生) **Über·brei·te** *die*

über·brin·gen; *überbrachte, hat überbracht*; [Vt](及物) ***j-m etw. ü.*** *geschr*[书]; (als Bote) j-m etw. sagen od. geben 送交,递交,带交,转达 〈j-m e-e Nachricht, j-s Glückwünsche, e-n Brief, ein Geschenk ü. 带给某人一个消息,转达某人的祝贺,转交一封信,一件礼物〉‖ *hierzu*(派生) **Über·brin·ger** *der*; *-s, -*; **Über·brin·ge·rin** *die*; *-, -nen*; **Über·brin·gung** *die*; *nur Sg*(只用单数)

über·brü·cken; *überbrückte, hat überbrückt*; [Vt](及物) **1.** ***etw.*** (***mit etw.***) ***ü.*** e-e Zeit, in der man auf etw. wartet, füllen, indem man etw. tut(用…)度过,消磨掉(时间): *Sie überbrückte die Zeit bis zum Abflug mit Lesen* 她用阅读消磨起飞前的时间 **2.** ***etw.*** (***mit etw.***) ***ü.*** sich e-e schwierige Zeit *o. Ä.* dadurch leichter machen, indem man sich (kurzfristig) e-n bestimmten Betrag leiht(用临时借钱的办法)度过,克服(困难日子) ‖ K-(复合): ***Überbrückungs-, -hilfe, -kredit*** ‖ *hierzu*(派生) **Über·brü·ckung** *die*

Über·bu·chung *die*; FLUG【航空】; das Verfahren, mehr Plätze für e-n Flug zu verkaufen als das Flugzeug hat, sodass manchmal nicht alle Personen mitfliegen können, die gebucht haben 预售机票过量

über·da·chen; *überdachte, hat überdacht*; [Vt](及物) ***etw. ü.*** zum Schutz ein Dach über etw. bauen 给…加盖屋顶,在…上盖屋顶: *e-e überdachte Terrasse* 给平台加盖屋顶 ‖ NB(注意): *mst* im Zustandspassiv(多用状态被动句)! ‖ *hierzu*(派生) **Über·da·chung** *die*

über·dau·ern; *überdauerte, hat überdauert*; [Vt](及物) ***etw. überdauert etw.*** etw. hält trotz etw., etw. bleibt über etw. hinaus erhalten(物作主语)经受,挺住,熬过 ≈ etw. übersteht etw.: *Der Turm hat alle Stürme überdauert* 这座塔楼经受住了所有的风暴

über·de·cken; *überdeckte, hat überdeckt*; [Vt](及物) **1.** ***etw. überdeckt etw.*** etw. liegt wie e-e Decke auf etw.(物作主语)盖住,覆盖,遮盖 ≈ etw. bedeckt etw.: *Schnee überdeckte das ganze Gebirge* 白雪覆盖了整个山脉 **2.** ***etw. ü.*** ≈ verbergen, verdecken: *die gelbe Farbe durch die braune ü.* 用棕色盖住黄色 ‖ *hierzu*(派生) **Über·de·ckung** *die*

über·deh·nen; *überdehnte, hat überdehnt*; [Vt](及物) ***etw. ü.*** etw. zu sehr dehnen 过度抻拉,把…拉得太紧〈e-n Muskel, die Bänder ü. 把肌肉过度抻拉,把绷带拉得太紧〉‖ *hierzu*(派生) **Über·deh·nung** *die*

über·den·ken; *überdachte, hat überdacht*; [Vt](及物) ***etw. ü.*** sehr genau über etw. nachdenken 仔细考虑,再三思量,深思熟虑〈etw. noch einmal ü. 再一次仔细考虑某事〉

über·deut·lich *Adj*(形); sehr, übertrieben deutlich 非常清楚的,过于清晰的,太明确的

über·dies, über·dies *Adv*(副); *geschr*[书] ≈ außerdem (2), im Übrigen

über·di·men·si·o·nal *Adj*(形); viel größer als normal 超大型的,非常大的,巨大的: *ein überdimensionales Rad* 非常大的轮子 ‖ ▶ ***Dimension*** (1)

Über·do·sis *die*; e-e zu große Menge *mst* von e-m Medikament od. von Drogen 超大剂量(指药品或毒品): *e-e Ü. (von/an) Heroin* 超大剂量的海洛因 ‖ *hierzu*(派生) **über·do·sie·ren** (*hat*) *Vt/i*(及物/不及物)

über·dre·hen; *überdrehte, hat überdreht*; [Vt](及物) ***etw. ü.*** durch zu starkes Drehen etw. kaputt machen 把…拧坏,拧断: *die Feder e-r Uhr ü.* 把钟表的发条拧坏 ‖ *hierzu*(派生) **Über·dre·hung** *die*; *nur Sg*(只用单数)

über·dreht *Adj*(形); *gespr*[口] **1.** *Partizip Perfekt*(过去分词); ↑ ***überdrehen*** **2.** auf unnatürliche Art munter und lebhaft 过分激动的,过度兴奋的

Über·druck *der*; *-(e)s, Über·drü·cke*; *mst Sg*(多用单数); ein zu starker (Luft)Druck 超高压,超大气压,过压 ↔ Unterdruck: *ein Reifen mit Ü.* 超高压轮胎 ‖ K-(复合): ***Überdruck-, -kabine, -ventil***

Über·druss *der*; *-es*; *nur Sg*(只用单数); **Ü.** (***an etw.*** (*Dat*)) das Gefühl, etw. nicht mehr zu mögen, das man zu lange machen musste (od. mit dem man sich zu lange beschäftigen musste)厌恶,厌烦,厌倦,嫌恶〈Ü. an der Arbeit, am Leben 对工作,对生活的厌倦〉: *Ich musste mir ihre Vorwürfe bis zum Ü. anhören* 我不得不仔细听她的指责,直到听厌为止 ‖ -K(复合): ***Lebens-***

über·drüs·sig *Adj*(形); *nur in* 只用于 **1.** ***j-s/etw. ü. sein*** *geschr*[书]; j-n/etw. nicht mehr mögen, als lästig empfinden 对…感到厌烦 **2.** ***j-s/etw. ü. werden*** j-n/etw. allmählich als lästig empfinden(逐渐)厌烦,讨厌: *Er wurde ihrer ü.* 他厌烦她了; *Sie wurde des Alleinseins ü.* 她厌倦了独身生活

über·dün·gen; *überdüngte, hat überdüngt*; [Vt](及物) ***etw. ü.*** zu viel Dünger auf etw. geben 对…施肥过度,给…施肥太多: *ein Feld ü.* 给土地施肥太多 ‖ *hierzu*(派生) **Über·dün·gung** *die*; *nur Sg*(只用单数)

über·durch·schnitt·lich *Adj*; besser als normal 超过一般水平的,高于平均水平的: *überdurchschnittliche Leistungen in der Schule* 学校中高于一般水平的成绩

U

über·eck *Adv*(副)；quer vor e-r Ecke 架角，成对角〈etw. steht ü. 某物架角放着，摆着；etw. ü. legen, stellen 架角摆放、竖放某物〉：*Die Bank steht ü.* 长椅子架角摆着

Über·ei·fer *der*；*mst pej* 多用[贬]；zu großer Eifer 过分热心：*etw. im Ü. tun* 过分热心地做某事 ‖ *hierzu*(派生) **über·eif·rig** *Adj*(形)

über·eig·nen；*übereignete, hat übereignet*；Vt；**j-m etw. ü.** *geschr*[书]；j-m etw. zum Eigentum geben (*z. B.* durch ein Testament)把…(财产)转让给，过户给 ‖ *hierzu*(派生) **Über·eig·nung** *die*

über·ei·len；*übereilte, hat übereilt*；Vt(及物) **etw. ü.** etw. zu schnell tun, ohne an die Konsequenzen zu denken 仓促进行，匆忙从事 ≈ überstürzen：*e-n Entschluss ü.* 仓促作出决定；*e-e übereilte Entscheidung* 匆忙作出的决定(抉择)

über·ei·nan·der *Adv*(副)；e-e Person/Sache über die andere od. über der anderen 一个在另一个之上，上下重叠地，相叠地：*zwei Paar Socken ü. anziehen* 一下穿两双袜子

über·ei·nan·der- *im Verb, betont, u. trennbar, wenig produktiv*(构成动词，重读并可分，构词弱)；Die Verben mit *übereinander-* werden nach folgendem Muster gebildet (übereinander-动词的模式如下)：*übereinanderstapeln – stapelte übereinander – übereinander gestapelt* *übereinander-* drückt aus, dass sich e-e Person/Sache auf od. über der anderen befindet, sich dorthin bewegt od. dorthin bewegt wird 彼此重叠地，相叠地 ≈ aufeinander；

〈Dinge 东西〉**übereinanderstapeln**：*Sie stapelte die Kisten übereinander* 她把箱子摞在一起(码起来) ≈ Sie legte e-e Kiste auf die andere, sodass ein Stapel entstand

ebenso(同类词有)：〈Dinge 东西〉**übereinanderlegen**，〈Dinge 东西〉**übereinanderschichten**，〈Dinge 东西〉**übereinanderstellen**；〈Dinge 东西〉**liegen übereinander**，〈Dinge 东西〉**stehen übereinander**

über·ei·nan·der·schla·gen (*hat*) Vt(及物) **die Beine ü.** beim Sitzen ein Bein über das andere legen 交叉着双腿，跷起二郎腿

über·ein·kom·men；*kam überein, ist übereingekommen*；Vi(不及物) **mit j-m ü. + zu + Infinitiv**(不定式)；*geschr*[书]；sich mit j-m einigen, etw. Bestimmtes zu tun(同…)取得一致意见，达成协议：*Sie kamen überein, e-n neuen Vertrag zu schließen* 他们取得了一致意见，签订一个新合同

Über·ein·kunft *die*；-, *Über·ein·künf·te*；*geschr*[书] ≈ Einigung, Vereinbarung〈e-e Ü. treffen 取得一致意见，zu e-r Ü. (mit j-m) kommen(与某人)达成协议〉

über·ein·stim·men；*stimmte überein, hat übereingestimmt*；Vi(不及物)**1. mit j-m (in etw.** (*Dat* 三格)) **ü.** dieselbe Meinung haben wie ein anderer 与…(在…上)意见一致，(在…上)同意某人的意见：*Wir stimmen in allen wesentlichen Punkten überein* 我们在所有重要观点上意见一致 **2.**〈Aussagen *o. Ä.* 陈述，看法等〉**stimmen überein**；**etw. stimmt mit etw. überein** zwei Aussagen *o. Ä.* haben denselben Inhalt 彼此一致，相同；与…相一致，相符：*Die Aussagen der Zeugen stimmten völlig überein* 证人们的证词彼此完全一致 ‖ *hierzu*(派生) **Über·ein·stim·mung** *die*

über·emp·find·lich *Adj*(形)；zu empfindlich, zu sensibel 过分敏感的，过敏的：*Sie reagiert ü. auf Kritik* 她对批评反应过分敏感 ‖ *hierzu*(派生) **Über·emp·find·lich·keit** *die*；*nur Sg*(只用单数)

über·es·sen, sich；*überisst sich, überaß sich, hat sich übergessen*；Vr(反身) **sich (an etw.** (*Dat* 三格)) **ü.** so viel von etw. essen, dass einem übel wird od. dass man diese Speise nicht mehr mag 吃得太多，吃腻，吃厌

über·fah·ren；*überfährt, überfuhr, hat überfahren*；Vt(及物)**1. j-n/ein Tier ü.** (*bes* mit e-m Auto) über e-n Menschen/ein Tier fahren und ihn/es dabei verletzen od. töten (开车在…身上)碾过，压伤；压死，轧死 **2. etw. ü.** beim (Auto) Fahren ein Verkehrszeichen nicht beachten, nicht stehen bleiben *o. Ä.* (由于不注意交通信号)驶过，开车闯过，违规驶过〈e-e rote Ampel, ein Haltesignal, ein Vorfahrtsschild *usw* ü. 开车闯红灯，闯过停车信号，闯过优先行驶告示牌〉**3. j-n ü.** *gespr*[口]；j-n (*mst* durch e-n überraschenden Vorschlag *o. Ä.*) dazu bringen, e-e schnelle Entscheidung zu treffen *o. Ä.*, bei der er selbst e-n Schaden hat 对…搞突然袭击，出其不意地让…作出抉择 ≈ j-n überrumpeln〈j-n bei Verhandlungen ü. 在谈判中对某人搞突然袭击〉

Über·fahrt *die*；e-e Fahrt auf e-m Schiff von einer Seite e-s Gewässers zur anderen(坐船)横渡，摆渡〈e-e ruhige, stürmische Ü. 风平浪静的，惊涛骇浪的横渡〉：*die Ü. von Calais nach Dover* 从加来横渡到多佛尔

Über·fall *der* **1. ein Ü.** (**auf j-n/etw.**) ein plötzlicher Angriff mit Waffen 突然袭击，突袭，侵袭 ‖ -K(复合)：**Bank-**，**Raub-** **2.** *gespr hum*[口][诙]；ein Besuch, bei dem sich der Besucher vorher nicht angemeldet hat 突然造访，出其不意的访问

über·fal·len；*überfällt, überfiel, hat überfallen*；Vt(及物)**1. j-n/etw. ü.** j-n/etw. plötzlich angreifen und mit Waffen bedrohen (*mst* um etw. zu rauben) (突然)袭击，入侵，侵犯，进犯〈e-e Bank, ein Land ü. 袭击银行，侵犯国家〉：*Sie ist nachts überfallen worden* 夜里她遭到袭击 **2. j-n ü.** *gespr hum*[口][诙]；j-n besuchen, ohne sich vorher anzumelden 突然造访，出其不意地访问 **3. j-n mit etw. ü.** *gespr*[口]；j-n mit e-r Bitte, e-m Wunsch *o. Ä.* so überraschen, dass er nicht darüber nachdenken kann 向…突然提出，出其不意地向…提出〈j-n mit e-r Bitte, e-r Frage, e-m Vorschlag ü. 出其不意地向某人提出请求，问题，建议〉**4. etw. überfällt j-n** ein Gefühl *o. Ä.* entsteht plötzlich in j-m(物作主语)突然袭来，忽然产生 ≈ etw. überkommt j-n〈Angst, Mü-

U

digkeit überfällt j-n 恐惧、疲倦突然向某人袭来，某人突然感到恐惧、疲倦〉

über·fäl·lig *Adj*（形）; *nicht adv*（不作状语）**1. etw. ist ü.** etw. ist nicht zum erwarteten (fahrplanmäßigen) Zeitpunkt angekommen 误点的，晚点的，延误的，误期的〈ein Flugzeug, ein Schiff ist ü. 飞机，船误点了〉**2.** zur richtigen Zeit noch nicht bezahlt *o. Ä.* 过期的，逾期未兑的，逾期未付的〈e-e Rechnung, ein Wechsel 账单，期票〉**3.** längst fällig 早就该做的：„*Ich habe ihm endlich meine Meinung gesagt*" – „*Das war ü.*" "我终于向他讲了自己的意见"——"早就该这样做了"

über·fi·schen; *überfischte*, *hat überfischt*; Vt（及物）**etw. ü.** in e-m Gewässer zu viele Fische fangen, sodass dort zu wenig Fische übrig bleiben 过度捕捞 ‖ *hierzu*（派生）**Über·fi·schung** *die*

über·flie·gen; *überflog*, *hat überflogen*; Vt（及物）**1. etw. ü.** über ein bestimmtes Gebiet fliegen 飞越，飞过：*den Atlantik ü.* 飞越大西洋 **2. etw. ü.** etw. schnell und nicht genau lesen 粗略阅读，浏览：*Sie hat den Bericht nur überflogen* 她只是把报告粗略看了一遍

Über·flie·ger *der*; *gespr*［口］; j-d, der begabter, intelligenter *o. Ä.* ist als andere Menschen 聪明人，精明人，机灵人 ‖ *hierzu*（派生）**Über·flie·ge·rin** *die*

über·flie·ßen; *floss über*, *ist übergeflossen*; Vi（不及物）**etw. fliesst über** etw. fließt über den Rand e-s Gefäßes（物作主语）溢出，漫出 ≈ etw. läuft über: *Das Wasser ist aus der Badewanne übergeflossen* 水溢出了浴盆

über·flü·geln; *überflügelte*, *hat überflügelt*; Vt（及物）**j-n ü.** in e-m bestimmten Bereich wesentlich besser werden als ein anderer 超过，胜过，强过 ≈ übertreffen ‖ *hierzu*（派生）**Über·flü·ge·lung** *die*; *nur Sg*（只用单数）

Über·fluss *der*; *nur Sg*（只用单数）**1.** der Zustand, in dem man mehr von etw. hat, als man braucht 有余，丰裕，绰绰有余 ↔ Mangel〈etw. ist im Ü. vorhanden 某物绰绰有余; etw. im Ü. haben 有充裕的某物; im Ü. leben 生活富裕，宽绰〉‖ K-（复合）: **Überfluss-**, **-gesellschaft 2. zu allem Ü.** ≈ obendrein

über·flüs·sig *Adj*（形）; nicht nötig 多余的，过剩的，富余的，不必要的 ≈ entbehrlich, unnötig ↔ notwendig: *Es ist ganz ü., mich an mein Versprechen zu erinnern – Ich habe es nicht vergessen* 提醒我记住自己的许诺是完全多余的。——我并没有忘记它 ‖ *hierzu*（派生）**über·flüs·si·ger·wei·se** *Adv*（副）; **Über·flüs·sig·keit** *die*; *nur Sg*（只用单数）

über·flu·ten; *überflutete*, *hat überflutet*; Vt（及物）**etw. überflutet etw.** etw. fließt über das Ufer und bedeckt ein Gebiet mit Wasser（物作主语）淹没 ≈ etw. überschwemmt etw.: *Der Fluss überflutete die Wiesen* 河水淹没了一片片草地 ‖ *hierzu*（派生）**Über·flu·tung** *die*

über·for·dern; *überforderte*, *hat überfordert*; Vt（及物）**j-n ü.** mehr von j-m erwarten od. verlangen, als er leisten kann 对…提出过分要求〈überfordert sein 力不能及，超过承受力，sich überfordert fühlen 感到要求过高（不能胜任）〉: *Schüler mit e-r zu schwierigen Prüfung ü.* 用过分难的考试去要求学生，刁难学生 ‖ NB（注意）: *mst* im Partizip Perfekt!（多用过去分词！）‖ *hierzu*（派生）**Über·for·de·rung** *die*

über·frach·tet *Adj*（形）; *nicht adv*（不作状语）; **mit etw. ü.** *mst pej* 多用［贬］; mit zu vielen Ideen *o. Ä.* beladen 使用太多的…，堆砌过多的…: *Das Gedicht ist mit Symbolen ü.* 这首诗使用了太多的象征词汇

über·fragt *Adj*（形）; *nur präd*, *nicht adv*（只作表语，不作状语）; *mst in* 多用于 **ü. sein**; **sich ü. fühlen** e-e Frage nicht beantworten können, weil man nicht genug Wissen hat 被问倒，被问得答不出来；感到自己被问倒了: *Da bin ich ü.* 在那里我被问倒了

Über·frem·dung *die*; *neg!*［侮］; der Zustand, bei dem ein Land, e-e Kultur *o. Ä.* von fremden Kulturen, Sprachen *o. Ä.* stark beeinflusst ist 过度异化，过度受外来影响〈die Ü. e-r Gesellschaft, Kultur, Sprache befürchten 担心社会、文化、语言过度异化〉

über·fres·sen, sich; *überfrisst sich*, *überfraß sich*, *hat sich überfressen*; Vr（反身）**sich (an etw.** (*Dat* 三格)**) ü.** *gespr*［口］≈ sich überessen

über·füh·ren[1]; *führte über*, *hat übergeführt*; Vt（及物）**etw. in etw.** (*Akk* 四格) **ü.** etw. in e-n anderen Zustand bringen 使变为，使转化为: *Wasser in den gasförmigen Zustand ü.* 使水转化为气体状态

über·füh·ren[2]; *überführte*, *hat überführt*; Vt（及物）**1. j-n (etw.** (*Gen* 二格)**) ü.** beweisen, dass j-d etw. (*bes* ein Verbrechen) getan hat 证明…有罪: *j-n des Mordes ü.* 证明某人犯有谋杀罪 **2. j-n / etw. (irgendwohin) ü.** ≈ j-n / etw. (irgendwohin) transportieren〈e-n Kranken, e-n Sarg, ein Auto ü. 运送病人，棺木，汽车〉

Über·füh·rung *die*; -, -*en* **1.** der Transport von j-m/etw. von e-m Ort an e-n anderen 运送，转运: *die Ü. des Sarges von Leipzig nach Hamburg* 把棺木由莱比锡运到汉堡 **2.** der Vorgang, bei dem etw. in e-n anderen Zustand gebracht wird 转变，变为: *die Ü. der Firma in e-e Aktiengesellschaft* 公司变为股份公司 **3.** das Beweisen, dass j-d etw. (*bes* ein Verbrechen) getan hat 证明有罪: *die Ü. des Täters* 证明作案人有罪 **4.** e-e Brücke, die über e-e Straße *o. Ä.* führt 过街桥，天桥，高架桥 ↔ Unterführung ‖ -K（复合）: **Bahn-**, **Straßenbahn-**

über·füllt *Adj*（形）; (gefüllt) mit zu vielen Personen od. Dingen 拥挤的，满载的，装得太满的〈ein Bus, ein Zug, ein Regal 公共汽车，火车，架子〉‖ *hierzu*（派生）**Über·fül·lung** *die*; *nur Sg*（只用单数）

Über·funk·ti·on *die*; MED【医】; e-e Krankheit, bei der ein Organ zu intensiv arbeitet 机能亢

进：*die Ü. der Schilddrüse* 甲状腺机能亢进

über·füt·tern；*überfütterte*，*hat überfüttert*；[Vt]（及物）**1. ein Tier ü.** e-m Tier zu viel Futter geben 给动物喂食过度 **2. j-n**（**mit etw.**）**ü.** *mst pej* 多用［贬］；j-m mehr von etw. geben, als er braucht 给…过多的（某物）：*ein Kind mit Spielsachen ü.* 给孩子过多的玩具 ‖ *hierzu*（派生）**Über·füt·te·rung** *die*；*nur Sg*（只用单数）

Über·ga·be *die* **1. die Ü.**（**von etw. an j-n**）das Übergeben[1]（1）递交，转交，移交，交出：*die Ü. der Wohnungsschlüssel an die Nachmieter* 把住房钥匙交给下一个房客 **2. die Ü.**（**von etw. an j-n**）das Übergeben[1]（5）交出，让出：*die Ü. der Stadt an den Feind* 把城市交给敌人

Über·gang *der* **1. der Ü.**（**über etw.**（*Akk* 四格））das Hinübergehen über etw., das Überqueren von etw. 越过，横穿，**2. ein Ü.**（**über etw.**（*Akk* 四格））ein Weg, auf dem man etw. überquert（横穿马路，铁道等的）人行横道，通道：*ein Ü. über die Bahn* 横越铁路的人行通道 ‖ -K（复合）：**Bahn-**，**Grenz-**；**Fußgänger-** **3. der Ü.**（**von etw. zu etw./in etw.**（*Akk* 四格））die Entwicklung zu e-m neuen Zustand 过渡，转变〈etw. befindet sich im Ü. 某物处在转变中〉：*der Ü. vom Studium in den Beruf* 从大学生活到选择职业的转变 ‖ K-（复合）：**Übergangs-**，**-periode**，**-phase**，**-stadium**，**-zeit** ‖ *zu*（义项）**3. über·gangs·los** *Adj*（形）

Über·gangs·lö·sung *die*；e-e Lösung e-s Problems, die nur für kurze Zeit gilt 过渡性的解决办法，暂时的解决办法

Über·gangs·re·ge·lung *die*；e-e Regelung, die nur für kurze Zeit gilt（bis e-e endgültige Regelung kommt）过渡性的规定，暂时的规定

über·ge·ben[1]；*übergibt*，*übergab*，*hat übergeben*；[Vt]（及物）**1. j-m etw. ü.** j-m etw. geben, das von diesem Zeitpunkt an ihm gehört 递交，交给 ≈ j-m etw. aushändigen, überreichen：*j-m e-n Brief ü.* 把一封信交给某人 **2. j-m etw. ü.** j-m den Auftrag geben, ein Amt, e-e Aufgabe *o.Ä.* zu erfüllen 托付，委托：*Er übergab die Angelegenheit seinem Anwalt* 他把事务托付给了他的律师 **3. j-n j-m ü.** e-n Verbrecher *o. Ä.* zu der zuständigen Behörde bringen 送交〈j-n den Behörden, der Justiz, der Polizei ü. 把某人送交当局、司法机关、警察局〉**4. etw.**（**j-m/etw.**）**ü.** etw. offiziell eröffnen, damit die Öffentlichkeit es nutzen kann 将…交付使用：*e-n Tunnel dem Verkehr ü.* 把隧道交付使用 **5. etw. j-m/an j-n ü.**（im Krieg）nach der Kapitulation dem Feind e-e Stadt *o. Ä.* überlassen 把…交给，让给（敌人）

über·ge·ben, sich[2]；*übergibt sich*，*übergab sich*，*hat sich übergeben*；[Vr]（反身）**sich ü.** ≈（sich）erbrechen

über·ge·hen[1]；*ging über*，*ist übergegangen*；[Vi]（不及物）**1. zu etw. ü.** mit etw. aufhören und zu e-m anderen Punkt *o. Ä.* kommen 转向，转入：*zu e-m anderen Thema ü.* 转向另一个题目；*zur Tagesordnung ü.* 转入议事日程 **2. etw. geht in etw.**（*Akk* 四格）**über** etw. ändert allmählich seinen Zustand（und kommt in e-n anderen）（物作主语）逐渐变为，转化为，化为：*Beim Erhitzen geht Wasser in Dampf über* 加热时水逐渐转化为蒸汽 **3. etw. geht in etw.**（*Akk* 四格）**über** etw. vermischt sich allmählich mit etw., sodass es keine Grenze mehr gibt（物作主语）逐渐混合为，融合为，变为：*Das Gelb geht in ein Orange über* 黄色变为橙黄色 **4. etw. geht in j-s Besitz über** *geschr*［书］；etw. wird j-s Eigentum（物作主语）转归…所有，过户给：*Als der Vater starb, ging das Haus in den Besitz seines Sohnes über* 父亲死后，房屋便转归他的儿子所有

über·ge·hen[2]；*überging*，*hat übergangen*；[Vt]（及物）**1. j-n ü.** j-n（mit Absicht）nicht beachten（故意）疏忽，忽视，不注意 ≈ unbeachtet lassen, ignorieren：*Er hat mich auf der Party völlig übergangen, weil er immer noch beleidigt war* 在聚会上他对我完全故意视而不见，因为他一直还在生气 **2. j-n ü.** j-n bei etw. nicht berücksichtigen 不顾及，不考虑〈j-n bei e-r Gehaltserhöhung, im Testament ü. 在提薪时，在遗嘱中不考虑某人；sich übergangen fühlen 感到自己受冷落〉**3. etw. ü.** etw. absichtlich nicht beachten 有意不提及，略过，不理会 ≈ über etw. hinweggehen〈etw. mit Stillschweigen ü. 闭口不提某事〉：*j-s Einwände, Kritik einfach ü.* 干脆不理会某人的不同意见、批评

über·ge·ord·net **1.** *Partizip Perfekt*（过去分词）；↑ **überordnen** **2.** *Adj*（形）；*nicht adv*（不作状语）；wichtiger als etw. anderes 更加重要的，更加紧要的 ↔ untergeordnet〈e-e Aufgabe, ein Problem 任务，问题〉：*e-e Sache von übergeordneter Bedeutung* 具有更加重要意义的事情 **3.** *Adj*（形）；*nicht adv*（不作状语）；（**j-m/etw.**）**ü.** mit dem Recht,（j-m）Befehle zu geben 有权（对…）发号施令的，上级的〈e-e Behörde 行政机关，e-e Instanz 有关当局〉

Über·ge·päck *das*；Gepäck, das über die Menge hinausgeht, die man *bes* auf e-n Flug kostenlos mitnehmen darf 超重行李

Über·ge·wicht *das*；*nur Sg*（只用单数）**1.** *mst in* 多用于（*Gewichtsangabe* 重量说明语 +）**Ü. haben**（um das genannte Gewicht）zu dick sein 超重…，体重超过正常标准… ↔ Untergewicht haben：*Er hat 10 Kilogramm Ü.* 他超重10公斤 **2.** *mst in* 多用于 **etw. hat Ü.** etw. ist zu schwer（für e-e bestimmte Kategorie *o.Ä.*）（物作主语）超重，超过规定的重量〈der Brief, das Päckchen, das Paket hat Ü. 信，小邮包，包裹超重〉**3.** *mst in* 多用于 **etw. hat/bekommt das**〈militärische, wirtschaftliche 军事的，经济的〉**Ü.** etw. ist/wird militärisch, wirtschaftlich *o.Ä.* stärker als etw. anderes（物作主语）拥有/取得优势 **4.**（**das**）**Ü. bekommen** beim Vor- od. Zurückbeugen das Gleichgewicht verlieren und umfallen（在身体向前弯或向后仰时）失去平衡，偏重 ‖ *zu*（义项）**1. über·ge·wich·tig** *Adj*（形）

über·gie·ßen；*übergoss*，*hat übergossen*；[Vt]（及物）**j-n/sich/etw.**（**mit etw.**）**ü.** etw. auf, über j-n/sich/etw. gießen（用…）浇，灌，冲：

U

den gemahlenen Kaffee mit kochendem Wasser ü. 用开水冲沏磨碎的咖啡

über·glück·lich *Adj*(形); sehr glücklich 非常幸福的,非常愉快的

über·grei·fen (*hat*) [Vi](不及物 **etw. greift auf etw.** (*Akk* 四格)) **über** etw. erfasst auch etw. anderes(物作主语)蔓延到 ≈ etw. dehnt sich auf etw. aus: *Das Feuer griff auf die benachbarten Häuser über* 火蔓延到了邻近的房屋

Über·griff *der*; **Ü.** (**auf etw.**) (*Akk* 四格) e-e Handlung, mit der sich j-d ohne Erlaubnis in den Bereich od. die Angelegenheiten e-s anderen einmischt 干涉,侵犯

über·groß *Adj*(形); viel größer als normal 过大的,太大的,超大型的

Über·grö·ße *die*; ein Maß, ein Format (*bes* bei der Kleidung), das größer als die Norm ist 超大尺寸,特大规格: *Hemden in Übergrößen* 特大规格的衬衣

über·ha·ben; *hat über, hatte über, hat übergehabt*; [Vt](及物) *gespr*[口] **1. etw. ü.** ein Kleidungsstück über der anderen Kleidung tragen(在衣服外面)穿着,套着: *Er hatte nur e-n dicken Pullover über* 他外面只穿了一件厚的套头毛衣 **2. j-n/etw. ü.** j-n/etw. nicht mehr mögen 对…厌烦,厌倦 ≈ j-s/etw. überdrüssig sein: *Dein ewiges Genörgel hab ich schon längst über!* 你那没完没了的牢骚我早就听够了!

Über·hand|nah·me *die*; -; *nur Sg*(只用单数), *geschr*[书]; das Überhandnehmen 剧增,频繁发生,蔓延

über·hand·neh·men; *nimmt überhand, nahm überhand, hat überhandgenommen*; [Vi](不及物) **etw. nimmt überhand** etw. wird so häufig, dass man es nicht mehr ertragen kann(物作主语)过度增长,频繁发生,蔓延

über·hän·gen[1]; *hing über, hat übergehangen*; [Vi](不及物) **etw. hängt über** etw. ragt (als Teil) über etw. hinaus(物作主语)突出,伸出: *überhängende Felsen, Äste* 悬垂在上面的岩石,向外伸出的树枝 ‖ NB(注意): *mst* im Partizip Präsens!(多用现在分词!)

über·hän·gen[2]; *hängte über, hat übergehängt*; [Vt](及物)(**j-m/sich**) **etw. ü.** j-m/sich etw. um die Schultern legen 把…披、挂在…的肩上: *sich e-e Jacke ü.* 披上夹克; *dem Kind e-e Decke ü.* 给孩子披上被子

über·häu·fen; *überhäufte, hat überhäuft*; [Vt] **j-n mit etw. ü.** j-m von etw. sehr viel od. zu viel geben 大量给予,过多给予〈j-n mit Geschenken, mit Ehrungen, mit Arbeit ü. 给某人大量礼物,给某人过多的荣誉,给某人大量的工作〉 ‖ *hierzu*(派生) **Über·häu·fung** *die*; *nur Sg* (只用单数)

über·haupt *Partikel*(小品词); *betont und unbetont*(重读和非重读) **1.** verwendet, um auszudrücken, dass etw. nicht nur jetzt od. für diesen Fall zutrifft, sondern allgemeingültig ist(表示普遍适用)一般说来,总的看来: *Sie ist ü. sehr sympathisch* 她总的说来很招人喜欢; *Er hat das Regal selbst gebaut – Er ist ja ü. handwerklich sehr geschickt* 他自己做了一个架子——他做手艺活总的来说是很灵巧的 **2.** verwendet in Fragen, auf die man mit ja od. nein antwortet, um sich auf e-e vorhergehende Äußerung zu beziehen. Man drückt damit Zweifel daran aus, dass die Voraussetzungen für die enthaltene Aussage erfüllt sind (用于问句,表示怀疑)到底,究竟: *„Ich tippe dir schnell den Brief" – „Kannst du ü. tippen?"*"我很快给你把信打出来"——"你到底会不会打字?"; *„Und dann haben sie mir gekündigt." – „Dürfen die das ü.?"*"后来他们把我解雇了"——"他们究竟有没有权利这样做?" **3.** verwendet in scheinbar beiläufigen Fragen, bei denen aber doch etw. Grundsätzliches od. ein neues Thema angesprochen wird(用来加强问句的语气)到底,究竟,真的 ≈ denn, eigentlich: *Wo warst du ü. so lange?* 你究竟在哪里呆了这么长时间?; *Was will er denn ü. von dir?* 他到底想从你这里得到什么东西? **4.** verwendet, um e-e Verneinung zu verstärken(用来加强否定语气)根本,完全,压根儿 ≈ gar[2] (1), absolut: *Das interessiert mich ü. nicht* 这事根本引不起我的兴趣; *Ich habe ü. keine Zeit* 我完全没有时间; *Ich kenne hier ü. niemanden* 这里我压根儿一个人也不认识 **5.** (**und**) **ü.** *gespr*[口] ≈ abgesehen davon, außerdem: *(Und) ü., hab ich dir eigentlich schon erzählt, was mir gestern passiert ist?* 况且,我不是已经告诉过你昨天我发生什么事了吗?; *Das Wetter war schön, und ü. hatten wir viel Spaß im Urlaub* 当时天气很好,而且我们的假期也过得很愉快 **6. Und ü.!** drückt aus, dass man grundsätzlich mit etw. unzufrieden ist(表示不满意)不行!

über·heb·lich *Adj*(形) ≈ anmaßend, arrogant ‖ *hierzu*(派生) **Über·heb·lich·keit** *die*; *nur Sg*(只用单数)

über·hei·zen; *überheizte, hat überheizt*; [Vt] (及物) **etw. ü.** etw. zu stark heizen 给…供暖过热,把…的暖气烧得太热,把…的火生得太旺〈ein überheiztes Zimmer, ein überheiztes Haus, e-e überheizte Wohnung(供暖)太热的房间,房屋、住房〉 ‖ NB(注意): *mst* im Zustandspassiv(多用状态被动态)!

über·hitzt *Adj*(形); zu heiß gemacht, zu heiß geworden 过度加热的,烧得太热的,过热的: *ein überhitzter Motor* 过热的发动机 ‖ *hierzu*(派生) **Über·hit·zung** *die*

über·höht *Adj*(形); höher als normal od. erlaubt 过高的,太高的〈Preise 价格; mit überhöhter Geschwindigkeit fahren 以过高的速度开车〉

über·ho·len; *überholte, hat überholt*; [Vt/i] (及物/不及物) **1.** (**j-n/etw.**) **ü.** e-e andere Person od. ein anderes Fahrzeug einholen und an ihr/ihm vorbeigehen, vorbeifahren 赶过,超过,超车: *Er hat versucht, mich in der Kurve zu ü.* 他试图在拐弯处超过我; [Vt](及物) **2. j-n ü.** (in der Leistung) besser sein als ein anderer(在成绩上)超过,胜过 ≈ übertreffen:

Er hat mich im Studium längst überholt 他在大学学习时就远比我强 **3.** ***etw. ü.*** *bes* e-e Maschine prüfen und reparieren, damit sie wieder gut funktioniert 检修〈ein Auto, e-n Motor ü. 检修汽车、发动机〉‖ *zu* (义项) **3.** **Über·ho·lung** *die*

Über·hol·ma·nö·ver *das*; der Vorgang, bei dem man ein anderes Fahrzeug überholt (1) 超车手法,超车招数

Über·hol·spur *die*; der Teil (die Spur) e-r Straße, den man benutzen darf, um andere Fahrzeuge zu überholen (1) 超(车用的)车道

über·holt **1.** *Partizip Perfekt* (过去分词); ↑ ***überholen*** **2.** *Adj*; nicht mehr modern 陈旧的,过时的 ≈ veraltet ↔ zeitgemäß〈Anschauungen, Ansichten, e-e Methode, e-e Theorie 看法,观点,方法,理论〉

Über·hol·ver·bot *das*; die (Verkehrs)Regel, nach der man an e-r Stelle ein anderes Fahrzeug nicht überholen (1) darf 严禁超车,禁止超车: *Hier herrscht Ü.* 这里禁止超车

über·hö·ren; *überhörte, hat überhört*; Vt (及物) **1.** ***etw. ü.*** etw. nicht hören können 听不见: *Das Radio lief so laut, dass sie das Klingeln des Telefons überhörte* 收音机开得太响,以致她听不见电话铃响 **2.** ***etw. ü.*** so tun, als ob man etw. nicht hörte (und deshalb nicht reagieren) 装作没听见,不理睬: *Er überhörte einfach die Kritik seiner Freunde* 他对自己朋友们的批评干脆充耳不闻

über·ir·disch *Adj* (形); so (seltsam od. schön), wie aus e-r anderen Welt (und nicht von der Erde) 超世俗的,非尘世的,超自然的,超凡脱俗的〈e-e Erscheinung, ein Wesen, ein Glanz, e-e Schönheit 现象,本性,光辉,美丽〉‖ NB(注意): ≠ außerirdisch

über·kan·di·delt *Adj* (形); *gespr* [口] ≈ überspannt (2)

über·kip·pen (*ist*) Vi (不及物) **1.** auf einer Seite zu schwer werden od. sich zu weit nach einer Seite neigen und deshalb (um)stürzen 倾倒,倾覆,倾翻 ≈ umkippen〈nach hinten, nach vorne ü. 向后,向前翻覆〉**2.** ***j-s Stimme kippt über*** j-s Stimme wird plötzlich hoch und schrill 某人的声音突然变得又高又尖 ≈ j-s Stimme überschlägt sich

über·kle·ben; *überklebte, hat überklebt*; Vt (及物) ***etw. ü.*** etw. verdecken, indem man etw. anderes darauf klebt 贴盖,覆盖: *alte Plakate ü.* 把旧招贴覆盖上

über·ko·chen (*ist*) Vi (不及物) **1.** ***etw. kocht über*** etw. kocht so stark, dass es über den Rand des Topfes *o.Ä.* läuft (物作主语)沸溢,潽〈die Milch, die Suppe 牛奶,汤〉**2.** *gespr* [口]; *mst* 多用 ***vor Wut ü.*** sehr wütend sein 怒不可遏,火冒三丈

über·kom·men[1]; *überkam, hat überkommen*; Vt (及物) ***etw. überkommt j-n*** etw. entsteht plötzlich und intensiv in j-m (物作主语)(某种感觉)突然(向某人)袭来,(某人)突然感到…〈j-n überkommt Angst, Mitleid, Zorn 某人突然感到害怕,不禁产生同情,立即冒起火来〉

über·kom·men[2] **1.** *Partizip Perfekt* (过去分词); ↑ ***überkommen***[1] **2.** *Adj* (形); *nicht adv* (不作状语), *geschr* [书]; durch die Tradition lange weitergegeben 流传下来的,遗留下来的,传统的,因袭的 ≈ traditionell, überliefert〈Bräuche, Sitten 风俗,习俗〉: *nach überkommenen Vorstellungen leben* 按照传统的观念生活

über·kon·fes·si·o·nell *Adj* (形); für Mitglieder verschiedener Konfessionen 超宗教信仰的,超教派的〈ein Gottesdienst 礼拜仪式〉

über·kreu·zen; *überkreuzte, hat überkreuzt*; Vt (及物) **1.** ***etw.*** (*Pl* 复) ***ü.*** Dinge so legen, dass e-e Art Kreuz entsteht 使交叉: *Bänder ü.* 使几条带子交叉; Vr (反身) **2.**〈Linien, Wege *usw* 几条线,几条道路等〉***überkreuzen sich*** zwei Linien, Wege *o.Ä.* verlaufen in verschiedene Richtungen und treffen sich an e-m Punkt, sodass sie e-e Art Kreuz bilden 彼此相交

über·krie·gen (*hat*) Vt (及物) ***etw. ü.*** *gespr* [口] ≈ überbekommen

über·la·den[1]; *überlädt, überlud, hat überladen*; Vt (及物) ***etw. ü.*** mehr Last auf etw. laden, als es tragen od. transportieren kann od. darf 使装载过重,使超载 ≈ überlasten: *e-n Lkw ü.* 使载重汽车超载 ‖ *hierzu* (派生) **Über·la·dung** *die*; *nur Sg* (只用单数)

über·la·den[2] **1.** *Partizip Perfekt* (过去分词); ↑ ***überladen***[1] **2.** *Adj* (形); *pej* [贬]; mit zu viel Schmuck (sodass das ästhetische Empfinden des Betrachters gestört wird) 过分修饰的,过于花哨的,烦琐的 ↔ schlicht〈ein Stil, e-e Fassade 文体,房屋正面〉

über·la·gern, sich; *überlagerten sich, haben sich überlagert*; Vr (反身) **1.**〈Gesteinsschichten 若干岩石层〉***überlagern sich*** Gesteinsschichten liegen übereinander 彼此重叠 **2.**〈Sender 电台,发射台〉***überlagern sich*** Sender sind auf der gleichen Welle 多个电台的电波叠加 **3.**〈Interessen 利益〉***überlagern sich*** Interessen sind teilweise gleich 有相同之处 ‖ *hierzu* (派生) **Über·la·gerung** *die*

Über·land|lei·tung *die*; e-e Leitung, die Elektrizität über weite Entfernungen bringt 长距离输电线

über·lang *Adj* (形); viel länger als normal 超长的,特别长的

Über·län·ge *die* **1.** e-e Länge (2), die über das normale Maß hinausgeht 超长的长度 **2.** *mst in* 多用于 ***etw. hat Ü.*** etw. dauert länger als normal (物作主语)持续时间特别长: *Dieser Film hat Ü.* 这部影片放映时间特别长

über·lap·pen; *überlappte, hat überlappt*; Vr (反身) ***etw. überlappt sich mit etw.***;〈Dinge 物〉***überlappen sich*** zwei od. mehrere Dinge liegen so, dass sich Teile des einen auf dem anderen befinden (物作主语)单:与…重叠,叠加,交叠;复:彼此重叠,叠加,交叠 ‖ *hierzu* (派生) **Über·lap·pung** *die*

über·las·sen; *überlässt, überließ, hat überlassen*; Vt (及物) **1.** ***j-m etw. ü.*** j-m etw. geben, damit er es behalten od. benutzen

U

kann 转让，出让，让给〈j-m etw. freiwillig, kostenlos, leihweise ü. 把某物自愿地、免费地转让给某人，借给某人〉: *Er überließ ihr für das Wochenende seine Wohnung* 他把自己的住房让给她周末住 **2. *j-m j-n/ein Tier ü.*** j-m (für kurze Zeit) *mst* ein Kind od. Tier geben, damit er für es sorgt 把(人/动物短期)委托，托付…照管 ≈ j-m j-n/ein Tier anvertrauen, j-n/ein Tier in j-s Obhut geben: *den Großeltern das Enkelkind ü.* 把孙子托付给爷爷奶奶照看 **3. *j-m etw. ü.*** j-n etw. entscheiden lassen (ohne ihn zu beeinflussen) 听任 ≈ j-m etw. freistellen: *Wir überlassen Ihnen die Entscheidung, wie Sie in diesem Fall verfahren wollen* 您想在这种场合怎样行事，我们听凭您作决定; *Überlass das ruhig mir!* 放手把这件事让我做吧! **4. *j-n sich selbst ü.*** j-n allein lassen (und ihm nicht helfen od. nicht auf ihn aufpassen) 对…放任不管，让…自己照管自己: *Wenn sie fortgehen, überlassen sie die Kinder sich selbst* 他们不在家的时候，就让孩子们自己照管自己 **5. *etw. dem Zufall ü.*** (in e-r bestimmten Situation) nicht handeln, sondern abwarten, was geschieht 让…听其自然; [Vr] (反身) **6. *sich etw.*** (*Dat* 三格) ***ü.*** ein Gefühl bewusst und intensiv erleben 陷入…(情感)之中，忘情于 ≈ sich etw. hingeben 〈*mst* sich seinem Schmerz, seiner Trauer ü. 陷入痛苦之中，悲痛不已〉

über·las·tet *Adj* (形); *nicht adv* (不作状语) **1. *etw. ist ü.*** etw. ist mit zu viel Last beladen (物作主语) 负荷过重，装载太多: *Der Lkw war völlig ü.* 载重汽车实在装载过多 **2. *etw. ist ü.*** etw. ist zu sehr beansprucht und funktioniert deshalb nicht mehr gut (物作主语) 负担过重，负荷太重〈j-s Herz, j-s Kreislauf, das Verkehrsnetz ist ü. 某人的心脏，某人的血液循环系统，交通网络负担过重〉 **3. *j-d ist ü.*** j-d hat zu viel Arbeit od. Sorgen (人作主语) 负担太重，工作太忙: *Sie ist beruflich ü.* 她业务工作太忙 ‖ *hierzu* (派生) **Über·las·tung** *die*

Über·lauf *der*; das Loch oben in e-m Waschbecken od. e-r Badewanne, aus dem das Wasser abfließen kann, damit es nicht über den Rand läuft 溢水口，溢出口

über·lau·fen¹; *läuft über, lief über, ist übergelaufen*; [Vi] (不及物) **1. *etw. läuft über*** e-e Flüssigkeit fließt über den Rand e-s Gefäßes (物作主语) 溢出，外溢 (指液体): *Das Wasser ist übergelaufen* 水溢出来了 **2. *etw. läuft über*** ein Gefäß ist mit zu viel Flüssigkeit gefüllt, sodass diese über dessen Rand fließt (物作主语) 满出，盈而外溢 (指容器): *die Badewanne läuft über* 浴缸水满出来了 **3. *j-d läuft über*** j-d wechselt (*z. B.* im Krieg) auf die Seite des Gegners (人作主语) 倒向，投奔敌方，倒戈〈zum Feind ü. 投奔敌人〉 ‖ *zu* (义项) **3. Über·läu·fer** *der*

über·lau·fen² *Adj* (形); *nicht adv* (不作状语); so, dass dort zu viele Menschen sind 人太多的，人员拥挤的，人头攒动的 ↔ menschenleer: *Die Strände waren völlig ü.* 海滩上到处都是人

über·le·ben; *überlebte, hat überlebt*; [Vt/i] (及物/不及物) **1.** (***etw.***) ***ü.*** in e-r sehr gefährlichen Situation am Leben bleiben (obwohl man hätte sterben können) 在…中幸存下来，幸免于难，活过来，活下来〈ein Unglück, e-n Autounfall, ein Erdbeben, e-n Flugzeugabsturz *usw* ü. 在一次事故中，在一次车祸中，在一次地震中，在一次坠机事件中幸免于难〉: *Er hat als Einziger überlebt* 他作为唯一的幸存者活了下来 ‖ K-(复合): ***Überlebens-, -chance, -kampf, -training***; [Vt] (及物) **2. *j-n*** (***um etw.***) ***ü.*** länger als ein anderer leben 比…活得长: *Sie hat ihren Mann (um zwei Jahre) überlebt* 她比她的丈夫活得长(多活了两年); [Vr] (反身) **3. *etw. überlebt sich*** etw. wird unmodern (物作主语) 陈旧，过时 ≈ etw. veraltet: *Diese Ansichten haben sich überlebt* 这种观点已经过时了 ‖ NB (注意) *zu* (义项) **3:** oft im Partizip Perfekt! (常用过去分词!) ‖ *zu* (义项) **1. Über·le·ben·de** *der/die*; *-n, -n*

über·le·bens·groß *Adj* (形); größer, als ein Mensch normalerweise ist 比真人大的，超过真人大小的〈*mst* e-e Statue 多指雕像，塑像〉 ‖ *hierzu* (派生) **Über·le·bens·grö·ße** *die*; *nur Sg* (只用单数)

über·le·gen¹; *legte über, hat übergelegt*; [Vt] (及物) ***j-m/sich etw. ü.*** etw. über j-n/sich legen 给…盖上: *j-m e-e Decke ü.* 给某人盖上被子

über·le·gen²; *überlegte, hat überlegt*; [Vt/i] (及物/不及物) (***etw.***) ***ü.***; (***sich*** (*Dat* 三格) ***etw.***) ***ü.*** seinen Verstand benutzen, um zu e-r Entscheidung od. e-r Erkenntnis zu kommen 考虑，思索，思考 ≈ (über etw.) nachdenken 〈(lange) hin und her ü. (长时间)反复考虑，考虑来考虑去〉: *Er hat lange überlegt, bevor er sich entschieden hat* 在做出决定以前，他考虑了很长时间; *Sie hat sich e-e kluge Antwort überlegt* 她想出了一个聪明的答案; *Sie überlegte (sich), wie sie ihm helfen könnte* 她曾考虑自己怎样才能帮助他

über·le·gen³ *Adj* (形); *mst präd* (多作表语); (***j-m***) (***an/in etw.*** (*Dat* 三格)) ***ü. sein*** (in bestimmter Hinsicht/auf e-m bestimmten Gebiet) besser als ein anderer sein (在…方面)胜过…，强于…〈j-m haushoch ü. sein 远远胜过某人，比某人强一大截〉: *Sie ist ihm an Intelligenz/im Rechnen weit ü.* 她在才智上/在计算方面远胜于他 ‖ *hierzu* (派生) **Über·le·gen·heit** *die*; *nur Sg* (只用单数)

über·legt 1. *Partizip Perfekt* (过去分词); ↑ **überlegen² 2.** *Adj* (形) ≈ besonnen, durchdacht, klug 〈ü. handeln 慎重行事〉

Über·le·gung *die*; *-, -en* **1.** *mst Sg* (多用单数); das Überlegen²: *nach reiflicher Ü.* 在深思熟虑之后，经过深思熟虑 **2. *Überlegungen anstellen*** *geschr* [书] ≈ sich etw. überlegen² **3. *etw. in seine Überlegungen (mit) einbeziehen*** *geschr* [书]; e-n Aspekt mit berücksichtigen, wenn man über etw. nachdenkt 把…列入自己的考虑范围之内

über·lei·ten (*hat*) [Vi] (不及物) ***etw. leitet zu***

Ü

***etw.* über** etw. führt zu etw. Neuem (hin) (物作主语)转入,转到,过渡到: *Der kurze Kommentar leitet zum nächsten Kapitel über* 简短的解释(作为引子)转入下一章 ‖ *hierzu*(派生) **Über·lei·tung** *die*

über·le·sen; *überliest, überlas, hat überlesen*; Vt (及物) **1.** ***etw. ü.*** etw. beim Lesen nicht sehen 读漏,看漏: *Er hat bei der Korrektur des Aufsatzes zwei Fehler überlesen* 他在校对这篇文章时看漏了两个错误 **2.** ***etw. ü.*** ≈ überfliegen (2)

über·lie·fern; *überlieferte, hat überliefert*; Vt (及物) *mst* 多用作 ***etw. ist überliefert*** etw., das e-n kulturellen Wert hat, ist an die folgenden Generationen weitergegeben worden(物作主语)是流传下来的〈überlieferte Bräuche 传统的风俗; überliefertes Wissen 传承下来的知识〉 ‖ *hierzu*(派生) **Über·lie·fe·rung** *die*

über·lis·ten; *überlistete, hat überlistet*; Vt (及物) ***j-n ü.*** j-n mit e-m Trick täuschen 施计谋骗过,以巧计诓骗 ‖ *hierzu*(派生) **Über·lis·tung** *die*; *nur Sg*(只用单数)

überm *Präp mit Artikel*(介词与冠词合写); *gespr* [口] ≈ über dem

Über·macht *die*; *nur Sg*(只用单数); die große Überlegenheit in Bezug auf Zahl od. Stärke 优势,占优势的力量〈in der Ü. sein 占有优势, gegen e-e Ü. ankämpfen 与强手较量〉 ‖ *hierzu*(派生) **über·mäch·tig** *Adj*(形)

über·ma·len; *übermalte, hat übermalt*; Vt (及物) ***etw. ü.*** (nochmals) über etw. malen und es dadurch verdecken 用颜色涂盖〈ein Bild, Fresken ü. 用颜色涂盖一幅画、水彩壁画〉 ‖ *hierzu*(派生) **Über·ma·lung** *die*

über·man·nen; *übermannte, hat übermannt*; Vt (及物) ***etw. übermannt j-n*** etw. ist so stark und intensiv, dass j-d nichts dagegen tun kann(物作主语)制服,把…压倒,使挺不住 ≈ etw. überwältigt j-n〈der Schlaf, der Schmerz, die Verzweiflung übermannt j-n 某人感到困极了,某人疼痛难熬,某人不禁感到绝望〉: *Die Kinder wollten lange aufbleiben, doch um elf Uhr wurden sie vom Schlaf übermannt* 孩子们本来想多呆一会儿,但是到 11 点他们就熬不过去要睡着了

Über·maß *das*; *nur Sg*(只用单数); ***ein Ü.*** (***an etw.*** (*Dat* 三格)) e-e Menge von etw., die größer od. stärker ist als normal (od. angemessen) 过量,过分,过度: *Die Europäische Union produziert ein Ü. an Fleisch* 欧盟生产的肉类过量

über·mä·ßig *Adj*(形) **1.** größer od. intensiver als normal (od. angemessen) 过多的,过量的,过度的,过分的 ≈ extrem[1] (1): *ein übermäßiger Alkoholkonsum* 过量的酒类消费; *übermäßige Anstrengungen* 过分的紧张 **2.** *nur adv*(只作状语); verwendet, um Adjektive, Adverbien od. Verben zu verstärken (加强形容词、副词或动词的语义)过度地,过分地,过多地,极其,太 ≈ extrem[2]; *ü. hohe Gebühren verlangen* 要求过高的费用

über·mensch·lich *Adj*(形); größer, stärker od. intensiver als es für e-n Menschen normal ist 超人的,非凡的〈e-e Anstrengung, e-e Leistung 努力,成绩〉

über·mit·teln; *übermittelte, hat übermittelt*; Vt (及物) ***j-m etw. ü.*** *geschr*[书]; dafür sorgen, dass j-d (durch e-n Boten od. durch technische Mittel) e-e Nachricht *o. Ä.* bekommt 通知,传达,转达,传送,递送〈j-m e-e Botschaft, e-e Nachricht, (seine) Glückwünsche, (seine) Grüße (telefonisch, per Post) ü.(用电话,通过邮件)向某人转达一个通知、一个消息,向某人致以(自己的)祝贺,(自己的)问候〉 ‖ *hierzu*(派生) **Über·mitt·lung** *die*; *nur Sg*(只用单数)

über·mor·gen *Adv*(副); an dem Tag, der auf morgen folgt 后天

über·mü·det *Adj*(形); sehr müde 非常疲劳的,过度劳累的〈völlig ü. sein 实在累极了〉

Über·mü·dung *die*; -; *nur Sg*(只用单数); der Zustand, in dem man sehr müde ist 过度疲劳,过度劳累: *Vor Ü. schlief er beim Autofahren ein* 由于过度疲劳,他在驾车时睡着了

Über·mut *der*; ein Verhalten, bei dem man so ausgelassen od. fröhlich ist, dass man Dinge tut, die gefährlich sind od. die anderen schaden 放纵,纵情,高兴得忘乎所以〈etw. im Ü. tun 肆无忌惮地(胆大妄为地)干某事〉: *Aus/Vor lauter Ü. sprangen die Jungen von der Brücke ins Wasser* 完全由于忘情,小伙子们从桥上跳入水中 ‖ *hierzu*(派生) **über·mü·tig** *Adj*(形)

übern *Präp mit Artikel*(介词与冠词合写); *gespr* [口] ≈ über den

über·nächs·t- *Adj*; *nur attr, nicht adv*(只作定语,不作状语); in der Reihenfolge nach dem/der nächsten 再下一个: *Das Fest findet nicht nächste, sondern erst übernächste Woche statt* 庆祝活动不是在下个星期,而是在下下星期举行

über·nach·ten; *übernachtete, hat übernachtet*; Vi (不及物) ***irgendwo/bei j-m ü.*** nachts nicht bei sich zu Hause, sondern anderswo schlafen 过夜: *im Freien ü.* 在露天、在户外过夜; *nach e-r Party bei e-m Freund ü.* 参加聚会后在一个朋友家里过夜 ‖ *hierzu*(派生) **Über·nach·tung** *die*

über·näch·tigt *Adj*(形); sehr müde, weil man in der Nacht nicht od. nur wenig geschlafen hat(由于熬夜或睡眠不足而)十分疲惫的〈ü. sein, aussehen 由于熬夜而疲惫,由于熬夜而显得疲惫〉

Über·nah·me *die*, -; *nur Sg*; das Übernehmen (1-6)接受,接纳,接管,接任,承担,采纳,采用: *die Ü. des Betriebs durch e-n Konzern* 由一个康采恩接管一家企业; *die Ü. der Amtsgeschäfte* 接管公务; *Er erklärte sich zur Ü. der Kosten bereit* 他宣布准备自己承担费用 ‖ -K(复合): ***Auto-***; ***Geschäfts-***; ***Kosten-***

über·na·tür·lich *Adj*(形); 〈Erscheinungen, Fähigkeiten, Kräfte 现象,能力,力量〉 so, dass man sie mit den Gesetzen der Natur nicht erklären kann 超自然的,不可思议的,神奇的

über·neh·men; *übernimmt, übernahm, hat*

U

übernommen; [Vt](及物)**1. etw. ü.** etw. als Nachfolger von j-m annehmen und weiterführen 接管,承接,继承: *Mein Sohn wird die Autowerkstätte bald übernehmen* 我的儿子很快将接管汽车修理部 **2. etw. ü.** e-e Firma *o.Ä.* kaufen und weiterführen 接管,兼并: *Der Konzern übernahm drei kleine Firmen* 康采恩兼并了三个小公司 **3.** *mst* 多用〈e-e Firma 公司〉**übernimmt j-n** e-e Firma nimmt j-n nach dem Kauf *o.Ä.* e-r anderen Firma in die eigene Firma auf 接收,接纳,接受〈die Belegschaft ü. 接纳全体员工〉**4. etw. ü.** etw. verwenden, das ein anderer geschaffen od. sich ausgedacht hat 吸收,采纳,采用,引用〈j-s Ideen ü. 吸收某人的思想, e-e Textstelle wörtlich ü. 逐字逐句地引用了一段文字〉: *Wir übernehmen heute e-e Sendung des österreichischen Rundfunks* 今天我们采用了奥地利广播电台的节目 **5. etw. ü.** e-e Aufgabe *o.Ä.* annehmen und erfüllen 接受,接任,承担,负责〈ein Amt, e-e Funktion, e-e Aufgabe ü. 接任官职,职务,接受任务; die Verteidigung e-s Angeklagten ü. 负责为一个被告辩护〉: *Da der Schauspieler krank wurde, musste ein Kollege dessen Rolle ü.* 因为演员病了,一位同事不得不承担他的角色; *den Vorsitz e-r Partei ü.* 接任党的主席职务 **6. etw. ü.** für etw. aufkommen, etw. bezahlen 承担,负担〈die Kosten, Schulden ü. 承担费用,债务〉**7. etw. ü.** verwendet zusammen mit e-m Subst., um ein Verb zu umschreiben(与名词连用,改换动词的表达); **die Bürgschaft für j-n/etw. ü.** ≈ für j-n/etw. bürgen; **die Garantie für etw. ü.** ≈ für etw. garantieren; **die Haftung für etw. ü.** ≈ für etw. haften; [Vr](反身)**8. sich ü.** versuchen, mehr zu schaffen od. zu erreichen, als man (*z. B.* aufgrund seiner Kraft) schaffen/erreichen kann 承担过重的工作,硬挺,硬撑 ≈ sich zu viel zumuten〈sich finanziell ü. 经济上承担过重的责任〉: *Übernimm dich nicht (beim Joggen)!*(在慢步长跑时)别硬挺!别勉强!

über·ord·nen (*hat*) [Vt](及物)**j-n/etw. j-m/etw. ü.** j-n/etw. für wichtiger halten als j-d anderen/etw. anderes 把…放在…之上,把…看得比…重要 ↔ j-n/etw. j-m/etw. unterordnen: *die berufliche Karriere der Familie ü.* 把事业的前程放在家庭之上 ‖ *hierzu*(派生) **Über·ord·nung** *die*; *nur Sg*(只用单数)

über·par·tei·lich *Adj*(形); *nicht adv*(不作状语); unabhängig von e-r einzelnen Partei (1)超党派的,无党派的: *Unsere Zeitung ist ü.* 我们的报纸是超党派的

über·prü·fen; *überprüfte*, *hat überprüft*; [Vt](及物)**1. etw. ü.** (nochmals) genau prüfen, ob etw. richtig ist od. richtig funktioniert (重新)检查,查验 ≈ kontrollieren (1)〈e-e Rechnung ü. 检查(查对)账目〉: *Er überprüfte, ob alles richtig war* 他检查是否一切正确 **2.**〈ein Polizist 警察〉**überprüft j-n/etw.** ein Polizist stellt fest, wer j-d ist (*z. B.* indem er dessen Pass ansieht) 查验,查看 ≈ kontrollieren (1)〈j-s Identität, j-s Personalien ü. 查验某人的身份,查看某人的履历〉‖ *hierzu*(派生) **Über·prü·fung** *die*; **über·prüf·bar** *Adj*(形)

über·quel·len (*ist*) [Vi](不及物)**1. etw. quillt über** etw. nimmt so an Volumen zu, dass es über den Rand des Gefäßes od. Behälters hinübergeht(物作主语)溢出,满出: *Der Hefeteig quillt über* 发酵的面团溢出来了 **2. etw. quillt über** etw. ist so voll, dass der Inhalt über den Rand hinübergeht(物作主语)装得太多,装得过满: *ein überquellender Papierkorb* 装得过满的纸篓

über·que·ren; *überquerte*, *hat überquert*; [Vt](及物)**etw. ü.** von einer Seite von etw. zur anderen Seite gehen, fahren *o.Ä.* 横越,横穿,横跨,横渡〈e-e Straße, die Schienen, den Fluss, den Atlantik ü. 横穿街道、路轨,横渡河流、大西洋〉: *Charles Lindbergh überquerte als Erster mit dem Flugzeug den Atlantik* 查尔斯·林德柏格第一个乘飞机横越大西洋 ‖ *hierzu*(派生) **Über·que·rung** *die* ‖ ▶ **quer** (1,2)

über·ra·gen; *überragte*, *hat überragt*; [Vt](及物)**1. j-d/etw. überragt j-n/etw.** j-d ist viel größer als j-d anderer, etw. ist viel höher als etw. anderes(人/物作主语)突出于…之上,高出〈j-n um Haupteslänge ü. (= einen Kopf größer sein als j-d anderer) 高出某人一个头〉: *Der Kirchturm überragt selbst die höchsten Häuser des Ortes* 教堂的尖塔高耸于当地那些最高层的房屋之上 **2. j-n an etw.** (*Dat* 三格) **ü.** (in Bezug auf e-e bestimmte Fähigkeit) viel besser sein als j-d anderer(在…方面)超过,胜过 ≈ j-n an etw. übertreffen (2): *Karl überragt seinen älteren Bruder an Ausdauer* 卡尔在毅力上超过他的哥哥

über·ra·gend 1. *Partizip Präsens*(现在分词); ↑ **überragen 2.** *Adj*(形); viel besser als j-d anderer/etw. anderes 卓越的,杰出的,出众的 ≈ hervorragend〈e-e Leistung 成就〉: *Der Torwart war der überragende Mann auf dem Platz* 守门员是场上出众的男子汉

über·ra·schen; *überraschte*, *hat überrascht*; [Vt/i](及物/不及物)**1. etw. überrascht (j-n)** etw. ist od. passiert unerwartet(物作主语)使感到意外,使惊讶,使惊喜: *Das Angebot hat mich sehr überrascht* 报价使我感到十分意外; *Es hat uns alle angenehm überrascht, dass Marion die Prüfung bestanden hat* 马里昂通过了考试,这使我们大家都感到惊喜; *überraschend Besuch bekommen* 意外地有客人来访; *e-e überraschende Nachricht* 令人惊喜的消息; [Vt](及物)**2. j-d überrascht j-n** j-d macht od. sagt etw. Unerwartetes(人作主语)使感到意外: *Er überraschte uns mit seinen extremen politischen Ansichten* 他抱有极端的政治观点,这使我们感到意外 **3. j-n (mit etw.) ü.** j-n besuchen od. ihm ein Geschenk machen, ohne dass er davon weiß 出其不意地(访问某人或赠送礼物)使惊喜: *seine Frau mit e-m Blumenstrauß ü.* 出其不意地送一束鲜花使他的妻子惊喜 **4. j-n (bei etw.) ü.** in dem Moment kommen, in dem j-d etw. tut, was verboten ist 当场碰上,撞见

U

(有人做坏事) ≈ j-n (bei etw.) ertappen: *Der Einbrecher wurde von e-m Nachbarn überrascht und flüchtete zu Fuß* 入室盗窃犯被一个邻居当场碰见，拔腿就逃跑了 **5. etw. überrascht j-n** etw. *mst* Unangenehmes geschieht, ohne dass j-d darauf vorbereitet ist (物作主语)(突然)袭击: *Während unserer Bergtour wurden wir von e-m Gewitter überrascht* 在我们登山远足时，遭到了暴风雨的袭击(突然遇到一场暴风雨) ‖ NB(注意): *mst* im Passiv (多用被动语态)! ‖ ID[谚] *mst* 多用 **Ich lass mich ü./Lassen wir uns ü.** *gespr* [口]; ich werde abwarten/wir werden abwarten, was noch geschehen wird 那我就等着瞧吧!/我们就等着瞧吧! ‖ *zu* (义项)**1.** und **2.** **über·ra·schen·der·wei·se** *Adv*(副)

über·rascht *Adj*(形) **1.** *Partizip Perfekt*(过去分词); ↑ **überraschen 2.** *Adj*(形); (**über j-n/etw.**) **ü.** nicht auf j-n/etw. vorbereitet 感到意外的，预想不到的，惊讶的 ≈ verwundert ↔ auf j-n/etw. gefasst: *Wir waren über seine Abwesenheit sehr ü* 我们对他的缺席感到十分意外.; *Er war ü., als sie ihn zur Party einlud* 对她邀请他参加聚会，他感到意外; *Ich bin ü.* (darüber), dass *du das noch nicht weißt* 你还不知道这事，对此我感到惊讶 **3.** *Adj*(形); **angenehm** (**über etw.**) **ü. sein** voller Freude über etw. sein 喜出望外，喜不自胜: *Sie war angenehm ü. über die vielen Geburtstagsgeschenke* 收到许多生日礼物，她欣喜不已 **4.** *Adj* (形); **von j-m/etw. angenehm ü. sein** e-n unerwartet positiven Eindruck von j-m/etw. haben 为…感到意外的高兴: *Ich war von ihrem neuen Freund angenehm ü.* 我为她那新的男朋友感到意外的高兴

Über·ra·schung *die*; -, -*en* **1.** ein Ereignis, das unerwartet ist 意想不到的事，使人惊奇的事，惊喜 〈etw. ist e-e (un)angenehme, freudige, böse Ü. 某事是一件意想不到的喜事(憾事)，好事，坏事〉: *Der Sieg des Außenseiters war e-e große Ü.* 黑马(获胜希望不大的运动员)的胜利是一件意想不到的大喜事 ‖ K-(复合): **Überraschungs-, -effekt, -erfolg, -sieg 2.** ein Geschenk (das man nicht erwartet hat)意想不到的礼物，惊喜: *Ich habe e-e kleine Ü. für dich* 我给你一件意想不到的小礼物，我给你一个小小惊喜 **3.** *nur Sg* (只用单数); **die Ü.** (**über j-n/etw.**) das Überraschtsein, die Verwunderung(对…的)惊奇，惊讶，感到意外 〈j-d/etw. sorgt für (e-e) Ü. 某人制造意外惊喜/某物引起惊奇〉: *Vor lauter Ü. wusste sie nicht, was sie sagen sollte* 由于十分惊讶，她都不知道应该说什么了; *Zu meiner Ü. regnete es* 下雨了，这让我感到很意外

über·re·den; *überredete, hat überredet*; [Vt] (及物) **j-n** (**zu etw.**) **ü.** durch Zureden j-n dazu bringen, etw. zu tun, das er eigentlich nicht tun wollte 说服，劝说: *j-n zum Kauf e-s Autos ü.* 说服某人购买汽车; *Sie überredete ihren Freund (dazu), in Norwegen Urlaub zu machen* 她说服了她的男朋友到挪威去度假 ‖ NB(注意): ≠ überzeugen ‖ *hierzu* (派生) **Über·re·dung** *die*; *nur Sg*(只用单数)

Über·re·dungs·kunst *die*; die Fähigkeit, j-n zu etw. zu überreden 说服人的本领，劝说技巧: *Er musste all seine Überredungskünste aufbieten, um seinen Sohn davon abzuhalten, sich ein Motorrad zu kaufen* 他不得不拿出自己说服人的全部招数，去劝阻他的儿子别买摩托车

über·re·gi·o·nal *Adj*(形); nicht auf eine Region beschränkt 超地区的 〈ein Sender, e-e Zeitung(广播或电视)发射台，报纸〉

über·rei·chen; *überreichte, hat überreicht*; [Vt] (及物) (**j-m**) **etw. ü.** auf feierliche Weise j-m etw. geben(隆重地)递交，呈递，呈送，授予，敬献 〈j-m ein Geschenk, ein Präsent, e-n Preis, e-e Urkunde ü. 递给某人礼物、小礼品，授予某人奖金，向某人颁发证明文书〉 ‖ *hierzu* (派生) **Über·rei·chung** *die*; *nur Sg*(只用单数)

über·reif *Adj* (形); zu reif 过熟的，熟透了的 〈Obst 水果〉

über·reizt *Adj* (形); wegen zu starker Belastung erregt od. nervös 受到过度刺激的，过度兴奋的: *Meine Nerven sind ü.* 我的神经受到过度刺激 ‖ *hierzu* (派生) **Über·reizt·heit** *die*; *nur Sg*(只用单数)

Über·rest *der*; -(*e*)*s*, -*e*; *mst Pl*(多用复数) **1.** das, was von e-m Ganzen noch übrig ist 残余物，废墟，遗迹，瓦砾，残渣: *die Überreste e-r alten Burg* 古城堡的遗迹 **2. j-s sterbliche Überreste** *geschr euph*[书][婉]; j-s Leiche 某人的遗体，遗骸

über·rol·len; *überrollte, hat überrollt*; [Vt] (及物) **1. j-n/etw. ü.** mit e-m *mst* schweren Fahrzeug über j-n/etw. fahren 在…上面碾过，轧过，驶过 ≈ überfahren: *Der Igel wurde von e-m Auto überrollt* 刺猬被汽车轧了 **2. j-n ü.** *gespr*[口] ≈ überrumpeln

über·rum·peln; *überrumpelte, hat überrumpelt*; [Vt] (及物) **j-n ü.** j-n mit etw. überraschen, sodass er nicht reagieren kann, wie er will(出其不意地)使惊愕，使惊呆，使张口结舌 〈j-n mit e-r Frage, e-m Angebot ü. 用问题把某人难倒，提出建议使某人惊呆〉 ‖ *hierzu* (派生) **Über·rum·pe·lung, Über·rump·lung** *die*

über·run·den; *überrundete, hat überrundet*; [Vt] (及物) **1. j-n/etw. ü.** in e-m Wettkampf um eine ganze Runde weiter sein als ein anderer und diesen überholen(在比赛中)比…领先一圈，超过…一圈: *Er lief so langsam, dass er von mehreren Läufern überrundet wurde* 他跑得很慢，以致被几个赛跑运动员落下了一圈 **2. j-n ü.** (plötzlich) bessere Leistungen bringen als ein anderer (突然)超过，胜过 ≈ überflügeln, übertreffen ‖ *hierzu* (派生) **Über·run·dung** *die*

übers *Präp mit Artikel* (介词与冠词合写); *bes gespr* 尤用[口] ≈ über das ‖ NB(注意): *übers* kann nicht durch *über das* ersetzt werden in Wendungen wie(在成语中 übers 不能用 über das 代替): *j-n übers Ohr hauen* 欺骗某人，使某人上当; *j-n übers Knie legen* 痛打某人一顿

über·sät *Adj*(形); *nicht adv* (不作状语); **mit/von etw. ü.** auf der ganzen Fläche mit etw.

U

bedeckt 布满…的，铺满…的，撒满…的：*Der Strand war mit Dosen ü.* 沙滩上遍地都是罐头盒

über·sät·tigt *Adj*（形）；*nicht adv*（不作状语）；（**von etw.**）**ü.** nicht mehr in der Lage, etw. zu genießen（weil man zu viel davon hat od. gehabt hat）对…吃腻的，对…厌烦的 ‖ *hierzu*（派生）**Über·sät·ti·gung** *die*；*nur Sg*（只用单数）‖ ▶ **satt**

über·säu·ert *Adj*（形）；mit zu viel Säure 含酸过高的，产酸过多的〈ein Boden 土壤；j-s Magen ist ü. 某人的胃酸过多〉

Über·schall|ge·schwin·dig·keit die；e-e Geschwindigkeit, die höher ist als die Geschwindigkeit des Schalls 超音速：*mit Ü. fliegen* 以超音速飞行

über·schat·ten；*überschattete, hat überschattet*；[Vt]（及物）*mst* 多用 **etw. wird von etw. überschattet** ein an sich positives Ereignis wird durch ein Unglück *o. Ä.* stark beeinträchtigt（物作主语）因…而黯然失色，由于…而蒙上阴影：*Die Olympischen Spiele wurden von e-m Attentat überschattet* 奥林匹克运动会由于谋杀事件而蒙上阴影

über·schät·zen；*überschätzte, hat überschätzt*；[Vt]（及物）**j-n/sich/etw. ü.** j-n/sich selbst/etw. für besser halten als er/man/es in Wirklichkeit ist 对…评价过高，估计过高 ↔ j-n/sich/etw. unterschätzen〈seine Kräfte ü. 过高估计自己的力量〉：*Sie ist zwar sehr intelligent, du darfst aber ihre Fähigkeiten nicht ü.* 虽然她很有才智，但是你不能对她的能力估计过高 ‖ *hierzu*（派生）**Über·schät·zung** *die*；*nur Sg*（只用单数）

über·schau·bar *Adj*（形）**1** ≈ übersichtlich：*Mit den vielen Korrekturen war der Text nicht mehr ü.* 因修改太多，正文都看不清楚了 **2.** so klar od. begrenzt, dass man den Umfang od. die Konsequenzen sehen kann 可以预见的，看得清楚的 ≈ abschätzbar, kalkulierbar〈ein Risiko 风险〉：*Die Folgen dieses Beschlusses waren kaum ü.* 这项决议的效果不太明显 ‖ *hierzu*（派生）**Über·schau·bar·keit** *die*；*nur Sg*（只用单数）

über·schäu·men（*ist*）[Vi]（不及物）**1. etw. schäumt über** e-e Flüssigkeit bildet sehr viel Schaum und fließt über den Rand e-s Gefäßes（物作主语）冒泡溢出：*Das Bier ist übergeschäumt* 啤酒起泡沫而溢出来 **2. etw. schäumt über** etw. ist od. wird sehr intensiv（物作主语）强烈得难以控制（指情感）〈j-s Begeisterung, die Stimmung, j-s Temperament 某人欢欣鼓舞（兴高采烈），某人情绪高昂（兴致勃勃），某人的热情洋溢〉：*j-s überschäumende Freude über e-n Erfolg* 某人由于获得成就而喜不自胜 ‖ NB（注意）：oft im Partizip Präsens（常用现在分词）！

über·schla·fen；*überschläft, überschlief, hat überschlafen*；[Vt]（及物）**etw. ü.** etw. nicht sofort, sondern erst am nächsten Tag od. später entscheiden 第二天再考虑决定，改天再作定夺：*Ich muss deinen Vorschlag erst mal ü.* 我还要再考虑一下你的建议

Über·schlag *der* **1.** e-e körperliche Übung, bei der sich j-d ganz um seine eigene horizontale（Körper）Achse dreht 翻筋斗，翻跟头〈e-n Ü. machen 翻筋斗〉〉**2.** e-e schnelle, nicht so genaue Berechnung 概算，粗略计算

über·schla·gen[1]；*überschlägt, überschlug, hat überschlagen*；[Vt]（及物）**1. etw. ü.** etw. schnell und ungefähr ausrechnen 概算，粗算，粗略计算〈etw. kurz, rasch, im Kopf ü. 简单地、很快地、在脑子里把某物粗略计算一番〉：*die Zahl der Gäste ü.* 粗略估计一下宾客的人数；*Er überschlug*, wie viel *Liter Benzin sein Auto durchschnittlich verbrauchte* 他粗算了一下，他的汽车平均耗费了多少升汽油 **2. etw. ü.** etw. in e-r Reihenfolge nicht beachten 略过，越过：*in e-m Buch ein paar Seiten ü.* 在一本书中跳过好几页；[Vr]（反身）**3. j-d/etw. überschlägt sich** j-d/etw. dreht sich *mst* ohne Absicht um die eigene horizontale（Körper）Achse（人/物作主语）翻滚，翻筋斗，翻跟头：*Er stürzte vom Fahrrad und überschlug sich dabei* 他从自行车上摔下来，翻了一个筋斗；*Das Auto kam von der Fahrbahn ab und überschlug sich mehrere Male* 汽车驶出了车行道，翻了好几个跟头 **4. j-s Stimme überschlägt sich** j-s Stimme wird plötzlich sehr hoch und schrill 某人的声音突然变得又高又尖 **5. die Ereignisse überschlagen sich** innerhalb kurzer Zeit passieren viele ungewöhnliche od. aufregende Dinge 事变迭起 **6. j-d überschlägt sich**（**vor etw.**（*Dat* 三格））*gespr*［口］；j-d macht etw. auf übertriebene Weise（人作主语）做事过分，过于：*Der Vertreter überschlug sich fast vor Höflichkeit*（= war fast zu höflich）这位代表几乎过分客气

über·schla·gen[2]；*schlägt über, schlug über, ist übergeschlagen*；[Vi]（不及物）**etw. schlägt in etw.**（*Akk* 四格）**über** etw. kommt in e-e andere（extreme）Form（物作主语）变成，转变为：*Die Begeisterung der Fans schlug in Wut über, als das Konzert abgebrochen wurde* 当音乐会中断的时候，歌迷们的热情变成了愤怒

über·schnap·pen（*ist*）[Vi]（不及物）*gespr*［口］；plötzlich verrückte Dinge tun 疯了，发神经，精神失常 ≈ durchdrehen：*Du bist wohl völlig übergeschnappt!* 你真是完全疯了！

über·schnei·den, sich；*überschnitt sich, hat sich überschnitten*；[Vr]（反身）**1.**〈Linien, Kurven, Kreise *usw* 线，曲线，圆等〉**überschneiden sich** Linien, Kurven, Kreise *usw* haben e-n Punkt bzw. e-e Fläche gemeinsam 相交，交叠：*Die beiden Linien überschneiden sich in einem Punkt* 两条线在一个点上相交 **2.**〈Themen, Interessen *o. Ä.* 题目，利益等〉**überschneiden sich** Themen, Interessen *o. Ä.* sind teilweise gleich 重叠，重复，部分相同 **3. etw. überschneidet sich mit etw.** etw. findet（zu e-m Teil）zur gleichen Zeit wie etw. anderes statt（物作主语）与…同时发生，在时间上有冲突：*Wir versäumten den Anfang des Films, da er sich mit dem Ende der Sendung im anderen Programm überschnitt* 我们没看上

U

电影的开头，因为它与另一个电视节目的结尾在时间上有冲突 ‖ *hierzu*（派生）**Über·schnei·dung** *die*

über·schrei·ben；*überschrieb*，*hat überschrieben*；Vt（及物）(*j-m*) **etw. ü.** durch ein Dokument festlegen, dass man j-m etw. schenkt, als Eigentum gibt 立下文书把…分给，送给，转让给（某人）：*Meine Eltern haben mir ein Grundstück überschrieben* 我的父母立下字据把一块地产分给我 ‖ *hierzu*（派生）**Über·schrei·bung** *die*

über·schrei·en；*überschrie*，*hat überschrien*；Vt（及物）**j-n/etw. ü.** so laut schreien, dass man lauter als j-d/etw. ist 叫得比…响，喊声盖过：*e-n Redner ü.* 喊声比发言人还响

über·schrei·ten；*überschritt*，*hat überschritten*；Vt（及物）**1. etw. ü.** über e-e Linie od. Grenze gehen od. fahren 越过，超过，跨过 ≈ passieren：*Die feindlichen Truppen hatten bereits die Grenze überschritten* 敌人的军队已经越过了边界 **2.** 〈seine Befugnisse, Kompetenzen, Rechte 自己的权限，职权范围，权利〉 **ü.** sich Rechte nehmen, die man gar nicht hat 超越 **3. die Geschwindigkeit ü.** schneller fahren, als erlaubt ist 超过（许可的）速度，超速行驶 **4. etw. überschreitet etw.** etw. geht über ein bestimmtes Maß, e-e bestimmte Grenze hinaus（物作主语）超过，超出（一定尺度，一定界限）：*Seine Faulheit überschreitet das erträgliche Maß* 他的懒惰超出了可以容忍的程度 **5.** *mst* 多用 **j-d hat** 〈die zwanzig, dreißig, vierzig *usw* 20，30，40（岁）等〉 **überschritten** j-d ist älter als zwanzig, dreißig, vierzig *usw* Jahre（人作主语）过了…（岁） ‖ *zu*（义项）**1.-4. Über·schrei·tung** *die*

Über·schrift *die*；die Worte, die über e-m Text stehen und *mst* das Thema des Textes angeben 标题，题目 ≈ Titel ‖ -K（复合）：***Kapitel-***

über·schul·det *Adj*（形）；*nicht adv*（不作状语）；mit sehr hohen Schulden (belastet) 负有重债的，负债累累的，债台高筑的 〈ein Betrieb, ein Hof, ein Unternehmen, ein Staat 工厂，农户，企业，国家〉 ‖ *hierzu*（派生）**Über·schul·dung** *die*

Über·schuss *der* **1.** das Geld, das übrig bleibt, wenn man die Ausgaben von den Einnahmen abgezogen hat 赢利，利润 ≈ Gewinn (1), Plus (1) 〈Überschüsse erzielen 获得赢利〉 **2.** *mst Sg*（多用单数）；**ein Ü.** (**an etw.** (*Dat* 三格)) mehr von etw., als man braucht 剩余，过剩 ↔ Mangel：*e-n Ü. an Getreide und Gemüse erzielen* 获得充裕的粮食和蔬菜 ‖ *zu*（义项）**2. über·schüs·sig** *Adj*（形）；*nicht adv*（不作状语）

über·schüt·ten；*überschüttete*，*hat überschüttet*；Vt（及物）**j-n mit etw. ü.** j-m sehr viel von etw. geben 大量给予 ≈ j-n mit etw. überhäufen 〈j-n mit Geschenken, mit Lob, mit Kritik, mit Vorwürfen ü. 送给某人大量礼物，对某人大加赞扬，狠狠批评，大加指责〉 ‖ *hierzu*（派生）**Über·schüt·tung** *die*；*nur Sg*（只用单数）

Über·schwang *der*；-(*e*)*s*；*nur Sg*（只用单数）；übertriebene Begeisterung 热情洋溢 〈jugendlicher Ü. 朝气蓬勃，充满青春活力；im Ü. der Gefühle 百感交集〉

über·schwäng·lich *Adj*（形）；voller (übertriebener) Freude und Begeisterung 热情洋溢的，过分热情的；*e-e überschwängliche Begrüßung* 热情洋溢的问候 ‖ *hierzu*（派生）**Über·schwäng·lich·keit** *die*；*nur Sg*（只用单数）

über·schwap·pen (*ist*) Vi（不及物）**1. etw. schwappt über** *gespr*［口］；e-e Flüssigkeit fließt mit e-m Schwung über den Rand e-s Gefäßes（物作主语）溢出，漫出：*Er setzte den Krug so heftig auf, dass das Bier überschwappte* 他放啤酒杯太使劲了，弄得啤酒溢出来了 **2.** 〈ein Gefäß, Glas *o. Ä.* 容器，玻璃杯等〉 **schwappt über** der Inhalt e-s Gefäßes, Glases *o. Ä.* fließt zum Teil mit einem Schwung über den Rand 满出：*Der Eimer schwappte über* 桶满出来了

über·schwem·men；*überschwemmte*，*hat überschwemmt*；Vt（及物）**1.** 〈*mst* ein Fluss 多指江河〉 **überschwemmt etw.** Wasser aus e-m Fluss bedeckt das umliegende Land 淹没 ≈ etw. überflutet etw.：*Der reißende Fluss überschwemmte die Felder* 湍急的河水淹没了田野 **2.** *mst* 多用 **der Markt wird mit etw. überschwemmt** ein Produkt ist in zu großer Zahl auf dem Markt 市场充满…，充斥着…：*Der Markt wurde mit elektronischen Geräten geradezu überschwemmt* 市场完全被各种电子仪器所充斥

Über·schwem·mung *die*；der Vorgang, bei dem große Mengen Wasser (*bes* aus e-m Fluss od. wegen starken Regens) über e-e Fläche fließen und *mst* Schaden anrichten 水灾，洪水泛滥，发大水 ‖ K-（复合）：**Überschwemmungs-**，***-gebiet***，***-katastrophe***

über·schweng·lich ↑ **überschwänglich**

Über·see *ohne Artikel*（不带冠词）；*mst in* 多用于 **aus / in / nach Ü.** aus/in e-m Land/in ein Land auf der anderen Seite des Ozeans, *bes* Amerika 从海外来，海外的/去海外，在海外/到海外去（尤指美州）：*Erdnüsse aus Ü.* 海外的花生 ‖ K-（复合）：***Übersee-***，***-dampfer***，***-hafen***，***-handel***，***-verkehr*** ‖ *hierzu*（派生）**über·see·isch** *Adj*（形）；*nur attr*，*nicht adv*（只作定语，不作状语）

über·seh·bar *Adj*（形）≈ überschaubar

über·se·hen；*übersieht*，*übersah*，*hat übersehen*；Vt（及物）**1. j-n/etw. ü.** j-n/etw. ohne Absicht nicht sehen 看漏，漏看，没看到：*beim Korrigieren e-s Diktats ein paar Fehler ü.* 在批改听写时看漏几个错误；*j-n in e-r Menschenmenge ü.* 在人群中没看到某人 **2. j-n/etw. ü.** j-n/etw. ignorieren, nicht beachten 忽视，忽略，不理睬 〈j-n geflissentlich ü. 故意不理睬某人〉 **3. etw. ü.** gut über ein *mst* großes Gebiet sehen können 鸟瞰，俯瞰，眺望 ≈ überblicken (1)：*Von dem Leuchtturm aus konnten wir die*

U

ganze Küste ü. 从灯塔上我们可以眺望整个海滨 **4. *etw. ü.*** die Konsequenzen e-s Ereignisses abschätzen 估计到,认识到,预料到,看出来: *Die Folgen der Unwetterkatastrophe lassen sich noch nicht ü.* 这场暴风雨灾祸的后果还无法预料

über·sen·den; *übersandte/übersendete, hat übersandt/übersendet*; Vt (及物) ***j-m etw. ü.*** *geschr* [书]; j-m etw. *bes* mit der Post schicken 寄送,寄出,邮寄 ≈ j-m etw. zusenden: *In der Anlage übersende ich Ihnen e-e Aufstellung der entstandenen Kosten* 随信我给您寄去了所花费用的清单一份 ‖ *hierzu* (派生) **Über·sen·dung** *die*

über·set·zen¹; *übersetzte, hat übersetzt*; Vt/i (及物/不及物) (***etw.***) ***ü.*** e-n Text mündlich od. schriftlich in e-r anderen Sprache wiedergeben 翻译 〈etw. frei, sinngemäß, wörtlich ü. 自由地,按照意思地,逐字逐句地翻译〉: *e-n Roman vom Deutschen ins Englische ü.* 把一部长篇小说从德文译成英文 ‖ NB (注意): ↑ ***dolmetschen***

über·set·zen²; *setzte über, hat/ist übergesetzt*; Vt (及物) (*hat*) **1. *j-n ü.*** j-n mit e-m Boot od. e-r Fähre von e-m Ufer ans andere bringen 把…渡过河,把…运载过河: *Ein Fischer setzte uns ans andere Ufer über* 一个渔民把我们渡到河对岸; Vi (不及物) (*hat/ist*) **2.** mit e-m Boot od. e-r Fähre ans andere Ufer fahren 摆渡,渡过河

Über·set·zer *der*; j-d, der (beruflich) übersetzt¹ 翻译,译员 ‖ K-(复合): ***Fach-, Literatur-*** ‖ *hierzu* (派生) **Über·set·ze·rin** *die*

über·setzt **1.** *Partizip Perfekt* (过去分词); ↑ ***übersetzen¹*** **2.** *Adj* (形); (CH) [瑞] übertrieben hoch 过高的,太高的 〈e-e Geschwindigkeit, ein Preis 速度,价格〉

Über·set·zung¹ *die*; -, *-en* **1.** ein übersetzter¹ Text 译文,译本: *e-e Kurzgeschichte von Edgar Allan Poe in e-r deutschen Ü. lesen* 读埃德加·阿兰·波埃的一个短篇故事的德文译本; *e-n Roman in e-r neuen Ü. herausgeben* 出版一部长篇小说的新译本 **2.** *nur Sg* (只用单数); das Übersetzen¹ 翻译: *Die Ü. von Redensarten ist oft sehr schwierig* 翻译惯用语常常是很困难的 ‖ K-(复合): ***Übersetzungs-, -arbeit, -büro, -fehler, -problem***

Über·set·zung² *die*; -, *-en*; TECH【技】; das Verhältnis, in dem die Kraft *z. B.* von den Pedalen e-s Fahrrads od. e-m Motor auf die Räder übertragen wird 传动比,变速比 〈e-e große, kleine Ü. 大传动比,小传动比〉

Über·sicht *die*; -, *-en* **1.** *nur Sg* (只用单数); die Fähigkeit, bestimmte Zusammenhänge zu erkennen 概括能力,敏锐的眼力,观察力 ≈ Überblick (3) 〈die Ü. verlieren 失去概括能力, sich e-e Ü. über etw. (*Akk* 四格) verschaffen 设法对某物获得概括了解〉 **2. *e-e Ü.* (*über etw.* (*Akk* 四格))** e-e Art kurze Zusammenfassung von etw. (oft in Form e-r Tabelle) 梗概,概要,概况,一览表: *Die Ansagerin gab e-e Ü. über das Abendprogramm* 女播音员扼要介绍了晚间节目 ‖ K-(复合): ***Übersichts-, -karte, -tafel***

über·sicht·lich *Adj* (形) **1.** so, dass man es gut überblicken (1) kann 开阔的,空旷的,一览无余的 〈ein Gelände 地带〉 **2.** so geordnet od. gegliedert, dass man es gut und schnell lesen od. verstehen kann 条理清楚的,层次分明的 〈e-e Darstellung 描写,叙述〉 ‖ *hierzu* (派生) **Über·sicht·lich·keit** *die*; *nur Sg* (只用单数)

über·sie·deln¹; *siedelte über, ist übergesiedelt*; Vi (不及物) ***irgendwohin ü.*** an e-n anderen Ort gehen (ziehen), um dort zu wohnen 迁居,移居: *Sie ist von Düsseldorf nach Berlin übergesiedelt* 她从杜塞尔多夫移居到柏林 ‖ *hierzu* (派生) **Über·sie·de·lung, Über·sied·lung** *die*

über·sie·deln²; *übersiedelte, ist übersiedelt*; Vi (不及物) ≈ übersiedeln¹

über·sinn·lich *Adj* (形); so, dass man es mit den normalen Sinnen nicht verstehen kann 超感觉的,超自然的,先验的 〈Kräfte 力量〉

über·spannt *Adj* (形) **1.** *pej* [贬]; nicht vernünftig, nicht realistisch 过激的,偏激的,过分的 ≈ übertrieben 〈Ansichten, Vorstellungen, Ideen, Pläne 观点,见解,思想,计划〉 **2.** (auf harmlose Weise) ein bisschen verrückt (3) 乖张的,怪癖的,神经兮兮的 〈ü. sein 行为乖张〉 ‖ *hierzu* (派生) **Über·spannt·heit** *die*

über·spie·len; *überspielte, hat überspielt*; Vt (及物) **1. *etw. ü.*** durch sein geschicktes Verhalten verhindern, dass andere etw. Unangenehmes od. Peinliches bemerken 掩饰,掩盖 〈seine Unsicherheit ü. 掩饰自己缺乏自信〉 **2. *etw.* (*auf etw.* (*Akk* 四格)) *ü.*** etw. (*z. B.* e-n Spielfilm, Musik) von einem Band *o. Ä.* auf ein anderes bringen 转录: *e-e Schallplatte auf (e-e) Kassette ü.* 把一张唱片转录到盒式磁带上去 ‖ *zu* (义项) **2. Über·spie·lung** *die*

über·spitzt *Adj* (形) **1.** 〈e-e Formulierung 措辞; etw. ü. formulieren 对某事作夸张的表述〉 übertrieben, aber so anschaulich, dass jeder versteht, was gemeint ist 夸张的,过分的,言过其实的,过火的 **2. *überspitzte Forderungen*** zu hohe, überzogene Forderungen 过高的(过分的)要求

über·sprin·gen¹; *sprang über, ist übergesprungen*; Vi (不及物) ***etw. springt über*** etw. bewegt sich schnell von einem Ort zu e-m anderen (物作主语) 跳过,跃过,溅过 〈*mst* Funken 多指火花〉: *Vom Feuer sprang ein Funke über und setzte die Gardine in Brand* 从火中迸出来一个火花,把窗帘引燃了

über·sprin·gen²; *übersprang, hat übersprungen*; Vt (及物) **1. *etw. ü.*** über etw. springen 跳过,越过 〈ein Hindernis ü. 越过障碍〉: *Er übersprang den Graben mit einem Satz* 他一跃跳过了沟渠 **2. *etw. ü.*** ≈ auslassen: *Er hat beim Lesen einige Seiten übersprungen* 在阅读时他跳过了好几页

über·spru·deln (*ist*) Vi (不及物) **1. *etw. sprudelt über*** e-e Flüssigkeit sprudelt und läuft über den Rand e-s Gefäßes (物作主语) 涌

U

出,涌溢,沸出,冒泡溢出: *Das kochende Wasser ist übergesprudelt* 开水溢(咕噜)出来了 **2. etw. sprudelt über** etw. zeigt sich sehr deutlich (物作主语)显露出来,闪现出来〈ein übersprudelndes Temperament 热情奔放的气质,开朗的性格〉

über·sprü·hen (*ist*) Vi (不及物) *mst in* 多用于 **vor Begeisterung, Freude ü.** seine Begeisterung, Freude deutlich zeigen, indem man viel redet, lebhaft ist *o. Ä.* 欢欣鼓舞,兴高采烈

über·ste·hen[1]; *überstand, hat überstanden*; Vt (及物) **etw. (irgendwie) ü.** e-e unangenehme od. gefährliche Situation hinter sich bringen 挺住,经受住,克服,度过,战胜: *Sie hat die Operation gut überstanden* 她顺利地经受住手术; *Heute war die letzte Prüfung – Das Schlimmste wäre damit überstanden* 今天进行了最后一次考试——从而就度过了最艰难的时刻

über·ste·hen[2]; *stand über, hat übergestanden*; Vi (不及物) **etw. steht über** etw. ragt über e-n Rand hinaus(物作主语)突出,凸出,伸出 ≈ etw. springt vor 〈ein Dach, ein Vorsprung steht über 屋顶、优势突出〉: *Der Felsen stand einen Meter über* 岩石突出一米

über·stei·gen; *überstieg, hat überstiegen*; Vt (及物) **1. etw. ü.** über etw. (hinüber)-steigen 攀过,越过,爬过〈e-e Absperrung, e-n Zaun ü. 攀越封锁线,爬过篱笆〉 **2. etw. übersteigt etw.** etw. geht über etw. hinaus (物作主语)超过,超出〈etw. übersteigt j-s Fähigkeiten, j-s finanzielle Möglichkeiten 某事超出某人的能力,超过某人经济上的可能性〉: *E-e Bergtour würde meine Kräfte ü.* 登山远足将超出我的能力; *Der Erfolg überstieg unsere Erwartungen bei weitem* 这次成功远远超出了我们的期望(预料) **3. etw. übersteigt etw.** etw. ist größer als etw. (物作主语)超过,超出,大于,多于: *Die Kosten werden tausend Euro nicht ü.* 费用将不会超出一千欧元

über·stei·gert *Adj* (形); übertrieben (stark) 过高的,太强的〈ein Geltungsbedürfnis, ein Selbstvertrauen 虚荣心,自信心; Erwartungen, Forderungen, Hoffnungen 期望,要求,希望〉

über·steu·ert *Adj* (形); *mst präd, nicht adv* (多作表语,不作状语); mit zu hoher elektrischer Spannung, sodass die Töne schlecht wiedergegeben werden 过激励的,过调制的,过控制的,电压过高的〈e-e Anlage, ein Mikrofon, ein Verstärker 设备,传声器,扩大器〉

über·stim·men; *überstimmte, hat überstimmt*; Vt (及物)〈Personen 人们〉 **überstimmen j-n / etw.** e-e Gruppe von Personen stimmt in e-r Abstimmung mehrheitlich gegen j-n/etw. 表决时得票多于…,以多数票否决: *Die Regierung überstimmte den Antrag* 政府(以多数票)否决了这个提案; *Die Gegner des Projekts wurden überstimmt* 项目反对者在表决中被击败

über·stra·pa·zie·ren; -, *hat überstrapaziert*; Vt (及物) **etw. ü.** etw. zu stark beanspruchen 过度使用,过度消耗〈j-s Geduld, j-s Nerven ü. 使某人完全失去耐心,使某人神经根本受不了(非常烦躁)〉 ‖ NB(注意): nur im Infinitiv od. im Partizip Perfekt verwendet(只用不定式或过去分词)

über·strei·chen; *überstrich, hat überstrichen*; Vt (及物) **etw. ü.** etw. mit e-r Schicht Farbe bedecken 涂盖,刷盖: *Flecken an der Wand ü.* 涂盖墙上的污斑

über·strei·fen (*hat*) Vt (及物) **etw. ü.** etw. schnell anziehen 很快穿上〈ein Kleid, e-n Pullover, Sandalen *usw* ü. 很快穿上连衣裙,套头毛衣,凉鞋等〉

über·strö·mend *Adj* (形); *nicht adv* (不作状语); 〈*mst* 多指 Freude, Herzlichkeit 高兴,热情(诚恳)〉 so groß, dass man sie nicht verbergen kann 抑制不住的,无法掩藏的 ≈ überschäumend

über·strömt *Adj* (形); *nicht adv* (不作状语); **von etw. ü.** von etw. bedeckt 充满…的〈von Blut, Schweiß, Tränen ü. 血流如注的,汗流浃背的,泪如泉涌的〉 ‖ -K(复合): **blut-, schweiß-, tränen-**

über·stül·pen (*hat*) Vt (及物) **j-m / sich / etw. etw. ü.** etw. über j-n/sich/etw. stülpen 把…戴在、套在、盖在、扣在…头上/上面: *dem Schneemann e-n Blumentopf als Hut ü.* 把花盆作为帽子扣在雪人头上

Über·stun·de *die*; *mst Pl* (多用复数); (e-e Stunde) Arbeit, die man zusätzlich zur normalen Arbeitszeit macht 加班〈Überstunden machen 加班(工作); Überstunden bezahlt/vergütet bekommen 获得,得到加班费〉

über·stür·zen; *überstürzte, hat überstürzt*; Vt (及物) **1. etw. ü.** etw. zu früh od. zu schnell tun, ohne genügend darüber nachzudenken od. es genügend vorzubereiten 草率从事,仓促行事 ≈ übereilen: *e-e Entscheidung ü.* 仓促(作出)决定; *Ihre überstürzte Abreise schockierte uns alle* 您的仓促启程使我们大家感到震惊; Vr (反身) **2. sich ü. + zu +** *Infinitiv* (不定式) sich übertrieben beeilen, etw. zu tun 匆忙地(仓促地)做某事: *Er überstürzte sich, ihr die Nachricht zu überbringen* 他急急忙忙地把消息转告她 **3. die Ereignisse überstürzen sich** es passieren in kurzer Zeit viele unerwartete od. aufregende Dinge 事件迭出,纷至沓来

über·ta·rif·lich *Adj* (形); besser, höher als im Tarif, Vertrag festgelegt 超过工资协定规定的,高于劳资协定规定的〈ein Gehalt, e-e Leistung, ein Lohn 薪金,工作量,工资; ü. bezahlt werden 报酬高于工资协定的规定〉

über·teu·ert *Adj* (形); teurer, als es angemessen wäre 要价太高的,太贵的,高价的〈Waren 商品; etw. ü. verkaufen 高价卖出(出售)某物〉

über·töl·peln; *übertölpelte, hat übertölpelt*; Vt (及物) **j-n ü.** j-n, der nicht genügend aufpasst od. vorsichtig ist, betrügen 诓骗,蒙骗: *j-n mit e-m plumpen Trick ü.* 用拙劣的手法蒙骗某人 ‖ *hierzu* (派生) **Über·töl·pe·lung, Über·tölp·lung** *die* ‖ ▶ ***Tölpel***

über·tö·nen; *übertönte, hat übertönt*; Vt (及物) **j-d / etw. übertönt j-n / etw.** j-d/etw.

U

ist lauter als j-d anderer/etw. anderes(人/物作主语)(声音)盖过,超过: *Der Straßenlärm übertönte die Musik* 马路上的嘈杂声盖过了音乐声

Über·topf *der*; ein Topf *bes* aus Porzellan od. Plastik (als Schmuck), in den man e-n einfachen Blumentopf stellt 花盆的套盆

Über·trag *der*; -(*e*)*s*, *Über·trä·ge*; e-e Zahl, die man als Ergebnis e-r Rechnung am Ende e-r Seite bekommt und die man oben auf die nächste Seite schreibt, um damit weiterzurechnen(承接前页并转入次页的)结转金额

über·tra·gen[1]; *überträgt*, *übertrug*, *hat übertragen*; **Vt** (及物) **1. etw. auf/in etw.** (*Akk* 四格) **ü.** etw. an e-r anderen Stelle noch einmal zeichnen od. schreiben 转抄,转载,再登记,转账,过账: *Ergebnisse e-r Untersuchung in ein Diagramm ü.* 把调查(检查)的结果转抄到图表上; *e-e Zwischensumme auf die nächste Seite ü.* 把结转款额转(账)到下一页上 **2. etw. in etw.** (*Akk* 四格) **ü.** etw. Geschriebenes in e-e andere Form od. Sprache bringen 改写成,改编为,翻译为: *Lyrik in Prosa ü.* 把抒情诗改写成散文; *e-n Roman aus dem Französischen ins Spanische ü.* 把一部长篇小说从法文译成西班牙文 **3. etw. ü.** etw., das irgendwo geschieht, dort aufnehmen und (*bes* gleichzeitig) im Radio od. Fernsehen senden 转播,播送 ⟨etw. direkt, live, in Ausschnitten ü. 直播,实况转播,摘要转播⟩: *ein Tennisspiel aus Wimbledon ü.* 转播温布尔顿网球赛; *die Debatte im Parlament live im Fernsehen ü.* 电视实况转播议会辩论 **4. etw. auf etw.** (*Akk* 四格) **ü.** etw. in e-r anderen Situation anwenden, wo es ebenso gültig od. passend ist 把…转用在…上: *Die Ergebnisse von Tierversuchen lassen sich nicht immer auf den Menschen ü.* 动物实验的结果并不总是可以转用在人身上 **5. etw. überträgt Kraft/Energie** (**auf etw.** (*Akk* 四格)) ein Teil e-r Maschine gibt Kraft/Energie an e-n anderen Teil weiter(物作主语)把功/能传送,传输到…: *Die Kardanwelle überträgt die Kraft des Motors auf die Vorder- bzw. Hinterachse* 万向轴把发动机的动力传输到前轴及后轴 **6. etw.** (**auf j-n**) **ü.** e-e Krankheit *o. Ä.* an j-n weitergeben 把…传染给 ⟨Bazillen, Krankheiten, Ungeziefer ü. 传染芽孢杆菌、疾病、寄生虫(害虫)⟩: *Malaria wird durch Insekten(stiche) übertragen* 疟疾通过昆虫(叮咬)传播 ‖ NB(注意): *mst* im Passiv(多用被动语态)! **7. etw. auf j-n ü.** ein Amt, Recht *o. Ä.* an j-n weitergeben 转交,转让,传给: *seine Fahrkarte auf j-n ü.* 把自己的车(船)票转让给某人; *Der König übertrug seinen Titel auf seinen ältesten Sohn* 国王把自己的王位传给了长子 **8. j-m etw. ü.** j-m e-e Aufgabe geben 交给,委托: *j-m die Leitung e-s Projekts ü.* 把项目的管理权交给某人; *Die Verantwortung für die Finanzen wurde ihr übertragen* 委托她负责财政 **9. etw.** (**auf etw.** (*Akk* 四格)) **ü.** ≈ etw. (auf etw.) überspielen (2): *e-e Schallplatte auf Band ü.* 把一张唱片转录到磁带上 **10. Blut ü.** Blut e-r Person in den Körper e-r anderen bringen 输血; **Vr** (反身) **11. etw. überträgt sich** (**auf j-n**) etw. beeinflusst auch andere Personen(物作主语)感染,影响: *Ihre Begeisterung übertrug sich auf ihre Kollegen* 她的热情感染了同事们 **12. etw. überträgt sich** (**auf j-n**) ein Krankheitserreger gelangt von einem Lebewesen zu e-m anderen(物作主语)传染: *Die Tollwut kann sich auch auf Menschen ü.* 狂犬病也可能传染到人身上 ‖ *hierzu*(派生) **Über·tra·gung** *die*; *zu* (义项) **6. Über·trä·ger** *der*; -*s*, -

über·tra·gen[2] **1.** *Partizip Perfekt*(过去分词); ↑ **übertragen**[1] **2.** *Adj* (形); *mst in* 多用于 **in übertragener Bedeutung/im übertragenen Sinn** nicht im konkreten, sondern e-m neuen (metaphorischen) Sinn (bei dem man aber an die konkrete Bedeutung noch erinnert wird)转义,借用意义

Über·tra·gungs·feh·ler *die* **1.** ein Fehler beim Übertragen (1,2) 转抄错误,转账错误,改编错误,翻译错误 **2.** TEL, INFORM【电信】【信息】; ein Fehler beim Senden von Daten von e-m Faxgerät/Computer zum anderen 转播错误,传输错误

Über·tra·gungs·wa·gen *der*; ein Auto mit speziellen technischen Geräten, um *z. B.* ein Fußballspiel vom Stadion aus im Fernsehen od. Rundfunk zu übertragen (3)转播车; *Abk* 缩写为 Ü-Wagen

über·tref·fen; *übertrifft*, *übertraf*, *hat übertroffen*; **Vt** (及物) **1. j-n/etw. ü.** in der Leistung od. Qualität besser sein als j-d anderer/etw. anderes 超过,胜过,比…好(指成绩,质量): *Im Tennis ist sie nicht zu ü.* 打网球她是最好的,谁都打不过她; *Das neue Verfahren übertrifft das alte bei weitem* 新的处理办法比旧的办法强得多 **2. j-n/etw. an etw.** (*Dat* 三格) **ü.** e-e Eigenschaft in höherem Maße als j-d anderer/etw. anderes haben 在…(品格/特性)方面超过,胜过,比…强: *j-n an Ausdauer, Fleiß ü.* 在耐力(毅力)、勤奋方面超过某人; *Diese Brücke übertrifft alle anderen an Größe* 这座桥在高度上超过其他所有桥梁 **3. etw. übertrifft etw.** etw. ist größer als etw., geht über etw. hinaus (物作主语)超出,超过,比…大 ≈ etw übersteigt (3) etw.: *Das übertrifft meine Erwartungen/meine schlimmsten Befürchtungen/meine kühnsten Hoffnungen* 这超出了我的期望/我担心的最坏的情况/我最大胆的希望 ‖ ID[谚] **sich selbst übertroffen haben** ungewöhnlich viel geleistet haben 超过了自己的以往成绩

über·trei·ben; *übertrieb*, *hat übertrieben*; **Vt/i** (及物/不及物) **1.** (**etw.**) **ü.** etw. als größer, wichtiger, besser, schlechter *usw* darstellen, als es ist 夸张,夸大 ⟨maßlos, schamlos ü. 毫无节制地,不知羞耻地夸大⟩: *Er übertreibt immer – du kannst ihm nichts glauben!* 他总是夸大其词(言过其实)——你什么也

不能相信他!; *Sie hat nicht übertrieben, als sie sagte, dass wir von dem Buch begeistert sein würden* 她说我们将会受到这本书的鼓舞,她说这话并没有夸大; Vt (及物) **2. etw. ü.** etw., das eigentlich positiv ist, zu oft, zu intensiv, zu lange *o.Ä.* tun 把…做得过分、过度: *Er übertreibt das Joggen* 他练慢跑练得太狠了; Vi (不及物) **3. mit etw. ü.** ≈ ü. (2): *Sie übertreibt mit ihrer Sparsamkeit* 她过于节俭 ‖ ID[谚] ***Man kanns auch ü.!*** *gespr*[口]; verwendet, um j-n zu kritisieren, der in bestimmter Hinsicht zu weit geht 有可能做得过分了!(意即:做事得留有余地) ‖ *hierzu*(派生) **Über·trei·bung** *die*

über·tre·ten[1]; *übertritt, übertrat, hat übertreten*; Vt (及物) **etw. ü.** gegen etw. verstoßen, sich nicht an etw. halten 逾越,违反,违犯,触犯 ↔ befolgen, beachten 〈ein Gebot, ein Gesetz, ein Verbot ü. 触犯戒律,违犯法律、禁令〉 ‖ *hierzu*(派生) **Über·tre·tung** *die*

über·tre·ten[2]; *tritt über, trat über, hat/ist übergetreten*; Vi (不及物) **1. ein Fluss tritt über** (*ist*) ein Fluss breitet sich über die Ufer aus (*bes* wegen starker Regenfälle *o.Ä.*) 河水泛滥 ≈ ein Fluss tritt über die Ufer **2. zu etw. ü.** (*ist*) von einer Organisation od. Religionsgemeinschaft zu e-r anderen wechseln 投向,转而加入,改信: *zum Islam ü.* 改信伊斯兰教; *von der FDP zur CDU ü.* 脱离自由民主党加入基督教民主联盟 **3. in etw.** (*Akk* 四格) **ü.** (*ist*) in e-e andere Schule wechseln 转入: *von der Realschule ins Gymnasium ü.* 从实科中学转入文理中学 **4.** (*hat/ist*) SPORT【体】; beim Weitsprung über die Markierung treten, so dass der Sprung ungültig ist(跳远时)踩线,过界

über·trie·ben 1. *Partizip Perfekt*(过去分词); ↑ **übertreiben 2.** *Adj*(形); zu groß, zu stark *o.Ä.* 过分的,过度的: *j-s übertriebene Sparsamkeit* 某人过分的节俭; *Deine Ängste sind ü.* 你的害怕过度了 **3.** *Adv*(副); zu (sehr) 过于,太: *Sie ist ü. ängstlich* 她过于害怕了

Über·tritt *der* **1. der Ü. zu etw.** das Wechseln zu e-r anderen Partei, Religion *o.Ä.* 投向,转而加入,改信: *der Ü. zum Protestantismus* 改信新教 ‖ -K(复合): ***Kirchen-, Partei-*** **2. der Ü. in etw.** (*Akk* 四格) das Wechseln zu e-r anderen Art von Schule 转入: *der Ü. ins Gymnasium* 转入文理中学

über·trump·fen; *übertrumpfte, hat übertrumpft*; Vt (及物) **j-n/etw. ü.** ≈ übertreffen (1): *Sie versuchten, sich gegenseitig mit ihren beruflichen Erfolgen zu ü.* 他们曾试图彼此凭业务上的成就超过对方

über·völ·kert *Adj*(形); *nicht adv*(不作状语); mit zu vielen Menschen 人口过分稠密的,人口过密的 〈ein Land 国家〉

über·voll *Adj*(形); **ü.** (**mit/von etw.** (*Kollekt od Pl* 集合或复数)) sehr voll, zu voll 很满的,过满的,满盈的 ≈ überfüllt: *Die Straßenbahn war ü.* 有轨电车挤得满满的; *Die Regale sind ü. mit/von Lebensmitteln* 货架上摆满了食品

über·vor·sich·tig *Adj*(形); vorsichtiger, als es nötig ist 过于小心的,过分谨慎的

über·vor·tei·len; *übervorteilte, hat übervorteilt*; Vt (及物) **j-n ü.** j-n bei e-m Geschäft, e-m Vertrag *o.Ä.* (aufgrund seiner Unwissenheit *o.Ä.*) benachteiligen(在交易、合同等方面利用对方的无知)诈骗,诓骗,欺骗,占…的便宜,使吃亏 〈sich übervorteilt fühlen 感到自己吃亏上当〉 ‖ *hierzu*(派生) **Über·vor·tei·lung** *die* ‖ ▶ **Vorteil** (1)

über·wa·chen; *überwachte, hat überwacht*; Vt (及物) **1. j-n ü.** j-n längere Zeit beobachten, um festzustellen, ob er etw. Verbotenes tut 监督,监视: *Er wurde von der Polizei überwacht* 他受到警察当局的监视 **2. etw. ü.** beobachten, ob etw. richtig abläuft 严密观察,监控 ≈ kontrollieren 〈den Verkehr ü. 监控交通〉: *Der Supermarkt wird mit Videokameras überwacht* 超级市场用电视摄像机进行监控 ‖ *hierzu*(派生) **Über·wa·chung** *die*

über·wäl·ti·gen; *überwältigte, hat überwältigt*; Vt (及物) **1. j-n ü.** bewirken, dass j-d sich nicht mehr wehren od. flüchten kann 制服 ≈ bezwingen: *Die Hausbewohner konnten den Einbrecher ü.* 住户制服了入室偷盗者 **2. etw. überwältigt j-n** ein Gefühl *o.Ä.* ist so stark, dass sich j-d nicht dagegen wehren kann(物作主语)支配,控制,压倒 〈von Angst, vom Schlaf überwältigt werden 大惊失色,昏昏欲睡〉: *Trauer überwältigte ihn* 悲痛把他压倒了 ‖ *hierzu*(派生) **Über·wäl·ti·gung** *die*

über·wäl·ti·gend 1. *Partizip Präsens*(现在分词); ↑ **überwältigen 2.** *Adj*(形); ungewöhnlich groß od. stark 巨大的,惊人的,压倒的,了不起的 〈e-e Zahl, e-e Menge 数目,数量〉: *e-n Antrag mit überwältigender Mehrheit annehmen* 以压倒的多数通过(采纳,同意)一项提案 **3.** *Adj*(形); ungewöhnlich intensiv, mit sehr starker Wirkung 令人倾倒的,扣人心弦的,动人心魄的 〈ein Anblick, ein Eindruck, ein Erlebnis 景色,印象,经历〉

über·wech·seln (*ist*) Vi (不及物) **1. irgendwohin ü.** von einer Seite auf die andere gehen, fahren *usw* 换到,转入: *von einer Fahrspur auf die andere ü.* 由一个车道换到(转入,驶入)另一个车道 **2. irgendwohin ü.** e-e bestimmte Gruppe, zu der man gehört, verlassen, um sich e-r anderen anzuschließen 倒向,转入,改入〈ins feindliche Lager ü. 倒向敌人阵营〉: *von der sozialistischen zur kommunistischen Partei ü.* 从社会党转入共产党

über·wei·sen; *überwies, hat überwiesen*; Vt (及物) **1. etw. ü.** Geld von einem Bankkonto auf ein anderes transferieren lassen 汇(款),汇去〈j-m/an j-n Geld ü. 给某人汇款〉 **2. j-n** (**an j-n/etw./zu j-m/etw.**) **ü.** (als Arzt) e-n Patienten zu e-m anderen Arzt od. in e-e Klinik schicken 转诊;转院: *Mein Hausarzt hat mich an e-n/zum Orthopäden überwiesen* 我的家庭医生把我转到矫形外科医生那

U

里

Über·wei·sung *die* **1.** das Überweisen (1)汇款,汇兑〈Überweisungen vornehmen 办理汇款〉‖ K-(复合): ***Überweisungs-, -auftrag, -formular*** **2.** ***e-e Ü.*** (***über*** + *Zahlenangabe* 数字说明语) e-e Geldsumme, die man überwiesen (1) hat 汇款(额): *Hast du meine Ü. schon bekommen?* 你已经收到我的汇款了吗?; *e-e Ü. über 350 Euro* 一笔350欧元的汇款 **3.** ein Formular, mit dem man Geld überweist (1)汇款登记表,汇款单 **4.** das Überweisen (2) e-s Patienten 转诊 ‖ K-(复合): ***Überweisungs-, -schein***

über·weit *Adj*(形); weiter als normal 太宽大的,过分宽松的〈Kleidungsstücke 衣服〉‖ *hierzu* (派生) **Über·wei·te** *die*

über·wer·fen[1]; *wirft über, warf über, hat übergeworfen*; [Vt] (及物) ***j-m/sich etw. ü.*** j-m/sich etw. schnell über die Schultern legen 给…披上: *Wirf dir rasch e-n Mantel über!* 你快给自己披上一件大衣吧! ‖ ▶ ***Überwurf***

über·wer·fen, sich[2]; *überwirft sich, überwarf sich, hat sich überworfen*; [Vr] (反身) ***j-d überwirft sich mit j-m***; 〈Personen 人们〉 ***überwerfen sich*** zwei od. mehrere Personen streiten sich und versöhnen sich nicht mehr (人作主语)单:与…闹翻;复:闹翻: *Er hat sich wegen seiner Heirat mit der ganzen Familie überworfen* 他因为自己的婚事与全家闹翻了; *Die beiden haben sich überworfen* 这两个人已经闹翻了

über·wie·gen; *überwog, hat überwogen*; [Vt/i] (及物/不及物) **1.** ***etw. überwiegt (etw.)*** etw. ist wichtiger, stärker *o. Ä.* als etw. anderes (物作主语)占优势,占上风,超过,胜过: *Zurzeit überwiegt bei mir ein Gefühl der Unzufriedenheit* 目前在我身上不满意的感情占上风; *Die Neugier überwog seine Schüchternheit* 好奇心胜过了他的胆怯心理; [Vi] (不及物) **2.** 〈Personen/Dinge〉 ***überwiegen*** bestimmte Personen/Dinge sind in größerer Zahl od. Menge vorhanden als andere(人/物作主语)占主要部分,占多数: *Bei den Arbeitslosen überwiegen die Frauen* 在失业者中妇女占多数

über·wie·gend **1.** *Partizip Präsens*(现在分词); ↑ ***überwiegen*** **2** (*auch* 也作 **über·wie·gend**) *Adj*(形); *nur attr od adv*(只作定语或状语); den größeren Teil von etw. bildend 主要的,占多数的: *die überwiegende* (= große) *Mehrheit der Bevölkerung* (绝)大多数居民 **3.** (*auch* 也作 **über·wie·gend**) *Adj*(形); *nur adv*(只作状语) ≈ hauptsächlich, vorwiegend, vor allem 主要,多半,首先: *Es sind ü. Jugendliche, die das Lokal besuchen* 光顾这家饭馆的主要是些年轻人

über·win·den; *überwand, hat überwunden*; [Vt] (及物) **1.** ***etw. ü.*** mit etw. Schwierigem (körperlich) fertig werden(克服体能的困难)越过,爬过,走过 ≈ bewältigen, meistern 〈ein Hindernis, e-e Steigung ü. 越过障碍,爬过一个坡〉: *e-e große Entfernung zu Fuß ü.* 步行走了很长一段距离 **2.** ***etw. ü.*** es schaffen, ein unangenehmes Gefühl od. e-e schlechte Eigenschaft verschwinden zu lassen 克服,克制住,把…压下去 ≈ bewältigen, meistern 〈seine Abneigung gegen j-n/etw., seine Angst, seinen Ärger, seinen Ekel, seine Faulheit, seine Schüchternheit *usw* ü. 克服对某人/某物的反感、自己的害怕心理、自己的不快、自己的厌恶情绪、自己的懒惰、自己的胆怯心理等〉 **3.** ***etw. ü.*** e-n sehr schlimmen Zustand *o. Ä.* beseitigen, e-e Krankheit besiegen 消除,战胜: *den Hunger in der Welt, den Krebs ü. wollen* 要消除世界上的饥饿,要战胜癌症 **4.** ***j-n ü.*** *geschr* [书]≈ besiegen 〈e-n Feind, e-n Gegner ü. 击败敌人,战胜对手〉; [Vr] (反身) **5.** ***sich (zu etw.) ü.*** sich dazu bringen, etw. zu tun od. zu sagen, das man eigentlich nicht tun od. sagen wollte 克制自己,强制自己,勉强自己去做某事: *Er überwand sich, ihr zu helfen, obwohl sie ihm sehr unsympathisch war* 虽然他很不喜欢她,但他还是勉强自己去帮助她 ‖ *hierzu* (派生) **Über·win·dung** *die*; *nur Sg*(只用单数); *zu* (义项) **1.** und **2.** **über·wind·bar** *Adj* (形)

über·win·tern; *überwinterte, hat überwintert*; [Vi] (不及物) **1.** 〈Tiere/Vögel 动物/鸟类〉 ***überwintern irgendwo*** Tiere/Vögel halten sich irgendwo während des Winters auf 过冬,越冬,冬眠: *Igel überwintern unter Haufen von Blättern und Zweigen* 刺猬在树叶和树枝堆里过冬; [Vt] (及物) **2.** ***etw. irgendwo ü.*** e-e Pflanze während des Winters irgendwo aufbewahren ü. 让…过冬,使过冬: *Geranien im Keller ü.* 让天竺葵在地下室过冬 ‖ *hierzu* (派生) **Über·win·te·rung** *die*; *nur Sg*(只用单数)

über·wu·chern; *überwucherte, hat überwuchert*; [Vt] (及物) ***etw überwuchert etw.*** Pflanzen wachsen sehr schnell und bedecken etw. (物作主语)长满,盖满.: *Unkraut überwucherte die Beete* 杂草长满了苗床,苗床上杂草丛生 ‖ *hierzu* (派生) **Über·wu·che·rung** *die*

Über·wurf *der*; ein weites Kleidungsstück ohne Ärmel, das man locker über seiner Kleidung trägt 斗篷,披风 ≈ Umhang 〈e-n Ü. tragen 穿着斗篷〉‖ ▶ ***überwerfen***

Über·zahl *die*; *nur Sg*(只用单数); *mst in* 多用于 〈Personen 人们〉 ***sind in der Ü.*** bestimmte Personen bilden die Mehrheit 占多数: *Bei der Versammlung waren die Männer in der Ü.* 会议上男人占多数

über·zäh·lig *Adj*(形); *nicht adv*(不作状语); in größerer Anzahl vorhanden als notwendig 多余的,过多的,剩余的 ≈ überschüssig

über·zeich·nen; *überzeichnete, hat überzeichnet*; [Vt] (及物) ***j-n/etw. ü.*** j-s Charakter/e-e Eigenschaft übertrieben darstellen 夸张地描写: *Die Personen in dem Drama waren stark überzeichnet* 戏剧中的人物都被描写得十分夸张 ‖ *hierzu* (派生) **Über·zeich·nung** *die*

Über·zeit *die*; *Kollekt* (集合) (CH) [瑞] ≈ Überstunden

über·zeit·lich *Adj*(形); *nicht adv*(不作状语);

U

nicht an e-e bestimmte Zeit od. Mode gebunden, sondern immer gültig 超时间的,不以时间为转移的,永恒的: *ein Kunstwerk von überzeitlicher Bedeutung* 具有超时间意义的艺术品

über·zeu·gen; *überzeugte, hat überzeugt*; [Vt] (及物) **1. j-n (von etw.) ü.** durch Argumente bewirken, dass j-d etw. glaubt od. als richtig anerkennt 使信服,使确信〈j-n von der Notwendigkeit/der Richtigkeit e-r Sache ü. 使某人相信某事的必要性/正确性〉; *Er lässt sich einfach nicht (davon) ü., dass Rauchen schädlich ist* 别人根本无法使他相信吸烟是有害的; *Sie hatte ihn überzeugt mitzukommen* 她说服了他一起来 ‖ NB(注意): ≠ überreden; [Vt/i] (及物/不及物) **2. j-d/etw. überzeugt (j-n)** j-d/etw. vermittelt e-n positiven Eindruck(人/物作主语)使人信服,使人获得好印象: *Die Leistungen des Schülers überzeugen nicht* 这个学生的成绩并不使人信服; [Vr] (反身) **3. sich von etw. ü.** etw. genau prüfen, um festzustellen, ob es wirklich wahr od. richtig ist 确信,坚信: *Er hatte sich von der Richtigkeit ihrer Behauptungen persönlich überzeugt* 他本人确信她的论断是正确的

über·zeu·gend 1. *Partizip Präsens* (现在分词); ↑ **überzeugen 2.** *Adj* (形); so, dass es j-n überzeugt (1)令人信服的,有说服力的,确凿的: *e-e überzeugende Geschichte* 一段令人信服的历史; *ü. argumentieren* 令人信服地提出论据

über·zeugt 1. *Partizip Perfekt* (过去分词); ↑ **überzeugen 2.** *Adj* (形); *nicht adv* (不作状语); **von etw. ü. sein** keine Zweifel über etw. haben 对…深信不疑,坚信…: *Wir sind von seiner Ehrlichkeit ü.* 我们对他的诚实深信不疑; *Er ist ü.* (davon), *das Richtige zu tun/dass er das Richtige tut* 他坚信做得对 **3.** *Adj* (形); *nur attr, nicht adv* (只作定语,不作状语); ganz sicher, dass etw. richtig od. gültig ist 有坚定信念的,坚定的〈ein Christ, ein Demokrat, ein Pazifist, ein Marxist *usw* 基督教徒,民主主义者,和平主义者,马克思主义者等〉 **4. von sich (selbst) ü.** *oft pej* 常作[贬]; sehr selbstbewusst (und *mst* ein bisschen arrogant)很自信,自负

Über·zeu·gung *die*; -, *-en*; e-e feste Meinung, die man sich gebildet hat 信念,确信〈der Ü. sein, dass... 坚信…; die Ü. gewinnen, dass... 获得…信念; zu der Ü. gelangen/kommen, dass... 得到…信念; gegen seine Ü. handeln 违心行事,做违心的事; etw. aus (innerer) Ü. tun 出自内心的信念做某事〉 ‖ K-(复合): **Überzeugungs-, -kraft**

über·zie·hen[1]; *zog über, hat übergezogen*; [Vt] (及物) **(j-m/sich) etw. ü.** j-m/sich ein Kleidungsstück (über ein anderes) anziehen (给…)穿上: *Sie zog sich e-n Mantel über* 她给自己穿上一件大衣

über·zie·hen[2]; *überzog, hat überzogen*; [Vt] (及物) **1. etw. ü.** etw. gleichmäßig mit etw. bedecken(均匀地)涂上,盖上,抹上: *e-e Torte mit Zuckerguss, Möbel mit Lack ü.* 把糖稀浇在圆形大蛋糕上,给家具上油漆 **2. etw. (mit etw.) ü.** ≈ etw. (mit etw.) beziehen[1] (1, 2) 蒙上,铺上: *Das Sofa muss neu überzogen werden* 沙发必须重新绷面; *die Betten frisch/mit frischer Bettwäsche ü.* 给床铺换上新床单 **3. etw. ü.** ≈ übertreiben: *seine Kritik ü.* 夸大他的批评; [Vt/i] (及物/不及物) **4. (sein Konto) ü.** mehr Geld von seinem Konto abheben od. überweisen, als dort vorhanden ist(在自己的账户上)透支 **5. (etw.) ü.** (bei e-m Auftritt, e-r Rede *o. Ä.*) mehr Zeit brauchen, als einem zusteht 超过规定时间〈die Sendezeit ü. 超过规定的播出时间〉: *Der Redner hat schon 5 Minuten überzogen* 发言者已经超过(规定时间)五分钟了; [Vr] (反身) **6.** *mst* 多用 **der Himmel überzieht sich (mit Wolken)** der Himmel wird allmählich mit Wolken bedeckt 天空逐渐布满阴云 ‖ zu (义项) **4. Über·zie·hung** *die* ‖ ▶ **Überzug**

über·zo·gen 1. *Partizip Perfekt* (过去分词); ↑ **überziehen**[2] **2.** *Adj* (形) ≈ übertrieben (groß, stark *usw*)〈Erwartungen, Forderungen, Kritik 期望,要求,批评〉

über·züch·tet *Adj* (形); *nicht adv* (不作状语); durch viele und übertriebene Züchtungen entstanden und deshalb nicht mehr gesund od. robust 饲养或培育过度的,繁殖过多的〈e-e Hunderasse 狗的品种〉

Über·zug 1. e-e (dünne) Schicht, die e-n Gegenstand gleichmäßig bedeckt(很薄的均匀的)涂层,外皮,外膜〈ein Ü. aus Schokolade, Zuckerguss, Kunststoff, Lack *usw* 巧克力涂层,糖稀涂层(糖衣),塑料外膜,漆面〉 **2.** e-e Hülle aus Stoff 套,罩 ≈ Bezug ‖ -K(复合): **Bett-, Kissen-** ‖ ▶ **überziehen**[2]

üb·lich *Adj* (形); *nicht adv* (不作状语); so, wie es meistens, normalerweise ist 通常的,普遍的,流行的,习以为常的 ≈ gewöhnlich, gebräuchlich: *Es ist ü., dass die ganze Familie zur Hochzeit eingeladen wird* 通常都是全家被邀请去参加婚礼; *Wir treffen uns wie ü. an der Haltestelle* 我们像通常一样在车站会面; *Der Bus hat die übliche Verspätung* 公共汽车通常都晚点 ‖ *hierzu* (派生) **üb·li·cher·wei·se** *Adv* (副)

U-Boot *das*; (*Abk für* 缩写,全称为 Unterseeboot) ein Schiff, das tauchen und längere Zeit unter Wasser fahren kann 潜水艇 ‖ K-(复合): **U-Boot-Besatzung, U-Boot-Hafen, U-Boot-Kommandant, U-Boot-Krieg** ‖ -K(复合): **Atom-U-Boot**

üb·rig *Adj* (形); *nicht adv* (不作状语) **1.** noch (als Rest) vorhanden 剩余的,剩下的,多余的,其余的 ≈ restlich, verbleibend〈ü. bleiben 剩下,剩余; etw. ü behalten, haben, lassen 保留,剩有,留下某物〉: *Sind noch Brötchen vom Frühstück ü. (geblieben)?* 早餐的小面包还有剩的吗?; Hast du e-e Zigarette für mich ü.? 你有没有多的香烟给我一支?; *Von der Party haben wir noch einen Kasten Bier ü. behalten* 聚会上我们还剩一整箱啤酒; *Lass mir bitte ein Stück Kuchen ü.!* 请给我留一块点心!; *Alles Übrige besprechen wir morgen* 其余的一切我们明天再商量 **2. im Übrigen** ≈ außerdem,

U

darüber hinaus 此外，另外，除此以外：*Damit wäre der Fall erledigt. Im Übrigen würde ich Sie bitten, mich in Zukunft über so etwas früher zu informieren* 这事就算解决了。顺带提一声，我请您今后把这类事情早点告诉我 **3. etw. tut ein Übriges** etw. bewirkt (zusätzlich zu anderen Faktoren), dass ein *mst* negatives Ergebnis erreicht wird(物作主语)也起着一点不好的作用，也有一点不良影响：*Ich glaube, ich habe mich erkältet. Ich habe schon den ganzen Tag gefroren, und der Regen hat dann ein Übriges getan* 我认为，我感冒了。已经一整天了我都感到很冷，而且下雨也起了一点不好的作用 **4. j-m bleibt nichts** (**anderes/weiter**) **ü., als** + **zu** + *Infinitiv*(不定式) j-d hat keine andere Wahl, als etw. zu tun 某人除了…以外，别无他法(别无选择)，某人没有其他出路，只有…：*Wenn du die Prüfung bestehen willst, wird dir nichts anderes ü. bleiben, als fleißig zu lernen* 如果你想要通过考试，除了勤奋学习以外，别无他法 **5. j-d/etw. lässt** (**viel/sehr**) **zu wünschen ü.** j-d/etw. ist (überhaupt) nicht so, wie man es sich wünscht 某人/某物(很)不如人意，(十分，很)不理想：*Das Wetter lässt viel zu wünschen ü.* 天气很不如人意，天公不作美，老天不帮忙 **6. etw. lässt nicht zu wünschen ü.** etw. ist ideal 某物无可指摘 ‖ NB(注意)：↑ **übrighaben**

üb·rig·blei·ben ↑ **übrig** (4)

üb·ri·gens *Partikel* (小品词)；*unbetont* (非重读)；verwendet, um e-e beiläufige Bemerkung einzuleiten. Man drückt damit aus, dass das neue Thema nicht sehr wichtig ist und dass man auch wieder zum alten Thema zurückkommen will(用来顺便插入一个不太重要的新话题，但随后还要回到老题目上来)此外，另外，顺便提一下：*Ü., da fällt mir ein, du schuldest mir noch zwanzig Euro* 此外，我想起来了，你还欠我 20 欧元；*Das Buch, das du mir geliehen hast, war ü. sehr gut* 顺便提一下，你借给我的那本书很好

üb·rig·ha·ben; *hat übrig, hatte übrig, hat übriggehabt*; [Vt/i] (及物/不及物) (**etwas/viel/wenig/nichts für j-n/etw. ü.** etwas, viel, wenig, kein Interesse an j-m/etw. haben 对某人/某事有兴趣，很感兴趣，很少兴趣，没有兴趣

üb·rig·las·sen ↑ **übrig** (5,6)

Übung *die*; -, *-en* **1.** *nur Sg* (只用单数)；das Wiederholen gleicher od. ähnlicher Handlungen, damit man sie besser kann 练习，训练，锻炼 ⟨etw. zur Ü. tun 为了练习(训练)而做某事；etw. erfordert viel Ü. 某事要求不断练习⟩ ‖ K-(复合)：**Übungs-, -arbeit, -aufgabe, -flug, -stück, -stunde 2. Ü.** (**in etw.** (*Dat* 三格)) die Fertigkeit in e-r bestimmten Sache, die man aufgrund der Ü. (1) hat 熟练 ⟨j-m fehlt die Ü. 他不熟练；j-m fehlt es an (der) Ü. 他缺乏练习；Ü. in etw. erlangen, haben 在某方面得到训练，训练有素；in Ü. kommen, sein 熟练起来，很熟练；in (der) Ü. bleiben (= etw. oft üben) 保持勤练；aus der Ü. kommen, sein 变得生疏，不熟练了⟩：*Um e-e Fremdsprache fließend zu sprechen, muss man ständig in (der) Ü. bleiben* 要想外语说得流利，就必须经常不断地练习(保持勤练)；*Er hat wenig Ü. im Skifahren* 他滑雪不熟练 **3.** ein Stück, das man (immer wieder) spielt, ein Text, den man (immer wieder) sagt, um darin besser zu werden 练习曲，练习课：*Übungen auf der Gitarre spielen* 用吉它弹奏练习曲 ‖ K-(复合)：**Übungs-, -buch** ‖ -K(复合)：**Finger-, Geschicklichkeits-, Sprech-, Stimm- 4.** e-e Aufgabe zur Festigung des Lernstoffs 习题，练习：*Heute machen wir Ü. 7 auf Seite 40* 今天我们做第 40 页上的习题七 **5.** SPORT【体】；e-e (*mst* festgelegte) Reihenfolge von Bewegungen, *bes* beim Turnen 练习动作，动作 ⟨e-e gymnastische Ü. 体操动作；e-e Ü. turnen 做体操动作⟩：*e-e Ü. am Reck* 单杠上的动作，*e-e Ü. im Bodenturnen* 自由体操的动作 ‖ -K(复合)：**Barren-, Boden-, Gymnastik-, Reck-, Turn-; Kür-, Pflicht-; Entspannungs-, Kraft-, Lockerungs- 6.** Handlungen, mit denen *bes* e-e Armee, die Polizei od. die Feuerwehr ihre Aufgaben trainieren 演习，训练 ⟨e-e militärische Ü. 军事演习，训练；zu e-r Ü. ausrücken 出发去演习(训练)⟩ ‖ K-(复合)：**Übungs-, -gelände, -munition, -platz, -schießen** ‖ -K(复合)：**Feuerwehr-, Gelände-, Polizei-, Schieß-, Truppen-, Waffen-, Wehr- 7.** e-e Lehrveranstaltung an der Universität, in der praktische Dinge gemacht werden (wie *z. B.* Versuche od. Übersetzungen)(大学里的)课堂实习(如实验，翻译等)，实践课，练习课 ‖ ID[谚] **Ü. macht den Meister** wenn man etw. oft tut, lernt man, es gut zu tun 熟能生巧，功到自然成

Übungs·sa·che *die*; *mst in* 多用于 **etw. ist** (**reine**) **Ü.** etw. kann nur durch Üben gelernt werden 某事只要肯练就能学会(纯粹是练出来的)

Ufer *das*; *-s*, - **1.** das Land am Rand e-s Flusses, Sees, Meeres *o. Ä.* 岸，河岸，湖岸，海岸 ⟨ein flaches, steiles, befestigtes U. 平坦的、陡峭的、加固了的岸⟩：*ans U. geschwemmt werden* 被冲到岸边；*das sichere U. erreichen* 安全抵岸 ‖ K-(复合)：**Ufer-, -böschung, -promenade, -straße** ‖ -K(复合)：**Fluss-, Meeres-, See- 2. ein Fluss tritt über die Ufer** ein Fluss hat mehr Wasser als normal und breitet sich über die Ufer (1) aus 河水漫过河岸 ‖ ID[谚] *mst* 多用 **Er ist vom anderen U.** *gespr euph*[口][婉]；er ist homosexuell 他是同性恋

ufer·los *Adj*(形) **1.** ≈ endlos ⟨e-e Diskussion 讨论，争论⟩ **2. etw. führt/geht ins Uferlose** etw. geht über ein vernünftiges Maß weit hinaus(物作主语)远远超出理性的范围，不着边际，不会有什么结果：*Es würde ins Uferlose führen, jedes Detail einzeln zu besprechen* 把每个细节都一一加以讨论，这不会有什么结果

uff! *Interjektion*(叹)；verwendet, wenn man

etw. anstrengend findet od. wenn man erleichtert ist(表示人们费劲地找到某物或精神轻松时的心情)嘿！嘀！哈！哟！

Ufo, UFO [ˈuːfo] *das*; *-s*, *-s*; (*Abk für* 缩写,全称为 unbekanntes Flugobjekt) ein unbekannter, fliegender Gegenstand, von dem manche Leute glauben, dass er von e-m anderen Stern komme 不明飞行物,飞碟

u-för·mig, U-för·mig *Adj*(形); mit der Form des Buchstabens U U形的

uh! *Interjektion* (叹); verwendet, um Schreck, Ekel *o. Ä.* auszudrücken(表示恐惧、厌恶等)唉哟！啊！

U-Haft *die*; *Kurzw*(略) ↑ ***Untersuchungshaft***

Uhr [uːɐ] *die*; -, *-en* **1.** ein Gerät, mit dem man die Zeit misst 钟,表〈e-e wasserdichte Uhr 防水表; das Zifferblatt, die Zeiger e-r Uhr 表(钟)面,钟(表)的指针; die Uhr tickt, geht vor/nach/genau/richtig 钟(表)滴答作响,钟(表)走快了/走慢了/走得准/走得正确; die Uhr bleibt stehen, ist abgelaufen 钟(表)停了,不走了; e-e Uhr aufziehen, (vor-/zurück)stellen 给钟(表)上发条(上表),校准钟点(把表往前拨/往后拨)〉: *Auf/Nach meiner Uhr ist es jetzt fünf nach vier* 我的表现在是 4 点 5 分; *Meine Uhr geht jeden Tag zehn Minuten vor* 我的表每天快 10 分钟 ‖ K-(复合): ***Uhr-, -(arm)band, -zeiger*** ‖ -K(复合): ***Armband-, Stand-, Taschen-; Bahnhofs-, Kirchen-, Turm-; Digital-, Kuckucks-, Pendel-, Quarz-; Schach-; Eier-; Sand-, Sonnen-; Stopp-*** **2.** *Zahl der Stunden* (小时数) + ***Uhr*** (+ *Zahl der Minuten* 分钟数) verwendet, um die Zeit anzugeben(用来报时)小时,钟点: *Es ist jetzt genau/Punkt zwölf Uhr* 现在是 12 点整; *Beim Gongschlag war es vierzehn Uhr* 锣响的时候是 14 点; *„Wann geht unser Zug?" – „Um 18 24 "(= achtzehn Uhr vierundzwanzig)* "我们这趟火车什么时候开?"——"18 点 24 分"; *Wir treffen uns gegen elf Uhr* 我们 11 点左右碰面 **3.** ***Wie viel Uhr ist es?*** verwendet, um nach der Uhrzeit zu fragen(用来询问时间)现在几点钟了? ≈ wie spät ist es? **4.** ***rund um die Uhr*** *gespr*[口]; während des ganzen Tages und der ganzen Nacht 连续一整天(一昼夜),全天(24 小时)〈rund um die Uhr arbeiten, geöffnet haben 连续工作一昼夜,全天(昼夜)开放(营业)〉 ‖ ID[谚] ***e-e innere Uhr haben*** gut schätzen können, wie spät es ist 心中有只表(意即:能准确地估算出时间); ***j-s Uhr ist abgelaufen*** *geschr*[书]; j-d wird bald sterben 某人寿数已尽,生命快结束

Uhr·ma·cher *der*; j-d, der beruflich Uhren verkauft und repariert 钟表匠,修表师傅 ‖ *hierzu*(派生) **Uhr·ma·che·rin** *die*

Uhr·werk *das*; *Kollekt* (集合); alle Teile im Innern e-r Uhr, die bewirken, dass sie funktioniert 钟表构件

Uhr·zei·ger|sinn *der*; *nur Sg*(只用单数); die Richtung, in die sich die Zeiger e-r Uhr drehen 时针方向: *etw. im U./gegen den U./entgegen dem U. drehen* 顺时针方向/反时针方向/逆时针方向旋转某物

Uhr·zeit *die*; die Zeit des Tages, die e-e Uhr anzeigt 钟点: *„Haben Sie die genaue U.?" – „Ja, es ist jetzt genau acht Uhr fünfzehn"* "您知道现在的准确钟点吗?"——"知道,现在正好是 8 点 15 分" ‖ ↑ *Abb. Seite* 1850 图见 1850 页

Uhu [ˈuːhu] *der*; *-s*, *-s*; e-e große europäische Eule 雕鸮

ui! *Interjektion*(叹); verwendet, um Überraschung auszudrücken (表示惊奇和意外)哎呀！

UKW [uːkaːˈveː] *ohne Artikel*, *indeklinabel*(不用冠词,词形不变); (*Abk für* 缩写,全称为 Ultrakurzwelle) der Bereich der sehr kurzen Wellen, über die ein (Rundfunk) Sender sendet 超短波 ↔ Kurzwelle, Mittelwelle, Langwelle: *e-n Sender auf UKW empfangen* 接收超短波发射台 ‖ K-(复合): ***UKW-Sender***

Ulk *der*; *-(e)s*; *nur Sg*(只用单数) ≈ Spaß (1), Jux 〈e-n Ulk machen 开玩笑,戏弄,搞恶作剧〉 ‖ *hierzu*(派生) **ul·ken** (*hat*) *Vi*(不及物)

ul·kig *Adj*(形); *gespr*[口] ≈ komisch, lustig: *e-e ulkige Grimasse schneiden* 做滑稽可笑的鬼脸,怪相

Ul·me *die*; -, *-n*; ein großer (Laub)Baum mit ovalen Blättern 榆树

ul·ti·ma·tiv [-f] *Adj*(形); in der Form e-s Ultimatums 最后通牒形式的,最强硬的〈e-e Forderung 要求〉

Ul·ti·ma·tum *das*; *-s*, *Ul·ti·ma·ten* **1.** e-e letzte Forderung unter Androhung schlimmer Konsequenzen, falls diese Forderung nicht rechtzeitig erfüllt wird 最后通牒,哀的美敦书〈j-m ein U. stellen 向某人提出最后通牒〉 **2.** der Zeitpunkt, bis zu dem ein U. erfüllt sein muss 最后期限〈ein U. läuft ab 最后期限快到了〉: *Als das U. abgelaufen war, sprengten die Terroristen das entführte Flugzeug* 最后期限一过,恐怖分子就炸毁了被劫持的飞机

Ul·ti·mo *der*; *-s*, *-s*; WIRTSCH【经】; der letzte Tag des Monats 月底: *etw. bis U. bezahlen* 到月底支付某物的钱

ul·t·ra- *im Adj*, *betont*, *wenig produktiv*(构成形容词,重读,构词弱); in extrem hohem Maß 极(端)…,超…; ***ultramodern, ultrarechts***

Ul·t·ra|kurz·wel·le *die*; *nur Sg*(只用单数); ↑ ***UKW***

ul·t·ra·ma·rin *Adj*(形); *nur präd*, *indeklinabel*(只作表语,词形不变); leuchtend blau 群青的,佛青的 ‖ K-(复合): ***ultramarin-, -blau***

Ul·t·ra·schall *der*; *nur Sg*(只用单数), PHYS【物】; Töne von so hoher Frequenz, dass der Mensch sie nicht hören kann 超声,超声波: *e-e Schwangere mit U. untersuchen, um die Entwicklung des Kindes zu beobachten* 用超声波对一个孕妇进行检查,以便观察婴儿的发育 ‖ K-(复合): ***Ultraschall-, -behandlung, -bild, -gerät, -untersuchung***

ul·t·ra·vi·o·lett *Adj*(形); PHYS【物】; zum Bereich der Lichtstrahlen gehörig, die (im Farbspektrum) neben dem Violett liegen und nicht als Farbe sichtbar sind 紫外线的: *Die ultravioletten Strahlen bewirken, dass*

U

Uhrzeit 钟点

Wie spät ist es?
现在是几点钟？

	gesprochen 口说：	im Radio oder geschrieben auch 广播或书写也用		
	acht (Uhr) / (Es ist) acht. 8点（钟）	8^{00} / 8.00 (Uhr) acht Uhr 8点（钟）	bzw. 或者	20^{00} / 20.00 (Uhr) zwanzig Uhr 20点
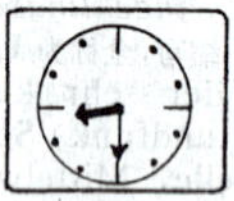	halb (neun) / (Es ist) halb (neun). 8点半	8^{30} / 8.30 (Uhr) acht Uhr dreißig 8点30分	bzw. 或者	20^{30} / 20.30 (Uhr) zwanzig Uhr dreißig 20点30分
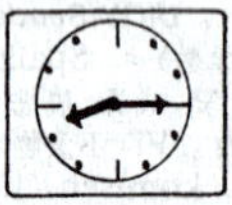	Viertel nach (acht) / (Es ist) Viertel nach (acht) / *auch* (Es ist) viertel neun. 8点一刻	8^{15} / 8.15 (Uhr) acht Uhr fünfzehn 8点15分	bzw. 或者	20^{15} / 20.15 (Uhr) zwanzig Uhr fünfzehn 20点15分
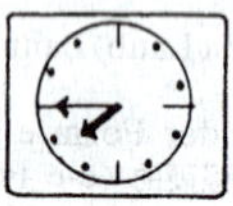	Viertel vor (acht) / drei viertel acht / drei Viertel / (Es ist) Viertel vor / drei viertel acht. 差一刻8点/7点三刻	7^{45} / 7.45 (Uhr) sieben Uhr fünfundvierzig 7点45分	bzw. 或者	19^{45} / 19.45 (Uhr) neunzehn Uhr fünfundvierzig 19点45分
	(Es ist) Mitternacht / zwölf Uhr (nachts)./ (Es ist) Mittag / zwölf Uhr (mittags). 半夜/夜里12点 中午/中午12点	0^{00} / 0.00 (Uhr) null Uhr 12^{00} / 12.00 (Uhr) 零点/12点	bzw. 或者	24^{00} / 24.00 (Uhr) vierundzwanzig Uhr 24点
	fünf vor halb (neun) / (Es ist) fünf vor halb (neun). 8点25分	8^{25} / 8.25 (Uhr) acht Uhr fünfundzwanzig 8点25分	bzw. 或者	20^{25} / 20.25 (Uhr) zwanzig Uhr fünfundzwanzig 20点25分
	fünf nach halb (neun) / (Es ist) fünf nach halb (neun). 8点35分	8^{35} / 8.35 (Uhr) acht Uhr fünfunddreißig 8点35分	bzw. 或者	20^{35} / 20.35 (Uhr) zwanzig Uhr fünfunddreißig 20点35分

Geht die Uhr richtig?
这表走得准吗？
Es ist acht (Uhr):
现在是8点

Die Uhr geht vor. 这表走快了	Die Uhr geht genau / richtig. 这表走得准	Die Uhr geht nach. 这表走慢了

sich unsere Haut in der Sonne verfärbt 紫外线使得我们的皮肤在阳光下变色 ‖ *hierzu*（派生）**Ul·tra·vi·o·lett** *das*；*-s*；*nur Sg*（只用单数）‖ NB(注意)：↑ **UV**

um¹ *Präp*(介)；*mit Akk*（支配四格）**1. um etw.**（+ **herum**）verwendet zur Bezeichnung e-r Bewegung od. e-r Lage in der Form e-s Kreises od. e-s Bogens 围绕，环绕：*sich e-n Schal um den Hals binden* 在脖子上围一条围巾；*einmal um das Haus (herum) laufen* 围着房屋跑一圈；*Das Schilf wächst rund um den See* 芦苇围绕着湖生长；*Ein Auto bog um die Ecke* 汽车绕过了拐角 **2** '**um sich** + *Verb*(动词)；verwendet zur Bezeichnung e-r Bewegung, Wirkung *o. Ä.* von e-m Punkt aus in alle Richtungen(表示环绕某一点进行运动或产生作用)向周围：*nervös um sich schauen* 烦躁不安地环视周围；*wild um sich schlagen* 疯狂地乱打周围的人；*e-n unangenehmen Geruch um sich verbreiten* 向周围散布难闻的气味；*Das Feuer griff rasch um sich* 火迅速向四周蔓延开来 **3. um** + *Zahl*(数字)（+ *Uhr*）verwendet zur Angabe der (Uhr)Zeit, zu der etw. geschieht(表示钟点)在…时：*um zehn (Uhr) ins Bett gehen* 在 10 点钟睡觉(就寝) **4. um** + *Zeitangabe*(时间说明语)（+ **herum**）verwendet zur Angabe e-r ungefähren Zeit(表示不确定的时间)在…左右，在…前后：*Die Sitzung wird so um elf Uhr herum vorbei sein* 会议可能 11. 点左右就结束；*Um Neujahr (herum) schneite es das erste Mal* 新年前后下了第一场雪 **5.** verwendet zur Angabe e-s bestimmten Betrags od. Werts (oft im Vergleich mit e-m anderen)(表示数量，度量等比较时的差额)：*sich um drei Euro verrechnen* 算错了 3 欧元；*Sie ist um zwei Jahre jünger als ich* 她比我小两岁；*Er kam um zehn Minuten zu spät* 他晚到了 10 分钟 **6.** verwendet, um den Preis von etw. anzugeben(用来报价)用，花，出 ≈ für：*Sie können es um 100 Euro haben* 花 100 欧元您可以拿走 **7.** *Subst*(名词) + **um** + *Subst*（名词）verwendet zur Bezeichnung e-r ununterbrochenen Reihenfolge od. e-r großen Zahl von etw.(表示连续出现的动作)…又…，…复…，…接着… ≈ einer/eins/eine nach dem/der anderen：*einen Fehler um den anderen machen* 犯一个又一个错误；*Stunde um Stunde verging – aber sie rief nicht an* 时间一个小时又一个小时地过去了——但是她没有打电话来 **8.** verwendet mit bestimmten Verben, Substantiven und Adjektiven, um e-e Ergänzung anzuschließen(用作某些动词、名词和形容词的固定搭配)：*sich Sorgen um j-n machen* 为某人担忧，操心；*j-n um seinen Rat bitten* 请某人出主意，想办法；*j-n um seinen beruflichen Erfolg beneiden* 妒忌(羡慕)某人在业务上的成就

um² *Adv*（副）；**um (die)** + *Zahl*（数目）+ *Subst*(名词)；verwendet, um e-e ungefähre Zahl anzugeben(表示大概的数目)大约：*Die Reparatur wird um die 250 Euro kosten* 修理大约要花费 250 欧元；*Es waren um die 500 Leute da* 那里曾经大约有 500 人

um³ *Konjunktion*(连) **1. um zu** + *Infinitiv*(不定式)；verwendet, wenn man e-e Absicht od. e-n Zweck bezeichnen will(表示意图或目的)为了，以便：*Sie kam, um sich zu entschuldigen* 她来是为了请求原谅(道歉)；*Er öffnete die Tür, um sie hereinzulassen* 他把门打开好让她进来 **2.** *Adj*(形) + **genug, um zu** + *Infinitiv*(不定式)；verwendet, wenn man den Grund angeben will, warum etw. möglich ist od. sein müsste(表示可能或定会发生某种情况的原因)：*Er ist dumm genug, um so e-n Fehler zu machen* 他愚蠢得足以犯类似这样的错误 **3. zu** + *Adj*(形), **um zu** + *Infinitiv*(不定式)；verwendet, wenn man den Grund angeben will, warum etw. nicht möglich ist (表示说明不可能做某事的原因)：*Er ist zu krank, um zu arbeiten* 他病重得无法工作 ‖ NB(注意)：↑ **als³** (5), **umso**

um⁴ *nur in* 只用于 **um j-s/etw. willen** *geschr* [书]；bezeichnet den Grund für etw.(表示原因)为了…缘故，为了…起见 ≈ j-m/etw. zuliebe：*um der Wahrheit willen ein Geständnis machen* 为了真理而供认(坦白) ‖ ID[谚] ↑ **Gott**, **Himmel** (7)

um-¹ *im Verb, betont, trennbar, sehr produktiv*(构成动词，重读，可分，构词强)；Die Verben mit *um-* werden nach folgendem Muster gebildet (um-动词的模式如下)：*umwerfen – warf um – umgeworfen*

1. *um-* drückt aus, dass die Stellung od. Lage e-r Person od. Sache *z. B.* von vorn nach hinten, von innen nach außen od. vom Stehen zum Liegen verändert wird(表示人或物的位置或姿态发生从上向下，从内向外，从直立向横卧的变化)；

etw. umknicken：*Der Sturm knickte die Bäume um* 风暴把树木折断了 ≈ Der Sturm knickte die Bäume, sodass ihre Spitzen nicht mehr nach oben, sondern zum Boden gerichtet waren

ebenso(同类词有)：**(etw.) umbiegen, etw. bläst j-n/etw. um, (j-n/sich/etw.) umdrehen, j-n/etw. umfahren, j-n/etw. umhauen, (etw.) umkippen, etw. umklappen, j-n/etw. umstoßen, etw. umstülpen; umfallen**

2. *um-* drückt aus, dass e-e Bewegung von e-m Ort an e-n anderen, von e-m Behälter in e-n anderen führt(表示移动位置)；

(etw.) umpflanzen：*Er pflanzte die Rosen in ein anderes Beet um* 他把玫瑰移栽到另一个苗床上去 ≈ Er nahm die Rosen aus dem einen Beet heraus und pflanzte sie in ein anderes

ebenso（同类词有）：**j-n umbetten, etw. umfüllen, etw. umgießen, (etw.) umladen, etw. umschütten, j-n/etw. umsetzen, (j-n) umsiedeln; umziehen**

3. *um-* drückt aus, dass e-e Handlung in neuer, anderer Weise wiederholt wird, um e-n Zustand zu ändern(表示行为以另一种新的方式重复，以改变某种状态)；

(etw.) umbauen：*Die Schule wurde in ein*

Museum umgebaut 学校改建成博物馆 ≈ Die Schule wurde so verändert, dass daraus ein Museum wurde
ebenso(同类词有): **etw. umbenennen**, (**etw.**) **umbestellen**, (**etw.**) **umbuchen**, **j-n umerziehen**, **j-n / sich umkleiden**, **etw. umstellen**; **umdisponieren**

um-[2] *im Verb, unbetont und nicht trennbar, begrenzt produktiv*(构成动词,非重读并不可分,构词有限); Die Verben mit *um-* werden nach folgendem Muster gebildet (um-动词的模式如下): *umfließen – umfloss – umflossen*
um- drückt e-e Bewegung od. Lage in der Form e-s Kreises od. e-s Bogens aus(表示动作或状态呈圆形或弧形);
etw. umfahren: *Sie beschlossen, wegen der Staus die Innenstadt zu umfahren* 由于交通阻塞他们决定绕开市中心行驶 ≈ Sie fuhren nicht durch das Zentrum, sondern außen herum
ebenso(同类词有): **j-n / etw. umfassen**, **etw. umfliegen**, **j-n / etw. umgehen**, **j-n / etw. umlagern**

um·än·dern (*hat*) Vt (及物) **etw. u.** ≈ umarbeiten ‖ *hierzu*(派生) **Um·än·de·rung** *die*

um·ar·bei·ten (*hat*) Vt (及物) **etw. u.** etw. so verändern, dass es e-e andere Form od. ein anderes Aussehen bekommt 翻改,改做,修改,改写 ⟨Kleidung u. 翻改衣服; e-n Text u. 修改正文⟩: *e-n Ring u. lassen* 让人加工改制戒指式样 ‖ *hierzu*(派生) **Um·ar·bei·tung** *die*

um·ar·men; *umarmte, hat umarmt*; Vt (及物) **j-n / etw. u.** seine Arme (aus Freude od. in Liebe) um j-n/etw. legen 拥抱,搂抱 ‖ *hierzu*(派生) **Um·ar·mung** *die*

Um·bau *der*; -(*e*)*s*, *-ten*; *mst Sg*(多用单数); das Umbauen 改建: *Der U. des Museums wird vier bis fünf Monate dauern* 博物馆的改建将持续四至五个月

um·bau·en (*hat*) Vt/i (及物/不及物) (**etw.**) **u.** etw. durch Bauen verändern 改建,翻修: *e-e Mühle in ein / zu e-m Wohnhaus u.* 把磨坊改建成住房; *Wir bauen um! Wir bitten um Ihr Verständnis* 我们正在进行改建! 我们请您谅解

um·be·nen·nen; *benannte um, hat umbenannt*; Vt (及物) **etw. u.** e-r Sache e-n neuen Namen geben 重新命名,改名: *Ostpakistan wurde 1971 in Bangladesch umbenannt* 1971年东巴基斯坦改名为孟加拉 ‖ *hierzu*(派生) **Um·be·nen·nung** *die*

um·bet·ten (*hat*) Vt (及物) **j-n u.** e-n Kranken in ein anderes Bett, e-n Toten in ein anderes Grab legen 给病人换床,将死者迁葬

um·bie·gen Vt (及物) (*hat*) **1. etw. u.** etw. so biegen, dass es e-e andere Lage od. Form bekommt 使弯曲: *e-n Nagel, der aus e-m Brett ragt, u., damit man sich nicht daran verletzt* 把从木板上突出来的钉子弯倒,使它不致伤人; Vi (不及物) (*ist*) **2.** *gespr*[口] ≈ umkehren (1)

um·bil·den (*hat*) Vt (及物) **etw. u.** etw. in der Form od. in der Besetzung ändern 改组,改造 ⟨das Kabinett, die Regierung u. 改组内阁,政府⟩ ‖ *hierzu*(派生) **Um·bil·dung** *die*

um·bin·den (*hat*) Vt (**j-m / sich**) **etw. u.** etw. um e-n Körperteil (herum) binden 系上,围上,扎上 ⟨sich e-n Schal, ein Kopftuch, e-e Schürze u. 围上围巾,系上头巾、围裙⟩

um·blät·tern (*hat*) Vi (不及物) ein Blatt in e-m Buch *o. Ä.* nach links legen, damit man zur nächsten Seite kommt 翻书

um·bli·cken, sich (*hat*) Vr (反身) **sich u.** ≈ sich umsehen

Umb·ra *die*; -; *nur Sg* (只用单数); ein (dunkel-)brauner Farbstoff 棕土

um·brin·gen (*hat*) Vt (及物) *gespr* [口] **1. j-n / sich u.** ≈ töten **2. nicht umzubringen sein** große Belastungen ertragen können 结实,耐用 ‖ ID[谚] *mst* 多用 **Das bringt mich noch um!** *gespr*[口]; ich leide sehr darunter 这可把我害苦了! 这真要我的命!

Um·bruch *der* **1.** e-e große Änderung, *mst* im Bereich der Politik(多指政治领域的)重大变化,转变,转折: *Die Gesellschaft befindet sich im U.* 社会正处在转变中 **2.** das Einteilen e-s geschriebenen Textes in Seiten und Spalten, bevor er gedruckt wird 拼版 ⟨den U. machen 拼版⟩ ‖ -K(复合): **Klebe-**; **Seiten-**

um·bu·chen (*hat*) Vt/i (及物/不及物) **1.** (**j-n / etw.**) **u.** j-s Buchung ändern 改变预订的旅行项目或车船票,飞机票: *e-e Reise u.* 更改预订的旅行; *j-n auf e-n anderen Flug u.* 把某人预订的飞机票更改为另一次航班 **2.** (**etw.**) **u.** e-n Geldbetrag auf ein anderes Konto buchen 把…过账,把…转入另一账户 ‖ *hierzu*(派生) **Um·bu·chung** *die*

um·den·ken (*hat*) Vi (不及物) (aufgrund e-r veränderten Situation) über etw. nachdenken und seine Meinung ändern 改变想法,转变思想: *Wir dürfen keine Abwässer mehr in die Flüsse leiten – wir müssen u.!* 我们再也不能把污水排入江河了——我们必须转变思想!

um·dis·po·nie·ren; *disponierte um, hat umdisponiert*; Vi (不及物) anders entscheiden od. planen 另作决定,重新规划,另行安排: *kurzfristig u. müssen* 必须在短期内另作处置

um·dre·hen Vt (及物) (*hat*) **1. j-n / etw. u.** j-n/etw. im Bogen od. im Kreis von einer Seite auf die andere Seite bewegen 转动,翻转,把…翻过来: *den Schlüssel zweimal (im Schloss) u.* (在锁里)把钥匙转动两次; *Er drehte die Leiche um* 他把尸体翻了过来; *Sie drehte das Schild um, sodass die Schrift zur Wand zeigte* 她把招牌翻转过来,让文字向着墙 **2. j-m den Arm u.** j-s Arm so drehen, dass Schmerzen entstehen 扭转某人的胳膊: *Er drehte ihm den Arm um, bis er das Messer fallen ließ* 他把他的胳膊扭转过来,直到他扔掉刀子; Vi (不及物) (*hat / ist*) **3.** *gespr* (口); sich wieder in die Richtung bewegen, aus der man gekommen ist 掉头往回走,向后转 ≈ umkehren (1): *Als der Weg plötzlich aufhörte, mussten wir u.* 路突然到头了,我们不得不掉头往回走; Vr (反身) (*hat*) **4. sich** (**nach j-m / etw.**) **u.** den Kopf und den Körper

U

nach hinten drehen (um j-m/etw. mit den Augen zu folgen)转身,回头(看…): *sich nach e-r hübschen Frau u.* 回头看一个俊俏的女人

Um·dre·hung *die*; e-e Bewegung um die eigene Achse, durch die ein vollständiger Kreis entsteht 旋转,转圈,一转〈e-e halbe, volle U. 转半圈(半转),转一圈(一转); etw. macht e-e U. 某物在旋转(转圈)〉: *Langspielplatten spielt man mit 33 Umdrehungen pro Minute ab* 有人用每分钟转33次的速度放密纹唱片 ‖ K-(复合): **Umdrehungs-**, **-geschwindigkeit**, **-zahl**

um·ei·nan·der *Adv*(副); e-e Person/Sache um die andere (drückt e-e Gegenseitigkeit aus) 相互,彼此: *Ute und Martin kümmern sich u.* 乌特和马丁互相关心(= Ute kümmert sich um Martin, und Martin kümmert sich um Ute)

um·er·zie·hen; *erzog um*, *hat umerzogen*; Vt (及物) ***j-n u.*** (oft durch Zwang) j-n dazu bringen, seine Meinungen od. sein Verhalten zu ändern 改造,重新教育 ‖ *hierzu* (派生) **Um·er·zie·hung** *die*; *nur Sg*(只用单数)

um·fah·ren[1]; *fährt um*, *fuhr um*, *hat umgefahren*; Vt(及物) ***j-n/etw. u.*** beim Fahren so gegen j-n/etw. stoßen, dass er/es umfällt 开车时撞倒,碰倒: *ein Straßenschild u.* 开车时撞倒路牌

um·fah·ren[2]; *umfuhr*, *hat umfahren*; Vt (及物) ***etw. u.*** in e-m Bogen um ein Hindernis *o.Ä.* fahren 绕开…行驶,绕过…行驶: *e-e große Stadt u., um nicht im Berufsverkehr stecken zu bleiben* 绕开大城市行驶,免得碰上上下班交通高峰

Um·fah·rung *die*; -, -en **1.** *nur Sg*(只用单数); das Umfahren[2] 绕开行驶 **2.** *südd* Ⓐ Ⓒⓗ[南德][奥][瑞] ≈ Umgehungsstraße

um·fal·len (*ist*) Vi (不及物) **1.** aus e-r stehenden, vertikalen Lage plötzlich in e-e liegende, horizontale Lage fallen 倒下,摔倒,栽倒,跌倒,翻倒 ≈ umkippen: *Er fiel tot um* 他倒地死去了; *an ein Glas stoßen, sodass es umfällt* 把玻璃杯碰倒(翻)了 **2.** *gespr pej*[口][贬]; (unter psychischem Druck) nachgeben und das tun, was ein anderer von einem will(在精神压力下)改变信念,屈服,顺从〈ein Zeuge fällt um 一个证人屈服了〉: *Der Angeklagte fiel kurz darauf um und legte ein Geständnis ab* 此后不久,被告就屈服供认了 ‖ ID[谚] ***zum Umfallen müde sein*** sehr müde sein 疲惫不堪,累得要命

Um·fang *der* **1.** die Länge e-r Linie, die um die äußerste Begrenzung e-s Gegenstandes herum läuft 周长,围长: *den U. e-s Kreises berechnen* 计算一个圆的周长; *Seine Oberarme haben e-n U. von dreißig Zentimetern* 他的上臂围长30厘米 ‖ -K(复合): **Bauch-**, **Brust-**, **Leibes-**; **Erd-**; **Kreis-** **2.** ≈ Größe〈etw. ist von beträchtlichem U. 某物规模可观,篇幅相当大〉 **3.** die Dimensionen od. die Reichweite von etw. (*mst* Negativem) 规模,范围 ≈ Ausmaß: *ein Problem in seinem vollen U. erkennen* 充分认识(全面了解)一个问题

um·fan·gen; *umfängt*, *umfing*, *hat umfangen*; Vt *geschr* (及物)[书] **1.** ***j-n/etw. u.*** seine Arme um j-n/etw. legen 拥抱 ≈ umfassen (2) **2.** ***etw. umfängt j-n/etw.*** etw. umgibt j-n/etw. 围绕,包围: *Tiefe Dunkelheit umfing sie* 一片漆黑吞没了她

um·fang·reich *Adj*(形); *nicht adv*(不作状语); mit großem Umfang 广大的,广泛的,广博的,内容丰富的,颇具规模的 (2): *umfangreiche Nachforschungen anstellen* 进行广泛的调查; *ein umfangreicher Bericht* 内容丰富的报告

um·fas·sen; *umfasste*, *hat umfasst*; Vt(及物) **1.** ***etw. umfasst etw.*** etw. enthält etw. in der genannten Menge od. Zahl(物作主语)包括,包含: *Das Buch umfasst dreihundert Seiten* 这本书有300页 **2.** ***j-n/etw. u.*** seine Finger, Hände od. Arme um j-n/etw. legen und ihn/es festhalten 抓住,攥住,抱住,搂住: *j-s Handgelenk u.* 抓住某人的手腕 **3.** ***etw.*** (***mit etw.***) ***u.*** ≈ einfassen: *e-n Hof mit e-r Mauer u.* 用墙把院子围起来 ‖ *zu* (义项)**3. Um·fas·sung** *die*; *nur Sg*(只用单数)

um·fas·send **1.** *Partizip Präsens*(现在分词); ↑ **umfassen** **2.** *Adj* (形); fast vollständig 全面的,完全的〈ein Geständnis 承认,供认〉 **3.** *Adj* (形) ≈ umfangreich, weit reichend〈Kenntnisse, Maßnahmen 知识,措施〉

Um·feld *das*; *nur Sg*, *Kollekt*(只用单数)(集合); die Gesamtheit der gesellschaftlichen, politischen und wirtschaftlichen Einflüsse, die auf j-n einwirken 影响范围,周围的环境: *das soziale U. e-s Verbrechers* 一个罪犯的社会环境; *das politische U. e-r terroristischen Vereinigung* 一个恐怖主义团体的政治影响范围

um·flie·gen[1]; *umflog*, *hat umflogen*; Vt (及物) ***j-n/etw. u.*** im Kreis od. im Bogen um j-n/etw. (herum) fliegen 围绕(环绕)…飞行,绕开…飞行

um·flie·gen[2]; *flog um*, *ist umgeflogen*; Vi(不及物) *gespr*[口] ≈ umfallen (1)

um·for·men (*hat*) Vt(及物) ***etw. u.*** die Form von etw. verändern 改变…形式: *e-n Satz* (*vom Aktiv ins Passiv*) *u.* 改变句子的语态(从主动语态变为被动语态) ‖ *hierzu*(派生) **Um·for·mung** *die*

um·for·mu·lie·ren; *formulierte um*, *hat umformuliert*; Vt(及物) ***etw. u.*** etw. anders formulieren 重新表述,重新表达,重新措词: *e-n Satz u.* 重新表述一个句子

Um·fra·ge *die* ≈ Meinungsumfrage: *E-e U. unter Schülern hat ergeben, dass viele auch außerhalb der Schule Sport treiben* 在中小学生中的一次民意调查表明,许多人在校外也进行体育锻炼

um·frie·den; *umfriedete*, *hat umfriedet*; Vt (及物) ***etw.*** (***mit etw.***) ***u.*** *geschr*[书]; etw. mit e-r Mauer, e-m Zaun *o.Ä.* umgeben (用墙、栅栏等)把…围起来 ‖ *hierzu*(派生) **Um·frie·dung** *die*

um·fül·len (*hat*) Vt (及物) ***etw.*** (***in etw.*** (*Akk* 四格)) ***u.*** etw. von einem Gefäß in ein anderes füllen 改装,转装: *Zucker aus der*

U

Tüte in ein Glas u. 把糖从纸袋里改装到玻璃罐里

um·funk·ti·o·nie·ren; *funktionierte um*, *hat umfunktioniert*; Vt (及物) **etw.** (**in etw.** (*Akk* 四格)/**zu etw.**) **u.** etw. für e-n neuen, anderen Zweck verwenden 改变…的用途,改变…的功能: *e-e alte Fabrik zu e-r/in e-e Diskothek u.* 把一家旧工厂变成一家迪斯科舞厅

Um·gang *der*; *nur Sg* (只用单数) **1. der U.** (**mit j-m**) die regelmäßigen (freundschaftlichen) Kontakte zu j-m 交往,来往,交际 ⟨mit j-m U. haben, pflegen 与某人有交往,保持交往⟩ **2.** die Art von Menschen, zu denen man regelmäßig Kontakt hat (与某种类型人的) 交往,来往 ⟨guten, schlechten U. haben 与好人、与坏人来往⟩ **3. j-d ist kein U. für j-n** j-d hat e-n schlechten Einfluss auf j-n (人作主语) 不配与…交往,对…来说不宜交往 **4. der U. mit j-m/etw.** das Behandeln von j-m/die Handhabung von etw. 同…打交道,对付,处理,使用,操作 ⟨Erfahrung im U. mit j-m/etw. haben 有与某人/某事打交道的经验⟩: *geschickt im U. mit Werkzeugen sein* 熟练地运用各种工具; *den U. mit Wörterbüchern lernen* 学会使用各种词典

um·gäng·lich *Adj* (形); *nicht adv* (不作状语); ⟨ein Mensch, ein Charakter 人,性格⟩ freundlich, sodass man keine Schwierigkeiten mit ihnen hat 善于交际的,好交往的,好打交道的,随和的,平易近人的 ↔ schwierig (3) ‖ *hierzu* (派生) **Um·gäng·lich·keit** *die*; *nur Sg* (只用单数)

Um·gangs·for·men *die*; *Pl* (复) ≈ Benehmen, Manieren ⟨gute Umgangsformen haben 举止文雅,态度得体,言谈风雅⟩

Um·gangs·spra·che *die*; die Sprache, die man *z. B.* zu Hause und im Umgang mit Freunden verwendet 口语,日常使用的语言 ↔ Schriftsprache: *Verkürzte Formen wie „Ich glaub" od. „Ich habs kapiert" sind typisch für die U.* 像"Ich glaub"或"Ich habs kapiert"这样的简略形式,对口语来说是典型的 ‖ *hierzu* (派生) **um·gangs·sprach·lich** *Adj* (形)

um·gar·nen; *umgarnte*, *hat umgarnt*; Vt (及物) **j-n u.** *geschr* [书]; zu j-m sehr freundlich sein, um ihn für sich zu gewinnen 笼络,讨好,拉拢,巴结: *j-n mit Schmeicheleien u.* 用奉承来笼络某人

um·ge·ben; *umgibt*, *umgab*, *hat umgeben*; Vt (及物) **1. etw. umgibt j-n/etw.** etw. ist auf allen Seiten rund um j-n/etw. herum (物作主语) 围绕,环绕,包围: *Hohe Mauern umgeben das Gefängnis* 高墙把监狱围起来了; *Das Haus war von e-r Rauchwolke umgeben* 这座房屋被烟雾所围绕 **2. etw. mit etw. u.** etw. mit e-r Mauer, e-m Zaun *o. Ä.* an der gesamten äußeren Begrenzung versehen 用…把…围起来: *e-n Garten mit e-r Hecke, mit e-m Zaun u.* 用矮树篱,用篱笆把花园围起来

Um·ge·bung *die*; -, *-en* **1.** das Gebiet, das direkt um e-n Ort od. um e-e Stelle herum liegt 周围(地区),郊区,附近 ⟨die nächste, unmittelbare, nähere, weitere U. 离得最近的、就近的(周围)地区,近郊区,远郊区⟩: *Die Stadt liegt in e-r reizvollen U.* 这个城市的周围景色诱人; *Möwen halten sich gern in der U. von Schiffen und Häfen auf* 海鸥喜欢停留在船只和港口附近 **2.** der Ort, an dem man lebt, und die Menschen, mit denen man Kontakt hat 环境 ≈ Umwelt (2) ⟨die gewohnte, vertraute U. 习惯了的、熟悉的环境; e-e fremde U. 陌生的环境; sich an e-e U. gewöhnen, anpassen (使自己) 习惯、适应环境; sich in e-e U. einleben 习惯于一种环境中生活,顺应环境; sich in e-r U. wohlfühlen 在某种环境中感到舒服,愉快⟩

um·ge·hen[1]; *ging um*, *ist umgegangen*; Vi (不及物) **1. mit j-m/etw. irgendwie u.** ≈ j-n/etw. irgendwie behandeln: *mit j-m streng u.* 严格地对待某人; *mit seinen Sachen sorgfältig u.* 对自己的事情(东西)很认真,很仔细; *Er weiß mit Kindern (richtig) umzugehen* 他善于同孩子们打交道 **2. ein Gerücht geht um** ein Gerücht verbreitet sich 一种谣言在流传 **3. j-d/etw. geht irgendwo um** j-d/etw. spukt irgendwo (人/物作主语) 出现,出没,作祟: *Im alten Schloss gehen Gespenster um* 在古老的宫殿里有幽灵出没,有鬼魂作祟

um·ge̲·hen[2]; *umging*, *hat umgangen*; Vt (及物) **1. j-n/etw. u.** im Kreis od. Bogen um j-n/etw. herum gehen od. fahren 绕开…走,绕着…行驶: *ein Hindernis u.* 绕开障碍走 **2. etw. u.** etw. Unangenehmes vermeiden 绕开,回避 ⟨Schwierigkeiten 困难⟩: *Es lässt sich nicht u., dass du dich bei ihm entschuldigst* 你向他道歉,这是无法回避的 **3. j-n/etw. u.** etw. tun, ohne j-n zu fragen od. ohne sich an e-e Regel zu halten 绕过,避开,回避 ⟨ein Gesetz, ein Verbot, e-n Vorgesetzten u. 避开法律,禁令,上级⟩ ‖ *hierzu* (派生) **Um·ge̲·hung** *die*; *nur Sg* (只用单数)

um·ge·hend **1.** *Partizip Präsens* (现在分词); ↑ **umgehen**[1] **2.** *Adj* (形); *nur attr od adv* (只作定语或状语); so schnell wie möglich 即刻的,立刻的 ≈ sofortig: *Wir bitten um e-e umgehende Antwort* 我们请求立即答复

Um·ge̲·hungs|stra·ße *die*; e-e Straße, die um e-n Ort herumführt 迂回道,绕行路,旁路: *e-e U. bauen, um e-e Stadt vom Durchgangsverkehr zu entlasten* 建设绕行路,以便减轻城市过境交通的负担

um·ge·kehrt **1.** *Partizip Perfekt* (过去分词); ↑ **umkehren** **2.** *Adj* (形); so, dass das Gegenteil der Fall ist (dass *z. B.* der Anfang das Ende ist) 相反的,颠倒的,翻转过来的 ≈ entgegengesetzt, gegenteilig: *Es war alles genau u.!* (= genau das Gegenteil war der Fall) — 切都恰好相反; *das Alphabet in umgekehrter Reihenfolge aufsagen* (= von Z bis A) 把字母表倒背出来

um·ge·stal·ten (*hat*) Vt (及物) **etw. u.** e-r Sache e-e neue Form od. ein anderes Aussehen geben 改造,改变…面貌 ⟨e-n Platz, e-n Park u. 改造广场、公园⟩ ‖ *hierzu* (派生) **Um·ge·stal·tung** *die*

um·gie·ßen; *goss um*, *hat umgegossen*; Vt (及

物）**etw.**（**in etw.**（*Akk* 四格））**u.** e-e Flüssigkeit in e-n anderen Behälter füllen 把…倒入另一容器中去，转注，转灌 ≈ umfüllen: *den Saft in e-e Kanne u.* 把果汁灌到壶里去

um·gra·ben（*hat*）**Vt/i**（及物/不及物）（**etw.**）**u.**（mit e-m Spaten）die oberste Schicht der Erde nach unten bringen und dabei die Erde locker machen 翻掘，掘松〈ein Beet, den Boden, den Garten u. 掘松苗床、土地、花园〉

um·grup·pie·ren; *gruppierte um, hat umgruppiert*; **Vt**（及物）**1. j-n/etw.**（*Kollekt od Pl* 集合或复数）**u.** Personen/Dinge in andere Einheiten od. Gruppen ordnen 重新分类，重新分组，重新组合，重新编排: *e-e Sitzgruppe u.* 把一套桌椅重新放置 **2. j-n u.** j-n in e-e andere（Gehalts）Gruppe einteilen 将重新划定薪金级别 ‖ *hierzu*（派生）**Um·grup·pie·rung** *die*

um·gu·cken, sich（*hat*）**Vr**（反身）**sich u.** *gespr*［口］≈ sich umsehen

um·ha·ben（*hat*）**Vt**（及物）**etw. u.** *gespr*［口］; etw. um e-n Teil des Körpers herum tragen 披着，系着，围着: *e-n Schal u.* 围着围巾

Um·hang *der*; e-e Art weiter Mantel ohne Ärmel 披风，短斗篷，披肩 ≈ Cape

um·hän·gen; *hängte um, hat umgehängt*; **Vt**（及物）**1. etw. u.** etw. an e-e andere Stelle hängen 把…挂到另一个地方: *ein Bild u.* 把画挂到另一个地方 **2.**（**j-m/sich**）**etw. u.** j-m/sich etw. über die Schultern legen, sodass es um den Körper herum hängt（给…）披上，挎上〈j-m e-e Decke, sich e-n Mantel, ein Cape u. 给某人披上毯子，给自己披上大衣、斗篷〉

Um·hän·ge|ta·sche *die*; e-e Tasche, die man an e-m langen Riemen über der Schulter trägt 挎包

um·hau·en（*hat*）**Vt**（及物）*gespr*［口］**1. j-n u.** j-m e-n kräftigen Schlag geben, sodass er zu Boden fällt 把…击倒，打倒 ≈ niederschlagen **2. etw. haut j-n um** etw. hat e-e starke Wirkung auf j-n（物作主语）使（身体）承受不了，使（身体）抵抗力受到损害 ≈ etw. wirft j-n um: *Ein Glas Bier wird dich doch nicht gleich u.!* 一杯啤酒不会马上让你醉倒!; *Es hat mich fast umgehauen, als ich von seinem Lottogewinn hörte* 当我听到他中彩时，差点儿把我都惊瘫了 **3. e-n Baum u.** ≈ e-n Baum fällen

um·her *Adv*（副）; in allen Richtungen 周围，四周 ≈ ringsum: *Weit u. war alles leer* 四周远处空无一物

um·her- *im Verb, betont und trennbar, begrenzt produktiv*（构成动词，重读并可分，构词有限）; Die Verben mit *umher-* werden nach folgendem Muster gebildet（umher- 动词的模式如下）: *umherlaufen – lief umher – umhergelaufen*

umher- drückt aus, dass e-e Bewegung ohne festes Ziel in alle Richtungen verläuft（表示动作无固定目的，向四处反复进行）到处…，四处…，反复…，来回… ≈ herum-（3）;

umherblicken: *Er stand auf dem Berg und blickte umher* 他站在山上四处张望（东张西望）≈ Er blickte in alle Richtungen, ohne etw. Bestimmtes zu suchen

ebenso（同类词有）: **umherfahren, umherfliegen, umhergehen, umherirren, umherlaufen, umherreisen, umherschleichen, umherschlendern, umherschweifen, umherschwirren, umherspringen, umherstreifen, umherziehen; etw. umhertragen**

um·hin·kön·nen; *konnte umhin, hat umhingekonnt*; **Vi**（不及物）**nicht u. + zu +** *Infinitiv*（不定式）*geschr*［书］; keine andere Wahl haben, als etw. zu tun 不得不做某事，只好做某事 ≈ etw. nicht umgehen, vermeiden können: *Obwohl er Mitleid mit der jungen Frau hatte, konnte der Polizist nicht umhin, ihr den Führerschein abzunehmen* 虽然警察同情那个年轻女子，但是他不得不扣下她的驾驶证

um·hö·ren, sich（*hat*）**Vr**（反身）**sich**（**nach etw.**）**u.** verschiedenen Leuten Fragen stellen, um etw. über ein bestimmtes Thema zu erfahren 四处打听，询问 ≈ sich nach etw. erkundigen: *sich nach e-m neuen Job u.* 四处打听要找个新的临时工作; *sich u., ob irgendwo e-e Wohnung frei ist* 到处询问哪里有住房空着

um·hül·len; *umhüllte, hat umhüllt*; **Vt**（及物）**1. etw. umhüllt j-n/etw.** etw. umgibt etw.（物作主语）包围，笼罩: *Rauch umhüllte das Haus* 烟笼罩着这座房屋 **2. j-n/sich/etw. mit etw. u.** j-n/sich/etw. mit etw. bedecken od. umgeben 用…把…围上，包上，裹上: *sich mit e-m Schleier u.* 蒙上面纱

Um·hül·lung *die*; -, -*en* ≈ Hülle

Um·kehr *die*; -; *nur Sg*（只用单数）; das Umkehren（1）转回，折回，掉头〈j-n zur U. bewegen, zwingen 促使，迫使某人掉头〉

um·keh·ren **Vi**（不及物）（*ist*）**1.** sich wieder in die Richtung bewegen, aus der man gekommen ist 转回，折回，掉头，返回，驶回，飞回 ≈ umdrehen（4）: *auf halbem Weg, kurz vor dem Ziel u.* 半路上返回来，快到终点前返回来; **Vt**（及物）（*hat*）**2. etw. u.** etw. in sein Gegenteil verändern 使逆转，使颠倒〈e-e Entwicklung, e-e Reihenfolge u. 使发展逆转，把顺序颠倒过来〉**3. etw. u.** die innere Seite von etw. nach außen od. die obere Seite nach unten bewegen（里面向外或上面向下）把…翻（转）过来，翻个面: *seine Taschen u. und ausleeren* 把他的口袋翻过来倒空 ‖ zu（义项）**2. um·kehr·bar** *Adj*（形）

um·kip·pen（*hat/ist*）**Vi**（不及物）（*ist*）**1.** ≈ umfallen（1）: *mit dem Stuhl nach hinten u.* 同椅子一起向后翻倒 **2.** *gespr*［口］; ohnmächtig werden 晕倒，昏倒，昏厥: *Als sie das Blut sah, kippte sie um* 当她看到血的时候，她晕倒了 **3. die Stimmung kippt um** die Stimmung verändert sich plötzlich stark 情绪突然改变 ≈ die Stimmung schlägt um **4.**〈ein See, ein Teich 湖，池塘〉**kippt um** ein See, ein Teich wird so schmutzig od. verseucht, dass Pflanzen und Tiere darin nicht

U

mehr leben können 受到严重污染(以致动植物无法在其中生存); [Vt] (hat) **5. etw. u.** bewirken, dass etw. umfällt (1)弄翻,弄倒: *mit dem Arm ein Glas u.* 用胳膊碰倒一个玻璃杯

um·klạm·mern; *umklammerte, hat umklammert*; [Vt] (及物) ***j-n/etw. u.*** die Finger, Hände od. Arme um j-n/etw. legen und ihn/es sehr fest halten 揪住,攥住,抓住,扭住,抱住: *Das weinende Kind umklammerte seine Puppe* 那个哭闹的孩子抓住自己的玩具娃娃 ‖ *hierzu*(派生) **Um·klạm·me·rung** *die*; *nur Sg*(只用单数)

ụm·klap·pen (*hat*) [Vt] (及物) **etw. u.** etw. nach oben od. unten od. zur Seite klappen 折叠,折合: *e-n Autositz nach vorne u., um e-e größere Ladefläche zu haben* 把汽车椅座翻上去,以便有更大的装载面积 ‖ *hierzu*(派生) **ụm·klapp·bar** *Adj*(形)

ụm·klei·den (*hat*) [Vt] (及物) ***j-n/sich u.*** j-m/sich andere Kleider anziehen 给…更衣,换衣服 ≈ j-n/sich umziehen² ‖ K-(复合): ***Umkleide-, -kabine, -raum***

ụm·kni·cken [Vt] (及物) (*hat*) **1. etw. u.** etw. so stark biegen, dass es an e-r Stelle bricht 折断: *Der Sturm hat die Telefonmasten umgeknickt* 风暴刮断了电线杆; [Vi] (不及物) (*ist*) **2. etw. knickt um** etw. wird umgeknickt (1)(物作主语)(被)折断: *Die Blumen knickten im Wind um* 花在风中被折断 **3.** (***mit dem Fuß***) **u.** mit dem Fuß aus Versehen so auf den Boden treten, dass sich das Fußgelenk stark zur Seite biegt und es wehtut 崴脚,扭伤脚踝

ụm·kom·men (*ist*) [Vi] (不及物) **1.** durch e-n Unfall od. im Krieg sterben 丧命,丧生,遇难,阵亡 ↔ überleben: *Bei der Überschwemmung sind mehr als hundert Menschen umgekommen* 在洪水中有 100 多人丧生 **2. vor etw.** (*Dat* 三格) **u.** *gespr*[口]; etw. nicht mehr ertragen können 因…而无法忍受: *Auf der Party bin ich vor Langeweile fast umgekommen* 在聚会上我感到无聊得要死

Ụm·kreis *der*; *nur Sg*(只用单数) **1.** das Gebiet um etw. herum 周围(地区),四周,邻近地区 ≈ Umgebung: *im U. e-r Stadt leben* 生活在市郊; *Nachdem der Tanker auf ein Riff gelaufen war, war das Meer im U. von zwanzig Kilometern mit Öl verseucht* 油轮触礁以后,周围 20 公里海面都被油所污染 **2. im U. + Gen**(二格) bei od. unter den Personen, die mit j-m eng zusammenarbeiten 在…周围,在…周围的人中间: *im U. des Kanzlers* 在首相周围

um·krei·sen; *umkreiste, hat umkreist*; [Vt] (及物) ***j-d/etw. umkreist etw.*** j-d/etw. bewegt sich im Kreis um etw. herum(人/物作主语)围绕…走,行驶,运行,运转: *Die Erde umkreist die Sonne* 地球绕太阳运行 ‖ *hierzu*(派生) **Um·krei·sung** *die*

ụm·krem·peln (*hat*) [Vt] (及物) **1. etw. u.** den Rand e-s Kleidungsstücks (mehrere Male) nach oben falten 挽起,卷起: *die Ärmel u., damit sie beim Händewaschen nicht nass werden* 卷起袖子,免得在洗手时打湿 **2. etw. u.** ≈ umkehren (3) 〈die Strümpfe, die Taschen u. 把长统袜子、口袋翻过来〉 **3. *j-n/etw. u.*** *gespr*[口]; j-n/etw. völlig ändern 使完全改变,彻底改变

ụm·la·den (*hat*) [Vt] (及物) **etw. u.** etw. in e-n anderen Behälter od. in ein anderes Fahrzeug laden 转装,转载,转运: *die Fracht vom Lastwagen in den Zug u.* 把货物从载重汽车转装到火车上

Ụm·la·ge *die*; der Teil e-r großen Summe Geld, den e-e einzelne Person od. ein einzelner Haushalt zahlen muss 分摊款项,分摊金额: *Die U. für Müllabfuhr und Hausmeister beträgt dreißig Euro pro Monat* 用于清除垃圾和住房管理员的分摊金额每月为 30 欧元

um·la·gern; *umlagerte, hat umlagert*; [Vt] (及物) 〈Personen 人〉 ***umlagern j-n/etw.*** viele Menschen drängen sich um j-n/etw. 包围,拥挤在…周围: *Nach dem Schlusspfiff waren die Sieger von ihren Fans umlagert* 终场哨声响过以后,狂热的爱好者们拥挤在获胜者的周围

Ụm·land *das*; *nur Sg*(只用单数); das Gebiet um e-e Stadt herum, das wirtschaftlich und kulturell von ihr abhängig ist 城市周围地区,城市郊区,市郊

Ụm·lauf *der* **1.** *nur Sg*(只用单数); die Weitergabe von Geld, Neuigkeiten *o. Ä.* von einer Person od. einem Ort zur/zum anderen 流通,流传,传播 〈etw. in U. bringen 将某物投入流通,使流通; etw. kommt in U., ist in/im U. 某物进入流通,正在流通〉: *alte Geldscheine aus dem U. ziehen* 从流通中回收旧纸币,使旧纸币回笼 **2** ≈ Umkreisung: *der erste U. e-s Satelliten um die Erde* 人造卫星第一次绕地球运行 ‖ K-(复合): ***Umlauf-, -bahn, -zeit*** **3.** *nur Sg*(只用单数); ein Text, der von einem Kollegen zum anderen gereicht wird, bis alle ihn gelesen haben 传阅

Ụm·laut *der* **1.** *nur Sg*(只用单数); die (sprachgeschichtliche) Veränderung e-s Vokals *bes* durch e-n Vokal in der nachfolgenden Silbe 元音变化,变音: *Das „ü" in „Füße" ist der U. des Vokals „u" in „Fuß"* "Füße"中的元音"ü"是"Fuß"中的元音"u"的变音 **2.** ein Vokal, den man mit zwei Punkten schreibt, wie *ä, ö, ü* und *äu* 变元音 ‖ *zu*(义项)**1. ụm·lau·ten** (*hat*) *Vt*(及物)

ụm·le·gen (*hat*) [Vt] (及物) **1. etw. u.** etw. aus der senkrechten in die waagrechte Lage bringen 放倒,弄倒,使倒下,撂倒: *e-n Mast, e-n Zaun u.* 把桅杆放倒,把篱笆弄倒; *Der Hagel hat die Blumen umgelegt* 冰雹把花打折了 **2. etw. u.** die Lage von etw. verändern, indem man es auf die andere Seite dreht, kippt od. klappt 翻下,翻出,翻过来,换向,翻转,按动 〈e-n Hebel, e-n Kragen, e-n Schalter u. 扳操纵杆,把领子翻下来(翻出来),按动开关〉: *die Lehnen der Rücksitze im Auto nach vorne u.* 把汽车后座的扶手翻下来 **3. *j-n u.*** j-n in e-e andere Lage od. an e-n anderen Ort legen

转移,换位,换病房: *e-n Kranken in ein anderes Zimmer u.* 把病人换到另一个房间; *Der Patient wurde umgelegt* 患者换病房了 **4.** ***etw. u.*** etw. auf e-n anderen Zeitpunkt legen 改变,变更(日期) ≈ verlegen 〈e-n Termin u. 改变日期〉 **5.** **(*j-m/sich*) *etw. u.*** j-m/sich etw. um die Schultern od. den Hals herum legen 披上,围上: *sich ein Cape, e-n Schal u.* (给某人/自己)披上斗篷,围上围巾 **6.** ***etw. auf j-n*** (*Kollekt od Pl* (集合或复数)) ***u.*** die Kosten für etw. so teilen, dass mehrere Personen e-n gleichen Anteil bezahlen 分摊(费用): *die Wasserkosten auf die einzelnen Mieter u.* 把水费分摊到各个房客头上 **7.** ***j-n u.*** *gespr* [口] ≈ erschießen

um·lei·ten (*hat*) [Vt] (及物) ***j-n/etw. u.*** j-n/etw. in e-e andere Richtung leiten 使改道,改变…的线路 〈e-n Bach, e-n Fluss, den Verkehr u. 使小溪、河流改道,使交通改道(改变线路)〉: *Die Bundesstraße 2. ist nach e-m Unfall gesperrt. Die Polizei leitet den Verkehr um* 在发生事故后二号联邦公路被封锁了。警察当局让交通改道(绕行); *Wir wurden auf e-e Nebenstrecke umgeleitet* 让我们改道驶入支线

Um·lei·tung *die* **1.** e-e Strecke, über die der Verkehr geleitet wird, weil e-e andere Straße gesperrt ist 改变后的交通线,绕行线,绕行道 〈e-e/auf e-r U. fahren 驶上绕行道〉 ‖ K- (复合): ***Umleitungs-, -schild, -strecke*** **2.** *nur Sg* (只用单数); das Umleiten 改道: *die U. e-s Baches* 小溪改道

um·ler·nen (*hat*) [Vi] (不及物) **1.** e-n neuen Beruf lernen 改学另一门职业,改行,转行 ≈ umschulen **2.** ≈ umdenken

um·lie·gen·d- *Adj* (形); *nur attr, nicht adv* (只作定语,不作状语); in der Umgebung von etw. befindlich 周围的,附近的,邻近的 ≈ benachbart 〈die Dörfer, die Ortschaften 村庄,居民点〉

um·mel·den (*hat*) [Vt] (及物) ***j-n/sich/etw. u.*** j-n/sich/ etw. irgendwo abmelden und an e-r anderen Stelle wieder anmelden 为…(向户籍机关)销户口和报户口;迁户口,办理转户口手续: *Wenn du umziehst, musst du dich u.* 如果你搬家,你必须办理户口迁移手续

um·mo·deln; *modelte um, hat umgemodelt*; [Vt] (及物) ***etw. u.*** *gespr* [口] ≈ ändern, umgestalten

um·mün·zen (*hat*) [Vt] (及物) ***etw.*** (***in etw.*** (*Akk* 四格)) ***u.*** *mst pej* 多用[贬]; etw. mit Absicht anders deuten, als es der Wirklichkeit entspricht 把…硬说成是,把…硬解释为: *versuchen, seine Pingeligkeit in Gewissenhaftigkeit umzumünzen* 企图硬把自己的迂腐当精明

um·nach·tet *Adj* (形); *nicht adv* (不作状语); *mst in* 多用于 ***j-d ist geistig u.*** j-d ist so (wirr), dass er nicht mehr weiß, was er tut 某人神志不清,昏迷

um·nie·ten; *nietete um, hat umgenietet*; [Vt] (及物) ***j-n u.*** *gespr!* [粗] j-n niederschießen 击毙,枪杀

um·or·ga·ni·sie·ren; *organisierte um, hat umorganisiert*; [Vt] (及物) ***etw. u.*** e-e Firma *o. Ä.* anders organisieren als bisher 改组: *e-n Betrieb u.* 改组企业

um·pflan·zen (*hat*) [Vt] (及物) ***etw. u.*** e-e Pflanze an e-n anderen Ort pflanzen 移植,移栽

um·pflü·gen (*hat*) [Vt] (及物) ***etw. u.*** etw. mit dem Pflug bearbeiten 翻耕,犁松 〈ein Feld u. 翻耕土地〉

um·rah·men; *umrahmte, hat umrahmt*; [Vt] (及物) **1.** ***etw. umrahmt etw.*** etw. bildet e-e Art Rahmen um etw. herum (物作主语)围绕,把…框起来: *ein von Locken umrahmtes Gesicht* 一张长着满头鬈发的脸 **2.** ***etw. irgendwie u.*** etw. mit e-m (unterhaltsamen) Rahmenprogramm (*z. B.* mit Musik) versehen 在…前后加上(文娱节目): *e-e Preisverleihung musikalisch u.* 在颁奖仪式上安排音乐节目 ‖ *hierzu* (派生) **Um·rah·mung** *die*; *nur Sg* (只用单数)

um·ran·den; *umrandete, hat umrandet*; [Vt] (及物) ***etw. u.*** e-n Rand od. Kreis um etw. herum malen od. gestalten 给…加上边(圈),给…镶边,砌边: *e-n Tag im Kalender rot u.* 在日历上用红笔把某一天画个圈; *ein mit Steinen umrandetes Beet* 用石头砌边的花坛 ‖ *hierzu* (派) **Um·ran·dung** *die*

um·räu·men (*hat*) [Vt/i] (及物/不及物) **1.** (***etw.*** (*Kollekt od Pl* (集合或复数)) ***u.*** Dinge aus einem Raum, Schrank *o. Ä.* an e-n anderen bringen 搬动,搬到: *das Geschirr in e-n neuen Schrank u.* 把器皿(餐具)搬到新的柜子里去 **2.** (***etw.***) ***u.*** den Inhalt von etw. anders ordnen 重新布置,重新整理: *den Keller u.* 重新布置地下室

um·rech·nen (*hat*) [Vt] (及物) ***etw.*** (***in etw.*** (*Akk* 四格)) ***u.*** ausrechnen, wie viel etw. in e-m anderen (Maß- od. Währungs) System ist 换算,折算: *Zoll in Zentimeter u.* 把英寸折算成厘米; *D-Mark in Euro u.* 把德国马克换算成欧元

Um·rech·nung *die*; *nur Sg* (只用单数); das Umrechnen 换算,折算 ‖ K- (复合): ***Umrechnungs-, -kurs, -tabelle***

um·rei·ßen[1]; *riss um, hat umgerissen*; [Vt] (及物) ***j-n/etw. u.*** j-n/etw. durch e-e plötzliche, kräftige Bewegung zu Boden reißen 撞倒,推倒,吹倒,摔倒: *Der Sturm hat die Telefonmasten umgerissen* 风暴吹倒了电线杆

um·rei·ßen[2]; *umriss, hat umrissen*; [Vt] (及物) ***etw. u.*** die wichtigsten Aspekte von etw. kurz beschreiben 勾画,勾勒,概述: *e-n Plan u.* 概述计划要点

um·ren·nen (*hat*) [Vt] (及物) ***j-n/etw. u.*** beim Rennen so gegen e-e Person od. Sache stoßen, dass sie zu Boden fällt 奔跑时把…撞倒

um·rin·gen; *umringte, hat umringt*; [Vt] (及物) 〈Personen 人们〉 ***umringen j-n/etw.*** Personen stehen in e-m kleinen, engen Kreis

U

um j-n/etw. herum 围着 ≈ umlagern: *Die Schar der Fans umringte den Star* 一群追星族围着明星

Um·riss *der* **1.** der Rand od. die Linie, die die äußere Form e-r Person od. Sache gegen e-n Hintergrund zeigen 轮廓 ≈ Konturen: *den U./die Umrisse e-s Tieres zeichnen* 画出动物的轮廓; *im Licht der Scheinwerfer die Umrisse e-s Baumes erkennen* 在(汽车)前灯的光照下辨认出一棵树的轮廓 ‖ NB(注意): der Plural wird oft in der Bedeutung des Singulars verwendet(复数常表示单数的意义) **2.** ***in (groben) Umrissen*** ohne Details 粗略地,概括地: *e-e Situation in groben Umrissen beschreiben* 粗略地描述情况 **3.** ***etw. nimmt feste Umrisse an*** etw. bekommt allmählich seine endgültige Form(物作主语)…的轮廓(线条、形状)渐渐明朗,逐渐定形 ⟨e-e Idee, ein Plan 思想,计划; ein Haus 房屋⟩

um·ris·sen **1.** *Partizip Perfekt* (过去分词); ↑ ***umreißen***[2] **2.** *Adj* (形); ***fest u.*** deutlich, klar 鲜明的,明显的,清晰的 ⟨Gedanken, Pläne, Ideen 思想,规划,想法⟩

um·rüh·ren (*hat*) Vt/i (及物/不及物) (***etw.***) ***u.*** in etw. rühren, um es gut zu mischen 搅拌,搅动: *die Suppe von Zeit zu Zeit u., damit sie nicht anbrennt* 把汤不时地搅动,免得煮糊了

um·run·den; *umrundete, hat umrundet*; Vt (及物) ***etw. u.*** im Kreis einmal ganz um etw. herum gehen od. fahren 环绕…行走、行驶、运行: *den Starnberger See mit dem Fahrrad u.* 骑自行车环绕施塔恩贝格湖转一圈 ‖ *hierzu* (派生) **Um·run·dung** *die* ‖ ▶ ***rund***

ums *Präp mit Artikel* (介词与冠词合写) ≈ um das ‖ NB(注意): *ums* kann nicht durch *um das* ersetzt werden in Wendungen wie(在成语中 ums 不能用 um das 代替,例如): *ums Leben kommen* 丧命,丧生

um·sat·teln (*hat*) Vi (不及物) (***auf etw.*** (*Akk* 四格)) ***u.*** *gespr* [口]; ein neues Studium, e-n neuen Beruf anfangen 转(学)科,改行: *auf EDV-Berater u.* 改行当电子数据处理的顾问; *das Chemiestudium aufgeben und auf Physik u.* 放弃学化学,改学物理

Um·satz *der*; der Gesamtwert der Waren, die in e-m bestimmten Zeitraum verkauft werden 销售额,营业额 ⟨der U. steigt, sinkt, stagniert 销售额上升,下降,停滞不前⟩: *Das Lokal macht e-n U. von durchschnittlich tausend Euro pro Abend* 饭馆每晚营业额平均达 1000 欧元; *Der U. an/von Computerspielen ist in den letzten Jahren stark zurückgegangen* 近年来电脑游戏的营业额大大下降了 ‖ K-(复合): ***Umsatz-, -anstieg, -beteiligung, -rekord, -rückgang, -steigerung, -steuer*** ‖ -K(复合): ***Jahres-, Tages-*** ‖ NB(注意): ↑ ***Absatz***

um·schal·ten (*hat*) Vt (及物) **1.** ***etw.*** ((***von etw.***) ***auf etw.*** (*Akk* 四格)) ***u.*** mit e-m Schalter od. Hebel die Einstellung *o. Ä.* e-s Gerätes ändern 转换开关,调挡: *den Herd (auf e-e höhere Stufe) u.* 给炉灶换挡(换成高挡) ‖ K-(复合): ***Umschalt-, -hebel***; Vi (不及物) **2.** ((***von etw.***) ***auf/in etw.*** (*Akk* 四格)) ***u.*** ein anderes Programm wählen(把收音机,电视机)换台,转换节目: *vom ersten aufs dritte Programm u.* 从第一套节目调到第三套; *Schalt mal um – das ist doch Quatsch!* 换个台——这真是胡说八道! **3.** ***etw. schaltet*** ((***von etw.***) ***auf etw.*** (*Akk* 四格)) ***um*** etw. ändert (automatisch) seine Einstellung(物作主语)(自动)转换: *Die Ampel schaltet von Grün auf Gelb um* 交通信号灯由绿变黄

um·schau·en, sich (*hat*) Vr (反身) ***sich u.*** *südd* Ⓐ [南德][奥] ≈ sich umsehen

um·schif·fen; *umschiffte, hat umschifft*; *geschr* [书]; Vt (及物) ***etw. u.*** mit e-m Schiff um etw. (herum) fahren 绕过…航行 ⟨Klippen, e-n Felsen, e-n Eisberg, ein Kap u. 绕过礁石、岩石、冰山、海岬航行⟩ ‖ *hierzu* (派生) **Um·schif·fung** *die*

Um·schlag[1] *der* **1.** e-e Hülle, in die man e-n Brief steckt, um ihn mit der Post zu schicken 信封 ⟨e-n Brief, ein Schreiben in e-n U. stecken 把信、函件装入信封⟩ ‖ -K(复合): ***Brief-*** **2.** e-e Art Hülle, *z. B.* ein dickes Blatt Papier, die ein Buch umgibt und es vor Schmutz *o. Ä.* schützen soll 封面,书皮,封套: *Der U. des Buches ist eingerissen* 书的封面被撕破了 ‖ -K(复合): ***Buch-, Heft-; Papier-, Plastik-; Schutz-*** **3.** *mst Pl* (多用复数); ein (warmes od. kaltes) feuchtes Tuch, das man e-m Kranken um e-n Körperteil legt (*bes* um Fieber od. Schmerzen zu bekämpfen) 敷布 ≈ Wickel ⟨j-m (heiße, warme, kalte, feuchte) Umschläge machen 给某人进行罨敷(热敷,冷敷,湿敷)⟩

Um·schlag[2] *der* **1.** ***ein U.*** (***in etw.*** (*Akk* 四格)) e-e plötzliche, starke Veränderung des Wetters od. der Stimmung 突变,骤变(指天气或情绪) ≈ Umschwung: *der U. seiner Stimmung in Melancholie* 他的情绪突然变得忧郁 ‖ -K(复合): ***Stimmungs-, Wetter-*** **2.** *nur Sg* (只用单数), WIRTSCH【经】; das Laden von Waren von e-m Fahrzeug auf ein anderes (*bes* von e-m Schiff auf die Bahn 转运,转装(尤指货物由水路转为陆路运输)) ‖ K-(复合): ***Umschlag-, -bahnhof, -hafen, -platz*** ‖ -K (复合): ***Güter-, Waren-***

um·schla·gen Vt (及物) (*hat*) **1.** ***etw. u.*** den Rand *bes* e-s Kleidungsstücks auf seine andere Seite falten 翻过来,折过来,卷起来 ⟨den Kragen, die Manschetten u. 把领子翻过来,把硬袖口卷起来⟩ **2.** ***etw. u.*** ≈ umblättern ⟨e-e Seite u. 翻页⟩ **3.** ***e-n Baum u.*** e-n Baum mit der Axt fällen 砍倒,砍伐树木 **4.** ***j-m/sich etw. u.*** j-m/sich e-e Decke *o. Ä.* um die Schultern legen 给…披上,裹上 ≈ j-m/sich etw. umlegen ‖ K-(复合): ***Umschlag-, -tuch*** **5.** ***etw. u.*** WIRTSCH【经】; Waren von einem Fahrzeug auf ein anderes laden 转运,转装 ⟨*mst* 多用 Waren, Güter u. 转运商品,货物⟩; Vi (不及物) (*ist*) **6.** ***die Stimmung/das Wetter schlägt um*** die Stimmung/das Wetter ändert sich plötzlich völlig 情绪/天气突变,骤

变：*Die ausgelassene Stimmung schlug plötzlich in Aggression um* 兴高采烈的情绪突然转变为敌意

um·schlie·ßen; *umschloss*, *hat umschlossen*; [Vt]（及物）**1.** ***etw. umschließt etw.*** etw. bildet e-e Grenze, e-e Hülle *o.Ä.* um etw. herum（物作主语）包围，围住 ≈ etw. umgibt etw.：*Ein hoher Zaun umschließt sein Grundstück* 高高的篱笆围住了他那块地产 **2.** ***etw. u.*** etw. mit einer Hand od. mit beiden Händen so nehmen, dass man es (fest) darin hat 攥着，握着，抓着 ≈ umfassen：*etw. fest umschlossen* (*in der Hand*) *halten*（手里）紧紧攥着某物 **3.** ***j-n irgendwie u.*** beide Arme um j-s Körper legen und ihn fest an sich drücken 抱，拥抱，搂抱 ≈ umarmen〈j-n mit beiden Armen, fest, innig u.用双臂，紧紧地、热情地拥抱某人〉

um·schlin·gen; *umschlang*, *hat umschlungen*; [Vt]（及物）**1.** ***j-n/etw. u.*** die Arme ganz um j-s Körper od. um e-n Körperteil legen 拥抱，搂抱，搂着〈j-s Körper, j-s Nacken, j-s Taille u.搂着某人的身体、某人的脖子、某人的腰〉：*Eng umschlungen* (= jeder mit dem Arm um den Partner gelegt) *spazierte das Pärchen durch die Straßen* 这对年轻人紧搂着散步，穿过一条条的街道 **2.** ***etw. umschlingt etw.*** etw. liegt wie e-e Schlinge um etw. herum（物作主语）缠绕，围住：*Ein seidener Schal umschlang ihren Hals* 一条丝织围巾围在他的脖子上 ‖ *hierzu*（派生）**Um·schlin·gung** *die*

um·schmei·ßen (*hat*) [Vt]（及物）***j-n/etw. u.*** *gespr*[口] ≈ umwerfen (1,3,4)

um·schnal·len (*hat*) [Vt]（及物）(***j-m/sich***) ***etw. u.*** etw. (mit Schnallen) an j-s/seinem eigenen Körper festmachen（用带扣，扣环等）扣住，扣上，系好 ↔ abschnallen〈sich (*Dat* 三格) e-n Gürtel, den Rucksack, den Schulranzen u.系好自己的腰带、背包、书包〉

um·schrei·ben¹; *umschrieb*, *hat umschrieben*; [Vt]（及物）**1.** ***etw. u.*** etw. mit anderen Worten sagen 说明，解释，讲述 ≈ paraphrasieren：*e-n schwierigen Begriff zu u. versuchen* 试图解释困难的概念 **2.** ***etw. u.*** die wichtigsten Merkmale von etw. (kurz) beschreiben 简要地说明，确定，规定 ≈ umreißen：*j-s zukünftige Aufgaben*, *Tätigkeitsbereiche* (*kurz*) *u.*（简短地）扼要说明某人今后的任务、工作范围 ‖ *hierzu*（派生）**Um·schrei·bung** *die*

um·schrei·ben²; *schrieb um*, *hat umgeschrieben*; [Vt]（及物）***etw. u.*** e-n Text ändern und noch einmal schreiben 重写，改写 ≈ umgestalten：*Auf Wunsch des Verlags schrieb er das erste Kapitel des Romans um* 应出版社的要求，他重写了这部长篇小说的第一章

Um·schrift *die* **1.** *nur Sg*（只用单数）；das Schreiben e-s Wortes in Symbolen, die anzeigen, wie es ausgesprochen wird 用注音符号标注词的读音，音标 ≈ Transkription：*[ˈʃtɛçn] ist die phonetische U. des Wortes „stechen"*[ˈʃtɛçn]是"stechen"这个词的音标 **2.** die Übertragung e-r alphabetischen Schrift in e-e andere alphabetische Schrift 把一种拼音文字改写为另一种拼音文字：*die U. e-s Textes in das kyrillische Alphabet* 把正文改写成基立尔字母

um·schu·len (*hat*) [Vt]（及物）**1.** ***j-n*** (***zu etw.***) ***u.*** j-n, der bereits e-n Beruf hat (aber keine Arbeitsstelle findet), in e-m neuen Beruf ausbilden 使改行学…，对…进行改行培训，使改行〈sich u. lassen 改行，转业〉：*j-n zum Krankenpfleger u.*让某人改行当男护士 **2.** *mst* 多用 ***j-d wird umgeschult*** ein Schüler wird in e-e andere Schule geschickt（人作主语）转学了；[Vi]（不及物）**3.** e-e Ausbildung in e-m anderen Beruf machen 改学新技能，改学一门技术：*Aus gesundheitlichen Gründen kann er nicht mehr als Koch arbeiten – jetzt will er u.*由于健康原因他不能再当厨师了——现在他想要改学一门技术 ‖ *hierzu*（派生）**Um·schu·lung** *die*; *nur Sg*（只用单数）；**Um·schü·ler** *der*; **Um·schü·le·rin** *die*

um·schüt·ten (*hat*) [Vt]（及物）***etw. u.*** so gegen etw. stoßen, dass der Inhalt herausfließt 弄倒，弄洒，碰翻：*e-e Tasse Tee u.*弄洒一杯茶

um·schwär·men; *umschwärmten*, *haben umschwärmt*; [Vt]（及物）**1.**〈Insekten, Vögel *o.Ä.* 昆虫，鸟类等〉***umschwärmen j-n/etw.*** Insekten, Vögel *o. Ä.* fliegen in großer Zahl um j-n/etw. (herum) 成群地围着…飞：*Fledermäuse umschwärmten den alten Turm* 大批蝙蝠围着旧塔楼乱飞 **2.** *mst* 多用 ***j-d wird von j-m*** (*Kollekt od Pl* 集合或复数) ***umschwärmt*** j-d wird von e-r Gruppe von Menschen, die ihn bewundern und verehren, umgeben（人作主语）被…簇拥着：*Der Schlagersänger wird von vielen weiblichen Fans umschwärmt* 那位流行歌手被许多女歌迷团团围住

Um·schwei·fe (*die*); *nur Pl*（只用复数）；*mst in* 多用于 ***ohne U.*** ohne zu zögern 直截了当地，开门见山地：*ohne U. sagen*, *was man denkt* 直截了当地说出人们所想的东西

um·schwen·ken (*ist*) [Vi]（不及物）**1.** ***etw. schwenkt*** (***nach etw.***) ***um*** etw. kommt plötzlich aus e-r anderen Richtung（物作主语）突然改变方向〈der Wind 风〉：*Plötzlich schwenkte der Wind nach Westen um* 风突然改向西吹 **2.** *oft pej* 常用[贬]；plötzlich und unerwartet seine Meinung od. Haltung ändern 突然改变看法，突然变卦

um·schwir·ren; *umschwirrte*, *hat umschwirrt*; [Vt]（及物）〈Insekten, Vögel *o.Ä.* 昆虫，鸟类等〉***umschwirren j-n/etw.*** ≈ umschwärmen (1)

Um·schwung *der*; e-e plötzliche, sehr starke Änderung 突然变化，骤变，突变〈ein politischer, wirtschaftlicher, klimatischer U. 政治的、经济的、气候的骤变；ein U. findet statt, tritt ein 发生，出现突然变化〉‖ -K（复合）：***Stimmungs-***, ***Wetter-***, ***Wirtschafts-***

um·se·geln; *umsegelte*, *hat umsegelt*; [Vt]（及物）***etw. u.*** um etw. (herum) segeln 乘帆船

U

环绕…航行，乘帆船绕过…航行：*Er hat das Kap Horn umsegelt* 他乘帆船环绕合恩角(南美洲最南端)航行 ‖ *hierzu*(派生) **Um·se·ge·lung** *die*

um·se·hen, sich (*hat*) [Vr](反身) **1. sich (irgendwo) u.** nach allen Seiten blicken und die nähere Umgebung genau betrachten 环顾周围，四面张望，观看〈sich neugierig (in e-r fremden Umgebung) u.(在陌生的环境中)好奇地四面张望〉：*Sieh dich ruhig in meinem Zimmer um* 你就放心地在我房间看看好了 **2. sich (nach j-m/etw.) u.** den Kopf nach hinten drehen, um j-n/etw. zu sehen 回顾，回头看：*Er hat sich noch mehrmals nach der Frau umgesehen* 他回头看那女人好几次 **3. sich (nach etw.) u.** etw. suchen 寻找，寻求：*sich nach e-m neuen Arbeitsplatz, nach e-m Geburtstagsgeschenk für j-n u.* 寻找新的工作岗位，挑选一件送给某人的生日礼物 **4. sich nach j-m u.** *gespr* [口]；versuchen, e-n neuen Partner, Mitarbeiter *o. Ä.* zu finden 物色(新的伙伴，工作人员) ‖ ID[谚] *mst* 多用 **Du wirst dich noch 'u.!** *gespr*[口]；es wird mehr Probleme geben, schwieriger sein, als du glaubst 你就走着瞧吧!(意指：以后会有你想象不到的问题和困难)

um·sei·tig *Adj*(形)；*nur attr od adv*, *geschr* (只作定语或状语)[书]；auf der anderen, nächsten Seite (*mst* e-s Blattes) 反面的，下一页的：*Siehe die umseitige Tabelle* 见反面的表，见下一页的表

um·set·zen (*hat*) [Vt](及物) **1. etw. u.** etw. an e-e andere Stelle setzen 移动，搬移，搬走〈die Pflöcke, die Stützen, die Träger, die Pfeiler u. 把桩子、支柱、支架、墩子移往别处〉**2. j-n u.** j-m e-n anderen Platz zuteilen 给…调换座位：*e-n Schüler u., weil er sich dauernd mit seinem Nachbarn unterhält* 给一个学生调换座位，因为他总是与他的邻座讲话 **3. etw. u.** ≈ umpflanzen **4. etw. in etw.** (*Akk* 四格) **u.** etw. in etw. verwandeln od. umwandeln 使转换，使转化：*Sonnenenergie in Strom u.* 把太阳能转化为电流；*seine Gefühle in ein Gedicht u.* 把他的感情转化为诗 **5. etw. in etw.** (*Akk* 四格) **u.** *gespr* [口]；etw. gegen etw. tauschen 把…换成：*Er hat seine Comichefte in bare Münze umgesetzt* (= Er hat für seine Comichefte Geld bekommen)他把自己的连环漫画杂志换成了现钱；*Sie setzt ihr ganzes Geld in Kleider um* 她把自己所有的钱都花在衣服上 **6. etw. (in die Praxis) u.** etw. anwenden od. verwirklichen 把…付诸实施〈e-n Plan, e-n Vorschlag u. 把计划、建议付诸实施〉**7. etw. u.** WIRTSCH【经】；Waren verkaufen 销售 ≈ absetzen (9)：*Die Firma hat in diesem Jahr Maschinen im Wert von 10 Millionen Euro umgesetzt* 今年公司销售了价值1000万欧元的机器 ‖ *hierzu*(派生) **um·setz·bar** *Adj*(形)；*zu*(义项)**1.-6. Um·set·zung** *die*；*nur Sg*(只用单数) ‖ ▶ **Umsatz**

Um·sicht *die*；-；*nur Sg*(只用单数)；das ruhige, vorsichtige Beachten der gegebenen Situation, bei dem man an alle Konsequenzen seiner Aktionen denkt 冷静周密的考虑，谨慎，审慎 ≈ Besonnenheit ↔ Leichtsinn〈bei etw. große U. zeigen 在某方面表现得极为审慎；mit U. zu Werke gehen 做事谨慎〉‖ *hierzu*(派生) **um·sich·tig** *Adj*(形)

um·sie·deln [Vt](及物) (*hat*) **1. j-n u.** j-n dazu zwingen, an e-m anderen Ort zu wohnen 使迁移，使移居，使搬迁：*Die Bevölkerung musste umgesiedelt werden, weil das Gebiet nach dem Unfall radioaktiv verseucht war* 居民必须搬迁，因为这个地区在发生事故以后遭受放射性污染 ‖ NB(注意)：*mst* im Passiv(多用被动语态)!；[Vi](不及物) (*ist*) **2. (irgendwohin) u.** in ein anderes Land, Gebiet, e-e andere Stadt *usw* (um)ziehen 移居，迁移，搬迁：*von Münster nach Berlin u.* 从明斯特移居柏林 **3.** Ⓓ [德] als Angehöriger der deutschen Minderheit *bes* in Polen, Rumänien od. in der ehemaligen Sowjetunion in die Bundesrepublik Deutschland (um)ziehen(指居住在波兰、罗马尼亚或前苏联的德裔少数民族)移居联邦德国 ≈ aussiedeln ‖ *hierzu*(派生) **Um·sied·lung** *die*；*mst Sg*(多用单数)；**Um·sied·ler** *der*；**Um·sied·le·rin** *die*

umso *Konjunktion*(连)；**u.** + *Komparativ*(比较级)；verwendet, wenn man ausdrücken will, dass e-e bereits vorhandene Eigenschaft od. ein Zustand noch verstärkt werden (表示业已存在的性质或状况还会得到加强) 越，愈，更 ≈ desto：*Das Haus gefällt mir. Wenn der Preis noch reduziert wird — u. besser!* 我喜欢这幢房子。如果价格还能降低，那就更好啦!；*Je länger sie das Bild ansah, u. schöner fand sie es* 她观赏这幅画的时间越长，她就越认为它美；*Nach dem Skandal ist es jetzt u. wichtiger, das Vertrauen der Wähler zurückzugewinnen* 在发生丑闻以后，重新赢得选民的信任就更加重要了 ‖ NB(注意)：↑ **als³** (5)

um·sonst *Adv*(副)；*gespr*[口] **1.** ohne dass es Geld kostet 不要报酬地，不付代价地，免费地 ≈ gratis, kostenlos〈etw. ist u. 某物是免费的；etw. gibt es u. 免费提供某物〉**2.** ohne Geld od. ein Geschenk dafür zu bekommen 无报酬地，无偿地，义务地 ≈ unentgeltlich, freiwillig：*In seiner Freizeit arbeitet er u. in e-m Altersheim* 业余时间他无偿地(义务地)在养老院工作 **3.** ohne Erfolg 徒劳地，白费力气地，徒然地，白白地 ≈ vergeblich, erfolglos ↔ erfolgreich〈j-s Anstrengungen, Bemühungen, alle Versuche sind u. 某人的努力，辛劳都白费了，一切企图都是徒劳的〉**4. nicht u.** nicht ohne Grund od. Absicht 不是没有理由地，不是没有道理地，不是随便的 ≈ zu Recht ↔ grundlos：*Ich habe euch nicht u. davor gewarnt, so lange in der Sonne zu liegen – Jetzt habt ihr e-n Sonnenbrand!* 我曾经不无理由地告诫你们不要长时间地晒太阳—看，现在你们都有日晒斑了吧!

um·span·nen; *umspannte*, *hat umspannt*; [Vt](及物) **etw. umspannt etw.** etw. dauert die genannte Zeit(物作主语)包括(某一段时间) ≈ etw. erstreckt sich über etw.：*Die*

Handlung des Romans umspannt die Zeit vom Ersten bis zum Zweiten Weltkrieg 这部长篇小说的情节包括了从第一次世界大战到第二次世界大战这段时间

um·spie·len; *umspielte, hat umspielt*; Vt (及物) *geschr* [书] **1. *etw.* umspielt *etw.*** etw. bewegt sich leicht und locker um etw. (herum)(物作主语)在…周围嬉戏,撒欢,流淌,飘舞: *Die Wellen umspielten ihre Füße* 水波在她的双脚周围荡漾 **2.** *mst in* 多用于 ***ein Lächeln umspielt j-s Gesicht/Lippen/Mund*** in j-s Gesicht kann man ein leichtes Lächeln sehen 一丝微笑浮现在某人的脸上/唇边/嘴边

um·sprin·gen (*ist*) Vi (不及物) **1. *etw.* springt ((*von etw.*) *auf etw.* (*Akk* 四格)) *um*** etw. wechselt plötzlich die Stellung *o. Ä.* (物作主语)突然改变(转换)位置: *Die Ampel ist von Gelb auf Rot umgesprungen* 交通信号灯突然由黄变红 **2. *mit j-m irgendwie u.*** *gespr pej* [口][贬]; j-n *mst* sehr unfreundlich behandeln 对待(多指不友好) ≈ irgendwie mit j-m umgehen 〈mit j-m grob, unfreundlich, unhöflich u. 粗暴地、不友好地、不客气地对待某人〉: *So lass ich nicht mit mir u., merk dir das!* 我不容许别人这样来对待我,你要记住这一点!

um·spu·len (*hat*) Vt/i (及物/不及物) (***etw.***) (***auf etw.*** (*Akk* 四格)) ***u.*** etw. von einer Spule auf e-e andere bringen 将…卷到另一个卷轴(盘)上,换绕到 〈Garn, e-n Film, ein Tonband u. 将纱线换轴,倒胶卷,将录音带换盘〉

um·spü·len; *umspülte, hat umspült*; Vt (及物) ***etw. umspült etw.*** etw. fließt um etw. (herum)(物作主语)在周围冲刷: *Das Wasser umspült den Felsen* 水从四周冲刷岩石

Um·stand *der* **1.** e-e Tatsache od. ein Detail, die ein Geschehen od. e-e Situation (mit) bestimmen 情况,情形,状况,事态,情节 〈ein entscheidender, wichtiger, günstiger, glücklicher U. 具有决定意义的、重要的、有利的、幸运的情况; die näheren Umstände von etw. schildern 描述某事的详细情况〉: *Aufgrund besonderer Umstände, die ich jetzt nicht näher erklären kann, wird die Konferenz unterbrochen* 鉴于现在我不能详细加以说明的特殊情况,会议中断了; *Den Patienten geht es den Umständen entsprechend* (*gut*) (= geht es so gut, wie es einem gehen kann, der e-e solche Krankheit bzw. Verletzung hat) 患者现在的病情正常 **2. *mildernde Umstände*** bestimmte Faktoren (*z. B.* das soziale Umfeld des Angeklagten od. ein Geständnis, das der Angeklagte abgegeben hat), die bewirken, dass die Strafe milder ausfällt 可使罪行减轻的情况,可获得从宽处罚的情况 〈j-m mildernde Umstände zubilligen 同意给某人酌情从宽处罚〉 **3. *unter Umständen*** ≈ vielleicht, möglicherweise **4. *unter diesen Umständen*** angesichts der gegebenen Situation 在这种情况下,鉴于这种情况 **5. *unter* (*gar*) *keinen Umständen*** ≈ auf (gar) keinen Fall **6. *unter allen Umständen*** ≈ unbedingt, auf jeden Fall **7.** *nur Pl* (只用复数); zusätzliche Arbeit, unnötiger Aufwand 麻烦,烦劳,不便,累赘 〈(nicht) viele Umstände mit j-m/etw. machen(不)给某人/某事增添许多麻烦〉: *Mach dir meinetwegen keine großen Umstände* (= Mach dir nicht viel Arbeit wegen mir) 别为了我太费心了 **8. *e-e Frau ist in anderen Umständen*** *veraltend euph* [渐旧][婉]; e-e Frau ist schwanger 女人怀孕了

um·stän·de·hal·ber *Adv* (副); weil es die Situation nötig macht 由于情况需要: *u. sein Auto verkaufen müssen* 由于情况需要不得不卖掉他的汽车

um·ständ·lich *Adj* (形) **1.** *pej* [贬]; ziemlich langsam und ungeschickt 拖拉的,拖沓的,磨蹭的 ↔ geschickt: *Komm, sei doch nicht so u.!* 来,别那么磨蹭啦! **2.** 〈e-e Methode, ein Verfahren 方法,程序〉 so, dass es viel Mühe macht und viel Zeit kostet 繁琐的,繁杂的,琐碎的,麻烦的 ≈ aufwändig, zeitraubend ‖ *hierzu* (派生) **Um·ständ·lich·keit** *die*; *nur Sg* (只用单数)

Um·stands- *im Subst, wenig produktiv* (构成名词,构词弱); für die Schwangerschaft geeignet (weil weit od. groß) 适于孕妇用的; das ***Umstandskleid***, die ***Umstandsmode***

Um·stands·an·ga·be *die*; e-e adverbiale Bestimmung 状语,状态说明语

Um·stands·wort *das*; -(*e*)*s*, *Um·stands·wör·ter* ≈ Adverb

um·ste·cken (*hat*) Vt (及物) ***etw. u.*** etw. an e-e andere Stelle stecken 转插,换插,把…插到别处 〈e-n Stecker, e-n Pfahl u. 把插头、桩子插到别处〉

um·stei·gen (*ist*) Vi (不及物) **1** ((***von etw.***) ***in etw.*** (*Akk* 四格)) ***u.*** von einem (öffentlichen) Fahrzeug in ein anderes steigen, um damit weiterzufahren 转乘,换乘(车,船): *vom Zug in ein Taxi u.* 下了火车转乘出租汽车; *Geht dieser Zug bis Dortmund durch, od. muss ich u.?* 这趟火车是直达多特蒙德呢,还是我得转车? ‖ K-(复合): ***Umsteige-, -bahnhof, -möglichkeit*** **2.** ((***von etw.***) ***auf etw.*** (*Akk* 四格)) ***u.*** *gespr* [口]; von etw. zu etw. anderem od. etw. Neuem (über)wechseln 更换,换用,换成: *vom Auto aufs Fahrrad u.* 由乘(驾)汽车换成骑自行车; *auf vegetarische Ernährung u.* 改素食,改吃素 ‖ *zu* (义项) **2. Um·stieg** *der*; -(*e*)*s*; *nur Sg* (只用单数)

um·stel·len[1]; *stellte um, hat umgestellt*; Vt/i (及物/不及物) **1.** (***etw.***) ***u.*** etw. von einem Platz an e-n anderen stellen 搬动,移动,改变…的位置,重新摆放 ≈ verrücken: *Möbel u.* 重新摆放家具; *die Wörter in e-m Satz u.* 改变语词在句子里的位置 **2.** (***etw.***) ***u.*** e-n Hebel *o. Ä.* anders stellen 扳动,拨动,调整 〈die Weichen u. 扳道岔(转辙器)〉 **3.** (***j-n/etw.***) ((***von etw.***) ***auf etw.*** (*Akk* 四格)) ***u.*** etw. (für j-n) (in bestimmter Hinsicht) ändern 使(从…)改变为,转变为…: *ein Baby von Muttermilch auf feste Nahrung u.* 让婴儿从吃母乳变为吃干的食物; *seine Ernährung völlig u.* 完全改变他的饮食; (*den Betrieb*) *auf*

U

Computer u. 使企业转而使用计算机；[Vr]（反身）**4. sich** ((**von etw.**) **auf etw.** (*Akk* 四格)) **u.** sich veränderten Umständen od. Situationen anpassen 适应(变化的情况)〈sich u. müssen 必须适应新环境〉: *sich rasch auf das tropische Klima u.* 迅速适应热带气候 ‖ *hierzu* (派生) **Ụm·stel·lung** *die*; *zu* (义项) **1.-3. ụm·stell·bar** *Adj*(形)

um·stẹl·len²; *umstellte, hat umstellt*; [Vt] (及物)〈Personen 人〉 ***umstellen j-n/etw.*** Personen bilden e-n Kreis um j-n/etw. (herum), damit er/es nicht entkommen kann 包围，围捕: *Die Polizei umstellte das Haus, in dem sich der Dieb aufhielt* 警察包围了小偷逗留的房子 ‖ *hierzu* (派生) **Um·stẹl·lung** *die*; *nur Sg* (只用单数)

ụm·stim·men (*hat*) [Vt] (及物) ***j-n u.*** durch Argumente od. Bitten bewirken, dass j-d seine Meinung ändert 使改变看法，使改变主意: *Robert will unbedingt Rennfahrer werden – er lässt sich von niemandem u.* 罗伯特无论如何想要成为赛车运动员——谁也无法使他改变主意 ‖ *hierzu* (派生) **Ụm·stim·mung** *die*; *nur Sg* (只用单数)

ụm·sto·ßen (*hat*) [Vt] (及物) **1.** ***j-n/etw. u.*** so kräftig gegen e-e Person od. Sache stoßen, dass sie umfällt 撞翻，撞倒 ≈ umwerfen (1): *e-e Leiter u.* 撞倒梯子; *j-n versehentlich u.* 不小心撞倒某人 **2. *etw. u.*** etw. radikal ändern 推翻，彻底改变〈e-n Plan, ein Vorhaben u. 彻底改变计划、打算〉‖ ▶ ***unumstößlich***

um·strịt·ten *Adj*(形); *nicht adv*(不作状语); so, dass es Stimmen dafür, aber auch Stimmen dagegen gibt 有争议的，尚无定论的，有待商榷的，看法不一致的 ↔ allgemein anerkannt〈e-e Methode, e-e Theorie 方法，理论; ein Autor, ein Gelehrter 作者，学者; etw. ist in der Fachwelt u. 某事在学术界是有争议的〉

ụm·struk·tu·rie·ren; *strukturierte um, hat umstrukturiert*; [Vt] (及物) ***etw. u.*** e-r Sache e-e neue Struktur geben 改变…的结构〈e-n Betrieb, e-e Abteilung, e-n Wirtschaftszweig u. 改变企业、部门、经济部门的结构〉‖ *hierzu* (派生) **Ụm·struk·tu·rie·rung** *die*

ụm·stül·pen (*hat*) [Vt] (及物) **1. *etw. u.*** etw. von innen nach außen wenden 把…(由里向外)翻过来，翻出来〈die Taschen u. 把口袋翻过来〉**2. *etw. u.*** *mst* e-n Behälter so drehen, dass die Öffnung nach unten kommt 把…(多指容器)倒过来，颠倒过来 ≈ umdrehen: *e-n Eimer u., um sich darauf zu setzen* 把桶倒过来(以便)坐在上面

Ụm·sturz *der*; das Stürzen (3) e-r Regierung (*mst* durch Gewalt) und die Einführung e-s neuen politischen Systems 推翻，颠覆(政府) ≈ Putsch〈e-n U. planen, vorbereiten 策划，准备推翻政府的活动; an e-m U. beteiligt sein 参加推翻政府的活动〉‖ K-(复合): ***Umsturz-, -bewegung, -pläne, -versuch*** ‖ -K(复合): ***Regierungs-***

ụm·stür·zen [Vi] (不及物) (*ist*) **1. *etw. stürzt um*** etw. fällt aus e-r aufrechten Position (mit Wucht) zu Boden(物作主语)倒下，翻倒，倒塌: *Bei dem Sturm sind mehrere Bäume umgestürzt* 在风暴中好些树木倒了; [Vt] (及物) (*hat*) **2. *etw. u.*** ≈ umwerfen (1)

ụm·tau·fen (*hat*) [Vt] (及物) ***etw. u.*** *gespr* [口]; e-r Sache e-n anderen Namen geben 给…重新命名，给…改名 ≈ umbenennen

ụm·tau·schen (*hat*) [Vt] (及物) **1. *etw.*** (***gegen/in etw.*** (*Akk* 四格)) ***u.*** etw., das man gekauft od. geschenkt bekommen hat, wieder in das Geschäft zurückbringen und etw. anderes dafür bekommen 退换，掉换，调换: *ein Geschenk u.* 退换礼物 ‖ K-(复合): ***Umtausch-, -möglichkeit, -recht*** **2. *etw.*** (***in etw.*** (*Akk* 四格)) ***u.*** Geld gegen Geld e-r anderen Währung tauschen 兑换 ≈ wechseln: *vor der Reise Geld u.* 在旅行前兑换货币; *Euro in Dollar u.* 把欧元兑换成美元 ‖ *hierzu* (派生) **Ụm·tausch** *der*; *-(e)s*; *nur Sg*(只用单数)

ụm·top·fen; *topfte um, hat umgetopft*; [Vt] (及物) ***e-e Pflanze u.*** e-e (Topf) Pflanze in e-n neuen Topf mit frischer Erde setzen 给…换盆栽植

ụm·trei·ben (*hat*) [Vt] (及物) ***etw. treibt j-n um*** etw. lässt j-m keine Ruhe(物作主语)折磨，搅扰，使不得安宁〈*mst* 多指 (die) Angst, das schlechte Gewissen 恐惧，愧疚〉

Ụm·trie·be *die*; *Pl* (复), *pej* [贬]; geheime Aktivitäten von Leuten, die das politische System ändern wollen 阴谋活动，颠覆活动〈staatsfeindliche U. 敌视国家的阴谋活动〉

Ụm·trunk *der*; ein Treffen von mehreren Personen, bei dem man *bes* Bier od. Wein trinkt und sich dabei unterhält 酒会，聚会〈e-n U. halten 举行聚会〉

ụm·tun (*hat*) [Vt] (及物) **1.** (***j-m/sich***) ***etw. u.*** *gespr* [口] ≈ umbinden, umhängen: *sich e-e Schürze u.* 系上围裙; [Vr] (反身) **2. sich** (***nach etw.***) ***u.*** *gespr* [口]; sich um etw. bemühen 寻找，寻求: *sich nach e-r Arbeit u.* 找工作

Ụm·ver·pa·ckung *die*; e-e Verpackung, die e-n bereits verpackten Inhalt enthält, u. die deshalb nicht unbedingt notwendig wäre 重新包装

ụm·wäl·zen (*hat*) [Vt] (及物) **1. *etw. u.*** etw. Schweres auf die andere Seite rollen 翻转，翻过来: *e-n großen Stein u.* 把大石块翻转过来 **2. *etw. wälzt*** *mst* 多用 ***Luft/Wasser um*** etw. bewegt Luft/Wasser (in e-m geschlossenen Raum) und bereitet sie so auf, dass sie wieder frisch werden(物作主语)使空气/水循环净化 ‖ K-(派生): ***Umwälz-, -anlage, -pumpe***

ụm·wäl·zend **1.** *Partizip Präsens*(现在分词); ↑ ***umwälzen*** **2.** *Adj*(形);〈Ereignisse, Erfindungen, Ideen, Neuerungen 事件，发明，思想，革新,〉so, dass sie radikale Veränderungen (*z.B.* der Gesellschaft) bewirken 革命性的，带来根本变革的，引起彻底变化的

Ụm·wäl·zung *die*; *-, -en*; e-e völlige Änderung *bes* der politischen od. gesellschaftlichen Verhältnisse 变革,根本变化

um·wan·deln (*hat*) [Vt] (及物) **etw.** (**in etw.** (*Akk* 四格)/**zu etw.**) **u.** etw. zu etw. anderem machen 改变,改造,把…变为,把…改作 ≈ umgestalten: *die alte Mühle in ein Restaurant u.* 把旧磨坊改作饭馆 ‖ ID[谚] **j-d ist wie umgewandelt** j-d hat sich in seinem Charakter od. seinem Verhalten völlig verändert 某人完全变了,某人前后判若两人: *Seitdem wir die Missverständnisse geklärt haben, ist er wie umgewandelt* 自从我们澄清了误会以来,他就完全变了 ‖ *hierzu*(派生) **Um·wand·lung** *die*

um·wech·seln (*hat*) [Vt] (及物) (**j-m**) **etw.** (**in etw.** (*Akk* 四格)) **u.** ≈ wechseln², umtauschen (2): *Schweizer Franken in Englische Pfund u. lassen* 让人把瑞士法郎兑换成英镑 ‖ *hierzu*(派生) **Um·wechs·lung** *die*; *nur Sg*(只用单数)

Um·weg *der*; ein Weg zu e-m Ziel, der länger ist als der direkte Weg dorthin 弯路,迂回路,绕道 〈e-n U. machen, fahren 走弯路,绕远; sein Ziel auf Umwegen erreichen 用间接的(迂回曲折的)办法达到自己的目的〉: *Auf der Heimfahrt haben wir e-n U. über Dresden gemacht, um Susi zu besuchen* 在返回家乡时,我们绕道途经德累斯顿(以便)去看望苏茜 ‖ ID [谚] *mst* 多用 **etw. auf Umwegen erfahren** e-e Nachricht nicht direkt, sondern durch e-e dritte Person bekommen 间接地了解到某事,间接地得知某事

um·we·hen (*hat*) [Vt] (及物) **etw. weht j-n/etw. um** ein Wind *o. Ä.* weht so stark, dass j-d/etw. umfällt(物作主语)吹到,刮倒

Um·welt *die*; *nur Sg*, *Kollekt*(只用单数)(集合) **1.** die Erde, die Luft, das Wasser und die Pflanzen als Lebensraum für die Menschen und Tiere 周围的世界,环境,自然环境: *gegen die Verschmutzung der U. kämpfen* 反对污染环境 ‖ K-(复合): **Umwelt-**, **-bedingungen**, **-belastung**, **-einflüsse**, **-forschung**, **-gift**, **-katastrophe**, **-kriminalität**, **-schäden**, **-verschmutzung**, **-zerstörung**; **umwelt-**, **-belastend**, **-schädigend**, **-schädlich**, **-verträglich** **2.** die gesellschaftlichen Verhältnisse, in denen ein Mensch lebt und die seine Entwicklung beeinflussen 周围的社会,社会环境 ≈ Umgebung (2) ‖ K-(复合): **Umwelt-**, **-bedingungen**, **-einflüsse** **3.** die Menschen, zu denen man Kontakt hat 环境,周围的人: *sich von seiner U. missverstanden fühlen* 感到自己被周围的人所误解 ‖ *hierzu*(派生) **um·welt|be·dingt** *Adj*(形)

um·welt|be·wusst *Adj*(形); bemüht, der Umwelt (1) nicht zu schaden 有(保护)环境意识的 ‖ *hierzu*(派生) **Um·welt|be·wusst·sein** *das*

um·welt|feind·lich *Adj*(形); so, dass es die Umwelt (1) schädigt 敌视环境的,对环境有害的 ↔ umweltfreundlich

um·welt|freund·lich *Adj*(形); so, dass es die Umwelt nicht schädigt 对环境无害的 ↔ umweltfeindlich: *ein umweltfreundliches Waschpulver* 对环境无害的洗衣粉; *Der Katalysator ist u.* 这种催化剂是对环境无害的

Um·welt|gip·fel *der*; Verhandlungen über Umweltprobleme, an denen Regierungen mehrerer Staaten aus der ganzen Welt teilnehmen 讨论环境问题的高级会议,环境峰会

Um·welt|pa·pier *des*; Papier, das (aus Abfallholz, aus Altpapier, ohne Einsatz von Chlor *o. Ä.*) umweltfreundlich hergestellt wird (用废木料、废纸,不加氯生产的)环保纸

Um·welt|schutz *der*; *nur Sg*, *Kollekt*(只用单数)(集合); alle Maßnahmen, durch die man versucht zu verhindern, dass die Umwelt (1) verschmutzt od. zerstört wird 环境保护: *Er setzt sich in seiner Freizeit für den U. ein* 在业余时间他从事环境保护工作 ‖ K-(复合): **Umweltschutz-**, **-gesetz**, **-organisation** ‖ *hierzu*(派生) **Um·welt|schüt·zer** *der*; *-s*, *-*; **Um·welt|schüt·ze·rin** *die*; *-*, *-nen*

Um·welt·schutz·pa·pier *das* ≈ Umweltpapier

Um·welt|sün·der *der*; *gespr*[口]; j-d, der die Umwelt (1) verschmutzt od. zerstört 污染环境的人,破坏环境的人

um·welt·ver·träg·lich *Adj*(形); so, dass es der Natur nicht schadet 对环境保护有利的 〈ein Verfahren 做法; etw. u. entsorgen 为保护环境而清除掉某物〉

um·wer·ben; *umwirbt*, *umwarb*, *hat umworben*; [Vt] (及物) **j-n u.** *veraltend*[渐旧]; *bes* mit Geschenken und mit höflichem Verhalten versuchen, j-s Liebe od. Gunst zu gewinnen 追求,向…求爱,求婚

um·wer·fen (*hat*) [Vt] (及物) **1. j-n/etw. u.** kurz und kräftig (mit od. ohne Absicht) gegen e-e Person od. Sache stoßen, sodass diese zu Boden fällt 撞倒,碰倒,弄倒,弄翻 ≈ umstoßen: *ein volles Glas Wein u.* 把满满一杯葡萄酒碰倒; *Er hat seinen Freund beim Spielen umgeworfen* 他在玩耍时把自己的朋友撞倒了 **2. sich** (*Dat* 三格) **etw. u.** sich ein Kleidungsstück mit e-r schnellen Bewegung *mst* um den Hals od. um die Schultern legen 披上,裹上,挎上,围上〈sich e-n Schal, e-e Jacke, e-n Mantel u. 围上围巾,披上夹克、大衣〉 **3. etw. wirft j-n um** *gespr*[口]; etw. überrascht j-n sehr(物作主语)使感到震惊,使异常惊讶: *Die Erkenntnis, dass so etw. überhaupt möglich ist, warf sie um* 认为这类事是完全可能发生的看法使她深为震惊 ‖ NB(注意): Wenn es sich um ein schlimmes Ereignis handelt, verwendet man *schockieren* od. *erschüttern* (假如涉及坏的事情,则用 schockieren 或 erschüttern) **4. etw. u.** *gespr*[口]; etw. ganz anders machen, als es vorher geplant war 推翻,彻底改变〈seine Pläne wieder u. 再次推翻他的打算〉

um·wer·fend **1.** *Partizip Präsens*(现在分词); ↑ **umwerfen** **2.** *Adj*(形); *gespr*[口]; sehr beeindruckend 给人印象极深的: *Du siehst u. aus!* 你外表给人印象极深! **3.** *Adv*(副); **u. komisch** sehr komisch 极其滑稽

um·wi·ckeln; *umwickelte*, *hat umwickelt*; Vt (及物) **etw. u.** ein Band, e-e Schnur *o.Ä.* mehrere Male um etw. wickeln 缠绕，捆扎，包扎：*Der Sanitäter umwickelte den Arm des Verletzten mit e-r Binde* 卫生员用绷带包扎了伤员的胳膊

um·zie·hen¹ (*ist*) Vi (不及物) (**irgendwohin**) **u.** die Wohnung (und den Wohnort) wechseln 搬家，迁居：*in e-e größere Wohnung u.* 搬进更大的住宅；*von Wien nach Graz u.* 从维也纳迁居格拉茨

um·zie·hen² (*hat*) Vt (及物) **j-n/sich u.** j-m/sich andere Kleidung anziehen 给…换衣服

um·zin·geln; *umzingelte*, *hat umzingelt*; Vt (及物)〈Personen 人们〉**umzingeln j-n/etw.** viele Personen stellen sich um j-n/etw. herum (*bes* um j-n zu fangen od. um etw. zu erobern) 包围，围困，包抄，围捕：*Die Burg war von Feinden umzingelt* 城堡被敌人包围了 ‖ NB(注意)：oft im Passiv!（常用被动语态!）‖ *hierzu*（派生）**Um·zin·ge·lung** *die*；*nur Sg*（只用单数）

Um·zug *der* **1.** das Wechseln der Wohnung (und des Wohnortes) 搬家，迁居：*der U. in die neue Wohnung* 迁入新居；*der U. nach Berlin* 迁居柏林 ‖ K-(复合)：**Umzugs-, -kosten, -tag 2.** das Ziehen (1) vieler Menschen durch die Straßen (*bes* im Karneval) 游行，巡游〈e-n U. machen/veranstalten 举行游行〉

UN [uːˈ|ɛn] *die*; *Pl*（复）；*Kurzw*（略）↑ **UNO**

un- *im Adj*, *mst betont*, *sehr produktiv*（构成形容词，多重读，构词强）；*un-* drückt das Gegenteil des Adjektivs aus, dem es vorangestellt ist（表示形容词的反义）不…，非…；**echt ↔ unecht**〈Schmuck 首饰〉；**sicher ↔ unsicher**〈e-e Sache 事情〉；**abhängig ↔ unabhängig**〈ein Staat 国家〉；**annehmbar ↔ unannehmbar**〈e-e Forderung 要求〉；**appetitlich ↔ unappetitlich**〈e-e Speise 饭菜〉；**fair ↔ unfair**〈ein Spieler 运动员〉；**populär ↔ unpopulär**〈e-e Maßnahme 措施〉；**bedeutend ↔ unbedeutend**〈ein Schriftsteller 作家〉

un·ab·än·der·lich, un·ab·än·der·lich *Adj*（形）；so, dass man es nicht mehr ändern kann 不可改变的，无法更改的〈ein Entschluss, e-e Tatsache 决定，事实；etw. steht u. fest 某事不可改变地确定了〉

un·ab·ding·bar, un·ab·ding·bar *Adj*（形）；*nicht adv*（不作状语），*geschr*[书]；unbedingt notwendig 绝对必要的，不容商讨的，具有法律约束力的〈e-e Voraussetzung, e-e Forderung 前提，要求〉‖ *hierzu*（派生）**Un·ab·ding·barkeit, Un·ab·ding·bar·keit** *die*；*nur Sg*（只用单数）

un·ab·hän·gig *Adj*（形）**1.**（**von j-m/etw.**）**u.** nicht auf j-n/etw. angewiesen 不依赖的，不依靠的，独立的：*von seinen Eltern finanziell u. sein* 经济上不依靠父母；*im Urlaub vom Wetter u. sein* 在假期中不受天气的影响 **2. von j-m/etw. u.** nicht von j-m beeinflusst 不受…影响的，不以…为转移的，独立的：*Die Wissenschaftler haben zur gleichen Zeit u. voneinander das Virus entdeckt* 一些科学家各自独立地同时发现了病毒 **3.** ≈ autonom, souverän〈ein Staat 国家〉**4. u. davon, ob ...** gleichgültig, ob..., egal, ob ... 不管…是否… ‖ *zu*（义项）**1.** und **3. Un·ab·hän·gig·keit** *die*；*nur Sg*（只用单数）

Un·ab·hän·gig·keits·er·klä·rung *die*；der Text, in dem ein Staat (*z.B.* e-e Kolonie) erklärt, dass er von jetzt an selbständig ist 独立声明

un·ab·kömm·lich, un·ab·kömm·lich *Adj*（形）；*nicht adv*（不作状语），*geschr*[书]；(**irgendwo**) **u. sein** (irgendwo) unbedingt gebraucht werden, nicht weggehen können 必不可少的，无法脱身的

un·ab·läs·sig, un·ab·läs·sig *Adj*（形）；*nur attr od adv*（只作定语或状语）；ohne Unterbrechung 不间断的，不停的，持续不断的 ≈ ständig, ununterbrochen：*Sie redet u.* 她说个没完

un·ab·seh·bar *Adj*（形）；〈Auswirkungen, Folgen 影响，后果〉so, dass man sie vorher nicht einschätzen od. beurteilen kann 无法预见的，难以估量的

un·ab·sicht·lich *Adj*（形）；ohne Absicht 非故意的，无意的 ≈ versehentlich〈j-n u. beleidigen, kränken, verletzen 无意中得罪、侮辱、伤害某人〉

un·ab·wend·bar, un·ab·wend·bar *Adj*（形）；*geschr*[书]；so, dass man es nicht verhindern kann 不可避免的，不可逆转的，必然的，注定的 ≈ unvermeidlich〈ein Geschick, ein Schicksal 命运，天命〉‖ *hierzu*（派生）**Un·ab·wend·bar·keit, Un·ab·wend·bar·keit** *die*；*nur Sg*（只用单数）

un·acht·sam *Adj*（形）**1.** ohne die nötige Konzentration 不注意的，不小心的，不留心的，粗心大意的：*u. sein und e-n Unfall verursachen* 不慎造成事故 **2.** ohne Sorgfalt 不认真的，不谨慎的 ↔ behutsam, sorgsam〈etw. u. behandeln 对待某事不认真〉‖ *hierzu*（派生）**Un·acht·sam·keit** *die*；*nur Sg*（只用单数）

un·an·fecht·bar, un·an·fecht·bar *Adj*（形）；*geschr*[书]；〈ein Urteil, ein Beweis 判决，证据〉so gesichert od. fundiert, dass man sie nicht bezweifeln kann 无可争辩的，无可辩驳的 ‖ *hierzu*（派生）**Un·an·fecht·bar·keit, Un·an·fecht·bar·keit** *die*；*nur Sg*（只用单数）

un·an·ge·bracht *Adj*（形）；*nicht adv*（不作状语）；in der gegebenen Situation nicht passend 不恰当的，不得体的，不得当的，不合适的 ≈ deplaziert〈e-e Bemerkung 意见；etw. für u. halten 认为某事是不恰当的〉

un·an·ge·foch·ten *Adj*（形）；*geschr*[书] **1.** von niemandem bezweifelt 没有争议的，无异议的，毫无疑义的 ≈ unbestritten：*Seine These ist u.* 他的论点无可争议 **2.** *mst adv*（多作状语）；von niemandem (daran) gehindert 未受阻挠的，不受妨碍的：*Er passierte u. die Grenze* 他未受任何阻挠地（顺利）通过了边界

un·an·ge·mel·det *Adj*（形）；ohne, dass es vorher j-d angekündigt hat 未经通知的，突然的 ≈ überraschend〈ein Besuch 访问；u. irgendwohin kommen 未经事先通知到某地去)

un.an.ge.mes.sen *Adj*(形);*geschr*[书];nicht zu den Verhältnissen od. Umständen passend 不适当的,不恰当的,不相称的〈e-e Forderung 要求;etw. für u. halten 认为某事是不适当的〉‖ *hierzu*(派生)**Un·an·ge·mes·sen·heit** *die*;*nur Sg*(只用单数)

un.an.ge.nehm *Adj*(形)**1.** für j-n schwierig od. ungünstig 令人为难的,尴尬的,〈in e-r unangenehmen Lage sein 处于令人为难的境地〉**2.** so, dass man sich dabei körperlich unwohl fühlt 令人难受的,难闻的,令人不快的 ≈ übel (1)〈ein Geruch 气味〉**3.** ≈ unsympathisch〈ein Mensch 人〉**4.** ***etw. ist j-m u.*** ≈ etw. ist j-m peinlich **5.** ***u. auffallen*** durch sein Verhalten andere Leute stören 使人讨厌,使人厌恶

un.an.ge.tas.tet *Adj*(形);*geschr*[书];*mst in* 多用于 **1.** ***etw. bleibt u.*** etw. wird nicht aufgebraucht(物作主语)未受触动,未被动用〈seine Ersparnisse, sein Vermögen, seine Vorräte 他的积蓄,他的财产,他的储存〉**2.** ***etw. u. lassen*** etw. nicht aufbrauchen 不触动,不动用〈seine Ersparnisse, sein Vermögen, seine Vorräte u. lassen 不动用他的积蓄、他的财产、他的储存〉

Un.an.nehm.lich.keit *die*;-, -*en*;*mst Pl*, *geschr*(多用复数)[书];Probleme, die einem Schwierigkeiten od. Ärger machen 不便,不方便,麻烦,不快〈mit etw. Unannehmlichkeiten bekommen, haben 由于某事惹来麻烦,引来麻烦(多用复数);j-m Unannehmlichkeiten machen/bereiten 给某人添麻烦〉

un.an.sehn.lich *Adj*(形);nicht schön(外表)不好看的,不美观的,其貌不扬的 ‖ *hierzu*(派生)**Un·an·sehn·lich·keit** *die*;*nur Sg*(只用单数)

un.an.stän.dig *Adj*(形);〈ein Mensch 人;ein Witz 笑话〉so, dass sie gegen die guten Sitten od. gegen die Moral verstoßen(作风)不正派的,不正经的,有伤风化的 ≈ anstößig ‖ *hierzu*(派生)**Un·an·stän·dig·keit** *die*;*nur Sg*(只用单数)

un.an.tast.bar, un.an.tast.bar *Adj*(形);*nicht adv*, *geschr*(不作状语)[书];〈Rechte 权利〉so, dass man sie nicht in Frage stellen darf 不可侵犯的,不容侵犯的,无可非议的:*Die Würde des Menschen ist u.* 人的尊严是不容侵犯的 ‖ *hierzu*(派生)**Un·an·tast·bar·keit, Un·an·tast·bar·keit** *die*;*nur Sg*(只用单数)

un.ap.pe.tit.lich *Adj*(形)**1.** nicht appetitlich 不可口的,不开胃的,倒胃口的 ≈ ekelerregend〈e-e Speise sieht u. aus, riecht u. 饭菜看起来不可口,味道不香〉**2.** schmutzig und ohne Pflege 脏的,不干净的,令人恶心的 ≈ unästhetisch: *Seine schmutzigen Fingernägel sehen u. aus* 他那肮脏的指甲看起来令人恶心 ‖ *hierzu*(派生)**Un·ap·pe·tit·lich·keit** *die*;*nur Sg*(只用单数)

Un.art *die*;ein Verhalten, das andere Menschen stört 坏习惯,坏毛病〈e-e U. annehmen, haben 养成、有一种坏习惯〉≈ Unsitte: *Diese U. musst du dir abgewöhnen!* 你一定得改掉这种坏习惯!

un.ar.tig *Adj*(形);ohne das Verhalten, das Erwachsene von Kinder erwarten 不乖的,不听话的 ≈ ungehorsam ↔ brav

un.ar.ti.ku.liert *Adj*(形);〈Laute 声音〉so, dass man sie nicht verstehen kann(发音)不清晰的,含糊不清的:*Er spricht u.* 他说话发音不清

un.äs.the.tisch *Adj*(形);nicht ästhetisch 不美观的,没有美感的,不雅观的,难看的 ≈ abstoßend

un.auf.fäl.lig *Adj*(形)**1.** nicht auffällig 不引人注意的,不招眼的 ≈ dezent〈e-e Farbe, e-e Kleidung 颜色,衣服;u. gekleidet sein 穿着不招眼〉**2.** *mst adv*(多作状语);ohne von j-m bemerkt zu werden 不让人觉察的,悄悄的〈j-n u. beobachten 悄悄地观察某人〉:*Er verließ u. den Saal* 他悄悄地离开了大厅 ‖ *hierzu*(派生)**Un·auf·fäl·lig·keit** *die*;*nur Sg*(只用单数)

un.auf.find.bar, un.auf.find.bar *Adj*(形);so (versteckt), dass man es nicht (mehr) finden kann 找不到的,发现不了的,隐蔽的,难以寻觅的

un.auf.ge.for.dert *Adj*(形);*mst adv*(多作状语);ohne dazu aufgefordert worden sein 未经要求的,主动的,自愿的,自动的:*entliehene Bücher u. zurückgeben* 主动归还借的书籍

un.auf.ge.klärt *Adj*(形);〈ein Verbrechen 罪行〉so, dass man die Umstände od. den Hintergrund davon (noch) nicht feststellen konnte 尚未查明的:*Der Mord blieb u.* 谋杀案仍未查明

un.auf.halt.sam, un.auf.halt.sam *Adj*(形);so, dass man es nicht stoppen kann 不可阻挡的〈der Verfall e-s Bauwerkes 建筑物的坍塌〉:*Die Zeit geht u. weiter* 时光不可阻挡地流逝 ‖ *hierzu*(派生)**Un·auf·halt·sam·keit, Un·auf·halt·sam·keit** *die*;*nur Sg*(只用单数)

un.auf.hör.lich, un.auf.hör.lich *Adj*(形);*nur attr od adv*(只作定语或状语);andauernd, ohne Unterbrechung 不停的,不间断的,连续不断的 ≈ ununterbrochen: *Das Telefon klingelt u.* 电话不停地响着

un.auf.merk.sam *Adj*(形)**1.**〈ein Schüler 学生〉so, dass er sich nicht gut konzentriert, nicht zuhört 不专心的,注意力不集中的:*im Unterricht u. sein* 上课时不专心 **2.**〈ein Gastgeber 主人,东道主〉so, dass er sich nicht freundlich um seine Gäste kümmert(对客人关照)不周到的,怠慢的 ‖ *hierzu*(派生)**Un·auf·merk·sam·keit** *die*;*nur Sg*(只用单数)

un.auf.rich.tig *Adj*(形);nicht ehrlich 不真诚的,不坦率的,不老实的 ≈ verlogen ‖ *hierzu*(派生)**Un·auf·rich·tig·keit** *die*;*nur Sg*(只用单数)

un.aus.denk.bar, un.aus.denk.bar *Adj*(形);*geschr*[书];so schlimm, dass man es sich kaum vorstellen kann 不可想象的,无法设想的 ≈ unvorstellbar: *Die Folgen e-s Atomkrieges sind u.* 核战争的后果是不可想象的

un.aus.ge.füllt *Adj*(形)**1.** ≈ leer〈ein Formular 表格〉**2.** *mst* 多用 ***sich u. fühlen; u. sein*** sich sinnvollere und befriedigendere Aufgaben im Leben wünschen 感到生活不充实

U

un·aus·ge·gli·chen *Adj*(形); *nicht adv*(不作状语); in e-m (körperlichen und seelischen) Zustand, in dem man nicht mit sich selbst zufrieden ist 内心不平静的,情绪不稳定的,心里不得劲的,浑身不自在的: *Wenn ich keinen Sport treibe, fühle ich mich völlig u.* 如果我不进行锻炼,我就觉得浑身很不自在 ‖ *hierzu*(派生) **Un·aus·ge·gli·chen·heit** *die*; *nur Sg*(只用单数)

un·aus·lösch·lich, un·aus·lösch·lich *Adj*(形); *geschr*[书]; so, dass man es nie mehr vergisst 不可磨灭的,难以忘记的,忘不掉的,难忘的 ≈ unvergesslich ⟨ein Erlebnis, ein Eindruck 经历,印象; etw. prägt sich j-m u. ein 某事不可磨灭地铭刻在某人心里⟩

un·aus·sprech·lich, un·aus·sprech·lich *Adj*(形); *geschr*[书]; so groß, so intensiv *o.Ä.*, dass man es kaum beschreiben kann 无法形容的,难以表达的 ≈ unbeschreiblich: *u. glücklich sein* 非常幸福,无比幸福

un·aus·steh·lich, un·aus·steh·lich *Adj*(形); sehr unfreundlich, sehr schlecht gelaunt (情绪极坏)让人无法容忍的,难以忍受的 ≈ unerträglich: *Du bist heute mal wieder u.!* 今天你又叫人受不了! ‖ *hierzu*(派生) **Un·aus·steh·lich·keit, Un·aus·steh·lich·keit** *die*; *nur Sg*(只用单数)

un·bän·dig *Adj*(形) **1.** sehr lebhaft 不受约束的,非常活泼的,放荡不羁的 ≈ stürmisch, wild (5) ⟨ein unbändiges Temperament haben 具有桀骜不驯的性格⟩: *Die Kinder tobten u. umher* 孩子们放肆地尽情欢闹 **2.** sehr groß, sehr intensiv 抑制不住的,难以遏制的,无法控制的,不可遏止的,非常厉害的 ⟨Freude, Wut, Zorn, Neugierde, Sehnsucht, Hunger, Durst 高兴,愤怒,恼怒,好奇,渴望,饿,渴⟩ **3.** *nur adv*(只作状语); verwendet, um Adjektive od. Verben zu verstärken(加强形容词或动词的语义)很,非常,异常: *Sie freute sich u. über das Geschenk* 她为礼物高兴极了

un·barm·her·zig *Adj*(形); ohne Mitleid 无情地,毫不怜悯的,残酷无情的,严酷的 ≈ gnadenlos ⟨j-n u. bestrafen 无情地惩罚(处罚)某人⟩ ‖ *hierzu* (派生)**Un·barm·her·zig·keit** *die*; *nur Sg*(只用单数)

un·be·ab·sich·tigt *Adj*(形); ohne Absicht 无意的,无心的,偶然的 ≈ unabsichtlich, versehentlich

un·be·ach·tet *Adj* (形); von niemandem beachtet 不引人注意的,不受重视的,未被注意的

un·be·dacht *Adj*(形); ⟨e-e Äußerung 表态,意见⟩ so, dass man dabei nicht an die Konsequenzen denkt 欠考虑的,未加思索的,不慎重的,草率的 ≈ unklug, unüberlegt ‖ *hierzu*(派生) **Un·be·dacht·heit** *die*; *nur Sg* (只用单数); **un·be·dach·ter·wei·se** *Adv*(副)

un·be·darft *Adj*(形); *pej*[贬] ≈ naiv ⟨völlig u. sein 非常幼稚⟩ ‖ *hierzu* (派生) **Un·be·darft·heit** *die*; *nur Sg*(只用单数)

un·be·denk·lich *Adj*(形) **1.** so, dass man sich keine Sorgen darüber machen muss 不必担心的,不用操心的 ≈ ungefährlich: *Die Therapie soll völlig u. sein* 这种疗法应该是完全没有问题的(安全可靠的) **2.** *mst adv*(多作状语); ohne Bedenken (zu haben)毫无疑虑地,毫不迟疑地 ≈ bedenkenlos, uneingeschränkt ⟨etw. u. tun können 能够毫不迟疑地做某事; j-m u. zustimmen können 能够毫不犹豫地同意某人的意见⟩ ‖ *hierzu* (派生) **Un·be·denk·lich·keit** *die*; *nur Sg*(只用单数)

un·be·deu·tend *Adj*(形) **1.** von geringem Wert od. von geringer Wichtigkeit 不重要的,无关紧要的,无足轻重的 ≈ bedeutungslos, unwichtig: *ein unbedeutendes Detail* 无关紧要的枝节问题 **2** ≈ geringfügig ↔ gravierend, schwerwiegend ⟨ein Fehler, e-e Änderung, e-e Verbesserung, e-e Verschlechterung 错误,更改,改进,恶化⟩

un·be·dingt, un·be·dingt *Adv*(副); auf jeden Fall, unter allen Umständen 无论如何,绝对,一定: *etw. u. wissen wollen* 无论如何想要知道某事; *Ich muss dir u. mein neues Kleid zeigen!* 我一定得把我的新连衣裙给你看看!

un·be·ding·t-, un·be·ding·t- *Adj* (形); *nur attr, nicht adv*(只作定语,不作状语), *geschr* [书] ≈ uneingeschränkt, grenzenlos ⟨Treue 忠实,忠诚; unbedingtes Vertrauen zu j-m haben 怀有对某人的无条件的信任⟩

un·be·ein·druckt, un·be·ein·druckt *Adj* (形); ohne erkennbare Reaktion, nicht beeindruckt 无反应的,无印象的 ⟨etw. lässt j-n u. 某物没有给某人留下什么印象⟩: *Er zeigte sich von unseren Ideen völlig u.* 他表现出完全不为我们的想法所动

un·be·fahr·bar, un·be·fahr·bar *Adj*(形); *nicht adv*(不作状语); in e-m solchen Zustand, dass man darauf nicht fahren kann 车辆无法通行的,车辆不能行驶的 ⟨e-e Straße, ein Weg 街道,道路⟩

un·be·fan·gen *Adj* (形) **1.** ohne Hemmungen 无拘束的,自然的,不拘谨的,不害羞的 ⟨u. lachen, mit j-m sprechen 无拘无束地笑,与某人讲话自然⟩ **2.** objektiv und ohne Vorurteile 无偏见的,没有成见的,不偏袒的 ≈ unvoreingenommen ⟨ein Richter, ein Zeuge 法官,证人; j-m/etw. u. gegenüberstehen 无偏见地对待某人/某事⟩ ‖ *hierzu*(派生) **Un·be·fan·gen·heit** *die*; *nur Sg*(只用单数)

un·be·frie·di·gend *Adj* (形); nicht zufriedenstellend 不能令人满意的,不理想的 ⟨ein Ergebnis 结果⟩

un·be·frie·digt *Adj*(形) **1.** (***über etw.*** (*Akk* 四格)) ***u.*** mit etw. nicht zufrieden 不满足的,不满意的,失望的 **2.** (sexuell) nicht befriedigt (1)(在性方面)感到不满足的,没得到满足的

un·be·fris·tet *Adj*(形); ohne zeitliche Begrenzung 没有期限的,无限期的 ⟨ein Arbeitsvertrag 劳动合同⟩

un·be·fugt *Adj*(形); *geschr*[书]; (***zu etw.***) ***u.*** ohne das Recht zu etw. 未被授权的,无权的,未经准许的,没有资格的 ≈ unberechtigt ‖ *hierzu* (派生) **Un·be·fug·te** *der/die*; *-n, -n*

un·be·gabt *Adj*(形); *nicht adv*(不作状语); ***u.*** (***für etw.***) ohne die nötigen Fähigkeiten für etw. 缺乏天赋的，无才能的

un·be·greif·lich, un·be·greif·lich *Adj*（形）；（**j-m/für j-n**）**u.** nicht erklärbar od. verständlich 不可理解的，费解的，无法领会的 ≈ unverständlich：*Dein Verhalten ist mir u.* 你的行为对我来说无法理解的；*Es ist u. für mich, wie das passieren konnte!* 这事究竟怎么会发生的，对我来说很费解！‖ *hierzu*（派生）**un·be·greif·li·cher·wei·se** *Adv*（副）

un·be·grenzt, un·be·grenzt *Adj*（形）；ohne zeitliche Begrenzung 无限制的，无限期的〈auf unbegrenzte Dauer 无限期，etw. gilt zeitlich u. 某物无限期地适用，etw. ist u. gültig 某物无限期地有效〉：*Konserven sind nicht u. haltbar* 罐头并不是可无限期保存的 ‖ *hierzu*（派生）**Un·be·grenzt·heit, Un·be·grenzt·heit** *die*；*nur Sg*（只用单数）

un·be·grün·det *Adj*（形）；ohne Begründung od. ohne Grund 无理由的，无根据的〈ein Verdacht 嫌疑〉：*Ihr Misstrauen war u.* 她的不信任是毫无根据的

Un·be·ha·gen *das*；*-s*；*nur Sg*（只用单数）；ein unbestimmtes unangenehmes Gefühl（körperlicher od. seelischer Art）不适，不舒服，不惬意，不快 ≈ Unwohlsein〈ein körperliches U. 身体不舒服，身体不适；j-n befällt ein leises, gewisses U. 某人突然感到轻微不适，有点不舒服；etw. bereitet j-m U. 某事使某人不舒服；j-d（ver）spürt ein U. 某人感到不舒服〉

un·be·hag·lich *Adj*（形）**1.** so, dass man sich dort nicht wohl fühlt 不舒适的，不惬意的 ≈ ungemütlich〈ein Zimmer 房间〉：*Draußen war es recht u.* 外面相当不舒服 **2.** mit e-m unangenehmen Gefühl 令人不快的，不愉快的〈sich u. fühlen 感到不快；j-m ist u. zumute 他心情不愉快〉‖ *hierzu*（派生）**Un·be·hag·lich·keit** *die*；*nur Sg*（只用单数）

un·be·han·delt *Adj*（形）**1.**〈e-e Krankheit, e-e Wunde 疾病，伤口〉so, dass sie nicht von e-m Arzt *o. Ä.* versorgt wurden 未经治疗的，未经医治的，未作处置的 **2.** ohne chemische Mittel od. Verfahren zur Verfeinerung, Konservierung *o. Ä.* 未作化学加工处理〈Obst, Gemüse *usw* 水果，蔬菜等〉

un·be·hel·ligt, un·be·hel·ligt *Adj*（形）；so, dass man nicht gestört od. gehindert wird 未受阻碍的，不被骚扰的，不受打扰的〈u. bleiben 未受阻挠；j-n u. passieren（= vorbei- od. durchgehen）lassen 让某人不受阻挠地（顺利）通过〉

un·be·herrscht *Adj*（形）；ohne Kontrolle über seine Emotionen 克制不住感情的，控制不住自己的，爱冲动的〈ein Mensch 人；u. sein, reagieren 控制不住自己，不加克制地作出反应〉‖ *hierzu*（派生）**Un·be·herrscht·heit** *die*；*nur Sg*（只用单数）

un·be·hol·fen *Adj*（形）；（*bes* in den Bewegungen）ungeschickt 笨拙的，不灵巧的，迟钝的（尤指动作）↔ geschickt〈sich u. bewegen 举止笨拙，动作不灵活；u. sein 笨手笨脚〉‖ *hierzu*（派生）**Un·be·hol·fen·heit** *die*；*nur Sg*（只用单数）

un·be·irr·bar, un·be·irr·bar *Adj*（形）；*mst adv*（多作状语）；ohne sich von j-m/etw. beeinflussen zu lassen 不动摇的，坚定不移的：*u. seine Ziele verfolgen* 坚定不移地追求自己的目标 ‖ *hierzu*（派生）**Un·be·irr·bar·keit, Un·be·irr·bar·keit** *die*；*nur Sg*（只用单数）

un·be·kannt *Adj*（形）；*nicht adv*（不作状语）**1.** nicht bekannt od. nicht erkannt 陌生的，不熟悉的，不认识的：*Ein unbekannter Mann hat die Bank ausgeraubt* 一个陌生的男人把银行洗劫一空 **2.** nicht berühmt 不出名的，不知名的 ↔ bekannt：*Nur relativ unbekannte Künstler waren bei der Ausstellung vertreten* 只有那些相对不知名的艺术家出席了展览 **3.** ***etw. ist j-m u.*** j-d weiß, kennt etw. nicht（物作主语）对…来说不知道：*Dieser Umstand war mir bis heute u.* 到今天为止这种情况我并不知道 **4.** ***j-d ist j-m u.*** j-d kennt j-n nicht（人作主语）对…来说不认识：*E-e Frau Wilkens ist mir völlig u.* 有个威尔肯斯女士我根本不认识

Un·be·kann·te[1] *der/die*；*-n, -n*；j-d, den man nicht kennt 陌生人 ‖ NB（注意）：*ein Unbekannter；der Unbekannte；den, dem, des Unbekannten*

Un·be·kann·te[2] *die*；*-n, -n*；MATH【数】；e-e mathematische Größe, die man nicht kennt, aber berechnen kann 未知数〈e-e Gleichung mit zwei Unbekannten 有两个未知数的方程式〉‖ NB（注意）：*e-e Unbekannte；die Unbekannte；der Unbekannten*

un·be·küm·mert, un·be·küm·mert *Adj*（形）；*mst adv*（多作状语）；ohne sich Sorgen zu machen 无忧无虑的，不操心的 ≈ unbeschwert〈u.（dahin）leben, lachen 无忧无虑地过（混）日子，笑得无忧无虑〉‖ *hierzu*（派生）**Un·be·küm·mert·heit, Un·be·küm·mert·heit** *die*；*nur Sg*（只用单数）

un·be·lebt *Adj*（形）；*mst attr*（多作定语）**1.** leer od. nur mit wenigen Menschen 无人居住的，僻静的 ≈ einsam, verlassen〈e-e Straße, e-e Gegend 街道，地方〉**2.** ***die unbelebte Natur*** die Teile der Natur, die nicht leben, *bes* die Steine und die Mineralien 非生物界（尤指矿石和矿物）

un·be·lehr·bar, un·be·lehr·bar *Adj*（形）；nicht bereit, aus seinen Fehlern zu lernen od. auf die Ratschläge anderer zu hören 不可教育的，不听劝告的，不听教诲的，固执的 ≈ dickköpfig ‖ *hierzu*（派生）**Un·be·lehr·bar·keit, Un·be·lehr·bar·keit** *die*；*nur Sg*（只用单数）

un·be·leuch·tet *Adj*（形）；ohne Licht 无照明的，没有灯火的〈e-e Straße 街道〉

un·be·liebt *Adj*（形）；（**bei j-m**）**u.**（bei j-m）nicht beliebt (2) 不讨人喜欢的，不受欢迎的，不得人心的 ↔ gern gesehen ‖ ID［谚］***sich*（*bei j-m*）*u. machen*** durch sein Verhalten bewirken, dass j-d einen nicht mag 引起（某人的）不满，惹得（某人）讨厌，得罪（某人）：*Wenn du ständig Fragen an den Chef richtest, machst du dich bei ihm u.* 如果你经常向上司提出问题，你会得罪上司的 ‖ *hierzu*（派生）**Un·be·liebt·heit** *die*；*nur Sg*（只用单数）

un·be·mannt *Adj*（形）；*nicht adv*（不作状语）；

U

ohne Menschen 不载人的，无人驾驶的，没有乘员的〈ein Raumschiff, die Raumfahrt 宇宙飞船，宇宙航行〉

un·be·merkt *Adj*（形）；*nur attr od adv*（只作定语或状语）；von niemandem bemerkt[1] 未被觉察的，未受注意的，悄悄的（1）≈ heimlich: *Er verließ u. den Raum* 他悄悄地离开了房间

un·be·nom·men *Adj*（形）；*geschr*［书］；*nur in* 只用于 ***etw. ist/bleibt j-m u.*** j-d kann etw. tun, wenn er es für richtig hält 某事做不做随某人的便（由某人酌定）：Es *bleibt Ihnen u., sich* zu *beschweren* 提不提意见，随您的便（悉听尊便）

un·be·nutzt *Adj*（形）；(noch) nicht benutzt（1）未用过的，新的≈sauber, frisch ↔ gebraucht: *ein unbenutztes Handtuch* 未用过的毛巾，手巾

un·be·ob·ach·tet *Adj*（形）；so, dass man von niemandem beobachtet od. gesehen wird 未被注视的，未被注意的〈sich u. fühlen, glauben 感到、认为自己未受注视〉

un·be·quem *Adj*（形）**1.** nicht bequem 不舒适的，不舒服的，不合身的 ≈ ungemütlich: *Auf diesem Sessel sitzt man sehr u.* 在这张安乐椅上坐着很不舒服 **2.**〈ein Kritiker, ein Politiker 批评者，政治家〉so, dass sie sich nicht anpassen, sondern kritisch bleiben 令人厌烦的，讨厌的 **3.**〈Fragen 问题〉so, dass sie dem Betroffenen Schwierigkeiten bereiten 令人为难的，棘手的，麻烦的 ‖ *zu*（义项）**1. Un·be·quem·lich·keit** *die*; *nur Sg*（只用单数）

un·be·re·chen·bar, un·be·re·chen·bar *Adj*（形）**1.** *pej*［贬］；〈ein Mensch 人〉so, dass man nie genau weiß, wie er sich verhalten od. reagieren wird 难以捉摸的，令人摸不透的：*Wenn er Alkohol trinkt, ist er u.* 他只要喝酒，就让人难以捉摸 **2.** ≈ unvorhersehbar〈ein Zufall 偶然事件〉‖ *hierzu*（派生）**Un·be·re·chen·bar·keit, Un·be·re·chen·bar·keit** *die*; *nur Sg*（只用单数）

un·be·rech·tigt *Adj*（形）；so, dass es keinen Grund dafür gibt 不合理的，无理的 ≈ ungerechtfertigt: *Die Kritik war völlig u.* 批评是完全没有道理的 ‖ *hierzu*（派生）**un·be·rech·tig·ter·wei·se** *Adv*（副）

un·be·rück·sich·tigt *Adj*（形）；*mst in* 多用于 **1. *etw. u. lassen*** etw. nicht berücksichtigen 不考虑某事 **2. *etw. bleibt u.*** etw. wird nicht berücksichtigt（物作主语）未予考虑

un·be·rührt *Adj*（形）**1.** noch nicht benutzt 尚未使用过的，尚未利用过的：*Das Bett war noch u., als ich zurückkam* 当我回来时，这张床还没有用过 **2.**（***von etw.***）***u.*** nicht von etw. beeinflusst 未受影响的，未被触动的〈von j-s Leid/Schmerz u. sein, bleiben 未受某人的悲伤/痛苦的影响〉**3.** *mst* 多用 ***die unberührte Natur*** die Natur in dem Zustand, bevor der Mensch sie verändert hat 处于原始状态的自然界 ‖ *zu*（义项）**3. Un·be·rührt·heit** *die*; *nur Sg*（只用单数）

un·be·scha·det, un·be·scha·det *Präp*（介）；*mit Gen*, *geschr od* JUR（支配二格）［书］或【法】；verwendet, um auszudrücken, dass etw. nicht berücksichtigt wird 尽管，不顾，无损于 ≈ trotz: *u. der Bestimmungen von §17* 尽管有第17条规定

un·be·schol·ten *Adj*（形）；mit e-m guten Ruf 品行端正的，正派的，名声好的 ≈ integer, rechtschaffen〈ein Bürger 公民；ein Leben 一生〉‖ *hierzu*（派生）**Un·be·schol·ten·heit** *die*; *nur Sg*（只用单数）

un·be·schrankt *Adj*（形）；*nicht adv*（不作状语）；*mst in* 多用于 ***ein unbeschrankter Bahnübergang*** ein Bahnübergang ohne Schranken 未设栅栏的铁路交叉道口

un·be·schränkt, un·be·schränkt *Adj*（形）≈ unbegrenzt, uneingeschränkt

un·be·schreib·lich, un·be·schreib·lich *Adj*（形）；so groß, so intensiv *o. Ä.*, dass man es nicht od. kaum beschreiben kann 无法描述的，难以形容的，难以置信的 ≈ unaussprechlich: *Bei seinem Unfall hat er unbeschreibliches Glück gehabt* 在那次事故中他难以置信地交了好运；*Der Vortrag war u. langweilig* 报告难以形容的枯燥乏味

un·be·schrie·ben *Adj*（形）≈ leer〈Blätter, Seiten 张，页〉‖ ID［谚］↑ ***Blatt***

un·be·schwert *Adj*（形）；ohne Sorgen und Probleme und deshalb fröhlich und glücklich 无负担的，无忧无虑的，无心事的 ≈ sorgenfrei〈e-e Kindheit 童年时代；u. leben können 可以无忧无虑地生活；etw. u. genießen 快乐无忧地享受某物〉‖ *hierzu*（派生）**Un·be·schwert·heit** *die*; *nur Sg*（只用单数）

un·be·se·hen, un·be·se·hen *Adv*（副）*mst* 多用 ***j-m etw. u. glauben*** j-m etw. glauben, ohne es zu prüfen 不加考察地相信某人某事

un·be·sieg·bar, un·be·sieg·bar *Adj*（形）；〈ein Feind, ein Gegner, e-e Armee 敌人，对手，军队〉so, dass man sie nicht besiegen kann 不可战胜的，不可征服的 ‖ *hierzu*（派生）**Un·be·sieg·bar·keit, Un·be·sieg·bar·keit** *die*; *nur Sg*（只用单数）

un·be·son·nen *Adj*（形）；nicht vorher überlegt 未经很好考虑的，未经思考的，欠考虑的，轻率的 ≈ unüberlegt〈e-e Tat 行为〉‖ *hierzu*（派生）**Un·be·son·nen·heit** *die*; *nur Sg*（只用单数）

un·be·sorgt *Adj*（形）；*nur präd od adv*（只作表语或状语）；*mst in* 多用于 ***Seien Sie/Sei u.!*** machen Sie sich/mach dir keine Sorgen (darüber) 您/你放心吧！您/你放心好了！

un·be·stän·dig *Adj*（形）**1.**〈ein Mensch 人〉so, dass er oft seine Meinungen, Haltungen, Pläne *o. Ä.* ändert 变化无常的，反复无常的，多变的 ≈ wankelmütig **2.**〈das Wetter 天气〉so, dass es weder lange regnerisch noch lange sonnig *o. Ä.* bleibt 多变的，时好时坏的，变化不定的 ≈ wechselhaft ‖ *hierzu*（派生）**Un·be·stän·dig·keit** *die*; *nur Sg*（只用单数）

un·be·stä·tigt, un·be·stä·tigt *Adj*（形）；*nicht adv*（不作状语）；*mst in* 多用于 ***unbestätigten Meldungen zufolge...*** *geschr*［书］；nach Meldungen, die von offizieller Seite (noch) nicht bestätigt worden sind 根据未经证实的报道（消息）

U

un·be·stech·lich, un·be·stech·lich *Adj*（形）; *nicht adv*（不作状语）**1.** 〈ein Beamter, ein Polizist *usw* 官员,警察等〉so, dass man sie mit Geld nicht beeinflussen kann 不可贿赂的,收买不了的,廉洁的 ↔ korrupt **2.** 〈ein Beobachter, ein Kritiker 观察员,批评者〉(in ihrem Urteil) durch nichts zu beeinflussen 坚定不移的,有主见的 ‖ *hierzu*（派生）**Un·be·stech·lich·keit, Un·be·stech·lich·keit** *die*; *nur Sg*（只用单数）

un·be·stimmt *Adj*（形）; *nicht adv*（不作状语）**1.** 〈Ängste 忧虑, e-n unbestimmten Verdacht hegen 心存模糊不清的怀疑〉so, dass man sie nicht genau bestimmen od. identifizieren kann 不明确的,不清晰的,模糊不清的 **2.** ≈ vage, ungenau ↔ konkret: *Der Zeuge machte unbestimmte Angaben zum Ablauf des Verbrechens* 证人对犯罪的经过做了含糊其辞的陈述 **3.** so, dass es noch nicht feststeht 不确定的,不肯定的,不一定的: *Es ist noch u., wann wir in Urlaub fahren* 我们什么时候去休假,还不一定 ‖ *zu*（义项）**1. Un·be·stimmt·heit** *die*; *nur Sg*（只用单数）

un·be·streit·bar, un·be·streit·bar *Adj*（形）; so (gesichert), dass man nicht daran zweifeln kann 无可争辩的,无可辩驳的,无容置疑的 ≈ gesichert, feststehend 〈e-e Tatsache, ein Erfolg, ein Fortschritt 事实,成就,进步〉

un·be·strit·ten, un·be·strit·ten *Adj*（形）; von niemandem bezweifelt 没有争议的,公认的 ≈ anerkannt 〈e-e Tatsache 事实; etw. bleibt u. 某事仍然是没有争议的〉: *Unter den Experten ist u., dass der Unfall durch e-n technischen Defekt verursacht wurde* 事故是由技术上的缺陷造成的,这一点在专家们中间是没有争议的

un·be·tei·ligt, un·be·tei·ligt *Adj*（形）**1.** so, dass man kein Interesse an etw. zeigt 无动于衷的,不感兴趣的 ≈ teilnahmslos: *Er stand u. dabei, während alle anderen zu helfen versuchten* 当所有其他人都试图帮忙的时候,他却无动于衷地站着 **2.** *nicht adv*（不作状语）; (***an etw.*** (*Dat* 三格)) ***u.*** so, dass man an etw. nicht teilnimmt 不参与的,未参加的,未介入的: *Bei der Demonstration wurden auch völlig unbeteiligte Passanten verhaftet* 在游行示威中连有些完全未参与的行人也遭逮捕; *Er war an dem Raubüberfall u.* 他并未参与抢劫

un·be·tont *Adj*（形）; nicht betont 非重读的,无重音的〈e-e Silbe 音节〉

un·beug·sam, un·beug·sam *Adj*（形）; 〈ein Volk, ein Menschenschlag 人民,一类人〉so, dass sie niemandem nachgeben 坚强不屈的,不屈不挠的 ≈ standhaft

un·be·waff·net *Adj*（形）; ohne Waffe 不带武器的,非武装的,手无寸铁的

un·be·wäl·tigt, un·be·wäl·tigt *Adj*（形）; 〈ein Problem, Konflikte, j-s Vergangenheit 问题,冲突,某人过去的经历〉so, dass sie Schwierigkeiten od. Probleme beinhalten, die noch gelöst werden müssen 尚未克服的,尚待解决的

un·be·weg·lich, un·be·weg·lich *Adj*（形）**1.** *mst adv*（多作状语）; ohne sich zu bewegen 不动的,静止不动的,一动不动的 ≈ regungslos 〈u. dastehen, in seiner Stellung verharren 一动不动地站着,保持自己的姿势〉**2.** so, dass es sich nicht (mehr) bewegen lässt 不能活动的,僵硬不动的 ≈ steif (2), starr (1): *Seit dem Unfall ist sein Handgelenk u.* 自从发生事故以后,他的手腕就不能活动了 **3.** so, dass es sich nicht verändert (und keine Gefühle od. Gedanken widerspiegelt) 呆板的,没有表情的 ≈ ausdruckslos, starr (2): *Sein Gesichtsausdruck / Seine Miene blieb u.* 他的面部表情/他的神情是呆板的 **4.** ***geistig u.*** nicht fähig, sich schnell auf veränderte Situationen einzustellen 思想上僵化的,思想不灵活的 ‖ *hierzu*（派生）**Un·be·weg·lich·keit, Un·be·weg·lich·keit** *die*; *nur Sg*（只用单数）

un·be·wegt *Adj*（形）; (***von etw.***) ***u.*** von etw. nicht beeindruckt, ohne erkennbare emotionale Reaktion 呆滞的,木然的: *Mit unbewegter Miene hörte der Angeklagte sich das Urteil an* 被告带着呆滞的神情听完了判决

un·be·wohnt *Adj*（形）; ohne Menschen, die darin wohnen 无人居住的,空着的 ≈ leer stehend 〈ein Haus 房屋〉

un·be·wusst *Adj*（形）**1.** nicht bewusst 无意识的,本能的 (1) ≈ instinktiv 〈Ängste, Sehnsüchte, Abneigungen 恐惧,思念,反感〉**2.** *mst adv*（多作状语）; ohne sich darauf zu konzentrieren 无意的,不自觉的 ≈ am Rande, nebenbei 〈etw. u. wahrnehmen 无意中发觉某物〉**3.** ohne Absicht 无意的,无心的,非故意的 ≈ unabsichtlich, versehentlich: *j-n u. kränken, beleidigen* 无意中伤害、得罪某人

un·be·zahl·bar, un·be·zahl·bar *Adj*（形）; *nicht adv*（不作状语）**1.** so teuer, dass man es nicht od. kaum bezahlen kann 无法支付的,支付不起的,昂贵的〈ein Preis 价格〉: *Die Mieten in den Großstädten sind u.* 大城市的租金是支付不起的 **2.** so wichtig od. wertvoll, dass selbst sehr viel Geld kein Ersatz dafür ist 极其贵重的,无价的,无法估价的: *Gesundheit ist u.* 健康是无价的 ‖ ID［谚］*mst* 多用 ***Du bist / Das ist (einfach) u.!*** *gespr hum*［口］［诙］; du bist / das ist sehr lustig 你/这真逗!真是个宝贝!

un·be·zahlt *Adj*（形）; *nicht adv*（不作状语）**1.** (noch) nicht bezahlt 尚未支付的,未结清的 ≈ unbeglichen 〈Rechnungen 账目〉**2.** so, dass man kein Geld dafür bekommt 没有报酬的,无代价的〈Überstunden, Urlaub 加班,假期〉

un·be·zähm·bar, un·be·zähm·bar *Adj*（形）; *nicht adv*（不作状语）; 〈j-s Neugier(de), ein Verlangen 某人的好奇心,要求〉so groß, dass man sie nicht unterdrücken kann 无法克制的,抑制不住的,强烈的 ‖ *hierzu*（派生）**Un·be·zähm·bar·keit, Un·be·zähm·bar·keit** *die*; *nur Sg*（只用单数）

Un·bil·den *die*; *Pl*（复）, *mst in* 多用于 ***die U. der Witterung, des Winters*** *geschr*［书］; die unangenehmen Seiten des Wetters od. des Winters (wie *z. B.* Kälte, Glatteis) 天气,冬天带来的烦恼,麻烦,不便(如寒冷、结冰路滑)

U

Un·bill *die*; -; *nur Sg*（只用单数）, *geschr od veraltend*［书］或［渐旧］; ***die U.*** + *Gen*（二格）/ ***von etw.*** die schlimmen Folgen von etw., die man ertragen muss 苦难，祸害，疾苦，不公，不平〈die U. des Krieges, e-r Herrschaft, der Tyrannei 战争、统治、暴政造成的苦难，惨祸〉

un·blu·tig *Adj*（形）; ohne, dass Menschen dabei verletzt od. getötet werden 不流血的 ≈ ohne Blutvergießen〈ein Aufstand 起义; etw. verläuft, endet u. 某事不流血地进行，结束〉: *das unblutige Ende des Geiseldramas* 人质事件的不流血的结局

un·brauch·bar *Adj*（形）; *nicht adv*（不作状语）**1.** nicht mehr zu gebrauchen 无用的，不再能用的，没有用处的 ≈ wertlos: *Das alte Fahrrad ist u.* 这辆旧自行车不能用了，是无用的 **2.**（***für etw.***）***u.*** für e-e Tätigkeit nicht geeignet 不适合…的，不适宜…的: *Er ist fürs Holzhacken u., weil er so ungeschickt ist* 他不适合劈木柴，因为他是那么笨手笨脚

un·bü·ro·kra·tisch *Adj*（形）; nicht auf dem normalen Weg der Bürokratie, sondern schnell und unkompliziert 不是通过官僚机构进行的，简捷的〈unbürokratische Hilfe leisten 作出快速援助; u. vorgehen 以非官方的简捷途径办事〉

und *Konjunktion*（连）**1.** verwendet, um (in e-r Art Aufzählung) einzelne Wörter, Satzteile od. Sätze miteinander zu verbinden（用来连接词、句子成分或句子，表示并列关系）和，与，而: *Susanne und Monika* 苏珊和莫尼卡; *ein Kleid mit roten und schwarzen Streifen* 带红色和黑色条纹的连衣裙; *Ich habe Klavier gespielt, und er hat gelesen* 我弹了钢琴，而他读书了 **2.** verwendet, um gleiche Verben miteinander zu verbinden. Dadurch wird e-e Intensivierung und e-e Fortdauer ausgedrückt（用来连接相同的动词，表示语气的加强和动作的持续）: *Es schneite und schneite* 雪下个不停; *Der Regen wollte und wollte nicht aufhören* 雨根本不想停下来; *Er überlegte und überlegte, bis er den Fehler fand* 他考虑了又考虑，直到发现了错误 **3.** verwendet, um gleiche Adjektive od. Adverbien miteinander bzw. um ein Adjektiv mit seiner gesteigerten Form zu verbinden. Dadurch wird e-e Intensivierung od. e-e Steigerung ausgedrückt（用来连接相同的形容词或副词，或者连接形容词与其比较级，表示加强语气或程度逐渐增强）越来越…: *Das Flugzeug stieg hoch und höher / höher und höher* 飞机越升越高; *Der Lärm wurde stärker und stärker* (= immer stärker) 嘈杂声越来越厉害 **4.** verwendet, um gleiche Wörter miteinander zu verbinden. Dadurch wird die Unbestimmtheit der Aussage ausgedrückt（用来连接相同的词，表示意见的不确定性）: *Er wollte um die und die Zeit kommen* 他本来想抽个时间来; *Sie sagte, es sei so und so gewesen* 她说过，这原来是什么什么样的; *aus dem und dem Grund* 由于这样那样的理由 **5.** verwendet, um e-n Teilsatz einzuleiten, der e-n Gegensatz od. e-n Widerspruch zum Vorausgegangenen beinhaltet（用来引出与前面内容对立或矛盾的副句）: *Ich werde die Prüfung bestehen, und wenn sie noch so schwer ist!* 我会通过这次考试的，尽管它是那样难 **6.** verwendet, um e-n Teilsatz einzuleiten, der durch e-n Satz mit Infinitiv + *zu* ersetzt werden könnte（用来引出本来可以用一个带不定式 + zu 的短语来代替的副句）: *Sei doch bitte so nett und reiche mir den Zucker herüber* 劳驾，请把糖递给我; *Er ist imstande und macht das auch* 他也能够做这件事 **7.** verwendet, um e-n Teilsatz einzuleiten, der durch e-n Teilsatz mit *dass* ersetzt werden könnte（用来引出一个可以用带 dass 副句来代替的并列句）: *Es fehlte nicht viel, und ich hätte e-n Unfall verursacht* 我差一点就酿成一桩事故 **8.** *Subst / Pronomen*（名词/代名词）+ ***und*** + *Adj / Adv / Infinitiv*（形容词/副词/不定式）; verwendet, um Zweifel, Ironie *o. Ä.* auszudrücken（表示怀疑，讽刺等）: *Ich und e-e Rede halten – Niemals!* 我，还要讲话——决不!; *Die und schön?* (= diese Frau ist doch nicht schön) 这个女的，漂亮? **9.** verwendet, um bei der Addition Zahlen miteinander zu verbinden（表示数字相加）≈ plus ↔ weniger, minus: *zwei und zwei ist vier* 二加二等于四 **10.** ***und so weiter*** *mst* als Abkürzung verwendet, um auszudrücken, dass man e-e Aufzählung um ähnliche Dinge erweitern könnte（表示省略）等等，以及诸如此类; *Abk* 缩写为 usw. **11.** ***und Ähnliche(s)*** ≈ und so weiter; *Abk* 缩写为 u. Ä. **12.** ***und dergleichen*** und ähnliche Dinge, die man nicht nennen kann od. will 以及诸如此类，如此等等; *Abk* 缩写为 u. dgl.: *Er besitzt viele Aktien und dergleichen* 他拥有许多股票以及诸如此类的东西 **13.** ***und anderes mehr*** und andere Dinge kommen noch dazu (werden aber nicht genannt) 以及其他更多的，以及其他一些东西; *Abk* 缩写为 u. a. m. **14.** ***und, und, und*** *gespr*［口］; verwendet, um anzudeuten, dass man noch viel mehr Personen od. Dinge aufzählen könnte（表示还可以列举更多的人或物）等等，等等; 如此等等

Un·dank *der*; *mst in* 多用于（***von j-m***）***nur U. ernten*** *geschr*［书］; für seine Hilfe *o. Ä.* nicht den erwarteten Dank bekommen 好心却得不到好报 ‖ ID［谚］***U. ist der Welt(en) Lohn*** wenn man hilft od. etw. Gutes tut, wird das oft nicht anerkannt 以怨报德是人间常事，忘恩负义世间常有

un·dank·bar *Adj*（形）**1.** nicht dankbar 不知感激的，忘恩负义的，以怨报德的〈ein Mensch 人; u. sein 忘恩负义〉**2.** *nicht adv*（不作状语）; so schwierig od. kompliziert, dass die Mühe sich nicht lohnt 吃力不讨好的 ≈ unbefriedigend ↔ lohnend〈e-e Aufgabe 任务〉‖ *hierzu*（派生）**Un·dank·bar·keit** *die*; *nur Sg*（只用单数）

un·de·fi·nier·bar, un·de·fi·nier·bar *Adj*（形）;〈Laute, Geräusche, Gerüche, ein Farbton 声音，嘈杂声，气味，色调〉so, dass man sie nicht genau bestimmen od. identifizieren kann 难下定义的，难以分辨的，不能确定的，说不出来的 ≈ unbestimmt (1)

un·de·mo·kra·tisch, un·de·mo·kra·tisch *Adj* (形)；gegen die Prinzipien der Demokratie 不民主的 〈e-e Haltung 行为；u. vorgehen 采取不民主的措施〉

un·denk·bar, un·denk·bar *Adj* (形)；*mst präd* (多作表语)；so schlimm, dass man es nicht für möglich hält 不可想象的，想象不到的，不可思议的，不堪设想的 ≈ unvorstellbar (1) ↔ wahrscheinlich 〈etw. für u. halten 认为某事是不可想象的；etw. ist, erscheint u. 某事是、看来是无法想象的〉

un·denk·lich *Adj* (形)；*nur in* 多用于 ***seit/vor undenklichen Zeiten*** *geschr* [书]；seit/vor sehr langer Zeit 很久很久以来/以前

Un·der·state·ment [andəˈsteɪtmənt] *das*; *-s*, *-s*; e-e Äußerung, bei der man etw. bewusst als weniger wichtig darstellt, als es in Wirklichkeit ist 保守的说法，保守的估计，轻描淡写的叙述，打了折扣的报道 ≈ Untertreibung

un·deut·lich *Adj* (形) **1.** schlecht zu erkennen 不清楚的，分辨不清的，模糊的 ≈ unklar, unscharf 〈ein Foto 照片；etw. nur u. erkennen können 只能模糊地认出某物〉 **2.** ohne klare Formen 模糊不清的，无法辨认的 ≈ schlecht, schwer lesbar/leserlich 〈e-e Schrift 字迹；u. schreiben 写得不清楚〉 **3.** so gesprochen, dass man es schlecht versteht 听不清楚的，不准确的 〈e-e Aussprache 发音〉 ‖ *hierzu* (派生) **Un·deut·lich·keit** *die*; *nur Sg* (只用单数)

un·dicht *Adj* (形)；so, dass *bes* Wasser od. Luft hindurch kommen können 不密闭的，封闭不严的，渗漏的，不严实的，漏水的，漏气的 ≈ durchlässig 〈e-e Leitung, ein Ventil, ein Dach, ein Fenster 管道，阀门，屋顶，窗户〉

un·dif·fe·ren·ziert *Adj* (形)；*geschr* [书] ≈ pauschal 〈e-e Kritik, ein Urteil, e-e Äußerung 批评，评价，意见；sich u. über etw. äußern 对某事发表总的看法〉 ‖ *hierzu* (派生) **Un·dif·fe·ren·ziert·heit** *die*; *nur Sg* (只用单数)

Un·ding (*das*)；*nur in* 只用于 ***es ist ein U.***, ... *gespr* [口]；es ist dumm, unpassend od. falsch, ... 这真没有道理，实在荒唐，真是岂有此理…

un·dip·lo·ma·tisch *Adj* (形)；ungeschickt, ohne Takt[2] 不巧妙的，不聪明的，不策略的 〈sich u. verhalten 处事不策略〉

un·dis·zip·li·niert *Adj* (形)；*geschr* [书]；ohne Disziplin 无纪律的，不守纪律的，不受约束的，放纵的 〈ein Schüler, e-e Klasse, ein Verhalten 学生，班级，行为；sich u. verhalten 表现不守纪律〉 ‖ *hierzu* (派生) **Un·dis·zip·li·niert·heit** *die*; *nur Sg* (只用单数)

un·durch·dring·lich, un·durch·dring·lich *Adj* (形)；so dicht, dass man nicht hindurchkommt 穿不过去的，无法通过的 〈Dickicht, Gestrüpp, e-e Hecke 灌木丛，树丛，矮树篱〉

un·durch·läs·sig *Adj* (形)；(***für/gegen etw.***) ***u.*** so (beschaffen), dass Wasser, Luft *o. Ä.* nicht hindurchkommt(水、气)透不过的，不渗透的，不透…(水、气)的 ‖ -K(复合)：***luft-***, ***wasser-*** ‖ *hierzu* (派生) **Un·durch·läs·sig·keit** *die*; *nur Sg* (只用单数)

un·durch·schau·bar, un·durch·schau·bar *Adj* (形)；so, dass man es nicht erkennen kann 看不透的，看不清楚的，无法明白的，捉摸不透的：*Seine Pläne/Absichten sind u.* 他的计划/意图令人看不透 ‖ *hierzu* (派生) **Un·durch·schau·bar·keit, Un·durch·schau·bar·keit** *die*; *nur Sg* (只用单数)

un·durch·sich·tig *Adj* (形) **1.** so (beschaffen), dass man nicht hindurchsehen kann 不透明的 ↔ transparent 〈Glas, ein Stoff 玻璃，材料〉 **2.** *mst pej* 多用[贬] ≈ undurchschaubar, dubios 〈Geschäfte 交易，事务；e-e undurchsichtige Rolle bei etw. spielen 在某事上扮演一个使人看不透的角色〉 ‖ *hierzu* (派生) **Un·durch·sich·tig·keit** *die*; *nur Sg* (只用单数)

un·eben *Adj* (形)；nicht eben 不平坦的，崎岖不平的 ≈ holperig 〈Gelände, e-e Straße, ein Weg 地带，街道，道路〉

Un·eben·heit *die*; -, *-en* **1.** *nur Sg* (只用单数)；die unebene Beschaffenheit (von etw.) 不平坦，坎坷不平 **2.** e-e Stelle (am Boden), die höher od. tiefer als ihre Umgebung ist 凹凸处，不平整的地方

un·echt *Adj* (形) **1.** nicht echt 非真正的，假的，伪造的，仿制的，人工的 ≈ nachgemacht, imitiert, künstlich (1) 〈Schmuck, Haare 首饰，头发〉 **2.** nicht ehrlich 不真实的，不真诚的，虚假的 ≈ falsch (2), künstlich (3) ↔ aufrichtig, wahr (1)：*Ihre Freundlichkeit/ihr Mitgefühl/ihr Lächeln war u.* 她的友谊/她的同情/她的微笑是虚假的

un·ehe·lich *Adj* (形)；nicht in e-r Ehe geboren 非婚生的，私生的 〈ein Kind 孩子；u. (geboren) sein 是非婚生的(私生的)〉 ‖ *hierzu* (派生) **Un·ehe·lich·keit** *die*; *nur Sg* (只用单数)

Un·eh·re *die*; *mst in* 多用于 ***etw. macht j-m U./gereicht j-m zur U.*** *geschr* [书]；etw. macht j-m Schande 某事使某人蒙受耻辱，败坏某人的名声

un·ehr·lich *Adj* (形) **1.** nicht ehrlich 不诚实的，不老实的，不正直的 ≈ verlogen, unaufrichtig **2.** mit schlechten (od. kriminellen) Absichten 欺诈的，诈骗的 ≈ betrügerisch ↔ zuverlässig：*Geld u. erwerben* 诈骗金钱，骗钱 ‖ *hierzu* (派生) **Un·ehr·lich·keit** *die*; *nur Sg* (只用单数)

un·ei·gen·nüt·zig *Adj* (形)；mit der Absicht, anderen zu helfen (ohne selbst e-n Nutzen davon zu haben) 无私的，不谋私利的 ≈ selbstlos ↔ egoistisch 〈Hilfe 帮助；u. denken, handeln, helfen 考虑问题、办事、帮助人不谋私利〉 ‖ *hierzu* (派生) **Un·ei·gen·nüt·zig·keit** *die*; *nur Sg* (只用单数)

un·ein·ge·schränkt, un·ein·ge·schränkt *Adj* (形)；ohne Einschränkung (gültig, vorhanden) 不受限制的，无限制的，无限的，完全的，无保留的 ≈ unbeschränkt, vorbehaltlos 〈e-e Vollmacht 全权；j-s uneingeschränktes Vertrauen besitzen/genießen 受到某人的完全信任；

U

etw. verdient uneingeschränktes Lob 某事应当受到充分的赞扬; j-m u. zustimmen 无保留地赞成某人的意见〉

un·ei·nig *Adj*(形); *mst präd*(多作表语); (**in etw.** (*Dat* 三格)) **u.** verschiedener Meinung (在…方面)意见不一致,有分歧: *In diesem Punkt sind wir beide uns noch u./bin ich mit ihr u.* 在这一点上我们两人意见还不一致/我同她有分歧 ‖ *hierzu*(派生) **Un·ei·nig·keit** *die*; *nur Sg*(只用单数)

un·ein·nehm·bar, un·ein·nehm·bar *Adj*(形); 〈e-e Festung, e-e Burg, e-e Stadt 要塞,城堡,城市〉 so, dass man sie nicht erobern kann 无法攻克的,难以攻占的

un·eins *Adj*(形); *nur präd od adv*, *indeklinabel*, *geschr*(只作表语或状语,词形不变)[书] **1.** 〈Personen 人们〉 **sind** (**in etw.** (*Dat* 三格)) **u.**; **j-d ist mit j-m** (**in etw.** (*Dat* 三格)) **u.** zwei od. mehrere Personen haben (in e-r Sache) unterschiedliche Meinungen(人作主语)复:(在…方面)意见不一致; 单:…与…(在…方面)意见不一致 **2. mit sich** (**selbst**) **u. sein** mit sich selbst nicht zufrieden sein, nicht wissen, was man will 对自己不满意,不知自己想干啥,犹豫不决

un·ein·sich·tig *Adj*(形); nicht bereit, auf den guten Rat e-s anderen zu hören od. eigene Fehler zu erkennen 不明智的,不明事理的,不听忠告的 ‖ *hierzu*(派生) **Un·ein·sich·tig·keit** *die*; *nur Sg*(只用单数)

un·emp·find·lich *Adj*(形) **1.** (**gegen etw.**) **u.** gegen etw. nicht empfindlich(对…)不敏感的 ≈ widerstandsfähig 〈gegen Hitze, Kälte u. sein 对炎热、寒冷不敏感〉 **2.** (**gegen etw.**) **u. sein** sich von etw. Unangenehmem nicht irritieren lassen(对…)无动于衷的,麻木不仁的,冷漠的 〈gegen Beleidigungen, Tadel, persönliche Angriffe u. sein 对别人的侮辱、责备、人身攻击无动于衷〉 **3.** aus so gutem Material, dass es nicht leicht beschädigt wird 耐用的,结实的 ≈ strapazierfähig: *Der Teppichboden/das Sofa ist relativ u.* 这种满铺地毯/沙发比较耐用 ‖ *hierzu*(派生) **Un·emp·find·lich·keit** *die*; *nur Sg*(只用单数)

un·end·lich *Adj*(形) **1.** (scheinbar) ohne räumliche Grenzen 无穷尽的,无边际的,无止境的,无限的(指空间) ≈ grenzenlos: *die unendliche Weite des Ozeans* 海洋的无限广阔 **2.** (scheinbar) ohne zeitliches Ende 无穷尽的,无尽头的,无限的(指时间) ≈ endlos: *Die Zeit des Wartens schien ihm u.* 等候的时间对他好像没有尽头 **3.** *nicht adv*(不作状语); sehr groß, stark, intensiv, viel 无限的,非常大的: *unendliche Geduld mit j-m haben* 对某人有无限的耐心 **4.** *nur adv*(只作状语); verwendet, um Adjektive und Verben zu verstärken(加强形容词和动词的语义)极其,无限,异常 ≈ sehr: *u. traurig, glücklich über etw. sein* 对某事无限悲痛,无比愉快; *Sie hat sich u. auf das Wiedersehen mit ihm gefreut* 她对与他重逢感到无比高兴 **5.** MATH【数】; größer als jede beliebige Zahl/Größe 无穷大,无限大; *Zeichen* 符号为∞ 〈e-e Größe, Reihe, Zahl 无穷大,无穷级数,无穷数; e-e Reihe geht gegen u. (= hat kein Ende) 级数是无穷的〉

Un·end·lich·keit *die*; -; *nur Sg*(只用单数) **1.** *geschr*[书]; ein Phänomen, das weder räumliche Grenzen noch ein zeitliches Ende hat 无穷,无限,无止境 ≈ Ewigkeit (1) **2.** die (scheinbar) grenzenlose räumliche Ausdehnung 无边无际: *die U. des Meeres* 大海的茫无涯际 **3.** *gespr*[口]; e-e viel zu lange Zeit 长久,好久 ≈ Ewigkeit (2): *Ich habe fast e-e U. auf dich gewartet!* 我可等了你八辈子了!

un·ent·behr·lich, un·ent·behr·lich *Adj*(形); unbedingt notwendig 不可缺少的,必不可少的,必要的 〈ein Werkzeug, ein Mitarbeiter 工具,工作人员; j-d/etw. ist (j-m/für j-n) u. 某人/某物(对某人来说)是不可缺少的; sich für u. halten 认为自己是少不了的; sich (durch seine Leistungen) u. machen(用自己的成绩)使自己成为不可缺少的〉 ‖ *hierzu*(派生) **Un·ent·behr·lich·keit, Un·ent·behr·lich·keit** *die*; *nur Sg*(只用单数)

un·ent·gelt·lich, un·ent·gelt·lich *Adj*(形); ohne, dass man Geld dafür bezahlen muss bzw. Geld dafür bekommt 无偿的,无报酬的; 免费的,尽义务的 ≈ kostenlos, gratis 〈etw. u. tun 无报酬地做某事〉: *e-e unentgeltliche Reparatur* 免费修理

un·ent·schie·den *Adj*(形) **1.** noch nicht entschieden 未决定的,悬而未决的 〈e-e Frage 问题; etw. ist noch u. 某事尚悬而未决〉 **2.** so, dass beide Spieler od. Mannschaften (noch) die gleiche Zahl von Punkten, Toren *o.Ä.* haben 不分胜负的,平局(的) 〈ein Spiel steht, endet u. 比赛不分胜负,以平局告终〉: *Die beiden Mannschaften trennten sich (2:2) u.* 这两个队(以2比2)打成平局 ‖ *zu*(义项) **2 Un·ent·schie·den** *das*; *-s*,

un·ent·schlos·sen *Adj*(形); noch nicht zu e-m Entschluss, e-r Entscheidung gekommen 未下决心的,尚未决定的,犹豫不决的,优柔寡断的 ≈ unschlüssig 〈ein Mensch 人; u. sein, scheinen, wirken 尚未作出决定,看上去还没有下决心,显得优柔寡断〉: *Er war noch u., ob er das Auto kaufen sollte od. nicht* 他还在犹豫是否要买这辆汽车 ‖ *hierzu*(派生) **Un·ent·schlos·sen·heit** *die*; *nur Sg*(只用单数)

un·ent·schul·digt *Adj*(形); ohne Entschuldigung (4) 未请假的 〈u. fehlen, u. dem Unterricht fernbleiben 未请假而旷课〉

un·ent·wegt, un·ent·wegt *Adj*(形); *nur attr od adv*(只作定语或状语) **1.** so, dass der Betreffende e-e Tätigkeit od. sein Ziel nie aufgibt 坚定不移的,百折不挠的,坚毅的 ≈ beharrlich, unermüdlich: *ein unentwegter Kämpfer für den Naturschutz* 一名坚持不懈地保护大自然的斗士 **2.** ohne Pause, ohne Unterbrechung 不断的,不停顿的 ≈ ununterbrochen, ständig, pausenlos: *Sie redet u.* 她滔滔不绝地说

un·er·bitt·lich, un·er·bitt·lich *Adj*(形) **1.** durch Bitten, Vorschläge *o.Ä.* anderer nicht zu beeinflussen 不顾情面的，毫不宽容的，无情的〈ein Richter 法官；u. sein, bleiben 毫不留情，不讲情面〉**2.** hart, heftig und durch nichts mehr zu verhindern 顽强不屈的，不退缩的：*Der Kampf tobte u.* 战斗激烈地（冷酷无情地）进行着 ‖ *hierzu*（派生）**Un·er·bitt·lich·keit, Un·er·bitt·lich·keit** *die*; *nur Sg*（只用单数）

un·er·fah·ren *Adj*（形）**1.**（**in etw.**（*Dat* 三格））**u.** ohne Erfahrung 无经验的：*Mich hat ein junger, noch unerfahrener Arzt behandelt* 是一位年轻的、还没有经验的大夫给我看的病 **2. jung und u.** ohne Lebenserfahrung 无生活经验的，年轻不懂事的 ‖ *hierzu*（派生）**Un·er·fah·ren·heit** *die*; *nur Sg*（只用单数）

un·er·find·lich, un·er·find·lich *Adj*（形）；*nicht adv*（不作状语）；*mst in* 多用于 **aus unerfindlichen Gründen** aus Gründen, die man nicht kennt od. die man nicht versteht 出于无法解释的原因

un·er·freu·lich *Adj*（形）；〈e-e Nachricht 消息；ein Zwischenfall 偶发事件，意外事故〉so, dass sie einen traurig machen od. ärgern 令人不愉快的：*j-m e-e unerfreuliche Mitteilung machen müssen* 不得不通知某人一个不愉快的消息

un·er·füllt *Adj*（形）**1.**（noch）nicht erfüllt, noch nicht Wirklichkeit geworden（尚）未完成的，还未实现的：*Ihre Wünsche / Bitten / Hoffnungen blieben u.* 她的愿望/请求/希望仍未实现 **2.** ohne e-e wichtige (Lebens)Aufgabe 空虚的，不充实的，没有内容的 ≈ unausgefüllt 〈ein Leben 生活〉

un·er·gie·big *Adj*（形）；so, dass man nichts od. nur wenig Nutzen davon hat 无利益的，收益甚微的，贫瘠的〈ein Boden, e-e Ölquelle 土地，油源〉：*Das Gespräch war u.* 谈话没有什么效果 ‖ *hierzu*（派生）**Un·er·gie·big·keit** *die*; *nur Sg*（只用单数）

un·er·gründ·lich, un·er·gründ·lich *Adj*（形）；so, dass man den Sinn od. den Grund nicht erkennen kann 深邃的，莫测高深的，神秘莫测的 ≈ unerklärlich, geheimnisvoll, rätselhaft 〈ein Geheimnis, ein Rätsel 秘密，谜；ein Motiv 动机；ein Blick, ein Lächeln 目光，微笑〉‖ *hierzu*（派生）**Un·er·gründ·lich·keit, Un·er·gründ·lich·keit** *die*; *nur Sg*（只用单数）

un·er·heb·lich *Adj*（形）**1.** *mst präd*, *gespr*（多作表语）[口]；nicht wichtig 不重要的，无足轻重的：*Es ist u., ob Sie es tippen od. ich – Hauptsache, es wird getippt* 是您来打字还是我来打，这并不重要——要紧的是得把这份东西打出来 **2** ≈ klein, geringfügig〈ein (Sach) Schaden, e-e Änderung, ein Unterschied（物质）损失，更改，区别〉‖ *hierzu*（派生）**Un·er·heb·lich·keit** *die*; *nur Sg*（只用单数）

un·er·hört *Adj*（形）**1.** *pej*［贬］≈ empörend, skandalös：*Du erlaubst Dir ja unerhörte Sachen!* 你居然（允许自己）干出这种令人气愤的（或：不像话的）事来！；*Es ist wirklich u., dass er sich für das Geschenk nicht einmal bedankt hat!* 这真太不像话了，你收了礼物居然连谢都没有谢一声！**2.** *nicht adv*（不作状语）≈ sehr groß, stark, intensiv *o. Ä.*：*Bei dem Unfall hatte er unerhörtes Glück* 他在这次事故中没有出事真是万幸 **3.** *nur adv*（只作状语）；verwendet, um ein Adjektiv od. ein Adverb zu verstärken（加强形容词或副词的语义）非常，十分，极其 ≈ sehr：*e-e u. wichtige Angelegenheit* 一件十分重要的事情

un·er·kannt *Adj*（形）；nicht bekannt od. nicht erkannt 不知道的；未被认出的：*Der Täter blieb / entkam u.* 案犯仍未查明/作案人未被认出来，溜走了

un·er·klär·lich, un·er·klär·lich *Adj*（形）；（**j-m**）**u.** so, dass man keine Gründe dafür finden kann 难以说明（理由）的，无法解释的〈aus unerklärlichen Gründen 由于无法说明的理由〉：*Eine unerklärliche Angst befiel sie* 她突然感到一股莫名的恐惧袭上心头；*Es ist mir u., wie das Unglück passieren konnte* 我无法解释怎么会发生这一不幸事件的

un·er·läss·lich, un·er·läss·lich *Adj*（形）；*geschr*［书］；（**für etw.**）**u.** unbedingt notwendig 绝对必要的，不能免除的 ≈ unverzichtbar 〈e-e Voraussetzung, e-e Bedingung 前提，条件；etw. für u. halten 认为某事是绝对必要的〉

un·er·laubt *Adj*（形）；so, dass j-d keine (gesetzliche) Erlaubnis für etw. hat 未经许可的：*unerlaubter Waffenbesitz* 未经许可拥有武器；*ein Grundstück u. betreten* 未经许可进入（别人的）地块；*dem Unterricht u. fernbleiben* 无故逃课，旷课

un·er·mess·lich, un·er·mess·lich *Adj*（形）；*geschr*［书］；so (groß), dass man es sich nicht od. kaum vorstellen kann 无法估量的，极大的〈Schätze, Reichtümer 珍宝，财富；Schmerzen 痛苦；Trauer, Liebe 悲哀，爱；j-d / etw. richtet unermesslichen Schaden an 某人/某事造成无法估量的损失；etw. ist von unermesslicher Bedeutung 某事具有极大的意义〉：*die unermessliche Weite des arktischen Eises* 北极的冰苍苍茫茫一望无际 ‖ ID［谚］（**bis**）**ins Unermessliche** *geschr*［书］≈ endlos, unaufhörlich ‖ *hierzu*（派生）**Un·er·mess·lich·keit, Un·er·mess·lich·keit** *die*; *nur Sg*（只用单数）

un·er·müd·lich, un·er·müd·lich *Adj*（形）；mit großer Geduld und mit viel Ehrgeiz 不倦的，不懈的，不知疲倦的 ≈ ausdauernd〈ein Helfer 帮手；mit unermüdlichem Fleiß 孜孜不倦；u. üben 不懈地练习〉‖ *hierzu*（派生）**Un·er·müd·lich·keit, Un·er·müd·lich·keit** *die*; *nur Sg*（只用单数）

un·er·reich·bar, un·er·reich·bar *Adj*（形）**1.**（**für j-n**）**u.** so, dass es (mit der Hand *o. Ä.*) nicht erreicht (1) werden kann 够不着的：*ein Medikament für Kinder u. aufbewahren* 将药品放在孩子拿不到的地方；*Der Schuss war für den Torwart u.* 守门员对这次劲射只能望球兴叹 **2.**〈ein Ziel 目标〉so, dass es nicht erreicht (4) werden kann 达不到的，无法实现的 **3.** *gespr*［口］；nicht per Telefon *o. Ä.* zu erreichen（通过电话等）找不到的：*Herr Krämer ist im Moment u.* 克雷默尔先生眼下找

U

不着 **4.** ***in unerreichbarer Ferne*** in sehr großer Entfernung 在十分遥远的地方 ‖ *zu* (义项)**1.** und **2. Un·er·reich·bar·keit, Un·er·reich·bar·keit** *die*; *nur Sg*(只用单数)

un·er·reicht, un·er·reicht *Adj*(形); bisher von niemandem od. von niemand anderem erreicht 尚无人达到的: *Seine Leistung/sein Rekord ist bisher u.* 他的成绩/他创下的记录至今还没有人达到过

un·er·sätt·lich, un·er·sätt·lich *Adj*(形); *nicht adv*(不作状语); ⟨ein Verlangen, e-e Begierde, Neugier, Habgier, ein Wissensdurst 要求,欲望,好奇心,贪欲,对知识的渴望⟩ so, dass man sie nicht od. kaum befriedigen kann 不能满足的,满足不了的,不知足的,贪婪的 ‖ *hierzu* (派生) **Un·er·sätt·lich·keit, Un·er·sätt·lich·keit** *die*; *nur Sg*(只用单数)

un·er·schlos·sen *Adj*(形); *nicht adv*(不作状语); (***für etw.***) ***u.*** noch nicht für bestimmte Zwecke vorbereitet 未开发的: *für den Tourismus noch unerschlossene Gebiete* 对旅游业尚未开发的地区

un·er·schöpf·lich, un·er·schöpf·lich *Adj*(形) **1.** ⟨Vorräte, Reserven, j-s (finanzielle) Mittel 储备,资源,某人的资金⟩ in so großer Menge vorhanden, dass sie (scheinbar) niemals ganz verbraucht werden 取之不尽的,用之不竭的 **2.** so, dass man immer wieder darüber sprechen kann 百谈不厌的,谈不尽的 ⟨*mst* ein Thema 多指某个话题⟩ ‖ *hierzu*(派生) **Un·er·schöpf·lich·keit, Un·er·schöpf·lich·keit** *die*; *nur Sg*(只用单数)

un·er·schro·cken; *Adj*(形); mutig und entschlossen 无所畏惧的,勇敢的: *ein unerschrockener Kämpfer für Frieden und Freiheit* 和平与自由的无畏战士 ‖ *hierzu*(派生) **Un·er·schro·cken·heit** *die*; *nur Sg*(只用单数)

un·er·schüt·ter·lich, un·er·schüt·ter·lich *Adj*(形); durch nichts zu erschüttern 毫不动摇的,坚定的 ≈ stark ⟨(ein) Optimismus 乐观精神; u. an etw. festhalten 毫不动摇地坚持某事⟩: *Sein Vertrauen/sein Wille ist u.* 他的信任/他的意志是不可动摇的 ‖ *hierzu*(派生) **Un·er·schüt·ter·lich·keit, Un·er·schüt·ter·lich·keit** *die*; *nur Sg*(只用单数)

un·er·schwing·lich, un·er·schwing·lich *Adj* (形); *nicht adv*(不作状语); (***für j-n***) ***u.*** so teuer, dass man es nicht kaufen kann 买不起的,十分昂贵的: *ein unerschwinglicher Sportwagen* 一辆天价的赛车

un·er·sprieß·lich, un·er·sprieß·lich *Adj* (形); *nicht adv*, *geschr*(不作状语)[书]; so, dass es keine Freude macht und kein Ergebnis bringt(枯燥无味)没有成效的,无结果的,无用的 ≈ unergiebig, nutzlos ↔ fruchtbar ⟨ein Gespräch, e-e Diskussion 谈话,讨论⟩

un·er·träg·lich, un·er·träg·lich *Adj*(形) **1.** so unangenehm od. schlimm, dass man es kaum ertragen kann 难以忍受的,不堪忍受的 ⟨e-e Hitze, Schmerzen, ein Lärm 炎热,痛苦,噪音; u. heiß, kalt 热得,冷得难以忍受; etw. ist j-m u. 某事令某人难以忍受⟩: *Unsere Lage ist u.* 我们的处境真不堪忍受 **2** ≈ widerlich, unausstehlich: *Er ist heute mal wieder u.!* 他今天又让人难以忍受! ‖ *hierzu*(派生) **Un·er·träg·lich·keit, Un·er·träg·lich·keit** *die*; *nur Sg*(只用单数)

un·er·war·tet, un·er·war·tet *Adj* (形); so, dass niemand daran gedacht hat od. darauf vorbereitet war 突如其来的,出乎意料的,突然的,未预料到的 ≈ überraschend, unvorhergesehen ⟨ein Besuch, ein Wiedersehen, e-e Nachricht 来访、重逢、消息; etw. kommt (für j-n) u. 某事(对某人)来得出人意料; etw. nimmt e-e unerwartete Wende 某事发生出乎意料的转折⟩

un·er·wünscht *Adj*(形); nicht erwünscht 非人所愿望的,不受欢迎的 ≈ unwillkommen ⟨ein Besuch, Gäste 访问,客人; irgendwo u. sein 在某处不受欢迎⟩

UNESCO *die*; -; *nur Sg*(只用单数); (*Abk für* 缩写,全称为 United Nations Educational, Scientific and Cultural Organization) e-e Organisation der UNO zur Förderung von Kultur, Wissenschaft u. Bildung 联合国教育、科学及文化组织,联合国教科文组织

un·fä·hig *Adj*(形); *nicht adv*(不作状语) **1.** (***zu etw.***) ***u.*** nicht in der Lage, etw. Bestimmtes zu tun 无能力的,没有本事的: *Er ist u., e-e Entscheidung* zu *treffen* 他没有能力做出决定; *Sie ist zu e-m Mord u.* 她不会去干谋杀的 **2.** für seine Aufgaben nicht geeignet 不称职的,不够格的 ⟨ein Mitarbeiter 工作人员⟩ ‖ *hierzu*(派生) **Un·fä·hig·keit** *die*; *nur Sg*(只用单数)

un·fair *Adj*(形) **1.** nicht fair (1)不公正的,不正当的 ≈ unlauter, ungerecht ⟨ein Verhalten 行为; zu unfairen Mitteln greifen 采取不正当的手段; j-n u. beurteilen 不公正地评判某人⟩ **2.** nicht den Regeln des Sports entsprechend 违反规则的,犯规的 ⟨ein Spieler 运动员; u. kämpfen 违反规则地竞赛⟩: *Das Spiel war hart, aber nicht u.* 比赛很激烈,但没有违反规则

Un·fall *der*; ein Ereignis, bei dem Menschen verletzt od. getötet werden und/od. Dinge beschädigt od. zerstört werden 事故 ≈ Unglück (1) ⟨ein leichter, schwerer, tödlicher U. 小的、严重的、造成人员死亡的事故; e-n U. haben, verursachen, verschulden 发生事故,引起事故,酿成事故; in e-n U. verwickelt sein 卷入一起事故; bei e-m U. ums Leben kommen 在一次事故中丧生, bei e-m U. tödlich verunglücken 在一次事故中不幸死亡; ein U. ereignet sich 发生一起事故⟩ ‖ K-(复合): ***Unfall-, -bericht, -chirurgie, -fahrer, -folgen, -geschädigte(r), -hergang, -opfer, -ort, -quote, -risiko, -schaden, -skizze, -statistik, -stelle, -tod, -tote(r), -ursache, -verhütung, -verletzte(r), -versicherung, -verursacher, -zeuge*** ‖ -K(复合): ***Arbeits-, Auto-, Betriebs-, Freizeit-, Sport-***

Un·fall·flucht *die* ≈ Fahrerflucht ⟨U. begehen(指车祸)肇事后逃逸⟩

un·fall·frei *Adj*(形); *nur attr od adv*(只作定语或状语); *mst* 多用 ***u. fahren*** *mst* mit dem

Auto, Motorrad in e-m bestimmten Zeitraum keinen Unfall gehabt haben 无事故行驶: *Ich fahre schon seit zehn Jahren u.* 我已经十年行车无事故了

un·fall·träch·tig *Adj*（形）; ⟨e-e Stelle, e-e Kreuzung 地点,十字路口⟩ so, dass dort immer wieder (Auto)Unfälle geschehen 事故多发的,常出事故的

Un·fall·wa·gen *der*; ein Auto, das bei e-m Unfall beschädigt wurde 事故中受损的汽车

un·fass·bar, un·fass·bar *Adj*（形）; (***j-m/für j-n***) ***u.*** so, dass man es weder rational noch emotional verarbeiten kann 不可思议的,无法想象的,难以理解的 ⟨etw. ist, scheint j-m u. 某事对某人、看来对某人无法想象⟩: *Es ist u., wie das Unglück geschehen konnte!* 简直不可想象,怎么能发生这种事故! *Der Tod seiner Frau war für ihn u.* 他妻子的死亡令他难以置信

un·fehl·bar, un·fehl·bar *Adj*（形）; *nicht adv*（不作状语）**1.** in seinen Entscheidungen so sicher, dass man keinen Fehler macht 不出差错的,准确无误的 ⟨sich für u. halten 自认为不会出错⟩: *Kein Mensch ist u.* 没有人能不出差错 **2.** *mst* 多用 ***e-n unfehlbaren Geschmack / Instinkt besitzen*** sich in Bezug auf seinen Geschmack/auf instinktive Entscheidungen niemals täuschen 具有准确无误的鉴别力/本能 ‖ *hierzu*（派生）**Un·fehl·bar·keit, Un·fehl·bar·keit** *die*; *nur Sg*（只用单数）

un·fein *Adj*（形）; nicht den guten Manieren entsprechend 不文雅的,粗俗的,缺乏教养的 ↔ vornehm ⟨sich u. benehmen 举止粗鲁; etw. ist, gilt als u. 某事不文雅,被视作缺乏教养⟩

un·fern *Präp*（介）; *mit Gen*（支配二格）≈ unweit ‖ NB（注意）: auch adverbiell verwendet mit *von*（也可与 von 连用作状语）: *u. vom Marktplatz* 离集市广场不远

un·fer·tig *Adj*（形）**1.** angefangen, aber noch nicht fertig 未完成的,未结束的: *e-e unfertige Arbeit* 未完成的工作 **2.** ⟨Personen 人⟩ mit wenig Erfahrung 不成熟的 ≈ unreif

un·flä·tig *Adj*（形）; *geschr pej*［书］［贬］; so, dass es gegen die guten Sitten verstößt 污秽的,肮脏的,猥亵的,下流的 ⟨Worte, Reden, Lieder 言词,话语,歌曲; j-n in unflätiger Weise beschimpfen 用污言秽语辱骂某人⟩ ‖ *hierzu*（派生）**Un·flä·tig·keit** *die*

un·folg·sam *Adj*（形）; ⟨*mst* 多指 ein Kind 儿童⟩ so, dass es den Eltern nicht gehorcht 不听话的,不顺从的 ≈ ungehorsam ↔ brav ‖ *hierzu*（派生）**Un·folg·sam·keit** *die*; *nur Sg*（只用单数）

un·för·mig *Adj*（形）; dick, breit und ohne schöne Proportionen 庞大而不匀称的,畸形的,难看的 ≈ plump, ungestalt ↔ wohlgeformt, zierlich ⟨e-e Gestalt 身材; e-e Nase 鼻子⟩ ‖ *hierzu*（派生）**Un·för·mig·keit** *die*; *nur Sg*（只用单数）

un·fran·kiert *Adj*（形）; ohne Briefmark 未贴邮票的,未付邮资的 ⟨ein Brief 信件⟩

un·frei *Adj*（形）**1.** ohne persönliche Freiheiten 没有(个人)自由的,受压迫的,不自由的 ≈ abhängig ⟨ein Volk 人民⟩ **2.** *nicht adv*（不作状语）; ***in etw.*** (*Dat* 三格) ***u.*** wegen bestimmter Einschränkungen nicht frei (3) 受约束的,受限制的,不由自主的 ⟨in seinen Entscheidungen, in seinen Wahlmöglichkeiten u. sein 在做决定时受到约束,在其选择的可能上受到限制⟩ **3.** ≈ unfrankiert ‖ *zu*（义项）**1.** und **2. Un·frei·heit** *die*; *nur Sg*（只用单数）

un·frei·wil·lig *Adj*（形）**1.** gegen den eigenen Willen, nicht freiwillig 非自愿的,强制性的,违背自己意愿的 ≈ gezwungen ⟨ein Aufenthalt 逗留⟩: *Sie musste u. mitgehen* 她不得不违心地一起去 **2.** ≈ unbeabsichtigt, versehentlich ⟨Komik, ein Witz 诙谐,笑话⟩

un·freund·lich *Adj*（形）**1.** nicht freundlich 不亲切的,不热情的,不礼貌的 ≈ unhöflich ↔ liebenswürdig, entgegenkommend ⟨j-n u. behandeln, j-m u. antworten 对待某人不热情,不礼貌地回答某人⟩ **2.** regnerisch und kalt 又阴又冷的 ⟨ein Klima 气候⟩: *Das Wetter war recht u.* 天气太恶劣了 ‖ *hierzu*（派生）**Un·freund·lich·keit** *die*; *nur Sg*（只用单数）

Un·frie·de *der* ≈ Unfrieden

Un·frie·den *der*; ein Zustand, der entsteht, wenn sich Menschen oft streiten 不和睦,争吵 ≈ Uneinigkeit, Zwietracht ↔ Harmonie, Eintracht ⟨mit j-m in U. leben 与某人相处不和; U. stiften 制造争端,挑起争吵⟩

un·frucht·bar *Adj*（形）; *nicht adv*（不作状语）**1.** nicht fähig, Kinder zu zeugen od. zu bekommen 无生殖能力的,不育的 ≈ zeugungsunfähig: *Ihr Mann / Seine Frau ist u.* 她的丈夫/他的妻子不能生育 **2.** so, dass dort wenig wächst 贫瘠的,收成不丰的,不肥沃的 ↔ ertragreich ⟨ein Boden, ein Land, ein Acker 田地,土地,农田⟩ **3.** ohne konkrete Ergebnisse 无结果的,无成效的 ≈ unergiebig ⟨ein Gespräch, e-e Diskussion 谈话,讨论⟩ ‖ *zu*（义项）**1.** und **2. Un·frucht·bar·keit** *die*; *nur Sg*（只用单数）

Un·fug *der*; *-(e)s*; *nur Sg*（只用单数）**1.** ≈ Unsinn: *Das ist doch U., was du da sagst!* 你的那些话简直是胡说八道 **2.** unpassendes od. übermütiges Benehmen, durch das andere Leute gestört werden 放肆,胡闹,捣乱 ⟨U. machen, treiben 胡作非为⟩ **3.** ***grober U.*** JUR【法】; ein Benehmen, bei dem man aus Leichtsinn andere Leute in Gefahr bringt od. Sachen beschädigt(祸及他人的)违反规章的行为,破坏秩序的行为 ⟨j-n wegen groben Unfugs verurteilen 因严重的违章违纪行为而对某人判罪⟩

un·ge·ach·tet, un·ge·ach·tet *Präp*（介）; *mit Gen, geschr*（支配二格）［书］≈ trotz ⟨u. der Tatsache, dass ... 不顾…事实⟩: *U. meiner Aufforderung / Meiner Aufforderung u. nahm sie zu diesem Problem nicht Stellung* 不顾我的请求/置我的请求于不顾,她对这个问题不表态 ‖ NB（注意）: *ungeachtet* kann vor od. nach dem Subst. stehen (ungeachtet 可置于名词之前或在其后)

un·ge·ahn·t-, un·ge·ahn·t- *Adj*（形）; *nur attr, nicht adv*（只作定语,不作状语）; ⟨Möglichkeiten, Probleme, Schwierigkeiten, Fähigkeiten, Kräfte 可能性,问题,困难,能力,力量〉so beschaffen, dass man ihr Ausmaß, ihre Intensität *o. Ä.* nicht voraussehen konnte 没有预料到的,意外的,出乎意料的

un·ge·be·ten *Adj*(形); nicht eingeladen (und nicht erwünscht)未被邀请的,不受欢迎的,不请自来的〈ein Gast 客人; irgendwo u. erscheinen 未受邀请而来到某处〉

un·ge·bil·det *Adj*(形); *mst pej* 多作[贬]; ohne Bildung² (1)没有文化的,缺乏文化素养的〈ein Mensch 人〉‖ *hierzu*(派生) **Un·ge·bil·det·heit** *die*; *nur Sg*(只用单数)

un·ge·bo·ren *Adj*(形); *mst* 多用 ***das ungeborene Kind*** das Kind im Mutterleib 未出生的孩子

un·ge·bräuch·lich *Adj*(形); *nicht adv*(不作状语); selten verwendet 不常用的,非普遍使用的 ≈ unüblich〈ein Wort, ein Ausdruck 字,表达; e-e Methode 方法〉

un·ge·braucht *Adj*(形); noch nicht gebraucht 尚未使用的 ≈ unbenutzt: *ein ungebrauchtes Taschentuch* 一块干净的手帕

un·ge·bro·chen *Adj*(形); trotz großer Leiden, Probleme, Schicksalsschläge *o. Ä.* nicht geschwächt 不气馁的,不消沉的,不泄气的〈j-s Mut, Lebenswille ist u. 某人的锐气不减,生活意志坚强; mit ungebrochener Energie, Kraft 以不屈不挠的精力、力量〉

un·ge·bühr·lich, un·ge·bühr·lich *Adj*(形); *geschr*[书] **1.** so, dass es gegen die Regeln der Höflichkeit verstößt 失礼的,不得体的 ≈ ungehörig〈ein Benehmen, ein Ton 举止,语调; sich u. benehmen 举止失当〉**2.** weit über das Akzeptable hinausgehend 过分的,过度的〈e-e Forderung 要求; ein u. hoher Preis 过分昂贵的价格〉‖ *hierzu*(派生) **Un·ge·bühr·lich·keit, Un·ge·bühr·lich·keit** *die*; *nur Sg*(只用单数)

un·ge·bun·den *Adj*(形) **1.** frei, das zu tun, was man will, weil man nicht verheiratet ist od. keine Familie hat 自由自在的,未婚的,无家庭羁绊的,无拘束的〈frei und u. leben 自由自在、无拘无束地生活〉: *als Junggeselle ein ungebundenes Leben führen* 作为单身汉过着无牵无挂的生活 **2.** ohne Einband 未装订的〈ein Buch 书〉‖ *zu* (义项)**1. Un·ge·bun·den·heit** *die*; *nur Sg*(只用单数)

un·ge·deckt *Adj* (形); *nicht adv*(不作状语); 〈ein Scheck 支票〉so, dass die (Scheck)-Summe nicht gezahlt werden kann (weil auf dem Konto des Scheckinhabers nicht genug Geld ist)存款金额不足支付的,空头的

Un·ge·duld *die* **1.** die Unfähigkeit, ruhig zu bleiben, wenn man auf j-n/etw. wartet 焦躁不安,焦急,着急〈voll(er) U. sein, (auf j-n/etw.) warten 十分着急,非常焦急地等待某人/某事; j-n befällt e-e große U. 某人心急如焚; j-s U. wächst 某人等得越来越不耐烦; vor U. (fast) vergehen 焦躁得(几乎)不能自持〉**2.** ***U.*** (***über j-n/etw.***) die Unfähigkeit, *z. B.* Fehler und Schwächen anderer Menschen od. Schwierigkeiten zu akzeptieren(对…)失去耐心,不耐烦: *Er konnte seine U. über ihre Unaufmerksamkeit nicht verbergen* 他无法掩盖自己由于不专心而产生的急躁情绪 ‖ *hierzu*(派生) **un·ge·dul·dig** *Adj*(形)

un·ge·eig·net *Adj*(形); *nicht adv*(不作状语); (***für/zu etw.***) ***u.*** für etw. nicht geeignet 不合适的,不适当的,不相宜的,不适用的: *Er ist für den Beruf des Schauspielers denkbar u.* 他干演员这一行太不合适了; *Diese Methode ist dazu völlig u.* 这种方法在这里完全不合适

un·ge·fähr, un·ge·fähr¹ *Partikel*(小品词); *betont und unbetont*(重读和非重读); ***u.*** + *Angabe der Länge, der Menge, der Zeit*(长度、数量、时间说明语) *o. Ä.* drückt aus, dass die Angabe nicht genau zutrifft und dass es vielleicht ein bisschen mehr od. ein bisschen weniger sein kann 大约,约莫,差不多 ≈ etwa, zirka ↔ genau, exakt: *Die Strecke ist u. 10 Kilometer lang* 这一段路约有 10 公里; *Im Zimmer waren u. 20 Personen* 房间里约有 20 人; *Er kommt so u. um Mitternacht zurück* 他大约在午夜回来

un·ge·fähr, un·ge·fähr² *Adj*(形); *nur attr od adv*(只作定语或状语); nicht ganz genau 不确切的,约略的,不十分明确的: *e-e ungefähre Vorstellung von etw. haben* 对某事有一个不很明确的想法; *Bei dem Nebel konnten wir nur die ungefähren Umrisse der Berge erkennen* 因为大雾我们只能隐隐约约地认出群山的轮廓 ‖ ID [谚] ***nicht von u.*** nicht ohne Grund 并非偶然

un·ge·fähr·det, un·ge·fähr·det *Adj*(形); *mst adv*(多作状语); ohne in Gefahr zu kommen 无危险的,安全的,不会受伤害的: *Auf dem Spielplatz können Kinder u. spielen* 在游乐场上儿童们可以安全地玩耍

un·ge·fähr·lich *Adj*(形); *mst präd*(多作表语); so, dass keine Gefahr entsteht 不产生危险的,无危险的: *Ein Feuer zu machen ist nicht ganz u.* 生火不是完全没有危险的 ‖ *hierzu*(派生) **Un·ge·fähr·lich·keit** *die*; *nur Sg*(只用单数)

un·ge·hal·ten *Adj* (形); (***über j-n/etw.***) ***u.*** *geschr*[书]; voller Ärger über j-n/etw. 愤怒的,气愤的 ≈ aufgebracht〈u. auf etw. reagieren 对某事表示愤慨〉: *Er war sehr u. über den Vorfall* 他对这一事件十分气愤 ‖ *hierzu* (派生) **Un·ge·hal·ten·heit** *die*; *nur Sg*(只用单数)

un·ge·heizt *Adj*(形); nicht geheizt 未生炉火的,没有暖气的,未供暖的〈ein Raum, ein Zimmer 厅室,房间〉

un·ge·hemmt *Adj* (形) **1.** ohne Hemmungen od. Komplexe 无拘束的,不受抑制的,无约束的〈u. über etw. (*Akk* 四格) reden können 能够毫无拘束地谈论某事〉**2.** ≈ hemmungslos, zügellos〈Wut 愤怒〉: *Sie fing u. zu weinen an* 她开始放声大哭

un·ge·heu·er, un·ge·heu·er *Adj*(形) **1.** *nicht adv*(不作状语); ≈ sehr groß, sehr stark od. sehr intensiv ≈ gewaltig, riesig: *e-e ungeheure Menge Geld* 一笔巨款; *die ungeheure*

U

Entfernung zwischen der Erde u. der Sonne 地球与太阳之间极其遥远的距离 **2.** *nur adv*(只作状语); verwendet, um Adjektive, Adverbien od. Verben zu verstärken(用来加强形容词、副词或动词的语义)极其,非常 ≈ sehr: *e-e u. wichtige Nachricht bekommen* 得到一条极其重要的消息; *Ich habe mich u. über deinen Besuch gefreut* 你来看我,我非常高兴

Un·ge·heu·er *das*; *-s*, *-* **1.** ein großes und *mst* böses Tier, wie es in Märchen, Sagen und Mythen vorkommt(童话、传说、神话中的)巨兽,怪兽,妖怪,怪物,庞然大物: *das U. von Loch Ness* 尼斯湖怪(尼斯湖在苏格兰西北部,1933 年以来据报章传说,湖中有一只叫作 Nessie 的怪物不时出现) **2.** ein böser, grausamer Mensch残暴不仁的人,无人性的人,可憎之徒,残忍者 ≈ Scheusal, Unmensch

un·ge·heu·er·lich, un·ge·heu·er·lich *Adj* (形); *pej*[贬] ≈ empörend, skandalös, unerhört (1)〈e-e Behauptung, e-e Beschuldigung 论断,控告〉: *Das ist ja u.!* 这太令人气愤了! ‖ *hierzu*(派生) **Un·ge·heu·er·lich·keit, Un·ge·heu·er·lich·keit** *die*

un·ge·hin·dert *Adj*(形); *mst adv*(多作状语); ohne dass es j-d zu verhindern versucht 不受阻拦的,无阻碍的,顺利的: *u. die Grenze passieren* 顺利地通过边境

un·ge·ho·belt, un·ge·ho·belt *Adj* (形); *pej* [贬]; mit schlechten Manieren 粗鲁的,没有教养的,无礼的 ≈ ungeschliffen ↔ fein (8)〈*mst* 多指 ein Bursche, ein Kerl, ein Benehmen 少年,小伙子,举止〉

un·ge·hö·rig *Adj*(形); nicht den guten Sitten entsprechend 不礼貌的,失礼的,不懂规矩的,不得体的〈ein Benehmen, ein Betragen, e-e Antwort 举止,表现,回答; sich u. benehmen, betragen 举止失当,行为失礼〉‖ *hierzu*(派生) **Un·ge·hö·rig·keit** *die*; *nur Sg*(只用单数)

un·ge·hor·sam *Adj*(形); nicht bereit, das zu tun, was *bes* die Eltern wollen 不服从的,不听话的,不顺从的 ≈ unfolgsam, widerspenstig〈ein Kind 孩子〉‖ *hierzu*(派生) **Un·ge·hor·sam** *der*; *-s*; *nur Sg*(只用单数)

un·ge·kämmt *Adj*(形); (noch) nicht gekämmt 未梳理的,乱蓬蓬的〈mit ungekämmten Haaren 一头没有梳过的乱发; (noch) u. sein (还)未经梳理; u. herumlaufen 头发乱蓬蓬地到处走〉

un·ge·klärt *Adj*(形); (noch) nicht geklärt(还)不清楚的,(尚)未澄清的,(还)不明朗的〈e-e Frage, ein (Kriminal) Fall 问题,(刑事)案件; aus (noch) ungeklärter Ursache 由于(尚)未澄清的原因〉

un·ge·kün·digt *Adj*(形); mit e-r Arbeitsstelle, die nicht gekündigt wurde(尚)未解约的〈in e-m ungekündigten Arbeitsverhältnis stehen 处于尚未解约的劳资关系中; in ungekündigter Stellung 尚在受雇(未被解雇)的岗位上〉

un·ge·kürzt *Adj*(形); in vollem Umfang 未删节的,未省略的〈die ungekürzte Ausgabe e-s Romans *usw* 一部长篇小说的未删节的版本; die ungekürzte Fassung e-s Films, e-r Rede, e-s Protokolls *usw* 一部电影、一次讲话、一份记录的未经删节的文本〉

un·ge·le·gen *Adj*(形) **1.** ***zu ungelegener Stunde*** zu e-m ungünstigen Zeitpunkt 不合时,在一个不合适的时刻 **2.** ***j-d / etw. kommt einem u.*** j-d/etw. kommt od. erscheint zu e-m Zeitpunkt, zu dem man schon andere Pläne, Termine od. Probleme hat(人/物作主语)来得不合时宜: *Sie / Ihr Besuch kommt mir sehr u.* 她这时来/她这时来访对我来说很不合适; *Die Rechnung kommt mir jetzt ziemlich u.* 账单这时候来对我来说真不是时候

un·ge·lenk *Adj* (形); *geschr* [书] **1.** unbeholfen, ungeschickt (*bes* in den Bewegungen)(尤指动作)不灵活的,迟钝的,笨拙的,僵硬的 **2** 〈*mst* e-e (Hand) Schrift 多指手书字迹〉so, dass sie zeigt, dass der Betroffene wenig Übung im Schreiben hat 不流利的,不流畅的

un·ge·len·kig *Adj*(形); in seinen Bewegungen nicht geschickt 动作不灵活的,不熟练的 ≈ steif (3) ‖ *hierzu*(派生) **Un·ge·len·kig·keit** *die*; *nur Sg*(只用单数)

un·ge·lernt *Adj*(形); *mst in* 多用于 ***ein ungelernter Arbeiter*** ein (Hilfs)Arbeiter ohne Ausbildung 未经(职业)培训的工人,非熟练工,辅助工

un·ge·liebt *Adj*(形); *nicht adv*(不作状语); von j-m nicht geliebt, nicht gemocht 不讨人喜欢的,不为人所喜爱的〈ein Kind 孩子; ein Beruf 职业〉

un·ge·lo·gen *Partikel*(小品词); *betont*, *gespr*(重读)[口]; verwendet, um e-e Aussage zu bekräftigen 确实,真的,不骗人 ≈ wirklich (3): *Und dann hat er mir e-e Ohrfeige gegeben – U., so war es!* 接着他就扇了我一记耳光——真的,这就是当时的情况!

un·ge·löst *Adj*(形); nicht gelöst 未解开的,未解决的〈ein Rätsel, ein Problem 谜(语),问题〉

Un·ge·mach *das*; *-(e)s*; *nur Sg*, *geschr veraltend*(只用单数)[书][渐旧] ≈ Unannehmlichkeiten, Schwierigkeiten〈großes, schweres U. erleiden (müssen)(不得不)遭受大的、严重的麻烦〉

un·ge·macht *Adj* (形); *nicht adv* (不作状语); 〈*nur* 只指 Betten 被褥〉so, dass sie noch nicht in Ordnung gebracht sind (nachdem man darin geschlafen hat)未整理的

un·ge·mein, un·ge·mein *Adj*(形) **1.** *nicht adv* (不作状语); sehr groß, stark, intensiv *o. Ä.* 极大的,非常大的,不寻常的〈Freude, Wut 喜悦,愤怒〉: *Er besitzt ungemeines Ansehen bei der Bevölkerung* 他在居民中享有极高的声誉 **2.** *nur adv*(只作状语); verwendet, um Adjektive, Adverbien od. Verben zu verstärken (用来加强形容词、副词或动词的语义)十分,很,非常 ≈ sehr: *sich u. über etw. freuen* 对某事感到极其高兴; *Das war u. wichtig* 这非常重要

un·ge·müt·lich *Adj* (形) **1.** so, dass man sich dort nicht wohl fühlt 不舒适的,不惬意的↔ behaglich〈ein Zimmer 房间〉**2.** ohne Wärme 不温暖的,不亲切的≈ steif (4), gezwungen 〈e-e Atmosphäre 气氛〉‖ ID[谚] ***j-d wird u.***

U

gespr[口]; j-d wird ärgerlich, j-d reagiert grob 某人要生气,要发火: *Mach schon, od. muss ich erst u. werden?* 快点儿!难道非得惹我生气吗? ‖ *hierzu* (派生)**Un·ge·müt·lich·keit** *die*; *nur Sg*(只用单数)

un·ge·nannt *Adj*(形); nicht mit seinem Namen bekannt 未告知姓名的,不提及姓名的 ≈ anonym: *Der Spender wollte u. bleiben* 赞助者不愿留下自己的名字

un·ge·nau *Adj* (形) **1.** nicht genau (1) 不精确的,不确切的,不准确的 ↔ exakt, präzise ⟨e-e Angabe, e-e Messung 说明,测量⟩ **2.** nicht gewissenhaft, nicht sorgfältig 不仔细的,不细心的,马虎的 ≈ schlampig ⟨u. arbeiten 工作马虎⟩ ‖ *hierzu* (派生) **Un·ge·nau·ig·keit** *die*

un·ge·niert [ˈʊnʒeniːɐt, ʊnʒeˈniːɐt] *Adj* (形); ohne Hemmungen 不拘束的,随便的,无顾忌的 ≈ unbefangen, ungehemmt: *j-n u. nach seinem Privatleben fragen* 随便打听某人的私生活; *Sie gähnte u.* 她不拘礼节地打哈欠 ‖ *hierzu* (派生)**Un·ge·niert·heit, Un·ge·niert·heit** *die*; *nur Sg*(只用单数)

un·ge·nieß·bar, un·ge·nieß·bar *Adj* (形) **1.** so, dass es sehr schlecht schmeckt (und daher nicht gegessen wird) 不宜食用的: *Diese Beeren/Pilze sind u.* (= sollten nicht gegessen werden) 这些浆果/蘑菇不宜食用 **2.** *gespr* [口]; mit schlechtem Geschmack und schlecht zubereitet 味道很差的,难吃的: *Das Essen in der Kantine ist heute mal wieder u.!* 今天食堂的饭菜简直又是没法吃! **3.** *gespr pej od hum* [口][贬]或[诙] ≈ unausstehlich, unerträglich: *Der Chef ist zurzeit u.* 这几天头头的态度真叫人受不了 ‖ *zu* (义项)**1.** und **2. Un·ge·nieß·bar·keit, Un·ge·nieß·bar·keit** *die*; *nur Sg* (只用单数)

un·ge·nü·gend *Adj*(形) **1.** nicht gut genug 不够的,不充分的 ≈ unzureichend: *Die Räume sind u. belüftet* 这些房间通风不好 **2.** Ⓓ [德] verwendet als Bezeichnung für die schlechteste (Schul)Note 6 (auf der Skala von 1-6 bzw. *sehr gut* bis *u.*) 不及格(德国中小学的学生成绩分为1—6分,6分为最差的成绩,即ungenügend) ⟨„u." in etw. (*Dat* 三格) haben, bekommen (某门功课)得了"不及格"⟩

un·ge·nutzt *Adj*(形); *mst* 多用 ***e-e Chance / e-e Gelegenheit u. (vorübergehen) lassen*** e-e Chance/e-e Gelegenheit nicht nutzen 未利用(错过,白白放过)一次机会

un·ge·ord·net *Adj* (形); ohne Ordnung 未经整理的,杂乱的: *Akten u. auf dem Schreibtisch liegen lassen* 档案材料杂乱无章地放在办公桌上

un·ge·pflegt *Adj* (形) **1.** nicht gepflegt 不整洁的,不修边幅的 ≈ schmuddelig ⟨e-e Erscheinung, j-s Haar 形象,某人的头发; u. sein, wirken 邋里邋遢,给人感觉不整洁⟩ **2.** ⟨ein Garten, ein Park 花园,公园⟩ so, dass der Rasen nicht gemäht, das Unkraut nicht gejätet ist *usw* 没有(保养)照管的,未加修整的

un·ge·ra·de *Adj* (形); *nicht adv* (不作状语); ***e-e ungerade Zahl*** MATH【数】; e-e Zahl wie 1, 3, 5, 7 *usw* (die man nicht ohne Rest durch 2. teilen kann)奇数

un·ge·recht *Adj* (形); nicht gerecht 不公正的,不公道的⟨ein Richter 法官; ein Urteil, e-e Strafe, e-e Benotung, e-e Bewertung, e-e Zensur 判决,惩罚,评分,评价,审查; j-n u. beurteilen, behandeln 不公正地评价、对待某人; u. gegen j-n sein 对某人不公正⟩ ‖ *hierzu* (派生)**un·ge·rech·ter·wei·se** *Adv* (副)

un·ge·recht·fer·tigt *Adj* (形); ohne, dass es e-n Grund dafür gibt 无根据的,无理由的,不合理的 ↔ berechtigt ⟨ein Verdacht 怀疑; j-n u. beschuldigen, verdächtigen 无根据地指责、怀疑某人⟩: *Mein Misstrauen war u.* 我的猜疑是没有根据的

Un·ge·rech·tig·keit *die* **1.** *nur Sg* (只用单数); ungerechtes Verhalten 不公正态度: *j-s U. kritisieren* 批评某人的不公正态度 **2.** *nur Sg* (只用单数); die ungerechte Beschaffenheit 不公正性,非正义性: *Was mich am meisten ärgert, ist die U. der ganzen Sache* 最令我生气的是整个事情的不公正性 **3.** *mst Pl*(多用复数); ungerechte Zustände 不公正,不公平,不公道,不合理状况 ≈ Unrecht: *soziale Ungerechtigkeiten abschaffen* 消除社会的不公正状况 **4.** e-e ungerechte Tat od. Behauptung 不公正的行为或论断: *sich j-s Ungerechtigkeiten nicht gefallen lassen* 不能容忍某人的不公正行为

un·ge·reimt *Adj* (形); ohne Sinn und ohne logischen Zusammenhang 荒诞无稽的,杂乱无章的 ≈ verworren ⟨ungereimtes Zeug erzählen 胡扯一通; etw. klingt u. 某事听起来前言不搭后语⟩ ‖ *hierzu* (派生)**Un·ge·reimt·heit** *die*

un·gern *Adv*(副); nicht gern 不愿意,不乐意,不情愿,勉强 ≈ widerwillig ⟨etw. (nur) u. tun 十分勉强地做某事⟩

un·ge·rührt *Adj* (形); *nur präd od adv* (只作表语或状语); so, dass man kein Gefühl (der Rührung, des Mitempfindens) zeigt 无动于衷的,不受感动的,冷漠的⟨u. bleiben 一点也不动心⟩

un·ge·sal·zen *Adj* (形); ohne Salz 未加盐的,无盐的,淡而无味的⟨Speisen 菜(肴)⟩

un·ge·sät·tigt *Adj*(形); *geschr*[书]; *mst in* 多用于 ***ungesättigte Fettsäuren*** Fettsäuren, die in bestimmten Ölen und in Margarine enthalten sind, die der Körper gut verdauen kann und die sehr gesund sind 不饱和(的)脂肪酸⟨mehrfach/einfach ungesättigte Fettsäuren 多元/一元不饱和脂肪酸⟩

un·ge·sche·hen *Adj*(形); *nur in* 只用于 ***etw. u. machen*** etw. Unangenehmes, das geschehen ist, wieder rückgängig machen 挽回,挽救: *Ich wünschte, ich könnte alles wieder u. machen!* 但愿我能挽回这一切!

Un·ge·schick *das*; *nur Sg* (只用单数) ≈ Ungeschicklichkeit

Un·ge·schick·lich·keit *die*; -, *-en* **1.** *nur Sg*(只用单数); ungeschicktes Verhalten 笨拙,迟钝 ⟨etw. geschieht, passiert durch j-s U. 某事是由于某人的迟钝所致⟩ **2.** e-e ungeschickte Handlung 动作不灵活,笨手笨脚

un·ge·schickt *Adj* (形) **1.** nicht fähig, praktische Probleme schnell und einfach zu

U

lösen 笨拙的，迟钝的，不熟练的〈ein Mensch 人〉 **2.** nicht klug, nicht diplomatisch 不灵活的，不精明的，不会随机应变的：*Es war u. von dir, sie nicht einzuladen* 你没有邀请她，这说明你不够聪明 **3.** nicht geschickt 不灵巧的≈ unbeholfen 〈e-e Bewegung 动作；sich (bei etw.) u. anstellen 处理某事不灵巧〉**4.** nicht elegant, nicht gewandt 不雅致的，不熟练的〈e-e Formulierung 措词；sich u. ausdrücken 拙于言辞〉‖ *hierzu*（派生）**Un·ge·schickt·heit** *die*；*nur Sg*（只用单数）

un·ge·schlacht *Adj*（形）；*mst attr*，*pej*（多作定语）［贬］**1.** von großem, plumpem und nicht ästhetischem (Körper)Bau 高大粗笨的，粗糙的〈ein Mann, ein Kerl 男人，小伙子〉：*Er hat ungeschlachte Hände* 他有一双粗糙的手 **2** ≈ unhöflich, derb (1) 〈ein Benehmen 举止〉

un·ge·schla·gen *Adj*（形）；ohne e-e einzige Niederlage 不败的，未输过一次的≈ unbesiegt 〈e-e Mannschaft 运动队；u. sein, bleiben 未输过，保持不败〉

un·ge·schlif·fen *Adj*（形）；*mst attr*（多作定语）**1.** *pej*［贬］；mit schlechten Manieren 粗鲁的，不文明的≈ taktlos 〈ein Kerl, ein Benehmen 小伙子，举止〉**2.** nicht geschliffen 未经琢磨的，未经雕琢的〈ein Edelstein 宝石〉‖ *zu*（义项）**1. Un·ge·schlif·fen·heit** *die*；*nur Sg*（只用单数）

un·ge·schminkt *Adj*（形）**1.** ohne Lippenstift *o.Ä.* 不施脂粉的，未经打扮的〈ein Gesicht 脸〉**2.** *mst* 多用 ***die ungeschminkte Wahrheit*** die volle Wahrheit ohne Beschönigung 不加美化粉饰的事实真相〈j-m die ungeschminkte Wahrheit (ins Gesicht) sagen（当面）对某人如实说出真相〉

un·ge·scho·ren *Adj*（形）；*mst in* 多用于 ***u. bleiben***；(***noch einmal***) ***u. davonkommen*** bei etw. Glück haben und ohne Schaden od. Strafe bleiben 安然无恙，安然脱险；（再次）平安无事地脱身

un·ge·schrie·ben *Adj*（形）；*mst in* 多用于 ***ein ungeschriebenes Gesetz*** e-e (*mst* sittliche, moralische) Norm, die allgemein akzeptiert, aber nicht schriftlich formuliert ist 未成文的法规，不成文的规定

un·ge·schult *Adj*（形）；ohne spezielle Ausbildung 未受专门培训的〈Personal 人员〉

un·ge·setz·lich *Adj*（形）；vom Gesetz nicht erlaubt 非法的，违法的，不法的〈e-e Handlung 行为；u. handeln 违法行事；etw. Ungesetzliches tun 做违法的事〉‖ *hierzu*（派生）**Un·ge·setz·lich·keit** *die*；*nur Sg*（只用单数）

un·ge·sit·tet *Adj*（形）；so, dass es gegen die Regeln der Höflichkeit verstößt 没礼貌的，没规矩的，不合礼节的〈ein Benehmen 举止；sich u. benehmen 表现失礼〉

un·ge·stillt *Adj*（形）；*geschr*［书］；nicht befriedigt 未满足的：*Ihre Neugier / Sehnsucht war noch u.* 她的好奇心/渴望还未得到满足

un·ge·stört *Adj*（形）；durch niemanden, durch nichts gestört 不受干扰的〈u. arbeiten 不受干扰地工作；u. sein wollen 想要（独自）安静一会儿〉：*Komm mit in mein Zimmer, dort können wir uns u. unterhalten* 到我的房间去，那里我们可以安静地聊聊

un·ge·straft *Adj*（形）；ohne Strafe 未受处罚的，免于刑罚的〈(noch einmal) u. davonkommen（又一次）逍遥法外，未受惩处〉

un·ge·stüm *Adj*（形）；*geschr*［书］；sehr lebhaft und temperamentvoll 满腔热情的，狂热的，豪放不羁的≈ stürmisch (2) 〈ein Wesen 气质，性格；j-n u. umarmen 十分热情地拥抱某人〉

Un·ge·stüm *das*；*-s*；*nur Sg*（只用单数），*geschr*［书］；ein ungestümes Verhalten 狂热〈jugendliches U. 年轻人的狂热〉

un·ge·sühnt *Adj*（形）；*geschr*［书］；ohne Strafe 未受惩罚的：*Das Verbrechen darf nicht u. bleiben* 犯罪行为不应逍遥法外

un·ge·sund *Adj*（形）**1.** schlecht für die Gesundheit 不利于健康的≈ schädlich 〈ein Klima 气候〉：*Rauchen ist u.* 吸烟有损健康的 **2.** 〈e-e Gesichtsfarbe, e-e Blässe 脸色，苍白；u. aussehen 看上去有病〉so, dass sie darauf hindeuten, dass der Betroffene krank ist 病态的，不健康的：*Du siehst u. aus* 你看上去病恹恹的 **3.** negativ und nicht normal 不健康的，不正常的〈ein Ehrgeiz, e-e Entwicklung 功名心，发展〉

un·ge·süßt *Adj*（形）；ohne Zucker 不甜的，未加糖的〈Tee, Kaffee 茶，咖啡〉

un·ge·teilt *Adj*（形）；*nicht adv*（不作状语）≈ vollständig, ganz 〈etw. findet ungeteilte Beachtung, Zustimmung 某事受到一致重视、同意；j-s ungeteilte Aufmerksamkeit haben 受到某人无微不至的关怀〉

un·ge·trübt *Adj*（形）；durch nichts Negatives eingeschränkt 纯真的，美满的，完美无缺的，无忧无虑的〈Freude, Glück 喜悦，幸福〉‖ *hierzu*（派生）**Un·ge·trübt·heit** *die*；*nur Sg*（只用单数）

Un·ge·tüm *das*；*-s*, *-e* **1.** ein großes und hässliches (Fabel)Tier 怪兽，妖怪≈ Monster, Ungeheuer **2.** *gespr*［口］；etw., das (relativ) groß und hässlich ist 怪物，庞然大物≈ Monstrum：*Was hat er da für ein U. (von e-m Hut) auf dem Kopf?* 他脑袋上戴了一件什么怪物（指帽子）呀？

un·ge·wiss *Adj*（形）**1.** so, dass man nicht weiß, wie es sich entwickeln wird 不明确的，无把握的，不确定的≈ unsicher (1), fraglich 〈ein Schicksal, e-e Zukunft 命运，未来；etw. im Ungewissen lassen (= offenlassen) 使某事悬而不决〉：*Es bleibt weiterhin u., ob das Angebot angenommen wird* 至今仍不能确定报价是否会被接受；*Es ist noch u., wie das Spiel ausgeht* 比赛的结果还不明朗 **2.** ***j-n über etw.*** (*Akk* 四格) ***im Ungewissen lassen*** j-m nichts Genaues über etw. sagen 含糊地告诉某人某事 **3.** ***sich*** (*Dat* 三格) ***über etw.*** (*Akk* 四格) ***im Ungewissen sein*** etw. (noch) nicht entschieden haben 某事尚未确定 **4.** *geschr*［书］≈ unbestimmt (2) ↔ konkret：*Ungewisse Ängste befielen ihn* 他感到一种莫名的恐惧 ‖ *zu*（义项）**1. Un·ge·wiss·heit** *die*；*nur Sg*（只用单数）

un·ge·wöhn·lich *Adj*（形）**1.** anders als sonst,

anders als erwartet 异乎寻常的，不寻常的：„*Er ist noch nicht im Büro.*“ – „*Das ist aber u.!*““他现在还没有到办公室。”——“这可真是罕见！” **2.** *nur adv*（只作状语）≈ besonders：*Dieser Winter ist u. mild* 今年冬天异常暖和

un·ge·wohnt *Adj*（形）；*nicht adv*（不作状语）；für j-n fremd 不熟悉的，不习惯的，陌生的〈ein Anblick，e-e Umgebung 景象，环境；etw. mit ungewohnter Schärfe sagen 以一种不同往常的尖锐语气说话；etw. ist für j-n noch u. 某事对某人来说还不熟悉〉

un·ge·wollt *Adj*（形）；ohne Absicht 并非有意的，违背本意的，非故意的≈ unabsichtlich，unbeabsichtigt〈e-e Schwangerschaft 怀孕；u. schwanger werden 无意之中怀了孕；etw. u. verraten 不是故意泄漏某事；j-n u. beleidigen 并非有意地侮辱某人〉

un·ge·zähl·t- *Adj*（形）；*nur attr*，*nicht adv*（只作定语，不作状语）；in sehr großer Zahl 无数的，不计其数的〈etw. ungezählte Male（= sehr oft）tun 无数次地（一再）做某事〉

Un·ge·zie·fer *das*；*-s*；*nur Sg*，*Kollekt*（只用单数，集合）；*mst* bestimmte Insekten（wie *z.B.* Läuse，Flöhe），die man für schädlich hält（und deshalb tötet）害虫（如虱子、跳蚤等）≈ Schädlinge〈U. vernichten 消灭害虫〉‖ K-（复合）：***Ungeziefer-***，***-bekämpfung***，***-vernichtung***

un·ge·zie·mend *Adj*（形）；*geschr*［书］；nicht zur Situation passend 不恰当的，不合适的，不相称的〈ein Verhalten 态度〉

un·ge·zo·gen *Adj*（形）**1.** in seinem Verhalten nicht so，wie es die Erwachsenen od. die Eltern wünschen 不听话的，顽皮的≈ unartig〈ein Kind 孩子〉 **2.** ≈ frech〈e-e Antwort 回答〉‖ *hierzu*（派生）**Un·ge·zo·gen·heit** *die*

un·ge·zü·gelt *Adj*（形）；*mst in* 多用于 ***ein ungezügeltes Temperament besitzen/haben*** so lebhaft sein，dass man leicht die Kontrolle über sich verliert 性格放荡不羁

un·ge·zwun·gen *Adj*（形）；（im Verhalten）natürlich und ohne Hemmungen 无拘无束的，自然的，非强迫的〈ein Benehmen 举止；sich u. benehmen，bewegen，（mit j-m）unterhalten 举止从容不迫，行动自若，自然地（同某人）交谈；frei und u. reden 自由地、无拘束地谈论〉‖ *hierzu*（派生）**Un·ge·zwun·gen·heit** *die*；*nur Sg*（只用单数）

un·gif·tig *Adj*（形）；ohne Gift 无毒的〈Beeren，Pilze 浆果，蘑菇〉

Un·glau·be *der*；der Zweifel daran，dass etw. richtig od. wahr ist 怀疑，不相信

un·glaub·haft *Adj*（形）；so（unwahrscheinlich），dass man es nicht glauben kann 难以置信的，不可相信的：*Die Handlung des Films war völlig u.* 这部影片的情节完全不可信

un·gläu·big *Adj*（形）**1.** *nur attr od adv*（只作定语或状语）；〈ein Blick，ein Gesicht 目光，脸色〉so，dass sie die Zweifel der Betroffenen erkennen lassen 怀疑的，不相信的，不信任的≈ zweifelnd：*j-n/etw. u. betrachten* 不信任地观察某人/某物 **2.** *nicht adv*，*veraltend*（不作状语）［渐旧］；so，dass der Betroffene nicht an（den christlichen）Gott glaubt 不信神的，无信仰的 ‖ *hierzu*（派生）**Un·gläu·big·keit** *die*；*nur Sg*（只用单数）；*zu*（义项）**2. Un·gläu·bi·ge** *der/die*

un·glaub·lich，un·glaub·lich *Adj*（形）**1.** *pej*［贬］≈ empörend，skandalös，unerhört（1）：*Das ist ja u.，welche Frechheiten er sich erlaubt!* 这真是不像话，他竟然如此放肆！ **2.** *nicht adv*，*gespr*（不作状语）［口］；sehr groß，stark，intensiv *o. Ä.* 十分大的，难以置信的〈e-e Menge，ein Tempo 数量，速度〉：*Bei dem Unfall hat er unglaubliches Glück gehabt!* 在这次事故中他真是万幸！ **3.** *nur adv*，*gespr*（只作状语）［口］；verwendet，um Adjektive，Adverbien od. Verben zu verstärken（加强形容词、副词或动词的语义）十分，非常，令人难以置信地 ≈ sehr：*u. schnell* 非常快；*sich u. verändern* 发生令人难以置信的变化

un·glaub·wür·dig *Adj*（形）；〈e-e Aussage 陈述；ein Zeuge 证人〉so，dass man ihnen nicht glauben kann 不值得相信的，不可信任的，不可靠的 ↔ überzeugend：*Seine Darstellung ist/klingt u.* 他的描述是不可信的/听起来不可信 ‖ *hierzu*（派生）**Un·glaub·wür·dig·keit** *die*；*nur Sg*（只用单数）

un·gleich[1] *Adj*（形）**1.** in bestimmter Hinsicht unterschiedlich 不相同的，有差异的，彼此不同的，不一致的≈ verschieden（artig）：*Er hat zwei ungleiche Socken an* 他穿了两只不同的袜子；*Die beiden Brüder sind ein ungleiches Paar*；这兄弟俩是性格各异的一对；*Die Bretter sind u. lang* 这些木板不一般长 **2.** ***ein ungleicher Kampf*** ein Kampf，bei dem einer der Gegner wesentlich stärker ist als der andere 一场力量悬殊的比赛（争斗）‖ *hierzu*（派生）**Un·gleich·heit** *die*；*nur Sg*（只用单数）

un·gleich[2] *Adv*（副）；***u.*** + *Komparativ*（比较级）verwendet，um ein Adjektiv zu verstärken（用来加强形容词的语义）远为…，远远…，较…得多≈ bei Weitem，weitaus：*Sie hat das Problem u. besser gelöst als er* 她把这个问题解决得比他好得多

Un·gleich·ge·wicht *das*；ein nicht ausgewogenes Verhältnis 不均衡，不平衡 ↔ Ausgewogenheit：*Es besteht ein U. zwischen Einnahmen und Ausgaben* 存在收支不平衡

un·gleich·mä·ßig *Adj*（形）**1.** nicht gleichmäßig（1）不均匀的，不规则的≈ unregelmäßig：*Sein Puls geht u.* 他的脉搏跳动不匀 **2.** nicht zu gleichen Teilen 不平均的〈etw. u. verteilen 分配不均〉‖ *hierzu*（派生）**Un·gleich·mä·ßig·keit** *die*；*nur Sg*（只用单数）

Un·glück *das*；*-(e)s*，*-e* **1.** ein plötzliches Ereignis，bei dem Menschen verletzt od. getötet und/od. Sachen schwer beschädigt od. zerstört werden（wie *z.B.* ein Erdbeben）灾难，灾祸〈ein（schweres）U. geschieht，passiert，ereignet sich 发生一件（重大的）灾难；ein U. verursachen，verschulden 造成、引起灾祸；ein U. verhindern，verhüten（können）（能够）阻止、防止灾难〉：*Das U. hat mehrere*

Tote und Verletzte gefordert 这次灾难造成若干人伤亡 ‖ K-(复合): ***Unglücks-***, ***-fall***, ***-nachricht***, ***-ort***, ***-stelle*** ‖ -K(复合): ***Bergwerks-***, ***Erdbeben-***, ***Zug-*** ‖ NB(注意): Anstelle des Plurals *Unglücke* verwendet man meistens *Unglücksfälle*(Unglück 的复数往往不用 Unglücke,而多用Unglücksfälle) **2.** *nur Sg* (只用单数); ein Zustand, in dem Menschen (als Folge e-s schlimmen Ereignisses) großen Kummer, Armut od. Krankheit ertragen müssen 不幸境遇,厄运,惨境 ≈ Unheil 〈j-n/ sich ins U. bringen/stürzen 使某人陷入、遭到不幸/自己陷入、遭到不幸〉: *Der Krieg hat U. über das Land gebracht* 战争给整个国家带来厄运 **3.** *nur Sg* (只用单数) ≈ Pech[1](1): „*Sie hat den Spiegel kaputt gemacht*." – „*Das bringt U.!*" "她把镜子打破了。"——"这预示她要倒霉!" ‖ ID [谚] ***zu allem U.*** was die Sache noch schlimmer macht 更糟糕的还有 ≈ obendrein: *Nachdem mein Auto nicht angesprungen war, bekam ich zu allem U. noch e-n Strafzettel dazu* 先是我的汽车起动不了,接着更糟的是还得到一张罚单; ***in sein U. rennen*** *gespr* [口]; sich (ungewollt) in e-e schlimme, ungünstige Lage bringen(无意之中)陷入不幸境地; ***Ein U. kommt selten allein*** wenn man einmal Pech gehabt hat, passieren einem oft in kurzer Zeit noch mehrere unangenehme Dinge 祸不单行 ‖ ID[谚] ↑ ***Glück***

un·glück·lich *Adj* (形) **1.** traurig und deprimiert 垂头丧气的,沮丧的,伤心的 ≈ niedergeschlagen 〈e-n unglücklichen Eindruck, ein unglückliches Gesicht machen 给人以沮丧的印象,做出一副垂头丧气的表情; zutiefst u. sein 沮丧极了〉 **2.** (in der gegebenen Situation) nicht günstig 不利的,不幸的,不顺当的,令人不快的 ≈ ungünstig 〈ein Zufall, ein Zeitpunkt, ein Zusammentreffen 意外事件,时刻,会晤; etw. endet u., geht u. aus 某事以不快而告终、结局不利〉 **3.** mit negativen Konsequenzen 结果不利的,悲惨的 〈e-e Bewegung, ein Sturz 运动,垮台; u. fallen, stürzen 不幸摔倒,跌得很惨〉 **4.** undiplomatisch, sodass es falsch interpretiert werden kann 不灵巧的,不灵活的,不机灵的 〈e-e Formulierung 措词; sich u. ausdrücken 表达得不巧妙〉 **5.** *mst in* 多用于 ***u. verliebt sein*** in j-n verliebt sein, ohne dass dieser in einen selbst verliebt ist 单恋,单相思

un·glück·li·cher·wei·se *Adv* (副); verwendet, um auszudrücken, dass man etw. bedauert 令人遗憾地,不幸地 ≈ bedauerlicherweise, leider ↔ zum Glück: *U. haben wir uns nicht mehr gesehen* 令人遗憾地我们没有再见面

Un·glücks·bo·te *der*; j-d, der e-e schlechte Nachricht bringt 带来坏消息的人 ‖ *hierzu* (派生) **Un·glücks·bo·tin** *die*

un·glück·se·lig *Adj* (形); *mst attr* (多作定语); **1.** mit e-r negativen od. unangenehmen Wirkung 带来厄运的,不幸的 ≈ verhängnisvoll 〈ein Zufall, ein Zusammentreffen 意外事件,会晤〉 **2.** von großem Unglück betroffen (und deshalb zu bedauern) 遭遇不幸的,苦命的 ≈ bedauernswert 〈ein Mensch 人〉 ‖ *hierzu* (派生) **un·glück·se·li·ger·wei·se** *Adv* (副)

Un·glücks·ra·be *der*; *gespr* [口]; j-d, der (oft) Pech hat 倒霉鬼 ≈ Pechvogel

Un·gna·de *die*; *nur Sg*, *oft iron* (只用单数) 多作 [讽]; *mst in* 多用于 (***bei j-m***) ***in U. fallen*** durch sein Verhalten bewirken, dass j-d unzufrieden mit einem wird und einen nicht mehr mag(在…处)失宠,不再受…宠幸

un·gnä·dig *Adj* (形); (wegen schlechter Laune) unfreundlich (由于情绪不好而)不亲切的,不热心的 〈j-m e-n ungnädigen Blick zuwerfen 用冷漠的目光扫某人一眼; etw. u. aufnehmen 对某事冷淡; j-n u. empfangen 怠慢某人〉 ‖ *hierzu* (派生) **Un·gnä·dig·keit** *die*; *nur Sg* (只用单数)

un·gül·tig *Adj* (形) **1.** nicht (mehr) gültig 失效的,无效的,不再有效的 〈e-e Banknote, e-e Fahrkarte, ein (Reise)Pass 钞票,车票,(旅行)护照; e-e Wahlstimme 选票〉 **2.** ***etw. für u. erklären*** etw. annullieren 宣布…作废或失效 ‖ *zu* (义项) **1. Un·gül·tig·keit** *die*; *nur Sg* (只用单数)

Un·guns·ten *nur in* 只用于 ***zu j-s U.*** zu j-s Nachteil 对某人不利 ↔ zu j-s Gunsten: *sich zu seinen U. verrechnen* 不利于自己地算错

un·güns·tig *Adj* (形); ***u.*** (***für j-n/etw.***) (in der gegebenen Situation od. für e-n bestimmten Zweck) schlecht, mit Nachteilen verbunden 不利的,不良的: *zu e-m ungünstigen Zeitpunkt* 在一个不利的时刻; *im ungünstigsten Fall* 在不利的情况下; *Die Bergleute mussten unter ungünstigen Bedingungen arbeiten* 矿工们不得不在不利的条件下工作 ‖ *hierzu* (派生) **Un·güns·tig·keit** *die*; *nur Sg* (只用单数)

un·gut *Adj* (形); *mst attr* (多作定语) **1.** *mst* 多用 ***ein ungutes Gefühl*** (***bei etw.***) ***haben*** instinktiv fühlen, dass etw. kein gutes Ende haben wird 凭直觉感到(某事)不会有好结果 **2.** *euph* [婉] ≈ schlecht: *Vater und Sohn haben ein ungutes Verhältnis* 父子关系不佳 ‖ ID [谚] ***Nichts für u.!*** ich habe es nicht böse gemeint 请勿见怪! 我并无恶意!

un·halt·bar, un·halt·bar *Adj* (形); *nicht adv* (不作状语) **1.** 〈*mst* 多指 Zustände 状况〉 so (schlecht, ungünstig), dass sie unbedingt geändert werden müssen 难以维持的,急须改变的,不堪忍受的 ≈ unerträglich **2.** 〈*mst* 多指 e-e These, e-e Theorie 一个命题,一种理论〉 so falsch od. schlecht, dass man sie nicht akzeptieren kann 站不住脚的,难以接受的 **3.** 〈ein Schuss 射门〉 so gut gezielt, dass der Torwart ihn nicht fangen kann 难以守住的,无法防守的 ‖ *zu* (义项) **1.** und **2. Un·halt·bar·keit, Un·halt·bar·keit** *die*; *nur Sg* (只用单数)

un·hand·lich *Adj* (形); groß und schwer und deshalb schwierig zu verwenden 不轻便的,不便使用的,很笨重的,不实用的 ≈ unpraktisch: *Die Bohrmaschine/der Staubsauger/der Koffer ist sehr u.* 钻机/吸尘器/箱子很不实用 ‖ *hierzu* (派生) **Un·hand·lich·keit** *die*; *nur Sg*

U

(只用单数)

Un·heil *das*; *-s*; *nur Sg*, *geschr*(只用单数)[书]; ein Ereignis, das großen Kummer und großen Schaden bringt 不幸,灾难 ≈ Unglück (2)〈j-d/etw. richtet U. an, stiftet U. 某人/某事酿成、造成不幸; ein U. bricht (über j-n) herein 不幸突然降临(到某人头上); das U. kommen sehen 看见灾难来临; U. bringend, verkündend 带来不幸的,宣告发生灾难的〉: *Der Krieg hat großes U. über das Land gebracht* 战争给整个国家带来巨大灾难 ‖ K-(复合): ***unheil-, -bringend, -verkündend***

un·heil·bar, un·heil·bar *Adj*(形); ohne Aussicht auf Heilung 无法治愈的〈e-e Krankheit 疾病; u. krank sein 患了不治之症〉‖ *hierzu*(派生) **Un·heil·bar·keit, Un·heil·bar·keit** *die*; *nur Sg*(只用单数)

un·heil·voll *Adj*(形); *nicht adv*(不作状语); 〈e-e Entwicklung, e-e Wirkung 发展,作用〉so (bedrohlich), dass sie ein Unglück erwarten lassen 引起灾难的,灾难性的

un·heim·lich, un·heim·lich *Adj*(形) **1.**〈e-e Erscheinung, e-e Gestalt 现象,形象〉so, dass sie den Menschen Angst machen 令人恐惧的,可怕的: *Mir ist u.* (*zumute*) (= ich habe Angst) 我感到害怕; *Er ist mir ein bisschen u.* (= ich habe irgendwie Angst vor ihm) 在他面前我总有点胆战心惊; *e-e unheimliche, dunkle Straße* 一条令人恐惧的、黑暗的街道 **2.** *nur attr*, *nicht adv*, *gespr*(只作定语,不作状语)[口]; sehr groß, stark, intensiv *o. Ä.* 十分的,极大的,非常的: *e-n unheimlichen Hunger, Durst haben* 饿极了,渴极了; *Ich hab e-e unheimliche Angst vor der Prüfung* 我极其害怕考试 **3.** *nur adv*, *gespr*(只作状语)[口]; verwendet, um Adjektive, Adverbien od. Verben zu verstärken (加强形容词、副词或动词的语义) 非常,十分 ≈ sehr: *u. groß*, *u. alt* 非常大,十分古老; *Ich habe mich u. über das Geschenk gefreut* 对这件礼物我十分高兴 ‖ *zu*(义项)**1. Un·heim·lich·keit, Un·heim·lich·keit** *die*; *nur Sg*(只用单数)

un·höf·lich *Adj*(形); nicht höflich 不礼貌的,不客气的,失礼的〈ein Kerl, e-e Antwort 家伙,回答; u. zu/gegenüber j-m sein 对某人/在某人面前无礼〉‖ *hierzu*(派生) **Un·höf·lich·keit** *die*; *nur Sg*(只用单数)

Un·hold *der*; *-(e)s*, *-e* **1.** ein böser Mensch in Fabeln und Märchen (寓言和童话中的)恶魔,魔鬼 **2.** *pej*[贬]; j-d, der andere quält und verletzt 恶棍,坏蛋 ≈ Ungeheuer

uni ['yni, y'ni:] *Adj*(形); *nur präd od adv*, *indeklinabel* (只作表语或状语,词形不变) ≈ einfarbig ↔ bunt〈Stoffe 布料〉

Uni *die*; *-*, *-s*; *gespr*[口], *Kurzw*(略) ↑ ***Universität***

uni·form *Adj*(形); *geschr*[书] **1.** in gleicher äußerer Form 统一的,划一的,一式的 ≈ einheitlich: *e-e Siedlung mit uniformen Häusern* 房子式样划一的住宅小区 **2.** *pej*[贬]; ohne individuelle Merkmale 无个人标志的,无个性的〈ein Aussehen 外表〉‖ *hierzu*(派生) **Uni·for·mi·tät** *die*; *-*; *nur Sg*(只用单数)

Uni·form, Uni·form *die*; *-*, *-en*; Kleidung, die in Stoff, Farbe und Form einheitlich gestaltet ist und die *z. B.* Polizisten od. Soldaten tragen 制服〈(e-e) U. tragen 穿制服; in U. sein, kommen 穿着制服,穿着制服来〉‖ K-(复合): ***Uniform-, -jacke, -zwang*** ‖ -K(复合): ***Polizei-, Soldaten-; Schul-***

Uniform

uni·for·miert *Adj*(形); in Uniform 穿着制服的〈u. sein, erscheinen 穿着制服,穿着制服出席〉‖ *hierzu*(派生) **Uni·for·mier·te** *der/die*; *-n*, *-n*

Uni·kum *das*; *-s*, *Unika/gespr*[口] *-s* **1.** (*Pl* 复数为 *Unikums*) *mst Sg*, *gespr*(多用单数)[口]; j-d, der (auf sympathische Art) ein bisschen seltsam und lustig ist 怪人 ≈ Original (3) **2.** (*Pl* 复数为 *Unika*) ein Gegenstand, den es nur einmal gibt 独一无二的东西,(书籍的)孤本

un·in·ter·es·sant *Adj*(形); langweilig, irrelevant 没有趣味的,无聊的,乏味的,不重要的〈etw. ist für j-n (völlig) u. 某物对某人来说(完全)索然无味〉: *Die Idee ist nicht u.* (= ist überlegenswert) 这个主意有考虑的价值

un·in·ter·es·siert *Adj*(形); **u.** (*an j-m/etw.*) ohne Interesse an j-m/etw. (对某人/某事)无兴趣的,不感兴趣的 ≈ desinteressiert〈sich u. zeigen 表现冷淡〉

Uni·on [u'nio:n] *die*; *-*, *-en* **1.** ein Zusammenschluss von mehreren Institutionen od. Staaten zu e-r Organisation, die ihre gemeinsamen Interessen verfolgt 联盟 ≈ Vereinigung〈die Europäische U. 欧洲联盟,欧盟; die Staaten schlossen sich zu e-r U. zusammen 这些国家联合起来组成一个联盟〉 **2.** ***die U.*** *nur Sg*, Ⓓ(只用单数)[德] die beiden Parteien CDU und CSU 指基民盟和基社盟两个政党 ‖ K-(复合): ***Unions-, -parteien*** **3.** ***die Junge U.*** *nur Sg*, Ⓓ(只用单数)[德] die Nachwuchsorganisation der beiden Parteien CDU und CSU (基民盟和基社盟的青年组织)青年联盟

uni·so·no *Adv*(副) **1.** MUS【音】≈ einstimmig (2) **2.** *geschr*[书]; so, dass alle derselben Meinung sind 意见一致地,异口同声地 ≈ einstimmig (1), einmütig: *Sie stimmten dem Antrag u. zu* 他们一致同意该提案

uni·ver·sal [-v-] *Adj*(形); *geschr*(书); alle Bereiche umfassend 包罗万象的,全部的,广博的,万有的,广泛的 ≈ universell (1): *Heute besitzt keiner ein universales Wissen* 如今没有一个人能掌握全部知识; *Die Lösung der Umweltprob-*

leme ist von universalem Interesse 解决环境问题已引起广泛的兴趣 ‖ K-(复合)：**Universal-**, **-bildung**, **-mittel**

Uni·ver·sal·ge·nie *das*; j-d, der auf sehr vielen (Wissens)Gebieten große Fähigkeiten, ein großes Wissen hat 全才,通才,多面手,精通多种学科的人才

uni·ver·sell [-v-] *Adj*(形) **1.** ≈ universal **2.** ≈ vielseitig ⟨ein u. anwendbares Mittel, ein u. einsetzbares Gerät 万能药剂,多功能工具⟩

Uni·ver·si·tät [-v-] *die*; -, *-en* **1.** e-e Institution, an der verschiedene Wissenschaften gelehrt werden und an der Forschungen in diesen Wissenschaften gemacht werden (综合性)大学⟨an der U. studieren, auf die/zur U. gehen 在大学学习,上大学; an der U. lehren, Dozent an der U. sein 在大学授课、任教⟩: *Er studiert Medizin an der U. Heidelberg* 他在海德堡大学学医; *Sie ist als Studentin der Rechtswissenschaften an der U. Münster immatrikuliert* 她是明斯特大学法学专业正式注册的学生 ‖ K-(复合)：**Universitäts-**, **-ausbildung**, **-bibliothek**, **-buchhandlung**, **-gelände**, **-klinik**, **-laufbahn**, **-professor**, **-stadt**, **-studium** **2.** das Haus od. die Gebäude, in dem/denen e-e U. (1) ist 大学(指建筑物) ‖ *zu* (义项)**1. uni·ver·si·tär** *Adj*(形)

Uni·ver·sum [-v-] *das*; *-s*; *nur Sg* (只用单数)≈(Welt)All

un·ka·me·rad·schaft·lich *Adj*(形); nicht fair od. nicht hilfsbereit den eigenen Kameraden gegenüber 不够朋友的,不友好的⟨ein Verhalten 态度; u. sein 不够朋友⟩ ‖ *hierzu*(派生) **Un·ka·me·rad·schaft·lich·keit** *die*; *nur Sg* (只用单数)

un·ken; *unkte*, *hat geunkt*; [Vt/i] (及物/不及物) **u.** (+ *Satz* 句子) *gespr*[口]; etw. Negatives voraussagen (weil man Pessimist ist)预言不祥(之事),说晦气话: „*Da werden wir aber große Probleme haben*", *unkte er* "到那时我们可会遇到大问题"——他悲观地预言 ‖ NB(注意): Das Objekt ist immer ein Satz od. Satzteil(宾语总是一个句子或句子成分)

un·kennt·lich *Adj*(形); so (verändert), dass es nicht mehr zu erkennen ist 辨认不出来的,面目全非的

Un·kennt·lich·keit *die*; -; *nur Sg*(只用单数); *mst in* 多用于 ***e-e bis zur U. entstellte/verstümmelte Leiche*** e-e Leiche mit so schweren Verletzungen, dass man nicht mehr erkennen kann, wer es ist 一具面目全非,无法辨认的尸体

Un·kennt·nis *die*; -; *nur Sg*, *geschr*(只用单数)[书]; **U.** (**über etw.** (*Akk* 四格)) die mangelnde Kenntnis von etw., das Nichtwissen (对…)无知,不了解⟨in U. der Sachlage, Situation 不了解实际情况、形势; j-n in U. lassen 不让某人知道(某事)⟩: *etw. aus U. falsch machen* 由于无知而做错事; *seine U. auf diesem Gebiet war ihm peinlich* 他在这一领域的无知使他感到很难堪

Un·ken·ruf *der*; *mst in* 多用于 ***allen Unkenrufen zum Trotz*** trotz aller pessimistischen Vorhersagen 不顾一切不祥的预言: *Allen Unkenrufen zum Trotz verlief die Demonstration völlig friedlich* 尽管有种种不祥预言,但示威游行进行得很平和

un·klar *Adj*(形) **1.** nicht so deutlich, dass man es gut verstehen könnte 不清楚的,无法理解的 ≈ unverständlich (1) ⟨sich u. ausdrücken 表达不清楚⟩ **2.** nicht geklärt, nicht gewiss 不明白的,不知道的,不明确的: *Es ist noch u., wie es dazu kommen konnte* 现在还不知道怎么会发生这种事情; *Mir ist/bleibt noch u., wer das alles machen soll* (= ich weiß noch nicht, wer ...) 我还不知道应该由谁来做这一切 **3.** ohne deutliche Konturen(轮廓)模糊的,不清晰的 ≈ undeutlich, unscharf, verschwommen ⟨ein Bild 图片⟩ **4.** ≈ ungewiss (1): *Der Ausgang der Sache ist noch völlig u.* 事态的结局还不完全明朗 **5. sich** (*Dat* 三格) **über etw.** (*Akk* 四格) ***im Unklaren sein*** etw. noch nicht wissen, über etw. (noch) Zweifel haben 对…还不知道,还讲不清楚 **6. *j-n über etw.*** (*Akk* 四格) ***im Unklaren lassen*** j-n über etw. nicht genau od. richtig informieren 不告诉…关于…的详情,让…对…蒙在鼓里 ‖ *zu* (义项)**1.-4. Un·klar·heit** *die*

un·klug *Adj* (形); (taktisch, psychologisch) nicht gut durchdacht 不聪明的,不明智的,考虑欠周到的,不够审慎的 ≈ undiplomatisch ⟨ein Vorgehen, ein Verhalten, sich u. verhalten 行动,态度,表现不明智⟩: *Es wäre u. von dir, ihm in diesem Fall zu widersprechen* 在这种情况下反对他,你就不够明智了

un·kol·le·gi·al *Adj* (形); nicht fair od. nicht hilfsbereit den eigenen Kollegen gegenüber 对同事不友善的⟨ein Verhalten 态度⟩

un·kom·pli·ziert *Adj*(形) **1.** nicht kompliziert 不复杂的,简单的 ≈ einfach[1] (1) ⟨ein Apparat 机械⟩ **2.** angenehm im Umgang mit anderen Menschen 不难相处的,易于接近的 ↔ schwierig ⟨ein Mensch 人⟩ **3.** ⟨ein Bruch 骨折⟩ so, dass er relativ leicht verheilt 不难治愈的

un·kon·ven·ti·o·nell *Adj* (形); *geschr* [书]; nicht so, wie es bei den meisten anderen Leuten üblich ist 非常规的,不按习俗的,与众不同的⟨ein Geschmack, e-e Meinung, Ansichten 鉴赏力,意见,观点⟩: *Die Wohnung war u. eingerichtet* 这住宅布置得与众不同

un·kon·zent·riert *Adj* (形); ohne die nötige Konzentration 不集中的: *u. arbeiten* 工作时精神不集中 ‖ *hierzu*(派生) **Un·kon·zent·riert·heit** *die*; *nur Sg*(只用单数)

Un·kos·ten *die*; *Pl* (复); Kosten, die man zusätzlich zu den normalen (laufenden) Kosten hat 杂费,额外开支;费用,开支⟨etw. ist mit (großen, hohen) U. verbunden 某事要花费大量的钱; j-m entstehen U. 某人要支付一笔额外费用; die U. für etw. tragen 对某事承担费用⟩ ‖ ID [谚] ***sich*** (***für j-n/etw.***) ***in U. stürzen*** *gespr* [口]; viel Geld für j-n/etw. ausgeben(为某人/某事)花费许多钱

Un·kos·ten·bei·trag *der*; e-e (Geld)Summe,

die man (als Anteil) für Unkosten zahlt, die bei etw. entstanden sind 费用分担额

Ụn·kraut *das* **1.** *nur Sg*(只用单数); Pflanzen, die (wild) neben den Pflanzen wachsen, die der Mensch angebaut hat 杂草,野草〈das U. wuchert, (das) U. jäten, das U. vertilgen, mit Herbiziden bekämpfen 野草丛生,锄草,除草,用除莠剂消灭野草〉‖ K-(复合): ***Unkraut-, -bekämpfung, -vertilgung*** **2.** e-e bestimmte Art von U.(1)野生草本植物: *Brennesseln sind ein U.* 荨麻是一种野生草本植物 ‖ ID [谚] ***U. vergeht nicht*** *hum*[诙]; mich, ihn *usw* kann nichts umbringen, so j-d (wie ich, er *usw*) übersteht alles 野草灭不绝(意即:我们这种人命长,经活)

ụn·kri·tisch *Adj*(形); (***j-m / etw. gegenüber***) ***u.*** j-m/etw. gegenüber nicht kritisch (对…)不加批判的,不加评论的≈ kritiklos 〈ein Zeitgenosse, ein Zeitungsleser 同时代人,报纸读者; e-e Meinung u. übernehmen 不加批判地接受意见〉

ụn·künd·bar, un·kụ̈nd·bar *Adj*(形); nicht kündbar 不能撤消的,不能废除的,不能解除的,不能中止的〈ein Vertrag 合同〉: *Er ist schon so lange bei dieser Firma, dass er praktisch u. ist* 他在这家公司已经这么久了,实际上他是不会解雇的 ‖ *hierzu* (派生)**Ụn·künd·bar·keit, Un·kụ̈nd·bar·keit** *die*; *nur Sg*(只用单数)

ụn·kun·dig *Adj*(形); *mst* 多用 ***etw.*** (*Gen* 二格) ***u. sein*** *geschr*[书]; etw. nicht gelernt haben 对…不精通,不懂…,不会…: *des Lesens u. sein* 不会阅读

ụn·längst *Adv*(副); vor kurzer Zeit 不久前,前不久,新近 ≈ (erst) kürzlich: *Er hat mich u. besucht* 不久前他看望了我

ụn·lau·ter *Adj*(形); *mst attr*, *geschr*(多作定语)[书] **1.** nicht ehrlich 不诚实的,骗人的≈ betrügerisch〈Absichten, e-e Gesinnung 打算,思想〉**2.** nicht legitim 不正当的,不合法的〈Wettbewerb 竞赛〉

ụn·leid·lich *Adj*(形); unfreundlich u. schlecht gelaunt 不热情的,冷淡的,不乐意的≈ unausstehlich

ụn·le·ser·lich *Adj*(形); so geschrieben, dass man es sehr schlecht od. kaum lesen kann 难辨认的〈e-e Handschrift, e-e Unterschrift 笔迹,签名; u. schreiben 写得难以辨认〉‖ *hierzu* (派生) **Ụn·le·ser·lich·keit** *die*; *nur Sg*(只用单数)

ụn·lieb·sam *Adj*(形) **1.** ≈ unangenehm〈etw. hat unliebsame Folgen (für j-n) 某物(对某人来讲)结果是不愉快的〉**2.** nicht gern gesehen, nicht willkommen 不让人喜欢的,不受欢迎的↔ gern gesehen〈Besuch, Gäste 来访,客人〉

ụn·lo·gisch *Adj*(形); nicht logisch 不合逻辑的,没有逻辑的 ↔ folgerichtig〈e-e Schlussfolgerung 一个结论; etw. ist u. 某事是不合逻辑的〉‖ *hierzu* (派生)**Ụn·lo·gik** *die*; -; *nur Sg*(只用单数)

un·lö̱s·bar, ụn·lös·bar *Adj*(形); so (beschaffen), dass es dafür keine Lösung gibt 无法解决的,无法解答的〈ein Problem, ein Rätsel, e-e Aufgabe 问题,谜语,习题〉‖ *hierzu* (派生) **Un·lö̱s·bar·keit, Ụn·lös·bar·keit** *die*; *nur Sg*(只用单数)

Ụn·lust *die*; *nur Sg*(只用单数); der Mangel an Motivation 缺乏兴趣,没有兴致≈ Lustlosigkeit〈U. verspüren, seine U. überwinden 感到没有兴趣,打起精神〉: *mit U. an die Arbeit gehen* 无精打采地开始工作 ‖ K-(复合): ***Unlust-, -gefühl*** ‖ *hierzu* (派生)**ụn·lus·tig** *Adj*(形)

ụn·mä·ßig *Adj*(形) **1.** so (exzessiv), dass ein gesundes Maß überschritten wird 无节制的,过量的,无度的≈ maßlos ↔ maßvoll: *u. im Essen sein* 饮食无节制 **2.** *nicht adv*, *gespr*(不作状语)[口]; sehr groß, stark, intensiv *o. Ä.* 巨大的,强烈的: *unmäßigen Hunger haben* 极饿 **3.** *nur adv*, *gespr*(只作状语)[口]; verwendet, um Adjektive, Adverbien od. Verben negativ zu verstärken(加强形容词、副词或动词的负面语义)过度,过份,超出一般≈ sehr: *u. dick sein* 过于肥胖 ‖ *zu* (义项)**1. Ụn·mä·ßig·keit** *die*; *nur Sg*(只用单数)

Ụn·men·ge *die* **1.** *gespr*(口); ***e-e U.*** (***von / an etw.*** (*Dat* 三格)); ***e-e U.*** + *Subst*(名词) sehr viel(e) (von/an etw.)许许多多的…,无数的…: *Im Urlaub haben wir e-e U. (an / von) Geld verbraucht* 我们度假花了一大笔钱 **2.** ***in Unmengen*** *gespr*[口]; in sehr großer Zahl 许多,无数,一大批

Ụn·mensch *der*; *pej*[贬]; j-d, der grausam gegenüber Menschen od. Tieren ist 残忍之徒,没有人性的人 ‖ ID [谚] *mst* 多用 ***Ich bin / Man ist ja / doch kein U.*** *gespr*[口]; verwendet, um auszudrücken, dass man bereit ist nachzugeben, dass man Verständnis hat *o. Ä.* 我可不是一个不通情达理的人(表示可以作出谅解)

ụn·mensch·lich, un·mẹnsch·lich *Adj*(形) **1.** brutal, grausam, ohne Mitgefühl gegenüber Menschen od. Tieren 非人的,不人道的,不近人情的〈e-e Grausamkeit, e-e Tat 残忍,行为; j-n/ein Tier u. behandeln, quälen 非人地对待、折磨某人/某一动物〉**2.** ≈ menschenunwürdig〈unter unmenschlichen Bedingungen leben (müssen)(不得不)在非人的条件下生活〉**3.** *gespr*[口] ≈ sehr groß, stark, intensiv *o. Ä.* 〈e-e Hitze, e-e Kälte 炎热,严寒; e-e Quälerei 虐待〉‖ *zu* (义项)**1.** und **2. Ụn·mensch·lich·keit, Un·mẹnsch·lich·keit** *die*; *nur Sg*(只用单数)

un·mẹrk·lich, ụn·merk·lich *Adj*(形); so, dass man es nicht od. kaum merkt 不显著的,不明显的,察觉不到的〈e-e Veränderung 变化〉

ụn·miss·ver·ständ·lich, un·miss·ver·stạ̈nd·lich *Adj*(形) **1.** so deutlich, dass es jeder verstehen muss 不致误解的,不致误会的≈ eindeutig, klar〈e-e Formulierung, sich u. ausdrücken 措词,明确无误地表达〉**2.** sehr energisch 毫不含糊的,明确的〈j-m u. die Meinung sagen, j-m etw. u. zu verstehen geben 毫不含糊地告诉某人自己的看法,明确地告知某人某事〉

ụn·mit·tel·bar *Adj*(形) **1.** so, dass in e-r Reihenfolge od. Hierarchie keine andere

Person/Sache dazwischenkommt 紧接着的，直接的 ≈ direkt 〈j-s Nachkomme, j-s Nachfolger 某人的后代，某人的后任；e-e Folge (von etw.)(某事的)后果；etw. folgt u. auf etw. 某事紧接着某事 (*Akk* 四格)〉：*Die Behörde untersteht u. dem Ministerium* 该机构直接隶属于部领导 **2.** auf dem kürzesten Weg 直接的，径直的 ≈ direkt：*Die Straße führt u. zum Zoo* 这条马路直接通往动物园 **3.** *nur attr od adv*(只作定语或状语)；ganz nahe (bei j-m/ etw.) 邻近的，紧挨着的 ≈ direkt：*In unmittelbarer Nähe der Kirche hat es gebrannt* 紧靠着教堂附近着火了；*Er stand u. neben ihr* 他紧挨着她站着 **4.** *nur adv*(只作状语)；kurze Zeit nach e-m anderen Ereignis 紧接着(某一件事)〈u. danach, darauf 紧接着此事；etw. steht u. bevor (= wird sehr bald eintreten)某事即将来临〉

un·möb·liert *Adj* (形)；*mst attr* (多作定语)；ohne Möbel 不带家具的，没有家具的〈ein Zimmer, e-e Wohnung 房间，住房〉

un·mo·dern *Adj*(形)；nicht so, wie es gerade üblich, beliebt od. Mode ist 不时髦的，过时的 ≈ altmodisch, veraltet

un·mög·lich, un·mög·lich *Adj*(形) **1.** *nur präd od adv*(只作表语或状语)；so, dass man es nicht verwirklichen kann 不可能(实现)的，办不到的 ↔ machbar, realisierbar 〈etw. ist technisch u. 某事在技术上是不可能的〉：*Was du von mir verlangst, ist völlig u.!* 你对我的要求是完全不可能实现的!；*Nach dem Bau des Hauses können wir doch u.* (= unter keinen Umständen) *in Urlaub fahren!* 盖了房子以后，我们就不可能去休假了! **2.** *gespr pej*［口］［贬］；(in seiner Art, seinem Benehmen) vom Normalen, *bes* von den gesellschaftlichen Konventionen, abweichend 出格的，不像话的〈ein Mensch 人；u. gekleidet sein, aussehen, sich u. benehmen 穿着不成体统，外表出格，举止不像话〉‖ ID［谚］***sich (vor j-m) u. machen*** sich vor anderen lächerlich benehmen (在某人面前)表现得不像话 ‖ *zu* 义项 **1. Un·mög·lich·keit, Un·mög·lich·keit** *die*；*nur Sg*(只用单数)

un·mo·ra·lisch *Adj*(形)；nicht so, wie es Sitte und Moral fordern 不道德的，不合伦理的 ↔ anständig 〈ein Verhalten, ein Lebenswandel 举止，生活作风〉

un·mo·ti·viert *Adj* (形)；ohne (erkennbaren) vernünftigen Grund 无理由的，无故的 ≈ grundlos：*u. lachen* 无故发笑

un·mün·dig *Adj* (形)；**1.** *nicht adv* (不作状语)；〈ein Kind 孩子〉so, dass es vor dem Gesetz noch nicht als erwachsen gilt 未达法定年龄的，未成年的 **2.** nicht fähig, selbstständig Entscheidungen zu treffen 未长大成熟的，未成年的 **3.** ***j-n für u. erklären*** ≈ j-n entmündigen

un·mu·si·ka·lisch *Adj* (形)；ohne Gefühl für Musik 没有音乐天赋的，不爱好音乐的，不懂音乐的：*Ich bin völlig u.* 我毫无音乐细胞

Un·mut *der*；*geschr*［书］；ein Gefühl des Ärgers und der Unzufriedenheit 不满，愤懑 ≈ Missmut, Verdruss 〈U. steigt in j-m auf 烦恼的心情涌上某人心头；seinem U. Luft machen 发泄他的不满〉

un·nach·ahm·lich, un·nach·ahm·lich *Adj* (形)；*mst* auf positive Weise so, dass niemand es nachahmen kann 无法效仿的，独一无二的 ≈ einzigartig, unübertrefflich 〈j-s Mimik 某人的表情；j-s unnachahmliche Art, etw. zu tun 某人干某事的独特方式〉

un·nach·gie·big *Adj*(形)；(***j-m gegenüber***) ***u.*** so, dass der Betroffene nicht bereit ist, seine Meinung zu ändern od. Kompromisse zu schließen(面对…)不退缩的，不退让的，不让步的，坚定的 ≈ kompromisslos 〈e-e Haltung 态度；sich (in etw.) u. zeigen(在某事上)表现得很坚定〉‖ *hierzu* (派生)**Un·nach·gie·big·keit** *die*；*nur Sg*(只用单数)

un·nach·sich·tig *Adj*(形)；(***j-m gegenüber***) ***u.*** nicht bereit, j-m zu verzeihen (面对…)不容情的，不宽容的 ‖ *hierzu* (派生)**Un·nach·sich·tig·keit** *die*；*nur Sg*(只用单数)

un·nah·bar, un·nah·bar *Adj*(形)；nicht bereit, andere Leute mit einem in persönlichen Kontakt treten zu lassen 令人难以接近的，不愿与人接触的 ≈ abweisend, unzugänglich 〈u. sein, wirken, erscheinen 是，看上去，显得难以接近〉‖ *hierzu* (派生) **Un·nah·bar·keit, Un·nah·bar·keit** *die*；*nur Sg*(只用单数)

un·na·tür·lich *Adj* (形) **1.** nicht so wie in der Natur 不自然的，≈ künstlich 〈e-e Lebensweise 生活方式〉**2.** nicht normal 不正常的〈e-e Blässe, e-e Röte (脸色)苍白，红润；j-s Stimme klingt u. 某人的嗓音听起来不正常；j-d verhält sich u. 某人表现得不正常〉**3.** *pej*［贬］≈ affektiert, gekünstelt 〈ein Getue 做作〉‖ *hierzu* (派生) **Un·na·tür·lich·keit** *die*；*nur Sg*(只用单数)

un·nor·mal *Adj*(形)；nicht normal 不正常的，反常的 ≈ außergewöhnlich 〈e-e Reaktion 反应〉：*Diese Hitze ist für März u.* 对于三月份来讲这种炎热是反常的

un·nö·tig *Adj* (形) **1.** nicht (unbedingt) notwendig 不必要的，多余的 ≈ überflüssig ↔ notwendig 〈e-e Maßnahme für u. halten 认为某个措施是不必要的；sich unnötige Sorgen, Gedanken (um j-n) machen 不必要地(为某人)操心、担心〉：*sich u. in Gefahr bringen* 不必要地去冒险；*Es ist wohl u. zu sagen, dass du bei uns jederzeit herzlich willkommen bist* 我们随时都热情欢迎你，或许我说这话是多余的 **2.** ≈ vermeidbar ↔ unvermeidlich 〈ein Fehler, ein Missverständnis 错误，误会〉‖ *hierzu* (派生) **un·nö·ti·ger·wei·se** *Adv* (副)

un·nütz *Adj*(形) **1.** ohne Nutzen 无用的，无益的 ≈ nutzlos ↔ nützlich 〈Anstrengungen 努力〉 **2.** ≈ unnötig (1), überflüssig：*Was hast du denn da wieder für unnützes Zeug gekauft?* 你究竟又瞎买了什么没用的东西？ ‖ *hierzu* (派生) **un·nüt·zer·wei·se** *Adv*(副)

UNO, Uno [ˈuːno] *die*；-；*nur Sg* (只用单数)；(*Abk für* 缩写，全称为 United Nations Organization) e-e internationale Organisation, deren Ziel es ist, Frieden in der Welt zu schaffen und internationale Probleme zu lösen 联合国 ≈ Vereinte Nationen, UN

un·or·dent·lich *Adj*(形) **1.** 〈ein Mensch 人〉 so, dass er nicht auf Ordnung achtet 草率的，不认真的，不仔细的，马虎的 ≈ nachlässig, schlampig ↔ sorgfältig: *u. sein, arbeiten* 干事粗心，工作马虎 **2.** ohne Ordnung (und Sauberkeit) 不整洁的，杂乱的 ≈ unaufgeräumt 〈ein Zimmer, e-e Wohnung 房间，住房〉: *Auf meinem Schreibtisch sieht es immer so u. aus!* 我写字台上看上去总是这么乱七八糟的 ‖ *hierzu*(派生) **Un·or·dent·lich·keit** *die*; *nur Sg*(只用单数)

Un·ord·nung *die*; *nur Sg*(只用单数); der Zustand, in dem keine Ordnung (1) herrscht 杂乱无章，混乱，无秩序 ≈ Durcheinander 〈etw. in U. bringen 把某物搞乱; irgendwo herrscht (e-e große, schreckliche) U. 某处凌乱不堪(一片狼藉)〉

un·par·tei·isch *Adj*(形); nicht für od. gegen einen der Gegner in e-m Streit *o. Ä.*, sondern neutral (1) 不偏不倚的，公正的，不偏袒的 〈ein Dritter, e-e Haltung 第三者，观点; u. sein, urteilen 办事公道，不偏袒地作出判断〉

Un·par·tei·i·sche *der*; *-n*, *-n*; SPORT【体】≈ Schiedsrichter ‖ NB(注意): *ein Unparteiischer; der Unparteiische; den, dem, des Unparteiischen*

un·pas·send *Adj*(形) **1.** 〈*mst* 多用 e-e Bemerkung 意见〉 so, dass sie nicht zur gegebenen Situation passt 不合适的，不适宜的，不妥的 ≈ unangebracht, deplaziert **2.** *nicht adv* (不作状语) ≈ ungünstig, ungelegen 〈im unpassend(st)en Augenblick kommen 来得(极)不是时候〉 **3.** ***für etw. u.*** ≈ für etw. nicht geeignet: *Dein elegantes Kleid ist völlig u. für e-e Gartenparty* 你这件考究的连衣裙完全不合适庭院聚会

un·päss·lich *Adj*(形); *mst in* 多用于 ***u. sein; sich u. fühlen*** *veraltend*[渐旧]; sich nicht wohlfühlen 感到不适 ‖ *hierzu*(派生) **Un·päss·lich·keit** *die*

un·per·sön·lich *Adj*(形) **1.** in seinem Verhalten kühl und höflich, aber nicht freundlich 一本正经的，非私人的 ≈ förmlich 〈ein Gespräch, e-e Unterhaltung 谈话，交谈; sich (j-m gegenüber) u. verhalten(在某人面前)举止行为一本正经〉 **2.** *nur präd od adv*(只作表语或状语); ohne die persönliche, individuelle Note[4] von j-m 不掺杂个人感情的，公事公办的: *Das Schreiben war sehr u.* 这封函件完全不掺杂个人感情 **3.** *nur attr, nicht adv*, LING (只作定语，不作状语)【语】; (von Verben) dadurch gekennzeichnet, dass sie nur das Pronomen *es* als Subjekt haben können(动词)无人称的: „*regnen*", „*schneien*" *od.* „*hageln*" *sind unpersönliche Verben* "下雨"、"下雪"或"下冰雹"都是无人称动词 ‖ *zu* (义项) **1.** und **2.** **Un·per·sön·lich·keit** *die*; *nur Sg*(只用单数)

un·po·pu·lär *Adj*(形); bei den meisten Leuten nicht beliebt 非大众化的，非通俗的，不普及的，不受大众喜爱的: *Die Regierung ergriff unpopuläre Maßnahmen* 政府采取了不受百姓欢迎的措施 ‖ *hierzu*(派生) **Un·po·pu·la·ri·tät** *die*; *nur Sg*(只用单数)

un·prak·tisch *Adj*(形) **1.** mit wenig od. keinem praktischen Nutzen 不实用的 ↔ zweckdienlich, zweckmäßig 〈ein Gerät 器具〉 **2.** bei der praktischen Arbeit od. beim Planen, Organisieren ohne Geschick 不熟练的，不擅长的 ≈ ungeschickt (1)

un·prob·le·ma·tisch *Adj*(形); ohne Probleme 没有问题的，没有麻烦的 ≈ problemlos: *Die Umstellung Ihres Büros auf* INFORM *dürfte völlig u. sein* 把您办公室改名为"信息科学"看来是完全没有问题的

un·pünkt·lich *Adj*(形); nicht pünktlich 不准时的，不守时间的 〈u. sein, kommen 不守时，不准时来〉 ‖ *hierzu*(派生) **Un·pünkt·lich·keit** *die*; *nur Sg*(只用单数)

un·qua·li·fi·ziert *Adj*(形) **1.** *pej*[贬]; 〈e-e Bemerkung, Geschwätz 评论，闲言碎语〉 so, dass sie von Dummheit od. Unwissen zeugen 不负责任的，不恰当的，愚昧无知的 **2.** ohne spezielle Ausbildung 非熟练的，未经培训的，不合格的 〈Arbeit 工作; ein Hilfsarbeiter 辅助工〉

Un·rast *die*; *nur Sg*; *geschr* (只用单数)[书] ≈ Rastlosigkeit

Un·rat *der*; *nur Sg*, *geschr*(只用单数)[书] ≈ Abfall, Müll

un·ra·ti·o·nell *Adj*(形); mit mehr Aufwand (verbunden) als nötig, weil die Arbeit nicht gut organisiert ist 安排不合理的，效率低的 〈ein Betrieb, e-e Methode 企业，方法; u. arbeiten 工作没有合理安排〉

un·re·a·lis·tisch *Adj*(形) **1.** nicht der Wirklichkeit entsprechend 非现实的，不现实的，不符合现实的 〈e-e Darstellung, e-e Einschätzung (der Gegebenheiten) 描述，(对情况的)评估〉 **2.** 〈Forderungen, Ansprüche, Wünsche 要求，权利要求，愿望〉 so, dass man sie nicht verwirklichen kann 不现实的，不切实际的，不能实现的 ↔ realisierbar

un·recht *Adj*(形) **1.** *geschr*[书]; moralisch und sittlich schlecht 缺德的，不道德的，不正当的 ≈ verwerflich 〈e-e Tat 行为; u. handeln 办事不公道; etw. Unrechtes tun 干缺德的事〉 **2.** nicht günstig 不利的，不适宜的，不恰当的 〈zu unrechter Zeit, im unrechten Augenblick kommen 在不适当的时候，来得不是时候〉 **3.** ***u./Unrecht haben*** bei e-m Streit *o. Ä.* nicht das Recht auf seiner Seite haben 没有道理，不正确 **4.** ***u./Unrecht haben*** sich irren, etw. Falsches glauben 错了，不对: *mit e-r Vermutungen u. haben* 猜想错了 **5.** ***j-m u./Unrecht tun*** j-n ungerecht beurteilen od. behandeln 对某人不公正，不公平 ‖ ID [谚] ↑ ***Gut***[1]

Un·recht *das*; *nur Sg*(只用单数) **1.** e-e (oft böse) Handlung, durch die man anderen schadet 错误，不公正，不合理行为 〈j-m ein U. antun, zufügen 对某人做出不公正的事; ein U. begehen, wiedergutmachen 做错一件事，弥补一件错事; j-m widerfährt (ein großes) U. 某

人受到（极大）不公正的待遇〉 **2. zu U.** ≈ unberechtigt, fälschlich(erweise)〈j-n zu U. beschuldigen, verdächtigen, anklagen 错误地（或无理地）指责、怀疑，指控某人〉 **3. im U. sein** bei e-m Streit *o.Ä.* nicht das Recht auf seiner Seite haben 没有道理，不对，不正确 **4. sich (durch/mit etw.) ins U. setzen** *geschr* ［书］；(oft als Reaktion auf e-e böse Tat selbst) etw. Unmoralisches od. Böses tun（用…方法）做出不公正（违法）的事 ‖ NB（注意）：↑ ***unrecht*** (3-5)

un·recht·mä·ßig *Adj*（形）〈Besitz 占有；sich etw. u. aneignen 不合法地把某物占为己有〉so, dass man kein Recht darauf hat 不合理的，不合法的 ‖ *hierzu*（派生）**Un·recht·mä·ßig·keit** *die*; *nur Sg*（只用单数）；**un·recht·mä·ßi·ger·wei·se** *Adv*（副）

un·re·gel·mä·ßig *Adj*（形）**1.** nicht regelmäßig 不匀称的(3) ↔ ebenmäßig, gleichmäßig〈etw. ist u. geformt 某物造型不匀称〉 **2.** in unterschiedlichen Abständen od. Intervallen 不规则的，无规律的，不均匀的 ↔ gleichmäßig〈j-s Puls(schlag), Atmung ist u. 某人的脉膊、呼吸不均匀；u. atmen 呼吸不匀〉 **3.** LING【语】；(von Verben) dadurch gekennzeichnet, dass sie nicht nach der üblichen Art gebildet werden（动词变位）不规则的：*„Schreiben" ist ein unregelmäßiges Verb/wird u. flektiert* "schreiben" 是个不规则动词/作不规则变化

Un·re·gel·mä·ßig·keit *die* **1.** e-e Stelle, die anders ist als ihre Umgebung 不均匀 **2.** e-e kurze Abweichung vom normalen Rhythmus 不规则，没有规律 **3.** *mst Pl*, *euph*（多用复数）［婉］≈ Betrug: *Unregelmäßigkeiten in der Buchführung* 在簿记上弄虚作假

un·reif *Adj*（形）；*nicht adv*（不作状语）**1.** (noch) nicht reif 未成熟的〈Obst 水果〉 **2.** *mst pej* 多用［贬］；ohne viel Erfahrung, nicht so vernünftig wie andere (mit mehr Erfahrung) 不成熟的，不老练的〈ein Mensch, ein Verhalten 人，举止〉：*Der neue Kollege wirkt noch etwas u.* 新来的同事表现得还有些不成熟 ‖ *hierzu*（派生）**Un·rei·fe** *die*; *nur Sg*（只用单数）

un·rein *Adj*（形）**1.** ≈ unsauber, schmutzig, verschmutzt〈Luft, Wasser 空气，水〉 **2.** nicht rein 不纯的，走调的 ≈ unsauber〈Töne 声音〉 **3. *unreine Haut*** Haut mit Pickeln (und Mitessern) 不光洁的（疙疙瘩瘩的）皮肤 ‖ *hierzu*（派生）**Un·rein·heit** *die*; *nur Sg*（只用单数）

un·ren·ta·bel *Adj*（形）；〈ein Betrieb, ein Geschäft 企业，商店〉so, dass sie keinen Gewinn bringen 不获利的，无赢利的 ‖ NB（注意）：*unrentabel* → *ein unrentabler Betrieb* ‖ *hierzu*（派生）**Un·ren·ta·bi·li·tät** *die*; *nur Sg*（只用单数）

un·rich·tig *Adj*（形）；nicht richtig, nicht korrekt 不正确的，不对的〈e-e Behauptung, e-e Angabe 论断，情况说明〉

Un·ru·he *die*; -, *-n* **1.** *nur Sg*（只用单数）；ein Zustand, in dem man nervös ist, Sorgen hat *o.Ä.* 不安，焦虑不安〈j-n in U. versetzen 使某人焦虑不安〉：*Voll U. blickte sie immer wieder auf die Uhr* 她焦虑不安地总是看着表 **2.** *nur Sg*（只用单数）；störende Geräusche, die dadurch entstehen, dass sich viele Menschen bewegen od. miteinander reden 不宁，纷乱，喧闹，吵嚷 ↔ Stille: *Ich kann mich bei dieser U. nicht konzentrieren* 在这喧闹中我无法集中精力 **3.** *nur Sg*（只用单数）；allgemeine Unzufriedenheit, Unmut 不满，愤懑：*Das neue Gesetz sorgte für U. im Land* 新法律已关注到国内的不满情绪 ‖ K-（复合）：***Unruhe-, -stifter*** **4.** *nur Pl*（只用复数）；Kämpfe auf der Straße aus Protest *o.Ä.* 动乱，骚乱 ≈ Aufruhr, Krawalle ‖ -K（复合）：***Rassen-, Studenten-***

Un·ru·he·herd *der*; ein Land od. Gebiet, in dem es immer wieder zu Kämpfen kommt 动乱策源地

un·ru·hig *Adj*（形）**1.** nervös (und besorgt) 不安的，心神不定的，焦躁的：*Sie wurde u., als das Kind nicht aus der Schule heimkam* 当孩子没有从学校回到家时，她变得不安起来；*Er sah u. aus dem Fenster* 他不安地望着窗外 **2.** durch ständige Störungen gekennzeichnet 不安宁的：*e-n unruhigen Schlaf haben* 睡得不安宁；*e-e unruhige Nacht verbringen* 度过不安宁的一夜 **3.** ständig in Bewegung, laut *usw* 好动的，爱闹的，不安生的〈ein Kind 孩子〉 **4.** mit viel Verkehr, viel Lärm *o.Ä.* 喧闹的，闹哄哄的〈e-e Gegend, e-e Straße 地区，马路〉 **5.** nicht gleichmäßig 不稳定的，不平稳的〈ein Rhythmus, ein Verlauf 节奏，过程〉 **6.** mit vielen, kleinen Details, die (für den Betrachter) unangenehm wirken 令人烦躁的，感觉不舒服的〈ein Bild, ein Muster 一幅画，一幅图案〉 **7.** mit großen (politischen) Veränderungen, vielen Aktivitäten *usw* 动荡的，不安定的〈e-e Zeit 时代〉 **8.** mit relativ hohen Wellen 不平静的，有风浪的，波涛滚滚的〈das Meer, die See ist u. 大海不平静，湖上有浪〉

un·rühm·lich *Adj*（形）；*mst attr*（多作定语）；so, dass man nicht stolz darauf sein kann 不光彩的，不体面的〈ein Ende 结局；bei etw. e-e unrühmliche Rolle spielen 在某事上扮演一个不光彩的角色〉

uns[1] *Reflexivpronomen der 1. Person Pl (wir), Akkusativ und Dativ*（反身代词第一人称复数（*wir*）的第四、三格）；↑ *Tabelle unter* 图表见 ***Reflexivpronomen***

uns[2] *reziprokes Pronomen der 1. Person Pl (wir), Akkusativ und Dativ*（相互代词第一人称复数（*wir*）的第四、三格）；↑ *Tabelle unter* 图表见 ***Reflexivpronomen***

uns[3] *Personalpronomen der 1. Person Pl (wir), Akkusativ und Dativ*（人称代词第一人称复数（*wir*）的第四、三格）；↑ *Tabelle unter* 图表见 ***Personalpronomen***

un·sach·ge·mäß *Adj*（形）；nicht so, wie es die Sache erfordert od. wie es richtig ist 不按操作规程的〈e-e Reparatur 修理〉：*die unsachgemäße Handhabung e-r Maschine* 不按使用规则操作机器

un·sach·lich *Adj*（形）；von persönlichen Gefühlen od. Vorurteilen beeinflusst 不客观的，不实事求事的，感情用事的 ↔ nüchtern, objektiv 〈e-e Kritik 批评；u. werden 变得不客观〉‖ *hierzu*（派生）**Un·sach·lich·keit** *die*；*nur Sg*（只用单数）

un·sag·bar, un·sag·bar *Adj*（形）**1.** *nicht adv*（不作状语）；sehr groß, sehr intensiv 无法表达的，难以言状的 ≈ unbeschreiblich 〈Angst, Freude, Schmerzen 恐惧，愉快，疼痛〉**2.** *nur adv*（只作状语）；verwendet, um Adjektive, Adverbien od. Verben zu verstärken（加强形容词、副词或动词的语义）非常，很，极 ≈ sehr：*u. frieren* 冻得要命；*Es war u. kalt* 天气极冷

un·säg·lich, un·säg·lich *Adj*（形）；*geschr*［书］≈ unsagbar

un·sanft *Adj*（形）；grob und ohne Rücksicht 不温柔的，粗鲁的〈ein Stoß 推搡；j-n u. wecken 粗鲁地唤醒某人〉

un·sau·ber *Adj*（形）**1.** nicht ordentlich 不认真的，草率的，潦草的 ≈ nachlässig 〈e-e Arbeit 工作〉**2.** leicht schmutzig 不干净的，不清洁的，肮脏的：*etw. mit unsauberen Fingern anfassen* 用不干净的手指去抓某物 **3.** *nicht adv*（不作状语）；nicht ganz legal 不完全合法的，不正当的 ↔ anständig 〈unsaubere Geschäfte machen 做不合法的买卖〉**4.** nicht genau, nicht präzise 不精确的〈e-e Definition 定义〉：*Der Geiger spielte u.* 提琴手演奏得不准（走调了）**5.** *nicht adv*（不作状语）；nicht auf Sauberkeit bedacht 不整洁的 ‖ *hierzu*（派生）**Un·sau·ber·keit** *die*

un·schäd·lich *Adj*（形）**1.** nicht gefährlich od. giftig 无害的，不危险的，无毒的 ≈ harmlos：*Dieses Mittel ist für Menschen absolut u.* 这药对人绝对无害 **2.** ***j-n / etw. u. machen*** *gespr*［口］；dafür sorgen, dass j-d/etw. keinen Schaden mehr anrichten kann, *z. B.* e-n Verbrecher verhaften 让…不再为非作歹/使无危险 ‖ *zu*（义项）**1. Un·schäd·lich·keit** *die*；*nur Sg*（只用单数）

un·scharf *Adj*（形）**1.** so, dass man die Dinge nicht klar erkennen kann 不清晰的，模糊的 ≈ verschwommen 〈ein Foto 照片〉：*das Fernglas ist u. eingestellt* 这架望远镜调得不清晰 **2.** nicht präzise 不精确的 ↔ klar 〈e-e Formulierung 措词〉

un·schätz·bar, un·schätz·bar *Adj*（形）；sehr groß 巨大的，不可估量的，极宝贵的〈j-m unschätzbare Dienste/Hilfe erweisen 给予某人巨大的帮助；etw. ist für j-n/etw. von unschätzbarem Wert 某事对某人/某事具有不可估量的价值〉

un·schein·bar *Adj*（形）；（nicht besonders schön und daher）unauffällig 不显眼的，不招人注意的，朴实无华的〈ein Aussehen 外貌〉：*Die Nachtigall sieht u. aus, singt aber sehr schön* 夜莺看上去并不引人注目，但歌唱得很优美 ‖ *hierzu*（派生）**Un·schein·bar·keit** *die*；*nur Sg*（只用单数）

un·schick·lich *Adj*（形）；nicht höflich, nicht den Regeln der Gesellschaft entsprechend 不礼貌的，不合礼仪的，不懂规矩的〈ein Benehmen, ein Verhalten 举止，行为〉

un·schlag·bar *Adj*（形）；so, dass andere（*bes* in e-m Wettkampf）nicht besser sein od. siegen können 不可战胜的，无与伦比的，卓越的〈e-e Leistung, e-e Mannschaft 成绩，球队〉：*Im Geschichtenerzählen ist sie u.* 她讲故事比谁都强

un·schlüs·sig *Adj*（形）；noch zu keiner Entscheidung gekommen 拿不定主意的，尚无法决断的，犹豫不决的〈sich（*Dat* 三格）über etw.（*Akk* 四格）u. sein 对某事犹豫不决；u. dastehen 犹豫不决地站在那里〉：*Ich bin mir noch u., ob ich das Bild kaufen soll oder nicht* 我拿不定主意，买不买这幅画；*Er war sich u., was zu tun sei* 他犹豫不决，不知该干什么 ‖ *hierzu*（派生）**Un·schlüs·sig·keit** *die*；*nur Sg*（只用单数）

un·schön *Adj*（形）；〈ein Anblick, Szenen 景象，场景；ein Verhalten, ein Vorfall, Wetter 行为，事件，天气〉so, dass man sie als unangenehm empfindet 不愉快的，不美的，不好的

Un·schuld *die*；*nur Sg*（只用单数）**1.** das Unschuldigsein 无罪，无辜〈seine U. beteuern 明确声称自己无罪；j-s U. beweisen 证明某人无罪〉：*Der Richter zweifelte an seiner U., musste ihn jedoch aus Mangel an Beweisen freisprechen* 法官怀疑他有罪，但因缺乏证据不得不宣告他无罪释放 ‖ K-（复合）：***Unschulds-, -beteuerung*** **2.** die Reinheit od. Naivität（aus Mangel an Erfahrung）纯洁，天真无邪：*die U. e-s kleinen Kindes* 一个小孩子的天真无邪 **3.** *veraltend*［渐旧］；der Zustand, noch keine sexuellen Erfahrungen zu haben 贞洁，贞操 ≈ Unberührtheit, Jungfräulichkeit 〈die/seine U. verlieren 失去贞洁；e-m Mädchen die/seine U. nehmen, rauben 使一位姑娘失去贞洁（失身）〉**4.** ***in aller U.*** ohne böse Absicht 毫无恶意地 **5.** ***e-e U. vom Lande*** *iron od pej*［讽］或［贬］；ein unerfahrenes, naives Mädchen（vom Land）一位天真无邪的（农村）姑娘

un·schul·dig *Adj*（形）**1.** ohne Schuld (1) 无罪的，冤枉的〈u. im Gefängnis sitzen 冤枉坐监狱；u. verurteilt werden 被判无罪〉：*Der Angeklagte war u.* 被告是无罪的 **2.** ***u.*** (***an etw.*** (*Dat* 三格)) an etw. nicht beteiligt 无辜的，没参与的，没责任的，没沾边的：*Sie war nicht ganz u. an dem Missverständnis* 对这次误解她不是完全没有责任的；*Bei dem Attentat wurden auch viele Unschuldige verletzt* 在这次谋杀中连许多无辜者也受伤了 **3.** noch nicht fähig, Böses zu erkennen 纯真的，纯洁的〈ein Kind 小孩〉**4.** so, als wäre man ohne Schuld (2) 天真无邪的，清白无辜的〈ein unschuldiges Gesicht machen 露出一副清白无辜的面孔；j-n u. ansehen 天真地看着某人〉**5.** ohne böse Absicht od. Folgen 无恶意的，无害的 ≈ harmlos 〈e-e Bemerkung, e-e Frage, ein Vergnügen 看法，问题，娱乐〉**6.** noch ohne sexuelle Erfahrungen 贞洁的，贞节的 ≈ unberührt, jungfräulich 〈ein Mädchen 姑娘〉

Un·schulds·en·gel *der*；*hum od iron*［诙］或［讽］

1. j-d, der so tut, als könnte er nichts Böses tun 纯洁的天使,无辜的羔羊 2. verwendet als Bezeichnung für e-n naiven, gutgläubigen Menschen 天真无邪的人,真诚的人

Un·schulds·lamm *das*; *hum od iron*[诙]或[讽] ≈ Unschuldsengel

Un·schulds·mie·ne *die*; ein Gesichtsausdruck, der zeigen soll, dass j-d ohne Schuld (2) ist 清白无辜的表情

un·schulds·voll *Adj*(形) ≈ unschuldig (4), treuherzig ⟨ein Blick 目光⟩

un·schwer *Adv*(副); *geschr*[书]; ohne Mühe 不难地,容易地,不费劲地 ≈ leicht ⟨etw. u. erkennen, feststellen können 能够很容易识别、确认某事⟩

un·selb·stän·dig, un·selbst·stän·dig *Adj*(形) 1. finanziell od. in seinen Meinungen *o.Ä.* (zu sehr) von j-m abhängig 不独立的,不自主的,依赖别人的: *Sie ist sehr u. – sie trifft nie eigene Entscheidungen* 她依赖性很强,从不自己作决定 2. *mst attr*(多作定语); *mst in* 多用于 ***unselb(st)ständige Arbeit*** Arbeit als Arbeitnehmer (Angestellter od. Arbeiter)受雇于人的工作 ‖ *zu*(义项) 1. **Un·selb·stän·dig·keit, Un·selbst·stän·dig·keit** *die*; *nur Sg*(只用单数)

un·se·lig *Adj*(形); *mst attr*(多作状语); mit schlimmen Folgen 有灾祸的,不吉祥的,有厄运的 ≈ verhängnisvoll ⟨e-e Leidenschaft, ein Vorfall 爱情,事件⟩ ‖ *hierzu*(派生) **un·se·li·ger·wei·se** *Adv*(副)

un·ser *Possessivpronomen der 1. Person Pl* (*wir*)(第一人称复数(*wir*)的物主代词); ↑ *Tabellen unter* 图表见 ***Possessivpronomen*** *und unter* 另见 ***mein***

un·se·r- *Possessivpronomen der 1. Person Pl* (*wir*)(第一人称复数(*wir*)的物主代词); ↑ ***mein-***

un·ser·ei·ner *Pronomen*(代); *indeklinabel, gespr*(词形不变)[口]; j-d wie ich/Leute wie wir 像我一样的人/我们这类人: *Das ist ein ganz vornehmes Lokal. Da wird u. gar nicht reingelassen* 这是一家很高雅的饭馆,我们这种人是不让进去的

un·ser·eins *Indefinitpronomen*(不定代词); *indeklinabel, gespr*(词形不变)[口] ≈ unsereiner

un·se·rer·seits *Adv*(副); was uns betrifft 就我们而言,从我们这方面来说 ≈ von uns aus: *U. gibt es keine Bedenken* 我们这方面没有顾虑

un·se·res·glei·chen *Pronomen*(代); *indeklinabel*(词形不变); Leute wie wir 像我们这样的人,我们这一类人

un·se·ret·we·gen *Adv*(副) 1. deshalb, weil es gut für uns ist 为了我们的缘故 ≈ uns zuliebe 2. aus e-m Grund, der uns betrifft 由于我们的原因 ≈ wegen uns: *Das Treffen musste u. verschoben werden* 由于我们的原因,那次见面不得不推迟 3. von uns aus 就我们方面来说: *U. dürfen Sie ruhig rauchen* 从我们来说,你们可以放心抽烟 (= wir haben nicht dagegen)

un·se·ret·wil·len *Adv*(副); *veraltend*[渐旧]; *nur in* 只用于 ***um u.*** ≈ unseretwegen

un·se·ri·g-, Un·se·ri·g- ↑ ***unsrig-***

un·sert·we·gen ↑ ***unseretwegen***

un·sert·wil·len ↑ ***unseretwillen***

un·si·cher *Adj*(形) 1. *nicht adv*(不作状语); so, dass noch nicht feststeht, wie es enden od. sein wird 不确定的,无把握的 ≈ ungewiss ⟨ein Ausgang, e-e Zukunft 结局,前途; e-e Angelegenheit 事情⟩: *Es ist noch u., ob sie kommen wird* 她来不来还没把握 2. *nicht adv* (不作状语); so, dass man sich darauf nicht verlassen kann 不可靠的,靠不住的⟨ein Ergebnis, e-e Methode 成果,方法⟩ 3. so, dass man etw. nicht genau weiß, sich e-r Sache nicht (mehr) sicher ist 无把握的,拿不准的 ⟨(sich (*Dat* 三格)) u. sein 没把握,吃不准; j-n u. machen 使某人不知道怎么办⟩: *j-n mit vielen Fragen u. machen* 提出许多问题把某人弄得不知所措; *Jetzt bin ich (mir) doch u., ob ich die Tür wirklich abgeschlossen habe* 现在我真说不准,我是否真的把门锁了 4. von mangelndem Selbstbewusstsein zeugend 缺乏自信的,心里不踏实的,腼腆的 ≈ gehemmt, schüchtern ↔ selbstsicher ⟨ein Auftreten, ein Blick 登场,目光; u. lächeln 腼腆地微笑⟩ 5. so, dass man etw. (noch) nicht gut kann od. (noch) nicht lange tut, nicht genug Übung in e-r Tätigkeit hat 不稳定的,不熟练的⟨ein Autofahrer 汽车驾驶员; u. auf den Beinen sein 站立不稳; mit unsicheren Schritten 迈着不稳健的步子⟩: *Sie ist im Umgang mit kleinen Kindern noch ziemlich u.* 她与小孩打交道还相当不老练 6. ≈ gefährlich ⟨e-e Gegend, e-e Straße, Straßenverhältnisse 地区,街道,道路交通情况⟩ ‖ ID[谚] *mst* 多用 ***die Gegend u. machen*** *gespr hum*[口][诙]; (*mst* in e-r Gruppe) sich irgendwo aufhalten, um sich zu amüsieren (多指一帮人)到一个地方去休闲娱乐 ‖ *hierzu*(派生) **Un·si·cher·heit** *die*

un·sicht·bar *Adj*(形); mit den Augen nicht zu erkennen 看不见的: *e-e geheime Botschaft mit unsichtbarer Tinte schreiben* 用隐显墨水写一条秘密消息; *Luft ist u.* 空气是看不见的 ‖ *hierzu*(派生) **Un·sicht·bar·keit** *die*; *nur Sg* (只用单数)

un·sink·bar *Adj*(形); so, dass es nicht sinken, untergehen kann 不会沉没的⟨ein Schiff 轮船⟩: *Die Titanic galt als u.* 泰坦尼克号船被认为是不会沉没的

Un·sinn *der*; *nur Sg*(只用单数) 1. e-e Aussage, e-e Handlung *o. Ä.*, die nicht klug od. vernünftig ist 不明智的话语和举动,蠢话,傻事 ≈ Blödsinn ⟨blanker, glatter, kompletter, purer, schierer U. 赤裸裸的、完完全全的、不折不扣的、纯粹的、十足的废话; U. reden 胡说,说蠢话⟩: *Es war U., bei diesem schlechten Wetter zum Baden zu gehen* 这种恶劣的天气去游泳是胡闹; *Du glaubst doch jeden U., den man dir erzählt!* 人家给你胡说什么你都信!; *Ich habe e-n großen U. gemacht: Ich habe mein ganzes Geld verspielt* 我干了一件大傻事:我把自己的钱输了个精光 2. etw., das man aus Übermut tut 恶作剧，胡闹，干坏事 ≈ Unfug ⟨nichts als U. im Kopf haben 脑袋里净想干坏事⟩：*zusammen mit Freunden viel U. machen / treiben* 和朋友一起干很多蠢事/胡作非为；*Lass den U., das kitzelt!* 别胡闹，这痒痒！**3. *U.!*** *gespr*［口］；verwendet, um e-e Vermutung od. Behauptung entschieden zurückzuweisen（表示坚决驳斥）胡说！胡扯！：*„Ich bin so hässlich!" – „U., das stimmt doch gar nicht!"* "我真丑！"——"胡说，完全不是这样的！"

un·sin·nig *Adj*（形）**1.** ohne Sinn 无意义的，荒唐的⟨ein Gerede, ein Verhalten 废话，行为⟩ **2.** viel zu hoch 过分的，苛刻的⟨*mst* Forderungen 多指要求⟩ **3.** *nicht adv*, *gespr*（不作状语）［口］；sehr groß, sehr intensiv 非常大的，极度的⟨Angst 害怕⟩ **4.** *nur adv*, *gespr*（只作状语）［口］；verwendet, um Adjektive, Adverbien od. Verben zu verstärken（加强形容词、副词或动词的语义）很，非常，极大 ≈ sehr：*u. hohe Mieten* 非常高的房租；*sich u. freuen* 高兴极了

Un·sit·te *die*; e-e schlechte Angewohnheit 坏习惯，恶习，陋俗：*Es ist e-e gefährliche U., Alkohol zu trinken, wenn man mit dem Auto unterwegs ist* 开车途中喝酒是一种危险的坏习惯

un·sitt·lich *Adj*（形）；so, dass es gegen die (sexuelle) Moral verstößt 不正派的，不道德的，有失体统的，心术不正的 ≈ unanständig ⟨ein Antrag, ein Verhalten 建议，行为；sich j-m u. nähern 心怀叵测地向某人靠拢⟩ ‖ *hierzu*（派生）**Un·sitt·lich·keit** *die*

un·so·li·de *Adj*（形）**1.** nicht maßvoll, nicht solide (3) 放纵的，吊儿郎当的，轻浮的 ≈ haltlos ⟨ein Mensch, ein Lebenswandel 人，生活作风⟩ **2.** mit Fehlern (Mängeln) und daher nicht zuverlässig 质量有毛病的，不可靠的，劣质的：*Das Gerät ist u. gearbeitet* 这台仪器加工质量有毛病

un·so·zi·al *Adj*（形）；ohne Rücksicht auf andere, *bes* Schwächere 不顾及社会利益的，不符合社会要求的⟨ein Verhalten 行为⟩

un·sport·lich *Adj*（形）**1.** ohne Interesse od. Begabung für Sport 不爱体育运动的，对体育没有天赋的：*Ich bin total u.* 我压根儿不喜欢体育运动，我根本不是搞体育的料 **2.** ≈ unfair ⟨ein Verhalten 行为⟩ ‖ *hierzu*（派生）**Un·sport·lich·keit** *die*; *nur Sg*（只用单数）

uns·re *gespr*［口］≈ unsere

uns·rer·seits ↑ ***unsererseits***

uns·res·glei·chen ↑ ***unseresgleichen***

uns·ri·g-, Uns·ri·g- *Possessivpronomen*（物主代词）；*veraltend*［渐旧］；wie ein Subst. verwendet für *der, die, das unsere / Unsere*（作名词用，代替 *der, die, das unsere / Unsere*）：*Euer Hund hat den unsrigen gebissen* 你们的狗咬了我们的（狗）；*Wir haben das unsrige dazu getan, den Streit zu schlichten* 为调解争执我们做了我们该做的 ‖ ↑ ***mein-***

un·sterb·lich *Adj*（形）**1.** ⟨die Götter, die Seele 众神，灵魂⟩ so, dass sie ewig leben 不死的，永生的 **2.** ⟨ein Künstler, ein Meisterwerk 艺术家，杰作⟩ so, dass sie immer bekannt und berühmt sein werden 不朽的 ≈ unvergänglich **3.** *nur adv*, *gespr*（只作状语）［口］；verwendet, um Adjektive od. Verben zu verstärken（加强形容词或动词的语义）很，极，甚 ≈ sehr ⟨*mst* sich u. blamieren, sich u. in j-n verlieben 丢尽脸面，深深地爱上某人⟩ ‖ *zu*（义项）**1.** und **2. Un·sterb·lich·keit** *die*; *nur Sg*（只用单数）

un·stet *Adj*（形）；ohne Ruhe, von e-r inneren Unruhe zeugend 不安定的，不安静的，内心不安的 ≈ ruhelos ⟨ein Blick, ein Mensch 目光，人；ein unstetes Leben führen 过不安定的生活⟩

un·still·bar, un·still·bar *Adj*（形）；*nicht adv*（不作状语）；⟨e-e Sehnsucht, ein Verlangen 渴望，要求⟩ so, dass sie nicht erfüllt, gestillt werden können 满足不了的，止不住的，消解不了的

Un·stim·mig·keit *die*; -, -*en*; *mst Pl*（多用复数）**1.** Details (*bes* bei e-r Rechnung *o. Ä.*), die nicht übereinstimmen 账目记载上的不符，差错，漏洞 ≈ Diskrepanz：*Die Steuerprüfer stießen auf Unstimmigkeiten bei der Abrechnung von Spesen* 税务稽查员发现了差旅费结算中的差错 **2.** ein leichter Streit (weil zwei Personen unterschiedliche Meinungen haben) 意见不一致，分歧，争执 ≈ Differenzen (4), Meinungsverschiedenheiten ⟨es kommt zu Unstimmigkeiten 发生意见分歧⟩

Un·sum·me *die*; -, -*n*; *mst Pl*（多用复数）；e-e sehr große Summe Geld 巨款，巨额⟨etw. kostet, verschlingt Unsummen 某事花费、耗费大量金钱⟩

Un·sym·path *der*; -*en*, -*en*; *gespr pej*［口］［贬］；ein unsympathischer Mensch 不讨人喜欢的人，让人厌恶的人 ‖ NB（注意）：*der Unsympath; den, dem, des Unsympathen*

un·sym·pa·thisch *Adj*（形）**1.** (***j-m***) ***u.*** nicht nett und angenehm 不讨人喜欢的，令人讨厌的⟨ein Mensch 人⟩ **2.** ***etw. ist j-m u.*** etw. gefällt j-m nicht（物作主语）使人感到不愉快，不惬意，不舒服：*Das heiße Wetter in Florida ist mir u.* 佛罗里达炎热的天气我不喜欢

un·ta·de·lig, un·ta·de·lig, un·tad·lig, un·tad·lig *Adj*（形）；so, dass man es nicht kritisieren kann 无可指摘的，无可非议的 ≈ einwandfrei ⟨ein Benehmen 举止⟩

Un·tat *die*; e-e böse und grausame Tat 罪行，罪恶：*für seine Untaten büßen müssen* 得为自己的罪恶付出代价

un·tä·tig *Adj*（形）；*mst präd*（多作表语）；ohne etw. zu tun 无所事事的，不干事的，懒惰的，懒散的 ≈ müßig ↔ aktiv ⟨u. herumstehen, zusehen müssen 不得不无所事事地站着，观看⟩ ‖ *hierzu*（派生）**Un·tä·tig·keit** *die*; *nur Sg*（只用单数）

un·taug·lich *Adj*（形）；*nicht adv*（不作状语）；***u.*** (***für etw.***) nicht für etw. geeignet, nicht zu etw. fähig 不合适的，无用的⟨ein Mittel 药⟩：*Sie ist u. für schwere körperliche Arbeit* 她不适合干重体力活 ‖ -K（复合）：***arbeits-, dienst-***

un·teil·bar, un·teil·bar *Adj*（形）**1.** so, dass es nicht zerteilt werden kann od. darf 不可分割

的,分不开的〈ein Ganzes, ein Besitz 整体,财产〉**2.** MATH【数】;〈e-e Zahl 数〉so, dass man sie nur durch eins od. sich selbst dividieren kann 除不尽的,不能除的 ‖ *hierzu*(派生)**Un·teil·bar·keit**, **Un·teil·bar·keit** *die*; *nur Sg*(只用单数)

un·ten *Adv*(副)**1.** an e-r Stelle, die (*mst* vom Sprecher od. vom Handelnden aus gesehen) tiefer als e-e andere Stelle liegt 下面,底下:*Auf den Bergen liegt noch viel Schnee, aber u. im Tal blühen schon die Bäume* 山上还积着厚厚的雪,但下面山谷里树木已经开花;*Er ging nach u. in den Keller* 他到下面地窖里去了;*Die Katze sah von u. zu dem Spatz hinauf* 猫从下边抬头看着麻雀 **2.** an dem Teil, der näher zum Boden hin liegt, an der Unterseite 底部,下端,下边:*Die Tasche hat u. ein Loch* 口袋下边有个洞;*Die Papiere liegen ganz u. in meinem Schreibtisch* 文件资料放在我书桌的最底下 **3.** auf e-m Blatt Papier od. in e-m geschriebenen Text an e-r Stelle, die tiefer liegt od. zu der man beim Lesen erst später kommt (纸或文章的)下边,下面:*Die Unterschrift steht links u., am Ende des Briefes* 签字在左下方,信的末尾;*Die Auflösung des Rätsels steht auf Seite zwanzig u.* 谜底在 20 页的下边;*Auf der Landkarte ist Norden oben und Süden u.* 从地图上看,北方在上,南方在下 **4.** weiter im Süden 在南部:*Er wohnt jetzt u. in Italien* 他现在住在意大利南部 **5.** von niedrigem sozialen Status, e-r niedrigen Position in e-r Hierarchie 下层,低层〈sich von u. hocharbeiten, hochdienen, hochkämpfen 努力工作、尽心尽职、苦苦奋斗,力争从低职升迁高职〉‖ ID[谚] ***bei j-m u. durch sein*** *gespr*[口];j-s Sympathie verloren haben 被某人看扁(看轻)了,不为某人所看重 ≈ es sich mit j-m verscherzt haben

un·ten·drun·ter *Adv*(副);*gespr*[口];unter etw. anderem 在…下面 ↔ obendrauf:*Er lag am Boden, das Fahrrad u.* 他躺在地上,自行车下面

un·ten·durch *Adv*(副);*gespr*[口];unter etw. hindurch 从…下面穿过:*Er schob den Zettel (unter der Tür) u.* 他把纸条从门的下面塞了进去

un·ten·he·rum *Adv*(副);*gespr*[口];am, im unteren Teil von etw., *bes* des Körpers(身体)下部,下身

un·ten·hin *Adv*(副);nach unten 向下,倒置:*Stelle die Töpfe u. in den Schrank* 把罐倒扣在柜子里

un·ten·rum *Adv*(副);*gespr*[口] ≈ untenherum

un·ter[1] *Präp*(介)**1.** *mit Dat*(支配三格);bezeichnet die Lage von j-m/etw., die tiefer ist als j-d/etw. (mit od. ohne Abstand) 在…下面 ↔ auf, über:*u. der Bettdecke liegen* 躺在被子里;*Kartoffeln wachsen u. der Erde* 土豆生长在地下;*Die Katze sitzt den ganzen Tag u. dem Fenster* 这只猫成天坐在窗户下 ‖ ↑ *Abb.* unter 图见 ***Präpositionen*** **2.** *mit Akk*(支配四格);drückt aus, dass j-d/etw. sich in Richtung e-r tiefer gelegenen Stelle bewegt od. bewegt wird 到…下面去 ↔ auf, über:*e-n Eimer u. den Wasserhahn halten* 把桶搁到水龙头下 **3.** *mit Dat*(支配三格);drückt aus, dass j-d/etw. von etw. bedeckt ist od. umgeben ist 在…中间,在…里面 ↔ über:*ein Hemd u. dem Pullover tragen* 衬衣穿在套头衫里面;*Nach dem Wasserrohrbruch stand der ganze Keller u. Wasser* 水管破裂后,整个地下室泡在水里(= war voll Wasser, war überflutet) **4.** *mit Akk*(支配四格);drückt aus, dass j-d/etw. von etw. bedeckt wird od. umgeben wird 到…中间、里面去 ↔ über (5):*Sie legte den Brief u. e-n Stoß Papiere* 她把信塞进一摞纸里 ‖ ↑ *Abb.* unter 图见 ***Präpositionen*** **5.** *mit Dat*(支配三格);in e-r Gruppe, Menge zusammen mit anderen Personen/Dingen 在…之间:*Ist einer u. euch, der die Antwort kennt?* 你们中间有人知道答案吗?;*U. den Eiern waren zwei faule* 这些鸡蛋里有两只臭了 **6.** *mit Dat*(支配三格);verwendet, um auszudrücken, dass an e-r Handlung nur e-e bestimmte Gruppe von Menschen beteiligt ist 在…中间 ≈ zwischen (3):*Es gab Streit u. den Schülern* 学生中有人吵架了;*Teilt die Schokolade u. euch auf* 你们把巧克力分了吧 **7.** *mit Akk*(支配四格);verwendet, um auszudrücken, dass j-d/etw. zu e-m Teil e-r Gruppe, Menge wird 到…中间去:*sich u. das Volk, das Publikum mischen* 混入百姓、观众中去;*Zucker u. die Eier rühren* 把糖放进鸡蛋搅打 **8.** *mit Dat*(支配三格);verwendet, um auszudrücken, dass j-d/etw. j-m/etw. zugeordnet ist(归属)在…下面:*ein Bericht u. der Überschrift „Künstler der Gegenwart"* 一篇题为《当代艺术家》的报道;*j-n u. e-r Anschrift, Telefonnummer erreichen* 按地址、拨电话可以找到某人;*Ich kenne das Tier nur u. seinem lateinischen Namen* 我只知道这种动物的拉丁文名称 **9.** *mit Akk*(支配四格);verwendet, um auszudrücken, dass j-d/etw. j-m/etw. zugeordnet wird(归属)到…下面:*etw. u. ein Motto, e-e Überschrift stellen* 把某物置于题词、标题下面;*Sind Viren u. die Tiere zu rechnen?* 病毒是否可以算动物? **10.** *mit Dat*(支配三格);verwendet, um auszudrücken, dass e-e Zahl, ein Wert, ein Niveau *o. Ä.* nicht erreicht wird, dass etw. niedriger, weniger, kleiner als etw. anderes ist 低于,少于,在…以下 ↔ über[1] (14):*etw. u. (seinem) Preis verkaufen müssen* 必须低于价格出售某物;*Eintritt frei für Kinder u. sechs Jahren* 六岁以下的儿童免费入场;*Seine Leistungen liegen weit u. dem Durchschnitt* 他的成绩远远低于平均水平 **11.** *mit Akk*(支配四格);verwendet, um auszudrücken, dass e-e Zahl, ein Wert, ein Niveau *o. Ä.* geringer, kleiner, niedriger wird 低到,少到,到…以下 ↔ über:*Die Temperaturen sinken nachts u. den Gefrierpunkt* 夜间温度降到冰点以下 **12.** *mit Dat*(支配三格);verwendet, um auszudrücken, dass j-d/etw. von j-m/etw. abhängig ist, zu j-m/etw. gehört(隶属)在…下：*u. j-s Kommando stehen* 在某人指挥下；*ein Projekt u. der Leitung e-s erfahrenen Wissenschaftlers* 一项工程在有经验的科学家领导下 **13.** *mit Akk*（支配四格）；verwendet, um auszudrücken, dass j-d/etw. von j-m/etw. abhängig gemacht wird 置于…之下：*e-n Betrieb u. staatliche Aufsicht stellen* 将一家企业置于国家监督之下 **14.** *mit Dat*（支配三格）；verwendet, um e-n Umstand zu bezeichnen, der e-e Handlung begleitet 在…伴随下：*u. Tränen gestehen* 流着眼泪承认；*u. Schmerzen ein Kind gebären* 痛苦地生孩子；*Der Star betrat u. dem Beifall der Zuschauer die Bühne* 明星在观众的掌声中登上舞台 **15.** *mit Dat*（支配三格）；verwendet, um die Art und Weise zu bezeichnen, wie etw. geschieht 以…方式：*j-n u. Gefahr für das eigene Leben aus e-m brennenden Haus retten* 自己冒着生命危险把某人从燃烧着的房屋中救出来；*Es gelang ihm, u. e-m Vorwand Zutritt zum Haus zu bekommen* 他找个借口成功地进入大楼 **16.** *mit Dat*（支配三格）；verwendet, um e-e Voraussetzung für e-e Handlung zu bezeichnen 在…条件下〈u. der Bedingung/Voraussetzung, dass... 倘若，要是，假如…〉**17.** *mit Dat*（支配三格）；verwendet, um den Zustand zu bezeichnen, in dem sich j-d/etw. befindet 处在…状况下：*Der Kessel steht u. Druck* 锅炉处在压力状态下；*Er steht u. starker innerer Spannung* 他内心十分紧张 **18.** *mit Akk*（支配四格）；verwendet, um den Zustand zu bezeichnen, in den j-d/etw. kommt 置于…状况中：*e-e Pflanze u. Naturschutz stellen* 使一种植物受自然保护；*j-n psychisch u. Druck setzen* 使某人心理上有压力 **19.** *mit Dat*（支配三格）；verwendet, um die Ursache für e-n Zustand zu bezeichnen 由于：*u. der Last der Schulden fast zusammenbrechen* 由于负债累累而濒临崩溃 ‖ ID[谚] ***u. der Hand*** nicht öffentlich od. offiziell 私下，暗地里 ≈ heimlich；***u. der Woche*** *gespr*［口］；während der Woche (nicht am Wochenende) 在一周之间（不包括周末）：*U. der Woche habe ich keine Zeit, aber am Sonntag gehts* 这周我没空，但周日行；*mst in* 多用于 ***Wir wollen u. 'uns*** (*Dat* 三格) ***sein*** wir wollen keine anderen Leute dabei haben 我想就我们一块儿坐坐（不要旁人在场）；*mst in* 多用于 ***u. 'uns gesagt*** verwendet, wenn man j-m etw. Vertrauliches od. Persönliches sagen will 在我们之间说说，私下说说；***Das bleibt u. 'uns*** das darf niemand anderer erfahren 这不要外传，就我们知道；**(*nur*) *einer u. vielen sein*** keine besondere Bedeutung od. Stellung haben 只是普通一员，不是了不起人物；***j-n/etw. 'u. sich*** (*Dat* 三格) ***haben*** j-n/etw. leiten 领导某人/某事：*e-e große Abteilung, viele Angestellte u. sich haben* 领导一个大部门、许多职员

un·ter² *Adv*（副）；weniger als 少于，不到，低于 ↔ über²(1)：*Ich bin noch u. 40* 我还不到四十岁（= bin noch nicht 40 Jahre alt）；*Es waren u. 100 Leute beim Konzert* 音乐会上不到一百人

un·te·r-¹ *Adj*（形）；*nur attr, nicht adv*（只作定语，不作状语）**1.** tiefer als etw. anderes gelegen 下面的，底下的 ↔ ober-：*die unteren Hautschichten* 下面的皮层；*ein Buch in die unterste Reihe des Regals stellen* 把一本书搁在书架最底下一格；*den untersten Knopf der Bluse öffnen* 解开女衬衣最下面的扣子 **2.** näher an der Mündung e-s Flusses gelegen 下游的 ↔ ober-：*Der untere Teil des Rheins fließt durch die Niederlande* 莱茵河的下游流经荷兰 **3.** an e-r niedrigen Stelle in e-r Skala, e-r Hierarchie *o.Ä.*（刻度、等级）低下的，低级的 ↔ ober-, höher-：*Temperaturen im unteren Bereich* 下限范围的温度；*die unteren Dienstgrade in der Armee* 军队中的下级军阶；*die unterste Schicht der Gesellschaft* 社会的最下层 ‖ ID［谚］***das Unterste zuoberst kehren*** *gespr*［口］；bei der Suche nach etw. alles durcheinanderbringen 把东西翻得乱七八糟（搞得地覆天翻）

un·ter-² *im Verb, betont und trennbar, begrenzt produktiv*（构成动词，重读并可分，构词有限）；Die Verben mit *unter-* werden nach folgendem Muster gebildet (unter-动词的模式如下)：*unterlegen – legte unter – untergelegt*

1. *unter-* drückt aus, dass e-e Bewegung so verläuft, dass j-d/etw. nach unten (tiefer als etw.) kommt 往下，到…下面；

etw. unterlegen：*Er legte beim Malen Zeitungspapier unter, um die Tischdecke nicht schmutzig zu machen* 在画画时他把报纸垫在下面，以防弄脏桌布 ≈ Er legte Zeitungspapier unter das Bild, das er malte

ebens(同类词有)：***etw. unterhalten, etw. unterschieben, (j-n/etw.) untertauchen***

2. *unter-* drückt aus, dass etw. mit etw. gemischt wird 搀入，混入；

etw. untergraben：*Im Herbst gräbt sie Mist unter, um den Boden zu düngen* 秋天，她把粪埋入地下肥土 ≈ Sie mischt die Erde mit Mist, indem sie gräbt

ebenso(同类词有)：***etw. untermischen, etw. unterpflügen, etw. unterrühren***

3. *unter-* drückt aus, dass etw. zu wenig (intensiv), zu niedrig ist 低下，不足；

j-n unterbezahlen：*Wir werden alle unterbezahlt* 我们大家报酬低下 ≈ Wir bekommen alle zu wenig Geld

ebenso（同类词有）：***etw. unterbelegen, (etw.) unterbelichten, j-n/etw. unterbewerten*** ‖ NB(注意)：Diese Verben erscheinen nur im Infinitiv und im Partizip Perfekt(这类动词只用不定式和过去分词)

un·ter-³ *im Verb, unbetont und nicht trennbar, wenig produktiv*（构成动词，非重读并不可分，构词弱）；Die Verben mit *unter-* werden nach folgendem Muster gebildet (unter-动词的模式如下)：*unterführen – unterführte – unterführt* *unter-* drückt aus, dass e-e Bewegung unter etw. hindurch verläuft 从…下通过、穿过: **etw. unterführen**: *Beim Bau der neuen Straße musste e-e Eisenbahnlinie unterführt werden* 在建新马路时，一条铁路线得从下面穿过 ≈ Die Straße musste unter der Eisenbahnlinie hindurchgeführt/-gebaut werden

ebenso(同类词有): **etw. unterfahren**, **etw. unterqueren**

Un·ter *der*; *-s*, *-*; e-e Karte im deutschen Kartenspiel 德国纸牌中的第四大牌，相当于杰克("J") ‖ ↑ *Abb. unter* 图见 **Kartenspiel**

Un·ter- *im Subst, betont, begrenzt produktiv* (构成名词，重读，构词有限) **1.** verwendet, um die Partie e-s Körperteils zu bezeichnen, die tiefer liegt(身体部位的)下… ↔ Ober-; der **Unterarm**, der **Unterkiefer**, die **Unterlippe**, der **Unterschenkel** **2.** verwendet, um etw. zu bezeichnen, das unten ist od. nach unten gerichtet ist 下(层)…，底(层)…，基础…; der **Unterbau**, der **Untergrund**, die **Unterseite**, das **Unterteil** **3.** verwendet, um ein Kleidungsstück zu bezeichnen, das unter etw. anderem (*mst* direkt auf der Haut) getragen wird(指衣服的)内…，衬…，贴身… ↔ Ober-, Über-; das **Unterhemd**, die **Unterhose**, der **Unterrock**, die **Unterwäsche** **4.** verwendet, um auszudrücken, dass etw. ein Teil von etw. ist (zu dem es gehört und dem es untergeordnet ist) 下属的，附加…，副…，分…; die **Unterabteilung**, der **Unterpunkt** 〈auf e-r Tagesordnung 议事日程上的〉, der **Untertitel** 〈e-s Buches 一本书的〉 **5.** verwendet, um auszudrücken, dass etw. zu gering od. zu niedrig ist 低下，不足 ↔ Über-; die **Unterbeschäftigung**, die **Unterbezahlung**, die **Unterfunktion** 〈der Schilddrüse 甲状腺〉, das **Untergewicht**, die **Unterversorgung**

Un·ter·ab·tei·lung *die*; e-e kleinere Abteilung, die zu e-r Abteilung gehört und ihr untergeordnet ist 分部，下属部门

Un·ter·arm *der*; der Teil des Armes zwischen Hand und Ellenbogen 前臂 ↔ Oberarm

Un·ter·bau *der* **1.** der untere, stützende Teil, auf dem Häuser, Straßen, Denkmäler od. Maschinen stehen(楼基、路基、机座等)下层建筑，下部结构 **2.** *nur Sg*(只用单数) ≈ Basis, Grundlage 〈der theoretische U. 理论基础〉 ‖ *hierzu*(派生) **un·ter·bau·en** (*hat*) *Vt*(及物)

un·ter·be·legt *Adj*(形); *nicht adv*(不作状语); mit weniger Gästen/Patienten als möglich 客源不足的，病人不多的，没有满员的 ↔ überbelegt 〈ein Hotel, ein Krankenhaus 饭店，医院〉 ‖ *hierzu*(派生) **Un·ter·be·le·gung** *die*

un·ter·be·lich·tet *Adj*(形); *nicht adv*(不作状语); zu kurz belichtet 曝光不足的 ↔ überbelichtet 〈ein Film 胶片〉 ‖ ID [谚] *mst* 多用 **Er/Sie ist ein bisschen/ein wenig u.** *gespr*(不作状语); er/sie ist nicht sehr intelligent 他/她不很聪明

un·ter·be·schäf·tigt *Adj*(形); *nicht adv*(不作状语); mit weniger Arbeit, als man haben möchte od. könnte 就业不足的，开工不足的 ↔ ausgelastet 〈u. sein 开工不足〉 ‖ *hierzu*(派生) **Un·ter·be·schäf·ti·gung** *die*

un·ter·be·setzt *Adj*(形); *nicht adv*(不作状语); mit weniger Personal, als normal ist und nötig wäre 人员不足的: *Das Büro/Die Firma ist u.* 办公室/公司人员不足

un·ter·be·wer·ten; -, *hat unterbewertet*; Vt (及物) **j-n/etw. u.** j-n/etw. zu gering, zu schlecht bewerten 低估，过低估计 ↔ j-n/etw. überbewerten: *j-s Leistungen u.* 低估某人的成绩 ‖ NB(注意): nur im Infinitiv od. im Partizip Perfekt verwendet!(只用不定式或过去分词!) ‖ *hierzu*(派生) **Un·ter·be·wer·tung** *die*

un·ter·be·wusst *Adj*(形); PSYCH【心】; im Unterbewusstsein (vorhanden) 下意识的，潜意识的

Un·ter·be·wusst·sein *das*; *nur Sg*, PSYCH(只用单数)【心】; die Gedanken und Gefühle, die man hat, ohne davon zu wissen 下意识，潜意识 ↔ Bewusstsein

un·ter·be·zah·len; -, *hat unterbezahlt*; Vt (及物) *mst* 多用 **j-d wird/ist unterbezahlt** j-d bekommt für seine Arbeit nicht genug Geld (人作主语)得到的报酬低下 ‖ NB(注意): **a)** nur im Infinitiv od. im Partizip Perfekt verwendet(只用不定式或过去分词); **b)** *mst* im Passiv(多用被动态) ‖ *hierzu*(派生) **Un·ter·be·zah·lung** *die*

un·ter·bie·ten; *unterbot*, *hat unterboten*; Vt (及物) **1. j-n/etw. u.** für etw. e-n geringeren Preis als j-d anderer verlangen 要价低于，给…以低价，压低(价格) ↔ j-n/etw. überbieten 〈ein Angebot, j-s Preis u. 压低报价、某人的价格〉 **2. etw. u.** SPORT【体】; in e-m Wettkampf für e-n Lauf *o.Ä.* weniger Zeit brauchen als andere(在赛跑等竞赛中)缩短…时间 〈e-n Rekord, die Bestzeit u. 缩短纪录、最好成绩〉 ‖ ID [谚] **etw. ist kaum noch zu u.** *gespr pej* [口][贬]; etw. ist so schlecht, dass es kaum etw. Schlechteres geben kann 某事坏到无法再坏了(几乎坏透了) ‖ *hierzu*(派生) **Un·ter·bie·tung** *die*; *nur Sg*(只用单数)

un·ter·bin·den; *unterband*, *hat unterbunden*; Vt (及物) **etw. u.** Maßnahmen ergreifen, damit j-d seine Absicht nicht ausführen kann od. aufhören muss, etw. zu tun 禁止，制止: *den Missbrauch e-s Gesetzes u.* 禁止滥用法律 ‖ *hierzu*(派生) **Un·ter·bin·dung** *die*; *nur Sg*(只用单数)

un·ter·blei·ben; *unterblieb*, *ist unterblieben*; Vi (不及物) **etw. unterbleibt** etw. tritt nicht ein, wird nicht gemacht(物作主语)没有发生，停顿: *E-e rechtzeitige Versorgung des Kranken ist leider unterblieben* 很遗憾，对病人没有进行及时照料

Un·ter·bo·den *der*; die (äußere) untere Seite des Bodens an e-m Auto 汽车底盘 ‖ K-(复合): **Unterboden-**, **-schutz**, **-wäsche**

un·ter·bre·chen; *unterbricht*, *unterbrach*,

U

hat unterbrochen; [Vt] (及物) **1. etw. u.** mit e-r Handlung für kurze Zeit aufhören 中断，暂时停止 ↔ etw. fortsetzen: *seine Arbeit u., um kurz zu telefonieren* 中断工作，去打个简短的电话 **2. e-e Schwangerschaft u.** e-e Schwangerschaft beenden, indem man den Fötus tötet 中止妊娠，堕胎; [Vt/i] (及物/不及物) **3.** (**j-n/etw.**) **u.** bewirken, dass j-d aufhören muss zu sprechen (*bes* indem man selbst zu sprechen anfängt) 打断 ⟨ein Gespräch, e-e Unterhaltung u. 打断谈话、聊天; j-n mitten im Satz u. 打断某人一句话⟩: *j-n mit e-r Zwischenfrage u.* 插个问题打断某人; *Wo war ich stehen geblieben, als ich vorhin unterbrochen wurde?* 我刚才被打断的时候说到哪里来着?; *Darf ich mal kurz u.?* 允许我暂时打断你一下吗? **4.** (**etw.**) **u.** bewirken, dass etw. für kurze Zeit aufhört, nicht gleichmäßig weiterverläuft 暂停，中断(运行): *Am Montag war die Stromversorgung für kurze Zeit unterbrochen* 星期一短时间中断了供电; *Wir unterbrechen (die Sendung) für e-e Verkehrsdurchsage* 我们中断原来广播，插播交通通知 ‖ *hierzu* (派生) **Un·ter·bre·chung** *die*

un·ter·brei·ten; *unterbreitete, hat unterbreitet*; [Vt] (及物) **j-m etw. u.** j-m etw. erläutern *o. Ä.*, damit er darüber entscheiden kann 陈述，阐明 ≈ j-m etw. vorlegen ⟨j-m e-n Plan, e-n Vorschlag u. 向某人阐明计划、建议⟩ ‖ *hierzu* (派生) **Un·ter·brei·tung** *die*; *nur Sg* (只用单数)

un·ter·brin·gen (*hat*) [Vt] (及物) **1. j-n/etw.** (**irgendwo**) **u.** e-n Platz für j-n/etw. finden (找地方)安排，安放: *Bringst du die Bücher noch im Koffer unter, od. ist er schon zu voll?* 你箱子里还放得下这些书，还是已经装满了?; *Sie konnte ihre Tochter nicht im Kindergarten u.* 她不能把自己女儿安顿在幼儿园 **2. j-n irgendwo u.** j-n e-e Zeit lang irgendwo wohnen lassen od. ihm e-n Arbeitsplatz verschaffen 安置，安顿，安排(住宿、工作): *Flüchtlinge in Lagern u.* 把难民安置在难民营里 **3. etw. irgendwo u.** etw. e-n bestimmten Platz geben(给地方)安排，安置: *Die Schlafsäle sind im ersten Stock untergebracht* 住宿大厅安排在二层 ‖ NB(注意): *mst* im Zustandspassiv! (多用于状态被动句!) ‖ *zu* (义项) **2. Un·ter·brin·gung** *die*

Un·ter·bruch *der*; (CH) [瑞] ≈ Unterbrechung

un·ter·but·tern; *butterte unter, hat untergebuttert*; [Vt] (及物) **1. j-n u.** *gespr* [口]; j-n nicht zur Geltung kommen lassen 使发挥不了作用: *In so e-m Riesenbetrieb muss man aufpassen, dass man nicht untergebuttert wird* 在这样一家大型企业里工作就得注意，一个人的能力会得不到发挥 **2. j-m etw. u.** ≈ j-m etw. unterjubeln

un·ter·des·sen *Adv* (副) ≈ inzwischen

Un·ter·druck *der*; *-(e)s*, *Un·ter·drü·cke*; Luftdruck, der niedriger als der normale Druck ist 低气压 ↔ Überdruck ‖ K-(复合): ***Unterdruck-, -kammer***

un·ter·drü·cken; *unterdrückte, hat unterdrückt*; [Vt] (及物) **1. j-n u.** j-n ungerecht behandeln (unter Anwendung von Gewalt *o. Ä.*), sodass er sich nicht frei entwickeln kann 镇压，压迫，用暴力压制(指人): *e-e Minderheit im Land u.* 镇压国内少数派; *seine Ehefrau u.* 用暴力对待自己的妻子; *unterdrückte Völker* 被压迫民族 **2. etw. u.** etw. mit Gewalt verhindern 镇压，用暴力制止(指事) ⟨e-n Aufstand, Unruhen u. 镇压起义，动乱⟩ **3. etw. u.** durch Selbstbeherrschung erreichen, dass man etw. nicht sagt od. zeigt 克制，抑制，把…压下去 ⟨e-n Schrei, ein Wort, e-e Bemerkung, ein Gähnen, seine Wut u. 抑制住喊叫、说话、看法、哈欠、自己的怒火⟩ **4. etw. u.** verhindern, dass etw. bekannt wird 压住，不让…透露出去: *Die Regierung unterdrückte Informationen über den Unfall im Atomreaktor* 政府压住了有关核反应堆事故的消息 ‖ *hierzu* (派生) **Un·ter·drü·ckung** *die*; *zu* (义项) **1. Un·ter·drü·cker** *der*; *-s, -*

un·ter·durch·schnitt·lich *Adj* (形); weniger od. schlechter als der Durchschnitt 低于平均水平的，平均水准以下的 ↔ überdurchschnittlich ⟨e-e Begabung, e-e Leistung, e-e Bezahlung 天赋，成绩，报酬⟩

un·ter·ei·nan·der *Adv* (副) **1.** e-e Person/Sache unter die andere od. unter der anderen 从上往下，一个在另一个之下 ↔ übereinander: *mehrere Nägel u.* (= von oben nach unten) *in das Brett schlagen* 往木板上从上往下接连钉几个钉子 **2.** ≈ miteinander (drückt e-e Gegenseitigkeit aus 表示相互关系): *sich u. gut verstehen* 彼此间很理解; *die Plätze u. tauschen* 互换位子

un·ter·ei·nan·der- *im Verb, betont u. trennbar, wenig produktiv* (构成动词，重读并可分，构词弱); Die Verben mit *untereinander-* werden nach folgendem Muster gebildet (*untereinander-* 动词的模式如下): *untereinander stehen – standen untereinander – untereinander gestanden*

untereinander- drückt aus, dass mehrere Personen, Dinge *o. Ä.* so angeordnet sind od. werden, dass eine/eines unter der/dem anderen ist 一个在另一个之下，从上往下(排列) ↔ übereinander-;

⟨Dinge⟩ ***stehen untereinander***: *Die Namen stehen in der Liste untereinander* 名单上的姓名是从上往下排列的 ≈ Ein Name steht in der Liste, darunter noch ein Name und darunter noch ein Name *usw*

ebenso (同类词有): ⟨Dinge 东西⟩ ***untereinanderhängen***, ⟨Dinge 东西⟩ ***hängen untereinander***, ⟨Dinge 东西⟩ ***untereinanderlegen***, ***untereinanderliegen***, ***untereinanderstehen***, ⟨Dinge 东西⟩ ***untereinanderstellen***

un·ter·ent·wi·ckelt *Adj* (形); *nicht adv* (不作状语) **1.** (**geistig/körperlich**) **u.** geistig/körperlich nicht so weit entwickelt, wie es normal ist 发育不健全的，智力低下的，体能差的 ≈

zurückgeblieben **2.** mit wenig Industrie *usw* 工业后进的，不发达的，欠发达的〈ein Gebiet, ein Land 地区，国家〉‖ *hierzu*（派生）**Un·ter·ent·wick·lung** *die*

un·ter·er·nährt *Adj*（形）；wegen schlechter Ernährung dünn, schwach 缺乏营养的，营养不良的 ‖ *hierzu*（派生）**Un·ter·er·näh·rung** *die*; *nur Sg*（只用单数）

Un·ter·fan·gen *das*; *-s*, *-*; *mst Sg*（多用单数）；e-e (geplante) Handlung, die gefährlich werden kann（有计划的）冒险行动，大胆行动 ≈ Unternehmen〈ein gewagtes, schwieriges, sinnloses U. 大胆的、艰巨的、毫无价值的冒险之举〉

un·ter·fas·sen; *fasste unter*, *hat untergefasst*; [Vt]（及物）***j-n u.*** seinen Arm unter j-s Arm schieben od. j-s Arm von unten ergreifen (um ihn zu schützen) 搀扶，用手臂挽住：*mit der Freundin untergefasst spazieren gehen* 与女友手挽手地散步；*e-n alten Mann u., damit man ihn über die Straße führen kann* 搀扶着一位老人过马路

un·ter·for·dern; *unterforderte*, *hat unterfordert*; [Vt]（及物）***j-n u.*** j-m weniger od. leichtere Aufgaben stellen, als er bewältigen könnte 对…降低要求，减轻…的压力：*sich in der Schule unterfordert fühlen* 在学校感到没有压力

Un·ter·füh·rung *die*; ein Weg od. e-e Straße, die unter e-r anderen Straße *o. Ä.* hindurchführen 地下通道 ↔ Überführung ‖ -K（复合）：***Autobahn-***, ***Eisenbahn-***; ***Fußgänger-***

Un·ter·gang *der* **1.** das Verschwinden hinter dem Horizont 从地平线上消失，落山，西下 ↔ Aufgang ‖ -K（复合）：***Mond-***, ***Sonnen-*** **2.** *mst Sg*（多用单数）；das Verschwinden unter der Oberfläche des Wassers 从水平面上消失，沉没：*der U. der Titanic* 泰坦尼克号的沉没 **3.** *nur Sg*（只用单数）；das Zugrundegehen (1) 毁灭，灭亡〈etw. vor dem U. bewahren, retten 保护、抢救某物免遭毁灭；etw. ist dem U. geweiht, fällt dem U. anheim 某事注定要灭亡，遭到毁灭〉：*der U. des Römischen Reiches* 罗马帝国的灭亡 **4.** *nur Sg*（只用单数）≈ Ruin, Verderben：*Das Glücksspiel war sein U.* 赌博把他毁了

un·ter·ge·ben *Adj*（形）；***j-m u. sein*** j-n zum Vorgesetzten haben 是…的部下（下属）≈ j-m unterstellt sein ‖ *hierzu*（派生）**Un·ter·ge·be·ne** *der/die*; *-n*, *-n*

un·ter·ge·hen (*ist*) [Vi]（不及物）**1.** ***etw. geht unter*** etw. verschwindet hinter dem Horizont（物作主语）落山，在地平线上消失 ↔ etw. geht auf〈die Sonne, der Mond 太阳，月亮〉**2.** ***j-d/etw. geht unter*** j-d/etw. verschwindet unter der Oberfläche des Wassers（人/物作主语）沉没，消失在水平面下〈ein Schiff 轮船〉：*Er schrie noch um Hilfe, dann ging er unter* 他还大声呼救，随后就沉下去了 **3.** ***j-d*** (*Kollekt od Pl*（集合或复数）)/***etw. geht unter*** etw. hört auf zu existieren, j-d/etw. wird vernichtet（人/物作主语）毁灭，灭亡〈e-e Kultur, ein Reich, die Welt 文化，帝国，世界〉：*Wenn wir so weitermachen, gehen wir alle unter!* 要是我们这样继续干下去的话，我们全都要毁灭！**4.** ***j-d/etw. geht*** (***in etw.*** (*Dat* 三格)) ***unter*** j-d/etw. wird nicht mehr wahrgenommen, bemerkt *o. Ä.*, weil etw. anderes die Aufmerksamkeit beansprucht（人/物作主语）淹没在，消失在：*Ihre leise Stimme ging in dem Lärm völlig unter* 她那微弱的声音完全淹没在嘈杂声中；*Ich kann ihn nicht sehen, er ist in der Menge untergegangen* 我无法看到他，他在人群中消失了

un·ter·ge·ord·net 1. *Partizip Perfekt*（过去分词）；↑ ***unterordnen*** **2.** *Adj*（形）；weniger wichtig als etw. anderes 次要的，不重要的，无关紧要的 ≈ zweitrangig ↔ übergeordnet〈von untergeordneter Bedeutung sein, e-e untergeordnete Funktion, Stellung haben 具有次要意义，有一个无关紧要的职位、工作〉**3.** LING【语】；von e-m anderen Satz abhängig 从属的 ↔ nebengeordnet〈ein (Neben)Satz（从）句〉

Un·ter·ge·schoss, Ⓐ［奥］**Un·ter·ge·schoß** *das*; (in großen Gebäuden) e-e Ebene, die unter der Erde (dem Erdgeschoss) liegt（大楼的）地下层，地下室，半地下室 ≈ Souterrain〈das erste, zweite, dritte U. 地下第一层，第二层，第三层；etw. liegt im U. 某物放在地下室〉

Un·ter·ge·wicht *das*; zu geringes Gewicht 重量不足，体重过轻 ↔ Übergewicht：*Martin hat zehn Kilo U.* 马丁的体重比正常体重轻 10 公斤 ‖ *hierzu*（派生）**un·ter·ge·wich·tig** *Adj*（形）；*nicht adv*（不作状语）

un·ter·glie·dern; *untergliederte*, *hat untergliedert*; [Vt]（及物）***etw.*** (***in etw.*** (*Akk* 四格)) ***u.*** ≈ etw. (in etw.) gliedern：*e-n Text in Absätze u.* 把正文分成若干段落 ‖ *hierzu*（派生）**Un·ter·glie·de·rung** *die*

un·ter·gra·ben¹; *gräbt unter*, *grub unter*, *hat untergegraben*; [Vt]（及物）***etw. u.*** etw. beim Graben mit der Erde mischen 把…埋入土中，把…混入泥土中〈Dünger, Mist, Torf u. 把肥料、粪肥、泥炭埋入土中〉

un·ter·gra·ben²; *untergräbt*, *untergrub*, *hat untergraben*; [Vt]（及物）***etw. u.*** etw. allmählich zerstören 消蚀，削弱，损害，破坏〈j-s Autorität u. 破坏某人的威信〉‖ *hierzu*（派生）**Un·ter·gra·bung** *die*; *nur Sg*（只用单数）

Un·ter·gren·ze *die*; der tiefste Wert *o. Ä.* (der nicht unterschritten werden darf od. kann) 最低界限，下限 ↔ Obergrenze：*Sein Einkommen liegt an der U. dessen, wovon man leben kann* 他的收入处在仅能糊口的最低线上

Un·ter·grund *der* **1.** die oberste Schicht der Erde, auf/in der etw. wächst od. auf der man etw. baut 表层土壤，地基：*Spargel braucht sandigen U.* 芦笋需要沙质土；*ein Haus auf festen U. bauen* 把房屋建在坚实的地基上 **2.** die Fläche, auf der j-d/etw. steht, auf der sich j-d/etw. bewegt 基础 ≈ Fundament：*Die Maschine muss auf vollkommen ebenem U. aufgestellt werden* 机器必须安装在完全平坦的基础上 **3.** e-e (Ober)Fläche, auf

U

die man e-e Farbe streicht, etw. klebt *o. Ä.* 表层，表面：*Lack auf trockenem, staubfreiem U. auftragen* 把漆涂在干燥无尘的表层上 **4.** ≈ Hintergrund (1)：*ein blaues Muster auf gelbem U.* 黄色背景上的蓝色图案 **5.** *nur Sg*（只用单数）；der Bereich, in dem Menschen heimlich illegale Dinge tun, *bes* um der Regierung od. dem Staat zu schaden 地下(活动)，秘密活动，隐蔽活动〈*mst* 多用 im U. arbeiten, leben 搞地下活动(做地下工作)，从事地下活动；in den U. gehen 从事秘密活动(地下活动)〉‖ K-(复合)：***Untergrund-***, ***-bewegung***, ***-kämpfer***, ***-organisation***

Un·ter·grund·bahn *die*；*bes* ADM *geschr* 尤用【管理】[书] ≈ U-Bahn

un·ter·ha·ken (*hat*) [Vt]（及物）***j-n u./ sich*** (***bei j-m***) ***u.*** *gespr*［口］≈ sich bei j-m einhaken：*untergehakt spazieren gehen* 挽着胳膊散步

un·ter·halb *Präp*（介）；*mit Gen*（支配二格）；tiefer als das Genannte 在…下面，在…之下 ≈ unter[1] (1)：*Schläge u. der Gürtellinie sind beim Boxen verboten* 击打腰身以下在拳击中是禁止的；*Die meisten Vitamine liegen direkt u. der Schale des Apfels* 大部分维生素直接在苹果皮下 ‖ NB(注意)：auch adverbiell verwendet mit *von*（也可用作副词与 von 连用）：u. vom Gipfel 在山峰下面

Un·ter·halt *der*；*nur Sg*（只用单数）**1.** ≈ Lebensunterhalt 〈zu j-s U. beitragen 资助某人的生计；für j-s U. aufkommen, sorgen 负责供养某人，供养某人〉‖ K-(复合)：***Unterhalts-***, ***-kosten*** **2.** das Geld, das j-d an einen anderen für dessen U. (1) zahlen muss (*mst* an den geschiedenen Ehepartner od. die Kinder) 生活费用，抚养费〈j-m U. zahlen 向某人支付生活费；Anspruch auf U. haben 有权要求得到生活费(抚养费)；j-n auf U. verklagen 控告某人要求他支付生活费〉‖ K-(复合)：***Unterhalts-***, ***-anspruch***, ***-klage***, ***-pflicht***, ***-zahlung*** **3.** das Pflegen und Instandhalten von etw. 保养，维修：*der U. e-s Gebäudes* 建筑物的的维修 ‖ K-(复合)：***Unterhalts-***, ***-kosten*** ‖ *zu*（义项）**2.** **un·ter·halts·be·rech·tigt** *Adj*（形）；**un·ter·halts·pflich·tig** *Adj*（形）

un·ter·hal·ten[1]；*unterhält*, *unterhielt*, *hat unterhalten*；[Vr]（反身）**1.** ***j-d unterhält sich mit j-m*** (***über j-n/etw.***)/〈Personen 人〉***unterhalten sich*** (***über j-n/etw.***) zwei od. mehrere Personen sprechen miteinander (*bes* zum Vergnügen) über j-n/etw.（人作主语）复：(彼此)谈话；单：与某人谈话〈sich angeregt mit j-m u. 与某人热烈地谈话，聊天〉：*sich stundenlang mit e-m Freund am Telefon u.* 与朋友在电话上聊几个小时；*Können wir uns irgendwo ungestört darüber u., wie wir das Geschäft abwickeln wollen?* 我们能不能找个不受干扰的地方谈谈，看我们想怎样进行这笔交易？；[Vt]（及物）**2.** ***j-n/sich irgendwie u.*** j-n/sich so beschäftigen, dass die Zeit angenehm schnell vergeht 使娱乐，使快活，使开心/消遣，娱乐，开心：*Ich habe mich auf dem Fest sehr gut unterhalten* 我在庆祝活动中过得非常愉快；*In den Pausen wurde das Publikum mit Musik unterhalten* 在休息时间放音乐使观众得到消遣 **3.** ***etw. u.*** ein Unternehmen, e-n Betrieb *o. Ä.* finanzieren, organisieren *o. Ä.* 经营，经管 ≈ betreiben：*ein Geschäft, e-n Kindergarten, e-e Omnibuslinie u.* 开商店，经管幼儿园，经营一条公共汽车路线 **4.** ***etw. u.*** dafür sorgen, dass etw. in gutem Zustand bleibt (*mst* durch Finanzierung der Kosten dafür) 保养，维修，维护 ≈ instand halten 〈e-e Anlage, ein Gebäude, e-e Straße u. 保养设备，维修建筑物，维护公路〉**5.** ***j-n u.*** Geld für j-s Kleidung, Nahrung und Wohnung zahlen 供养，赡养，抚养：*e-e große Familie zu u. haben* 必须供养一个大家庭 **6.** ***etw. u.*** dafür sorgen, dass etw. auch weiterhin existiert od. sich positiv entwickelt 保持，维持〈Beziehungen, Kontakte zu j-m u. 与某人保持关系，保持接触；e-n Briefwechsel mit j-m u. 与某人保持通信；ein Feuer u. (= nicht ausgehen lassen) 使火保持不灭〉‖ *zu*（义项）**2.** **Un·ter·hal·ter** *der*；*-s*, *-*

un·ter·hal·ten[2]；*hält unter*, *hielt unter*, *hat untergehalten*；[Vt]（及物）***etw. u.*** etw. unter etw. halten 把…放在下面，用…托着：*beim Essen e-n Teller u., damit keine Krümel auf den Boden fallen* 吃饭时把盘子放在下面，不让碎屑掉在地上

un·ter·halt·sam *Adj*（形）；so, dass die Zeit dabei angenehm (schnell) vergeht 轻松愉快的，有趣的，消遣的 ≈ kurzweilig 〈ein Abend, ein Buch, ein Film 晚会，书，电影〉‖ *hierzu*（派生）**Un·ter·halt·sam·keit** *die*；*nur Sg*（只用单数）

Un·ter·hal·tung *die* **1.** das Unterhalten[1] (1) 谈话，闲聊，聊天 ≈ Gespräch：*e-e vertrauliche U. mit j-m haben* 与某人进行秘密的谈话 ‖ -K(复合)：***Privat-*** **2.** *nur Sg*（只用单数）；das Unterhalten[1] (2), der Zeitvertreib 娱乐，消遣〈j-m gute, angenehme U. wünschen 祝愿某人日子过得开心、愉快〉：*zu j-s U. Witze und Geschichten erzählen* 为给某人解闷而讲笑话和故事 ‖ K-(复合)：***Unterhaltungs-***, ***-elektronik***, ***-industrie***, ***-programm***, ***-sendung***, ***-teil*** **3.** *nur Sg*（只用单数）；das Finanzieren und Organisieren 维持，经管：*die U. e-r Schule übernehmen* 接管学校 **4.** *nur Sg*（只用单数）；das Pflegen, die Aufrechterhaltung von etw. 维持，保持：*die U. diplomatischer Beziehungen* 保持外交关系

Un·ter·hal·tungs·mu·sik *die*；Musik wie Volksmusik, Schlager, Rock *usw* 娱乐性音乐，轻音乐 ≈ leichte Musik ↔ klassische, ernste Musik；*Abk* 缩写为 U-Musik

Un·ter·händ·ler *der*；j-d, der *z. B.* als Vertreter e-s Staates od. e-r Gruppe mit deren Gegnern darüber spricht, wie man e-n Krieg beenden od. e-n Konflikt lösen kann（调停战争、斡旋争端的）谈判代表〈e-n U. entsenden 派遣谈判代表〉‖ *hierzu*（派生）**Un·ter·händ·le·rin** *die*

Un·ter·hemd *das*；ein Hemd (*mst* ohne Ärmel), das man (*bes* unter e-m anderen

U

Hemd) direkt auf der Haut trägt 内衣,汗衫 ‖ NB(注意):↑ **Oberhemd**

un·ter·höh·len; *unterhöhlte*, *hat unterhöhlt*; [Vt](及物) **1.** ***etw. unterhöhlt etw.*** etw. lässt ein großes Loch od. e-e Höhle unter etw. entstehen(物作主语)把…下面挖空,从下面把…掏空: *Der Fluss hat das Ufer unterhöhlt* 河水把河岸下面冲刷空了 **2.** ***etw. u.*** ≈ untergraben[2]

Un·ter·holz *das*; *nur Sg*(只用单数); die Büsche, die jungen, kleinen Bäume *usw*, die in e-m Wald wachsen 低矮树丛,矮小树木: *sich im U. verkriechen* 在低矮树丛中躲藏起来

Un·ter·ho·se *die*; e-e *mst* kurze Hose, die man unter e-r anderen Hose, e-m Rock *o.Ä.* direkt auf der Haut trägt 内裤,衬裤 ⟨kurze, lange Unterhosen tragen 穿短的,长的内裤⟩

un·ter·ir·disch *Adj*(形); unter der Erde 地下的 ⟨ein Gang, ein Kanal 通道,渠道⟩

un·ter·jo·chen; *unterjochte*, *hat unterjocht*; [Vt](及物) *mst* 多用 ***ein Volk u.*** die Herrschaft über ein Volk ergreifen, das Volk unterdrücken 奴役,征服某国人民: *ein fremdes Volk u.* 奴役别国的人民 ‖ *hierzu*(派生) **Un·ter·jo·chung** *die*; *nur Sg*(只用单数)

un·ter·ju·beln (*hat*) [Vt](及物) ***j-m etw. u.*** *gespr*[口]; dafür sorgen, dass j-d (ohne es zu bemerken) etw. bekommt, das er nicht haben will 暗中硬塞给,暗地里硬让人接受: *Stell dir vor, was der Chef mir für e-e Arbeit untergejubelt hat* 你想象一下,上司硬要我干什么工作

un·ter·kel·lern; *unterkellerte*, *hat unterkellert*; [Vt](及物) ***etw. u.*** e-n Keller unter etw. bauen 在…下面建地下室: *Ist das Haus unterkellert?* 房子建地下室了吗? ‖ *hierzu*(派生) **Un·ter·kel·le·rung** *die*

Un·ter·kie·fer *der*; der untere, bewegliche Teil des Kiefers 下颌骨 ↔ Oberkiefer ‖ ↑ *Abb. unter* 图见 **Kopf**

Un·ter·kleid *das* ≈ Unterrock

un·ter·kom·men (*ist*) [Vi](不及物) **1.** ***irgendwo u.*** e-n Platz finden, wo man schlafen od. wohnen kann, von j-m aufgenommen werden 找到住处,找到安身处所,临时住在…: *Alle Hotels waren belegt, aber wir sind bei Bekannten untergekommen* 所有旅馆全都客满,但是我们在熟人家住下了 **2.** ***irgendwo u.*** *gespr*[口]; irgendwo e-e Arbeit finden, angestellt werden 找到工作,被录用: *Wenn es mit dem Schuldienst nicht klappt, versuche ich, bei e-r Zeitung unterzukommen* 如果当不成教员,我就设法在报社找个工作 ‖ ID[谚] *mst* 多用 ***So (et)was ist mir noch nicht untergekommen!*** *gespr*[口]; verwendet, um Erstaunen, Entrüstung *o.Ä.* auszudrücken (表示惊讶、生气)这种事我还没有碰到过! ‖ ▶ ***Unterkunft***

Un·ter·kör·per *der*; der untere Teil des Körpers (ab der Taille) 下半身 ≈ Unterleib ↔ Oberkörper

un·ter·krie·chen (*ist*) [Vi](不及物) ***irgendwo u.*** *gespr*[口]; irgendwo Schutz suchen, sich irgendwo verstecken 藏身,栖身

un·ter·krie·gen (*hat*) [Vt](及物) ***j-d/etw. kriegt j-n unter*** *gespr*[口]; j-d/etw. bewirkt, dass j-d den Mut verliert, aufgibt *o.Ä.*(人/物作主语)使气馁,使屈服: *Lass dich von ihm nicht u.!* 别被他吓倒了! ‖ NB(注意): *mst* verneint(多用否定句)

un·ter·küh·len; *unterkühlte*, *hat unterkühlt*; [Vt](及物) *mst* 多用 ***j-d ist unterkühlt*** j-s (Körper) Temperatur ist niedriger als normal 某人体温过低 ‖ NB(注意): *mst* im Zustandspassiv(多用于状态被动句)! ‖ *hierzu*(派生) **Un·ter·küh·lung** *die*

un·ter·kühlt **1.** *Partizip Perfekt*(过去分词); ↑ ***unterkühlen*** **2.** *Adj*(形); *nicht adv*(不作状语) ≈ distanziert, reserviert

Un·ter·kunft *die*; -, *Un·ter·künf·te*; ein Zimmer, e-e Wohnung *o.Ä.*, in denen man für kurze Zeit *bes* als Gast wohnt 住处,客居处,住宿地方 ≈ Quartier: *Bei dieser Arbeit wird e-e U. kostenlos zur Verfügung gestellt* 如果做这个工作,可免费提供住处 ‖ -K(复合): ***Not-***

Un·ter·la·ge *die* **1.** etw., das *bes* zum Schutz unter j-n/etw. gelegt wird 底座,底板,垫板,护垫: *e-e schalldämpfende U. für die Schreibmaschine* 打字机的减音底板; *e-n Verletzten auf e-e weiche U. legen* 把受伤者放在柔软的护垫上面 ‖ -K(复合): ***Filz-, Gummi-; Schreib-*** **2.** *mst Pl*(多用复数); geschriebene Texte (Akten, Dokumente *usw*), die man zum Arbeiten od. als Beweis braucht 书面材料,证明资料: *Unterlagen für e-e Sitzung zusammenstellen* 把会议的各种资料汇集在一起; *Haben Sie alle erforderlichen Unterlagen für Ihre Bewerbung dabei?* 您把您求职所需要的全部证明材料带来了吗? ‖ -K(复合): ***Arbeits-, Bewerbungs-, Sitzungs-, Versicherungs-***

Un·ter·lass *der*; *nur in* 只用于 ***ohne U.*** *geschr*[书]; (verwendet in Bezug auf unangenehme Erscheinungen) ohne Pause, ohne Ende (用于令人不快的场合)不间断地,不停顿地,没完没了地 ≈ ununterbrochen: *Es regnete ohne U.* 雨下个不停

un·ter·las·sen; *unterlässt*, *unterließ*, *hat unterlassen*; [Vt](及物) **1.** ***etw. u.*** etw. absichtlich nicht (mehr) tun 放弃,停止,不做: *Unterlassen Sie bitte Ihre dummen Bemerkungen!* 请您别说那些蠢话啦! ‖ NB(注意): *mst* im Imperativ!(多用命令式!) **2.** ***etw. u.*** etw., das nötig wäre, nicht tun 疏忽,忽略 ≈ versäumen: *Er hat es den Dieben leicht gemacht, weil er es unterließ, sein Auto abzuschließen* 他给小偷提供了方便,因为他疏忽了,没有锁上自己的汽车 ‖ *hierzu*(派生) **Un·ter·las·sung** *die*

Un·ter·las·sungs·sün·de *die*; *gespr*[口]; ein Fehler, der darin besteht, dass man in e-r bestimmten Situation etw. (Wichtiges) nicht getan hat 失职错误,由于疏忽而犯的过错,渎职 ≈ Versäumnis

Un·ter·lauf *der*; der Teil e-s Flusses in der

Nähe seiner Mündung 下游

un·ter·lau·fen[1]; *unterläuft, unterlief, ist/hat unterlaufen*; [Vi]（不及物）(*ist*) **1. etw. unterläuft j-m** etw. passiert j-m (unabsichtlich) bei e-r Tätigkeit(物作主语)(无意中)出现，发生〈j-m unterläuft ein Fehler, ein Irrtum, ein Versehen 某人出了一个错误、差错、疏忽〉; [Vt]（及物）(*hat*) **2. etw. u.** (*bes* durch e-n Trick) bewirken, dass etw. keinen Erfolg od. keine (Aus) Wirkungen hat 破坏，阻挠：*ein Verbot u.* 破坏禁令

un·ter·lau·fen[2] **1.** *Partizip Perfekt*（过去分词）; ↑ **unterlaufen**[1] **2.** *Adj*（形）; *mst präd*（多作表语）; *mst* 多用〈ein Körperteil 身体的某个部分〉**ist irgendwie u.** die Haut an e-r Stelle des Körpers ist dunkel, *mst* weil die Adern darunter verletzt sind 皮下受伤出血，皮下淤血〈ein Auge ist blutig, rot u. 一只眼睛布满血丝，泛红（发红）〉‖ -K（复合）: ***blut-***

un·ter·le·gen[1]; *legte unter, hat untergelegt*; [Vt]（及物）**etw. u.** etw. unter j-n/etw. legen 把…放在下面，把…垫在下面

un·ter·le·gen[2]; *unterlegte, hat unterlegt*; [Vt]（及物）**etw. mit etw. u.** etw. mit Musik od. e-m Text (als Begleitung) ergänzen 给…配上…，给…填上…：*e-e Szene mit dramatischer Musik u.* 给一场戏配上戏剧乐曲；*ein Lied mit e-m neuen Text u.* 给一首歌填上新词

un·ter·le·gen[3] **1.** *Partizip Perfekt*（过去分词）; ↑ **unterliegen 2.** *Adj*（形）; *mst präd*（多作表语）; (**j-m/etw.**) **u.** schwächer als e-e andere Person od. Sache 比…差的，不及…的，不如…的 ↔ j-m/etw. überlegen〈j-m geistig, körperlich u. sein 思想上、身体上不如某人；dem Gegner zahlenmäßig u. sein 与敌人相比在数量上处于劣势〉：*Das alte Modell ist dem neuen hinsichtlich der Leistung klar u.* 旧型号在效能方面明显不及新型号 ‖ zu（义项）**2. Un·ter·le·gen·heit** *die*; *nur Sg*（只用单数）

Un·ter·leib *der*; der untere Teil des menschlichen Körpers (*bes* der Teil um die Geschlechtsorgane) 下腹，下身，小腹 ‖ K-（复合）: ***Unterleibs-, -operation, -schmerzen***

un·ter·lie·gen; *unterlag, ist unterlegen*; [Vi]（不及物）**1.** (**j-m**) **u.** in e-m (Wett) Kampf (von j-m) besiegt werden 输，失败，被战胜 ≈ (gegen j-n) verlieren：*dem Feind u.* 败于（输给）敌人 **2. j-d/etw. unterliegt etw.** (*Dat* 三格) j-d/etw. wird von etw. bestimmt（人/物作主语）遭受，受到：*Das Wetter im April unterliegt starken Schwankungen* 四月的天气会发生剧烈的波动（变化无常）；*Sie unterliegt starken Gemütsschwankungen* 她在感情上变化很大 **3. etw.** (*Dat* 三格) **u.** ≈ etw. erliegen〈e-m Irrtum, e-r Täuschung, e-r Versuchung u. 犯错误，受欺骗，挡不住诱惑〉

Un·ter·lip·pe *die*; die untere Lippe des Mundes 下唇 ↔ Oberlippe：*sich auf die U. beißen* 咬住下嘴唇

un·term *Präp mit Artikel*（介词与冠词合写）; *gespr*［口］≈ unter dem

un·ter·ma·len; *untermalte, hat untermalt*; [Vt]（及物）*mst in* 多用于 ***etw. musikalisch/mit Musik u.*** etw. mit Musik ergänzen od. begleiten 为…伴奏，为…配乐：*e-n Film musikalisch u.* 为一部电影配音乐 ‖ *hierzu*（派生）**Un·ter·ma·lung** *die*

un·ter·mau·ern; *untermauerte, hat untermauert*; [Vt]（及物）**etw. irgendwie u.** etw. (mit Argumenten) stützen, sodass es überzeugender wirkt（用论据）论证：*e-e These mit e-r Statistik u.* 用统计数字论证一个命题 ‖ *hierzu*（派生）**Un·ter·mau·e·rung** *die*; *nur Sg*（只用单数）

Un·ter·mie·te *die*; *nur Sg*（只用单数）; *mst* 多用 (**irgendwo**) **in/zur U. wohnen** *mst* ein Zimmer in e-r Wohnung von j-m gemietet haben, der die Wohnung selbst gemietet hat 住转租的房子 ‖ *hierzu*（派生）**Un·ter·mie·ter** *der*; **Un·ter·mie·te·rin** *die*

un·ter·mi·nie·ren; *unterminierte, hat unterminiert*; [Vt]（及物）**etw. u.** *geschr*［书］≈ untergraben[2]〈j-s Ansehen, j-s Autorität, j-s Position u. 破坏某人的声望、某人的威信，损害某人的地位〉

un·ter·mi·schen (*hat*) [Vt] **etw.** (**etw.** (*Dat* 三格)) **u.** etw. mit etw. (ver) mischen 把…同…混合，拌和，搀和在一起：*die gemahlenen Nüsse (dem Teig) u.* 把碾碎的果仁（同面团）混合在一起

un·tern *Präp mit Artikel*（介词与冠词合写）; *gespr*［口］≈ unter den

un·ter·neh·men; *unternimmt, unternahm, hat unternommen*; [Vt]（及物）**1. etw. u.** irgendwohin gehen od. fahren, um sich zu vergnügen 开始进行，着手，从事，干〈etwas, nichts, e-n Ausflug, e-e Reise u. 干点什么，什么也不干，去郊游，去旅行〉：*Ich habe Lust, heute Abend etwas mit dir zu u.* 我想今天晚上同你一起干点什么 **2.** (**et**)**was/nichts** (**gegen j-n/etw.**) **u.** etwas/nichts tun, um etw. zu verhindern od. j-n daran zu hindern, etw. (Negatives) zu tun（为对付…）采取点儿措施（办法）/不采取任何措施（办法）：*Er hat in dieser Angelegenheit nichts unternommen* 他在这件事情上未曾采取任何对付办法；*etwas gegen die Luftverschmutzung u.* 对空气污染采取一些对策 **3. e-n Versuch u.** (+ **zu** + *Infinitiv* 不定式) etw. versuchen 试图，企图去做 **4. Schritte** (**gegen j-n/etw.**) **u.** Maßnahmen (gegen j-n/etw.) ergreifen（对…）采取步骤 ‖ zu（义项）**1. Un·ter·neh·mung** *die*

Un·ter·neh·men[1] *das*; *-s, -*; e-e (komplexe) Aktion, mit der man ein bestimmtes Ziel erreichen will 行动 ≈ Vorhaben〈ein gewagtes, schwieriges U. 大胆的，困难的行动；ein U. gelingt, scheitert 行动会成功，正在遭到失败〉

Un·ter·neh·men[2] *das*; *-s, -*; e-e Firma, ein Betrieb (*bes* in der Industrie und im Handel) 企业〈ein privates, staatliches U. 私营企业，国有企业；ein U. gründen, aufbauen, führen, leiten 创立、建立、管理、领导企业〉‖ K-（复合）: ***Unternehmens-, -führung, -leitung***

U

Un·ter·neh·mens·be·ra·ter *der*; WIRTSCH【经】; j-d, der beruflich den Leitern e-s Unternehmens² sagt, wie sie ihren Betrieb am besten führen können 企业顾问 ‖ *hierzu*(派生) **Un·ter·neh·mens·be·ra·te·rin** *die*; **Un·ter·neh·mens·be·ra·tung** *die*

Un·ter·neh·mer *der*; *-s*, *-*; der Besitzer (und Leiter) e-r Firma, e-s Unternehmens² 企业家,企业主,老板 ‖ K-(复合): ***Unternehmer-***, ***-organisation***, ***-verband*** ‖ *hierzu*(派生) **Un·ter·neh·me·rin** *die*; *-*, *-nen*; **un·ter·neh·me·risch** *Adj*(形)

Un·ter·neh·mer·schaft *die*; *-*; *nur Sg*, *Kollekt* (只用单数)(集合); alle Unternehmer (e-s Landes)企业界,全体企业主

Un·ter·neh·mungs·geist *der*; *nur Sg*(只用单数); die Lust, etw. zu organisieren, zu unternehmen (1) *o. Ä.* 创业精神,事业心,进取精神 〈U. haben 有事业心,有进取精神, voll U. sein 充满创业精神〉

Un·ter·neh·mungs·lust *die*; *nur Sg*(只用单数); die Lust, etw. (zu seinem Vergnügen) zu tun 进取心,进取精神 ‖ *hierzu*(派生) **un·ter·neh·mungs·lus·tig** *Adj*(形)

Un·ter·of·fi·zier *der*; MIL【军】; ein Soldat, der e-e kleine Gruppe von Soldaten ausbildet und leitet 士官,军士; *Abk* 缩写为 Uffz. ‖ K-(复合): ***Unteroffiziers-***, ***-anwärter***, ***-lehrgang***

un·ter·ord·nen (*hat*) Vr (反身) **1.** ***sich*** (***j-m***) ***u.*** j-n als Anführer od. Leiter akzeptieren und das tun, was er will 服从,屈服,屈从,听命于〈sich nicht u. können 不能屈从于人〉; Vt (及物) **2.** ***j-n/etw. j-m/etw. u.*** j-n/etw. unter die Leitung von j-m/etw. stellen 使隶属于,使从属于: *Die Behörde wurde dem Außenministerium untergeordnet* 这个行政机关从前隶属于外交部 ‖ NB(注意): oft im Passiv(常用被动语态)! **3.** ***etw. etw.*** (*Dat* 三格) ***u.*** etw. zugunsten e-r (wichtigeren) Sache (vorläufig) als zweitrangig betrachten od. behandeln 使服从于: *als Politiker seine persönlichen Interessen der Partei u.* 作为政治家把自己的个人利益服从于党

Un·ter·ord·nung *die*; ***die U.*** (***unter j-n/etw.***) ein Verhalten, bei dem man das tut, was ein anderer verlangt, fordert *o. Ä.* 服从,从属,屈从: *die U. unter die Autorität des Vaters* 服从父亲的权威

Un·ter·pfand *das*; *geschr*[书]; ***ein U.*** (+ *Gen* 二格) etw., das als Beweis od. Garantie von etw. gilt 信物,凭据,保证: *ein goldener Ring als U. der Liebe* 一个金戒指作为爱情的信物

un·ter·pri·vi·le·giert *Adj* (形); *geschr* [书]; ohne die (sozialen, wirtschaftlichen *o. Ä.*) Vorteile anderer 不享有特权的,没有特权的 ≈ benachteiligt ↔ privilegiert 〈*mst* Schichten, Völker 多指阶层,各族人民〉 ‖ *hierzu*(派生) **Un·ter·pri·vi·le·gier·te** *der/die*; *-n*, *-n*

Un·ter·re·dung *die*; *-*, *-en*; ein *mst* förmliches Gespräch zwischen wenigen Personen (um ein Problem zu klären)商谈,会谈,谈判〈j-n um e-e U. bitten 请某人进行商谈; mit j-m e-e (lange) U. führen/haben 同某人进行(长时间的)商谈〉

un·ter·re·prä·sen·tiert *Adj* (形); *nicht adv*, *geschr*(不作状语)[书]; in kleinerer Zahl vorhanden/vertreten, als es (in Relation zur Gesamtzahl) sein sollte od. müsste 代表人数太少的,代表比例过低的 ↔ überrepräsentiert: *Die Frauen sind im Parlament u.* 妇女在议会的代表人数太少

Un·ter·richt *der*; *-(e)s*; *nur Sg*(只用单数); ***U.*** (***in etw.*** (*Dat* 三格)) das regelmäßige Weitergeben von Wissen und Informationen durch e-n Lehrer an e-n Schüler 课,课程,课时〈j-m U. geben/erteilen 给某人授课/上课; U. nehmen, erhalten 修课,听课; den U. besuchen, am U. teilnehmen 上课,参加听课; dem U. fernbleiben, den U. schwänzen 旷课,逃课; der U. fällt aus 课停了(不上了)〉: *j-m U. in Englisch geben* 用英语给某人上课; *U. im Geigespielen nehmen* 上小提琴练奏课 ‖ K-(复合): ***Unterrichts-***, ***-fach***, ***-gegenstand***, ***-material***, ***-methode***, ***-ziel*** ‖ -K(复合): ***Chemie-***, ***Deutsch-***, ***Englisch-***, ***Französisch-***, ***Geigen-***, ***Geschichts-***, ***Klavier-***, ***Musik-***, ***Religions-***, ***Sport-***, ***Turn-*** *usw* ‖ *hierzu*(派生) **un·ter·richts·frei** *Adj*(形)

un·ter·rich·ten; *unterrichtete*, *hat unterrichtet*; Vt/i (及物/不及物) **1.** (***etw.***) (***an etw.*** (*Dat* 三格)) ***u.*** (irgendwo) ein bestimmtes Fach lehren(在…单位)教课,讲课: *Er unterrichtet (Musik) an der Volksschule* 他在国民学校教(音乐)课; Vt (及物) **2.** ***j-n*** (***in etw.*** (*Dat* 三格)) ***u.*** j-m das nötige Wissen e-s Faches vermitteln 给…传授知识,授课: *Sie unterrichtet die 11. Klasse (in Englisch)* 她教第11年级(英语) **3.** ***j-n*** (***über etw.*** (*Akk* 四格)/***von etw.***) ***u.*** *geschr*[书]; j-m sagen, dass etw. Bestimmtes passiert ist 告知,通知 ≈ j-n (von etw.) benachrichtigen, j-n (über etw.) informieren: *Hast du ihn vom Tod seines Vaters unterrichtet?* 你把他父亲去世的消息通知他了吗?; *Sind Sie bereits u.?* 您已经得到消息了吗?; Vr (反身) **4.** ***sich*** (***über etw.*** (*Akk* 四格)) ***u.*** sich Informationen über etw. holen 了解,获悉 ≈ sich (über etw.) informieren/orientieren ‖ *zu* (义项)**3. Un·ter·rich·tung** *die*; *nur Sg*(只用单数)

Un·ter·richts·stoff *der* ≈ Lehrstoff

Un·ter·richts·stun·de *die*; e-e Zeiteinheit (*mst* 45. bis 60. Minuten), in die der Unterricht in den verschiedenen Fächern an der Schule eingeteilt ist 学时,课时

Un·ter·rock *der*; e-e Art Kleid (ohne Ärmel) od. Rock aus sehr dünnem Stoff, die Frauen unter e-m Kleid od. Rock tragen 女内衣,衬裙

un·ters *Präp mit Artikel* (介词与冠词合写); *gespr* [口] ≈ unter das

un·ter·sa·gen; *untersagte*, *hat untersagt*; Vt (及物) (***j-m***) ***etw. u.*** j-m etw. (offiziell) verbieten 不准,禁止 ↔ j-m etw. erlauben,

U

genehmigen: *Mein Arzt hat mir strengstens untersagt zu rauchen* 我的医生严格禁止我吸烟 ‖ NB(注意): oft im Zustandspassiv(常用于状态被动句)!

Un·ter·satz *der* **1.** etw. (*bes* e-e kleine Platte), auf das etw. gestellt wird 托,垫,托盘,杯垫 ≈ Untersetzer: *die Kanne mit dem heißen Kaffee auf e-n U. stellen* 把装有热咖啡的壶放在托盘上 **2.** ***ein fahrbarer U.*** *gespr hum* [口][谐] ≈ Auto

un·ter·schät·zen; *unterschätzte, hat unterschätzt*; [Vt] (及物) **1.** ***j-n/sich u.*** j-n/sich falsch beurteilen, weil man glaubt, dass er/man weniger kann od. weiß, als es der Fall ist 低估,对…估计不足,估计过低(指人) ↔ überschätzen **2.** ***etw. u.*** etw. falsch beurteilen, weil man glaubt, dass es leichter, weniger wichtig, geringer *o. Ä.* ist, als es der Fall ist 低估,对…估计不足,估计过低(指事) ↔ überschätzen 〈e-e Entfernung, e-e Geschwindigkeit, e-e Gefahr u. 对距离、速度、危险估计不足〉 ‖ *hierzu* (派生) **Un·ter·schät·zung** *die*; *nur Sg*(只用单数)

un·ter·schei·den; *unterschied, hat unterschieden*; [Vt] (及物) **1.** 〈Personen/Dinge 人/物〉 ***u.***; ***j-n/etw. von j-m/etw. u.***; ***etw. und etw. u.*** erkennen, dass zwei od. mehrere Personen od. Dinge in bestimmten Merkmalen nicht gleich sind 分辨,区分,区别,把…同…区分开来: *Die Zwillinge sind sich so ähnlich, dass man den einen nicht vom anderen/sie nicht u. kann* 这对双胞胎长得太像了,(以致人们)没法把他们彼此区分开; *Er ist farbenblind – er kann Rot von/und Grün nicht u.* 他是色盲——他不能分辨红和绿; *Er kann Gut und Böse nicht u.* 他不能辨别善和恶,他分不清善和恶 **2.** 〈Dinge 物〉 ***u.*** Dinge, die in bestimmten Merkmalen nicht (od. nur zum Teil) gleich sind, in mehrere Gruppen einteilen 划分: *Wir können hier drei Sorten von Getreide u.: Weizen, Gerste, Hafer* 在这里我们可以划分三类谷物:小麦、大麦、燕麦 **3.** ***etw. unterscheidet j-n/etw. von j-m/etw.*** etw. ist das spezielle Merkmal, worin e-e Person od. Sache anders ist als e-e andere Person od. Sache(物作主语)把…同…区别开来: *Seine Direktheit unterscheidet ihn von den meisten anderen Kollegen* 他的直率使他同其他大多数同事有所区别 **4.** 〈Personen/Dinge 人/物〉 ***u.*** (***können***) Personen/Dinge (*mst* anhand der Konturen) in e-r Gruppe, vor e-m Hintergrund *o. Ä.* erkennen können (能够)分清,认出: *Er konnte in der Dunkelheit zwei Personen u., die miteinander sprachen* 他能够在黑暗中分清彼此谈话的那两个人; [Vi] (不及物) **5.** ***zwischen*** 〈Personen/Dingen 人/物〉 ***u.*** (***können***) die eine Person/Sache von der anderen genau trennen (und dabei bewerten) 区分,辨别,分清 ≈ zwischen Personen/Dingen e-n Unterschied machen, differenzieren: *zwischen Gut und Böse u. können* 能够分清善和恶; *Er kann nicht zwischen Wichtigem und Unwichtigem u.* 他分不清重要的东西和不重要的东西,他分不清主次轻重; [Vr] (反身) **6.** ***j-d/etw. unterscheidet sich*** (***durch etw./in etw.*** (*Dat* 三格)) ***von j-m/etw.***; 〈Personen/Dinge 人/物〉 ***unterscheiden sich*** e-e Person/Sache ist in bestimmter Hinsicht anders als e-e andere (人/物作主语)单:以…不同于,有别于;复:(在…方面)有所不同,有区别): *Er unterscheidet sich von seinem Bruder durch seinen Fleiß* 他因自己的勤奋而不同于他的兄弟; *Worin unterscheiden sich die beiden Bilder?* 这两幅画有什么区别? ‖ *zu* (义项)**1.**, **2.** und **5.** **Un·ter·schei·dung** *die*

Un·ter·schen·kel *der*; der Teil des Beines zwischen Knie und Fuß 小腿 ≈ Wade ↔ (Ober-)Schenkel ‖ ↑ *Abb. unter* 图见 **Mensch**

Un·ter·schicht *die*; die Gruppe von Menschen in der Gesellschaft, die arm sind, weniger gelernt haben als andere *o. Ä.* 下层,下层社会 ↔ Mittelschicht, Oberschicht

un·ter·schie·ben[1]; *schob unter, hat untergeschoben*; [Vt] (及物) ***j-m etw. u.*** etw. unter j-n schieben 把…推到某人下面,把…放到某人下面: *e-m Kranken ein Kissen u.* 把一个软垫放到病人身下

un·ter·schie·ben[2]; *unterschob, hat unterschoben*; [Vt] (及物) ***j-m etw. u.*** (in böser Absicht, um j-m zu schaden) behaupten, dass j-d etw. Negatives gesagt od. getan hat 把…转嫁给…,把…硬推给…,把…加强于…,把…归咎于… ≈ j-m etw. unterstellen: *j-m e-e Äußerung, e-e falsche Aussage u.* 硬把一种说法,一种错误的看法加强给某人 ‖ *hierzu* (派生) **Un·ter·schie·bung** *die*

Un·ter·schied *der*; -(e)s, -e **1.** ***der U.*** (***zwischen Personen/Sachen*** (*Dat* 三格)) das (Merkmal), worin zwei od. mehrere Personen od. Sachen nicht gleich sind(人/物之间的)区别,差别,不同 〈ein kleiner, feiner, großer, gravierender U. 小的、细微的、大的、重大的差别〉: *Worin liegt/besteht der U. zwischen dir und mir/uns beiden?* 你和我之间/我们两人之间的差别在哪里呢? **2.** ***e-n U. machen*** (***zwischen j-m/etw.*** (*Pl* 复)) verschiedene Personen/Sachen unterschiedlich bewerten 把(人/物)加以区别,区别对待 **3.** ***im U. zu j-m/etw.***; ***zum U. von j-m/etw.*** anders als j-d/etw. 跟…不同,有别于…: *Im U. zu mir geht sie gern ins Theater* 她和我不同,她喜欢看戏; *Zum U. von gestern ist es heute sehr warm* 跟昨天不同,今天很暖和 **4.** ***ohne U.*** ohne Ausnahme 不加区别,同样看待 ≈ ausnahmslos: *alle ohne U.* 一视同仁,一律对待 ‖ ID [谚] ***ein U. wie Tag und Nacht*** ein sehr großer Unterschied (1)有天壤之别,差别之大如白昼黑夜; ***der kleine U.*** *gespr hum* [口][谐]; das Geschlechtsorgan des Mannes als Symbol des Unterschieds zwischen Mann und Frau 男子的性器官作为男女差别的象征

un·ter·schied·lich *Adj*(形); in Bezug auf bestimmte Merkmale anders (als e-e andere Person od. Sache) 不同的,有区别的 ≈ verschieden ↔ gleich: *unterschiedliche Ansichten über etw. haben* 对某事有不同的看法; *Er behandelt seine Kinder u.* 他对自己的几个孩子态度不同 ‖ *hierzu*（派生）**Un·ter·schied·lich·keit** *die*; *nur Sg*（只用单数）

un·ter·schla·gen; *unterschlägt, unterschlug, hat unterschlagen*; Vt（及物）**1. etw. u.** *mst* Geld od. wertvolle Dinge, die anderen gehören (*bes* solche, die man aufbewahren od. verwalten soll), stehlen 侵吞，贪污，截取，截留 ≈ veruntreuen 〈Geld, e-n Brief, Dokumente u. 侵吞钱款(贪污金钱)，截取信件，截留文件〉**2. (j-m) etw. u.** j-m etw. Wichtiges mit Absicht nicht sagen, obwohl man es müsste 隐瞒，避而不谈，跳过，略过 ≈ (j-m) etw. verschweigen ‖ *hierzu*（派生）**Un·ter·schla·gung** *die*

Un·ter·schlupf *der*; -(*e*)*s*, -*e*; *mst Sg*（多用单数）**1. U.** (**vor j-m/etw.**) ein Ort, an dem man (für kurze Zeit) Schutz findet (*mst* vor Regen, e-m Sturm, e-r Gefahr) 栖身处，临时躲避处 〈U. suchen 寻找栖身处; j-m U. gewähren 为某人提供临时躲避处〉**2. U.** (**vor j-m/etw.**) ein Ort, an dem man sich für kurze Zeit verstecken kann 庇护所，藏身地，避难地 ≈ Zuflucht 〈bei j-m U. suchen, finden 在某人那里寻找藏身之处，在某人那里找到藏身之处(躲藏在某人那里)〉: *j-m U. vor der Polizei gewähren* 给某人提供躲避警察当局的避难所 ‖ *hierzu*（派生）**un·ter·schlüp·fen** (*ist*) *Vi*（不及物）

un·ter·schrei·ben; *unterschrieb, hat unterschrieben*; Vt/i（及物/不及物）(**etw.**) **u.** seinen Namen unter e-n Brief, ein Dokument *o. Ä.* schreiben (*z. B.* um damit etw. zu bestätigen)(在…下面)签名，(在…上)签字，签署 ≈ unterzeichnen 〈mit vollem Namen u. 签下全名; e-n Brief, e-n Scheck, e-n Vertrag u. 在信末、在支票上、在合同上签名〉

un·ter·schrei·ten; *unterschritt, hat unterschritten*; Vt（及物）**etw. u.** unter e-r bestimmten Grenze bleiben 未超出 ↔ überschreiten: *Er hat durch sein geschicktes Haushalten die veranschlagten Kosten unterschritten* 他由于精打细算未超出估算的费用 ‖ *hierzu*（派生）**Un·ter·schrei·tung** *die*

Un·ter·schrift *die*; der eigene Name, den man unter e-n Brief, ein Dokument *o. Ä.* schreibt 签名，签字，署名 〈j-s eigenhändige U. 某人的亲笔签名; e-e U. leisten 签字, seine U. unter etw. setzen 在…上签字, e-e U. fälschen 伪造签名, j-m etw. zur U. vorlegen 把某物呈送某人签字, etw. trägt j-s U. 某物有某人的签名，署名〉 ‖ K-(复合): **Unterschrifts-**, **-fälschung**

Un·ter·schrif·ten·ak·ti·on *die*; e-e Aktion, bei der Unterschriften von Personen gesammelt werden, die damit *mst* ihren Unmut über etw. zum Ausdruck bringen 签名行动，收集签名的活动 〈e-e U. starten, durchführen 发动、进行签名的活动〉: *e-e U. gegen e-e neue Straße* 为反对修建新街道而签名的活动

Un·ter·schrif·ten·kam·pag·ne *die* ≈ Unterschriftenaktion

Un·ter·schrif·ten·samm·lung *die* ≈ Unterschriftenaktion

un·ter·schwel·lig *Adj*（形）; nicht bewusst vorhanden 下意识的，潜意识的，不由自主的 〈Ängste, Hassgefühle 恐惧，憎恨情绪〉

Un·ter·see·boot *das*; *geschr*［书］≈ U-Boot

Un·ter·sei·te *die*; die Seite von etw., die nach unten zeigt od. gerichtet ist 底面，背面，反面 ↔ Oberseite

Un·ter·set·zer *der*; -*s*, -; ein kleiner, flacher (oft runder) Gegenstand, auf den man *mst* Gläser od. Blumentöpfe stellt (*z. B.* um den Tisch zu schonen) 托，垫，托盘，底座儿 ‖ -K(复合): **Bast-**, **Glas-**, **Messing-**, **Plastik-**; **Blumentopf-**

un·ter·setzt *Adj*（形）; nicht sehr groß, aber kräftig 敦实的，身材不高而结实的 ≈ stämmig 〈Männer 男人们〉

un·ter·spü·len; *unterspülte, hat unterspült*; Vt（及物）**etw. unterspült etw.** ≈ etw. unterhöhlt (1) etw. ‖ *hierzu*（派生）**Un·ter·spü·lung** *die*; *nur Sg*（只用单数）

Un·ter·stand *der*; e-e Stelle, wo man sich (zum Schutz vor Regen, Schnee od. Gefahr) unterstellen kann 风雨棚，藏身处，掩蔽部

un·ter·ste·hen; *unterstand, hat unterstanden*; Vi（不及物）**1. j-m/etw. u.** j-n zum Chef haben/von e-r bestimmten Institution seine Anweisungen od. Befehle bekommen 隶属于，从属于，受…领导，受…管辖 ≈ j-m/etw. untergeordnet, unterstellt sein: *Dieses Amt untersteht unmittelbar dem Ministerium* 这个局直接隶属于部; Vr（反身）**2. sich u. + zu + Infinitiv**（不定式）; so mutig od. unverschämt sein, etw. zu tun, das verboten ist od. anderen nicht gefällt 胆敢，冒险去干: *Untersteh dich ja nicht, das noch einmal zu tun!* 可别冒险再去干这种事啦!

un·ter·stel·len[1]; *stellte unter, hat untergestellt*; Vt（及物）**1. etw. (irgendwo) u.** etw. in e-n Raum stellen, um es dort aufzubewahren 存放，暂存(于一空间内): *die Fahrräder im Keller u.* 把自行车存放在地下室; Vr（反身）**2. sich (irgendwo) u.** sich zum Schutz gegen Regen, Schnee *o. Ä.* für kurze Zeit unter ein Dach *o. Ä.* stellen(在某物下)躲避，藏身

un·ter·stel·len[2]; *unterstellte, hat unterstellt*; Vt（及物）**1. j-n/etw. j-m/etw. u.** j-m/e-r Institution die Leitung von etw./die Weisungsbefugnis über j-n geben 使隶属于，使受…的领导，把…委托…领导，使置于…管辖之下 ≈ j-n/etw. j-m/etw. unterordnen (2): *Die Werbeabteilung wird jetzt dem Verkaufsleiter unterstellt* 广告部现在受营销主任领导 ‖ NB(注意): oft im Passiv（常用被动语态）! **2. j-m etw. u.** von j-m etw. Negatives glauben od. behaupten, obwohl man es nicht beweisen kann 把…强加于，把…硬加给，给…栽上

U

〈j-m Egoismus, Eigennutz, böse Absichten u. 硬说某人是利己主义、自私自利、居心不良〉: *Du willst mir doch wohl nicht u., dass ich das absichtlich getan habe!* 你甭想硬说是我故意这样做的! **3. etw. u.** etw. (als Hypothese) annehmen 假定,假设: *Unterstellen wir einmal, er hätte recht, dann wäre Ihre These falsch* 如果我们假定他是对的,那么您的论点就错了

Un·ter·stel·lung *die*; e-e ungerechtfertigte Behauptung über j-n 诬蔑,诋毁,中伤〈böswillige Unterstellungen 恶意的诬蔑〉

un·ter·strei·chen; *unterstrich, hat unterstrichen*; [Vt](及物) **1. etw. u.** e-n Strich unter etw. Geschriebenes ziehen (um es so zu markieren) 在…下面划线 **2. etw. u.** etw. Wichtiges durch Wiederholung *o. Ä.* betonen 强调,着重指出 ≈ hervorheben 〈seine Worte durch (lebhafte) Gesten u. 用(生动的)手势强调自己的话〉: *Der Redner unterstrich die Bedeutung des Umweltschutzes* 演讲者着重指出了环境保护的意义 ‖ *zu* (义项) **1. Un·ter·strei·chung** *die*

Un·ter·stu·fe *die*; die (drei) untersten Klassen *bes* e-r Realschule od. e-s Gymnasiums (尤指实科中学或文理中学的)低年级

un·ter·stüt·zen; *unterstützte, hat unterstützt*; [Vt](及物) **1. j-n u.** j-m helfen, indem man ihm etw. gibt, das er braucht 支持,援助,支援,赞助〈j-n finanziell, materiell, mit Rat und Tat u. 经济上、物质上、用建议和行动支持某人〉 **2. j-n (bei etw.) u.** j-m bei etw. helfen 帮助,支持: *j-n beim Bau seines Hauses u.* 帮助某人修建房屋 **3. j-n/etw. u.** sich für e-e Person od. Sache engagieren, damit sie Erfolg haben 支持,赞助,资助,为…出力: *Er will unseren Plan u.* 他愿意资助我们的计划 **4. etw. unterstützt etw.** ≈ etw. fördert etw.: *Dieses Mittel unterstützt den Heilungsprozess* 这种药物有助于治疗(过程)

Un·ter·stüt·zung *die*; -, *-en* **1.** *mst Sg* (多用单数) ≈ Hilfe 〈j-m seine U. anbieten, zusagen, bei j-m keine U. finden 为某人提供帮助,答应支持某人,在某人那里找不到支持〉 **2.** *mst Sg* (多用单数); das Unterstützen (4) 促进,增强 ≈ Förderung: *ein Mittel zur U. der Abwehrkräfte* 一种增强抵抗力的药物 **3.** e-e finanzielle Hilfe (*mst* vom Staat) 资助,补助,津贴〈(e-e) U. beantragen, bekommen, beziehen 申请、得到、领取补助(津贴)〉 ‖ -K(复合): **Arbeitslosen-** ‖ *zu* (义项) **3. un·ter·stüt·zungs·be·dürf·tig** *Adj* (形)

Un·ter·such *der*; -(*e*)*s*, -*e*; Ⓒⓗ *geschr* [瑞][书] ≈ Untersuchung

un·ter·su·chen; *untersuchte, hat untersucht*; [Vt](及物) **1. etw. u.** etw. genau prüfen, um herauszufinden, wie es funktioniert, wirkt *o. Ä.* 调查,审查 ≈ analysieren, erforschen 〈etw. gründlich, eingehend u. 彻底、深入调查某事〉: *Er untersuchte, wie sich ein Reaktorunfall auswirken würde* 他对反应堆事故会产生什么影响进行了调查 **2. etw. u.** versuchen, etw. aufzuklären 查明,审理: *Die Polizei untersucht den Mordfall* 警察当局正在审理凶杀案 **3. etw. (auf etw.** (*Akk* 四格) **(hin)) u.** etw. genau prüfen, um etw. Bestimmtes zu finden 检查,检验,化验: *die Luft auf Schadstoffe (hin) u.* 检查(化验)空气的有害物质; *Die Polizei untersuchte das Glas auf Fingerabdrücke (hin)* 公安机关检验玻璃上的指纹 **4. j-n/etw. u.** als Arzt e-n Patienten/e-n Körperteil genau betrachten und anfassen od. prüfen, um festzustellen, was ihm fehlt 检查(身体,疾病): *e-e Wunde, j-s Lunge genau u.* 仔细检查伤口、某人的肺部

Un·ter·su·chung *die*; -, *-en* **1.** die Überprüfung, wie etw. funktioniert, ob etw. in Ordnung ist, wie etw. passiert ist *o. Ä.* 检查,调查,审查 ≈ Analyse, Prüfung 〈e-e ärztliche, e-e polizeiliche U. 医疗检查,警方的审查(调查); sich e-r U. unterziehen 接受审查(调查); e-e U. einleiten, anstellen, durchführen, einstellen 开始、着手、进行、停止调查(审查)〉: *e-e genaue U. der Unglücksursache* 仔细调查事故的原因; *die U. des Bluts auf Cholesterin (hin)* 检查血液的胆固醇含量 ‖ K-(复合): **Untersuchungs-, -ausschuss, -befund, -bericht, -ergebnis, -methode, -resultat, -verfahren, -zimmer** ‖ -K(复合): **Blut-; Augen-, Herz-, Magen-, Nieren-** *usw*; **Labor- 2.** e-e wissenschaftliche Arbeit über ein Thema auf der Basis der Ergebnisse e-r Analyse *o. Ä.* (学术上的)研究,调查,考察,探讨〈e-e U. schreiben, lesen 写、读一篇考察〉

Un·ter·su·chungs·ge·fan·ge·ne *der/die*; -*n*, -*n*; j-d, der im Gefängnis auf seinen (Straf)-Prozess wartet 审讯中的犯人,拘留待审的嫌疑人 ≈ Untersuchungshäftling

Un·ter·su·chungs·ge·fäng·nis *das*; ein Gefängnis für Untersuchungsgefangene 拘留所

Un·ter·su·chungs·haft *die*; die (vorläufige) Haft e-s Beschuldigten bis zu Beginn des Prozesses 待审拘留,审前拘禁; *Abk* 缩写为 U-Haft 〈j-n in U. nehmen 对某人进行待审拘留; in U. sein, sitzen 受待审拘留,正拘禁待审; j-n aus der U. entlassen 解除某人的待审拘留〉 ‖ *hierzu* (派生) **Un·ter·su·chungs·häft·ling** *der*

Un·ter·su·chungs·rich·ter *der*; der Richter, der den (Straf)Prozess gegen j-n vorbereitet 预审法官 ‖ *hierzu* (派生) **Un·ter·su·chungs·rich·te·rin** *die*

Un·ter·ta·ge·bau *der*; *nur Sg* (只用单数); die Arbeit unter der Erde, durch die Kohle, Erze *o. Ä.* gewonnen werden 地下开采,地下采矿 ↔ Tagebau

un·ter·tags *Adv* (副); *südd* Ⓐ Ⓒⓗ [南德][奥][瑞] während des Tages 在白天 ≈ tagsüber

un·ter·tan *Adj* (形); *nur in* 只用于 **1. sich** (*Dat* 三格) **etw. u. machen** *geschr* [书]; erreichen, dass man etw. beherrscht 使听命于自己,掌握,控制 ≈ sich etw. dienstbar machen: *sich die Natur u. machen* 使自然界听命于自己 **2. j-m u. sein** *hist* [历]; von e-m Herrscher (*bes* im absolutistisch regierten

Staat) ganz abhängig sein 臣服于,隶属于,听命于,屈从于

Un·ter·tan *der*; *-s/-en*, *-en*; *hist* [历]; der Bürger e-s absolutistisch regierten Staates 臣民,臣仆,奴才: *die Untertanen des Königs* 国王的臣民; *Wir sind doch keine Untertanen!* (= wir haben doch bestimmte Rechte) 我们可不是臣仆! ‖ NB(注意): *der Untertan*; *den*, *dem Untertan/Untertanen*; *des Untertans/Untertanen* ‖ *hierzu*(派生) **Un·ter·ta·nin** *die*; *-*, *-nen*

un·ter·tä·nig *Adj*(形); *pej*[贬]; so, dass man durch sein Verhalten zeigt, dass man sich ganz nach j-s Willen richtet 恭顺的,卑躬屈膝的 ≈ devot ⟨e-e Verbeugung 鞠躬; j-n u. um etw. bitten 卑躬屈膝地请求某人做某事⟩ ‖ *hierzu*(派生) **Un·ter·tä·nig·keit** *die*; *nur Sg*(只用单数)

Un·ter·tas·se *die* **1.** ein kleiner, flacher Teller, auf den die Tasse gestellt wird 茶托,茶碟 ‖ ↑ *Abb. unter* 图见 ***Frühstückstisch*** **2.** ***e-e fliegende U.*** *hum*[诙] ≈ Ufo

un·ter·tau·chen [Vt](及物)(*hat*) **1.** ***j-n u.*** j-n mit dem Kopf unter die Wasseroberfläche drücken 把…浸入水中,把…(的头)按入水中; [Vi](不及物)(*ist*) **2.** unter die Wasseroberfläche tauchen 潜入水中,潜水 ↔ auftauchen **3.** (***in etw.*** (*Dat* 三格)) ***u.*** ≈ irgendwo verschwinden: *in der Menschenmenge u.* 消失在人群中 **4.** (***irgendwo***) ***u.*** an e-n fremden Ort gehen, um dort unter falschem Namen *o.Ä.* zu leben 隐匿,隐遁: *Er ist nach dem Skandal im Ausland untergetaucht* 在发生丑闻以后,他就隐匿国外了

Un·ter·teil *das*; das untere Stück od. Teil von etw. 下部,底部 ↔ Oberteil: *das U. e-s Schrankes*, *e-s Bikinis* 柜子的下部,比基尼式女泳裤

un·ter·tei·len; *unterteilte*, *hat unterteilt*; [Vt](及物) ***etw.*** (***in etw.*** (*Akk* 四格)) ***u.*** ein Ganzes in mehrere Teile (ein)teilen 分成,划分成 ≈ etw. (in etw.) gliedern: *Die Strecke ist in drei Etappen unterteilt* 这段距离(路程)分为三段 ‖ NB(注意): oft im Zustandspassiv (常用于状态被动句)! ‖ *hierzu*(派生) **Un·ter·tei·lung** *die*

Un·ter·tel·ler *der*; *südd* Ⓐ Ⓒⓗ [南德][奥][瑞] ≈ Untertasse (1)

Un·ter·ti·tel *der* **1.** der (kleiner gedruckte) zweite Teil des Titels e-s Buches, der *mst* genauere Informationen über den Inhalt angibt 副标题 **2.** *mst Pl*(多用复数); Texte mit der Übersetzung der Gespräche in e-m (fremdsprachigen) Film, die am unteren Rand der Leinwand bzw. des Bildschirms als Schrift erscheinen 字幕: *ein Film in englischer Originalfassung mit deutschen Untertiteln* 带德文字幕的英文原版电影

Un·ter·ton *der*; ***ein U.*** (***von etw.***) etw., das beim Reden mitklingt und dem Zuhörer die tieferen Gefühle des Sprechers andeutet 弦外之音,言外之意,口气,口吻 ≈ Anflug, Beiklang ⟨etw. mit e-m U. von Furcht, Ironie, Spott sagen 用害怕、讽刺、嘲笑的口气讲某事; in j-s Stimme ist, liegt ein banger, drohender U. 在某人的声音里带有一种不安的、威胁的口气⟩

un·ter·trei·ben; *untertrieb*, *hat untertrieben*; [Vt/i](及物/不及物) (***etw.***) ***u.*** etw. als kleiner, unwichtiger *o.Ä.* darstellen, als es wirklich ist (对…)打着折扣说,不实情实说,轻描淡写 ↔ übertreiben: *Komm, untertreib nicht schon wieder – du kannst es doch sehr gut!* 来,说话别再打折扣——你一定能讲得很好! ‖ *hierzu*(派生) **Un·ter·trei·bung** *die*

un·ter·ver·mie·ten; *-*, *hat untervermietet*; [Vt](及物) ***etw. u.*** ein Zimmer seiner (Miet)-Wohnung an j-n (weiter) vermieten 转手出租,转租 ‖ NB(注意): *mst* im Infinitiv od. im Partizip Perfekt verwendet (多用不定式或过去分词)! ‖ *hierzu*(派生) **Un·ter·ver·mie·tung** *die* ‖ ▶ ***Untermiete***, ***Untermieter***

un·ter·ver·sorgt *Adj*(形); (***mit etw.***) ***u.*** mit etw. Wichtigem in nicht ausreichendem Maße versorgt 供应不够的,供给不足的: *Das Herz des Kranken ist mit Sauerstoff u.* 病人的心脏供氧不足 ‖ *hierzu*(派生) **Un·ter·ver·sor·gung** *die*

un·ter·wan·dern; *unterwanderten*, *haben unterwandert*; [Vt](及物) ⟨Personen 人⟩ ***unterwandern e-e Institution*** *o.Ä.* Mitglieder e-r extremen politischen Organisation *o.Ä.* nehmen über längere Zeit Stellen in e-r Institution *o.Ä.* an, um die Arbeit dort für ihre Ziele zu missbrauchen 渗入,渗透,打进,潜伏在: *Staatsfeinde haben die Behörde unterwandert* 国家敌人渗入了行政机构 ‖ *hierzu*(派生) **Un·ter·wan·de·rung** *die*

Un·ter·wä·sche *die*; *nur Sg*(只用单数); das, was man unter der Kleidung trägt (Unterhose, Unterhemd, Büstenhalter, Unterrock) 贴身衣服(内裤、内衣、胸罩、衬裙)

Un·ter·was·ser|ka·me·ra *die*; e-e Kamera, mit der man unter Wasser filmen od. fotografieren kann 水下摄影机

Un·ter·was·ser|mas·sa·ge *die*; e-e Massage des Körpers unter Wasser (mit e-m Wasserstrahl) 水下按摩

un·ter·wegs *Adv*(副) **1.** auf dem Weg zu e-m bestimmten Ziel 路上,途中: *U. traf sie ihren Bruder* 她在路上遇到了她的兄弟 **2.** ***u. sein*** ≈ auf Reisen sein: *Er ist geschäftlich viel u.* 他由于业务关系经常出差 ‖ ID[谚] ***Bei ihr ist ein Baby/Kind u.*** *gespr euph* [口][婉]; sie ist schwanger 她怀孕了

un·ter·wei·sen; *unterwies*, *hat unterwiesen*; [Vt](及物) ***j-n*** (***in etw.*** (*Dat* 三格)) ***u.*** *geschr* [书] ≈ j-n etw. lehren ‖ *hierzu*(派生) **Unter·wei·sung** *die*

Un·ter·welt *die*; *nur Sg*(只用单数) **1.** *Kollekt* (集合); die Verbrecher e-r Stadt 城市的犯罪集团,坏人圈子,黑社会 **2.** (in der griechischen Mythologie) das Reich der Toten(希腊神话中的)阴间,地狱 ‖ NB(注意): nur mit dem be-

U

stimmten Artikel verwendet（只与定冠词连用）

un·ter·wẹr·fen; *unterwirft*, *unterwarf*, *hat unterworfen*; Vt（及物）**1.** ***j-n*** （*Kollekt od Pl* 集合或复数）/***etw.*** ***u.*** ein Volk/ein Land *o.Ä.* im Krieg besiegen und dann über es herrschen 征服，战胜〈ein Volk, die Aufständischen, ein Land, ein Gebiet u. 征服一个民族，镇压起义人员，征服一个国家，镇压一个地区〉; Vr（反身）**2.** ***sich*** （***j-m***）***u.*** im Krieg aufhören zu kämpfen und den Feind als Herrscher akzeptieren 屈服于，屈从于，听命于〈sich den Eindringlingen, den Eroberern, den Siegern u. 屈服于入侵者、征服者、胜利者〉**3.** ***sich etw.*** （*Dat* 三格）***u.*** das akzeptieren od. tun, was ein anderer verlangt 服从，听从 ≈ sich etw. fügen[2]（1）〈sich j-s Anordnung, Befehl, Willen u. 服从某人的指示、命令、意志〉

Un·ter·wẹr·fung *die*; -, *-en*; *mst Sg*（多用单数）**1.** das Unterwerfen（1）征服，战胜 **2.** ***die U.*** （***unter j-n/etw.***）ein Verhalten, bei dem man alles tut, was ein anderer von einem verlangt *o.Ä.* 屈服，服从: *die U. unter j-s Befehl* 服从某人的命令

un·ter·wọr·fen **1.** *Partizip Perfekt*（过去分词）; ↑ **unterwerfen** **2.** *Adj*（形）; ***etw.*** （*Dat* 三格）***u.*** von etw. abhängig 服从，取决于: *j-s Launen u. sein* 取决于某人的心情; *Die Kleidung ist dem Diktat der Mode u.* 服装为时尚所左右

un·ter·wụ̈r·fig, ụn·ter·wür·fig *Adj*（形）; *pej*［贬］; von e-r Art, die in übertriebener Weise zeigt, dass man bemüht ist, j-m zu dienen 低声下气的，卑躬屈膝的，低三下四的，奴颜婢膝的 ≈ servil, sklavisch〈e-e Haltung 态度; sich u. verhalten 表现得奴颜婢膝〉‖ *hierzu*（派生）**Un·ter·wụ̈r·fig·keit, Ụn·ter·wür·fig·keit** *die*; *nur Sg*（只用单数）

un·ter·zeich·nen; *unterzeichnete*, *hat unterzeichnet*; Vt/i（及物/不及物）（***etw.***）***u.*** *geschr*［书］≈（etw.）unterschreiben ‖ *hierzu*（派生）**Un·ter·zeich·nung** *die*

Un·ter·zeich·ner *der*; *-s*, *-*; j-d, der etw. unterzeichnet（hat）签字者，签名者，签署者 ‖ *hierzu*（派生）**Un·ter·zeich·ne·rin** *die*; *-*, *-nen*

ụn·ter·zie·hen[1]; *zog unter*, *hat untergezogen*; Vt（及物）**1.** ***etw.*** ***u.*** ein zusätzliches Kleidungsstück unter e-m anderen（*mst* als Schutz vor Kälte）anziehen 把…穿在里面，在里面加穿: *noch e-n Pullover u.* 在里面还加穿一件套头毛衣 **2.** ***etw.*** （***unter etw.*** （*Akk* 四格））***u.*** e-e Masse vorsichtig unter e-e andere geben（ohne zu rühren）用…垫底，把…放在…下面: *Eischnee*（*unter den Teig*）*u.* 用打发的蛋白垫底（把打发的蛋白放在面团下面）

un·ter·zie·hen[2]; *unterzog*, *hat unterzogen*; *geschr*［书］; Vr（反身）**1.** ***sich etw.*** （*Dat* 三格）***u.*** etw. tun, das unangenehm od. mit Mühen verbunden ist 经受，承受 ≈ etw. auf sich nehmen: *sich e-r Operation u.* 接受手术; Vt（及物）**2.** ***j-n e-m Verhör u.*** j-n verhören 对某人进行一次审讯 **3.** ***j-n/etw. e-r Prüfung u.*** j-n/etw. prüfen 对某人进行考试/对某物进行检查（检验）

Ụn·tie·fe *die*; e-e flache（seichte）Stelle im Wasser（*bes* in e-m Fluss od. im Meer）（河、海、湖中的）浅水处，浅滩

Ụn·tier *das*; *pej*［贬］; verwendet, um ein gefährliches, *mst* großes und hässliches Tier zu bezeichnen 猛兽，巨兽: *Vor der Haustür lag ein großer Hund – So ein U. habe ich noch nie gesehen!* 住宅大门前躺着一条大狗——我还从未看见过这样大的怪物！

un·tịlg·bar, ụn·tilg·bar *Adj*（形）; *geschr*［书］**1.**〈e-e Schuld, e-e Schmach 罪过，耻辱〉so, dass man sie nicht wiedergutmachen kann 无法补偿的，无法补救的，抹不掉的 **2.**〈Schulden 债务〉so, dass man sie（in e-r bestimmten Zeit）nicht abzahlen kann 无法偿还的，难以偿清的

un·trag·bar, ụn·trag·bar *Adj*（形）; *nicht adv*（不作状语）**1.** nicht mehr akzeptabel, nicht mehr zu ertragen 不堪忍受的，难以忍受的〈Zustände 状态〉: *Wegen des Bestechungsskandals ist er für seine Partei u. geworden* 由于贿赂丑闻，他的政党对他已难以忍受了 **2.** so, dass es nicht mehr finanziert werden kann 负担不起的，难以负担的〈etw. ist finanziell u. 某事在经济上是负担不起的〉: *Die Kosten des Projekts sind u.* 这个项目的费用是难以负担的

un·trẹnn·bar, ụn·trenn·bar *Adj*（形）**1.** so, dass die einzelnen Personen od. Dinge nicht voneinander getrennt werden können 不可分割的，不可分离的，不可分的〈etw. bildet e-e untrennbare Einheit, ein untrennbares Ganzes 某物构成一个不可分割的统一体，一个不可分割的整体; mit j-m u. verbunden sein 与某人不可分割地联系在一起〉**2.**（in Bezug auf Verben）dadurch gekennzeichnet, dass das Präfix nicht vom Wortstamm getrennt werden kann 不可分的（动词）

ụn·treu *Adj*（形）**1.** nicht treu（2）不忠实的，背信弃义的 ≈ treulos〈ein Ehemann, e-e Ehefrau 丈夫，妻子; j-m u. sein, werden 对某人不忠实，背弃某人〉**2.** ***etw.*** （*Dat* 三格）***u. werden*** nicht mehr länger für etw. eintreten, das man bisher für gut od. richtig gehalten hat 背弃，不信守，背离 ≈ etw. verleugnen〈seinen Grundsätzen, Idealen, Überzeugungen u. werden 背离自己的原则、理想、信念〉‖ *zu*（义项）**1.** **Ụn·treue** *die*

un·trö̱st·lich, ụn·tröst·lich *Adj*（形）; *nicht adv*（不作状语）; ***u.*** （***über etw.*** （*Akk* 四格））sehr traurig（1）（对…）非常伤心的，非常难过的

un·trụ̈g·lich, ụn·trüg·lich *Adj*（形）; *mst attr*（多作定语）;〈ein Beweis, ein Zeichen 证据，征兆〉so, dass man sich darauf verlassen kann, ganz deutlich 确实的，可靠的，确凿的

Ụn·tu·gend *die*; *geschr*［书］; e-e schlechte Eigenschaft od. Angewohnheit 恶习，坏习惯 ≈ Unart

ụn·ty·pisch *Adj*（形）; nicht charakteristisch, nicht typisch 不典型的

un·über·brụ̈ck·bar, ụn·über·brück·bar *Adj*

(形); *nicht adv*(不作状语); 〈*mst* Gegensätze 多指矛盾〉 so, dass man sie nicht ausgleichen od. überbrücken kann 无法消除的,不可逾越的,无法弥合的

un·über·hör·bar, un·über·hör·bar *Adj*(形); so, dass man es zur Kenntnis nehmen muss 一定会知道的,一定会听见的,不会漏听的: *In ihren Worten war ein unüberhörbarer Vorwurf* 在她的话里有一种指责,一听就明白

un·über·legt *Adj*(形); nicht (vorher) überlegt 未加考虑的,欠考虑的 ≈ leichtsinnig 〈e-e Handlungsweise 行为方式,举止; u. handeln 行事欠考虑; etw. Unüberlegtes tun 做某种欠考虑的事〉 ‖ *hierzu*(派生) **Un·über·legt·heit** *die*

un·über·schau·bar, un·über·schau·bar *Adj*(形) ≈ unübersehbar (1,3)

un·über·seh·bar, un·über·seh·bar *Adj*(形) **1.** so groß, komplex *o.Ä.*, dass man es nicht mit einem Blick umfassen kann 望不到边际的,一眼看不到头的,无限的,无涯的 ≈ unüberschaubar: *Auf dem Platz hatte sich e-e unübersehbare Menschenmenge versammelt* 在广场上聚集了望不到边的人山人海 **2.** 〈*mst* Fehler, Mängel 多指错误,缺点〉 so (gravierend), dass man sie einfach sehen muss 明显的,显而易见的 **3.** in den Folgen noch nicht abzuschätzen 无法估计的,难于估量的 ≈ unüberschaubar ↔ abschätzbar: *Die Auswirkungen des Unglücks sind derzeit noch u.* 这个不幸事故的影响目前还无法估计

un·über·sicht·lich *Adj*(形); so verborgen, verdeckt *o.Ä.*, dass man nicht alles (richtig) sehen kann 能见度差的,看不清楚的 〈e-e Kurve 转弯处〉: *Der Unfall passierte auf e-m unübersichtlichen Abschnitt der Straße* 事故发生在能见度差的那一段公路上 ‖ *hierzu*(派生) **Un·über·sicht·lich·keit** *die*; *nur Sg*(只用单数)

un·über·treff·lich, un·über·treff·lich *Adj*(形); so gut, dass niemand etw. Besseres leisten kann 不可超越的,杰出的,卓越的,无与伦比的

un·über·trof·fen, un·über·trof·fen *Adj*(形); *nicht adv*(不作状语); so gut, dass bisher noch niemand/noch nichts besser war 未被超越的,未被胜过的 〈e-e Leistung 成绩〉

un·über·wind·bar, un·über·wind·bar *Adj*(形) ≈ unüberwindlich

un·über·wind·lich, un·über·wind·lich *Adj*(形); *nicht adv*(不作状语) **1.** 〈Ängste 恐惧〉 so, dass man sie nicht besiegen, nicht überwinden kann 不可克制的,无法抑制的 ↔ bezwingbar: *e-e unüberwindliche Abneigung gegen j-n/etw. verspüren* 感到对某人/某物的一种无法克制的厌恶 **2.** 〈Hindernisse, Probleme, Schwierigkeiten 障碍,问题,困难〉 so groß, dass man sie nicht lösen, nicht überwinden kann 不可克服的,无法解决的 **3.** 〈*mst* Gegensätze 多指对立,矛盾〉 so, dass man sie nicht ausgleichen kann 无法消除的,不可调和的 ≈ unversöhnlich **4.** 〈*mst* ein Gegner 多指对手,敌人〉 so, dass er nicht zu besiegen ist 不可征服的,不可制服的,不可战胜的

un·üb·lich *Adj*(形); *mst präd*(多作表语); nicht üblich 不平常的,不同寻常的 ≈ ungewöhnlich 〈ein Verfahren, ein Vorgehen 做法,过程〉

un·um·gäng·lich, un·um·gäng·lich *Adj*(形); so, dass man es nicht vermeiden kann 无法回避的,不可避免的,绝对的,必要的 ≈ erforderlich, notwendig ↔ vermeidbar 〈etw. für u. halten 认为某事是不可避免的〉: *Die strengen Maßnahmen waren u.* 这些严厉措施是不可避免的(必要的) ‖ *hierzu*(派生) **Un·um·gäng·lich·keit, Un·um·gäng·lich·keit** *die*; *nur Sg*(只用单数)

un·um·schränkt, un·um·schränkt *Adj*(形); ohne Einschränkung(en) 无限制的,无限的,独裁的 ≈ uneingeschränkt 〈e-e Vollmacht 全权,权力; u. herrschen 独裁统治〉

un·um·stöß·lich, un·um·stöß·lich *Adj*(形); so, dass man es nicht mehr ändern kann 无法推翻的,无法改变的,颠扑不破的,不容更改的 ≈ endgültig, definitiv 〈e-e Tatsache 事实〉: *j-s Entschluss steht u. fest* 某人的决定业已确定,不能再改变了

un·um·strit·ten, un·um·strit·ten *Adj*(形); *nicht adv*(不作状语); von allen anerkannt 不容争辩的,无法辩驳的,不容置辩的 〈e-e Tatsache 事实〉

un·um·wun·den, un·um·wun·den *Adj*(形); *nur attr od adv*(只作定语或状语); ohne Umschweife, offen (heraus), frei (heraus) 不拐弯抹角的,直截了当的,坦率的 〈etw. u. eingestehen, zugeben 直截了当地承认、供认〉: *u. sagen, was man denkt* 坦率地说出人们在想些什么

un·un·ter·bro·chen, un·un·ter·bro·chen *Adj*(形); *nur attr od adv*(只作定语或状语); ohne e-e Pause od. Störung 不间断的,持续不断的 ≈ dauernd, ständig: *in ununterbrochener Reihenfolge* 连续不断地,依次相连地; *Es regnete u.* 雨下个不停; *Sie redet u.* 她说个不停; *u. im Einsatz sein* 不断投入

un·ver·än·der·lich, un·ver·än·der·lich *Adj*(形); so, dass man es nicht ändern kann 不变的,恒定不变的,没有变化的 ≈ gleichbleibend ‖ *hierzu*(派生) **Un·ver·än·der·lich·keit, Un·ver·än·der·lich·keit** *die*; *nur Sg*(只用单数)

un·ver·än·dert, un·ver·än·dert *Adj*(形); ohne Änderung 未变化的,没有改变的 ≈ gleich, gleichbleibend 〈etw. u. lassen 让某事照旧〉: *Ihr gesundheitlicher Zustand ist seit Tagen u.* 她的健康状况几天来没有变化

un·ver·ant·wort·lich, un·ver·ant·wort·lich *Adj*(形); so, dass man es nicht rechtfertigen od. verantworten kann 不负责任的,没有责任感的,缺乏责任心的 〈Leichtsinn 轻率; j-s Verhalten ist u. 某人的行为是不负责任的〉 ‖ *hierzu*(派生) **Un·ver·ant·wort·lich·keit, Un·ver·ant·wort·lich·keit** *die*; *nur Sg*(只用单数)

un·ver·äu·ßer·lich, un·ver·äu·ßer·lich *Adj*(形); *nicht adv*(不作状语), *mst in* 多用于 ***die unveräußerlichen Rechte*** 〈des Menschen 人的〉 *geschr*[书]; die Rechte des Menschen (auf Freiheit, Unversehrtheit *usw*) 不可转让

的权利

un·ver·bes·ser·lich, un·ver·bes·ser·lich *Adj*（形）；*nicht adv*（不作状语）；〈ein Optimist, ein Pessimist, ein Dickkopf, ein Nörgler 乐观主义者，悲观主义者，执拗的人，好抱怨的人〉so stark durch e-e bestimmte Eigenschaft geprägt, dass man sie nicht ändern kann 改变不了的，本性难移的，不可救药的，屡教不改的

un·ver·bind·lich, un·ver·bind·lich *Adj*（形）**1.** 〈e-e Auskunft, e-e Zusage 答复，允诺〉so, dass sie niemanden zu etw. verpflichten 不承担义务的，不受约束的 ↔ bindend **2.** auf distanzierte Art korrekt und höflich 不亲切的，干巴巴的，有分寸的〈Worte 话〉‖ *hierzu*（派生）**Un·ver·bind·lich·keit, Un·ver·bind·lich·keit** *die*

un·ver·bleit *Adj*（形）；ohne Blei 无铅的，不含铅的〈Benzin 汽油〉

un·ver·blümt, un·ver·blümt *Adj*（形）；nicht vorsichtig od. schonend, sondern ganz deutlich, ganz ehrlich 不加掩饰的，直截了当的，坦率的 ≈ direkt[1] (7), offen (9)〈Worte 话；j-m u. seine Meinung sagen 直率地向某人说出自己的意见〉

un·ver·braucht *Adj*（形）**1.** noch vorhanden 未用完的，尚未耗尽的〈Kräfte, Energien 力量，精力〉**2.** ≈ frisch (8)〈Luft 空气〉

un·ver·brüch·lich, un·ver·brüch·lich *Adj*（形）；*geschr*［书］；ganz fest (6) 牢不可破的，始终不渝的〈*mst* Treue 多指忠诚〉

un·ver·dau·lich, un·ver·dau·lich *Adj*（形）；*nicht adv*（不作状语）**1.** 〈Reste, Bestandteile (der Nahrung) 剩余物，（食物的）成分〉so, dass sie nicht verdaut (1) werden 不易消化的，消化不了的 **2.** *gespr*［口］；schwer zu verstehen od. zu lesen 难于理解的，不好懂的，艰涩难懂的 ≈ unverständlich〈e-e Abhandlung, e-e Theorie 论文，理论〉‖ *hierzu*（派生）**Un·ver·dau·lich·keit, Un·ver·dau·lich·keit** *die*；*nur Sg*（只用单数）

un·ver·dient, un·ver·dient *Adj*（形）；nicht (durch die Leistung od. das Verhalten des Betroffenen) verdient, nicht begründet 不应得到的，受之有愧的，不该享受的，没有根据的 ≈ ungerechtfertigt ↔ berechtigt〈ein Lob, e-e Belohnung, Glück 赞扬，报酬，幸福；ein Tadel, e-e Strafe, Vorwürfe 指责，处罚，责难〉‖ *hierzu*（派生）**un·ver·dien·ter·ma·ßen** *Adv*（副）；**un·ver·dien·ter·wei·se** *Adv*（副）

un·ver·dor·ben *Adj*（形）**1.** 〈Speisen 食物〉noch frisch, so dass man sie essen kann 未腐烂的，尚未变质的，还新鲜的 **2.** ≈ unschuldig (3, 6)〈Kinder 孩子〉‖ *zu*（义项）**2. Un·ver·dor·ben·heit** *die*；*nur Sg*（只用单数）

un·ver·dros·sen, un·ver·dros·sen *Adj*（形）；*mst adv*（多作状语）；ohne die Lust zu verlieren 孜孜不倦的，勤勉的，毫不厌烦的〈u. weiterarbeiten 孜孜不倦地继续工作〉

un·ver·ein·bar, un·ver·ein·bar *Adj*（形）；（***mit etw.***）***u.*** nicht miteinander zu vereinbaren（与…）不一致的，互不相容的〈Gegensätze 对立〉：*Seine Anschauungen sind mit meinen u.* 他的看法跟我的看法不一致 ‖ *hierzu*（派生）**Un·ver·ein·bar·keit, Un·ver·ein·bar·keit** *die*

un·ver·fälscht, un·ver·fälscht *Adj*（形）；so, wie es früher (ursprünglich) war 非伪造的，不掺假的，纯粹的，地道的 ≈ unverändert：*die unverfälschte Natur* 毫不矫饰的本性

un·ver·fäng·lich, un·ver·fäng·lich *Adj*（形）≈ harmlos〈e-e Frage, e-e Antwort 问题，回答；e-e Situation 处境〉

un·ver·fro·ren, un·ver·fro·ren *Adj*（形）；frech, unverschämt 厚脸皮的，放肆的，无礼的 ‖ *hierzu*（派生）**Un·ver·fro·ren·heit, Un·ver·fro·ren·heit** *die*

un·ver·gäng·lich, un·ver·gäng·lich *Adj*（形）；*nicht adv*（不作状语）；so, dass es immer seinen Wert behält 永不磨灭的，永恒的，不朽的 ≈ unsterblich (2)：*die unvergänglichen Werke der Weltliteratur* 世界文学中的不朽著作 ‖ *hierzu*（派生）**Un·ver·gäng·lich·keit, Un·ver·gäng·lich·keit** *die*；*nur Sg*（只用单数）

un·ver·ges·sen *Adj*（形）；*nicht adv*（不作状语）；（***j-m***）***u.***（nach langer Zeit）noch in j-s Erinnerung 未被忘记的，未被忘却的，令人难忘的：*die unvergessene Greta Garbo* 令人难忘的葛丽泰·嘉宝（20世纪最有魅力和最负盛名的女影星之一）

un·ver·gess·lich, un·ver·gess·lich *Adj*（形）；（***j-m***）***u.***〈ein Abend, ein Augenblick, ein Erlebnis 晚上，瞬间，经历〉so (schön, gut *o. Ä.*), dass man sie nicht vergisst 不会忘却的，永志不忘的，难忘的

un·ver·gleich·lich, un·ver·gleich·lich *Adj*（形）；so (ungewöhnlich), dass man es mit nichts vergleichen kann 无比的，无与伦比的，无法比拟的：*ihr unvergleichlicher Humor* 她那无可比拟的幽默；*Es war u. schön* 这曾经是无比的美好

un·ver·hält·nis·mä·ßig, un·ver·hält·nis·mä·ßig *Adv*（副）；über das normale Maß stark hinausgehend 过度，过分，太：*Das Kind ist für sein Alter u. groß* 这个孩子按其年龄来说是长得太高了

un·ver·hei·ra·tet *Adj*（形）；nicht verheiratet 未结婚的，未婚的 ≈ ledig

un·ver·hofft, un·ver·hofft *Adj*（形）；nicht erwartet 出乎预料的，意外的，喜出望外的 ≈ überraschend〈ein Besuch, ein Wiedersehen 来客，重逢〉‖ ID［谚］***U. kommt oft*** man erlebt immer wieder Überraschungen 意外事经常有（意为：天有不测风云，人有旦夕祸福）

un·ver·hoh·len, un·ver·hoh·len *Adj*（形）；ganz deutlich 毫不掩饰的，直言不讳的 ≈ direkt[1] (7), offen (9)〈Schadenfreude 幸灾乐祸；j-n mit unverhohlener Neugier mustern, anstarren 以毫不掩饰的好奇心打量、盯着某人〉：*j-m u. sagen, was man denkt* 直言不讳地说出人们想些什么

un·ver·hüllt *Adj*（形）**1.** ohne Kleidung 赤裸裸的 ≈ nackt, unbekleidet **2.** ≈ unverhohlen

un·ver·käuf·lich, un·ver·käuf·lich *Adj*（形）；*nicht adv*（不作状语）；nicht für den Verkauf bestimmt 不出售的，非卖的：*Dieses Bild ist u.* 这幅画不出售

U

un·ver·kenn·bar, un·ver·kenn·bar *Adj*（形）；so deutlich (zu erkennen), dass es keine Zweifel gibt 不会认错的，明白无误的，显而易见的 ≈ eindeutig：*Das ist u. ein Picasso* 这显然是毕加索的一幅画

un·ver·letz·lich, un·ver·letz·lich *Adj*（形）；*nicht adv*（不作状语）；so (wichtig), dass man nichts davon nehmen od. daran ändern darf 不容侵犯的，不容践踏的 ≈ unantastbar 〈Gesetze, Rechte 法律，权利〉：*die unverletzliche Würde des Menschen* 人的不容侵犯的尊严 ‖ *hierzu*（派生）**Un·ver·letz·lich·keit, Un·ver·letz·lich·keit** *die*；*nur Sg*（只用单数）

un·ver·letzt *Adj*（形）；ohne e-e Wunde, ohne Verletzung 未受伤的，未受伤害的：*Der Verunglückte konnte u. geborgen werden* 这位遇险者能够安然无恙地被营救脱险

un·ver·meid·bar, un·ver·meid·bar *Adj*（形）；*nicht adv*（不作状语）≈ unvermeidlich

un·ver·meid·lich, un·ver·meid·lich *Adj*（形）；*nicht adv*（不作状语）；nicht zu vermeiden (*z.B.* weil es die Folge von etw. ist) 不可避免的，无法逃避的，必然的 ↔ vermeidbar 〈ein Fehler, ein Unglück 错误，不幸〉 ‖ ID［谚］***sich ins Unvermeidliche fügen*** sein Schicksal akzeptieren, weil man es sowieso nicht ändern kann 听天由命，顺从无法改变的命运

un·ver·min·dert *Adj*（形）；mit gleichbleibender Intensität 未减少的，未减轻的，持续不变的：*Der Sturm tobt noch mit unverminderter Stärke* 风暴仍然怒号不息

un·ver·mit·telt *Adj*（形）；ganz plötzlich 突然的，猝然的 ≈ abrupt, überraschend：*U. fing er an zu schreien* 他突然开始叫喊

Un·ver·mö·gen *das*；*nur Sg*, *geschr*（只用单数）［书］；der Mangel an Können 无能，无能力，缺乏能力 ≈ Unfähigkeit

un·ver·mu·tet *Adj*（形）≈ unerwartet, unverhofft

Un·ver·nunft *die*；der Mangel an Verantwortungsgefühl od. Vernunft, e-e Handlungsweise ohne Vernunft 无理性，缺乏理智，不明智，愚蠢〈etw. ist (die) reine, reinste U. 某事纯粹是丧失理智〉≈ Leichtsinn ‖ *hierzu*（派生）**un·ver·nünf·tig** *Adj*（形）

un·ver·öf·fent·licht *Adj*（形）；(noch) nicht veröffentlicht 尚未发表的〈ein Manuskript 手稿〉

un·ver·rich·tet *Adj*（形）；*nur in* 只用于 ***unverrichteter Dinge*** 〈umkehren, heimkehren (müssen)（不得不）返回来，回家〉ohne Erfolg od. ohne Ergebnis 一事无成地，毫无结果地，徒劳无功地

un·ver·rück·bar, un·ver·rück·bar *Adj*（形）；so (fest od. sicher), dass es durch nichts mehr geändert werden kann 坚定不移的，毫不动摇的 ≈ felsenfest 〈ein Entschluss, e-e Entscheidung 决定，抉择；etw. steht (für j-n) u. fest 某事对某人来说是坚定不移地确定了〉

un·ver·schämt *Adj*（形）**1.** so frech, dass andere Menschen provoziert od. beleidigt werden 无耻的，厚颜无耻的，放肆的 ≈ unverfroren 〈e-e Person 人；u. grinsen 无耻地冷笑〉：*Werd bloß nicht u.!* 别放肆！别无礼！**2.** *nicht adv*, *gespr*（不作状语）［口］；sehr groß, sehr intensiv 很大的：*unverschämtes Glück haben* 走红运 **3.** *nur adv*, *gespr*（只作状语）［口］；verwendet, um Adjektive, Adverbien od. Verben zu verstärken（加强形容词、副词或动词的语气）很，非常 ≈ sehr：*Das Kleid war u. teuer* 这件连衣裙非常贵；*Sie sieht u. gut aus* 她长相真好 ‖ *zu*（义项）**1. Un·ver·schämt·heit** *die*

un·ver·schlos·sen, un·ver·schlos·sen *Adj*（形）；nicht verschlossen 未锁的 ≈ offen 〈ein Safe, e-e Tür 保险箱，门〉

un·ver·schul·det, un·ver·schul·det *Adj*（形）；so, dass die betroffene Person nicht selbst daran schuld od. dafür verantwortlich ist 无辜的，无罪的〈Armut 贫困；u. in Not geraten 无辜地陷入困境〉

un·ver·se·hens, un·ver·se·hens *Adv*（副）；ganz plötzlich, ohne dass j-d vorher etw. bemerkt hatte 突然，意外 ≈ unvermutet

un·ver·sehrt *Adj*（形）**1.** ohne e-e Wunde, ohne Verletzung 未受伤害的，未受损伤的 ≈ unverletzt, unverwundet 〈u. geborgen werden 未受伤害地获救〉**2.** ohne Schaden 未损坏的，完好无损的 ≈ unbeschädigt：*Das Dach blieb bei dem Sturm u.* 屋顶在风暴中仍然完好无损 **3.** nicht geöffnet 未开封的，未打开的，未拆开的〈ein Siegel, e-e Packung 封印，包装〉‖ *hierzu*（派生）**Un·ver·sehrt·heit** *die*

un·ver·söhn·lich, un·ver·söhn·lich *Adj*（形）**1.** nicht bereit, sich zu versöhnen, nachzugeben 不能和解的，势不两立的〈Feinde, Gegner 敌人，对手；u. bleiben 仍然势不两立〉**2.** 〈Gegensätze 对立〉so groß, dass sie nicht überbrückt werden können 不可调和的，不可克服的 ≈ unüberwindlich ‖ *hierzu*（派生）**Un·ver·söhn·lich·keit, Un·ver·söhn·lich·keit** *die*；*nur Sg*（只用单数）

un·ver·stan·den *Adj*（形）；*mst in* 多用于 ***sich (von j-m) u. fühlen*** meinen, dass ein anderer die Probleme, die man hat, nicht versteht 感到自己没被人理解，觉得未得到（某人的）谅解：*Er fühlte sich von seiner Frau u.* 他感到未得到妻子的谅解

un·ver·ständ·lich *Adj*（形）**1.** nicht deutlich zu hören od. verstehen 不清楚的，不明白的，听不清楚的：*unverständliche Worte vor sich hin murmeln* 说话嘟哝，含糊不清 **2.** so, dass man es nicht begreifen, sich es nicht erklären kann 不可理解的，令人费解的 ≈ unbegreiflich：*Es ist mir u., wie er e-n so wichtigen Termin vergessen konnte* 他怎么能够忘记如此重要的日期，这对我来说是无法理解的 ‖ *hierzu*（派生）**Un·ver·ständ·lich·keit** *die*

Un·ver·ständ·nis *das*；*nur Sg*（只用单数）；das Fehlen von Verständnis für j-n, für j-s Probleme 不理解，不了解，不谅解〈(bei j-m) (mit etw.) auf U. stoßen 碰上某人对某事的不理解〉

un·ver·sucht, un·ver·sucht *Adj*（形）；*nur in* 只

U

用于 **nichts u. lassen** (, um...) alles tun, was möglich ist, um ein bestimmtes Ziel zu erreichen 想方设法,想尽一切办法,费尽心血: *Sie ließ nichts u., um ihn zu erreichen* 为了找到他,她想尽了一切办法

un·ver·träg·lich, un·ver·träg·lich *Adj* (形); *nicht adv* (不作状语) **1.** (in Bezug auf Speisen) so, dass man sie nicht essen kann, ohne dass sie einem schaden 不易消化的,难消化的(指食物) ≈ unbekömmlich, unverdaulich **2.** nicht fähig, mit anderen Menschen in Harmonie zu leben 难于相处的,不合群的,爱争吵的 ≈ streitsüchtig ↔ friedliebend ⟨ein Mensch 人⟩ ‖ *zu* (义项) **1. Un·ver·träg·lich·keit, Un·ver·träg·lich·keit** *die*; *nur Sg* (只用单数)

un·ver·wandt *Adv* (副); lange Zeit, ohne Unterbrechung 目不转睛地,不停地 ⟨*mst* 多用 j-n/etw. u. ansehen, anstarren 目不转睛地注视、盯着某人/某物⟩

un·ver·wech·sel·bar, un·ver·wech·sel·bar *Adj* (形); so typisch, dass man es mit nichts verwechseln kann 不易混淆的,不易弄错的,独特的 ≈ charakteristisch, typisch: *Ihr Gang / Ihr Parfum / Ihre Stimme ist u.* 您的步态/您的香味/您的声音是独树一帜的; *Das ist u. barocker Stil* 这是独特的巴洛克风格

un·ver·wund·bar, un·ver·wund·bar *Adj* (形); *nicht adv* (不作状语); (in Bezug auf Menschen) so, dass sie nicht verletzt werden können 不受伤害的,无法伤害的(指人) ‖ *hierzu* (派生) **Un·ver·wund·bar·keit, Un·ver·wund·bar·keit** *die*; *nur Sg* (只用单数)

un·ver·wüst·lich, un·ver·wüst·lich *Adj* (形); *nicht adv* (不作状语) **1.** ⟨ein Material, ein Stoff 材料,衣料⟩ so, dass sie nicht od. nur sehr schwer beschädigt od. zerstört werden können 牢固的,结实的,耐久的 **2.** ⟨*mst* e-e Gesundheit, ein Humor 多指健康,幽默⟩ so, dass sie durch nichts gestört od. kaputt gemacht werden 强健的,经得起折腾的;回味无穷的: *Er ist einfach u.* 他真是长得壮实 ‖ *hierzu* (派生) **Un·ver·wüst·lich·keit, Un·ver·wüst·lich·keit** *die*; *nur Sg* (只用单数)

un·ver·zagt *Adj* (形); *mst adv*, *veraltend* (多作状语)[渐旧]; ohne Angst 不沮丧的,不气馁的,不畏惧的 ≈ mutig ‖ *hierzu* (派生) **Un·ver·zagt·heit** *die*; *nur Sg* (只用单数)

un·ver·zeih·lich, un·ver·zeih·lich *Adj* (形); *nicht adv* (不作状语); ⟨ein Fehler, ein Irrtum 错误,失误; Leichtsinn, Leichtfertigkeit, Fahrlässigkeit 轻率,草率,疏忽大意⟩ so (groß), dass sie durch nichts entschuldigt werden können 不可原谅的,不可宽恕的

un·ver·zicht·bar, un·ver·zicht·bar *Adj* (形); *nicht adv* (不作状语); so, dass man nicht darauf verzichten kann 不能放弃的,不可放弃的

un·ver·züg·lich, un·ver·züg·lich *Adj* (形); *mst adv*, *geschr* (多作状语)[书] ≈ sofort (2)

un·voll·en·det, un·voll·en·det *Adj* (形); nicht ganz fertig 未完成的,没有做完的 ↔ abgeschlossen ⟨etw. bleibt u. 某事仍未完成⟩

un·voll·kom·men, un·voll·kom·men *Adj* (形) **1.** nicht so gut, wie es sein sollte od. könnte 不完全的,不完美的,有缺陷的 ⟨etw. nur u. beherrschen 还不是很好地控制(掌握)某事⟩ **2.** *nur attr od adv*, *gespr* (只作定语或状语)[口]; nicht komplett 不全面的 ≈ unvollständig ⟨e-e Darstellung 描述⟩ ‖ *hierzu* (派生) **Un·voll·kom·men·heit, Un·voll·kom·men·heit** *die*; *nur Sg* (只用单数)

un·voll·stän·dig, un·voll·stän·dig *Adj* (形); nicht mit allen Teilen, die dazugehören 不全的,不齐全的,不完备的 ↔ komplett: *ein unvollständiges Teeservice* 一套不齐全的茶具; *Die Liste ist noch u.* 这名单还不全 ‖ *hierzu* (派生) **Un·voll·stän·dig·keit, Un·voll·stän·dig·keit** *die*; *nur Sg* (只用单数)

un·vor·be·rei·tet *Adj* (形); nicht vorbereitet 未做准备的,即席的,意外的,猝不及防的 ⟨e-e Rede, ein Vortrag 讲话,报告; etw. trifft j-n u. 某事意外地触及某人; u. in e-e Prüfung gehen 未做准备去参加考试⟩

un·vor·ein·ge·nom·men *Adj* (形); objektiv, ohne Vorurteile 无先入之见的,无成见的,没有偏见的,客观的 ⟨etw. u. beurteilen 客观地评价某事⟩ ‖ *hierzu* (派生) **Un·vor·ein·ge·nom·men·heit** *die*; *nur Sg* (只用单数)

un·vor·her·ge·se·hen *Adj* (形); nicht erwartet, nicht vorausgesehen 未预见到的,未料到的,意外的,突然的 ⟨Schwierigkeiten, Probleme, ein Zwischenfall 困难,问题,事件⟩

un·vor·sich·tig *Adj* (形); ohne die nötige Vorsicht, ohne Bedenken der Folgen 不小心的,不谨慎的,不慎重的,不留神的,欠考虑的,轻率的 ≈ unbedacht ↔ besonnen ⟨e-e Bemerkung 意见⟩ ‖ *hierzu* (派生) **Un·vor·sich·tig·keit** *die*; **un·vor·sich·ti·ger·wei·se** *Adv* (副)

un·vor·stell·bar, un·vor·stell·bar *Adj* (形) **1.** (*j-m*) **u.** so, dass man es sich (trotz aller Fantasie) nicht richtig vorstellen kann 不可想象的,不堪设想的 ≈ unglaublich, (j-m) unbegreiflich: *Es ist (mir) u., wie das passieren konnte* 这事怎么会发生的,(对我来说)是难于想象的 **2.** *nicht adv* (不作状语); sehr groß, sehr intensiv 非常大的,很严重的: *Sie musste unvorstellbare Schmerzen ertragen* 她不得不忍受无法想象的痛苦 **3.** *nur adv* (不作状语); verwendet, um Adjektive od. Adverbien zu verstärken (加强形容词或副词的语气)很,非常 ≈ sehr: *ein u. schönes Erlebnis* 一次极其美好的经历; *Er ist u. schnell gelaufen* 他跑得非常快

un·vor·teil·haft *Adj* (形); nicht günstig in Bezug auf j-s Aussehen 不好看的,不合身的,难看的,与外表不协调的 ⟨e-e Frisur, ein Kleid, ein Mantel *usw* 发式,连衣裙,大衣; sich u. kleiden 穿得难看⟩

un·wäg·bar, un·wäg·bar *Adj* (形); ⟨*mst* Risiken 多指风险⟩ so, dass sie nicht berechnet od. abgeschätzt werden können 不可衡量的,不可估量的 ‖ *hierzu* (派生) **Un·wäg·bar·keit, Un·wäg·bar·keit** *die*

un·wahr *Adj* (形); *nicht adv* (不作状语); nicht wahr 不真实的,捏造的,虚假的 ≈ falsch (2), gelogen ⟨e-e Behauptung, e-e Geschichte 论

断,故事〉: *Was du sagst, ist u.* 你说的话不真实
Un·wahr·heit *die* **1.** ≈ Lüge 〈j-m Unwahrheiten erzählen 向某人讲谎言; die U. sagen 说假话〉 **2.** *nur Sg*(只用单数); das Unwahrsein 不真实: *die U. e-r Behauptung beweisen* 证明论断是不真实的
un·wahr·schein·lich *Adj*(形) **1.** so, dass es mit ziemlicher Sicherheit nicht passieren, eintreten, zutreffen *o.Ä.* wird 难以置信的,不足信的,不可思议的 ≈ fraglich 〈etw. für u. halten 认为某事难以置信〉: *Es ist u., dass er heute noch anruft* 说他今天还要来电话,这是不足信的; *Ihre Geschichte klingt sehr u.* 她的故事听起来非常不可思议 **2.** *nicht adv*, *gespr*(不作状语)[口]; sehr groß, sehr intensiv 难以想象的,巨大的: *Bei dem Unfall hat er unwahrscheinliches Glück gehabt* 在这次事故中他真运气 **3.** *nur adv*, *gespr* (只用状语)[口]; verwendet, um Adjektive, Adverbien od. Verben zu verstärken(加强形容词、副词或动词的语气)很,非常 ≈ sehr: *ein u. hübsches Mädchen* 一个很俊俏的姑娘; *Ich hab mich u. gefreut, dass du mich besucht hast* 你来看我,我非常高兴 ‖ *zu* (义项) **1.** und **2.** **Un·wahr·schein·lich·keit** *die*
un·weg·sam *Adj*(形); *nicht adv*(不作状语); 〈*mst* ein Gelände 多指地区〉 so, dass man dort nicht od. nur schwer gehen od. fahren kann 不能通行的,难以通行的,走不过去的,难走的
un·weib·lich *Adj*(形); *pej*[贬]; ohne die Eigenschaften, die (nach allgemeiner Ansicht) e-e Frau haben sollte 缺乏女性特征的,不像女性的
un·wei·ger·lich, un·wei·ger·lich *Adj*; *nur attr od adv*(只作定语或状语); so, dass es sich als logische Konsequenz von etw. notwendigerweise ergibt 必然的,不可避免的,绝对的,肯定无疑的 ≈ unvermeidlich
un·weit *Präp*(介); *mit Gen*(支配二格); nicht weit weg von 离…不远,在…附近: *Das Dorf liegt u. e-r großen Stadt* 这个村子离大城市不远 ‖ NB(注意): auch adverbiell verwendet mit *von* (也用作副词,与 *von* 连用): *u. von unserem Hotel* 离我们旅馆不远
Un·we·sen *das*; *nur Sg*(只用单数), *mst in* 多用于 ***j-d/etw. treibt irgendwo sein U.*** j-d/etw. tut etw. Böses (und stört die Ordnung)某人干坏事,胡作非为,捣乱,搞破坏活动: *In dieser Gegend treibt e-e Gaunerbande ihr U.* 在这个地区有一帮坏蛋胡作非为
un·we·sent·lich *Adj*(形) **1.** ≈ unwichtig 〈e-e Änderung, ein Unterschied 变化,差别; etw. ist von unwesentlicher Bedeutung 某事无关紧要〉 **2.** (***nur***) ***u.*** + *Komparativ*(比较级) (nur) wenig, (nur) ein bisschen 只一点儿,只稍微一点儿: *Er ist nur u. größer als sie* 他只比她高一点儿
Un·wet·ter *das*; *-s, -*; ganz schlechtes Wetter mit Sturm, starkem Regen, Hagel *usw*, das Schäden verursacht 雷雨,暴风雨〈ein schweres, verheerendes U. 猛烈的、破坏性的暴风雨; ein U. bricht los, richtet große Schäden an 一场雷雨突然袭来,造成巨大损失〉
un·wich·tig *Adj*(形); nicht wichtig 不重要的,无关紧要的,次要的〈ein Detail, e-e Kleinigkeit 细节,琐屑小事〉: *Es ist vorerst u., ob du e-e gute Note bekommst – Hauptsache, du bestehst die Prüfung* 你是否能得到好分数,目前是次要的——最重要的事情是你要通过考试 ‖ *hierzu* (派生) **Un·wich·tig·keit** *die*
un·wi·der·leg·bar, un·wi·der·leg·bar *Adj* (形); 〈ein Beweis, Fakten 证据,事实〉 so eindeutig, dass man das Gegenteil nicht beweisen kann 不可辩驳的,不容反驳的
un·wi·der·ruf·lich, un·wi·der·ruf·lich *Adj*(形) ≈ endgültig, definitiv ↔ vorläufig 〈e-e Entscheidung, ein Entschluss 抉择,决定; etw. steht u. fest 某事已确定,不能更改了〉
un·wi·der·spro·chen, un·wi·der·spro·chen *Adj*(形); *mst in* 多用于〈j-s Behauptung, Argumentation, Theorie 某人的论断,论证,理论〉 ***bleibt u.*** *geschr*[书]; niemand stellt j-s Behauptung, Argumentation od. Theorie in Frage 仍然是无争议的,无异议的,无人反对的
un·wi·der·steh·lich, un·wi·der·steh·lich *Adj* (形) **1.** so stark, dass sich j-d nicht dagegen wehren kann 不可抗拒的,不可遏制的〈ein Verlangen, e-e Begierde (nach etw.), Lust (auf etw.)(对某物的)要求,渴求,兴趣〉 **2.** so (charmant od. attraktiv), dass niemand widerstehen kann 令人折服的,令人倾倒的,非常迷人的〈ein Lächeln 微笑; sich für u. halten 自以为富有魅力〉: *Sein Charme ist u.* 他的魅力令人倾倒 ‖ *hierzu*(派生) **Un·wi·der·steh·lich·keit, Un·wi·der·steh·lich·keit** *die*; *nur Sg* (只用单数)
un·wie·der·bring·lich, un·wie·der·bring·lich *Adj*(形); *geschr*[书]; 〈ein Augenblick, e-e Zeit 时刻,时代〉 so, dass sie nicht wiederholt werden können, vergangen od. verloren 不可挽回的,一去不复返的,不能复得的,不可弥补的: *etw. ist u. dahin, vorbei* 某事已一去不复返了,某事过去了,已无法挽回; *unwiederbringliche Stunden des Glücks* 一去不复返的幸福时刻 ‖ *hierzu*(派生) **Un·wie·der·bring·lich·keit, Un·wie·der·bring·lich·keit** *die*; *nur Sg* (只用单数)
Un·wil·le *der*; *geschr*[书] ≈ Ärger (1), Mißfallen 〈j-s Unwillen erregen, hervorrufen 激起、招致某人的不满(恶感), seinen Unwillen (über j-n/etw.) äußern 说出自己(对某人/某事)的不满〉
Un·wil·len *der* ≈ Unwille
un·wil·lig *Adj*(形) **1.** *nur attr od adv*(只作定语或状语); ***u.*** (***über etw.*** (*Akk* 四格)) von Ärger, Unwillen bestimmt 生气的,恼火的 ≈ verärgert: *j-n u. ansehen* 生气地注视某人 **2.** *mst adv*(多作状语); nicht gern (bereit zu etw.)不乐意的,不愿意的,不耐烦的 ≈ widerwillig, widerstrebend ↔ bereitwillig: *e-n Befehl nur u. ausführen* 只是勉强地执行命令
un·will·kom·men *Adj*(形); *nicht adv*(不作状语); (***j-m***) ***u.*** nicht gern gesehen bei j-m 不受欢迎的人,令人讨厌的,不合时宜的〈ein Besucher, ein Gast 访问者,客人; irgendwo u. sein

U

在某地不受欢迎〉

un·will·kür·lich, un·will·kür·lich *Adj*（形）；nicht gewollt, nicht bewusst 不由自主的，不自觉的，无意识的〈e-e Reaktion 反应；u. zusammenzucken 不禁吃了一惊；u. lächeln, lachen müssen 禁不住要微笑、要笑〉

un·wirk·lich *Adj*（形）；*geschr*［书］；so, als ob es gar nicht wirklich existieren würde 不真实的，不现实的，不符合事实的，无法实现的 ≈ fantastisch〈e-e Situation, e-e Szene 情况，场面；etw. kommt j-m u. vor 某事在某人看来是不现实的〉‖ *hierzu*（派生）**Un·wirk·lich·keit** *die*；*nur Sg*（只用单数）

un·wirk·sam *Adj*（形）；ohne Wirkung 无效的，失效的 ≈ wirkungslos〈e-e Methode, ein Mittel 方法，药物；etw. erweist sich als u. 某物被证明是无效的〉‖ *hierzu*（派生）**Un·wirk·sam·keit** *die*；*nur Sg*（只用单数）

un·wirsch *Adj*（形）；unfreundlich（*mst* weil man schlecht gelaunt od. nervös ist）（多因情绪不佳或激动所致）不亲切的，不客气的，生硬的，粗暴的〈e-e Antwort 回答；j-m u. antworten 不客气地回答某人；u. sein, reagieren 态度生硬，作出不友好的反应〉

un·wirt·lich *Adj*（形）；*geschr*［书］**1.** ≈ rau（2）↔ mild〈ein Klima 气候〉**2.** nicht so（gemütlich）, dass man dort gern ist 不舒适的，不吸引人的〈ein Zimmer 房间；e-e Gegend 地方〉‖ *hierzu*（派生）**Un·wirt·lich·keit** *die*

un·wirt·schaft·lich *Adj*（形）；ohne od. mit nur wenig Gewinn 无利可图的，赚不了钱的，不赢利的 ↔ rentabel〈e-e Betriebsführung 企业管理〉‖ *hierzu*（派生）**Un·wirt·schaft·lich·keit** *die*；*nur Sg*（只用单数）

un·wis·send *Adj*（形）**1.** ohne das nötige Wissen, die nötige Erfahrung（auf e-m bestimmten Gebiet）无知的，没有经验的〈ein Kind 孩子；dumm und u. sein 愚蠢而无知〉**2.** über e-e Tatsache, ein Ereignis *o.Ä.* nicht informiert 不知道的，一无所知的〈sich u. geben, stellen 假装不知道，佯作不知〉

Un·wis·sen·heit *die*；-；*nur Sg*（只用单数）**1.** der Mangel an Informationen über etw. 不知道，缺乏了解 ≈ Unkenntnis〈etw. aus U. falsch machen 由于不了解情况而把某事做错〉**2.** der Mangel an Kenntnissen auf e-m bestimmten Gebiet 无知，无经验

un·wis·sen·schaft·lich *Adj*（形）；〈e-e Behauptung, e-e Methode, e-e Untersuchung 论断，方法，调查〉so, dass sie nicht den Prinzipien od. den Anforderungen der Wissenschaft entsprechen 不科学的，非科学的 ‖ *hierzu*（派生）**Un·wis·sen·schaft·lich·keit** *die*；*nur Sg*（只用单数）

un·wis·sent·lich *Adj*（形）；*nur attr od adv*, *geschr*（只用定语或状语）［书］；ohne Absicht, ohne es zu wissen 不知道的，不了解情况的，无意的 ≈ unabsichtlich, ungewollt

un·wohl *Adv*（副）**1.** nicht ganz gesund 不舒服，身体不适〈sich u. fühlen 感到不舒服〉**2.** ***j-m ist u.*** j-d hat das Gefühl, sich erbrechen zu müssen 某人觉得恶心 ≈ j-m ist schlecht（17）, übel（5）**3.** ***sich irgendwo / bei j-m / etw. u. fühlen*** in j-s Gegenwart nicht entspannt sein, e-e Situation als unangenehm empfinden 感到在某处/有某人在场/做某事不舒服，不自在，不愉快，别扭〈sich bei dem Gedanken u. fühlen, dass ... 一想到…就觉得别扭〉：*Er fühlte sich in ihrer Gesellschaft u.* 他感到在她的社交圈子里不自在

Un·wohl·sein *das*；*nur Sg*, *geschr*, *sonst veraltend*（只用单数）［书］通常［渐旧］；e-e leichte Störung der Gesundheit 不舒服，身体不适〈j-n überfällt, überkommt ein U. 某人突然感到、觉得不舒服〉

un·wür·dig *Adj*（形）**1.** ohne die angemessene Würde, nicht menschenwürdig 不尊重人的，有伤尊严的 ≈ verächtlich〈j-n u. behandeln 有失体面地对待某人〉**2.** *geschr*［书］；（***j-s / etw.***）***u.*** so, dass die betroffene Person etw.（aufgrund ihrer schlechten Eigenschaften, Leistungen *o.Ä.*）nicht verdient 不值得的，不配的，不应受到…的〈sich j-s Liebe, Vertrauen, Wohlwollen u. erweisen 证明自己不配得到某人的爱情、某人的信任、某人的赏识（关爱）；e-r Auszeichnung, e-s Preises u. sein 不配受到表彰，不配获得奖励〉**3.** ***etw. ist j-s u.*** *geschr*［书］；etw. ist e-e Schande für j-n（物作主语）是对某人的耻辱（不尊重）〈ein Verhalten 行为〉‖ *zu*（义项）**1. Un·wür·dig·keit** *die*；*nur Sg*（只用单数）

Un·zahl *die*；*nur Sg*（只用单数）；***e-e U.*** + *Gen*（二格）/ ***von etw.***（*Pl* 复）e-e sehr große Zahl od. Menge von Menschen od. Dingen 无数…，大量…，不计其数的… ≈ Unmenge：*Er besitzt e-e U. von Büchern / alter Bücher* 他拥有大量书籍/旧书；*E-e U. von Menschen hatte sich auf dem Platz versammelt* 大量的人聚集在广场上

un·zäh·lig, un·zäh·lig *Adj*（形）；*nur attr od adv*（只作定语或状语）；so viele, dass man sie nicht od. kaum zählen kann 许许多多的，大量的，无数的 ≈ zahllos：*etw. unzählige Male versuchen* 无数次地尝试某事

Un·ze *die*；-, *-n*；ein（altes）Maß, nach dem man etw. wiegt（ca. 28 Gramm）盎司（旧制重量单位，相当于28.克）

Un·zeit（*die*）；*nur in* 只用于 ***zur U.*** *geschr*［书］；zu e-m falschen od. ungünstigen Zeitpunkt 在不合适的时刻，不合时宜〈zur U. kommen 来得不是时候〉

un·zeit·ge·mäß *Adj*（形）；〈Ansichten, e-e Haltung 看法，态度〉so, dass sie nicht zur heutigen（modernen）Zeit passen 不合时宜的，不合时代潮流的 ≈ überholt, veraltet ↔ modern

un·zer·brech·lich, un·zer·brech·lich *Adj*（形）；*nicht adv*（不作状语）；so, dass es nicht od. nicht leicht bricht 打不碎的，不易破碎的〈ein Material 材料〉

un·zer·kaut *Adj*（形）；*mst adv*（多作状语）；ohne zu kauen 不加咀嚼的：*e-e Tablette u. herunterschlucken* 把药片囫囵吞下去

un·zer·trenn·lich, un·zer·trenn·lich *Adj*（形）；〈Freunde, ein Paar 朋友们，一对〉so, dass sie alles gemeinsam machen 不可分离的，分不开

的，亲密的：*Die beiden sind u.* 这俩人亲密无间

un·ziem·lich *Adj*（形）；*geschr*［书］≈ unanständig, ungehörig ↔ geziemend ‖ *hierzu*（派生）**Un·ziem·lich·keit** *die*；*nur Sg*（只用单数）

Un·zucht *die*；*nur Sg*，JUR（只用单数）【法】；sexuelle Handlungen, die gegen die sexuelle Moral verstoßen 淫乱，奸淫，猥亵〈U. treiben 干淫乱勾当〉：*U. mit Minderjährigen* 与未成年人的淫乱行为

un·züch·tig *Adj*（形）；*veraltend*［渐旧］；〈Gedichte, Lieder 诗，歌曲；Blicke, Handlungen 目光，行为〉so, dass sie gegen die sexuelle Moral verstoßen 淫乱的，淫荡的，猥亵的，淫秽的 ≈ unanständig, unsittlich ‖ *hierzu*（派生）**Un·züch·tig·keit** *die*；*nur Sg*（只用单数）

un·zu·frie·den *Adj*（形）；***u.*（*mit j-m/sich/etw.*）**（von j-m/sich selbst/etw.）enttäuscht, nicht glücklich über e-n bestimmten Zutand *o.Ä.*（对…）不满意的，不满足的，不高兴的〈u. sein, aussehen 不满意（不高兴），看上去不满意（不高兴）；ein unzufriedenes Gesicht machen 摆出一副不高兴的面孔〉‖ *hierzu*（派生）**Un·zu·frie·den·heit** *die*；*nur Sg*（只用单数）

un·zu·gäng·lich *Adj*（形）**1.** so, dass man nur schwer dorthin kommen kann 难以到达的，无法到达的 ≈ unwegsam〈ein Gelände, ein Gebirge 地带，丛山〉**2.** anderen Menschen gegenüber sehr reserviert, nicht kontaktfreudig（指人）难于接近的，难于相处的，不好接近的，不爱交往的 ≈ verschlossen, zurückhaltend〈ein Mensch, ein Typ 人，类型〉**3.** ***etw.***（*Dat* 三格）***gegenüber u.*** *geschr*［书］；nicht gern bereit, etw. zu tun od. zu akzeptieren（对…）不愿接受的，置之不理的，置若罔闻的〈j-s Bitten, Forderungen, Mahnungen, Warnungen gegenüber u. sein 对某人的请求、要求、劝告、警告置之不理、置若罔闻〉‖ *zu*（义项）**1.** und **2. Un·zu·gäng·lich·keit** *die*；*nur Sg*（只用单数）

un·zu·läng·lich *Adj*（形）；*geschr*［书］；nicht so gut, wie es sein sollte 不充分的，不够的，不足的，有欠缺的 ≈ mangelhaft, unzureichend：*nur unzulängliche Kenntnisse in Geografie besitzen* 只具备贫乏的地理知识 ‖ *hierzu*（派生）**Un·zu·läng·lich·keit** *die*

un·zu·läs·sig *Adj*（形）；*geschr*［书］；nicht erlaubt 不允许的，不容许的，不许可的 ≈ verboten ‖ *hierzu*（派生）**Un·zu·läs·sig·keit** *die*；*nur Sg*（只用单数）

un·zu·mut·bar *Adj*（形）；*geschr*［书］；〈Bedingungen, Forderungen 条件，要求；ein Lärm, ein Preis 噪声，价格；etw. als u. empfinden 感到某事是无法接受的（无法忍受的）〉so extrem, so schlimm *o.Ä.*, dass man von niemandem erwarten darf, dass er sie akzeptiert od. toleriert 无法接受的，难以接受的，无法忍受的，难以忍受的，太过分的 ≈ inakzeptabel ‖ *hierzu*（派生）**Un·zu·mut·bar·keit** *die*

un·zu·rech·nungs·fä·hig *Adj*（形）；*nicht adv*，JUR（不作状语）【法】；nicht verantwortlich für sein Tun（weil geistig verwirrt *o.Ä.*）无责任能力的，对自己的行为不能负责的 ‖ *hierzu*（派生）**Un·zu·rech·nungs·fä·hig·keit** *die*；*nur Sg*（只用单数）

un·zu·rei·chend *Adj*（形）；*geschr*［书］；nicht so gut, wie es sein sollte 不充足的，不充分的 ≈ mangelhaft, unzulänglich：*Die Bevölkerung wurde nur u. mit Lebensmitteln versorgt* 对居民食物供应不充足

un·zu·sam·men·hän·gend *Adj*（形）；ohne logischen Zusammenhang, ohne Sinn 没有逻辑联系的，无意义的，语无伦次的，乱说的〈Worte, Sätze 话，句子〉

un·zu·tref·fend *Adj*（形）；*geschr*［书］；nicht richtig 不恰当的，不中肯的，错误的 ≈ falsch（1）：*unzutreffende Behauptungen aufstellen* 提出一些不恰当的论断

un·zu·ver·läs·sig *Adj*（形）；〈ein Mensch 人〉so, dass man sich nicht auf ihn verlassen kann 不可信赖的，不可靠的：*Von Karl darfst du nichts erwarten, er ist ziemlich u.* 你不能期望从卡尔那里得到任何东西，他是相当不可靠的 ‖ *hierzu*（派生）**Un·zu·ver·läs·sig·keit** *die*

un·zweck·mä·ßig *Adj*（形）；nicht so（beschaffen）, dass es seinen Zweck erfüllt 不合目的的，不切合实际的，不实用的 ≈ ungeeignet ‖ *hierzu*（派生）**Un·zweck·mä·ßig·keit** *die*；*nur Sg*（只用单数）

un·zwei·deu·tig *Adj*（形）；so, dass man die Bedeutung, den Sinn davon nicht falsch verstehen kann 明确的，清楚的，无歧义的 ≈ eindeutig, unmissverständlich, klar〈e-e Absage 拒绝〉

un·zwei·fel·haft, un·zwei·fel·haft *Adj*（形）≈ gewiss, sicher, zweifellos〈ein Erfolg, ein Sieg 成就，胜利〉：*Sie ist u. sehr begabt* 她无疑很有才能

Up·date［'apdeɪt］*das*；*-s*；*-s*；INFORM【信息】；e-e neue, verbesserte Version e-s Computerprogramms 更改，更新，根据最新收到的信息修改主文件的过程

üp·pig *Adj*（形）**1.** in großer Menge od. Fülle（vorhanden）茂盛的，繁茂的，茂密的 ↔ kümmerlich〈e-e Vegetation, e-e Blütenpracht 植物，奇花异卉；etw. blüht ü. 某物鲜花盛开〉**2.** aus vielen Speisen（bestehend）丰盛的〈*mst* ein Mahl 多指饭菜〉**3.** *euph*［婉］；（in Bezug auf den Körper od. Körperteile *bes* von Frauen）dick 丰满的（尤指妇女的体态）〈ein Busen 胸脯；Formen 体形〉‖ *hierzu*（派生）**Üp·pig·keit** *die*；*nur Sg*（只用单数）

ur-［uːɐ-］*im Adj*, *betont*, *nicht produktiv*（构成形容词，重读，非构词型）；verwendet, um e-n hohen Grad auszudrücken（表示程度高）极，十分 ≈ sehr：***uralt***, ***urgemütlich***, ***urgesund***, ***urkomisch***, ***urplötzlich***

Ur-［'uːɐ-］*im Subst*；*wenig produktiv*（构成名词，构词弱）；weist auf den Anfang, den ersten, ursprünglichen Zustand von j-m/etw. hin（表示最初状态，原始状态）原始，起始；der ***Urbeginn***〈der Entwicklung des Homo sapiens 人类发展的〉, die ***Urbevölkerung***〈Australiens 澳大利亚的〉, der ***Urmensch***

Ur·ab·stim·mung *die*；e-e Art Wahl, bei der

die Mitglieder e-r Gewerkschaft bestimmen, ob es e-n Streik geben soll od. nicht (罢工前工会会员对是否进行罢工的)内部表决

Ur·ahn *der*; j-s ältester od. sehr früher Vorfahr(男性)祖先,祖宗 ‖ *hierzu*(派生) **Ur·ah·ne** *die*; -, *-n*

ur·alt *Adj*(形); *ohne Steigerung*(无变级); *nicht adv*(不作状语); sehr alt 极老的,年迈的; 古旧的,古老的

U·ran *das*; *-s*; *nur Sg*(只用单数); ein radioaktives Metall, das in Atomkraftwerken, für Atombomben *o. Ä.* verwendet wird 铀; CHEM【化】U ‖ K-(复合): ***Uran-***, ***-aufbereitung***, ***-bergwerk***, ***-brennstab***, ***-erz***, ***-vorkommen***

Ur·angst *die*; e-e Angst, die der Mensch von Geburt an hat 与生俱来的恐惧: *die U. des Menschen vor der Dunkelheit* 人对黑暗的与生俱来的恐惧

ur·auf·füh·ren; -, *hat uraufgeführt*; Vt(及物) *mst* 多用 ***etw. wird uraufgeführt*** ein Theaterstück, ein Film *o. Ä.* wird zum ersten Mal aufgeführt(戏剧,电影等)首次演出,首次上映 ‖ NB(注意): nur im Infinitiv od. im Partizip Perfekt verwendet(只用不定式或过去分词) ‖ *hierzu*(派生) **Ur·auf·füh·rung** *die*

ur·ban *Adj*(形); *geschr*[书] ≈ städtisch (2)

ur·bar *Adj*(形); *nur in* 只用于 ***etw. u. machen*** e-e Fläche mit Bäumen, Pflanzen *usw* so bearbeiten, dass man dort Getreide od. Gemüse anbauen kann 开垦〈Land, den Boden u. machen 开垦土地〉 ‖ *hierzu*(派生) **Ur·bar·ma·chung** *die*

Ur·be·völ·ke·rung *die*; die erste, ursprüngliche Bevölkerung e-s bestimmten Gebietes od. Landes 最初的居民,土著居民(总)

Ur·bild *das* **1.** e-e wirklich existierende Person od. Sache, nach deren Vorbild *z. B.* ein Bild, e-e Skulptur od. die Figur e-s Romans gestaltet ist 原型,模特 **2.** *geschr*[书]; e-e Person od. Sache, die alle typischen Merkmale ihrer Art hat 典范,化身 ≈ Inbegriff

ur·ei·ge·n- *Adj*(形); *nur attr*, *nicht adv*(只作定语,不作状语); j-n ganz allein betreffend 个人的,切身的,本身的 ≈ persönlich, privat: *Ob ich heirate od. nicht, ist meine ureigenste Angelegenheit!* 我结不结婚,完全是我个人的事情! ‖ NB(注意): oft im Superlativ zur besonderen Betonung verwendet(常用最高级表示特别强调)

Ur·ein·woh·ner *der*; ein Mitglied der Urbevölkerung 最初的居民,土著居民 ‖ *hierzu*(派生) **Ur·ein·woh·ne·rin** *die*

Ur·en·kel *der*; der Sohn von j-s Enkel od. Enkelin 曾孙,曾外孙 ‖ *hierzu*(派生) **Ur·en·ke·lin** *die*

Ur·fas·sung *die*; die erste, ursprüngliche Fassung *z. B.* e-s Romans, e-s Dramas od. e-r Oper 最初的文本,最初的稿本,原稿

Ur·ge·schich·te *die*; *nur Sg*(只用单数); die erste Phase in der Geschichte der Menschheit 史前历史,史前史,太古史 ‖ *hierzu*(派生) **ur·ge·schicht·lich** *Adj*(形)

Ur·ge·walt *die*; *geschr*[书]; die sehr große (elementare) Kraft *bes* des Meeres od. des Windes(海洋或风等的)自然力〈die entfesselten Urgewalten 被释放出来的自然力〉

Ur|groß·el·tern *die*; *Pl*(复); die Eltern des Großvaters od. der Großmutter 曾祖父母,外曾祖父母

Ur|groß·mut·ter *die*; die Mutter des Großvaters od. der Großmutter 曾祖母,外曾祖母

Ur|groß·va·ter *der*; der Vater des Großvaters od. der Großmutter 曾祖父,外曾祖父

Ur·he·ber *der*; *-s*, - **1.** ***der U.*** (+ *Gen* 二格/ ***von etw.***) j-d, der bewirkt, dass etw. geschieht(某事的)发动者,发起者,倡议者 ≈ Initiator: *Er war der U. der Revolte* 他是叛乱的主谋 **2.** *bes* ein Künstler (*z. B.* ein Dichter od. Komponist), der ein Werk geschaffen hat(尤指艺术作品的)创作者,首创者 ‖ *hierzu*(派生) **Ur·he·be·rin** *die*; -, *-nen*

Ur·he·ber·recht *das*; *nur Sg*, JUR(只用单数)【法】; alle Rechte, die e-m Künstler sichern, dass er allein über sein Werk bestimmen darf 著作权,版权 ‖ *hierzu*(派生) **ur·he·ber·recht·lich** *Adj*(形)

Ur·he·ber·schaft *die*; -; *nur Sg*, *geschr*(只用单数)[书]; das Urhebersein (2) 作者身份: *die Frage nach der U.* (= Autorenschaft) *des anonymen Romans* 关于那部匿名的长篇小说的作者是谁的问题

urig *Adj*(形); *mst attr*(多作定语) **1.** in seinem Wesen od. Verhalten (auf sympathische Weise) ein bisschen seltsam 奇特的,滑稽的〈ein Kauz, ein Typ 怪人,类型〉 **2.** ≈ urtümlich, urwüchsig

Urin *der*; *-s*; *nur Sg*(只用单数) ≈ Harn ‖ K-(复合): ***Urin-***, ***-probe***, ***-untersuchung*** ‖ *hierzu*(派生) **uri·nie·ren** (*hat*) *Vi*(不及物)

Ur·ins·tinkt *der*; ein wichtiger Instinkt, den ein Mensch od. Tier von Geburt an hat 固有的本能,天生的本能

ur·ko·misch *Adj*(形); *gespr*[口]; sehr komisch 极可笑的,极滑稽的

Ur·kraft *die*; die sehr große (elementare) Kraft *bes* des Wassers, des Windes, der Sonne, des Feuers 原始自然力

Ur·kun·de *die*; -, *-n*; ein (amtliches) Dokument, durch das wird 证明文书,证件,证书,执照,文献,文件〈e-e notariell beglaubigte U. 经过公证的证件,经公证人证明的证件; e-e U. (über etw. (*Akk* 四格)) ausstellen, ausfertigen 签发、出具(关于某事的)证件; e-e U. fälschen 伪造证件〉 ‖ K-(复合): ***Urkunden-***,

Urkunde

-fälschung, **-fälscher** ‖ -K(复合): **Besitz-**, **Ernennungs-**, **Geburts-**, **Heirats-**

ur·kund·lich *Adj*(形); *nur attr od adv*(只作定语或状语); in e-r Urkunde 有文件的,有文献记载的,借助文件的 ⟨e-e Erwähnung 提及; etw. ist u. belegt, bezeugt 某事有文献记载证明、证实⟩: *Berlin wird 1244 erstmals u. erwähnt* 1244 年柏林首次在文献中被提及

Ur·laub *der*; -(*e*)*s*, -*e* **1.** die Zeit, in der man in seinem Beruf nicht arbeiten muss (damit man sich erholen kann)假,假期,假日,休假,公休日 ⟨(un)bezahlter, ein mehrwöchiger U. 工资照付的(不付工资的)、几个星期的假期; U. beantragen, bekommen 申请休假,得到假期; (sich (*Dat* 三格)) U. nehmen 休假; in U. gehen 去休假; seinen U. antreten 开始自己的休假; U. haben, machen 有假期,休假; in/im U. sein 正在休假⟩: *im U. ans Meer, in die Berge fahren*(乘车、船)去海滨、到山里去休假; *Sie ist gestern gut erholt aus dem U. zurückgekommen* 她昨天休假回来了,休息得很好 ‖ K-(复合): **Urlaubs-**, **-anspruch**, **-antrag**, **-dauer**, **-gesuch**, **-plan**, **-reise**, **-saison**, **-tag**; ‖ -K(复合): **Erziehungs- 2.** ein (Erholungs) Aufenthalt weg von der Arbeit und weg von zu Hause 休养(期),疗养(期) ≈ Ferien ⟨in U. fahren(乘车、船)去休养; irgendwo U. machen 在某地休养(疗养), auf/in U. sein 正在休养⟩: *ein kurzer U. am Meer* 在海滨的短期休养 ‖ K-(复合): **Urlaubs-**, **-adresse**, **-anschrift**, **-land**, **-ort**, **-ziel** ‖ -K(复合): **Abenteuer-**, **Bildungs-**, **Erholungs-**, **Kurz- 3. *U. von j-m/etw. machen*** e-e Zeit nicht mit j-m/etw. verbringen, um sich so zu erholen 离开…(某人)/放下…(某事)去休假

Ur·lau·ber *der*; -*s*, -; j-d, der gerade seinen Urlaub irgendwo verbringt 休假者,度假者,假期旅游者 ≈ Tourist: *Viele Urlauber gehen nach Spanien* 许多度假者去西班牙 ‖ *hierzu*(派生) **Ur·lau·be·rin** *die*; -, -*nen*

Ur·laubs·geld *das*; e-e bestimmte (Geld)-Summe, die der Arbeitgeber dem Arbeitnehmer für den Urlaub zusätzlich zum Lohn/Gehalt zahlt 休假津贴

ur·laubs·reif *Adj*(形); *mst präd*, *gespr*(多作表语)[口]; in e-m Zustand, in dem man Urlaub braucht, um sich zu erholen 具备休假条件的,作好休假准备的

Ur·laubs·zeit *die* **1.** die Zeit, in der j-d Urlaub hat od. macht 休假期 **2.** die Zeit, in der sehr viele Leute Urlaub machen 休假季节 ≈ Hauptreisezeit, Saison

Ur·mensch *der*; e-e frühe Form des Menschen, aus der sich die Menschheit entwickelt hat 原始人

Ur·ne *die*; -, -*n* **1.** e-e Art Vase od. Krug (mit Deckel), in der die Asche e-s Toten aufbewahrt (und beigesetzt) wird 骨灰坛,骨灰罐 ‖ K-(复合): **Urnen-**, **-beisetzung**, **-friedhof**, **-grab 2.** *Kurzw*(略) ↑ **Wahlurne**: *der Gang zu den Urnen* 通往投票箱的通道 ‖ K-(复合): **Urnen-**, **-gang**

Uro·lo·ge *der*; -*n*, -*n*; ein Arzt mit e-r (Spezial)Ausbildung in Urologie 泌尿科医生,泌尿学家 ‖ NB(注意): *der Urologe*; *den*, *dem*, *des Urologen* ‖ *hierzu*(派生) **Uro·lo·gin** *die*; -, -*nen*

Uro·lo·gie *die*; -; *nur Sg*(只用单数); das Gebiet der Medizin, das sich mit den Erkrankungen der Niere, der Harnblase *usw* beschäftigt 泌尿学,泌尿科学 ‖ *hierzu*(派生) **uro·lo·gisch** *Adj*(形)

ur·plötz·lich *Adj*(形); *nur attr od adv*(只作定语或状语); ganz plötzlich 十分突然的,突如其来的

Ur·sa·che *die*; ***die U.*** (+ *Gen* 二格/**für etw.**) der Vorgang, der Sachverhalt *o. Ä.*, der bewirkt, dass etw. geschieht 原因,起因,理由 ≈ Grund ↔ Folge ⟨die unmittelbare U. (für etw.)(某事的)直接原因; innere, äußere Ursachen 内部的、外部的原因; aus ungeklärter U. 由于未经查明的原因; U. und Wirkung 原因和效果⟩: *die Ursachen für das Unglück/des Unglücks ermitteln* 查明事故的原因 ‖ -K(复合): **Todes-**, **Unfall-**, **Unglücks-** ‖ ID[谚] ***Keine U.!*** verwendet als floskelhafte Antwort, nachdem sich j-d bei einem bedankt hat 没什么!不用谢!(回答别人道谢时的客套话) ≈ Gern geschehen!, Nichts zu danken!

ur·säch·lich *Adj*(形) **1.** *nur attr od adv*(只作定语或状语); die Ursache betreffend 原因的,与原因有关的 **2.** die Ursache für etw. bildend 构成原因的,有因果联系的 ≈ kausal: *Zwischen diesen beiden Phänomenen besteht ein ursächlicher Zusammenhang* 在这两种现象之间存在着一种因果联系

Ur·schrift *die*; das Original e-s Textes (*mst* e-r Urkunde *o. Ä.*) 原稿,手稿,原文,原本,草稿 ↔ Abschrift, Kopie

Ur·sprung *der*; *mst* der Zeitpunkt od. der Ort, an dem etw. (*bes* e-e Entwicklung) angefangen hat 起源,由来,开端,发源地 ≈ Anfang, Ausgangspunkt ↔ Ende, Endpunkt: *Die Ursprünge des Tangos liegen in Argentinien* 探戈舞的发源地在阿根廷; *Das Wort ist griechischen Ursprungs* (= kommt aus dem Griechischen)这个词来源于希腊文 ‖ K-(复合): **Ursprungs-**, **-gebiet**, **-land**, **-nachweis**

ur·sprüng·lich, **ur·sprüng·lich** *Adj*(形) **1.** so, wie es zuerst, ganz am Anfang war 开始的,开初的,原来的,起初的,最初的 ≈ anfänglich: *seinen ursprünglichen Plan ändern* 改变自己原来的计划; *Ihr ursprüngliches Misstrauen schwand* 她的最初猜疑消失了; *Er lehnte es u.* (= am Anfang) *ab, aber dann änderte er seine Meinung* 起初他不赞成,但是后来他改变了自己的意见 **2.** nicht (vom Menschen) verändert 原始的,天然的,纯朴的 ≈ natürlich[1] (1), urwüchsig (1) ↔ kultiviert ⟨e-e Landschaft 风景⟩ ‖ *zu* (义项)**2. Ur·sprüng·lich·keit** *die*; *nur Sg*(只用单数)

Ur·ständ (*die*); *nur in* 只用于 ***etw. feiert fröhliche U.*** etw. Negatives, das schon lange vergangen ist, kommt wieder 还魂,回

潮，重新流行，再度盛行，卷土重来 ≈ etw. lebt wieder auf: *Der Rechtsextremismus feiert fröhliche U.* 右翼极端主义重新流行起来

Ur·teil *das* **1. ein U.** (**über j-n/etw.**) die Entscheidung e-s Richters (am Ende e-s Prozesses) (对…的) 判决〈ein hartes, mildes, gerechtes U. 严厉的、宽大的、公正的判决; ein U. fällen, sprechen, vollstrecken, aufheben 作出、宣布、执行、撤销判决; ein U. anfechten 反对判决; gegen ein U. Berufung einlegen 对一项判决提出上诉; ein U. ist rechtskräftig 判决是具有法律效力的〉: *Das U. lautete auf zehn Jahre Haft* 宣判十年监禁 ‖ K-(复合): **Urteils-**, **-begründung**, **-verkündung**, **-vollstreckung** ‖ -K(复合): **Gerichts-**, **Todes-** **2. ein U.** (**über j-n/etw.**) e-e Aussage, mit der man e-e Person od. Sache bewertet, nachdem man sie genau geprüft hat 鉴定，评价，判断 ≈ Bewertung〈ein fachmännisches U. 专家的鉴定，专家的判断; sich (*Dat* 三格) ein U. bilden, anmaßen (对某事) 作出自己的判断，妄加评论; ein U. (über j-n/etw.) abgeben (对某人/某事) 发表评论; ein (vernichtendes, vorschnelles) U. fällen 作出(否定的，仓促的)评价〉 ‖ *zu* (义项) **2. ur·teils·los** *Adj* (形)

ur·tei·len; *urteilte*, *hat geurteilt*; [Vi] (不及物) (**irgendwie**) (**über j-n/etw.**) **u.** nach e-r genauen Prüfung seine Meinung über j-n/etw. sagen (对…) 作出判断，作出评价 ≈ j-n/etw. beurteilen, etw. bewerten〈(un)gerecht, (un)parteiisch, sachlich, abfällig, hart, vorschnell u. 作出(不)公正的、(不)偏袒的、符合实际的、否定的、严厉的、仓促的评价〉

ur·teils·fä·hig *Adj* (形); *nicht adv* (不作状语); fähig, über j-n/etw. gerecht zu urteilen 有判断能力的 ‖ *hierzu* (派生) **Ur·teils·fä·hig·keit** *die*; *nur Sg* (只用单数)

Ur·teils·fin·dung *die*; -, -*en*; JUR【法】; die Bewertung der Fakten, um daraus ein Urteil (1) zu bilden 判决认定

Ur·teils·spruch *der*; JUR【法】; der Teil des Urteils (1) mit der schriftlichen Formulierung der Entscheidung 判决

Ur·teils·ver·mö·gen *das*; *nur Sg* (只用单数); die Fähigkeit, über j-n/etw. gerecht zu urteilen 判断能力 ≈ Urteilsfähigkeit〈ein eingeschränktes U. 受局限的判断能力〉

Ur·trieb *der*; ein sehr starkes Bedürfnis, das ein Mensch od. ein Tier von Geburt an haben (*z.B.* Hunger, Durst) 天生的本能，天生俱来的要求(欲望)

ur·tüm·lich *Adj* (形); noch nicht (von Menschen) verändert 原始的，天然的，古朴的 ≈ ursprünglich (2)〈e-e Landschaft 风景〉 ‖ *hierzu* (派生) **Ur·tüm·lich·keit** *die*; *nur Sg* (只用单数)

Ur·wald *der*; ein dichter Wald (*bes* in den Tropen), den die Menschen nicht (landwirtschaftlich) nutzen 原始森林 ≈ Dschungel ‖ K-(复合): **Urwald-**, **-gebiet**

ur·wüch·sig *Adj* (形) **1.** noch nicht (vom Menschen) verändert 原始的，天然的 ≈ ursprünglich (2)〈e-e Landschaft 风景〉 **2.** nicht durch äußere Einflüsse verändert, sondern ganz durch die eigene Natur bestimmt 自然大方的，朴实无华的，不做作的 ↔ gekünstelt〈ein Mensch, e-e Sprache, ein Humor 人，语言，幽默〉 ‖ *hierzu* (派生) **Ur·wüch·sig·keit** *die*; *nur Sg* (只用单数)

Ur·zeit *die* **1.** die älteste Zeit in der Entwicklung der Erde od. Menschheit 史前时代，原始时代 **2. seit Urzeiten** seit sehr langer Zeit 自远古以来 ≈ schon immer ‖ *zu* (义项) **1. ur·zeit·lich** *Adj* (形)

Ur·zu·stand *der*; der ursprüngliche, nicht veränderte Zustand 原始状态〈etw. in seinem U. belassen 让某物保持原始状态〉

US- [uːˈ|ɛs-] *im Subst*, *wenig produktiv* (构成名词，构词弱); verwendet, um auszudrücken, dass j-d/etw. aus den Vereinigten Staaten (von Amerika) ist 美利坚合众国的，美国的; der **US-Amerikaner**, der **US-Dollar**, die **US-Streitkräfte**

USA [uː|ɛsˈ|aː] *die*; *Pl* (复); die Vereinigten Staaten von Amerika 美利坚合众国，美国 ‖ NB (注意): in Komposita *mst* **US-** (在复合词中多用 US-)

U·ser [ˈjuːzɐ] *der*; -*s*; -; INFORM【信息】≈ Anwender, Benutzer

usur·pie·ren; *usurpierte*, *hat usupiert*; [Vt] (及物) **etw. u.** *geschr* [书]; mit Gewalt die Macht in e-m Staat an sich reißen 篡夺，强占 ‖ *hierzu* (派生) **Usur·pa·ti·on** *die*; -, -*en*; **Usur·pa·tor** *der*; -*s*, *Usur·pa·to·ren*

Usus *der*; -; *nur Sg* (只用单数); *mst in* 多用于 **etw. ist (so) U.** *gespr* [口]; etw. ist so üblich, Brauch 某事是平常的事，是惯例，是习惯

usw. *Abk für* 缩写，全称为 und so weiter ‖ NB (注意): ↑ **und** (10)

Uten·sil *das*; -*s*, -*ien* [-iən]; *mst Pl* (多用复数); Dinge, die man für e-n bestimmten Zweck braucht 工具，用具，器具，什物 ‖ -K(复合): **Bade-**, **Mal-**, **Reise-**, **Schmink-**, **Schreib-**

Ute·rus *der*; -, *Ute·ri*; MED【医】≈ Gebärmutter

Uto·pie *die*; -, -*n* [-ˈpiːən] **1.** e-e Idee od. ein Plan, die so fantastisch sind, dass man sie nicht verwirklichen kann (weil die notwendigen Voraussetzungen od. Grundlagen dafür fehlen) 空想，幻想，梦想: *die U. e-s Weltfriedens* 世界和平的梦想 **2.** ein Roman, in dem von e-r U. (1) erzählt wird 乌托邦(英国空想共产主义者莫尔描写他的理想社会的一部著作的名称) ‖ *hierzu* (派生) **Uto·pist** *der*; -*en*, -*en*

uto·pisch *Adj* (形); nur als Idee, aber nicht in der Wirklichkeit möglich 乌托邦的，空想的，幻想的，无法实现的 ↔ realisierbar〈Erwartungen, Forderungen, Hoffnungen 期望，要求，希望; etw. ist, erscheint u. 某事是空想的，看来是空想的(不能实现的)〉

UV- [uːˈfau-] *im Subst*, *wenig produktiv* (构成名词，构词弱); in Bezug auf ultraviolette Strah-

U

len 紫外线的，与紫外线有关的；der ***UV-Filter***，die ***UV-Lampe***，das ***UV-Licht***，die ***UV-Strahlen***，die ***UV-Strahlung***

Ü-Wa·gen *der*；↑ ***Übertragungswagen***

Uz *der*；*-es*，*-e*；*mst Sg*，*nordd*（多用单数）［北德］≈ Neckerei ‖ *hierzu*（派生）**uzen**（*hat*）*Vt*（及物）

V, v

V, v [fau̯] *das*; -, -/*gespr* [口] *-s*; der zweiundzwanzigste Buchstabe des Alphabets 字母表中的第 22 个字母〈ein großes V 大写 V; ein kleines v 小写 v〉 ‖ *hierzu* (派生) **v-för·mig, V-för·mig** [ˈfau̯-] *Adj*(形)

Va·banque, va banque [vaˈbãːk, vaˈbaŋk] *mst in* 多用于 ***Vabanque spielen*, *va banque spielen*** etw. mit sehr hohem Risiko tun 孤注一掷,冒很大风险 ‖ K-(复合): ***Vabanque-, -spiel***

vag [v-] *Adj*(形); ↑ ***vage***

Va·ga·bund [v-] *der*; *-en*, *-en*; *veraltend* [渐旧] ≈ Landstreicher ‖ NB(注意): *der Vagabund*; *den*, *dem*, *des Vagabunden* ‖ *hierzu* (派生) **Va·ga·bun·din** [v-] *die*; -, *-nen*

va·ga·bun·die·ren [v-]; *vagabundierte*, *hat vagabundiert*; [Vi] (不及物) wie ein Landstreicher ohne Ziel durch das Land ziehen 流浪,过不安定的生活

va·ge [v-] *Adj* (形) ≈ ungenau, undeutlich 〈e-e Andeutung, e-e Beschreibung, e-e Erinnerung, e-e Vorstellung 暗示,描述,回忆,想法〉 ‖ *hierzu* (派生) **Vag·heit** *die*

Va·gi·na, Va·gi·na [v-] *die*; -, *Va·gi·nen*; MED【医】≈ Scheide (1) ‖ *hierzu* (派生) **va·gi·nal** *Adj*(形)

va·kant [v-] *Adj*(形); *nicht adv*, *geschr*(不作状语)[书]; nicht besetzt 空的,空缺的 ≈ frei, offen 〈ein Lehrstuhl, e-e Stelle 教授的职位,位置〉

Va·kanz [v-] *die*; -, *-en*; *geschr* [书] **1.** das Fehlen, das Vakantsein 缺少,空缺 **2.** e-e freie Stelle 空位子〈e-e V. auffüllen 补个空缺〉

Va·ku·um [ˈvaːkuʊm] *das*; *-s*, *Va·ku·en*/*Va·kua* **1.** PHYS【物】; ein Raum(inhalt), in dem (fast) keine Luft ist u. ein sehr niedriger Druck herrscht 真空〈ein V. erzeugen 产生真空〉: *Der Weltraum ist ein V.* 外层空间是真空带 ‖ K-(复合): ***Vakuum-, -verpackung***; ***vakuum-, -verpackt*** **2.** *geschr* [书]; e-e Leere, *bes* in Bezug auf Geistiges, Gefühle *o.Ä.* 真空,真空地带,空白,(尤指精神、感情上的)空虚

Va·len·tins·tag [v-] *der*; der 14. Februar. An diesem Tag ist es für viele Leute Sitte, der Freundin, der Mutter od. der Ehefrau Blumen zu schenken 圣瓦伦廷节,情人节(2 月 14 日)

Va·lenz [v-] *die*; -, *-en* **1.** CHEM【化】; die Eigenschaft e-s Atoms, sich mit anderen Atomen (zu Molekülen) zu verbinden (原子)价,(化合)价 ≈ Wertigkeit **2.** LING【语】; die Eigenschaft e-s Wortes (*bes* e-s Verbs), andere Wörter an sich zu binden 配价,搭配能力,组配数限 ≈ Wertigkeit ‖ K-(复合): ***Valenz-, -theorie, -wörterbuch***

Vamp [vɛmp] *der*; *-s*, *-s*; e-e Frau, die erotisch wirkt u. dadurch für Männer besonders attraktiv ist 妖冶的女人,荡妇

Vam·pir [vamˈpiːɐ̯] *der*; *-s*, *-e* **1.** ein böser Geist, von dem man glaubt, dass er in e-m toten Körper lebe u. Menschen in der Nacht das Blut aussauge (迷信传说中夜间吸人血的)吸血鬼 **2.** e-e große Fledermaus, die vom Blut von Tieren lebt 吸血蝠,蝙蝠 **3.** *gespr pej* [口][贬] ≈ Wucherer

Van·da·le [v-] *der*; *-n*, *-n*; *pej* [贬]; j-d, der Dinge mit Absicht beschädigt od. zerstört 摧残者,破坏狂 ‖ ID [谚] *mst* 多用 ***sie hausten wie die Vandalen*** *gespr* [口]; sie haben (in ihrer Wohnung, bei ihrem Besuch, Fest *o.Ä.*) viel Dreck od. Unordnung gemacht 他们搞得一片狼藉,脏乱不堪 ‖ NB(注意): *der Vandale*; *den*, *dem*, *des Vandalen* ‖ *hierzu* (派生) **Van·da·lis·mus** *der*; -; *nur Sg*(只用单数)

Va·nil·le [vaˈnɪlə, vaˈnɪljə] *die*; -; *nur Sg*(只用单数); ein Gewürz für süße Speisen, das aus den Früchten e-r tropischen Pflanze gewonnen wird 香草,香草香精〈echte, künstliche V. 真正的、人造的香草香精〉 ‖ K-(复合): ***Vanille-, -eis, -geschmack, -pudding, -soße, -zucker***

va·ri·a·bel [v-]; *variabler*, *variabelst-*; *Adj* (形); *geschr* [书] ≈ veränderlich ↔ konstant 〈e-e Größe, e-e Kombination, ein Wert 量,组合,数值〉 ‖ NB(注意): *variabel* → *variable Größen* ‖ *hierzu* (派生) **Va·ri·a·bi·li·tät** *die*; -; *nur Sg*(只用单数)

Va·ri·ab·le [v-] *die*; *-n*, *-n*; MATH, PHYS【数】【物】; e-e veränderliche Größe 变数,变量,变元,变项 ↔ Konstante: *die Variablen „x" und „y" e-r Gleichung* 方程式的变数 x 和 y

Va·ri·an·te [v-] *die*; -, *-n*; eine von mehreren Möglichkeiten od. e-e leicht abweichende Form von etw. 变形,变体,变种,变异: *regionale Varianten in der Aussprache* 发音中的地区性变异

Va·ri·a·ti·on [variaˈtsi̯oːn] *die*; -, *-en*; *mst Pl* (多用复数) **1.** *geschr* [书]; e-e geringe Veränderung 小变化,改变 ≈ Abwandlung 〈etw. erfährt mehrere, einige Variationen 某事经历着若干、一些变化〉 ‖ K-(复合): ***Variations-, -möglichkeit*** **2.** ≈ Variante 〈etw. existiert in mehreren Variationen 某物以多种变形(变体)存在〉 **3.** MUS【音】; ***Variationen***

(*über etw.* (*Akk* 四格)/*zu etw.*) Veränderungen e-s Themas (aber so, dass die Melodie erkennbar bleibt)变奏,变奏曲

Va·ri·e·té, Va·ri·e·tee [vari̯eˈteː] *das*; *-s*, *-s* **1.** ein Theater, in dem Tänzer, Sänger, Akrobaten *usw* auftreten 杂耍剧场,杂耍游艺场 **2.** e-e Vorstellung in e-m V. (1)杂耍演出,游艺演出

va·ri·ie·ren [variˈiːrən]; *variierte*, *hat variiert*; [Vt] (及物) **1.** *etw. v.* etw. (*mst* nur wenig) verändern 使(稍加)变化、改变、变动,对…进行变奏≈ abwandeln: *ein musikalisches Thema v.* 对音乐主题进行变奏; *Er variiert sein Programm immer wieder, je nachdem, vor welchem Publikum er spielt* 他总是根据他为什么样的观众进行演出来改变自己的节目; [Vi] (不及物) **2.** *etw. variiert* etw. verändert sich, unterscheidet sich ein wenig(物作主语)略有变化,改变,变动: *Die Zahl unserer Mitarbeiter bleibt im Wesentlichen gleich, variiert aber je nach Jahreszeit* 我们同事的人数基本上保持不变,但是随季节而略有变化

Va·sall [v-] *der*; *-en*, *-en* **1.** *hist* [历] ≈ Lehnsmann **2.** *pej* [贬]; j-d, der von e-m anderen abhängig ist u. diesem immer gehorcht 附庸,奴仆,随从 ‖ NB(注意): *der Vasall*; *den*, *dem*, *des Vasallen*

Va·se [v-] *die*; *-*, *-n*; ein Gefäß (*bes* aus Glas od. Porzellan), in das man Wasser füllt u. Blumen stellt 花瓶(玻璃或瓷器的): *e-e V. mit Tulpen* 插有郁金香的花瓶 ‖ -K(复合): ***Blumen-***

Va·se·li·ne® [v-] *die*; *-*; *nur Sg*(只用单数); e-e weiche, fettige Masse, die man verwendet, um der Haut Fett zu geben od. um Salben *o. Ä.* zu machen 凡士林,矿脂,石油冻

Va·ter [f-] *der*; *-s*, *Vä·ter* **1.** ein Mann, der ein Kind gezeugt hat 父,父亲 (ein guter, schlechter, liebevoller, strenger V. 好的、坏的、慈爱的、严厉的父亲; j-s leiblicher V. (im Gegensatz zu V. (2)) 某人的生父,亲生父亲): *Er ist V. von drei Kindern* 他是三个孩子的父亲 **2.** ein Mann, der Kinder so versorgt, als ob er der V. (1) wäre 养父,继父: *Sie bekamen e-n neuen V., als ihre Mutter wieder heiratete* 母亲再婚后,他们有了继父 ‖ -K(复合): ***Heim-***, ***Pflege-***, ***Stief-*** **3.** ein männliches Tier, das Junge gezeugt hat 配种公畜,配种雄性动物: *Bei manchen Fischen übernimmt der V. die Brutpflege* 有些鱼是雄性鱼承担(对幼鱼的)哺育 ‖ K-(复合): ***Vater-***, ***-tier*** **4.** ***der (geistige) V.*** + *Gen* (二格) ≈ Urheber, Schöpfer (der geistige V. e-r Idee, e-s Plans 一种思想、计划的精神创始人; die Väter des Grundgesetzes, der Verfassung 基本法、宪法的创立者们) **5.** *nur Pl* (只用复数) ≈ Vorfahren (das Land der Väter 祖居地,原籍) **6.** *nur Sg*, KATH (只用单数)【天主】; verwendet als Anrede für e-n Priester 神甫(对天主教神职人员的称呼) **7.** *nur Sg*, REL (只用单数)【宗】≈ Gott (der V. im Himmel 天父; Im Namen des Vaters u. des Sohnes u. des Heiligen Geistes 以圣父、圣子和圣灵的名义) **8.** ***der Heilige V.*** KATH【天主】≈ der Papst **9.** ***V. Staat*** *hum* [诙]; der Staat, *bes* unter dem Aspekt, dass er finanzielle Hilfe gibt 老子国(尤指提供经济援助的国家) ‖ *zu* (义项) **1.** u. **2.** ***va·ter·los*** *Adj*(形)

Vä·ter·chen *das*; *-s*, *-* **1.** ein alter Mann 老头子,老爷子,老人 **2.** ***V. Frost*** *hum* [诙]; große Kälte 严寒

Va·ter·freu·den *die*; *Pl*(复); *mst in* 多用于 ***V. entgegensehen*** *hum* [诙]; bald Vater e-s Kindes werden 不久就要当父亲了

Va·ter·haus *das*; das Haus, in dem man aufgewachsen ist u. in dem die Eltern wohnen 父宅,祖宅≈ Elternhaus

Va·ter·land *das*; verwendet als (emotional verstärkende) Bezeichnung für das Land, in dem man geboren u. *mst* auch aufgewachsen ist (*bes* für Deutschland) 祖国 ‖ K-(复合): ***Vaterlands-***, ***-liebe***, ***-verräter***

va·ter·län·disch *Adj*(形); *mst attr*(多作定语); *veraltend* [渐旧]; mit e-r sehr positiven Einstellung zum Vaterland 祖国的,爱国的≈ patriotisch (e-e Gesinnung, ein Lied 思想,歌曲)

vä·ter·lich *Adj*(形) **1.** *nur attr*, *nicht adv*(只作定语,不作状语); vonseiten des Vaters (1) 父亲的 (die Erziehung, die Liebe, die Pflichten 教育,爱,义务) **2.** ähnlich wie ein guter Vater (1) 父亲般的,慈父般的 (ein Freund 朋友; j-n v. ermahnen, lieben 慈父般地劝告、热爱某人) ‖ *zu* (义项) **2.** ***Vä·ter·lich·keit*** *die*; *nur Sg*(只用单数)

vä·ter·li·cher·seits *Adv* (副); (verwendet nach e-r Verwandtschaftsbezeichnung) aus der Familie des Vaters (1) 从父亲方面,父系↔ mütterlicherseits: *mein Großvater, ein Onkel v.* 我的祖父,伯父或叔父

Va·ter·schaft *die*; *-*, *-en*; *mst Sg*(多用单数); die Tatsache, dass j-d Vater (1) ist 父亲身份 ‖ K-(复合): ***Vaterschafts-***, ***-nachweis***

Va·ter·schafts·kla·ge *die*; e-e Klage vor Gericht, mit der e-e Frau feststellen lassen will, dass ein Mann der Vater ihres Kindes ist u. deswegen Geld für das Kind zahlen muss 证实父亲身份的诉讼

Va·ter·stadt *die*; die Stadt, in der man geboren od. aufgewachsen ist 出生的城市,故乡,家乡≈ Heimatstadt

Va·ter·un·ser *das*; *-s*, *-*; ein Gebet, das mit den Worten „Vater unser" beginnt u. von Christen gesprochen wird 主祷文 (ein/das V. aufsagen, beten, sprechen 背诵,念主祷文)

Va·ti [f-] *der*; *-s*, *-s*; *gespr* [口]≈ Papa, Papi

Va·ti·kan [v-] *der*; *-s*; *nur Sg*(只用单数) **1.** die Residenz des Papstes in Rom 梵蒂冈 ‖ K-(复合): ***Vatikan-***, ***-stadt***, ***-staat*** **2.** die oberste Behörde der römisch-katholischen Kirche 教廷

V-Aus·schnitt [ˈfau̯-] *der*; ein Ausschnitt vorne an e-m Kleid, Pullover *o. Ä.* in der Form des Buchstabens V V字型领口

v. Chr. ↑ ***Christus*** (2)

V

Ve·ge·ta·ri·er [vege'taːriɐ] *der*; *-s*, *-*; j-d, der kein Fleisch isst 素食者,素食主义者 ‖ *hierzu*（派生）**ve·ge·ta·risch** *Adj*（形）; **Ve·ge·ta·ri·e·rin** [vege'taːriərin] *die*; *-*, *-nen*

Ve·ge·ta·ti·on [vegeta'tsioːn] *die*; *-*, *-en*; *mst Sg*（多用单数）**1.** *Kollekt*（集合）; die Pflanzen, die in e-m bestimmten Gebiet wachsen 植物（总称），植被 ≈ Pflanzenwelt: *die V. des Hochgebirges* 高山植物 ‖ K-（复合）: ***Vegetations-***, ***-zone*** **2.** das Wachstum der Pflanzen 植物的生长 ≈ Pflanzenwuchs 〈üppige, spärliche V. 植物生长茂盛、稀少〉 ‖ K-（复合）: ***Vegetations-***, ***-periode***, ***-zeit***

ve·ge·ta·tiv [vegeta'tiːf] *Adj*（形）; *mst in* 多用于 ***das vegetative Nervensystem*** MED, BIOL【医】【生】; der Teil des Nervensystems, der die Funktion der inneren Organe steuert u. nicht mit dem Bewusstsein verbunden ist 植物性神经系统

ve·ge·tie·ren [v-]; *vegetierte*, *hat vegetiert*; [Vi] *mst pej*（不及物）多用［贬］; unter sehr schlechten Bedingungen leben 过艰难困苦的生活〈im Slum v. 在贫民窟艰辛度日〉

ve·he·ment [vehe'mɛnt] *Adj*（形）; *geschr*［书］≈ heftig 〈Proteste 抗议，反对; etw. v. bekämpfen, fordern, kritisieren 激烈地反对、强烈地要求、激烈地批评某事〉 ‖ *hierzu*（派生）**Ve·he·menz** *die*; *-*; *nur Sg*（只用单数）

Ve·hi·kel [ve'hiːkl] *das*; *-s*, *-* **1.** *oft pej* 常用［贬］; ein altes od. schlecht funktionierendes Fahrzeug 老爷车,破车〈ein altmodisches, klappriges V. 一辆旧式的、破旧的车〉 **2.** *geschr*［书］; etw., das als Mittel für e-n bestimmten Zweck dient 工具,手段〈ein untaugliches V. 不适用的手段〉: *die Schrift als V. der Überlieferung von Wissen* 文字作为传播知识的手段

Veil·chen [f-] *das*; *-s*, *-* **1.** e-e kleine, violette Blume, die im Frühling blüht u. intensiv duftet 紫罗兰 ‖ K-（复合）: ***Veilchen-***, ***-duft***, ***-strauß***; ***veilchen-***, ***-blau*** **2.** *gespr*［口］; ein Bluterguss um ein Auge herum, in der Farbe ähnlich wie ein V.（1）眼圈周围的青紫块

Vek·tor ['vɛktoɐ] *der*; *-s*, *Vek·to·ren*; MATH, PHYS【数】【物】; e-e Größe, die e-n Betrag u. e-e Richtung hat (u. als Pfeil dargestellt wird) 矢量,向量 ‖ K-（复合）: ***Vektor-***, ***-rechnung***

Ve·lo [v-] *das*; *-s*, *-s*; Ⓒⓗ［瑞］≈ Fahrrad

Ve·lours[1] [ve'luːɐ] *der*; *-*, *-*; ein Stoff mit e-r rauen, aber weichen Oberfläche 丝绒,天鹅绒,棉绒 ‖ K-（复合）: ***Velours-***, ***-teppich***

Ve·lours[2]. [ve'luːɐ] *das*; *-*, *-*; ein weiches Leder 柔软细腻的毛皮 ‖ K-（复合）: ***Velours-***, ***-leder***

Ve·ne [v-] *die*; *-*, *-n*; e-e Ader, in der das Blut zum Herzen hin fließt 静脉 ↔ Arterie ‖ K-（复合）: ***Venen-***, ***-entzündung*** ‖ *hierzu*（派生）**ve·nös** *Adj*（形）

ve·ne·risch [v-] *Adj*（形）; *mst in* 多用于 ***e-e venerische Krankheit*** MED【医】≈ Geschlechtskrankheit

Ven·til [v-] *das*; *-s*, *-e* **1.** der besondere Teil e-s Rohrs od. Schlauches, den man öffnen u. schließen kann, um das Fließen od. Strömen e-r Flüssigkeit od. e-s Gases zu regeln 阀,活门,气门芯: *das V. e-s Fahrradreifens öffnen, um die Luft herauszulassen* 拔出自行车轮胎的气门芯放气 ‖ ↑ *Abb. unter* 图见 ***Fahrrad*** ‖ -K（复合）: ***Reifen-***, ***Sicherheits-*** **2.** der Teil e-s Musikinstruments, *z. B.* e-r Trompete od. e-r Orgel, der den Ton verändert（管乐器上改变音调的）栓塞,音栓 **3.** ***ein V.*** (***für etw.***) *mst* e-e Handlung, mit der man sich von negativen Emotionen u. von Aggression befreit 出气（筒）

Ven·ti·la·ti·on [ventila'tsioːn] *die*; *-*; *nur Sg*（只用单数）; das Bewegen von Luft, damit frische, kühle Luft irgendwohin kommt 通风,换气 ≈ Belüftung ‖ K-（复合）: ***Ventilations-***, ***-anlage***

Ven·ti·la·tor [venti'laːtoːɐ] *der*; *-s*, *Ven·ti·la·to·ren*; ein Gerät mit e-m kleinen Propeller, der die Luft so bewegt, dass frische, kühle Luft irgendwohin gelangt 电扇,通风机,鼓风机,排风扇

Ve·nus [v-] *die*; *-*; *nur Sg*（只用单数）; der zweite Planet des Sonnensystems (zwischen Merkur u. Erde) 金星

ver- [f-] *im Verb, unbetont u. nicht trennbar, sehr produktiv*（构成动词,非重读并不可分,构词强）; Die Verben mit *ver-* werden nach folgendem Muster gebildet (ver-动词的模式如下): *verhungern – verhungerte – verhungert*

1. verwendet, um aus e-m Adj. ein Verb zu machen; *ver-* drückt aus, dass j-d etw. in den Zustand bringt, der vom Adj. bezeichnet wird, od. dass j-d/etw. allmählich von selbst in diesen Zustand kommt（用来使形容词构成动词,表示状态变化）;

etw. vergrößern: *Der Fotograf vergrößerte das Foto* 摄影师放大了照片 ≈ Er machte das Foto größer

ebenso（同类词有）: ***etw. verbilligen***, ***etw. verdeutlichen***, (***j-n***) ***verdummen***, ***vereinsamen***, ***etw. verflüssigen/etw. verflüssigt sich***, ***j-n/etw. verschönern***, ***j-n/sich/etw. vervollkommnen***

2. verwendet, um aus e-m Subst. ein Verb zu machen; *ver-* drückt aus, dass j-d j-n/etw. zu dem macht, was das Subst. bezeichnet, od. dass j-d/etw. von selbst dazu wird（用来使名词构成动词,表示转变成结果）;

etw. verfilmen: *Er beabsichtigt, e-n Roman zu verfilmen* 他打算把一部长篇小说拍成电影 ≈ Er will aus e-m Roman e-n Film machen

ebenso（同类词有）: ***etw. verdunstet***, ***verkarstet***, ***j-n versklaven***, ***etw. versteppt***

3. *ver-* macht aus e-m intransitiven Verb ein transitives Verb（使不及物动词变为及物动词）;

verspotten: *Karl verspottet oft seine Nachbarn* 卡尔常常嘲笑他的邻居 ≈ Karl spottet oft über seine Nachbarn ebenso(同类词有): **verplaudern**, **etw. versaufen**, **j-n/etw. verschweigen**

4. *ver-* drückt aus, dass j-d auf die genannte Art stirbt(表示死亡的方式);

verhungern: *Jeden Tag verhungern Tausende von Menschen* 每天有成千上万人饿死 ≈ Jeden Tag sterben Tausende von Menschen vor Hunger

ebenso(同类词有): **verdursten**

5. *ver-* drückt aus, dass das Resultat e-r Verbhandlung negativ od. unerwünscht ist(表示行为结果是否定的或不令人满意的);

etw. verrutscht: *Mir verrutscht die Hose dauernd* 我的裤子总往下滑 ≈ Meine Hose rutscht immer wieder nach unten

ebenso(同类词有): **etw. verkochen/etw. verkocht**, (**etw.**) **verschlafen**, **sich verfahren**

6. *ver-* drückt aus, dass man bei etw. e-n Fehler macht(表示有错误);

sich verrechnen: *Der Verkäufer hat sich verrechnet* 售货员算错了 ≈ Der Verkäufer hat beim Rechnen e-n Fehler gemacht

ebenso(同类词有): **sich verhören**, **sich vertippen**

7. *ver-* drückt aus, dass j-d/etw. von e-m Ort entfernt wird od. e-n Ort verlässt(表示离开) ≈ fort-, weg-;

j-n/etw. vertreiben: *Durch den Krieg wurden viele Menschen aus ihrer Heimat vertrieben* 由于战争许多人背井离乡 ≈ Viele Menschen waren durch den Krieg gezwungen, ihre Heimat zu verlassen

ebenso(同类词有): **j-n/etw. verjagen**, **verreisen**, **etw. verschieben/etw. verschiebt sich**, **sich verkriechen**

8. *ver-* drückt aus, dass e-e Verbhandlung zu Ende geht(表示行为的终结) ≈ aus-;

etw. verklingt: *Als die letzten Töne der Orgel verklangen, war die Kirche bereits leer* 当管风琴最后的音响消失的时候,教堂已经空了 ≈ Die Kirche war bereits leer, als die letzten Töne aufhörten zu klingen

ebenso(同类词有): **etw. verblüht**, **verbrennt**, **verglimmt**, **verhallt**

9. *ver-* drückt aus, dass etw. mit etw. ausgerüstet wird od. etw. bekommt(表示装备,配备);

etw. versiegeln: *Er versiegelte den Brief* 他把信(盖上印章)封上 ≈ Er machte ein Siegel auf den Brief

ebenso(同类词有): **etw. verchromen**, **etw. verminen**, **etw. verriegeln**

ver·ab·re·den; *verabredete*, *hat verabredet*; [Vt](及物) **1.** (**mit j-m**) **etw. v.** mit j-m etw. beschließen 约定,商定 ≈ vereinbaren, ausmachen ⟨ein Treffen, e-n Treffpunkt, e-n Termin v. 约定会面、会面地点、日期⟩: *sich zur verabredeten Zeit treffen* 在约定的时间见面; *Ich habe mit ihm verabredet, dass wir uns um zwei Uhr im Café treffen* 我和他约好,我们两点钟在咖啡馆见面; *Sie verabredeten, ihn gemeinsam zu besuchen* 他们约定一起去拜访他; [Vr](反身) **2. sich** (**mit j-m**) **v.** mit j-m beschließen, dass man sich trifft u. etw. gemeinsam tut 约好见面,商定会晤: *sich mit der Freundin zum Radfahren, im Restaurant, auf e-n Kaffee v.* 与女朋友约好一起骑自行车、在饭馆见面、去喝咖啡; *Für heute Abend habe ich mich schon verabredet* 今天晚上我已有约会

Ver·ab·re·dung *die*; -, *-en* **1. e-e V.** (**mit j-m**) ein Treffen, das man mit j-m beschlossen hat 约会 ⟨e-e geschäftliche V. 商务约会,业务约会; e-e V. haben, absagen 有约会,取消约会; zu e-r V. zu spät kommen 太晚去赴约会⟩ **2.** ≈ Vereinbarung, Abmachung ⟨e-e V. einhalten 恪守约定(协议); sich an e-e V. halten 遵守约定(协议)⟩

ver·ab·rei·chen; *verabreichte*, *hat verabreicht*; [Vt](及物) *geschr* [书] **1. j-m etw. v.** j-m ein Medikament *o. Ä.* in den Mund od. Körper geben 给…(吃药、打针等) ⟨j-m e-e Spritze, ein Zäpfchen v. 给某人打一针、安上栓剂⟩ **2. j-m e-e Tracht Prügel v.** ≈ j-n verprügeln ‖ *zu*(义项) **1. Ver·ab·rei·chung** *die*; *mst Sg*(多用单数)

ver·ab·scheu·en; *verabscheute*, *hat verabscheut*; [Vt](及物) **j-n/etw. v.** Abscheu gegen j-n/etw. empfinden 憎恶,厌恶,嫌恶 ‖ *hierzu*(派生) **ver·ab·scheu·ens·wert** *Adj*(形); **Ver·ab·scheu·ung** *die*; *nur Sg*(只用单数); **ver·ab·scheu·ungs·wür·dig** *Adj*(形)

ver·ab·schie·den; *verabschiedete*, *hat verabschiedet*; [Vr](反身) **1. sich** (**von j-m**) **v.** sich mit e-m Gruß von j-m trennen 告别,告辞 ⟨sich mit e-m Kuss, mit e-m Händedruck v. 吻别,握手告别⟩; [Vt](及物) **2. j-n v.** sich mit e-m Gruß von j-m trennen, der weggeht 为…送别,送走 ⟨e-n Besucher, e-n Gast v. 送走来访者、客人⟩ **3. j-n v.** j-n in den Ruhestand versetzen 解除…职务,使卸任,使退役 ⟨e-n Offizier, e-n Beamten v. 使一位军官退役,解除一位官员的职务⟩ **4. etw. v.** (nach e-r Debatte) etw. offiziell beschließen 通过 ↔ ablehnen ⟨ein Gesetz, e-n Haushaltsplan v. 通过法律、预算⟩ ‖ *zu*(义项) **3.** u. **4. Ver·ab·schie·dung** *die*

ver·ab·so·lu·tie·ren; *verabsolutierte*, *hat verabsolutiert*; [Vt](及物) **etw. v.** *geschr* [书]; etw. (e-e Erscheinung, e-e Erkenntnis *o. Ä.*) so überbewerten, dass man zu sehr verallgemeinert u. dabei andere Dinge zu wenig berücksichtigt 使绝对化 ‖ *hierzu*(派生) **Ver·ab·so·lu·tie·rung** *die*

ver·ach·ten; *verachtete*, *hat verachtet*; [Vt](及物) **j-n/etw. v.** j-n/etw. für wertlos od. schlecht halten u. deshalb stark ablehnen 蔑视,轻视,鄙视,唾弃,鄙弃: *j-n wegen seiner Feigheit v.* 因某人怯懦而鄙视他 ‖ ID [谚] *mst* 多用 **etw. wäre nicht zu v.** *gespr* [口]; etw. wäre sehr gut od. angenehm 某物会相当不错,相当好: *Ein kühles Bier wäre jetzt nicht zu v.* 现在如果有杯冰镇啤酒可真不错 ‖ *hierzu*(派生)

V

ver·ach·tens·wert *Adj*(形); **Ver·ach·tung** *die*; *nur Sg*(只用单数); **ver·ach·tungs·voll** *Adj*(形); **ver·ach·tungs·wür·dig** *Adj*(形)

ver·ächt·lich *Adj*(形) **1.** voller Verachtung 轻蔑的,蔑视的,轻视的 ≈ abfällig〈ein Blick, ein Lächeln, Worte 目光,微笑,话语; j-n v. ansehen 鄙夷地看着某人〉**2.** so, dass es Verachtung verdient 可鄙的,卑鄙的 ‖ *hierzu*(派生) **Ver·ächt·lich·keit** *die*; *nur Sg*(只用单数)

ver·al·bern; *veralberte, hat veralbert*; **Vt**(及物) ***j-n v.*** *gespr*[口]; j-m zum Spaß unwahre Dinge erzählen, damit er sie glaubt u. man über ihn lachen kann 愚弄,嘲弄 ‖ *hierzu*(派生) **Ver·al·be·rung** *die* ‖ ▶ ***albern*** (1)

ver·all·ge·mei·nern; *verallgemeinerte, hat verallgemeinert*; **Vt/i**(及物/不及物)(***etw.***) ***v.*** von e-r kleinen Zahl von Fällen od. Tatsachen ausgehend ein allgemeines Prinzip formulieren 使一般化,从…引出一般性结论,把…到处套用 ≈ generalisieren〈e-e Aussage, e-e Beobachtung, ein Ergebnis, e-e Feststellung v. 把一种说法、观察、成果、论断一般化; vorschnell v. 轻率地作出一般性结论〉‖ *hierzu*(派生) **Ver·all·ge·mei·ne·rung** *die*

ver·al·ten; *veraltete, ist veraltet*; **Vi** *mst*(不及物)多用 ***etw. ist veraltet*** etw. ist nicht mehr auf dem neuesten Stand der Technik (物作主语)已经陈旧,过时: *Aufgrund der schnellen Entwicklung war mein Computer schon nach kurzer Zeit veraltet* 由于发展很快,我的计算机用了不久就已经过时了

Ve·ran·da [v-] *die*; -, *Ve·ran·den*; ein Platz mit Dach (u. Glaswänden) an e-m Haus, an dem man *bes* vor Wind geschützt im Freien sitzen kann 阳台,游廊,走廊〈sich auf die V. setzen 坐到阳台上去〉

ver·än·der·lich *Adj*(形) **1.** so, dass es sich oft ändert 可变的,变化无常的,易变的 ≈ unbeständig〈das Wetter ist/bleibt v. 天气是/仍然变化无常〉**2.** ≈ variabel ‖ *hierzu*(派生) **Ver·än·der·lich·keit** *die*; *mst Sg*(多用单数)

ver·än·dern; *veränderte, hat verändert*; **Vt**(及物) **1.** ***j-n/etw. v.*** bewirken, dass j-d/etw. anders wird 改变,更改,使变化〈die Welt v. wollen 想改变世界〉: *Das Kind hat unser Leben sehr verändert* 孩子使我们的生活发生了很大变化; **Vr**(反身) **2.** ***sich v.*** anders werden 变化,变样 ≈ sich ändern〈sich zu seinem Vorteil/Nachteil, seinen Gunsten/Ungunsten v. 变得对他有利/不利〉**3.** ***sich*** (***beruflich***) ***v.*** den Arbeitsplatz wechseln 调换,变换,变动(工作岗位)

Ver·än·de·rung *die* **1.** e-e Handlung, durch die etw. anders wird 改变,变化,变革〈e-e V. vornehmen 进行改变〉**2.** der Vorgang, der Prozess, durch den etw. anders wird 变化、变样(指过程)〈e-e V. tritt ein 发生变化,出现变化, geht in j-m/etw. vor 某人/某物发生变化,起变化〉**3.** das Ergebnis e-r V. (1,2) 变化(指结果): *Es sind keine Veränderungen sichtbar* 还看不到任何变化

ver·ängs·tigt *Adj*(形); voller Angst 害怕的,胆怯的,吓坏了的〈ein Kind, ein Tier 小孩,动物〉

ver·an·kern; *verankerte, hat verankert*; **Vt**(及物) **1.**〈ein Schiff, ein Floß *o. Ä.* 船、筏子等〉***v.*** ein Schiff, ein Floß *o. Ä.* mit e-m Anker an seinem Platz festmachen 抛锚泊(船),使停泊,系泊 **2.** ***etw.*** (***irgendwo***) ***v.*** etw. so (im Boden *o. Ä.*) befestigen, dass es e-n festen Halt hat 把…固定住,系住: *Masten, Pfosten fest im Boden v.* 把杆子、柱子牢牢地固定在地上 **3.** ***etw. in etw.*** (*Dat* 三格) ***v.***〈ein Recht, e-e Pflicht *o. Ä.* 权利,义务等〉zum festen Bestandteil e-s Dokuments machen 使固定,使确定: *die in der Verfassung verankerte Religionsfreiheit* 在宪法中确定下来的宗教自由 ‖ *hierzu*(派生) **Ver·an·ke·rung** *die*

ver·an·la·gen; *veranlagte, hat veranlagt*; **Vt**(及物) ***j-n*** (***zu etw.***) ***v.*** j-n dazu verpflichten, Steuern zu zahlen 给…估定税额,确定…的税款: *Das Ehepaar wurde gemeinsam zur Einkommenssteuer veranlagt* 确定了那对夫妇应共同缴纳的所得税

ver·an·lagt 1. *Partizip Perfekt*(过去分词); ↑ ***veranlagen*** **2.** *Adj*(形); *nicht adv*(不作状语); ***irgendwie v.*** mit e-r bestimmten körperlichen od. psychischen Eigenschaft od. Neigung geboren(生来)具有…才能的,具有…气质的〈krankhaft, praktisch, künstlerisch, musisch *usw* v. sein 生来就病恹恹的,具有实践才能,具有艺术才能,具有音乐才能〉‖ ▶ ***Anlage*** (3)

Ver·an·la·gung *die*; -, *-en* **1.** e-e angeborene Eigenschaft, Neigung, Fähigkeit *o. Ä.* 才能,天资,天性,秉性: *e-e künstlerische V. haben* 具有艺术天资 **2.** *nur Sg*(只用单数); das Bestimmen der Steuern, die j-d zahlen muss (税额的)估定,确定,核定: *die gemeinsame steuerliche V. von Ehepaaren* 夫妇的共同税额的确定 ‖ ▶ ***Anlage*** (3)

ver·an·las·sen; *veranlasste, hat veranlasst*; **Vt**(及物) **1.** ***j-n zu etw. v.*** bewirken, dass j-d etw. tut 促使,推动 ≈ j-n zu etw. bewegen: *Was hat dich veranlasst, die Firma zu verlassen?* 是什么促使你离开公司呢? **2.** ***etw. v.*** j-m den Auftrag geben, etw. zu tun 委派,催办,安排 ≈ anordnen: *die Räumung des Saales v.* 安排清扫大厅; *Ich werde v., dass Sie Ihre Papiere umgehend bekommen* 我将催促使您能立即得到您的证件 **3.** ***sich*** (*Akk* 四格) ***zu etw. veranlasst fühlen/sehen*** glauben, dass man e-n wichtigen Grund hat, etw. zu tun 感到/认为有责任、有理由去做…: *Die Behörden sehen sich* (dazu) *veranlasst, das Schwimmbad vorübergehend* zu *schließen* 当局认为有责任暂时关闭游泳场 ‖ ▶ ***Anlass***

Ver·an·las·sung *die*; -; *nur Sg*(只用单数) **1.** ein wichtiger Grund für e-e Handlung 诱因,起因,理由〈es gibt, es besteht V. 有理由; j-d hat keine V. für etw./etw. zu tun 某人没有理由做某事〉: *j-n ohne jede V. beschuldigen* 没有任何理由地指责某人; *Er hat keine V., e-n solchen Schritt zu unternehmen* 他没有理由采取这种步骤 **2.** ***auf j-s V.*** (***hin***) weil es j-d so will, so festgelegt hat 在某人的策动(发起)下

ver·an·schau·li·chen; *veranschaulichte*, *hat veranschaulicht*; [Vt]（及物）(*j-m*) *etw.* *v.* j-m eine schwierige Sache erklären, indem man einfache od. konkrete Beispiele gibt, Zeichnungen zeigt *o. Ä.* 形象地说明，直观地阐明 ‖ *hierzu*（派生）**Ver·an·schau·li·chung** *die*; *mst Sg*（多用单数）‖ ▶ **anschaulich**

ver·an·schla·gen; *veranschlagt*, *veranschlagte*, *hat veranschlagt*; [Vt]（及物）*etw.* (*mit etw.*) *v.* die Kosten *o. Ä.* von etw. ungefähr berechnen 预算，估算，估计: *Die Kosten wurden mit € 10000 veranschlagt* 估计费用为10000欧元 ‖ *hierzu*（派生）**Ver·an·schla·gung** *die*; *mst Sg*（多用单数）

ver·an·stal·ten; *veranstaltete*, *hat veranstaltet*; [Vt]（及物）**1.** *etw.* *v.* etw., das für viele Menschen bestimmt ist od. bei dem viele Personen mitmachen, organisieren u. durchführen 主办，举办，举行: *e-e Demonstration*, *ein Fest*, *ein Preisausschreiben*, *e-n Bazar v.* 举行游行示威，举行庆祝活动，举办有奖竞赛，开办集市 **2.** ***e-n Rummel***, ***ein Theater***, ***e-n Zirkus v.*** *gespr* [口]; mit übertriebenen Maßnahmen auf etw. reagieren 大肆宣扬，大吹大擂，大叫大喊 ‖ *zu*（义项）**1. Ver·an·stal·ter** *der*; *-s*, *-*

Ver·an·stal·tung *die*; *-*, *-en* **1.** *nur Sg*（只用单数）; das Organisieren u. Durchführen von etw. 主办，举办，举行〈die V. e-r Tagung, e-s Kongresses, e-s Konzerts 举行会议、代表大会、音乐会〉**2.** etw., das veranstaltet (1) wird, *z. B.* ein Kongress（所举行的）活动，集会〈e-e geschlossene, öffentliche V. 没有外人参加的、公开的活动〉‖ K-（复合）: **Veranstaltungs-**, **-kalender**

ver·ant·wor·ten; *verantwortete*, *hat verantwortet*; [Vt]（及物）**1.** *etw.* *v.* e-e Entscheidung *o. Ä.* vertreten u. notfalls auch bereit sein, mögliche negative Folgen zu tragen 对…承担责任，对…负责〈etw. zu v. haben 应对某事承担责任; etw. nicht v. können 不能对某事负责〉: *Kann die Firma e-e solche Maßnahme v.?* 公司能对这种措施负责吗?; [Vr]（反身）**2.** ***sich*** (*für etw.*) (*vor j-m*) *v.* sein Verhalten erklären, *bes* wenn es negative Folgen hat 答辩，辩护，辩白，说明原因 ≈ sich rechtfertigen: *sich für e-e Tat vor dem Gericht*, *vor den Eltern v. müssen* 必须在法庭上，在父母面前为自己的行为作辩护

ver·ant·wort·lich *Adj*（形）**1.** ***für j-n/etw. v.*** mit der Pflicht, dafür zu sorgen, dass mit j-m/etw. nichts Unangenehmes geschieht od. dass etw. (richtig) gemacht wird 负有责任的，有义务的，负责的: *sich für den kleinen Bruder v. fühlen* 感到要对弟弟负责; dafür *v. sein*, dass *e-e Maschine gut funktioniert* 要对机器的良好运转负责; dafür *v. sein* zu *prüfen*, *ob etw. richtig ist* 负责检查某事是否正确 **2.** (*j-m* (*gegenüber*)) (*für j-n/etw.*) *v.* so, dass man die negativen Folgen tragen muss, wenn etw. Unangenehmes geschieht, weil man für j-n/etw. v. (1) ist 有责任的，负责的〈der Leiter, der Redakteur 领导者，编辑; v. zeichnen (= unterschreiben) 负责地签字〉: *Sie sind mir* (*gegenüber*) dafür *v.*, dass *die Lieferung pünktlich erfolgt* 您要向我负责，保证准时交货 **3.** *mst* 多用 ***j-d/etw. ist für etw. v.*** j-d/etw. ist schuld an etw., etw. ist die Ursache von etw. Negativem（人/物作主语）对…负有责任: *Das kalte Wetter ist für die schlechte Ernte v.* 寒冷的天气是造成歉收的原因; *Die Verantwortlichen zur Rechenschaft ziehen* 追究有关责任人的责任，向有关责任人问责 **4.** ***j-n/etw. für etw. v. machen*** sagen, dass j-d/etw. schuld an etw. Negativem ist 认为…对…负有责任 ≈ j-m/etw. die Schuld an etw. geben **5.** ***j-n für etw. v. machen*** von j-m fordern, dass er die negativen Folgen von etw. trägt 要求…对…承担责任，追究某人的责任 ≈ j-n zur Rechenschaft/Verantwortung ziehen **6.** mit wichtigen Entscheidungen verbunden 负责的，责任重大的 ≈ leitend, verantwortungsvoll〈ein Posten 职务, e-e Stellung 职位, e-e Tätigkeit 活动〉‖ *hierzu*（派生）**Ver·ant·wort·lich·keit** *die*

Ver·ant·wor·tung *die*; *-*; *nur Sg*（只用单数）**1.** ***die V.*** (***für j-n/etw.***) die Pflicht, dafür zu sorgen, dass j-m nichts passiert od. dass etw. in Ordnung ist, zustande kommt, verwirklicht wird *o. Ä.* 责任，职责〈e-e große, schwere V. 很大的、重大的责任; e-e V. übernehmen, haben, tragen, ablehnen 承担、负有、担负、拒绝承担责任; e-r V. nicht gewachsen sein 不能胜任职责; j-m e-e V. übertragen 把责任交给某人; die V. auf j-n abwälzen 把责任推卸给某人〉‖ K-（复合）: **Verantwortungs-**, **-bewusstsein**, **-gefühl**; **verantwortungs-**, **-bewusst** **2.** das Bewusstsein, V. (1) zu haben, u. die Bereitschaft, die Konsequenzen seines Handelns zu tragen 责任心，责任感〈ohne V. handeln 办事无责任心〉**3.** ***in eigener V.*** so, dass man selbst die V. (1) übernimmt 由自己负责 **4.** ***j-n zur V. ziehen*** j-n die negativen Folgen von etw. tragen lassen (weil er dafür verantwortlich war) 要、让…承担责任，追究某人的责任 ≈ j-n zur Rechenschaft ziehen ‖ *zu*（义项）**2. ver·ant·wor·tungs·voll** *Adj*（形）; **ver·ant·wor·tungs·los** *Adj*（形）; **Ver·ant·wor·tungs·lo·sig·keit** *die*

ver·ar·bei·ten; *verarbeitete*, *hat verarbeitet*; [Vt]（及物）**1.** *etw.* (*zu etw.*) *v.* etw. als Material verwenden u. daraus etw. herstellen 加工，制作，处理〈gut, schlecht verarbeitet sein 加工精良，加工粗糙〉: *Holz zu e-m Schrank v.* 把木料做成橱柜; *In e-r Schmiede wird Metall verarbeitet* 在一个锻造场对金属进行加工 **2.** *etw.* *v.* etw. zu e-m bestimmten Zweck abwandeln u. verwenden 改编，加工创作: *in e-m Roman Märchenmotive v* 在长篇小说中改编童话题材. **3.** *etw.* *v.* etw. psychisch od. rational bewältigen 领悟，领会，吃透〈e-n Eindruck, e-e Enttäuschung, ein Erlebnis, e-e Information v. 体悟印象，体尝失望，领悟经历，吃透信息〉‖

V

zu(义项) **1. Ver·ar·bei·tung** *die*; *mst Sg*(多用单数)

ver·ar·gen; *verargte*, *hat verargt*; [Vt](及物) ***j-m etw. v.*** *geschr* [书] ≈ j-m etw. übel nehmen

ver·är·gern; *verärgerte*, *hat verärgert*; [Vt](及物) ***j-n v.*** bewirken, dass sich j-d ärgert 惹恼,使恼怒,激怒,使恼火: *Sie war über seine Bemerkungen sehr verärgert* 她对他的意见非常生气(很恼火) ‖ NB(注意): oft im Zustandspassiv(常用于状态被动句)!

Ver·är·ge·rung *die*; -; *nur Sg*(只用单数); ***die V.*** (***über j-n / etw.***) ein (starkes) Gefühl von Ärger 恼怒,恼火,生气,愤怒: *Er ließ sich seine V. über den Misserfolg nicht anmerken* 他不让别人看出他对失败的恼怒

ver·ar·men; *verarmte*, *ist verarmt*; [Vi](不及物) **1.** arm (1) werden 变穷,贫困化 **2.** ***etw. verarmt*** etw. verliert an Wert(物作主语)贫瘠化,丧失价值: *Der Boden verarmt, wenn er nicht gedüngt wird* 土地变得贫瘠了,因为没有给土地施肥 **3.** ***geistig v.*** seine geistigen u. intellektuellen Fähigkeiten allmählich verlieren 精神上贫困化,逐渐失去智力 ‖ *hierzu*(派生) **Ver·ar·mung** *die*; *mst Sg*(多用单数)

ver·ar·schen; *verarschte*, *hat verarscht*; [Vt](及物) ***j-n v.*** *gespr!* [粗] ≈ veralbern

ver·arz·ten; *verarztete*, *hat verarztet*; [Vt](及物) ***j-n / etw. v.*** *gespr* [口]; e-n Verletzten od. e-n Kranken/e-n verletzten Körperteil behandeln 给…医治、处理、包扎一下

ver·äs·teln, sich; *verästelte sich*, *hat sich verästelt*; [Vr](反身) ***etw. verästelt sich*** etw. teilt sich in viele kleine Äste, Wege *o.Ä.*(物作主语)分枝,分叉〈ein Baum, ein Fluss 树,河; e-e Ader, ein Nerv 血管,神经〉‖ *hierzu*(派生) **Ver·äs·te·lung** *die*

ver·ät·zen; *verätzte*, *hat verätzt*; [Vt](及物) ***j-n / etw. v.*** j-n durch Säure *o.Ä.* verletzen od. etw. durch Säure *o.Ä.* beschädigen 腐蚀: *Die Säure verätzte ihm die Hände* 酸腐蚀了他的双手 ‖ *hierzu*(派生) **Ver·ät·zung** *die*

ver·aus·ga·ben, sich; *verausgabte sich*, *hat sich verausgabt*; [Vr](反身) ***sich v.*** sich so sehr anstrengen, dass man völlig erschöpft ist 累得精疲力尽 ‖ *hierzu*(派生) **Ver·aus·ga·bung** *die*; *mst Sg*(多用单数)

ver·äu·ßern; *veräußerte*, *hat veräußert*; [Vt](及物) ***etw. v.*** *bes* JUR 尤用【法】≈ verkaufen ‖ *hierzu*(派生) **Ver·äu·ße·rung** *die*; *mst Sg*(多用单数)

Verb [v-] *das*; *-s*, *-en*; e-e Wortart, die e-e Tätigkeit, e-n Vorgang od. e-n Zustand in Bezug auf e-n Zeitpunkt od. e-e Zeitspanne ausdrückt. Die Form des Verbs richtet sich nach Person, Numerus, Tempus *usw* 动词 ≈ Zeitwort〈ein intransitives, transitives, reflexives, unpersönliches, starkes, schwaches, unregelmäßiges V. 不及物、及物、反身、无人称、强变化、弱变化、不规则变化的动词; ein V. im Aktiv, Passiv gebrauchen 用于主动态、被动态的动词; ein V. konjugieren 把动词变位〉: *„Gebraucht" ist das Partizip Perfekt des Verbs „brauchen"* "gebraucht" 是动词 "brauchen" 的过去分词 ‖ K-:(复合) ***Verb-***, ***-form*** ‖ -K(复合): ***Funktions-***, ***Hilfs-***, ***Modal-***, ***Voll-***

ver·bal [v-] *Adj*(形) **1.** LING【语】; wie ein Verb, von e-m Verb abgeleitet 动词的,动词性的,由动词派生来的 ‖ K-(复合): ***Verbal-***, ***-adjektiv***, ***-substantiv*** **2.** mit Worten, mithilfe der Sprache 言语的,口头的〈e-n Streit v. austragen 口头解决争执〉

ver·ba·li·sie·ren; *verbalisierte*, *hat verbalisiert*; [Vt](及物) **1.** ***etw. v.*** LING【语】; etw. in ein Verb umformen 使…动词化,把…变为动词〈ein Adjektiv v. 把形容词变为动词〉**2.** ***etw. v.*** *geschr* [书]; etw. mit Worten sagen 用言语表达,说出 ≈ in Worte fassen〈e-e Beschwerde, ein Gefühl, ein Problem v. 口头提出意见,口头表达感受,口头提出问题〉

ver·ball·hor·nen; *verballhornte*, *hat verballhornt*; [Vt](及物) ***etw. v.*** die Schreibung od. die Aussprache e-s Wortes (aus Unkenntnis od. zum Spaß) so ändern, dass sie falsch werden 改坏,改错〈ein Fremdwort, e-n Namen v. 把一个外来语词、一个姓名改错〉‖ *hierzu*(派生) **Ver·ball·hor·nung** *die*

Ver·band[1] *der*; -(*e*)*s*, *Ver·bän·de*; ein Stück Stoff *o.Ä.*, das man um den verletzten Teil des Körpers legt 绷带〈e-n V. anlegen, umbinden, abnehmen, wechseln, erneuern 扎上、包扎、取下、换、更换绷带〉‖ K-(复合): ***Verbands-***, ***-kasten***, ***-material***, ***-mull***, ***-watte***, ***-zeug*** ‖ -K(复合): ***Gips-***, ***Schnell-***, ***Streck-***, ***Stütz-***; ***Kopf-***, ***Wund-*** ‖ ▶ ***verbinden***

Verband[1]

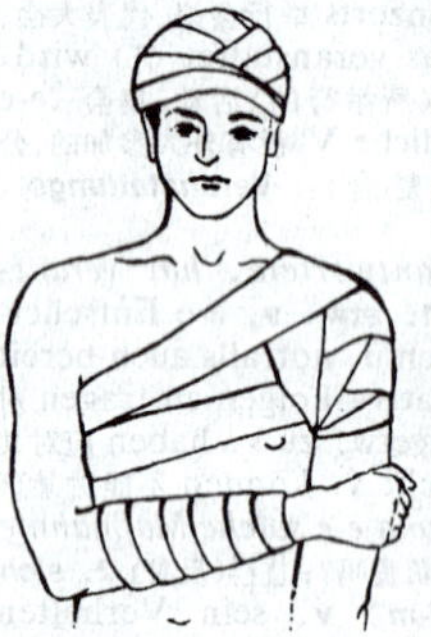

Ver·band[2] *der*; -(*e*)*s*, *Ver·bän·de* **1.** e-e relativ große Organisation, die sich *mst* aus vielen kleineren Vereinigungen u. Organisationen zusammensetzt 联合会,协会,社团〈e-m V. beitreten, angehören 参加、属于一个联合会〉‖ K-(复合): ***Verbands-***, ***-leiter***, ***-leitung***, ***-vorsitzende(r)***, ***-vorstand*** ‖ -K(复合): ***Journalisten-***, ***Schriftsteller-***; ***Sport-***, ***Wohlfahrts-*** **2.** MIL【军】; ein Teil e-r Armee, der aus verschiedenen Einheiten besteht, die gemeinsam kämpfen 部队〈militärische, motorisierte Verbände 军事部队,机械化部队〉‖ -K(复合): ***Flieger-***, ***Flotten-***, ***Truppen-*** **3.** ***im V.*** MIL, ZOOL【军】【动】; in e-r großen (geordneten) Gruppe 编队,联合,集群〈im V. fliegen, kämpfen, leben 编队飞行,联合作战,集群生活〉

ver·ban·nen; *verbannte*, *hat verbannt*; [Vt]

(及物) **1. *j-n* (*irgendwohin*) *v*.** zur Strafe j-n zwingen, ein Land zu verlassen u. an e-m fremden Ort zu leben 流放,放逐,驱逐: *Napoleon wurde auf die Insel St. Helena verbannt* 拿破仑曾被放逐到圣赫勒拿岛 **2. *etw. irgendwohin v.*** etw. irgendwohin (ab)legen 驱除,排除 ‖ *zu* (义项) **1. Ver·bann·te** *der*; *-n*, *-n*

Ver·ban·nung *die*; -, *-en* **1.** *nur Sg* (只用单数); das Verbannen 流放,放逐 **2.** ein Ort weit weg von der Heimat, an dem j-d gezwungen wird zu leben, sowie das Leben, die Umstände an diesem Ort 流放地 ⟨j-n in die V. schicken 把某人派往流放地; in der V. leben 在流放地生活; aus der V. zurückkehren 从流放地归来⟩ ‖ K-(复合): **Verbannungs-, -ort**

ver·bar·ri·ka·die·ren; *verbarrikadierte, hat verbarrikadiert*; Vt (及物) **1. *etw. v.*** etw. durch Barrikaden verschließen od. versperren 设路障,筑街垒,用障碍物堵住 ⟨Fenster, Straßen, Türen v. 用障碍物堵住窗户,在街道上设置路障,用障碍物堵住门户⟩; Vr (反身) **2. *sich* (*irgendwo*) *v*.** Barrikaden bauen, um sich vor j-m zu schützen 设障碍自卫

ver·bau·en; *verbaute, hat verbaut*; Vt (及物) **1. *etw. v.*** etw. beim Bauen verbrauchen (在建筑中)耗费,花费,消耗: *viel Geld, zehn Sack Zement v.* (在建筑中)花费很多钱,用去 10 袋水泥 **2. *etw. v.*** *pej* [贬]; e-e Gegend hässlich machen, indem man dort etw. baut, was nicht dahin passt (由于建筑而)破坏,影响 ⟨e-e Landschaft, ein Tal v. 由于建筑而破坏风景,影响山谷景观⟩ **3. (*j-m*) *etw. v.*** etw. so bauen, dass ein anderer dadurch gestört wird (由于建筑而)阻挡,妨碍 ⟨j-m die Aussicht, e-n Weg, e-n Zugang v. 由于建筑而挡住某人的视线,挡住某人的道路,挡住某人的通道⟩ **4. *j-m/sich etw. v.*** *gespr* [口]; j-m/sich e-e gute Möglichkeit od. Chance nehmen 使…失去机会,给…造成障碍: *sich durch e-n Fehler die Zukunft v.* 由于犯错误影响自己的前途

ver·be·am·ten; *verbeamtete, hat verbeamtet*; Vt (及物) ***j-n v.*** j-n zum Beamten machen 录用…任公职: *Er wurde als Staatsanwalt verbeamtet* 他被录用担任检察官 ‖ *hierzu* (派生) **Ver·be·am·tung** *die*; *nur Sg* (只用单数)

ver·bei·ßen; *verbiss, hat verbissen*; Vt (及物) **1. *sich*** (*Dat* 三格) ***etw. v.*** sich so beherrschen, dass man etw. nicht tut od. sagt 抑制,克制,忍住 ≈ etw. unterdrücken ⟨sich e-e Bemerkung, das Lachen, e-n Schrei v. 忍住没有发表意见,忍住笑,忍住没有喊叫⟩ **2.** ⟨*mst* Rehe, Hirsche 多指狍子,鹿⟩ ***verbeißen etw.*** Rehe, Hirsche *o. Ä.* beschädigen *bes* Bäume durch Beißen 咬坏; Vr (反身) **3.** ⟨ein Tier 动物⟩ ***verbeißt sich in j-n/etw.*** ein Tier beißt j-n od. beißt in etw. u. lässt nicht mehr los 紧紧咬住,咬住不放 ‖ *zu* (义项) **2. Ver·biss** *der*; *-es*; *nur Sg* (只用单数)

ver·ber·gen; *verbirgt, verbarg, hat verborgen*; Vt (及物) **1. *j-n/etw.* (*vor j-m/etw.*) *v.*** j-n/etw. irgendwohin bringen, stecken, tun *o. Ä.*, wo ein anderer ihn/es nicht sehen od. finden kann 把…藏起来,藏匿,隐藏 ≈ verstecken: *ein Messer im Mantel v.* 把刀藏在大衣里 **2.** (*j-m*) ***etw. v.***; ***etw. vor j-m v.*** etw. nicht zu erkennen geben 掩饰,隐瞒 ≈ verheimlichen, verschweigen: *seine wahren Gefühle hinter e-m falschen Lächeln v.* 在虚假的微笑背后隐藏着他的真实感情; *Fragen Sie nur – ich habe nichts zu v.* 您尽管问吧——我没有什么可隐瞒的; *Er hat* (*vor*) *seiner Frau verborgen*, dass *er schwer krank war* 他向妻子隐瞒了他得了重病的情况; Vr (反身) **3. *sich irgendwo v.*** ≈ sich verstecken: *Der Mond verbirgt sich hinter Wolken* 月亮躲在云层后面

ver·bes·sern; *verbesserte, hat verbessert*; Vt (及物) **1. *etw. v.*** etw. so ändern, dass es bes-ser wird 改良,改进,改善,提高: *durch fleißiges Lernen seine Leistungen v.* 通过勤奋的学习提高自己的成绩 **2. *etw. v.*** die Fehler suchen u. ändern, die *z.B.* in e-m Text sind 纠正,改正,修正,修改 ≈ korrigieren ⟨Fehler v. 改正错误; e-n Aufsatz, die Hausaufgaben, e-e Schulaufgabe v. 修改作文、家庭作业、学生作业⟩ **3. *j-n v.*** j-m sagen, welche Fehler er beim Sprechen od. Schreiben gemacht hat 纠正(说错的话或写错的东西): *Hör endlich auf, mich ständig zu v.!* 别不停地纠正我说的话啦!; Vr (反身) **4. *sich v.*** sofort das richtige Wort od. die richtige Form sagen, nachdem man beim Sprechen e-n Fehler gemacht hat 纠正,改正,修正(自己说错的话) **5. *sich v.*** in e-e bessere soziale od. finanzielle Situation kommen (职位上或经济上)得到改善 ⟨sich beruflich, durch Heirat v. 获得较好的职位,由于结婚改善自己的状况⟩ **6. *sich v.*** besser werden 有新进步,有好转: *Er hat sich in Latein sehr verbessert* 他的拉丁文大有进步

Ver·bes·se·rung, Ver·bess·rung *die*; -, *-en* **1.** das Korrigieren, die Berichtigung 纠正,改正,修正: *die V. e-s Fehlers* 改正错误 ‖ K-(复合): **Verbesserungs-, -vorschlag 2.** das Bessermachen 改善,改进: *die V. der Arbeitsbedingungen* 改善工作条件 **3.** etw., womit man sich/etw. verbessert 改进,改善: *Das neue Herstellungsverfahren stellt e-e entscheidende V. gegenüber der alten Methode dar* 新的生产操作方法是对旧方法的重大改进 ‖ *zu* (义项) **2. ver·bes·se·rungs·be·dürf·tig** *Adj* (形); **ver·bes·se·rungs·fä·hig** *Adj* (形)

ver·beu·gen, sich; *verbeugte sich, hat sich verbeugt*; Vr (反身) ***sich* (*vor j-m*) *v.*** den Kopf u. Oberkörper nach vorne beugen, *bes* um höflich zu grüßen od. zu danken 鞠躬 ≈ sich verneigen ⟨sich vor dem Publikum v. 向观众(或听众)鞠躬⟩ ‖ *hierzu* (派生) **Ver·beu·gung** *die*

ver·beu·len; *verbeulte, hat verbeult*; Vt (及物) ***etw. v.*** etw. so drücken, dass es Beulen bekommt u. dadurch beschädigt wird (经挤压)使变成凹形,使凹陷下去,使凸起: *e-e verbeulte Stoßstange am Auto* 被撞瘪了的汽车保险杆

ver·bie·gen; *verbog, hat verbogen*; Vt (及物)

V

1. **etw. v.** die Form von etw. verändern, indem man es biegt 弄弯，扭弯，拧曲〈ein Blech, e-n Draht, e-n Nagel, e-e Stoßstange *usw* v. 把铁皮、金属丝、钉子、保险杆等弄弯〉；[Vr]（反身）**2. etw. verbiegt sich** etw. verliert die (gerade) Form（物作主语）变曲，变弯，变形：*Die Bretter des Regals haben sich verbogen* 书架的木板都变形了

ver·bies·tert *Adj*（形）；*gespr*［口］；voller Ärger, mit schlechter Laune u. sehr gereizt 激怒的，生气的〈ein Aussehen, ein Gesicht 神情，面容；v. aussehen, sein, reagieren 显露出生气的表情，生气，作出恼怒的反应〉

ver·bie·ten; *verbot, hat verboten*；[Vt]（及物）**1. (j-m) etw. v.** bestimmen, dass j-d etw. nicht tun darf od. dass es etw. nicht mehr geben darf 禁止，不准，不允许 ≈ untersagen ↔ erlauben〈Betreten, Durchfahrt, Fotografieren, Rauchen, Zutritt verboten! 禁止进入（踩踏）、通行、拍照，抽烟、入内！；etw. ist gesetzlich, polizeilich verboten 某事是法律上、公安局规定禁止的〉：*Mein Vater wird mir v., mit dem Moped nach Italien zu fahren* 我父亲将不允许我骑轻型摩托车前往意大利；*Der Film ist für Jugendliche unter sechzehn Jahren verboten* 这部影片禁止 16 岁以下的年轻人观看 **2. etw. verbietet (j-m) etw.** etw. bewirkt, dass j-d etw. nicht tut ↔ etw. gebietet (j-m) etw.（物作主语）不允许，不准：*Sein Glaube verbietet ihm, Schweinefleisch zu essen* 他的信仰不允许他吃猪肉 **3. j-m den Mund v.** j-n ausdrücklich daran hindern, dass er sich zu e-r Angelegenheit äußert 堵住…的嘴，不许…说话〈sich von j-m nicht den Mund v. lassen 不让某人堵住自己的嘴〉；[Vr]（反身）**4. etw. verbietet sich (von selbst)** es ist ganz klar, dass etw. nicht getan werden darf（物作主语）（本身）就是不可能的（不允许的）：*In unserer Situation verbietet es sich von selbst, den Forderungen nachzugeben* 在我们的处境下，显然是不可能对那些要求让步的 ‖ ▶ **Verbot, verboten**

ver·bil·ligt *Adj*（形）；billiger als normal 减价的，降价的，降低了的 ≈ ermäßigt, reduziert〈ein Eintritt, ein Preis 入场费，价格〉

ver·bin·den[1]; *verband, hat verbunden*；[Vt]（及物）**1. (j-m/sich) etw. v.; j-n (an etw. (Dat 三格)) v.** j-m/sich e-n Verband anlegen/e-n Körperteil mit e-m Verband versehen（用绷带）缠，裹，包扎：*j-m den Arm v.* 把某人的胳臂包扎起来；*e-e eiternde Wunde frisch v.* 把化脓的伤口重新包扎起来；*e-n Verletzten (am Kopf) v.* 包扎受伤者（的头部）**2. j-m die Augen v.** j-m ein Stück Stoff so vor die Augen binden, dass er nichts mehr sehen kann（用布条）把…的双眼蒙起来 ‖ ▶ **Verband**[1]

ver·bin·den[2]; *verband, hat verbunden*；[Vt]（及物）**1. etw. (Pl 复) (zu etw.) v.; etw. mit/durch etw. (zu etw.) v.** zwei od. mehrere Gegenstände *o. Ä.* so zusammenbringen od. (aneinander) befestigen, dass sie e-e Einheit bilden 连接，把…接在一起 ↔ trennen：*zwei Schnüre durch e-n Knoten v.* 打结把两根绳子连接起来 **2. etw. (Pl 复) (zu etw.) v.; etw. mit/durch etw. (zu etw.) v.** zwei od. mehrere Orte, Dinge *o. Ä.* in Kontakt miteinander bringen 连，连接，联通，联结 ↔ trennen：*zwei Punkte mit/durch e-n Strich (miteinander) v.* 用一条线把两个点连接起来；*Diese Eisenbahnlinie verbindet Hannover mit Bremen* 这条铁路线把汉诺威同不来梅联通了；*Seit 1869 sind Mittelmeer u. Rotes Meer durch den Suezkanal (miteinander) verbunden* 从 1869 年起地中海和红海通过苏伊士运河（彼此）联结起来了 **3. etw. mit etw. v.** die Gelegenheit nutzen u. zusammen mit e-r Sache auch e-e andere tun 把…与…结合起来进行：*e-e Fahrt nach Köln mit e-r Besichtigung des Doms v.* 把科隆之行同参观大教堂结合起来 **4. j-n/etw. mit j-m/etw. v.** zwei od. mehrere Personen od. Dinge als zusammenhängend od. zusammengehörig ansehen 把…同…联系起来看，认为…是同…密切相关的 ≈ assoziieren：*Womit verbindest du das Wort „Urlaub"?*—提到"假期"这个词你有什么联想?；*ein Lied mit schönen Erinnerungen v.* 把一首歌同美好的回忆连在一起；[Vt/i]（及物/不及物）**5. (j-n/etw. (mit j-m/etw.)) v.** bestimmte Telefonleitungen zusammenbringen, sodass j-d mit j-d anderem am Telefon sprechen kann 接通（电话）：*„Ich hätte gern die Verkaufsabteilung gesprochen"* – *„Moment bitte, ich verbinde"* "我想接（找）销售部"——"请稍等，我接过去" **6. etw. verbindet (j-n mit j-m/etw.)** etw. stellt e-e (gefühlsmäßige) Beziehung zwischen einem Menschen u. j-d/etw. anderem her（物作主语）把…同…联系在一起，使…同…发生联系 ↔ etw. trennt j-n von j-m/etw.：*„Was verbindet dich mit dieser Stadt?"* – *„Ich bin hier aufgewachsen"* "是什么把你同这个城市联系在一起?"—"我是在这里长大的"；*Die beiden verband e-e herzliche Zuneigung* 衷心的爱慕把这两个人结合在一起；[Vr]（反身）**7. sich mit j-m v.** *geschr*［书］≈ j-n heiraten **8.**〈Substanzen *o. Ä.* 物质等〉**verbinden sich (zu etw.); etw. verbindet sich mit etw. (zu etw.)** zwei od. mehrere Substanzen *o. Ä.* kommen so (mit etw.) zusammen, dass etw. Neues entsteht 合成，化合：*Wasserstoff verbindet sich mit Sauerstoff zu Wasser* 氢同氧化合成水 ‖ ▶ **Verbindung, Verbund**

ver·bind·lich *Adj*（形）**1.** höflich u. freundlich 亲切友好的，和蔼的，有礼的，殷勤的，恳切的〈ein Lächeln, Worte 微笑，话语〉：*Der Verkäufer lächelte v. u. entschuldigte sich dafür, dass wir hatten warten müssen* 售货员露出亲切的微笑，并对我们不得不等候表示道歉 **2.** so, dass man sich daran halten muss 有义务的，有约束力的，负有责任的 ≈ bindend〈e-e Anordnung, e-e Norm, e-e Regel, e-e Zusage 指令，准则，规则，允诺〉 ‖ *hierzu*（派生）**Ver·bind·lich·keit** *die*; *mst Sg*（多用单数）

Ver·bind·lich·kei·ten *die*; *Pl*, *geschr*（复）［书］

V

≈ Schulden ⟨V. haben 承担债务; seine V. erfüllen, regeln 清偿、解决自己的债务; seinen V. nicht nachkommen 不履行自己的支付义务⟩

Ver·bin·dung *die* **1.** ***e-e V.*** (***mit j-m/etw.***; ***mit etw.*** (***zu etw.***); ***zwischen Personen/Sachen*** (*Dat* 三格)) *nur Sg*(只用单数); der Vorgang, *mst* zwei Dinge zusammenzubringen, zu verbinden²(1)联系,连接,结合: *Die V. der beiden Aspekte ist ihm nicht gelungen* 他未能把两种观点联系起来; *Die V. der Insel mit dem Festland ist für 1999 vorgesehen* 预定在1999年把海岛和大陆连接起来 ‖ K-(复合): ***Verbindungs-***, ***-stelle*** **2.** etw. (*z.B.* ein Weg, ein Fahrzeug), das zwei Orte/Personen miteinander in Kontakt bringt 联系,联络,通道: *Das Telefon ist ihre einzige V. zur Außenwelt* 电话是他们与外界的唯一联系; *Die Autobahn ist unsere kürzeste V. zur Grenze, in die Stadt, aufs Land* 高速公路是我们到边境地区、进城、下农村的最便捷的纽带; *Die Fähre ist die einzige V. zur Insel* 渡船是去岛上的唯一通道 ‖ K-(复合): ***Verbindungs-***, ***-gang***, ***-glied***, ***-linie***, ***-schnur***, ***-straße***, ***-stück***, ***-tür***, ***-weg*** ‖ -K(复合): ***Bahn-***, ***Bus-***, ***Verkehrs-***, ***Zug-***; ***Fernsprech-***, ***Flug-***, ***Funk-***, ***Nachrichten-***, ***Post-***, ***Telefon-*** **3.** ***e-e V.*** (***mit j-m/nach*** + *Ort* 地方) der Kontakt über das Telefon, den Funk *o.Ä.*(电话,无线电等)联系,联络 ⟨e-e telefonische V. bekommen, herstellen, stören, unterbrechen 接通、建立、干扰、中断电话联系; die V. ist abgeschnitten, unterbrochen 联系被切断、中断⟩: *Die V. war sehr schlecht – ich konnte kaum verstehen, was er sagte* 电话线路很不好——我几乎无法听清他说了什么 **4.** ***e-e V.*** (***aus etw. u. etw./von etw. mit etw.***) e-e Substanz, die entsteht, wenn verschiedene Substanzen miteinander reagieren 化合物 ⟨e-e chemische, flüchtige, anorganische, organische V. 化学的,挥发性的,无机的,有机的化合物⟩: *Kochsalz ist e-e V. aus Chlor u. Natrium/von Chlor mit Natrium* 食盐是氯和钠的化合物 ‖ K-(复合): ***Sauerstoff-***, ***Schwefel-***, ***Stickstoff-*** *usw* **5.** ***e-e V.*** (***mit/zu j-m/etw.***; ***zwischen Personen/Sachen*** (*Dat* 三格)) ≈ Zusammenhang, Beziehung ⟨mit etw. in V. stehen 与某事有联系(有关系); j-n/etw. mit j-m/etw. in V. bringen, setzen 使某人/某事同某人/某事联系起来(发生联系)⟩: *Besteht e-e V. zwischen den beiden Verbrechen?* 两项罪行之间是否存在联系?; *Es lässt sich e-e deutliche V. zwischen Stress u. Magengeschwüren feststellen* 可以确定精神压力和胃溃疡之间的明显联系 **6.** ***e-e V.*** (***mit/zu j-m***; ***zwischen Personen***) e-e Beziehung zwischen Menschen, die sich treffen, Briefe schreiben *o.Ä.* 联系,关系 ≈ Kontakt (1) ⟨V. mit j-m aufnehmen, haben, halten 与某人建立、有、保持联系; mit j-m in V. treten, stehen, bleiben 与某人开始建立、有着、仍保持联系; die V. mit j-m abbrechen, verlieren 中断,失去与某人的联系; sich mit j-m in V. setzen 与某人建立联系⟩ **7.** e-e traditionelle Organisation von Studenten, die bestimmte Kleidung tragen u. oft noch mit Degen kämpfen, um ihren Mut zu beweisen 穿戴服饰、腰系佩剑的传统大学生联合会 ⟨e-e schlagende (= mit Degen kämpfende) V.(德国)大学生击剑联合会⟩ ‖ -K(复合): ***Studenten-*** **8.** ***in V. mit*** im Zusammenhang mit 与…有关联,由于: *In V. mit ihrer Tätigkeit als Dolmetscherin kommt sie oft nach Brüssel* 由于做翻译工作,她常到布鲁塞尔来 **9.** ***in V. mit*** zusammen mit 同…一起: *Der Studentenausweis ist nur in V. mit dem Personalausweis gültig* 大学生证只有同身份证一起使用才有效

ver·bis·sen **1.** *Partizip Perfekt*(过去分词); ↑ ***verbeißen*** **2.** *Adj* (形); hartnäckig, überhaupt nicht bereit aufzugeben 顽强的,坚韧的 ⟨mit verbissenem Fleiß 极其勤奋地; v. kämpfen 顽强地斗争⟩ **3.** *Adj*(形); voll Ärger u. innerer Spannung 愠怒的,含怒的,愤懑的 ⟨ein verbissenes Gesicht machen; 脸上现出愠怒的样子 v. dreinschauen 愤懑地注视⟩ ‖ *hierzu*(派生) **Ver·bis·sen·heit** *die*; *nur Sg*(只用单数)

ver·bit·ten; *verbat, hat verbeten*; [Vt] (及物) ***sich*** (*Dat* 三格) ***etw. v.*** mit Nachdruck verlangen, dass j-d aufhört, etw. Lästiges od. Ärgerliches zu tun 坚决要求(请求)别干,不容许: *Ich verbitte mir diesen unverschämten Ton!* 我不容许这样放肆地说话!; *Der Redner verbat sich die Zwischenrufe* 讲演者坚决要求别插话呼喊 ‖ NB(注意): ↑ ***verbieten***

ver·bit·tert *Adj* (形); wegen vieler Enttäuschungen unzufrieden u. unfreundlich 思想苦闷的,不满的,愤世嫉俗的 ⟨ein Mann, e-e Frau 男人,女人⟩

ver·blas·sen; *verblasste, ist verblasst*; [Vi] (不及物) **1.** ***etw. verblasst*** die Farben von etw. werden heller, weniger intensiv (物作主语) 变得苍白,褪色,失去光泽 ⟨ein Bild, ein Foto, e-e Tapete 画,照片,糊墙纸⟩ **2.** ***e-e Erinnerung verblasst*** sie wird schwächer 记忆逐渐淡薄,模糊

Ver·bleib *der*; *-(e)s*; *nur Sg*, *geschr*(只用单数)[书] **1.** der Ort, an dem e-e Person od. Sache ist, die man sucht 下落: *Über den V. des gestohlenen Schmucks sind noch keine näheren Einzelheiten bekannt* 关于被窃首饰的下落还不知道更详尽的细节 **2.** das Bleiben an e-m Ort 留存,搁置: *Akten zum V. ins Archiv bringen* 把文件送去存档

ver·blei·ben; *verblieb, ist verblieben*; [Vi] (不及物) **1.** ***etw. verbleibt*** (***j-m***) etw. bleibt als Rest (für j-n) übrig (物作主语) 剩余,剩下: *Nach Abzug der Steuern verbleiben Ihnen € 10000* 扣除税款后您还剩下1万欧元 **2.** (***mit j-m***) ***irgendwie v.*** e-e Diskussion, ein Gespräch mit e-r Vereinbarung beenden 约定,商定 ≈ etw. vereinbaren: *„Wie seid ihr gestern verblieben?" – „Wir sind so verblieben, dass wir uns heute Abend noch einmal treffen"* "昨天你们是怎样商定的?"——"我们商定,我们今天晚上再见一次面" ‖ ID [谚] ⟨In Erwartung ihrer

V

Antwort, Mit freundlichen Grüßen 恭候你的回信，致友好的问候〉 **verbleibe ich Ihr / Ihre** + *Name*（名字）; *veraltend*［渐旧］; verwendet als sehr höfliche Schlussformel am Ende e-s Briefes（信末敬语）永远是您的…

ver·blei·chen; *verblich*, *ist verblichen*; Vi（不及物） ***etw. verbleicht*** etw. wird blass od. weniger intensiv（物作主语）褪色，变苍白 ≈ etw. verblasst 〈Farben, Fotos 颜色，照片〉‖ NB（注意）: *mst* im Partizip Perfekt（多用过去分词）!

ver·bleit *Adj*（形）; mit Blei 含铅的 ↔ bleifrei 〈Benzin 汽油〉

ver·blen·den; *verblendete*, *hat verblendet*; Vt（及物） *mst* 多用 ***etw. verblendet j-n*** etw. wirkt so stark auf j-n, dass er nicht mehr vernünftig urteilen kann（物作主语）蒙蔽，迷惑，使失去理智，使盲目: *vom plötzlichen Erfolg, vom Hass völlig verblendet sein* 由于突然的成功，由于仇恨而完全失去理智 ‖ NB（注意）: *mst* im Zustandspassiv（多用于状态被动句）! ‖ *hierzu*（派生） **Ver·blen·dung** *die*; *mst Sg*（多用单数）

ver·blö·den; *verblödete*, *hat / ist verblödet*; *gespr*［口］; Vt（及物）（*hat*）**1.** ***etw. verblödet j-n*** etw. macht j-n dumm（物作主语）使变痴呆，使变笨，使变迟钝 ≈ etw. verdummt j-n; Vi（不及物）（*ist*）**2.** dumm werden 变痴呆，变笨，变迟钝 ≈ verdummen ‖ *hierzu*（派生） **Ver·blö·dung** *die*; *nur Sg*（只用单数）

ver·blüf·fen; *verblüffte*, *hat verblüfft*; Vt/i（及物/不及物）（***j-n***）***v.*** j-n mit etw. überraschen, womit er überhaupt nicht gerechnet hat 使惊呆，使惊愕，使困惑，使目瞪口呆，使惊讶: *(j-n) durch seine Ehrlichkeit v.* 以自己的真诚使某人惊讶; *zu e-m verblüffenden Ergebnis kommen* 获得令人吃惊的结果; *über j-s Verhalten verblüfft sein* 对某人的行为感到惊讶 ‖ *hierzu*（派生） **Ver·blüf·fung** *die*; *nur Sg*（只用单数）

ver·blü·hen; *verblühte*, *ist verblüht*; Vi（不及物） ***etw. verblüht*** etw. hört auf zu blühen od. fängt an zu welken（物作主语）凋谢，枯萎，衰败〈Blumen, Blüten, Bäume 花，花朵，树木〉

ver·blu·ten; *verblutete*, *ist verblutet*; Vi（不及物） ***ein Mensch / ein Tier verblutet*** ein Mensch/ein Tier verliert so viel Blut, dass er/es stirbt（人/动物作主语）流血过多而死

ver·bohrt *Adj*（形）; *gespr pej*［口］［贬］; von seiner Meinung nicht abzubringen 固执的，顽固的，固执己见的，顽固不化的 ≈ starrsinnig, stur ‖ *hierzu*（派生） **Ver·bohrt·heit** *die*; *nur Sg*（只用单数）

ver·bor·gen 1. *Partizip Perfekt*（过去分词）; ↑ ***verbergen*** (1) **2.** *Adj*（形）; weit abgelegen, nicht leicht auffindbar 偏僻的，偏远的，不易找到的〈e-e Landschaft, ein Dorf 地方，村庄〉 **3.** nicht leicht wahrzunehmen, nicht sofort sichtbar 隐藏的，隐蔽的，不易察觉的〈e-e Gefahr, ein Hinweis 危险，提示; ein Schatz 财宝，珍宝; Talente 才能，人才〉 **4.** ***im Verborgenen*** ≈ geheim **5.** ***etw. bleibt j-m / für j-n verborgen*** j-d wird von e-r Sache nicht erfahren（物作主语）对…仍然是秘密 ‖ *zu*（义项） **2.** u. **3.** **Ver·bor·gen·heit** *die*; *nur Sg*（只用单数）

Ver·bot *das*; -(*e*)*s*, -*e*; e-e Vorschrift, ein Befehl, etw. nicht od. nicht länger zu tun 禁令，禁止〈ein V. aussprechen, befolgen, beachten, einhalten, übertreten 宣布、遵循、重视、遵守、违反一项禁令; j-m ein V. erteilen 向某人下达一项禁令; gegen ein V. verstoßen 违反一项禁令〉‖ K-（复合）: ***Verbots-***, ***-schild***, ***-tafel***, ***-zeichen*** ‖ -K（复合）: ***Ausfuhr-***, ***Ausgeh-***, ***Einfuhr-***, ***Einreise-***, ***Park-***, ***Rauch-***, ***Spiel-***, ***Überhol-*** ‖ *zu*（义项） **1.** **ver·bots·wid·rig** *Adj*（形）

ver·bo·ten 1. *Partizip Perfekt*（过去分词）; ↑ ***verbieten*** **2.** *Adj*（形）; *gespr*［口］; hässlich, lächerlich 难看的，可笑的，丑的: *Er / Sie sieht v. aus* 他/她长得难看 ‖ *zu*（义项） **1.** **ver·bo·te·ner·wei·se** *Adv*（副）

ver·brä·men; *verbrämte*, *hat verbrämt*; Vt（及物） ***etw.*** (***mit / durch etw.***) ***v.*** den negativen Teil e-r Sache durch positive Aspekte verschleiern od. überdecken 掩饰，委婉地表达: *Unannehmlichkeiten durch schöne Worte v.* 委婉地指出不便之处

Ver·brauch *der*; -(*e*)*s*; *nur Sg*（只用单数） **1.** ***der V.*** (***von / an etw.*** (*Dat* 三格)) die Menge, die verbraucht wird 消费，消耗（量）〈e-n hohen V. an etw. haben 大量消耗某物〉: *den V. (an / von Energie) reduzieren* 减少（能源）消耗 ‖ -K（复合）: ***Benzin-***, ***Energie-***, ***Strom-***, ***Wasser-*** ‖ NB（注意）: zwischen *von / an* u. der genannten Sache steht kein Artikel（von/an 后面的名词不加冠词） **2.** ***etw. ist sparsam im V.*** etw. verbraucht nur wenig Strom, Benzin *usw*（物作主语）消耗少，耗费少

ver·brau·chen; *verbrauchte*, *hat verbraucht*; Vt（及物） ***etw. v.*** e-e bestimmte Menge von etw. für e-n bestimmten Zweck (regelmäßig) verwenden (bis nichts mehr da ist) 消费，用掉，消耗，用完，花费: *im Urlaub zweitausend Euro v.* 假期里花费 2000 欧元; *bei e-r Arbeit viel Kraft v.* 工作中费很大力气

Ver·brau·cher *der*; -*s*, -; j-d, der Waren kauft u. verbraucht 消费者 ≈ Konsument ↔ Erzeuger ‖ K-（复合）: ***Verbraucher-***, ***-aufklärung***, ***-beratung***, ***-schutz*** ‖ *hierzu*（派生） **Ver·brau·che·rin** *die*; -, -*nen*

Ver·brau·cher·zent·ra·le *die*; Ⓓ［德］ e-e Beratungsstelle (des Verbraucherverbandes) für Verbraucher, d. h. die Bürger als Käufer u. Konsumenten 消费者咨询总部

ver·braucht 1. *Partizip Perfekt*（过去分词）; ↑ ***verbrauchen*** **2.** *Adj*（形）; mit wenig Sauerstoff 污浊的，恶浊的 ≈ stickig ↔ frisch〈Luft 空气〉 **3.** *Adj*（形）; durch ein langes, anstrengendes Leben schwach u. müde 精疲力竭的〈ein Mensch 人; alt u. v. 年老而不中用的〉

ver·bre·chen; *verbricht*, *verbrach*, *hat verbrochen*; Vt（及物） ***etw. v.*** *gespr*［口］; etw. Böses od. Schlechtes tun 犯罪，犯错误，做坏事: *Warum bist du so wütend? Was habe ich denn (Schlimmes) verbrochen?* 你为什么如

V

此恼怒？我究竟做了什么错事啦？‖ NB(注意)：*mst* im Perfekt od. Plusquamperfekt(多用过去时或过去完成时)！

Ver·bre·chen *das*; *-s*, - **1.** e-e (böse) Tat, die gegen das Gesetz verstößt u. die vom Staat bestraft wird 违法行为,罪,罪行,犯罪行为〈ein gemeines, brutales, schweres V. 卑鄙的、残暴的、严重的犯罪；ein V. begehen, verüben 犯罪,进行犯罪；ein V. aufdecken, aufklären, ahnden 揭发、查明、惩罚罪行〉：*Mord u. andere schwere Verbrechen wurden früher mit dem Tod bestraft* 以前谋杀和其他严重的罪行都处以死刑 ‖ K-(复合)：**Verbrechens-**, **-bekämpfung**, **-verhütung** ‖ -K(复合)：**Gewalt-**, **Kriegs-**, **Sexual-** **2.** *pej* [贬]；verwendet als Bezeichnung für e-e Handlung, die man als sehr negativ für die Menschheit od. für die Natur hält 极端恶劣的行为,应受谴责的行为,罪过：*Es ist ein V., dass man in diesem schönen Tal e-e Autobahn baut* 在这个美丽的谷地修建高速公路,是一种罪过 ‖ ID [谚] *mst* 多用 **Das ist doch kein V.!** *gespr* [口]；verwendet, um e-e Handlung *o.Ä.* zu rechtfertigen 这决不是什么罪过！

Ver·bre·cher *der*; *-s*, -; j-d, der (regelmäßig) Verbrechen begeht 犯罪者,罪犯 ‖ K-(复合)：**Verbrecher-**, **-bande**, **-jagd**, **-kartei** ‖ -K(复合)：**Berufs-**, **Gewohnheits-**, **Kriegs-**, **Schwer-** ‖ *hierzu*(派生) **Ver·bre·che·rin** *die*; -, *-nen*

ver·bre·che·risch *Adj*(形) **1.** 〈e-e Absicht, e-e Handlung, ein Verhalten 意图,行为,态度〉so, dass sie wie ein Verbrechen (1) zu beurteilen sind 犯罪的,犯法的,罪恶的 **2.** sehr schlimm 近乎犯罪的,极其恶劣的〈Fahrlässigkeit, Leichtsinn 草率,轻率〉 **3.** 〈e-e Organisation, ein Regime 组织,政权〉so, dass sie auch Verbrechen (1) nicht scheuen 不怕犯罪的,敢于铤而走险的

ver·brei·ten; *verbreitete*, *hat verbreitet*; [Vt] (及物) **1.** **etw. v.** bewirken, dass es etw. in e-m größeren Gebiet gibt als vorher 传播,散播,使蔓延：*e-e ansteckende Krankheit v.* 传播传染病；*Die Pollen der Blumen werden meist durch Bienen verbreitet* 花粉大多由蜜蜂传播 **2.** **etw. v.** etw. in seiner Umgebung wirksam werden lassen 散布,散发〈e-n Geruch, Kälte, Licht, Wärme v. 散发出气味、冷气、光亮、热气〉：*Dein Parfüm verbreitet e-n wunderbaren Duft* 你的香水散发出美妙的香味 **3.** **etw. v.** etw. viele Menschen wissen lassen 使流传,扩散,传扬,播送,散布：*e-e Suchmeldung über den Rundfunk v.* 通过无线电广播播送寻人通知；(*die Nachricht*) *v., dass die Firma geschlossen wird* 散布关于公司停止营业的消息 **4.** **etw. (um sich) v.** ein Gefühl *o.Ä.*, das man selbst hat, in anderen wirken lassen(用自己的情感)使(自己周围的人)感染到,激发起(情感) ≈ ausstrahlen 〈Gelassenheit, Heiterkeit, Ruhe, Zuversicht *usw* (um sich) v. 激发(自己周围的人)镇静、欢快、宁静、信心等〉 **5.** **etw. (irgendwo) v.** ein bestimmtes Gefühl *o.Ä.* in anderen Menschen entstehen lassen 散布,传播,制造(情感)〈Entsetzen, Angst u. Schrecken v. 散布惊慌、害怕和恐惧；(gute) Stimmung v. 制造欢快的情绪〉；[Vr] (反身) **6.** **etw. verbreitet sich irgendwo / über etw.** (*Akk* 四格) etw. gelangt an alle Stellen e-r Fläche, e-s Gebietes, e-s Raumes *o.Ä.* u. wird überall wirksam(物作主语)散布开来,蔓延,流行〈ein Geruch, e-e Krankheit, Qualm 气味,疾病,烟雾〉：*Die Seuche verbreitete sich schnell im ganzen / über das ganze Land* 流行病迅速在全国蔓延开来 **7.** **etw. verbreitet sich (irgendwo)** etw. wird vielen Menschen bekannt(物作主语)散布开来,传播开来,流传开来〈e-e Nachricht, e-e Neuigkeit, ein Gerücht verbreitet sich wie ein Lauffeuer (= sehr schnell) 消息、新闻、谣言像野火一样流传开来〉 **8.** **sich über etw.** (*Akk* 四格) **v.** *geschr* [书]；(zu) ausführlich auf ein Thema eingehen(过分)详细地论述 ‖ *hierzu*(派生) **Ver·brei·tung** *die*; *nur Sg*(只用单数)

> **Die Verbreitung der deutschen Sprache**
> **德语的传播**
>
> **Deutsch** gehört zur Gruppe der germanischen Sprachen.
> Auch außerhalb Deutschlands ist Deutsch in einigen Ländern Muttersprache: so in **Österreich**, einem großen Teil der **Schweiz**, **Südtirol**, **Liechtenstein** und in einigen Gebieten Frankreichs, Belgiens, der Niederlande und Luxemburgs, die an Deutschland angrenzen. Es wird von mehr als 100 Millionen Menschen gesprochen.
>
> **德语**属于日耳曼语族。
> 在德国以外,德语在一些国家也是母语：例如在**奥地利**,**瑞士**的大部分地区,**南蒂罗尔**,**列支敦士登**以及与德国接壤的法国、比利时、荷兰和卢森堡的一些地区。有一亿多人说德语。

ver·brei·tern; *verbreiterte*, *hat verbreitert*; [Vt] (及物) **1.** **etw. v.** etw. breiter machen 加宽,拓宽：*e-e Durchfahrt v.* 拓宽通道；[Vr] (反身) **2.** **etw. verbreitert sich** etw. wird breiter(物作主语)变宽：*An der Mündung verbreitert sich der Fluss* 河道在河口变宽了 ‖ *hierzu*(派生) **Ver·brei·te·rung** *die*; *nur Sg* (只用单数)

ver·brei·tet **1.** *Partizip Perfekt*(过去分词)；↑ **verbreiten** **2.** *Adj*(形)；so, dass es in e-m großen Gebiet od. bei vielen Menschen vorkommt 流行的,广为传播的：*Diese Ansicht ist sehr v.* 这种观点很流行

ver·bren·nen; *verbrannte*, *hat/ist verbrannt*; [Vi] (不及物) (*ist*) **1.** **j-d/etw. verbrennt** j-d/etw. wird durch Feuer getötet od. zerstört (人/物作主语)烧死,烧毁,焚毁：*Das Auto fing nach dem Unfall Feuer u. verbrannte* 汽车在发生事故后起火并烧毁了 **2.** **j-d/etw. verbrennt** j-d/etw. nimmt durch zu lange Hitze od. Sonneneinstrahlung Schaden(人/物作主语)晒坏(皮肤),烧焦,烤糊：*Ich habe den Braten ver-*

V

gessen, jetzt ist er verbrannt u. ungenießbar 我把烤肉忘了，现在肉已烤焦，不能食用；*aufpassen, dass man in der Sonne nicht verbrennt* 注意，别在太阳下灼伤了 **3. etw. verbrennt (zu etw.)** e-e Substanz wird durch Einwirkung von Sauerstoff (in andere Substanzen) umgewandelt（物作主语）转化为：*Kohlenhydrate verbrennen im menschlichen Körper zu Kohlensäure u. Wasser* 碳水化合物在人体中转化为碳酸和水；Vt（及物）(*hat*) **4. j-n / sich / etw. v.** mithilfe von Feuer bewirken, dass j-s/sein eigener Körper od. etw. zerstört wird 火化/自焚，焚烧/烧掉：*Gartenabfälle v.* 把花园中的垃圾烧掉；*Die Römer verbrannten ihre Toten* 罗马人把他们的死者火化；*Er hat sich mit Benzin übergossen u. verbrannt* 他把汽油浇在自己身上并自焚了；*Holz zu Asche v.* 把木头烧成灰 **5. sich** (*Dat* 三格) **etw. (an etw.** (*Dat* 三格)) **v.** sich verletzen od. wehtun, indem ein Körperteil mit etw. Heißem in Berührung kommt od. man zu lange in der Sonne liegt 烧伤，烫伤，晒伤：*Ich habe mir (am Ofen) die Finger verbrannt* 我(在火炉上)把手指烧伤了；*Sie hat sich (beim Sonnen) den Rücken verbrannt* 她(在太阳下)晒伤了背部；Vr（反身）(*hat*) **6. sich (an etw.** (*Dat* 三格)/**irgendwo) v.** ≈ v. (5) ‖ ID［谚］**sich** (*Dat* 三格) **die Finger / die Pfoten v.** (*hat*) *gespr*［口］；etw. Unvorsichtiges tun u. dadurch Schaden erleiden（因不谨慎而）吃苦头，自讨苦吃；**sich** (*Dat* 三格) **den Mund v.** (*hat*) *gespr*［口］；unüberlegt od. unbedacht etw. sagen, das unangenehme Folgen haben kann 因失言而吃苦头

Ver·bren·nung *die*；-, *-en* **1.** die Handlung, durch die j-d/etw. verbrannt (4) wird 焚烧，烧毁，火化 ‖ -K（复合）：**Bücher-, Hexen-, Müll-, Toten- 2.** *nur Sg*（只用单数）；der chemische Vorgang des Verbrennens (3) 燃烧转化：*die V. von Treibstoff zu Energie* 动力燃料转化为能量 ‖ K-（复合）：**Verbrennungs-, -maschine, -motor 3.** e-e Wunde, die man durch Feuer od. große Hitze bekommen hat 烧伤处，烫伤处 ≈ Brandwunde：*schwere Verbrennungen davontragen* 遭严重烧伤或烫伤

ver·brieft *Adj*（形）；*nicht adv*（不作状语）；schriftlich bestätigt 经书面确认的 ≈ garantiert ⟨ein Recht 权利⟩

ver·brin·gen；*verbrachte, hat verbracht*；Vt（及物）**1. etw. irgendwo v.** e-e bestimmte Zeit lang an e-m Ort sein 度过：*den Sonntagvormittag im Bett v.* 在床上度过星期日上午；*e-n freien Tag am Meer v.* 在海边度过闲暇的一天 **2. etw. (irgendwie, irgendwo, mit etw.) v.** während e-r bestimmten Zeit etw. tun 度过，消磨：*mit Freunden e-n schönen Abend v.* 和朋友们度过一个美好的晚上；*Wie hast du das Wochenende verbracht?* 周末你是怎样过的？；*Sie verbrachten den ganzen Tag mit Faulenzen* 他们一整天都无所事事

ver·brü·dern, sich；*verbrüderte sich, hat sich verbrüdert*；Vr（反身）⟨Personen 人们⟩ **verbrüdern sich**；**j-d verbrüdert sich mit j-m** *mst* zwei Personen (oft Feinde od. Gegner) schließen Freundschaft（人作主语）复：彼此建立亲密的友谊，单：与…建立兄弟般的关系（结成莫逆之交）‖ *hierzu*（派生）**Ver·brü·de·rung** *die* ‖ ▶ **Brüderschaft**

ver·brü·hen；*verbrühte, hat verbrüht*；Vt（及物）**j-m / sich etw. v.**；**j-n / sich v.** j-n/sich mit e-r heißen Flüssigkeit od. Dampf verletzen 烫伤：*Ich habe mir mit dem kochenden Wasser die Hand verbrüht* 我的手被开水烫伤了

ver·bu·chen；*verbuchte, hat verbucht*；Vt（及物）**1. etw. (irgendwo) v.** etw. in e-m Geschäftsbuch od. auf e-m Konto eintragen 把…入账，把…登账：*e-e Einzahlung auf e-m Konto v.* 把存款登入账户 **2. etw. als etw. v.** etw. als etw. beurteilen, werten 把…作为…记载下来 ⟨*mst* 多用 etw. als Erfolg, Sieg v. 把某事作为成果、胜利记载下来⟩ ‖ *zu*（义项）**1. Ver·bu·chung** *die*；*mst Sg*（多用单数）

Ver·bum [v-] *das*；*-s, Ver·ben / Ver·ba* ≈ Verb

ver·bum·meln；*verbummelte, hat verbummelt*；*gespr*［口］；Vt（及物）**1. etw. v.** *oft pej* 常用［贬］；e-e bestimmte Zeit ohne sinnvolle Beschäftigung verbringen 浪费，虚度，闲逛：*den ganzen Vormittag v.* 浪费整个上午 **2. etw. v.** nicht rechtzeitig an etw. denken, weil man sich nicht darauf konzentriert hat（因疏忽懒散而）耽误，遗忘 ⟨e-n Termin, e-e Verabredung v. 耽误期限、约会⟩

Ver·bund *der*；*-(e)s, -e* **1.** e-e feste Verbindung von Bauteilen *o. Ä.* 复合结构 ‖ K-（复合）：**Verbund-, -bauweise, -glas, -stahl 2. im V.** WIRTSCH【经】；als e-e Art Einheit 联合公司，集团公司：*Verkehrsbetriebe, die im V. arbeiten* 以联合公司运作的交通企业 ‖ -K（复合）：**Verkehrs-**

ver·bun·den 1. *Partizip Perfekt*（过去分词）；↑ **verbinden**[1], **verbinden**[2] **2.** *Adj*（形）；**etw. ist mit etw. v.** etw. hängt mit etw. zusammen, tritt mit etw. zusammen auf（物作主语）与…联系在一起、结合在一起：*Der Aufbruch war mit großer Hektik verbunden* 启程时十分忙碌 **3.** *Adj*（形）；**falsch v. sein** die falsche Telefonnummer gewählt haben 挂错电话，打错电话 **4.** *Adj*（形）；**j-m irgendwie v.** mit der genannten Beziehung zu j-m 与…有某种关系 ⟨j-m freundschaftlich, in Liebe v. sein 与某人关系友好，与某人恋爱；sich j-m v. fühlen (= j-n gern mögen) 非常喜欢某人⟩ **5.** *Adj*（形）；**j-m sehr v. sein** *geschr veraltend*［书］［渐旧］；j-m Dank schulden 应感谢某人 ‖ *zu*（义项）**4. Ver·bun·den·heit** *die*；*nur Sg*（只用单数）

ver·bün·den, sich；*verbündete sich, hat sich verbündet*；Vr（反身）⟨Personen, Staaten *o. Ä.* 一些人或一些国家等⟩ **verbünden sich (gegen j-n / etw.)**；**j-d / etw. verbündet sich mit j-m / etw. (gegen j-n)** zwei od. mehrere Personen, Staaten *o. Ä.* schließen ein Bündnis 复：彼此结盟，互相联合；单：与…结盟，联合：*sich* *in e-m Krieg mit e-m Land gegen ein anderes v.* 在战争中与一个国家结盟反对另一个国家 ‖ NB (注意): oft im Zustandspassiv verwendet(常用于状态被动句): *Frankreich u. Deutschland sind (miteinander) verbündet* 法国和德国(彼此)结盟 ‖ *hierzu* (派生) **Ver·bün·de·te** *der/die*; *-n, -n*

ver·bür·gen; *verbürgte, hat verbürgt*; [Vt] (及物) **1.** (*j-m*) **etw. v.** ≈ garantieren: *in der Verfassung verbürgte Grundrechte* 在宪法中得到保障的基本权利; [Vr] (反身) **2. sich für j-n/etw. v.** ≈ für j-n/etw. garantieren: *Ich verbürge mich* dafür, dass *er die Wahrheit sagt* 我担保他说的是真话 ‖ ▶ **Bürge**

ver·bürgt 1. *Partizip Perfekt* (过去分词); ↑ **verbürgen 2.** *Adj* (形); *nicht adv* (不作状语); als richtig bestätigt 确凿的,业经证实的,真实可靠的 ≈ authentisch ⟨e-e Nachricht, e-e Tatsache 消息,事实⟩

ver·bü·ßen; *verbüßte, hat verbüßt*; [Vt] (及物) **etw. v.** e-e Zeit lang zur Strafe im Gefängnis sein 服(刑),坐(牢) ⟨e-e Haftstrafe v. 坐监牢⟩ ‖ *hierzu* (派生) **Ver·bü·ßung** *die*; *nur Sg* (只用单数)

ver·chro·men [-k-]; *verchromte, hat verchromt*; [Vt] (及物) **etw. v.** etw. aus Eisen *o. Ä.* mit e-r dünnen Schicht Chrom bedecken 把…镀铬 ‖ *hierzu* (派生) **Ver·chro·mung** *die*

Ver·dacht *der*; *-(e)s*; *nur Sg* (只用单数) **1. ein V.** (**gegen j-n/etw.**) die Annahme, dass j-d etw. Verbotenes od. Illegales getan hat 嫌疑,怀疑 ⟨ein (un)begründeter V. 有(无)根据的怀疑; der dringende, nicht der leiseste V. 重大的,不是极轻微的怀疑; V. (gegen j-n) schöpfen, hegen 对某人产生怀疑、心存怀疑; etw. erregt, erweckt (j-s) V. 某事引起某人的怀疑; über jeden V. erhaben sein 没有丝毫值得怀疑之处; der V. fällt auf/richtet sich gegen/trifft j-n 怀疑落到某人头上/是针对某人的/冲着某人的⟩: *j-n wegen des Verdachts auf Drogenhandel verhaften* 因涉嫌毒品交易将某人逮捕 **2. ein V.** (**auf etw.** (*Akk* 四格)) die Annahme, dass etw. (wahrscheinlich) der Fall ist 猜疑,推测: *Es besteht der V.*, dass *sie ermordet wurde* 存在她被谋杀的猜测; *Man weiß noch nicht, was sie hat, aber es besteht V. auf Krebs* 人们还不知道她有什么病,但是推测是癌症 **3.** die Situation, in der sich j-d befindet, der verdächtigt wird 受嫌疑,被怀疑 ⟨in V. geraten, kommen 受嫌疑,被怀疑; in/unter V. stehen 受到嫌疑; j-n in (falschen) V. bringen 使某人受到(不应有的)嫌疑; j-n in/im V. haben 猜疑某人,怀疑某人⟩: *Er steht in/im V., den Schmuck gestohlen zu haben* 他被人怀疑偷了首饰 **4. auf V.** *gespr* [口]; im Glauben od. in der Annahme, dass es so richtig ist 根据猜测,估量着

ver·däch·tig *Adj* (形) **1.** so, dass es Anlass zu Verdacht gibt 有嫌疑的,可疑的,令人怀疑的 ⟨ein Verhalten 行为; v. aussehen 看起来令人怀疑; etw. kommt j-m v. vor 某事使某人感到可疑⟩: *Wenn Sie etw. Verdächtiges hören od. sehen, rufen Sie bitte die Polizei* 如果您听到或看到什么令人怀疑的情况,请您报警; *sich durch Flucht v. machen* 他由于逃跑而受到怀疑 **2.** so, dass es befürchten lässt, dass etw. nicht in Ordnung sei 令人生疑的,可疑的 ⟨ein Geräusch 声音,声响⟩: *e-n verdächtigen Knoten unter der Haut fühlen* 感到皮下有一个可疑的结节 ‖ -K(复合): **krebs- 3.** (**etw.** (*Gen* 二格)) **v.** *nicht adv* (不作状语); in Verdacht (1), ein Verbrechen begangen zu haben 被怀疑犯有…罪行: *e-s Mordes v. sein* 被怀疑犯有谋杀罪 ‖ -K(复合): **mord-, tat-** ‖ *zu* (义项) **3. Ver·däch·ti·ge** *der/die*; *-n, -n*

-ver·däch·tig *im Adj, wenig produktiv* (构成形容词,构词弱); mit guten Aussichten, etw. zu werden od. zu bekommen 有望成为…的,有望获得…的; **hitverdächtig, medaillenverdächtig, nobelpreisverdächtig, rekordverdächtig**

ver·däch·ti·gen; *verdächtigte, hat verdächtigt*; [Vt] (及物) **j-n** (**etw.** (*Gen* 二格)) **v.** glauben, dass j-d an etw. schuld sein könnte 怀疑: *j-n des Diebstahls, des Mordes v.* 怀疑某人有偷窃行为、犯有谋杀罪; *Sie verdächtigte ihn, gelogen zu haben* 她怀疑他撒了谎 ‖ *hierzu* (派生) **Ver·däch·ti·gung** *die*

ver·dam·men; *verdammte, hat verdammt*; [Vt] (及物) **1. j-n/etw. v.** j-n/etw. für sehr unmoralisch halten u. deswegen ein sehr negatives Urteil über ihn/darüber sprechen (严厉)谴责,咒骂,诅咒 ≈ verurteilen (2) **2.** *mst* 多用 **j-d ist verdammt** j-d wird nach seinem Tod von Gott für immer bestraft (人作主语)该死,应受诅咒,应受(上帝)惩罚 **3. j-n zu etw. v.** j-n zwingen, etw. Unangenehmes zu tun od. zu ertragen 迫使,强迫 **4. j-d/etw. ist zu etw. verdammt** j-d muss etw. Unangenehmes tun od. ertragen, etw. Unangenehmes wird mit etw. geschehen (人/物作主语)注定要 ⟨j-d ist zum Nichtstun verdammt 某人注定无所事事; etw. ist zum Scheitern verdammt 某事注定要失败⟩ ‖ *hierzu* (派生) **Ver·dam·mung** *die*; *nur Sg* (只用单数); *zu* (义项) **1. ver·dam·mens·wert** *Adj* (形); *zu* (义项) **2. Ver·damm·te** *der/die*; *-n, -n*; **Ver·damm·nis** *die*; *nur Sg* (只用单数)

ver·dammt 1. *Partizip Perfekt* (过去分词); ↑ **verdammen 2.** *Adj* (形); *nur attr, nicht adv* (只作定语,不作状语), *gespr pej* [口][贬]; sehr unangenehm 该死的,该诅咒的 ≈ verflucht: *So ein verdammter Mist!* 真是胡闹! 真是混账!; *Er ist ein verdammter Idiot* 他是个该死的白痴 **3.** *Adj* (形); *nur attr od adv, gespr* (只作定语或状语)[口]; verwendet, um Adjektive, Adverbien od. Substantive zu verstärken (加强形容词、副词或名词的语义)非常,很 ≈ wahnsinnig (3): *verdammtes Glück haben* 真走运; *Es ist v. kalt hier* 这里冷得要命 **4.** *Interjektion* (叹); *gespr* [口]; *mst* in 多用于 **v.** (**nochmal**)! verwendet, um großen Ärger auszudrücken (表示很生气)该死的!

ver·dam·pfen; *verdampfte, hat/ist verdampft*; [Vi] (不及物) (*ist*) **1. etw. verdampft** e-e

Flüssigkeit wird zu Dampf（物作主语）蒸发：*Beim Kochen verdampft ein Teil des Wassers* 在煮沸时一部分水分蒸发了；[Vt]（及物）（*hat*）**2. etw. v.** bewirken, dass etw. zu Dampf wird 使蒸发

ver·dan·ken；*verdankte, hat verdankt*；[Vt]（及物）***j-d verdankt etw. j-m/etw.*；*etw. ist j-m/etw. zu v.*；*j-d hat j-m/etw. etw. zu verdanken*** *oft iron* 常用[讽]；etw. ist so, weil es durch j-d anderen/etw. anderes verursacht wurde（人作主语）为…感谢，把…归功于；（物作主语）应感谢，应归功于，（人作主语）应为…而感谢，应把…归功于：*Ihm haben wir zu v., dass wir jetzt so viel Arbeit haben!* 我们现在有这样多的工作，要感谢他！；*Er verdankt sein Leben e-m glücklichen Zufall* 他把他能活下来归功于一次幸运的偶然事件；*Du hast mir zu v., dass du mit ins Kino darfst* 你能一起来看电影，这要感谢我；*Das relativ milde Klima in Irland ist dem Golfstrom zu v.* 爱尔兰的相对温暖的气候要归功于海湾暖流

ver·darb *Imperfekt, 1. u. 3. Person Sg*（过去时，第一和第三人称单数）；↑ **verderben**

ver·dat·tert *Adj*（形）；*gespr*［口］；sehr überrascht 惊得目瞪口呆的，吓得发愣的，惊愕的，茫然不知所措的

ver·dau·en；*verdaute, hat verdaut*；[Vt/i]（及物/不及物）**1.（etw.）v.** die Nahrung im Magen u. im Darm auflösen, sodass der Körper sie aufnehmen kann 消化；[Vt]（及物）**2. etw. v.** *gespr*［口］；etw. psychisch od. geistig bewältigen 领会，消化，领略，领悟〈ein Erlebnis, e-n Schock v. 领略一次经历，经受住一次震惊；e-e Lektüre v. 领会一本读物〉

ver·dau·lich *Adj*（形）；*nicht adv*（不作状语）**1. so, dass man es verdauen kann** 可消化的：*Das Essen ist leicht/schwer v.* 这食物容易/难消化；*ein schwer verdauliches, fettes Essen* 难消化的、油腻的食物 **2. *leicht/schwer v.*** *gespr*［口］；leicht/schwer zu verstehen 容易理解的，简单易懂的/难以理解的：*e-e leicht verdauliche Lektüre für den Urlaub* 一种简单易懂的假期读物；*Schwer verdauliche Informationen* 难以理解的信息 ‖ *hierzu*（派生）**Ver·dau·lich·keit** *die*；*nur Sg*（只用单数）

Ver·dau·ung *die*；*-*；*nur Sg*（只用单数）；das Verdauen der Nahrung 消化 ‖ K-（复合）：***Verdauungs-*, *-apparat*, *-organ*, *-störung*, *-trakt***

Ver·deck *das*；*-(e)s, -e*；ein bewegliches Dach für ein Auto, e-n Kinderwagen *o. Ä.* 活动车顶，车篷

ver·de·cken；*verdeckte, hat verdeckt*；[Vt]（及物）**1. *j-d/etw. verdeckt j-n/etw.*** j-d/etw. steht so vor e-r Person od. Sache, dass man diese nicht sehen kann（人/物作主语）挡住，遮住，遮蔽：*Die Wolken verdecken die Sonne* 云遮住了太阳 **2. *j-n/etw. (mit etw.) v.*** e-e Person od. Sache mit etw. bedecken, damit man jene nicht mehr sehen kann（用…）遮盖，遮蔽，挡住，遮挡，掩盖：*Sie verdeckte das Loch in der Wand mit e-m Bild* 她用一张画遮住了墙上的洞

ver·deckt 1. *Partizip Perfekt*（过去分词）；↑ **verdecken 2.** verwendet, um auszudrücken, dass sich Polizisten bei der Untersuchung e-s Verbrechens nicht als Polizisten zu erkennen geben 隐匿身份的〈ein Ermittler, Ermittlungen 调查者，调查〉

ver·den·ken；*verdachte, hat verdacht*；[Vt]（及物）*mst in* 多用于 ***j-m etw. nicht v. können*** *geschr*［书］；Verständnis haben dafür, dass j-d etw. getan hat 不能责怪、怪罪、抱怨

Ver·derb ↑ ***Gedeih***

ver·der·ben；*verdirbt, verdarb, hat/ist verdorben*；[Vi]（不及物）（*ist*）**1. *etw. verdirbt*** etw. wird so schlecht, dass man es nicht mehr essen od. trinken kann（物作主语）变坏，腐败，腐烂：*Die Milch verdirbt, wenn sie nicht gekühlt wird* 牛奶如果不冷藏起来，就会变质；[Vt]（及物）（*hat*）**2. (j-m) etw. v.** etw. Positives od. etw., das als etw. Positives geplant war, zerstören 损坏，败坏，毁坏：*e-n schönen Tag durch e-n Streit v.* 由于争吵使美好的日子扫兴；*Der Regen hat uns den Ausflug verdorben* 下雨搅扰了我们的郊游 **3. *sich*（*Dat* 三格）*etw. v.*** durch sein Verhalten bewirken, dass ein Körperteil beschädigt wird 损害，伤害：*sich bei schlechtem Licht die Augen v.* 在光线不好的条件下损害眼睛 **4. *j-m/sich etw. v.*** j-m/sich ein angenehmes, positives Gefühl *o. Ä.* nehmen 败坏，烦扰，搅扰〈j-m den Appetit, die Freude, die (gute) Laune/Stimmung, den Spaß v. 使某人倒胃口、扫兴，败坏某人的心情/情绪、兴致〉：*Bitte sag mir nicht, wie der Film ausgeht, sonst ist mir die Freude daran verdorben* 请别告诉我影片的结局是怎样的，否则我会感到扫兴的 **5. *j-n/etw. v.*** durch seinen eigenen schlechten Charakter j-n/j-s Charakter *o. Ä.* (*bes* in Bezug auf Sexualität) sehr negativ beeinflussen 使…变坏、道德败坏、堕落〈j-s Charakter v. 使某人人品变坏了〉**6. *sich*（*Dat* 三格）(*mit etw.*) *den Magen v.*** etw. essen, wovon einem übel wird 把胃吃坏了，吃坏肚子 **7. *die Preise v.*** *gespr*［口］；als Händler seine Waren billiger verkaufen als die Konkurrenz bzw. als Arbeitnehmer für weniger Geld arbeiten, als üblich ist 压低价格 **8. *es (sich*（*Dat* 三格）*) mit j-m v.*** j-s Freundschaft od. Sympathie durch eigene Schuld verlieren 与…搞坏关系 ≈ sich etw. verscherzen：*Du gibst immer allen recht, weil du es (dir) mit niemandem v. willst* 你总是同意所有人的意见，因为你不想与任何人搞坏关系 ‖ *zu*（义项）**1. Ver·derb·lich** *Adj*（形）；*nicht adv*（不用作状语）；**ver·derb·lich·keit** *die*；*nur Sg*（只用单数）

Ver·der·ben *das*；*-s*；*nur Sg, geschr*（只用单数）［书］≈ Untergang (4), Ruin〈j-n ins V. stürzen 把某人毁了；(offenen Auges) in sein/ins V. rennen（睁着眼睛）走向毁灭〉：*Krieg bringt Tod u. V.* 战争带来死亡和毁灭 ‖ *hierzu*（派生）**Ver·der·ben brin·gend, ver·der·ben·brin·gend** *Adj*（形）

V

ver·derbt *Adj*（形）；*veraltend*［渐旧］；moralisch schlecht 道德败坏的，堕落的，腐化的〈ein Mensch 人〉‖ *hierzu*（派生）**Ver·derbt·heit** *die*；*nur Sg*（只用单数）

ver·deut·li·chen；*verdeutlichte*，*hat verdeutlicht*；[Vt]（及物）（***j-m/sich***）***etw. v.*** j-m/sich etw. deutlich（er）od. verständlicher machen 使明白，向…解释清楚，说明：*j-m ein Problem v.* 向某人说明一个问题 ‖ *hierzu*（派生）**Ver·deut·li·chung** *die*；*mst Sg*（多用单数）

ver·dich·ten；*verdichtete*，*hat verdichtet*；[Vr]（反身）**1.** ***etw. verdichtet sich*** etw. wird dichter od. stärker（物作主语）变浓，变稠；增加，增多〈der Nebel，die Wolken 雾，云；die Gerüchte 谣传〉；[Vt]（及物）**2.** ***etw. v.*** etw. mithilfe von Druck dichter machen 使浓密，压缩，〈Dampf，Gase，Flüssigkeiten v. 压缩蒸汽、气体、液体〉

ver·die·nen；*verdiente*，*hat verdient*；[Vt/i]（及物/不及物）**1.**（（***sich***（*Dat* 三格））***etw.***）***v.*** als Lohn für seine Arbeit Geld bekommen 挣得，赚得〈ehrlich verdientes Geld 正当挣来的钱〉：*zwölf Euro in der Stunde/pro Stunde/die Stunde v.* 每小时挣 12 欧元；*sich das Geld für e-n Urlaub v.* 挣钱假期用；*sich mit Nachhilfestunden ein paar Euro nebenbei v.* 兼教辅导课挣几个欧元；（*sich*）*seinen Lebensunterhalt als Musiker v.* 以音乐家的身份挣钱度日；*Obwohl beide verdienen, kommen sie kaum über die Runden, weil die Miete so hoch ist* 虽然两个人挣钱，他们只能勉强维持生计，因为房租昂贵 **2.**（***etw.***）（***bei/an/mit etw.***（*Dat* 三格））***v.*** durch ein Geschäft *o.Ä.* Geld bekommen 靠…赚得：*Das Reisebüro verdient an jeder Reise 10%* 旅游局（组织）每一次旅游都赚 10%；[Vt]（及物）**3.** ***j-d/etw. verdient etw.*** j-d/etw. bekommt etw.（aufgrund seines Handelns/seiner Beschaffenheit）zu Recht od. sollte es bekommen（人/物作主语）应受，理应得到，值得：*Er hat ein Lob, e-e Strafe verdient* 他理应得到表扬，罪有应得；*Nach dieser Anstrengung habe ich e-e Pause verdient* 经过这一番努力以后，我理所应当地休息了一下；*Du hast es eigentlich nicht verdient*，dass *ich dich mitnehme* 其实你不应由我来开车带你；*Seine Beschwerden verdienen nicht, ernst genommen* zu *werden* 他的抱怨用不着认真对待 ‖ ID［谚］***Womit habe ich das nur/bloß verdient?*** *gespr*［口］；verwendet，um darüber zu klagen，dass einem etw. Unangenehmes passiert ist 凭什么我该受到这样的对待？‖ *zu*（义项）**3. ver·dien·ter·ma·ßen** *Adv*（副）

Ver·dienst[1] *der*；-（*e*）*s*，-*e*；*mst Sg*（多用单数）**1.** das Geld，das man für seine Arbeit bekommt 工资，收入，工钱 ‖ K-（复合）：***Verdienst-***，***-ausfall***，***-bescheinigung***，***-grenze***，***-möglichkeit*** **2.** das Geld，das man durch den Verkauf von Waren verdient 赢利 ≈ Gewinn ‖ K-（复合）：***Verdienst-***，***-spanne***

Ver·dienst[2] *das*；-（*e*）*s*，-*e*；e-e Tat od. e-e Leistung，die die Anerkennung anderer findet 功劳，功绩，功勋〈j-m etw. als/zum V. anrechnen 把某事看作是某人的功劳〉：*Es ist sein V.*，*dass das Museum gebaut werden konnte* 博物馆能建成，是他的功劳 ‖ K-（复合）：***Verdienst-***，***-orden*** ‖ *hierzu*（派生）**ver·dienst·voll** *Adj*（形）

ver·dient **1.** *Partizip Perfekt*（过去分词）；↑ ***verdienen*** **2.** *Adj*（形）；*nur attr*，*nicht adv*（只作定语，不作状语）；〈ein Forscher，ein Politiker 研究人员，政治家〉so，dass sie besondere Verdienste[2] vorweisen können 有功勋的，功勋的 ≈ verdienstvoll **3.** *Adj*（形）；***sich um etw. v. machen*** für e-e wichtige Sache viel u. gute Arbeit leisten 为…立功、做贡献

ver·dirbt *Präsens*，*3. Person Sg*（现在时，第三人称单数）；↑ ***verderben***

ver·don·nern；*verdonnerte*，*hat verdonnert*；[Vt]（及物）***j-n zu etw. v.*** *gespr*［口］；j-m e-e Strafe od. eine unangenehme Arbeit geben 判，罚：*j-n zu e-r hohen Geldstrafe v.* 判处某人高额罚金

ver·dop·peln；*verdoppelte*，*hat verdoppelt*；[Vt]（及物）**1.** ***etw. v.*** die Menge，Zahl，Größe *o.Ä.* von etw. zweimal so groß machen 使加倍，使倍增，使增加一倍 ↔ halbieren：*die Milchproduktion v.* 使牛奶产量增加一倍；*seine Anstrengungen v.* 加倍努力；[Vr]（反身）**2.** ***etw. verdoppelt sich*** etw. wird doppelt so viel，so groß *o.Ä.*（物作主语）增加一倍，加倍 ‖ *hierzu*（派生）**Ver·dop·pe·lung**，**Ver·dopp·lung** *die*

ver·dor·ben *Partizip Perfekt*（过去分词）；↑ ***verderben*** ‖ *hierzu*（派生）**Ver·dor·ben·heit** *die*；*nur Sg*（只用单数）

ver·dor·ren；*verdorrte*，*ist verdorrt*；[Vi]（不及物）***etw. verdorrt*** etw. wird trocken u. dürr（物作主语）干枯，枯萎，枯死，旱死〈e-e Pflanze 植物；e-e Wiese，ein Zweig 草地，树枝〉

ver·drän·gen；*verdrängte*，*hat verdrängt*；[Vt]（及物）**1.** ***j-d verdrängt j-n/etw.***（***von/aus etw.***）j-d nimmt den Platz od. die Stelle von j-m ein（人作主语）把…排挤掉，取代〈j-n aus seiner Position，von seinem Platz v. 将某人从其职位上挤掉，挤掉某人的位置〉**2.** ***etw. verdrängt etw.***（***von/aus etw.***）etw. nimmt allmählich die Stelle od. die Funktion von etw. ein（物作主语）排挤掉，取代：*Die großen Segelschiffe wurden von Dampfschiffen verdrängt* 大帆船被汽船排挤掉了 **3.** ***etw. v.*** etw. psychisch Unangenehmes aus seinem Bewusstsein verschwinden lassen 排除，驱散，抑制：*Sie hat*（*die Erinnerung an*）*das schreckliche Erlebnis verdrängt* 她忘却了这段可怕的经历（她驱散了对这段可怕经历的回忆）‖ *hierzu*（派生）**Ver·drän·gung** *die*；*mst Sg*（多用单数）

ver·dre·cken；*verdreckte*，*hat/ist verdreckt*；*gespr pej*［口］［贬］；[Vt]（及物）（*hat*）**1.** ***etw. v.*** etw. sehr schmutzig machen 弄脏；[Vi]（不及物）（*ist*）**2.** ***etw. verdreckt*** etw. wird sehr schmutzig（物作主语）变脏，脏了：*Nach dem Sturm war das Auto völlig verdreckt* 暴风雨过后汽车完全变脏了 ‖ NB（注意）：*mst* im Zustandspassiv（多用于状态被动句）！

V

ver·dre·hen; *verdrehte, hat verdreht*; [Vt] (及物) **1. etw. v.** etw. sehr stark od. zu stark drehen 扭转,扭歪;扭坏,扭伤 ⟨j-m den Arm v. 使劲扭或扭伤某人的胳膊⟩: *den Hals v., um zu sehen, was hinter einem ist* 扭转脖子去看一个人后面的东西 **2. die Augen v.** die Augen (im Kreis) bewegen, *bes* weil man sehr verärgert ist od. sehr viel Angst hat 东张西望,扫视四周 **3. etw. v.** etw. absichtlich falsch darstellen 歪曲,曲解 ⟨die Tatsachen, die Wahrheit v. 歪曲事实、真相⟩ **4. j-m den Kopf v.** *gespr* [口]; bewirken, dass sich j-d in einen verliebt 把某人弄得神魂颠倒,使某人迷恋自己 **5. das Recht v.** *pej* [贬]; die Gesetze so interpretieren, dass aus dem Recht Unrecht wird (u. umgekehrt)曲解法律

ver·dreht **1.** *Partizip Perfekt* (过去分词); ↑ **verdrehen** **2.** *Adj* (形); *mst präd, gespr* (多作表语)[口]; unkonzentriert u. nicht in der Lage, vernünftig zu denken 迷迷糊糊的,糊里糊涂的,发蒙的: *Ich bin heute ganz v.* 今天我完全蒙了 ‖ *hierzu* (派生) **Ver·dreht·heit** *die*; *nur Sg* (只用单数)

ver·dre·schen; *verdrischt, verdrosch, hat verdroschen*; [Vt] (及物) **j-n v.** *gespr* [口] ≈ verprügeln

ver·drie·ßen; *verdross, hat verdrossen*; [Vt] (及物) *geschr* [书] **1. etw. verdrießt j-n** etw. bewirkt, dass j-d sich ärgert (物作主语)使烦恼,使恼火,惹恼 **2. sich** (*Dat* 三格) **etw. nicht v. lassen** sich nicht die Freude an etw. nehmen lassen 别因某事而烦恼、沮丧、气馁 ‖ ▶ **Verdruss**

ver·drieß·lich *Adj* (形) **1.** voller Unzufriedenheit 闷闷不乐的、愁眉苦脸的,恼怒的 ≈ missmutig ⟨ein verdrießliches Gesicht machen 摆出一副闷闷不乐的面孔; v. dreinschauen 愁眉苦脸地看着⟩ **2.** *geschr veraltend* [书][渐旧] ≈ unangenehm ⟨e-e Angelegenheit, e-e Sache 事情,事⟩ ‖ *hierzu* (派生) **Ver·drieß·lich·keit** *die*; *mst Sg* (多用单数)

ver·dross *Imperfekt, 3. Person Sg* (过去时,第三人称单数); ↑ **verdrießen**

ver·dros·sen **1.** *Partizip Perfekt* (过去分词); ↑ **verdrießen** **2.** *Adj* (形) ≈ verdrießlich (1), missmutig ⟨ein Gesicht 面孔; v. aussehen 显得闷闷不乐的样子⟩ ‖ *hierzu* (派生) **Ver·dros·sen·heit** *die*; *mst Sg* (多用单数)

ver·drü·cken; *verdrückte, hat verdrückt*; *gespr* [口]; [Vt] (及物) **1. etw. v.** e-e große Menge von etw. essen 大吃,大量地吃; [Vr] (反身) **2. sich** (**irgendwohin**) **v.** weggehen (ohne dass es andere merken), *bes* um nicht arbeiten zu müssen 偷偷溜走,悄悄离去,溜掉

Ver·druss *der*; *-es*; *nur Sg* (只用单数) ≈ Ärger ⟨(j-m) V. bereiten 使(某人)烦恼,使厌烦; zu j-s V. 令某人烦恼⟩

ver·duf·ten; *verduftete, ist verduftet*; [Vi] (不及物) *gespr* [口]; heimlich e-n Ort verlassen 悄悄离开,溜走: *v., wenn die Polizei kommt* 警察来的时候就溜掉

ver·dum·men; *verdummte, hat/ist verdummt*; [Vt/i] (及物/不及物) (*hat*) **1. etw. verdummt** (**j-n** (*mst Pl* 多用复数)) etw. bewirkt, dass die Leute dumm werden (物作主语)使愚蠢,使愚笨: *Zu viel Fernsehen verdummt* (*die Leute*) 看电视太多使人变傻; [Vi] (不及物) (*ist*) **2.** dumm werden 变愚笨,变无知 ≈ verblöden ‖ *hierzu* (派生) **Ver·dum·mung** *die*; *nur Sg* (只用单数)

ver·dun·keln; *verdunkelte, hat verdunkelt*; [Vt] (及物) **1. etw. v.** etw. dunkel machen 使变暗 ⟨e-n Raum v. 使一个房间变暗⟩: *Die Wolken verdunkelten den Himmel* 云遮暗了天空; [Vt/i] (及物/不及物) **2.** (**etw.**) **v.** in e-m Zimmer, e-m Haus od. Gebiet die Lampen ausmachen od. bedecken 实行了灯火管制: *Im Krieg verdunkelte man die Stadt* 在战时对城市实行了灯火管制; [Vr] (反身) **3. etw. verdunkelt sich** etw. wird dunkel (物作主语)变暗,暗下来,转暗: *Der Himmel verdunkelt sich. Bald gibts ein Gewitter* 天空转暗。雷雨快来了 ‖ *hierzu* (派生) **Ver·dun·ke·lung** *die*; *mst Sg* (多用单数)

ver·dün·nen; *verdünnte, hat verdünnt*; [Vt] (及物) **etw.** (**mit etw.**) **v.** e-e Flüssigkeit *o.Ä.* *bes* mit Wasser mischen, damit sie nicht mehr so konzentriert ist 稀释,冲淡: *Farbe mit Wasser, Lack mit e-m Lösungsmittel v.* 用水把颜色冲淡,用稀释剂把漆变稀 ‖ *hierzu* (派生) **Ver·dün·nung** *die*; *mst Sg* (多用单数)

ver·dün·ni·sie·ren, sich; *verdünnisierte sich, hat sich verdünnisiert*; [Vr] (反身) **sich v.** *gespr hum* [口][诙] ≈ verduften

ver·duns·ten; *verdunstete, ist verdunstet*; [Vi] (不及物) **etw. verdunstet** e-e Flüssigkeit wird allmählich zu Gas (aber ohne zu kochen) (物作主语)蒸发 ↔ etw. kondensiert ‖ *hierzu* (派生) **Ver·duns·tung** *die*; *nur Sg* (只用单数) ‖ ▶ **Dunst** (1)

ver·durs·ten; *verdurstete, ist verdurstet*; [Vi] (不及物) sterben, weil man nichts zu trinken hat 渴死: *in der Wüste v.* 在沙漠中渴死

ver·dutzt *Adj* (形); überrascht u. verwirrt 吃惊的,惊呆的,惊愕的,惊讶的,茫然不知所措的

ver·eb·ben; *verebbte, ist verebbt*; [Vi] (不及物) **etw. verebbt** etw. wird allmählich schwächer u. hört auf (物作主语)逐渐消失,逐渐平息 ⟨der Beifall, der Lärm 掌声,喧闹声; j-s Begeisterung 某人的热情⟩

ver·edeln; *veredelte, hat veredelt*; [Vt] (及物) **1. etw. v.** etw. besonders bearbeiten od. es mit wertvollen Stoffen mischen, damit die Qualität besser wird 使高贵,使贵重,精炼,精制,精加工,提纯 ⟨Gewebe, Kohle, Metalle v. 对织物、煤、金属进行精加工⟩ **2. etw. v.** e-e Pflanze dadurch qualitativ besser machen, dass man e-n Zweig e-r anderen Pflanze in sie pflanzt 嫁接改良 ⟨Obstbäume, Rosen, Weinstöcke v. 嫁接果树、玫瑰、葡萄⟩ ‖ *hierzu* (派生) **Ver·ede·lung** *die*; *mst Sg* (多用单数)

ver·eh·ren; *verehrte, hat verehrt*; [Vt] (及物) **1. j-n v.** j-n ehren u. bewundern 尊敬,崇敬,

敬仰,敬重 ≈ hoch schätzen: *j-n als großen Künstler v.* 把某人尊崇为伟大的艺术家 **2. j-n v.** j-n als ein höheres Wesen *o. Ä.* ansehen u. zu ihm beten 崇拜〈Heilige v. 崇拜圣徒; j-n als (e-n) Gott v. 把某人崇奉为神〉**3. j-n v.** *veraltend*［渐旧］; in j-n verliebt sein 爱慕 **4. j-m etw. v.** *hum*［谐］; j-m etw. schenken 奉赠,敬献 ‖ *zu*(义项) **1.** u. **3. Ver·eh·rer** *der*; *-s*, *-*; **Ver·eh·re·rin** *die*; *-*, *-nen*; *zu*(义项) **1.** u. **2. Ver·eh·rung** *die*; *nur Sg*(只用单数)

ver·ehrt 1. *Partizip Perfekt*(过去分词); ↑ **verehren 2.** *Adj*(形); verwendet als Teil e-r höflichen Anrede 尊敬的,敬爱的: *Meine sehr verehrten Damen u. Herren* 尊敬的女士们、先生们

ver·ei·di·gen; *vereidigte*, *hat vereidigt*; [Vt] (及物) **j-n v.** j-n e-n Eid sprechen lassen 让…宣誓〈Rekruten, Soldaten, Zeugen v. 让新兵、士兵、证人宣誓〉: *ein vereidigter Sachverständiger* 一个宣过誓的专家 ‖ *hierzu*(派生) **Ver·ei·di·gung** *die*; *mst Sg*(多用单数)

Ver·ein *der*; *-(e)s*, *-e*; e-e Organisation von Leuten mit ähnlichen Interessen od. Zielen 团体,协会,社团,联合会 ≈ Klub〈ein eingetragener, gemeinnütziger, wohltätiger V. 一个已注册的、公益性的、慈善的团体; e-m V. beitreten 参加一个协会; in e-n V. eintreten 加入一个协会; aus e-m V. austreten 退出一个协会; sich zu e-m V. zusammenschließen 联合组成一个协会; e-n V. gründen 建立一个协会〉: *Mitglied in e-m V. zum Schutz der Vögel sein* 是鸟类保护协会的会员 ‖ K-(复合): **Vereins-**, **-haus**, **-lokal**, **-mitglied**, **-satzung**, **-vorstand** ‖ -K(复合): **Alpen-**, **Fußball-**, **Gesang(s)-**, **Kegel-**, **Schützen-**, **Sport-**, **Tierschutz-**, **Turn-**

Die Vereine 社团

In Deutschland gibt es etwa 300.000 Vereine. Etwa jeder vierte Deutsche ist Mitglied in einem Sportverein. Andere Vereine widmen sich zum Beispiel der Erhaltung und Pflege von Traditionen, dem Gartenbau oder der Tierzucht. Es gibt Gesangsvereine, Trachtenvereine, Wandervereine, Schrebergarten- und Hundezüchtervereinigungen und unzählige andere Arten von Vereinen. Für alle Interessen ist etwas dabei. Viele Deutsche verbringen einen großen Teil ihrer Freizeit in den Vereinen und haben dort ihre Freunde.

德国约有30万个社团。

大约每四个德国人中就有一个是体育联合会会员。基他社团则致力于比如维护和弘扬传统、园艺或动物饲养。有歌咏联合会、弘扬古老地方习俗的协会、徒步旅行者协会、小园圃协会和养犬协会以及许许多多的其他种类的社团。有什么兴趣爱好就有什么样的社团。许多德国人是在社团中度过他们的大部分闲暇时间的,并且在那里有自己的朋友。

ver·ein·bar *Adj*(形); *nur präd*, *nicht adv*(只作表语,不作状语); **etw. ist mit etw. v.**; 〈Dinge〉 **sind miteinander v.** zwei od. mehrere Dinge passen zueinander, können miteinander in Einklang gebracht werden (物作主语)单:可与…相一致,可与…相协调;复:可以彼此相一致,可以彼此相协调

ver·ein·ba·ren; *vereinbarte*, *hat vereinbart*; [Vt] (及物) **1. j-d vereinbart etw. mit j-m**; 〈Personen 人们〉 **vereinbaren etw.** zwei od. mehrere Personen beschließen, etw. Bestimmtes zu tun(人作主语)单:与…商定,约定,说定;复:彼此商定,约定,说定: *e-n Treffpunkt v.* 商定约会地点; *mit j-m v., ihn anzurufen* 与某人讲好给他打电话 **2.** *mst* 多用 **etw. mit etw. v. können** etw. so betrachten, dass es zu den moralischen Prinzipien *o. Ä.*, die man hat, passt 能使…与…相一致、相协调、相符合、相适应 ≈ etw. mit etw. in Einklang bringen: *So e-e Lüge kann ich mit meinem Gewissen nicht v.* 我无法把这样的谎言与我的良心协调起来(我的良心容不得这样的谎言)

Ver·ein·ba·rung *die*; *-*, *-en*; **e-e V. (mit j-m)** etw., das man vereinbart (1) 协议,协定,约定 ≈ Abmachung〈e-e V. treffen 达成协议; sich an e-e V. halten 遵守协议〉 ‖ *hierzu*(派生) **ver·ein·ba·rungs·ge·mäß** *Adv*(副)

ver·ei·nen; *vereinte*, *hat vereint*; [Vt] (及物) **j-n/etw. mit j-m/etw. (zu etw.) v.**; 〈Personen/Dinge 人/物〉 **(zu etw.) v.** *geschr*［书］; zwei od. mehrere Personen/Dinge zusammenbringen u. zu e-r Einheit machen (人/物作主语)使联合,使团结,使一致: *mit vereinten Kräften* (= gemeinsam) *für etw. kämpfen* 以联合的力量为某事而斗争; [Vr] (反身) **2. sich mit j-m (zu etw.) v.**; **sich** (*Pl* 复) **(zu etw.) v.** *geschr*［书］; sich zu e-m einheitlichen Ganzen zusammenschließen 联合,结合,组合

ver·ein·fa·chen; *vereinfachte*, *hat vereinfacht*; [Vt] (及物) **1. etw. v.** etw. einfacher machen 简化,使简单化 ↔ verkomplizieren: *ein Verfahren v.* 简化程序; [Vr] (反身) **2. etw. vereinfacht sich** etw. wird einfacher(物作主语)变得简单了 ‖ *hierzu*(派生) **Ver·ein·fa·chung** *die*

ver·ein·heit·li·chen; *vereinheitlichte*, *hat vereinheitlicht*; [Vt] (及物) **etw.** (*Kollekt od Pl* 集合或复数) **v.** Dinge so ändern, dass sie die gleichen Merkmale haben 使统一,使划一,使标准化,使规范化: *Maße v.* 把度量规范化,把度量单位统一起来 ‖ *hierzu*(派生) **Ver·ein·heit·li·chung** *die*; *mst Sg*(多用单数)

ver·ei·ni·gen; *vereinigte*, *hat vereinigt*; [Vt] (及物) **1. etw. mit etw. v.**; 〈Dinge 物〉 **v.** zwei od. mehrere Dinge zu e-m Ganzen, zu e-r Einheit werden lassen 联合,合并: *Firmen zu e-m Konzern v.* 把几个公司联合成为一个康采恩 **2. etw. in j-m/ auf j-n v.** verschiedene Dinge irgendwo zusammenkommen od. gleichzeitig sein lassen 使集中于,使由…兼任: *zwei Ämter in e-r/auf e-e Person v.* 把两个职务由一人兼任; *die Mehrheit der Stimmen auf* *sich v.* 把多数选票拉过来；[Vr]（反身）**3. sich mit j-m/etw.（zu etw.）v.**; **sich**（*Pl* 复）（**zu etw.**）**v.** sich zu e-m einheitlichen Ganzen zusammenschließen 合并，结合，联合，团结

Ver·ei·ni·gung *die*; -, *-en* **1.** e-e Organisation mit e-m bestimmten Ziel 社团，协会，联合会 **2.** das Zusammenkommen od. Zusammenbringen von verschiedenen Dingen 联合，结合，团结，汇合，汇集

ver·ein·nah·men; *vereinnahmte, hat vereinnahmt*; [Vt]（及物）**j-n/etw.（für sich）v.** *gespr*［口］; j-n/etw. völlig für sich beanspruchen 把…拢到自己身边/把…占为己有

ver·ein·sa·men; *vereinsamte, ist vereinsamt*; [Vi]（不及物）einsam werden 变得孤独、冷清：*in der Großstadt völlig v.* 在大城市变得十分孤独 ‖ *hierzu*（派生）**Ver·ein·sa·mung** *die*; *nur Sg*（只用单数）

Ver·eins·mei·er *der*; *-s, -*; *gespr pej*［口］［贬］; j-d, der in Vereinen übertrieben aktiv ist u. sich dort wohlfühlt 热中于搞社团活动者，社团活动的热心分子

ver·eint **1.** *Partizip Perfekt*（过去分词）; ↑ **vereinen** **2.** *Adj*（形）; *mst in* 多用于 **die Vereinten Nationen** e-e Organisation, der die meisten Staaten der Erde angehören u. deren Ziel es ist, Frieden auf der Welt zu schaffen u. zu erhalten 联合国; *Abk* 缩写为 UNO, UN

ver·ein·zelt *Adj*（形）; *nur attr od adv*（只用作定语或状语）; nur gelegentlich vorkommend 个别的，零星的，稀有的，偶然的 ↔ oft, häufig 〈das Auftreten, e-e Erscheinung 露面，现象; in vereinzelten Fällen 在个别场合; v. vorkommen 偶尔发生〉: *Das Wetter morgen: v. Niederschläge* 明天天气：有零星小雨

ver·ei·sen; *vereiste, hat/ist vereist*; [Vi]（不及物）（*ist*）**1. etw. vereist** etw. wird mit Eis bedeckt（物作主语）结冰，蒙上冰层：*e-e vereiste Straße* 结冰的街道 ‖ NB（注意）: *mst* im Zustandspassiv（多用于状态被动句）!; [Vt]（及物）（*hat*）**2. etw. v.** e-e sehr kalte Flüssigkeit auf e-n verletzten Körperteil sprühen, damit die Schmerzen nicht mehr zu spüren sind（喷射冰冷液体）对…进行局部冷冻麻醉 ‖ *hierzu*（派生）**Ver·ei·sung** *die*; *mst Sg*（多用单数）

ver·ei·teln; *vereitelte, hat vereitelt*; [Vt]（及物）**etw. v.** verhindern, dass etw. Erfolg hat 挫败，破坏，阻碍…实现，使破灭〈ein Attentat, e-n Fluchtversuch, e-n Plan v. 挫败谋杀行动、逃跑企图，破坏计划〉‖ *hierzu*（派生）**Ver·ei·te·lung** *die*; *nur Sg*（只用单数）

ver·ei·tert *Adj*（形）; *nicht adv*（不作状语）; voll Eiter 化脓的，流脓的〈e-e Wunde 伤口〉

ver·en·den; *verendete, ist verendet*; [Vi]（不及物）**ein Tier verendet** ein Tier stirbt（动物作主语）死亡，毙命，倒毙

ver·en·gen, sich; *verengte sich, hat sich verengt*; [Vr]（反身）**etw. verengt sich** etw. wird（an e-r Stelle）enger（物作主语）变窄：*E-e Flasche verengt sich am Flaschenhals* 瓶颈变窄 ‖ *hierzu*（派生）**Ver·en·gung** *die*; *mst Sg*（多用单数）

ver·er·ben; *vererbte, hat vererbt*; [Vt]（及物）**1. j-m/etw. etw. v.**; **etw. an j-n/etw. v.** be-stimmen, dass j-d/e-e Institution *o. Ä.* etw. bekommt, wenn man stirbt 把…传给，把…遗留给 ≈ j-m/etw. etw. vermachen: *seiner Frau sein Vermögen v.* 把他的财产留给自己的妻子; *alles Geld an ein Waisenhaus v.* 把所有的钱都留给孤儿院 **2. j-m etw. v.**; **etw. an/auf j-n v.** durch seine Gene e-e Eigenschaft an seine Nachkommen weitergeben 把…遗传给：*e-m Kind e-e Krankheit v.* 把一种疾病遗传给孩子 ‖ *zu*（义项）**2. Ver·er·bung** *die*; *mst Sg*（多用单数）; **ver·erb·bar** *Adj*（形）‖ ▶ **Erbe, erblich**

ver·fah·ren[1]; *verfährt, verfuhr, ist verfahren*; [Vi]（不及物）**1. irgendwie v.** auf bestimmte Art u. Weise handeln 行事，办事，处理，办理 ≈ vorgehen: *nach e-m bestimmten Schema v.* 按照一定模式办事 **2. mit j-m/etw. irgendwie v.** j-n/etw. auf bestimmte Art u. Weise behandeln 对待，对付：*mit e-m Ladendieb milde v.* 对在店铺里偷窃的小偷宽大处理

ver·fah·ren[2]; *verfährt, verfuhr, hat verfahren*; [Vr]（反身）**1. sich（irgendwo）v.** aus Versehen in die falsche Richtung fahren 开车走错道路：*sich in der Großstadt v.* 在大城市开车走错路; [Vt]（及物）**2. etw. v.** beim Fahren die genannte Menge Benzin *o. Ä.* verbrauchen 驾车耗费：*zehn Liter Benzin v.* 驾车耗费十升汽油

ver·fah·ren[3] **1.** *Partizip Perfekt*（过去分词）; ↑ **verfahren**[1], **verfahren**[2] **2.** *Adj*（形）; *nicht adv*（不作状语）; *mst* 多用 **e-e verfahrene Situation** e-e Situation mit vielen Problemen, die nur schwer zu lösen sind 很成问题的情况，非常麻烦的情况，极其糟糕的情况

Ver·fah·ren *das*; *-s, -* **1.** die Art u. Weise, wie *bes* in der Industrie etw. gemacht wird 方法，做法，工作方法，操作方法 ≈ Methode 〈ein chemisches, technisches V. 化学方法，技术方法; ein V. entwickeln, anwenden, erproben, vereinfachen 发展、运用、试验、简化一种方法〉: *ein neues V. zur Reinigung von Abwässern* 一种新的废水净化方法 ‖ K-（复合）: **verfahrens-, -technisch** ‖ -K（复合）: **Herstellungs-, Produktions-, Verarbeitungs-** **2. ein V.（gegen j-n/etw.）** die Untersuchungen, mit denen ein Rechtsfall vor Gericht geklärt wird 审理，诉讼，诉讼程序，法律手续，审理程序 ≈ Prozess 〈ein arbeits-, familien-, straf-, zivilrechtliches V. 劳动诉讼，家庭诉讼，刑事诉讼，民事诉讼; ein V. anstrengen, einleiten, eröffnen, aussetzen, abschließen, einstellen, wieder aufnehmen, niederschlagen 加紧、准备着手、开庭、推迟、结束、停止、重新开始、撤销审理; ein V. läuft 审讯正在进行; in ein（schwebendes）V. eingreifen 干预一个（悬而未决的）案件〉: *Der Angeklagte hat die Kosten des Verfahrens zu tragen* 被告必须负担诉讼费用 ‖ -K（复合）: **Berufungs-, Disziplinar-, Gerichts-, Straf-** **3.** die Methode, nach der

V

man an etw. arbeitet 工作方法,处理方法,行事方法,做法 ≈ Handlungsweise, Vorgehen ‖ K-(复合): ***Verfahrens-***, ***-frage***, ***-weise***

ver·fal·len; *verfällt*, *verfiel*, *ist verfallen*; [Vi] (不及物) **1.** ***etw. verfällt*** ein altes Gebäude, das nicht mehr gepflegt od. benutzt wird, fällt allmählich zusammen(物作主语)逐渐倒塌: *e-e stillgelegte Fabrik v. lassen* 让一家停产的工厂倒塌 **2.** ***etw. verfällt*** etw. kommt in e-n schlechten Zustand(物作主语)衰落,衰亡,衰败,衰颓,败坏 〈die Kunst, die Kultur 艺术,文化; die Moral, die Sitten 道德,风尚〉 **3.** ***etw. verfällt*** etw. verschwindet allmählich(物作主语)衰退,衰弱,耗尽,垮掉 〈j-s Kraft, j-s Macht, j-s Gesundheit 某人的力量,某人的势力,某人的健康〉 **4.** *mst* 多用 ***j-d verfällt zusehends*** j-s gesundheitlicher Zustand wird von Tag zu Tag schlechter(人作主语)明显地衰弱了 **5.** ***etw. verfällt*** etw. verliert seine Macht u. seinen Zusammenhalt(物作主语)衰落,衰亡,没落,解体 〈ein Imperium, ein Reich帝国,国家〉 **6.** ***etw. verfällt*** etw. wird zu e-m bestimmten Zeitpunkt ungültig od. wertlos(物作主语)到期,失效,过期 〈ein Anspruch 要求; e-e Briefmarke, e-e Fahrkarte, ein Gutschein 邮票,车(船)票,收据; ein Pfand, ein Wechsel 抵押品,期票〉 ‖ NB(注意): aber(但是): *ein Reisepass läuft ab* 旅行护照过期了 **7.** ***in etw.*** (*Akk* 四格) ***v.*** ohne es zu wollen (u. ohne es zu bemerken) in e-n bestimmten Zustand kommen od. etw. anderes tun, als geplant war 不小心陷入;无意中(露出): *Vor Aufregung verfiel er mitten in der Rede in seinen Dialekt* 由于激动,他在说话中间突然冒出方言来了 **8.** ***j-m/etw. v.*** nicht ohne j-n/etw. leben können, auch wenn man sich selbst dadurch schadet 迷恋于,沉溺于,耽于 ≈ von j-m/etw. abhängig werden 〈dem Alkohol, dem Laster, der Sünde, der Trunksucht v. 酗酒成性,耽于恶习,陷于罪恶之中,嗜酒无度〉 **9.** ***dem Wahnsinn v.*** wahnsinnig werden 精神错乱 ‖ ID [谚] ***dem Tode verfallen sein*** *geschr* [书]; bald sterben müssen 濒危,濒于死亡 ‖ *zu* (义项) **1.-6.** **Ver·fall** *der*; *-(e)s*; *nur Sg*(只用单数)

Ver·falls·da·tum *das*; das Datum, bis zu dem der Hersteller garantiert, dass Lebensmittel genießbar sind 有效期,保质期 〈das V. ist überschritten 有效期过了; auf das V. achten 注意有效期〉

ver·fäl·schen; *verfälschte*, *hat verfälscht*; [Vt] (及物) ***etw. v.*** etw. falsch darstellen 伪造,搀假,歪曲,窜改,篡改 〈e-e Geschichte, die Wahrheit v. 篡改历史,歪曲真相〉 ‖ *hierzu* (派生) **Ver·fäl·schung** *die*; *mst Sg*(多用单数)

ver·fan·gen, sich; *verfängt sich*, *verfing sich*, *hat sich verfangen*; [Vr] (反身) **1.** ***sich in etw.*** (*Dat* 三格) ***v.*** in etw. hängen bleiben 被绊住,被缠住,落入,陷入: *Viele Fische verfingen sich im Netz* 许多鱼落入网中 **2.** ***sich in Widersprüchen v.*** etw. erzählen, woran die anderen merken, dass man gelogen hat 自相矛盾,不能自圆其说

ver·fäng·lich *Adj*(形); *nicht adv*(不作状语); 〈e-e Frage, e-e Situation 问题,情况〉 so, dass sie für j-n peinlich werden könnte 棘手的,伤脑筋的,尴尬的 ‖ *hierzu* (派生) **Ver·fäng·lich·keit** *die*; *mst Sg*(多用单数)

ver·fär·ben; *verfärbte*, *hat verfärbt*; [Vr] (反身) **1.** ***etw. verfärbt sich*** (***irgendwie***) etw. bekommt e-e andere Farbe(物作主语)变色,褪色: *Der Himmel verfärbte sich* (*rot*)天空变了颜色(变红了); [Vt] (及物) **2.** ***j-d/etw. verfärbt etw.*** j-s Nachlässigkeit/etw. bewirkt, dass etw. e-e andere Farbe bekommt(人/物作主语)染污,染脏: *Die Blue Jeans haben die ganze Wäsche verfärbt* 蓝色工装裤把所有衣物全染花了 ‖ *hierzu* (派生) **Ver·fär·bung** *die*

ver·fas·sen; *verfasste*, *hat verfasst*; [Vt] (及物) ***etw. v.*** sich e-n Text ausdenken u. ihn aufschreiben 写作,著述,撰写 ≈ schreiben (2) 〈e-n Aufsatz, e-n Brief, ein Buch, e-n Roman *usw* v. 写一篇文章、一封信、一本书、一部长篇小说等〉 ‖ *hierzu* (派生) **Ver·fas·ser** *der*; *-s*, *-*; **Ver·fas·se·rin** *die*; *-*, *-nen*

Ver·fas·sung[1] *die*; die (*mst* schriftlich festgelegten) Regeln in e-m Staat, die die Form der Regierung u. die Rechte u. Pflichten der Bürger bestimmen 宪法 ‖ K-(复合): ***Verfassungs-***, ***-änderung***, ***-feind***, ***-gericht***, ***-recht***, ***-reform*** ‖ *hierzu* (派生) **ver·fas·sungs·wid·rig** *Adj*(形)

Ver·fas·sung[2] *die*; *-*; *nur Sg*(只用单数); der allgemeine (Gesundheits) Zustand(身体)状况,状态: *sich in schlechter körperlicher V. befinden* 身体状况不好

Ver·fas·sungs·schutz *der*; *nur Sg*(只用单数) **1.** das Schützen der Verfassung e-s Staates 维护宪法 〈das Bundesamt für V. 联邦宪法维护局〉 **2.** Ⓓ *gespr* [德][口]; e-e Behörde, die die Aufgabe hat, den Staat vor extremen politischen Gruppen u. vor Terroristen zu schützen 维护宪法的机关,国家安全部门 ‖ *zu* (义项) **2.** **Ver·fas·sungs·schüt·zer** *der*; *-s*, *-*

ver·fau·len; *verfaulte*, *ist verfault*; [Vi] (不及物) ***etw. verfault*** etw. wird faul u. schließlich verdorben(物作主语)腐烂,腐败: *Wenn es zu viel regnet, verfaulen die Kartoffeln in der Erde* 如果雨下得太多,土豆就烂在地里了

ver·fech·ten; *verficht*, *verfocht*, *hat verfochten*; [Vt] (及物) ***etw. v.*** etw. energisch verteidigen(坚决)维护,捍卫,为…辩护 〈e-e Lehre, e-e Theorie v. 维护一种学说、一种理论〉 ‖ *hierzu* (派生) **Ver·fech·ter** *der*; **Ver·fech·te·rin** *die*

ver·feh·len; *verfehlte*, *hat verfehlt*; [Vt] (及物) **1.** ***j-n/etw. v.*** ein Ziel nicht treffen 未击中,未打中: *Die Kugel hat ihn knapp verfehlt* 子弹差一点没有打中他; *mit e-m Schuss das Tor v.* 一脚(球)没有踢进大门; *Der Schuss verfehlte das Tor* 射门未中 **2.** ***j-n v.*** j-n nicht treffen, weil man zu e-m anderen Zeitpunkt als er an e-m bestimmten Ort ist 错过,未遇: *Wir wollten uns beim Rathaus treffen, haben*

V

uns aber verfehlt 我们本来想在市政厅附近会面，但是没有碰上 **3. etw. verfehlt etw.** etw. hat nicht den gewünschten Erfolg(物作主语)未达到：*Die Sitzung hat ihren Zweck verfehlt. Wir sind zu keinem Ergebnis gekommen* 会议未达到目标。我们没有取得任何结果 **4. das Thema v.** das Thema *bes* e-s Aufsatzes nicht richtig auffassen, das vorgegebene Thema nicht behandeln 文不对题，不合题意，不切题 **5. j-d hat den Beruf verfehlt** j-d hat den falschen Beruf gewählt(人作主语)选错职业 **6. etw. ist verfehlt** etw. ist falsch, kann nicht zum Ziel führen(物作主语)是错误的，不合适的，不妥当的：*Die Maßnahmen der Regierung sind vollkommen verfehlt* 政府的措施是完全不合适的；*Ich halte es für verfehlt, jetzt überstürzt zu handeln* 我认为现在匆忙处理是不妥当的 ‖ ID［谚］*mst* 多用 ***Du hast den Beruf verfehlt*** *gespr hum*［口］［诙］；verwendet, um j-n zu loben, der gerade etw. geschickt gemacht hat, das er nicht beruflich gelernt hat 你选错职业了，你干这个工作才对(表扬对方对非本专业的工作干得很出色)

Ver·feh·lung *die*; -, -*en*; e-e Handlung, mit der man e-e moralische Regel verletzt 过错，违犯规章制度的行为

ver·fein·det *Adj*(形)；*nicht adv*(不作状语)；〈Gruppen, Lager, Parteien 团体，阵营，党派〉einander gegenüber feindlich eingestellt 彼此结仇的，相互敌对的 ↔ befreundet: *Sie sind miteinander v.* 他们相互敌视

ver·fei·nern; *verfeinerte, hat verfeinert*; [Vt] (及物) **1. etw. v.** etw. feiner, besser machen 使美味可口，使高雅，使优美，使精致，使精美〈etw. verfeinert den Geschmack 某物使鉴赏力更完美(精湛)或味道更可口；e-e Methode, e-n Stil v. 使方法变得巧妙，使格调变得高雅〉：*e-e Soße mit Sahne v.* 用鲜奶油使调味汁变得鲜美可口；[Vr] (反身) **2. sich v.** feiner, besser werden 变得可口、精美、高雅 ‖ *hierzu*(派生) **Ver·fei·ne·rung** *die*

ver·femt *Adj*(形)；*nicht adv*, *geschr*(不作状语)［书］；mit dem Ruf, schlecht od. unmoralisch zu sein 名声不好的，受人指责的，遭唾弃的 ≈ geächtet

ver·fil·men; *verfilmte, hat verfilmt*; [Vt] (及物) **etw. v.** ein Buch, ein Drama *o. Ä.* zu e-m Film machen 把…拍成电影，把…搬上银幕〈e-n Roman v. 把一部长篇小说拍成电影〉‖ *hierzu*(派生) **Ver·fil·mung** *die*

ver·fil·zen; *verfilzte, ist verfilzt*; [Vi] (不及物) **etw. verfilzt** etw. wird durch Gebrauch od. Schmutz verwickelt(物作主语)缠结在一起，纠缠在一起，蓬乱，杂乱 ↔ locker〈Haare, Wolle 头发，毛线；ein Pullover 套头毛衣〉‖ ▶ ***Filz*** (2)

ver·fins·tern, sich; *verfinsterte sich, hat sich verfinstert*; [Vr] (反身) **etw. verfinstert sich** etw. wird finster(物作主语)变得昏暗，变得阴暗，变得阴沉〈der Himmel 天空；j-s Miene, j-s Gesicht 某人的表情，某人的面孔〉

ver·flech·ten; *verflicht, verflocht, hat verflochten*; [Vt] (及物) **1. etw. mit etw. v.** Dinge durch Flechten miteinander verbinden 编，编结，把…编在一起：*Bänder miteinander zu e-m Zopf v.* 把带子编成一条辫子；[Vr] (反身) **2. etw. verflicht sich mit etw.** etw. wird eng mit etw. verbunden(物作主语)与…紧密结合在一起；相互依存：*Wirtschaftszweige, die sich miteinander verflechten* 彼此紧密联系在一起的各个经济部门 ‖ *zu*(义项) **2. Ver·flech·tung** *die*

ver·flie·gen¹; *verflog, ist verflogen*; [Vi] (不及物) **1. etw. verfliegt** etw. vergeht schnell(物作主语)流逝，逝去，消失，消解〈die Zeit 时间；e-e Laune, e-e Stimmung 情绪，心情〉：*Seine Begeisterung für schnelle Autos war schon bald wieder verflogen* 他对快速汽车的热情很快又消失了 **2. etw. verfliegt** etw. verschwindet aus der Luft(物作主语)飘散，消散〈der Nebel, der Rauch 雾，烟雾〉

ver·flie·gen², sich; *verflog sich, hat sich verflogen*; [Vr] (反身) **sich v.** aus Versehen in die falsche Richtung fliegen 飞行中迷失方向，飞错方向

ver·flie·ßen; *verfloss, ist verflossen*; [Vi] (不及物) **1. etw. verfließt mit etw.** etw. geht in etw. über u. wird dabei undeutlich(物作主语)与…融合、交错在一起〈Farben, Konturen, Umrisse 各种颜色，外形，轮廓〉 **2. etw. verfließt** *geschr*［书］；etw. vergeht¹(1)(物作主语)消逝，逝去：*j-n aus verflossenen Tagen kennen* 从已往的日子里认识某人

ver·flixt 1. *Adj*(形)；*gespr euph*［口］［婉］≈ verdammt (2,3) **2.** *Interjektion*(叹)；*gespr*［口］≈ verdammt (4)

ver·flos·sen 1. *Partizip Perfekt*(过去分词)；↑ **verfließen 2.** *Adj*(形)；*nur attr, nicht adv, gespr*(只作定语，不作状语)［口］≈ ehemalig, früher〈*mst* 多用 ein Freund, e-e Freundin 男朋友，女朋友〉‖ *zu*(义项) **2 Ver·flos·se·ne**; *der/die*; -*n*, -*n*

ver·flu·chen; *verfluchte, hat verflucht*; [Vt] (及物) **j-n/etw. v.** sich sehr über e-e Person od. Sache ärgern u. ihr Böses wünschen 诅咒，咒骂 ≈ verwünschen (1) ‖ ▶ ***Fluch*** (1)

ver·flucht 1. *Partizip Perfekt*(过去分词)；↑ **verfluchen 2.** *Adj*(形)；*gespr*［口］≈ verdammt (1) **3.** *Interjektion*(叹)；*gespr!*［粗］≈ verdammt (4)

ver·flüch·ti·gen, sich; *verflüchtigte sich, hat sich verflüchtigt*; [Vr] (反身) **1. etw. verflüchtigt sich** etw. verschwindet aus der Luft(物作主语)消散，消失〈der Nebel, der Rauch 雾，烟雾；ein Geruch 气味〉 **2. etw. verflüchtigt sich** etw. wird zu Gas(物作主语)挥发，蒸发 ≈ etw. verdunstet: *Alkohol verflüchtigt sich leicht* 酒精容易挥发

ver·fol·gen; *verfolgte, hat verfolgt*; [Vt] (及物) **1. j-n/ein Tier/etw. v.** j-m/e-m Tier bzw. deren Spuren folgen od. sie suchen, um den Menschen/das Tier zu fangen 跟踪，追捕，追寻〈e-n Verbrecher, e-e heiße Spur, Wild v. 追捕罪犯，追寻重大线索，追捕野兽〉 **2. j-n/etw. v.**

hinter j-m hergehen, herfahren *o.Ä.*, *bes* um ihn zu beobachten od. weil man etw. von ihm will 紧跟,紧盯,缠住不放: *Die Touristen wurden von bettelnden Kindern verfolgt* 旅游者们被乞讨的孩子们缠住不放 **3.** ***j-n v.*** j-n schlecht behandeln u. ihn leiden lassen, *bes* weil er e-e andere Rasse, Religion od. politische Überzeugung hat 迫害,折磨〈j-n mit seinem Hass v. 怀着仇恨折磨某人; sich verfolgt fühlen 感觉受到迫害〉: *politisch Verfolgten Asyl gewähren* 给政治上受迫害者提供避难; *von e-m totalitären Regime verfolgt werden* 遭到极权主义政权的迫害 **4.** ***j-n/etw.*** (***mit Blicken/den Augen***) ***v.*** j-n/etw. aufmerksam beobachten 密切注视,盯住,紧盯: *Aufmerksam verfolgte er jede ihrer Bewegungen* 他留心地注视着她的一举一动 **5.** ***etw. v.*** bei etw. interessiert zusehen *o.Ä.*, den Verlauf von etw. interessiert beobachten 密切注视,关注: *gespannt die Nachrichten v.* 紧张地注视着消息; *e-n Prozess von Anfang bis Ende v.* 从头到尾密切注视着一起诉讼案 **6.** ***etw.*** (***mit etw.***) ***v.*** versuchen, etw. zu verwirklichen 追求,谋求,力求实现,力求达到: *e-e bestimmte Absicht, ein Ziel, e-n Zweck* (*mit seinen Aktionen*) *v.* (以自己的行动)力求实现某种打算,追求一个目的,目标 **7.** ***e-e Politik/e-e Taktik*** (+ *Gen* 二格) ***v.*** e-e bestimmte Politik/e-e Taktik anwenden 奉行(执行)一种政策/策略 **8.** ***j-d/etw. verfolgt j-n*** j-d/etw. verschwindet nicht aus j-s Kopf (人/物作主语)纠缠,缠绕,萦绕在…脑际 ≈ j-d/etw. lässt j-n nicht los〈ein Gedanke, e-e Vorstellung verfolgt j-n 一种思想、一种想法缠绕着某人〉 **9.** ***vom Pech/Unglück verfolgt sein*** viel Pech haben 尽碰到倒霉的事/不幸的事,老是触霉头 **10.** *mst* 多用 ***etw. wird*** (***irgendwie***) ***verfolgt*** etw. wird durch ein Gericht od. die Polizei untersucht (物作主语)被追究,受追查,受查究〈ein Verbrechen, ein Vergehen gerichtlich, polizeilich, strafrechtlich v. 由法院、警方、刑法方面对罪行、违法行为进行查究〉

Ver·fol·ger *der*; *-s*, *-*; j-d, der j-n/ein Tier verfolgt (1,2) 跟踪者,盯梢者,追捕者〈e-n V. abschütteln 摆脱(甩掉)跟踪者〉‖ *hierzu* (派生) **Ver·fol·ge·rin** *die*; *-*, *-nen*

Ver·fol·gung *die*; *-*, *-en* **1.** das Verfolgen (1, 2)〈die V. aufnehmen 进行跟踪,实行追捕,进行盯梢〉‖ K-(复合): ***Verfolgungs-, -jagd*** **2.** das Verfolgen (3): *die V. von Minderheiten* 迫害少数群体 ‖ -K(复合): ***Christen-, Juden-***

Ver·fol·gungs·wahn *der*; e-e geistige Krankheit, bei der man glaubt, man werde ständig verfolgt u./od. ungerecht behandelt 受迫害狂(自以为受人迫害)〈unter/an V. leiden 患受迫害狂〉

ver·for·men; *verformte*, *hat verformt*; *Vr* (反身) **1.** ***etw. verformt sich*** etw. bekommt e-e andere Form (物作主语)变形: *Plastik verformt sich, wenn es großer Hitze ausgesetzt wird* 塑料遇到高热会变形; *Vt* (及物) **2.** ***etw. v.*** bewirken, dass etw. e-e andere Form bekommt 使变形 ‖ *hierzu* (派生) **Ver·for·mung** *die*; *zu* (义项) **2.** **Ver·form·bar·keit** *die*; *nur Sg* (只用单数); **ver·form·bar** *Adj* (形)

ver·frach·ten; *verfrachtete*, *hat verfrachtet*; *Vt* (及物) **1.** ***etw.*** (***irgendwohin***) ***v.*** etw. als Fracht in ein Fahrzeug laden od. irgendwohin schicken 运送,运输,装运: *Güter in ein Schiff/nach Übersee v.* 把货物装上船/运往海外 **2.** ***j-n irgendwohin v.*** *gespr* [口]; j-n irgendwohin bringen 送,护送: *e-n Kranken ins Bett v.* 把病人送上床 ‖ *zu* (义项) **1.** **Ver·frach·tung** *die*; *mst Sg* (多用单数)

ver·frem·den; *verfremdete*, *hat verfremdet*; *Vt* (及物) ***etw. v.*** ein bekanntes Motiv *o.Ä.* auf außergewöhnliche Weise darstellen, um das Publikum zum Nachdenken anzuregen 运用引起观众思索的间情手法、陌生化手法 ‖ *hierzu* (派生) **Ver·frem·dung** *die*; *mst Sg* (多用单数) ‖ ▶ ***fremd*** (3)

Ver·frem·dungs·ef·fekt *der*; *geschr*, THEA [书]【剧】; das Ergebnis der Verfremdung e-s Themas od. Motivs 间情效果,陌生化效果

ver·fres·sen *Adj* (形); *nicht adv*, *gespr pej* (不作状语) [口] [贬]; mit der Neigung, oft u. sehr viel zu essen 贪吃的,爱大吃大喝的 ‖ *hierzu* (派生) **Ver·fres·sen·heit** *die*; *nur Sg* (只用单数)

ver·früht *Adj* (形); zu früh (geschehend) 过早的,太早的,提前的,提早的: *verfrühte Freude* 高兴得太早了

ver·füg·bar *Adj* (形); *nicht adv* (不作状语); vorhanden od. frei (u. einsetzbar) 可动用的,可支配的: *mit allen verfügbaren Mitteln für etw. kämpfen* 用一切可以利用的手段为某事而斗争; *Bitte halten Sie sich für uns v.* 请您随时听候我们调遣 ‖ *hierzu* (派生) **Ver·füg·bar·keit** *die*; *nur Sg* (只用单数)

ver·fü·gen; *verfügte*, *hat verfügt*; *Vt* (及物) **1.** ***etw. v.*** den offiziellen Befehl zu etw. geben 指定,规定,命令,宣布决定 ≈ anordnen: *den Bau e-r Straße v.* 宣布决定修建一条街道; *Das Gericht verfügte, dass...* 法院决定…; *Vi* (不及物) **2.** ***über j-n/etw. v.*** das Recht od. die Möglichkeit haben, über j-n/etw. zu bestimmen od. etw. für seine Zwecke zu benutzen 支配,使用,利用: *über seine Zeit frei v. können* 可以自由支配自己的时间; *Sie dürfen jederzeit über mein Auto v.* 您可以随时使用我的汽车 **3.** ***über etw.*** (*Akk* 四格) ***v.*** *geschr* [书] ≈ etw. besitzen, haben: *über ein großes Vermögen v.* 占有大量财产

Ver·fü·gung *die* **1.** e-e Anordnung e-r Behörde 命令,指示,决定〈e-e einstweilige, gerichtliche V. 临时决定,法院的命令; e-e V. erlassen 颁布一道命令〉 **2.** das Recht od. die Möglichkeit, über j-n/etw. zu bestimmen, etw. für seine Zwecke zu benutzen (有权,可能)支配,使用,利用〈etw. zur V. haben 可支配(使用)某物; j-m zur V. stehen 随时可为某人效力,随时可供某人使用; (j-m) etw. zur V. stellen 随时可将某物提供给某人使用; sich (j-m)

V

zur V. halten, sich zu j-s V. halten 随时听候某人吩咐，随时听候某人调遣〉：*die freie V. über das Vermögen des Vaters haben* 可以自由支配父亲的财产；*Halten Sie sich bitte für weitere Auskünfte* (*der Polizei*) *zur V.* 请您随时听候(警方的)进一步答复 **3. *sein Amt zur V. stellen*** von seinem Amt zurücktreten 把自己职位让出来

ver·füh·ren；*verführte*，*hat verführt*；Vt（及物）**1. *j-n v.*** j-n dazu bringen, sexuellen Kontakt mit einem zu haben 诱奸，勾引 **2. *j-n zu etw. v.*** j-n dazu bringen, etw. zu tun, das nicht vernünftig ist od. das er eigentlich nicht tun wollte 引诱，诱骗：*j-n dazu v.*，*ins Casino zu gehen* 诱骗某人去赌场 ‖ *hierzu*（派生）**Ver·füh·rer** *der*；*-s*，*-*；**Ver·füh·rung** *die*

ver·füh·re·risch *Adj*（形）；sehr attraktiv od. reizvoll 诱惑人的，有诱惑力的，迷人的〈ein Aussehen, ein Duft, ein Lächeln 外貌，香味，微笑〉

ver·füt·tern；*verfütterte*，*hat verfüttert*；Vt（及物）***etw.*** (***an ein Tier***) ***v.*** etw. e-m Tier als Futter geben 给动物喂食：*Hafer an die Pferde v.* 给马喂燕麦

Ver·ga·be *die*；*-*；*nur Sg*（只用单数）；das Geben 给予，颁发，授予〈e-s Auftrags, e-s Preises, e-s Stipendiums 任务，奖金，奖学金〉‖ -K（复合）：***Stellen-***

ver·gaf·fen, sich；*vergaffte sich*，*hat sich vergafft*；Vr（反身）***sich in j-n v.*** *gespr*［口］≈ sich in j-n verlieben

ver·gäl·len；*vergällte*，*hat vergällt*；Vt（及物）***j-m etw. v.*** j-m die Freude an etw. nehmen 败坏…的兴致，使失去乐趣〈j-m das Leben v. 使某人对生活失去乐趣，使某人的生活变得痛苦〉

ver·ga·lop·pie·ren, sich；*vergaloppierte sich*，*hat sich vergaloppiert*；Vr（反身）***sich v.*** *gespr*［口］；nicht genug nachdenken, bevor man etw. tut od. sagt (u. dadurch Fehler machen)（因考虑不周而）说错，做错，出岔子，捅娄子

ver·gam·meln；*vergammelte*，*ist vergammelt*；Vi（不及物）*gespr*［口］**1. *etw. vergammelt*** etw. wird durch zu lange Lagerung schlecht od. unbrauchbar（物作主语）变质，变坏，腐败，烂掉〈Lebensmittel 食物，食品〉**2. *etw. v. lassen*** etw. nicht pflegen 不加照管，弃而不管 ≈ etw. verwahrlosen lassen

ver·gam·melt 1. *Partizip Perfekt*（过去分词）；↑ ***vergammeln* 2.** *Adj*（形）；*gespr*［口］≈ ungepflegt, verwahrlost〈v. sein, aussehen 不修边幅，看上去很不整洁〉

ver·gan·gen 1. *Partizip Perfekt*（过去分词）；↑ ***vergehen*[1]**，***vergehen*[2]** **2.** *Adj*（形）；*nur attr*，*nicht adv*（只用定语，不作状语）≈ letzt-：*vergangene Woche* 上个星期，上周，*vergangenes Jahr* 去年

Ver·gan·gen·heit *die*；*-*；*nur Sg*（只用单数）**1.** die Zeit, die schon vorbei ist 过去，往日，往昔 ↔ Gegenwart, Zukunft〈die jüngste, weit zurückliegende V. 最近，遥远的过去；etw. liegt in der V. 某事已是过去的事了；aus (den Fehlern) der V. lernen 从过去的经历（错误）中学习〉‖ K-（复合）：***Vergangenheits-***，***-bewältigung* 2.** j-s Leben od. die Existenz von etw. in der V. (1) 过去，过去的经历，历史〈j-d/etw. hat e-e bewegte, dunkle, ruhmreiche, unbewältigte V. 某人/某物有一段动荡不安的、可疑的、光荣的、尚未解决的经历；sich seiner V. schämen 为自己的过去而羞愧；stolz auf seine V. sein 为自己的过去而骄傲〉**3.** die Form e-s Verbs, die zeigt, dass e-e Handlung od. ein Zustand in der V. (1) war（动词的）过去时〈ein Verb in die V. setzen 把动词变为过去时；die Formen der V. 过去时态〉：*die erste V.* 第一过去时（= Imperfekt），*die zweite V.* 第二过去时（= Perfekt），*die dritte V.* 第三过去时（= Plusquamperfekt）‖ K（复合）-：***Vergangenheits-***，***-form* 4. *etw. gehört der V. an*** etw. existiert nicht mehr od. ist nicht mehr üblich（物作主语）已是过去的事了，已过时了

> **Die Vergangenheit 过去时**
>
> Im Deutschen gibt es zwei verschiedene Verbformen, die eine Handlung in der einfachen Vergangenheit ausdrücken können: das **Imperfekt** oder **Präteritum** und das **Perfekt**. Zwischen den beiden Formen gibt es im Allgemeinen keinen Bedeutungsunterschied. Das Imperfekt wird eher im schriftlichen Bereich, das Perfekt eher im Alltagsgespräch verwendet. Es gibt auch regionale Unterschiede; so word im Norden Deutschlands das Imperfekt bevorzugt, im Süden dagegen die Perfektform.
>
> 在德语中有两种不同的可以表达简单过去时行为的动词形式：**过去时或过去时态和现在完成时**。在这两种形式之间一般说来没有词义上的差别。过去时多用于书面领域，而现在完成时多用于日常会话。也有区域上的差别；在德国北部更喜爱用过去时，而在南部则更喜爱用现在完成时的形式。

ver·gäng·lich *Adj*（形）；*nicht adv*（不作状语）；so, dass es nur relativ kurze Zeit existiert 暂时的，短暂的，倏忽的，易逝的，非永恒的：*Schönheit ist v.* 美是短暂的 ‖ *hierzu*（派生）**Ver·gäng·lich·keit** *die*；*nur Sg*（只用单数）

ver·ga·sen；*vergaste*，*hat vergast*；Vt（及物）***j-n v.*** j-n durch giftige Gase töten 用毒气杀死 ‖ *hierzu*（派生）**Ver·ga·sung** *die*

Ver·ga·ser *der*；*-s*，*-*；der Teil des Motors e-s Autos, der das Benzin mit Luft mischt（汽车发动机的）汽化器

ver·gaß *Imperfekt*，*1. u. 3. Person Sg*（过去时，第一和第三人称单数）；↑ ***vergessen***

ver·gä·ße *Konjunktiv II*，*1. u. 3. Person Sg*（虚拟式Ⅱ，第一和第三人称单数）；↑ ***vergessen***

ver·ge·ben；*vergibt*，*vergab*，*hat vergeben*；

[Vt/i] (及物/不及物) **1.** (**j-m**) (**etw.** (*Akk* 四格)) **v.** j-m wegen e-r Handlung (durch die er einem geschadet hat) nicht mehr böse sein 原谅，宽恕，宽宥 ≈ j-m etw. verzeihen: *Du brauchst dich nicht zu entschuldigen, das ist bereits vergeben u. vergessen* 你用不着道歉了，这事已得到原谅并被忘记了；[Vt] (及物) **2. etw.** (**an j-n**) **v.** j-m etw. geben, worum er sich beworben hat 分配，给予，交给，发给，安排，分给 〈e-n Auftrag (an e-e Firma), e-n Preis, ein Stipendium, e-e Stelle, e-e Wohnung, ein Zimmer v. 给(一家公司)分配任务，发奖金，发奖学金，安排职位，分给住房、房间〉: *Die Wohnung, die ich haben wollte, ist bereits vergeben* 我想得到的住房已经分配出去了 **3. etw. v.** e-e günstige Gelegenheit nicht nutzen 错过 〈e-e Chance v. 错过机会〉 **4. sich** (*Dat* 三格) **nichts vergeben, wenn ...** seinem Ansehen, seiner Ehre nicht schaden, wenn (man etw. tut) 如果…，就无损体面或尊严，不失体面或尊严 ‖ ID [谚] ***j-d ist bereits / schon vergeben*** *gespr* [口]; j-d ist schon mit j-m verlobt od. verheiratet 某人已经许人或结婚 ‖ *zu* (义项) **1. Ver·ge·bung** *die*; *mst Sg* (多用单数) ‖ ▶ ***Vergabe***

ver·ge·bens *Adv* (副) ≈ vergeblich

ver·geb·lich *Adj* (形); ohne Erfolg 徒劳的，徒然的，毫无结果的，白白的，白费劲的 〈Mühe, ein Versuch 努力，企图〉 ‖ *hierzu* (派生) **Ver·geb·lich·keit** *die*; *nur Sg* (只用单数)

ver·ge·gen·wär·ti·gen; *vergegenwärtigte, hat vergegenwärtigt*; [Vt] (及物) **sich** (*Dat* 三格) **etw. v.** sich e-r Sache bewusst werden (清楚地，具体地)回忆，想起，想象 ≈ sich etw. klarmachen: *Vergegenwärtigen Sie sich doch einmal, wie gefährlich die Lage ist* 您想象一下，情况是多么危险

ver·ge·hen[1]; *verging, ist vergangen*; [Vi] (不及物) **1. etw. vergeht** etw. geht vorbei, etw. wird zur Vergangenheit (物作主语)消逝，过去，流逝: *Wie die Zeit vergeht! – Ich muss jetzt wirklich gehen!* 时间过得多快！——现在我真的要走了！ **2. etw. vergeht** etw. hört (allmählich) auf (物作主语) 渐渐消失 〈Schmerzen 疼痛, e-e Wirkung 影响〉 **3. *j-m vergeht etw.*** j-d verliert ein gutes, positives Gefühl (物作主语)失去 〈j-m vergeht der Appetit 某人没有食欲，没有胃口; j-m vergeht die Freude an etw., die Lust auf etw. 某人对某事已失去兴趣，没有兴致〉 **4. vor etw.** (**fast**) **v.** etw. sehr intensiv fühlen 强烈感受到，因…而(几乎)失去知觉，难以自控 〈vor Angst, Hunger, Sehnsucht, Ungeduld *usw* (fast) v. 怕得要死，饿得要命，非常想念某人(渴望某事)，极其焦急等〉 **5. *etw. vergeht wie im Fluge*** etw. geht sehr schnell vorbei (物作主语)飞快地流逝 〈die Zeit, die Tage, der Urlaub 时间，日子，假期〉

ver·ge·hen[2]**, sich**; *verging sich, hat sich vergangen*; [Vr] (反身) **1. sich an j-m v.** an j-m ein Verbrechen (*bes* ein sexuelles) begehen 强奸，奸污 **2. sich an etw.** (*Dat* 三格) **v.** *mst* etw. stehlen od. etw. zerstören, das einem nicht gehört 强占，偷窃 ≈ sich an etw. vergreifen

Ver·ge·hen *das*; *-s, -*; e-e Handlung, die gegen ein Gesetz *o. Ä.* verstößt 违法行为，犯法 〈ein leichtes, schweres V. 轻度的、严重的违法行为〉

ver·gel·ten; *vergilt, vergalt, hat vergolten*; [Vt] (及物) (**j-m**) **etw.** (**mit etw.**) **v.** auf eine (*mst* schlechte) Tat mit e-r ähnlichen Tat reagieren 报复

Ver·gel·tung *die*; *-*; *nur Sg* (只用单数) ≈ Rache 〈V. üben 报仇，报复〉 ‖ K-(复合): ***Vergeltungs-, -angriff, -schlag***

ver·ges·sen; *vergisst, vergaß, hat vergessen*; [Vt/i] (及物/不及物) **1.** (**j-n / etw.**) **v.** j-n/etw. aus dem Gedächtnis verlieren, sich nicht mehr an j-n/etw. erinnern können 忘记，忘却，忘掉: *Ich habe ganz vergessen*, wie *man das macht* 我完全忘了这事人们是怎么干的; *Ich habe vergessen*, wer *es haben wollte* 我忘记了是谁要这个东西; *Mein Vater vergisst leicht* 我父亲容易忘事 **2.** (**j-n / etw.**) **v.** nicht mehr an j-n/etw. denken 回忆不起来，记不起，遗忘: *Leider habe ich vergessen*, dass *Bernd gestern Geburtstag hatte* 可惜我忘记了昨天是贝尔恩德的生日; *Und vergiss nicht, die Blumen zu gießen!* 别忘了浇花！; *Ich glaube, der Kellner hat uns vergessen!* 我相信服务员是把我们忘掉了！; *Du musst versuchen zu v.* (*was passiert ist*) 你一定要设法忘掉(发生的事情); [Vt] (及物) **3. etw.** (**irgendwo**) **v.** nicht daran denken, etw. mitzunehmen, wenn man weggeht, aussteigt *o. Ä.* 忘记带，忘记在，落在 ≈ liegen lassen: *seinen Schirm im Zug v.* 把伞忘在火车上; *seine Schlüssel zu Hause v.* 把钥匙落在家里; [Vr] (反身) **4. sich v.** die Kontrolle über sich selbst verlieren 失去自制，不能克制，忘乎所以: *Als er zum vierten Mal gefoult wurde, vergaß er sich u. schlug seinen Gegenspieler* 当他第四次犯规时，他失去自制并打了对手 ‖ ID [谚] ***Vergiss es!*** *gespr* [口]; **a)** das hat keinen Sinn 忘掉它吧！(这事毫无意义); **b)** das ist nicht so wichtig 忘掉它吧！别把它放在心上！(这事并不重要); ***Das kannst du v.!*** *gespr* [口]; das hat keinen Sinn 你可以忘掉这件事！(它毫无意义); *mst* 多用 ***Den / Die / Das kannst du v.!*** *gespr* [口]; er/sie/es ist nichts wert, taugt nichts 你可以忘掉他/她/它！(他/她/它没有用处)

Ver·ges·sen·heit *die*; *-*; *nur Sg* (只用单数); *mst* 多用 ***j-d / etw. gerät / kommt in V.*** an j-n/etw. denkt niemand mehr, erinnert sich niemand mehr (人/物作主语)被忘记，被遗忘，被忘却

ver·gess·lich *Adj* (形); *nicht adv* (不作状语); 〈ein Mensch 人〉 so, dass er leicht u. oft etw. vergisst (2,3) 健忘的，易忘事的，爱忘事的 ‖ *hierzu* (派生) **Ver·gess·lich·keit** *die*; *nur Sg* (只用单数)

ver·geu·den; *vergeudete, hat vergeudet*; [Vt] (及物) **etw. v.** ≈ verschwenden 〈Energie, Geld, Zeit v. 浪费精力、金钱、时间〉 ‖ *hierzu* (派生) **Ver·geu·dung** *die*; *mst Sg* (多用单数)

ver·ge·wal·ti·gen; *vergewaltigte, hat verge-*

V

waltigt; [Vt]（及物）***j-n v.*** j-n（*mst* e-e Frau）zum Sex zwingen 强奸 ‖ *hierzu*（派生）**Ver·ge·wal·ti·gung** *die*; **Ver·ge·wal·ti·ger** *der*; *-s*, -

ver·ge·wis·sern, sich; *vergewisserte sich*, *hat sich vergewissert*; [Vr]（反身）***sich*** （***etw.***（*Gen* 二格））***v.***（noch einmal）prüfen, um sicher zu sein, dass etw. zutrifft, richtig ist *o.Ä.* 查清，确定，证实，弄清，查看：*sich v.*, dass *die Tür abgeschlossen ist* 查看门已锁好

ver·gie·ßen; *vergoss*, *hat vergossen*; [Vt]（及物）**1.** ***etw. v.***（ohne Absicht）e-e Flüssigkeit irgendwohin od. an die falsche Stelle gießen 倒洒，泼出，溅出 ≈ verschütten **2.** ***Tränen v.*** ≈ weinen ‖ ID［谚］*mst* 多用 ***Es wurde viel Blut vergossen*** es wurden viele Leute getötet 许多人流血牺牲了

ver·gif·ten; *vergiftete*, *hat vergiftet*; [Vt]（及物）**1.** ***j-d vergiftet etw.*** j-d tut absichtlich Gift in od. an etw.（人作主语）在…中下毒，投毒：*J-d hatte den Sherry vergiftet* 某人在雪利酒中下了毒 **2.** ***j-d/etw. vergiftet etw.*** j-d/etw. macht etw. giftig（人/物作主语）毒化，毒害：*Mit unseren Autos vergiften wir die Luft* 我们用自己的汽车毒化空气 **3.** ***j-n/ein Tier/sich v.*** j-n/ein Tier/sich selbst mit Gift töten od. krank machen 毒死/使中毒/服毒自杀，**4.** ***j-d/etw. vergiftet etw.*** j-d/etw. hat e-n negativen, zerstörerischen Einfluss auf etw.（人/物作主语）毒化，毒害：*Mit seinen Intrigen vergiftet er die Atmosphäre in unserer Gruppe* 他用诡计毒化了我们这个团体中的氛围

Ver·gif·tung *die*; -, *-en* **1.** *nur Sg*（只用单数）；das Vergiften (1,2) e-r Person od. Sache 毒杀，毒害，毒化 **2.** der Zustand, durch Gift krank zu sein 中毒〈an e-r V. leiden, sterben 中毒，因中毒而死亡〉‖ K-（复合）：***Vergiftungs-***, ***-erscheinung***, ***-symptom***, ***-tod*** ‖ -K（复合）：***Alkohol-***, ***Arsen-***, ***Blei-***, ***Fisch-***, ***Fleisch-***, ***Lebensmittel-***, ***Pilz-***, ***Quecksilber-***, ***Rauch-***

ver·gil·ben; *vergilbte*, *ist vergilbt*; [Vi]（不及物）***etw. vergilbt*** etw. verliert die helle, weiße Farbe u. wird gelb（物作主语）变黄，发黄，褪色〈ein Foto, Papier, Vorhänge 照片，纸，窗帘〉

Ver·giss·mein·nicht *das*; -(*e*)*s*, -(*e*) e-e kleine Blume mit kleinen, hellblauen Blüten, die im Frühling blüht 勿忘草

ver·gisst *Präsens*, *2. u. 3. Person Sg*（现在时，第二和第三人称单数）；↑ ***vergessen***

ver·git·tern; *vergitterte*, *hat vergittert*; [Vt]（及物）***etw. v.*** etw.（zum Schutz *o.Ä.*）mit e-m Gitter versehen 给…安装栅栏：*ein Fenster v.* 给窗户装上栅栏

ver·gla·sen; *verglaste*, *hat verglast*; [Vt]（及物）***etw. v.*** etw. mit e-r Glasscheibe versehen 给…安装玻璃〈ein Fenster v. 给窗户装上玻璃〉

Ver·gleich *der*; -(*e*)*s*, *-e* **1.** ***ein V.***（***mit j-m/etw.***; ***zwischen***〈Personen/Sachen 人/物〉（*Dat* 三格））das Betrachten von zwei od. mehreren Personen od. Dingen, um Ähnlichkeiten u. Unterschiede herauszufinden 比较，对比，对照〈ein passender, treffender, gewagter, schiefer V. 恰当的、贴切的、大胆的、错误的比较；e-n V. anstellen, ziehen 作、进行比较；ein V. hinkt (= ist nicht treffend) 比较有缺陷，比喻不恰当〉：*Im V. zum Vorjahr ist es dieses Jahr trocken u. warm* 与去年相比，今年既干燥又暖和 ‖ K-（复合）：***Vergleichs-***, ***-maßstab***, ***-möglichkeit*** **2.** ein (feststehender) sprachlicher Ausdruck (wie *z.B. schwarz wie die Nacht*), der e-e Eigenschaft anschaulicher macht 比喻，譬喻 **3.** JUR【法】；die Einigung mit der gegnerischen Partei, damit ein Prozess nicht zu Ende geführt werden muss 调解，和解〈e-n V. herbeiführen, vorschlagen 促成和解，建议和解；sich auf e-n V. einigen 达成和解〉‖ K-（复合）：***Vergleichs-***, ***-vorschlag*** ‖ ID［谚］*mst* 多用 ***Das ist kein V.!*** *gespr*［口］；das ist viel besser, schlechter *o.Ä.* als ... 这根本不能相比！（这比…强或差得多！）；***Das hält e-m V. nicht stand*** das ist viel schlechter als ... 这远远比不上… ‖ *zu*（义项）**1. ver·gleich·bar** *Adj*（形）

ver·glei·chen; *verglich*, *hat verglichen*; [Vt]（及物）**1.** ***j-n/sich/etw.***（*Kollekt od Pl* 集合或复数）***v.***; ***j-n/sich/etw. mit j-m/etw. v.*** die Eigenschaften von zwei od. mehreren Personen od. Dingen betrachten, um Ähnlichkeiten u. Unterschiede herauszufinden 比较，对比，对照：*die Preise (miteinander) v., bevor man etw. kauft* 人们在买东西以前把价格（互相）比较 **2.** ***j-n/sich/etw. mit j-m/etw. v.*** sagen od. denken, dass j-d/man selbst/etw. (unter e-m bestimmten Aspekt) ähnlich wie j-d/etw. ist 比较，对比，比作，与…相提并论/等量齐观：*Er vergleicht sich gern mit großen Philosophen* 他喜欢把自己同伟大的哲学家们相比；[Vr]（反身）**3.**〈Personen 人们〉***vergleichen sich***; ***j-d vergleicht sich mit j-m*** JUR【法】；zwei od. mehrere Personen einigen sich, sodass ein Prozess nicht weitergeführt werden muss（人作主语）复：彼此和解；单：与…和解 ‖ ID［谚］*mst* 多用 ***Das ist nicht zu v.!*** das ist etw. ganz anderes 这是不能相比的！；***j-d/etw. ist mit j-m/etw. nicht zu v.*** j-d/etw. ist sehr anders als j-d/etw. (*z.B.* sehr viel besser, schlechter *o.Ä.*) 某人/某物与某人/某物是不能相比的

ver·gleichs·wei·se *Adv*（副）；im Vergleich mit j-d/etw. anderem 比较地说，相对而言，相比之下：*Mit zehn Jahren ist ein Hund v. alt* 一条狗10岁时相对地说是老了

ver·glich *Imperfekt*, *1. u. 3. Person Sg*（过去时，第一和第三人称单数）；↑ ***vergleichen***

ver·glü·hen; *verglühte*, *ist verglüht*; [Vi]（不及物）***etw. verglüht*** etw. löst sich durch starke Hitze auf（物作主语）烧毁，烧尽：*Der Satellit verglühte beim Eintritt in die Erdatmosphäre* 卫星在进入地球大气层时烧毁

ver·gnü·gen, sich; *vergnügte sich*, *hat sich vergnügt*; [Vr]（反身）***sich***（***mit etw.***）***v.*** auf angenehme Weise (fröhlich) die Zeit verbringen 娱乐，消遣，玩耍，逗乐 ≈ sich

V

amüsieren ↔ sich langweilen: *sich mit lustigen Spielen v.* 玩快乐的游戏消遣

Ver·gnü·gen *das*; *-s*, *-* **1.** *nur Sg*（只用单数）; das Gefühl der Freude u. Zufriedenheit, das man empfindet, wenn man etw. Angenehmes tut od. erlebt 愉快,高兴,快乐,乐趣,消遣 ↔ Langeweile ⟨ein seltenes, kindliches V. 少有的、孩子般的快乐; j-m V. bereiten 使某人高兴,愉快; etw. aus/zum V. tun 出于/为了消遣而做某事; etw. mit V. tun 乐意做某事; kein, sein V. an j-m/etw. haben 对某人/某事没有/有兴趣; V. an etw. (*Dat* 三格) finden, bei etw. empfinden 在某事上找到、感到乐趣⟩: *Das Baby quietschte vor V.* 婴儿由于高兴而尖叫起来; *Es machte ihm V., mit dem Kind zu spielen* 与孩子玩耍使他感到愉快; *Viel V. im Urlaub!* 祝假期过得愉快! **2.** ***ein teures V.*** *iron* [讽]; e-e (unnötig) teure Sache 一种昂贵的玩艺: *Der Urlaub war ein teures V. – Man hat mir das ganze Auto ausgeraubt* 这个假期可真是花大钱买消遣了。——有人把我的汽车抢劫一空 ‖ ID [谚] ***sich*** (*Dat* 三格) ***ein V. daraus machen, etw. zu tun*** Spaß daran haben, etw. Besonderes zu machen od. Ärger zu verursachen 用…方法取乐: *Er macht sich ein V. daraus, uns zu schikanieren* 他用刁难我们的办法来取乐

ver·gnüg·lich *Adj*（形）**1.** *nicht adv*（不作状语）; so, dass man dabei sein Vergnügen hat 愉快的,快乐的 ↔ langweilig ⟨ein Abend 晚上, ein Spiel 游戏⟩ **2.** *nur attr od adv*（只作定语或状语）, *veraltend* [渐旧] ≈ vergnügt

ver·gnügt **1.** *Partizip Perfekt*（过去分词）; ↑ **vergnügen** **2.** *Adj*（形）; voll Vergnügen (1) 快乐的,轻松愉快的,欢乐的,高兴的 ≈ heiter: *e-n vergnügten Tag zusammen verbringen* 共同度过快活的一天; *v. miteinander spielen* 彼此愉快地玩耍 ‖ *hierzu*（派生）**Ver·gnügt·heit** *die*; *mst Sg*（多用单数）

Ver·gnü·gun·gen *die*; *Pl*（复）; Dinge, die man zum Vergnügen tut 消遣,娱乐,玩乐,娱乐活动 ⟨seinen V. nachgehen 从事玩乐,进行娱乐活动⟩ ‖ K-（复合）: ***Vergnügungs-***, ***-fahrt***, ***-reise***, ***-sucht***

Ver·gnü·gungs·park *der*; e-e große Fläche mit Karussells, Achterbahnen u. anderen Möglichkeiten zur Unterhaltung 游乐场,游乐园

ver·gol·den; *vergoldete*, *hat vergoldet*; [Vt]（及物）***etw. v.*** etw. mit e-r sehr dünnen Schicht von Gold bedecken 给…镀金,给…包金: *Die Medaille ist nicht aus massivem Gold, sondern nur vergoldet* 奖章不是用纯金制成的,而只是镀金 ‖ *hierzu*（派生）**Ver·gol·dung** *die*

ver·gönnt *Adj*（形）; *mst in* 多用于 ***etw. ist j-m (nicht) vergönnt*** *geschr* [书]; j-d hat etw. (nicht) bekommen, das er brauchte od. sich wünschte（物作主语）（命运没有）赐给,赐予,给予,允许得到: Es *war ihr nicht vergönnt, ein hohes Alter zu erreichen* 命运未能使她达到高寿 ‖ NB（注意）: *mst* verneint（多用否定句）!

ver·göt·tern; *vergötterte*, *hat vergöttert*; [Vt]（及物）***j-n v.*** j-n (zu) sehr lieben od. verehren (u. deshalb seine Fehler od. Schwächen nicht erkennen) 溺爱,宠爱,崇拜: *Sie vergöttert ihre Kinder* 她溺爱自己的孩子 ‖ *hierzu*（派生）**Ver·göt·te·rung** *die*; *nur Sg*（只用单数）

ver·gra·ben; *vergräbt*, *vergrub*, *hat vergraben*; [Vt]（及物）**1.** ***etw. v.*** ein Loch in die Erde graben, etw. dort hineintun u. dann wieder zuschütten 掩埋,埋藏: *Die Räuber haben den Schmuck unter e-m Baum vergraben* 强盗把首饰埋在树下 **2.** ***sein Gesicht in den Händen v.*** *geschr* [书]; (vor Scham, Verzweiflung od. Angst) sein Gesicht mit den Händen bedecken（由于羞惭、绝望或害怕）用双手捂住面孔; [Vr]（反身）**3.** ***ein Tier vergräbt sich*** ein Tier gräbt e-n Gang in die Erde u. versteckt sich dort（动物作主语）挖洞藏身,打洞栖身 ⟨der Hamster, der Maulwurf, die Wühlmaus *usw* 土拨鼠,鼹鼠,田鼠等⟩ **4.** ***sich in etw.*** (*Dat/Akk* 三格/四格) ***v.*** sich sehr intensiv mit e-r bestimmten Arbeit beschäftigen, sodass man für etw. anderes kaum noch Zeit hat 埋头于某事

ver·grä·men; *vergrämte*, *hat vergrämt*; [Vt]（及物）***j-n v.*** j-n durch sein Verhalten ärgern 使生气,使恼怒,激怒,惹恼 ↔ erfreuen: *durch e-e Steuererhöhung die Wähler v.* 由于提高税收而激怒选民

ver·grämt **1.** *Partizip Perfekt*（过去分词）; ↑ **vergrämen** **2.** *Adj*（形）; von großem Kummer erfüllt 愁眉苦脸的,苦恼的,悲伤的,痛苦的,忧虑的 ≈ verhärmt ⟨ein Gesicht 面孔; v. aussehen 显得愁眉苦脸,看上去一副悲伤的样子⟩

ver·grau·len; *vergraulte*, *hat vergrault*; [Vt] *gespr*（及物）[口] **1.** ***j-n (mit/durch etw.) v.*** unfreundlich sein u. dadurch bewirken, dass andere nichts mehr mit einem zu tun haben wollen 得罪,惹恼: *Mit seinem Zynismus hat er allmählich alle Freunde vergrault* 他用讽刺挖苦逐渐把所有朋友都得罪了 **2.** ***j-m etw. v.*** durch sein Verhalten j-m die Freude an etw. nehmen 使扫兴,败坏…对…的兴致

ver·grei·fen, sich; *vergriff sich*, *hat sich vergriffen*; [Vr]（反身）**1.** ***sich an etw.*** (*Dat* 三格) ***v.*** *euph* [婉]; etw. stehlen 乱拿,偷窃,偷盗 ⟨sich an fremdem Eigentum v. 偷窃别人的财产⟩ **2.** ***sich an j-m v.*** *euph* [婉]; j-n verprügeln 殴打,对…动手: *Er hat sich an seiner Frau vergriffen* 他殴打自己的妻子 **3.** ***sich an j-m v.*** *euph* [婉]; j-n sexuell missbrauchen 强奸 **4.** ***sich im Ton v.*** etw. Unpassendes sagen 强词夺理

ver·grif·fen **1.** *Partizip Perfekt*（过去分词）; ↑ **vergreifen** **2.** *Adj*（形）; *nicht adv*（不作状语）; ⟨ein Buch, e-e Ware 一本书,一件商品⟩ so, dass alles verkauft ist, auch der Hersteller nichts mehr davon hat 售完的,卖完的 ≈ ausverkauft ↔ lieferbar

ver·grö·ßern; *vergrößerte*, *hat vergrößert*; [Vt]（及物）**1.** ***etw. v.*** etw. grösser machen

V

扩大,扩展,扩充:*ein Zimmer v., indem man die Wand zum Nebenzimmer herausreißt* 拆掉与邻室的隔墙,以此来扩大房间(的面积) **2. etw. v.** etw. beim Drucken, Kopieren *o. Ä.* größer machen 放大〈ein Foto v. 放大照片〉; [Vi](不及物) **3. etw. vergrößert (irgendwie)** etw. lässt etw. optisch größer erscheinen, als es in Wirklichkeit ist(物作主语)放大:*Dieses Fernglas vergrößert sehr stark* 这副望远镜能高倍放大; [Vr](反身) **4. etw. vergrößert sich** etw. wird größer(物作主语)变大,增大 ↔ etw. verkleinert sich:*Die Geschwulst hat sich vergrößert* 肿瘤增大了 ‖ *hierzu*(派生) **Ver·grö·ße·rung** *die*

Ver·grö·ße·rungs·glas *das* ≈ Lupe

Ver·güns·ti·gung *die*; -, *-en*; ein *mst* finanzieller Vorteil (aufgrund e-r offiziellen Regelung *o. Ä.*) 优惠,优待,好处〈j-m (soziale, steuerliche) Vergünstigungen gewähren 给予某人(社会福利上、税收上的)优惠; Vergünstigungen haben 享有优惠〉‖ ▶ **günstig** (1)

ver·gü·ten; *vergütete, hat vergütet*; [Vt](及物) **1. j-m etw. v.** j-m Geld zahlen, *bes* weil dieser e-n Schaden od. e-n finanziellen Nachteil gehabt hat 偿付,赔偿,补偿 ≈ j-n für etw. entschädigen〈j-m seine Unkosten v. 偿付给某人费用〉 **2. (j-m) etw. v.** *bes* ADM 尤用【管理】; j-n für e-e bestimmte Arbeit bezahlen 为…付报酬,酬劳〈j-s Arbeit, Leistung v. 为某人的劳动、成就支付报酬〉:*Die Stelle wird mit € 3400 vergütet* 这个职位的报酬是3400欧元 ‖ *hierzu*(派生) **Ver·gü·tung** *die*

ver·haf·ten; *verhaftete, hat verhaftet*; [Vt](及物) **j-n v.** j-n ins Gefängnis bringen (weil er verdächtigt wird, ein Verbrechen begangen zu haben) 拘捕,逮捕:*Die Polizei verhaftete ihn noch am Tatort* 警方在作案现场就把他逮捕了 ‖ *hierzu*(派生) **Ver·haf·tung** *die*

ver·haf·tet **1.** *Partizip Perfekt*(过去分词); ↑ **verhaften 2.** *Adj*(形); **etw. (*Dat* 三格) v. (sein)** *geschr*[书]; sehr stark von etw. beeinflusst (sein) 深受…的影响〈der Tradition v. (sein) 深受传统的影响〉

ver·hal·len; *verhallte, ist verhallt*; [Vi](不及物) **etw. verhallt** etw. wird immer leiser, bis man es nicht mehr hört(物作主语)逐渐减弱、消失(指声响)〈j-s Rufe, Schritte, das Geläut der Glocken 某人的呼喊、脚步声、钟声〉

ver·hal·ten, sich[1]; *verhält sich, verhielt sich, hat sich verhalten*; [Vr](反身) **sich irgendwie v.** in bestimmter Art u. Weise in e-r Situation handeln od. reagieren 持(采取)…态度,表现,对待〈sich ruhig, still, abwartend, distanziert, reserviert v. 保持冷静,保持安静,持观望态度,态度疏远、审慎, sich j-m gegenüber korrekt v. 对某人采取正确的态度〉

ver·hal·ten, sich[2]; *verhält sich, verhielt sich, hat sich verhalten*; [Vr](反身) **1. etw. verhält sich irgendwie** etw. ist in e-r bestimmten Weise beschaffen(物作主语)处于…情况,…的情况是:*Die Sache verhält sich ganz anders, als du denkst* 这事的情况完全不像你所想的那样,这事的情况与你所想的完全不同 **2. etw. verhält sich zu etw. wie ...** etw. steht in e-m bestimmten Verhältnis zu etw.(物作主语)与…相比如同…:*3 verhält sich zu 1 wie 6 zu 2* 三比一如同六比二(3∶1=6∶2)

ver·hal·ten[3]; *verhält, verhielt, hat verhalten*; *geschr*[书]; [Vt](及物) **etw. v.** ≈ zurückhalten, unterdrücken 忍住,抑制住〈das Lachen, seine Tränen, seinen Zorn nicht mehr v. können 再也忍不住笑、自己的眼泪、自己的愤怒〉

ver·hal·ten[4] **1.** *Partizip Perfekt*(过去分词); ↑ **verhalten**[1], **verhalten**[2], **verhalten**[3] **2.** *Adj*(形);〈Hass, Wut, Freude, Schadenfreude 仇恨,愤怒,高兴,幸灾乐祸; Ironie, Spott 讽刺,嘲笑〉so (unterdrückt), dass ein anderer sie kaum bemerkt 忍着的,压抑着的,克制着的,藏而不露的 **3.** *Adj*(形); sehr leise 压低的,轻轻的〈mit verhaltener Stimme sprechen 用压低的声音说〉 **4.** *Adj*(形) ≈ defensiv, vorsichtig〈e-e Fahrweise, e-e Spielweise 驾车方式,比赛方式〉

Ver·hal·ten *das*; *-s*; *nur Sg*(只用单数); die Art u. Weise, wie ein Mensch od. Tier in verschiedenen Situationen handelt od. reagiert 举止,行为,态度〈ein kluges, mutiges, seltsames V. zeigen 表现出聪明的、勇敢的、不寻常的举止(行为,态度); sein V. (gegenüber j-m) ändern 改变对某人的态度〉‖ K-(复合): **Verhaltens-, -forscher, -forschung, -maßregel, -muster, -regel, -störung, -therapie, -weise** ‖ -K(复合): **Fahr-, Freizeit-, Rollen-, Sexual-; Verbraucher-, Wähler-**

ver·hal·tens·ge·stört *Adj*(形); PSYCH【心】; in seinem Verhalten nicht so, wie es bei Menschen normal od. üblich ist 有行为障碍的,行为不正常的〈ein Kind 儿童〉

Ver·hält·nis *das*; *-ses, -se* **1. das V. (von etw. zu etw.; zwischen etw. (*Dat* 三格) u. etw. (*Dat* 三格))** die Beziehung zwischen zwei od. mehreren Dingen, die man messen od. vergleichen kann(指事物之间的)关系,比例 ≈ Relation: *Saft u. Wasser im V. zwei zu eins (2:1) mischen* 按照二比一的比例把果汁和水混合; *das V. zwischen Aufwand u. Ergebnis* 费用和结果之间的关系(比例) ‖ -K(复合): **Größen-, Mischungs- 2. ein V. (zu j-m/ etw.)** die Art der persönlichen Beziehung, die j-d zu j-m/etw. hat(对人/物的)关系〈ein gutes, schlechtes, persönliches, gespanntes, gestörtes, freundschaftliches V. zu j-m haben 与某人关系好,关系不好,有私人关系,关系紧张,关系失和,关系友好〉: *kein V. zur modernen Kunst haben* 与现代艺术毫无关系(= nichts damit anfangen können) ‖ -K(复合): **Abhängigkeits-, Freundschafts-, Vertrauens- 3. ein V. (mit j-m)** *gespr*[口]; sexuelle Kontakte zu j-m, mit dem man nicht verheiratet ist 男女关系〈ein V. mit j-m anfangen, haben 与某人开始有、有男女关系〉

ver·hält·nis·mä·ßig *Adv*(副); im Vergleich zu

V

etw. anderem 比较,相对 ≈ relativ: *Der Sommer in diesem Jahr war v. warm u. trocken* 今年夏天比较热而干燥

Ver·hält·nis·mä·ßig·keit *die*; -; *nur Sg*, *geschr*(只用单数)[书] ≈ Angemessenheit: *die V. der Mittel beachten* 注意资金的比例

Ver·hält·nis·se *die*; *Pl*(复) **1.** die allgemeine Lage, die äußeren Umstände, die das Leben bestimmen 情况,境况,境遇〈die klimatischen, politischen V. 气候、政治情况〉 **2.** die sozialen Bedingungen, unter denen j-d lebt 社会情况,社会条件〈in bescheidenen, gesicherten, geordneten Verhältnissen leben 生活简朴、有保障,安守本分地生活〉 **3. über seine V. leben** mehr Geld ausgeben, als man hat 过挥霍无度的生活 ‖ -K(复合): **Besitz-**, **Vermögens-**

Ver·hält·nis·wort *das*; *Pl*(复) *Ver·hält·nis·wör·ter* ≈ Präposition

ver·han·deln; *verhandelte*, *hat verhandelt*; [Vi](不及物) **1.** (**mit j-m/e-r Firma** *o. Ä.*) (**über etw.** (*Akk* 四格)) **v.** mit j-m/e-m Vertreter e-r Firma *o. Ä.* (*mst* relativ lange) über etw. sprechen, um ein Problem zu lösen od. um sich mit ihm zu einigen 磋商,商谈,协商,谈判: *Die beiden Staaten verhandeln über neue Möglichkeiten der kulturellen Zusammenarbeit* 两个国家就进行文化合作的新的可能性进行磋商 **2.** *mst* 多用 **das Gericht verhandelt gegen j-n** JUR【法】; ein Gerichtsprozess wird gegen j-n geführt 法庭对…进行审理: *Das Gericht verhandelt gegen sie wegen Diebstahls* 法庭就偷窃行为对她进行审理; [Vt](及物) **3. etw. wird (vor Gericht) verhandelt** JUR【法】; ein Fall wird in e-m Prozess vor Gericht behandelt(物作主语)受到(法庭)审理: *Der Mordfall wurde in zweiter Instanz verhandelt* 对谋杀案进行了二审审理

Ver·hand·lung *die* **1.** *nur Pl*(只用复数); die Diskussionen zu e-m bestimmten Thema (mit dem Ziel, ein bestimmtes Ergebnis zu erreichen) 谈判,协商: *Die Verhandlungen verliefen ergebnislos* 谈判没有取得结果 ‖ K-(复合): **Verhandlungs-**, **-basis**, **-bereitschaft**, **-gegenstand**, **-grundlage**, **-ort**, **-partner**, **-taktik** ‖ -K(复合): **Abrüstungs-**, **Friedens-**, **Koalitions-**, **Tarif-** **2.** ein Prozess vor Gericht 审理(案件): *Die V. musste kurz unterbrochen werden* 审理(工作)必须短暂中止 ‖ -K(复合): **Gerichts-** ‖ *zu*(义项) **1. ver·hand·lungs·be·reit** *Adj*(形)

ver·han·gen *Adj*(形); *nicht adv*(不作状语); mit großen grauen Wolken bedeckt 乌云密布的,遮盖着的〈der Himmel ist v. 天空乌云密布〉 ‖ -K(复合): **nebel-**, **wolken-**

ver·hän·gen[1]; *verhängte*, *hat verhängt*; [Vt](及物) **etw.** (**mit etw.**) **v.** etw. durch etw. bedecken 遮上,蒙上,罩上,遮蔽: *ein Fenster mit Decken v.* 用遮盖物把窗户挡上

ver·hän·gen[2]; *verhängte*, *hat verhängt*; [Vt](及物) **etw.** (**über j-n/etw.**) **v.** *geschr*[书]; e-e Strafe od. e-e ähnliche Maßnahme aussprechen 施加(惩罚),实行,宣布〈e-e schwere Strafe (über j-n) v. 对某人施以重罚; nächtliches Ausgehverbot, den Ausnahmezustand (über ein Land) v. 实行宵禁,宣布(对国家)实行紧急状态; e-n Strafstoß v. 判罚球〉 ‖ *hierzu*(派生) **Ver·hän·gung** *die*; *mst Sg*(多用单数)

Ver·häng·nis *das*; *-ses*, *-se*; *geschr* [书]; ein großes (persönliches) Unglück 厄运,恶运,灾难,祸患: *Seine Spielleidenschaft wurde ihm zum Verhängnis* 他的赌博癖好成了他的灾难(厄运)

ver·häng·nis·voll *Adj*(形); so, dass es für j-n zu e-m tragischen Unglück wird 后果严重的,危险的,倒霉的,灾难性的,不幸的 ≈ fatal, unheilvoll〈ein Fehler, ein Irrtum 错误,误解; etw. erweist sich als v. 某物证明是极其不幸的〉

ver·harm·lo·sen; *verharmloste*, *hat verharmlost*; [Vt](及物) **etw. v.** etw. Schlimmes so darstellen, dass es nicht so gefährlich erscheint 对…轻描淡写,把…说得无关紧要,轻视,低估 ≈ bagatellisieren: *die Auswirkungen der Luftverschmutzung v.* 轻视空气污染的影响 ‖ ▶ **harmlos**

ver·härmt *Adj*(形); von Leiden u. Sorgen gezeichnet 忧心忡忡的,愁眉不展的,愁苦的,形容憔悴的 ≈ vergrämt〈e-e Frau 女人; ein Gesicht 脸; v. aussehen 显得忧心忡忡〉

ver·har·ren; *verharrte*, *hat verharrt*; [Vi] *geschr*(不及物)[书] **1. irgendwo/irgendwie v.** mit e-r Bewegung aufhören u. kurze Zeit ganz ruhig bleiben od. seinen Platz nicht verlassen 在原地保持不动,停住 **2. in etw.** (*Dat* 三格) **v.** *geschr* [书]; in e-m bestimmten seelischen Zustand bleiben 坚持,固执于,保持: *in Hoffnungslosigkeit, Resignation, Trauer, Hoffnung, Optimismus v.* 仍然感到无望,仍然心灰意冷,依然悲痛欲绝,仍然抱有希望,保持乐观心情

ver·här·ten; *verhärtete*, *hat/ist verhärtet*; [Vi](不及物)(*ist*) **1. etw. verhärtet** etw. wird hart(物作主语)变硬,硬化,发硬〈Gips, Ton 石膏,口气; der Boden 土壤; das Gewebe 织物〉; [Vr](反身)(*hat*) **2. etw. verhärtet sich** etw. wird hart(物作主语)变硬,发硬: *Die Geschwulst hat sich verhärtet* 肿瘤变硬了 **3. ein Verdacht verhärtet sich** ein Verdacht scheint sich zu bestätigen 怀疑正在得到证实 ‖ ID [谚] ↑ **Front**

Ver·här·tung *die*; -, *-en* **1.** *nur Sg*(只用单数); der Vorgang, bei dem ein Material hart wird 硬化 **2.** e-e Stelle unter der Haut, die hart geworden ist 硬皮,老茧,胼胝,跰子

ver·has·peln, sich; *verhaspelte sich*, *hat sich verhaspelt*; [Vr](反身) **sich v.** *gespr* [口]; sich (mehrere Male) versprechen 说话颠三倒四,语无伦次: *sich vor Aufregung v.* 由于激动而语无伦次

ver·hasst *Adj*(形); *nicht adv*(不作状语); von vielen sehr gehasst 可恨的,令人憎恨的,令人厌恶的〈ein Diktator, ein Regime 独裁者,制度〉

ver·hät·scheln; *verhätschelte*, *hat verhätschelt*;

[Vt]（及物）**j-n v.** *gespr pej*［口］［贬］; ein Kind sehr verwöhnen 溺爱，娇惯，纵容〈ein Kind v. 溺爱孩子〉

Ver·hau *der/das*; -(*e*)*s*, -*e* **1.** e-e Barriere aus Ästen u. Draht *usw* 障碍物〈ein(en) V. errichten 设置障碍物〉‖ -K（复合）: ***Draht-*** **2.** *nur Sg*, *gespr*（只用单数）［口］≈ Unordnung

ver·hau·en; *verhaute*, *hat verhauen*; [Vt] *gespr*（及物）［口］**1. *j-n v.*** ≈ verprügeln **2. *etw. v.*** *gespr*［口］（*bes* von Jugendlichen verwendet 尤为青年人用语）e-e (schriftliche) Prüfung sehr schlecht machen 考砸了，考糟了，考坏了: *den Aufsatz*, *den Test v.* 作文、测试考砸了; [Vr]（反身）**3. *sich (bei etw.) v.*** *gespr*［口］; etw. völlig falsch einschätzen 估计完全错误，完全算错 ≈ sich verkalkulieren, sich verrechnen

ver·hed·dern, sich; *verhedderte sich*, *hat sich verheddert*; *gespr*［口］; [Vr]（反身）**1. *etw. verheddert sich*** etw. bleibt irgendwo hängen, *mst* weil sich Fäden *o. Ä.* verwickelt haben（物作主语）挂住，绊住，缠住: *Der Fallschirm hat sich an e-m Ast verheddert* 降落伞挂在树枝上了 **2. *sich v.*** sich mehrere Male versprechen (u. nicht mehr wissen, wie man weitersprechen soll) 语无伦次，说话颠三倒四，结结巴巴

ver·hee·ren; *verheerte*, *hat verheert*; [Vt]（及物）***etw. verheert etw.*** etw. zerstört ein großes Gebiet（物作主语）蹂躏，严重破坏，毁坏 ≈ etw. verwüstet etw.: *Das Erdbeben hat weite Gebiete des Landes verheert* 地震严重破坏了国家的广大地区 ‖ *hierzu*（派生）**Ver·hee·rung** *die*

ver·hee·rend *Adj*（形）**1.** mit schlimmen Folgen 可怕的，毁灭性的，灾难性的 ≈ furchtbar, katastrophal〈ein Brand, ein Feuer, ein Erdbeben, ein Flugzeugabsturz 火灾，大火，地震，飞机坠落; etw. wirkt sich v. (auf j-n/ etw.) aus 某物（对某人/某物）产生灾难性影响〉**2.** *gespr*［口］≈ sehr schlecht: *Mit seiner neuen Frisur sieht er v. aus!* 他的新发式难看极了!; *Seine Leistungen in der Schule sind v.* 他在学校的成绩糟透了（差劲极了）

ver·heh·len; *verhehlte*, *hat verhehlt*; [Vt]（及物）**(*j-m*) *etw. v.*** *geschr*［书］; j-m *mst* seine Gedanken od. Gefühle nicht sagen bzw. nicht zeigen 隐瞒，掩饰 ≈ verheimlichen: *j-m seine geheimsten Wünsche v.* 向某人隐瞒自己最隐秘的愿望; *seine Schadenfreude nicht v. können* 无法掩饰自己的幸灾乐祸

ver·hei·len; *verheilte*, *ist verheilt*; [Vi]（不及物）***etw. verheilt*** etw. heilt ganz（物作主语）痊愈，愈合〈e-e Wunde, ein Knochenbruch 伤口，骨折〉

ver·heim·li·chen; *verheimlichte*, *hat verheimlicht*; [Vt]（及物）**(*j-m*) *etw. v.*** j-m etw. nicht sagen (das er aber wissen sollte) 隐瞒，隐讳 ≈ verschweigen: *Er hat uns seine schwere Krankheit verheimlicht* 他向我们隐瞒了自己严重的病情 ‖ *hierzu*（派生）**Ver·heim·li·chung** *die*

ver·hei·ra·tet *Adj*（形）; *nicht adv*（不作状语）**1.** in e-r Ehe lebend 已婚的，结了婚的 ↔ ledig; *Abk* 缩写 verh.〈e-e Frau, ein Mann 女人，男人; glücklich, gut, jung v. sein 幸福地、美满地结婚，年轻就结婚〉**2. *mit etw. v. sein*** *gespr hum*［口］［诙］; etw. zum Mittelpunkt seines Lebens gemacht haben 与…（指事物）结婚，把…变成自己生活的中心: *Ich bin mit dieser Firma nicht v.!* 我没有和这家公司结婚呀!

ver·hei·ßen; *verhieß*, *hat verheißen*; [Vt]（及物）**1. *j-m etw. v.*** *geschr*［书］; j-m etw. prophezeien, voraussagen 向…预示，预言，预告 **2. *etw. verheißt etw.*** *geschr*［书］; etw. ist ein Zeichen dafür, dass etw. Bestimmtes geschehen wird（物作主语）预示，预兆: *Diese Entwicklung verheißt nichts Gutes* 这种发展不是好的预兆

Ver·hei·ßung *die*; -, -*en* **1.** *nur Sg*（只用单数）; das Verheißen (1) **2.** das, was j-m verheißen (1) od. versprochen wurde 希望，指望，允诺: *Die Verheißungen erfüllten sich nicht* 希望没有实现

ver·hei·ßungs·voll *Adj*（形）; so, dass es Glück u. Erfolg zu bringen scheint 大有希望的，富有希望的，有前途的 ≈ Erfolg versprechend〈ein Anfang, ein Morgen 开端，早晨; etw. beginnt v. 某事开端就大有希望〉

ver·hei·zen; *verheizte*, *hat verheizt*; [Vt]（及物）**1. *etw. v.*** etw. zum Heizen verwenden 烧，烧掉〈Holz, Briketts v. 烧木头、煤饼（煤球）〉**2. *j-n v.*** *gespr pej*［口］［贬］; j-n rücksichtslos ausnutzen u. dadurch seine Kräfte erschöpfen 毫无顾忌地拼命利用，狠命使用

ver·hel·fen; *verhilft*, *verhalf*, *hat verholfen*; [Vi]（不及物）***j-m zu etw. v.*** helfen, dass j-d etw. bekommt 帮助得到，协助达到，使得到，使达到: *j-m zu seinem Recht*, *zu e-r neuen Arbeitsstelle v.* 使某人得到权利，帮某人得到新的工作岗位

ver·herr·li·chen; *verherrlichte*, *hat verherrlicht*; [Vt]（及物）***j-n/etw. v.*** j-n/etw. übertrieben positiv darstellen 大加赞扬，颂扬，称颂 ≈ rühmen〈den Krieg v. 赞颂战争〉‖ *hierzu*（派生）**Ver·herr·li·chung** *die*; *mst Sg*（多用单数）‖ ▶ ***herrlich***

ver·het·zen; *verhetzte*, *hat verhetzt*; [Vt]（及物）***j-n*** (*Kollekt od Pl* 集合或复数) ***v.*** *pej*［贬］; durch böse Worte bewirken, dass e-e Gruppe von Personen Hass gegen andere empfindet 煽动，挑拨，唆使 ≈ aufwiegeln: *das Volk v.* 煽动民众 ‖ *hierzu*（派生）**Ver·het·zung** *die*

ver·heult *Adj*（形）; *gespr*［口］; rot u. geschwollen, weil man gerade geweint, geheult (4) hat 哭得红肿了的，哭肿了的〈Augen, ein Gesicht 双眼，脸; v. aussehen 看上去眼睛哭肿了〉

ver·he·xen; *verhexte*, *hat verhext*; [Vt]（及物）***j-n/etw.*** (***in etw.*** (*Akk* 四格)) ***v.*** j-n/etw. durch Magie (in etw.) verwandeln 用魔法迷住，使中魔，使中邪 ‖ ID［谚］***Das ist ja wie verhext!*** *gespr*［口］; verwendet, um seinen

Ärger darüber auszudrücken, dass einem etw. nicht gelingt 这简直是中邪了!(指事情不顺当)

ver·hin·dern; *verhinderte*, *hat verhindert*; [Vt] (及物) **etw. v.** bewirken, dass etw. nicht geschieht od. dass j-d etw. nicht tun kann 阻碍,阻止,阻挡,妨碍,防止 ≈ vermeiden: *ein Unglück, e-n Krieg, e-n Unfall v.* 防止不幸、战争、事故(发生); *Ich konnte nicht v., dass sie wegfuhr* 我无法阻止她走 ‖ *hierzu* (派生) **Ver·hin·de·rung** *die*

ver·hin·dert 1. *Partizip Perfekt* (过去分词); ↑ **verhindern** 2. *Adj* (形); *nicht adv* (不作状语); (**irgendwie**) **v.** (aus den angegebenen Gründen) nicht in der Lage, etw. zu tun od. an etw. teilzunehmen (由于所指原因)不能参与,因…而受阻 〈beruflich, dienstlich, wegen Krankheit v. sein 因工作、因公务、因病不能前来(不能参加)〉 3. *Adj* (形); *nur attr*, *nicht adv* (只作定语,不作状语); *gespr*, *oft hum* [口]常用[诙]; so, dass man Begabung od. Begeisterung für e-n Beruf *o. Ä.* zeigt, ihn aber nicht ausübt 虽有秉赋或愿望却未能如愿的; *ein verhinderter Künstler* 一个未能如愿成才的艺术家

ver·höh·nen; *verhöhnte*, *hat verhöhnt*; [Vt] (及物) **j-n v.** j-n beleidigen u. sich über seine Fehler u. Schwächen freuen 嘲笑,讥讽 ≈ verspotten ‖ *hierzu* (派生) **Ver·höh·nung** *die*

ver·hoh·ne·pi·peln; *verhohnepipelte*, *hat verhohnepipelt*; [Vt] (及物) **j-n/etw. v.** *gespr* [口] ≈ j-n/etw. verspotten, sich über j-n/etw. lustig machen

ver·hö·kern; *verhökerte*, *hat verhökert*; [Vt] (及物) **etw. v.** *gespr pej* [口][贬] ≈ verkaufen

Ver·hör *das*; -(*e*)*s*, -*e* 1. das (intensive, gezielte) Fragen durch die Polizei (um e-n Sachverhalt zu klären) 审问,讯问,审讯,查问 〈j-n e-m V. unterwerfen/unterziehen 对某人进行审问〉 2. **j-n ins V. nehmen** *geschr* [书] ≈ j-n verhören[1] ‖ NB(注意): Man spricht von dem *Verhör* e-s Angeklagten, jedoch von der *Vernehmung* e-s Zeugen (审问被告用Verhör,询问证人用 Vernehmung)

ver·hö·ren[1]; *verhörte*, *hat verhört*; [Vt] (及物) **j-n v.** als Polizist e-m Verdächtigen Fragen stellen, *bes* um ein Verbrechen zu klären 审问,审讯 ‖ NB(注意): aber: e-n Zeugen *vernehmen* (但是,询问证人用 vernehmen)

ver·hö·ren, sich[2]; *verhörte sich*, *hat sich verhört*; [Vr] (反身) **sich v.** etw. falsch hören 听错: *Da haben Sie sich wohl verhört!* 那您大概是听错了!

ver·hül·len; *verhüllte*, *hat verhüllt*; [Vt] (及物) 1. **j-n/etw.** (**mit etw.**) **v.** Stoff, Tücher *o. Ä.* um j-n/etw. legen 掩盖,遮盖,蒙住,蒙上: *das Gesicht mit e-m Schleier v.* 用面纱遮住脸 2. **etw. verhüllt etw.** etw. bedeckt etw. ganz (物作主语)遮蔽,掩盖: *Wolken verhüllten den Gipfel des Berges* 云遮住了山顶

ver·hun·gern; *verhungerte*, *ist verhungert*; [Vi] (不及物) sterben, weil man nicht genug zu essen hat 饿死

ver·hun·zen; *verhunzte*, *hat verhunzt*; [Vt] (及物) **etw. v.** *gespr pej* [口][贬]; e-e Arbeit *o. Ä.* so nachlässig ausführen, dass das Ergebnis schlecht, hässlich *o. Ä.* ist (因疏忽)弄坏,搞糟

ver·hü·ten; *verhütete*, *hat verhütet*; [Vt] (及物) **etw. v.** verhindern, dass etw. geschieht, das man nicht wünscht 防止,预防 〈ein Unglück, e-n Brand, e-n Krieg v. 防止不幸、火灾、战争〉

Ver·hü·tung *die*; *nur Sg* (只用单数) 1. die Maßnahmen, die verhindern, dass etw. geschieht, was man nicht wünscht 预防措施 ‖ -K (复合): **Brand-**, **Unfall-** 2. die Handlungen u. Maßnahmen, durch die man verhindert, dass e-e Frau schwanger wird 避孕 ‖ -K (复合): **Empfängnis-**

Ver·hü·tungs·mit·tel *das*; ein Mittel (*z. B.* Kondome od. die Antibabypille), das man verwendet, um zu verhindern, dass e-e Frau schwanger wird 避孕药,避孕工具

ve·ri·fi·zie·ren [v-]; *verifizierte*, *hat verifiziert*; [Vt] (及物) **etw. v.** *geschr* [书]; etw. prüfen, um zu sehen, ob es richtig ist 证实,确证,验证,核实 〈e-e Hypothese v. 证实假设〉 ‖ *hierzu* (派生) **Ve·ri·fi·ka·ti·on** *die*; **ve·ri·fi·zier·bar** *Adj* (形); **Ve·ri·fi·zie·rung** *die*

ver·in·ner·li·chen; *verinnerlichte*, *hat verinnerlicht*; [Vt] (及物) **etw. v.** *geschr* [书]; bestimmte Werte od. Überzeugungen übernehmen u. fest daran glauben 对…坚信不疑,深信不疑

ver·ir·ren, sich; *verirrte sich*, *hat sich verirrt*; [Vr] (反身) 1. **sich** (**irgendwo**) **v.** nicht den richtigen Weg finden u. somit nicht ans Ziel kommen 迷路,走失,迷失道路 ≈ sich verlaufen: *sich im Wald v.* 在森林里迷路 2. **sich irgendwohin v.** irgendwohin kommen, wohin man eigentlich gar nicht wollte 迷路走到,错走到: *sich in e-n einsamen Stadtteil v.* 错走到一个偏僻的市区

ver·ja·gen; *verjagte*, *hat verjagt*; [Vt] (及物) **j-n/ein Tier v.** j-n/ein Tier zwingen, wegzulaufen 赶走,赶跑,驱赶 ≈ fortjagen, vertreiben: *den Fuchs* (*aus dem Hühnerstall*) *v.* 把狐狸(从鸡棚里)赶走

ver·jäh·ren; *verjährte*, *ist verjährt*; [Vi] (不及物) **etw. verjährt** etw. kann nach e-r bestimmten Zeit nicht mehr strafrechtlich verfolgt werden od. etw. geht (als Recht) verloren (物作主语)因超过法定期限而失效,因超过法定期限而不受追究 〈ein Verbrechen 罪行; Schulden 债务; j-s Ansprüche 某人的要求〉 ‖ *hierzu* (派生) **Ver·jäh·rung** *die*

ver·ju·beln; *verjubelte*, *hat verjubelt*; [Vt] (及物) **etw. v.** *gespr* [口] ≈ verschwenden, verprassen 〈sein Geld v. 挥霍钱财,乱花钱〉

ver·jün·gen[1], **sich**; *verjüngte sich*, *hat sich verjüngt*; [Vr] (反身) **etw. verjüngt sich** etw.

V

wird (nach oben hin) immer schmaler od. enger(物作主语)往上逐渐变细,逐渐变窄 ‖ *hierzu*(派生) **Ver·jün·gung** *die*

ver·jün·gen²; *verjüngte*, *hat verjüngt*; Vt (及物) ***etw. v.*** etw. mit jüngeren Leuten als bisher besetzen 使年轻化: *e-n Betrieb, die Vorstandschaft e-s Vereins v.* 使企业、团体的领导机构成员年轻化 ‖ *hierzu*(派生) **Ver·jün·gung** *die*; *mst Sg*(多用单数)

ver·ka·belt *Adj*(形); *mst in* 多用于 ***v. sein*** *gespr* [口]; Kabelfernsehen empfangen können 能接收有线电视 ‖ *hierzu*(派生) **ver·ka·beln** (*hat*) *Vt*(及物)

ver·kal·ken; *verkalkte*, *ist verkalkt*; Vi (不及物) **1. *etw. verkalkt*** etw. funktioniert nicht mehr richtig, weil sich Kalk darin angesammelt hat(物作主语)老化,运转不灵〈Leitungen, Rohre 电线,管道; die Waschmaschine, die Kaffeemaschine 洗衣机,电咖啡壶〉**2. *etw. verkalkt*** *mst* Arterien verhärten sich durch Ablagerungen von zu viel Kristallen aus Kalk(物作主语)(多指动脉)硬化 **3. *j-d verkalkt*** *gespr pej* [口][贬]; j-d wird älter u. verliert dabei die Fähigkeit, sich zu konzentrieren, sich Dinge zu merken *usw*(人作主语)头脑僵化,老朽 ‖ *hierzu*(派生) **Ver·kal·kung** *die*; *mst Sg*(多用单数)

ver·kal·ku·lie·ren, sich; *verkalkulierte sich*, *hat sich verkalkuliert*; Vr (反身) **1. *sich v.*** bei der Kalkulation e-n Fehler machen 算错,误算,失算 **2. *sich v.*** *gespr* [口]; e-e Situation nicht richtig beurteilen 估计错误,打错算盘

ver·kannt 1. *Partizip Perfekt*(过去分词); ↑ **verkennen** 2. *Adj*(形); *mst in* 多用于 ***ein verkanntes Genie*** **a)** j-d, dessen Genialität keine Anerkennung gefunden hat 一个未被认识的天才; **b)** *hum* [诙]; j-d, der glaubt, ein Genie zu sein, es in Wirklichkeit aber nicht ist—个自我标榜为天才的人

ver·kappt *Adj*(形); *nur attr*, *nicht adv*, *mst pej*(只作定语,不作状语)多用[贬]; nicht offensichtlich, aber doch zu erkennen 伪装的,乔装打扮的: *Er ist ein verkappter Nationalist* 他是一个伪装的民族主义者

ver·ka·tert *Adj*(形); *gespr* [口]; in e-m schlechten körperlichen u. seelischen Zustand, weil man am Tag vorher zu viel Alkohol getrunken hat(喝酒过量后)懒洋洋的,没精打采的〈v. sein, aussehen 懒散颓唐,显得没精打采的样子〉‖ ▶ ***Kater²***

V

Ver·kauf *der* 1. das Verkaufen (1) von Waren 卖,出售,销售〈(j-m) etw. zum V. anbieten (向某人)供销〉‖ K-(复合): ***Verkaufs-, -artikel, -preis, -stand*** 2. *nur Sg*(只用单数); die Abteilung e-s Unternehmens, die Produkte verkauft 营业部,经销部 ↔ Einkauf: *im V. tätig sein* 在经销部工作 ‖ K-(复合): ***Verkaufs-, -abteilung, -direktor***

ver·kau·fen; *verkaufte*, *hat verkauft*; Vt/i (及物/不及物) **1. ((*j-m*) *etw.*) *v.*; (*etw.* (*an j-n*)) *v.*** j-m e-e Ware, die er haben will, geben u. dafür von ihm Geld bekommen 卖,出售,销售,把…卖给 ↔ kaufen, einkaufen: *j-m sein Auto billig v.* 把自己的汽车廉价卖给某人; *Er verkauft an seinem Kiosk Zeitungen u. Zigaretten* 他在自己的亭子里卖报纸和香烟; *Ich wollte das Grundstück unbedingt haben, aber sie will nicht v.* 我本想无论如何要得到那块地产,但是她不想出卖; Vt (及物) **2. *j-m etw. als etw. v.*** *gespr* [口]; etw. als gut darstellen u. dafür sorgen, dass j-d sich dafür interessiert od. es auch gut findet 把…当作…向…推销、兜售: *Die Regierung will den Bürgern das neue Gesetz als großen Erfolg v.* 政府想把新法律当作伟大成就向公民们推销; Vr (反身) **3. *sich irgendwie v.*** *gespr* [口]; sich so verhalten, dass man e-n bestimmten Eindruck macht 推销自己: *Bei seinem Vorstellungsgespräch hat er sich gut verkauft* 他在自己的介绍性谈话中很好地推销了自己 **4. *etw. verkauft sich irgendwie*** etw. findet den genannten Absatz (3)(物作主语)出售,销路: *Warme Kleidung verkauft sich in diesem milden Winter nicht gut* 防寒服装在这个暖冬销路不好

Ver·käu·fer *der*; *-s*, *-* **1.** j-d, der (beruflich) Waren verkauft 售货员,店员: *Er arbeitet als V. in e-m Möbelgeschäft* 他在家具店里当售货员 ‖ -K(复合): ***Auto-, Möbel-, Zeitungs-*** **2.** JUR【法】; j-d, der e-e Sache verkauft 出售者,卖主 ↔ Käufer ‖ *zu*(义项) **1. Ver·käu·fe·rin** *die*; *-*, *-nen*

ver·käuf·lich *Adj*(形); *nicht adv*(不作状语) **1.** zum Verkauf angeboten 可以出售的,供出售的 ↔ unverkäuflich: *Dieses Bild ist nicht v.* 这幅画是不供出售的 **2.** *mst* 多用 ***gut/schlecht/schwer v.*** so, dass es gerne/nur selten/kaum von Kunden gekauft wird 销路好/不好/不畅

ver·kaufs·of·fe·n- *Adj*(形); *nur attr*, *nicht adv*(只作定语,不作状语); *mst* 多用 ***der verkaufsoffene Samstag*** ein Samstag, an dem die Geschäfte länger geöffnet haben als an anderen Samstagen 全天营业的星期六

Ver·kaufs·schla·ger *der*; ein Produkt, das sehr oft u. gern gekauft wird 畅销货,畅销品

Ver·kehr *der*; *-(e)s*; *nur Sg*(只用单数) **1.** die Bewegung *bes* der Fahrzeuge auf den Straßen 交通,运输〈flüssiger, zähflüssiger, stockender V. 畅通的、稠密的、拥堵的交通; es herrscht starker, reger, wenig V. 交通繁忙、活跃、稀少; der V. bricht zusammen, kommt zum Erliegen 交通瘫痪、停顿; e-e Straße für den V. freigeben, sperren 将公路交付使用,把公路加以封锁〉: *Ein Polizist regelt den V.* 一名警察正在指挥交通 ‖ K-(复合): ***Verkehrs-, -ampel, -behinderung, -dichte, -durchsage, -fluss, -funk, -hindernis, -knotenpunkt, -lärm, -meldung, -minister, -ministerium, -stau, -stockung, -störung, -teilnehmer, -unfall, -unterricht*** ‖ -K(复合): ***Flug-, Schienen-, Stadt-, Straßen-*** **2.** der Kontakt u. die Beziehungen, die man zu j-m hat 交往,交际,联系〈den V. mit j-m abbrechen, wieder aufnehmen 断绝、恢复与某人的来往〉 **3.** *Kurzw*(略) ↑ **Geschlechtsverkehr** 〈mit j-m V. haben 与某人有性关系〉 **4. etw. aus dem V. ziehen** nicht mehr erlauben, dass etw. weiter verwendet wird 停止使用,使停止流通: *alte Geldscheine aus dem V. ziehen* 停止使用旧纸币,(从流通中)收回旧纸币 **5. j-n aus dem V. ziehen** *gespr hum* [口][诙]; j-n auf e-m Gebiet nicht mehr aktiv sein lassen (*mst* weil er zu viel Schaden angerichtet hat 解除…的工作,让…靠边站,不再让…发挥作用〉

ver·keh·ren[1]; *verkehrte, hat/ist verkehrt*; [Vi] (不及物) **1. etw. verkehrt (irgendwann)** (*hat/ist*) etw. fährt (regelmäßig) auf e-r Strecke (物作主语) 行驶, 运行 〈Busse, Straßenbahnen, Züge 公共汽车,有轨电车,火车〉: *Die Straßenbahn zwischen dem Hauptbahnhof u. dem Zoo verkehrt alle zehn Minuten* 火车总站和动物园之间的有轨电车每十分钟开一班; *Der Zug verkehrt nur an Wochentagen* 火车只在工作日行驶 **2. mit j-m (irgendwie) v.** (*hat*) mit j-m Kontakt haben 与…有交往(往来、联系)〈mit j-m freundschaftlich, brieflich, nur geschäftlich v. 与某人有友好交往,有书信往来,只有业务往来〉 **3. irgendwo v.** (*hat*) irgendwo od. bei j-m oft zu Gast sein 常到…作客,常在…出入: *In diesem Lokal verkehren hauptsächlich Studenten* 出入这家饭馆的主要是大学生

ver·keh·ren[2]; *verkehrte, hat verkehrt*; [Vt] (及物) **1. etw. v.** etw. (absichtlich) falsch darstellen, völlig verändern 颠倒,歪曲,把…转向反面〈etw. ins Gegenteil v. 把某物转向其反面〉: *Seine Worte wurden völlig verkehrt* 他的话被完全歪曲了; [Vr] (反身) **2. etw. verkehrt sich** etw. verändert sich so stark, dass es das Gegenteil ausdrückt(物作主语)颠倒,完全变样 ‖ *zu*(义项) **1. Ver·keh·rung** *die*

Ver·kehrs- *im Subst, wenig produktiv* (构成名词,构词弱); in Bezug auf den Fremdenverkehr 与旅游业有关的…; das **Verkehrsamt**, das **Verkehrsbüro**, der **Verkehrsverein**

Ver·kehrs·auf·kom·men *das*; die Anzahl der Fahrzeuge in e-m bestimmten Bereich 交通流量(指在一定范围内机动车辆的数量)〈ein hohes/starkes V. 很大的/频繁的交通流量〉

ver·kehrs·be·ru·higt *Adj*(形); *mst in* 多用于 **e-e verkehrsberuhigte Zone** ein Bereich (in der Stadt), in dem die Autos nur langsam fahren dürfen 汽车慢行区,车辆缓行区

Ver·kehrs·cha·os *das*; e-e Situation, in der so viele Fahrzeuge auf den Straßen sind, dass der Verkehr nicht mehr fließen kann 交通混乱状况

Ver·kehrs·de·likt *das*; ein Verstoß gegen die Regeln im Straßenverkehr 违反交通规则

Ver·kehrs·er·zie·hung *die*; e-e Art Unterricht, in dem *bes* Kindern gezeigt wird, wie sie sich im Straßenverkehr richtig verhalten 交通规则教育

ver·kehrs·güns·tig *Adj*(形); nahe an Haltestellen von Zügen od. Bussen gelegen 交通方便的〈e-e Lage 位置〉

Ver·kehrs·la·ge *die* **1.** die Lage e-r Wohnung, e-s Büros *o.Ä.* in Bezug auf die Verkehrsverbindungen(住所等的)交通位置,交通条件 **2.** die Situation auf den Straßen zu bestimmten Zeiten 交通状况: *Gegen Mittag war die V. wieder normal* 近中午的时候交通状况又正常了

Ver·kehrs·leit·sys·tem *das*; *mst* elektronische Anzeigetafeln, die bei Bedarf in Betrieb sind u. dann *z. B.* vor e-m Stau warnen, e-e bestimmte Geschwindigkeit vorschreiben *o.Ä.* 交通指挥系统,交通调度系统

Ver·kehrs·mit·tel *das*; *bes* ADM 尤用【管理】; ein Fahrzeug 交通工具〈ein öffentliches V. 公用交通工具〉

Ver·kehrs·netz *das*; alle Straßen in e-m bestimmten Gebiet, die miteinander verbunden sind 交通网

Ver·kehrs·op·fer *das*; j-d, der bei e-m Unfall im (Straßen) Verkehr verunglückt (u. gestorben) ist 交通事故的牺牲者

Ver·kehrs·re·gel *die*; *mst Pl*(多用复数); eine von vielen gesetzlichen Vorschriften, wie man sich im Straßenverkehr verhalten muss 交通规则

ver·kehrs·reich *Adj*(形); *nicht adv*(不作状语); mit viel Verkehr 交通繁忙的,交通拥挤的〈e-e Straße 街道〉

Ver·kehrs·schild *das*; -(e)s, -er ≈ Verkehrszeichen

ver·kehrs·si·cher *Adj*(形); in e-m technisch so guten Zustand, dass es den Verkehr nicht gefährdet 交通安全的〈ein Fahrzeug 运输工具〉 ‖ *hierzu*(派生) **Ver·kehrs·si·cher·heit** *die*; *nur Sg*(只用单数)

Ver·kehrs·sün·der *der*; *gespr* [口]; j-d, der e-e Vorschrift im Straßenverkehr verletzt hat 违反交通规则者,交通违章者 ‖ K-(复合): **Verkehrssünder-, -kartei** ‖ *hierzu*(派生) **Ver·kehrs·sün·de·rin** *die*

Ver·kehrs·ver·hält·nis·se *die*; *Pl*(复) ≈ Verkehrslage

ver·kehrs·wid·rig *Adj*(形); so, dass es gegen die Regeln des Straßenverkehrs verstößt 违反交通规则的〈ein Verhalten 行为〉

Ver·kehrs·zei·chen *das*; ein Schild mit e-m Symbol, das den Verkehr regelt 交通指示牌,交通示意标志

ver·kehrt **1.** *Partizip Perfekt* (过去分词); ↑ **verkehren**[1], **verkehren**[2] **2.** *Adj*(形) ≈ falsch (5)〈etw. v. machen 把某事做错; etw. Verkehrtes tun 做了某种错误的事〉: *Ich bin aus Versehen in den verkehrten Zug eingestiegen* 我由于疏忽上错了火车; *Deine Uhr geht v.* 你的表走得不对 **3.** *Adj*(形); der richtigen Stelle entgegengesetzt 颠倒的,反转的,反向的〈auf der verkehrten Seite gehen 逆向行走〉: *Du hast die Zigarette am verkehrten Ende angezündet* 你把香烟点反了 **4. etw. v. herum anziehen** etw. so anziehen, dass die Innenseite nach außen zeigt 把…穿反了,反着穿: *Du hast den Pullover v. herum angezogen*

你把羊毛套衫穿反了 ‖ zu（义项）**2. Ver·kehrt·heit** *die*; *nur Sg*（只用单数）

ver·kei·len, sich; *verkeilte sich*, *hat sich verkeilt*; [Vr]（反身）**etw. verkeilt sich (in etw.** (*Akk* 四格)) etw. schiebt sich so fest in etw., dass es nur schwer wieder davon getrennt werden kann（物作主语）揳入，揳紧，揳住：*Bei dem Aufprall haben sich zwei Waggons ineinander verkeilt* 两节车厢在碰撞时卡在一起了

ver·ken·nen; *verkannte*, *hat verkannt*; [Vt]（及物）**j-n/etw. v.** j-n/etw. falsch beurteilen 对…认识错误，对…判断错误〈den Ernst der Lage v. 认不清情况的严重性〉：*Ich habe die Bedeutung seiner Worte völlig verkannt* 我对他的话的意义完全认识错了 ‖ *hierzu*（派生）**Ver·ken·nung** *die*; *mst Sg*（多用单数）

Ver·ket·tung *die*; *mst* 多用 **e-e V. unglücklicher Umstände** *geschr* [书]; e-e Reihe ungünstiger Ereignisse, die gleichzeitig od. kurz nacheinander passieren (u. e-e Katastrophe verursachen) 接二连三的不幸遭遇

ver·kla·gen; *verklagte*, *hat verklagt*; [Vt]（及物）**j-n (auf etw.** (*Akk* 四格)) **v.** gegen j-n vor Gericht (in e-m Zivilprozess) klagen 控告，告发，状告：*e-e Firma auf Schadenersatz v.* 控告一家公司，要求它赔偿损失

ver·klap·pen; *verklappte*, *hat verklappt*; [Vt]（及物）**etw. v.** *mst* flüssige chemische Abfälle von e-m Schiff aus auf dem Meer ins Wasser schütten 把…倾倒、倒入海中：*Dünnsäure v.* 倾倒稀释酸 ‖ *hierzu*（派生）**Ver·klap·pung** *die*; *nur Sg*（只用单数）

ver·klä·ren; *verklärte*, *hat verklärt*; [Vt]（及物）**1. etw. verklärt etw.** etw. gibt j-s Gesicht e-n glücklichen Ausdruck（物作主语）使显出幸福表情，使焕发光彩，使显出神采〈ein verklärter Blick 炯炯有神的目光〉; [Vr]（反身）**2. etw. verklärt sich** etw. bekommt e-n glücklichen Ausdruck（物作主语）显出幸福表情，焕发光彩，显出神采〈j-s Blick, Gesicht 某人的目光，面孔〉 ‖ *hierzu*（派生）**Ver·klä·rung** *die*

ver·klau·su·liert *Adj*（形）; *oft pej* 常用[贬]; sehr kompliziert 冗长复杂的，费解的，艰涩的〈ein Text, ein Satz 文字，句子〉 ‖ *hierzu*（派生）**ver·klau·su·lie·ren** (*hat*) *Vt*（及物）; **Ver·klau·su·lie·rung** *die* ‖ ▶ **Klausel**

ver·kle·ben; *verklebte*, *hat verklebt*; [Vt]（及物）**1. etw. v.** etw. mit e-m Klebstreifen *o. Ä.* bedecken 粘合，粘住，贴住，糊住 ≈ zukleben: *e-e Wunde mit Heftpflaster v.* 用胶布贴住伤口 **2.** *mst* 多用 **etw. ist verklebt** etw. ist ganz klebrig（物作主语）粘在一起，粘糊糊的：*Sie hatte verklebte Haare* 她的头发都粘在一起了

ver·kle·ckern; *verkleckerte*, *hat verkleckert*; [Vt]（及物）**etw. v.** *gespr* [口]; (beim Essen) von der Nahrung etw. verschütten, sodass es Flecke auf dem Tisch gibt（吃饭时）弄脏，玷污

ver·klei·den; *verkleidete*, *hat verkleidet*; [Vt]（及物）**1. j-n/sich (als etw.) v.** j-m/sich etw. anziehen, um anders auszusehen od. um nicht erkannt zu werden 化装，装扮，伪装：*sich im Karneval als Indianer v.* 在狂欢节上化装成印第安人 **2. etw. (mit etw.) v.** etw. mit e-m bestimmten Material bedecken (*mst* als Schmuck od. Schutz) 包装，覆盖，蒙上，装饰：*Wände mit Holz v.* 用木料装饰墙面

Ver·klei·dung *die*; -, -en **1.** *mst Sg*（多用单数）; das Verkleiden (1) **2.** die Kleidung *usw*, mit der man sich verkleidet (1) 化装用的服装，装扮：*j-n in seiner V. nicht erkennen* 认不出经过化装的某人 **3.** *mst Sg*（多用单数）; das Verkleiden (2) **4.** das Material, mit dem man etw. verkleidet (2) 装饰材料，外壳，外罩，外层装饰：*e-e V. aus Holz* 木头的装饰材料 ‖ -K（复合）: **Holz-, Marmor-, Metall-**

ver·klei·nern; *verkleinerte*, *hat verkleinert*; [Vt]（及物）**1. etw. v.** etw. kleiner machen 使变小，缩小，使变少，↔ vergrößern: *ein Zimmer v., indem man e-e Wand einzieht* 用打隔断的办法使房间变小；*die Belegschaft in e-m Betrieb v.* 裁减企业的职工 **2. etw. v.** etw. beim Drucken, Kopieren *o. Ä.* kleiner machen 缩小 ↔ vergrößern〈ein Foto v. 把照片缩小〉; [Vr]（反身）**3. etw. verkleinert sich** etw. wird kleiner（物作主语）变小：*Die Geschwulst hat sich verkleinert* 肿瘤变小了 ‖ *hierzu*（派生）**Ver·klei·ne·rung** *die*

ver·klem·men, sich; *verklemmte sich*, *hat sich verklemmt*; [Vr]（反身）**etw. verklemmt sich** etw. kommt in e-e Position, in der man ein (bewegliches) Teil nicht mehr bewegen kann（物作主语）夹紧，卡住：*Das Fenster hat sich verklemmt* 窗户卡住了 ‖ NB（注意）: *mst* im Perfekt（多用现在完成时）!

ver·klemmt 1. *Partizip Perfekt*（过去分词）; ↑ **verklemmen 2.** *Adj*（形）; in seinem Verhalten nicht natürlich u. selbstbewusst, sondern schüchtern u. ängstlich 拘束的，腼腆的，缩手缩脚的，不自然的，有障碍的 ≈ gehemmt, verkrampft〈(sexuell) v. sein 有性功能障碍〉 ‖ *hierzu*（派生）**Ver·klemmt·heit** *die*; *mst Sg*（多用单数）

ver·kli·ckern; *verklickerte*, *hat verklickert*; [Vt]（及物）**j-m etw. v.** *gespr* [口]; (*bes* von Jugendlichen verwendet 尤为青年人用语) j-m etw. erklären od klarmachen 说明，解释

ver·klin·gen; *verklang*, *ist verklungen*; [Vi]（不及物）**etw. verklingt** etw. wird leiser, bis man es nicht mehr hört（物作主语）逐渐减弱，逐渐消失〈ein Lied, der Beifall 歌声，掌声〉

ver·kna·cken; *verknackte*, *hat verknackt*; [Vt]（及物）**j-n (zu etw.) v.** *gespr* [口]; (als Richter) j-n zu e-r (*mst* hohen) Strafe verurteilen 判决，判处，重判

ver·knack·sen; *verknackste*, *hat verknackst*; [Vt]（及物）**(sich** (*Dat* 三格)) **etw. v.** *gespr* [口] ≈ (sich) etw. verstauchen〈sich den Fuß, das Handgelenk v. 扭伤脚、手腕〉

ver·knal·len, sich; *verknallte sich*, *hat sich verknallt*; [Vr]（反身）**sich (in j-n) v.** *gespr* [口] ≈ sich (in j-n) verlieben

ver·knap·pen; *verknappte*, *hat verknappt*; [Vt]

(及物) **1. etw. v.** bewirken, dass etw. knapp wird 缩减,减少,削减: *das Angebot an Luxusgütern v.* 缩减奢侈品的供应; **Vr** (反身) **2. etw. verknappt sich** etw. wird knapp(物作主语)变少,减少: *Wegen des Boykotts verknappt sich der Vorrat an Öl* 由于(经济)封锁,石油储备减少了 ‖ *hierzu* (派生) **Ver·knap·pung** *die*; *mst Sg* (多用单数)

ver·knei·fen; *verkniff*, *hat verkniffen*; **Vt** (及物) **sich** (*Dat* 三格) **etw. v.** e-e Bemerkung, e-e Reaktion *o.Ä.* unterdrücken忍住,克制,抑制: *Ich konnte mir ein Lachen kaum v.* 我几乎禁不住笑了出来,我几乎不禁失笑

ver·knif·fen 1. *Partizip Perfekt* (过去分词); ↑ **verkneifen 2.** *Adj* (形); *pej* [贬]; durch ständige Verärgerung streng u. scharf geworden (因生气而)绷紧的,板着的,紧闭着的 ⟨ein Gesicht 脸; ein Mund 嘴⟩

ver·knö·chert *Adj* (形); *gespr pej* [口][贬]; (*mst* wegen seines Alters) nicht mehr fähig, seine Meinung u. sein Verhalten zu ändern(多因年老而)僵化的,守旧的,保守的,思想迟钝的,迂腐的

ver·kno·ten; *verknotete*, *hat verknotet*; **Vt** (及物) **1. etw.** (*Pl* 复) **v.**; **etw. mit etw. v.** *bes* Fäden, Stricke, Bänder *o.Ä.* durch e-n Knoten miteinander verbinden 把…打成结,把…打结拴住,打结把…连结起来 ≈ verknüpfen (1); **Vr** (反身) **2. etw. verknotet sich** etw. bildet von selbst e-n Knoten(物作主语)缠成结,绕成结: *Der Strick hat sich verknotet* 绳子缠成了结

ver·knüp·fen; *verknüpfte*, *hat verknüpft*; **Vt** (及物) **1. etw.** (*Pl* 复) **v.**; **etw. mit etw. v.** *bes* Fäden, Stricke, Bänder durch e-n Knoten miteinander verbinden 打结把…连接起来,把…接起来: *die Enden e-r Schnur* (*miteinander*) *v.* 把一根绳子的两头接在一起 **2. etw.** (*Pl* 复) **v.**; **etw. mit etw. v.** etw. zugleich mit etw. anderem tun 使与…相结合,使联系起来同时进行 ≈ etw. mit etw. verbinden[2] (3): *die Geschäftsreise mit e-m kurzen Urlaub v.* 把出差与短期度假结合起来

ver·knu·sen *nordd* [北德]; *mst in* 多用于 **j-n / etw. nicht v. können** *gespr* [口]; j-n/etw. nicht ausstehen, nicht leiden können 忍受不了

ver·ko·chen; *verkochte*, *hat / ist verkocht*; **Vt** (及物) (*hat*) **1. etw. zu etw. v.** etw. so lange kochen, bis daraus etw. anderes entsteht 把…煮成: *Früchte zu Marmelade v.* 把水果煮成果酱; **Vi** (不及物) (*ist*) **2. etw. verkocht** etw. kocht zu lange(物作主语)煮得过久,煮得太烂,煮过头

ver·koh·len; *verkohlte*, *hat / ist verkohlt*; **Vi** (不及物) (*ist*) **1. etw. verkohlt** etw. wird durch Verbrennen hart u. schwarz(物作主语)烧成炭,烧焦 ⟨das Holz 木头⟩; **Vt** (及物) (*hat*) **2. j-n v.** *gespr* [口]; j-m aus Spaß etw. Falsches erzählen (u. sich über ihn lustig machen)愚弄,戏弄,取笑

ver·kom·men[1]; *verkam*, *ist verkommen*; **Vi** (不及物) **1.** (**zu etw.**) **v.** *pej* [贬]; in der Gesellschaft weit nach unten kommen u. schließlich körperlich u. moralisch verwahrlosen 堕落,颓废,潦倒: *zum Säufer, Vagabunden v.* 堕落成为酒鬼、流浪汉 **2. Lebensmittel verkommen** Lebensmittel werden schlecht u. sind daher nicht mehr essbar 食品腐烂变质 **3. etw. verkommt** etw. wird nicht gepflegt u. kommt deshalb in e-n schlechten Zustand(物作主语)破败,损坏,荒废: *Das alte Haus ist völlig verkommen* 老房子破败不堪了

ver·kom·men[2] **1.** *Partizip Perfekt* (过去分词); ↑ **verkommen**[1] **2.** *Adj* (形); *pej* [贬]; schmutzig u. schlecht gekleidet u. nicht nach moralischen Prinzipien lebend 生活潦倒的,颓唐的,颓废的 ⟨ein Typ 人物⟩ **3.** nicht gepflegt u. deshalb in e-m schlech ten Zustand 破败的,荒废的 ⟨ein Haus, ein Grundstück 房子,土地⟩ ‖ *hierzu* (派生) **Ver·kom·men·heit** *die*; *nur Sg* (只用单数)

ver·kom·pli·zie·ren; *verkomplizierte*, *hat verkompliziert*; **Vt** (及物) **etw. v.** etw. komplizierter machen, als es in Wirklichkeit ist 把…复杂化,使变得复杂

ver·kor·ken; *verkorkte*, *hat verkorkt*; **Vt** (及物) **etw. v.** *mst* e-e Flasche mit e-m Korken schließen(用瓶塞)塞住

ver·kork·sen; *verkorkste*, *hat verkorkst*; **Vt** (及物) *gespr* [口] **1.** (**j-m/sich**) **etw. v.** ≈ verderben, vermiesen: *j-m den Tag, die Stimmung v.* 搅扰某人一天,败某人的兴致 **2.** *mst* 多用 **j-d ist verkorkst** *mst* ein Kind ist falsch erzogen(人作主语)被调教坏了(多指孩子)

ver·kör·pern; *verkörperte*, *hat verkörpert*; **Vt** (及物) **1. j-d / etw. verkörpert etw.** j-d/etw. dient od. gilt als Symbol für etw. (人/物作主语)表现,体现,代表: *Die Eule verkörpert die Weisheit* 猫头鹰体现着智慧 **2. j-n / etw. v.** in e-m Theaterstück od. Film e-e Rolle spielen 扮演,饰演 ≈ darstellen: *den Bösewicht, die Rolle des Helden v.* 扮演坏蛋、英雄的角色 ‖ *hierzu* (派生) **Ver·kör·pe·rung** *die*

ver·kös·ti·gen; *verköstigte*, *hat verköstigt*; **Vt** (及物) **j-n v.** *geschr* [书]; j-m etw. zu essen geben 供给…饭食,喂养: *zahlreiche Gäste v. müssen* 必须给大量客人提供饭食 ‖ ▶ **Kost**

ver·kra·chen, sich; *verkrachte sich*, *hat sich verkracht*; **Vr** (反身) ⟨Personen 人们⟩ **verkrachen sich**; **j-d verkracht sich mit j-m** *gespr* [口]; zwei od. mehrere Personen haben miteinander Streit, Krach (3)(人作主语)复:彼此争吵,吵架,翻脸;单:与…争吵,吵架,闹翻了 ≈ sich (mit j-m) zerstreiten

ver·kracht 1. *Partizip Perfekt* (过去分词); ↑ **verkrachen 2.** *Adj* (形); *nicht adv*, *gespr* (不作状语)[口]; ohne Erfolg im Beruf 失败的,无所成就的,无所作为的,一事无成的 ≈ gescheitert ⟨e-e Existenz 人生; ein Politiker, ein Schauspieler *o.Ä.* 政治家,演员等⟩

ver·kraf·ten; *verkraftete*, *hat verkraftet*; **Vt**

(及物) **etw. v.** die geistige Stärke besitzen, mit etw. (sehr) Negativem zurechtzukommen 胜任,有力量担当,经受得起,对付得了: *Diese Enttäuschung hat er nur schwer verkraftet* 他真是艰难地经受住了这种失望

ver·kramp·fen, sich; *verkrampfte sich, hat sich verkrampft*; Vr (反身) **1. etw. verkrampft sich** die Muskeln e-s Körperteils ziehen sich sehr stark zusammen wie in e-m Krampf(物作主语)痉挛,抽搐 **2. j-d verkrampft sich** j-d verhält sich nicht mehr natürlich, *bes* weil er Angst hat od. unsicher ist(人作主语)变得拘束,变得紧张 ‖ *hierzu* (派生) **Ver·kramp·fung** *die*

ver·krampft 1. *Partizip Perfekt* (过去分词); ↑ **verkrampfen 2.** *Adj* (形) ≈ unnatürlich, gehemmt ↔ ungezwungen, locker ⟨ein Lächeln 微笑; v. lächeln 强作笑脸⟩

ver·krat·zen; *verkratzte, hat verkratzt*; Vt (及物) **etw. v.** Kratzer in etw. machen 刮伤,划伤,刮出印痕: *den Lack am Auto v.* 在汽车的漆皮上刮一道印痕

ver·krie·chen, sich; *verkroch sich, hat sich verkrochen*; Vr (反身) **1. sich** (*irgendwo* (*hin*)) **v.** irgendwohin kriechen, um sich dort zu verstecken 爬走,爬到(躲藏起来) **2. sich** (*irgendwo* (*hin*)) **v.** *gespr* [口]; irgendwohin gehen, damit man dort etw. allein tun kann 躲、藏在(进) ⟨sich im Haus, ins/im Bett, hinter seinen Büchern/Akten v. 躲在家里,钻进被窝里,钻进书本里/文件里⟩

ver·krü·meln, sich; *verkrümelte sich, hat sich verkrümelt*; Vr (反身) **sich** (*irgendwohin*) **v.** *gespr* [口]; heimlich von irgendwo verschwinden 偷偷溜走,悄悄消失

ver·krümmt *Adj* (形); durch Krankheit krumm (因病而)弯曲的,变弯的,变驼的 ⟨ein Finger, ein Rücken, e-e Wirbelsäule 手指,背,脊柱⟩

ver·krüp·pelt *Adj* (形); *nicht adv* (不作状语) **1.** ⟨ein Arm, ein Bein 胳膊,腿; ein Mensch 人⟩ so, dass sie nicht normal gewachsen od. durch e-n Unfall schwer beschädigt sind 残废的,畸形的 **2.** ⟨Bäume 树木⟩ schlecht u. krumm gewachsen 长得弯弯曲曲的,畸形生长的

ver·krus·tet *Adj* (形); *nicht adv* (不作状语) **1.** von e-r Kruste bedeckt 结了痂的 ⟨e-e Wunde 伤口⟩ **2.** ≈ starr (3) ⟨Strukturen 结构⟩

ver·küh·len, sich; *verkühlte sich, hat sich verkühlt*; Vr (反身) **sich v.** *südd* Ⓐ Ⓒⓗ [南德][奥][瑞] ≈ sich erkälten ‖ *hierzu* (派生) **Ver·küh·lung** *die*

ver·küm·mern; *verkümmerte, ist verkümmert*; Vi (不及物) **1. etw. verkümmert** e-e Pflanze wird unter schlechten Bedingungen schwach u. krank(物作主语)逐渐枯萎,凋谢 ↔ etw. gedeiht: *Ohne frische Erde u. Dünger verkümmern deine Zimmerpflanzen* 没有新鲜的土壤和肥料,你的室内植物会逐渐枯萎 **2. j-d verkümmert** (*irgendwo*) j-d fristet ein kümmerliches Dasein(人作主语)过贫困的生活,艰难度日 **3. etw. verkümmert** etw. wird schwächer, weil es nicht benutzt wird(物作主语)退化,衰退,衰竭 ⟨ein Muskel 肌肉; ein Talent 才能⟩

ver·kün·den; *verkündete, hat verkündet*; Vt (及物) **1. etw. v.** etw. öffentlich sagen 公布,宣布,宣告 ≈ bekannt machen ⟨ein Urteil, das Wahlergebnis v. 宣布一项判决、选举结果⟩: *Auf der anschließenden Feier verkündete er, dass er heiraten wolle* 在紧接着的庆祝会上,他宣布他要结婚 **2. etw. v.** e-n (religiösen) Glauben lehren u. verbreiten 宣讲,传讲,传布 ⟨das Wort Gottes, das Evangelium v. 传布上帝的道,宣讲福音⟩ ‖ *hierzu* **Ver·kün·dung** *die*

ver·kün·di·gen; *verkündigte, hat verkündigt*; Vt (及物) **etw. v.** ≈ verkünden (2) ‖ *hierzu* (派生) **Ver·kün·di·gung** *die*

ver·kup·peln; *verkuppelte, hat verkuppelt*; Vt (及物) **j-n** (**mit j-m / an j-n**) **v.** *oft pej* 常用[贬]; e-n Mann u. e-e Frau zusammenbringen, sodass sie sich kennen lernen (u. heiraten) 说合,撮合,为…拉皮条,将…介绍给

ver·kür·zen; *verkürzte, hat verkürzt*; Vt (及物) **1. etw. v.** etw. kürzer machen 缩短,截短,改短 ↔ verlängern: *ein Brett, ein Kleid v.* 把木板截短,把连衣裙改短; *„Bus" ist die verkürzte Form von „Omnibus"* "Bus"是"Omnibus"的缩写形式; Die Arbeitszeit um zwei Stunden auf achtunddreißig Stunden v. 把工作时间(一周)缩短两小时,变为 38 小时 **2. j-m / sich** ⟨die Zeit *o. Ä.* 时间等⟩ (*irgendwie*) **v.** j-n/sich so beschäftigen, dass die Zeit schneller vorbeizugehen scheint 打发,消磨: *j-m / sich mit e-m Spiel, mit e-r Geschichte die Wartezeit v.* 用游戏、讲故事来打发等候的时间; Vi (不及物) **3. auf etw.** (*Akk* 四格) **v.** SPORT【体】; den Abstand zum Gegner kleiner machen 缩短,缩小(与对手的差距): *das dritte Tor schießen u. dadurch auf drei zu fünf v.* 射中第三粒球,从而把比分缩小为三比五; Vr (反身) **4. etw. verkürzt sich** etw. wird kürzer(物作主语)缩短: *Durch die neue Straße hat sich mein Weg zur Arbeit erheblich verkürzt* 走新道,我上班的路程大大缩短了 ‖ *hierzu* (派生) **Ver·kür·zung** *die*

ver·la·chen; *verlachte, hat verlacht*; Vt (及物) **j-n v.** *geschr* [书] ≈ auslachen

ver·la·den; *verlädt / gespr* [口] *verladet, verlud, hat verladen*; Vt (及物) **1. j-n** (*Kollekt od Pl* 集合或复数) / **Tiere / etw. v.** Menschen, Tiere od. Waren in großer Zahl in/auf ein Fahrzeug laden, um sie zu transportieren 装运,装载,载运: *Truppen, Kohlen, Gepäck v.* 装运部队、煤、行李 ‖ K-(复合): **Verlade-, -bahnhof, -kran, -rampe 2. j-n v.** *gespr* [口] ≈ betrügen, hereinlegen ‖ *zu* (义项) **1. Ver·la·dung** *die*

Ver·lag *der*; *-(e)s, -e*; ein Betrieb, der Bücher, Zeitungen *o. Ä.* macht u. über Buchhändler verkaufen lässt 出版社 ⟨ein belletristischer, naturwissenschaftlicher V. 文学、自然科学出版社; etw. erscheint bei/in e-m V., wird von e-m V. herausgegeben, verlegt 某出版物在一家出版社出版,由一家出版社

出版并发行；als Lektor，Redakteur bei/in e-m V. arbeiten 在出版社当审校人，编辑〉‖ K-（复合）：**Verlags-**，**-buchhandlung**，**-katalog**，**-programm**，**-prospekt**，**-redakteur** ‖ -K（复合）：**Kunst-**，**Lexikon-**，**Musik-**，**Schulbuch-**，**Wörterbuch-**，**Zeitungs-**

ver·la·gern；*verlagerte*，*hat verlagert*；[Vt]（及物）**1. etw.**（**irgendwohin**）**v.** seine Körperhaltung so ändern，dass das Gewicht auf e-m anderen Punkt liegt（改变体态）将…移到、转移到〈sein（Körper）Gewicht，den Schwerpunkt（nach vorn，auf das andere Bein）v. 将体重、重心移到（前面，另一条腿上）〉；[Vr]（反身）**2. etw. verlagert sich**（**irgendwohin**）etw. verändert seine Lage（物作主语）迁移，搬走〈ein Hoch（druckgebiet），ein Tief（druckgebiet 高压区，低压区）〉‖ *hierzu*（派生）**Ver·la·ge·rung** *die*

ver·lan·gen；*verlangte*，*hat verlangt*；[Vt]（及物）**1. etw.**（**von j-m**）**v.** j-m deutlich sagen，dass man etw. von ihm（haben）will od. dass man bestimmte Leistungen von ihm erwartet 要求，请求 ≈ fordern（1）：*Früher verlangten die Lehrer von ihren Schülern unbedingten Gehorsam* 以前教师要求学生无条件服从；*Sie verlangte*，*zu ihm gelassen zu werden* 她要求让她到他那里去；*Ich verlange*，dass *du sofort mein Haus verlässt!* 我要求你立即离开我的家！‖ NB（注意）：Man *verlangt* od. *fordert*，was man für sein Recht hält（人们要求的是他们有权得到的东西）**2. etw.**（**für etw.**）**v.** etw. als Preis für e-e Ware od. Leistung haben wollen 要价 ≈ nehmen（4）：*Er verlangt 2000 Euro für das Boot* 他出卖这条小船要价 2000 欧元 **3. etw. v.**（als Polizist *o. Ä.*）j-m sagen，dass er einem etw. zeigen soll 要求出示〈j-s Ausweis，j-s Führerschein，j-s Papiere v. 要求出示某人的证明、某人的驾驶执照、某人的证件〉**4. j-n v.** sagen，dass man mit e-r bestimmten Person sprechen will 要求同…说话〈j-n am Telefon v. 要求某人接电话〉：*Er beschwerte sich beim Kellner über das schlechte Essen u. verlangte den Geschäftsführer* 他向服务员抱怨饭菜不好，并要求同经理说话 **5. etw. verlangt etw.** etw. macht etw. nötig（物作主语）要求，需要 ≈ etw. erfordert etw.：*Sein Beruf verlangt große Geschicklichkeit* 他的职业需要高度熟练的技巧；*Diese Aufgabe verlangt äußerste Konzentration* 这个任务要求思想高度集中 **6. etw. v.** *gespr*［口］；e-n Verkäufer，Kellner *o. Ä.* um etw. bitten（向售货员，服务员）要，要求，想得到：*die Rechnung*，*ein Glas Wasser*，*ein Kilo Hackfleisch v.* 要求结账，要一杯水，要一公斤肉末；[Vi]（不及物）**7. nach j-m v.** sagen，dass j-d zu einem kommen soll，dass man mit j-m sprechen will 盼望…来，想找…谈话〈nach e-m Arzt，nach dem Geschäftsführer v. 盼望医生来，想找经理谈话〉**8. nach etw. v.** sagen，dass man etw. haben will 想得到：*Der Kranke verlangte nach e-m Glas Wasser* 病人想喝杯水；[Vimp]（无人称）**9. j-n verlangt es nach j-m/etw.** *geschr*［书］；j-d hat Sehnsucht nach j-m/etw. ≈ j-d sehnt sich nach j-m/etw. 想念，渴望 ‖ ID［谚］*mst* 多用 **Das ist doch nicht zu viel verlangt!** *gespr*［口］；das ist keine große Sache，diesen Wunsch kann man doch ohne weiteres erfüllen 这要求并不过份！；**Das ist zu viel verlangt!** *gespr*［口］；das geht zu weit 这要求太过份啦！

Ver·lan·gen *das*；*-s*；*nur Sg*（只用单数）**1. ein V.**（**nach etw.**）ein starkes Bedürfnis，ein starker Wunsch 渴望，盼望，渴念，热望 ≈ Sehnsucht〈j-s V. erregen，wecken 引起、唤起某人的渴望；das V. haben，etw. zu tun 渴望做某事〉**2. ein V.**（**nach j-m**）starke sexuelle Wünsche 强烈的性欲 ≈ Begierde：*j-n voller V. ansehen* 春心荡漾地注视某人 **3.** *geschr*［书］≈ Forderung〈j-s V. nachgeben 对某人的要求让步；auf j-s V. eingehen 同意某人的要求〉**4. auf V.** wenn j-d es verlangt（1）od. fordert 按要求：*auf V. die Fahrkarte vorzeigen* 按要求出示车（船，飞机）票 **5. auf j-s V.**（**hin**）auf Wunsch der genannten Person 按照某人的要求，根据某人的愿望：*Er hat diesen Beruf nur auf das V. seines Vaters*（*hin*）*erlernt* 他只是按照他父亲的意愿学会了这种职业

ver·lan·gend 1. *Partizip Präsens*（现在分词）；↑ **verlangen 2.** *Adj*（形）；so，dass j-d ein Verlangen（1,2）damit ausdrückt 渴望的，热切的，充满期望的〈ein Blick 目光；j-n/etw. v. ansehen 满怀渴望地注视着某人/某物；v. die Hand，die Arme nach j-m/etw. ausstrecken 热切地向某人/某物伸出双手、双臂〉

ver·län·gern；*verlängerte*，*hat verlängert*；[Vt]（及物）**1. etw.**（**um etw.**）**v.** etw. länger dauern lassen，als es vorgesehen war 延长，↔ verkürzen，abkürzen〈e-e Frist，den Urlaub，den Aufenthalt v. 延长期限、假期、停留时间〉：*Als das Spiel unentschieden endete*，*wurde es um zweimal 15 Minuten verlängert* 当比赛以平局结束时，又两次各延长了 15 分钟；*Nächste Woche haben wir ein verlängertes Wochenende* — *Montag ist Feiertag* 下周我们有一个延长了的周末——星期一是节日 **2. etw.**（**um etw.**）**v.**（als Beamter）ein Dokument länger gültig sein lassen als ursprünglich vorgesehen 延长…的有效期，延长…期限〈e-n Ausweis，e-n Pass v. 延长证件、护照的有效期〉**3. etw.**（**um etw.**）**v.** etw. länger machen 加长，放长 ↔ verkürzen：*e-e Hose um zwei Zentimeter v.* 把裤子放长两厘米 **4. etw. v.** *gespr*［口］；die Menge e-r Flüssigkeit od. e-r Speise größer machen，indem man sie mit etw. vermischt 做稀，冲淡 ≈ strecken（4）〈die Soße，die Suppe v. 把调味汁、汤做稀一点〉

Ver·län·ge·rung *die*；-，*-en* **1.** das Verlängern：*die V. e-s Passes beantragen* 申请延长护照的有效期 **2.** der Zeitraum，um den etw. verlängert（1,2）wird 延长的时间，加时赛：*in der V. ein Tor schießen* 在加时赛中进一个球 ‖ K-（复合）：**Verlängerungs-**，**-frist**，**-stück**，**-teil**，**-woche**，**-zeit**

Ver·län·ge·rungs·schnur *die*；ein zusätzliches

V

elektrisches Kabel, mit dem man ein anderes Kabel länger macht 延长(用)软线

ver·lang·sa·men; *verlangsamte, hat verlangsamt*; [Vt] (及物) **1. etw. v.** bewirken, dass etw. langsamer wird 放慢,延缓,降低(速度),减速,减慢 ↔ beschleunigen ⟨die Fahrt, den Lauf, den Schritt, das Tempo v. 放慢(车,船)行驶速度、跑步速度、脚步,降低速度; e-n Ablauf, e-n Prozess, e-n Rhythmus v. 延缓进程、诉讼(速度)、节奏(速度)⟩; [Vr] (反身) **2. etw. verlangsamt sich** etw. wird langsamer ↔ etw. beschleunigt sich(物作主语)放慢,减慢,变慢,减速 ‖ *hierzu* (派生) **Ver·lang·sa·mung** *die*; *mst Sg*(多用单数)

Ver·lass *der*; *mst in* 多用于 **auf j-n/etw. ist (kein) V.** auf j-n/etw. kann man sich (nicht) verlassen² 对…(不)可信任,对…(不)可信赖

ver·las·sen¹; *verlässt, verließ, hat verlassen*; [Vt] (及物) **1. etw. v.** sich von e-m Ort wegbewegen 离开: *das Haus durch den Hinterausgang v.* 从后门离开家; *An der nächsten Ampel verlassen wir die Hauptstraße u. biegen nach rechts ab* 在下一个交通信号灯我们离开主要街道,并向右拐弯 **2. etw. v.** aufhören, an e-m bestimten Ort zu leben 离开,离别: *Im Jahr 1896 verließ er seine Heimat u. wanderte aus* 1896 年他离开祖国并移居国外; *Die jungen Vögel verlassen schon bald das Nest u. werden flügge* 小鸟很快就要离巢独立生活 **3. j-n v.** seine Familie, seinen Ehepartner *o. Ä.* allein lassen u. nicht mehr für sie sorgen 抛弃,离弃,丢开不管 ≈ sich von j-m trennen: *Er hat sie wegen e-r anderen Frau verlassen* 他为了另一个女人而抛弃了她 **4. etw. verlässt j-n** etw. wird schwächer, verschwindet(物作主语)从…身上消失,消退 ≈ j-d verliert etw. ⟨die Hoffnung, die Kraft, der Mut verlässt j-n 某人失去希望、力量、勇气⟩ ‖ ID [谚] *mst* 多用 **Er/Sie hat uns für immer verlassen** *euph* [婉]; er/sie ist gestorben 他/她永远离开了我们(指去世)

ver·las·sen², sich; *verlässt sich, verließ sich, hat sich verlassen*; [Vr] (反身) **sich auf j-n/etw. v.** j-m/etw. vertrauen, seine Hoffnungen in j-n/etw. setzen 信赖,信任: *Du kannst dich auf mich v., ich bin immer für dich da* 你可以信赖我,我随时可以为你出力; *Ich verlasse mich* darauf, dass *Sie alles vorbereiten* 我相信你会把一切都准备好的 ‖ ID [谚] **Verlass dich drauf!**; **Worauf du dich v. kannst!** *gespr* [口]; das ist ganz bestimmt so, das wird ganz bestimmt so sein 这事你就放心吧! 这事你可以放心!

ver·las·sen³ **1.** *Partizip Perfekt* (过去分词); ↑ **verlassen¹**, **verlassen²** **2.** *Adj* (形); ohne Menschen 无人的,荒凉的,荒无人烟的,无人居住的 ≈ menschenleer ⟨leer u. v. 空无一人的; still u. v. 寂无一人的; ein Haus, ein Strand, e-e Straße 房屋,海滩,街道⟩ **3.** *Adj* (形) ≈ abgelegen, einsam ⟨e-e Gegend 地区⟩ **4.** *Adj* (形); allein od. einsam u. hilflos 孤单的,孤独的,孤零零的,被遗弃的 ⟨v. sein 孤单,孤独; sich v. fühlen, vorkommen 感到,觉得孤独⟩ ‖ *hierzu* (派生) **Ver·las·sen·heit** *die*; *nur Sg* (只用单数)

Ver·las·sen·schaft *die*; -, -*en*; Ⓐ Ⓒⓗ [奥][瑞] ≈ Nachlass¹, Erbschaft

ver·läss·lich *Adj* (形); ⟨ein Freund, e-e Information, ein Zeuge 朋友,信息,证人⟩ so, dass man sich auf sie verlassen² kann 可信赖的,可信任的,可靠的,靠得住的 ≈ zuverlässig ‖ *hierzu* (派生) **Ver·läss·lich·keit** *die*; *nur Sg* (只用单数)

Ver·laub *der*; *nur in* 只用于 **1. mit V. gesagt** *geschr* [书]; verwendet, bevor man etw. sagt, das schockieren kann, das aber gesagt werden muss 如果允许我这么说的话 **2. mit V.** *veraltend* [渐旧]; wenn es erlaubt ist, wenn Sie gestatten 如果您(你)允许的话

Ver·lauf *der*; -(*e*)*s*; *nur Sg* (只用单数) **1.** die Richtung, in der etw. geht 走向: *den V. e-r Grenze festlegen* 确定边界的走向 **2.** die Entwicklung e-r Situation, e-r Krankheit *o. Ä.* 经过,过程,进程,发展,进展 ≈ Ablauf (1) ⟨etw. nimmt e-n ungünstigen, unglücklichen, unerwarteten V. 某事进行得不顺利、不成功、出乎预料; den V. stören 干扰事态发展; den weiteren V. abwarten 等待事态的进一步发展⟩: *Zum typischen V. dieser Krankheit gehört hohes Fieber* 高烧是这种疾病的典型症状 **3. im V. + Gen** (二格) während des genannten Zeitraums, der genannten Handlung *o. Ä.* 在…过程中,在…期间: *im V. der Sitzung* 在会议过程中

ver·lau·fen; *verläuft, verlief, hat/ist verlaufen*; [Vi] (不及物) (*ist*) **1. etw. verläuft (irgendwie/irgendwohin)** etw. (*z. B.* ein Weg) nimmt e-e bestimmte Richtung ein, erstreckt sich in e-e bestimmte Richtung(物作主语)伸展,走向: *Der Weg verläuft entlang des Waldrandes* 道路沿着森林边缘伸展; *Die Grenze verläuft mitten durch den Ort* 边界在这个地方中间穿过; *Die Linie verläuft parallel zur Achse* 这条线的走向与轴平行 **2. etw. verläuft irgendwie** etw. geschieht auf e-e bestimmte Art u. Weise(物作主语)进行,经过 ⟨etw. verläuft ergebnislos, ohne Zwischenfälle, glatt, störungsfrei, nach Wunsch 某事毫无结果,未发生意外,进行顺利,不受干扰,按意愿发展; e-e tödlich verlaufende Krankheit 致命的疾病⟩: *Die Demonstration verlief ohne Zwischenfälle* 游行进行得平安无事(未发生冲突) **3. etw. verläuft** etw. nimmt undeutliche Konturen an (weil es auseinanderfließt)(物作主语)散开,溶化,化开,洇 ⟨Tinte, Farbe, Schrift 墨水,颜色,字迹⟩ **4. etw. verläuft** etw. schmilzt u. verteilt sich 溶化 ⟨Butter, Margarine, Käse 黄油,人造奶油,奶酪⟩; [Vr] (反身) (*hat*) **5. j-d verläuft sich** j-d nimmt den falschen Weg od. geht in die falsche Richtung u. weiß nicht mehr, wo er ist (人作主语)迷路 ≈ sich verirren ⟨sich im Wald v. 在森林里迷路⟩ **6. etw. verläuft sich irgendwo** etw.

V

führt irgendwohin u. verschwindet dort(物作主语)在…地方消失〈e-e Spur, ein Weg verläuft sich im Sand, im Gebüsch 足迹、道路在沙地里、在丛林里消失了〉**7.**〈e-e Menschenmenge *o.Ä.* 人群等〉***verläuft sich*** e-e große Anzahl von Menschen geht in verschiedene Richtungen auseinander 走散,散去,离去,退走,各奔东西

ver·laust *Adj*(形); mit vielen Läusen 长虱子的,满是虱子的〈ein Hund, ein Kind 狗,孩子; Haare, Kleidung 头发,衣服〉

ver·laut·ba·ren; *verlautbarte, hat/ist verlautbart*; *geschr* [书]; Vt (及物)(*hat*) **1.** ***etw. v.*** ≈ bekannt geben, bekannt machen: *nichts von seinen/über seine Absichten v.* 关于他的意图,无可奉告(什么也没有宣布); *Aus Regierungskreisen wird verlautbart, dass ...* 据官方人士声称…; Vimp (无人称)(*ist*) **2.** ***es verlautbart*** j-d gibt öffentlich bekannt 据称,据公布: *Es verlautbarte, der Minister könne erst in e-r Woche seine Arbeit wieder aufnehmen* 据称,那位部长在一个星期后才能重新开始工作 ‖ *hierzu* (派生) **Ver·laut·ba·rung** *die*

ver·lau·ten; *verlautete, ist verlautet*; Vi (不及物) **1.** ***etw.*** (***über etw.*** (*Akk* 四格)) ***v. lassen*** ≈ bekannt geben, bekannt machen: *Hat die Führung des Konzerns etw. über ihre Rationalisierungspläne v. lassen?* 康采恩的领导是否透露了一些有关其合理化计划的情况; Vimp (无人称) **2.** ***es verlautet*** ≈ es wird bekannt: *Wie aus offiziellen Kreisen verlautete, wird es noch in diesem Jahr zu e-m Gipfeltreffen kommen* 据官方人士透露,今年还将举行一次首脑会晤

ver·le·ben; *verlebte, hat verlebt*; Vt (及物) ***etw. v.*** e-e bestimmte Zeit irgendwo od. irgendwie verbringen 度过: *schöne Stunden mit j-m v.* 与某人度过美好的时光

ver·lebt **1.** *Partizip Perfekt*(过去分词); ↑ ***verleben*** **2.** *Adj* (形); (durch unmäßigen Lebenswandel) alt u. verbraucht aussehend (由于生活放荡而)衰老憔悴的〈ein Gesicht 面容; v. aussehen 显得衰老憔悴〉

ver·le·gen[1]; *verlegte, hat verlegt*; Vt (及物) **1.** ***etw.*** (***irgendwohin***) ***v.*** den Standort von etw. wechseln 迁移,搬迁: *seinen Wohnsitz in e-e andere Stadt v.* 把住处迁到另一个城市; *Die Haltestelle wurde verlegt*(公共汽车、电车)车站挪了地方 **2.** ***j-n*** (***irgendwohin***) ***v.*** j-n (*bes* e-n Kranken) an e-n anderen Ort bringen 送,送到: *e-n Kranken in/auf die Intensivstation v.* 把病人送到特护室; **3.** ***etw.*** (***auf etw.*** (*Akk* 四格)) ***v.*** den vorgesehenen Zeitpunkt od. Termin für etw. ändern 将…改期,将…延期: *Das Rennen wurde wegen des schlechten Wetters auf übermorgen verlegt* 由于天气不好,比赛延期到后天 ‖ NB(注意): Wenn etw. *verlegt* wird, kann es früher od. später stattfinden als geplant. Wenn etw. früher stattfindet, sagt man auch *vorverlegen*; wenn etw. später stattfindet, sagt man auch *verschieben*(用 verlegen 表示"改期",既可表示某事提前,也可表示某事推后。如果某事提前,也可用 vorverlegen,如果某事延期,也可用 verschieben) **4.** ***etw. v.*** etw. an e-r bestimmten Stelle befestigen 安装,设置,敷设〈Fliesen, Gleise, Kabel, Leitungen, ein Parkett, Rohre, e-n Teppichboden v. 铺瓷砖、轨道、电缆、线路、木地板、管道、满铺地毯〉**5.** ***etw. v.*** etw. an e-n bestimmten Ort legen u. es nicht mehr finden 把…放得找不到了,把…不知放到哪里去了: *Oma hat ihre Brille verlegt. Hilf ihr bitte suchen!* 奶奶把她的眼镜不知放到哪里去了,请你帮她找一找吧! **6.** ***j-d/ein Verlag verlegt etw.*** der Besitzer e-s Verlags/ein Verlag lässt etw. gedruckt erscheinen(某人/出版社作主语)出版 ≈ herausbringen〈Bücher, Zeitschriften v. 出版书籍、杂志〉; Vr (反身) **7.** ***sich auf etw.*** (*Akk* 四格) ***v.*** mit e-r neuen Taktik versuchen, sein Ziel zu erreichen 转而使用,转而采取(新的办法): *Als seine Überredungskünste nicht wirkten, verlegte er sich aufs Bitten* 当他劝说的本领不起作用时,他就转而采取恳求的手段 ‖ *zu*(义项) **1.-4. Ver·le·gung** *die*; *mst Sg*(多用单数)

ver·le·gen[2] *Adj*(形); (in e-r bestimmten Situation) ängstlich u. unsicher 尴尬的,难堪的,狼狈的,难为情的,不知所措的〈ein Blick, ein Lächeln 目光,微笑; e-e Pause, ein Schweigen 间歇,沉默; v. sein, werden 感到为难(尴尬),变得为难(尴尬)〉: *Ihre Blicke machten ihn v.* 她的目光使他感到尴尬(难堪) ‖ ID [谚] ***nicht/nie um etw. v. sein*** etw. immer bereit haben 没有/从来不会因…而难住〈nicht/nie um e-e Antwort, Ausrede v. sein 对答如流/总能对答如流,能找到借口/总是能找到借口〉

Ver·le·gen·heit *die*; -, -*en* **1.** *nur Sg*(只用单数); der Zustand, verlegen[2] zu sein 窘迫处境,尴尬境地,狼狈状况,困境〈j-n (mit etw.) in V. bringen(用某事)使某人难堪、陷入窘境〉: *Er brachte vor lauter V. kein Wort heraus* 面对明显的窘境,他一句话也说不出来 ‖ K-(复合): ***Verlegenheits-, -geste, -pause*** **2.** e-e unangenehme Situation 窘境,尴尬境地,困境〈in V. sein 处于窘境,处境为难; in die V. kommen, etw. tun zu müssen 陷入不得不做某事的窘境; j-m aus e-r V. helfen 帮助某人摆脱困境〉

Ver·le·gen·heits·lö·sung *die* ≈ Notlösung

Ver·le·ger *der*; -*s*, -; ein Verlag od. der Besitzer e-s Verlags 出版人,出版商,发行人 ‖ *hierzu*(派生) **ver·le·ge·risch** *Adj*(形)

ver·lei·den; *verleidete, hat verleidet*; Vt (及物) ***j-m etw. v.*** j-m den Spaß, die Freude an etw. nehmen 使扫兴,败坏…兴致

Ver·leih *der*; -*s*, -*e* **1.** *nur Sg*(只用单数); das Verleihen (1): *Der V. von Videos erfolgt nur an Erwachsene* 录像带只出租给成人 **2.** ein Betrieb, der etw. verleiht (1)出租处,出租商店 ‖ -K(复合): ***Auto-, Boots-, Fahrrad-, Film-, Kostüm-, Masken-, Video-***

ver·lei·hen; *verlieh, hat verliehen*; Vt (及物) **1.** ***etw.*** (***an j-n***) ***v.*** j-m etw. für e-e bestimmte Zeit geben (u. *mst* Geld dafür verlangen)出租,借出,借给 ≈ j-m etw. leihen;

V

Da drüben in dem Geschäft verleihen sie Fahrräder 在那边的商店里他们出租自行车；*Ich verleihe meine Bücher nur noch an Leute, die sorgfältig mit ihnen umgehen* 我只把我的书借给那些能细心爱护它们的人 **2. *j-m etw. v.*** j-m e-n Preis geben, um ihn zu ehren 授予，给…颁发〈j-m e-n Preis, e-n Orden, e-n Titel v. 给某人颁奖，授予某人勋章、头衔〉 **3. *etw. verleiht j-m etw.*** etw. gibt j-m etw. Positives(物作主语)赋与，给予〈etw. verleiht j-m neue Kraft, neuen Mut 某物给某人以新的力量、新的勇气〉 **4. *seinen Worten Nachdruck v.*** etw. (durch Gesten *o. Ä.*) besonders betonen 强调自己所说的话 ‖ *zu*(义项) **1. Ver·lei·her** *der*; *-s*, *-* ‖ *hierzu*(派生) **Ver·lei·hung** *die*

ver·lei·men; *verleimte*, *hat verleimt*; Vt (及物) ***etw.*** (*Kollekt od Pl* 集合或复数) ***v.*** mit Leim zusammenkleben 胶合，粘紧，粘牢，粘在一起：*zwei Bretter miteinander v.* 把两块木板胶合起来 ‖ *hierzu*(派生) **Ver·lei·mung** *die*

ver·lei·ten; *verleitete*, *hat verleitet*; Vt (及物) ***j-n zu etw. v.*** j-n dazu bringen, dass er etw. Dummes od. Verbotenes tut 诱使，引诱，劝诱，唆使 ≈ j-n zu etw. verführen: *Seine Freunde u. die gute Stimmung verleiteten ihn* dazu, *viel Alkohol* zu *trinken* 他的朋友们和欢快的情绪诱使他大量喝酒 ‖ *hierzu*(派生) **Ver·lei·tung** *die*; *mst Sg*(多用单数)

ver·ler·nen; *verlernte*, *hat verlernt*; Vt (及物) ***etw. v.*** etw., das man eigentlich kann, allmählich vergessen, weil man es so selten tut 荒疏，荒废

ver·le·sen[1]; *verliest*, *verlas*, *hat verlesen*; Vt (及物) **1. *etw. v.*** etw. laut lesen u. dadurch bekannt machen 朗读，宣读：*die Namen der Gewinner v.* 宣读获胜者名单；Vr (反身) **2. *sich v.*** beim Lesen e-n Fehler machen 读错 ‖ *zu*(义项) **1. Ver·le·sung** *die*

ver·le·sen[2]; *verliest*, *verlas*, *hat verlesen*; Vt (及物) ***etw.*** (*Kollekt od Pl*(集合或复数)) ***v.*** einzelne Früchte *o. Ä.* prüfen u. die schlechten von den guten trennen 挑选，挑拣〈Erbsen, Früchte, Salat, Spinat v. 挑拣豌豆、水果、生菜、菠菜〉

ver·letz·bar *Adj*(形)；*nicht adv*(不作状语)；schnell beleidigt 容易受委屈的，脆弱的，容易得罪的 ≈ empfindlich, verletzlich: *Er ist sehr v.* 他是很敏感的 ‖ *hierzu*(派生) **Ver·letz·bar·keit** *die*; *nur Sg*(只用单数)

ver·let·zen; *verletzte*, *hat verletzt*; Vt (及物) **1. *j-n v.*** dem Körper e-s anderen Schaden zufügen 伤害，使受伤 ≈ verwunden〈j-n leicht, schwer, lebensgefährlich, tödlich v. 使某人受轻伤、受重伤、受致命伤〉：*j-n durch e-n Schuss ins Bein v.* 一枪击中腿部使某人受伤 **2. *sich*** (*Dat* 三格) ***etw. v.*** (*mst* unabsichtlich) dem eigenen Körper (durch e-e Wunde *o. Ä.*) schaden 伤害自己，使自己受伤：*sich den Fuß v.* 伤了自己的脚 **3. *j-n/etw. v.*** bewirken, dass j-d traurig wird, weil er meint, dass man ihn nicht möge od. dass man schlecht von ihm denke(在感情上)伤害，损害，损伤，使受委屈 ≈ kränken, beleidigen〈j-n tief, zutiefst v. 使某人深受伤害；j-s Ehre, j-s Eitelkeit, j-s Gefühle, j-s Stolz v. 损害某人的名誉、某人的虚荣心、某人的感情、某人的自尊心；sich in seiner Ehre *usw* verletzt fühlen 感到自己的名誉等受到损害〉：*verletzende Worte sagen* 说伤害人的话；*Sein Schweigen verletzte sie* 他的沉默伤害了她；*Es hat ihn sehr verletzt*, dass *du ihn ignoriert hast* 你不理睬他，使他深受伤害 **4. *etw. v.*** sich nicht an bestimmte Regeln, Pflichten od. Konventionen halten 违反，违背，违犯，侵犯 ≈ gegen etw. verstoßen〈ein Gesetz, das Recht, e-n Vertrag, e-e Vorschrift v. 违反法律，侵犯权利，违背条约(合同)，违反规定；den Anstand, seine Pflicht v. 失礼，未尽职责(玩忽职守)〉 **5. *etw. v.*** ohne Erlaubnis in ein Gebiet gehen, fahren od. fliegen 侵犯〈die Grenzen, das Hoheitsgebiet, den Luftraum e-s Landes v. 侵犯一个国家的边界、领土、领空〉；Vr (反身) **6. *sich*** (***an etw.*** (*Dat* 三格)) ***v.*** e-m eigenen Körperteil (*mst* unabsichtlich) durch e-e Wunde *o. Ä.* schaden 伤害自己，使自己受伤：*Sie hat sich am Kopf verletzt* 她使自己的头部受了伤 ‖ *zu*(义项) **3. Ver·letzt·heit** *die*; *nur Sg*(只用单数)

ver·letz·lich *Adj*(形)；*nicht adv*(不作状语) ≈ verletzbar, empfindlich ‖ *hierzu*(派生) **Ver·letz·lich·keit** *die*; *nur Sg*(只用单数)

Ver·letz·te *der/die*; *-n*, *-n*; j-d, der verletzt (1) ist 受伤害的人，受了伤的人〈ein tödlich Verletzter 受了致命伤的人〉：*Der Unfall forderte drei Verletzte u. e-n Toten* 这次事故造成三人受伤，一人死亡 ‖ -K(复合)：***Leicht-***, ***Schwer-*** ‖ NB(注意)：*ein Verletzter*; *der Verletzte*; *den*, *dem*, *des Verletzten* ‖ NB(注意)：Soldaten, die im Krieg verletzt werden, nennt man *Verwundete*(在战争中受伤的士兵，称为 *Verwundete*)

Ver·let·zung *die*; *-*, *-en* **1.** e-e Wunde *o. Ä.*, e-e Stelle am/im Körper, die verletzt (1) ist 伤害，损伤，伤口〈leichte, schwere, tödliche Verletzungen davontragen, erleiden 遭受轻伤、重伤、致命伤；j-m/sich e-e V. zufügen 使某人/自己遭受伤害；seinen Verletzungen erliegen 因伤而死〉：*mit lebensgefährlichen Verletzungen ins Krankenhaus eingeliefert werden* 因受致命伤被送进医院 ‖ K-(复合)：***verletzungs-***, ***-anfällig*** ‖ -K(复合)：***Arm-***, ***Bein-***, ***Knie-***, ***Kopf-*** *usw*; ***Schuss-***; ***Kriegs-*** **2.** e-e Handlung, durch die man gegen e-e Regel od. Norm verstößt 违反，违犯，违背 ‖ -K(复合)：***Pflicht-*** **3.** *nur Sg*(只用单数)；das Gehen, Fahren od. Fliegen ohne Erlaubnis im Gebiet e-s anderen Staates 侵犯：*die V. des Luftraumes e-s fremden Staates* 对别国领空的侵犯

ver·leug·nen; *verleugnete*, *hat verleugnet*; Vt (及物) **1. *j-n/etw. v.*** behaupten, dass man j-n/etw. nicht habe od. kenne 否认，不承认 ↔ sich zu j-m/etw. bekennen〈e-n Freund, seine Gesinnung, seinen Gott, seine Ideale v. 否认朋友、自己的思想(观点)、自己

的上帝、自己的理想〉**2. etw. nicht v. können** nicht ändern können, dass etw. bekannt wird 无法掩盖,掩盖不了〈seine Herkunft nicht v. können 掩盖不了自己的出身〉; Vr (反身) **3. etw. lässt sich nicht v.** etw. kann nicht verborgen werden(物作主语)不容否认〈j-s Erziehung, j-s Herkunft 某人所受的教育,某人的出身〉**4. sich (selbst) v.** nicht nach den eigenen Gefühlen od. nach der eigenen Überzeugung handeln 违背自己的意志,违背自己的信念,违心 ‖ *hierzu* (派生) **Ver·leug·nung** *die*; *mst Sg* (多用单数)

ver·leum·den; *verleumdete, hat verleumdet*; Vt (及物) **j-n v.** absichtlich falsche od. schlechte Dinge über j-n sagen, damit er e-n schlechten Ruf bekommt 诽谤,诬蔑,中伤,破坏…名誉 ≈ diffamieren 〈j-n in übler Weise, böswillig v. 采用恶劣手段、恶意诽谤某人〉 ‖ *hierzu* (派生) **Ver·leum·der** *der*; *-s, -*; **ver·leum·de·risch** *Adj* (形)

Ver·leum·dung *die*; *-, -en* **1.** *nur Sg* (只用单数) das Verleumden **2.** e-e Äußerung, mit der man j-n verleumdet 诽谤的言词 ‖ K-(复合): **Verleumdungs-, -kampagne, -klage**

ver·lie·ben, sich; *verliebte sich, hat sich verliebt*; Vr (反身) **1. sich (in j-n) v.** Liebesgefühle für j-n bekommen 爱上,热恋〈hoffnungslos, unsterblich, unglücklich, bis über beide Ohren verliebt sein 毫无希望地、死不变心地、不幸地、狂热地堕入情网; j-n verliebt ansehen 含情脉脉地(心怀爱慕地)注视某人; j-m verliebte Blicke zuwerfen 向某人投去爱慕的目光〉**2.** 〈zwei Personen 两个人〉 **verlieben sich** zwei Personen werden von Liebe füreinander ergriffen 相爱,恋爱 **3. sich in etw.** (*Akk* 四格) **v.** anfangen, etw. sehr gut zu finden 迷恋于,被…吸引住了 ‖ *zu* (义项) **1. Ver·lieb·te** *der/die*; *-n, -n*; **Ver·liebt·heit** *die*; *nur Sg* (只用单数)

ver·lie·ren[1]; *verlor, hat verloren*; Vt (及物) **1. etw. v.** etw. irgendwo liegen od. fallen lassen u. es nicht mehr finden 遗失,丢失: *Hier hast du den Schlüssel – verlier ihn nicht!* 这是你的钥匙——可别丢了!; *Ich habe beim Skifahren meine Handschuhe verloren* 我在滑雪时把手套丢了 **2. j-n v.** j-n nicht mehr haben, weil er stirbt 失去,丧失: *Frau u. Kinder durch e-n tragischen Unfall v.* 由于一次悲惨的事故失去妻子和孩子 **3. j-n v.** den Kontakt zu j-m nicht mehr haben (*mst* aufgrund e-s Ereignisses)失去与…的联系: *durch e-n Skandal viele Freunde v.* 因丑闻而失去许多朋友 **4. etw. v.** durch das eigene Verhalten od. durch negative Umstände etw. Positives nicht mehr haben 失去〈j-s Vertrauen, seinen Arbeitsplatz v. 失去某人的信任、自己的工作岗位〉**5. etw. verliert etw.** etw. lässt (*mst* durch ein Loch) e-e Flüssigkeit od. ein Gas nach außen kommen(物作主语)漏,泄漏: *Das Auto verliert Öl* 汽车漏油; *Der Reifen verliert Luft* 轮胎漏气 **6. j-d verliert Blut** j-d blutet stark(人作主语)失血,出血: *Er hat viel Blut verloren u. braucht dringend e-e Transfusion* 他失血很多,急需输血 **7. j-n v.** j-n (*bes* in e-r Menschenmenge) nicht mehr sehen od. finden können 与…失散,走散: *j-n im Gewühl im Kaufhaus v.* 在百货商店由于拥挤与某人失散了 **8. etw. verliert etw.** e-e Pflanze od. ein Baum wirft Blätter *o.Ä.* ab(物作主语)(植物或树)落叶,掉落 **9. j-d verliert etw.** ein Körperteil wird von j-s Körper abgetrennt (人作主语)失去(一肢体)〈e-n Arm, ein Auge, ein Bein v. 失去一个胳膊、一只眼睛、一条腿〉**10. die Freude an etw.** (*Dat* 三格) **v.** keinen Spaß mehr an etw. haben 失去对…的乐趣(兴致) **11. die Beherrschung/Kontrolle v.** sich nicht mehr beherrschen können 失去自制 **12. die Geduld (mit j-m/etw.) v.** (mit j-m/etw.) ungeduldig werden 失去对…的耐心 **13. die Hoffnung (auf etw.** (*Akk* 四格)) **v.** nicht mehr glauben, dass etw. möglich ist 失去对…的希望 **14. das Interesse (an j-m/etw.) v.** sich nicht mehr für j-n/etw. interessieren 失去对…的兴趣 **15. das Vertrauen (in j-n/etw.) v.** kein Vertrauen mehr zu j-m/etw. haben 失去(对…的)信任 **16.** *mst* 多用 **keine Zeit/keine Minute v.** etw. so schnell wie möglich machen 不要耽误时间/一分钟: *keine Minute zu v. haben* (= es sehr eilig haben)不耽误一分钟; *Wenn wir noch rechtzeitig zum Bahnhof kommen wollen, dürfen wir keine Zeit mehr v.* 如果我们还想及时赶到火车站,我们就不能再耽误时间了 **17. die Sprache v.** vor Schreck, Überraschung *o.Ä.* nichts mehr sagen können 说不出话来 **18. den Kopf v.** in Panik geraten(头脑)失去冷静,慌了神 **19. kein Wort (über j-n/etw.) v.** zu e-m bestimmten Thema nichts sagen(对…)不用说什么(无需多说,不必多费唇舌) **20. j-n/etw. aus dem Auge/den Augen v.** j-n/etw. lange Zeit nicht mehr gesehen haben u. deshalb nichts über ihn/es wissen 早与…失去联系/早已不知道…的情况; Vt/i (及物/不及物) **21. etw. verliert (etw.)** etw. wird qualitativ schlechter(物作主语)走味,变质: *Wein verliert, wenn er nicht gut gelagert wird* 葡萄酒如果不很好贮藏,就会走味; Vi (不及物) **22. j-d/etw. verliert (an etw.** (*Dat* 三格)) j-d hat allmählich weniger von etw., etw. wird kleiner, schlechter(人/物作主语)逐渐失去,削弱: *j-d verliert an Macht, Einfluss* 某人失去权力、影响; *Der Kaffee hat (an Aroma) verloren* 咖啡失去香味; Vr (反身) **23. sich** (*Pl* 复) **(irgendwo) v.** sich (*bes* in e-r Menschenmenge) nicht mehr sehen od. finden können 走失,走散: *Sollten wir uns verlieren, treffen wir uns um zwei Uhr hier wieder* 我们要是走散了,就两点在这里碰头 **24. etw. verliert sich irgendwo** etw. wird irgendwo nicht mehr sichtbar bzw. hört ganz auf(物作主语)消失,看不见了〈etw. verliert sich im Nebel 某物在雾中消失〉: *Der Pfad verlor sich im Wald* 小路在森林中消失 **25. etw. verliert sich** etw. wird schwächer, etw. verschwindet allmählich(物作主语)逐渐消失,消散

V

≈ etw. schwindet: *Der unangenehme Geruch des neuen Teppichs verliert sich nach ein paar Wochen* 新地毯的难闻气味几个星期后会消失 **26. sich in etw.** (*Dat* 三格) **v.** sich intensiv mit etw. beschäftigen u. anderes nicht beachten, nicht mehr wahrnehmen 沉醉于，沉迷于，耽于〈sich in Erinnerungen, Träumen v. 沉醉于回忆中，耽于梦想；sich (zu sehr) in Details, Einzelheiten, Nebensächlichkeiten v. 拘泥于细节、小事、琐事；in Gedanken verloren sein 陷入沉思，耽于思想〉 **27.**〈Personen 人们〉 **verlieren sich irgendwo** mehrere Personen fallen in e-m Raum, e-r Arena *o.Ä.* nicht auf, weil der Raum *o.Ä.* so groß ist 毫不引人注目，很不起眼：*Die wenigen Besucher verloren sich in der riesigen Halle* 少数几个参观者在宏伟的大厅里很不起眼 ‖ ID [谚] *mst* 多用 **Du hast hier nichts verloren** *gespr* [口]；du bist hier nicht erwünscht 这里没有你的事，你别在这里添乱 ‖ ▶ **Verlust**

ver·lie·ren²; *verlor, hat verloren*; [*Vt/i*] (及物/不及物) **1.** (**etw.**) **v.** in e-m Spiel, Kampf *o.Ä.* e-e schlechtere Leistung erbringen bzw. weniger Punkte *o.Ä.* bekommen als der Gegner 输掉，失败 ↔ gewinnen (1)〈ein Spiel v. 输掉比赛，比赛失败〉：*im Tennismatch den ersten Satz v.* 在网球比赛中输掉第一盘；*im Boxkampf nach Punkten, durch K.o. v.* 在拳击比赛中以点数失败，由于被击倒而失败 **2.** (〈e-e Wette 打赌〉) **v.** bei e-r Wette unrecht haben 打赌输了 **3.** (〈e-n Prozess 诉讼〉) **v.** bei e-r Gerichtsverhandlung keinen Erfolg haben 败诉 **4.** (〈e-n Krieg 战争〉) **v.** in e-m Krieg vom Feind besiegt werden 打输一场战争 **5.** (**etw.**) **v.** Geld zahlen müssen, weil man bei e-m Spiel Pech hatte od. schlechter war als der Gegner (赌博)输掉，输了 ≈ verspielen ↔ gewinnen〈(viel) Geld, Haus u. Hof v. 输了(许多)钱，输光全部家产〉：*beim Pokern hundert Euro v.* 打扑克输了100欧元 ‖ ID [谚] **nichts** (**mehr**) **zu v. haben** in e-r Situation sein, die nicht mehr schlechter werden kann 再也没有什么可失去的了；已失去一切(敢冒一切风险)；**Es ist noch nicht alles verloren** *gespr* [口]；es gibt noch Hoffnung, dass e-e positive Lösung gefunden wird 事情尚未彻底无望 ‖ *hierzu* (派生) **Ver·lie·rer** *der*; *-s, -*; **Ver·lie·re·rin** *die*; *-, -nen*

Ver·lies *das*; *-es, -e*; ein Raum (in e-m Schloss od. in e-r Burg) unter der Erde, in den man früher Gefangene sperrte 地牢，土牢 ≈ Kerker ‖ -K (复合)：**Burg-**, **Keller-**

ver·lischt *Präsens, 3. Person Sg* (现在时，第三人称单数)；↑ **verlöschen**

ver·lo·ben, sich; *verlobte sich, hat sich verlobt*; [*Vr*] (反身) **1. sich** (**mit j-m**) **v.** j-m die Ehe versprechen (u. dies auch bekannt machen) (与某人)订婚 **2.**〈zwei Personen 两人〉 **verloben sich** zwei Personen versprechen, dass sie sich heiraten werden (u. geben dies bekannt) 订婚

Ver·löb·nis *das*; *-ses, -se*; *geschr* [书] ≈ Verlobung 订婚，婚约

ver·lobt 1. *Partizip Perfekt* (过去分词)；↑ **verloben 2.** *Adj* (形)；*nicht adv* (不作状语)；(**mit j-m**) **v.** so, dass man j-m versprochen hat, ihn zu heiraten 订了婚的：*Nachdem sie ein Jahr miteinander verlobt waren, heirateten sie* 他们在订婚一年以后结了婚 ‖ *hierzu* (派生) **Ver·lob·te** *der/die*; *-n, -n*

Ver·lo·bung *die*; *-, -en*; **e-e V.** (**mit j-m**) das offizielle Versprechen, dass man j-n heiraten wird 订婚，婚约〈e-e V. bekannt geben, (auf)lösen 宣布订婚，解除婚约；V. feiern 庆祝订婚〉 ‖ K- (复合)：**Verlobungs-**, **-anzeige**, **-feier**, **-ring**

ver·lo·cken; *verlockte, hat verlockt*; [*Vt/i*] (及物/不及物) **etw. verlockt** (**j-n**) (**zu etw.**) etw. wirkt so auf j-n, dass er es gern haben od. tun möchte 引诱，诱使，诱惑 ≈ etw. reizt j-n〈ein verlockendes Angebot, e-e verlockende Idee 诱人的标价、想法；etw. sieht verlockend aus, klingt verlockend 某物看上去、听起来很诱人〉：*Das schöne Wetter verlockt zum Spazierengehen* 好天气吸引人们去散步 ‖ *hierzu* (派生) **Ver·lo·ckung** *die*

ver·lo·gen *Adj* (形)；*pej* [贬] **1.** so, dass der Betreffende oft lügt 好说谎的，爱骗人的 ↔ ehrlich **2.** nicht echt, voller Lügen 骗人的，虚假的，捏造的，虚伪的 ↔ aufrichtig〈Moral 道德〉 ‖ *hierzu* (派生) **Ver·lo·gen·heit** *die*; *mst Sg* (多用单数)

ver·lor *Imperfekt, 1. u. 3. Person Sg* (过去时，第一和第三人称单数)；↑ **verlieren**

ver·lö·re *Konjunktiv II, 1. u. 3. Person Sg* (虚拟式 II，第一和第三人称单数)；↑ **verlieren**

ver·lo·ren 1. *Partizip Perfekt* (过去分词)；↑ **verlieren 2.** *Adj* (形)；*nur präd* 只作表语；einsam u. allein 孤独的，孤单的 ≈ verlassen〈v. aussehen 显得孤独；sich v. fühlen 感到孤独〉 **3.**〈hoffnungslos, rettungslos 毫无希望的，无法挽救的〉 **v. sein** völlig hilflos sein, keine Chance haben, gerettet zu werden 毫无希望，无可挽救 **4. j-n/sich/etw. v. geben** die Hoffnung aufgeben, dass j-d/man selbst/etw. noch gerettet werden kann 对…感到失望，不抱希望 **5. für j-n/etw. v. sein** j-m/etw. nicht mehr zur Verfügung stehen 不再为…效劳：*Er ist für unsere Zeitung v. – er will jetzt nur noch Bücher schreiben* 他已不为我们报纸效劳了——他现在只是想写书 **6. etw. ist bei j-m v.** etw. hat auf j-n keine Wirkung (物作主语)对…是徒劳的、白费力气的、不起作用：*Bei ihr ist alle Mühe v., du kannst sie nicht überzeugen* 一切努力对她都是徒劳的，你无法说服她 **7. j-d/etw. geht v.** j-d/etw. ist nicht mehr zu finden (人/物作主语)走失，丢失，遗失〈ein Kind 孩子〉：*Mein Ausweis ist v. gegangen* 我的证件丢失了 **8.** *mst* 多用 **An ihm/ihr ist ein(e)** + *Berufsbezeichnung* (职业名称) **v. gegangen** *gespr* [口]；er/sie wäre im genannten Beruf sehr erfolgreich gewesen 他/她本来会成为…：*An ihm ist ein guter Musiker* *v. gegangen* 他本来会成为一个优秀的音乐家的 ‖ *zu*(义项) **1. Ver·lo·ren·heit** *die*; *nur Sg*(只用单数)

ver·lo·ren·ge·hen ↑ ***verloren*** (7,8)

ver·losch *Imperfekt, 3. Person Sg*(过去时,第三人称单数); ↑ ***verlöschen***

ver·lo·schen *Partizip Perfekt*(过去分词); ↑ ***verlöschen***

ver·lö·schen; *verlischt, verlosch/verlöschte, ist verloschen/verlöscht*; [Vi](不及物) ***etw. verlischt*** etw. erlischt, geht aus (3)(物作主语)熄灭〈ein Feuer, e-e Kerze, ein Licht 火,蜡烛,灯〉

ver·lo·sen; *verloste, hat verlost*; [Vt](及物) ***etw. v.*** etw. als Preis aussetzen u. durch Lose bestimmen, wer es bekommt 抽签分配,抽签决定: *e-e Weltreise v.* 抽签决定谁去环球旅游 ‖ *hierzu*(派生) **Ver·lo·sung** *die*

ver·lot·tern; *verlotterte, ist verlottert*; [Vi](不及物) ***j-d/etw. verlottert*** *pej* [贬]; j-d/etw. kommt in e-n schlechten, unordentlichen Zustand, weil er sich nicht pflegt/es nicht gepflegt wird(人/物作主语)不修边幅,(不加整理而)变得凌乱,荒芜,衰败 ≈ verwahrlosen

Ver·lust *der*; *-(e)s, -e* **1.** *nur Sg*(只用单数); der Vorgang, bei dem man etw. verliert[1] (1) 遗失,丢失,损失〈ein empfindlicher, schmerzlicher V. 重大的、令人痛心的损失〉: *den V. seiner Geldbörse melden* 报告自己钱包丢失的事 ‖ K-(复合): ***Verlust-, -anzeige, -meldung*** **2.** *nur Sg*(只用单数); das Verlieren[1] (9) 失去: *der V. e-s Beines* 失去一条腿 **3.** *nur Sg*(只用单数); das Verlieren[1] (2) 失去,丧失〈ein schmerzlicher, unersetzlicher V. 令人痛心的、不可弥补的损失〉: *der V. e-s geliebten Menschen* 失去所爱的人 **4.** *nur Sg*(只用单数); das Verlieren[1] (4) 失去: *der V. von j-s Vertrauen* 失去某人的信任 ‖ -K(复合): ***Ehr-, Vertrauens-*** **5.** *nur Sg*(只用单数); ***ein V.*** (***an etw.*** (*Dat* 三格)/***von etw.***) der Wegfall von etw. Positivem od. Nützlichem 损失,损耗: *den V. an/von Energie* (= die Menge der unnötig verbrauchten Energie) *verringern* 降低能量损耗,减少能量损失 ‖ -K(复合): ***Energie-, Gewichts-, Kraft-, Prestige-, Spannungs-, Stimmen-, Substanz-, Wärme-*** **6.** *nur Sg*(只用单数); das Verlieren[1] (5,6) 泄漏,流失 ‖ -K(复合): ***Blut-, Wasser-*** **7.** *nur Sg*(只用单数); das Verlieren[1] (16) 耽误 ‖ -K(复合): ***Zeit-*** **8.** ein finanzieller Schaden, e-e finanzielle Einbuße(经济)亏损,损失 ↔ Gewinn〈ein empfindlicher, finanzieller, hoher, materieller V. 重大的、经济的(财政的)、高额的(巨大的)、物质的损失(亏损); Verlust(e) machen 造成损失(亏损)〉 ‖ K-(复合): ***Verlust-, -geschäft*** **9.** *mst Pl*(多用复数); die Soldaten e-r Armee, die in e-m Krieg, Kampf sterben 损失,伤亡〈hohe Verluste erleiden 遭受巨大伤亡〉 ‖ K-(复合): ***Verlust-, -liste, -meldung*** **10.** ***mit V.*** so, dass man dabei Geld verliert 贴钱,赔钱,赔本〈mit V. arbeiten 贴钱干活; etw. mit V. verkaufen 赔本卖出某物〉

ver·ma·chen; *vermachte, hat vermacht*; [Vt](及物) ***j-m etw. v.*** 把…传给、遗赠 ≈ vererben

Ver·mächt·nis *das*; *-ses, -se* **1.** ein Dokument, in dem steht, was man an wen vererben will 遗嘱 ≈ Testament **2.** das, was man j-m vererbt 遗物,遗产,遗赠物 ≈ Erbe **3.** ***das V.*** + *Gen*(二格) die Wirkung u. der Einfluss e-r großen Persönlichkeit nach deren Tod 遗业,遗愿,遗志: *das V. Goethes, Picassos* 歌德、毕加索的遗业

ver·mäh·len, sich; *vermählte sich, hat sich vermählt*; [Vr](反身) ***sich v.*** *geschr* [书] ≈ heiraten ‖ *hierzu*(派生) **Ver·mäh·lung** *die*

ver·ma·le·dei·t- *Adj*(形); *nur attr, nicht adv, gespr veraltend*(只作定语,不作状语)[口][渐旧] ≈ verdammt (2)

ver·mark·ten; *vermarktete, hat vermarktet*; [Vt](及物) ***j-n/etw. v.*** j-n/etw. (durch Werbung *o. Ä.*) so bekannt od. beliebt machen, dass man dabei Geld verdient 推销,促销,兜售 ‖ *hierzu*(派生) **Ver·mark·tung** *die*; *nur Sg*(只用单数) ‖ ▶ ***Markt*** (4)

ver·mas·seln; *vermasselte, hat vermasselt*; [Vt](及物) (***j-m/sich***) ***etw. v.*** *gespr* [口]; sich so ungeschickt verhalten, dass etw. nicht gelingt 弄坏,搞糟,使失败〈(j-m/sich) ein Geschäft, e-n Plan, e-e Prüfung, e-e Chance v. 使(某人/自己的)生意没有做成、计划搞糟了、考试考坏了、机会错过了〉

ver·meh·ren; *vermehrte, hat vermehrt*; [Vt](及物) **1.** ***etw. v.*** die Zahl od. den Umfang von etw. größer machen 增加,增多 ≈ vergrößern ↔ verringern: *sein Vermögen v.* 增加自己的财产; [Vr](反身) **2.**〈Tiere 动物〉***vermehren sich*** Tiere pflanzen sich fort 繁殖: *Wie vermehren sich Schlangen?* 蛇是怎样繁殖的呢? **3.** ***etw. vermehrt sich*** etw. wird mehr(物作主语)增加,增多: *Die Zahl der Aids-Kranken vermehrt sich ständig* 艾滋病患者的人数在不断增加 ‖ *hierzu*(派生) **Ver·meh·rung** *die*; *nur Sg*(多用单数)

ver·mei·den; *vermied, hat vermieden*; [Vt](及物) ***etw. v.*** es zu etw. *mst* Negativem nicht kommen lassen 避免,避开,回避 ≈ umgehen: *Die Operation hätte sich v. lassen/hätte vermieden werden können, wenn er früher zum Arzt gegangen wäre* 如果他早些去看病,本来是可以不做手术的 ‖ *hierzu*(派生) **ver·meid·bar** *Adj*(形); **Ver·mei·dung** *die*; *mst Sg*(多用单数)

ver·meint·li·ch- *Adj*(形); *nur attr, nicht adv*(只作定语,不作状语); (fälschlicherweise) für ein solches gehalten(主观)想象的,臆想的,被(错误)认为的,被信以为真的: *sich vor e-r vermeintlichen Gefahr fürchten* 对想象出来的危险感到害怕

ver·mel·den; *vermeldete, hat vermeldet*; [Vt](及物) ***etw. v.*** *veraltend od hum* [渐旧]或[诙] ≈ melden (1) ‖ ID [谚] ***nichts zu v. haben*** *gespr* [口]; nichts (mit)entscheiden dürfen 不可以对任何事情作出决定

V

ver·mẹn·gen; *vermengte*, *hat vermengt*; Vt (及物) **etw.** (*Pl* 复) (**zu etw.**) **v.**; **etw. mit etw.** (**zu etw.**) **v.** Verschiedenes zusammenrühren od. -kneten u. dadurch mischen 搀和,混合,搀杂,揉和: *alle Zutaten (miteinander) zu e-m Teig v.* 把所有配料与面团揉和在一起

Ver·mẹrk *der*; -(*e*)*s*, -*e*; e-e kurze, schriftliche Bemerkung auf e-m Dokument 批语,按语,评语

ver·mẹr·ken; *vermerkte*, *hat vermerkt*; Vt (及物) **etw. irgendwo v.** e-e kurze Bemerkung irgendwohin schreiben 作标记,写批语,简要记下 ≈ notieren: *am Rand e-s Manuskripts v.*, dass *etw. geändert werden muss* 在手稿页边上标出有些地方必须修改

ver·mẹs·sen[1]; *vermisst*, *vermaß*, *hat vermessen*; Vt (及物) **1. etw. v.** genau messen, wie groß etw. (*bes* ein Stück Land) ist 测量,丈量: *ein Grundstück v.* 测量地皮; Vr (反身) **2. sich** (**um etw.**) **v.** beim Messen e-n Fehler machen 量错: *sich um zwei Zentimeter v.* 量错两厘米 ‖ *zu* (义项) **1. Ver·mẹs·ser** *der*; -*s*, -

ver·mẹs·sen[2] *Adj* (形) ≈ überheblich, anmaßend ‹e-e Behauptung 论断,看法› ‖ *hierzu* (派生) **Ver·mẹs·sen·heit** *die*; *nur Sg* (只用单数)

Ver·mẹs·sung *die*; -, -*en*; das Messen e-s Grundstücks *o. Ä.* 测量,丈量 ‖ K-(复合): ***Vermessungs-***, ***-amt***, ***-ingenieur***

ver·mie·sen; *vermieste*, *hat vermiest*; Vt (及物) **j-m etw. v.** *gespr* [口]; j-m die Freude an etw. nehmen 使…扫兴,败坏…兴致

ver·mie·ten; *vermietete*, *hat vermietet*; Vt/i (及物/不及物) (**j-m**) (**etw.**) **v.**; (**etw.**) (**an j-n**) **v.** j-m *bes* ein Haus, e-e Wohnung od. ein Fahrzeug zum Benutzen überlassen u. dafür e-e bestimmte Summe Geld nehmen 出租,租赁 ↔ mieten ‹ein Haus, ein Zimmer, e-e Wohnung v. 出租房屋、房间、住宅; Boote, Autos v. 出租小船、汽车› ‖ *hierzu* (派生) **Ver·mie·ter** *der*; -*s*, -; **Ver·mie·te·rin** *die*; -, -*nen*; **Ver·mie·tung** *die*

ver·mịn·dern; *verminderte*, *hat vermindert*; Vt (及物) **1. etw. v.** etw. in der Zahl, Menge, Intensität geringer werden lassen 减少,减弱,降低,减低 ≈ verringern ↔ verstärken: *mit e-m Schalldämpfer die Lautstärke v.* 用减声器降低音量; Vr (反身) **2. sich v.** in der Zahl, Menge od. Intensität geringer werden 减少,减弱,降低,减低 ≈ sich verringern ‖ *hierzu* (派生) **Ver·mịn·de·rung** *die*; *nur Sg* (只用单数)

ver·mi·nen; *verminte*, *hat vermint*; Vt (及物) **etw. v.** ein Gebiet mit Minen versehen 在…布雷,在…埋雷: *ein Gelände*, *das Grenzgebiet v.* 在一个地带、边境地区布雷 ‖ *hierzu* (派生) **Ver·mi·nung** *die*; *mst Sg* (多用单数)

ver·mị·schen; *vermischte*, *hat vermischt*; Vt (及物) **1. etw.** (*Pl* 复) (**zu etw.**) **v.**; **etw. mit etw.** (**zu etw.**) **v.** ≈ mischen ↔ trennen: *Wenn man Gelb u. Blau (miteinander) vermischt, erhält man Grün* 把黄色和蓝色调和起来,便得到绿色; Vr (反身) **2. sich** (**mit j-m/etw.**) **v.** ≈ sich mischen: *Seine Freude vermischte sich mit Ungeduld* 他的快乐和不耐烦混杂在一起 ‖ *hierzu* (派生) **Ver·mi·schung** *die*; *mst Sg* (多用单数)

ver·mịs·sen; *vermisste*, *hat vermisst*; Vt (及物) **1. j-n/etw. v.** bedauern, dass j-d/etw. nicht da ist 对…不在身边感到难过,惋惜,思念;惦念,怀念,想念 ≈ sich nach j-m/etw. sehnen: *Ich habe dich sehr vermisst!* 我非常想念你! **2. j-n/etw. v.** feststellen, dass j-d/etw. nicht da ist u. dass man nicht weiß, wo er/es ist 发觉丢失,发现失踪: *Ich vermisse meinen Regenschirm – hast du ihn vielleicht gesehen?* 我发觉我的雨伞丢了——你大概看到了吧?

ver·mịsst 1. *Partizip Perfekt* (过去分词); ↑ ***vermissen*** **2.** *Adj* (形); (seit längerer Zeit) nicht mehr auffindbar (*mst* weil der Betroffene sich verirrt hat od. tot ist) 失踪的,下落不明的 ≈ verschollen ‹als v. gelten 被认为是失踪了; j-n als v. melden 报道某人失踪了› ‖ *hierzu* (派生) **Ver·mịss·te** *der*/*die*; -*n*, -*n*

ver·mịt·teln; *vermittelte*, *hat vermittelt*; Vt (及物) **1.** (**j-m**) **j-n/etw. v.**; **j-n an j-n v.** j-m helfen, e-e Person od. Sache zu bekommen, die er zu e-m bestimmten Zweck sucht 帮助获得,帮助找到,把…介绍给: *j-m e-e neue Wohnung*, *e-e Arbeitsstelle*, *e-n Babysitter v.* 帮助某人找到新住宅、工作岗位、临时照看孩子的人; *e-n Arbeitssuchenden an e-e Firma v.* 把一位求职者介绍给一个公司 **2. etw. v.** bewirken, dass etw., an dem verschiedene Leute teilnehmen, zustande kommt 促成 ‹ein Gespräch, ein Geschäft, ein Treffen v. 促成一次交谈、一桩交易、一次会晤; e-e Ehe v. 促成一桩婚姻› **3.** (**j-m**) **etw. v.** etw. so darstellen, dass es j-d versteht, lernt *o. Ä.* 介绍,提供,传授 ≈ etw. an j-n weitergeben ‹Kenntnisse, Wissen v. 传授知识,学识›: *Dieses Buch vermittelt* (= gibt) *uns e-n guten Eindruck vom Leben des Künstlers* 这本书使我们对这个艺术家的生活留下了很好的印象 **4. ein Gespräch v.** die Leitungen so verbinden, dass ein Telefonat zustande kommt 接通电话; Vi (不及物) **5.** (**zwischen** ‹Personen/Parteien *o. Ä.* (*Dat* 三格) 人/双方等›) **v.** mit den Gegnern in e-m Streit *o. Ä.* sprechen, damit sie zu e-r Lösung des Streits kommen 调解,调停,斡旋 ≈ etw. schlichten ‹zwischen den Gegnern, den Kontrahenten, den streitenden Parteien v. 在敌对双方,缔约双方,有争执的双方之间进行调解; bei/in e-m Streit v. 对争执进行调解› ‖ *hierzu* (派生) **Ver·mịt·tler** *der*; -*s*, -

ver·mịt·tels(t) *Präp* (介); *mit Gen/Dat* (支配二格/三格), ADM *geschr* 【管理】[书] ≈ mithilfe von, mittels 用,借助 ‖ NB (注意): Gebrauch ↑ *Tabelle unter* 用法,图表见 ***Präpositionen***

Ver·mịtt·lung *die*; -, -*en* **1.** *nur Sg* (只用单数); das Vermitteln (1): *die V. von*

V

Arbeitskräften 介绍劳力；*durch j-s V. mit j-m zusammenkommen* 通过某人的介绍与某人会面 ‖ K-(复合)：**Vermittlungs-**, **-dienst**, **-gebühr**, **-provision**, **-stelle** ‖ -K(复合)：**Stellen- 2.** der Versuch, durch Gespräche u. Verhandlungen e-n Streit zwischen zwei Gruppen *o. Ä.* zu beenden 调解，调停，斡旋：*die V. zwischen Streitenden* 在争执双方之间的斡旋 ‖ K-(复合)：**Vermittlungs-**, **-versuch**, **-vorschlag 3.** *nur Sg*（只用单数）；die Weitergabe bestimmter Informationen *o. Ä.* 介绍，提供，传授〈die V. von Kenntnissen 传授知识〉‖ -K(复合)：**Wissens- 4.** e-e Telefonzentrale, die man anruft, um e-e telefonische Verbindung zu bekommen 电话中继站，电话交换站，电话总机〈die V. anrufen 要电话总机；bei der V. arbeiten 在电话总机工作〉

ver·mö·beln; *vermöbelte, hat vermöbelt*; Vt（及物）***j-n v.*** *gespr, oft hum*［口］常用［诙］≈ verprügeln

ver·mo·dern; *vermoderte, ist vermodert*; Vi（不及物）***etw. vermodert*** etw. wird faul u. zerfällt（物作主语）腐烂，腐朽 ≈ etw. verfault〈Laub, Holz 树叶，木头〉‖ ▶ ***Moder***

ver·mö·ge *Präp*（介）；*mit Gen/Dat*, *geschr*（支配二格/三格）［书］≈ mithilfe von ‖ NB（注意）：Gebrauch ↑ *Tabelle unter* 用法，图表见 ***Präpositionen***

ver·mö·gen; *vermag, vermochte, hat vermocht*; Vt（及物）***etw. v.*** *geschr*［书］；in der Lage sein, etw. zu tun 能够，能够做，能够做到：*Niemand vermochte ihn zu retten* 没有人能够救他，谁也没有能够救他；*Ich werde tun, was ich vermag* 我将做我能做到的事，我将尽我所能 ‖ NB（注意）：*mst* verneint（多用否定句）

Ver·mö·gen *das*; *-s*, *-* **1.** ***ein V.*** (***an etw.*** (*Dat* 三格)) der gesamte Besitz (als materieller Wert) 财产，财富〈ein V. anhäufen 积聚一笔财产；ein V. an Grundstücken, Briefmarken, Aktien *usw* haben 拥有一批地产、邮票、股票等；V. haben 拥有财富；mit seinem ganzen V. für etw. haften 用自己的全部财产为某事做担保〉‖ K-(复合)：**Vermögens-**, **-berater**, **-bildung**, **-lage**, **-steuer**, **-verhältnisse**, **-werte**, **-zuwachs 2.** ***ein V.*** *gespr*［口］；viel Geld 一大笔钱，许多钱：*Der Unfall kostet mich ein V.* 这次事故要花我一大笔钱

-ver·mö·gen *das*; *-s*; *nur Sg*（只用单数）；bezeichnet die Fähigkeit, etw. Bestimmtes zu tun …能力：***Denkvermögen***, ***Durchhaltevermögen***, ***Erinnerungsvermögen***, ***Reaktionsvermögen***, ***Unterscheidungsvermögen***, ***Urteilsvermögen***

ver·mö·gend *Adj*（形）；*nicht adv*（不作状语）；mit e-m großen Vermögen (1) 富裕的，富有的 ≈ reich

ver·mum·men, sich; *vermummte sich, hat sich vermummt*; Vr（反身）**1.** ***sich v.*** dicke, warme Kleidung anziehen 穿得暖和 **2.** ***sich v.*** Kopf u. Gesicht bedecken, damit man nicht erkannt wird 蒙上头和脸，化装，戴上假面具 ‖ NB（注意）：*mst* im Partizip Perfekt（多用过去分词）：*Die Demonstranten waren v.* 游行者都是化了装的 ‖ *hierzu*（派生）**Ver·mum·mung** *die*

ver·murk·sen; *vermurkste, hat vermurkst*; Vt（及物）***etw. v.*** *gespr*［口］；etw. völlig falsch machen 把…彻底搞坏、弄糟 ≈ verpfuschen

ver·mu·ten; *vermutete, hat vermutet*; Vt/i（及物/不及物）**1.** (***etw.***) ***v.*** denken, dass etw. möglich od. wahrscheinlich ist 猜测，猜想，推测，估计，设想：*Ich habe ihn schon lange nicht mehr gesehen – ich vermute, dass er viel zu tun hat/ich vermute, er ist sehr beschäftigt* 我已经好久没有见到他了——我猜想他很忙；*Die Polizei vermutet ein Verbrechen* 警察局估计这是一桩犯罪案；*Er vermutete, das Problem lösen zu können* 他猜想问题可以解决；*„Ob er wohl noch kommt?" – „Ich vermute: ja"* "他是否还会来呢？"——"我猜想会来的" ‖ NB（注意）：↑ Erläuterungen auf Seite 99（说明在第 99 页）；Vt（及物）**2.** ***j-n/etw. irgendwo v.*** glauben, dass j-d/etw. irgendwo ist 认为…在：*j-n im Keller v.* 想某人在地下室 **3.** ***es ist/steht zu v., dass ...*** etw. ist wahrscheinlich 可以认为，很可能…：*Es steht zu v., dass das Auto gestohlen ist* 很可能汽车是被盗了

ver·mut·lich *Adj*（形）；*nur attr od adv*（只作定语或状语）；wie anzunehmen ist 可能的，估计的，推测的，大致的 ≈ wahrscheinlich〈der Aufenthaltsort, der Täter 居留地点，作案人〉：*Sie ist jetzt v. schon zu Hause* 她现在大概已经到家了

Ver·mu·tung *die*; *-*, *-en*; das, was j-d für möglich od. wahrscheinlich hält 猜想，猜测，推测，设想 ≈ Annahme (4)〈e-e V. haben, aussprechen, äußern 有一种猜想，提出一种猜想，发表一种猜想；auf Vermutungen angewiesen sein 依靠猜测；e-e V. liegt nahe 立刻产生一种猜测〉：*Die V., dass er der Täter ist, hat sich bestätigt* 他是作案人的猜测得到了证实

ver·nach·läs·si·gen; *vernachlässigte, hat vernachlässigt*; Vt（及物）**1.** ***j-n/etw. v.*** sich nicht genügend um j-n/etw. kümmern 不够关心，冷落，忽略，疏忽：*seinem Beruf zuliebe die Familie v.* 为了自己的职业而冷落家庭；*Der Garten sieht sehr ungepflegt u. vernachlässigt aus* 花园看起来照管得很不好，被荒废了 **2.** ***etw. v. können*** etw. nicht beachten müssen, weil es (für e-n bestimmten Zweck) nicht wichtig ist 可以把…忽略不计，对…可以不予考虑〈Abweichungen, Ausnahmen v. können 可以把偏差、例外情况忽略不计〉‖ *hierzu*（派生）**ver·nach·läs·sig·bar** *Adj*（形）；*nicht adv*（不作状语）；**Ver·nach·läs·si·gung** *die*; *mst Sg*（多用单数）

ver·na·gelt *Adj*（形）；*gespr pej*［口］［贬］≈ dumm, uneinsichtig：*Er ist total v.!* 他完全是死脑筋！他的脑子就是不开窍！

ver·nä·hen; *vernähte, hat vernäht*; Vt（及物）**1.** ***etw. v.*** etw. mit Nadel u. Faden verschließen 缝合，缝好〈e-n Riss, e-e Wunde, ein Loch v. 把裂缝、伤口、窟窿缝好〉**2.** ***etw. v.*** am Ende e-r Naht den Faden festnähen 把…

V

缝牢、缝住

ver·nar·ben; *vernarbte*, *ist vernarbt*; [Vi] (不及物) **etw. vernarbt** etw. heilt so, dass nur noch e-e Narbe bleibt(物作主语)结疤,结瘢,愈合〈e-e Verletzung, e-e Wunde 创伤,伤口〉: *die Wunde ist gut vernarbt* 伤口愈合得很好 ‖ *hierzu*(派生) **Ver·nar·bung** *die*

ver·narbt 1. *Partizip Perfekt* (过去分词); ↑ **vernarben** 2. *Adj*(形); mit Narben 结疤的,有疤痕的〈ein Gesicht, Hände *usw* 脸,双手等〉

ver·nar·ren, sich; *vernarrte sich*, *hat sich vernarrt*; [Vr] (反身) **sich in j-n/etw. v.** *gespr* [口]; e-e starke (oft übertriebene) Vorliebe für j-n/etw. entwickeln 迷恋,痴爱,宠爱,偏爱/醉心于,沉迷于: *sich in e-e Idee v.* 沉迷于一种想法; *Er ist ganz in seine kleine Nichte vernarrt* 他非常宠爱自己的小外甥女 ‖ NB(注意): *mst* im Partizip Perfekt(多用过去分词)! ‖ *hierzu*(派生) **Ver·narrt·heit** *die*; *mst Sg*(多用单数)

ver·na·schen; *vernaschte*, *hat vernascht*; [Vt] (及物) 1. **j-n v.** *gespr hum* [口][诙]; mit j-m Sex haben 与…偷情 2. **etw. v.** Geld für Süßigkeiten ausgeben 吃甜食耗费,吃零食花掉〈sein Taschengeld v. 吃甜食花掉自己的零用钱〉

ver·neh·men; *vernimmt*, *vernahm*, *hat vernommen*; [Vt] (及物) 1. **j-n v.** (als Polizist od. vor Gericht) e-m Zeugen Fragen stellen 审问,审讯,讯问〈e-n Zeugen v. 审问证人; j-n als Zeugen, zur Sache v. 审问作为证人的某人,审讯某人案情〉 2. **etw. v.** *geschr* [书]; etw. mit den Ohren wahrnehmen 听见,耳闻 ≈ hören: *ein schwaches Geräusch v.* 听见微弱的响声 3. **etw. v.** *geschr* [书]; etw. erfahren 听说,获悉 ≈ hören: *Wir haben vernommen, dass Sie Ihren Lagerraum erweitern wollen* 我们听说,您想要扩大自己的仓库 ‖ *zu*(义项) 2. **ver·nehm·bar** *Adj*(形); **ver·nehm·lich** *Adj*(形)

Ver·neh·men *das*; *nur in* 只用于 **dem V. nach** *geschr* [书]; wie (aus sicherer Quelle) zu erfahren war 据悉,据闻

Ver·nehm·las·sung *die*; -, -*en*; (CH) [瑞] ≈ Stellungnahme

Ver·neh·mung *die*; -, -*en*; die Befragung e-s Zeugen (durch die Polizei od. vor Gericht) 审问,审讯 ‖ K-(复合): **Vernehmungs-**, **-protokoll**, **-richter** ‖ *hierzu*(派生) **ver·neh·mungs·fä·hig** *Adj*(形); **ver·neh·mungs·un·fä·hig** *Adj*(形)

ver·nei·gen, sich; *verneigte sich*, *hat sich verneigt*; [Vr] (反身) **sich (vor j-m) v.** ≈ sich verbeugen ‖ *hierzu*(派生) **Ver·nei·gung** *die*

ver·nei·nen; *verneinte*, *hat verneint*; [Vt] (及物) 1. **etw. v.** etw. mit „nein" beantworten 对…作否定回答,否定 ↔ bejahen〈e-e Frage v. 对问题作否定的回答; verneinend den Kopf schütteln 摇头表示否定; e-e verneinende Antwort 否定的回答〉 2. **etw. v.** ≈ ablehnen ↔ akzeptieren〈e-n Vorschlag v. 拒绝建议〉 ‖ *hierzu*(派生) **Ver·nei·nung** *die*

ver·net·zen; *vernetzte*, *hat vernetzt*; [Vt] (及物) **etw. (mit etw.) v.**; **etw. (Pl.复) v.** *bes* INFORM 尤用【信息】; Computer miteinander verbinden, sodass sie Daten austauschen können 上网,联网 ‖ *hierzu*(派生) **Ver·net·zung** *die*

ver·nich·ten; *vernichtete*, *hat vernichtet*; [Vt] (及物) **j-n/etw. v.** bewirken, dass es j-n/etw. nicht mehr gibt 消灭,根除,销毁,毁掉 ≈ zerstören: *Das Feuer hat alle Vorräte vernichtet* 火灾毁掉了所有的库存

ver·nich·tend 1. *Partizip Präsens* (现在分词); ↑ **vernichten** 2. *Adj*(形); besonders deutlich (u. *mst* mit hohen Verlusten verbunden) 毁灭性的〈e-e Niederlage 失败; den Feind v. schlagen 给敌人毁灭性的打击〉 3. voller Vorwurf u. Wut 极其轻蔑的,深恶痛绝的〈ein Blick 目光〉 4. sehr negativ 全盘否定的,激烈的,毫不留情的〈e-e Kritik〉

Ver·nich·tung *die*; -, -*en*; die Handlung, durch die j-d/etw. vernichtet wird 消灭,歼灭,毁灭,根除 ‖ K-(复合): **Vernichtungs-**, **-feldzug**, **-werk**, **-wut** ‖ -K (复合): **Schädlings-**, **Unkraut-**

ver·ni·ckelt *Adj*(形); *nicht adv*(不作状语); mit Nickel gegen Rost *o.Ä.* geschützt 镀镍的〈e-e Brille, ein Fahrrad 眼镜,自行车〉

ver·nied·li·chen; *verniedlichte*, *hat verniedlicht*; [Vt] (及物) **etw. v.** ≈ verharmlosen ‖ *hierzu*(派生) **Ver·nied·li·chung** *die*

Ver·nis·sa·ge [vɛrnɪˈsaːʒ(ə)] *die*; -, -*n*; *geschr* [书]; die (feierliche) Eröffnung e-r Ausstellung von Bildern od. Skulpturen 美术展览会的开幕式

Ver·nunft *die*; -; *nur Sg*(只用单数) 1. die Fähigkeit des Menschen, etw. mit dem Verstand zu beurteilen u. sich danach zu richten (auch wenn seine Gefühle, Wünsche in e-e andere Richtung gehen) 理性,理智,明智,常理,常情〈V. walten lassen 凭理智行事; etw. gegen die Regeln der V., gegen/wider alle V. tun 违反常理,违背常情地做某事; ohne V. handeln 不明智地行事〉 ‖ K-(复合): **Vernunft-**, **-ehe**, **-heirat**, **-mensch** 2. **V. annehmen**, **(wieder) zur V. kommen** wieder so handeln, wie es der V. (1) entspricht 冷静下来,醒悟过来,恢复理智: *Zuerst wollte er trotz seiner schweren Krankheit an der Prüfung teilnehmen, aber dann hat er doch noch V. angenommen* 起初他想不顾重病参加考试,但是后来还是冷静下来了 3. **j-n zur V. bringen** bewirken, dass j-d wieder so handelt, wie es der V. (1) entspricht 使…头脑冷静下来、醒悟过来、恢复理智 ‖ *zu*(义项) 1. **ver·nunft·ge·mäß** *Adj*(形); **ver·nunft·wid·rig** *Adj*(形)

ver·nünf·tig *Adj*(形) 1. klug u. gut überlegt 理智的,理性的,明智的,冷静的 ↔ unvernünftig: *e-e vernünftige Entscheidung treffen* 作出明智的决定; *Ich weiß nicht, warum er seinen Lehrer so provoziert – Er ist sonst eigentlich ganz v.* 我不知道他为什么要这样故意激怒他的老师——平常他本来是非常通情达理的 2. *gespr* [口]; so, wie es j-s Erwartungen, Wünschen entspricht 合适

的，好的，合心意的 ≈ ordentlich：*zu e-m vernünftigen Preis* 按合适的价格；*Ich will endlich mal wieder etw. Vernünftiges essen!* 我又想再吃点可口的(合胃口的)东西啦！‖ zu(义项) 1. **ver·nünf·ti·ger·wei·se** *Adv*(副)

ver·ö·den；*verödete*，*ist/hat verödet*；Vi(不及物)（*ist*）**1.** ***etw. verödet*** etw. wird unfruchtbar(物作主语)变得荒芜，变得荒凉〈ein Boden，e-e Landschaft 土地，地区〉**2.** ***etw. verödet*** etw. wird leer von Menschen(物作主语)变得无人居住，荒无人烟〈die Stadt，die Straßen 城市，街道〉；Vt(及物)（*hat*）**3.** ***etw. v.*** MED【医】：e-e Ader so behandeln，dass kein Blut mehr durch sie fließt 使闭合，控制住〈ein Gefäß，Krampfadern v. 使血管(脉管)、静脉曲张闭合〉‖ *hierzu*(派生) **Ver·ö·dung** *die*；*mst Sg*(多用单数) ‖ ▶ **öde** (1,2)

ver·öf·fent·li·chen；*veröffentlichte*，*hat veröffentlicht*；Vt(及物) ***etw. v.*** etw.（*bes* in e-m Buch，in e-r Zeitschrift *o.Ä.*）der Öffentlichkeit bekannt machen 公布，发表；出版，发行 ≈ publizieren：*Forschungsergebnisse*，*e-n Artikel v.* 发表研究结果、文章 ‖ *hierzu*(派生) **Ver·öf·fent·li·chung** *die*

ver·ord·nen；*verordnete*，*hat verordnet*；Vt(及物) **1.** **(*j-m*) *etw. v.*** als Arzt bestimmen，dass ein Patient etw. Bestimmtes tun，tragen，einnehmen *o.Ä.* soll 开处方，嘱咐 ≈ j-m etw. verschreiben〈j-m Bettruhe，e-e Brille，e-e Diät，e-e Kur，ein Medikament v.（医生）嘱咐某人卧床休息，嘱咐某人配戴眼镜，给某人规定特殊饮食，对某人采取一种疗法，给某人开一种药〉**2.** ***etw. v.*** ≈ anordnen[1]

Ver·ord·nung *die*；-，-*en*；e-e Norm od. Maßnahme，die *bes* der Staat festgelegt hat 命令，规定

ver·pach·ten；*verpachtete*，*hat verpachtet*；Vt/i(及物/不及物)（***j-m***）（***etw.***）***v.***；（***etw.***）（***an j-n***）***v.*** j-m erlauben，ein Stück Land od. e-n Raum（mit allen Rechten）zu nutzen，u. dafür Geld von ihm nehmen 出租，租赁 ↔ pachten〈e-n Garten，ein Grundstück，e-n Hof，ein Lokal v. 出租花园、地产、院子、饭馆〉‖ NB(注意)：↑ ***vermieten*** ‖ *hierzu*(派生) **Ver·pach·tung** *die*

ver·pa·cken；*verpackte*，*hat verpackt*；Vt(及物) ***etw.*** (***in etw.*** (*Akk* 四格)) ***v.*** etw. in e-e (feste) Hülle tun，*bes* um es so zu verkaufen od. zu transportieren 包装，给…打包，把…装箱：*Elektrogeräte in Kartons v.* 把电器装箱

verpacken

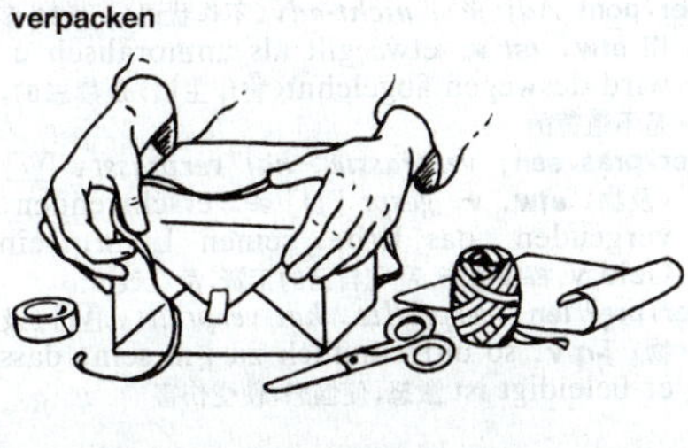

Ver·pa·ckung *die*；-，-*en* **1.** *nur Sg*(只用单数)；der Prozess，bei dem etw. verpackt wird 包装：*Die Uhr ist bei der V. beschädigt worden* 钟(表)在包装时被损坏了 **2.** die Hülle，in die man etw. verpackt 包装材料，封皮，包皮：*e-e V. aus Plastik* 塑料包装 ‖ K-(复合)：***Verpackungs-***，***-kosten***，***-material*** ‖ -K(复合)：***Original-***；***Vakuum-***

ver·pas·sen[1]；*verpasste*，*hat verpasst*；Vt(及物) **1.** ***j-n/etw. v.*** nicht zur richtigen Zeit an e-m Ort sein u. deswegen j-n nicht treffen od. etw. nicht erreichen 错过，耽误，没赶上，没碰上 ≈ versäumen (1)：*zu spät ins Kino gehen u. den Anfang des Films v.* 去电影院太晚了，耽误了影片的开头；*Du hast ihn verpasst – er war vor fünf Minuten noch hier* 你没赶上见他——五分钟以前他还在这里 **2.** ***etw. v.*** den richtigen Zeitpunkt für etw. nicht nutzen 错过，没抓住 ≈ versäumen (4)〈e-e Chance，e-e Gelegenheit v. 错过机会、机遇〉：*den Anschluss an die moderne Technik nicht v. wollen* 不想错过赶上现代技术的机会；*als Musiker seinen Einsatz v.* 作为音乐家没抓住起奏(起唱)的节拍

ver·pas·sen[2]；*verpasste*，*hat verpasst*；Vt(及物) *gespr*［口］**1.** ***j-m etw. v.*** j-m etw. Unangenehmes geben（*bes* um ihn zu bestrafen）把…施之于，给…(一种惩罚)〈j-m e-e Abreibung，e-e Ohrfeige，e-e Tracht Prügel v. 把某人揍了一顿，给某人一记耳光，把某人痛打一顿；j-m e-n Denkzettel v.（= e-e Strafe als Warnung geben）把某人训斥一通〉：*Der Richter hat ihm fünf Jahre Gefängnis verpasst* 法官判了他五年徒刑 **2.** ***j-m eins/eine v.*** j-m e-n Schlag geben 打某人，揍某人

ver·pat·zen；*verpatzte*，*hat verpatzt*；Vt(及物) ***etw. v.*** *gespr*［口］；bei etw. *mst* mehrere Fehler machen u. deshalb keinen Erfolg haben 做坏，弄错，搞糟〈die Prüfung v. 考试考坏了，考砸了〉

ver·pen·nen；*verpennte*，*hat verpennt*；Vt/i(及物/不及物)（***etw.***）***v.*** *gespr*［口］≈（etw.）verschlafen

ver·pes·ten；*verpestete*，*hat verpestet*；Vt(及物) ***j-d/etw. verpestet etw.*** *pej*［贬］；j-d/etw. füllt die Luft mit e-m unangenehmen Geruch od. mit schädlichen Stoffen(人/物作主语)污染，使有臭味〈die Luft，ein Zimmer v. 污染空气，使房间气味难闻〉：*Die Fabrik verpestet*（*mit ihren Abgasen*）*die Luft* 工厂(用废气)污染空气；*Du verpestest das ganze Haus mit deinen Zigarren!* 你抽雪茄烟污染全家

ver·pet·zen；*verpetzte*，*hat verpetzt*；Vt(及物) ***j-n*** (***bei j-m***) ***v.*** *gespr pej*［口］［贬］；（*bes* von Schülern verwendet）*bes* dem Lehrer od. den Eltern sagen，dass ein Kind etw. getan hat，was nicht erlaubt ist(中小学生用语)暗中告诉，私下反映，打小报告 ≈ verraten

ver·pfän·den；*verpfändete*，*hat verpfändet*；Vt(及物)（***j-m***）***etw. v.*** j-m etw. als Pfand geben 典当，抵押：*Er musste sein Haus v.，um e-n Kredit zu bekommen* 他不得不把自己

V

的房子作为抵押，以便得到贷款

ver·pfei·fen; *verpfiff*, *hat verpfiffen*; [Vt]（及物）***j-n*** (***bei j-m***) ***v***. *gespr pej*［口］［贬］; der Polizei *o. Ä*. verraten, dass ein Freund, ein Bekannter *o. Ä*. etw. Verbotenes getan hat 告发，检举

ver·pflan·zen; *verpflanzte*, *hat verpflanzt*; [Vt]（及物）**1. *etw. v***. e-e Pflanze an e-n anderen Ort pflanzen 移植，移栽 **2. *etw. v***. als Arzt Gewebe od. ein Organ auf e-n anderen Körperteil bzw. auf e-n anderen Menschen übertragen 移植（器官等）≈ transplantieren 〈ein Herz, e-e Niere, Haut v. 移植心脏、肾脏、皮肤〉‖ *hierzu*（派生）**Ver·pflan·zung** *die*

ver·pfle·gen; *verpflegte*, *hat verpflegt*; [Vt]（及物）***j-n/sich v***. j-n/sich mit Essen versorgen 供给…膳食，给养/伙食自理

Ver·pfle·gung *die*; -; *nur Sg*（只用单数）**1.** die Versorgung mit Essen 伙食，膳食，给养: *für die V. der Soldaten sorgen* 照料士兵们的伙食（给养）**2.** das Essen, das man *bes* in e-m Hotel bekommt 膳食，伙食: *Unterkunft u. V. waren sehr gut* 食宿都很好

ver·pflich·ten; *verpflichtete*, *hat verpflichtet*; [Vt/i]（及物/不及物）**1. *etw. verpflichtet*** (***j-n***) ***zu etw***. etw. bewirkt, dass j-d die Pflicht hat, etw. zu tun（物作主语）使承担义务，使负有责任 〈zu etw. verpflichtet sein 有责任做某事〉: *Das Öffnen der Packung verpflichtet zum Kauf / verpflichtet Sie zum Kauf der Ware* 如果打开包装，您就必须购买商品; [Vt]（及物）**2. *j-n*** (***zu etw.***) ***v***. j-n dazu bringen, dass er e-e bindende Zusage abgibt 使受约束，使作出允诺: *e-n Kunden* dazu *v.*, *e-e Rechnung innerhalb von 14 Tagen* zu *zahlen* 使顾客在两个星期内必须付清账目 **3. *j-n v***. e-n Vertrag mit e-m Sänger, Musiker, Schauspieler, Spieler *o. Ä*. schließen u. ihn so für e-e bestimmte Tätigkeit gewinnen（签约）任用，聘用，录用 ≈ engagieren: *Der neue Stürmer wurde für zwei Jahre verpflichtet* 这位新的前锋签了两年工作合同; [Vr]（反身）**4. *sich*** (***zu etw.***) ***v***. fest versprechen, etw. zu tun 对…承诺、承担义务 〈sich vertraglich v. 按合同承担义务〉 **5. *sich v***. in e-m Vertrag versprechen, e-e Aufgabe *bes* als Künstler od. Soldat zu übernehmen（签订合同）答应，允诺接受任务: *sich auf/für zwei Jahre bei der Bundeswehr v*. 签合同承诺在联邦国防军中服役两年

ver·pflich·tet **1.** *Partizip Perfekt*（过去分词）; ↑ ***verpflichten*** **2.** ((***j-m***) ***zu etw.***) ***v***. aus moralischen Gründen od. weil man j-m etw. schuldet mehr od. weniger gezwungen, etw. zu tun 对…负有责任的 〈sich zu etw. v. fühlen 感到对某事负有责任〉: *v. sein*, *j-m* zu *helfen* 有义务帮助某人; *j-m zu Dank v. sein* (= j-m sehr dankbar sein) 应当感谢某人; *Er fühlte sich* (dazu) *v.*, *ihr zu helfen* 他感到应该（有义务）帮助她 **3. *sich j-m*** (***gegenüber***) ***v. fühlen*** j-m für etw. dankbar sein u. deshalb glauben, dass man ihm auch helfen müsse 觉得应当感谢某人 **4. *j-m/etw. v. sein*** *geschr*［书］; stark von j-m/etw. beeinflusst sein 深受…影响

Ver·pflich·tung *die*; -, *-en* **1.** etw., das man *bes* aus moralischen Gründen tun muss 职责，责任，义务 〈berufliche, gesellschaftliche, vertragliche Verpflichtungen 职业上的、对社会的、合同上的责任; e-e V. eingehen, übernehmen, haben, erfüllen 接受、承担、负有、履行责任（义务）; e-r V. nachkommen 履行责任（义务）〉: *aus terminlichen Schwierigkeiten seinen Verpflichtungen nicht mehr nachkommen können* 由于期限上的困难，不再能履行自己的责任 **2.** *nur Pl*, *geschr*（只用复数）［书］≈ Schulden **3.** *nur Sg*（只用单数）; das Verpflichten (3), das Engagieren (*mst* e-s Künstlers, Spielers *o. Ä.*) 聘用，聘任 **4.** *nur Sg*（只用单数）; die Handlung, bei der man j-n dazu bringt, etw. fest zu versprechen 尽职宣誓，报效承诺

ver·pfu·schen; *verpfuschte*, *hat verpfuscht*; [Vt]（及物）***etw. v***. *gespr*［口］; etw. durch schlechte Leistungen od. durch Fehler verderben od. kaputt machen 搞糟，毁掉，断送 〈e-e Arbeit, seine Karriere, sein Leben v. 把工作搞糟，毁掉自己的前程，断送自己的生命〉

ver·pis·sen, sich; *verpisste sich*, *hat sich verpisst*; [Vr]（反身）*mst in* 多用于 ***Verpiss dich!*** *vulg*［俗］; verwendet, um auf grobe Weise j-n zum Weggehen aufzufordern 滚开！滚蛋！

ver·plant *Adj*（形）; *mst präd*, *nicht adv*（多作表语，不作状语）; durch Pläne festgelegt (die nicht mehr zu ändern sind) 已经计划好的，经计划确定的: *Mein Geld/mein Gehalt/der Tag ist schon v*. 我的钱/我的工资/日子已经计划好了

ver·plap·pern, sich; *verplapperte sich*, *hat sich verplappert*; [Vr]（反身）***sich v***. *gespr*［口］; ohne Absicht etw. sagen, das geheim bleiben sollte 无意中泄漏，无意中说出，说漏了嘴 ≈ etw. ausplaudern

ver·plau·dern; *verplauderte*, *hat verplaudert*; [Vt]（及物）***etw. v***. e-e bestimmte Zeit mit Plaudern verbringen 闲聊度过: *den ganzen Nachmittag mit der Freundin v*. 整个下午都跟女朋友聊天

ver·plem·pern; *verplemperte*, *hat verplempert*; [Vt]（及物）***etw. v***. *gespr*［口］≈ verschwenden, vergeuden

ver·plom·ben; *verplombte*, *hat verplombt*; [Vt]（及物）***etw. v***. etw. mit e-r Plombe (1) verschließen 把…用铅封封上，打铅封，封铅印

ver·pönt *Adj*（形）; *nicht adv*（不作状语）; *mst* 多用 ***etw. ist v***. etw. gilt als unmoralisch u. wird deswegen abgelehnt（物作主语）是禁忌的，是不道德的

ver·pras·sen; *verprasste*, *hat verprasst*; [Vt]（及物）***etw. v***. *gespr*［口］≈ verschwenden, vergeuden 〈das Erbe, seinen Lohn, sein Geld v. 挥霍遗产，乱花自己的工资，乱花钱〉

ver·prel·len; *verprellte*, *hat verprellt*; [Vt]（及物）***j-n v***. so unfreundlich zu j-m sein, dass er beleidigt ist 激怒，使恼怒，使受伤害

V

ver·prü·geln; *verprügelte*, *hat verprügelt*; Vt (及物) ***j-n v.*** j-n mehrmals sehr stark schlagen 痛打，毒打，狠揍

ver·puf·fen; *verpuffte*, *ist verpufft*; Vi (不及物) **1.** ***etw. verpufft*** etw. explodiert mit e-m dumpfen Geräusch(物作主语)发出低沉的爆炸声，爆燃〈Gas, e-e Flamme 煤气，火焰〉 **2.** ***etw. verpufft*** etw. hat nicht die gewünschte Wirkung(物作主语)毫无结果，不起作用，告吹〈die Aktion 行动〉

ver·pul·vern; *verpulverte*, *hat verpulvert*; Vt (及物) ***etw. v.*** *gespr* [口] ≈ verprassen

ver·pup·pen, sich; *verpuppte sich*, *hat sich verpuppt*; Vr (反身)〈e-e Raupe, e-e Larve 毛虫，幼虫〉 ***verpuppt sich*** e-e Raupe/e-e Larve verwandelt sich in e-e Puppe[2] 变成蛹，化为蛹 ‖ *hierzu* (派生) **Ver·pup·pung** *die*

Ver·putz *der*; *-es*, *-e*; die dünne Schicht aus Sand u. Zement über den Wänden e-s Hauses od. e-r Mauer(抹墙用的)灰泥，砂浆，灰浆：*den V. auftragen* 抹灰泥，抹墙

ver·put·zen; *verputzte*, *hat verputzt*; Vt (及物) **1.** ***etw. v.*** die Wände e-s Hauses od. e-r Mauer mit e-r dünnen Schicht aus Sand u. Zement bedecken 往…上抹灰泥〈e-e Decke, e-e Fassade, ein Haus, e-e Wand v. 往顶棚、房屋正面、房屋、墙上抹灰泥〉 **2.** ***etw. v.*** *gespr* [口]; e-e große Menge von etw. schnell essen 很快吃掉，吃光

ver·qualmt *Adj* (形); voller Rauch u. Qualm 充满烟雾的，烟雾弥漫的〈ein Zimmer, die Luft 房间，空气〉 ‖ *hierzu* (派生) **ver·qual·men** (*hat*) *Vt* (及物)

ver·quer [fɛɐ̯ˈkveːɐ̯] *Adj* (形); *gespr pej* [口][贬] ≈ seltsam, merkwürdig〈e-e Ansicht, e-e Idee, e-e Vorstellung 观点，思想，想法〉

ver·quol·len *Adj* (形); stark geschwollen 肿大的，肿了的〈Augen 双眼〉

ver·ram·meln; *verrammelte*, *hat verrammelt*; Vt (及物) ***etw. v.*** *gespr* [口]; etw. fest (*bes* mit großen, schweren Gegenständen) verschließen 堵住，阻挡〈die Tür, das Tor v. 堵住门、大门〉

ver·ram·schen; *verramschte*, *hat verramscht*; Vt (及物) ***etw. v.*** *gespr pej* [口][贬]; etw., das man nicht mehr haben will, sehr billig verkaufen 甩卖，廉价抛售〈Bücher v. 甩卖书籍〉

ver·rannt *Partizip Perfekt* (过去分词); ↑ ***verrennen***

Ver·rat *der*; *-(e)s*; *nur Sg* (只用单数); ***der V.*** (***an j-m/etw.***) die Weitergabe von Geheimnissen über j-n/etw. 泄密，出卖，背叛，叛变〈V. begehen, üben 出卖，背叛; auf V. aus sein, sinnen 企图出卖，图谋叛变〉: *V. am Vaterland* 背叛祖国 ‖ -K (复合): ***Landes-*** ‖ NB (注意): ↑ ***Hochverrat***

ver·ra·ten; *verrät*, *verriet*, *hat verraten*; Vt (及物) **1.** (***j-m***) ***etw. v.*** *gespr* [口]; j-m etw. sagen od. zeigen, das geheim bleiben sollte 泄露，泄漏，透露，吐露〈ein Geheimnis, e-n Plan, ein Versteck v. 泄漏秘密，泄漏计划，透露躲藏处〉: *Soll ich dir v., was du zu Weihnachten bekommst?* 要我向你透露你在圣延节会得到什么东西吗?; *Du darfst Mutter nicht v.*, dass *ich in der Disko war* 你不许告诉母亲，我去过迪斯科舞厅 **2.** ***j-n/etw.*** (***an j-n***) ***v.*** durch das Weitergeben von Informationen (*mst* absichtlich) j-m/etw. schaden 出卖，背叛〈e-n Freund, das Vaterland, e-n Plan v. 出卖朋友，背叛祖国，出卖计划〉 **3.** (***j-m***) ***etw. v.*** *gespr hum od iron* [口][诙]或[讽]; j-m etw. sagen 透露，告诉: *Willst du mir nicht v., wie ich hier rauskommen soll?* 你不想告诉我，我该怎样离开这里吗? **4.** ***etw. verrät etw.*** etw. lässt etw. erkennen(物作主语)显露，表露，显示: *Sein Blick verriet große Angst* 他的目光显露出极大的恐惧; Vr (反身) **5.** ***sich durch etw. v.*** ohne Absicht seinen wahren Charakter, seine wahren Pläne *o. Ä.* erkennen lassen 暴露自己: *Der Täter verriet sich durch seine Nervosität* 作案人的紧张不安暴露了自己 ‖ ID [谚] ***verraten u. verkauft*** in e-r sehr schwierigen Situation u. hilflos 被出卖，被抛弃，束手无策 ‖ *zu* (义项) **1. Ver·rä·ter** *der*; *-s*, *-*; **Ver·rä·te·rin** *die*; *-*, *-nen*

ver·rä·te·risch *Adj* (形) **1.**〈Blicke, Gesten, e-e Miene 目光，手势，表情〉so, dass man etw. (Negatives) erkennen kann 泄露真情的，暴露真相的 **2.** mit Verrat verbunden 背叛的，背信弃义的，叛逆的〈ein Plan, e-e Tat 计划，行动〉

ver·ratzt *Adj* (形); *nur präd*, *nicht adv* (只作表语，不作状语); *nur in* 只用于 ***v. sein*** *gespr* [口]; in e-r aussichtslosen Lage sein 处于绝境 ≈ verloren sein

ver·rau·chen; *verrauchte*, *ist verraucht*; Vi (不及物) ***etw. verraucht*** etw. verschwindet allmählich(物作主语)消散，渐渐平息下来〈*mst* Ärger, j-s Wut, j-s Zorn 多指怒气，某人的怒火，某人的恼怒〉

ver·räu·chert *Adj* (形); *nicht adv*, *gespr* (不作状语)[口] ≈ verraucht (2)〈e-e Bude 房间〉

ver·raucht **1.** *Partizip Perfekt* (过去分词); ↑ ***verrauchen*** **2.** *Adj* (形); *nicht adv* (不作状语); voll Rauch 充满烟雾的，烟雾迷漫的，烟雾腾腾的 ≈ rauchig〈ein Lokal, ein Zimmer 饭馆，房间〉

ver·rech·nen; *verrechnete*, *hat verrechnet*; Vr (反身) **1.** ***sich v.*** beim Rechnen e-n Fehler machen 算错: *Die Rechnung stimmt nicht – da muss ich mich wohl verrechnet haben* 账目不对——那大概一定是我算错了 **2.** ***sich*** (***mit etw.***) ***v.*** etw. falsch einschätzen u. deswegen keinen Erfolg haben 失算，打错算盘; Vt (及物) **3.** ***etw.*** (***mit etw.***) ***v.*** etw. in e-e Rechnung mit einbeziehen 结算，结清，将…记入账户: *e-n Gutschein mit dem Kaufpreis v.* 用买价结算票证 ‖ *zu* (义项) **3. Ver·rech·nung** *die*; *mst Sg* (多用单数)

Ver·rech·nungs·scheck *der*; ein Scheck, für den man bei der Bank kein Bargeld, sondern Geld auf sein Konto bekommt 转账支票，汇划支票，划线支票 ↔ Barscheck

ver·re·cken; *verreckte*, *ist verreckt*; Vi (不及物) **1.** *vulg* [俗] ≈ sterben〈Menschen,

Tiere 人,动物〉**2.** *gespr* [口]; plötzlich nicht mehr funktionieren 突然坏了,突然不再运转了〈ein Auto, ein Motor *usw* 汽车,发动机等〉‖ ID [谚] ***nicht ums Verrecken*** *gespr* [口]; überhaupt nicht 死也不,决不

ver·reg·net *Adj*(形); *nicht adv*(不作状语); mit viel Regen u. deshalb nicht schön 因雨多而令人扫兴的,因雨多而烦人的〈ein Ausflug, ein Tag, ein Sommer 郊游,一天,夏天〉

ver·rei·ben; *verrieb, hat verrieben*; [Vt](及物) ***etw. (irgendwo) v.*** etw. durch Reiben irgendwo verteilen 把…搽,涂抹在…上: *e-e Salbe auf der Haut v.* 把软膏涂在皮肤上

ver·rei·sen; *verreiste, ist verreist*; [Vi](不及物) e-e Reise machen 出门,外出旅行〈geschäftlich v. 因公务(业务)出差; verreist sein 出门旅行去了〉: *Sie ist vor zwei Wochen überraschend verreist* 她在两个星期以前突然外出旅行去了

ver·rei·ßen; *verriss, hat verrissen*; [Vt](及物) ***j-n/etw. v.*** e-e sehr negative Kritik über j-n/etw. schreiben 激烈批评,狠批,抨击〈e-n Auftritt, e-n Film, ein Konzert, ein Buch, e-e Inszenierung *usw* v. 激烈批评一次演出、一部电影、一场音乐会、一本书、一次导演等〉‖ ▶ ***Verriss***

ver·ren·ken; *verrenkte, hat verrenkt*; [Vt](及物) **1.** ***j-m/sich etw. v.*** etw. so bewegen od. drehen, dass es gedehnt u. verletzt wird 扭伤,使脱臼,使关节错位 ≈ verzerren〈j-m/sich den Arm, den Hals, den Kiefer, den Fuß v. 把某人/自己的胳膊、脖子扭伤,使某人/自己颌骨脱位、脚扭脱臼〉; [Vr](反身) **2.** ***sich v.*** den Körper ganz unnatürlich drehen, strecken *o. Ä.* 不自然地扭曲身躯,扭歪肢体: *sich beim Tanzen v.* 在跳舞时扭歪肢体 ‖ *hierzu*(派生) **Ver·ren·kung** *die*

ver·ren·nen, sich; *verrannte sich, hat sich verrannt*; [Vr](反身) ***sich (in etw.*** (*Akk* 四格)) ***v.*** an etw. festhalten, obwohl es schon klar ist, dass es nicht sinnvoll ist 固执于,顽固地坚持,执泥〈sich in e-e Idee, e-n Plan v. 固执于某种想法、计划; sich mit etw. verrannt haben 执泥某事〉

ver·rich·ten; *verrichtete, hat verrichtet*; [Vt](及物) ***etw. v.*** *geschr* [书] ≈ tun, machen〈*mst* 多用 e-e Arbeit, seinen Dienst v. 做工作,值勤; seine Notdurft v. (= die Blase bzw. den Darm entleeren) 解手,大小便〉‖ *hierzu*(派生) **Ver·rich·tung** *die*

ver·rie·geln; *verriegelte, hat verriegelt*; [Vt](及物) ***etw. v.*** etw. mit e-m Riegel schließen 给…上插销,闩上〈ein Fenster, e-e Tür, ein Schloss v. 把窗户插上插销,把门闩上,把锁锁上〉

ver·rin·gern; *verringerte, hat verringert*; [Vt](及物) **1.** ***etw. v.*** etw. kleiner machen 减少,使变小,缩小 ≈ reduzieren, vermindern ↔ vergrößern: *durch ein Tempolimit die Zahl der Unfälle v. wollen* 想通过限速来减少事故的数量; [Vr](反身) **2.** ***etw. verringert sich*** etw. wird geringer (物作主语) 减少; 变小,缩小 ↔ etw. vergrößert sich ‖ *hierzu*(派生) **Ver·rin·ge·rung** *die*

ver·rin·nen; *verrann, ist verronnen*; [Vi](不及物) ***etw. verrinnt*** *geschr* [书]; etw. geht (zu schnell) (物作主语) vorbei, vergeht (zu schnell) 流逝,过去〈die Stunden, die Tage, die Zeit *usw* 几个小时,几天,时间等〉

Ver·riss *der*; *-es, -e*; e-e sehr negative Kritik an e-r künstlerischen Leistung od. an e-r wissenschaftlichen Arbeit 激烈的批评,抨击 ‖ ▶ ***verreißen***

ver·ro·hen; *verrohte, ist verroht*; [Vi](不及物) ***j-d/etw. verroht*** j-d/etw. wird roh (3), brutal (人/物作主语) 变野蛮,变粗野〈die Sitten verrohen 风俗变得野蛮了〉‖ *hierzu*(派生) **Ver·ro·hung** *die*; *mst Sg*(多用单数)

ver·ros·ten; *verrostete, ist verrostet*; [Vi](不及物) ***etw. verrostet*** etw. wird rostig u. dadurch beschädigt (物作主语) 生锈,锈蚀

ver·rot·ten; *verrottete, ist verrottet*; [Vi](不及物) ***etw. verrottet*** etw. (Pflanzliches) verwandelt sich in fruchtbare Erde (物作主语) 腐烂,腐朽,沤熟〈Laub, Mist 树叶,粪〉‖ *hierzu*(派生) **Ver·rot·tung** *die*; *nur Sg*(只用单数)

ver·rucht *Adj*(形); (moralisch) böse, schlecht 卑鄙的,卑劣的,堕落的,道德败坏的〈Menschen, Taten 人,行为〉‖ *hierzu*(派生) **Ver·rucht·heit** *die*; *nur Sg*(只用单数)

ver·rü·cken; *verrückte, hat verrückt*; [Vt](及物) ***etw. v.*** etw. an e-n anderen Ort bewegen od. schieben 挪开,移开,推移

ver·rückt *Adj*(形); *gespr* [口] **1.** nicht fähig, klar zu denken od. vernünftig zu handeln 疯癫的,发疯的,精神失常的,精神错乱的 ≈ geistesgestört, wahnsinnig **2.** nervlich so stark belastet, dass man ganz nervös *o. Ä.* wird 神经紧张的,要发疯的,极不耐烦的 ≈ wahnsinnig〈v. vor Angst, Schmerzen, Sorgen 怕得、痛得、愁得要发疯的; etw. (*z. B.* j-s Fragen, der Lärm, die Ungewissheit, die Unsicherheit) macht j-n (ganz) v. 某事(例如某人的问题,嘈杂声,不了解情况,不安全的处境)弄得某人会发疯了〉: *Von dem ewigen Warten im Stau kann man wirklich v. werden* 由于堵车在车队里没完没了地等待,人真的会发疯的 **3.** ungewöhnlich u. *mst* nicht vernünftig 异想天开的,古怪的,不合情理的,怪诞的〈ein Einfall, ein Gedanke, e-e Idee 念头,思想,想法〉: *sich e-n verrückten Hut kaufen* 给自己买一顶古怪的帽子; *etw. ganz Verrücktes tun wollen* 想做某种完全异想天开的事情 **4.** ***wie v.*** sehr heftig od. intensiv 极强烈,极厉害,非常快,像发疯一样: *Es regnete wie v.* 下雨下疯了; *Ich hab geschuftet wie v.* 我曾经发了疯似地操劳干活 **5.** ***auf etw.*** (*Akk* 四格)/***nach etw. v. sein*** etw. sehr gern haben od. genießen wollen 想…想得发疯,一味追求,迷上 ≈ auf etw. (*Akk* 四格) versessen sein: *ganz v. nach Cowboyfilmen sein* 完全迷上牛仔片 **6.** ***auf j-n/nach j-m v. sein*** *gespr* [口]; sehr verliebt in j-n sein 爱…爱得发疯,痴迷地爱上 ‖ ID [谚] ***Ich 'werd v.!*** *gespr* [口]; verwendet, um starke Überraschung auszudrücken 我感到实在惊讶！我感到十分意外！‖ NB(注意)：↑ ***verrücktspielen*** ‖ *zu*(义项) **1.** u. **3. Ver·rückt·heit** *die*

Ver·rück·te *der/die*; *-n*, *-n*; *gespr* [口] **1.** j-d, der geistig gestört ist 精神失常的人，疯子，神经错乱者 ≈ Geistesgestörte(r), Geisteskranke(r) **2.** *pej* [贬]; j-d, der sich nicht normal benimmt 疯子，神经病(指举止失常) **3.** ***wie ein Verrückter/e-e Verrückte*** sehr heftig od. intensiv 拼命地，使劲地，像疯了一样 〈wie ein Verrückter büffeln, lachen, schreien, schuften *usw* 像疯了一样拼命用功，大笑，喊叫，操劳干活等〉 ‖ NB(注意)：*ein Verrückter*; *der Verrückte*; *den*, *dem*, *des Verrückten*

ver·rückt·spie·len; *spielte verrückt*, *hat verrücktgespielt*; [Vi] (不及物) **1.** sich nicht vernünftig u. normal benehmen 行为疯疯癫癫(举止失常) **2.** ***etw. spielt verrückt*** etw. funktioniert nicht mehr normal 运转失常，出毛病 〈ein Auto, e-e Uhr 汽车，钟(表)〉

Ver·rückt·wer·den *das*; *mst in* 多用于 ***Das ist zum V.*** *gespr* [口]; das ist so schlimm, dass man verzweifeln könnte 这实在是糟透了

Ver·ruf *der*; *nur in* 只用于 **1.** ***in V. geraten/kommen*** e-n schlechten Ruf bekommen 弄得声名狼藉，弄得名誉扫地 **2.** ***j-n/etw. in V. bringen*** bewirken, dass j-d/etw. e-n schlechten Ruf bekommt 使声名狼藉、名誉扫地

ver·ru·fen *Adj*(形); *nicht adv*(不作状语); mit schlechtem Ruf 名声不好的，声名狼藉的，臭名昭著的 〈e-e Gegend, ein Lokal 地方，饭馆〉

ver·rüh·ren; *verrührte*, *hat verrührt*; [Vt] (及物) ***etw.*** (***mit etw.***) (***zu etw.***) ***v.*** etw. durch Rühren mit etw. mischen 搀和，搅拌，和：*Eigelb mit Zucker zu e-r schaumigen Masse v.* 把蛋黄和糖搅拌成多泡沫的糊状物

ver·rut·schen; *verrutschte*, *ist verrutscht*; [Vi] (不及物) ***etw. verrutscht*** etw. bewegt sich von der richtigen an die falsche Stelle (物作主语)滑落，滑掉，滑下来 〈der Träger an e-m Kleid 连衣裙上的背带〉

Vers [f-] *der*; *-es*, *-e* **1.** e-e Zeile mit e-m bestimmten Rhythmus, Reim *usw* in e-m Gedicht, e-m Theaterstück *o. Ä.* 诗句，诗行 〈etw. in Verse bringen, fassen 把某事写成诗〉: *e-e Strophe aus/mit sechs Versen* 六行一节(的诗) ‖ K-(复合): ***Vers-***, ***-dichtung***, ***-drama***, ***-form*** **2.** *gespr* [口]; e-e Strophe e-s Liedes od. e-s Gedichtes 歌或诗的节 **3.** der kleinste Abschnitt e-s Textes der Bibel《圣经》中的节

ver·sa·gen[1]; *versagte*, *hat versagt*; [Vi] (不及物) **1.** die erwartete Leistung nicht bringen 干不好，不顶事：*in der Schule*, *am Arbeitsplatz v.* 在学校学不好，在岗位上干不出成绩 **2.** ***etw. versagt*** etw. bringt die normale Leistung nicht mehr(物作主语)不听使唤，不管用，失灵，出毛病，不起作用 〈die Augen, das Herz 眼睛，心脏；die Bremsen 刹车，制动器〉

ver·sa·gen[2]; *versagte*, *hat versagt*; *geschr* [书]; [Vt] (及物) **1.** ***j-m etw. v.*** die Bitte, den Wunsch *o. Ä.* e-s anderen nicht erfüllen 拒绝，不同意 ≈ verweigern 〈j-m e-e Bitte, den Gehorsam, seine Hilfe, e-n Wunsch, die Zustimmung v. 拒绝某人的请求，拒不服从，拒绝帮助某人，不同意某人的愿望，拒不同意〉 **2.** ***sich*** (*Dat* 三格) ***etw. v.*** *geschr* [书] ≈ auf etw. verzichten; [Vr] (反身) **3.** ***sich j-m v.*** *geschr* [书]; nicht bereit sein, j-m zu e-m bestimmten Zweck zur Verfügung zu stehen 不准备为…效力，拒绝委身于 ‖ *zu*(义项) **1. Ver·sa·gung** *die*; *mst Sg*(多用单数)

Ver·sa·gen *das*; *-s*; *nur Sg* (只用单数); ein Fehler in der Handhabung von etw. od. in e-m technischen Ablauf 失误，故障，失灵，失效 〈menschliches, technisches V. 人的失误，技术故障〉: *Der Unfall kam durch menschliches V. zustande* 事故是由于人的失误而产生的 ‖ -K(复合): ***Herz-***, ***Kreislauf-***

Ver·sa·ger *der*; *-s*, *-*; *pej* [贬]; j-d, der oft od. in wichtigen Dingen nicht die erwartete Leistung bringt 不顶事的人，不中用的人，不胜任者，不称职者

ver·sal·zen; *versalzte*, *hat versalzen/versalzt*; [Vt] (及物) **1.** ***etw. v.*** zu viel Salz in etw. geben 在…加盐太多 〈die Suppe v. 把汤做得太咸〉 **2.** ***j-m etw. v.*** *gespr* [口] ≈ j-m etw. verderben 〈j-m die Freude, e-n Plan v. 扫某人的兴，破坏某人的计划〉

ver·sam·meln; *versammelte*, *hat versammelt*; [Vr] (反身) **1.** ***sich*** (*Kollekt od Pl* 集合或复数) ***v.*** sich in e-r Gruppe treffen, *bes* um über etw. zu sprechen 集合，聚集，汇集：*sich in e-m Saal zu e-r Sitzung v.* 在大厅里集合开会; [Vt] (及物) **2.** ***j-n*** (*Kollekt od Pl* 集合或复数) ***irgendwo v.*** veranlassen, dass sich Menschen irgendwo treffen 召集，集合，把…聚集起来：*Der Lehrer versammelte die Schüler um sich/in der Aula* 教师把学生们召集到自己周围/到礼堂里

Ver·samm·lung *die*; *-*, *-en* **1.** ein Treffen *mst* e-r großen Menge von Menschen, die *mst* über etw. sprechen wollen 集会，会议 〈e-e V. einberufen, eröffnen, abhalten, leiten, auflösen, stören, verbieten 召集、宣布开始、举行、主持、解散、扰乱、禁止召开会议; e-r V. beiwohnen 出席会议，列席会议; auf e-r V. sprechen 在会议上发言〉: *zur V. des Sportvereins gehen* 去参加体协的会议 ‖ K-(复合): ***Versammlungs-***, ***-ort*** ‖ -K(复合): ***Mitglieder-***, ***Partei-***, ***Vereins-*** **2.** die Personen, die an e-r V. (1) teilnehmen 参加会议的人(总称)，全体与会者

Ver·samm·lungs·frei·heit *die*; *nur Sg* (只用单数); das Recht der Bürger e-s Staates, sich (zu politischen Zwecken) zu versammeln 集会自由

Ver·sand *der*; *-(e)s*; *nur Sg*(只用单数) **1.** das Schicken von Waren an die Leute, die die Waren bestellt haben 寄送，发送，发货：*Waren zum V. verpacken* 把货物打包发走 ‖ K-(复合): ***Versand-***, ***-abteilung***, ***-handel***, ***-kosten*** ‖ -K(复合): ***Bahn-***, ***Post-***; ***Waren-*** **2.** e-e Abteilung in e-m Betrieb, die die Waren versendet 货物发送部〈im V. arbeiten, tätig sein 在货物发送部工作〉‖ zu（义项）**1. ver·sand·be·reit** *Adj*（形）; **ver·sand·fer·tig** *Adj*（形）; *nicht adv*（不作状语）‖ ▶ ***versenden***

ver·san·den; *versandete, ist versandet*; [Vi]（不及物）**1. etw. versandet** etw. füllt sich mit Sand（物作主语）淤塞，淤滞，淤积〈ein Hafen, ein Flussbett, ein See 港口，河床，湖〉**2. etw. versandet** etw. wird allmählich schwächer (u. hört ganz auf)（物作主语）趋于停止，逐渐停顿下来〈e-e Beziehung, ein Gespräch 关系，谈话〉‖ *zu*（义项）**1. Ver·san·dung** *die*; *mst Sg*（多用单数）

Ver·sand·haus *das*; ein Betrieb, der Waren in e-m Katalog anbietet u. diese mit der Post *o. Ä.* an die Leute schickt, die diese Waren bestellen 函购商店，邮售商店 ‖ K-（复合）: ***Versandhaus-, -katalog***

ver·sandt *Partizip Perfekt*（过去分词）; ↑ ***versenden***

ver·sau·en; *versaute, hat versaut*; [Vt] *gespr!*（及物）［粗］**1. etw. v.** etw. schmutzig machen 弄脏，搞脏 **2. j-m etw. v.** j-m etw. verderben 搅乱，搞糟，破坏〈j-m e-n Plan, den Abend, den Tag v. 搅扰某人的计划、夜晚、日子〉**3. etw. v.** etw. sehr schlecht machen 把…弄得很糟，做得很不好〈e-e Prüfung v. 考得很糟，考得一塌糊涂〉

ver·sau·ern; *versauerte, ist versauert*; [Vi]（不及物）***irgendwo* v.** *gespr*［口］; an e-m bestimmten Ort ein langweiliges, unerfülltes Leben führen (u. darunter leiden) 无聊度日，委靡不振

ver·sau·fen; *versäuft, versoff, hat versoffen*; [Vt]（及物）*mst* 多用〈sein Geld 自己的金钱〉**v.** *gespr!*［粗］sein Geld für Alkohol ausgeben（酗酒）花掉

ver·säu·men; *versäumte, hat versäumt*; [Vt]（及物）**1. etw. v.** nicht rechtzeitig an e-m Ort sein, um etw. zu erreichen 耽误，错过 ≈ verpassen[1] (1): *den Bus v.* 赶不上公共汽车 **2. etw. v.** an etw. nicht teilnehmen 缺，旷: *wegen Krankheit den Unterricht v.* 因病缺课 **3. etw. v.** etw. nicht tun 不履行，不做，疏忽，玩忽 ≈ unterlassen: *seine Pflicht v.* 不履行自己的义务（玩忽职守）; *Sie versäumte, die Bremsen reparieren zu lassen* 她忘了让人修理刹车 **4. etw. v.** etw. nicht nutzen 错过，没抓住 ≈ verpassen[1] (2)〈e-e Chance, e-e Gelegenheit v. 错过机会、时机〉**5.** *mst* 多用 ***viel / nichts versäumt haben*** (wegen seiner Abwesenheit *o. Ä.*) etw. / nichts Interessantes verpasst haben 错过了好机会/没耽误什么: *Schade, dass du nicht dabei warst – du hast viel versäumt!* 可惜你没有参加——你错过了一次大好机会!

Ver·säum·nis *das*; *-ses, -se*; etw., das man nicht getan hat (aber hätte tun sollen) 疏忽，失误，失职行为 ≈ Unterlassung

ver·scha·chern; *verschacherte, hat verschachert*; [Vt]（及物）**etw. (an j-n) v.** *gespr pej*［口］［贬］; etw. *mst* zu e-m zu hohen Preis verkaufen 高价卖出

ver·schach·telt *Adj*（形）; lang u. kompliziert 又长又复杂的〈ein Satz 句子〉

ver·schaf·fen; *verschaffte, hat verschafft*; [Vt]（及物）**1. j-m / sich etw. v.** dafür sorgen, dass j-d/man selbst etw. bekommt 设法使获得/设法获得，设法给…搞到/设法搞到 ≈ j-m/sich etw. besorgen: *j-m e-n Job v.* 设法为某人找到一份工作; *sich durch Arbeit Geld v.* 设法打工挣钱 **2. sich** (*Dat* 三格) **etw. v.** dafür sorgen, dass andere Leute einem etw. entgegenbringen 设法让人表示、给予，努力取得〈sich Gehör, Respekt v. 设法让人倾听，设法获得大家的尊敬〉**3. sich** (*Dat* 三格) **Gewissheit (über etw.** (*Akk* 四格)**) v.** dafür sorgen, dass man e-n Sachverhalt mit Sicherheit richtig einschätzt 设法弄清 ‖ ID［谚］***Was verschafft mir die Ehre / das Vergnügen (deines / Ihres Besuches)?*** *mst hum* 多用［诙］; verwendet, um j-n nach dem Grund seines Besuches zu fragen 请问（你/您）找我有何贵干?

ver·schämt *Adj*（形）≈ schüchtern〈ein Blick, ein Lächeln 目光，微笑; j-n v. ansehen 不好意思地注视某人〉‖ *hierzu*（派生）**Ver·schämt·heit** *die*; *nur Sg*（只用单数）

ver·schan·deln; *verschandelte, hat verschandelt*; [Vt]（及物）**etw. v.** *gespr*［口］; bewirken, dass etw. hässlich aussieht 使变得难看，使破相 ‖ *hierzu*（派生）**Ver·schan·de·lung** *die*; *nur Sg*（只用单数）

ver·schär·fen; *verschärfte, hat verschärft*; [Vt]（及物）**1. etw. v.** etw. strenger machen 使…更严格、更严厉，加重，加强〈die Bestimmungen, die Kontrollen, e-e Strafe, die Zensur v. 使规定更加严格，加强监督，加重处罚，加强书报检查〉**2. etw. verschärft etw.** etw. macht etw. unangenehmer od. schlimmer, als es schon war（物作主语）使尖锐化、紧张、恶化、加剧〈etw. verschärft die Lage, e-e Krise 某事使形势尖锐化，使危机激化（加剧）〉; [Vr]（反身）**3. etw. verschärft sich** etw. wird unangenehmer od. bedrohlicher（物作主语）紧张起来，恶化，尖锐化: *Die politische Lage im Nahen Osten hat sich verschärft* 近东的政治形势激化了 ‖ *hierzu*（派生）**Ver·schär·fung** *die*; *nur Sg*（只用单数）

ver·schät·zen, sich; *verschätzte sich, hat sich verschätzt*; [Vr]（反身）**sich v.** bei der (Ein-)Schätzung von etw. e-n Fehler machen 估计错误: *sich in der Breite des Schrankes um fünfzehn Zentimeter v.* 把柜子的宽度估错了15厘米

ver·schau·keln; *verschaukelte, hat verschaukelt*; [Vt]（及物）**j-n v.** *gespr*［口］; j-n täuschen u. ihn so in e-e Situation bringen, die Nachteile für ihn hat 愚弄，捉弄，欺骗，使上当 ≈ hereinlegen

ver·schei·den; *verschied, ist verschieden*; [Vi]（不及物）*geschr*［书］≈ sterben ‖ *hierzu*（派生）**Ver·schie·de·ne** *der / die*; *-n, -n*

ver·schen·ken; *verschenkte, hat verschenkt*; [Vt]（及物）**1. etw. (an j-n) v.** j-m etw. als Geschenk geben 赠送，捐赠，分送: *sein ganzes*

V

Geld an die Armen v. 把自己的全部金钱捐赠给穷人们 **2. etw. v.** durch e-n (unnötigen) Fehler etw. abgeben od. verlieren 错过,失去: *beim Start zögern u. dadurch Zeit v.* 起跑时犹豫不决,从而丧失时间

ver·scher·beln; *verscherbelte, hat verscherbelt*; Vt (及物) **etw. v.** *gespr* [口]; etw. billig verkaufen 贱卖,低价出售

ver·scher·zen; *verscherzte, hat verscherzt*; Vt (及物) **1. sich** (*Dat* 三格) **etw. v.** etw. durch eigene Schuld verlieren(由于自己的过错而)丧失,失去 〈sich e-e Gelegenheit, j-s Gunst, j-s Wohlwollen v. 失去机会、某人的宠爱、某人的好感〉 **2. es sich** (*Dat* 三格) **bei j-m v.** *gespr* [口]; j-s Freundschaft verlieren 失去某人的友情

ver·scheu·chen; *verscheuchte, hat verscheucht*; Vt (及物) **1. j-n/ein Tier v.** j-n/ein Tier fortjagen 赶走,吓跑,驱赶: *die Fliegen, Vögel v.* 把苍蝇、鸟赶走 **2. etw. verscheucht etw.** etw. lässt etw. Unangenehmes schnell verschwinden(物作主语)消除,驱散,使消失 〈etw. verscheucht die Müdigkeit, die Sorgen 某物消除疲劳、忧虑〉

ver·schi·cken; *verschickte, hat verschickt*; Vt (及物) **1. etw.** (*mst Kollekt od Pl* 多用集合或复数) **v.** etw. (*mst* in großer Zahl) irgendwohin schicken (大批量)发送,寄发,发 〈Briefe, Einladungen, Waren v. 寄发信件、请帖,发送货物〉 **2.** *mst* 多用 **j-d wird verschickt** j-d wird zur Erholung irgendwohin geschickt 某人要(被)送去休养(疗养) 〈Kinder, Kranke 孩子们,病人〉 ‖ *hierzu* (派生) **Ver·schi·ckung** *die*; *mst Sg*(多用单数)

ver·schie·ben; *verschob, hat verschoben*; Vt (及物) **1. etw. v.** etw. an e-n anderen Ort schieben 移动,挪动: *e-n Tisch v.* 挪动桌子 **2. etw. v.** etw. auf e-n späteren Zeitpunkt festlegen 使延期,推延,推迟 〈etw. auf später v. 把某事推迟一点〉: *e-n Test um zwei Tage v.* 把试验(测验)推迟两天 **3. etw. v.** *gespr* [口]; etw. illegal transportieren u. verkaufen 非法运送并出卖,走私: *Waffen über die Grenze v.* 非法把武器销往国外,往国外走私武器; **4. etw. v.** INFORM【信息】; Daten, Dateien innerhalb des Computers in e-m anderen Verzeichnis, Laufwerk *o. Ä.* ablegen 把…转存 Vr (反身) **5. etw. verschiebt sich** etw. findet an e-m späteren Zeitpunkt statt als geplant(物作主语)延期,推迟: *Seine Abreise verschiebt sich um e-e Woche* 他的行期推迟一个星期 **6. etw. verschiebt sich** etw. bekommt e-n neuen Schwerpunkt(物作主语)改变重心,发生变化,改变 〈das Gleichgewicht, das Kräfteverhältnis 均势,力量对比〉 ‖ *hierzu* (派生) **Ver·schie·bung** *die*

ver·schie·den *Adj* (形) **1. v.** (**von j-m/etw.**) so, dass die eine Person od. Sache nicht so ist wie e-e andere Person od. Sache 不同的,不一样的,有区别的 ≈ anders ↔ gleich: *Wir waren verschiedener Meinung*: *Ich fand den Film schlecht, sie fand ihn gut* 我们的意见不同:我认为这部电影不好,她却认为好; *Obwohl sie Geschwister sind, sind sie im Charakter sehr voneinander v./voneinander sehr v* 她们虽然是姐妹,但是彼此性格很不相同.; *Die Schuhe sind v. groß* 鞋子不一样大; *„Wann kommst du abends nach Hause?" – „Das ist von Tag zu Tag v., mal um fünf, mal um sechs, mal erst um sieben"* "你晚上什么时候回家?"——"这天天不一样,有时五点,有时六点,有时要到七点。" **2. verschiedene** + *Subst im Pl*(名词复数) ≈ mehrere, einige 好些,几个,若干: *verschiedene kleine Einwände gegen e-n Vorschlag haben* 对一个建议有些小意见 **3. verschiedenste** + *Subst im Pl*(名词复数); viele verschiedene (1)许多各不相同的,各种各样的: *ein Angebot aus den verschiedensten Gründen ablehnen* 由于各种各样的原因拒绝报价; *Diese Küche bekommen Sie in den verschiedensten Ausführungen u. Farben* 您要的这种厨房设计有多种不同规格和颜色 **4. verschiedenes** ≈ manches 有些东西,有些事情: *Mir ist noch verschiedenes unklar* 有些东西我还不清楚; *An diesem Vorschlag stört mich verschiedenes* 有些东西妨碍我接受这个建议 ‖ *zu* (义项) **1. ver·schie·den·ar·tig** *Adj* (形); **ver·schie·den·far·big** *Adj* (形); **Ver·schie·den·heit** *die*

ver·schie·de·ner·lei *Adj* (形); *indeklinabel* (词形不变) ≈ mancherlei, allerlei

Ver·schie·de·nes *ohne Artikel, nur Sg*(不带冠词,只用单数); verschiedene (1) Dinge 不同的东西 〈Gleiches u. V. 相同的东西和不同的东西; Ähnliches u. V. 相似的东西和不同的东西〉

ver·schie·dent·lich *Adv* (副) ≈ mehrmals, öfter(s)

ver·schie·ßen¹; *verschoss, hat verschossen*; Vt (及物) **1. etw. v.** etw. beim Schießen verbrauchen 因射击而耗尽,因射击而用完,射完 〈seine Munition v. 把自己的弹药打光〉 **2. etw. v.** SPORT【体】; den Ball so schießen, dass er am Tor vorbeigeht od. dass der Torwart ihn fängt(足球)未射中 〈e-n Elfmeter, e-n Freistoß v. 罚点球未中,罚任意球未中〉

ver·schie·ßen²; *verschoss, ist verschossen*; Vi (不及物) **etw. verschießt** etw. verliert durch Einwirkung von Licht an Farbe(物作主语)褪色 ≈ etw. verblasst 〈ein Vorhang 帘〉

ver·schif·fen; *verschiffte, hat verschifft*; Vt (及物) **j-n/etw.** (*Kollekt od Pl* 集合或复数) **v.** Menschen, Tiere od. Waren (*mst* in großer Zahl) mit e-m Schiff transportieren 用船运送, 〈Waren, Truppen, Flüchtlinge v. 用船运送货物、部队、难民〉 ‖ *hierzu* (派生) **Ver·schif·fung** *die*; *mst Sg*(多用单数)

ver·schim·meln; *verschimmelte, ist verschimmelt*; Vi (不及物) **etw. verschimmelt** etw. schimmelt u. wird dadurch schlecht(物作主语)发霉,霉变,霉坏

ver·schis·sen *Adj* (形); *nur in* 只用于 (**es**) **bei/mit j-m v. haben** *gespr!* [粗] durch sein Verhalten j-n so geärgert haben, dass er einen nicht mehr mag, einem nicht mehr

V

helfen wird *o. Ä.* 激怒,触怒,得罪

ver·schla·fen¹; *verschläft*, *verschlief*, *hat verschlafen*; [Vi] (不及物) **1.** nicht rechtzeitig aufwachen 睡过头: *zu spät zur Arbeit kommen, weil man verschlafen hat* 上班迟到,因为睡过了头; [Vt] (及物) **2. etw. v.** e-e Zeit verbringen, indem man schläft, träge ist od. nichts tut 睡觉而度过,因发懒而睡过: *den ganzen Nachmittag v.* 睡了整整一个下午 **3. etw. v.** *gespr* [口]; an etw. nicht rechtzeitig denken 错过,耽误 ≈ versäumen ⟨e-n Termin v. 耽误日期⟩: *als Musiker seinen Einsatz v.* 作为音乐家错过起奏(起唱)的时间

ver·schla·fen² **1.** *Partizip Perfekt* (过去分词); ↑ **verschlafen¹** **2.** *Adj* (形); nach dem Schlafen noch müde 睡意朦胧的,没有睡醒的,困倦的 ≈ schlaftrunken **3.** *Adj* (形); mit wenig Menschen od. Verkehr auf der Straße 静悄悄的,安静的 ≈ ruhig: *ein verschlafenes kleines Dorf* 宁静的小村庄 ‖ zu (义项) **2.** u. **3. Ver·schla·fen·heit** *die*; *nur Sg* (只用单数)

Ver·schlag *der*; ein einfacher kleiner Raum aus Brettern 木板隔成的小屋子: *die Kohlen in e-m V. im Keller lagern* 把煤贮存在地下室的小木板房里 ‖ -K(复合): **Bretter-**

ver·schla·gen¹; *verschlägt*, *verschlug*, *hat verschlagen*; [Vt] (及物) **1. etw. v.** SPORT 【体】; e-n Ball (*bes* beim Tennis, Tischtennis od. Volleyball) nicht richtig treffen, ins Aus schlagen 发球或击球失误,击球出界 **2. etw. verschlägt j-m den Appetit** etw. nimmt j-m den Appetit (物作主语)使某人倒胃口⟨ein Anblick, ein Erlebnis 景象,经历⟩; [Vimp] (无人称) **3. es verschlägt j-m die Sprache** j-d ist so überrascht, dass er nichts mehr sagen kann (使)某人不禁张口结舌,说不出话来 **4. es verschlägt j-n irgendwohin** j-d kommt durch äußere Umstände irgendwohin (使)某人不得不流落到某地: *Nach dem Studium in Stuttgart hat es ihn nach Hamburg verschlagen* 在斯图加特上了大学以后,他只好来到汉堡

ver·schla·gen² **1.** *Partizip Perfekt* (过去分词); ↑ **verschlagen¹** **2.** *Adj* (形); *pej* [贬]; böse u. schlau 狡黠的,阴险的,诡计多端的 ≈ hinterhältig ⟨ein Blick 目光⟩

ver·schlam·pen; *verschlampte*, *hat verschlampt*; [Vt] (及物) *gespr pej* [口][贬] **1. etw. v.** etw. irgendwohin legen u. später nicht mehr finden 把…放得找不到,因乱放而丢失 ≈ verlegen; [Vi] (不及物) **2. etw. v. lassen** ≈ etw. vernachlässigen

ver·schlech·tern; *verschlechterte*, *hat verschlechtert*; [Vt] (及物) **1. durch etw. etw. v.** durch sein Verhalten *o. Ä.* bewirken, dass etw. schlechter wird 使变坏,使恶化 ↔ verbessern ⟨e-e Lage, e-n Zustand v. 使情况(形势)、状况恶化⟩; [Vr] (反身) **2. etw. verschlechtert sich** etw. wird schlechter (物作主语)变坏,恶化, ↔ etw. bessert sich: *Das Wetter hat sich verschlechtert* 天气变糟糕了 **3. j-d verschlechtert sich** j-d bringt e-e schlechtere Leistung *o. Ä.* als früher (人作主语)不如以前了 (指成绩、收入等) ‖ *hierzu* (派生) **Ver·schlech·te·rung** *die*

ver·schlei·ern; *verschleierte*, *hat verschleiert*; [Vt] (及物) **1. etw. v.** etw. mit e-m Schleier bedecken 用面纱遮盖 ⟨das Gesicht v. 脸上蒙着面纱⟩ **2. etw. v.** verhindern, dass bestimmte Tatsachen bekannt werden 掩盖,掩饰,隐瞒 ⟨e-n Skandal, seine wahren Absichten v. 掩盖丑闻,隐瞒自己的真实意图⟩; [Vr] (反身) **3. sich v.** das Gesicht mit e-m Schleier bedecken 蒙着面纱,戴着面纱 ‖ *hierzu* (派生) **Ver·schlei·e·rung** *die*; *mst Sg* (多用单数)

ver·schleimt *Adj* (形); voll Schleim 充满黏液或痰的,被黏液或痰堵住的 ⟨Bronchien, Lungen 支气管,肺⟩

Ver·schleiß *der*; *-es*; *nur Sg* (只用单数) **1.** die Verschlechterung der Qualität, weil etw. schon lange u. schon sehr oft benutzt wurde 损耗,磨损,劳损: *Die Maschine zeigt schon erste Zeichen von V.* 机器已经呈现出磨损的最初征象; *der V. der Gelenke bei alten Menschen* 老年人的关节劳损 ‖ K-(复合): **Verschleiß-, -erscheinung** ‖ -K(复合): **Kräfte-, Material-** **2. e-n großen V. an** ⟨Personen/Dingen 人/物⟩ **haben** *gespr* [口]; schon nach kurzer Zeit immer wieder j-d Neuen, etw. Neues brauchen 频繁更换: *e-n großen V. an Freundinnen, Autos haben* 喜新厌旧,频繁更换女朋友,频繁更新汽车

ver·schlei·ßen; *verschliss*, *hat/ist verschlissen*; [Vi] (不及物) (*ist*) **1. etw. verschleißt** etw. wird durch langen u. häufigen Gebrauch od. starke Belastung beschädigt (物作主语)磨损,用坏,用破; [Vt] (及物) (*hat*) **2. etw. v.** etw. mit so wenig Sorgfalt benutzen, dass es immer schlechter wird 磨损,损坏,损耗,用坏,穿坏,穿破

ver·schlep·pen; *verschleppte*, *hat verschleppt*; [Vt] (及物) **1. j-n (irgendwohin) v.** j-n mit Gewalt irgendwohin bringen 强行带走,抓走: *im Krieg verschleppt werden* 在战争中被抓走 **2. etw. v.** e-e Krankheit nicht richtig behandeln u. deswegen nicht richtig gesund werden 使(疾病)久拖不愈,使(疾病)迁延时日: *e-e verschleppte Lungenentzündung* 久拖不愈的肺炎 **3. etw. v.** etw. Unangenehmes weiter verbreiten 传播 ⟨Bazillen, e-e Seuche, Viren v. 传播牙孢杆菌、鼠疫、病毒⟩ ‖ *hierzu* (派生) **Ver·schlep·pung** *die*

ver·schleu·dern; *verschleuderte*, *hat verschleudert*; [Vt] (及物) **1. etw.** (*mst Kollekt od Pl* 多用集合或复数) **v.** etw. sehr billig (in großer Zahl) verkaufen 低价抛售,甩卖: *Möbel zu Billigpreisen v.* 低价甩卖家具 **2. etw.** (*Kollekt od Pl* 集合或复数) **v.** viel Geld für nutzlose Dinge ausgeben 挥霍,浪费 ⟨seine Ersparnisse, Steuergelder, ein Vermögen v. 把自己的积蓄、税款、一笔财产挥霍掉⟩ ‖ *hierzu* (派生) **Ver·schleu·de·rung** *die*; *mst Sg* (多用单数)

ver·schlie·ßen; *verschloss*, *hat verschlossen*;

V

Vt (及物) **1. *etw.* v.** etw. mit e-m Schlüssel *o. Ä.* schließen 把…锁上,锁起来,锁住〈das Haus, die Haustür, das Auto v. 把房子、住家的门、汽车锁上〉 **2. *etw.* v.** etw. fest schließen, sodass es nicht von selbst aufgehen kann 盖紧,拧紧,塞紧: *ein Marmeladenglas mit e-m Schraubdeckel v.* 把果酱瓶的瓶盖拧紧; *e-e Sektflasche mit e-m Korken v.* 把香槟酒瓶的软木塞塞紧 **3. *die Augen/Ohren vor etw.*** (*Dat* 三格) **v.** so tun, als sehe/höre man etw. nicht 闭眼不看/塞耳不听: *die Augen vor j-s Elend v., um nicht helfen zu müssen* 闭眼不看某人的贫困,以便不必去帮助他; Vr (反身) **4. *sich j-m* v.** keinen Kontakt mit j-m haben wollen u. ihm nicht zeigen, was man fühlt od. denkt 不向…流露感情或想法 **5. *sich etw.*** (*Dat* 三格) **v.** etw. nicht sehen od. hören wollen, nicht darauf reagieren wollen 不理睬,对…视而不见: *sich j-s Leid, j-s Bitten v.* 不理睬某人的痛苦、某人的请求 ‖ *zu* (义项) 1. u. 2. **ver·schließ·bar** *Adj* (形); *nicht adv* (不作状语)

ver·schlim·mbes·sern; *verschlimmbesserte, hat verschlimmbessert*; Vt (及物) ***etw.* v.** *gespr hum od pej* [口][谐]或[贬]; etw. verbessern wollen, dabei aber noch mehr Fehler machen 改坏,改错,把…越改越糟〈ein Manuskript, e-n Fehler v. 把手稿改坏,把错误改得更糟〉

ver·schlim·mern; *verschlimmerte, hat verschlimmert*; Vt (及物) **1. *etw. durch etw.* v.** durch sein Verhalten *o. Ä.* etw. schlimmer machen, als es schon ist 搞坏,弄糟,使变坏,使恶化: *Durch deine Lügen hast du die ganze Sache nur noch verschlimmert* 你由于说谎把整个事情弄得更糟了; Vr (反身) **2. *etw. verschlimmert sich*** etw. wird noch schlimmer (物作主语)变坏,恶化 ‖ *hierzu* (派生) **Ver·schlim·me·rung** *die*; *mst Sg* (多用单数)

ver·schlin·gen; *verschlang, hat verschlungen*; Vt (及物) **1. *etw.* v.** etw. in großen Stücken hinunterschlucken, ohne richtig zu kauen 大口吞食,狼吞虎咽地吃 **2. *etw. verschlingt etw.*** (*Kollekt od Pl* 集合或复数) etw. kostet viel Geld (物作主语)耗费,花费,吞掉: *Der Bau der Autobahn verschlang Millionen* 修建高速公路耗费了几百万 **3. *etw.* v.** *gespr* [口]; ein Buch sehr schnell lesen, weil es spannend ist 如饥似渴地读,急切地读

ver·schlos·sen 1. *Partizip Perfekt* (过去分词); ↑ **verschließen 2.** *Adj* (形); 〈Menschen 人〉 so, dass sie ihre Gedanken nicht mitteilen u. ihre Gefühle nicht zeigen 性格内向的,沉默寡言的 **3. *etw. bleibt j-m* v.** etw. wird von j-m nicht genutzt od. erkannt (物作主语)仍然未被开发利用或认识 ↔ etw. steht j-m offen 〈e-e Einsicht, e-e Erkenntnis, e-e Möglichkeit 判断能力,认识能力,可能性〉 ‖ *zu* (义项) **2. Ver·schlos·sen·heit** *die*; *nur Sg* (只用单数)

ver·schlu·cken; *verschluckte, hat verschluckt*; Vt (及物) **1. *etw.* v.** etw. (*mst* aus Versehen) schlucken, ohne es zu zerbeißen 吞下,咽下: *Das Baby hatte e-n Knopf verschluckt* 婴儿吞下了一颗纽扣 **2. *etw.* v.** etw. nicht (deutlich) aussprechen (说话时)咽回去,吞下去(没说出来)〈e-n Buchstaben, e-e Silbe, ein Wort v. 把一个字母、一个音节、一个词吞咽了〉 **3. *etw. verschluckt j-n/etw.*** etw. lässt j-n/etw. verschwinden (物作主语)吞没,使看不见〈die Dunkelheit, die Nacht, der Nebel verschluckt j-n/etw. 黑暗、夜色、雾吞没了某人/某物〉; Vr (反身) **4. *sich*** (***an etw.*** (*Dat* 三格)) **v.** beim Schlucken etw. in die Luftröhre kommen lassen (u. husten müssen) 呛着: *Er verschluckte sich beim Essen u. bekam keine Luft mehr* 他吃饭呛着了,憋得喘不过气来

Ver·schluss *der* **1.** ein Gegenstand (wie *z. B.* ein Deckel, e-e Schnalle od. ein Haken), mit dem man etw. verschließen (2) kann 盖子,塞子,搭扣,带扣,搭钩,闩,栓,快门〈ein kindersicherer V. 对儿童安全的搭扣〉: *den V. e-r Halskette öffnen* 打开项链的搭扣 ‖ ↑ *Abb. unter* 图见 **Deckel** ‖ -K (复合): **Flaschen-, Ketten-, Tür-; Magnet-, Reiß-, Schraub-, Ventil- 2. *unter* V.** in e-m fest verschlossenen Raum od. Behälter 被锁起来,被封存,被收藏〈etw. ist unter V. 某物被收藏起来了; etw. unter V. aufbewahren, halten 妥善保存某物〉

ver·schlüs·seln; *verschlüsselte, hat verschlüsselt*; Vt (及物) ***etw.* v.** e-e Nachricht (durch die Verwendung bestimmter Worte od. e-s Kodes) so ändern, dass sie nur von bestimmten Leuten verstanden werden kann 译成密码,用密码书写 ≈ kodieren: *e-e geheime Botschaft v.* 把秘密的消息译成密码 ‖ *hierzu* (派生) **Ver·schlüs·se·lung** *die* ‖ ▶ **Schlüssel²** (2)

Ver·schluss·sa·che *die*; etw., das geheim bleiben soll u. deshalb besonders sorgfältig aufbewahrt wird 机密,秘密(的事),事机

ver·schmach·ten; *verschmachtete, ist verschmachtet*; Vi (不及物) **1.** vor Hunger u. Durst sterben 由于饥渴而死〈in der Wüste, in e-m Verlies v. 在荒野(沙漠)上、在地牢里因饥渴而死〉 **2.** *hum* [谐]; sehr großen Durst haben 渴极了,口渴得要命

ver·schmä·hen; *verschmähte, hat verschmäht*; Vt (及物) ***etw.* v.** etw. Gutes, das einem angeboten wird *o. Ä.*, nicht annehmen 拒绝,拒不接受〈j-s Liebe, ein Angebot v. 拒绝某人的爱情、供货〉

ver·schmä·lern; *verschmälerte, hat verschmälert*; Vt (及物) **1. *etw.* v.** etw. schmaler machen 使变窄 ↔ verbreitern 〈e-n Durchgang, e-e Straße v. 使通道、街道变窄〉; Vr (反身) **2. *etw. verschmälert sich*** etw. wird schmaler (物作主语)变窄,变细 ‖ *hierzu* (派生) **Ver·schmä·le·rung** *die*

ver·schmau·sen; *verschmauste, hat verschmaust*; Vt (及物) ***etw.* v.** *oft hum* 常用[谐]; etw. mit Genuss aufessen 津津有味地吃光,贪婪地吃尽: *e-n Kuchen v.* 津津有味地吃光点心

ver·schmel·zen; *verschmilzt*, *verschmolz*, *hat/ist verschmolzen*; [Vt]（及物）（*hat*）**1.** ***etw. mit etw.*** (***zu etw.***) ***v.***;〈Dinge 物〉***v.*** zwei od. mehrere Materialien schmelzen, damit sie sich miteinander verbinden 熔化,熔炼,冶炼〈Metalle zu e-r Legierung (miteinander) v. 把几种金属熔炼成合金〉; [Vi]（不及物）（*ist*）**2.** ***etw. verschmilzt mit etw.*** (***zu etw.***);〈Dinge 物〉***verschmelzen*** zwei od. mehrere Materialien schmelzen u. bilden so e-e Einheit(物作主语)单:与…溶合在一起,融合成一个整体;复:互相溶合在一起,互相融成一个整体

ver·schmer·zen; *verschmerzte*, *hat verschmerzt*; [Vt]（及物）***etw. v. können*** *oft iron* 常用[讽]; sich mit etw. abfinden können 能不把…放在心上,能想开,能忘掉,能忍受(痛苦)

ver·schmie·ren; *verschmierte*, *hat verschmiert*; [Vt]（及物）**1.** ***etw. v.*** etw. mit e-r weichen Masse füllen u. die Oberfläche glatt machen 把…抹平、填平〈Fugen, Löcher, Risse, Spalten mit Gips, Mörtel, Kitt v. 用石膏、灰浆、封泥把接缝、窟窿、裂缝、缝隙抹平〉**2.** ***etw. v.*** e-e weiche Masse, ein Öl *o.Ä.* auf e-r Oberfläche verteilen 抹,涂,搽〈die Salbe, das Sonnenöl (auf der Haut) v.(在皮肤上)涂油膏、防晒油〉**3.** ***etw. v.*** (aus Versehen) über e-e feuchte Farbe *o.Ä.* wischen, sodass es Flecken gibt 擦脏,弄模糊,没有擦净 ≈ verwischen〈die Farbe, den Lippenstift, die Schrift v. 把颜色、口红、字迹擦模糊了〉**4.** ***etw. v.*** etw. schmutzig machen, indem man *bes* mit seinen Fingern Schmutz, etw. Klebriges *o.Ä.* daraufbringt 弄脏,抹脏: *ein Kind, dessen Gesicht mit Schokolade verschmiert ist* 一个用巧克力把脸抹得脏兮兮的小孩 **5.** ***etw. v.*** *pej* [贬]; das Aussehen von etw. verderben, indem man (unordentlich) darauf malt od. schreibt 乱涂,乱画,乱写〈ein Blatt Papier, die Wände v. 在一张纸上、在墙上乱涂乱画〉

ver·schmitzt *Adj*（形）; auf lustige Weise schlau 调皮的,淘气的,狡黠的,滑头的 ≈ pfiffig〈Menschen 人们; ein Blick, ein Lächeln 目光,微笑〉‖ *hierzu*（派生）**Ver·schmitzt·heit** *die*; *nur Sg*(只用单数)

ver·schmo·ren; *verschmorte*, *ist verschmort*; [Vi]（不及物）**1.** ***etw. verschmort*** etw. schmort so lange, bis man es nicht mehr essen kann(物作主语)焖糊,煨糊,炖糊,烧糊〈ein Braten 一块煎肉〉**2.** ***etw. verschmort*** etw wird so heiß, dass man es nicht mehr verwenden kann(物作主语)烧坏,烧断〈ein Kabel, e-e Leitung 电缆,电路〉

ver·schmust *Adj*(形); *nicht adv*, *gespr*(不作状语)[口];〈ein Kind, e-e Katze 小孩,猫〉so, dass sie gern schmusen 爱向人表示亲热的

ver·schmut·zen; *verschmutzte*, *hat/ist verschmutzt*; [Vt]（及物）（*hat*）**1.** ***etw. v.*** etw. schmutzig machen 弄脏,搞脏: *beim Spielen die Kleidung v.* 在玩耍时把衣服弄脏; [Vi](不及物)（*ist*）**2.** ***etw. verschmutzt*** etw. wird schmutzig(物作主语)变脏: *Bei Regen verschmutzt das Auto schnell* 一下雨汽车很快就变脏

Ver·schmut·zung *die*; -, -*en* **1.** *nur Sg*(只用单数); e-e Handlung, durch die man etw. schmutzig macht 弄脏 **2.** etw., das etw. schmutzig macht 脏物,污物 ≈ Verunreinigung: *e-e Schallplatte von Verschmutzungen befreien* 清除唱片上的脏物 **3.** die Belastung der Umwelt durch schädliche Stoffe(环境)污染 ‖ -K(复合): ***Umwelt-***

ver·schnau·fen; *verschnaufte*, *hat verschnauft*; [Vi] *gespr*(不及物)[口]; e-e Pause machen, um sich ein bisschen auszuruhen 喘口气儿,歇一会 ‖ K-(复合): ***Verschnauf-***, ***-pause***

ver·schnei·den; *verschnitt*, *hat verschnitten*; [Vt]（及物）**1.**〈Büsche, Sträucher, e-e Hecke *o.Ä.* 矮树,灌木,矮树篱等〉***v.*** Büsche, Sträucher *usw* beschneiden (1) 修剪 **2.** ***etw. v.*** etw. so falsch zuschneiden, dass man es nicht mehr verwenden kann 错剪,裁坏〈ein Kleid, e-n Stoff v. 裁错连衣裙,裁坏衣料〉

ver·schneit *Adj*(形); *nicht adv*(不作状语); mit e-r dicken Schicht Schnee bedeckt 白雪覆盖的,积雪的〈e-e Landschaft 地区〉

Ver·schnitt *der*; -(*e*)*s*, -*e* **1.** die Reste, die beim Zuschneiden von Stoff, Brettern *usw* übrig bleiben(布料裁剪后剩下的)布头碎块;(木料截裁后剩下的)边角料,下脚料 **2.** ein alkoholisches Getränk, das mit billigem Alkohol gemischt ist 劣质杂酒,搀了便宜酒的混合酒 ‖ -K(复合): ***Rum-***, ***Weinbrand-***

-ver·schnitt *der*; *im Subst*, *begrenzt produktiv*, *pej*(构成名词,构词有限)[贬]; verwendet, um auszudrücken, dass j-d/etw. e-e schlechte Imitation der genannten Person/Sache ist…的拙劣模仿者,…的拙劣仿制品; ein ***James-Dean-Verschnitt***

ver·schnör·kelt *Adj*（形）; mit vielen runden Linien (Schnörkeln)带花笔道的〈e-e Schrift 字体〉

ver·schnupft *Adj*(形); *mst präd*, *gespr*(多作表语)[口] **1.** mit e-m Schnupfen 患了感冒的,患了伤风的〈v. sein 感冒了〉**2.** ≈ verärgert, beleidigt

ver·schol·len *Adj*(形); *nicht adv*(不作状语);〈ein Flugzeug, ein Schiff, Menschen 飞机,船只,人〉so, dass man sie nicht mehr findet 失踪的,下落不明的: *im Krieg v. sein* 在战争中失踪; *Dieses Kunstwerk gilt schon seit vielen Jahren als v.* 这件艺术品许多年来就被认为是下落不明了

ver·scho·nen; *verschonte*, *hat verschont*; [Vt]（及物）**1.** ***j-d/etw. verschont j-n/etw.*** j-d/etw. tut j-m nichts Böses/etw. zerstört etw. nicht(人/物作主语)宽恕,饶恕,不伤害/没破坏,没毁损: *Das schwere Erdbeben hat nur wenige Häuser verschont* 这次严重的地震中只有少量的房屋未受损坏 **2.** ***j-d/etw. bleibt*** (***von etw.***) ***verschont*** j-d wird von etw. nicht betroffen/etw. wird nicht geschädigt od. zerstört(人/物作主语)未受损害,幸免于害,安然无事: *Unser Haus ist von dem Sturm verschont geblieben* 我们的住房未受暴雨毁坏 **3.** ***j-n mit etw. v.*** j-n mit etw. Unangenehmem nicht stören 不打扰：*Verschone mich bitte mit deinen langweiligen Geschichten!* 请你别用无聊的故事来打扰我啦！‖ *zu*（义项）**1. Ver·scho·nung** *die*；*mst Sg*（多用单数）

ver·schö·nen；*verschönte*，*hat verschönt*；Vt（及物）**j-m/ sich etw.**（**mit etw.**）**v.** j-m/sich etw. angenehmer machen (indem man etw. tut, das Freude macht) 使快活、欢乐、轻松：*sich den Tag mit e-m Besuch bei Freunden v.* 通过看望朋友使自己一天过得很快活

ver·schö·nern；*verschönerte*，*hat verschönert*；Vt（及物）**etw.**（**mit etw.**）**v.** etw. schmücken u. es dadurch schöner machen 使变得漂亮，美化，装饰 ‖ *hierzu*（派生）**Ver·schö·ne·rung** *die*

ver·schos·sen **1.** *Partizip Perfekt*（过去分词）↑ **verschießen**[1]，**verschießen**[2] **2.** *Adj*（形）；**in j-n v. sein** *gespr* ［口］；in j-n sehr verliebt sein 热恋着某人

ver·schrän·ken；*verschränkte*，*hat verschränkt*；Vt（及物）〈die Arme, die Hände, die Beine 两臂，双手，双腿〉**v.** die Arme, die Hände od. die Beine in der Form e-s „X" übereinanderlegen 交叉，交叠：*die Arme vor der Brust, die Hände hinter dem Rücken v.* 把双臂交叉放在胸前，把双手交叉放在背后 ‖ *hierzu*（派生）**Ver·schrän·kung** *die*

ver·schre·cken；*verschreckte*，*hat verschreckt*；Vt（及物）**j-n/ein Tier v.** j-n/ein Tier so erschrecken, dass sie Angst bekommen u. scheu werden 使受惊，使惊恐，使害怕 ≈ verstören：*ein verschrecktes Kind* 受惊的孩子

ver·schrei·ben；*verschrieb*，*hat verschrieben*；Vt（及物）**1.**（**j-m**）**etw. v.**（als Arzt）bestimmen, welche Behandlung od. welche Medikamente der Patient bekommen soll 开（药方）：*Mein Arzt hat mir e-n Hustensaft verschrieben* 我的医生给我开了止咳糖浆 **2. etw. v.** sehr viel schreiben u. etw. dadurch verbrauchen 写字用掉，写光：*e-n Kugelschreiber, e-n ganzen Block Papier v.* 写字用完一支圆珠笔，写完整整一沓纸 **3. j-m etw. v.** JUR【法】≈ j-m etw. übereignen, j-m etw. vermachen；Vr（反身）**4. sich v.** beim Schreiben (aus Versehen) e-n Fehler machen 写错 **5. sich etw.**（*Dat* 三格）**v.** *geschr* ［书］；etw. mit großer Leidenschaft u. Begeisterung betreiben 献身于 ≈ sich etw. widmen：*sich der Astronomie v.* 献身于天文学 ‖ *zu*（义项）**1. Ver·schrei·bung** *die*

ver·schrei·bungs·pflich·tig *Adj*（形）；*nicht adv*（不作状语）；nur mit e-m Rezept vom Arzt zu bekommen 凭处方才能得到的，凭处方才能购买的 ≈ rezeptpflichtig〈Medikamente 药品〉

ver·schrien *Adj*（形）；*nicht adv*（不作状语）；**als etw./irgendwie v.** *pej* ［贬］；bekannt für seine schlechte(n) Eigenschaft(en) 被骂成是…的，有…坏名声的 ≈ verrufen：*Er ist als Choleriker/als jähzornig v.* 他被骂成是性情暴躁的人/爱发火的人

ver·schro·ben *Adj*（形）；*mst pej* 多用［贬］；im Wesen u. Verhalten nicht normal 古怪的，怪僻的，乖戾的〈e-e Alte, ein Alter 老妇，老头；verschrobene Ansichten haben 有古怪的观点〉‖ *hierzu*（派生）**Ver·schro·ben·heit** *die*

ver·schrot·ten；*verschrottete*，*hat verschrottet*；Vt（及物）**etw. v.** e-n alten od. kaputten Gegenstand aus Metall zu Schrott machen 使成为废铁、废料，使报废〈sein Auto v. lassen 让别人把他的汽车报废；Raketen v. 使火箭报废〉‖ *hierzu*（派生）**Ver·schrot·tung** *die*；*nur Sg*（只用单数）

ver·schüch·tert *Adj*（形）；schüchtern u. ängstlich gemacht 胆怯的，惊恐的，吓怕了的 ≈ eingeschüchtert〈Kinder 孩子们〉

ver·schul·den[1]；*verschuldete*，*hat verschuldet*；Vt（及物）**etw. v.** an e-m Unglück *o.Ä.* schuld sein 对…有过错，对…负有责任：*Er hat den Unfall selbst verschuldet* 他自己对事故负有责任

ver·schul·den, sich[2]；*verschuldete sich*，*hat sich verschuldet*；Vr（反身）**sich v.** Schulden machen 负债，欠债：*sich v., um ein Haus zu kaufen* 为买住房而负债 ‖ *hierzu*（派生）**Ver·schul·dung** *die*

ver·schul·det **1.** *Partizip Perfekt*（过去分词）；↑ **verschulden**[1]，**verschulden**[2] **2.** *Adj*（形）；mit Schulden 欠债的，负债的〈hoch v. sein 债台高筑；e-e hoch verschuldete Firma 一家负债累累的公司〉

ver·schus·seln；*verschusselte*，*hat verschusselt*；*gespr* ［口］；Vt（及物）**1. etw. v.** ≈ verlieren **2. etw. v.** ≈ vergessen

ver·schüt·ten；*verschüttete*，*hat verschüttet*；Vt（及物）**1. etw. v.** e-e Flüssigkeit, ein Pulver *o.Ä.* ohne Absicht aus e-m Gefäß fließen lassen 泼出，洒出，撒出：*Kaffee, Zucker, Mehl v.* 把咖啡、糖、面粉撒了 **2. etw. verschüttet j-n/etw.** große Massen von Sand, Erde *o.Ä.* bedecken j-n/etw.（物作主语）埋没，掩埋：*Bei der Explosion wurden mehrere Bergleute verschüttet* 在爆炸时好些矿工被埋 ‖ NB（注意）：*mst* im Passiv（多用被动语态）！‖ *zu*（义项）**2. Ver·schüt·tung** *die*；*mst Sg*（多用单数）；**Ver·schüt·te·te** *der/die*；*-n, -n*

ver·schütt·ge·hen；*ging verschütt*，*ist verschüttgegangen*；Vi（不及物）*gespr*［口］；**etw. geht**（**j-m**）**verschütt** etw. wird von j-m verloren, ist verschwunden（物作主语）遗失，丢失

ver·schwä·gert *Adj*（形）；*nicht adv*（不作状语）；durch Heirat verwandt 因结婚而结成亲戚的，姻亲的：*Ich bin mit ihm v./Wir sind v.* 我和他是姻亲/我们是姻亲 ‖ ▶ **Schwager**

ver·schwei·gen；*verschwieg*，*hat verschwiegen*；Vt（及物）（**j-m**）**etw. v.** j-m etw. mit Absicht nicht sagen 隐瞒，不说：*j-m die Wahrheit v.* 对某人隐瞒真相，对某人不说真话 ‖ ▶ **verschwiegen**

ver·schwen·den；*verschwendete*，*hat verschwendet*；Vt（及物）**1. etw. v.** viel Geld für unnötige Dinge ausgeben 浪费，挥霍，乱花 ≈ vergeuden **2. etw. v.** viel von etw. verbrauchen, ohne dass es e-n Nutzen od. Erfolg hat 浪费，滥用 ≈ vergeuden〈Zeit, Energie v. 浪费时间、精力〉‖ *hierzu*(派生) **Ver·schwen·dung** *die*; *mst Sg*(多用单数); *zu*(义项) **1. Ver·schwen·der** *der*; *-s*, -

ver·schwen·de·risch *Adj*(形) **1.**〈ein Mensch 人〉so, dass er viel Geld für unnötige Dinge ausgibt 浪费的，挥霍的，乱花钱的 **2.**〈ein Stil *o. Ä.* 风格等〉übertrieben reich verziert 陈设奢华的，装饰豪华的

ver·schwie·gen *Adj*(形); *nicht adv*(不作状语) **1.**〈ein Mensch 人〉so, dass er ein Geheimnis bewahren kann 严守秘密的，守口如瓶的 ↔ geschwätzig **2.**〈e-e Bucht, ein Plätzchen 海湾，小块地方〉nur von wenigen Menschen besucht u. deshalb einsam u. ruhig 僻静的，寂静的 ‖ *hierzu*(派生) **Ver·schwie·gen·heit** *die*; *nur Sg*(只用单数)

ver·schwim·men; *verschwamm*, *ist verschwommen*; [Vi] (不及物) *mst* 多用 ***etw. verschwimmt vor j-s Augen*** (*Dat* 三格) j-d sieht etw. nur noch undeutlich(物作主语)在某人的眼前逐渐模糊起来

ver·schwin·den; *verschwand*, *ist verschwunden*; [Vi] (不及物) **1.** weggehen, wegfahren *o. Ä.* u. nicht mehr zu sehen sein 消失，隐藏，躲藏: *Das Reh verschwand im Wald / in den Wald* 狍子消失在森林中/狍子躲进森林中去了; *Die Sonne verschwand hinter den Wolken* 太阳消失在云层后面 **2.** für j-n nicht zu finden sein 消失，不见了，不在了〈auf geheimnisvolle Weise, spurlos v. 神秘地，无影无踪地消失了〉: *Ich weiß, dass der Ausweis in der Tasche war – aber jetzt ist er verschwunden* 我知道证件原来在手提包里，但是现在却没有了; *Die Polizei versucht, das rätselhafte Verschwinden der Frau aufzuklären* 警察当局企图查明那个女人神秘消失一事 ‖ NB(注意): *mst* im Perfekt(多用现在完成时) **3.** ***etw. verschwindet*** etw. hört auf zu existieren(物作主语)消失，不再存在，灭绝，销声匿迹〈ein Brauch 一种风俗〉: *Viele Tierarten, die heute schon selten geworden sind, werden bis zum Jahr 2000 verschwunden sein* 许多今天已经变得稀少的动物种类到2000年将会灭绝 **4.** ***mal v.*** (***müssen***) *gespr euph* [口][婉]; auf die Toilette gehen (müssen) 去方便一下，去一下洗手间 **5. *Verschwinde!*** *gespr* [口]; geh weg! 走开！滚！**6. *etw. v. lassen*** *gespr* [口]; etw. stehlen 偷走 **7. *j-n / etw. v. lassen*** *gespr* [口]; bewirken, dass e-e lästige Person od. Sache nicht mehr da ist, *bes* indem man sie tötet od. zerstört 消灭/销毁〈Beweismittel, Zeugen v. lassen 把证据销毁，把证人消灭(灭口)〉

ver·schwin·dend **1.** *Partizip Präsens*(现在分词); ↑ ***verschwinden*** **2.** *Adv*(副); *mst in* 多用于 ***v. gering / wenig*** 极小/极少 sehr gering / wenig: *e-e v. geringe Menge Gift* 极少量的毒品

ver·schwis·tert *Adj*(形); *nur präd*, *nicht adv* (只作表语，不作状语); ***j-d ist mit j-m v.***; 〈Personen 人们〉 ***sind v.*** zwei od. mehrere Personen sind Geschwister(人作主语)单：与…是兄弟(姐妹)；复：是兄弟(姐妹)

ver·schwit·zen; *verschwitzte*, *hat verschwitzt*; [Vt] (及物) **1. *etw. v.*** etw. durch Schweiß feucht machen 出汗弄湿: *das Hemd v.* 出汗把衬衣弄湿; *Die Jacke ist völlig verschwitzt* 短上衣完全被汗水湿透 **2. *etw. v.*** *gespr* [口] ≈ vergessen: *den Termin beim Zahnarzt v.* 忘记看牙科医生的约定日期

ver·schwol·len *Adj*(形); *nicht adv*(不作状语); stark geschwollen 肿得很厉害的〈ein Gesicht 脸; die Augen 双眼〉

ver·schwom·men **1.** *Partizip Perfekt*(过去分词); ↑ ***verschwimmen*** **2.** *Adj*(形) ≈ unklar ↔ deutlich, klar〈ein Bild, e-e Vorstellung 图画，想法〉

ver·schwö·ren, sich; *verschwor sich*, *hat sich verschworen*; [Vr] (反身) ***j-d verschwört sich mit j-m gegen j-n / etw.***; 〈Personen 人们〉 ***verschwören sich gegen j-n / etw.*** zwei od. mehrere Personen planen gemeinsam, j-m / etw. zu schaden(人作主语)单：与…谋划，密谋；复：共谋，合谋，一起密谋策划 ‖ *hierzu*(派生) **Ver·schwö·rer** *der*; *-s*, -

Ver·schwö·rung *die*; -, *-en*; ***e-e V.*** (***gegen j-n / etw.***) ein geheimer Plan, mit dem mehrere Leute *bes* e-m politischen Gegner schaden wollen 阴谋，密谋，谋反 ≈ Konspiration: *die V. gegen den König* 反对国王的密谋

ver·schwun·den *Partizip Perfekt*(过去分词); ↑ ***verschwinden***

ver·se·hen[1]; *versieht*, *versah*, *hat versehen*; [Vt] (及物) **1. *j-n mit etw. v.*** j-m etw. geben, das er braucht 给…配备，供给，使备有 ≈ versorgen **2. *etw. mit etw. v.*** dafür sorgen, dass etw. irgendwo vorhanden ist 给…装上 ≈ etw. irgendwo anbringen: *e-n Schrank mit Schnitzereien v.* 给柜子装上木雕; [Vr] (反身) **3. *sich mit etw. v.*** sich das nehmen, was man braucht 准备好，带上，备上 ≈ versorgen: *sich für die Reise mit Schecks u. Devisen v.* 准备好旅行用的支票和外汇

ver·se·hen[2]; *versieht*, *versah*, *hat versehen*; [Vt] (及物) ***etw. v.*** *geschr* [书]; e-e (berufliche) Aufgabe erfüllen 履行，执行，完成: *seine Pflichten, seinen Dienst gewissenhaft v.* 认真履行自己的责任，认真完成自己的工作

ver·se·hen, sich[3]; *versieht sich*, *versah sich*, *hat sich versehen*; *gespr* [口]; [Vr] (反身) ***sich v.*** (beim Hinsehen) e-n Fehler machen 看错，弄错，做错，搞错 ‖ ID [谚] ***eh man sichs versieht*** *gespr veraltend* [口][渐旧]; ganz plötzlich 转眼之间，一瞬间

Ver·se·hen *das*; *-s*, - **1.** ein *mst* kleiner Fehler (*bes* weil man nicht gut aufgepasst hat) 疏忽，过失，错误≈ Irrtum **2. *aus V.*** ohne Absicht 由于疏忽，不小心，无意中 ≈ versehentlich, unabsichtlich: *j-n aus V. stoßen* 不小心撞着某人; *etw. aus V. wegwerfen* 由于疏忽扔掉某物

ver·se·hent·lich *Adj*(形); ohne Absicht 由于疏忽，不小心，无意中 ≈ irrtümlich, aus Versehen: *v. in den falschen Bus einsteigen* 不小心

上错了公共汽车

Ver.sehr.te *der/die*；*-n*，*-n*；ADM *geschr*【管理】［书］；j-d, der durch e-e Verletzung *o.Ä.* körperlich behindert ist 残疾人，伤残者，残废者 ‖ K-(复合)：**Versehrten-**，**-sport** ‖ -K(复合)：**Kriegs-** ‖ NB(注意)：*ein Versehrter*；*der Versehrte*；*den*，*dem*，*des Versehrten*

ver.selb.stän.di.gen, **ver.selbst.stän.di.gen, sich**；*verselb(st)ständigte sich*，*hat sich verselb(st)ständigt*；Vr (反身) **etw. verselbstständigt sich** etw. löst sich aus e-m Zusammenhang u. wird unabhängig u. selbstständig(物作主语)自主，自立，独立 ‖ *hierzu*(派生) **Ver.selb.stän.di.gung**, **Ver.selbst.stän.di.gung** *die*；*mst Sg*(多用单数)

ver.sen.den；*versandte/versendete*，*hat versandt/versendet*；Vt (及物) **etw.** (*mst Kollekt od Pl* 多用集合或复数) (**an j-n** (*mst Pl* 多用复数)) **v.** etw. (*mst* in großer Zahl, Menge) durch Post od. Bahn an j-n schicken(通过邮局或铁路大批量)发送，寄发：*Prospekte v.* 寄发广告 ‖ *hierzu*(派生) **Ver.sen.dung** *die*；*mst Sg*(多用单数)

ver.sen.gen；*versengte*，*hat versengt*；Vt (及物) (**j-m/sich**) **etw. v.** etw. durch Hitze od. Feuer leicht beschädigen 微微烤焦，烫焦，烧糊：*Wäsche beim Bügeln v.* 把衣服熨焦；*sich die Haare an e-r Kerze v.* 在蜡烛上把自己的头发烧焦

ver.sen.ken；*versenkte*，*hat versenkt*；Vt (及物) **1. etw. v.** bewirken, dass *mst* ein Schiff nach unten sinkt 使沉没，击沉：*Ein Schiff der gegnerischen Flotte wurde bei dem Gefecht versenkt* 敌方舰队的一艘舰只在战斗中被击沉 ‖ NB(注意)：Das intransitive Verb ist (*ver*)*sinken*(不及物动词是(ver)sinken)：Das Schiff (ver) sinkt 轮船沉没 **2. etw. v.** bewirken, dass etw. in e-e Art Grube unter der Oberfläche von etw. verschwindet 把…沉入、埋入：*Betonpfeiler in die Erde v.* 把混凝土柱子埋入地里；Vr (反身) **3. sich in etw.** (*Akk* 四格) **v.** sich ganz auf etw. konzentrieren 专注于，埋头于 ≈ sich in etw. (*Akk* 四格) vertiefen：*sich in ein Buch v.* 专心致志地读一本书

Ver.sen.kung *die*；*-*，*-en*；der Teil des Bodens *bes* e-r Bühne, der nach unten gesenkt werden kann(舞台上的)坠门，活板门，地板门 ‖ ID［谚］**j-d verschwindet in der V.** *gespr*［口］；j-d erscheint nicht mehr in der Öffentlichkeit (u. wird vergessen)某人被遗忘，不再抛头露面，从社会上消失，销声匿迹；**j-d taucht aus der V. auf** *gespr*［口］；j-d erscheint plötzlich wieder in der Öffentlichkeit 某人突然重新出现，突然重新露面

ver.ses.sen *Adj*(形)；*nicht adv*(不作状语)；**auf j-n/etw. v.** so, dass man j-n/etw. unbedingt haben will 渴望得到，一心想要，一味追求，热中于，醉心于，对…梦寐以求：*auf Schokolade v. sein* 一心想要巧克力；darauf *v. sein*，*mit j-m tanzen* zu *gehen* 热中于同某人去跳舞 ‖ *hierzu*(派生) **Ver.ses.sen.heit** *die*；*mst Sg*(多用单数)

ver.set.zen；*versetzte*，*hat versetzt*；Vt (及物) **1. etw. v.** etw. von einer Stelle an e-e andere bringen 移动，挪动，移植：*e-e Mauer* (*um drei Meter*) *v.* 把墙移动(三米)；*die Knöpfe an e-r Jacke v.* 挪动上衣的纽扣；*e-n Baum v.* 移植一棵树 **2.** *mst* 多用 **j-d wird** (**irgendwohin**) **versetzt** j-d wird an e-n anderen Ort geschickt, an dem er seinen Beruf ausüben kann 调动，调任：*j-n in die Zweigstelle nach Dresden*，*ins Ausland v.* 把某人调往德累斯顿的、调往国外的分支机构工作；*Wenn er Hauptmann werden will*，*muss er sich v. lassen* 如果他想当上尉，他就必须调走 **3. j-n v.** (als Lehrer) e-m Schüler (am Ende e-s Schuljahres) erlauben, die höhere Klasse zu besuchen 使升级、升班〈(nicht) versetzt werden 升(不)了级〉**4. etw. v.** etw. als Pfand geben, damit man Geld dafür bekommt 抵押，典当：*seinen Schmuck v.* 用自己的首饰抵押出去 **5. j-n v.** *gespr*［口］；zu e-m Treffen mit j-m nicht kommen, obwohl man es ihm versprochen hat 使白白等候，对…失约 **6.** verwendet zusammen mit e-m Substantiv, um e-e Verbhandlung zu umschreiben(与名词连用，改换动词的表达)；**j-m e-n Schlag v.** ≈ j-n schlagen；**j-m e-n Tritt v.** ≈ j-n treten **7.** verwendet mit e-r Präposition u. e-m Substantiv, um auszudrücken, dass j-d/etw. in den Zustand kommt, den das Substantiv bezeichnet(与介词和名词连用)使处于…境地，使进入…状态；**etw. versetzt etw. in Bewegung**，**Schwingung** etw. bewirkt, dass etw. sich bewegt, schwingt(物作主语)使运动(开动)、振动；**etw. versetzt j-n in Aufregung**，**Begeisterung**，**Erstaunen**，**Unruhe** etw. bewirkt, dass j-d sich aufregt, begeistert ist, staunt, unruhig wird(物作主语)使激动、兴奋、惊讶、惶恐不安 **8. j-n in die Lage v.**，**etw. zu tun** *geschr*［书］；es j-m möglich machen, etw. zu tun 使有能力做… **9. etw. mit etw. v.** e-e Flüssigkeit mit etw. vermischen 给…搀入，把…和…搀兑起来：*Wein mit Wasser v.* 给酒搀上水，把酒和水搀兑起来；Vr (反身) **10. sich in j-n/etw. v.** sich vorstellen, an j-s Stelle, in e-r bestimmten Situation zu sein 设想置身于〈sich in j-s Lage/Situation v. 设想置身于某人的处境，设身处境地为某人想一想〉：*Versuch doch mal*，*dich in meine Lage zu v.!* 你就设身处境地为我想一想吧！‖ *zu*(义项) **1.-4. Ver.set.zung** *die*

ver.seu.chen；*verseuchte*，*hat verseucht*；Vt (及物) *mst* 多用 **etw. verseucht etw.** (**mit etw.**) giftige Stoffe od. Bakterien bewirken, dass etw. für die Gesundheit gefährlich ist(物作主语)污染：*Die Chemiefabrik hat das Grundwasser verseucht* 化工厂使地下水受到污染 ‖ *hierzu*(派生) **Ver.seu.chung** *die*；*mst Sg*(多用单数)

Vers.fuß *der*；die kleinste rhythmische Einheit e-s Verses 诗行中的音步，韵脚

ver.si.chern[1]；*versicherte*，*hat versichert*；

V

[Vt]（及物）**1.**（***j-m***）***etw. v.*** j-m erklären, dass etw. ganz sicher so ist, wie man es gesagt hat 保证，担保 ≈ beteuern〈(j-m) hoch u. heilig v., dass...郑重地保证…，庄严地保证…〉：*Er versicherte mir, dass er ein Spezialist auf diesem Gebiet sei* 他向我保证，他是这个领域的专家；[Vr]（反身）**2. *sich etw.***（*Gen* 二格）***v.*** prüfen, ob es ganz sicher ist, dass man etw. bekommt 确信能得到，保证要获得〈sich j-s Freundschaft, j-s Hilfe, j-s Schutzes v. 保证获得某人的友谊、某人的帮助、某人的保护〉‖ *zu*（义项）**1. Ver·si·che·rung** *die*

ver·si·chern²; *versicherte, hat versichert*; [Vt]（及物）**1. *j-n/sich/etw.***（***gegen etw.***）***v.*** mit e-r Versicherung (2) e-n Vertrag machen. Man zahlt regelmäßig Geld (Beiträge) an die Firma, die dann als Gegenleistung die Kosten trägt, die bei e-m Schaden od. Unfall entstehen 为…参加保险，为…投保：*sich gegen Unfall, sein Haus gegen Feuer v* 参加事故保险，参加住房火灾保险. **2.**〈e-e Firma 公司〉***versichert j-n/etw.***（***gegen etw.***）e-e Versicherungsfirma macht mit j-m e-n Vertrag u. trägt die Kosten bei e-m Schaden od. Unfall 为…办理保险

Ver·si·cher·ten·kar·te *die*; e-e kleine Karte aus Plastik[1], auf der die persönlichen Daten[2] (3) gespeichert sind u. die beweist, dass man Mitglied bei e-r Krankenkasse ist 医疗保险卡

Ver·si·che·rung *die*; -, -*en* **1. *e-e V.***（***gegen etw.***）ein Vertrag mit e-r (Versicherungs-)Firma, der man regelmäßig Geld zahlt, damit die Firma die Kosten übernimmt, die bei e-m Schaden od. Unfall entstehen 保险，保险合同〈e-e V. abschließen, eingehen, kündigen 签订、订立、解除保险合同〉：*e-e V. gegen Feuer u. Glasschäden* 火灾和玻璃伤害保险 ‖ K-（复合）：***Versicherungs-, -beitrag, -betrag, -nummer, -police, -schutz, -summe*** ‖ -K（复合）：***Haftpflicht-, Hausrat-, Kraftfahrzeug-, Kranken-, Lebens-, Unfall-*** **2.** e-e Firma, bei der man sich *bes* gegen Unfälle u. andere Schäden versichern kann 保险公司 ‖ K-（复合）：***Versicherungs-, -gesellschaft, -kaufmann, -vertreter***

Ver·si·che·rungs·fall *der*; ein Schadensfall *o. Ä.*, bei dem die Versicherungsfirma die Kosten übernehmen muss 保险案例，保险事故

Ver·si·che·rungs·pflicht *die*; die gesetzliche Pflicht, sich gegen etw. zu versichern 参加保险的义务：*Für Autofahrer besteht V.* 汽车司机有参加保险的义务 ‖ *hierzu*（派生）**ver·si·che·rungs·pflich·tig** *Adj*（形）；*nicht adv*（不作状语）

ver·si·ckern; *versickerte, ist versickert*; [Vi]（不及物）***etw. versickert*** etw. fließt langsam in die Erde（物作主语）渗入地下〈das Wasser, der Regen 水，雨水〉

ver·sie·ben; *versiebte, hat versiebt*; [Vt] *gespr*（及物）[口] **1. *etw. v.*** ≈ vergessen〈e-n Termin v. 忘记日期〉**2. *etw. v.*** etw. ohne Erfolg beenden 搞砸，弄糟：*e-e Prüfung v.* 考试考糟了

ver·sie·geln; *versiegelte, hat versiegelt*; [Vt]（及物）**1. *etw. v.*** etw. mit e-m Siegel verschließen（盖上印章）封上，密封，封闭〈e-n Brief, e-e Tür v. 把信密封，把门封闭〉**2. *etw. v.*** e-e (Holz)Fläche mit e-r Schicht Lack bedecken u. sie so haltbar machen 上漆，漆〈den Boden, das Parkett v. 给地板、镶木地板上漆〉‖ *hierzu*（派生）**Ver·sie·ge·lung** *die*

ver·sie·gen; *versiegte, ist versiegt*; [Vi]（不及物）***etw. versiegt*** *geschr* [书]；etw. hört auf zu fließen（物作主语）干涸，流尽，枯竭〈*mst* e-e Quelle 多指泉水，泉源〉

ver·siert [v-] *Adj*（形）；*nicht adv*（不作状语）；mit viel Erfahrung u. Geschick 精通的，通晓的，有经验的，熟练的，干练的，精明的 ≈ routiniert：*ein versierter Verkäufer* 精明的卖主，干练的售货员 ‖ *hierzu*（派生）**Ver·siert·heit** *die*; *nur Sg*（只用单数）

ver·sil·bern; *versilberte, hat versilbert*; [Vt]（及物）**1. *etw. v.*** etw. mit e-r dünnen Schicht Silber bedecken 给…镀银〈Bestecke, Schmuck v. 给餐具、首饰镀银〉**2. *etw. v.*** *gespr* [口]；etw. verkaufen, um dafür Geld zu bekommen 变卖：*sein Radio v.* 变卖自己的收音机 ‖ *zu*（义项）**1. Ver·sil·be·rung** *die*; *mst Sg*（多用单数）

ver·sin·ken; *versank, ist versunken*; [Vi]（不及物）**1. *j-d/***〈ein Boot *o. Ä.* 小船等〉***versinkt***（***in etw.***（*Dat* 三格））ein Boot (bzw. die Personen darin) kommt (kommen) unter die Oberfläche u. verschwindet (verschwinden) allmählich（人/船等作主语）下沉，沉没 ≈ j-d/ein Boot *o. Ä.* geht unter：*Das Boot ist im See versunken* 小船在湖中沉没了 **2. *j-d/ein Tier/etw. versinkt***（***in etw.***（*Dat* 三格））j-d/ein Tier/etw. sinkt in e-r weichen Masse ein（人/动物/物作主语）陷入，陷进〈bis zu den Knöcheln, Knien im Schnee, Schlamm, Sand, Moor v. 陷进雪里、淤泥里、沙子里、沼泽里，一直到脚踝深、到膝盖深〉**3. *etw. versinkt***（***irgendwo***）etw. geht unter（物作主语）下落，沉落：*Die Sonne versinkt am Horizont* 太阳落到地平线上 **4. *in etw.***（*Akk* 四格）***v.*** sich immer mehr auf ein Gefühl od. e-e Tätigkeit konzentrieren u. nichts anders mehr denken 沉入，陷入，埋头于，沉醉于，沉迷于〈in Trauer, Schwermut, Nachdenken, Grübeln, Schweigen v. 陷入悲痛之中、忧郁之中、沉思之中、冥思苦想之中、沉默〉

ver·sinn·bild·li·chen; *versinnbildlichte, hat versinnbildlicht*; [Vt]（及物）***etw. versinnbildlicht etw.*** *geschr* [书]；etw. ist ein Symbol für etw.（物作主语）象征，象征性地表示，作为…的象征 ‖ *hierzu*（派生）**Ver·sinn·bild·li·chung** *die*; *mst Sg*（多用单数）‖ ▶ ***Sinnbild***

Ver·si·on [ver'zio:n] *die*; -, -*en*; ***e-e V.***（***von etw./+ Gen*** 二格）**1.** eine von mehreren Möglichkeiten, ein Ereignis darzustellen u. zu deuten（对某一事件所作的一种）解释，说法：*Die Zeugen lieferten unterschiedliche Ver-*

sionen vom Überfall 证人们提供了关于袭击事件的各种不同的说法 **2.** eine von mehreren möglichen sprachlichen Varianten e-s Textes(行文语体的一种)文本,版本,译本 ≈ Fassung²: *die populäre V. e-r wissenschaftlichen Untersuchung* 科学研究的普及(文)本 **3.** e-e leicht veränderte Variante e-s Produkts (产品的)型,类型: *die neue V. e-s Automodells* 一种汽车的新款式

ver·skla·ven [-vn, -fn]; *versklavte, hat versklavt*; Vt (及物) ***j-n v.*** j-n zum Sklaven machen 奴役,使成为奴隶 ‖ *hierzu* (派生) **Ver·skla·vung** *die*; *mst Sg* (多用单数)

Vers·maß *das*; LING【语】; das rhythmische Schema e-s Verses 韵格,韵律 ≈ Metrum

ver·snobt *Adj* (形); *pej* [贬]; mit den Eigenschaften e-s Snobs 摆出一副绅士派头的,傲慢的,自以为高人一等的 ≈ snobistisch

ver·sof·fen 1. *Partizip Perfekt* (过去分词); ↑ ***versaufen*** **2.** *Adj* (形); *gespr! pej* [粗][贬]; so, dass der Betreffende oft u. viel Alkohol trinkt 酗酒的,好喝酒的,嗜酒成癖的

ver·soh·len; *versohlte, hat versohlt*; Vt (及物) ***j-n v.***; ***j-m den Hintern v.*** *gespr* [口]; j-n verhauen 痛打,狠揍;打…屁股

ver·söh·nen; *versöhnte, hat versöhnt*; Vr (反身) **1.** ***j-d versöhnt sich mit j-m***; 〈Personen 人们〉 ***versöhnen sich*** zwei od. mehrere Personen leben nach e-m Streit wieder in Frieden miteinander(人作主语)单:与…和解,和好;复:彼此和解,和好 ≈ sich mit j-m (wieder) vertragen: *sich mit seinem Gegner v.* 与自己的敌人和解; Vt (及物) **2.** ***j-n mit j-m v.*** bewirken, dass zwei Personen od. Gruppen, die Streit hatten, wieder in Frieden miteinander leben 使和解,使和好 ‖ *hierzu* (派生) **Ver·söh·nung** *die*

ver·söhn·lich *Adj* (形); so, dass der Betreffende bereit ist, sich zu versöhnen 准备和解的,修好的,有和好愿望的〈versöhnliche Worte finden 找到和解的话语; v. gestimmt sein 具有和解的心情〉

ver·son·nen *Adj* (形); so, dass man intensiv an etw. denkt u. alles andere nicht bemerkt 沉思的,陷入沉思的,想事想得出神的

ver·sor·gen; *versorgte, hat versorgt*; Vt (及物) **1.** ***j-n/sich/etw.*** (***mit etw.***) ***v.*** bewirken, dass j-d/man selbst/etw. das bekommt, das er/man/es braucht 供给,供应,提供,设法弄到,搞到: *j-n mit Nahrung u. Kleidung v.* 供应某人食物和衣服,管某人吃和穿; *ein Stadtviertel mit Trinkwasser v.* 供应一个城区饮用水 **2.** ***j-n/etw. v.*** dafür sorgen, dass j-d/etw. die nötige Pflege bekommt 照料,照管,料理 ≈ sich um j-n/etw. kümmern 〈ein Kind, e-n Kranken, e-n Pflegebedürftigen v. 照料孩子、病人、需要服侍的人; ein Haus, e-n Garten v. 照管住房、花园; e-e Wunde v. 护理伤口〉 ‖ *hierzu* (派生) **Ver·sor·gung** *die*; *nur Sg* (只用单数)

ver·spannt *Adj* (形); so, dass Muskeln ständig gespannt sind u. man dadurch Schmerzen o.Ä. hat 发僵的,紧绷的 ≈ verkrampft ↔ locker 〈Muskeln 肌肉; ein Nacken 脖颈〉 ‖ *hierzu* (派生) **sich ver·span·nen** (*hat*) *Vr* (反身); **Ver·span·nung** *die*

ver·spä·ten, sich; *verspätete sich, hat sich verspätet*; Vr (反身) ***j-d/etw. verspätet sich*** j-d/etw. kommt später als geplant (人/物作主语)迟到,延误,晚点: *Er hat sich um zehn Minuten verspätet* 他迟到了十分钟; *j-d/etw. erscheint verspätet, trifft verspätet ein* 某人/某物来晚了,晚点到达

Ver·spä·tung *die*; -, *-en* **1.** die Zeit, um die man zu spät kommt 迟到,延误: *Entschuldigen Sie bitte meine V.!* 请您原谅我迟到! **2.** 〈ein Zug, ein Bus, ein Flugzeug *o.Ä.* 火车,公共汽车,飞机等〉 ***hat V.*** ein Zug *usw* fährt später ab bzw. kommt später an, als es (nach dem Fahrplan) sein sollte 误点,晚点

ver·spei·sen; *verspeiste, hat verspeist*; Vt (及物) ***etw. v.*** *geschr* [书]; etw. (mit Appetit u. Vergnügen) essen(津津有味地)吃,吃完,享用

ver·spe·ku·lie·ren, sich; *verspekulierte sich, hat sich verspekuliert*; Vr (反身) *mst* 多用 ***j-d hat sich*** (***bei etw.***) ***verspekuliert*** j-d hat e-e Situation falsch beurteilt (u. *mst* viel Geld verloren)(人作主语)估计错误,失算(而亏了许多钱)

ver·sper·ren; *versperrte, hat versperrt*; Vt (及物) **1.** ***etw. v.*** bewirken, dass man an e-r Stelle nicht weitergehen od. -fahren kann, weil dort ein Hindernis ist 挡住,堵住,封锁: *Demonstranten versperrten die Zufahrt mit Barrikaden* 游行者用路障封锁了车辆通道; *Nach dem Sturm versperrten umgestürzte Bäume die Straße* 风暴过后被刮倒的树堵塞了街道 **2.** *mst* 多用 ***j-d/etw. versperrt j-m den Blick/die Sicht*** (***auf j-n/etw.***) j-d/etw. bewirkt (durch seine Größe), dass j-d j-n/etw. nicht sehen kann(人/物作主语)挡住…的目光,遮住视线

ver·spie·len; *verspielte, hat verspielt*; Vt (及物) **1.** ***etw. v.*** beim Roulette, Poker *o.Ä.* Geld verlieren 赌输,输光〈sein Vermögen, viel Geld v. 赌输了自己的财产、许多钱〉 **2.** ***etw. v.*** durch sein (leichtsinniges) Verhalten etw. verlieren(由于轻率行为而)失去,丧失〈sein Glück, seine Chancen v. 失去幸福、机会等〉 ‖ ID [谚] ***bei j-m verspielt haben*** *gespr* [口]; j-s Sympathie, Freundschaft od. Vertrauen nicht mehr haben 失去某人的好感、友谊或信任

ver·spielt 1. *Partizip Perfekt* (过去分词); ↑ ***verspielen*** **2.** *Adj* (形); 〈ein Kätzchen, ein junger Hund 小猫,小狗; ein Kind 孩子〉 so, dass sie immer nur spielen wollen 贪玩的,玩野了的 ‖ *zu* (义项) **2. Ver·spielt·heit** *die*; *nur Sg* (只用单数)

ver·spon·nen *Adj* (形) ≈ seltsam, wunderlich 〈Menschen 人〉

ver·spot·ten; *verspottete, hat verspottet*; Vt (及物) ***j-n/etw. v.*** über j-n/etw. spotten 讥笑,嘲笑,嘲弄 ‖ *hierzu* (派生) **Ver·spot·tung** *die*; *mst Sg* (多用单数)

V

ver·spre·chen[1]; *verspricht*, *versprach*, *hat versprochen*; [Vt] (及物) **1.** (***j-m***) ***etw. v.*** j-m sagen, dass man etw. ganz sicher tun wird 答应,允诺,许诺 〈j-m etw. fest, hoch u. heilig v. 向某人坚决地,信誓旦旦地许诺某事; j-m Hilfe v. 答应帮助某人〉: *seinem Sohn ein Fahrrad v.* 答应给自己的儿子一辆自行车; *j-m v., ihm zu helfen* 向某人承诺要帮助他; *Ich habe ihm versprochen, dass ich ihn besuchen werde* 我向他许愿了要去看望他; „*Kommst du wirklich?*" – „*Ja, ich verspreche es dir*"“你真的来吗?”——“是的,我答应准来”。**2.** ***etw. verspricht etw.*** etw. lässt erwarten, dass e-e bestimmte Entwicklung *o. Ä.* eintritt (物作主语) 预示,有望得到,可望有: *Das verspricht, ein schöner Abend zu werden* 这预示着晚上天气会好转 **3.** ***sich*** (*Dat* 三格) ***etw. von j-m/etw. v.*** glauben, dass e-e bestimmte Entwicklung stattfinden wird 期待,指望,期望: *sich von der neuen Regierung viel, nur wenig, nichts v.* 对新政府有很高的期望,期望很小,无所期望(毫无指望)

ver·spre·chen[2], **sich**; *verspricht sich*, *versprach sich*, *hat sich versprochen*; [Vr] (反身) ***sich v.*** ohne Absicht etw. falsch, anders sagen od. aussprechen, als man wollte 说错,读错: *Er war so nervös, dass er sich ständig versprach* 他非常紧张,因此常发生口误

Ver·spre·chen *das*; *-s*, *-*; Worte, mit denen j-d j-m etw. verspricht[1] (1) 诺言,允诺 〈ein leeres V. (= ein V., das nicht eingehalten wird) 空洞的诺言; j-m ein V. geben 对某人承诺; ein V. abgeben 许下诺言; sein V. erfüllen, halten, brechen 履行、遵守、违背(不遵守)自己的诺言〉

Ver·spre·cher *der*; *-s*, *-*; ein Fehler beim Sprechen od. bei der Aussprache e-s Wortes 口误,说错的话,念错的字 〈j-m unterläuft ein V. 某人发生口误,某人出现口误〉

Ver·spre·chung *die*; *-*, *-en*; *mst Pl* (多用复数); *mst in* 多用于 ***j-m große / leere Versprechungen machen*** j-m viel versprechen[1] (1), aber dann das Versprechen nicht halten 漫天许诺,许下空洞的诺言,开空头支票

ver·sprengt *Adj* (形); *nicht adv* (不作状语); in verschiedene Richtungen auseinandergetrieben 被击溃的,溃散的,溃逃的 〈(ein Trupp) versprengte(r) Soldaten 溃逃的士兵,溃兵(一支狼狈溃退的军队); (e-e Herde) versprengte(r) Tiere 四处逃散的动物(一群东逃西窜的动物)〉

ver·sprit·zen; *verspritzte*, *hat verspritzt*; [Vt] (及物) ***etw. v.*** Flüssigkeit in Tropfen in verschiedene Richtungen spritzen 喷,喷洒,喷溅 〈Wasser v. 喷水〉

ver·sprü·hen; *versprühte*, *hat versprüht*; [Vt] (及物) ***etw. v.*** e-e Flüssigkeit in sehr kleinen Tropfen verteilen 喷,喷洒,喷射 〈ein Pflanzenschutzmittel v. 喷洒植物防护剂〉

ver·spü·ren; *verspürte*, *hat verspürt*; [Vt] (及物) ***etw. v.*** etw. körperlich od. seelisch fühlen 感觉,觉得,感到 ≈ empfinden 〈Hunger, Durst, Schmerz, Müdigkeit v. 感到饥饿、口渴、疼痛、疲倦; Angst, Reue v. 感到害怕、后悔〉

ver·staat·li·chen; *verstaatlichte*, *hat verstaatlicht*; [Vt] (及物) *mst* 多用 〈die Regierung 政府〉 ***verstaatlicht etw.*** die Regierung macht e-e private Firma zum Eigentum des Staates 把…收归国有,使国有化,对…实行国有化 ↔ die Regierung privatisiert etw.: *Die Eisenbahn wird verstaatlicht* 铁路实行国有化 ‖ *hierzu* (派生) **Ver·staat·li·chung** *die*

Ver·städ·te·rung *die*; *nur Sg* (只用单数); die Entwicklung, durch die kleine Orte immer größer u. e-r Stadt ähnlich werden 城市化,都市化 ‖ *hierzu* (派生) **ver·städ·tern** (*ist*) *Vi* (不及物)

Ver·stand *der*; *-(e)s*; *nur Sg* (只用单数); die Fähigkeit des Menschen, zu denken u. zu urteilen 理智,智力,智能,理解力,判断力 ≈ Intellekt 〈e-n klaren, scharfen, keinen (Funken) V. haben 有聪明的、敏锐的头脑,没有(一点儿)头脑; seinen V. gebrauchen 运用自己的智力; j-s V. reicht zu etw. nicht aus 某人的智力不足于做某事〉: *Du solltest genug V. haben, nicht solche gefährlichen Sachen zu machen* 你应该有足够的智力,不做这种危险的事情 ‖ K-(复合): ***Verstandes-, -kraft, -schärfe*** ‖ ID [谚] ***den V. verlieren*** *mst* wegen e-s schrecklichen Ereignisses geistig verwirrt, wahnsinnig werden 失去理智,发疯,; ***etw. bringt j-n um den V.*** etw. bewirkt, dass j-d geistig verwirrt od. wahnsinnig wird 某事使某人失去理智、发疯; ***j-d / etw. bringt j-n um den V.*** *gespr* [口]; j-d/etw. belastet j-n so stark, dass er nervös u. wütend wird 某人/某物使某人发疯,生气,神经错乱: *Dieser Lärm bringt mich noch um den V.!* 这种喧闹声真要叫我发疯啦!; *mst* 多用 ***Du bist wohl nicht*** (***ganz / recht***) ***bei V.?*** *gespr* [口]; was du tust, vorschlägst *o. Ä.*, ist Unsinn 你是不是头脑不(太)正常(神经有毛病)?

ver·stan·des·mä·ßig *Adj* (形); *nur attr od adv*, *geschr* (只作定语或状语) [书]; mit dem Verstand (u. nicht mit dem Gefühl) 理智的,合乎理智的 〈etw. v. begreifen, erfassen 理智地理解、领会某事〉

ver·stän·dig *Adj* (形); fähig, Situationen vernünftig zu beurteilen 明智的,明理的,有头脑的,理智的,懂事的 ≈ vernünftig ↔ unverständig: *Max ist mit seinen 10 Jahren schon sehr v.* 马克斯十岁就很懂事了 ‖ *hierzu* (派生) **Ver·stän·dig·keit** *die*; *nur Sg* (只用单数)

ver·stän·di·gen; *verständigte*, *hat verständigt*; [Vt] (及物) **1.** ***j-n*** (***über etw.*** (*Akk* 四格) / ***von etw.***) ***v.*** j-m mitteilen, dass etw. geschehen ist 通知,告知,报知,报告 ≈ j-n benachrichtigen 〈die Polizei v. 报告警察局〉: *Die Ärzte verständigten die Angehörigen vom Tod des Patienten* 医生们把患者死亡的消息通知亲属; [Vr] (反身) **2.** ***sich*** (***mit j-m***) (***irgendwie***) ***v.*** sich auf irgendeine Weise verständlich (4) machen (与…) 相互沟通思想,互相取得了解 〈sich in e-r Fremdsprache, sich durch Zeichen v. 用外语互相沟通思想,用打手势来互相了解〉 **3.** ***j-d verständigt sich mit j-m*** (***über etw.*** (*Akk* 四格)); 〈Personen 人们〉 ***verständigen sich*** (***über etw.*** (*Akk* 四格)) *geschr* [书]; zwei od. mehrere Personen einigen sich über etw. (人作主语)单:与…达成共识;复:彼此取得一致意见: *sich mit seinem Verhandlungspartner über e-n strittigen Punkt v.* 与自己的谈判伙伴就一个有争议的问题达成共识

Ver·stän·di·gung *die*; -; *nur Sg* (只用单数) **1.** *geschr* [书]; die Mitteilung, dass etw. geschehen ist 通知,告知,报知,报告: *die V. der Angehörigen* 通知亲属 **2.** das Sprechen mit j-m, bei dem jeder versteht, was der andere sagen will 互相理解,互相明白: *Die V. mit dem Gast aus Japan war schwierig* 同这位来自日本的客人的相互理解是困难的 ‖ K-(复合): ***Verständigungs-***, ***-mittel***, ***-möglichkeit***, ***-schwierigkeit***, ***-versuch*** **3.** *geschr* [书] ≈ Einigung 〈es kommt zu e-r V. über etw. 对某事达成谅解〉 ‖ *zu* (义项) **3.** **ver·stän·di·gungs·be·reit** *Adj* (形); *nicht adv* (不作状语)

ver·ständ·lich *Adj* (形) **1.** deutlich u. gut zu hören 听得清楚的,听得见的,听得懂的 〈e-e Aussprache 发音; klar u. v. sprechen 说得明白易懂〉: *Bei dem Lärm waren ihre Worte für mich kaum v.* 由于有喧闹声,您的话我几乎听不清楚 **2.** so, dass man den Sinn davon gut verstehen (1) kann 好理解的,易懂的,明白的 ↔ unverständlich 〈etw. ist leicht, kaum, schwer v. 某事是容易懂的、几乎听不懂的、难懂的; etw. v. darstellen, formulieren 明白易懂地描述、表达某事〉 **3.** ***j-m etw. v. machen*** j-m etw. so erklären, dass er es gut verstehen kann 使明白、理解 **4.** ***sich*** (***irgendwie***) ***v. machen*** so sprechen od. sich so verhalten, dass ein anderer versteht (1), was man meint 使别人理解自己的意思、明白自己的想法 〈sich durch Zeichen, mit Gesten v. machen 靠示意、用手势使别人明白自己的意思〉 **5.** *nicht adv* (不作状语); so, dass man den Grund dafür erkennt u. akzeptiert 可以理解的,容易理解的 ≈ begreiflich, einsichtig 〈e-e Forderung, ein Wunsch, e-e Sorge, e-e Reaktion 要求,愿望,担心,反应; etw. ist (j-m) durchaus v. 某事(对某人来说)是完全可以理解的〉 ‖ *zu* (义项) **1.** u. **2.** **Ver·ständ·lich·keit** *die*; *nur Sg* (只用单数); *zu* (义项) **5.** **ver·ständ·li·cher·wei·se** *Adv* (副)

Ver·ständ·nis *das*; *-ses*; *nur Sg* (只用单数) **1.** ***V.*** (***für j-n/etw.***) die Fähigkeit, j-n/etw. zu verstehen (3), zu akzeptieren, was ein anderer denkt, fühlt od. tut 理解,了解,懂得,谅解 〈viel, volles, wenig, kaum, kein V. für j-n/etw. haben/aufbringen 对某人/某事表示很理解,完全理解,很少理解,难以理解,不理解; j-m/etw. V. entgegenbringen 对某人/某事表示理解〉: *Ich habe durchaus V. für deine Situation* 我完全理解你的情况; *Meine Eltern haben kein V.* dafür, dass *ich mit dem Motorrad nach Sizilien fahren will* 我想骑摩托车去西西里岛,对此,我的父母不理解 **2.** *geschr* [书]; das Verstehen (1) 〈j-m das V. e-s Textes erleichtern 使(有助于)某人更容易理解原文〉 ‖ *zu* (义项) **1.** **ver·ständ·nis·los** *Adj* (形); **ver·ständ·nis·voll** *Adj* (形); **Ver·ständ·nis·lo·sig·keit** *die*

ver·stär·ken; *verstärkte*, *hat verstärkt*; [Vt] (及物) **1.** ***etw. v.*** etw. kräftiger u. stabiler machen 使坚固,加厚,加固 〈e-e Mauer v. 把墙加固〉 **2.** ***etw.*** (***um j-n/etw.***) ***v.*** etw. in der Anzahl größer machen 增加,增大,增多,扩大 ≈ vergrößern (1), vermehren: *e-e Mannschaft* (*um einen Spieler*) *v.* 给运动队增加(一名)运动员; *die Truppen* (*um tausend Mann*) *v.* 增加部队(一千)兵员 **3.** ***etw. v.*** etw. stärker, intensiver machen 增强,加大,放大 ≈ intensivieren 〈den Druck, die Spannung v. 增强压力、应力(张力); den Ton (durch/über Lautsprecher) v. (通过扩音器)把声音放大; verstärkte Anstrengungen 加紧了的努力; sich verstärkt um j-n/etw. bemühen 更加关心,照顾某人/更加为某事操劳,费力〉; [Vr] (反身) **4.** ***etw. verstärkt sich*** etw. wird stärker, intensiver (物作主语)加强,增强,变得更厉害,更强烈 〈der Lärm, der Sturm, der Druck (auf j-n/etw.) 噪音,风暴,(对某人/某物的)压力; j-s Zweifel (an j-m/etw.) 某人(对某人/某物)的怀疑〉 ‖ *hierzu* (派生) **Ver·stär·kung** *die*; *mst Sg* (多用单数)

Ver·stär·ker *der*; *-s*, *-*; ein Gerät, das elektrische Impulse stärker macht 放大器,增音机,增强器,电子脉冲放大器: *der V. der Stereoanlage* 立体声装置的放大器

ver·stau·ben; *verstaubte*, *ist verstaubt*; [Vi] (不及物) ***etw. verstaubt*** etw. wird von Staub bedeckt (物作主语)蒙上灰尘,落满灰尘: *verstaubte Bilderrahmen* 积满了灰尘的画框

ver·staubt **1.** *Partizip Perfekt* (过去分词); ↑ **verstauben** **2.** *Adj* (形); *nicht adv*, *pej* (不作状语) [贬] ≈ altmodisch, veraltet, überholt 〈*mst* 多用 verstaubte Ansichten (über etw.) haben (对某事)有过时的观点〉

ver·stau·chen; *verstauchte*, *hat verstaucht*; [Vt] (及物) ***sich*** (*Dat* 三格) ***etw. v.*** durch e-e plötzliche, starke Belastung ein Gelenk od. die Bänder beschädigen 扭伤,崴了 〈sich den Fuß, den Knöchel v. 扭伤自己的脚、踝骨〉 ‖ *hierzu* (派生) **Ver·stau·chung** *die*

ver·stau·en; *verstaute*, *hat verstaut*; [Vt] (及物) ***etw.*** (*mst Kollekt od Pl* 多用集合或复数) (***irgendwo***) ***v.*** Dinge in e-n Behälter *o. Ä.* legen (*mst* sorgfältig, weil wenig Platz ist) 把…摆放整齐、码齐、堆好: *die Bücher in e-r Kiste, das Gepäck im Kofferraum v.* 把书籍(整齐地)装进箱子,把行李装进(汽车尾部的)行李舱

Ver·steck *das*; *-(e)s*, *-e*; ein Ort, an dem j-d/etw. versteckt ist od. an dem j-d/etw. versteckt werden kann 藏匿处,隐藏处 〈ein gutes, sicheres V. kennen 知道一处很好、很安全的隐藏地方〉 ‖ ID [谚] ***mit j-m V. spielen*** j-n irreführen, täuschen 与某人玩捉迷藏游戏

ver·ste·cken; *versteckte*, *hat versteckt*; [Vt]

(及物) **1. j-n/etw.** (**vor j-m**) **v.** j-n/etw. an e-n Ort bringen, an dem andere ihn/es nicht finden können 把…藏起来,隐藏,藏匿; [Vr] (反身) **2. sich** (**vor j-m**) **v.** irgendwohin gehen, wo andere einen nicht finden können 藏起来,隐藏,躲藏: *sich hinter e-m Busch v.* 藏在灌木后面 ‖ ID [谚] *mst* 多用 **sich** (**mit etw.**) (**vor j-m**) **nicht v. müssen/nicht zu v. brauchen** *gespr* [口]: (in etw.) ebenso gut sein wie ein anderer 可以(与…)相比,与…相比毫不逊色,不必妄自菲薄

Ver·ste̩·cken (*das*); *-s*; *nur Sg* (只用单数); ein Kinderspiel, bei dem ein Kind die anderen suchen muss 捉迷藏 ⟨V. spielen 玩捉迷藏⟩

Ver·steck·spiel *das*; *mst Sg* (多用单数); ein Verhalten, bei dem j-d versucht, j-n zu täuschen od. j-m etw. zu verheimlichen 捉迷藏,哄骗,隐瞒 ≈ Heimlichtuerei

ver·ste̩ckt 1. *Partizip Perfekt* (过去分词); ↑ **verstecken 2.** *Adj* (形); nicht ganz deutlich, aber so, dass man es erkennen kann 隐晦的,不直说的,旁敲侧击的 ⟨ein Vorwurf, e-e Drohung, ein Hinweis 谴责,威胁,提示⟩

ver·ste·hen; *verstand*, *hat verstanden*; [Vt] (及物) **1. j-n/etw. v.** erkennen, was j-d mit seinen Worten sagen will od. welchen Sinn ein Text hat 明白,懂得,了解 ⟨j-s Worte, Ausführungen v. 明白某人的话、解释; e-n Sachverhalt, die Bedeutung von etw. v. 了解实际情况、某事的意义⟩: *Ich habe schon verstanden, was du meinst* 我已经明白你的意思了; *Ich glaube, Sie haben mich falsch verstanden* 我认为,您误解了我的意思 **2. j-n/etw. v.** j-n/etw. gut hören können 听见,听清,听懂,听明白 ⟨j-n/etw. gut, deutlich, schlecht, schwer v. 听得见、听得清楚、听得不清楚、很难听见某人的话/某事⟩: *Bei dem Lärm konnte ich nicht v., was er sagte* 由于喧闹声我无法听见他说些什么 **3. j-n/etw. v.** die Gründe für j-s Verhalten erkennen u. das Verhalten akzeptieren 理解,了解 ⟨j-s Probleme, Sorgen, Angst, Freude, Reaktion (gut) v. (können) (能够很好)理解某人的问题、忧虑、担心、快乐、反应⟩ **4. etw. v.** etw. gut können, beherrschen 懂,会,掌握,通晓 ⟨sein Fach, seinen Beruf, sein Handwerk v. 掌握自己的专业,通晓自己的职业,熟知自己的手艺⟩ **5. etwas/viel** *usw* **von etw. v.** auf e-m bestimmten Gebiet viel Wissen u. Erfahrung haben 对…很懂,很在行 ≈ sich mit etw. gut auskennen: *Sie versteht viel von moderner Kunst* 她很懂现代艺术,她对现代艺术很在行; [Vr] (反身) **6. j-d versteht sich** (**irgendwie**) **mit j-m**; ⟨Personen 人们⟩ **verstehen sich** (**irgendwie**) zwei od. mehrere Personen haben e-e gute, freundschaftliche Beziehung zueinander (人作主语) 单: 与…意见一致、合得来、相处很好; 复: 彼此意见一致,互相合得来,大家相处很好 ⟨sich (*Pl* 复) gut, glänzend, ausgezeichnet, prima, nicht (besonders) v. 相处得很好、极好、好极了、太好了、合不来⟩ **7. sich auf etw.** (*Akk* 四格) **v.** etw. gut können 熟悉,精通,擅长,善于: *Er versteht sich aufs Argumentieren* 善于提出论据 ‖ ID [谚] **j-m etw. zu v. geben** j-n etw. indirekt, durch e-n Hinweis wissen lassen 让某人明白,向某人暗示某事 ≈ j-m etw. andeuten; *mst* 多用 **Das versteht sich von selbst** das ist selbstverständlich 这是不言而喻的

ver·stei̱·fen; *versteifte*, *hat/ist versteift*; [Vt] (及物) (*hat*) **1. etw. v.** etw. so verändern, dass es steifer, härter od. belastbarer wird 使变硬,使僵硬,使牢固; [Vi] (不及物) (*ist*) **2. etw. versteift** etw. wird steif (物作主语) 僵硬,僵直,变硬 ⟨j-s Gelenke 某人的关节⟩; [Vr] (反身) (*hat*) **3. sich auf etw.** (*Akk* 四格) **v.** etw. unbedingt so haben wollen, wie man es geplant hat 坚持 ≈ auf etw. beharren ⟨sich auf e-n Wunsch, e-n Plan, e-n Gedanken v. 坚持一个愿望、计划、思想⟩ ‖ *zu* (义项) **1. u. 2. Ver·stei̱·fung** *die*

ver·stei̱·gen, sich; *verstieg sich*, *hat sich verstiegen*; [Vr] (反身) *mst in* 多用于 **sich zu der Behauptung v., dass...** *geschr pej* [书][贬]; in arroganter u. übertriebener Weise etw. behaupten 竟敢断言,居然声称,胆敢声言

ver·stei̱·gern; *versteigerte*, *hat versteigert*; [Vt] (及物) **etw. v.** etw. öffentlich anbieten u. an denjenigen verkaufen, der am meisten Geld dafür zahlt 拍卖 ⟨etw. meistbietend v. 把某物拍卖给出价最高的人⟩

Ver·stei̱·ge·rung *die*; *-*, *-en* **1.** e-e Veranstaltung, bei der Dinge versteigert werden 拍卖,拍卖活动 ‖ -K (复合): **Zwangs- 2.** *nur Sg* (只用单数); das Versteigern, das Versteigertwerden 拍卖: *die V. e-s Gemäldes von Picasso* 拍卖毕加索的一幅画作

ver·stei·nert *Adj* (形); *nicht adv* (不作状语) **1.** zu Stein geworden 石化了的: *versteinerte Schnecken* 石化了的蜗牛,蜗牛化石 **2.** so, dass sich kein Muskel bewegt (*mst* als Zeichen von Hass od. Enttäuschung) 发愣的,发呆的,呆滞的(多指憎恨或失望的神情) ⟨e-e Miene, ein Gesicht 表情,面容⟩

Ver·stei·ne·rung *die*; *-*, *-en*; ein versteinertes Tier od. e-e versteinerte Pflanze 化石 ≈ Fossil

ver·ste̱l·len[1]; *verstellte*, *hat verstellt*; [Vt] (及物) **1. etw. v.** die Stellung, Position von etw. ändern 移动,移位,调整,调节 ⟨den Rückspiegel, die Kopfstütze, die Rückenlehne v. 调整后视镜、(椅子上的)头靠、靠背⟩: *Diesen Schreibtischstuhl kann man in der Höhe v.* 这个写字台的椅子可以调高 **2. etw. v.** ein technisches Gerät *o. Ä.* anders od. falsch einstellen 另调,调错: *Unser Sohn hat wieder mal den Wecker verstellt* 我们的儿子又一次把闹钟调错了 **3. etw.** (**mit etw.**) **v.** Gegenstände irgendwo hinstellen u. dadurch bewirken, dass e-e Art Sperre entsteht 堵住,挡住,堵塞,阻挡 ≈ versperren (1) ⟨den Eingang, den Ausgang, e-n Durchgang, ein Tor, e-e Tür v. 挡住入口、出口、通道、大门、门⟩ ‖ *zu* (义项) **1. u. 2. Ver·ste̱l·lung** *die*; *mst Sg* (多用单数); *zu* (义项) **1. ver·ste̱ll·bar** *Adj*

V

（形）；*nicht adv*（不作状语）

ver·stel·len²；*verstellte*，*hat verstellt*；[Vt]（及物）**1. etw. v.** etw., das typisch für einen ist, mit Absicht so ändern, dass ein anderer es nicht erkennt 伪装，伪造，变换〈seine Stimme, seine Handschrift v. 变换自己的声音、自己的笔迹〉；[Vr]（反身）**2. sich v.** sich anders verhalten, als man eigentlich ist, *bes* um j-n zu täuschen 伪装，佯作 ‖ *hierzu*（派生）**Ver·stel·lung** *die*；*nur Sg*（只用单数）

ver·ster·ben；*verstirbt*，*verstarb*，*ist verstorben*；[Vi] *geschr*（不及物）[书] ≈ sterben ‖ NB（注意）：*mst* im Partizip Perfekt（多用过去分词）

ver·steu·ern；*versteuerte*，*hat versteuert*；[Vt]（及物）**etw. v.** für etw. Steuern zahlen 为…纳税，为…交税〈sein Einkommen, e-e Erbschaft v. 交纳所得税、遗产税〉‖ *hierzu*（派生）**Ver·steu·e·rung** *die*；*mst Sg*（多用单数）

ver·stie·gen *Adj*（形）≈ unrealistisch, überspannt〈e-e Idee, ein Plan 想法，计划〉‖ *hierzu*（派生）**Ver·stie·gen·heit** *die*

ver·stim·men；*verstimmte*，*hat verstimmt*；[Vt]（及物）**j-n v.** j-n ärgern, sodass er schlechte Laune bekommt 使扫兴，使兴致低落，使不高兴 ≈ verärgern ↔ aufheitern

ver·stimmt *Adj*（形）**1.** *Partizip Perfekt*（过去分词）；↑ **verstimmen** **2.** 〈die Gitarre, der Flügel, das Klavier *usw* 吉他，大钢琴，钢琴等〉so, dass sie falsch klingen 走调的，不和谐的：*etw. ist/klingt v.* 某物声音不和谐，走调 **3** ≈ verärgert, schlecht gelaunt ‖ *zu*（义项）**2.** u. **3. Ver·stim·mung** *die*

ver·stockt *Adj*（形）；*pej*［贬］；（aus Trotz）nicht bereit, e-n Irrtum od. Fehler zuzugeben u. zu korrigieren 固执的，执拗的，脾气犟的，不思悔改的〈ein Kind 孩子；sich v. zeigen 表现固执〉‖ *hierzu*（派生）**Ver·stockt·heit** *die*；*nur Sg*（只用单数）

ver·stoh·len *Adj*（形）；*nur attr od adv*（只作定语或状语）；so, dass es andere nicht bemerken 偷偷的，悄悄的，不让人发觉的 ≈ heimlich, unauffällig〈j-m verstohlene Blicke zuwerfen 偷偷地看某人；j-n v. ansehen 悄悄地注视某人〉

ver·stop·fen；*verstopfte*，*hat verstopft*；[Vt]（及物）**1. etw. v.** etw. in ein Loch *o. Ä.* stopfen u. es dadurch verschließen 堵住，塞住，堵塞，阻塞：*ein Schlüsselloch mit Papier, ein Wasserrohr mit Lumpen v.* 用纸塞住钥匙孔，用破布堵住水管 **2. etw. verstopft etw.** etw. bewirkt, dass in e-m Rohr *o. Ä.* e-e Art Sperre entsteht (u. e-e Flüssigkeit nicht mehr fließen kann)（物作主语）堵塞，堵住：*Der Kalk hat die Düse verstopft* 石灰把喷嘴堵住了；*e-e verstopfte Nase haben* 鼻子不通

Ver·stop·fung *die*；-，*-en*；*mst in* 多用于 **V. haben/an V. leiden** *gespr*［口］；den Darm nicht entleeren können 便秘；MED【医】Obstipation ↔ Durchfall

ver·stor·ben *Partizip Perfekt*（过去分词）；↑ **versterben**

Ver·stor·be·ne *der/die*；*-n*，*-n*；*geschr*［书］；j-d, der (vor kurzer Zeit) gestorben ist 死者 ‖ NB（注意）：*ein Verstorbener*；*der Verstorbene*；*den*，*dem*，*des Verstorbenen*

ver·stört *Adj*（形）；seelisch u. geistig verwirrt 心慌意乱的，神情迷茫的，精神恍惚的，惊慌失措的，惘然若失的〈j-d macht e-n verstörten Eindruck 某人给人留下一个惊慌失措的印象；j-n v. ansehen 神情迷茫地注视某人〉‖ *hierzu*（派生）**Ver·stört·heit** *die*；*nur Sg*（只用单数）

Ver·stoß *der*；**ein V.**（**gegen etw.**）e-e Handlung, mit der man ein Gesetz od. e-e Regel verletzt 违反，违背，违犯（法律，规定等的）行为〈ein (schwerer) V. gegen den Anstand, das Gesetz, den guten Geschmack, die Regeln（严重）违反礼节、法律、良好道德风尚、规则的行为〉‖ -K（复合）：**Regel-**

ver·sto·ßen；*verstößt*，*verstieß*，*hat verstoßen*；[Vi]（不及物）**1. gegen etw. v.** nicht so handeln, wie es e-e Regel, ein Gesetz *o. Ä.* verlangt 违反，违背，违犯 ≈ etw. verletzen (4)〈gegen e-e Vorschrift, e-e Regel, ein Gesetz, die Spielregeln, den Anstand, die guten Sitten v. 违反规定、规则、法律、比赛规则、礼节、礼俗〉；[Vt]（及物）**2. j-n v.** j-n aus e-r Gruppe od. aus der Familie ausschließen 赶走，逐出，驱逐

ver·strah·len；*verstrahlte*，*hat verstrahlt*；[Vt]（及物）*mst in* 多用于 **etw. ist verstrahlt** etw. ist radioaktiv verseucht（物作主语）受放射性污染 ‖ *hierzu*（派生）**Ver·strah·lung** *die*

ver·strei·chen¹；*verstrich*，*hat verstrichen*；[Vt]（及物）**etw. v.** etw. auf e-e Oberfläche strei-chen u. dabei gleichmäßig verteilen 涂，涂抹，把…涂抹均匀：*die Farbe mit e-m Pinsel auf dem Brett v.* 用刷子把颜料涂在木板上

ver·strei·chen²；*verstrich*，*ist verstrichen*；[Vi]（不及物）**etw. verstreicht** *geschr*［书］≈ etw. vergeht¹ (1)〈die Zeit 时间；e-e Frist v. lassen 让期限过去，使过期〉

ver·streu·en；*verstreute*，*hat verstreut*；[Vt]（及物）**1. etw.**（*Kollekt od Pl* 集合或复数）**v.** *mst* Pulver, Körner *o. Ä.* auf e-e Fläche streuen 撒，撒落，撒播 **2. etw.**（*Kollekt od Pl* 集合或复数）**v.** Dinge (der gleichen Art) ohne Ordnung hinlegen u. liegen lassen 乱扔，乱放，乱摆：*Sie hat ihre Kleider im ganzen Zimmer verstreut* 她把自己的衣服乱放在整个房间里

ver·streut **1.** *Partizip Perfekt*（过去分词）；↑ **verstreuen** **2.** *Adj*（形）；einzeln u. (in e-m bestimmten Gebiet) weit voneinander entfernt 分散的，分散在各处的〈Gehöfte, Höfe 农庄，农家院落〉：*Die Höfe liegen v.* 农家院落分得很散

ver·stri·cken；*verstrickte*，*hat verstrickt*；[Vt]（及物）**1. j-n in etw.**（*Akk* 四格）**v.** etw. tun, was j-d anderen in e-e *mst* unangenehme Situation bringt 把…卷进，把…牵连进〈j-n in e-e Angelegenheit v. 把某人牵连进一件事中〉≈ j-n in etw. verwickeln；[Vr]（反身）**2. sich in etw.**（*Akk* 四格）**v.** sich durch sein eigenes

V

Verhalten in e-e unangenehme Lage bringen 陷入…之中 〈sich in Lügen, Widersprüche v. 陷入说谎的泥潭之中,陷入矛盾的困境〉 ‖ *hierzu*(派生) **Ver·stri·ckung** *die*

ver·stüm·meln; *verstümmelte, hat verstümmelt*; [Vt] (及物) **1. j-n/sich v.** j-n/sich selbst verletzen, indem man Teile des Körpers (*z.B.* e-n Arm, e-e Hand) abtrennt 使断肢,使肢体残缺,使残废 **2. etw. v.** wichtige Teile e-s Textes weglassen 窜改,随意删改,对…断章取义,歪曲,曲解: *Die Nachricht kam vollkommen verstümmelt an* 消息被完全歪曲后传来 ‖ *hierzu*(派生) **Ver·stüm·me·lung** *die*

ver·stum·men; *verstummte, ist verstummt*; [Vi] *geschr*(不及物)[书] **1.** aufhören zu sprechen od. zu singen 沉默,不作声,静默 〈abrupt, jäh, plötzlich v. 忽然、忽地、突然沉默〉 **2. etw. verstummt** Geräusche hören auf(物作主语)停止,沉寂下来,静止,静下来 〈das Gespräch, der Gesang, die Musik, das Geräusch, der Lärm 谈话,歌声,音乐,嘈杂声,喧闹声〉 ‖ ▶ **stumm**

Ver·such *der*; *-(e)s, -e* **1.** e-e Handlung, mit der man etw. versucht (1) 尝试,努力,试图 〈ein geglückter, aussichtsloser, vergeblicher, verzweifelter V. 成功的、毫无希望的、徒劳的、绝望的尝试; e-n V. machen/wagen 作尝试/冒险进行尝试; ein V. glückt (j-m), scheitert, misslingt (j-m), schlägt fehl(某人的)尝试成功了,受挫,失败,未成; etw. ist e-n V. wert 某事值得作一次尝试〉: *der V. der Polizei, die Demonstration aufzulösen* 警方解散游行队伍的尝试 ‖ -K(复合): **Flucht-, Mord-, Selbstmord- 2. ein V. (an/mit j-m/etw.)** eine od. mehrere Handlungen, mit denen man etw. (wissenschaftlich) prüfen, feststellen od. beweisen will 试验,实验 ≈ Experiment, Test 〈ein physikalischer, wissenschaftlicher V. 物理的、科学的实验; e-n V. vorbereiten, durchführen, abbrechen, auswerten 准备、进行、中断、充分利用试验(实验); e-n V. mit j-m/etw. anstellen 用某人/某物作试验〉: *Versuche an/mit Tieren machen, um die Wirkung e-s Medikaments zu testen* 在动物身上/用动物作实验,以测验药物的效果 ‖ K-(复合): **Versuchs-, -abteilung, -anlage, -gelände, -leiter, -reihe, -serie** ‖ -K(复合): **Menschen-, Tier-; Labor- 3.** SPORT【体】; e-e sportliche Aktion, durch die man e-e bestimmte Höhe od. Weite erreichen will(比赛中的)试跳: *drei Versuche haben* 有三次试跳; *Im dritten V. überquerte er 2,36m* 在第三次试跳时他跳过了2.36米

ver·su·chen; *versuchte, hat versucht*; [Vt] (及物) **1. etw. v.** sich Mühe geben, etw. (Schwieriges) mit Erfolg zu tun 试图,力图: *Sie versuchte, ihm zu helfen* 她曾试图帮助他; *Der Gefangene versuchte zu fliehen* 囚犯曾经试图逃跑 **2. etw. v.** etw. tun, um festzustellen, ob etw. möglich ist 试,尝试 ≈ (aus)probieren: *v., ob der Schlüssel in das Schloss passt* 试一试钥匙和锁是否相配; *„Ich weiß nicht, ob ich das kann!" – „Versuch es doch einfach mal!"* "我不知道我是否能做这事!"——"那你干脆试一次吧!" **3. es mit etw. v.** etw. verwenden, um festzustellen, ob es für e-n bestimmten Zweck geeignet ist 试用,用…试试是否行,是否合适,是否有效、是否解决问题 ≈ etw. ausprobieren: *Versuchs doch mal mit der Zange statt mit der Schere!* 那你就别用剪子而用钳子试试看行不行! **4. j-n v.** *geschr veraltend* [书][渐旧] ≈ j-n in Versuchung führen **5. es (noch einmal) mit j-m v.** j-m (noch einmal) die Chance geben, etw. gutzumachen u. sich zu bewähren(再次)试用,考察,考验; [Vt/i] (及物/不及物) **6. (etw.) v.** den Geschmack von etw. prüfen (bevor man mehr davon isst od. trinkt)尝,品尝 ≈ kosten[2], probieren (2): *e-n Salat v.* 尝沙拉; *Hier, versuch mal! – Schmeckts?* 这里,你尝一尝看!——好吃吗?; [Vr] (反身) **7. sich in/an etw. (Dat** 三格) **v.** etw. e-e kurze Zeit tun, um festzustellen, ob man dafür geeignet ist od. Talent dazu hat 试着做,试着干: *sich in der Malerei, im Kochen, an e-m Gedicht v.* 试着画画、做饭、写诗 ‖ *zu*(义项) **4. Ver·su·cher** *der*; *-s, -*

Ver·suchs·ka·nin·chen *das*; *gespr pej* [口][贬]; j-d, an dem man etw. (*bes* Medikamente) testet 作试验对象的人,用来作试验的人

Ver·suchs·per·son *die*; j-d, mit/an dem man e-n wissenschaftlichen Versuch macht 用来进行科学实验的人

Ver·suchs·sta·di·um *das*; *mst* 多用 **etw. befindet sich/ist (erst, noch) im V.** *geschr* [书]; etw. ist in e-m Stadium, in dem man noch damit experimentiert (u. noch keine sicheren Ergebnisse od. Beweise hat)(物作主语)(才,仍然)处于试验阶段

ver·sucht 1. *Partizip Perfekt*(过去分词); ↑ **versuchen 2.** *Adj*(形); *nur in* 只用于 **v. sein/sich v. fühlen + zu + *Infinitiv*** (不定式); *geschr* [书]; den starken Wunsch haben, etw. zu tun 很想试一试做某事

Ver·su·chung *die*; *-, -en*; der starke Wunsch, etw. zu tun, das man *mst* aus moralischen Gründen nicht tun will od. nicht tun sollte 引诱,诱惑 ≈ Verlockung 〈e-e große, starke V. 很大的、强烈的诱惑; in V. geraten/kommen + zu + *Infinitiv*(不定式)很想做某事; e-r V. erliegen, widerstehen 屈服于、抵制住诱惑; j-n in V. bringen/führen + zu + *Infinitiv*(不定式)引诱某人做某事,唆使某人做某事〉

ver·sün·di·gen, sich; *versündigte sich, hat sich versündigt*; [Vr] (反身) **sich (an j-m/etw.) v.** *geschr veraltend* [书][渐旧]; moralisch schlecht handeln u. j-m/etw. schaden (对…)有罪过,作孽,犯罪: *sich an der Natur v.* 对自然犯罪 ‖ *hierzu*(派生) **Ver·sün·di·gung** *die*; *mst Sg*(多用单数)

ver·sun·ken 1. *Partizip Perfekt*(过去分词); ↑ **versinken 2.** *Adj*(形); *mst in* 多用于 **in Gedanken v.** mit den Gedanken so bei e-m Thema, dass man nichts anderes mehr bemerkt 陷于沉思 ‖ *zu*(义项) **2. Ver·sun·ken-**

heit *die*; *nur Sg*(只用单数)

ver·sü·ßen; *versüßte*, *hat versüßt*; [Vt] (及物) ***j-m/sich etw. v.*** etw. tun, das j-m/einem Freude macht, u. so etw. schöner, angenehmer machen 使感到/感受到…的甜美、好处,使尝到/尝到…的甜头、欢愉〈sich das Leben v. 感受生活的甜美〉

ver·ta·gen; *vertagte*, *hat vertagt*; [Vt] *geschr* (及物)[书] **1.** ***etw.*** (***auf etw.*** (*Akk* 四格)) ***v.*** bestimmen, dass e-e Sitzung *o.Ä.* zu e-m späteren Zeitpunkt stattfindet 推迟,使延期,延缓 ≈ verschieben 〈e-e Sitzung, e-e Verhandlung v. 把会议、谈判推迟〉: *Die Debatte wurde auf nächste Woche vertagt* 辩论(讨论)推迟到下个星期; [Vr] (反身) **2.** 〈ein Gremium, ein Gericht *o.Ä.* 专门委员会,法庭等〉 ***vertagt sich*** ein Gremium, ein Gericht *o. Ä.* beschließt, dass e-e Sitzung *o. Ä.* zu e-m späteren Zeitpunkt fortgeführt wird 决定延期开会 ‖ *hierzu*(派生) **Ver·ta·gung** *die*; *mst Sg*(多用单数)

ver·tau·schen; *vertauschte*, *hat vertauscht*; [Vt] (及物) **1.** ***etw.*** (***mit etw.***) ***v.*** etw., das einem anderen gehört, (aus Versehen) nehmen u. dafür etw. anderes, das sehr ähnlich ist, dalassen(无意中)调换,拿错(物): *Er hat unsere Hüte vertauscht* 他把我们的帽子拿错了; *Sie hat ihren Mantel mit meinem vertauscht* 她把自己的大衣同我的大衣(无意中)调换了 **2.** ***etw. mit etw. v.*** etw. (*mst* e-e Tätigkeit) beenden od. aufgeben u. dafür mit etw. Neuem beginnen 调换(工作): *Er vertauschte seine Arbeitsstelle beim Staat mit einer in der Industrie* 他放弃了国家机关的工作岗位,转行到工业部门去了 ‖ *hierzu*(派生) **Ver·tau·schung** *die*; *nur Sg*(只用单数)

ver·tei·di·gen; *verteidigte*, *hat verteidigt*; [Vt] (及物) **1.** ***j-n/sich/etw.*** (***gegen j-n/etw.***) ***v.*** j-n/sich/etw. gegen e-n (feindlichen) Angriff schützen, indem man zu kämpfen beginnt 保卫,捍卫,维护 ↔ j-n/etw. angreifen 〈sein (Vater)Land, e-e Stadt (gegen den Feind, e-n Angreifer) v. 保卫自己的国家(祖国)、一个城市(反对敌人、侵略者)〉 **2.** ***j-n/sich/etw.*** (***gegen j-n/etw.***) ***v.*** (mit viel Energie) argumentieren, dass ein Verhalten od. e-e Meinung richtig war 为…答辩,为…辩护(对…进行反驳,驳斥): *j-n gegen e-e Anschuldigung v.* 为某人辩护,驳斥某种指控; *seine Thesen v.* 为自己的论点辩护(答辩) **3.** ***j-n v.*** als Rechtsanwalt e-n Angeklagten vor Gericht vertreten(出庭)为…辩护 **4.** 〈seinen Titel 自己的称号〉 *v.* in e-m Wettkampf versuchen, e-n neuen Gegner zu besiegen u. somit weiterhin e-n Titel[1] (2) zu behalten(在比赛中)为保持…而拼搏 **5.** *mst* 多用 〈e-e Mannschaft 运动队〉 ***verteidigt*** 〈den Vorsprung 优势, das Unentschieden 平局〉 SPORT 【体】; e-e Mannschaft versucht, den Spielstand zu halten 力争保持、维持 ‖ *zu* (义项) **1.** **ver·tei·di·gungs·be·reit** *Adj*(形)

Ver·tei·di·ger *der*; *-s*, - **1.** j-d, der sich u. andere gegen e-n Angriff schützt 保卫者,捍卫者 ↔ Angreifer **2.** j-d, der e-n Angeklagten (im Strafprozess) vor Gericht vertritt 辩护人,辩护律师 ≈ Rechtsanwalt **3.** SPORT 【体】; ein Spieler, der den Gegner daran hindert, ein Tor zu schießen(足球队)后卫 ↔ Stürmer ‖ ↑ *Abb. unter* 图见 ***Fußball*** ‖ *hierzu*(派生) **Ver·tei·di·ge·rin** *die*; -, *-nen*

Ver·tei·di·gung *die*; -; *nur Sg*(只用单数) **1.** die Handlungen, mit denen man j-n/ etw. verteidigt (1) 保卫,防卫,防御,捍卫 ‖ K-(复合): ***Verteidigungs-, -bereitschaft, -zustand*** ‖ -K(复合): ***Landes-*** **2.** *Kollekt* (集合); das Militär (in Zeiten des Friedens) (和平时期的)军队,防务,国防: *immense Summen für die V. ausgeben* 为防务支出巨额款项 ‖ K-(复合): ***Verteidigungs-, -ausgaben, -bündnis, -etat, -haushalt, -minister, -ministerium*** **3.** das Verteidigen (2), Sichverteidigen (2) 辩护,答辩 〈etw. zu j-s/seiner V. sagen, vorbringen 说出、提出某事来为某人/自己辩护〉 ‖ K-(复合): ***Verteidigungs-, -schrift*** **4.** die Vertretung (durch e-n Rechtsanwalt) vor Gericht (在法庭上)辩护 〈das Recht auf V. 辩护权; j-s V. (vor Gericht) übernehmen 接受(在法庭上)为某人辩护; mit j-s V. beauftragt sein 受委托为某人辩护〉 **5.** ein od. mehrere Rechtsanwälte, die e-n Angeklagten vor Gericht verteidigen 辩护人(一人或多人) ↔ Anklage: *Die V. hat das Wort* 辩护人发言 **6.** *Kollekt*(集合); die Spieler e-r Mannschaft, die den Gegner daran hindern wollen, ein Tor zu erzielen(足球队)后卫 ≈ Abwehr ↔ Sturm

ver·tei·len; *verteilte*, *hat verteilt*; [Vt] (及物) **1.** ***etw.*** (*Kollekt od Pl* 集合或复数) (***an j-n*** (*Pl* 复)) ***v.*** mehreren Personen bestimmte Dinge (derselben Art) geben 分给,分发,分配 ≈ austeilen (1): *Flugblätter (an Passanten) v.* (向行人)分发传单,散发传单; *Der Nikolaus verteilte Süßigkeiten an die Kinder* 圣尼古拉(圣诞老人)把糖果分给了孩子们 **2.** ***etw. v.*** e-e Menge, Masse *o.Ä.* in einzelne Teile teilen u. *mst* gleichmäßig an verschiedene Stellen bringen, legen *o.Ä.* (均匀地)分发,分送,分放: *die Kisten gleichmäßig auf dem Lastwagen v.* 把箱子均匀地分放在卡车上; [Vr] (反身) **3.** ***sich*** (*Kollekt od Pl* 集合或复数) (***irgendwo*** (***hin***)) ***v.*** einzeln od. in kleinen Gruppen an verschiedene Stellen, Plätze *o.Ä.* gehen 分散,散布,分布: *Die Gäste verteilten sich im ganzen Haus* 客人们分散在整幢房屋里 **4.** ***etw. verteilt sich*** (***irgendwo*** (***hin***)) etw. kommt (von e-m bestimmten Punkt aus in ungefähr gleicher Menge od. Zahl) an verschiedene Stellen e-r Fläche od. e-s Raumes(物作主语)分布,散布: *Das Wasser verteilte sich auf dem ganzen Boden* 水洒到了整块地面上 ‖ *zu* (义项) **1.** u. **2.** **Ver·tei·lung** *die*; *mst Sg*(多用单数)

Ver·tei·ler *der*; *-s*, - **1.** j-d, der etw. an j-n verteilt (1)分配者,分发者 ‖ -K(复合): ***Prospekt-*** **2.** ein kleines Gerät, das den elekt-

V

rischen Strom an e-r Stelle in verschiedene Richtungen verteilt 配电盘 ‖ K-(复合): **Verteiler-, -dose, -kasten** ‖ -K(复合): **Zünd-** **3.** *Admin* [牍]; e-e Liste von Personen, an die ein Brief od. ein Dokument geschickt wird(信件或文件)分发名单 ‖ *zu*(义项) **1. Ver·tei·le·rin** *die*; -, -nen

ver·teilt **1.** *Partizip Perfekt*(过去分词); ↑ **verteilen** **2.** *Adj*(形); an verschiedenen Stellen in e-m Gebiet, Raum *o.Ä.*分散的,分布的: *Die Bäume standen ungleichmäßig in der Ebene v.*树木不规则地分布在平原上

ver·te·le·fo·nie·ren; *vertelefonierte, hat vertelefoniert*; [Vt](及物) **etw. v.** *gespr* [口]; e-e bestimmte Geldsumme für das Telefonieren ausgeben 付电话费: *30 Euro v.*付30欧元电话费

ver·teu·ern; *verteuerte, hat verteuert*; [Vt](及物) **1. etw. verteuert etw.** etw. macht etw. teurer(物作主语)使昂贵,提高…的价格: *Der hohe Ölpreis verteuert die Herstellung von Plastikprodukten* 高昂的石油价格使塑料产品的制造昂贵了; [Vr](反身) **2. etw. verteuert sich** etw. wird teurer(物作主语)涨价,变贵: *Das Benzin hat sich verteuert* 汽油涨价了 ‖ *hierzu*(派生) **Ver·teu·e·rung** *die*; *mst Sg*(多用单数)

ver·teu·feln; *verteufelte, hat verteufelt*; [Vt](及物) **j-n/etw. v.** *pej* [贬]; behaupten, dass j-d/etw. sehr böse, gefährlich od. sehr schlecht sei 激烈攻击,谩骂,辱骂,诋毁 ‖ *hierzu*(派生) **Ver·teu·fe·lung** *die*; *mst Sg*(多用单数)

ver·teu·felt **1.** *Partizip Perfekt*(过去分词); ↑ **verteufeln** **2.** *Adj*(形); *mst attr, nicht adv, gespr*(多作定语,不作状语)[口] ≈ schwierig, unangenehm ⟨e-e Situation, e-e Angelegenheit, e-e Sache 情况,事情,事⟩ **3.** *nur adv*(只作状语); verwendet, um negative Adjektive zu verstärken(加强负面形容词的语义)很,非常,极 ≈ sehr: *Ich bin in e-r v. schwierigen Lage* 我的处境十分困难

ver·tie·fen; *vertiefte, hat vertieft*; [Vt](及物) **1. etw. v.** etw. tiefer machen 挖深,加深: *e-n Graben, e-n Kanal v.*把沟渠、运河挖深 **2. etw. v.** durch Information, durch Lernen od. Üben mehr Wissen bekommen 扩大,加深,深化,充实 ≈ etw. erweitern ⟨seine Kenntnisse, sein Wissen (über j-n/etw.) v.加深(丰富)自己(对某人/某物)的知识、学识; den Lehrstoff, den Unterrichtsstoff v. 充实(深化)教材、教学材料⟩; [Vr](反身) **3. etw. vertieft sich** etw. wird tiefer(物作主语)变深,加深 ⟨der Graben, das Loch 沟渠,洞⟩ **4. sich in etw.** (*Akk* 四格) **v.** sich ganz auf etw. konzentrieren 埋头于,专心致志于 ⟨sich in sein Buch, seine Zeitung, seine Arbeit v.埋头读书、看报、工作⟩

ver·tieft **1.** *Partizip Perfekt*(过去分词); ↑ **vertiefen** **2.** *Adj*(形); *nicht adv*(不作状语); **in etw.** (*Akk* 四格) **v.** ganz auf etw. konzentriert (so dass man seine Umgebung nicht bemerkt)埋头于,专注于,全神贯注于 ⟨in Gedanken, in sein Spiel, in die Zeitung v. sein 陷入沉思,专心玩耍(专注于比赛),埋头读报⟩

Ver·tie·fung *die*; -, -en **1.** e-e Stelle in e-r (Ober)Fläche, die tiefer liegt als ihre Umgebung 凹处,洼,坑 ↔ Erhebung **2.** *mst Sg*(多用单数); das Vertiefen (1,2)

ver·ti·kal [v-] *Adj*(形); *geschr* [书] ≈ senkrecht ↔ horizontal, waagerecht

Ver·ti·ka·le [v-] *die*; -, -n; *geschr* [书]; die senkrechte gedachte Linie 垂直线 ↔ Horizontale: *etw. in die V. bringen* 使某物成垂直线

ver·til·gen; *vertilgte, hat vertilgt*; [Vt](及物) **1. etw. v.** schädliche Insekten od. nutzlose Pflanzen *mst* mit Gift töten 消灭,灭绝,根绝,根除 ≈ vernichten ⟨Ungeziefer, Unkraut v. 消灭害虫,铲除杂草⟩ **2. etw. v.** *gespr hum* [口][诙]; etw. (auf)essen 吃掉,吃光: *fünf Stück Kuchen v.*吃掉五块点心 ‖ *zu*(义项) **1. Ver·til·gung** *die*; *mst Sg*(多用单数)

ver·tip·pen, sich; *vertippte sich, hat sich vertippt*; [Vr](反身) **sich v.** *gespr* [口]; beim Schreiben mit der Schreibmaschine, dem Computer *o.Ä.* e-n Fehler machen 打字打错

ver·to·nen; *vertonte, hat vertont*; [Vt](及物) **etw. v.** zu e-m Text od. zu e-m Film e-e Melodie machen 为…谱曲,作曲,配乐 ⟨ein Gedicht v.为一首诗谱曲⟩ ‖ *hierzu*(派生) **Ver·to·nung** *die*

ver·trackt *Adj*(形); *nicht adv, gespr*(不作状语)[口] ≈ schwierig u. kompliziert ⟨e-e Geschichte, e-e Situation 事情,情况⟩

Ver·trag *der*; -(e)s, *Ver·trä·ge* **1.** e-e Vereinbarung zwischen zwei od. mehreren Partnern, die für beide Partner (gesetzlich) gültig ist 契约,合同,协议,协定,条约 ≈ Kontrakt, Abkommen ⟨ein fester, bindender, langfristiger V.牢固的、有约束力的、长期的合同(条约); e-n V. mit j-m (ab)schließen 与某人签订合同(条约); e-n V. machen, erfüllen, verletzen, brechen, lösen, kündigen 订、履行、违反、破坏、取消、解除条约(合同); von e-m V. zurücktreten 撤销合同⟩ ‖ K-(复合): **Vertrags-, -abschluss, -partner, -recht, -schluss, -text** ‖ -K(复合): **Arbeits-, Ausbildungs-, Ehe-, Friedens-, Handels-, Kauf-, Miet-, Versicherungs-** **2.** ein Dokument, in dem steht, was durch e-n V. (1) festgelegt wurde 契约,合同,协定,协议,条约(文件) ⟨e-n V. unterschreiben, unterzeichnen 在条约上签字,签署条约⟩ **3. j-n unter V. nehmen** *mst* e-n Künstler engagieren 按合同聘用(多指艺术家) **4. unter V. sein/stehen** *mst* als Künstler irgendwo (befristet) angestellt sein 受聘,被聘用(指艺术家) ‖ *zu*(义项) **1. ver·trags·ge·mäß** *Adj*(形); **ver·trags·ge·recht** *Adj*(形); **ver·trags·wid·rig** *Adj*(形)

ver·tra·gen[1]; *verträgt, vertrug, hat vertragen*; [Vt](及物) **1. etw. v.** bestimmte äußere Einflüsse (wie *z.B.* Hitze od. Lärm) aushalten (1), ohne Schaden zu nehmen 忍受,忍耐,经受得住,挺得住,顶得住 ⟨keine Hitze, keine Sonne, keinen Rauch, keine Hektik, keine Aufregung v. (können)忍受不了(不能忍受)酷热、太阳晒、烟味、忙碌、激动): *Er konnte das tropische Klima nicht v.* 他无法忍受热带气候 ‖ NB 注意: *mst* verneint(多用否定句)! **2. etw. v.** etw. essen od. trinken können, ohne dass es der Gesundheit schadet 能吃,能喝(不伤身体)〈keinen Kaffee, keinen Alkohol, kein fettes Essen v. (können)喝不了咖啡,不会喝酒,吃不得(受不了)油腻食物〉: *Er hat die Tabletten nicht vertragen* 他吃不了这种药片; *Er verträgt ziemlich viel* (= er kann viel Alkohol trinken, ohne betrunken zu werden)他相当能喝酒,他的酒量相当大 **3. etw. v.** *gespr* [口]; etw. akzeptieren können, ohne wütend od. beleidigt zu sein 经受得住,挺得住,顶得住,经得起,受得了 ≈ ertragen (1)〈(keine) Kritik, (keinen) Widerspruch v. (können) 经受得住(经受不住)批评、矛盾〉: *Du verträgst wohl die Wahrheit nicht!* 你肯定接受不了真实情况!

ver·tra·gen, sich²; *verträgt sich, vertrug sich, hat sich vertragen*; [Vr] (反身) **1. j-d verträgt sich mit j-m**; 〈Personen 人们〉 **vertragen sich** zwei od. mehrere Personen leben in Frieden u. Harmonie(人作主语)单:与…相处得好、处得融洽、合得来;复:彼此相处很好、很融洽 **2. j-d verträgt sich wieder mit j-m**; 〈Personen 人们〉 **vertragen sich wieder** *gespr* [口]; zwei od. mehrere Personen beenden e-n Streit, versöhnen sich(人作主语)单:与…重新和好,言归于好;复:彼此重新和好,双方言归于好 **3. etw. verträgt sich mit etw.**; 〈Dinge 物〉 **vertragen sich** *gespr* [口]; zwei od. mehrere Dinge passen gut zueinander(物作主语)单:某物与某物相配,协调;复:彼此很协调,相配: *Die beiden Farben vertragen sich nicht* 这两种颜色相互不协调(不相配) ‖ NB(注意): *mst* verneint(多用否定句)!

ver·trag·lich *Adj*(形); *nur attr od adv*(只作定语或状语); durch e-n Vertrag (1) (festgelegt)经合同或条约确定的,用合同或条约规定的,受合同或条约约束的〈e-e Vereinbarung 协定; vertragliche Verpflichtungen eingehen 接受经条约确定的义务; etw. v. festlegen, regeln, vereinbaren 用合同或条约的形式确定、处理、商定某事; v. gebunden sein 受合同或条约约束〉

ver·träg·lich *Adj*(形) **1.** *nicht adv*(不作状语); so, dass man es gut vertragen[1] (2) kann 易消化的,易吸取的 ≈ bekömmlich: *Das Medikament ist gut v.* 这种药容易吸收 **2.** 〈ein Mensch 人〉 so, dass er Harmonie u. keinen Streit will 好相处的,和善的,和气的,随和的 ≈ friedfertig, umgänglich: *Er ist sehr v.* 他是很随和的 ‖ *zu*(义项) **1. Ver·träg·lich·keit** *die*; *mst Sg* (多用单数)

ver·trags·brü·chig *Adj*(形); *nicht adv*(不作状语); **v. werden** ADM *geschr*【管理】[书]; e-n Vertrag (1), den man mit j-m geschlossen hat, nicht erfüllen 破坏合同或条约的,违反合同或条约的,毁约的 ‖ *hierzu*(派生) **Ver·trags·bruch** *der*

ver·trau·en; *vertraute, hat vertraut*; [Vi] (不及物) **1. j-m v.; auf j-n/etw. v.** fest davon überzeugt sein, dass j-d zuverlässig ist, dass etw. stimmt *o. Ä.* 相信,信任,信赖,信仰〈j-m fest, voll, blind, bedingungslos v. 坚定地、完全地、盲目地、无条件地信任(相信)某人; auf Gott v. 信上帝〉: darauf *v.*, dass *j-d die Wahrheit sagt* 相信某人说的是真话 **2. etw.** (*Dat* 三格) **v.; auf etw.** (*Akk* 四格) **v.** glauben, dass etw. erfolgreich sein u. sich gut für einen entwickeln wird 相信 ≈ an etw. glauben 〈seinen Fähigkeiten, seiner Kraft, seinem Schicksal v. 相信自己的能力,自己的力量,自己的命运; auf die Zukunft v. 相信未来〉

Ver·trau·en *das*; *-s*; *nur Sg*(只用单数) **1. das V. (zu j-m/in j-n)** der feste Glaube daran, dass j-d zuverlässig ist, dass er einen nicht belügt *o. Ä.* 信任,相信〈blindes, grenzenloses, unerschütterliches V. haben 有盲目的、无限的、不可动摇的信任; j-m V. einflößen 引起某人的信任; V. (bei j-m) erwecken 引起(某人的)信任; j-m sein V. schenken 对某人寄予信任; j-s V. gewinnen, besitzen, genießen, rechtfertigen, enttäuschen, missbrauchen 赢得,获得,享有,不辜负,辜负,滥用某人的信任; j-m das/sein V. entziehen 不再信任某人; im V. auf j-n/etw. 出于对某人/某物的信任; sein V. in j-n/etw. setzen 寄希望于(指望)某人/某物〉: *Warum liest du heimlich meine Briefe? – Hast du denn kein V. zu mir?* 为什么你偷偷地看我的信? ——难道你不相信我? ‖ K-(复合): **Vertrauens-, -beweis, -bruch, -missbrauch, -person, -verhältnis** ‖ -K(复合): **Gott-** **2. das V. (in etw.** (*Akk* 四格)**)** der feste Glaube daran, dass etw. Erfolg haben u. gut für j-n sein wird 相信,期望: *das V. in die moderne Technik* 相信现代技术; *der Raumfahrt größtes V. entgegenbringen* 对宇宙飞行寄予极大的期望 **3. j-m etw. im V. sagen** j-m etw. sagen, das er anderen nicht sagen darf 私下里(出于信任)把某事告诉某人 **4. j-n ins V. ziehen** j-m von e-m schwierigen persönlichen Problem erzählen (u. ihn um Rat bitten)向…透露秘密、说心里话,把自己的秘密告诉 **5.** 〈das Parlament *o. Ä.* 议会等〉 **spricht j-m das V. aus** POL【政】; das Parlament *o. Ä.* stimmt (als Reaktion auf e-n Misstrauensantrag der Opposition) in der Mehrheit dafür, dass e-e Regierung im Amt bleiben soll 投票对…表示信任,对…投信任票〈dem Bundeskanzler, dem Regierungschef das V. aussprechen 投票对联邦总理、政府首脑表示信任〉 ‖ ID [谚] **V. ist gut, Kontrolle ist besser** *hum* [诙]; es ist oft besser, ein bisschen misstrauisch zu sein 信任固然好,但监督更好 ‖ *zu*(义项) **1. ver·trau·en·er·we·ckend, Ver·trau·en er·we·ckend** *Adj*(形); **ver·trau·ens·wür·dig** *Adj*(形)

Ver·trau·ens·arzt *der*; Ⓓ [德] ein Arzt, der prüft u. entscheidet, ob *z. B.* j-d so krank ist, dass er nicht mehr arbeiten kann 受委托的医生(指受保险机构委托检查并确定病人是否已丧

V

失工作能力）‖ *hierzu*（派生）**ver·trau·ens·ärzt·lich** *Adj*（形）；*nur attr od adv*（只作定语或状语）

Ver·trau·ens·mann *der*；-(e)s，*Ver·trau·ens·män·ner / Ver·trau·ens·leu·te*；j-d, der die Interessen e-r Gruppe gegenüber höheren Instanzen vertritt（面对上级代表一个团体利益的）代理人，受托人

Ver·trau·ens·sa·che *die*；*mst in* 多用于 **1. etw. ist V.** etw. ist e-e Frage des Vertrauens（物作主语）是信任不信任的问题 **2. etw. ist V.** etw. muss vertraulich (1) behandelt werden（物作主语）是机密

ver·trau·ens·se·lig *Adj*（形）；*pej*［贬］；naiv u. deshalb schnell bereit, anderen zu vertrauen 轻信的，容易相信别人的〈ein Mensch 人〉‖ *hierzu*（派生）**Ver·trau·ens·se·lig·keit** *die*；*nur Sg*（只用单数）

ver·trau·ens·voll *Adj*（形）**1.** voll Vertrauen zu j-m 十分信任的，深信不疑的 ↔ misstrauisch 〈sich v. an j-n wenden 十分信任地求助于某人，求教于某人〉**2.** voller Hoffnung, dass alles gut wird 充满希望的，充满信心的 ≈ hoffnungsvoll, zuversichtlich 〈v. in die Zukunft blicken 满怀信心地展望未来〉

ver·trau·lich *Adj*（形）**1.** nicht dafür bestimmt, dass es andere erfahren 秘密的，机密的 ≈ geheim 〈Informationen, e-e Unterredung 信息，会谈；etw. v. behandeln 对某事秘密处理；etw. ist streng v. 某事是极其秘密的〉**2.** wie unter Freunden 亲密的，亲近的 ≈ freundschaftlich, vertraut 〈in vertraulichem Ton miteinander reden 用亲密的语调彼此交谈〉

Ver·trau·lich·keit *die*；-；*nur Sg*（只用单数）；die Eigenschaft von etw., vertraulich (1) zu sein 秘密性，机密性：*die V. e-r Information* 信息的机密性

ver·träumt *Adj*（形）**1.** in seinen Gedanken so bei j-d/etw. anderem, dass man die Umgebung nicht mehr bemerkt 沉溺于梦幻的，耽于幻想的，陷入沉思的〈v. lächelnd in die Ferne blicken 满怀遐想地微笑着眺望远方〉**2.** einsam od. ruhig u. deswegen schön 僻静的，幽静的〈ein Dorf, ein Städtchen 村庄，小城；ein See 湖〉‖ *hierzu*（派生）**Ver·träumt·heit** *die*；*nur Sg*（只用单数）

ver·traut **1.** *Partizip Perfekt*（过去分词）；↑ **vertrauen** **2.** *Adj*（形）；sehr gut bekannt u. befreundet 亲密的，知心的：*Ich bin mit ihr sehr v. / Wir sind sehr v.（miteinander）*我和她（关系）十分亲密/我们（彼此）亲密无间 **3.** *Adj*（形）；**(j-m) v.** j-m so gut bekannt, dass er es nicht als fremd empfindet 熟悉的，不陌生的〈ein Gesicht, e-e Gestalt 面孔，形象；e-e Umgebung 环境〉：*Plötzlich hörte ich e-e mir vertraute Stimme* 我突然听到了一种我熟悉的声音 **4.** *Adj*（形）；**mit etw. v. sein** etw. gut kennen od. können 对…熟悉，对…在行：*Er ist mit der Maschine v.* 他对机器熟悉；*Sie war mit der Arbeit am Computer v.* 她熟悉计算机工作 **5.** *Adj*（形）；**j-n mit etw. v. machen** j-m genau sagen u. zeigen, wie etw. ist od. funktioniert 使熟悉 **6.** *Adj*（形）；**sich mit etw. v. machen** etw.（*mst* Technisches）erlernen 熟悉，学会，掌握：*sich mit den technischen Details v. machen* 学会种种技术细节 ‖ *hierzu*（派生）**Ver·traut·heit** *die*；*mst Sg*（多用单数）

Ver·trau·te *der / die*；-*n*，-*n*；ein sehr enger Freund, e-e sehr enge Freundin von j-m 知心朋友，贴心人 ‖ NB（注意）：*ein Vertrauter*；*der Vertraute*；*den, dem, des Vertrauten*

ver·trei·ben；*vertrieb, hat vertrieben*；[Vt]（及物）**1. j-n / ein Tier v.** j-n/ein Tier zwingen, seinen Platz zu verlassen 把…赶走，驱逐〈j-n von seinem (Sitz)Platz v. 把某人从他座位上赶走〉：*Menschen aus ihrer Heimat v.* 把人们从他们的故乡赶走 **2. j-d / etw. vertreibt etw.** j-d/etw. bewirkt, dass etw. nicht mehr da ist, dass sich etw. von irgendwo entfernt（人/物作主语）驱散，排除，消除：*Der Wind vertrieb die Wolken* 风把云吹散；*Er erzählte lustige Geschichten, um die schlechte Laune zu v.* 他讲述轻松愉快的故事，以便驱散不好的心情 **3. etw. v.**（als Händler）e-e bestimmte Ware verkaufen 推销，销售：*Er vertreibt Bücher* 他正在推销书籍 **4. sich**（*Dat* 三格）**die Zeit（mit etw.）v.** etw. tun, damit die Zeit schneller vergeht 打发、消磨时间：*Ich vertreibe mir die Zeit mit Lesen* 我用读书来消磨时光 ‖ *zu*（义项）**1. Ver·trei·bung** *die*；*nur Sg* ‖ ▶ **Vertrieb**

ver·tre·ten[1]；*vertritt, vertrat, hat vertreten*；[Vt]（及物）**1. j-n v.** für e-e gewisse Zeit für j-n die Arbeit machen 代替，接替（指工作）〈j-n während seines Urlaubs v. 在某人休假期间代替他的工作〉：*e-e erkrankte Kollegin v.* 代替生病的女同事 **2. j-n / etw. v.** sich darum kümmern, dass die Interessen e-r Person od. e-r Gruppe berücksichtigt werden 代表（指利益）：*Die Gewerkschaften vertreten die Interessen der Arbeitnehmer* 工会代表受雇者的利益；*Er wird vor Gericht von seinem Anwalt vertreten* 他由自己的律师为他出庭辩护 **3. etw. v.** als Vertreter (1) für e-e Firma arbeiten 代理，代表 **4. etw.（vor j-m）v.** e-e Meinung, Entscheidung, Tat *o. Ä.* für richtig halten u. sie (anderen gegenüber) verteidigen 主张，代表〈die Überzeugung, den Standpunkt, die Haltung, den Grundsatz v., dass ...持这样的信念、观点、态度、原则，就是…；e-e These v. 主张一个论点〉

ver·tre·ten[2]**, sich**；*vertritt sich, vertrat sich, hat sich vertreten*；[Vt]（及物）**1. sich**（*Dat* 三格）**den Fuß v.** stolpern u. sich das (Fuß)-Gelenk verletzen 扭伤脚关节，崴了脚 **2. sich**（*Dat* 三格）**die Beine v.** aufstehen u. ein bisschen umherlaufen, *bes* nachdem man lange gesessen hat 站起来活动活动腿脚

ver·tre·ten[3] **1.** *Partizip Perfekt*（过去分词）；↑ **vertreten**[1]，**vertreten**[2] **2.** *Adj*（形）；*nur präd, nicht adv*（只作表语，不作状语）；**(irgendwo) v.**（neben anderen Personen）irgendwo anwesend 在，在场，出席：*Bei dem*

V

internationalen Kongress war auch e-e englische Delegation v. 召开国际代表大会时英国代表团也出席了

Ver·tre·ter *der*; *-s*, *-* **1.** ***ein V.*** (***für etw.***) j-d, der zu den Kunden kommt, um dort für e-e Firma Waren zu verkaufen 代理人,代办,代销商: *ein V. für Staubsauger* 吸尘器的代销商 ‖ K-(复合): ***Vertreter-***, ***-besuch*** ‖ -K(复合): ***Staubsauger-***, ***Versicherungs-***, ***Zeitschriften-*** **2.** j-d, der sich um die Interessen anderer kümmert 代表 ≈ Repräsentant: *Die Abgeordneten sind Vertreter des Volkes* 议员是人民的代表; *führende Vertreter aus Wirtschaft u. Industrie* 来自经济界和工业界的担负领导责任的代表 **3.** j-d, der die Arbeit für e-n anderen macht, der gerade krank od. in Urlaub ist 替代者,顶班的人,替补人员 ≈ Stellvertreter **4.** j-d, der typisch ist für e-n Stil, e-e Bewegung *o. Ä.* 代表,代表人物: *Claude Monet als typischer V. des Impressionismus* 克劳德·莫奈(法国画家,1840—1926)作为印象派的典型代表人物 ‖ hierzu(派生) **Ver·tre·te·rin** *die*; *-*, *-nen*

Ver·tre·tung *die*; *-*, *-en* **1.** *mst Sg*(多用单数); die Handlungen, durch die man für j-d anderen die Arbeit macht 代替,顶替: *die V. für e-e erkrankte Kollegin übernehmen* 接替生病女同事的工作 **2.** ***j-s V.***; ***die V.*** (***von j-m / für j-n***) j-d, der j-n vertritt[1] (1) 某人的代理: *Hat Herr Dr. Müller e-e V., wenn er im Urlaub ist?* 当米勒博士先生休假时,他是否有代理(人)? **3.** eine od. mehrere Personen od. e-e Institution, die e-e Gruppe von Personen od. e-n Staat repräsentieren 代办处,代表机构,代表团 ≈ Delegation: *die Vertretungen der einzelnen Nationen bei der UNO* 各国驻联合国的代表机构 **4.** ***in*** (***j-s***) ***V.*** als Vertreter (3) von j-m 以(某人的)代理、代表的身份; *Abk* 缩写 i. V. **5.** ***die V. für etw. haben*** als Vertreter (1) für e-e Firma arbeiten 担任某公司的代理

Ver·trieb *der*; *-(e)s*; *nur Sg*(只用单数) **1.** das regelmäßige Verkaufen von Waren 推销,销售 ≈ Verkauf (1): *der V. von Zeitschriften u. Büchern* 杂志和书籍的销售 ‖ K-(复合): ***Vertriebs-***, ***-abteilung***, ***-kosten***, ***-netz*** ‖ -K(复合): ***Buch-***, ***Zeitschriften-*** **2.** *Kollekt*(集合); die Abteilung in e-r Firma, die für den Verkauf der Produkte verantwortlich ist 销售部,经销部 ⟨im V. arbeiten 在经销部工作⟩ ‖ K-(复合): ***Vertriebs-***, ***-leiter*** ‖ ▶ ***vertreiben*** (3)

Ver·trie·be·ne *der/die*; *-n*, *-n*; j-d, der wegen e-s Krieges *o. Ä.* gezwungen wurde, seine Heimat zu verlassen (*bes* Deutsche, die nach 1945 *bes* Gebiete östlich der Flüsse Oder bzw. Neiße verlassen mussten) 被驱逐者(尤指1945年以后不得不离开奥得河和尼斯河以东地区的德国人) ‖ NB(注意): *ein Vertriebener*; *der Vertriebene*; *den*, *dem*, *des Vertriebenen*

ver·trim·men; *vertrimmte*, *hat vertrimmt*; [Vt] (及物) ***j-n v.*** *gespr* [口] ≈ verprügeln

ver·trock·nen; *vertrocknete*, *ist vertrocknet*; [Vi] (不及物) ***etw. vertrocknet*** etw. wird ganz trocken u. stirbt ab(物作主语)枯萎,枯死,干枯,干缩 ⟨das Gras, der Baum, der Strauch 草,树,灌木; Beeren, Blätter 浆果,树叶⟩

ver·trö·deln; *vertrödelte*, *hat vertrödelt*; [Vt] (及物) ***etw. v.*** *gespr pej* [口][贬]; Zeit verbringen, ohne etw. Nützliches od. Vernünftiges zu tun 虚度,闲混,浪费 ⟨viel Zeit, den ganzen Tag v. 虚度许多时光,闲混一整天⟩

ver·trös·ten; *vertröstete*, *hat vertröstet*; [Vt] (及物) ***j-n*** (***auf etw.*** (*Akk* 四格)) ***v.*** j-s Wünsche, Hoffnungen nicht sofort erfüllen, ihm aber versprechen, sie später zu erfüllen 对…的愿望用许诺加以推托、搪塞 ≈ j-n hinhalten ⟨j-n auf e-n anderen Tag v. 许诺等到另一天再解决,以此搪塞某人⟩ ‖ *hierzu*(派生) **Ver·trös·tung** *die* ‖ ▶ ***Trost***

ver·trot·telt *Adj*(形); *nicht adv*, *gespr pej*(不作状语)[口][贬] ≈ trottelig

ver·tun; *vertat*, *hat vertan*; [Vt] (及物) **1.** ***etw. v.*** Zeit u. Geld verbrauchen, ohne e-n Nutzen davon zu haben 乱花,挥霍,虚度,浪费 ≈ vergeuden, verschwenden; [Vr] (反身) **2.** ***sich v.*** *gespr* [口] ≈ sich irren: *sich beim Dividieren / Teilen v.* 做除法时搞错了,除错了; *Entschuldigung, ich habe mich in der Tür vertan* (= an die falsche Tür geklopft) 对不起,我敲错门了(走错门了)

ver·tu·schen; *vertuschte*, *hat vertuscht*; [Vt] (及物) ***etw. v.*** *pej* [贬]; etw. tun, damit etw. Negatives nicht öffentlich bekannt wird 隐瞒,掩盖,掩饰 ⟨e-e Affäre, e-n Skandal, e-n Betrug, e-e Manipulation, e-n Fehler v. 隐瞒一件不愉快的事、一件丑闻、一个骗局、一个诡计、一个错误⟩ ‖ *hierzu*(派生) **Ver·tu·schung** *die*; *mst Sg*(多用单数)

ver·übeln; *verübelte*, *hat verübelt*; [Vt] (及物) ***j-m etw. v.*** j-m wegen etw. böse sein 因…而生气,为…而抱怨,怨恨: *Er verübelt mir, dass ich ihm die Freundin weggenommen habe* 他为我夺走了他的女朋友而怨恨我

ver·üben; *verübte*, *hat verübt*; [Vt] (及物) ***etw. v.*** etw. Böses, Negatives tun 干,犯,做(坏事) ⟨ein Attentat, e-n Einbruch, e-n Überfall, ein Verbrechen v. 进行谋杀,入室盗窃,搞突然袭击,犯罪; Selbstmord v. 自杀⟩

ver·ul·ken; *verulkte*, *hat verulkt*; [Vt] (及物) ***j-n/etw. v.*** *gespr* [口]; über j-n/etw. spotten, sich über j-n/etw. lustig machen 戏弄,取笑,逗乐,开…的玩笑 ‖ *hierzu*(派生) **Ver·ul·kung** *die*

ver·un·fal·len; *verunfallte*, *ist verunfallt*; [Vi] (不及物) ADM, (CH) 【管理】[瑞] ≈ verunglücken ‖ ▶ ***Unfall***

ver·un·glimp·fen; *verunglimpfte*, *hat verunglimpft*; [Vt] (及物) ***j-n/etw. v.*** *geschr* [书]; Schlechtes über j-n/etw. erzählen (in der Absicht zu schaden) 诽谤,诋毁,中伤,诬蔑

ver·un·glü·cken; *verunglückte*, *ist verunglückt*; [Vi] (不及物) **1.** e-n Unfall haben u.

V

dabei verletzt od. getötet werden 出意外，遭不幸，失事，出事故，在事故中受伤或死亡〈mit dem Auto (schwer, tödlich) v. 出车祸(在车祸中受重伤，死亡)〉 **2. etw. verunglückt j-m** *gespr hum* [口][谐] ≈ etw. misslingt j-m 〈e-e verunglückte Rede, Feier 一次失败的讲演、庆祝活动〉: *Das Essen ist mir heute verunglückt* 今天这顿饭我搞得不成功 ‖ NB(注意): oft im Partizip Perfekt(常用过去分词) ‖ *zu*(义项) **1. Ver·un·glück·te** *der/die*; *-n, -n*

ver·un·rei·ni·gen; *verunreinigte, hat verunreinigt*; [Vt] (及物) **1. j-d/etw. verunreinigt etw.** j-d/etw. macht die Qualität von etw. (*bes* durch giftige chemische Stoffe) schlechter(人/物作主语)污染 ≈ j-d/etw. verschmutzt (1) etw. 〈Gewässer v. 污染水域〉: *Abgase verunreinigen die Luft* 废气污染空气 **2. j-d/ein Tier verunreinigt etw.** *geschr* [书]; j-d/ein Tier macht etw. schmutzig (*z. B.* den Teppichboden)(人/动物作主语)弄脏，搞脏 ≈ j-d/ein Tier verschmutzt etw. ‖ *hierzu* (派生) **Ver·un·rei·ni·gung** *die* ‖ ▶ **rein** (5)

ver·un·si·chern; *verunsicherte, hat verunsichert*; [Vt] (及物) **j-d/etw. verunsichert j-n** (**in etw.** (*Dat* 三格)) j-d/etw. bewirkt, dass j-d ein bisschen Angst bekommt od. dass er nicht mehr weiß, was er glauben soll(人/物作主语)使感到不安、忐忑不安、犹豫不决〈j-n (in seiner Überzeugung) v. 使某人(对自己的信念)感到困惑〉: *die Bevölkerung durch Katastrophenmeldungen v.* 发生灾难的报道使居民惶恐不安; *den Gegner v.* 使敌人感到害怕 ‖ *hierzu* (派生) **Ver·un·si·che·rung** *die*; *mst Sg* (多用单数)

ver·un·stal·ten; *verunstaltete, hat verunstaltet*; [Vt] (及物) **etw. verunstaltet j-n/etw.** etw. macht j-n/etw. hässlich(物作主语)使变得难看，使变丑 ≈ etw. entstellt j-n/etw.: *Die Wunden verunstalteten ihr Gesicht* 创伤使她的相貌难看了 ‖ *hierzu* (派生) **Ver·un·stal·tung** *die*

ver·un·treu·en; *veruntreute, hat veruntreut*; [Vt] (及物) **etw. v.** *geschr* [书]; etw. für sich selbst nehmen, das man für j-n verwalten sollte 贪污，盗用，侵吞，私吞 ≈ unterschlagen 〈*mst* 多用 Gelder v. 贪污钱款〉 ‖ *hierzu* (派生) **Ver·un·treu·ung** *die*

ver·ur·sa·chen; *verursachte, hat verursacht*; [Vt] (及物) **j-d/ etw. verursacht etw.** j-d/etw. ist die Ursache von etw. (*mst* Negativem)(人/物作主语)引起，造成(多指不良后果) ≈ j-d/etw. bewirkt etw.: *Die Bauarbeiten verursachen viel Lärm* 建筑施工造成很大噪音; *Er hat e-n schweren Autounfall verursacht* 他造成一起严重的车祸 ‖ *hierzu* (派生) **Ver·ur·sa·cher** *der*; *-s, -*; **Ver·ur·sa·che·rin** *die*; *-, -nen*; **Ver·ur·sa·chung** *die*; *nur Sg* (只用单数)

ver·ur·tei·len; *verurteilte, hat verurteilt*; [Vt] (及物) **1. j-n (zu etw.) v.** als Richter bestimmen, dass j-d für seine Tat e-e bestimmte Strafe bekommt 判决，判处 ↔ freisprechen: *j-n zu e-r Geldstrafe, zu zehn Jahren Haft, zum Tode v.* 判处某人以罚款、十年监禁、死刑 **2. j-n/etw. v.** j-n/etw. sehr scharf kritisieren 严厉谴责，激烈批判 ≈ missbilligen 〈j-s Verhalten aufs Schärfste v. 极其严厉地谴责某人的行为(态度)〉 **3. zu etw. verurteilt sein** gegen seinen Willen etw. tun müssen 不得不，只得，只好〈j-d ist zum Schweigen, zum Warten, zur Zurückhaltung, zum Müßiggang verurteilt 某人只好沉默、等待、克制、闲着〉 **4. j-d/etw. ist** 〈zum Scheitern, zum Untergang 失败，灭亡〉 **verurteilt** j-d/etw. wird ganz sicher scheitern, untergehen(人/物作主语)注定要 ‖ *hierzu* (派生) **Ver·ur·tei·lung** *die*

ver·viel·fa·chen; *vervielfachte, hat vervielfacht*; [Vt] (及物) **1. etw. v.** etw. um ein Vielfaches größer machen 使增加许多倍，使扩大许多倍: *das Angebot an Waren v.* 使商品供应增加许多倍; [Vr] (反身) **2. etw. vervielfacht sich** etw. wird um ein Vielfaches größer(物作主语)增加许多倍: *Die Zahl der Beschwerden hat sich vervielfacht* 申诉案件(或意见)的数目增加了许多倍 ‖ *hierzu* (派生) **Ver·viel·fa·chung** *die*

ver·viel·fäl·ti·gen; *vervielfältigte, hat vervielfältigt*; [Vt] (及物) **etw. v.** Kopien von e-m Text machen 复印，复制，复写〈e-n Text, e-e Zeichnung v. 复制一个文本，一张图纸〉 ‖ *hierzu* (派生) **Ver·viel·fäl·ti·gung** *die*

ver·voll·komm·nen; *vervollkommnete, hat vervollkommnet*; [Vt] (及物) **etw. v.** etw. noch besser machen, als es schon ist 使完美，使完善，使完备 ≈ perfektionieren 〈seine (Sprach)Kenntnisse, sein Wissen, seine Fähigkeiten v. 使自己的(语言)知识、自己的学问、自己的能力完善起来; e-e Technik v. 使技术完善起来〉 ‖ *hierzu* (派生) **Ver·voll·komm·nung** *die*; *mst Sg* (多用单数)

ver·voll·stän·di·gen; *vervollständigte, hat vervollständigt*; [Vt] (及物) **1. etw. v.** etw. vollständig machen 使完整，使充实，使完备 ≈ ergänzen, komplettieren: *seine Briefmarkensammlung v.* 充实自己的邮票收藏; [Vr] (反身) **2. etw. vervollständigt sich** etw. wird (allmählich) vollständig(物作主语)变得完整，变得完备，变得充实〈e-e Sammlung 收藏品; e-e Gruppe 小组，团体〉 ‖ *zu* (义项) **1. Ver·voll·stän·di·gung** *die*; *mst Sg* (多用单数)

ver·wach·sen[1]; *verwächst, verwuchs, ist verwachsen*; [Vi] (不及物) **1. etw. verwächst** etw. heilt u. ist allmählich nicht mehr zu sehen(物作主语)愈合，痊愈，长好〈die Wunde, die Narbe 伤口，伤疤〉 **2.** *mst* 多用 **j-d ist mit j-m/etw. verwachsen** j-d hat e-e sehr enge Beziehung zu j-m/etw. entwickelt(人作主语)与…融为一体、难舍难分: *Sie ist mit der Firma allmählich verwachsen* 她和公司逐渐融为一体了

ver·wach·sen[2] **1.** *Partizip Perfekt* (过去分词); ↑ **verwachsen 2.** *Adj* (形); *mst präd, nicht adv* (多作表语，不作状语); (in Bezug auf Menschen, Bäume) so, dass sie nicht in der richtigen Form gewachsen sind(指人,树)长成畸形的,长得不正常的,畸形怪状的 ≈ verkrüppelt

ver·wa·ckeln; *verwackelte, hat verwackelt*; [Vt] (及物) ***etw. v.*** *gespr* [口]; beim Fotografieren die Kamera nicht richtig halten, sodass das Bild nicht gut wird(摄影时因相机晃动)使模糊 ⟨e-e Aufnahme, ein Bild, ein Foto v.(因相机晃动)把一张照片拍得模糊⟩

ver·wäh·len, sich; *verwählte sich, hat sich verwählt*; [Vr] (反身) ***sich v.*** beim Telefonieren aus Versehen e-e falsche Nummer wählen(打电话时)拨错号

ver·wah·ren[1]; *verwahrte, hat verwahrt*; [Vt] (及物) ***etw. v.*** etw. an e-n Ort legen od. stellen, wo es geschützt u. sicher ist 保存,保藏,保管: *Geld im Safe (sicher) v.* 把钱(妥善地)保存在保险箱里; *die Dokumente in der Schublade v.* 把文件保存在抽屉里

ver·wah·ren[2]**, sich**; *verwahrte sich, hat sich verwahrt*; [Vr] (反身) ***sich gegen etw. v.*** *geschr* [书]; scharf *bes* gegen e-n Vorwurf protestieren 反对,抗议,驳斥 ≈ etw. zurückweisen ⟨sich energisch, entschieden, mit Nachdruck gegen e-e Anschuldigung, e-e Verdächtigung, e-n Vorwurf v. 毅然、断然、坚决地反对指控、怀疑、责难⟩

ver·wahr·lo·sen; *verwahrloste, ist verwahrlost*; [Vi] (不及物) **1.** ***j-d verwahrlost*** j-d wäscht u. pflegt sich nicht u. kommt deshalb in e-n schlechten, unordentlichen Zustand(人作主语)不修边幅,不注意容貌衣着,邋遢 ≈ j-d verkommt **2.** ***etw. verwahrlost*** etw. wird nicht gepflegt u. kommt deshalb in e-n schlechten Zustand(物作主语)荒芜,破败,衰败 ⟨ein Haus, e-n Garten v. lassen 让房屋破败、花园荒芜⟩ **3.** ***j-d verwahrlost*** j-d kommt in e-n schlechten moralischen Zustand, weil er nicht gut erzogen wurde(人作主语)堕落 ⟨Jugendliche 年轻人⟩ ‖ *hierzu* (派生) **Ver·wahr·lo·sung** *die*; *nur Sg*(只用单数)

Ver·wah·rung *die*; -; *nur Sg*(只用单数), *geschr* [书]; *mst in* 多用于 **1.** ***j-m etw. in V. geben*** j-m etw. geben, damit er es verwahrt[1] 把…交给…保存、保管 **2.** ***etw. in V. nehmen*** etw. für j-n verwahren[1] 接受保管、收藏

ver·waist *Adj*(形); *nicht adv*(不作状语) **1.** ⟨ein Kind 孩子⟩ so, dass seine Eltern tot sind 失去父母的,父母双亡的 **2.** ⟨ein Haus, ein Platz, ein Posten 房屋,座位,职位⟩ so, dass niemand mehr dort ist 无人居住的,空着的,空缺的

ver·wal·ten; *verwaltete, hat verwaltet*; [Vt] (及物) ***etw. v.*** (im Auftrag von j-m) dafür sorgen u. verantwortlich sein, dass in e-m bestimmten Bereich alles in Ordnung ist 管理,经管,掌管 ⟨e-n Besitz, ein Vermögen, e-n Nachlass, ein Haus, e-e Kasse, Gelder, ein Gut (treulich) v.(忠实可靠地)管理产业、财产、遗产、房屋、现金、钱财、财物(财产)⟩

Ver·wal·ter *der*; *-s, -*; j-d, der etw. verwaltet 主管人,经管人,管理员 ‖ -K(复合): ***Guts-, Haus-, Nachlass-, Vermögens-*** ‖ *hierzu* (派生) **Ver·wal·te·rin** *die*

Ver·wal·tung *die*; -, *-en* **1.** *Kollekt*(集合); alle Ämter u. Behörden in e-r Gemeinde, e-m Staat 行政人员,行政机关 ⟨die öffentliche, staatliche, kommunale V. 公共的、国家的、地方的行政机关⟩ ‖ K-(复合): ***Verwaltungs-, -akt, -beamte(r), -bezirk, -reform, -vorschrift*** ‖ -K(复合): ***Gemeinde-, Schul-, Zentral-*** **2.** *nur Sg*(只用单数); das Verwalten ⟨mit der V. e-r Sache betraut sein, werden 受委托掌管某事; etw. steht unter staatlicher V. 某事受国家管理⟩ **3.** *Kollekt* (集合); die Abteilung in e-r Firma, die für die Bilanzen u. für das Personal verantwortlich ist 行政部门,管理部门,管理处 ⟨in der V. arbeiten 在行政部门工作⟩ ‖ K-(复合): ***Verwaltungs-, -angestellte(r), -aufgaben, -gebäude*** ‖ -K(复合): ***Personal-*** **4.** das Gebäude od. die Räume, in denen die V. (3) ist 行政大楼,办公楼或行政部门的办公室

Ver·wal·tungs·ap·pa·rat *der*; *nur Sg*, *oft pej* (只用单数)常用[贬] ≈ Verwaltung (1) ⟨ein aufgeblähter V. 臃肿的行政机构⟩

ver·wan·deln; *verwandelte, hat verwandelt*; [Vt] (及物) **1.** ***etw. verwandelt j-n/etw.*** etw. lässt j-n/etw. (in seinem Wesen, Aussehen) ganz anders werden(物作主语)改变,使变化 ≈ etw. verändert j-n/etw.: *Das Unglück hat sie völlig verwandelt* 不幸(事件)使她完全变了; *Die neue Tapete hat den Raum verwandelt* 新墙纸使房间变了样 **2.** ***j-d/etw. verwandelt j-n/etw. in etw.*** (*Akk* 四格) j-d/etw. bewirkt, dass j-d/etw. zu etw. ganz anderem wird(人/物作主语)把…变成,使变为: *Durch Erhitzen wird Wasser in Dampf verwandelt* 水经过加热变为蒸气; *Die Fans verwandelten das Stadion in e-n Hexenkessel* 体育迷(球迷)们把体育场搞得一片混乱 **3.** *mst* 多用 ***e-n Elfmeter v.*** SPORT【体】; vom Elfmeterpunkt aus ein Tor schießen 罚点球; [Vr] (反身) **4.** ***sich in etw.*** (*Akk* 四格) ***v.*** sich (in seinem Wesen, Aussehen) so stark ändern, dass man fast e-e ganz andere Person wird 变成: *Er hat sich von e-m gutmütigen Menschen in e-e Bestie verwandelt* 他从一个性情和善的人变成一个残暴的人 **5.** ***etw. verwandelt sich in etw.*** (*Akk* 四格) etw. wird zu etw. ganz anderem (物作主语) 变成: *Nach den starken Regenfällen verwandelte sich der Bach in e-n reißenden Strom* 暴雨过后小溪变成湍急的河流 ‖ *hierzu* (派生) **Ver·wand·lung** *die*

ver·wandt[1] *Partizip Perfekt*(过去分词); ↑ ***verwenden***

ver·wandt[2] *Adj*(形); *nicht adv*(不作状语) **1.** zur gleichen Familie gehörig, mit gleicher Herkunft 同族的,有亲属关系的,有亲戚关系的,有血统关系的: *Ich bin mit ihr / Wir sind eng, nahe, entfernt, weitläufig v.* 我和她/我们是近亲,远亲; *Wir sind weder v. noch verschwägert* 我们既不是血亲,又不是姻亲 **2.** zur gleichen Gattung, Familie *o. Ä.* gehörig 亲缘的,同一种属的,同源的 ⟨Tiere, Pflanzen 动物,植物⟩ **3.** von ähnlicher Art, mit ähnlichen Merkmalen 相近的，类似的，近似的〈Formen 形式；Anschauungen 观点〉

Ver·wand·te *der/die*；*-n*，*-n*；j-d, der mit j-d anderem verwandt² (1) ist 亲戚，亲属，亲人〈ein enger, naher, entfernter, weitläufiger Verwandter (von j-m)（某人的）近亲、远亲；Verwandte besuchen 看望亲戚，走亲戚〉‖ K-（复合）：***Verwandten-***，***-besuch***，***-kreis*** ‖ NB（注意）：*ein Verwandter*；*der Verwandte*；*den*，*dem*，*des Verwandten*

Ver·wandt·schaft *die*；*-*，*-en* **1.** *nur Sg*（只用单数），*Kollekt*（集合）；alle Verwandten, die j-d hat（全体）亲戚，亲属〈e-e große V. haben 有很多亲戚；zur V. gehören 是亲戚〉‖ K-（复合）：***Verwandtschafts-***，***-grad*** **2.** ***die V.*（*mit etw.*）；*die V.*（*zwischen j-m u. j-m/etw. u. etw.*；*zwischen*** 〈Personen, Dingen 人，物〉*mst Sg*（多用单数）；die Ähnlichkeit zwischen zwei od. mehreren Personen/Dingen（指人之间的）亲戚关系，亲属关系；（指物之间的）亲缘关系，近似之处，相似之处

ver·wandt·schaft·lich *Adj*（形）；in Bezug auf die Verwandtschaft (1) 亲属的，亲戚的〈ein Verhältnis 关系〉

ver·war·nen；*verwarnte*，*hat verwarnt*；Vt（及物）***j-n v.***（als Richter, Polizist *usw*）j-n offiziell wegen e-s falschen Verhaltens tadeln u. ihm mit e-r Strafe drohen（法官、警察等）警告，告诫〈j-n eindringlich, streng, polizeilich v. 强烈地、严厉地、以警方身分警告某人〉

Ver·war·nung *die*；*-*，*-en* **1.** ein Zettel, mit dem *mst* ein Polizist j-n schriftlich verwarnt (*z.B.* weil er falsch geparkt hat 警告单，警告通知)〈e-e gebührenpflichtige V. 罚款警告（通知）〉**2.** ***j-m e-e V. erteilen*** ≈ j-n verwarnen

ver·wa·schen *Adj*（形）**1.** durch häufiges Waschen blass geworden 洗得褪了色的 ≈ ausgeblichen：*verwaschene Jeans* 洗得褪了色的牛仔裤 **2.** durch den Einfluss von (Regen) Wasser verwischt u. undeutlich（因风雨剥蚀而）不易辨认的，模糊不清的〈e-e Inschrift 碑文，铭文〉**3.** ≈ blass, hell ↔ intensiv, leuchtend〈Farben 颜色〉**4.** *gespr*［口］；nicht klar verständlich u. ungenau 不明确的，含糊的，模糊的〈Formulierungen 措词〉

ver·wäs·sern；*verwässerte*，*hat verwässert*；Vt（及物）**1.** ***etw. v.***（zu viel）Wasser zu etw. hinzufügen 冲淡，稀释，在…中掺水：*den Wein v.* 在酒中掺水 **2.** ***etw. v.*** e-e Aussage weniger deutlich, weniger aggressiv *o. Ä.* machen als vorher 使（内容）淡化，磨去…的锋芒，使失去棱角，挫了锐气〈e-n Text v. 使文章失去棱角〉‖ *hierzu*（派生）**Ver·wäs·se·rung** *die*；*mst Sg*（多用单数）

ver·wech·seln；*verwechselte*，*hat verwechselt*；Vt（及物）**1.** ***j-n/etw. mit j-m/etw. v.***；〈Personen/Dinge 人/物〉（***miteinander***）***v.*** *mst* zwei Personen od. Dinge, die einander ähnlich sind, nicht unterscheiden können u. deshalb den einen für den anderen, das eine für das andere halten 弄错，搞错，弄混，混淆〈sich (*Dat Pl* 三格复数) zum Verwechseln ähnlich sein, sehen 长相像得很容易叫人认错〉：*Ich verwechsle die beiden Zwillingsbrüder immer* 我总是把这对孪生兄弟搞错；*Ich habe sie mit ihrer Schwester verwechselt* 我把她和她的姐妹弄混了 **2.** ***etw. mit etw. v.***；〈Dinge 物〉***v.***（aus Verwirrung od. Vergesslichkeit）etw. anstelle von etw. anderem nehmen od. benutzen 拿错，弄错，混淆 ≈ etw. mit etw. vertauschen〈Namen, Begriffe v. 把名字弄混了，混淆概念〉：*In der Eile verwechselten sie ihre Mäntel* 匆忙中他们换错了大衣；*Er hat das Salz mit dem Zucker verwechselt* 他把盐和糖弄混了 ‖ *hierzu*（派生）**Ver·wechs·lung** *die* ‖ ▶ ***unverwechselbar***

ver·we·gen *Adj*（形）；so mutig, dass man zu hohem Risiko bereit ist 大胆的，鲁莽的，莽撞的，冒失的 ↔ draufgängerisch〈ein Bursche 小伙子；ein Plan 计划〉‖ *hierzu*（派生）**Ver·we·gen·heit** *die*；*mst Sg*（多用单数）

ver·we·hen；*verwehte*，*hat/ist verweht*；Vt（及物）（*hat*）**1.**〈der Wind 风〉***verweht etw.*** der Wind bewegt etw. weg, lässt etw. verschwinden 吹得不见了，吹走，吹散：*Der Wind verweht die Spur*，*die Blätter*，*den Rauch* 风把踪迹吹得不见了，风把树叶、烟吹散了；Vi（不及物）（*ist*）**2.** ***etw. verweht*** etw. wird vom Wind zugedeckt od. weggeweht（物作主语）被风吹得不见了，消散，消失：*Die Spuren verwehen im Wind* 踪迹在风中消失不见了

ver·weh·ren；*verwehrte*，*hat verwehrt*；Vt（及物）***j-m etw. v.*** *geschr*［书］≈ j-m etw. verbieten, verweigern ↔ j-m etw. erlauben：*j-m den Zutritt zum Haus v.* 不许某人进屋；*Der Arzt wollte ihm v.*，*seinen Vater zu besuchen* 医生想不让他去看望自己的父亲

ver·weich·li·chen；*verweichlichte*，*hat/ist verweichlicht*；Vi（不及物）（*ist*）**1.** sich so verändern, dass man körperliche od. psychische Belastungen weniger gut verträgt¹ (1) 变得娇气：*durch ein bequemes Leben v.* 由于生活舒适变得娇气；Vt 及物（*hat*）**2.** ***etw. verweichlicht j-n*** etw. bewirkt, dass j-d verweichlicht (1)（物作主语）使变得娇气，把…宠坏 ‖ *hierzu*（派生）**Ver·weich·li·chung** *die*；*nur Sg*（只用单数）

ver·wei·gern；*verweigerte*，*hat verweigert*；Vt（及物）**1.**（***j-m***）***etw. v.*** nicht tun od. nicht geben, was j-d will od. fordert 拒不 ↔ gewähren〈die Annahme (e-s Briefes *o. Ä.*), den Befehl, den Gehorsam, die Zustimmung, die Erlaubnis v. 拒不收信、接受命令、服从、同意、允许〉**2.** ***j-m etw. v.*** nicht zulassen, dass j-d etw. tut 拒绝，不允许，不让 ↔ erlauben：*An der Grenze wurde ihm die Einreise verweigert* 在边界上他被拒绝入境 **3.** ***etw. verweigert*（*j-m*）*den Dienst*** *geschr*［书］；etw. funktioniert nicht so, wie es j-d braucht od. will（物作主语）不听使唤，运转不灵〈Maschinen 机器；j-s Beine 某人的双腿〉**4.** ***die Nahrung v.*** nichts essen, *bes* weil man krank ist od. gegen etw. protestieren will 拒

V

不进食,不肯进食; [Vt/i] (及物/不及物) **5.** (**den Kriegsdienst/Wehrdienst**) **v.** nicht Soldat werden wollen, wenn man vom Staat dazu aufgefordert wird 拒绝服役; [Vr] (反身) **6.** *mst* 多用 ⟨e-e Frau 女人⟩ **verweigert sich** (**j-m**) *mst* e-e Frau erfüllt e-m Mann die sexuellen Wünsche nicht 不肯委身于某人,拒绝…的性要求; [Vi] (不及物) **7. ein Pferd verweigert** ein Pferd springt nicht über ein Hindernis 马不肯跨越障碍 ‖ *hierzu* (派生) **Ver·wei·ge·rung** *die*; *mst Sg* (多用单数)

ver·wei·len; *verweilte*, *hat verweilt*; [Vi] (不及物) (**irgendwo**) **v.** *geschr* [书]; e-e bestimmte Zeit irgendwo bleiben 逗留,停留 ‖ K-(复合): **Verweil-, -dauer**

ver·weint *Adj* (形); rot vom Weinen 哭红了的,哭肿了的 ⟨Augen, ein Gesicht 眼睛,脸⟩

Ver·weis[1]. *der*; *-es*, *-e* ≈ Rüge, Tadel ⟨j-m e-n V. erteilen 斥责某人; e-n V. aussprechen 进行训斥; e-n V. erhalten 受到责备⟩

Ver·weis[2]. *der*; *-es*, *-e*; **ein V.** (**auf etw.** (*Akk* 四格)) ein kurzer Kommentar in e-m Buch (wie *z.B.* „siehe ...", „vergleiche ..."), der dem Leser sagt, wo er weitere Informationen zu e-m Thema *o.Ä.* findet 参看,参见,参阅

ver·wei·sen; *verwies*, *hat verwiesen*; [Vt/i] (及物/不及物) **1.** (**j-n**) **auf etw.** (*Akk* 四格) **v.** j-n auf etw. aufmerksam machen 让…参阅、注意 ≈ hinweisen: *den Leser auf e-e Abbildung, auf ein anderes Buch v.* 让读者注意插图、参看另一本书; [Vt] (及物) **2. j-n an j-n/etw. v.** j-m e-e andere Person od. Stelle nennen, an die er sich wenden soll 让…去找、去求助,介绍…去见: *j-n an die zuständige Abteilung, Behörde v.* 让某人去找主管部门、有关当局 **3. j-n irgendwohin v.** j-m verbieten, irgendwo zu bleiben 驱逐,逐出 ⟨j-n des Landes, von der Schule v. 把某人驱逐出(国)境、开除出校(勒令某人退学)⟩: *Der Spieler wurde nach dem schweren Foul des Feldes verwiese* 运动员在严重犯规后被罚下场 **4. j-n in die/seine Grenzen/Schranken v.** j-n energisch darauf aufmerksam machen, dass er sich nicht alles erlauben kann 让某人注意克制,不要越轨

ver·wel·ken; *verwelkte*, *ist verwelkt*; [Vi] (不及物) ⟨Blumen, Blüten 花,花朵⟩ **verwelken** Blumen, Blüten werden welk 枯萎,凋谢

ver·wend·bar *Adj* (形); *nicht adv* (不作状语); (**für/zu etw.**) **v.** so, dass es zu e-m bestimmten Zweck verwendet werden kann 可用的,能用的,可应用的,适用的 ≈ benutzbar, brauchbar (1) ⟨mehrfach, vielseitig v. 可多次、多方面使用的⟩ ‖ *hierzu* (派生) **Ver·wend·bar·keit** *die*; *nur Sg* (只用单数)

ver·wen·den; *verwendete/verwandte*, *hat verwendet/verwandt*; [Vt] (及物) **1. etw.** (**für/zu etw.**) **v.**; **etw. bei/in etw.** (*Dat* 三格) **v.** etw. zu e-m bestimmten Zweck nehmen 用作,用于,使用,利用,应用 ≈ benutzen, gebrauchen: *für den/beim Bau e-s Hauses nur gute Materialien v.* 建房屋只能使用好材料; *ein Motiv in e-m Roman v.* 将一个主题思想用于长篇小说中; *Die Milch ist schlecht geworden, sie ist nicht mehr zu v.* 牛奶坏了,不能再喝了 **2. etw. für/zu etw. v.**; **etw. auf etw.** (*Akk* 四格) **v.** etw. für e-n bestimmten Zweck verbrauchen 把…用作,花在…上: *Den Lottogewinn habe ich dafür verwendet, e-e schöne Reise zu machen* 我用买彩票中奖得来的钱作了一次美妙的旅行; *Er hat viel Zeit darauf verwendet, Arabisch zu lernen* 他花了很多时间去学阿拉伯语 **3. j-n/etw. als etw. v.**; **j-n für/zu etw. v.** j-m/etw. e-e Aufgabe geben, j-n e-e Funktion erfüllen lassen 利用…作为 ≈ benutzen, gebrauchen, einsetzen: *e-e Zeitung als Unterlage v.* 用报纸作垫纸; [Vr] (反身) **4. sich für j-n/etw. v.** *geschr* [书]; sich um j-s Interessen kümmern 为…出力、操劳、奔忙、说情 ≈ sich für j-n/etw. einsetzen: *Ich werde mich dafür v., dass Sie den Posten bekommen* 我将尽力使您得到这个职位

Ver·wen·dung *die*; *-*; *nur Sg* (只用单数) **1. die V.** (**für/zu etw.**); **die V. bei/in etw.** (*Dat* 三格) das Benutzen e-r Sache, damit diese e-e bestimmte Aufgabe od. Funktion erfüllt 使用,利用,用于: *Diese Grammatik ist zur V. im Unterricht gedacht* 这种语法是打算用于教学的; *Bei regelmäßiger V. verhindert diese Zahncreme Parodontose* 经常使用这种牙膏可预防牙周病 ‖ K-(复合): **Verwendungs-, -möglichkeit, -weise, -zweck 2.** (**e-e**) **V. für j-n/etw. finden** e-e Aufgabe, Funktion finden, die man j-m/etw. geben kann 为…找到用场,派上用场 **3.** (**keine**) **V. für j-n/etw. haben** j-n/etw. zu e-m Zweck (nicht) brauchen können 用得着(用不着) **4. etw. findet irgendwo V.** etw. wird irgendwo verwendet (1,3) (物作主语) 在…方面有用处、用得着

ver·wer·fen; *verwirft*, *verwarf*, *hat verworfen*; [Vt] (及物) **etw. v.** etw. nicht akzeptieren, weil man es schlecht findet 拒绝,屏弃,不采纳 ↔ annehmen ⟨e-n Gedanken, e-n Plan, e-n Vorschlag v. 拒绝一个想法、计划、建议⟩

ver·werf·lich *Adj* (形); *geschr* [书]; moralisch schlecht 卑鄙的,下流的,无耻的 ⟨Taten, Ansichten 行为,观点⟩ ‖ *hierzu* (派生) **Ver·werf·lich·keit** *die*; *nur Sg* (只用单数)

ver·wer·ten; *verwertete*, *hat verwertet*; [Vt] (及物) **etw. v.** etw. zu e-m bestimmten Zweck als Material nehmen 利用,使用: *e-e Idee in e-m Buch v.* 在一本书中利用一种思想; *Altpapier beim Herstellen von Kartons v.* 利用废纸生产厚纸板 ‖ *hierzu* (派生) **ver·wert·bar** *Adj* (形); *nicht adv* (不作状语); **Ver·wert·bar·keit** *die*; *nur Sg* (只用单数); **Ver·wer·tung** *die*

ver·we·sen; *verweste*, *ist verwest*; [Vi] (不及物) **etw. verwest** etw. wird faul u. zerfällt (物作主语) 腐烂 ⟨Fleisch, Leichen, Kadaver 肉,尸体,动物尸体⟩ ‖ NB (注意): Pflanzen, Früchte *usw verfaulen!* (植物,水果等用 verfaulen!)

Ver·we·sung *die*; *-*; *nur Sg* (只用单数); der

V

Zustand des Verwesens 腐烂〈etw. geht in V. über 某物开始腐烂〉‖ K-(复合): ***Verwesungs-***, ***-geruch***

ver·wi̤·ckeln; *verwickelte*, *hat verwickelt*; [Vr] (反身) **1.** ***etw. verwickelt sich*** etw. kommt durcheinander u. ist nur noch schwer zu trennen(物作主语)被搞乱,纠缠在一起〈ein Faden, e-e Schnur, Seile 线,绳子,绳索〉**2.** ***etw. verwickelt sich in etw.*** (*Dat* 三格) etw. wickelt sich um etw. u. bleibt dort hängen(物作主语)被缠住,被缠挂在: *Die Drachenschnur hat sich in den Zweigen verwickelt* 风筝的绳子被缠在树枝上了 **3.** ***sich in Widersprüche v.*** etw. sagen, das e-r früheren Äußerung od. Einstellung widerspricht 陷入自相矛盾之中,不能自圆其说; [Vt] (及物) **4.** ***j-n in etw.*** (*Akk* 四格) ***v.*** j-n in e-e unangenehme Situation bringen 使卷入,使陷入,使介入,把…牵连进 ≈ j-n in etw. hineinziehen〈in e-n Skandal, in e-e Affäre, in e-n Unfall verwickelt werden, sein 被卷进一桩丑闻、一件纠纷、一场事故〉‖ NB(注意): *mst* im Passiv(多用被动语态)! **5.** ***j-n in etw.*** (*Akk* 四格) ***v.*** e-e Handlung (gegen j-s Willen) mit j-m beginnen 拉…参加〈j-n in ein Gespräch, in Kämpfe v. 拉某人参加交谈、参加斗争〉

ver·wi̤·ckelt **1.** *Partizip Perfekt*(过去分词); ↑ ***verwickeln*** **2.** *Adj*(形);〈ein Fall, e-e Geschichte 案子,事情〉≈ kompliziert, verzwickt

Ver·wi̤ck·lung *die*; -, *-en*; *mst Pl*(多用复数); e-e komplizierte, unangenehme Situation, an der mehrere Menschen, Institutionen, Länder *o.Ä.* beteiligt sind 纠纷,纠葛〈diplomatische, internationale Verwicklungen 外交纠纷,国际纠纷〉

ver·wi̤l·dern; *verwilderte*, *ist verwildert*; [Vi] (不及物) **1.** ***etw. verwildert*** etw. wird nicht gepflegt u. wird deshalb von wild wachsenden Pflanzen bedeckt(物作主语)荒芜,杂草丛生〈ein Garten, ein Park 花园,公园〉**2.** ***ein Tier verwildert*** ein Haustier lebt wieder wie ein wildes Tier(动物作主语)变野: *verwilderte Katzen im Wald* 森林中变野了的猫

ver·wi̤n·den; *verwand*, *hat verwunden*; [Vt] (及物) *mst in* 多用于 ***etw. nicht v. können*** *geschr* [书]; etw. nicht verkraften, über etw. nicht hinwegkommen 不能忍受,忍受不了,经受不住〈e-e Enttäuschung, e-n Verlust, e-e Kränkung, e-n Kummer nicht v. können 忍受不了失望、损失、委屈、苦闷〉

ver·wi̤n·kelt *Adj*(形); *nicht adv*(不作状语); eng u. mit vielen Ecken u. Kurven 狭窄而弯曲的〈Gassen 小巷〉‖ ▶ ***Winkel*** (6)

ver·wi̤r·ken; *verwirkte*, *hat verwirkt*; [Vt] *geschr*(及物)[书] **1.** ***ein Recht*** (***auf etw.*** (*Akk* 四格)) ***v.*** ein Recht durch eigene Schuld verlieren(因自己的过失而)丧失、失去(对…的)权利 **2.** ***sein Leben v.*** zur Strafe sterben müssen 丧失生命,丧命,被判死刑 ‖ *hierzu*(派生) **Ver·wi̤r·kung** *die*; *nur Sg*(只用单数)

ver·wi̤rk·li·chen; *verwirklichte*, *hat verwirklicht*; [Vt] (及物) **1.** ***etw. v.*** etw. Wirklichkeit werden lassen 实现,实行,使成为现实 ≈ realisieren, ausführen〈e-e Idee, e-n Plan, e-n Traum v. 实现一种思想、计划、梦想〉; [Vr] (反身) **2.** ***etw. verwirklicht sich*** etw. wird Wirklichkeit, geschieht tatsächlich(物作主语)变为现实,实现〈e-e Befürchtung, e-e Hoffnung, ein Traum, ein Wunsch 担心,希望,梦想,愿望〉**3.** ***sich v.*** alle seine Fähigkeiten entwickeln u. zeigen können 实现自我,发挥自己的全部才能 ≈ sich entfalten: *sich im Beruf v.* 在本职工作中实现自我, *sich als Künstler v.* 作为艺术家发挥自己的全部才能 ‖ *hierzu*(派生) **Ver·wi̤rk·li·chung** *die*; *mst Sg*(多用单数)

ver·wi̤r·ren; *verwirrte*, *hat verwirrt*; [Vt] (及物) **1.** ***j-n v.*** bewirken, dass j-d nicht mehr klar denken kann 把…弄糊涂,使迷惘,使不知所措: *j-n mit zu vielen Informationen v.* 用太多的信息把某人弄糊涂; *j-m verwirrende Fragen stellen* 向某人提出种种令人不知所措的问题; *j-n verwirrt ansehen* 不知所措地注视某人, **2.** ***etw. v.*** Fäden *o.Ä.* in Unordnung bringen 弄乱,搞乱,使混乱〈Fäden, Haare, Garn v. 把线、头发、线团弄乱〉‖ *zu*(义项) **1. Ver·wi̤rrt·heit** *die*; *nur Sg*(只用单数)

Ver·wi̤r·rung *die*; -, *-en* **1.** e-e Situation, in der mehrere Menschen verwirrt u. aufgeregt sind 混乱,纷乱,混乱状态〈allgemeine V. 全面的混乱; irgendwo herrscht V. 某处一片混乱; j-d/etw. stiftet V., richtet V. an 某人/某物引起、制造混乱〉**2.** *nur Sg*(只用单数); der Zustand, in dem man verwirrt (1) ist 困惑,迷惘,不知所措: *j-n mit e-r Frage in V. bringen* 用一个问题使某人不知所措(晕头转向) **3.** ***geistige V.*** ≈ Geistesgestörtheit

ver·wi̤·schen; *verwischte*, *hat verwischt*; [Vt] (及物) **1.** ***etw. v.*** *bes* mit e-m Stück Stoff über etw. streichen u. es dadurch undeutlich werden lassen(通过擦拭)使模糊不清,使难以辨认: *mit dem Ärmel die Farbe*, *die Schrift v.* 用袖子把颜色,字迹擦得模糊了 **2.** ***Spuren v.*** etw. tun, damit Spuren nicht mehr zu sehen sind 抹去痕迹、踪迹; [Vr] (反身) **3.** ***etw. verwischt sich*** etw. wird undeutlich(物作主语)变得模糊了,看不见了,消失〈Eindrücke, Spuren, Konturen, Unterschiede 印象,踪迹,轮廓,差别〉

ver·wi̤t·tern; *verwitterte*, *ist verwittert*; [Vi] (不及物) ***etw. verwittert*** etw. ändert durch den Einfluss des Wetters seinen Zustand u. zerfällt allmählich(物作主语)受(风雨的)剥蚀,风化〈Bauten, Gestein, Mauern 建筑物,岩石,墙〉‖ *hierzu*(派生) **Ver·wi̤t·te·rung** *die*; *mst Sg*(多用单数)

ver·wi̤t·wet *Adj*(形); *nicht adv*(不作状语); in dem Zustand, Witwe od. Witwer zu sein 丧偶的,成为寡妇或鳏夫的 ‖ *hierzu*(派生) **Ver·wi̤t·we·te** *der/die*; *-n*, *-n*

ver·wöh·nen; *verwöhnte*, *hat verwöhnt*; [Vt] (及物) **1.** ***j-n v.*** j-s Wünsche öfter erfüllen, als es gut für seine Erziehung od. seinen Charakter ist 溺爱,娇宠,娇惯 ≈ verziehen

V

〈ein Kind v. 溺爱(娇惯)孩子〉: *Du bist egoistisch wie ein verwöhntes Kind!* 你就像一个被惯坏的孩子那样自私! **2. *j-n v.*** sehr nett zu j-m sein u. seine Wünsche erfüllen, damit er sich wohl fühlt 细心周到地满足…的一切愿望,使满足: *sich in e-m Luxushotel v. lassen* 在豪华旅馆享受无微不至的服侍; *j-n an seinem Geburtstag mit e-m gutem Essen v.* 在某人的生日那天用一顿好饭招待他 ‖ *hierzu*(派生) **Ver·wöh·nung** *die*; *nur Sg*(只用单数)

ver·wöhnt **1.** *Partizip Perfekt*(过去分词); ↑ **verwöhnen** **2.** *Adj*(形) ≈ anspruchsvoll 〈ein Gast 客人; ein Gaumen, ein Geschmack 胃口,口味〉 ‖ *hierzu*(派生) **Ver·wöhnt·heit** *die*; *nur Sg*(只用单数)

ver·wor·fen **1.** *Partizip Perfekt*(过去分词); ↑ **verwerfen** **2.** *Adj*(形); *nicht adv*(不作状语); moralisch schlecht 道德败坏的,堕落的 ≈ lasterhaft 〈ein Mensch 人〉

ver·wor·ren *Adj*(形); in e-m Zustand, der keine Ordnung, keine Übersichtlichkeit hat 混乱的,杂乱无章的,语无伦次的 ≈ unübersichtlich 〈e-e Lage 状况; Gedanken, Verhältnisse, Worte 思想,情况,话语〉 ‖ *hierzu*(派生) **Ver·wor·ren·heit** *die*; *nur Sg*(只用单数)

ver·wund·bar *Adj*(形); *nicht adv*(不作状语) ≈ verletzbar, verletzlich

ver·wun·den[1]; *verwundete, hat verwundet*; [*Vt*] (及物) ***j-n/sich/ein Tier v.*** j-n/sich/ein Tier (*bes* mit e-r Waffe) verletzen(尤指用武器)打伤,使受伤: *j-n am Kopf v.* 使某人头部受伤; *im Krieg verwundet werden* 在战争中受伤 ‖ *hierzu*(派生) **Ver·wun·de·te** *der/die*; *-n, -n*; **Ver·wun·dung** *die* ‖ NB(注意): ↑ **verletzen**

ver·wun·den[2] *Partizip Perfekt*(过去分词); ↑ **verwinden**

ver·wun·der·lich *Adj*(形); *nicht adv*(不作状语); so, dass man sich darüber wundert 令人吃惊的,令人惊奇的,令人惊讶的 ≈ seltsam, erstaunlich

ver·wun·dern; *verwunderte, hat verwundert*; [*Vt*] (及物) ***etw. verwundert j-n*** etw. bewirkt, dass sich j-d wundert(物作主语)使惊奇,使奇怪 ≈ etw. erstaunt j-n: *Die Nachricht verwunderte ihn* 消息使他感到惊奇; *Es verwundert mich nicht*, dass *er krank ist* 他生病并不使我感到奇怪

Ver·wun·de·rung *die*; -; *nur Sg*(只用单数); der Zustand, in dem man sich über j-n/etw. wundert 惊奇,惊讶 〈etw. mit V. feststellen 惊奇地查明某事; etw. geschieht zu j-s V. 某事发生令某人惊奇; j-n voller V. ansehen 十分惊讶地注视某人〉

Ver·wun·dung *die*; -, *-en* **1.** die Handlung, j-n/sich zu verwunden[1] 致伤,受伤 **2** ≈ Wunde, Verletzung: *e-e lebensgefährliche V. haben* 有一处致命伤

ver·wun·schen *Adj*(形); *nicht adv*(不作状语) ≈ verzaubert (1): *Der Frosch war ein verwunschener Prinz* 这只青蛙是一只中了魔法的王子; *ein verwunschenes Schloss* 一座用魔法变出来的宫殿

ver·wün·schen; *verwünschte, hat verwünscht*; [*Vt*] (及物) **1. *j-n/etw. v.*** ≈ verfluchen **2. *j-n/etw. v.*** ≈ verhexen, verzaubern ‖ *hierzu*(派生) **Ver·wün·schung** *die*

ver·wur·zelt *Adj*(形); *nicht adv*(不作状语) **1. *irgendwo v.*** irgendwo mit Wurzeln festgewachsen 生了根的,扎了根的: *Die Bäume sind fest in der Erde v.* 树木牢固地扎根于土壤中 **2. *in etw.*** (*Dat* 三格)/***irgendwo v.*** mit e-r festen, inneren Bindung an etw. 扎根于…之中,与…有牢固的联系 〈in der Familie, in der Heimat, in Traditionen v. sein 扎根于家庭、故乡、传统中〉

ver·wüs·ten; *verwüstete, hat verwüstet*; [*Vt*] (及物) ***j-d/etw. verwüstet etw.*** j-d/etw. zerstört irgendwo viel(人/物作主语)严重破坏,使荒芜,使成为废墟: *Das Erdbeben, der Krieg hat das Land verwüstet* 地震、战争使国家遭到严重破坏 ‖ *hierzu*(派生) **Ver·wüs·tung** *die*

ver·za·gen; *verzagte, hat verzagt*; [*Vi*] (不及物) den Mut verlieren 丧失勇气,沮丧,气馁 ‖ *hierzu*(派生) **Ver·zagt·heit** *die*; *nur Sg*(只用单数)

ver·zäh·len, sich; *verzählte sich, hat sich verzählt*; [*Vr*] (反身) ***sich v.*** beim Zählen e-n Fehler machen 数错,算错,计算错误

ver·zahnt *Adj*(形) **1. *mit etw. v.*** in e-m engen Zusammenhang mit etw. 与…紧密连接的 **2.** durch Zahnräder verbunden 齿啮合的,齿耦合的 ‖ *hierzu*(派生) **ver·zah·nen** (*hat*) *Vt*(及物); **Ver·zah·nung** *die*

ver·zau·bern; *verzauberte, hat verzaubert*; [*Vt*] (及物) **1.** 〈e-e Hexe *o. Ä.* 女妖等〉 ***verzaubert j-n/etw.*** (***in j-n/etw.***) e-e Hexe *o. Ä.* zaubert u. macht dadurch j-n/etw. zu j-d/etw. anderem 施用魔法使变成: *e-n Prinzen in e-n Frosch v.* 施用魔法把王子变成青蛙 **2. *j-d/etw. verzaubert j-n*** j-d/etw. ist so schön *o. Ä.*, dass j-d voller Bewunderung ist(人/物作主语)迷住,使着迷,使陶醉 ≈ j-d/etw. bezaubert j-n ‖ *hierzu*(派生) **Ver·zau·be·rung** *die*; *mst Sg*(多用单数)

Ver·zehr *der*; *-s*; *nur Sg*, *geschr*(只用单数)[书]; die Handlung des Essens 吃: *zum sofortigen V. bestimmt* 供立即食用的 ‖ K-(复合): ***Verzehr-, -bon, -gutschein***

ver·zeh·ren; *verzehrte, hat verzehrt*; [*Vt*] (及物) **1. *etw. v.*** etw. essen (u. dazu etw. trinken)吃,吃掉,吃喝 **2. *etw. verzehrt j-n/etw.*** etw. nimmt j-m allmählich die Kraft (物作主语)消耗,耗尽 〈die Leidenschaft, der Kummer, e-e Krankheit verzehrt j-n/j-s Kräfte 激情、忧伤、疾病消耗某人的精力〉 **3. *das Feuer verzehrt/die Flammen verzehren etw.*** *geschr* [书]; ein Feuer zerstört, vernichtet etw. 火灾(烈火)吞噬着某物; [*Vr*] (反身) ***sich vor etw.*** (*Dat* 三格) ***v.*** ein so starkes Gefühl haben, dass man darunter leidet(因…而)备受折磨,深感苦恼,心力交瘁,受煎熬 〈sich vor Liebe, Sehnsucht v. 由于爱情、思念而感到痛苦〉

V

ver·zeich·nen; *verzeichnete*, *hat verzeichnet*; [Vt] (及物) **1.** ***j-n/etw. irgendwo v.*** j-n/etw. in e-e Liste *o. Ä.* schreiben 记录,记下,写下,把…登记下来: *In diesem Buch sind alle bisherigen Nobelpreisträger verzeichnet* 在这本书中所有以前的诺贝尔奖获得者都被记录下来了 ‖ NB(注意): *mst* im Zustandspassiv (多用状态被动句)! **2.** ***etw. v.*** ≈ feststellen: *Wir konnten e-e Umsatzsteigerung v.* 我们能够实现销售额的增长; *Es waren keine Fortschritte zu v.* 没有取得任何进步

Ver·zeich·nis *das*; *-ses*, *-se*; e-e Liste mit den Namen von Personen od. Dingen 名单,目录,索引,表,表格 ⟨ein alphabetisches, chronologisches, amtliches V. 字母表,年表,职务名单; ein V. aufstellen, anfertigen, anlegen 列出、制作、编制一个名单(目录); j-n/etw. in ein V. aufnehmen/eintragen, in e-m V. aufführen 把某人/某事列人名单/目录,在名单/目录中列举某人/某事⟩ ‖ -K (复合): ***Adressen-***, ***Hotel-***, ***Literatur-***, ***Orts-***, ***Straßen-***, ***Teilnehmer-***, ***Vorlesungs-***

ver·zei·hen; *verzieh*, *hat verziehen*; [Vt/i] (及物/不及物) **(*j-m*) (*etw.*) *v.*** ≈ j-m (etw.) vergeben (1): *j-m e-e Beleidigung v.* 原谅某人的无礼(侮辱); *Ich werde ihm nie v.*, dass *er mich mit e-r anderen Frau betrogen hat* 他和另一个女人欺骗了我,我将永远不会原谅他这一点; *Man muss auch mal v. können!* 人也必须会宽恕别人! ‖ ID [谚] ***Verzeihen Sie bitte*** ⟨die Störung *o. Ä.* 打扰⟩*!* verwendet als höfliche Floskel, wenn man j-n stören muss, um etw. zu fragen *o. Ä.* 请原谅(打扰您了)!; ***Verzeihen Sie bitte*** **a)** verwendet, um j-n höflich anzusprechen u. e-e Frage einzuleiten(在询问别人前打招呼的客气用语)劳驾 ≈ Entschuldigen Sie bitte: *Verzeihen Sie bitte: Können Sie mir sagen, wie ich am besten zum Bahnhof komme?* 劳驾,您能否告诉我去火车站最好怎么走?; **b)** verwendet, um j-n zu bitten, zur Seite zu gehen od. aufzustehen, damit man vorbeigehen kann(请别人让路时使用)劳驾 ‖ NB(注意): ↑ ***entschuldigen***

ver·zeih·lich *Adj* (形); *nicht adv* (不作状语); so, dass man j-m dafür verzeihen kann 可原谅的,可宽恕的,情有可原的 ≈ entschuldbar ⟨ein Fehler, ein Irrtum 错误,误会⟩

Ver·zei·hung *die*; -; *nur Sg* (只用单数) **1.** die Handlung, mit der man j-m etw. verzeiht 原谅,宽恕 ≈ Entschuldigung, Vergebung ⟨j-n um V. für etw. bitten 为某事请某人原谅⟩ **2.** ***V.!*** verwendet, um auszudrücken, dass es einem leidtut, dass man j-n aus Versehen gestört, gestoßen *o. Ä.* hat(表示致歉)请原谅! ≈ Entschuldigung! **3.** ***V.?*** verwendet, wenn man etw. nicht verstanden hat, um den Gesprächspartner zu bitten, etw. noch einmal zu sagen(请求对方再说一遍)请原谅,什么? ≈ wie bitte?

ver·zer·ren; *verzerrte*, *hat verzerrt*; [Vt/i] (及物/不及物) **1.** ***etw. verzerrt*** (***etw.***) etw. gibt die Form od. den Klang von etw. falsch wieder(物作主语)使失真,使走样: *Der Lautsprecher verzerrte ihre Stimme* 扩音器使她的声音失真了; *Der Spiegel ist gebogen u. verzerrt* 镜子镜面弯曲,使形象失真 **2.** (***etw.***) ***v.*** etw. subjektiv darstellen, sodass es nicht so erscheint, wie es wirklich ist 歪曲,曲解 ≈ entstellen: *ein verzerrter Bericht* 失实的报道,歪曲的报道 ‖ NB(注意): *mst* im Zustandspassiv (多用于状态被动句)!; [Vt] (及物) **3.** ***sich*** (*Dat* 三格) ***etw. v.*** ≈ sich etw. zerren ⟨sich e-n Muskel, e-e Sehne v. 扭伤肌肉、筋(肌腱)⟩ **4.** *mst* 多用 ⟨j-s Gesicht 某人的脸⟩ ***ist verzerrt*** die Muskeln in j-s Gesicht sind so angespannt, dass er anders aussieht als normal 变歪,变形,变得难看,变样: *ein vom Schmerz verzerrtes Gesicht* 因疼痛而歪扭着的脸,痛得变了样的脸 ‖ NB(注意): *mst* im Zustandspassiv (多用于状态被动句)! ‖ -K(复合): ***schmerz-***, ***wut-***, ***-verzerrt***; [Vr] (反身) **5.** *mst* 多用 ⟨j-s Gesicht 某人的脸⟩ ***verzerrt sich*** ≈ j-s Gesicht ist verzerrt (4): *Sein Gesicht verzerrte sich vor Angst, Schmerz, Wut* 他的脸因为害怕、疼痛、发怒而变了样,他怕得,痛得,气得脸都走了样 ‖ *hierzu* (派生) **Ver·zer·rung** *die*

ver·zet·teln, sich; *verzettelte sich*, *hat sich verzettelt*; [Vr] (反身) ***sich v.*** zu viele Dinge gleichzeitig tun u. deshalb keines davon richtig tun können(因同时要做许多事而)分散精力,耗费精力

Ver·zicht *der*; *-(e)s*; *nur Sg* (只用单数); ***der V.*** (***auf j-n/etw.***) das Verzichten 放弃,弃权 ⟨V. leisten 放弃,弃权; seinen V. erklären 声明放弃,宣布弃权⟩ ‖ K-(复合): ***Verzicht(s)-***, ***-erklärung***

ver·zich·ten; *verzichtete*, *hat verzichtet*; [Vi] (不及物) (***auf j-n/etw.***) ***v.*** freiwillig ohne j-s Hilfe, Anwesenheit *o. Ä.* bleiben bzw. etw. freiwillig nicht (mehr) benutzen, nehmen, tun *o. Ä.* 放弃,对…弃权: *zugunsten anderer auf e-n Anspruch v.* 放弃要求,让给别人; *auf e-e Antwort v.* 放弃回答; *Weil das Wasser knapp wurde, musste sie auf ein Bad v.* 因为水少,她只好不洗澡了; *Aus Geldmangel darauf v. müssen, in Urlaub zu fahren* 由于缺钱不得不放弃外出休假

ver·zie·hen[1]; *verzog*, *hat verzogen*; [Vt] (及物) **1.** ***etw. v.*** die Muskeln im Gesicht so anspannen, dass man anders aussieht als normal 扭歪,使变形,使走样 ⟨das Gesicht zu e-r Grimasse, Fratze v. 做鬼脸,装出怪模样; keine Miene v. (= den Gesichtsausdruck nicht ändern) 不动声色,脸不变色⟩: *den Mund zu e-m Grinsen v.* 撇嘴冷笑; *sich Beleidigungen anhören, ohne e-e Miene zu v.* 面不改色地耐心听侮辱人的话; [Vr] (反身) **2.** ***etw. verzieht sich*** (***zu etw.***) etw. bekommt durch Anspannen der Muskeln e-e Form, die anders aussieht als normal(物作主语)变形,走样,歪扭 ⟨j-s Gesicht, j-s Miene, j-s Mund 某人的脸,某人的表情,某人的嘴⟩: *Seine Miene verzog sich zu e-m spöttischen Grinsen* 他的面孔变成一幅调侃人的怪模样; *Ihr Mund verzog sich vor Schmerz* 她

V

的嘴因为疼痛而歪扭了 **3. *etw. verzieht sich*** *gespr* [口]; etw. bewegt sich an e-n anderen Ort(物作主语)散开,移开〈ein Gewitter, der Nebel, der Rauch, die Wolken 雷雨,雾,烟,云〉 **4. *sich* (*irgendwohin*) *v.*** *gespr* [口] ≈ weggehen, verschwinden: *sich in sein Zimmer v.* (溜)进自己房间里去了

ver·zie·hen²; *verzog, hat verzogen*; [Vt] (及物)〈ein Kind 孩子〉 ***v.*** *pej* [贬]; e-m Kind zu viele Wünsche erfüllen u. es dadurch egoistisch werden lassen 娇惯,惯坏,宠坏,纵容(孩子) ≈ verwöhnen

ver·zie·hen³ *Partizip Perfekt* (过去分词); ↑ ***verzeihen***

ver·zie·ren; *verzierte, hat verziert*; [Vt] (及物) ***etw. (mit etw.) v.*** etw. durch Ornamente *o. Ä.* schöner machen 装饰,装点,点缀〈e-e Torte v. 装点大蛋糕〉: *e-e mit Ornamenten verzierte Bibel* 一本用花纹装饰的圣经

Ver·zie·rung *die*; -, *-en*; etw., mit dem etw. verziert ist 装饰品,点缀 ≈ Ornament, Schmuck: *Verzierungen anbringen* 安上装饰品

ver·zin·sen; *verzinste, hat verzinst*; [Vt] (及物) **1.** *mst* 多用〈die Bank 银行〉 ***verzinst etw.*** die Bank zahlt Zinsen für etw. 付…的利息,给…付利息: *Die Bank verzinst Sparguthaben mit 3%* 银行给储蓄存款付 3% 的利息; [Vr] (反身) **2. *etw. verzinst sich*** etw. bringt j-m Zinsen (物作主语)生利,生息 ‖ *hierzu* (派生) **Ver·zin·sung** *die*; *mst Sg* (多用单数) ‖ *zu* (义项) **2. ver·zins·lich** *Adj* (形)

ver·zo·gen **1.** *Partizip Perfekt* (过去分词); ↑ ***verziehen¹, verziehen²*** **2.** *Adj* (形); *nicht adv* (不作状语); (***irgendwohin***) ***v.*** ≈ umgezogen¹: *in e-e andere Stadt v. sein* 迁居到另一个城市; *Empfänger unbekannt v. – zurück an Absender* 收件人不知迁居何处——退回寄件人

ver·zö·gern; *verzögerte, hat verzögert*; [Vt] (及物) **1. *etw. v.*** bewirken, dass etw. später geschieht als es geplant ist od. erwartet wird 使推迟,拖延,使延期,使延缓 ≈ hinauszögern: *Technische Schwierigkeiten verzögerten den Start der Rakete* 技术上的困难使火箭的发射推迟了 **2. *etw. v.*** bewirken, dass etw. langsamer abläuft, als es geplant ist od. erwartet wird 使放慢,使减速: *Verständigungsschwierigkeiten verzögerten die Verhandlungen* 因达成谅解有困难,故谈判放慢了; [Vr] (反身) **3. *etw. verzögert sich*** etw. geschieht später od. dauert länger als geplant(物作主语)推迟,拖延,延迟: *Die Ankunft des Zuges wird sich voraussichtlich um 10 Minuten v.* 火车到达时间预计将推迟 10 分钟 ‖ *hierzu* (派生) **Ver·zö·ge·rung** *die*

ver·zol·len; *verzollte, hat verzollt*; [Vt] (及物) ***etw. v.*** Zoll für etw. bezahlen 为…纳税,交税,缴税: *Haben Sie etw. zu v.?* 您是否有某物要交税?

ver·zückt *Adj* (形); voller Begeisterung 狂喜的,陶醉的,出神的,入迷的 ≈ entzückt〈ein Lächeln 微笑; v. lauschen, zuhören 出神地倾听,听得人迷〉 ‖ *hierzu* (派生) **Ver·zü·ckung** *die*; *mst Sg* (多用单数)

Ver·zug *der*; *-(e)s*; *nur Sg* (只用单数); *mst in* 多用于 **1.** (***mit etw.***) ***in V. geraten/kommen*** etw. nicht rechtzeitig tun, bezahlen (können) *o. Ä.* 延误,拖延,拖欠(付款) **2.** (***mit etw.***) ***im V. sein*** etw. noch nicht getan, bezahlt *o. Ä.* haben 拖延(付款): *mit seinen Schulden, den Steuern, mit der Bezahlung im V. sein* 拖延还债、纳税、付款 ‖ K-(复合): ***Verzugs-, -zinsen*** ‖ -K(复合): ***Lieferungs-, Zahlungs-*** ‖ ▶ ***unverzüglich***

ver·zwei·feln; *verzweifelte, ist verzweifelt*; [Vi] (不及物) (***an j-m/etw.***) ***v.*** die Hoffnung völlig verlieren, dass j-d/etw. besser wird 绝望,丧失信心,不抱希望〈an den Menschen, am Leben v. 对人们、对生活不抱希望〉: *Sie war ganz verzweifelt, weil sie ihre Schulden nicht bezahlen konnte* 她完全绝望了,因为她不能偿还自己的债款; *Ich bin am Verzweifeln!* 我快绝望了!

ver·zwei·felt **1.** *Partizip Perfekt* (过去分词); ↑ ***verzweifeln*** **2.** *Adj* (形);〈ein Kampf, e-e Tat 斗争,行为〉so, dass sich der Betreffende um e-e Gefahr nicht kümmert, weil er keine Hoffnung mehr hat 拼命的,冒险的,不顾死活的,铤而走险的 **3.** *Adj* (形); *nicht adv* (不作状语) ≈ aussichtslos, hoffnungslos〈e-e Lage, e-e Situation 境地,处境〉

Ver·zweif·lung *die*; -; *nur Sg* (只用单数); der Zustand, in dem j-d keine Hoffnung mehr hat 绝望,悲观失望,毫无办法的困境〈von V. gepackt werden 被绝望攫住,感到绝望; j-d/etw. bringt/treibt j-n zur V. 某人/某事使/令某人感到绝望〉: *sich aus/vor V. das Leben nehmen* 由于绝望而自杀 ‖ K-(复合): ***Verzweiflungs-, -tat***

ver·zwei·gen, sich; *verzweigte sich, hat sich verzweigt*; [Vr] (反身) ***etw. verzweigt sich*** etw. teilt sich in mehrere Zweige od. Richtungen(物作主语)分支,分岔,分流: *An dieser Stelle verzweigen sich die Rohre* 在这个地方管道就分岔了

ver·zwickt *Adj* (形); *nicht adv, gespr* (不作状语)[口] ≈ kompliziert〈e-e Angelegenheit, e-e Situation 事情,处境〉

Ves·per [f-] *die*; -, *-n* **1.** ein (katholischer) Gottesdienst *mst* am Abend(天主教的)晚祷 ‖ K-(复合): ***Vesper-, -glocke, -läuten*** **2.** e-e kleine Mahlzeit 午后点心 ‖ K-(复合): ***Vesper-, -brot, -zeit***

Ves·ti·bül [v-] *das*; *-s, -e*; *geschr* [书]; ein großer Vorraum *bes* im Theater, im Hotel (尤指剧院,旅馆的)宽敞的门厅,前厅

Ve·te·ran [v-] *der*; *-en, -en* **1.** j-d, der lange Zeit Soldat war od. der in e-m Krieg gekämpft hat 老兵,有经验的士兵: *ein Veteranen des Vietnamkrieges* 一个参加过越南战争的老兵 ‖ -K(复合): ***Kriegs-*** **2.** *oft hum* 常用[诙]; j-d, der lange Zeit Mitglied in e-r Organisation war 老会员,老前辈 ‖ NB(注意): *der Veteran; den, dem, des Veteranen*

Ve·te·ri·när [v-] *der*; *-s*, *-e*; *geschr* [书] ≈ Tierarzt ‖ K-(复合): ***Veterinär-***, ***-medizin*** ‖ *hierzu*(派生) **Ve·te·ri·nä·rin** [v-] *die*; *-*, *-nen*; **ve·te·ri·när** *Adj*(形)

Ve·to [v-] *das*; *-s*, *-s*; ***ein V.*** (***gegen etw.***) der offizielle Einspruch e-s Mitglieds e-r Organisation gegen e-e Entscheidung, durch den die Durchführung des Beschlusses verhindert od. verzögert wird 否决〈ein/sein V. einlegen 提出否决〉‖ K-(复合): ***Veto-***, ***-recht***

Vet·ter [ˈfɛtɐ] *der*; *-s*, *-n* ≈ Cousin

Vet·tern·wirt·schaft *die*; *nur Sg*, *pej* (只用单数)[贬]; das Bevorzugen von Verwandten u. Freunden, wenn Posten od. Vorteile vergeben werden 裙带关系,徇私情,任人唯亲

vgl. *Abk für* 缩写,全称为 vergleiche 试比较,参看

VHS [faʊha ˈɛs] *die*; *-*, *-*; *Abk* 缩写; ↑ ***Volkshochschule***

via [v-] *Präp* (介); *mit Akk*(支配四格), *veraltend od geschr* [渐旧]或[书] ≈ über¹(9): *ein Flug von Paris nach New York via London* 从巴黎经伦敦飞往纽约的航班

Vi·a·dukt [v-] *der/das*; *-(e)s*, *-e*; e-e Brücke (*bes* für Züge) mit mehreren Bogen, die über ein tiefes Tal führt 谷桥,岩桥,高架桥

vib·rie·ren [v-]; *vibrierte*, *hat vibriert*; [*Vi*] (不及物) **1.** ***etw. vibriert*** etw. schwingt mit kleinen (hörbaren) Bewegungen(物作主语)颤动,抖动: *e-e vibrierende Saite* 颤动的弦; *Der Fußboden vibrierte, als der Zug vorbeifuhr* 当火车开过去的时候,地板颤动了 **2.** ***e-e Stimme vibriert*** e-e Stimme zittert 声音颤动,声音发颤 ‖ *hierzu*(派生) **Vib·ra·ti·on** *die*; *-*, *-en*; *zu*(义项) **1.** **Vib·ra·tor** *der*; *-s*, *Vib·ra·to·ren*

Vi·deo [v-] *das*; *-s*, *-s* **1.** *mst ohne Artikel*(多不用冠词); ein System, mit dem man e-n Film auf ein (Magnet)Band aufnimmt. Das Band wird auf e-m Gerät (Videorecorder) abgespielt, das am Fernsehgerät angeschlossen ist 录像,视频〈etw. auf/mit V. aufnehmen 对某物进行(电视)录像〉‖ K-(复合): ***Video-***, ***-aufnahme***, ***-band***, ***-film***, ***-gerät***, ***-kamera***, ***-kassette***, ***-recorder***, ***-spiel***, ***-technik***, ***-überwachung*** **2.** *gespr* [口]; ein (Magnet) Band, auf das man etw. aufnehmen kann 录像磁带,录像带〈ein leeres, volles, (un)bespieltes V. 空白的、录满的、已录像(未录像)的录像带; ein V. aufnehmen, abspielen, löschen 录(拍摄)、放、抹掉(洗掉)录像带〉**3.** *gespr* [口]; ein Film *o. Ä.*, der mithilfe von V. (1) aufgenommen wurde 录像影片,录像片

Vi·deo·clip [v-] *der*; ein kurzer Videofilm, *bes* zu e-m Lied der Popmusik 短的录像片

Vi·deo·thek [v-] *die*; *-*, *-en*; ein Geschäft, in dem man Filme ausleihen kann, die auf Videobänder aufgenommen sind 录像片出租店

Vieh [fiː] *das*; *-(e)s*; *nur Sg* (只用单数) **1.** *Kollekt*(集合); alle (Nutz)Tiere, die in der Landwirtschaft gehalten werden 家畜,牲畜,牲口,家畜和家禽的总称: *zehn Stück V.* 十头家畜 ‖ K-(复合): ***Vieh-***, ***-bestand***, ***-futter***, ***-halter***, ***-haltung***, ***-handel***, ***-händler***, ***-markt***, ***-stall***, ***-tränke***, ***-zucht***, ***-züchter*** ‖ -K(复合): ***Feder-***, ***Klein-***; ***Jung-***, ***Mast-***, ***Milch-***, ***Schlacht-***, ***Zucht-*** **2.** ***das V.*** *Kollekt*(集合); die Rinder 牛: *das V. auf die Weide treiben* 把牛赶到牧场上去 ‖ K-(复合): ***Vieh-***, ***-herde***, ***-weide*** **3.** *gespr*, *oft pej* [口]常用[贬] ≈ Tier, Insekt ‖ NB(注意): *zu*(义项) **3**: In der gesprochenen Sprache verwendet man oft *Viecher* als Pluralform(在口语中人们常把 Viecher 用作复数形式) ‖ ID [谚] *mst in* 多用于 ***j-n wie ein Stück V. behandeln*** j-n schlecht u. rücksichtslos behandeln 像对待一头牲畜一样对待某人

Vieh·zeug *das*; *Kollekt*(集合); *gespr pej* [口][贬]; Tiere, die man lästig findet (*bes* Fliegen u. Mücken) 害虫(尤指苍蝇和蚊子)

viel¹ [f-], *mehr*, *meist-*; *Indefinitpronomen* (不定代词) **1.** ***v.*** + *nicht zählbares Subst im Sg*(不可数名词单数); e-e relativ große Menge 许多,很多(量) ↔ wenig: *das viele Geld* 许多钱; *Er trinkt v. Bier* 他喝了很多啤酒; *Das nimmt v. Zeit in Anspruch* 这要花很多时间; *Das kostet zu viel* (*Geld*) 这价钱太贵了 ‖ NB(注意): *zu* ***so viel*** ↑ ***so¹*** (14), *zu* ***zu viel*** ↑ ***zu²*** **2.** ***v.*** + *Subst im Pl*(复数名词); e-e relativ große Zahl 许多,很多(数) ↔ wenig: *Er hat viel(e) Freunde, Schulden* 他有许多朋友,他欠了许多债; *Sie freute sich über die vielen Geschenke* 她为许多礼物而高兴; *Heinz u. Rudi haben gleich viele Fehler im Diktat* 海因茨和鲁迪在听写中出了同样多的错误; *viele Millionen Menschen* 好几百万人,千百万人 ‖ NB(注意): *viel* wird auch wie ein Substantiv verwendet(viel 也可以像名词一样使用): *Ich kenne viele* (= viele Leute), *die Schulden haben* 我知道许多人都欠债 **3.** ***ein bisschen v.*** *gespr* [口]; ein bisschen zu viel 太多了一点: *Verlangst du nicht ein bisschen v. von ihr?* 你对她是否要求得太多了一点? **4.** verwendet bei formelhaften höflichen Redewendungen(用于一些礼节性的客套话): *V. Glück!* 祝你幸福!; *V. Spaß!* 祝你愉快!; *Vielen Dank!* 非常感谢!

viel² [f-] *Adv*(副); *gespr* [口] **1.** ≈ oft, häufig ↔ selten, wenig: *v. ins Theater gehen* 常去看戏; *v. in Urlaub fahren* 常去休假; *v. krank sein* 时常生病 **2.** von e-r großen Zahl von Menschen, Tieren *o. Ä.* 大量的人,动物等…: *Die Ausstellung wurde v. besucht* 参观展览会的人很多; *Die Straße wird v. befahren* 街道上行驶的车辆很多; *Dieser Autor wird v. gelesen* 这位作者读者众多 **3.** ***v.*** + *Komparativ*(比较级) (+ ***als***) verwendet, um e-n großen Unterschied auszudrücken(用来表示差别大) ≈ wesentlich: *Er ist v. fleißiger als du* 他比你勤奋得多; *Es geht ihr jetzt wieder v. besser* 她的情况现在又好多了 **4.** in großem Maße 在很大程度上,很: *Sie sorgt sich v. um ihre Zukunft* 她很关心自己的未来; *Das ist bei uns nicht v. anders* 这在我们那里也差不多(没很大不同);

V

Hier ist es v. zu kalt 这里确实太冷了 *ein v. geliebtes Kuscheltier* 一个很受欢迎的毛绒玩具动物；*Sie ist eine v. beschäftigte Frau* 她是位很繁忙的女性 ‖ K-(复合)：**viel-, -beschäftigt** **5.** (in Verbindung mit Adjektiven, die die Form des Partizip Perfekts e-s Verbs haben (与具有动词过去分词形式的形容词连用)) viele Male od. von vielen Leuten in diesen Zustand gebracht 经常受到…的：**viel befahren** 〈e-e Straße 街道〉，**viel begehrt** 〈e-e Auszeichnung 嘉奖〉，**viel benutzt / gebraucht** 〈e-e Redewendung, e-e Methode, ein Handtuch 惯用语，方法，手巾〉，**viel besucht** 〈e-e Ausstellung 展览〉，**viel bewundert** 〈e-e Errungenschaft 成就〉，**viel diskutiert / erörtert** 〈ein Thema 课题〉，**viel gelesen / zitiert** 〈ein Autor, ein Buch 作者，书〉，**viel gepriesen / gerühmt** 〈j-ds Gerechtigkeit, Kreativität *usw* 某人的公平，创造力〉，**viel geschmäht** 〈die Trivialliteratur, die DDR *usw* 通俗文学，民主德国〉 ‖ NB(注意) *zu* (义项)**5.**：die genannten Adjektive können auch mit viel zusammengeschrieben werden (上述形容词也可与 viel 连写)：*eine vielbefahrene Straße* 一条车辆经常行驶的道路 ‖ NB(注意)：↑ **vielsagend, vielversprechend**

viel³ [f-] *Partikel* (小品词)；*unbetont, gespr* (非重读) [口]；verwendet, um e-e rhetorische Frage zu verstärken (用来加强反诘问句的语气) ≈ groß (20)：*Was soll ich noch v. erzählen, gleich wirst du es selbst erleben* 我还要谈什么呢(=我没什么要谈的了)，马上你就会亲身经历到的；*Was gibt es da noch v. zu fragen? Tu lieber, was ich sage!* 这里还有什么(=没什么)可问的呢？最好照我说的干吧！

viel·deu·tig *Adj* (形)；so, dass mehrere Interpretationen möglich sind 多义的，有多种含义的，可作多种解释的 ↔ eindeutig 〈e-e Bemerkung, ein Begriff 看法，概念〉 ‖ *hierzu* (派生) **Viel·deu·tig·keit** *die*；*nur Sg* (只用单数)

vie·le ↑ **viel¹**

Viel·eck *das*；-(*e*)*s*, -*e*；e-e geometrische Figur mit vielen Ecken 多角形，多边形 ≈ Polygon ‖ *hierzu* (派生) **viel·eckig** *Adj* (形)

vie·len·orts *Adv* (副)；an vielen Orten 在许多地方，各处，到处

vie·ler·lei *Indefinitpronomen* (不定代词)；*indeklinabel* (词形不变) **1.** *nur attr* (只作定语)；von vielen verschiedenen Arten 多种多样的，各式各样的，各种的：*Es gibt v. Arten von Vögeln* 鸟有许多不同的种类；*Ich kenne v. Menschen* 我认识各式各样的人 **2.** viele verschiedene (einzelne) Dinge 各种各样的事物：*v. wissen* 知道各种各样的事物 ‖ NB(注意) *zu* (义项)**2.**：wie ein Subst. verwendet (用法同名词)

vie·ler·orts *Adv* (副)；↑ **vielenorts**

viel·fach *Adj* (形)；*nur attr od adv, ohne Steigerung* (只作定语或状语，无变级)；drückt aus, dass etw. sich viele Male wiederholt od. dass etw. in gleicher Form sehr oft vorhanden ist 多次的，再三的，反复出现的，多种多样的：*ein vielfacher Preisträger* 多次奖金获得者，多次获奖者；*ein v. ausgezeichneter Film* — 部多方面都优秀的影片；*e-e Sendung auf vielfachen Wunsch wiederholen* 因一再要求而再次播放；*ein vielfacher Millionär* (= mit vielen Millionen 有几百万家财的富翁(大富翁)

Viel·fa·che *das*；-*n*, -*n* **1.** e-e Zahl, die e-e kleinere Zahl mehrere Male enthält 倍数：*4 × 6 = 24 – also ist 24 ein Vielfaches von 6.* 4×6=24，因此，24 是 6 的倍数 **2. um ein Vielfaches** + *Komparativ* (比较级) ≈ viel + Komparativ：*um ein Vielfaches größer, älter, schwerer usw sein als ...* 比…高(大)很多、年长很多、难得多 ‖ NB(注意)：*ein Vielfaches, das Vielfache; dem, des Vielfachen*

Viel·falt *die*；-；*nur Sg* (只用单数)；die Fülle von vielen verschiedenen Dingen, Arten, Sorten *usw* 多样性，多样化，繁多，纷繁，多种多样：*die V. der Blumen* 多种多样的花；*ein Bild mit e-r V. an / von Farben* 一幅色彩缤纷的画 ‖ *hierzu* (派生) **viel·fäl·tig** *Adj* (形)；**Viel·fäl·tig·keit** *die*；*nur Sg* (只用单数)

viel·far·big *Adj* (形)；mit vielen Farben 多色的，杂色的，五彩缤纷的：*vielfarbige Blumen* 色彩斑斓的花

Viel·fraß *der*；-*es*, -*e* **1.** *pej* [贬]；j-d, der zu viel isst 大肚汉，馋鬼 **2.** ein großer Marder, der in kalten Ländern lebt 狼獾

viel·leicht¹ [fiˈlaiçt] *Adv* (副) **1.** verwendet, um auszudrücken, dass etw. möglich ist 也许，可能，或许 ≈ möglicherweise, eventuell：*V. regnet es morgen* 也许明天要下雨；*Er hat v. recht* 他或许是对的 **2.** ≈ ungefähr, etwa¹ (1)：*Der Baum ist v. zwölf Meter hoch* 树高约 12 米；*Ich habe v. noch zehn Euro übrig* 我还剩下大约 10 欧元

viel·leicht² [fiˈlaiçt] *Partikel* (小品词)；*unbetont* (非重读) **1.** *gespr* [口]；verwendet in rhetorischen Fragen, um auszudrücken, dass man e-e negative Antwort erwartet (在反诘问句中表示期待否定回答) 莫非(不成)，难道，别是 ≈ etwa² (1)：*Gefällt dir ihre schreckliche Frisur v.?* 你莫不是喜欢她那难看的发式？；*Glaubst du v., ich habe Angst vor dir?* 你难道以为我怕你？**2.** verwendet in der Form e-r Frage, um e-e höfliche Bitte auszudrücken (在疑问句中表示有礼貌的请求) 请，烦劳 ≈ bitte：*Können Sie mir v. sagen, wie spät es ist?* 请您能否告诉我，现在几点钟了？；*Wären Sie v. so nett, mir zu helfen?* 能劳您驾，给我帮个忙吗？**3.** verwendet in Fragen od. Feststellungen, um auszudrücken, dass man keine Geduld mehr hat (在问话或论断中表示不耐烦)：*Würdest du v. endlich mal still sein?* 你到底能不能安静一会儿？；*V. ist jetzt bald Schluss!* 现在终该快结束了吧！**4.** *gespr* [口]；verwendet in Ausrufesätzen, um die Aussage zu intensivieren (在感叹句中表示加强语气) 可是，的确 ≈ aber³ (1)：*Das ist v. kalt hier!* 这里可是冷啊！；*Gestern war v. ein (hektischer) Tag!* 昨天可是忙了一天！；*Der hat v. (dumm) geschaut!* 他可是(傻乎乎地)看见了的！

viel·mals *Adv* (副)；verwendet, um höfliche

V

Grüße, Entschuldigungen *o.Ä.* zu verstärken(用来加强礼节性问候,抱歉等话语): *Ich danke Ihnen v.* 我十分感谢您; *Entschuldigen Sie bitte v.!* 请您多多原谅!

viel·mehr, viel·mehr *Adv*(副); verwendet nach e-r verneinten Aussage, um diese zu korrigieren od. um e-n Gegensatz auszudrücken 宁可说,毋宁说,更确切地说,不如说,其实,相反,更 ≈ im Gegenteil: *Sie ist nicht nur fleißig, sie hat v. auch eigene Ideen* 她不仅勤奋,她更有自己的思想

viel·sa·gend, viel sa·gend *Adj*(形); so, dass etw. ohne Worte deutlich ausgedrückt wird 意味深长的,含义很多的 ⟨ein Blick, e-e Geste 目光,手势; v. lächeln, schweigen 意味深长地微笑,沉默⟩

viel·schich·tig *Adj*(形); mit vielen verschiedenen Aspekten 多层次的,复杂的,多方面的 ≈ komplex ⟨ein Problem 问题⟩ ‖ *hierzu*(派生) **Viel·schich·tig·keit** *die*; *nur Sg*(只用单数)

viel·sei·tig *Adj*(形) **1.** in Bezug auf viele verschiedene Dinge 多方面的,多样的 ⟨Anregungen, Erfahrungen, Interessen 倡议,经验,兴趣; ein Angebot, e-e Auswahl 建议,选择; v. interessiert sein 有多方面的兴趣⟩ **2.** fähig od. geeignet, viele verschiedene Dinge zu tun od. viele Aufgaben zu erfüllen 有多方面才能的,有多种功能的,博学多才的,多才多艺的 ⟨e-e Begabung, ein Mensch 才能,人; j-d ist v. begabt 某人具有多种才能,多才多艺, etw. ist v. verwendbar 某物具有多种用途⟩: *Dieses Gerät können sie v. verwenden* 他们可以把这种仪器用于多种用途 ‖ *hierzu*(派生) **Viel·sei·tig·keit** *die*; *nur Sg*(只用单数)

viel·ver·spre·chend, viel ver·spre·chend *Adj*(形); so, dass man etw. sehr Gutes, Positives erwarten kann 大有希望的,有指望的,有前途的 ↔ enttäuschend: *ein vielversprendes Zeichen* 大有希望的征兆; *Der Tag fing mit schönem Wetter u. e-m guten Frühstück sehr v. an* 这一天一早天气晴朗,早餐可口,是一个大有希望的开端

Viel·völ·ker|staat *der*; ein Staat, in dem viele Völker (mit verschiedenen Sprachen u. Sitten) leben 多民族的国家: *Die Sowjetunion war ein V.* 苏联曾经是个多民族的国家

Viel·wei·be·rei *die*; -; *nur Sg*, *oft pej*(只用单数)常用[贬] ≈ Polygamie

Viel·zahl *die*; *nur Sg*(只用单数); e-e große Zahl verschiedener Dinge/Personen 大量(的物/人): *e-e V. von Büchern/ungelöster Probleme haben* 有大量书籍/未解决的问题

vier [fiːɐ̯] *Zahladj*(数形) **1.** (als Ziffer) 4. 四,肆; ↑ **Anhang** (5)见附录(五): *zwei plus/u. zwei ist/macht/gibt v.* (2+2=4)二加二等于四 **2. um v.** *gespr* [口]; um 4 od. um 16 Uhr 在4点钟或16点(钟): *Wir treffen uns heute um v.* 今天我们四点会面 **3. v. (Jahre alt) sein** 4 Lebensjahre haben 四岁: *Mein kleiner Bruder ist erst v.* 我弟弟才四岁 **4.** SPORT【体】; verwendet, um die Zahl der Punkte od. Tore anzugeben(表示得分)四分: *den Gegner mit v. zu zwei* (4:2) *schlagen* 以四比二的比分打败对手; *Das Spiel endet v. zu v.* (4:4) *unentschieden* 比赛以四比四打成平局(不分胜负) ‖ ID [谚] ***alle viere von sich strecken*** *gespr* [口]; sich ausruhen 伸开四肢,躺下睡觉,休息; ***auf allen vieren*** ⟨gehen/krabbeln/kriechen 走路/爬行⟩ sich (wie ein kleines Kind) auf Händen u. Füßen bewegen 用四肢

Vier [fiːɐ̯] *die*; -, *-en* **1.** die Zahl 4 四,肆 **2.** j-d/etw. mit der Ziffer/Nummer 4(带数字/号码4的人或物)4号,4路等: *Die V. hat das Rennen gewonnen* 4号赢了这场比赛; *Zum Bahnhof fährst du zuerst mit der V. u. steigst dann in die Acht um* 去火车站你先乘4路车再转8路车 **3.** e-e Schulnote, mit der man (auf der Skala von 1 bis 6) e-e Prüfung gerade noch bestanden hat(学校考试评分等级1—6分中的)4分(及格) ≈ ausreichend: *Er hat in Mathematik e-e V.* 他的数学得了4分

Vier·bei·ner *der*; *-s*, -; *gespr hum* [口][诙]; ein (Haus)Tier mit vier Beinen, *mst* ein Hund 四条腿的动物(多指狗)

Vier·eck *das*; *-s*, *-e*; e-e Fläche, die von vier geraden Linien begrenzt ist 四角形,四边形: *Quadrate, Rechtecke u. Trapeze sind Vierecke* 正方形、长方形和梯形都是四边形 ‖ ↑ *Abb. unter* 图见 ***geometrische Figuren*** ‖ *hierzu*(派生) **vier·eckig** *Adj*(形)

Vie·rer *der*; *-s*, - **1.** *gespr* [口]; die Ziffer 4 四,肆 **2.** *gespr* [口]; etw., das mit der Zahl 4 bezeichnet wird, *mst* ein Bus od. e-e Straßenbahn(有数字4标记的物)多指4路公共汽车或有轨电车: *Mit dem V. nach Hause fahren* 乘4路车回家 **3.** *gespr* [口] ≈ Vier **4.** *gespr* [口]; vier richtige Zahlen im Lotto 彩票上的四个中奖数 **5.** SPORT【体】; ein Boot für vier Ruderer 四桨船

vier·hän·dig *Adj*(形); *nur attr od adv*(只作定语或状语); zu zweit 双人的 ⟨*mst* v. Klavier spielen 双人演奏钢琴⟩

vier·hun·dert *Zahladj*(数形); (als Zahl) 400 四百,肆佰

Vier·kant|schlüs·sel *der*; ein Werkzeug (mit e-r quadratischen Öffnung an einem Ende), mit dem man *z.B.* die Räder e-s Autos abmontieren kann 方形扳手

viert *nur in* 只用于 **zu v.** (mit) insgesamt 4 Personen 四个人: *Heute Abend sind wir zu v.* 今天晚上我们总共四个人

vier·t- *Zahladj*(数形); *nur attr, nicht adv*(只作定语,不作状语) **1.** in e-r Reihenfolge an der Stelle vier 第四 ≈ 4.: *der vierte Januar* 一月四日; *Heinrich der Vierte* (Heinrich IV.) 亨利四世; *Er beendete das Rennen als Vierter* 他以第四名结束了赛跑 **2. der vierte Teil (von etw.)** ≈ ¼ 四分之一

Vier·takt|mo·tor *der*; ein Verbrennungsmotor, der in vier Phasen arbeitet (Ansaugen, Verdichten, Zünden, Ausstoßen) 四冲程发动机

vier·tau·send *Zahladj*(数形); (als Zahl) 4000 四千,肆仟

vier·tel ['fɪrtl] *Adj*（形）; *nur attr*, *indeklinabel*, *nicht adv*（只作定语,词形不变,不作状语） **1.** den vierten Teil e-s Ganzen bildend 四分之一的 ≈ ¼: *ein v. Liter*, *Zentner* 四分之一升，四分之一公担 ‖ NB（注意）: Bei gebräuchlichen Maßangaben ist auch die Schreibung *Viertelliter*, *Viertelzentner* *o.Ä.* üblich（在常用的计量词中通常也写作 *Viertelliter*, *Viertelzentner* 等） **2.** ***drei v.*** verwendet, um drei Viertel e-s Ganzes zu bezeichnen 四分之三: *Die Flasche ist noch drei v. voll* 瓶子还有四分之三是满的 **3.** ***V.*** + *Uhrzeit*（钟点）; *gespr*［口］; verwendet, um auszudrücken, dass es 45 Minuten vor der genannten Uhrzeit ist …点一刻: *v. sieben* (= 6¹⁵ od. 18¹⁵ Uhr) 六点一刻 **4.** ***drei v.*** + Uhrzeit（钟点）verwendet, um auszudrücken, dass es 15 Minuten vor der genannten Uhrzeit ist …点三刻: *drei v. sieben* (= 6⁴⁵ od 18⁴⁵ uhr) 六点三刻

Vier·tel ['fɪrtl] *das*; *-s*, - **1.** der vierte Teil (¼) von etw., *mst* e-r Menge od. Masse 四分之一: *ein V. der Strecke hinter sich haben* 走了四分之一的路程 ‖ K-（复合）: ***Viertel-***, ***-jahr***, ***-liter***, ***-pfund***, ***-stunde***, ***-zentner*** **2.** ein Gebiet in e-r Stadt（城市中的）一个区,一个市区 ≈ Stadtviertel ‖ -K（复合）: ***Bahnhofs-***, ***Geschäfts-***, ***Hafen-***, ***Neubau-***, ***Villen-*** **3.** ***V. nach*** + *Uhrzeit*（钟点）; *gespr*［口］; verwendet, um auszudrücken, dass es 15 Minuten nach der genannten Stunde ist…点一刻: *V. nach sieben* (= 7¹⁵ od. 19¹⁵ Uhr) 七点一刻 **4.** ***V. vor*** + *Uhrzeit*（钟点）; *gespr*［口］; verwendet, um auszudrücken, dass es 15 Minuten vor der genannten Stunde ist 差一刻…点: *V. vor sieben* (= 6⁴⁵ od. 18⁴⁵ Uhr) 差一刻七点,六点四十五分 **5.** ¼ Liter Wein 四分之一升酒: 〈ein V. (Wein) bestellen, trinken 要、喝四分之一升酒〉 **6.** MUS【音】≈ Viertelnote **7.** ***drei V.*** *gespr*［口］; verwendet, um auszudrücken, dass es 15 Minuten vor der vollen Stunden ist …点三刻: *Der Bus kommt um fünf vor drei V.* 公共汽车四点一刻来

Vier·tel·fi·na·le ['fɪrtl-] *das*; SPORT【体】; der Teil e-s Wettbewerbs, in dem die letzten acht Spieler od. Mannschaften um den Einzug in die nächste Runde (das Halbfinale) kämpfen 四分之一决赛〈ins V. einziehen 进入四分之一决赛; im V. ausscheiden 在四分之一决赛中被淘汰〉

vier·teln ['fɪrtln]; *viertelte*, *hat geviertelt*; [Vt]（及物）***etw. v.*** etw. in vier gleiche Stücke teilen 把…分成四等分,一分为四: *e-n Apfel v.* 把一个苹果分成四等分

Vier·tel·no·te ['fɪrtl-] *die*; MUS【音】; die Note ♩, die den vierten Teil des Wertes e-r ganzen Note hat 四分音符

Vier·tel·stun·de *die*; ein Zeitraum von 15 Minuten 一刻钟,十五分钟 ‖ NB（注意）: aber 但是: *e-e halbe Stunde* 半小时

vier·tens *Adv*（副）; verwendet bei e-r Aufzählung, um anzuzeigen, dass etw. an 4. Stelle kommt 第四,第四点

Vier·vier·tel|takt [fiːɐ'fɪrtl-] *der*; MUS【音】; ein Takt, der (wie *z.B.* beim Foxtrott) aus den Werten von vier Viertelnoten besteht 四四拍子（四分音符为一拍,一小节四拍）

vier·zehn ['fɪr-] *Zahladj*（数形）; (als Zahl) 14 十四,拾肆; ↑ ***Anhang*** (5) 见附录（五）

vier·zehn·t- ['fɪr-] *Zahladj*（数形）**1.** in e-r Reihenfolge an der Stelle 14 第十四 ≈ 14. **2.** ***der vierzehnte Teil*** (***von etw.***) ≈ ¹⁄₁₄

vier·zig ['fɪr-] *Zahladj*（数形）**1.** (als Zahl) 40 四十,肆拾; ↑ ***Anhang*** (5) 见附录（五） **2** ***Anfang***, ***Mitte***, ***Ende v.*** ***sein*** ungefähr 40 bis 43, 44 bis 46, 47 bis 49 Jahre alt sein 四十出头,四十五六,四十八九（岁）

Vier·zig ['fɪr-] *die*; -, *-en*; *mst Sg*（多用单数） **1.** die Zahl 40 四十,肆拾 **2.** j-d/etw. mit der Zahl/Nommer 40 四十号

vier·zi·ger ['fɪr-] *Adj*（形）; *nur attr*, *indeklinabel*, *nicht adv*（只作定语,词形不变,不作状语）; die zehn Jahre (e-s Jahrhunderts od e-s Menschenlebens) von 40 bis 49 betreffend 四十年代的;四十多岁的: *in den v. Jahren des 18. Jahrhunderts* 18 世纪 40 年代; er ist in den/seinen Vierzigern 他 40 多岁 ‖ K-（复合）: ***Vierziger-***, ***-jahre***

Vier·zi·ger ['fɪr-] *der*; *-s*, -; *gespr*［口］; j-d, der zwischen 40 u. 49 Jahren alt ist 四十多岁的人,四十开外的人 ‖ -K（复合）: ***End-***, ***Mitt-*** ‖ *hierzu*（派生）**Vier·zi·ge·rin** ['fɪr-] *die*; -, *-nen*

Vier·zig·stun·den|wo·che *die*; e-e Arbeitszeit von 40 Stunden pro Woche 每星期工作 40 小时

vif [v-] *Adj*（形）; *veraltend*［渐旧］≈ schlau, clever

Vig·net·te [vɪn'jɛtə] *die*; -, *-n*; Ⓒⓗ［瑞］ein Aufkleber als Nachweis dafür, dass man die Gebühr für die Benutzung der Autobahn, e-s Tunnels *usw* gezahlt hat 通行证,交通费已付标签

Vi·kar [vi'kaːɐ] *der*; *-s*, *-e* **1.** ein evangelischer Theologe nach dem ersten Examen, der e-m Pfarrer hilft, bevor er selbst Pfarrer wird 新教的助理牧师 **2.** der Stellvertreter e-s katholischen Pfarrers 天主教的代理神甫 ‖ *zu*（义项）**1. Vi·ka·rin** *die*; -, *-nen*

Vil·la [v-] *die*; -, *Vil·len*; ein großes, sehr teures Haus mit e-m großen Garten 别墅 ‖ K-（复合）: ***Villen-***, ***-gegend***, ***-viertel*** ‖ -K（复合）: ***Luxus-***

Vi·o·la [v-] *die*; -, *Vi·o·len* ≈ Bratsche

vi·o·lett [v-] *Adj*（形）; von der Farbe, die aus e-r Mischung von Blau u. Rot entsteht 紫色的,紫罗兰色的 ≈ veilchenfarben ‖ *hierzu*（派生）**Vi·o·lett** *das*; -(*s*); *nur Sg*（只用单数）

Vi·o·li·ne [v-] *die*; -, *-n*; MUS【音】≈ Geige ‖ K-（复合）: ***Violin-***, ***-konzert***, ***-sonate***

Vi·o·lin·schlüs·sel [v-] *der*; MUS【音】; der Notenschlüssel 𝄞, der auf der Linie der Note g steht 高音谱号,G 谱号 ↔ Bassschlüssel ‖ ↑ *Abb. unter* 图见 ***Tonleiter***

Vi·o·lon·cel·lo [violɔn'tʃɛlo] *das*; *-s*, *Vi·o·lon·cel·li*; MUS【音】≈ Cello

V

Vi·per [ˈviːpɐ] *die*; -, *-n*; e-e giftige Schlange 蝰蛇,毒蛇

Vi·ren [v-] *die*; *Pl*(复); ↑ ***Virus***

vir·tu·ẹll *Adj* (形); INFORM【信息】**1.** vom Computer so dargestellt, dass es fast echt erscheint 虚幻的,虚拟的 **2.** ***virtuelle Realität*** Bezeichnung für e-n dreidimensionalen Raum, der vom Computer simuliert wird, aber echt wirkt (计算机操作)虚拟现实,实地模拟 ≈ Cyberspace

vir·tu·os [v-] *Adj* (形); so, dass der Betreffende etw. (*bes* e-e musikalische Technik) sehr gut beherrscht 技艺高超的,造诣高深的,技巧精湛的 ⟨ein Geiger, ein Pianist 小提琴手,钢琴家; ein Spiel, e-e Leistung 演奏,成就; v. spielen 以高超的技艺演奏⟩ ‖ *hierzu* (派生) **Vir·tu·o·si·tät** *die*; -; *nur Sg* (只用单数); **Vir·tu·o·se** *der*; *-n*, *-n*; **Vir·tu·o·sin** *die*; -, *-nen*

vi·ru·lent [v-] *Adj* (形); MED【医】; fähig, Krankheiten zu verursachen 能致病的,致病性强的 ⟨Bakterien, Viren 细菌,病毒⟩ ‖ *hierzu* (派生) **Vi·ru·lẹnz** *die*; -; *nur Sg* (只用单数)

Vi·rus [v-] *das*, *der*; -, *Vi·ren* **1.** ein sehr kleiner Organismus, der in die Zellen von Menschen, Tieren u. Pflanzen eindringt u. dort (Infektions) Krankheiten verursachen kann 病毒,过滤性病原体 ‖ K-(复合): ***Virus-***, ***-erkrankung***, ***-grippe***, ***-infektion*** ‖ -K(复合): ***Aids-***, ***Grippe-*** **2.** INFORM【信息】; ein verstecktes Programm, das zur teilweisen od. völligen Zerstörung der vorhandenen Daten führt 计算机病毒

Vi·sa [v-] *Pl*(复); ↑ ***Visum***

Vi·sa·ge [viˈzaːʒə] *die*; -, *-n*; *gespr pej* [口][贬] ≈ Gesicht

vis-a-vis, vis-à-vis [vizaˈviː] *Adv* (副); *veraltend* [渐旧] ≈ gegenüber

Vi·sier [viˈziːɐ] *das*; *-s*, *-e* **1.** e-e Vorrichtung am hinteren Ende des Laufs e-s Gewehrs (Kimme u. Korn), die man beim Zielen in e-e Linie bringen muss 瞄准器 ⟨ein Tier ins V. bekommen, im V. haben 瞄准了一头动物⟩ **2.** der Teil e-s Helms (*z. B.* bei Motorradfahrern u. bei der (Ritter) Rüstung), der direkt vor dem Gesicht ist(头盔的)面甲,面罩,护面 ‖ ↑ *Abb. unter* 图见 ***Sturzhelm*** ‖ ID [谚] ***j-n / etw. ins V. nehmen*** **a)** seine Aufmerksamkeit auf j-n/etw. lenken 注意某人/某物; **b)** j-n/etw. kritisieren 批评某人/某物

Vi·si·on [viˈzioːn] *die*; -, *-en*; *geschr* [书] **1.** *mst Pl* (多用复数); ein Bild, das nur in der Fantasie existiert 幻景,幻影,幻象 ≈ Halluzination, Traumbild ⟨(religiöse) Visionen haben 有(宗教的)幻象,看到显圣⟩ **2.** e-e Idee od. Vorstellung von etw. in der Zukunft 幻想,憧憬: *die V. e-r friedlichen Welt* 和平世界的幻想 ‖ *hierzu* (派生) **vi·si·o·när** *Adj* (形)

Vi·si·te [v-] *die*; -, *-n*; der (regelmäßige) Besuch des Arztes bei den Patienten in e-r Klinik(医生对住院患者的定期的)探视,巡视,查看,查房 ⟨zur V. kommen 来查看病房,来查房, V. machen 查看病房,查房⟩

Vi·si·ten·kar·te [v-] *die*; e-e kleine Karte, auf die *mst* j-s Name, Titel u. Adresse gedruckt sind 名片 ⟨j-m seine V. überreichen 把自己的名片递给某人⟩

vi·su·ẹll [viˈzu̯ɛl] *Adj* (形); *nur attr od adv* (只作定语或状语); *geschr* [书]; mit den Augen 视觉的,视力的,由视觉引起的 ⟨Eindrücke 印象; Wahrnehmungen 感觉⟩

Vi·sum [v-] *das*; *-s*, *Vi·sa / Vi·sen*; ein Eintrag (*mst* ein Stempel) im Reisepass, mit dem j-m erlaubt wird, in e-n Staat zu reisen(护照上的)签证 ⟨ein V. beantragen 申请签证; j-m ein V. ausstellen, erteilen 给某人签发签证,发给某人签证; ein V. läuft ab 签证到期⟩ ‖ K-(复合): ***Visum(s)-***, ***-antrag***, ***-pflicht***, ***-zwang***

vi·tal [v-] *Adj* (形) **1.** gesund u. voller Kraft u. Energie 充满活力的,生气勃勃的,精力旺盛的 ⟨ein Mensch 人⟩ **2.** *nur attr*, *nicht adv* (只作定语,不作状语), *geschr* [书]; sehr wichtig für das Leben 生死攸关的,切身的,涉及生死存亡的,极其重要的 ≈ lebenswichtig ⟨j-s Bedürfnisse, Interessen 某人的需要,利益; e-e Frage von vitaler Bedeutung 具有重要意义的问题⟩ ‖ *zu* (义项) **1. Vi·ta·li·tät** *die*; -; *nur Sg* (只用单数)

Vi·t·a·min [v-] *das*; *-s*, *-e* **1.** *oft Pl* (常用复数); einer der Wirkstoffe, die *bes* in Obst u. Gemüse vorkommen u. die für die Gesundheit von Menschen u. Tieren sehr wichtig sind 维生素,维他命: *die Vitamine B u. C* 维生素B和C ‖ K-(复合): ***Vitamin-***, ***-gehalt***, ***-mangel***, ***-präparat***, ***-spritze***, ***-tablette*** **2. *Vitamin B*** [beː] *gespr hum* [口][诙] ≈ gute Beziehungen ‖ zu(义项) **1. vi·t·a·min·arm** *Adj* (形); **vi·t·a·min·reich** *Adj* (形)

Vit·ri·ne [v-] *die*; -, *-n* **1.** e-e Art Kasten aus Glas, in dem *mst* wertvolle Dinge gezeigt (ausgestellt) werden 玻璃柜,陈列柜,陈列橱 ≈ Schaukasten: *Im Museum stehen Vitrinen mit römischen Münzen* 博物馆里摆放着展示罗马钱币的陈列柜 **2.** ein Schrank, dessen Tür aus Glas ist 有玻璃门的橱柜: *kostbare Gläser in der V. aufbewahren* 把贵重的玻璃器皿保存在有玻璃门的橱柜里

Vi·ze [ˈfiːt͜sə] *der*; *-s*, *-s*; *gespr* [口] ≈ Stellvertreter

Vi·ze- [ˈfiːt͜sə-] *im Subst*, *wenig produktiv* (构成名词,构词弱) **1.** verwendet, um auszudrücken, dass j-d der Stellvertreter e-r wichtigen Person ist (表示副职) 副…; der ***Vizekanzler***, der ***Vizekonsul***, der ***Vizepräsident*** **2.** verwendet, um auszudrücken, dass j-d im Sport an zweiter Stelle kommt(表示体育运动中的第二名)亚…; der ***Vizemeister***, der ***Vizeweltmeister***

Vlies [f-] *das*; *-es*, *-e* **1.** das Fell e-s Schafes 绵羊毛皮 **2.** die zusammenhängende Wolle e-s Schafes, nachdem es geschoren wurde(羊身上剪下的)羊毛 ⟨ein dichtes V. 浓密的羊毛⟩ **3.** e-e Schicht von Fäden, die dicht zusammenhängen 毛垫 ‖ K-(复合): ***Vlies-***, ***-tuch***

V-Mann [ˈfau̯] *der*; *-(e)s*, *V-Män·ner / V-Leu·te*; j-d, der als Informant für die Polizei od.

für den Geheimdienst arbeitet 秘密情报人员

Vo.gel [f-] *der*; *-s*, *Vö.gel* **1.** ein Tier mit Federn, Flügeln u. e-m Schnabel, das Eier legt u. *mst* fliegen kann 鸟, 禽 〈der V. fliegt, flattert, schlägt mit den Flügeln, singt, zwitschert, nistet, brütet, mausert sich, wird flügge 鸟在飞,振翅欲飞,拍打翅膀,在歌唱,唧唧喳喳地唱,在做窝,在孵卵,脱毛,羽毛将丰〉 ‖ K-(复合): ***Vogel-***, ***-art***, ***-ei***, ***-fänger***, ***-flug***, ***-futter***, ***-gesang***, ***-gezwitscher***, ***-käfig***, ***-kunde***, ***-mist***, ***-nest***, ***-ruf***, ***-schar***, ***-schutzgebiet***, ***-schwarm***, ***-schwinge***, ***-stimme***, ***-züchter***, ***-zug*** ‖ -K(复合): ***Greif-***, ***Sing-***, ***Zug-*** **2.** *mst* 多用 ***ein lustiger/komischer/seltsamer/schräger V.*** *gespr* [口], *mst hum* 多用[诙]; j-d, der lustig/komisch/seltsam/nicht sehr vertrauenswürdig ist 快乐的/滑稽的/古怪的/乖僻的人 ‖ ID [谚] ***(j-m) den/e-n V. zeigen*** mit dem Zeigefinger an die Stirn tippen, um einem anderen zu zeigen, dass man ihn für dumm, verrückt hält 用食指敲点前额(意即:指责某人脑子笨、神经有病); *mst* 多用 ***Er/Sie hat e-n V.*** *gespr pej* [口][贬]; er/sie hat seltsame, verrückte Ideen 他/她有一些古怪的(异想天开的,离奇的)想法; ***(mit etw.) den V. abschießen*** *gespr* [口]; mit e-m Vorschlag od. e-r Idee (*mst* auf negative Weise) die Vorschläge od. Ideen der anderen übertreffen(以…)取胜,超过其他人

Vo.gel.bau.er *das*, *der*; *veraltend* [渐旧]; ein Käfig für Vögel 鸟笼

Vo.gel.bee.re *die*; die runde, rote Frucht der Eberesche 花楸果

vo.gel.frei *Adj*(形); *nicht adv*(不作状语) **1.** 〈Menschen 人〉 so, dass manche glauben, man dürfe sie belästigen u. beleidigen 可以随便欺负的: *Manche Männer halten Frauen für v.* 有些男人认为女人是可以随便欺负的 **2.** *hist* [历]; ohne den Schutz des Gesetzes 不受法律保护的,被剥夺公民权的,被放逐的 ≈ geächtet: *Robin Hood wurde für v. erklärt* 罗宾·胡德被宣布为不受法律保护的人

Vo.gel.grip.pe *die*; e-e (Infektions)- Krankheit der Vögel, die auch auf den Menschen übertragen werden kann 禽流感

Vo.gel.häus.chen *das*; e-e Art sehr kleines Haus (*mst* aus Holz) im Freien, in das man im Winter Futter für die Vögel gibt 小鸟舍

vö.geln; *vögelte*, *hat gevögelt*; *vulg* [俗]; [Vt/i] (及物/不及物) **1.** ***(j-n) v.*** mit j-m Sex haben(与某人)性交; [Vi] (不及物) **2.** ***(mit j-m) v.*** ≈ v. (1)

Vo.gel.per.spek.ti.ve *die*; *mst in* 多用于 ***aus der V.*** von oben 鸟瞰,从上往下 ↔ aus der Froschperspektive 〈etw. aus der V. sehen, betrachten 鸟瞰某物,从上往下观察某物〉

Vo.gel.scheu.che *die*; e-e Stange mit alten Kleidern, die man auf ein Feld stellt, um die Vögel zu erschrecken, damit sie die Saat nicht fressen 稻草人

Vo.gel.schutz *der*; das Beobachten u. das Schützen von Vögeln 鸟类保护

Vo.gel-Strauß-Po.li.tik *die*; *nur Sg*(只用单数); *mst in* 多用于 ***j-d betreibt (e-e) V.*** j-d ignoriert vorhandene Gefahren od. Probleme (人作主语)实行鸵鸟政策,采取鸵鸟政策

Vogt [f-] *der*; *-(e)s*, *Vög.te* **1.** *hist* [历]; (im Mittelalter) e-e Art Beamter für die Verwaltung(中世纪的)行政官员,地方长官 ‖ -K(复合): ***Reichs-*** **2.** (CH) [瑞] ≈ Vormund

Vo.ka.bel [v-] *die*; *-*, *-n*; ein einzelnes Wort (*mst* e-r Fremdsprache)单词(多指一种外国语的) 〈Vokabeln lernen 学单词; j-n/j-m die Vokabeln abfragen 考问某人单词〉 ‖ K-(复合): ***Vokabel-***, ***-heft***

Vo.ka.bu.lar [vokabuˈlaːɐ̯] *das*; *-s*, *-e*; *geschr* [书] ≈ Wortschatz

Vo.kal [v-] *der*; *-s*, *-e*; ein Laut, der so gebildet wird, dass der Atem ohne Hindernisse aus Kehle u. Mund kommen kann, also [a, e, i, o, u]元音 ≈ Selbstlaut ↔ Konsonant ‖ *hierzu*(派生) **vo.ka.lisch** *Adj*(形)

Vo.lant [voˈlãː] *der*; *-s*, *-s*; ein langer, relativ schmaler Streifen Stoff, der zusammengezogen wird u. *mst* auf den Saum von Röcken genäht wird(衣裙上的)荷叶边,褶边

Vo.li.e.re [voˈli̯eːrə] *die*; *-*, *-n*; ein sehr großer Vogelkäfig (*mst* im Freien), in dem die Vögel fliegen können(鸟可以在其中飞的)大鸟笼

Volk [f-] *das*; *-(e)s*, *Völ.ker*; *Kollekt*(集合) **1.** alle Menschen, die dieselbe Sprache, Kultur u. Geschichte haben (u. *mst* in e-m Staat zusammenleben)人民,民族 〈ein freies, unterdrücktes V. 自由的,被压迫的人民(民族)〉: *das deutsche*, *italienische*, *polnische V.* 德国的、意大利的、波兰的人民; *die Völker Afrikas* 非洲各国人民 ‖ K-(复合): ***Völker-***, ***-gemisch***, ***-mord*** ‖ -K(复合): ***Berg-***, ***Insel-***, ***Kultur-*** **2.** *nur Sg*(只用单数); alle Einwohner, Bürger e-s Landes od. Staates 人民,人民群众 ≈ Bevölkerung 〈das V. aufwiegeln 煽动人民群众; das V. erhebt sich 人民起来〉 ‖ K-(复合): ***Völker-***, ***-freundschaft***, ***-verständigung***; ***Volks-***, ***-aufstand***, ***-bewegung***, ***-charakter***, ***-erhebung***, ***-geist***, ***-gesundheit***, ***-schicht***, ***-souveränität*** **3.** *nur Sg*(只用单数); die unteren sozialen Schichten der Bevölkerung 平民,老百姓 〈das einfache V. 纯朴的平民大众,普通百姓; ein Mann aus dem Volke 平民百姓出身的人〉 **4.** *nur Sg*, *gespr*(只用单数)[口]; viele Menschen an e-m Ort 人群,群众,人们 ≈ Menschenmenge, die Leute 〈sich unters V. mischen 混在人群中〉: *Das V. hat sich auf dem Platz versammelt* 人们聚集在广场上 ‖ K-(复合): ***Volks-***, ***-auflauf***, ***-masse***, ***-meinung***, ***-menge*** **5.** *pej* [贬]; verwendet, um e-e Gruppe von Menschen zu bezeichnen, deren Verhalten od. Tätigkeiten man tadelt od. verurteilt(指行为不规范的)一群人 〈ein blödes, dummes, faules, schmutziges, liederliches V. 一群痴呆的、愚蠢的、懒惰的、肮脏的、放荡的人〉 ‖ NB(注意): *mst* in Verbindung mit negativen Adjektiven(多与有消极意义的形容词连用) **6.** ***junges V.*** *gespr* [口] ≈ junge Leute, Jugendliche **7.** ***das auserwählte V.*** REL【宗】; die Juden 犹太人 **8.** ***fahrendes V.*** *veraltet* [旧] ≈ Artisten (e-s Zirkus *o.Ä.*), Schausteller

Völ.ker.ball *der*; *nur Sg* (只用单数); ein Ballspiel (*mst* von Kindern gespielt), bei dem zwei Mannschaften, die in zwei Feldern stehen, versuchen, möglichst viele gegnerische Spieler mit dem Ball zu treffen 儿童掷球游戏(分两队各占半场,设法用球击中尽可能多的对方球员)

Völ.ker.kun.de *die*; *nur Sg* (只用单数); die Wissenschaft, die die Kulturen von (Natur-) Völkern beschreibt u. vergleicht 民族学,人类学,人类文化学 ≈ Ethnologie ‖ *hierzu* (派生) **Völ.ker.kund.ler** *der*; *-s*, *-*; **Völ.ker.kund.le.rin** *die*; *-*, *-nen*; **völ.ker.kund.lich** *Adj* (形); *nur attr od adv* (只作定语或状语)

Völ.ker.recht *das*; *nur Sg* (只用单数); das internationale Recht, das die Beziehungen zwischen einzelnen Staaten regelt 国际法 ‖ *hierzu* (派生) **Völ.ker.recht.ler** *der*; *-s*, *-*; **Völ.ker.recht.le.rin** *die*; *-*, *-nen*; **völ.ker.recht.lich** *Adj* (形); *nur attr od adv* (只作定语或状语)

Völ.ker.wan.de.rung *die*; *hist* [历]; die Wanderung der germanischen Stämme nach Süden u. Westen im 4 bis 6 Jahrhundert nach Christus(公元4至6世纪日耳曼部落向南方和西方的)民族大迁移,民族大迁徙 ‖ ID [谚] *mst* 多用 ***Das ist ja e-e richtige V.!*** *gespr hum* [口][诙]; da bewegt sich e-e Menge Menschen in e-e bestimmte Richtung 这是好大的一帮人流啊!(这真是人涌如潮啊!)

völ.kisch *Adj* (形); *veraltet* [旧] ≈ national ‖ NB(注意): in diesem Sinne *bes* in nationalsozialistischen Schriften verwendet, oft zusätzlich in der Bedeutung von *rassisch* (在民族社会党(纳粹党)的著作中用于这一含义时常附加"种族的"含义)

Volks.ab.stim.mung *die*; die direkte Abstimmung der Bürger über e-e wichtige politische Frage 全民公决,公民投票,公民表决 ≈ Plebiszit

Volks.be.geh.ren *das*; POL【政】; der Antrag e-s Teils der Bevölkerung, dass über e-e wichtige politische Frage in e-r Volksabstimmung entschieden werden sollte 关于举行全民公决的提议

Volks.de.mo.kra.tie *die* **1.** *nur Sg*, *veraltend* (只用单数)[渐旧]; verwendet in kommunistischen Ländern, um auszudrücken, dass dort die Macht (angeblich) vom Volk ausgeht 人民民主制度,人民民主制 **2.** ein Land mit e-r V. (1) 人民民主国家 ‖ *hierzu* (派生) **volks.de.mo.kra.tisch** *Adj* (形)

volks.ei.gen *Adj* (形); *nicht adv* (不作状语); *bes* in kommunistischen Ländern verwendet, um etw. zu bezeichnen, das dem Staat gehört 全民所有的,国营的 (ein Betrieb 企业) ‖ *hierzu* (派生) **Volks.ei.gen.tum** *das*; *nur Sg* (只用单数)

Volks.emp.fin.den *das*; *mst in* 多用于 ***das gesunde V.*** die Art u. Weise, wie ein normaler, durchschnittlicher Bürger etw. beurteilt 健康的公民感受(意识)

Volks.ent.scheid *der*; die Entscheidung über e-e wichtige politische Frage durch das Volk 全民公决,公民投票,公民表决

Volks.fest *das*; e-e öffentliche Veranstaltung (im Freien), bei der es Karussells, Bierzelte *o.Ä.* gibt 民间节日 ≈ Jahrmarkt: *Das Oktoberfest in München ist ein V.* 慕尼黑的十月啤酒节是民间节日

Volks.front *die*; POL【政】; ein Bündnis zwischen linken (*bes* sozialistischen u. kommunistischen) Organisationen u. Parteien 人民阵线

Volks|ge.richts.hof *der*; *hist* [历]; ein besonderes Gericht während der Zeit des Nationalsozialismus in Deutschland, das wegen seiner unmenschlichen Urteile gefürchtet war 人民法庭(德国纳粹时期的特别法庭,由于其毫无人性的判决而为人们所害怕)

Die Volkshochschulen 业余大学

An den Volkshochschulen wird eine große Auswahl an Kursen, Vorträgen und Exkursionen angeboten, die der Weiterbildung von Erwachsenen dienen. Die Veranstaltungen finden meist abends statt und sind relativ preiswert, um so möglichst vielen Leuten den Zugang zu ermöglichen. Die Volkshochschulen werden meist von den Gemeinden geführt und finanziell von den Bundesländern unterstützt.
Das Angebot reicht von Vorträgen über Kunst, Geschichte und Politik, über Informatik- und Sprachkurse bis zu Kursen für verschiedene kreative Tätigkeiten. Es ist auch möglich, sich an einer Volkshochschule beruflich weiterzubilden. Ebenso kann man an ihr einen Schulabschluss nachholen oder eine Berufsausbildung machen.

业余大学提供了参加为成人进修服务的课程、演讲和科学考察的大量选择机会。活动多半安排在晚间进行,而且为了使尽可能多的人能够参加,收费也比较低廉。业余大学多半由乡镇和社区经办,在经费上受到各联邦州的支持。

业余大学提供的课目包括关于艺术、历史和政治的演讲,信息学和语言课程以及关于各种不同的创意活动的课程。也可能到一个业余大学进行职业进修。同样也可以在那里进行中学毕业考试补考或进行职业培训。

Volks|hoch.schu.le *die*; e-e Institution, in der Erwachsene (neben ihrer beruflichen Arbeit) Vorträge über verschiedene Themen hören u. Kurse (*z. B.* in Fremdsprachen) besuchen können, um sich weiterzubilden 业余大学; *Abk* 缩写 VHS

Volks·kam·mer *die*; *nur Sg*(只用单数); *hist* (*DDR*)[历(民德)]; das Parlament der ehemaligen DDR(民德的)人民议院

Volks·krank·heit *die*; e-e Krankheit, die in der Bevölkerung sehr verbreitet ist 常见病: *Rheuma ist e-e V.* 风湿病是一种常见病

Volks·kun·de *die*; *nur Sg*(只用单数); die Wissenschaft, die sich mit der Kultur u. dem Leben e-s Volkes (*bes* auch bestimmter sozialer Schichten) beschäftigt 民俗学 ‖ *hierzu*(派生) **Volks·kund·ler** *der*; *-s*, *-*; **Volks·kund·le·rin** *die*; *-*, *-nen*; **volks·kund·lich** *Adj*(形); *nur attr od adv*(只作定语或状语)

Volks·lauf *der*; ein Wettbewerb, bei dem jeder mitmachen kann u. bei dem man e-e bestimmte Strecke laufen od. gehen muss 全民赛跑,全民竞走

Volks·lied *das*; ein altes, *mst* relativ einfaches Lied, das im Volk überliefert wurde 民歌,民谣

Volks·mund *der*; *nur Sg*(只用单数) **1.** ***im V.*** wie es mündlich überliefert ist 据民间口头传说 **2.** ***im V.*** in der typischen Sprache (dem Sprachgebrauch) des Volkes 用方言土语,用民间习语,用俗话

Volks·mu·sik *die*; e-e Musik (*mst* mit einfachen Liedern), die *bes* für e-e Gegend typisch ist 民间音乐

volks·nah *Adj*(形); 〈*mst* Politiker 多指政治家〉 so, dass sie oft in der Öffentlichkeit auftreten u. mit den Bürgern über (deren) Probleme sprechen 接近人民的

Volks·po·li·zei *die*; *hist* [历]; ***die (Deutsche) V.*** die Polizei der ehemaligen DDR(民德的)人民警察; *Abk* 缩写 VP, *gespr* [口] Vopo ‖ *hierzu*(派生) **Volks·po·li·zist** *der*

Volks·re·de *die*; *nur in* 只用于 ***Volksreden halten*** *gespr pej* [口][贬]; lange (u. belehrend) über etw. sprechen 做(训人的)大报告

Volks·re·pub·lik *die*; verwendet als Bezeichnung für *mst* sozialistische Staaten 人民共和国; *Abk* 缩写 VR: *die V. China* 中华人民共和国

Volks·schu·le *die*; *veraltend* [渐旧]; die Grund- u. Hauptschule 国民学校,国民小学(普及义务教育的小学和初级中学) ‖ K-(复合): ***Volksschul-***, ***-bildung***, ***-lehrer*** ‖ *hierzu*(派生) **Volks·schü·ler** *der*; **Volks·schü·le·rin** *die*

Volks·stamm *der*; ein kleines (Natur)Volk od. e-e ethnische Gruppe, die von e-m größeren Volk abstammt 种族,部落,部族: *die indianischen Volksstämme Südamerikas* 南美洲的印第安部落

Volks·stück *das*; ein Theaterstück, *mst* mit e-m lustigen, einfachen Inhalt (in dem oft Dialekt gesprochen wird) 民间戏剧,大众戏剧

Volks·tanz *der*; ein (traditioneller) Tanz, der *bes* für e-e Gegend typisch ist 民间舞蹈: *böhmische Volkstänze* 波希米亚的民间舞蹈

Volks|trau·er·tag *der*; Ⓓ [德] der Sonntag vor dem 1. Advent, an dem man *bes* an die Toten beider Weltkriege u. die Opfer des Nationalsozialismus denkt 全民哀悼日(基督降临节前的星期日,用于纪念两次世界大战的死难者和受纳粹党迫害的牺牲者)

Volks·tum *das*; *-s*; *nur Sg*(只用单数); die typischen Sitten u. Bräuche e-s Volkes od. der Menschen e-r Gegend(民族或地区的)民间习俗

volks·tüm·lich *Adj*(形) **1.** beim Volk (2) beliebt 人民群众所喜爱的〈ein Lied, ein Schauspieler 歌曲,演员〉 **2.** leicht zu verstehen 普及性的,通俗的〈ein Vortrag 报告〉 ‖ *hierzu*(派生) **Volks·tüm·lich·keit** *die*; *nur Sg*(只用单数)

Volks·ver·dum·mung *die*; *nur Sg*(只用单数); *mst in* 多用于 ***V. betreiben*** *gespr pej* [口][贬]; (als Politiker) die Bürger beeinflussen, indem man Probleme einfacher u. falsch darstellt 愚弄群众,采取愚民政策

Volks·ver·het·zung *die*; *nur Sg*(只用单数); *mst in* 多用于 ***V. betreiben*** *pej* [贬]; (durch Reden *o. Ä.*) Feindschaft u. Gefühle von Hass bei den Bürgern *mst* gegen e-e bestimmte Gruppe von Menschen erzeugen 煽动群众,挑动群众

Volks·ver·tre·ter *der* ≈ Abgeordnete(r), Parlamentarier ‖ *hierzu*(派生) **Volks·ver·tre·te·rin** *die*

Volks·ver·tre·tung *die*; *Kollekt*(集合) ≈ Parlament

Volks·wei·se *die*; die Melodie e-s Volksliedes 民歌的曲调

Volks·wirt *der*; j-d, der Volkswirtschaftslehre studiert hat 国民经济学家

Volks·wirt·schaft *die* **1.** die gesamte Wirtschaft e-s Staates 国民经济 **2.** *nur Sg*(只用单数) ≈ Volkswirtschaftslehre ‖ *hierzu*(派生) **volks·wirt·schaft·lich** *Adj*(形); *nur attr od adv*(只作定语或状语); *zu*(义项) **2. Volks·wirt·schaft·ler** *der*; *-s*, *-*; **Volks·wirt·schaft·le·rin** *die*; *-*, *-nen*

Volks·wirt·schafts|leh·re *die*; *nur Sg*(只用单数); die Wissenschaft, die untersucht, wie die Wirtschaft e-s Staates funktioniert 国民经济学 ↔ Betriebswirtschaftslehre

Volks·zäh·lung *die*; die offizielle Zählung der Einwohner e-s Staates 人口统计,人口普查

voll [f-], *voller*, *vollst-*; *Adj*(形) **1.** in e-m solchen Zustand, dass nichts od. niemand mehr darin Platz hat 满的,装满的 ↔ leer 〈ein Glas, ein Krug, e-e Tasse, ein Topf *usw* 玻璃杯,罐,杯,盆; e-e Kiste , ein Koffer, e-e Tasche, , e-e Tüte *usw* 木箱,箱子,口袋,纸袋; ein Bus, e-e Straßenbahn *usw* 公共汽车,有轨电车; ein Saal, ein Stadion *usw* 大厅,体育场; den Mund, die Hände v. haben 嘴里塞得满满的,双手都拿着东西〉 ‖ ↑ *Abb. unter* 图见 ***Eigenschaften*** **2. *v.*** + *Subst*(名词); ***voller*** + *Subst*(名词); verwendet, um auszudrücken,

V

dass sich viele Personen/Dinge irgendwo befinden(表示充满，装满了人或物)：*ein Korb v./voller Äpfel* 满满一篮子苹果；*e-e Kiste v. Bücher(n)/voller Bücher* 满满一箱子书；*Der Gehsteig war v./voller Laub* 人行道上满是树叶；*Das Diktat war v./voller Fehler* 听写满是错误；*Das Stadion war v./voller Menschen* 运动场上坐满了人；*Ihr Herz war v./voller/v. von Freude* 她的心里充满了欢乐；*Sie aß e-n ganzen Teller v. Nudeln* 她吃了满满一整盘面条 ‖ NB(注意)：bei Substantiven ohne Artikel kann auch *voller* stehen(不带冠词的名词也可与 *voller* 连用)；in bestimmten Wendungen steht nur *voll*(有些短语只用 *voll*)：*ein Glas voll Wein* 一杯满满的葡萄酒；*e-e Tasse voll Kaffee* 一杯满满的咖啡 **3.** ≈ vollständig, komplett ⟨ein Dutzend 一打；j-m die volle Wahrheit sagen 给某人全说真话；für etw. den vollen Preis zahlen müssen 必须为某物付全价；für etw. die volle Verantwortung tragen, übernehmen 对某事负、承担完全的责任；für etw. vollstes Verständnis haben 完全理解某事；ein voller Erfolg 完全成功⟩：*Ich habe e-e volle Stunde auf dich gewartet* 我等了你整整一个小时；*Die Turbinen arbeiteten mit voller Kraft* 涡轮机曾经以全功率运转 **4. v. sein** *gespr* [口] ≈ satt sein **5. v. sein** *gespr* [口]；völlig betrunken sein 醉了，酩酊大醉 **6.** *euph* [婉] ≈ dick ⟨ein Gesicht 脸；voller werden 长胖了⟩ **7.** *nicht adv*(不作状语) ≈ dicht (gewachsen) ⟨*mst* volles Haar haben 长了一头浓密的头发⟩ **8.** kräftig u. laut (tönend) 响亮的，洪亮的，响的 ⟨ein Klang, Töne 声响，声音；etw. tönt v. 某物发出响亮的声音⟩ **9.** *nur adv*, *gespr*(只用状语) [口] ≈ vollkommen, sehr：*Das Lied bringts v.!* (= ist sehr gut)歌唱得太好了！**10. voll u. ganz** ≈ völlig, uneingeschränkt：*Ich kann dich v. u. ganz verstehen* 我可以完全理解你 **11.** (in Verbindung mit Adjektiven, die die Form des Partizip Perfekts e-s Verbs haben) vollständig (与具有动词过去分词形式的形容词连用)完全…的，满…的：***voll automatisiert/mechanisiert*** ⟨ein Ablauf, ein Vorgang 过程，事情⟩, ***voll bepackt*** ⟨mit Einkaufstüten, mit Koffer 用购物袋，用行李箱⟩, ***voll besetzt*** ⟨e-e Straßenbahn, ein Bus 有轨电车，公共汽车⟩, ***voll entwickelt*** ⟨ein Jugendlicher 年轻人⟩, ***voll klimatisiert*** ⟨ein Büro, ein Gebäude 办公室，楼房⟩ ‖ NB(注意) *zu* **11.**：**a)** die hier genannten Adjektive können auch mit voll zusammengeschrieben werden (此处提及的形容词也可以和 voll 连写)：*ein vollbesetzter Bus* 一辆载满乘客的公共汽车 **b)** ↑ ***voll-***[2] ‖ ID [谚] ***aus dem 'Vollen schöpfen (können)*** etw., das in großer Menge da ist, verwenden können, ohne damit sparen zu müssen(可以)随便用，(可以)敞开用；***j-n/etw. nicht für 'v. nehmen (können)*** *gespr* [口] ≈ j-n/etw. nicht ernst nehmen (können)

voll-[1] [f-] *im Verb, betont u. trennbar, begrenzt produktiv*(构成动词，重读并可分，构词有限)；Die Verben mit *voll-* werden nach folgendem Muster gebildet (voll-动词的模式如下)：*vollstopfen – stopfte voll – vollgestopft*
voll- drückt aus, dass etw. mit etw. ganz gefüllt wird(表示把某物装满)；
etw. vollpumpen：*Er pumpte das Becken voll* 他抽水把水池灌满 ≈ Er pumpte so viel Wasser in das Becken, bis dieses mit Wasser gefüllt war
ebenso (同类词有)：***etw. vollfüllen, etw. vollgießen, etw. vollladen, etw. vollpacken, etw. vollstellen, etw. vollstopfen, (etw.) volltanken*** ‖ NB(注意)：aber erweitert getrennt geschrieben (但是如果成扩展，则分开写)：*das Auto zu voll laden, zu voll tanken* 给汽车装货太多，加油太满

voll-[2] [f-] *im Adj, betont, begrenzt produktiv, ohne Steigerung*(构成形容词，重读，构词有限，无变级)；ganz od. in sehr hohem Maße 完全，全，充分；***vollelastisch*** ⟨ein Material 材料⟩, ***vollfett*** ⟨ein Käse 奶酪⟩, ***vollgefressen*** ⟨ein Händler 商人⟩, ***vollgepumpt*** ⟨mit Drogen 用毒品⟩, ***vollgestopft*** ⟨ein Koffer, ein Zimmer 行李，房间⟩, ***vollgetankt*** ⟨ein Auto 汽车⟩, ***vollgültig*** ⟨ein Mitglied 成员⟩ ‖ NB(注意)：die hier genannten Adjektive müssen, die in *voll* (11) genannten können auch mit *voll* zusammengeschrieben werden (这里提及的形容词必须，而在 voll (11)中提及的形容词也可以与 voll 连写)

-voll [f-] *im Adj, nach Subst, begrenzt produktiv*(构成形容词，置于名词之后，构词有限)；so, dass das Genannte (oft in großer Zahl, in hohem Maße) vorhanden ist 具有…的，充满…的，富有…的 ↔ -los；***angstvoll, charaktervoll, demutsvoll*** ⟨e-e Haltung 行为，态度⟩, ***effektvoll, ehrfurchtsvoll, liebevoll, mitleidsvoll, qualvoll*** ⟨ein Tod 死亡⟩, ***respektvoll, rücksichtsvoll*** ⟨ein Mensch 人；ein Verhalten 行为⟩, ***schmerzvoll*** ⟨e-e Krankheit 疾病⟩, ***sehnsuchtsvoll, taktvoll, temperamentvoll, vertrauensvoll***

voll·auf, voll·auf *Adv*(副) ≈ völlig, ganz u. gar ⟨v. mit etw. beschäftigt, zufrieden sein 完全忙于某事，对某事完全满意⟩

Voll·bart *der*；ein Bart, der das Kinn, die Oberlippe u. die Wangen bedeckt 络腮胡子，大胡子 ‖ *hierzu*(派生) **voll·bär·tig** *Adj*(形)

voll·be·schäf·tigt *Adj*(形)；*mst in* 多用于 **v. sein** den ganzen Tag (u. nicht nur halbtags) im Beruf arbeiten 全日工作的

Voll·be·schäf·ti·gung *die*；*nur Sg*(只用单数)；der Zustand der Wirtschaft, in dem (fast) alle Arbeit haben od. finden 充分就业 ⟨es herrscht V. 这里是充分就业⟩

Voll·be·sitz *der*；*mst in* 多用于 ***im V. seiner (geistigen) Kräfte*** *geschr* [书]；in e-m Zustand, in dem man logisch u. klar denken kann 精力充沛，精力旺盛

voll·blü·tig *Adj*(形)；*nicht adv*(不作状语)；⟨ein Pferd 马⟩ so gezüchtet, dass es als Rennpferd verwendet werden kann 良种的，纯种的

‖ *hierzu*（派生）**Voll·blut(·pferd)** *das*

Voll·brem·sung *die*; e-e Art des Bremsens, bei der ein Auto *o.Ä.* so schnell wie möglich zum Halten kommt 全制动,全刹车,急刹车〈e-e V. machen 进行急刹车〉

voll·brin·gen; *vollbrachte*, *hat vollbracht*; [Vt]（及物）**etw. v.** *geschr*［书］; etw. (Wichtiges, Außergewöhnliches) tun 完成,实现,作出〈e-e Meisterleistung, ein gutes Werk v. 作出杰出的成就,做一件好事〉

voll·bu·sig *Adj*（形）; *nicht adv*（不作状语）; mit e-m großen Busen 大乳房的

Voll·dampf (*der*); *nur Sg*（只用单数）; *mst in* 多用于 **mit V.** *gespr*［口］≈ mit höchster Geschwindigkeit, mit aller Energie〈mit V. voraus 全速前进〉

Völ·le·ge·fühl *das*; *nur Sg*（只用单数）; das Gefühl, dass der Magen (unangenehm) voll ist 饱胀的感觉〈(ein) V. haben 有饱胀的感觉,感觉饱胀〉

voll·en·den; *vollendete*, *hat vollendet*; [Vt]（及物）**etw. v.** *geschr*［书］; etw., das man angefangen hat, erfolgreich abschließen 圆满完成,做完〈e-n Bau, ein Werk v. 完成一幢建筑、一部作品〉‖ *hierzu*（派生）**Voll·en·dung** *die*; *mst Sg*（多用单数）

voll·en·det 1. *Partizip Perfekt*（过去分词）; ↑ **vollenden** 2. *Adj*（形）≈ perfekt, vollkommen〈ein Gastgeber, ein Gentleman, e-e Dame 东道主、主人,绅士,女士、太太〉‖ *hierzu*（派生）**Voll·en·dung** *die*; *nur Sg*（只用单数）

voll·ends *Adv*（副）; völlig, ganz u. gar 完全: *Jetzt hast du mich v. aufgeweckt!* 现在你把我完全弄醒了!; *Jetzt ist sie v. beleidigt* 现在她完全被惹恼了

vol·ler 1. *Komparativ*（比较级）; ↑ **voll**[1], **voll**[2] 2. *Adj*（形）; *nur attr*, *indeklinabel*（只作定语,词形不变）≈ voll (2)

Völ·le·rei *die*; -; *nur Sg*, *pej geschr*（只用单数）［贬］［书］; übermäßiges Essen u. Trinken 暴饮暴食

voll·es·sen, sich (*hat*) [Vr]（反身）**sich v.** *gespr*［口］; so viel essen, bis man ganz satt ist 吃得很饱

Vol·ley·ball [ˈvɔli-] *das* 1. *ohne Artikel*, *nur Sg*（不用冠词,只用单数）; ein Ballspiel, bei dem zwei Mannschaften versuchen, e-n Ball mit den Händen über ein Netz zu spielen 排球(运动)〈V. spielen 打排球〉‖ K-(复合): **Volleyball-**, **-feld**, **-mannschaft** 2 der Ball, der beim V. (1) verwendet wird 排球

voll·fres·sen, sich (*hat*) [Vr]（反身）**sich v.** *gespr pej*［口］［贬］; sehr viel essen 饱餐,大吃一顿

voll·füh·ren; *vollführte*, *hat vollführt*; [Vt]（及物）**etw. v.** etw. *bes* e-e schwierige körperliche Bewegung) ausführen 完成,做成,做(一个动作)〈e-n Sprung, Freudentänze, ein Kunststück v. 完成一个跳跃动作、欢乐的舞蹈(动作)、一个技巧动作〉

Voll·gas (*das*); *nur Sg*（只用单数）, *mst in* 多用于 1. **V. geben** so auf das Gaspedal treten, dass ein Fahrzeug so schnell wie möglich fährt 开足油门 2. (**mit**) **V. fahren** so schnell fahren wie möglich 开足马力驾车

voll·hau·en (*hat*) [Vt]（及物）**sich** (*Dat* 三格) **den Bauch v.** *gespr pej*［口］［贬］; sehr viel essen 把肚子填得满满的,饱餐一顿

Voll·idi·ot *der*; *gespr! pej*［粗］［贬］≈ Dummkopf, Trottel

völ·lig *Adj*（形）; *nur attr od adv*（只作定语或状语）; im höchsten möglichen Maß, Grad 完全的,充分的,十分的 ≈ ganz, vollständig: *Es herrschte völlige Stille* 这里十分的安静; *Das habe ich v. vergessen!* 我把这件事完全忘记了!; *Es ist mir v. egal, ob du das glaubst od. nicht* 你是否相信这一点,对我都是完全一样的; *Er war v. betrunken* 他完全喝醉了

voll·jäh·rig *Adj*（形）; *nicht adv*, JUR（不作状语）【法】; in dem Alter, ab dem man *z.B.* wählen u. ohne die Erlaubnis der Eltern heiraten darf 成年的,达到法定年龄的 ↔ minderjährig〈v. sein 已成年〉‖ *hierzu*（派生）**Voll·jäh·rig·keit** *die*; *nur Sg*（只用单数）

Voll·kas·ko (*die*); -; *nur Sg*, *gespr*（只用单数）［口］; *Kurzw*（略）↑ **Vollkaskoversicherung**

Voll·kas·ko·ver·si·che·rung *die*; e-e Form der Versicherung für Autos *o.Ä.*, bei der das Auto gegen alle Schäden (auch gegen diejenigen, die der Fahrer selbst verursacht) versichert ist(运输工具的)综合保险 ‖ *hierzu*（派生）**voll·kas·ko|ver·si·chern** (*hat*) *Vt*（及物）; *nur im Infinitiv od Partizip Perfekt*（只用不定式或过去分词）

voll·kom·men[1] *Adj*（形）; ohne Fehler od. Schwächen 完美无缺的,尽善尽美的,十全十美的,完美无瑕的,卓越的,典范的 ≈ perfekt, fehlerlos〈ein Kunstwerk 艺术品〉: *Kein Mensch ist v.* 人无完人,没有一个人是十全十美的 ‖ *hierzu*（派生）**Voll·kom·men·heit** *die*; *nur Sg*（只用单数）

voll·kom·men[2] *Adj*（形）; *nur attr od adv*（只作定语或状语）≈ völlig, vollständig〈vollkommener Unsinn 地道的胡说八道〉: *Ich bin v. anderer Meinung als du* 我的意见和你完全不同

Voll·korn- *im Subst*, *betont*, *begrenzt produktiv*（构成名词,重读,构词有限）; aus Vollkornmehl 用全麦面粉制成的; das **Vollkornbrot**, das **Vollkorngebäck**, der **Vollkornkuchen**, die **Vollkornnudeln**

Voll·korn|mehl *das*; dunkles Mehl, das aus grob gemahlenen ganzen (Getreide)-Körnern besteht 全麦面粉,未去麦麸的粗面粉

voll·krie·gen (*hat*) [Vt]（及物）1. **etw. v.** *gespr*［口］; etw. mit etw. ganz füllen können 能把…装满: *das Körbchen mit Heidelbeeren v.* 用山桑子把小篮子装满 2. **den Hals nicht v.** *gespr*［口］; nie zufrieden sein mit dem, was man bekommt 贪得无厌

voll·lau·fen (*ist*) [Vi]（不及物）1. **etw. läuft voll** ein Behälter füllt sich mit Flüssigkeit, die *mst* aus e-r Leitung kommt(物作主语)灌满,盛满

V

〈液体〉〈die Badewanne, das Becken 浴盆,脸盆〉**2. sich v. lassen** *gespr* [口] ≈ sich betrinken

voll·ma·chen (*hat*) [Vt] (及物) *gespr* [口] **1. etw. v.** etw. ganz füllen 装满,盛满,灌满: *die Gießkanne v.* 把喷壶灌满水 **2. j-n/sich/etw. v.** j-n/sich/etw. mit etw. schmutzig machen 把…弄脏: *Du hast dich mit Marmelade vollgemacht!* 你用果酱把自己弄脏了! **3.** *mst* 多用〈ein Baby, ein Kind 婴儿,小孩〉**macht die Hosen voll** ein Baby od. ein kleines Kind lässt Kot, Urin in die Hose, die Windeln kommen 尿裤子,拉裤子,尿或拉在尿布里

Voll·macht *die*; -, *-en* **1. die V.** (**für/zu etw.**) e-e Erlaubnis, die e-e Person e-r anderen gibt. Mit e-r V. darf man Dinge tun, die sonst nur die betreffende Person selbst tun darf (wie *z. B.* über e-e Summe Geld verfügen) 全权,代理权,代表权 ≈ Bevollmächtigung, Ermächtigung〈j-m (die) V. für/zu etw. geben, erteilen, übertragen 给、授予、给予某人负责(处理)某事的全权; j-n mit (weit reichenden) Vollmachten ausstatten 赋予某人(广泛的)代表权; (die) V. für/zu etw. haben 拥有负责(处理)某事的全权; seine V. missbrauchen, überschreiten 滥用、超越自己的代表权〉‖ -K(复合): **Handlungs- 2.** ein Dokument, mit dem j-d j-m e-e V. (1) gibt 委托书,委托证,全权证书〈j-m e-e schriftliche V. ausstellen 给某人签发书面的委托证〉‖ ▶ **bevollmächtigen**

voll·ma·len (*hat*) [Vt] (及物) **etw. v.** malen u. damit *mst* ein Papier (ganz) bedecken 画满,涂满〈ein Blatt v. 画满一张纸〉

Voll·milch *die*; Milch, die ca. 3,5% Fett hat 全脂奶 ‖ K-(复合): **Vollmilch-, -schokolade**

Voll·mond *der*; *nur Sg* (只用单数); der Mond, wenn man ihn als runde Scheibe sieht 满月,望月 ↔ Neumond〈es ist V. 这是满月,现在月亮正圆〉: *Heute haben wir V.* 今天我们可以看到满月

Voll·nar·ko·se *die*; e-e Narkose, bei der j-d bewusstlos ist 全身麻醉 ↔ örtliche Betäubung

Voll·pen·si·on *die*; *nur Sg* (只用单数); Unterkunft, Frühstück, Mittag- u. Abendessen in e-m Hotel *o. Ä.* 供应全部膳宿,全包食宿 ↔ Halbpension〈ein Zimmer mit V. 食宿全包的客房; V. buchen 预订全部膳宿〉

voll·qual·men (*hat*) [Vt] (及物) *mst in* 多用于 **j-m die Bude v.** *gespr pej* [口][贬]; so viel rauchen, dass j-s Zimmer ganz mit Tabakrauch gefüllt ist (大量抽烟)把某人的屋子弄得烟雾弥漫

Voll·rausch *der*; der Zustand, in dem j-d völlig betrunken ist 酩酊大醉

voll·sau·gen, sich (*hat*) [Vr] (反身) **etw. saugt sich (mit etw.) voll** etw. nimmt sehr viel Flüssigkeit in sich auf (物作主语)吸足,吸透,吸满: *Der Schwamm saugt sich mit Wasser voll* 海绵吸足了水

voll·schlank *Adj* (形); *euph* [婉] ≈ dick, füllig, rundlich〈e-e Frau, e-e Figur 女人,体形〉‖ NB(注意): *mst* für Frauen verwendet (多用于女人)

voll·schmie·ren (*hat*) *gespr* [口]; [Vt] (及物) **1. etw. v.** (auf unordentliche Weise) sehr viel auf etw. schreiben od. malen (潦草地)写满,涂满〈ein Blatt v. 涂满一张纸〉; [Vr] (反身) **2. sich v.** sich mit etw. schmutzig machen, das flüssig od. klebrig ist 把自己弄脏

voll·schrei·ben (*hat*) [Vt] (及物) **etw. v.** *mst* 多用 Papier ganz mit Buchstaben, Text bedecken 写满〈ein Blatt, ein Heft v. 写满一张纸,写满一个笔记本〉

voll·sprit·zen (*hat*) [Vt] (及物) **j-n/etw. v.** *gespr* [口]; e-e Flüssigkeit über j-n/etw. spritzen u. ihn/es damit (überall) nass machen 喷满,洒满,全部喷湿

voll·stän·dig *Adj* (形) **1.** so, dass kein Teil fehlt 完整的,完备的,无缺陷的,全套的 ≈ komplett ↔ lückenhaft〈ein Register, ein Verzeichnis 目录,索引; Angaben 说明〉: *e-e vollständige Ausgabe der Werke Goethes* 歌德全集 **2.** ≈ völlig, total: *Die Stadt wurde durch das Erdbeben fast v. zerstört* 这个城市几乎被地震完全毁掉了 ‖ *zu* (义项) **1. Voll·stän·dig·keit** *die*; *nur Sg* (只用单数)

voll·stre·cken; *vollstreckte, hat vollstreckt*; [Vt] (及物) *mst* 多用 **ein Urteil, e-e Strafe wird (an j-m) vollstreckt** das Urteil e-s Gerichts wird in die Tat umgesetzt (对某人)执行(实施)判决、处罚 ‖ *hierzu* (派生) **Voll·stre·ckung** *die*

Voll·tref·fer *der*; *-s*, - **1.** ein Schlag od. Schuss mitten ins Ziel 命中,击中目标: *Der Boxer landete e-n V.* 拳击运动员击中了一拳 **2.** *gespr* [口]; etw., das sehr viel Erfolg hat 取得很大成功,畅销,走俏,热门 ≈ Hit (1,2), Renner, Schlager (2): *Seine neue Schallplatte ist ein V.* 他的新唱片很走俏

voll·trun·ken *Adj* (形); völlig betrunken 酩酊大醉的 ‖ *hierzu* (派生) **Voll·trun·ken·heit** *die*; *nur Sg* (只用单数)

Voll·verb *das*; LING【语】; ein Verb, das allein das Prädikat bilden kann 完全动词,独立动词,一般动词 ↔ Hilfsverb

Voll·ver·samm·lung *die*; e-e Versammlung, an der alle Mitglieder e-r Organisation *o. Ä.* teilnehmen können 全体会议〈e-e V. einberufen 召开全体会议〉

Voll·wai·se *die*; ein Kind, dessen Vater u. Mutter tot sind 父母双亡的孤儿〈V. sein 是父母双亡的孤儿〉

Voll|wasch·mit·tel *das*; ein Waschmittel, mit dem man jede Art von Wäsche bei jeder Temperatur waschen kann 全效洗衣粉 ↔ Feinwaschmittel

Voll·wert- *im Subst, begrenzt produktiv* (构成名词,构词有限); drückt aus, dass die Nahrungsmittel (*z. B.* Vollkornbrot, rohes Obst u. Gemüse), die dabei verwendet werden, möglichst wenig bearbeitet u. verfeinert sind/werden u. daher sehr gesund sind (表示对所利用的食物尽可能少进行加工和精制,尽可能保留其原有营养成分,因此非常有益于健康)有充分

价值的，成色十足的，货真价实的…；die **Vollwerternährung**, das **Vollwertgericht**, das **Vollwertkochbuch**, die **Vollwertkost**, die **Vollwertküche**, das **Vollwertmenü**, das **Vollwertprodukt**

voll·wer·tig *Adj*(形)；*mst attr*(多作定语)；mit dem gleichen Wert od. mit der gleichen Bedeutung wie e-e andere Person od. Sache 有完全价值的，全价的，足价的，完全合格的 ≈ gleichwertig 〈ein Ersatz 替补人员；代用品〉

voll·zäh·lig *Adj*(形)；*mst präd*(多作表语) ≈ komplett：*Die Mannschaft war v. versammelt* 全队到齐了

voll·zie·hen；*vollzog*, *hat vollzogen*；*Vt*(及物) **1. etw. v.** (*mst* als Beamter *o.Ä.*) e-e *mst* formelle, offizielle Handlung ausführen 执行，贯彻，实施，完成〈e-e (Amts)-Handlung, die Trauung v. 执行一项公务，举行婚礼〉；*Vr*(反身) **2. etw. vollzieht sich** etw. geschieht in e-m bestimmten Zeitraum(物作主语)进行，发生〈ein Wandel, e-e Entwicklung, ein Prozess 转变、变化，发展，过程〉‖ *zu* (义项) **1. Voll·zug** *der*；*mst Sg*(多用单数)

Vo·lon·tär [v-] *der*；*-s*, *-e*；*mst* j-d, der (für wenig Geld) als e-e Art Praktikant arbeitet, um praktische Erfahrung in e-m Beruf zu bekommen 实习生，见习生 ‖ *hierzu*(派生) **Vo·lon·tä·rin** *die*；*-*, *-nen*；**vo·lon·tie·ren** (*hat*) *Vi*(不及物)

Vo·lon·ta·ri·at [v-] *das*；*-(e)s*, *-e* **1.** die Zeit, in der j-d als Volontär arbeitet 实习期，见习期 **2.** die Stelle e-s Volontärs 实习单位，见习单位

Volt [v-] *das*；*-(e)s*, *-*；die (Maß)Einheit der elektrischen Spannung 伏(特)(电压单位)；*Abk* 缩写 V：*Die Spannung beträgt 220 Volt* 电压为 220 伏 ‖ NB(注意)：↑ **Ampère**, **Watt**[2]

Vo·lu·men [v-] *das*；*-s*, *-/Vo·lu·mi·na* **1.** der Inhalt e-s Körpers (3) (der in Kubikzentimetern, Kubikmetern *usw* gemessen wird)体积，容积 ≈ Rauminhalt：*das V. e-s Würfels berechnen* 计算一个立方体的体积 **2.** die (Gesamt) Menge von etw. innerhalb e-s bestimmten Zeitraums 总额，总量，总数 ≈ Umfang (2) ‖ -K(复合)：**Export-**, **Handels-**, **Kredit-**

vo·lu·mi·nös [v-] *Adj*(形)；*geschr* [书] ≈ groß, umfangreich 〈e-e Abhandlung, ein Buch 文章，书〉

vom [f-] *Präp mit Artikel*(介词与冠词合写)；von dem ‖ NB(注意)：*vom* kann nicht durch *von dem* ersetzt werden in Wendungen *wie* (在有些短语中，vom 不能用 von dem 替换，如)：*vom Lande stammen*, *vom Fach sein* 来自农村，是懂专业的；*Der Wind weht vom Meer* 风从海上刮来

von [f-] *Präp*(介)；*mit Dat*(支配三格) **1.** verwendet, um den räumlichen (Ausgangs)-Punkt anzugeben, von dem aus j-d/ etw. zum Sprecher (hin) kommt(说明空间的起点)从…过来〈von links, von rechts, von hinten, von vorn, von der Seite, von oben, von unten 从左边，从右边，从后面，从前面，从旁边(从侧面)，从上面，从下面〉 **2.** verwendet, um den Vorgang zu bezeichnen, bei dem etw. getrennt, weggenommen *usw* wird(表述分离、弄走的过程)从…上弄下来：*ein Stück von der Wurst abschneiden* 切下一块香肠；*e-n Topf vom Herd nehmen* 把锅从灶上拿开；*sich den Schweiß von der Stirn abwischen* 擦去额头上的汗 **3.** verwendet, um den Urheber e-r Handlung anzugeben(说明行为的原发者)：*ein Brief von meiner Schwester* 我的姐妹寄来的一封信 **4.** verwendet mit Präpositionen wie *nach*, *bis* od. *zu*, um den Anfangs- u. den Endpunkt zu bezeichnen(与 nach, bis 或 zu 等介词连用，表示起点和终点)由、从…到：**von ... nach**：*von München nach Stuttgart fahren* 乘车、船(或驾车、船)从慕尼黑到斯图加特去；**von ... bis**：*ein Buch von Anfang bis Ende lesen* 把一本书从头读到尾；*Der Wald erstreckt sich von hier bis zum Fluss* 森林从这里一直延伸到河边；*Das Festival dauerte von Freitag bis Sonntag* 联欢节从星期五持续到星期日；**von ... zu**：*von einer Seite zur anderen springen* 从一边跳到另一边 **5.** verwendet zusammen mit bestimmten Präpositionen od. Adverbien, um e-n räumlichen (Bezugs)Punkt anzugeben, *z.B.*(与一些介词或副词连用，表示空间的起始点)从…起始：**von ... an**：*von hier an sind es nur noch 100 Meter bis zum Bahnhof* 从这里起只有 100 米就到火车站了；**von ... aus**：*von Genua aus mit dem Schiff weiterreisen* 从热那亚乘船继续旅行；**von ... ab**：*Lies den Text von hier ab bitte noch einmal!* 从这里起请把文章再读一遍；**von ... her**：*Von der Straße her hörte man lautes Lachen* 人们听到了从街道上传来的响亮的笑声 **6.** verwendet mit bestimmten Präpositionen od. Adverbien, um e-n zeitlichen (Bezugs)Punkt anzugeben(与一些介词或副词连用，表示时间的起点)从…开始：**von ... an**：*Er musste von Jugend an schwer arbeiten* 他从青年时代起就不得不艰苦地干活；**von ... ab**：*Von morgen ab rauche ich nicht mehr* 从明天起我不再抽烟了；**von ... her**：*Er kennt sie von der Schulzeit her* 从上(小，中)学时期开始他就认识她 **7.** verwendet, um Maße, Größen *o.Ä.* anzugeben(说明长短，大小等)：*ein Schrank von drei Meter Länge* 三米长的柜子；*e-e Reise von zwei Tagen* 两天的旅行；*ein Kind im Alter von acht Jahren* 八岁的孩子 **8.** verwendet, um e-e Eigenschaft od. Eigenart anzugeben (说明特性或特征)：*e-e Frau von besonderer Klugheit* 特别聪明的女人；*ein Mann von kräftiger Statur* 体格强壮的男人；*e-e Nachricht von großer Wichtigkeit* 非常重要的消息 **9.** verwendet, um ein Ganzes zu bezeichnen, zu dem der genannte Teil gehört(表述前述部分所属的整体)：*Jeder von uns hat seine Fehler* 我们中的每个人都有自己的缺点；*10 Prozent (%) von 200 sind 20* 200 的百分之十是 20 **10.** verwendet, um den Grund für etw. anzugeben(说明原因)因，由于 ≈ aufgrund, wegen: *müde von der Arbeit sein* 因工作而感到疲劳(工作累了); *Sie erwachte vom Gezwitscher der Vögel* 她由于鸟儿的啾啾叫声而醒来 **11.** verwendet in Passivkonstruktionen, um denjenigen zu nennen, der die Handlung ausführt(指明被动态结构中的行为主体): *Der Schüler wurde vom Lehrer getadelt* 这个学生受到教师的责备; *Das Baby wird von der Mutter gefüttert* 婴儿由母亲喂食 **12.** verwendet, um ein Attribut einzuleiten, durch das ein Besitzverhältnis (od. allgemein ein Verhältnis der Zusammengehörigkeit) ausgedrückt wird(表明人或事物的所属关系): *Sie ist e-e Schulkameradin von Susanne* 她是苏姗娜的同学; *Er ist ein Freund von mir* 他是我的朋友; *Sie ist Mutter von drei Söhnen* 她是有三个儿子的母亲; *Das ist ein Drama von Shakespeare* 这是莎士比亚的一出戏剧; *Ich habe nur die Hälfte von dem Film* (= des Films) *gesehen* 我只看了这部电影的一半 ‖ NB(注意): Die Verbindung mit *von* anstatt des Genitivs ist (*bes* bei Eigennamen u. bei Pluralformen) in der gesprochenen Sprache sehr geläufig(在口语中,用 *von* 的结构来代替名词第二格,是很常见的,尤其是在遇到专有名词和名词复数时): *das Auto von meinem Bruder* = *das Auto meines Bruders* 我兄弟的汽车 **13.** verwendet, um e-e typische Eigenschaft *o.Ä.* e-r Person od. Sache zuzuordnen(赋予人/物一种典型特征): *Er ist ein Koloss von e-m Mann* 他是一个男巨人; *Das ist ein Kunstwerk von e-m Kleid* 这是一件连衣裙艺术品 **14.** verwendet, um an ein Verb, ein Substantiv od. an ein Adjektiv die Ergänzung anzuschließen(用作与动词、名词或形容词的固定搭配): *Er hängt finanziell stark von seinen Eltern ab* 他在经济上很是依赖父母; *die finanzielle Abhängigkeit von den Eltern* 对父母在经济上的依赖关系; *finanziell von seinen Eltern abhängig sein* 在经济上依赖父母

von·ei·nan·der *Adv*(副); eine Person/Sache von der anderen (drückt e-e Gegenseitigkeit aus) 彼此,互相: *Wir hatten lange nichts mehr v. gehört* 我们很久没有再听到彼此的消息了; *Wir mussten uns bald wieder v. verabschieden* 我们不得不很快又再次互相告别; *die Teile vorsichtig v. lösen* 小心地把各个部分彼此解开

von·nö·ten *nur in* 只用于 ***etw. ist v.*** *geschr* [书]; etw. wird dringend gebraucht, ist nötig(物作主语)是必要的: *Eile ist hier v.* 在这里抓紧是必要的

von·sei·ten, von Sei·ten *Präp*(介); *mit Gen* (支配二格) ≈aufseiten, seitens

von·stat·ten·ge·hen; *ging vonstatten, ist vonstattengegangen*; [Vi] (不及物) *geschr* [书]; ***etw. geht irgendwie vonstatten*** etw. läuft irgendwie ab(物作主语)发生,进展: *Die Bauarbeiten gehen zügig vonstatten* 施工进展顺利

Vo·po[1] [f-] *die*; -; *nur Sg*, *Kollekt*(只用单数)(集合); *hist* (*DDR*), *gespr* [历(民德)][口] ≈ Volkspolizei

Vo·po[2] [f-] *der*; *-s*, *-s*; *hist* (*DDR*), *gespr* [历(民德)][口] ≈ Volkspolizist

vor[1] [foːɐ̯] *Präp*(介) **1.** *mit Dat*(支配三格); drückt aus, dass j-d/etw. der Vorderseite von etw. zugewandt ist bzw. von e-m bestimmten Punkt aus gesehen zwischen diesem Punkt u. j-m/etw. ist(表示地点)在…面前,在…前面 ↔ hinter: *Er stand vor dem Fernseher* 他站在电视机前面; *Im Kino saß ein großer Mann vor mir* 在电影院里有个高个子的男人坐在我前面; *vor dem Spiegel stehen* 站在镜子前面 ‖ ↑ *Abb. unter* 图见 ***Präpositionen*** **2.** *mit Akk*(支配四格); drückt aus, dass j-d/etw. zur Vorderseite von etw. kommt bzw. von e-m bestimmten Punkt aus gesehen zwischen diesen Punkt u. j-n/etw. kommt(表示方向)到…面前,到…前面: *Er setzte sich vor den Fernseher* 他坐到电视机前面; *Sie stellte die Blumen vors* (= *vor das*) *Fenster* 她把花摆到窗户前面; *sich vor den Spiegel stellen* 站到镜子前面 ‖ ↑ *Abb. unter* 图见 ***Präpositionen*** **3.** *mit Dat*(支配三格); verwendet, um auszudrücken, dass etw. zeitlich früher als etw. anderes geschieht, stattfindet *o.Ä.* (表示时间)在…之前↔ nach: *sich vor dem Essen die Hände waschen* 吃饭之前洗手; *vor langer Zeit* 很久以前; *vor zwei Wochen* 两个星期以前; *Es ist zehn* (*Minuten*) *vor elf* (*Uhr*) (= 10^{50} Uhr)现在是差 10 分 11 点(10 点 50 分) **4.** *mit Dat*(支配三格); verwendet, um auszudrücken, dass j-d/etw. in e-r Reihenfolge früher kommt als andere(表示次序)在…之前 ↔ nach: *Er erreichte das Ziel vor seinem Konkurrenten* 他比自己的竞争者先到达终点; *Halt, ich komme vor dir dran!* 站住,轮到我了,我在你前面! **5.** *mit Dat*(支配三格); in Gegenwart, in Anwesenheit von (j-m)当着…的面,在…在场时: *Der Lehrer tadelte Robert vor allen Mitschülern* 教师当着全体同学的面责备罗伯特 **6.** *mit Dat*, *ohne Artikel*(支配三格,不带冠词); verwendet, um den Grund für e-e Verbhandlung anzugeben(表示动词行为的原因)因,由于,出于: *vor Angst, Kälte zittern* 害怕得发抖,冷得发抖; *vor Freude strahlen* 高兴得容光焕发; *vor Schmerzen stöhnen* 因疼痛而呻吟; *starr vor Schreck sein* 吓得目瞪口呆,吓呆了 **7.** *mit Dat*(支配三格); verwendet, um an ein Verb od. an ein Substantiv e-e Ergänzung anzuschließen(作动词或名词的固定搭配): *sich vor e-m bissigen Hund fürchten* 害怕爱咬人的狗; *die Angst vor dem bissigen Hund* 害怕爱咬人的狗

vor[2] [foːɐ̯] *Adv*(副); nach vorn, vorwärts 向前: *Freiwillige vor!* 志愿者,站出来!; *einen Schritt vor machen* 向前走一步

vor- [foːɐ̯-] *im Verb, betont u. trennbar, wenig produktiv*(构成动词,重读并可分,构词弱); die Verben mit *vor-* werden nach folgendem Muster gebildet (vor- 的动词模式如下): *vortreten – trat vor – vorgetreten*

1. *vor-* drückt aus, dass j-d/etw. zur

Vorderseite von etw. kommt bzw. von e-m bestimmten Punkt aus gesehen zwischen diesen Punkt u. j-n/etw. kommt(表示地点)到…前面,往前,向前;
vortreten: *Der Hauptmann ließ die Soldaten einzeln v*. 上尉让战士一个一个地站到队列前面来 ≈ Die Soldaten mussten einzeln aus der Reihe nach vorn, hin zum Hauptmann treten
ebenso(同类词有): **vorfahren**, **vorgehen**, **vorlaufen**, **vorrennen**
2. *vor-* drückt aus, dass e-e Handlung schon früher stattfindet als geplant od. als die eigentliche Haupthandlung(表示时间)预先,在…之前,事先;
(**etw.**) **vorkochen**: *Für das Fest morgen habe ich schon vorgekocht* 为了明天的节日,我已经把吃的都预先煮好了 ≈ das Essen für morgen habe ich schon heute gekocht, sodass ich es morgen nur noch warm zu machen brauche
ebenso(同类词有): **vorarbeiten**, (**etw.**) **vorheizen**; **etw. vorverlegen**, **etw. vorziehen**
3. *vor-* drückt aus, dass etw. so gemacht wird, wie es von anderen wiederholt werden soll(表示示范) ↔ nach- (3);
etw. vorsprechen: *Er sprach den Text vor* 他示范朗读课文(便于别人跟读) ≈ er sprach den Text so, wie es nachgeahmt werden soll
ebenso(同类词有): **etw. vorsingen**, **etw. vorturnen**

Vor- [ˈfoːɐ-] *im Subst, betont, produktiv*(构成名词,重读,构词型) **1.** verwendet, um auszudrücken, dass e-e Handlung als Vorbereitung auf etw. dient 准备…,预备…; die **Vorarbeit**, der **Vorentwurf**, die **Vorrede**, die **Voruntersuchung**, die **Vorverhandlung** **2.** verwendet, um auszudrücken, dass etw. räumlich vor etw. anderem (*bes* e-m Platz, Gebäude) liegt, zu dem es gehört 前面的…; der **Vorbau**, das **Vordach**, der **Vorgarten**, das **Vorgebirge**, die **Vorhalle**, das **Vorhaus**, der **Vorhof**, der **Vorraum**, die **Vorstadt** **3.** verwendet, um auszudrücken, dass etw. zeitlich vor etw. anderem liegt 预先的…,先前的…; der **Vorabend**, die **Voranmeldung**, das **Vorleben**, der **Vorfilm**, der **Vormonat**, das **Vorjahr**, der **Vortag**, die **Vorwoche**

vor·ab *Adv*(副) ≈ im Voraus: *die Presse v. informieren* 事先通知新闻界

Vor·abend *der* **1. der V.** (+ *Gen* 二格) der Abend vor e-m Tag, an dem ein besonderes (festliches) Ereignis stattfindet 前夕,前一天的晚上: *am V. ihrer Hochzeit* 在他们婚礼的前夕 **2. der V.** + *Gen*(二格); die Zeit kurz vor e-m wichtigen historischen Ereignis 前夜,即将发生的时刻: *am V. der Französischen Revolution* 在法国革命的前夜

Vor·abend- *im Subst, wenig produktiv*, TV (构成名词,构词弱)【电视】; am Abend zwischen sechs u. acht Uhr im Fernsehen gezeigt (在晚上6点至8点播出的)晚间…; das **Vorabendprogramm**, die **Vorabendsendung**, die **Vorabendserie**

Vor·ah·nung *die*; das Gefühl, dass etw. (*mst* Unangenehmes) passieren wird 预感〈Vorahnungen haben 有预感; j-n befällt e-e (böse) V. 某人突然产生一种(不祥的)预感〉

vo·ran *Adv*(副); an der Spitze (e-r Gruppe)在前面,前导 ≈ vor j-m/etw. her

vo·ran|ge·hen; *ging voran, ist vorangegangen*; [Vi] (不及物) **1. etw. geht voran** etw. macht Fortschritte(物作主语)进行顺利,有进展 ≈ etw. entwickelt sich positiv: *Die Arbeiten am Bau gehen gut voran* 建筑工作进展良好 **2. etw. geht etw.** (*Dat* 三格) **voran** etw. liegt zeitlich vor etw.(物作主语)在…之前进行: *Dem Sieg ging ein hartes Training voran* 在取得胜利之前进行了艰苦的训练; *an den vorangegangenen Tagen* 在这之前的日子里 ‖ NB (注意): *mst* im Partizip Perfekt(多用过去分词) **3.** (**j-m/etw.**) **v.** an der Spitze (e-r Gruppe) gehen 走在前面,作前导: *e-r Prozession v*. 走在队列的前面

vo·ran|kom·men; *kam voran, ist vorangekommen*; [Vi] (不及物) **1.** e-m Ziel näher kommen 往前走,前进: *Wir sind mit dem Auto gut vorangekommen* 我们乘汽车顺利地往前走了一段 **2. j-d/etw. kommt voran** j-d/etw. macht Fortschritte(人/物作主语)有进展〈j-d/etw. kommt gut, schlecht, mühsam voran 某人/某物进展顺利、不顺利、吃力〉

Vor|an·kün·di·gung *die*; die Ankündigung von etw., *mst* lange bevor es stattfindet 预先宣布,预先通知: *die V. e-s Gastspiels* 预告一场客串演出

vo·ran|schrei·ten; *schritt voran, ist vorangeschritten*; [Vi] (不及物) *geschr*[书] ≈ vorangehen (1,3)

vo·ran|stel·len; *stellte voran, hat vorangestellt*; [Vt] (及物) **etw. etw.** (*Dat* 三格) **v.** etw. an den Anfang von etw. stellen 在…前面先说,把…放在…前面说: *e-m Vortrag einige Bemerkungen v*. 在作报告之前先说几点意见

vo·ran|trei·ben; *trieb voran, hat vorangetrieben*; [Vt] (及物) **etw. v.** bewirken, dass sich etw. schnell entwickelt 把…向前推进,促进,加速 ≈ beschleunigen, forcieren〈e-e Entwicklung, e-n Prozess v. 加速发展、进程〉

Vor|an·zei·ge *die*; *mst* e-e Anzeige, ein Plakat od. ein kurzer Film, in denen *z. B.* ein Buch od. ein Film, die bald erscheinen werden, kurz vorgestellt werden 预告,预告片

Vor·ar·beit *die*; e-e Arbeit, durch die e-e größere Arbeit vorbereitet wird 准备(性)工作,筹备(性)工作〈gute V. leisten 做很好的准备〉

vor·ar·bei·ten (*hat*) [Vi] (不及物) **1.** e-e Zeit lang an etw. länger arbeiten, damit man später mehr Zeit für etw. anderes hat 提前(预先)做准备工作(为以后时间宽松些)〈e-n Tag v. 提前工作一天〉; [Vr] (反身) **2. sich v.** sich sehr anstrengen, um e-n Ort od. e-e bessere Position zu erreichen 努力,全力以赴(为争得较好的名次或职位): *Der Rennfahrer hat sich* *vom sechsten auf den vierten Platz vorgearbeitet* 赛车手通过努力从第六位上升到第四位

Vor·ar·bei·ter *der*; der Leiter e-r Gruppe von Arbeitern 工长，领班，工头 ‖ *hierzu*（派生）**Vor·ar·bei·te·rin** *die*

vo·raus¹ [fo'raus] *Adv*（副）**1.**（*j-m/etw.*）*v.* an der Spitze (e-r Gruppe) 在前面，前导 ≈ vor j-m/etw. her **2.** *j-d/etw. ist j-m/etw. v.* j-d/etw. ist viel klüger, schneller, fortschrittlicher *o. Ä.* als j-d/etw.（人/物作主语）领先，先于，超过，胜过：*Einstein war in seinem Denken seiner Zeit weit v.* 爱因斯坦在其思想方面远远超越他的时代

vo·raus² ['fo:raus] *Adv*（副）; *mst in* 多用于 **1.** *im V.* früher als es sein müsste 预先，事先〈etw. im V. bezahlen 预先付某物的钱〉**2.**〈vielen Dank *usw* 多谢〉*im V.* verwendet als formelhafte Wendung in Briefen *o. Ä.*, um sich schon vorher bei j-m zu bedanken, den man um etw. bittet（在书信等中用作套语，表示对提出的请求提前向对方感谢）预先，事先

vo·raus- *im Verb, betont u. trennbar, begrenzt produktiv*（构成动词，重读并可分，构词有限）; Die Verben mit *voraus-* werden nach folgendem Muster gebildet（*voraus-* 动词的模式如下）: *vorausgehen – ging voraus – vorausgegangen*

1. *voraus-* drückt in Verbindung mit Verben der Bewegung aus, dass sich j-d/etw. vor j-m/etw. herbewegt（与动向动词连用）在前面（运动）;

vorauslaufen: *Das Kind lief voraus, die Eltern kamen langsam nach* 孩子跑在前面，父母慢慢跟上 ≈ Das Kind lief vor den Eltern her

ebenso（同类词有）: **vorauseilen**, **vorausfahren**, **vorausreiten**

2. *voraus-* drückt aus, dass etw. früher getan wird, als es sein müsste 事先，预先，提前;

etw. vorausbezahlen: *Er hat die Miete für Februar schon im Januar vorausbezahlt* 二月份的房租他已在元月预付了 ≈ Er hat die Miete für Februar schon vorher bezahlt

ebenso（同类词有）: **etw. vorausberechnen**, **(etw.) vorausplanen**, **etw. vorauszahlen**

vo·raus·ah·nen (*hat*) [Vt]（及物）**etw. v.** fühlen, dass etw. (*mst* Unangenehmes) passieren wird 预感到（多指不愉快的事情）〈ein Unglück v. 预感到不幸〉

vo·raus·be·rech·nen (*hat*) [Vt]（及物）**etw. v.** berechnen, wie etw. sein od. verlaufen wird 预先计算，预计：*die Bahn e-s Satelliten v.* 预先计算卫星的轨道 ‖ *hierzu*（派生）**Vo·raus·be·rech·nung** *die*; **vo·raus·be·re·chen·bar** *Adj*（形）

vo·raus·bli·ckend *Adj*（形）≈ vorausschauend

vo·raus·ge·hen (*ist*) [Vi]（不及物）**1.** (*j-m*) *v.* (als Erster) vor dem/den anderen irgendwohin gehen 先走，走在前面：*Ihr könnt ja noch bleiben. – Ich geh schon mal voraus* 你们的确可以留下。——我可要先走啦 **2.** *etw. geht etw.* (*Dat* 三格) **voraus** etw. ereignet sich früher als etw. anderes（物作主语）发生在…之前 **3.** (*j-m/etw.*) *v.* ≈ vorangehen (3)

vo·raus·ge·setzt **1.** *Partizip Perfekt*（过去分词）; ↑ **voraussetzen** **2.** *Konjunktion*（连）; *nur in* 只用于 *v.* (**, dass...**) verwendet, um e-n Nebensatz einzuleiten, der e-e Bedingung enthält（引出条件从句）假定…，在…前提下，如果 ≈ unter der Bedingung, dass ...: *Morgen fahren wir zum Baden, v., dass es nicht regnet / v., es regnet nicht* 如果不下雨，明天我们（乘车）去游泳

vo·raus·ha·ben (*hat*) [Vt]（及物）*j-m/etw. etw. v.* in Bezug auf etw. Bestimmtes besser sein als andere 在…方面超过、胜过、比…强：*Er hat seinem Konkurrenten die Erfahrung voraus* 他比他的竞争者有经验

Vo·raus·sa·ge *die*; -, -n; *e-e V.* (*über etw.* (*Akk* 四格)) e-e Aussage über ein Ereignis in der Zukunft 预言〈Voraussagen machen 作出预言; e-e V. erfüllt sich, tritt ein 预言兑现了，变为事实〉

vo·raus·sa·gen (*hat*) [Vt]（及物）(*j-m*) *etw. v.* sagen, wie etw. in der Zukunft sein wird 预言〈j-m e-e große Zukunft v. 预言某人大有前途（前途远大）〉‖ *hierzu*（派生）**vo·raus·sag·bar** *Adj*（形）

vo·raus·schau·end *Adj*（形）; so, dass dabei mögliche zukünftige Ereignisse berücksichtigt werden 有远见的，远见卓识的〈e-e Planung, e-e Politik 计划，政策; v. handeln 办事有远见〉

vo·raus·schi·cken (*hat*) [Vt]（及物）**1.** *etw. v.* etw. sagen, bevor man zum eigentlichen Thema kommt 先说，先讲（在谈到正题以前）: „*Ich muss v.*, dass ..."“我必须先讲几句，…” **2.** *etw. v.* etw. schicken, sodass es vor j-m/etw. ein Ziel erreicht 事先寄出，先寄〈seine Koffer v. 把自己的箱子先寄走〉

vo·raus·se·hen (*hat*) [Vt]（及物）*etw. v.* ahnen od. sehen können, wie etw. werden od. sich entwickeln wird 预见，预料，预期 ≈ abschätzen〈e-e Entwicklung v. 预料一种发展〉: Es *war vorauszusehen*, dass *dieses Projekt scheitern würde* 这个方案会失败是应该预料到的 ‖ *hierzu*（派生）**vo·raus·seh·bar** *Adj*（形）

vo·raus·set·zen (*hat*) [Vt]（及物）**1.** *etw. v.* glauben, dass etw. sicher od. vorhanden ist 假定，假设，设想〈etw. stillschweigend, als bekannt, als selbstverständlich v. 默默地假定某事，假设某事是已知的、是不言而喻的〉: *Ich setze voraus*, dass *Sie Englisch können* 我设想，您懂英文 **2.** *etw. v.* etw. als notwendige Bedingung für etw. verlangen 以…为前提，以…为先决条件：*Diese Tätigkeit setzt gründliche* INFORM-*Kenntnisse voraus* 这个工作要求有扎实的信息学知识

Vo·raus·set·zung *die*; -, -en **1.** etw., das man als Grundlage für sein weiteres Tun, für seine Überlegungen *usw* nimmt 前提，假设 ≈ Annahme〈von falschen Voraussetzungen ausgehen 从错误的前提出发〉**2.** *die V.* (*für etw.*) etw., das unbedingt vorhanden sein muss, um etw. anderes möglich zu machen

前提,先决条件 ≈ Vorbedingung〈die Voraussetzungen (für etw.) sind erfüllt, gegeben (为某事所必须的)先决条件已经得到满足,已经具备; unter der V., dass... 在…的前提下,如果…〉

Vo·raus·sicht *die*; -; *nur Sg*(只用单数); *mst in* 多用于 **1. aller V. nach** ≈ wahrscheinlich **2. in weiser V.** *gespr hum* [口][诙]; weil man das Gefühl hat, dass sich etw. in bestimmter Weise entwickeln werde 由于有先见之明: *In weiser V. habe ich meinen Regenschirm mitgenommen* 我有先见之明,把自己的雨伞带来了

vo·raus·sicht·lich *Adj*(形); *nur attr od adv*(只作定语或状语); sehr wahrscheinlich 很可能,可预测: *Der Zug hat v. fünf Minuten Verspätung* 火车很可能晚点5分钟

Vor|aus·wahl *die*; *nur Sg*(只用单数); die erste Auswahl aus e-r Gruppe, bevor die eigentliche (endgültige) Auswahl stattfindet 预选,〈e-e V. treffen 进行预选〉

vo·raus·zah·len (*hat*) [Vt] (及物) **etw. v.** etw. vorher bezahlen 预付 ‖ *hierzu* (派生) **Vo·raus·zah·lung** *die*

Vor·bau *der*; -(*e*)*s*, -*ten*; ein Teil e-s Hauses, der weiter vorn liegt als der Rest des Hauses 加盖在建筑物上的凸出部分(如阳台等)

vor·bau·en; [Vi] (不及物) (**etw.** (*Dat* 三格)) **v.** so handeln, dass man vor möglichen Gefahren od. Schäden sicher ist 预防,防备,防止,对…采取预防措施 ‖ ID [谚] **Der kluge Mann baut vor** wer klug ist, überlegt vorher die Konsequenzen seines Tuns 聪明人未雨绸缪

Vor·be·dacht *der*; *geschr* [书]; *mst in* 多用于 **mit V.** nachdem man es sich genau überlegt hat 经慎重考虑后〈etw. mit V. sagen 经慎重考虑后说某事〉

vor·be·den·ken; *bedachte vor, hat vorbedacht*; [Vt] (及物) **etw. v.** sich etw. vorher genau überlegen u. an alle Konsequenzen denken 事先慎重考虑〈alle Möglichkeiten, Folgen v. 事先慎重考虑一切可能性、后果〉

Vor·be·din·gung *die* ≈ Voraussetzung (2)

Vor·be·halt *der*; -(*e*)*s*, -*e*; **ein V.** (**gegen j-n/etw.**) e-e Einschränkung, die e-e sonst positive Einstellung zu j-m/etw. abschwächt 保留,保留条件 ≈ Bedenken〈e-n inneren, stillen V. gegen j-n/etw. haben 对某人/某事内心、默默有保留; etw. mit, ohne V. tun 有保留地、毫无保留地做某事〉‖ *hierzu* (派生) **vor·be·halt·los** *Adj*(形)

vor·be·hal·ten[1]; *behält vor, behielt vor, hat vorbehalten*; [Vt] (及物) **sich** (*Dat* 三格) **etw. v.** sich das Recht nehmen, etw. Bestimmtes noch zu tun, weil man mit etw. nicht völlig einverstanden ist 保留…的权利〈sich gerichtliche Schritte (gegen j-n) v. 保留(对某人)采取诉讼措施的权利〉

vor·be·hal·ten[2] *Adj*(形); *nur in* 只用于 **etw. ist/bleibt j-m v.** *geschr* [书]; etw. ist das Recht e-r Person(物作主语)是…的权利,还得靠…去做,对…有优先权: Es *bleibt Ihnen v., ob Sie dem Vorschlag zustimmen* 您是否同意这个建议,还得由您决定

vor·be·halt·lich[1] *Präp*(介); *mit Gen*, *geschr* (支配二格)[书]; mit dem genannten Vorbehalt 在…前提下,在…条件下

vor·be·halt·lich[2] *Adj*(形); *geschr* [书]; mit e-m Vorbehalt 有保留的,有条件的〈e-e Genehmigung 批准; etw. v. genehmigen 有条件地(有保留地)批准某事〉

vor·bei *Adv*(副) **1.** (**an j-m/etw.**) **v.** verwendet, um auszudrücken, dass j-d/etw. von der Seite kommt, kurz neben j-m/etw. ist u. sich dann weiterbewegt 在…旁边经过: *Bevor wir winken konnten, war der Bus schon wieder an uns v.* 在我们能够招手以前,公共汽车从我们旁边过去了 **2.** zu Ende 过去,消逝,结束 ≈ vorüber: *Der Sommer, der Sturm, die Gefahr ist v.* 夏天,风暴,危险过去了

vor·bei- *im Verb, betont u. trennbar, begrenzt produktiv*(构成动词,重读并可分,构词有限); Die Verben mit *vorbei-* werden nach folgendem Muster gebildet (*vorbei-* 动词的模式如下): *vorbeifahren – fuhr vorbei – vorbeigefahren*;

vorbei- drückt (in Verbindung mit Verben der Bewegung) aus, dass j-d/etw. von der Seite kommt, kurz neben j-m/etw. ist u. sich dann wieder entfernt(与动向动词连用)从…旁边经过;

(**an j-m/etw.**) **vorbeifahren**: *Er fuhr an mir vorbei ohne anzuhalten* 他开车从我身边经过,没停下来 ≈ Er kam von der Seite, fuhr zu mir heran, hielt aber nicht an, sondern fuhr weiter

ebenso (同类词有): (**an j-m/etw.**) **vorbeieilen**, **j-n/etw. an j-m/etw. vorbeiführen**; **etw. führt an etw.** (*Dat*) **vorbei**, (**an j-m/etw.**) **vorbeigehen**, (**an j-m/etw.**) **vorbeikönnen**, **j-n/etw. vorbeilassen**, (**an j-m/etw.**) **vorbeilaufen**, (**an j-m/etw.**) **vorbeimarschieren**, (**an j-m/etw.**) **vorbeireiten**, (**an j-m/etw.**) **vorbeirennen**, (**an j-m/etw.**) **vorbeiziehen**

vor·bei·brin·gen (*hat*) [Vt] (及物) **j-m etw. v.** *gespr* [口]; zu j-m gehen u. ihm etw. bringen 顺便带给,给…捎去

vor·bei·dür·fen (*hat*) [Vi] (不及物) (**an j-m/etw.**) **v.** *gespr* [口]; an j-m/etw. vorbeigehen od. vorbeifahren dürfen 可以(允许)从…旁边经过

vor·bei·ge·hen (*ist*) [Vi] (不及物) **1.** ↑ **vorbei- 2. etw. geht vorbei** etw. geht zu Ende(物作主语)过去,消失,结束 ≈ etw. geht vorüber〈die Schmerzen, das Leid, der (Liebes-)Kummer 疼痛,痛苦,(爱情上的)苦恼〉

vor·bei·kom·men (*ist*) [Vi] (不及物) **1.** (**an j-m/etw.**) **v.** an e-e bestimmte Stelle kommen u. weitergehen od. weiterfahren(从…旁边)走过,驶过,经过: *Auf der Fahrt bin ich an e-m Unfall vorbeigekommen* 在这次行车途中我经过了一个事故现场 **2.** (**an j-m/etw.**) **v.** an e-r engen Stelle, an e-m Hindernis weitergehen od. weiterfahren können 可以通过,可以走过,可以驶过: *Stell das Auto nicht in die Ein-*

V

fahrt, sonst kommt keiner mehr vorbei! 别把汽车停在入口处，否则谁都过不去了！**3.**（**bei j-m**）**v.** *gespr*［口］；e-n kurzen Besuch（bei j-m）machen 顺便看望，串门

vor·bei·re·den（*hat*）[Vi]（不及物）**1. an etw.**（*Dat* 三格）**v.** über etw. reden, ohne über das Wichtigste zu sprechen 跑题，走题，没有谈到点子上〈am eigentlichen Problem v. 谈得偏离了真正的问题〉**2.**〈Personen 人们〉***reden aneinander vorbei*** *mst* zwei Personen sprechen über etw. u. missverstehen sich, weil jeder etw. anderes meint（两人因误解而）谈岔了题，谈的不是一回事

vor·bei·schau·en（*hat*）[Vi]（不及物）（**bei j-m**）**v.** *gespr*［口］；j-n kurz besuchen 顺便看看，顺便看望：*Ich schaue morgen früh mal kurz bei dir vorbei, bevor ich zur Arbeit gehe* 明天早上我去上班以前顺便去看望你一下

vor·bei·schie·ßen（*hat*）[Vi]（不及物）（**an j-m / etw.**）**v.** schießen u. das Ziel nicht treffen 脱靶，未命中，偏离目标 ≈ das Ziel verfehlen

vor·be·las·tet *Adj*（形）；*nicht adv*（不作状语）；von Anfang an durch etw. Negatives belastet（体质、素质、智能等方面）天生有缺陷的，原本有摩擦的〈e-e Beziehung 关系；erblich v. sein 有遗传方面缺陷的〉

Vor·be·mer·kung *die*；*mst* einige（einleitende）Sätze am Anfang e-s Buches od. e-s Vortrags（书的）前言，（报告的）开场白

vor·be·rei·ten；*bereitete vor, hat vorbereitet*；[Vt]（及物）**1. etw. v.** die notwendigen Arbeiten im Voraus machen, damit später etw. schneller u. ohne Probleme abläuft 准备，预备，筹备，为…作准备〈das Essen, ein Fest, e-e Feier, e-e Reise v. 准备饭菜、节日，庆祝活动，一次旅行，seine Rede gut v. 很好准备自己的讲话〉**2. j-n / sich**（**auf etw.**（*Akk* 四格））**v.**（vor e-r Prüfung, e-m Wettkampf *o. Ä.*）die notwendigen Arbeiten machen, damit j-d/man selbst sein Bestes leisten kann 使有准备，让…作好准备：*sich auf e-e Prüfung v.* 准备考试；*e-n Sportler intensiv auf e-n Wettkampf v.* 使运动员全力准备比赛

vor·be·rei·tet **1.** *Partizip Perfekt*（过去分词）；↑ **vorbereiten** **2.** *Adj*（形）；*nicht adv*（不作状语）；（**auf j-n / etw.**）**v.** so, dass man j-n/etw. erwartet u. deshalb nicht überrascht ist（对…）有准备：*Er war（auf alle Fragen）gut v.* 他（对所有问题）已有很好的准备

Vor·be·rei·tung *die*；-, *-en*；die Maßnahme(n), Arbeit(en), mit denen man etw. vorbereitet（1）od. j-n/sich auf etw. vorbereitet 准备，预备，准备工作，筹备工作，准备措施〈Vorbereitungen（für etw.）treffen（为某事）作准备；die Vorbereitungen sind in vollem Gange 准备工作正在全力进行〉‖ K-（复合）：***Vorbereitungs-, -kurs, -phase, -zeit*** ‖ -K（复合）：***Reise-, Unterrichts-, Wettkampf-***

Vor·be·spre·chung *die*；e-e Besprechung zur Vorbereitung auf etw. od. auf die eigentliche Besprechung 预备性会谈，预备性磋商，预备性讨论：*e-e kurze V. mit seinem Chef haben* 与自己的上司有一次简短的预备性商谈

vor·be·stel·len；*bestellte vor, hat vorbestellt*；[Vt]（及物）**etw. v.** ≈ bestellen（1，2）‖ *hierzu*（派生）**Vor·be·stel·lung** *die*

vor·be·straft *Adj*（形）；*nicht adv*（不作状语）；bereits früher wegen e-r Straftat verurteilt 被判过刑的，有前科的〈（mehrfach）v. sein（多次）被判过刑〉‖ *hierzu*（派生）**Vor·be·straf·te** *der/die*；*-n, -n*

vor·beu·gen[1]（*hat*）[Vi]（不及物）**etw.**（*Dat* 三格）**v.** durch bestimmte Maßnahmen od. durch ein bestimmtes Verhalten verhindern, dass etw. Negatives geschieht 预防，防止〈e-r Krankheit, e-r Gefahr, e-m Streit v. 预防疾病、危险、争执〉：*vorbeugende Maßnahmen ergreifen* 采取预防措施 ‖ K-（复合）：***Vorbeuge-, -maßnahme***

vor·beu·gen[2]（*hat*）[Vt]（及物）**etw. / sich v.** e-n Körperteil, sich nach vorn beugen 把…（身子）向前弯曲〈den Kopf, den Oberkörper, sich（weit）v. 向前低下头、躬身，（深深）向前弯下身子〉

Vor·beu·gung *die*；-；*nur Sg*（只用单数）；**die V.**（**gegen etw.**）Maßnahmen, die verhindern sollen, dass etw. Negatives geschieht 预防措施，保护措施：*die V. gegen Grippe* 预防流行性感冒的措施

Vor·bild *das*；**ein V.**（**für j-n**）j-d, den man（wegen seiner guten Eigenschaften od. Fähigkeiten）so bewundert, sodass man so werden will wie er 典范，榜样，楷模，样板 ≈ Ideal〈j-m/für j-n ein glänzendes, leuchtendes, schlechtes V. sein 是某人卓越的、光辉的、坏的榜样；j-m als V. dienen 作为某人的榜样；in j-m ein V. sehen 把某人看成是榜样；sich j-n zum V. nehmen 把某人当作自己的榜样，以某人为榜样；e-m/j-s V. nacheifern 努力学习（尽力仿效）榜样/某人的榜样〉‖ *hierzu*（派生）**vor·bild·haft** *Adj*（形）

vor·bild·lich *Adj*（形）；mit so guten Eigenschaften od. Fähigkeiten, dass andere diese nachahmen könnten 典范的，模范的，样板的，可以作为榜样的 ≈ mustergültig, nachahmenswert〈e-e Mutter, ein Vater, ein Ehemann, ein Lehrer 母亲，父亲，丈夫，教师；e-e Erziehung, e-e Ordnung 教育，秩序；sich v. verhalten 行为举止堪称模范〉

Vor·bil·dung *die*；*nur Sg*（只用单数）；Wissen u. Fähigkeiten, die man schon hat, bevor man *mst* e-n Beruf od. e-e Ausbildung beginnt（上岗、培训前的）预备性教育，基本知识 ≈ Vorkenntnisse, Vorwissen

Vor·bo·te *der*；etw., das anzeigt, dass etw. geschehen wird 预兆，先兆，征兆 ≈ Anzeichen〈ein V. des Todes, des Winters, des Krieges 死亡、冬天、战争的先兆〉

vor·brin·gen（*hat*）[Vt]（及物）**etw. v.** etw.（mit Nachdruck, gezielt）sagen, äußern（有针对性地）说，说出，提出，表达〈e-e Frage, e-e Anschuldigung（gegen j-n）, ein Anliegen v. 提出问题，（对某人）提出指控，提出请求〉

Vor·dach *das*；ein Dach *mst* über（Eingangs)-

V

Türen, das nach vorn ragt(建筑物入口处的)雨档,遮阳,挑棚,雨篷

vor·da·tie·ren; *datierte vor*, *hat vordatiert*; [Vt] (及物) **etw. v.** ein zukünftiges Datum auf etw. schreiben 事先署上(将来的)日期〈e-n Brief v. 事先在信上署上日期〉

vor·de·r- [f-] *Adj*(形); *nur attr*, *nicht adv*(只作定语,不作状语); vorn befindlich od. befestigt 前面的 ↔ hinter-: *die vorderen Räder des Autos* 汽车的前轮; *e-n Platz in der vordersten Reihe haben* 有一个最前排的座位 ‖ K-(复合): **Vorder-**, **-achse**, **-ausgang**, **-eingang**, **-front**, **-haus**, **-rad**, **-reifen**, **-teil**, **-tür** ‖ *zu* **Vorderrad** ↑ *Abb. unter* 图见 **Fahrrad** ‖ *hierzu*(派生) **Vor·de·re** *der/die*; *-n*, *-n*

Vor·der·an·sicht *die*; die Ansicht von vorn 正面,前面;正视图 ↔ Rückansicht: *die V. e-s Hauses* 房屋的正面

Vor·der·bein *das*; eines der beiden vorderen Beine von Tieren mit vier Beinen(四足动物的)前腿 ↔ Hinterbein

Vor·der·grund *der*; *nur Sg*(只用单数); der Teil e-s Raumes od. Bildes, der näher beim Betrachter liegt 前台,前景 ↔ Hintergrund ‖ ID [谚] ***j-d/etw. steht im V.*** j-d/etw. ist sehr wichtig u. wird von allen beachtet 某人/某物很重要,受到普遍重视(处于中心地位,居首要位置); ***j-n/sich in den V. stellen/rücken/spielen/drängen*** *pej* [贬]; bewirken, dass j-d/man selbst von allen beachtet wird (*mst* indem man andere verdrängt) 使某人/自己成为众人注意的中心,把某人/自己置于显著地位,突出某人/自己,让某人/自己出风头; ***etw. in den V. stellen/rücken*** etw. als besonders wichtig darstellen 使某事成为众人注意的中心,把某事置于显著地位〈e-e Frage, e-n Diskussionspunkt, ein Problem in den V. stellen/rücken 把一个问题、一个辩论要点、一个疑难问题置于显著地位〉; ***j-d/etw. tritt in den V.*** j-d/etw. wird sehr wichtig 某人/某物引起注意,受到重视 ≈ j-d/etw. gewinnt an Bedeutung

vor·der·grün·dig *Adj*(形) **1.** ohne e-n tieferen Sinn 粗浅的,浅显的,肤浅的 ≈ oberflächlich (1) ↔ anspruchsvoll, tiefsinnig〈e-e Geschichte, ein Film 故事,影片〉**2.** so, dass man die eigentliche Absicht sofort erkennt 容易看清的,容易看透的,容易明了的 ≈ leicht durchschaubar〈ein Argument, e-e Frage, ein Verhalten 论据,问题,行为〉

Vor·der·mann *der*; *-(e)s*, *Vor·der·män·ner*; j-d, der in e-r Reihe od. Gruppe direkt vor e-m anderen steht, sitzt *o. Ä.* 站在前面的人,前列者,前立者 ↔ Hintermann ‖ ID [谚] ***etw. auf V. bringen*** *gespr* [口]; etw. in Ordnung bringen, putzen *o. Ä.* 把某物整理好,使某物整洁一新: *sein Zimmer wieder auf V. bringen* 使自己的房间重新整洁一新; ***j-n auf V. bringen*** *gespr* [口]; j-n dazu bringen, Disziplin zu halten 使某人好好工作(按规定行事,遵守纪律)

Vor·der·schin·ken *der*; Schinken aus der Schulter des Schweins 猪的前腿肉 ↔ Hinterschinken

Vor·der·sei·te *die*; die Seite von etw., die vorne ist 正面〈die V. e-s Gebäudes 建筑物(楼房)的正面〉

Vor·der·sitz *der*; einer der vorderen Sitze in e-m Auto *o. Ä.*(汽车等的)前座 ↔ Rücksitz

vor·drän·geln, sich (*hat*) [Vr] (反身) ***sich v.*** *gespr* [口] ≈ sich vordrängen (1)

vor·drän·gen, sich (*hat*) [Vr] (反身) **1. *sich v.*** sich in e-r (Menschen) Menge nach vorn, vor andere schieben 向前挤,往前面挤 **2. *sich v.*** *gespr pej* [口][贬]; sich so verhalten, dass man sehr wichtig erscheint 突出自己,出风头〈sich gern, immer v. 喜欢显摆自己,总是突出自己〉

vor·drin·gen (*ist*) [Vi] (不及物) **1. *in etw.*** (*Akk* 四格) ***v.*** Hindernisse u. Widerstände überwinden u. irgendwohin kommen(克服困难和障碍)深入 ≈ in etw. vorstoßen: *in den Weltraum, in unerforschte Gebiete v.* 深入宇宙空间,深入未被探索的领域 **2.** (***irgendwie***) ***v.*** sich langsam u. mit großer Mühe (*z. B.* durch dichtes Gebüsch od. hohen Schnee) nach vorne bewegen 向前推进: *Die Forscher drangen nur langsam durch den Urwald vor* 研究人员只能缓慢地穿过原始森林向前推进 **3. *etw. dringt vor*** ≈ etw. breitet sich aus (6)

vor·dring·lich *Adj* (形); *geschr* [书]; sehr wichtig u. deshalb als Erstes zu behandeln 极其重要的,紧急的,紧迫的〈e-e Angelegenheit, ein Problem, e-e Aufgabe 事情,问题,任务; etw. v. behandeln 赶紧处理某事〉

Vor·druck *der*; *-(e)s*, *-e* ≈ Formular

vor·ehe·lich *Adj*(形); *mst attr*, *nicht adv*(多作定语,不作状语); vor der Ehe 婚前的〈Beziehungen, Geschlechtsverkehr 性关系,性行为〉

vor·ei·lig *Adj* (形); zu schnell u. ohne gründliche Überlegung 匆忙的,仓促的,草率的,鲁莽的〈ein Entschluss, ein Schritt 决定,步骤; etw. v. entscheiden 匆忙地(草率地)决定某事; v. handeln 仓促行事〉

vor·ei·nan·der *Adv* (副); einer dem anderen gegenüber 彼此,互相 ≈ wechselseitig〈Personen haben Angst, Hochachtung, Respekt v. 人们互相害怕、互相尊敬、互相尊重〉: *Sie verbargen ihre wahren Gefühle v.* 他们彼此隐瞒了各自真实的感情

vor·ein·ge·nom·men *Adj* (形); *geschr* [书]; (***gegen j-n/etw.***) ***v.***; (***j-m/etw. gegenüber***) ***v.*** mit Vorurteilen u. deshalb nicht objektiv, fair(对…)有成见的,有偏见的 ‖ *hierzu*(派生) **Vor·ein·ge·nom·men·heit** *die*; *nur Sg*(只用单数)

vor·ent·hal·ten; *enthält vor*, *enthielt vor*, *hat vorenthalten*; [Vt] (及物) ***j-m etw. v.*** j-m etw. nicht geben od. sagen, das ihm aber gehört od. das er wissen müsste 扣留,不给,隐瞒: *j-m Informationen v.* 对某人隐瞒消息 ‖ *hierzu*(派生) **Vor·ent·hal·tung** *die*

Vor·ent·schei·dung *die*; ein (Zwischen) Ergebnis (*mst* während e-s sportlichen Wettkampfes), das erkennen lässt, wie die endgültige Entscheidung sein wird 半决赛〈die

V

V. ist gefallen 半决赛胜负见分晓了〉

Vor·ent·wurf *der*; ein erster Entwurf (zur Probe)初步设计

vor·erst *Adv*(副); erst einmal 先,首先,暂时,目前 ≈ vorläufig, zunächst (einmal): *v. ändert sich nichts* 目前没有什么变化,目前什么也没有改变

vor·ex·er·zie·ren; *exerzierte vor, hat vorexerziert*; [Vt] (及物) **(j-m) etw. v.** *gespr* [口]; j-m genau u. mehrere Male zeigen, wie etw. gemacht wird 反复示范,再三演示

Vor·fahr *der*; *-en*, *-en*; j-d, von dem man abstammt (u. der vor langer Zeit gelebt hat) 祖先,祖宗: *Viele seiner Vorfahren waren Musiker* 他的许多祖先都是音乐家 ‖ NB(注意): *der Vorfahr*; *den*, *dem*, *des Vorfahren*

Vor·fah·re *der*; *-n*, *-n*; ↑ **Vorfahr**

vor·fah·ren (*ist*) [Vi] (不及物) **1. j-d/〈ein Auto *o. Ä.* 汽车等〉 fährt (irgendwo) vor** j-d fährt mit seinem Auto *o. Ä.* *mst* vor den Eingang e-s Gebäudes u. hält dort, um j-n ein- od. aussteigen zu lassen(人/汽车等作主语)驶到房前,开到门前 **2. bis zu etw. v.** bis zu e-r bestimmten Stelle geradeaus fahren 向前行驶,往前面开(直到…为止): *Sie müssen bis zum Stoppschild v. u. dann links abbiegen* 您必须把汽车向前开到停车指示牌处,再向左拐弯 **3** ≈ vorausfahren

Vor·fahrt *die*; -; *nur Sg*(只用单数); das Recht (*z. B.* e-s Autofahrers), als Erster fahren zu dürfen(车辆的)优先行驶权,先行 〈die V. beachten, verletzen 注意、违犯车辆优先行驶权; j-m die V. lassen, nehmen 把优先行驶权让给某人(让某人先行),抢走某人的优先行驶权(抢道先行); sich (*Dat* 三格) die V. erzwingen 强行夺道先行〉: *Wer von rechts kommt, hat V.* 谁从右面来,谁就有优先行驶权 ‖ K-(复合): **Vorfahrts-, -recht, -regelung, -schild, -zeichen**; **vorfahrt(s)-, -berechtigt**

Vor·fahrts|stra·ße *die*; e-e Straße, auf der man Vorfahrt hat 可优先行驶的街道(指在道路交叉路口)

Vor·fall *der*; ein Ereignis, das *mst* als negativ empfunden wird 事件,意外事故 〈ein aufsehenerregender, merkwürdiger, peinlicher, unangenehmer V. 引起轰动的、令人奇怪的、令人难堪的、不愉快的事故〉

vor·fal·len (*ist*) [Vi] (不及物) **1.** nach vorne fallen 向前落下,向前倒下 **2. etw. fällt vor** etw. *mst* Unangenehmes, Peinliches od. Trauriges geschieht plötzlich(物作主语)(突然)发生 ≈ etw. passiert: *Ihr seht alle so erschrocken aus, was ist denn vorgefallen?* 你们全都显出如此惊讶的样子,到底发生什么事情啦? ‖ NB(注意): *mst* im Partizip Perfekt (多用过去分词)

Vor·feld *das*; -(*e*)*s*; *nur Sg*(只用单数); *mst in* 多用于 **im V. (von etw.)** während etw. Wichtiges vorbereitet wird 在…的准备阶段: *Im V. der Wahlen kam es zu Unruhen* 在选举的准备阶段发生了骚乱

vor·fer·ti·gen (*hat*) [Vt] (及物) **etw. v.** etw. (*z. B.* Teile e-s Gebäudes, e-s Fahrzeugs) einzeln herstellen (u. dann zusammenbauen)预制,预先制造: *Baracken aus vorgefertigten Bauteilen* 由预制的建筑构件组装而成的活动房屋 ‖ *hierzu*(派生) **Vor·fer·ti·gung** *die*; *mst Sg*(多用单数)

Vor·film *der*; ein kurzer Film, der im Kino vor dem eigentlichen Film gezeigt wird(在正片放映前放的)电影短片

vor·fin·den (*hat*) [Vt] (及物) **1. j-n/etw. v.** *mst* wenn man irgendwohin kommt, feststellen, dass j-d/etw. da ist (u. in e-m bestimmten Zustand ist)找到,碰上,遇见,发现: *viel Arbeit v.* 找到许多工作; *etw. so v., wie man es erwartet hatte* 像人们所预料的那样找到某物

vor·flun·kern (*hat*) [Vt] (及物) **j-m etw. v.** *gespr* [口]; j-m etw. erzählen, das nicht ganz wahr ist(对…)鬼话连篇,呓语连天 ≈ vorschwindeln

Vor·freu·de *die*; *nur Sg*(只用单数); **die V. (auf etw.** (*Akk* 四格)) die Freude, die man hat, wenn man etw. Angenehmes erwartet 事前的快乐,期待中的喜悦〈die V. auf Weihnachten, auf die Ferien 等待圣诞节到来、等待假期到来的喜悦〉

vor·füh·len (*hat*) [Vi] (不及物) **bei j-m (wegen etw.) v.** *gespr* [口]; vorsichtig versuchen, j-s Meinung zu erfahren, bevor man ihn um etw. bittet 向…试探,探问,探…的口气: *Hast du schon bei deinen Eltern wegen deiner Heiratspläne vorgefühlt?* 你是否已经为了你的婚事探问了你父母的意见?

vor·füh·ren (*hat*) [Vt] (及物) **1. (j-m) etw. v.** e-m Publikum etw. zeigen 演出,放映,表演,展示〈e-n Film, Kunststücke, ein Theaterstück, neue Modelle v. 放映影片,展示艺术品,演出戏剧,表演新时装〉 **2. (j-m) etw. v.** j-m zeigen, wie man etw. macht od. wie etw. funktioniert 演示,展示: *dem Kunden v., wie man den Computer bedient* 向顾客演示怎么使用计算机 ‖ K-(复合): **Vorführ-, -modell** ‖ *hierzu*(派生) **Vor·füh·rung** *die*

Vor·ga·be *die*; e-e Bestimmung, e-e Richtlinie *o. Ä.*, die Maße, Mengen, Grenzen *o. Ä.* von vornherein festlegt 预先规定(值),预给定(参数),计划指标〈die V. beachten 注意预先规定(值); sich an die Vorgaben halten 遵守预先规定(值)〉 ‖ -K(复合): **Gesetzes-, Ziel-**

Vor·gang *der* **1.** etw., das geschieht od. geschehen ist 事情,事件,事情经过 ≈ Geschehnis 〈ein einfacher, komplizierter V. 简单的、复杂的事情(经过); ein V. spielt sich (folgendermaßen) ab 有件事情经过(如下); e-n V. beobachten, beschreiben, schildern 观察、描写、叙述事情的经过〉 **2.** ≈ Entwicklung, Prozess 〈ein betrieblicher, biologischer, historischer, interner, natürlicher, seelischer V. 企业的、生物学的、历史的、内部的、自然的、内心的发展过程〉: *Er erforscht die chemischen Vorgänge bei der Fotosynthese* 他正在研究光合作用下的化学反应 ‖ -K(复合): **Arbeits-**,

V

Denk-, **Entwicklungs-**, **Verbrennungs-**, **Verdauungs-** 3. *Kollekt*, ADM *geschr*(集合)【管理】[书]; alle Akten, die e-n bestimmten Fall betreffen(一起事件的)全部档案材料〈e-n V. bearbeiten 审查处理档案材料〉‖ ▶ **vorgehen**

Vor·gän·ger *der*; *-s*, *-*; ***j-s V.*** j-d, der e-e Stellung, ein Amt *o.Ä.* direkt vor j-d anderem hatte 前任 ↔ Nachfolger〈sein V. im Amt 他的前任〉‖ *hierzu*(派生) **Vor·gän·ge·rin** *die*; *-*, *-nen*

vor·gau·keln; *gaukelte vor*, *hat vorgegaukelt*; [Vt](及物) ***j-m etw. v.*** j-m etw. absichtlich so schildern, dass er angenehme (aber falsche) Hoffnungen *o.Ä.* bekommt 向…随口瞎编、有意虚构: *j-m e-e glückliche Zukunft, große Gewinnchancen v.* 向某人随口瞎编幸福的未来、大好的赚钱机会

vor·ge·ben (*hat*) [Vt](及物) 1. ***etw. v.*** etw. behaupten, das nicht wahr ist (um sich zu entschuldigen od. um sein Verhalten zu erklären)假托,借口,佯言: *Er gibt vor, den Zeugen noch nie gesehen* zu *haben* 他佯言还从未见过证人 2. (***j-m***) ***etw. v.*** etw. als Richtlinie, Vorgabe bestimmen 预先确定,预先规定〈sich an die vorgegebenen Normen halten 遵守预先确定的指标〉3. (***j-m***) ***etw. v.*** *gespr* [口]; etw. j-m geben, der vor einem sitzt *o.Ä.* 把…交给前面的人 ‖ ▶ **Vorgabe**

Vor·ge·bir·ge *das*; *Kollekt*(集合); ein Gebirge, das vor e-m höheren Gebirge liegt(大山脉前面)较低的山脉,高山余脉,山麓小丘

vor·geb·lich *Adj*(形); *nur attr od adv*(只作定语或状语) ≈ angeblich

vor·ge·fass·t- *Adj*(形); *nur attr*, *nicht adv*(只作定语,不作状语); so, dass es schon feststeht, bevor man genauer darüber nachdenkt 事先确定的,事先作出的,事先想好的〈ein Plan, ein Urteil, e-e Meinung 计划,判断,意见〉

Vor·ge·fühl *das*; *mst Sg*(多用单数); ***ein V.*** (***von etw.***) e-e Ahnung od. ein Gefühl, dass etw. (Bestimmtes) geschehen wird 预感〈ein banges, unheimliches V. 令人不安的、令人害怕的预感; im V. seines Glücks, seines Triumphs 怀着幸福的、胜利的预感〉: *Er hatte das V., dass etw. Schreckliches passieren würde* 他曾经有预感,可能会发生什么可怕的事情

vor·ge·hen (*ist*) [Vi](不及物) 1. ***e-e Uhr geht vor*** e-e Uhr geht zu schnell u. zeigt e-e Zeit an, die später ist als die richtige Zeit 钟(表)走得快: *Mein Wecker geht etwa 5 Minuten vor* 我的闹钟大约快 5 分钟 2. ***etw. geht vor*** etw. geschieht in e-m be stimmten Augenblick(物作主语)发生: *Was geht hier eigentlich vor?* 这里究竟发生什么事了?; *Keiner weiß, was in e-m Kind vorgeht* (= was das Kind denkt)没有一个人知道,这个孩子想些什么; *Niemand wird erfahren, was hier vorgegangen ist* 谁都不会知道,这里发生了什么事情 3. ***irgendwie v.*** in e-r bestimmten Art u. Weise etw. tun od. bestimmte Mittel anwenden 对待,对付,采取措施,采取行动,使用某种办法〈brutal, energisch, geschickt, schlau, zögernd, raffiniert v. 采取粗暴的、有力的、巧妙的、机智的、犹豫不决的、精明的措施(办法)〉: *Um das Problem zu lösen, muss man schrittweise v.* 为了解决问题,必须一步一步地采取行动 ‖ K-(复合): **Vorgehens-**, **-weise** 4. ***gegen j-n/etw. v.*** gegen j-n/etw. einschreiten, kämpfen 采取措施(行动)对付…〈gerichtlich gegen j-n v. 对某人采取法律行动〉: *gegen die Mückenplage mit Insektenspray v.* 用灭虫喷雾剂对付蚊虫骚扰; *Die Polizisten gingen mit Tränengas gegen die Demonstranten vor* 警察用催泪性毒气对付游行示威者 5. ***j-d/etw. geht vor*** j-d/etw. ist wichtiger als j-d/etw. anderes(人/物作主语)居优先地位,更重要 ≈ j-d/etw. hat Vorrang: *Sicherheit geht vor!* 安全优先,安全第一! 6. (***irgendwohin***) ***v.*** *gespr* [口]; nach vorne gehen 走到前面去〈bis zur vordersten Reihe v. 向前走到最前排去〉7. *gespr* [口] ≈ vorausgehen: *Er hielt ihr die Türe auf u. sagte: „Bitte, gehen Sie vor!“* 他给她把门拉开并且说:“请您先走!” ‖ *zu*(义项) 3. u. 4. **Vor·ge·hen** *das*; *-s*; *nur Sg*(只用单数) ‖ ▶ **Vorgang**

vor·ge·la·gert *Adj*(形); *nicht adv*(不作状语); ***etw.*** (*Dat* 三格) ***v.*** 〈Inseln 岛屿〉so, dass sie vor e-r Küste liegen 座落在…前面的,位于…之前的: *die der deutschen Küste vorgelagerten Inseln* 那些座落在德国海滨的岛屿

Vor·ge·schich·te *die*; *nur Sg*(只用单数) 1. der früheste Zeitraum in der Geschichte der Menschen, von dem es keine schriftlichen Dokumente gibt 史前史,史前时代 2. alles, was in e-r bestimmten Angelegenheit vor dem jetzigen Zeitpunkt geschehen ist 以前的历史,来历,以前的经历,来龙去脉〈die V. e-r Krankheit, e-s Ereignisses, e-r Entscheidung 发病前的经历(病历),事件前的经历,决定前的情况; etw. hat e-e lange V. 某事有一个很长的来历〉‖ *zu*(义项) 1. **vor·ge·schicht·lich** *Adj*(形)

Vor·ge·schmack *der*; *nur Sg*(只用单数); ***ein V.*** (***von etw.***) ein Eindruck von etw., der zeigt, wie das Ganze einmal sein wird 最初印象(体会),初步感觉(感受)〈e-n V. von etw. bekommen 获得对某事的最初印象; j-d/etw. gibt j-m e-n kleinen V. von etw. 某人/某物给某人提供了对某物的一点最初印象〉

Vor·ge·setz·te *der*; *-n*, *-n*; j-d, der in e-r Firma, beim Militär, in e-m Amt *o.Ä.* e-n höheren Rang hat u. so bestimmt, was andere Personen machen müssen 上级,上司〈j-s unmittelbarer Vorgesetzter 某人的顶头上司〉‖ NB(注意): *ein Vorgesetzter*; *der Vorgesetzte*; *den*, *dem*, *des Vorgesetzten*

vor·ges·tern *Adv*(副); an dem Tag, der vor gestern war 前天 ≈ vor zwei Tagen: *die Zeitung von v.* 前天的报纸 ‖ ID [谚] ***von v. sein*** *gespr* [口]; nicht über die neueste Entwicklung informiert sein 是老一套 ‖ *hierzu*(派生) **vor·gest·rig** *Adj*(形)

vor·grei·fen (*hat*) [Vi](不及物) 1. (***j-m***) ***v.*** *geschr* [书]; schneller od. früher als j-d anderer etw. sagen od. tun 抢先说,抢先做,抢在…前头 ≈ j-m zuvorkommen: *Ich möchte*

V

Ihnen nicht v., aber wir sollten zunächst vielleicht doch über die Finanzierung des Projekts sprechen 我不想抢您的先，但是我们首先大概应该谈谈为项目筹措资金的问题 **2. etw.** (*Dat* 三格) ***v.*** *geschr* [书]; zu schnell handeln, ohne etw. Bestimmtes abzuwarten (auf das man hätte warten sollen) 抢先在…之前采取行动 〈e-m Beschluss, e-r Entscheidung, e-r Stellungnahme v. 抢先在作出决议之前、在作出决策之前、在表明态度之前采取行动〉 **3.** bei e-m Bericht od. e-r Erzählung von etw. sprechen, das erst später kommen sollte 抢先说出，抢先告诉，抢先报道，抢先发表 ≈ etw. vorwegnehmen ‖ *zu* (义项) **2.** u. **3. Vor·griff** *der*

vor·ha·ben; *hat vor, hatte vor, hat vorgehabt*; [Vt] (及物) ***etw. v.*** die Absicht haben, etw. zu tun 打算，计划，企图 ≈ beabsichtigen 〈viel, nichts, Großes v. 打算做许多事情，没有什么打算，有一个很大的计划〉: *Was hast du am Sonntag vor?* 星期天你有什么打算？; *Er hat vor, sein Haus zu verkaufen* 他打算卖掉自己的房屋

Vor·ha·ben *das*; *-s, -*; *geschr* [书]; etw., das man tun will 计划，意图，打算 ≈ Plan, Absicht 〈ein schwieriges, umfangreiches V. 困难的、规模很大的计划; ein V. ausführen, verwirklichen 实行、实现一种打算; j-m von seinem V. abraten 劝某人放弃他的打算〉 ‖ -K (复合): **Bau-, Forschungs-**

vor·hal·ten (*hat*) [Vt] (及物) **1.** (***j-m/sich***) ***etw. v.*** etw. vor j-n/sich halten 把…持于…前面 〈sich (*Dat* 三格) beim Gähnen die Hand v. 打呵欠时用手掩着自己的嘴巴; j-m e-n Spiegel v. 拿着镜子让某人照〉 **2. *j-m etw. v.*** j-m sehr direkt sagen, was er falsch gemacht hat 责备，批评，指责 ≈ j-m etw. vorwerfen; [Vi] (不及物) **3. *etw. hält*** + *Zeitangabe* (时间说明语) ***vor*** etw. reicht für e-e bestimmte Zeit (物作主语) 维持，够用 (一段时间): *Das Essen hielt nicht lange vor* (= wir bekamen bald wieder Hunger) 这种食物不耐饱，这种食物不经饿 ‖ NB (注意): *mst* verneint (多用否定句)

Vor·hal·tung *die*; *-, -en*; *mst* 多用 ***j-m (wegen etw.) Vorhaltungen machen*** ≈ j-m Vorwürfe machen

vor·han·den *Adj* (形); *nicht adv* (不作状语); so, dass es da ist, existiert 现有的，现存的，手头有的，: *Die vorhandenen Freikarten waren schnell vergeben* 现有的免费入场券很快就分发完了; *Vom Vermögen seines Vaters ist nichts mehr v.* 他父亲的财产什么也没有留存下来 ‖ *hierzu* (派生) **Vor·han·den·sein** *das*; *-s*; *nur Sg* (只用单数)

Vor·hang *der*; *-(e)s, Vor·hän·ge* **1.** ein langes Stück Stoff, das *mst* neben e-m Fenster hängt u. das man vor das Fenster ziehen kann 帘，帷，幔 ≈ Gardine 〈e-n V. aufziehen, zuziehen 把窗帘拉开、拉上; die Vorhänge öffnen, schließen, aufhängen, abnehmen 把帷幔(窗帘)拉开、合上、挂起来、摘下来〉 ‖ K- (复合): **Vorhang-, -ring, -stange, -stoff** ‖ -K (复合): **Plüsch-, Samt- 2.** der V. (1) vor der Bühne e-s Theaters 幕，帷幕，幕布 〈der V. fällt, geht auf, hebt sich, senkt sich, öffnet sich 幕落下、升起、上升、落下、拉开〉 ‖ ↑ *Abb. unter* 图见 **Theater 3. *der Eiserne V.*** *hist* [历]; verwendet als Bezeichnung für die (ideologische) Grenze zwischen den Ländern des kapitalistischen Westens u. des sozialistischen Ostens nach dem 2. Weltkrieg 铁幕(指第二次世界大战后西方资本主义国家和东方社会主义国家之间在政治和意识形态上的对立)

Vor·hän·ge|schloss *das*; ein Schloss[1], das nicht in e-r Tür eingebaut ist, sondern das davor gehängt wird 挂锁

Vor·haut *die*; die Haut, die den vorderen Teil des Penis (die Eichel) bedeckt (阴茎的) 包皮

vor·hei·zen (*hat*) [Vt] (及物) ***etw. v.*** *mst* den Backofen, das Backrohr vor dem Backen warm werden lassen 预先加热

vor·her, vor·her *Adv* (副); vor e-m bestimmten Zeitpunkt 早先，以前，事先，事前 ≈ zuvor ↔ nachher, danach 〈kurz v. 不久以前; am Tag v. 在前一天; zwei Wochen v. 两个星期以前; etw. v. sagen, wissen 事先说、知道某事〉: *Das hättest du v. sagen müssen!* 这事你本该早说!; *Konntest du dir das nicht v. überlegen?* 你就不能事先把这事考虑一下? ‖ NB (注意): *etw. vorher sagen* (事先说某事) (getrennt geschrieben 分开写) = etw. vor e-m bestimmten Zeitpunkt sagen, aber 但是: *etw. vorhersagen* (预言，预报某事) (zusammengeschrieben 连写) = sagen, was in der Zukunft geschehen wird

vor·her·be·stimmt *Adj* (形); *mst in* 多用于 ***es ist (j-m) v., dass ...*** etw. ist j-s Schicksal …是某人命中注定的

vor·he·ri·g- *Adj* (形); *nur attr, nicht adv* (只作定语，不作状语); vor e-m bestimmten Zeitpunkt od. vor der eigentlichen Handlung 以前的，先前的; 事先的，事前的，预先的 〈ohne vorherige Warnung 没有事先警告; nur nach vorheriger Anmeldung, Absprache 只是按照以前的(或事先的)通知、约定〉

Vor·herr·schaft *die*; *nur Sg, geschr* (只用单数) [书]; die Macht *bes* in der Politik, in der Wirtschaft od. in der Kultur (von der andere abhängig sind) (政治、经济或文化上的) 统治地位，优势地位，统治权，优势 ≈ Vormachtstellung 〈die V. anstreben, ausüben, erlangen 力求取得统治地位，行使统治权，获得统治地位; um die V. kämpfen, streiten 为争得统治地位而斗争、争辩〉

vor·herr·schen (*hat*) [Vi] (不及物) ***etw. herrscht vor*** etw. ist stärker od. weiter verbreitet als etw. Ähnliches (物作主语) 占上风，占优势，居支配地位，占统治地位 ≈ etw. dominiert, überwiegt 〈e-e Ansicht, ein Geschmack, e-e Meinung, e-e Mode, ein Klima 观点，爱好，意见，时装，气候〉

Vor·her·sa·ge *die*; *-, -n*; ***die V. (über etw.*** (*Akk* 四格)) e-e Aussage über zukünftige

V

Entwicklungen *o. Ä.* 预告，预报，预言 〈e-e langfristige V. 长期预报；e-e V. erfüllt sich 预报应验了，预言兑现了〉：*Die V. über den Ausgang der Wahlen hat sich bestätigt* 关于选举结果的预言得到了证实 ‖ -K(复合)：***Wetter-***

vor·her·sa·gen；*sagte vorher, hat vorhergesagt*；Vt（及物）(***j-m***) ***etw. v.***（j-m) sagen, dass etw. später geschehen wird 预告，预报，预言 〈ein Gewitter, e-e Katastrophe, e-n Schneesturm v. 预报雷雨、灾害、暴风雪〉 ‖ *hierzu*（派生）**vor·her·sag·bar** *Adj*（形）

vor·her·se·hen；*sieht vorher, sah vorher, hat vorhergesehen*；Vt（及物）***etw. v.*** wissen, was in der Zukunft geschieht 预见到，预料到，预感到 ≈ voraussehen：*Er konnte nicht v., welche Folgen die Erfindung haben würde*/dass *er so großen Erfolg haben würde* 他未能预见到，这项发明会产生什么后果/他会取得这样大的成就 ‖ *hierzu*（派生）**vor·her·seh·bar** *Adj*（形）

vor·hin, vor·hin *Adv*（副）；vor wenigen Minuten, gerade (eben) 刚才，刚刚：*V. schien noch die Sonne, u. jetzt regnet es schon wieder* 刚才还有太阳，现在就又下起雨来了

vor·hi·nein *Adv*（副）；*nur in* 只用于 ***im V.*** schon vorher 事先，预先，一开始就 ≈ von vornherein 〈etw. im V. ablehnen, verurteilen 事先就拒绝、谴责某事〉

Vor·hof *der* **1.** ein kleiner Hof vor e-m großen Gebäude 前院 〈der V. e-s Tempels, e-r Burg 寺庙的，城堡的前院〉 **2.** MED【医】；eine der beiden Kammern des Herzens, in die das Blut fließt, das vom Körper zum Herzen kommt 心房

Vor·hut *die*；-；*nur Sg, Kollekt*（只用单数，集合），MIL【军】；e-e Gruppe von Soldaten, die der Truppe vorausmarschiert od. vorausfährt (um den Weg zu erkunden u. zu sichern) 前卫，先遣部队 ↔ Nachhut

vo·ri·g- *Adj*（形）；*nur attr, nicht adv*（只作定语，不作状语）；direkt vor dem jetzigen Zeitpunkt *o. Ä.* 过去的，上次的，先前的，从前的 ≈ letzt- ↔ nächst-：*vorige Woche, vorigen Januar, Februar usw* 上个星期，去年一月份、二月份；*voriges Mal* 上一次；*die vorige Ausgabe der Zeitung* 报纸的前一版；*der vorige Präsident* 上一任总统，上届总统；*im Dezember vorigen Jahres* 在去年 12 月

Vor·jahr *das*；das vorige, vergangene Jahr 去年，上一年 ‖ K-(复合)：***Vorjahres-, -ernte, -sieger*** ‖ *hierzu*（派生）**vor·jäh·ri·g-** *Adj*（形）；*nur attr, nicht adv*（只作定语，不作状语）

vor·jam·mern (*hat*) Vt（及物）***j-m etw. v.*** *gespr* [口]；sich bei j-m laut u. lange über etw. beklagen 在…面前大声哭诉、哀诉

vor·kämp·fen, sich (*hat*) Vr（反身）***sich irgendwohin v.*** unter großen Schwierigkeiten zu e-r Stelle kommen 向前推进：*Die Feuerwehr kämpfte sich zum Zentrum des Brandes vor* 消防队奋力向前推进到火场中心

Vor·kämp·fer *der*；j-d, der viel dafür tut, dass e-e Idee od. e-e Lehre bekannt wird 先锋，先驱，开路先锋 ≈ Wegbereiter ‖ *hierzu*（派生）**Vor·kämp·fe·rin** *die*

vor·kau·en (*hat*) Vt（及物）***j-m etw. v.*** *gespr* [口]；j-m etw. sehr lange u. mit vielen Details erzählen od. erklären 详尽地反复讲解

Vor·keh·rung *die*；-, -*en*；*mst Pl*（多用复数）；eine der Maßnahmen, die vor etw. schützen sollen 防护措施，预防措施 ≈ Vorsorgemaßnahme 〈Vorkehrungen treffen 采取防护措施〉

Vor·kennt·nis *die*；*mst Pl*（多用复数）；Kenntnisse auf e-m bestimmten Gebiet, die man bereits erworben hat 初步知识，基础知识：*Dieser Sprachkurs ist für Teilnehmer mit Vorkenntnissen* 这个语言班是为具有基础知识的学员开办的

vor·knöp·fen (*hat*) Vt（及物）**1. *sich*** (*Dat* 三格) ***j-n v.*** *gespr* [口]；j-n für e-n Fehler od. für sein schlechtes Verhalten tadeln 当面斥责，当面训斥 **2. *sich*** (*Dat* 三格) ***etw. v.*** *gespr hum* [口][诙]；sich mit etw. beschäftigen 专心致志于，从事：*Jetzt werde ich mir das Kreuzworträtsel v.* 现在我将专心致志地研究填字游戏

vor·ko·chen (*hat*) Vt/i（及物/不及物）(***etw.***) ***v.*** die Speisen für e-e Mahlzeit vorher kochen, sodass man sie später nur warm zu machen braucht 事先把饭做好

vor·kom·men (*ist*) Vi（不及物）**1. *etw. kommt irgendwo vor*** etw. existiert irgendwo od. ist vorhanden（物作主语）存在，有：*Koalabären kommen nur in Australien vor* 树袋熊只存在于澳大利亚 **2. *etw. kommt*** (***j-m***) ***vor*** etw. passiert, geschieht (j-m)（物作主语）发生，出现；碰到，遇见：*So etwas/ So e-e Unverschämtheit ist mir noch nie vorgekommen!* 这样的事/这种无耻行径我还从来没有碰到过；Es *kann schon mal v.*, dass *man keine Lust zum Arbeiten hat* 可能会有这样的事，有人对工作没有兴趣 **3. *j-d/etw. kommt j-m irgendwie vor*** j-d/etw. macht e-n bestimmten Eindruck auf j-n（人/物作主语）看起来像，样子像，好像是，使人觉得 〈j-d/etw. kommt j-m bekannt, eigenartig, komisch, merkwürdig, seltsam vor 某人觉得，某人/某物很熟、特别、可笑、奇怪、古怪〉：Es *kam mir verdächtig vor*, dass *er seinen Namen nicht nennen wollte* 我觉得可疑的是他不想说出自己的名字；Es *kam mir* (*so*) *vor*, als ob *er das alles so geplant hätte* 我觉得他好像把这一切都计划好了的 **4. *j-d kommt sich*** (*Dat* 三格) ***irgendwie vor*** j-d hat das Gefühl, irgendwie zu sein（人作主语）觉得自己像…，自以为：*Ich kam mir wie ein König vor* 我觉得自己像个国王 **5.** *gespr* [口]；nach vorne kommen 到前面来 ‖ ID [谚] ***Wie kommst 'du mir eigentlich vor?*** *gespr* [口]；verwendet, um j-m zu sagen, dass man sein Verhalten unverschämt findet 你太放肆了！你究竟想干什么？

Vor·kom·men *das*；-*s*, - **1.** das Vorhandensein von Bodenschätzen (*mst* in großer Menge) 蕴藏，储藏 ‖ -K(复合)：***Erz-, Gold-, Kohle-, Kupfer-*** **2.** *nur Sg*（只用单数）；das Vorhandensein von etw. 存在，出现：*Das V. von Schlangen in diesem Gebiet ist normal* 在这个地区出现蛇是正常的

Vor·komm·nis *das*; *-ses*, *-se*; *geschr* ［书］; etw. *mst* Unangenehmes od. Ärgerliches, das geschieht 事件，不正常的情况 ≈ Vorfall: *Die Kundgebung verlief ruhig u. ohne besondere Vorkommnisse* 集会进行得很平静，没有发生特别的事件

Vor·kriegs- *im Subst*, *wenig produkiv*（构成名词，构词弱）; verwendet, um auszudrücken, dass das Genannte in die Zeit vor einem der beiden Weltkriege fiel 世界大战前的，大战前的; die ***Vorkriegszeit***, die ***Vorkriegsverhältnisse***

vor·la.den (*hat*) [Vt]（及物）*mst* 多用 ***j-d wird vorgeladen*** j-d wird offiziell aufgefordert, *bes* vor e-m Gericht od. der Polizei zu erscheinen（人作主语）被传讯，被传唤（出庭或到警察局）〈j-d wird als Zeuge, zur Verhandlung vorgeladen 某人作为证人被传唤，某人被传讯受审〉 ‖ *hierzu*（派生）**Vor·la·dung** *die*

Vor·la·ge *die* **1.** *nur Sg*（只用单数）; das Vorlegen (1) e-s Dokuments 展示，出示（证件等），提交，呈送：*etw. zur V. beim Standesamt benötigen* 需要把某物提交户籍登记处; *etw. nur gegen V. der Quittung erhalten* 只凭收据得到某物 **2.** e-e Art Plan od. ein Muster, nach dem man etw. (*mst* in Handarbeit) herstellt 图样，样品，模型：*Halte dich genau an die V.!* 你要准确遵照图样（制作）!; *Ich habe den Pullover zu eng gestrickt, weil ich keine V. hatte* 我把套头毛衣织得太窄了，因为我没有图样 ‖ -K（复合）: ***Bastel-***, ***Mal-***, ***Stick-***, ***Zeichen-*** **3.** *Admin* ［牍］; der Entwurf für ein neues Gesetz（法律）草案 ‖ -K（复合）: ***Gesetzes-***

vor·las.sen (*hat*) [Vt]（及物）***j-n v.*** *gespr* ［口］; (*bes* in e-m Geschäft od. an e-m Schalter) erlauben, dass j-d früher als man selbst bedient *o.Ä.* wird 让…先办：*j-n an der Kasse im Supermarkt v.* 让某人在超市收款处先付款

Vor·lauf *der* **1.** SPORT【体】; ein Lauf in der ersten Runde e-s Wettlaufs, bei dem man sich für die weitere Teilnahme am Wettlauf qualifiziert（径赛中的）预赛〈schon im V. ausscheiden 在预赛中就被淘汰〉 **2.** *nur Sg*（只用单数）; e-e Schaltung e-s Kassetten- od. Videogeräts *usw*, bei der das Band sich sehr schnell vorwärts bewegt 快进键 ↔ Rücklauf

vor·lau.fen (*ist*) [Vi] *gespr*（不及物）［口］ **1.** nach vorne laufen 向前跑 **2.** ≈ vorauslaufen

Vor·läu.fer *der* **1.** ***ein V.*** (+ *Gen* 二格) j-d, der als Erster e-e Idee, e-n Stil, e-e Weltanschauung *o.Ä.* hat, die erst später allgemein bekannt wird 先驱者，先行者，先锋，先辈，先导：*ein V. der abstrakten Malerei* 抽象派绘画的先驱 **2.** ***ein V.*** (+ *Gen* 二格) e-e frühe, noch wenig entwickelte, einfache Form e-s Geräts *o.Ä.* 前身，先导：*der Phonograph von Edison als V. des Plattenspielers* 爱迪生的留声机作为电唱机的前身 ‖ *zu*（义项）**1. Vor·läu·fe·rin** *die*

vor·läu.fig *Adj*（形）; nur vorübergehend gültig, nicht endgültig 暂时的，临时的 ≈ provisorisch ↔ endgültig 〈e-e Genehmigung, ein Ergebnis, e-e Regelung 批准，成果、结果，规定、规章〉: *Er wohnt v. bei seinem Freund, bis er e-e eigene Wohnung findet* 他暂时住在自己朋友家里，直到他找到自己的住房为止 ‖ *hierzu*（派生）**Vor·läu·fig·keit** *die*; *nur Sg*（只用单数）

vor·laut *Adj*（形）; so, dass man überall seine Meinung sagt, auch wenn man nicht danach gefragt wurde 多嘴的，爱抢着说话的，说话冒冒失失的 ↔ schüchtern 〈ein Kind, ein Schüler 孩子，学生; v. fragen 爱管闲事地插嘴询问〉

vor·le.gen (*hat*) [Vt]（及物）**1.** (***j-m***/〈e-r Behörde *o.Ä.* 当局〉) ***etw. v.*** ein Dokument zu e-r Behörde *o.Ä.* bringen (*bes* wenn man e-n Antrag stellen will) 呈送，呈递，提交，递交〈(j-m) ein Attest, Beweismaterial, e-e Bescheinigung, seine Papiere, seine Zeugnisse v. 把医生证明、证明材料、证件、自己的证件，自己的证书交给（提交）某人〉 **2.** ***j-m etw.*** (***zu etw.***) ***v.*** *geschr* ［书］; j-m etw. geben, damit er es bearbeiten kann 提出，交给：*j-m e-e Anfrage (zur Beantwortung), e-n Brief (zur Unterschrift), ein Gutachten (zur Prüfung) v.* 向某人提出质询（要求答复），把信交给某人（签字），把鉴定给某人（检查） **3.** (***j-m***) ***etw. v.*** etw. der Öffentlichkeit bekannt machen 拿出，发表〈ein Buch, wichtige Ergebnisse v. 拿出一本书，拿出重要成果〉: *Der Autor legt seinen zweiten Roman vor* 作者发表了自己的第二部长篇小说 **4.** *mst* 多用 ***ein scharfes Tempo v.*** *gespr* ［口］; (zu Beginn e-s Wettkampfs *o.Ä.*) ganz schnell sein（比赛）一开始就加速 ‖ ▶ ***Vorlage***

Vor·leis.tung *die*; *geschr* ［书］; e-e Leistung od. Arbeit, bevor *bes* ein Vertrag geschlossen wird 预付，预付款；预交货: *Keiner der Verhandlungspartner war zu Vorleistungen bereit* 没有一个谈判伙伴愿意预先付款

vor·le.sen (*hat*) [Vt/i]（及物/不及物）(***j-m***) (***etw.***) ***v.*** etw. laut lesen, damit andere es hören 朗读：*den Kindern Märchen v.* 给孩子们朗读童话 ‖ K-（复合）: ***Vorlese-***, ***-wettbewerb***

Vor·le.sung *die*; ***e-e V.*** (***über etw.*** (*Akk* 四格)) ein Vortrag od. e-e Reihe von Vorträgen über ein bestimmtes Thema, die ein Professor od. Dozent regelmäßig für die Studenten seiner Universität hält（大学）讲课，大课〈e-e V. halten 讲大课; in die V. gehen 去上大课; e-e V. besuchen 听大课〉 ‖ K-（复合）: ***Vorlesungs-***, ***-beginn***, ***-verzeichnis***

vor·le.sungs.frei *Adj*（形）;〈die Zeit 时间〉so, dass während dieser Zeit an den Universitäten keine Vorlesungen *o. Ä* stattfinden（大学）没有课的，没有大课的

vor·letz.t- *Adj*（形）; *nur attr*, *nicht adv*（只作定语，不作状语）**1.** direkt vor dem Letzten e-r bestimmten Reihe od. Gruppe 倒数第二的：*auf der vorletzten Seite der Zeitung* 报纸的倒数第二版; *Der Letzte u. der Vorletzte der Tabelle steigen ab* 积分榜上的最后一名和倒数第二名降级 **2.** zeitlich direkt vor dem letzten 上

V

上的: *vorletzte Woche* (= nicht letzte Woche, sondern die Woche davor) 上上个星期; *vorletzten Mittwoch* 上上个星期三

Vor·lie·be *die*; *mst Sg*(多用单数); **e-e V.** (**für j-n/etw.**) (*mst Pl* 多用复数)) ein besonderes Interesse für 偏爱,嗜好,爱好 ≈ Neigung: *Er hat e-e V. für Blondinen/schnelle Autos* 他喜欢金黄头发的女子/速度快的汽车; *Sie trägt mit V.* (= am liebsten) *kurze Röcke* 她喜爱穿短裙

vor·lieb·neh·men; *nimmt vorlieb, nahm vorlieb, hat vorliebgenommen*; Vi (不及物) **mit j-m/etw. v.** *geschr* [书]; mit j-m/etw. zufrieden sein, obwohl man j-d anderen/etw. anderes erwartet od. gewollt hat 将就,凑合着用: *mit e-r kleinen, lauten Wohnung v. müssen* 不得不将就着住窄小而嘈杂的住房

vor·lie·gen (*hat*) Vi (不及物) **1. etw. liegt (j-m) vor** etw. ist zu j-m gebracht worden, um geprüft od. bearbeitet zu werden(物作主语)在…手中,在…面前摆着,已交给…(处理或审核) 〈ein Antrag, e-e Anfrage, ein Gutachten, Pläne 申请,咨询,鉴定,计划〉: *Uns liegen so viele Bestellungen vor, dass sich die Lieferung etwas verzögern wird* 我们手中有许多定单,因此,交货将会推迟一点 **2. etw. liegt vor** etw. ist fertig gedruckt, veröffentlicht(物作主语)出版,印好〈ein Buch 书〉: *Die neueste Ausgabe des Wörterbuchs liegt jetzt vor* 词典的最新版现在已经出版 **3. etw. liegt (gegen j-n) vor** etw., das für die Beurteilung von etw. relevant ist, ist vorhanden od. bekannt(物作主语)已具备,存在,明摆着〈Anhaltspunkte, Gründe, der Verdacht 根据,理由,嫌疑〉: *Er wurde freigelassen, da gegen ihn nichts vorlag* 他被释放了,因为没有任何指控他的理由 **4. etw. liegt vor** es handelt sich um etw.(物作主语)涉及,关系到〈Brandstiftung, ein Irrtum, ein Missverständnis 纵火,错误,误解〉: *Ein Verschulden des Taxifahrers liegt nicht vor* 这里牵涉不到出租汽车司机的过错

vor·lü·gen (*hat*) Vt (及物) **j-m etw. v.** *gespr* [口]; j-m Lügen erzählen 撒谎,说假话

vorm *Präp mit Artikel*(介词与冠词合写); *gespr* [口]; vor dem

vor·ma·chen (*hat*) Vt (及物) **1. (j-m) etw. v.** j-m zeigen, wie etw. gemacht wird, damit er es dann auch selbst kann 给…做示范,把…做给…看 ≈ vorführen: (*j-m*) *e-n Handstand v.* (给某人)做倒立示范; *j-m v., wie man ein Rad wechselt* 给某人做示范,怎样更换车轮 **2. j-m etw. v.** *gespr* [口]; j-n mit Lügen od. mit e-m Trick täuschen 耍弄,蒙骗,愚弄: *Ich lasse mir nichts v.!* 我决不受别人耍弄!; *Mir kann keiner was v.!* 谁也蒙骗不了我! **3. sich** (*Dat* 三格) **etw. v.** von etw. (*mst* Positivem) überzeugt sein, das nicht der Wirklichkeit entspricht 用…欺骗自己、哄骗自己: *Mach dir doch nichts vor, du hast doch keine Chance, die Stelle zu bekommen!* 你别骗自己了,你没有机会获得这个职位; *Wir wollen uns doch nichts v.* (= Lasst uns doch offen miteinander reden) 我们不要互相掩饰了(让我们开诚布公地谈一谈吧!)

Vor·macht *die*; *nur Sg*(只用单数) ≈ Vorherrschaft, Hegemonie ‖ K-(复合): **Vormacht-, -stellung**

vor·ma·li·g- *Adj*(形); *nur attr, nicht adv, geschr*(只作定语,不作状语)[书] ≈ ehemalig

vor·mals *Adv*(副); *geschr* [书] ≈ früher, ehemals

Vor·marsch *der* **1.** die Bewegung der Truppe in die Richtung des Feindes(部队)前进,推进,进军 ↔ Rückzug 〈Truppen *o. Ä.* sind auf dem V. 部队等正在进军中〉 **2. etw. ist auf dem V., etw. befindet sich auf dem V.** etw. breitet sich aus, etw. wird überall bekannt(物作主语)广泛传播,众人皆知〈e-e Idee, e-e Mode, e-e Seuche 思想,时装式样,流行病〉

vor·mer·ken (*hat*) Vt (及物) **1. sich** (*Dat* 三格) **etw. v.** etw. aufschreiben, damit man später daran denkt 预先登记、记下、写下(指事) 〈e-n Termin, e-e Bestellung v. 预先登记日期,把预订登记下来〉 **2. j-n (als/für etw.) v.** aufschreiben, dass j-d an etw. Interesse hat od. an etw. teilnehmen möchte 登记,报名(指人)〈sich als Teilnehmer v. lassen 报名参加; j-n für e-n Kurs v. 给某人报名参加培训班〉 ‖ K-(复合): **Vormerk-, -buch** ‖ *hierzu*(派生) **Vor·mer·kung** *die*

Vor·mie·ter *der*; der Mieter, der direkt vor j-d anderem in e-r Wohnung wohnte 前一个房客 ↔ Nachmieter ‖ *hierzu*(派生) **Vor·mie·te·rin** *die*

Vor·mit·tag *der* **1.** die Zeit zwischen dem Morgen u. 12 Uhr 上午〈am V. 在上午〉‖-K (复合): **Sommer-, Winter-; Sonntag-, Montag-** *usw* **2.** am V. (1) 在上午 ↔ Nachmittag 〈gestern, heute, morgen V. 昨天,今天,明天上午〉‖ NB (注意): Mit den Namen von Wochentagen zusammengeschrieben (与星期几连写): *Er kam Sonntagvormittag* 他星期日上午来过

vor·mit·tags *Adv*(副); am Vormittag 在上午 ↔ nachmittags

Vor·mund *der*; *-(e)s, -e/Vor·mün·der*; j-d, der für ein Kind die Eltern vertritt od. für e-n geistig kranken Menschen Entscheidungen trifft (u. für ihn *z. B.* Verträge unterschreibt)(未成年人或精神病患者的)监护人,保护人〈j-n zum V. bestellen 委托某人作监护人〉

Vor·mund·schaft *die*; *-, -en*; das rechtliche Verhältnis zu e-m Kind ohne Eltern od. zu e-m geistig kranken Menschen, für die man Entscheidungen trifft 监护,保护,监护人的职责,监护人的身份〈j-m die V. übertragen, entziehen 委托某人监护,撤销某人的监护人身份; j-n unter V. stellen 使某人受监护; unter V. stehen 受监护〉: *Als seine Eltern starben, übernahm sein Onkel die V. für ihn* 当他父母去世时,他叔父做了他的监护人 ‖ K-(复合): **Vormundschafts-, -gericht**

vorn *Adv*(副) **1. nach/von v.** in die/aus der Richtung, in die j-d blickt 朝前面/从前面 ↔

nach/von hinten 〈nach v. sehen, gehen 朝前面看,朝前面走〉: *Der Wind kam von v.* 风从前面吹来 **2.** auf der vorderen Seite 在前面,在前边 ↔ hinten: *Der Rock ist v. länger als hinten* 裙子前边比后边长 **3.** im vorderen Teil od. am vorderen Rand 在前面,在前边 ↔ hinten: *Der kleine Junge steht am liebsten v. neben dem Busfahrer* 小男孩最喜欢站在前边公共汽车司机旁边; *weiter v. im Buch* 书中很前面 **4.** ***j-d ist/liegt v.***; 〈Personen 人们〉 ***sind/liegen v.*** j-d ist auf dem ersten Platz/Personen sind auf einem der ersten Plätze (bei e-m Rennen *o.Ä.*)(人作主语)领先,处于领先地位 **5.** ***von v.*** von neuem 重新,从头 〈wieder von v. (mit etw.) anfangen (müssen)(必须)再从头开始,再重新开始〉 **6.** ***von v. bis hinten*** *gespr* [口] ≈ ganz, vollständig: *Was er sagt, ist von v. bis hinten erlogen!* 他说的彻头彻尾是捏造!

Vor·na·me *der*; der Name, den man zusätzlich zum Familiennamen bekommt u. mit dem man in der Familie u. von Freunden angeredet wird 名,名字: *Sein V. ist Hans* 他的名字是汉斯; *Mit Vornamen heißt er Hans* 他名叫汉斯

vor·ne *Adv*(副); ↑ ***vorn***

vor·nehm *Adj*(形) **1.** sehr gepflegt u. sehr teuer 雅致的,优美的,讲究的,豪华的 ≈ elegant ↔ ärmlich 〈e-e Einrichtung, ein Geschäft, ein Hotel, e-e Straße, ein Stadtviertel 设备,商店,旅馆,街道,城区; v. wohnen 居住高雅; v. gekleidet 衣着考究〉 **2.** mit gutem u. großzügigem Charakter 大度的,有气派的,慷慨大方的,高尚的,有教养的 ≈ edel (1), nobel ↔ gemein 〈ein Mensch, e-e Gesinnung, e-e Haltung 人,思想,举止〉 **3.** 〈e-e Familie, die Gesellschaft 家庭,社会〉 so, dass sie zur Oberschicht gehören 高贵的,上流的 **4.** ***v. tun*** *gespr pej* [口][贬]; sich so verhalten, als wäre man v. (3)摆出一副傲慢的样子(了不起的派头) ‖ *hierzu*(派生) **Vor·nehm·heit** *die*; *nur Sg*(只用单数)

vor·neh·men (*hat*) [Vt] (及物) **1.** ***etw. v.*** *geschr* [书]; (als Beamter *o.Ä.*) etw. Wichtiges od. Offizielles tun 履行,执行,进行 〈e-e Amtshandlung, Kontrollen, e-e Untersuchung, die Trauung v. 履行职责,进行监督,进行检查,举行结婚仪式〉 **2.** ***sich*** (*Dat* 三格) ***j-n v.*** *gespr* [口]; j-n streng tadeln 训斥,斥责 ≈ sich j-n vorknöpfen: *Er nahm sich seinen Sohn gründlich vor, als dieser sich geprügelt hatte* 他的儿子打架后,他狠狠训斥了他一顿 **3.** ***sich*** (*Dat* 三格) ***etw. v.*** etw. planen od. beschließen 计划做,决定做: *Nimm dir nicht zu viel vor!* 你别把计划做得太大!; *Für das neue Jahr hat er sich vorgenommen, mit dem Rauchen aufzuhören* 他决定在新的一年把烟戒掉 **4.** ***sich*** (*Dat* 三格) ***etw. v.*** sich mit etw. (gründlich) beschäftigen 开始着手,忙于 ‖ *zu*(义项) **1. Vor·nah·me** *die*; -; *nur Sg*(只用单数)

vor·nehm·lich *Adv* (副); *geschr* [书] ≈ hauptsächlich, insbesondere

vor·ne·weg *Adv*(副) ≈ vorweg

vorn·he·rein *Adv*(副); *mst in* 多用于 ***von v.*** von Anfang an 一开始 〈etw. von v. ablehnen, sagen, wissen 一开始就拒绝、告诉、知道某事〉

vorn·über *Adv*(副); nach vorne 向前,朝前

vorn·über|beu·gen, sich; *beugte sich vornüber, hat sich vornübergebeugt*; [Vr] (反身) ***sich v.*** sich nach vorne beugen 向前弯身子,躬身向前

vorn·weg, vorn·weg *Adv*(副) ≈ vorweg

Vor·ort *der*; ein (*mst* kleiner) Ort am Rande e-r großen Stadt 市郊,郊区 ↔ Zentrum: *Wohnst du im Zentrum von Köln od. in e-m V.?* 你住在科隆市中心还是郊区? ‖ K-(复合): ***Vorort-, -bahn, -straße, -verkehr, -zug*** ‖ -K(复合): ***Arbeiter-, Villen-***

Vor·platz *der*; ein freier Platz (1) vor e-m großen Gebäude 建筑物前面的场地 ‖ -K(复合): ***Bahnhofs-***

vor·pre·schen (*ist*) *gespr* [口]; [Vi] (不及物) **1.** sich mit hoher Geschwindigkeit nach vorne bewegen 向前飞奔,向前疾驰 〈ein Angreifer, ein Läufer, ein Sprinter 进攻者,赛跑运动员,跳高(或跳远)运动员〉 **2.** in e-r Verhandlung, Besprechung *o.Ä.* etw. voreilig sagen(在谈判中)过早地说出

vor·pro·gram·miert *Adj*(形), *nicht adv*(不作状语); so, dass es mit Sicherheit geschieht, eintritt *o.Ä.* 事先规划好的,事先策划好的,事先考虑到的〈ein Erfolg, ein Konflikt, e-e Niederlage 成功,冲突,失败〉

Vor·rang *der*; *nur Sg*(只用单数); **V.** (***vor j-m/etw.***) die größere Bedeutung als e-e andere Person od. Sache 优先(地位),优先权 〈V. gegenüber, vor j-m/etw. haben 与某人/某物相比,有优先地位(更重要); j-m den V. streitig machen 与某人争优先权〉 ‖ K-(复合): ***Vorrang-, -stellung***

vor·ran·gig *Adj*(形) **1.** *nicht adv*(不作状语); so, dass es wichtiger als etw. anderes ist 有优先地位的,特别重要的,首要的 〈ein Anliegen, e-e Aufgabe 请求,任务〉 **2.** *nur adv*(只作状语); zuerst, als Erstes 首先 〈etw. v. behandeln, erledigen 首先处理、办理某事〉 ‖ *hierzu*(派生) **Vor·ran·gig·keit** *die*; *nur Sg*(只用单数)

Vor·rat *der*; -(*e*)*s*, *Vor·rä·te*; *Kollekt*(集合); e-e Menge von etw., die man aufbewahrt, damit man immer genug davon hat 存货,储存,储备,贮存,库存 ≈ Reserve 〈ein begrenzter, unerschöpflicher V. 有限的、取之不尽的储备; ein V. an/von Getreide, Lebensmitteln, Kohlen 粮食、食品、煤炭储备; der V. geht zu Ende, ist aufgebraucht 库存快用完了、已经用完; e-n V. anlegen 建立储备〉 ‖ K-(复合): ***Vorrats-, -kammer, -keller, -raum, -wirtschaft*** ‖ -K(复合): ***Getreide-, Lebensmittel-, Waren-, Winter-***

vor·rä·tig *Adj*(形); *mst präd, nicht Adv*(多作表语,不作状语); im Lager vorhanden 有储存

的,有储备的,有库存的,有存货的〈Waren, Produkte sind v. 货物、产品有库存; etw. v. haben 某物有存货〉

Vor·raum *der*; ein kleiner Raum vor e-r Wohnung, e-m Amts- od. Dienstzimmer 前室,前厅: *Bitte warten Sie im V.!* 请您在前厅等候!

vor·rech·nen (*hat*) [Vt] (及物) **1. (*j-m*) *etw.* v.** etw. langsam rechnen, um j-m zu zeigen, wie man es machen muss 把…演算给…看,当…面演算: *Wer kann die Aufgabe an der Tafel v.?* 谁能在黑板上演算这道题? **2. *j-m etw.* v.** ganz genau aufzählen, was man j-m vorzuwerfen hat 数落,逐一指责: *Sein Chef rechnete ihm vor, was er in letzter Zeit alles versäumt hatte* 他的上司逐一指责了他近来耽误的所有事情

Vor·recht *das*; ein besonderes Recht, das nur wenige haben 优先权,特权 ≈ Privileg 〈ein V. genießen 享受优先权(特权); j-m ein V. einräumen 把特权让给某人〉

Vor·re·de *die* **1.** *gespr* [口]; einleitende Sätze, die j-n auf e-e Mitteilung vorbereiten sollen 开场白,开头说的话: *Erzähl, was los war u. halte keine langen Vorreden!* 你就说发生了什么事,别发表一大套开场白啦! **2.** *veraltend* [渐旧] ≈ Vorwort

Vor·rich·tung *die*; -, *-en*; e-e Konstruktion an e-m größeren Gegenstand, die e-e bestimmte Hilfsfunktion hat 装置,设置: *Der Lastwagen hat e-e V. zum Kippen* 载重汽车有倾卸装置 ‖ -K(复合): **Brems-**, **Dreh-**, **Halte-**

vor·rü·cken (*hat/ist*) [Vt] (及物) (*hat*) **1. *etw.* v.** etw. nach vorne schieben 向前挪动,把…往前推,把…移到前面: *Bevor die Maler kommen, müssen wir die Möbel v.* 在画家来到以前,我们必须把家具往前挪动一下; [Vi] (不及物) (*ist*) **2. *etw.* rückt vor** etw. bewegt sich langsam voran(物作主语)向前移动,慢慢过去〈der Uhrzeiger, die Stunden, die Zeit 钟表指针,钟点,时间〉 **3.** 〈Personen 人们〉 ***rücken vor*** mehrere Personen bewegen sich mit kleinen Schritten nach vorne(小步)往前挪动,向前移动 **4. *j-d*/〈e-e Mannschaft *o. Ä.* 运动队等〉 *rückt vor*** j-d/e-e Mannschaft *o. Ä.* kommt auf e-n höheren Rang(人/运动队等作主语)上升,进到,晋升,晋级: *Unsere Mannschaft ist auf den ersten Platz vorgerückt* 我们的运动队上升到第一位 **5.** 〈Truppen, Soldaten 部队,士兵们〉 ***rücken vor*** Truppen, Soldaten marschieren in die Richtung des Feindes 向前推进,行进 ‖ ID [谚] ***in vorgerücktem Alter*** *geschr* [书]; in e-m ziemlich hohen Alter 上了年纪,年纪不轻; ***zu/in vorgerückter Stunde*** *geschr* [书]; ziemlich spät 晚上相当晚,深夜时分

Vor·ru·he·stand *der*; ein freiwilliger (nicht durch Krankheit bedingter) Ruhestand vor dem normalen Rentenalter 自愿提前退休〈in den V. gehen 自愿提前退休〉

Vor·run·de *die*; *Kollekt*(集合), SPORT【体】**1.** die Spiele der ersten Hälfte der Meisterschaft 预赛,淘汰赛 ↔ Rückrunde **2.** die Spiele der ersten Runde e-s Turniers 第一轮比赛 ‖ K-(复合): ***Vorrunden-***, **-spiel**

vors *Präp mit Artikel* (介词与冠词合写); *gespr* [口]; vor das

vor·sa·gen (*hat*) [Vt/i] (及物/不及物) **1. (*j-m*) (*etw.*) v.** e-m Mitschüler heimlich e-e Antwort (auf e-e Frage des Lehrers) sagen 偷偷地把答案告诉某人; [Vt] (及物) **2. (*j-m*) *etw.* v.** etw. sagen, das andere wiederholen sollen 带着念,领着说,教…跟着念、说: *Der Lehrer sagt den englischen Satz langsam vor, die Schüler sprechen ihn nach* 教师先把英文句子念一遍,学生们跟着念 **3. *sich*** (*Dat* 三格) ***etw.* v.** etw. leise vor sich hin sagen, um es nicht zu vergessen 轻轻地自言自语(便于牢记)〈sich e-e Adresse, e-e Telefonnummer, Vokabeln v. 轻轻地念通讯地址、电话号码、单词〉

Vor·sai·son *die*; die Zeit (direkt vor der Hauptsaison), in der es noch ziemlich wenig Tourismus gibt 旅游(旺季前的)淡季 ↔ Nachsaison ‖ K-(复合): ***Vorsaison*(s)-**, **-preis**

Vor·satz *der*; ein Prinzip od. e-e Idee, an die man sich in Zukunft halten will 决心,意图 ≈ Entschluss〈e-n V. fassen 打定主意,下定决心; viele gute Vorsätze haben 有许多好主意; bei seinem V. bleiben 坚持自己的打算〉: *Er hat den festen V., weniger zu arbeiten* 他下定决心少做工作

vor·sätz·lich *Adj*(形); *nur attr od adv*(只作定语或状语), *geschr* [书]; mit voller Absicht 故意的,蓄意的 ≈ absichtlich ↔ versehentlich 〈j-n v. beleidigen 故意侮辱某人, etw. v. beschädigen 故意损坏某物〉 ‖ *hierzu* (派生) **Vor·sätz·lich·keit** *die*; *nur Sg*(只用单数)

Vor·schau *die*; ***e-e V.* (*auf etw.* (*Akk* 四格))** e-e Ankündigung von (Fernseh)Sendungen od. Veranstaltungen 预告: *e-e V. auf das heutige Abendprogramm* 今天晚间节目预告 ‖ -K(复合): ***Programm-***

Vor·schein *der*; *geschr* [书], *mst in* 多用于 **1. *etw.* kommt zum V.** etw. wird sichtbar 某物显露出来,露面: *Die Sonne kam kurz hinter den Wolken zum V.* 太阳在云层后露了一会儿脸 **2. *etw.* zum V. bringen** etw. irgendwo herausholen, sodass man es sehen kann 使显露出来

vor·schi·cken (*hat*) [Vt] (及物) **1. *j-n* v.** j-n beauftragen, etw. zu tun, was man selbst nicht tun möchte 派,委派,派遣: *Sie schicken immer ihren kleinen Bruder vor, wenn sie vom Opa Süßigkeiten wollen* 当他们想向爷爷要糖果吃时,他们总是支使弟弟去 **2. *etw.* v.** *gespr* [口]; etw. im Voraus irgendwohin schicken 预先送走

vor·schie·ben (*hat*) [Vt] (及物) **1. *etw.* v.** etw. nach vorne schieben 把…向前推,把…向前移动〈den Hut, die Mütze, die Unterlippe v. 把帽子、便帽向前推一下,把下嘴唇向前移动一下〉 **2. *etw.* v.** *mst* e-n Riegel vor e-e Tür od. ein Tor schieben, damit sie fest verschlossen sind 把门的插销插上,把门闩上 **3.**

V

etw.* v.** *geschr* [书]; etw. als Ausrede verwenden, wenn man den wahren Grund für etw. nicht nennen will 推托,假托,借口 ≈ vorschützen 〈Kopfschmerzen, e-e Verabredung, e-e dringende Besorgung v. 假托头痛、有约会、有急事〉 **4. *j-n* v.** *geschr* [书]; j-n für sich handeln lassen, damit es so aussieht, als habe man selbst nichts damit zu tun 把…推到前台〈e-n Strohmann v. 把代理人推到前台〉 ‖ ▶ ***Vorschub

vor·schie·ßen [Vt] (及物) (*hat*) **1. *j-m etw.* v.** *gespr* [口]; j-m e-n Teil e-r Geldsumme geben, die ihm erst später gegeben werden soll 预付,预支 ≈ j-m etw. vorstrecken: *Kannst du mir zehn Euro (von meinem Taschengeld) v.?* 你能不能(从我的零用钱中)先给我 10 欧元?; [Vi] (不及物) (*ist*) **2. *j-d/etw. schießt irgendwo vor*** *gespr* [口]; j-d/etw. bewegt sich sehr rasch nach vorn(人/物作主语)冲出,向前冲去 ‖ ▶ ***Vorschuss***

Vor·schlag *der*; der Rat od. die Empfehlung an j-n, etw. Bestimmtes zu tun 提议,建议 〈ein annehmbarer, diskutabler, guter, konkreter, konstruktiver V. 一个可以接受的、值得考虑的、好的、具体的、建设性的建议; e-n V. ablehnen, annehmen 拒绝、采纳一个建议; j-m e-n V. machen 向某人提出一个建议; auf e-n V. eingehen 接受一个建议〉: *Auf V. des Chefs findet der Betriebsausflug im Juli statt* 根据上司的建议,企业在 7 月组织郊游 ‖ -K(复合): ***Abrüstungs-, Kompromiss-, Verbesserungs-, Wahl-*** ‖ ID [谚] ***ein V. zur Güte*** ein V., wie man sich ohne Streit einigen könnte 和解的建议

vor·schla·gen (*hat*) [Vt] (及物) **1. (*j-m*) *etw.* v.** j-m e-n Rat od. e-e Empfehlung geben 提议,建议,提出: *Er schlug e-n Kompromiss vor* 他曾建议妥协; *Er schlägt vor, das Spiel abzubrechen* 他建议中止比赛; *Ich schlage vor, dass wir umkehren* 我建议我们返回 **2. *j-n* (*für/als etw.*) v.** j-n für e-e Aufgabe, als Kandidaten *o. Ä.* empfehlen 提议,推荐: *Sie hat Herrn Müller für den Posten des Kassenprüfers vorgeschlagen* 她提议让米勒先生担任财务检查员的职务; *Er wurde als neuer Trainer vorgeschlagen* 他被推荐为新的教练员 ‖ K-(复合): ***Vorschlags-, -recht***

vor·schnell *Adj*(形); zu schnell u. ohne genug Überlegung 匆忙的,仓促的,冒失的,轻率的 ≈ voreilig, übereilt 〈e-e Antwort, ein Entschluss 回答,决定; v. handeln, urteilen, entscheiden 轻率地行事,下判断,作出决定〉

vor·schrei·ben (*hat*) [Vt] (及物) **1. *j-m etw.* v.** j-m zeigen, wie man etw. schreiben muss 向…作书写示范,示范性地写,把…写给…看: *den Schülern ein schwieriges Wort v.* 给学生们作难字书写示范 **2. (*j-m*) *etw.* v.** j-m sagen od. befehlen, was er tun muss 规定,指定,命令,指示 ≈ anordnen, bestimmen: *j-m v., wie er sich verhalten soll, was er zu tun hat* 给某人规定,他应该怎样处事,他应该做什么; *j-m die Route v., die er fahren muss* 给某人规定他行车必须遵循的路线; *sich von j-m nichts v. lassen* 什么都不让某人管; *Das Gesetz, das Protokoll, die Verfassung schreibt vor, dass ...* 法律、议定书、宪法规定…

Vor·schrift *die*; e-e Bestimmung, die besagt, was man in e-m bestimmten Fall tun muss 规定,规章,准则 ≈ Anordnung 〈e-e strenge, genaue, dienstliche V. 严格的、明确的、公务上的规定; e-e V. beachten, befolgen, erlassen, verletzen 重视、遵照、公布、违犯规定; j-m Vorschriften machen 给某人作出规定; gegen die Vorschrift verstoßen 违反规定; sich an die Vorschriften halten 遵守规章; etw. genau nach V. tun 严格按照规定做某事〉 ‖ NB(注意): ↑ ***Dienst*** (10)

vor·schrifts·ge·mäß *Adj* (形) ≈ vorschriftsmäßig

vor·schrifts·mä·ßig *Adj*(形); so, wie es in den Vorschriften steht 合乎规定的,按照规定的,符合准则的 〈j-d ist v. abgesichert, gekleidet, angegurtet 某人按照规定作好了安全防护准备、着了装、系好了安全带; etw. ist v. verpackt 某物按照规定包装好了; etw. v. ausfüllen, bedienen, lagern, melden 按照规定完成、操作、存放、报告某事(某物)〉

vor·schrifts·wid·rig *Adj*(形); nicht so, wie es in der Vorschrift steht 违反规定的,违反规章的 ↔ vorschriftsmäßig 〈Überholen, ein Verhalten 超车,行为; v. parken 违章停车〉

Vor·schub *der*; *mst in* 多用于 ***j-d/etw. leistet j-m/etw. V.*** *geschr* [书]; j-d/etw. hilft, dass j-d/etw. sich (negativ) entwickelt, dass etw. Negatives Erfolg hat(人/物作主语)怂恿(做不好的事)/助长(坏事发展) ≈ j-d/etw. begünstigt j-n/etw.: *Wer sein Auto nicht abschließt, leistet den Dieben V.* 谁不锁好自己的汽车,谁就是怂恿小偷

Vor·schul·al·ter *das*; *nur Sg* (只用单数); das Alter e-s Kindes, kurz bevor es in die Schule kommt (also 5-6 Jahre) 学龄前年龄 〈ein Kind erreicht das V. 儿童达到学龄前年龄; ein Kind im V. 学龄前年龄的儿童〉

Vor·schu·le *die*; *nur Sg* (只用单数); e-e Art Schule für Kinder von 5-6 Jahren nach dem Kindergarten u. bevor sie in die (Grund)-Schule kommen 学龄前儿童训练班 ‖ K-(复合): ***Vorschul-, -erziehung, -kind***

Vor·schuss *der*; e-e Summe Geld, die man als Teil *z. B.* e-s Honorars im Voraus erhält 预付,预支,预付款,预支款(如酬金) 〈sich (*Dat* 三格) e-n V. geben lassen 让支付一笔预付款; um e-n V. von hundert Euro *o. Ä.* bitten 请求预支 100 欧元〉 ‖ K-(复合): ***Vorschuss-, -zahlung*** ‖ *hierzu*(派生) **vor·schuss·wei·se** *Adv*(副)

Vor·schuss|lor·bee·ren *die*; *Pl*, *hum* (复) [诙]; Lob, das man im Voraus gibt od. erhält 预支的桂冠,事先的称赞 〈V. ernten 事先受到称赞〉: *Der mit viel V. bedachte junge Pianist brachte nicht die Leistung, die man von ihm erwartete* 这个事先备受称赞的年轻钢琴家并没有取得人们对他所期望的成就

V

vor·schüt·zen (*hat*) [Vt] (及物) ***etw. v.*** *geschr* [书]; etw. Falsches als Ausrede angeben 假托,推托,借口,以…为挡箭牌 ≈ vorgeben

vor·schwär·men (*hat*) [Vi] (不及物) ***j-m*** (***von j-m/etw.***) ***v.*** (j-m) begeistert von j-m/etw. erzählen 向…兴奋地讲述,兴高彩烈地谈论: *Sie hat uns von ihrem neuen Freund vorgeschwärmt* 她向我们兴奋地叙述自己的新交的男朋友; *Er schwärmt mir immer vor, wie schön es im Urlaub war* 他总是眉飞色舞向我谈论休假时如何好

vor·schwe·ben (*hat*) [Vi] (不及物) ***etw. schwebt j-m vor*** etw. ist in j-s Vorstellung als Ziel od. als Ideal vorhanden(物作主语)(脑海中)浮现出,呈现出,浮现在…眼前

vor·schwin·deln (*hat*) [Vt] (及物) ***j-m etw. v.*** *gespr* [口]; j-m etw. erzählen, das nicht wahr ist 向…撒谎,说假话 ≈ vorlügen

vor·se·hen (*hat*) [Vt] (及物) **1.** ***etw. v.*** *geschr* [书] ≈ planen, beabsichtigen: *Für morgen ist e-e Bootsfahrt vorgesehen* 明天打算去划船; *Es war vorgesehen, dass uns der Bus am Hotel abholt* 计划用公共汽车在旅馆接我们 ‖ NB(注意): *mst* im Zustandspassiv(多用于状态被动句)! **2.** ***j-n für etw. v.*** planen, j-m e-e bestimmte Funktion zu geben 预定让…担任…,拟聘…担任…: *Man hat ihn für die Stelle des Inspektors vorgesehen* 拟聘他担任视察员职务; [Vr] (反身) **3.** ***sich*** (***vor j-m/etw.***) ***v.*** *geschr* [书]; in Bezug auf j-n/ etw. vorsichtig sein 小心,留神,提防 ‖ ▶ ***Vorsicht***, ***vorsichtig***

Vor·se·hung *die*; -; *nur Sg*, *geschr* (只用单数) [书]; e-e höhere Macht, von der man glaubt, dass sie das Schicksal der Menschen u. der ganzen Welt lenke 天意,天命 ⟨die göttliche V. 神的意旨⟩

vor·set·zen (*hat*) [Vt] (及物) **1.** ***e-n Fuß v.*** mit e-m Fuß einen Schritt nach vorn machen 用脚向前迈步,向前跨一步 **2.** ***j-m etw. v.*** j-m etw. zum Essen od. Trinken anbieten 给…端上 ⟨j-m ein Essen, ein Getränk v. 给某人端上饭菜、饮料⟩ **3.** ***j-m etw. v.*** *gespr pej* [口][贬]; etw. Schlechtes liefern, zeigen od. anbieten 给…提供、演出,用…款待: *So ein miserables Programm haben wir noch nirgends vorgesetzt bekommen!* 我们在哪个地方都还没有看过如此蹩脚的节目!

Vor·sicht *die*; *nur Sg* (只用单数) **1.** ein Verhalten, bei dem man sehr darauf achtet, dass kein Unfall u. kein Schaden entsteht 谨慎,小心,慎重,注意 ⟨größte, äußerste V. 十分谨慎,特别小心; V. üben, V. walten lassen 小心行事,谨慎从事; zur V. mahnen 要某人小心,提醒某人要留神; etw. mit der gebotenen, nötigen V. tun 以应有的、必要的谨慎做某事⟩ ‖ K-(复合): ***Vorsichts-***, ***-maßnahme***, ***-maßregel*** **2.** ***V.!*** verwendet, um j-n vor e-r Gefahr zu warnen(表示提醒)注意危险! 当心!: *V., bissiger Hund!* 当心,狗咬人!; *V., Stufe!* 注意台阶!; *V., der Zug fährt ab!* 注意,列车开了! ‖ ID [谚] ***V. ist die Mutter der Porzellankiste!*** *gespr hum* [口][诙]; man sollte immer vorsichtig sein 万事谨慎为好!; ***V. ist besser als Nachsicht*** man soll von Anfang an vorsichtig sein 事后宽容不如事先谨慎; ***j-d/etw. ist*** (***nur***) ***mit V. zu genießen*** *gespr* [口]; man muss j-m/e-r Sache gegenüber misstrauisch sein 和某人打交道要留神/对某事物要当心

vor·sich·tig *Adj* (形); darauf bedacht, dass kein Unfall u. kein Schaden entsteht 小心的,谨慎的,慎重的 ⟨ein Mensch, e-e Andeutung, e-e Frage 人,暗示,问题; etw. v. anfassen, öffnen 小心翼翼地抓住、打开某物; v. fahren, bremsen 小心谨慎地驾车、刹车⟩: *Du solltest auf diesen glatten Straßen etwas vorsichtiger fahren!* 你在这些平滑的马路上行车应该小心一点 ‖ *hierzu* (派生) **Vor·sich·tig·keit** *die*; *nur Sg* (只用单数)

vor·sichts·hal·ber *Adv* (副); aus Vorsicht, um ganz sicher zu sein 为谨慎起见,以防万一 ≈ sicherheitshalber: *Du solltest v. e-n Sitzplatz in dem Zug reservieren lassen* 为谨慎起见,你应该在火车上预订一个座位

Vor·sil·be *die* ≈ Präfix ↔ Nachsilbe: *„Vor-“, „ent-“ u. „ab-“ sind häufige Vorsilben im Deutschen* “Vor-”, “ent-” 和“ab-” 是德语中常见的前缀

vor·sin·gen (*hat*) [Vt] (及物) **1.** (***j-m***) ***etw. v.*** etw. für j-n singen 给…唱,为…演唱 ⟨j-m ein Lied, e-e Melodie v. 给某人唱一支歌、一段旋律⟩ **2.** (***j-m***) ***etw. v.*** etw. singen, damit andere es lernen 教唱,教…唱,领唱 ↔ nachsingen; [Vi] (不及物) **3.** ***irgendwo v.*** irgendwo singen, um sein Können überprüfen zu lassen 试唱: *Er muss heute in der Oper v.* 今天他必须在歌剧院试唱

vor·sint·flut·lich *Adj* (形); *gespr hum* [口][诙]; sehr altmodisch 古老的,早已过时的,陈旧的,老式的 ⟨ein Hut, e-e Methode, Ansichten, ein Modell 帽子,方法,观点,式样⟩

Vor·sitz *der*; *nur Sg* (只用单数); das Leiten e-r Konferenz, e-r Versammlung *o. Ä.* 会议主席,主持 ⟨den V. haben, führen, abgeben, niederlegen 担任大会主席,主持大会,移交、辞去主席职位⟩: *Der Ausschuss tagte unter* (*dem*) *V. von Frau Dr. Weber* 委员会在博士韦伯女士主持下开会

Vor·sit·zen·de *der/die*; *-n*, *-n*; j-d, der e-e Konferenz od. Versammlung leitet 主席 ‖ NB (注意): *ein Vorsitzender*; *der Vorsitzende*; *den*, *dem*, *des Vorsitzenden*

Vor·sor·ge *die*; *nur Sg* (只用单数) **1.** alle Maßnahmen, durch die man verhindern will, dass e-e Gefahr od. e-e schlimme Situation entsteht 预防措施 ⟨V. für etw. treffen 为某事采取预防措施⟩ ‖ K-(复合): ***Vorsorge-***, ***-maßnahme*** **2.** alle Maßnahmen, die e-e schwere Krankheit verhindern sollen 防病措施,防病办法 ‖ K-(复合): ***Vorsorge-***, ***-untersuchung*** ‖ -K(复合): ***Krebs-***

vor·sor·gen (*hat*) [Vi] (不及物) (***für etw.***) ***v.*** Maßnahmen für (spätere) schwierige Situationen od. für Gefahren treffen 预先防备,事先准备: *Er hat für das Alter vorgesorgt* 他为年老事先作了准备

V

vor·sorg·lich *Adj*（形）; *nur attr od adv*（只作定语或状语）; als Vorsichtsmaßnahme 防备性的，预先加以考虑的，有准备的：*Nach dem Unfall hat die Polizei die Straße v. gesperrt* 在发生事故以后，警方封锁了街道以防万一

Vor·spann *der*; -(e)s, -e; der erste Teil e-s Films, in dem alle Schauspieler, der Regisseur, der Produzent, die Bühnenbildner *usw* genannt werden（电影片、电视片介绍编导、摄制人员、演员等的）片头字幕

Vor·spei·se *die*; ein kleines Essen, das man vor dem Hauptgericht isst 餐前小吃 ↔ Nachspeise

vor·spie·geln (*hat*) [Vt]（及物）***j-m etw. v.*** *geschr*［书］≈ vortäuschen

Vor·spie·ge·lung *die*; *mst in* 多用于 ***unter V. falscher Tatsachen*** *geschr*［书］; indem der Betreffende gelogen od. etw. vorgetäuscht hat 用虚构事实、捏造事实，用欺诈、假象

Vor·spiel *das* **1.** das Vorspielen (1)：*beim V. viele Fehler machen* 在演奏时出了许多差错 **2.** ***das V.*** (***zu etw.***) ein kurzes Musikstück, das *z.B.* e-e Oper einleitet 前奏，序奏，序曲 ≈ Ouvertüre：*das V. zu „Lohengrin"*《洛亨格林》(德国传说"天鹅骑士"中的英雄)的序曲 **3.** e-e Szene auf der Bühne, die ein Theaterstück einleitet 序幕 ≈ Prolog ↔ Epilog **4.** Küsse u. gegenseitiges Streicheln vor dem Sex 性行为前的亲昵动作，前戏 **5.** ein Spiel, das vor dem eigentlichen Spiel stattfindet（主赛前的）热身赛

vor·spie·len (*hat*) [Vt/i]（及物/不及物）**1.** (***j-m***) (***etw.***) ***v.***; (***etw.***) ***vor j-m v.*** vor Zuhörern auf e-m Musikinstrument etw. spielen（给…）演奏，表演：*Kannst du (uns) ein Stück auf dem Akkordeon v.?* 你能不能用手风琴(给我们)演奏一个乐曲？; [Vt]（及物）**2.** (***j-m***) ***etw. v.***; ***etw. vor j-m v.*** vor Zuschauern Theater spielen（给…）演出，上演 ≈ aufführen：*Die Schüler wollen e-n Sketch v.* 学生们想演一出滑稽短剧 **3.** ***j-m etw. v.*** sich absichtlich so verhalten, dass andere etw. glauben, das nicht wahr ist 在…面前假装、装出：*Er ist gar nicht so mutig, er spielt uns das nur vor* 他根本不是这样勇敢，他只不过在我们面前假装成这样罢了; [Vi]（不及物）**4.** ***irgendwo v.*** irgendwo ein Instrument spielen, um sein Können überprüfen zu lassen 试奏，试演：*bei den Philharmonikern v.* 在爱乐乐团试奏

vor·spre·chen (*hat*) [Vt]（及物）**1.** (***j-m***) ***etw. v.*** etw. sprechen, das andere lernen od. wiederholen sollen 教…跟着说，领…学说 ≈ vorsagen (2) ↔ nachsprechen：*Sein Papagei spricht alles nach, was man ihm vorspricht* 他的鹦鹉把人们教它说的话全都跟着说了一遍; [Vt/i]（及物/不及物）**2.** (***j-m***) (***etw.***) ***v.*** bei e-r Bewerbung od. Prüfung e-n Text vor j-m sprechen（为应聘或应试而）朗诵，朗读：*Bei der Abschlussprüfung musste er (dem Prüfer) (den Monolog des Hamlet) v.* 在毕业考试时他必须(向主考人)朗诵(哈姆雷特的独白); [Vi]（不及物）**3.** (***bei j-m/irgendwo***) (***wegen etw.***) ***v.*** *geschr*［书］; mit e-m Anliegen *bes* zu e-r Behörde od. zu seinem Chef gehen（为…）拜访，找…面谈：*Er hat beim Personalchef wegen e-r Anstellung vorgesprochen* 他为应聘的事拜访了人事处长 ‖ *zu*（义项）**3. Vor·spra·che** *die*

vor·sprin·gen (*ist*) [Vi]（不及物）***etw. springt vor*** etw. steht aus e-r senkrechten Fläche heraus（物作主语）向外突出 ≈ etw. steht vor 〈ein Erker, ein Dach, ein Felsen 挑楼，屋顶，岩石; ein vorspringendes Kinn 突出的下巴〉

Vor·sprung *der* **1.** der Abstand, den j-d vor anderen hat 领先的距离，领先〈ein knapper V. 稍稍领先; den V. ausbauen, vergrößern 扩大、加大领先的距离〉：*Im Ziel hatte er e-n V. von 20 Sekunden* 到达终点时他领先了 20 秒 ‖ -K（复合）：***Zeit-*** **2.** ein höherer Stand der Entwicklung (als andere) 优势地位，领先地位〈ein wissenschaftlicher, technischer V. 科学上的、技术上的优势(领先地位)〉‖ -K（复合）：***Entwicklungs-, Informations-, Wissens-*** **3.** ein Teil von etw., der aus e-r senkrechten Fläche heraussteht（建筑构件、山岩等的）突出部分，伸出部分 ‖ -K（复合）：***Berg-, Dach-, Fels-, Mauer-***

vor·spu·len (*hat*) [Vt/i]（及物/不及物）(***etw.***) ***v.*** durch Drücken auf e-e Taste an e-m Kassettenrekorder, Videorekorder *o. Ä.* das Band zu e-r Stelle bringen, die weiter vorne liegt 往前转带 ↔ zurückspulen〈e-e Kassette, ein Band v. 往前转磁带、录音带〉

Vor·stadt *die* ≈ Vorort ‖ K-（复合）：***Vorstadt-, -theater, -kino*** ‖ *hierzu*（派生）**Vor·städ·ter** *der*; **vor·städ·tisch** *Adj*（形）

Vor·stand *der*; *Kollekt*（集合）; e-e Gruppe von Personen, die gemeinsam ein Unternehmen, e-n Verein *o. Ä.* leiten 董事会，理事会，执行委员会，领导机构〈in den V. gewählt werden 被选入董事会; dem V. angehören 属于董事会，是董事会的成员; im V. sitzen 是董事〉：*Die Mitglieder des Vereins wählten e-n neuen V.* 协会会员们选出了新的领导机构 ‖ K-（复合）：***Vorstands-, -etage, -mitglied, -sitzung, -vorsitzende(r), -wahl*** ‖ -K（复合）：***Betriebs-, Gemeinde-, Partei-, Vereins-***

vor·ste·hen [Vi]（不及物）**1.** ***etw. steht vor*** (*nordd*［北德］*hat*/*südd* Ⓐ Ⓒⓗ［南德］［奥］［瑞］*ist*) etw. steht aus e-r Fläche od. Reihe heraus（物作主语）伸出，向外突出 ≈ etw. springt vor〈e-e Mauer, ein Gebäude 墙，大楼; vorstehende Zähne 突出的牙齿〉：*Ich habe mir an e-m vorstehenden Nagel den Strumpf zerrissen* 我在一根突出的钉子上把自己的袜子挂破了 **2.** ***j-d steht etw.*** (*Dat* 三格) ***vor*** (*hat*) *geschr*［书］; j-d leitet etw.（人作主语）领导，主管，主持〈e-m Institut, e-r Gesellschaft, e-r Gemeinde v. 主管一个研究所(学院)，一个社团(公司)，一个乡镇(团体)〉‖ *zu*（义项）**2. Vor·ste·her** *der*; -s, -; **Vor·ste·he·rin** *die*; -, -nen

vor·stel·len (*hat*) [Vt]（及物）**1.** ***j-n/sich*** (***j-m***) ***v.*** j-m sagen, wer j-d/man selbst ist u. wie er/man heißt 把…介绍给，向…介绍/向…作自我介绍：*Darf ich Ihnen Herrn Scholz v.?* 我可以

把朔尔茨先生介绍给您吗?; *Er stellte sich* (*den Wählern*) *als Kandidat für die Bürgermeisterwahl vor* 他作为市长选举的候选人(向选民们)作了自我介绍 **2.** (**j-m**) **etw. v.** etw. e-m Kunden, e-m Publikum *o.Ä.* zeigen, damit es bekannt wird 推出,展出,展示 ≈ vorführen 〈ein Kunstwerk, ein Modell, ein Produkt 艺术品,模型,产品〉: *Der Autor stellte bei dieser Lesung seinen neuen Roman vor* 作者在这次朗读会上展示了他新的长篇小说 **3. sich** (*Dat* 三格) **j-n/etw.** (**irgendwie**) **v.** ein bestimmtes Bild, e-e Vorstellung (2) von e-r Person od. Sache haben, die man noch nicht kennt 想象,设想 〈sich etw. lebhaft, kaum, nur schwer v. können 能够清晰地、几乎不能、实在难以想象某事物〉: *Wie stellst du dir unseren gemeinsamen Urlaub eigentlich vor?* 你究竟怎样设想我们共同的假期?; *Unseren neuen Skilehrer hatten wir uns ganz anders vorgestellt* 我们新的滑雪教师和我们原来设想的完全不同 **4. sich** (*Dat* 三格) **etw. unter etw.** (*Dat* 三格) **v.** *gespr* [口]; bestimmte Assoziationen mit e-m Wort od. Begriff verbinden 从…(一个词或一个概念)联想出,设想出: *Kannst du dir unter „Quasar" etw. v.?* 你能设想出"类星体"是什么东西吗? **5. etw. v.** *mst* ein Bein od. den Fuß nach vorne bewegen 向前迈腿,往前走 **6. etw. v.** die Zeiger e-r Uhr weiterdrehen, sodass sie e-e spätere Zeit anzeigen 把…(钟表的指针)往前拨,把…时间拨早 ↔ zurückstellen: *Wenn die Sommerzeit beginnt, müssen alle Uhren* (*um*) *eine Stunde vorgestellt werden* 当夏季时间开始时,必须把所有钟表拨早一个小时; **Vr** (反身) **7. sich** (**bei j-m/irgendwo**) **v.** zu e-r Firma *o.Ä.* gehen, bei der man sich um e-e Stelle beworben hat, um sich persönlich bekannt zu machen(为了找工作)前去作自我介绍、自荐、面谈: *Bitte stellen Sie sich mit Ihren Zeugnissen beim Personalchef vor!* 请您带着自己的证件到人事处长那里作自我介绍! ‖ ID [谚] *mst* 多用 **Stell dir vor, ...** verwendet, um auszudrücken, dass man gleich etw. Überraschendes erzählen wird(表示马上要叙述某种意外的事情)你设想一下,你想象一下 ‖ *zu* (义项) **3. vor·stell·bar** *Adj* (形); **Vor·stell·bar·keit** *die*; *nur Sg* (只用单数)

vor·stel·lig *Adj* (形); *mst in* 多用于 **bei j-m v. werden** *geschr veraltend* [书][渐旧]; sich (in e-r Angelegenheit) persönlich an j-n od. an e-e Behörde wenden 亲自找…谈话

Vor·stel·lung *die* **1.** e-e persönliche Bewerbung um e-e Stelle 求职自我介绍,自荐,面谈: *Ich habe e-e Einladung zur persönlichen V. bei dem neuen Verlag bekommen* 我接到邀请到新的出版社去作自我介绍 ‖ K-(复合): **Vorstellungs-, -gespräch 2.** *oft Pl* (常用复数); das Bild, das man sich in Gedanken von j-m/etw. macht 概念,观念,想法,意见,设想 〈e-e deutliche, falsche, genaue, klare, vage V. 明确的、错误的、准确的、清晰的、模糊的概念; sich (*Dat* 三格) e-e V. von j-m/etw. machen 想象某人/某物; seine Vorstellungen verwirklichen 实现自己的想法〉: *Das Stadion entspricht genau den Vorstellungen des Architekten* 体育场准确地符合建筑师的设想; *Nach seiner V. sollten seine Mitarbeiter mindestens eine Fremdsprache sprechen* 按照他的想法,他的同事至少应该能说一种外语 ‖ -K(复合): **Gehalts-, Glücks-, Ideal-, Preis- 3.** *nur Sg* (只用单数); etw., das man sich wünscht od. das man nur in Gedanken sieht 想象 ≈ Einbildung, Fantasie 〈etw. existiert nur in j-s V. 某事物只存在于某人的想象中〉 ‖ K-(复合): **Vorstellungs-, -gabe, -kraft, -vermögen; -welt** ‖ -K(复合): **Wahn-, Wunsch-, Zukunfts- 4.** die Aufführung e-s Theaterstücks *o.Ä.* 演出,上演,放映 〈e-e V. ankündigen, absagen, besuchen, geben 预告、取消、去看、举行演出; die V. findet statt, fällt aus, ist ausverkauft 演出正在举行、停止举行、门票已经售完〉 ‖ K-(复合): **Vorstellungs-, -beginn, -ende** ‖ -K(复合): **Abend-, Nachmittags-; Gala-, Wohltätigkeits-; Theater-, Zirkus-** ‖ ID [谚] **nur e-e kurze V. geben** *gespr hum* [口][诙]; nur kurze Zeit irgendwo arbeiten 只干很短时间; **e-e starke/schwache V. geben** *gespr* [口]; e-e gute/schlechte Leistung bringen 表现很好/不佳(指体育比赛)

Vor·stop·per *der*; *-s, -*; SPORT【体】; (beim Fußball) ein Verteidiger, der *mst* gegen den Mittelstürmer des Gegners spielt u. der die Angriffe des Gegners stören soll(足球队的)盯人中卫 ‖ ↑ *Abb. unter* 图见 **Fußball**

Vor·stoß *der* **1.** das Vorstoßen (2,3) 〈e-n V. abwehren, unternehmen, wagen, zurückschlagen 挡住、采取、敢于、击退进攻; ein V. in feindliches Gebiet 推进到敌方地区〉 **2.** (**bei j-m**) **e-n V. unternehmen** *gespr* [口]; versuchen zu erreichen, dass j-d e-r Bitte *o.Ä.* zustimmt(向…)提出请求,请求满足: *Er will bei seinem Vater e-n V. wegen e-s eigenen Autos machen* 他想请求父亲答应为他买辆汽车

vor·sto·ßen **Vt** (及物) (*hat*) **1. j-n/etw. v.** j-n/etw. nach vorn stoßen 把…往前推; **Vi** (不及物) (*ist*) **2. irgendwohin v.** sich (unter oft gefährlichen Bedingungen) in ein unbekanntes Gebiet bewegen 突进,向前推进 ≈ vordringen: *tief in das Innere des Dschungels v.* 深深地推进到热带丛林的中心地带; *Amundsen gelang es, bis zum Südpol vorzustoßen* 阿蒙森成功地到达了南极 **3. irgendwohin v.** sich in das Gebiet des Feindes begeben 挺进,进军

Vor·stra·fe *die*; e-e (gerichtliche) Strafe, die j-d vor e-m bestimmten Zeitpunkt bekommen hat 以前的判刑,前科 ‖ K-(复合): **Vorstrafen-, -register** ‖ ▶ **vorbestraft**

vor·stre·cken (*hat*) **Vt** (及物) **1. etw./sich v.** *mst* e-n Körperteil/den ganzen Körper nach vorn strecken 向前伸出(肢体/整个身体): *Er musste sich/die Arme weit v., um den Ball zu fangen* 为了抓住球,他不得不竭力向前探出身子/伸出双臂 **2. j-m etw. v.** j-m e-e Summe Geld leihen, damit dieser etw. bezahlen kann 替…垫支,借给 ≈ auslegen (5)

Vor·stu·fe *die*; **e-e V.** (+ *Gen* 二格) (innerhalb e-r Entwicklung) e-e Stufe od. ein Stadium, die direkt vor e-r anderen Stufe od. e-m anderen Stadium liegen 预备阶段,最初阶段;初步,入门: *e-e frühe V. des heutigen Menschen* 现代人的早期的最初阶段

vor·stür·men (*ist*) Vi (不及物) nach vorn stürmen (4)向前冲去,向前涌去,蜂拥向前

Vor·tag *der*; der Tag vor e-m bestimmten, oft besonderen Tag 前一天 ‹am V. von Weihnachten 圣延节的前一天; am V. der Hochzeit 在婚礼的前一天›

vor·tas·ten, sich (*hat*) Vr (反身) **sich (irgendwohin) v.** sich tastend vorwärtsbewegen 摸索前进,摸索着向前走

vor·täu·schen (*hat*) Vt (及物) **(j-m) etw. v.** bewirken, dass j-d etw. glaubt, das nicht wahr ist 假装,伪装,佯作,装作 ≈ j-m etw. vorspiegeln: *Er hat den Unfall nur vorgetäuscht* 他只是假装出了事故; *Er täuschte vor, e-n Unfall gehabt* zu *haben* 他假装遇到了一场事故 ‖ *hierzu* (派生) **Vor·täu·schung** *die*; *mst Sg* (多用单数)

Vor·teil *der* **1.** etw. (*z. B.* ein Umstand, e-e Eigenschaft), das für j-n günstig ist, ihm etw. erleichtert *o. Ä.* 利益,好处 ≈ Nutzen ↔ Nachteil ‹ein finanzieller, materieller V. 经济利益,物质利益; seinen V. aus etw. ziehen 从某事中谋取好处; nur den eigenen V. im Sinn haben 只考虑自己的利益; nur auf den eigenen V. bedacht sein 只关心(计较)自己的利益; gegenüber j-m im V. sein 对某人有好处›: *Es ist für ihn/seinen Beruf von V., dass er zwei Fremdsprachen spricht* 他会说两种外语,这对他/他的职业有好处 **2.** die Eigenschaft(en) e-r Sache, durch die sie besser ist als andere 优点,优越性,有利条件,长处 ↔ Nachteil ‹die Vor- u. Nachteile e-r Sache abwägen 权衡事情的利弊; etw. bietet viele Vorteile 某事物提供许多有利条件›: *Das neue Auto hat den großen V., weniger Benzin zu verbrauchen* 新汽车一个很大的优点是耗油比较少 **3.** *mst* 多用 ***j-d hat sich zu seinem V. verändert*** j-d hat sich so entwickelt, dass andere Leute ihn mehr schätzen als früher (人作主语) 变得比以前好了,变好了

vor·teil·haft *Adj* (形) **1.** so, dass es e-n Nutzen bringt od. für j-n gut ist 有利的,有益的,有利可图的,带来好处的,合算的 ↔ nachteilig ‹ein Geschäft, ein Angebot, ein Kauf 交易,报价,购买; etw. v. kaufen, verkaufen 买、卖某物合算; etw. wirkt sich v. aus 某物会产生有利的效果›: *Es kann nur v. (für dich) sein, frühzeitig mit dem Training anzufangen* 及早开始训练,(对你)只会有好处 **2.** ***sich v. kleiden*** Kleidungsstücke anziehen, die für seine Figur günstig sind 穿得合身(合体,合适)

Vor·trag *der*; *-(e)s, Vor·trä·ge* **1.** ***ein V. (über j-n/etw.)*** e-e ziemlich lange Rede vor e-m Publikum über ein bestimmtes Thema 报告,演讲 ‹ein V. über ein Thema 关于一个题目的报告; e-n V. besuchen 去听报告›: *Er hat e-n interessanten V. über seine Reise nach Indien gehalten* 他做了一个关于他去印度旅游的有趣的报告 ‖ K-(复合): **Vortrags-, -abend, -raum, -reihe, -reise, -saal, -zyklus** ‖ -K (复合): **Dia-, Lichtbild- 2.** *nur Sg* (只用单数); die Art u. Weise, wie man bei e-m V. (1) spricht, ein Lied singt od. ein Musikstück spielt 朗诵,吟咏,演唱 ‹ein ausdrucksvoller, flüssiger, gekonnter, klarer, stockender V. 富于表情的、流畅的、熟练的、清楚的、结结巴巴的朗诵›: *Die Sängerin überzeugte durch ihren meisterhaften V.* 女歌手用她那精湛的演唱使人们折服 ‖ K-(复合): **Vortrags-, -anweisung, -kunst, -technik, -weise**

vor·tra·gen (*hat*) Vt (及物) **1. (j-m) etw. v.** vor j-m etw. sprechen, singen od. spielen 朗诵,演唱,表演,演奏 ≈ darbieten ‹ein Gedicht, e-e Klaviersonate, ein Lied, Verse v. 朗诵一首诗,演奏一首钢琴奏鸣曲,演唱一首歌,朗诵诗行›: *ein Stück auf der Gitarre v.* 用吉他演奏一支乐曲 **2. (j-m) etw. v.** *geschr* [书]; j-m offiziell od. öffentlich über etw. berichten (公开)说明,陈述,阐明,作报告 ‹j-m seine Ansicht, seine Bedenken, seine Forderung, seine Wünsche v. 向某人开公说明自己的观点、自己的疑虑、自己的要求、自己的愿望›: *Auf dem Kongress wird er die Ergebnisse seiner Forschungen v.* 他将在代表大会上报告自己研究的结果 **3. etw. v.** etw. nach vorn tragen 把…送到(抬)到前面去

vor·treff·lich *Adj* (形); *geschr* [书]; sehr gut 卓越的,出色的,优秀的,杰出的 ≈ hervorragend: *ein vortrefflicher Tänzer* 一个出色的舞蹈家 ‖ *hierzu* (派生) **Vor·treff·lich·keit** *die*; *nur Sg* (只用单数)

vor·tre·ten (*ist*) Vi (不及物) **1.** nach vorn treten 向前跨: *Er trat e-n Schritt vor* 向前跨一步 **2.** aus e-r Reihe hervortreten 站到前面,出列: *Wer aufgerufen wird, soll v.!* 被叫到的人,必须出列(站到前面来)!

Vor·tritt *der*; *nur Sg* (只用单数); *mst in* 多用于 **1. *j-m den V. lassen*** aus Höflichkeit j-n als Ersten irgendwo eintreten lassen (出于礼貌) 让…先走 **2. *j-m den V. lassen*** *gespr* [口]; j-m erlauben, etw. als Erster zu tun 给…以优先权,让…先做

vo·rü·ber *Adv* (副); *geschr* [书] ≈ vorbei

vo·rü·ber|fah·ren; *fährt vorüber, fuhr vorüber, ist vorübergefahren*; Vi (不及物) ***irgendwo v.*** ≈ vorbeifahren

vo·rü·ber|ge·hen; *ging vorüber, ist vorübergegangen*; Vi (不及物) **1. *an j-m/etw. v.*** ≈ vorbeigehen (1) **2. *etw. geht vorüber*** ≈ etw. geht vorbei (2), hört auf ‹e-e Gefahr, der Kummer, die Schmerzen 危险,忧虑,疼痛›

vo·rü·ber|ge·hend *Adj* (形); nur für kurze Zeit 短暂的,瞬息即逝的,暂时的 ‹v. geschlossen 暂时关闭; e-e Abwesenheit, e-e Wetterbesserung 缺席,天气好转›: *Die Flüchtlinge sind v. in e-m Lager untergebracht* 难民暂时被安置在一个营房里

vo·rü·ber|zie·hen; *zog vorüber, ist vorüber-*

V

gezogen; Vi（不及物）(**an, vor j-m**) **v.** ≈ vorbeiziehen

Vor·ur·teil *das*; **ein V.** (**gegen j-n/etw.**) e-e feste, *mst* negative Meinung über Menschen od. Dinge, von denen man nicht viel weiß od. versteht 成见，偏见，先入之见〈Vorurteile gegen Fremde, gegen Ausländer 对外地人、对外国人的成见；Vorurteile abbauen, hegen 摈除成见，抱有成见；j-d ist/steckt voller Vorurteile 某人充满成见〉‖ *hierzu*（派生）**vor·ur·teils·frei** *Adj*（形）；**vor·ur·teils·los** *Adj*（形）；**Vor·ur·teils·lo·sig·keit** *die*；*nur Sg*（只用单数）

Vor·vä·ter *die*；-；*Pl*（复），*geschr*［书］≈ die Ahnen, die Vorfahren

Vor·ver·gan·gen·heit *die*；*nur Sg*，LING（只用单数）【语】≈ Plusquamperfekt

Vor·ver·kauf *der*；*nur Sg*（只用单数）；der Verkauf von Eintrittskarten in den Tagen od. Wochen vor der Veranstaltung（入场券的）预售：*Im V. waren die Karten 10% teurer* 预售时票价贵 10% ‖ K-（复合）：**Vorverkaufs-, -kasse, -preis** ‖ -K（复合）：**Karten-**

vor·ver·le·gen；*verlegte vor*，*hat vorverlegt*；Vt（及物）**1. etw. v.** etw. weiter nach vorn legen 往前移动，移到前面：*Bei dem Umbau der Straße wird die Haltestelle um 10 Meter vorverlegt* 在街道改建时公共汽车站往前移 10 米 **2. etw. v.** etw. auf e-n früheren Zeitpunkt legen 提前 ≈ vorziehen：*Dieses Jahr wird der Anfang der Ferien um e-e Woche vorverlegt* 今年假期开始的时间提前一个星期 ‖ *hierzu*（派生）**Vor·ver·le·gung** *die*

vor|vor·ges·tern *Adv*（副）；*gespr*［口］；am Tag vor vorgestern 大前天，三天前 ≈ vor drei Tagen

vor|vor·letz·t- *Adj*（形）；*nur attr*，*nicht adv*，*gespr*（只作定语，不作状语）［口］**1.** in e-r Position vor dem Vorletzten e-r Reihe od. Gruppe 倒数第三的：*die vorvorletzte Seite* 倒数第三页 **2.** so, dass es vor drei Wochen, Monaten, Jahren *o. Ä.* stattfand 前周、月、年等以前的一个，大前的：*vorvorletztes Jahr* 大前年，*vorvorletzten Montag* 大前星期一

vor·wa·gen, sich（*hat*）Vr（反身）**sich irgendwohin v.** den Mut haben, irgendwohin（*mst* nach vorn）zu gehen, j-n anzusprechen *o. Ä.* 敢于向前，冒险前进，敢于向前进入

Vor·wahl *die* **1.** e-e Wahl, in der bestimmt wird, welche Kandidaten an den eigentlichen Wahlen teilnehmen 预选 **2.** die Telefonnummer, die man wählt, um j-n in e-r anderen Stadt *o. Ä.* od. in e-m anderen Land zu erreichen（外地或国际长途电话）区号：*Die V. von München ist 089, die von Frankfurt ist 069* 慕尼黑的电话区号是 089，法兰克福的区号 069 ‖ K-（复合）：**Vorwahl-, -nummer**

vor·wäh·len（*hat*）Vt（及物）**etw. v.**（beim Telefonieren）e-e bestimmte Nummer für e-n Ort wählen（打电话时）先拨：*Für Stuttgart musst du 0711 v.* 给斯图加特打电话，你必须先拨区号 0711

Vor·wand *der*；-(*e*)*s*，*Vor·wän·de*；e-e Begründung für ein Verhalten, die nicht der Wahrheit entspricht 借口，托词 ≈ Ausrede〈etw. zum V. nehmen 以某事作为借口；etw. als V. benutzen 利用某事作为借口〉：*Unter dem V., krank zu sein, blieb er zu Hause* 他借口生病留在家里

vor·wär·men（*hat*）Vt（及物）**etw. v.** etw. warm machen, bevor es benutzt wird 预先加热，预热〈die Teekanne, das Bett v. 把茶壶预热，把床铺预先暖一暖〉

vor·war·nen（*hat*）Vt（及物）**j-n v.** j-n über etw. im Voraus warnen 预先警告，预先告诫 ‖ *hierzu*（派生）**Vor·war·nung** *die*

vor·wärts, vor·wärts *Adv*（副）**1.** in die Richtung nach vorn 向前，前进 ↔ rückwärts〈e-n Salto, e-n Sprung, e-n Schritt v. machen 向前翻跟斗、跳跃、迈步〉**2.** weiter in Richtung auf ein Ziel 迈向，走向，奔向 ≈ voran：*Die Meisterprüfung ist ein wichtiger Schritt v. auf dem Weg zur beruflichen Selbstständigkeit* 学徒出师考试是在走向职业自立道路上向前迈出的重要一步

vor·wärts-, vor·wärts- *im Verb, betont v. trennbar, wenig produktiv*（构成动词，重读并可分，构词弱）；die Verben mit *vorwärts-* werden nach folgendem Muster gebildet（vorwärts-动词的模式如下）：*vorwärtsschreiten – schritt vorwärts – vorwärtsgeschritten*

1. *vorwärts-* drückt e-e Bewegung nach vorn, auf ein Ziel hin aus 向前，朝前 ↔ rückwärts-；

vorwärtskommen：*Wir kamen im dichten Wald nur langsam vorwärts* 我们在茂密的森林中只有慢慢向前行走 ≈ Wir konnten uns nur langsam auf unser Ziel zu bewegen, weil die Bäume so dicht standen

ebenso（同类词有）：**sich/etw. vorwärtsbewegen**，（**sich**）**vorwärtsdrängen**；**vorwärtsgehen**，**vorwärtstreten**

2. *vorwärts-* drückt e-e Entwicklung auf ein Ziel hin aus 向前（发展）≈ voran；

vorwärtsgehen：*Mit seiner Heilung geht es nur langsam vorwärts* 对他的治疗只能慢慢生效 ≈ Es geht ihm nur langsam besser, er wird nur langsam gesund

ebenso（同类词有）：**j-n/etw. vorwärtsbringen**，**vorwärtskommen**，**etw. schreitet vorwärts**，**etw. vorwärtstreiben**

Vor·wärts·gang *der*；einer der Gänge e-s Fahrzeuges, den man einlegt, um vorwärts zu fahren（汽车的）变速挡，前进装置 ↔ Rückwärtsgang：*Sein Auto hat fünf Vorwärtsgänge* 他的汽车有五个变速挡

vor·weg *Adv*（副）**1.** bevor man etw. anderes tut 先，事先，预先〈etw. v. feststellen, klären 预先确定、澄清某事〉**2.** vorn, voraus, als Erster 在前面，在前边〈v. marschieren 行进在前面〉：*Der Festzug zog durch die Stadt, die Blaskapelle v.* 节日游行队伍穿城行进，走在前面的是小型吹奏乐队

vor·weg|neh·men；*nimmt vorweg*，*nahm vor-*

weg, hat vorweggenommen; [Vt] (及物) **etw. v.** etw., das eigentlich erst später gesagt od. getan werden soll, schon tun od. sagen 先说,先告诉,先做,先办理 ‹den Ausgang, den Schluss e-r Geschichte v. 先把故事的结局、结尾说出来; das Ergebnis v. 先把结果说出来› ‖ *hierzu* (派生) **Vor·weg·nah·me** *die*; *nur Sg* (只用单数)

vor·weg|schi·cken; *schickte vorweg, hat vorweggeschickt*; [Vt] (及物) **etw. v.** ≈ etw. vorausschicken (1)

vor|weih·nacht·lich *Adj* (形); typisch für die Zeit vor Weihnachten 圣诞节前的 ‹e-e Beschäftigung, der Reiseverkehr, e-e Stimmung 工作、活动,旅客往来,情绪、气氛›

Vor|weih·nachts·zeit *die*; *nur Sg* (只用单数); die Zeit vor Weihnachten 基督降临节期间(圣诞节前第四个星期日开始至圣诞节止) ≈ Adventszeit

vor·wei·sen (*hat*) [Vt] (及物) **1. etw. v.** *geschr* [书] ≈ vorzeigen ‹e-n Pass, e-e Vollmacht 护照,全权委托书› **2. etw. v. (können)** bestimmte Kenntnisse *o. Ä.* auf e-m Gebiet haben 表现出,显示出,表明具有 ‹Kenntnisse, Fähigkeiten v. (können) (能)显示出具有知识、能力; etwas v. können (= bestimmte Fähigkeiten haben 能表明具有某种才干)›

vor·wer·fen (*hat*) [Vt] (及物) **1. *j-m* etw. v.** j-m deutlich sagen, welche Fehler er gemacht hat 指责,责备,批评 ≈ j-m etw. vorhalten ‹j-m Faulheit, Feigheit, Leichtsinn, Untreue, Verrat v. 责备某人懒惰、胆怯、轻率、不忠实、泄密›; *Er wirft dir vor, nicht die Wahrheit zu sagen* 他指责你不说实话; *Ich lasse mir nicht v., ich sei an allem schuld/dass ich an allem schuld sei* 我不允许别人指责我,说全都是我的过错 **2. etw. e-m Tier v.** etw. e-m Tier zum Fressen hinwerfen 把…扔给动物吃 **3.** *mst* 多用 ***Ich habe mir nichts vorzuwerfen*** ich habe nichts Falsches getan 我对自己没有什么可指责的 ‖ ▶ ***Vorwurf***

vor·wie·gend *Adv* (副); *geschr* [书] ≈ hauptsächlich, überwiegend: *Er hat v. Jugendbücher geschrieben* 他写的主要是青年读物; *Auf den Bergen wird es morgen v. sonnig sein* 在山区明天主要是晴朗天气

vor·wit·zig *Adj* (形); *geschr* [书]; ‹ein Kind, ein Schüler 孩子,学生› frech u. vorlaut 冒失的,鲁莽的,爱管闲事的 ‖ *hierzu* (派生) **Vor·wit·zig·keit** *die*; *nur Sg* (只用单数)

Vor·wo·che *die*; die Woche vor der jetzigen Woche 上星期,上周

Vor·wort *das*; -(e)s, -e; ein *mst* kurzer Text am Anfang e-s Buches, in dem das Buch kurz vorgestellt wird 序言,前言,导言,绪论

Vor·wurf *der*; **der V. (gegen j-n)** e-e Äußerung, mit der man j-m deutlich sagt, welche Fehler er gemacht hat 斥责,责怪,责备,责难,指责 ≈ Vorhaltung, Tadel ‹ein ernster, schwerwiegender, versteckter V. 严肃的、严厉的、影射的指责; der V. der Untreue 对不忠实的指责; e-n V. entkräften, zurückweisen 驳倒、驳回指责; Vorwürfe gegen j-n erheben 对某人提出责难; j-m/sich etw. zum V. machen 因某事而责怪某人/自己; j-m/sich bittere Vorwürfe machen 痛责某人/自己›: *Er musste sich gegen den V. verteidigen, seine Firma betrogen zu haben* 有人指责他欺骗了自己的公司,对此他不得不进行辩护(反驳) ‖ *hierzu* (派生) **vor·wurfs·voll** *Adj* (形)

Vor·zei·chen *das* **1.** etw., das anzeigt od. andeutet, dass etw. Bestimmtes geschehen wird 预兆,征兆,兆头 ≈ Omen ‹ein böses, gutes, günstiges, untrügliches V. 坏的、好的、吉利的、确实可靠的征兆›: *Das Erscheinen e-s Kometen galt früher als ein schlimmes V.* 慧星的出现以前被视为不祥之兆 **2.** *nur Pl*, *geschr* (只用复数) [书]; die äußeren Bedingungen 外部条件 ‹etw. findet unter negativen, veränderten Vorzeichen statt 某事在消极的、变化了的外部条件下发生› **3.** MATH【数】; die Zeichen + u. -, mit denen man positive u. negative Zahlen unterscheidet 符号 ‹ein negatives, positives V. 负号,正号› **4.** MUS【音】; die Zeichen ♯ od. ♭ auf e-r Notenlinie, die die nachfolgenden Noten (auf dieser Linie) um e-n halben Ton höher bzw. tiefer machen 升半音或降半音的符号

vor·zeich·nen (*hat*) [Vt] (及物) **1. etw. v.** etw. als Skizze zeichnen 画出…的初稿,勾出…的轮廓 ≈ skizzieren **2. *j-m* etw. v.** etw. zeichnen, um j-m zu zeigen, wie man es macht 给…示范性地画,画给…看,教…画 ↔ nachzeichnen ‖ *hierzu* (派生) **Vor·zeich·nung** *die*

vor·zeig·bar *Adj* (形); *gespr* [口]; ‹ein Ergebnis 成果; (*hum auch* [诙]也指) Kinder 孩子› so, dass man sie anderen mit Stolz zeigen kann 可以夸耀的,可以显摆的

vor·zei·gen (*hat*) [Vt] (及物) **(*j-m*) etw. v.** j-m etw. zum Prüfen od. Beurteilen zeigen 出示 ‹den Ausweis, die Fahrkarte, den Führerschein, den Pass v. 出示证明、车票、驾驶执照、护照; etw. auf Verlangen, unaufgefordert v. 按照要求,自动地(未经要求)出示某物›

Vor·zeit *die*; *nur Sg* (只用单数); die früheste Zeit in der Entwicklung des Menschen 远古时代,史前时代 ≈ Urzeit ‹in grauer, ferner V. 在遥远的远古时代,在很久很久以前› ‖ K-(复合): ***Vorzeit-, -mensch*** ‖ *hierzu* (派生) **vor·zeit·lich** *Adj* (形); *nicht adv* (不作状语)

vor·zei·ten *Adv* (副); *geschr* [书]; vor langer Zeit 很久以前

vor·zei·tig *Adj* (形); *nur attr od adv* (只作定语或状语); vor der geplanten od. erwarteten Zeit 提前的,过早的 ‹die Abreise, die Entlassung 启程,释放; v. altern, aus dem Dienst ausscheiden, in Rente gehen, pensioniert werden 过早衰老,提前离职、领养老金、退休›

vor·zie·hen (*hat*) [Vt] (及物) **1. *j-n/etw.* (*j-m/etw.*) v.** e-e bestimmte Person od. Sache lieber mögen od. für besser halten als e-e andere 更喜欢,认为…比较好,认为…比…好,宁愿,宁可 ≈ bevorzugen ↔ benachteiligen:

V

das Tennisturnier dem Spielfilm v. 认为看网球比赛比故事片好；*Er hat* es *vorgezogen*, *wegen seiner Erkältung zu Hause* zu *bleiben* 他由于感冒宁愿呆在家里 **2. etw. v.** etw. früher stattfinden lassen als geplant 提前做，早做，先安排 ≈ vorverlegen: *Wir ziehen die Wettervorhersage vor u. bringen den Bericht aus China nachher* 我们把天气预报提前（播），而把来自中国的报道放在后面 **3. j-n/etw. v.** j-n/etw. nach vorn ziehen 把…拉到前面，把…往前拉 ↔ zurückziehen: *Kannst du deinen Sitz ein wenig v.?* 你能不能把你的坐位往前挪一点？‖ ▶ ***Vorzug***

Vor·zim·mer *das*; der Raum vor dem Büro des Chefs, in dem *mst* die Sekretärin arbeitet（办公室的）前厅，接待室〈im V. warten 在前厅等候〉

Vor·zim·mer|da·me *die*; *veraltend* [渐旧]; die Sekretärin, die in e-m Vorzimmer arbeitet 女秘书

Vor·zug *der* **1.** *nur Sg*（只用单数）; die größere Bedeutung, die man j-m/etw. gibt 优先选择，优先权，优惠 ≈ Vorrang〈den V. gegenüber anderen verdienen 与其他人相比理应享有优先权; e-n V. genießen 享有优先权; j-m/etw. den V. einräumen 把优先权让给某人/某物〉: *einem von mehreren Bewerbern den V. geben* 把优先权给几个求职者中的一个 **2.** ≈ Vorteil: *Diese Route hat den V., dass sie viel kürzer ist als die andere* 这条路线的优点是比其他路线短得多

vor·züg·lich *Adj*（形）; *geschr* [书] ≈ hervorragend, ausgezeichnet〈ein Tänzer, ein Wein 舞蹈家，葡萄酒; v. kochen 饭菜做得极好; etw. schmeckt v. 某物味道好极了〉‖ *hierzu*（派生）**Vor·züg·lich·keit** *die*; *mst Sg*（多用单数）

vor·zugs·wei·se *Adv*（副）; *geschr* [书] ≈ hauptsächlich, vor allem: *Er sammelt v. ausländische Briefmarken* 他主要收藏外国邮票

vo·tie·ren [v-]; *votierte*, *hat votiert*; [Vi]（不及物）***für/gegen j-n/etw. v.*** *bes* Ⓐ Ⓒⓗ 尤用于[奥][瑞], *sonst geschr* 惯常用[书]; sich für od. gegen j-n/etw. entscheiden 投票赞成/反对 ≈ für/gegen j-n/etw. stimmen

Vo·tum [v-] *das*; *-s*, *Vo·ten/Vo·ta* **1. *ein V.* (*für/gegen j-n/etw.*)** *geschr* [书]; e-e Entscheidung für/gegen j-n/etw. 投票，表决，表示态度（赞成，拥护，支持/反对）: *Das Ergebnis der Umfrage ist ein eindeutiges V. für die Regierung* 民意调查的结果是明确地支持政府 **2. *sein V. (für/gegen j-n/etw.) abgeben*** ≈ für/gegen j-n/etw. stimmen

vul·gär [vʊlˈgɛːɐ] *Adj*（形）; *geschr* [书];〈ein Ausdruck, ein Fluch, ein Mensch, e-e Person, ein Wort 说法，骂人的话，人，人物，话〉so, dass sie gegen die guten Sitten u. gegen den guten Geschmack verstoßen 粗俗的，庸俗的，粗野的 ≈ ordinär ‖ *hierzu*（派生）**Vul·ga·ri·tät** *die*; *nur Sg*（只用单数）

Vul·kan [v-] *der*; *-(e)s*, *-e*; ein Berg, aus dem e-e heiße Flüssigkeit (Lava) u. heiße Gase kommen können 火山〈ein aktiver, tätiger, erloschener V. 活跃的、活动的、熄灭的火山; ein V. bricht aus 一座火山爆发了〉‖ K-（复合）: ***Vulkan-, -ausbruch, -insel, -krater***

Vulkan

vul·ka·nisch [v-] *Adj*（形）**1.** durch den Ausbruch e-s Vulkans entstanden 火山的，火山爆发形成的〈Ablagerungen, Gestein 沉积物，岩石〉**2.** mit Vulkanausbrüchen verbunden 与火山爆发相联系的〈Aktivitäten 活动性，放射性〉

vul·ka·ni·sie·ren [v-]; *vulkanisierte*, *hat vulkanisiert*; [Vt]（及物）**etw. v.** e-n Reifen *o.Ä.* reparieren, indem man zwei Flächen aus Gummi miteinander fest verbindet 用胶皮粘补（轮胎等）‖ *hierzu*（派生）**Vul·ka·ni·sa·ti·on** *die*; *mst Sg*（多用单数）

W，w

W，w [veː] *das*；-，-/*gespr auch* [口]也用 *-s*；der dreiundzwanzigste Buchstabe des Alphabets 字母表中的第 23 个字母〈ein großes W 大写 W；ein kleines w 小写 w〉

Waa·ge *die*；-，-*n* **1.** ein Gerät，mit dem man das Gewicht von Gegenständen od. Personen bestimmt 秤，天平，磅秤，衡器〈e-e genaue，zuverlässige，elektronische W. 精确的、可靠的秤，电子秤；e-e W. eichen，einstellen 把秤校准，调准；sich auf die W. stellen 站到磅秤上去〉：*Die W. zeigt 30kg an* 秤上指明是 30 公斤 ‖ K-（复合）：***Waage-***，***-balken*** ‖ -K（复合）：***Brief-***，***Haushalts-*** **2.** *nur Sg*（只用单数）；das Sternzeichen für die Zeit vom 24. September bis 23. Oktober 天秤座，天秤宫（9 月 24 日至 10 月 23 日）‖ ↑ *Abb. unter* 图见 ***Sternzeichen*** **3.** j-d，der in der Zeit vom 24. September bis 23. Oktober geboren ist 天秤座（指 9 月 24 日至 10 月 23 日之间出生的人）：*Er ist (eine) W.* 他是天秤座 ‖ ID [谚] *mst* 多用 ***Die Vor- u. Nachteile halten sich/einander die W.*** es gibt（bei e-m Vorhaben *o. Ä.*）genauso viele Vorteile wie Nachteile 利弊相当，各有利弊 ‖ ▶ ***wiegen***

waa·ge·recht，waag·recht *Adj*（形）；parallel zum Boden 水平的，平的，卧式的 ≈ horizontal ↔ senkrecht：*Weinflaschen sollen w. gelagert werden* 葡萄酒瓶应平着存放 ‖ ↑ *Abb. unter* 图见 ***Eigenschaften*** ‖ *hierzu*（派生）**Waa·ge·rech·te，Waag·rech·te** *die*；-*n*，-*n*

Waag·scha·le *die*；die Schale an e-r Waage zum Auflegen der Gewichte od. der Last 秤盘 ‖ ID [谚] ***etw. in die W. werfen*** in Bezug auf e-e Entscheidung etw. Wichtiges tun，sagen 利用某物（加强影响或施加压力）；***etw. fällt in die W.*** etw. ist wichtig（für e-e Entscheidung）某事举足轻重，关系重大，起决定性作用

wab·be·lig，wabb·lig *Adj*（形）；〈Pudding，Gelee，Fett 布丁，果冻，板油〉weich u. so，dass sie sich leicht hin u. her bewegen 胶冻状的，微微颤动的 ‖ *hierzu*（派生）**wab·beln**（*hat*）*Vi*（不及物）

Wa·be *die*；-，-*n*；e-e sechseckige Zelle aus Wachs，in der die Bienen den Honig speichern 蜂房 ‖ *hierzu*（派生）**wa·ben·för·mig** *Adj*（形）

wach，*wacher*，*wachst-*；*Adj*（形）**1.** *mst präd*（多作表语）；nicht（mehr）schlafend 醒着的；清醒的〈w. sein，werden，bleiben 醒着，会醒来，仍醒着；sich w. halten 保持清醒（醒着）；j-n w. halten，rütteln 给某人提神，摇醒某人〉：*Sie lag die ganze Nacht w.* 她一夜没睡 **2.** geistig rege，intelligent u. interessiert 头脑清醒的，警觉的〈etw. w. verfolgen 密切关注某事〉**3.** ***etw. wird*（*in j-m*）*w.*** j-d erinnert sich wieder an etw.，fühlt etw. wieder（某人）又回想某事：*Bei diesem Geruch werden angenehme Erinnerungen in mir w.* 这个气味让我记起美好的回忆 ‖ NB（注意）：↑ ***wachhalten*** *usw* ‖ ▶ ***wachen***，***aufwachen***，***erwachen***

Wach·ab·lö·sung *die* **1.** die Ablösung der Wache（2）换岗，换哨 **2.** der Wechsel an der Spitze，*bes* e-r Regierung，Partei（尤指政府、党派中的）高层人事变动

Wa·che *die*；-，-*n* **1.** *nur Sg*（只用单数）；das Beobachten von Gebäuden od. Personen，um mögliche Gefahren zu erkennen u. zu verhindern 守卫，守护，放哨，站岗〈W. haben，halten，stehen 值班，值勤，站岗；die W. übernehmen，übergeben 接班，交班（指岗哨）；auf W. sein 站岗值勤〉：*Vor dem Kasernentor stehen Soldaten（auf）W.* 军营门口有士兵站岗 ‖ K-（复合）：***Wach-***，***-dienst***，***-hund***，***-posten*** **2.** e-e Person od. eine Gruppe von Personen，die auf W.（1）ist 哨兵，卫兵，警卫，岗哨 ‖ K-（复合）：***Wach-***，***-mann***，***-mannschaft*** **3.** e-e Dienststelle der Polizei 警察所，派出所，岗亭〈j-n auf die W. bringen 将某人带到派出所〉

wa·chen；*wachte*，*hat gewacht*；*Vi*（不及物）**1.** *geschr* [书]；wach（1）sein od. bleiben 醒着 **2.** ***bei j-m/an j-s Bett w.*** auf e-n Kranken aufpassen 照看，守护，看护（病人）**3.** ***über j-n/etw. w.*** auf j-n/etw. gut aufpassen u. so auch schützen 守卫，看守 **4.** ***über etw.***（*Akk* 四格）***w.*** kontrollieren，ob Regeln *usw* befolgt werden 监督，维护〈über die Einhaltung von Regeln，Gesetzen，Vorschriften w. 监督规定，法律，规章的执行情况〉

wach·ha·ben·d- *Adj*（形）；*nur attr*，*nicht adv*（只作定语，不作状语）；〈der Offizier *o. Ä.* 军官等〉so，dass er gerade Wache（1）hat 正在值勤的，正在站岗的 ‖ *hierzu*（派生）**Wach·ha·ben·de** *der/die*；-*n*，-*n*

wach·hal·ten；*hält wach*，*hielt wach*，*hat wachgehalten*；*Vt*（及物）***etw. w.*** dafür sorgen，dass etw. nicht vergessen wird 牢记，不忘，保持〈j-s Andenken，die Erinnrung an j-n/etw.，seinen Hass w. 不忘某人的纪念品，怀念某人/某物，心怀仇恨〉‖ NB（注意）：aber（但是）：*ich konnte mich nur mit Mühe wach halten* 我只能费力地保持清醒（getrennt geschrieben 分开写）

wach·lie·gen ↑ ***wach***（1）

Wa·chol·der *der*；-*s*，-；ein（Nadel）Baum od.

Strauch, dessen Beeren als Gewürz od. zur Herstellung von Schnaps verwendet werden 欧洲刺柏 ‖ K-（复合）: ***Wacholder-***, ***-beeren***, ***-strauch***, ***-schnaps***

wach·ru·fen; *rief wach*, *hat wachgerufen*; Vt（及物）***etw. ruft etw.*** (***in j-m***) ***wach*** etw. bewirkt, dass j-d wieder an etw. denkt, etw. fühlt（物作主语）唤起,唤醒,使想起〈etw. ruft Gefühle, (alte) Erinnerungen wach 某物激起情感,唤醒(过去的)记忆〉

wach·rüt·teln; *rüttelte wach*, *hat wachgerüttelt*; Vt（及物）***j-n w.*** j-s Gewissen wecken, j-n sensibilisieren 唤醒(良知) ≈ aufrütteln ‖ NB（注意）: ↑ ***wach*** (1)

Wachs [vaks] *das*; *-es*, *-e* **1.** *nur Sg*（只用单数）; e-e Masse (von Bienen gebildet), aus der vor allem Kerzen gemacht werden 蜂蜡, 蜡 ‖ K-（复合）: ***Wachs-***, ***-abdruck***, ***-figur*** ‖ -K（复合）: ***Bienen-***, ***Kerzen-*** **2.** e-e weiche Masse, ähnlich dem W. (1), mit der man den Fußboden, die Möbel *usw* pflegt（保护地板、家具用的）蜡 ‖ ID [谚] ***weich wie W. sein*** leicht zu beeinflussen sein 是个软耳朵根子, 软骨头, 没主意

wach·sam [ˈvax-] *Adj*（形）; aufmerksam, *bes* mit dem Ziel, Gefahren zu erkennen 警觉的, 警惕的, 留神的〈etw. w. beobachten, verfolgen 警惕地注视着,密切关注着某事〉‖ *hierzu*（派生）**Wach·sam·keit** *die*; *nur Sg*（只作单数）

wach·sen[1] [ˈvaksn]; *wächst*, *wuchs*, *ist gewachsen*; Vi（不及物）**1.** ***j-d / ein Tier / etw. wächst*** ein Kind, ein (junges) Tier od. e-e Pflanze wird größer (u. stärker)（人/动物/物作主语）生长, 成长, 发育, 长大: *Unser Sohn wächst u. wächst* 我们的儿子在渐渐长大; *Sie ist fünf Zentimeter gewachsen* 她长高了五厘米 **2.** ***etw. wächst*** etw. wird länger（物作主语）长长, 变长〈der Bart, die Fingernägel 胡子, 指甲〉**3.** ***irgendwie w.*** beim Größerwerden e-e bestimmte Form annehmen 长得, 长成, 发育成〈j-d ist schön, schlank gewachsen 某人长得漂亮, 苗条〉: *Der Baum ist krumm gewachsen* 树长弯了 **4.** ***etw. wächst irgendwo*** etw. kommt an der genannten Stelle, im genannten Gebiet *o. Ä.* vor（物作主语）生于, 长于, 生长在〈e-e Pflanze 植物〉: *Unkraut wächst überall* 杂草到处生长 **5.** ***etw. wächst*** etw. vermehrt sich, etw. wird größer（物作主语）增加, 增长, 扩大, 发展〈das Vermögen, e-e Familie, Stadt 财产, 家庭, 城市〉**6.** ***etw. wächst*** etw. nimmt an Intensität zu（物作主语）增强, 加剧 ≈ etw. steigert sich〈Lärm, Schmerz, Begeisterung, Interesse, Hass 噪音, 疼痛, 热情, 兴趣, 仇恨〉‖ ID [谚] ***an e-r Aufgabe w.*** beim Ausführen e-r (schwierigen) Aufgabe dazulernen od. besser werden 通过执行一项任务得到了提高或长进; *mst* 多用 ***j-m nicht gewachsen sein*** nicht in der Lage sein, j-m Widerstand zu leisten 对付不了某人, 斗不过某人; ***etw.*** (*Dat* 三格) ***gewachsen sein*** in der Lage sein, etw. Schwieriges zu tun 应付得了某事, 能胜任某事 ‖ ID [谚] ↑ ***Kopf*** ‖ ▶ ***Wachstum***, ***Wuchs***, ***aufwachsen***

wach·sen[2] [ˈvaksn]; *wachste*, *hat gewachst*; Vt（及物）***etw. w.*** etw. zur Pflege mit Wachs (2) einreiben 给…打蜡, 给…上蜡

wäch·sern [ˈvɛks-] *Adj*（形）; *ohne Steigerung*（无变级）**1.** *nicht adv*（不作状语）; aus Wachs gemacht 蜡制的 **2.** gelblich wie Wachs 蜡黄的, 苍白的 ≈ bleich: *ein wächsernes Gesicht* 蜡黄的脸

wächst [vɛkst] *Präsens*, *2. u. 3. Person Sg*（现在时, 第二和第三人称单数）; ↑ ***wachsen***[1]

Wach·stu·be *die* **1.** der Aufenthaltsraum e-r wachhabenden militärischen Mannschaft 值班警卫室, 卫兵室 **2.** die Wache (3) 警察所, 岗亭

Wachs·tuch *das*; ein (Textil) Stoff, der auf einer Seite mit e-r wasserdichten Schicht überzogen ist 油布, 防水布

Wachs·tum [ˈvakstuːm] *das*; *-s*; *nur Sg*（只用单数）; der Prozess des Größerwerdens, des Wachsens[1] 生长, 发育(过程)〈im W. begriffen sein, zurückgeblieben sein 正处于发育阶段, 发育迟缓; etw. fördert, beschleunigt, hemmt das W. 某物促进, 加速, 阻碍生长〉‖ K-（复合）: ***Wachstums-***, ***-hormon***, ***-störung***; ***wachstums-***, ***-fördernd***, ***-hemmend***

Wachs·tums·ra·te *die*; WIRTSCH【经】; der Grad, in dem die Produktion e-r Volkswirtschaft in e-r bestimmten Periode zunimmt, in Prozenten ausgedrückt（经济）增长率: *e-e W. von 3%* 3%的增长率

Wäch·te *die*; ↑ Wechte

Wach·tel *die*; -, *-n*; ein kleiner (Hühner) Vogel, der auf Wiesen u. Feldern lebt 鹌鹑

Wäch·ter *der*; *-s*, - **1.** e-e Person, die j-n/etw. bewacht 警卫, 哨兵, 看守人, 守卫者 ‖ -K（复合）: ***Nacht-***; ***Park-*** **2.** ***ein W.*** + *Gen*（二格）verwendet, um auszudrücken, dass die genannte Person, Institution *o. Ä.* sich für die genannten Werte einsetzt 卫士: *die Presse als W. der Demokratie* 作为民主卫士的新闻界 ‖ *hierzu*（派生）**Wäch·te·rin** *die*; -, *-nen*

Wacht·meis·ter *der* **1.** *gespr* [口] ≈ Polizist **2.** *Admin* [牍]; ein Polizist des untersten Dienstgrades 下级警官, 警长

wach·wer·den ↑ ***wach*** (3)

wa·cke·lig ↑ ***wacklig***

Wa·ckel·kon·takt *der*; e-e schadhafte Verbindung in e-m Stromkreis, die verursacht, dass der Strom (fluss) immer wieder unterbrochen wird（电路）接触不良

wa·ckeln; *wackelte*, *hat/ist gewackelt*; Vi（不及物）**1.** ***etw. wackelt*** (*hat*) etw. ist nicht stabil od. fest（物作主语）摇晃, 不牢固, 松动〈ein Stuhl, e-e Leiter, ein Zahn 椅子, 梯子, 牙齿〉: *Setz dich nicht auf den Stuhl, er wackelt!* 别坐那把椅子, 它不牢固了! **2.** ***etw. wackelt*** (*hat*) etw. bewegt sich leicht wegen e-r Erschütterung (2)（物作主语）微微晃动, 颤动〈das Haus, die Wände 房子, 墙〉**3.** ***mit etw.*** (*Dat* 三格) ***w.*** (*hat*) etw. leicht hin u. her bewegen 摇晃, 摇摆〈mit dem Kopf w. 摇晃脑袋, 摇头〉: *Der Hund wackelte mit dem*

Schwanz 狗摇动着尾巴 **4. irgendwohin w.** (*ist*) *gespr* [口]; mit unsicheren Schritten gehen 摇摇晃晃地走，踉踉跄跄 **5. etw. wackelt** (*hat*) *gespr* [口]; etw. ist in der Gefahr, erfolglos zu werden od. verloren zu gehen（物作主语）岌岌可危，前景不妙，保不住〈ein Plan, e-e Firma, ein Arbeitsplatz, eine Stellung 计划，公司，工作岗位，职位〉‖ ▶ **wackelig**, **wacklig**

wa̱.cker *Adj*（形）**1.** *veraltend* [渐旧] ≈ ehrbar, rechtschaffen: *ein wackerer Bürger* 正直的公民 **2.** tüchtig, tapfer 勇敢的，能干的〈sich w. verteidigen, halten 勇敢地为自己辩护，勇敢坚持〉

wạck.lig *Adj*（形）**1.** nicht fest stehend, nicht stabil 摇晃的，松动的，不牢固的〈ein Tisch, e-e Leiter, ein Zahn 桌子，梯子，牙齿〉 **2.** *gespr* [口]; schwach, *mst* wegen Krankheit od. im Alter 软弱无力的，颤巍巍的〈w. auf den Beinen sein 两腿酸软无力〉 **3.** nicht glaubwürdig od. überzeugend 不可信的，不充分的，站不住脚的〈ein Argument, e-e Begründung 论据，理由〉

Wa̱.de *die*; -, *-n*; die hintere Seite des Unterschenkels beim Menschen 小腿肚，腓〈e-e stramme, muskulöse W. 结实的，有力的小腿肚〉‖ ↑ *Abb. unter* 图见 **Mensch** ‖ K-（复合）: **Waden-**, **-krampf**; **-strumpf**, **-wickel**

Wa̱.den.bein *das*; der dünnere der beiden Unterschenkelknochen 腓骨 ‖ ↑ *Abb. unter* 图见 **Skelett**

Wạf.fe *die*; -, *-n*; ein Instrument od. Gerät zum Kämpfen, *z. B.* ein Schwert, ein Gewehr 武器，兵器〈konventionelle, atomare, nukleare, chemische, taktische, strategische Waffen 常规武器，原子武器，核武器，化学武器，战术武器，战略武器; e-e W. (bei sich) tragen（随身）携带武器; Waffen führen, einsetzen 佩带、使用武器; zu den Waffen greifen 拿起武器; e-e W. auf/gegen j-n richten 将武器对准某人〉‖ K-（复合）: **Waffen-**, **-abkommen**, **-besitz**, **-depot**, **-handel**, **-händler**, **-lager** ‖ -K（复合）: **Atom-**, **Feuer-**, **Schuss-** ‖ ID [谚] **die Waffen niederlegen** aufhören zu kämpfen 放下武器，停止战斗; **die Waffen strecken** sich geschlagen geben 缴械投降，承认失败，认输; **mit geistigen Waffen kämpfen** Überzeugungskraft u. Argumente anwenden 发动精神攻势; **j-m selbst die Waffen liefern** e-m Gegner die Argumente gegen sich selbst liefern 授人以把柄; **j-n mit seinen eigenen Waffen schlagen** j-n mit dessen eigenen Mitteln schlagen 以其人之道还治其人之身; **die Waffen ruhen** die Kämpfe sind unterbrochen 停战 ‖ ▶ **bewaffnen**, **entwaffnen**, **waffenlos**

Wạf.fel *die*; -, *-n*; ein flaches, süßes Gebäck aus e-m leichten Teig und *mst* e-r cremigen Füllung 华夫饼干，威化饼

Wạf.fen.ge.walt *die*; die Anwendung von Waffen 武力〈etw. mit W. erzwingen, verteidigen 以武力强迫（强求）某事，以武力保卫（捍卫）某物〉

wạf.fen.los *Adj*（形）; ohne Waffen 无武装的，不带武器的

Wạf.fen.ru.he *die*; e-e zeitlich begrenzte Unterbrechung der Kämpfe 暂时停火，休战，战斗的间隙〈die W. einhalten, stören, brechen 遵守，破坏，违背暂时停火（协议）〉

Wạf.fen.schein *der*; e-e Genehmigung zum Besitz von Schusswaffen 持有武器许可证，持枪执照

Wạf.fen.still.stand *der*; die vereinbarte Einstellung (3) der Kämpfe, *mst* mit dem Ziel, e-n Krieg ganz zu beenden 停战，停战协定〈e-n W. (ab)schließen, unterzeichnen 达成，签署停战协定; den W. einhalten, brechen 遵守，违反停战协定〉‖ K-（复合）: **Waffenstillstands-**, **-abkommen**, **-verhandlungen**

wa̱.ge.hal.sig ↑ **waghalsig**

wa̱.ge.mu.tig *Adj*（形）; mit dem Mut zum Risiko 勇敢的，富有冒险精神的 ‖ *hierzu*（派生） **Wa.ge.mut** *der*

wa̱.gen; *wagte*, *hat gewagt*; [Vt]（及物） **1.** *etw.*

Waffen

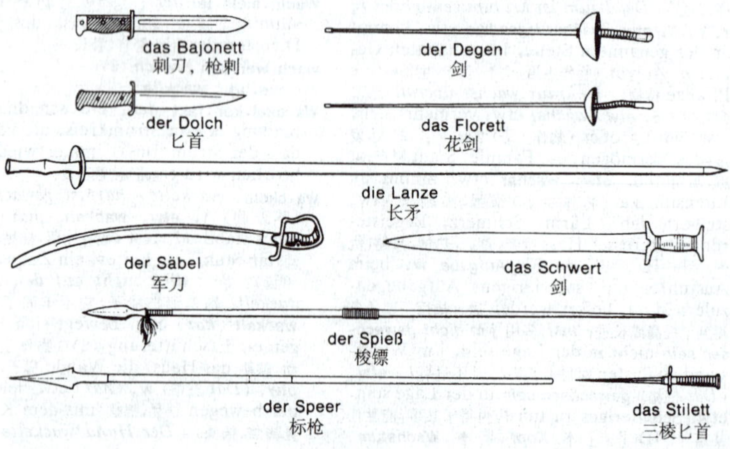

w. den Mut für etw. aufbringen 敢于，冒险，鼓起勇气〈e-n Blick, e-n Versuch, e-e Wette, e-n Sprung, ein Spiel w. 敢于看一眼，尝试，打赌，跳跃，比赛〉：*Sie wagte nicht, ihm zu widersprechen* 她不敢反驳他 **2.** (**für j-n / etw.**) **etw. w.** etw. riskieren, um etw. zu erreichen (为…)敢去冒…的风险：*Für die Rettung der Opfer hat er sein Leben gewagt* 他为了拯救遇难者，冒了生命危险；Vr（反身）**3. sich irgendwohin w.** den Mut haben, irgendwohin zu gehen 敢于去：*sich nachts nicht mehr auf die Straße w.* 夜里不敢再上街 **4. sich an etw.** (*Akk* 四格) **w.** den Mut haben, e-e schwierige Aufgabe zu übernehmen 敢于(接受困难任务) ‖ ID［谚］**Wer nichts wagt, der nichts gewinnt!** verwendet als Ermunterung zu e-m riskanten, aber auch Erfolg versprechenden Unternehmen 胆小怕事则一事无成！(意即：不入虎穴，焉得虎子！)；**Frisch gewagt ist halb gewonnen!** verwendet als Ermutigung, e-e Arbeit mit Zuversicht zu beginnen 勇敢尝试就等于成功一半！ ‖ ▶ **Wagnis, wagemutig, waghalsig**

Wa·gen *der*; *-s*, *- / südd* Ⓐ［南德］［奥］*Wä·gen* **1.** ein Fahrzeug auf Rädern zum Transport von Personen od. Lasten 车，车辆，车厢 ‖ -K（复合）：**Eisenbahn-**, **Straßenbahn-**; **U-Bahn-Wagen** **2.** *gespr*［口］≈ Auto：*Er ist mit dem W. da* 他开着汽车来了 **3.** TECH【技】；ein Teil e-r Maschine, das sich *mst* waagerecht hin- u. herbewegt（机器上横向移动的）滑动架：*der W. der Schreibmaschine* 打字机的滑动架 **4. der Große W.** ein Sternbild (aus sieben Sternen) am nördlichen Himmel 大熊星座 **5. der Kleine W.** ein Sternbild (aus sieben Sternen), nahe dem Polarstern 小熊星座 ‖ ID［谚］**j-m an den W. fahren** *gespr*［口］；j-n mit Worten angreifen（用言语）抨击，伤害某人；**sich nicht vor j-s W. spannen lassen** *gespr*［口］；sich nicht für die Ziele e-s anderen benutzen lassen 不受人利用

wä·gen; *wog / wägte, hat gewogen*; Vt（及物）**etw. w.** *geschr*［书］；*mst* j-s Worte *o. Ä.* genau prüfen u. abschätzen 斟酌，权衡，考虑，掂量 ‖ ID［谚］**Erst wägen, dann wagen!** verwendet als Aufforderung, vor e-r Handlung erst nachzudenken 三思而后行！

Wa·gen·he·ber *der*; *-s*, *-*; ein Gerät, mit dem man *bes* ein Auto heben kann (*z. B.* um ein Rad zu wechseln) 千斤顶，车辆起重器

Wa·gen·pa·pie·re *die*; *Pl*（复）；Fahrzeugschein u. Fahrzeugbrief e-s Autos 行驶证件，车辆准驶证，行车执照

Wa·gen·park *der*; *Kollekt*（集合）；alle Fahrzeuge, die e-r Firma, e-r Behörde *o. Ä.* gehören（公司、单位的）车队

Wag·gon [va'gɔŋ, va'gõː, va'goːn] *der*; *-s*, *-s*; ein Eisenbahnwagen 火车车厢，车皮〈e-n W. anhängen, abkuppeln 把车厢挂上，脱钩〉 ‖ -K（复合）：**Eisenbahn-**, **Güter-**

wag·hal·sig *Adj*（形）；sehr mutig, aber dabei auch leichtsinnig 莽撞的，鲁莽的，冒失的：*in waghalsiger Fahrt* 莽撞驾驶 ‖ *hierzu*（派生）**Wag·hal·sig·keit** *die*; **Wa·ge·hals** *der*; *-es*, *Wa·ge·häl·se*

Wag·nis *das*; *-ses*, *-se*; e-e Handlung, die riskant u. gefährlich ist 冒险的行为

Wa·gon *der*; ↑ **Waggon**

Wahl[1] *die*; *-*; *nur Sg*（只用单数）**1.** die Entscheidung zwischen verschiedenen Möglichkeiten 选择，挑选〈e-e W. treffen 作出选择；die W. haben zwischen verschiedenen Dingen 在各种事物中有选择；vor der W. stehen 面临抉择；j-n vor die W. stellen, ob ... 让某人作出选择，是否…；die W. fällt j-m schwer 他感到很难选择〉：*Er stand vor der W. zu bleiben od. zu gehen* 他面临着留还是走的选择 ‖ K-（复合）：**Wahl-**, **-freiheit**, **-möglichkeit** **2. erste / zweite / dritte Wahl** sehr gute / mittlere / schlechte Qualität 一等品/二等品/次品：*Dieses Obst ist erste W.* 这些水果是一等品；*Äpfel erster W.* 一级苹果 ‖ ID［谚］**Wer die W. hat, hat die Qual** verwendet, um auszudrücken, dass niemand einem e-e Entscheidung abnehmen kann 有选择权者必有烦恼；**die Qual der W. haben** *oft hum* 常用［诙］；unter verschiedenen Möglichkeiten eine wählen müssen 面临选择的烦恼；**keine andere W. haben** etw. machen müssen 别无选择；**j-n / etw. in die engere W. ziehen** j-n/etw. für e-e endgültige Auswahl in Betracht ziehen 将某人/某物列入最终考虑范围

Wahl[2] *die*; *-*, *-en* **1.** *mst Pl*（多用单数）；das Verfahren, bei dem die Vertreter für ein politisches Amt (per Stimmabgabe) gewählt[2] (1) werden 选举〈die Wahlen zum Parlament 议会选举〉 ‖ K-（复合）：**Wahl-**, **-anzeige**, **-ausgang**, **-beteiligung**, **-betrug**, **-ergebnis**, **-liste**, **-manipulation**, **-niederlage**, **-prognose**, **-propaganda**, **-sieg**, **-sieger** ‖ -K（复合）：**Mehrheits-**, **Stich-**, **Verhältnis-**, **Landtags-** **2.** *mst Sg*（多用单数）；das Abgeben der Stimme[2] (2) für e-e Person, Partei *o. Ä.* 投票：*Ich muss noch zur W.* 我还得去投票 **3.** *mst Sg*（多用单数）；die Berufung zu e-m Amt *o. Ä.* durch e-e W.[2] (1) 选举结果〈die W. des Präsidenten 总统大选结果；die W. annehmen 接受选举结果〉

Wahl·al·ter *das*; das Alter, das j-d mindestens haben muss, um wählen[2] (2) zu dürfen 参选年龄（指享有选举权的最低年龄）

wähl·bar *Adj*（形）；*nicht adv*（不作状语）；dazu berechtigt, gewählt[2] (1) zu werden 享有被选举权的 ‖ *hierzu*（派生）**Wähl·bar·keit** *die*; *nur Sg*（只用单数）

wahl·be·rech·tigt *Adj*（形）；*nicht adv*（不作状语）；mit dem Recht zu wählen[2] (2) 享有选举权的 ‖ *hierzu*（派生）**Wahl·be·rech·ti·gung** *die*

wäh·len[1]; *wählte, hat gewählt*; Vt/i（及物/不及物）**1.** (**etw.**) **w.** sich für eine von mehreren Möglichkeiten entscheiden 选择，挑选≈auswählen：*Er hat den falschen Beruf* *gewählt* 他选错了职业 **2.** (**etw.**) **w.** auf der Speisekarte ein Essen aussuchen 点(菜): *Haben Sie schon gewählt?* 您点好菜了吗?; Vt (及物) **3.** (**sich** (*Dat* 三格)) **j-n zu etw. w.** j-n für e-n bestimmten Zweck aussuchen 挑选…为(当) ‖ ▶ **Wahl¹**, **wählerisch**

wäh.len²; *wählte*, *hat gewählt*; Vt (及物) **1.** **j-n/etw.** (**zu etw.**) **w.** bei e-r Wahl² seine Stimme²(2) für j-n/e-e Partei *o. Ä.* abgeben 选举,投…的票: *Die Partei hat ihn zum Vorsitzenden gewählt* 这个党选举他为主席; Vi (不及物) **2.** bei e-r Wahl² seine Stimme²(2) abgeben 投票: *Wir gehen morgen w.* 我们明天去投票 ‖ ▶ **Wahl²**

wäh.len³; *wählte*, *hat gewählt*; Vt/i (及物/不及物) *nur in* 只用于 (**e-e Nummer**) **w.** am Telefon die Ziffern e-r Telefonnummer drehen bzw. drücken 拨(电话号码)

Wäh.ler *der*; *-s*, *-*; e-e Person, die bei e-r Wahl² ihre Stimme abgibt od. abgegeben hat 选民,选举人 ‖ *hierzu* (派生) **Wäh.le.rin** *die*; *-*, *-nen*

wäh.le.risch *Adj* (形); *mst präd* (多作表语); anspruchsvoll, nicht leicht zufriedenzustellen 爱挑剔的,爱吹毛求疵的

Wäh.ler.schaft *die*; *-*; *mst Sg*, *Kollekt* (多用单数)(集合); die Gesamtheit der Wähler(全体)选民

Wahl.fach *das*; ein Unterrichtsfach, an dem Schüler od. Studenten freiwillig teilnehmen können 选修课,选修科目 ↔ Pflichtfach

Wahl.gang *der*; e-e Abstimmung (*mst* als eine von mehreren Etappen e-r Wahl²) 一轮选举,一轮投票: *Er wurde erst im zweiten W. gewählt* 他在第二轮投票中才被选上

Wahl.ge.heim.nis *das*; *nur Sg* (只用单数); die Regelung, nach der man anonym wählen² darf 秘密选举规则 ⟨das W. bewahren, brechen 维护,破坏秘密选举规则⟩

Wahl.kampf *der*; der Kampf der Parteien od. Kandidaten bei e-r Wahl² um die Stimmen²(2) der Wähler 竞选 ⟨e-n W. führen 进行竞选⟩

wahl.los *Adj* (形); *mst adv* (多作状语); ohne zu überlegen u. auszuwählen 不加选择的,盲目的: *Er schaut w. alles im Fernsehen an* 他不加选择地收看电视里的所有节目

Wahl.pa.ro.le *die*; e-e kurze Aussage von Parteien, die sich im Wahlkampf befinden 竞选口号

Wahl.recht *das* **1.** das Recht zu wählen 选举权 **2.** die rechtlichen Vorschriften, die Wahlen² betreffen 选举法 **3.** **aktives W.** das Recht, j-n zu wählen 选举权 **4.** **passives W.** das Recht, gewählt zu werden 被选举权

Wähl.schei.be *die*; der Teil des Telefons, den man dreht, um e-e Nummer zu wählen 电话键盘,电话拨号盘

Wahl.spruch *der*; e-e kurze u. gut formulierte Aussage, nach der sich j-d richtet 格言,箴言,座右铭 ≈ Motto

Wahl.ur.ne *die*; ein geschlossener Behälter mit e-m schmalen Schlitz oben, in den die Stimmzettel bei Wahlen eingeworfen werden 选票箱

wahl.wei.se *Adj* (形); *mst adv* (多作状语); je nach Wunsch 任选的,按自己的爱好选购: *Das Auto wird w. mit drei od. fünf Türen geliefert* 这种汽车可供应三门的或五门的,任从选择

Wahn *der*; *-(e)s*; *nur Sg* (只用单数); e-e unrealistische, oft krankhafte Vorstellung od. Hoffnung 空想,幻想,妄想,错觉,胡思乱想 ⟨ein religiöser W. 宗教幻想⟩: *Er lebt in dem W., ständig beobachtet zu werden* 他有一种经常被人监视的妄想 ‖ K- (复合): **Wahn-**, **-vorstellung**

wäh.nen; *wähnte*, *hat gewähnt*; *geschr* [书]; Vt (及物) **1.** **j-n irgendwo w.** glauben, dass j-d irgendwo ist 认为…在某处,猜想…在某处; Vr (反身) **2.** **sich irgendwie w.** glauben, dass etw. auf einen zutrifft (u. dabei unrecht haben) 误以为自己…,满以为自己… ⟨sich im Recht, in Sicherheit w. 满以为自己有理,自己是安全的⟩

Wahn.sinn *der*; *nur Sg* (只用单数) **1.** *gespr* [口]; etw., das völlig unsinnig, unvernünftig od. unverständlich ist 荒唐的想法,荒唐的事,不理智的举动 ⟨heller, reiner, purer W. 纯粹荒唐之举,实在荒唐之极⟩ ‖ K- (复合): **Wahnsinns-**, **-idee**, **-tat** **2.** *veraltend* [渐旧] ≈ Geisteskrankheit

wahn.sin.nig *Adj* (形) **1.** *nicht adv* (不作状语); geisteskrank 精神错乱的,疯狂的: *Er ist w. geworden* 他疯了,他精神错乱了 **2.** unvernünftig od. gefährlich 疯狂的,荒唐的,不理智的 ⟨ein Plan, ein Unternehmen 计划,行动⟩ **3.** *nur attr*, *nicht adv*, *gespr* (只作定语,不作状语) [口]; sehr groß 很大的,很厉害的,剧烈的,非常的 ⟨Schmerzen, Angst, Glück 疼痛,害怕,幸福⟩: *Ich habe e-n wahnsinnigen Hunger* 我饿极了 **4.** *nur adv*, *gespr* (只作状语) [口]; sehr 非常,很: *sich w. freuen* 高兴极了; *w. verliebt sein* 处于热恋中,爱疯了 ‖ ID [谚] *mst* 多用 **Das macht mich w.!** *gespr* [口]; ich halte das nicht mehr aus! 这简直使我无法忍受!

Wahn.sinns- *im Subst*, *betont*, *sehr produktiv*, *gespr* (构成名词,重读,构词强) [口]; verwendet, um auszudrücken, dass j-d/etw. besonders gut od. dass etw. besonders intensiv ist 极好的,极高的,极厉害的; e-e **Wahnsinnsfrau**, e-e **Wahnsinnshitze**, e-e **Wahnsinnsmusik**, ein **Wahnsinnspreis**, e-e **Wahnsinnsstimmung**

Wahn.witz *der*; *-es*; *nur Sg* (只用单数); völliger Unsinn 荒谬的想法,荒唐行为,荒诞的举动 ‖ *hierzu* (派生) **wahn.wit.zig** *Adj* (形)

wahr *Adj* (形); *nicht adv* (不作状语) **1.** so, wie es in Wirklichkeit ist od. war 真的,真实的,符合事实的 ↔ falsch, gelogen, erfunden: *e-e wahre Geschichte* 一个真实的故事; *An diesem Bericht ist kein Wort w.* 这份报告没有一句话是真的; *der wahre Grund von etw.* 某事的真正原因 **2.** *nur attr* (只作定语); so, wie man es sich nur wünschen kann 真正的,名符其实的,真诚的 ⟨ein Freund, die Liebe, das Glück 朋友,爱

W

情，幸福〉**3.** *nur attr*, *nicht adv*（只作定语，不作状语）≈ richtig (5), regelrecht〈etw. ist ein wahres Glück, ein wahres Wunder, e-e wahre Wohltat 某事真是运气，真是个奇迹，真是个善举〉: *e-e wahre Flut von Briefen* 真正潮水般的信件；*ein wahrer Sturm der Begeisterung* 真正暴风雨般的欢呼 **4** **..., nicht w.?** verwendet am Ende e-s Satzes, wenn der Sprecher Zustimmung erwartet od. sich erhofft（用于句子末尾，表示期待赞同）不是吗？是不是？: *Du kommst doch morgen, nicht w.?* 你明天来，对吗？‖ ID［谚］**Das ist das einzig Wahre!** *gespr*［口］；das ist das Richtige 这是最实在的！；**etw. w. werden lassen / etw. w. machen** etw. in die Tat umsetzen 将某事变为现实，付诸实施；**So w. ich lebe / hier stehe!** *gespr*［口］；verwendet zur Bekräftigung e-r Aussage 千真万确！完全属实！一点不假！；**Das ist schon / bald nicht mehr w.** *gespr*［口］；das ist schon sehr lange her 这已经是过去很久了；**Das ist nicht wahr!**；**Das kann / darf doch nicht w. sein!** *gespr*［口］；verwendet, um Bestürzung od. Erstaunen auszudrücken（表示震惊或惊讶）这不可能是真的！

wah·ren；*wahrte*, *hat gewahrt*；*Vt*（及物）**1.** **etw. w.** so handeln, dass etw. erhalten bleibt 维持，维护，保持〈seine Autorität, den Anstand, seinen Ruf, ein Geheimnis w. 维护自己的威望，保持体面，维护自己的名声，保守秘密〉 **2.** **etw. w.** ≈ verteidigen, schützen〈seine Interessen/Rechte, seinen Vorteil w. 保护自己的权益/权利，利益〉‖ *hierzu*（派生）**Wah·rung** *die*；*nur Sg*（只用单数）

wäh·ren；*währte*, *hat gewährt*；*Vi* *geschr*（不及物）［书］；**etw. währt** + *Zeitangabe*（时间说明语）etw. dauert e-e bestimmte Zeit（物作主语）持续，延续

wäh·rend[1] *Präp*（介）；*mit Gen* / *gespr auch Dat*（支配二格/［口］也用（三格））；im Laufe der genannten Zeit, im Verlauf der genannten Tätigkeit *o. Ä.* 在…期间，在…的时候：*w. des Sommers*, *w. der Ferien*, *w. der letzten Jahre*, *w. des Essens* 在夏天，在假期里，在前几年，在吃饭的时候 ‖ NB（注意）：Gebrauch ↑ *Tabelle unter* 用法，图表见 **Präpositionen**

wäh·rend[2] *Konjunktion*（连）**1.** drückt e-e Gleichzeitigkeit aus（表示同时）当…的时候，在…同时，在…之时：*W. ich koche, kannst du den Tisch decken* 我做饭的时候，你可以把餐具摆好；*W. wir beim Essen saßen, läutete das Telefon* 我们正吃着饭，电话铃响了 **2.** drückt e-e Gegensätzlichkeit aus（表示对比）而，然而：*W. sie sehr sparsam ist, kauft er sich teure Bücher* 她很节俭，而他却净买些昂贵的书籍

wäh·rend·dem *Adv*（副）；*gespr*［口］≈ währenddessen

wäh·rend·des·sen *Adv*（副）；in dieser Zeit 在此期间，这时候：*Ich muss noch den Salat machen. W. kannst du ja den Tisch decken* 我还得做沙拉，在此期间你可以把餐具摆好

wahr·ha·ben *Vt*（及物）*nur in* 只用于 **etw. nicht w. wollen** etw. nicht zugeben wollen, od. nicht verstehen wollen, dass etw. so ist 不愿相信，不愿承认：*Er will seine Schuld nicht w.* 他不愿承认自己的过错；*Er wollte nicht w., dass seine Kinder erwachsen waren* 他不愿意相信自己的孩子们都已长大

wahr·haft *Adj*（形）**1.** *nur attr od adv*（只作定语或状语）≈ wahr (2) **2.** **w.** + *Adj*（形容词）verwendet, um zu betonen, dass e-e bestimmte Eigenschaft wirklich vorhanden ist 确实，的确，真的：*ein w. gelungenes Fest* 一次确实成功的庆典；*Er ist w. fleißig* 他的确勤奋

wahr·haf·tig[1] *Adj*（形）；*nicht adv*, *geschr*（不作状语）［书］；〈ein Mensch 人〉so, dass er immer die Wahrheit sagt u. aufrichtig ist 诚实的，真诚的 ‖ *hierzu*（派生）**Wahr·haf·tig·keit** *die*；*nur Sg*（只用单数）

wahr·haf·tig[2] *Adv*（副）；verwendet zur Bekräftigung e-r Aussage（表示强调）真的，的确，确实 ≈ wirklich：*Dazu ist es jetzt w. zu spät!* 况且，现在的确是太晚了！

Wahr·heit *die*；-, -*en* **1.** *nur Sg*（只用单数）；das, was wirklich geschehen ist 事实，真相 **2.** e-e Aussage, die etw. so darstellt, wie es wirklich ist 真话，实情，真相，实话〈die W. sagen, verschweigen, herausfinden 说出，隐瞒，查明实情；e-e traurige, bittere W. 令人伤心的，苦涩的真话〉‖ K-（复合）：**Wahrheits-**, **-gehalt**, **-suche** **3.** e-e Aussage, die allgemein als richtig angesehen wird 真理：*Es ist e-e anerkannte W., dass Intelligenz gefördert werden kann* 智力可以开发，这是一条公认的真理 ‖ ID［谚］**in W.** in Wirklichkeit 事实上，实际上，其实；**bei der W. bleiben** nicht lügen 说真话；**hinter die W. kommen** *gespr*［口］；die W. (1) herausfinden 弄清事实真相；**etw. ist e-e alte W.** *gespr*［口］；etw. ist allgemein bekannt 某事是老生常谈；**j-m die W. ins Gesicht sagen / schleudern** *gespr*［口］；j-m etw. Unangenehmes (über ihn selbst) sagen 对某人直言，坦率地告诉某人实话；**j-d nimmt es mit der W. nicht so genau** j-d schwindelt od. lügt oft 某人常常撒谎；**um die W. zu sagen** verwendet als Einleitung e-r Aussage, die (angeblich) die W. (1) enthält 说真的，说实在的

wahr·heits·ge·mäß *Adj*（形）；der Wahrheit entsprechend 真实的，合乎事实的

wahr·heits·ge·treu *Adj*（形）≈ wahrheitsgemäß

Wahr·heits·lie·be *die*；-；*nur Sg*（只用单数）；die Eigenschaft, dass man immer versucht, die Wahrheit zu sagen 爱说实话，诚实 ‖ *hierzu*（派生）**wahr·heits·lie·bend** *Adj*（形）

wahr·lich *Adv*（副）≈ wirklich：*Das ist w. kein Vergnügen!* 这的确不是一件乐事！

wahr·ma·chen ↑ **wahr** ID［谚］

wahr·nehm·bar *Adj*（形）；〈ein Geräusch 声响；ein Unterschied 区别；kaum, deutlich w. 几乎觉察不到的，可清楚地觉察到的〉so beschaffen, dass man sie wahrnehmen (1) kann 可觉察到的，可感觉到的，看得到的，听得到的

wahr·neh·men；*nimmt wahr*, *nahm wahr*, *hat wahrgenommen*；*Vt*（及物）**1.** **etw. w.**

etw. mit den Sinnen (also durch Hören, Sehen *usw*) zur Kenntnis nehmen 感觉到,察觉到,看到,听到,闻到〈e-n Geruch, ein Geräusch, e-n Lichtschein w. 闻到气味,听到响声,看到光线〉**2.** ***j-n w.*** j-n beachten 重视,注意到: *Niemand nahm den Besucher wahr* 没有人注意到来访者 **3.** ***etw. w.*** ≈ nutzen〈e-e Chance, seinen Vorteil, ein Recht w. 利用机会,自己的长处,权利〉**4.** ***etw. w.*** *geschr* [书]≈ vertreten〈j-s Interessen, Angelegenheiten, Geschäfte w. 代表某人的利益,代理事务,代管商务〉**5.** ***etw. w.*** ≈ übernehmen〈seine Pflicht, seine Verantwortung w. 履行自己的义务,尽自己的责任〉**6.** ***e-n Termin w.*** von e-m Termin (3) Gebrauch machen 遵守日期

Wahr·neh·mung *die*; -, *-en* **1.** das Erfassen mit den Sinnen, das Wahrnehmen (1) 感觉,知觉,感知,觉察 ‖ K-(复合): ***Wahrnehmungs-, -fähigkeit, -vermögen*** ‖ -K(复合): ***Sinnes-*** **2.** das, was man wahrnimmt (1) 注意,感觉,知觉 ≈ Beobachtung **3.** *nur Sg* (只用单数); ***die W. + Gen*** (二格) / ***von etw.*** die Übernahme von etw. 履行,完成〈die W. von Verantwortung, die W. e-r Pflicht 履行责任,尽义务〉**4.** *nur Sg* (只用单数); das Nutzen, Einhalten (1) von etw. 施行,履行,遵守〈die W. e-s Termins 遵守日期〉

Wahr·sa·ge·kunst *die*; die (angebliche) Fähigkeit wahrzusagen 占卜术,算命术

wahr·sa·gen; *wahrsagte / sagte wahr, hat wahrgesagt / gewahrsagt*; Vt/i (及物/不及物) ***(j-m) (etw.) w.*** Aussagen über die Zukunft machen (*z. B.* aufgrund von j-s Handlinien, aufgrund von Spielkarten *usw*) 给…算命,占卜,占卦,看相 ‖ *hierzu* (派生) **Wahr·sa·ger** *der*; *-s, -*; **Wahr·sa·ge·rin** *die*; *-, -nen*

Wahr·sa·gung *die*; -, *-en* **1.** *nur Sg* (只用单数); das Wahrsagen 算命,占卜,占卦,看相 **2.** e-e Aussage über die Zukunft 预言

wahr·schein·lich *Adj* (形); so, dass etw. mit ziemlicher Sicherheit der Fall ist, war od. sein wird 大概的,很可能的〈e-e Ursache 原因〉: *Es ist sehr w., dass er recht hat* 很可能是他对了; *W. ist sie krank* 她大概是病了

Wahr·schein·lich·keit *die*; -, *-en*; *mst Sg* (多用单数); der Grad der Möglichkeit, dass etw. der Fall ist (war od. sein wird) (极大的)可能性,概率〈e-e hohe, geringe W. 可能性大,可能性很小; mit großer, größter, an Sicherheit grenzender W. 具有很大的,最大的,极大的可能性; etw. mit großer W. annehmen 很可能接受某物; es besteht die W., dass ... 有一种可能性是…〉‖ K-(复合): ***Wahrscheinlichkeits-, -grad*** ‖ NB(注意): Plural nur in Fachsprachen (复数只用于专业用语中)

Wäh·rung *die*; -, *-en* **1.** die Münzen u. Banknoten, die in e-m Staat als Geld verwendet werden 货币;通货;货币单位: *in deutscher W. bezahlen* 用德国货币支付 **2.** das System, mit dem das Geldwesen in e-m Staat geordnet wird 币制 ‖ K-(复合): ***Währungs-, -politik, -reform*** **3.** ***e-e harte W.*** e-e Währung, deren Wert über lange Zeit stabil und hoch ist 硬通货

Wäh·rungs·ein·heit *die* ≈ Währung (1)

Wäh·rungs·fonds *der*; *mst in* 多用于 ***der Internationale W.*** ein Fonds, der zur Stabilisierung verschiedener Währungen u. Wechselkurse dient 国际货币基金

Wäh·rungs·sys·tem *das*; das System, das das Geldwesen e-s Landes od. mehrerer Länder regelt 货币体系,货币制度

Wäh·rungs·uni·on *die*; *mst Sg* (多用单数) **1.** die Einführung e-r gemeinsamen Währung für mehrere Länder 货币联盟(政策措施)〈die europäische W. 欧洲货币联盟〉**2.** e-e Gemeinschaft von Ländern, die durch e-e W. (1.) entstanden ist 货币联盟(组织)

Wahr·zei·chen *das*; ein Gegenstand, der für e-e Stadt, e-e Landschaft, e-e Firma *usw* als e-e Art Symbol gilt 标志,象征: *Der Eiffelturm ist das W. von Paris* 艾菲尔铁塔是巴黎的象征

Wai·se *die*; -, *-n*; ein Kind, dessen Eltern gestorben sind 孤儿〈W. sein 是孤儿; (zur) W. werden 成为孤儿〉‖ K-(复合): ***Waisen-, -heim, -kind, -rente***

Wai·sen·kna·be *der*; *veraltend* [渐旧]; ein Junge, dessen Eltern gestorben sind (男)孤儿 ‖ ID [谚] ***gegen j-n ein / der reinste W. sein*** *gespr* [口]; bei Weitem nicht so schlimm sein wie j-d anders (指坏的品质) 远不如某人,远远赶不上某人,与某人相比是小巫见大巫

Wal *der*; *-(e)s, -e*; ein sehr großes, fischähnliches Säugetier, das im Ozean lebt 鲸 ‖ K-(复合): ***Wal-, -fang, -jagd*** ‖ NB(注意): in der gesprochenen Sprache sagt man oft *Walfisch* (在口语中人们常说 Walfisch (鲸鱼))

Wald *der*; *-(e)s, Wäl·der*; ein relativ großes Gebiet, das (dicht) mit Bäumen bewachsen ist 树林,森林〈ein dichter W. 茂密的森林; e-n W. abholzen, roden, anpflanzen 砍伐、开垦、培植森林〉‖ K-(复合): ***Wald-, -ameise, -brand, -gebiet, -rand, -schäden, -weg*** ‖ -K(复合): ***Fichten-, Laub-, Misch-, Nadel-, Tannen-*** ‖ ID [谚] ***ein W. von etw.*** e-e große, kaum übersehbare Menge von etw. …林立〈ein W. von Antennen, Fahnen, Masten〉天线、旗帜、桅杆林立; ***den W. vor (lauter) Bäumen nicht sehen*** *gespr* [口]; vor (unwichtigen) Einzelheiten das Wichtigste nicht sehen 只见树木,不见森林

Wald·horn *das*; ein Blasinstrument (aus Metall), dessen Rohr rund gebogen ist 圆号

Wald·lauf *der*; ein sportlicher Lauf im Wald od. freien Gelände 林间赛跑,越野赛跑〈e-n W. machen 进行越野赛跑〉

Wald·meis·ter *der*; e-e kleine Pflanze, die im Wald wächst u. als Aroma verwendet wird 香车叶草

Wald·ster·ben *das*; *nur Sg* (只用单数); das Absterben von Bäumen in Wäldern wegen starker Luftverschmutzung(因严重空气污染造成的)林中树木的枯死

wal·ken; *walkte*, *hat gewalkt*; [Vt](及物) **1.** ***etw. w.*** etw. *mst* durch Kneten weich u. geschmeidig machen 揉,搓,鞣〈Leder, Wäsche, Teig w. 鞣皮子,搓衣服,揉面团〉 **2.** ***etw. w.*** Metall durch Walzen laufen lassen u. dabei glätten 辗压,轧制〈Blech 铁皮〉 **3.** ***j-n w.*** *gespr* [口]≈ verprügeln

Wal·kie-Tal·kie [ˈwɔːkɪˈtɔːkɪ] *das*; -(*s*), -*s*; ein kleines, tragbares (Funk)Gerät, durch das man über e-e längere Entfernung mit j-m sprechen kann 步话机,袖珍无线电话机

Walk·man® [ˈwɔːkmen] *der*; -*s*, *Walk·men*; ein kleiner, tragbarer Kassettenrekorder mit Kopfhörern 随身听,小录放机

Wall *der*; -(*e*)*s*, *Wäl·le*; e-e Art Mauer, die man aus Steinen od. Erde errichtet, *mst* zum Schutz vor Gefahren 围墙,土堤,土墙,壁垒〈e-n W. errichten 垒起一道土墙〉

wal·len·d- *Adj*(形); *nur attr*, *nicht adv*(只作定语,不作状语) **1.** 〈Haare, Kleider 头发,衣服〉 so, dass sie in Locken od. in langen Falten herabfallen 波浪般飘垂的 **2.** 〈ein Gewässer 水域,水面〉 in starker Bewegung, mit Wellen an der Oberfläche 波浪翻滚的

Wall·fah·rer *der*; j-d, der an e-r Wallfahrt teilnimmt 朝圣者,香客 ‖ *hierzu* (派生) **Wall·fah·re·rin** *die*; **wall·fah·ren** (*ist*) [Vi](不及物)

Wall·fahrt *die*; e-e Wanderung od. Fahrt zu e-m heiligen Ort 朝圣,朝山进香≈ Pilgerfahrt 〈auf W. gehen 去朝圣〉: *e-e W. nach Lourdes* 到路德去朝圣 ‖ K-(复合): ***Wall-fahrts-***, ***-kirche***, ***-ort***, ***-stätte***

Wal·lung *die*; -, -*en* **1.** e-e starke Bewegung e-r Flüssigkeit, die an der Oberfläche sichtbar wird 波浪起伏,沸腾 **2.** ≈ Erregung, Aufregung

Wal·nuss *die*; e-e essbare Nuss, die an e-m Baum wächst 胡桃,核桃 ‖ K-(复合): ***Wal-nuss-***, ***-baum***, ***-kern***

Wal·pur·gis·nacht *die*; die Nacht zum 1. Mai, in der sich (nach altem Volksglauben) die Hexen zum Tanz treffen 华尔普吉斯之夜(指5月1日前夜,据古老民间传说,在这一夜女妖们聚会在德国布罗肯山,宴饮狂欢)

Wal·ross *das*; e-e sehr große Robbe mit langen Stoßzähnen 海象

wal·ten; *waltete*, *hat gewaltet*; [Vi](不及物) **1.** 〈Gerechtigkeit, Gnade, Milde 公正,仁慈,宽恕〉 ***w. lassen*** gerecht sein od. keine (harte) Strafe erteilen 让…来主宰(意即:对…做到公正,饶恕,宽恕) **2.** ***seines Amtes w.*** die Aufgaben e-s Amtes ausführen 行使职权

Wal·ze *die*; -, -*n* **1.** ein Teil e-s Gerätes od. e-r Maschine, das die Form e-s Zylinders hat und mit dem man etw. pressen, glätten, transportieren *o. Ä.* kann 轧辊,辊子,滚筒〈die W. einer Druckmaschine, e-r Schreibmaschine 印刷机,打字机的滚筒〉 **2.** ein Fahrzeug mit e-r schweren W. (1) 轧路机 ‖ -K (复合): ***Dampf-***, ***Straßen-***

wal·zen; *walzte*, *hat gewalzt*; [Vt/i](及物/不及物) (***etw.***) ***w.*** etw. mit e-r Walze (1) bearbeiten od. glätten 辗压,轧制〈e-n Acker, e-e Straße w.(用轧路机)整压土地,辗压马路〉 ‖ NB (注意): Die 2. Person Sg. Präsens lautet(现在时第二人称单数为): *du walzt* ‖ K-(复合): ***Walz-***, ***-blech***, ***-eisen***, ***-stahl***

wäl·zen; *wälzte*, *hat gewälzt*; [Vt](及物) **1.** ***etw.*** (***irgendwohin***) ***w.*** etw. Schweres bewegen, indem man es (mit großer Mühe) rollt 把…推到,滚到〈ein Fass, e-n großen Stein w. 滚动木桶,大石头〉 **2.** ***etw. in etw.*** (*Dat* 三格) ***w.*** flache Stücke *mst* von Fleisch od. Teig auf Mehl od. Zucker *usw* legen u. darin wenden 滚上,粘上(面糊或糖等): *das Fleisch in Paniermehl w.* 把肉滚上面包屑 **3.** ***etw. auf j-n w.*** j-d anderen etw. Negatives, Unangenehmes tragen lassen 推委,把…推给,把…归咎于〈die Verantwortung, die Kosten auf j-n w. 把责任,花销推给某人〉 **4.** ***etw. w.*** *gespr* [口]; sich intensiv mit etw. beschäftigen 反复考虑,琢磨,致力于,忙于〈einen Plan, ein Problem w. 忙于制订计划,钻研一个问题〉 **5.** 〈Bücher, Akten *o. Ä.* 书、卷宗等〉 ***w.*** (*mst* bei der Suche nach etw.) Bücher, Akten *o. Ä.* eifrig durchblättern 翻阅,查看; [Vr](反身) **6.** ***sich w.*** sich im Liegen hin und her drehen 打滚,翻滚,辗转反侧〈sich vor Schmerzen am Boden w. 疼得在地上打滚〉 **7.** ***etw. wälzt sich irgendwohin*** etw. bewegt sich in großer Menge und *mst* mit großer Kraft irgendwohin (物作主语)滚动,涌动,奔涌〈e-e Lawine, e-e Menschenmenge, Wassermassen 雪崩,人群,大水〉 ‖ NB(注意): Die 2. Person Sg. Präsens lautet(现在时第二人称单数为): *du wälzt*

Wal·zer *der*; -*s*, -; ein Tanz im Dreivierteltakt (bei dem man sich mit dem Partner *mst* drehend bewegt) 华尔兹舞,三步舞;华尔兹舞曲,园舞曲: *e-n Wiener W. tanzen* 跳一曲维也纳华尔兹 ‖ K-(复合): ***Walzer-***, ***-takt***

Wäl·zer *der*; -*s*, -; *gespr* [口]; ein sehr dickes Buch 厚书,大部头的书〈e-n dicken W. lesen 读一本大部头的书〉

Wam·pe *die*; -, -*n*; *gespr pej* [口][贬]; ein dicker Bauch 大肚子

wand *Imperfekt*, *1. u. 3. Person Sg*(过去时,第一和第三人称单数); ↑ ***winden***

Wand *die*; -, *Wän·de* **1.** e-e senkrecht stehende Fläche, die ein Haus od. e-n Raum in e-m Haus begrenzt 墙,墙壁 ‖ K-(复合): ***Wand-***, ***-farbe*** ‖ -K (复合): ***Außen-***, ***Haus-***, ***Trenn-***, ***Zimmer-*** **2.** ***e-e spanische W.*** e-e Art W. (1), die man zusammenfalten kann 屏风 **3.** *Kurzw* (略) ↑ ***Felswand*** ‖ ID [谚] ***gegen e-e W. reden*** reden, ohne das Interesse des Zuhörers zu finden 枉费唇舌,白讲; *mst* 多用 ***Hier haben die Wände Ohren*** hier wird man belauscht 隔墙有耳; ***die W./die Wände hochgehen*** 〈vor Zorn, Ärger 由于愤怒,恼火〉 sich sehr ärgern, sehr wütend sein 气得发疯; ***die eigenen vier Wände*** ein eigenes Haus, e-e

W

eigene Wohnung 自己的家; ***j-n an die W. stellen*** j-n erschießen u. so hinrichten 枪毙某人,处死某人; *mst* 多用 ***lachen/schreien, dass die Wände wackeln*** sehr laut lachen/schreien 笑得地动山摇/叫(喊)得震天响

Wan.del *der*; *-s*; *nur Sg* (只用单数); der Übergang von e-m Zustand in e-n anderen 变化,变迁,转变≈ Veränderung 〈ein allmählicher, plötzlicher, rascher, tief greifender, sozialer W. 逐渐的、突然的、迅速的、深刻的、社会的变化; ein W. tritt ein 变化开始了; e-n W. herbeiführen 引起变化; etw. unterliegt dem W., ist dem W. unterworfen(某物)正出现变化;某物正发生变化〉‖ ID [谚] ***im W. der Zeit(en)*** im Verlauf der Geschichte mit ihren vielen Veränderungen 随着时间的推移

wan.deln[1]; *wandelte, hat gewandelt*; [Vt] (及物) **1.** ***etw. w.*** *geschr* [书]≈ ändern; [Vr] (反身) **2.** ***etw. wandelt sich*** etw. ändert sich (物作主语)变化,转变,改变〈der Geschmack, die Mode 口味,时尚〉‖ *hierzu* (派生) **wan.del-bar** *Adj* (形)

wan.deln[2]; *wandelte, ist gewandelt*; *geschr* [书]; [Vi] (不及物) langsam, *mst* ohne bestimmtes Ziel herumgehen 漫步,散步

Wan.de.rer *der*; *-s, -*; j-d, der wandert (1) 徒步旅行者,漫游者 ‖ *hierzu* (派生) **Wan.de.rin, Wand.re.rin** *die*; *-, -nen*

wan.der.lus.tig *Adj* (形); mit viel Freude am Wandern (1) 喜欢漫游的,爱好徒步旅行的 ‖ *hierzu* (派生) **Wan.der.lust** *die*; *nur Sg* (只用单数)

wan.dern; *wanderte, ist gewandert*; [Vi] (不及物) **1.** e-e relativ lange Strecke zu Fuß gehen (*mst* außerhalb der Stadt u. weil man sich erholen will) 徒步旅行,漫游 ‖ K- (复合): ***Wander-, -karte, -kleidung, -urlaub, -weg; Wanders-, -mann*** **2.** regelmäßig von einem Ort zu einem anderen ziehen 迁徙,定期移居,流动〈Nomaden, ein Zirkus 游牧民,马戏团〉‖ K- (复合): ***Wander-, -vogel, -zirkus*** **3.** ***j-d/etw. wandert irgendwohin*** *gespr* [口]; j-d/etw. wird irgendwohin gebracht (人/物作主语)被送到,落到〈j-d wandert ins Gefängnis 某人进了监狱; etw. wandert in den Müll/Abfall 某物被扔进了垃圾堆〉

Wan.der.po.kal *der*; SPORT【体】; ein Pokal, der *mst* jedes Jahr an den jeweils neuen Sieger des Turniers weitergegeben wird 流动奖杯

Wan.der.schaft *die*; *-, -en*; *mst Sg, hist* (多用单数) [历]; das Umherziehen der jungen Handwerker, um an anderen Orten ihren Beruf zu erlernen 漫游期(指年轻的手艺工匠在各地游历学习的时期) ‖ ID [谚] ***auf W. sein*** *gespr* [口]; unterwegs sein 在路上

Wan.de.rung *die*; *-, -en* **1.** das Wandern (1) 漫游,徒步旅行〈e-e W. machen 去漫游〉 **2.** die Strecke, die manche Tiere zu bestimmten Zwecken laufen, schwimmen *usw* (有些动物的)洄游路线,活动路线: *die W. der Lachse* 鲑鱼的洄游路线

Wand.lung *die*; *-, -en* **1.** *geschr* [书]≈ Veränderung, Wandel 〈e-e W. zum Guten, zum Bösen 向好的方面,向坏的方面转变〉 **2.** REL【宗】; (nach katholischem Glauben) die Verwandlung von Brot u. Wein während des Abendmahls in Leib u. Blut von Jesus Christus 化体(指圣餐上的面包和酒变成耶稣的肉和血的过程)

Das Wandern 徒步旅行

Das Wandern ist eine beliebte Freizeitbeschäftigung in den deutschsprachigen Ländern. Häufig unternimmt man am Wochenende oder an Feiertagen einen Ausflug aufs Land oder in die Berge, um einen Spaziergang an einem See, im Wald oder einfach in der Natur zu machen. Es gibt hierfür ein gut ausgebautes und beschildertes Netz an Wanderwegen. In den Pausen genießt man einen selbst mitgebrachten Imbiss im Grünen oder man kehrt in einer der traditionellen Gastwirtschaften ein, die sich am Weg befinden. In Deutschland gibt es an allen Schulen zweimal im Jahr einen **Wandertag** für alle Klassen. Der wird allerdings heute kaum noch zu einer Wanderung genutzt, bei der der Lehrer die Tiere und Pflanzen der Heimat erklärt. Viel beliebter sind Stadtbesichtigungen oder etwa der Besuch eines Museums.

徒步旅行是各德语国家中受人喜爱的业余活动。人们经常在周末或节假日到农村或到山区去郊游,以便在湖边,在森林中或者干脆在大自然中散步。为此有修建良好并挂有路标的徒步旅行道路网。休息时人们在绿地上享用随身携带的小食品,或者在途中到一家座落在路边的传统客店去歇息。在德国所有中小学校每年都有两次所有年级都参加的**徒步旅行日**。当然,这种日子现在几乎不可能再用来进行徒步旅行,让老师在旅行中讲解家乡的动物和植物。更受欢迎得多的是城市观光或者也许是参观博物馆。

Wand.ma.le.rei *die*; ein Gemälde, das direkt auf e-e Wand gemalt wird 壁画

Wand.schrank *der*; ein Schrank, der in die Wand eingebaut ist 壁柜,壁橱

wand.te *Imperfekt, 1. u. 3. Person Sg* (过去时,第一和第三人称单数); ↑ ***wenden***

Wand.tep.pich *der*; e-e Art Teppich, der zum Schmuck an der Wand hängt 壁毯,挂毯

Wand.uhr *die*; e-e besondere Art von Uhr, die an der Wand hängt 挂钟

Wan.ge *die*; *-, -n*; *geschr* [书]≈ Backe: *ein Kuss auf die W.* 在面颊上吻一下 ‖ ID [谚] ***j-s Wangen brennen/glühen*** j-s Gesicht ist rot angelaufen 某人满脸通红;某人面孔涨得通红

wan.kel.mü.tig *Adj* (形); 〈ein Mensch 人〉 so, dass er seine Meinung oft ändert u. sich nicht entscheiden kann 优柔寡断的,反复无常的 ‖ *hierzu* (派生) **Wan.kel.mut** *der*; **Wan.kel-**

W

mü·tig·keit *die*; *nur Sg* (只用单数)

wan·ken; *wankte*, *hat/ist gewankt*; [Vi] (不及物) **1.** (*hat*) (von Menschen) sich hin u. her bewegen, als ob man umfallen könnte, (von Sachen) sich neigen u. umzustürzen drohen 摇晃,晃动,晃荡,晃来晃去〈ins W. kommen, geraten 摇晃起来〉: *Der Mast des Schiffes wankte im Sturm* 船桅在风暴中晃来晃去 **2.** (*ist*) unsicher, taumelnd gehen 摇摇晃晃地走,蹒跚而行,踉踉跄跄 **3.** (*hat*) unsicher werden 犹豫,动摇,没有把握〈in seiner Meinung wankend werden 对自己的看法犹豫不决; nicht wanken 不动摇; ins Wanken geraten 开始动摇〉 **4.** *etw.* **wankt** (*hat*) etw. ist in Gefahr (物作主语)不稳,动摇,不妙〈j-s Position, j-s Stellung 某人的职位,某人的地位〉

wann *Adv* (副) **1.** (*in direkten u. indirekten Fragesätzen* 用于直接问句和间接问句) zu welcher Zeit?, zu welchem Zeitpunkt? 何时,什么时候: *W. fährt der Zug ab?* 火车什么时候开?; *Ich weiß nicht, w. er kommt* 我不知道他什么时候来 **2.** (*in direkten u. indirekten Fragesätzen* 用于直接问句和间接问句) **seit w.** seit welcher Zeit?, seit welchem Zeitpunkt? 从何时开始,从什么时候起: *Seit w. kennst du ihn?* 你什么时候认识他的? **3.** (*in direkten u. indirekten Fragesätzen* 用于直接问句和间接问句) unter welchen Bedingungen? 在何种条件下,在什么情况下: *W. setzt man ein Komma?* 在什么情况下用逗号? **4. dann u. w.** ≈ manchmal

Wan·ne *die*; -, -*n*; ein offenes Gefäß (*bes* zum Baden), das relativ lang u. groß ist 浴缸,浴盆,盆 ‖ K- (复合): **Wannen-**, **-bad** ‖ -K (复合): **Bade-**, **Öl-**, **Plastik-**

Wanst *der*; -(*e*)*s*, *Wäns·te*; *gespr! pej* [粗][贬]; ein dicker Bauch 大肚子

Wan·ze *die*; -, -*n* **1.** ein flaches Insekt, das Pflanzensäfte od. das Blut von Menschen u. Tieren saugt 臭虫;椿象 ‖ K- (复合): **Wanzen-**, **-plage** ‖ -K (复合): **Bett-**, **Haus-** **2.** ein kleines Mikrofon, das *z. B.* in e-m Zimmer versteckt wird, wenn man dort Gespräche abhören will 窃听器

Wap·pen *das*; -*s*, -; ein Zeichen, *mst* in der Form e-s Schildes[2] (1), das als e-e Art Symbol für e-e Familie, e-n Staat *usw* dient 纹章,徽章: *e-n Adler im W. führen* 佩带着以鹰为图案的纹章 ‖ K- (复合): **Wappen-**, **-kunde**, **-spruch** ‖ -K (复合): **Familien-**, **Stadt-**, **Zunft-**

wapp·nen, sich; *wappnete sich*, *hat sich gewappnet*; [Vr] (反身) **sich** (**mit etw.**) **gegen/für etw. w.** sich für etw. rüsten, sich gut auf etw. vorbereiten 作好对付(防范)…的准备〈sich für/gegen e-e Gefahr, e-n Sturm, e-n Angriff w. 作好防范危险、风暴、进攻的准备; sich gegen Kritik w. 作好对付批评的准备〉

war *Imperfekt*, *1. u. 3. Person Sg* (过去时,第一和第三人称单数); ↑ **sein**[1]

warb *Imperfekt*, *1. u. 3. Person Sg* (过去时,第一和第三人称单数); ↑ **werben**

Wa·re *die*; -, -*n* **1.** ein Gegenstand, der zum Verkauf bestimmt ist 商品,货物〈Waren herstellen, verkaufen, liefern, bestellen, im Preis herabsetzen 生产、出售、供应、定购、降价出售商品〉: *Reduzierte W. ist vom Umtausch ausgeschlossen* 降价商品,概不退换 ‖ K- (复合): **Waren-**, **-angebot**, **-bestand**, **-gutschein**, **-muster**, **-probe**, **-sortiment**, **-test** ‖ -K (复合): **Schmuggel-**; (*mit Pl* 与复数连用) **Back-**, **Eisen-**, **Export-**, **Gebraucht-** **2.** *nur Sg* (只用单数); e-e bestimmte Sorte od. Menge von Waren (1) (一批,一种)商品,产品,货物〈e-e W. führen, anbieten, auf Lager haben 经销,供应,库存有某种商品〉: *Die Ware* (*z. B.* 200kg Äpfel) *ist verdorben* 这批货(如 200 公斤苹果)变质了; *Diese W. verkauft sich gut* 这种货物很畅销 **3.** *nur Sg* (只用单数); **heiße W.** Waren, die geschmuggelt, gestohlen *o. Ä.* wurden 赃物,黑货,走私货

wä·re *Konjunktiv II*, *1. u. 3. Person Sg* (虚拟式 II,第一和第三人称单数); ↑ **sein**[1]

Wa·ren·ab·kom·men *das*; ein Abkommen zwischen Staaten über den gegenseitigen Austausch von Waren (1) (国与国之间的)贸易协定,易货协议

Wa·ren·aus·tausch *der*; der Handel mit Waren (1) *bes* zwischen Staaten 易货贸易,商品交换

Wa·ren·haus *das* ≈ Kaufhaus

Wa·ren·korb *der*; WIRTSCH 【经】; ausgewählte Waren, deren durchschnittlicher Preis zu e-m bestimmten Zeitpunkt dazu hergenommen wird, die allgemeine Preisentwicklung, die Inflation zu bestimmen (计算物价指数的)一揽子商品

Wa·ren·la·ger *das*; ein (großes) Gebäude, in dem Waren gelagert werden 货仓,货栈,仓库

Wa·ren·zei·chen *das* ≈ Markenzeichen: *das eingetragene W.* 注册商标

warf *Imperfekt*, *1. u. 3. Person Sg* (过去时,第一和第三人称单数); ↑ **werfen**

warm, *wärmer*, *wärmst-*; *Adj* (形) **1.** mit/von relativ hoher Temperatur, aber nicht richtig heiß 温暖的,暖和的,热的 ↔ kühl〈das Essen w. machen, halten 热饭菜,使饭菜保温〉: *ein warmes Bad nehmen* 洗热水澡; *die ersten warmen Tage nach dem Winter genießen* 享受冬天过后头几天暖和的日子 ‖ -K (复合): **hand-**, **körper-** **2.** gegen Kälte schützend 保暖的,防寒的,暖和的〈Kleidung, e-e Decke 衣服,被子; sich w. anziehen 穿得暖和〉 **3.** so, dass in der Miete die Heizkosten schon enthalten sind 包括暖气费在内的,包括取暖费的: „*Die Wohnung kostet 800 Euro Miete*" – „*W. od. kalt?*" "这套房子房租是 800 欧元"——"包不包括取暖费?" ‖ K- (复合): **Warm-**, **-miete** **4.** so, dass das Essen gekocht u. noch w. (1) ist (饭菜)热的 ↔ kalt〈e-e Mahlzeit, e-e Speise — 顿饭,菜; w. essen 吃热饭菜〉 **5.** ≈ herzlich, freundlich ↔ kalt, kühl〈e-e Begrüßung, Worte 欢迎,话语〉 **6.** (Farben 颜色) relativ kräftig u. ohne Mischung mit Weiß od. Grau 暖色的: *ein warmes Gelb, Rot* 暖黄色,暖红色 **7.** (*mst* im Superlativ) voll Eifer u. In-

W

teresse(多用最高级)热诚的,热情的,热心的〈wärmstes Interesse für etw. zeigen 对某物表现出很强烈的兴趣〉 **8.** *mst* 多用 ***mir ist w.*** verwendet, um auszudrücken, dass man es w. (1) od. ein bisschen zu w. (1) findet 我很暖和↔ mir ist kalt **9.** ***etw. w. stellen*** Speisen od. Getränke an e-n Ort stellen, wo sie w. (1) bleiben 使保温↔ etw. kalt stellen **10.** ***sich w. laufen / machen*** *bes* vor e-m Wettbewerb Gymnastik machen u. langsam laufen, bis die Muskeln locker sind(尤指比赛前的)做热身活动,作准备活动 **11.**〈den Motor, das Auto 发动机,汽车〉 ***w. laufen lassen*** den Motor zu e-m frühen Zeitpunkt starten, damit er schon w. (1) ist, wenn man losfährt 将(发动机,汽车)预热 ‖ ID [谚] *mst* 多用 ***Mit ihm / ihr kann ich nicht w. werden*** *gespr* [口]; ich finde ihn/sie einfach nicht sympathisch 我和他/她亲近不起来

Warm·blü·ter *der*; *-s*, *-*; ZOOL【动】; ein Tier, dessen Körpertemperatur immer fast gleich bleibt (*z. B.* Vögel, Säugetiere) 常温动物,温血动物 ‖ *hierzu* (派生) **warm·blü·tig** *Adj* (形); *ohne Steigerung* (无变级)

Wär·me *die*; *-*; *nur Sg* (只用单数) **1.** e-e mäßig hohe, *mst* als angenehm empfundene Temperatur 温暖,暖和↔ Kälte ‖ K- (复合): ***Wärme-, -gewitter, -periode; wärme-, -bedürftig*** ‖ -K (复合): ***Körper-*** **2.** PHYS【物】; die Energie, die durch die Bewegung von Atomen u. Molekülen entsteht 热,热量,热能〈W. entwickelt sich, wird freigesetzt 热能形成,被释放出来〉 ‖ K- (复合): ***Wärme-, -kraftwerk, -pumpe, -technik*** **3.** Herzlichkeit, Freund-lichkeit 温情,热情,热心〈menschliche W. 人间的温情; j-d strahlt W. aus 某人非常热情〉

Wär·me·lei·ter *der*; e-e Substanz, die die Wärme gut weitertransportiert 热导体 ‖ *hierzu* (派生) **Wär·me·leit·fä·hig·keit** *die*

wär·men; *wärmte*, *hat gewärmt*; [Vt/i] (及物/不及物) **1.** ***etw. wärmt (j-n / etw.)*** etw. bewirkt, dass j-d/etw. warm (1) wird(物作主语)使暖和,使温暖: *Der Ofen wärmt das Zimmer / wärmt gut* 这只炉子使房间很暖和/供暖很好; [Vt] (及物) **2.** ***sich*** (*Dat* 三格) ***etw. w.*** etw. warm machen 把…加热: *sich ein Glas Milch w.* 给自己热一杯奶; [Vr] (反身) **3.** ***sich irgendwo w.*** sich *z. B.* an e-n Heizkörper *o. Ä.* stellen, damit einem wärmer wird 在…取暖: *Er wärmte sich am Feuer* 他烤火取暖

Wärm·fla·sche *die*; ein Behälter (*mst* aus Gummi), der mit heißem Wasser gefüllt wird, um das Bett zu wärmen 热水袋,(取暖用的)暖水瓶

Warm·front *die*; MET【气】; warme Luftmassen, die in ein Gebiet mit kälterer Luft dringen 暖锋

warm·hal·ten; *hält warm*, *hielt warm*, *hat warmgehalten*; [Vt] (及物) ***sich*** (*Dat*) ***j-n w.*** *gespr* [口]; freundlich zu j-m sein, damit er einem später hilft od. Unterstützung gibt 与…保持良好的关系 ‖ NB(注意): aber(但是): *das Essen warm halten* 将饭菜保温(getrennt geschrieben 分开写)

warm·her·zig *Adj* (形); sehr freundlich u. mitfühlend 热心的,热情的,有同情心的 ‖ *hierzu* (派生) **Warm·her·zig·keit** *die*; *nur Sg* (只用单数)

Warm·luft *die*; *nur Sg* (只用单数) ≈ warme Luft

warm·ma·chen ↑ **warm** (1)

warm·stel·len ↑ **warm** (9)

wärms·tens *Adv* (副) ≈ ausdrücklich, sehr 〈*mst* 多用(j-m) j-n/etw. w. empfehlen(向某人)极力推荐某人/某物〉

Warm·was·ser *das*; *nur Sg* (只用单数); Wasser, das (von e-r Heizung *o. Ä.*) warm gemacht wurde 热水,温水

Warn·an·la·ge *die*; e-e Vorrichtung, die bei Gefahren, Einbrüchen *o. Ä.* akustische u. optische Signale gibt 报警装置,信号装置

Warn·blink|an·la·ge *die*; e-e Vorrichtung, mit der man (*z. B.* bei e-r Panne od. nach e-m Unfall) alle Blinker am Auto gleichzeitig einschalten kann 警告闪光装置

Warn·drei·eck *das*; ein dreieckiges Schild (weiß mit rotem Rand), das man im Auto mitnehmen muss (u. *z. B.* bei e-r Panne od. e-m Unfall hinter dem Auto aufstellt) 停车警示牌

Warndreieck

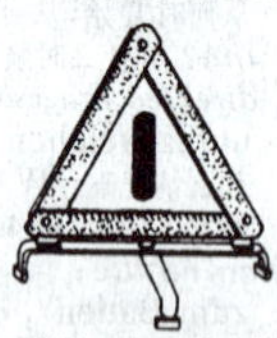

war·nen; *warnte*, *hat gewarnt*; [Vt/i] (及物/不及物) **1.** (***j-n***) (***vor j-m / etw.***) ***w.*** j-n auf e-e Gefahr hinweisen 警告,向…发出警报,告诫: *Vor Taschendieben wird gewarnt!* 谨防扒手!; *Jugendliche vor Drogen w.* 告诫青少年不要吸毒; *Er warnte uns davor, bei dem schlechten Wetter e-e Bergtour zu machen* 他警告我们不要在天气不好的时候登山 ‖ K- (复合): ***Warn-, -ruf, -signal***; [Vt] (及物) **2.** ***j-n w.*** ≈ j-m drohen: *Ich warne dich: lass das!* 我警告你:别干这事!

Warn·schild *das*; ein Schild[1] (1), das vor e-r Gefahr warnt 警告牌,警示牌: *Der Autofahrer missachtete das W.* 司机没有注意到警告牌

Warn·schuss *der*; ein Schuss in die Luft als Signal dafür (*z. B.* an e-n Fliehenden), dass man bereit ist, auf ihn zu schießen 警告性的射击〈e-n W. abgeben 向空中射击,以示警告,鸣枪示警〉

Warn·streik *der*; e-e relativ kurze Unterbrechung der Arbeit als Drohung, dass man auch zu e-m längeren Streik bereit wäre 警告性罢工

War·nung *die*; *-*, *-en* **1.** ***e-e W.*** (***vor j-m / etw.***) ein Hinweis auf e-e Gefahr 警告,警报,告诫〈e-e W. vor dem Sturm, dem Hochwasser 警告有风暴、有洪水; W. vor dem Hunde! 小心有狗!〉 ‖ -K (复合): ***Hochwasser-, Lawinen-, Sturm-*** **2.** e-e dringende Aufforderung od. Drohung, etw. nicht zu tun 警告,警戒,敲警钟〈e-e nachdrückliche, eindringliche W. 强烈的,恳切的警告〉: *Das ist meine letzte W.!* 这是

我的最后一次警告!

Warn·zei·chen *das* **1.** ein Verkehrszeichen, das vor e-r Gefahr warnt 交通警告标志,交通警示标志 **2.** ein optisches od. akustisches Signal, das vor e-r Gefahr warnt 危险标志,警告标志,警告信号: *mit der Hupe ein W. geben* 按喇叭示警

War·te *die*; -, -*n*; *mst in* 多用于 **von meiner** (*usw*) **W. aus** von meinem (*usw*) Standpunkt aus gesehen 据我观察,从我的立场出发,在我看来

War·te·lis·te *die*; e-e Liste von Personen, die auf etw. warten, *z. B.* auf e-e Genehmigung, e-n Arbeitsplatz, e-e Wohnung *usw* 等候者名单

war·ten¹; *wartete, hat gewartet*; [Vi] (不及物) **1.** (**auf j-n/etw.**) **w.** nichts tun, nicht weggehen *o. Ä.*, bis j-d kommt od. etw. eintritt 等,等候,等待(auf den Zug w. 等火车; w., bis man abgeholt wird 等到有人来接为止): *Ich warte schon seit zwei Stunden auf dich!* 我已经等了你两个小时了!; *Wir haben zwei Stunden auf ihn gewartet* 我们等了他两个小时 ‖ K- (复合): **Warte-**, **-halle**, **-raum**, **-saal**, **-zeit** **2. mit etw.** (**auf j-n**) **w.** etw. noch nicht tun od. erst dann tun, wenn j-d anders kommt 等着一块儿干: *Wir warten mit dem Essen auf dich* 我们等你一块儿吃饭 **3. etw. wartet** (**auf j-n**) etw. ist schon bereit (物作主语)准备好了,做好了: *Beeil dich, das Essen wartet!* 快点,饭都做好了! **4. etw. wartet** (**auf j-n**) etw. muss (noch) getan werden (物作主语)等着(有人)去干(e-e Arbeit, e-e Pflicht工作;义务) ‖ ID [谚] *mst* 多用 **Darauf habe ich schon** (**lange**) **gewartet** das habe ich kommen sehen 这(早)已在我意料之中了; **etw. lässt lange auf sich w.** es wird nicht schnell realisiert 某事会等很久(意即:一时半会儿实现不了); *mst* 多用 **Da kannst du lange w.!** *gespr* [口]; das tritt wahrscheinlich nie ein 这你恐怕有得等了!(意即:这你恐怕永远实现不了了); **Na warte/Warte nur!** *gespr* [口]; verwendet als e-e Art Drohung (aber nicht sehr ernst gemeint) 等着瞧!; **Worauf wartest du noch?** *gespr* [口]; tu doch endlich etwas! 你还等什么?(意即:快动手干吧!); **Warte mal!** *gespr* [口]; einen Augenblick! 等一下! **Darauf habe ich gerade noch gewartet!** *gespr* [口]; das passt mir gar nicht! 这事偏偏让我等着了!(意即:这事来得真不是时候!)

war·ten²; *wartete, hat gewartet*; [Vt] (及物) **etw. w.** etw. pflegen u. kontrollieren, damit es funktioniert 保养,维护,看管(e-e Maschine, ein Auto, e-e technische Anlage w. 保养机器、汽车、技术设备)

Wär·ter *der*; -*s*, -; j-d, der etw. pflegt od. j-n/etw. bewacht 管理员,护理员,看守 ‖ -K (复合): **Gefängnis-**, **Leuchtturm-**, **Museums-**, **Zoo-** ‖ *hierzu* (派生) **Wär·te·rin** *die*; -, -*nen*

War·te·saal *der*; ein Raum in e-m Bahnhof *o. Ä.*, in dem Reisende warten können 候车室,候车大厅,候机厅

War·te·zim·mer *das*; ein Raum (in der Praxis e-s Arztes), in dem die Patienten darauf warten, dass der Arzt sie behandelt 候诊室

War·tung *die*; -, -*en*; das Warten² 保养,维护,看管 ‖ K- (复合): **Wartungs-**, **-arbeit**, **-personal**; **wartungs-**, **-frei**, **-freundlich**

wa·rum [vaˈrum] *Adv* (副) **1.** (*in direkten u. indirekten Fragen* 用于直接问句和间接问句) verwendet, um nach dem Grund für etw. zu fragen 为什么,什么原因 ≈ aus welchem Grund, weshalb?: *W. muss ich immer alles machen?* 为什么总是什么事都得我来做呢?; *Ich weiß nicht, w. sie nicht gekommen ist* 我不知道她为什么没有来 **2. der Grund, w.** ≈ der Grund, aus dem ‖ ID [谚] **W. nicht gleich** (**so**)**?** *gespr* [口]; das hätte man doch sofort so machen können! 为什么没马上(这么)做呢?; **W.** (**auch/denn**) **nicht?** *gespr* [口]; es spricht doch nichts dagegen! 为什么不呢?

War·ze *die*; -, -*n*; e-e kleine runde Wucherung auf der Haut, *bes* an Händen u. im Gesicht (oft mit rauer Oberfläche)疣,赘疣,瘊子

was¹ *Interrogativpronomen* (疑问代词) **1.** (*in direkten u. indirekten Fragesätzen* 用于直接问句和间接问句) verwendet, um nach e-r Sache od. e-m Sachverhalt zu fragen 什么,什么东西,什么事: *Was möchtest du trinken?* 你想喝点什么?; *Was soll ich anziehen?* 我该穿什么(衣服)?; *Weißt du, was sie zu mir gesagt hat?* 你知道她跟我说了些什么吗?; *Was bedeutet dieses Wort?* 这个词是什么意思?; *Was verstehen Sie unter „Demokratie"?* 你对"民主"(这个词)是怎么理解的? ‖ NB (注意): ↑ *Tabelle unter* 图表见 **Interrogativpronomen** **2. was kostet ...?** *gespr* [口] ≈ wie viel kostet ...? **3. was ist etw.?** welche Bedeutung hat etw., wie wird etw. definiert? (物作主语)是什么? 如何下定义: *Was ist Literatur?* 文学是什么? 何谓文学? **4. was ist j-d?** welchen Beruf hat j-d? (人作主语)是什么职业: *Was ist dein Vater?* 你父亲干什么?; *Was willst du werden?* 你想从事什么职业? **5. was?** *gespr* [口] ≈ wie bitte? ‖ NB (注意): gilt als unhöflich (被认为不礼貌) **6.** *gespr* [口]; verwendet, um e-n Tadel auszudrücken (表示指责)为什么,作什么,干吗 ≈ warum: *„Was musst du dich denn nachts so rumtreiben?"* "你夜里这么闲逛(究竟)为什么?" **7. ..., was?** *gespr* [口]; verwendet am Ende e-s Satzes, wenn der Sprecher Zustimmung erwartet od. sich erhofft (用于句末,表示期望赞同)不是吗? 对不对? ≈ nicht wahr?: *Das macht Spaß, was?* 这很有意思,不是吗? **8.** *Präp* (介词) + **was** *gespr* [口] ≈ wo-/wor- + Präposition (介词): *Um was* (= *worum*) *handelt es sich denn?* 到底是什么事?; *Auf was* (= *worauf*) *wartest du?* 你在等什么?; *An was* (= *woran*) *denkst du gerade?* 你在想什么? **9. was für ein/eine** *usw* + *Subst* (名词)? *gespr* [口]; verwendet, um nach der Art od. den Eigenschaften e-r Person/Sache zu fragen 什么样的…: *Was für ein Mensch könnte so etwas machen?* 什么人会这

W

么干呢?; *Was für Preise gibt es zu gewinnen?* 有什么奖品可得?; *Was für einen Wein möchtest du?* 你想要什么样的葡萄酒? ‖ ID [谚] ***Was ist los?*** was ist passiert? 出什么事了? 怎么了?; ***Was dann?*** was sollen wir dann tun, was wird dann sein? 那怎么办?; ***Was nun?*** was sollen wir jetzt tun? 现在该怎么办?; ***'Was du nicht sagst!*** das kann ich kaum glauben 这不可能吧! 我简直不敢相信!; ***Was macht ...?*** wie geht es ...? (指身体、工作状况)怎么样?

was!² *Interjektion* (叹); *gespr* [口] **1.** verwendet, um Erstaunen auszudrücken(表示惊讶) 什么! 怎么?: *Was, das weißt du noch nicht?* 怎么,这事儿你还不知道?; *Was, du rauchst nicht mehr?* 什么? 你不抽烟啦? **2. *ach was!*** das glaube ich nicht, so ein Unsinn 什么乱七八糟的! 什么呀! (意即:这我不信)

was³ *Relativpronomen* (关系代词) **1.** verwendet, um die (gesamte) Aussage e-s vorausgegangenen Hauptsatzes wieder aufzugreifen(作为主句内容的接续): *Ich will Schauspieler werden, was meine Eltern aber gar nicht gut finden* 我想当演员,这事我父母觉得一点都不好 **2.** verwendet, um e-n Relativsatz nach *nichts* und Indefinitpronomen wie *alles, manches, einiges, vieles, etwas* einzuleiten(在 nichts 和不定代词后,引出关系从句): *Das ist alles, was ich weiß* 我所知道的就是这些; *Einiges, was er gesagt hat, war ganz interessant* 他说的有些事颇有意思 **3.** verwendet, um e-n Relativsatz nach e-m substantivischen Superlativ einzuleiten(在名词化的形容词最高级后,引出关系从句): *das Beste, was ich je gesehen habe* 我所见到的最好的事物; *Das ist das Schlimmste, was passieren konnte* 这是可能发生的最糟糕的事情了

was⁴ *gespr* [口] ≈ etwas: *Ich will euch mal was erzählen* 我想给你们讲点事儿; *Das ist was anderes* 这是另外一回事; *Weißt du was Neues?* 你知道什么新闻吗? *So was von Dummheit!* 怎么这么蠢!

Wasch·an·la·ge *die*; e-e große Anlage, in der Autos gewaschen werden 洗车设备

wasch·bar *Adj* (形); *nicht adv* (不作状语); so, dass es gewaschen werden kann, ohne beschädigt zu werden 可洗涤的〈ein Stoff 布料〉

Wasch·bär *der*; ein kleiner Bär, der *bes* in Nordamerika lebt u. e-n langen, buschigen Schwanz hat 浣熊

Wasch·be·cken *das*; ein Becken mit Wasserhahn, das *mst* an der Wand befestigt ist u. in dem man sich *mst* die Hände (u. das Gesicht) wäscht 洗手池,盥洗池

Waschbecken

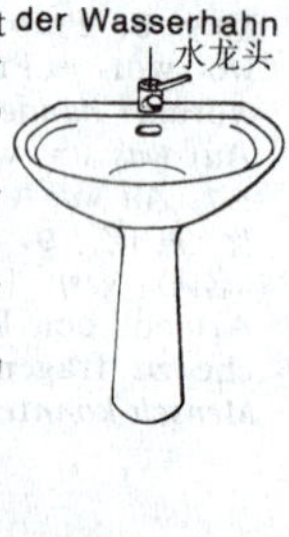

Wä·sche *die*; -, -*n* **1.** *nur Sg* (只用单数); das Bettzeug, die Tücher, die Tischdecken *usw*, die im Haushalt verwendet werden 衣物(指床上用品、毛巾、桌布等) ‖ -K (复合): **Bett-**, **Tisch-** **2.** *nur Sg* (只用单数); alle Textilien, die gewaschen werden od. gewaschen worden sind 可洗涤的织物,衣服〈frische, saubere, schmutzige W. 干净的,清洁的,脏的衣服; die W. waschen, spülen, schleudern, aufhängen, stärken, bügeln 洗涤,漂洗,甩干,晾晒,浆,熨衣服〉 ‖ K- (复合): **Wäsche-**, **-korb**, **-leine** ‖ -K (复合): **Bunt-**, **Fein-**, **Koch-** ‖ *zu* **Wäscheleine** ↑ *Abb. unter* 图见 **Schnur** **3.** *nur Sg*, *Kurzw* (只用单数)(略) ↑ **Unterwäsche** **4.** die schmutzige W. (1), die noch gewaschen werden muss(脏)衣物: *Das Kleid ist in der W.* 连衣裙在要洗的脏衣服堆里 **5.** das Waschen (1) e-r Person od. e-s Autos 洗澡,洗车 ‖ ID [谚] *mst* 多用 ***Da wird viel schmutzige W. gewaschen*** *gespr pej* [口][贬]; es werden unangenehme persönliche Angelegenheiten vor anderen erzählt 在别人面前讲了许多不愉快的私事; ***dumm aus der W. gucken / schauen*** *gespr* [口]; völlig verdutzt, verwirrt aussehen 发呆,发愣

wasch·echt *Adj* (形); *nicht adv* (不作状语) **1.** 〈ein Kleidungsstück, Farbe 衣服,颜色〉 so, dass sie sich beim Waschen nicht verändern 不褪色的,不掉色的,耐洗的 **2.** *nur attr*, *gespr* (只作定语)[口]; richtig (5), echt 真正的,地地道道的: *ein waschechter Berliner* 一位地地道道的柏林人

Wä·sche·klam·mer *die*; e-e Klammer aus Holz od. Plastik zum Befestigen der nassen Wäsche an der Wäscheleine 衣夹 ‖ ↑ *Abb. unter* 图见 **Klammer**

wa·schen; *wäscht*, *wusch*, *hat gewaschen*; [Vt/i] (及物/不及物) **1.** (***etw.***) ***w.*** etw. mit Waschmittel u. Wasser sauber machen 洗,洗涤〈die Wäsche, das Auto w. 洗衣物,洗车〉 ‖ K- (复合): **Wasch-**, **-pulver**, **-tag**; [Vt] (及物) **2. *j-n / sich w.***; (***j-m / sich***) ***etw. w.*** j-n/sich/etw. mit Wasser und Seife sauber machen 给…洗澡,洗脸,洗〈j-m/sich die Haare, die Füße w. 给某人/自己洗头发,洗脚〉 **3. *etw. w.*** 〈Kohle, Erz, Gold 煤,矿砂,金子〉 mit Wasser od. Flüssigkeit von anderen Bestandteilen befreien 洗选,洗矿,淘洗 **4. *Geld w.*** illegal erworbenes Geld *mst* durch geschickte Banktransfers *o. Ä.* zu scheinbar legal verdientem Geld machen 洗钱 ‖ ID [谚] ***etw. hat sich gewaschen*** *gespr* [口]; etw. ist besonders streng 某事极严格,非常严厉〈e-e Strafe, e-e Prüfung 惩罚,考试〉

Wä·sche·rei *die*; -, -*en*; ein Betrieb, in dem Wäsche gegen Bezahlung gewaschen wird 洗衣店

Wä·sche·schleu·der *die*; e-e Maschine (im Haushalt), die durch schnelle Drehung aus der nassen Wäsche das Wasser herausschleudert 离心式脱水机,旋转式甩干机

Wä·sche·trock·ner *der* **1.** e-e Maschine (im Haushalt), die nasse Wäsche trocknet 洗涤用干机 **2.** ein Gestell, an das man nasse Wäsche zum Trocknen hängt 晾衣架

Wasch·kü·che *die* **1.** ein Raum, der für das

Waschen von Wäsche vorgesehen ist 洗衣房,洗衣间 **2.** *gespr* [口]; dichter Nebel 浓雾

Wasch·lap·pen *der* **1.** ein Lappen *mst* aus Frottee, mit dem man sich wäscht 浴巾,毛巾 **2.** *gespr pej* [口][贬]; ein feiger od. schwacher Mann 胆小鬼,懦夫≈ Weichling

Wasch·ma·schi·ne *die*; e-e Maschine (im Haushalt), mit der man die Wäsche wäscht 洗衣机

Wasch·mit·tel *das*; ein Pulver od. e-e Flüssigkeit, mit denen man Wäsche wäscht 洗涤剂,洗衣粉 ‖ -K (复合): ***Fein-***, ***Voll-***

Wasch·sa·lon *der*; ein Laden, in dem man gegen Bezahlung Waschmaschinen benutzen kann 自助洗衣店

Wasch·stra·ße *die*; e-e Anlage, durch die Autos langsam hindurchgerollt u. automatisch gewaschen werden 自动洗车装置,洗车线

wäscht *Präsens, 3 Person Sg* (现在时,第三人称单数); ↑ ***waschen***

Wa·schung *die*; -, *-en*; das rituelle, medizinische *o. Ä.* Waschen des Körpers(宗教仪式的或医疗上的)洗身,洗净,沐浴 ‖ -K (复合): ***Fuß-***

Wasch·weib *das*; *gespr pej* [口][贬]; j-d, der viel über die Angelegenheiten anderer Leute erzählt 长舌妇,饶舌妇

Was·ser¹ *das*; *-s*; *nur Sg* (只用单数) **1.** die durchsichtige Flüssigkeit, die *z. B.* als Regen vom Himmel fällt 水〈W. verdunstet, verdampft, gefriert, kocht, siedet, tropft, rinnt, fließt 水蒸发、气化,结冰,开了,沸腾,在滴,在流,在淌〉 ‖ K- (复合): ***Wasser-***, ***-dampf***, ***-flasche***, ***-gewinnung***, ***-glas***, ***-kessel***, ***-mangel***; ***wasser-***, ***-dicht*** ‖ -K (复合): ***Grund-***, ***Leitungs-***, ***Regen-***, ***Trink-*** **2.** Tränen 泪水: *Ihm schoss das W. in die Augen* 他的眼睛噙着泪水 **3.** *gespr* [口]; Schweiß 汗水: *Das W. tropfte ihm von der Stirn* 他额头上掉下汗珠子(满头大汗) **4.** ***W. lassen*** *euph* [婉]; die Blase entleeren 小便,解小手 **5.** ***W. in den Beinen haben*** *gespr* [口]; e-e krankhafte Ansammlung von Gewebeflüssigkeit in den Beinen haben 腿部水肿 **6.** ***hartes/weiches W.*** W.¹(1), das viel/wenig Kalk enthält 硬水/软水 **7.** ***etw. ist/steht unter W.*** etw. ist überschwemmt (物作主语)被水淹了,沉没在水中 **8** *mst* 多用 ***etw. wird unter W. gesetzt*** *mst* ein Raum wird überschwemmt (物作主语)会被水淹没 **9.** 〈ein Haus, ein Zimmer 房子,房间〉 ***mit fließendem W.*** ein Haus, ein Zimmer mit W.¹(1) direkt aus dem Wasserhahn 有自来水的 **10.** ***w. abstoßend/abweisend*** 〈ein Material 材料〉 so, dass es kein Wasser aufnimmt 不透水的,防水的 ‖ ID [谚] ***j-d kocht auch nur mit W.*** j-d macht etw. auch nicht besser als andere 某人也只是用水煮饭(意即:做事不见得比别人好); ***j-m das W. nicht reichen können*** *gespr* [口]; bei Weitem nicht so gut sein wie ein anderer 远不如某人; ***j-m steht/geht das W. bis zum Hals*** *gespr* [口]; j-d hat enorme (*mst* finanzielle) Probleme 水已满到某人的脖子(意即:某人经济拮据,处境困难); *mst* 多用 ***sich*** 〈mühsam, gerade, kaum noch 艰难地,正好,几乎无法〉 ***über W. halten können*** gerade noch genug Geld haben, um leben zu können 能维持生计; ***etw. ist W. auf j-s Mühle*** *gespr* [口]; etw. fördert j-s Sache 某事是往某人磨盘里注水(意即:某事是对某人的支持,是给某人雪中送炭); ***etw. fällt ins W.*** *gespr* [口]; etw. Geplantes kann nicht ausgeführt werden 某事落空了,泡汤了; ***bei Brot u. W. sitzen*** *gespr* [口], *veraltet* [旧]; im Gefängnis sein 坐牢,坐班房; ***Bis dahin läuft/fließt noch viel W. den Berg/Rhein*** *o. Ä.* ***hinunter/hinab*** *gespr* [口]; bis dahin vergeht noch viel Zeit 到那时还早着呢; ***j-m läuft das W. im Mund zusammen*** *gespr* [口]; j-d bekommt großen Appetit auf etw. 某人馋得直流口水

Was·ser² *das*; *-s*, - (*selten auch* 罕也用 *Wässer*) **1.** der Inhalt von Flüssen, Seen u. Meeren 水面,水域≈ Gewässer ‖ K- (复合): ***Wasser-***, ***-pflanze***, ***-verschmutzung*** **2.** *nur Pl*, *geschr* (只用复数) [书]; Wassermassen 水: *die W. des Meeres* 海水 **3.** ***ein stehendes W.*** ein Teich od. See 死水,池塘,湖 **4.** ***fließendes W.*** ein Fluss, Bach *o. Ä.* 活水,河流,溪流 ‖ ID [谚] ***ein stilles W.*** *gespr hum* [口][诙]; eine ruhige Person (mit verborgenen Fähigkeiten *o. Ä.*) 大智若愚者,深藏若虚者; ***Stille Wasser sind/gründen tief*** gerade bei zurückhaltenden Personen findet man überraschende Fähigkeiten 水静底深(意即:有真才实学的人不露锋芒); ***mit allen Wassern gewaschen sein*** *gespr* [口]; aufgrund von Erfahrungen viele Tricks kennen 老谋深算,饱经世故

Was·ser³ *das*; *-s*, *Wäs·ser* **1.** e-e farblose, parfümierte Flüssigkeit 香水: *Kölnisch W.* 科隆香水 ‖ -K (复合): ***Haar-***, ***Rasier-***, ***Rosen-*** **2.** ≈ Mineralwasser

was·ser·ab·sto·ßend, **was·ser·ab·wei·send** ↑ ***Wasser¹*** (10)

was·ser·arm *Adj* (形); *nicht adv* (不作状语); 〈e-e Gegend, Landschaft 地区,地方〉 so, dass sie wenig Wasser haben 缺水的 ‖ *hierzu* (派生) **Was·ser·ar·mut** *die*; *nur Sg* (只用单数)

Was·ser·auf·be·rei·tung *die*; die Reinigung von Wasser, um es (*z. B.* als Trinkwasser) wiederzuverwenden 水处理,水净化 ‖ K- (复合): ***Wasseraufbereitungs-***, ***-anlage***

Was·ser·ball *der* **1.** ein großer Ball aus Gummi, der für Ballspiele im Wasser geeignet ist 水球 **2.** *nur Sg* (只用单数); ein Ballspiel zwischen zwei Mannschaften im Wasser 水球运动〈W. spielen 打水球〉

Wäs·ser·chen *nur in* 只用于 ***aussehen, als ob man kein W. trüben könnte*** *gespr* [口]; sehr harmlos aussehen 显出一副善良无辜的样子

was·ser·dicht *Adj* (形); *nicht adv* (不作状语); 〈e-e Uhr 表〉 so beschaffen, dass in sie kein Wasser eindringen kann 防水的,不透水的

Was·ser·fall *der*; fließendes Wasser², das steil über Felsen herabfällt 瀑布 ‖ ID [谚] ***wie ein W. reden*** *gespr* [口]; ununterbro-

W

chen erzählen 说话口若悬河,滔滔不绝

Was·ser·far·be *die*; e-e Farbe zum Malen auf Papier, die mit wenig Wasser gemischt wird 水彩颜料

was·ser·fest *Adj*(形); *ohne Steigerung*, *nicht adv*(无变级,不作状语);〈ein Stoff, ein Material 布料,材料〉so beschaffen, dass die Einwirkung von Wasser sie nicht verändert 不怕水的,不受水侵蚀的,耐水的

Was·ser·hahn *der*; e-e Vorrichtung an e-r Wasserleitung, mit der das Fließen des Wassers reguliert wird 水龙头,水阀 ‖ ↑ *Abb*. *unter* 图见 ***Waschbecken***

wäs·se·rig ↑ ***wässrig***

Was·ser·klo·sett *das*; ein Klosett mit Wasserspülung 抽水马桶,洗手间,厕所; *Abk* 缩写 WC

Was·ser·kopf *der* **1**. MED【医】; e-e krankhafte Ansammlung von Flüssigkeit im Hirn (die zu e-r Vergrößerung des Kopfes führen kann) 脑积水,脑水肿 **2**. etw., das zu schnell unnatürlich groß geworden ist (*z*. *B*. die Verwaltung e-s Betriebs) (机构,机关,组织)臃肿,过于庞大

Was·ser·kraft *die*; *nur Sg* (只用单数); die Energie, die in fließendem Wasser ist 水力

Was·ser·lauf *der* **1**. ein fließendes Gewässer 水流,河流,小溪 **2**. der Verlauf e-s Baches od. Flusses 溪流,河流

Was·ser·lei·che *die*; die Leiche e-s Ertrunkenen, die schon längere Zeit im Wasser liegt 溺水者尸体

Was·ser·lei·tung *die*; ein Rohr od. Rohrsystem, in dem (Trink) Wasser fließt 水管,自来水管

was·ser·lös·lich *Adj* (形); *nicht adv* (不作状语);〈e-e Tablette 药片〉so, dass sie sich in Wasser auflöst 能溶于水的,水溶性的

Was·ser·mann *der*; -(*e*)*s*, *Was·ser·män·ner* **1**. *nur Sg* (只用单数); das Sternzeichen für die Zeit vom 20. Januar bis 18. Februar 宝瓶座,宝瓶宫(1 月 20 日至 2 月 18 日) ‖ ↑ *Abb*. *unter* 图见 ***Sternzeichen*** **2**. j-d, der in der Zeit vom 20. Januar bis 18. Februar geboren ist 宝瓶座(1 月 20 日至 2 月 18 日之间出生的人): *Sie ist* (*ein*) *W*. 她是宝瓶座

wäs·sern; *wässerte*, *hat gewässert*; [*Vt*] (及物) **1**. ***etw***. ***w***. etw. in Wasser legen, damit es weich od. sauber wird 将…浸泡在水里,浸软 **2**. ***etw***. ***w***. etw. sehr stark gießen 用水浇、淋、浇灌〈Pflanzen 植物〉

Was·ser·rat·te *die*; *gespr* [口]; j-d, der sehr gern u. viel schwimmt 水性好的人

Was·ser·scha·den *der*; ein Schaden, der durch (aus) fließendes Wasser, *bes* in e-m Haus, entstanden ist 水灾,水害

was·ser·scheu *Adj*(形); *nicht adv*(不作状语); *mst* 多用 ***w***. ***sein*** nicht gern schwimmen od. sich nicht gern waschen 怕水的 ‖ *hierzu* (派生) **Was·ser·scheu** *die*; *nur Sg* (只用单数)

Was·ser·ski[1] *der*; ein breiter Ski, auf dem man sich über das Wasser ziehen lassen kann 滑水橇

Was·ser·ski[2] (*das*); *nur Sg* (只用单数); e-e Sportart, bei der man sich auf Wasserskiern *mst* von e-m Boot ziehen lässt 滑水运动〈W. fahren 滑水〉

Was·ser·spie·gel *der* **1**. die glatte Oberfläche e-s Gewässers 水平面 **2**. ≈ Wasserstand

Was·ser·sport *der*; ein Sport, der im od. auf dem Wasser ausgeübt wird 水上运动

Was·ser·spü·lung *die*; e-e Vorrichtung, durch die das Toilettenbecken mit Wasser gespült wird(抽水马桶的)水箱装置,冲水装置

Was·ser·stand *der*; die Höhe e-r Wasseroberfläche 水位

Was·ser·stoff *der*; *nur Sg* (只用单数); ein Gas, das sich zusammen mit Sauerstoff zu Wasser verbindet 氢; CHEM【化】H

Was·ser·stoff·bom·be *die*; e-e Bombe, deren Sprengkraft auf der Fusion von Atomkernen des Wasserstoffs beruht 氢弹; *Abk* 缩写 H-Bombe

Was·ser·stra·ße *die*; ein Fluss, der von vielen Schiffen befahren wird 水道,河道,航道: *Der Rhein ist e-e wichtige W*. 莱茵河是一条重要的航运河道

Was·ser·sucht *die*; e-e krankhafte Ansammlung von Flüssigkeit im Körper 水肿,积水; MED【医】Hydropsie

Was·ser·ver·schmut·zung *die*; die Verschmutzung von Meeres-, Fluss-, See- u. Grundwasser 水污染

Was·ser·ver·sor·gung *die*; die Versorgung der Bevölkerung u. Industrie mit Wasser 供水

Was·ser·waa·ge *die*; ein Gerät, mit dem man feststellen kann, ob e-e Fläche genau waagrecht bzw. senkrecht ist. E-e kleine Luftblase zeigt die Lage an 水平器,水平仪,水准仪

Was·ser·wer·fer *der*; ein Fahrzeug der Polizei, das mit starken Wasserstrahlen die Leute bei Krawallen vertreibt(警察用来驱散人群的)高压喷水车

Was·ser·werk *das*; *mst Pl*(多用复数); e-e Einrichtung in e-m Ort, die die Häuser mit Wasser versorgt 自来水厂

Was·ser·zei·chen *das*; e-e Markierung in e-m Papier, e-r Banknote *o*. *Ä*., die gesehen werden kann, wenn man das Papier *usw* gegen das Licht hält 水印

wäss·rig *Adj*(形); *nicht adv*(不作状语);〈e-e Suppe 汤〉so, dass sie zu viel Wasser enthält u. daher fade schmeckt 稀的,含水多的,淡而无味的

Wat·sche *die*; -, -*n*; *südd* Ⓐ *gespr* [南德] [奥] [口] ≈ Ohrfeige

wat·scheln; *watschelte*, *ist gewatschelt*; [*Vi*] (不及物) ***j-d***/〈e-e Ente 鸭子〉***watschelt*** j-d/e-e Ente bewegt sich schwerfällig fort, sodass der ganze Körper hin u. her wackelt (人或鸭子作主语)摇摆而行,摇晃着身子走路 ‖ NB (注意): bei Menschen sehr negativ(用于人时表示贬义)

W

Watt[1] *das*; -(*e*)*s*, -*en*; ein Teil der Küste, der mit Schlamm bedeckt u. bei Ebbe nicht überflutet ist 浅海滩,海涂

Watt[2] *das*; -*s*, -; ELEK【电】; e-e physikalische Einheit, mit der man die Leistung misst(功率单位)瓦(特); *Abk* 缩写 W: *e-e Glühbirne mit 60.* Watt 60. 瓦的白炽灯泡 ‖ -K (复合): ***Kilo-***, ***Mega-***

Wat·te *die*; -; *nur Sg*(只用单数); e-e weiche u. lockere Masse aus vielen Fasern (*mst* von Baumwolle)棉絮,棉花,药棉: *e-e Wunde mit W. abtupfen* 用棉花擦拭伤口; *Puder mit W. auftragen* 用棉花扑粉; *die Schultern e-s Mantels mit W. füttern* 在大衣的肩部垫上棉花 ‖ K-(复合): ***Watte-***, ***-bausch***

wat·tie·ren; *wattierte*, *hat wattiert*; Vt (及物) ***etw. w.*** ein Kleidungsstück mit Watte füttern[2] od. polstern 用棉花给…做衬料 ‖ *hierzu* (派生) **Wat·tie·rung** *die*

wau, wau! *Interjektion* (叹); verwendet, um das Bellen e-s Hundes nachzuahmen(犬吠声)汪,汪!

Wau·wau *der*; -*s*, -*s*; *gespr* [口]; von u. gegenüber Kindern verwendet als Bezeichnung für e-n Hund(儿童用语)狗

WC [veːˈtseː] *das*; -(*s*), -(*s*); *Abk* 缩写 ↑ ***Wasserklosett***

Web *das*; -(*s*); *nur Sg* (只用单数); (*Kurzw für* (略), 全称为 World Wide Web) e-e Anwendungsmöglichkeit des Internet. Über das Web kann man sich Informationen holen, sich mit anderen Teilnehmern unterhalten *usw* 全球广域网络,万维网; *Abk* 缩写 WWW 〈im Web surfen 在全球广域网络上冲浪〉 ‖ K-(复合): ***Web-***, ***-adresse***, ***-seite***

we·ben; *webte*/*wob*, *hat gewebt*/*gewoben*; Vt/i (及物/不及物) **1.** (***etw.***) ***w.*** e-n Stoff, e-n Teppich *o. Ä.* machen, indem man mit e-r Vorrichtung od. e-r Maschine Fäden miteinander kreuzt 织,编织〈e-n Teppich w., Tuch w. 织地毯,织布〉 ‖ K-(复合): ***Web-***, ***-garn***, ***-waren***; Vt (及物) **2.** ***e-e Spinne webt ein Netz*** e-e Spinne macht ein Netz 蜘蛛结网; Vi (不及物) **3.** (***an etw.*** (*Dat* 三格)) ***w.*** an der Herstellung e-s Stoffs *usw* arbeiten 编织〈an e-m Teppich w. 在织地毯〉

We·ber *der*; -*s*, -; ein Handwerker, der Stoffe u. Teppiche webt (1) 织布工,纺织工人,编织工 ‖ *hierzu* (派生) **We·be·rin** *die*; -, -*nen*

We·be·rei *die*; -, -*en*; e-e Fabrik od. Werkstatt, in der Stoffe od. Teppiche hergestellt werden 纺织厂,织布厂,地毯厂

We·ber·knecht *der*; e-e Art Spinne mit sehr langen, dünnen Beinen 盲蛛

Web·sei·te *die*; e-e Übersicht (Seite) im Internet (World Wide Web), die Informationen über das gewählte Thema gibt 网页

Web·stuhl *der*; e-e Vorrichtung od. e-e Maschine, mit der man weben (1) kann 织布机 〈ein mechanischer, elektrischer W. 机械的,电动的织布机〉

Wech·sel[1] [-ks-] *der*; -*s*, - **1.** e-e (*mst* relativ schnelle) Veränderung e-s bestimmten Zustands 变化,改变,变更,变换〈ein plötzlicher, jäher W. 突变,骤变; ein W. tritt ein 变化开始了〉: *der plötzliche W.* (*in*) *seiner Laune* 他的情绪的突然变化 ‖ -K (复合): ***Temperatur-***, ***Wetter-*** **2.** die (regelmäßige) Abfolge od. Aufeinanderfolge verschiedener Phasen e-r Entwicklung 更迭,更替: *der W. der Jahreszeiten* 四季的更迭 **3.** das Wechseln[1] (2) (*mst* des Berufs)(多指职业)更换,调换: *sein W.* (*vom Finanzministerium*) *ins Außenministerium* 他(从财政部)调到外交部工作 ‖ -K (复合): ***Berufs-***, ***Orts-***, ***Schul-***, ***Wohnungs-*** **4.** das Ersetzen e-s Gegenstands/e-r Person 更换,调换,替换〈der W. e-s Autoreifens, ein W. im Kabinett 更换车胎,内阁中的(人事)变动; e-n W. vornehmen 进行人事调动〉

Wech·sel[2] [-ks-] *der*; -*s*, -; ein Dokument, mit dem j-d verspricht, e-r anderen Person innerhalb einer ausgestellten Zeit e-e bestimmte Summe Geld zu zahlen 汇票,期票,票据〈e-n W. ausstellen 开出汇票〉: *Der W. wird am 1 Juni fällig* 汇票六月一日到期(= muss bezahlt werden)

Wech·sel·bad *das* **1.** *mst* 多用 *Pl*(多用复数); Bäder in abwechselnd heißem u. kaltem Wasser 冷热水交替浴〈Wechselbäder machen 洗冷热水交替浴〉 **2.** *mst* 多用 ***im W. der Gefühle*** im ständigen Auf u. Ab zwischen sehr positiven u. sehr negativen Gefühlen 情感起伏不定

Wech·sel·be·zie·hung *die*; e-e gegenseitige Beziehung 相互关系〈Themen, Erscheinungen stehen in W. miteinander/zueinander(各种)主题,现象彼此之间都相互关联〉

Wech·sel·fäl·le *die*; *Pl*(复); *nur in* 只用于 ***die W. des Lebens*** unerwartete Ereignisse, die in j-s Leben auftreten 生活的变迁,人生的浮沉

Wech·sel·geld *das*; *nur Sg* (只用单数); Geld, das man zurückbekommt, wenn man mit e-m Geldschein od. Geldstück bezahlt, dessen Wert über dem geforderten Preis liegt 找回的零钱,找头

wech·sel·haft *Adj*(形); 〈Launen, das Wetter 情绪,天气〉 so, dass sie sich häufig verändern 多变的,变化无常的 ‖ *hierzu* (派生) **Wech·sel·haf·tig·keit** *die*; *nur Sg* (只用单数)

Wech·sel·jah·re *die*; *Pl* (复); der Zeitraum um das 50. Lebensjahr der Frau, ab dem sie kein Kind mehr bekommen kann(女性的)更年期,绝经期; MED【医】Klimakterium, Menopause 〈in die W. kommen, in den Wechseljahren sein 进入更年期,处于更年期〉

Wech·sel·kurs *der*; der Preis, der jeweils für den Kauf od. Verkauf e-r fremden Währung gültig ist 外汇牌价,汇率

wech·seln[1] [-ks-]; *wechselte*, *hat*/*ist gewechselt*; Vt (及物) (*hat*) **1.** ***etw. w.*** etw. durch etw. anderes (mit derselben Funktion) ersetzen 调换,更换,替换〈e-n Reifen, den Film, die Kassette, das Hemd w. 换轮

胎、胶卷、磁带、衬衫〉 **2. etw. w.** e-e neue Arbeit aufnehmen, mit e-m anderen Studienfach beginnen, e-e neue Wohnung nehmen *o.Ä.* 换,变动,变换〈den Beruf, das Studienfach, die Wohnung w. 换职业、专业、住房〉 **3. den Glauben w.** zu e-m anderen Glauben (3) übertreten 改变信仰 **4. das Thema w.** ein neues Thema diskutieren 转换话题 **5.** 〈den Partner, den Arzt, den Freund *usw* 伙伴,医生,朋友等〉 **w.** e-n neuen Partner, Arzt, Freund *usw* finden 另换,另找; Vi (不及物) **6. etw. wechselt** (*hat*) ≈ etw. ändert sich 〈das Wetter, die Temperatur, die Mode 天气,温度,时尚〉 **7.** (**irgendwohin**) **w.** (*ist*) e-e neue Arbeit *o.Ä.* aufnehmen 调动,调到: *Er wechselte ins Außenministerium* 他调到外交部工作了 ‖ ID [谚] **mit j-m Briefe w.** mit j-m korrespondieren 与某人通信; **mit j-m e-n Blick w.** j-n kurz anschauen 与某人交换眼色; **mit j-m einige Worte w.** mit j-m kurz sprechen 和某人交谈几句 ‖ ID [谚] ↑ **Ring**

wech·seln² [-ks-]; *wechselte, hat gewechselt*; Vt (及物) **1. etw.** (**in etw.** (*Akk* 四格)) **w.** Geld e-r Währung gegen Geld e-r anderen Währung tauschen 把…兑换成(指外币) ≈ umtauschen: *Schweizer Franken in Euro w.* 将瑞士法郎换成欧元 ‖ K- (复合): **Wechsel-, -kurs 2.** (**j-m**) **etw.** (**in etw.** (*Akk* 四格)) **w.** j-m für e-e Münze od. e-n Geldschein Münzen *o.Ä.* in kleineren Einheiten, aber im gleichen Wert geben 把…换成(零钱),换开: *Kannst du mir fünfzig Euro w.?* 你能帮我换开50欧元吗? ‖ K- (复合): **Wechsel-, -automat**

wech·seln·d- *Adj* (形); *nur attr, ohne Steigerung, nicht adv* (只作定语,无变级,不作状语); einmal so u. einmal anders 不固定的,变化无常的,更迭的≈ unterschiedlich: *mit wechselndem Erfolg* 时好时坏的结果

wech·sel·sei·tig *Adj* (形); so, dass bei e-r Beziehung die Dinge od. Partner gegenseitig aufeinander wirken 相互的,彼此之间的,相互作用的 ‖ *hierzu* (派生) **Wech·sel·sei·tig·keit** *die*; *nur Sg* (只用单数)

Wech·sel·strom *der*; elektrischer Strom, dessen Stärke u. Richtung sich periodisch ändert u. der gewöhnlich im Haushalt verwendet wird 交流电,交变电流↔ Gleichstrom

Wech·sel·stu·be *die*; e-e Art Büro *o.Ä.*, *bes* an Bahnhöfen u. Grenzübergängen, in dem man Geld wechseln kann 货币兑换处

Wech·sel·ver·hält·nis *das*; 〈Dinge 物〉 **stehen im W. zueinander** Dinge beeinflussen sich gegenseitig 相互影响

wech·sel·voll *Adj* (形); 〈die Geschichte e-r Stadt 城市的历史〉 so, dass sie häufig zwischen gut u. schlecht abwechselt 多变的,变化多端的,起伏不定的

Wech·sel·wäh·ler *der*; j-d, der nicht immer dieselbe Partei wählt 左右摇摆的选民,动摇不定的选民 ↔ Stammwähler ‖ *hierzu* (派生) **Wech·sel·wäh·le·rin** *die*

wech·sel·wei·se *Adv* (副); abwechselnd od. aufeinanderfolgend 交替地,轮流地: *Er arbeitet w. für Film u. Theater* 他有时拍电影,有时又搞戏剧

Wech·sel·wir·kung *die*; die gegenseitige Beeinflussung 相互作用,相互影响: *die W. zwischen Mensch u. Umwelt* 人与环境之间的相互作用

Wech·te *die*; -, -*n*; e-e große Menge Schnee am Rand von Hängen, die leicht abrutschen kann 积雪,附雪 ≈Wehe²

Weck·dienst *der*; ein Service e-r Telefongesellschaft, j-n telefonisch zu wecken, der den Auftrag dazu erteilt hat 电话传呼服务

we·cken; *weckte, hat geweckt*; Vt (及物) **1. j-n w.** j-n, der schläft, wach machen 唤醒,叫醒: *Wecke mich bitte um sieben Uhr* 请七点钟叫醒我 **2. etw.** (**in/bei j-m**) **w.** bewirken, dass j-d etw. (*mst* e-e emotionale Reaktion) spürt 唤起,激起,引起〈j-s Neugier, Leidenschaft w. 唤起某人的好奇心、热情; in/bei j-m den Wunsch nach etw. w. 激起某人对某物的渴望〉

We·cker *der*; -*s*, -; e-e Uhr, die zu e-r bestimmten, vorher eingestellten Zeit läutet u. den Schlafenden weckt 闹钟〈der W. rasselt, klingelt 闹钟丁零零地响,响了〉: *den W. auf acht Uhr stellen* 把闹钟拨到八点响铃 ‖ ID [谚] *mst* 多用 **Er/Sie geht/fällt mir auf den W.** *gespr* [口]; er/sie ist mir sehr lästig 他/她烦死我了

We·del *der*; -*s*, -; ein Büschel aus Federn *o.Ä.*, das an e-m Stiel befestigt ist 拂尘,掸子

we·deln; *wedelte, hat/ist gewedelt*; Vt (及物) (*hat*) **1. etw. von etw. w.** etw. von etw. durch schnelles Hin- u. Herbewegen e-s Tuches *o.Ä.* entfernen 掸掉,掸去: *den Staub vom Regal w.* 掸去架子上的尘土; Vi (不及物) **2. ein Hund wedelt mit dem Schwanz** (*hat*) ein Hund bewegt seinen Schwanz hin u. her 狗摇着尾巴 **3.** (*ist*) beim Skifahren kurze Schwünge mit den parallel geführten Skiern machen (滑雪时驱动滑雪板)摆动向前滑行

we·der *Konjunktion* (连); *nur in* 只用于 **weder ... noch** (**... noch**) verwendet, um auszudrücken, dass das eine nicht der Fall ist und das andere (u. das dritte) auch nicht 既不…又不,既非…又非: *Er wollte weder essen noch (wollte er) trinken* 他既不想吃,也不想喝; *Ich habe dafür weder Zeit noch Geld (noch Lust)* 对此我既没时间,又没有钱(也没有兴趣)

Weg *der*; -(*e*)*s*, -*e* **1.** ein relativ schmaler Streifen (*mst* nicht asphaltiert), der so durch ein Gelände führt, dass man darauf fahren od. gehen kann 路,道路〈ein steiniger, schmaler, befahrbarer Weg 石头铺成的,狭窄的,通车的路〉 ‖ K- (复合): **Weg-, -kreuzung** ‖ -K (复合): **Feld-, Fußgänger-, Privat-, Rad-, Spazier-, Wald-, Wander- 2.** die Entfernung, die man gehen od. fahren muss, um e-n bestimmten Ort zu erreichen 路程,路

W

途〈ein langer, weiter Weg 漫长的,遥远的路程〉 **3.** die Richtung u. der Verlauf e-r Strecke, die zu e-m bestimmten Ort führt 路线〈j-m den Weg zeigen, beschreiben 给某人指路,给某人说明路线; nach dem Weg fragen 问路〉: *der Weg in die Stadt, nach Hause, zum Bahnhof* 进城的,回家的,去火车站的路线 **4.** ***auf dem Weg*** (+ *Richtung* 方向) während man irgendwohin geht, fährt od. reist 在路上,在途中: *auf dem Weg* (*zur Schule, zur Arbeit, nach Berlin*) *sein* 在(去学校,上班,去柏林的)途中 ‖ -K(复合): ***Heim-, Rück-, Schul-*** **5.** die Art u. Weise, in der man vorgeht, um e-e Angelegenheit zu regeln od. ein Problem zu lösen 途径,方法〈auf friedlichem, gerichtlichem, schriftlichem, diplomatischem Weg 通过和平的,法律的,书面的,外交的途径; e-n Weg suchen, finden 寻找,找到途径〉 ‖ -K(复合): ***Rechts-, Verhandlungs-*** **6.** ***der Weg zu etw.*** das, was man machen muss, um ein bestimmtes Ziel zu erreichen 通往…的道路〈der Weg zum Erfolg/zum Glück 通往成功/幸福的道路〉 ‖ ID [谚] ***sich auf den Weg machen*** zu e-m Gang od. e-r Reise aufbrechen 启程,出发,踏上旅程,上路; ***sich*** (*Dat* 三格) ***e-n Weg*** 〈durch das Gestrüpp, e-e Menschenmenge 穿过矮树丛,穿过人群〉 ***bahnen*** sich den Platz verschaffen, um durch etw. sehr Dichtes zu gelangen 开辟(穿过…)的道路,(在…中)踩出,闯出一条路; ***seines Weges gehen*** *geschr* [书]; weitergehen, ohne auf das Geschehen um einen herum zu achten 走自己的路,径自向前; *mst* 多用 ***j-d ist mir über den Weg gelaufen*** *gespr* [口]; ich bin j-m zufällig begegnet 我在路上巧遇某人; ***etw.*** (*Dat* 三格) ***aus dem Weg gehen*** etw. Unangenehmes vermeiden 避开某事; ***j-m aus dem Weg gehen*** vermeiden, j-m zu begegnen 躲开某人; ***j-m nicht über den Weg trauen*** *gespr* [口]; zu j-m kein Vertrauen haben 不信任某人; ***seine eigenen Wege gehen*** sich von j-m lösen od. trennen (*z. B.* dem Partner, den Eltern), unabhängig von j-d anderem handeln 走自己的路,走独立自强的路; ***etw. in die Wege leiten*** etw. vorbereiten u. beginnen, daran zu arbeiten 着手做某事; ***den Weg des geringsten Widerstandes gehen*** das tun, was die wenigsten Schwierigkeiten bereitet, aber *mst* nicht das Beste ist 采取最省力的途径,走阻力最小的路; ***sich auf dem Weg der Besserung befinden***; ***auf dem Weg der Besserung sein*** wieder gesund werden 正在好转,正在康复之中; ***j-d ist auf dem besten Weg(e)*** + ***zu*** + *Infinitiv* (不定式) j-d gerät (*mst* durch sein Verhalten) fast unaufhaltsam in e-e sehr negative Lage *o. Ä.* 某人正迅速堕落为…: *Er ist auf dem besten Weg, zum Alkoholiker zu werden* 他正迅速堕落成一个酒鬼; ***j-d steht/ist j-m im Weg*** *gespr* [口]; j-d ist j-m ein Hindernis 某人妨碍某人,挡某人的路,是某人前进的障碍; ***etw. aus dem Weg räumen*** *gespr* [口]; ein Hindernis beseitigen 清除前进道路上的某种障碍; ***j-n aus dem Weg räumen*** *gespr!* [粗] j-n ermorden 干掉(杀掉)某人; ***Da führt kein Weg dran vorbei*** *gespr* [口]; das muss man machen, es gibt keine Alternative 别无他路,别无选择; ***j-m/etw. den Weg bereiten/ebnen*** die Voraussetzungen für j-s Vorhaben/die erfolgreiche Entwicklung e-r Sache *o. Ä.* schaffen 替某人/某事铺平道路,为某人/某事扫除障碍; *mst* 多用 ***Er/Sie wird seinen/ihren Weg*** (***schon***) ***machen*** *gespr* [口]; er/sie wird im Leben vorankommen 他/她会有出息的; ***j-s letzter Weg*** j-s Beerdigung 某人的葬礼; ***Wo ein Wille*** (***ist***), ***da*** (***ist auch***) ***ein Weg*** wenn man etw. wirklich tun will, findet man dazu auch e-e Möglichkeit 有志者事竟成 ‖ NB(注意): ↑ ***zuwege***

weg *Adv*(副) **1.** nicht mehr da 消失,离去: *Der Zug ist schon weg!* 火车已经开走了!; *Meine Schmerzen sind weg* 我不疼了 **2.** ***weg von j-m/etw.*** in e-r Richtung, die sich von j-m/etw. entfernt 离开,走开 ≈ fort: *Nichts wie weg von hier!* (= lass uns schnell weggehen) 让我们快离开这儿! **3.** verwendet, um j-n aufzufordern, wegzugehen od. etw. zu entfernen(表示命令)拿开,走开: *Hände weg!* 把手拿开!; *Weg mit der Pistole!* 把枪放下! **4.** ***weit weg*** in e-r relativ großen Entfernung 距离远,隔得远 ≈ weit entfernt: *Ist das Theater weit weg?* 剧院远吗? ‖ ID [谚] ***weg sein*** *gespr* [口]; nicht bei Bewusstsein sein 昏迷,失去知觉; (***ganz***) ***weg sein von etw.*** (sehr) begeistert von etw. sein(因…而)激动不已; *mst* 多用 ***etw. war schnell weg*** etw. wurde schnell verkauft od. gegessen(物作主语)某物很快就卖完了,很快就吃光了

weg- *im Verb, betont u. trennbar, sehr produktiv*(构成动词,重读并可分,构词强); Die Verben mit *weg-* werden nach folgendem Muster gebildet (weg-动词的模式如下): *weggehen – ging weg – weggegangen*

1. *weg-* drückt aus, dass man j-n/etw. von e-m Ort od. e-r bestimmten Stelle entfernt (表示使离开,除去) ≈ fort- ↔ hin-;

j-n/etw. wegbringen: *Die Gefangene wurde aus dem Gefängnis weggebracht* 囚犯被从监狱带走了 ≈ Die Gefangene wurde aus dem Gefängnis geholt u. an e-n anderen Ort gebracht

ebenso(同类词有): ***etw. wegblasen, j-n wegdrängen, j-n/etw. wegfahren, j-n wegführen, etw. weggeben, j-n/etw. wegjagen, etw. weglegen, etw. wegnehmen, etw. wegoperieren, etw. wegräumen, j-n/etw. wegschaffen, j-n/etw. wegschieben, etw. wegschneiden, etw. wegspülen, etw. wegstellen, etw. wegstreichen, j-n/etw. wegtragen, j-n/etw. wegtreiben, etw. wegtun, etw. wegwischen, j-n/etw. wegziehen***

2. *weg-* drückt aus, dass sich j-d/etw. von e-m Ort entfernt od. entfernen will (表示离开,走开) ≈ fort- ↔ hin-;

wegrutschen: *Das Auto rutschte auf dem Glatteis einfach weg* 汽车干脆就从结冰的路面上

W

滑走了≈ Das Auto rutschte zur Seite, von der Straße
ebenso（同类词有）：**sich wegbewegen**, **wegdürfen**, **wegfahren**, **wegfliegen**, **weggehen**, **weglaufen**, **wegrennen**, (**sich**) **wegschleichen**, **wegspringen**, **wegwollen**
3. *weg-* drückt e-e Bewegung in e-e andere Richtung aus（表示移开，转到另一个方向）↔ hin-;
sich wegwenden: *Er wandte sich von ihr weg* 他把目光从她身上移开，他转过脸去不看她≈ Er drehte sich zur Seite u. sah sie nicht mehr an
ebenso（同类词有）：**sich wegdrehen**; **wegsehen**
4. *weg-* drückt aus, dass j-d so handelt, dass etw. immer weniger wird, bis gar nichts mehr (für andere) übrig ist（表示把某物消耗完，不再剩下）;
(**j-m**) **etw. wegessen**: *Paul hat (seinen Schwestern) den ganzen Kuchen weggegessen* 保尔把（他的姐妹们的）点心都给吃光了≈ Paul hat den ganzen Kuchen allein gegessen
ebenso（同类词有）：(**j-m**) **etw. wegfressen**, (**j-m**) **etw. wegsaufen**, (**j-m**) **etw. wegtrinken**
5. *weg-* drückt aus, dass j-d/etw. nicht mehr benötigt wird (u. man sich deshalb davon trennt)（表示某物已不需要，可以拿走，弄走）;
etw. weghängen: *Den Wintermantel kannst du jetzt w.!* 现在你可以把冬大衣拿去挂起来了！≈ Den Wintermantel brauchst du jetzt nicht mehr (u. kannst ihn in den Schrank hängen)
ebenso（同类词有）：**etw. weglegen**, **etw. wegrationalisieren**, **etw. wegschmeißen**, **etw. wegschütten**, **etw. wegtun**, **etw. wegwerfen**

weg·be·kom·men (*hat*) Vt（及物）≈ wegkriegen

Weg·be·rei·ter *der*; *-s*, *-*; j-d, der es durch bestimmte Handlungen od. Ideen möglich macht, dass sich etw. Neues durchsetzt 开路先锋：*ein W. der Demokratie* 民主运动的开路先锋

weg·blei·ben (*ist*) Vi（不及物）nicht (mehr) kommen od. nicht (mehr) an etw. teilnehmen 不参加，不来 ‖ ID［谚］*mst* 多用 **Mir blieb die Sprache weg!** *gespr*［口］; ich war sehr überrascht od. erschrocken 我（惊得/吓得）说不出话来

We·ge·la·ge·rer *der*; *-s*, *-*; *hist*［历］≈ Straßenräuber

we·gen *Präp*（介）; *mit Gen/gespr auch Dat*（支配二格）/［口］（也支配三格）**1.** verwendet, um den Grund für etw. anzugeben 由于，因为，为了：*W. des schlechten Wetters wurde der Start verschoben* 由于天气不好，起飞推迟了；*W. seiner Verletzung konnte er nur sehr langsam gehen* 由于受伤，他只能走得很慢；*W. Umbau(s) geschlossen* 因改建而停业；*W. Peter mussten wir e-e Stunde warten* 为了彼得，我们不得不等了一个小时 ‖ NB（注意）：Gebrauch ↑ *Tabelle unter* 用法，图表见 **Präpositionen** **2.** **w. mir/dir/ihm** *usw gespr*［口］≈ meinet-/deinet-/seinetwegen *usw* **3.** **von w.!** verwendet, um Widerspruch od. Ablehnung auszudrücken（表示反对或拒绝）这不行！**4.** **von** 〈Amts/Staats 官方/国家〉 **w.** im Auftrag des Amtes/Staates 以官方/国家的名义，受官方/国家的委托

Weg·fahr·sper·re *die*; AUT【汽】; ein Zubehör für Autos, das bewirken soll, dass ein Dieb nicht mit dem Auto wegfahren kann 汽车防盗装置

weg·fal·len (*ist*) Vi（不及物）*mst* 多用 **etw. kann wegfallen** etw. kann aus e-m Text *o.Ä.* entfernt werden（物作主语）可以删除，删掉，省略

weg·ge·ben (*hat*) Vt（及物）**etw. w.** etw. j-d anderem geben 交出去，让与

weg·ge·hen (*ist*) Vi（不及物）**1.** sich von irgendwo entfernen 离去，离开（某地）**2.** (**von j-m**) **w.** j-n verlassen[1](3) 离开（某人）**3.** **etw. geht weg** *gespr*［口］; etw. verschwindet wieder（物作主语）消失：*Das Fieber ging bald wieder weg* 很快又退烧了 **4.** **etw. geht weg** *gespr*［口］; etw. verkauft sich gut（物作主语）卖得快，畅销 ‖ ID［谚］*mst* 多用 **Geh mir (bloß) weg mit ...!** *gespr*［口］; lass mich in Ruhe mit ... 别对我谈…，别向我提…，我认为…没什么了不起

weg·ha·ben (*hat*) Vt（及物）**etw. w.** etw. entfernt haben 去掉，摆脱 ‖ ID［谚］**einen (Schlag) w.** *gespr*［口］; irgendwie verrückt sein 有点疯疯癫癫的；〈in Geographie *o.Ä.* 在地理学等方面〉 **hat er/sie ganz schön was weg** *gespr*［口］; in Geographie *o.Ä.* kennt er/sie sich sehr gut aus 他/她对地理学很熟悉，他/她精通地理学

weg·hal·ten (*hat*) Vt（及物）**1.** **etw. von j-m/sich w.** etw. in e-m gewissen Abstand zu j-m/sich (mit der Hand) halten 拿得离…远一点，与…保持一定距离拿着；Vr（反身）**2.** **sich von j-m/etw. w.** keinen Kontakt zu j-m suchen, e-r Sache nicht zu nahe kommen 疏远，与…保持距离

weg·kom·men (*ist*) Vi（不及物）**1.** e-n Ort verlassen können 离开，离去：*Ich bin erst nachts aus dem Büro weggekommen* 我直到夜里才离开办公室 **2.** **j-d kommt von j-m/etw. weg** *gespr*［口］; j-d löst sich od. befreit sich von j-m/etw.（人作主语）摆脱 **3.** **etw. kommt weg** *gespr*［口］; etw. wird gestohlen *o.Ä.*（物作主语）丢失，遗失：*In unserer Firma kommt dauernd Geld weg* 在我们公司老是丢钱 **4.** **j-d kommt** 〈gut, schlecht *o.Ä.* 好，不好等〉 **bei etw. weg** *gespr*［口］; j-d wird bei etw. gut, schlecht *o.Ä.* behandelt（人作主语）在…上受到…关照，对待 **5.** **j-d kommt über etw. nicht weg** *gespr*［口］; j-d muss ständig an e-n großen Verlust *o.Ä.* denken（人作主语）总也忘不掉…，总为…而难过 ‖ ID［谚］**Mach, dass**

du wegkommst! *gespr* [口] ≈ verschwinde!

weg·kön·nen (*hat*) Vi *gespr* (不及物) [口] **1.** ein Gebäude *o.Ä.* verlassen können 能离开，能走得开：*Ich kann jetzt nicht weg, weil noch viel zu tun ist!* 我现在走不开，因为我还有很多事要做! **2. *etw. kann weg*** etw. kann beseitigt *o.Ä.* werden(物作主语)可以不要，可以删去，可以去掉

weg·krie·gen (*hat*) Vt *gespr* (及物) [口] **1. *j-n/etw.* (*aus/von etw.*) *w.*** j-n/etw. (von etw.) entfernen können 使(人)离开/把…去掉，弄掉，除去 **2.** 〈Schläge *o.Ä.* 打等〉 ***w.*** *gespr* [口]; Schläge *o.Ä.* bekommen 挨打，遭到痛打

weg·las·sen (*hat*) Vt (及物) **1. *j-n w.*** *gespr* [口]; j-n irgendwohin gehen lassen 放走，让…离去 **2. *etw. w.*** etw. nicht erwähnen, verwenden *o.Ä.* 删去，不提及，省略掉

weg·lau·fen (*ist*) Vi (不及物) **1.** ↑ ***weg-*** (2.) **2. *j-m w.*** *gespr* [口]; j-n verlassen[1] (3)离开，跑开，离…而去：*Ihm ist die Frau weggelaufen* 他太太离开了他 ‖ ID [谚] *mst* 多用 ***Das läuft dir nicht weg!*** *gespr* [口]; das kannst du auch später tun 这件事跑不了! 这件事你可以以后再做!

weg·leug·nen (*hat*) Vt (及物) ***etw. w.*** so tun, als ob es etw. nicht gäbe 只字不提，矢口否认

weg·ma·chen (*hat*) Vt *gespr* (及物) [口] **1. *etw. w.*** ≈ entfernen **2. *sich*** (*Dat* 三格) ***ein Kind w. lassen*** ein Kind abtreiben lassen 要求堕胎，让打胎

weg·müs·sen (*hat*) Vi *gespr* (不及物) [口] **1.** weggehen, wegfahren *o.Ä.* müssen 必须走开，必须离去 **2. *etw. muss weg*** etw. muss irgendwohin gebracht werden(物作主语)必须弄走，搬走，运走：*Die Ware muss heute noch weg* 货物必须今天运走 **3. *etw. muss weg*** etw. muss entfernt werden(物作主语)必须弄掉，除去，删去

weg·neh·men (*hat*) Vt (及物) **1. *etw. w.*** ↑ ***weg-*** (1) **2. *j-m etw. w.*** j-n etw. nicht länger haben lassen u. es an sich nehmen 从…手里抢走，夺走，把…据为己有 **3. *etw. nimmt viel Platz weg*** etw. benötigt viel Platz(物作主语)占很多地方：*Das Bett nimmt viel Platz in dem kleinen Zimmer weg* 床在这个小房间里占去了很大的地方 **4. *das Gas w.*** den Fuß vom Gaspedal nehmen od. weniger Gas geben 减小油门，减速

weg·rei·ßen (*hat*) Vt (及物) **1. *etw. w.*** etw. zerstören 拆毁，拆掉 ≈ abreißen (2) **2. *j-m etw. w.*** j-m etw. schnell u. plötzlich wegnehmen 抢走，夺走 **3.** 〈die Strömung *o.Ä.* 急流等〉 ***reißt j-n/etw. weg*** die Strömung *o.Ä.* trägt j-n/etw. sehr schnell mit sich fort 冲走，卷走

weg·schi·cken (*hat*) Vt (及物) **1. *j-n w.*** j-m sagen, dass er gehen soll 打发(让)…走 **2. *etw. w.*** etw. durch die Post *o.Ä.* irgendwohin bringen lassen 寄走，邮走

weg·schlie·ßen (*hat*) Vt (及物) ***etw. w.*** etw. in e-n Schrank *o.Ä.* tun, den man abschließen kann 把…锁起来

weg·schnap·pen (*hat*) Vt (及物) ***j-m etw. w.*** *gespr* [口]; etw. schnell an sich nehmen, sodass es andere nicht mehr haben können 抢走，夺走：*j-m ein gutes Geschäft/e-n Posten w.* 抢走某人的一桩好买卖/抢走某人的职位

weg·schwem·men (*hat*) Vt (及物) 〈der Regen, ein Fluss *o.Ä.* 雨水，河流等〉 ***schwemmt etw. weg*** Regenwasser, ein Fluss *o.Ä.* trägt etw. mit sich fort 冲走

weg·sol·len (*hat*) Vi *gespr* (不及物) [口] **1.** weggehen *o.Ä.* sollen 应该走了，应该离开 **2. *etw. soll weg*** etw. soll entfernt, abgerissen werden(物作主语)应该去掉，拆除

weg·ste·cken (*hat*) Vt *gespr* (及物) [口] **1. *etw. w.*** etw. schnell irgendwohin stecken 藏起来 **2. *j-d kann/muss e-e Menge/(et)was/viel w.*** j-d kann/muss viel Unangenehmes ertragen(人作主语)能够/必须忍受大量的/一点儿/许多不愉快的事：*Der kann aber e-e Menge w.!* 他真能忍!

weg·steh·len, sich (*hat*) Vr (反身) ***sich w.*** sich heimlich u. leise von irgendwo entfernen 溜走，悄悄离去

weg·ster·ben (*ist*) Vi *gespr* (不及物) [口] **1. *etw/j-d.*** (*mst Pl od Kollekt* (多用复数或集合)) ***stirbt weg***; Personen sterben der Reihe nach(人/物作主语)相继死去：*Fast das ganze Dorf ist schon weggestorben* 几乎全村的人都相继死去了 **2. *j-m w.*** durch seinen Tod j-n allein zurücklassen 撇下…走了(死去)：*Ihr ist vor kurzem der Mann weggestorben* 不久前她的丈夫撇下她走了

Weg·stre·cke *die*; der Teil e-s Weges, den man zurücklegen muss 路程，路段：*e-e W. von drei Kilometern* 三公里的路程

weg·tre·ten (*hat/ist*) Vt (及物) (*hat*) **1.** 〈e-n Ball *o.Ä.* 球等〉 ***w.*** e-m Ball *o.Ä.* e-n Stoß mit dem Fuß geben 踢走; Vi (不及物) (*ist*) **2.** (***von etw.***) ***w.*** ≈ zurücktreten (2) **3.** MIL 【军】; auf ein Kommando hin e-e Formation von Soldaten verlassen u. sich wieder normal bewegen 解散：*W.!* 解散! **4.** (***geistig***) ***weggetreten sein*** für e-e kurze Zeit j-d anderem nicht mehr zuhören u. an gar nichts denken 思想开小差，心不在焉

weg·wei·send *Adj* (形); *ohne Steigerung* (无变级); ***w.*** (***für j-n/etw.***) wichtig, weil dadurch zukünftige Entscheidungen od. Entwicklungen bestimmt werden 指明道路的，指明方向的 〈e-e Rede, ein Urteil 讲话，判断〉

Weg·wei·ser *der*; *-s*, *-*; ein Schild, das die Richtung u. Entfernung zu e-r Stadt od. zu e-m Ziel anzeigt 路标，路牌

weg·wer·fen (*hat*) Vt (及物) **1. *etw. w.*** etw. von sich weg irgendwohin werfen 扔掉，丢弃 **2. *etw. w.*** etw., das man nicht mehr haben will, in e-n Abfalleimer *o.Ä.* tun 扔掉，丢弃：*Abfälle, kaputtes Spielzeug w.* 扔掉废物，坏了的玩具 ‖ ID [谚] ***sein Geld w.*** sein Geld sinnlos ausgeben 浪费钱，乱花钱; ***sein Leben w.* a)** Selbstmord begehen 自杀; **b)** sein Leben für e-e sinnlose Sache opfern 白白搭上一条命，无谓地牺牲自己的性命

Weg.werf|ge.sell.schaft *die*; *pej* [贬]; e-e Gesellschaft mit e-r Wirtschaftsform, in der viele Waren nur für kurzen u. einmaligen Gebrauch produziert werden 大量耗费资源,到处乱丢乱扔废物的社会

Weg.werf|men.ta.li.tät *die*; *pej* [贬]; die Einstellung, ältere Sachen wegzuwerfen u. neue zu kaufen, bevor es nötig od. sinnvoll ist 随便喜新厌旧的浪费型消费心态

Weg.werf|wa.re *die*; Ware, die nach einmaligem Gebrauch weggeworfen wird (*z. B.* Plastikbecher) 一次性消费的商品

weg.zie.hen (*hat*/*ist*) [Vt] (及物) (*hat*) **1.** ↑ **weg-** (1); [Vi] (不及物) (*ist*) **2.** die Wohnung verlassen u. an e-n anderen Ort ziehen 搬走, 迁走 ≈ fortziehen

weh[1]. [veː] *Adj* (形); *nur attr*, *nicht adv* (只作定语,不作状语); 〈ein Arm, ein Bein, ein Finger, ein Zahn usw 胳膊,腿,手指,牙齿等〉 so, dass sie j-m wehtun (2) 痛的,疼痛的 ≈ schmerzend: *e-n wehen Zeh haben* 脚趾痛 ‖ ID [谚] ***j-m ist weh ums Herz*** j-d ist traurig 某人很伤心 ‖ NB(注意): ↑ **wehtun**

weh![2] *Interjektion* (叹); *mst in* 多用于 ***o weh!*** / ***ach weh!*** verwendet zum Ausdruck e-s seelischen Schmerzes od. e-r Klage (表示伤心或抱怨) 哎哟,可悲! 唉,糟糕!

-weh (*das*); *im Subst*, *begrenzt produktiv* (构成名词,构词有限); Schmerzen an dem genannten Körperteil …痛, …疼; ***Bauchweh***, ***Halsweh***, ***Kopfweh*** 〈haben 患,得,害〉

we.he! [ˈveːə] *Interjektion* (叹); *auch mit Substantiv od Pronomen im Dat* (也与名词或代词第三格连用); verwendet als Drohung (表示威胁) 哼! 你瞧着吧!: *W. (dir), wenn du gelogen hast!* 你要是撒谎,那就瞧着吧!

We.he[1] [ˈveːə] *die*; -, -*n*; *mst Pl* (多用复数); das schmerzhafte Zusammenziehen der Muskeln in der Gebärmutter, kurz vor u. während der Geburt des Kindes (临产前的) 阵痛 〈die Wehen setzen ein 阵痛开始了; Wehen bekommen, haben 感到,出现阵痛〉

We.he[2] [ˈveːə] *die*; -, -*n*; Schnee od. Sand, den der Wind zu e-m großen Haufen geweht hat (由风吹积起来的) 雪堆,沙堆 ‖ -K (复合): ***Schnee-***

we.hen [ˈveːən]; *wehte*, *hat geweht*; [Vt] (及物) **1.** 〈der Wind, der Sturm *o. Ä.* 风,狂风等〉 ***weht etw. irgendwohin*** der Wind od. der Sturm bewegt etw. irgendwohin 吹,刮: *Der Wind wehte die welken Blätter auf den Rasen* 风把枯黄的落叶吹到草坪上; [Vi] (不及物) **2.** 〈der Wind, der Sturm *o. Ä.* 风,狂风等〉 ***weht*** (***irgendwoher***) der Wind od. der Sturm bläst (aus e-r bestimmten Richtung) 吹,刮: *Heute weht ein starker Wind (aus Osten)* 今天(从东部)吹来一阵大风 **3.** ***etw. weht im Wind*** etw. bewegt sich im Wind (物作主语) 在风中飘扬,飘动: *Die Fahnen wehten im Wind* 旗帜在风中飘扬

Weh.ge.schrei *das*; lautes Klagen wegen seelischer od. körperlicher Schmerzen 痛苦的叫声,惨叫,哀号

Weh.kla.ge *die*; *geschr* [书] ≈ Wehgeschrei

weh.kla.gen; *wehklagte*, *hat gewehklagt*; [Vi] *geschr* (不及物) [书]; (***über etw.*** (*Akk* 四格)) ***w.*** *bes* wegen e-s seelischen Schmerzes laut jammern 哀诉,大声诉苦

weh.lei.dig *Adj* (形); *pej* [贬] **1.** 〈ein Mensch, ein Kind 人,孩子〉 zu empfindlich u. so, dass sie auch über kleine Schmerzen klagen 怕痛的,不能忍痛的 **2.** jammernd, um Mitleid zu erregen 悲悲切切的,哭哭啼啼的 〈e-e Stimme 声音〉 ‖ *hierzu* (派生) **Weh.lei.dig.keit** *die*; *nur Sg* (只用单数)

Weh.mut *die*; *nur Sg* (只用单数); e-e leichte Trauer od. ein stiller Schmerz bei der Erinnerung an etw. Vergangenes 忧伤,感伤,悲哀 〈W. erfasst, ergreift j-n 某人感到忧伤; voll W. an etw. denken 充满感伤地想起某事〉

weh.mü.tig *Adj* (形); voller Wehmut 忧伤的,感伤的: *w. lächeln* 忧伤地微笑 ‖ *hierzu* (派生) **Weh.mü.tig.keit** *die*; *nur Sg* (只用单数)

Wehr[1]. *die*; *mst in* 多用于 ***sich zur W. setzen*** sich verteidigen 防卫,防御,抵抗: *sich gegen e-n Räuber zur W. setzen* 对强盗进行反抗

Wehr[2] *das*; -(*e*)*s*, -*e*; e-e Art Mauer, mit der das Wasser in e-m Bach od. Fluss gestaut wird (*bes* um den Wasserstand zu regeln) 水坝,堤坝,堰

Wehr.be.auf.trag.te *der*; -*n*, -*n*; Ⓓ [德] ein Beauftragter des Bundestages mit der Aufgabe, die Einhaltung der Grundrechte in der Bundeswehr zu überwachen (由联邦议院委托负责监督军队中维护士兵基本权利的) 联邦军队监督委员 ‖ NB(注意): *ein Wehrbeauftragter*; *der Wehrbeauftragte*; *den*, *dem*, *des Wehrbeauftragten*

Wehr.dienst *der*; *nur Sg* (只用单数); die militärische Ausbildung, die j-d aufgrund der Wehrpflicht machen muss 兵役 〈den W. leisten 服兵役〉

Wehr.dienst|ver.wei.ge.rung *die*; die Weigerung, den Wehrdienst zu leisten, *mst* weil man den Dienst mit der Waffe nicht mit seinem Gewissen vereinbaren kann 拒绝服兵役 ‖ *hierzu* (派生) **Wehr.dienst|ver.wei.ge.rer** *der*; -*s*, -

weh.ren; *wehrte*, *hat gewehrt*; [Vr] (反身) **1.** ***sich*** (***gegen j-n/etw.***) ***w.*** ≈ sich verteidigen 〈sich heftig, tapfer, vergeblich w. 奋力地,勇敢地,徒劳地进行自卫〉 **2.** ***sich gegen etw. w.*** etw. gegen etw. unternehmen 反驳,驳斥 〈sich gegen Vorwürfe, Verdächtigungen w. 对指责,怀疑进行驳斥〉; [Vt] (及物) **3.** ***j-m etw. w.*** *veraltend* [渐旧] ≈ j-m etw. verbieten ‖ ID [谚] ***Wehret den Anfängen!*** verwendet als Aufforderung, e-e negative Entwicklung schon am Anfang aufzuhalten 防止这种苗头滋长!

Wehr|er.satz.dienst *der* ≈ Zivildienst

wehr.fä.hig *Adj* (形); für fähig erklärt, den Wehrdienst zu leisten 能服兵役的,适于服兵役的 ≈ tauglich

W

wehr·haft *Adj*（形）；*veraltend*［渐旧］**1.** fähig, sich zu verteidigen 有自卫能力的，有抵抗力的↔ wehrlos〈ein Mensch, ein Tier 人，动物〉**2.** gut befestigt 易于防守的，牢固设防的〈e-e Burg 城堡〉

wehr·los *Adj*（形）；unfähig, sich zu verteidigen od. etw. gegen e-e Gefahr zu tun 无抵抗能力的，无自卫能力的，手无寸铁的〈gegen j-n/etw. w. sein 面对某人/某物毫无抵抗能力；etw. w. über sich ergehen lassen 不加反抗地忍受某事〉‖ *hierzu*（派生）**Wehr·lo·sig·keit** *die*；*nur Sg*（只用单数）

Wehr·macht *die*；*nur Sg*, *hist*（只用单数）［历］；die deutschen Streitkräfte in der Zeit von 1935-1945（1935—1945 年的）德国国防军

Wehr·pflicht *die*；die gesetzliche Verpflichtung aller männlichen Bürger zum Wehrdienst 兵役义务 ‖ *hierzu*（派生）**wehr·pflich·tig** *Adj*（形）；**Wehr·pflich·ti·ge** *der*；*-n*, *-n*

Wehr·sold *der*；*nur Sg*（只用单数）；der monatliche Lohn e-s Soldaten（士兵每月的）津贴，军饷

weh·tun, weh tun；*tut weh*, *tat weh*, *hat wehgetan/weh getan*；Vi（不及物）**1.** ***j-m w.*** j-m e-n körperlichen od. seelischen Schmerz zufügen 给某人带来痛苦，伤害，使伤心 ≈ j-n verletzen：*Deine Bemerkung hat mir wehgetan* 你的话伤害了我；*Lass das, du tust mir weh!* 算了吧（别这样干），你这样会让我伤心呀！**2.** ***etw. tut (j-m) weh*** etw. ist in e-m Zustand, in dem j-d Schmerzen spürt 引起疼痛，使…感到疼痛 ≈ etw. schmerzt：*Mein rechter Fuß tut weh* 我右脚痛；*Mir tut der Kopf weh* 我头痛；*Wo tut es weh?* 哪儿痛？

Weh·weh·chen [veˈveːçən] *das*；*-s*, *-*；*gespr iron*［口］［讽］；nicht sehr schlimme Schmerzen, über die der Betroffene aber ständig klagt 小痛小痒：*Der mit seinen Wehwehchen!* 无病呻吟的人！

Weib *das*；*-(e)s*, *-er* **1.** *gespr pej*［口］［贬］≈ Frau **2.** *veraltet*［旧］；e-e Frau od. Ehefrau 女人，妻子

Weib·chen *das*；*-s*, *-*；ein weibliches Tier 雌性动物 ↔ Männchen：*Ist dein Hase ein Männchen od. ein W.?* 你的兔子是公的还是母的？

Wei·ber·feind *der*；*pej*［贬］；ein Mann, der Frauen hasst od. verachtet u. sie daher meidet 憎恶妇女的人，瞧不起妇女的人

Wei·ber·held *der*；*pej*［贬］；ein Mann, der mit vielen Frauen (auch sexuellen) Kontakt hat u. damit prahlt 好色之徒，色鬼

wei·bisch *Adj*（形）；*pej*［贬］；〈ein Mann 男人〉so, dass er nicht diejenigen Eigenschaften hat, die als typisch männlich gelten 女人气的，像女人的，婆婆妈妈的

weib·lich *Adj*（形）**1.** *nicht adv*（不作状语）；(bei Menschen) von dem Geschlecht, das ein Kind gebären kann 女性的，妇女的 **2.** *nicht adv*（不作状语）；(bei Tieren) von dem Geschlecht, das Junge gebären kann od. Eier legt（动物）雌性的，母的 **3.** *nicht adv*（不作状语），BOT【植】；die Frucht bildend 能结果的，雌性的 **4.** zu e-r Frau gehörend 女人的，女性的〈e-e Stimme, ein Vorname 声音，名字〉**5.** typisch od. üblich für Frauen 妇女的，女性的，女性化的〈e-e Eigenschaft 性格〉**6.** von dem grammatischen Geschlecht, das für Substantive im Nominativ Singular den Artikel „die" verlangt（语法中的）阴性的 ≈ feminin〈ein Substantiv, ein Artikel 名词，冠词〉‖ *zu*（义项）**4. Weib·lich·keit** *die*；*nur Sg*（只用单数）

Weibs·bild *das*；*gespr!*［粗］≈ Frau

weich *Adj*（形）**1.**〈ein Teig, e-e Masse 生面团，一堆东西〉so, dass sie leicht geformt werden können und e-m Druck nachgeben 软的 ↔ hart **2.** sich sanft u. glatt anfühlend 柔软的，柔滑的↔ rau〈Wolle, das Fell, Samt 羊毛，毛皮，丝绒〉‖ -K（复合）：***samt-***, ***seiden-*** **3.**〈ein Bett, e-e Matratze, ein Sessel 床，床垫，沙发椅〉elastisch u. so, dass man gut darauf sitzen od. liegen kann 柔软的，弹性好的 **4.** sehr reif 熟透了的〈e-e Birne, e-e Tomate *o. Ä.* 梨，西红柿等〉**5.** fertig gekocht 煮熟了的，煮得软的，煮透的〈w. gedünstet, gekocht 炖烂，煮透〉：*Das Gemüse ist noch nicht w.* 蔬菜还没煮透 ‖ *K-*（复合）：***weich-***, ***-gedünstet***, ***-gekocht*** **6.** ≈ empfindsam, mitfühlend〈ein weiches Herz/Gemüt haben 有一副软心肠/性情温柔〉**7.** unentschlossen u. leicht zu überreden 耳根子软的，温和的：*Für diese Verhandlungen ist er zu w.* 他心太软，不适合这种谈判 **8.** mit runden, nicht eckigen Formen 圆乎乎的，线条柔和的〈ein Gesicht 脸〉**9.**〈e-e Stimme, ein Klang 声音，音色〉so, dass sie angenehm klingen 温柔的，柔和的，优美的↔ schrill **10.** angenehm für die Augen 柔和的，不扎眼的↔ grell, blendend〈e-e Farbe, das Licht 颜色，灯光〉**11.** ***j-d wird w.*** *gespr*［口］；j-d gibt nach（人作主语）让步，软下来 ‖ *zu*（义项）**2.** u. **6.** **-10. Weich·heit** *die*；*nur Sg*（只用单数）

Wei·che[1] *die*；*-*, *-n*；e-e Vorrichtung an Schienen, mit der Züge auf ein anderes Gleis geleitet werden 道岔，转辙器〈die Weichen stellen 扳道岔〉‖ K-（复合）：***Weichen-***, ***-steller***, ***-wärter*** ‖ ID［谚］***die Weichen für etw. stellen*** etw. tun od. entscheiden, um e-m Plan *o. Ä.* e-e bestimmte Richtung zu geben 为…确定方向

Wei·che[2] *die*；*-*, *-n*；*mst Pl*（多用复数）≈ Flanke (1)

wei·chen；*wich*, *ist gewichen*；Vi（不及物）**1.** **(vor) j-m/etw. w.** (*mst* gegenüber e-m stärkeren Gegner) kapitulieren, das Feld räumen 让步，屈服，退却〈(vor) dem Gegner, e-r Übermacht w. 向对手，向强权让步，der Gewalt w. müssen 不得不屈服于暴力〉**2.** ***nicht von irgendwo w.*** *geschr*［书］；an e-r bestimmten Stelle bleiben 不离开，坚持不走：*Sie wich nicht von seiner Seite* 她没有离开过他的左右 **3.** ***etw. weicht (von j-m)*** etw. verliert (langsam) seine Wirkung(物作主语)退却,(慢慢)消退,消释:*Allmählich wich die Angst* 恐惧感慢慢地消失了 **4. etw. weicht etw.** (*Dat* 三格) *geschr* [书]; etw. macht Platz für etw. anderes, etw. wird durch etw. anderes ersetzt(物作主语)让位于,被…所取代:*Der Winter wich dem Frühling* 冬去春来 **5. etw. weicht** *geschr* [书]; etw. verschwindet (物作主语)消散,消逝〈die Nacht, der Nebel 夜幕,雾〉

weich·her·zig *Adj*(形); *nicht adv* (不作状语)≈ mitleidig ‖ *hierzu* (派生)**Weich·her·zig·keit** *die*; *nur Sg* (只用单数)

weich·lich *Adj*(形); *pej* [贬] **1.** *nicht adv*(不作状语); charakterlich nicht stark (性格)软弱的,懦弱的 **2.** *nicht adv*(不作状语); körperlich schwach 体弱的,瘦弱的 **3.** nicht streng genug 不够严格的〈Erziehung 教育〉 ‖ *hierzu* (派生) **Weich·lich·keit** *die*

Weich·ling *der*; *-s*, *-e*; *pej* [贬]; ein weichlicher (1,2) Mann 软弱的人,懦夫,软骨头

Weich·sel [-ks-] *die*; *bes südd* 尤用于[南德]≈ Sauerkirsche ‖ K- (复合): ***Weichsel-***, ***-baum***, ***-kirsche***

Weich·spü·ler *der*; ein flüssiges Mittel, das man in das Wasser gibt, damit die Wäsche weicher wird 柔软剂,柔顺剂

Weich·tei·le *die*; *Pl* (复); die weichen, knochenlosen Körperteile, *bes* im Unterleib 身体柔软无骨的部分

Weich·tier *das*; ein Tier ohne Wirbel (4) u. ohne Skelett 软体动物; ZOOL【动】Molluske

weich·wer·den ↑ **weich** (11)

Wei·de[1] *die*; *-*, *-n*; ein Stück Land, das mit Gras bewachsen ist u. auf dem Kühe, Pferde, Schafe *o. Ä.* weiden (1) 牧场,草地〈die Tiere auf die W. treiben 把牲畜赶到牧场上去〉 ‖ K- (复合): ***Weide-***, ***-fläche***, ***-land***

Wei·de[2] *die*; *-*, *-n*; ein Baum mit langen, biegsamen Zweigen, *mst* in der Nähe von Gewässern 柳树,垂柳 ‖ K- (复合): ***Weiden-***, ***-baum***

wei·den; *weidete*, *hat geweidet*; [Vi] (不及物) **1. *ein Tier weidet*** ein Tier ist auf der Weide[1] u. frisst Gras (动物作主语)在牧场上吃草〈Kühe, Schafe, Pferde 牛群,羊群,马群〉; [Vr] (反身) **2. *sich an etw.*** (*Dat* 三格) ***w.*** *geschr*, *oft pej* [书]常用[贬]; sich an etw. freuen, *mst* weil es anderen schlecht geht 对…幸灾乐祸,以…取乐:*Er weidete sich an ihrer Angst* 他对她的恐惧幸灾乐祸

Wei·den·kätz·chen *das*; die weiche, pelzähnliche Blütenknospe der Weide[2] 柳絮

weid·ge·recht *Adj*(形); den Regeln u. Prinzipien der Jagd entsprechend 符合狩猎规则的

weid·lich *Adv*(副); *veraltend* [渐旧]; in vollem Maße, gründlich 充分地,彻底地,着实地

Weid·mann *der*; *-(e)s*, *Weid·män·ner*; von Jägern verwendet als Bezeichnung für e-n Jäger (猎人用语)猎人,狩猎者 ‖ *hierzu* (派生) **weid·män·nisch** *Adj*(形)

Weid·manns·heil! *Interjektion* (叹); von Jägern verwendet als Gruß bei der Jagd(猎人用语)祝猎场好运!祝满载而归!

wei·gern, sich; *weigerte sich*, *hat sich geweigert*; [Vr] (反身) ***sich w.*** (+ ***zu*** + *Infinitiv* 不定式) erklären, dass man nicht bereit ist, etw. zu tun 拒绝:*Er weigert sich zu gehorchen* 他拒绝服从 ‖ *hierzu* (派生) **Wei·gerung** *die*

Wei·he [ˈvaiə] *die*; *-*, *-n*; e-e feierliche Zeremonie, um den Segen Gottes für j-n/etw. zu erbitten 圣洁仪式,献祭 ‖ -K (复合): ***Priester-***, ***Altar-***

wei·hen; *weihte*, *hat geweiht*; [Vt] (及物) **1. *etw. w.*** e-m Gegenstand die Weihe geben 供奉,奉献 **2. *j-n*** (***zu etw.***) ***w.*** j-m die Weihe geben 授以圣职〈j-n zum Priester, zum Bischof w. 授予某人以神甫,主教之职〉 **3. *j-m j-n/etw. w.*** e-e Person, ein Gebäude *o. Ä.* in den Dienst Gottes od. e-r Gottheit stellen 为供奉…建立:*Dieser Tempel war dem Jupiter geweiht* 该庙为供奉朱庇特而建 **4. *j-m/etw. etw. w.*** ≈ j-m/etw. etw. widmen (2):*Er hatte sein Leben der Forschung geweiht* 他将自己的一生献给了研究事业; [Vi] (不及物) **5. *j-d ist dem Tod geweiht*/**〈ein Volk, ein Reich *o. Ä.* 民族,帝国等〉 ***ist dem Untergang geweiht*** j-d muss sterben/ein Volk, ein Reich *o. Ä.* muss untergehen (3)注定要灭亡; [Vr] (反身) **6. *sich j-m/etw. w.*** alle Kraft für j-n/etw. geben od. opfern 献身于某人/某事

Wei·her [ˈvaiɐ] *der*; *-s*, *-*; *bes südd* 尤用于[南德]; ein *mst* natürlicher, kleiner See 池塘≈ Teich ‖ -K (复合): ***Dorf-***, ***Fisch-***

wei·he·voll *Adj*(形); *geschr* [书]; sehr feierlich 庄严的,神圣的,隆重的

Weih·nacht *die*; *-*; *nur Sg* (只用单数) ≈ Weihnachten: *j-m e-e gesegnete W. wünschen* 祝某人圣诞节快乐,有福 ‖ K- (复合): ***Weihnachts-***, ***-einkäufe***, ***-feier***, ***-fest***, ***-geschenk***, ***-lied***, ***-plätzchen*** ‖ *hierzu* (派生) **weih·nacht·lich** *Adj*(形)

Weih·nach·ten (*das*); *-*, *-*; *mst Sg*(多用单数) **1.** der 25Dezember, an dem die christliche Kirche die Geburt von Jesus Christus feiert 圣诞节(指12月25日) **2.** die Zeit vom Heiligen Abend (24Dezember) bis zum zweiten Weihnachtsfeiertag (26Dezember) 圣诞节假日(指从12月24日至12月26日)〈zu/an, nach, vor, über W. 在圣诞节,圣诞节之后、之前,在圣诞节假日期间; sich (*Dat* 三格) etw. zu W. wünschen 希望自己圣诞节得到某物; j-m etw. zu W. schenken 送给某人某物作为圣诞礼物〉: *Frohe W. u. ein Glückliches Neues Jahr!* 祝圣诞快乐,新年愉快! **3. *grüne*/*weiße W.*** W. (2) ohne/mit Schnee 绿色的/白色的圣诞节,无雪的/有雪的圣诞节 ‖ ↑ *Information Seite 2051* 信息见2051页

weih·nach·ten [Vimp] (无人称) *mst* 多用 ***es weihnachtet*** es wird bald Weihnachten sein 圣诞节快到了

Weih·nachts·abend *der*; der Abend des 24Dezember 圣诞前夜(12月24日)≈ Heilige(r) Abend

Weih·nachts·bä·cke·rei *die*; das Backen von

W

besonderem Gebäck für Weihnachten 圣诞糕点

Weihnachten 圣诞节

Der Abend des 24. Dezember heißt **Heilingabend** oder **Weihnachtsabend.** Es ist Brauch, an diesem Tag den **Weihnachtsbaum** mit Kerzen, bunten Glaskugeln, Figuren und Lametta zu schmücken. In einigen Familien wird eine **Weihnachtskrippe** aufgestellt. Abends findet dann die Bescherung statt: Die Kinder erhalten die Geschenke, die ihnen in Süddeutschland das **Christkind**, im Norden Deutschlands der **Weihnachtsmann** bringt. Es werden **Weihnachtsmann** bringt. Es werden **Weihnachtslieder** gesungen, einige der bekanntesten sind zum Beispiel ***O Tannenbaum*** oder ***Stille Nacht***, ***Heilige Nacht***. viele Menschen gehen abends zur **Christmette** oder zu einem anderen Gottesdienst in die Kirche. Die beiden **Weihnachtsfeiertage**, den 25. und 26. Dezember, verbringt man meist besinnlich im Kreis der Familie. Mittags gibt es ein besonderes Festessen. Nachmittags wird zum Kaffee das in der Adventszeit vorbereitete typische Weihnachtsgebäck wie **Stollen**, **Lebkuchen** und **Weihnachtsplätzchen** angeboten.

12月24日晚上称为**圣诞之夜**或者**圣诞前夜**。在这一天用蜡烛、五彩玻璃球、人物形象和金银丝条装饰**圣诞树**，是一种风俗。有些家庭摆出**表现耶稣降生情景的秣槽雕像或画像**。于是，晚间就分送圣诞礼物：孩子们得到礼物，在德国南部是由**天使**，而在德国北部是由**圣诞老人**送给他们礼物。还唱**圣诞歌曲**，有一些最著名的歌曲是《**啊，冷杉树**》或《**宁静的夜**》，《**圣诞之夜**》。许多人晚上去参加**圣诞子夜弥撒**或者到教堂去参加其他礼拜。

两个**圣诞节假日**即12月25日和26日，人们多半会令人回味地在家中度过。中午会设特别的节日宴席。下午喝咖啡并吃在耶稣降临节准备的独特的圣诞节点心如**枕形蛋糕**、**胡椒饼**和**圣诞小甜点**。

Weih·nachts·baum *der*; e-e Fichte, Tanne *o.Ä.*, die während der Weihnachtszeit aufgestellt wird u. mit Kerzen, Figuren *o.Ä.* geschmückt ist 圣诞树

Weih·nachts·fei·er·tag *der*; ***der erste/zweite W.*** der 25/26 Dezember 圣诞节的第一天/第二天(指12月25日/26日)

Weih·nachts·geld *das*; *mst Sg* (多用单数) ≈ Weihnachtsgratifikation

Weih·nachts·ge·schäft *das*; der Verkauf von Waren für Weihnachten 圣诞节生意: *Das W. läuft gut* 圣诞节生意很红火

Weih·nachts·gra·ti·fi·ka·ti·on *die*; zusätzliches Geld, das Arbeitnehmer zu Weihnachten erhalten 圣诞节津贴

Weih·nachts·krip·pe *die*; e-e Darstellung (mit Figuren) der Geburt von Jesus Christus 表现耶稣降生情景的秣槽雕像(或绘画)

Weih·nachts·mann *der*; e-e Gestalt, ähnlich wie der Nikolaus, die (im Glauben der Kinder) zu Weihnachten Geschenke bringt 圣诞老人: *Wir warten auf den W.!* 我们在等圣诞老人!

Weih·nachts·markt *der*; ein Markt in der Zeit vor Weihnachten, auf dem *bes* Süßigkeiten, Spielzeug *usw* verkauft werden 圣诞节集市

Weihnachtsmärkte 圣诞节集市

In der Adventszeit gibt es in fast allen Städten Weihnachtsmärkte. Auf ihnen werden vor allem Weihnachtsdekoration, Spielzeug und Süßigkeiten verkauft. Da es im Dezember oft sehr kalt sein kann, trinkt man bei einem Besuch auf dem Weihnachtsmarkt auch gerne einen Becher **Glühwein**, einen heißen Rotwein mit verschiedenen Gewürzen (zum Beispiel Gewürznelken, Zimt) und Zucker.

在耶稣降临节，几乎所有的城市都有圣诞节集市。在集市上主要是出售圣诞节装饰品、玩具和糖果。因为12月常常可能很冷，人们在逛圣诞节集市时也喜欢喝一杯**热葡萄酒**，一种加了各种调料(比如丁香和肉桂粉)和糖的热的红葡萄酒。

Weih·nachts·pa·pier *das*; bunt bedrucktes Papier zum Einwickeln von Weihnachtsgeschenken 圣诞礼品包装纸

Weih·nachts·stern *der* **1.** ein sehr heller Stern, der bei der Geburt von Jesus Christus leuchtete 圣诞之星 **2.** ein sternförmiger Schmuck für den Weihnachtsbaum 用来装饰圣诞树的星状饰物 **3.** e-e Pflanze mit roten sternförmigen Blüten im Winter 圣诞花 ≈ Christstern

Weih·nachts·stol·len *der* ≈ Christstollen

Weih·nachts·tisch *der*; der Tisch, auf dem die Weihnachtsgeschenke liegen 放置圣诞礼物的桌子 ≈ Gabentisch

Weih·nachts·zeit *die*; Weihnachten u. die Tage davor (ab 1. Advent) und danach (bis 6 Januar) 圣诞节期间(从耶稣降临节第一个星期日至1月6日)

Weih·rauch *der*; *nur Sg* (只用单数) **1.** ein Harz, das e-n aromatischen Duft entwickelt, wenn es brennt. W. wird vor allem bei religiösen Handlungen verwendet (主要指宗教活动时用的)香，神香 **2.** der aromatische Rauch des Weihrauchs (1) (焚香时升起的)烟气

Weih·was·ser *das*; Wasser, das von e-m Priester gesegnet wurde 圣水 ⟨etw. mit W. besprengen 往某物上洒圣水⟩ ‖ K- (复合): ***Weihwasser-, -becken, -kessel***

weil *Konjunktion* (连); verwendet, um e-e Begründung einzuleiten 因为: *Er kann nicht*

W

kommen, w. er krank ist 他不能来，因为他病了；„*Warum gehst du schon?*“ – „*W. ich noch einkaufen muss*“ “你为什么要走？”——“因为我还得采购点东西” ‖ NB(注意)：in der gesprochenen Sprache wird das Verb oft nicht an das Ende des Satzteils gestellt(口语中动词经常不放在句末)

Weil·chen *das*；*-s*；*nur Sg*（只用单数）；e-e relativ kurze Zeit 片刻，一小会儿：*Es wird noch ein W. dauern* 还要再过一小会儿

Wei·le *die*；*-*；*nur Sg*（只用单数）；e-e Zeit von unbestimmter Dauer 一段时间，一会儿〈e-e kleine, ganze, geraume W. 不大一会儿，好一会儿，很长时间〉：*Er kam nach e-r W. zurück* 过了一会儿他回来了

wei·len；*weilte*，*hat geweilt*；[*Vi*] *geschr*（不及物）[书]；***irgendwo w.*** sich irgendwo aufhalten 停留，逗留：*Der Dichter weilte drei Jahre in Italien* 诗人在意大利呆了三年 ‖ ID [谚] ***j-d weilt nicht mehr unter uns / den Lebenden*** j-d ist tot 某人已离开了人世

Wei·ler *der*；*-s*，*-*；ein kleines Dorf mit nur wenigen Häusern(只有几户人家的)村庄，小村落：*ein einsamer W.* 偏僻的小村庄

Wein *der*；*-(e)s*，*-e* **1.** ein alkoholisches Getränk, das aus Weintrauben hergestellt wird 葡萄酒〈ein lieblicher, leichter, herber, trockener, schwerer W. 清淡香甜的、淡的、涩的、干的、烈性的葡萄酒；W. kosten, probieren, panschen 尝尝、品尝葡萄酒，往酒中兑水掺假〉‖ K-（复合）：***Wein-***，***-becher***，***-fass***，***-flasche***，***-glas***，***-handlung***，***-händler***，***-kenner***，***-krug***，***-lokal***，***-sorte*** ‖ -K（复合）：***Rot-***，***Tisch-***，***Weiß-*** ‖ *zu* ***Weinglas*** ↑ *Abb. unter* 图见 ***Gläser*** ‖ NB(注意)：der Plural wird nur im Sinne von „Weinsorten“ gebraucht（只有在表示葡萄酒的品种时可用复数）**2.** *nur Sg*（只用单数）；ein rankender Strauch, dessen *mst* grüne od. blaue Beeren Trauben bilden 葡萄藤≈ Weinrebe〈W. anbauen 种植葡萄〉‖ K-（复合）：***Wein-***，***-blatt***，***-laub***，***-ranke*** **3.** *nur Sg*（只用单数）；die Beeren bzw. Trauben der Weinrebe 葡萄 ‖ ID [谚] *mst* 多用 ***Im W. ist Wahrheit*** wer Wein *o. Ä.* getrunken hat, erzählt einiges, was er sonst nicht erzählen würde 酒后吐真言；***j-m reinen W. einschenken*** j-m die für ihn unangenehme Wahrheit sagen 将(一件不愉快的事)向某人和盘托出，将真相告诉某人；***junger W. in alten Schläuchen*** etw., das neu zu sein scheint, aber nicht viel Veränderung bringt 换汤不换药

Wein·bau *der*；*nur Sg*（只用单数）；das Anpflanzen u. Pflegen von Weinreben 葡萄种植(业)〈W. betreiben 从事葡萄种植〉‖ K-（复合）：***Weinbau-***，***-gebiet***

Wein·bau·er *der* ≈ Winzer

Wein·berg *der*；ein Stück Land, das mit Weinreben bepflanzt ist 葡萄园

Wein·berg·schne·cke *die*；e-e essbare Schnecke（一种可食用的）蜗牛，大蜗牛属

Wein·brand *der*；Branntwein, der aus Wein (1) gewonnen wird 白兰地

wei·nen；*weinte*，*hat geweint*；[*Vi*]（不及物）**1.** Tränen in den Augen haben (u. schluchzen), weil man traurig ist od. Schmerzen hat 哭，流泪 **2.** ***um j-n / über etw.*** (*Akk* 四格) ***w.*** wegen j-s Tod *o. Ä.* w. (1) 为…哀哭，哭泣；[*Vt*]（及物）**3.** *mst* 多用 ***bittere Tränen w.*** heftig w. (1) 痛哭，号啕大哭 ‖ ID [谚] *mst* 多用 ***Das ist zum W.!*** *gespr* [口]；das ist sehr schlecht od. sehr enttäuschend 这真叫人伤心！这真是糟透了！

wei·ner·lich *Adj*（形）；dem Weinen nahe 快要哭的，想哭的〈e-e Stimme, ein Tonfall, ein Gesicht 声音，语调，脸〉

Wein·es·sig *der*；Essig, der aus Wein (1) hergestellt ist 酒醋，用葡萄酒制成的醋

Wein·geist *der*；Alkohol, der aus Wein (1) hergestellt ist(由葡萄酒制成的)烧酒，酒精

Wein·jahr *das*；*mst* 多用 ***ein gutes / schlechtes W.*** ein Jahr mit guter/schlechter Weinlese 葡萄的大年/小年

Wein·kar·te *die*；e-e Liste der Weine (1) in e-r Gaststätte(餐厅的)酒单

Wein·kel·ler *der*；ein Keller, in dem Wein (1) gelagert wird 酒窖

Wein·krampf *der*；sehr heftiges Weinen 大恸，呼天抢地，哭天抹泪：*von e-m W. geschüttelt werden* 哭得浑身打颤

Wein·le·se *die*；die Ernte der Weintrauben 采摘葡萄

Wein·pro·be *die*；das Probieren verschiedener Weine (1) 品酒〈e-e W. machen 品酒〉

Wein·re·be *die*；e-e rankende Pflanze, aus deren Beeren Wein (1) hergestellt wird 葡萄蔓

wein·rot *Adj*（形）；*nicht adv*（不作状语）；dunkelrot 酒红色的，葡萄红的，深红的

wein·se·lig *Adj*（形）；in heiterer Stimmung, nachdem man viel Wein (1) getrunken hat 酒兴正浓的，酒酣耳热的

Wein·stein *der*；*nur Sg*（只用单数）；e-e harte Substanz, die manchmal im Wein entsteht 酒石

Wein·stock *der*；die einzelne Pflanze der Weinrebe 葡萄藤

Wein·stra·ße *die*；e-e Straße, die durch ein bekanntes Weinbaugebiet führt 葡萄之路（指沿路都是盛产葡萄的地区）〈die Badische, Steirische W. 巴登的、施蒂里亚的葡萄之路〉

Wein·stu·be *die*；ein Lokal, in dem man *bes* Wein trinkt 卖葡萄酒的小酒馆

Wein·trau·be *die*；*mst Pl*（多用复数）；die Beeren des Weinstocks, die an einem Stiel wachsen 葡萄(果) ‖ ↑ *Abb. unter* 图见 ***Obst***

Wei·se[1] *die*；*-*；*nur Sg*（只用单数）**1.** verwendet, um auszudrücken, wie etw. geschieht od. gemacht wird 方式，方法〈auf andere, diese, geheimnisvolle W. 以其他方式，这种方式，神秘的方式；auf diese Art u. Weise 以这种方式，用这种方法；in gewohnter W. 通常；in der Weise, dass 以…的方式〉**2.** ***in gewisser W.*** von e-m bestimmten Standpunkt aus betrachtet 从某种意义上说

Wei·se[2] *die*；*-*，*-n*；e-e *mst* einfache Melodie

W

(多指简单的)旋律,曲子

Wei·se[3] *der*; *-n*, *-n*; ein gelehrter u. erfahrener Mensch 贤人,智者,哲人 ‖ ID [谚] *mst* 多用 ***die Drei Weisen aus dem Morgenlande*** die Heiligen Drei Könige (in der Bibel) (圣经中的)东方三博士 ‖ NB(注意): *ein Weiser*; *der Weise*; *den*, *dem*, *des Weisen*

wei·se *Adj*(形) **1.** klug u. erfahren 聪明的,贤明的,智慧的,英明的,有见识的〈ein weiser alter Mann 贤明的长者; w. handeln, urteilen 行为,判断明智〉 **2.** 〈ein Rat, ein Spruch 劝告,格言〉 so, dass sie Weisheit u. Erfahrung enthalten 明智的

-wei·se *im Adj*; *mst adv*, *sehr produktiv* (构成形容词,多作状语,构词强) **1.** drückt aus, auf welche Art u. Weise etw. geschieht od. gemacht wird(表示某事发生或做某事的方式); ***aushilfsweise*** *irgendwo arbeiten* 在某处…工作, *etw.* ***ausnahmsweise*** *tun dürfen* …允许作某事, *etw.* ***auszugsweise*** *zitieren* …援引某事, *etw.* ***gerüchteweise*** *hören* …听说, *j-m etw.* ***leihweise*** *geben* …给某人某物, *etw.* ***probeweise*** *abonnieren* …订阅, *etw.* ***versuchsweise*** *einführen* …采用某物, *etw.* ***zwangsweise*** *erwirken* …取得 **2.** *oft iron od hum* 常用[讽]或[诙]; drückt e-e Mengen- od. Maßangabe aus(表示按某种数量或度量); *etw.* ***dutzendweise*** / ***stückweise*** / ***zentnerweise*** *verkaufen* …出售某物, *etw.* ***eimerweise*** / ***literweise*** *trinken* …喝某物, *etw. kommt* ***haufenweise*** / ***massenweise*** *vor* 某物…出现, *etw.* ***kiloweise*** / ***pfundweise*** *essen* …吃某物, *etw.* ***portionsweise*** *servieren* …供应某物, ***schrittweise*** / ***zentimeterweise*** *vorankommen* …前进, *etw. steigt* ***stufenweise*** *an* 某物…提高, ***stundenweise*** *irgendwo arbeiten* 在某处…工作 **3.** verwendet als Satzadverb, das e-e Wertung, e-e Beurteilung od. e-e Einschätzung e-r Sachlage ausdrückt(表示对事态的评价、估计); ***bedauerlicherweise*** *nicht kommen können* …不能前来, ***bezeichnenderweise*** *schon weg sein* …已经消失, *etw.* ***dummerweise*** / ***törichterweise*** *vergessen* …把某事忘了, ***erfreulicherweise*** / ***glücklicherweise*** *nicht verletzt sein* …没有受伤, ***seltsamerweise*** / ***merkwürdigerweise*** *verschwunden sein* …消失了, *etw.* ***möglicherweise*** *vergessen haben* …忘记了, *etw.* ***notwendigerweise*** *reparieren* …修理某物, *etw.* ***unbegreiflicherweise*** *behaupten* …断言某事, *etw.* ***überflüssigerweise*** *hinzufügen* …补充某事, ***vernünftigerweise*** *nachgeben* …作出让步

wei·sen; *wies*, *hat gewiesen*; [*Vt*] (及物) **1.** ***(j-m) etw. w.*** *geschr* [书]; j-m etw. zeigen 指点,指示,指明〈den Weg, die Richtung w. 指明道路,指引方向〉 **2.** ***j-n von / aus etw. w.*** befehlen, dass j-d e-n Ort od. e-e Institution verlässt 撵出,开除,逐出: *Er wurde von / aus der Schule gewiesen* 他被学校开除了 **3.** ***etw. (weit) von sich w.*** 〈e-n Verdacht, e-e Vermutung 怀疑,猜测〉 entschieden ablehnen (断然)否定,拒绝; [*Vi*] (不及物) **4.** ***irgendwohin w.*** *geschr* [书]; irgendwohin zeigen 指向: *Die Magnetnadel weist nach Norden* 磁针指向北方; *Alle wiesen mit dem Finger auf ihn* 所有人都用手指指着他

Weis·heit *die*; *-*, *-en* **1.** *nur Sg* (只用单数); großes Wissen u. Klugheit, *bes* aufgrund von langer Erfahrung 聪明,才智,智慧 **2.** e-e Aussage, die W. (1) enthält 格言,至理名言 ‖ ID [谚] *mst* 多用 ***Behalte deine W. für dich!*** *gespr iron* [口][讽]; deine Ratschläge werden nicht gebraucht 你的主意还是留给你自己用吧!(意即:我的事不用你管!); *mst* 多用 ***Er / Sie hat die W. nicht (gerade) mit Löffeln gegessen*** *gespr iron* [口][讽]; er/sie ist nicht sehr klug 他/她学识浅薄(不聪明); ***(nicht) der W. letzter Schluss*** *gespr* [口]; (nicht) die ideale Lösung(不是)最佳方案; ***mit seiner W. am Ende sein*** *gespr* [口]; nicht mehr wissen, was man tun soll 一筹莫展,无计可施

Weis·heits·zahn *der*; einer der vier hinteren Backenzähne des Menschen, die man *mst* erst als Erwachsener bekommt 智齿

weis·ma·chen; *machte weis*, *hat weisgemacht*; [*Vt*] (及物) ***j-m etw. w. (wollen)*** j-n dahin bringen (wollen), etw. zu glauben, was nicht der Wirklichkeit entspricht 对…要花招说,欺骗,哄骗

weiß[1] *Präsens*, *1. u. 3. Person Sg*(现在时,第一和第三人称单数); ↑ ***wissen***

weiß[2] *Adj*(形); *nicht adv*(不作状语) **1.** von der Farbe von Schnee, Milch *usw* 白的,白色的 ↔ schwarz 〈w. wie die Wolken, wie der Schnee 像云朵,雪一样白; blendend, strahlend w. 白得炫目,白得耀眼〉 **2.** von e-r relativ hellen Farbe 白色的,浅色的〈Hautfarbe, die Rasse 肤色,人种〉 **3.** ***weiße Blutkörperchen*** *Pl* (复), MED【医】; die Bestandteile des Blutes, die *z. B.* dazu dienen, Krankheitserreger zu zerstören 白血球 ‖ ID [谚] ***w. wie die Wand*** sehr blass(面色)苍白的,煞白的 ‖ NB(注意): ↑ ***Maus***, ***Tod***

Weiß *das*; *-(es)*, *-*; *mst Sg*(多用单数) **1.** die Farbe von frisch gefallenem Schnee 白色 **2.** *ohne Artikel*(不带冠词); der Spieler bei e-m Brettspiel, der mit den hellen Figuren bzw. auf den hellen Feldern spielt(棋弈中的)执白方,白棋: *W. ist am Zug* 轮到白棋走了 **3.** ***in W.*** in weißer Kleidung 身穿白色衣服: *Sie heiratet in W.* (= mit weißem Brautkleid)她身披白色婚纱结婚

weis·sa·gen; *weissagte*, *hat geweissagt*; [*Vt*] (及物) ***(j-m) etw. w.*** j-m etw. vorhersagen 预言 ≈ prophezeien 〈ein Ereignis, die Zukunft w. 预言一个事件,预言未来〉 ‖ *hierzu* (派生) **Weis·sa·ger** *der*; *-s*, *-*; **Weis·sa·ge·rin** *die*; *-*, *-nen*; **Weis·sa·gung** *die*

Weiß·bier *das*; helles Bier, das aus Weizen gebraut ist (用小麦酿制的)白啤酒 ≈ Weizenbier

weiß·blond *Adj*(形); *nicht adv*(不作状语); sehr hellblond 浅色的〈Haar 头发〉

Weiß·brot *das*; ein helles Brot, das aus Weizenmehl gemacht wird(用小麦面粉制作的)白面

包

Wei·ße *der/die*; *-n*, *-n*; ein Mensch mit der hellen Hautfarbe, die *z. B.* für Europäer typisch ist 白种人 ‖ NB(注意): *ein Weißer*; *der Weiße*; *dem*, *den*, *des Weißen*

Weiß·glut *die*; *nur Sg* (只用单数); das sehr helle Glühen von stark erhitztem Metall 白热,白炽 ‖ ID [谚] ***j-n zur W. bringen/treiben*** j-n zur größten Wut reizen 大大地激怒某人,惹得某人火冒三丈

Weiß·gold *das*; ein silbriges Metall, das aus e-r Verbindung von Gold mit Silber u. Platin besteht 铂,白金

Weiß·kohl *der*; *nur Sg*, *nordd* (只用单数) [北德]; ein weißlicher od. hellgrüner Kohl 白球甘蓝,洋白菜,圆白菜

Weiß·kraut *das*; *nur Sg*, *südd* Ⓐ (只用单数) [南德] [奥] ≈ Weißkohl

weiß·lich *Adj*(形); fast weiß 近于白色的,带白色的,发白的

Weiß·ma·cher *der*; *-s*, *-*; e-e Substanz im Waschpulver, die die Wäsche weiß erscheinen lässt 漂白剂,漂白粉

weiß·wa·schen; *wäscht weiß*, *wusch weiß*, *hat weißgewaschen*; [Vt] (及物) ***j-n/sich (von etw.) w.*** j-n/sich von e-m Verdacht befreien 为某人/自己洗刷(嫌疑) ‖ NB(注意): *mst* im Infinitiv od. im Perfekt(多用不定式或现在完成时)!

Weiß·wurst *die*; *südd* Ⓐ [南德] [奥] e-e aus Kalbfleisch hergestellte Wurst, die in Wasser heiß gemacht wird 白色小牛肉香肠

Wei·sung *die*; *-*, *-en*; (*Admin*) *geschr* [(牍)书] ≈ Befehl, Anweisung ‖ K- (复合): ***Weisungs-, -befugnis***; ***weisungs-, -befugt***, ***-berechtigt***

weit[1], *weiter*, *weitest-*; *Adj*(形) **1.** ⟨ein Weg, e-e Reise 路,旅行⟩ so, dass sie sich über e-e große Entfernung erstrecken 远的,遥远的,长的,远距离的 ≈ lang: *etw. reicht w.*, *ist w. entfernt/weg* 某物伸展得(达到)很远,离得很远; *etw. w. werfen* 将某物扔得很远; *Wie w. ist es noch bis zum Bahnhof?* 到火车站还有多远? **2.** verwendet mit e-r Maßangabe, um e-e Distanz anzugeben (与量度连用) …远的: *Er springt sechs Meter w.* 他跳了六米远 **3.** nicht eng am Körper anliegend 肥的,宽松的 ⟨Kleidungsstücke 衣服⟩: *ein zu weites Kleid enger machen* 把一件过于肥大的连衣裙改瘦 ‖ ↑ *Abb. unter* 图见 ***Eigenschaften*** **4.** räumlich (sehr) ausgedehnt 广阔的,辽阔的,宽阔的⟨ein Tal, die Wälder 山谷,森林⟩ **5.** *mst adv* (多作状语); zeitlich lange 很久的,时间很长的: *w. nach Mitternacht* 午夜过后很久 **6.** *mst adv* (多作状语); an e-m fortgeschrittenen Punkt e-r Entwicklung angelangt 长足的,很大的: *Die Verhandlungen sind schon w. fortgeschritten* 谈判已向前迈了一大步 **7.** ***die (große,) weite Welt*** die Welt (weit weg von zu Hause), wo man viel erleben kann 广阔天地 **8.** ***das weite Meer*** das Meer in seiner vollen Erstreckung (u. mit all seinen Abenteuern) 辽阔的海洋,浩瀚的海洋⟨aufs weite Meer fahren 驶向辽阔的海洋⟩ **9.** ***w. gereist*** in vielen Ländern gewesen 到过很多国家的,游历四方的,曾经远游海外的: *ein w. gereister Mann* 一个游历过许多国家的人 ‖ ID [谚] ***von Weitem/weitem*** aus großer Entfernung 离得老远; ***bei Weitem/weitem*** mit Abstand 远远地,绝对的: *Er ist bei Weitem der Beste gewesen* 他绝对是最好的; ***weit u. breit*** in der ganzen Umgebung 到处,四处,周围; ***w. hergeholt*** nicht zum Thema gehörend 牵强附会的,不切题的⟨Argumente, ein Beispiel 论据,例子⟩; ***das Weite suchen*** *gespr* [口]; davonlaufen 逃走; ***j-d/etw. ist viel weiter als j-d/etw.*** j-d/etw. hat mehr Fortschritte (in e-r Entwicklung) gemacht als j-d/etw. 某人/某物远比某人/某物强; ***j-d hat es w. gebracht*** j-d hat im Leben od. im Beruf viel geleistet od. erreicht 某人取得了很大成绩,很有成就,很有出息; *mst* 多用 ***Das geht zu w.!*** das ist nicht mehr akzeptabel 这太过分了!; ***Da ist er/sie zu w. gegangen!*** *gespr* [口]; das hätte er/sie nicht tun od. sagen dürfen 他/她做得太过分了!; ***von w. her*** aus großer Entfernung 离得很远; ***mit etw. ist es nicht w. her*** etw. ist nicht besonders gut 某物没什么了不起,不怎么样; *mst* 多用 ***so w., so gut*** bis hierher ist alles in Ordnung 到目前为止情况还不错; *mst* 多用 ***Das führt zu w.*** das ist zu umständlich, das gehört nicht zum Thema 这扯得(离题)太远 ‖ ‖ NB(注意): ↑ ***weitblickend***, ***weitgehend***, ***weitgreifend*** *usw* ‖ ▶ ***Weite***, ***erweitern***, ***weiten***, ***weiter***

weit[2] *Adv*(副); **w.** + *Komparativ* (比较级) verwendet, um auszudrücken, dass ein Unterschied groß ist 远远地,大大地,非常 ≈ wesentlich, viel, weitaus: *Er ist w. älter als ich* 他比我大得多; *Sie singt w. besser als er* 她比他唱得好多了

-weit *im Adj*, *begrenzt produktiv* (构成形容词,构词有限); drückt die räumliche Ausdehnung von etw. aus …范围内的: ***bundesweit***, ***europaweit***, ***weltweit***

weit·ab *Adv* (副); ***w. von*** in relativ großer Entfernung von 远离⟨w. von der Stadt, vom Lärm 远离城市,远离喧嚣⟩

weit·är·me·lig *Adj*(形); mit weiten Ärmeln 宽袖的

weit·aus *Adv* (副); verwendet, um e-n Vergleich zu verstärken (用来加强对比) …得多,最… ≈ mit Abstand ⟨w. besser, schneller 好得多,快得多; w. das Sicherste 最最保险的⟩

Weit·blick *der*; *nur Sg* (只用单数); die Fähigkeit, kommende Entwicklungen richtig zu beurteilen 远见,预见: *ein Politiker mit großem W.* 高瞻远瞩的政治家 ‖ *hierzu* (派生) **weit bli·ckend**, **weit·bli·ckend** *Adj*(形)

weit·bli·ckend, weit bli·ckend, *weiter blickend/weitblickender*, *weitestblickend-/weitblickendst-*; *Adj* (形); mit der Fähigkeit, kommende Entwicklungen richtig zu beurteiten 有远见的,目光远大的 ≈ weit schauend

Wei·te *die*; -, *-n* **1.** e-e große Ausdehnung in der Fläche 广阔,辽阔,宽阔 ↔ Enge〈die W. des Meeres 大海的辽阔; die endlose W. der Sahara 撒拾拉(沙漠)的无限辽阔〉**2.** ≈ Ferne (1): *in die W. schauen* 眺望远方;向远处望去 **3.** e-e gemessene Entfernung 距离: *Beim Diskuswerfen wurden Weiten bis zu 70m erzielt* 铁饼掷出了 70 米的距离 **4.** die Größe e-s Kleidungsstücks *bes* in Bezug auf den Umfang(衣服的)尺寸,宽度,大小: *ein Rock mit verstellbarer W.* 可调节肥瘦的裙子 **5.** die Öffnung, der Durchmesser 口径,直径〈die W. e-s Gefäßes, e-s Rohrs 容器,管子的口径〉**6. *die lichte W.*** die Entfernung von Innenrand zu Innenrand e-r Öffnung 内径,内宽

wei·ten; *weitete, hat geweitet*; [Vt] (及物) **1. *etw. w.*** etw. weiter[1] (3) od. größer machen 加宽,加肥,放宽〈Kleidungsstück 衣服〉; [Vr] (反身) **2. *etw. weitet sich*** etw. wird weit[1] (4)(物作主语)变宽,变阔,扩大: *Seine Augen weiteten sich vor Entsetzen* 他吃惊地瞪大了眼睛

wei·ter *Adv*(副) **1.** verwendet, um die Fortsetzung e-r Handlung zu bezeichnen 继续地,接下去: *Bitte w.!* 请做下去! 请说下去!; *Halt, nicht w.!* 站住,别动!; *Die Probleme werden w. bestehen* 问题将继续存在 **2.** ≈ außerdem, sonst: *Was (geschah) w.?* 接着发生了什么事情?; *Es war w. niemand hier* 这里没有其他人在场 **3.** *mst* 多用 ***nichts w. (als)*** ≈ nur, nicht mehr als: *Das ist nichts w. als ein Versehen* 这只是个疏忽而已; *Er ist ein Lügner, nichts w.* 他只是个骗子罢了 **4** ≈ weiterhin (1): *Wenn es w. so stark schneit ...* 要是还一直下那么大的雪… **5. *und so weiter*** ↑ ***und*** (10) ‖ ID [谚] ***Das ist nicht w. schlimm*** das macht nichts (此外)这没关系; ***Wenn es w. nichts ist*** *oft iron* 常用 [讽]; das ist gar kein Problem 要是没其他事的话(意即:这根本不成问题)

wei·te·r-[1] *Adj*(形); *nur attr, nicht adv*(只作定语,不作状语) **1.** neu hinzukommend, zusätzlich 新增加的,补加的: *Ein weiteres Problem ist das Geld* 下一个问题是钱 **2.** ≈ zukünftig: *die weitere Entwicklung abwarten* 静待下一步(今后)的发展 **3. *ohne Weiteres/weiteres*** einfach so, ohne Schwierigkeiten 立即,没有困难地,不加思索地,毫无顾忌地: *Sie könnte das ohne Weiteres tun* 她可以立即干这件事; *Sie können hier nicht so ohne Weiteres reinplatzen!* 这里你们可不能毫无顾忌地闯进去! **4. *bis auf Weiteres/weiteres*** bis etw. anderes mitgeteilt wird 暂时(在另行通知之前) ≈ vorläufig

wei·ter-[2] *im Verb, betont u. trennbar, sehr produktiv*(构成动词,重读并可分,构词强); Die Verben mit *weiter-* werden nach folgendem Muster gebildet (weiter-动词的模式如下): *weitergehen – ging weiter – weitergegangen*

1. *weiter-* drückt aus, dass e-e Fortbewegung od. Beförderung, oft nach e-r Pause, fortgesetzt wird(表示运动、行程、路程的继续)继续,接着;

weiterreisen: *Am Montag reisen wir nach Paris weiter* 星期一我们继续旅行去巴黎 ≈ Wir sind auf e-r Reise u. setzen sie am Montag fort, indem wir nach Paris fahren

ebenso(同类词有): ***j-n/etw. weiterbefördern, weiterdürfen, (j-n/etw.) weiterfahren, weiterfliegen, weitergehen, weiterkommen, weiterkönnen, weiterlaufen, weitermarschieren, weitermüssen, j-n/sich/etw. weiterschleppen, weitersollen, j-n/etw. weitertreiben, weiterwandern, weiterwollen, weiterziehen***

2. *weiter-* drückt aus, dass e-e Handlung od. ein Prozess (oft in e-m neuen Stadium) fortgesetzt wird od. dass ein Zustand sich fortsetzt(表示行为、过程的继续或发展)继续,进一步地;

weiterbrennen: *Das Feuer brannte weiter* 火继续燃烧 ≈ Das Feuer hörte nicht auf zu brennen

ebenso(同类词有): ***weiterarbeiten, etw. weiterbehandeln, weiterbestehen, sich/etw. weiterentwickeln, weiterleben, weiterreden, weiterschlafen, weitersprechen, etw. weiterverarbeiten***

3. *weiter-* drückt aus, dass man seinerseits auch etw. tut (was auf ähnliche Weise schon getan wurde)(表示以同样方式再做某事)转…,再…;

j-m etw. weiterschenken: *Ich habe dasselbe Buch zweimal geschenkt bekommen. Eines schenke ich weiter* 我两次收到别人送的同一本书,其中一本我转送给别人 ≈ Ich schenke eines davon j-d anderem

ebenso(同类词有): ***etw. weitererzählen, etw. weitergeben, etw. weiterleiten, etw. weiterreichen, etw. weitersagen, etw. weiterschicken, etw. weitervererben, j-n/etw. weitervermitteln, etw. weiterverkaufen, etw. weitervermieten***

Wei·ter- *im Subst, begrenzt produktiv*(构成名词,构词有限) **1.** bezeichnet die Fortsetzung e-r Fortbewegung od. des Transports von etw. (*mst* nach e-r Pause)(表示运动、行程、路程的继续)继续; die ***Weiterbeförderung***, die ***Weiterfahrt***, der ***Weiterflug***, der ***Weitertransport*** **2.** bezeichnet die Fortsetzung e-r Arbeit od. e-s Prozesses (*mst* in e-m neuen Stadium)(表示行为、过程的继续或发展)继续,进一步,再; die ***Weiterbehandlung***, die ***Weiterverarbeitung*** **3.** drückt aus, dass etw., das e-r Person gegeben, vermittelt *o.Ä.* wurde, an e-e andere Person gegeben, vermittelt *o.Ä.* wird(表示以同样方式再做某事)转…,再…; die ***Weiterempfehlung***, die ***Weitergabe***, die ***Weiterleitung***, die ***Weitervermittlung***

wei·ter.be.ste.hen ↑ ***weiter*** (1)

wei·ter.bil.den, sich (*hat*) [Vr] (反身) ***sich w.*** e-e zusätzliche Ausbildung machen, *bes* um sein berufliches Wissen zu erweitern u. zu aktualisieren 进修,深造 ‖ *hierzu* (派生) **Wei-**

W

ter·bil·dung *die*

wei·ter·brin·gen (*hat*) [Vt] (及物) *mst in* 多用于 ***Das bringt mich/uns nicht weiter*** das hilft mir/uns auch nicht sehr (bei der Lösung e-s Problems *o.Ä.*) 这帮不了我/我们的忙

wei·ter·emp·feh·len (*hat*) [Vt] (及物) (***j-m***) ***j-n/etw. w.*** j-n/etw., mit dem man gute Erfahrungen gemacht hat, auch anderen empfehlen 转而推荐,进一步介绍

wei·ter·füh·ren (*hat*) [Vt] (及物) **1. *etw. w.*** etw. fortsetzen 继续进行: *Die Verhandlungen werden morgen weitergeführt* 谈判明天将继续进行 **2.** *mst* 多用 ***Das führt uns nicht weiter*** das hilft uns nicht 这帮不了我们的忙

wei·ter·füh·rend 1. *Partizip Präsens* (现在分词) ↑ ***weiterführen*** **2.** *Adj* (形); *nicht adv* (不作状语); ***e-e weiterführende Schule*** e-e Schule, die zu e-r Ausbildung führen kann, die über die allgemeine Schulpflicht hinausgeht (*z.B.* Hauptschule, Realschule, Gymnasium)(完成普遍义务教育后继续就读的)正规中学

wei·ter·ge·ben (*hat*) [Vt] (及物) **1. *etw.*** (***an j-n***) ***w.*** ↑ ***weiter-*** (3) **2. *etw.*** (***an j-n***) ***w.*** j-m etw. mitteilen 通知,转告,传达

wei·ter·ge·hen (*ist*) [Vi] (不及物) **1.** ↑ ***weiter-***[2] (1) **2. *etw. geht weiter*** etw. wird fortgesetzt, hört nicht auf(物作主语)继续下去 ‖ NB (注意): aber (但是): *ich kann weiter gehen als du* 我能走得比你远 (getrennt geschrieben 分开写)

wei·ter·hel·fen (*hat*) [Vi] (不及物) ***j-m w.*** j-m helfen, seine Probleme zu lösen 帮助…克服困难,进一步帮助… ‖ NB (注意): aber (但是): *ich werde dir auch künftig weiter helfen* 将来我也会继续帮助你 (getrennt geschrieben 分开写)

wei·ter·hin *Adv* (副) **1.** auch in der Zukunft 今后,将来 **2.** auch jetzt noch 即使现在也 **3.** ≈ außerdem, zusätzlich

wei·ter·kom·men (*ist*) [Vi] (不及物) **1.** ↑ ***weiter-***[2] (1) **2.** sich *mst* beruflich verbessern 升迁,晋级 **3. *mit etw. w.*** bei etw. Fortschritte machen 有进展,有进步≈ vorankommen ‖ ID [谚] ***Mach, dass du weiterkommst!*** ≈ verschwinde!

wei·ter·kön·nen (*hat*) [Vi] *gespr* (不及物) [口] **1.** ↑ ***weiter-***[2] (1) **2. *nicht mehr w.*** ratlos u. verzweifelt sein 干不下去,一筹莫展

wei·ter·ma·chen (*hat*) [Vi] *gespr* (不及物) [口]; (***mit etw.***) ***w.*** e-e Tätigkeit fortsetzen 继续做,把…继续进行下去 ‖ ID [谚] ***Mach nur so weiter!*** *iron* [讽]: wenn du dein Verhalten nicht änderst, wirst du sehr bald Probleme haben 你要是(敢)这样干下去!(意即:这样干下去,你一定会出问题!)

wei·ter·schi·cken (*hat*) [Vt] (及物) **1. *j-n w.*** j-m sagen, dass er zu e-r anderen Person od. Stelle gehen soll 把…打发走 **2. *etw. w.*** ↑ ***weiter-***[2] (3)

wei·ter·se·hen [Vi] *gespr* (不及物) [口]; *mst in* 多用于 ... ***dann sehen wir weiter/dann werden wir w.*** dann werden wir sehen od. entscheiden, was zu tun ist 然后我们再看看(该怎么办)

wei·ter·ver·brei·ten; *verbreitete weiter, hat weiterverbreitet*; [Vt] (及物) **1.** 〈e-e Krankheit *o.Ä.* 疾病等〉 ***w.*** e-e Krankheit *o.Ä.* an andere weitergeben (1) 传播,传染 **2.** 〈e-e Nachricht *o.Ä.* 消息等〉 ***w.*** e-e Nachricht *o.Ä.* anderen mitteilen 传播,散布

wei·ter·wis·sen (*hat*) [Vi] (不及物) **1.** wissen, was in e-r schwierigen Situation zu tun ist 心中有数 **2. *nicht mehr w.*** ratlos od. verzweifelt sein 不知如何是好,束手无策

weit·ge·hend, weit ge·hend *weiter gehend / weitgehender, weitestgehend / weitgehendst-*; *Adj* (形) **1.** *nicht adv* (不作状语); 〈Pläne, Ideen 计划,想法〉 so, dass sie viele Veränderungen bewirken 深远的,长远的,涉及面广泛的,有广泛影响的 **2.** *nicht adv* (不作状语); 〈e-e Unterstützung, e-e Vollmacht 支持,全权〉 so, dass sie j-m in großem Maße gegeben werden 广泛的,极大的,大规模的 ‖ NB (注意): aber (但是): *e-e zu weit gehende Maßnahme* 一项太过分的措施 (getrennt geschrieben 分开写) **3.** *nur adv* (只作状语) ≈ größtenteils ‖ NB (注意): *adv* immer zusammen geschrieben (状语总是合写)

weit·ge·reist ↑ ***weit*** (9)

weit·grei·fend, weit grei·fend, *weiter greifend / weitgreifender, weitestgreifend- / weitgreifendst-*; umfangreich, weitgehend (1) 广泛的,长远的,内容丰富的,有广泛影响的 〈Pläne, Ideen 打算,思想〉

weit·her·zig, *weitherziger, weitherzigst-*; *Adj* (形) ≈ großzügig ‖ *hierzu* (派生) **Weit·her·zig·keit** *die*; *nur Sg* (只用单数)

weit·hin *Adv* (副) **1.** bis in große Entfernung 直到很远的地方,很远 〈etw. ist w. zu hören, w. sichtbar 某物很远都听得见,看得见〉 **2.** in hohem Maße 在很大程度上: *Das ist w. sein Verdienst* 这在很大程度上是他的功劳

weit·läu·fig, *weitläufiger, weitläufigst-*; *Adj* (形) **1.** *nicht adv* (不作状语); nach allen Richtungen ausgedehnt 宽敞的,宽大的 〈Anlagen, ein Gebäude 设施,楼房〉 **2.** ausführlich u. umständlich 详尽的 〈e-e Schilderung, e-e Beschreibung 描述,描写〉 **3.** *mst adv* (多作状语); *mst* 多用 ***w. verwandt*** entfernt verwandt 远亲的 ‖ *hierzu* (派生) **Weit·läu·fig·keit** *die*; *nur Sg* (只用单数)

weit·ma·schig, *weitmaschiger, weitmaschigst-*; *Adj* (形); mit großen Zwischenräumen 网眼大的 〈ein Netz 网〉

weit·räu·mig, *weiträumiger, weiträumigst-*; *Adj* (形); 〈e-e Siedlung, ein Gebäude 居民区,建筑物〉 so, dass sie viel Platz einnehmen od. bieten 占地面积大的,庞大的: *Die Siedlung ist w. angelegt, geplant* 住宅区规划,设计面积很大 ‖ *hierzu* (派生) **Weit·räu·mig·keit** *die*; *nur Sg* (只用单数)

weit·rei·chend, weit rei·chend, *weiter reichend / weitreichender, weitestreichend- / weitreichendst-*; *Adj* (形); *nicht adv* (不作状

语)；〈Konsequenzen, Maßnahmen 后果，措施〉so, dass sie für e-n großen Bereich von Bedeutung sind 深远的，广泛的，影响大的

weit·schwei·fig, *weitschweifiger*, *weitschweifigst-*; *Adj*(形)；sehr ausführlich u. umständlich 繁琐的，冗长的 ‖ *hierzu* (派生) **Weit·schwei·fig·keit** *die*

Weit·sicht *die* ≈ Weitblick

weit·sich·tig, *weitsichtiger*, *weitsichtigst-*; *Adj*(形) **1.** weit blickend 有远见的 **2.** *nicht adv*(不作状语)；*mst* 多用 ***w. sein*** nahe Dinge nicht gut sehen (also *z. B.* beim Lesen Schwierigkeiten haben), ferne Dinge aber gut sehen 远视的，眼睛远视的 ↔ kurzsichtig sein ‖ *hierzu* (派生) **Weit·sich·tig·keit** *die*; *nur Sg* (只用单数)

weit·sprin·gen; *sprang weit*, *ist weitgesprungen*; [*Vi*] (不及物) SPORT【体】; Weitsprung betreiben 跳远 ‖ NB(注意)：*mst* im Infinitiv verwendet (多用不定式) ‖ *hierzu* (派生) **Weit·sprin·gen** *das*; **Weit·sprin·ger** *der*; **Weit·sprin·ge·rin** *die*

Weit·sprung *der*; *nur Sg*, SPORT (只用单数)【体】; e-e Disziplin in der Leichtathletik, bei der man versucht, mit einem Sprung möglichst weit zu springen 跳远

weit·ver·brei·tet, **weit ver·brei·tet**, *weiter verbreitet* / *weitverbreiteter-*, *weitestverbreitet-* / *weitverbreitetst-* *u. am meisten verbreitet*; *Adj*(形)；*nicht adv*(不作状语) **1.** an vielen Orten vorhanden od. erhältlich 分布广的；发行面广的〈Pflanzen, e-e Tierart 植物，一种动物；e-e Zeitung 报纸〉 **2.** bei vielen Menschen anzutreffen 普遍的，流行的，流传很广的〈e-e Ansicht, e-e Meinung 看法，意见〉：*ein weitverbreiteter Irrtum* 普遍的错误

weit·ver·zweigt, **weit ver·zweigt**, *weiter verzweigt* / *weitverzweigter*, *weitestverzweigt-* / *weitverzweigtest-* *u. am weitesten verzweigt*; *Adj*(形)；*nicht adv* (不作状语)；mit vielen Verbindungen nach allen Seiten 四通八达的，纵横交错的，联系广泛的〈ein Straßennetz 公路网；Handelsbeziehungen 贸易关系〉：*ein weitverzweigtes Eisenbahnnetz* 四通八达的铁路网

Weit·win·kel|ob·jek·tiv *das*; ein Objektiv, mit dem man (in Bezug auf die Breite) mehr fotografieren kann als mit e-m normalen Objektiv 广角镜，广角物镜，宽角物镜

Wei·zen *der*; *-s*; *nur Sg* (只用单数)；e-e Getreideart, aus deren Körnern weißes Brot gemacht wird 小麦 ‖ K- (复合)：***Weizen-, -ähre, -bier, -brot, -ernte, -feld, -flocken, -keim, -korn, -mehl***

welch *Indefinitpronomen* (不定代词)；verwendet in Ausrufen, um ein Subst. od. ein Adj. zu intensivieren (表示感叹)何等，多么 ≈ was für ein(e *usw*)：*Welche Begeisterung!* 何等激动人心的场面！多么激动啊！；*Welch seltener Gast!* 真是稀客！‖ NB(注意)：Steht *welch* vor e-m unbestimmten Artikel od. e-m Adj., bleibt *welch* ohne Endung (welch 如用于不定冠词或形容词前，则不加词尾)：*Welch eine schöne Frau!* 多么漂亮的女人！；das Adj. wird nach Deklinationstyp B flektiert(形容词词尾按 B 类变化)；↑ *Tabelle unter* 图表见 ***Adjektive***

wel·ch-[1] *Interrogativpronomen* (疑问代词)；(*in direkten u. indirekten Fragen*) verwendet, um nach e-r einzelnen Person/Sache aus e-r Gruppe zu fragen(用于直接问句和间接问句)哪一个，哪一些：*Welches Buch gehört dir?* 哪本书是你的？；*Ich weiß nicht, welches Auto du meinst* 我不知道你指的是哪辆车 ‖ NB(注意)：*welch-* verwendet man wie ein attributives Adjektiv (*welch-* 可作定语形容词) (*welche Farbe*) od. wie ein Substantiv (或作名词) („*Siehst du die Frau da drüben?*" – „*Welche?*" "你看见了对面那个女人吗？"——"哪一个女人？")

wel·ch-[2] *Relativpronomen* (关系代词)；verwendet, um sich auf e-e bereits erwähnte Person/Sache zu beziehen (指代已提到的人/物)那个，那些 ≈ der, die, das[2] (*usw*)：*Erfindungen, welche unser Leben verändern* 改变了我们的生活的发明

wel·ch-[3] *Indefinitpronomen* (不定代词) **1.** (wie ein Subst.) verwendet, um sich auf e-e unbestimmte Zahl od. Menge von Personen/Sachen zu beziehen(作名词用，指代人/物)一些：*Ich habe kein Geld mehr. Hast du welches?* 我没钱了，你有(钱)吗？；*Sind alle da od. fehlen noch welche?* 大家都到齐了吗？还缺不缺人？ **2.** (wie ein Adj.) verwendet in Nebensätzen, um sich auf e-e Person/Sache zu beziehen, die nicht näher genannt wird (作形容词用，用于从句中，指代人/物)什么样的 ≈ was für ein(e *usw*)：*Es ist egal, welches Material man nimmt* 用哪种材料无所谓；*Man sieht, welche Mühe er sich gegeben hat* 人们看得出他花了多么大的力气

wel·cher·lei *Indefinitpronomen* (不定代词)；*nur attr*(只作定语)；*indeklinabel* (词形不变)；von welcher Art auch immer 不论何种，无论什么：*Es ist gleichgültig, w. Entschuldigungen angeführt wurden* 不管用什么方法道歉，都无关紧要；*Ich liebe Nüsse, egal w.* 我爱吃坚果，无论哪种 ‖ NB(注意)：wie ein Subst. od. ein attributives Adj. verwendet (用法同名词或定语形容词)

welk *Adj*(形)；nicht mehr frisch 干枯的，枯萎的，蔫的 ≈ schlaff〈Blumen, Blätter, Gemüse, Laub 花，叶子，蔬菜，树叶〉

wel·ken; *welkte*, *ist gewelkt*; [*Vi*] (不及物) **1.** ***etw. welkt*** etw. wird welk (物作主语)凋谢，枯萎，蔫了〈Blumen, Blätter, Laub 花，叶子，树叶〉 **2.** ***etw. welkt*** *geschr* [书]；etw. vergeht (物作主语)消逝，逝去〈Jugend, Schönheit 青春，美貌〉

Well·blech *das*; sehr starkes, gewelltes Blech 波纹白铁皮，瓦楞铁皮 ‖ K- (复合)：***Wellblech-, -dach, -hütte***

Wel·le *die*; *-, -n* **1.** *mst Pl*(多用复数)；der Teil der Wasseroberfläche, der sich (*z. B.* bei Wind od. Sturm) auf und ab bewegt 波浪，波涛〈stürmische, schäumende, leichte, starke

Wellen 汹涌的、泡沫飞溅的、小的、大的波浪；die Wellen brechen sich 波浪飞溅〉：*Nach dem Sturm waren die Wellen zu hoch zum Baden* 狂风过后，浪太大无法游泳 **2.** e-e leicht gebogene Form der Haare, der Frisur（头发的）波浪，波纹 **3.** *mst Pl*, PHYS（多用复数）【物】；Schwingungen, die sich in Kurven fortbewegen u. dabei Energie übertragen 波 ‖ -K（复合）：**Kurz-**, **Lang-**, **Mittel-**; **Licht-**, **Radio-**, **Schall- 4.** ≈ Frequenz（2）**5. e-e W.** + *Gen*（二格）/ **von** ein Gefühl od. Verhalten, das plötzlich entsteht u. sich rasch ausbreitet 激动，冲动，浪潮，起伏〈e-e W. der Begeisterung, der Hilfsbereitschaft 激情起伏，乐于助人的冲动〉**6. grüne W.** e-e besondere Schaltung von Verkehrsampeln, die es bei e-r bestimmten Geschwindigkeit der Fahrzeuge ermöglicht, dass man nicht halten muss 一路绿灯〈grüne W. haben 一路绿灯〉 ‖ ID［谚］**etw. schlägt hohe Wellen** etw. erregt großes Aufsehen 某事引起轰动

-wel·le *die*; *im Subst*, *nur Sg*（构成名词，只用单数）**1.** e-e plötzlich einsetzende u. übergreifende Bewegung 浪潮，风潮；**Flüchtlingswelle**, **Protestwelle 2.** drückt aus, dass viele Leute von etw. betroffen sind 流行，浪潮；**Grippewelle**, **Verhaftungswelle 3.** drückt aus, dass etw. von vielen Leuten betrieben wird 潮，热；**Drogenwelle**, **Reisewelle**, **Sexwelle 4.** drückt aus, dass etw. lange u. intensiv vorhanden ist 浪，流；**Hitzewelle**, **Kältewelle**

wel·len; *wellte*, *hat gewellt*; [Vt]（及物）**1. das Haar w.** das Haar in Wellen（2）legen 使成波浪形，使鬈曲〈sich（*Dat* 三格）das Haar w. lassen 烫发，卷发〉；[Vr]（反身）**2. etw. wellt sich** etw. nimmt e-e gebogene Form an（物作主语）卷曲，起皱：*Feuchtes Papier wellt sich* 潮湿的纸起皱

Wel·len·be·reich *der*; ein bestimmter Bereich der Radiowellen 波段：*in e-m W. von 100 – 150 kHz senden* 在100—150千赫的波段上播出

Wel·len·bre·cher *der*; *-s*, *-*; ein Damm od. e-e Mauer zum Schutz vor den Wellen（1）防波堤

Wel·len·gang *der*; *nur Sg*（只用单数）；die Bewegung der Wellen（1）波浪的起伏〈hoher, starker W. 汹涌的、滚滚的波涛〉

Wel·len·kamm *der*; der höchste Teil e-r Welle（1）浪尖

Wel·len·län·ge *die* **1.** PHYS【物】；die Länge von Schwingungen 波长 **2.** die Frequenz von Radiowellen 波长，无线电波频率：*Auf welcher W. sendet Radio Luxemburg?* 卢森堡电台使用什么样的波长？ ‖ ID［谚］*mst* 多用 **Wir haben die gleiche W.** / **Wir liegen auf der gleichen W.** *gespr*；［口］wir haben die gleiche Mentalität 我们性格相同

Wel·len·sit·tich *der*; e-e Art kleiner Papagei, der oft im Käfig gehalten wird 虎皮鹦鹉

wel·lig *Adj*（形）；mit e-r Form, die aus *mst* vielen kleinen Kurven besteht, die auf u. ab gehen 波浪形的，有波纹的，起伏的↔ glatt

Well·ness *die*; *nur Sg*（只用单数）；ein Zustand, in dem man sich körperlich gesund, fit u. wohl fühlt. Einrichtungen *bes* für Touristen bieten, unter diesem Begriff Massagen, Bäder, Gymnastik u. Aktionen an 体能状态良好；生活配套设施齐全 ‖ K-（复合）：**Wellness-**, **-hotel**, **-oase**, **-urlaub**

Well·pap·pe *die*; gewelltes Papier, das *mst* an beiden Seiten mit glattem Papier beklebt ist u. als Packmaterial verwendet wird 瓦楞纸板

Wel·pe *der*; *-n*, *-n*; das Junge von Hund, Fuchs, Wolf 幼犬，小狐狸，幼狼 ‖ NB（注意）：*der Welpe*; *den*, *dem*, *des Welpen*

Wels *der*; *-es*, *-e*; ein Fisch, der im Süßwasser lebt u. bis zu drei Meter lang werden kann 鲇鱼

Welt *die*; *-*, *-en* **1.** *nur Sg*（只用单数）；die Erde od. ein bestimmter Teil der Erde 世界〈die W. kennenlernen, um die W. reisen 认识世界，周游世界〉**2.** *nur Sg*（只用单数）；das Leben, die Lebensverhältnisse 人世，世事〈die W. verändern 改变世道〉**3.** *nur Sg*（只用单数）；ein besonderer Lebensbereich, ein Interessengebiet 领域，世界〈die W. des Kindes, der Mode, der Antike 儿童世界，时装世界，古代世界（古希腊罗马的社会和文化）〉：*Seine W. ist die Musik* 他的世界是音乐 **4.** *nur Sg*（只用单数）；die Menschen 全世界的人：*Diese Nachricht hat die W. erschüttert* 这个消息震惊了世界 **5.** *nur Sg*（只用单数）；e-e besondere Gruppe von Menschen 社会领域，界〈die gelehrte, vornehme W. 学术界，上流社会〉**6.** *nur Sg*（只用单数）≈ Kosmos, Universum：*die Entstehung der W.* 宇宙的诞生 **7.** ein Planetensystem außerhalb unseres eigenen 行星，天外星系：*Vielleicht gibt es Leben in fernen Welten* 在遥远的行星上也许有生命存在 **8. die Alte W.** der Teil der Erde, der im Altertum u. im Mittelalter bekannt war 旧大陆（指欧洲）**9. die Neue W.** Amerika 新大陆（指美洲）**10. die Dritte W.** die Entwicklungsländer 第三世界（指发展中国家）**11. die Vierte W.** die ärmsten Länder der Erde 第四世界（指最贫穷的国家） ‖ ID［谚］〈Wie/Wo/Was/Warum 怎么样/在哪儿/什么/为什么〉 **in aller W.?** verwendet, um Fragen u. Ausrufen besonderen Nachdruck zu geben（用来加强疑问及惊叹语气）究竟，到底；**auf die/zur W. kommen** geboren werden 诞生，出生，出世；〈e-e Frau 妇女〉 **bringt ein Kind auf die/zur W.** e-e Frau gebärt ein Kind 生孩子；**aus aller W.** von überall her 来自世界各地，来自五湖四海；**viel in der W. herumgekommen sein** viele Länder gesehen haben 到过世界各地，去过世界很多地方；**e-e verkehrte W.** e-e Zeit, in der alles anders ist, als es sein sollte 一个颠倒了的世界；*mst* 多用 **Ich verstehe die W. nicht mehr** verwendet, um Entsetzen, Erstaunen od. Missbilligung auszudrücken（*mst* nach e-r Enttäuschung）这是什么世道啊；〈ein Gerücht 流言〉 **in die W. setzen** ein Gerücht verbreiten 传播，散布；**etw. aus der W. schaffen** etw. beseitigen 清除，消灭；**mit sich u. der W. zu-**

frieden sein mit seinem Leben zufrieden sein 对自己的生活很满意; ***etw. ist e-e W. für sich*** ein Teil e-s Größeren (*z.B.* e-r Stadt) bildet e-n eigenen Lebensbereich 某物自成一体; ***j-d lebt in e-r anderen W.*** j-d steht nicht auf dem Boden der Realität 某人(仿佛)生活在另一个世界里; ***für j-n bricht e-e W. zusammen*** j-d ist tief enttäuscht 某人觉得天都要塌下来了(意即:极度失望); ***Nicht um alles in der W.!*** auf gar keinen Fall! 绝不! 无论如何不!; ***Die W. ist doch ein Dorf!*** auch in den entferntesten Ländern trifft man Bekannte(在遥远的异国他乡遇到了熟人时说的话)这世界可真小啊!; *mst* 多用 **Das kostet nicht die W.** *gespr* [口]; das kostet nicht viel 这花不了多少钱; *mst* 多用 ***Vornehm geht die W. zugrunde*** *gespr iron* [口][讽]; verwendet, um j-m vorzuwerfen, dass er zu viel Geld ausgibt 真是挥金如土,挥霍无度; ***e-e W. von*** 〈Feinden, Vorurteilen *o.Ä.* 敌人,偏见等〉 sehr viele Feinde, Vorurteile *o.Ä.* 充满…的世界; ***Welten liegen zwischen ihnen / trennen sie*** sie sind völlig verschieden 他们的性格(或观点)有天壤之别 ‖ ▶ ***weltlich***

-welt *die*; *im Subst*, *nur Sg*, *Kollekt* (构成名词,只用单数,集合); verwendet, um die Gesamtheit e-r Gruppe od. e-s Bereichs zu bezeichnen …界; ***Damenwelt***, ***Frauenwelt***; ***Fachwelt*** (= die Fachleute), ***Gelehrtenwelt***; ***Geschäftswelt*** (= die Geschäftsleute), ***Männerwelt***, ***Pflanzenwelt***, ***Tierwelt***, ***Vogelwelt***

welt·ab·ge·wandt *Adj*(形); ohne Interesse für das, was außerhalb des eigenen Lebens passiert 与世无争的,看破红尘的

Welt·all *das*; der gesamte Weltraum mit allen Himmelskörpern 宇宙≈ Universum, Kosmos

welt·an·schau·lich *Adj*(形); *nur attr od adv*(只作定语或状语); auf e-r bestimmten Weltanschauung beruhend 世界观的〈Differenzen 不同〉

Welt·an·schau·ung *die*; -, *-en*; e-e bestimmte Ansicht über den Sinn des Lebens u. die Stellung des Menschen in der Welt 世界观

welt·be·kannt *Adj* (形); den meisten Menschen bekannt 举世闻名的,世人皆知的

welt·be·rühmt *Adj* (形); berühmt in weiten Teilen der Welt 世界著名的

welt·bes·t- *Adj*(形); *nur attr*, *nicht adv*(只作定语,不作状语); besser als alle anderen auf der Welt 世界上最好的,世界上最优秀的,世界上最杰出的,举世无双的: *die weltbesten Sprinter* 世界最优秀的短跑选手 ‖ K- (复合): ***Weltbest-***, ***-leistung***, ***-zeit***

welt·be·we·gend *Adj*(形); von weltweiter Bedeutung 震撼世界的,震惊世界的〈e-e Idee 想法〉

Welt·bild *das*; *nur Sg* (只用单数); die Vorstellung, die sich j-d von der Welt u. den Menschen macht 对世界的认识,世界观: *das W. des Kopernikus* 哥白尼的世界观; *das mittelalterliche W.* 中世纪的世界观

Welt·bür·ger *der*; j-d, der nicht national denkt u. der für alle Kulturen offen ist 世界公民,世界主义者 ‖ *hierzu* (派生) **welt·bür·ger·lich** *Adj*(形); **Welt·bür·ger·tum** *das*

Welt·eli·te *die*; *Kollekt*(集合); diejenigen, die in e-m bestimmten Bereich die besten Leistungen bringen 世界上的杰出人物,精英〈die W. des Sports 世界上的体育精英〉

Welt·er·folg *der*; ein Produkt, ein Lied *o.Ä.*, das den Menschen in vielen Ländern gut gefällt 惊世之作: *Das Musical „My Fair Lady" war ein W.* 音乐故事片《窈窕淑女》是一部惊世之作

Wel·ter·ge·wicht *das*; *nur Sg*, SPORT (只用单数)【体】; e-e Gewichtsklasse (60-67kg) beim Boxen u. Ringen (拳击、摔跤运动中的)60—67公斤级,次重量级 ‖ *hierzu* (派生) **Wel·ter·ge·wicht·ler** *der*; *-s*, -

welt·er·schüt·ternd *Adj*(形); sehr wichtig 震惊世界的,举世震惊的〈e-e Neuigkeit 新闻〉 ‖ NB (注意): *mst* verneint od. ironisch gebraucht (多用否定或讽刺)

welt·fern *Adj*(形) ≈ weltfremd

Welt·flucht *die*; die Abkehr vom normalen Leben 遁世,隐居,逃避人世: *Er hält das Klosterleben für reine W.* 他认为修道院生活纯系遁世

welt·fremd *Adj*(形); mit Ansichten, die wenig Erfahrung u. Kenntnis der Welt zeigen 不通世故的,缺乏社会经验的 ‖ *hierzu* (派生) **Welt·fremd·heit** *die*

Welt·ge·schich·te *die* **1.** *nur Sg* (只用单数); die geschichtliche Entwicklung der Welt (1) 世界历史 **2.** ein Buch über diese Entwicklung 世界史(指书) ‖ ID [谚] ***in der W. herumreisen*** *gespr* [口]; viele Reisen in ferne Länder machen 周游世界

welt·ge·wandt *Adj* (形); erfahren, höflich u. geschickt im Verhandeln 善于交际的,世故的,圆通的 ‖ *hierzu* (派生) **Welt·ge·wandt·heit** *die*; *nur Sg* (只用单数)

Welt·han·del *der*; die Handelsbeziehungen zwischen den Ländern der Erde 国际贸易,世界贸易 ‖ K- (复合): ***Welthandels-***, ***-abkommen***, ***-flotte***, ***-konferenz***

Welt|hilfs·spra·che *die*; e-e künstlich geschaffene Sprache (wie *z.B.* das Esperanto), mit der sich alle Menschen verständigen können sollen 国际辅助语(如世界语等)

Welt·kar·te *die*; e-e Landkarte, die die ganze Welt zeigt 世界地图

Welt·klas·se (*die*); *mst in* 多用于 ***W. sein / zur W. gehören*** zu den Besten in der Welt gehören 属于国际水平,世界水平

Welt·krieg *der*; einer der beiden großen Kriege im 20 Jahrhundert 世界大战: *der Erste W.* (*1914-1918*)第一次世界大战; *der Zweite Weltkrieg* (*1939-1945*)第二次世界大战

Welt·ku·gel *die*; e-e Darstellung der Erde als Kugel 地球仪≈ Globus

Welt|kul·tur·er·be *das*; *nur Sg* (只用单数); Kunstwerke, Bauwerke u. Städte, die die UNESCO als Ausdruck höchster Kultur eingestuft u. als erhaltenswert erklärt hat, wie *z.B.* Venedig, Machu Picchu, die Akropolis von Athen 世界文化遗产

welt·läu·fig *Adj*（形）；*geschr*［书］≈ weltgewandt ‖ *hierzu*（派生）**Welt·läu·fig·keit** *die*

welt·lich *Adj*（形）**1.** zum normalen Leben gehörig 人世间的，尘世的〈Genüsse 乐事〉**2.** nicht zur Kirche gehörig 世俗的，非宗教的〈ein Bauwerk 建筑〉

Welt·li·te·ra·tur *die*；*nur Sg*（只用单数）；die bedeutendste u. weltweit bekannte Literatur aller Völker 世界文学，世界名著：*Thomas Manns „Die Buddenbrooks" gehört zur W./ist ein Stück W.* 托马斯·曼的《布登勃洛克一家》是一部世界名著

Welt·macht *die*；ein Staat mit großem politischen u. wirtschaftlichen Einfluss auf viele Länder 超级大国，强国，世界大国：*die Weltmacht USA* 世界大国美国

Welt·mann *der*；*nur Sg*（只用单数）；j-d, der viel Erfahrung u. Charme hat u. souverän wirkt 善交际者，社交界名人 ‖ *hierzu*（派生）**welt·män·nisch** *Adj*（形）

Welt·markt *der*；der internationale Markt, auf dem die Staaten dieser Welt ihre Waren handeln 国际市场，世界市场 ‖ K-（复合）：***Weltmarkt-, -preis***

Welt·meer *das* ≈ Ozean

Welt·meis·ter *der*；der beste Sportler od. die beste Mannschaft auf der Welt in e-r Disziplin 世界冠军：*W. im Kugelstoßen* 铅球世界冠军 ‖ K-（复合）：***Weltmeister-, -titel*** ‖ -K（复合）：***Schach-, Fußball-*** ‖ *hierzu*（派生）**Welt-meis·te·rin** *die*；-, *-nen*

Welt·meis·ter·schaft *die* **1.** ein Wettkampf, in dem der Weltmeister festgestellt wird 世界冠军赛，世界锦标赛 **2.** *nur Sg*（只用单数）；der Sieg bei e-r W.（1）世界冠军称号（地位，成绩）

welt·of·fen *Adj*（形）；voll Interesse für alles, was in der Welt geschieht 兴趣广泛的，面向世界的〈e-e Haltung, e-e Einstellung 态度，观点〉

Welt·po·li·tik *die*；die internationale Politik 国际政治，世界政治 ‖ *hierzu*（派生）**welt·po·li·tisch** *Adj*（形）；*nur attr od adv*（只作定语或状语）

Welt·pres·se *die*；die international gelesenen Zeitungen 全球性杂志，世界性报刊、报业

Welt·rang（*der*）；*mst* 多用 ***von W.*** in der ganzen Welt anerkannt 具有国际水准的，国际公认的，世界级的〈ein Wissenschaftler, ein Orchester von W. 国际一流的科学家，乐队〉

Welt·raum *der*；*nur Sg*（只用单数）；der unendliche Raum außerhalb der Erdatmosphäre 宇宙，太空，外层空间〈den W. erforschen 探索宇宙；in den W. vorstoßen 向太空进军〉‖ K-（复合）：***Weltraum-, -forschung***

W

Welt·reich *das*；ein großes（politisches）Reich, das viele Länder umfasst 庞大的帝国：*das römische W.* 罗马帝国

Welt·rei·se *die*；e-e Reise um die ganze Welt（od. um e-n großen Teil der Welt）环球旅行 ‖ *hierzu*（派生）**Welt·rei·sen·de** *der/die*；*-n, -n*

Welt·re·kord *der*；die beste Leistung der Welt（*mst* in e-r Sportart）（多指运动项目的）世界纪录〈W. im Hochsprung 跳高世界纪录；e-n W. aufstellen, brechen 创造，打破世界纪录；den W. halten, innehaben 保持，拥有世界纪录〉‖ K-（复合）：***Weltrekord-, -inhaber***

Welt·re·kord·ler *der*；*-s, -*；j-d, der den Weltrekord hält 世界纪录保持者 ‖ *hierzu*（派生）**Welt·re·kord·le·rin** *die*；-, *-nen*

Welt·ruf（*der*）；ein sehr guter Ruf auf der ganzen Welt 世界声誉，世界闻名〈W. genießen 享有世界声誉〉：*ein Pianist von W.* 享有世界声誉的钢琴家

Welt·schmerz *der*；*nur Sg*，*geschr*（只用单数）［书］；e-e traurige, verzweifelte Stimmung von j-m, der mit der Welt unzufrieden ist 人世悲苦，人间辛酸，人间疾苦〈W. haben 尝到人间辛酸〉

Welt·si·cher·heits·rat *der*；e-e Institution der Vereinten Nationen, die den Frieden sichern soll 联合国安全理事会

Welt·spra·che *die*；e-e Sprache, die in vielen Ländern gesprochen wird u. international wichtig ist 国际通用语言，世界通用语〈die W. Englisch 世界通用语英语〉

Welt·stadt *die*；e-e Großstadt von internationaler Bedeutung 国际大都市，世界大都会：*die W. New York* 国际大都市纽约 ‖ *hierzu*（派生）**welt·städ·tisch** *Adj*（形）

Welt·un·ter·gang *der*；*nur Sg*（只用单数）；das Ende dieser Welt 世界末日

Welt·un·ter·gangs|stim·mung *die*；*nur Sg*（只用单数）；e-e sehr pessimistische od. depressive seelische Verfassung 极度悲观消极的情绪〈in W. sein 极度悲观失望，万念俱灰（好像世界末日即将来临）〉

Welt·ver·bes·se·rer *der*；*-s, -*；*mst pej* 多用［贬］；j-d, der die ganze Welt(ordnung) nach seinen eigenen Vorstellungen verändern möchte 妄想改革世界者，空想的社会改良家 ‖ *hierzu*（派生）**Welt·ver·bes·se·rin** *die*；-, *-nen*

welt·weit *Adj*（形）；*nur attr od adv*（只作定语或状语）；auf der ganzen Welt（vorhanden *o. Ä.*）世界范围内的，世界性的，遍及全球的〈etw. ist w. verbreitet, anerkannt, bekannt 某物遍布世界各地，世界公认，举世闻名〉

Welt·wirt·schaft *die*；*nur Sg*（只用单数）；die internationale Wirtschaft（1）世界经济，全球经济 ‖ K-（复合）：***Weltwirtschafts-, -konferenz, -krise***

Welt·wun·der *das* **1.** etw. ganz Besonderes od. Wunderbares 世界奇观，世界奇迹 **2.** eines der sieben besonders berühmten Bauwerke od. Kunstwerke der Antike（古代）世界（七大）奇观之一

wem ↑ ***wer***

Wem·fall *der* ≈ Dativ

wen ↑ ***wer***

Wen·de *die*；-, *-n* **1.** *nur Sg*；e-e entscheidende Änderung 转折，转折点，转变〈e-e W. in der Entwicklung, im Leben, in der Politik 发展中的，生活中的，政治上的转折；e-e W. tritt ein, wird herbeigeführt 转折出现了，引起了转变；e-e W.（vom Schlechten）zum Guten, Besseren 由坏变好，向好的方面转变〉**2.** ***die W.*** die Änderungen in den politischen, wirtschaftlichen u. sozialen

Verhältnissen nach dem Zusammenbruch des kommunistischen Systems, *bes* in der früheren DDR（政治、经济、社会制度的）大转变 **3.** der Übergang zwischen zwei Zeitabschnitten 更迭，交替（指开始和结尾交接时）：*um die W. des 20. Jahrhunderts* 在20世纪之交 ‖ -K（复合）：***Jahres-***，***Jahrhundert-*** **4.** SPORT【体】；der Punkt e-r Strecke，an dem ein Sportler im Wettkampf wieder umkehren muss（体育比赛中的）掉头处，转身处 **5.** das Umkehren an der W.（4）掉头，转身

Die Wende in der DDR 民德的大转变

In der **Deutschen Demokratischen Republik** （**DDR**） nahm Ende der Achtzigerjahre die Kritik der Bürger an ihrer Regierung immer mehr zu. In der Sowjetunion waren von Michail Gorbatschow weitreichende wirtschaftliche und politische Reformen eingeführt worden，die Führung der DDR lehnte aber Reformen im eigenen Land ab. Gleichzeitig verschärften sich die wirtschaftlichen Schwierigkeiten in der DDR weiter. 1989 besetzte DDR-Bürger，die ihre Ausreise in die Bundesrepublik Deutschland erzwingen wollten，die Botschaften der Bundesrepublik Deutschland in Prag，Budapest und Warschau. Außerdem kam es zu einer Fluchtwelle nach Ungarn. Im September 1989 öffnete Ungarn für die ausreisewilligen DDR-Bürger seine Grenzen nach Österreich.
Gleichzeitig kam es in der DDR zu Massenprotesten in den Großstädten-besonders bekannt sind die **Montagsdemonstrationen** in Leipzig-，bei denen unter anderem die Abschaffung des Machtmonopols der **Sozialistischen Einheitspartei Deutschlands** （**SED**），freie Wahlen und Reisefreiheit gefordert wurden. Unter dem anhaltenden Druck wurden in der Nacht des 9. November 1989 die Grenzübergänge zwischen den beiden deutschen Staaten geöffnet.

80年代末在**德意志民主共和国（民德）**，公民对其政府的批评日益增加。在苏联，米哈伊尔·戈尔巴乔夫实行了广泛的经济和政治改革，但是民德的领导却拒绝在本国进行改革。同时，民德的经济困难进一步加剧。

1989年，想要强行出境去德意志联邦共和国的民德公民，占领了德意志联邦共和国驻布拉格、布达佩斯和华沙的使馆。此外，发生了逃往匈牙利的逃亡潮。1989年9月匈牙利为自愿出境的民德公民开放了其通往奥地利的边界。

同时在民德发生了各大城市的群众抗议活动——特别著名的是莱比锡**星期一游行示威**，在抗议活动中也促进了**德国统一社会党**权力垄断的废除、自由选举和旅行自由。在持续的压力下，1989年11月9日夜里，两个德意志国家之间的边境通道开放了。

Wen.de.hals *der*；*pej*［贬］；j-d，der seine Überzeugung schnell ändert，wenn es ihm Vorteile bringt 见风使舵的人

Wen.de.kreis *der* **1.** der engste Kreis，den ein Fahrzeug fahren kann 车辆回转半径，大转弯 **2.** GEOG【地】；*mst* 多用 ***nördlicher/ südlicher W.*** der Breitengrad，auf dem die Sonne bei der jeweiligen Sonnenwende im Zenit steht 北回归线/南回归线

Wen.del.trep.pe *die*；e-e Treppe，deren *mst* schmale Stufen in der Form e-r Spirale angeordnet sind 螺旋形楼梯，盘旋楼梯

Wendeltreppe

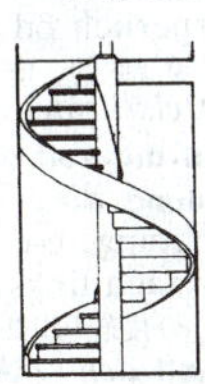

Wen.de.ma.nö.ver *das*；ein Vorgang，bei dem man mit e-m Fahrzeug wendet（5）（运输工具的）转弯动作，掉头动作

wen.den；*wendete/wandte*，*hat gewendet/gewandt*；[Vt]（及物）**1.** ***etw. w.***（*wendete*）die Rückseite od. Oberseite von etw. nach vorne od. oben drehen 翻，翻转〈ein Blatt Papier，e-n Braten，das Heu（zum Trocknen）w. 翻一张纸，把烤肉翻个个儿，翻干草（使其快干）〉 **2.** ***etw. w.***（*wendete*）die innere Seite e-s Kleidungsstücks zur äußeren Seite machen 把…向外翻〈e-n Mantel w. 把大衣翻过来〉 **3.** ***etw. irgendwohin w.***（*wendete/wandte*）etw. in e-e bestimmte Richtung drehen 使转向：*den Blick zur Seite w.* 将目光转向一旁 **4.** 〈das Unheil *o.Ä.* 灾祸等〉 ***von j-m w.***（*wendete/wandte*）*geschr*［书］；das Unheil *o.Ä.* von j-m abwenden 把…引开，使…避开（灾祸）；[Vi]（不及物）**5.**（*wendete*）umkehren u. sich in die entgegengesetzte Richtung bewegen（mit e-m Fahrzeug，bei sportlichen Wettbewerben）掉头，转身；[Vr]（反身）**6.** ***etw. wendet sich***（*wendete*）etw. wird zu seinem Gegenteil（物作主语）向反面转变〈das Glück，das Schicksal 幸福，命运〉：*Das Blatt hat sich gewendet*（= es ist alles anders geworden）一切都变了 **7.** ***sich an j-n w.***（*wendete/wandte*）j-n um Rat u. Hilfe bitten 求助，求教，找…帮忙：*Sie können sich in dieser Angelegenheit jederzeit an mich w.* 在这件事上您可以随时来找我 **8.** ***sich irgendwohin w.***（*wendete/wandte*）sich in e-e bestimmte Richtung drehen od. irgendwohin gehen 转向，转身：*sich nach rechts，zu seinem Nachbarn w.* 向右转身面对他的邻座 **9.** ***sich***（***mit seiner Kritik***）***gegen j-n/etw. w.***（*wendete/wandte*）j-n/etw. kritisieren 批评，反对 **10.** ***etw. wendet sich an j-n*** etw. ist für e-e bestimmte Person（en-gruppe）bestimmt（物作主语）针对，面向：*Das Buch wendet sich an alle Germanistikstudenten* 这本书以所有学习日耳曼语言文学的大学生为对象 ‖ NB（注意）：*zu*（义项）**10**：nur im Präsens（只用现在时）！**11.** ***bitte w.*** bitte auf der Rückseite des Blattes weiterlesen 接下页，请看下页；*Abk* 缩写 **b.w.**

Wen.de.punkt *der* **1.** der Punkt，an dem der Verlauf e-r Bewegung die entgegengesetzte Richtung nimmt 折回点，掉头处，转身处：*der* *nördliche / südliche W. der Sonne* 太阳的北回归点/南回归点 **2.** ein Zeitpunkt, an dem e-e wichtige Veränderung eintritt 转折点: *an e-m W. angelangt / angekommen sein* 到达了一个转折点

wen·dig *Adj*（形）**1.** leicht zu lenken 易驾驶的, 易操纵的〈ein Auto, ein Boot 汽车, 小船〉**2.** körperlich od. geistig sehr beweglich 机灵的, 灵活的, 能随机应变的: *ein wendiger Mittelstürmer* 反应灵活的中锋 ‖ *hierzu*（派生）**Wen·dig·keit** *die*; *nur Sg*（只用单数）

Wen·dung *die*; -, *-en* **1.** e-e Änderung der Richtung, e-e Drehung 转变, 转弯, 转向〈e-e W. nach links, rechts, um 180℃ 向左转, 向右转, 180 度转弯〉**2.** ≈ Redewendung

Wen·fall *der* ≈ Akkusativ

we·nig[1] *Indefinitpronomen*（不定代词）**1.** vor e-m Subst. verwendet, um auszudrücken, dass etw. nur in geringem Maß od. in geringer Menge vorhanden ist（用于名词前）少量的, 很少的, 不多的 ≈ nicht viel: *w. Interesse, Verständnis haben* 兴趣不大, 不大理解; *Es besteht w. Hoffnung, dass sie es schafft* 她干成这件事的希望不大; *Er hat nur noch w. Chancen* (= kaum Chancen) *auf den Titel* 他几乎没有机会获得这个头衔; *Er hat nur noch wenige Chancen* (= ein paar Chancen) 他只有很少几次机会了; *Wenige Tage später war alles vorbei* 几天后一切都过去了 ‖ NB（注意）: vor e-m Subst. im Sg. ist *wenig* indeklinabel（在单数名词前 wenig 无变化）**2.** wie ein Subst. verwendet, um e-e nur geringe Anzahl od. Menge auszudrücken（作名词用）少数, 少量: *Sie verdient w.* 她挣得很少; *Er hat viele Freunde, aber nur wenige waren bei seiner Party* 他有很多朋友, 但只有几个参加了他的聚会 ‖ NB（注意）: *zu*（义项）**1.** u. **2.**: *wenig* kann gesteigert werden（wenig 可变级）: *Sie hat wenig, er hat weniger, u. ich habe am wenigsten* 她有的不多, 他有的更少, 而我有的最少 **3.** ***die wenigsten*** nur e-e sehr geringe Anzahl 极少, 极少数人: *Viele wollten helfen, aber nur die wenigsten* (= nur sehr wenig Leute) *haben geholfen* 许多人想帮忙, 但只有极少数人帮了忙 **4.** ***ein w.*** ≈ ein bisschen

we·nig[2] *Adv*（副）≈ nicht sehr, nicht besonders: *Das Lied ist w. bekannt / w. beliebt* 这首歌大家不大熟悉/不怎么受欢迎; *Das hat ihn w. interessiert* 这件事没有引起他多大兴趣

we·ni·ger **1.** *Komparativ*（比较级）↑ ***wenig*** **2.** *gespr*［口］≈ minus: *fünf w. drei ist zwei* 五减三等于二

We·nig·keit *die*; *mst in* 多用于 ***meine W.*** *gespr hum*［口］［诙］; ich 鄙人

we·nigs·tens *Adv*（副）**1.** verwendet, um auszudrücken, dass etw. das Minimum ist, was man erwarten kann（表示最低期望值）起码, 至少 ≈ zumindest, mindestens (2): *Du könntest dich w. entschuldigen, wenn du schon zu spät kommst* 你既然来晚了, 那至少可以表示一下歉意吧; *Wir wollen w. drei Wochen verreisen* 我们想外出旅行至少三周 **2.** verwendet als tröstende od. aufmunternde Einschränkung e-r negativen Aussage（表示安慰或高兴）至少 ≈ zumindest: *Bei dem Unfall gab es hohen Sachschaden, aber w. wurden keine Menschen verletzt* 事故造成了很大的财物损失, 但至少没有人员伤亡; *W. regnet es nicht, wenn es schon so kalt ist!* 天气是够冷的, 但至少没有下雨呀! **3.** verwendet, um e-e Aussage einzuschränken（表示限制）至少, 起码 ≈ zumindest: *Das Haus kostet fast eine Million, w. sagt das der Makler* 这幢房子的价格是差不多一百万, 至少经纪人是这么说的; *Er ist schon ziemlich alt, glaube ich w.* 他已经相当老了, 至少我是这么认为的

wenn *Konjunktion*（连）**1.** unter der Voraussetzung/Bedingung, dass ... 如果, 假如, 要是: *W. ich Zeit habe, rufe ich dich an* 我有时间的话, 就给你打电话; *W. ich Zeit hätte, würde ich dich anrufen* 我要是有时间, 就会给你打电话的; *W. ich Zeit gehabt hätte, hätte ich dich angerufen* 要是我有时间的话, 我就给你打电话了 **2.** für den Fall, dass ... 一旦, 倘若, 假如 ≈ falls: *W. sie anrufen sollte, sagst du, dass ich nicht da bin* 一旦她来电话, 你就说我不在 **3.** verwendet, um e-n Zeitpunkt in der Zukunft zu bezeichnen 当…时, 一…就…（指将来）: *Ich schreibe Ihnen, w. ich in Hamburg angekommen bin* 我到了汉堡, 就给你写信 **4.** immer zu dem genannten Zeitpunkt 每当, 每逢: *W. ich in Paris bin, gehe ich immer in den Louvre* 每次到巴黎, 我都要去卢浮宫; *Jedesmal, w. das Telefon läutet, glaube ich, dass sie es ist* 每次电话铃一响, 我就以为是她打来的 **5.** ***w. ... auch*** ≈ obwohl: *W. der Urlaub auch kurz war, so habe ich mich doch gut erholt* 尽管休假时间短, 我休息得还是不错 **6.** ***w. ... bloß / doch / nur*** verwendet, um e-n Wunsch einzuleiten（表达愿望）但愿, 要是…多好: *W. sie bloß / doch / nur endlich käme!* 但愿她能来! 她要是能来该多好啊!

wenn·gleich *Konjunktion*（连）≈ obwohl

wenn·schon *Konjunktion*（连）; *gespr*［口］**1.** ***w., dennschon*** wenn etw. getan werden muss, dann soll man es auch richtig tun 既然要做, 那就要做好 **2.** (***na***,) ***w.!*** das macht doch nichts 这没关系!

wer[1]; *Akk*（四格）**wen**, *Dat*（三格）**wem**, *Gen*（二格）**wessen**; *Interrogativpronomen*（疑问代词）; (*in direkten od indirekten Fragesätzen*) verwendet, um nach e-r Person od. mehreren Personen zu fragen（用于直接问句或间接问句）谁: *Wer mag noch ein Stück Kuchen?* 谁还想再来一块点心?; *Wen möchten Sie sprechen?* 您想同谁讲话?; *Wem soll ich das Buch geben?* 这本书我应该交给谁?; *Wessen Brille ist das?* 这是谁的眼镜?; *Ich habe keine Ahnung, wer das getan hat* 我不知道这是谁干的; *Ich weiß nicht, wen Sie meinen* 我不知道您指的是谁 ‖ NB（注意）: ↑ *Tabelle unter* 图表见 ***Interrogativpronomen***

wer[2]; *Akk*（四格）**wen**, *Dat*（三格）**wem**, *Gen*（二格）**wessen**; *Relativpronomen*（关系代词）;

verwendet, um e-n verkürzten Relativsatz einzuleiten(引出关系从句)谁,凡是…的人≈ derjenige, der/diejenige, die/dasjenige, das *usw*: *Wer das behauptet, lügt* 谁说这话,就是撒谎; *Wer so erkältet ist, sollte zu Hause bleiben* 感冒这么严重的人,应该呆在家里

wer[3]; *Akk*(四格)**wen**, *Dat*(三格)**wem**, *Gen*(二格)**wessen**; *Indefinitpronomen*(不定代词); *gespr*[口]≈ jemand: *Da ist wer für dich* 这儿有人找你; *Ich muss wen finden, der den Kühlschrank reparieren kann* 我得找个能修理电冰箱的人来 ‖ ID[谚]***j-d 'ist wer*** *gespr*[口]; j-d hat Erfolg, j-d hat e-n großen Namen 某人是个人物,是个有名望的人,取得成功,享有威望: *Sie hat sich sehr anstrengen müssen, aber jetzt ist sie wer* 她付出了很多艰辛,但现在她成名了

Wer·be·agen·tur *die*; ein Unternehmen, das für Produkte anderer Firmen die Werbung (1) macht 广告公司

Wer·be·ak·ti·on *die*; Werbung (1), *mst* in relativ großem Umfang u. mit verschiedenen Mitteln 广告宣传活动〈e-e W. für ein neues Produkt machen 对一种新产品进行广告宣传,给一种新产品做广告〉

Wer·be·feld·zug *der* ≈ Werbeaktion

Wer·be·fern·se·hen *das*; der Teil des Fernsehprogramms, in dem die Werbung kommt 电视广告节目

Wer·be·ge·schenk *das*; ein Geschenk, das die Kunden u. Geschäftsfreunde e-r Firma erhalten 广告赠品

Wer·be·kam·pag·ne *die* ≈ Werbeaktion

Wer·be·mit·tel *das*; *mst Pl*(多用复数); alle Dinge, die benutzt werden, um Werbung (1) zu machen, *z.B.* Plakate, Filme 广告手段

wer·ben; *wirbt, warb, hat geworben*; [Vt](及物) **1. *j-n*** (***für j-n/etw.***) ***w.*** versuchen, j-n zu finden, der ein Produkt kauft, e-e Idee unterstützt *o.Ä.* 招揽,招徕,征求,招聘,招募〈neue Abonnenten (für e-e Zeitung) w., Käufer w., Helfer (für e-e Aufgabe) w.(为报纸)征求新订户,招揽买主,(为一项任务)招聘帮手〉; [Vi](不及物) **2.** (***für etw.***) ***w.*** ein Produkt, ein Vorhaben, e-e Idee *o.Ä.* so vorteilhaft darstellen, dass sich andere dafür interessieren 做广告,做宣传≈ Reklame (für etw.) machen: *für e-e Zigarettenmarke w.* 为一种香烟品牌做广告 **3. *um etw. w.*** sich bemühen, etw. zu gewinnen 争取〈um Freundschaft, Vertrauen w. 争取友谊,争取信任〉: *Die Kandidaten w. um die Gunst der Wähler* 候选人力争取选民的好感 **4.** *geschr veraltend*[书][渐旧]; ***um e-e Frau w.*** sich als Mann um e-e Frau bemühen, die man heiraten möchte 向一个女子求爱,求婚 ‖ *zu*(义项)**1. Wer·ber** *der*; *-s*, -

Wer·be·spot *der* ≈ ein Spot (1)

Wer·be·trä·ger *der*; ein Medium (*z.B.* Fernsehen, e-e Zeitung), in dem Werbung (1) getrieben wird 广告载体

Wer·be·trom·mel *die*; *nur in* 只用于 ***die W.*** (***für j-n/etw.***) ***rühren*** *gespr*[口]; kräftig für j-n/etw. werben (2)(为某人/某事)大作广告,大事宣传

wer·be·wirk·sam *Adj*(形); erfolgreich werbend (2) 有广告作用的,有宣传效果的〈ein Plakat, e-e Anzeige 招贴,广告〉‖ *hierzu*(派生)**Wer·be·wirk·sam·keit** *die*

Wer·bung *die*; -, *-en* **1.** *nur Sg*(只用单数); e-e Maßnahme (*z.B.* e-e Anzeige, ein Spot im Fernsehen), mit der man versucht, Leute für sein Produkt zu interessieren 广告,宣传,炒作〈W. für j-n/etw. machen 为某人/某事做广告〉‖ K-(复合): ***Werbungs-, -ausgaben, -maßnahmen*** **2.** das Werben (1) 招揽,招徕,征求,招募: *die W. neuer Mitglieder* 招募新成员 **3.** *geschr veraltend*[书][渐旧]; das Werben (3,4) 追求,求爱〈j-s W. annehmen, ausschlagen 接受、拒绝某人的追求〉

Wer·bungs·kos·ten *die*; *Pl*(复) **1.** die Kosten für die Werbung (1) 广告费 **2.** Kosten, die man im Zusammenhang mit dem Beruf hat u. die man von der Steuer absetzen kann 与职业有关的并可从税收中扣除的费用

Wer·de·gang *der*; *-s*; *nur Sg*(只用单数); der Verlauf der Entwicklung e-s Menschen 经历,成长过程,生涯〈j-s beruflicher, politischer W. 某人的履历,政治经历〉

wer·den[1]; *wird, wurde, ist geworden*; [Vi](不及物) **1.** *Adj.*(形容词) + ***w.*** e-e bestimmte Eigenschaft bekommen 变得,变为: *alt, gesund, müde, reich, zornig w.* 变老,恢复健康,会累,富起来,会生气 **2. *etw.*** (*Nom* 一格) ***w.*** e-n bestimmten Beruf erlernen od. aufnehmen 成为,当(指职业): *Sie wird Lehrerin* 她要当老师; *Was willst du w.?*(将来)你想干什么工作? **3. *etw.*** (*Nom* 一格) ***w.*** (durch Heirat od. die Geburt e-s Kindes) in ein verwandtschaftliches Verhältnis zu j-m treten 成为,当(指亲属关系)〈j-s Frau/Mann w. 成为某人的妻子/丈夫; Vater, Mutter, Großvater *usw* w. 成为父亲,母亲,祖父等〉 **4.** *Zahl*(数字) + ***w.*** beim nächsten Geburtstag das genannte Alter erreichen 将要,即将(指年龄): *Ich werde 40* (= ich bin noch 39) 我快40岁了 **5. *etw. wird etw.*** (*Nom* 一格) etw. entwickelt sich zu etw.(物作主语)将变为,将成为: *ein Plan wird Wirklichkeit* 计划将变成现实 **6. *etw. wird zu etw.*** etw. entwickelt sich zu etw.(物作主语)变成,成为〈etw. wird zur Gewohnheit/zur Routine 某事变成习惯/例行公事〉 **7. *j-d wird zu etw.*** j-d erreicht e-n bestimmten Status od. e-e bestimmte Stellung(人作主语)变成,成为(指地位): *Er wurde zu einem der reichsten Männer der Welt* 他成了世界上最富有的人之一 **8. *wie j-d w.*** sich wie j-d entwickeln 变得像…一样,长得越来越像: *Er wird wie sein Vater* 他越长越像他父亲 **9. *etw. wird*** (***et***)***was/nichts*** *gespr*[口]; etw. gelingt/gelingt nicht(物作主语)会成功/不会成功: *Sind die Fotos was geworden?* 照片照成功了吗?; *Das wird doch nichts!* 这事肯定成不了!; [Vimp]

W

（无人称）**10. Es wird** + *Subst*（名词）/*Adj*（形容词）verwendet, um das (allmähliche) Eintreten e-s bestimmten Zustands zu bezeichnen 要来了，快来了：*Es wird Tag/Nacht/Frühling usw* 天快亮了/夜幕将临/春天快来了；*Es wird spät, dunkel, kalt usw* 要晚了，要天黑了，要变冷了 **11. j-m wird (es)** + *Adj*（形容词）j-d empfindet ein bestimmtes Gefühl 觉得，感到：*j-m wird (es) schlecht/übel* (= j-d glaubt, er muss erbrechen) 他觉得难受（不舒服）/恶心；*j-m wird es heiß* 他觉得热 ‖ ID［谚］*mst* 多用 **Das wird schon wieder** *gespr*［口］；verwendet, um j-n zu trösten od. zu beruhigen 这会好的；*mst* 多用 **Daraus wird nichts** *gespr*［口］；das wird nicht gemacht 这不行，这样搞不成；**Was soll bloß (daraus) w.?** *gespr*［口］；wie soll es weitergehen？（这）将来究竟会怎么样？；*mst* 多用 **Was ist aus ... geworden?** was macht ... heute？…情况怎么样了？；**Was ist bloß aus ... geworden?** ... hat sich sehr zum Schlechteren entwickelt 事情怎么会成了这个样子？；*mst* 多用 **Das wird (et)was w.!** *gespr iron*［口］［讽］；das wird problematisch 这可有点麻烦！；*mst* 多用 **Was nicht ist, kann noch w.** man soll die Hoffnung nicht aufgeben 现在没有的，将来会有的（意即：不要失去希望）；**etw. ist im W.** etw. ist dabei zu entstehen 某事正在酝酿之中，正在发展中；↑ **bald**[1]

wẹr·den[2] *Hilfsverb*（助动词）**1. w.** + *Infinitiv*（不定式）verwendet zur Bildung des Futurs（构成将来时）将要，将：*Er wird dir helfen* 他会帮助你的；*Morgen werde ich die Arbeit beendet haben* 明天我就会完成这项工作 **2. w.** + *Infinitiv*（不定式）verwendet, um e-e Vermutung auszudrücken（表示推测）可能，也许，大概：*Sie wird es wohl vergessen haben* (= sie hat es wahrscheinlich vergessen) 您大概是把这件事忘了 **3. w.** + *Infinitiv*（不定式）verwendet, um e-n Wunsch auszudrücken（表示愿望）会：*Ihm wird doch nichts passiert sein* (= ich hoffe, dass ihm nichts passiert ist) 希望他不会出什么事 **4. würde (n usw)** + *Infinitiv*（不定式）verwendet zur Bildung des Konjunktivs II（构成虚拟式 II）：*Ich würde gern kommen, wenn ich Zeit hätte* 如果有时间的话，我是很愿意来的；*Würden Sie mir bitte die Tür aufhalten?* 请您帮我把门撑着好吗？**5. w.** + *Partizip Perfekt*（过去分词）verwendet zur Bildung des Passivs（构成被动态）被，受，挨：*Wir werden beobachtet* 我们受人监视着 **6. w.** + *Partizip Perfekt*（过去分词）verwendet, um e-e energische Aufforderung auszudrücken（表示敦促，口气强硬）要，该：*Jetzt wird nicht mehr geredet!* 现在不要讲话了！

W

Wer·fall *der* ≈ Nominativ

wẹr·fen[1]；*wirft, warf, hat geworfen*；Vt/i（及物/不及物）**(etw.) (irgendwohin) w.** etw. (*z.B.* e-n Stein, e-n Ball) mit e-r starken Bewegung des Arms aus seiner Hand fliegen lassen 投，扔，掷，抛〈etw. in die Höhe w. 将某物往高处扔〉：*Er warf den Diskus 60m (weit)* 他掷铁饼掷了 60 米远

wẹr·fen[2]；*wirft, warf, hat geworfen*；Vt/i（及物/不及物）**ein Tier wirft (Junge)** ein Tier gebärt（动物作主语）产仔：*Die Hündin hat (vier Junge) geworfen* 那只母狗下了（四只）小狗

Wẹrft *die*；-, *-en*；e-e Anlage, in der Schiffe gebaut u. repariert werden 船厂，船坞

Wẹrk[1] *das*；-(*e*)*s*, *-e* **1.** e-e große (*mst* künstlerische od. wissenschaftliche) Leistung 著作，巨著，杰作：*ein W. der Weltliteratur* 世界文学中的佳作；*die Werke Michelangelos* 米开朗基罗的杰作 ‖ K-（复合）：**Meister-, Kunst- 2.** *nur Sg, Kollekt*（只用单数，集合）；alle Werke[1] (1), die von einem Künstler *o.Ä.* geschaffen wurden（全部）作品，创作，全集 ≈ Gesamtwerk：*das W. Picassos* 毕加索的作品 **3.** *nur Sg*（只用单数）；etw., das j-d getan od. verursacht hat 所作所为，工作，事业：*Das Attentat war ein W. der Terroristen* 这次暗杀系恐怖分子所为；*Der Aufbau dieser Organisation war sein W.* 这个组织的建立是他的业绩 ‖ ID［谚］**ein gutes W. tun** e-m anderen, *bes* aus Nächstenliebe, helfen 做好事；**sich ans W. machen** mit der Arbeit beginnen 着手工作；*mst* 多用 **Da waren Diebe** *o.Ä.* **am W.** Diebe *o.Ä.* haben hier ihr Unwesen getrieben 小偷等曾光顾过这里

Wẹrk[2] *das*；-(*e*)*s*, *-e*；e-e *mst* relativ große Fabrik mit technischen Anlagen 工厂 ‖ K-（复合）：**Werk-, Werks-, -angehörige (r), -arzt, -halle, -tore** ‖ -K（复合）：**Elektrizitäts-, Gas-, Stahl-, Wasser-**

-werk *das*；-(*e*)*s*；*nur Sg*（只用单数）；*im Subst, begrenzt produktiv*（构成名词，构词有限）**1.** alle Teile e-r Gesamtheit…部分，构件；**Astwerk**〈e-s Baumes 树的〉，**Balkenwerk**〈e-s Gebäudes 楼房的〉，**Blattwerk**〈e-s Baumes 树的〉，**Gitterwerk**〈e-r Brücke 桥的〉，**Regelwerk**〈e-r Grammatik 语法的〉**2.** verwendet, um gleichartige Produkte e-r (handwerklichen) Tätigkeit zu bezeichnen…（表示同类食品或物品）…食品，…物品；**Backwerk, Flechtwerk**

Wẹrk·bank *die*；ein sehr stabiler Arbeitstisch in e-r Werkstatt 工作台

wẹrk·ei·gen *Adj*（形）；*nicht adv*（不作状语）；e-m Werk[2] gehörend 归工厂所有的，工厂自备的

wẹr·keln；*werkelte, hat gewerkelt*；Vi（不及物）**(an etw. (Dat 三格)) w.** kleine handwerkliche Arbeiten machen, *mst* als Laie（多指业余手工劳作）劳动，干活

wẹr·ken；*werkte, hat gewerkt*；Vi *oft iron*（不及物）常用［讽］；handwerklich, körperlich arbeiten 劳动，干活，工作

Wẹr·ken *das*；*-s*；*nur Sg*（只用单数）；ein Unterrichtsfach, in dem Schüler mit Holz, Ton *usw* praktisch arbeiten 手工课，劳作课 ‖ K-（复合）：**Werk-, -lehrer, -unterricht**

Wẹr·ke·ver·zeich·nis *das*；MUS【音】；e-e Liste der Musikstücke e-s Komponisten（一位作曲家的）作品目录

wẹrk·ge·treu *Adj*（形）；der Absicht des Komponisten entsprechend 忠实于原作的，忠实于原作意图的 ‖ *hierzu*（派生）**Wẹrk·treue** *die*

Werk·meis·ter *der*; ein Facharbeiter, der e-e Arbeitsgruppe in e-m Werk² leitet 班长,组长,工长 ‖ *hierzu*（派生）**Werk·meis·te·rin** *die*

Werk·schutz *der*; die Personen, die für den Schutz e-s Werks² verantwortlich sind 工厂保安人员

Werk·statt *die*; -, *Werk·stät·ten* **1.** *mst Sg*（多用单数）; der Arbeitsraum *mst* e-s Handwerkers 手工作坊,车间,工作室: *Ledertaschen aus eigener W.* 自家作坊加工的皮包 ‖ -K（复合）: ***Auto-***, ***Schneider-***, ***Schuster-***; ***Reparatur-*** **2.** *mst Pl*（多用复数）; e-e Gemeinschaft von Handwerkern u. Künstlern 手工业者协会;艺术家协会

Werk·stät·te *die* ≈ Werkstatt

Werk·stoff *der*; ein festes Material wie Holz, Stein od. Kunststoff, aus dem Waren hergestellt werden 原料,材料

Werk·stück *das*; ein unfertiger Gegenstand, an dem noch gearbeitet werden muss 工件,（正进行加工的）作品

Werk·tag *der*; ein Tag, an dem die Leute arbeiten, also Montag bis Samstag, im Gegensatz zu Sonntag u. Feiertagen 工作日 ≈ Wochentag (2)

werk·tags *Adv*（副）; an Werktagen 在工作日: *Dieser Bus verkehrt nur w.* 这辆公共汽车只在工作日运行

werk·tä·tig *Adj*（形）; *nicht adv*（不作状语）; so, dass der Betreffende e-n Beruf ausübt 劳动的,工作的 ‖ *hierzu*（派生）**Werk·tä·ti·ge** *der/die*; *-n*, *-n*; **Werk·tä·tig·keit** *die*

Werk·zeug *das*; *-s*, *-e* **1.** ein Gegenstand (*z.B.* ein Hammer, e-e Zange), den man benutzt, um e-e Arbeit leichter od. überhaupt machen zu können 工具 **2.** *nur Sg*, *Kollekt*（只用单数,集合）; die gesamten Werkzeuge (1) für e-e bestimmte Tätigkeit 成套工具 ‖ K-（复合）: ***Werkzeug-***, ***-kasten*** **3.** *mst* 多用 ***j-n als W. benutzen*** j-n benutzen, um ein bestimmtes Ziel zu erreichen 利用某人当工具

Wer·mut *der*; *-s*, *-s* **1.** e-e Gewürz- u. Heilpflanze 洋艾,苦艾 **2.** ein starker Wein, der mit W. (1) gewürzt ist 苦艾酒

Wer·muts·trop·fen *der*; etw. Unangenehmes, das die Freude an e-m schönen Ereignis verringert 一丝苦涩

Wert *der*; *-(e)s*, *-e* **1.** *nur Sg*（只用单数）; der Preis, den etw. kostet od. kosten würde 价格,价值 ⟨etw. fällt, steigt im W. 某物降价,涨价⟩: *Juwelen im W. von 3000 Euro* 价值3000欧元的珠宝 **2.** die Nützlichkeit u. Qualität von etw. 意义,价值 ⟨der erzieherische, geistige, praktische W. von etw.

Werkzeug

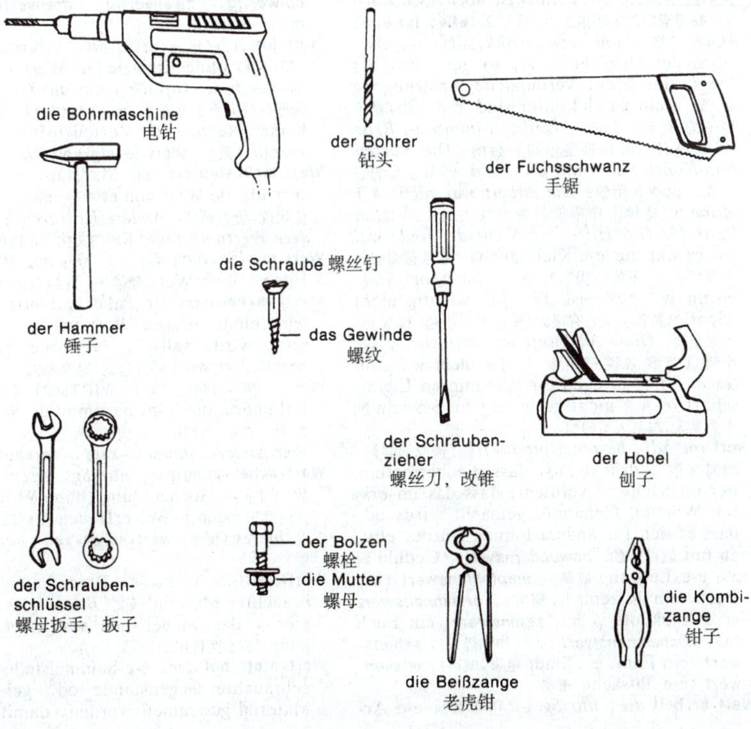

某物的教育价值,精神价值,实际价值〉**3.** *nur Pl*(只用复数);Gegenstände, die e-n hohen W. (1) haben 珍宝,贵重物品:*Im Krieg gingen unermessliche Werte verloren* 价值无法估量的珍宝在战争中丢失了 **4.** *mst* 多用 ***bleibende, unvergängliche Werte*** *geschr* [书];geistige Produkte, die e-e sehr hohe Qualität haben 永恒的,不朽的(精神)财富 **5.** das Ergebnis e-r Messung, in Zahlen ausgedrückt 数值,值:*Die Temperatur erreicht morgen Werte um 30℃* 明天气温将达摄氏30度左右 ‖ ID [谚] ***etw. (weit) unter W. verkaufen*** etw. zu e-m (viel) zu niedrigen Preis verkaufen 低价(以极低价格)出售;***etw.*** (*Dat* 三格) (***großen/keinen***) ***W. beimessen/beilegen*** etw. als wichtig (sehr wichtig/unwichtig) ansehen (非常/不)重视某事;(***großen/viel***) ***W. auf etw.*** (*Akk* 四格) ***legen*** etw. für (sehr) wichtig halten 对某事(很/非常)重视:*Er legt großen W. darauf, dass ...* 他很重视…;***keinen gesteigerten W. auf etw.*** (*Akk* 四格) ***legen*** *gespr* [口];etw. für unerwünscht halten 对某事不给与更多重视;*mst* 多用 ***Das hat (doch) keinen W.*** das nützt nichts 这没什么用,这毫无意义

wert *Adj*(形);*ohne Steigerung, nicht adv*(无变级,不作状语)**1.** ***etw. ist etw. w.*** etw. hat e-n bestimmten finanziellen Wert (1) (物作主语)值…钱〈etw. ist viel, nichts w. 某物很值钱,分文不值〉:*Mein altes Auto ist noch 1500 Euro w.* 我那辆旧汽车还值1500欧元 **2.** ***etw. ist etw.*** (*Gen* 二格)/(***j-m***) ***etw.*** (*Akk* 四格) ***w.*** etw. ist in der Qualität *o. Ä.* so gut, dass der Preis, die damit verbundene Anstrengung *o. Ä.* nicht zu viel dafür sind(物作主语)是值得…的,是有…价值的:*Berlin ist immer e-e Reise w.* 柏林任何时候都是值得一游的;*Die Karten fürs Konzert sind mir das Geld w.* 音乐会的票对我来说物有所值;*Die Arbeit war nicht der Mühe w.* 这件工作不值得费力气去做;*„Vielen Dank für Ihre Hilfe!" – „Nicht der Rede w."* (= es war nur e-e Kleinigkeit) "非常感谢您的帮助!"——"不值一提" **3.** ***etw. ist (j-m) viel/wenig w.*** etw. ist für j-n wichtig/nicht wichtig(物作主语)有很大/没有多大价值,很重要/不太重要:*Diese Auskunft war mir viel w.* 这个消息对我来说很重要 **4.** ***j-s nicht w. sein*** *geschr* [书];(wegen e-r bestimmten Eigenschaft *o. Ä.*) nicht gut genug für j-n sein 配不上某人,与某人不相称

-wert *im Adj, begrenzt produktiv* (构成形容词,构词有限);drückt aus, dass die betroffene Person/Sache es verdient, dass das im ersten Wortteil Genannte gemacht wird, od. dass es sich für andere lohnen würde, etw. zu tun 值得…的;***bewundernswert*** 〈Geduld 耐心;e-e Leistung 成绩〉, ***empfehlenswert*** 〈ein Buch, ein Rezept 书,药方〉, ***erwähnenswert*** 〈e-e Anekdote 轶事〉, ***lesenswert*** 〈ein Buch 书〉, ***nachahmenswert*** 〈e-e Tat 行为〉, ***sehenswert*** 〈ein Film, e-e Stadt 电影,城市〉, ***wissenswert*** 〈e-e Tatsache 事实〉

Wert·ar·beit *die*; *nur Sg* (只用单数);e-e Arbeit, die aufgrund der fachmännischen Kenntnisse u. des verwendeten Materials hohen Wert (1,2) hat 很有价值的论文,有份量的论文

Wert·brief *der*; ein Brief mit *mst* wertvollem Inhalt, dessen Wert von der Post ersetzt wird, falls er verlorengeht 保价信

wer·ten; *wertete, hat gewertet*; [Vt] (及物) **1.** ***etw. als etw. w.*** ein Urteil über etw. abgeben 评价,评估:*Die Verhandlungen wurden als Erfolg gewertet* 谈判被认为是成功的;[Vt/i] (及物/不及物) **2.** (***etw.***) ***w.*** SPORT【体】;als Punktrichter e-e sportliche Übung benoten 打分,评分

wert·frei *Adj* (形);nicht subjektiv od. persönlich, ohne Urteil 不作评价的,不作评定的

Wert·ge·gen·stand *der*; ein Gegenstand, der großen finanziellen Wert besitzt 贵重物品:*Bargeld u. Wertgegenstände* 现款和贵重物品

-wer·tig *im Adj, wenig produktiv*(构成形容词,构词有限)**1.** verwendet zusammen mit e-m Adj., um die Qualität von j-m/etw. auszudrücken 具有…价值的;***gleichwertig*** 〈ein Gegner 对手〉, ***hochwertig*** 〈ein Stoff 材料〉, ***minderwertig*** 〈ein Produkt 产品〉 **2.** *nicht adv*, CHEM (不作状语)【化】;drückt aus, dass sich etw. mit der genannten Zahl von Wasserstoffatomen verbinden kann …价的;***einwertig, zweiwertig, dreiwertig*** *usw*; ***mehrwertig***

wert·los *Adj*(形);*nicht adv*(不作状语)**1.** ***w.*** (***für j-n***) ohne finanziellen Wert (1) 无价值的:*Nach der Inflation war das Geld w.* 通货膨胀后钱失去了价值 **2.** ***w.*** (***für j-n***) so, dass es keinen Nutzen od. Vorteil bringt 无用的 ‖ *hierzu* (派生) **Wert·lo·sig·keit** *die*

Wert|maß·stab *der*; ein Maßstab, mit dem der *mst* ideelle Wert von etw. gemessen wird 价值尺度,价值标准:*Andere Kulturen haben andere Wertmaßstäbe* 不同的文化有不同的价值尺度

Wert·min·de·rung *die*; -, *-en*; der Verlust an finanziellem Wert 贬值 ↔ Wertzuwachs

Wert·pa·ket *das*; ein Paket mit *mst* wertvollem Inhalt, dessen Wert von der Post ersetzt wird, falls es verloren geht od. beschädigt wird 保价包裹,保价邮包

Wert·pa·pier *das*; WIRTSCH【经】;e-e Urkunde, die e-n bestimmten Wert hat, *z.B.* e-e Aktie 有价证券 ‖ K- (复合): ***Wertpapier-, -börse, -kauf, -verkauf***

Wert·schät·zung *die*; *nur Sg, geschr* (只用单数)[书] ≈ Hochachtung 〈hohe W. genießen 深受尊重;sich j-s W. erfreuen 受到某人的尊重〉 ‖ *hierzu*(派生) **wert·schät·zen** (*hat*) *Vt*(及物)

Wert·stoff *der*; *-s, -e*; Bezeichnung für gebrauchtes Material (*z.B.* Altglas, Altpapier), das wieder neu verwertet werden kann 可回收利用的废品

Wert·stoff|hof *der*; e-e Sammelstelle, an der gebrauchte Gegenstände od. gebrauchtes Material gesammelt werden, damit man es

W

recyceln kann 废品回收站

Wẹr·tung *die*; -, *-en*; die Beurteilung e-r Leistung 评价,评定 ‖ ID [谚] ***in der W. vorne / hinten liegen*** in e-m Wettbewerb gut/schlecht plaziert sein 在竞争(比赛)中处于优势/劣势

Wẹrt·ur·teil *das*; ein Urteil über den Wert (2) von etw. 评价,评判,判断〈ein W. abgeben 作出评价〉

wẹrt·voll *Adj* (形) **1.** von großem (finanziellem od. geistigem) Wert (1,2) 贵重的,珍贵的〈Schmuck 首饰〉 **2.** sehr nützlich 很有价值的,宝贵的,很有用的〈ein Hinweis, ein Rat, ein Ergebnis 提示,主意,成果〉

Wẹrt·vor·stel·lung *die*; die Vorstellung davon, was e-n Wert (2) darstellt 价值观

Wẹrt·zu·wachs *der*; der Betrag, um den der Wert (1) von etw. gestiegen ist 增值,升值〈der W. e-s Unternehmens, e-r Aktie, e-s Grundstücks 企业的、股票的、地产的增值〉

We·sen *das*; *-s*, - **1.** *nur Sg* (只用单数); ***das W.*** + *Gen* (二格) / ***von etw.*** das, was für etw. charakteristisch ist u. es von anderem unterscheidet 本质,实质: *Es liegt im W. der Demokratie, dass die Wahlen frei u. geheim sind* 自由的和秘密的选举是民主的实质 **2.** *nur Sg* (只用单数); die charakterlichen Eigenschaften e-r Person 性格特征,气质〈ein einnehmendes W. haben 有一种讨人喜欢的性格〉 **3.** etw., das in irgendeiner (oft nur gedachten) Gestalt existiert od. erscheint 神灵,神物: *ein höheres, göttliches W.* 苍天,上帝; *ein außerirdisches Wesen* 上苍神灵,老天爷 **4.** *mst* 多用 ***ein kleines, hilfloses W.*** verwendet als Bezeichnung *bes* für ein Baby od. ein kleines od. armes Tier 小东西,孤苦伶仃的人(多指可怜的小动物、小孩) ‖ ID [谚] ***viel Wesens / kein W. aus / um / von etw. machen*** etw. sehr wichtig/nicht wichtig nehmen 对某事大肆张扬,倍加重视/不加声张,不重视

-we·sen *das*; *nur Sg*, *im Subst*, *sehr produktiv*, (只用单数)(构成名词,构词强); verwendet als Bezeichnung für alle Dinge u. Vorgänge, die zu etw. gehören (表示对某个活动领域的统称)…事业,…业 ≈ System; ***Bauwesen, Bibliothekswesen, Bildungswesen, Erziehungswesen, Geldwesen, Gesundheitswesen, Kraftfahrzeugwesen, Meldewesen, Militärwesen, Pressewesen, Rettungswesen, Transportwesen, Verkehrswesen, Verlagswesen, Versicherungswesen, Zollwesen***

We·sens·zug *der*; e-e charakteristische Eigenschaft 性格特征,基本特征

we·sent·lich *Adj* (形) **1.** von entscheidender Bedeutung, sehr wichtig 根本的,主要的,本质的,重要的〈Anteil, ein Merkmal, ein Unterschied 部分,特征,区别〉 **2.** *nur adv* (只作状语); sehr viel 大大地,远远地,很多地〈w. + *Komparativ* (比较级)比…得多; w. zu etw. beitragen 对某事作出重大贡献〉 ‖ ID [谚] ***im Wesentlichen*** in der Hauptsache, im Grunde 根本上,基本上,本质上,扼要地,简明地; ***um ein Wesentliches*** 〈älter, besser 更老,更好〉 *geschr* [书]; bedeutend, viel 显著地,明显地

We·sent·li·che *das*; *-n*; *nur Sg* (只用单数); das Charakteristische u. Wichtigste e-r Sache 本质的东西,根本的东西,本质,根本〈das W. hervorheben, erkennen 强调,认清本质〉 ‖ NB (注意): *Wesentliches*; *das Wesentliche*; *dem*, *des Wesentlichen*

Wẹs·fall *der* ≈ Genitiv

wes·hạlb[1] *Adv* (副) ≈ warum (1)

wes·hạlb[2] *Konjunktion* (连); verwendet, um e-n Nebensatz einzuleiten, der die Konsequenz aus der Aussage des Hauptsatzes angibt (引出结果从句)因此,所以 ≈ u. deswegen: *Es hatte frisch geschneit*, *w. Lawinengefahr bestand* 当时刚刚下过雪,因此存在着雪崩的危险

Wẹs·pe *die*; -, *-n*; ein Insekt mit langem, schwarzgelb gestreiftem Hinterleib u. e-m giftigen Stachel 马蜂,胡蜂: *von e-r W. gestochen werden* 被马蜂蜇了一下 ‖ ↑ *Abb.* *unter* 图见 ***Biene*** ‖ K- (复合): ***Wespen-, -stich***

Wẹs·pen·nest *das*; das Nest von Wespen 马蜂窝 ‖ ID [谚] ***in ein W. stechen, sich mit etw. ins W. setzen*** sich viele Menschen zum Gegner machen, indem man ein heikles Thema anspricht *o. Ä.* 捅马蜂窝,自找没趣,因某事而陷入麻烦的,难堪的境地

Wẹs·pen·tail·le *die*; e-e sehr schmale Taille 蜂腰,细腰

wẹs·sen ↑ ***wer***

Wẹs·si *der*; *-s*, *-s*; *gespr*, *oft pej od hum* [口],常用[贬]或[诙]; verwendet, um e-n Bewohner aus den alten Bundesländern der Bundesrepublik Deutschland zu bezeichnen 西德佬

Wẹst[1] *ohne Artikel*, *indeklinabel* (不带冠词,词形不变); *Präp* (介) + **W.** ≈ *Präp* (介) + Westen (1): *Der Wind kommt aus W.* 风从西边吹来; *von W. nach Ost* 由西向东 ‖ K- (复合): ***West-, -europa, -küste***

Wẹst[2] *der*; *-s*; *nur Sg* (只用单数); NAUT【航海】≈ Westwind

Wẹst|deutsch·land (*das*) **1.** das (geografisch) westliche Deutschland 德国西部 **2.** verwendet als inoffizielle Bezeichnung für das Gebiet der Bundesrepublik Deutschland vor 1990 西德(指1990年以前德意志联邦共和国所辖的地区) ‖ *hierzu* (派生) **wẹst·deutsch** *Adj* (形)

Wẹs·te *die*; -, *-n* **1.** ein ärmelloses Kleidungsstück, das bis zur Hüfte reicht u. über Hemd od. Bluse getragen wird 背心,马甲,坎肩 ‖ -K (复合): ***Anzug-*** **2.** e-e leichte, gestrickte Jacke 薄的针织外套 ‖ -K (复合): ***Strick-*** ‖ ID [谚] ***e-e weiße W. haben*** unschuldig sein 是清白无辜的,问心无愧,没有做亏心事或违法的事

Wẹs·ten *der*; *-s*; *nur Sg* (只用单数) **1.** die Himmelsrichtung des Sonnenuntergangs 西,西方,西面,西部 ↔ Osten〈im, gegen, aus, von, nach W. 在西面,朝西,来自西部,从西来,向西去〉 **2.** der westliche Teil e-s Gebietes 西部,西区

W

(地区)：*im W. der Stadt* 城市西区 **3.** POL【政】；die USA u. die Länder Westeuropas (als politische Verbündete) 西方国家(指美国和西欧国家) **4.** das Abendland 西方(国家)，西方(世界) ↔ Orient **5.** ***der wilde W.*** *gespr* [口]；der westliche Teil der USA zur Zeit der Besiedlung durch die Europäer 蛮荒的(美国)西部

Wes·ten·ta·sche *die*；*mst in* 多用于 ***etw. wie seine W. kennen*** etw. sehr genau kennen 对某事十分熟悉，了如指掌；***sich irgendwo wie in seiner W. auskennen*** sich irgendwo sehr gut auskennen 在某地是熟门熟路，轻车熟路，在某方面驾轻就熟

Wes·tern *der*；*-s*，*-*；ein Film od. Roman, dessen Handlung in den westlichen Teilen der USA zur Zeit der Besiedlung durch die Europäer spielt(美国的)西部片，西部(长篇)小说

west·lich[1] *Adj*(形) **1.** *nur attr*，*nicht adv*(只作定语，不作状语)；nach Westen (gerichtet) 向西的，朝西的 ↔ östlich〈ein Kurs 航线；in westliche Richtung fahren 朝西开去〉**2.** *nur attr*，*nich adv* (只作定语，不作状语)；von Westen nach Osten 来自西方的 ↔ östlich〈ein Wind 风；der Wind kommt，weht aus westlicher Richtung 风从西方来，吹来〉**3.** *mst attr* (多作定语)；im Westen (1，2) (befindlich) 西部的↔östlich：*das westliche Afrika*，*Mittelmeer* 非洲西部，地中海西部 **4.** *mst attr*，*nicht adv* (多作定语，不作状语)；zum Westen (3) gehörig 西方(资本主义国家)的〈Diplomaten，das Bündnis 外交官，联盟〉**5.** *mst attr* (多作定语) in Bezug auf das Abendland 西方的，欧美的 ↔östlich，asiatisch

west·lich[2] *Präp mit Gen* (介词，支配二格)；verwendet, um auszudrücken, dass j-d/etw. (in e-m bestimmten Abstand zu j-m/etw.) im Westen ist 在…西边的，西侧的↔ östlich：*fünf Kilometer w. der Grenze* 边境西侧五公里 ‖ NB(注意)：folgt ein Wort ohne Artikel, verwendet man *w. von*(如后面的单词不带冠词，则用 *w. von*)：*w. von Deutschland* 德国的西边

West·mäch·te *die*；*-*；*Pl* (复)；verwendet als Bezeichnung für die verbündeten Staaten Frankreich，Großbritannien u. USA im Zweiten Weltkrieg u. danach 西方强国(指在第二次世界大战中及其后结盟的国家法国、英国和美国)

west·öst·lich *Adj*(形)；*nur attr od adv*(只作定语或状语)；von Westen (1) nach Osten gerichtet 自西向东的〈e-e Luftströmung 气流〉

west·wärts *Adv*(副)；in Richtung nach Westen (1) 朝西

West·wind *der*；ein Wind aus Westen (1) 西风

wes·we·gen[1]. *Adv* (副) ≈ warum (1)

wes·we·gen[2] *Konjunktion* (连) ≈ weshalb[2]

Wett·be·werb *der*；*-s*，*-e* **1.** e-e Veranstaltung, bei der Teilnehmer ihre Leistungen auf e-m bestimmten Gebiet untereinander vergleichen u. bei der es für die besten *mst* Preise gibt 比赛〈e-n W. veranstalten 举行一场比赛；e-n/in e-m W. gewinnen 赢得比赛，在比赛中获胜〉‖ K- (复合)：***Wettbewerbs-***，***-bedingungen***，***-teilnehmer*** ‖ -K (复合)：***Architektur-***，***Foto-***，***Schönheits-*** **2.** *nur Sg* (只用单数)；der Kampf um Vorteile zwischen Personen, Institutionen od. Firmen 竞赛，竞争 ≈ Konkurrenz〈fairer, harter, unlauterer W. 公平的，激烈的，不合法的竞争；mit j-m in W. treten 与某人竞争〉‖ *zu* (义项) **1.** ***Wett·bewer·ber*** *der*

wett·be·werbs·fä·hig *Adj* (形)；in der Lage, im wirtschaftlichen Wettbewerb (2) zu bestehen 有竞争力的〈ein Betrieb 企业〉‖ *hierzu* (派生) ***Wett·be·werbs·fä·hig·keit*** *die*

Wett·bü·ro *das*；e-e Art Laden, in dem man für Pferderennen *o. Ä.* Wetten abschließen kann 赛马等彩票营业所，赛马等赌票售票处

Wet·te *die*；*-*，*-n* **1.** ***e-e W.*** (***um etw.***) e-e Vereinbarung zwischen zwei od. mehr Personen, dass derjenige, dessen Behauptung nicht richtig ist, etw. zahlen od. leisten muss 打赌〈(mit j-m) e-e W. abschließen, eingehen(与某人)打赌；e-e W. gewinnen, verlieren 打赌赢了，输了〉：*e-e W. um e-e Flasche Wein*，*um 10 Euro* 赌一瓶葡萄酒，赌10欧元 **2.** ein Tipp (2), mit dem man versucht, Sieger e-s Wettbewerbs vorauszusagen (*mst* um so Geld zu gewinnen) 赌注〈e-e W. abschließen 下注〉**3.** *mst* 多用 ***um die W.***〈fahren, laufen *o. Ä.* 开车，跑步等〉gleichzeitig mit einem od. mehreren anderen fahren, laufen *o. Ä.* u. dabei versuchen, schneller zu sein 比赛… ‖ K- (复合)：***Wett-***，***-fahrt***，***-rennen***，***-rudern***

Wett·ei·fer *der*；das Bemühen, etw. besser als andere zu machen 竞争，竞赛，比赛

wett·ei·fern；*wetteiferte*，*hat gewetteifert*；[Vi] (不及物) (***mit j-m***) ***um etw. w.*** versuchen, andere zu übertreffen u. dadurch etw. zu gewinnen 竞争，争夺：*Die beiden Sänger wetteifern um die Gunst des Publikums* 两位歌手争相博得观众的好感

wet·ten；*wettete*，*hat gewettet*；[Vt/i] (及物/不及物) **1.** (***mit j-m***) (***etw.***) ***w.*** e-e Wette (1) machen, den Einsatz für e-e Wette (1) angeben 赌，打赌：*Was wettest du?* 你赌什么？；*Wollen wir w.?* 我们打赌好吗？；*Ich wette mit dir 10 Euro, dass Inter Mailand gewinnt* 我跟你赌10欧元，我认为国际米兰队会赢；[Vt] (及物) **2.** ***w.***，(***dass***) ... zum Ausdruck bringen, dass man sich e-r Sache ganz sicher ist 敢打赌，保证，深信：*Ich wette, dass sie nicht kommt/Ich wette, sie kommt nicht* 我敢打赌，她不会来；[Vi] (不及物) **3.** ***auf etw.*** (*Akk* 四格) ***w.*** bei e-m Wettrennen e-n Tipp abgeben 把赌注放在…〈auf ein Pferd w. 把赌注押在一匹马上〉**4** (***mit j-m***) (***um etw.***) ***w.*** ≈ w. (1) ‖ ID [谚] ***Wetten, dass?*** *gespr* [口]；verwendet, um auszudrücken, dass man sich e-r Sache ganz sicher ist 打赌怎么样？：„*Er macht das nie!*"－„*Wetten, dass?*"“他不会干这事儿的！”——“打个赌怎么样？”

Wet·ter *das*；*-s*；*nur Sg* (只用单数)；der Zustand der Erdatmosphäre zu e-m bestimmten Zeitpunkt (u. in e-m bestimmten

Gebiet), der in Form von Sonne, Regen, Wind *usw* in Erscheinung tritt 天气〈regnerisches, trübes, schönes W. 多雨的,阴沉的,好的天气; das W. ist beständig, wechselhaft, schlägt um 天气变化不大,变化无常,突变〉: *Wie wird das W. morgen?* 明天天气怎么样? ‖ K-(复合): ***Wetter-, -aussichten, -beobachtung, -besserung, -verschlechterung*** ‖ K-(复合): ***Frühlings-, Herbst-, Sommer-, Winter-; Regen-, Tau-***

Wet·ter·amt *das*; e-e staatliche Institution, die das Wetter erforscht u. vorhersagt 气象局

Wet·ter·be·richt *der*; ein Bericht über die Wetterlage, mit e-r Wettervorhersage 天气预报

wet·ter·be·stän·dig *Adj*(形); *nicht adv*(不作状语); 〈ein Anstrich, ein Material 涂料,材料〉 so, dass sie durch das Wetter nicht beschädigt werden 不受天气影响的

wet·ter·fest *Adj*(形); *nicht adv*(不作状语); unempfindlich gegen Einwirkungen des Wetters 不受天气影响的,对气候有耐受力的〈die Ausrüstung, die Kleidung 装备,衣服〉

Wet·ter·frosch *der*; *hum* [诙] ≈ Meteorologe

wet·ter·füh·lig *Adj*(形); *nicht adv*(不作状语) **1.** 〈ein Mensch 人〉 so, dass das Wetter e-n starken Einfluss auf seinen Zustand ausübt 易受天气影响的,对气候变化敏感的 **2.** 〈ein Mensch 人〉 so, dass er e-e Wetteränderung im Voraus spürt 对天气变化有预感的 ‖ *hierzu* (派生) **Wet·ter·füh·lig·keit** *die*; *nur Sg* (只用单数)

Wet·ter·kar·te *die*; e-e Landkarte, auf der das Wetter in den verschiedenen Gebieten angegeben ist 气象图,天气图

Wet·ter·kun·de *die*; *nur Sg* (只用单数) ≈ Meteorologie

Wet·ter·la·ge *die*; MET【气】; der allgemeine Zustand des Wetters in e-m relativ großen Gebiet 天气情况

Wet·ter·leuch·ten *das*; das Aufleuchten entfernter Blitze am Himmel, bei dem man den Donner aber nicht hört (无雷声伴随的远方的)闪电 ‖ *hierzu* (派生) **wet·ter·leuch·ten** (*hat*) *Vimp* (无人称)

wet·tern; *wetterte*, *hat gewettert*; **Vi** (不及物) (***gegen, über j-n/etw.***) ***w.*** über j-n/etw. heftig schimpfen 破口大骂,臭骂,大声斥责

Wet·ter·prog·no·se *die*; (CH) [瑞] ≈ Wettervorhersage

Wet·ter·sa·tel·lit *der*; ein Satellit, der die Wetterlage beobachtet u. die Wetterstationen informiert 气象卫星,气象探测卫星

Wet·ter·schei·de *die*; *mst* ein Fluss od. Gebirge zwischen zwei Gebieten, in denen oft ganz unterschiedliches Wetter herrscht 天气地区分界线(多指河流或山脉)

Wet·ter·sei·te *die*; die Seite (e-s Berges, Hauses *o. Ä.*), die der Himmelsrichtung zugekehrt ist, aus der das schlechte Wetter kommt 上风面,迎风面

Wet·ter·sta·ti·on *die* **1.** ein Schaukasten mit Thermometer, Barometer und Hygrometer (配备气温计、气压计、湿度计以观测天气的)百叶箱 **2.** ein *mst* kleineres Gebäude zur Beobachtung des Wetters 气象观测站

Wet·ter·sturz *der*; ein plötzliches u. starkes Sinken der Lufttemperatur 气温骤变,气温突然下降

Wet·ter·um·schlag *der*; e-e plötzliche Änderung (*mst* Verschlechterung) des Wetters 天气的骤变

Wet·ter·vor·her·sa·ge *die*; e-e Aussage darüber, wie das Wetter wird (aufgrund von Wetterbeobachtung) 天气预报

Wett·kampf *der*; ein (*mst* sportlicher) Kampf um die beste Leistung (体育)比赛,竞赛 ‖ K-(复合): ***Wettkampf-, -sport*** ‖ *hierzu* (派生) **Wett·kämp·fer** *der*; **Wett·kämp·fe·rin** *die*

Wett·lauf *der*; e-e Konkurrenz, in der mehrere Personen ermitteln, wer der schnellste Läufer von ihnen ist 赛跑 ‖ ID [谚] *mst* 多用 ***im W. mit der Zeit etw. tun*** versuchen, innerhalb e-r bestimmten Zeit etw. zu tun 赶时间做完某事,赶紧做某事 ‖ *hierzu* (派生) **Wett·läu·fer** *der*; **Wett·läu·fe·rin** *die*

wett·ma·chen; *machte wett*, *hat wettgemacht*; **Vt** (及物) ***etw. w.*** ≈ ausgleichen 〈e-n Mangel, e-n Verlust w. 弥补缺陷,损失〉

Wett·rüs·ten *das*; das Bestreben vieler Staaten, mehr u. gefährlichere Waffen zu bekommen als die anderen 军备竞赛

Wett·streit *der*; das Bemühen, andere zu übertreffen 比赛,竞赛,竞争〈mit j-m im W. um etw. liegen 和某人竞争某物〉

wet·zen[1]; *wetzte*, *hat gewetzt*; **Vt** (及物) ***etw. w.*** ein Messer *o. Ä.* an e-m harten Gegenstand reiben, damit es scharf wird u. besser schneidet 磨,磨快,把…磨锋利〈ein Messer, e-e Klinge w. 磨刀,把刀刃磨快; e-e Katze *o. Ä.* wetzt die Krallen 猫等磨爪子〉 ‖ K-(复合): ***Wetz-, -stahl, -stein***

wet·zen[2]; *wetzte*, *ist gewetzt*; **Vi** *gespr* (不及物) [口] ≈ rennen

WG [veːˈgeː] *die*; -, -*s*; *gespr* [口], *Kurzw* (略) ↑ ***Wohngemeinschaft***

Whirl·pool [ˈwəːlpuːl] *der*; -*s*, -*s*; ein Becken (1) zum Baden, in dem das Wasser mithilfe von Düsen zum Sprudeln gebracht wird 漩涡浴盆

Whis·key [ˈvɪski] *der*; -*s*, -*s*; ein irischer od. amerikanischer Branntwein (爱尔兰或美国的)威士忌

Whis·ky [ˈvɪski] *der*; -*s*, -*s*; ein schottischer Branntwein (苏格兰的)威士忌

wich *Imperfekt*, *1. u. 3. Person Sg* (过去时,第一和第三人称单数); ↑ ***weichen***

Wich·se [-ks-] *die*; -, -*n*; *gespr* [口] **1.** ≈ Schuhcreme **2.** *nur Sg* (只用单数) ≈ Prügel 〈W. beziehen 挨打〉

wich·sen [-ks-]; *wichste*, *hat gewichst*; **Vt** (及物) **1.** ***etw. w.*** etw. mit Schuhcreme einreiben 打鞋油〈Schuhe w. 给鞋打上鞋油〉 ‖ K-

W

（复合）：**Wichs-**，**-bürste**，**-lappen**；[Vi]（不及物）**2.** *vulg*［俗］≈ masturbieren（als Mann）

Wịch·ser [-ks-] *der*；*-s*，*-*；*vulg*［俗］；verwendet als Schimpfwort（骂人话）恶棍

Wịcht [-çt] *der*；*-(e)s*，*-e* **1.** *gespr*［口］；ein klein gewachsener Mensch，ein kleines Kind 侏儒，小孩子，小家伙 **2.** *pej*［贬］；verwendet als Schimpfwort（骂人话）无赖，流氓

Wịch·tel [-çt-] *der*；*-s*，*-* ≈ Wichtelmännchen

Wịch·tel·männ·chen [-çt-] *das*；verwendet in Märchen，um e-n Zwerg zu bezeichnen（童话中的）小矮人，小精灵

wịch·tig *Adj*（形）**1.** ***w.*（*für j-n/etw.*）*sein*** großen Einfluss u. Macht haben（对…）是很重要的，有影响的〈e-e Persönlichkeit 人物〉**2.** ***etw. ist w.*（*für j-n/etw.*）** etw. ist in e-r bestimmten Situation notwendig u. hat Konsequenzen（物作主语）（对…）是重要的，必需的，有影响的〈ein Beschluss，e-e Handlung，e-e Funktion 决议，行动，职能〉：*Diese Entscheidung war w. für die Zukunft* 这项决定对将来至关重要；*Es ist w.*，dass *wir uns einigen* 我们取得一致意见是重要的 ‖ -K（复合）：**lebens-** ‖ ID［谚］（***das ist***）***nur halb so w.*** *gespr*［口］；das ist von relativ geringer Bedeutung（这）并不那么重要；***etw. w. nehmen*** etw. für entscheidend halten 认为某事重要；***nichts Wichtigeres zu tun haben als ...*** etw. rasch tun（ohne dass andere das nötig finden）除了…以外，没有什么更重要的事要做；要做的最重要的事情，无非就是…：*Er hatte nichts Wichtigeres zu tun，als gleich die Presse zu informieren* 他要做的最重要的事，就是马上通知新闻界

Wịch·tig·keit *die*；*-*；*nur Sg*（只用单数）；die Eigenschaft，wichtig zu sein 重要性〈etw. ist von großer W. für j-n/etw. 某事对某人/某事很重要；die W. einer Sache für etw. 某事对某事的重要性〉

wịch·tig·ma·chen，sich；*machte sich wichtig*，*hat sich wichtiggemacht*；[Vr]（反身）***sich*（*mit etw.*）*w.***（mit etw.）prahlen，angeben 摆架子，装出一副了不起的样子

Wịch·tig·tu·er *der*；*-s*，*-*；*pej*［贬］；j-d，der so tut，als ob er sehr wichtig wäre 装模作样的人，摆架子的人，妄自尊大的人 ‖ *hierzu*（派生）**Wịch·tig·tu·e·rin** *die*；*-*，*-nen*；**wịch·tig·tu·e·risch** *Adj*（形）；*zu* **Wichtigtuerei** ↑ **-ei**

Wị·cke *die*；*-*，*-n*；e-e kletternde Pflanze mit *mst* weißen od. rosa Blüten，die der Erbse ähnlich ist 野豌豆

Wị·ckel *der*；*-s*，*-* **1.** ein feuchtes Tuch，das man *z.B.* um die Brust legt，um das Fieber zu senken（散热退烧用的）敷布〈j-m e-n W. machen，anlegen 给某人裹上布湿敷〉‖ -K（复合）：**Brust-**，**Waden-** **2.** etw. Gewickeltes，Zusammengerolltes 线卷，线团，卷包 **3.** ein Gegenstand，auf den etw. gewickelt wird 卷轴 ‖ -K（复合）：**Locken-** ‖ ID［谚］***j-n am/beim W. haben*** j-n scharf kritisieren 狠狠训斥某人；***etw. am/beim W. haben*** sich mit e-m Thema *o.Ä.* intensiv beschäftigen 全神贯注于某事，潜心于某事

Wị·ckel·kind *das*；ein Kind，das noch Windeln braucht 襁褓中的婴儿

wị·ckeln；*wickelte*，*hat gewickelt*；[Vt]（及物）**1.** ***etw.*（*um etw.*）*w.*** e-e Schnur，e-n Faden *o.Ä.* mit e-r drehenden Bewegung *mst* um etw. herumrollen 卷，绕，缠绕〈Wolle，Bänder，e-e Schnur auf e-e Rolle w. 把棉花，带子，绳子绕到轴上〉**2.** ***etw. w.*** e-n Verband *o.Ä.* um e-n verletzten Körperteil legen 包扎 **3.** ***ein Kind w.*** e-m Kleinkind e-e saubere Windel anlegen 把孩子包在襁褓里，给孩子裹好尿布 ‖ K-（复合）：**Wickel-**，**-kommode**，**-tisch** **4.** ***etw. in etw.***（*Akk* 四格）***w.*** e-n Gegenstand mit Papier *o.Ä.* einhüllen 把某物包在…里面，用…把某物包起来 **5.** ***j-n/sich in etw.***（*Akk* 四格）***w.*** j-n/sich mit e-r Decke *o.Ä.* umhüllen 用…把某人裹住/用…裹住自己的身子 **6.** ***j-n/sich/etw. aus etw. w.*** das Papier，die Decke *o.Ä.*，in die j-d/man/etw. gewickelt（4，5）ist，entfernen 打开，解开，剥开，撕掉：*ein Bonbon aus dem Papier w.* 把糖纸剥掉；[Vr]（反身）**7.** ***etw. wickelt sich um j-n/etw.*** etw. legt sich um j-n/etw.（物作主语）缠住，绕：*Die Leine wickelte sich um die Beine des Hundes* 那条绳子缠住了狗的腿

Wịck·ler *der* **1.** *Kurzw*（略）↑ **Lockenwickler** **2.** e-e Schmetterlingsart 卷叶蛾 ‖ -K：**Apfel-**

Wịd·der *der*；*-s*，*-* **1.** ein männliches Schaf 公羊 ≈ Schafbock **2.** *nur Sg*（只用单数）；das Sternzeichen für die Zeit vom 21. März bis 20. April 白羊座，白羊宫（3 月 21 日至 4 月 20 日）‖ ↑ *Abb.* *unter* 图见 **Sternzeichen** **3.** j-d，der in der Zeit vom 21. März bis 20. April geboren ist 白羊座（指 3 月 21 日至 4 月 20 日之间出生的人）：*Sie ist（ein）Widder* 她是白羊座

wị·der *Präp*（介）；*mit Akk*，*mst geschr*（支配四格）多用［书］；gegen，im Gegensatz zu 违反，违背，与…相反〈w. Erwarten 与期望相反的，出乎意料〉：*w. die Vorschrift handeln* 违反规定行事；*etw. ist w. die Abmachung*，*w. die Natur* 某事违反约定，违背天性；*etw. geschieht w. Willen* 某事违背意愿

wị·der·bors·tig *Adj*（形）**1.** nur schwer glatt zu machen 不服贴的〈Haar，Fell 头发，皮毛〉**2.** nicht folgsam 执拗的，固执的，倔强的，不顺从的〈ein Kind 孩子〉

wi·der·fah̲·ren；*widerfährt*，*widerfuhr*，*ist widerfahren*；[Vi]（不及物）***etw. widerfährt j-m*** *geschr*［书］；etw. ereignet sich u. betrifft j-n（物作主语）发生，遭到，遭受〈ihm ist Unheil，Unrecht，etw. Seltsames widerfahren 他遭到了不幸，不公正的待遇，他碰到了稀罕事〉

Wị·der·ha·ken *der*；e-e Spitze bei Pfeilen，Angelhaken *o.Ä.*，die so geformt ist，dass sie leicht eindringt，aber schwer herauszuziehen ist 倒钩，逆钩

Wị·der·hall *der*；*geschr*［书］**1.** ≈ Echo〈der W. e-s Schusses，ferner Stimmen 枪声的，远处声音的回音〉**2.** ≈ Beachtung（2）：*Der Aufruf fand großen W.* 号召得到普遍响应

wị·der·hal·len；*hallte wider*，*hat widerge-*

hallt; Vi (不及物) **1. *etw.* *hallt wider*** etw. kommt wie ein Echo zurück (物作主语)发出回音,产生回响〈e-e Stimme, ein Rufen 声音,喊声〉**2. *etw. hallt von etw. wider*** ein Raum *o. Ä.* ist *mst* von Geräuschen od. Klängen erfüllt(物作主语)回荡着

wi·der·le·gen; *widerlegte, hat widerlegt*; Vt (及物) ***j-n/etw. w.*** beweisen, dass etw. nicht richtig od. wahr ist, dass j-d nicht Recht hat 驳斥,反驳〈e-e Behauptung, e-e Ansicht, e-e Theorie w. 驳斥一种说法、观点、理论〉‖ *hierzu* (派生) **wi·der·leg·bar** *Adj* (形)

wi·der·lich *Adj* (形) **1.** sehr unsympathisch 令人讨厌的,讨人嫌的〈ein Mensch, ein Benehmen 人,行为〉**2.** ekelerregend 令人作呕的,令人反感的,令人厌恶的〈ein Anblick, ein Gestank 景象,臭味〉‖ *hierzu* (派生) **Wi·der·lich·keit** *die*

Wi·der·ling *der*; *-s, -e*; *gespr pej* [口] [贬]; j-d, der einem sehr unsympathisch ist 讨人嫌的人,讨厌鬼

wi·der·na·tür·lich *Adj* (形); *pej* [贬]; dem natürlichen, üblichen Empfinden entgegengesetzt 反常的,违反自然的〈ein Verhalten 态度〉‖ *hierzu* (派生) **Wi·der·na·tür·lich·keit** *die*

wi·der·recht·lich *Adj* (形); gegen Gesetze od. Verordnungen verstoßend 违法的,非法的,不合规定的: *Parken verboten! W. abgestellte Fahrzeuge werden entfernt* 禁止停车!违规停放的车辆将被拖走

Wi·der·re·de *die* ≈ Widerspruch (1)〈ohne W. 毫无异议; keine W. dulden 不能容忍反对意见〉

Wi·der·ruf *der*; e-e Erklärung, dass das, was man behauptet, erlaubt od. versprochen hat, nicht mehr gültig ist 废除,撤销,收回,取消 ‖ ID [谚] ***bis auf W. gestattet*** so lange erlaubt, bis das Gegenteil bekannt gemacht wird 在规定未经撤销之前允许(做某事) ‖ *hierzu* (派生) **wi·der·ruf·lich** *Adj* (形)

wi·der·ru·fen; *widerrief, hat widerrufen*; Vt/i (及物/不及物) ***(etw.) w.*** etw. für nicht mehr gültig erklären 废除,撤销,收回,取消〈seine Aussage, Behauptung, ein Geständnis w. 收回自己的供述,论断,供词〉

Wi·der·sa·cher *der*; *-s, -*; *geschr* [书] ≈ Gegner, Feind〈ein persönlicher, politischer W. 私敌,政敌〉‖ *hierzu* (派生) **Wi·der·sa·che·rin** *die*; *-, -nen*

wi·der·set·zen, sich; *widersetzte sich, hat sich widersetzt*; Vr (反身) ***sich j-m/etw. w.*** j-s Anordnungen od. e-r Vorschrift nicht folgen (u. etw. anderes tun) 违抗,抗拒,反对,不服从,不遵守,不听从 ‖ *hierzu* (派生) **wi·der·setz·lich** *Adj* (形)

Wi·der·sinn *der*; *nur Sg*, *geschr* (只用单数) [书] ≈ Unsinn, Absurdität

wi·der·sin·nig *Adj* (形); *nicht adv* (不作状语); dem Sinn e-r Sache entgegengesetzt 无意义的,荒谬的,背理的 ≈ absurd〈e-e Behauptung, ein Plan 看法,计划〉

wi·der·spens·tig *Adj* (形) **1.**〈ein Jugendlicher, ein Kind 青年,孩子; ein Pferd 马〉so, dass sie Anordnungen nur unwillig folgen, sich hartnäckig widersetzen 不顺从的,倔强的,犟头犟脑的,难驾驭的 **2.** ≈ widerborstig (1)〈Haare 头发〉‖ *hierzu* (派生) **Wi·der·spens·tig·keit** *die*

wi·der·spie·geln; *spiegelte wider, hat widergespiegelt*; Vt (及物) **1. *etw. spiegelt etw. wider*** etw. reflektiert etw. (物作主语)反射,映照: *Das Wasser spiegelte die Lichter wider* 水中映出了灯光 **2. *etw. spiegelt etw. wider*** etw. bringt etw. deutlich u. anschaulich zum Ausdruck (物作主语)反映,表现: *Seine Memoiren spiegeln die Verhältnisse der Epoche wider* 他的回忆录反映了那个时代的情况; Vr (反身) **3. *etw. spiegelt sich irgendwo wider*** etw. erscheint als Spiegelbild (物作主语)照出,映出〈ein Gesicht *o. Ä.* spiegelt sich im Wasser, See, Glas wider 水中,湖中,玻璃上映出一张脸等〉**4. *etw. spiegelt sich irgendwo wider*** etw. kommt irgendwo zum Ausdruck(物作主语)反映出: *In dem Gemälde spiegelt sich die Stimmung des Künstlers wider* 油画里反映出了那位艺术家的情绪

wi·der·spre·chen; *widerspricht, widersprach, hat widersprochen*; Vi (不及物) **1.** **(*j-m/etw.*) *w.*** j-s Meinung für unrichtig erklären u. e-e andere vertreten 反对,反驳〈e-r Äußerung, e-r Behauptung w. 反对一种言论,一种论断〉: *Ich muss Ihnen leider w.* 很遗憾,我不得不反对您的看法 **2. *etw. widerspricht etw.*** (*Dat* 三格) etw. stimmt nicht mit etw. überein (物作主语)同…相矛盾,与…有出入;与…相抵触: *Seine Aussage widerspricht den Tatsachen* 他的说法同事实相矛盾 **3. *sich*** (*Dat* 三格) ***w.*** etw. sagen, das nicht mit e-r früheren Aussage od. seiner bisherigen Einstellung übereinstimmt 自相矛盾: *Du widersprichst dir doch ständig!* 你怎么老是自相矛盾!

Wi·der·spruch *der* **1.** *nur Sg* (只用单数); das Aussprechen e-r entgegengesetzten Meinung 异议,反对意见 ≈ Widerrede〈keinen W. dulden 容不下反对意见; auf W. stoßen 遭到反对; zum W. reizen 激起异议〉**2.** ≈ Gegensatz〈etw. ist voller Widersprüche 某事充满了矛盾; etw. befindet sich im W. zu etw. 某事与某事相矛盾〉: *Seine Ansichten standen in krassem W. zur öffentlichen Meinung* 他的看法和公众的意见大相径庭 **3. *W. einlegen*** JUR【法】; die Entscheidung e-s Gerichts od. e-r Behörde nicht akzeptieren u. e-n neuen Prozess, e-e Revision *o. Ä.* beantragen 提出上诉 ‖ *zu* (义项) **2. wi·der·spruchs·voll** *Adj* (形)

wi·der·sprüch·lich *Adj* (形) **1.**〈Angaben, Aussagen 说明,陈述〉so, dass (sich) der Sprecher dabei selbst widerspricht (3) 自相矛盾的,前后矛盾的 **2.**〈Meinungen *o. Ä.* 意见等〉so, dass sie gegensätzliche Positionen enthalten 相反的,反对的 ‖ *zu* (义项) **1. Wi·der·sprüch·lich·keit** *die*

W

wi·der·spruchs·los *Adj*（形）；*mst adv*（多作状语）；ohne Widerspruch (1) 不加反驳的，无异议的：*Er nimmt alles w. hin* 他不加反驳地接受一切

Wi·der·stand *der* **1. W. gegen j-n/etw.** *nur Sg*（只用单数）；Handlungen, mit denen man sich gegen j-n/etw. wehrt 抵抗，反抗〈bewaffneter, zäher, verzweifelter, schwacher, starker W. 武装的，顽强的，拼死的，软弱的，有力的抵抗；(j-m) W. leisten (对某人)进行反抗；auf W. stoßen 遇到抵抗；den W. aufgeben 放弃抵抗〉**2.** etw., das j-n hindert, etw. zu tun 阻力，障碍 **3.** *nur Sg*（只用单数）≈ Widerstandsbewegung〈den W. organisieren 组织抵抗运动〉‖ K-（复合）：***Widerstands-, -kampf, -kämpfer*** **4.** *nur Sg*, PHYS（只用单数）【物】；e-e Kraft, die e-r Bewegung entgegenwirkt 阻力，抗力：*an der Kurbel drehen, bis man e-n W. spürt* 转动曲柄，直至感觉到阻力 ‖ -K（复合）：***Luft-, Reibungs-, Strömungs-*** **5.** *nur Sg*, PHYS（只用单数）【物】；die Eigenschaft e-s Materials, das Fließen des elektrischen Stroms zu hemmen 电阻 ‖ K-（复合）：***Widerstands-, -messer*** **6.** ein elektrisches Bauelement mit e-m bestimmten W. (5) 电阻器 **7. *passiver W.*** W. (1) ohne die Anwendung von Gewalt 消极抵抗 **8. *W. gegen die Staatsgewalt*** e-e Straftat, bei der sich j-d der Festnahme durch e-n Polizisten widersetzt 拒捕

Wi·der·stands·be·we·gung *die*; e-e Gruppe von Menschen, die gegen e-e *mst* diktatorische Regierung od. e-e Besatzungsmacht Widerstand (1) leistet 抵抗运动

wi·der·stands·fä·hig *Adj*（形）；*nicht adv*（不作状语）；fähig, Belastungen zu ertragen, ohne Schaden zu nehmen 有抵抗力的 ↔ anfällig〈gesundheitlich w. 身体有抵抗力的；w. gegen Krankheiten 对疾病有抵抗力的〉‖ *hierzu*（派生）**Wi·der·stands·fä·hig·keit** *die*

Wi·der·stands·kraft *die*; *nur Sg*（只用单数）；die Fähigkeit, sich gegen Krankheiten *o. Ä.* zu wehren 抵抗力

wi·der·stands·los *Adj*（形）；*mst präd*（多作表语）**1.** so, dass man keinen Widerstand leistet 不抵抗的，不加反抗的〈sich w. ergeben, festnehmen lassen 不抵抗地投降，束手就擒〉**2.** *nur adv*（只作状语）；ohne auf Widerstand zu treffen 未遇抵抗的：*Die Truppen haben das Dorf w. erobert* 军队没有遇到抵抗就占领了村庄

wi·der·ste·hen; *widerstand, hat widerstanden*; [Vi]（不及物）**1. *j-m/etw. w.*** sich gegen j-n/etw. erfolgreich wehren 抵抗，抵御，反抗 **2. *etw. widersteht etw.*** (*Dat* 三格) etw. hält etw. aus（物作主语）承受住，抗得住，经得起：*Dieser Kunststoff widersteht stärksten Belastungen* 这种塑料承受得住最大的压力 **3. *j-m/etw. w.*** seinen Prinzipien treu bleiben u. nicht nachgeben 抵制，抵挡，顶住〈e-m Verlangen, e-r Verlockung w. 抵挡住要求，诱惑〉**4. *etw. widersteht j-m*** etw. erregt in j-m Ekel od. Widerwillen（物作主语）使厌恶，使恶心，倒人胃口 **5. *nicht w. können*** zu etw. (Angenehmem) nicht nein sagen können 受不了…的诱惑：*Ich sollte weniger essen, aber bei Schokolade kann ich nicht w.* 我应该少吃一点，可是我受不了巧克力的诱惑

wi·der·stre·ben; *widerstrebte, hat widerstrebt*; [Vi]（不及物）***etw. widerstrebt j-m*** etw. ist gegen j-s Prinzipien od. Anschauungen（物作主语）违背…意愿，与…格格不入：*Dieser Luxus widerstrebt ihr* 这种奢侈与她格格不入；Es *widerstrebt ihm, Schulden zu machen* 他不愿意借债

Wi·der·streit *der*; *nur Sg, geschr*（只用单数）[书] ≈ Konflikt〈ein W. der Gefühle, Meinungen 感情冲突，意见冲突；W. zwischen Furcht u. Hoffnung 恐惧与希望之间的内心斗争(矛盾)〉‖ *hierzu*（派生）**wi·der·strei·tend** *Adj*（形）

wi·der·wär·tig *Adj*（形）；sehr unangenehm, Ekel erregend 令人厌恶的，令人作呕的 ‖ *hierzu*（派生）**Wi·der·wär·tig·keit** *die*

Wi·der·wil·le *der*; *nur Sg*（只用单数）；e-e starke Abneigung 厌恶，憎恶，反感〈e-n (ausgesprochenen) Widerwillen gegen etw. haben, empfinden 对某事极为反感，对某事感到厌恶〉‖ NB（注意）：*der Widerwille; den, dem Widerwillen, des Widerwillens*

wi·der·wil·lig *Adj*（形）**1.** *nur attr, nicht adv*（只作定语，不作状语）；〈e-e Antwort 回答〉so, dass man dabei Widerwillen spüren lässt 不乐意的，不情愿的 **2.** *nur adv*（只作状语）≈ ungern：*etw. (nur) w. tun* 不情愿地干某事

wid·men; *widmete, hat gewidmet*; [Vt]（及物）**1. *j-m etw. w.*** j-n mit e-m Kunstwerk, e-r wissenschaftlichen Arbeit *o. Ä.* ehren 奉献，献给：*Beethoven widmete Napoleon seine 3. Symphonie* 贝多芬将他的第三交响曲献给了拿破仑；**2. *j-m/etw. etw. w.*** in starkem Maße für j-n/etw. arbeiten 为…而贡献，致力于，献身于，〈sein Leben, seine Kraft der Forschung, der Politik w. 献身于，致力于研究工作，政治；为研究工作，为政治贡献自己的一生，贡献自己的力量〉；[Vr]（反身）**3. *sich j-m/etw. w.*** seine ganze Zeit u. Kraft für j-n/etw. verwenden 献身于〈sich ganz seinen Kindern w. 完全献身于自己的孩子们〉

Wid·mung *die*; -, *-en* **1. *die W.*** + *Gen*（二格）***an j-n*** das Widmen (1) von etw. an j-n 献给 **2. *e-e W.*** (***an j-n***) persönliche Worte, die man *mst* in ein Buch schreibt, das man j-m schenkt 献词，题词

wid·rig *Adj*（形）；*nicht adv*（不作状语）；ungünstig 不利的；逆向的〈Winde, Umstände, ein Schicksal 风，情况，命运〉

-wid·rig *im Adj, ohne Steigerung, begrenzt produktiv*（构成形容词，无变级，构词有限）；drückt aus, dass etw. gegen ein Gesetz verstößt od. e-r Norm, e-r Regel *o. Ä.* nicht entspricht 违反…的，违背…的，不符合…的；***befehlswidrig***〈Verhalten 行为〉，***formwidrig***〈ein Protokoll 记录〉，***gesetzwidrig/rechtswidrig***〈e-e Handlung 行为〉，***naturwidrig***

W

〈ein Leben 生活〉, ***normwidrig*** 〈Sprachgebrauch 语言习惯〉, ***ordnungswidrig*** 〈Verhalten im Verkehr 交通行为〉, ***protokollwidrig*** 〈Auftreten 举止〉, ***regelwidrig*** 〈Spiel, e-e Konstruktion 比赛,设计〉, ***sinnwidrig*** 〈e-e Übersetzung 翻译〉, ***sittenwidrig*** 〈Verhalten 行为〉, ***verfassungswidrig*** 〈ein Beschluss 决定〉, ***verkehrswidrig*** 〈Verhalten 行为〉, ***vertragswidrig*** 〈Handlung 行为〉

wid·ri·gen·falls *Adv*(副); ADM *geschr*【管理】[书]; im Falle, dass e-e Anordnung nicht befolgt wird 在相反的情况下,否则 ≈ andernfalls

Wid·rig·keit *die*; -, -*en*; e-e Schwierigkeit, die j-n daran hindert, etw. zu tun 阻碍,阻力: *mit Widrigkeiten fertig werden* 要克服阻力

wie[1] *Adv*(副) **1.** (*in direkten u. indirekten Fragen*) verwendet, um nach der Art u. Weise od. nach den Mitteln zu fragen(用于直接问句和间接问句)如何,怎样(指方式、手段): *Wie hat sie reagiert?* 她的反应如何?; *Wie hast du das gemacht?* 这事你是怎么做的?; *Ich weiß nicht, wie das passieren konnte* 我不知道这是如何发生的 **2.** (*in direkten u. indirekten Fragen*) verwendet, um nach den Eigenschaften e-r Person od. den näheren Umständen von etw. zu fragen(用于直接问句和间接问句)怎么样(指性质、状况): *Wie war das Wetter?* 天气怎么样?; *Wie ist er so als Chef?* 他这个上司当得怎么样?; *Willst du nicht wissen, wie es im Urlaub war?* 你不想知道假期的情况吗? **3.** ***wie*** + *Adj/Adv* (形容词/副词)(*in direkten u. indirekten Fragen*) verwendet, um danach zu fragen, in welchem Grad/Maß e-e Eigenschaft auf j-n/etw. zutrifft od. um nach genaueren Details zu fragen(用于直接问句和间接问句)多少,多么(指数量、程度): *Wie alt bist du?* 你多大了?; *Wie groß ist deine Wohnung?* 你的住房有多大?; *Wie schnell sind Sie gefahren?* 您车开多快? **4** ***..., wie?*** *gespr* [口]; verwendet am Ende e-s Satzes, um e-e rhetorische Frage zu verstärken u. *mst* um die Verärgerung des Sprechers auszudrücken(用于句末,表示反问)是吗? 是不是?: *Du glaubst wohl, du kannst alles, wie?* 你以为你什么都行,是不是? **5.** ***Wie bitte?*** *gespr* [口]; verwendet, um j-n zu bitten, etw. noch einmal zu sagen(请求别人重复一遍)您说什么? **6.** ***Wie bitte!*** *gespr* [口]; verwendet, um Erstaunen od. Verärgerung auszudrücken(表示惊讶或不快)果真! 或怎么能这样呢!: „*Ich habe e-e neue Freundin*“ – „*Wie bitte!*“ “我有新的女朋友了”——“果真!” **7.** ***Wie spät ist es?*** *gespr* [口]; verwendet, um nach der Uhrzeit zu fragen(询问时间)几点了? **8.** ***wie*** + *Adj/Adv* (形容词/副词) *gespr* [口]; verwendet, um ein Adj. od. Adv. zu intensivieren(用来加强形容词或副词的词义)多么…,真…〈wie dumm, wie schrecklich, wie schade 真蠢,真可怕,真可惜〉 **9.** ***Und wie!*** *gespr* [口]; verwendet, um e-e bejahende Antwort zu verstärken(用来加强答话的肯定语气)非常乐意! 太棒了! 好极了!: „*Möchtet ihr ins Kino gehen?*“ – „*Und wie!*“ (= Ja, sehr gern) “你们想去看电影吗?”——“想极了!”

wie[2] *Konjunktion*(连) **1.** verwendet, um e-n Vergleich einzuleiten 像,好像,如同,正如: *Er ist stark wie ein Bär* 他壮得像头熊; *Sie ist so alt wie ich* 她和我一样大; *Sie arbeitet nicht so gut wie du* 她工作得不像你那么好 **2.** verwendet, um e-n Nebensatz einzuleiten, der e-n Vergleich ausdrückt(带起比较从句)像…一样,正如: *Sie kann fast so schnell tippen, wie ich reden kann* 她打字的速度几乎和我讲话一样快 **3.** *mst* 多用 ***... so ..., wie ...*** verwendet, um e-n Nebensatz anzuschließen(带起从句)像…一样: *Es kam alles so, wie ich es vorausgesagt hatte* 一切都像我预言的那样发生了; *Ich kann mich (so) anziehen, wie ich will* 我想怎么穿就怎么穿; *Alles verläuft wie geplant* 一切都在按计划进行 **4.** verwendet, um Beispiele od. Aufzählungen einzuleiten(引出例子或列举)比如,像: *Manche Tiere, wie (z. B.) Bären od. Hamster, halten e-n Winterschlaf* 有些动物,像熊或仓鼠,都要冬眠 **5.** ≈ und auch: *Sie war als Politikerin wie als Künstlerin sehr erfolgreich* 她无论作为政治家还是作为艺术家都很成功 **6.** zu dem Zeitpunkt, als 当…的时候: *Wie ich heimkomme, steht die Polizei vor meiner Tür* 当我到家的时候,警察正站在我家门前 **7.** ***wie viel(e)*** (*in direkten u. indirekten Fragen*) verwendet, um nach e-r Menge od. Zahl zu fragen(用于直接问句和间接问句)多少: *Wie viel(e) Leute kommen zu deiner Party?* 多少人来参加你的聚会?; *Wie viel ist 39 geteilt durch 13?* 39 除以 13 等于多少?; „*Wie viel wiegst du?*“ – „*So etwa 75 Kilo*“ “你有多重?”——“大约 75 公斤” ‖ NB(注意): bei Substantiven im Nom. u. Akk. Plural sind *wie viel* u. *wie viele* im heutigen Deutsch praktisch austauschbar(在现代德语中,wie viel 和 wie viele 与名词的第一格和第四格复数连用时可以互换): Wie viel/Wie viele Versuche darf ich machen? 我可以试几遍? **8.** ***wie viel*** + *Adj im Komparativ* (形容词比较级)(*in direkten u. indirekten Fragen*) verwendet, um nach dem Grad e-s Unterschieds zu fragen(用于直接问句和间接问句,表示询问差别程度)多少,几多: *Wie viel älter als dein Bruder bist du?* 你比你弟弟大几岁? **9.** ***wie viel auch (immer)*** verwendet, um auszudrücken, dass es gleichgültig ist, wie groß die Menge od. Zahl ist 无论多少,不管多少: *Wie viel diese Schuhe auch (immer) kosten, ich kaufe sie mir auf jeden Fall* 不管这双鞋多少钱,我都一定要买它 ‖ NB(注意): ↑ ***Uhr*** (3) **10.** ***wie wenn*** ≈ als ob ‖ ID [谚] ***Wie du mir, so ich dir*** ich behandle dich so, wie du mich behandelst 你怎么待我,我也就怎么待你

Wie *das*; *mst in* 多用于 ***auf das Wie kommt es an*** es ist wichtig, auf welche Art etw. gemacht wird 重要的是采取什么方式,问题是怎么办

wie·der *Adv* (副) **1.** verwendet, um

W

auszudrücken, dass etw. nicht das erste Mal, sondern von Neuem geschieht, eintritt *o.Ä.*(表示不是第一次)又,再,重新〈immer w.—再,总是;schon w.又来了;nie w.再也不;w. einmal 又一次;etw. w. aufbauen, aufführen, aufnehmen, einführen, eröffnen, tun 重新建造,上演,接受,引进,开张,重做某事;j-n w. eingliedern 重新接纳某人〉: *Wann gehen wir w. einmal schwimmen?* 我们什么时候再次去游泳?;*Die neue Platte ist w. ein Erfolg* 新唱片又取得成功 ‖ NB(注意):die hier genannten Verben können auch mit *wieder* zusammengeschrieben werden, wenn *wieder* unbetont ist(在 wieder 不重读时,这里提及的动词可与 wieder 合写) **2.** verwendet, um auszudrücken, dass ein früherer Zustand hergestellt wird(表示恢复原状)重新,重又:*die Gefangenen w. freilassen* 又把囚犯释放;*Es geht dir bald w. besser* 你很快会重新好起来的;*Kann man den Fahrradschlauch w. flicken?* 自行车内胎还能补好吗? **3.** ≈ andererseits:*Das Gerät arbeitet schneller, ist dafür aber w. teurer* 这台机器效率高,但要贵一些 **4.** *gespr* [口];verwendet, um den Ton e-r Aussage zu verschärfen(用来加重语气)又:*Wo kommst du w. her!* 你这又从哪儿来!;*Was soll denn das w. heißen!* 这又是怎么回事!;*Das ist w. typisch!* 这又很典型!

wie.der-¹ *im Verb, betont u. trennbar, sehr produktiv*(构成动词,重读并可分,构词强);Die Verben mit *wieder-* werden dann nach folgendem Muster gebildet(wieder- 动词的模式如下):*wiedergewinnen – gewann wieder – wiedergewonnen*

1. *wieder-* drückt aus, dass j-d etw. zurückerhält od. von neuem bekommt 重新得到,收回,取回;

etw. wiederbekommen: *Ich hoffe, ich bekomme die Bücher, die ich ihm geliehen habe, wieder* 我希望我能把我借给他的书收回来 ≈ Ich hoffe, er gibt mir meine Bücher zurück

ebenso(同类词有):***etw. wiedererhalten, etw. wiedererlangen, etw. wiedererobern, etw. wiedergewinnen, etw. wiederkriegen***

2. *wieder-* drückt aus, dass j-d etw. j-d anderem zurückgibt 归还;

j-m etw. wiedergeben: *Kannst du mir etwas Geld leihen? Ich gebe es dir morgen wieder* 你能借给我点钱吗?明天我就还给你 ≈ Du bekommst es morgen zurück

ebenso(同类词有):***(j-m) etw. wiederbeschaffen, etw. wiederbringen, etw. wiedererstatten***

3. *wieder-* drückt aus, dass etw. von Neuem od.(nach längerer Pause) noch einmal geschieht 又,重新,再次;

j-n wiederwählen: *Sie wurde als Vorsitzende wiedergewählt* 她再次当选为主席≈ Sie war bereits Vorsitzende u. wurde jetzt noch mal gewählt

ebenso(同类词有):***j-m/etw. wiederbegegnen, etw. wiederentdecken, etw. wiederverwenden, etw. wiederverwerten*** ‖ NB(注意):die hier genannten Verben werden getrennt geschrieben, wenn sowohl *wieder* als auch das Verb betont sind; *Wieder* hat dann die Bedeutung "noch einmal"(如果不仅 wieder 而且动词也重读的话,这里提及的动词分开写,wieder 表示"再一次"):*Wir haben wieder gewonnen* 我们又赢了;*Ich würde ihn nicht wieder wählen* 我不会再一次选他了

wie.der-² *im Verb, unbetont u. trennbar, begrenzt produktiv*(构成动词,不重读并可分,构词有限);Die Verben mit *wieder-* werden nach folgendem Muster gebildet(wieder- 动词的模式如下):*wiederaufnehmen – nahm wieder auf – wiederaufgenommen*; ↑ **wieder** (1)

Wie.der- *im Subst, betont u. unbetont, begrenzt produktiv*(构成名词,重读和非重读,构词有限) **1.** bezeichnet e-e erneute Ausführung e-r Tätigkeit 重新,再次(进行活动);die ***Wiederaufnahme***〈von diplomatischen Beziehungen 外交关系的〉, die ***Wiederaufführung***〈e-s Stücks 一出戏的〉, die ***Wiederaufrüstung***〈nach dem Krieg 战后的〉, die ***Wiedereinführung***〈e-s früheren Gesetzes 原先的法律〉, die ***Wiederverheiratung***; die ***Wiederwahl***〈e-s Politikers 政治家的〉 **2.** bezeichnet die erneute Herstellung e-s früheren Zustands 重新(恢复原状);der ***Wiederaufbau***, die ***Wiedereingliederung***〈in e-e Gemeinschaft 团体〉, die ***Wiedererstarkung***, die ***Wiederentstehung***, die ***Wiedererweckung***〈alter Vorurteile 旧的偏见〉, die ***Wiederherstellung***〈e-s Zustands 状态的〉, die ***Wiedervereinigung*** **3.** bezeichnet das erneute Erreichen von etw. 再次,重又(达到);die ***Wiedererlangung***, der ***Wiedergewinn***

wie.der.auf.be.rei.ten; *bereitete wieder auf, hat wiederaufbereitet*; [Vt](及物) ***etw. w.*** etw. Gebrauchtes so bearbeiten, dass es wieder verwendet werden kann 回收(利用),再生,再利用〈Atommüll w. 回收核废料〉‖ *hierzu*(派生)**Wie·der·auf·be·rei·tung** *die*

Wie.der.auf.be.rei.tungs|an.la.ge *die*; e-e Fabrik, in der *mst* ausgebrannte Brennstäbe von Atomkraftwerken erneuert werden 核废料再处理工厂

wie.der.auf.tau.chen(*ist*) [Vi](不及物) ***j-d/etw. taucht wieder auf*** j-d/etw. ist plötzlich u. überraschend wieder da(突然出人意外地)重新出现,重新露面:*Nach Jahren tauchte er wieder auf* 几年后他又重新露面了;*Ist dein Schlüssel wiederaufgetaucht?* 你的钥匙又重新出现了吗? ‖ NB(注意):aber(但是):*Das U-Boot wird bald wieder auftauchen* 潜艇马上又浮出水面(getrennt geschrieben 分开写)

wie.der.be.le.ben; *belebte wieder, hat wiederbelebt*; [Vt](及物) **1.** ***j-n w.*** j-n aus e-m bewusstlosen, fast leblosen Zustand(durch Herzmassage, künstliche Beatmung *o.Ä.*) zum Leben erwecken 使苏醒,使复活,把…抢救过来 **2.**〈alte Bräuche, Traditionen 旧的习俗,传统〉***w.*** alte Bräuche od. Traditionen wieder

W

aktiv pflegen 使重新流行，发扬，弘扬 ‖ NB(注意)：aber (但是)：*die Wirtschaft wieder beleben* 重新搞活经济(getrennt geschrieben 分开写) ‖ *hierzu* (派生) **Wie·der·be·le·bung** *die*

Wie·der·be·le·bungs|ver·such *der*；der Versuch, j-n wieder zu beleben (1)复苏尝试：*ein sofort eingeleiteter W.* 立即实施的抢救

Wie·der·ein·tritt *der*；das erneute Eintreten in etw., das man vorher verlassen hat, das erneute Hineingelangen in etw. 重新进入，重新加入，重返〈der W. in e-e Partei 重新入党〉：*der W. der Raumfähre in die Erdatmosphäre* 航天飞机重返地球大气层

wie·der·er·ken·nen；(*hat*) [Vt] (及物) **j-n/etw. w.** j-n/ etw. (nach längerer Abwesenheit) noch erkennen(重新)认出：*Ich habe sie kaum wiedererkannt!* 我几乎认不出她来了！

wie·der·fin·den (*hat*) [Vt] (及物) **1. j-n/etw. w.** j-n/etw., den/das man zuvor längere Zeit gesucht hat, finden 重新找到，找回；[Vr] (反身) **2. sich** (**irgendwo**) **w.** überrascht feststellen, dass man irgendwo ist(惊奇地)发现自己(在某处)：*sich nach e-m Unfall in e-r Klinik w.* 发生事故后发现自己躺在一所医院里

wie·der·ge·ben (*hat*) [Vt] (及物) **1.** ↑ **wieder-**[1] (2) **2. etw. w.** über etw. berichten, was man selbst erlebt, gelesen, gehört *o.Ä.* hat 复述，转述：*Er gab den Inhalt des Vortrags sinngemäß wieder* 他按大意复述了一遍报告的内容 **3. etw.** (**mit etw.**) **w.** etw. (mit etw.) ausdrücken od. übersetzen 表达，翻译：*Wie gibt man diese Redewendung im Deutschen wieder?* 这个惯用语用德语怎么说？ **4. etw. w.** etw. künstlerisch darstellen 再现，反映，描写〈e-e Stimmung in e-m Gemälde w. 在油画中反映一种情绪〉 **5. etw. gibt etw. wieder** etw. macht Klänge, Farben *o.Ä.* hörbar/sichtbar(物作主语)演奏，描绘，表演，播放：*Der Lautsprecher gibt die Bässe zu stark wieder* 扩音器把低音部放得太响了 ‖ *zu* (义项)**2.**, **3.**, **4.** u. **5. Wie·der·ga·be** *die*；-, -*n*

Wie·der·ge·burt *die*；*nur Sg* (只用单数) **1.** (nach dem Glauben mancher Religionen) e-e neue Geburt nach dem Tode 再生，转世，来生 **2.** das Wiederaufleben, die Erneuerung von etw. 复兴，复苏〈die W. der Antike 古希腊罗马文化的复兴；e-e geistige W. 精神上的振作〉

wie·der·ge·win·nen (*hat*) [Vt] (及物) **1.** 〈Rohstoffe *o.Ä.* 原料等〉 **w.** durch ein besonderes technisches Verfahren neue Rohstoffe *o.Ä.* aus Abfällen, Altpapier *o.Ä.* gewinnen 回收，再生 **2.** ↑ **wieder-**[1] (1) ‖ *hierzu* (派生) **Wie·der·ge·win·nung** *die*

Wie·der·gut·ma·chung *die* **1.** e-e (*mst* finanzielle) Leistung, mit der man e-n Schaden *o.Ä.* ausgleicht 赔偿，弥补，补偿 **2.** *hist* [历]；finanzielle u. politische Leistungen der Bundesrepublik Deutschland wegen der Verbrechen des Nationalsozialismus (*bes* gegenüber Israel, Polen und der Sowjetunion) (联邦德国由于纳粹党的罪行对以色列、波兰、苏联所作的)战争赔偿，赔款 ‖ *hierzu* (派生) **wie·der·gut·ma·chen** (*hat*) *Vt*(及物)

wie·der·ha·ben (*hat*) [Vt] (及物) **1. etw. w.** etw. wieder bei sich haben 收回 **2. etw. w. wollen, können** *o.Ä.* etw. zurückbekommen wollen, können *o.Ä.* 想要、能够收回，重新拥有，重新得到：*Das Buch will ich aber w.!* 这本书我可想收回来！ **3. j-n w./sich** (*Pl* 复) **w.** mit j-m wieder zusammen sein 与…重逢，重新在一起：*Bald habt ihr euch wieder* 不久你们又会相聚在一起的

wie·der·her·stel·len (*hat*) [Vt] (及物) **j-n/etw. w.** etw. wieder in e-n früheren Zustand bringen, e-n Kranken wieder gesund machen 恢复，使复原〈die Ordnung w. 又恢复秩序；j-s Gesundheit w. 恢复某人的健康〉 ‖ NB (注意)：aber (但是)：*Dieses Modell wird jetzt wieder hergestellt* 这个样品现在又被制造出来了(von Neuem produziert = getrennt geschrieben 表示重新生产时，分开写)

wie·der·hol·bar *Adj*(形)；*nicht adv*(不作状语)；〈e-e Erfahrung, ein Experiment 经历，试验〉 so, dass sie wiederholt (1) werden können 可重复的，可重温的 ‖ *hierzu* (派生) **Wie·der·hol·bar·keit** *die*；*nur Sg* (只用单数)

wie·der·ho·len；*wiederholte*, *hat wiederholt*；[Vt] (及物) **1. etw. w.** etw. noch einmal machen, ausführen, sagen *o.Ä.* 重复，重做，重说，重新播放〈e-e Durchsage, e-e Sendung, ein Experiment, e-n Appell, e-n Hilferuf w. 重播一个通知，一个节目，重做一次试验，重新发出呼吁，呼救声〉 **2. etw. w.** etw., das man lernen muss, erneut durchlesen u. durchdenken 复习，温习〈unregelmäßige Verben w. 复习不规则动词〉 **3. etw. w.** noch einmal an etw. teilnehmen 重新参加，再读，再做〈e-e Klasse, e-e Prüfung, e-n Kurs w. 留级，补考，重修一门课程〉；[Vr] (反身) **4. j-d wiederholt sich** j-d erzählt mehrmals das Gleiche(人作主语)反复讲，重复(同一件事)：*Der Redner wiederholte sich ständig* 这位发言人不断重复自己的话 **5. etw. wiederholt sich** etw. erscheint immer wieder (物作主语)一再出现，反复发生〈ein Muster, e-e Figur 样式，图形〉 **6. etw. wiederholt sich** etw. ereignet sich noch einmal(物作主语)重现，重演，再次发生：*Die damaligen Zustände dürfen sich nicht w.* 那时的情况不能再重现 ‖ *hierzu* (派生) **Wie·der·ho·lung** *die*

wie·der·holt 1. *Partizip Perfekt*(过去分词)；↑ **wiederholen 2.** *Adj*(形)；*nur attr*, *nicht adv* (只作定语，不作状语) ≈ mehrfach, mehrmalig-〈e-e Aufforderung, e-e Warnung 要求，警告〉 **3.** *Adj*(形)；*nur adv*, *geschr* (只作状语) [书] ≈ mehrmals：*Er hat w. versucht, die Regierung zu stürzen* 他多次试图推翻政府

Wie·der·ho·lungs·fall *der*；*mst* 多用 **im W./für den W.** 〈e-e Strafe androhen 以惩罚进行威胁〉 für den Fall, dass etw. Verbotenes noch einmal getan wird (e-e Strafe androhen) 如再重犯，如再发生

Wie·der·ho·lungs·zei·chen *das*；MUS【音】；ein Doppelstrich mit zwei Punkten links, der bedeutet, dass der vorhergehende Teil wiederholt wird(乐谱上的)反复记号

Wie·der·hö·ren *das*; *mst* 多用 ***auf W.!*** verwendet, um sich am Telefon von j-m (den man *mst* nicht (gut) kennt) zu verabschieden(打电话时说)再见!

wie·der·käu·en; *käute wieder*, *hat wiedergekäut*; [Vt] (及物) **1. *etw. w.*** *pej* [贬]; etw., das andere bereits gesagt haben, ständig wiederholen 叨叨,唠叨,絮叨(别人说过的事); [Vi] (不及物) **2. *ein Schaf/ein Rind käut wieder*** ein Schaf, ein Rind *o.Ä.* bringt bereits gekautes Futter aus dem Magen wieder ins Maul u. kaut es nochmals (羊/牛作主语)反刍 ‖ *zu* (义项) **2 Wie·der·käu·er** *der*; *-s*, *-*

Wie·der·kehr *die*; *-*; *nur Sg* (只用单数) **1.** *geschr* [书]; das Zurückkommen 回来,归来: *Seit seiner W. ist er irgendwie anders* 他回来后有点变了 **2.** das erneute Erscheinen e-s bestimmten Tages im Jahr 周年纪念日: *Die zehnte W. seines Todestages* 他的十周年忌日

wie·der·keh·ren; *kehrte wieder*, *ist wiedergekehrt*; [Vi] *geschr* (不及物) [书] **1.** zurückkommen 回来,归来〈von e-r Reise w. 旅途归来〉 **2. *etw. kehrt wieder*** etw. wiederholt (5,6) sich(物作主语)重复出现: *ein ständig wiederkehrendes Thema* 一再被提及的话题; *e-e nie wiederkehrende Gelegenheit* 一去不复返的机会

wie·der·ken·nen (*hat*) *gespr* [口]; [Vt] (及物) ***j-n/etw. w.*** ≈ wiedererkennen

wie·der·kom·men (*ist*) [Vi](不及物) **1.** zurückkommen 回来,归来〈von e-m Ausflug w. 郊游归来〉 **2.** noch einmal kommen 再来: *Kommen Sie bitte morgen wieder!* 请您明天再来!

Wie·der·schau·en (*das*); *mst in* 多用于 ***Auf W.!*** *südd* Ⓐ [南德] [奥] ≈ auf Wiedersehen!

wie·der·schen·ken (*hat*) [Vt] (及物) ***j-m/e-m Tier die Freiheit w.*** e-n Gefangenen, ein Tier *o.Ä.* freilassen 释放(人)/放生(动物)

Wie·der·se·hen *das*; *-s*; *nur Sg* (只用单数) **1.** das Zusammentreffen mit j-m, den man längere Zeit nicht gesehen hat 重逢 ‖ K- (复合): ***Wiedersehens-***, ***-freude*** **2. *auf W.!*** verwendet, um sich von j-m zu verabschieden(告别时的客套话)再见!

wie·der·se·hen (*hat*) [Vt] (及物) ***j-n/etw. w.*** j-n/etw. erneut sehen od. besuchen 又见到,又遇到,重逢: *Ich hoffe, dass wir uns bald w.* 我希望我们不久能再见面 ‖ ID [谚] *mst* 多用〈das Buch *o.Ä.* 书〉 ***habe ich nie wiedergesehen*** das Buch *o.Ä.*, das ich j-m ausgeliehen habe, habe ich nie zurückbekommen 再也见不到影了(指借出去的东西有去无回)

wie·der·um *Adv*(副); *geschr* [书] **1.** noch einmal 再次 **2.** meinerseits, deinerseits usw. 另一方面,就…而言,而: *Ich w. bin der Meinung, dass ...* 而我认为,…

Wie·der·ver·ei·ni·gung *die*; *nur Sg* (只用单数); der erneute Zusammenschluss e-s vorübergehend in *mst* zwei Teile getrennten Staates *o.Ä.* 重新统一: *die W. Deutschlands* 德国的重新统一

Die Wiedervereinigung 重新统一

Nach der Öffnung der Grenzen im November 1989 kam es in der DDR zu einer Reihe von Reformen. Gleichzeitig begann man, die Wiedervereinigung der beiden deutschen Staaten konkret anzustreben. Regierungsvertreter der DDR und Oppositionsgruppen schlossen sich zum so genannten **Runden Tisch** zusammen, der die Verhandlungen zwischen den beiden deutschen Regierungen vorbereiten sollte. Im März 1990 kam es zu freien Wahlen in der DDR.
Ab Juli 1990 trat die Wirtschafts-, Währungs- und Sozialunion mit der Bundesrepublik Deutschland in Kraft.
Nach den **Zwei-Plus-Vier-Gesprächen** der beiden deutschen Staaten mit den vier ehemaligen Siegermächten des Zweiten Weltkrieges wurde am 31. August 1990 der **Einigungsvertrag** unterschrieben, der am 3. Oktober des gleichen Jahres in Kraft trat.
Die fünf ehemaligen Gebiete der DDR (**Brandenburg**, **Mecklenburg-Vorpommern**, **Sachsen**, **Sachsen-Anhalt** und **Thüringen**) wurden zu Ländern der Bundesrepublik Deutschland. Der 3. Oktober wurde zum Nationalfeiertag erklärt (**Tag der Deutschen Einheit**).

1989年11月开放边界以后,在民德发生了一系列的改革。同时人们开始具体地争取实现两个德意志国家的重新统一。民德的政府代表和反对派团体共同组成了所谓的**圆桌会议**,负责筹备两个德国政府之间的谈判。1990年3月民德进行了自由选举。

从1990年7月起同德意志联邦共和国的经济、货币和社会联盟(条约)开始生效。

在两个德国与第二次世界大战的四个前战胜国进行了**二加四会谈**以后,于1990年8月31日签署了**统一条约**,条约于同年10月3日生效。民德的五个原地区(**勃兰登堡、梅克伦堡—前波莫瑞、萨克森、萨克森—安哈特和图林根**)分别成为德意志联邦共和国的州。10月3日被宣布为国庆日(**德国统一日**)。

wie·der·ver·kau·fen (*hat*) [Vt] (及物) ***etw. w.*** etw. verkaufen, das man extra zu diesem Zweck gekauft hat 再卖,转卖 ≈ weiterverkaufen: *aus dem Urlaub Kunstgegenstände zum Wiederverkaufen mitbringen* 度假带回用于再出售的艺术品 ‖ NB(注意): aber (但是): *Sie müssen ihr Haus wieder verkaufen* 您必须将她的房子再次出售(getrennt geschrieben 分开写)

Wie·der·ver·wert·bar *Adj* (形); *nicht adv* (不作状语);〈e-e Verpackung 包装材料〉so, dass man sie recyceln kann 可再生利用的,可回收利用的

Wie·ge *die*; *-*, *-n* **1.** ein kleines Bett für e-n Säugling, das auf abgerundeten Brettern steht, so dass man es seitwärts hin u. her bewegen kann 摇篮 **2.** *geschr* [书]; der Ort, an dem etw. seinen Anfang nimmt 发源地，摇篮: *Griechenland ist die W. der abendländischen Kultur* 希腊是西方文化的发祥地 ‖ ID [谚] ***j-m ist etw. in die W. gelegt worden*** j-d hat e-e Fähigkeit schon seit seiner Geburt 某事对某人来说是与生俱来的

wie·gen¹; *wog*, *hat gewogen*; Vt (及物) **1.** ***j-n/sich/etw. w.*** (mit e-r Waage) das Gewicht von j-m/sich selbst/e-m Gegenstand feststellen 称…的重量: *e-n Säugling, ein Paket w.* 称婴儿、包裹的重量; Vi (不及物) **2.** ***j-d/etw. wiegt*** + *Gewichtsangabe* (重量说明语) j-d/etw. hat das genannte Gewicht(人/物作主语)体重为，重量为: *Er wiegt 80kg* 他体重80. 公斤

wie·gen²; *wiegte*, *hat gewiegt*; Vt (及物) **1.** ***j-n w.*** j-n sanft hin und her bewegen 轻摇，摇晃〈ein Kind (in den Armen, in der Wiege) w. 摇晃(怀抱中的，摇篮中的)孩子〉; Vr (反身) **2.** ***sich w.*** sich relativ langsam u. rhythmisch hin u. her bewegen 摇摆，摆动: *sich zu den Klängen der Musik w.* 跟着音乐声摇摆; *e-n wiegenden Gang haben* 走路姿势摇摇晃晃

Wie·gen·fest *das*; *geschr od hum* [书]或[诙] ≈ Geburtstag

Wie·gen·lied *das*; ein Lied, das man e-m kleinen Kind vorsingt, damit es einschläft 摇篮曲，催眠曲

wie·hern [ˈviːɐn]; *wieherte*, *hat gewiehert*; Vi (不及物) **1.** ***ein Pferd wiehert*** ein Pferd gibt die Laute von sich, die für seine Art typisch sind 马在嘶鸣 **2.** 〈vor Lachen, vor Vergnügen 由于笑，由于高兴〉 ***w.*** *gespr* [口]; laut u. intensiv lachen 放声大笑，哈哈大笑

Wie·ner¹ *der*; *-s*, *-*; j-d, der in der Stadt Wien wohnt od. dort geboren ist 维也纳人 ‖ *hierzu* (派生) **Wie·ne·rin** *die*; *-*, *-nen*

Wie·ner² *die*; *-*, *-*; *mst Pl* (多用复数); e-e dünne Wurst aus Rind- u. Schweinefleisch, die zum Essen im Wasser heiß gemacht wird 维也纳香肠〈ein Paar Wiener 几根维也纳香肠〉

wie·nern; *wienerte*, *hat gewienert*; Vt (及物) ***etw. w.*** *veraltend* [渐旧]; etw. (durch Reiben) sauber putzen 擦亮，打光 ≈ polieren

wies *Imperfekt*, *1. u. 3. Person Sg* (过去时，第一和第三人称单数); ↑ ***weisen***

Wie·se *die*; *-*, *-n*; e-e relativ große Fläche, auf der Gras u. andere niedrige Pflanzen wachsen 草坪，草地

Wie·sel *das*; *-s*, *-*; ein kleines u. sehr schnelles Raubtier mit braunrotem (im Winter weißem) Fell 雪鼬，伶鼬，银鼠: *Sie ist flink wie ein W.* 她敏捷得像只银鼠

wie·sel·flink *Adj* (形); sehr schnell u. agil 动如脱兔的，迅疾如飞的

wie·so *Adv* (副) ≈ warum: *W. hast du derartige Gerüchte verbreitet?* 你为什么散布了那种谣言?; *Er sagte mir, w. er sie angelogen hatte* 他告诉我为什么他要骗她

Wien 维也纳

Wien ist die Hauptstadt Österreichs und gleichzeitig eines der österreichischen Bundesländer. Die Stadt liegt an der Donau. Sie zählt mehr als 1,5 Millionen Einwohner.
Die Geschichte Wiens beginnt bereits mit den Kelten und Römern. Im Mittelalter war Wien Residenzstadt des **Heiligen Römischen Reiches Deutscher Nation.** Als Hauptstadt des **Österreich-Ungarischen Reiches** war Wien von deutschen, ungarischen, slawischen und südländischen Einflüssen geprägt, die bis heute zu spüren sind.
Zweifellos lohnt es sich, die vielen historischen Gebäude und Kunstschätze zu bewundern oder eines der berühmten Kaffeehäuser zu besuchen. Eine weitere Attraktion sind die vielen Festspiele, wie zum Beispiel die **Wiener Festwochen.** Sie erinnern daran, dass Wien im 18. Jahrhundert als Zentrum der **Wiener Klassik** mit Komponisten wie **Mozrt**, **Schubert**, **Beethoven** und **Haydn** die musikalische Hauptstadt Europas war.

维也纳是奥地利的首都，同时也是奥地利一个联邦州。该城市位于多瑙河畔，有150多万居民。

维也纳的历史就以克尔特人和罗马人为发端。在中世纪，维也纳是**德意志民族神圣罗马帝国**的都城。作为**奥匈帝国**的首都，维也纳深受德国、匈牙利、斯拉夫和南欧国家的影响，这些影响直至今日仍可以感觉到。

去观赏许多历史建筑物和艺术珍宝，或者上最著名的咖啡馆之一去坐坐，毫无疑问是值得的。另一个令人倾心之处是有许多文艺演出，比如**维也纳文艺周**。这些活动使人们回忆起，维也纳在18世纪作为拥有像**莫扎特、舒伯特、贝多芬**和**海顿**这样的作曲家的维也纳古典主义的中心曾经是欧洲的音乐之都。

wie·viel ↑***wie²*** (7-9)

Wie·vielt *nur in* 只用于 ***zu w.?*** zu wie vielen Personen? 一共多少人: *Zu w. wart ihr in Paris?* 你们当时一共几个人在巴黎?

wie·viel·t- *Adj* (形) *nur attr*, *nicht adv* (只作定语，不作状语); (*in driekten Fragen*) verwendet, um nach e-r Ordinalzahl zu fragen(用于直接问句)第几(个)，第几(次): *Die wievielte Zigarette ist das heute schon?* 这是今天抽的第几支烟了? ‖ *ID* [谚] ***Den Wievielten haben wir heute?*** welches Datum ist heute? 今天几号?

wie·weit *Konjunktion* (连) ≈ inwieweit

wie·wohl *Konjunktion* (连) ≈ obwohl

Wig·wam *der*; *-s*, *-s*; das Zelt der nordamerikanischen Indianer(北美印第安人住的)帐篷

wild, *wilder*, *wildest-*; *Adj* (形) **1.** *mst attr* (多用定语); 〈Hafer, Rosen, Wein 燕麦，玫瑰，葡萄; w. lebende Tiere, w. wachsende Pflanzen 野生动物，野生植物〉 so, dass sie in der freien Natur wachsen u. nicht von Menschen angepflanzt sind 野生的 ‖ K-（复合）：**Wild-**，**-frucht**，**-pflanze**；**wild-**，**-lebend**，**-wachsend** **2.** ***ein wildes Tier*** ein *mst* großes, gefährliches Tier, das in der freien Natur lebt（*z. B.* ein Löwe）野兽，猛兽 **3.**〈ein Sturm 暴风；Toben 狂叫；Treiben 喧闹〉sehr laut, intensiv u. heftig 肆虐的，激烈的，疯狂的 **4.**〈e-e Flucht, e-e Jagd, e-e Verfolgung 逃跑，狩猎，追捕〉rasant u. unkontrolliert 疯狂的 **5.**〈ein Kind 孩子〉völlig undiszipliniert, kaum zu bändigen 任性的，缺乏管教的，野的 **6.** ≈ wütend〈j-n w. machen 使某人恼怒；w. werden 发火〉**7.** *nur präd od adv*（只作表语或状语）；（von Tieren）scheu u. ängstlich gemacht（*z. B.* durch ein lautes Geräusch u. deshalb kaum zu bändigen 受惊的，被惊吓的 **8.**〈ein Wald, ein Gebirge 森林，山脉〉noch im ursprünglichen Zustand 未开发的，处于原始状态的 ≈ unberührt ‖ K-（复合）：**Wild-**，**-bach** **9.**〈ein Volksstamm 部族，部落〉primitiv u. unzivilisiert 原始的，未开化的 **10.** *mst attr*（多作定语）；〈ein Bart 胡须；Haare 头发；e-e Mähne 鬃毛〉so, dass sie unkontrolliert wachsen u. ungepflegt aussehen 凌乱的，乱糟糟的，蓬乱的 **11.** *nur attr*，*nicht adv*（只作定语，不作状语）；〈e-e Müllkippe 倾倒垃圾；Parken 停车〉nicht erlaubt 不经许可的，违反规定的 **12.** ***ein wilder Streik*** ein Streik, der von der Gewerkschaft nicht angeordnet wurde 未经工会组织的罢工，非正规的罢工 ‖ ID［谚］***w. sein auf etw.***（*Akk* 四格）etw. unbedingt haben wollen 迷恋于，热衷于，狂热地追求；***wie w.*** äußerst heftig 疯了一般地，发疯似地：*Sie schrien wie w.* 他们疯狂地叫喊；〈etw. ist 某事是〉***nicht so / halb so w.*** *gespr*［口］；etw. ist nicht so schlimm 没有那么糟 ‖ *zu*（义项）**3.-6.** u. **9.** **Wịld·heit** *die*

Wịld *das*；*-(e)s*；*nur Sg*（只用单数）**1.** *Kollekt*（集合）；frei lebende Tiere, die gejagt werden 野生动物，野兽〈das W. äst（= frisst Gras）野生动物食草；das W. hegen 保护野生动物〉‖ K-（复合）：**Wild-**，**-dieb**；**wild-**，**-reich** ‖ -K（复合）：**Groß-**，**Reh-** **2.** Fleisch von W.（1）野味 ‖ K-（复合）：**Wild-**，**-braten**

Wịld- *im Subst*，*nicht produktiv*（构成名词，非构词型）；verwendet, um ein Tier zu bezeichnen, das in der freien Natur lebt 野的，野生的；die **Wildbiene**, die **Wildente**, die **Wildgans**, das **Wildpferd**, das **Wildschwein**

Wịld·bahn *die*；*mst in* 多用于 ***ein Tier lebt in freier W.*** ein Tier lebt in der freien Natur（动物作主语）在大自然中生活

Wịld·bret *das*；*-s*；*nur Sg*（只用单数）≈ Wild（2）

Wịl·de *der / die*；*-n*，*-n*；*veraltend*，*oft pej*［渐旧］常用［贬］；ein Angehöriger e-s Volksstammes, der von anderen Kulturen als nicht zivilisiert angesehen wird 野蛮人，未开化的人 ‖ NB（注意）：*ein Wilder*；*der Wilde*；*den*，*dem*，*des Wilden* ‖ ID［谚］***wie ein Wilder*** völlig rücksichtslos 疯子一般地，发疯似地：*wie ein Wilder fahren*，*sich wie ein Wilder benehmen* 像疯子一样开车，举止像个疯子

wịl·dern；*wilderte*，*hat gewildert*；Vi（不及物）**1.** ohne Erlaubnis jagen 偷猎，私猎 **2.** *mst* 多用 ***ein Hund wildert*** ein Hund streunt herum, greift andere Tiere an u. tötet sie 狗在捕猎：*wildernde Hunde* 正在捕获猎物的狗 ‖ *zu*（义项）**1.** **Wịl·de·rer** *der*；*-s*，*-*；**Wil·de·rei** *die*；*-*；*nur Sg*（只用单数）

wịld·fremd *Adj*（形）；*ohne Steigerung*，*nicht adv*，*gespr*（无变级，不作状语）［口］；j-m völlig unbekannt 完全陌生的〈ein Mensch, e-e Stadt 人，城市〉

Wịld·hü·ter *der*；*-s*，*-*；j-d, der für das Wild（1）in e-m bestimmten Revier sorgt 猎场看守人

Wịld·le·der *das*；ein Leder mit samtartiger Oberfläche 细腻柔软的皮革 ‖ K-（复合）：**Wildleder-**，**-schuhe** ‖ *hierzu*（派生）**wịld·le·dern** *Adj*（形）

wịld·ma·chen ↑ ***wild***（6）

Wịld·nis *die*；*-*，*-se* **1.** ein Gebiet, das unbesiedelt ist u. vom Menschen nicht verändert worden ist 荒野，荒芜地区，荒郊野地 **2.** *mst Sg*，*pej*（多用单数）［贬］；ein Gartenstück *o. Ä.*, das niemand pflegt u. das daher als verkommen angesehen wird 荒芜的园地，荒地

Wịld·park *der*；e-e durch e-n Zaun abgeschlossene Fläche, auf der Wild（1）gehalten wird 野生动物公园

Wịld·was·ser *das*；ein Fluss od. Bach im Gebirge, der *mst* e-e starke Strömung hat 山涧

Wịld·wech·sel *der*；der Pfad, auf dem das Wild（1）innerhalb e-s bestimmten Gebiets immer wieder geht 野兽经常出没的小道

Wịld·west- *im Substantiv*，*begrenzt produktiv*（构成名词，构词有限）；verwendet, um auszudrücken, dass sich etw. im westlichen Teil der USA zur Zeit der Besiedlung durch die Europäer abspielt 有关未开发的美国西部的；der **Wildwestfilm**, der **Wildwestroman**

Wịld·wuchs *der*；*-es*；*nur Sg*（只用单数）；e-e Entwicklung, die in der Menge nicht gewünscht u. kaum beherrscht wird 疯长，蔓延，膨胀：*der W. der Verordnungen* 行政法规的繁缛

will *Präsens*，*1. u. 3. Person Sg*（现在时，第一和第三人称单数）；↑ ***wollen***

Wịl·le *der*；*-ns*；*nur Sg*（只用单数）**1.** die Fähigkeit des Menschen, sich für od. gegen etw. zu entscheiden 意志，决心〈e-n schwachen, starken, eisernen（= sehr starken）Willen haben 意志薄弱，意志坚强，有钢铁般的意志〉‖ K-（复合）：**Willens-**，**-freiheit**，**-schwäche**，**-stärke**；**willens-**，**-schwach**，**-stark** **2.** e-e feste Absicht 意图，意愿〈den Willen haben, etw. zu tun 有意图作某事〉‖ K-（复合）：**Willens-**，**-äußerung**，**-erklärung** ‖ -K（复合）：**Arbeits-**，**Einsatz-** **3.** das, was j-d（unbedingt）haben, tun *o. Ä.* will 心意，愿望〈seinen Willen durchsetzen 贯彻自己的意愿；j-m seinen Willen aufzwingen 把自己的意志强加于某人〉**4.** ***der gute W.*** die Bereitschaft, j-m entgegenzukommen, zu helfen *o. Ä.* 好意，良好的愿望 **5.** ***der Letzte / letzte W.*** das Tes-

W

tament 遗嘱,遗愿 ‖ ID [谚] ***j-m seinen Willen lassen*** *gespr* [口]; j-n tun lassen, was er will 随某人的意,让某人自己作决定; *mst* 多用 ***Es war kein böser W.*** es geschah nicht mit Absicht 这不是恶意的; ***es am guten Willen fehlen lassen*** sich nicht ernsthaft für etw. engagieren 办事不认真,不上心; ***j-m zu Willen sein*** tun, was ein anderer will 顺从某人的意愿 ‖ NB(注意): *der Wille; den, dem Willen, des Willens* ‖ ▶ ***wollen, willig***

wil.len *Präp*(介); *mit Gen*(支配二格); *nur in* 只用于(***um***) ***j-s/etw.*** (*Gen* 二格) ***w.*** *geschr* [书]; j-m, e-r Sache zuliebe 为了…: *Tu es um unserer Freundschaft w.* 为了我们的友谊,你就干吧!

wil.len.los *Adj*(形); 〈ein Mensch 人〉 so, dass er alles über sich ergehen lässt, ohne eigenen Willen (1) 意志薄弱的,没有主意的,缺乏毅力的

wil.lens *Adj*(形); ***w. sein*** + ***zu*** + *Infinitiv* (不定式) ≈ die Absicht haben od. bereit sein, etw. zu tun: *Unter bestimmten Bedingungen bin ich willens zu helfen* 在一定的条件下我是愿意帮忙的

wil.lent.lich *Adv*(副); *geschr* [书] ≈ absichtlich

wil.lig *Adj*(形); *auch pej* 也用 [贬]; bereit, das zu tun, was andere erwarten 顺从的,乐意的,心甘情愿的≈ folgsam 〈ein Kind, ein Schüler 孩子,学生; j-m w. folgen 乐意顺从某人〉

-wil.lig *im Adj, begrenzt produktiv, geschr*(构成形容词,构词有限) [书] **1.** mit dem Wunsch od. der Bereitschaft, etw. zu tun 乐意…的,愿意…的; ***arbeitswillig, heiratswillig, opferwillig, zahlungswillig*** **2.** mit e-r Einstellung, die vom Adj. im ersten Wortteil charakterisiert ist 怀着…心意的; ***bereitwillig, böswillig, gutwillig***

will.kom.men *Adj*(形); *nicht adv*(不作状语) **1.** erwünscht, angenehm 受欢迎的,令人高兴的 〈e-e Abwechslung, e-e Gelegenheit, e-e Pause 消遣,机会,休息〉: *Spenden sind jederzeit w.* 欢迎随时捐助 **2.** (***j-m***) ***w.*** (bei j-m) gern gesehen, beliebt 受欢迎的 〈ein Gast 客人〉: *Du bist uns immer herzlich w.* 你在我们这里总是会受到衷心欢迎的 **3.** *mst* 多用 ***Herzlich w.!*** verwendet zur Begrüßung nach längerer Trennung od. bei offiziellem Anlass 热烈欢迎! **4.** ***j-n w. heißen*** *geschr* [书]; j-n (offiziell) begrüßen 欢迎某人

Will.kom.men *das*; *-s*; *nur Sg*, *geschr* (只用单数) [书]; die freundschaftliche Begrüßung, wenn j-d zu einem kommt 欢迎 〈j-m ein herzliches W. bieten 衷心欢迎某人,向某人表示衷心欢迎〉 ‖ K- (复合): ***Willkommens-, -gruß, -trunk***

Will.kür *die*; *-*; *nur Sg* (只用单数); das Handeln nur nach eigenem Belieben, bei dem man keine Rücksicht auf andere Menschen od. auf irgendwelche Regeln od. Gesetze nimmt 肆意,任性,恣肆,恣意妄为,独断,专横,专制 〈j-s W. ausgesetzt sein 听凭某人胡作非为; ein Akt der W. 专制行为〉 ‖ K- (复合): ***Willkür-, -akt, -herrschaft, -maßnahme***

will.kür.lich *Adj* (形) **1.** e-r persönlichen Meinung folgend, die sich nicht an irgendwelche Regeln hält od. auf objektiven Kriterien beruht 任意的,胡乱的,随便的,随心所欲的 〈e-e Bewertung, e-e Benotung 评价,打分〉 **2.** dem Zufall folgend, zufällig 任意的,随意的 〈e-e Verteilung, e-e Auswahl 分配,选择〉 **3.** BIOL【生】; vom Willen gesteuert 随意的 ↔ unwillkürlich ‖ *zu* (义项) **1.** u. **2.** ***Will.kür.lich.keit*** *die*

willst *Präsens, 2. Person Sg*(现在时,第二人称单数); ↑ ***wollen***

wim.meln; *wimmelte, hat gewimmelt*; **Vi** (不及物) **1.** 〈Menschen, Insekten *o. Ä.* 人,昆虫等〉 ***wimmeln*** Menschen, Insekten *o. Ä.* bewegen sich rasch u. ungeordnet in großer Zahl 蜂拥,簇拥,麇集,挤来挤去,熙熙攘攘: *Vom Turm aus sieht man die Menschen wie Ameisen w.* 从塔上看去,人群像蚂蚁一样在涌动 **2.** ***etw. wimmelt von*** 〈Personen/Tieren/Dingen 人/动物/事物〉 etw. enthält e-e große Anzahl von Personen/Tieren/Dingen(物作主语)充满,挤满: *Der See wimmelt von Fischen* 这个湖里鱼很多; **Vimp** (无人称) **3.** ***es wimmelt von*** 〈Personen/Tieren/Dingen 人/动物/事物〉 es ist e-e große Anzahl von Personen/Tieren/Dingen (irgendwo) 充斥,充满,密集,云集: *In dem Text wimmelt es von Fremdwörtern* 这篇文章里充斥着外来语

wim.mern; *wimmerte, hat gewimmert*; **Vi** (不及物) leise, klagende Töne von sich geben, leise jammern 呻吟,呜咽,哀叹

Wim.pel *der*; *-s, -*; e-e kleine, *mst* dreieckige Fahne 小三角旗

Wim.per *die*; *-, -n*; eines der kurzen, leicht gebogenen Haare am vorderen Rand des Augenlids 睫毛 ‖ ↑ *Abb. unter* 图见 ***Auge*** ‖ ID [谚] ***ohne mit der W. zu zucken*** ohne Gefühle zu zeigen, kaltblütig 睫毛都不动一下,不动声色,眼睛都不眨一下

Wim.pern.tu.sche *die*; e-e farbige Substanz, die mit e-r kleinen Bürste auf die Wimpern aufgetragen wird, um diese kräftiger erscheinen zu lassen 睫毛膏

Wind *der*; *-(e)s, -e* **1.** die spürbare Bewegung od. Strömung der Luft im Freien 风 〈ein schwacher, starker, stürmischer W. 微风,大风,暴风; der W. weht, bläst, legt sich 风在吹、在刮、渐渐停下来; der W. kommt von Osten 风从东边吹来〉 ‖ K- (复合): ***Wind-, -richtung; wind-, -geschützt*** **2.** *oft Pl*, *euph* (常用复数) [婉] ≈ Blähungen ‖ ID [谚] ***bei W. u. Wetter*** bei jedem, auch bei schlechtem Wetter 无论天气好坏; ***j-d bekommt W. von etw.*** j-d erfährt etw., das er eigentlich nicht wissen sollte 某人听到了风声; *mst* 多用 ***Ich weiß schon, woher der W. weht*** ich weiß über etw. Bescheid 我已经知道,这风是从哪边刮来的(意即:我已经知道事情的底细了); ***Daher weht/bläst der W.!*** so ist das also! 原来如此! (***viel***) ***W. machen um etw.*** etw. übertreiben 拿某事吹牛,大吹大擂,大造舆论; ***viel W. um***

W

nichts machen wegen e-r Kleinigkeit viel Aufhebens machen 小题大作，无事生非； ***frischen W. in etw.*** (*Akk* 四格) ***bringen*** etw. erneuern od. beleben 给某事带来一股清新的空气，使某事出现生机； *mst* 多用 ***Hier weht jetzt ein neuer/anderer W.*** hier herrscht nun ein neuer (*mst* strengerer) Stil 现在这里气氛变了(指严肃认真了)；〈*mst* 多用 e-n guten Rat, e-e Warnung 好主意，警告〉 ***in den W. schlagen*** e-n Rat, e-e Warnung *o. Ä.* nicht beachten 对…不重视，把…当作耳边风； ***j-m den Wind aus den Segeln nehmen*** j-m durch e-e unerwartete Aussage *o. Ä.* die Grundlage für seine Argumente *o. Ä.* nehmen 先声夺人，先发制人； *mst* 多用〈Personen 人们〉 ***sind in alle Winde zerstreut*** Personen, die früher zusammengehörten, leben jetzt weit voneinander entfernt 各散东西，分散在各地

Wịnd·beu·tel *der*; ein feines, leichtes Gebäck, das mit Schlagsahne gefüllt ist 奶油夹心点心

Wịn·de *die*; -, -*n* **1.** ein Gerät, mit dem man durch Drehen e-r Kurbel Lasten hebt od. zieht 绞盘，绞车，卷扬机 ‖ -K (复合)： ***Seil-*** **2.** e-e Kletterpflanze 旋花(一种攀缘植物)

Wịn·del *die*; -, -*n*; *mst Pl* (多用复数)； e-e Art dickes, weiches Tuch aus Stoff od. Papier, das den Kot u. Urin e-s Babys aufnimmt 尿布，襁褓〈(e-m Baby) die Windel(n) wechseln 给(婴儿)换尿布〉 ‖ K- (复合)： ***Windel-***, ***-höschen*** ‖ -K (复合)： ***Papier-***, ***Mull-***

wịn·den; *wand*, *hat gewunden*; [Vr] (反身) **1.** ***e-e Pflanze windet sich*** (***um etw.***) e-e Pflanze wächst um e-e Stange *o. Ä.* herum (植物作主语)缠绕，盘旋而上，爬蔓，攀缘 **2.** 〈e-e Schlange, ein Wurm *o. Ä.* 蛇，虫子等〉 ***windet sich*** (***irgendwohin***) e-e Schlange, ein Wurm *o. Ä.* bewegt sich kriechend 蜿蜒，蠕动，爬行 **3.** ***etw. windet sich*** (***irgendwohin***) etw. führt in vielen kleinen Kurven irgendwohin (物作主语)蜿蜒，迂回曲折地延伸〈ein Weg, ein Pfad, ein Bach 路，小径，小溪〉 **4.** ***sich w.*** ausweichende Antworten geben 支支吾吾，搪塞 **5.** ***sich*** (***vor etw.*** (*Dat* 三格)) ***w.*** den Körper in e-r unnatürlichen, verkrampften Haltung haben 蜷缩，蜷着身体〈sich vor Schmerzen, Krämpfen w. 因疼痛、痉挛而蜷缩〉； [Vt] (及物) **6.** ***etw. irgendwohin w.*** etw. mithilfe e-r Winde (1) irgendwohin transportieren od. ziehen 用绞车把…运到，卷起，吊起 **7.** ***etw.*** (***zu etw.***) ***w.*** etw. durch Drehen od. Flechten (zu etw.) formen 把…缠成，卷成，扎成〈Blumen zu e-m Kranz w. 将花儿编成花环〉 **8.** (***sich*** (*Dat* 三格)) ***etw. um/in etw.*** (*Akk* 四格) ***w.*** etw. durch Drehen od. Binden befestigen 缠绕，盘绕，卷，系〈sich ein Tuch um den Kopf w., ein Band ins Haar w. 在头上围一条围巾，把头发系上发带〉 **9.** ***j-m etw. aus der Hand w.*** j-m etw. durch starkes Drehen aus der Hand nehmen 从…手里夺下： *Sie wand ihm das Messer aus der Hand* 她夺下他手中的刀子

Wịn·des·ei·le *die*; *mst* 多用 ***in W.*** sehr schnell 迅速地，飞快地

Wịnd·fang *der*; ein kleiner Raum zwischen Haus- u. Wohnungstür (zum Schutz vor Kälte) 挡风门斗

Wịnd·ho·se *die*; ein Wirbelwind, der Sand u. Staub kreisförmig nach oben weht 旋风，龙卷风

Wịnd·hund *der* **1.** ein relativ großer, sehr dünner Hund, der schnell laufen kann 灵猩(一种跑得特别快的猎犬) **2.** *gespr pej* [口][贬]； ein leichtsinniger, unzuverlässiger Mann 轻浮的男人，朝三暮四的男人

wịn·dig *Adj* (形)； *nicht adv* (不作状语) **1.** mit relativ starkem Wind 有风的，风大的 ↔ windstill **2.** *mst attr*, *gespr pej* (多作定语) [口][贬]； sehr zweifelhaft 很可疑的，靠不住的，站不住脚的〈ein Plan, ein Alibi 计划，不在犯罪现场的证明〉 **3.** *mst attr*, *gespr pej* (多作定语) [口][贬]；〈e-e Bude, ein Haus 小木屋，房屋〉 so, dass sie keinen soliden Eindruck machen 摇摇晃晃的，岌岌可危的

Wịnd·ja·cke *die*; e-e leichte Jacke (aus imprägniertem Material) zum Schutz gegen Regen 防雨的上衣，防雨夹克

Wịnd·jam·mer *der*; -*s*, -; ein großes Segelschiff 大帆船

Wịnd·ka·nal *der*; e-e Vorrichtung, in der ein künstlicher Luftstrom erzeugt wird, um die aerodynamischen Qualitäten *bes* von Fahrzeugen zu messen 风洞，风道

Wịnd·kraft·an·la·ge *die*; e-e technische Anlage (ein Windrad), die mithilfe von Wind Energie produziert 风力发电装置，风力发电设备

Wịnd·licht *das*; e-e Kerze, deren Flamme durch Glas vor Wind geschützt wird 风灯

Wịnd·müh·le *die*; e-e Mühle (mit großen Flügeln[1] (4)), die vom Wind angetrieben wird 风车，风磨 ‖ ID [谚] ***gegen Windmühlen kämpfen*** ohne Aussicht auf Erfolg gegen etw. kämpfen 作无谓的斗争

Windmühle

Wind·po·cken *die*; *Pl*（复）; e-e *mst* ungefährliche Infektionskrankheit, die *bes* bei Kindern vorkommt u. die auf der Haut Flecken u. Bläschen erzeugt 水痘

Wind·rad *das* **1**. e-e Maschine, deren Flügel[1] (4) durch den Wind gedreht werden und die so Energie erzeugt 风车≈ Windmotor **2**. ein Spielzeug für Kinder ähnlich e-m W. (1)（玩具）风车

Wind·ro·se *die*; e-e Art runde Scheibe mit Angabe der Himmelsrichtungen 罗盘的指针面，罗经刻度盘

Wind·schat·ten *der*; *mst* 多用 ***im W. von j-m/etw.*** während des Fahrens hinter j-m/etw. (sodass man selbst weniger Luftwiderstand hat) 在…下风，在…背风面

wind·schief *Adj*（形）; *nicht adv*（不作状语）; (oft durch Einwirkung des Windes) schief, ungerade geworden 倾斜的，歪斜的〈ein Haus, ein Baum 房屋，树〉

Wind·schutz|schei·be *die*; die vordere Glasscheibe des Autos 挡风玻璃≈ Frontscheibe ‖ ↑ *Abb. unter* 图见 ***Auto***

Wind·stär·ke *die*; die Geschwindigkeit des Windes (*mst* auf e-r Skala gemessen) 风力，风速: *Der Sturm blies mit W. 9* 风暴风力达九级; *ein Orkan von W. 12*（风力）12 级的飓风

wind·still *Adj*（形）; *nicht adv*（不作状语）; ohne jede Bewegung der Luft 无风的，风平浪静的 ‖ *hierzu*（派生）**Wind·stil·le** *die*

Wind·stoß *der*; ein kurzer, kräftiger Wind 阵风

Win·dung *die*; -, *-en* **1**. *mst Pl*（多用复数）; e-e Bewegung durch Drehen u. Gleiten auf dem Boden 蜿蜒，蛇行 **2**. *mst Pl*（多用复数）; der Verlauf von etw., das viele enge Kurven od. Biegungen hat 曲折，弯曲处，卷曲结构〈die Windungen e-s Flusses, e-r Straße 河流，道路的弯曲处; die Windungen des Darms, im Gehirn 肠回旋，大脑中的卷曲结构〉 ‖ -K（复合）: ***Darm-, Gehirn-***

Wink [vɪŋk] *der*; *-(e)s, -e* **1**. ein Signal, das j-m durch e-e kurze Bewegung des Kopfes, der Augen od. der Hand gegeben wird（以头、眼睛或手）示意 **2**. ≈ Hinweis, Tipp〈e-n W. erhalten, bekommen, verstehen 得到，接到，领会提示〉 ‖ ID [谚] ***ein W. des Himmels/Schicksals*** ein Ereignis im Leben, das man als wegweisend versteht 上天的旨意/命运的安排; ***ein W. mit dem Zaunpfahl*** ein sehr deutlicher Hinweis 明显的暗示

Win·kel [ˈvɪŋkl] *der*; *-s, -* **1**. das Verhältnis, das zwei Linien od. Flächen bilden, wenn sie aufeinander treffen od. einander schneiden 角，角度〈ein W. von 45° 45 度角〉: *Die Winkel im Dreieck ergeben zusammen 180°* 三角形三角之和为 180 度 ‖ K-（复合）: ***Winkel-, -messung*** **2**. ***ein spitzer W.*** ein W. (1) von weniger als 90° 锐角 **3**. ***ein rechter W.*** ein W. (1) von 90° 直角 **4**. ***ein stumpfer W.*** ein W. (1) von mehr als 90° 钝角 **5**. ein dreieckiges Instrument für geometrische Zeichnungen 角尺，角规 **6**. der Raum, der dort entsteht, wo Wände od. Kanten zusammenkommen 角落，隅≈ Ecke **7**. ein Platz od. Ort, der *mst* ruhig u. einsam ist 冷僻处，僻静的角落 **8**. ***j-d/etw. ist/liegt im toten W.*** j-d/etw. ist in e-r Position, in der er/es nicht gesehen werden kann（人/物作主语）位于隐蔽的角落

Winkel

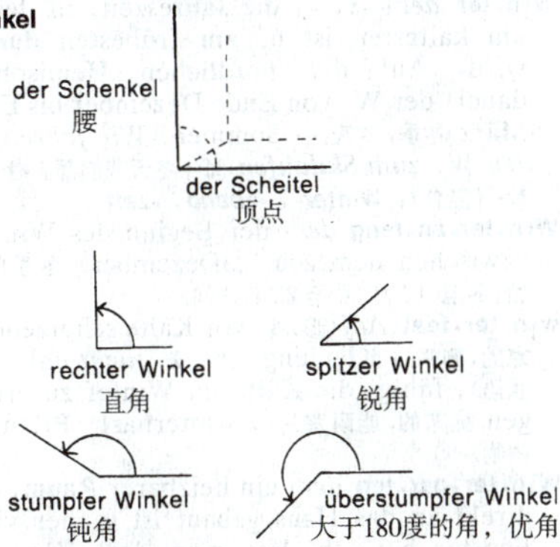

Win·kel·ad·vo·kat *der*; ein schlechter Rechtsanwalt 不称职的律师 ‖ *hierzu*（派生）**Win·kel·ad·vo·ka·tin** *die*

Winkelmesser

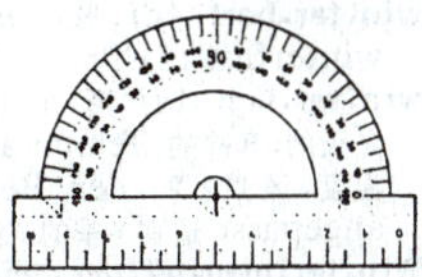

win·ke·lig ↑ ***winklig***

Win·kel·mes·ser *der*; e-e Scheibe mit e-r kreisförmigen Skala, mit der Winkel (1) gemessen werden 量角器，分度规，分度仪

Win·kel·zug *der*; *mst pej* 多作 [贬]; ein schlaues Vorgehen, mit dem man *mst* indirekt sein Ziel erreicht 拐弯抹角的手法，诡计，巧妙的手段

win·ken [ˈvɪŋkn]; *winkte, hat gewinkt / gespr auch* [口] 也用 *gewunken*; [Vi]（不及物）**1**. ***(j-m) (mit etw.) w.*** mit der erhobenen Hand od. mit e-m Tuch *o. Ä.* e-e Bewegung machen, die *mst* e-n Gruß ausdrückt 挥手（致意），打招呼〈j-m mit dem Taschentuch w. 向某人挥动手绢; j-m zum Abschied w. 向某人挥手告别〉 **2**. ***j-m/etw. w.*** j-n durch e-e Bewegung der Hand auffordern zu kommen 招手，招呼（过来）〈dem Kellner, e-m Taxi w. 招手让服务员、出租车过来〉 **3**. ***etw. winkt j-m*** etw. steht als mögliche Belohnung für j-n in Aussicht（物作主语）向…招手: *Dem Sieger winkt ein hoher Gewinn* 高额奖赏在向胜利者招手; [Vt]（及物）**4**. ***j-n/etw. irgendwohin w.*** j-m w. (2), um ihn aufzufordern, irgendwohin zu fahren *o. Ä.* 示意…朝…方向开、走等: *Die Polizei winkte den Wagen an den Straßenrand* 警察示意让汽

W

车开到路边来

wịnk·lig *Adj*（形）；mit vielen Winkeln (6) u. Ecken 多角落的，弯弯曲曲的〈e-e Stadt, e-e Gasse, e-e Wohnung 城市，胡同，住房〉

wịn·seln；*winselte, hat gewinselt*；[Vi]（不及物）**1. *ein Hund winselt*** ein Hund erzeugt hohe, jammernde Töne 狗在哀嚎 **2.**（***um etw.***）***w.*** *pej*［贬］；jammernd um etw. bitten 乞求，哀求〈um Gnade w. 乞求宽恕〉

Wịn·ter *der*；*-s, -*；die Jahreszeit, in der es am kältesten ist u. am frühesten dunkel wird. Auf der nördlichen Hemisphäre dauert der W. von Ende Dezember bis Ende März 冬季，冬天 ↔ Sommer：*Wir fahren jeden W. zum Skilaufen* 每年冬天我们都去滑雪 ‖ K-（复合）：***Winter-, -abend, -zeit***

Wịn·ter·an·fang *der*；der Beginn des Winters (zwischen dem 20u. 23Dezember) 冬季的开始，冬至(12 月 20 至 23 日之间)

wịn·ter·fest *Adj*（形）**1.** vor Kälte schützend 防寒的，御寒的〈Kleidung 衣服〉**2.** *nicht adv*（不作状语）；fähig, die Kälte im Winter zu ertragen 抗冻的，能耐寒的≈ winterhart〈Pflanzen 植物〉

Wịn·ter·gar·ten *der*；ein heizbarer Raum, der direkt an das Haus gebaut ist u. der viele Fenster hat, so dass man dort Zimmerpflanzen halten kann 暖房，温室

Wịn·ter·ge·trei·de *das*；Getreide, das im Herbst gesät wird 越冬作物

wịn·ter·hart *Adj*（形）；*nicht adv*（不作状语）≈ winterfest (2)

wịn·ter·lich *Adj*（形）**1.** typisch für den Winter 冬天的，寒冷的〈Temperaturen, e-e Landschaft 温度，风景〉**2.** den Bedingungen im Winter angepasst 适宜冬季的，冬令的〈Kleidung 衣服〉

Wịn·ter·man·tel *der*；ein warmer Mantel für den Winter 冬大衣

Wịn·ter·mo·de *die*；die Mode für die Kleidung im Winter 冬季时装

Wịn·ter·olym·pi·a·de *die*；*nur Sg*（只用单数）；die Olympischen Spiele, die für den Wintersport stattfinden 冬季奥林匹克运动会

Wịn·ter·rei·fen *der*；ein Autoreifen, der für das Fahren auf Schnee od. Eis besonders geeignet ist（冬季用的）防滑轮胎

Wịn·ter·schlaf *der*；ein schlafähnlicher Zustand mancher Tiere während des Winters 冬眠：*Der Hamster hält e-n W.* 仓鼠要冬眠

Wịn·ter|schlụss·ver·kauf *der*；der Verkauf der Winterartikel zu reduzierten Preisen (*mst* Ende Januar) 冬季大减价，冬季廉价大拍卖（多在一月底）↔ Sommerschlussverkauf

Wịn·ter·se·mes·ter *das*；das Halbjahr von Oktober bis März *bes* an Universitäten 冬季学期(10 月至 3 月)↔ Sommersemester

Wịn·ter·spie·le *die*；*Pl*（复）；↑ ***Winterolympiade***

Wịn·ter·sport *der*；der Sport, den man auf Schnee od. Eis treibt 冬季运动，冬季体育项目〈W. treiben 进行冬季锻炼〉

Wịn·zer *der*；*-s, -*；j-d, der Weinreben anbaut u. dann Wein herstellt 葡萄种植者，葡萄园主(包括酿制葡萄酒)≈ Weinbauer ‖ *hierzu*（派生）**Wịn·ze·rin** *die*；*-, -nen*

wịn·zig *Adj*（形）**1.** sehr klein 微小的，极小的〈Bakterien 细菌〉**2.** sehr gering, ohne Bedeutung 微不足道的，细小的≈ schwach〈ein Unterschied 区别〉‖ *hierzu*（派生）**Wịn·zig·keit** *die*；*nur Sg*（只用单数）

Wịp·fel *der*；*-s, -*；das obere Ende eines Baumes 树梢≈ Spitze ‖ -K（复合）：***Baum-***

Wịp·pe *die*；*-, -n*；e-e Art Schaukel, bei der ein Brett in der Mitte so befestigt ist, dass das eine Ende nach oben geht, wenn das andere nach unten geht 跷跷板

wịp·pen；*wippte, hat gewippt*；[Vi]（不及物）**1.** auf e-r Wippe *o. Ä.* auf u. ab schaukeln 玩跷跷板 **2. *mit etw. w.*** e-n Körperteil leicht u. regelmäßig auf u. ab bewegen 颠，摆动，晃动(身体一个部位)〈mit den Beinen w. 颠着双腿；ein wippender Gang 一颠一颠的走路〉**3. *etw. wippt*** etw. schwingt leicht hin u. her od. auf u. ab（物作主语）左右或上下轻轻飘动〈der Rock wippt beim Gehen 裙子随着步伐轻轻飘动〉

wir *Personalpronomen der 1. Person Pl*（人称代词，第一人称复数）**1.** verwendet, wenn man von zwei od. mehr Personen spricht, zu denen man selbst gehört 我们：*Wir gehen heute Abend ins Kino; was habt ihr vor?* 我们今晚去看电影；你们有什么打算?；wir Jungen/anderen 我们年轻人/我们外人 **2.** verwendet von e-m Redner od. Autor, um nicht in der 1. Person Sg. zu sprechen(演讲者或作者自谦用语)我们，笔者，本人：*Im nächsten Abschnitt gehen wir auf dieses Problem noch näher ein* 在下一段我们将更加详细地探讨这个问题 **3.** oft verwendet, wenn Erwachsene ein Kind (od. Ärzte e-n Patienten) anreden(成人对儿童或医生对病人的用语)你：*Wie haben wir denn heute Nacht geschlafen?* 昨天夜里你睡得好吗? ‖ NB(注意)：↑ *Tabelle unter* 图表见 ***Personalpronomen***

Wịr·bel *der*；*-s, -*；**1.** e-e schnelle, kreisende Bewegung *bes* der Luft od. des Wassers 旋涡，涡流 ‖ K-（复合）：***Wirbel-, -sturm*** ‖ -K（复合）：***Wasser-, Luft-*** **2.** ein aufgeregtes Durcheinander, Hektik 忙乱，慌乱，纷乱 **3.** die Stelle auf der Kopfhaut, von der aus die Haare in verschiedene Richtungen wachsen 发旋儿，发涡 ‖ -K（复合）：***Haar-*** **4.** ein einzelner Knochen der Wirbelsäule od. e-r ähnlichen Verbindung von Knochen 椎骨 ‖ K-（复合）：***Wirbel-, -knochen*** ‖ -K（复合）：***Brust-*** **5.** der Teil e-s Saiteninstruments in der Form e-r Schraube, um die das Ende der Saite gewickelt ist（弦乐器上调弦用的）弦轴 ‖ ID［谚］***viel W. um j-n/etw. machen*** großes Aufsehen wegen j-m/etw. machen 为某人/某事引起很大轰动；***viel W. um nichts*** viel Aufhebens um etw. Unwichtiges 大惊小怪

wịr·bel·los *Adj*（形）；*nicht adv*（不作状语）；

W

ohne Wirbelsäule 无脊椎的：*Insekten sind wirbellose Tiere* 昆虫是无脊椎动物

wir·beln；*wirbelte*，*ist*/*hat gewirbelt*；[Vt]（及物）（*hat*）**1. *j-n*/*etw. irgendwohin w.*** j-n/etw. schnell u. in Kurven od. Kreisen bewegen 把…卷到，把…刮到：*Der Wind wirbelte die Blätter durch die Luft* 风将树叶卷向空中；[Vi]（不及物）（*ist*）**2.**（***irgendwohin***）***w.*** sich schnell u. *mst* drehend bewegen 旋转，回旋，起旋涡：*Konfetti wirbelten durch die Luft* 五彩纸屑漫天飞舞；*Sie wirbelte über die Tanzfläche* 她在舞池中翩翩起舞

Wir·bel·säu·le *die*；*mst Sg*（多用单数）；e-e Reihe von Knochen, die beweglich miteinander verbunden sind u. den Rücken bilden 脊椎，脊柱≈ Rückgrat ‖ ↑ *Abb. unter* 图见 ***Skelett***

Wir·bel·tier *das*；ein Tier, das e-e Wirbelsäule hat 脊椎动物

Wir·bel·wind *der*；ein starker, kreisförmiger, drehender Wind 旋风，龙卷风

wirbt *Präsens*，*3. Person Sg*（现在时，第三人称单数）；↑ ***werben***

wird *Präsens*，*3. Person Sg*（现在时，第三人称单数）；↑ ***werden***

wirft *Präsens*，*3. Person Sg*（现在时，第三人称单数）；↑ ***werfen***

wir·ken[1]；*wirkte*，*hat gewirkt*；[Vi]（不及物）**1. *etw. wirkt irgendwie*（*auf j-n*/*etw.*）** etw. hat e-n bestimmten Einfluss auf j-n/etw.（物作主语）（对…）起作用，产生影响〈anregend, beruhigend, berauschend, heilend w. 起兴奋、镇静、麻醉、治疗的作用〉：*Kaffee wirkt auf die meisten Menschen anregend* 咖啡对大多数人有兴奋作用 **2. *etw. wirkt*（*gegen etw.*）** etw. hat e-e bestimmte Eigenschaft u. heilt daher（物作主语）（对医治…）有疗效，有效〈ein Medikament 药〉：*Diese Tabletten wirken gegen Kopfschmerzen* 这种药片对头痛有疗效 **3. *j-d*/*etw. wirkt irgendwie*（*auf j-n*）** j-d/etw. macht e-n bestimmten Eindruck (auf j-n)（人/物作主语）（给…）产生一种印象，看上去，显得〈fröhlich, müde, traurig w. 看上去很愉快，很累，很悲伤〉**4. *j-d wirkt*（*als etw.*）** *geschr*［书］；j-d ist in e-m bestimmten, *mst* schwierigen Beruf tätig（人作主语）从事（职业），做…工作：*Albert Schweitzer wirkte als Arzt u. Missionar* 阿尔贝特·施魏策尔既当医生又当传教士；[Vt]（及物）**5.** *mst* 多用 ***j-d*/*etw. wirkt*（*wahre*）*Wunder*** j-d leistet etw. Ungewöhnliches (u. *mst* Unerwartetes)/etw. hat e-e sehr positive, erfreuliche Wirkung（人/物作主语）创造（真正的）奇迹/产生奇效

wir·ken[2]；*wirkte*，*hat gewirkt*；[Vt]（及物）***etw. w.*** Garn, Wolle *o. Ä.* zu e-m festen Stoff od. Gewebe miteinander verbinden 编织，编结〈e-e Tischdecke, e-n Teppich w. 编织桌布，地毯〉

wirk·lich *Adj*（形）**1.** der Realität entsprechend, tatsächlich vorhanden 真实的，真的，实际存在的，现实的：*Es ist w. so geschehen*，*es war kein Traum* 事情确实这样发生了，这不是梦 **2.** *mst attr*（多作定语）；mit den（*mst* guten）Eigenschaften, die man sich vorstellt 真正的，地道的，名副其实的≈ echt[1] (2)〈ein Freund, ein Künstler, ein Erfolg, e-e Hilfe 朋友，艺术家，成就，帮助〉**3.** *nur adv*（只作状语）；verwendet, um e-e Aussage zu verstärken 真的，确实，的确：*Das weiß ich w. nicht* 这事儿我真不知道；*Das tut mir w. Leid* 我真的很抱歉

Wirk·lich·keit *die*；-，*-en*；*mst Sg*（多用单数）**1.** das, was tatsächlich existiert 现实，实际情况，事实≈ Realität ‖ K-（复合）：***wirklichkeits-***，***-nah*** **2. *in W.*** so, wie die Dinge wirklich (1) sind 事实上，实际上，其实 ‖ ID［谚］***der W. ins Auge sehen*** die W. (1) so akzeptieren (müssen), wie sie ist 正视现实

wirk·lich·keits·fremd *Adj*（形）**1.**〈Pläne, Ideale, Vorstellungen 计划，理想，想象〉so, dass sie nicht in Erfüllung gehen können, weil die Bedingungen dafür nicht gegeben sind 不现实的，不切实际的，与现实不符的 **2.**〈ein Mensch 人〉so, dass er die Wirklichkeit nicht (an)erkennt 不了解现实的，不谙世故的，远离现实生活的

wirk·lich·keits·ge·treu *Adj*（形）；der Realität genau entsprechend 维妙维肖的，逼真的〈e-e Zeichnung, e-e Nachbildung 画，复制品〉

wirk·sam *Adj*（形）；〈ein Medikament 药；e-e Maßnahme 措施〉so, dass sie den gewünschten Effekt, das gewünschte Resultat erzielen 有效的，起作用的 ‖ ID［谚］*mst* 多用 ***etw. wird w.*** etw. tritt in Kraft, wird rechtsgültig（物作主语）生效 ‖ *hierzu*（派生）**Wirk·sam·keit** *die*

Wirk·stoff *der*；e-e Substanz, die für das Funktionieren des Organismus wesentlich ist (*z. B.* ein Hormon) od. die als Medikament wirkt 生物活性物质

Wir·kung *die*；-，*-en* **1.** der Einfluss, den etw. auf j-n/etw. hat 作用，影响〈etw. hat e-e starke, schnelle, nachhaltige W. (auf j-n) 某物（对某人）影响很大，很快，持久；etw. bleibt ohne W. 某物不起作用〉**2.** das Ergebnis der Anwendung von etw. (*z. B.* als Medikament) 效果，疗效，效应〈e-e schmerzlindernde W. 镇痛作用〉**3.** der Eindruck, den j-d bei j-m hinterlässt 印象：*Er hat e-e ziemliche W. auf sie gehabt*（= er hat sie stark beeindruckt）他给她留下了相当深的印象 ‖ K-（复合）：***Wirkungs-***，***-bereich*** ‖ ID［谚］*mst* 多用 ***mit W. vom*** + *Datum*（日期）von e-m bestimmten Tag an 自某日起生效，有效：*Das Gesetz trat mit W. vom 1. Juli 1990 in Kraft* 该法律自 1990 年 7 月 1 日起生效

Wir·kungs·grad *der*；PHYS【物】；die Relation zwischen der aufgewandten Leistung u. dem Nutzen e-r Maschine 效率，有效系数≈ Effektivität：*etw. erreicht e-n hohen W.* 某物效率很高

Wir·kungs·kreis *der* ≈ Wirkungsbereich

wir·kungs·los *Adj*（形）；〈ein Medikament 药；e-e Maßnahme 措施〉so, dass sie ohne Wirkung bleiben, kein Ergebnis aufweisen

无效的,无疗效的,不起作用的,无影响的 ↔ wirksam ‖ *hierzu*（派生）**Wịr·kungs·lo·sig·keit** *die*; *nur Sg*（只用单数）

Wịr·kungs·stät·te *die*; *geschr*［书］; der Ort, an dem *mst* ein Künstler arbeitet(艺术家的)工作室,工作场所

wịr·kungs·voll *Adj*（形）; ⟨e-e Maßnahme 措施⟩ so, dass sie e-e starke Wirkung erzielt 卓有成效的,高效的,很有影响的 ≈ effizient

wịrr *Adj*（形）; ⟨Gedanken, Vorstellungen 想法,想象; Haare 头发; Dinge liegen w. durcheinander 东西放得一团糟; j-n w. machen 把某人搞糊涂; wirres Zeug reden 说胡话,胡说八道⟩ so, dass man in ihnen keine Ordnung, kein System sehen kann 混乱的,散乱的,紊乱的,模糊不清的

Wịr·ren *die*; *Pl*（复）; ungeordnete politische u. soziale Verhältnisse 混乱,动荡: *die W. der Nachkriegszeit* 战后的动荡

Wịrr·kopf *der*; *pej*［贬］; j-d, der unklar u. wirr denkt 头脑糊涂的人 ‖ *hierzu*（派生）**wịrr·köp·fig** *Adj*（形）

Wịrr·warr *der*; *-s*; *nur Sg*（只用单数）; ein Durcheinander, e-e Unordnung 混乱,杂乱无章,乱七八糟: *ein W. von Stimmen* 声音嘈杂

Wị·sing *der*; *-s*; *nur Sg*（只用单数）; e-e Kohlart mit krausen Blättern 皱叶甘蓝

wịrst *Präsens, 2. Person Sg*（现在时,第二人称单数）; ↑ ***werden***

Wịrt *der*; *-(e)s, -e* **1.** *Kurzw*（略）↑ ***Gastwirt*** ‖ K-（复合）: ***Wirts-, -haus*** **2.** ≈ Gastgeber **3.** BIOL【生】; ein Organismus, in dem andere Tiere od. Pflanzen leben u. von dem sie sich ernähren 寄主,宿主: *Bandwürmer benutzen Menschen u. Tiere als W.* 绦虫把人和动物作为寄主 ‖ *zu*（义项）**1.** u. **2.** **Wịr·tin** *die*; *-, -nen*

Wịrt·schaft *die*; *-, -en* **1.** *mst Sg*（多用单数）; alle Firmen, Geschäfte, Institutionen u. Maßnahmen, die mit der Herstellung u. Verteilung von Waren zu tun haben 经济⟨die W. ankurbeln, lenken 促进,控制经济; in der W. tätig sein 在经济界工作; die kapitalistische, sozialistische W. 资本主义经济,社会主义经济; e-e blühende, stagnierende W. 繁荣的,停滞的经济⟩ ‖ K-（复合）: ***Wirtschafts-, -aufschwung, -minister, -wachstum*** ‖ -K（复合）: ***Welt-*** **2.** *Kurzw*（略）↑ ***Gastwirtschaft*** ⟨in die W. gehen 去旅店⟩ **3.** *nur Sg, veraltend*（只用单数）［渐旧］≈ Haushalt (1) ‖ K-（复合）: ***Wirtschafts-, -buch*** **4.** *nur Sg*（只用单数）; das sinnvolle (u. sparsame) Verwenden von Geld 精打细算 ≈ das Wirtschaften ‖ ID［谚］***e-e schöne W.!*** *gespr*［口］; was für e-e Unordnung! 真是乱七八糟!

wịrt·schaf·ten; *wirtschaftete, hat gewirtschaftet*; Vi（不及物）(***mit etw.***) ***w.*** vorhandene (finanzielle) Mittel planvoll einteilen u. sparsam verwenden, um möglichst viel Nutzen zu erzielen 经营,管理⟨gut, schlecht w. 经营得好,不善; mit Gewinn w. 经营赢利⟩

Wịrt·schaf·te·rin *die*; *-, -nen* **1.** ≈ Haushälterin **2.** e-e Frau, die in e-m Hotel od. e-m Heim (3) das Einkaufen u. die Versorgung organisiert 女主管,女管家

wịrt·schaft·lich *Adj*（形）**1.** *mst attr*（多作定语）; die Wirtschaft (1) betreffend, zu ihr gehörend 经济的 ≈ ökonomisch ⟨die Lage, die Situation, die Verhältnisse 形势,情况,状况⟩ **2.** die Finanzen, das Geld betreffend 财政的,经济上的 ≈ finanziell ⟨e-e Notlage 困境; es geht j-m w. gut/schlecht 他的经济状况好/不好⟩ **3.** sparsam, nicht verschwenderisch 节俭的,节约的⟨w. arbeiten, Haus halten 工作注意节约,节俭持家; w. mit etw. umgehen 处理某事很节约⟩ ‖ *zu*（义项）**3** **Wịrt·schaft·lich·keit** *die*; *nur Sg*（只用单数）

Wịrt·schafts·ab·kom·men *das*; ein Vertrag zwischen zwei Staaten über gegenseitige wirtschaftliche (1) Beziehungen 经济协定

Wịrt·schafts·blo·cka·de *die*; POL【政】; ein Boykott, der *mst* gegen ein Land gerichtet ist u. es wirtschaftlich isolieren soll 经济封锁

Wịrt·schafts·flücht·ling *der*; *neg!*［侮］; j-d, der aus wirtschaftlichen Gründen seine Heimat verlässt u. in e-m anderen Staat um Asyl bittet 经济难民

Wịrt·schafts·geld *das* ≈ Haushaltsgeld

Wịrt·schafts·ge·mein·schaft *die*; e-e Union von Staaten zu wirtschaftlichen Zwecken 经济共同体

Wịrt·schafts·kri·se *die*; der Zusammenbruch e-r Konjunktur, der zu wirtschaftlichen (1) Problemen führt 经济危机 ‖ -K（复合）: ***Welt-***

Wịrt·schafts·prü·fer *der*; ein Experte (mit e-r besonderen Ausbildung u. mit e-r Zulassung vom Staat), der die Bilanzen von Firmen prüft 审计师 ‖ *hierzu*（派生）**Wịrt·schafts·prü·fe·rin** *die*

Wịrt·schafts·raum *der* **1.** WIRTSCH【经】; ein Gebiet, das wirtschaftlich zusammenhängt 经济区: *der W. Ruhrgebiet* 鲁尔经济区 **2.** *mst Pl*（多用复数）; die Räume in e-m großen Betrieb, Krankenhaus *o. Ä.*, in denen gekocht, gewaschen wird *o. Ä.*（大企业、医院等的）后勤用房

Wịrt·schafts·stand·ort *der*; WIRTSCH【经】; ein Land, ein Gebiet od. e-e Stadt, in denen Firmen Arbeitsplätze schaffen, Steuern zahlen *usw*（企业发展的）经济选址

Wịrt·schafts·wis·sen·schaft *die*; *mst Pl*（多用复数）; e-e wissenschaftliche Disziplin, in der besonders Volks-, Betriebs- u. Finanzwirtschaft betrieben wird 经济学

Wịrt·schafts·wun·der *das* **1.** ein überraschend schnelles Wachsen der wirtschaftlichen Produktion 经济奇迹 **2.** ***das W.*** die schnelle wirtschaftliche (1) Entwicklung in der Bundesrepublik Deutschland nach 1948（指联邦德国1948年以后的）经济奇迹

Wịrt·schafts·zweig *der*; ein Bereich der Wirtschaft (1) 经济部门: *Die Stahlindustrie ist ein wichtiger W.* 钢铁工业是一个重要的经济部

门

Wirts·haus *das* ≈ Gasthaus

wi·schen[1]；*wischte*，*hat gewischt*；Vt（及物）**1.**（***sich***（*Dat* 三格））***etw. w.*** etw. sauber machen，indem man es mit e-m（oft nassen）Tuch reibt 擦，揩，擦拭，擦净，拖净〈den Tisch，den Boden，die Treppe w. 擦桌子、地板、楼梯；sich die Stirn，den Mund w. 擦前额，嘴〉‖ K-（复合）：***Wisch-***，***-lappen***，***-tuch*** **2.** ***etw. w.*** etw. durch Wischen[1]（1）entfernen 擦掉，抹去〈Staub w.，den Schweiß von der Stirn w.，die Krümel vom Tisch w. 擦掉灰尘，额上的汗珠，桌上的碎屑〉**3.** Ⓒⓗ［瑞］≈ putzen；Vi（不及物）**4.** *mst* 多用 ***sich***（*Dat* 三格）***mit der Hand über die Stirn w.*** die Hand über die Stirn führen（13）（*z.B.* um Schweiß abzuwischen）用手擦擦前额 ‖ ID［谚］***j-m eine w.*** *gespr!*［粗］j-m e-e Ohrfeige geben 打某人一记耳光

wi·schen[2]；*wischte*，*ist gewischt*；Vi *gespr*（不及物）［口］；***irgendwohin w.*** sich schnell，geschickt u. leise irgendwohin bewegen 疾走，快跑

Wi·scher *der*；*-s*，*-*；*Kurzw*（略）↑ ***Scheibenwischer***

wisch·fest *Adj*（形）；so，dass es nicht durch Wischen[1]（1）entfernt werden kann 耐擦拭的，不易擦掉的：*e-e wischfeste Farbe* 擦不掉的颜料

Wi·schi·wa·schi *das*；*-s*；*nur Sg*，*pej*（只用单数）［贬］；unklare，unpräzise Äußerungen 空话，废话：*Alles*，*was er sagte*，*war nur W.* 他说的话全是废话

Wi·sent *das*；*-s*，*-e*；e-e wilde，besonders große europäische Art des Rindes，die es heute nur noch in Reservaten u. Zoos gibt 欧洲野牛

Wis·mut *das*；*-s*；*nur Sg*（只用单数）；ein rötlichweißes Schwermetall 铋；CHEM【化】Bi

wis·pern；*wisperte*，*hat gewispert*；Vt/i（及物/不及物）（***etw.***）***w.*** etw. sehr leise sagen 耳语，低声说，窃窃私语 ≈ flüstern〈j-m etw. ins Ohr w. 在某人耳边低声告诉他某事〉

Wiss·be·gier(·de) *die*；*-*；*nur Sg*（只用单数）；der starke Wunsch，viel zu erfahren u. zu wissen 求知欲，好学精神〈von W. besessen sein 充满求知的欲望〉‖ *hierzu*（派生）**wiss·be·gie·rig** *Adj*（形）

wis·sen；*weiß*，*wusste*，*hat gewusst*；（*kein Passiv*！不用被动语态！）Vt（及物）**1.** ***etw. w.*** durch seine allgemeinen Kenntnisse，durch Lesen *o.Ä.* gewisse Informationen haben 知道，了解〈die Antwort w. 知道答案；die Lösung e-s Rätsels w. 知道谜底；e-n Rat w. 知道一种办法，有个主意〉‖ NB（注意）：*kennen* betont die Kenntnisse，die man aus persönlicher Erfahrung hat，bei *wissen* geht es um Informationen，die man auch *z.B.* aus Büchern hat（kennen 强调凭个人经验获得的知识，wissen 指的是获得的信息，也有从书本中所得到的）：*Ich weiß den Weg*（ich habe auf der Karte nachgesehen）我知道路（我查了地图）；*Ich kenne den Weg*（hier war ich schon mal）我认识路（我已来过一次）**2.**（***et***）***was***/***viel***/***wenig***/***nichts über j-n***/***etw. w.*** einige/keine Informationen über j-n/etw. haben 知道一些/许多/不多关于某人/某物的情况，不知道某人/某物的情况：*Niemand weiß etwas über unseren Plan* 没有人知道我们的计划 **3.** ***sich***/***etw.*** + ***zu*** + *Infinitiv*（不定式）***w.*** verstehen，wie man etw. tut，in der Lage sein，etw. zu tun 懂得，明白，会〈sich（*Dat* 三格）zu helfen w. 懂得怎么办，会想办法自救；etw. zu schätzen w. 懂得如何评价某物，懂得某物的价值〉：*Als Arzt muss man mit Menschen umzugehen w.* 作为医生必须懂得与人打交道 **4.** *mst* 多用 ***j-n in Sicherheit w.*** erfahren haben，dass j-d in Sicherheit ist 得知某人平安无事；Vt/i（及物/不及物）**5.**（*mst* 多用（***et***）***was***/***nichts***）***von j-m***/***etw. w.***（etwas/nichts）über j-n/etw. erfahren haben 对…（有点儿/一点儿也不）知道，了解：*Er hat von der Sache*（*nichts*）*gewusst* 他了解此事（对此事一无所知）；Vi（不及物）**6.** ***um etw. w.*** sich der Bedeutung u. der Folgen von etw. bewusst sein 了解，意识到：*Ich weiß um die Wichtigkeit Ihres Anliegens* 我知道您所关心的事情的重要性 **7.** ***ich weiß***（***schon***）*gespr*［口］；verwendet，um auszudrücken，dass einem etw. schon bekannt ist（u. *mst* um deswegen seine Ungeduld auszudrücken）（表示不耐烦）这我知道，我早知道了 **8.** ***weißt du***/***wissen Sie*** *gespr*［口］；verwendet im Gespräch，um e-n neuen Gedanken einzuleiten（用于会话，引出新话题）你/您知道吗：*Weißt du*，*im Grunde hat er recht* 你知道吗？归根结底他是对的 ‖ ID［谚］***Was ich nicht weiß，macht mich nicht heiß*** worüber man nichts erfährt，braucht man sich nicht aufzuregen 眼不见心不烦；***j-n etw. w. lassen*** j-m etw. mitteilen 把某事告诉某人，让某人知道；***von j-m***/***etw. nichts***（***mehr***）***w. wollen*** mit j-m/etw. nichts（mehr）zu tun haben wollen 不愿再和某人/某事打交道，对某人/某物不再感兴趣 ***etw.***（***genau***）***w. wollen*** e-e Entscheidung schnell herbeiführen wollen 急于想知道某事；***Was weiß 'ich!*** *gespr!*［粗］ich weiß es nicht u. es interessiert mich auch nicht 我怎么知道！（我不知道，也不感兴趣）‖ ▶ ***Wissen***，***weise***

Wis·sen *das*；*-s*；*nur Sg*（只用单数）**1.** ***das W. in etw.***（*Dat* 三格）die Gesamtheit der Kenntnisse（auf e-m bestimmten Gebiet od. überhaupt）（某方面的）知识，学问，学识〈enormes，großes，umfassendes W. 丰富的，渊博的，广博的知识；sich W. aneignen 获得知识；sein Wissen in Biologie，Mathematik *usw* 他在生物、数学等方面的学识〉‖ K-（复合）：***Wissens-***，***-gebiet*** ‖ -K（复合）：***Grund-***，***Schul-***，***Spezial-*** **2.** ***das W. über etw.***（*Akk* 四格）/ *gespr auch*［口］也用 ***von etw.*** die Kenntnis e-r bestimmten Tatsache，e-s bestimmten Sachverhalts *o.Ä.* 认识，了解：*Sein W. über die Zusammenhänge in diesem Fall ist von großer Bedeutung* 他对这件事的来龙去脉的了解具有重大的意义 **3.** ***das W. um etw.*** *geschr*

W

［书］；die bewusste Kenntnis e-s Sachverhalts 知道，清楚：*Trotz seines Wissens um die Brisanz der Sache hat er mit der Presse geredet* 尽管他清楚事件的爆炸性，他还是对新闻界讲了 ‖ ID［谚］**W. ist Macht** wer viel weiß, kann über andere Macht ausüben 知识就是力量；**meines**（**unseres**）**Wissens** *Abk* 缩写 **m. W.**（**u. W.**）soviel ich weiß（soviel wir wissen）据我（我们）所知；**etw. gegen / wider sein besseres W. tun** etw. tun, obwohl man sich bewusst ist, dass es falsch od. unrecht ist 违心地做某事；**etw. nach bestem W. u. Gewissen tun** etw. voll bewusst u. in voller Verantwortung tun 尽心尽力地做某事，非常负责地做某事；**ohne j-s W.** ohne dass j-d davon weiß 在某人不知道的情况下

wis·sen·las·sen ↑ **wissen** ID［谚］

Wis·sen·schaft *die*；-，*-en* **1.** alle Tätigkeiten, die mit dem systematischen Erforschen verschiedener Bereiche der Welt zusammenhängen, um diese besser verstehen u. erklären zu können 科学，学术 ‖ -K（复合）：**Natur-**，**Literatur-**，**Sprach-** **2.** ein bestimmter Bereich, der mit den Methoden der W.（1）erforscht wird 科学领域，学科：*Die Biogenetik ist e-e relativ junge W.* 生物遗传学是一门比较年轻的学科 **3.** *Kollekt*（集合）；die Gesamtheit der Wissenschaftler 科学界，学术界

Wis·sen·schaft·ler *der*；*-s*，-；j-d mit e-m Hochschulstudium, der in e-r Wissenschaft arbeitet 科学工作者，科学家〈ein bedeutender, herausragender, anerkannter W. 一位重要的，杰出的，有声望的科学家〉 ‖ *hierzu*（派生）**Wis·sen·schaft·le·rin** *die*；-，*-nen*

wis·sen·schaft·lich *Adj*（形）**1.** die Wissenschaft betreffend 科学的，学术的〈e-e Tagung, e-e Zeitschrift 大会，杂志〉 **2.** auf den Prinzipien e-r Wissenschaft basierend 合乎科学的〈e-e Untersuchung, e-e Methode 调查，方法；w. arbeiten, denken 合乎科学地工作，思考〉：*e-e w. fundierte These* 建立在科学基础上的论点

Wis·sen·schafts·the·o·rie *die*；e-e theoretische Darstellung der Voraussetzungen, Methoden u. Ziele wissenschaftlicher Arbeit 科学理论

Wis·sens·durst *der*；*geschr*［书］；das Verlangen, Wissen zu erwerben 求知欲，对知识的渴求〈seinen W. stillen 满足他的求知欲；vor W. brennen 一心渴求知识〉

wis·sens·wert *Adj*（形）；*nicht adv*（不作状语）；〈e-e Tatsache 事实〉so wichtig, dass man sie kennen sollte 值得了解的

wit·tern；*witterte*，*hat gewittert*；**Vt**（及物）**1.** **ein Tier wittert j-n / etw.** ein Tier nimmt j-n / etw. am Geruch wahr（动物作主语）嗅到，闻到：*Der Hund witterte das Reh* 狗嗅到了狍子的气味 **2.** **etw. w.** das Gefühl haben, dass etw. geschehen wird od. dass etw. möglich ist 感觉到，预感到，觉察到 ≈ vorausahnen〈e-e Gefahr, e-e Chance, e-e Sensation, ein Geschäft, e-n Vorteil w. 预感到有危险，机会，轰动性新闻，生意，好处〉

Wit·te·rung[1] *die*；-；*nur Sg*（只用单数）；das Wetter, *bes* während e-s bestimmten Zeitraumes 天气情况〈je nach W. 看天气而定〉：*die derzeitige kühle W.* 目前凉爽的天气 ‖ K-（只用单数）：**witterungs-**，**-bedingt**

Wit·te·rung[2] *die*；-；*nur Sg*（只用单数）**1.** die Fähigkeit von Tieren, j-n / etw. zu wittern（动物的）嗅觉 ‖ K-（复合）：**Witterungs-**，**-vermögen** **2.** der Geruch von j-m / etw., der durch Witterung[2]（1）wahrgenommen wird 气味〈ein Tier nimmt die W. auf, verliert die W. 动物嗅到气味，再也嗅不到气味了〉 **3.** die Fähigkeit, etw. vorauszuahnen 嗅觉，感觉，鉴别力，辨别力 ≈ Spürsinn：*Er hat e-e besondere W. für gefährliche Situationen* 他对危险的情况有特别的辨别力

Wit·we *die*；-，*-n*；e-e Frau, deren Ehemann gestorben ist 寡妇，孀妇 ‖ K-（复合）：**Witwen-**，**-rente**，**-schleier** ‖ *hierzu*（派生）**Wit·wen·tum** *das*；*-s*；*nur Sg*（只用单数）；**Wit·wen·schaft** *die*；-；*nur Sg*（只用单数）

Wit·wer *der*；*-s*，-；ein Mann, dessen Ehefrau gestorben ist 鳏夫

Witz *der*；*-es*，*-e* **1.** e-e kurze Geschichte mit e-m Ende, das man nicht erwartet u. das einen zum Lachen bringt 笑话，诙谐、幽默、风趣的话〈e-n W. erzählen 讲笑话；ein geistreicher, politischer, unanständiger W. 风趣的，政治的，下流的笑话〉 **2.** *nur Sg*（只用单数）；die Fähigkeit, etw. treffend u. geistreich erzählen zu können 才智，才思，机智，风趣〈W. u. Verstand haben, e-n scharfen W. haben 既风趣，又有理智，才思敏捷；mit viel W. erzählen 妙趣横生地讲述〉 **3.** *nur Sg*，*veraltend*（只用单数）［渐旧］≈ Verstand, Klugheit ‖ ID［谚］**der W. e-r Sache** das Wesentliche e-r Sache 事情的关键，要害；*mst* 多用 **Du machst wohl Witze!** *gespr*［口］；das ist nicht dein Ernst 你是开玩笑吧！你不是当真的吧！；**Das ist**（**ja wohl**）**ein W.!** das kann doch nicht möglich sein 这是在开玩笑吧！这是不可能的！；**ohne W.** im Ernst 说真的；不开玩笑

Witz·blatt *das*；e-e Zeitschrift od. e-e Seite e-r Zeitung mit Witzen 幽默杂志，幽默专版

Witz·bold *der*；*-(e)s*，*-e*；*gespr*［口］**1.** j-d, der oft Witze macht 爱开玩笑的人，诙谐的人，幽默的人，爱说俏皮话的人 **2.** *pej*［贬］；j-d, den man nicht ernst nimmt, weil er inkompetent ist 不严肃的人

wit·zeln；*witzelte*，*hat gewitzelt*；**Vi**（不及物）（**über j-n / etw.**）**w.** witzige Bemerkungen über j-n, Anspielungen auf etw. machen 开玩笑，说笑话，说俏皮话 ≈ spötteln

Witz·fi·gur *die*；*pej*［贬］；j-d, der sich oft lächerlich macht od. lächerlich wirkt 滑稽的人，可笑的人物

wit·zig *Adj*（形）**1.** fähig, Witze（1）gut zu erzählen 有幽默感的，讲话风趣的 **2.** ≈ lustig, geistreich ‖ ID［谚］'**sehr w.!** *gespr iron*［口］［讽］；das finde ich gar nicht lustig 没趣！

witz·los *Adj*（形）**1.** *gespr*［口］；sinnlos, keinen Erfolg versprechend 没有意义的，办不到的：*Es*

W

ist völlig w., ihn überzeugen zu wollen 要想说服他是完全不可能的 **2.** ohne Witz (2) 枯燥乏味的，没有幽默感的≈ geistlos

wo¹. *Adv*（副）**1.**（*in direkten u. indirekten Fragen*）verwendet, um nach e-m Ort, e-m Platz od. e-r Stelle zu fragen(用于直接问句和间接问句)哪里，在什么地方：*Wo seid ihr gewesen?* 你们(刚才)在哪儿?；*Wo wohnst du?* 你住在哪儿?；*Sie wollte wissen, wo ich herkomme* 她想知道我从哪儿来 **2.** verwendet wie ein Relativpronomen, um sich auf e-n Ort *o.Ä.* zu beziehen, der bereits genannt wurde od. der aus dem Kontext zu erschließen ist(用作关系代词，表示地点)那儿：*Das war in Wien, wo sie seit vier Jahren lebte* 这件事情发生在维也纳，她在那里已住了四年；*das Café, wo* (= in dem) *wir uns immer treffen, ...* 我们常常见面的那个咖啡馆…；*Wo* (= dort, wo) *ich herkommen, ist alles anders* 我来的那个地方一切都不一样 ‖ NB(注意)：Konstruktionen mit Subst. + *wo* (die Stelle, wo ...) werden von vielen Leuten als nicht korrekt angesehen (许多人认为名词+wo (die Stelle, wo...) 的搭配不正确) **3.** ***jetzt, wo/nun, wo*** nachdem/da ... jetzt 既然现在…，如今…：*Jetzt, wo ihr euch ausgesprochen habt, könnt ihr das Problem sicher lösen* 既然你们现在都谈开了，你们肯定可以把问题解决了

wo² *Konjunktion*（连）；*gespr*［口］**1.** da ... jetzt, nachdem ... jetzt 既然，如今：*Du sollst im Bett bleiben, wo du doch krank bist* 你既然病了，就应该卧床休息 **2.** ≈ obwohl, obgleich：*Jetzt bist du mir böse, wo ich doch so nett zu dir war* (虽然)我对你那么好，如今你倒生起我的气来了 ‖ NB(注意)：Der Nebensatz kommt *mst* nach dem Hauptsatz(从句多置于主句之后)

wo-/wo.r- + *Präp*（介）**1.** verwendet, um ein Fragewort zu bilden, das in direkten od. indirekten Fragen nach Sachen od. Sachverhalten gebraucht wird(构成疑问词，用于直接问句或间接问句，询问事情或实际情况)；***Wobei*** (= bei was) *ist er erwischt worden?* 他是在干什么的时候被抓住的?；***Wodurch*** (= durch was) *unterscheiden sich die beiden Vorschläge?* 这两个建议有什么区别?；***Wofür*** (= für welchen Zweck) *brauchst du das?* 你要这个干什么?；***Wogegen*** (= gegen was) *protestieren sie?* 他们在抗议什么?；***Womit*** *habe ich das verdient?* (= Was habe ich getan, um das zu verdienen?) 我凭什么得到这些?；***Wonach*** (= nach was) *suchst du?* 你找什么?；***Woran*** (= an was) *denkst du gerade?* 你在想什么?；*Ich weiß nicht,* ***woran*** (= an was) *es liegt* 我不知道原因何在；***Worauf*** (= auf was) *wartest du noch?* 你还等什么?；***Woraus*** (= aus was) *macht man Mehl?* 面粉是用什么做出来的?；***Worin*** *besteht das Problem?* (= Wo liegt das Problem?) 问题出在哪里?；***Worüber*** (= über was) *lachst du?* 你笑什么?；***Worum*** (= um was) *geht es?* 这关系到什么事?；***Worunter*** (= unter was) *hast du es eingeordnet?* 你把它归在哪一类?；***Wovon*** (= von was) *hast du geträumt?* 你梦到了什么?；***Wovor*** (= vor was) *fürchtest du dich?* 你怕什么?；***Wozu*** (= zu welchem Zweck, mit welcher Absicht) *willst du sie anrufen?* 你为什么给她打电话?；**2.** verwendet, um e-e Art Relativsatz einzuleiten, in dem man sich auf ein Wort aus dem Hauptsatz od. auf die Satzaussage des Hauptsatzes bezieht(用来引出关系从句)；*Sie hat unreifes Obst gegessen,* ***wodurch*** *sie sich den Magen verdorben hat* (= u. dadurch hat sie sich ...) 她吃了没有成熟的水果，结果吃坏了肚子；*Wir haben alles erreicht,* ***wofür*** (= für das) *wir gekämpft haben* 我们争取的东西全都得到了；*Er hat mich als Lügner bezeichnet,* ***wogegen*** *ich mich entschieden wehre* (= u. dagegen wehre ich mich) 他称我是个说谎者，我对此表示坚决反对；*Er hat die Prüfung nicht bestanden,* ***womit*** *allerdings auch zu rechnen war* (= aber das war auch keine Überraschung) 他没有通过考试，不过这也是意料之中的；*Heute tritt e-e Regelung in Kraft,* ***wonach*** (= nach der) *wir alle eine Stunde mehr arbeiten müssen* 今天有个规定生效了，根据该规定我们都必须多工作一个小时；*Das ist genau das,* ***worauf*** (= auf das) *ich gewartet habe* 这正是我所等待的；*Er ist nicht gekommen,* ***woraus*** *wir geschlossen haben, dass er krank sei* (= u. daraus haben wir geschlossen, ...) 他没有来，由此我们断定他病了；*die wesentlichen Punkte,* ***worin*** (= in denen) *sich die Angebote unterscheiden* 两种报价不同的根本点；*Da ist noch etw.,* ***worüber*** (= über das) *wir uns unterhalten müssen* 还有点事我们必须谈一谈；*Sie bekam alles,* ***worum*** (= um das) *sie sich bemüht hatte* 她所努力争取的东西全都已经得到了；*Die Astronomie,* ***worunter*** (= unter der) *ich mehr als nur e-e Wissenschaft verstehe, ...* 天文学，我只知道是一门科学，此外便一无所知了；*ein Ereignis,* ***wovon*** (= von dem) *man noch lange sprechen wird* 人们还会长久谈论的一个事件；*Sie könnten verkaufen,* ***wozu*** *ich Ihnen aber nicht raten würde* (= aber ich würde Ihnen nicht raten, das zu tun) 您可以卖掉，但我建议您不要这么做 **3.** (als Konjunktion) verwendet, um den Bezug zwischen zwei Satzteilen herzustellen(用作并列连词)；*Im Süden schien die Sonne,* ***wogegen*** *im Norden schlechtes Wetter herrschte* (= u. im Gegensatz dazu herrschte im Norden ...) 南边出了太阳，而北边却是坏天气；*Er bekam e-n Anruf,* ***worauf*** *er sofort abreiste* (= u. dann/u. deswegen reiste er sofort ab) 他接到一个电话，于是马上就出发了 ‖ NB(注意)：Das **-r-** wird hinzugefügt, wenn die Präp. mit e-m Vokal anfängt(如介词词首为元音，则加上-r-)：*worin*

wo.an.ders *Adv*（副）；an e-m anderen Ort, an e-r anderen Stelle 在别处

wo.an.ders.hin *Adv*（副）；in e-e andere Richtung, an e-n anderen Ort 到别处去，往别处去

wob *Imperfekt, 1. u. 3. Person Sg*（过去时，第一和第三人称单数）；↑ ***weben***

W

wo·bei ↑ ***wo-*** / ***wor-*** + *Präp* (介)(1,2)

Wo̱·che *die*; -, -*n* **1.** ein Zeitraum von sieben Tagen u. Nächten 星期,周 ‖ -K (复合): ***Ferien-*** **2.** der Zeitraum von Sonntag bis einschließlich Samstag 一周,一星期(指周日到周六) 〈Anfang, Mitte, Ende der W. 一周的开始,一周的中间,周末; seit, vor, in, nach e-r Woche 一周以来,一周以前,在一周内,一周以后〉 ‖ K- (复合): ***Wochen-***, ***-anfang***, ***-beginn***, ***-mitte*** ‖ ID [谚] ***die W. über***; ***während der W.*** an den Werktagen der W. (2) (u. nicht am Wochenende) 在工作日(周末除外)

Wo̱·chen·bett *das*; *nur Sg* (只用单数); ein Zeitraum von 6. bis 8. Wochen nach der Geburt e-s Kindes, in dem sich der Körper e-r Frau wieder stark verändert 产褥期,月子〈im W. sein 坐月子,在产褥期中〉

Wo̱·chen·end|bei·la·ge *die*; ein zusätzlicher Unterhaltungsteil in der Samstagsausgabe e-r Tageszeitung 周末增刊

Wo̱·chen·en·de *das*; Samstag u. Sonntag (als die Tage, an denen die meisten nicht im Beruf arbeiten) 周末〈übers W. verreisen 在周末外出旅行〉 ‖ K- (复合): ***Wochenend-***, ***-ausflug***

Wo̱·chen·end|haus *das*; ein kleines Haus außerhalb der Stadt, in dem man seine Freizeit verbringt 周末度假小屋

Wo̱·chen·kar·te *die*; e-e im Preis reduzierte Fahrkarte für Bus od. Bahn, die eine Woche gültig ist (乘坐公共汽车或火车的)周票

wo̱·chen·lang *Adj* (形); *nur attr od adv* (只作定语或状语); mehrere Wochen dauernd 数周之久的

Wo̱·chen·markt *der*; ein Markt (1), der jede Woche einmal stattfindet 每周集市(每周一次的集市)〈auf dem W. einkaufen 在每周集市上购物〉

Wo̱·chen·schau *die*; -; *nur Sg*, *hist* (只用单数) [历]; ein kurzer Film im Kino über aktuelle Ereignisse der Woche (电影)新闻周报

Wo̱·chen·tag *der* **1.** einer der sieben Tage, aus denen e-e Woche besteht 一周的某一天 **2.** ≈ Werktag

wö̱·chent·lich *Adj* (形); in jeder Woche, Woche für Woche sich wiederholend 每周的〈Bezahlung 支出; zweimal w. 每周两次; die Zeitung erscheint w. 报纸每周出版一期〉: *Er kommt w. auf Besuch* 他每周都来拜访

-wö·chent·lich *im Adj*, *wenig produktiv*, *nur attr od adv* (构成形容词,构词弱)(只作定语或状语); in Abständen, die jeweils die genannte Zahl von Wochen dauern 每隔…周的: ***zweiwöchentlich***, ***dreiwöchentlich***, ***vierwöchentlich*** *usw*

Wo̱·chen·zei·tung *die*; e-e Zeitung od. Zeitschrift, die einmal pro Woche erscheint 周报,周刊

-wö·chig *im Adj*, *wenig produktiv*, *nur attr*, *nicht adv* (构成形容词,构词弱)(只作定语,不作状语); die genannte Zahl von Wochen dauernd od. alt …周(之久)的,持续…周的: ***einwöchig***, ***zweiwöchig***, ***dreiwöchig*** *usw* 〈ein Aufenthalt, ein Kind 逗留,孩子〉

Wö̱ch·ne·rin *die*; -, -*nen*; e-e Frau im Wochenbett 产妇

wo·du̱rch ↑ ***wo-*** / ***wor-*** + *Präp* (介)(1,2)

wo·fü̱r ↑ ***wo-*** / ***wor-*** + *Präp* (介)(1,2)

wo̱g *Imperfekt*, *1. u. 3. Person Sg* (过去时,第一和第三人称单数); ↑ ***wiegen***[1]

Wo̱·ge *die*; -, -*n*; *geschr* [书] **1.** e-e große, starke Welle (1) 波涛,巨浪,大浪 **2.** ***e-e W.*** + *Gen* (二格) ein (*mst* weit verbreitetes) starkes Gefühl 感情的潮水,情感的波涛〈Wogen der Begeisterung, der Empörung, e-e W. des Hasses 热情澎湃,怒火冲天,刻骨仇恨〉 ‖ -K (复合): ***Beifalls-*** ‖ ID [谚] ***die Wogen glätten sich*** nach e-m Streit, e-r Unruhe *o. Ä.* tritt wieder Ruhe ein 情绪(心情)平息下来

wo·ge·ge̱n ↑ ***wo-*** / ***wor-*** + *Präp* (介)(1,2,3)

wo̱·gen; *wogte*, *hat gewogt*; [Vi] (不及物) **1.** ***etw. wogt*** etw. bewegt sich wie e-e große Welle (物作主语)波涛汹涌,波浪滚滚,起伏,波动: *Das Getreide wogt im Wind* 庄稼随风起伏; *das wogende Meer* 波涛汹涌的大海 **2.** ***etw. wogt*** *geschr* [书]; etw. tobt, wütet (物作主语)激烈地进行: *Der Kampf wogte hin u. her* 战斗震天动地

wo·he̱r [voˈheːɐ̯] *Adv* (副) **1.** (*in direkten u. indirekten Fragen*) verwendet, um nach dem Ort, der Richtung *o. Ä.* zu fragen, von dem bzw. aus der j-d/etw. kommt (用于直接问句和间接问句)从哪儿来,由何处来 ≈ von wo: *W. kommst du?* 你从哪儿来?; *Er fragte, w. wir unseren Wein beziehen* 他问我们从哪儿购进葡萄酒 **2.** (*in direkten u. indirekten Fragen*) verwendet, um nach der Herkunft od. der Ursache von etw. zu fragen (用于直接问句和间接问句)从何处;怎么: *W.* (= von wem) *weißt du das?* 你从谁那儿听说的?; *Sie wollte wissen, w. ich das Buch habe* 她想知道我这本书是从哪儿弄来的 **3.** verwendet, um e-e Art Relativsatz einzuleiten, in dem man sich auf e-n (schon genannten) Ort *o. Ä.* bezieht, von dem j-d/etw. kommt (用来引出关系从句)从那个地方: *Er ging dorthin zurück, w. er gekommen war* 他回到了他来的那个地方

wo·hi̱n *Adv* (副) **1.** (*in direkten u. indirekten Fragen*) verwendet, um nach der Richtung zu fragen, in die j-d/etw. geht, fährt *o. Ä.* (用于直接问句和间接问句)去哪儿: *W. gehst du?* 你去哪儿?; *Ich möchte wissen, w. diese Straße führt* 我想知道这条路通向哪里 **2.** verwendet, um e-e Art Relativsatz einzuleiten, in dem man sich auf e-n (schon genannten) Ort bezieht, zu dem j-d/etw. geht, fährt *o. Ä.* (用来引出关系从句)去那里,去该处: *Sie kam aus Kanada zurück, w. sie als Jugendliche ausgewandert war* 她从加拿大回来了,她年轻时移民到那里去了 ‖ ID [谚] *mst* 多用 ***Ich muss mal w.*** *gespr euph* [口][婉]; ich muss auf die Toilette gehen 我得去方便一下

wo̱hl[1] *Adv* (副) **1.** *wohler*, *am wohlsten*; körperlich u. geistig fit u. gesund 健康,身体很好〈j-m ist w., nicht w. 某人感觉身体很好,不

W

舒服〉：*Ist Ihnen nicht w.?*（= Ist Ihnen schlecht?）您不舒服吗？**2.** *besser, am besten*；genau u. sorgfältig od. wie es sein sollte 好好地，仔细地 ≈ gut 〈etw. w. überlegen, planen 好好考虑，计划某事〉‖ NB（注意）：↑ **wohl- 3. j-m ist nicht**（**ganz**）**w. bei etw.** j-d hat Bedenken od. Skrupel bei etw. 感到不安，觉得不对劲：*Mir ist nicht ganz w. bei dieser Sache!* 我觉得这事儿不太对劲！**4. w. oder übel** ob man will od. nicht 好歹，不管乐意不乐意：*Die Rechnung werden wir w. oder übel bezahlen müssen* 不管乐意不乐意，我们得付这笔账 **5. w. aber** verwendet nach e-r verneinten Aussage, um e-n Gegensatz zu verstärken（用于否定性陈述句之后，以强调与其对立的情况）…但是…不是这样：*Der Norden ist nicht sehr dicht besiedelt, w. aber der Süden* 北方人口并不十分稠密，但是南方却是另一种情况 **6. W. bekomms!** *gespr*［口］；verwendet, bevor man（in Gesellschaft）den ersten Schluck e-s alkoholischen Getränks trinkt（祝酒时用语）祝你健康！干杯！**7.**（**sehr**）**w.** *veraltend*［渐旧］≈ ja, jawohl ‖ ID［谚］**j-d lässt es sich**（*Dat* 三格）**w. sein** j-d genießt etw., *bes* das Essen u. die Getränke 某人享受生活（多指吃、喝）‖ NB（注意）：↑ **wohlfühlen, wohin**

wohl² *Partikel, betont u. unbetont*（小品词，重读和非重读）**1.** *unbetont*（非重读）；verwendet, um auszudrücken, dass etw. mit ziemlicher Sicherheit zutrifft 也许，大概，可能 ≈ vermutlich, wahrscheinlich：*Sie wird w. den Zug verpasst haben* 她说不定没赶上火车 **2.** *unbetont*（非重读）；（*bes* in Ausrufen）verwendet, um die subjektive Kommentierung seitens des Sprechers zu verstärken（尤用于感叹句，表示强调说话者的主观看法）我看：*Du bist w. übergeschnappt!*（我看）你是神志不清吧！；*Er spinnt w.!*（我看）他是胡思乱想！；*Ich werde w. ins Kino gehen dürfen, oder?*（我看）我是可以去看电影了，是不是？；*Das kann man w. sagen!*（= das ist ganz richtig）是可以这么说！我看没错！**3.** *betont*（重读）；verwendet, um e-e Aussage zu bestätigen u. zugleich e-e einschränkende Bemerkung einzuleiten 是，一定：*Er weiß w., wo der Schlüssel ist, aber er sagt es uns nicht* 他应该知道钥匙在哪里，可他不告诉我们；*w. wissend*（= obwohl er wusste），*dass sein Geld zur Neige ging, gönnte er sich diesen Luxus* 尽管知道钱花完了，他还是为这次豪爽之举而高兴 **4.** *unbetont*（非重读）；verwendet, um e-r Aufforderung starken Nachdruck zu verleihen od. um j-m zu drohen（用来加强祈使语气，或表示威胁）倒是：*Willst du w. deine Hausaufgaben machen!* 你倒是做家庭作业啊！**5.** *unbetont*（非重读）；drückt in Fragesätzen e-e gewisse Zurückhaltung od. Unsicherheit aus（用于问句，表示克制或无把握）莫非，是不是：*Ob er w. weiß, dass wir hier sind?* 莫非他知道我们在这儿？

wohl- *im Adj*（*mst mit e-m Partizip verbunden*），*betont, sehr produktiv*（构成形容词（多与分词连用），重读，构词强）；drückt aus, dass das im zweiten Wortteil Genannte in e-m（relativ）hohen Maß od. zu e-m angenehmen Grad vorhanden ist（表示行为达到相当高的或合乎要求的程度）很好地，充分地，适当地，妥善地；**wohlausgewogen** 〈ein Urteil 判决〉，**wohlbedacht** 〈ein Entschluss 决定〉，**wohlbehütet** 〈ein Kind 孩子〉，**wohldurchdacht** 〈ein Plan 计划〉，**wohlerzogen** 〈ein Kind 孩子〉，**wohlformuliert** 〈ein Sätze 句子〉，**wohlgeformt** 〈Beine, e-e Figur 腿，身材〉，**wohlgemeit** 〈ein Rat 建议〉，**wohlgeordnet** 〈Verhältnisse 关系〉，**wohlklingend** 〈e-e Stimme 声音〉，**wohlproportioniert** 〈e-e Figur, ein Körper 身材，身体〉，**wohlriechend** 〈ein Parfüm 香水〉，**wohlschmeckend** 〈ein Gericht 菜肴〉，**wohlüberlegt** 〈e-e Antwort 回答〉，**wohlvorbereitet** 〈ein Ausflug 郊游〉‖ NB（注意）：die hier genannten Adjektive können auch getrennt geschrieben werden（这里提及的形容词也可以分开写）

Wohl *das*；*-(e)s*；*nur Sg*（只用单数）；der Zustand, in dem man gesund u. zufrieden od. glücklich ist 健康，幸福〈das W. der Familie 家庭的幸福；sich um j-s W. sorgen/kümmern 关心某人的健康；auf j-s W. bedacht sein 考虑到某人的幸福〉‖ ID［谚］*mst* 多用 **für das leibliche W. der Gäste sorgen** sich um das Essen u. die Getränke für die Gäste kümmern 照管客人们的饮食；**zu j-s W.** zu j-s Nutzen, Vorteil 为了某人的利益；**Zum W.!** ≈ Prost!

wohl·an! *Interjektion*（叹）；*veraltend*［渐旧］；verwendet als Aufforderung, etw. zu tun 开始吧！干吧！

wohl·auf *Adv*（副）；*geschr*［书］；*nur in* 只用于 **w. sein** gesund sein 很健康

Wohl·be·fin·den *das*；der Zustand, in dem man sich körperlich u. seelisch gut fühlt 健康，舒适，幸福

Wohl·be·ha·gen *das*；*nur Sg*（只用单数）≈ Wohlbefinden

wohl·be·hal·ten *Adj*（形）；*nur präd, nicht adv*（只作表语，不作状语）；*geschr*［书］≈ gesund 〈*mst* w. ankommen, eintreffen, zurückkehren 平安到达，抵达，回来〉

Wohl·er·ge·hen *das* ≈ Wohlbefinden

Wohl·fahrt *die*；*nur Sg, geschr*（只用单数）［书］**1.** das Wohl des einzelnen Bürgers u. aller Bürger（*bes* in finanzieller u. sozialer Hinsicht）福利〈die W. des Staates, die öffentliche W. 国家的福利，公共福利〉**2.** *veraltend*［渐旧］；Hilfe für die Armen 救济

Wohl·fahrts|staat *der*；ein Staat mit hoher sozialer Sicherheit für die Bürger 福利国家：*Schweden gilt als Muster e-s Wohlfahrtsstaates* 瑞典被认为是福利国家的典范

wohl·füh·len, wohl füh·len, sich *fühlte sich wohl, hat sich wohlgefühlt/wohl gefühlt*；**Vr**（反身）**1. sich w.** sich körperlich u. geistig fit u. gesund fühlen 感觉身体良好：*Ich fühle mich heute nicht ganz wohl* 我今天感觉不太舒服 **2. sich**（**irgendwo/bei etw.**）**w.** an e-m Ort od. in e-r Situation ein positives Gefühl haben（在某处/某个场景中）感到自在；

Ich hoffe, Sie fühlen sich bei uns wohl 我希望您在我们这里感到舒适；*Ich fühle mich nicht wohl bei dem Gedanken* 想到这些我感到不自在 ‖ NB(注意)：*sich wohlfühlen*, aber(但是)：*sich sehr wohl fühlen* 感觉身体非常好(getrennt geschrieben 分开写)

Wohl·ge·fal·len *das*; große Freude, großes Gefallen 满意，欢喜，称心，快乐〈W. an j-m/etw. finden 在…某人/某事上找到乐趣〉‖ ID［谚］**etw. löst sich in W. auf** ein Problem verschwindet zur allgemeinen Zufriedenheit 某事的结果是皆大欢喜，人人满意 ‖ *hierzu*（派生）**wohl·ge·fäl·lig** *Adj*（形）

wohl·ge·lit·ten *Adj*（形）；von allen gern gemocht u. hoch geschätzt 受欢迎的，受人爱戴的，深得人心的〈e-e Person 人〉

wohl·ge·merkt *Adv*（副）；*gespr*［口］；verwendet, um e-e Aussage zu verstärken 应该强调，值得注意：*Er war, w., erst 18. Jahre alt* 应该强调的是他才 18. 岁

Wohl·ge·ruch *der*; *geschr*［书］；ein guter, angenehmer Geruch 香气，芳香

wohl·ge·setzt, wohl ge·setzt *Adj*（形）；*geschr*［书］；gut formuliert 得体的，恰当的，贴切的〈in wohlgesetzten Worten 用得体的话语〉

wohl·ha·bend *Adj*（形）；*nicht adv*（不作状语）；〈e-e Person 人〉so, dass sie in guten finanziellen Verhältnissen lebt（人作主语）富有的，富足的，经济条件好的 ≈ vermögend, begütert

woh·lig *Adj*（形）；so, dass man etw. als angenehm, wohltuend empfindet 舒服的，惬意的，愉快的〈ein Gefühl, Wärme 感情，温暖〉

Wohl·klang *der*; *nur Sg*（只用单数）；ein angenehmer, harmonischer Klang 悦耳的声音，和谐的声音，优美的音调

wohl·mei·nend *Adj*（形）；mit guter, freundlicher Absicht 好意的，善意的，好心的

Wohl·sein（*das*）；*nur in* 只用于 ***Zum W.!*** ≈ Prost!

Wohl·stand *der*; *nur Sg*（只用单数）；das reichliche Vorhandensein von allem, was man zum Leben braucht 富裕，富足〈im W. leben, es zu W. bringen 生活富裕，富裕起来〉

Wohl·stands·den·ken *das*; *pej*［贬］；e-e Art zu leben, bei der man sich nur auf das Materielle konzentriert 贪图物质享受，追求物欲

Wohl·tat *die* **1.** *geschr*［书］；e-e Tat, mit der man *bes* j-m, der in finanzieller Not ist, hilft 好事，善举，善事〈j-m e-e W. erweisen 为某人做好事〉 **2.** *nur Sg*（只用单数）；etw., das man nach e-r Anstrengung *o. Ä.* als sehr angenehm empfindet 享受，舒服：*E-e Tasse Kaffee wäre jetzt e-e W.* 现在来一杯咖啡是一种享受

Wohl·tä·ter *der*; j-d, der anderen etw. Gutes tut 做好事的人，行善者 ‖ *hierzu*（派生）**Wohl·tä·te·rin** *die*

wohl·tä·tig *Adj*（形）；*mst in* 多用于 ***für e-n wohltätigen Zweck***〈arbeiten/sammeln 工作/募集〉arbeiten/Geld sammeln, um dadurch Menschen, die in Not sind, zu helfen 为了慈善的目的 ‖ *hierzu*（派生）**Wohl·tä·tig·keit** *die*

wohl·tu·end *Adj*（形）；〈Ruhe, Wärme 安静，温暖；etw. als w. empfinden 觉得某物令人舒服〉so, dass man sie（*bes* nach e-r Anstrengung *o. Ä.*）als angenehm u. erholsam empfindet 令人舒适的，惬意的，舒坦的

wohl·tun; *tut wohl, tat wohl, hat wohlgetan*; [Vi]（不及物）**etw. tut (j-m) wohl** etw. ist (für j-n) gut od. angenehm 使人感到愉快；有益，有利：*Die Pause hat (mir) wohlgetan* 休息让我舒适 ‖ NB(注意)：aber(但是)：*Das hat sehr wohl getan* 这极有益（= getrennt geschrieben 分开写）

wohl·ver·dient *Adj*（形）；*nicht adv*（不作状语）；〈e-e Belohnung, Strafe 奖励，惩罚〉so, dass es allgemein als richtig od. gerecht angesehen wird, wenn j-d sie erhält 应得的，理所应当的：*Er geht bald in den wohlverdienten Ruhestand* 他不久就将光荣退休

wohl·weis·lich *Adv*(副)；aus gutem Grund 出于慎重的，有充分理由的，明智的〈w. schweigen, nichts sagen 出于慎重而沉默，一言不发〉

Wohl·wol·len *das*; *-s*; *nur Sg*（只用单数）；e-e Einstellung zu j-m/etw., die positiv, freundlich ist u. guten Willen zeigt 友善，好意，友好〈j-m/etw. W. entgegenbringen 向某人/某事表示关心，同情〉‖ *hierzu*（派生）**wohl·wol·lend** *Adj*（形）

Wohn·block *der*; *-s, -s*; ein großes Gebäude mit mehreren Stockwerken, in dem viele Wohnungen sind 住宅楼，住宅小区

woh·nen; *wohnte, hat gewohnt*; [Vi]（不及物）**1. *irgendwo* w.** an e-m bestimmten Ort, in e-m bestimmten Gebäude sein Zuhause haben 住，居住〈in der Stadt, in e-m Wohnblock w. 住在城里，住在住宅小区里〉 **2. *zur Miete* w.** das Haus, die Wohnung *o. Ä.*, in dem/der man wohnt (1), nicht besitzen, sondern nur gegen e-e Miete benutzen dürfen 租住 **3. *irgendwo* w.** für *mst* relativ kurze Zeit irgendwo ein Zimmer haben, *mst* nur um zu übernachten（暂时性的）住宿：*Wenn ich in Hamburg bin, wohne ich immer im selben Hotel* 我去汉堡的时候，总是住在同一所旅馆里

Wohn·ge·bäu·de *das*; ein Haus, in dem man wohnt (1) 住宅楼，住房 ≈ Wohnhaus ↔ Wirtschaftsgebäude

Wohn·ge·biet *das*; ein Teil *mst* e-r Stadt, in dem hauptsächlich Wohnhäuser sind 住宅区，居住区 ↔ Industriegebiet〈ein reines W. 一个纯粹的住宅区〉

Wohn·ge·mein·schaft *die*; e-e Gruppe von Personen (die aber keine Familie sind), die in e-r Wohnung zusammenleben u. e-n gemeinsamen Haushalt führen 集体宿舍；*Abk* 缩写 WG〈in e-e W. einziehen 搬进集体宿舍〉

wohn·haft *Adj*（形）；*nur präd, nicht adv*（只作表语，不作状语）；ADM *geschr*【管理】［书］；***irgendwo* w.** mit dem Wohnsitz am genannten Ort 住在 ‖ NB(注意)：*mst* in Konstruktionen wie *Herr X, w. in Köln*（多用于如下结构：××先生，家住科隆）

Wohn·kü·che *die*; ein Zimmer, das Wohnzimmer u. Küche zugleich ist 兼作起居室的敞开式

厨房

Wohn·la·ge *die*; die Gegend, in der man wohnt 居住地段〈e-e gute, teure W. 好的,贵的地段; ein Haus in bester W. 地段最好的一幢房子〉

wohn·lich *Adj*(形); 〈ein Zimmer *o. Ä.* 房间等〉so eingerichtet, dass man gern darin wohnt 舒适的,适合居住的,温馨的 ‖ *hierzu* (派生) **Wohn·lich·keit** *die*; *nur Sg* (只用单数)

Wohn·mo·bil *das*; *-s*, *-e*; e-e Art großes Auto mit Betten, mit e-r kleinen Küche *usw*, sodass man damit reisen u. darin auch übernachten kann 带居室的大型汽车,房车

Wohn·ort *der*; der Ort (3), an dem j-d wohnt (1) 居住地

Wohn·sitz *der*; ADM *geschr* 【管理】[书] **1.** j-s Wohnort (u. volle Adresse) 居住地,住址 **2.** ***ohne festen W.*** ohne Wohnung (u. deshalb ohne feste Anschrift) 无固定住所

Wohn·stra·ße *die*; e-e Straße mit Häusern, in denen nur Wohnungen (u. keine Betriebe) sind 住宅区街道

Woh·nung *die*; *-*, *-en*; *mst* mehrere Zimmer in e-m Haus od. e-m Wohnhaus, die e-e Einheit bilden u. in denen j-d lebt 住宅,住房,寓所〈e-e W. mieten, kündigen, beziehen, sich e-e W. einrichten 租住房,通知解除住房的租约,迁入,布置住房; aus e-r W. ausziehen 搬出住房〉‖ K- (复合): ***Wohnungs-***, ***-bau***, ***-einrichtung***, ***-miete***, ***-tür*** ‖ -K (复合): ***Zweizimmer-***, ***Dreizimmer-*** *usw*, ***Eigentums-***

Wohn·vier·tel *das*; ein Teil e-r Stadt, in dem fast nur Wohnhäuser sind 住宅区,居民区 ↔ Geschäftsviertel, Industrieviertel

Wohn·wa·gen *der*; e-e Art von Anhänger, in dem man auf Reisen wohnt u. der von e-m Auto gezogen wird 带居室的挂车,拖车

Wohn·zim·mer *das*; der Raum in e-r Wohnung, in dem man sich vor allem zur Unterhaltung u. Entspannung aufhält 起居室,客厅

wöl·ben; *wölbte*, *hat gewölbt*; *Vr* (反身) **1.** ***etw. wölbt sich*** (***über etw.*** (*Akk* 四格)) etw. steht über etw. in der Form e-s Bogens (物作主语)呈拱形: *Die Brücke wölbt sich über den Fluss* 桥成拱形架设在河上 **2.** ***etw. wölbt sich*** etw. ist nicht mehr eben (物作主语)隆起,不平,变形〈Bretter 木板〉; *Vt* (及物) **3.** ***etw. w.*** etw. so bauen, dass es die Form e-s Bogens hat 建成拱形

Wöl·bung *die*; *-*, *-en*; ein Teil *mst* e-s Gebäudes, der die Form e-s Bogens hat 拱顶,穹窿,拱形结构〈die W. e-r Kuppel, e-r Decke, e-s Torbogens 半球形屋顶的、天花板的、拱门的拱顶〉

Wolf *der*; *-(e)s*, *Wöl·fe*; ein Raubtier mit *mst* grauem Fell u. spitzer Schnauze, das mit dem Hund verwandt ist 狼〈ein Rudel Wölfe 一群狼〉‖ K- (复合): ***Wolfs-***, ***-rudel*** ‖ ID [谚] ***hungrig sein / Hunger haben wie ein W.*** sehr hungrig sein 饿极了,饿得像头狼; ***ein W. im Schafspelz*** j-d, der e-n harmlosen Eindruck macht, aber trotzdem böse od. gefährlich ist 披着羊皮的狼,阴险的人; ***mit den Wölfen heulen*** *gespr* [口]; (aufgrund von Zwang od. aus Feigheit) das tun, was die anderen auch tun 随波逐流;同流合污 ‖ *hierzu* (派生) **Wöl·fin** *die*; *-*, *-nen*; **wöl·fisch** *Adj* (形)

Wolf·ram *das*; *-s*; *nur Sg* (只用单数); ein weiß glänzendes Metall, das *z. B.* in Glühbirnen verwendet wird 钨; CHEM【化】W

Wolfs·hund *der* ≈ Schäferhund

Wol·ke *die*; *-*, *-n* **1.** e-e große (*mst* weiße od. graue) Menge von sehr kleinen Wassertropfen, die hoch in der Luft schwebt 云〈Wolken ziehen auf, stehen am Himmel 云层聚集,飘在天空〉: *Die Berge sind in Wolken gehüllt* 群山被云层笼罩 ‖ K- (复合): ***Wolken-***, ***-bildung***, ***-himmel***, ***-wand***; ***wolken-***, ***-bedeckt***, ***-frei*** ‖ -K (只用单数): ***Gewitter-***, ***Schönwetter-*** **2.** e-e Menge kleiner Teilchen von etw., die in der Luft schwebt od. sich in e-r Flüssigkeit ausbreitet 云雾,雾气,尘雾 ‖ -K (复合): ***Duft-***, ***Dunst-***, ***Rauch-***, ***Staub-***, ***Tabak-*** ‖ ID [谚] ***auf / über den Wolken schweben*** die Dinge nicht realistisch sehen 不切实际地幻想,异想天开,想入非非; ***aus allen Wolken fallen*** *gespr* [口]; wegen e-r unerwarteten Nachricht *o. Ä.* sehr überrascht sein 大为惊讶,出乎意料

Wol·ken·bruch *der*; ein plötzlicher, sehr kräftiger Regenguss, der aber nicht sehr lange dauert 雷阵雨,暴雨

Wol·ken·krat·zer *der*; *-s*, *-*; ein sehr hohes Hochhaus 摩天大楼: *die Wolkenkratzer von Manhattan* 曼哈顿的摩天大楼

wol·ken·los *Adj*(形); ohne Wolken 无云的,晴朗的〈der Himmel 天空〉

wol·kig *Adj*(形) **1.** *nicht adv* (不作状语); 〈der Himmel 天空〉so, dass er ganz od. zum großen Teil mit Wolken bedeckt ist 多云的 **2.** in der Form e-r Wolke 云一般的,如云的: *Der Rauch stieg w. empor* 烟雾像云一样冉冉上升

Wol·le *die*; *-*, *-n* **1.** *nur Sg* (只用单数); die geschnittenen dicken Haare *mst* des Schafes 毛,羊毛〈W. spinnen 纺毛线〉‖ -K (复合): ***Schaf-***, ***Schur-*** **2.** die langen Fäden aus W. (1) die man beim Stricken, Weben *o. Ä.* verwendet 毛线〈ein Knäuel W. 一团毛线〉: *e-n Pullover aus W. stricken* 用毛线织套头毛衣 ‖ K- (复合): ***Woll-***, ***-faden***, ***-rest*** ‖ -K (复合): ***Strick-***, ***Stopf-*** **3.** ein Gewebe, das aus W. (2) hergestellt wurde 纯毛制品,毛织物〈reine W., aus 50% W. 纯毛织品,含 50% 羊毛的毛织品〉‖ K- (复合): ***Woll-***, ***-decke***, ***-mantel***, ***-jacke***, ***-stoff***, ***-waren*** **4.** *gespr* [口]; sehr dichte Haare 浓密的头发 ‖ ID [谚] ***sich mit j-m in die W. kriegen*** *gespr* [口]; mit j-m streiten 与某人争执起来,发生争吵 ‖ *zu* (义项) **3. wol·len** *Adj* (形)

wol·len[1]; *will*, *wollte*, *hat wollen*; *Modalverb* (情态动词) **1.** *Infinitiv* (不定式) + ***w.***

W

die Absicht od. den Wunsch haben, etw. zu tun, zu werden *o. Ä.* 想,愿意,打算: *Wir wollten in den Ferien ans Meer fahren* 假期里我们曾经想去海边; *Sie will Ärztin werden* 她想当一名医生 **2. j-d will etw. haben** j-d verlangt od. äußert den Wunsch, dass er etw. bekomme(人作主语)想要: *Meine Tochter will unbedingt e-n Hund haben* 我女儿非得要一条狗 **3. wir wollen** + *Infinitiv* (不定式) verwendet, als Aufforderung an e-e Gruppe, etw. zu tun 让我们…≈ lasst uns + *Infinitiv*(不定式): *Wir wollen nun auf sein Wohl trinken* 现在让我们为他的健康干杯 **4. ich wollte** (... **nur**) + *Infinitiv* (不定式) verwendet als höfliche Einleitung e-r Bitte od. Frage(用来客气地提出请求或问题)我想: *Ich wollte Sie bitten, ob Sie mir vielleicht ein Zeugnis ausstellen könnten* 我想请您帮个忙,您是否能给我出个证明? **5. wollen Sie** (**bitte**) + *Infinitiv* (不定式) verwendet als höfliche Aufforderung an j-n, etw. zu tun(表示客气的请求)请您…: *Wollen Sie bitte Platz nehmen!* 您请坐!; *Wenn Sie mir bitte folgen wollen!* 请您跟我来! **6. willst du / wollt ihr** (**wohl**) + *Infinitiv* (不定式) verwendet als energische Aufforderung an j-n, etw. zu tun(表示强烈的要求)你/你们该: *Wollt ihr endlich aufhören zu streiten!* 你们该别吵了! **7. j-d will etw. sein** *mst iron* 多用[讽]: verwendet, um j-s Fähigkeiten auf e-m Gebiet zu kritisieren(人作主语)想,要: *Er will Redakteur sein? Er hat doch keine Ahnung!* 他想当编辑? 可他对此一窍不通! **8. j-d will** (**etw.**) + *Partizip Perfekt* (过去分词) + **haben** verwendet, um auszudrücken, dass man j-s Behauptung als unwahrscheinlich ansieht(表示对说法的可靠性有怀疑)(人作主语)声称,宣称,据称: *Trotz der Dunkelheit will er die Autonummer erkannt haben* 尽管光线很暗,据说他还是自己认出了车牌号 **9. etw. will nicht** + *Infinitiv* (不定式) etw. funktioniert od. geschieht nicht so, wie man es sich wünscht(物作主语)不愿,不肯,不灵,不起作用: *Das Fenster wollte einfach nicht zugehen* 这扇窗户怎么也关不上; *Es will einfach nicht regnen!* 天就是不肯下雨! **10. etw. will** + *Partizip Perfekt* (过去分词) + **sein** verwendet, um auszudrücken, dass etw. nicht ohne Schwierigkeiten od. Anstrengung geht(物作主语)必须,得,要(克服困难或下功夫): *Skifahren will gelernt sein* 滑雪是要学才行; *Geld will verdient sein* 钱是靠挣来的 ‖ ▶ **Wille**

wol·len²; *will, wollte, hat gewollt*; [Vt] (及物) **1. etw. w.** den Wunsch haben od. äußern, etw. zu bekommen 想要: *Jetzt willst du sicher etwas zu essen* 现在你肯定想吃点东西; *Was hat er gewollt?* 他想要什么? **2. w., dass** ... verlangen od. den Wunsch äußern, dass etw. gemacht werde 希望: *Ich will, dass man mich nicht mehr stört* 我希望别人不要再打扰我 **3. etw. will etw.** etw. braucht etw. (物作主语)需要: *Kakteen wollen wenig Wasser* 仙人掌不用多浇水; [Vi] (不及物) **4.** (*mst* nach e-r negativen Aussage) verwendet, um ein starkes Verlangen od. ein Bestehen auf etw. auszudrücken(表示强烈要求或坚持己见)非要,就是要: *„Du darfst keine Süßigkeiten mehr haben!" – „Aber ich will!"* "不许你再吃甜食了!"——"我非要吃!" **5. irgendwohin w.** irgendwohin gehen, fahren *o. Ä.* wollen 想去…,想到…: *Wir wollen nach Köln – können Sie uns mitnehmen?* 我们想去科隆——您能带我们一起去吗? **6. etw. will nicht mehr so** (**recht**) etw. funktioniert nicht mehr ganz richtig (物作主语)不对劲,不行,不灵〈die Augen, die Beine, das Herz 眼睛,腿,心脏; ein Apparat 仪器,电器〉 ‖ ID [谚] **Da ist nichts mehr zu w.** daran kann man nichts mehr ändern 这已是铁板钉钉,无法改变的事了 ‖ NB(注意): *wollen²* wird als Vollverb verwendet (wollen² 是作为完全动词使用); zusammen mit e-m Infinitiv wird *wollen* als Hilfsverb verwendet(和动词不定式连用时,wollen 是作为助动词来使用); ↑ **wollen¹** ‖ ▶ **Wille**

wol·lig *Adj*(形) **1.** aus Wolle bestehend 羊毛的〈ein wolliger Pullover 羊毛的套头衫〉 **2.** 〈ein Fell, Haar 毛皮,毛发〉 so, dass sie sich wie Wolle anfühlen 毛茸茸的,羊毛状的,浓密的

Wol·lust *die*; *nur Sg*, *geschr veraltend* (只用单数) [书] [渐旧]; ein starkes Gefühl der (sexuellen) Lust 淫欲,肉欲 ‖ *hierzu* (派生) **wol·lüs·tig** *Adj* (形)

wo·mit ↑ **wo- / wor-** + *Präp* (介) (1,2)

wo·mög·lich *Adv* (副); vielleicht, möglicherweise 也许,可能: *Das war w. ein Irrtum* 这可能是个错误

wo·nach ↑ **wo- / wor-** + *Präp* (介) (1,2)

Won·ne *die*; -, -*n*; ein Zustand, in dem man sehr glücklich u. zufrieden ist 幸福,快乐 ‖ K- (复合): **Wonne-, -gefühl**

Won·ne·mo·nat *der*; *veraltend* [渐旧] ≈ der Monat Mai

won·nig *Adj*(形); 〈*mst* ein Baby, ein Kind 婴儿,孩子〉 so, dass sie viel Freude hervorrufen 可爱的,逗人喜爱的

wo·ran ↑ **wo- / wor-** + *Präp* (介) (1,2)

wo·rauf ↑ **wo- / wor-** + *Präp* (介) (1,2,3)

wo·rauf·hin *Adv* (副) **1.** (*in direkten u. indirekten Fragen*) verwendet, um nach dem Grund od. Anlass von etw. zu fragen(用于直接问句和间接问句)为什么,何以: *W. hat er das gesagt?* 他何出此言? **2.** verwendet, um e-n Nebensatz einzuleiten, der e-e Reaktion auf etw. beinhaltet(用来引出从句)因此,为此: *Er beschimpfte uns, w. wir alle das Haus verließen* 他骂我们,因此我们全都离开了那栋房子

wo·raus ↑ **wo- / wor-** + *Präp* (介) (1,2)

wo·rin ↑ **wo- / wor-** + *Präp* (介) (1,2)

Work·shop [ˈvøːɐ̯kʃɔp] *der*; -*s*, -*s*; ein Treffen, bei dem die Teilnehmer etw. Bestimmtes lernen od. Ideen zu e-m Thema sammeln u. entwickeln 培训班,讲习班; *der W. „Joga für Anfänger"* 瑜伽初学者学习班

Work·sta·tion [ˈvøːɐ̯ksteɪʃn] *die*; -, -*s*; INFORM【信息】; ein Computer an j-s Arbeitsplatz, der an ein Netz angeschlossen ist 工作站;智能终端

Wort *das*; -(*e*)*s*, *Wor·te*/*Wör·ter* **1.** (*Pl* 复 *Wörter*) ein Bestandteil der Sprache, der e-e Bedeutung u. eine lautliche bzw. grafische Form hat (u. der in der geschriebenen Sprache durch kleine Zwischenräume von anderen Wörtern getrennt ist) 词,单词: *ein langer Satz mit über dreißig Wörtern* 由 30 多个单词组成的一个长句 ‖ K-(复合): **Wort-**, **-bedeutung**, **-betonung**, **-gebrauch** **2.** (*Pl* 复 *Worte*) e-e schriftliche od. mündliche Äußerung 话,话语 ≈ Bemerkung ⟨ein deutliches, freundliches, geistreiches W. 明确的,友好的,风趣的话语; Worte der Dankbarkeit, des Trostes 感谢的,宽慰的话语; ein offenes, ernstes W. mit j-m reden 和某人进行坦率的,严肃的谈话; Worte mit j-m wechseln 与某人交谈; etw. mit keinem W. erwähnen 对某事只字不提; nach Worten suchen 寻找话语; j-m fehlen die Worte 某人说不出话来⟩ ‖ K-(复合): **Wort-**, **-gefecht** **3.** (*Pl* 复 *Worte*) verwendet, um e-e *mst* berühmte Aussage j-s zu bezeichnen 名言,语录,箴言⟨ein W. Goethes 歌德的名言⟩ **4.** *nur Sg* (只用单数) ≈ Zusage, Versprechen ⟨sein W. geben, halten, brechen 许诺,信守诺言,食言(违约)⟩: *Ich bin bei ihm im W.* (= ich habe ihm etw. versprochen) 我向他许下诺言 ‖ -K(复合): **Ehren-** **5.** **ein geflügeltes W.** ein bekanntes Zitat 一句至理名言,格言 **6.** **das W. Gottes** ≈ die Bibel ‖ ID[谚] **in Worten** nicht in Ziffern geschrieben 大写(即不用阿拉伯数字,而用德文字): *25, in Worten fünfundzwanzig* 25,大写为贰拾伍; **das große W. haben/führen** bei e-m Gespräch am meisten sagen 作主要发言,主讲; **ums W. bitten/sich zu W. melden** in e-r Diskussion deutlich machen, dass man etw. sagen möchte 请求发言; **das W. ergreifen** beginnen, über etw. zu sprechen 发言; **j-m das W. erteilen/geben** (in e-r Diskussion) j-n zu e-m Thema sprechen lassen 请某人发言; **j-d hat das W.** j-d ist in e-r Diskussion an der Reihe zu sprechen 轮到某人发言了; **j-m das W. entziehen/verbieten** j-n nicht länger sprechen lassen 不让/禁止某人继续讲下去; **für j-n ein gutes W. einlegen** versuchen, j-m in e-r Sache zu helfen, indem man anderen etw. Gutes über ihn sagt 替某人说好话; *mst* 多用 **Du nimmst mir das W. aus dem Mund** du sagst genau das, was ich auch gerade sagen wollte 你说的话恰好是我想要说的; **j-m das W. im Mund umdrehen** etw., das j-d gesagt hat, absichtlich falsch auslegen (u. wiedergeben) 曲解某人的话; **j-m bleibt das W. im Hals/in der Kehle stecken** j-d kann (vor Schreck, aus Überraschung) nicht sprechen 某人连话都说不出来; *mst* 多用 **kein W. über etw.** (*Akk* 四格) **verlieren** etw. überhaupt nicht erwähnen 对某事只字不提; **j-m ins W. fallen** j-n unterbrechen 打断某人的话; **j-m das W. abschneiden** j-n unterbrechen 打断某人的话; *mst* 多用 **j-d will/muss das letzte W. haben** j-d will unbedingt zeigen, dass er recht hat 某人总是认为自己有理,硬要自己说了算; **etw. ist j-s letztes W.** j-d hat sich endgültig entschieden 某事是他的最后决定; **Das letzte W. ist noch nicht gesprochen** etw. ist noch nicht endgültig entschieden 还没有作出最后决定,还没有最后定下来; *mst* 多用 **aufs W. gehorchen/folgen** ohne Zögern gehorchen 言听计从; *mst* 多用 **Das glaube ich** (**ihm/ihr usw**) **aufs W.** ich habe überhaupt keine Zweifel, dass das, was er/sie *usw* sagt, richtig ist 我完全相信(他/她等说的)这些话; **mit einem W.** kurz gesagt, zusammenfassend 一言以蔽之,总之; **mit anderen Worten** anders gesagt 换句话说; **jedes W. auf die Goldwaage legen** **a**) j-s Worte sehr genau nehmen(对某人的话)反复掂量,字字推敲; **b**) sehr sorgfältig überlegen, bevor man etw. sagt(自己说话)字斟句酌,一再权衡; *mst* 多用 **ein W. gab das andere** es kam zu e-m Streit 你一言我一语地争论起来; **zu W. kommen** reden dürfen 得到发言的机会: *Du lässt mich überhaupt nicht zu W. kommen!* 你根本不让我有说话的机会!; **Dein W. in Gottes Ohr!** verwendet, wenn man hofft, dass das, was ein anderer gerade gesagt hat, auch Wirklichkeit wird 但愿你讲的话能应验!

Wort·art *die*; die grammatische Kategorie e-s Wortes 词类: *Substantiv, Verb u. Adjektiv sind die wichtigsten Wortarten* 名词、动词和形容词是最重要的词类 ‖ ↑ *Tabelle Seite 2094* 图表见 2094 页

Wort·bil·dung *die*; das Bilden von Wörtern, *bes* durch Zusammensetzung (*z. B. Haustür*) *od. durch Vorsilben od. Nachsilben* (*z. B. verändern, Schönheit*) 构词(法)

Wort·bruch *der*; das Nichteinhalten e-s Versprechens 食言,违约⟨W. begehen 食言,背信弃义⟩ ‖ *hierzu* (派生) **wort·brü·chig** *Adj* (形); *nicht adv* (不作状语)

Wört·chen *das*; *mst in* 多用于 **ein W. mitzureden haben** *gespr* [口]; an e-r Entscheidung mitwirken 有发言权;有权参与决策; *mst* 多用 **Mit 'dir habe ich noch ein W. zu reden** *gespr* [口]; ich muss dir zu etw. deutlich meine Meinung sagen 有点事我得跟你说清楚

Wör·ter·buch *das*; ein Buch, in dem die Wörter e-r Sprache, e-r Fachsprache od. zweier Sprachen alphabetisch aufgeführt u. erklärt od. übersetzt sind 词典,字典⟨ein einsprachiges, zweisprachiges, deutsch-italienisches, medizinisches W. 单语词典,双语词典,德意词典,医学词典; etw. in e-m W. nachschlagen 在字典里查找某物⟩ ‖ NB(注意): Ein Wörterbuch beschreibt die *Sprache*, ein Lexikon die *Dinge* u. *Sachverhalte* (词典解释语言,而百科词典解释事物和事实)

Wort·fa·mi·lie *die*; LING, *Kollekt*【语】(集合); alle Bildungen, die zum gleichen Wortstamm gehören 词族: *Fahren, führen u. Fahrt gehören zur gleichen W.* fahren, führen 和 Fahrt 属于同一个词族

Die Wortarten 词类

das **Adjektiv**, das Eigenschaftswort 形容词
ein **großes** Auto 大汽车
die Aussicht ist **schön** 景色美丽

das **Adverb**, das Umstandswort 副词
Gestern hat es **stark** geregnet. 昨天下了大雨。

der **Artikel** 冠词
der Stuhl, **eine** Tasse 椅子,杯子

die **Konjunktion**, das Bindewort 连词
Alexander **und** Marion 亚历山大和玛里昂
Er hat angerufen, **weil** er nicht kommen kann. 他来了电话,因为他不能来了。

die **Präposition**, das Verhältniswort 介词
aus Glas, **für** die Kinder 玻璃制成的,为了孩子

das **Pronomen**, das Fürwort 代词
Sie geht noch zur Schule. 她还要上学。
meine Schlüssel 我的钥匙
Was hat er dir gegeben? 他给了你什么?

das **Substantiv**, das Hauptwort 名词
das **Haus**, der **Teller** 房屋,盘子

das **Verb**, das Zeitwort 动词
gehen, **sprechen** 走,说

Wort·füh·rer *der*; ein Mitglied e-r Gruppe, das (im Auftrag der Gruppe) für diese spricht, verhandelt *usw* 发言人;代言人 ≈ Sprecher

wort·ge·treu *Adj* (形); so, dass die Worte des Originals exakt wiedergegeben werden 忠实于原文的,照字面的 ⟨etw. w. übersetzen, wiedergeben 直译,照字面翻译,逐字逐句地复述⟩

Wort·ge·walt *die*; *nur Sg* (只用单数); die Fähigkeit, die Sprache überzeugend u. wirkungsvoll zu benutzen 驾驭词汇的能力 ⟨mit großer W. 驾驭词汇的能力很强⟩ ‖ *hierzu* (派生) **wort·ge·wal·tig** *Adj* (形)

wort·ge·wandt *Adj* (形); ⟨ein Redner, ein Schriftsteller 演讲者,作家⟩ so, dass sie gut u. überzeugend sprechen od. schreiben 口才好的,善于辞令的,文笔流畅的

wort·karg *Adj* (形) **1.** ⟨ein Mensch 人⟩ so, dass er wenig spricht 沉默寡言的,寡言少语的 **2.** ⟨e-e Unterhaltung, ein Brief 谈话,信件⟩ so, dass sie wenig Worte enthalten 简短的 ‖ *hierzu* (派生) **Wort·karg·heit** *die*; *nur Sg* (只用单数)

Wort·klau·be·rei *die*; -, *-en*; *pej* [贬] ≈ Haarspalterei

Wort·laut *der*; der wörtliche Text 原文,本文,条文,字句 ⟨der genaue W. e-s Briefes, e-r Rede 信的,讲话的准确的原文⟩: *e-e Erklärung im (vollen) W. veröffentlichen* 全文发表一篇声明

wört·lich *Adj* (形); dem Originaltext exakt entsprechend 按字面的,逐字逐句的 ↔ sinngemäß ⟨etw. w. übersetzen, zitieren 按字面翻译,逐字引述⟩ ‖ ID [谚] ***etw. (allzu) w. nehmen*** etw. zu genau nehmen 太拘泥于字面意思去理解某事

wort·los *Adj* (形); ohne Worte, schweigend 缄默的,一言不发的 ‖ *hierzu* (派生) **Wort·lo·sig·keit** *die*; *nur Sg* (只用单数)

Wort·mel·dung *die*; die Bitte (*mst* durch Heben der Hand) bei e-r Versammlung, etw. sagen zu dürfen (多以举手的形式)要求发言 ⟨e-e W. liegt vor 有人要求发言; e-e W. zurückziehen 取消发言请求⟩

wort·reich *Adj* (形); mit vielen Worten (u. *mst* etwas umständlich) 冗长的,啰唆的 ⟨e-e Entschuldigung, e-e Erklärung 申辩,解释⟩

Wort·schatz *der*; *mst Sg* (多用单数) **1.** alle Wörter e-r Sprache od. Fachsprache 词汇,语汇,词汇量 ‖ -K (复合): ***Fach-*** **2.** ***aktiver W.*** alle Wörter, die j-d zum Sprechen benutzt 积极词汇 **3.** ***passiver W.*** alle Wörter, die j-d in ihrer Bedeutung kennt (aber nicht selbst benutzt) 消极词汇

Wort·spiel *das*; die witzige, spielerische Verwendung e-s Wortes od. von Wörtern, bei der der Witz *mst* dadurch entsteht, dass mehrere Bedeutungen möglich sind 文字游戏,双关语,俏皮话

Wort·stel·lung *die*; *nur Sg* (只用单数); die Reihenfolge der Wörter im Satz 词序

Wort·wahl *die*; *nur Sg* (只用单数); die Wörter, die man zu e-m bestimmten (schriftlichen od. mündlichen) Anlass wählt 选词,用词 ⟨e-e sorgfältige W. 用词讲究⟩

Wort·wech·sel *der*; ein Streit, der mit Worten ausgetragen wird 口角,争吵

wort·wört·lich *Adj* (形); *ohne Steigerung* (无变级); verwendet, um *wörtlich* zu verstärken 逐字逐句的

wo·rü·ber ↑ ***wo-/wor-*** + *Präp* (介) (1,2)

wo·rum ↑ ***wo-/wor-*** + *Präp* (介) (1,2)

wo·run·ter ↑ ***wo-/wor-*** + *Präp* (介) (1,2)

wo·von ↑ ***wo-/wor-*** + *Präp* (介) (1,2)

wo·zu ↑ ***wo-/wor-*** + *Präp* (介) (1,2)

Wrack [vrak] *das*; *-s*, *-s* **1.** ein stark beschädigtes Schiff, Flugzeug od. Auto, das nicht mehr verwendet werden kann (船,飞机或汽车的)残骸 ‖ -K (复合): ***Flugzeug-***, ***Schiffs-*** **2.** ***ein (menschliches) W.*** j-d, der wegen e-r Krankheit od. e-r Sucht keine Kraft mehr hat (因病或吸毒而)极度虚弱的人,骨头架子

wrang *Imperfekt*, 1. u. 3. *Person Sg* (过去时,第一和第三人称单数); ↑ ***wringen***

wrin·gen [ˈvrɪŋən]; *wrang*, *hat gewrungen*; [*Vt*] (及物) ***etw. w.*** nasse Wäsche, e-n nassen Lappen *o. Ä.* mit beiden Händen so drehen, dass das Wasser herausgepresst wird 拧干,绞干

Wu·cher *der*; *-s*; *nur Sg* (只用单数); die Forderung e-s sehr hohen (ungesetzlichen) Prei-

W

ses, Mietpreises od. Zinses (den der andere zahlen muss, weil er keine Wahl hat) 重利，重利，高价 〈W. treiben 重利盘剥，放高利贷〉: *Wenn es nicht genug Wohnungen gibt, wird mit der Miete oft W. getrieben* 住房紧缺的时候，租金常常高得出奇 ‖ K-（复合）: **Wucher-, -preis, -zins** ‖ -K（复合）: **Miet-, Preis-, Zins-** ‖ *hierzu*（派生）**wu·che·risch** *Adj*（形）

Wu·che·rer *der*; *-s*, *-*; j-d, der Wucherpreise od. -zinsen verlangt 牟取暴利者，重利盘剥者，高利贷者 ‖ *hierzu*（派生）**Wu·che·rin** *die*; *-*, *-nen*

wu·chern; *wucherte*, *hat/ist gewuchert*; [Vi]（不及物）**1. etw. wuchert** (*hat/ist*) etw. wächst sehr stark u. unkontrolliert (u. verdrängt od. gefährdet so anderes) 蔓生，丛生，滋生，长得快〈Unkraut, ein Geschwür, ein Tumor 杂草，溃疡，肿瘤〉 **2.** (**mit etw.**) **w.** (*hat*) Wucher treiben 暴利出售…，用…放高利贷

Wu·che·rung *die*; *-*, *-en* **1.** *nur Sg*（只用单数）; das schnelle u. unkontrollierte Wachsen von (*mst* krankem) menschlichem, tierischem od. pflanzlichem Gewebe 增生 **2.** e-e Schwellung, die durch e-e W. (1) entstanden ist 肿瘤，赘生物 ≈ Geschwulst, Tumor 〈e-e gutartige, harmlose, bösartige W. 良性的，无害的，恶性的肿瘤〉

wuchs [vu:ks] *Imperfekt*, *1. u. 3. Person Sg*（过去时，第一和第三人称单数）; ↑ **wachsen**[1]

Wuchs [vu:ks] *der*; *-es*; *nur Sg*（只用单数）**1.** das Wachsen[1] (1,2) 生长，成长，发育 **2.** ≈ Gestalt, Erscheinung 〈von schlankem, zartem, kräftigem W. sein 身材苗条，柔弱，强壮〉

-wüch·sig [-vy:ksɪç] *im Adj*, *wenig produktiv*（构成形容词，构词弱）; drückt aus, dass der Wuchs der Person/Sache so ist, wie im ersten Wortteil beschrieben 长得…的，身材…的; **großwüchsig**, **kleinwüchsig**, **schlankwüchsig**, **schnellwüchsig**, **zwergwüchsig**

Wucht [vʊxt] *die*; *-*; *nur Sg*（只用单数）; die Kraft bei e-m starken Schlag, Wurf, Stoß *usw* 力量，重量，压力，重力，冲击力〈mit voller W. 使劲，用力〉‖ ID [谚] **etw. ist e-e W.** *gespr* [口]; etw. ist großartig, toll 某事棒极了，了不起

wuch·ten [ˈvʊxtn]; *wuchtete*, *hat gewuchtet*; [Vt]（及物）**1. etw. irgendwohin w.** e-n schwe-ren Gegenstand mit großer Anstrengung (irgendwohin) heben 用力举起，使劲抬起: *Er wuchtete den Koffer auf den Gepäckträger* 他把箱子用力举起放到了行李架上 **2. den Ball irgendwohin w.** SPORT【体】; den Ball schnell u. mit großer Kraft irgendwohin schlagen od. schießen 大力将球投向或踢向某处: *den Ball ins Tor w.* 将球大力射入球门

wuch·tig [ˈvʊxtɪç] *Adj*（形）**1.** 〈ein Schlag, Hieb, Stoß, Wurf 打击，一砍，一推，一扔〉so, dass dabei viel Kraft eingesetzt wurde 猛力的，强有力的 **2.** *nicht adv*（不作状语）; groß u. massig 巨大的，笨重的〈ein Schrank 柜子〉

Wühl·ar·beit *die*; *pej* [贬]; Tätigkeiten, mit denen versucht wird, e-m anderen (*mst* politisch) zu schaden 阴谋活动，颠覆活动，挖墙角

wüh·len; *wühlte*, *hat gewühlt*; [Vi]（不及物）**1. j-d/ein Tier wühlt** (**mit etw.**) **in etw.** (*Dat* 三格) j-d gräbt mit den Händen/ein Tier gräbt mit der Schnauze od. den Pfoten im Erdboden（人/动物作主语）挖掘，翻刨〈im Schlamm, im Sand w. 在淤泥里，在沙地上挖〉 **2. irgendwo** (**nach etw.**) **w.** in e-r Menge von Gegenständen etw. suchen u. dabei Unordnung machen 翻寻 **3. gegen j-n/etw. w.** gegen j-n/etw. hetzen 搞颠覆活动，煽动，唆使，指使; [Vt]（及物）**4.** *mst* 多用 **ein Loch in die Erde w.** durch Wühlen (1) ein Loch in die Erde machen 往地里挖洞，打洞; [Vr]（反身）**5. ein Tier/etw. wühlt sich irgendwohin** ein Tier/etw. gräbt sich durch Wühlen (1) in od. durch etw.（动物/物作主语）拱，钻，掘，挖: *Der Bagger wühlte sich in die Erde* 挖土机在挖土; *Das Schwein wühlte sich durch den schlammigen Boden* 猪在淤泥地里拱来拱去 **6. sich durch etw. w.** etw. mit großer Anstrengung leisten 埋头于，努力钻研，反复考虑〈sich durch viel Arbeit w. 埋头苦干〉

Wühl·maus *die*; ein Nagetier, das e-r Maus ähnlich sieht u. unter der Erde Gänge gräbt 田鼠

Wühl·tisch *der*; ein Tisch im Kaufhaus, auf dem sehr billige Waren, oft Textilien, angeboten werden（百货公司里的）廉价货柜

Wulst *der*; *-es*, *Wüls·te*/*selten*（罕）*Wuls·te*; *od die*; *-*, *Wüls·te*; e-e Stelle, die länglich u. dick ist u. sich wie e-e Falte *z. B.* auf Leder, Stoff od. auf der Haut bildet（皮革、布料或皮肤上的）条状隆起（物）

wuls·tig *Adj*（形）; *nicht adv*（不作状语）;〈Lippen, ein Nacken 嘴唇，脖颈〉so, dass sie e-n Wulst bilden od. als längliche, dicke Schwellung hervortreten 鼓起的，厚的，撅起的

wund, *wunder*, *wundest-*; *Adj*（形）; *nicht adv*（不作状语）**1.** 〈Füße, Knie *o. Ä.* 脚，膝盖等〉so, dass sie durch Reibung an der Hautoberfläche verletzt od. entzündet sind 受伤的，有伤的，擦伤的，擦破的，磨破的: *Ich habe mich am neuen Sattel w. gerieben* 我在新马鞍上磨破了皮肤 **2. sich** (*Dat* 三格) **die Finger w. schreiben** *gespr* [口]; sehr viel schreiben 写得手指发僵 **3. sich** (*Dat* 三格) **die Füße w. laufen** *gespr* [口]; **a)** sehr viel herumgehen müssen, *mst* um etw. zu besorgen 四处奔走，跑断腿; **b)** durch viel Laufen wunde (1) Füße bekommen 走路过多把脚磨破 **4. j-d liegt sich w.** j-d bekommt durch langes Liegen im Bett wunde Stellen an der Haut（人作主语）因久卧而长褥疮，生褥疮

Wun·de *die*; *-*, *-n* **1.** e-e Verletzung der Haut (u. des Gewebes, das darunter liegt) 伤口，创口〈e-e offene, klaffende, tiefe, frische W. 外露的，裂开的，深的，新的伤口; die W. blutet, eitert, nässt, schmerzt, brennt, heilt, ver-

W

narbt 伤口在流血,化脓,出水,疼,灼痛,愈合,结疤; e-e W. behandeln, versorgen, desinfizieren, verbinden, nähen 处理,护理,消毒,包扎,缝合伤口; e-e W. am Kopf, am Finger *usw* 头上的,手指上的伤口〉 ‖ K-(复合): ***Wund-, -behandlung, -puder, -versorgung*** ‖ -K(复合): ***Brand-, Quetsch-, Schnitt-, Schürf-; Kopf-*** **2.** ***e-e alte W.*** ein unangenehmes Erlebnis, das man lange Zeit nicht vergessen kann 伤心事;旧伤疤〈an alte Wunden rühren, e-e alte W. aufreißen 触动伤心事,揭开旧伤疤〉

Wụn·der *das*; *-s*, *-* **1.** ein Ereignis, bei dem göttliche od. übernatürliche Kräfte beteiligt sind 神奇的事,神迹〈die Wunder Jesu 耶稣创造的神迹; an Wunder glauben 相信神奇的事〉 ‖ K-(复合): ***Wunder-, -glaube, -heiler, -heilung, -zeichen*** **2.** ein Ereignis, das zu e-m glücklichen Ende führt (das man eigentlich nicht erwarten konnte)奇迹,奇事: *Es war ein W., dass sie den Flugzeugabsturz überlebte* 她在飞机失事中生还是一个奇迹 **3.** ein außergewöhnliches Werk, Produkt *o. Ä.* 奇观,惊人之作〈ein W. der Technik, der Natur, ein W. an Genauigkeit 技术上的,自然界的奇迹,鬼斧神工之作〉 ‖ K-(复合): ***Wunder-, -werk*** ‖ ID [谚] ***es ist kein W., dass ...*** es überrascht nicht, dass ... …毫不奇怪; ***Kein W.!*** *gespr* [口]; das ist keine Überraschung 毫不奇怪! 不足为奇!; ***etw. wirkt (wahre) Wunder*** etw. hat e-e sehr gute Wirkung 某物有奇效〈e-e Medizin, ein Rat 药,建议〉; *mst* 多用于 ***Du wirst noch dein blaues W. erleben*** *gespr* [口]; du wirst sicher etwas Unangenehmes erleben 你会大失所望的,你会吃苦头的

Wụn·der- *im Subst*, *wenig produktiv*(构成名词,构词弱); drückt aus, dass das im zweiten Wortteil Genannte e-e sehr starke Wirkung hat 神奇的…,有奇功异效的…; die ***Wunderdroge***, das ***Wundermittel***, die ***Wunderwaffe***

wụn·der- *im Adj*, *nicht produktiv*(构成形容词,非构词型); verwendet zur Intensivierung e-s Adjektivs 极其… ≈ äußerst; ***wunderhübsch, wunderschön***

wụn·der·bar *Adj*(形) **1.** wie bei einem Wunder (1,2), übernatürlich erscheinend 奇异的,不可思议的,神奇的: *Auf wunderbare Weise wurde er wieder gesund* 他不可思议地康复了 **2.** herrlich, großartig 美妙的,好极了的,令人神往的,令人赞叹不已的〈das Wetter, ein Konzert 天气,音乐会〉 **3.** *nur adv*, *gespr*(只作状语)[口]; verwendet, um Adjektive zu verstärken (用来加强形容词的语义)非常,极其: *ein w. erfrischendes Getränk* 非常提神的饮料

W

Wụn·der·ker·ze *die*; ein Draht, der mit e-r besonderen Masse umgeben ist, die brennt u. kalte Funken gibt 烟火,花炮,礼花

Wụn·der·kind *das*; ein Kind, das sehr früh außergewöhnliche Fähigkeiten zeigt 神童: *Mozart war ein W.* 莫扎特是一个神童

wụn·der·lich *Adj*(形); sonderbar, seltsam 奇特的,奇异的〈e-e Idee 主意; ein Mensch 人〉

Wụn·der·mit·tel *das*; *oft iron* 常用[讽]; ein Medikament od. e-e Art Medikament, das (*mst* angeblich) sehr gut hilft 万灵药,神效药: *eines der vielen Wundermittel gegen Glatzen* 许多治疗脱发的神奇药物之一

wụn·dern; *wunderte*, *hat gewundert*; [*Vt*](及物) **1.** ***etw. wundert j-n*** etw. erstaunt, überrascht j-n sehr(物作主语)使惊讶,使惊异: *Sein schlechtes Benehmen wunderte seine Eltern sehr* 他的不良行为使其父母大为惊讶; [*Vr*](反身) **2.** ***sich (über j-n/etw.) w.*** über j-n/etw. sehr erstaunt, überrascht sein 感到惊讶,惊异: *Ich wundere mich über seine Kochkünste* 我对他的烹调手艺感到惊奇; *Er wunderte sich*, dass *alles so gut klappte* 一切都进行得很顺利,对此他感到很惊奇 **3.** ***sich w.*** *südd* (CH) [南德] [奥] sich erstaunt, überrascht fragen 惊讶地问〈sich w., warum, wie etw. geschah 惊讶地问某事为什么会发生,是怎么发生的〉; [*Vimp*](无人称) **4.** ***es wundert j-n (, dass ...); j-n wundert, dass ...*** es erstaunt, überrascht j-n sehr 使感到奇怪,使惊异: *Es wunderte ihn*, *dass kein Brief gekommen war* 没有信来使他感到奇怪 ‖ ID [谚] *mst* 多用 ***Er/Sie wird sich noch w.*** er/sie wird noch etw. Unangenehmes erleben 他/她还会碰上麻烦事的; *mst* 多用 ***Ich muss mich doch sehr (über dich) w.*** das hätte ich nicht (von dir) gedacht 我着实为你吃了一惊,这我真没有想到

wụn·der·voll *Adj*(形) ≈ wunderbar (2,3)

Wụnd·fie·ber *das*; MED【医】; ein Fieber, das nach der Infektion e-r Wunde auftritt (因伤口发炎导致的)创伤热,外伤性发烧

wụnd·lau·fen ↑ ***wund (3)***

wụnd·lie·gen ↑ ***wund (4)***

Wụnd|starr·krampf *der*; *nur Sg*, MED (只用单数)【医】; e-e Krankheit, bei der nach der Infektion e-r Wunde Muskelkrämpfe, Fieber u. Atemnot auftreten 破伤风; MED【医】Tetanus

Wụnsch *der*; *-(e)s*, *Wün·sche* **1.** ***der W. (nach etw.)*** etw. (od. die Vorstellung davon), was j-d gerne haben möchte 愿望,意愿,希望,要求,请求〈ein geheimer, unerfüllbarer, dringender W. 隐密的,无法实现的,迫切的愿望; e-n W. haben, äußern 有,表达愿望; j-m e-n W. erfüllen, abschlagen 满足某人的愿望,拒绝某人的要求; sich nach j-s Wünschen richten 按某人的意愿行事〉: *der W. nach Frieden* 对和平的向往; *Mein einziger W. ist ein schöner Urlaub* 我唯一的愿望就是好好休个假; *Hast du e-n Wunsch für Weihnachten?* 圣诞节你想要点什么? (= Was möchtest du als Geschenk?) **2.** *mst Pl* (多用复数) ≈ Glückwunsch ‖ NB(注意): *mst* in festen Formeln verwendet(多用于固定的套语): *Die besten Wünsche zum Geburtstag/zur Hochzeit!* 祝生日快乐/祝新婚幸福!; *Alle guten Wünsche für die Zukunft!* 祝你前程似锦! ‖ -K(复合): ***Glück-, Segens-*** **3.** ***etw. verläuft nach W.*** etw. verläuft so, wie man es sich vorgestellt hatte (物作主语)称心如意,如愿以偿 **4.** ***auf W.*** wenn man es so will 按照要求,应请

求：*Auf W. liefern wir frei Haus* 应要求我们送货上门 **5. ein frommer W.** etw., das gut gemeint ist, sich aber nicht verwirklichen lässt（不能实现的）虔诚的愿望，幻想 ‖ ID［谚］***Hier war der W. der Vater des Gedankens*** diese Idee stammt von e-m unrealisierbaren od. heimlichen Wunsch 这真是异想天开

Wunsch·bild *das*；e-e Vorstellung von j-m/etw., die durch die eigenen Wünsche bestimmt ist 理想

Wunsch·den·ken *das*；e-e Denkweise, die von (unrealisierbaren) Träumen u. Idealvorstellungen geprägt ist 异想天开，想入非非，一相情愿：*Das ist reines W.!* 这纯粹是异想天开！

Wün·schel·ru·te *die*；ein Zweig, ungefähr in der Form e-s Y, mit dem manche Menschen feststellen können, wo viel Wasser unter der Erde ist（用来探测水源、矿脉的）测泉杖，探矿杖 ‖ K-（复合）：***Wünschelruten-, -gänger***

wün·schen；*wünschte*，*hat gewünscht*；[Vt]（及物）**1. *sich*** (*Dat* 三格) ***etw.*** (***von j-m***) (***zu etw.***) ***w.*** den Wunsch haben (u. *mst* auch aussprechen), dass man etw. bekommen könnte 希望得到：*sich von den Eltern ein Buch zum Geburtstag w.* 希望生日时父母送一本书；*sich etw. zu Weihnachten w.* 希望自己圣诞节得到某物 **2. *j-m etw. w.*** zum Ausdruck bringen, dass man sich freuen würde, wenn j-d etw. erleben würde 祝愿某人…：*Ich wünsche ihr*, dass *sie es schafft* 我祝愿她心想事成 ‖ NB（注意）：oft in festen (formelhaften) Wendungen verwendet（常用于固定的，客套性的成语）：*j-m guten Appetit*, *gute Fahrt*, *e-n guten Tag*, *viel Erfolg*, *alles Gute zum Geburtstag w.* 祝某人胃口好，一路平安，日子过得好，成功，生日一切如意 **3. *etw. w.*** *geschr*［书］≈ verlangen 〈mit j-m e-e Unterredung w. 要求与某人商谈〉：*Sie wünscht*, *nicht gestört* zu *werden* 她希望不被人打扰；*Ich wünsche*, dass *dies sofort geändert wird* 我要求这能立刻得到改变 ‖ ID［谚］***Was wünschen Sie?*** verwendet als Frage des Verkäufers an e-n Kunden（售货员对顾客用语）您想要点什么？‖ NB（注意）：↑ ***übrig*** (5,6)

wün·schens·wert *Adj*（形）；*nicht adv*（不作状语）；so, dass man sich darüber freuen würde, wenn es einträte, realisiert würde *o. Ä.* 值得向往的，合乎愿望的，合乎希望的

wunsch·ge·mäß *Adj*（形）；so, wie man es sich gewünscht od. erhofft hat 依照意愿的，如人所愿的，符合愿望的，称心的

Wunsch·kind *das*；ein Kind, das sich die Eltern auch gewünscht (1) haben 盼望得到的孩子

Wunsch·kon·zert *das*；e-e Sendung im Rundfunk od. im Fernsehen, bei der sich die Hörer die Musik aussuchen können（广播或电视上的）音乐点播节目

wunsch·los *Adj*（形）；*mst in* 多用于 ***w. glücklich sein*** zufrieden sein mit dem, was man hat 幸福美满，心满意足

Wunsch·traum *der*；e-e Vorstellung, von der man hofft, dass sie Wirklichkeit wird (die aber *mst* nicht realisierbar ist) 梦想，向往，心愿

Wunsch·vor·stel·lung *die* ≈ Wunschtraum

Wunsch·zet·tel *der*；ein Blatt Papier, auf das ein Kind schreibt, was es sich zu Weihnachten wünscht 愿望单（孩子在圣诞节时开列的礼单）‖ ID［谚］***etw. steht auf j-s W.*** j-d möchte etw. haben（物作主语）写在某人的礼单上（意即：某人想得到）

wur·de *Imperfekt*, *1. u. 3. Person Sg*（过去时，第一和第三人称单数）；↑ ***werden***

wür·de *Konjunktiv*, *1. u. 3. Person Sg*（虚拟式，第一和第三人称单数）；↑ ***werden***

Wür·de *die*；-, *-n* **1.** *nur Sg*（只用单数）；der (innere) Wert, den man als Mensch hat u. den andere Menschen respektieren sollen 尊严，人格〈j-s W. achten, verletzen, antasten 尊重，损害，侵犯某人的尊严〉：*Die W. des Menschen gilt als unantastbar* 人的尊严不可侵犯 ‖ -K（复合）：***Menschen-*** **2.** *nur Sg*（只用单数）；die Ausstrahlung e-r starken Persönlichkeit（人的）威严 **3.** *nur Sg*（只用单数）；der Respekt, das Ansehen (u. die damit verbundenen Pflichten) bestimmter Institutionen（某些机构的）威严，威望，庄严〈die W. des Gerichts 法庭的威严〉**4.** ein Amt od. Titel[1] mit hohem Ansehen 要职，高贵地位，显职，显赫身份〈die W. e-s Bischofs 主教的显职；akademische, geistliche Würden 学位，宗教要职〉‖ ID［谚］***etw. ist unter j-s W.*** j-d tut etw. nicht, weil er sonst seine Selbstachtung verlieren würde（物作主语）有损某人的尊严

wür·de·los *Adj*（形）；〈ein Verhalten 行为〉so, dass es nicht der menschlichen Würde entspricht 有失尊严的，不庄重的，不体面的：*etw. als w. empfinden* 觉得某事有失体面

Wür·den·trä·ger *der*；e-e Person, die ein hohes, ehrenvolles Amt hat 高官，显贵，身居要职者，享有崇高荣誉者，功勋卓著者：*geistliche u. weltliche Würdenträger* 宗教的和世俗的显要 ‖ *hierzu*（派生）**Wür·den·trä·ge·rin** *die*

wür·de·voll *Adj*（形）；mit Würde (1,2), sich seines Wertes, seines Ansehens bewusst 威严的，庄重的，显赫的 ↔ würdelos

wür·dig *Adj*（形）**1.** mit Ernst u. der Feierlichkeit, die bei e-m bestimmten Anlass nötig ist 庄严的，隆重的 **2.** mit Würde (2) 威严的 **3.** 〈ein Gegner, Nachfolger 对手，继任人〉so, dass sie die gleiche Kraft od. Qualität wie die Vergleichsperson haben 相称的，能力相当的，旗鼓相当的 **4. *j-s/etw. w. sein*** etw. zu Recht bekommen, etw. verdienen (3) 配得上的，值得的，有资格得到…的〈j-s Vertrauen, Freundschaft w. sein 值得某人信任，配得上某人的友谊；e-r Ehre, e-s Amtes w. sein 配得上某种荣誉，称职〉

-wür·dig *im Adj*, *begrenzt produktiv*（构成形容词，构词有限）**1.** drückt aus, dass die betroffene Person/Sache es verdienen würde, wenn etw. gemacht würde 值得…的；***auszeichnungswürdig*** 〈e-e Leistung, ein Werk 成绩，工作〉,

W

erhaltungswürdig 〈ein Gebäude 楼房〉, ***förderungswürdig*** 〈ein Projekt, ein Student 项目,大学生〉, ***verehrungswürdig*** 〈e-e Persönlichkeit 人士〉 **2.** drückt aus, dass das im ersten Wortteil Genannte berechtigt ist 理应受到…的; ***kritikwürdig*** 〈j-s Auftreten, j-s Verhalten 某人的举止,某人的行为〉, ***verabscheuungswürdig*** 〈ein Verbrechen 犯罪行为〉

wür·di·gen; *würdigte, hat gewürdigt*; [Vt] (及物) **1.** ***j-n/etw. w.*** j-n/etw. anerkennen u. in angemessener Weise loben 赏识,赞赏,尊重 〈j-s Leistungen, Verdienste w. 赞赏某人的成绩,功绩; e-n Künstler, e-n Wissenschaftler w. 尊重艺术家,科学家〉 **2.** ***j-n keines Blickes/keiner Antwort w.*** (auf oft arrogante Weise) j-n nicht ansehen/j-m nicht antworten 对某人不屑一顾/不屑置答 ‖ *zu* (义项) **1.** **Wür·di·gung** *die*

Wurf[1] *der*; *-(e)s, Wür·fe* **1.** die Tätigkeit (der Vorgang od. das Ergebnis) des Werfens[1] 投掷,扔,抛 〈zu e-m W. ausholen, ansetzen 准备投掷,开始投掷; ein weiter W., ein W. von über 80m 投得很远,掷出80多米〉 ‖ K-(复合): ***Wurf-, -bahn, -scheibe*** ‖ -K (复合): ***Ball-, Diskus-, Hammer-, Speer-, Stein-*** **2.** die Tätigkeit (u. das Ergebnis) des Würfelns 掷(色子) **3.** *mst* 多用 ***j-m gelingt ein großer W.*** j-s (künstlerisches od. wissenschaftliches) Werk ist ein großer Erfolg 某人取得巨大成就 ‖ ID [谚] ***alles auf e-n W. setzen*** in e-r bestimmten Situation alles riskieren 孤注一掷

Wurf[2] *der*; *-(e)s, Wür·fe*; *mst Sg, Kollekt* (多用单数,集合); (bei bestimmten Säugetieren) die jungen Tiere, die das Muttertier auf einmal zur Welt gebracht hat (指哺乳动物)一胎产的幼仔 〈ein W. Katzen, Hunde, Ferkel 一窝小猫,小狗,小猪〉

Wür·fel *der*; *-s, -* **1.** GEOM【几】; ein (dreidimensionales) Gebilde mit sechs quadratischen u. gleich großen Seiten, die rechtwinklig aufeinander stehen 正六面体,立方体 ‖ ↑ *Abb. unter* 图见 ***geometrische Figuren*** ‖ K-(复合): ***Würfel-, -kante; würfel-, -förmig*** **2.** ein kleiner W. (1), der zum Spielen verwendet wird u. auf dessen Seitenfläche Punkte (eins bis sechs) sind 色子,骰子 〈den W. werfen 掷色子; der W. zeigt eine Sechs 色子掷出六点〉 **3.** etw. (*z. B.* ein Stück Fleisch *o. Ä.*) von der (ungefähren) Form e-s Würfels (1) 丁,小方块 〈Fleisch, Zwiebeln in Würfel schneiden 将肉,洋葱切成丁〉 ‖ K-(复合): ***Würfel-, -zucker*** ‖ ID [谚] ***Die Würfel sind gefallen*** etw. ist endgültig entschieden 事情已经定下来了

wür·fe·lig *Adj* (形); in der Form e-s Würfels (1) 立方体的

wür·feln; *würfelte, hat gewürfelt*; [Vi] (不及物) **1.** (***um etw.***) ***w.*** ein Spiel mit Würfeln (2) um Geld *o. Ä.* machen 掷色子(赌…) ‖ K-(复合): ***Würfel-, -becher, -glück, -spiel*** ‖ *zu* ***Würfelbecher*** ↑ *Abb. unter* 图见 ***Becher***; [Vt] (及物) **2.** ***etw. w.*** beim Würfeln (1) ein bestimmtes Ergebnis erzielen (掷色子时)掷出 〈e-e Sechs w. 掷出六点〉 **3.** ***etw. w.*** etw. in Würfel (3) schneiden 把…切成丁,把…切成小方块 〈Zwiebeln, Fleisch w., etw. grob, fein w. 把洋葱,肉切成丁,把某物切成大块,切成细丁〉

Wür·ge·mal *das*; *-(e)s, -e*; Flecke an der Haut, die zurückbleiben, wenn j-d gewürgt wurde 掐痕

wür·gen; *würgte, hat gewürgt*; [Vt] (及物) **1.** ***j-n w.*** versuchen, j-n zu ersticken, indem man ihm die Kehle zusammendrückt 掐住…的脖子,扼住…的咽喉,使窒息 〈j-n am Hals w. 扼住某人的脖子; j-n bis zur Bewusstlosigkeit, j-n zu Tode w. 把某人掐得失去知觉,把某人掐死〉 ‖ K-(复合): ***Würge-, -griff*** **2.** ***etw. würgt j-n*** etw. ist an der Kehle, am Hals sehr eng (物作主语)勒…的嗓子,卡…的脖子 〈der Kragen, das Halsband 衣领,项圈〉 **3.** ***etw. würgt j-n*** j-d kann etw. nur sehr schwer schlucken (物作主语)使噎着,哽塞 〈ein zu großer Bissen 一大口食物〉; [Vi] (不及物) **4.** (***an etw.*** (*Dat* 三格)) ***w.*** etw. nur schwer hinunterschlucken können, weil es zäh ist, schlecht schmeckt od. zum Erbrechen führen könnte 难以下咽 ‖ *zu* (义项) **1.** **Wür·ger** *der*; *-s, -*

Wurm[1] *der*; *-(e)s, Wür·mer* **1.** ein relativ kleines Tier, das kein Skelett u. keine Gliedmaßen hat u. sich kriechend (wie e-e Schlange) fortbewegt 蠕虫,软体虫,蠕形动物 〈ein W. windet sich, krümmt sich 虫子蠕动,蜷缩着; etw. ist von Würmern befallen 某物遭虫害; ein Tier hat Würmer 一头动物身上有虫子〉 ‖ K-(复合): ***Wurm-, -befall, -erkrankung*** ‖ -K (复合): ***Holz-, Mehl-*** **2.** *gespr* [口]; j-d, den man verachtet od. mit dem man Mitleid hat 卑微的人,可怜虫 〈ein armseliger, elender W. 一个穷困的,困苦的可怜虫〉 ‖ ID [谚] *mst* 多用 ***Da ist/sitzt der W. drin*** *gespr* [口]; da ist etw. nicht in Ordnung, da stimmt etw. nicht 这事儿不对头,这东西有毛病; *mst* 多用 ***Dem muss man die Würmer aus der Nase ziehen*** *gespr* [口]; den muss man lange fragen, bis man e-e Antwort bekommt 必须慢慢从这个人身上把秘密掏出来

Wurm[2] *das*; *-(e)s, Wür·mer*; *gespr* [口]; ein kleines Kind 小孩,小东西 〈ein armes, hilfloses, niedliches W. 可怜的,无助的,可爱的小东西〉

wur·men; *wurmte, hat gewurmt*; *gespr* [口]; [Vt] (及物) **1.** ***etw. wurmt j-n*** etw. ärgert j-n (物作主语)使生气,使恼火: *Die schlechte Note hat ihn sehr gewurmt* 这糟糕的分数让他很恼火 ‖ NB (注意): kein Passiv (不用被动语态)!; [Vimp] (无人称) **2.** ***es wurmt j-n, dass ...*** es ärgert j-n, dass ... …使生气,使气恼

Wurm·fort·satz *der*; ein längliches Stück Gewebe am Blinddarm 阑尾,蚓突; MED【医】 Appendix

wur·mig *Adj* (形); von Würmern befallen 虫蛀的,生虫的,有虫眼的

wurm·sti·chig *Adj* (形) ≈ wurmig 〈Holz 木头〉

W

Wurst *die*; -, *Würs·te* **1.** e-e Masse aus gehacktem Fleisch, Innereien u. Gewürzen, die in e-e Haut (3) aus Darm od. Kunststoff gefüllt u. gekocht od. geräuchert gegessen wird 香肠,腊肠〈e-e Scheibe W. 一片香肠; ein Brot mit W. belegen 面包上加香肠〉‖ K-(复合): ***Wurst-***, ***-brot***, ***-haut***, ***-platte***, ***-salat*** ‖ -K(复合): ***Schnitt-***, ***Streich-*** **2.** verwendet als Bezeichnung für etw. in der Form e-r länglichen Rolle 香肠状物 ‖ ID [谚] ***j-d/etw. ist j-m W./Wurscht*** *gespr* [口]; j-d/etw. ist j-m gleichgültig 某人/某事对某人来说无所谓; *mst* 多用 ***Jetzt gehts um die W.*** jetzt wird sich e-e Sache entscheiden 现在是关键时刻

Würst·chen *das*; -s, - **1.** e-e kleine Wurst (1), die *mst* paarweise verkauft u. warm (mit Senf) gegessen wird 小香肠: *Wiener Würstchen* 维也纳小香肠 ‖ K-(复合): ***Würstchen-***, ***-bude***, ***-stand*** **2.** *gespr* [口]; ein bemitleidenswerter, armer, unbedeutender Mensch 无足轻重的人,不足挂齿的人〈ein armes, kleines W. 可怜虫,小人物〉

wurs·teln [-st-, -ʃt-]; *wurstelte*, *hat gewurstelt*; *gespr pej* [口][贬]; *Vi* (不及物) ohne Plan u. System (u. daher *mst* ohne Erfolg) arbeiten 瞎干一气,工作马虎潦草

Wür·ze *die*; -, -*n* **1.** ein Pulver od. e-e Flüssigkeit, mit denen man den Geschmack von Speisen u. Getränken verändert od. verbessert 香料,佐料,调味品 **2.** das Aroma, der Geruch von Speisen, Getränken (菜、饮料的)香气,香味〈die W. des Weines, von Kräutern 葡萄酒的、药草的香味〉 **3.** *gespr* [口] ≈ Pfiff, Spritzigkeit: *e-r Geschichte die notwendige W. geben* 给故事加点必要的噱头

Wur·zel *die*; -, -*n* **1.** der Teil e-r Pflanze, der sich in der Erde verzweigt, der Pflanze Halt gibt u. durch den die Pflanze Wasser u. Nahrung aus dem Boden aufnimmt 根〈e-e Pflanze schlägt, treibt Wurzeln 植物生根,扎根〉‖ K-(复合): ***Wurzel-***, ***-spross***, ***-stock*** ‖ -K(复合): ***Baum-***, ***Gras-*** **2.** der Teil e-s Haares, Zahnes *o.Ä.*, der ähnlich e-r W. (1) sich fest in der Haut, im Fleisch befindet(毛发、牙齿等的)根部: *Der Zahnarzt bohrte bis an die W.* 牙医用钻直钻到牙根 ‖ -K(复合): ***Haar-***, ***Zahn-*** **3.** *mst* 多用 ***die W. allen Übels*** die Ursache, der Ursprung *mst* e-r Reihe von Problemen 万恶之源,一切灾祸的根源 **4.** e-e rekonstruierte (Ur)Form e-s Wortes, die man durch den Vergleich verschiedener Sprachen erstellt hat 根词,词根 **5.** die mathematische Größe, die mit dem Zeichen $\sqrt{\ }$ dargestellt wird 平方根〈die W. ziehen 开平方,求平方根〉: $\sqrt{9}$ = 3 9开平方等于3; *Die W. aus 9 ist 3* 9开方得3,9的平方根为3 ‖ K-(复合): ***Wurzel-***, ***-rechnung*** ‖ -K(复合): ***Quadrat-*** ‖ ID [谚] ***j-d schlägt irgendwo Wurzeln*** j-d lässt sich irgendwo dauerhaft nieder 某人在某地定居下来(安下身来,扎下根来); *mst* 多用 ***das Übel an der W. packen*** den Ursprung e-s Problems *o.Ä.* zu beseitigen versuchen 根除弊端

Wur·zel·be·hand·lung *die*; e-e medizinische Maßnahme an e-r erkrankten Zahnwurzel 牙根治疗

wur·zel·los *Adj*(形) **1.** ohne Wurzel (2) 没有根的〈ein Zahn 牙齿〉 **2.** *geschr* [书]; ohne Heimat 没有家乡的,没有根的〈ein Mensch 人〉

wur·zeln; *wurzelte*, *hat gewurzelt*; *Vi* (不及物) **1.** ***e-e Pflanze wurzelt irgendwie/irgendwo*** e-e Pflanze ist durch die Wurzeln (1) mit dem Boden, der Erde fest verbunden (植物作主语)扎根,生根〈e-e Pflanze wurzelt tief, flach 植物扎根扎得深,扎得浅; e-e Pflanze wurzelt im Boden 植物在地里扎根〉 **2.** *mst* 多用 ***etw. wurzelt tief in j-m*** ein Gefühl, e-e Einstellung *o.Ä.* ist in j-m sehr stark vorhanden (物作主语)在某人身上根深蒂固〈das Misstrauen, Vorurteile 怀疑,偏见〉 **3.** ***etw. wurzelt in etw.*** (*Dat* 三格) etw. hat in etw. den Ursprung, die Wurzel (3)(物作主语)根源在于…,原因在于…

Wur·zel·werk *das*; *nur Sg*, *Kollekt*(只用单数), (集合); alle Wurzeln e-r Pflanze 根系

Wur·zel·zei·chen *das*; MATH【数】; das Zeichen $\sqrt{\ }$, das angibt, dass von der darunterstehenden Zahl die Wurzel (5) gezogen werden muss 根号

wür·zen; *würzte*, *hat gewürzt*; *Vt/i* (及物/不及物) **1.** (***etw.***) (***mit etw.***) ***w.*** den Geschmack e-r Speise od. e-s Getränks durch Gewürze verbessern od. verstärken 给…加调味品,给…调味〈etw. scharf, stark, pikant w. 给…加上辣味,把味道调重,加上开胃的调料〉: *e-e Soße mit Kräutern w.* 给调味汁加香草; *Vt* (及物) **2.** ***etw.*** (***mit etw.***) ***w.*** in e-m Text Worte verwenden, die e-n besonderen Effekt haben 润色,修饰,点染〈mit Humor gewürzt 充满幽默的〉

wür·zig *Adj*(形) **1.** mit kräftigem Geschmack od. Geruch 味道浓的,香味浓郁的 **2.** mit Gewürzen verbessert 加了佐料的,加了香料的: *Die Suppe schmeckt sehr w.* 汤尝起来味道浓郁 **3.** leicht obszön, etwas unanständig 有挑逗意味的,带色情味道的〈Witze, ein Lied, e-e Erzählung 笑话,歌曲,故事〉

wusch *Imperfekt*, *1. u. 3. Person Sg*(过去时,第一和第三人称单数); ↑ ***waschen***

wu·sche·lig *Adj*(形); dicht u. lockig 浓密而鬈曲的〈Haar 头发〉

wuss·te *Imperfekt*, *1. u. 3. Person Sg*(过去时,第一和第三人称单数); ↑ ***wissen***

wüss·te *Konjunktiv II*, *1. u. 3. Person Sg*(虚拟式 II,第一和第三人称单数); ↑ ***wissen***

Wust *der*; -(e)s; *nur Sg*, *pej* (只用单数)[贬]; e-e wirre, ungeordnete Menge von etw. 杂乱的一堆〈ein W. an Papier, von Notizen, Gedanken, Zahlen 一堆乱纸,杂乱的记录,繁杂的念头,混乱的数字; in e-m W. von etw. ersticken 在一堆乱糟糟的…中窒息〉

wüst *Adj*(形) **1.** *nicht adv*(不作状语);〈e-e Gegend, ein Land 地区,国家〉so, dass Menschen dort nicht wohnen od. siedeln

W

(können) 荒凉的,荒芜的 **2.** sehr unordentlich 混乱的,杂乱的〈ein Durcheinander 无序状态; Dinge liegen w. durcheinander 东西放得乱七八糟〉 **3.** wild u. schlimm 粗野的,粗暴的,不文明的〈e-e Drohung, ein Lärm, e-e Schlägerei 威胁,噪音,斗殴; Treiben 喧闹〉

Wüs·te *die*; -, *-n*; e-e sehr große Fläche, in der es große Trockenheit, wenig Pflanzen, kaum Wasser u. *mst* viel Sand gibt 沙漠,荒漠: *die W. Sahara* 撒哈拉沙漠 ‖ K-(复合): ***Wüsten-***, ***-klima***, ***-landschaft***, ***-wind*** ‖ -K(复合): ***Salz-***, ***Sand-*** ‖ ID[谚] ***j-n in die W. schicken*** j-n (*bes* e-n hohen Politiker od. Funktionär) entlassen 解除某人的职务

Wüst·ling *der*; *-s*, *-e*; ein sehr grober, rücksichtsloser Mensch (*auch* in sexueller Beziehung) 放荡者,浪荡子

Wut *die*; -; *nur Sg* (只用单数); ***Wut*** (***auf j-n/etw.***) ein sehr heftiges Gefühl von Ärger u. Zorn, bei dem man *mst* sehr laut wird 愤怒,盛怒〈voll(er) Wut 满腔怒火; e-e Wut haben 发火; in Wut kommen, geraten 发怒,发火〉‖ K-(复合): ***Wut-***, ***-anfall*** ‖ ID[谚] ***e-e Wut im Bauch haben*** *gespr* [口]: sehr wütend sein 大为恼火,怒火满腔

Wut·aus·bruch *der*; plötzlich auftretende Wut 暴怒〈e-n W. haben 勃然大怒,大发雷霆〉

wü·ten; *wütete*, *hat gewütet*; [Vi] (不及物) **1.** ***j-d wütet*** j-d wendet (vor Wut) Gewalt an, verursacht Zerstörung (人作主语) 大发脾气,怒气冲天 **2.** ***etw. wütet*** etw. verursacht Zerstörung (物作主语) 肆虐,蔓延,猖獗〈ein Sturm, ein Unwetter, e-e Krankheit 暴风,暴风雨,疾病〉

wü·tend *Adj* (形) **1.** ***w.*** (***auf j-n/etw.***) voller Wut gegenüber j-m/etw. 盛怒的,暴怒的,怒气冲冲的: *Ist sie immer noch w. auf mich?* 她还在生我的气吗? **2.** ***w. über etw.*** (*Akk* 四格) voller Wut wegen e-s Vorfalls 对…大为恼火 **3.** *nur attr, nicht adv* (只作定语,不作状语); sehr stark, heftig 剧烈的,极度的,强大的〈Schmerzen 疼痛; Hunger 饥饿; ein Sturm 暴风〉

wut·ent·brannt *Adj* (形); sehr zornig, äußerst wütend (1) 暴怒的,大为光火的,怒气冲冲的,怒不可遏的〈sich w. auf j-n stürzen, w. auf j-n losgehen 怒气冲冲地扑向某人,冲向某人〉

-wü·tig *im Adj*, *wenig produktiv* (构成形容词,构词有限); von allzu großer Lust od. Leidenschaft erfüllt, das Genannte zu tun 迷恋…的,对…狂热的: ***arbeitswütig***, ***kaufwütig***, ***schießwütig***, ***schreibwütig***, ***tanzwütig***

wut·schnau·bend *Adj* (形) ≈ wutentbrannt

WWW *Abk für* 缩写,全称为 World Wide Web 全球广域网络,万维网 ‖ NB (注意): ↑ ***Web***

W

X, x

X, x [ɪks] *das*; -, - **1.** der vierundzwanzigste Buchstabe des Alphabets 字母表中第 24 个字母〈ein großes X 大写 X; ein kleines x 小写 x〉**2.** *großgeschrieben*(大写); verwendet an Stelle e-s Namens(用来代替名称)某某: *das Land X, Frau X* 某某国家,某某女士 **3.** *kleingeschrieben, gespr*(小写)[口] ≈ viele: *Ich warte schon seit x Stunden auf dich!* 我已经等了你好几个小时了! **4.** *kleingeschrieben*, MATH(小写)【数】; verwendet als Zeichen für e-e unbekannte od. veränderliche Größe/Zahl 未知数 x: *Zwei x hoch zwei ist (gleich) achtzehn* ($2x^2 = 18$) 2x 的平方等于 18 **5.** ***der Tag/die Stunde X*** verwendet, wenn man den genauen Zeitpunkt e-s Ereignisses noch nicht kennt od. nicht nennen will 某天/某时 ‖ ID [谚] ***j-m ein X für ein U vormachen (wollen)*** j-n auf nicht sehr geschickte Weise täuschen (wollen)(想)蒙骗某人 ‖ *zu* (义项) **1. x-för·mig, X-for·mig** [ˈɪks-] *Adj*(形)

x-Ach·se [ˈɪks-] *die*; MATH【数】; die waagrechte Achse in e-m Koordinatensystem x 轴,横坐标轴 ≈ Abszissenachse

Xan·thip·pe [ksanˈtɪpə] *die*; -, *-n*; *pej* [贬]; e-e streitsüchtige Frau 悍妇,泼妇

X-Bei·ne [ˈɪks-] *die*; *Pl* (复); Beine, deren Unterschenkel nach außen zeigen, wenn sich die Knie berühren x 型腿,向内弯曲呈弧形的腿 ↔ O-Beine ‖ *hierzu* (派生) **x-bei·nig, X-bei·nig** [ˈɪks-] *Adj* (形)

x-be·lie·big [ˈɪks-] *Adj* (形); *mst attr, gespr* (多作定语)[口]; egal, wer od. welche(r, -s) 随便的,任何的,任意的≈ irgendein: *eine x-beliebige Zahl nennen* 说一个任意数; *Das kann man an jedem x-beliebigen Tag beobachten* 这种事随便哪天都可以观察到; *Da kannst du jeden x-Beliebigen fragen* 你在这里可以问随便哪个人

X-Chro·mo·som [ˈɪks-] *das*; BIOL【生】; eines der beiden Chromosomen, die das Geschlecht bestimmen(确定男女性别的)X 染色体,性染色体↔ Y-Chromosom

Xe·no·pho·bie *die*; -; *nur Sg, geschr*(只用单数)[书] ≈ Fremdenhass ‖ *hierzu*(派生) **xe·no·phob** *Adj*(形)

x-fach [ˈɪks-] *Adj*(形); *mst adv, gespr*(多作状语)[口]; viele Male 许多次的≈ tausendfach: *x-fach erprobt, überprüft* 经过多次考验的、检验的

x-fa·che [ˈɪks-] *das*; *-n*; *nur Sg, gespr*(只用单数)[口]; e-e um viele Male größere Anzahl, Menge *usw* 多倍的,数倍的: *Heute zahlt man dafür das x-fache von damals* 如今人们为此要比那时多花数倍的钱 ‖ NB(注意): *ein x-faches*

x-mal [ˈɪks-] *Adv*(副); *gespr* [口]; viele Male 多次地,无数次地 ≈ tausendmal: *Den Film habe ich schon x-mal gesehen* 这部电影我都看了无数遍了; *Ich habe dir schon x-mal gesagt, dass du damit aufhören sollst!* 我跟你说过多少遍,你不该再这么干了!

x-t- [ˈɪkst-] *Zahladj*(数); *nur attr, nicht adv, gespr*(只作定语,不作状语)[口]; verwendet, um e-e große, unbestimmte (Ordnungs)-Zahl zu bezeichnen 不知第多少次的,不知第几本的: *Sie liest das x-te Buch von Simenon* 她正在阅读西默农(比利时法语小说家)的小说,说不清是第几本了

x-ten Mal [ˈɪkst-] *Adv*(副); *nur in* 只用于 ***beim/zum x-ten Mal*** *gespr* [口]; schon sehr oft u. jetzt wieder 多次地,屡次地,不知多少次地: *Sie ist zum x-ten Mal zu spät gekommen* 她已经是不知第几次迟到了

Xy·lo·fon, Xy·lo·phon [-f-] *das*; *-s, -e*; ein Musikinstrument aus einer Reihe od. mehreren Reihen verschieden großer, flacher Holz- od. Metallstäbe, die mit zwei Stäben angeschlagen werden. Diese zwei Stäbe heißen Klöppel od. Schlegel u. haben am Ende e-e Kugel 木琴〈(auf dem) X. spielen 演奏木琴〉

Y, y

Y, y [ˈʏpsilɔn] *das*; -, -/*gespr auch*[口]也用 *-s*; der fünfundzwanzigste Buchstabe des Alphabets 字母表中第 25 个字母〈ein großes Y 大写 Y; ein kleines y 小写 y〉

y-Ach.se [ˈʏpsilɔn-] *die*; MATH【数】; die senkrechte Achse in e-m Koordinatensystem Y 轴,纵坐标轴≈ Ordinatenachse

Yacht [j-] *die*; ↑ ***Jacht***

Yan.kee [ˈjɛŋki] *der*; *-s*, *-s*; *oft pej* 常用[贬]; ein Bürger (des nördlichen Teils) der USA 美国佬

Y-Chro.mo.som [ˈʏpsilɔn-] *das*; BIOL【生】; eines der beiden Chromosomen, die das Geschlecht bestimmen(确定男女性别的) Y 染色体 ↔ X-Chromosom

Ye.ti [j-] *der*; *-s*, *-s*; ein Wesen, von dem manche Leute glauben, dass es im Himalaja lebe u. dass es wie ein großer Affe aussehe (传说在喜玛拉雅山脉生活的)雪人 ≈ Schneemensch

Yo.ga [j-] *der*, *das*; ↑ ***Joga***

Yo.gi [j-] *der*; ↑ ***Jogi***

Yp.si.lon *das*; -(*s*), *-s*; ↑ ***Y, y***

Yuc.ca [ˈjʊka] *die*; -, *-s*; e-e Art kleine Palme, die man oft als Topfpflanze in der Wohnung hat 丝兰属 ‖ K-(复合): ***Yucca-, -palme***

Yup.pie [ˈjʊpi, ˈjapi] *der*; *-s*, *-s*; *mst pej* 多用[贬]; ein junger Mensch, der Wert auf seine berufliche Karriere u. ein gutes Einkommen legt u. der *mst* modernen Trends folgt (u. viel Geld dafür ausgibt)雅皮士: *Yuppies sind e-e typische Erscheinung der Achtzigerjahre* 雅皮士是 80 年代特有的现象

Z, z

Z, z [tsɛt] *das*; -, -/*gespr auch* [口]也用 *-s*; der letzte Buchstabe des Alphabets 字母表中的最后一个字母〈ein großes Z 大写 Z; ein kleines z 小写 z〉

Zạck *gespr* [口]; *nur in* 只用于 **1. *auf Z. sein*** etw. gut machen od. gut können 深通,精通,掌握: *in Mathe auf Z. sein* 精通数学 **2. *etw. auf Z. bringen*** bewirken, dass etw. funktioniert 整顿,使…焕然一新 **3. *j-n auf Z. bringen*** (*mst* durch Drohungen od. Befehle) bewirken, dass j-d e-e bestimmte Leistung bringt(多指通过威胁或命令)使某人工作有起色(上轨道)

Zạ·cke *die*; -, *-n*; eine von mehreren Spitzen am Rand e-s *mst* flachen Gegenstandes od. e-r flachen Form 尖角,齿,锯齿〈die Zacken e-r Krone, e-r Säge, e-r Gabel, e-s Kammes 王冠顶端,锯齿,叉齿,梳子齿〉; *ein Stern mit fünf Zacken* 五角星; *ein grünes Blatt mit vielen kleinen Zacken* 带许多小锯齿的绿叶 ‖ NB(注意): ***Zahn***, ***Zinke***

Zạ·cken *der*; *-s*, -; *bes südd* Ⓐ, *gespr* 尤用于[南德][奥][口] ≈ Zacke ‖ ID [谚] *mst* 多用 ***Da bricht dir kein Z. aus der Krone*** *gespr* [口]; es ist nicht zuviel von dir verlangt 这无损于你的尊严,这对你丝毫不失体面

zạ·ckig *Adj*(形) **1.** mit (vielen) Zacken 有尖角的,锯齿状的〈ein Felsen 岩石〉 **2.** *gespr* [口]; schnell u. ruckartig 急促的,仓促的,匆忙的,匆匆的〈Bewegungen 动作〉

za̱g·haft *Adj*(形); aus Angst (u. Unsicherheit) langsam u. sehr vorsichtig 胆怯的,胆小的,迟疑的,犹豫的 ≈ zögernd ↔ forsch〈ein Versuch 尝试; Schritte 步伐; z. klopfen, eintreten 胆怯地敲门,怯声怯气地进门〉‖ *hierzu* (派生)***Zag·haf·tig·keit*** *die*; *nur Sg*(只用单数)

zä̱h, *selten* (罕)**zä·he**, *zäher*, *zäh(e)st-*; *Adj* (形) **1.**〈Fleisch 肉〉so, dass es auch nach langem Kochen nicht weich wird 硬的,老的,嚼不烂的: *Das Fleisch ist zäh wie Leder* 这块肉硬得像皮革一样 **2.**〈Harz, Honig 树脂,蜂蜜〉so, dass sie schwer u. langsam fließen 稠的,稠糊的,黏稠的 ≈ dickflüssig ‖ K-(复合): ***zäh-***, ***-flüssig*** **3.** so gesund u. voller Kraft, dass Anstrengungen lange ertragen werden können 强壮的,壮实的,有耐力的 ≈ widerstandsfähig〈ein Mensch, ein Bursche 人,小伙子; e-e zähe Natur haben 有强壮的体格〉**4.**〈Fleiß, Widerstand 勤奋,反抗〉so, dass der Betroffene auch über längere Zeit nicht an Kraft verliert 坚强的,不屈不挠的,坚忍不拔的 ≈ beharrlich: *an etw. zäh festhalten* 对某事坚定不移 **5.** langsam, nur mit großer Anstrengung 缓慢的,艰难的,费力的: *nur zäh vorankommen* 进展很艰难 ‖ *hierzu* (派生)***Zä̱·heit*** *die*; *nur Sg*(只用单数); *zu* (义项)**3.**, **4.** u. **5.** ***Zä̱·hig·keit*** *die*; *nur Sg*(只用单数)

Za̱hl *die*; -, *-en* **1.** ein Element des Systems, mit dem man rechnen, zählen u. messen kann 数,数目〈e-e einstellige, zweistellige *usw*, mehrstellige Z. 一位数,两位数,多位数; eine hohe, große, niedrige, kleine Z. 一个高的、大的、低的、小的数目〉: *die Zahl 1* 数目1; *die Zahlen von 1 bis 100* 数目1到100 ‖ K-(复合): ***Zahlen-***, ***-angabe***, ***-folge***, ***-kolonne***, ***-kombination***, ***-lotterie***, ***-reihe***, ***-symbolik***, ***-system*** ‖ -K(复合): ***Bruch-***, ***Kubik-***, ***Quadrat-***; ***Kardinal-***, ***Ordinal-***; ***Jahres-***, ***Kenn-***, ***Lotto-***, ***Maß-***, ***Seiten-*** ‖ NB(注意): ↑ ***Ziffer***, ***Nummer*** **2.** ein schriftliches Zeichen, das e-e Z. (1) darstellt 数字 ≈ Ziffer: *e-e Z. schreiben* 写数字 **3.** *nur Sg*(只用单数); e-e bestimmte Menge von Personen od. von zählbaren Dingen 数量 ≈ Anzahl: *Die Besucher kamen in großer Z.* 大批游客前来参观; *Die Z. der Mitglieder hat sich in den letzten zehn Jahren verdoppelt* 近十年来会员数翻了一番 ‖ -K(复合): ***Abonnenten-***, ***Besucher-***, ***Einwohner-***, ***Geburten-***, ***Mitglieder-***, ***Stück-*** **4. *die arabischen Zahlen*** die Ziffern 1, 2, 3 *usw*. 阿拉伯数字 **5. *die römischen Zahlen*** die Ziffern I, II, III, IV *usw* 罗马数字 **6. *e-e positive/negative Z.*** MATH【数】; e-e Z. (1), deren Wert größer/kleiner ist als Null 正/负数 **7. *e-e gerade Z.*** MATH【数】; e-e Z. (1) wie 2, 4, 6 *usw* (die man durch 2dividieren kann) 偶数 **8. *e-e ungerade Z.*** MATH【数】; e-e Z. (1) wie 1, 3, 5 *usw* (die man nicht durch 2 dividieren kann) 奇数 **9. *e-e natürliche Z.*** MATH【数】; e-e positive Z. (1), die kein Bruch ist 自然数 ‖ ID [谚] ***in den roten Zahlen sein***; ***rote Zahlen schreiben*** finanzielle Verluste haben 有,出现赤字,亏损〈ein Betrieb, ein Geschäft 企业,商店〉***in den schwarzen Zahlen sein***; ***schwarze Zahlen schreiben*** keine finanziellen Verluste machen 无赤字,无亏损; ***keine Zahlen nennen*** *geschr* [书]; keine genauen Angaben über die Z. (3) von etw. machen 说不清精确数目,报不出确切数字

Za̱hl·ad·jek·tiv *das*; ein Wort, das e-e Zahl bezeichnet, *z.B. eins*, (*der*) *erste usw* 数词形容词 ≈ Zahlwort

za̱hl·bar *Adj*(形); *mst präd*, WIRTSCH (多作表

语)【经】；(von e-r Rechnung *o. Ä.*) so, dass sie zum genannten Termin gezahlt werden muss(到期)支付的，能支付的：*z. binnen drei Wochen* 三周内需支付的 ≈ fällig

zähl.bar *Adj*(形)；*nicht adv*(不作状语) **1.** 〈e-e Menge 数量〉 so, dass man sie in Zahlen ausdrücken kann 可计算的 **2.** 〈ein Substantiv 名词〉 so, dass es e-e zählbare (1) Menge ausdrückt 可数的：„*Obst*" *ist ein nicht zählbares Substantiv* "Obst"是一个不可数的名词

zah.len; *zahlte*, *hat gezahlt*; [Vt/i](及物/不及物) **1.** ((***j-m***) ***etw.***) (***für etw.***) ***z.*** (j-m) e-e Summe Geld als Gegenwert für e-e Arbeit, e-e Ware *o. Ä.* übergeben 付，支付〈viel, wenig (für etw.) z.(为某物)支付得多、少；in Euro, Schweizer Franken *usw* z. 以欧元、瑞士法郎等支付；bar, mit e-m Scheck z. 以现金、支票支付；im Voraus, in Raten z. 预先、分期付款；e-e Rechnung z. 付账；die Miete z. 交租金；Steuern z. 交税；e-e Strafe z. 交罚金；Zoll z. 交纳关税〉：*Wir müssen erst z.* 我们首先得付款；*Ich habe 200 Euro dafür gezahlt* 我为此付了 200 欧元；*Er hat mir zehn Euro für das alte Buch gezahlt* 为这本旧书他给了我 10 欧元 **2** (***j-n***) ***z.*** j-m für seine Leistung Geld geben 付酬，付薪〈gut, schlecht z. 付酬高、低〉：*Sie zahlt (ihre Angestellten) recht gut* 她付给职员的薪水相当高 ‖ ID [谚] ***Bitte z.***; ***Z. bitte!*** verwendet, wenn man in e-m Restaurant *o. Ä.* den Kellner od. die Kellnerin um die Rechnung bittet 结账！埋单！

Jeder zahlt für sich 各人付各人的账

Wenn mehrere Leute gemeinsam in einem Lokal essen, ist es nicht üblich, dass einer für alle bezahlt, es sei denn, es handelt sich um einen besonderen Anlass, zu dem er einlädt. Man fragt nach der Rechnung, indem man sagt: „**Bitte zahlen!**" oder „**Die Rechnung, bitte!**". Der Kellner ist gewohnt, den Preis für jeden Gast einzeln zu berechnen. Die erste Frage des Kellners, wenn er die Rechnung bringt, ist: „(**Zahlen Sie**) **getrennt oder** (**geht alles**) **zusammen?**", worauf man je nach Situation mit „**Getrennt**" oder „**Zusammen**" antwortet.

如果几个人一起到一家饭馆吃饭，通常并不是一个人为大家付账，除非是这涉及他有请客的特别的理由。人们要求结账时会说："**请结账!**"或者"**请算账!**"服务员习惯于为每个客人单独计算价格。当服务员拿来账单时，他总是先问："(**你们是**)**分开算还是**(**大家**)**一起算**?"对此人们根据不同情况回答说"**分开算**"或者"**一起算**"。

zäh.len; *zählte*, *hat gezählt*; [Vt/i](及物/不及物) **1.** (***j-n/etw.***) ***z.*** feststellen, wie viele Personen od. Dinge irgendwo vorhanden sind 点，数〈Geld z. 点钱、数钱；falsch, richtig z. 数错了、对了〉：*ein Gerät, das die vorbeifahrenden Autos zählt* 数过往车辆的仪器；*Bei der Inventur müssen alle Artikel gezählt werden* 盘存时必需清点所有物品 **2.** ***etw. zählt*** (***etw.***) etw. hat e-n bestimmten Wert (物作主语)值…：*Das Ass zählt elf Punkte/zählt mehr als die Dame* 爱斯值 11 点/比皇后点数多；[Vi](不及物) **3.** die Zahlen (*mst* ab Eins) in der richtigen Reihenfolge (kennen u.) sagen 数数，计数：*rückwärts z.* (*z. B. von 10 bis 1*) 倒着数数；*von 100 bis 1000 z.* 从 100 数到 1000；*Kannst du schon bis 10 z.?* 你已经能数到 10 了呀？ **4.** ***etw. zählt*** (***irgendwie***) etw. hat e-e bestimmte Bedeutung, etw. wird irgendwie beachtet (物作主语)有…意义，受重视〈etw. zählt viel, wenig 某事很受重视、不太受重视〉：*In seinem Job zählt nur Leistung* (= wird nur Leistung anerkannt) 在他的工作中只看重成绩 **5.** ***etw. zählt*** (***nicht***) etw. ist (nicht) gültig (物作主语)有(无)效，(不)算数 ≈ etw. gilt (nicht)：*Der Wurf zählt nicht – der Würfel ist auf den Boden gefallen* 投掷无效，色子落到地上了 **6.** ***j-d zählt*** + *Altersangabe* (年龄说明语)；*geschr* [书]；j-d hat das genannte Alter(人作主语)年龄有：*Er zählt 80 Jahre* 他已 80 高龄 **7.** ***etw. zählt*** + *Mengenangabe*(数量说明语)；*geschr* [书]；etw. hat die genannte Anzahl od. Menge von Personen/Dingen(物作主语)拥有，计有：*Der Verein zählt 2000 Mitglieder* 这个协会拥有 2000 名会员 **8.** ***j-d zählt zu etw.*** (*Kollekt od Pl* 集合或复数) j-d ist Teil e-r Gruppe(人作主语)属于，是…之一：*Er zählt zu den reichsten Männern der Welt* 他属于世界上最富有的男人之列 **9.** 〈Personen/Dinge 人/物〉 ***zählen nach*** + *Zahlenangabe* (*Pl*) od *Mengenangabe* (*Pl*) (数字说明语)(复)或(数量说明语)(复)；die betroffenen Menschen/Dinge machen e-e so große Anzahl od. Menge aus, dass man sie nicht mehr einzeln zählt 以…计：*Die Erdbebenopfer zählen nach Tausenden* 这次地震的遇难者数以千计 **10.** ***auf j-n/etw. z.*** (***können***) sich auf j-n/etw. verlassen (können) (可)信赖，(可)指望：*Sie können auf unsere Unterstützung z.* 您可以指望我们的支持；[Vt](及物) **11.** ***j-n/etw. zu etw.*** (*Kollekt od Pl* 集合或复数) ***z.*** j-n/etw. zu e-r bestimmten Gruppe von Personen od. Dingen gehörig betrachten 把…看作，算作：*Kritiker zählen sie zu den bedeutendsten zeitgenössischen Autorinnen* 批评家们把她看作是当代最著名的女作家之一 **12.** ***die Stunden***, ***Tage*** *o. Ä.* ***z.***, ***bis*** ... ein Bestimmtes Ereignis kaum erwarten können 急切地盼望…时刻、日子到来：*die Tage bis Weihnachten z.* 急切地盼望圣诞节的到来 ‖ ID [谚] ↑ ***drei*** ‖ *zu*(义项) **1 Zäh.lung** *die*

zäh.le.big *Adj*(形)；*nicht adv*(不作状语) **1.** 〈Gewohnheiten, Vorurteile, Ansichten 习惯，偏见，观点〉 so, dass sie lange bestehen 根深蒂固的 **2.** 〈Tiere, Pflanzen 动物，植物〉 so, dass sie auch unter schlechten Bedingungen lange leben können 生命力旺盛的，有顽强生命力的 ‖ *hierzu*(派生) **Zäh.le.big.keit** *die*；*nur Sg*(只用单数)

zah.len.mä.ßig *Adj*(形)；*nur attr od adv*(只作

Z

定语或状语)；in Bezug auf die Anzahl 数量上的：*die zahlenmäßige Überlegenheit der feindlichen Truppen* 敌军在数量上的优势

Zah·len·schloss *das*；ein Schloss[1] (1) (*z. B.* für Fahrräder), das so konstruiert ist, dass man es nur durch die Einstellung bestimmter Zahlen öffnen kann 密码锁

Zäh·ler *der*；*-s*，- **1.** ein Gerät, das (an)zeigt, wie groß die Menge od. Anzahl von etw. ist, *bes* wie viel von etw. verbraucht wurde (计量、计数)表,器,计〈den Z. ablesen 读出计数器上的数字〉‖ K-(复合)：***Zähler-***，***-stand*** ‖ -K(复合)：***Gas-***，***Kilometer-***，***Strom-***，***Wasser-*** **2.** MATH【数】；die Zahl über dem Strich in e-m Bruch 分子 ↔ Nenner：*Der Z. in 7/8 ist 7* 7/8 的分子是 7. **3.** SPORT *gespr*【体】[口]；ein Punkt od. Treffer 分(数),点

Zahl·kar·te *die*；ein Formular, mit dem man von e-m Postamt Geld an j-n senden kann 邮政汇款单 ‖ NB(注意)：↑ ***Postanweisung***

zahl·los *Adj*(形)；*ohne Steigerung*(无变级)；so viele, dass man sie kaum od. nicht mehr zählen kann 无数的,数不尽的,不计其数的 ≈ unzählig-：*Nach der Sendung gab es zahllose Beschwerden* 节目播出后有大量投诉

zahl·reich *Adj*(形)；in e-r großen Anzahl (vorkommend) 大量的,很多的：*Am Wochenende kam es zu zahlreichen Unfällen* 周末发生了很多起事故

Zahl·tag *der*；der Tag, an dem etw. (*mst* j-s Lohn) regelmäßig gezahlt wird 发薪日,领工资日

Zah·lung *die*；-，*-en* **1.** das (Über)Geben von Geld an j-n (für ein Produkt, e-e Leistung *o. Ä.*) 支付,付款〈die Z. der Löhne, der Miete, der Zinsen 支付工资、租金、利息；die Z. erfolgt monatlich, in Raten, bar, per Scheck 按月、分期、以现金、以支票支付；e-e Z. leisten 付款；die Zahlungen einstellen 停止支付〉：*Er wurde zur Z. e-r Geldstrafe verurteilt* 他被处以罚款 ‖ K-(复合)：***Zahlungs-***，***-aufforderung***，***-aufschub***，***-bedingung***，***-frist*** ‖ K-(复合)：***Bar-***，***Raten-***；***Voraus-***；***Gehalts-***，***Pacht-***，***Steuer-*** **2. *etw. in Z. nehmen*** (als Verkäufer) von e-m Kunden einen gebrauchten Gegenstand als Teil der Z. (1) für e-n neuen Gegenstand annehmen(卖方在出售新货时)折价回收、收购(旧物)：*e-n Gebrauchtwagen in Z. nehmen* 折价回收旧汽车 **3. *(j-m) etw. in Z. geben*** (als Kunde) e-n gebrauchten Gegenstand als Teil der Z. (1) für e-n neuen Gegenstand geben (顾客在购新货时)折价售出、卖出(旧物) ‖ ▶ ***Bezahlung***，***Einzahlung***，***Auszahlung***

Zah·lungs·bi·lanz *die*；WIRTSCH【经】**1.** das Verhältnis zwischen den Einnahmen u. Ausgaben e-s Staates beim Export u. Import 国际收支平衡(对照,差额) **2. *e-e positive / negative Z.*** e-e Z. (1), die e-n Gewinn/Verlust aufweist 国际收支顺差/逆差

zah·lungs·fä·hig *Adj* (形)；*nicht adv* (不作状语)；〈ein Kunde 顾客〉so, dass er genug Geld hat, um etw. zu bezahlen 有支付(偿付)能力的 ≈ solvent ↔ zahlungsunfähig ‖ *hier zu* (派生) **Zah·lungs·fä·hig·keit** *die*；*nur Sg* (只用单数)

zah·lungs·kräf·tig *Adj* (形)；〈ein Kunde 顾客〉so, dass er sich auch teure Dinge kaufen kann 支付能力强的

Zah·lungs·mit·tel *das*；etw., womit man etw. bezahlen kann (*z. B.* (Bar)Geld, Schecks, Wechsel) 支付手段,支付方法

zah·lungs·un·fä·hig *Adj*(形)；*nicht adv*(不作状语)；〈ein Schuldner 债务人〉so, dass er nicht genug Geld hat, um etw. (*mst* e-e Schuld) zu bezahlen 无力偿付的,无偿付能力的,破产的 ≈ insolvent ↔ zahlungsfähig ‖ *hierzu* (派生) **Zah·lungs·un·fä·hig·keit** *die*；*nur Sg*(只用单数)

Zah·lungs·ver·kehr *der*；*nur Sg* (只用单数)；die Bewegung von Geld von e-m Besitzer zum nächsten 支付往来〈der bargeldlose Z. 无现金的支付往来〉‖ -K(复合)：***Bar-***

zah·lungs·wil·lig *Adj* (形)；*nicht adv* (不作状语)；bereit zu zahlen 愿意支付的〈ein Kunde, ein Gast 顾客,客人〉‖ NB(注意)：*mst* verneint(多用否定句)

Zahl·wort *das* ≈ Zahladjektiv

zahm，*zahmer*，*zahmst-*；*Adj*(形) **1.** 〈ein Tier 动物〉so, dass es wenig Angst vor Menschen hat (weil es daran gewöhnt ist, mit ihnen zusammenzusein) 驯服的,驯熟的,温顺的：*Er hat ein zahmes Reh* 他有一只驯熟的小鹿 ‖ NB (注意)：nicht für Haustiere verwendet(不用于家畜) **2.** 〈e-e Kritik 批评〉so, dass sie nachsichtig u. mit Schonung vorgetragen *o. Ä.* wird 温和的,平和的,和顺的↔ scharf ‖ *hierzu* (派生) **Zahm·heit** *die*；*nur Sg*(只用单数)

zäh·men；*zähmte*，*hat gezähmt*；[Vt] (及物) **1. *ein Tier z.*** ein Tier, das sonst wild lebt, daran gewöhnen, mit Menschen zusammen zu sein u. Befehlen zu gehorchen 驯兽,驯服一只动物：*e-n Wolf z.* 驯服一只狼 ‖ NB(注意)：↑ ***dressieren*** **2. *sich / etw. z.*** *geschr* [书]；bewirken, dass man ein Gefühl *o. Ä.* unter Kontrolle hat 抑制,克制,控制〈seine Ungeduld, seine Neugier, seine Leidenschaft z. 抑制自己的急躁、好奇心、激情〉‖ *hierzu* (派生) **Zäh·mung** *die*；*nur Sg*(只用单数)；*zu* (义项) **1. zähm·bar** *Adj* (形)；**Zähm·bar·keit** *die*；*nur Sg*(只用单数)

Zahn *der*；-*(e)s*，*Zäh·ne* **1.** einer der kleinen, harten, weißen Teile im Mund, mit denen man feste Nahrung kaut u. so klein macht 牙,牙齿〈(blendend, strahlend) weiße, gelbe, gelbliche, unregelmäßige, schiefe, scharfe, spitze, stumpfe, abgenutzte, gesunde, falsche Zähne(晶莹)洁白的、黄色的、淡黄的、不规则的、歪的、尖利的、尖形的、磨平的、用坏的、健康的、假的牙齿；die Zähne kom-

Zahn (1)

Z

men, brechen durch 长牙，出牙；ein Z. wackelt, fällt aus, hat ein Loch, schmerzt, tut weh 牙松动了，掉了，有一个洞，痛，疼痛；e-n Z. bekommen, verlieren 出牙，掉牙；sich die Zähne putzen 刷牙；j-m e-n Z. ziehen, plombieren 拔牙，补牙〉：*Ein erwachsener Mensch hat meistens 32. Zähne* 成年人大多有 32. 颗牙 ‖ K-(复合)：**Zahn-**，**-arzt**，**-behandlung**，**-bürste**，**-creme**，**-heilkunde**，**-klinik**，**-nerv**，**-pasta**，**-pflege**，**-schmerzen**，**-stummel**，**-stumpf**，**-weh**，**-wurzel** ‖ -K(复合)：**Backen-**，**Eck-**，**Vorder-**；**Mahl-**，**Reiß-**，**Schneide-**，**Stoß-**；**Gift-**；**Gold-**；**Elefanten-**，**Haifisch-** *usw* ‖ *zu* **Zahnbürste** ↑ *Abb. unter* 图见 **Bürste** **2.** einer der spitzen Teile an bestimmten Gegenständen wie Kämmen, Sägen 齿，锯齿 ≈ Zacke **3.** ***die dritten Zähne*** ein künstliches Gebiss 假牙 **4.** *mst* 多用 ***ein irrer/höllischer Z.*** *gespr* [口]；e-e hohe Geschwindigkeit 高速：*e-n irren Z. draufhaben* (= sehr schnell fahren) 高速行驶 **5.** ***ein steiler Z.*** *gespr veraltend* [口][渐旧]；ein attraktives Mädchen, e-e attraktive Frau — 个漂亮的姑娘，一个有魅力的女人 **6.** ***ein Tier bleckt/fletscht die Zähne*** ein Hund, ein Wolf *o. Ä.* öffnet drohend das Maul, sodass man die Zähne sieht (动物作主语)龇着牙，龇牙咧嘴 **7.** ***mit den Zähnen klappern*** so stark zittern, dass die Zähne aufeinanderschlagen 牙齿打颤 ‖ ID [谚] ***die Zähne zusammenbeißen*** *gespr* [口]；etw. (Unangenehmes) tapfer tun od. ertragen 咬紧牙关；***j-m die Zähne zeigen*** *gespr* [口]；j-m zeigen, dass man sich wehren kann 对某人不示弱，抵抗某人；***sich*** (*Dat* 三格) ***an j-m/etw. die Zähne ausbeißen*** sich sehr anstrengen, aber keinen Erfolg haben 在某人身上/在某事上白费力气(徒费口舌)，为某人/某事白费劲；***j-m auf den Zahn fühlen*** *gespr* [口]；kritisch prüfen, was j-d denkt, kann od. tut 考察，摸清某人的想法、能力、作为；***bis an die Zähne bewaffnet*** mit vielen Waffen 武装到牙齿 ≈ schwer bewaffnet；***j-m e-n Z. ziehen*** *gespr* [口]；j-m e-e Hoffnung *o. Ä.* nehmen 打消某人的希望；***der Z. der Zeit*** die Kräfte, die die Dinge allmählich (im Laufe der Zeit) zerstören 时间的利牙，岁月的侵蚀：*An diesem Bauwerk nagt der Z. der Zeit* 时间的利牙正在啮食这座建筑物；***einen Z. zulegen*** *gespr* [口]；(noch) schneller fahren, gehen od. arbeiten 加速开车、行进或工作 ‖ *zu* (义项)**1.** **zahn·los** *Adj*(形)

Zahn·be·lag *der*；*nur Sg*(只用单数)；e-e gelbliche Schicht, die sich auf den Zähnen bilden kann 牙垢 ≈ Plaque

Zäh·ne·klap·pern *das*；*-s*；*nur Sg*(只用单数)；das schnelle Aufeinanderschlagen der Zähne, wenn man vor Angst oder Kälte zittert 牙齿打颤 ‖ *hierzu* (派生) **zäh·ne·klap·pernd** *Adj*(形)；*nur attr od adv*(只作定语或状语)

zäh·ne·knir·schend *Adj*(形)；*nur attr od adv* (只作定语或状语)；so, dass man dabei seinen Widerwillen deutlich zeigt 咬牙切齿的

zah·nen；*zahnte*，*hat gezahnt*；[Vi](不及物)〈ein Baby 婴儿〉 ***zahnt*** ein Baby bekommt die ersten Zähne 出牙，长牙

Zahn·fleisch *das*；*nur Sg*(只用单数)；das ziemlich feste Fleisch im Mund, aus dem die Zähne gewachsen sind 牙龈，牙床 ‖ K-(复合)：**Zahnfleisch-**，**-bluten**，**-entzündung**，**-schwund** ‖ ID [谚] ***auf dem Z. gehen*** *gespr* [口]；sehr erschöpft sein 疲惫不堪，筋疲力尽

Zahn·fül·lung *die* ≈ Plombe (2)

Zahn·lü·cke *die*；e-e Lücke (im Gebiss), die dort entsteht, wo ein Zahn fehlt 牙齿脱落后形成的空隙

Zahn·pas·ta *die*；-, *Zahnpastas/Zahnpasten*；*mst Sg*(多用单数)；e-e weiche Masse, die man (aus e-r Tube) auf die Zahnbürste drückt, um die Zähne zu putzen 牙膏 ‖ K-(复合)：**Zahnpasta-**，**-tube**

Zahn·rad *das*；e-e Art Rad mit Zacken, das beim Drehen ein anderes solches Rad bewegen kann (als Teil e-r Maschine) 齿轮 ‖ K-(复合)：**Zahnrad-**，**-bahn**，**-getriebe**

Zahnrad

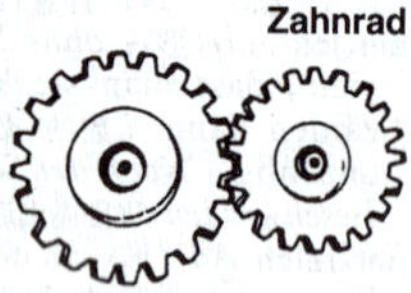

Zahn·schmelz *der*；die weiße, harte Schicht, die die Oberfläche der Zähne bildet(牙齿的)釉质，珐琅质

Zahn·sei·de *die*；*mst Sg* (多用单数)；ein dünner Faden, den man zwischen den Zähnen hindurchbewegt, um sie zu säubern 牙线

Zahn·span·ge *die*；e-e Art Gestell aus Draht u. Plastik, mit dem man schiefe Zähne regulieren kann 牙齿矫正器，牙夹，牙套

Zahn·stein *der*；*nur Sg*(只用单数)；harter Zahnbelag, der *mst* vom Zahnarzt entfernt werden muss 牙垢，牙花(子)，牙石

Zahn·sto·cher *der*；*-s*，*-*；ein kleiner, spitzer Stab (*mst* aus Holz), mit dem man Reste von Speisen entfernt, die zwischen den Zähnen sind 牙签

Zahn·tech·ni·ker *der*；j-d, der (beruflich) künstliche Gebisse macht 做假牙的技工 ‖ *hierzu*(派生) **Zahn·tech·ni·ke·rin** *die*

Zan·der *der*；*-s*，*-*；ein großer Fisch (ähnlich e-m Barsch)梭鲈，梭鱼

Zan·ge *die*；*-*，*-n* **1.** ein Werkzeug zum Greifen od. Ziehen. Es besteht aus zwei länglichen Teilen, die quer übereinanderliegen. Die Teile berühren sich am oberen Ende, wenn man sie an den unteren Enden zusammendrückt 钳子，夹子：*die Nägel mit e-r Z. aus der Wand ziehen* 用钳子从墙上拔钉子 ‖ ↑ *Abb unter* 图见 **Werkzeug** ‖ -K(复合)：**Gebäck-**，**Kohlen-**，**Kuchen-**，**Zucker-**；**Beiß-**，**Greif-**；**Geburts-** **2.** *mst Pl* (多用复数)；die in e-r Art Z. (1) geformten Körperteile bestimmter Tiere (*bes* Kreb-

Z

se), mit denen sie ihre Beute festhalten 螯 ≈ Schere (2) ‖ ID [谚] ***j-n in die Z. nehmen*** *gespr* [口]; massiven Druck auf j-n ausüben (*z. B.* um Informationen von ihm zu bekommen)迫使某人就范,逼问某人; ***j-n in der Z. haben*** *gespr* [口]; j-n so fest unter Kontrolle haben, dass er das tun muss, was man von ihm will 牢牢地控制住某人 ‖ *zu* (义项)1. **zan·gen·för·mig** *Adj*(形)

Zank *der*; -(*e*)*s*; *nur Sg*(只用单数); ***der Z. (um/über j-n/etw.)*** ein Streit mit Worten 吵嘴,斗嘴,相骂

Zank·ap·fel *der*; *nur Sg*(只用单数); das Thema, das der Anlass zu e-m Streit ist(争吵的)祸根,不和之因,纷争的起源(源出希腊神话,三女神因争夺金苹果而不和)

zan·ken; *zankte*, *hat gezankt*; Vi(不及物)**1.** ***(mit j-m) (um/über etw.*** (*Akk* 四格)) ***z.*** *gespr* [口]; (mit Worten) streiten u. so j-n tadeln 责备,责骂〈mit den Kindern z. 责骂小孩〉; Vr(反身)**2. *sich*** (*Pl* 复) ***(um/über etw.*** (*Akk* 四格)) ***z.*** e-n Streit haben(为…)争吵、吵架: *Die beiden Jungen zankten sich um den Fußball* 两个男孩为足球争吵起来 **3. *sich mit j-m (um/über etw.*** (*Akk* 四格)) ***z.*** mit j-m e-n Streit haben 和…争吵、吵架

zän·kisch *Adj*(形); 〈*mst* e-e Frau 多指妇女〉so, dass sie oft mit anderen streitet 爱吵架的,好争吵的

Zäpf·chen *das*; -*s*, - **1.** ein Medikament in der Form e-r länglichen Kapsel, das in den After eingeführt wird (u. so vom Körper aufgenommen wird)坐药,栓剂〈ein fiebersenkendes, schmerzstillendes Z. 退烧、止痛栓剂〉‖ -K(复合): ***Fieber-*** **2.** ein kleines, fleischiges Stück, das am Ende des Gaumens im Mund hängt 悬雍垂,小舌; MED【医】Uvula

zap·fen; *zapfte*, *hat gezapft*; Vt(及物) ***etw. z.*** Flüssigkeit aus e-m großen Gefäß, *z. B.* e-m Fass (durch e-n Hahn) fließen lassen (拧开开关)开桶,开塞,开启,打开〈Bier, Wein, Most, Benzin, ein Pils z.(拧开开关)打开(桶装)啤酒、葡萄酒、果汁、汽油、比尔森啤酒; Wein in Flaschen z. 打开瓶装葡萄酒〉‖ K-(复合): ***Zapf-, -hahn***

Zap·fen *der*; -*s*, - **1.** die Frucht von Nadelbäumen, die e-e längliche Form hat u. Schuppen, unter denen die Samen liegen 球果 ‖ -K(复合): ***Fichten-, Kiefern-, Tannen-*** **2.** e-e Art kurzer, dicker Stab, mit dem man das Loch (im unteren Teil) e-s Fasses schließt 塞子,木栓 ‖ *hierzu* (派生) **zap·fen·ar·tig** *Adj*(形); **zap·fen·för·mig** *Adj*(形)

Zap·fen·streich *der*; *nur Sg*(只用单数) **1.** die Zeit, zu der Soldaten am Abend in der Kaserne sein müssen 晚点名时间 **2.** MIL【军】; ein musikalisches Signal, das den Z. (1) ankündigt 晚点名号(角)

Zapf·säu·le *die*; e-e Vorrichtung (an der Tankstelle), aus der das Benzin fließt(加油站的)分流泵

zap·pe·lig *Adj*(形); 〈ein Kind 孩子〉so, dass es nicht still sitzen kann od. will 动个不停的,好动的

zap·peln; *zappelte*, *hat gezappelt*; Vi(不及物) **1.** aufgeregt od. unruhig sein u. kurze schnelle Bewegungen machen, *bes* mit den Armen und Beinen(尤指手脚)动个不停: *Das Baby zappelte mit den Beinen* 婴儿的脚动个不停; *Viele Fische zappelten im Netz* 许多鱼在网里蹦来蹦去 **2. *j-n z. lassen*** *gespr* [口]; j-n lange auf e-e Entscheidung od. Nachricht warten lassen 使坐立不安,使忐忑不安地等待

Zap·pel·phi·lipp *der*; -*s*, -*e*/-*s*; *gespr pej* [口][贬]; ein Kind, das nie ruhig sitzt 坐不安宁的小孩

zap·pen [auch 也用 ˈzɛpn]; *zappte*, *hat gezappt*; Vi(不及物) *gespr* [口]; mit der Fernbedienung in kurzen Abständen (wahllos) von e-m Fernsehsender zum nächsten schalten (用遥控器)快速换电视台频道,不间断地调台

zap·pen·dus·ter *Adj*(形); *nur präd od adv*, *gespr*(只作表语或状语)[口] **1.** völlig dunkel 漆黑的,黝黑的 **2.** so, dass es keine Hoffnung gibt, aussichtslos 前途无望的〈es sieht z. aus 看来毫无希望〉

zapp·lig ↑ ***zappelig***

Zar [tsaːɐ̯] *der*; -*en*, -*en*; *hist* [历]; der Herrscher in Russland vor der Revolution (俄国)沙皇 ‖ K-(复合): ***Zaren-, -herrschaft, -reich*** ‖ NB(注意): *der Zar*; *den*, *dem*, *des Zaren* ‖ *hierzu*(派生) **Za·rin** *die*; -, -*nen*

-zar *der*; *im Subst*, *wenig produktiv*(构成名词,构词弱); j-d, der viel Geld hat u. in e-m Bereich sehr mächtig ist…巨头、大腕、大王、财阀; ***Filmzar, Modezar, Pressezar***

za·ris·tisch *Adj*(形); von e-m Zaren od. e-r Zarin regiert 沙皇统治的〈das zaristische Russland 沙皇统治的俄国〉

zart, *zarter*, *zartest-*; *Adj* (形) **1.** fein u. schmal 娇嫩纤细的,清秀的,柔弱的〈ein Kind, ein Gesicht 小孩,面庞; Arme, Finger 胳膊,手指〉**2.** fein u. weich 细嫩柔滑的〈die Haut 皮肤〉**3.** sehr dünn 柔软的,薄的〈ein Stoff, ein Gewebe, Spitzen 料子,织物,花边〉**4.** *nicht adv*(不作状语); noch sehr jung 细小的,弱小的〈e-e Knospe, e-e Pflanze 蓓蕾,植物〉**5.** *nicht adv*(不作状语); weich u. daher leicht zu kauen 鲜嫩的〈Fleisch, Gemüse 肉,蔬菜〉**6.** leicht od. sanft u. voller Liebe od. Rücksicht 温柔的,体贴的,温馨的 ≈ liebevoll〈ein Kuss 吻〉**7.** nur schwach u. von geringer Intensität 柔和的,轻柔的〈e-e Farbe, ein Ton 颜色,声音〉‖ NB(注意): ↑ ***zartbesaitet, zartfühlend*** ‖ *hierzu* (派生) **Zart·heit** *die*; *nur Sg*(只用单数)

zart·be·sai·tet, zart be·sai·tet, *zarter besaitet/zartbesaiteter, zartestbesaitet/zartbesaitetest- od. am zartesten besaitet*; *Adj* (形); *mst pej* 多用[贬]; leicht verletzbar 容易伤感的,敏感的,易触动心弦的≈ empfindsam〈ein Mensch, ein Gemüt 人,情感〉

zart·bit·ter *Adj*(形); ein bisschen bitter 稍带苦味的〈Schokolade 巧克力〉

zart·füh·lend, zart füh·lend *Adj*（形）；mit großer Rücksicht auf die Gefühle anderer 亲切的，关怀备至的，照顾周到的，体贴入微的 ≈ rücksichtsvoll，taktvoll

zart·glied·rig *Adj*（形）；mit zarten，schmalen Gliedern 纤细的，小巧玲珑的〈ein Mensch 人；Finger，Hände 手指，手〉

zärt·lich *Adj*（形）**1.** so，dass dabei Liebe od. Zuneigung ruhig u. sanft，nicht heftig ausgedrückt wird 温柔的，温存的，温情脉脉的，充满深情的〈ein Blick，ein Kuss，Worte 目光，吻，话语；j-n z. streicheln，berühren，ansehen，anlächeln 温柔地抚摸，触摸，看着，笑望着某人〉**2.** darauf bedacht，dass es j-m，den man liebt，gut geht 亲切的，关切的≈ fürsorglich〈ein Vater，e-e Mutter 父亲，母亲；voll zärtlicher Sorge sein 关怀备至的〉

Zärt·lich·keit *die*；-，*-en* **1.** *nur Sg*（只用单数）；ein starkes Gefühl der Liebe，verbunden mit dem Wunsch，dieses Gefühl zu zeigen 温柔，柔情，深情，温情脉脉〈e-e große Z. für j-n empfinden 感到对某人有深情；j-n voll Z. ansehen 温情脉脉地望着某人；in j-s Blick liegt（e-e große）Z. 目光中充满柔情〉**2.** *mst Pl*（多用复数）；Küsse，Umarmungen *o. Ä.*，mit denen man j-m zeigt，dass man ihn gernhat 抚爱，温存

Zas·ter *der*；*-s*；*nur Sg*，*gespr*（只用单数）［口］≈ Geld

Zä·sur *die*；-，*-en*；*geschr*［书］；der Punkt[1]（5）in e-r Entwicklung，an dem diese unterbrochen od. in e-e völlig andere Richtung gelenkt wird 休止符，停顿，间歇，转折点≈ Einschnitt〈e-e Z. setzen 开始转折〉

Zau·ber *der*；*-s*；*nur Sg*（只用单数）**1.** e-e Handlung，bei der der Eindruck entsteht，als habe jemand besondere（übernatürliche）Kräfte 魔法，魔术，巫术 ≈ Magie〈e-n Z. anwenden，e-n Z. über j-n aussprechen 使用魔法，对某人施魔法〉‖ K-（复合）：***Zauber-，-bann，-buch，-kunst，-künstler，-kunststück，-stab，-trank，-trick，-wirkung，-wort*** **2.** e-e Eigenschaft，die Bewunderung erregt 魅力，魔力 ≈ Faszination，Magie：*der Z. des verschneiten Waldes* 白雪皑皑的森林的魅力；*der Z. ihrer Stimme* 她声音的魅力 **3.** *gespr pej*［口］［贬］；Handlungen u. Dinge，die man als überflüssig u. lästig ansieht 多余事项，繁文缛节 ≈ Zirkus（4）**4.**（***ein***）***fauler Z.*** *gespr pej*［口］［贬］；etw.，durch das j-d getäuscht werden soll 诡计，骗局 ≈ Schwindel

Zau·be·rer *der*；*-s*，- **1.** e-e Person in e-m Märchen *o. Ä.*，die magische，übernatürliche Kräfte hat 巫师 ≈ Magier〈ein böser，guter Z. 坏、好巫师〉‖ NB（注意）：↑ ***Hexe*** **2.** j-d，der Zaubertricks vorführt 魔术师 ≈ Zauberkünstler ‖ *hierzu*（派生）**Zau·be·rin，Zaub·re·rin** *die*；-，*-nen*

Zau·ber·for·mel *die* **1.**（*mst* geheimnisvolle）Worte，die j-d bei e-m Zauber（1）sagt 咒语，符咒 **2.** *gespr*［口］；etw.，das（anscheinend）alle Probleme auf einmal löst 神奇妙法，灵丹妙药 ≈ Patentlösung：*Die neue Z. heißt „Energie sparen"* 新的神奇妙法是"节约能源"

zau·ber·haft，*zauberhafter*，*zauberhaftest-*；*Adj*（形）；sehr schön（u. angenehm）迷人的，令人陶醉的，赏心悦目的≈ bezaubernd：*In diesem Kleid siehst du z. aus* 你穿这条连衣裙很迷人

Zau·ber·hand（*die*）；*nur in* 只用于 ***wie von/durch Z.*** plötzlich u. ohne dass man es erklären kann 突然地，莫名其妙地，神不知鬼不觉地：*Wie von Z. waren plötzlich alle Wolken verschwunden* 突然所有的云彩莫名其妙地消失了

Zau·ber·kas·ten *der*；ein Kasten（*bes* für Kinder）mit Gegenständen，die man für Zaubertricks benutzt 魔盒

Zau·ber·kraft *die*；e-e magische Kraft，die man e-m Gegenstand zuspricht 魔力〈ein Amulett，ein Ritual mit Z. 有魔力的护身符、宗教礼仪〉‖ *hierzu*（派生）**zau·ber·kräf·tig** *Adj*（形）

zau·bern；*zauberte*，*hat gezaubert*；*Vt/i*（及物/不及物）**1.**（***etw.***）***z.*** e-n Zauber（1）machen（u. so etw. entstehen lassen）施魔法变出，施巫术变出：*Regen z.* 施巫术呼风唤雨；*Hexen können z.* 女巫会耍巫术 ‖ NB（注意）：↑ ***hexen*** **2.**（***etw.***）***z.*** etw. so geschickt tun，dass andere glauben，man könne z.（1）玩魔术变出，用变戏法变出：*ein Kaninchen aus dem Hut z.* 从帽子里变出一只兔子；*Vt*（及物）**3. *etw.*（*aus etw.*）*z.***（oft unter schwierigen Bedingungen）in kurzer Zeit etw. machen（常用于在艰难的条件下）速成，快速完成：*Auf dem Campingplatz hat sie uns ganz schnell ein Essen gezaubert* 在野营地她为我们神速地做出了一顿饭

Zau·ber·spruch *der* ≈ Zauberformel（1）

Zau·ber·wort *das*；*-(e)s*，*-e* ≈ Zauberformel（1，2）

zau·dern；*zauderte*，*hat gezaudert*；*Vi*（不及物）zu vorsichtig sein u. zu lange warten，bis man etw. tut od. sich entscheidet 犹豫，迟疑，踌躇，延宕 ‖ *hierzu*（派生）**Zau·de·rer** *der*；*-s*，-

Zaum *der*；*-(e)s*，*Zäu·me* ≈ Zaumzeug ‖ ID［谚］***j-n/sich/etw. im Zaum（e）halten*** die Kontrolle über j-n/sich/etw. behalten 控制，抑制某人/自己/某事：*Die Kinder konnten vor Weihnachten ihre Neugier kaum im Zaum halten* 圣诞节前孩子们无法抑制自己的好奇心

zäu·men；*zäumte*，*hat gezäumt*；*Vt*（及物）***ein Pferd z.*** e-m Pferd das Zaumzeug um den Kopf legen 给马上笼头 ↔ abzäumen

Zaum·zeug *das*；die Bänder aus Leder，die man e-m Pferd um den Kopf legt，um es（durch die Zügel）führen zu können 辔具，马笼头，缰绳

Zaun *der*；*-(e)s*，*Zäu·ne* **1.** e-e Art Gitter aus Draht od. aus vielen Metall- od. Holzstäben，das man um ein Stück Land herum aufstellt 篱笆，栅栏〈ein hoher，niedriger，elektrischer Z. 高的、矮的、带电的栅栏；ein Z. aus Maschendraht，Latten 铁丝网

Z

栅栏,木栅;e-n Z. (um etw.) ziehen (= aufstellen), errichten(在某物周围)围、建一圈栅栏〉‖ K-(复合): **Zaun-**, **-latte**, **-pfahl** ‖ -K(复合): **Bretter-**, **Draht-**, **Holz-**, **Latten-**; **Garten-** 2. **ein lebender Z.** e-e Hecke 矮树篱 ‖ ID [谚] *mst* 多用 **e-n Streit vom Z. brechen** plötzlich zu streiten beginnen 突然发生争执

zaun·dürr *Adj*(形); *gespr* [口]; sehr mager 瘦的,瘦削的

Zaun·gast *der*; j-d, der bei e-r Veranstaltung, *z.B.* e-m Fußballspiel, von außerhalb des Zaunes zuschaut (u. so keinen Eintritt zahlen muss)(不需交入场费的)篱笆外的观众

Zaun·kö·nig *der*; ein kleiner (Sing) Vogel mit braunen Federn 鹪鹩,欧鹪

zau·sen; *zauste*, *hat gezaust*; [Vt](及物) **etw. z.** an etw. (leicht) ziehen u. es so in Unordnung bringen(轻轻)拉,扯〈j-s Haare, das Fell des Hundes z.轻扯某人的头发,轻揉狗的皮毛〉‖ ▶ **zerzausen**

z. B. *Abk für* 缩写,全称为 zum Beispiel 例如,比如

ZDF [tsetdeːˈ|ɛf] *das*; -(s); *nur Sg*, Ⓓ(只用单数)[德] 1. (*Abk für* 缩写,全称为 Zweites Deutsches Fernsehen) ein Fernsehsender der Bundesrepublik Deutschland德国电视二台 ≈ das Zweite (Programm) 2. das Programm dieses Senders 德国电视二台的节目

Zeb·ra *das*; *-s*, *-s*; ein Tier in Afrika (ähnlich e-m kleinen Pferd), dessen Fell weiße u. braune od. schwarze Streifen hat 斑马

Zeb·ra·strei·fen *der*; weiße Streifen auf der Straße, die anzeigen, wo die Fußgänger über die Straße gehen dürfen (u. die Autos deshalb halten müssen)斑马线,人行横道

Zech·bru·der *der*; *gespr pej* [口][贬]; j-d, der oft u. viel Alkohol trinkt 酒鬼,酒徒

Ze·che[1] *die*; -, *-n* 1. der (Geld) Betrag, den man in e-m Lokal für das, was man gegessen u. getrunken hat, zahlen muss 酒菜钱,饭费 ≈ Rechnung 〈seine Z. bezahlen 付饭钱〉 2. **e-e große Z. machen** in e-m Lokal viel essen u. trinken(在饭馆里)大吃大喝 3. **die Z. prellen** *gespr* [口]; in e-m Lokal seine Rechnung nicht bezahlen 吃白食,不付钱吃了就溜走 ‖ ID [谚] **die Z. (be)zahlen müssen** *gespr* [口]; (als Einziger) die negativen Folgen von etw. ertragen müssen 得负责赔偿 ‖ *zu* (义项)3. **Zech·prel·ler** *der*; *-s*, -; *gespr pej* [口][贬]

Ze·che[2] *die*; -, *-n* ≈ Bergwerk, Grube (2) 〈e-e Z. stilllegen 使矿山停产; auf e-r Z. arbeiten 在矿井工作〉

ze·chen; *zechte*, *hat gezecht*; [Vi](不及物) *gespr*, *mst hum* [口]多用[诙]; mit anderen zusammen viel Alkohol trinken 一起狂饮,痛饮,豪饮 ‖ *hierzu*(派生) **Ze·cher** *der*; *-s*, -

Ze·cke *die*; -, *-n*; ein kleines Insekt im Wald, das sich in die Haut von Menschen u. Tieren beißt u. sich mit Blut vollsaugt 壁虱,扁虱,蜱,螨〈von e-r Z. gebissen werden 被扁虱咬了〉‖ K-(复合): **Zecken-**, **-biss**; **-impfung**

Ze·der *die*; -, *-n* 1. ein hoher (Nadel)Baum, dessen Zweige wie ein flaches Dach wachsen u. der *bes* am Mittelmeer vorkommt 雪松 ‖ K-(复合): **Zedern-**, **-holz** 2. *nur Sg*(只用单数); das duftende Holz e-r Z. (1)雪松香木

Zeh *der*; *-s*, *-en* ≈ Zehe (1)

Ze·he *die*; -, *-n* 1. einer der fünf beweglichen Teile am vorderen Ende des Fußes (*bes* bei Menschen u. Affen)脚趾〈die große, kleine Z.大、小脚趾〉‖ ↑ *Abb. unter* 图见 **Fuß** ‖ K-(复合): **Zehen-**, **-nagel** 2. einer der vielen kleinen Teile beim Knoblauch 蒜瓣儿: *e-e Z. Knoblauch* 一瓣蒜 ‖ -K(复合): **Knoblauch-** ‖ ID [谚] **j-m auf die Zehen treten a)** j-n kränken(精神上)伤害某人; **b)** j-n unter Druck setzen 压制某人

Ze·hen·spit·zen *die*; *Pl*, *nur in*(复)只用于 1. **sich auf die Z. stellen** sich auf die Zehen stellen u. so strecken, dass man etwas größer ist 踮起脚尖 2. **auf Z.** leise u. vorsichtig 轻轻地,蹑手蹑脚地,小心翼翼地〈auf Z. gehen, hereinschleichen 蹑手蹑脚地走路,溜进来〉

zehn *Zahladj*(数形); (als Zahl) 10 十,拾; ↑ **Anhang** (5) 见附录(五) ‖ NB(注意): Gebrauch ↑ *Beispiele unter* 用法,用例见 **vier**

Zehn *die*; -, *-en* 1. die Zahl 10, 十,拾 2. j-d/etw. mit der Nummer 10(指人/物)10 号,第十号

Zeh·ner *der*; *-s*, - 1. *hist* [历]; die Zahl 10. 十,拾 2. *gespr* [口]; ein (Geld) Schein im Wert von 10 Mark, Franken *usw* 十马克、十法郎等纸币 3. *hist* [历]≈ Zehnpfennigstück 4. (in e-r Zahl mit mehr als zwei Stellen) die zweite Stelle (von rechts *bzw*) vor dem Komma 十位数 ‖ K-(复合): **Zehner-**, **-stelle** ‖ NB(注意): *zu* (义项)4: ↑ **Einer**, **Hunderter**

Zehn·kampf *der*; SPORT【体】; ein Wettkampf mit zehn verschiedenen Disziplinen (der Leichtathletik)(田径运动的)十项全能 ‖ *hierzu* (派生) **Zehn·kämp·fer** *der*

zehnt *nur in* 只用于 **zu z.** (mit) insgesamt 10 Personen 总共十人,十人一起: *Wir sind zu z.* 我们共十人; *zu z. am Tisch sitzen* 十人一起坐在桌旁

zehn·t- *Zahladj*(数形); *nur attr*, *nicht adv*(只作定语,不作状语) 1. in e-r Reihenfolge an der Stelle 10 第十的 ≈ 10. ‖ NB(注意): Gebrauch ↑ *Beispiele unter* 用法,用例见 **viert-** 2. **der zehnte Teil (von etw.)** ≈ 1/10

zehn·tau·send *Zahladj*(数形); (als Zahl) 10 000 一万,壹万 ‖ ID [谚] **die oberen z.** die reichsten u. elegantesten Leute in e-r Gesellschaft 上层社会,上流社会

zehn·tel *Adj* (形); *nur attr*, *indeklinabel*, *nicht adv*(只作定语,词形不变,不作状语); den 10. Teil von etw. bildend 十分之一的 ≈ 1/10

Zehn·tel *das*; *-s*, -; der 10. Teil von etw. 十分之一: *ein Z. der Strecke hinter sich haben* 已经走了十分之一的路程 ‖ K-(复合): **Zehntel-**, **-sekunde**

zehn·tens *Adv* (副); verwendet bei e-r

Aufzählung, um anzuzeigen, dass etw. an 10. Stelle kommt 第十(点、项)

zeh·ren; *zehrte*, *hat gezehrt*; [Vi] (不及物) **1. von etw. z.** *geschr* [书]; sich von etw. ernähren, von etw. leben 靠…生活,靠…维持生命〈von Vorräten, Ersparnissen z. 靠储存、积蓄生活〉: *Im Winterschlaf zehren die Tiere von dem Fett, das sie sich im Herbst angefressen haben* 动物在冬眠时靠它们秋天积存的脂肪维持生命 **2. von etw. z.** gern an etw. Vergangenes denken u. sich daran freuen 缅怀,回味,眷恋: *Von diesem Urlaub werde ich noch lange z.* 我会经常愉快地回忆起这个假期 **3. etw. zehrt (an j-m/etw.)** etw. nimmt j-m seine körperliche od. seelische Kraft(物作主语)使耗神费力,心力交瘁: *Die Sorgen um das Geschäft haben sehr an seiner Gesundheit gezehrt* 对生意的忧虑极大地摧残了他的身心健康

Zei·chen *das*; *-s*, - **1.** etw., das man irgendwohin schreibt od. in e-m Bild darstellt, um so auf etw. aufmerksam zu machen od. e-n Hinweis zu geben 记号,标记 ‖ K-(复合): **Zeichen-, -erklärung** ‖ -K(复合): **Erkennungs-, Merk- 2.** ein Z. (1), dessen Bedeutung od. Zweck allgemein bekannt ist u. mit dem man so Informationen geben kann 标志,符号: *Das Z.* „+" *steht für die Addition* 符号"+"是表示加法; H_2O *ist das chemische Z. für Wasser* H_2O 是水的化学符号 ‖ -K(复合): **Additions-, Divisions-, Gleichheits-, Minus-, Multiplikations-, Plus-, Subtraktions-; Abkürzungs-, Korrektur-, Noten-, Wiederholungs-; Verbots-, Verkehrs-; Firmen- 3.** e-e Bewegung (*z.B.* ein Wink), ein Blick *o.Ä.*, mit dem man j-m etw. mitteilt (眼神、手势等)示意(动作)〈ein heimliches, verabredetes Z. 秘密的、约好的示意动作(暗号); auf ein Z. hin etw. tun 一看到示意就做某事,按示意办事; j-m ein Z. geben/machen 向某人示意(使眼神/做手势)〉 **4.** ein Geräusch od. etw., das man sieht u. das e-e Information gibt 信号 ‖ -K(复合): **Feuer-, Klingel-, Leucht-, Rauch-, Pausen- 5.** etw., an dem man erkennt, in welchem Zustand sich j-d/etw. befindet 标志,象征 ≈ Ausdruck, Symptom 〈ein deutliches, sicheres, untrügliches Z. 明显的、准确无误的、可靠的标志; etw. für ein Z. der Schwäche/Stärke halten 视某事为弱小/强大的象征〉 **6.** *Kurzw* (略) ↑ **Satzzeichen** ‖ -K(复合): **Anführungs-, Ausrufe-, Frage- 7.** *Kurzw* (略) ↑ **Sternzeichen, Tierkreiszeichen 8. zum Z.** + *Gen* (二格); **zum Z., dass...** als (symbolische) Geste 表示…,作…表示: *Zum Z. der Versöhnung gab sie ihm die Hand* 她向他伸出手表示和解 ‖ ID [谚] **die Zeichen der Zeit erkennen** die Situation zu e-m bestimmten Zeitpunkt richtig einschätzen (u. entsprechend handeln) 见机行事,认准时机; **ein Z. setzen** etw. tun, das für die Zukunft sehr wichtig ist 作出重要举措

Zei·chen- *im Subst*, *begrenzt produktiv* (构成名词,构词有限); in Bezug auf das Zeichnen (1) (有关)绘图的,绘画的…; der **Zeichenblock**, der **Zeichenlehrer**, das **Zeichenpapier**, der **Zeichenstift**, der **Zeichenunterricht**

Zei·chen·satz *der*; INFORM【信息】; e-e bestimmte Anzahl von Zeichen (Buchstaben, Zahlen, Sonderzeichen), die e-e Einheit bilden (wie *z.B.* die Buchstaben des Lateinischen, kyrillischen, arabischen Alphabets) 字符组,字体

Zei·chen·set·zung *die*; *nur Sg* (只用单数) **1.** die Regeln, die bestimmen, wie man die Satzzeichen (Punkt, Komma *usw*) verwenden muss 标点符号规则 **2.** die Anwendung der Z. (1) 标点符号的使用 ≈ Interpunktion

Zei·chen·spra·che *die*; e-e Art, sich zu verständigen, bei der festgelegte Bewegungen mit den Fingern u. Händen Buchstaben od. Worte bedeuten 手势语,手语

Zei·chen|trick·film *der*; ein Film, der aus sehr vielen Zeichnungen besteht, die sich zu bewegen scheinen 动画片

zeich·nen; *zeichnete*, *hat gezeichnet*; [Vt/i] (及物/不及物) **1. (j-n/etw.) z.** mit e-m Bleistift *o.Ä.* ein Bild (in Linien od. Strichen) machen 画素描,绘制,作(线条、轮廓)画〈ein Porträt, e-e Karikatur, e-n Plan, e-n Entwurf z. 画肖像、漫画、设计图、草图〉 ‖ NB(注意): ≠ malen; [Vt] (及物) **2.** *mst* 多用 **j-d ist von etw. gezeichnet** bei j-m sind deutliche Spuren e-r Krankheit *o.Ä.* zu sehen(人作主语)显出,显得,看上去有…迹象: *von Erschöpfung/e-r langen Krankheit gezeichnet sein* 看上去精疲力尽/长期患病 **3. ein** + *Adj* (形) + **Bild** (+ *Gen* 二格/**von etw.**) **z.** etw. in der angegebenen Weise beschreiben 描绘一幅…的景象: *ein düsteres Bild der Zukunft z.* 描绘一幅未来的阴暗景象 **4. etw. z.** *veraltend* [渐旧] ≈ unterschreiben; [Vi] (不及物) **5. als etw. z.** in e-r bestimmten Funktion die Verantwortung für etw. übernehmen 负有责任〈als Herausgeber z. 作为出版者负有责任〉

Zeich·ner *der*; *-s*, - **1.** j-d, der *bes* beruflich (künstlerische) Zeichnungen macht (尤指职业的)绘画者,绘图者: *Wir brauchen e-n guten Zeichner für das Buch* 这本书我们需要一名好的绘图人员 **2. ein technischer Z.** j-d, der (beruflich) Pläne für Gebäude, Maschinen *usw* zeichnet 绘图员,制图员 ‖ *hierzu* (派生) **Zeich·ne·rin** *die*; -, *-nen*

zeich·ne·risch *Adj* (形); *nur attr od adv* (只作定语或状语) **1.** in Bezug auf die Kunst des Zeichnens (1) 绘画的,制图的〈ein Talent, e-e Begabung, Fähigkeiten 天赋,才能,能力〉 **2.** in Form von Zeichnungen (1) 图画形式的〈e-e Darstellung, die Unterlagen 描绘,资料〉

Zeich·nung *die*; -, *-en* **1.** das Bild, das entsteht, wenn j-d zeichnet (1) 素描画,图画〈e-e flüchtige, genaue, künstlerische, technische Z. 草图,精细的图画,艺术画,技术图; e-e Z. entwerfen, anfertigen, ausführen 勾勒,制作,完成一幅画〉 ‖ -K(复合): **Bleistift-, Feder-, Kohle-, Kreide-, Tusch-** ‖ NB(注意):

↑ ***Skizze*** **2.** die Farben u. Muster (im Fell) e-s Tieres(动物身上的)斑纹,花纹: *die Z. des Schmetterlings, des Tigers, des Feuersalamanders* 蝴蝶、老虎、斑螈身上的斑纹 ‖ -K(复合): ***Streifen-*** **3.** die Darstellung od. Beschreibung von j-m/etw. (*z. B.* in e-m Roman)描写,描绘,刻划〈e-e (un)realistische, lebendige, lebensechte, übertriebene Z. (der Figuren)(对人物形象的)(非)现实的、生动的、真实的、夸张的描绘〉 **4.** WIRTSCH【经】: das Unterschreiben 认购,认股≈ Unterzeichnung 〈die Aktien, die Anleihen liegen zur Z. auf 股票、公债供认购〉 ‖ ▶ ***Gegenzeichnung***, ***Unterzeichnung***

zeich·nungs·be·rech·tigt *Adj* (形); *nicht adv* (不作状语); 〈e-e Person 人〉 so, dass sie das Recht od. die Vollmacht hat, wichtige Briefe od. Schecks für e-e Firma *o. Ä.* zu unterschreiben 有签署权的,有签发权的,授权签字的 ‖ *hierzu* (派生) **Zeich·nungs·be·rech·tig·te** *der/die*; *-n, -n*; **Zeich·nungs·be·rech·ti·gung** *die*

Zei·ge·fin·ger *der*; der Finger neben dem Daumen 食指〈mit dem Z. auf etw. zeigen, deuten 用食指指某物; mahnend, warnend den Z. erheben 举起食指,以示提醒、警告〉 ‖ ↑ *Abb. unter* 图见 ***Hand***

zei·gen; *zeigte, hat gezeigt*; [*Vt/i*] (及物/不及物) **1.** ***(j-m) (etw.) z.*** etw. zu j-m bringen, j-s Aufmerksamkeit auf etw. lenken od. etw. so halten, dass er es sieht 向…出示,给…看: *dem Polizisten seinen Ausweis z.* 向警察出示证件; *Zeig doch mal, was du da hast!* 给看一看你倒底有什么嘛!; *Zeig mal!* 给瞧瞧!; [*Vt*] (及物) **2.** ***j-m etw. z.*** j-m mit Worten u. Bewegungen (*bes* der Arme) erklären, wo etw. ist u. wie man dorthin kommt 给…指路、指明(方向): *j-m den Weg z.* 给某人指路; *j-m z., in welche Richtung er gehen muss* 告诉某人该朝哪个方向走; *j-m z.*, wie *er zum Bahnhof kommt* 告诉某人如何去火车站 **3.** ***j-m etw. z.*** etw. vor den Augen e-s anderen ausführen, um ihm klarzumachen, wie es geht (sodass er es auch selbst tun kann) 演示,示范≈ j-m etw. vorführen, demonstrieren: *j-m z., wie man e-n Reifen wechselt* 向某人示范如何换轮胎 **4.** ***j-m etw. z.*** j-m helfen, etw. zu erkennen 使了解、知悉: *j-m die Vorteile e-s Computers z.* 使某人了解计算机的优点 **5.** ***j-m etw. z.*** j-n irgendwohin bringen/führen, damit er etw. kennenlernt 陪同参观,向…介绍〈j-m ein Land, e-e Stadt, die Sehenswürdigkeiten z. 陪同某人参观一个国家、城市、名胜古迹〉 **6.** ***etw. z.*** etw. im Kino, Fernsehen, Theater bringen 演播,播出,放映,演出: *Wir zeigen das Fußballspiel um 22^{00} in der Sportschau* 我们晚上10点在体育瞭望节目中播出足球赛 **7.** ***j-d zeigt etw.*** j-d lässt e-e Emotion deutlich erkennen(人作主语)流露出,表现出: *Er zeigte seinen Ärger durch lautes Schimpfen* 他以大声责骂来表示他的愤怒 **8.** ***etw. zeigt etw.*** etw. deutet auf etw. hin (物作主语)表明,显示,流露: *Ihr Gesicht zeigte ihr großes Interesse* 她的面容流露出了她极大的兴趣 **9.** ***etw. z.*** etw. (*mst* Geschicktes) vorführen 展示,显露: *Zeig mal*, was *du kannst!* 来露一下你的身手! **10.** *mst* 多用 ***Mut z.*** in e-r bestimmten Situation mutig sein 表现勇敢,坚强: *Sie hat bei der Krankheit viel Mut gezeigt* 她生病时表现得非常坚强 **11.** ***Die Erfahrung zeigt, dass ...*** aus früheren Erfahrungen weiß man, dass ... 经验表明… **12.** ***etw. zeigt j-n/etw.*** auf e-m Bild, Foto *o. Ä.* kann man j-n/etw. sehen(物作主语)展现,(画的、拍的)是 ≈ etw. stellt j-n/etw. dar: *Das Foto zeigt meine Eltern bei ihrer Hochzeit* 这张照片展现了我父母结婚时的身影 **13.** ***etw. zeigt etw.*** etw. gibt etw. an (durch e-e bestimmte Position auf e-r Skala *o. Ä.*) (物作主语)显示,指明〈etw. zeigt die Temperatur, die Zeit, die Geschwindigkeit *usw* 某物显示温度、时间、速度等〉: *Die Uhr zeigt fünf vor zwölf* 钟显示现在是差五分十二点; *Die Waage zeigte 65Kilo* 秤上显示为65公斤 ‖ NB(注意): *zu* (义项)**13.**: kein Passiv (不用被动态)!; [*Vi*] (不及物) **14.** ***auf j-n/etw. z.***; ***irgendwohin z.*** mit dem Finger, der Hand, e-m Stock *o. Ä.* in e-e bestimmte Richtung deuten u. auf etw. aufmerksam machen 指着,指向: *Sie zeigte auf ihn u. sagte: „Er war es."* 她指着他说:"就是他。" ‖ K-(复合): ***Zeige-***, ***-stab***, ***-stock*** **15.** ***etw. zeigt irgendwohin*** etw. deutet in e-e bestimmte Richtung, etw. gibt etw. an(物作主语)指,指向: *Der Pfeil zeigt zum Ausgang* 箭头指向出口; *Die Kompassnadel zeigt nach Norden* 罗盘指针指着北; [*Vr*] (反身) **16.** ***sich (irgendwo) z.*** irgendwohin gehen od. irgendwo sein, *mst* damit man von anderen gesehen wird 出现,显露,亮相: *Sie zeigt sich kaum in der Öffentlichkeit* 她极少在公共场合露面 **17.** ***etw. zeigt sich (irgendwo)*** etw. ist irgendwo zu sehen(物作主语) 出现,显露: *Am Himmel zeigten sich die ersten Wolken* 天空中开始出现云彩 **18.** ***etw. zeigt sich*** etw. wird erkennbar, deutlich(物作主语)表明,证实≈ etw. stellt sich heraus: *Es muss sich erst zeigen*, ob *die Idee wirklich gut war* 首先得证实一下,那主意到底好不好; Es *hat sich gezeigt*, dass *ich recht hatte* 结果表明我是对的 **19.** ***j-d zeigt sich irgendwie*** j-d verhält sich (als Reaktion auf etw.) in bestimmter Weise(人作主语)表现出: *Sie zeigte sich großzügig u. schenkte ihm hundert Euro* 她表现得很慷慨并送给了他100欧元; *Er zeigt sich von seiner besten Seite* (= Er macht e-n guten Eindruck) 他表现很出色 ‖ ID [谚] ***es j-m z.*** *gespr* [口]; j-m beweisen, dass er unrecht hat, schwächer ist *o. Ä.* 让…知道(利害),向…露一手: *Dem werde ich es z. – was der kann, kann ich schon lange!* 我要叫他知道,他会的东西我早就会了!

Zei·ger *der*; *-s*, *-* **1.** einer der Teile e-r Uhr, die sich auf dem Zifferblatt bewegen u. die Minuten, Stunden *usw* anzeigen(钟表)指针:

Die Zeiger stehen auf zwei Uhr 指针指着两点 ‖ -K（复合）：**Minuten-**，**Sekunden-**，**Stunden-**；**Uhr-** **2.** der lange，spitze，bewegliche Teil，der bei bestimmten Geräten（auf e-r Skala）die Werte anzeigt（仪器的）指针 **3. der große Z.** der Z.（1）e-r Uhr，der die Minuten anzeigt 分针，长针 ≈ Minutenzeiger **4. der kleine Z.** der Z.（1）e-r Uhr，der die Stunden anzeigt 时针，短针 ≈ Stundenzeiger

zei·hen；*zieh*，*hat geziehen*；[Vt]（及物）**j-n etw.**（*Gen* 二格）**z.** *geschr veraltend*［书］［渐旧］；behaupten，dass j-d etw. Schlechtes od. ein Verbrechen getan hat 指责，斥责≈ j-n etw.（*Gen*）beschuldigen〈j-n des Meineids，der Lüge z. 指责某人做伪证、撒谎〉

Zei·le *die*；-，*-n* **1.** eine von mehreren（tatsächlichen od. gedachten）parallelen Linien auf e-m Blatt Papier，auf denen man schreibt 行 **2.** e-e Reihe von Wörtern，die in e-m gedruckten od. geschriebenen Text nebeneinanderstehen 字行 ‖ K-（复合）：**Zeilen-**，**-abstand** ‖ -K（复合）：**Brief-**，**Druck-**，**Lied-**，**Schluss-**，**Text-**，**Zwischen-** **3.** *nur Pl*（只用复数）；ein *mst* kurzer Text in e-m Brief od. auf e-r Karte 几行字，几句话，短信：*Danke für deine lieben Zeilen!* 谢谢你的友好来信！‖ ID［谚］（**etw.**）**zwischen den Zeilen lesen** e-e Aussage in e-m Text erkennen，die nicht direkt ausgesprochen ist 在字里行间揣摩出某事（的意思），领会到言外之意

-zei·lig *im Adj*，*begrenzt produktiv*（构成形容词，构词有限）；mit der genannten Anzahl od. Menge von Zeilen …行的；**einzeilig**，**zweizeilig**，**dreizeilig** *usw*；*ein zehnzeiliger Brief* 一封十行的书信；**mehrzeilig**，**vielzeilig**

zeit *Präp*（介）；*mit Gen*（支配二格）；*nur in* 只用于 **z. meines/seines/ihres** *usw* **Lebens** das ganze Leben lang 我的/他的/她的一生、一辈子：*Sie träumte z. ihres Lebens von e-m Haus* 她一生都梦想有套房子 ‖ NB（注意）：aber（但是）：*zeitlebens* 一生，终身

Zeit *die*；-，*-en* **1.** *nur Sg*（只用单数）；das Vorübergehen von Stunden，Tagen，Jahren *usw* 时间，时光，光阴〈die Z. vergeht，verrinnt，verstreicht，scheint stillzustehen 时间过去、消逝、流逝、好像停止了；die Z. vergeht wie im Flug(e)，rasch，schnell，langsam 光阴似箭，时光如流，时间过得快、慢〉‖ K-（复合）：**Zeit-**，**-ablauf**，**-abschnitt**，**-einheit** **2. Z.**（**für j-n/etw.**）；**Z.** + **zu** + *Infinitiv*（不定式）；*nur Sg*（只用单数）；die Z.（1），die für etw. zur Verfügung steht od. die man für etw. braucht 时间〈viel，wenig，keine Z. haben 有很多、很少时间，没有时间；für j-n/etw.（keine）Z. haben（没）有时间给某人/做某事；die/seine Z. nützen，vergeuden，einteilen，mit etw. verbringen/zubringen 利用、浪费、分配、做某事度过时间；viel Z.（u. Mühe）auf etw.（*Akk* 四格）verwenden 花费很多时间（和精力）做某事；etw. braucht，kostet，erfordert（viel）Z. 某事需要、花费、要花（很多）时间；etw. dauert seine Z. 某事有它自己的时间（意即：水到渠成）；j-m fehlt die Z.，bleibt noch（etwas）Z. 某人没有时间，还有一点时间；sich（*Dat* 三格）（kaum）（die）Z. für etw. nehmen，gönnen（几乎）抽（不）出时间做某事〉：*Papi，hast du jetzt Z. für mich?* 爸爸，你现在有时间陪陪我吗？；*Wir haben noch genug Z.，in Ruhe zu frühstücken* 我们还有足够地时间安心吃早餐 ‖ K-（复合）：**Zeit-**，**-aufwand**，**-bedarf**，**-dauer**，**-einteilung**，**-ersparnis**，**-gewinn**，**-mangel**，**-plan**，**-spanne**，**-vergeudung**，**-verlust**，**-verschwendung** **3.** *mst Sg*（多用单数）；ein（nicht genau bestimmter）Zeitraum od. e-e Phase，die mit e-m Ereignis od. Zustand verbunden ist 时光，时期，阶段，年代〈die schönste Z. des Lebens/im Leben 一生中最美好的时光；in Zeiten der Not，des Überflusses 在困难时期，在生活富裕时期；e-e schöne，unangenehme *usw* Z. verleben，verbringen 度过一段美好的、不愉快的时光；es gibt Zeiten，in denen... 在…年代；zu der Z.，als.../da... 那时候，当…；seit der/jener Z. 自那个时候起（以来）；vor längerer，geraumer，kurzer Z. 较长时间以前，很久以前，不久前；etw. ist（erst）kurze，（schon）lange Z. her 某事刚发生不久，已发生了很长时间；auf/für kurze，für einige Z. verreisen 作短期旅行，旅行一段时间；etw. in kürzester Z. tun 尽快完成某事；nach kurzer，langer Z. wiederkommen 不久后、很久以后又回来；seit kurzer，langer Z. 最近、长期以来；in letzter，nächster/in der letzten，nächsten Z. 近来，最近〉：*sich an die Z. der Kindheit erinnern* 回忆起童年的时光；*Die Wochen nach dem Tod ihres Vaters waren e-e schreckliche Z. für sie* 她父亲去世后的几个星期对她来说是一段可怕的时光；*Es wird einige Z. dauern，bis hier wieder Pflanzen wachsen können* 还得过一段时间这儿才能再长植物 ‖ -K（复合）：**Advents-**，**Faschings-**，**Oster-**，**Weihnachts-**；**Arbeits-**，**Ferien-**，**Urlaubs-**；**Kinder-**，**Jugend-**，**Schul-**，**Studien-** **4. Z.**（**für etw.**）；**Z.** + **zu** + *Infinitiv*（不定式）；die begrenzte Z.（2），die j-d für e-e Handlung zur Verfügung hat 期限，时限 ≈ Frist〈zwei Stunden，drei Jahre *usw* Z. haben 有两小时、三年的时间；j-m（für etw.）e-n Monat Z. geben 给某人一个月时间；mehr Z. brauchen 需要更多的时间；die Z. ist um 时间过了；die Z. überschreiten 超过时限〉‖ -K（复合）：**Ausbildungs-**，**Besuchs-**，**Rede-**，**Sende-**，**Sprech-** **5.** das Ergebnis e-r Messung der Z.（2），die j-d für e-e bestimmte Leistung braucht（*bes* im Sport）（计算比赛成绩的）时间，成绩〈die Z. stoppen，nehmen，messen（用马表）计时，掐时，测时（成绩）；e-e gute，schlechte Z. laufen，fahren，schwimmen 跑出、驶出、游出好/坏成绩；etw. in e-r bestimmten Z. tun，schaffen，erledigen 在一定时间内做、办成、完成某事〉‖ K（复合）-：**Zeit-**，**-messung**，**-unterschied** ‖ -K（复合）：**Best-**，**Fahr-**，**Lauf-**，**Rekord-**，**Sieger-** **6.** ein Abschnitt der Geschichte[1]（1）时代，时期，阶段 ≈ Epoche〈vergangene，kommende，(zu)künftige Zeiten 过去的、即将到来

Z

的、未来的时代；in unserer Z. 在我们这个时代；zu allen Zeiten 在所有时期；e-e Sage aus alter Z./ aus alten Zeiten 一个古代的传说〉：*die Z. vor der französischen Revolution* 法国大革命前的时期；*zur Z. der Reformation* 宗教改革时代；*zu Goethes Z./Zeiten* 歌德时代；*in der Z., als Bücher noch mit der Hand geschrieben wurden* 在书本还要用手写的时代 ‖ K（复合）-：**Zeit-**，**-dokument**；**Zeiten-**，**-wende** ‖ -K（复合）：**Barock-**，**Biedermeier-**，**Reformations-**，**Renaissance-**；**Bronze-**，**Eis-**，**Eisen-**，**Stein-**；**Friedens-**，**Kriegs-**，**Krisen-**；**Nazi-**，**Ritter-** **7.** *nur Sg*（只用单数）≈ Gegenwart〈der Geschmack, der Stil der Z. 现代审美观、风格；in der heutigen Z. 当代，当今〉‖ K-（复合）：**Zeit-**，**-geschehen**，**-geschmack**，**-kritik**；**zeit-**，**-gemäß** **8.** die Z.（1）in e-r Zone der Erde（nach e-m künstlichen System eingeteilt）（按地球时区划分的）时间：*die mitteleuropäische Z.* 中欧时间 ‖ K-（复合）：**Zeit-**，**-unterschied**，**-verschiebung** ‖ -K（复合）：**Sommer-**，**Winter-** **9.** *nur Sg*（只用单数）≈ Uhrzeit〈die genaue Z. haben, wissen wollen 有、想知道准确的时间；j-n nach der Z. fragen 问某人时间；j-m die (genaue) Z. sagen 告诉某人(准确的)时间；Ort u. Z.（e-r Versammlung）festlegen 确定(集会的)地点和时间；e-e Z. ausmachen, verabreden 商定、约定一个时间；sich（*Pl* 复）auf e-e Z. einigen 一致同意某一时间；die Uhr zeigt die (genaue) Z. an 这表显示的时间很准(走得准)；die Z. ansagen 预告时间〉：*Um welche Z. wollte sie kommen?* 她想大约什么时间来？‖ K-（复合）：**Zeit-**，**-angabe**，**-ansage** ‖ -K（复合）：**Abfahrt(s)-**，**Abflug(s)-**，**Ankunfts-**，**Ladenschluss-** **10.** der Zeitpunkt od. Zeitraum, zu dem bzw. innerhalb dessen etw. passiert od. gemacht wird（事情发生的）时刻，时间，时候〈zu jeder Z. 随时；zur rechten Z. 在适当的时间；zu bestimmten Zeiten 在某些时候；vor der (festgelegten) Z. 在规定的时间前；feste Zeiten einhalten 遵守规定的时间〉‖ -K（复合）：**Essens-**，**Frühstücks-**，**Schlafens-** **11.** *nur Sg*（只用单数）；die Situation od. Gelegenheit, die richtig od. passend für ein bestimmtes Ereignis od. e-e Handlung ist 时机，机会〈für etw. ist die Z. gekommen, steht die Z. bevor 做某事的时机来了，眼下正是做某事的时机；die Z. ist (noch nicht) reif für etw. 做某事的时机已(尚未)成熟〉：*Es ist jetzt nicht die Z., darüber zu sprechen* 现在不是讨论这件事的时候 **12.** LING【语】≈ Tempus ‖ K-（复合）：**Zeit-**，**-form** **13.** **eine Z. lang** für e-e relativ kurze Z.（2）有一段时间，一会儿，片刻 ‖ ID［谚］**im Laufe der Z.**；**mit der Z.** ≈ langsam, nach u. nach, allmählich：*Im Laufe der Z. wird sie es schon lernen* 慢慢地(随着时间的流逝)她肯定会学的；**zu gegebener Z.** *geschr*［书］；zu dem richtigen od. passenden Zeitpunkt 在合适的时候：*Sie werden zu gegebener Z. informiert* 在合适的时候会通知您的；**auf Z.**（nur）für e-e bestimmte Dauer 有一定期限〈ein Vertrag auf Z. 有期限的合同；j-n auf Z. einstellen, anstellen 有期限地聘用、雇用某人〉；**in jüngster Z.** während der letzten Wochen od. Tage 最近，近期；**zur Z.** ≈ zu Lebzeiten；*Abk* 缩写 z.Z., z.Zt.：*zur Zeit Goethes* 在歌德活着的时候，在歌德的时代 ‖ NB（注意）：aber（但是）：*Ich bin zurzeit*（= jetzt）*krank*（我现在病了）；**für alle Zeiten** ≈ für immer：*für alle Zeiten von j-m/etw. genug haben* 对某人/某物时时刻刻感到厌烦；**j-m Z. lassen**（+ **zu** + *Infinitiv* 不定式）j-m die Möglichkeit geben, etw. in Ruhe zu tun 给某人时间，给某人机会；**sich**（*Dat* 三格）（**bei/mit etw.**）**Z. lassen** etw. in Ruhe tun 从容不迫地去做某事；**j-m/sich**（**mit etw.**）**die Z. vertreiben** j-n/sich mit etw.（Angenehmem）beschäftigen（用某事）帮某人/替自己消闲解闷；**die Z. totschlagen** *gespr pej*［口］［贬］；versuchen, sich irgendwie zu beschäftigen（*z.B.* wenn man irgendwo warten muss *o.Ä.*）消磨时间；**sich**（*Dat* 三格）（**für j-n/etw.**）**Z. nehmen**；**sich**（*Dat* 三格）**die Z. nehmen** + **zu** + *Infinitiv*（不定式）；sich e-n Freiraum schaffen, um etw. zu tun, das man tun will od. muss（为某人/某事）抽出时间，腾出时间干某事；**Die Z. drängt** etw. muss schnell getan *o.Ä.* werden, weil es sonst dafür zu spät ist 时间紧迫；**keine Z. verlieren dürfen** etw. sehr schnell tun müssen 不允许丧失时间，要争分夺秒，要抓紧时间；**zu meiner Z.** als ich jung war 在我年轻时，我当年；**in meinen** *usw* **besten Zeiten** als es mir *usw*（finanziell, körperlich *usw*）sehr gut ging 在我最红火(得意、富裕、身强力壮)的时候；**e-e ganze Z.** *gespr*［口］；relativ lange 一段较长的时间；**seit ewigen Zeiten**（**nicht mehr**）*gespr*［口］；seit langem (nicht mehr) 很久以来(不再)；（**Ach**）**du liebe Z.!** *gespr*［口］；verwendet, um auszudrücken, dass man erschrocken ist（表示受惊）啊，天哪！；**Es wird Z.**；**Es ist an der Z.**；**Es ist**（**höchste**）**Z.** jetzt ist es nötig (etw. zu tun) 正是(做某事)的时候了，时间紧迫，刻不容缓：*Meine Haare sind schon so lang, es wird Z., zum Friseur zu gehen/dass ich zum Friseur gehe* 我的头发已经长长了，是该去理发了；**mit der Z. gehen** sich so verhalten (in der Kleidung, Sprache *usw*), wie es modern ist 赶时髦，赶潮流；**j-m läuft die Z. davon** die Zeit vergeht so schnell, dass j-d (wahrscheinlich) nicht erledigen kann, was er sich vorgenommen hat 对某人来说，时间过得真快(一晃就过去了)；**seine** *usw* **Z. ist gekommen** *geschr*［书］；er *usw* muss jetzt etw. Bestimmtes tun 他的时机已来了(该做点啥了)；**seine Z. für gekommen halten** glauben, dass es richtig ist, jetzt zu handeln 认为自己的时机已成熟；**Das hat Z.** das kann man auch später tun 这还有时间；**Z. ist Geld** verwendet, um auszudrücken, dass die Zeit wertvoll ist u. (sinnvoll) genutzt werden sollte 一寸光阴一寸金；时间就是金钱；**Kommt Z., kommt Rat** es ergibt sich vielleicht e-e Lösung für ein

Problem, wenn man nur geduldig abwartet, was passiert 时间一到,主意就来(意即:船到桥头自然直/车到山前必有路); ***Alles zu seiner Z.!*** man soll nichts zu schnell tun 凡事不可着急!; *mst* 多用 ***Die Zeiten ändern sich*** die (*bes* gesellschaftlichen) Normen, Verhältnisse u. Bräuche ändern sich 时移事迁,时移俗易; ***(Die) Z. heilt (alle) Wunden*** auch Schmerz u. Trauer kann man irgendwann überwinden 时间可以医治(一切)创伤; ***Spare in der Z., dann hast du in der Not!*** spare (Geld), wenn es dir (finanziell) gutgeht 平时节俭,有难不急(意即:须将有日思无日)! ‖ NB(注意): ↑ ***zeitraubend, zeitsparend, zurzeit***

Zeit·al·ter *das*; ein relativ langer Abschnitt in der Geschichte 时代,时期 ≈ Epoche: *im Z. der Computertechnik* 在电脑技术的时代 ‖ -K(复合): ***Atom-, Computer-, Bronze-, Maschinen-***

Zeit·ar·beit *die*; WIRTSCH【经】; ein System, bei dem j-d bei e-r Firma angestellt ist, die ihn ihrerseits bei verschiedenen anderen Firmen einsetzt, *z. B.* weil dort j-d krank ist(建立在租赁劳务关系上的)计时工作制

zeit·auf·wen·dig *Adj*(形); so, dass man viel Zeit dafür braucht 费时的,消耗时间的〈e-e Arbeit 工作〉

zeit·be·dingt *Adj*(形); durch die (gesellschaftliche, politische *o. Ä.*) Situation e-r Epoche beeinflusst 受时代局限的,有时代烙印的〈Anschauungen 观点〉

Zeit·be·griff *der*; *nur Sg*(只用单数); das Gefühl dafür, wie lange etw. dauert 时间概念〈keinen Z. (mehr) haben(再也)没有时间概念; jeden, den Z. verlieren 失去(任何)时间概念〉

Zeit·bom·be *die*; e-e Bombe, die (automatisch) nach e-r bestimmten Zeit explodiert 定时炸弹 ‖ ID [谚] *mst* 多用 ***Die Z. tickt / Wir sitzen auf e-r Z.*** wir sind in e-r sehr gefährlichen Situation 情况危急/我们坐在定时炸弹上(意即:危在旦夕)

Zeit·druck *der*; *nur Sg*(只用单数); der Druck, den man spürt, wenn man in kurzer Zeit viel tun muss 时间压力〈unter Z. stehen, in Z. geraten 时间紧迫,感到时间紧迫〉

Zeit·er·schei·nung *die*; etw., das nur in e-r bestimmten Epoche vorkommt u. für sie typisch ist 时代现象

Zeit·fra·ge *die* **1.** ein Problem, das gerade (in e-r bestimmten Zeit) aktuell ist 时事问题〈zu aktuellen Zeitfragen Stellung nehmen 对当今时事发表看法〉 **2.** *mst* 多用 ***es ist e-e reine Z.*** es hängt nur davon ab, ob genug Zeit dafür da ist 这是纯粹的时间问题

Zeit·geist *der*; *nur Sg*(只用单数); die Gesamtheit der Meinungen, die für e-e Epoche typisch sind 时代精神

zeit·ge·mäß *Adj*(形); 〈e-e Ansicht, ein Ideal 观点,理想〉 so, dass sie zu den Vorstellungen der Zeit (Gegenwart) passen 合乎时代的,合乎时势的,时尚的

Zeit·ge·nos·se *der* **1.** j-d, der in derselben Zeit (6) wie ein anderer lebt od. gelebt hat 同时代人 **2.** *mst* 多用 ***ein unangenehmer Z.*** *pej* [贬]; j-d, den die anderen wegen seiner Art nicht mögen 一个讨厌的人,讨厌鬼 ‖ *hierzu*(派生) **Zeit·ge·nos·sin** *die*

zeit·ge·nös·sisch *Adj*(形); *nicht adv*(不作状语) **1.** aus der gleichen (historischen) Epoche, aus der gleichen Zeit (6) 同时代的〈e-e Abbildung, e-e Darstellung 图片,描写; Quellen, Berichte 资料来源,报告〉 **2.** aus der Gegenwart, von heute 当代的,现代的〈die Literatur, die Musik, die Kunst 文学,音乐,艺术〉 ‖ NB(注意): ↑ ***modern²***

Zeit·ge·schich·te *die*; *nur Sg*(只用单数); das (historische) Geschehen der letzten Jahre (u. Jahrzehnte), *bes* seit dem Zweiten Weltkrieg 当代史(尤指二战后的历史) ‖ *hierzu* (形) **zeit·ge·schicht·lich** *Adj*(形)

zeit·gleich *Adj*(形); SPORT【体】; mit der gleichen Zeit (5) 同时的,同步的〈z. (mit j-m) ins Ziel kommen(和某人)同时通过终点〉

Zeit·grün·de *die*; *Pl*(复); *mst in* 多用于 ***aus Zeitgründen*** aus Mangel an Zeit 由于时间原因,由于时间紧迫

zei·tig *Adj*(形); *nur attr od adv*(只作定语或状语) ≈ früh (1) 〈z. aufstehen, losgehen, schlafen gehen 早起床,早出发,早睡觉〉

zei·ti·gen; *zeitigte, hat gezeitigt*; [Vt] (及物) ***etw. zeitigt etw.*** *geschr* [书]; etw. hat etw. als Resultat (物作主语) 产生,造成: *Die Maßnahmen zeitigten Wirkung* 这些措施产生了作用

Zeit·kar·te *die*; e-e (Fahr)Karte, mit der man während e-r bestimmten Zeit (*z. B.* innerhalb e-s Monats) so oft fahren kann, wie man will 定期(车)票(如月票)

Zeit·kon·to *das*; e-e Art Übersicht, aus der hervorgeht, wie viele Stunden ein Arbeitnehmer (mit gleitender Arbeitszeit) in e-m bestimmten Zeitraum bisher gearbeitet hat 计算工时的账户,计时户头

Zeit·lang ↑ ***Zeit*** (13)

zeit·le·bens *Adv*(副); während seines, ihres *usw* ganzen Lebens 一生,终身: *Sie haben z. in Armut gelebt* 他们一辈子生活贫困

zeit·lich *Adj*(形); *nur attr od adv*(只作定语或状语); in Bezug darauf, wie lange etw. dauert u. in welcher (Reihen)Folge es geschieht 时间上的〈der Ablauf, die Reihenfolge 过程,顺序; ein großer, kleiner zeitlicher Abstand 时间间隔长、短; etw. z. begrenzen 从时间上限制某事〉 ‖ ID [谚] ***Er / Sie hat das Zeitliche gesegnet*** *veraltend euph* [渐旧][婉]; er/sie ist gestorben 他/她与世长辞

zeit·los *Adj*(形); nicht von e-r Mode od. Zeit (6) abhängig 永恒的,不受流行式样或时代影响的,适合于任何时候的〈ein Modell, ein Stil 式样,风格; e-e Idee, e-e Philosophie, Kunst 思想,哲学,艺术〉 ‖ *hierzu*(派生) **Zeit·lo·sig·keit** *die*; *nur Sg*(只用单数)

Zeit·lu·pe *die*; *nur Sg*(只用单数); ein Verfahren, bei dem man im Film Bewegungen viel langsamer zeigt, als sie in Wirklichkeit sind（电影中的）慢动作，慢镜头 ↔ Zeitraffer：*das entscheidende Tor in Z. zeigen, wiederholen* 用慢镜头展示、反复放映那个决定性的射门球 ‖ K-(复合)：**Zeitlupen-, -wiederholung**

Zeit·lu·pen|tem·po *das*；*nur Sg*（只用单数）；*gespr*，*mst pej*［口］多用［贬］；*mst in* 多用于 **im Z.** sehr langsam 用慢速度

zeit·nah *Adj*（形）；mit Fragen u. Themen, die in der Gegenwart von Bedeutung sind 时新的，具有现代意义的，反映时代问题的〈ein Bühnenstück, e-e Aufführung, e-e Problematik 舞台剧，演出，难题〉‖ *hierzu*（派生）**Zeit·nä·he** *die*；*nur Sg*（只用单数）

Zeit·not *die*；*nur Sg*（只用单数）；Bedrängnis wegen Mangel an Zeit 时间紧迫〈in Z. sein, geraten 感到时间紧迫；sich in Z. befinden 正处于时间紧迫之中〉

Zeit·punkt *der*；**der Z.（für etw.）**；**der Z.** + *Gen*（二格）der Moment, in dem etw. geschieht（od. geschehen soll）时刻，时候，时机〈der Z. des Todes, der Ankunft, des Abschieds 死亡、到达、告别的时刻；e-n günstigen Z. abwarten 等待有利时机；den richtigen, rechten, passenden, geeigneten Z. abwarten, verpassen, versäumen 等待、错过、耽误最好的、恰当的、适当的、合适的时机；von diesem Z. an 从这一时刻起；bis zu diesem Z. 到这一时刻为止；zum jetzigen, in diesem Z. 此时此刻〉：*der Z., zu dem der Vertrag ausläuft* 合同终止的时刻；*Jetzt ist nicht der richtige Z. dafür* 现在不是干这件事的合适时机

Zeit·raf·fer *der*；*-s*；*nur Sg*（只用单数）；ein Verfahren, bei dem man im Film Bewegungen viel schneller zeigt, als sie in Wirklichkeit sind（电影中的）快动作，快镜头↔ Zeitlupe

zeit·rau·bend, Zeit rau·bend *Adj*（形）；*nicht adv*（不作状语）；so, dass man sehr viel Zeit dafür braucht 费时的，旷日持久的，花费大量时间的〈e-e Arbeit, e-e Tätigkeit 工作，活动〉

Zeit·raum *der*；ein（oft relativ großer）Abschnitt der Zeit 时期，时间〈ein längerer Z. 一段较长的时期；ein Z. von mehreren Tagen, vielen Wochen, zehn Jahren *usw* 好多天的、很多星期的、十年的时间；etw. über e-n langen Z. hinweg tun 干某事拖延了很长一段时间〉

Zeit·rech·nung *die*；*nur Sg*（只用单数）；die Zählung der Jahre von dem Ereignis an, das man beim Datum angibt 纪元，纪年：*Unsere Z. beginnt mit der Geburt von Jesus Christus* 我们的纪元始于耶稣基督诞生

Zeit·schrift *die*；ein Heft mit Fotos, Werbung u. verschiedenen Texten zur Information u. Unterhaltung, das regelmäßig erscheint 杂志，期刊〈e-e medizinische, wissenschaftliche Z. 一家医学、科学杂志〉：*e-e Z. für Kunst u. Literatur* 一家艺术文学杂志 ‖ -K（复合）：**Fach-, Fernseh-, Film-, Frauen-, Jugend-, Literatur-, Mode-, Musik-**

zeit·spa·rend, Zeit spa·rend, *mehr Zeit sparend / zeitsparender*；*am meisten Zeit sparend / zeitsparendst-*；*Adj*（形）；so dass man dazu weniger Zeit braucht als andere, als früher, als vorgesehen *o. Ä.* 省时的，节省时间的〈ein Gerät, e-e Methode 电器，方法〉‖ NB（注意）：*e-e äußerst zeitsparende Lösung* 一种极省时的解决办法（zusammengeschrieben 连着写），aber（但是）*e-e viel Zeit sparende Lösung* 一种很省时的解决办法（getrennt geschrieben 分开写）

Zeit·ta·fel *die*；e-e Tabelle, in der die wichtigen Ereignisse e-r historischen Epoche stehen 大事年表，大事记

Zei·tung *die*；*-, -en* **1.** ein Druckerzeugnis in Form von mehreren großen（gefalteten）Blättern mit Berichten über aktuelle Ereignisse, mit Werbung *usw*, das regelmäßig（*mst* täglich）erscheint 报，报纸，报刊〈e-e überregionale, regionale, lokale Z. 全国性的、区域性的、地方性的报纸；e-e Z. herausgeben, verlegen, drucken 发行、出版、印刷报纸；e-e Z. bestellen, abonnieren, beziehen 预订、订阅、领取报纸；Zeitungen austragen 分送报纸；etw. in der Z. lesen 读报了解某事；etw. aus der Z. erfahren 从报上了解到某事；etw. steht in der Z. 某事登在报纸上；e-e Annonce, ein Inserat in die Z. setzen 在报纸上登广告〉‖ K-（复合）：**Zeitungs-, -abonnement, -annonce, -anzeige, -artikel, -ausschnitt, -austräger, -bericht, -inserat, -kiosk, -korrespondent, -leser, -meldung, -notiz, -papier, -verkäufer** ‖ -K（复合）：**Abend-, Morgen-; Sonntags-, Tages-, Wochen-; Gewerkschafts-, Partei-; Sport-, Wirtschafts-; Boulevard- 2.** ein Betrieb（Verlag）, der e-e Z.（1）produziert 报社〈bei e-r Z. arbeiten 在报社工作；von der Z. sein, kommen 从报社来；e-e Z. gründen 创办一家报社〉

Zei·tungs·en·te *die*；*gespr*［口］；e-e falsche Meldung in der Zeitung 错误报道

Zeit·ver·trag *der*；ein Vertrag, mit dem j-d für e-e bestimmte, relativ kurze Zeit irgendwo angestellt wird 短期劳动合同 ≈ ein befristeter Arbeitsvertrag

Zeit·ver·treib *der*；*-(e)s, -e*；*mst Sg*（多用单数）**1.** ≈ Hobby **2. zum Z.** damit man sich nicht langweilt 为消闲解闷，消遣

zeit·wei·lig *Adj*（形）**1.** *nur attr od adv*（只作定语或状语）；nur für e-e bestimmte, begrenzte Zeit（gültig）暂时的，短时间有效的〈e-e Verfügung, e-e Anordnung 命令，规定〉**2.** *nur adv*（不作状语）；immer wieder für kurze Zeit, gelegentlich 短暂的，有时的

zeit·wei·se *Adv*（副）**1.** für kurze Zeit, vorübergehend 短暂，暂时：*Die Pässe sind bei Schneefall z. gesperrt* 隘口由于下雪而暂时封锁 **2.** von Zeit zu Zeit 有时，偶尔

Zeit·wort *das*；*-(e)s, Zeit·wör·ter* ≈ Verb

Zeit·zo·ne *die*；ein Gebiet（das durch Längengrade festgelegt ist）, in dem die gleiche Uhrzeit gilt 时区

Zeit·zün·der *der*；ein Zünder, der bewirkt, dass e-e Bombe *o. Ä.* nach e-r bestimmten

Zeit explodiert 定时引信，定时引爆装置

ze.leb.rie.ren；*zelebrierte*，*hat zelebriert*；[Vt]（及物）**1**. ***etw***. ***z***. als katholischer Priester e-n Gottesdienst halten（天主教神甫）举行（典礼，仪式）〈die Messe z. 做弥撒〉 **2**. ***etw***. ***z***. *geschr iron* ［书］［讽］；etw. übertrieben feierlich tun 极其隆重地进行

Zel.le *die*；-，-*n* **1**. ein sehr kleiner Raum in e-m Gefängnis od. Kloster, in dem j-d lebt 小室，斗室；牢房，修道小室〈e-e kahle, enge, dunkle Z. 无陈设的、狭窄的、黑暗的斗室；e-n Gefangenen in e-e Z. sperren, in seine Z. bringen, führen 把囚犯关进牢房，带到、领进他的囚室〉‖ -K（复合）：***Dunkel-***，***Einzel-***，***Gefängnis-***，***Kerker-***，***Kloster-***，***Todes-*** **2**. *Kurzw*（略）↑ ***Telefonzelle*** **3**. der kleinste lebende Teil e-s Organismus 细胞〈lebende, tote Zellen 活细胞，死细胞；die Zellen wachsen (nach), sterben ab, teilen sich 细胞生长，坏死，分裂〉‖ K-（复合）：***Zell-***，***-gewebe***，***-kern***，***-membran***，***-plasma***，***-stoffwechsel***，***-teilung***，***-wachstum*** ‖ -K（复合）：***Blut-***，***Ei-***，***Gehirn-***，***Keim-***，***Nerven-***，***Samen-***；***Krebs-*** **4**. einer von mehreren ganz kleinen Räumen, aus denen e-e größere Struktur, *bes* e-e Honigwabe, besteht 蜂房的巢室 **5**. TECH【技】；ein (abgeteilter) Raum *z.B*. in e-r Batterie, in dem (durch chemische Reaktionen) elektrischer Strom erzeugt wird 电解槽（池）‖ -K（复合）：***Licht-***，***Foto-*** **6**. e-e kleine Gruppe von Menschen, die politisch arbeiten (als Teil e-r geheimen, verbotenen Organisation)（政治组织的）基层小组，支部

Zel.lo.phan [-ˈfaːn] *das*；-*s*；*nur Sg*（只用单数）≈ Cellophan® ‖ K-（复合）：***Zellophan-***，***-tüte***

Zell.stoff *der*；*nur Sg*（只用单数）**1**. e-e weiche Masse, die man aus Holz gewinnt u. zur Herstellung von Papier verwendet 纸浆，纤维素 ‖ K-（复合）：***Zellstoff-***，***-fabrik*** **2**. ein weicher Stoff, der Blut (u. andere Flüssigkeiten) schnell aufsaugt u. *bes* in der Medizin verwendet wird 纤维素棉：*ein Verband aus Z*. 纤维素棉绷带

Zel.lu.loid [-ˈlɔyt] *das*；-(*e*)*s*；*nur Sg*（只用单数）；ein elastischer Kunststoff (aus dem man früher Filme gemacht hat) 赛璐珞 ‖ K-（复合）：***Zelluloid-***，***-streifen***

Zel.lu.lo.se *die*；-；*nur Sg*（只用单数）；das Material, aus dem die (Zell)Wände von Pflanzen bestehen 纤维素

Zelt *das*；-(*e*)*s*，-*e*；e-e Konstruktion aus Stangen u. e-m festen Stoff darüber, unter der man im Freien wohnen kann 帐篷，帐幕：*ein Campingplatz für tausend Zelte* 可安置上千个帐篷的野营地〈ein Z. aufstellen, aufbauen, abbauen, abbrechen 架设、搭起、撤除、拆除一顶帐篷〉‖ K-（复合）：***Zelt-***，***-lager***，***-leinwand***，***-mast***，***-pflock***，***-plane***，***-platz***，***-stange*** ‖ -K（复合）：***Beduinen-***，***Indianer-***；***Bier-***，***Fest-***，***Zirkus-*** ‖ ID［谚］***die/seine Zelte irgendwo aufschlagen*** an e-n Ort ziehen, um dort zu leben 在某地安家落户；***die/seine Zelte abbrechen*** e-n Ort verlassen, an dem man längere Zeit gewohnt hat 移居，搬家，挪窝儿

Zelt.bahn *die*；ein Stück Stoff für ein Zelt 帐篷帆布

zel.ten；*zeltete*，*hat gezeltet*；[Vi]（不及物）in e-m Zelt übernachten od. (relativ kurze Zeit) leben 露营，宿营：*auf e-m Campingplatz z*. 在野营地宿营；*im Urlaub (am Meer) z*. 假期（在海边）露营

Ze.ment *der*；-(*e*)*s*；*nur Sg*（只用单数）；ein feines graues Pulver, aus dem man Beton od. Mörtel machen kann 水泥 ‖ K-（复合）：***Zement-***，***-boden***，***-sack***，***-werk***；***zement-***，***-grau***

ze.men.tie.ren；*zementierte*，*hat zementiert*；[Vt]（及物）**1**. ***etw***. ***z***. e-e Fläche mit e-r Zementmischung fest u. glatt machen 给…浇灌水泥：*ein zementierter Weg* 水泥（铺的）路 **2**. ***etw***. ***z***. *geschr*［书］；durch sein Handeln bewirken, dass ein schlechter Zustand aufrechterhalten wird 维持，使…保持旧状：*soziale Unterschiede z*. 维持社会差别 ‖ *hierzu*（派生）**Ze.men.tie.rung** *die*；*nur Sg*（只用单数）

Ze.nit, **Ze.nit** *der*；-(*e*)*s*；*nur Sg*（只用单数）**1**. der höchste Punkt am Himmel (vom Blickpunkt des Betrachters aus) 天顶〈die Sonne, ein Stern steht im Z., hat den Z. überschritten 太阳当顶，一颗星星悬挂在天顶，超越天穹之顶〉 **2**. ≈ Höhepunkt〈*mst* im Z. des Erfolges, Ruhmes 多指在成功、荣誉的顶峰〉

zen.sie.ren；*zensierte*，*hat zensiert*；[Vt/i]（及物/不及物）**1**. (***j-n/etw***.) ***z***. als Lehrer die schriftliche Arbeit e-s Schülers bewerten (u. e-e Note geben) 评分，评阅，给…打分〈e-n Aufsatz z. 评阅作文；streng, milde z. 评分严，宽〉 **2**. (***etw***.) ***z***. e-n Text, e-n Film *o.Ä*. prüfen, ob sie bestimmten, *mst* politischen, moralischen od. religiösen Grundsätzen entsprechen (u. dann bestimmen, ob das Publikum sie sehen darf)（对新闻、书报、电影等）检查，审查，审定，把关

Zen.sor *der*；-*s*，*Zen.so.ren*；j-d, der etw. zensiert (2) 审查员，检查员

Zen.sur *die*；-，-*en* **1**. *nur Sg*（只用单数）；das Zensieren (2) 检查，审查〈etw. unterliegt der Z. 某物受审查；e-e (scharfe, strenge) Z. ausüben 进行（严厉、严格）审查；die Z. einführen, aufheben, abschaffen 实行、解除、取消审查；etw. der Z unterwerfen 对某物进行审查〉‖ -K（复合）：***Brief-***，***Film-***，***Post-***，***Presse-***，***Theater-***；***Militär-***，***Polizei-*** **2**. *nur Sg*（只用单数）；das Amt (die Behörde), das die Z. (1) durchführt 审查机关，检查机关 **3**. die Note² (1), mit der die Leistung e-s Schülers bewertet wird 分数，成绩〈e-e gute, schlechte Z. 高分，低分〉

zen.su.rie.ren；*zensurierte*，*hat zensuriert*；[Vt/i]（及物/不及物）(***etw***.) ***z***. Ⓐ Ⓒⓗ［奥］［瑞］≈ zensieren (2)

Zen.ti.li.ter *der*，*das*；ein hundertstel Liter 百

Z

分之一升，厘升；*Abk* 缩写 cl

Zen·ti·me·ter *der, das*；ein hundertstel Meter 厘米，公分；*Abk* 缩写 cm：*30cm Stoff* 30 厘米布料；*e-e Schnur von 90cm Länge* 一根长 90 厘米的绳子 ‖ K-（复合）：***Zentimeter-***，***-maß*** ‖ -K（复合）：***Kubik-***，***Quadrat-***

Zent·ner *der*；*-s*，- **1.** 50 Kilogramm 公担（德国合 50 公斤）；*Abk* 缩写 Z.，Ztr.：*zwei Zentner Kartoffeln* 两公担土豆 ‖ K-（复合）：***Zentner-***，***-gewicht***，***-last***；***zentner-***，***-schwer*** **2.** (A) (CH) ［奥］［瑞］100 Kilogramm 公担（合 100 公斤）；*Abk* 缩写 q

zent·ner·wei·se *Adv*（副）；in großen Mengen (mit viel Gewicht) 大量地，大批地：*Er kauft z. Fleisch ein* 他大量买肉

zent·ral *Adj*（形）**1.** ungefähr in der Mitte e-s Ortes, also dort, wo die meisten Geschäfte *usw* sind 地处（商业）中心的，中心地区的〈e-e Lage 位置；etw. ist z. gelegen 某物位于中心地区；z. wohnen 住在市中心〉**2.** *nicht adv*（不作状语）；von großem Einfluss auf andere Personen od. Dinge u. deshalb sehr wichtig 重要的，主要的 ≈ wesentlich〈e-e Frage, ein Problem 问题；etw. ist von zentraler Bedeutung 某事意义重大〉‖ K-（复合）：***Zentral-***，***-figur***，***-problem*** **3.** von e-r höheren (*bes* staatlichen) Stelle gemacht od. geleitet 中央、上层机关（制定、领导）的〈e-e Planung 计划；etw. z. organisieren, lenken, verwalten 由中央组织、控制、管理某事；e-e z. geleitete Industrie 由中央领导的工业〉‖ K-（复合）：***Zentral-***，***-ausschuss***，***-gewalt***，***-organ***，***-rat***，***-verband***，***-verwaltung***

Zen·t·ral- *im Subst, nicht produktiv*（构成名词，非构词型）；bezeichnet (ungefähr) den mittleren Teil des genannten Gebietes 中央地带的…，中部的…；***Zentralafrika***，***Zentralamerika***，***Zentralasien***

Zen·t·ra·le *die*；-，*-n* **1.** der Teil e-r (größeren) Organisation, der die Planung leitet u. die Arbeit organisiert u. steuert 中央，总部，总行：*Die Z. hat beschlossen, den bisherigen politischen Kurs beizubehalten* 中央决定，坚持迄今为止所贯彻的政治路线 ‖ -K（复合）：***Bank-***，***Partei-*** **2.** die Stelle in e-r Firma, e-r Behörde, bei der man Informationen erhalten kann/die Informationen sammelt（公司、企业）总部、总局、总站、总厂，中心，总机室 ‖ -K（复合）：***Fernsprech-***，***Informations-***，***Nachrichten-***，***Sende-***，***Telefon-***

Zen·t·ral·hei·zung *die*；ein System, bei dem die Wärme von einem großen Heizkessel *o.Ä.* (oft im Keller) in mehrere Zimmer od. Wohnungen geleitet wird 集中供暖，中央供暖

zen·t·ra·li·sie·ren；*zentralisierte, hat zentralisiert*；[Vt]（及物）***etw. z.*** etw. so organisieren od. verwalten, dass eine zentrale (3) Stelle dafür verantwortlich ist 集中，使集权于中央〈die Verwaltung, die Wirtschaft z. 使管理、经济集权于中央〉‖ *hierzu*（派生）**Zen·t·ra·li·sa·ti·on** *die*；-，*-en*；**Zen·t·ra·li·sie·rung** *die*

Zen·t·ra·lis·mus *der*；-；*nur Sg*（只用单数）；e-e Form der Verwaltung (*bes* e-s Staates), bei der die wichtigen Fragen nur von zentralen (3) Stellen entschieden werden 中央集权制 ↔ Föderalismus ‖ *hierzu*（派生）**zen·t·ra·lis·tisch** *Adj*（形）

Zen·t·ral·ko·mi·tee *das*；das höchste (leitende) Gremium *bes* e-r kommunistischen Partei 中央委员会；*Abk* 缩写 ZK

Zen·t·ral·ner·ven·sys·tem *das*；die Nerven, die (zusammen) von Gehirn u. Rückenmark ausgehen 中枢神经系统

Zen·t·ri·fu·gal·kraft *die*；PHYS【物】≈ Fliehkraft

Zen·t·ri·fu·ge *die*；-，*-n*；ein Gerät, mit dem durch schnelles Drehen die Bestandteile e-s Gemisches voneinander getrennt werden 离心机，离心分离器

Zen·t·rum *das*；*-s*，*Zent·ren* **1.** der Punkt, der von allen Seiten gleich weit entfernt ist 中心（点）≈ Mittelpunkt〈das Z. e-s Kreises, e-s Erdbebens 圆心，震中〉‖ -K（复合）：***Erdbeben-***，***Kreis-*** **2.** die Gegend in der Mitte e-r Stadt, in der die wichtigsten Geschäfte *usw* sind 市中心，中心区 ≈ Innenstadt, City **3.** ein Bereich, der für e-e bestimmte Tätigkeit sehr wichtig ist 中心（领域）〈ein kulturelles, industrielles Z. 文化、工业中心；ein Z. der Macht, der Wirtschaft 权力、经济中心〉‖ -K（复合）：***Einkaufs-***，***Erholungs-***，***Handels-***，***Industrie-***，***Kultur-***，***Mode-***，***Presse-***，***Touristen-***，***Urlaubs-***，***Vergnügungs-***，***Verwaltungs-*** **4.** ***j-d/etw. steht im Z.*** (+ *Gen* 二格/***von etw.***) j-d/etw. wird am meisten beachtet（人/物作主语）备受注意，是人们关注的焦点：*Er stand im Z. der Aufmerksamkeit* 他是公众注意的焦点

-zen·t·rum *das*；*im Subst, wenig produktiv*（构成名词，构词弱）**1.** verwendet als Bezeichnung e-r Institution, in der viele verschiedene Arbeiten ausgeführt werden（表示公共机构的名称）…中心；***Forschungszentrum***，***Rechenzentrum***，***Rehabilitationszentrum*** **2.** verwendet als Bezeichnung e-s Gebäudes, in dem man verschiedenen Freizeitbeschäftigungen nachgehen kann（表示业余活动场所的名称）…（活动）中心；***Freizeitzentrum***，***Jugendzentrum***，***Kulturzentrum***，***Sportzentrum***

Zep·pe·lin [-li:n] *der*；*-s*，*-e*；ein Luftfahrzeug in der Form e-r großen dicken Zigarre, das mit Gas gefüllt ist u. von e-m Motor angetrieben wird 齐柏林飞艇（由德国人齐柏林（1838—1917）设计制造）

Zep·ter *das, der*；*-s*，-；e-e Art Stab, den *bes* Kaiser u. Könige als Symbol ihrer Macht tragen 帝王的权标，权杖 ‖ ID［谚］***das Z. schwingen*** *gespr hum*［口］［诙］；die Macht haben 掌握权柄，执掌政权

zer- *im Verb, unbetont u. nicht trennbar, begrenzt produktiv*（构成动词，非重读并不可分，构词有限）；Die Verben mit *zer-* werden nach folgendem Muster gebildet（zer-动词的模式如

Z

下)：*zerbeißen – zerbiss – zerbissen*
1. *zer-* drückt aus，dass j-d/ein Tier auf die im zweiten Wortteil genannte Art verletzt wird，bzw. dass etw. in kleine Teile geteilt od. völlig kaputtgemacht wird(表示使成小块，弄碎，完全弄坏)
etw. zerbeißen：*Er zerbiss die Tablette* 他把药片咬碎 ≈ Durch Beißen brach er die Tablette in Teile
ebenso(同类词有)：**etw. zerbrechen**，**etw. zerbröckeln**，**etw. zerbröseln**，**etw. zerhacken**，**etw. zerkochen**，**etw. zerkratzen**，**etw. zerkrümeln**，**j-n/etw. zerquetschen**，**etw. zerreiben**，**etw. zerreißen**，**etw. zersägen**，**etw. zerschmeißen**，**j-n/etw. zerstechen**，**j-n/etw. zertrampeln**
2. *zer-* drückt aus，dass etw. in der im zweiten Wortteil genannten Art in kleine Teile auseinander fällt od. sich auflöst(表示砸碎，破裂，溶解)；
etw. zerbricht：*Die Vase fiel zu Boden u. zerbrach* 花瓶掉到地上砸碎了 ≈ Die Vase fiel zu Boden u. brach in viele einzelne Teile auseinander
ebenso(同类词有)：**etw. zerbirst**，**etw. zerbröckelt**，**etw. zerbröselt**，**etw. zerkocht**，**etw. zerplatzt**，**etw. zerreißt**，**etw. zerschmilzt**

zer.bre̩.chen；*zerbrach*，*hat/ist zerbrochen*；Vt(及物)(*hat*) **1.** ↑ **zer-** (1)；**2. sich** (*Dat* 三格) **über etw.** (*Akk* 四格) **den Kopf z.** sehr intensiv über etw. nachdenken 为…绞尽脑汁，冥思苦想 Vi(不及物)(*ist*) **3.** ↑ **zer-** (2) **4. etw. zerbricht** *geschr* [书]；e-e Beziehung zwischen Menschen scheitert(物作主语)中断，破裂〈*mst* die Ehe，die Freundschaft 多指婚姻，友谊〉 **5. an etw.** (*Dat* 三格) **z.** so großen seelischen Kummer haben，dass man sich davon nicht mehr erholt 因…而心力交瘁：*an/am Kummer z.* 因苦恼而心碎

zer.brech.lich *Adj*(形) **1.**〈Glas *o. Ä.* 玻璃等〉so，dass es (leicht) zerbrechen (2) kann 易碎的，易破裂的 **2.** mit e-m zarten，schwachen Körper 柔弱的，纤细的〈e-e Frau，ein Kind，e-e Figur 妇女，小孩，身材〉‖ *hierzu* (派生) **Zer.brech.lich.keit** *die*；*nur Sg*(只用单数)

zer.de̩p.pern；*zerdepperte*，*hat zerdeppert*；Vt (及物) **etw. z.** *gespr* [口]≈ zerschlagen[1] (1)〈*mst* Porzellan 多指瓷器〉

zer.drü̩.cken；*zerdrückte*，*hat zerdrückt*；Vt (及物) **1. etw. z.** etw. durch Drücken zu e-m Brei machen 压碎，压扁，压烂〈ein Ei，Kartoffeln (mit der Gabel) z.(用叉)压碎鸡蛋，土豆〉 **2. etw. z.** etw. durch Drücken aus der Form bringen 压皱〈Kleidung z. 压皱衣服〉 **3. etw. z.** etw. durch Drücken platt machen 压平〈Blumen z. 压平花朵〉

Ze.re.mo.nie [tseremoˈniː，-ˈmoːniə] *die*；-，*-n* [-ˈniːən，-ˈmoːniən]；e-e *mst* lange u. feierliche Handlung，die festen u. traditionellen Regeln folgt 仪式，典礼，礼仪〈e-e religiöse，kirchliche Z. 宗教的、教会的仪式〉：*die Z. der Trauung* 结婚仪式 ‖ K-(复合)：**Zeremonien-**，**-meister** ‖ -K(复合)：**Begrüßungs-**，**Bestattungs-**，**Trauungs-** ‖ *hierzu* (派生) **ze.re.mo.ni.e̩ll** *Adj*(形)

Ze.re.mo.ni.ell [-moˈni̯ɛl] *das*；*-s*，*-e*；*geschr* [书]；die festen Formen u. Regeln bei feierlichen Handlungen 礼仪，礼节〈das diplomatische，militärische，höfische Z. 外交、军事、宫廷礼节〉

zer.fah.ren *Adj*(形)；nervös，wirr u. ohne Konzentration 心不在焉的，漫不经心的〈z. wirken 显得思想不集中；e-n zerfahrenen Eindruck machen 给人一个心不在焉的印象〉‖ *hierzu* (派生) **Zer.fah.ren.heit** *die*；*nur Sg*(只用单数)

Zer.fa̩ll *der*；-(*e*)*s*；*nur Sg*(只用单数) **1.** der (*mst* langwierige) Prozess，bei dem sich etw. in einzelne Teile auflöst 瓦解，倒塌，坍塌 **2.** das Ende e-s Reichs *o. Ä.* 衰落，崩溃，没落 ‖ K-(复合)：**Zerfalls-**，**-erscheinung** **3.** e-e chemische Reaktion，bei der sich ein Stoff in verschiedene Substanzen auflöst 分解 ‖ K-(复合)：**Zerfalls-**，**-produkt**，**-prozess** ‖ -K (复合)：**Atom(kern)-**

zer.fa̩l.len；*zerfällt*，*zerfiel*，*ist zerfallen*；Vi (不及物) **1. etw. zerfällt** etw. löst sich in einzelne Teile auf(物作主语)倒塌，坍塌〈e-e alte Mauer，ein altes Bauwerk zerfällt 一堵老墙、一座旧建筑物倒塌；etw. zerfällt in/zu Staub 某物化为尘土〉 **2. etw. zerfällt** etw. wird schwächer u. existiert dann nicht mehr(物作主语)衰落，没落，崩溃〈ein Imperium，ein Weltreich 帝国，世界大国〉 **3. etw. zerfällt (zu etw.)** PHYS【物】；ein *mst* radioaktiver Stoff bildet Teilchen (spaltet sie ab) u. wird so zu e-m anderen Stoff(物作主语)分解，裂解 **4. etw. zerfällt in etw.** (*Akk* 四格) etw. setzt sich aus mehreren Abschnitten *o. Ä.* zusammen(物作主语)分成，划分成：*Der Vorgang zerfällt in mehrere Phasen* 事情经过划分成好几个阶段

zer.fe̩t.zen；*zerfetzte*，*hat zerfetzt*；Vt (及物) **1. etw. z.** etw. mit großer Kraft in Stücke reißen 把…撕碎，撕成碎片：*Er zerfetzte den Brief* 他将信撕碎了 **2. ein Tier zerfetzt j-n/etw.** ein Tier reißt j-n/etw. in Stücke (动物作主语)撕咬，咬破 **3. j-n/etw. z.** j-n/etw. in der Öffentlichkeit sehr streng kritisieren 公开谴责、声讨

zer.fle̩d.dert *Adj*(形)；durch häufigen Gebrauch beschädigt 用旧的，用坏的〈ein Buch 书〉

zer.flei.schen；*zerfleischte*，*hat zerfleischt*；Vt(及物) **1. ein Tier zerfleischt j-n/ein Tier** ein Tier verletzt j-n/ein Tier durch Bisse schwer od. tödlich(动物作主语)咬伤，咬死，撕咬 **2. etw. zerfleischt j-n** ein sehr starkes (negatives) Gefühl quält j-n (物作主语)折磨，使备受煎熬、磨难〈Eifersucht 嫉妒〉；Vr (反身) **3. sich (in/vor etw.** (*Dat* 三格)) **z.** sich seelisch quälen (由于…在精神上)备受煎熬、折磨〈sich vor Eifersucht z. 由于嫉妒而备受折磨〉

Z

zer.flie.ßen; *zerfloss*, *ist zerflossen*; Vi (不及物) **1.** ***etw. zerfließt*** etw. wird flüssig (物作主语)溶化,溶解〈Butter 黄油〉 **2.** ***etw. zerfließt*** e-e Farbe bildet (*bes* auf weichem Papier) unscharfe Linien(物作主语)洇开,流散,渗透,化开: *Die Tinte zerfließt* 墨水洇开了 **3.** ***j-d zerfließt in / vor etw.*** (*Dat* 三格) *gespr pej* [口][贬]; j-d zeigt ein bestimmtes Gefühl zu stark (人作主语)充溢,洋溢,充分流露出〈*mst* 多用 j-d zerfließt in/vor Mitleid 某人流露出满腔同情〉

zer.fres.sen; *zerfrisst*, *zerfraß*, *hat zerfressen*; Vt (及物) **1.** ***Motten zerfressen etw.*** Motten fressen Löcher in e-n stoff 蛀,蛀蚀: *ein von Motten zerfressener Mantel* 一件被飞蛾蛀坏了的大衣 **2.** ***etw. zerfrisst etw.*** Säure od. Rost zerstören etw. (物作主语)腐蚀,锈蚀

zer.furcht, *zerfurchter*, *zerfurchtest-*; *Adj* (形); mit vielen tiefen Falten 布满皱纹的〈e-e Stirn, ein Gesicht 额头,脸〉

zer.ge.hen; *zerging*, *ist zergangen*; Vi (不及物) ***etw. zergeht*** e-e feste Substanz wird flüssig(物作主语)溶化,溶解 ≈ etw. löst sich auf: *e-e Tablette in Wasser*, *Butter in der Pfanne z. lassen* 把药片放在水中溶解,把黄油放在平底锅里化开 ‖ NB(注意): ↑ ***Zunge***

zer.glie.dern; *zergliederte*, *hat zergliedert*; Vt (及物) ***etw. z.*** etw. in seine einzelnen Teile aufteilen u. analysieren 分析,剖析〈e-n Vorgang, ein bestimmtes Verhalten, e-n Satz z. 分析事情过程,剖析某种行为,分析句子〉 ‖ *hierzu* (派生) **Zer·glie·de·rung** *die*; *nur Sg* (只用单数)

zer.klei.nern; *zerkleinerte*, *hat zerkleinert*; Vt (及物) ***etw. z.*** aus etw. kleine(re) Stücke machen 弄碎,捣碎: *Nüsse z.* 砸碎核桃 ‖ *hierzu* (派生) **Zer·klei·ne·rung** *die*; *nur Sg* (只用单数)

zer.klüf.tet *Adj* (形); *nicht adv* (不作状语); mit vielen tiefen Spalten u. Schluchten 崎岖的,起伏的〈ein Gebirge, e-e Landschaft 山脉,地形〉 ‖ *hierzu* (派生) **Zer·klüf·tung** *die*; *nur Sg* (只用单数) ‖ ▶ ***Kluft***[1] (1)

zer.knaut.schen; *zerknautschte*, *hat zerknautscht*; Vt (及物) ***etw. z.*** *gespr* [口] ≈ zerknüllen, zerknittern

zer.knirscht, *zerknirschter*, *zerknirschtest-*; *Adj* (形); so, dass man weiß u. es auch zeigt, dass man etw. falsch gemacht hat 后悔的,懊悔的,悔恨的〈ein zerknirschtes Gesicht machen 摆出一副后悔的样子; z. sein 感到后悔〉 ‖ *hierzu* (派生) **Zer·knir·schung** *die*; *nur Sg* (只用单数)

zer.knit.tern; *zerknitterte*, *hat zerknittert*; Vt (及物) ***etw. z.*** e-n Stoff od. Papier zusammendrücken, sodass viele (unregelmäßige) Falten entstehen 压皱,捏皱

zer.knül.len; *zerknüllte*, *hat zerknüllt*; Vt (及物) ***etw. z.*** etw. so in der Hand zusammendrücken, dass e-e Art Kugel entsteht 把…捏成一团,揉成一团〈ein (Stück) Papier, e-n Brief z. 把纸、信揉成一团〉

zer.las.sen; *zerlässt*, *zerließ*, *hat zerlassen*; Vt (及物) ***etw. z.*** etw. warm machen, sodass es flüssig wird 使溶化,使化开〈*mst* Fett, Butter, Margarine 多指油脂,黄油,人造奶油〉: *zerlassene Butter* 化开了的黄油

zer.lau.fen; *zerläuft*, *zerlief*, *ist zerlaufen*; Vi (不及物) ***etw. zerläuft*** *gespr* [口]; etw. zerfließt (1,2)(物作主语)溶化,洇开

zer.le.gen; *zerlegte*, *hat zerlegt*; Vt (及物) **1.** ***etw. z.*** e-n Gegenstand auseinandernehmen 拆开,拆卸,肢解〈etw. in seine (Einzel)-Teile z. 将某物拆卸成零部件〉: *e-n Motor*, *e-e Uhr z.* 拆开马达、钟表; *Den Schrank kann man für den Transport z.* 这个柜子可拆开装运 **2.** ***etw. z.*** Geflügel, e-n Fisch *o. Ä.* in Portionen aufteilen 切开,把…分成几份 ‖ *hierzu* (派生) **Zer·le·gung** *die*; **zer·leg·bar** *Adj* (形)

zer.le.sen *Adj* (形); *nicht adv* (不作状语); zerrissen u. schmutzig, weil oft darin gelesen wurde 翻破的,翻烂的,破旧的〈e-e Illustrierte, ein Buch 画报,书〉

zer.lumpt, *zerlumpter*, *zerlumptest-*; *Adj* (形); alt u. zerrissen 破旧的,破烂的,褴褛的〈Kleidung 衣服〉 ‖ ▶ ***Lumpen***

zer.mah.len; *zermahlte*, *hat zermahlen*; Vt (及物) ***etw. z.*** etw. zu e-m feinen Mehl machen 把…磨碎、研碎、捣碎(成粉末)

zer.mal.men; *zermalmte*, *hat zermalmt*; Vt (及物) ***etw. zermalmt j-n / etw.*** etw. sehr Schweres zerstört etw./tötet j-n, indem es darauf/auf ihn fällt(物作主语)压(砸)坏,压(砸)死

zer.man.schen; *zermanschte*, *hat zermanscht*; Vt (及物) ***etw. z.*** *gespr* [口]; etwf. so pressen, dass es zu e-m Brei wird 把…压扁,压成泥〈Kartoffeln, Bananen 土豆,香蕉〉

zer.mar.tern; *zermarterte*, *hat zermartert*; Vt (及物) *mst* 多用 **sich** (*Dat* 三格) **den Kopf**, **das Hirn z.** *gespr* [口]; sehr angestrengt u. intensiv nachdenken 苦思冥想,绞尽脑汁

zer.mür.ben; *zermürbte*, *hat zermürbt*; Vt/i (及物/不及物) ***etw. zermürbt (j-n)*** etw. strengt j-n über lange Zeit sehr an, nimmt ihm die Hoffnung *o. Ä.* u. macht ihn dadurch schwach(物作主语)消耗,折磨,拖跨,使疲惫不堪 ‖ NB(注意): oft im Partizip Präsens (常用现在分词): *Das lange Warten ist zermürbend* 长时间的等待是很折磨人的 ‖ ▶ ***mürbe*** (3)

zer.pflü.cken; *zerpflückte*, *hat zerpflückt*; Vt (及物) **1.** ***etw. z.*** etw. in kleine Stücke reißen 掰碎,撕碎,剥碎〈e-e Blume, Salatblätter z. 把花、生菜叶掰碎〉 **2.** ***etw. z.*** *mst pej* 多用[贬]; etw. ganz genau analysieren, *bes* um es scharf zu kritisieren 对…挑刺,吹毛求疵,鸡蛋里挑骨头,逐点苛评〈e-e Rede, j-s Äußerung z. 对演讲、某人的意见挑刺〉

zer.plat.zen; *zerplatzte*, *ist zerplatzt*; Vi (不及物) ***etw. zerplatzt*** ein Luftballon *o. Ä.* geht kaputt(物作主语)爆裂,炸裂

zer.quet.schen; *zerquetschte*, *hat zerquetscht*; Vt (及物) **1.** ***j-n / etw. z.*** j-n durch starkes Drücken *o. Ä.* schwer verletzen, etw. stark beschädigen od. zerstören 压坏,压伤,严重损坏,毁坏: *Er wurde von e-m Lastwagen an die Wand gedrückt u. zerquetscht* 他被一辆载重汽车挤到墙上,受了重伤 ‖ NB(注意): *mst* im Passiv(多用于被动语态)! **2. *etw. zerquetscht j-m etw.*** etw. verletzt e-n Körperteil von j-m durch starken Druck(物作主语)压伤,挤伤(指身体部位)

Zẹrr·bild *das*; e-e (absichtlich) falsche Beschreibung od. Schilderung von etw. 不真实的描述,歪曲的描述: *ein Z. der wahren Zustände geben* 对真实情况进行歪曲的描述

zer·re·den; *zerredete, hat zerredet*; [Vt](及物) 〈mst mehrere Personen 多指若干人〉 ***zerreden etw.*** mehrere Personen reden so lange über etw., bis sich niemand mehr dafür interessiert 没完没了地谈论,不胜其烦地谈论〈ein Gedicht, ein Buch, ein Thema z. 不胜其烦地讨论一首诗、一本书、一个主题〉

zer·rei·ßen; *zerriss, hat/ist zerrissen*; [Vt](及物)(*hat*) **1. *etw. z.*** etw. in zwei od. mehrere Stücke reißen 撕碎,扯碎,撕破 **2. *ein Tieger zerreißt j-n*** ein Tieger reißt j-n in stücke 一头老虎撕咬某人 **3. *etw. zerreißt j-n*** ein Geschoss, e-e Explosion *o. Ä.* reißt j-n in Stücke(物作主语)把…炸碎、炸得粉身碎骨 **4. *etw. zerreißt j-m etw.*** ein Geschoss, e-e Explosion, *o. Ä.* verletzt e-n Körperteil von j-m (物作主语)炸伤(指身体部位) **5. *sich*** (*Dat*)(三格) ***etw. z.*** ein Stück von seiner Kleidung beschädigen 扯破,撕破(指衣服): *sich beim Klettern die Hose z.* 攀登时把裤子弄破; [Vi](不及物)(*ist*) **6. *etw. zerreißt*** etw. spaltet sich plötzlich in zwei od. mehrere Teile auf od. bekommt Risse(物作主语)突然裂开,撕裂,撕破: *Papier/Dieser Stoff zerreißt leicht* 纸/这种料子容易撕破; [Vr](反身)(*hat*) **7. *sich* (*für j-n/etw.*) *z.*** *gespr* [口]; sich (bei etw.) sehr große Mühe geben, sich für j-n sehr stark einsetzen 为…全力以赴、赴汤蹈火 ‖ ID [谚] *mst* 多用 ***Ich kann mich doch nicht z.!*** *gespr* [口]; ich kann nicht verschiedene Dinge zur gleichen Zeit tun 我可不能同时做几件事!(意即:我可没有分身术!); ***j-n zerreißt es*** (***fast***) (***vor Lachen***) *gespr* [口]; j-d muss sehr laut lachen 某人忍不住大笑

Zer·reiß·pro·be *die*; e-e Situation, in der e-e wichtige Entscheidung fällt, für die man viel psychische Kraft braucht 拉力试验,张力试验

zẹr·ren; *zerrte, hat gezerrt*; [Vt](及物) **1. *j-n/etw. in etw.*** (*Akk* 四格)/ ***aus etw. z.*** j-n gegen seinen Willen od. etw. mit großer Kraft in/aus etw. ziehen 硬拉、硬拽,硬拖入/出…: *j-n aus dem Auto, aus dem Bett, ins Haus z.* 把某人硬拉下车、从床上拽起来、硬拖进屋 **2. *sich*** (*Dat* 三格) ***etw. z.*** etw. so anstrengen u. spannen, dass man sich verletzt 扭伤〈sich e-n Muskel, e-e Sehne z. 扭伤肌肉、筋〉 **3. *j-n vor Gericht z.*** *pej* [贬]; j-n vor ein Gericht bringen 把…送上法庭 **4. *etw. an die Öffentlichkeit z.*** *pej* [贬]; etw., das für j-n unangenehm od. peinlich ist, *bes* in den Medien bekannt machen 把…曝光、捅出去; [Vi](不及物) **5. *an j-m/etw. z.*** (immer wieder) stark an j-m/etw. ziehen 拽着,牵着,扯着〈an j-s Ärmel z. 拽着某人的袖子〉: *Der Hund zerrte an der Leine* 狗扯着皮带

zer·rịn·nen; *zerrann, ist zerronnen*; [Vi](不及物) **1. *etw. zerrinnt*** etw. wird (*bes* durch Wärme) flüssig(物作主语)融化,消融,化开 ≈ etw. zerfließt (1) 〈der Schnee, das Eis 雪,冰〉 **2. *etw. zerrinnt*** *geschr* [书]; etw. wird nicht Wirklichkeit(物作主语)破灭,幻灭,化为乌有,化为泡影〈e-e Hoffnung, j-s Träume, j-s Ideale 希望,某人的梦想,某人的理想〉

zer·rịs·sen 1. *Partizip Perfekt*(过去分词); ↑ ***zerreißen*** **2.** *Adj*(形); *nicht adv*(不作状语); so, dass man sich für nichts entscheiden kann u. unter diesem Zustand leidet 心情矛盾的,不知如何是好的,犹豫不决的〈(innerlich) z. sein 内心矛盾的〉 ‖ *zu*(义项) **2. Zer·rịs·sen·heit** *die*; *nur Sg*(只用单数)

Zẹr·rung *die*; -, *-en*; e-e Verletzung e-s Muskels od. e-r Sehne, die entsteht, wenn diese zu stark gedehnt worden sind 肌肉扭伤,伤筋 ‖ -K(复合): ***Muskel-, Sehnen-***

zer·rụ̈t·ten; *zerrüttete, hat zerrüttet*; [Vt](及物) **1. *etw. zerrüttet j-n/etw.*** etw. strengt j-n/etw. so stark an, dass für immer Schäden bleiben(物作主语)(使劳累过度而)伤害,损害,毁坏〈j-n körperlich, seelisch z. 肉体上、精神上伤害某人; e-e zerrüttete Gesundheit, zerrüttete Nerven haben 健康受损害,神经受摧残〉 **2.** *mst* 多用 ***etw. ist zerrüttet*** etw. ist so strapaziert, dass es sich auflöst(物作主语)破坏,破碎,破裂〈e-e zerrüttete Ehe, zerrüttete (Familien) Verhältnisse 破碎的婚姻、(家庭)关系〉 ‖ NB(注意): *mst* im Partizip Perfekt od. im Zustandspassiv(多用过去分词或状态被动语态) ‖ *hierzu* (派生) **Zer·rụ̈t·tung** *die*; *nur Sg*(只用单数)

zer·schẹl·len; *zerschellte, ist zerschellt*; [Vi](不及物) ***etw. zerschellt*** etw. stößt sehr heftig gegen etw. u. bricht dadurch in Stücke(物作主语)撞碎,摔碎,碰碎: *Das Flugzeug zerschellte an den Felsen* 飞机撞碎在山崖上

zer·schla·gen[1]; *zerschlägt, zerschlug, hat zerschlagen*; [Vt](及物) **1. *etw. z.*** etw. auf etw. werfen, fallen lassen od. auf etw. schlagen, sodass es in Stücke bricht 打破,打碎〈e-n Teller, e-e Fensterscheibe z. 打破一个盘子、一块窗玻璃〉 **2. *j-n/etw. z.*** e-e Armee *o. Ä.* im militärischen Kampf besiegen u. vernichten 击溃,歼灭 **3.** *mst* 多用 〈die Polizei 警察〉 ***zerschlägt etw.*** *mst* die Polizei deckt e-e kriminelle Organisation auf u. verhindert so weitere Verbrechen 摧毁,粉碎〈e-n Spionagering, die Rauschgiftmafia z. 摧毁间谍小组、贩毒集团〉; [Vr](反身) **4. *etw. zerschlägt sich*** etw. wird nicht Wirklichkeit (物作主语)破灭,幻灭,化为泡影 ≈ etw. scheitert

Z

〈j-s Pläne, Hoffnungen, Ideale 某人的计划、希望、理想〉‖ *zu*（义项）**2.** u. **3. Zer·schla·gung** *die*; *nur Sg*（只用单数）

zer·schla·gen² **1.** *Partizip Perfekt*（过去分词）; ↑ **zerschlagen¹** **2.** *Adj*（形）; sehr müde u. schwach 精疲力尽的，疲惫不堪的，疲倦的，疲劳的 ≈ erschöpft

zer·schlis·sen *Adj*（形）;（vom langen Tragen）an vielen Stellen dünn geworden（穿）破的，破旧的〈Ärmel, Kleidung 衣袖，衣服〉

zer·schmet·tern; *zerschmetterte*, *hat zerschmettert*; Vt（及物）**etw. zerschmettert etw.** etw. trifft etw. mit voller Wucht u. zerstört es dadurch（物作主语）击碎，毁坏: *Sein Knie wurde von e-r Gewehrkugel zerschmettert* 他的膝盖是被枪弹打碎的

zer·schnei·den; *zerschnitt*, *hat zerschnitten*; Vt（及物）**1. etw. z.** etw. in zwei od. mehrere Teile schneiden 剪开，剪碎，切开，切碎，切断 **2. etw. z.** etw. durch Schneiden beschädigen 剪坏，切坏 **3. sich**（*Dat* 三格）**etw. z.** sich an e-m Körperteil verletzen, weil man in Kontakt mit e-m sehr spitzen, scharfkantigen Gegenstand kommt 割伤，割破，划破，划伤

zer·schun·den *Adj*（形）; mit vielen Narben, Wunden *o. Ä.* 伤痕累累的，满是伤痕的〈Knie, Ellbogen, Arme, Beine *usw* 膝盖，肘，胳膊，腿等〉

zer·set·zen; *zersetzte*, *hat zersetzt*; Vt（及物）**1. etw. zersetzt etw.** etw. löst etw. durch chemische Reaktionen（in seine Bestandteile）auf（物作主语）分解，腐蚀: *Bestimmte Metalle werden von Säuren völlig zersetzt* 有些金属会被酸完全腐蚀 **2. etw. z.** *pej*［贬］; durch bestimmte Ideen u. politische Handlungen die bestehende Ordnung *o. Ä.* unterminieren 破坏，瓦解〈zersetzende Kritik 有危害性的批评〉‖ NB（注意）: *mst* im Partizip Präsens（多用现在分词）; Vr（反身）**3. etw. zersetzt sich** etw. löst sich durch chemische Reaktionen（in seine Bestandteile）auf（物作主语）分解，分化 ‖ *hierzu*（派生）**Zer·set·zung** *die*; *nur Sg*（只用单数）

zer·sie·deln; *zersiedelte*, *hat zersiedelt*; Vt（及物）**etw. z.** etw. durch das Bauen von zu vielen Häusern hässlich machen（因乱盖住房）破坏（环境）〈e-e Landschaft z. 因盖房而破坏一处风景〉‖ *hierzu*（派生）**Zer·sie·de·lung** *die*

zer·sprin·gen; *zersprang*, *ist zersprungen*; Vi（不及物）**etw. zerspringt** etw. bricht in Stücke od. Scherben（物作主语）破碎，破裂 ≈ etw. zerbricht（2）〈das Porzellan, die Vase, die Tasse, der Teller, die Steinplatte 瓷器，花瓶，杯子，盘子，石板〉

zer·stamp·fen; *zerstampfte*, *hat zerstampft*; Vt（及物）**1. etw. z.** auf etw. so lange mit e-m Instrument（2）stoßen, bis es in sehr kleine Teile zerfallen ist 捣碎，剁碎〈Kartoffeln, Tomaten z. 捣碎土豆、西红柿〉**2. etw. z.** auf etw. so lange treten od. mit etw. stoßen, bis es zerstört ist 踏坏，踩坏，践踏，踩坏

zer·stäu·ben; *zerstäubte*, *hat zerstäubt*; Vt（及物）**etw. z.** e-e Flüssigkeit in sehr kleine Tropfen teilen（*mst* mit e-m Gas od. mit Druck）喷洒，喷溅，喷射 ‖ *hierzu*（派生）**Zer·stäu·bung** *die*; *nur Sg*（只用单数）

Zer·stäu·ber *der*; *-s*, *-*; ein Gerät, mit dem man e-e Flüssigkeit in die Luft sprüht 喷洒器，喷雾器 ‖ -K（复合）: ***Parfüm-***

zer·stie·ben; *zerstob*, *ist zerstoben*; Vi（不及物）**etw. zerstiebt** etw. fliegt in kleinen Teilchen in alle Richtungen（物作主语）飞散，溅散〈Funken, der Schnee, Wassertropfen 火花，雪，水滴〉

zer·stö·ren; *zerstörte*, *hat zerstört*; Vt（及物）**1. etw. z.** etw. so beschädigen, dass man es nicht mehr reparieren kann 毁坏，损坏，毁损〈etw. völlig, restlos, mutwillig z. 完全、彻底、故意毁坏某物〉: *Im Krieg wurden viele Häuser durch Bomben völlig zerstört* 战争中很多房屋被彻底炸毁 **2. etw. z.** etw. Positives zunichtemachen 使破灭、毁灭，破坏〈j-s Glück, den Frieden, j-s Hoffnungen z. 使某人的幸福、和平、某人的希望破灭〉‖ *hierzu*（派生）**Zer·stö·rung** *die*

Zer·stö·rer *der*; *-s*, *-* **1.** ein mittelgroßes Kriegsschiff 驱逐舰 **2.** j-d, der etw. zerstört（hat）毁坏者 ‖ *zu*（义项）**2. Zer·stö·re·rin** *die*; *-*, *-nen*

zer·stö·re·risch *Adj*（形）;〈e-e Kraft, e-e Aktion, e-e Wut 力量，行动，愤怒〉so, dass sie zu Zerstörung führen 毁灭性的，毁坏的

Zer·stö·rungs·wut *die*; *nur Sg*（只用单数）; ein starker Wunsch od. ein Trieb, Dinge zu zerstören（1）毁坏欲，破坏狂

zer·sto·ßen; *zerstößt*, *zerstieß*, *hat zerstoßen*; Vt（及物）**etw. z.** etw. durch feste Stöße *bes* im Mörser zu ganz kleinen Teilen machen 捣碎，碾碎，砸碎，剁碎，撞毁〈Gewürze z. 把调料捣碎〉

zer·strei·ten, sich; *zerstritt sich*, *hat sich zerstritten*; Vr（反身）**j-d zerstreitet sich mit j-m**;〈Personen 人〉**zerstreiten sich** zwei od. mehrere Personen streiten so miteinander, dass die Freundschaft *o. Ä.* beendet wird（人作主语）单：和…激烈地争吵，发生激烈争执；复：互相激烈地争吵，发生激烈争执

zer·streu·en; *zerstreute*, *hat zerstreut*; Vt（及物）**1. etw. zerstreut etw.** der Wind *o. Ä.* verteilt kleine od. leichte Sachen über e-e relativ große Fläche（物作主语）吹散，吹开 **2.** *mst* 多用 **die Polizei zerstreut j-n**（*Kollekt od Pl* 集合或复数）*mst* die Polizei veranlasst, dass e-e Gruppe von Menschen auseinandergeht 驱散，赶走: *Die Polizei zerstreute die Demonstranten* 警察驱散游行示威者 **3. etw. z.** bewirken, dass bei e-m anderen ein negatives Gefühl verschwindet 驱散，消除，打消〈j-s Zweifel, Sorgen, Ängste z. 消除某人的怀疑，打消顾虑，驱散恐惧〉**4. j-n/ sich z.** bewirken, dass j-d/man selbst auf andere, schönere Gedanken kommt 解闷，消遣，消闲，散心; Vr（反身）**5.**〈Menschen 人群〉**zerstreuen sich** e-e große Menschenmenge geht auseinander 散开，分散，疏散

zer·streut 1. *Partizip Perfekt*（过去分词）；↑ **zerstreuen** 2. *Adj*（形）；so, dass man an etw. ganz anderes denkt, während man etw. tut 心不在焉的，思想不集中的，不专心的，走神的，魂不守舍的 ≈ unkonzentriert 〈ein Mensch 人；z. lächeln, antworten, nicken 心不在焉地微笑、回答、点头；z. wirken 显得心不在焉〉 3. *Adj*（形）；〈z. liegende Häuser, Höfe 散落的房屋、村庄〉 so, dass sie einzeln u. weit voneinander entfernt liegen 散落的，疏散的，分散的 ‖ *zu*（义项）2. **Zer·streut·heit** *die*；*nur Sg*（只用单数）

Zer·streu·ung *die*；-, *-en* 1. etw., das zur Unterhaltung dient, *bes* damit man nicht an Probleme *usw* denkt 消遣，娱乐，消闲 〈Z. suchen, finden 寻找、找到消遣；für Z. sorgen 负责（安排）娱乐；j-m Z. bieten 向某人提供消遣〉 2. *nur Sg*（只用单数）；das Auseinandertreiben e-r Gruppe von Menschen 驱散 3. *nur Sg*（只用单数）；das Auseinandergehen e-r Gruppe von Menschen 散开，疏散

zer·stü·ckeln；*zerstückelte*, *hat zerstückelt*；Vt（及物）**etw. z.** *pej*［贬］；etw. in viele Teile od. kleine Stücke teilen 分割，瓜分，肢解 〈ein Land, e-e Fläche z. 瓜分一个国家，一处场地〉 ‖ *hierzu*（派生）**Zer·stü·cke·lung** *die*；*nur Sg*（只用单数）

zer·tei·len；*zerteilte*, *hat zerteilt*；Vt（及物）1. **etw. z.** etw. *mst* durch Schneiden, Brechen *o.Ä.* in mehrere Stücke teilen 把…切开，剖开，切割成若干块〈Fleisch, Geflügel z. 把肉、家禽切成若干块；ein Fluss zerteilt das Land 一条河流把那块地分割成几片〉；Vr（反身）2. **etw. zerteilt sich** etw. löst sich allmählich auf（物作主语）散开，分散，消散〈der Nebel, die Wolken 雾，云〉

Zer·ti·fi·kat *das*；*-(e)s*, *-e* 1. e-e Urkunde für e-e bestandene Prüfung 文凭，考试合格证书 2. FIN【金融】；ein Wertpapier (Anteil an e-r Investmentgesellschaft) 证券，债券，股票 3. *veraltend*［渐旧］≈ Bescheinigung

zer·tre·ten；*zertritt*, *zertrat*, *hat zertreten*；Vt（及物）**etw. z.** auf etw. mit dem Fuß treten u. es dadurch stark beschädigen, zerstören od. töten 践踏，踩坏，踩死〈ein Saatbeet, Blumen *o.Ä.* z. 践踏苗床、花卉等；e-n Käfer, e-e Spinne *o.Ä.* z. 踩死一只甲虫、蜘蛛等〉

zer·trüm·mern；*zertrümmerte*, *hat zertrümmert*；Vt（及物）**etw. z.** etw. mit großer Kraft od. Gewalt zerbrechen od. in Stücke schlagen 捣毁，毁坏，捣碎 ‖ *hierzu*（派生）**Zer·trüm·me·rung** *die*；*nur Sg*（只用单数）‖ ▶ ***Trümmer***

Zer·würf·nis *das*；*-ses*, *-se*；*geschr*［书］；ein sehr heftiger Streit *mst* zwischen (Lebens)-Partnern, nach dem sie *mst* auseinandergehen（引起关系破裂的）争吵，吵架；吵翻，反目〈ein häusliches, eheliches Z. 家庭关系，夫妻关系不和；ein tiefes, schweres Z.（伤害感情的）激烈的、严重的争吵〉

zer·zau·sen；*zerzauste*, *hat zerzaust*；Vt（及物）***j-n z.***；***(j-m) etw. z.*** j-m die Haare in Unordnung bringen 把…头发弄乱，弄凌乱 〈j-m das Haar/die Haare z. 把某人头发弄乱；j-s Haar(e) z. 弄乱某人的头发〉

Ze·ter *nur in* 只用于 ***Z. und Mordio schreien*** mit lauter Stimme schimpfen u. protestieren 大声责骂，大吵大闹

ze·tern；*zeterte*, *hat gezetert*；Vi（不及物）laut schimpfen od. jammern 大声责骂；哭诉

Zet·tel *der*；*-s*, *-*；ein *mst* kleines, einzelnes Blatt Papier (auf dem etw. steht od. auf das man etw. schreibt) 纸条，便条，便签：*An der Tür hing ein Z. mit der Aufschrift „Komme gleich"* "门上贴着一张便条，上面写着"马上回来"" ‖ -K（复合）：***Notiz-***

Zeug *das*；*-(e)s*；*nur Sg*（只用单数）1. *gespr*, *mst pej*［口］多用［贬］；etw., das man nicht mit seiner eigentlichen Bezeichnung nennt (*mst* weil es wertlos od. uninteressant ist) 玩意，东西，家伙：*Hier liegt so viel Z. herum, räum bitte auf!* 这儿堆着这么多东西，请整理一下！；*„Magst du e-n Likör?" – „Nein, so süßes Z. trinke ich nicht"* "你爱喝利口酒吗？"——"那么甜的玩意儿我才不喝呢" 2. *gespr pej*［口］［贬］≈ Unsinn 〈dummes Z. reden 说傻话〉 3. *veraltet*［旧］；Stoff für Kleider 织物，衣料 4. *veraltet*［旧］≈ Kleidung, Kleider ‖ ID［谚］***j-m ((et)was) am Z. flicken*** *gespr*［口］；etw. Negatives über j-n sagen 说某人的坏话；***j-d hat (nicht) das Z. zu/für etw.*** *gespr*［口］；j-d hat (nicht) die nötigen Fähigkeiten für etw. 某人（没）有做某事的能耐：*Er hat das Z. zum Musiker* 他是块当音乐家的料；***j-m fehlt das Z. zu/für etw.*** *gespr*［口］；j-d hat nicht die nötigen Fähigkeiten für etw. 某人不是干某事的料；***was das Z. hält*** mit aller Kraft 竭尽全力：*Heute muss ich arbeiten, was das Z. hält* 今天我必须竭尽全力工作；***sich (für j-n/etw.) ins Z. legen*** sich viel Mühe geben (u. alles tun, um j-m zu helfen od. etw. zu erreichen)（为某人/某事）全力以赴

-zeug *das*；*begrenzt produktiv*, *gespr*（构词有限）［口］；die Gegenstände, die man für e-e bestimmte Tätigkeit braucht… 工具，器具 ≈ -sachen：***Angelzeug***, ***Arbeitszeug***, ***Badezeug***, ***Flickzeug***, ***Malzeug***, ***Nähzeug***, ***Rasierzeug***, ***Schreibzeug***, ***Schwimmzeug***, ***Skizeug***, ***Strickzeug***, ***Turnzeug***, ***Waschzeug***

Zeu·ge *der*；*-n*, *-n* 1. j-d, der dabei (anwesend) ist, wenn etw., *bes* ein Verbrechen od. ein Unfall, geschieht 证人〈ein unfreiwilliger, zufälliger Z. (von etw.)（某事的）非自愿的、偶然的证人；Z. e-s Gesprächs, e-s Einbruchs, e-s Verkehrsunfalls *usw* sein, werden 是，成为一次谈话的，破门盗窃案的，交通事故的证人〉‖ -K（复合）：***Augen-***, ***Ohren-***；***Tat-***, ***Unfall-*** 2. j-d, der vor Gericht (aus)sagt, was er, *bes* im Zusammenhang mit e-m Verbrechen, gesehen od. gehört hat od. von e-r Person weiß 证人，见证人〈ein Z. der Anklage, der

Z

Verteidigung 控方证人，辩方证人；ein zuverlässiger, glaubwürdiger Z. 一位可靠的、可信的证人；als Z. aussagen, auftreten, erscheinen, vorgeladen werden 以证人身份作证词，出场、出席、被传讯作证人；Zeugen beibringen, (vor)laden, vernehmen 提供、传讯、审问证人；j-n als Zeugen hören, einvernehmen 听取证人的陈述，传讯某人作为证人；den Zeugen vereidigen 让证人宣誓（不作伪证）〉：*Die Aussage des Zeugen belastete den Angeklagten schwer* 证人的证词加重了被告的罪责 ‖ K-(复合)：***Zeugen-*, *-aussage*, *-befragung*, *-eid*, *-einvernahme*, *-vernehmung*, *-vorladung*** ‖ -K(复合)：***Belastungs-*, *Entlastungs-*, *Haupt-*** **3.** j-d, der bei e-r wichtigen Handlung dabei ist u. dies durch seine Unterschrift bestätigt 证人，公证人〈ein Testament vor Zeugen abfassen, eröffnen 当着证人起草、开启遗嘱；etw. im Beisein von Zeugen tun 有证人在场的情况下做某事〉：*ein Z. bei e-m Vertragsabschluss, bei e-r Trauung* 签约证人，证婚人 ‖ -K(复合)：***Tauf-*, *Trau-*** ‖ NB(注意)：*der Zeuge*；*den, dem, des Zeugen* ‖ *hierzu*（派生）**Zeu·gin** *die*；-, *-nen* ‖ ▶ ***bezeugen***

zeu·gen¹；*zeugte*, *hat gezeugt*；[Vt]（及物）**1.** ***ein Kind z.***（als Mann）durch Geschlechtsverkehr ein Kind entstehen lassen（男人）生（育）孩子 ‖ NB(注意)：e-e Frau *empfängt* ein Kind 妇女怀上孩子 **2.** ***etw. zeugt etw.*** *geschr*［书］≈ etw. verursacht etw., bringt etw. hervor ‖ ▶ ***Zeugung***

zeu·gen²；*zeugte*, *hat gezeugt*；[Vi]（不及物）***etw. zeugt von etw.*** etw. ist ein Zeichen für etw., macht etw. deutlich（物作主语）证明，说明，表明：*Ihre Reaktion zeugt nicht gerade von Begeisterung* 她的反应说明不那么激动

Zeu·gen·bank *die*；e-e Bank im Gerichtssaal, auf der die Zeugen sitzen 证人席〈auf der Z. sitzen 坐在证人席上〉

Zeu·gen·stand *der*；*nur Sg*（只用单数）；der Platz im Gerichtssaal, an dem die Zeugen (vor dem Richter) stehen od. sitzen, wenn sie sprechen 证人席〈j-n in den Z. rufen 把某人叫到证人席上；in den Z. treten 走到证人席上；im Z. sitzen 坐在证人席上〉

Zeug·haus *das*；*hist*［历］；ein Haus, in dem *bes* Waffen aufbewahrt wurden 武器库，军械库，器械库

Zeug·nis *das*；*-ses*, *-se* **1.** e-e Art Urkunde, auf der *mst* in Form von Noten steht, wie gut die Leistungen e-s Schülers, Lehrlings *o. Ä.* waren 成绩单 ‖ K-(复合)：***Zeugnis-*, *-ausgabe*, *-mappe*, *-note*** ‖ -K(复合)：***Abitur-*, *Abschluss-*, *Prüfungs-*, *Schul-*；*Halbjahres-*, *Jahres-*, *Zwischen-*** **2.** e-e schriftliche Bescheinigung, die ein Arbeiter od. Angestellter vom Arbeitgeber (als Beweis seiner Leistungen) bekommt, wenn er die Firma verlässt 证(明)书〈j-m ein Z. ausstellen 给某人出具证(明)书〉‖ -K(复合)：***Arbeits-*** **3.** ≈ Gutachten〈ein ärztliches, amtliches Z. 医生的、官方的鉴定〉‖ -K(复合)：***Gesundheits-*** **4.** *geschr*［书］≈ Zeichen (5)：*Zeugnisse der Vergangenheit* 过去的见证（象征）‖ ID［谚］***etw. ist (ein) beredtes Z. von etw.*** etw. zeugt von etw., etw. ist ein Zeichen (1) von etw. 某事是对某事最具说服力的证明

Zeugs *das*；-；*nur Sg*（只用单数）；*gespr pej*［口］［贬］≈ Zeug (1)

Zeu·gung *die*；-；*nur Sg*（只用单数）；der Vorgang des Zeugens¹ (1) *bes* aus der Sicht des Mannes 生殖，生育（男性）‖ K-(复合)：***Zeugungs-*, *-akt*, *-fähigkeit*, *-termin*, *-unfähigkeit*；*zeugungs-*, *-fähig*, *-unfähig*** ‖ NB(注意)：↑ ***Empfängnis***

z. H., z. Hd. *Abk für* 缩写，全称为 zu Händen ‖ NB(注意)：↑ ***Hand*** (8)

Zi·cke *die*；-, *-n* **1.** e-e weibliche Ziege 母山羊 **2.** **(*dumme*) *Z.*** *gespr pej*［口］［贬］≈ Ziege (2) ‖ ID［谚］***Zicken machen*** *gespr*［口］；dumme Dinge tun u. damit j-m Schwierigkeiten machen 做蠢事，做傻事（给人添麻烦）

zi·ckig *Adj*（形）；*gespr pej*［口］［贬］；〈ein Mädchen, e-e Frau 姑娘，女人〉schnippisch u. launenhaft 任性的，乖张（僻）的

Zick·lein *das*；*-s*, -；e-e junge Ziege 小山羊

Zick·zack *nur in* 只用于 ***im Z.*** in e-r Linie, die dauernd von links nach rechts u. wieder nach links geht 成之字形，曲折地，忽左忽右地〈im Z. fahren 成之字形行驶〉‖ K-(复合)：***Zickzack-*, *-kurs*, *-linie*** ‖ *hierzu*（派生）**zick·zack** *Adv*（副）

Zie·ge *die*；-, *-n* **1.** ein mittelgroßes Tier mit Hörnern, das gut auf steilen Wiesen klettern kann u. das wegen seiner Milch gehalten wird 山羊〈die Z. meckert 山羊咩咩叫；Ziegen halten, hüten, melken 饲养山羊，牧羊，挤山羊的奶〉‖ K-(复合)：***Ziegen-*, *-bock*, *-herde*, *-käse*, *-leder*, *-milch*** **2.** *gespr pej*［口］［贬］；verwendet als Schimpfwort für ein Mädchen od. e-e Frau 臭娘儿们，蠢婆娘〈e-e alberne, blöde, dumme Z. 蠢婆娘〉

Zie·gel *der*；*-s*, - **1.** e-e Art rechteckiger Stein, *mst* aus gebranntem rotem Ton, mit dem man die Mauern von Häusern baut 砖

≈ Backstein 〈Ziegel formen, brennen 制砖,烧砖; etw. aus Ziegeln mauern 用砖砌墙〉‖ K-(复合): ***Ziegel-***, ***-bau***, ***-brennerei***, ***-haus***, ***-mauer***, ***-staub***; ***ziegel-***, ***-rot*** ‖ -K(复合): ***Beton-***, ***Lehm-***, ***Ton-***; ***Mauer-*** **2.** eine der flachen Platten, mit denen man das Dach e-s Hauses macht 瓦〈ein Dach, ein Haus mit Ziegeln decken 用瓦铺盖屋顶、房屋〉‖ K-(复合): ***Ziegel-***, ***-dach*** ‖ -K(复合): ***Dach-***

Zie·ge·lei *die*; -, *-en*; ein Betrieb, der Ziegel produziert 砖瓦厂

Zie·gel·stein *der*; ein einzelner Ziegel (1) 砖块

Zie·gen·bart *der*; *gespr* [口]; ein schmaler, spitzer Bart am Kinn 山羊胡子 ≈ Spitzbart

Zie·gen·pe·ter *der*; *-s*; *nur Sg* (只用单数) ≈ Mumps

zieh *Imperfekt*, *1. u. 3. Person Sg* (过去时,第一和第三人称单数); ↑ ***zeihen***

zie·hen; *zog*, *hat/ist gezogen*; **Vt/i** (及物/不及物) (*hat*) **1.** ***j-d/etw. zieht*** (***j-n/etw.***) j-d/etw. bewegt e-e Person od. Sache, die hinter ihm/dahinter ist, in die gleiche Richtung, in die er/es sich bewegt (人/物作主语) 拉,牵,牵引〈e-n Schlitten, Karren z. 拉雪橇、小车〉: *Die Lokomotive zieht die Waggons* 火车头牵引车厢; *Du schiebst, u. ich ziehe!* 你推,我拉! **2.** (***j-n/etw. irgendwohin/irgendwoher***) ***z.*** j-n/etw. *bes* mit den Händen festhalten u. in seine Richtung bewegen 拖,拽,拉(入/出): *Die Retter zogen den Verletzten aus dem brennenden Auto* 营救人员将受伤者拖出燃烧着的汽车; *Sie zog mit aller Kraft* 她竭尽全力往外拖 **3.** (***etw.***) ***z.*** beim Kartenspielen e-e Karte auf den Tisch legen bzw. bei anderen Spielen e-e Spielfigur bewegen 出(牌),走(棋): *das Ass, den Bauern z.* 出爱斯、兵(卒) **4.** (***etw.***) ***z.*** schnell zur Waffe greifen 掏出,拔出(武器)〈die Pistole, den Revolver, das Schwert z. 拔出手枪、左轮手枪、剑〉; **Vt** (及物) **5.** ***etw. z.*** e-n Mechanismus durch Ziehen (2) betätigen 拉,拉动〈die Handbremse, die Notbremse z. 拉动手闸、紧急制动闸〉 **6.** ***etw. z.*** etw. befestigen u. spannen 拉,拉紧〈e-e Schnur, e-e Leine, e-n Draht z. 拉紧线、绳、钢丝〉 **7.** ***etw. z.*** e-e Linie zeichnen 画(线)〈e-e Linie, e-n Strich, e-n Kreis z. 画一条线、一条杠、一个圆〉 **8.** ***e-e Mauer z.*** e-e Mauer bauen 砌墙: *e-e Mauer um den Garten z.* 围绕花园砌一道墙 **9.** ***e-e Pflanze z.*** e-e kleine Pflanze pflegen, bis sie größer ist 培育一种植物 **10.** ***Kerzen z.*** Kerzen herstellen 拉制蜡烛 **11.** ***j-n/etw. z.*** aus e-r Menge von Zahlen, Karten *o. Ä.* eine (od. mehrere) herausnehmen u. so e-n Gewinner feststellen 抽彩,抽奖〈die Lottozahlen, den Gewinner z. 抽出中彩号码、获胜者(的名单)〉 **12.** ***j-n an etw.*** (*Dat* (三格)) ***z.*** j-n irgendwo (fest)halten u. dann z. (1) 扯住,拉住,拽住〈j-n am Ärmel, an den Haaren z. 拽住某人的衣袖、头发〉 **13.** ***etw.*** (***aus/von etw.***) ***z.*** etw. durch Ziehen (2) aus etw. nehmen 拔出,拔除,拔取〈(j-m) e-n Zahn z., den Nagel aus der Wand z., den Korken aus der Flasche z. 拔牙,从墙上拔出钉子,从瓶口拔出软木塞〉 **14.** ***etw. auf sich*** (*Akk* 四格) ***z.*** zum Mittelpunkt od. Ziel von etw. werden 把…招引、吸引过来〈j-s Aufmerksamkeit, die Blicke, j-s Wut auf sich z. 吸引某人的注意力、目光,招来某人的怒火〉 **15.** ***etw. zieht etw. nach sich*** etw. hat etw. als Folge (物作主语) 引起,导致,致使: *Die Verletzung zog e-e lange Behandlung nach sich* 这伤势导致很长时间的治疗 **16.** ***etw. über etw.*** (*Akk* 四格) ***z.*** ein Kleidungsstück anziehen, sodass es über e-m anderen ist 穿上,套上: *e-n Pullover über das Hemd z.* 将毛衣套在衬衣外面 **17.** ***ein Gesicht/e-e Grimasse z.*** den Gesichtsausdruck (*mst* aus Ärger *o. Ä.*) stark verändern (因生气等) 使脸扭曲变形 **18.** ***etw. z.*** verwendet zusammen mit e-m Subst., um ein Verb zu umschreiben (与名词连用,改换动词的表达); ***Lehren aus etw. z.*** aus etw. lernen 从…中吸取教训; ***Schlüsse aus etw. z.*** etw. aus etw. schließen[2] (1) 从…中得出结论; ***e-n Vergleich z.*** zwei od. mehrere Dinge miteinander vergleichen 进行比较; ***etw. in Zweifel z.*** etw. bezweifeln 怀疑某事; **Vi** (不及物) **19.** ***irgendwohin z.*** (*ist*) seinen Wohnsitz an e-n anderen Ort verlegen 迁居,搬家,搬迁〈in die Stadt, aufs Land, nach Stuttgart z. 迁入城市,迁到乡下,迁往斯图加特〉 **20.** ***irgendwohin z.*** (*ist*) sich (*bes* in e-r Gruppe) irgendwohin begeben 行进,移动,迁徙: *Junge Handwerker zogen früher oft durchs Land* 年轻的手工业者过去常常串乡走村; *Die Demonstranten zogen vors/zum Rathaus* 游行者向市政厅行进; *Die Vögel ziehen im Herbst nach Süden* 鸟在秋天向南迁徙 **21.** ***an j-m/etw. z.*** (*hat*) versuchen, j-n/etw. in seine Richtung zu bewegen 拴着,牵着: *Der Hund zog an der Leine* 狗拴在皮带上 **22.** ***an etw.*** (*Dat* 三格) ***z.*** (*hat*) Rauch od. Flüssigkeit aufnehmen 吸,吮吸,抽 ≈ an etw. (*Dat* 三格) saugen〈an e-r Zigarette, an e-m Strohhalm z. 吸烟,用麦管吸(饮料)〉 **23.** ***etw. zieht irgendwohin*** (*ist*) etw. bewegt sich irgendwohin (物作主语) 进入: *Der Rauch/der Gestank zieht ins Wohnzimmer* 烟/臭气进入客厅 **24.** *mst* 多用 ***etw. zieht gut/schlecht*** (*hat*) etw. hat genug/nicht genug Luft zum Brennen (物作主语) 通风好/坏〈der Ofen, der Kamin zieht gut/schlecht 炉子、烟囱通风好/坏; die Pfeife zieht nicht 烟斗不通气 (= hat nicht den nötigen Zug u. funktioniert nicht richtig)〉 **25.** ***etw. zieht gut/schlecht*** (*hat*) etw. hat viel Kraft (etw. funktioniert gut/schlecht) (物作主语) 运行好/坏〈das Auto zieht gut/schlecht 汽车运行良好/不佳; der Motor zieht nicht 马达运转不灵 (= funktioniert nicht richtig)〉 **26.** *mst* 多用 ***den Tee z. lassen*** (*hat*) den Tee in heißem Wasser lassen, bis die Wirkstoffe im Wasser sind 泡茶,沏茶: *Der Tee muss noch z.* 茶还得再泡会儿 **27.** ***etw. zieht*** (*hat*) etw. hat den gewünschten Erfolg (物作主语) 生效,起作用,管用,顶事〈e-e

Masche, ein Trick 计策,诡计〉: *Komplimente ziehen bei mir nicht* 恭维在我这儿不起作用 ‖ NB(注意): *mst* verneint(多用否定); [Vr] (反身) (*hat*) **28. etw. zieht sich** etw. dauert sehr lange od. dehnt sich über e-e lange Strecke(物作主语)延长,延伸,拖延: *Die Rede zieht sich vielleicht!* 演讲真拖拉!(= ist sehr lang); [Vimp] (无人称) (*hat*) **29. es zieht** kalte Luft strömt durch od. in e-n Raum, sodass es unangenehm ist 有穿堂风: *Bitte mach das Fenster zu, es zieht!* 请将窗户关上,有穿堂风! **30. j-m zieht es irgendwo** j-d hat an e-m bestimmten Körperteil Schmerzen(某人身体的某一部位)疼痛〈j-m zieht es im Rücken, im Kreuz 某人背脊痛,腰痛〉 **31. j-n zieht es irgendwohin** j-n möchte gerne an e-m bestimmten Ort wohnen od. dorthin gehen 某人想搬到某地,想去某地

Zieh·har·mo·ni·ka *die*; e-e Art Akkordeon 手风琴〈(auf der) Z. spielen 拉手风琴〉

Zieh·mut·ter *die*; *veraltend* [渐旧] ≈ Pflegemutter

Zie·hung *die*; -, -*en*; das Ziehen (11) von Losen, Nummern *usw* 抽签,抽彩: *die Z. der Lottozahlen* 抽中奖号码

Zieh·va·ter *der*; *veraltend* [渐旧] ≈ Pflegevater

Ziel *das*; -(*e*)*s*, -*e* **1.** die Stelle, an der ein Rennen endet (u. die Zeit gemessen wird) 终点 ↔ Start〈als Erster, Zweiter *usw* durch das Z. gehen (= dort ankommen), ins Z. kommen 第一个、第二个通过、到达终点〉‖ K-(复合): **Ziel-**, **-foto**, **-gerade**, **-kamera**, **-kurve**, **-linie**, **-richter** ‖ -K(复合): **End-**, **Etappen-** **2.** der Ort, den j-d am Ende e-r Reise, Fahrt, Wanderung *o.Ä.* erreichen will 目的地〈am Z. ankommen 到达目的地; mit unbekanntem Z. abreisen 到陌生的地方旅游〉‖ K-(复合): **Ziel-**, **-bahnhof**, **-flughafen** ‖ -K(复合): **Ausflugs-**, **Fahrt-**, **Marsch-**, **Reise-**, **Wander-** **3.** das, was ein Pfeil, Schuss *o.Ä.* treffen soll 靶子,目标〈ein bewegliches, festes Z. 活动靶(移动靶),固定靶; das Z. treffen, verfehlen, anvisieren 击中、未击中、瞄准目标; (j-m) ein gutes Z. bieten 给某人提供合适的靶子; am Z. vorbeischießen 从靶子旁射过,射偏了〉: *ein Schuss mitten ins Z.* 子弹正中靶心 **4. das Z.** (+ *Gen* 二格) das, was j-d mit seinen Handlungen erreichen möchte 目标〈klare, langfristige, kurzfristige, weit gesteckte Ziele 明确的、长期的、短期的、长远的目标; die politischen, militärischen, wirtschaftlichen Ziele e-s Landes 国家的政治、军事、经济目标; ein Z. anstreben, verfolgen, erreichen, verwirklichen 力争达到,力求实现,达到,实现一个目标; etw. zum Z. haben 以某事为目标; sich (*Dat*) ein Z./etw. zum Z. stecken, setzen 立下目标/确立…为目标; sich von seinem Z. (nicht) abbringen lassen(不)改变自己的目标; etw. führt zum Z. 某事正朝着目标发展; das Z. seiner Wünsche erreichen 达到期望的目标〉: *Sein Z. ist, Politiker zu werden* 他的目标是成为政治家 ‖ -K(复合): **Arbeits-**, **Berufs-**, **Erziehungs-**, **Lebens-**, **Studien-**; **Fern-**, **Haupt-**, **Nah-**; **Lohn-**, **Produktions-** ‖ ID [谚] **über das Z. hinausschießen** *gespr* [口]; bei etw. (stark) übertreiben, viel zu weit gehen 办事太过分,超过限度

ziel·be·wusst *Adj*(形); so, dass ganz deutlich ist, was der Betreffende erreichen möchte 目标明确的,目的坚定的 ≈ entschlossen〈ein Mensch, ein Vorgehen 人,行动; z. handeln 目标明确地办事; auf etw. z. zusteuern 朝某事坚定地走去〉‖ *hierzu*(派生) **Ziel·be·wusst·heit** *die*; *nur Sg*(只用单数)

zie·len; *zielte*, *hat gezielt*; [Vi] (不及物) **1.** (**auf j-n/etw.**) **z.** *bes* e-e Waffe *o.Ä.* so auf j-n/etw. richten, dass man ihn/es mit dem Schuss trifft 对准,瞄准〈gut, schlecht, genau z. 瞄准得好、不好,精确瞄准; ein gut gezielter Schuss, Wurf 打(踢)、投得很准〉: *auf ein Reh z.* 瞄准一头狍子 ‖ K-(复合): **Ziel-**, **-vorrichtung** **2. auf j-n/etw. z.** j-n/etw. mit e-r Äußerung meinen bzw. sich mit e-r Äußerung auf j-n/etw. beziehen 针对,指向,对: *Seine kritischen Bemerkungen zielten auf gewisse Arbeitskollegen* 他的批评意见是针对某些同事的 **3. etw. zielt auf etw.** (*Akk* 四格) e-e Handlung hat e-n bestimmten Zweck(物作主语)目的在于,旨在: *Die Maßnahmen zielen* darauf, *die sozialen Bedingungen* zu *verbessern* 这些措施旨在改善社会条件

Ziel·fern·rohr *das*; ein Fernrohr (an e-m Gewehr), mit dem man besser zielen (1) kann 光学瞄准器,望远镜瞄准器

Ziel·grup·pe *die*; e-e Gruppe von Menschen mit ähnlichen Eigenschaften, die als Konsumenten e-s Produkts angesprochen werden sollen 作为产品销售对象的群体

ziel·los *Adj*(形); ohne Ziel (2,4) 无目的的 ↔ zielstrebig〈ein Mensch 人; z. leben, umherirren 无目的地生活,四处乱走〉‖ *hierzu*(派生) **Ziel·lo·sig·keit** *die*; *nur Sg*(只用单数)

Ziel·schei·be *die* **1.** e-e Scheibe, Platte *o.Ä.* mit Kreisen, an der man das Zielen (1) übt 靶子,射靶 **2.** *mst* 多用 **zur Z. des Spottes/der Kritik werden** derjenige sein, gegen den sich der Spott/die Kritik richtet 成为嘲笑或攻击的靶子(对象)

Ziel·set·zung *die* ≈ Ziel (4), Plan〈e-e klare, realistische, politische Z. 一项明确的、现实的、政治的目标〉

ziel·si·cher *Adj*(形) **1.** geübt im Zielen (1), daher sicher im Schießen, Werfen *usw* 有把握的,百发百中的〈ein Schütze 射手〉 **2.** *mst adv* (多作状语); mit dem genauen Wissen, was man tun muss, um sein Ziel (4) zu erreichen 目标明确的,有的放矢的〈z. vorgehen 目标明确地行动〉‖ *hierzu*(派生) **Ziel·si·cher·heit** *die*; *nur Sg*(只用单数)

ziel·stre·big *Adj*(形); mit dem festen Willen, sein Ziel (4) zu erreichen 坚定不移的,坚毅的,坚韧不拔的,矢志不渝的〈ein Mensch 人; z. handeln, vorgehen, auf j-n/etw. zugehen 坚定不移地办事、行动，朝某人/某物走去〉‖ *hierzu*（派生）**Ziel·stre·big·keit** *die*; *nur Sg*（只用单数）

zie·men, sich; *ziemte sich, hat sich geziemt*; [Vr]（反身）***etw. ziemt sich*** *geschr veraltend* [书][渐旧] ≈ etw. gehört sich ‖ NB(注意): *mst* verneint(多用否定句) ‖ *hierzu*（派生）**ziem·lich** *Adj*（形）

ziem·lich *Adj*（形）**1.** *nur attr, nicht adv, gespr*（只作定语，不作状语）[口]; relativ groß 相当的，相当大的，相当多的 ≈ beträchtlich: *etw. mit ziemlicher Sicherheit wissen* 相当有把握地知道某事; *e-e ziemliche Menge Geld* 一笔相当数目的钱; *mit ziemlicher Geschwindigkeit* 以相当高的速度 **2.** *nur adv*（只作状语）≈ relativ (2), verhältnismäßig: *ein z. heißer Tag* 相当热的一天; *z. viel trinken* 喝得相当多; *Diese Aufgabe ist z. schwierig* 这项任务相当困难 **3.** *nur adv, gespr*（只作状语）[口]; (**so**) **z.** ≈ fast, ungefähr: *Sie hat so z. alles, was man sich wünschen kann* 她几乎拥有人们希望拥有的一切; *Er war mit seiner Geduld z. am Ende* 他的忍耐快到头了

zie·pen; *ziepte, hat geziept*; *bes nordd* 尤用于[北德]; [Vt]（及物）**1.** ***j-n*** (***an etw.*** (*Dat* 三格)) ***z.*** j-n kurz an den Haaren (od. e-m anderen Körperteil) ziehen 拉，拽(…的头发或身体部位); [Vi]（不及物）**2.** ***etw. ziept*** etw. verursacht e-n kurzen stechenden Schmerz (*z. B.* wenn man sich beim Kämmen die Haare einklemmt)(物作主语)感到一阵刺痛

Zier *die*; -; *nur Sg*（只用单数）; *veraltend* [渐旧] ≈ Zierde

Zier- *im Substantiv, wenig produktiv*（构成名词，构词弱）; verwendet, um Dinge od. Tiere zu bezeichnen, die man wegen ihrer Schönheit u. nicht wegen ihres praktischen Nutzens hat od. verwendet 供观赏的…，装饰的…，花饰…: der ***Zierfisch***, der ***Ziergarten***, das ***Ziergras***, die ***Zierleiste***, die ***Ziernaht***, die ***Zierpflanze***, die ***Zierschrift***, der ***Zierstrauch***

Zie·rat *der*; ↑ ***Zierrat***

Zier·de *die*; -, *-n*; *mst Sg*（多用单数）; etw., das durch seine Anwesenheit bewirkt, dass etw. schöner aussieht 装饰物，装饰品，增添光彩之物 ≈ Schmuck: *Der alte Brunnen ist e-e Z. für das Dorf* 那口古井为这个村庄增添不少光彩

zie·ren; *zierte, hat geziert*; [Vt]（不及物）**1.** ***etw. ziert etw.*** *geschr* [书]; etw. dient als Schmuck od. Zierde(物作主语)装饰，装点，装扮: *Goldene Ringe zierten ihre Hände* 金戒指装点了她的手; [Vr]（反身）**2.** ***sich z.*** *pej* [贬]; etw. nicht tun wollen (weil man Angst hat, sich schämt, zu stolz dafür ist *o. Ä.*) 装相，装客气，装模作样

zier·lich *Adj*（形）**1.** mit feinen, schlanken Gliedern 纤细的，苗条的，娇嫩的〈e-e Gestalt, e-e Figur, Hände 形体，身材，手; z. (gebaut) sein 窈窕身材的〉: *e-e zierliche alte Dame* 一位体态优雅的老妇 **2.** ≈ anmutig, graziös〈e-e Bewegung, ein Knicks 动作，屈膝礼; sich z. verneigen 优雅地鞠躬〉‖ *hierzu*（派生）**Zier·lich·keit** *die*; *nur Sg*（只用单数）

Zier·rat *der*; -(e)s, -e; *geschr* [书] ≈ Verzierung, Dekoration

Zif·fer *die*; -, *-n* **1.** das geschriebene Zeichen, das für e-e Zahl steht 数目字，号码: *e-e Zahl mit vier Ziffern* 四位数 **2.** *gespr* [口] ≈ Zahl **3.** ***die arabischen Ziffern*** die Zeichen 1, 2, 3, 4 *usw* 阿拉伯数字 **4.** ***die römischen Ziffern*** die Zeichen I, II, III, IV *usw* 罗马数字 **5.** e-e Z. (1), die e-n Abschnitt in e-m (Gesetzes) Text kennzeichnet 款: *Paragraph 5, Z. 9 der Verordnung* 规定第五条第九款

Zif·fer·blatt *das*; der flache Teil e-r Uhr, auf dem die Stunden (in Ziffern) angegeben sind 钟表的字盘

zig *Zahladj*（数形）; *indeklinabel, gespr*（词形不变）[口] ≈ sehr viele: *Er hat zig Freundinnen* 他有很多女朋友

Zi·ga·ret·te *die*; -, *-n*; e-e kleine Rolle Tabak, die in e-e Hülle aus Papier eingewickelt ist u. die man raucht 烟，香烟，纸烟〈e-e starke, leichte, nikotinarme Z. 一支浓烈的、淡味的、含尼古丁少的香烟; e-e Z. rauchen, anzünden, ausdrücken 吸，点燃，掐灭香烟; e-e Z. drehen, stopfen 卷烟，装烟; sich (*Dat* 三格) e-e Z. anstecken 点上一支烟; an e-r Z. ziehen 抽烟; e-e Z. mit, ohne Filter 带/无过滤嘴的香烟; e-e Schachtel, e-e Packung, e-e Stange Zigaretten 一盒、一包、一条香烟〉‖ K-(复合): ***Zigaretten-***, ***-asche***, ***-automat***, ***-etui***, ***-fabrik***, ***-papier***, ***-qualm***, ***-rauch***, ***-sorte***, ***-stummel***, ***-tabak*** ‖ -K(复合): ***Filter-***

Zi·ga·ril·lo *der, das*; *-s, -s*; e-e kurze, dünne Zigarre 小雪茄

Zi·gar·re *die*; -, *-n*; e-e Art Rolle aus (*mst* ganzen, braunen) Tabakblättern, die man raucht 雪茄〈e-e leichte, milde, schwere, starke Z. 一支淡味的、温和的、厉害的、浓烈的雪茄〉‖ K-(复合): ***Zigarren-***, ***-asche***, ***-fabrik***, ***-qualm***, ***-rauch***, ***-sorte***, ***-tabak*** ‖ -K(复合): ***Havanna-*** ‖ ID [谚] ***j-m e-e Z. verpassen*** *gespr* [口]; j-n heftig tadeln 狠狠数落(责怪)某人一顿

Zi·gar·ren·kis·te *die*; e-e kleine Schachtel aus Holz (für Zigarren) 雪茄烟盒

Zi·geu·ner *der*; *-s, -*; *neg!* [侮] verwendet als Bezeichnung für *Sinti u. Roma* 吉卜赛人，茨冈人 ‖ K-(复合): ***Zigeuner-***, ***-kind***, ***-lager***, ***-leben***, ***-musik***, ***-sprache*** ‖ NB(注意): Diese Bezeichnung wird von *Sinti* u. *Roma* als diskriminierend empfunden 吉卜赛人认为这种称呼是歧视性的 ‖ *hierzu*（派生）**Zi·geu·ne·rin** *die*; -, *-nen*; **zi·geu·ner·haft** *Adj*（形）

zig·fach *Zahladj*（数形）; *gespr* [口] ≈ vielfach 〈etw. z. vergrößern 将某物扩大好多倍〉: *Das kostet heute ein Zigfaches* 现在这东西的价值翻了好多番

zig·mal *Adv*（副）; *gespr* [口]; sehr oft 十分频繁的

Z

Zig·tau·send, zig·tau·send *Zahlwort*（数词）; *indeklinabel*, *gespr*（词形不变）[口]; viele (Tausend)成千上万的

Zig·tau·sen·de, zig·tau·sen·de *Zahlwort*（数词）; viele Tausende 成千上万 ‖ NB（注意）: Gebrauch（用法）↑ ***Tausende***

Zim·mer *das*; *-s*, *-* **1.** ein Raum in e-r Wohnung od. in e-m Haus, in dem man arbeitet, schläft *usw* 房间，室〈ein helles, freundliches, geräumiges Z. 明亮的、舒适的、宽敞的房间; ein leeres, möbliertes Z. 一间空着的、配备家具的房间; ein Z. einrichten, tapezieren 布置、裱糊房间; ein Z. lüften 给房间通风; ein Z. (ver)mieten（出）租房间〉: *e-e Wohnung mit zwei Zimmern, Küche, Bad u. WC* 一套带厨房、浴室、卫生间的两居室住房 ‖ K-(复合): ***Zimmer-, -antenne, -beleuchtung, -einrichtung, -pflanze, -thermometer; -decke, -ecke, -tür, -wand; -vermietung*** ‖ -K（复合）: ***Arbeits-, Bade-, Ess-, Gäste-, Kinder-, Schlaf-, Speise-, Wohn-; Durchgangs-, Konferenz-, Kranken-, Lehrer-; Mansarden-; Studier-, Warte-*** **2.** ein Raum in e-m Hotel *o. Ä.*, in dem Gäste *z. B.* im Urlaub wohnen(旅馆)客房〈ein Z. reservieren, bestellen, nehmen 预订、订、要一间客房; auf/in sein Z. gehen 上/去自己的客房; sich (*Dat*) etw. aufs Z. bringen lassen 让把某物送到客房里来〉: *ein Z. mit Dusche u. WC* —间带淋浴和卫生间的客房; *Haben Sie noch Zimmer frei?* 你们还有空房吗? ‖ K-(复合): ***Zimmer-, -kellner, -nummer*** ‖ -K(复合): ***Fremden-, Hotel-, Pensions-; Einbett-, Einzel-, Doppel-, Zweibett-*** **3.** die Möbel für ein Z. (1) ≈ Zimmereinrichtung ‖ -K（复合）: ***Bauern-; Jugend-, Kinder-; Schlaf-, Wohn-***

Zim·mer- *im Substantiv*, *nicht produktiv*（构成名词，非构词型）; in Bezug auf das Handwerk des Zimmermanns 木工的…: der ***Zimmergeselle***, das ***Zimmerhandwerk***, der ***Zimmermeister***, die ***Zimmerwerkstatt***

Zim·me·rer *der*; *-s*, *-* ≈ Zimmermann ‖ K-（复合）: ***Zimmerer-, -arbeit, -handwerk*** ‖ *hierzu*(派生) **Zim·me·re·rin** *die*; *-, -nen*

Zim·mer·flucht *die*; e-e Reihe von Zimmern, die miteinander durch Türen verbunden sind 一排房间

Zim·mer|laut·stär·ke *die*; *nur Sg*（只用单数）; e-e so niedrige Lautstärke, dass man außerhalb des Zimmers nichts hört (u. so andere nicht gestört werden)（室外听不见的）室内音量，室内响度: *das Radio auf Z. stellen/drehen* 把收音机调到/拧到室内音量

Zim·mer·mäd·chen *das*; e-e Frau, die in e-m Hotel *o. Ä.* die Zimmer aufräumt, die Betten macht *usw*(在饭店等的)女服务员，女清洁工

Zim·mer·mann *der*; *-(e)s*, *Zim·mer·leu·te*; j-d, der beruflich beim Bau e-s Hauses die Arbeiten macht, die mit Holz zu tun haben (*bes* den Dachstuhl)木匠，木工 ‖ NB(注意): ↑ ***Schreiner, Tischler***

zim·mern; *zimmerte*, *hat gezimmert*; [Vt/i]（及物/不及物）(**etw.**) **z.** etw. (*bes* mit der Hand) aus Holz machen（用木料）制作，制造，做木工活〈e-n Tisch, e-n Stuhl, e-e Bank z. 做桌子、椅子、长凳〉: *ein grob gezimmerter Schrank* 一个做工很粗糙的柜子

Zim·mer·su·che *die*; *nur Sg*（只用单数）; das Bemühen, ein Zimmer zu mieten 找住房〈*mst* 多用 auf Z. sein 正在找住房〉

Zim·mer·tem·pe·ra·tur *die*; die Wärme (ca. 20° Celsius), die ein (bewohntes) Zimmer gewöhnlich hat 室内温度〈etw. bei Z. lagern, aufbewahren 在室温状态下贮存、保存某物〉

-zim·mer·woh·nung *die*; *begrenzt produktiv*（构成名词，构词有限）; e-e Wohnung mit der genannten Zahl von Zimmern (wobei Küche, Bad, Toilette *o. Ä.* nicht mitgezählt werden)…室的住房，…居室的住宅; ***Einzimmerwohnung, Zweizimmerwohnung, Dreizimmerwohnung*** *usw*

zim·per·lich *Adj*(形); *pej* [贬]; sehr empfindlich (schon bei geringen Schmerzen)过分敏感的，过于娇气的: *Sei nicht so z., e-e Spritze tut doch gar nicht weh!* 不要这么娇气，打一针压根儿不疼! ‖ *hierzu*(派生) **Zim·per·lich·keit** *die*; *nur Sg*(只用单数)

Zimt *der*; *-(e)s*; *nur Sg*(只用单数); ein gelblich braunes Gewürz, das als Pulver od. in kleinen Stangen *bes* für süße Speisen verwendet wird 肉桂，桂皮(或其粉末): *Milchreis mit Z. und Zucker bestreuen* 将肉桂和糖撒在牛奶米饭上 ‖ K-(复合): ***Zimt-, -stange***

Zink *das*; *-(e)s*; *nur Sg*(只用单数); ein Metall von bläulich weißer Farbe. Man verwendet es bei der Herstellung von Messing u. besonders als Schutz vor Rost 锌; CHEM【化】Zn ‖ K-(复合): ***Zink-, -blech, -legierung, -oxid, -salbe, -salz, -verbindung*** ‖ ▶ ***verzinken***

Zin·ke *die*; *-, -n*; einer der schmalen, spitzen Teile *bes* bei e-r Gabel od. e-m Kamm(叉子、梳子等的)齿 ‖ ↑ *Abb. unter* 图见 ***Gabel*** ‖ -K(复合): ***Gabel-, Rechen-***

zin·ken; *zinkte*, *hat gezinkt*; [Vt]（及物）**etw. z.** Spielkarten außen so markieren, dass man sie erkennen kann(在牌上)做记号

Zin·ken *der*; *-s*, *-* **1.** ≈ Zinke **2.** *gespr*, *oft pej* [口]常用[贬]; e-e *mst* große Nase 大鼻子 ‖ -K(复合): ***Riesen-***

Zinn *das*; *-(e)s*; *nur Sg*(只用单数) **1.** ein weiches Metall, das wie Silber glänzt u. das man leicht formen kann 锡; CHEM【化】Sn ‖ K-(复合): ***Zinn-, -becher, -bergwerk, -figur, -krug, -schale, -teller*** ‖ -K(复合): ***Löt-*** **2.** *Kollekt*(集合); Gegenstände, *bes* Geschirr, aus Z. (1)锡制用具，锡器 ‖ -K(复合): ***Tafel-***

Zin·ne *die*; *-, -n*; *mst Pl*(多用复数); viereckige Blöcke auf den Mauern e-r Burg (hinter denen die Verteidiger geschützt waren) 城垛，雉堞

Zin·no·ber *der*; *-s*, - **1.** ein helles, gelbliches Rot 朱砂,朱红 ‖ K-(复合): ***zinnober-***, ***-rot*** **2.** *nur Sg*, *gespr pej*(只用单数)[口][贬]; unnötige Aufregung 无端的激动,大惊小怪〈Z. wegen etw. machen 由于某事大惊小怪〉

Zinn·sol·dat *der*; e-e kleine (bemalte) Figur e-s Soldaten(aus Zinn)锡制玩具兵

Zins[1] *der*; *-es*, *-en*; *mst Pl*(多用复数); Geld, das man *z.B.* e-r Bank zahlen muss, wenn man von ihr Geld leiht, bzw. das man von ihr bekommt, wenn man bei ihr Geld angelegt hat 利息,息金〈hohe, niedrige Zinsen 高、低利息; etw. bringt, trägt Zinsen 某物计息(生息),带息(负担利息); j-m Zinsen zahlen 付给某人利息; von den Zinsen seines Vermögens leben 靠财产的利息生活〉: *Auf dieses Sparbuch bekommt man 5% Zinsen* 这个存折的利息是5%; *Für den Kredit zahlen wir 10% Zinsen* 我们为那笔贷款支付10%的利息 ‖ K-(复合): ***Zins-***, ***-erhöhung***, ***-politik***, ***-rechnung***, ***-senkung***, ***-wucher*** ‖ -K(复合): ***Bank-***, ***Kredit-***, ***Verzugs-***; ***Haben-***, ***Soll-***

Zins[2] *der*; *-es*, *-e* **1.** *südd* Ⓐ ⒸⒽ [南德][奥][瑞]≈ Miete (1)〈den Z. zahlen 付租金〉‖ -K(复合): ***Miet-***, ***Pacht-***; ***Jahres-***, ***Monats-*** **2.** *hist* [历]≈ Abgabe, Steuer

Zins·ab·schlag *der*; Ⓓ FIN [德]【金融】; e-e bestimmte Prozentzahl, die e-e Bank von Guthabenzinsen *o.Ä.* abzieht, um damit j-s kapitalertragssteuern zu zahlen 利息扣除,利息税 ‖ NB(注意): ↑ ***Freistellungsauftrag***

Zin·ses·zins *der*; das Geld, das man von der Bank für die Zinsen bekommt, die bei ihr (liegen) bleiben 复利,利滚利 ‖ K-(复合): ***Zinseszins-***, ***-rechnung***

Zins·fuß *der* ≈ Zinssatz

zins·güns·tig *Adj*(形); so, dass man dafür niedrige Zinsen zahlt (bei e-m Kredit) bzw. hohe Zinsen bekommt (bei Ersparnissen) 利率优惠的〈ein Kredit, ein Darlehen 信贷,放贷; ein Sparvertrag, Wertpapiere 储蓄协议,有价证券〉

Zins·satz *der*; die Höhe der Zinsen (in Prozent) 利率 ≈ Zinsfuß: *ein Z. von* 5¾% 5¾%的利率,5.75厘的利率

Zi·o·nis·mus *der*; *-*; *nur Sg*(只用单数) **1.** *hist* [历]; e-e politische Bewegung mit dem Ziel, für die Juden e-n unabhängigen Staat (Israel) zu schaffen 犹太复国主义,犹太复国运动 **2.** e-e politische Strömung, die e-e Vergrößerung des heutigen Israel anstrebt 以色列扩张主义 ‖ *hierzu*(派生) **Zi·o·nist** *der*; *-en*, *-en*; **zi·o·nis·tisch** *Adj*(形)

Zip·fel *der*; *-s*, - **1.** das spitze, schmale Ende von etw. (*bes* e-s Tuchs od. an der Kleidung)角,衣角,边角,边缘,尖端,头: *die Zipfel e-s Taschentuchs* 一块手帕的边角 ‖ -K(复合): ***Bett-***, ***Hemd-***, ***Rock-***, ***Schürzen-***, ***Wurst-*** ‖ NB(注意): ↑ ***Ecke***, ***Spitze*** **2.** (*bes* von u. gegenüber Kindern verwendet) (儿童用语)≈ Penis

Zip·fel·müt·ze *die*; e-e (Woll) Mütze mit e-m langen, schmalen Ende, das nach unten hängt 尖顶帽

zir·ka *Adv*(副); **z.** + *Zahl/Maßangabe*(数字/计量说明语); nicht genau, sondern vielleicht etwas mehr od. weniger 大约,大概,大致 ≈ etwa, ungefähr; *Abk* 缩写 ca.: *Ich bin in ca. einer Stunde zurück* 我大约一小时后回来; *Er wiegt ca. 80 Kilo* 他体重大约80公斤

Zir·kel *der*; *-s*, - **1.** ein Gerät, ungefähr von der Form e-s umgekehrten V, mit dem man Kreise zeichnen kann 圆规,两脚规〈mit dem Z. e-n Kreis ziehen, schlagen 用圆规画圆圈〉‖ K-(复合): ***Zirkel-***, ***-kasten*** **2.** e-e Gruppe von Personen, die ein gemeinsames Hobby od. gemeinsame Interessen haben (u. sich daher oft treffen) 社团,圈子,团体 ‖ -K(复合): ***Literatur-***

Zirkel

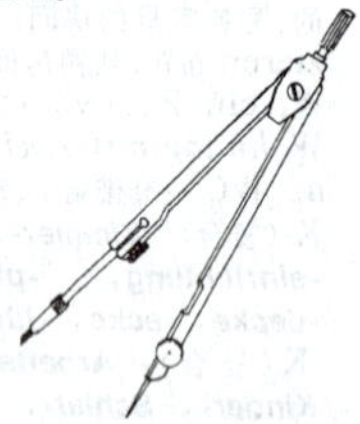

Zir·kel·schluss *der*; e-e Art Beweis, bei dem man das, was man beweisen will, schon voraussetzt 循环论证

zir·ku·lie·ren; *zirkulierte*, *hat zirkuliert*; Vi (不及物) **1.** ***etw. zirkuliert*** etw. bewegt sich (in e-m System od. Raum) im Kreis(物作主语)循环,周转,流通: *Das Blut zirkuliert im Körper* 血液在体内循环; *e-n Ventilator einschalten, damit die Luft besser zirkuliert* 打开电扇,使空气更好地流通 **2.** ***etw. zirkuliert*** etw. wird von einem zum anderen weitergegeben(物作主语)流传,传播 ≈ etw. kursiert〈Gerüchte 谣言〉‖ *hierzu*(派生) **Zir·ku·la·ti·on** *die*; *-*, *-en*; *mst Sg*(多用单数)

Zir·kus *der*; *-*, *-se* **1.** ein Unternehmen, das die Leute mit Akrobatik, Clowns, dressierten Tieren *usw* unterhält 杂技团,马戏团 ‖ K-(复合): ***Zirkus-***, ***-clown***, ***-direktor***, ***-pferd***, ***-reiter***, ***-vorstellung***, ***-zelt*** ‖ -K(复合): ***Staats-*** **2.** e-e einzelne Vorstellung e-s Zirkus (1) 杂技表演,马戏表演: *Der Z. beginnt um 20 Uhr* 马戏(杂技)表演在20点开始 **3.** ≈ Zirkuszelt **4.** *gespr pej* [口][贬]; unnötige Aufregung 无事喧闹 ≈ Wirbel〈e-n großen Z. machen/veranstalten 大声喧闹/吵吵嚷嚷〉

zir·pen; *zirpte*, *hat gezirpt*; Vi (不及物) ***e-e Grille/e-e Heuschrecke zirpt*** e-e Grille/e-e Heuschrecke gibt hohe, leise Töne von sich (蟋蟀/蝗虫)发出唧唧声

zi·scheln; *zischelte*, *hat gezischelt*; Vt/i (及物/不及物) (***etw.***) ***z.*** wütend flüstern 气乎乎地嘀咕,低声嘟哝

zi·schen; *zischte*, *hat/ist gezischt*; Vt (及物) (*hat*) **1.** ***etw. z.*** etw. in ärgerlichem, scharfem Ton sagen 埋怨说,尖叫着说: *„Hau ab", zischte sie wütend* "滚开",她生气地尖叫道; Vi (不及物) **2.** ***ein Tier zischt*** (*hat*) e-e Gans, e-e Schlange *o.Ä.* gibt schnell hintereinander Laute von sich, die wie *s*,

Z

sch od. *z* klingen(动物作主语)发出嘶嘶、咝咝声 ‖ K-(复合): ***Zisch-***, ***-laut*** **3.** ***etw. zischt*** etw. produziert Laute, die wie *s*, *sch* od. *z* klingen(物作主语)发出 s, sch, z 擦音: *Heißes Fett zischt, wenn Wasser dazukommt* 滚烫的油倒上水就发出咝咝声 **4.** ***irgendwohin z.*** (*ist*) *gespr* [口]; sich sehr schnell bewegen 快速移动 **5.** ***ein Bier z.*** (*hat*) *gespr* [口]; ein Bier trinken 喝,啜啤酒

Zis·ter·ne *die*; -, *-n*; ein großer Brunnen in der Erde, in dem *bes* in trockenen Gebieten das Regenwasser gesammelt wird 地下蓄水池,水窖

Zi·ta·del·le *die*; -, *-n* ≈ Festung

Zi·tat *das*; -(*e*)*s*, *-e*; e-e Äußerung, die man wörtlich aus e-m (*mst* bekannten) Text nimmt引文,引语,语录,名言,箴言: *ein Z. aus Shakespeares „Hamlet"* 莎士比亚的《哈姆雷特》中的一段引文 ‖ K-(复合): ***Zitaten-***, ***-lexikon*** ‖ -K(复合): ***Goethe-***, ***Shakespeare-*** *usw*

Zi·ther [-tɐ] *die*; -, *-n*; ein Musikinstrument mit bis zu 40 Saiten, die gezupft werden. Es hat die Form e-s flachen Kastens u. liegt auf dem Schoß des Spielers od. auf e-m Tisch 齐特尔琴 〈(die) Z. spielen 弹奏齐特尔琴〉 ‖ K-(复合): ***Zither-***, ***-spiel***, ***-spieler***

Zither

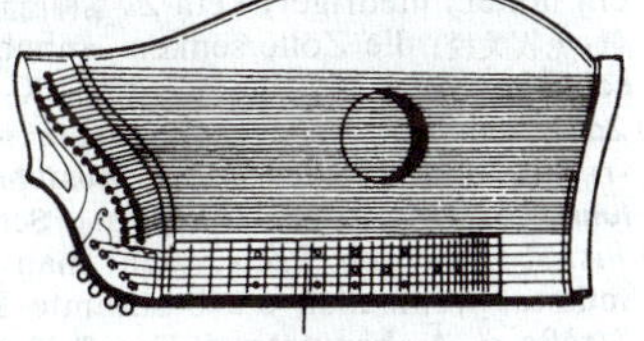

zi·tie·ren; *zitierte*, *hat zitiert*; [Vt i] (及物/不及物) **1.** (***j-n/etw.***) ***z.*** j-s Worte genau wiedergeben 引用,引证,援引; [Vt] (及物) **2.** ***j-n irgendwohin z.*** *gespr* [口]; j-m den Befehl geben, an e-n bestimmten Ort zu kommen 传唤,传讯: *Der Schüler wurde zur Direktorin zitiert* 那个学生被叫到女校长那儿

Zit·ro·nat *das*; -(*e*)*s*; *nur Sg* (只用单数); die mit Zucker konservierte Schale von Zitronen, die man *bes* für Kuchen verwendet 蜜饯柠檬皮 〈Orangeat u. Z. 蜜饯柑桔皮和柠檬皮〉

Zit·ro·ne *die*; -, *-n*; e-e kleine, sehr saure Frucht mit e-r dicken gelben Schale 柠檬 〈e-e Z. auspressen 榨柠檬汁〉 ‖ K-(复合): ***Zitronen-***, ***-baum***, ***-kern***, ***-limonade***, ***-presse***, ***-saft***, ***-säure***, ***-schale***, ***-scheibe***; ***zitronen-***, ***-gelb***

Zitrone

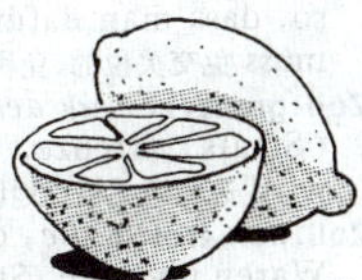

Zit·ro·nen·fal·ter *der*; ein Schmetterling mit leuchtend gelben Flügeln 黄翅蝶

Zit·rus·frucht *die*; eine von mehreren ähnlichen Früchten mit viel Vitamin C, die *mst* e-e dicke, gelbe od. orange Schale u. viel Saft haben, *z.B.* Orangen, Zitronen, Grapefruits 柑果,柑橘

zit·te·rig *Adj* (形) **1.** 〈Hände, Finger 手,手指〉 so, dass sie (oft) zittern 颤动的,颤抖的,打哆嗦的 **2.** nervös u. schwach 颤抖的,发抖的,颤巍巍的 〈e-e Stimme 声音〉

zit·tern; *zitterte*, *hat gezittert*; [Vi] (不及物) **1.** (*mst* aus Angst, Nervosität od. Schwäche) schnelle, kleine, unkontrollierte Bewegungen machen 颤动,颤抖,发抖 〈vor Angst, Wut, Nervosität, Kälte z. 由于害怕、愤怒、烦燥、寒冷而发抖; am ganzen Körper z. 浑身颤抖〉: *Seine Hände zitterten* 他的双手颤抖着 **2.** *mst* 多用 ***j-s Stimme zittert*** j-s Stimme klingt brüchig od. nicht gleichmäßig 某人的声音发颤: *Ihre Stimme zitterte vor Zorn* 她的声音由于恼怒而发颤 **3.** ***vor j-m/etw. z.*** *gespr* [口]; vor j-m/etw. große Angst haben(在…面前)战栗,战战兢兢

zitt·rig *Adj* (形); ↑ ***zitterig***

Zit·ze *die*; -, *-n*; eines der Organe bei weiblichen Säugetieren, an denen die Jungen Milch trinken 乳头

Zi·vi [-v-] *der*; *-s*, *-s*; *gespr* [口]; ein junger Mann, der Zivildienst leistet 服民役的年青人

zi·vil [-v-] *Adj* (形); *mst attr* (多作定语) **1.** nicht für das Militär bestimmt, nicht zum Militär gehörig 民用的,民事的,非军事的,文职的 〈die Luftfahrt 飞行; etw. dient zivilen Zwecken 某物作为民用〉: *Er ist im zivilen Leben Elektrotechniker, bei der Armee war er Funker* 他转业后是电工,在部队时曾当过无线电报务员 ‖ K-(复合): ***Zivil-***, ***-anzug***, ***-behörde***, ***-beruf***, ***-bevölkerung***, ***-gefangene***(***r***), ***-kleidung***, ***-leben***, ***-luftfahrt***, ***-person***, ***-schutz*** **2.** *gespr* [口]; nicht zu teuer 不太贵的,普通的 〈Preise 价格〉

Zi·vil [-v-] *das*; *-s*; *nur Sg* (只用单数) **1.** die Kleidung, die j-d trägt, wenn er keine Uniform od. besondere Amtskleidung trägt 便衣,便服,便装 〈Z. tragen 穿便装; in Z. sein 着便服; ein Offizier in Z. 穿便服的军官〉 ‖ K-(复合): ***Zivil-***, ***-kleidung***; ***-beamte***(***r***), ***-fahnder***, ***-streife*** **2.** (CH) [瑞] ≈ Familienstand

Zi·vil·cou·ra·ge *die*; der Mut, das zu sagen u. zu tun, was man für richtig u. wichtig hält (auch wenn es einem schaden kann)刚正不阿的精神,英勇无畏的精神,坚毅果敢的精神 〈Z. beweisen, zeigen, haben, besitzen 证明、表明、具有、具备刚正不阿的精神; die Z. haben + zu + *Infinitiv*(不定式)有勇气〉

Zi·vil·die·ner *der*; (A) [奥] j-d, der den Zivildienst leistet 服民役的人

Zi·vil·dienst *der*; *nur Sg* (只用单数); der Dienst u. die Arbeiten, die ein junger Mann statt des Wehrdienstes macht 民役(指凡不服兵役者务必参加社会公益劳动) 〈(seinen) Z. (ab)leisten 服(完)民役〉 ‖ *hierzu* (派生) **Zi·vil·dienst|leis·ten·de** *der*; *-n*, *-n*

Zi·vil·ge·richt *das*; ein Gericht, das sich mit Fällen des Zivilrechts beschäftigt 民事法庭

↔ Strafgericht

Zi·vil|ge·setz·buch *das*; (CH) [瑞]das Gesetzbuch über das bürgerliche Recht 民法典; *Abk* 缩写 ZGB

Zi·vi·li·sa·ti·on [-ˈtsi̯oːn] *die*; -, *-en* **1.** *nur Sg*(只用单数); die Stufe in der Entwicklung der Gesellschaft, auf der es technischen Fortschritt, soziale u. politische Ordnung u. kulturelles Leben gibt 文明 **2.** e-e Gesellschaft in e-r bestimmten Phase ihrer Entwicklung, in der e-e bestimmte Form der Z. (1) herrscht 文明社会 ‖ K-(复合): ***Zivilisations-***, ***-schäden***

Zi·vi·li·sa·ti·ons·krank·heit *die*; e-e Krankheit (wie *z. B.* e-e Allergie), die für die moderne Zivilisation typisch ist 现代文明疾病(如:过敏症)

zi·vi·li·sa·to·risch *Adj* (形); für die Zivilisation typisch od. von ihr verursacht 文明的，因文明而导致的〈e-e Entwicklung 发展; Schäden, Krankheiten 弊病，疾病〉

zi·vi·li·siert, *zivilisierter*, *zivilisiertest-*; *Adj* (形) **1.** *gespr* [口]; höflich, mit guten Manieren 文明的，礼貌的，有教养的: *Kannst du dich nicht ein bisschen zivilisierter benehmen?* 你就不能举止文明些? **2.** mit e-m relativ hohen Maß an Zivilisation (1) 文明的，进步的，先进的〈ein Staat, ein Land 国家〉

Zi·vi·list [-v-] *der*; *-en*, *-en*; j-d, der nicht zum Militär gehört 平民，百姓，非军人 ‖ NB (注意): *der Zivilist*; *den*, *dem*, *des Zivilisten* ‖ *hierzu*(派生) **Zi·vi·lis·tin** [-v-] *die*; -, *-nen*

Zi·vil·pro·zess *der*; JUR【法】; ein Prozess, in dem das Gericht solche Klagen behandelt, die nicht zum Strafrecht od. öffentlichen Recht gehören 民事诉讼

Zi·vil·recht *das*; *nur Sg*, JUR (只用单数)【法】; die Gesetze, die Handlungen u. Beziehungen privater Personen betreffen u. nicht zum Strafrecht gehören 民法 ‖ *hierzu*(派生) **zi·vil·recht·lich** *Adj* (形); *nur attr od adv* (只作定语或状语)

Zo·bel *der*; *-s*, - **1.** e-e Art Marder, der *bes* in Nordasien vorkommt u. ein dichtes, weiches Fell hat 黑貂，紫貂 ‖ K-(复合): ***Zobel-***, ***-fell***, ***-pelz*** **2.** das wertvolle Fell des Zobels (1) 貂皮 ‖ K-(复合): ***Zobel-***, ***-jacke***, ***-kragen***, ***-mantel***

zo·ckeln; *zockelte*, *ist gezockelt*; [Vi] *gespr* (不及物)[口] ≈ zuckeln

zo·cken; *zockte*, *hat gezockt*; [Vi] *gespr* (不及物)[口]; um Geld Karten, Würfelspiele *o. Ä.* spielen (打牌，掷色子等)赌博，赌钱 ‖ *hierzu*(派生) **Zo·cker** *der*; *-s*, -

Zo·fe *die*; -, *-n*; *hist* [历]; e-e Frau, die e-e reiche, *mst* adelige Dame bediente(多指贵妇人的)侍女，女仆

Zoff *der*; *-s*; *nur Sg*, *gespr* (只用单数)[口]; Streit, Zank, Ärger 争吵，口角，斗嘴，闹气〈mit j-m Z. bekommen, haben 和某人拌嘴、口角; es gibt Z. 发生争吵〉

zog *Imperfekt*, *1. u. 3. Person Sg*(过去时，第一和第三人称单数); ↑ ***ziehen***

zö·ge *Konjunktiv II*, *1. u. 3. Person Sg*(虚拟式 II，第一和第三人称单数); ↑ ***ziehen***

zö·ger·lich *Adj* (形); nur langsam, zögernd 迟疑的，犹豫不决的，踌躇的

zö·gern; *zögerte*, *hat gezögert*; [Vi] (不及物) ***z.*** + ***zu*** + *Infinitiv* (不定式); (***mit etw.***) ***z.*** etw. (noch) nicht tun, weil man Angst hat od. weil man nicht weiß, ob es richtig ist *usw* 犹豫，迟疑，踌躇: *Er zögerte lange mit der Antwort* 他迟迟不作回答; *Er zögerte nicht, die Frage zu beantworten* 他回答问题毫不犹豫

Zög·ling *der*; *-s*, *-e*; *veraltend* [渐旧]; ein Kind od. ein junger Mensch, die in e-m Heim od. Internat erzogen werden 孤儿院的儿童；寄宿(学)生

Zö·li·bat *das/der*; *-(e)s*; *nur Sg* (只用单数) **1.** die Ehelosigkeit (*bes* von katholischen Priestern)(尤指天主教神甫的)独身，不婚 **2.** ***im Z. leben*** das Z. (1) befolgen 过独身生活 ‖ *hierzu*(派生) **zö·li·ba·tär** *Adj* (形)

Zoll[1] *der*; *-(e)s*, *Zöl·le* **1.** e-e Art Steuer, die man e-m Staat zahlen muss, wenn man bestimmte Waren in das Land einführt 关税〈Z. (be)zahlen 交纳关税; Z. erheben, verlangen 征收关税，要求缴税; auf e-r Ware liegt ein hoher, niedriger, kein Z. 某种商品关税高、低，免收关税; die Zölle senken, anheben, abschaffen〉降低、提高、取消关税 ‖ K-(复合): ***Zoll-***, ***-fahnder***, ***-fahndung***, ***-gesetz***, ***-hoheit***, ***-recht***, ***-tarif*** ‖ -K (复合): ***Ausfuhr-***, ***Einfuhr-***, ***Export-***, ***Grenz-***, ***Import-***, ***Schutz-*** **2.** *hist* [历]; der Preis, den man zahlen musste, wenn man e-e bestimmte Brücke, Straße *o. Ä.* benützte (桥梁、公路等)建设费 ‖ K-(复合): ***Zoll-***, ***-einnehmer***, ***-straße*** ‖ -K(复合): ***Brücken-***, ***Straßen-*** **3.** *nur Sg*(只用单数); die Behörde, die die Vorschriften ausführt, die für Zölle[1] (1) gelten 海关 ‖ K-(复合): ***Zoll-***, ***-abfertigung***, ***-amt***, ***-beamte***(***r***), ***-behörde***, ***-formalitäten*** ‖ ▶ ***verzollen***

Zoll[2] *der*; *-(e)s*, -; ein Längenmaß von ungefähr 2,7 bis 3cm(旧时德国长度单位)吋(大约 2.7—3 厘米)；英寸

zol·len; *zollte*, *hat gezollt*; [Vt] (及物) *mst* 多用 ***j-m/etw. Respekt***, ***Achtung***, ***Anerkennung z.*** *geschr* [书]; j-m/etw. Respekt, Achtung, Anerkennung zeigen 向…表示尊敬、敬意、赞许

zoll·frei *Adj* (形); 〈Waren, Güter 商品，货物〉 so, dass man dafür keinen Zoll (1) zahlen muss 免交关税的，免税的 ↔ zollpflichtig

Zoll|grenz·be·zirk *der*; das Gebiet entlang e-r (Staats) Grenze, das häufig kontrolliert wird 边境海关检查地区

Zoll·kon·trol·le *die*; die Prüfung, ob Reisende Waren über die (Staats)Grenze transportieren, für die sie Zoll (1) zahlen müssen 海关检查，海关检验

Zöll·ner *der*; *-s*, -; *gespr* [口]; ein Beamter (der Zollbehörde) *bes* an e-r (Staats)Grenze 边境海关官员 ‖ *hierzu*（派生）**Zöll·ne·rin** *die*；-，*-nen*

zoll·pflich·tig *Adj*（形）；*nicht adv*（不作状语）；〈Waren, Güter 商品，货物〉 so, dass man dafür Zoll (1) zahlen muss 应纳关税的，需纳关税的 ↔ zollfrei

Zoll·stock *der*；ein Stab zum Messen (mit e-r Einteilung in Zentimeter u. Millimeter), den man zusammenklappen kann(刻有厘米毫米的)折尺 ≈ Metermaß

Zom·bie *der*；*-s*，*-s* **1.** e-e zum Leben erweckte, willenlose Leiche in e-m Horrorfilm(恐怖影片中的)还魂尸体，起死回生的尸体 **2.** *gespr pej*［口］［贬］；ein Mensch, der so aussieht u. wirkt wie ein Z. (1) 活僵尸，行尸走肉

Zo·ne *die*；-，*-n* **1. die/e-e** + *Adj*（形容词）+ **Z.** ein (*mst* geographisches) Gebiet mit den je-weils genannten Eigenschaften… 地区、地带：*e-e entmilitarisierte, atomwaffenfreie Z.* 非军事区，无核区；*die tropische, arktische Z.* 热带地区，北极地区 ‖ -K（复合）：***Erdbeben-, Gewitter-, Hochdruck-, Kaltluft-; Gletscher-, Seen-, Ufer-, Wald-; Dreimeilen-; Besatzungs-, Fischerei-, Freihandels-, Gefahren-, Gefechts-, Grenz-, Kampf-, Klima-, Puffer-, Rand-, Sperr-, Störungs-, Zeit-*** **2.** ein (begrenztes) Gebiet, in dem bestimmte Preise (*bes* für das Telefonieren u. die öffentlichen Verkehrsmittel) gelten (适用电话和公共交通工具计费的)地段，区域 ‖ K-（复合）：***Zonen-, -tarif*** ‖ -K（复合）：***Gebühren-; Fern-, Nah-*** **3. *die Z.*** *hist, neg!*［历］［侮］*Kurzw*（略）↑ ***Ostzone***

Zoo *der*；*-s*，*-s*；e-e Art Park, in dem Tiere in Gehegen od. Käfigen gezeigt (u. auch gezüchtet) werden 动物园〈e-n Z. besuchen 参观一个动物园；in den Z. gehen 去动物园〉‖ K-（复合）：***Zoo-, -besucher, -direktor, -tier***

Zoo·lo·gie［tsoo-］*die*；-；*nur Sg*（只用单数）；die Wissenschaft, die sich mit den Tieren u. ihrer Art zu leben beschäftigt 动物学 ≈ Tierkunde ‖ *hierzu*（派生）**Zoo·lo·ge** *der*；*-n*，*-n*；**Zoo·lo·gin** *die*；-，*-nen*

zoo·lo·gisch［tsoo-］*Adj*（形）；*nur attr od adv*（只作定语或状语）；die Zoologie betreffend 动物学的 ‖ NB（注意）：↑ ***Garten***

Zoom［zu:m］*der*；*-s*，*-s*；FOT, FILM【摄影】【电影】**1.** ein Objektiv, das man stufenlos verstellen kann, um nahe od. ferne Objekte zu fotografieren / filmen 变焦距物镜 **2. *Z. auf j-n/etw.*** die Handlung, ein Objekt mit e-m Z. (1) näher heranzuholen 把镜头推近某人/某物

Zopf *der*；*-(e)s*，*Zöp·fe* **1.** lange Haare, die in drei gleich starke Teile gebunden (geflochten) sind 辫子〈Zöpfe flechten, tragen 编、留辫子〉**2.** ein *mst* süßes Brot in der Form e-s breiten Zopfes (1) 麻花甜面包 ‖ ↑ *Abb. unter* 图见 ***Brot*** ‖ -K（复合）：***Mohn-, Nuss-*** **3. *ein alter Z.*** *gespr*［口］；etw., das jeder schon weiß u. das niemanden mehr interessiert 尽人皆知的陈腐老套

Zorn *der*；*-(e)s*；*nur Sg*（只用单数）；***Z.*** （***auf j-n/über etw.***（*Akk* 四格））ein starkes Gefühl des Ärgers 愤怒，恼怒，气愤 ≈ Wut〈blinder, ohnmächtiger, maßloser Z. 盲目的、无奈的、极端的愤怒；j-n packt der Z. 怒火攫住某人(某人被激怒)；in Z. geraten 感到愤怒；rot, bleich vor Z. sein 气得满脸通红，脸色刷白；etw. erregt j-s Z. 某事激起某人的怒火；von Z. erfüllt sein 满腔怒火〉；*im Z. e-n Stuhl zertrümmern* 盛怒下将一把椅子摔碎 ‖ K-（复合）：***zorn-, -bebend, -rot, -schnaubend; Zorn-, -ausbruch; Zornes-, -falte, -röte, -tränen***

Zor·nes·ader *die*；e-e (senkrechte) Ader auf der Stirn, die bei manchen Leuten sichtbar wird, wenn sie wütend sind 额上的青筋

zor·nig *Adj*（形）；voller Zorn 愤怒的，气愤的，发怒的 ≈ wütend〈ein Mensch 人；z. sein, werden 很气愤，会愤怒的〉

Zo·te *die*；-，*-n*；*pej*［贬］；ein Witz (über ein sexuelles Thema), der als unanständig empfunden wird 下流的笑话，猥亵的玩笑 ‖ *hierzu*（派生）**zo·tig** *Adj*（形）

Zot·teln *die*；*Pl*（复）；lange, *mst* unordentliche od. schmutzige Haare 蓬头散发 ‖ *hierzu*（派生）**zot·te·lig, zott·lig** *Adj*（形）

zot·tig *Adj*（形）**1.** mit dichten u. wirren Haaren 有厚密毛发的〈ein Fell, ein Pelz 毛皮〉**2.** *pej*［贬］；lang u. unordentlich 蓬乱的，又长又乱的 ≈ zott(e)lig〈Haare, e-e Mähne, ein Bart 头发，鬣毛，胡子〉

z.T. *Abk* 缩写；↑ ***Teil***[1] (2)

zu[1]［tsu:］，*unbetont*（非重读）［tsʊ］ *Präp*（介）；*mit Dat*（支配三格）**1.** verwendet, um das Ziel e-r Bewegung anzugeben(表示运动的目标)去，往，向：*zum Bahnhof fahren* 驶向火车站；*zur Bank, Post, Schule, Arbeit gehen* 去银行、邮局、学校、上班 **2.** verwendet, um sich auf e-e Veranstaltung zu beziehen, bei der viele Leute zusammenkommen(表示去参加活动)去参加：*zur Party gehen/kommen* 去/来参加聚会；*zu e-r Tagung fahren* 乘车或开车去参加会议；*zu e-m Kongress eingeladen sein* 被邀请去参加代表大会 **3.** verwendet, um die Position, Lage *o.Ä.* e-r Person/Sache anzugeben(表示位置、状态)在，于〈zu Hause, zu Lande u. zu Wasser, zur Rechten, zur Linken 在家，经水、陆两路，在右边，在左边〉**4.** verwendet, um sich auf den angegebenen Zeitpunkt od. Zeitraum zu beziehen (表示所指的时间)在，当，在…时候〈zu Beginn, zum Schluss 开始时，结束时；zu Weihnachten/Ostern/Pfingsten 在圣诞节/复活节/圣灵降临节；zu jeder/keiner Zeit 随时/任何时候都不〉：*Die Wohnung kann zum 15. April bezogen werden* 这套住房到4月15日可以搬进去了 **5.** verwendet, um die Art u. Weise e-r Fortbewegung zu bezeichnen(表示行进的方式，方法)以，由〈zu Fuß, zu Pferd 走路，骑马〉**6.** verwendet, um die Zahl der beteiligten Personen anzugeben(表示参与的人数)…一起(道、伙、块儿、组)〈zu zweit, zu dritt, zu viert *usw* 两人、三人、四人一起；zu

Tausenden 成千上万的人群〉**7.** verwendet, um auszudrücken, inwieweit etw. zutrifft *o.Ä.*（表示程度）〈zum Teil, zur Hälfte, zur Gänze 一部分，一半，全部〉**8.** verwendet, um die Menge anzugeben（表示数量）：*Wir geben Benzin nur in Kanistern zu 50 Litern ab* 我们只出售50升一桶的桶装汽油 **9.** verwendet, um sich auf den Preis e-r Ware zu beziehen（表示价格）以：*Im Kaufhaus werden Socken zu 4 Euro das Paar angeboten* 百货商店出售每双4欧元的短袜；*zu e-m vernünftigen, zum halben Preis* 以合理的价格，以半价 **10.** verwendet, um den Anlass od. Zweck e-r Handlung anzugeben（表示行为的动机或目的）为，作为：*j-m etw. zum Geburtstag schenken* 赠送某人某物作为生日礼物；*etw. nur zum Spaß/Vergnügen tun* 只是为了逗乐/消遣而做某事；*zu Ehren der Gäste e-e Rede halten* 为向客人表示敬意而致词 **11.** verwendet, um ein Ergebnis e-s Spiels auszudrücken（表示比赛的结果）比：*Das Fußballspiel endete drei zu zwei*（geschrieben 3：2）足球赛以3：2结束 **12.** verwendet, um das Ergebnis od. die Folge e-s Vorgangs od. e-r Handlung zu bezeichnen（表示事件或行为的结果）：*j-n zum Lachen, Weinen, zur Verzweiflung bringen* 使某人笑、哭、绝望；*zu einem Ergebnis kommen* 得出结果；*zum Dieb werden* 成为小偷；*etw. zerfällt zu Staub* 某物化为尘土 **13.** verwendet, um das Ziel od. den Zweck e-r Handlung anzugeben（表示行为的目的）为了：*Er geht jeden Abend zum Kegeln* 他每晚都去玩保龄球 **14.** verwendet mit e-m vom Verb abgeleiteten Substantiv, um die Voraussetzungen für etw. anzugeben（与动名词连用，表示前提条件）：*Zum Fotografieren braucht man e-e gute Kamera* 照相得有一个好相机 **15.** verwendet im Namen von Gaststätten *o.Ä.*（用在旅店等的名字中）：*der „Gasthof zum Ochsen“* "公牛客栈"；*das „Hotel zur Post“* "邮局旅店" **16.** verwendet, um auszudrücken, dass etw. zu etw. gehört（表示从属，搭配）：*Zu Fisch trinkt man Weißwein, zu Wild Rotwein* 吃鱼要喝白葡萄酒，吃野味要喝红葡萄酒；*Die Schuhe passen nicht zu diesem Kleid* 这双鞋不配这条连衣裙 **17. zum Ersten, Zweiten, Dritten** *usw* ≈ erstens, zweitens, drittens *usw*

zu² [tsuː], *unbetont*（非重读）[tsʊ] *Adv*（副）**1.** verwendet, um auszudrücken, dass etw. in Richtung auf j-n od. etw. hin geht *o.Ä.*（表示方向）朝，向，往〈dem Ende zu 接近尾声〉：*Wir haben zwei Zimmer vermietet – eins geht dem Hof zu u. eins der Straße zu* 我们出租了两间房，一间对着院子，一间临街 **2.** verwendet, um j-n aufzufordern, mit etw. weiterzumachen（表示要求继续干下去）〈Nur zu! 接着干！; Immer zu! 一直干！〉**3. zu** + *Adj*（形容词）; drückt aus, dass etw. in e-m nicht mehr akzeptablen od. angemessenen Grad zutrifft（表示不再合适或过分）太〈zu alt, groß, klein, lang, teuer, viel, wenig *usw* 太老、大、小、长、贵、多、少〉：*Du bist zu spät gekommen – der Film hat schon angefangen* 你来得太迟了——电影已经开始了 **4.** verwendet, um j-n aufzufordern, etw. zu schließen（表示请人关闭）关，关上：*Tür zu, es zieht!* 把门关上，有穿堂风！**5. etw. ist zu** *gespr*［口］etw. ist geschlossen od. verschlossen, etw. ist nicht offen（物作主语）是关上的，是锁上的，关着，打烊了：*Das Fenster ist zu* 窗户是关着的；*Die Bank war schon zu, ich konnte das Geld nicht mehr einzahlen* 银行已经关门了，我的钱没法存了 ‖ NB（注意）：↑ *Abb. unter* 图见 **Eigenschaften 6. zu sein** *gespr*［口］; im Alkohol- od. Drogenrausch sein 喝得酩酊大醉或上了毒瘾 ‖ ID［谚］**Was z. viel ist, ist z. viel!** *gespr*［口］; verwendet, um auszudrücken, dass man etw. nicht mehr ertragen kann od. will（我）真是无法忍受！（我）实在忍无可忍！

zu³ [tsʊ] *Konjunktion*（连）**1. zu** + *Infinitiv*（不定式）; verwendet, um an bestimmte Verben, Substantive u. Adjektive ein Verb im Infinitiv anzuschließen（用在动词、名词和形容词后，连接动词不定式）：*Zimmer zu vermieten* 出租房间；*Es fängt an zu regnen* 开始下雨了；*Hier gibt es immer viel zu sehen* 这儿总有很多可看的；*Er gab uns zu verstehen, dass er nichts mit uns zu tun haben wollte* 他曾暗示我们，他不想与我们有任何关系；*Was ist noch zu tun?*（= Was muss noch getan werden?）还有什么要干的？；*Das Problem ist leicht zu lösen* 这个问题容易解决 **2. zu** + *Partizip Präsens*（现在分词）+ *Subst*（名词）; verwendet, um e-e Möglichkeit, Erwartung, Notwendigkeit *o.Ä.* auszudrücken（表示可能性，期待，必要性等）：*die zu erwartende Flut von Protesten* 意料中的抗议声浪；*die zu klärenden Fragen* 有待澄清的问题

zu- *im Verb, betont u. trennbar, sehr produktiv*（构成动词，重读并可分，构词强）; Die Verben mit *zu-* werden nach folgendem Muster gebildet（zu-动词的模式如下）：*zumachen – machte zu – hat zugemacht*

1. *zu-* drückt aus, dass etw., das offen war, geschlossen, bedeckt od. gefüllt wird（表示关闭、盖住、塞满）↔ auf-;

zufrieren：*Der See ist zugefroren* 湖面已封冻 ≈ Die Oberfläche des Sees ist so stark gefroren, dass der See ganz mit Eis bedeckt ist

ebenso（同类词有）：**j-n/sich/etw. zudecken, etw. zuklappen, etw. zukleben,（etw.）zumachen, etw. zunageln,（etw.）zunähen, etw. zuscharren, etw. zuschaufeln, etw. zuschieben,（etw.）zuschrauben,（etw.）zuschütten; zuheilen, zuwachsen**

2. auf j-n/etw. zu- *zu-* drückt die Richtung direkt auf j-n/etw.（hin）aus（表示径直的方向）向，朝，往 ↔ weg-（von j-m/etw.）;

auf j-n/etw. zugehen：*Er ging auf die Frau zu* 他向那位妇人走去 ≈ Er ging（direkt）in die Richtung, in der die Frau war

ebenso（同类词有）：**sich auf j-n/etw. zubewegen, auf j-n/etw. zufahren, auf j-n/etw. zu-**

Z

fliegen, ***auf j-n/etw. zukommen***, ***auf j-n/etw. zulaufen***, ***auf j-n/etw. zumarschieren***, ***auf j-n/etw. zureiten***, ***auf j-n/etw. zuschreiten***, ***auf j-n/etw. zuspringen***, ***auf j-n/etw. zuströmen***, ***auf j-n/etw. zustürmen***, ***auf j-n/etw. zuwanken***

3. *zu-* drückt aus, dass sich j-d durch e-e Geste *o.Ä.* an e-e bestimmte Person wendet(*bes* ihr etw. signalisiert)(表示传递信息、示意);

j-m zublinzeln: *Sie blinzelte ihrem Mann verstohlen zu* 她悄悄地向她丈夫眨眼示意 ≈ Sie blinzelte u. wollte ihrem Mann damit heimlich etw. sagen

ebenso (同类词有): ***j-m zujubeln***, ***j-m zulächeln***, ***j-m zulachen***, ***j-m zunicken***, ***j-m zutrinken***, ***j-m zuwinken***, ***j-m zuzwinkern***

4. *zu-* drückt aus, dass j-d/ein Tier e-e Handlung mit viel Energie u. Willenskraft ausführt(表示使劲用力);

zuschlagen: *Als sie die Schlange sah, nahm sie einen Stock u. schlug zu* 她一看到蛇就操起一根棍子使劲打 ≈ Sie schlug mit dem Stock auf die Schlange u. wollte sie treffen od. töten

ebenso(同类词有): ***zubeißen***, ***zugreifen***, ***zulangen***, ***zupacken***, ***zuschnappen***

5. *zu-* drückt aus, dass j-d etw. bekommt(表示得到);

j-m etw. zuweisen: *Die Wohnung wurde ihm vom Gemeindeamt zugewiesen* 这套住房是区政府分给他的 ≈ Das Gemeindeamt bestimmte, dass er diese Wohnung haben solle

ebenso(同类词有): ***j-m etw. zubilligen***, ***j-m etw. zuerkennen***, ***j-m etw. zumessen***, ***j-m etw. zusichern***, ***j-m etw. zuspielen***, ***j-m etw. zuteilen***

6. *zu-* drückt aus, dass noch j-d/etw. zu e-r vorhandenen Gruppe od. Menge kommt(表示添加、增添) ↔ ab-, weg-;

(***etw.*** (*Dat* 三格)) ***etw. zugeben***: *Mehl u. Butter kneten u. etwas Milch z.* 把面粉和黄油揉和,然后再往里加点奶; *dem Teig etwas Milch z.* 往面团里加点奶 ≈ Milch mit dem Mehl u. der Butter mischen

ebenso(同类词有): (***etw.*** (*Dat* 三格)) ***etw. zugießen***, ***etw. zukaufen***, ***j-n/etw. etw.*** (*Dat* 三格) ***zurechnen***, (***j-m/etw.***) ***etw. zuschießen***, ***j-m/etw. etw. zuwenden***

7. *zu-* drückt aus, dass man etw. e-e bestimmte Form gibt, etw. in e-n bestimmten Zustand bringt(表示使某物具有一定的形状);

etw. zuschneiden: *Sie schneidet den Stoff für ein Kleid zu* 她把料子裁剪成一条连衣裙 ≈ Sie schneidet den Stoff so, dass die Teile die richtige Form für ein Kleid haben

ebenso(同类词有): ***etw. zurichten***, ***etw. zuspitzen***

zu·al·ler·erst *Adv*(副); *gespr* [口] ≈ als Erstes überhaupt

zu·al·ler·letzt *Adv*(副); *gespr* [口] ≈ als Letztes überhaupt

zu·bau·en (*hat*) [Vt] (及物) ***etw. z.*** *mst* ein freies Grundstück dadurch füllen, dass man dort ein Haus baut(多指在一块空地上)建造,盖上(房子)

Zu·be·hör *das*; *-(e)s*; *nur Sg*(只用单数); einzelne Gegenstände, die zu e-m technischen Gerät, e-r Maschine *o.Ä.* gehören (u. mit denen man das Gerät besser od. anders nützen kann)附件,配件: *e-e Nähmaschine mit allem Z.* 配件齐全的缝纫机 ‖ -K(复合): ***Auto-***, ***Boots-***, ***Camping-***, ***Kraftfahrzeug-***

zu·bei·ßen (*hat*) [Vi] (不及物) **1.** ***ein Tier beißt zu*** ein Tier fasst, beißt j-n/etw. mit den Zähnen(动物作主语)咬,咬住 **2.** die Zähne kräftig aufeinanderpressen 咬紧牙关,死命咬住

zu·be·kom·men; *bekam zu, hat zubekommen*; [Vt] (及物) ***etw. z.*** *gespr* [口]; etw. schließen können 关得上,能关上,能关好: *den Schrank nicht z., weil die Tür klemmt* 柜子关不上,因为门卡住了

zu·be·rei·ten; *bereitete zu, hat zubereitet*; [Vt] (及物) ***etw. z.*** Speisen (*mst* durch Kochen) zum Essen fertig machen 准备,烹调,做好(饭菜): *das Mittagessen z.* 做好中午饭; *Weißt du, wie man Wild zubereitet?* 你知道怎么做野味吗? ‖ *hierzu*(派生) **Zu·be·rei·tung** *die*; *nur Sg*(只用单数)

zu·be·to·nie·ren; *betonierte zu, hat zubetoniert*; [Vt](及物) ***etw. z.*** e-e Fläche ganz mit (Häusern aus) Beton bedecken 用水泥铺建,把…盖上水泥建筑、铺上水泥马路

zu·bil·li·gen (*hat*) [Vt] (及物) ***j-m etw. z.*** j-m ein Recht *o.Ä* gewähren 批准,同意,承认,认可 ≈ j-m etw. zugestehen, einräumen 〈j-m ein Recht, e-e Erleichterung, mildernde Umstände z.同意给某人权利、放宽限制、减轻罪行〉 ‖ *hierzu*(派生) **Zu·bil·li·gung** *die*; *nur Sg*(只用单数)

zu·bin·den (*hat*) [Vt] (及物) ***etw. z.*** Bänder, Schnüre *usw* so binden, dass etw. geschlossen od. fest ist 扎紧,系住,扣住,拴紧,捆结实: *e-n Sack z.* 系紧袋子

zu·blei·ben (*ist*) [Vi] (不及物) ***etw. bleibt zu*** *gespr* [口]; etw. bleibt geschlossen(物作主语)关着,锁着,合着,关闭着

zu·blin·zeln (*hat*) [Vi] (不及物) ***j-m z.*** j-m mit den Augen (durch Zwinkern) ein Zeichen geben 朝…使眼色,眨眼示意 〈j-m freundlich, aufmunternd, ermutigend z. 向某人使眼色以示友好、鼓励、激励〉

zu·brin·gen (*hat*) [Vt] (及物) **1.** 〈den Abend, den Tag, die Woche *usw* 晚上,白天,星期等〉 (***mit etw.***) ***z.*** während der genannten Zeit etw. Bestimmtes tun od. in e-m bestimmten Zustand sein 度过 ≈ verbringen: *Die letzte Woche habe ich mit Grippe im Bett zugebracht* 上星期我得了流感是躺在床上度过的; *den Abend* damit *z.* zu *lernen* 以学习度过晚上 **2.** ***etw. z.*** *gespr* [口]; etw. schließen können 关得上,能关上,能关紧

Zu·brin·ger *der*; *-s*, *-* **1.** e-e Straße, die andere Straßen (od. e-n Ort) mit der Autobahn verbindet 驶入高速公路的引路 ‖ K-(复合): ***Zubringer-***, ***-straße*** ‖ -K(复合): ***Autobahn-*** **2.** ein Bus *o. Ä.*, der Personen an den Ort bringt, von dem (aus) sie (mit e-m anderen Verkehrsmittel, *bes* e-m Flugzeug) weiterfahren können 机场巴士,民航班车,联运车 ‖ K-(复合): ***Zubringer-***, ***-bus***, ***-dienst***, ***-verkehr***

zu·but·tern (*hat*) Vt (及物) (***j-m***) ***etw. z.*** *gespr*, *mst pej* [口]多用[贬]; j-m für etw. Geld geben (was sich nachher als unrentabel herausstellt) 补贴,接济

Zuc·chi·ni [tsʊˈkiːni] *die*; -, -; *mst Pl* (多用复数) **1.** e-e lange, grüne Frucht, ähnlich wie e-e Gurke, die man als Gemüse isst 西葫芦 ‖ *Abb. unter* 图见 ***Gemüse***

Zucht[1] *die*; -, *-en* **1.** *nur Sg* (只用单数); das Züchten 饲养,培植,培育: *Die Z. von Pandabären ist sehr schwierig* 饲养熊猫很难 ‖ K-(复合): ***Zucht-***, ***-erfolg***; ***-perle*** ‖ -K(复合): ***Bienen-***, ***Fisch-***, ***Hunde-*** *usw*; ***Blumen-***, ***Gemüse-***; ***Perlen-*** **2.** ein Betrieb, in dem Tiere od. Pflanzen gezüchtet werden 饲养场,养殖场: *e-e Z. für Pudel haben* 有一所长卷毛狗的饲养场 **3.** Tiere od. Pflanzen, die durch Zucht (1) entstanden sind (u. besondere Eigenschaften haben) 品种(动、植物): *e-e Z. Rennpferde* 赛马品种; *Kakteen aus verschiedenen Zuchten* 不同品种的仙人掌

Zucht[2] *die*; -; *nur Sg*, *veraltend* (只用单数)[渐旧] ≈ Disziplin, Gehorsam ⟨Z. u. Ordnung 纪律和秩序⟩ ‖ *hierzu* (派生) **zucht·los** *Adj* (形); **Zucht·lo·sig·keit** *die*; *nur Sg* (只用单数)

Zucht- *im Subst*, *wenig produktiv* (构成名词,构词弱); verwendet, um *mst* männliche Tiere zu bezeichnen, die (wegen ihrer guten Eigenschaften) nur zur Fortpflanzung e-r Art dienen(表示用来繁殖优良品种的雄性动物)(育种的)种…; der ***Zuchtbulle***, der ***Zuchteber***, der ***Zuchthengst***, das ***Zuchttier***

züch·ten; *züchtete*, *hat gezüchtet*; Vt (及物) ***Tiere / Pflanzen z.*** Tiere od. Pflanzen halten, um weitere junge Tiere bzw. neue Pflanzen *mst* mit besonderen Eigenschaften zu bekommen 培育,栽培,培植: *Kakteen z.* 培植仙人掌; *Rinder mit hoher Fleischqualität z.* 培育优质肉牛 ‖ *hierzu* (派生) **Züch·ter** *der*; *-s*, -; **Züch·te·rin** *die*; -, *-nen*; **Züch·tung** *die*

Zucht·haus *das* **1.** *hist* [历]; ein Gefängnis für Leute, die besonders schwere Verbrechen begangen hatten 重刑监狱 ‖ K-(复合): ***Zuchthaus-***, ***-strafe*** **2.** *gespr* [口]; ein Gefängnis 监狱

Zucht·häus·ler *der*; *-s*, -; *pej veraltend* [贬][渐旧]; j-d, der im Zuchthaus od. Gefängnis ist od. war 重犯,囚犯,犯人 ‖ *hierzu* (派生) **Zucht·häus·le·rin** *die*; -, *-nen*

züch·tig *Adj* (形); *veraltend od hum* [渐旧]或[诙]; so wie es den guten Sitten entspricht 品行端庄的,庄重的,正经的,羞怯的 ⟨ein Mädchen 姑娘; die Beine z. übereinanderschlagen 端庄地交叉双腿; die Augen z. niederschlagen 羞怯地垂下眼帘⟩ ‖ *hierzu* (派生) **Züch·tig·keit** *die*; *nur Sg* (只用单数)

züch·ti·gen; *züchtigte*, *hat gezüchtigt*; Vt (及物) ***j-n z.*** *geschr* [书]; j-n strafen, *bes* indem man ihn schlägt 罚打,责打 ⟨j-n mit der Rute/Peitsche z. 用鞭子责打某人⟩ ‖ *hierzu* (派生) **Züch·ti·gung** *die*

zu·ckeln; *zuckelte*, *ist gezuckelt*; Vi (不及物) ***irgendwo*** (***hin***) ***z.*** *gespr* [口]; langsam gehen od. fahren 慢吞吞地走,慢慢开车

zu·cken; *zuckte*, *hat gezuckt*; Vi (不及物) **1.** e-e kurze, schnelle Bewegung machen (die man nicht kontrollieren kann) 抽搐,抽动: *Er zuckte, als ihm der Arzt die Spritze gab* 当医生给他打针时,他抽搐了一下 **2.** ***etw. zuckt*** etw. leuchtet kurz (mehrmals hintereinander) (物作主语) 闪光,闪烁,闪亮,闪动,闪耀 ⟨Blitze, Flammen 闪电,火焰⟩ **3.** ***mit den Schultern / Achseln z.*** die Schultern kurz heben u. so ausdrücken, dass man etw. nicht weiß od. dass es einem gleichgültig ist 耸肩膀(表示不知道或无所谓); Vt (及物) **4.** ***die Schultern / Achseln z.*** ≈ mit den Schultern/Achseln z.

zü·cken; *zückte*, *hat gezückt*; Vt (及物) **1.** ***etw. z.*** e-e Waffe schnell in die Hand nehmen, um zu kämpfen 抽出,拔出 ⟨das Schwert, den Dolch, die Pistole z. 拔出剑、匕首、手枪⟩ **2.** ***etw. z.*** *gespr hum* [口][诙]; etw. aus e-r Tasche nehmen, um es zu verwenden 拿出,取出,掏出 ⟨die Brieftasche, den Füller z. 取出钱包、钢笔⟩

Zu·cker *der*; *-s*, - **1.** *nur Sg* (只用单数); e-e weiße od. braune Substanz (in Form von Pulver, kleinen Kristallen od. Würfeln), mit der man Speisen u. Getränke süß macht 食糖,糖 ⟨brauner, weißer, feiner Z. 红糖,白糖,绵白糖; ein Stück, ein Löffel Z. 一块糖,一匙糖; etw. mit Z. süßen 给某物加糖; süß wie Z. 像糖一样甜⟩: *Nehmen Sie Z. in den / zum Tee?* 您喝茶加糖吗?; *Ich trinke den Kaffee ohne Z.* 我喝咖啡不加糖 ‖ K-(复合): ***Zucker-***, ***-dose***, ***-fabrik***, ***-glasur***, ***-guss***, ***-lösung***, ***-raffinerie***, ***-streuer***, ***-wasser*** ‖ -K(复合): ***Kandis-***, ***Kristall-***, ***Puder-***, ***Staub-***, ***Würfel-***; ***Rohr-***, ***Rüben-***; ***Roh-*** ‖ *zu* (派生) ***Zuckerdose*** ↑ *Abb. unter* 图见 ***Frühstückstisch*** **2.** CHEM【化】; eine von mehreren süß schmeckenden Substanzen, die in Pflanzen gebildet werden 糖 ‖ -K(复合): ***Frucht-***, ***Trauben-***, ***Malz-*** **3.** *nur Sg*, *gespr* (只用单数)[口] ≈ Diabetes ⟨Z. haben 有糖尿病; an Z. leiden, erkrankt sein 患糖尿病⟩ ‖ *zu* (义项) **1.** u. **2.** **zu·cker·hal·tig** *Adj* (形); *nicht adv* (不作状语); **zu·cke·rig**, **zuck·rig** *Adj* (形)

Zu·cker·brot *das*; *mst in* 多用于 ***mit Z. und Peitsche*** *mst hum* 多用[诙]; je nach Situation od. je nach Laune abwechselnd mit freundlichen Worten u. Versprechungen bzw. mit Drohungen u. Strafen 软硬兼施,恩威并用,威逼利诱

Zu·cker·krank·heit *die*; *nur Sg* (只用单数) ≈

Z

Diabetes ‖ *hierzu*（派生）**zu·cker·krank** *Adj*（形）

Zu·ckerl *das*；*-s*，*-(n)* **1.** *südd* Ⓐ *gespr*［南德］［奥］［口］≈ Bonbon **2.** etw. ganz Besonderes 奇特的玩意儿

zu·ckern；*zuckerte*，*hat gezuckert*；Vt（及物）***etw. z.*** etw. mit Zucker süß machen 往…里加糖，给…加糖 ≈ süßen：*den Kaffee z.* 往咖啡里加糖

Zu·cker·rohr *das*；*nur Sg*（只用单数）；e-e hohe，tropische Pflanze mit dicken Stängeln，aus denen man Zucker macht 甘蔗 ‖ K-（复合）：***Zuckerrohr-***，***-plantage***

Zu·cker·rü·be *die*；e-e Rübe，aus der man Zucker macht 甜菜，糖萝卜

Zu·cker·spie·gel *der*；*nur Sg*（只用单数）；die Menge an (Blut)Zucker，die j-d im Blut od. Harn hat（血或尿中的）含糖量

zu·cker·süß *Adj*（形）**1.** ≈ sehr süß：*Die Trauben sind z.* 葡萄十分甜 **2.** *gespr*，*mst pej*［口］多用［贬］；übertrieben freundlich od. liebenswürdig 过分友好的，过于亲热的

Zu·cker·wat·te *die*；*nur Sg*（只用单数）；e-e Art Schaum aus Zucker，der wie Watte aussieht (u. den *bes* Kinder gern essen) 棉花糖

Zu·ckung *die*；*-*，*-en* **1.** e-e schnelle，kurze，unkontrollierte Bewegung des Körpers od. seiner Teile 抽搐，痉挛，抽筋〈nervöse，krampfartige，leichte Zuckungen haben 有神经性的、痉挛状的，轻微的抽搐〉**2.** ***j-d/etw. liegt in den letzten Zuckungen*** *gespr*［口］；j-d/etw. hat nicht mehr viel Kraft，Macht，Geld *usw*（人/物作主语）作最后挣扎；秋后蚂蚱，蹦不了几天

zu·de·cken（*hat*）Vt（及物）**1.** ***etw. z.*** e-n Deckel *o. Ä.* über etw. legen 把…盖上，遮住（指物）：*den Topf z.* 盖上锅 **2.** ***j-n/sich z.*** über j-n/sich e-e Decke legen 给…盖上被子/给自己盖被子

zu·dem *Adv*（副）；*geschr*［书］≈ außerdem

Zu·drang *der*；*-(e)s*；*nur Sg*（只用单数）≈ Andrang

zu·dre·hen（*hat*）Vt（及物）**1.** ***etw. z.*** etw. dadurch schließen，dass man an e-m kleinen Rad，e-r Kurbel，e-r Schraube *o. Ä.* dreht 关上，拧上，旋紧：*den Wasserhahn z.* 关上水龙头 **2.** *mst* 多用 ***j-m den Rücken/das Gesicht z.*** sich so drehen，dass der Rücken/das Gesicht zu j-m gewendet ist 把背/脸转向某人；Vr（反身）**3.** ***sich j-m z.*** sich so drehen，dass man j-n ansieht 转身面向，转过去看

zu·dring·lich *Adj*（形）**1.** ≈ aufdringlich **2.** ***z. werden*** j-n sexuell belästigen 调戏，纠缠，骚扰 ‖ *hierzu*（派生）**Zu·dring·lich·keit** *die*

zu·drü·cken（*hat*）Vt（及物）**1.** ***etw. z.*** etw. dadurch schließen，dass man darauf drückt 压紧，按紧，摁住，关上：*e-e schwere Tür z.* 把一扇沉重的门关紧；Vi（不及物）**2.** kräftig drücken 压住，使劲按住

zu·ei·nan·der *Adv*（副）；e-e Person/Sache zu der anderen（drückt e-e Gegenseitigkeit aus）相互，彼此：*Seid nett z.!* 你们彼此友好点！

zu·ei·nan·der·fin·den；*fanden zueinander*，*haben zueinandergefunden*；Vi（不及物）〈*mst* zwei Personen 多指两人〉***finden zueinander*** zwei Personen bauen e-e enge Beziehung zueinander auf 建立亲密关系，彼此相处融洽，彼此合得来

zu·ei·nan·der·hal·ten；*hielten zueinander*，*haben zueinandergehalten*；Vi（不及物）〈Personen 人们〉***halten zueinander*** zwei od. mehrere Personen helfen u. unterstützen sich gegenseitig 互相帮助，互相支持

zu·ei·nan·der·pas·sen；*passten zueinander*，*haben zueinandergepasst*；Vi（不及物）〈Personen，Dinge 人们，物〉***passen zueinander*** zwei od. mehrere Personen od. Dinge haben ähnliche Eigenschaften，harmonieren（人/物作主语）彼此相配，般配，合得来，意气相投

zu·er·ken·nen；*erkannte zu*，*hat zuerkannt*；Vt（及物）***j-m etw. z.*** bestimmen（*bes* durch den Beschluss e-s Gerichtes），dass j-d etw. bekommt 判给，裁定给 ≈ j-m etw. zusprechen〈j-m e-n Preis，ein Recht，e-e Entschädigung z. 判给某人一项奖励、权利、一笔赔偿费〉‖ *hierzu*（派生）**Zu·er·ken·nung** *die*；*nur Sg*（只用单数）

zu·erst，**zu·erst** *Adv*（副）**1.**（als Erstes）vor allen anderen Tätigkeiten 首先，先 ↔ zuletzt：*Ich möchte mir z. die Hände waschen* 我想先洗一下手；*Z. muss man Butter u. Zucker schaumig rühren，dann das Mehl dazugeben* 先得将黄油和糖搅得起泡沫，再往里加面粉 **2.** als Erste(r) od. Erstes 第一个，最先，先：*Sie war z. da* 她是第一个到的；*Spring du z.!* 你先跳！**3.** zum ersten Mal 第一次，初次，最初 ≈ erstmalig：*Die Atombombe wurde z. von den Amerikanern gebaut* 原子弹最初是由美国人制造的 **4.** während der ersten Zeit 当初，开始的时候，起先 ≈ anfangs：*Z. hat die Wunde sehr wehgetan* 开始的时候伤口很疼

zu·fah·ren（*ist*）Vi（不及物）**1.** ***auf j-n/etw. z.*** ↑ ***zu-***（2）**2.** *gespr*［口］≈ losfahren，weiterfahren：*Los，fahr doch zu!* 走吧，（继续）开车！（上路！）

Zu·fahrt *die*；e-e Straße od. ein Weg zu e-m Ort od. Haus（aber nicht weiter als bis dorthin）车辆入口通道，引道 ‖ K-（复合）：***Zufahrts-***，***-straße***，***-weg***

Zu·fall *der*；ein Ereignis，das nicht geplant wurde u. das nicht notwendigerweise so geschehen musste 偶然事件，意外事件，偶然，巧合〈ein seltsamer，merkwürdiger，(un)glücklicher Z. 罕见的、奇特的、幸运的（倒霉的）偶然事件；etw. ist (reiner/purer) Z. 某事纯属偶然；e-e Reihe von Zufällen 一系列偶然事件；durch Z. 偶然地，意外地；etw. dem Z. überlassen，verdanken 让某事听其自然，某事感谢运气；j-m kommt der Z. zu Hilfe 意外事件帮了某人的忙〉：*Wenn man dreimal hintereinander e-e „6" würfelt，ist das ein Z.* 掷色子时如果连续三次掷出"6"，那只是巧合 ‖ K-（复合）：***Zufalls-***，***-bekanntschaft***，***-fund***，***-treffer***；***zu-***

Z

falls-*, *-bedingt

zu·fal·len (*ist*) [Vi] (不及物) **1. etw. fällt zu** etw. schließt sich mit e-r schnellen Bewegung(物作主语)自动关上,关闭:*Die Klapptür fiel plötzlich zu* 折叠门忽然自动关上了 **2. etw. fällt j-m zu** etw. wird j-s Eigentum(物作主语)归…所有:*Nach dem Tod des Vaters fiel den Kindern das gesamte Vermögen zu* 父亲死后全部财产都归孩子们所有 **3. etw. fällt j-m zu** etw. muss von j-m getan werden(物作主语)由…承担(完成),落在…的头上,是…的事:*Mir fiel es/die Aufgabe zu, ihm unseren Plan zu erklären* 向他解释我们计划的任务落到了我的头上 **4. etw. fällt j-m zu** j-d braucht sich nicht anzustrengen, um etw. zu bekommen od. zu erledigen (物作主语)由…轻而易举地得到、完成了 ‖ ID [谚] ***j-m fallen die Augen zu*** j-d kann sich kaum noch wach halten 某人眼皮直打架,困得眼睛都睁不开

zu·fäl·lig *Adj*(形) **1.** durch e-n Zufall 偶然的,意外的:*Wir haben uns z. auf der Straße getroffen* 我们在街上巧遇了 **2.** *gespr* [口] ≈ vielleicht:*Weißt du z., wann der letzte Bus fährt?* 你大概知道末班公共汽车几点开吧? ‖ *hierzu*(派生) **zu·fäl·li·ger·wei·se** *Adv*(副);*zu* (义项) **1 Zu·fäl·lig·keit** *die*

zu·flie·gen (*ist*) [Vi](不及物) **1. *auf j-n/etw. z.*** ↑ ***zu-*** (2) **2. *ein Vogel fliegt j-m zu*** ein Vogel, der seinem Besitzer entkommen ist, fliegt zu j-d anderem u. bleibt bei ihm(鸟作主语)(离主人而去)飞向,飞往 **3. *etw. fliegt j-m zu*** j-d bekommt od. erreicht etw., ohne sich dafür anstrengen zu müssen(物作主语)轻易地让…得到,达到 ≈ etw. fällt j-m zu (4):*Meiner Schwester fliegt alles zu, sie muss kaum lernen* 我妹妹用不着怎么学习,一切都轻松如意 **4. *etw. fliegt zu*** *gespr* [口] ≈ etw. fällt zu(1) ⟨e-e Tür, ein Fenster 门,窗⟩

zu·flie·ßen (*ist*) [Vi] (不及物) **1. *etw. fließt etw.*** (*Dat* 三格) ***zu*** etw. fließt in e-n Fluss, in ein Meer *o. Ä.*(物作主语)流入,流进,流往,流向:*Die Donau fließt dem Schwarzen Meer zu* 多瑙河流入黑海 **2. *etw. fließt j-m/etw. zu*** j-d/e-e Organisation bekommt etw. (in Form von Geld)(物作主语)归…所有,注入,涌入,流入(指金钱):*Die Einnahmen fließen e-m wohltätigen Verein zu* 收入归一个慈善协会所有 ‖ ▶ ***Zufluss***

Zu·flucht *die*; *mst Sg*(多用单数)**1.** ein Ort od. e-e Person, die j-m Schutz u. Hilfe geben, wenn er in Gefahr, Not ist 避难处,庇护所,容身之地⟨j-m Z. geben, bieten, gewähren 给某人提供避难处; bei j-m/irgendwo Z. suchen, finden 在某人处/某处寻找、找到避难所⟩ ‖ K-(复合): ***Zufluchts-*, *-ort*, *-stätte*** **2. *zu etw. Z. nehmen*** *geschr* [书]; etw. verwenden, von dem man glaubt, dass es einem hilft 乞灵于…,用…来逃避现实,以…来求得宽慰 ⟨zu e-r Lüge, zum Alkohol, zu Drogen Z. nehmen 乞灵于谎话、饮酒、吸毒⟩

Zu·fluss *der* **1.** ein Bach, Fluss *o. Ä.*, der in e-n anderen Bach, Fluss, in e-n See *usw* fließt 溪流,支流:*Der See hat mehrere Zuflüsse* 这个湖有好几条河流入 **2.** *nur Sg*(只用单数); das Zufließen (2)流入,涌来:*der Z. von Spenden* 捐款源源而来

zu·flüs·tern (*hat*) [Vt] (及物) ***j-m etw. z.*** j-m etw. leise sagen 向…低语、耳语

zu·fol·ge *Präp* (介); *mit Dativ, nachgestellt* (支配三格,后置); verwendet, um sich auf j-s Angaben od. auf den Wortlaut von etw. zu beziehen 依照,按照,根据,依据,基于:*Dem Zeugen z./Seiner Aussage z. hatte der Radfahrer keine Schuld an dem Unfall* 根据证人的证词/他的陈述骑自行车的人对这起事故没有责任

zu·frie·den *Adj* (形); ***z.*** (***mit j-m/etw.***); ***z. über etw.*** (*Akk* 四格) froh, dass alles so ist, wie man es will (sodass man also keine neuen Wünsche hat u. nichts kritisieren muss)满意的,称心如意的,心满意足的,满足的⟨ein Mensch人; ein zufriedenes Gesicht machen 露出一副满意的表情; z. sein, aussehen, wirken是满意的,看上去满意,显得满意⟩:*mit j-s Leistungen z. sein* 对某人的成绩是满意的; *z. (darüber) sein*, dass *etw. funktioniert hat* 对某物正常运转感到满意 ‖ ID [谚] ***es z. sein*** *veraltend* [渐旧]; mit etw. einverstanden sein 同意,赞同 ‖ *hierzu*(派生) **Zu·frie·den·heit** *die*; *nur Sg*(只用单数)

zu·frie·den.ge·ben, sich; *gibt sich zufrieden, gab sich zufrieden, hat sich zufriedengegeben*; [Vr] (反身) ***sich mit etw. z.*** etw. als genug od. ausreichend akzeptieren 满足于,对…表示满意:*Ich gebe mich auch mit e-r kleinen Wohnung zufrieden, wenn sie nur e-n Balkon hat* 即使住房小,只要它有阳台,我也满意

zu·frie·den.las·sen; *lässt zufrieden, ließ zufrieden, hat zufriedengelassen*; [Vt](及物) ***j-n z.*** *gespr* [口]; j-n in Ruhe lassen (u. nicht stören) 使安静、安宁、清静,不去打扰 ↔ belästigen

zu·frie·den.stel·len, zu·frie·den stel·len; *stellte zufrieden, hat zufriedengestellt / zufrieden gestellt*; [Vt] (及物) ***j-n z.*** j-s Wünsche od. Erwartungen erfüllen 使满意,使合意,使满足⟨seine Kunden z. 使顾客满意; zufriedenstellende Leistungen 令人满意的成绩⟩ ‖ NB(注意): oft im Partizip Präsens(常用现在分词)!

zu·frie·ren (*ist*) [Vi] (不及物) ***etw. friert zu*** etw. wird ganz von Eis bedeckt(物作主语)冻结,封冻,结冰,上冻⟨ein Weiher, ein See 小池,湖⟩

zu·fü·gen (*hat*) [Vt](及物) **1. *j-m etw. z.*** bewirken, dass j-d etw. Unangenehmes empfindet, Schaden hat *o. Ä.* 使遭受,使蒙受,给…带来⟨j-m Leid, Schmerzen, Unrecht, e-e Niederlage z. 给某人带来悲痛、痛苦,使某人蒙受不公平(待遇)、遭受失败⟩ **2.** (***etw.*** (*Dat* 三格)) ***etw. z.*** e-r Mischung, e-r Speise *o. Ä.* etw. beigeben 增加,添加,补充 ‖ *hierzu*(派生) **Zu·fü·gung** *die*; *nur Sg*(只用单数)

Zu·fuhr *die*; -; *nur Sg* (只用单数); der Vorgang, bei dem Luft, Flüssigkeiten *o. Ä.* irgendwohin fließen od. gebracht werden (wo sie gebraucht werden) 供给,供应,输送 ‖ -K(复合): ***Benzin-, Blut-, Energie-, Luft-, Nahrungs-, Sauerstoff-, Strom-, Wärme-, Wasser-***

zu·füh·ren (*hat*) [Vt] (及物) **1.** (***etw.*** (*Dat* 三格)) ***etw. z.*** etw. zu etw. fließen lassen od. bringen (u. es damit versorgen) 供给,供应,输送: *e-m Gerät Strom z.* 给一台机器设备供电; *Der Gewinn aus diesem Konzert wird wohltätigen Zwecken zugeführt* 这场音乐会的赢利将用于慈善事业 **2.** ***j-m / etw. j-n / etw. z.*** dafür sorgen, dass j-d/etw. zu j-m/ etw. kommt 给…带来,把…领来: *e-r Firma neue Kunden z.* 给公司带来新的客户 **3.** verwendet, zusammen mit e-m Subst., um ein Verb zu umschreiben(与名词连用,改换动词的表达); ***j-n seiner (verdienten) Strafe z.*** ≈ j-n bestrafen; ***etw. (s)einer Lösung z.*** ≈ etw. lösen; ***etw. e-m Zweck, e-r Verwendung z.*** ≈ etw. (für e-n bestimmen Zweck) verwenden; [Vi] (不及物) **4.** ***etw. führt auf etw.*** (*Akk* 四格) ***zu*** etw. führt in die Richtung, in der etw. ist(物作主语)通向,通往,通达,导向: *Der Weg führt direkt auf das Schloss zu* 这条路直通城堡 ‖ *zu* (义项) **1.** u. **2.** **Zu·füh·rung** *die*; *nur Sg* (只用单数)

Zug[1] *der*; *-(e)s, Zü·ge*; mehrere zusammengekoppelte (Eisenbahn)Wagen, die von e-r Lokomotive gezogen werden 火车,列车 ((mit dem)) Zug fahren 乘火车; den Zug nehmen, benutzen 坐,搭乘火车; den Zug erreichen, versäumen, verpassen 赶上、耽误、错过火车; der Zug fährt/läuft (im Bahnhof) ein, hält, fährt ab 火车进站、停站、离站): *der Zug nach Salzburg* 开往萨尔茨堡的列车; *der Zug aus Hannover* 从汉诺威来的列车 ‖ K-(复合): ***Zug-, -abteil, -personal, -restaurant, -schaffner, -verkehr, -verspätung, -telefon, -unglück*** ‖ -K(复合): ***Güter-, Post-; Eil-, Hochgeschwindigkeits-, Schnell-; D-Zug, S-Bahn-Zug, U-Bahn-Zug; Früh-, Nacht-; Eisenbahn-, Nahverkehrs-, Personen-, Sonder-*** ‖ ID [谚] *mst* 多用 ***Er/Sie sitzt im falschen Zug*** *gespr* [口]; er/sie hat e-e falsche Meinung od. hat etw. Falsches getan 他/她搞(弄)错了; ***der Zug ist abgefahren*** *gespr* [口]; dafür ist es zu spät 事情太迟了(意即:已无回天之力)

Zug[2] *der*; *-(e)s, Zü·ge* **1.** die Wirkung e-r Kraft, die etw. in e-e Richtung zieht (1) 引力,吸引 ↔ Druck: *der Zug der Schwerkraft* 重力的吸引 **2.** die Bewegung e-r Figur an e-n anderen Platz bei e-m Brettspiel wie *z. B.* Schach 走棋,一着(棋) (ein kluger, geschickter, guter Zug 一着聪明的、巧妙的、好棋; den nächsten Zug tun/machen 走下一步棋): *j-n in fünf Zügen besiegen* 走五步棋战胜某人 **3.** *nur Sg* (只用单数); die Bewegung (*bes* von Vögeln od. Wolken) über e-e weite Entfernung hinweg 迁移,迁徙,飘动: *der Zug der Vögel in den Süden* 候鸟南迁 ‖ -K(复合): ***Vogel-*** **4.** e-e lange Reihe *bes* von Menschen, die miteinander in dieselbe Richtung gehen 人群,队伍,行列 (sich (*Pl* 复) zum Zug formieren, ordnen 排列成行; im Zug mitmarschieren 列队行进): *Immer mehr Menschen schlossen sich dem Zug von Flüchtlingen an* 越来越多的人加入逃亡者的行列 ‖ -K(复合): ***Braut-, Demonstrations-, Fackel-, Fastnachts-, Fest-, Flüchtlings-, Hochzeits-, Karnevals-, Krönungs-, Leichen-, Masken-, Trauer-*** **5.** ein großer Schluck (咕嘟)一大口: *e-n kräftigen Zug aus der Flasche tun* 从瓶中喝一大口; *Er leerte das Glas in wenigen Zügen* 他几大口就喝完了一杯 **6.** das Einatmen von Tabakrauch 抽、吸一口(烟) (e-n Zug an e-r Zigarette, Zigarre, Pfeife tun, machen 吸一口香烟、雪茄、烟斗) ‖ -K(复合): ***Lungen-*** **7.** *nur Sg* (只用单数); e-e Strömung von *mst* kühler Luft, die man als unangenehm empfindet 冷气流,穿堂风 ≈ Zugluft (im Zug sitzen 坐在穿堂风风口; empfindlich gegen Zug sein 对穿堂风敏感) **8.** *nur Sg* (只用单数);

Der Zug 火 车

Deutschland verfügt über ein gut ausgebautes Eisenbahnnetz. Für Reisen innerhalb Deutschlands ist der Zug das öffentliche Verkehrsmittel, das am häufigsten benutzt wird.

Die deutsche Eisenbahngesellschaft heißt **Deutsche Bahn (DB)**. Es gibt einen Hochgeschwindigkeitszug, den **Intercity Express** (ICE), der zum Beispiel für die Strecke Hamburg-München sechs Stunden braucht. Andere Schnellzüge sind der **Intercity** (IC) und der **Eurocity** (EC). In diesen Zügen muss man einen Zuschlag bezahlen. Regionalzüge sind zum Beispiel der **Interregio** (**IR**) und der **Regionalexpress** (**RE**). Diese halten auch in kleineren Orten.

Die Deutsche Bahn bietet verschiedene Arten von Sonderangeboten und Ermäßigungen an, wie zum Beispiel eine Jahreskarte, die **Bahncard**, mit der man in allen Zügen in Deutschland zu einem ermäßigten Preis fahren kann.

德国拥有一个建设良好的铁路网。对于在德国国内旅行来说,火车是最经常使用的公共交通工具。

德国铁路公司称为**德国铁路(德铁)**。有一种高速火车,**城际特别快车**(ICE),比如说跑汉堡到慕尼黑这一段路需要六个小时。其他快车是**城际快车**(IC)和**欧洲城际快车**(EC)。坐这种火车必须支付加价(附加费)。区域火车有比如**区域间火车**(IR)和**短程快车**(RE)。这些火车在小地方也停靠。

德国铁路提供不同种类的特殊服务和优惠价格,比如年票,**铁路年票**,用这种年票人们可以以低廉价格乘坐德国国内的所有火车。

---

die Strömung der Luft in e-m Ofen 通风，通气〈der Ofen *o. Ä.* hat e-n guten, e-n schlechten, keinen Zug 炉子等通风好、通风不好、不通风〉 **9.** *mst Pl*（多用复数）; die charakteristische Form der Linien beim Schreiben od. Zeichnen 笔划，线条，笔锋〈etw. in/mit schönen, klaren, feinen, groben, kräftigen Zügen schreiben, zeichnen 用漂亮的、简明的、细的、粗的、有力的线条写、画某物〉 ‖ -K(复合): ***Namens-*, *Schrift-*** **10.** der (typische) Gesichtsausdruck, die charakteristischen Eigenschaften von j-s Gesicht 面部表情，面部特征，面貌〈grobe, feine, brutale Züge 粗鲁的、俊美的、凶残的面部特征〉: *e-n verbitterten Zug um den Mund haben* 嘴边挂着一丝内心痛苦的表情 ‖ -K(复合): ***Gesichts-*** **11.** ein (typisches) Merkmal im Charakter e-r Person, e-r Stadt, e-r Landschaft 风貌，特色，特点，特征，气派: *Dieses Stadtviertel trägt noch dörfliche Züge* 这个城区仍带有农村的风貌 ‖ -K(复合): ***Charakter-*, *Wesens-*** **12.** die Bewegung mit den Armen beim Schwimmen 划水（动作）: *ein paar Züge schwimmen* 游几下 ‖ ID［谚］***im Zuge*** + *Gen*（二格） *geschr*［书］; im Zusammenhang mit etw. od. als Folge von etw. 在…过程中，经…: *Im Zuge der Ermittlungen wurden Bestechung u. Betrug festgestellt* 在侦查过程中查明了贿赂和欺骗; ***in einem Zug*** ohne Pause od. Unterbrechung 连续地，不间断地，一口气: *ein Buch in einem Z. lesen* 把一本书一口气读完; ***in großen/groben Zügen*** 〈berichten, erzählen 报告，讲述〉 nur das Wichtigste, ohne Einzelheiten berichten, erzählen 大体地，概括地，摘要地，粗线条地; ***am Zug sein*** handeln müssen 必须行动; ***zum Zug kommen*** die Möglichkeit haben, jetzt zu handeln 可以行动起来，可以动手; ***Zug um Zug*** eines nach dem anderen (ohne Unterbrechung) 连续地，不间断地，一步接一步地，一环扣一环地; ***e-n guten Zug* (*am Leib*) *haben*** *gespr*［口］; viel auf einmal (u. schnell) trinken (können)（能）一下子喝很多; ***etw. in vollen Zügen genießen*** etw. sehr genießen 充分享受、尽情享受; ***in den letzten Zügen liegen*** *gespr*［口］; nicht mehr viel Kraft, Macht, Geld *usw* haben 气息奄奄，命在旦夕，大势已去

Zu·ga·be *die* **1.** ***Z.!*** (*mst* von e-m Publikum im Chor gerufen) verwendet, um e-n Sänger *o. Ä.* aufzufordern, am Ende seines Programms noch etw. darzubieten（多为观众齐声召唤歌手加唱）再来一首！再唱一曲！ **2.** ein Musikstück, das am Ende e-s Konzerts (zusätzlich zum Programm) gespielt wird 加演曲目〈e-e Z. fordern, geben 要求、给加演曲目〉 **3.** das Hinzufügen, Zugeben (2) 附加，附加物

Zu·gang *der* **1.** ***ein Z.* (*zu etw.*)** der Weg, der zu e-m Gebäude od. Gebiet führt 入口，通道，引道: *Alle Zugänge zur Fabrik waren von Streikenden besetzt* 工厂的所有入口都被罢工者占领了 ‖ K-(复合): ***Zugangs-*, *-straße*, *-weg*** **2.** *nur Sg*（只用单数）; die Möglichkeit, j-n/etw. zu sehen, sprechen *o. Ä.* od. in etw. hineinzukommen 接近、见到、进入…的可能性 ≈ Zutritt〈j-m/sich Z. zu j-m/etw. verschaffen 为某人/自己创造见到某人/接近某物的可能性; j-m den Z. zu j-m/etw. verwehren 阻止某人见到某人/接近某物〉 **3.** *nur Sg*（只用单数）; die Möglichkeit od. Fähigkeit, j-n/etw. zu verstehen 理解的可能，理解的能力〈(keinen) Z. zu j-m/etw. haben, finden 对某人/某事(不)能理解，(难以)找到理解的感觉〉 **4.** *mst Pl*（多用复数）; die Menschen od. Dinge, die zu e-r vorhandenen Anzahl hinzukommen 增添的人或物 ‖ -K(复合): ***Neu-***

zu·gäng·lich *Adj*（形）; *nicht adv*（不作状语）; ***z.* (*für j-n/etw.*)** **1.** so, dass man dahin gehen (u. es betreten, benützen, anschauen *o. Ä.*) kann 可进入的，可供使用的，可供参观的: *etw. der breiten Öffentlichkeit z. machen* 把某物对广大公众开放 **2.** bereit, sich für Menschen od. Dinge zu interessieren od. Eindrücke zu empfangen 感兴趣的，易接受的 ≈ aufgeschlossen: *Sie ist für alles, was mit Kunst zu tun hat, sehr z.* 她对所有和艺术有关的东西都非常感兴趣 ‖ *hierzu*（派生） **Zu·gäng·lich·keit** *die*; *nur Sg*（只用单数）

Zug·brü·cke *die*; *hist*［历］; e-e Brücke *bes* über den Graben e-r Burg, die man in die Höhe ziehen konnte, wenn *z. B.* Feinde kamen 吊桥，升降桥，开合桥

zu·ge·ben (*hat*) [Vt]（及物） **1. *etw. z.*** sagen, dass man etw. getan hat, was böse od. nicht richtig war 承认，招认，供认: *Sie gab den Diebstahl zu* 她供认了偷窃行为; *Sie gab zu, die Uhr gestohlen zu haben* 她承认偷了那块手表; *Gib doch zu, dass du gelogen hast!* 你就承认说谎了吧！ **2.** (***etw.* (*Dat*** 三格)) ***etw. z.*** ↑ ***zu-*** (6)

zu·ge·ge·ben **1.** *Partizip Perfekt*（过去分词）; ↑ ***zugeben*** **2.** *Partikel*（小品词）; *betont*（重读）; verwendet, um e-e Aussage einzuleiten, die man zwar (aus Gerechtigkeit) erwähnt, die aber nichts an der Hauptaussage ändert 当然，不错，得承认: *Z., ihr habt euch viel Mühe gemacht, aber es hat nichts genützt* 不错，你们作出了许多努力，但是没有用

zu·ge·ge·be·ner·ma·ßen *Adv*（副）; *geschr*［书］; wie man zugeben muss 正如所承认的那样: *Er hat z. nur zwei Tage für die Prüfung gelernt* 正如他所承认的那样，他为考试只学习了两天

zu·ge·gen *Adj*（形）; *nur in* 只用于 ***z. sein*** *geschr*［书］; anwesend sein 在场，出席了

zu·ge·hen (*ist*) [Vi]（不及物） **1. *auf j-n/etw. z.*** ↑ ***zu-*** (2) **2. *auf j-n z.*** mit j-m (wieder) Kontakt suchen (*bes* nach e-m Streit) 向…求和，求…言归于好: *Wenn keiner auf den anderen zugeht, wird es nie zu e-r Versöhnung kommen* 如果任何一方都不向另一方求和的话，那永远也得不到和解 **3. *etw. geht j-m zu*** *Admin geschr*［牍，书］; j-d bekommt etw. (mit der Post) geschickt（物作主语）送达，邮递到，寄到: *Das Antwortschreiben geht Ihnen in den* *nächsten Tagen zu* 回信在最近几天您就会收到 **4. etw. geht zu** *gespr* [口]; etw. schließt sich od. kann geschlossen werden(物作主语)关上, 关得上 **5. etw. geht etw.** (*Dat* 三格) **zu**; **etw. geht auf etw.** (*Akk* 四格) **zu** etw. wird bald e-n bestimmten Zeitpunkt erreichen(物作主语)临近,迫近,接近〈etw. geht dem Ende, dem Höhepunkt zu 某事临近尾声,接近高潮〉: *Es geht schon auf Mitternacht zu* 已近午夜; **Vimp** (无人称) **6. es geht irgendwie zu** etw. geschieht od. verläuft in e-r bestimmten Art u. Weise 发生,进行: *Auf unseren Partys geht es immer sehr lustig zu* 我们的聚会始终进行得非常愉快 **7. irgendwo geht es zu** (**wie im Taubenschlag**) *gespr* [口]; an dem genannten Ort *o. Ä.* ist (sehr) viel los 在…地方人来人往,热闹非凡: *Bei meinen Eltern geht es ganz schön zu!* 我父母那儿总是热热闹闹的!

Zu·geh·frau *die*; *bes südd* Ⓐ 尤用于[南德][奥] e-e Frau, die zu bestimmten Zeiten u. für Geld im Haushalt hilft 女小时工,女钟点工

zu·ge·hö·rig *Adj* (形); *nicht adv* (不作状语) **1.** *nur attr* (只作定语); so, dass es zu etw. dazugehört 附属的,所属的: *Die Firma lieferte die Bretter ohne die zugehörigen Schrauben* 该公司供应木板不带配套螺丝 **2.** *mst* 多用 **sich etw.** (*Dat* 三格) **z. fühlen** das Gefühl haben, dass man ein Teil von etw. ist 感到自己是属于…的: *Sie fühlen sich e-r Minderheit z.* 他们感到自己属于少数 ‖ *hierzu* (派生) **Zu·ge·hö·rig·keit** *die*; *nur Sg* (只用单数)

zu·ge·knöpft **1.** *Partizip Perfekt* (过去分词); ↑ **zuknöpfen** **2.** *zugeknöpfter*, *zugeknöpftest-*; *Adj* (形); *gespr* [口]; 〈ein Mensch 人〉 so, dass er Kontakte meidet u. wenig spricht 孤僻的,不合群的,性格内向的,沉默寡言的 ≈ verschlossen: *Sie war so z., dass sie uns nicht einmal ihren Namen sagte* 她是那么不爱跟人交往,连自己姓名都不告诉我们一下

Zü·gel *der*; *-s*, *-*; *mst Pl* (多用复数); die Riemen, mit denen man Pferde am Kopf führt u. lenkt 缰,缰绳〈die Zügel locker, kurz halten, (fest, straff) anziehen 放松、紧握、拉(紧)缰绳; ein Pferd am Z. führen 握住缰绳牵着马〉 ‖ ↑ *Abb. unter* 图见 **Pferd** ‖ ID [谚] **die Zügel** (**fest**) **in der Hand haben** e-e Situation (streng) unter Kontrolle haben(牢牢地)控制局势; **die Zügel straffer ziehen** strenger darauf achten, dass Ordnung u. Gehorsam herrschen 严加管制,采取更加严厉措施; **die Zügel schleifen / schießen lassen** alles so geschehen lassen, wie es kommt (anstatt zu versuchen, es zu kontrollieren) 顺其自然,放松管制; **die Zügel kurz halten** streng sein 严格对待,严加管束 ‖ NB(注意): ↑ **Zaum**

zü·gel·los, *zügelloser*, *zügellosest-*; *Adj* (形); so, dass sich j-d seine Wünsche erfüllt, seinen Trieben nachgibt, ohne sich auf vernünftige Weise zu beherrschen 放纵的,无约束的,无节制的,过度的,过分的〈ein Leben, ein Mensch 生活,人; Ehrgeiz, Gier, Leidenschaft 虚荣心,贪欲,热情〉 ‖ *hierzu* (派生) **Zü·gel·lo·sig·keit** *die*; *nur Sg* (只用单数)

zü·geln; *zügelte*, *hat gezügelt*; **Vt** (及物) **etw. / sich z.** *bes* negative Gefühle unter Kontrolle haben u. sich beherrschen (können) 约束,控制,克制,抑制〈seine Begierde, seine Eifersucht, seinen Zorn, seinen Hunger z. 克制自己的欲望、嫉妒、愤怒、饥饿〉 ‖ *hierzu* (派生) **Zü·ge·lung** *die*; *nur Sg* (只用单数)

zu·ge·sel·len, sich; *gesellte sich zu*, *hat sich zugesellt*; **Vr** (反身) **sich j-m / etw. z.** *geschr* [书]; zu j-m/etw. kommen, um e-e Weile zu bleiben 与…作伴、结伴,去参加、参与

Zu·ge·ständ·nis *das* **1. ein Z.** (**an j-n / etw.**) etw., das man (*mst* nach e-m Streit od. nach e-r Verhandlung) tut, gibt od. erlaubt 让步,妥协〈j-m Zugeständnisse machen, abringen 对某人做出让步,强使某人妥协〉 **2. ein Z. an etw.** (*Akk* 四格) etw., das man macht, um sich anzupassen 适应,适合: *ein Z. an die Mode / an die Sitten* 赶时髦/适应习俗

zu·ge·ste·hen; *gestand zu*, *hat zugestanden*; **Vt** (及物) **j-m etw. z.** j-m etw. erlauben od. geben, auf das er ein Recht hat 让与,给与 ↔ j-m etw. verweigern

zu·ge·tan *Adj* (形); *nur präd*, *nicht adv* (只作表语,不作状语); *nur in* 只用于 **j-m / etw. z. sein** j-n/etw. gern mögen 喜欢…,对…有好感〈j-m herzlich, liebevoll, in Liebe z. sein 对某人真心喜欢、怀有深情、有爱慕之情〉

Zu·ge·winn|ge·mein·schaft *die*; JUR【法】; e-e gesetzliche Regelung, nach der (bei e-r Scheidung) die Ehepartner das Vermögen behalten, das sie vor der Ehe hatten, u. alles teilen, was sie seit der Heirat erworben haben 夫妻财产分别占有法(婚前财产各自保有,婚后财产共同支配) ‖ NB(注意): ↑ **Gütertrennung**

Zug·füh·rer *der* **1.** j-d, der im Zug[1] die Aufsicht hat 列车长 **2.** MIL【军】; j-d, der e-e relativ kleine militärische Einheit führt 排长 ‖ *hierzu* (派生) **Zug·füh·re·rin** *die*

zu·gig *Adj* (形); so, dass immer ein leichter, unangenehmer Wind zu spüren ist 有穿堂风的: *ein zugiger Durchgang* 有穿堂风的走廊

zü·gig *Adj* (形); relativ schnell (u. ohne Unterbrechung od. Stockung) 顺利的,顺畅的,顺当的,畅通无阻的: *mit der Arbeit z. vorankommen* 工作进展顺利 ‖ *hierzu* (派生) **Zü·gig·keit** *die*; *nur Sg* (只用单数)

Zug·kraft *die* **1.** die Kraft, mit der etw. irgendwohin gezogen wird 拉力,引力,牵引力 **2.** *nur Sg* (只用单数); die Fähigkeit, viele Menschen zu interessieren od. zu begeistern 魅力,吸引力,引诱力,诱惑力 ≈ Anziehungskraft: *ein Film mit großer Z.* 一部有很大吸引力的影片 ‖ *zu* (义项) **2 zug·kräf·tig** *Adj* (形)

zu·gleich *Adv* (副) **1.** genau in demselben Zeitraum od. Moment 同时 ≈ gleichzeitig: *Ich kann nicht z. essen u. sprechen* 我不能同时又吃饭又说话 **2.** ≈ auch, überdies: *Sie ist*

Komponistin u. Sängerin z. 她既是作曲家也是歌唱家 ‖ NB(注意): *mst* nach dem Subst. verwendet(多置于名词之后)

Zug·luft *die*; *nur Sg*(只用单数) ≈ Zug²(7)

Zug·ma·schi·ne *die*; e-e Art LKW (ohne Ladefläche), der e-n Anhänger zieht 牵引车,拖拉机

Zug·pferd *das* **1.** ein Pferd, das e-n Wagen, Pflug *o. Ä.* zieht 拉车的马,挽马 **2.** e-e Person od. Sache, durch die viele Leute angelockt werden (*z. B.* zu e-r Veranstaltung) 有号召力或影响力的人或事

zu·grei·fen (*hat*) [Vi](不及物) **1.** sich etw. zu essen *o. Ä.* nehmen 随手取、拿、用(食物): *Diese Kekse habe ich selbst gebacken, greifen Sie bitte zu!* 这些饼干是我自己烘制的,请随便拿了吃! **2.** schnell reagieren u. sofort annehmen 迅速行动,立即着手: *Wenn die Wohnung so billig ist, werde ich sofort z.* 如果房屋真那么便宜的话,我将立即行动

Zu·griff *der*; *mst Sg*(多用单数); **der Z.** (**auf etw.** (*Akk* 四格)) die Berechtigung od. die Möglichkeit, etw. einzusehen, zu benutzen *o. Ä.* 查看,查阅: *Z. auf ein fremdes Konto haben* 查阅别人的账户 ‖ *K-*(复合): ***Zugriffs-, -berechtigung, -geschwindigkeit, -kode, -möglichkeit, -zeit***

zu·grun·de, zu Grun·de *Adv*(副); *nur in* 只用于 **1. z. gehen** sterben od. zerstört werden 死亡,毁灭 ⟨an etw. (*Dat* 三格) z. gehen 由于某事而死亡,毁灭⟩: *Er wird am Alkohol z. gehen* 他会因酒精中毒而死亡 **2. *j-n/etw.* z. richten** bewirken, dass j-d/etw. nicht mehr existieren kann 使破产,使毁灭 ≈ ruinieren, zerstören: *Die Firma wurde von e-m schlechten Management z. gerichtet* 这家公司由于管理不善而破产了 **3. *etw.* liegt *etw.*** (*Dat* 三格) **z.** etw. ist die Grundlage od. Basis von etw. (物作主语)是以…为基础的 **4. *etw.* (*etw.* (*Dat* 三格)) z. legen** etw. als Grundlage (für e-n Beweis, e-e Behauptung) benützen 用…作为(证明、论断)的基础

Zug·sal·be *die*; e-e Salbe, die bewirkt, dass sich der Eiter an e-r Stelle sammelt u. aus der Haut kommt 化脓消炎软膏

Zug·tier *das*; ein Tier (*z. B.* ein Ochse od. ein Pferd), das e-n Wagen, Pflug *o. Ä.* zieht 挽畜,役畜

zu·gu·cken (*hat*) [Vi](不及物) *gespr*[口] ≈ zusehen (1)

zu·guns·ten, zu Guns·ten *Präp*(介); *mit Gen/Dat*(支配二格/三格); zum Vorteil von 有利于,有益于,对…有好处,为了: *e-e Sammlung z. der Welthungerhilfe* 为世界拯救饥荒行动而募捐; *den Kindern z./z. der Kinder* 为了孩子 ‖ NB(注意): Gebrauch ↑ *Tabelle unter* 用法,图表见 ***Präpositionen***

zu·gu·te·hal·ten; *hält zugute, hielt zugute, hat zugutegehalten*; [Vt](及物) *geschr*[书] **1. *j-m etw.* z.** etw. als Entschuldigung (für etw. Negatives) berücksichtigen 体谅,谅解: *Es stimmt, dass sie wenig arbeitet, aber du musste ihr z., dass sie lange krank war* 她确实工作得少,但你得体谅,她病了很长时间 **2. sich** (*Dat* 三格) ***etwas/viel auf etw.*** (*Akk* 四格) **z.** auf etw. stolz/sehr stolz sein 为…而(很)骄傲、自豪: *Er hält sich viel auf seine Sportlichkeit zugute.* 他对自己健壮的体形感到自豪

zu·gu·te·kom·men; *kam zugute, ist zugutegekommen*; [Vi](不及物) **1. *etw.* kommt *j-m/etw.* zugute** etw. unterstützt j-n/etw. od. nützt j-m/etw. (物作主语)对…有好处,有利于: *Die Einnahmen aus dem Konzert soll den Flüchtlingen z.* 音乐会的收入应用于帮助难民 **2. *j-m/sich etw.* z. lassen** etw. tun, das für j-n/einen selbst gut u. angenehm ist 使受益,使舒服: *Arbeite nicht so viel – lass dir auch einmal etwas z.!* 别老工作——也让自己休息一下!

zu·gu·te·tun; *tut zugute, tat zugute, hat zugutegetan*; [Vt](及物) **1. *j-m/sich etw.* z.** ≈ zugutekommen (2) lassen **2 sich** (*Dat* 三格) ***etwas/viel auf etw.*** (*Akk* 四格) **z.** ≈ zugutehalten (2)

Zug·vo·gel *der*; ein Vogel, der im Herbst aus dem Norden in ein warmes Land fliegt u. im Frühling wieder zurückkehrt 候鸟: *Schwalben sind Zugvögel* 燕子是候鸟

Zug·zwang *der*; *mst Sg*(多用单数); die Notwendigkeit, in e-r bestimmten Situation zu handeln od. sich zu entscheiden 非走不可的一着(棋),不得不干(的决策) ⟨unter Z. stehen 迫于形势非干不可; in Z. geraten, sein 感到非干不可⟩

zu·ha·ben (*hat*) *gespr*[口]; [Vt](及物) **1. *etw.* z.** etw. geschlossen haben 让…关着,闭着: *die Fenster, die Augen z.* 让窗户关着/让眼睛闭着; [Vi](不及物) **2. *etw.* hat zu** etw. ist geschlossen(物作主语)关门,不开门,不办公,不营业 ↔ etw. hat geöffnet ⟨ein Geschäft, ein Laden, ein Lokal, ein Amt 商店,小店,酒馆,机关单位⟩ **3. *j-d* hat zu** j-s Geschäft, Amt, Büro *o. Ä.* ist geschlossen(人作主语)(关门)休息,不上班: *Der Friseur hat montags zu* 理发师星期一休息

zu·hal·ten (*hat*) [Vt](及物) **1.** (***j-m/sich***) ***etw.* z.** etw. (*z. B.* mit der Hand) ganz bedecken 蒙住,捂住,堵住,封住 ⟨j-m/sich die Augen, den Mund, die Nase, die Ohren z. 蒙住某人的/自己的眼睛,堵住某人的/自己的嘴、鼻子、耳朵⟩: *Wenn sie ins Wasser springt, hält sie sich die Nase zu* 她跳入水中时,捏住自己的鼻子 **2. *etw.* z.** durch Drücken od. Ziehen dafür sorgen, dass etw. zubleibt 抵住,堵住,拉上 ⟨e-e Tür z. 抵住或拉上门⟩; [Vi](不及物) **3. auf *j-n/etw.* z.** *geschr*[书]; in die Richtung fahren, laufen *o. Ä.*, wo j-d/etw. ist 驶向,奔向

Zu·häl·ter *der*; *-s, -*; ein Mann, der von dem Geld lebt, das e-e Frau (od. mehrere Frauen) durch Prostitution verdient(靠妓女的钱生活的男人)拉皮条的人,皮条客

zu·hän·gen; *hängte zu, hat zugehängt*; [Vt](及物) ***etw.* z.** etw. verdecken, indem man e-e

Z

Decke *o.Ä.* davor od. darüber hängt 遮住，挡住，遮挡，遮蔽

zu·hau·en; *haute zu, hat zugehauen / südd* Ⓐ［南德］［奥］*zugehaut*; [Vi]（不及物）**1.** *gespr*［口］≈ zuschlagen（5）; [Vt]（及物）**2.** *etw. z.* etw. mit Werkzeugen in die gewünschte Form bringen 劈，砍，雕，凿〈Holz, Stein z. 砍木头，凿石头〉

zu·hauf *Adv*（副）; *geschr*［书］; in großer Menge od. Zahl 大量地，大批地，成堆地

zu·hau·se *Adv*（副）≈ nach Hause ‖ NB（注意）: ↑ **Haus**（4）

Zu·hau·se *das*; *-s*; *nur Sg*（只用单数）; das Haus, die Wohnung od. der Ort, wo man lebt od. wo man aufgewachsen ist (u. sich wohl fühlt) 家，住处，归宿〈ein schönes, kein Z. haben 有一个漂亮的家，没有家; irgendwo, bei j-m ein zweites Z. finden 在某处、在某人处找到第二个住处〉‖ NB（注意）: ↑ aber（但是）: *Ich bin jetzt zu Hause* 现在我在家里

Zu·hil·fe·nah·me *die*; *-*; *nur Sg, geschr*（只用单数）［书］; *mst in* 多用于 **1.** *unter Z.* + *Gen*（二格）/ *von etw.* ≈ mit **2.** *ohne Z.* + *Gen*（二格）/ *von etw.* ohne etw. zu verwenden 在不使用…的情况下，在没有…帮助的情况下 ≈ ohne ‖ NB（注意）: Genitiv *mst* wenn ein Adj. vor dem Subst. steht（当形容词位于名词前时大多用二格）: *Die Fabrik wurde unter Z. fremder Geldmittel / von Spendengeldern gebaut* 这家工厂是借助外部资金/捐赠款建起来的

zu·hor·chen（*hat*）[Vi]（不及物）（*j-m / etw.*）*z. gespr*［口］≈ zuhören

zu·hö·ren（*hat*）[Vi]（不及物）（*j-m / etw.*）*z.* bewusst (hin)hören 仔细听，倾听〈aufmerksam, genau z. 聚精会神地、仔细地倾听; nicht richtig z. 不是真正仔细听〉: *Sie hörte der Diskussion schweigend zu* 她默默地倾听着讨论 ‖ ID［谚］*mst* 多用 ***Jetzt hör mir mal 'gut zu!*** *gespr*［口］; verwendet, um *bes* e-e Ermahnung einzuleiten 你给我仔细听着! ‖ *hierzu*（派生）**Zu·hö·rer** *der*; **Zu·hö·re·rin** *die*

zu·ju·beln（*hat*）[Vi]（不及物）*mst* 多用〈Personen 人〉***jubeln j-m zu*** *mst* e-e große Anzahl von Personen bringt ihre Freude über j-n laut zum Ausdruck 向…欢呼，向…喝彩: *Die Menge jubelte dem Sieger zu* 人群向优胜者欢呼

zu·keh·ren（*hat*）[Vt]（及物）*mst* 多用 ***j-m den Rücken z.*** sich so drehen, dass man den Rücken zu j-m hat 将背转向，背向

zu·klap·pen（*hat / ist*）[Vt]（及物）（*hat*）**1.** *etw. z.* etw. schließen (wobei *mst* ein knallendes od. dumpfes Geräusch entsteht)（啪的一声）把…关上，合上〈ein Buch z.（啪的一声）合上书〉; [Vi]（不及物）（*ist*）**2.** ***etw. klappt zu*** etw. schließt sich (u. dabei entsteht *mst* ein knallendes Geräusch)（物作主语）（啪的一声自动）关上，关上

zu·kle·ben（*hat*）[Vt]（及物）*etw. z.* etw. mithilfe von Klebstoff schließen od. verdecken（用糨糊）粘住，封住: *e-n Brief, ein Loch z.* 把信封好，把洞封上

zu·knal·len（*hat / ist*）[Vt]（及物）（*hat*）**1.** *etw. z.* etw. mit e-r heftigen Bewegung so schließen, dass ein lautes Geräusch entsteht（砰的一声）把…撞上，使劲关上: *vor Wut die Tür z.* 愤怒地将门撞上; [Vi]（不及物）（*ist*）**2.** ***etw. knallt zu*** etw. schließt sich so, dass ein lautes Geräusch entsteht（物作主语）（砰的一声）自动撞上，碰上，关上

zu·knei·fen（*hat*）[Vt]（及物）*mst* 多用 ***den Mund / die Augen z.*** den Mund / die Augen schließen u. fest zusammenpressen 抿紧嘴唇，紧闭眼睛

zu·knöp·fen（*hat*）[Vt]（及物）*etw. z.* etw. mit Knöpfen schließen 扣上，系上〈den Mantel, die Jacke z. 扣上大衣、夹克（的钮扣）〉

zu·kom·men（*ist*）[Vi]（不及物）**1.** ***auf j-n / etw. z.*** ↑ *zu-*（2）**2.** ***etw. kommt auf j-n zu*** etw. wird für j-n zu e-r Aufgabe, zu e-m Problem（物作主语）摆在…面前，面临 ≈ etw. steht j-m bevor: *Nächstes Jahr kommen e-e Menge Ausgaben auf uns zu* 明年我们将面临大量开支 **3.** ***etw. kommt j-m zu*** *geschr*［书］; j-d bekommt etw.（物作主语）由…得到，归…所有: *Wem soll dann das Haus z.?* 这幢房子该归谁所有呢? **4.** ***j-m etw. z. lassen*** j-m etw. bringen, geben od. schenken 给…送去，给予，赠送: *Er lässt den Armen immer wieder Spenden z.* 他一再给穷人捐款 **5.** ***etw. auf sich***（*Akk* 四格）***z. lassen*** warten, wie sich etw. entwickelt (ohne dass man selbst handelt od. plant) 静候…的发展，静以观变，等待…来临

zu·krie·gen（*hat*）[Vt]（及物）*etw. z. gespr*［口］; etw. schließen können 能关上，能合上

Zu·kunft *die*; *-*; *nur Sg*（只用单数）**1.** die Zeit, die noch nicht da ist, die kommende Zeit 未来，将来，来日，他日 ↔ Gegenwart, Vergangenheit〈die nächste, nahe, ferne Z. 紧接着的、不久的、遥远的将来; etw. liegt in der Z. 某事属于未来〉: *Pläne für die Z. machen* 为未来打算; *Das Ziel liegt noch in ferner Z.* 实现这个目标是遥远将来的事（还远着呢）; *Ich bin neugierig, was die Z. bringen wird* (= was in der Z. geschehen wird) 我对未来会发生什么特别好奇 ‖ K-（复合）: ***Zukunfts-, -angst, -aussichten, -forschung, -perspektive; zukunfts-, -orientiert*** **2.** das, was (mit j-m / etw.) in der Z.（1）geschehen wird 今后的事，未来的事: *die Z. voraussagen können* 能预知未来; *Er denkt überhaupt nicht an seine Z.* 他根本不考虑自己今后的事 ‖ K-（复合）: ***Zukunfts-, -roman; zukunfts-, -froh*** **3.** positive Aussichten für die persönliche Entwicklung in der Z.（1）前途，前程〈keine, eine Z. haben 没有，有前途; mit, ohne Z. 有，没有前途; e-e große, erfolgreiche, glückliche, rosige (= angenehme), gesicherte, glänzende (= erfolgreiche) Z. 伟大的、成就卓越的、幸福的、美好的、有保障的、辉煌的前程〉: *ein Beruf mit Z.* 有前途的职业; *Ihr wurde e-e große Z. als Pianistin prophezeit* 有人预言她有成为女钢琴家的伟大前途 **4.** die Form e-s Verbs, die ausdrückt, dass etw. in der Z.（1）geschehen wird 将来时 ≈ Futur **5.** ***in Z.*** von jetzt an 未来，将来 ≈

künftig ‖ ID［谚］***j-m/etw. gehört die Z.*** j-d/etw. hat gute Aussichten auf Erfolg 某人前途光明/某事前景看好，未来属于某人/某事

zu·künf·tig *Adj*（形）；*nur attr od adv*（只作定语或状语）**1.** in der Zukunft od. zur Zukunft gehörig 未来的，将来的 ↔ vergangen〈die Entwicklung, die Gesellschaft, Generation 发展，社会，一代〉：*Die zukünftigen Ereignisse werden zeigen, wer recht hat* 将来的事件会证明谁是对的 **2. *seine zukünftige Frau*** die Frau, die er heiraten wird 他的未婚妻 **3. *ihr zukünftiger Mann*** der Mann, den sie heiraten wird 她的未婚夫

Zu·künf·ti·ge *der/die*；*-n*，*-n*；*gespr*［口］；*hum*［诙］≈ Verlobte(r) ‖ NB(注意)：*mein Zukünftiger*；*der Zukünftige*；*den*，*dem*，*des Zukünftigen*

Zu·kunfts·mu·sik *die*；*nur Sg*，*mst pej*（只用单数）多用［贬］；etw., das es (in der Wirklichkeit) noch lange nicht geben wird 幻想，空想，想入非非：*Seine Pläne sind reine Z.* 他的计划是纯粹的幻想

zu·kunfts·träch·tig *Adj*（形）；mit guten Aussichten auf e-e erfolgreiche Zukunft 前景美好的，有前途的〈e-e Entwicklung, e-e Neuerung 发展，革新〉

zu·kunft(s)·wei·send *Adj*（形）；〈Entscheidungen, Ideen 决定，主意〉so, dass sie zeigen u. bestimmen, wie Dinge in der Zukunft aussehen werden 指明未来的，指明前途的

Zu·la·ge *die*；Geld, das man zusätzlich zum normalen Lohn od. Gehalt bekommt 补助，补贴，津贴：*e-e Z. für Nachtarbeit* 夜班补助 ‖ -K（复合）：***Gehalts-***；***Erschwernis-***，***Gefahren-***；***Kinder-***

zu·lan·gen（*hat*）[Vi] *gespr*（不及物）［口］**1.** von etw. (*bes* Essen), das einem angeboten wird, nehmen 拿，取（食物）≈ zugreifen〈kräftig, tüchtig z. 大吃一顿，足足地吃一顿〉**2.** ≈ zupacken (2)

zu·läng·lich *Adj*（形）；*geschr*［书］≈ ausreichend, genügend ↔ unzulänglich ‖ *hierzu*（派生）**Zu·läng·lich·keit** *die*；*nur Sg*（只用单数）

zu·las·sen（*hat*）[Vt]（及物）**1. *etw. z.*** etw. erlauben, gestatten 允许，容许，同意，准许：*Ich werde nie z., dass du allein verreist* 我永远也不会同意你一个人出去旅行；*Unser Einkommen lässt keinen Luxus zu* 我们的收入不允许我们有一点奢侈 **2.** *mst* 多用〈e-e Behörde 当局〉***lässt j-n/etw. (zu/für etw.) zu*** e-e Behörde *o.Ä.* erlaubt j-m/etw., an etw. teilzunehmen 准许参加，准许加入〈j-n zur Prüfung, zum Studium z. 准许某人参加考试，录取某人上大学；ein Auto (für den Verkehr) z. 准许汽车行驶〉**3. *etw. z.*** *gespr*［口］；etw. nicht öffnen 不打开，让关闭

zu·läs·sig *Adj*（形）；(*bes* von e-r Behörde) erlaubt 允许的，许可的，准许的 ↔ unzulässig：*die zulässige Geschwindigkeit überschreiten* 超过允许的速度；*Es ist nicht z., aus diesem Stoff Medikamente herzustellen* 用这种材料来制造药品是不允许的 ‖ *hierzu*（派生）**Zu·läs·sig·keit** *die*；*nur Sg*（只用单数）

Zu·las·sung *die*；-，*-en* **1.** die Erlaubnis, an etw. teilzunehmen *o.Ä.* 参加（某项活动，考试，学习等的）许可〈j-m e-e Z. erteilen, verweigern 准予、拒绝某人参加；e-e Z. beantragen 申请参加许可〉‖ K-（复合）：***Zulassungs-***，***-stelle***，***-verfahren*** ‖ -K（复合）：***Erst-***，***Neu-***；***Prüfungs-*** **2.** *gespr*［口］≈ Fahrzeugschein

Zu·las·sungs·pa·pie·re *die*；*Pl*（复）；Fahrzeugschein u. Fahrzeugbrief 机动车辆行车执照

zu·las·ten, zu Las·ten *Präp*（介）；*mit Gen*（支配二格）；***geht z.*** + Gen（二格）**1.** etw. ist von Nachteil für j-n/etw.（物作主语）成为…的负担，对…不利：*Die Reform ging z. des Steuerzahlers, der Altersversorgung* 改革加重纳税人的负担，加重养老保险金的负担 **2.** WIRTSCH【经】；etw. muss von j-m bezahlt werden（物作主语）应由…负责支付，应算在…的账上 ‖ NB（注意）：auch adv. mit *von*（也用作副词加 von）：*e-e Abbuchung z. von Peter Meier* 由彼得·迈尔支付的扣除款

Zu·lauf *der*；*nur Sg*（只用单数）；*mst* 多用 ***etw. hat viel/großen Z.*** etw. wird von vielen Menschen besucht *o.Ä.*（物作主语）门庭若市，宾客盈门

zu·lau·fen（*ist*）[Vi]（不及物）**1. *auf j-n/etw. z.*** ↑ ***zu-*** (2.) **2. *ein Tier läuft j-m zu*** ein Tier kommt zu e-m fremden Menschen u. bleibt bei ihm（动物作主语）跑到，跑来，投奔：*Uns ist ein Kater zugelaufen* 有一只雄猫跑到我们这儿来了 **3. *j-m laufen***〈Anhänger, Kunden, Patienten 追随者，顾客，病人〉***zu*** j-d hat sehr viele Anhänger *usw* 向…麇集，奔向…而去 **4.** *gespr*［口］≈ loslaufen, weiterlaufen：*Lauf zu, sonst fährt der Zug davon!* 快跑，要不火车就开走了！‖ NB(注意)：*mst* im Imperativ（多用于命令句）！**5. *Wasser z. lassen*** zu dem Wasser, das bereits vorhanden ist (*z. B.* in der Badewanne), mehr Wasser hinzukommen lassen 添水 **6. *etw. läuft irgendwie zu*** etw. hat an e-m Ende e-e spitze od. schmale Form（物作主语）末端变尖、变窄：*Der Rock läuft unten eng zu* 裙子下摆变窄了

zu·le·gen（*hat*）*gespr*［口］；[Vt]（及物）**1. *sich*** (*Dat* 三格) ***etw. z.*** sich etw. anschaffen, kaufen 添置，购买 **2.** *mst* 多用 ***j-d hat sich etw. zugelegt*** *hum*［诙］；j-d hat etw. bekommen（人作主语）得了，添了，长了：*Er hat sich e-n Bart/e-n Schnupfen zugelegt* 他留了胡子/得了感冒；[Vi]（不及物）**3.** sein Tempo steigern u. schneller fahren, laufen, arbeiten *o.Ä.* 加快速度〈e-n Zahn (= ein bisschen) z. 加快点儿速度〉

zu·lei·de, zu Lei·de *Adv*（副）；*nur in* 只用于 ***j-m/e-m Tier etwas / nichts z. tun*** etw. / nichts tun, was j-m/e-m Tier schadet od. wehtut 伤害、弄痛 / 不会伤害、弄痛某人/动物

zu·lei·ten（*hat*）[Vt]（及物）***j-m/etw. etw. z.*** bewirken, dass etw. zu e-r Person od. an e-e bestimmte Stelle kommt 把…引向、导向，向…提供、传送：*e-m Gerät Strom z.* 给机器供电；

Z

e-r Zeitung Informationen z. 给报纸提供消息 ‖ *hierzu*（派生）**Zu·lei·tung** *die*

zu·letzt *Adv*（副）**1.**（als Letztes）nach allen anderen Tätigkeiten 最后，末了 ↔ zuerst：*die Teile ausschneiden, glatt machen und z. bemalen* 把一块块部件剪下，弄平，最后上色 **2.** als Letzte(r) od. Letztes 最后一个，最末一个：*Für den, der z. kommt, gibt es keinen Sitzplatz mehr* 最后一个来的人没有座位 **3.** *gespr*［口］；das letzte Mal (vor dem jetzigen Mal) 上次，最近一次：*Wann warst du z. beim Arzt?* 你上次看医生是什么时候？**4.** während der letzten Zeit, in der Endphase 在最后阶段：*Z. hat er sich überhaupt nicht mehr angestrengt* 在最后阶段他根本就没有再努力 **5.** ***bis z.*** *gespr*［口］；bis zum letzten Moment 一直，始终，直到最后：*Wir hofften bis z., dass sie den Unfall überleben würde* 我们一直希望她能在那次事故中幸免于难 ‖ ID［谚］***nicht z.*** (zu e-m großen Teil) auch 也，尤其，特别是：*Dass wir nicht früher fertig wurden, lag nicht z.* daran, dass *wir nicht genug Leute waren* 我们没有提前完成(这件事)的重要原因是我们人手不够

zu·lie·be *Präp*（介）；*mit Dat, nachgestellt*（支配三格，后置）**1.** ***j-m z.*** um j-m e-e Freude zu machen oder ihm zu helfen 为了让…高兴，为了讨好、帮助：*Das habe ich doch dir z. getan!* 这事我是为了让你高兴才干的！**2.** ***etw.***（*Dat* 三格）***z.*** wegen etw. 为了，由于：*Sie hat ihrer Karriere z. auf Kinder verzichtet* 她为了自己的前程而放弃了孩子

Zu·lie·fer·be·trieb *der*; ein Betrieb, der Waren produziert u. liefert, die ein anderer Betrieb (*bes* als Teile) für größere Geräte od. Maschinen braucht 配件供应企业

zum *Präp mit Artikel*（介词与冠词合写）≈ zu dem：*zum Rathaus fahren* 驶向市政厅 ‖ NB（注意）：*zum* kann nicht durch *zu dem* ersetzt werden in Wendungen wie（在短语中 *zum* 不能用 *zu dem* 代替，如）：*zum Beispiel* 例如；*etw. zum Vergnügen tun* 为消遣而做某事；*zum Schwimmen gehen* 去游泳

zu·ma·chen（*hat*）Vt/i（及物/不及物）**1.**（***etw.***）***z.*** etw. schließen 关上，合上 ↔ aufmachen (1)：*Mach bitte (die Tür) zu, es zieht* 请把门关上，有穿堂风 **2.**（***etw.***）***z.*** ein Geschäft *o. Ä.* schließen[1] (5) od. aufgeben 关闭，倒闭 ≈ dichtmachen：*Er musste (das Geschäft) z., weil er finanzielle Schwierigkeiten hatte* 他不得不停业，因为他财务上有困难；Vi（不及物）**3.** ***etw. macht zu*** etw. ist nicht mehr für die Kunden offen（物作主语）打烊，关门：*Die Bank macht heute um vier Uhr zu* 银行今天四点关门 **4.** *bes nordd gespr* 尤用于［北德］［口］；(etw.) schnell machen 快，快点：*Mach zu, wir warten alle nur auf dich!* 快点，我们大家都在等你！

zu·mal[1]. *Partikel*（小品）；*betont u. unbetont, geschr*（重读和非重读）［书］≈ besonders, vor allem：*Der Smog ist hier schlimm, z. in der Stadt* 这儿的烟雾真糟糕，在城市里尤其严重；*Sie geht gern in die Berge, z. im Sommer* 她喜欢去山里，尤其在夏天

zu·mal[2] *Konjunktion*（连）；*geschr*［书］；vor allem weil/da 主要因为，由于：*Niemand warf ihm den Fehler vor, z. er sonst so zuverlässig war* 没有人指责他的错误，主要因为他一向可信

zu·mau·ern（*hat*）Vt（及物）***etw. z.*** e-e Öffnung (in e-r Mauer) mit Ziegeln *o. Ä.* schließen(砌砖)围住，堵住，封死〈ein Fenster, e-e Tür z. 砌砖把窗、门堵死〉

zu·meist *Adv*（副）；*geschr*［书］≈ meistens, meist

zu·mes·sen（*hat*）Vt（及物）***j-m/etw. etw. z.*** ≈ beimessen

zu·min·dest *Partikel*（小品）；*betont u. unbetont*（重读和非重读）**1.** verwendet, um auszudrücken, dass etw. das Minimum ist, was man erwarten kann(表示可期待的最低值) 至少，最低 ≈ wenigstens (1), mindestens (2)：*Du hättest dich z. bedanken müssen, wenn du die Einladung schon nicht annimmst* 既然你不接受邀请，你至少应该表示一下感谢 **2.** verwendet als tröstende od. aufmunternde Einschränkung e-r negativen Aussage（表示安慰或庆幸）所幸，幸运的是 ≈ wenigstens (2)：*Bei dem Sturm wurden viele Häuser beschädigt, aber z. wurde niemand verletzt* 很多房子遭狂风破坏，但所幸没有人受伤 **3.** verwendet, um e-e Aussage einzuschränken（表示限制）至少 ≈ wenigstens (3)：*Der Film ist sehr gut, z. sagt das Christa* 那部电影很棒，至少克里丝塔这么说；*Sie hat morgen Geburtstag, glaube ich z.* 至少我认为明天是她的生日

zu·mu·te, zu Mu·te *Adv*（副）；*nur in* 只用于 ***j-m ist irgendwie z.*** j-d ist in e-r bestimmten Stimmung 有…的情绪、心情…：*Im Moment ist mir nicht nach Späßen z.* 目前我没情绪开玩笑；*Ihr ist zum Weinen z.* 她心情不好，想哭

zu·mu·ten; *mutete zu, hat zugemutet*; Vt（及物）***j-m/sich etw. z.*** von j-m/sich selbst etw. fordern, was eigentlich zu schwer, zu viel *o. Ä.* ist(过高地)要求，期望：*Du kannst doch e-m so kleinen Kind nicht z.*, dass *es allein zu Hause bleibt/allein zu Hause* zu *bleiben* 你不能要求一个这样小的孩子单独呆在家里 ‖ *hierzu*（派生）**zu·mut·bar** *Adj*（形）

Zu·mu·tung *die*; -, -*en*; *pej*［贬］；etw., das einen sehr stört od. das man kaum ertragen kann 苛求，过分要求，难以忍受的事〈etw. als Z. empfinden 认为某事是无理要求〉：*E-n solchen Lärm* zu *machen, das ist doch e-e Z.!* 制造那么大的噪音，这简直太过份了！；*Dieses Zimmer ist e-e Z.!* 这间屋子难以忍受！

zu·nächst *Adv*（副）**1.** als Erstes 首先 ≈ zuerst (1)：*Z. (einmal) will ich mich ausruhen* 首先我想休息一下 **2.** am Anfang, zu Beginn 当初，起先 ≈ anfangs：*Wir hatten z. gezögert, dem Vorschlag zuzustimmen* 我们当初对是否同意这个建议有所犹豫 **3.** was die nächste Zeit betrifft 目前，暂时 ≈ vorerst, einstweilen：*Ich mach mir da z. keine Sorgen* 目前我不担心

Zu·nah·me *die*; -, *-n*; das Zunehmen 增加，增长 ↔ Abnahme: *Für die nächsten Jahre ist mit e-r weiteren Z. des Verkehrs zu rechnen* 今后几年交通运输会持续增长 ‖ -K(复合): ***Bevölkerungs-, Geburten-, Gewichts-***

Zu·na·me *der* ≈ Familienname, Nachname ↔ Vorname

zün·deln; *zündelte, hat gezündelt*; **Vi** (不及物) *südd* Ⓐ [南德][奥] (*mst* in Bezug auf Kinder verwendet) mit Streichhölzern *o.Ä.* spielen (u. dabei Feuer machen) (多涉及儿童) (用火柴等) 点火玩，玩火

zün·den; *zündete, hat gezündet*; **Vi** (不及物) **1. *etw. zündet*** etw. kommt durch brennendes Gas (u. kleine, schnelle Explosionen) in Bewegung od. beginnt zu arbeiten (物作主语) 发射，发动，点火〈e-e Rakete, ein Motor 火箭，马达〉 **2. *etw. zündet*** etw. bewirkt, dass Menschen begeistert sind u. (*bes* geistig) aktiv werden (物作主语) 令人振奋，使人激动〈e-e Ansprache, e-e Rede, j-s Worte 致词，演讲，某人的话〉 ‖ NB (注意): *mst* im Partizip Präsens (多用现在分词)!; **Vt** (及物) **3. *etw. z.*** bewirken, dass ein Sprengstoff explodiert od. dass ein Gas *o.Ä.* zu brennen anfängt 点燃，使爆炸〈e-e Bombe, e-e Rakete, e-e Sprengladung z. 使炸弹爆炸，点燃火箭、炸药包〉 ‖ ID [谚] ***bei j-m hat es gezündet*** *gespr hum* [口][诙]; j-d hat etw. endlich verstanden 某人心里豁然亮堂了，终于明白了

Zun·der *der*; *-s*, -; leicht brennbares Material, das man *bes* früher verwendete, um Feuer anzuzünden 火绒，火棉〈etw. ist trocken, etw. brennt wie Z. 某物干得，烧起来像火绒〉 ‖ ID [谚] ***j-d kriegt Z.; es gibt Z.*** *gespr* [口]; j-d wird scharf kritisiert od. geschlagen 某人挨批或挨揍; ***j-m Z. geben*** *gespr* [口]; j-n scharf kritisieren od. schlagen 严厉批评或痛揍某人

Zün·der[1] *der*; *-s*, -; der Teil e-r Bombe *o.Ä.*, der die Explosion auslöst 引信，引爆装置

Zün·der[2] *die*; *Pl*, Ⓐ (复) [奥] ≈ Zündhölzer

Zünd·fun·ke(n) *der*; ein Funke, der *z.B.* im Motor e-s Autos die Mischung aus Luft u. Benzin zündet (3) 点火火花

Zünd·holz *das*; *-es*, *Zünd·höl·zer*; *bes südd* Ⓐ 尤用于[南德][奥] ≈ Streichholz ‖ K-(复合): ***Zündholz-, -schachtel***

Zünd·ker·ze *die*; ein kleines Teil *z.B.* im Motor e-s Autos, das den Funken produziert, durch den die Mischung aus Luft u. Benzin explodiert 火花塞，点火塞: *die Zündkerzen auswechseln (lassen)* (让人) 更换火花塞

Zünd·schloss *das*; ein Schalter (*z.B.* im Auto), in den man den Schlüssel steckt (u. umdreht), um den Motor zu starten 点火开关

Zünd·schlüs·sel *der*; ein Schlüssel, mit dem man (im Zündschloss) ein Auto startet 点火栓，发火钥

Zünd·schnur *die*; ein Faden, den man an dem einen Ende anzündet u. der dann weiterbrennt, bis er am anderen Ende Dynamit *o.Ä.* zum Explodieren bringt 引爆线，导火线

Zünd·stoff *der*; *nur Sg* (只用单数); etw., das in der Öffentlichkeit zu heftigen Diskussionen od. Konflikten führt (争论、冲突的) 引火剂，引爆药

Zün·dung *die*; -, *-en* **1.** der Vorgang, durch den etw. gezündet (3) wird 点火，点燃，发火: *die Z. e-r Rakete* 点燃火箭 ‖ -K(复合): ***Fehl-*** **2.** e-e Anlage, die *z.B.* den Motor e-s Autos (durch den elektrischen Strom der Batterie) startet 点火装置，引火装置

zu·neh·men (*hat*) **Vi** (不及物) **1. *etw. nimmt zu*** etw. wird größer (stärker, intensiver *o.Ä.*) (物作主语) 增加，增多，增强，增长 ↔ etw. nimmt ab (11, 12): *Die Zahl der Studenten nimmt ständig zu* 大学生数量越来越多; *Die Nachfrage nahm so stark zu, dass wir mit der Produktion kaum folgen konnten* 需求增长如此之快，我们的生产都快跟不上了 **2. *j-d nimmt an etw.*** (*Dat* 三格) ***zu*** j-d gewinnt mehr von der genannten Sache (人物主语) 在…方面日益增长 (大、强、多): *j-d nimmt an Erfahrung, Einfluss, Macht zu* 某人的经验越来越丰富，影响越来越广，权力越来越大 **3.** (dicker u.) schwerer werden 发胖，长胖，体重增加 ↔ abnehmen (9): *Ich habe in letzter Zeit wieder zugenommen* 我最近又胖了 **4. *der Mond nimmt zu*** der Mond ist in der Phase, in der man täglich mehr davon sieht 月亮渐圆 ↔ der Mond nimmt ab: *bei zunehmendem Mond* 当月亮渐圆的时候 **5. *mit zunehmendem Alter*** wenn man älter wird 随着年龄的增长 **6. *in zunehmendem Maße*** immer mehr 越来越多 (大、强) ‖ ▶ ***Zunahme***

zu·neh·mend **1.** *Partizip Präsens* (现在分词); ↑ ***zunehmen*** **2.** *Adv* (副) ≈ immer mehr: *Ihr gesundheitlicher Zustand bessert sich z.* 您的健康状况越来越好了

zu·nei·gen (*hat*) *geschr* [书]; **Vi** (不及物) **1. *etw.*** (*Dat* 三格) ***z.*** zu etw. neigen (2), tendieren 倾向于，趋向于: *fortschrittlichen Ansichten z.* 倾向于进步的观点; **Vr** (反身) **2. *sich j-m/etw. z.*** sich in Richtung auf j-n/etw. beugen 向…屈身，弯身，俯身 **3. *etw. neigt sich dem Ende zu*** etw. wird bald zu Ende sein (物作主语) 即将结束〈das Jahr, der Tag, der Urlaub 一年，一天，假期〉

Zu·nei·gung *die*; -; *nur Sg* (只用单数); ***Z.*** (***zu j-m/für j-n***) die Sympathie, die j-d für j-n empfindet (对…有) 好感，爱慕心〈Z. empfinden 有好感; j-m seine Z. schenken, zeigen, beweisen 对某人表示，表明，证明自己的好感〉

Zunft *die*; -, *Zünf·te* **1.** *hist* [历]; e-e Organisation von Handwerkern (*bes* im Mittelalter), die die Qualität u. die Preise der Produkte kontrollierte u. die Ausbildung junger Menschen regelte 行会，同业公会 ‖ K-(复合): ***Zunft-, -meister, -ordnung*** ‖ -K(复合): ***Bäcker-, Schneider-; Handwerks-*** **2.** *gespr hum* [口][诙]; e-e Gruppe von Leuten mit demselben Beruf 同行，行业〈die schrei-

bende Z. (= Journalisten)记者行业〉
zünf·tig *Adj*(形); *gespr* [口]; so, wie es sein soll, gut u. richtig 真正的,好的,实实在在的: *ein zünftiges Fest* 一次真正的庆典
Zun·ge *die*; -, -*n* **1.** das bewegliche Organ im Mund, mit dem man schmeckt, die Nahrung hin u. her schiebt *usw* 舌,舌头〈sich (*Dat* 三格) auf/in die Z. beißen 咬住舌头(意即:忍住不讲); e-e belegte Z. haben 舌苔很厚〉 ‖ K-(复合): ***Zungen-, -spitze, -wurzel*** **2.** die Z. (1) bestimmter Tiere, die man isst (作为菜肴的)口条,舌 ‖ -K(复合): ***Kalbs-, Rinder-, Schweine-; Pökel-*** **3.** *lit* [文] ≈ Sprache **4.** ***etw. zergeht (einem) auf der Z.*** etw. Essbares ist sehr weich, zart, mild *o. Ä.* (物作主语)吃起来很软、很嫩、很酥 **5.** ***mit der Z. anstoßen*** *gespr* [口] ≈ lispeln **6.** ***j-m die Z. herausstrecken/zeigen*** die Z. (1) aus dem Mund strecken, um j-m zu zeigen, dass man ihn verachtet, über ihn triumphiert *o. Ä.* 向…伸舌头,做鬼脸(以示轻蔑,胜利) ‖ ID [谚] ***böse Zungen*** boshafte Menschen 利嘴毒舌的人们〈böse Zungen behaupten, dass... 利嘴毒舌的人们说…〉; ***e-e spitze, boshafte Z. haben*** oft böse Dinge sagen 说话尖刻、恶毒; ***e-e schwere Z. haben*** sehr viel Alkohol getrunken haben u. deshalb langsam u. mit Mühe sprechen(酒喝多了)说话费力,舌头大了; *mst* 多用 ***Da bricht man sich*** (*Dat* 三格) ***die Z.!*** *gespr* [口]; das Wort kann man kaum aussprechen 这里拗口,难读; ***sich*** (*Dat* 三格) ***etw. auf der Z. zergehen lassen*** etw. voller Genuss aussprechen od. sagen 说话时仔细玩味(品味); ***etw. löst j-m die Z.*** etw. (*z. B.* Alkohol, Geld) bewirkt, dass j-d (lockerer od. unvorsichtiger) redet 某物(酒、钱)能使人说话(意即:喝人酒,舌头短;拿人钱,说话贱); ***seine Z. hüten/zügeln/im Zaum halten*** etw. (Böses) nicht sagen, obwohl man es gern täte 看住自己的舌头,忍住不说; ***sich*** (*Dat* 三格) ***auf die Z. beißen*** sich nur mit Mühe beherrschen u. etw. nicht sagen 咬住舌头强忍不说; *mst* 多用 ***Es liegt mir auf der Z.! / Ich habs auf der Z.!*** ich bin sicher, dass ich es weiß, aber es fällt mir im Moment nicht ein 话到嘴边又忘了!; ***etw. brennt j-m auf der Z.*** j-d hat den starken Wunsch, etw. Bestimmtes zu sagen 某事实在憋不住要说; ***sich*** (*Dat* 三格) ***die Z. verbrennen*** etw. sagen, das einem dann schadet 失言,说走嘴; *mst* 多用 ***Ich würde mir lieber die Z. abbeißen (als ... zu sagen)*** ich werde unter keinen Umständen etw. sagen, verraten *o. Ä.* 我宁可咬断舌头也不说,绝不泄密; ***j-m hängt die Z. aus dem Hals*** *gespr* [口]; j-d ist (*bes* vom Laufen) erschöpft (u. durstig)某人累极了、口干舌燥; ***mit hängender Z.*** *gespr* [口]; ganz außer Atem 喘不过气来,上气不接下气 ‖ *zu* (义项) **1.** **zun·gen·för·mig** *Adj*(形)
zün·geln; *züngelte, hat gezüngelt*; Vi(不及物) **1.** ***ein Tier züngelt*** e-e Schlange *o. Ä.* bewegt die Zunge schnell vor u. zurück(动物作主语)把舌头快速吐出又缩回 **2.** ***Flammen züngeln (irgendwohin)*** Flammen bewegen sich 火焰窜来窜去,火舌窜动
Zun·gen·bre·cher *der*; -*s*, -; *gespr hum* [口] [诙]; etw., das wegen vieler ähnlicher Laute schwierig auszusprechen ist 绕口令,急口令,拗口令 ‖ *hierzu*(派生) **zun·gen·bre·che·risch** *Adj*(形)
Zun·gen·kuss *der*; ein Kuss, bei dem sich die Zungen derjenigen berühren, die sich küssen 舌吻
Zun·gen·schlag *der*; *mst in* 多用于 ***ein falscher Z.*** etw., was j-d falsch sagt, ohne es zu wollen 说错话,口误
Züng·lein *das*; -*s*, -; *mst in* 多用于 ***j-d/etw. ist das Z. an der Waage*** bei e-r schwierigen Entscheidung wird e-e bestimmte Person od. Sache sehr wichtig u. bestimmt daher die Entscheidung (人/物作主语)有决定意义,起决定作用,举足轻重
zu·nich·te *Adv*(副); *nur in* 只用于 ***etw. ist z.*** *geschr* [书]; etw. ist zerstört (物作主语)遭到毁灭,失败,化为乌有(泡影)〈j-s Hoffnungen, j-s Pläne 某人的希望、计划〉
zu·nich·te·machen; *machte zunichte, hat zunichtegemacht*; Vt(及物) *geschr* [书]; ***etw. z.*** ≈ zerstören, vernichten 〈j-s Hoffnungen, Pläne, Absichten, Vorstellungen z. 使某人的希望、计划、意图、设想破灭〉
zu·nich·te·wer·den; *wird zunichte, wurde zunichte, ist zunichtegeworden*; Vi(不及物) *geschr* [书]; ***etw. wird zunichte*** *geschr* [书]; etw. wird zerstört (物作主语)遭到破坏,破灭〈j-s Hoffnungen, j-s Pläne 某人的希望,计划〉
zu·nut·ze, zu Nut·ze *Adv*(副); *nur in* 只用于 ***sich*** (*Dat* 三格) ***etw. z. machen*** e-n Vorteil aus etw. ziehen 利用: *sich die Errungenschaften der Technik z. machen* 利用技术成就
zu·oberst *Adv*(副); (in e-m Haufen od. Stapel) ganz oben 在顶端,在顶上,在最上面,在最高处 ↔ zuunterst
zu·ord·nen (*hat*) Vt(及物) ***j-n/etw. etw.*** (*Dat* 三格) ***z.*** j-n/etw. als Teil e-r Kategorie, Gruppe *o. Ä.* ansehen u. in sie einordnen 把…列入、归入、加编进去: *Katzen werden den Raubtieren zugeordnet* 猫科动物属于食肉动物 ‖ *hierzu*(派生) **Zu·ord·nung** *die*
zu·pa·cken (*hat*) Vi(不及物) **1.** (schnell u.) fest nach etw. greifen 抓紧,抓牢,抓住: *mit beiden Händen kräftig z.* 双手使劲抓住 **2.** e-e (körperliche) Arbeit mit viel Energie machen 大干,猛干: *Wenn wir alle fest zupacken, dann ist das Zimmer bald tapeziert* 如果我们大家都卖力干,那么这个房间一会儿就裱糊好了
zu·par·ken (*hat*) Vt(及物) ***etw. z.*** sein Auto so abstellen (parken), dass es andere stört, am Fahren hindert *o. Ä.* 停车挡道: *e-e Einfahrt z.* 停车挡住入口
zu·pass·kom·men; *kam zupass, ist zupassgekommen*; Vi(不及物) *geschr* [书]; ***etw. kommt j-m zupass*** etw. ist günstig für j-n,

passt zu j-s Plänen（物作主语）来得正是时候，来得正好，正合适

zup·fen；*zupfte*，*hat gezupft*；[Vt]（及物）**1.**（**sich**（*Dat* 三格））**etw.**（**aus etw.**）**z.** mehrmals leicht an etw. ziehen, um es von irgendwo zu entfernen 拉，扯，拔，薅〈Unkraut z. 拔野草〉：*e-n Faden aus der Jacke z.* 从夹克上扯下一根线；*sich mit der Pinzette die Augenbrauen z.* 用镊子拔眉毛；[Vt/i]（及物/不及物）**2.**（**etw.**）**z.** ein（Musik）Instrument spielen, indem man mit den Fingern kurz an den Saiten zieht 弹，拨〈die Gitarre, die Geige, die Zither, die Harfe z. 弹吉他、小提琴、齐特尔琴、竖琴〉：*die Saiten der Mandoline z.* 拨曼陀林琴弦 ‖ K-(复合)：***Zupf-, -instrument*** **3.**（**j-n/sich**）**an etw.**（*Dat* 三格）**z.** *bes* mit den Fingern (mehrmals) leicht an etw. ziehen 用手指轻拉、拽〈sich（nachdenklich/nervös）am Bart z.（若有所思地/神经质地）轻拽胡子〉

zu·pros·ten；*prostete zu*，*hat zugeprostet*；[Vi]（不及物）**j-m z.** sein Glas heben u. zu j-m „Prost" sagen 举杯向…祝酒

zur [tsuːɐ, tsʊr] *Präp mit Artikel*（介词与冠词合写）≈ zu der：*zur Tür hinausgehen* 朝门口走出去 ‖ NB(注意)：*zur* kann nicht durch *zu der* ersetzt werden in Wendungen wie（在短语中 *zur* 不能由 *zu der* 替换，如）：*sich zur Ruhe begeben* 就寝；*etw. zur Genüge kennen* 相当了解某事

zu·ran·de, zu Ran·de *Adv*（副）；*nur in* 只用于 **1. mit j-m/etw. z. kommen** wissen, wie man e-n schwierigen Menschen behandelt od. wie man e-e schwierige Aufgabe bewältigt 善于与某人相处、打交道/善于处理、完成某事 **2. etw. z. bringen** etw. trotz großer Schwierigkeiten machen können（不管困难多大）能胜任某事

zu·ra·te, zu Ra·te *Adv*（副）；*nur in* 只用于 **1. j-n z. ziehen** mit j-m sprechen, um dessen Meinung zu hören 向某人请教(求教)，请某人出主意 ≈ j-n konsultieren〈e-n Arzt, e-n Fachmann z. ziehen 向医生咨询，向专家请教〉 **2. etw. z. ziehen** etw. verwenden, um e-e Information zu bekommen 向某物求教、咨询，求助于某物〈ein Buch, ein Lexikon z. ziehen 求教于书本、词典〉 **3. mit sich z. gehen** über etw. nachdenken, um e-e Entscheidung treffen zu können 思索良策

zu·ra·ten（*hat*）[Vi]（不及物）**j-m**（**zu etw.**）**z.** j-m raten[1], etw. zu tun 建议，劝说 ↔ j-m (von etw.) abraten：*Der Job ist gut, ich kann dir nur z., ihn zu nehmen* 这工作不错，我只能建议你接受它

zu·rech·nen（*hat*）[Vt]（及物）**j-n/etw. etw.**（*Dat* 三格）**z.** j-n/etw. etw. zuordnen 将…归入、列入、算作：*e-n Maler den Impressionisten z.* 把一位画家列入印象派 ‖ *hierzu*（派生）**Zu·rech·nung** *die*；*nur Sg*（只用单数）

zu·rech·nungs·fä·hig *Adj*（形）；*nicht adv*（不用状语）；in der Lage, normal u. klar zu denken u. deshalb (vor dem Gesetz) für seine Handlungen verantwortlich 有责任能力的，能对自己的行为负责的 ↔ unzurechnungsfähig ‖ *hierzu*（派生）**Zu·rech·nungs·fä·hig·keit** *die*；*nur Sg*（只用单数）

zu·recht- *im Verb, betont u. trennbar, begrenzt produktiv*（构成动词，重读并可分，构词有限）；Die Verben mit *zurecht-* werden nach folgendem Muster gebildet（zurecht-动词的模式如下）：*zurechtschneiden – schnitt zurecht – hat zurechtgeschnitten*

1. *zurecht-* drückt aus, dass man etw. die Form gibt, die es haben soll（表示合适，正好，合要求）≈ zu-（7）；

etw. zurechtschneiden：*Sie schnitt die Blätter zurecht* 她把纸剪成想要的形状（剪得很合适）≈ Sie schnitt an den Blättern, bis sie die Form hatten, die sie wollte

ebenso(同类词有)：**etw. zurechtbiegen, etw. zurechtfeilen, etw. zurechthobeln, etw. zurechtklopfen, etw. zurechtstutzen**

2. *zurecht-* drückt aus, dass etw. an den Platz kommt, der dafür gedacht od. vorgesehen ist od. an dem man es brauchen wird（表示达到预想的、规定的或需要的地方）好，正；

etw. zurechtrücken：*Er rückte seine Krawatte zurecht* 他把自己的领带拉正 ≈ Er schob seine Krawatte an die Stelle, an der sie sein sollte

ebenso（同类词有）：**etw. zurechthängen,**（**sich**）**etw. zurechtlegen, etw. zurechtschieben, sich/etw. zurechtsetzen, etw. zurechtstellen**

zu·recht·bie·gen（*hat*）[Vt]（及物）**1. etw. z.** ↑ **zurecht-**（1）**2.**（**sich**（*Dat* 三格））**etw. z.** *gespr*［口］；etw. so formulieren od. interpretieren, dass es für die eigenen Zwecke passt 好好阐述，解说，说明：*die Wahrheit z.* 好好说明真实情况

zu·recht·fin·den, sich（*hat*）[Vr]（反身）**sich**（**irgendwo**）**z.** in e-r fremden Umgebung od. bei e-r neuen Tätigkeit *o. Ä.* die Bedingungen richtig einschätzen, bewältigen *o. Ä.* 能适应，熟悉：*sich in e-r fremden Stadt z.* 能适应在一个陌生的城市生活；*Es dauerte lange, bis ich mich in der neuen Situation zurechtfand* 过了很长时间我才熟悉新环境

zu·recht·kom·men（*ist*）[Vi]（不及物）**1.**（**mit j-m/etw.**）**z.** ohne große Schwierigkeiten mit j-m/etw. fertig werden(和…)合得来，相处融洽/(对…)会使用，胜任：*Kommst du mit dem Apparat zurecht?* 你会使用那台仪器吗？**2.**（**zu etw.**）**z.** pünktlich kommen 准时到达，正好赶上：*Wenn wir zur Eröffnung z. wollen, müssen wir uns beeilen* 如果我们想赶上开幕的话，就得赶紧

zu·recht·le·gen（*hat*）[Vt]（及物）**1.**（**sich**）**etw. z.** ↑ **zurecht-**（2）**2. sich**（*Dat* 三格）**e-e Ausrede/e-e Entschuldigung** *o. Ä.* **z.** sich (im Voraus) ausdenken, warum man etw. nicht tun will od. etw. nicht getan hat（事先）想好借口/申辩的理由

zu·recht·ma·chen（*hat*）[Vt]（及物）**1. etw. z.**

Z

gespr [口]; etw. so (ver)ändern, dass es für e-n bestimmten Zweck bereit ist 整理好,布置好,收拾妥当,安排妥当 ≈ herrichten (1): *das Zimmer für die Gäste z.* 为客人收拾好房间 **2. j-n/sich z.** j-n/sich (mit Schmuck, Kleidern, Make-up *usw*) schön machen 好好打扮,装扮,穿戴

zu·recht·rü·cken (*hat*) Vt (及物) **1. etw. z.** ↑ **zurecht-** (2) **2. etw. z.** etw., das falsch verlaufen ist od. falsch verstanden worden ist, wieder in Ordnung bringen 扭转,纠正,重新处理: *e-e Angelegenheit mit diplomatischem Geschick z.* 运用外交技巧重新解决一次事件

zu·recht·schnei·den (*hat*) Vt (及物) **etw. z.** etw. so schneiden, dass es die Form hat, die man wünscht 把…裁剪得合乎要求

zu·recht·stut·zen (*hat*) Vt (及物) **1. etw. z.** ↑ **zurecht-** (1) **2. j-n z.** ≈ tadeln

zu·recht·wei·sen (*hat*) Vt (及物) **j-n z.** j-m mit strengen Worten sagen, dass er etw. falsch gemacht hat 斥责,责备,指责,谴责,责怪≈ tadeln, rügen 〈j-n scharf, barsch, streng z. 强烈地、粗暴地、严厉地斥责某人〉‖ *hierzu* (派生) **Zu·recht·wei·sung** *die*

zu·recht·zim·mern (*hat*) Vt (及物) **etw. z.** *gespr, mst pej* [口] 多用 [贬]; etw. aus (Holz) Brettern machen, *mst* ohne dass man es gut kann 捣鼓出,摆弄出,瞎做: *ein Regal z.* 凑合做一个书架

zu·re·den (*hat*) Vi (不及物) **j-m z.** mit j-m lange od. oft (u. ernst) reden, damit er etw. tut 苦口婆心地劝说,耐心地说服 〈j-m gut z. 苦口婆心地劝说某人〉: *Ich habe ihr lange z. müssen, bis sie endlich zum Arzt ging* 我不得不长时间耐心劝说她,直到她终于去看了病

zu·rei·chend *Adj* (形); *geschr* [书] ≈ genügend, hinreichend ↔ unzureichend

Zürich 苏黎世

Zürich ist die Hauptstadt des gleichnamigen Kantons und mit etwa einer halben Million Einwohner die bevölkerungsreichste Stadt der Schweiz. Zählt man die Bevölkerung der umliegenden Satellitenstädte hinzu, kommt man auf etwa 900 000 Einwohner für den Großraum Zürich.
Die Stadt liegt im Norden der Schweiz inmitten von Bergen am Ufer des Zürichsees und ist der größte Industriestandort der Schweiz sowie ein wichtiges Handels- und Finanzzentrum. Die Schweizer Börse und große Banken und Versicherungen haben hier ihren Sitz.

苏黎世是瑞士同名州的首府,也是拥有约 50 万居民的瑞士人口最多的城市。如果加上周围的各个卫星城的人口,苏黎世大市区的居民就有大约 90 万。

该城市位于瑞士北部苏黎世湖畔的山区,是瑞士最大的工业区以及重要的商业和金融中心。瑞士的证券交易所以及大的银行和保险公司在这里都有派驻机构。

zu·rei·ten Vt (及物) (*hat*) **1.** *mst* 多用 **ein Pferd z.** ein Pferd so reiten, dass es sich daran gewöhnt u. gehorcht 驯马; Vi (不及物) (*ist*) **2. auf j-n/etw. z.** ↑ **zu-** (2)

zu·rich·ten (*hat*) Vt (及物) **1. etw. z.** etw. in e-e bestimmte Form bringen od. für den Gebrauch, die Benützung vorbereiten 加工,制作,准备,备置 〈Leder, Bleche z. 研光皮革、铁片; das Essen z. 做饭〉 **2. j-n/etw. irgendwie z.** j-n verletzen od. etw. beschädigen 打伤,损伤,损坏 〈j-n/etw. arg, schlimm, übel z. 把某人揍得、打得很凶、很厉害、很惨/把某物损坏得、糟踏得不可收拾〉

zür·nen; *zürnte, hat gezürnt*; Vi (不及物) (**j-m**) **z.** *geschr* [书]; zornig u. voll Ärger (über j-n) sein 气愤,恼怒,生气

zu·rol·len Vt (及物) (*hat*) **1. j-m etw. z.; etw. auf j-n/etw. z.** etw. in die Richtung rollen, in der j-d/etw. ist 使…朝…滚动; Vi (不及物) (*ist*) **2. etw. rollt auf j-n/etw. zu** etw. rollt in die Richtung, in der j-d/etw. ist(物作主语)滚向,朝…滚动

zu·rück *Adv* (副) **1.** (wieder) dorthin (zu dem Ausgangspunkt), woher man/es gekommen ist 回去,返回,回到原处 ↔ hin: *Zum Bahnhof sind wir mit der Straßenbahn gefahren, den Weg z. haben wir zu Fuß gemacht* 去火车站我们是乘电车,回来我们是步行; *Zwei Fahrkarten nach Essen u. z.!* 两张到埃森的往返票! **2** (**von etw.**) **z. sein** ≈ zurückgekehrt (1) sein 〈von e-r Reise, Fahrt, e-m Spaziergang, der Arbeit z. sein 旅行、开车外出、散步、上班回来〉

zu·rück- *im Verb, betont u. trennbar, sehr produktiv* (构成动词,重读并可分,构词强); Die Verben mit *zurück-* werden nach folgendem Muster gebildet (zurück- 动词的模式如下): *zurückgehen – ging zurück – ist zurückgegangen*

1. *zurück-* drückt aus, dass e-e Person od. Sache wieder an den Ort (od. in die Stellung) kommt, wo sie vorher war 返回,回来; **zurückkommen**: *Sie kommt morgen vom Urlaub zurück* 她明天休假回来 ≈ Sie kommt wieder hierher, wo sie vor dem Urlaub war ebenso (同类词有): **j-n/etw. zurückbefördern, sich zurückbegeben, j-n/etw. zurückbringen, (j-n/etw.) zurückfahren, (j-n/etw.) zurückfliegen, j-n/etw. zurückholen, zurücklaufen, j-n/etw. zurückschicken, etw. irgendwohin zurückstecken**

2. *zurück-* bezeichnet e-e Bewegung von vorne nach hinten 后退,退步; **zurückgehen**: *Als er den tiefen Abgrund vor sich sah, ging er aus Vorsicht e-n Schritt zurück* 当他看到眼前的深渊时,小心地后退了一步 ≈ Er ging e-n Schritt vom Abgrund weg nach hinten
ebenso (同类词有): **sich/etw. zurückbiegen, j-n/etw. zurückdrängen, zurückfallen, etw. zurückklappen, sich/etw. zurücklehnen, (etw.) zurückrollen, zurückschieben**

3. *zurück-* drückt aus, dass etw. wieder zu der Person kommt od. kommen soll, der es gehört od. zu der es gehört (hat)要回,索回; **etw. zurückhaben wollen**: *Er möchte die Bücher, die er uns geliehen hat, bald wieder z.* 他想很快要回借给我们的书 ≈ Er möchte seine Bücher bald wieder haben
ebenso(同类词有): **etw. zurückbekommen**, **etw. zurückerobern**, **etw. zurückfordern**, (**j-m**) **etw. zurückgeben**, **etw. zurückkaufen**, **etw. zurückverlangen**, (**j-m**) **etw. zurückzahlen**
4. *zurück-* drückt aus, dass j-d auf e-e bestimmte Handlung genauso (mit derselben Handlung) reagiert 回应,反应; **zurückgrüßen**: *Ich habe freundlich gegrüßt, aber niemand hat zurückgegrüßt* 我友好地(向大家)打招呼,可是没有人有回应≈ Niemand hat mit e-m Gruß reagiert
ebenso(同类词有): **zurücklächeln**, **zurücklachen**, **zurückrufen**, **zurückschlagen**, **zurückwinken**
5. *zurück-* drückt aus, dass man sich mit der Vergangenheit beschäftigt 回顾,回忆(过去) ↔ voraus-; **j-n/sich in etw. zurückversetzen**: *Versetzen wir uns in die Zeit der Romantik zurück* 让我们重回到过去浪漫主义的时代 ≈ Versuchen wir, uns die Zeit der Romantik vorzustellen
ebenso(同类词有): (**auf etw.**) **zurückblicken**, (**an j-n/etw.**) **zurückdenken**, (**auf etw.**) **zurückschauen**

Zu·rück *das*; *mst in* 多用于 **es gibt kein Z.** etw. hat sich so entwickelt, dass ein Aufhören od. Umkehren nicht (mehr) möglich ist 不可逆转,没有退路,没有回旋的余地

zu·rück·be·hal·ten; *behält zurück*, *behielt zurück*, *hat zurückbehalten*; [Vt] (及物) 1. (**sich** (*Dat* 三格)) **etw. z.** etw. *mst* für e-e bestimmte Zeit anderen nicht geben 保留,保存,留下: *etw. als Pfand z.* 留下某物作为抵押 2. **etw. von etw. z.** von etw. für immer e-n Schaden haben 留下,遗留下(损伤): *von e-r Operation e-e Narbe z.* 手术后留下一个伤疤

zu·rück·be·kom·men; *bekam zurück*, *hat zurückbekommen*; [Vt] (及物) 1. **etw. z.** ↑ **zurück-** (3) 2. **etw. z.** etw. beim Geldwechsel von j-m erhalten 找钱,找回: *Ich habe Ihnen e-n Hunderter gegeben, also bekomme ich noch 45 Euro zurück* 我给了您一张一百的,您得找给我45欧元 3. **etw. z.** *gespr* [口]; etw. wieder in die Stellung bringen können, in der es vorher war 放回,放到原位: *den Hebel z.* 把摇杆扳回原处

zu·rück·be·or·dern; *beorderte zurück*, *hat zurückbeordert*; [Vt] (及物) **j-n z.** *geschr* [书]; j-m den Befehl geben, wieder dorthin zu gehen, wo er vorher war 调回,召回: *die Botschafter aus dem Krisengebiet z.* 从危机地区召回大使

zu·rück·be·ru·fen; *berief zurück*, *hat zurückberufen*; [Vt] (及物) **j-n z.** *geschr* [书]; j-m befehlen, irgendwohin zurückzukommen 召回 ⟨Diplomaten z. 召回外交官⟩

zu·rück·beu·gen (*hat*) [Vt] (及物) **sich/etw. z.** sich/etw. nach hinten beugen 向后弯曲/把…向后弯曲↔ sich/etw. vorbeugen

zu·rück·be·we·gen; *bewegte zurück*, *hat zurückbewegt*; [Vt] (及物) **sich/etw. z.** sich/etw. nach hinten (rückwärts) bewegen od. wieder dorthin bewegen, wo man/es vorher war 向后移动/把…移到原处

zu·rück·bil·den, sich (*hat*) [Vr] (反身) **etw. bildet sich zurück** etw. wird (wieder) kleiner (物作主语)变小,缩小,萎缩⟨e-e Geschwulst, ein Muskel, e-e Narbe 肿瘤,肌肉,伤疤⟩ ‖ ▶ **Rückbildung**

zu·rück·bin·den (*hat*) [Vt] (及物) **etw. z.** etw. so binden, dass es hinten bleibt 将…系、扎在后面⟨sich die Haare z. 把头发扎在后面⟩

zu·rück·blei·ben (*ist*) [Vi] (不及物) 1. an e-m Ort bleiben, während ein anderer irgendwohin fährt od. geht 留下,留在 ↔ mitkommen: *Er durfte ausreisen, aber seine Frau u. die Kinder mussten zu Hause z.* 他可以出国旅游,可是他妻子和孩子得留在家里 2. (**hinter j-m**) **z.** Abstand zu j-m bekommen, weil man langsamer als er ist, geht od. fährt(走得慢)落在…后面,掉队,落伍: *Wir waren so langsam, dass wir ständig hinter dem Rest der Gruppe zurückblieben* 我们走得太慢了,总落在别人后面 3. **etw. bleibt** (**von etw.**) **zurück** etw. bleibt für immer (*bes* als Schaden od. Narbe)(物作主语)留下,遗留下: *Von dem Unfall sind schreckliche Narben zurückgeblieben* 因这次车祸留下了一些可怕的伤疤 4. (**in etw.** (*Dat* 三格)) (**hinter j-m/etw.**) **z.** in der Entwicklung weniger weit als normal od. erwartet sein 在…方面不如…那么好,被抛在…后头⟨hinter den Erwartungen z. 远不如期望的那么好,与期望有距离; geistig zurückgeblieben 智力迟钝的⟩

zu·rück·blen·den (*hat*) [Vi] (不及物) in e-m Film eine od. mehrere Szenen zeigen, die in der Vergangenheit spielen (在电影中)倒叙 ‖ ▶ **Rückblende**

zu·rück·bli·cken (*hat*) [Vi] (不及物) 1. (**zu j-m/etw.**) **z.**; (**auf etw.** (*Akk* 四格)) **z.** (sich umdrehen u.) j-n/etw. (an)sehen, von dem man sich gerade entfernt 回首,回望,回头看 ≈ sich (nach j-m/etw.) umsehen: *Er blickte noch einmal auf die Stadt zurück* 他再次回头看看这座城市 2. **auf etw.** (*Akk* 四格) **z.** *mst* unter e-m bestimmten Aspekt an e-n Zeitraum aus der Vergangenheit denken 回忆,回想,回顾: *Wenn ich auf die letzten zwei Jahre zurückblicke, dann kann ich große Fortschritte feststellen* 当我回想起最近两年的事,我发现我取得了很大的进步 3. **auf etw.** (*Akk* 四格) **z. können** etw. erlebt od. hinter sich gebracht haben 经历过: *auf ein erfülltes Leben z. können* 度过充实的一生 ‖ ▶ **Rückblick**

zu·rück·brin·gen (*hat*) [Vt] (及物) **j-n/**(**j-m**)

etw. z. j-n/etw. wieder zu dem Menschen od. an den Ort bringen, wo er/es vorher war 把…带回,交还,放回,送还: *das geliehene Fahrrad z.* 把借来的自行车送还

zu·rück·da·tie·ren; *datierte zurück, hat zurückdatiert*; [Vt] (及物) **1. *etw. z.*** auf etw. ein älteres Datum schreiben, als richtig ist 在…上填写以前的日期,倒填日期 ↔ vordatieren: *ein Zeugnis z.* 在证件上填写以前的日期 **2. *etw. z.*** feststellen, dass etw. früher entstanden ist, als man bisher gemeint hat 确定(在很早以前发生的事物): *Die alten Münzen wurden ins 1. Jahrhundert vor Christi zurückdatiert* 那些古币被确定为公元前一世纪的; [Vi] (不及物) **3. *etw. datiert auf etw.*** (*Akk* 四格) ***zurück*** etw. ist zu der genannten Zeit der Vergangenheit entstanden(物作主语)追溯到,始于,产生于,起源于

zu·rück·den·ken (*hat*) [Vi] (不及物) ***an j-n/etw. z.*** daran denken, wie j-d/etw. früher war 回忆,追忆 ≈ sich an j-n/etw. erinnern: *Ich denke gern an meine Schulzeit zurück* 我爱回忆我的中学时代

zu·rück·drän·gen (*hat*) [Vt] (及物) **1. *j-n*** (*mst Kollekt od Pl* 多用集合或复数) ***z.*** *mst* mehrere Personen nach hinten drängen od. dorthin, wo sie vorher waren 往后推,往回挤,迫使往后退: *Die Polizei musste die Menge z.* 警察不得不把人群往后推 **2. *etw. z.*** verhindern, dass etw. e-e große Wirkung hat 抑制,压制,遏制 ≈ unterdrücken 〈Gefühle z. 抑制感情〉

zu·rück·dre·hen (*hat*) [Vt] (及物) ***etw. z.*** etw. (durch Drehen) so bewegen, dass es nach hinten od. dorthin kommt, wo es vorher war 往回转,向后转,倒转,倒拨: *den Minutenzeiger der Uhr z.* 将表的分针往回拨

zu·rück·dür·fen (*hat*) [Vi] *gespr* (不及物)[口]; zurückkommen, zurückgehen *o. Ä.* dürfen 可以回来,允许回去〈in die Heimat z. 可以返回故乡〉

zu·rück·ei·len (*ist*) [Vi] (不及物) schnell dorthin gehen *o. Ä.*, wo man vorher war 赶快回去

zu·rück·er·hal·ten; *erhält zurück, erhielt zurück, hat zurückerhalten*; [Vt] (及物) ***etw. z.*** *geschr* [书] ≈ zurückbekommen (1,2)

zu·rück·er·in·nern, sich; *erinnerte sich zurück, hat sich zurückerinnert*; [Vr] (反身) ***sich*** (***an j-n/etw.***) ***z.*** daran denken, wie j-d/etw. früher war 回忆,追忆,回想

zu·rück·er·obern; *eroberte zurück, hat zurückerobert*; [Vt] (及物) ***etw. z.*** etw. wieder in seinen Besitz bringen, das man (*bes* durch Krieg od. durch geschäftlichen Wettbewerb) verloren hatte 收复,光复,重新占领,重新夺回 ‖ *hierzu* (派生) **Zu·rück·er·obe·rung** *die*

zu·rück·er·stat·ten; *erstattete zurück, hat zurückerstattet*; [Vt] (及物) (***j-m***) ***etw. z.*** ≈ zurückzahlen: *j-m die Kosten für e-e Dienstreise z.* 给某人报销差旅费 ‖ *hierzu* (派生) **Zu·rück·er·stat·tung** *die*; *nur Sg* (只用单数)

zu·rück·er·war·ten; *erwartete zurück, hat zurückerwartet*; [Vt] (及物) ***j-n irgendwann z.*** davon ausgehen, dass j-d zur angegebenen Zeit wieder zurückkommt 期望…适时返回〈j-n bald z. 期望某人很快返回〉

zu·rück·fah·ren [Vi] (不及物) (*ist*) **1.** nach hinten (rückwärts) fahren od. wieder dorthin fahren, wo man vorher war 倒车;驶回,开车返回: *Sie ist (den ganzen Weg) allein zurückgefahren* 她一路独自开车回来; *ein Stück z., um leichter aus der Parklücke herauszukommen* 稍许倒一倒车,好更容易从车位空隙中开出来; *mit dem Zug nach Hause z.* 乘火车回家 **2.** *bes* seinen Kopf u. Oberkörper schnell u. plötzlich nach hinten bewegen, *mst* weil man e-n Schrecken bekommen hat 吓得身子向后一仰; [Vt] (及物) (*hat*) **3. *j-n/etw. z.*** j-n/etw. nach hinten (rückwärtsfahren) od. dorthin fahren, wo er/es vorher war 把…往后倒;开车把…送回 **4. *etw. z.*** die Leistung e-r technischen Anlage niedriger schalten 调低、降低…的效率: *das Atomkraftwerk bei e-m Defekt z.* 遇故障时降低核电站的功率 ‖ ▶ **Rückfahrt**

zu·rück·fal·len (*ist*) [Vi] (不及物) **1.** nach hinten (rückwärts) od. dorthin fallen, wo man vorher war 向后倒;倒回(原处)〈sich im Sessel z. lassen 倒进沙发椅〉 **2.** *bes* in e-m sportlichen Wettkampf allmählich hinter den Besten (zurück) bleiben 退居: *auf den vierten Platz z.* 退居第四名 **3. *in etw.*** (*Akk* 四格) ***z.*** sich wieder auf dieselbe *mst* schlechte Art wie vorher verhalten 重犯,再犯〈in seine alten Fehler, Gewohnheiten z. 重犯老毛病,不改旧习〉 **4. *etw. fällt an j-n zurück*** etw. kommt wieder in j-s Besitz, *bes* nach dem Tod des früheren Besitzers(物作主语)重新落入,归属 **5. *etw. fällt auf j-n zurück*** etw. hat e-e unangenehme Wirkung für den, der die Verantwortung (dafür) hat(物作主语)归咎于,责任在…身上: *Wenn meine Kollegen schlampig arbeiten, fällt das auf mich zurück* 如果我的同事们吊儿郎当地工作,责任在我

zu·rück·fin·den (*hat*) [Vt/i] (及物/不及物) **1.** (***den Weg***) ***z.*** den Ort finden, an dem man vorher war 找到回去的路: *Sie brauchen mich nicht zu begleiten, ich finde allein (den Weg) in die Stadt zurück* 您不必陪我,我自己能找到回城的路; [Vi] (不及物) **2. *zu j-m z.*** (*mst* voller Reue) wieder zu j-m kommen, den man verlassen hat 重新回到…身边: *Sie hat zu ihrem Mann zurückgefunden* 她又回到了自己丈夫的身边

zu·rück·flie·gen [Vt] (及物) (*hat*) **1. *j-n/etw. z.*** j-n/etw. mit e-m Flugzeug dorthin bringen, wo er/es vorher war 乘飞机把…送回/带回; [Vi] (不及物) (*ist*) **2.** dorthin fliegen, wo man vorher war 飞回,飞返 ‖ ▶ **Rückflug**

zu·rück·flie·ßen (*ist*) [Vi] (不及物) ***etw. fließt zurück*** etw. fließt od. kommt wieder

Z

dorthin, wo es vorher war（物作主语）流返，流回，回流：*Nicht gebrauchtes Wasser fließt in den Speicher zurück* 没有用过的水又流回蓄水池；*Ein Teil des investierten Geldes fließt an die Firma zurück* —部分投资款又回流到公司

zu·rück·for·dern（*hat*）[Vt]（及物）***etw.***（***von j-m***）***z.*** verlangen, dass man etw. von j-m (wieder) bekommt 要回，索回：*das geliehene Geld z.* 要回借出去的钱

zu·rück·fra·gen（*hat*）[Vi]（不及物）auf e-e Frage mit e-r anderen Frage antworten 反问，反诘

zu·rück·füh·ren（*hat*）[Vt]（及物）**1.** ***j-n irgendwohin z.*** j-n dorthin bringen, wo er vorher war 把…带回，送回，领回：*Er führte seine Partnerin nach dem Tanz wieder an ihren Tisch zurück* 跳完舞他将舞伴又送回她的桌旁 **2.** ***etw. auf etw.***（*Akk* 四格）***z.*** die Ursache, den Grund od. den Ausgangspunkt von etw. in etw. sehen 将…追溯到，归因于，归咎于 ≈ etw. mit etw. erklären：*Die Krankheit ist* darauf *zurückzuführen*, dass *er sich zu wenig bewegt* 这个病归因于他运动太少；[Vi]（不及物）**3.** ***etw. führt irgendwohin zurück*** etw. verläuft in die Richtung, aus der man gekommen ist（物作主语）通往，通向，返回（原处）：*Führt dieser Weg ins Dorf zurück?* 这条路还通到村里吗？

zu·rück·ge·ben（*hat*）[Vt]（及物）**1.**（***j-m***）***etw. z.*** j-m etw. (wieder) geben, das man von ihm genommen, geliehen, gekauft *o.Ä.* hat 交还，归还 ↔ behalten **2.** ***j-d/etw. gibt j-m etw. zurück*** j-d/etw. bewirkt, dass j-d aus e-r Verzweiflung *o.Ä.* herausfindet（人/物作主语）使恢复，使找回，使重新获得〈j-m das Selbstvertrauen, seine Sicherheit z. 使某人恢复自信，找回自信心〉**3.** ***etw. z.*** *geschr* ［书］≈ antworten：*„Nein!" gab sie zurück*“不！”，她回答道

zu·rück·ge·hen（*ist*）[Vi]（不及物）**1.** nach hinten gehen od. dorthin gehen, wo man vorher war 后退；返回 ↔ vorgehen **2.**（***irgendwohin***）***z.*** ≈ zurückkehren (1)：*Sie wird nach dem Studium in ihre Heimatstadt z.* 她念完大学后将回到她的故乡城市 **3.** ***etw. z. lassen*** etw. nicht annehmen, weil es nicht so ist, wie man es bestellt hatte 退回，退掉：*das Essen in e-m Restaurant z. lassen* 在饭馆里退掉饭菜 **4.** ***etw. geht zurück*** etw. wird im Grad, Ausmaß (in der Höhe, Stärke *o.Ä.*) kleiner（物作主语）下降，变小，缩小，减少（指高度、强度）≈ etw. sinkt, fällt ↔ etw. steigt an：*Die Temperaturen werden in der Nacht auf Werte zwischen 5. u. 2 Grad z.* 夜间温度将降至2—5 度 **5.** ***etw. geht auf j-n/etw. zurück*** etw. ist aus etw. entstanden od. von j-m gegründet worden（物作主语）追溯到，起源于，归根；由…创建的：*Die Stadt geht auf e-e römische Siedlung zurück* 这座城市可追溯到一个古罗马居民点

zu·rück·ge·win·nen（*hat*）[Vt]（及物）***etw. z.*** etw., das man verloren hatte, erneut gewinnen, bekommen 重新获得，失而复得〈seine Freiheit, sein Selbstvertrauen, j-s Vertrauen z. 重新获得自由、自信、某人的信任〉

zu·rück·ge·zo·gen 1. *Partizip Perfekt*（过去分词）；↑ ***zurückziehen*** **2.** *Adj*（形）；*nur attr od adv*（只作定语或状语）；mit wenig Kontakt zu anderen Menschen 离群索居的，与外界隔绝的，隐居的 ↔ gesellig〈z. leben 过隐居生活；ein zurückgezogenes Leben führen 过深居简出的生活〉‖ *zu*（义项）**2. Zu·rück·ge·zo·gen·heit** *die*；*nur Sg*（只用单数）

zu·rück·grei·fen（*hat*）[Vi]（不及物）***auf j-n/etw. z.*** j-s Hilfe suchen od. etw. verwenden, weil die Situation es erfordert 求助于，动用：*auf seine Ersparnisse z. müssen* 得动用自己的积蓄

zu·rück·ha·ben（*hat*）[Vt]（及物）*mst* 多用 ***etw. z. wollen/können*** *gespr* ［口］；etw. wiederbekommen wollen/können 想/能重新得到，收回：*das geliehene Geld wieder z. wollen* 想要回借出去的钱

zu·rück·hal·ten（*hat*）[Vt]（及物）**1.** ***j-n z.*** j-n nicht weggehen, wegfahren *o.Ä.* lassen 拦住，挡住，留住不让走（指人）≈ aufhalten：*j-n an der Grenze z., um seine Papiere zu kontrollieren* 在边境拦住某人，以便检查他的证件 **2.** ***etw. z.*** etw. (absichtlich) nicht anderen geben od. verkaufen（故意）留着、留住或不出售（指物）〈Informationen z. 截住消息〉：*Sie wollen die Waren so lange z., bis der Preis auf das Doppelte gestiegen ist* 他们想把商品留到价格翻一番再卖 **3.** ***etw. z.*** *bes* Gefühle nicht zeigen 抑制，克制，不流露（指感情）≈ unterdrücken〈seinen Zorn, seine Wut z. 抑制自己的愤怒、怒火〉**4.** ***j-n***（***von etw.***）***z.*** j-n an e-r bestimmten Handlung hindern, j-n von etw. abhalten 阻拦，阻止：*j-n von e-r Dummheit z.* 阻止某人干蠢事；[Vr]（反身）**5.** ***sich***（***mit etw.***）***z.*** etw. Bestimmtes bewusst nicht od. nur in geringem Ausmaß tun 克制，节制 ≈ sich beherrschen：*sich mit dem Essen z.* 节制饮食 **6.** ***sich z.*** sich passiv verhalten 态度消极，拘谨，↔ sich beteiligen, aktiv werden：*sich bei/in e-r Diskussion, e-m Gespräch z.* 在讨论中、谈话中沉默寡言

zu·rück·hal·tend 1. *Partizip Präsens*（现在分词）；↑ ***zurückhalten*** **2.** *Adj*（形）；so, dass der Betroffene nicht gern selbst im Mittelpunkt des Interesses steht 稳重的，谨慎的，自制的 ≈ bescheiden〈ein Mensch, ein Verhalten, ein Wesen 人，行为，性格〉**3.** *Adj*（形）；*nur präd od adv*（只用表语或状语）；mit nur wenig Interesse, ohne Begeisterung 冷淡的，淡漠的，兴趣不浓的 ≈ kühl, reserviert ↔ enthusiastisch：*Die Reaktion auf das Angebot war sehr z.* 对供货的反应很冷淡 ‖ *hierzu*（派生）**Zu·rück·hal·tung** *die*；*nur Sg*（只用单数）

zu·rück·ho·len（*hat*）[Vt]（及物）***j-n/etw. z.*** j-n/etw. holen u. wieder dorthin bringen, wo er/es vorher war 把…带回，接回，取回

zu·rück·kau·fen（*hat*）[Vt]（及物）***etw. z.*** etw. wiederkaufen, das man vorher verkauft hat

把…重新买回

zu·rück·keh·ren (*ist*) [Vi] *geschr*(不及物)[书] **1.** (**von/aus etw.**) (**zu j-m/nach etw.**) **z.** (wieder) dorthin kommen, wo man vorher war 返回,回来,归来,回到 ≈ zurückkommen: *von e-r Reise, vom Urlaub, aus der Fremde, nach Hause z.* 旅行、度假归来,从外地(国外)回来,回到家; *zu den Eltern z.* 回到父母亲身边 **2. etw. kehrt zurück** etw. erreicht wieder den Zustand, den es vorher hatte(物作主语)恢复: *Erst lange nach dem Unfall kehrte seine Erinnerung ganz zurück* 事故过去了很长时间,他的记忆才完全恢复 ‖ ▶ **Rückkehr**

zu·rück·klap·pen (*hat*) [Vt] (及物) **etw. z.** etw. nach hinten klappen 向后翻转

zu·rück·kom·men (*ist*) [Vi] (不及物) **1.** (**von/aus etw.**) (**nach etw./zu j-m**) **z.** wieder dorthin kommen, wo man vorher war 返回,回来,归来,回到: *von e-r Reise, e-m Spaziergang, e-m Ausflug z.* 旅行、散步、郊游(后)回来 **2. auf etw.** (*Akk* 四格) **z.** von etw. sprechen, das man bereits einmal erwähnt hat 再谈,再提起,回头再说: *Auf diesen Punkt komme ich später noch zurück* 这一点我过会儿再谈 **3. auf j-n/etw. z.** j-s Hilfe, ein Angebot *o. Ä.* erst (einige Zeit) später annehmen 回头再考虑、接受、采纳: *Wir werden zu gegebener Zeit auf Ihr Angebot z.* 我们会在适当的时机接受您的提议

zu·rück·kön·nen (*hat*) [Vi] *gespr*(不及物)[口] **1.** dorthin gehen od. fahren können, wo man vorher war 能回来,能归来,能回到原处 **2.** *mst* 多用 **nicht mehr z.** seine Entscheidung *o. Ä.* nicht mehr ändern können 无法改变,不再能更改: *Wenn der Vertrag unterschrieben ist, kannst du nicht mehr zurück* 如果合同签了字,你就无法改变了 ‖ NB(注意): *mst* verneint(多用否定句)

zu·rück·krie·gen (*hat*) [Vt] (及物) **etw. z.** *gespr* [口] ≈ zurückbekommen (1,2)

zu·rück·las·sen (*hat*) [Vt] (及物) **1. j-n/etw. z.** von e-m Ort weggehen od. wegfahren u. j-n/etw. dort lassen 留下,把…留在: *Als sie flüchteten, mussten sie ihren gesamten Besitz in der Heimat z.* 他们逃跑时不得不把所有财产都留在家乡 **2. j-d lässt j-n zurück** j-d stirbt, u. die genannte(n) Person(en) in seiner Familie muss/müssen jetzt ohne ihn leben (人作主语)死后留下,身后留下,抛下: *Der Verunglückte lässt e-e Frau u. drei Kinder zurück* 遇难者身后留下了妻子和三个孩子 **3. etw. lässt etw. zurück** etw. hat etw. als Folge od. Wirkung(物作主语)留下(后果) ≈ etw. hinterlässt etw.: *Die Wunde ließ e-e Narbe zurück* 伤口留下了一个疤痕; *Das Gespräch hat bei mir ein unangenehmes Gefühl zurückgelassen* 那次谈话给我留下了不舒服的感觉 **4. j-n z.** *gespr* [口]; erlauben, dass j-d zurückgeht od. -fährt 允许…返回,让…回去

zu·rück·lau·fen (*ist*) [Vi] (不及物) **1. j-d läuft (irgendwohin) zurück** ↑ **zurück-** (1) **2. e-e Flüssigkeit läuft (irgendwohin) zurück** e-e Flüssigkeit fließt zurück 液体回流,倒流 **3. ein Band** *o. Ä.* **läuft zurück** ein Band *o. Ä.* wird zurückgespult 带子重新绕回、卷回、倒回去

zu·rück·le·gen (*hat*) [Vt] (及物) **1. etw. z.** etw. wieder dorthin legen, wo es vorher war 放回,搁回(原处): *Der Kassierer legte das Geld nach dem Zählen wieder in den Tresor zurück* 出纳员将钱点清后又放回保险箱里 **2.** (**j-m**) **etw. z.; etw.** (**für j-n**) **z.** etw. in e-m Geschäft nicht verkaufen, sondern für j-n aufbewahren(为…)保留,留存(不卖): *Ich habe heute zu wenig Geld bei mir, können Sie mir das Kleid bis morgen z.?* 我今天带的钱不够,您能否为我将这条连衣裙保留到明天? **3. sich/etw. z.** sich/e-n Körperteil nach hinten legen 向后仰/把…向后仰: *den Kopf z. u. in die Höhe schauen* 仰起脑袋往上看 **4. etw. z.** e-e Strecke gehen, fahren, fliegen *o. Ä.* 走过,开过,飞过(指一段路程): *Wir legten pro Tag 80 km mit dem Fahrrad zurück* 每天我们骑自行车 80 公里 **5. etw. z.** Geld für später sparen 积蓄,攒钱 ‖ ▶ **Rücklage**

zu·rück·leh·nen (*hat*) [Vt] (及物) **sich/etw. z.** sich/den Körper beim Sitzen schräg nach hinten lehnen 向后靠/把…向后倚靠: *sich im Sessel z.* 向后靠在沙发椅里

zu·rück·lie·gen (*hat/südd* Ⓐ Ⓒⓗ [南德][奥][瑞] *ist*) [Vi] (不及物) **1. etw. liegt** 〈zwei Monate, ein halbes Jahr, ein Jahr *usw* 两月,半年,一年等; schon lange 已经很久〉 **zurück** etw. ist vor relativ langer Zeit geschehen (物作主语)已发生,过去(…时间) ‖ NB(注意): bei e-r kürzeren Zeit sagt man(若时间较短则说): *Es ist schon drei Tage* (*usw*) *her* 已过去三天了 **2.** (**hinter j-m**) **z.** in e-m (sportlichen) Wettkampf hinter j-m (*mst* dem Führenden) liegen 落在…之后,屈居第二: *Die österreichische Mannschaft liegt in der Gesamtwertung um zehn Punkte zurück* 奥地利队以十分之差的总成绩位居第二

zu·rück·mel·den, sich (*hat*) [Vr] (反身) **sich z.** j-m sagen, dass man wieder da ist(销假)报到(归队,回学校,回单位): *sich beim Kompaniechef z.* 到连长那儿(销假)报到

zu·rück·müs·sen (*hat*) [Vi] *gespr*(不及物)[口]; dorthin gehen od. fahren müssen, wo man vorher war 得返回(原地),得回家(回学校、单位等)

zu·rück·neh·men (*hat*) [Vt] (及物) **1. etw. z.** etw., das man j-m gegeben od. verkauft hat, wieder nehmen u. ihm das Geld dafür geben 收回,回收,召回(指货物): *Fehlerhafte Waren werden vom Hersteller zurückgenommen* 有缺陷的商品由制造商召回 **2. etw. z.** sagen, dass e-e Äußerung, e-e Behauptung *o. Ä.* nicht mehr gilt (*z. B.* weil sie falsch war od. weil sie einem Leid tut) 取消,撤回,收回(指观点,言论) **3. etw. z.** erklären, dass etw. nicht mehr gilt 撤回,撤销,收回(指申请,订单,诉状) ↔ aufrechterhalten 〈e-n Antrag, e-e Klage, e-n Auftrag z. 撤回申请、起诉、订单〉 **4. etw. z.** e-n Arm, ein Bein *o. Ä.* nach hinten bewegen 缩回(胳膊,腿等) ‖ zu (义项) **1.-3. Zu·rück·nah·me** *die*; *nur Sg*(只用单数)

zu·rück·pral·len (*ist*) Vi (不及物) **etw. prallt (von etw.) zurück** etw. stößt heftig gegen e-e Wand *o. Ä.* u. kommt wieder zurück(物作主语)弹回: *Der Ball prallt von der Wand zurück* 球从墙上弹回

zu·rück·rei·chen (*hat*) Vt (及物) **1. (j-m) etw. z.** *geschr* [书] ≈ zurückgeben (1); Vi (不及物) **2. etw. reicht in etw.** (*Akk* 四格)/ **bis zu etw. zurück** etw. hat in etw. seinen Anfang od. Ursprung(物作主语)起源于,可以追溯到: *Die Anfänge der Stadt reichen in die Römerzeit zurück* 这座城市的发源可以追溯到罗马时代

zu·rück·ru·fen (*hat*) Vt (及物) **1. j-n z.** j-n rufen, damit er zurückkommt 叫回,唤回,喊回: *die Kinder ins Haus z.* 把孩子们叫回家 **2. j-n z.** j-m befehlen, wieder zurückzukommen 召回,召返〈Truppen, Angreifer z. 命令部队、进攻者返回〉 **3. j-m/ sich etw. ins Gedächtnis z.** j-n an etw. erinnern/bewusst an etw. Vergangenes denken 使回忆起/自己回想起 **4. etw. z.** j-m mit e-m Ruf antworten 回应: *„Wann kommst du wieder?", rief sie. – „Morgen", rief er zurück* "你什么时候再来?"她高喊道。——"明天",他回应道; Vt/i (及物/不及物) **5. (j-n) z.** j-n, der telefoniert hat, später selbst anrufen 回电话: *Herr Braun ist im Moment nicht da, kann er (Sie) z.?* 布劳恩先生暂时不在,他(给您)回电话行吗? ‖ ▶ **Rückruf**

zu·rück·schal·ten (*hat*) Vi (不及物) (*bes* im Auto) e-n niedrigeren Gang einlegen(尤指在汽车里)换(到低)挡: *vom dritten in/auf den zweiten Gang z.* 从三挡换到二挡

zu·rück·schau·en (*hat*) Vi *südd* Ⓐ Ⓒⓗ (不及物)[南德][奥][瑞] ≈ zurückblicken

zu·rück·scheu·en (*ist*) Vi (不及物) **vor etw.** (*Dat* 三格) **z.** etw. nicht tun, weil man Angst vor den Folgen hat 畏缩,畏惧,退缩 ≈ vor etw. zurückschrecken (2)

zu·rück·schi·cken (*hat*) Vt (及物) **j-n/etw. z.** j-n/etw. wieder dorthin schicken, woher er/es gekommen ist 遣返,派回,退回,送还,寄回

zu·rück·schie·ben (*hat*) Vt (及物) **1. etw. z.** etw. nach hinten schieben od. dorthin schieben, wo es vorher war 向后推;推回(原处) **2. etw. z.** etw. zur Seite ziehen od. schieben 拉开,推开,打开〈den Vorhang, e-n Riegel z. 拉开帷幕、门闩〉

zu·rück·schla·gen (*hat*) Vt (及物) **1. e-n Ball z.** e-n Ball mit der Hand, mit e-m Schläger[1] dorthin schlagen, woher er gekommen ist 将球打回、击回、扣回 **2. j-n/etw. z.** e-e Attacke, e-n Angriff abwehren u. den Feind zum Rückzug zwingen 击退,击败〈den Gegner, e-n feindlichen Angriff z. 击退对手、敌方进攻〉 **3.** 〈die Decke, den Kragen *o. Ä.* 毯子,衣领等〉 **z.** den oberen Teil e-r Decke, e-s Kragens *o. Ä.* so umklappen, dass man die Unter- bzw. Innenseite sieht 掀开,翻起; Vi (不及物) **4.** nachdem man von j-m e-n Schlag bekommen hat, ihn auch schlagen 还手,还击 **5.** (*mst* als Reaktion auf e-n Angriff *o. Ä.*) sich (*z. B.* mit e-m Gegenangriff) wehren 反击,回击,还击

zu·rück·schnei·den (*hat*) Vt (及物) **etw. z.** etw. durch Schneiden kürzer machen 剪短,修剪〈den Rasen, die Haare, die Äste z. 修剪草坪、头发、树枝〉 ‖ ▶ **Rückschnitt**

zu·rück·schnel·len (*ist*) Vi (不及物) **etw. schnellt zurück** etw. *mst* Elastisches bewegt sich schnell u. plötzlich wieder dorthin, wo es vorher war(物作主语)弹回,跳回

zu·rück·schrau·ben (*hat*) Vt (及物) **1. etw. z.** sich mit weniger begnügen, als man eigentlich wollte 节制,限制,降低〈seine Erwartungen, seine Ansprüche 自己的期望值、要求〉 **2. etw. z.** etw. reduzieren 降低,减少〈j-s Lohn, die Gehälter z. 减少某人的工资、薪金〉

zu·rück·schre·cken; *schreckt zurück / veraltet* [旧] *schrickt zurück, schreckte zurück / veraltend* [渐旧] *schrak zurück, ist zurückgeschreckt*; Vi (不及物) **1.** sich plötzlich nach hinten bewegen, weil man e-n Schrecken bekommen hat 吓得往后退,吓一跳: *Er schreckte zurück, als er die Spinne sah* 他看到蜘蛛就吓得往后退 **2. vor etw.** (*Dat* 三格) **z.** etw. nicht tun, weil man Angst vor den Folgen hat 畏缩,惧怕,退缩不干: *vor e-m Verbrechen z.* 害怕犯罪

zu·rück·schwin·gen (*ist*) Vi (不及物) **etw. schwingt zurück** etw. bewegt sich schwingend wieder dorthin, wo es vorher war(物作主语)摆回原处,晃回原处〈das Pendel, die Schaukel 摆针,秋千〉

zu·rück·seh·nen, sich (*hat*) Vr (反身) **sich irgendwohin z.** den starken Wunsch haben, noch einmal an e-m bestimmten Ort zu sein, in e-r bestimmten Zeit zu leben, etw. zu haben *o. Ä.* 渴望重返(故地),重又回到(年代)留恋,眷恋: *sich nach seiner Jugend, nach seiner/in seine verlorene Heimat z.* 眷恋自己的青年时代/想念自己离别的故乡

zu·rück·sen·den; *sandte/sendete zurück, hat zurückgesandt/zurück gesendet*; Vt (及物) **etw. z.** *geschr* [书]; etw. wieder dorthin schicken, woher es gekommen ist 寄回,退回,送回

zu·rück·set·zen (*hat*) Vt (及物) **1. j-n/sich z.** j-n/sich nach hinten setzen od. wieder dorthin setzen, wo er/man vorher war 让…/自己往后坐、坐回原处: *Setz dich sofort auf deinen Stuhl zurück!* 快坐回你的椅子上去! **2. etw. z.** etw. nach hinten versetzen 把…向后移动: *die Rosenbüsche e-n Meter z.* 将玫瑰花丛后移一米 **3. j-n z.** j-n schlechter (*bes* weniger freundlich u. aufmerksam) behandeln als andere 怠慢,冷落,轻慢 ≈ vernachlässigen ↔ vorziehen 〈sich zurückgesetzt fühlen 感到受冷落〉; Vi (不及物) **4.** *bes* mit e-m Auto ein kurzes Stück nach hinten fahren, rückwärtsfahren (将汽车)朝后开(一段),倒车 ‖

zu（义项）**3 Zu·rück·set·zung** *die*；*mst Sg*（多用单数）

zu·rück·sin·ken（*ist*）[Vi]（不及物）sich nach hinten lehnen *o. Ä.* 向后倒：*Sie sank vor Erschöpfung tief in den Sessel zurück* 她累极了，沉沉地跌坐在沙发椅上

zu·rück·sol·len（*hat*）[Vi] *gespr*（不及物）［口］；zurückkommen，zurückgebracht werden *o. Ä.* sollen 该回来，该拿回来

zu·rück·spie·len（*hat*）[Vt/i]（及物/不及物）（**etw.**）**z.** e-n Ball nach hinten (od. dahin, woher er gekommen ist) schießen，werfen *usw* 扔回，传回，踢回〈den Ball z. 将球传回〉

zu·rück·sprin·gen（*ist*）[Vi]（不及物）**j-d/etw. springt zurück** j-d/etw. springt nach hinten od. dorthin, wo er/es vorher war（人/物作主语）向后跳；跳回，弹回（原处）

zu·rück·spu·len（*hat*）[Vt/i]（及物/不及物）（**etw.**）**z.** auf e-e Taste an e-m Kassettenrekorder，Videorekorder *o. Ä.* drücken，um zu e-r Stelle des Bandes zu kommen，die bereits abgespielt wurde 倒回，转回 ↔ vorspulen〈e-e Kassette，ein Band z. 倒磁带、录像带〉

zu·rück·ste·cken（*hat*）[Vt]（及物）**1. etw. irgendwohin z.** ↑ **zurück-**（1）；[Vi]（不及物）**2.** *gespr*［口］；mit weniger zufrieden sein，als man gewollt u. erwartet hat 节制，收敛，降低要求〈z. müssen 必须节制〉

zu·rück·ste·hen（*hat/südd* Ⓐ Ⓒⓗ［南德］［奥］［瑞］*ist*）[Vi]（不及物）**1. etw. steht ein bisschen/etwas** *o. Ä.*（**von etw.**）**zurück** etw. steht in Bezug auf e-e Linie，Reihe *usw* weiter hinten（物作主语）稍许退后，凹进，缩进：*Unser Haus steht zehn Meter von der Straße zurück* 我们的房子从街道上缩进十米 **2. j-d muss**（**hinter j-m**）**z.** j-d muss j-d anderem den Vortritt lassen（人作主语）得让人优先，得靠后站 **3. etw. muss**（**hinter etw.**（*Dat* 三格））**z.** etw. kann（zunächst）nicht berücksichtigt werden，weil etw. anderes wichtiger ist（物作主语）被搁置一边，不能优先考虑 **4.**（**weit**）**hinter j-m z.**（viel）schlechter sein als j-d anderer（远）不及，（大大）落在…后头

zu·rück·stel·len（*hat*）[Vt]（及物）**1. etw. z.** etw. nach hinten stellen od. dorthin stellen，wo es vorher war 往后放；放回（原处）：*die Butter nach dem Frühstück in den Kühlschrank z.* 早餐后将黄油放回冰箱 **2. etw. z.** die Angabe（der Zeit）auf e-r Uhr so ändern，dass sie e-e frühere Zeit zeigt 往回拨，倒拨 ↔ vorstellen〈die Uhr，die Zeiger z. 将钟表，指针往回拨〉：*Beim Wechsel zur Winterzeit stellt man die Uhren e-e Stunde zurück* 换冬季时间时，将钟表倒拨一小时 **3.**（**j-m**）**etw. z.**；**etw.**（**für j-n**）**z.** ≈ zurücklegen（2）**4. etw. z.** etw. noch nicht tun，*bes* weil etw. anderes wichtiger ist 将…搁置一旁，将…往后挪 ↔ vorziehen：*Das Buch muss bis Mitte Februar fertig sein，bis dahin müssen wir alles andere z.* 这本书必须在二月中旬完成，这之前我们得把一切其他事情往后推 **5. j-n z.** j-n für e-e bestimmte Zeit von etw. befreien 使暂缓，往后推迟：*Sie ist noch nicht reif für die Schule，wir lassen sie ein Jahr z.* 她还没到上学的年龄，我们让她暂缓一年 ‖ zu（义项）**3**，**4.** u. **5. Zu·rück·stel·lung** *die*

zu·rück·sto·ßen [Vt]（及物）（*hat*）**1. j-n/etw. z.** j-n/etw.（mit e-m Stoß）nach hinten od. dorthin bewegen，wo er/es vorher war 朝后推；推回，撞回（原处）**2. j-n z.** j-m deutlich zeigen，dass man ihn（od. sein Verhalten）nicht mag 厌恶，嫌恶，厌烦，腻烦：*Er liebt sie immer noch，obwohl sie ihn ständig zurückstößt* 他一直爱着她，虽然她总是腻烦他；[Vi]（不及物）（*ist*）**3.**（*bes* mit e-m Auto）ein kurzes Stück nach hinten fahren 倒车 ≈ zurücksetzen（4）

zu·rück·strah·len（*hat*）[Vt]（及物）**etw. strahlt etw. zurück** etw. reflektiert（1）etw.（物作主语）反射，反照

zu·rück·strö·men（*ist*）[Vi]（不及物）**1.**〈Personen 人们〉**strömen zurück** viele Personen bewegen sich wieder dorthin，wo sie vorher waren 涌回，流回，返回：*Am Sonntagabend strömen die Ausflügler in die Stadt zurück* 周日晚上郊游的人们纷纷返回城里 **2. e-e Flüssigkeit strömt zurück** e-e Flüssigkeit fließt wieder dorthin，wo sie vorher war 液体回流

zu·rück·stu·fen（*hat*）[Vt]（及物）**j-n z.** j-n zu e-r Gruppe stellen，die weniger Geld verdient 降低某人（工资）级别 ↔ höherstufen〈j-n in e-e niedrigere Lohngruppe，Gehaltsstufe z. 将某人降低一级工资、薪金〉‖ *hierzu*（派生）**Zu·rück·stu·fung** *die*

zu·rück·trei·ben（*hat*/ist）[Vt]（及物）（*hat*）**1.**〈Personen/Tiere 人/动物〉**z.** *mst* mehrere Personen/Tiere nach hinten treiben（rückwärtstreiben）od. wieder dorthin treiben，wo sie vorher waren 驱赶…往后退；把…赶回原处：*die Schafe auf die Wiese z.* 将羊群赶回草地上；[Vi]（不及物）（*ist*）**2. etw. treibt zurück** etw. bewegt sich（mit der Strömung，dem Wind）wieder dorthin，wo es vorher war（物作主语）返回（原处）

zu·rück·tre·ten（*ist*）[Vi]（不及物）**1.** einen od. wenige Schritte nach hinten machen 向后退，退后：*Der Zug fährt ein. Bitte treten Sie*（*von der Bahnsteigkante*）*zurück* 列车进站了，请（从站台边）往后退一退 **2.**（**von etw.**）**z.** seine Position od. Funktion aufgeben，ein Amt niederlegen 辞职，退职，辞退：*Er ist so verärgert，dass er von seinem Amt als Vorsitzender z. will* 他十分生气，想辞去主席的职务 **3.**（**von etw.**）**z.** erklären，dass etw. nicht mehr gilt 收回，撤回，废除〈von e-m Vertrag，e-r Abmachung，vom Kauf z. 废除一个协议，撤回一个协定，撤销一笔买卖〉**4. etw. tritt**（**hinter etw.**（*Akk* 四格）/**gegenüber etw.**）**zurück** etw. ist weniger wichtig als etw. anderes（物作主语）让路，与…相比并不重要：*Sie haben nur ein Ziel：reich zu werden. Alles andere muss z.* 他们只有一个目标：要致富。其他一切都必

须让路 ‖ ▶ ***Rücktritt***

zu·rück·tun (*hat*) [Vt] (及物) ***etw. z.*** *gespr* [口]; etw. wieder dorthin legen od. stellen, wo es vorher war 放回，搁回(原处)

zu·rück·ver·fol·gen; *verfolgte zurück, hat zurückverfolgt*; [Vt] (及物) ***etw.*** (***bis in etw.*** (*Akk* 四格)) ***z.*** die historische Entwicklung von etw. (bis zum Anfang) verfolgen 把…追溯到: *Diese Tradition lässt sich bis ins Mittelalter z.* 这一传统可以追溯到中世纪

zu·rück·ver·lan·gen; *verlangte zurück, hat zurückverlangt*; [Vt] (及物) ***etw.*** (***von j-m***) ***z.*** ≈ zurückfordern

zu·rück·ver·set·zen; *versetzte zurück, hat zurückversetzt*; [Vt] (及物) **1.** ***etw. versetzt j-n in etw.*** (*Akk* 四格) ***zurück*** etw. gibt j-m das Gefühl, in e-r vergangenen Zeit zu sein (物作主语)使重新回到、追忆起(过去): *Die Musik versetzte mich in meine Jugend zurück* 这个音乐使我重新回想起我的青年时代; [Vr] (反身) **2.** ***sich in etw.*** (*Akk* 四格) ***z.*** sich vorstellen, dass man wieder in e-r früheren Zeit ist 追忆，追怀，重温(往事): *Versetz dich in die 60 er-Jahre zurück!* 回想一下你 60 年代的岁月吧!

zu·rück·wei·chen (*ist*) [Vi] (不及物) **1.** (***vor j-m/etw.***) ***z.*** aus Angst, Entsetzen *o. Ä.* ein paar Schritte (von j-m/etw. weg) nach hinten treten 向后退，退缩 ‹entsetzt, erschrocken z. 惊恐地、吃惊地向后退›: *vor dem fahrenden Auto z.* 面对开过来的汽车向后退了几步 **2.** ***vor etw.*** (*Dat* 三格) ***z.*** darauf bedacht sein, etw. Unangenehmem aus dem Weg zu gehen 避开，让开，躲开: *vor e-r Auseinandersetzung, vor Streit, vor Schwierigkeiten z.* 避开冲突、争吵、困难

zu·rück·wei·sen (*hat*) [Vt] (及物) **1.** ***j-n z.*** j-n (*bes* an e-r Grenze) wieder dorthin schicken, von wo er gekommen ist 让…返回、退回(原地)，不让…入境 **2.** ***j-n/etw. z.*** (j-m) deutlich zeigen, dass man etw. nicht erfüllen, annehmen, beantworten *usw* will 拒绝，回绝，驳回 ≈ ablehnen ‹e-e Bitte, e-e Forderung, ein Ansinnen, e-n Antrag, e-n Vorschlag, e-e Entschuldigung z. 拒绝请求、要求、无理要求、申请、建议、请假›: *Sie weist niemanden zurück, der mit e-r Bitte zu ihr kommt* 她从不拒绝来求她的人，她有求必应 **3.** ***etw. z.*** energisch zum Ausdruck bringen, dass etw. nicht wahr (od. gerechtfertigt) ist 驳回，反驳，反对 ‹e-n Verdacht, e-n Vorwurf, e-e Anschuldigung, e-e Äußerung, e-e Behauptung z. 驳回怀疑、责难、指控、言论、论断; etw. entschieden z. 坚决反对某事› ‖ *zu* (义项) **1.** u. **2.** **Zu·rück·wei·sung** *die*

zu·rück·wer·fen (*hat*) [Vt] (及物) **1.** ***etw. z.*** etw. nach hinten od. dorthin werfen, von wo es gekommen ist 把…向后扔; 扔回，掷回(原地) **2.** ***etw. wirft etw. zurück*** etw. reflektiert (1) etw. (物作主语)反射，反照 **3.** ***etw. wirft j-n/etw. zurück*** etw. bringt j-n/etw. in e-e schlechtere Lage als bisher(物作主语)使倒退，使境况更差，使今不如昔: *Durch die Inflation wurde die Wirtschaft des Landes weit zurückgeworfen* 由于通货膨胀，这个国家的经济大大倒退了

zu·rück·wir·ken (*hat*) [Vi] (不及物) ***etw. wirkt*** (***auf j-n/etw.***) ***zurück*** etw. wirkt auf die Person od. Sache, von der die Wirkung ursprünglich ausgegangen ist(物作主语)反作用于

zu·rück·wol·len (*hat*) [Vi] (不及物) (***irgendwohin***) ***z.*** *gespr* [口]; dorthin gehen od. fahren wollen, wo man vorher war 想回到、返回(原处)

zu·rück·wün·schen (*hat*) [Vt] (及物) **1.** ***j-n/etw. z.*** wünschen, dass j-d wieder bei einem wäre bzw. dass man etw. wieder hätte 希望…重新回来(指人)/希望重新得到(指物): *seine Unabhängigkeit u. Freiheit z.* 希望重新获得独立和自由; [Vr] (反身) **2.** ***sich irgendwohin z.*** wünschen, dass man irgendwo wäre, wo man einmal war 希望重新返回: *sich in die Heimat z.* 希望重新回到故乡

zu·rück·zah·len (*hat*) [Vt] (及物) **1.** (***j-m***) ***etw. z.*** das Geld, das man von j-m, e-r Bank *o. Ä.* geliehen hat, diesem/dieser wieder geben 还，偿还，付还，偿付 ‹Schulden, ein Darlehen, e-n Kredit (ratenweise) z. (分期)偿还债务、借款、贷款› **2.** ***j-m etw. z.*** *gespr* [口]; sich an j-m für etw. rächen 对…进行报复 ≈ j-m etw. heimzahlen ‖ ▶ ***Rückzahlung***

zu·rück·zie·hen [Vt] (及物) (*hat*) **1.** ***j-n/etw. z.*** j-n/etw. nach hinten ziehen od. dorthin ziehen, wo er/es vorher war 向后拉; 拉回(原处): *das Kind vom offenen Feuer z.* 将孩子从明火旁拉回 **2.** ***etw. z.*** etw. auf die Seite ziehen 向边上拉，拉开 ‹die Vorhänge, die Gardinen, den Store z. 将帷幕、窗帘、窗纱拉开› **3.** ***j-n z.*** *mst* Truppen den Befehl geben, sich aus e-m Gebiet zu entfernen (u. ins Land dahinter zu gehen) 下令…撤退、后撤: *die an der Grenze stationierten Truppen z.* 命令边境驻军后撤 **4.** ***etw. z.*** erklären, dass man etw. nicht mehr will 撤回，收回，取消，退出 ≈ rückgängig machen ‹seine Kandidatur, e-n Antrag, e-e Klage z. 退出竞选，撤回申请、起诉›; [Vi] (不及物) (*ist*) **5.** ***irgendwohin z.*** seinen Wohnsitz wieder an e-n Ort verlegen, an dem man früher einmal gelebt hat 迁回，搬回: *Wir möchten nie mehr in die Stadt z.* 我们再也不愿意迁回城里去了; [Vr] (反身) (*hat*) **6.** ***sich z.*** an e-n Ort gehen, wo man allein ist, od. sich so verhalten, dass man nur wenig Kontakt zu Menschen hat 隐居，隐退 ‹zurückgezogen leben 过隐居生活›: *Er hat sich auf e-e Hütte in den Bergen zurückgezogen* 他隐居在山间的一个小屋里 **7.** ***sich*** (***von/aus etw.***) ***z.*** bei etw. nicht mehr aktiv sein 退出，引退 ≈ etw. aufgeben ‹sich aus der Politik, vom Geschäft, vom Hochleistungssport z. 从政界、生意场上、职业体育中退出› **8.** ‹Truppen *o. Ä.* 部队等› ***ziehen sich zurück*** Truppen *o. Ä.* gehen vom Ort der Kämpfe weg 撤退,撤离(战区); Vimp (无人称) 9. ***es zieht j-n irgendwohin zurück*** j-d spürt das Verlangen, an e-n bestimmten Ort zurückzukehren 想回到,盼望返回,想念: *Mich zieht es in die Heimat zurück* 我思念着家乡 ‖ ▶ ***Rückzug***

zu·ru·fen (*hat*) Vt (及物) ***j-m etw. z.*** (aus relativ großer Entfernung) j-m etw. mit lauter Stimme sagen 朝…大声喊、高声说,向…呼喊 ‖ *hierzu* (派生) **Zu·ruf** *der*

zur·zeit *Adv* (副) ≈ im Moment, jetzt; *Abk* 缩写 zz., zzt.: *Ich bin z. krank* 我现在病了 ‖ NB (注意): aber(但是): *zur Zeit Goethes* 在歌德活着的时候,在歌德的时代

Zu·sa·ge *die* **1.** die positive Antwort auf e-e Einladung od. ein Angebot 答应,同意 ↔ Absage 〈seine Z. geben 表示同意; e-e Z. bekommen, erhalten 得到同意〉 **2.** das Versprechen, das zu tun, was sich j-d wünscht 许诺,允诺,承诺 ↔ Absage: *Wir haben die Z. des Chefs, dass unser Budget nicht gekürzt wird* 我们得到上司的许诺,我们的预算不削减

zu·sa·gen (*hat*) Vt/i (及物/不及物) **1.** (***j-m***) (***etw.***) ***z.*** j-m sagen od. versprechen, dass man tun wird od. dass geschehen wird, was er will 允诺,许诺,承诺,同意,答应 ↔ absagen: *j-m seine Unterstützung z.* 答应支持某人; *Er sagte zu, den Vortrag zu halten* 他答应作报告了; *Sie bekommt den Job, sie haben ihr schon zugesagt* 她得到了那个工作,他们已经向她许诺了; *Fast alle, die ich eingeladen habe, haben zugesagt* 几乎所有我邀请的人都答应来; Vi (不及物) **2.** ***j-d/etw. sagt j-m zu*** j-d/etw. ist so, wie es sich j-d wünscht(人/物作主语)使喜欢,中意,合…的意 ≈ j-m gefallen

zu·sam·men *Adv* (形) **1.** nicht allein, sondern miteinander 一起,一同,共同 ≈ gemeinsam ↔ allein: *Wir fuhren z. in Urlaub, trennten uns aber nach ein paar Tagen* 我们一块儿开车去度假,可是过了几天我们就分开了; *Ihr Bruder war mit mir z. in der Schule* 她哥哥过去和我一起上学 **2.** als Ganzes od. Einheit betrachtet 总共,共计,一共 ≈ insgesamt: *Alles z. hat e-n Wert von 10 000 Euro* 这一切总共价值 10 000 欧元; *Er wiegt mehr als wir beide z.* 他比我们两个人加起来还重 **3.** ***j-d ist mit j-m z.***; 〈Personen 人〉 ***sind z.*** zwei od. mehrere Personen verbringen ihre Zeit miteinander(人作主语)单: 和…聚(呆)在一起;复:聚(呆)在一起: *Wir waren gestern den ganzen Abend z. u. spielten Karten* 我们昨天整个晚上都在一起打牌 **4.** ***j-d ist mit j-m z.***; ***zwei Personen sind z.*** zwei Personen sind befreundet (u. haben e-e sexuelle Beziehung)(人作主语)单:和…同居;复:同居

zu·sam·men- *im Verb*; *betont u. trennbar, sehr produktiv* (构成动词,重读并可分,构词强); Die Verben mit *zusammen-* werden nach folgendem Muster gebildet (zusammen- 动词的模式如下): *zusammenbrechen – brach zusammen – zusammengebrochen*

1. *zusammen-* drückt aus, dass Personen od. Dinge nicht allein, sondern (in Gemeinschaft) mit anderen sind 在一起,一同,共同;

(***mit j-m***) ***zusammenwohnen***: *Sie wohnt mit zwei Freundinnen zusammen* 她和两位女友住在一起 ≈ Sie wohnt gemeinsam mit zwei Freundinnen in derselben Wohnung

ebenso(同类词有): (***mit j-m***) ***zusammenbleiben***, (***mit j-m***) ***zusammenleben***, (***mit j-m***) ***zusammensitzen***

2. *zusammen-* drückt aus, dass sich Personen od. Dinge treffen, vereinen, u. so auf irgendeine Weise ein Ganzes bilden 汇合,会合,合在一起;

zusammenfließen: *Die beiden Flüsse fließen hier zusammen* 这两条河流在这儿汇合 ≈ Sie treffen sich hier u. fließen als ein einziger Fluss weiter

ebenso(同类词有): (***sich*** (*Pl* 复)) ***zusammenfinden***, 〈Personen 人们〉 ***zusammenführen***, (***mit j-m/ etw.***) ***zusammenkommen***, (***mit etw.***) ***zusammenlaufen***, ***zusammenströmen***

3. *zusammen-* drückt aus, dass aus vielen kleinen Mengen e-e ziemlich große Menge von etw. entsteht 集拢,聚拢,积聚在一起;

etw. zusammensparen: *Die alte Frau hat viel Geld zusammengespart* 那位老妇人积攒了很多钱 ≈ Sie hat so viele Beträge gespart, dass e-e große Summe daraus geworden ist;

ebenso(同类词有): ***etw. zusammenbetteln***, (***etw.***) ***zusammenfegen***, ***etw. zusammenkaufen***, ***etw. zusammenschaufeln***, ***etw. zusammentragen***

4. *zusammen-* drückt aus, dass einzelne Teile od. Dinge zu einem Ding gemacht werden 连接,拼接,组合在一起;

etw. zusammennähen: *Die Decke ist aus verschiedenen Stoffflecken zusammengenäht* 这条被罩是由许多块布片缝制成的 ≈ Die Decke wurde aus einzelnen Teilen genäht

ebenso(同类词有): ***etw. zusammenbauen***, ***etw. zusammenbinden***, ***etw. zusammenfügen***, ***etw. zusammenheften***, (***etw.***) ***zusammenkleben***, ***etw. zusammenknüpfen***, ***etw. zusammennageln***

5. *zusammen-* drückt aus, dass etw. kleiner od. kompakter gemacht wird od. dass sich j-d kleiner macht 挤压,使紧密;蜷缩在一起;

sich zusammenkauern: *Sie versteckte sich unter e-m Busch u. kauerte sich zusammen* 她躲在一棵矮树后,蜷缩成一团 ≈ Sie kauerte unter dem Busch u. versuchte, dabei so klein wie möglich zu sein

ebenso(同类词有): ***etw. zusammendrücken***, ***etw. zusammenfalten***, ***etw. zusammenklappen***, ***sich zusammenkrümmen***, ***etw. zusammenlegen***, ***etw. zusammenpressen***

6. *zusammen-* drückt aus, dass Personen/ Tiere/ Dinge *o. Ä.* nur sehr wenig Raum zur Verfügung bekommen od. haben 拥挤,挤在一起;

j-n (*Kollekt od Pl* 集合或复数) / ***Tiere zusammenpferchen***: *Über 50 Leute standen zusammengepfercht in dem winzigen Zimmer* 50多人挤在一间小屋里≈ Sie standen dicht beieinander u. hatten viel zuwenig Platz
ebenso(同类词有): ***j-n*** (*Pl* 复) / ***sich*** (*Pl* 复) / ***etw.*** (*Pl* 复) ***zusammendrängen***, ***sich*** (*Pl* 复) ***zusammendrücken***, ***sich*** (*Pl* 复) ***zusammenpressen***

7. *zusammen-* drückt aus, dass j-d/etw. (krank, verletzt, beschädigt *usw.*) nach unten fällt 倒下,垮掉,坍塌;
zusammenfallen: *Das Dach der Almhütte ist unter der Last des Schnees zusammengefallen* 高山牧场那个小屋的屋顶被沉重的积雪压塌了≈ Das Dach ist gebrochen u. auf den Boden gefallen
ebenso (同类词有): ***zusammenbrechen***, ***zusammenkrachen***, ***zusammensacken***, ***j-n*** / ***ein Tier*** / ***etw.*** ***zusammenschießen***, ***j-n*** / ***etw.*** ***zusammenschlagen***, ***zusammensinken***, ***zusammenstürzen***

8. *gespr*, *mst pej* [口]多用[贬]; *zusammen-* drückt aus, dass etw. schnell u. *mst* nicht sehr genau od. gewissenhaft gemacht wird u. von schlechter Qualität ist(表示任意、胡乱、草率地做);
etw. zusammenreden: *Was redest du denn da zusammen!* 你究竟在瞎说些什么啊!≈ Was redest du für dummes Zeug!
ebenso(同类词有): ***etw. zusammenbasteln***, ***etw. zusammendichten***, ***etw. zusammenfaseln***, ***etw. zusammenlügen***, ***etw. zusammenschreiben***, ***etw. zusammenschwafeln***

zu·sạm·men·ar·bei·ten (*hat*) [Vi] (不及物) ***j-d arbeitet mit j-m*** (***an etw.*** (*Dat* 三格)) ***zusammen***; 〈Personen 人〉 ***arbeiten*** (***an etw.*** (*Dat* 三格)) ***zusammen*** zwei od. mehr Personen arbeiten am gleichen Ziel od. Projekt(人作主语)单:和…一起工作,合作;复:一起工作,合作 ≈ kooperieren ‖ NB (注意): aber(但是): *Wir haben in einem Zimmer zusammen* (= gemeinsam) *gearbeitet* 我们曾经在一个房间里一起工作过(getrennt geschrieben 分开写) ‖ *hierzu*(派生) **Zu·sạm·men·ar·beit** *die*; *nur Sg*(只用单数)

zu·sạm·men·bal·len (*hat*) [Vt] (及物) **1.** ***etw. z.*** e-e Hand zur Faust machen 把…握成拳 ≈ ballen 〈die Hände (zur Faust) z. 双手握拳〉 **2.** ***etw. z.*** etw. zu e-r festen, *mst* runden Masse formen 把…揉成团,抟成圆球〈Schnee, Papier z. 抟雪球,把纸捏成团〉; [Vr] (反身) **3.** ***etw. ballt sich zusammen*** etw. bildet e-e große, dichte Masse(物作主语)聚集,凝聚,密集,团聚 〈(Gewitter) Wolken (雷雨)云〉 ‖ *hierzu*(派生) **Zu·sạm·men·bal·lung** *die*

zu·sạm·men·bau·en (*hat*) [Vt] (及物) ***etw. z.*** etw. aus einzelnen Teilen bauen 组装,组建,安装,装配 ≈ zusammensetzen, montieren 〈ein Auto, ein Radio, ein Bett *usw* z. 组装汽车、收音机、床等〉 ‖ *hierzu*(派生) **Zu·sạm·men·bau** *der*; *nur Sg*(只用单数)

zu·sạm·men·bei·ßen (*hat*) [Vt] (及物) **1.** ***die Zähne z.*** die Zähne (bei Schmerzen) fest aufeinanderdrücken(痛得)咬紧牙齿 **2.** ***die Zähne z.*** etw. Unangenehmes tapfer ertragen 咬牙挺住,咬紧牙关

zu·sạm·men·bin·den (*hat*) [Vt] (及物) ***etw. z.*** einzelne Teile so binden, dass sie ein Ganzes bilden 把…扎、捆、束、绑在一起〈das Haar, die Haare, Fäden z. 扎头发,把线捆在一起〉

zu·sạm·men·blei·ben (*ist*) [Vi] (不及物) **1.** ***j-d bleibt mit j-m zusammen***; 〈Personen 人〉 ***bleiben zusammen*** zwei od. mehr Personen bleiben irgendwo u. verbringen gemeinsam die Zeit(人作主语)单:和…在一起;复:共同呆在一起: *Nach dem Vortrag blieben einige Zuhörer noch länger zusammen* 报告结束后,几个听众在一起还呆了一会儿 **2.** ***j-d bleibt mit j-m zusammen***; 〈zwei Personen 两人〉 ***bleiben zusammen*** zwei Personen leben weiterhin gemeinsam *mst* als Paar(人作主语)单:和…一起生活;复:住在一起共同生活: *Karl u. Inge wollen z.* 卡尔和英格想一起共同生活

zu·sạm·men·brau·en (*hat*) [Vt] (及物) **1.** ***etw. z.*** *gespr hum* [口][谐]; aus verschiedenen Stoffen, Wasser *usw mst* ein Getränk mischen od. machen 调制,调配〈e-n Cocktail, e-n Liebestrank z. 调制鸡尾酒、销魂酒〉; [Vr] (反身) **2.** ***etw. braut sich zusammen*** etw. (*mst* Unangenehmes od. Gefährliches) entsteht langsam(物作主语)酝酿,渐渐形成〈ein Gewitter, ein Unwetter, ein Unheil 雷雨,暴风雨,灾难〉

zu·sạm·men·bre·chen (*ist*) [Vi] (不及物) **1.** ***j-d bricht zusammen*** j-d verliert plötzlich seine psychische od. körperliche Kraft (u. wird ohnmächtig, fällt auf den Boden od. beginnt zu weinen)(人作主语)瘫倒,昏倒,累垮〈vor Schmerzen, unter e-r Last z. 由于疼痛而昏倒,由于负担过重而累垮〉 **2.** ***etw. bricht zusammen*** etw. funktioniert als System (od. Kreislauf) nicht mehr(物作主语)中断,瘫痪〈die Stromversorgung, das Telefonnetz, der Verkehr, der Kreislauf 电力供应,电话网络,交通,循环系统〉 **3.** ***etw. bricht zusammen*** etw. zerfällt in einzelne Teile u. stürzt auf den Boden (物作主语)倒塌,崩塌,垮掉≈ etw. stürzt ein: *Diese alten Mauern brechen bald zusammen* 这些旧墙快倒塌了 **4.** ***j-s Widerstand bricht zusammen*** j-d kann sich gegen etw. nicht mehr wehren 某人无力反抗,某人的反抗瓦解了 ‖ *zu* (义项) **1.** u. **2.** **Zu·sạm·men·bruch** *der*

zu·sạm·men·brin·gen (*hat*) [Vt] (及物) **1.** ***etw. z.*** *gespr* [口]; etw. tun können 能做到,能办到≈ zustande bringen: *keinen ganzen Satz z.* 写不出一个完整的句子,说不出一句完整的话; *Sie bringt es nicht zusammen, fünf Minuten ruhig zu sitzen* 她不能安静地坐上五分钟 **2.** ***etw.*** (*Kollekt od Pl* 集合或复数) ***z.*** die nötige Menge von etw. finden od. beschaffen 筹集,筹措: *Ich weiß nicht, wie ich das Geld für die nächste Miete z. soll* 我不知

Z

道该如何筹集下一笔租金 **3. *j-n*** (*Kollekt od Pl* 集合或复数) ***z.*; *j-n mit j-m z.*** zwei od. mehrere Menschen miteinander bekannt machen 使相互结识,使彼此交往;使与…结识、交往

zu·sam·men·drän·gen (*hat*) [Vt] (及物) **1. *j-n*** (*Kollekt od Pl* 集合或复数) ***z.*** bewirken, dass (*mst* viele) Menschen auf sehr engem Raum dicht nebeneinanderstehen, *bes* weil man sie zurückschiebt *o. Ä.* 使聚集、挤在一起: *Eine neugierige Menge stand dicht zusammengedrängt vor dem brennenden Haus* 好奇的人群前呼后拥地站在失火的房屋前 **2. *etw. z.*** viele Dinge so kurz, knapp wie möglich sagen 简明扼要地讲述,简短地讲述: *Seine Schilderung wirkte sehr zusammengedrängt* 他的描述十分简短; [Vr] (反身) **3.** 〈Personen/Tiere 人/动物〉 ***drängen sich zusammen*** viele Menschen/Tiere kommen auf sehr engem Raum zusammen u. drücken u. schieben sich gegenseitig 拥挤在一起: *Die Schafe drängten sich fest zusammen, um sich gegenseitig zu wärmen* 羊群密密匝匝地挤在一起,互相取暖

zu·sam·men·drü·cken (*hat*) [Vt] (及物) ***etw. z.*** auf etw. drücken, so dass es (flach u.) kleiner wird 把…压缩,压扁,压平

zu·sam·men·fah·ren [Vt] (及物) (*hat*) **1. *j-n/etw. z.*** *gespr* [口]; (bei e-m Unfall) mit dem Auto gegen j-n od. etw. fahren, ihn verletzen od. es beschädigen (驾车)撞伤/撞坏: *Er übersah beim Abbiegen den Radfahrer u. fuhr ihn zusammen* 他拐弯时没留神把骑自行车的人撞伤了; [Vi] (不及物) (*ist*) **2. *j-d/ein Fahrzeug fährt mit j-m/e-m Fahrzeug zusammen*;** 〈Autofahrer/Fahrzeuge *o. Ä.* 汽车司机/机动车辆等〉 ***fahren zusammen*** zwei od. mehrere Fahrzeuge (od. deren Fahrer) prallen beim Fahren aufeinander (人/物作主语)单:与…相撞;复:互相碰撞: *Die zwei Züge fuhren auf offener Strecke zusammen* 两列火车在开阔的路段上相撞了 **3.** (*mst* vor Schreck) e-e plötzliche, unkontrollierte Bewegung mit dem Körper machen 心惊胆颤、不寒而栗 〈vor Schreck, Entsetzen z. 大吃一惊,吓了一跳〉 ‖ NB(注意): aber(但是): *Wir sind zusammen* (= gemeinsam) *gefahren* 我们一起开车走 (getrennt geschrieben 分开写)

zu·sam·men·fal·len (*ist*) [Vi] (不及物) **1. *etw. fällt* (*in sich* (*Akk* 四格)) *zusammen*** etw. löst sich in einzelne Teile auf u. fällt zu Boden (物作主语)倒塌,崩塌,坍塌 ≈ etw. stürzt ein 〈etw. fällt wie ein Kartenhaus in sich zusammen 某物像空中楼阁一样倒塌了〉: *Die Mauer bröckelt überall ab – sie fällt bald zusammen* 这堵墙到处开裂剥落——不久就要倒塌 **2. *etw. fällt* (*in sich* (*Akk* 四格)) *zusammen*** etw. sinkt in sich u. wird so kleiner (物作主语)干瘪,干缩,萎缩 〈der Kuchen, das Feuer 蛋糕,火〉 **3. *etw. fällt zusammen*** etw. wird schwächer u. verliert (an) Gewicht (物作主语)瘦下去,干枯失色 ≈ etw. magert ab 〈ein zusammengefallenes Gesicht 一张干瘪的脸〉 **4. *etw. fällt mit etw. zusammen*** etw. geschieht zur gleichen Zeit wie etw. (物作主语)与…同时发生,重合: *Dieses Jahr fällt mein Geburtstag mit Ostern zusammen* 今年我的生日跟复活节同一天 ‖ *zu* (义项) **4 Zu·sam·men·fall** *der*

zu·sam·men·fal·ten (*hat*) [Vt] (及物) **1. *etw. z.*** etw. so falten, dass es kleiner wird 折叠,折 ≈ zusammenlegen 〈die Zeitung, e-n Brief, e-e Serviette, das Tischtuch z. 将报纸、信、餐巾、桌布折叠起来〉 **2.** *mst* 多用 ***die Hände z.*** die Hände falten (2)双手交叉

zu·sam·men·fas·sen (*hat*) [Vt] (及物) **1. *etw. z.*** das Wichtigste aus e-m längeren Text (*mst* am Schluss) noch einmal in wenigen Sätzen wiederholen 总结,归纳,概括 〈e-e Rede, e-n Vortrag, ein Buch z. 归纳讲话、报告、一本书的内容〉: *Sie fasste ihre Ansichten zum Schluss in drei Thesen zusammen* 她在结束时将自己的观点总结为三个论点 **2. *etw.*** (*Kollekt od Pl* 集合或复数) (***in etw.*** (*Akk* 四格)/***zu etw.***) ***z.*** aus einzelnen Gruppen od. Teilen ein Ganzes bilden 合并,归拢,联合,结合成为: *Die über das ganze Land verstreuten Gruppen wurden zu e-r Partei zusammengefasst* 那些分散在全国的团体被合并成一个党派 ‖ *hierzu* (派生) **Zu·sam·men·fas·sung** *die*

zu·sam·men·fe·gen (*hat*) [Vt/i] (及物/不及物) (***etw.***) ***z.*** *bes nordd* 尤用于[北德] ≈ zusammenkehren

zu·sam·men·fin·den, sich (*hat*) [Vr] (反身) ***sich*** (*Kollekt od Pl* 集合或复数) ***z.*** sich treffen u. gemeinsam etw. tun 相聚,聚会

zu·sam·men·fli·cken (*hat*) [Vt] (及物) *gespr* [口] **1. *etw. z.*** *mst pej* 多用[贬]; etw. schnell (u. nicht ordentlich) flicken od. reparieren 仓促地补缀,匆匆修补: *e-n Mantel notdürftig z.* 凑合着补缀一件大衣 **2. *etw. z.*** *mst pej* 多用[贬]; etw. schnell produzieren (*bes* schreiben) 草草写出,草率拼凑 **3. *j-n/etw.*** (***wieder***) ***z.*** *mst hum* 多用[诙]; j-s (*mst* relativ große) Verletzungen (durch Nähen *o. Ä.*) wieder in Ordnung bringen 缝合(指伤口)

zu·sam·men·flie·ßen (*ist*) [Vi] (不及物) **1. *ein Fluss fließt mit e-m Fluss zusammen*; *zwei Flüsse fließen zusammen*** zwei Flüsse treffen sich u. fließen als ein Fluss weiter 单:一条河和另一条河汇合;复:两条河相汇,汇合 **2.** 〈Farben, Klänge 颜色,音响〉 ***fließen zusammen*** Farben, Klänge mischen sich miteinander 调和、混合、交融在一起

zu·sam·men·fü·gen (*hat*) [Vt] (及物) 〈Dinge 物〉 ***z.*** *geschr* [书]; aus einzelnen Teilen ein Ganzes *mst* bauen od. basteln 使衔接,组装,组合,接合,拼合 ≈ zusammensetzen (1) ‖ *hierzu* (派生) **Zu·sam·men·fü·gung** *die*

zu·sam·men·füh·ren (*hat*) [Vt] (及物) **1. *j-n*** (*Kollekt od Pl* 集合或复数) ***z.*** dafür sorgen, dass sich Menschen treffen (u. zusammenbleiben) 使相聚,使团圆,使团聚: *Unsere Organisation versucht, durch den Krieg getrennte Familien zusammenzuführen* 我们的组织设法

使因战争而离散的家庭团圆；Vi（不及物）**2.** 〈zwei Wege, Straßen 两条路、街道〉 ***führen zusammen*** zwei Wege, Straßen treffen aufeinander u. führen als ein Weg, eine Straße weiter 汇合，相交，连接起来‖ *zu*（义项）1 **Zu·sam·men·füh·rung** *die*

zu·sam·men·ge·hö·ren（*hat*）Vi（不及物）***j-d* / *etw.***（*Kollekt od Pl* 集合或复数）***gehört zusammen*** zwei（od. mehr）Personen od. Dinge bilden ein Paar, e-e Einheit od. ein Ganzes（人/物作主语）配对，配套，属于一个整体：*Der Tisch u. die Stühle gehören zusammen* 这张桌子和这些椅子是配套的‖ *hierzu*（派生）**zu·sam·men·ge·hö·rig** *Adj*（形）；**Zu·sam·men·ge·hö·rig·keit** *die*；*nur Sg*（只用单数）

zu·sam·men·ge·wür·felt *Adj*（形）；*nicht adv*（不作状语）；（***bunt***）***z.*** so, dass die anwesenden Personen bzw. die dazugehörigen Dinge sehr verschieden sind od. nicht zusammenpassen 拼揍在一起的，杂七杂八的，混杂的〈e-e（Reise）Gruppe, e-e Gesellschaft, e-e Mischung（旅游）团体，团体，混合物〉

zu·sam·men·ha·ben（*hat*）Vt（及物）***j-n* / *etw.***（*Kollekt od Pl* 集合或复数）***z.*** *gespr*［口］；alle nötigen Personen od. Sachen für e-n bestimmten Zweck gefunden od. gesammelt haben 拥有，具备：*Wir haben jetzt genügend Spieler für ein Match zusammen* 我们现在有足够的运动员参加比赛

zu·sam·men·hal·ten（*hat*）Vt（及物）**1. *etw. z.*** bewirken, dass etw. ein Ganzes od. mit anderem verbunden bleibt 把…固定、封定、捆紧在一起：*Die Bretter werden durch Schrauben zusammengehalten* 木板用螺钉固定住了 **2. *j-n***（*Kollekt od Pl*（集合或复数）/ ***Tiere z.*** dafür sorgen, dass e-e Gruppe von Menschen od. Tieren nicht auseinandergeht 将…集中起来、聚在一起/把…圈在一起：*Es ist schwer, die Mannschaft zusammenzuhalten* 将球队聚集在一起是件困难的事情 **3. *sein Geld z.*** sein Geld nicht ausgeben, sondern sparen 积钱，攒钱，积攒钱；Vi（不及物）**4. *j-d***（*Kollekt od Pl* 集合或复数）***hält zusammen*** Personen verstehen sich gut u. unterstützen sich gegenseitig（人作主语）团结互助，同心协力，同舟共济：*Die Gruppe hielt zusammen, u. keiner verriet den andern* 这个小组团结互助，谁都不出卖别人‖ *zu*（义项）4 **Zu·sam·men·halt** *der*；*nur Sg*（只用单数）

Zu·sam·men·hang *der* **1. *der Z.***（***mit etw.***）；***der Z.***（***zwischen***〈Dingen 物〉/ ***zwischen etw.***（*Dat* 三格）***u. etw.***（*Dat* 三格））e-e Beziehung od. Verbindung zwischen Dingen od. Tatsachen 关系，联系，关联〈ein direkter, loser, unmittelbarer, historischer Z. 直接的、松散的、直接的、历史的联系；e-n Z. herstellen 建立联系；e-n, keinen Z. sehen, erkennen 看到，看不到，认识到，认识不到相互关系；die größeren Zusammenhänge sehen 看到较大的关联；etw. im Z. sehen 联系起来看某事；j-n/etw. in Z. mit etw. bringen 把某人/某事跟某事联系起来；j-n/etw. in/im Z. mit etw. nennen 指出某人/某事与某事有关（有牵连）〉：*Zwischen Lungenkrebs u. Rauchen besteht ein enger Z.* 肺癌和吸烟有着密切的联系；*Ihr Rücktritt steht in/im Z. mit dem Bestechungsskandal* 她的辞职跟那件贿赂丑闻有关‖ -K（复合）：***Gedanken-, Satz-, Sinn-, Wort-*** **2. *etw. aus dem Z. reißen*** Worte, die andere gebraucht haben, in e-m anderen Z. (1) als ursprünglich verwenden 断章取义地摘用，援引，抽出〈Worte, ein Zitat 片言只语，引文〉 **3. *in diesem Z. ...*** verwendet, um e-n Kommentar zu dem einzuleiten, was vorher gesagt wurde 在此，关于这一点：*In diesem Z. ist zu erwähnen, dass...* 在此需要提及的是…‖ *zu*（义项）1. **zu·sam·men·hang(s)·los** *Adj*（形）；*nur attr od adv*（只作定语或状语）；**Zu·sam·men·hang(s)·lo·sig·keit** *die*；*nur Sg*（只用单数）

zu·sam·men·hän·gen；*hing zusammen, hat / südd* Ⓐ Ⓒⓗ *auch*［南德］［奥］［瑞］也用 *ist zusammengehangen*；Vi（不及物）**1. *etw. hängt mit etw. zusammen*** etw. ist die Folge, das Ergebnis von etw., wird von etw. verursacht（物作主语）由…而引起的（后果），与…有关联：*Die hohe Anzahl der Verkehrsunfälle hängt unter anderem* damit *zusammen*, dass *die Leute zu schnell fahren* 大量交通事故其中与人们开车太快也有关；*der Verpackungsmüll u. die damit zusammenhängenden Probleme* 包装垃圾以及由此而引起的问题 **2. *etw. hängt mit etw. zusammen*** etw. ist mit etw. fest verbunden（物作主语）连接着，挂连着：*Die Blätter des Buches hängen nur noch lose zusammen* 这本书的书页只是稀松地挂连在一起

zu·sam·men·hän·gend 1. *Partizip Präsens*（现在分词）；↑ ***zusammenhängen* 2.** *Adj*（形）；*nur attr od adv*（只作定语或状语）；〈e-e Darstellung, ein Bericht 阐述，报告；etw. z. erzählen, darstellen, schreiben 连贯地讲述、描述、写某事〉 so formuliert, dass sich e-e Einheit bildet 上下连贯的

zu·sam·men·hau·en（*hat*）Vt *gespr*（及物）［口］ **1. *etw. z.*** etw. kaputt schlagen 击碎，打碎，粉碎 **2. *j-n z.*** ≈ zusammenschlagen

zu·sam·men·hef·ten（*hat*）Vt（及物）***etw.***（*Kollekt od Pl* 集合或复数）***z.*** etw.（mit Klammern）zu e-m Ganzen verbinden（用夹子）把…订、夹在一起〈Blätter, Seiten z. 把许多纸、页夹在一起〉

zu·sam·men·kau·fen（*hat*）Vt（及物）***etw.***（*Kollekt od Pl* 集合或复数）***z.*** *gespr pej*［口］［贬］；ohne Überlegung（*mst* in mehreren Geschäften）ganz verschiedene Dinge kaufen（不加思索地）采购，购买：*Was hast du denn da zusammengekauft, das brauchen wir doch alles nicht!* 你都乱买了些什么呀，这些我们根本不需要！‖ NB（注意）：aber（但是）：*Meine Schwester u. ich haben das Geschenk zusammen*（= gemeinsam）*gekauft* 这礼物是我姐和我一块买的（getrennt geschrieben 分开写）

zu·sam·men·keh·ren（*hat*）Vt/i（及物/不及物）（***etw.***）***z.*** *bes südd* Ⓐ 尤用于［南德］［奥］

Z

etw. mit e-m Besen zu e-m Haufen schieben 扫成堆〈Laub, Dreck, Staub z.将树叶、垃圾、灰尘扫成一堆〉

zu·sam·men·klap·pen (*hat/ist*) Vt (及物) (*hat*) **1. etw. z.** bei e-m Gegenstand, der aus mehreren beweglichen Teilen besteht, diese Teile so verschieben od. bewegen, dass der ganze Gegenstand kleiner od. kompakter wird 折叠,折拢,合拢〈den Campingtisch, den Klappstuhl, den Liegestuhl, das Taschenmesser, den Fächer z.将折叠桌、折叠椅、躺椅、小折刀、扇子合拢〉; Vi (不及物) (*ist*) **2.** *gespr* [口] ≈ zusammenbrechen (1): *vor Erschöpfung z.* 累垮,精疲力竭 ‖ *zu* (义项) **1. zu·sam·men·klapp·bar** *Adj* (形); *nicht adv* (不作状语)

zu·sam·men·kle·ben Vt (及物) (*hat*) **1. etw.** (*mst Pl* 多用复数) **z.** etw. (mit Klebstoff) so verbinden, dass die Teile fest gefügt sind 将黏结、黏合、粘在一起: *die zerbrochene Vase z.* 将打碎的花瓶粘起来; Vi (不及物) (*ist*) **2. etw. klebt mit etw. zusammen**; 〈Dinge 物〉 **kleben zusammen** zwei od. mehrere Dinge sind (*mst* mit Klebstoff) fest verbunden (物作主语)单:和…黏结;复:黏结在一起: *Die beiden Buchseiten kleben zusammen* 两页书粘在一起

zu·sam·men·knei·fen (*hat*) Vt (及物) **etw.** (*mst Pl* 多用复数) **z.** etw. durch Pressen od. Drücken fest schließen 紧闭,抿紧〈die Augen, die Lippen, den Mund z.紧闭眼睛,抿紧双唇、嘴巴〉

zu·sam·men·knül·len (*hat*) Vt (及物) **etw. z.** ein Stück Papier od. Stoff mit der Hand so (zusammen) drücken, dass e-e Art Kugel entsteht 将…揉成团〈e-n Zettel, e-n Brief, Papier, die Serviette, das Taschentuch z.将纸条、信、纸、餐巾、手绢揉成团〉

zu·sam·men·kom·men (*ist*) Vi (不及物) **1. j-d kommt mit j-m zusammen**; 〈Personen 人们〉 **kommen zusammen** zwei od. mehrere Personen treffen sich (*mst* um etw. gemeinsam zu tun) (人作主语)单:和…相聚、相会、碰头;复:相聚,相会,碰头: *Sie kamen jeden Tag zusammen, um für die Prüfung zu lernen* 他们每天聚在一起学习,准备考试 **2. etw. kommt mit etw. zusammen** etw. geschieht gleichzeitig mit etw. anderem (*mst* Unangenehmem) (物作主语)与…凑到一块、碰到一起: *Schlechtes Wetter, Kopfweh u. viel Arbeit: Heute kommt wieder alles zusammen* 恶劣的天气、头痛和大量工作——这一切今天又都碰在一起了 **3. etw.** (*Kollekt od Pl* 集合或复数) **kommt zusammen** etw. sammelt sich, häuft sich an (物作主语) 积聚,聚集: *Bei der Sammlung ist viel Geld zusammengekommen* 募捐收到了许多钱 ‖ NB (注意): aber (但是): *wir sind zusammen* (= gemeinsam) *gekommen* 我们是一起来的 (getrennt geschrieben 分开写) ‖ ▶ **Zusammenkunft**

zu·sam·men·kra·chen (*ist*) Vi *gespr* (不及物) [口] **1. etw. kracht zusammen** etw. bricht mit e-m lauten Geräusch zusammen (3) (物作主语)轰然倒塌,崩塌 **2. j-d/ein Fahrzeug kracht mit j-m/e-m Fahrzeug zusammen**; 〈Autofahrer/Fahrzeuge *o. Ä.* 汽车司机/机动车辆等〉 **krachen zusammen** ≈ zusammenstoßen (1)

zu·sam·men·krat·zen (*hat*) Vt (及物) **etw.** (*Kollekt od Pl* 集合或复数) **z.** *gespr* [口]; etw., von dem nicht viel da ist, sammeln 搜罗,搜集,拼凑,聚拢: *Wir haben für diese Reise unsere ganzen Ersparnisse zusammengekratzt* 为了这次旅行,我们把自己的全部积蓄全搜罗在一起了

zu·sam·men·krüm·men, sich (*hat*) Vr (反身) **sich z.** ≈ sich krümmen 〈sich vor Schmerz z.痛得直不起腰(缩成一团)〉

Zu·sam·men·kunft *die*; -, *Zu·sam·men·künf·te*; ein Treffen von Personen, die sich versammelt haben, um etw. zu tun 会面,集会,会晤,聚会

zu·sam·men·läp·pern, sich (*hat*) Vr (反身) *mst* 多用 **das läppert sich zusammen** *gespr* [口]; die vielen kleinen Mengen von etw. bilden zusammen mit der Zeit e-e größere Menge 点滴积累,积少成多: *Er bittet mich immer wieder um ein paar Euro. Mit der Zeit läppert sich das zusammen* 他总是跟我要几个欧元,时间一久这就积少成多了

zu·sam·men·lau·fen (*ist*) Vi (不及物) **1.** 〈Personen 人们〉 **laufen** (**irgendwo**) **zusammen** *mst* viele Menschen laufen von verschiedenen Seiten zu e-r bestimmten Stelle (人作主语)复:(从四面八方)聚拢,聚集,汇聚: *Die Menschen liefen auf dem Dorfplatz zusammen* 人们聚集在乡村广场上 **2. etw. läuft mit etw. zusammen** *gespr* [口]; etw. fließt mit etw. zusammen (物作主语)汇合,合流 ‖ NB (注意): aber (但是): *Wenn du willst, können wir beim nächsten Training zusammen* (= gemeinsam) *laufen* 如果你愿意,下次训练时我们可以一起跑 (getrennt geschrieben 分开写)

zu·sam·men·le·ben (*hat*) Vi (不及物) **j-d lebt mit j-m zusammen**; **zwei Personen leben zusammen** zwei Personen wohnen gemeinsam u. bilden (*mst* als Paar) e-e Gemeinschaft (人作主语)单:与…生活在一起、同居;复:两人一起生活,同居 ‖ *hierzu* (派生) **Zu·sam·men·le·ben** *das*; *nur Sg* (只用单数)

zu·sam·men·le·gen (*hat*) Vt (及物) **1. etw. z.** die einzelnen Teile von etw. so legen od. falten, dass es möglichst klein, flach *o. Ä.* wird 把…堆集、堆放、摞或折叠在一起〈die Zeitung, die Serviette, die Kleider, die Wäsche z.把报纸、餐巾、衣服、内衣叠好堆放在一起〉 **2.** 〈Dinge 物〉 **z.** verschiedene Dinge so verbinden (od. organisieren), dass sie ein Ganzes bilden 合并,归并,联合 ≈ zusammenfassen (2): *Die beiden Kurse hatten so wenige Teilnehmer, dass sie zusammengelegt wurden* 两个培训班的学员太少,结果被合并了 **3.** 〈Personen 人们〉 **z.** mehrere Menschen in einem Raum unterbringen 将…安置在一起: *Wegen Platzmangels mussten jeweils fünf*

Patienten in einen/einem Raum zusammengelegt werden 由于床位紧缺只好将五个病人安置到/在一间房里; [Vi](不及物) **4. j-d** (*Kollekt od Pl* 集合或复数) **legt** (**für etw.**) **zusammen** mehrere Personen bringen gemeinsam das Geld auf, das man für e-n Zweck braucht (人作主语)筹集,筹措,凑(钱): *Peter hatte sein Geld vergessen, u. wir mussten für seine Fahrkarte z.* 彼得忘了带钱,我们只好凑钱为他买车票 ‖ *zu* (义项) **1 zu·sam·men·leg·bar** *Adj* (形); *zu* (义项) **2.** u. **3. Zu·sam·men·le·gung** *die*

zu·sam·men·nä·hen (*hat*) [Vt] (及物) **etw. z.** ein Kleidungsstück *o.Ä.* dadurch zu e-m Ganzen machen, dass man die verschiedenen Teile (durch Nähen) miteinander verbindet 把…缝合、缝补、拼接起来

zu·sam·men·neh·men (*hat*) [Vt] (及物) **1.** 〈Dinge 物〉 **z.** verschiedene Dinge im Ganzen, als Einheit betrachten 把…合计、累计在一起: *Wenn man alle Kosten zusammennimmt, muss ich im Monat 1000 Euro für die Wohnung zahlen* 如果将所有的费用加在一起,我每月得为这套住房付 1000 欧元 **2. etw. z.** etw. auf e-n Zweck, ein Ziel konzentrieren 集中,集结〈seinen ganzen Mut, seinen Verstand, seine ganze Kraft z. 鼓起自己的全部勇气,集中自己的智力,拿出自己全部力气〉; [Vr] (反身) **3. sich z.** seine Gefühle, Impulse *usw* unter Kontrolle haben 尽力控制自己,克制自己 ≈ sich beherrschen: *Nimm dich doch zusammen u. schrei nicht so!* 你忍着点,不要那么叫!

zu·sam·men·pa·cken (*hat*) [Vt] (及物) **1. etw.** (*Kollekt od Pl* 集合或复数) **z.** alle Dinge, die man für etw. braucht, sammeln u. in e-n Koffer, e-e Tasche *o.Ä.* tun 把…打包、装箱、装在一起: *die Schulsachen für den nächsten Tag z.* 把第二天要用的学习用品都装在一起; [Vi] (不及物) **2.** (*bes* nach e-r Arbeit) alle Dinge, die man gebraucht hat, wieder an ihren Platz tun 把…收拾好、整理好: *z. u. nach Hause gehen* 收拾好回家去 **3. z. können** *gespr* [口] aufgeben müssen 得卷铺盖回家(意即:辞职): *Nach diesem Skandal kann er z.* 这次丑闻后,他只得辞职

zu·sam·men·pas·sen (*hat*) [Vi] (不及物) 〈Personen/Dinge 人/物〉 **passen** (**irgendwie**) **zusammen** zwei od. mehr Personen/Dinge bilden e-e harmonische Einheit(人/物作主语)复:协调,相配,和谐一致: *Manche Farben passen gut zusammen* 有些颜色配得很和谐

zu·sam·men·pfer·chen (*hat*) [Vt] (及物) **j-n** (*Kollekt od Pl* 集合或复数)/**Tiere** (**irgendwo**) **z.** ≈ zusammendrängen

zu·sam·men·pral·len (*ist*) [Vi] (不及物) **j-d/ein Fahrzeug** *o.Ä.* **prallt mit j-m/e-m Fahrzeug** *o.Ä.* **zusammen**; 〈Personen/Fahrzeuge *o.Ä.* 人们/机动车辆等〉 **prallen zusammen** zwei od. mehrere Personen/Fahrzeuge *o.Ä.* stoßen heftig gegeneinander 单:和…猛烈相撞;复:猛烈相撞 ‖ *hierzu* (派生) **Zu·sam·men·prall** *der*; -(*e*)*s*; *nur Sg* (只用单数)

zu·sam·men·pres·sen (*hat*) [Vt] (及物) **1.** 〈Dinge 物〉 **z.** *mst* zwei Teile von etw. fest aufeinanderdrücken 压紧,按紧〈die Lippen z. 抿紧嘴唇〉 **2. etw. z.** mit Kraft auf etw. pressen od. drücken (sodass es kleiner u. *mst* flacher wird) 把…压挤在一起,压平,压扁

zu·sam·men·raf·fen (*hat*) [Vt] (及物) **1. etw.** (*Kollekt od Pl* 集合或复数) **z.** in großer Eile alles nehmen, was man gerade in die Hand bekommt 随手抓起,急忙收拾: *Voller Wut raffte sie ihre Kleider zusammen u. packte die Koffer* 盛怒之下,她抓起自己的衣服,收拾好箱子 **2. etw. z.** *pej* [贬]; etw. mit großer Gier u. Energie sammeln 聚敛〈Geld, Besitz, ein Vermögen z. 聚敛金钱、财产、一笔钱财〉 **3. etw. z.** ein weites Kleidungsstück mit den Händen hochhalten, damit man nicht stolpert *o.Ä.* 提起,拎起,挽起: *beim Einsteigen ins Auto den Rock z.* 上汽车时提起裙子

zu·sam·men·rau·fen, sich (*hat*) [Vr] (反身) **j-d rauft sich mit j-m zusammen**; 〈Personen 人们〉 **raufen sich zusammen** *gespr* [口]; zwei od. mehrere Personen lernen, sich trotz anfänglicher Meinungsverschiedenheiten gegenseitig zu akzeptieren(人作主语)单:学会谅解,学会与…和睦相处;复:学会互相谅解,学会彼此和睦相处: *Das junge Paar musste sich erst z.* 这对年轻人首先得学会互相谅解

zu·sam·men·rech·nen (*hat*) [Vt/i] (及物/不及物) (〈Zahlen, Summen *o.Ä.* 数字、数目等〉) **z.** ≈ addieren

zu·sam·men·rei·men (*hat*) [Vt] (及物) **sich** (*Dat* 三格) **etw. z.** *gespr* [口]; e-e mögliche Erklärung für etw. finden 解释清楚,说明,把…弄清楚

zu·sam·men·rei·ßen, sich (*hat*) [Vr] (反身) **sich z.** *gespr* [口] ≈ sich beherrschen, sich zusammennehmen (3)

zu·sam·men·rol·len (*hat*) [Vt] (及物) **1. etw. z.** etw. so zusammenlegen, dass es die Form e-r Rolle[1] (1) bekommt 把…卷在一起,卷起: *den Teppich z. u. auf die Schulter nehmen* 卷起地毯扛到肩上; [Vr] (反身) **2. sich z.** sich krumm machen u. den Kopf nahe zu den Beinen legen 蜷缩,蜷成一团: *Der Hund rollte sich zum Schlafen zusammen* 狗蜷缩着睡觉

zu·sam·men·rot·ten, sich (*hat*) [Vr] (反身) 〈Personen 人们〉 **rotten sich zusammen** *mst pej* 多用[贬]; mehrere Menschen bilden e-e aggressive Gruppe mit der Absicht, etw. auch mit Gewalt zu erreichen(人作主语)复:纠集在一起,聚众闹事: *Die Aufständischen rotteten sich vor dem Schloss zusammen* 暴动者在宫殿前聚众闹事 ‖ *hierzu* (派生) **Zu·sam·men·rot·tung** *die*

zu·sam·men·rü·cken [Vt] (及物) (*hat*) **1.** 〈Dinge 物〉 **z.** zwei od. mehrere Dinge so stellen od. rücken, dass sie eng beieinander sind 把…推近、移到一起: *die Tische z., damit die ganze Gruppe zusammensitzen kann* 将桌子挪拢,这样大伙可以坐在一起; [Vi] (不及物) (*ist*)

Z

2. 〈Personen 人们〉 ***rücken zusammen*** Personen setzen sich od. stellen sich so, dass sie eng beisammen sind(人作主语)复:靠近,靠拢: *Wenn wir ein bisschen z., dann haben alle auf der Bank Platz* 如果我们靠拢一点,那么大家就都可以坐在长凳上了

zu·sam·men·ru·fen (*hat*) Vt (及物) ***j-n*** (*Kollekt od Pl* 集合或复数) ***z.*** verschiedenen Leuten sagen, dass sie zu e-m bestimmten Zeitpunkt an e-n bestimmten Ort kommen sollen, um sich dort zu treffen 召集,集合,邀集

zu·sam·men·sa·cken (*ist*) Vi *gespr* (不及物) [粗] **1.** ≈ zusammenbrechen (1) **2.** ***etw. sackt*** (***in sich*** (*Akk* 四格)) ***zusammen*** etw. stürzt ein, etw. bricht zusammen(物作主语) 崩溃,倒塌,坍塌

zu·sam·men·schei·ßen (*hat*) Vt (及物) ***j-n z.*** *gespr!* [粗] j-n heftig tadeln 痛骂,臭骂,痛斥

zu·sam·men·schie·ben (*hat*) Vt (及物) 〈Dinge 物〉 ***z.*** mehrere Dinge so schieben, dass sie nahe beieinander sind 把…挪拢、挪近、挪到一起: *die Bänke so z., dass sie e-e lange Reihe bilden* 将长凳挪拢摆成一长排

zu·sam·men·schla·gen (*hat*) Vt (及物) **1.** *mst* 多用 ***die Hacken / Absätze / Hände z.*** die Hacken/Absätze/Hände so bewegen, dass sie sich mit e-m kurzen, deutlichen Geräusch berühren 碰击鞋后跟/拍击手掌 **2.** ***etw. z.*** *gespr* [口]; etw. kaputt schlagen 毁坏,打碎 ≈ zertrümmern **3.** ***j-n z.*** *gespr* [口]; j-n so brutal schlagen, dass er (verletzt) zusammenbricht 把…揍扁、打扒下

zu·sam·men·schlie·ßen (*hat*) Vt (及物) **1.** 〈Dinge 物〉 ***z.*** zwei od. mehrere Dinge mit e-m Schloss verbinden 把…锁在一起 〈Fahrräder z. 将若干辆自行车锁在一起〉; Vr (反身) **2.** 〈Personen/Institutionen *o. Ä.* 人们/机构等〉 ***schließen sich zusammen*** Personen/Institutionen *o. Ä.* bilden e-e Gemeinschaft, um so ein gemeinsames Ziel zu erreichen 复:联合,团结: *In der EU haben sich 14 Staaten zusammengeschlossen* 欧盟由14个国家联合在一起 ‖ zu (义项) **2. Zu·sam·men·schluss** *der*

zu·sam·men·schmel·zen (*ist*) Vi (不及物) **1.** ***etw. schmilzt zusammen*** etw. schmilzt u. wird dadurch kleiner od. weniger(物作主语) 融化,消融(溶) 〈der Schnee 雪〉 **2.** ***etw. schmilzt zusammen*** etw. wird weniger (物作主语)减少,变少〈Ersparnisse, Geld, Vorräte 储蓄,钱,贮存〉

zu·sam·men·schnei·den (*hat*) Vt (及物) 〈e-n Film, ein Tonband 电影,录音带〉 ***z.*** Teile aus e-m Film od. e-m Tonband schneiden u. so e-n kürzeren Film *o. Ä.* machen 剪辑

zu·sam·men·schnü·ren (*hat*) Vt (及物) **1.** ***etw. z.*** um etw. e-e Schnur wickeln, damit es zusammen bleibt 把…捆、绑、扎在一起: *das Altpapier zu kleinen Bündeln z.* 把废纸扎成小捆 **2.** *mst* 多用 ***die Angst schnürt j-m die Kehle zusammen*** j-d hat in e-r bestimmten Situation solche Angst, dass er kaum atmen od. sprechen kann 吓得某人喘不过气来,张口结舌

zu·sam·men·schrau·ben (*hat*) Vt (及物) ***etw.*** (*mst Pl* 多用复数) ***z.*** zwei od. mehrere Dinge mit Schrauben verbinden 把…(用螺钉)固定在一起: *Bretter z.* 把木板拼在一起

zu·sam·men·schre·cken; *schreckt / veraltend* [渐旧] *schrickt zusammen, schreckte / veraltend* [渐旧] *schrak zusammen, ist zusammengeschreckt*; Vi (不及物) vor Angst *o. Ä.* plötzlich e-e heftige (unkontrollierte) Bewegung mit dem Körper machen 吓一大跳,大吃一惊 ≈ zusammenzucken

zu·sam·men·schrei·ben (*hat*) Vt (及物) **1.** ***etw. z.*** etw. als ein Wort schreiben 连写,合写 ↔ getrennt schreiben: *„heimkommen" schreibt man zusammen, „Ski laufen" nicht* "heimkommen"连在一起写,"Ski laufen"不连写 **2.** ***etw. z.*** e-n schriftlichen Text verfassen, indem man aus verschiedenen Büchern, Zeitschriften *usw* das nimmt u. verbindet, was einem relevant, nützlich *o. Ä.* erscheint 摘编,编写〈e-e Rede, e-n Vortrag, ein Referat z. 编写讲话、报告、短评〉 **3.** ***etw. z.*** *gespr pej* [口][贬]; etw. (schnell) schreiben, ohne lange darüber nachzudenken 胡乱写成,草率写成: *Was hast du denn da für e-n Unsinn zusammengeschrieben?* 你胡写了些什么玩意儿? ‖ zu (义项) **1. Zu·sam·men·schrei·bung** *die*; *nur Sg* (只用单数)

zu·sam·men·schrump·fen (*ist*) Vi (不及物) 〈Vorräte, Ersparnisse *o. Ä.* 贮存,存款等〉 ***schrumpfen zusammen*** Vorräte, Ersparnisse *o. Ä.* werden kleiner od. weniger 减少,越来越少

zu·sam·men·schwei·ßen (*hat*) Vt (及物) 〈Dinge 物〉 ***z.*** zwei od. mehrere Dinge fest durch Schweißen miteinander verbinden 把…焊接在一起 〈Rohre, Schienen, Metallstücke z. 焊接管道、钢轨、金属件〉 ‖ ID [谚] *mst* 多用 ***etw. hat j-n*** (*Kollekt od Pl* 集合或复数) ***zusammengeschweißt*** etw. hat bewirkt, dass sich die Betroffenen eng verbunden fühlen 某事使某人紧密地联结、结合在一起了

Zu·sam·men·sein *das*; *-s*; *nur Sg* (只用单数); ein Treffen, bei dem Menschen privat miteinander reden, etw. trinken, spielen *o. Ä.* 聚会,聚首,见面〈ein gemütliches, geselliges Z. 愉快的、欢乐的聚会〉: *zu e-m zwanglosen Z. bei Kaffee u. Kuchen einladen* 邀请参加一次无拘束的聚会,有咖啡、点心招待

zu·sam·men·set·zen (*hat*) Vt (及物) **1.** ***etw. z.*** etw. aus verschiedenen Teilen bauen 组合,组装,装配 ≈ zusammenbauen: *Er nahm das Radio auseinander, aber dann konnte er es nicht mehr z.* 他把收音机拆开了,可后来再也装不起来了; Vr (反身) **2.** ***etw. setzt sich aus j-m / etw.*** (*Kollekt od Pl* 集合或复数) ***zusammen*** etw. besteht aus verschiedenen Personen/Teilen(物作主语)由…组成,构成: *Die Sinfonie setzt sich aus vier Sätzen zusammen* 这支交响曲由四个乐章组成 **3.** ***j-d setzt sich mit***

j-m zusammen；〈Personen 人们〉***setzen sich zusammen*** zwei od. mehrere Personen treffen sich, *mst* um über etw. Bestimmtes zu sprechen（人作主语）单：与…会面、碰头、坐到一起；复：大家聚在一起，坐到一起〈sich zu Verhandlungen, zu Beratungen, zu e-r Besprechung z. 坐到一起谈判、协商、讨论〉：*Wir sollten uns nächste Woche z. u. e-n Plan erarbeiten* 我们下星期得碰一下头，拟出一份计划 ‖ *zu*（义项）**2. Zu·sạm·men·set·zung** *die*

zu·sạm·men·sin·ken（*ist*）[Vi]（不及物）（***in sich***（*Akk* 四格））***z.*** in die Richtung zum Boden od. auf den Boden sinken 倒下，瘫倒〈ohnmächtig z. 昏倒；zusammengesunken dasitzen 垂头丧气地坐在那儿〉

zu·sạm·men·sit·zen（*hat/südd* Ⓐ (CH)［南德］［奥］［瑞］*ist*）[Vi]（不及物）**1. *j-d sitzt mit j-m zusammen***；〈Personen 人们〉***sitzen zusammen*** zwei od. mehrere Personen sitzen gemeinsam irgendwo u. reden *o. Ä.*（人作主语）单：和…坐在一起；复：大家坐在一起：*Er sitzt gern mit Freunden bei e-m Bier zusammen* 他喜欢和朋友们坐在一起喝杯啤酒 **2.** 〈Personen 人们〉***sitzen zusammen*** zwei od. mehrere Personen sitzen nebeneinander 互相挨着坐，相邻而坐〈im Kino, im Theater, in der Schule z. 在电影院、在戏院、在学校挨着坐〉

Zu·sạm·men·spiel *das*；*nur Sg*（只用单数）**1.** die Art, wie *bes* Spieler（e-r Mannschaft, e-s Orchesters *o. Ä.*）harmonieren u. das Spiel miteinander gestalten（运动员、演员等）相互配合，合作：*Das Z. der Mannschaft muss noch verbessert werden* 这支球队的配合还需改进 **2.** die Art, wie Vorgänge od. Kräfte aufeinander reagieren u. voneinander abhängen 互相制约，相互影响：*das Z. von Angebot u. Nachfrage auf dem freien Markt* 自由市场上供求关系的相互制约

zu·sạm·men·spie·len（*hat*）[Vi]（不及物）**1.** 〈Personen 人们〉***spielen irgendwie zusammen*** zwei od. mehr Personen harmonieren auf die genannte Art u. Weise 相互协调，配合 **2.** 〈Dinge 物〉***spielen zusammen*** Dinge wirken (gegenseitig) aufeinander 互相影响 ‖ NB（注意）：aber（但是）：*Wir wollen zusammen*（= miteinander）*spielen* 我们想一起玩（getrennt geschrieben 分开写）

zu·sạm·men·stau·chen（*hat*）[Vt]（及物）***j-n z.*** *gespr*［口］；j-n heftig tadeln 痛斥，狠狠地教训

zu·sạm·men·ste·cken [Vt]（及物）（*hat*）**1. *etw.*** （*mst Pl* 多用复数）***z.*** zwei od. mehrere Dinge miteinander verbinden, *bes* indem man Nadeln *o. Ä.* in sie steckt 把…别在一起、别拢、别住：*ein Kleid/Stoffteile mit Stecknadeln z.* 用大头针将连衣裙/几块布料别住；*die Haare z.* 别拢头发；[Vi]（不及物）（*hat/südd* Ⓐ (CH)［南德］［奥］［瑞］*ist*）**2. *j-d steckt mit j-m zusammen***；〈Personen 人们〉***stecken zusammen*** *gespr*［口］；zwei od. mehrere Personen sind oft zusammen（u. denken sich heimlich etw. aus *o. Ä.*）（人作主语）单：和…常厮混在一起；复：常厮混在一起：*Sie stecken ununterbrochen zusammen – was die wohl anstellen?* 他们老厮混在一起——他们倒底在搞什么名堂？

zu·sạm·men·ste·hen（*hat/südd* Ⓐ (CH)［南德］［奥］［瑞］*ist*）[Vi]（不及物）**1. *j-d steht mit j-m zusammen***；〈Personen 人们〉***stehen zusammen*** zwei od. mehrere Personen stehen nebeneinander（人作主语）单：和…站在一起；复：站在一起：*Wir standen noch lange vor dem Kino zusammen u. diskutierten* 我们还在电影院前面站了很长时间并进行了讨论 **2.** 〈Personen 人们〉***stehen zusammen*** zwei od. mehrere Personen halten zusammen 复：齐心协力，同舟共济

zu·sạm·men·stel·len（*hat*）[Vt]（及物）**1. *etw. z.*** etw. planen u. organisieren 制订，拟订，编制，组织〈ein Menü, ein Programm, e-e Reise z. 编制菜单，拟订节目，组织旅游〉**2. *etw.*** （*Pl* 复）***z.*** zwei od. mehrere Dinge so stellen, dass sie nebeneinanderstehen 把…排列在一起，排成行〈die Stühle, Tische, die Betten, die Schränke z. 排列椅子、桌子、床、柜子〉‖ *zu*（义项）**1. Zu·sạm·men·stel·lung** *die*

zu·sạm·men·sto·ßen（*ist*）[Vi]（不及物）**1. *j-d/ein Fahrzeug stößt mit j-m/e-m Fahrzeug zusammen***；〈Personen/Fahrzeuge *o. Ä.* 人们/机动车辆等〉***stoßen zusammen*** zwei od. mehrere Personen/Fahrzeuge *o. Ä.* stoßen im Gehen od. Laufen bzw. Fahren gegeneinander 单：和…相撞；复：相撞，撞在一起：*Die Fahrzeuge sind frontal zusammengestoßen* 几辆车迎面相撞；*An dieser Kreuzung ist gestern ein Pkw mit e-m Motorrad zusammengestoßen* 昨天在这个十字路口一辆客车和一辆摩托车相撞了 **2. *etw. stößt mit etw. zusammen***；〈Dinge 物〉***stoßen zusammen*** zwei od. mehrere Dinge treffen sich an e-r Linie od. e-m Punkt（物作主语）单：和…相邻、接壤，毗连；复：相邻，接壤，毗连：*An dieser Hecke stoßen die Grundstücke zusammen* 这几块地皮在矮树篱旁邻接 ‖ *zu*（义项）**1. Zu·sạm·men·stoß** *der*

zu·sạm·men·strö·men（*ist*）[Vi]（不及物）〈Personen 人们〉***strömen zusammen*** viele Personen kommen (aus allen Richtungen) zu e-m Ort（从四面八方）涌来，汇流在一起〈die Leute, die Menge 人们，人群〉

zu·sạm·men·stü·ckeln（*hat*）[Vt]（及物）***etw. z.*** *gespr pej*［口］［贬］；etw. ohne Plan aus verschiedenen Teilen, die schlecht zueinanderpassen, herstellen 拼凑成，拼接成

zu·sạm·men·stür·zen（*ist*）[Vi]（不及物）***etw. stürzt*** （***in sich*** （*Akk* 四格））***zusammen*** ≈ etw. bricht zusammen, stürzt ein〈das Haus, der Turm, das Gerüst, die Tribüne *usw* 房屋，塔，脚手架，看台〉

zu·sạm·men·su·chen（*hat*）[Vt]（及物）***etw.*** （*Kollekt od Pl* 集合或复数）***z.*** die Gegenstände od. Teile, die man für e-n bestimmten Zweck braucht u. die sich an verschiedenen Orten befinden, an eine Stelle bringen 把…搜集拢来、收到一起：*das Spielzeug der Kinder z. müssen* 得把孩子的玩

Z

具收在一起 ‖ NB(注意): aber(但是): *Lass uns zusammen* (= gemeinsam) *suchen* 让我们一起来找(getrennt geschrieben 分开写)

zu·sạm·men·tra·gen (*hat*) [Vt] (及物) **etw.** (*Kollekt od Pl* 集合或复数) **z.** Dinge, die man an verschiedenen Stellen findet, sammeln od. an e-n (bestimmten) Ort bringen 搜集,堆集,收集: *Material für e-e Dissertation z.* 为博士论文收集材料; *Brennholz für den Winter z.* 堆集过冬的木柴 ‖ NB(注意): aber (但是): *Wir können die Kiste zusammen* (= zu zweit) *tragen* 我们可以一起抬箱子(getrennt geschrieben 分开写)

zu·sạm·men·tref·fen (*ist*) [Vi] (不及物) **1. j-d trifft mit j-m zusammen**; 〈Personen 人们〉 **treffen zusammen** zwei od. mehrere Personen begegnen sich(人作主语)单: 与…相遇、碰面; 复: 相遇,碰面: *Wir trafen zufällig mit alten Freunden zusammen* 我们偶然与旧友相遇 **2. etw. trifft mit etw. zusammen** etw. geschieht gleichzeitig mit etw. anderem (物作主语)与…同时发生 ≈ etw. fällt mit etw. zusammen ‖ *hierzu* (派生) **Zu·sạm·men·tref·fen** *das*

zu·sạm·men·trei·ben (*hat*) [Vt] (及物) **j-n** (*Kollekt od Pl* 集合或复数) / **Tiere z.** Menschen od. Tiere mit Gewalt an den gleichen Ort bringen 把…往一起赶: *die Herde z.* 把畜群赶到一起

zu·sạm·men·tre·ten (*hat / ist*) [Vt] (及物) (*hat*) **1. j-n z.** *gespr* [口]; so lange u. heftig auf j-n treten, bis er schwer verletzt ist 狠踢,踢伤; [Vi] (不及物) (*ist*) **2. j-d / etw.** (*Kollekt od Pl* 集合或复数) **tritt zusammen** mehrere Personen versammeln sich (als Mitglieder e-r Organisation, Institution *o. Ä.*), um etw. Bestimmtes zu tun (人/物作主语)开会,聚会: *Das Gericht wird morgen z., um das Urteil zu verkünden* 法院明天开庭审理,宣布判决

zu·sạm·men·trom·meln (*hat*) [Vt] (及物) **j-n** (*Kollekt od Pl* 集合或复数) **z.** *gespr* [口]; *mst hum* 多用[诙]; viele Personen auffordern, an e-n bestimmten Ort zu kommen, um sich dort zu treffen 把…召集到一起

zu·sạm·men·tun, sich (*hat*) [Vr] (反身) **j-d / etw. tut sich mit j-m / etw. zusammen**; 〈Personen/Organisationen *o. Ä.* 人们/组织等〉 **tun sich zusammen** *gespr* [口]; zwei od. mehrere Personen/Organisationen *o. Ä.* werden Partner, um für ein gemeinsames Ziel zu arbeiten(人/物作主语)单: 和…合作,协作; 复: 彼此合作,协作,联合: *Vor den Wahlen haben sich die kleinen Parteien zusammengetan, um gemeinsam e-n Sitz im Parlament zu erkämpfen* 选举前小党派纷纷联合起来,为了在议会中共同争得一个席位

zu·sạm·men·wach·sen (*ist*) [Vi] (不及物) **1. etw. wächst mit etw. zusammen**; 〈Dinge 物〉 **wachsen zusammen** zwei od. mehrere Dinge bilden (allmählich) (wieder) ein Ganzes(物作主语)单: 和…愈合,长、连在一起; 复: 愈合,长在一起; 紧密相连: *Die gebrochenen Knochen sind wieder gut zusammengewachsen* 折断的骨头又长好了(愈合了); *Die beiden Dörfer wachsen immer mehr zusammen* 那两个村庄渐渐地连接到一起了 **2.** 〈Personen 人们〉 **wachsen zusammen** zwei od. mehrere Personen werden allmählich zu (engen) Freunden 复: 成为知己,成为亲密无间的好朋友

zu·sạm·men·wir·ken (*hat*) [Vi] (不及物) **1.** 〈Personen 人们〉 **wirken zusammen** *geschr* [书]; zwei od. mehrere Personen arbeiten gemeinsam an etw. 复: 合作,协作: *Für diese Platte haben zahlreiche Stars zusammengewirkt* 许多明星合力制作了这张唱片 **2.** 〈Faktoren, Umstände *o. Ä.* 若干因素,情况等〉 **wirken zusammen** verschiedene Faktoren, Umstände *o. Ä.* haben e-n Einfluss auf e-e bestimmte Sache 共同起作用,共同影响

zu·sạm·men·zäh·len (*hat*) [Vt/i] (及物/不及物) (**etw.** (*Pl* 复)) **z.** ≈ addieren: *Nun zähl mal zusammen!* 现在算在一起得了!

zu·sạm·men·zie·hen [Vt] (及物) (*hat*) **1. etw. z.** etw. (durch Ziehen) kleiner od. enger machen 抽紧,拉紧,收缩: *die Schlinge um den Hals des Tieres z.* 将动物脖子上的绳套拉紧 **2. j-n** (*Kollekt od Pl* 集合或复数) **z.** *mst* Soldaten aus verschiedenen Richtungen an e-n Ort bringen 集合,集结(多指士兵): *an der Grenze Truppen z.* 在边境集结部队; [Vt/i] (及物/不及物) (*hat*) **3.** (**etw.** (*Pl* 复)) **z.** ≈ addieren; [Vi] (不及物) (*ist*) **4. j-d zieht mit j-m zusammen**; 〈Personen 人们〉 **ziehen zusammen** zwei od. mehrere Personen nehmen gemeinsam e-e Wohnung, um dort zu leben(人作主语)单: 和…搬到一起住; 复: 搬到一起住; [Vr] (反身) (*hat*) **5. etw. zieht sich zusammen** etw. wird kleiner od. enger (物作主语)变小,变窄,收缩 ↔ etw. dehnt sich aus: *Rauchen bewirkt, dass sich die Blutgefäße zusammenziehen* 吸烟会导致血管收缩 **6. etw. zieht sich zusammen** ≈ etw. ballt sich zusammen 〈ein Gewitter, ein Unwetter, (Gewitter-)Wolken 雷雨,暴风雨,(雷雨)云〉 ‖ *zu* (义项) **1.**, **2.** u. **3. Zu·sạm·men·zie·hung** *die*; *mst Sg* (多用单数)

zu·sạm·men·zim·mern (*hat*) [Vt] (及物) **etw. z.** *gespr pej* [口][贬]; etw. *mst* aus Holz schnell u. unfachmännisch bauen 捣鼓出,摆弄出,瞎做(指木工活): *ein Bücherregal z.* 捣鼓出一个书架

zu·sạm·men·zu·cken (*ist*) [Vi] (不及物) aus Schreck od. Schmerz e-e schnelle (unkontrollierte) Bewegung mit dem Körper machen 吓一跳,吃一惊,痛得抽搐一下 ≈ zusammenfahren

Zu·satz *der* **1.** e-e Substanz, die e-r anderen hinzugefügt wird, um diese zu verändern od. irgendwie zu beeinflussen 添加剂,附加物: *Viele Lebensmittel enthalten Zusätze wie Konservierungsmittel u. Farbstoffe* 很多食品含有如防腐剂和色素之类的添加剂 ‖ K-(复合): **Zusatz-**, **-stoff** **2.** etw. Neues, mit dem man *bes* e-n Text ergänzt od. etw. erklärt 补充,

附录 ≈ Ergänzung, Nachtrag: *e-n Z. zu e-m Gesetz verabschieden* 通过一项法律的补充条款 ‖ K-(复合): ***Zusatz-, -abkommen, -antrag, -bestimmung*** **3.** *nur Sg*(只用单数); das Hinzufügen e-r Substanz zu e-r anderen 添加 ≈ Zugabe: *das Wasser durch Z. von Chlor desinfizieren* 通过加氯对水进行消毒

Zu·satz- *im Subst, begrenzt produktiv*(构成名词,构词有限); drückt aus, dass etw. zu etw. bereits Vorhandenem hinzukommt od. etw. ergänzt(表示附加,添加,补充); das ***Zusatzgerät***, der ***Zusatzscheinwerfer***, die ***Zusatzsteuer***, das ***Zusatzteil***, die ***Zusatzversicherung***

zu·sätz·lich *Adj*(形); ***z. (zu j-m/etw.)*** drückt aus, dass j-d/etw. (als Ergänzung) zu den bereits vorhandenen Personen/Dingen (hinzu)kommt 附加的,补充的,添加的,额外的,追加的 ⟨e-e Belastung 负担; Kosten 费用⟩: *Z. zu den eingeladenen Gästen sind noch ein paar Nachbarn gekommen* 除了被邀请的客人以外,还来了一些邻居; *ein paar Stunden z. arbeiten* 加班几个小时

Zu·satz·stoff *der*; e-e Substanz, die bei der Herstellung e-r Ware zur Verbesserung der Eigenschaften hinzugefügt wird, *z. B.* Konservierungsmittel, Farbstoff, Parfüm 添加剂,添加物 ‖ -K (复合): ***Lebensmittel-***

Zu·satz·zahl *die*; *nur Sg*(只用单数); e-e Zahl, die beim Lotto zusätzlich zu den sechs Gewinnzahlen gezogen wird 彩票附加中奖号码

zu·schan·den, zu Schan·den *Adv* (副) **1.** drückt aus, dass etw. dabei zerstört wird 毁坏,破坏,毁灭,破灭 ≈ zunichte ⟨etw. geht/wird z. 某事走向/行将毁灭; etw. z. machen 毁坏某物⟩: *j-s Hoffnungen z. machen* 使某人的希望破灭 **2.** drückt in Verbindung mit e-m Verb aus, dass dabei j-d/etw. großen Schaden erleidet (u. *mst* nicht mehr zu gebrauchen ist)(和动词连用,表示严重损坏,损伤) ⟨ein Auto z. fahren 把汽车开坏了; ein Pferd z. reiten 把一匹马骑得累垮了; j-n/etw. z. richten 把某人搞垮/把某事搞糟⟩

zu·schan·zen; *schanzte zu, hat zugeschanzt*; Vt (及物) ***j-m etw. z.*** *gespr* [口]; auf indirekte Weise dafür sorgen, dass j-d etw. bekommt, auf das er (eigentlich) keinen Anspruch hat 帮助搞到,弄到: *seinen Freunden Geld z.* 帮自己朋友弄到钱

zu·schau·en (*hat*) Vi (不及物) ***(j-m/etw.) z.; (j-m) bei etw. z.*** *bes südd* Ⓐ Ⓒⓗ 尤用于[南德][奥][瑞] ≈ zusehen

Zu·schau·er *der*; *-s, -*; j-d, der bei etw. (*bes* bei e-r Veranstaltung) zusieht 观众 ⟨ein unfreiwilliger Z. 非自愿的观众⟩: *Die Zuschauer klatschten Beifall* 观众(齐声)鼓掌; *bei etw. keine Zuschauer gebrauchen können* 可以不需要观众 ‖ *K-*(复合): ***Zuschauer-, -raum, -tribüne, -zahl*** ‖ *hierzu*(派生) **Zu·schau·e·rin** *die*; *-, -nen*

zu·schi·cken (*hat*) Vt (及物) ***(j-m) etw. z.*** j-m etw. schicken, senden 给…送去,寄给: *j-m e-e Rechnung z.* 寄给某人一份账单

zu·schie·ben (*hat*) Vt (及物) **1.** ***etw. z.*** ↑ ***zu-*** (1) **2.** ***j-m etw. z.*** etw. zu j-m hinschieben 把…推给、移向 **3.** *mst* 多用 ***j-m die Schuld/die Verantwortung z.*** veranlassen, dass j-d die Verantwortung für etw. Unangenehmes übernehmen muss 把过错/责任推给…

zu·schie·ßen Vt (及物) (*hat*) **1.** ***j-m (vernichtende/wütende) Blicke z.*** j-n wütend ansehen 投以(极其轻蔑的/愤怒的)目光 **2.** ***(j-m/etw.) etw. z.*** j-m Geld geben u. ihn so unterstützen 资助,赞助,捐助,补助: *Der Sponsor schießt dem Verein noch* 30 000 *Euro zu* 赞助商还赞助协会 30 000 欧元; Vi (不及物) (*ist*) **3.** ***auf j-n/etw. z.*** sich sehr schnell in Richtung auf j-n/etw. bewegen 冲向,奔向: *Das Auto schoss auf den Baum zu* 汽车向那棵树猛冲过去

Zu·schlag *der* **1.** ein Betrag, der zu e-r Gebühr, e-m Gehalt, e-m Preis *o. Ä.* hinzukommen kann 附加费,追加费: *e-n Z. für Nachtarbeit bekommen* 得到上夜班的加班费; *den Z. für den Intercityzug bezahlen* 支付城际快车的附加费 **2.** ***der Z. (für etw.)*** die Erklärung, dass j-d/e-e Firma *o. Ä.* e-e Ware (bei e-r Auktion) bzw. e-n Auftrag (bei e-m Bauprojekt *o. Ä.*) bekommt (weil sie das beste Angebot gemacht haben) 击锤卖出,拍定,(拍卖)成交 ⟨j-m den Z. geben 拍板给某人; den Z. bekommen 中标,得到订货⟩ ‖ *zu* (义项) **1. zu·schlag·frei** *Adj*(形); **zuschlag·pflich·tig** *Adj*(形); *nicht adv*(不作状语)

zu·schla·gen Vt (及物) (*hat*) **1.** ***etw. z.*** etw. mit Schwung schließen, sodass dabei ein lautes Geräusch entsteht 使劲关上,合上,把…砰的一声关上: *ein Buch, ein Fenster z.* 使劲合上书,把窗户砰的一声关上; *Der Wind hat die Tür zugeschlagen* 风把门砰的一声关上了 **2.** ***j-m etw. z.*** j-m den Zuschlag (2) für etw. geben 使中标,拍板给 **3.** ***auf etw.*** (*Akk* 四格) ***etw. z.; etw.*** (*Dat* 三格) ***etw. z.*** den Preis von etw. um e-e bestimmte Summe erhöhen 提价: *auf den Preis 10% Provision z.* 在原价格上增加 10% 的佣金; Vi (不及物) **4.** ***etw. schlägt zu*** (*ist*) etw. wird mit Schwung u. lautem Geräusch geschlossen(物作主语)砰的一声(自行)关上、合上: *Als der Sturm aufkam, schlug das Fenster zu* 起暴风时,窗户砰的一声关上了 **5.** (*hat*) j-n schlagen, auf/gegen etw. schlagen 打、揍(人)/敲打(物): *Schlag zu, wenn du dich traust!* 你有胆就使劲打吧! **6.** (*hat*) plötzlich angreifen, gegen j-n aktiv *o. Ä.* werden 突然出击: *Die Polizei hatte die Schmuggler lange beobachtet, bevor sie in e-m günstigen Augenblick zuschlug u. alle verhaftete* 警察对那些走私者已监视了很长时间,然后抓住有利时机突然出击将他们都逮捕了 **7.** (*hat*) *gespr* [口]; etw. schnell kaufen od. nehmen, bevor es ein anderer tun kann 抢购: *Bei so e-m günstigen Angebot muss man einfach z.!* 价格如此优惠,简直得去抢购! ‖ ID [谚]

das Schicksal hat zugeschlagen etw. Schlimmes (*z. B.* ein Todesfall *o. Ä.*) ist (plötzlich) passiert 飞来横祸，横遭厄运

zu·schlie·ßen (*hat*) [Vt] (及物) ***etw. z.*** etw. mit e-m Schlüssel schließen (用钥匙)锁上 ≈ abschließen: *die Haustür, den Koffer, die Wohnung z.* 锁上屋门、箱子、住宅

zu·schnap·pen [Vi] (不及物) **1. *ein Tier schnappt zu*** (*hat*) ein Tier beißt plötzlich nach j-m/etw. (动物作主语)突然扑向: *Der Hund schnappte zu u. biss ihn in den Arm* 狗突然扑上去咬住他的胳膊 **2. *etw. schnappt zu*** (*ist*) etw. schließt sich plötzlich (物作主语)突然合上，关上，锁上 ⟨e-e Falle 诱捕笼子⟩: *Die Tür ist zugeschnappt. Hast du den Schlüssel?* 门突然锁上了。你有钥匙吗?

zu·schnei·den (*hat*) [Vt] (及物) **1. *etw. z.*** ↑ ***zu-*** (7) **2. *etw. z.*** den Stoff für etw. z. (1) 裁剪: *e-n Rock z.* 裁剪裙子 ‖ ID [谚] ***etw. ist auf j-n/etw. zugeschnitten*** etw. ist so gestaltet, dass es für j-n/etw. gut passt 某物是按某人/某物裁剪的，制作的: *Das Programm war ganz auf den Geschmack junger Leute zugeschnitten* 这个节目完全是按年轻人的趣味制作的 ‖ ▶ ***Zuschnitt***

zu·schnei·en (*ist*) [Vi] (不及物) *mst* 多用 ***etw. ist zugeschneit*** etw. ist ganz von Schnee bedeckt (od. versperrt) (物作主语)被雪覆盖(封住): *Die Einfahrt ist zugeschneit* 入口被雪封住了

Zu·schnitt *der* **1.** *nur Sg* (只用单数); das Sägen, Schneiden *o. Ä.* zu e-r bestimmten Form od. Größe 锯，剪裁: *der Z. von Brettern* 锯木板 **2.** die Form, die etw. durch e-n Z. (1) bekommen hat 样式，裁样 ≈ Schnitt (3): *der elegante Z. e-s Kleides* 连衣裙的时髦样式 **3.** *mst Sg* (多用单数) ≈ Format (2), Rang (2): *e-e Veranstaltung internationalen Zuschnittes* 举办具有国际规格的活动

zu·schnü·ren (*hat*) [Vt] (及物) **1. *etw. z.*** etw. mit e-r Schnur fest schließen 捆扎，系紧，缚紧 ≈ zubinden ⟨ein Bündel, ein Paket, die Schuhe z. 捆扎行李包、包裹，系紧鞋子⟩ **2.** *mst* 多用 ***die Angst schnürt j-m die Kehle zu*** j-d hat in e-r bestimmten Situation solche Angst, dass er kaum sprechen kann 吓得某人说不出话来

zu·schrau·ben (*hat*) [Vt] (及物) ***etw. z.*** etw. mit Schrauben od. durch Drehen e-s Verschlusses schließen 拧上，拧紧，旋紧 ↔ aufschrauben: *das Marmeladenglas z.* 拧上果酱瓶

zu·schrei·ben (*hat*) [Vt] (及物) **1. *j-m etw. z.*** die Meinung vertreten, dass etw. das Werk e-r bestimmten Person ist 认为…是…的，把…记在…的名下: *Dieses Musikstück wird Mozart zugeschrieben* 这首乐曲被认为是莫扎特的作品 **2. *j-m/etw. etw. z.*** glauben, dass j-d/etw. bestimmte Eigenschaften od. Qualitäten hat 认为…具有(某种特性或品质): *Die Indianer schreiben dieser Pflanze e-e besondere Wirkung zu* 印第安人认为这种植物具有一种特殊疗效

zu·schrei·en (*hat*) [Vt] (及物) ***j-m etw. z.*** *gespr* [口]; etw. laut zu j-m rufen 朝…大声喊叫

Zu·schrift *die*; ein Brief als Reaktion auf e-e Annonce, e-e Fernsehsendung *o. Ä.* (读者或观众)来信，来函: *zahlreiche Zuschriften auf ein Inserat erhalten* 广告登出后收到很多来信 ‖ -K (复合): ***Leser-***

zu·schul·den, zu Schul·den *Adv* (副); *mst in* 多用于 ***sich*** (*Dat* 三格) ***etwas/nichts z. kommen lassen*** etw./nichts tun, das verboten od. moralisch schlecht ist 做坏事，犯过失/不做坏事，不犯过失

Zu·schuss *der*; ***ein Z. (für/zu etw.)*** Geld, das j-d od. e-e Organisation bekommt, damit er/sie etw. finanzieren kann 赞助，资助，补助 ≈ Unterstützung: *e-n Z. zu den Baukosten bekommen* 得到一笔建筑费用的补助; *staatliche Zuschüsse für das Theater* 国家给剧院的补助

zu·schus·tern; *schusterte zu, hat zugeschustert*; [Vt] (及物) ***j-m etw. z.*** *gespr* [口]; (*bes* heimlich) dafür sorgen, dass j-d e-n Vorteil bekommt 悄悄地使受益，私下帮助得到 ≈ j-n begünstigen ⟨j-m e-n Auftrag, e-n Job, e-n Posten z. 悄悄地使某人得到定单、工作、职位⟩

zu·schüt·ten (*hat*) [Vt] (及物) **1. *etw. z.*** etw. mit Erde, Steinen *o. Ä.* füllen u. so zumachen 填平，填满 ⟨e-e Grube, ein Loch z. 填平一个坑、洞⟩ **2. *etw. z.*** *gespr* [口]; Flüssigkeit (*mst* in ziemlich großer Menge) hinzugeben 倾注，大量灌注

zu·se·hen (*hat*) [Vi] (不及物) **1. (*j-m/etw.*) *z.*; (*j-m*) *bei etw. z.*** aufmerksam mit Blicken verfolgen, wie j-d etw. tut od. wie etw. geschieht (注意、留神)观看，察看: *bei e-m Fußballspiel z.* 观看足球赛; *j-m bei der Arbeit z.* 观看某人工作; *Sieh zu, wie ich das mache, damit du es lernst!* 好好看着我是怎么做的，学着点! **2. (*bei etw.*) *z.*** etw. geschehen lassen, ohne etw. dagegen zu tun, ohne aktiv zu werden 观望，坐视，旁观: *Wir mussten hilflos z., wie unser Haus abbrannte* 我们只能眼睁睁地看着我们的房子烧掉 **3. *z., dass/wie/ob o. Ä. ...*** sich bemühen, etw. (Bestimmtes) zu erreichen 争取，力争: *Sieh zu, dass du rechtzeitig fertig wirst!* 你争取按时完成!; *Ich muss z., dass ich den Zug erreiche* 我得争取赶上火车

zu·se·hends *Adv* (副); so, dass die Veränderungen, die dabei stattfinden, einem auch auffallen 明显地，显然地，显而易见地: *Das Wetter wird z. besser* 天气显然会好转

Zu·se·her *der*; Ⓐ [奥] ≈ Zuschauer

zu·sen·den; *sandte/sendete zu, hat zugesandt/zugesendet*; [Vt] (及物) ***j-m etw. z.*** ≈ (zu)schicken: *j-m e-n Brief z.* 寄给某人一封信 ‖ *hierzu* (派生) ***Zu·sen·dung die***

zu·set·zen (*hat*) [Vt] (及物) **1. (*etw.* (*Dat* 三格)) *etw. z.*** e-e Substanz e-r anderen hinzugeben u. damit mischen 往…里添加，加入，掺入: *e-m Saft Zucker z.* 往果汁里加糖; [Vi] (不及物) **2. *j-m* (*mit etw.*) *z.*** j-n dringend bitten

Z

od. auffordern, etw. zu tun 迫切向…请求,强求,纠缠 ≈ j-n bedrängen ⟨j-m mit Bitten, Forderungen, Fragen z. 迫切向某人请求、要求,用问题纠缠某人⟩ **3.** ***etw. setzt j-m (stark/sehr) zu*** etw. ist für j-n sehr lästig od. anstrengend(物作主语)(严重地)折磨,折腾: *Die Hitze setzte ihm stark zu* 炎热严重地折磨着他; *Der Stress setzte ihr so zu, dass sie krank wurde* 紧张劳累把她折腾病了; [Vt/i](及物/不及物) **4.** **(*etw.*) *z.*** bei e-m Geschäft *o. Ä.* Geld verlieren 亏损,赔本,损失 ‖ ▶ ***Zusatz***

zu·si·chern (*hat*) [Vt](及物) ***j-m etw. z.*** j-m (offiziell) versprechen, dass er etw. bekommen wird 向…允诺,保证,答应 ⟨j-m etw. vertraglich z. 以合同形式向某人承诺某事⟩ ‖ *hierzu*(派生) **Zu·si·che·rung** *die*

zu·sper·ren (*hat*) [Vt/i](及物/不及物) **(*etw.*) *z.*** *südd* Ⓐ [南德][奥] ≈ abschließen (1), zuschließen: *e-e Tür z.* 锁上门

zu·spie·len (*hat*) [Vt/i](及物/不及物) **1.** **(*j-m* (*etw.*)) *z.*** den Ball *o. Ä.* zu e-m anderen Spieler der eigenen Mannschaft schießen od. werfen 传(球); [Vt](及物) **2.** ***j-m etw. z.*** geschickt dafür sorgen, dass j-d etw. (Geheimes) erfährt(巧妙地)帮…了解、获悉,把…传递给 ⟨j-m Informationen, e-e Nachricht z. (巧妙地)使某人了解信息、消息⟩ ‖ *zu*(义项) **1.** **Zu·spiel** *das*; *mst Sg*(多用单数)

zu·spit·zen (*hat*) [Vt](及物) **1.** ***etw. z.*** e-n Stock *o. Ä.* mit e-r Spitze versehen 弄尖,削尖; [Vr](反身) **2.** ***etw. spitzt sich zu*** etw. wird gefährlicher od. schlimmer(物作主语)渐趋尖锐,激化,加剧 ≈ etw. verschärft sich ⟨der Konflikt, die Krise, die Lage 冲突,危机,形势⟩ ‖ *hierzu*(派生) **Zu·spit·zung** *die*; *nur Sg*(只用单数)

zu·spre·chen (*hat*) [Vt](及物) **1.** ***j-d/etw. spricht j-m etw. zu*** e-e Behörde *o. Ä.* entscheidet offiziell, dass j-d etw. bekommen soll (人/物作主语)将…判给,裁定归…所有 ⟨j-m ein Erbe, e-n Preis, ein Recht z. 将遗产、奖金、权利判给某人⟩: *Nach der Scheidung sprach das Gericht (das Sorgerecht für) die Kinder der Mutter zu* 离婚后法院将孩子(的抚养权)判给了母亲; [Vi](不及物) **2.** ***etw.*** (*Dat* 三格) **(*irgendwie*) *z.*** von etw. (e-e bestimmte Menge) essen od. trinken 享用,尽情吃、喝: *Die Gäste sprachen dem Essen tüchtig, kräftig, fleißig zu*; 客人们吃得很带劲、来劲、津津有味; [Vt/i](及物/不及物) **3.** ***j-m (etw.) z.*** freundlich mit j-m reden, damit bestimmte (positive) Gefühle in ihm entstehen 劝说,鼓励,勉励 ⟨j-m Mut, Trost z. 鼓励某人(给某人打气),劝慰某人; j-m begütigend, beruhigend, besänftigend, gut z. 劝慰,抚慰,安慰,好好劝说某人⟩

Zu·spruch *der*; *nur Sg*, *geschr*(只用单数)[书] **1.** Trost, Aufmunterung 安慰,鼓舞,鼓励 **2.** *mst* 多用 ***etw. findet/hat großen, regen, viel Z.***; ***etw. erfreut sich großen Zuspruchs*** etw. ist sehr beliebt, wird von vielen Leuten besucht, benutzt *o. Ä.*(物作主语)很受欢迎,大获成功,观众(顾客)盈门,人气很旺

Zu·stand *der* **1.** die Form od. Beschaffenheit 状态: *Bei null Grad Celsius geht Wasser vom flüssigen in den festen Z. über u. wird zu Eis* 水在摄氏零度时由液态转为固态并结成冰 **2.** die körperliche od. psychische Verfassung e-r Person, die äußeren Eigenschaften e-s Gegenstands 状况,状态: *Hat sich sein gesundheitlicher Z. gebessert?* 他的健康状况好转了吗?; *Das Haus befindet sich in e-m sehr schlechten Z. – es müsste dringend renoviert werden* 这座房子破旧不堪 —— 必须尽快整修 ‖ -K(复合): **Geistes-**, **Gesundheits-**, **Straßen-**; **Dauer-**, **Ideal-** **3.** *mst Pl*(多用复数) ≈ Verhältnisse, Situation ⟨die politischen, sozialen, wirtschaftlichen Zustände in e-m Land 一个国家的政治、社会、经济情况⟩: *Unter diesen Bedingungen kann ich nicht arbeiten. Die Zustände sind unerträglich* 在这种条件下我无法工作,这种状况真令人无法忍受; *Katastrophale Zustände führten zu e-m Bürgerkrieg* 灾难重重的局势导致了内战 ‖ -K(复合): **Alarm-**, **Ausnahme-**, **Kriegs-** ‖ ID [谚] ***Zustände bekommen/kriegen*** *gespr* [口]; über etw. entsetzt sein u. wütend *o. Ä.* werden 十分恼火,非常生气: *Wenn deine Mutter diese Unordnung sieht, bekommt sie Zustände!* 要是你妈看到这个乱七八糟的样子,她准会发火!; ***Das ist doch kein Z.!*** *gespr* [口]; das muss anders werden 这真不像样子! 可不能这样下去! 这可不成样子!(意即:这必须改变!)

zu·stan·de, zu Stan·de *Adv*(副); *nur in* 只用于 **1.** ***etw. kommt z.*** etw. entsteht od. gelingt (*bes* trotz Schwierigkeiten)(物作主语)形成,得以实现: *Nach langen Verhandlungen kam der Vertrag doch noch z.* 经过长时间的谈判,条约终于签订了 **2.** ***etw. z. bringen*** bewirken, dass etw. gelingt 使成功,完成,办成: *Du hast doch noch nie etwas Vernünftiges z. gebracht!* 你从来没有做过一点明智的事情! ‖ *zu*(义项) **1.** **Zu·stan·de·kom·men** *das*; *-s*; *nur Sg*(只用单数)

zu·stän·dig *Adj*(形); **(*für j-n/etw.*) *z.*** verpflichtet u. berechtigt, bestimmte Entscheidungen zu treffen od. etw. zu tun(对…)应负责的,有职权的,主管的 ⟨der Beamte, die Behörde, das Gericht, die Stelle 官员,行政机关,法院,部门⟩: *für die Bearbeitung e-s Falles z. sein* 是负责审理一宗案件的; *Wer ist* dafür *z., dass wir so lange warten mussten?* 让我们等那么长时间,谁对此负责?; *Das Standesamt ist* dafür *z., Geburtsurkunden auszustellen* 户籍登记处是负责签发出生证的 ‖ *hierzu*(派生) **Zu·stän·dig·keit** *die*; **Zu·stän·dig·keits·be·reich** *der*

Zu·stands·pas·siv *das*; e-e besondere Form des Passivs, die das Ergebnis e-r Handlung im Passiv angibt u. die mit dem Hilfsverb *sein* gebildet wird 状态被动态: *Mein Auto ist gestohlen* 我的汽车被偷了 (im Unterschied zu 不同于: *Mein Auto wurde gestohlen*)

zu·stat·ten·kom·men; *kam zustatten*, *ist zu-*

stattengekommen; [Vi] (不及物) **etw. kommt j-m/etw. zustatten** etw. ist ein Vorteil für j-n/etw. (物作主语) 对…有用、有益、有帮助 ≈ etw. nützt j-m: *Du solltest ein paar Sprachen lernen. Das wird dir im Berufsleben z.* 你应该学几种语言,这对你的职业生涯将会有帮助的

zu·ste·cken (*hat*) [Vt] (及物) **j-m etw. z.** j-m etw. heimlich geben 把…私下塞给: *Ihre Mutter steckte ihr immer wieder Geld zu* 她母亲总是悄悄塞钱给她

zu·ste·hen (*hat/südd* Ⓐ Ⓒⓗ [南德][奥][瑞] *ist*) [Vi] (不及物) **etw. steht j-m zu** j-d hat das Recht, etw. zu bekommen (物作主语) 属于;某人有权得到: *Der Ehefrau steht die Hälfte des Erbes zu* 遗产的一半属于妻子/妻子有权得到一半遗产

zu·stei·gen (*ist*) [Vi] (不及物) (**irgendwo**) **z.** an der Stelle, an der ein Fahrzeug hält, in das Fahrzeug einsteigen 上车,乘车: *Noch jemand zugestiegen? Die Fahrkarten bitte!* 有刚上车的吗?请出示车票!

zu·stel·len (*hat*) [Vt] (及物) **1. j-d/etw. stellt** (**j-m**) **etw. zu** ein Postbote *o. Ä.*/e-e Behörde übergibt j-m etw. (人/物作主语) 投递,寄送,递交: *j-m e-n Bescheid z.* 传递一个通知; *Eilbriefe werden sofort zugestellt, wenn sie beim zuständigen Postamt eintreffen* 快信一到达有关邮局就被立刻投递 ‖ K-(复合): **Zustell-, -bezirk, -gebühr, -vermerk 2. etw. z.** e-e Öffnung schließen od. verdecken, indem man etw. davorstellt 挡住,堵住: *e-e Tür mit e-m Schrank z.* 用柜子堵住门 ‖ *zu* (义项) **1. Zu·stel·ler** *der*; *-s, -*; **Zu·stel·le·rin** *die*; *-, -nen*; **Zu·stel·lung** *die*

zu·steu·ern [Vi] (不及物) (*ist*) **1. j-d/etw. steuert auf j-n/etw. zu** ein Autofahrer *o. Ä.*/ein Fahrzeug bewegt sich in Richtung auf j-n/etw. zu (人/物作主语) 开向,驶向: *Das Auto steuerte auf den Abgrund zu* 汽车驶向深渊 **2. etw. steuert auf etw.** (*Akk* 四格) **zu** etw. entwickelt sich in Richtung auf etw. (物作主语) 向…发展: *Das Land steuert auf e-e Katastrophe zu* 这个国家正走向灾难; [Vt] (及物) (*hat*) **3. etw. auf j-n/etw. z.** etw. in die Richtung von j-m/etw. lenken 把…引向、驶向、导向: *Er steuerte das Boot auf das Ufer zu* 他将小船驶向岸边

zu·stim·men (*hat*) [Vi] (不及物) **1.** (**j-m**) **z.** sagen (od. deutlich machen), dass man der gleichen Meinung wie ein anderer ist 同意,赞同 (指人) ↔ (j-m) widersprechen 〈zustimmend nicken 点头同意〉: *Ich kann Ihnen da nur z., Sie haben vollkommen recht* 我只能同意您的意见,您完全正确 **2.** (**etw.** (*Dat* 三格)) **z.** sagen, dass man etw. als richtig ansieht 支持,同意 (指事) ↔ (etw.) ablehnen 〈e-m Antrag, e-m Vorschlag z. 同意一个提案、建议〉

Zu·stim·mung *die* **1. die Z.** (**zu etw.**) das Zustimmen ≈ Billigung ↔ Ablehnung 〈etw. findet allgemeine, j-s Z. 某事得到普遍赞同、某人的同意〉 **2. die Z.** (**zu etw.**) ≈ Erlaubnis 〈seine Z. geben, verweigern 表示许可,拒绝同意; j-m/etw. seine Z. versagen 不同意某人/某事; j-s Z. einholen 征得某人许可〉

zu·stop·fen (*hat*) [Vt] (及物) **etw.** (**mit etw.**) **z.** *gespr* [口]; e-e Öffnung zumachen, indem man etw. hineinstopft 塞住,堵住: *ein Loch mit Lumpen z.* 用破布把洞塞住; *sich die Ohren mit Watte z.* 用棉花堵住耳朵

zu·stöp·seln; *stöpselte zu, hat zugestöpselt*; [Vt] (及物) **etw. z.** etw. mit e-m Stöpsel, Korken *o. Ä.* verschließen 用软木塞塞住,把…塞住: *den Abfluss in der Badewanne z.* 将浴缸的出水口堵住

zu·sto·ßen [Vi] (不及物) (*hat*) **1. j-d/ein Tier stößt zu** j-d greift j-n (*mst* mit e-m spitzen Gegenstand) an, ein Tier greift j-n/ein Tier an (人作主语) 刺,捅,戳; (动物作主语) 冲向,扑向: *mit e-m Messer z.* 用刀子捅; *Die Schlange stieß zu* 蛇猛蹿了上去; [Vt] (及物) (*hat*) **2. etw. z.** etw. schließen, indem man dagegen stößt 踢上,撞上,推上 〈e-e Tür mit dem Fuß z. 用脚踢关门〉 ‖ ID [谚] *mst* 多用 **Hoffentlich ist ihm/ihr nichts zugestoßen** hoffentlich hat er/sie keinen Unfall gehabt 希望他/她平安无事; *mst* 多用 **wenn mir etwas zustößt** *euph* [婉]; wenn ich sterben sollte 如果我出了事的话;要是我有个三长两短

zu·stre·ben (*ist*) [Vi] (不及物) **etw.** (*Dat* 三格) **z.** sich schnell u. direkt auf ein Ziel zubewegen 冲向,奔向 〈dem Ausgang z. 冲向出口〉

zu·strö·men (*ist*) [Vi] (不及物) **1. etw. strömt etw.** (*Dat* 三格) **zu**; **etw. strömt irgendwoher zu** Luft, Wasser *o. Ä.* bewegt sich u. kommt zu etw. anderem hinzu (物作主语) 流向,涌向,涌来: *Kalte Meeresluft strömt aus dem Norden zu* 海洋寒流从北方涌来 **2.** 〈Personen 人们〉 **strömen etw.** (*Dat* 三格) **zu/strömen auf etw.** (*Akk* 四格) **zu** *mst* viele Personen bewegen sich zu e-m bestimmten Ziel hin 涌向: *Die Zuschauer strömten dem/auf den Ausgang zu* 观众涌向出口处 ‖ *hierzu* (派生) **Zu·strom** *der*; *-(e)s*; *nur Sg* (只用单数)

zu·stür·zen (*ist*) [Vi] (不及物) **auf j-n/etw. z.** plötzlich u. schnell zu j-m/etw. laufen 冲向,奔向: *Voller Panik stürzten die Menschen auf den Ausgang zu* 人们十分惊恐地冲向出口处

zu·ta·ge, zu Ta·ge *Adv* (副); *nur in* 只用于 **1. etw. kommt/tritt z.** etw. wird sichtbar (od. erkennbar) (物作主语) 显露出来 **2. etw. z. bringen/fördern** etw. (*z. B.* ein Geheimnis, e-n Skandal) der Öffentlichkeit bekannt machen 披露,使公开,揭露: *Das Gerichtsverfahren brachte die Wahrheit z.* 法院诉讼披露了真相

Zu·tat *die*; *-, -en*; *mst Pl* (多用复数); die Dinge, die man braucht, *bes* um etw. zu kochen, zu backen *o. Ä.* 配料: *die Zutaten für e-n Kuchen abwiegen* 称一下蛋糕的配料 ‖ -K (复合): **Back-**

zu·tei·len (*hat*) [Vt] (及物) **1. j-m etw. z.** j-m seinen Teil von etw. geben 把…分给,配给:

j-m seine Ration z. 把他自己的一份分给某人 **2.** ***j-m etw. z.*** (als Vorgesetzte(r) *o. Ä.*) j-m e-e Aufgabe geben 分配,分派,委派 ‖ *hierzu* (派生) **Zu·tei·lung** *die*

zu·teil·wer·den; *wird zuteil, wurde zuteil, ist zuteilgeworden*; [Vi] (不及物) *geschr* [书]; j-d bekommt etw. Angenehmes(物作主语)将属于,归…所得;某人将获得: *Ihr wurde e-e besondere Behandlung, ein großes Glück, große Ehre zuteil* 她获得了特殊治疗,莫大的幸福,崇高的荣誉

zu·tiefst *Adv*(副); sehr (intensiv)很,非常,深深地 ≈ äußerst, aufs Tiefste ⟨z. beleidigt, bewegt, gekränkt, gerührt, erschüttert sein 深受侮辱、感动、伤害、感动,深感震惊; etw. z. bedauern, verabscheuen 对某事十分遗憾、非常憎恶⟩

zu·tra·gen (*hat*) [Vt] (及物) **1.** ***etw. trägt j-m etw. zu*** etw. bringt etw. zu j-m (hin)(物作主语)带到,带来: *Der Wind trägt j-m e-n Duft, e-n Geruch, ein Geräusch, Stimmen zu* 风给某人吹来了一阵香气、气味、嘈杂声、声音 **2.** ***j-m etw. z.*** j-m etw. berichten 报告,告诉; [Vr] (反身) **3.** *mst* 多用 ***es trug sich zu, dass …*** *geschr* [书]; verwendet in Märchen *o. Ä.*, um ein besonderes Ereignis einzuleiten 发生,酿成(用于童话中): *Nun trug (es) sich zu, dass der König starb u. e-e große Not über das Land hereinbrach* 事情终于发生了:国王与世长辞,巨大的危难降临到国家头上 ‖ *zu* (义项) **2. Zu·trä·ger** *der*; *-s, -*

zu·träg·lich *Adj*(形); *nicht adv, geschr*(不作状语)[书]; ***j-m/etw. z.*** gut für j-n/etw. 对…有益的,有利的,有助于健康的: *Das raue Klima war ihm nicht z.* 这种寒冷的气候对他不好 ‖ *hierzu* (派生) **Zu·träg·lich·keit** *die*; *nur Sg* (只用单数)

zu·trau·en (*hat*) [Vt] (及物) ***j-m/sich etw. z.*** glauben, dass j-d/man selbst fähig ist, etw. (*mst* Schwieriges od. Böses) zu tun 相信,信赖…(有能力干某事): *Traust du ihm so e-e Lüge zu?* 你就相信是他撒谎吗?; *Er traute ihr nicht zu, das Problem zu lösen* 他不相信她能解决这个问题; *Du kannst es schon, du musst es dir nur z.!* 你是行的,你必须相信自己这一点!

Zu·trau·en *das*; *-s*; *nur Sg* (只用单数); ***Z. (zu j-m)*** die Überzeugung, dass man sich auf j-n verlassen od. j-m trauen kann 信任,信赖 ≈ Vertrauen ⟨Z. fassen, gewinnen 争取、赢得信任; das Z. verlieren 失去信任⟩

zu·trau·lich *Adj*(形); ohne Angst od. Scheu 不认生的,不害怕的,不见外的 ↔ scheu ⟨Tiere 动物⟩: *Die Katze kam z. zu uns her u. ließ sich streicheln* 猫毫不认生地朝我们走来,让我们抚摸它 ‖ *hierzu* (派生) **Zu·trau·lich·keit** *die*; *nur Sg* (只用单数)

zu·tref·fen (*hat*) [Vi] (不及物) **1.** ***etw. trifft zu*** etw. ist richtig(物作主语)是对的,正确的 ≈ etw. stimmt ⟨e-e Annahme, e-e Aussage, e-e Behauptung, ein Vorwurf 推测,说法,看法,指责⟩: *Sein Verdacht erwies sich als zutreffend* 他的怀疑证明是正确的 **2.** ***etw. trifft auf j-n/etw. zu*** etw. gilt für j-n/etw.(物作主语)适合,适用,针对 **3.** ***Zutreffendes bitte ankreuzen!*** ADM *geschr* 【管理】[书]; verwendet auf Formularen *o. Ä.* als Aufforderung, diejenige der aufgeführten Möglichkeiten anzukreuzen, die für einen selbst gilt 请在(与填写者)有关的项目上打叉!

zu·trei·ben [Vt] (及物) (*hat*) **1.** ***j-n/ein Tier auf j-n/etw. z.*** j-n/ein Tier in Richtung zu j-m/etw. hintreiben 把…赶往,朝…驱赶: *die Kühe auf das Tor z.* 把母牛往门口赶; [Vi] (不及物) (*ist*) **2.** ***auf j-n/etw. z.*** in Richtung zu j-m/etw. hintreiben 漂向,漂往: *Das Boot trieb auf den Wasserfall zu* 小船向瀑布漂去

zu·tre·ten [Vi] (不及物) **1.** ***auf j-n/etw. z.*** (*ist*) in die Richtung auf etw./zu j-m hingehen 走向,走近 ≈ sich j-m/etw. nähern **2.** (*hat*) mit dem Fuß nach j-m/etw. stoßen 朝…踢

Zu·tritt *der*; *nur Sg* (只用单数) **1.** ***Z. (zu etw.)*** das Betreten e-s Raumes od. Gebiets 进入,入内,入场 ⟨j-m den Z. gewähren, verweigern, verwehren, verbieten 准许、拒绝、阻止、禁止某人入内⟩: *Z. für Unbefugte verboten!* 闲人莫入! **2.** ***Z. (zu etw.) (haben)*** die Erlaubnis (haben), etw. zu betreten 允许进入 ‖ NB(注意): ↑ ***Einlass***

Zu·tun *das*; *-s*; *nur Sg* (只用单数); *mst in* 多用于 ***ohne j-s Z.*** ohne dass die genannte Person aktiv eingreift 在没有某人参与或协助的情况下 ≈ von selbst: *Der Vertrag kam ohne mein Z. zustande* 协议在没有我参与的情况下签署了

zu·un·guns·ten, zu Un·guns·ten *Präp* (介); *mit Gen/Dat* (支配二格/三格); zum Nachteil von 不利于: *e-e Entscheidung z. des Angeklagten* 不利于被告的裁决 ‖ NB(注意): Gebrauch ↑ *Tabelle unter* 用法,图表见 ***Präpositionen***

zu·un·terst *Adv*(副); (nach) ganz unten(往)最下面,最底下 ↔ zuoberst ⟨z. liegen 在最下面放着; etw. z. legen 把某物放到最下面⟩

zu·ver·läs·sig *Adj* (形); ⟨ein Mensch, ein Freund 人,朋友; ein Auto, ein Gerät *o. Ä.* 汽车,仪器等⟩ so, dass man sich auf ihn/darauf verlassen kann 可信的,可靠的;信得过的,良好的: *Der Motor funktioniert z.* 马达运转良好 ‖ *hierzu* (派生) **Zu·ver·läs·sig·keit** *die*; *nur Sg* (只用单数)

Zu·ver·sicht *die*; *-*; *nur Sg* (只用单数); der feste Glaube daran, dass etw. Positives geschehen wird 信心,坚信,深信 ≈ Optimismus ⟨voll(er) Z. sein 充满信心的⟩: *voller Z. e-r Entscheidung entgegensehen* 充满信心地期待着裁决 ‖ *hierzu* (派生) **zu·ver·sicht·lich** *Adj* (形); **Zu·ver·sicht·lich·keit** *die*; *nur Sg* (只用单数)

Zu·viel *das*; *-s*; *nur Sg* (只用单数); ***ein Z. (an j-m/etw.)*** e-e zu große Menge 过量,过度,过多 ≈ Übermaß: *Ein Z. an Schlaf ist auch nicht gut* 睡眠过多也不好

zu·vor *Adv*(副); zeitlich vor etw. anderem 以前,先前 ≈ vorher: *Nach der Reparatur klang das Radio schlechter als z.* 收音机修理后

声音比以前更差了；*Nie z. gab es hier so wenig Wasser* 这儿那么少的水以前从未有过

zu·vor·derst *Adv*（副）；ganz vorne 在最前面〈z. sitzen, stehen 坐在、站在最前面〉

zu·vor·kom·men; *kam zuvor, ist zuvorgekommen*; [Vi]（不及物）**1. *j-m z.*** eher u. schneller als ein anderer handeln (u. sich dadurch e-n Vorteil verschaffen) 抢在…（指人）之前行动：*Er wollte dieses schöne Grundstück auch kaufen, aber ich bin ihm zuvorgekommen* 他本来也想买这块好地皮，可我抢在他前面了 **2. *etw.*** (*Dat* 三格) ***z.*** (schnell) handeln, bevor etw. eintritt 在…（指事）之前抢先行动：*Er ist seiner Entlassung zuvorgekommen, indem er selbst kündigte* 他在被解雇前，自己抢先辞了职

zu·vor·kom·mend **1.** *Partizip Präsens*（现在分词）；↑ ***zuvorkommen*** **2.** *Adj*（形）；***z.*** (***gegen j-n / gegenüber j-m***) höflich u. hilfsbereit 有礼貌的，殷勤的，乐于助人的〈ein Gastgeber, ein Verkäufer 主人，售货员；j-n z. bedienen, behandeln 礼貌地招待、对待某人〉

Zu·wachs *der*; *-es*; *nur Sg*（只用单数）≈ Zunahme ↔ Rückgang: *Der Umsatz hatte letztes Jahr e-n Z. von 3. Prozent* 去年销售额增长百分之三 ‖ K-（复合）：***Zuwachs-, -rate*** ‖ -K（复合）：***Bevölkerungs-, Kapital-, Umsatz-, Vermögens-*** ‖ ID［谚］***Z. bekommen / erwarten*** *hum*［诙］；ein Kind bekommen/erwarten 添丁/有喜

zu·wach·sen (*ist*) [Vi]（不及物）**1. *etw. wächst zu*** etw. heilt（物作主语）愈合，收口，长好〈e-e Wunde 伤口〉**2. *etw. wächst zu*** etw. wird durch das Wachsen von Pflanzen verdeckt *o. Ä.*（物作主语）长满植物〈der Garten, ein Haus, ein Weg 花园，房屋，路〉

zu·wan·dern (*ist*) [Vi]（不及物）***j-d*** (*Kollekt od Pl* 集合或复数) ***wandert zu*** e-e Gruppe von Personen zieht in ein Gebiet, um dort zu leben（人作主语）移居，迁来：*Das Dorf wächst, weil viele Leute aus der Stadt zuwandern* 这个村庄逐渐扩大，因为从城里迁来很多人 ‖ *hierzu*（派生）**Zu·wan·de·rung** *die*

zu·war·ten (*hat*) [Vi]（不及物）(in Ruhe) warten, bis etw. kommt od. geschieht 耐心等待，静候

zu·we·ge, zu We·ge *Adv*（副）；*nur in* 只用于 ***etw. z. bringen*** etw. *mst* Schwieriges erreichen 办成（多指难办的事）≈ etw. zustande bringen: *e-e Einigung z. bringen* 完成统一大业

zu·wei·len *Adv*（副）；*geschr*［书］≈ manchmal

zu·wei·sen (*hat*) [Vt]（及物）***j-m etw. z.*** offiziell bestimmen, dass j-d etw. bekommen soll 分配，分派，指派 ≈ zuteilen〈j-m e-e Arbeit, e-e Aufgabe, e-n Platz z. 分配给某人一份工作、一项任务、一个名额〉‖ *hierzu*（派生）**Zu·wei·sung** *die*

zu·wen·den; *wandte / wendete zu, hat zugewandt / zugewendet*; [Vt]（及物）**1. *sich / etw. j-m / etw. z.*** sich/etw. in die Richtung zu j-m/etw. hindrehen 转向 ≈ sich/etw. j-m/etw. zukehren ↔ sich/etw. von j-m/etw. abwenden〈j-m/etw. das Gesicht, den Rücken z. 把脸、背转向某人/某物〉：*Sie wandte sich ihrem Nachbarn zu u. flüsterte ihm etw. ins Ohr* 她转向她的邻座，悄悄地告诉了他什么。**2. *sich / etw. j-m / etw. z.*** seine Konzentration auf j-n/etw. richten 专心致志于，投入到，致力：*Sie wendet sich ganz ihrer neuen Aufgabe zu* 她完全投入到自己的新任务中 **3. *j-m / etw. etw. z.*** j-m/e-m Verein *o. Ä.* Geld (für e-n bestimmten Zweck) geben 资助，赞助

Zu·wen·dung *die*; *-, -en* **1.** *nur Sg*（只用单数）；Aufmerksamkeit u. e-e freundliche u. liebevolle Behandlung 照顾，关照〈viel Z. brauchen 需要多多关照〉**2.** Geld, das man j-m od. e-r Institution schenkt 赠款，捐款，捐赠〈j-m e-e Z. (in Höhe von ...) machen 赠给某人一笔（高达…的）款项〉

Zu·we·nig *das*; *-s*; *nur Sg*（只用单数）；*nur in* 只用于 ***ein Z.*** (***an j-m / etw.***) e-e zu kleine Zahl od. Menge (von Personen/Sachen)（人/物）数或量太低、太少 ↔ Zuviel

zu·wer·fen (*hat*) [Vt]（及物）**1. *j-m etw. z.*** etw. so werfen, dass ein anderer es fangen kann 把…扔给，抛给：*Wirf mir den Ball zu!* 把球扔给我！**2. *etw. z.*** etw. mit Schwung schließen 把…用力撞上、关上、甩上：*In seiner Wut warf er die Tür zu* 他愤怒地使劲把门撞上了 **3.** *mst* 多用 ***j-m e-n*** (+ *Adj* 形容词) ***Blick z. / j-m*** (+ *Adj* 形容词) ***Blicke z.*** j-n ansehen, um ihm dadurch etw. zu signalisieren 向…投去…的目光：*j-m drohende, freundliche Blicke z.* 向某人投去威胁的、友好的目光

zu·wi·der[1] *Adv*（副）；***j-d / etw. ist j-m z.*** j-d/etw. ruft in j-m starke Abneigung hervor（人/物作主语）使厌恶，使讨厌，使嫌恶，使恶心 ↔ j-d/etw. ist j-m sympathisch: *Diese Person / Ihre Heuchelei ist mir ganz z.* 这个人/她的虚伪使我很讨厌

zu·wi·der[2] *Präp*（介）；*mit Dat, nachgestellt*（支配三格，后置）；entgegen (e-r Erwartung, e-m Wunsch *o. Ä.*) 跟…相反，违背（期待、愿望等）：*der Vernunft z. e-e falsche Entscheidung treffen* 违背理智作出错误的决定

zu·wi·der·han·deln; *handelte zuwider, hat zuwidergehandelt*; [Vi]（不及物）***etw.*** (*Dat* 三格) ***z.*** *bes* ADM *geschr* 尤用【管理】［书］；gegen e-n Befehl, ein Verbot *o. Ä.* verstoßen 违背，违反，触犯：*e-m Gesetz z.* 触犯法律 ‖ *hierzu*（派生）**Zu·wi·der·han·deln·de** *der / die*; *-n, -n*; **Zu·wi·der·hand·lung** *die*

zu·wi·der·lau·fen; *läuft zuwider, lief zuwider, ist zuwidergelaufen*; [Vi]（不及物）***etw. läuft etw.*** (*Dat* 三格) ***zuwider*** etw. entspricht nicht j-s Wünschen, bestimmten Normen *o. Ä.*（物作主语）违反，违背，与…背道而驰：*Es läuft seinen eigenen Interessen zuwider, wenn er das Haus verkauft* 如果他卖掉房子，这是违背他自己的利益的

zu·win·ken (*hat*) [Vi]（不及物）***j-m z.*** j-n aus relativ großer Entfernung durch e-e Bewegung der Hand grüßen 朝…挥手致意

zu·zah·len (*hat*) [Vt/i] (及物/不及物) (*etw.*) *z.* noch etw. (zusätzlich) zahlen 加付,另付: *Für den Intercity müssen Sie vier Euro z.* 乘城际快车您得加付4欧元; *Muss man hier* (*noch was*) *z.?* 这儿还得(再)另付钱吗?

zu·zei·ten *Adv* (副) ≈ manchmal, zuweilen ‖ NB (注意): aber (但是): *zu Zeiten Goethes* 在歌德的时代

zu·zie·hen [Vt] (及物) (*hat*) **1.** ***etw. z.*** etw. schließen, indem man daran zieht 勒紧,拉上 〈e-n Knoten, e-n Vorhang z. 勒紧一个结,拉上帘子〉: *e-e Tür hinter sich z.* 随手拉上门 **2.** ***j-n z.*** ≈ hinzuziehen: *e-n Spezialisten zur Beratung z.* 请一位专家来咨询(请教) **3.** ***sich*** (*Dat* 三格) ***etw. z.*** (oft durch eigene Schuld) etw. Unangenehmes bekommen 招致,招惹,惹起: *sich e-e Grippe z.* 染上流感; *sich j-s Zorn z.* 招惹某人的生气; [Vi] (不及物) (*ist*) **4.** (***von irgendwoher***) ***z.*** neu an e-n Ort kommen, um dort zu wohnen 搬来,迁来: *aus der Stadt z.* 从城里迁来; [Vr] (反身) (*hat*) **5.** ***der Himmel zieht sich zu / es zieht sich zu*** der Himmel wird von Wolken bedeckt 天空阴云密布 ‖ *zu* (义项) **2.** **Zu·zie·hung** *die*; *nur Sg* (只用单数); *zu* (义项) **4.** **Zu·zug** *der*

zu·züg·lich *Präp* (介); *mit Gen / Dat*, *geschr* (支配二格/三格) [书]; drückt aus, dass etw. (zu etw. anderem) hinzukommt 加上,包括 ≈ mit, plus: *Die Miete z. der Nebenkosten beträgt 900 Euro* 租金包括额外费用共计900欧元; *z. Porto* 包括邮资在内 ‖ NB (注意): Gebrauch ↑ *Tabelle unter* 用法,图表见 ***Präposition***

zu·zwin·kern (*hat*) [Vi] (不及物) ***j-m z.*** in j-s Richtung zwinkern, *mst* um ihm etw. mitzuteilen 向…眨眼示意: *j-m freundlich z.* 向某人友好地眨眼示意

zwa·cken; *zwackte*, *hat gezwackt*; [Vi] *gespr* (不及物) [口] ≈ zwicken, kneifen

zwang *Imperfekt*, *1. u. 3. Person Sg* (过去时,第一和第三人称单数); ↑ ***zwingen***

Zwang *der*; *-(e)s*, *Zwän·ge* **1.** der Druck, der durch Androhung od. Anwendung von Gewalt entsteht u. der bewirkt, dass der Betroffene etw. tut, was er nicht tun möchte 强制,挟制,强迫 〈Z. auf j-n ausüben 向某人施加压力; etw. unter Z. (= unfreiwillig) tun 被迫做某事〉 ‖ K-(复合): ***Zwangs-***, ***-herrschaft***, ***-mittel*** **2.** ein sehr starker Drang, etw. zu tun, den man mit Vernunft od. Logik nicht kontrollieren kann 抑制力,自我克制: *unter e-m inneren Z. handeln* 内心强忍着行事 ‖ K-(复合): ***Zwangs-***, ***-handlung***, ***-idee***, ***-neurose***, ***-vorstellung*** **3.** *mst Pl* (多用复数); ein sehr starker Einfluss (der *mst* durch die gesellschaftlichen od. moralischen Normen bestimmt ist) 束缚,约束: *gesellschaftlichen Zwängen ausgesetzt sein* 受到社会的约束 **4.** *mst Pl* (多用复数); unveränderliche Umstände, die die Handlungsweise bestimmen 定规,常规 〈wirtschaftliche Zwänge 经济上的定规〉 ‖ K-(复合): ***Zwangs-***, ***-lage***, ***-pause***

-zwang *der*; *im Subst*, *begrenzt produktiv* (构成名词,构词有限); verwendet, um auszudrücken, dass etw. durch ein Gesetz, e-e Bestimmung *o. Ä.* vorgeschrieben ist … 规定; ***Frackzwang***, ***Uniformzwang***; ***Impfzwang***, ***Meldezwang***, ***Umtauschzwang***, ***Visumzwang***

zwän·ge *Konjunktiv II*, *1. u. 3. Person Sg* (虚拟式II,第一和第三人称单数); ↑ ***zwingen***

zwän·gen; *zwängte*, *hat gezwängt*; [Vt] (及物) **1.** ***etw. irgendwohin z.*** etw. mit Mühe in etw. hinein- od. durch etw. hindurchpressen 用力把…压入、挤入、塞入: *noch e-n Pullover in den vollen Koffer z.* 往满满的箱子里再塞进一件毛衣; *die Füße in kleine Schuhe z.* 勉强将脚塞进小鞋里; [Vr] (反身) **2.** ***sich irgendwohin z.*** sich mit Mühe durch e-e enge Öffnung *o. Ä.* drücken 硬钻进,挤进: *sich durch ein Loch im Zaun z.* 从篱笆上的一个洞口硬钻进去

zwang·haft, *zwanghafter*, *zwanghaftest-*; *Adj* (形); 〈Verhalten 行为〉 so, dass es durch die Vernunft od. den Willen nicht kontrolliert werden kann 不由自主的: *Sie leidet unter dem zwanghaften Bedürfnis, sich ständig zu waschen* 她经常不由自主地要洗脸,为此而受折磨

zwang·los, *zwangloser*, *zwanglosest-*; *Adj* (形) **1.** natürlich u. locker 随便的,无拘无束的,不拘形式的 ≈ ungezwungen 〈ein Benehmen, ein Gespräch, ein Treffen 举止,谈话,会面〉 **2.** nicht streng geplant u. daher nicht regelmäßig 不规则的,不定期的 〈e-e Anordnung, e-e Reihenfolge 规定,顺序〉 ‖ *hierzu* (派生) **Zwang·lo·sig·keit** *die*; *nur Sg* (只用单数)

Zwangs- *im Subst*, *begrenzt produktiv* (构成名词,构词有限); verwendet, um auszudrücken, dass etw. durch ein Gesetz *o. Ä.* vorgeschrieben ist (通过法律等)规定的,强制性的; die ***Zwangsmaßnahme***, der ***Zwangsumtausch***, die ***Zwangsversteigerung***

Zwangs·ar·beit *die*; *nur Sg* (只用单数); e-e Strafe, bei der man unter schlechten Bedingungen schwere körperliche Arbeit leisten muss 强制劳动: *zu zehn Jahren Z. verurteilt werden* 被判强制劳动十年 ‖ *hierzu* (派生) **Zwangs·ar·bei·ter** *der*; **Zwangs·ar·bei·te·rin** *die*

Zwangs·er·näh·rung *die*; die (künstliche) Ernährung von j-m, der sich weigert, etw. zu essen 强制性喂食

Zwangs·ja·cke *die* **1.** e-e Art Jacke mit sehr langen Ärmeln, die auf dem Rücken zusammengebunden werden, u. die dazu dient, Tobsüchtige unter Kontrolle zu bringen (强制癫狂病人穿的)拘束衫,紧身衣 **2.** ***j-m e-e Z. anlegen*** j-n in e-e unangenehme Situation bringen, in der er etw. tun muss, was er nicht will 强迫…去干不愿干的事

zwangs·läu·fig *Adj* (形); *nur attr od adv* (只作定语或状语); so, dass nichts anderes möglich ist 必然的,不可避免的,免不了的 〈e-e Entwick-

Z

lung, ein Ergebnis, Folgen 发展,结果,后果〉: *So leichtsinnig wie er ist, musste er ja z. einmal e-n Unfall haben* 像他这么漫不经心,今后难免要出事故的 ‖ *hierzu*(派生) **Zwạngs·läu·fig·keit** *die*; *nur Sg*(只用单数)

zwangs·wei·se *Adv*(副); durch Anwendung von Zwang (1,2)强制的,强迫的〈j-n z. ernähren, umsiedeln 强制性地对某人供食、让某人迁居; etw. z. räumen 强制清理某物〉

zwan·zig *Zahladj*(数形) **1.** (als Zahl) 20 二十,贰拾; ↑ ***Anhang*** (5) 见附录(5) **2. *Anfang, Mitte, Ende z. sein*** ungefähr 20 bis 23, 24 bis 26, 27 bis 29 Jahre alt sein 二十出头,二十五上下,二十大几

Zwan·zig *die*; -, *-en*; *mst Sg*(多用单数) **1.** die Zahl 20 数字20,二十,贰拾 **2.** j-d/etw. mit der Zahl/Nummer 20 二十号

zwan·zi·ger *Adj*(形); *nur attr, indeklinabel, nicht adv*(只作定语,词形不变,不作状语) **1.** die zehn Jahre (e-s Jahrhunderts od. Menschenlebens) von 20 bis 29 betreffend 20年代的,20多岁的: *ein Mann in den / seinen Zwanzigern* 20多岁的男人; *in den z. Jahren dieses Jahrhunderts / in den Zwanzigern* 在本世纪20年代/在20年代 ‖ K-(复合): ***Zwanziger-, -jahre*** **2. *die goldenen Zwanziger*** die Jahre 1920 bis 1929 金色的20年代

Zwan·zi·ger *der*; *-s, -*; *gespr* [口] **1.** j-d, der zwischen 20 u. 29 Jahre alt ist 20多岁的人,20开外的人 **2.** ein (Geld)Schein, der zwanzig Mark, Schilling, Franken *o. Ä.* wert ist 面值20马克、先令、法郎等的纸币 ‖ *zu*(义项) **1. Zwạn·zi·ge·rin** *die*; *-, -nen*

zwan·zig·st- *Zahladj*(数形); *nur attr, nicht adv*(只作定语,不作状语) **1.** in e-r Reihenfolge an der Stelle 20 第20的≈ 20. **2. *der zwanzigste Teil (von etw.)*** ≈ 1/20

zwar *Partikel*(小品词) **1.** *unbetont*(非重读); verwendet bei Feststellungen, bei denen man etw. einräumt od. zugibt, u. nach denen ein Nebensatz mit *aber* od. *doch* kommt 虽然,虽说,尽管: *Er war z. krank, aber er ging trotzdem zur Arbeit* 他虽然生病,可还是去上班了; *Ich habe z. wenig Zeit, aber ich helfe dir (trotzdem)* 我虽然时间不多,可我还是会帮助你 **2.** *betont*(重读); ***und z.*** verwendet, um etw. näher zu bestimmen 也就是说,更确切地说,即,也就是 ≈ nämlich: *Wir kaufen e-n Hund, und z. e-n Dackel* 我们买条狗,更确切地说买条猎獾狗

Zweck *der*; *-(e)s, Zwe·cke* **1.** das, was man mit e-r Handlung erreichen will 目的,目标,意图 ≈ Ziel 〈e-n Z. verfolgen, erreichen 遵循、达到一个目标; etw. hat e-n Z., etw. erfüllt/verfehlt seinen Z., etw. dient e-m Z., zum Zweck der/des ...某事有一个目标,某事达到/未达到它的目标,某事服务于一个目的,为了…的目的; etw. zu e-m bestimmten Z. tun 为了一个确定的目的做某事; etw. für seine Zwecke nutzen 利用某事达到自己的目的〉: *Der Z. dieser Übung ist, die Muskeln zu stärken* 这项训练的目的是增强肌肉; *Rechtfertigt der Z. alle Mittel?* 这目的能证明一切手段都正确吗? **2.** *oft Pl*(常用复数) ≈ Verwendung, Gebrauch: *ein Gerät für medizinische Zwecke* 医学上使用的仪器 ‖ -K(复合): (*im Sg* 用单数) ***Verwendungs-***; (*im Pl* 用复数) ***Forschungs-, Geschäfts-, Privat-, Reklame-, Unterrichts-, Versuchs-*** **3.** *nur Sg*(只用单数) ≈ Sinn (4): *Es hat keinen Z. mehr, das Radio noch zu reparieren. Es ist schon zu alt* 再修这台收音机没有意义了,它已经太旧了; *Es hat wohl wenig Z., wenn ich noch auf ihn warte* 我再等他显然意义不大了 ‖ ID [谚] *mst* 多用 ***Das ist ja (gerade) der Z. der Übung!*** *gespr* [口]; genau das soll damit erreicht werden 这正是要达到的真实目的!; ***Der Z. heiligt die Mittel*** *pej* [贬]; verwendet, um auszudrücken, dass auch unfaire Mittel verwendet werden dürfen, um sein Ziel zu erreichen 为达到目的不惜使用一切手段

zweck·be·stimmt *Adj*(形); so, dass der Zweck im Vordergrund steht 目标明确的 ≈ zweckbetont 〈ein Handeln, ein Verhalten 行动,行为〉

Zweck·den·ken *das*; *nur Sg*(只用单数); ein Denken, bei dem alles nur nach seiner Nützlichkeit bewertet wird 有针对性的思考,实际的考虑

zweck·dien·lich *Adj*(形); für den genannten Zweck nützlich 合乎目的的,有用的,符合宗旨的 ≈ sachdienlich 〈Angaben, Hinweise 说明,提示〉 ‖ *hierzu*(派生) **Zwẹck·dien·lich·keit** *die*; *nur Sg*(只用单数)

Zwe·cke *die*; *-, -n*; *Kurzw*(略) ↑ ***Reißzwecke***

zweck·ent·frem·den; *zweckentfremdete, hat zweckentfremdet*; [Vt](及物) ***etw. z.*** etw. zu e-m anderen als dem ursprünglichen Zweck verwenden 将…改成,将…另作它用: *e-e Garage als Büro z.* 把车库改作办公室 ‖ *hierzu*(派生) **Zwẹck·ent·frem·dung** *die*

zweck·ent·spre·chend *Adj*(形); dem vorgesehenen Zweck entsprechend 符合目的的,合乎目的的,有实效的〈etw. z. verwenden 有目的地使用某物〉

zweck·frei *Adj*(形); ohne bestimmten Zweck, ohne die Absicht e-r sofortigen Anwendung 无目的的〈Forschung 研究〉

zweck·fremd *Adj*(形); für e-n anderen als den ursprünglichen Zweck 未按原来目的的,违背原来目的的〈e-e Verwendung 使用〉

zweck·ge·bun·den *Adj*(形); nur für e-n bestimmten Zweck bestimmt 专用的,专项的〈Gelder 资金〉

zweck·ge·mäß *Adj*(形) **1.** ≈ zweckentsprechend **2.** ≈ zweckmäßig

zweck·ge·rich·tet *Adj*(形); mit e-m bestimmten Zweck od. Ziel 有目的的,目的明确的〈Handlungen, Denken 行动,思想〉

zweck·los, *zweckloser, zwecklosest-*; *Adj*(形); so, dass es keinen Erfolg haben kann 无意义的,徒劳的 ≈ sinnlos, vergeblich: *Es ist z., um Hilfe zu rufen. Hier kann uns keiner hören* 呼救是徒劳的,这儿没人能听见我们 ‖

Z

hierzu（派生）**Zwẹck·lo·sig·keit** *die*；*nur Sg*（只用单数）

zwẹck·mä·ßig *Adj*（形）；für e-n bestimmten Zweck gut geeignet 实用的，合适的 ≈ praktisch ↔ ungeeignet〈Kleidung 衣服〉‖ *hierzu*（派生）**zwẹck·mä·ßi·ger·wei·se** *Adv*（副）；**Zwẹck·mä·ßig·keit** *die*；*nur Sg*（只用单数）

zwẹcks *Präp*（介）；*mit Gen / gespr auch Dat, ohne Artikel*，（*Admin*）*geschr*（支配二格/［口］也用三格，不带冠词）［（牍）书］；zum Zweck（der, des ...）为了…目的，目的在于…：*e-e Maßnahme z. größerer Sicherheit* 一项更为安全的措施 ‖ NB（注意）：Gebrauch ↑ *Tabelle unter* 用法，图表见 ***Präpositionen***

zwẹck·wid·rig *Adj*（形）；zu e-m ganz anderen Zweck als ursprünglich gedacht 不适当的，不符合目的的，背离原先意图的〈e-e Verwendung 使用〉

zwei *Zahladj*（数形）；（als Ziffer）2 二，弍，贰；↑ ***Anhang***（5）见附录（5）‖ NB（注意）：Gebrauch ↑ *Beispiele unter* 用法，用例见 ***vier*** ‖ ID［谚］***für z.***〈arbeiten, essen, trinken *o. Ä.* 工作，吃饭，喝酒等〉mehr als üblich, sehr viel arbeiten, essen, trinken *o. Ä.* 很多，过量地（一个能顶俩）

Zwei *die*；-, *-en* **1.** die Zahl 2 二，弍，贰 **2.** j-d/etw. mit der Ziffer/Nummer 2（第）二号，2 号（指人/物）**3.** e-e gute（Schul）Note 2 分（=良）≈ gut（15）‖ NB（注意）：Gebrauch ↑ *Beispiele unter* 用法，用例见 ***Vier***

Zwei·bett|zim·mer *das*；ein Zimmer im Hotel od. Krankenhaus mit zwei Betten 双人间，两个床位的房间 ‖ NB（注意）：↑ ***Doppelzimmer***

zwei·deu·tig *Adj*（形）**1.** auf zwei Arten zu verstehen, erklärbar 一语双关的，模棱两可的，含糊的 ↔ eindeutig〈e-e Antwort 回答〉**2.** mit（versteckten）sexuellen Anspielungen 不正经的，猥亵的 ≈ doppeldeutig〈e-e Bemerkung, ein Witz 谈论，笑话〉‖ *hierzu*（派生）**Zwei·deu·tig·keit** *die*

Zwei·drit·tel|mehr·heit *die*；POL【政】；e-e Mehrheit von zwei Dritteln der Stimmen²（2）三分之二的多数：*Für Satzungsänderungen ist e-e Z. erforderlich* 修改章程需要三分之二的多数

zwei·ei·ig *Adj*（形）；*nicht adv*（不作状语）；aus zwei（Ei）Zellen entstanden 双卵的 ↔ eineiig〈Zwillinge 双胞胎〉

Zwei·er *der*；*-s*, -；*gespr*［口］≈ Zwei（1,2,3）

Zwei·er·be·zie·hung *die*；e-e enge Beziehung zwischen zwei Partnern（亲密的）俩人关系〈e-e Z. mit j-m eingehen, aufnehmen 和某人发展、建立（亲密的）俩人关系〉

zwei·er·lei *Zahladj*（数形）；*indeklinabel*（词形不变）**1.** von unterschiedlicher Art 两个不同种类的，不配对的：*z. Strümpfe anhaben* 穿着不配对的袜子 **2.** *mst* 多用 ***es ist z., ob ... oder ...*** es sind zwei verschiedene Dinge, ob ... oder ... 这是两回事，是…，还是… ‖ ↑ ***Maß¹***

Zwei·er·rei·he *die*；e-e Reihe, bei der jeweils zwei Personen/Dinge nebeneinanderstehen 两人一排的行列〈sich in Zweierreihen hintereinander aufstellen 站成两人一排的行列〉

Zwei·fa·mi·li·en|haus *das*；ein Haus mit zwei Wohnungen 双户住宅 ↔ Einfamilienhaus

Zwei·fel *der*；*-s*, - **1.** ***Z.***（***an etw.***（*Dat* 三格））das Gefühl, dass etw. nicht wahr od. richtig sein könnte 怀疑，疑惑，疑虑〈berechtigter, quälender, nicht der geringste/leiseste Z. 合理的、折磨人的怀疑，丝毫不/一点也不怀疑；e-n Z. hegen, haben 抱有、有怀疑；Zweifel kommen j-m, steigen in j-m auf 某人产生、起疑惑；Z. regt sich bei j-m 某人萌生怀疑；über allen/jeden Z. erhaben sein 不容置疑，不必怀疑；etw. unterliegt keinem Z. 某事无可置疑〉：*An seiner Ehrlichkeit besteht kein Z.* 他的诚实是不容置疑的；*Er wurde von Zweifeln geplagt, ob er sich richtig verhalten hatte* 他因怀疑自己的行为是否正确而备受折磨；*Mir kommen allmählich Z. daran, ob unser Plan durchführbar ist* 我渐渐起怀疑，不知我们的计划是否可行 ‖ NB（注意）：↑ ***Skepsis*** **2.**（***sich***（*Dat* 三格））***über etw.***（*Akk* 四格）***im Z. sein*** etw. nicht sicher wissen od. noch nicht entschieden haben 对…拿不准、还没有决定：*Ich bin mir noch* darüber *im Z.*, ob *ich zu dem Vortrag gehen werde* 我还没决定是否去听报告 **3.** ***etw. steht außer Z.*** etw. steht sicher fest, ist gewiss（物作主语）确定无疑，毫无疑问 **4.** ***ohne Z.*** ganz sicher 肯定的，无疑的 ≈ zweifellos：*Das wird ohne Z. geschehen* 这肯定会发生 **5.** ***keinen Z. an etw.***（*Dat* 三格）***lassen*** etw. entschieden zum Ausdruck bringen 坚决表示，明确表明：*Sie ließ keinen Z.* daran, dass *sie ihn nicht mehr sehen wollte* 她坚决表示不愿意再见到他 **6.** ***j-n über etw.***（*Akk* 四格）***im Z. lassen*** j-m etw. nicht erzählen od. deutlich zeigen 不向…表明、说明，让…蒙在鼓里 **7.** ***etw. in Z. ziehen*** vermuten od. sagen, dass etw. möglicherweise nicht wahr ist 怀疑，猜疑 ‖ ID［谚］***im Z. für den Angeklagten*** *oft iron* 常用［讽］；verwendet, um auszudrücken, dass e-e Entscheidung gegen den Betroffenen falsch od. zu streng sein könnte u. man sich deshalb lieber für ihn entscheidet（判决）对被告不利

zwei·fel·haft, *zweifelhafter*, *zweifelhaftest-*；*Adj*（形）**1.** *mst präd*（多作表语）；nicht sicher, noch nicht entschieden 不确定的，无把握的，未定的：*Es ist z., ob wir den Plan durchführen können* 我们能否实施这个计划尚无把握；*Das Ergebnis ist noch z.* 结果还不确定 **2.**〈e-e Entscheidung, e-e Lösung 决定，答案〉nicht gut u. möglicherweise nicht richtig 不大好的，不大正确的 **3.** nicht echt, angenehm od. passend 让人感到不真实的、不愉快的，让人心里嘀咕的〈ein Kompliment, ein Vergnügen 恭维，娱乐〉**4.** *nur attr*, *nicht adv*（只作定语，不作状语）；vermutlich nicht（ganz）legal 可疑的，有问题的 ≈ fragwürdig, dubios〈e-e Herkunft, ein Geschäft 出身，生意〉

zwei·fel·los *Adv*（副）；ganz sicher 确定无疑的，肯定的 ≈ bestimmt, ohne Zweifel：*Das stimmt z.* 这肯定正确

zwei·feln; *zweifelte, hat gezweifelt*; [Vi] (不及物) **1.** ***an j-m/ etw. z.*** nicht sicher sein, ob man j-m od. an etw. glauben, auf j-n/etw. vertrauen kann 怀疑,不信任,不相信: *Ich zweifle nicht* daran, dass *er es ehrlich meint* 他说话很坦诚,这一点我不怀疑; *Sie zweifelte am Erfolg seiner Bemühungen* 她怀疑他的努力能否成功 **2.** ***an sich*** (*Dat* 三格) ***z.*** an Selbstbewusstsein verlieren, Selbstzweifel haben 怀疑自己,不自信: *Wenn du etw. erreichen willst, darfst du nicht so viel an dir z.* 如果你想做成什么事,你就不能太没有自信

Zwei·fels·fall *der*; *mst in* 多用于 ***im Z.*** wenn nicht sicher ist, wie man sich entscheiden soll 在无把握的情况下,如果拿不定主意: *Im Z. kaufe lieber zuviel als zuwenig!* 在无把握的情况下,你宁可多买也不要少买!; *Im Z. rufen Sie mich bitte an!* 如果拿不定主意,请您给我打电话! ‖ ID [谚] ***im Z. für den Angeklagten*** ↑ ***Zweifel***

zwei·fels·frei *Adj* (形); so, dass man keine Zweifel daran haben kann 无可置疑的,不容置疑的 ⟨ein Beweis 证明; etw. ist z. erwiesen 某事确凿无疑地得到证实⟩

zwei·fels·oh·ne *Adv* (副) ≈ sicher, zweifellos

Zweif·ler *der*; *-s, -*; j-d, der (oft) Zweifel hat 多疑的人 ‖ NB(注意): ↑ ***Skeptiker***

zwei·flü·ge·li·g-, zwei·flüg·li·g- *Adj* (形); *nur attr, nicht adv* (只作定语,不作状语); mit zwei Flügeln[1] (1,3,5) 双翅的,双翼的,双扇式的 ⟨ein Gebäude, e-e Tür 建筑物,门⟩

Zwei·fron·ten|krieg *der*; ein Kampf gegen zwei Feinde od. an zwei verschiedenen Seiten 两条战线作战的战争

Zweig *der*; *-(e)s, -e* **1.** ein kleiner Ast 细枝,嫩枝 ⟨ein blühender, grüner, dürrer Z. 开花的、绿的、干枯的细枝; e-n Z. abbrechen 折断细枝⟩ ‖ -K (复合): ***Blüten-, Birken-, Buchen-, Eichen-*** *usw* **2.** ein relativ selbständiger Bereich 部门,分支机构,领域: *ein neuer Z. der Elektroindustrie* 电子工业的一个新的领域; *Zoologie u. Botanik sind Zweige der Biologie* 动物学和植物学都是生物学的分支 ‖ K- (复合): ***Zweig-, -betrieb, -geschäft, -niederlassung, -werk*** ‖ -K (复合): ***Arbeits-, Forschungs-, Geschäfts-, Gewerbe-, Industrie-, Wirtschafts-*** ‖ ID [谚] ***auf keinen grünen Z. kommen*** *gespr* [口]; keinen Erfolg haben 一事无成 ≈ es zu nichts bringen

zwei·ge·teilt *Adj* (形); *nicht adv* (不作状语); in zwei (selbständige) Teile getrennt 一分为二的,分成两部分的

zwei·glei·sig *Adj* (形); mit zwei Gleisen 双轨的,双线的 ⟨e-e Bahnlinie 铁路线⟩ ‖ ID [谚] ***z. fahren*** *oft pej* 常作[讽]; sich zwei verschiedene Möglichkeiten offenhalten u. (parallel) erproben 脚踩两只船,作两手打算

Zweig·li·nie *die* ≈ Nebenlinie

Zweig·stel·le *die*; e-e Filiale *mst* e-r Bank, e-s Betriebs *o. Ä.* 分行,分部,分支机构等

zwei·hun·dert *Zahladj* (数形); (als Zahl) 200, 二百,式百,贰佰

Zwei·kampf *der*; ein Kampf zwischen zwei Menschen 决斗,格斗 ≈ Duell ⟨j-n zum Z. herausfordern 要求与某人决斗⟩

Zwei·mas·ter *der*; *-s, -*; ein Schiff mit zwei Masten 双桅船

Zwei·par·tei·en|sys·tem *das*; POL【政】; ein politisches System mit nur zwei großen Parteien 两党制

zwei·pha·sig *Adj* (形); *nicht adv* (不作状语) **1.** mit zwei Phasen 二相的 ⟨Strom 电流⟩ **2.** in zwei Abschnitten 两个阶段的 ⟨e-e Ausbildung 培训⟩

zwei·po·lig *Adj* (形); *nicht adv* (不作状语), PHYS【物】; mit zwei Polen 两极的 ⟨ein Magnet 磁铁⟩

Zwei·rad *das*; ein Fahrzeug mit zwei Rädern (*z. B.* ein Fahrrad, ein Motorrad) 双轮车,两轮车

Zwei·rei·her *der*; *-s, -*; ein (Herren)Anzug, dessen Jackett zwei Reihen Knöpfe nebeneinander hat 双排扣西服 ‖ *hierzu* (派生) **zwei·rei·hig** *Adj* (形)

Zwei·sam·keit *die*; *-*; *nur Sg* (只用单数); *mst in* 多用于 ***in trauter Z.*** zu zweit, ohne andere Personen, die stören könnten 两个人单独在一起

zwei·schnei·dig *Adj* (形); *mst attr* (多用定语); mit Vorteilen, aber auch mit Nachteilen 有利有弊,利弊共存的 ⟨e-e Angelegenheit, e-e Sache 事件,事情⟩ ‖ ID [谚] ***ein zweischneidiges Schwert*** e-e Sache, die vielleicht Vorteile hat, aber durchaus negative Folgen haben könnte 有利有弊的事,双刃剑

zwei·sei·tig *Adj* (形) **1.** *nur attr, nicht adv* (只作定语,不作状语); zwei Seiten lang 两页长的 ⟨ein Artikel 文章⟩ **2.** *nur attr od adv* (只作定语或状语); zwei Gruppen betreffend 双边的,双向的,双方的 ≈ bilateral

zweit *nur in* 只用于 ***zu z.*** mit zwei Personen, als Paar 两个人,两人: *Wir sind zu z.* 我们是两个人

zwei·t- *Zahladj* (数形); *nur attr, nicht adv* (只作定语,不作状语); in e-r Reihenfolge an der Stelle zwei 第二… ≈ 2. ‖ NB (注意): Gebrauch ↑ *Beispiele unter* 用法,用例见 ***viert-***

zweit- *im Adj, sehr produktiv* (构成形容词,构词强); verwendet zusammen mit e-m Superlativ, um auszudrücken, dass j-d/etw. in e-r Reihenfolge an der Stelle 2. steht (和最高级连用) 第二最…; ***zweitältest-, zweitbest-, zweitgrößt-, zweithöchst-, zweitlängst-, zweitschönst-***

zwei·tau·send *Zahladj* (数形); (als Zahl) 2000,二千,式千,贰仟

Zwei·tei·lung *die*; e-e (strikte) Trennung in zwei Teile, oft Hälften 对分,平分,分为两部分: *die Z. e-s Landes* 一个国家分成两部分

zwei·tens *Adv* (副) **1.** verwendet bei einer Aufzählung, um anzuzeigen, dass etw. an 2. Stelle kommt 第二,其次 **2.** als zweiter Punkt 第二点,第二项

zweit·klas·sig *Adj* (形); *pej* [贬]; nicht gut 二

等的，二流的≈ mittelmäßig ↔ erstklassig ‹ein Hotel, ein Künstler 旅馆，艺术家›

zweit·ran·gig *Adj*（形）；weniger wichtig als andere(s) 次要的，不太重要的 ≈ sekundär ‹ein Problem 问题；etw. ist von zweitrangiger Bedeutung 某事的意义不太重要›

Zweit·schlüs·sel *der* ≈ Ersatzschlüssel, Reserveschlüssel

Zweit·schrift *die* ≈ Kopie (2)

Zweit·stim·me *die*；Ⓓ［德］die Stimme[2] (2) bei e-r Wahl, die man e-r Partei (u. nicht e-m einzelnen Kandidaten) gibt 第二选票 ↔ Erststimme

Zweit·wa·gen *der*；ein zweites Auto (*mst* innerhalb einer Familie)（家中的）第二辆汽车

Zweit·woh·nung *die*；e-e zweite Wohnung, die man *z. B.* am Wochenende od. im Urlaub benutzt（周末或度假用的）第二套住房

Zwerch·fell *das*；die Muskeln u. Sehnen, die Brust u. Bauch innen voneinander trennen 横膈膜；MED【医】Diaphragma

zwerch·fell·er·schüt·ternd *Adj*（形）；*mst attr*（多作定语）**1.** sehr heftig 令人捧腹的‹ein Lachen 笑› **2.** sehr komisch 十分怪异的‹ein Witz 笑话›

Zwerg *der*；-(*e*)*s*, -*e* **1.** e-e Figur aus Märchen od. Sagen, die wie ein ganz kleiner alter Mann mit langem Bart u. spitzer Mütze aussieht 小矮人 ↔ Riese：*das Märchen von Schneewittchen u. den sieben Zwergen* 白雪公主和七个小矮人的童话 **2.** *pej*［贬］；ein sehr kleiner Mensch 侏儒，矮子 ‖ NB（注意）：↑ ***Liliputaner***

Zwerg- *im Subst, betont, wenig produktiv*（构成名词，构词弱）；verwendet, um auszudrücken, dass das genannte Tier od. die genannte Pflanze zu e-r Art gehört, die wesentlich kleiner ist als normal 矮种…；der ***Zwergbaum***, das ***Zwerghuhn***, das ***Zwergkaninchen***, die ***Zwergkiefer***, die ***Zwergmaus***, der ***Zwergpudel***, der ***Zwergstrauch*** ‖ NB（注意）：Nicht pejorativ（不作贬义）！

zwer·gen·haft *Adj*（形）；*oft pej* 常用［贬］；sehr klein 矮小的，极小的‹ein Mensch, ein Tier 人，动物；ein Wuchs 身材›

Zwerg·staat *der*；*oft pej* 常用［贬］；ein sehr kleines Land 小国，很小的国家

Zwet·sche *die*；-, -*n* **1.** e-e Art kleine, längliche, dunkelblaue Pflaume 李子 ‖ ↑ *Abb. unter* 图见 ***Obst*** ‖ K-（复合）：***Zwetschen-***, ***-baum***, ***-kern***, ***-kuchen***, ***-mus***, ***-schnaps*** **2.** der Baum, der Zwetschen (1) als Früchte trägt 李子树

Zwetsch·ge *die*；-, -*n*；*südd* Ⓐ［南德］［奥］≈ Zwetsche

Zwi·ckel *der*；-*s*, -；ein Stück Stoff in der Form e-s Dreiecks (od. Vierecks), das man in die Kleidung (*bes* unter dem Arm od. zwischen den Beinen) näht, um sie dort stabiler od. weiter zu machen 三角衬，三角布料，三角形衬布

zwi·cken；*zwickte*, *hat gezwickt*；Vt/i（及物/不及物）**1.** (***j-n/sich*** (***irgendwohin***)) ***z.*** ein Stück der Haut zwischen zwei Finger nehmen, kurz daran ziehen u. so drücken, dass es leicht wehtut 捏，掐，拧 ≈ kneifen[1] (1)：*Er zwickte sie in den Arm* 他捏她的胳膊；*Zwick mich, wenn ich einschlafe!* 如果我睡着了，你掐醒我！**2.** ***etw. zwickt*** (***j-n***) (***irgendwo***) ein Kleidungsstück ist an e-r Stelle zu eng（物作主语）太紧，穿着紧绷绷的 ≈ etw. kneift[1] (2)：*Die Hose zwickt zwischen den Beinen* 这条裤子的裤裆太紧 **3.** ***etw. zwickt*** (***j-n***) *oft hum* 常用［诙］；etw. macht j-m Schmerzen（物作主语）使疼痛：*Mein Rheuma zwickt (mich) heute wieder* 我的风湿病今天又犯了；Vi（不及物）**4.** ***j-m irgendwohin z.*** ≈ z. (1)：*Sie zwickte ihm in den Arm* 她掐他的胳膊

Zwick·müh·le *die*；*mst in* 多用于 ***in der Z. sein/sitzen*** *gespr*［口］；in e-r unangenehmen od. ausweglosen Situation sein, die in jedem Fall Nachteile mit sich bringt 处于走投无路（进退维谷，束手无策）的境地

Zwie·back *der*；-(*e*)*s*, -*e*/*Zwie·bä·cke*；*mst Sg*（多用单数）；e-e Art trockenes, hartes Gebäck (in viereckigen Scheiben), das sehr lange haltbar ist 干面包片

Zwie·bel *die*；-, -*n* **1.** ein Gemüse mit intensivem Geruch u. Geschmack, das aus vielen Häuten besteht 洋葱‹e-e scharfe, milde Z. 味浓的，味淡的洋葱；Zwiebeln hacken, (in Ringe/Würfel) schneiden 把洋葱剁碎、切成片/丁›：*Tomatensalat mit Zwiebeln* 洋葱拌西红柿沙拉 ‖ ↑ *Abb. unter* 图见 ***Gemüse*** ‖ K-（复合）：***Zwiebel-***, ***-kuchen***, ***-ring***, ***-schale***, ***-suppe*** ‖ -K（复合）：***Gemüse-*** **2.** e-e Art Z. (1), die man in die Erde steckt u. aus der dann Blumen (wie Tulpen, Narzissen od. Gladiolen) wachsen（郁金香、水仙花或唐菖蒲等）球茎，鳞茎≈ Knolle ‖ K-（复合）：***Zwiebel-***, ***-blume***, ***-gewächs*** ‖ -K（复合）：***Blumen-***, ***Tulpen-***

zwie·beln；*zwiebelte*, *hat gezwiebelt*；Vt（及物）***j-n z.*** *gespr*［口］≈ schikanieren

Zwie·bel·turm *der*；ein Kirchturm *o. Ä.* mit e-m Dach, das die Form e-r Zwiebel hat 葱头形圆顶塔

Zwie·ge·spräch *das*；*geschr*［书］；e-e Unterhaltung zwischen zwei Personen 两人对话

Zwie·licht *das*；*nur Sg*（只用单数）；das relativ schwache Licht während der Dämmerung 曙光，暮光，微光，暗淡的光线 ≈ Dämmerlicht：*etw. im Z. nicht genau erkennen* 暗光下难以认出某物 ‖ ID［谚］***j-d/etw. gerät ins Z.*** j-d/etw. wird mit etw. Illegalem in Verbindung gebracht 某人难以揣摩/某事弄得不明不白

zwie·lich·tig *Adj*（形）；‹e-e Gegend, ein Lokal 地带，饭馆；e-e Gestalt 形状› so, dass sie mit illegalen Geschäften *o. Ä.* in Verbindung gebracht werden 看不透的，可疑的，难以揣摩的

Zwie·spalt *der*；-(*e*)*s*, *Zwie·späl·te*；*mst Sg*（多用单数）；das Gefühl, sich nicht für eine von zwei Möglichkeiten entscheiden zu können 内心矛盾，内心冲突：*im Z. sein*, *was*

Z

zu tun ist 处于不知所措的内心冲突之中

zwie·späl·tig *Adj*（形）**1.** ≈ widersprüchlich 〈Gefühle 感觉〉 **2.** ≈ kontrovers 〈ein Charakter 性格〉‖ *hierzu*（派生）**Zwie·späl·tig·keit** *die*；*nur Sg*（只用单数）

Zwie·spra·che *die*；*nur Sg*（只用单数）；*mst in* 多用于（**stumme**）**Z. mit j-m halten** *geschr* ［书］；sich (in Gedanken) mit j-m unterhalten（在心里）跟…交谈

Zwie·tracht *die*；-；*nur Sg*，*geschr*（只用单数）［书］；**Z. unter j-m**（*Kollekt od Pl* 集合或复数）/**zwischen**〈Personen（*Dat* 三格）人〉ein Zustand, in dem die Menschen sich nicht einig sind (u. sich streiten)（在…之间的）不和，龃龉，嫌隙〈Z. säen, stiften 播弄是非，制造不和〉：*Unter ihnen herrschte/war Z.* 他们之间曾经不和/有过嫌隙

Zwil·lich *der*；*-s*；*nur Sg*（只用单数）；ein fester, haltbarer Stoff, aus dem man *bes* Kleidung für die Arbeit macht 粗亚麻布，帆布，斜纹布 ‖ K-(复合)：***Zwillich-***，***-hose***

Zwil·ling *der*；*-s*，*-e* **1.** eines von zwei Kindern einer Mutter, die zur gleichen Zeit geboren worden sind 孪生儿之一，双胞胎之一〈eineiige, zweieiige Zwillinge 单卵的，双卵的双胞胎〉‖ K-(复合)：***Zwillings-***，***-bruder***，***-schwester*** **2.** *nur Pl*，*ohne Artikel*（只用复数，不带冠词）；das Sternzeichen für die Zeit von 21. Mai bis 21. Juni(5 月 21 日至 6 月 21 日为)双子座，双子宫 ‖ ↑ *Abb. unter* 图见 **Sternzeichen** **3.** j-d, der in der Zeit von 21. Mai bis 21. Juni geboren ist（5 月 21 日至 6 月 21 日内出生的人）双子座：*Er ist (ein) Z.* 他是双子座

Zwin·ge *die*；-，*-n*；ein Werkzeug, mit dem man Bretter *o. Ä.* fest zusammenpresst 虎钳，夹钳 ‖ -K(复合)：***Schraub-***

zwin·gen；*zwang*，*hat gezwungen*；[Vt]（及物）**1. *j-n zu etw. z.*** j-n durch Drohungen, Gewalt *o. Ä.* dazu bringen, etw. Bestimmtes zu tun 强迫，逼迫，强制 ≈ nötigen：*Er zwang uns, ihm Geld* zu *geben* 他逼迫我们给他钱 **2. *etw. zwingt j-n zu etw.*** etw. macht ein bestimmtes Verhalten notwendig（物作主语）迫使，使不得不去做：*Der Sturm zwang uns (dazu), umzukehren* 狂风迫使我们不得不返回 **3. *j-n irgendwohin z.*** j-n gewaltsam an e-n Ort, in e-e bestimmte Position bringen 把…逼到，强迫就范：*j-n zu Boden z.* 把某人制服在地；[Vr]（反身）**4. *sich zu etw. z.*** streng gegen sich selbst sein u. etw. tun, was man nicht mag 强迫自己：*sich zur Ruhe z.* 强迫自己安静下来；*sich z., wach* zu *bleiben* 强迫自己保持清醒

zwin·gend **1.** *Partizip Präsens*（现在分词）；↑ **zwingen** **2.** *Adj*（形）；〈ein Grund, e-e Notwendigkeit 原因，必然性〉so, dass sie keine (andere) Wahl lassen 令人信服的，绝对的 **3.** *Adj*（形）；ganz überzeugend 有说服力的，无法反驳的〈ein Argument 论点〉

Zwin·ger *der*；*-s*，-；e-e Art großer Käfig für Hunde 狗屋，狗窝 ‖ -K(复合)：***Hunde-***

zwin·kern；*zwinkerte*，*hat gezwinkert*；[Vi]（不及物）eines od. beide Augen (mehrmals) kurz schließen, *mst* um so j-m etw. zu signalisieren 眨眼（示意）〈nervös, freundlich z. 神经质地眨巴眼睛，友好地眨眼示意；mit dem Auge, mit den Augen z. 使眼色，递眼色〉：*Das war nur ein Scherz von ihm. Hast du nicht gesehen, wie er gezwinkert hat?* 这只是他开了个玩笑，你没看见他使眼色吗？‖ NB（注意）：↑ **blinzeln**

zwir·beln；*zwirbelte*，*hat gezwirbelt*；[Vt]（及物）***etw. z.*** etw. (schnell) zwischen den Fingern drehen 捻，揉〈e-e Haarsträhne, seinen Schnurrbart z. 捻一绺头发、他的胡须〉

Zwirn *der*；*-(e)s*；*nur Sg*（只用单数）；festes Garn zum Nähen, das aus mehreren Fäden gedreht ist 线 ‖ ↑ *Abb. unter* 图见 **nähen**

zwi·schen *Präp*（介）**1. *z. j-m/etw. u. j-m/etw.*** verwendet, um auszudrücken, dass j-d/etw. sich innerhalb e-s Raums befindet, der von zwei Personen/Seiten *o. Ä.* markiert ist 在…（两者）之间，在…的中间（指位置）：*e-e Nadel z. Daumen u. Zeigefinger halten* 将针捏在拇指和食指之间；*Sie saß z. ihrem Mann (auf der rechten Seite) u. ihrem Sohn (auf der linken Seite)* 她坐在她丈夫（右边）和她儿子（左边）之间 ‖ ↑ *Abb. unter* 图见 **Präpositionen** ‖ K-(复合)：***Zwischen-***，***-blatt***，***-boden***，***-decke***，***-geschoss***，***-glied***，***-mauer***，***-schicht***，***-stück***，***-teil***，***-tür***，***-vorhang***，***-wand*** **2.** *mit Dat*（支配三格）；von einem Punkt od. Ort zum anderen 在…（两点）之间（指间距）：*Der Abstand z. den Autos verringerte sich* 汽车之间的距离缩小了 **3.** *mit Dat*（支配三格）；(an e-r Stelle) innerhalb e-r Gruppe od. Menge 在…（大量人、物）中间，在…当中 ≈ inmitten, unter：*Der Ausweis war z. den Papieren in der Schublade* 那个证件夹在抽屉里的文件中；*Erkennst du ihn auf dem Foto z. all seinen Schulkameraden?* 你能在照片上的所有同学中认出他吗？**4. *z. etw.*** (*Dat* 三格) ***u. etw.*** (*Dat* 三格) innerhalb der genannten Zeitpunkte 在…时间之内，在…期间：*Wir lernten uns z. Ostern u. Pfingsten kennen* 我们是在复活节到圣灵降临节期间互相认识的；*Er hat irgendwann z. dem 1. u. 15. Mai Geburtstag* 他在 5 月 1 日到 5 月 15 日期间的某一天生日 **5. *z. etw.*** (*Dat* 三格) ***u. etw.*** (*Dat* 三格) innerhalb der genannten Begrenzungen od. (Grenz)Werte 在…（两个界限）之间：*Temperaturen z. zehn u. fünfzehn Grad* 气温在 10 度至 15 度之间；*Preise z. zwanzig u. dreißig Euro* 价格在二十到三十欧元之间 **6.** *mit Dat*（支配三格）；verwendet, um e-e wechselseitige Beziehung auszudrücken（表示相互间的关系）：*das Vertrauen z. alten Freunden* 老朋友之间的信任；*Herrscht noch immer Streit z. dir u. ihm?* 你和他之间还总是吵架吗？**7.** *mit Dat*（支配三格）；verwendet, um Gegensätze aufeinander zu beziehen（表示对立事物的相互关系）：*Man muss z. Gut u. Böse unterscheiden können* 人们必须会区分善与恶；*Er schwankte z. Hoffnung u. Verzweiflung* 他在希望和绝望之间摇摆不定 **8.** *mit Akk*（支配四格）；verwendet, um auszudrücken, dass sich j-d/etw. auf e-e Stelle hinbewegt, die an beiden Seiten (von Personen od. Gegenständen) begrenzt ist 到…(两者)之间(指方向): *e-n Faden z. die Finger nehmen* 把线捏到手指中; *Das Auto z. zwei andere parken* 把汽车停到另外两辆车之间 ‖ ↑ *Abb. unter* 图见 **Präpositionen 9.** *mit Akk*(支配四格); in e-e Gruppe, Menge hinein 进入…(人群)中去 ≈ unter[1] (7): *Die Polizisten in Zivil mischten sich z. die Demonstranten* 便衣警察混进游行队伍中 **10.** *mit Akk*(支配四格); in e-n Zeitraum hinein, der innerhalb der genannten Zeitpunkte liegt 置于…时间之内: *den Urlaub z. Ende Januar u. Mitte Februar legen* 把假期安排在一月底到二月中之间

Zwi̤·schen- *im Subst, betont, sehr produktiv* (构成名词,重读,构词强) **1.** drückt aus, dass dieses Ergebnis nur vorläufig gilt 中间的,中期的,期中的; die ***Zwischenabrechnung***, der ***Zwischenbericht***, der ***Zwischenbescheid***, die ***Zwischenbilanz***, das ***Zwischenergebnis***, die ***Zwischenprüfung***, die ***Zwischenrechnung*** **2.** drückt aus, dass etw. nur kurzfristig od. provisorisch gilt 短期的,临时的; das ***Zwischenlager***, die ***Zwischenlösung***, die ***Zwischenregelung*** **3.** drückt aus, dass etw. e-e Unterbrechung e-r Handlung ist (*mst* zu e-m bestimmten Zweck) 中间的,间歇的,间隔的,中途的; der ***Zwischenaufenthalt***, der ***Zwischenhalt***, die ***Zwischenpause***

Zwi̤·schen·be·mer·kung *die*; e-e Bemerkung, mit der man j-n unterbricht (während er spricht) 插话 ≈ Einwurf: *Gestatten Sie mir e-e kurze Z.?* 请允许我插句话好吗?

Zwi̤·schen·ding *das*; *gespr* [口]; ***ein Z.*** (***zwischen etw.*** (*Dat* 三格) ***u. etw.*** (*Dat* 三格)) etw., das weder ganz das eine noch ganz das andere ist 中间物,折中的产物,中间概念

zwi·schen·drein *Adv* (副) **1.** ≈ dazwischen: *Die Eltern lagen im Bett u. das Kind legte sich z.* 父母亲躺在床上,孩子躺到中间 **2.** ≈ zwischendurch (1)

zwi·schen·dri̤n *Adv* (副); *gespr* [口] **1.** ≈ dazwischen: *Die Papiere waren in der Schublade, sein Ausweis z.* 文件都在抽屉里,他的证件也在里面 **2.** ≈ zwischendurch (1): *z. e-e Pause machen* 中间休息一下

zwi̤·schen·durch *Adv* (副) **1.** zu einem od. mehreren Zeitpunkten während e-s Zeitraums od. e-s anderen Vorgangs 在其间,中间 ≈ zwischendrein, zwischendrin: *Sie arbeiteten von acht bis fünfzehn Uhr u. machten z. nur eine kurze Pause zum Essen* 她从早上八点一直工作到下午三点,中间只是吃饭才休息一下; *Während das Gulasch kocht, muss man z. mehrmals umrühren* 在炖红烧牛肉时,中间得多次搅动 **2.** ≈ hier u. da, stellenweise: *Auf dem Beet wachsen Rosen u. Tulpen, z. auch ein paar Narzissen* 花坛上长的是玫瑰和郁金香,中间也长了几支水仙

Zwi̤·schen·fall *der* **1.** ein plötzliches, *mst* unangenehmes Ereignis (*mst* während e-s anderen Vorgangs) 突发事件,意外事变,事故 ‹ein bedauerlicher, peinlicher Z. 令人遗憾的、尴尬的事件› **2.** *mst Pl* (多用复数) ≈ Unruhen ‹etw. verläuft ohne Zwischenfälle 某事进展顺利›: *Kam es während der Demonstration zu Zwischenfällen?* 游行过程中发生冲突了吗?

Zwi̤·schen·fra·ge *die*; e-e Frage, mit der man j-n unterbricht 插入的问题: *Erlauben Sie mir e-e Z.?* 允许我插个问题吗?

Zwi̤·schen·grö·ße *die*; (bei Schuhen, Kleidern) e-e Größe, die zwischen den normalen Größen liegt (指鞋、衣的尺寸,尺码) 中号

Zwi̤·schen·händ·ler *der*; ein Händler, der die Produkte von e-m Hersteller an die vielen einzelnen Händler weiterverkauft, die sie dann in ihren Läden anbieten 中间商,中介商,经销商,代理商 ‖ *hierzu* (派生) **Zwi·schen·händ·le·rin** *die*; **Zwi̤·schen·han·del** *der*

Zwi̤·schen·hoch *das*; MET【气】; ein Hoch, das zwischen zwei Tiefs nur kurze Zeit wirksam ist (短时间出现在两个低压之间的) 临时高压

Zwi̤·schen·la·ger *das*; ein Raum od. ein Ort, in/an dem etw. e-e Zeit lang gelagert wird 临时仓库 ‹ein Z. für atomaren Abfall 存放核废料的临时仓库› ‖ *hierzu* (派生) **Zwi̤·schen·la·ge·rung** *die*; **zwi̤·schen·la·gern** (*hat*) *Vt* (及物)

zwi̤·schen·lan·den; *landete zwischen, ist zwischengelandet*; [Vi] (不及物) (***irgendwo***) ***z.*** bei e-m langen Flug unterwegs einmal landen (*z. B.* damit das Flugzeug aufgetankt werden kann) 中途降落,中途着陆: *auf dem Flug nach New York in London z.* 飞往纽约的途中在伦敦降落 ‖ *hierzu* (派生) **Zwi̤·schen·lan·dung** *die*

Zwi̤·schen·lauf *der*; SPORT【体】; ein Wettlauf, in dem die Läufer, die sich in den Vorläufen durchgesetzt haben, versuchen, sich für den Endlauf zu qualifizieren (赛跑) 复赛

Zwi̤·schen|mahl·zeit *die*; e-e kleine Mahlzeit am Vormittag od. Nachmittag 两餐之间的点心 ≈ Imbiss

zwi̤·schen·mensch·li·ch- *Adj* (形); *nur attr, nicht adv* (只作定语,不作状语); zwischen einzelnen Menschen, von Mensch zu Mensch 人际间的 ‹Beziehungen, Kontakte, Probleme 关系,接触,问题›

Zwi̤·schen·raum *der* **1.** ***ein Z.*** (***zwischen etw.*** (*Pl* 复)/***zwischen etw.*** (*Dat* 三格) ***u. etw.*** (*Dat* 三格)) der freie Raum zwischen zwei Dingen 间隔,间隙: *e-n großen Z. zwischen den Zeilen lassen* 在两行之间留出很大的空隙 **2.** ***ein Z.*** (***zwischen etw.*** (*Pl* 复)/***zwischen etw.*** (*Dat* 三格) ***u. etw.*** (*Dat* 三格)) die Distanz zwischen zwei Dingen 距离,间隔: *Der Z. zwischen dem ersten u. dem zweiten Auto wurde immer kleiner* 第一辆和第二辆汽车之间的距离越来越小

zwi·schen·rein *Adv* (副); *gespr* [口] ≈ zwischendrein

Zwi·schen·ruf *der*; e-e relativ laute Bemerkung, mit der man j-n bei e-r Rede unterbricht(打断别人谈话的)插话,喊叫声 ‖ *hier-zu*(派生) **Zwi·schen·ru·fer** *der*; *-s*, -

Zwi·schen·spiel *das* **1.** ein kleines Stück, das e-e Aufführung *o.Ä.* unterbricht 幕间插入的表演,穿插节目 **2.** ein relativ unbedeutender Vorgang 插曲,间奏曲 ≈ Episode

Zwi·schen·zeit *die* **1.** ***in der Z.*** in der Zeit zwi schen zwei Zeitpunkten od. Ereignissen 在这期间,在这段时间里 ≈ inzwischen, währenddessen **2.** SPORT【体】; die Zeit, die ein Sportler für den ersten Teil e-r (Renn)-Strecke braucht 跑完第一程距离所用的时间〈e-e gute, schlechte Z. haben, fahren, laufen 第一程有、驶出、跑出一个好的、不好的成绩〉

zwi·schen·zeit·lich *Adj*(形); *Admin geschr* [牍,书]; in der Zeit, die seit e-m bestimmten Zeitpunkt vergangen ist 在此期间的

Zwi·schen·zeug·nis *das* **1.** ein (Schul) Zeugnis, das es nach der ersten Hälfte des Schuljahres gibt 第一学期成绩单 **2.** ein Zeugnis (2), das ein Arbeiter od. Angestellter vom Arbeitgeber (als Beweis seiner bisherigen Leistungen) bekommen kann, ohne dass er erst kündigen muss(工人或职员可从雇主那里得到的)工作(期间的)鉴定

Zwist *der*; *-(e)s*, *-e*; *geschr* [书]; ein kleiner Streit 纷争,口角,斗嘴〈e-n Z. mit j-m haben 和某人发生口角; e-n Z. begraben 消除纷争〉

Zwis·tig·kei·ten *die*; *Pl*, *geschr*(复)[书] ≈ Streitigkeiten

zwit·schern; *zwitscherte*, *hat gezwitschert*; Vt/i (及物/不及物) ***ein Vogel zwitschert (etw.)*** ein Vogel singt 鸟在鸣啭: *Die Lerche zwitscherte ihr Lied* 云雀唧唧喳喳地唱着歌 ‖ ID [谚] ***einen z.*** *gespr* [口]; Alkohol trinken 喝一杯,呷一口

Zwit·ter *der*; *-s*, -; ein Mensch, ein Tier od. e-e Pflanze, die zugleich männlich und weiblich sind 雌雄同体,阴阳人,两性动植物; MED, BIOL【医】【生】Hermaphrodit

zwo *Zahladj*(数形); *gespr* [口] ≈ zwei ‖ NB (注意): *zwo* wird *bes* am Telefon für „zwei" verwendet, damit der andere es nicht (aus Versehen) mit „*drei*" verwechselt(zwo 代替 zwei 作电话用语,以避免和"drei"混淆)

zwölf *Zahladj* (数形); (als Zahl) 12 十二,拾贰; ↑ ***Anhang*** (5)见附录(五) ‖ NB(注意): Gebrauch ↑ *Beispiele unter* 用法,用例见 ***vier*** ‖ ID [谚] ***Es ist kurz / fünf vor z.*** es ist schon fast zu spät, um etw. Schlimmes zu verhindern 燃眉之急,刻不容缓

Zwölf *die*; -, *-en* **1.** die Zahl 12,十二,拾贰 **2.** j-d/etw. mit der Ziffer/Nummer 12(第)十二号,12 号(指人/物)

Zwölf·fin·ger|darm *der*; der erste Teil des Dünndarms nach dem Magen 十二指肠

zwölft *nur in* 只用于 ***zu z.*** mit insgesamt zwölf Personen 共 12 人的,12 人一组的: *Wir sind zu z.* 我们一共 12 人; zu z. am Tisch sitzen 12 人围坐一桌

zwölf·t- *Zahladj* (数形); *nur attr*, *nicht adv* (只作定语,不作状语) **1.** in e-r Reihenfolge an der Stelle 12 第十二的 ≈ 12. ‖ NB(注意): Gebrauch ↑ *Beispiele unter* 用法,用例见 ***viert-*** **2.** ***der zwölfte Teil (von etw.)*** ≈ 1/12

zwölf·tel *Adj* (形); *nur attr*, *indeklinabel*, *nicht adv*(只作定语,词形不变,不作状语); den zwölften Teil von etw. bildend 十二分之一的 ≈ 1/12

Zwölf·tel *das*; *-s*, -; der 12. Teil von etw., *mst* e-r Menge od. Masse 十二分之一

zwölf·tens *Adv* (副); verwendet bei e-r Aufzählung, um anzuzeigen, dass etw. an 12. Stelle kommt 第十二

zwo·t- *Zahladj* (数形); *gespr* [口] ≈ zweit- ‖ ↑ *NB* unter ***zwo***

zwo·tens *Adv*(副); *gespr* [口] ≈ zweitens ‖ ↑ *NB* unter ***zwo***

Zy·an·ka·li [tsy̆-] *das*; *-s*; *nur Sg*(只用单数); ein starkes Gift (aus Blausäure)氰化钾

Zyk·len [ˈtsyːklən, ˈtsyk-] *Pl*(复); ↑ ***Zyklus***

zyk·lisch [ˈtsyːklɪʃ, ˈtsyk-] *Adj*(形); *mst in* 多用于 ***etw. verläuft z.*** etw. (*z. B.* e-e Krankheit, e-e Krise) ist in bestimmten Abständen da u. dann wieder verschwunden, etw. nimmt zu u. dann wieder ab(物作主语)周期性地(循环地)反复出现

Zyk·lon [tsy-] *der*; *-s*, *-e*; ein heftiger (Wirbel)Sturm in den Tropen 气旋,旋风,风暴,飓风

Zyk·lop [tsy-] *der*; *-en*, *-en*; (in der griechischen Mythologie) ein Riese mit nur einem Auge in der Mitte der Stirn(希腊神话中的)独眼巨人 ‖ NB(注意): *der Zyklop*; *den*, *dem*, *des Zyklopen*

Zyk·lus [ˈtsyː-] *der*; -, *Zyk·len* **1.** *geschr* [书]; etw., das sich regelmäßig wiederholt 循环,轮回,反复 ≈ Kreislauf (3)〈etw. unterliegt e-m Z., etw. läuft in e-m Z. ab 某事周而复始、在循环中运行〉: *der Z. der Jahreszeiten* 四季循环 **2.** e-e Reihe von Werken e-s Künstlers od. von Veranstaltungen, die inhaltlich zusammenhängen 系列丛书,丛刊;系列展演、讲座 ‖ -K(复合): ***Bilder-***, ***Lieder-*** **3.** MED【医】; die Zeit vom ersten Tag der Menstruation (e-r Frau) bis zur nächsten Menstruation 月经周期,行经期〈e-n (un)regelmäßigen, kurzen, langen Z. haben 月经周期(不)规则、短、长〉 ‖ -K(复合): ***Menstruations-***, ***Monats-***

Zy·lin·der [tsiˈlɪndɐ, tsy-] *der*; *-s*, - **1.** GEOM【几】; ein Körper (3) in Form e-s Rohrs *o.Ä.*, das an beiden Enden geschlossen ist 圆柱体,柱体,圆筒 ‖ ↑ *Abb. unter* 图见 ***geometrische Figuren*** **2.** e-e Art Rohr, in dem sich (bei Benzinmotoren *o.Ä.*) ein Kolben auf u. ab bewegt 汽缸: *ein Motor mit vier Zylindern* 带四个汽缸的马达 ‖ K-(复合): ***Zylinder***, ***-block*** **3.** ein steifer, *mst* schwarzer Hut für Männer, der oben wie ein breites Rohr aussieht 大礼帽〈Frack u. Z. tragen 身着燕尾服,头戴大礼帽〉: *Der Zauberer zog ein Kaninchen aus dem Z.* 魔术师从

大礼帽中掏出一只兔子 ‖ K-(复合):**Zylinder-**, **-hut** ‖ *zu*(义项)**1. zy·lịnd·risch** *Adj*(形)

Zy·ni·ker [ˈtsy:-] *der*; *-s*, *-*; j-d, der die Schwächen u. Probleme der Menschen u. Situationen (spöttisch) kritisiert (od. ausnützt), ohne die Gefühle anderer Leute zu schonen 好嘲讽挖苦别人者,玩世不恭的人;昔尼克派,犬儒主义者 ‖ *hierzu*(派生)**zy·nisch** *Adj*(形)

Zy·nis·mus [tsy-] *der*; *-*, *Zy·nis·men* **1.** *nur Sg*(只用单数);die Einstellung od. die Art e-s Zynikers 玩世不恭,愤世嫉俗;昔尼克主义,犬儒主义:*j-n voller Z. ansehen* 极不严肃地看着某人 **2.** *mst Pl*(多用复数);e-e Bemerkung e-s Zynikers 挖苦话,冷嘲热讽:*e-e Rede voller Zynismen* 一个充满冷嘲热讽的报告

Zyp·rẹs·se [tsy-] *die*; *-*, *-n*; ein hoher schmaler (Nadel) Baum (*bes* in den Mittelmeerländern), dessen Nadeln wie Schuppen übereinanderliegen(意大利)柏树 ‖ K-(复合):**Zypressen-**, **-hain**, **-holz**

Zys·te [ˈtsʏ-] *die*; *-*, *-n*; MED【医】; e-e kranke Stelle im Gewebe von Lebewesen, die mit Flüssigkeit gefüllt ist 囊肿

Anhang

附 录

Anhang 1: Land/Gebiet/Region—Einwohner—Adjektiv
附录一:国家/地区/区域—居民—形容词

Land/Gebiet/Region 国家/地区/区域		Einwohner 居民	Adjektiv 形容词
Abchasien	阿布哈兹(格鲁吉亚)	Abchasier, -in	abchasisch
Afghanistan	阿富汗	Afghane, Afghanin	afghanisch
Afrika	非洲	Afrikaner, -in	afrikanisch
Ägypten	埃及	Ägypter, -in	ägyptisch
Albanien	阿尔巴尼亚	Albaner, -in	albanisch
Algerien	阿尔及利亚	Algerier, -in	algerisch
Amerika	美洲	Amerikaner, -in	amerikanisch
Andalusien	安达卢西亚	Andalusier, -in	andalusisch
Andorra	安道尔	Andorraner, -in	andorranisch
Angola	安哥拉	Angolaner, -in	angolanisch
Arabien	阿拉伯(半岛)	Araber, -in	arabisch
Argentinien	阿根廷	Argentinier, -in	argentinisch
Armenien	亚美尼亚	Armenier, -in	armenisch
Aserbaidschan	阿塞拜疆	Aserbaidschaner, -in	aserbaidschanisch
Asien	亚洲	Asiat, Asiatin	asiatisch
Äthiopien	埃塞俄比亚	Äthiopier, -in	äthiopisch
Australien	澳大利亚	Australier, -in	australisch
Baden	巴登	Badener, -in	badisch
das Baltikum	波罗的海东岸三国	Balte, Baltin	baltisch
Bangladesch	孟加拉国	Bangladescher, -in	bangladeschisch
Bayern	巴伐利亚(德)	Bayer, -in	bay(e)risch
Belgien	比利时	Belgier, -in	belgisch
Birma; Burma *hist*	缅甸[历]	Birmane, Birmanin; Burmese, Burmesin	birmanisch; burmesisch
Böhmen	波希米亚	Böhme, Böhmin	böhmisch
Bolivien	玻利维亚	Bolivianer, -in	bolivianisch
Bosnien	波斯尼亚	Bosnier, -in	bosnisch
Brandenburg	勃兰登堡(德)	Brandenburger, -in	brandenburgisch
Brasilien	巴西	Brasilianer, -in	brasilianisch
die Bretagne	布列塔尼(法)	Bretone, Bretonin	bretonisch
Bulgarien	保加利亚	Bulgare, Bulgarin	bulgarisch
Burgund	勃艮第	Burgunder, -in	burgundisch
Chile	智利	Chilene, Chilenin	chilenisch
China	中国	Chinese, Chinesin	chinesisch
Costa Rica	哥斯达黎加	Costa-Ricaner, -in	costa-ricanisch
Côte d'Ivoire (Elfenbeinküste)	科特迪瓦(象牙海岸)	Ivorer, -in	ivorisch
Dänemark	丹麦	Däne, Dänin	dänisch
(*die* Bundesrepublik) Deutschland	德国(德意志联邦共和国)	Deutsche(r), Deutsche	deutsch
die Dominikanische Republik	多米尼加共和国	Dominikaner, -in	dominikanisch
Ecuador	厄瓜多尔	Ecuadorianer, -in	ecuadorianisch
El Salvador	萨尔瓦多	Salvadorianer, -in	salvadorianisch
das Elsass	阿尔萨斯(法)	Elsässer, -in	elsässisch
England	英国	Engländer, -in	englisch
Estland	爱沙尼亚	Este, Estin / Estländer, -in	estnisch/estländisch
Europa	欧洲	Europäer, -in	europäisch
Finnland	芬兰	Finne, Finnin	finnisch

Land/Gebiet/Region 国家/地区/区域		Einwohner 居民	Adjektiv 形容词
Flandern	佛兰德	Flame, Flämin	flämisch
Franken	弗兰肯	Franke, Fränkin	fränkisch
Frankreich	法国	Franzose, Französin	französisch
Friesland	弗里斯兰(荷兰)	Friese, Friesin	friesisch
Gemeinschaft Unabhängiger Staaten (GUS)	独立国家联合体(独联体)	Einwohner(in) der GUS	
Georgien	格鲁吉亚	Georgier, -in	georgisch
Ghana	加纳	Ghanaer, -in	ghanaisch
Griechenland	希腊	Grieche, Griechin	griechisch
Großbritannien	大不列颠	Brite, Britin	britisch
Grönland	格陵兰	Grönländer, -in	grönländisch
Guatemala	危地马拉	Guatemalteke, Guatemaltekin	guatemaltekisch
Guinea	几内亚	Guineer, -in	guineisch
Haiti	海地	Haitianer, -in	haitianisch / haitisch
Hawaii	夏威夷(美)	Hawaiianer, -in	hawaiisch
Herzegowina	黑塞哥维那	Herzegowiner, -in	herzegowinisch
Hessen	黑森(德)	Hesse, Hessin	hessisch
Holland	荷兰	Holländer, -in	holländisch
Holstein	荷尔斯泰因(德)	Holsteiner, -in	holsteinisch
Indien	印度	Inder, -in	indisch
Indonesien	印度尼西亚	Indonesier, -in	indonesisch
(*der*) *Irak*	伊拉克	Iraker, -in	irakisch
(*der*) Iran	伊朗	Iraner, -in	iranisch
Irland	爱尔兰	Ire, Irin	irisch
Island	冰岛	Isländer, -in	isländisch
Israel	以色列	Israeli	israelisch
Italien	意大利	Italiener, -in	italienisch
Japan	日本	Japaner, -in	japanisch
(*der*) Jemen	也门	Jemenit, -in	jemenitisch
Jordanien	约旦	Jordanier, -in	jordanisch
Jugoslawien *hist*	南斯拉夫[历]	Jugoslawe, Jugoslawin	jugoslawisch
Kambodscha	柬埔寨	Kambodschaner, -in	kambodschanisch
Kamerun	喀麦隆	Kameruner, -in	kamerunisch
Kanada	加拿大	Kanadier, -in	kanadisch
die Kanarischen Inseln, Kanaren	加纳利群岛	Kanarier, -in	kanarisch
Kasachstan	哈萨克斯坦	Kasache, Kasachin	kasachisch
Kastilien	卡斯蒂里亚(西班牙)	Kastilier, -in	kastilisch
Katalonien	加泰罗尼亚	Katalane, Katalanin	katalanisch
Kenia	肯尼亚	Kenianer, -in	kenianisch
Kirgistan / Kirgisien	吉尔吉斯坦	Kirgise, Kirgisin	kirgisisch
Kolumbien	哥伦比亚	Kolumbianer, -in	kolumbianisch
(*der*) Kongo	刚果	Kongolese, Kongolesin	kongolesisch
Korea	朝鲜(半岛)	Koreaner, -in	koreanisch
Korsika	科西嘉岛(法)	Korse, Korsin	korsisch
Kreta	克里特岛(希腊)	Kreter, -in	kretisch
Kroatien	克罗地亚	Kroate, Kroatin	kroatisch
Kuba	古巴	Kubaner, -in	kubanisch

Land/Gebiet/Region 国家/地区/区域		Einwohner 居民	Adjektiv 形容词
Kurdistan	库尔德斯坦	Kurde，Kurdin	kurdisch
Laos	老挝	Laote，Laotin	laotisch
Lappland	拉普兰	Lappe，Lappin/Lappländer，-in	lappländisch
Lettland	拉脱维亚	Lette，Lettin	lettisch
(*der*) Libanon	黎巴嫩	Libanese，Libanesin	libanesisch
Libyen	利比亚	Libyer，-in	libysch
Liechtenstein	列支敦士登	Liechtensteiner，-in	liechtensteinisch
Litauen	立陶宛	Litauer，-in	litauisch
Lothringen	洛林(法)	Lothringer，-in	Lothringer/lothringisch
Luxemburg	卢森堡	Luxemburger，-in	Luxemburger / luxemburgisch
Madagaskar	马达加斯加	Madagasse，Madagassin	madagassisch
Mähren	梅伦(捷克)	Mähre，Mährin	mährisch
Makedonien/Mazedonien	马其顿	Makedonier，-in/Mazedonier，-in	makedonisch/mazedonisch
Malaysia	马来西亚	Malaysier，-in	malaysisch
Malta	马耳他	Malteser，-in	maltesisch
die Mandschurei	满洲(中国)	Mandschure，Mandschurin	mandschurisch
Marokko	摩洛哥	Marokkaner，-in	marokkanisch
Mauretanien	毛里塔尼亚	Mauretanier，-in	mauretanisch
Mecklenburg	梅克伦堡(德)	Mecklenburger，-in	mecklenburgisch
Mexiko	墨西哥	Mexikaner，-in	mexikanisch
Moldau	摩尔达维亚	Moldauer，-in	moldauisch
Monaco	摩纳哥	Monegasse，Monegassin	monegassisch
die Mongolei	蒙古	Mongole，Mongolin	mongolisch
Montenegro	门的内哥罗(即:黑山)	Montenegriner，-in	montenegrisch
Mosambik	莫桑比	Mosambikaner，-in	mosambikanisch
Myanmar	缅甸	Myanmare，Myanmarin	myanmarisch
Namibia	纳米比亚	Namibier，-in	namibisch
Nepal	尼泊尔	Nepalese，Nepalesin	nepalesisch
Neuseeland	新西兰	Neuseeländer，-in	neuseeländisch
Nicaragua	尼加拉瓜	Nicaraguaner，-in	nicaraguanisch
die Niederlande	荷兰	Niederländer，-in	niederländisch
Niedersachsen	下萨克森(德)	Niedersachse，-sächsin	niedersächsisch
Niger	尼日尔	Nigrer，Nigrerin	nigrisch
Nigeria	尼日利亚	Nigerianer，-in	nigerianisch
Nordkorea	北朝鲜	Nordkoreaner，-in	nordkoreanisch
die Normandie	诺曼底(法)	Normanne，Normannin	nomannisch
Norwegen	挪威	Norweger，-in	norwegisch
die Oberpfalz	上法尔茨(德)	Oberpfälzer，-in	Oberpfälzer / oberpfälzisch
Österreich	奥地利	Österreicher，-in	österreichisch
Pakistan	巴基斯坦	Pakistaner，-in / Pakistani	pakistanisch
Palästina	巴勒斯坦	Palästinenser，-in	palästinensisch / palästinisch
Panama	巴拿马	Panamaer，-in	panamaisch
Paraguay	巴拉圭	Paraguayer，-in	paraguayisch
Persien	波斯	Perser，-in	persisch
Peru	秘鲁	Peruaner，-in	peruanisch
die Pfalz (Rheinland)	法尔茨(莱茵兰)(德)	Pfälzer，-in/(Rheinpfälzer，-in)	pfälzisch/(rheinpfälzisch)
die Philippinen	菲律宾	Philippiner，-in	philippinisch

Land/Gebiet/Region 国家/地区/区域		Einwohner 居民	Adjektiv 形容词
Polen	波兰	Pole，Polin	polnisch
Pommern	波莫瑞(波兰)	Pommer，-in	pommersch
Portugal	葡萄牙	Portugiese，Portugiesin	portugiesisch
Preußen *hist*	普鲁士[历]	Preuße，Preußin	preußisch
die Provence	普罗旺斯(法)	Provenzale，Provenzalin	provenzalisch
Rheinland	莱茵兰(德)	Rheinländer，-in	rheinländisch
Rumänien	罗马尼亚	Rumäne，Rumänin	rumänisch
Russland	俄罗斯	Russe，Russin	russisch
Saarland	萨尔(德)	Saarländer，-in	saarländisch
Sachsen	萨克森(德)	Sachse，Sächsin	sächsisch
Sardinien	撒丁岛(意)	Sarde，Sardin/Sardinier，-in	sardi(ni)sch
Saudi-Arabien	沙特阿拉伯	Saudi / Saudi-Araber，-in	saudi-arabisch
Schlesien	西里西亚(波兰)	Schlesier，-in	schlesisch
Schleswig	石勒苏益格(德)	Schleswiger，-in	schleswig(i)sch
Schottland	苏格兰(英)	Schotte，Schottin	schottisch
Schwaben	施瓦本(德)	Schwabe，Schwäbin	schwäbisch
Schweden	瑞典	Schwede，Schwedin	schwedisch
die Schweiz	瑞士	Schweizer，-in	schweizerisch / Schweizer
(*der*)Senegal	塞内加尔	Senegalese，Senegalesin	senegalesisch
Serbien	塞尔维亚	Serbe，Serbin	serbisch
Sibirien	西伯利亚	Sibir(i)er，-in	sibirisch
Siebenbürgen	特兰西瓦尼亚(罗马尼亚)	Siebenbürger，-in	Siebenbürger
Singapur	新加坡	Singapurer，-in	singapurisch
Sizilien	西西里岛(意)	Sizilianer，-in	sizilianisch
Skandinavien	斯堪的纳维亚	Skandinavier，-in	skandinavisch
die Slowakische Republik (SR) / *die* Slowakei	斯洛伐克共和国/斯洛伐克	Slowake，Slowakin	slowakisch
Slowenien	斯洛文尼亚	Slowene，Slowenin	slowenisch
Somalia	索马里	Somali / Somalier，-in	somalisch
die Sowjetunion (UdSSR) *hist*	苏联[历]	Sowjetbürger，-in *hist*	sowjetisch *hist*
Spanien	西班牙	Spanier，-in	spanisch
Sri Lanka	斯里兰卡	Sri-Lanker，-in	sri-lankisch
Südafrika	南非	Südafrikaner，-in	südafrikanisch
(*der*) Sudan	苏丹	Sudanese，Sudanesin	sudanesisch
Südkorea	南韩	Südkoreaner，-in	südkoreanisch
Südtirol	南蒂罗尔(奥)	Südtiroler，-in	Südtiroler
Syrien	叙利亚	Syrer，-in	syrisch
Tadschikistan	塔吉克斯坦	Tadschike，Tadschikin	tadschikisch
Taiwan	台湾(中国)	Taiwaner，-in	taiwanisch
Tansania	坦桑尼亚	Tansanier，-in	tansanisch
Thailand	泰国	Thai / Thailänder，-in	thailändisch
Thüringen	图林根(德)	Thüringer，-in	thüringisch
Tibet	西藏(中国)	Tibeter，-in/ Tibetaner，-in	tibetisch / tibetanisch
die Tschechische Republik (ČR) / Tschechien	捷克共和国/捷克	Tscheche，Tschechin	tschechisch
die Tschechoslowakei (ČSFR) *hist*	捷克斯洛伐克[历]	Tschechoslowake *hist*，-kin	tschechoslowakisch *hist*

Land/Gebiet/Region 国家/地区/区域		Einwohner 居民	Adjektiv 形容词
Tunesien	突尼斯	Tunesier, -in	tunesisch
die Türkei	土耳其	Türke, Türkin	türkisch
Turkmenistan/ Turkmenien	土库曼斯坦/ 土库曼	Turkmene, Turkmenin	turkmenisch
Uganda	乌干达	Ugander, -in	ugandisch
die Ukraine	乌克兰	Ukrainer, -in	ukrainisch
Ungarn	匈牙利	Ungar, -in	ungarisch
Uruguay	乌拉圭	Uruguayer, -in	uruguayisch
Usbekistan	乌兹别克斯坦	Usbeke, Usbekin	usbekisch
Venezuela	委内瑞拉	Venezolaner, -in	venezolanisch
die Vereinigten Arabischen Emirate	阿拉伯联合酋长国	Araber, -in	arabisch
die Vereinigten Staaten (von Amerika) (USA)	美利坚合众国(美国)	Amerikaner, -in / US-Bürger, -in	(US-) amerikanisch
Vietnam	越南	Vietnamese, Vietnamesin	vietnamesisch
Wales	威尔士(英)	Waliser, -in	walisisch
Weißrussland	白俄罗斯	Weißrusse, Weißrussin	weißrussisch
Westfalen	威斯特法伦(德)	Westfale, Westfälin	westfälisch
Württemberg	符滕堡(德)	Württemberger, -in	württembergisch
Zaire *hist*	扎伊尔[历]	Zairer, -in	zairisch
Zypern	塞浦路斯	Zypriot, -in / Zyprer, -in	zypriotisch / zyprisch

NB: Die meisten Gebiets- und Ländernamen sind im Deutschen Neutra und werden in der Regel ohne Artikel gebraucht, *z. B. Frankreich, Deutschland, Italien* (Ausnahme *z. B.: das Frankreich Napoleons* = Frankreich zur Zeit Napoleons).

Bei denjenigen Namen, die immer mit dem Artikel verwendet werden, wird dieser in der Liste auch immer angegeben, *z. B. die* Schweiz, *das* Elsass.

Bei Ländernamen ohne Artikel verwendet man die Präpositionen *in* (bei Inseln *auf*) auf die Frage *wo*? bzw. *nach* auf die Frage *wohin*?: *Ich lebe in England / auf Kreta; Ich fahre oft nach Spanien*.

Bei Ländernamen mit Artikel wird auf die Frage *wo*? bzw. *wohin*? nur *in* gebraucht: *Sie lebt in der Schweiz; Er fährt oft in die Türkei*.

注意:德语中大多数地区名和国名为中性,一般不用冠词,如:法国,德国,意大利(例外,如:拿破仑时代的法国则用定冠词 das)

那些常使用冠词的名词,在表中总是标出冠词的,如 (die) 瑞士,(das) 阿尔萨斯

当回答问题"在哪里?"时,无冠词国名用介词 in (岛屿用 auf),当回答"到哪里去?"时,则用 nach: Ich lebe in England / auf Kreta; Ich fahre oft nach Spanien. 我生活在英国/在克里特岛;我常去西班牙。

当回答问题"在哪里?"或"去哪里?"时,带冠词的国名只用 in: Sie lebt in der Schweiz; Er fährt oft in die Türkei. 她生活在瑞士;他常去土耳其。

Anhang 2：Stadt-Einwohner
附录二:城市—居民

Stadt 城市		Einwohner 居民
Aachen	亚琛(德)	Aachener，-in
Amsterdam	阿姆斯特丹(荷)	Amsterdamer，-in
Athen	雅典(希腊)	Athener，-in
Bagdad	巴格达(伊拉克)	Bagdader，-in
Basel	巴塞尔(瑞)	Basler，-in
Beirut	贝鲁特(黎巴嫩)	Beiruter，-in
Belgrad	贝尔格莱德(塞尔维亚)	Belgrader，-in
Berlin	柏林(德)	Berliner，-in
Bern	伯尔尼(瑞)	Berner，-in
Bonn	波恩(德)	Bonner，-in
Bozen	博岑(意)	Bozener，-in
Brüssel	布鲁塞尔(比利时)	Brüsseler，-in
Budapest	布达佩斯(匈牙利)	Budapester，-in
Bukarest	布加勒斯特(罗马尼亚)	Bukarester，-in
Damaskus	大马士革(叙利亚)	Damaszener，-in
Den Haag	海牙(荷)	Den-Haager，-in/Den Haager，-in
Dresden	德累斯顿(德)	Dresd(e)ner，-in
Dublin	都柏林(爱尔兰)	Dubliner，-in
Edinburg(h)	爱丁堡(英)	Edinburg(h)er，-in
Florenz	佛罗伦萨(意)	Florentiner，-in
Frankfurt	法兰克福(德)	Frankfurter，-in
Genf	日内瓦(瑞)	Genfer，-in
Hamburg	汉堡(德)	Hamburger，-in
Kairo	开罗(埃及)	Kairoer，-in
Kapstadt	开普敦(南非)	Kapstädter，-in
Kiew	基辅(乌克兰)	Kiewer，-in
Köln	科隆(德)	Kölner，-in
Kopenhagen	哥本哈根(丹麦)	Kopenhagener，-in
Leipzig	莱比锡(德)	Leipziger，-in
Lissabon	里斯本(葡萄牙)	Lissaboner，-in
London	伦敦(英)	Londoner，-in
Lüttich	列日(比利时)	Lütticher，-in
Madrid	马德里(西班牙)	Marider，-in
Mailand	米兰(意)	Mailänder，-in
Moskau	莫斯科(俄)	Moskauer，-in
München	慕尼黑(德)	Münchner，-in
Neapel	那不勒斯(意)	Neapolitaner，-in
New York	纽约(美)	New-Yorker，-in/New Yorker，-in
Nürnberg	纽伦堡(德)	Nürnberger，-in
Oslo	奥斯陆(挪威)	Osloer，-in
Paris	巴黎(法)	Pariser，-in
Peking	北京(中国)	Pekinger，-in
Petersburg	彼得堡(俄)	Petersburger，-in
Prag	布拉格(捷克)	Prager，-in

Rom	罗马(意)	Römer, -in
Rostock	罗斯托克(德)	Rostocker, -in
Stockholm	斯德哥尔摩(瑞典)	Stockholmer, -in
Straßburg	斯特拉斯堡(法)	Straßburger, -in
Stuttgart	斯图加特(德)	Stuttgarter, -in
Teheran	德黑兰(伊朗)	Teheraner, -in
Tokio	东京(日本)	Tokioer, -in / Tokioter, -in
Venedig	威尼斯(意)	Venezianer, -in
Warschau	华沙(波兰)	Warschauer, -in
Washington	华盛顿(美)	Washingtoner, -in
Wien	维也纳(奥地利)	Wiener, -in
Zürich	苏黎世(瑞)	Zür(i)cher, -in

NB: Soweit Bezeichnungen wie *Römer*, *Mailänder* usw. nicht üblich sind, sagt man *Einwohner(in) von* + Städtename (*Einwohner(in) von Sofia*, *Ankara*, *Tel Aviv*, *Istanbul* usw.).

Bei Städten im deutschsprachigen Gebiet wird in der Regel *-er(in)* an den Städtenamen angefügt, um den jeweiligen Einwohner zu bezeichnen: *Innsbruck* → *Innsbrucker(in)*, *Dortmund* → *Dortmunder(in)*, *Luzern* → *Luzerner(in)*.

注意:如果居民的名称如 Römer,Mailänder 等不通用,则可采用"居民 + von + 城市名"(索非亚居民(人)、安卡拉居民(人)、特拉维夫居民(人)、伊斯坦布尔居民(人)等)。

德语地区的城市居民一般采用在城市名上加-er(in):因斯布鲁克→因斯布鲁克人,多特蒙特→多特蒙特人,卢塞恩→卢塞恩人。

Anhang 3: Bundesländer und Kantone
附录三:德奥联邦州和瑞士州

Deutschland: Bundesländer	德国:联邦州
Baden-Württemberg	巴登·符腾堡
Bayern	巴伐利亚
Berlin	柏林
Brandenburg	勃兰登堡
Bremen	不来梅
Hamburg	汉堡
Hessen	黑森
Mecklenburg-Vorpommern	梅克伦堡·前波莫瑞
Niedersachsen	下萨克森
Nordrhein-Westfalen	北莱茵·威斯特法伦
Rheinland-Pfalz	莱茵兰·法耳次
Saarland	萨尔
Sachsen	萨克森
Sachsen-Anhalt	萨克森·安哈尔特
Schleswig-Holstein	施勒苏益格·荷尔斯泰因
Thüringen	图林根

Österreich: Bundesländer	奥地利:联邦州
Burgenland	布尔根兰
Kärnten	克恩顿
Niederösterreich	下奥地利
Oberösterreich	上奥地利
Salzburg	萨尔茨堡
Steiermark	施蒂利亚
Tirol	蒂罗尔
Vorarlberg	福拉尔贝格
Wien	维也纳

Schweiz: Kantone (In Klammern: zugehörige Halbkantone)	瑞士:州 (括号内:附属的半州)
Aargau	阿尔高
Appenzell (Innerrhoden; Außerrhoden)	阿彭策尔(内罗登;外罗登)
Basel(Basel-Stadt, Basel-Landschaft)	巴塞尔(巴塞尔市,巴塞尔地区)
Bern	伯尔尼
Freiburg	弗赖堡
Genf	日内瓦
Glarus	格拉鲁斯
Graubünden	格劳宾登
Jura	汝拉
Luzern	卢塞恩
Neuenburg	纳沙泰尔
Sankt Gallen	圣加伦
Schaffhausen	沙夫豪森
Schwyz	施维茨
Solothurn	索洛图恩
Tessin	提契诺
Thurgau	图尔高
Unterwalden (Obwalden; Nidwalden)	下瓦尔登(奥布瓦尔登;尼德瓦尔登)
Uri	乌里
Waadt	沃
Wallis	瓦莱
Zug	楚格
Zürich	苏黎世

Anhang 4: Die wichtigsten unregelmäßigen Verben
附录四:主要的不规则动词

Die wichtigsten unregelmäßigen Verben 主要的不规则动词

Infinitiv 不定式	*Präsens* (*3. Person Sg*) 现在时(第三人称单数)	*Präteritum* (*3. Person Sg*) 过去时(第三人称单数)	*Perfekt* (*3. Person Sg*) 现在完成时(第三人称单数)
backen	bäckt/backt	backte	hat gebacken
bedürfen	bedarf	bedurfte	hat bedurft
befehlen	befiehlt	befahl	hat befohlen
beginnen	beginnt	begann	hat begonnen
beißen	beißt	biss	hat gebissen
bergen	birgt	barg	hat geborgen
bersten	birst	barst	ist geborsten
betrügen	betrügt	betrog	hat betrogen
bewegen*	bewegt	bewog	hat bewogen
biegen	biegt	bog	hat/ist gebogen
bieten	bietet	bot	hat geboten
binden	bindet	band	hat gebunden
bitten	bittet	bat	hat gebeten
blasen	bläst	blies	hat geblasen
bleiben	bleibt	blieb	ist geblieben
braten	brät	briet	hat gebraten
brechen	bricht	brach	hat/ist gebrochen
brennen	brennt	brannte	hat gebrannt
bringen	bringt	brachte	hat gebracht
denken	denkt	dachte	hat gedacht
dreschen	drischt	drosch	hat gedroschen
dringen	dringt	drang	ist gedrungen
dürfen	darf	durfte	hat gedurft
empfangen	empfängt	empfing	hat empfangen
empfehlen	empfiehlt	empfahl	hat empfohlen
empfinden	empfindet	empfand	hat empfunden
erklimmen	erklimmt	erklomm	hat erklommen
erlöschen	erlischt	erlosch	ist erloschen
erschallen	erschallt	erscholl	ist erschollen
erschrecken*	erschrickt	erschrak	ist erschrocken
erwägen	erwägt	erwog	hat erwogen
essen	isst	aß	hat gegessen
fahren	fährt	fuhr	hat/ist gefahren
fallen	fällt	fiel	ist gefallen
fangen	fängt	fing	hat gefangen
fechten	ficht	focht	hat gefochten
finden	findet	fand	hat gefunden
flechten	flicht	flocht	hat geflochten
fliegen	fliegt	flog	hat/ist geflogen
flehen	flieht	floh	ist geflohen
fließen	fließt	floss	ist geflossen
fressen	frisst	fraß	hat gefressen
frieren	friert	fror	hat gefroren
gären	gärt	gärte/(gor)	hat/ist gegoren
gebären	gebärt	gebar	hat geboren
geben	gibt	gab	hat gegeben
gedeihen	gedeiht	gedieh	ist gediehen
gehen	geht	ging	ist gegangen

* Hier gibt es auch eine regelmäßige Form. Vgl. dazu das jeweilige Stichwort im Hauptteil. 这里也有一种有规则的形式。为此,可参看词典正文中的该词条。

Die wichtigsten unregelmäßigen Verben 主要的不规则动词

Infinitiv 不定式	*Präsens (3. Person Sg)* 现在时(第三人称单数)	*Präteritum (3. Person Sg)* 过去时(第三人称单数)	*Perfekt (3. Person Sg)* 现在完成时(第三人称单数)
gelingen	gelingt	gelang	ist gelungen
gelten	gilt	galt	hat gegolten
genesen	genest	genas	ist genesen
genießen	genießt	genoss	hat genossen
geraten	gerät	geriet	ist geraten
geschehen	geschieht	geschah	ist geschehen
gewinnen	gewinnt	gewann	hat gewonnen
gießen	gießt	goss	hat gegossen
gleichen	gleicht	glich	hat geglichen
gleiten	gleitet	glitt	ist geglitten
glimmen	glimmt	glomm/glimmte	hat geglommen/geglimmt
graben	gräbt	grub	hat gegraben
greifen	greift	griff	hat gegriffen
haben	hat	hatte	hat gehabt
halten	hält	hielt	hat gehalten
hängen*	hängt	hing	hat gehangen
hauen	haut	haute/(hieb)	hat gehauen
heben	hebt	hob	hat gehoben
heißen	heißt	hieß	hat geheißen
helfen	hilft	half	hat geholfen
kennen	kennt	kannte	hat gekannt
klingen	klingt	klang	hat geklungen
kneifen	kneift	kniff	hat gekniffen
kommen	kommt	kam	ist gekommen
können	kann	konnte	hat gekonnt
kriechen	kriecht	kroch	ist gekrochen
laden	lädt	lud	hat geladen
lassen	lässt	ließ	hat gelassen
laufen	läuft	lief	ist gelaufen
leiden	leidet	litt	hat gelitten
leihen	leiht	lieh	hat geliehen
lesen	liest	las	hat gelesen
liegen	liegt	lag	hat gelegen
lügen	lügt	log	hat gelogen
mahlen	mahlt	mahlte	hat gemahlen
meiden	meidet	mied	hat gemieden
melken	milkt/melkt	melkte/(molk)	hat gemelkt/gemolken
messen	misst	maß	hat gemessen
misslingen	misslingt	misslang	ist misslungen
mögen	mag	mochte	hat gemocht
müssen	muss	musste	hat gemusst
nehmen	nimmt	nahm	hat genommen
nennen	nennt	nannte	hat genannt
pfeifen	pfeift	pfiff	hat gepfiffen
preisen	preist	pries	hat gepriesen
quellen	quillt	quoll	ist gequollen
raten	rät	riet	hat geraten
reiben	reibt	rieb	hat gerieben
reißen	reißt	riss	hat/ist gerissen
reiten	reitet	ritt	hat/ist geritten
rennen	rennt	rannte	ist gerannt
riechen	riecht	roch	hat gerochen
ringen	ringt	rang	hat gerungen
rinnen	rinnt	rann	ist geronnen

Die wichtigsten unregelmäßigen Verben 主要的不规则动词

Infinitiv 不定式	*Präsens (3. Person Sg)* 现在时(第三人称单数)	*Präteritum (3. Person Sg)* 过去时(第三人称单数)	*Perfekt (3. Person Sg)* 现在完成时(第三人称单数)
rufen	ruft	rief	hat gerufen
salzen	salzt	salzte	hat gesalzen
saufen	säuft	soff	hat gesoffen
saugen	saugt	sog/saugte	hat gesogen/gesaugt
schaffen	schafft	schuf	hat geschaffen
scheiden	scheidet	schied	hat/ist geschieden
scheinen	scheint	schien	hat geschienen
schelten	schilt	schalt	hat gescholten
schieben	schiebt	schob	hat geschoben
schießen	schießt	schoss	hat/ist geschossen
schinden	schindet	schindete	hat geschunden
schlafen	schläft	schlief	hat geschlafen
schlagen	schlägt	schlug	hat geschlagen
schleichen	schleicht	schlich	ist geschlichen
schleifen*	schleift	schliff	hat geschliffen
schließen	schließt	schloss	hat geschlossen
schlingen	schlingt	schlang	hat geschlungen
schmeißen	schmeißt	schmiss	hat geschmissen
schmelzen	schmilzt	schmolz	ist geschmolzen
schneiden	schneidet	schnitt	hat geschnitten
schreiben	schreibt	schrieb	hat geschrieben
schreien	schreit	schrie	hat geschrien
schreiten	schreitet	schritt	ist geschritten
schweigen	schweigt	schwieg	hat geschwiegen
schwellen	schwillt	schwoll	ist geschwollen
schwimmen	schwimmt	schwamm	hat/ist geschwommen
schwinden	schwindet	schwand	ist geschwunden
schwingen	schwingt	schwang	hat geschwungen
schwören	schwört	schwor	hat geschworen
sehen	sieht	sah	hat gesehen
sein	ist	war	ist gewesen
senden	sendet	sandte/sendete	hat gesandt/gesendet
singen	singt	sang	hat gesungen
sinken	sinkt	sank	ist gesunken
sinnen	sinnt	sann	hat gesonnen
sitzen	sitzt	saß	hat gesessen
sollen	soll	sollte	hat gesollt
spalten	spaltet	spaltete	hat gespalten
speien	speit	spie	hat gespien
spinnen	spinnt	spann	hat gesponnen
sprechen	spricht	aprach	hat gesprochen
sprießen	sprießt	spross	ist gesprossen
springen	springt	sprang	ist gesprungen
stechen	sticht	stach	hat gestochen
stecken	steckt	steckte/(stak)	hat gesteckt
stehen	steht	stand	hat gestanden
stehlen	stiehlt	stahl	hat gestohlen
steigen	steigt	stieg	ist gestiegen
sterben	stirbt	starb	ist gestorben
stinken	stinkt	stank	hat gestunken
stoßen	stößt	stieß	hat/ist gestoßen
streichen	streicht	strich	hat gestrichen
streiten	streitet	stritt	hat gestritten
tragen	trägt	trug	hat getragen

Die wichtigsten unregelmäßigen Verben 主要的不规则动词

Infinitiv 不定式	*Präsens (3. Person Sg)* 现在时(第三人称单数)	*Präteritum (3. Person Sg)* 过去时(第三人称单数)	*Perfekt (3. Person Sg)* 现在完成时(第三人称单数)
treffen	trifft	traf	hat getroffen
treiben	treibt	trieb	hat getrieben
treten	tritt	trat	hat/ist getreten
trinken	trinkt	trank	hat getrunken
trügen	trügt	trog	hat getrogen
tun	tut	tat	hat getan
verderben	verdirbt	verdarb	hat/ist verdorben
verdrießen	verdrießt	verdross	hat verdrossen
vergessen	vergisst	vergaß	hat vergessen
verlieren	verliert	verlor	hat verloren
verlöschen	verlischt	verlosch	ist verloschen
verzeihen	verzeiht	verzieh	hat verziehen
wachsen	wächst	wuchs	ist gewachsen
wägen	wägt	wog	hat gewogen
waschen	wäscht	wusch	hat gewaschen
weben	webt	wob	hat gewoben
weichen	weicht	wich	ist gewichen
weisen	weist	wies	hat gewiesen
wenden	wendet	wandte/wendete	hat gewandt/gewendet
werben	wirbt	warb	hat geworben
werden	wird	wurde	ist geworden
werfen	wirft	warf	hat geworfen
wiegen	wiegt	wog	hat gewogen
winden	windet	wand	hat gewunden
wissen	weiß	wusste	hat gewusst
wollen	will	wollte	hat gewollt
ziehen	zieht	zog	hat/ist gezogen
zwingen	zwingt	zwang	hat gezwungen

Anhang 5：Zahlen
附录五:数字

Zahlen 数字		
Grundzahlen 基数		Ordnungszahlen 序数
1	eins，ein	(der，die，das) erste
2	zwei	(der，die，das) zweite
3	drei	(der，die，das) dritte
4	vier	(der，die，das) vierte
5	fünf	(der，die，das) fünfte
6	sechs	(der，die，das) sechste
7	sieben	(der，die，das) siebte
8	acht	(der，die，das) achte
9	neun	(der，die，das) neunte
10	zehn	(der，die，das) zehnte
11	elf	(der，die，das) elfte
12	zwölf	(der，die，das) zwölfte
13	dreizehn	(der，die，das) dreizehnte
14	vierzehn	(der，die，das) vierzehnte
15	fünfzehn	(der，die，das) fünfzehnte
16	sechzehn	(der，die，das) sechzehnte
17	siebzehn	(der，die，das) siebzehnte
18	achtzehn	(der，die，das) achtzehnte
19	neunzehn	(der，die，das) neunzehnte
20	zwanzig	(der，die，das) zwanzigste
21	einundzwanzig	(der，die，das) einundzwanzigste
22	zweiundzwanzig	(der，die，das) zweiundzwanzigste
23	dreiundzwanzig	(der，die，das) dreiundzwanzigste
24	vierundzwanzig	(der，die，das) vierundzwanzigste
25	fünfundzwanzig	(der，die，das) fünfundzwanzigste
26	sechsundzwanzig	(der，die，das) sechsundzwanzigste
27	siebenundzwanzig	(der，die，das) siebenundzwanzigste
28	achtundzwanzig	(der，die，das) achtundzwanzigste
29	neunundzwanzig	(der，die，das) neunundzwanzigste
30	dreißig	(der，die，das) dreißigste
40	vierzig	(der，die，das) vierzigste
50	fünfzig	(der，die，das) fünfzigste
60	sechzig	(der，die，das) sechzigste
70	siebzig	(der，die，das) siebzigste
80	achtzig	(der，die，das) achtzigste
90	neunzig	(der，die，das) neunzigste
100	(ein)hundert	(der，die，das) (ein)hundertste
101	(ein)hunderteins	(der，die，das) hunderterste
102	(ein)hundertzwei	(der，die，das) hundertzweite
200	zweihundert	(der，die，das) zweihundertste
300	dreihundert	(der，die，das) dreihundertste
1 000	(ein)tausend	(der，die，das) (ein)tausendste
2 000	zweitausend	(der，die，das) zweitausendste
10 000	zehntausend	(der，die，das) zehntausendste
20 000	zwanzigtausend	(der，die，das) zwanzigtausendste
100 000	(ein) hunderttau-send	(der，die，das) hunderttausendste
1 000 000	eine Million	(der，die，das) millionste
1 000 000 000	eine Milliarde	(der，die，das) milliardste

Anhang 6：Das Buchstabieralphabet

附录六　字母表

		Deutsch 德语语词	Iaternational 国际语词
A	[aː]	Anton, (CH) Anna	alpha
B	[beː]	Berta	bravo
C	[tʂeː]	cäsar	charlie
D	[deː]	Dora, (CH) Daniel	delta
E	[eː]	Emil	echo
F	[ɛf]	Friedrich	foxtrot
G	[geː]	Gustav	golf
H	[haː]	Heinrich	hotel
I	[iː]	Ida	India
J	[jɔt]	Julius, (CH) Jakob	Juliet
K	[kaː]	Kaufmann, (CH) Kaiser	kilo
L	[ɛl]	Ludwig, (CH) Leopold	Lima
M	[ɛm]	Martha, (CH) Marie	Mike
N	[ɛn]	Nordpol, (CH) Nikolaus	November
O	[oː]	Otto	Oscar
P	[peː]	Paula, (CH) Peter	Papa
Q	[kuː]	Quelle	Quebec
R	[ɛr]	Richard, (CH) Rosa	Romeo
S	[ɛs]	Sigfried, (CH) Sophie	sierra
T	[teː]	Theodor	tango
U	[uː]	Ulrich	uniform
V	[faʊ̯]	Viktor	Victor
W	[veː]	Willhelm	whiskey
X	[ɪks]	Xaver	x-ray
Y	[ˈʏpsilɔn]	Ypsilon, (CH) Yverdon	yankee
Z	[tʂɛt]	Zacharias, (CH) Zürich	zulu
Ä, a	[ɛː]	Ärger	
Ö, ö	[øː]	Ökonom, Ⓐ Österreich	
Ü, ü	[yː]	Übermut, Ⓐ Übel	
ß	[ɛsˈtʂɛt]	-	

Anhang 7: Verzeichnis der Info-Fenster und Tabellen
附录七:信息窗和图表

Sprache und Grammatik

Landeskunde

Quellennachweis der Illustrationen
插图引用书目

Eva Gleifenstein, München: 17,125,141,167,182,187,309,392,489, 512,538,604(Feder[3]),631,641,681(links),727,823(oben),828, 831,843,928,1013,1035,1151,1186,1189,1190,1272(Stecknadel, Sicherheitsnadel),1273(rechts oben),1274,1275,1322,1354,1372, 1381(links),1381(rechts),1387,1426,1435,1445,1460,1470,1493, 1503,1510,1527,1529,1534,1538,1541(rechts),1566,1598,1599, 1617,1620,1632,1639,1650,1665,1677,1686,1693,1695,1699, 1706,1713,1736(oben),1746,1781,1784,1795,1810,1816,1819, 1850,1882,1912,1922,1961,2027,2038,2040,2065,2081(oben), 2081(unten),2105,2106,2123,2128

Herbert Horn, München: 47,51,52,58,232,246,283,329,334,340, 346,350,362,439,472,589,595,612,622,632,640,670,675,684, 691,734,745,766,774,776,790,815,914,925,937,972,979,984, 987,1003,1008,1015,1017,1026,1032,1063,1110,1140,1155,1157, 1177,1185(links),1185(rechts),1209,1245,1352,1371,1568,1572, 1582,1667,1668,1716,1743,1750,1796,2129(unten)

Kirill Chudinskiy, Köln: 207,258,347,366,371,372,681,862,992, 1402,1593

Brockhaus Enzyklopädie in zwanzig Bänden, 17., völlig neu bearbeitete Auflage des Großen Brockhaus, 24. Band: Bildwörterbuch der deutschen Sprache, Wiesbaden: F. A. Brockhaus, 1976: 1272(Nähnadel),1382

DUDEN-Langenscheidt, Deutscher Wortschatz – deutsch erklärt, bearb. von P. Grebe et al., Lizenzausgabe von „Schülerduden, Bedeutungswörterbuch", Mannheim: Bibliographisches Institut AG, 1970: 603,2061

DUDEN-Langenscheidt, Deutsches Lernwörterbuch, hg. und bearb. von W. Müller et al., Lizenzausgabe von „Schülerduden, Bedeutungswörterbuch", 2. Auflage, Mannheim: Bibliographisches Institut, 1986: 210,310,321,424,586,604(Feder[1], Feder[2]), 637,687,765,823(unten),1181,1273(unten),1533,1541(links), 1559,1631,1736(unten),2030,2080,2129(oben)